國學治要今譯

第一册

经传治要

张文治 编纂
石岗等 今译

团结出版社

图书在版编目（CIP）数据

国学治要今译/张文治编;石岗等译.--北京:团结出版社,2017.8

ISBN 978-7-5126-5539-3

Ⅰ.①国… Ⅱ.①张…②石… Ⅲ.①国学-研究-中国
Ⅳ.①Z126.27

中国版本图书馆CIP数据核字(2017)第214704号

出版：团结出版社
（北京市东城区东皇城根南街84号 邮编：100006）
电话：（010）65228880 65244790（传真）
网址：www.tjpress.com
Email：65244790@163.com
经销：全国新华书店
印刷：河北盛世彩捷印刷有限公司
装订：河北盛世彩捷印刷有限公司

开本：185×260 1/16
印张：291
字数：3900千字
版次：2018年1月 第1版
印次：2019年8月 第2次印刷

书号：978-7-5126-5539-3
定价：1280.00元（全7册）

《国学治要今译》编委会

编　纂

张文治

校　译

石　岗等

主　编

石　岗

编　委

（按姓氏笔划排序）

丁广如　王革平　王　峥　王思力　王艳旗　石之声

任可红　刘宏军　刘步层　刘柄军　刘建新　刘继东

庄爱侠　沈卡利　宋学文　张云飞　张皓然　林静华

郑小军　赵西斌　袁　朗　贾志祥　殷　颖　黄小刚

薛　平　梁轩诚

《国学治要今译》序

石 岗

一

《群书治要考译》一书出版后，我总觉得有一些遗憾，因为《群书治要》的编纂者是生活在唐朝初期的人，他们编辑所选的书目，都是在隋朝之前。而隋朝之后，中国又经历了将近两千年历史。

这两千年中，中华民族的文明史一直在延续着，发展着。特别是唐宋时期，是我们民族历史上最辉煌的年代，这个时代所创造的文化及其在世界范围的影响，都是无与伦比的。在晋代之后，我们民族在融入许多不同民族的基础上形成了大一统的中华民族；我们国家的文化，在融入大量异族文化的基础上更加丰富，更加成熟；面对国土的扩大、民族的众多、经济和技术的发展以及人民心智的进一步开化，国家的管理必然遇上更加复杂的问题。一大批杰出人物又与时俱进地提出许多治国理念和思想，而这些理念和思想，离我们更近，也更贴近我们的思想和情感。也就在这个时期，中国历史上又发生了许许多多精彩纷呈的历史事件，　这些历史事件中所蕴含的教训与经验，都是值得我们借鉴的。那么，更应该有一部书，像《群书治要》那样，从浩若烟海般的诸多著作中，裁剪淫放，集成精华，让我们能一目了然地学习从《易经》开始直到清末时期的古人的智慧和治国经验，作为国家管理、企业管理以及个人修身养性的重要工具。

此后，我在读徐业鸿先生所做的报告中得知了另一部书，那就是《国学治要》。

徐业鸿先生在许多场合讲《群书治要》的时候，都讲到了《国学治要》。他说："《群书治要》和《国学治要》是能帮助中华民族复兴的两部著作"。

2011年春天，我到北京肖祥剑先生处，有幸见到被徐业鸿先生称为民族文化瑰宝的《国学治要》。

二

《国学治要》是民国著名学者张文治先生编纂的。张文治，字润之。祖籍湖南常德，后迁居江西南昌。先生生于农家，幼时家贫，且历经苦难，六岁丧母，与父亲相依为命。八岁跟随舅父李镜之先生在私塾启蒙。十六岁考入江西省立第二中学学习。毕业时因为成绩优秀，被校长熊纯如推荐留校，后又推荐到私立义务女学教书。先生“性好静默，以搜览子史诗文为乐事。”在教书的同时，四处搜集研读国学典籍，著成《国学文录》一书欲出版，就写信给同是江西省立第二中学毕业的上海中华书局总经理陆费伯鸿先生，后经陆费先生介绍，到上海中华书局从事编辑工作。在上海，先生经过多年积累编辑，于1930年编纂成百万字的皇皇巨著《国学治要》。

三

《国学治要》分“经传治要”、“史书治要”、“诸子治要”、“理学治要”、“古文治要”、“诗词治要”和“书目治要”共七编。

第一编“经传治要”选取儒家经典十部：《易》《书》《诗》《周礼》《仪礼》《礼记(附大戴礼记)》《春秋左氏传》《春秋公羊传》《春秋·谷梁传》和《孝经》。

第二编“史书治要”节选收录《国语》《战国策》《史记》《汉书》和《资治通鉴》等五部史书的精彩章节；并附录《通志序》《文献通考》《史通》和《文史通议》等重要史评著作。

第三编“诸子治要”收录儒家著作四部：《荀子》《春秋繁露》《法言》《中说》；道家著作三部：《老子》《列子》和《庄子》；法家著作三部：《管子》《商子》《韩非子》；名家一部：《公孙龙子》；墨家一部：《墨子》；纵横家一部：《鬼谷子》；杂家三部：《吕氏春秋》《淮南子》《论衡》；兵家一部：《孙子》；并附录隋唐以前诸子论学名家论文若干篇。

第四编“理学治要”收录理学大家周敦颐、张载、程颢、程颐、朱熹、陆九渊、王守仁等人重要著作；又附录元以前各家论学名家论文若干篇。

第五编“古文治要·上”收录文章大家屈原、贾谊、司马相如、刘向、杨雄、韩愈、柳宗元、欧阳修、苏洵、曾巩、王安石、苏轼、虞集、宋濂、归有光、姚鼐、曾国藩等十七人的著名文章。

第五编“古文治要·下”收录历代论文名著和历代小说名著若干篇。

第六编“诗词治要”收录诗人曹植、阮籍、陶潜、鲍照、王维、李白、杜甫、白居易、苏轼、黄庭坚、陆游、元好问和高启等十五人的诗作；又附录吴伟英和王士祯二人诗作及乐府古辞；收录词人温庭筠、李煜、欧阳修、苏轼、秦观、周邦彦、辛弃疾、姜夔、张炎等九人的词作，又附录女词人李清照的作品及历代论诗名著。

第七编“书目治要”收录《汉书·艺文志》《隋唐·经籍志》及《清四库全书·序目》的主要内容。

四

张文治先生写的《国学治要·总序》中对该书编辑的意旨进行了详细的解说。他的序言是用文言文写成的，为了方便阅读，我把它译成现代汉语。

他说：“《国学治要》总纲七编，共计三千余篇，百余万字。

编纂的目的在于，我国最先进入文明时期，学术广博，主要的内容都记载在书籍上，分为经、史、子、集四部分。《国学治要》这部书的分类，就是依据经史子集的名称，稍加分离变化。所选取的书籍，也都是四部之中的名著。按照世人的评价，它们都是百世不朽的著作。

所选的经、史、诸子的文章，都以著作为主，并保留流传久远的若干种；

对于理学和诗文部分，都以作者为纲，选取流传久远、名实相符的若干种。对于每家每种文章，都穷本溯源，来断定取舍。像诸子和理学书籍，本来是以立意为主，因此只选取论述思想的名篇；

史书多选取大事，同时保留原书的体例，经传部分记载的事迹和义理都很丰富，包含了诸子和史学两编；

古文诗词部分，虽然注重文字辞句，但对于浮华空洞的作品，一律不予收录；书目一编，包含各种学问，既可以辨别古今学术的源流，也为后学读书指导门径，因而放在最后；

至于历代贤者的著作，虽然不能成一家之言，但他们的文章名贵一时，对学问也很有帮助。比如经传的序论和历代各家论述学问的名篇，这些或是叙述学术源流，或是辨别是非，或是弥补缺漏，或是考证异同，现在都广泛选取，精心选择，分别归类于各编之中，希望对我国历代的学术文章，借此能够了解深意。

本书力求内容丰富但不芜杂，简洁但不疏陋，便于好学之士，依照分类能够广泛博览，进一步学习有所收获。昔日先贤说过所操要简易，所施要广大，还说温故而知新，这就是本书所以编写的缘由。”

五

《国学治要》严格来说应该是一部国学研究的学术著作，但是却取名为“治要”。我在阅读这部书的时候，常常有这样的疑问，“治要”是魏征在编纂《群书治要》时创造的一个词，它的原意是“治国纲要”，应该是以治国理政为目的的资政著作，它的阅读对象应该是国家的执政者或行政人员，而资政著作一般选取的内容都应该与政治有直接关系。像魏征等人编纂的《群书治要》就直接选择为君之道与为臣之道的内容，而《国学治要》所选取的内容包含哲学、史学、文学等许多方面，甚至连书目都收在其中。但是，我在阅读的过程中逐渐有了领悟。

我以为，国家的执政者和行政人员首先必须是一个学者，一个懂得中国传统文化，理解中国人民情感的学者。

中国传统文化，是从生活在这块土地上的人民的思想、智慧和情感中凝练而成的，它代表着人民的需要，代表着人民的感情。它通过历代哲人用语言表述出来，而成为国家追求的目标。过去，我们总习惯于把哲人从人民中分离出去，放在人民的对立面，我想，如果传统文化不符合人民的情感，那么，它也就成了不符合人性的东西，它也就不可能在这块土地上存在数千年而不被抛弃。这几年，来自民间的学者在不断呼吁传统文化的回归，就是人民自己再次选择适合自身文化的明证。而历史上那些伟大的哲人，更应该是人民的代表。

所以，以传统文化管理中国，应该是最符合中国人民情感的，也是最容易让人民接受的。一个国家行政人员如果对我们自己民族的文化知之甚少，或者缺乏起码的修养，那么，他就无法真正理解人民的情感和需要，是没有资格成为一个国家领导者的。

《国学治要》这部书就是从培养一个领导人的综合素质出发，来选取内容的。

“经传治要”选取的儒家经典，是在中国乃至于世界影响最大，最深远的中国文化，是民族文化的核心部分。它对于中国古代哲学、政治、经济、军事、民俗、文学等各个方面都有深刻的影响，今天，它依然存在于中华民族的整体记忆之中，影响着我们的思想和行为。学习“经传治要”，能让我们知道中国文化为什么千年传承，精神不衰。中华民族为什么能不断壮大，屹立东方。而这些，都是行政者必须了解的最重要的内容。

“史书治要”选取的内容，是我们国家最早不同体例的几种历史著作。历史是一个民族走过的足迹，通过读史，让我们能追寻到我们的祖先走过的人生道路，从中获取经验和教训。

“诸子治要”将诸子百家中最具代表性的著作汇集一体，通过阅读可以了解各家思想的全貌。诸子百家的思想是中华民族思想文化多样性的具体表现，给中华民族整体留下了深刻的启示。儒家的“仁政”思想，“己所不欲，勿施于人”的“恕道”；孟子的民本思想；道家的辩证思想；墨家的科学思想；法家的法治精神；兵家的军事思想等，在今天依然在全世界范围内有深远影响。即使名家的“诡辩”，也开创了中国逻辑学。各家思想的精华反映了人类在不同处境和心境下的不同需求和智慧。

“理学治要”所收录的文章，涵盖了中国宋元之后哲学思想的精华。理学产生于北宋，盛行于南宋与元、明时代，清中期以后逐渐衰落，但影响一直延续到近代。它以讨论天道性命为中心，是北宋以后社会经济政治发展的理论表现，是中国古代哲学长期发展的结果，在中国哲学史上占有特别重要的地位。

“古文治要”选取的中国历史上最著名的议论文章，论述了每个作者对于天地宇宙、人间万象的感悟和认知，通过古文的学习，解读先贤的思想，接受智慧的熏陶，为读者铺垫一生的精神和文化底蕴。

“诗词治要”所选作品，都是加强读者人文学养，培养自然情怀的重要内容，诗词是所有文学体裁中最有意境，最能抒情的。它对于语言的淬炼、运用，思想感情的表达，往往能够融入人民的血液中，成为一个民族的精神传统。

“书目治要”，是让读者知道在中华五千年文明史上，都有哪些重要的著作，从而可以有选择的学习。

所以说，《国学治要》是一部全面培养领导者综合素质的著作，它称为“治要”，当之无愧。

六

我们编写的《国学治要今译》一书，是在2012年中国书店出版的《国学治要》基础上，对该书进行繁体字简化、勘误、标点断句及古汉语今译、重点疑难词语注释等工作的基础上编成的。我们在《今译》中只选取了六编，而舍弃了“书目治要”一编。因为，随着现代科技的发展，电脑的普遍使用，人们查找书目已变得非常简单。所以，书目一编已显多余。此外，“经传治要”中的卷三“小学著述序论”因涉及古文字、声韵、训诂等专业知识，较为晦涩枯燥，无老师指导难以会通，故不予收录。

在编写过程中，我们尽力尊重原著，不是明显失误之处，不加修改。从作者介绍直到张文治先生对每个篇章的序言，以及作者的评价，都按原文翻译，以免造成对先生原意的曲解。

2017年12月

作者自述

吾家原籍湖南常德县。先世以耕种为业，甚贫。至吾祖父始游幕于外以营生（即在官署中办理文书收发出纳等事），吾父继之。清光绪末，定居南昌，与原籍隔绝，故家人常自称为南昌人。吾父自少时奔走衣食，习知艰苦。中年赋闲，以勤俭治家教子孙。吾六岁丧母，无兄弟姊妹。后继母李来归，亦无出。父子相依，常恐远离。吾服务上海时，吾父数来就养，抚弄诸孙以为乐。年六十八，在沪患中风病，虽得救，而高年偏废，虑在朝夕。吾乃亲送吾父及妇孺归南昌，而与大儿返沪暂居，(时大儿在正风文学院肄业)亦将谋归计，以侍吾父终天年。不幸日寇祸华，延及东南，南昌沦陷，吾父随家人及亲友等辗转逃亡。经二年，至皖南屯溪，竟因中风病复发而弃养。又一年余，继母亦猝患中风病弃养。是时吾妇携有三男二女一媳一孙，赁居屯溪乡村中，四壁萧然，饔飧不继。而吾则服务于中华书局，大儿服务于光夏中学，月入值米不过一石或数斗，皆困于孤岛中，与内地阻隔。来岁，孙以痢疾殇，吾妇大病月余。次儿虽得亲戚介绍在皖南养路处为管票员，仅能自给。而一家妇孺皆嗷嗷待哺，情状至为凄惨。吾计无所出，只得尽举沪寓所有参考用之旧书约二千册，及其他器物，先后售之，得价约可购米十余石，设法汇寄，并向书局负责人请假归屯溪。旋在屯溪近村私立建国中学为教师，月入约值米二石，妇孺辈始得免于饥寒而死。及日寇平，吾回沪书局销假，任职至今。大儿亦在沪，先后就敬业、位育各中学教职，次儿三儿解放后，均在北京新闻界工作。计父子四人工资所入虽不多，但物价稳定，及劳动者职业有保障，劳保条例亦推行日广，故一家生老病死得无忧，又大儿次儿均有妇，两女均有婿，内外孙男女现存者过十人。就个人言，所谓向平愿了，庶几近之；就国家社会言，则今后为主人翁者自当各尽所能，力求建树。吾于此时，而回忆昔日家人骨肉添离穷愁病死之苦，曷胜感幸！然尚有耿耿于心者，私念吾父与继母遗榇在屯溪，虽得于吾回沪后二年，运归南昌安葬，而吾至今犹未能以时归里祭扫，聊申人子之情。书至此，不禁泫然。此为吾家庭情况之大略。

吾幼时未入小学，自八岁至十六岁，皆在私塾及家塾（舅父李镜之先生尝设馆授徒于吾家，吾从之读甚久），读《三字经》、《龙文鞭影》、四书、五经等，并学作对语律诗及论说。十六岁时，曾由父执介绍，入私立江西铁路专门学校预科，肄业数月，因学校停办辍学。是年秋，考入省立第二中学校，校长为南昌熊纯如先生，以吾各科成绩尚优，毕业后，承派在母校图书仪器室为管理员二年，后又介绍吾在本市戴氏家塾教书一年，在私立义务女学教书亦一年。惟吾性好静默，以搜览子史诗文为乐事。自在母校管理图书后，涉猎稍广，日常手自抄辑，欲成《国学文录》一书以问世，因致书于上海中华书局总经理陆费伯鸿先生，述编纂经过，及愿来沪就教意。伯鸿亦为熊校长门人，吾前曾因校长介绍而相识。旋得伯鸿复书称许，惟以书局暂无适当位置，愿介绍吾馆于其族兄平甫先生家，并云，每日教书六小时，晚间及星期例假，均可自己读书编书。吾遂允来沪，教于陆费氏家凡八年。陆费氏子入中学，吾亦入书局编辑所。1930年出版之《国学治要》，即上述之《国学文录》之展经修改而脱稿于课徒之余者也。吾在书局二十余年，先后承张献之、金子敦、朱文叔、姚绍华、杨复耀诸先生之指导鼓励，在教科部编注中学国文课本，在古书部分校《四部备要》，在辞典部修改《辞海》单字及旧词稿，在图书馆审查旧书内容及版本，1954年5月，书局改为公私合营后，在上海办事处编辑科，审订重印之文史古籍。每当工作之时，常览学问之事广博深微，而吾所知所能极有限，且惭且惧。又溯当上海沦陷时，处于敌伪压迫之下，书局职工生活，困难万分，不足以养家，而吾家老弱逃亡在屯溪者，均不能自存。吾因商得书局负责人舒新城先生之准许，请假归。因大儿与建国中学教导主任陈友琴先生相识，陈先生乃邀吾教于其校，凡二年余。时屯溪地方僻小，书籍少流通。吾于所授课本外，曾辑有《国学常识文选》及《修辞略》，以为补充教材。至日本投降后，迭接上海书局朱文叔、舒新城二先生来书，谓书局以前积件从事疏理，请返局相助。吾于是辞去建国中学教职而返书局，仍任编辑职务至今。此为吾曾离开书局二年余之经过原委，特补叙于此。综而言之：吾自儿时有知识以来，就学就业，以至衰老，五十年间，殆无一日离书以为生。然因受旧式家庭环境之习染，个性才力所限制，凡事偏重保守，近于中庸。生平无宗教信仰，亦未曾参加任何党派社团会道门。所读书多属脱离现实之古书。今脑海中留存之印象，皆模糊揉杂，不知所裁。又拙于语言及交游酬酢，目近视深七八百度，与人同事同里数年，常有不识面及未通姓名者。故吾个人社会经历及社会关系，除有关于书者外，实无可叙。至于吾体质素弱，年四十后，经丧乱穷愁，精力大减，尤不耐构思为文章；旧尝有志编纂之书稿，亦置之不敢复言。窃以为人，才力有大小，体质有强弱，犹器用不同，各有所适。吾自问老病无能，惟当量力守分，以寡过为兢兢。数年后，倘得退休故里，更当从容以吾父训吾之勤俭训吾子孙；亦即训吾子孙以热爱劳动、增产节约为国家社会服务，如是而已。此为吾个人学历及其社会经历之大略，而吾生平之志愿亦具见于斯。

一九五五年五月　张润之述

《国学治要》总序

张文治

右《国学治要》总纲七编，通计为篇约近三千，为字百有余万。其编纂之旨趣略曰：吾国开明最古，学术广博，然其大要，载之简册，统于四部。是书分编，即依四部之名，稍加离析，所采诸书，亦皆四部名著，考之公论百世不朽。大凡于经、史、诸子，皆以著述为主，而存其荦荦近古者各若干种，于理学、诗文，皆以作者为纲，而举其初祖大宗，名实相符者各若干家。每家每种之中，则溯本穷源，以定取舍。如诸子、理学，本以立意为宗，故惟取其述学之名篇。史书多录大事，而兼存原书之体例。经传则事理俱富，约包子、史两编。古文、诗词，虽以辞章为重，而浮靡无物之作，概不收及。书目一编，兼总诸学，既可辨识古今学术之流别，且开辟后学读书之门径，故以殿焉。至于历代贤哲之作，其立言虽不专家，而舒文载实，名贵一世，多有助于学问者。若经传等书之序论，与历代各家论学论文之篇，或叙述源流，或辨别是非，或补苴缺漏，或参加考订，今并博选精择，分隶各编，总期吾国历代之学术文章，藉此以进窥堂奥，繁而不芜，简而不陋，以便好学之士，依类讲求，旁推互览，深造自得。昔吾先正有言曰："守约以施博"，又曰："温故而知新"，此是书所由作也。虽然，删述之事，夫何易言。古今文章总集，如萧选姚纂之传世者，彪炳一时，而论者犹有微词。况是书囊括四部，提要钩玄，编者孤陋寡闻，草创手定，其不被人指摘者几希。惟冀当代鸿博，不吝示教，俾异日次第修正，则拜赐多矣！

再案：此书之名治要，凡几经更改，其后读唐魏征之《群书治要》，见其采撷经传子史之文，略存菁华，以便诵读，合以此书体例，颇为相近，于是其名遂定。惟魏氏之书，乃奉敕编撰，专备人君乙夜所披览，关系治道政治者，固为详尽，而于一国学术之大体，斯文之精粹，以今时学者之所求断之，仍多缺憾。故此书特扩充其范围，选四部名著，斟酌繁简，定为七编，庶足为现今高级中学教本之用。（近阅某君论文一篇，略谓中等学校国文科，宜编纂一种公用教本，此种教本所取材料，不妨超出本课程所定分量以上，在教授者既可以有相当去取之活动，而其余亦足以供学者自修之用。此书七编，计其字数，百有余万，自非高中三年国文课程中所能容纳，然若据某君之言，而推断之，则此书之取材过多，正可畀教与学者以便利，而胜于他本遵照课程编纂者之执一也。）及一般有志国学者研读之资。每编之中，又各析为数类，大抵其第一类所选，皆为国学之本质，必须熟读深思。（古文诗词两遍中之第二类，并皆国学之本质，其余各篇中之各类，间亦有之，惟书目则全非是，然亦只言其大概如此，非可截然划分也。）其余各类，则各属指导门径之作，学者亦宜考览，藉以辗转推寻，升堂入室，其为助尤不可少焉。特编者自惟不敏，尝谓学问之道，无穷无尽，人之所见，各有不同，即一人之见，前后往往歧异，如此书草创于庚申之初，八载以来，随时搜集，复承三益之助，屡加修正，今始获告竣事。然实未敢自信，他日如续有所得，或更有未安，仍当重行增订，及别为补编。（当代人文字，关系国学，便于讨论者，不乏佳构，而此编一律未收，以他日亦当别为专编故也。）至于书中所选经史各文，其辞义奥衍，典实繁富，初学读之，谅多以寻讨检查为苦，暇日亦当从事此役，题曰附参，以资辅行，虽知琐屑钞誊，无益于高深，然其勤其劳，癖病所存，犹私冀有愚者之一得，大雅君子，倘不我鄙弃与。

丁卯年秋月编者谨识

【译文】以上是《国学治要》总纲的七编，共计三千余篇，百余万字。编纂本书的目的在于：我国最先进入文明时期，学术广博，但是主要的内容都记载在书籍上，分为经、史、子、集四部分。这本书的分类，就是依据经、史、子、集的名称，稍微加以分离。所选取的书籍，也都是四部之中的名著，按照众人的评价，它们也是百世不朽的著述。所选的经、史、诸子的文章，都以著作为主，并保留流传久远的若干种，对于理学和诗文部分，都以作者为纲，选取年代久远、名实相符的若干种。对于每家每种之中，都穷本溯源，来断定取舍。像诸子和理学书籍，本来是以立意为主，因此只选取论述学问的名篇，史书多选取大事，同时保留原书的体例。经传部分记载的事迹和义理都很丰富，包含了诸子和史学两编。古文诗词部分，虽然注重文字辞句，但对于浮华空洞的作品，一律不予收录。书目一编，包含各种学问，既可以辨别古今学术的源流，也为后学读书指导门径，因而放在最后。至于历代贤者的著作，虽然不能成一家之言，但他们的文章名贵一时，对学问也很有帮助。比如经传的书的序论和历代各家论述学问的名篇，这些或是叙述学术源流，或是辨别是非，或是弥补缺漏，或是考证不同，现在都广泛选取，精心选择，分别归类于各编之中，希望对我国历代的学术文章，借此能够了解深意。本书力求内容丰富但不芜杂，简洁但不疏陋，便于好学之士，依照分类能够广泛博览，进一步学习有所收获。昔日先贤说过所操要简易，所施要广大，还说温故而知新，这就是本书所以编写的缘由。即便如此，编纂书籍，也不是件容易的事。古今文章的选编，就像传世的萧统《文选》和姚鼐的《古文辞类篡》，即使名重一时，尚且还有不满，何况本书包括经史子集四部分，“提要钩玄”编者又孤陋寡闻，“草创手定”能够不被人指责恐怕很少。只是希望当今的渊博的人，不吝赐教，使得他日能够依次修订，那赐教就很多了。

本书命名为治要，数次修改，后来读到唐朝魏征编的《群书治要》，看到他选录经传子史部分，保留精华部分，以便于诵读，与本书的体例相近，于是书名才确定。只是魏征的书，是奉皇帝命令所编写，专供皇帝二更时分所阅览，对于有关政治治理的内容固然很详尽，但是对一国学术的主体、文章的精粹，用今天学者的需求判断，仍有很多遗憾！因此本书扩充范围，选录四部名著，反复考虑繁简，最终定为七编，希望能够为现在高级中学的课本所用，（最近看到某君的一篇论文，其中说到中学的国文一科，应该编纂一种公共读本。这一读本所选择的范围不妨超出本课程以上，老师也可以灵活取舍，其余也可以供学生自学。本书七编，字数共有百万以上，不是高中三年国文课所能容纳了的，然而如果依照某君的看法，本书内容丰富，正可便于老师和学生使用，要好于只是按照课本进行编写的教本。）和一些有志于国学的人研读。每一编之中，又分为数类，大概第一类所选的都是国学的根本，必须熟读深思。（古文诗词这两编中的第二类也是有关国学根本的内容，其余各编中一些篇章也有此相关者，只有书目一编不是这样。这也只是大致情况，不能截然划分开来。）其余的各类，就多属于知道学术门径的作品，学者也应该考察留意，借此不断追寻，由浅入深，帮助也会不少。只是编者自知愚昧，且学问之道没有穷尽，人们观点又各不相同，即使一个人的观点，前后又往往不同。本书首先起草在庚申年初，八年以来，随时搜集资料，加上朋友的帮助，屡次加以修订，现在才完成，但是也不敢完全自信。以后若陆续有所收获，会更加不安的，一定重新增订，另为补编。（当代人中，有关国学的，也不乏佳作，然而本书一律没有收录，希望日后能够另立一编。）至于书中所选取的经传诸文，内容精深博大，典故繁多，初学者阅读，必定多有查找检索的困难，闲暇时候也应当从事这一工作，名为“附参”，以互相辅助。虽然知道这些琐碎的工作无助于高深学问，然而这些辛苦，“癖病所存”还希望能够有所收获。博雅之人，能不轻视我吗？

丁卯年秋天编者谨记

目 录

经传治要卷一
经传十种

礼记

春秋左氏传

春秋公羊传

春秋穀梁传

孝经

经传治要卷二 经传二十七种

经传治要卷一

经传十种

经传十种 序

昔司马氏为孔子世家赞曰："中国言六艺者，折中于夫子"。注者曰："六艺即《易》《书》《诗》《礼》《乐》《春秋》，一称六经。"盖孔子悯道之不行，斯文将丧，乃退与弟子讲贯，删定旧典，以期垂教无穷，故其书永为吾国简册之冠。

厥后，汉刘向父子，因校理群书，而作《七略》，即首列六艺，复以《论语》《孝经》《尔雅》数种附之。隋唐以后，诸史志皆易《七略》为四部，因更名六艺略为经部，宋代特升《孟子》于经，而《礼》与《春秋》儒者又各析之为三，传之今日，遂有十三经十四经之名。

惟章实斋、龚定庵（注：龚自珍，号定庵）二子，则著论非之，谓孔子所删定者，乃周官之旧典，其数仅六（案：乐不见成书，实为五经），非孔子自名曰经，他书不得以臆增加。而今书所谓经者，大半本子史传之书，强名曰经，殊违正名之义，其言信辨。

然吾谓天下之事，不可以一端尽，苟变而得宜，则亦不妨从众。如今经部之三传、《礼记》《孝经》诸种，稽其微言大义，多足为六经相为表里，纵使不名曰经，而已有经之实，为后世治经者所不能废，故是编仍一体与孔子之六经，同加采录，时亦参取章、龚之意，题其编曰经传。传者，释经之作，辅经而行，是以编内所录，不限于孔子之六经，而亦不出于后世论定诸经之外，共计经传十种。其不录者，若《尔雅》一书，以其训诂繁碎，不便诵读。《论语》《孟子》合《礼记》中之《大学》《中庸》二篇，自宋以来，通称四书，其言简括宏深，为经传之錧鎋，百家之权衡者，又以其书家藏户有，人多诵习，不容删节，以免挂一漏万，徒占篇幅耳！

案：经传授受，至东汉时，古文今文之争颇盛。今文谓《史记·儒林传》所述之十四博士所治诸经，皆以汉世通行之隶书书成者。古文谓西汉末所出之经，如《毛诗》《左传》《周官》、孔安国所传《尚书》等种，皆以蝌蚪古文书成者。当哀、平时，刘歆奏立古文诸经于学官，光武时，复罢之。然其后大儒郑玄等，皆尊习古文，遍注群经，故古文之学大昌。今所传十三经注疏本之注，惟《公羊传》何注，自序其中多非常异义、可怪之论，如张三世、通三统、绌周王鲁、受命改制诸说，论者谓其尚存西汉博士遗说之梗概。迨有清中叶以还，治经者复有厌弃古文、而好言《公羊传》者，相与提倡今文学，甚至力诋西汉晚出之古文经传，皆刘歆伪造，殆有一切罢斥之意。今姑勿深究其论证之确否，即如梅本《尚书》，后儒犹以其传习已久，不能遽废，况古文群经耶？故本编采录经传，于此等未定之论，皆不敢轻从，特附其说于此。

【译文】过去司马迁在《孔子世家》赞中说："中国言说六艺，以孔子所说为标准。"注以为"六艺"就是指《易》《书》《诗》《礼》《乐》《春秋》，还称为"六经"。大概是孔子怜惜大道不行于世，文化将要荒废，就退居和弟子讲学，删定以前的典籍，希望能够流传后世，因而这些书永久为我国文化中最重要的典册。

之后，汉代刘向父子在校对群书时，写成《七略》，"六艺"就列在最先，并将《论语》《孝经》《尔雅》附在其中。隋唐以后，史书的《经籍志》都将"七略"改为"四部"，因而将"六艺略"改为"经部"，宋代将《孟子》升为经，而《礼》和《春秋》又各分为三，流传到今日，因而有"十三经"、"十四经"的称谓。

只有章学诚和龚自珍二位则写书批评这一看法，他们以为孔子删定的是周朝过去的典章制度，也只有六种，（《乐经》失传，其实只有五经。）不是孔子称为经的，其他的书不能任意增加。现在所谓的经，大半都是诸子之书、史书和传记之类，强命名为"经"的，大大违背正名之义。他们所说确实这样，然而我认为天下的事，不能以一方面就能穷尽，如果变更得合理，那么也不妨从众。现在经部中的春秋三传、《礼记》和《孝经》，它们的道理，很多处能够和六经互相依存，即使没有经之名，也有经之实，后世治经的也不能废弃。因此本编仍和孔子的"六经"一同加以选录，同时也参考章学诚和龚自珍的意见，将其命名为"经传"。"传"就是解释"经"的著述，辅助于经的，因而本编所选录的不只局限于孔子所说的"六经"，同时也不超出后世所规定的经之外，共为经传十种。不选录的有《尔雅》，因为它有关训诂，内容繁杂琐碎，不便于诵读。《论语》《孟子》以及《礼记》中的《大学》《中庸》两篇，自宋朝以来，统称为"四书"，言语简洁涵义深奥，是经传的关键部分，各家的标准，又由于这书家家都有，人人都学习，不容删选，免得挂一漏万，空占篇幅！

按：经传的传授，到东汉时期，古文经学和今文经学之间的争论很盛行。今文学就是《史记·儒林传》所记载的十四博士所治之经，都是用汉代通行的隶书所写成。古文经就是西汉末年所发现的诸经，有《毛诗》《左传》《周官》和孔安国所传《尚书》等数种，都是用古文写成的。汉哀帝、汉平帝的时候，刘歆上奏将古文经列在学官，到光武帝时又取消了。但这之后，大儒郑玄等都尊尚学习古文经，遍注古文诸经，因而古文学大盛。现在的十三经注疏中的注，只有《公羊传》是何休所注，自序中，包含有很多不同、怪异的说法，比如三世、通三统、绌周王鲁、受命改制等说法，论者以为这些还保留有西汉博士遗说的大概内容，等到清朝中叶以后，治经中有厌弃古文而喜欢《公羊传》者，互相提倡今文学，极力诋毁西汉晚出的古文经传，以为都是刘歆的伪造，好像有全部排斥古文经的意图，现在姑且不去追究这一看法是否正确，即便是梅赜所献的《尚书》，后儒尚且以为传习已久，不应完全废弃，更何况古文群经呢？因此本编选录的经传部分，对于这些没有定论的看法，不敢轻易遵从。特说明于此。

周 易

易

亦名《周易》，旧说本卜筮之书，夏曰《连山》，殷曰《归藏》，今其书皆亡，存者曰《周易》，乃文王、周公所作，因伏羲所画八卦，重之为六十四卦，三百八十四爻，而系之辞，孔子读而善之，作传十篇，是谓《易翼》。及秦焚书，《周易》独以卜筮得存，故其书于诸经中最为完善。或曰：案孔子易传之言，易有君子之道四，辞、变、象、占，各观所尚，参伍错综，以极万物之情，而通天下之故。盖《易》不独为卜筮之用，故又为后世言形而上者之所本也。

【译文】《易》也叫《周易》，以往说它是一本占卜用的书，夏朝的叫《连山》，商朝的叫《归藏》，现在都佚失了，保存下来的就是《周易》，它是文王和周公所作，沿袭伏羲所作的八卦，两两相重为六十四卦，共三百八十四爻，并写了爻辞。孔子读后很是称赞，就写了十篇传，这就是《易》翼。秦朝焚书时，《周易》因作为占卜的书得到了保存，因此它在各经中是最完善的。有人说：依据孔子在《易传》中所说，君子有四道，对于言辞、变易、物象、占卜，每人都看到所尊尚的内容，交互错杂，来达到穷尽天下万事万物的道理。《周易》不单是用作占卜的，后世言说形而上学的也是本于它的。

系辞上

天尊地卑，乾坤定矣。卑高以陈，贵贱位矣。动静有常，刚柔断矣。方以类聚，物以群分，吉凶生矣。在天成象，在地成形，变化见矣。是故刚柔相摩，八卦相荡。鼓之以雷霆，润之以风雨。日月运行，一寒一暑。乾道成男，坤道成女。乾知大始，坤作成物。乾以易知，坤以简能。易则易知，简则易从。易知则有亲，易从则有功。有亲则可久；有功则可大。可久则贤人之德，可大则贤人之业。易简而天下之理得矣。天下之理得，而成位乎其中矣。

【译文】天尊（于上），地卑（于下），乾坤（由此）确定。卑下高上已经陈列，贵贱之位确立。（天地）动静有其常规，（阳）刚（阴）柔即可断定。万事以其类相聚，万物以其群相分，（这样）吉凶便产生了。在天形成象，在地生成形，（因而）变化就显现了，所以刚柔相互切摩，八卦互相推移。以雷霆鼓动，以风雨滋润，日月运行，寒暑交替。乾道成就男性（事物），坤道成就女性（事物）。乾主宰（万物）初始，坤化生成万物。乾以平直主宰，坤以简约顺从。易，则是易主宰；简，则是易顺从。平直主宰则有亲附，简易顺从则有功效。有亲附则可长久，有功效则可广大。可长久才是贤人的德性，可广大才是贤人的事业。（因此）易简而天下之理可得，天下之理可得而成位于（天地）之中。

圣人设卦、观象，系辞焉而明吉凶，刚柔相推而生变化。是故吉凶者，失得之象也；悔吝者，忧虞之象也；变化者，进退之象也；刚柔者，昼夜之象也。六爻之动，三极之道也。是故君子所居而安者，易之序也；所乐而玩者，爻之辞也。是故君子居则观其象而玩其辞，动则观其变而玩其占，是以“自天祐之，吉无不利”。

【译文】圣人设置易卦，观察其象而系之文辞，以明示吉凶，（阳）刚（阴）柔相互推移而产生变化。所以（《易》辞）吉凶，为失得之象；悔吝，为忧虞之象。变化，为进退之象；（阳）刚（阴）柔，为昼夜之象。六爻的变动，含有（天地人）三才之道。所以闲居而依者，是卦的次序；喜乐而玩习者，是（卦）爻的文辞。因此君子闲居时则观察卦象，而玩味其文辞；行动时则观察卦爻的变化，而玩味其筮占。所以“自有上天保佑，吉祥而无不利”。

彖者，言乎象者也。爻者，言乎变者也。吉凶者，言乎其失得也。悔吝者，言乎其小疵也。无咎者，善补过也。是故列贵贱者存乎位，齐小大者存乎卦，辩吉凶者存乎辞，忧悔吝者存乎介，震无咎者存乎悔。是故，卦有小大，辞有险易。辞也者，各指其所之。

【译文】彖辞，是说明卦象的；爻辞，是说明（阴阳爻画）变化的；吉凶，是说明事务得失的；悔吝，是说明有小的过失。无咎，是说明善于补救过失。所以贵贱的分列，存在于所处的爻位；评定其小大，存在于各卦之中；辩别吉凶，存在于卦辞中；忧虑悔吝，存在于（吉凶之间）细小的界限；戒惧而无咎，存在于能够悔改。因此卦有（阴阳）大小，辞有凶险平易，《易》辞，就各有所指向。

易与天地准，故能弥纶天地之道，仰以观于天文，俯以察于地理，是故知幽明之故，原始反终，故知死生之说。精气为物，游魂为变，是故知鬼神之情状。与天地相似，故不违。知周乎万物而道济天下，故不过。旁行而不流，乐天知命，故不忧。安土敦乎仁，故能爱。范围天地之化而不过，曲成万物而不遗，通乎昼夜之道而知，故神无方而易无体。

【译文】《易》道与天地等同，所以能包罗天地之道，仰首以观看天文，俯首以察看地理，所以知晓幽明变化的原故。由事物开始返归到事物终结，因而知晓死生的学说。精气聚合而生成物形，游魂（气散）导致（物形）变化，因此可知鬼神的情状。（易）与天地相似，所以不违背（天地的规律）。知道周围万物而以其道成就天下，所以不会有过失。遍行而不停留，顺应天道，知晓性命之理，因而不会忧愁。安居坤土，敦厚而施仁德，故能够爱民。笼罩天地变化而不超过（十二辰），承盛万物而不遗失（细微），通达昼夜变化之道而极其睿智，故（阴阳）神妙变化无一定处所，而易道亦无固定的形体。

一阴一阳之谓道。继之者，善也；成之者，性也。仁者见之谓之仁，知者见之谓之知。百姓日用而不知，故君子之道鲜矣。显诸仁，藏诸用，鼓万物而不与圣人同忧，盛德大业至矣哉。富有之谓大业，日新之谓盛德，生生之谓易，成象之谓乾，效法之谓坤。极数知来之谓占，通变之谓事，阴阳不测之谓神。

【译文】一阴一阳（互变）叫做道，秉受（其道）的，为善；顺承（其道）的，为性。仁者看见（道）的仁便称道为仁，智者看见（道）的智便称道为智。百姓日用（其道）却不知道。所以君子之道已很少见了。显现道的仁德（于外），潜藏道的功用（于内），鼓动万物（生长）而不去与圣人同忧虑，（造就万物）盛德大业（完备）至极呀！富有叫做大业，日新叫做盛德。（阴阳变化）生生不已叫做易，成（天）象为乾，效（地）形为坤，穷极蓍策之数预知未来叫做占，通达变化的叫做事，阴阳（变化）不可测度叫做神。

夫易广矣大矣，以言乎远则不御，以言乎迩则静而正，以言乎天地之间则备矣。夫乾，其静也专，其动也直，是以大生焉。夫坤，其静也翕，其动也辟，是以广生焉。广大配天地，变通配四时，阴阳之义配日月。易简之善配至德。

【译文】这易道宽广啊，盛大啊！要说它远，则无所穷止，要说它近，则宁静而方正，要说天地之间则（万物）具备。这乾，静止时圆圜，运动时开辟。所以广生（万物）。（易道）广（生）大（生）与天地相配合，变化通达与四时相配合，阴阳之义可以与日月相配合，是易道简约的善性与至大的德性相配合。

子曰："《易》其至矣乎！"夫易，圣人所以崇德而广业也。知崇礼卑。崇，效天；卑，法地。天地设位而《易》行乎其中矣！成性存存，道义之门。

【译文】孔子说："《易经》的道理，是最伟大的呀！"《易经》正是圣人用以崇高道德、广大事业的呀！智慧要求崇高，礼节则自谦卑入手，崇高效法天道，谦卑效法地道。天地既设位，《易经》之道也就行于天地之间了。成就此崇高广大的善性，当不停地蕴存之，存养之，这就是道义所由产生的源头了。

圣人有以见天下之赜，而拟诸其形容，象其物宜，是故谓之象。圣人有以见天下之动，而观其会通，以行其典礼。系辞焉以断其吉凶，是故谓之爻。言天下之至赜而不可恶也，言天下之至动而不可乱也。拟之而后言，议之而后动，拟议以成其变化。"鸣鹤在阴，其子和之。我有好爵，吾与尔靡之。"子曰："君子居其室，出其言善，则千里之外应之，况其迩者乎！居其室，出其言不善，则千里之外违之，况其迩者乎！言出乎身，加乎民。行发乎迩，见乎远。言行，君子之枢机。枢机之发，荣辱之主也。言行，君子之所以动天地也，可不慎乎？""同人先号咷而后笑。"子曰："君子之道，或出或处，或默或语，二人同心，其利断金。同心之言，其臭如兰。"

【译文】圣人因见天下事物繁杂，从而比拟其形状容貌，象征其事物所宜，所以就叫做卦象。圣人因见天下事物的变动，从而观察其会合与交通，以推动其典章礼仪，并附之文辞以断其吉凶，所以就叫做爻。述说天下事物至为繁杂而不会厌恶，指出天下事物变动至极而不会杂乱。拟定后发表言论，仿效后而行动，通过比拟仿效以成就其变化。"鹤鸣于树荫，其子和而应之，我有好酒，我与你共享。"孔子说："君子居于室，口出善言，千里之外的人都响应，况且近处的人呢！君子居于室，口出不善言，千里之外的人都违抗，况且近处的人呢！言语出于口，影响于民，行动发生在近处，而显现于远处。言行，这是君子的门枢和弩机。枢机在发动时，主宰着荣辱（的变化）。言行，君子是可以用它来惊动天地的，怎可不慎重呢？""与人同志，先号哭而后笑。"孔子说："君子之道，或出行或居处，或沉默或言语，二人同心，其力量可以断金。同心的言语，气味相投香如兰草。"

初六，"藉用白茅，无咎。"子曰："苟错诸地而可矣。藉之用茅，何咎之有？慎之至也。夫茅之为物薄，而用可重也，慎斯术以往，其无所失矣"。"劳谦君子有终，吉。"子曰："劳而不伐，有功而不德，厚之至也，语以其功下人者也。德言盛，礼言恭，谦也者，致恭以存其位者也。""亢龙有悔，"子曰："贵而无位，高而无民，贤人在下位而无辅，是以动而有悔也。""不出户庭，无咎，"子曰："乱之所生也，则言语以为阶，君不密则失臣，臣不密则失身，几事不密则害成，是以君子慎密而不出也。"子曰："作易者，其知盗乎！易曰：

‘负且乘，致寇至。’负也者，小人之事也。乘也者，君子之器也。小人而乘君子之器，盗思夺之矣。上慢下暴，盗思伐之矣，慢藏诲盗，冶容诲淫。《易》曰：‘负且乘，致寇至。’盗之招也。”

【译文】初六：“用白色茅草铺地（摆设祭品），无灾。”孔子说：“（祭品）直接放在地上就可以了，再用茅草铺垫（以示其敬），还能有什么灾祸呢？已经是非常慎重了，茅草作为物虽然很轻薄，但作用重大，能谨慎地用这套礼术行事，就不会有所失了。”“有功劳而谦虚，君子有好的结局，吉利。”孔子说：“有功劳而不夸耀，有功绩而不贪得，太厚道了。所说的是有功劳而能礼下于人。德讲究要盛大，礼讲究要恭敬，所谓谦，就是以恭敬而保存其禄位呵！”“龙飞过高处则有悔。”孔子说：“尊贵而无实际的职位，高高在上而失去民众，贤人在下位而无所辅助，所以一行动就有悔。”“不出门户庭院，无咎灾。”孔子说：“祸乱的产生，是以言语为契机。国君（说话）不机密而失掉大臣，大臣（说话）不机密则有杀身之祸。细小的事情不保密则妨害事情的成功，所以君子谨重守机密而不轻易出言。”孔子说：“作《易》的人，大概很了解盗寇吧！《易》说：‘以肩负物而又乘车，以至招来盗寇来打劫。’以肩负物，这是小人做的事情；车乘，是君子（使用的）器具，小人乘坐君子的器具，所以盗寇想来抢夺他。对上骄慢而对下暴虐，盗寇想来讨伐，懒于隐藏财富是叫盗寇来抢，打扮妖艳是引诱盗寇来奸淫。《易》说：‘以肩负物而又乘车，招致了盗寇。’（说的是）自己招来盗寇。”

大衍之数五十，其用四十有九。分而为二以象两，挂一以象三，揲之以四以象四时，归奇于扐以象闰，五岁再闰，故再扐而后挂。天数五，地数五，五位相得而各有合。天数二十有五，地数三十，凡天地之数五十有五。此所以成变化而行鬼神也。乾之策二百一十有六，坤之策百四十有四，凡三百有六十，当期之日。二篇之策，万有一千五百二十，当万物之数也。是故四营而成易，十有八变而成卦。八卦而小成，引而伸之，触类而长之，天下之能事毕矣。显道神德行，是故可与酬酢，可与祐神矣。子曰：“知变化之道者，其知神之所为乎！”

【译文】（借用蓍草）演算天地之数是五十，实际用四十九（根），（将这四十九根蓍草）一分为二，以象两仪。（从右手蓍策中）任取一根（置于左手小指间），以象（天地人）三才。（左右手之策）以四为一组数之象征四时。归置（左右手所余之数）于手指之间以象余日而成闰月。五年中有两次闰月，所以再一次归余策于手指间，而后经三变而成卦（一爻）。天数五位，地数五位，天地之数五位各自相加而有和。天数和为二十五，地数和为三十。天地之数总和为五十五。此所以生成（蓍数）变化，而通行天地鬼神的原因。《乾》卦策数为二百一十六，《坤》的策数为一百四十四，（《乾》《坤》策数）共为三百六十，正好与一年三百六十天数相当。(《周易》)上下两篇策数为一万一千五百二十，正好与万物之数相当。所以经过四道程序的经营而成《易》卦一爻，十八次变化而成一卦，(九次变化出)八经卦为小成，再引申其义，触动类推而增长，天下所能之事皆无所遗了！显明易道，神化德行。所以如行宾主饮酒应对之礼，可以佑助神化之功。孔子说："通晓阴阳变化之道的，恐怕一定知道'神'的功用吧！"

《易》有圣人之道四焉：以言者尚其辞，以动者尚其变，以制器者尚其象，以卜筮者尚其占。是以君子将有为也，将有行也，问焉而以言，其受命也如响，无有远近幽深，遂知来物，非天下之至精，其孰能与于此。参伍以变，错综其数，通其变，遂成天下之文；极其数，遂定天下之象。非天下之至变，其孰能与于此？《易》无思也，无为也，寂然不动，感而遂通天下之故。非天下之至神，其孰能与于此？无《易》，圣人之所以极深而研几也。唯深也，故能通天下之志；唯几也，故能成天下之务；唯神也，故不疾而速，不行而至。子曰："《易》有圣人之道四焉"者，此之谓也。

【译文】《周易》包含有圣人之道四条：用以讲说的崇尚卦爻辞，用以指导行动的崇尚卦变，用以制造器物的崇尚卦爻之象，用以卜筮预测的崇尚占问。所以君子将要有所作为，要有所行动，求问于(《易》)后才知道(吉凶)。蓍受人之命(答疑)如应声之响，不管远近幽深，皆知未来的事物(变化)。不是天下万物的至极精微，其何以能至于此？叁(才)五(位)的变化，错综蓍数(而成卦)，通达其变化，就可以成就天下万物的文彩；极尽其蓍数，就可定天下万物之象。若不是天下万物的至极变化，谁能达到此种地步？《易》无思无为，寂然不动，感悟而能通晓天下之事。若不是天下事物变化至极神妙，谁能至于此种地步？《易》这套道理，乃是圣人之所以穷极深奥，研尽机微所在，因为深奥，所以能通晓天下的心志；因为几微，所以能确定天下的事物；因为神妙，所以它不急却极其迅速，不必行动而已经到达。孔子说："《周易》中含圣人之道四条。"就是这个意思。

天一，地二；天三，地四；天五，地六；天七，地八；天九，地十。子曰："夫《易》何为者也？夫《易》开物成务，冒天下之道，如斯而已者也。"是故圣人以通天下之志，以定天下之业，以断天下之疑。是故蓍之德圆而神，卦之德方以知，六爻之义易以贡。圣人以此洗心，退藏于密，吉凶与民同患。神以知来，知以藏往，其孰能与此哉！古之聪明睿知、神武而不杀者夫！是以明于天之道，而察于民之故，是兴神物以前民用。圣人以此斋戒，以神明其德夫。是故阖户谓之坤，辟户谓之乾。一阖一辟谓之变，往来不穷谓之通，见乃谓之象，形乃谓之器，制而用之谓之法，利用出入，民咸用之谓之神。

【译文】天数一，地数二；天数三，地数四；天数五，地数六；天数七，地数八；天数九，地数十。孔子说：“这《易》为何而作？《易》揭示事物（本质）而成就事业，概括天下事物的规律，如此而已。所以圣人可以通达天下人的心志，完成天下大业，决断天下的疑惑。因此蓍占的所得在于（效法天）圆故能神妙，易卦的所得在于（效法地）方故能隐藏智慧，六爻之义在于以其变化而告（吉凶）。圣人以此自娱其心，退藏于隐密之处，吉凶与庶民共济，其神妙可以预知未来，其智慧可以蕴藏过去。谁能达到如此地步？（只有古代）聪明智慧武功至神而又不假杀伐的人（才能做到）。所以明了天道而考察民事，因而兴创神物（占筮）而先于民用之。圣人以此斋戒身心，以神化明示他的品德。所以闭户叫做坤，开户叫做乾，一闭一开叫做变，往来不穷叫做通。显现的为象，取其形的就是器，裁制而用的叫做法，利用（门户）出入，民众都用的叫做神。

是故易有太极，是生两仪，两仪生四象，四象生八卦，八卦定吉凶，吉凶生大业。是故法象莫大乎天地，变通莫大乎四时，县象著明莫大乎日月，崇高莫大乎富贵。备物致用，立成器，以为天下利，莫大乎圣人。探赜索隐，钩深致远，以定天下之吉凶，成天下之亹亹者，莫大乎蓍龟。是故天生神物，圣人则之；天地变化，圣人效之；天垂象，见吉凶，圣人象之；河出图，洛出书，圣人则之。《易》有四象，所以示也；系辞焉，所以告也；定之以吉凶，所以断也。《易》曰：“自天祐之，吉无不利。”子曰：“祐者，助也。天之所助者，顺也；人之所助者，信也。履信思乎顺，又以尚贤也，是以自天祐之，吉无不利也。”

【译文】所以《易》中有太极，（由太极）生成两仪，两仪生成四象，四象生成八卦，八卦推断吉凶，吉凶成就大业。所以效法而成象莫过于天地，变化通达莫过于四季，悬垂其象而显著明示莫过于日月，崇实高大莫过于富足尊贵。具备天下之物而致其用，创立与成就器物，以利天下之民，莫过于圣人。探寻事物繁杂，求索事物几微，钩取深奥推致远大，以断定天下吉凶，促成天下几微之事，莫过于蓍龟，所以天生（蓍龟）神物，圣人效法它；天地变化，圣人效法它；天垂示（日月星）象，现示吉凶，圣人效法它；黄河出图，洛水出书，圣人效法它。故《周易》有这四象，昭示其义，系以文辞，所以告人。确定吉凶，赖以推断。《易》说：“自天祐之，吉无不利。”孔子说：“祐，就是佑助。天所佑助的，是顺从；人所佑助的，是诚信。履行诚信而思于顺天，又崇尚圣贤，所以，‘自天祐之，吉无不利。’”

子曰：“书不尽言，言不尽意。”然则，圣人之意，其不可见乎？子曰：“圣人立象以尽意，设卦以尽情伪，系辞焉以尽其言，变而通之以尽利，鼓之舞之以尽神。”乾坤，其易之缊邪？乾坤成列，而易立乎其中矣。乾坤毁，则无以见易，易不可见，则乾坤或几乎息矣。是故形而上者谓之道，形而下者谓之器，化而裁之谓之变，推而行之谓之通，举而错之天下之民谓之事业。是故夫象，圣人有以见天下之赜，而拟诸其形容，象其物宜，是故谓之象。圣人有以见天下之动，而观其会通，以行其典礼，系辞焉以断其吉凶，是故谓之爻。极天下之赜者存乎卦，鼓天下之动者存乎辞，化而裁之存乎变，推而行之存乎通，神而明之存乎其人，默而成之，不言而信，存乎德行。

【译文】孔子说："文字不能写尽言语（所能表达的意思），言语不能表达尽心意（所想到的意境）。"那么，圣人的心意就不可见了吗？孔子说："圣人创立卦象以穷尽所要表达的心意，设置卦爻以穷尽所要表达的真伪，用文辞以穷尽所要表达的言语，变动（阴阳爻）使之通达，以穷尽天下之利，鼓动起舞（而行蓍）以穷尽其神妙。"乾坤，大概是《易》的内涵吧！乾坤（阴阳）分布排列，而《易》就立于其中了。乾坤毁灭，则无以显现《易》，《易》不可现则乾坤也许几乎止息了，所以，形体以上（而不可见）的叫道，形体以下（而可见）的叫器，（阴阳）转化而裁成万物的叫变，（阴阳）推移往来运动的叫通，将（《易》的作用）施加于天下民众的，就叫做事业。所以这卦象，是圣人看见天下事物繁杂，因而比拟其外部形状容貌，象其事物之所宜，这就是卦象。圣人看到天下事物的变动，因而观察其会合变通，以推行其典章礼仪，附上爻辞以推断吉凶，这就是爻。极尽天下繁杂事物的，依存于卦象；鼓动天下变化的，依存于爻辞；（阴阳）转化裁成万物的，依赖于卦变；（阴阳）推移运动的，依存于变通；（蓍占）神妙而能示（吉凶）的，依存于人；在默然中成就一切，不用言语而致诚信，依存于德行（的感召）。

系辞下

八卦成列，象在其中矣；因而重之，爻在其中矣；刚柔相推，变在其中矣；系辞焉而命之，动在其中矣。吉凶悔吝者，生乎动者也；刚柔者，立本者也；变通者，趣时者也；吉凶者，贞胜者也；天地之道，贞观者也；日月之道，贞明者也；天下之动，贞夫一者也。夫乾，确然示人易矣；夫坤，隤然示人简矣。爻也者，效此者也。象也者，像此者也。爻象动乎内，吉凶见乎外，功业见乎变，圣人之情见乎辞。天地之大德曰生，圣人之大宝曰位，何以守位曰仁，何以聚人曰财。理财正辞、禁民为非曰义。

【译文】八卦布列（成位），卦象就包含在其中了；又将八卦相重，六爻亦包含在其中了；阴阳刚柔爻画相互推移，变动也包含在其中了；系上文辞而明示，爻动就包含在其中了。吉凶悔吝，产生于爻动；刚柔，是立卦的根本；变通，取义于（卦爻之）时；吉凶，以正而取胜；天地之道，以正而能观瞻；日月之道，以正而得光明；天下之动，以正而归于一。乾，高大而示人平易；坤，卑下而示人简从。爻，仿效于此；卦象，取像于此。爻象发动于（蓍占）内，吉凶显现于（蓍占）外，建功立业显现于知变。圣人的情感体现于卦爻之辞。天地最大的德性是生育，圣人最大的宝是权位。如何守住权位，是行仁政；如何聚合众人，是用财富。而管理财物，匡正言辞，禁止民众为非作歹的是义。

古者包牺氏之王天下也，仰则观象于天，俯则观法于地，观鸟兽之文，与地之宜，近取诸身，远取诸物，于是始作八卦，以通神明之德，以类万物之情。作结绳而为网罟，以佃以渔，盖取诸《离》。包牺氏没，神农氏作，斲木为耜，揉木为耒，耒耨之利，以教天下，盖取诸《益》。日中为市，致天下之民，聚天下之货，交易而退，各得其所，盖取诸《噬嗑》。神农氏没，黄帝、尧、舜氏作，通其变，使民不倦，神而化之，使民宜之。易穷则变，变则通，通则久。是以自天祐之，吉无不利。黄帝、尧、舜垂衣裳而天下治，盖取诸《乾》《坤》。刳木为舟，剡木为楫，舟楫之利，以济不通，致远以利天下，盖取诸《涣》。服牛乘马，引重致远，以利天下，盖取诸《随》。重门击柝，以待暴客，盖取诸《豫》。断木为杵，掘地为臼，臼杵之利，万民以济，盖取诸《小过》。弦木为弧，剡木为矢，弧矢之利，以威天下，盖取诸《睽》。上古穴居而野处，后世圣人易之以宫室，上栋下宇，以待风雨，盖取诸《大壮》。古之葬者，厚衣之以薪，葬之中野，不封不树，丧期无数，后世圣人易之以棺椁，盖取诸《大过》。上古结绳而治，后世圣人易之以书契，百官以治，万民以察，盖取诸《夬》。

【译文】古包牺氏称王于天下，仰首以观察天象，俯身以取法地形，观察鸟兽的花纹与大地相适宜，近取象于自身，远取象于万物，于是开始创制八卦，藉以通达神明的德性，以类比万物的情状。（包牺氏）结绳索而制作网罗，用来猎兽捕鱼，这大概取象于《离》卦。包牺氏死后，神农氏开始，砍削木头做成了耜，弯曲木头制成了耒，用耒耜耕种的便利，以教天下（百姓），这大概取象于《益》卦。以中午作为集市的时间，招致天下民众，聚集天下货物，相互交换而归，为自获得所需要的物品，这大概取象于《噬嗑》卦。神农氏死后，黄帝、尧、舜氏开始，通达其变革，使百姓不怠倦，神奇而化育。使民众相适应。易道穷尽则变化，变化则（又重新）通达，能通达才可以长久，所以“有来自上天的保佑，吉祥而无所不利。”黄帝、尧、舜垂示衣裳（之用）而天下大治。大概取象于《乾》《坤》二卦。凿空木头以成舟船，剡削木才以成桨楫，舟楫的便利在于渡涉不通（的江河），直致远方，以便利于天下，这大概取象于《涣》卦。乘驾牛马，负载重物致于远方，以便利天下。大概取象于《随》卦，设置重门、打梆巡夜，以防盗寇，大概取象于《豫》卦。断削木头作为杵，挖掘地面作臼，臼杵的好处，万民受益，这大概取象于《小过》卦。弯曲木材加弦而为弓，削木以为箭，弓箭的好处，可以威服天下，这大概取象于《睽》卦。上古时候的人在洞穴中居住而生活于野外，后世的圣人改用宫室，宫室上有栋梁，下有檐宇，以防御风雪，这大概取象于《大壮》卦。古时丧葬，只用薪草厚厚裹覆（死尸），埋葬于荒野之中，不聚土做坟墓，不植树为标记，丧期也没有定数，后世圣人改用棺椁下葬，这大概取象于《大过》卦。上古用结绳记事以治理天下，后世圣人，改以契刻文字，百有所治理，万民有所稽察，这大概取象于《夬》卦。

是故《易》者，象也。象也者，像也。彖者，材也。爻也者，效天下之动者也，是故吉凶生而悔吝著也。

【译文】所以《周易》是讲卦象的，而卦象，是象征万物的，彖辞，是裁断（一卦之义）的。爻，是效法天下万物变动的，因此吉凶产生而悔吝显出。

阳卦多阴，阴卦多阳，其故何也？阳卦奇，阴卦耦。其德行何也？阳一君而二民，君子之道也；阴二君而一民，小人之道也。

【译文】阳卦多阴爻，阴卦多阳爻。原因何在？阳卦以（一阳）奇为主，阴卦以（一阴）耦为主。它的德行如何？阳卦一个国君，两个臣民（二民事一君），是君子之道：阴卦两个国君，一个臣民（一民兼事二君）这是小人之道。

《易》曰："憧憧往来，朋从尔思。"子曰："天下何思何虑？天下同归而殊涂，一致而百虑。天下何思何虑！日往则月来，月往则日来，日月相推，而明生焉。寒往则暑来，暑往则寒来，寒暑相推，而岁成焉。往者，屈也。来者，信也。屈信相感，而利生焉。尺蠖之屈，以求信也。龙蛇之蛰，以存身也。精义入神，以致用也。利用安身，以崇德也。过此以往，未之或知也。穷神知化，德之盛也。《易》曰："困于石，据于蒺藜，入于其宫，不见其妻，凶。"子曰："非所困而困焉，名必辱。非所据而据焉，身必危。既辱且危，死期将至，妻其可得见耶？"《易》曰："公用射隼于高墉之上，获之，无不利。"子曰："隼者，禽也。弓矢者，器也；射之者，人也。君子藏器于身，待时而动，何不利之有？动而不括，是以出而有获，语成器而动者也。"

【译文】《周易》说："往来心意不定，朋友们顺从你的想法。"孔子说："天下有什么可以思索，有什么可以忧虑的呢！天下万物本同归（于一）而道路各异，（虽）归致于一，但有百般思虑。（因此）天下有什么可以思索有什么可以忧虑的？日去则月来，月去则日来，日月来去相互推移而光明产生。寒去则暑来，暑去则寒来，寒暑相互推移而一岁形成。往，意味着屈缩；来，意味着伸展。屈伸相互感应而功利生成。尺蠖屈缩，以求得伸展。龙蛇蛰伏，以保存其身。精义能入于神，方可致力于运用。宜于运用以安居其身，方可以增崇其德，超过这些以求往，则有所不知，能穷尽神道，知晓变化，这才是德性隆盛（的表现）。《周易》说："被石头所困，又有蒺藜占据，入于宫室而看不到妻子，凶。"孔子说："不该遭受困危的事却受到了困危，其名必受羞辱，不该占据的而去占据，其身必有危险。既羞辱又有危险，死期将到，妻子还能见吗？"《周易》说："公在高墙上射中了隼鸟，获得它没有什么不利。"孔子说："隼，是禽鸟；弓矢，是射鸟的器具；射隼的是人。君子把器具藏在身上，等待时机而行动，哪有什么不利的？行动沉着而不急，所以出手而有所获，是说具备了现成的器具然后行动。"

子曰："小人不耻不仁，不畏不义，不见利不劝，不威不惩，小惩而大诫，此小人之福也。易曰：'履校灭趾，无咎。'此之谓也。善不积，不足成名；恶不积，不足以灭身。小人以小善为无益而弗为也，以小恶为无伤而弗去也。故恶积而不可揜，罪大而不可解。《易》曰：'何校灭耳，凶。'"子曰："危者，安其位者也；亡者，保其存者也；乱者，有其治者也。是故君子安而不忘危，存而不忘亡，治而不忘乱，是以身安而国家可保也。《易》曰：'其亡其亡，系于苞桑。'"子曰："德薄而位尊，知小而谋大，力小而任重，鲜不及矣。《易》曰：'鼎折足，覆公餗，其形渥，凶。'言不胜其任也。"子曰："知几其神乎？君子上交不谄，下交不渎，其知几乎。几者，动之微，吉之先见者也，君子见几而作，不俟终日。《易》曰：'介于石，不终日，贞吉。'介如石焉，宁用终日，断可识矣。君子知微知彰，知柔知刚，万夫之望。"子曰："颜氏之子，其殆庶几乎？有不善未尝不知，知之未尝复行也。《易》曰：'不远复，无祇悔，元吉。'""天地絪缊，万物化醇，男女构精，万物化生。《易》曰：'三人行，则损一人；一人行，则得其友。'言致一也。"子曰："君子安其身而后动，易其心而后语，定其交而后求，君子修此三者，故全也。危以动，则民不与也。惧以语则民不应也。无交而求，则民不与也。莫之与，则伤之者至矣。《易》曰：'莫益之，或击之，立心勿恒，凶。'"

【译文】孔子说："小人不知道羞耻不明了仁义，不使他畏惧不会有义举，不见到功利不能劝勉（他）作好事，不用刑威不能惩罚（制服），小的惩罚使他受到大的戒惧，（以致不犯大罪），这是小人的福气。所以《周易》说：'脚上刑具掩盖了脚趾，无咎。'就是这个道理。善事不积累，不足以成名；恶事不积累，不足以毁灭自身。小人将小的善事视为无益而不去做，把小的恶事视为无伤害而不去掉，所以恶行积累到无法掩盖，罪大恶极因而不可解脱。所以《周易》说：'荷载刑具，掩灭了耳朵，凶。'"孔子说："（倾覆的）危险，是（由于只想）安居其位所致；灭亡，是（由于只想）保全生存所致；祸乱，是由治世引发。所以君子居安而不忘危险，生存不忘灭亡，太平治世而不忘祸乱。只有这样身体平安而国家可以保全。《周易》说：'将要灭亡，将要灭亡，系于植桑而巩固。'"孔子说："德行浅薄而位处尊贵，才智低下而图谋大事，力量微小而肩负重任，很少有不受惩罚的。《周易》说：'鼎足折断，把王公的八珍之粥倒出，沾濡了四周，凶。’这是说不能胜其任。”孔子说：“能知晓（事理的）几微，大概是神吧？君子与上相交不谄媚，与下相交不渎慢，这算是知晓几微了。几，是事物变动细微，吉的先现。君子见几而行动，不待终日。《周易》说：‘坚如磐石，不待终日，占问得吉。’（已经）坚贞如同磐石，（还）宁可用它终日，其决断可以明识了！君子知几微知彰著，知柔顺知刚健，（因而）万众仰慕。”孔子说：“颜回这个人，大概快知晓几了吧！有不善的事未尝不知道，知道后未曾再犯。《周易》说：‘（离开）不远就返回，无大悔，始而吉。’”“天地（二气）附著交感，万物化育凝固，男女构精交合，万物化育衍生。《周易》说：‘三人同行，则损去一人，一人独行，则得到友人。’说的是（合二而）归致于一。”孔子说：“君子先安定下自身后才可以行动，平易其心之后才可以说话，（与人）确定交情之后才有所求。君子能修养到这三种德行，才能全面。（身）处危难而行动，则民众不助，面临恐惧才说话，则民众不响应。没有交情而有所求，则民众不会帮助，不帮助，则伤害的事就来了。《周易》说：‘得不到增益，或许会受到攻击，立心而不恒，有凶。’”

子曰：“乾坤其易之门邪？乾，阳物也；坤，阴物也。阴阳合德，而刚柔有体，以体天地之撰，以通神明之德。其称名也，杂而不越。于稽其类，其衰世这意邪。夫易，彰往而察来，而微显阐幽。开而当名，辨物正言断辞则备矣。其称名也小，其取类也大，其旨远，其辞文。其言曲而中，其事肆而隐。因贰以济民行，以明失得之报。”

【译文】孔子说：“乾坤，是《周易》的门户吧？乾，为阳物；坤，为阴物。阴阳交合其德，刚柔（爻画）就有了形体，以体现天地所为，以通达神明的德性。其（卦）取名似杂乱不一，但不越份，推考卦名各类，大概是衰世时人的意识吧。《周易》彰明往事而察知来事，而使微者显著阐明幽隐，开启卦之义，使名实相符，以辨别物象。正定（卦爻）言辞，赋上吉凶占断之辞而使之完备。（卦）取名小，它所象征的事类广大，所寓含的旨意深远。所系的卦爻之辞有文彩，它的语言隐晦而又合乎中理，它所论述事情既明显而又深藏内涵，总是从两个方面去济助民众行为，以明确失得的报应。”

《易》之兴也，其于中古乎！作《易》者，其有忧患乎！是故履，德之基也；谦，德之柄也；复，德之本也；恒，德之固也；损，德之修也；益，德之裕也；困，德之辨也；井，德这地也，巽，德之制也。履，和而至；谦，尊而光；复，小而辨于物；恒，杂而不厌；损，先难而后易；益，长裕而不设；困，穷而通；井，居其所而迁；巽，称而隐。履以和行，谦以制礼，复以自知，恒以一德，损以远害，益以兴利，困以寡怨，井以辨义，巽以行权。

【译文】《周易》的成书，大概是中古时代吧。作《周易》的人，大概充满着忧患意识吧！所以礼，这是德性的基础；谦，是把握德性的柄；复，是德性的根本；恒，是德性的修固；损，是对德性的修养；益，是德性的宽裕；困，是德性的辨别；井，是育德之地；巽，是对德的裁断。礼，和悦而践行；谦，尊让而光大；复，微小而能识辨于物；恒，（遇事）杂乱恒守而不厌倦；损，是（减损私欲）起初难而以后易；益，增长宽裕而不摆设（夸耀）；困，穷困而能通达；井，居其所而迁养（民众）；巽，称量事物隐藏而不露。礼以和而行事；谦以制订礼仪，复可以自知，恒因恒守一德，损以远离灾害，益以兴隆其利，困可以减少怨尤，井（养民）可以辨其义，巽可以申命行权。

《易》之为书也不可远，为道也屡迁。变动不居，周流六虚，上下无常，刚柔相易。不可为典要，唯变所适。其出入以度，外内使知惧，又明于忧患与故，无有师保，如临父母。初率其辞而揆其方，既有典常，苟非其人，道不虚行。

【译文】《周易》这部书不可疏远，它所体现的道，经常变迁，变动而不固定，周流于（卦的）六位，或上或下无常规，阳刚阴柔相互变易，不可当成不变法则，唯有随爻之变而有所（生成）之卦，其（阴阳）屈伸往来皆有法度，在外在内而使知畏惧，又明示忧患的原故，虽没有师保教导，但如同在父母身边。起初若依循卦爻之辞而揆度其道义，（则《易》）也有典常可寻，若不是圣人（阐明此道），易道不会凭空行于世。

《易》之为书也，原始要终，以为质也。六爻相杂，唯其时物也。其初难知，其上易知，本末也。初辞拟之，卒成之终。若夫杂物撰德，辨是与非，则非其中爻不备。噫！亦要存亡吉凶，则居可知矣。知者观其彖辞，则思过半矣。二与四同功而异位，其善不同，二多誉，四多惧，近也。柔之为道，不利远者，其要无咎，其用柔中也。三与五，同功而异位，三多凶，五多功，贵贱之等也。其柔危，其刚胜邪？

【译文】《周易》这部书，推原求末，以为体。六爻（阴阳）错杂，代表不同时间的事物，其初爻（象征事物之始）难以知晓，其上爻（象征事物的终结，事情已经明显）容易知晓，（因为初爻、上爻）是卦的本末。初爻之辞拟成（事物开端），（上爻之辞象征）事物最后形成。如果杂糅代表不同事物的爻，撰述（阴阳刚柔的）德性，辨别其是与非，则非中间四爻不算完备。噫！也要求存亡吉凶，则居（观其象）可以知道。智者观玩彖辞，则理解可以超过一半。二爻与四爻有相同的功用，但爻位不同。（所以）它们的善吉不同，二多荣誉，四多畏惧，因接近（五之君位）。阴柔之道，本不利于远离（九五），（二远五）其大要归于无咎，是以柔居中的原故。三爻与五爻有相同的功用，但爻位不同。三爻多凶险，五爻多功绩，这是位之贵贱等级造成的。（三五阳位）若阴柔处之则危险，而以阳刚则能取胜吗？

《易》之为书也，广大悉备，有天道焉，有人道焉，有地道焉。兼三材而两之，故六。六者，非它也，三材之道也。道有变动，故曰爻。爻有等，故曰物。物相杂，故曰文。文不当，故吉凶生焉。

【译文】《周易》这部书，广大而完备，有天道，有人道，有地道。兼备天地人三才而两两相重，所以成为（一卦）六画。六画不是别的，是三才之道。道有变动，所以称为爻。爻有不同等级，故称为物。物（阴阳）相杂，故称为文彩。阴阳两爻不当位，所以吉凶产生。

《易》之兴也，其当殷之末世、周之盛德邪？当文王与纣王之事邪？是故其辞危，危者使平，易者使倾。其道甚大，百物不废，惧以终始，其要无咎，此之谓《易》之道也。

【译文】《周易》成书，大概当在商代末期，周代德业隆盛之时吧？反映的当是文王与纣王的事情吧？所以《周易》含有危惧之辞，（其辞）由危惧变得平易，由平易变得倾覆。《周易》卦爻辞中所蕴含的道理十分博大，百物皆具备其中而无所遗弃。（卦爻辞中）这种危惧一致贯串《周易》的始终。其大要归于无咎。这就是《周易》的道理。

夫乾，天下之至健也，德行恒易，以知险。夫坤，天下之至顺也，德行恒简，以知阻。能说诸心，能研诸侯之虑，定天下之吉凶，成天下之亹亹者。是故变化云为，吉事有祥。象事知器，占事知来。天地设位，圣人成能。人谋鬼谋，百姓与能。八卦以象告，爻象以情言，刚柔杂居，而吉凶可见矣。变动以利言，吉凶以情迁，是故爱恶相攻，而吉凶生。远近相取，而悔吝生。情伪相感，而利害生。凡《易》之情，近而不相得则凶，或害之，悔且吝。将叛者，其辞渐。中心疑者，其辞枝。吉人之辞寡，躁人之辞多。诬善之人，其辞游。失其守者，其辞屈。

【译文】乾，天下它最刚健，其德性永远平易，而主艰险；坤，天下它最柔顺，其德性是永远简约，而主阻难。（易简之理）能娱悦人心，研究其忧虑，判定天下的吉凶，促成天下几微之事。所以知变化而有所作为，吉庆的事有福祥之兆，观卦象可以知道器物制作，筮占可以预知未来。天地设立自己的位置，圣人（效此）而成就天地的功能。人的智谋与（卜筮所现）鬼神的智谋，百姓也能参与谋事。八卦以卦象告知，卦爻辞以实情说明。刚柔（爻画）互相杂居，而吉凶可以显现。爻的变动是以利表达，吉凶随爻实情而变迁，所以爱与恶相互攻击，而吉凶生成。（爻的）远（应）与近（比）相互取舍，而悔吝产生。真情与虚伪相互感应，于是利与害产生。凡《周易》所论的情感，（两爻）相近而不相得则必有凶，或者有伤害，悔恨且有吝难。将要背叛的人，他的言辞惭愧躲闪。心中有疑惑的人，他的言辞枝分不一。吉人的言辞很少，浮躁人的言辞很多。诬陷好人的言辞浮游不定。丧失操守的人言辞屈服。

文言

乾卦

元者，善之长也；亨者，嘉之会也；利者，义之和也；贞者，事之干也。君子体仁足以长人，嘉会足以合礼，利物足以和义，贞固足以干事。君子行此四德者，故曰：“乾，元、亨、利、贞。”

【译文】元，是善的首位；亨，是美的集合；利，是义的应和；贞，是百事的主干。君子实行仁能够做人的首长，集合美德合于礼，施利于他物就会处处合乎众义，坚守正道就可以办好事情。对人物正四种美德，所以说“乾卦，元、亨、利、贞。”

初九曰“潜龙勿用”何谓也？子曰：“龙德而隐者也。不易乎世，不成乎名，遁世无闷，不见是而无闷。乐则行之，忧则违之，确乎其不可拔，潜龙也。”

九二曰“见龙在田，利见大人”何谓也？子曰：“龙德而正中者也。庸言之信，庸行之谨，闲邪存其诚，善世而不伐，德博而化。《易》曰：‘见龙在田，利见大人。’君德也。”

九三曰“君子终日乾乾，夕惕若，厉无咎”何谓也？子曰：“君子进德修业。忠信，所以进德也；修辞立其诚，所以居业也。知至至之，可与几也。知终终之，可与存义也。是故居上位而不骄，在下位而不忧。故干干因其时而惕，虽危无咎矣。”

九四曰“或跃在渊，无咎”何谓也？子曰：“上下无常，非为邪也；进退无恒，非离群也。君子进德修业，欲及时也，故无咎。”

九五曰“飞龙在天，利见大人”何谓也？子曰：“同声相应，同气相求；水流湿，火就燥。云从龙，风从虎。圣人作而万物睹。本乎天者亲上，本乎地者亲下，则各从其类也。”

上九曰“亢龙有悔”何谓也？子曰：“贵而无位，高而无民，贤人在下位而无辅，是以动而有悔也。”

【译文】初九说：“潜龙勿用”，说的是什么？孔子说：“潜龙，比喻有道德而隐居的君子。不为世俗有所转移，不求成名，避世隐居而没有苦闷，别人看不见他的正确而没有烦恼。对高兴的事就去做，对可忧的事就避开，坚定地不可改变，是潜龙。”

九二说："见龙在田，利见大人"，说的是什么？孔子说："龙现，比喻有德且行正中之道的人。常言的信，常行的谨慎，防止邪僻。保存他的真诚，使世俗变好却不自夸，德泽广大而感化人。《易》说：'见龙在田，利见大人'，是有君子之德。"

九三说："君子终日乾乾，夕惕若，厉无咎"，说的是什么？孔子说："君子提高品德，治理事业。讲忠信所以提高品德；修饰言辞确立在诚实上，所以处理事业。知道进德的程度而达到它，可以跟他讲诚伪微茫的辨别。知道修业的结果，终于达到它，可以保存合义。因此处在上位的时候不敢心怀骄慢，处在下位的时候心也不会忧郁，所以不停地前进，随时警惕，虽处境危险也无害了。"

九四说："或跃在渊，无咎"，说的是什么？孔子说："像龙一样，或上或下，没有一定，不是为了邪僻；或进或退，没有一定，不是离开群众。好比君子进德修业，要及时有所作为，所以无害。"

九五说："飞龙在天，利见大人"，说的是什么？孔子说："声同的互相应和，气同的相互求取。水流向低湿处，火趋向干燥处。云跟从龙，风跟从虎。圣人制作而万人仰望。确立在天上的亲附上天，确立在地上的亲附下地，是各从它的类别。"

上九说："亢龙有悔"，说的是什么？孔子说："尊贵而没有地位，（君子位在九五，所以上九无位）。高而没有民，（民在下，所以上九无民）。贤人在下位而他没有辅佐，（贤人指九三之君子，在九三，所以上九无贤），因此动而有悔。"

"潜龙勿用"，下也。"见龙在田"，时舍也。"终日乾乾"，行事也。"或跃在渊"，自试也。"飞龙在天"，上治也。"亢龙有悔"，穷之灾也。乾元"用九"，天下治也。

【译文】"潜龙勿用"，指处在下位。"见龙在田"，指暂时住在民间。"终日乾乾"，指办事勤勉。"或跃在渊"，比喻活动在下层，自试其才能。"飞龙在天"，比喻处于上位治理国家。"亢龙有悔"，比喻达到极点造成灾祸。乾元"用九"，（群龙无首，没有天子，只有首领），天下太平。

潜龙勿用，阳气潜藏。见龙在田，天下文明。终日乾乾，与时偕行。或跃在渊，乾道乃革。飞龙在天，乃位乎天德。亢龙有悔，与时偕极。乾元用九，乃见天则。

【译文】（初九）"潜龙勿用"，指阳气潜藏在地下。（九二）"见龙在田"，指天下富有文采而光明。（九三）"终日乾乾"，指跟着时机一起前进。（九四）"或跃在渊"，指天道开始有变。（九五）"飞龙在天"，指处在君德的位子。（上九）"亢龙有悔"，阳气跟着时节一起达到极点。乾元"用九"，乃现天道运行的规律。

乾元者，始而亨者也。利贞者，性情也。乾始能以美利利天下，不言所利，大矣哉！

大哉乾乎！刚健中正，纯粹精也。六爻发挥，旁通情也。时乘六龙，以御天也。云行雨施，天下平也。

君子以成德为行，日可见之行也。潜之为言也，隐而未见，行而未成，是以君子弗用也。

君子学以聚之，问以辩之，宽以居之，仁以行之。《易》曰："见龙在田，利见大人。"君德也。

九三重刚而不中，上不在天，下不在田。故乾乾因其时而惕，虽危无咎矣。

九四重刚而不中，上不在天，下不在田，中不在人，故或之。或之者，疑之也，故无咎。

夫大人者，与天地合其德，与日月合其明，与四时合其序，与鬼神合其吉凶。先天而天弗违，后天而奉天时。天且弗违，而况于人乎？况于鬼神乎？

亢之为言也，知进而不知退，知存而不知亡，知得而不知丧。其唯圣人乎？知进退存亡而不失其正者，其唯圣人乎！

【译文】乾卦的"元"，开始化生万物而得通顺。"利贞"，天的化生能有利于万物性情之正。天开始能用美利来使天下得利，不说得利之物，伟大啊！又刚健，又中正，纯粹而精美。乾卦六爻发挥作用，广通于天道、人道的情状。乾德像按时乘着六龙驾驶的车子巡行于天上。像云在流动，雨在下降，天下和平。

君子以成就德业为行动，每天可以看见他的行动。初九说的"潜"，隐伏而没有看见，行动而没有成就，因此君子不用它。

君子用学习来积累知识，用问来辨明是非，用宽容来存心，用仁心来行事。《易》说："见龙在田，利见大人"，是君主的德行。

九三处在两重刚位，但在六爻内不在中间，向上不像九五的在天位，向下不像九二的在田野，（九三处在人位），所以勤勉地随时警惕，处境虽危却没有害处。

九四处在三重刚位，在六爻内不在中间，向上不像九五的在天位，向下不像九二的在田野，向中不像九三的在人位，所以说"或"。说"或"表示疑而未定，所以无害。

大人的德与天地好生之德相合，他的明察与日月的普照相合，他的恩威与四时的顺序相合，他的赏罚与鬼神福善祸恶相合。他走在天象之前而不违反他，他走在天象之后依天时行事。天象尚且不违反他，何况人呢？何况鬼神呢？

（上九）的"亢"，只知进而不知退，只知存而不知亡，只知得到而不知丧失，他是愚人吧。知道进退存亡而不失掉他的正确的，他是圣人吧！

坤卦

坤至柔而动也刚，至静而德方，后得主而有常，含万物而化光。坤道其顺乎，承天而时行。积善之家必有余庆，积不善之家必有余殃。臣弑其君，子弑其父，非一朝一夕之故，其所由来者渐矣。由辩之不早辩也。《易》曰："履霜，坚冰至。"盖言顺也。"直"其正也，"方"其义也。君子敬以直内，义以方外，敬义立而德不孤。"直方大，不习无不利。"则不疑其所行也。阴虽有美，"含"之以从王事，弗敢成也。地道也，妻道也，臣道也。地道"无成"而代"有终"也。天地变化，草木蕃，天地闭，贤人隐。《易》曰："括囊，无咎无誉。"盖言谨也。君子黄中通理，正位居体，美在其中，而畅于四支，发于事业，美之至也！阴疑于阳必战，为其嫌于无阳也。故称"龙"焉犹未离其类也，故称"血"焉。夫"玄黄"者，天地之杂也，天玄而地黄。

【译文】坤极其柔顺，但动显示出它的刚强；（坤）极其静止，但尽得地之方正。后找到主人而有常道（行之）含藏万物而化育广大。坤道多么柔顺，顺承天道依时而行。积善之家，必定福庆有余，积不善之家，必定灾殃有余。大臣杀掉国君，儿子杀死父亲，这并非一朝一夕所造成的，（祸患的产生）由来已久，渐积而成。由于没有及早察觉此事。《周易》说："踏霜之时，预示坚冰之日将至。"这是说顺从事物发展结果。"直"是说正直，"方"是说事物处置的适宜。君子用恭敬以使内心正直，用处事之宜来方正外物，"敬"与"义"已确立而道德就不孤立了。"直方大，不熟习没有不利的"。（这样）则没有人怀疑他的行为了。坤阴虽有美德，"含藏"它以跟从大王做事，不敢成就（自己的功名）。这就是地道、妻道、臣道。地道虽"没有成就"自己的功名，但替（天道）"终结了"（养育万物之事）。天地交感变化，草木蕃盛；天地闭塞不交，贤人隐退。《周易》说："束扎口袋，没有咎灾，没有名誉。"这是说谨慎的道理，君子内有中德通达文理，外以柔顺之体居正位，美存在于心中，而通畅于四肢，发见于事业，这可是美到极点啦！坤阴交接于阳，阴阳必定会发生战斗，为嫌（坤）没有阳，所以（《坤》上六爻辞）称"龙"，然而此爻又未曾离开阴类，故爻辞称"血"。这"玄黄"，是天地的杂色，天色为玄，地色为黄。

序卦

有天地，然后万物生焉。盈天地之间者唯万物，故受之以屯。屯者，盈也。屯者，物之始生也。物生必蒙，故受之以蒙。蒙者，蒙也，物之稺也。物稺不可不养也，故受之以需。需者，饮食之道也。饮食必有讼，故受之以讼。讼必有众起，故受之以师，师者，众也。众必有所比，故受之以比。比者，比也。比必有所畜，故受之以小畜。物畜然后有礼，故受之以履。履而泰然后安，故受之以泰。泰者，通也。物不可以终通，故受之以否。物不可以终否，故受之以同人。与人同者，物必归焉，故受之以大有。有大者不可以盈，故受之以谦。有大而能谦必豫，故受之以豫。豫必有随，故受之以随。以喜随人者必有事，故受之以蛊。蛊者，事也。有事而后可大，故受之以临。临者，大也。物大然后可观，故受之以观。可观而后有所合，故受之以噬嗑。嗑者，合也。物不可以苟合而已，故受之以贲。贲者，饰也。致饰然后亨则尽矣，故受之以剥。剥者，剥也。物不可以终尽剥，穷上反下，故受之以复。复则不妄矣，故受之以无妄。有无妄，然后可畜，故受之以大畜。物畜然后可养，故受之以颐。颐者，养也。不养则不可动，故受之以大过。物不可以终过，故受之以坎。坎者，陷也。陷必有所丽，故受之以离。离者，丽也。

【译文】有了天地，然后万物产生了。充满天地之间的只有万物，故（《乾》《坤》后）继之以《屯》。屯，盈满。屯，万物开始生长，万物生长必然蒙昧幼小，所以继之以《蒙》。蒙，蒙昧。（是指）万物幼稚。万物幼稚不可不养育。所以继之以《需》。需，饮食之道。饮食必会发生争讼，所以继之以《讼》。争讼必会将众人激起，所以继之以《师》。师，聚众。人众必有所亲附，所以继之以《比》。比，亲附，亲比必会有蓄养，所以继之以《小畜》。物既积蓄（众人温饱）然后礼仪产生，所以继之以《履》。履礼而泰和然后（民）安，所以继之以《泰》。泰，亨通。万物不会永远亨通，所以继之以《否》。万物不会永远闭塞，所以继之以《同人》。与人同志，万物归顺，所以继之以《大有》。拥有大（富）而不可满盈，所以继之以《谦》。有大（富）而能谦让必定安乐，所以继之以《豫》。安乐必定要有人随从，所以继之以《随》。以喜东随从他人者必定发生事端，所以继之以《蛊》。蛊，事端，事端（经治）后（功业）可以盛大，所以继之以《临》。临，盛大，物盛大然后才能仰观，所以继之以《观》。可仰观必有所合，所以继之以《噬嗑》。嗑，相合。万物不可以只合而已，所以继之以《贲》。贲，文饰。致力于文饰然后亨通则会穷尽，所以继之以《剥》。剥，剥落。万物不会永远极尽剥落。上穷尽必复返于下，所以继之以《复》。复返则不会妄行，所以接着是（象征不妄为的）无妄卦。能够不随意妄为然后可以积蓄美德，所以继之以《大畜》。万物有了积蓄然后可以养育，所以继之以《颐》。颐，养育。不养育则不可有所作为，所以继之以《大过》。万物不会永久过极，所以继之以《坎》。坎，陷险。陷险必定要有所依附，所以继之以《离》。离，依附。

天以地，然后有万物。有万物，然后有男女，有男女，然后有夫妇。有夫妇，然后有父子。有父子，然后有君臣。有君臣，然后有上下。有上下，然后礼仪有所错。夫妇之道，不可以不久也，故受之以恒。恒者，久也。物不可以久居其所，故受之以遯。遯者，退也。物不可以终遯，故受之以大壮。物不可以终壮，故受之以晋。晋者，进也。进必有所伤，故受之以明夷。夷者，伤也。伤于外者必反其家，故受之以家人。家道穷必乖，故受之以睽。睽者，乖也。乖必有难，故受之以蹇。蹇者，难也。物不可以终难，故受之以解。解者，缓也。缓必有所失，故受之以损，损而不已必益，故受之以益。益而不已必决，故受之以夬。夬者，决也。决必有遇，故受之以姤。姤者，遇也。物相遇而后聚，故受之以萃。萃者，聚也。聚而上者谓之升。故受之以升。升而不已或困，故受之以困。困乎上者必反下，故受之以井。井道不可不革，故受之以革。革物者莫若鼎，故受之以鼎。主器者莫若长子，故受之以震。震者，动也。物不可以终动，止之，故受之以艮。艮者，止也。物不可以终止，故受之以渐。渐者，进也。进必有所归，故受之以归妹。得其所归者必大，故受之以丰。丰者，大也。穷大者必失其居，故受之以旅。旅而无所容，故受之以巽。巽者，入也。入而后说之，故受之以兑。兑者，说也。说而后散之，故受之以涣。涣者，离也。物不可以终离，故受之以节。节而信之，故受之以中孚。有其信者必行之，故受之以小过。有过物者必济，故受之以既济。物不可穷也，故受之以未济。终焉。

【译文】有天地然后才会有万物，有万物然后人分成男女，有男女然后才能匹配夫妇。有夫妇然后才产生父子关系。有父子关系然后才有君臣（之别），有君臣（之别）然后才有上下（等级名分），有上下（等级名分）然后礼仪才有所设置。夫妇之间的感情不可以不长久，故（《咸》之后）继之以《恒》。恒，长久。万物不可以长久居于一个地方，所以继之以《遯》。遯，隐退。万物不可以长久隐退，所以继之以《大壮》。万物不可以长久盛壮，所以继之以《晋》。晋，上进。上进必遭伤害，所以继之以《明夷》。夷，伤，在外遭受伤害必返回家内，所以继之以《家人》。家道穷困必定会发生乖异，所以继之以《睽》。睽，乖异。乖异必定带来险难，所以继之以《蹇》。蹇，险难。万物不可以始终有险难，所以继之以《解》。解，缓解。缓解必定会有所损失，所以继之以《损》。不停损失必将转向增益，所以以继之以《益》。不断增益充盈必会决去，所以继之以《夬》。夬，决去。决去必定有所交遇，所以继之以《姤》。姤，交遇。万物相遇之后而相聚会，所以继之以《萃》。萃，聚会。聚会之后共同上进叫做升，所以继之以《升》。进升不停必定陷入困境，所以继之以《困》。穷困于上必定会返于下，所以继之以《井》。井水之道不可不变革，所以继之以《革》。变革诸物（化凉为热、化生为熟）莫过于鼎器，所以断之以《鼎》。主管鼎器（的人）莫过于长子，所以继之以《震》。震，动。事物不可能永久动，使它停止，所以继之以《艮》。艮，止。事物不可永久停止，所以继之以《渐》。渐，渐进。渐进要有所归宿，所以继之以《归妹》。能得到归宿的必定盛大（富有），所以继之以《丰》。丰，盛大。盛大穷极必定会失其居所，所以继之以《旅》。旅行而无处容身，所以继之以《巽》。巽，入。入而后（安定）欢悦，所以继之以《兑》。兑，欣悦。欢悦后（其情）扩散，所以继之以《涣》。涣，离散。万物不可以长久离散，所以继之以《节》。能节制而又有诚信，所以继之以《中孚》。

有诚信必然行动，所以继之以《小过》。有超越事物能力者必能成功，所以继之以《既济》。事物永远不穷尽，所以继之以《未济》。（六十四卦在《未济》中）结束。

书

亦名《尚书》，所载皆上古典、谟、训诂、誓命之文，为孔子所删定，上断唐尧，下讫秦穆，实世界最古之史也。秦火《书》亡。汉初，济南伏生口授晁错二十八篇，号为《今文尚书》。武帝时，鲁恭王坏孔子宅，于壁中得竹简《尚书》，皆蝌蚪文。孔安国合以今文，省其重复，多若干篇，为之作传，是名《古文尚书》。然其书不显行于世，至东晋梅赜，始得而上之。唐人为作正义，传于现代，凡五十八篇。惟自宋元以来，朱熹、吴澄皆谓古文本文字平易，与今文本不类，疑出依讬。至清初，阎若璩掊击最力，考证详明，因段为梅氏所伪作。平心而论，古文本伪容有之，然朱彝尊谓是《书》久颁学官，其言多缀辑逸经成文，无悖于理。譬之汾阴汉鼎，亦未尝不为宝物。故是编特两本并录，但各别为一类，以便诵览。至其真伪是非之故，则当俟读者之自得之也。

【译文】《书》也称作《尚书》，所记载的都是上古典、谟、训诂、誓命之类的文章，被孔子删除、编定过。所记载的事情最早从唐尧开始，直到秦穆公时代，实际上是世界最古老的一部史书。秦代焚书的时候，《尚书》也在被烧之列。汉代初年，济南伏生口授给晁错二十八篇《书》中的文章，被称为《今文尚书》。汉武帝时，鲁恭王毁坏孔子的住宅，从墙壁中获得写在竹简上的《尚书》，全部用蝌蚪文写成。孔安国把它跟《今文尚书》合在一起，把重复的地方删除，还多出几篇，又为它做传，命名为《古文尚书》。然而这本书并没有在世间流传开来，直到东晋时梅赜才得到它并把它进献给朝廷。唐代有人为它作正义，直到现在还有流传，总共五十八篇。但是从宋元两代以来，朱熹、吴澄都说古文版本文字较为平易，与今文版本不相似，怀疑它是伪作的。到了清代初年，阎若璩攻击得最厉害，考证也很详细明白，就把它断定为是梅氏伪作的书。实际上，古文版本有伪造的内容，然而朱彝尊认为是由于《书》长久在官方学校中使用，里面语句很多都是从逸失的经文里得来并编辑成书的，并没有违背道理。就像汾阴汉鼎，也可以算作宝物。所以本编把两种版本的《尚书》都收录进来，但分作两类，便于读者阅读。至于《尚书》版本的真伪、是非的争论，还要请读者自己去辨析。

尧典

曰若稽古，帝尧曰放勋，钦明文思安安，允恭克让，光被四表，格于上下。克明俊德，以亲九族。九族既睦，平章百姓。百姓昭明，协和万邦，黎民于变时雍。

【译文】查考往事，帝尧名叫放勋，他处理政务敬慎节俭，明察四方，善于治理天下，思虑通达，宽容温和，他确实对人恭敬，能够让贤，他的光辉普照四方，至于上下。他能发扬才智美德，使家族亲密和睦。家族和睦以后，又辨明百官的善恶。百官的善恶辨明了，又使各诸侯国协调和顺，天下众人从此也就友好和睦了。

乃命羲和，钦若昊天，历象日月星辰，敬授民时。分命羲仲，宅嵎夷，曰旸谷，寅宾出日，平秩东作。日中，星鸟，以殷仲春。厥民析，鸟兽孳尾。申命羲叔。宅南交。平秩南讹，敬致。日永，星火，以正仲夏。厥民因，鸟兽希革。分命和仲，宅西，曰昧谷。寅饯内日，平秩西成。宵中，星虚，以殷仲秋。厥民夷，鸟兽毛毨。申命和叔，宅朔方，曰幽都。平在朔易。日短，星昴，以正仲冬。厥民隩，鸟兽氄毛。帝曰：“咨！汝羲暨和。期三百有六旬有六日，以闰月定四时，成岁。允厘百工，庶绩咸熙。”

【译文】于是命令羲氏与和氏，严肃谨慎地遵循天数，推算日月星辰运行的规律，制定出历法，把天时节令告诉人们。分头命令羲仲，居住在东方的旸谷，恭敬地迎接日出，辨别测定太阳东升的时刻。昼夜长短相等，南方朱雀七宿黄昏时出现在天的正南方，这一天定为春分。这时，人们分散在田野，鸟兽开始生育繁殖。又命令羲叔，居住在南方的交趾，辨别测定太阳往南运行的情况，恭敬地迎接太阳向南回来，白昼时间最长，东方苍龙七宿中的火星黄昏时出现在南方，这一天定为夏至。这时，人们住在高处，鸟兽的羽毛稀疏。又命令和仲，居住在西方的昧谷，恭敬地送别落日，辨别测定太阳西落的时刻。昼夜长短相等，北方玄武七宿中的虚星黄昏时出现在天的正南方，这一天定为秋分。这时，人们又回到平地上居住，鸟兽换生新毛。又命令和叔，居住在北方的幽都，辨别观察太阳往北运行的情况。白昼时间最短，西方白虎七宿中的昴星黄昏时出现在正南方，这一天定为冬至。这时，人们居住在室内，鸟兽长出了柔软的细毛。尧说：“啊！你们羲氏与和氏啊，一周年是三百六十六天，要用加闰月的办法确定春夏秋冬四季来成岁。由此规定百官的职守，各种事情就都兴起了。

帝曰：“畴咨若时登庸？”

放齐曰：“胤子朱启明。”

帝曰：“吁！嚚讼可乎？”

帝曰：“畴咨若予采？”

欢兜曰：“都！共工方鸠僝功。”

帝曰：“吁！静言庸违，象恭滔天。”

帝曰：“咨！四岳。汤汤洪水方割，荡荡怀山襄陵，浩浩滔天。下民其咨，有能俾乂？”

佥曰：“於！鲧哉。”

帝曰：“吁！咈哉，方命圮族。”

岳曰：“异哉！试可乃已。”

帝曰：“往，钦哉！”九载，绩用弗成。

【译文】尧帝说：“啊！谁能顺应天时被提升任用呢？”

放齐说：“您的儿子丹朱很开明。”

尧帝说：“唉！他说话虚妄，又好争辩，可以吗？”

尧帝说：“谁善于处理政务呢？”

欢兜说：“嗯！共工在广泛聚集人力方面已具有成效啊！”

尧帝说：“哼！他花言巧语，阳奉阴违，貌似恭谦，其实对老天也轻慢不敬。”

尧帝说：“啊！四方诸侯之长！滔滔的洪水到处危害人们，水势奔腾包围了山岭，淹上了高冈，浩浩荡荡，浊浪接天。臣民百姓都在叹息，有能使洪水得到治理的吗？”

人们都说：“啊！鲧吧。”

尧帝说：“哼！他违背人意，不服从命令，危害族人。”

四方诸侯之长说：“不是这样吧！试试，不行就算了。”

尧帝说：“去吧，鲧！可要谨慎啊！”过了九年，鲧没有取得成效。

帝曰：“咨！四岳。朕在位七十载，女能庸命，巽朕位？”

岳曰：“否德，忝帝位。”

曰：“明明扬侧陋。”

师锡帝曰：“有鳏在下，曰虞舜。”

帝曰：“俞！予闻，如何？”

岳曰：“瞽子，父顽，母嚚，象傲，克谐。以孝烝烝，乂不格奸。”

帝曰："我其试哉！女于时，观厥刑于二女。"厘降二女于妫汭，嫔于虞。

帝曰："钦哉！"

【译文】尧帝说："啊！四方诸侯之长！我在位七十年，你们谁能顺应天命，取代我的帝位？"

四方诸侯之长说："我们德行鄙陋，不配取代帝位。"

尧帝说："可以明察贵戚中的贤良，也可以推举地位卑微的贤良嘛。"

众人提议说："在下面有一个穷困的平民百姓，名叫虞舜。"

尧帝说："是的，我也曾经听说过，这个人怎么样呢？"

四方诸侯之长回答说："他是乐官瞽瞍的儿子。他的父亲心术不正派，后母说话不忠诚，弟弟象傲慢不友好，而舜能同他们和谐相处。他以孝行美德感化他们，又加强自身修养，不流于邪恶。"

尧帝说："让我试试吧！我要把两个女儿嫁给舜，从我两个女儿眼里观察舜的德行。"于是命令两个女儿下到妫水的转弯处，嫁给虞舜。

尧帝说："严肃谨慎地处理政务吧！"

慎徽五典，五典克从。内于百揆，百揆时叙；宾于四门，四门穆穆；内于大麓，烈风雷雨弗迷。帝曰："格！女舜。询事考言，乃言底可绩，三载。女陟帝位。"舜让于德，弗嗣。

【译文】他首先让舜慎重地传播父义、母慈、兄友、弟恭、子孝五种美德，人们都能顺从五种美德而不乱伦。然后让舜总理一切事物，各种事物都处理得井井有条。接着又让舜在明堂四门迎接四方来朝的宾客，四方来朝的宾客都肃然起敬。又让舜担任守山林的官，即使在暴风雷雨的恶劣天气也不迷误。尧帝说："来吧！舜啊。我同你谋划政事，又考察你的言论，你提的建议一定可以成功。已经三年了，现在就登上帝位吧！"舜要谦让给有德的人，不肯继承帝位。

正月上日，受终于文祖。在璿玑玉衡，以齐七政。肆类于上帝，禋于六宗，望于山川，遍于群神。辑五瑞。既月乃日，觐四岳群牧，班瑞于群后。

岁二月，东巡守，至于岱宗，柴。望秩于山川，肆觐东后。协时月正日，同律度量。衡修五礼、五玉、三帛、二生、一死贽。如五器，卒乃复。五月南巡守，至于南岳，如岱礼。八月西巡守，至于西岳，如初。十有一月朔巡守，至于北岳，如西礼。归，格于艺祖，用特。

五载一巡守，群后四朝。敷奏以言，明试以功，车服以庸。

【译文】正月的一个吉日，舜在尧的太庙接受了禅让的帝位。他观察了北斗七星，列出了七项政事，然后向天帝报告继承帝位的事，又祭祀天地四时，祭祀山川和群神，接着又聚敛了诸侯五种圭玉，选择吉月吉日，接受四方诸侯君长的朝见，把圭玉颁发给各位君长。

这年二月，舜到东方巡视，到达泰山和其他山川，都按地位尊卑依次举行了祭祀，然后，接受了东方诸侯君长的朝见。协调春、夏、秋、冬四时的月份，确定天数；统一音律和度、量、衡；制定了公、侯、伯、子、男五等爵位朝聘的礼节；五种圭玉、三种不同颜色的丝绸、活羊羔、活雁、死野鸡，分别作为诸侯、大夫和士朝见时的贡物；而五种圭玉，等朝见完毕后，仍然还给诸侯。五月，舜到南方巡视，到达南岳后，所行的各种礼节同在泰山时一样。八月，舜到西方巡视，到达西岳后，所行的各种礼节同当初一样。十一月，舜到北方巡视，所行的礼节同在西岳一样。回来后，到尧的太庙祭祀，用一头牛作祭品。

以后，每五年都要巡视一次，诸侯在四岳朝见，详细地报告自己的政绩，然后考察他们的政绩，赏赐车马衣物作为酬劳。

肇十有二州，封十有二山，浚川。

象以典刑，流宥五刑，鞭作官刑，扑作教刑，金作赎刑。灾肆赦，怙终贼刑。钦哉，钦哉，惟刑之恤哉！

流共工于幽州，放欢兜于崇山，窜三苗于三危，殛鲧于羽山，四罪而天下咸服。

【译文】舜开始划定十二州的疆界，在十二州的名山上封土为坛作祭祀用，同时疏通了河道。

舜又在器物上刻画五种常用的刑罚，用流放的办法宽恕犯了五刑的罪人，用鞭打作为官府的刑罚，用木棍打作为学校的刑罚，用金作为赎罪的刑罚。如果是过失罪，就赦免他；如果坚持作恶又不知悔改，那就要施加刑罚。谨慎啊，谨慎啊，使用刑罚要十分慎重啊！

于是把共工流放到幽州，把欢兜流放到崇山，把三苗驱逐到三危，把鲧流放到羽山。四个罪人都得到了应有的处理，天下的人都心悦诚服了。

二十有八载，放勳殂落。百姓如丧考妣，三载，四海遏密八音。月正元日，舜格于文祖，询于四岳，辟四门，明四目，达四聪。

“咨，十有二牧！”曰，“食哉惟时！柔远能迩，惇德允元，而难任人，蛮夷率服。”

舜曰：“咨，四岳！有能奋庸熙帝之载，使宅百揆亮采，惠畴？”

佥曰：“伯禹作司空。”

帝曰：“俞，咨！禹，女平水土，惟时懋哉！”禹拜稽首，让于稷、契暨皋陶。

帝曰：“俞，女往哉！”

帝曰："弃，黎民阻饥，女后稷，播时百谷。"

帝曰："契，百姓不亲，五品不逊。汝作司徒，敬敷五教，在宽。"

帝曰："皋陶，蛮夷猾夏，寇贼奸宄。汝作士，五刑有服，五服三就。五流有宅，五宅三居。惟明克允！"

【译文】舜继承帝位二十八年后，尧帝逝世了。人们好像死了父母一样悲痛，三年间，全国上下一片寂静，断绝了乐音。三年后正月的一个吉日，舜到了尧的太庙，与四方诸侯君长谋划政事，打开明堂四门宣布政教，使四方见得明白真切，听得清楚全面。

"啊，十二州的君长！"

舜帝说："生产民食必须不违农时！安抚远方的臣民，爱护近处的臣民，亲厚有德的人，信任善良的人，拒绝邪佞的人，能够这样，边远的外族都会服从你们。"

都说："伯禹可以作司空。"

舜帝说："好啊！禹，你曾经平定水土，现在你要奋勉啊！"禹跪拜叩头，让给稷、契和皋陶。

舜帝说"好啦，还是你去吧！"

舜帝说："弃，人们忍饥挨饿，你主持农业，教人们播种各种谷物吧！"

舜帝说："契，百姓不亲，父母兄弟子女都不和顺。你作司徒吧，谨慎地施行五常教育，注意宽厚吧。"

舜帝说："皋陶，外族侵扰我们中国，抢劫杀人，造成外患内乱。你作狱官之长吧，五刑各有使用的方法，五种用法分别在野外、市、朝三处执行。五种流放有各自的处所，分别流放到三个远近不同的地方。要明察案情，处理公允！"

帝曰："畴若予工？"

佥曰："垂哉！"

帝曰："俞，咨！垂，女共工。"垂拜稽首，让于殳斨暨伯与。

帝曰："俞，往哉！女谐。"

帝曰："畴若予上下草木鸟兽？"

佥曰："益哉！"

帝曰："俞，咨！益，女作朕虞。"益拜稽首，让于朱虎、熊罴。

帝曰："俞，往哉！女谐。"

帝曰："咨！四岳，有能典朕三礼？"

佥曰："伯夷！"

帝曰："俞，咨！伯，女作秩宗。夙夜惟寅，直哉惟清。"伯拜稽首，让于夔、龙。

帝曰："俞，往，钦哉！"

【译文】舜帝说：“谁善于担任掌管我们百工的官？”

都说：“垂啊！”

舜帝说：“好啊！垂，你担任掌管百工的官吧！”垂跪拜叩头，让给殳斨和伯与。

舜帝说：“好啦，去吧！你同他们一起去担任这项工作吧。”

舜帝说：“谁能替我掌管山丘草泽的草木鸟兽呢？”

都说：“益啊！”

舜帝说：“好啊！益，你担任我的虞官吧。”益跪拜叩头，让给朱虎、熊罴。

舜帝说：“好啦，去吧！你同他们一起去担任这项工作吧。”

舜帝说：“啊！四方诸侯的君长，有谁能替我主持祭祀天神、地祇、人鬼的三礼呢？”

都说：“伯夷！”

舜帝说：“好啊！伯夷，你担任掌握祭祀的礼官吧。不论早晚都要恭敬地祭祀鬼神，而且要正直、清明。”伯夷跪拜叩头，让给夔和龙。

舜帝说：“好啦，去吧！要谨慎啊！”

帝曰：“夔！命女典乐，教胄子，直而温，宽而栗，刚而无虐，简而无傲。诗言志，歌永言，声依永，律和声。八音克谐，无相夺伦，神人以和。”

夔曰：“於！予击石拊石，百兽率舞。”

帝曰：“龙，朕堲谗说殄行，震惊联师。命女作内言，夙夜出纳朕命，惟允！”

帝曰：“咨！女二十有二人，钦哉！惟时亮天功。”

三载考绩，三考，黜陟幽明，庶绩咸熙。

分北三苗。

【译文】舜帝说：“夔！任命你主持乐官，教导年轻人，使他们正直而温和，宽大而谨慎，刚毅而不粗暴，简约而不傲慢。诗是表达思想感情的，歌是唱出表达思想感情的语言，宫、商、角、徵、羽五声是根据歌唱定出来的，六律是和谐五声的。如果八类乐器的声音能够调和，不搞乱相互的次序，那么神和人都会因此而和谐了。”

夔说：“啊！我敲击着石磬，使各种兽类都依着音乐舞起来吧。”

舜帝说：“龙！我厌恶谗毁的言论和贪残的行为，因为它们使我的民众震惊。我任命你做纳言的官，不论早晚，传达我的命令，转告下面的意见，必须真实！”

舜帝说：“啊！你们二十二人，要谨慎啊！要好好领导天下大事啊！”

舜帝三年考察一次政绩，考察三次后，罢免昏庸的官员，提拔贤明的官员，于是，许多工作都兴盛起来了。

同时，又对三苗分别作了安置。

舜生三十征，庸三十，在位五十载，陟方乃死。

【译文】舜三十岁时被征召，在官位三十年，在帝位五十年，巡狩南方时去世。

皋陶谟

曰若稽古，皋陶曰："允迪厥德，谟明弼谐。"

禹曰："俞！如何？"

皋陶曰："都！慎厥身修，思永。惇叙九族，庶明励翼，迩可远在兹。"

禹拜昌言曰："俞！"

皋陶曰："都！在知人，在安民。"

禹曰："吁！咸若时，惟帝其难之。知人则哲，能官人；安民则惠，黎民怀之。能哲而惠，何忧乎驩兜？何迁乎有苗？何畏乎巧言令色孔壬？"

【译文】考察上古的时候，皋陶说："诚信地遵循先帝的道德规范，提出明智的谋议，共同团结一致地辅佐天子。"

大禹问道："对啊！那么又该怎么做呢？"

皋陶答道："噢！谨慎诚敬地加强自身的修养，多从长远考虑，以宽厚的道德来感召并统率各个氏族，推举众多贤人作辅翼之臣，使政务逐步地由近及远推行到全境。"

禹拜领这样美好的见解，说道："是啊！"

皋陶又说："治政的根本在于知人善任，使人民安居乐业。"

禹说："唉！要想都做到这些，就是先帝也勉为其难啊！能了解下属的君主就是明智的君主，才能识拔真正的贤才任职；安民要使人民得到实惠，才能使人民怀恩感德。能够知人善任，又能够实惠于民，还担忧什么驩兜的作乱？还迁徙流放什么三苗，还怕什么巧言令色、惑乱政纲的奸佞小人呢？"

皋陶曰："都！亦行有九德。亦言其人有德。"

乃言曰："载采采。"

禹曰："何？"

皋陶曰："宽而栗，柔而立，愿而恭，乱而敬，扰而毅，直而温，简而廉，刚而塞，强而义。彰厥有常，吉哉！日宣三德，夙夜浚明有家。日严祗敬六德，亮采有邦。翕受敷施，九德咸事，俊乂在官。百僚、师师、百工惟时，抚于五辰，庶绩其凝。

【译文】皋陶说："是啊！人本该有九种德行，有必要谈谈一个人应该具有的这些德行。"于是就列举说："说一个人有德，就要从他一件件行事来看。"

禹问道："那是怎么看呢？"

皋陶告诉他："宽仁而又严肃，温和谦柔但又坚定自立，诚实自持但又谦虚恭敬，才能出众但又恭敬踏实，驯顺可亲但又果断刚毅，正直无私但又温和近人，恣意放旷但又敛收约束，刚正不阿但又充实不虚，暴烈奋发但又一心向善。彰明光大这些德行，使之持之以恒，那是多么美好吉善的事啊！每天能遵从其中的三种德行，就能作为家臣早晚敬心劝勉卿大夫；每天严格敬遵其中的六种德行，就能作为卿大夫辅佐侍事诸侯。合乎三德六德的人得到普遍的任用，符合九德的人都给予职位，使才能杰出、年长德厚的人担任高位，成为百官们敬仰学习的榜样。这样，百官都会惟善是从了，都能遵循五星运行的规律、四季节气的变化来处理事务，许多事业就会遵循正道，走向成功了。

无教逸欲有邦。兢兢业业，一日二日万几。无旷庶官，天工人其代之。天叙有典，勑我五典五惇哉；天秩有礼，自我五礼有庸哉；同寅协恭和衷哉；天命有德，五服五章哉；天讨有罪，五刑五用哉；政事懋哉懋哉！天聪明，自我民聪明；天明威，自我民明威。达于上下，敬哉有土！"

皋陶曰："朕言惠可厎行？"禹曰："俞！乃言厎可绩。"皋陶曰："予未有知，思曰赞赞襄哉。"

【译文】不要使诸侯们安逸纵欲，而要兢兢业业，每天以处理繁重的政务为业。不要闲置官位或任用不合适的官员，上天的功业是靠人来代替实行的，因此一定要谨慎用人，否则就是违背天意。上天的道德秩序是有典常的，因此以仁、义、礼、智、信等五种道德来诫示我们；上天的尊卑顺序是有礼数的，因此以天子、诸侯、卿大夫、士、庶民等五种礼数来让我们遵循施用。这些道德礼数是教导我们互相敬重恭顺，团结合作的啊！上天赐命于那些同心协力有德行的人们，根据德行大小赐与五种绣有不同纹饰的服装，以区别五种等级；上天讨伐那些犯了罪的人们，根据罪行轻重施加五种不同的刑罚。政务繁重，因此一定要勤勉啊！努力啊！上天和民众的意志是相通一致的，上天所听取的意见，观察的问题，是从民众之中得来的；上天奖赏善人，惩罚恶人，是以民众的好恶为根据的。因此一定要了解并敬从上天的意志，顺应人民的意愿。一定要恭敬小心啊，有土之君！"

皋陶问禹："我的话都是顺应天意民心的，可以得到施行吗？"

禹答道："当然！您的话很正确，一定能得到遵行。"

皋陶说："其实我又懂得什么呢？不过每天想着怎样才能勤勉地宣扬光大先帝的德行罢了！"

帝曰："来，禹！汝亦昌言。"

禹拜曰："都！帝，予何言？予思日孜孜。"皋陶曰："吁！如何？"禹曰："洪水滔天，浩浩怀山襄陵，下民昏垫。予乘四载，随山刊木，暨益奏庶鲜食。予决九川距四海，浚畎浍距川；暨稷播奏庶艰食、鲜食。懋迁有无化居。烝民乃粒，万邦作乂。"皋陶曰："俞！师汝昌言。"

【译文】舜帝说："来吧，禹！你也发表高见吧。"

禹拜谢说："啊！君王，我说什么呢？我只想每天努力工作罢了。"

皋陶说："嗯！究竟怎么样做呢？"

禹说："大水弥漫天空，浩浩汤汤地包围了山顶，漫上了丘陵，老百姓沉没陷落在洪水里。我乘坐四种交通工具，沿着山路砍削树木作为路标，同伯益一起把新杀的鸟兽肉送给百姓们。我疏通了九条河流，使它们流到四海，挖深疏通了田间的大水沟，使它们流进大河。同后稷一起播种粮食，把百谷、鸟兽肉送给老百姓，让他们互通有无，调剂余缺。于是，百姓们都安定下来了，各个诸侯国也得到了治理。"

皋陶说："好啊！你的这番话真好啊。"

禹曰："都！帝慎乃在位。"

帝曰："俞！"

禹曰："安女止，惟几惟康；其弼直，惟动丕应。徯志以昭受上帝，天其申命用休。"

帝曰："吁！臣哉邻哉！邻哉臣哉！"

禹曰："俞！"

帝曰："臣作朕股肱耳目。予欲左右有民，女翼；予欲宣力四方，女为；予欲观古人之象，日、月、星辰、山、龙、华虫、作会，宗彝、藻、火、粉米、黼、黻、絺绣，以五采彰施于五色作服，女明；予欲闻六律、五声、八音、七始（亦作"在治忽"），训以出内五言，汝听；予违，女弼。女无面從，退有后言。钦四邻，庶顽谗说，若不在时，侯以明之，挞以记之，书用识哉，欲并生哉，工以纳言，时而飏之，格则承之、庸之，否则威之。"

禹曰："俞哉！帝光天之下，至于海隅苍生，万邦黎献，共惟帝臣，惟帝时举。敷纳以言，明庶以功，车服以庸。谁敢不让，敢不敬应。帝不时敷，同，日奏，罔功。"

【译文】禹说："啊！舜帝。你要谨慎地对待你的在位的大臣啊！"

舜帝说："是啊！"

禹说："要尽到你的职责，考虑到大臣的安危；如果用正直的人做你的辅佐，只要你想动一动，天下就会大力响应。要等待有德的人明白地接受上帝的命令，那么，老天就会再三地赞美你。"

舜帝说："唉！大臣就是最亲近的人，最亲近的人就是大臣。"

禹说："对呀！"

舜帝说："大臣是我的得力帮手。我想帮助百姓，你辅佐我。我想花力气治理好四方，你帮助我。我想显示古人衣服上的图象，用日、月、星辰、山，龙、雉六种图形绘在上衣上，用虎、水草、火、白米、黑白相间的斧形花纹、黑青相间的'已'字花纹绣在衣裳上。用五种颜料明显地做成五种色彩不同的衣服，你们要做好。我要听六种乐律、五种声音、八类乐器的演奏，从声音的哀乐考察治乱，听取各方的意见，你们要听清楚。如果我有过失，你们就辅佐我。你们不要当面顺从我，背后又去议论。我恭敬地对待身旁的近臣！至于那些愚蠢而又喜欢恶意中伤别人的人，如果不能明察做臣的道理，就用射侯之礼明确地教训他们，用棍棒鞭打，从而警戒他们，并把他们的罪过记录在刑书上，让他们改悔上进！做官的要采纳下面的意见，好的就称颂宣扬，正确的就进献上去以便采用，做官的如果不采纳意见就要惩罚他们。"

禹说："好啊！舜帝，普天之下，至于海内的百姓，各诸侯国的众位贤人，都是您的臣子，舜帝您要善于举用他们。广泛地采纳他们的意见，明确地考察他们的事迹，赏赐车马衣服作为酬劳。如果这样，谁敢不让贤，谁敢不恭敬地听从您的命令？舜帝您不善于分利，好的坏的混同在一起，虽然天天进用人，也只能是劳而无功。"

帝曰："无若丹朱傲，惟慢游是好，傲虐是作。罔昼夜頟頟，罔水行舟。朋淫于家，用殄厥世。予创若时。予娶涂山，辛壬癸甲，启呱呱而泣，予弗子，惟荒度土功，弼成五服，至于五千，州十有二师。外薄四海，咸建五长，各迪有功。苗顽弗即工，帝其念哉！"

帝曰："迪朕德，时乃功惟叙。皋陶方祗厥叙，方施象刑惟明。"

【译文】禹说："不要象丹朱那样傲慢，只喜欢懒惰贪玩，戏谑作乐。不论白天晚上都不停止。洪水已经平定了，还坐在船上让人推着游玩。他还一群群地在家里淫乱，因而不能继承尧的帝位。我为他的这些行为感到悲伤。我娶了涂山氏的女儿，结婚后四天就治水去了。后来，启生下来呱呱地啼哭，我顾不上爱护他，只忙于考虑治理水土的事。我重新划定了五种服役地带，一直到五千里远的地方。每一个州征集三万人，从九州到四海边境，每五个诸侯国设立一个长，各诸侯长领导治水工作。只有三苗顽抗，不肯接受工作任务，舜帝您恐怕要为这事忧虑吧！"

舜帝说："还是用我们的德教去开导他们，如果依时行事，三苗应该会顺从的。皋陶敬重那些顺从的，对违抗的，正把刑杀的图象刻在器物上警戒他们，因此，三苗的事是会办好的。"

夔曰："戛击鸣球、搏拊、琴、瑟，以咏。"

祖考来格，虞宾在位，群后德让。下管鼗鼓，合止柷敔，笙镛以间。鸟兽跄跄，《箫韶》九成，凤皇来仪。

夔曰："於！予击石拊石，百兽率舞，庶尹允谐。"

【译文】夔说："敲起玉磬，打起搏拊，弹起琴瑟，唱起歌来吧。"

祖先、亡父的灵魂降临了，前代帝王的后裔、我们舜帝的宾客就位了，各个诸侯国君登上了庙堂互相揖让。庙堂下吹起管乐，打着小鼓，敲柷作为演奏乐曲的开始，笙和大钟交替演奏，敲敔作为演奏乐曲的结束。扮演飞禽走兽的舞队踏着节奏跳舞，韶乐变换演奏了九曲以后，扮演凤凰的舞队成双成队地出来跳舞了。

夔说："唉！我轻敲重击着石磬，扮演百兽的舞队都跳起舞来，各位官长也合着乐曲一同跳起来吧。"

帝庸作歌。曰："敕天之命，惟时惟几。"乃歌曰："股肱喜哉！元首起哉！百工熙哉！"

皋陶拜手稽首飏言曰："念哉！率作兴事，慎乃宪，钦哉！屡省乃成，钦哉！"乃赓载歌曰："元首明哉，股肱良哉，庶事康哉！"又歌曰："元首丛脞哉，股肱惰哉，万事堕哉！"帝拜曰："俞，往钦哉！"

【译文】舜帝因此作歌。说："勤劳天命，大概像这个样子就差不多了。"于是唱道："大臣们乐意办事哪，君王振作奋发哪，一切事情都会兴旺发达哪！"

皋陶跪拜叩头继续说："要念念不忘哪！统率起你所兴办的事业，谨慎地对待法度，要认真哪！经常考察你的成就，要认真哪！"于是继续作歌说："君王琐碎没有大志哪，大臣们懒惰懈怠哪，什么事情都会荒废哪！"

舜帝拜谢说："对啊！我们去认真干吧！"

汤誓

王曰:“格尔众庶,悉听朕言,非台小子,敢行称乱!有夏多罪,天命殛之。今尔有众,女曰:‘我后不恤我众,舍我穑事,而割正?’予惟闻女众言,夏氏有罪,予畏上帝,不敢不正。今女其曰:‘夏罪其如台?’夏王率遏众力,率割夏邑。有众率怠弗协,曰:‘时日害丧?予及女皆亡。’夏德若兹,今朕必往。”

【译文】王(汤)说:“来吧!诸位,听我说。不是小子我,要犯上作乱。这是因为夏国犯下许多罪行,天帝命令我去讨伐它。现在你们会问:‘我们的君王不怜悯我们众人,荒废我们耕种收获的事情,为什么要去征伐夏国呢?’我虽然听到你们说的这些话,但是夏氏有罪,我畏惧天帝,不敢不去征伐啊。现在你们大概会问:‘夏的罪行究竟是什么呢?’夏王耗尽了民力,剥削夏国人。民众怠慢不恭,厌恶他,说:‘这个太阳什么时候消失呢?我们愿意同你(夏桀)一起灭亡,夏的品德坏到这样,现在我一定要去讨伐他。”

“尔尚辅予一人,致天之罚,予其大赉女!尔无不信,朕不食言。尔不从誓言,予则孥戮汝,罔有攸赦。”

【译文】“希望你们辅佐我一个人,实行天帝对夏的惩罚,我将重重的赏赐你们!你们不要不相信,我不会不守信用。如果你们不遵守誓言,我就会把你们变成奴隶,或者杀死你们,不会有任何赦免。”

洪范

惟十有三祀,王访于箕子。王乃言曰:“呜呼!箕子。惟天阴骘下民,相协厥居,我不知其彝伦攸叙。”

箕子乃言曰：“我闻在昔，鲧堙洪水，汩陈其五行。帝乃震怒，不畀‘洪范’九畴，彝伦攸斁。鲧则殛死，禹乃嗣兴，天乃锡禹‘洪范’九畴，彝伦攸叙。

初一曰五行，次二曰敬用五事，次三曰农用八政，次四曰协用五纪，次五曰建用皇极，次六曰乂用三德，次七曰明用稽疑，次八曰念用庶征，次九曰向用五福，威用六极。

【译文】周文王十三年，武王询问箕子治国常理。武王问道：“啊！箕子，天帝庇荫安定下民，使他们和睦相处，我不知道那治国常理的规定的道理。”

箕子回答说：“我听说从前，鲧堵塞洪水，胡乱安排水、火、木、金、土五种用物。天帝震怒，不赐给鲧九种大法，治国的常理因此败坏了。后来，鲧被流放死了，禹继承兴起。天帝就把九种洪法赐给了禹，治国的常理因此定了下来。

“第一是五行。第二是认真做好五事。第三是努力施行八种政务。第四是合用五种记时方法。第五是建立君主的法则。第六是治民用三种德行。第七是明用稽考疑难的方法。第八是经常思虑各种征兆。第九是用五福和六极劝诫臣民。

一、五行：一曰水，二曰火，三曰木，四曰金，五曰土。水曰润下，火曰炎上，木曰曲直，金曰从革，土爰稼穑。润下作咸，炎上作苦，曲直作酸，从革作辛，稼穑作甘。

【译文】“一、五行：第一是水，第二是火，第三是木，第四是金，第五是土。水向下润湿，火向上燃烧，木可以弯曲可以伸直，金可以顺从人的意愿改变形状，土壤可以种植收获百谷。向下润湿的水产生咸味，向上燃烧的火产生苦味，可曲可直的木产生酸味，可顺从人的意愿改变形状的金属产生辣味，土壤里种植收获的百谷产生甜味。

二、五事：一曰貌，二曰言，三曰视，四曰听，五曰思心。貌曰恭，言曰从，视曰明，听曰聪，思曰睿。恭作肃，从作乂，明作晰，聪作谋，睿作圣。

【译文】“二、五事：一是容貌，二是言论，三是观察，四是听闻，五是思考。容貌要恭敬，言论要正当，观察要明白，听闻要广远，思考要通达。容貌恭敬就能严肃，言论正当就能治理，观察明白就能清晰，听闻广远就能善谋，思考通达就能圣明。

三、八政：一曰食，二曰货，三曰祀，四曰司空，五曰司徒，六曰司寇，七曰宾，八曰师。

【译文】“三、八种政务：一是管理民食的官，二是管理财货的官，三是管理祭祀的官，四是管理居民的官，五是管理教育的官，六是治理盗贼的官，七是管理朝觐的官，八是管理军事的官。

四、五祀：一曰岁，二曰月，三曰日，四曰星辰，五曰历数。

【译文】“四、五种记时方法：一是年，二是月，三是日，四是观察星辰出现情况，五是推算日月运行所经历的周天度数。

五、皇极：皇建其有极。敛时五福，用敷锡厥庶民。惟时厥庶民于女极。锡女保极：凡厥庶民，无有淫朋，人无有比德，惟皇作极。凡厥庶民，有猷有为有守，女则念之。不协于极，不离于咎，皇则受之。而康而色，曰：‘予攸好德。’女则锡之福。时人德斯其惟皇之极。无虐茕独而畏高明，人之有能有为，使羞其行，而邦其昌。凡厥正人，既富方谷，女弗能使有好于而家，时人斯其辜。于其无好，女虽锡之福，其作女用咎。无偏无陂，遵王之义；无有作好，遵王之道；无有作恶，尊王之路。无偏无党，王道荡荡；无党无偏，王道平平；无反无侧，王道正直。会其有极，归其有极。曰：皇，极之敷言，是彝是训，于帝其训，凡厥庶民，极之敷言，是训是行，以近天子之光。曰：天子作民父母，以为天下王。

【译文】“五、君王的法则：君王建立君权要有法则，掌握五种幸福，遍赐臣民，这样，臣民就会尊重您的法则。贡献您保持法则的方法：凡是臣下不要有邪党，百官不要有私相比附的行为，只要君王作出榜样。凡是臣下有计谋、有作为、有操守的人，您就要重视他们。行为不合法则，但没有陷入罪恶的人，你就宽容他们；假若他们和悦温顺地说：‘我遵行美德。’您就赐福给他们，于是，臣民就会思念君王的法则。不虐待无依无靠的人，敬畏明智显贵的人。如果某个人有才能有作为，就要让他献出他的才能。如此，国家就会繁荣昌盛。所有百官之长，平时有丰厚的俸禄，不让他们为国家出力做事，他们就要责怪您了。对于那些没有好德行的人，您赐给他们好处，反而危害您。您要不偏颇，要遵守王法；不要私心偏好，要遵守王道；不要为非作歹，要遵行正路。不要营私，不要结党，王道坦荡宽广；不要结党，不要行偏，王道平易；不要违反，不要倾侧，王道正直。君臣团结，臣民要守法，臣民归附君王，也要有法则。君王，对于上述的法则，要宣扬教导，天帝就顺心了。凡是百官要遵守以上的法则，以接近天子的光辉。天子作臣民的父母，因此才做天下的君王。

六、三德：一曰正直，二曰刚克，三曰柔克。平康，正直；强弗友，刚克；燮友，柔克。沈潜，刚克；高明，柔克。惟辟作福，惟辟作威，惟辟玉食。臣无有作福、作威、玉食。臣之有作福、作威、玉食，其害于而家，凶于而国。人用侧颇僻，民用僭忒。

【译文】“六、三种品德：一是正直，二是过于刚强，三是过于柔弱。中正和平，不刚不柔，就是正直；强势不可亲近就是过分刚强；和顺而不坚强就是过分柔顺。君王应当抑制刚强不可亲近的人，推崇和顺可亲的人。只有君王才能造福，对人施加刑法，享用美食。百官没有这些权力。假若臣子有权给人造福、施加刑法、用美食，就会害及您的家与国。百官因此背离王道，百姓也将犯上作乱。

七、稽疑：择建立卜筮人，乃命卜筮。曰雨，曰霁，曰蒙，曰驿，曰克，曰贞，曰悔，凡七。

卜五，占用二，衍忒。立时人作卜筮，三人占，则从二人之言。女则有大疑，谋及乃心，谋及卿士，谋及庶民，谋及卜筮。吉女则从，龟从，筮从，卿士从，庶民从，是之谓大同。身其康强，子孙其逢，女则从，龟从，筮从，卿士逆，庶民逆吉。卿士从，龟从，筮从，汝则逆，庶民逆，吉。庶民从，龟从，筮从，汝则逆，卿士逆，吉。汝则从，龟从，筮逆，卿士逆，庶民逆，作内吉，作外凶。龟筮共违于人，用静吉，用作凶。

【译文】“七、用占卜决疑：选择适合的人担任掌管卜筮的官员，教导他们卜筮的方法。龟兆有的像雨，有的像雨后的云气，有的像是雾气蒙蒙，有的像半有半无的升云，有的如同阴阳之气相侵；卦象有内卦，外卦，共计有七种。

前五种是龟兆，后两种是卦象，根据各种龟兆卦象推演变化，决定吉凶。任命官员进行卜筮。如果三个人占卜，就听从两个人的说法。假若有重大的疑难，自己先要考虑，再与卿士商量，然后与庶民商量，最后问卜筮官员。你赞同，龟卜赞同，蓍筮赞同，卿士赞同，庶民赞同，这叫大同。这样，自身安康强健，子孙昌盛，这是吉利。如果你赞同，龟卜赞同，蓍筮赞同，而卿士反对，庶民反对，也是吉利的。卿士赞同，龟卜赞同，蓍筮赞同，你反对，庶民反对，也是吉利。庶民赞同，龟卜赞同，蓍筮赞同，你反对，卿士反对，也是吉利。你赞同，龟卜赞同，蓍筮反对，卿士反对，庶民反对，在国内行事就吉利，在国外行事就不吉利。龟卜、蓍筮都与人意相违，不做事就吉利，做事就凶险。

八、庶征：曰雨，曰旸，曰燠，曰寒，曰风。曰时五者来备，各以其叙，庶草蕃庑。一极备，凶；一极无，凶。曰休征；曰肃，时雨若；曰乂，时旸若；曰晰，时燠若；曰谋，时寒若；曰圣，时风若。曰咎征：曰狂，恒雨若；曰僭，恒旸若；曰豫，恒燠若；曰急，恒寒若；曰蒙，恒风若。曰王省惟岁，卿士惟月，师尹惟日。岁月日时无易，百谷用成，乂用明，俊民用章，家用平康。日月岁时既易，百谷用不成，乂用昏不明，俊民用微，家用不宁。庶民惟星，星有好风，星有好雨。日月之行，则有冬有夏。月之从星，则以风雨。

【译文】“八、各种征兆：一叫雨天，一叫晴天，一叫温暖，一叫寒冷，一叫刮风。一年中这五种天气齐备，各根据正常的次序发生，百草就茂盛。某一种天气过多就会是荒年；某一种天气过少，也不好。好的征兆是：一叫君王肃敬，就像及时降雨；一叫君政能治，就像及时晴朗；一叫君王明智，就像及时温暖；一叫君王善谋，就像及时寒冷；一叫君王通理，就像及时刮风。君王行为坏的征兆：一叫狂妄，就像久雨；一叫不信，就像久晴；一叫逸豫，就像久暖；一叫严急，就像久寒；一叫昏昧，就像久风。君王视察政事，就像一年包括四时；卿士就像月，统属于岁；众尹就像日，统属于月。假若岁、月、日、时的关系没有改变，百谷就因此成熟，政治就因此清明，杰出的人才因此得到显扬，国家因此太平安宁。假若日、月、岁、时的关系全都改变，百谷就因此不能成熟，政治就因此昏暗不明，杰出的人才因此不能重用，国家因此不得安宁。百姓好比星星，有的星喜欢风，有的星喜欢雨。太阳和月亮的运行，就有冬天和夏天。月亮顺从星星，就要用风和雨润泽他们。

九、五福：一曰寿，二曰富，三曰康宁，四曰攸好德，五曰考终命。六极：一曰凶、短、折，二曰疾，三曰忧，四曰贫，五曰恶，六曰弱。”

【译文】“九、五种幸福：一是长寿，二是富足，三是健康安宁，四是遵行美德，五是高寿善终。六种不幸的事：一是早死，二是疾病，三是忧愁，四是贫穷，五是邪恶，六是弱小。”

金縢

既克商二年，王有疾，弗豫。二公曰：“我其为王穆卜。”周公曰：“未可以戚我先王？”公乃自以为功，为三坛同墠。为坛于南方，北面，周公立焉。植璧秉珪，乃告太王、王季、文王。

【译文】周灭商后的第二年，武王生了重病，身体不安。太公、召公说：“我们为王恭敬地卜问吉凶吧！”周公说：“不可以向我们先王祷告吗？”周公就把自身作为质，清出一块土地，在上面筑起三座祭坛。又在三坛的南方筑起一座台子。周公面向北方站在台上，放着玉，拿着珪，向太王、王季、文王祷告。

史乃册，祝曰："惟尔元孙某，遘厉虐疾。若尔三王是有丕子之责于天，以旦代某之身。予仁若考能，多材多艺，能事鬼神。

【译文】史官就写了册书，祝告说："你们的长孙姬发，遇到危急险恶的病。假若你们三位先王在天上，现在有助祭的职责，就用我姬旦代替姬发的身子吧！我柔顺巧能，多材多艺，能奉事鬼神。

乃元孙不若旦多材多艺，不能事鬼神。乃命于帝庭，敷佑四方，用能定尔子孙于下地。四方之民罔不祗畏。呜呼！无坠天之降宝命，我先王亦永有依归。今我即命于元龟，尔之许我，我其以璧与珪归俟尔命；尔不许我，我乃屏璧与珪。"

【译文】你们的长孙不如我多才多艺，不能奉事鬼神。而且他刚在天帝那里接受了任命，普遍取得了四方，因此能够在人间安定你们的子孙，天下的百姓也无不敬畏他。唉！不要丧失天帝降给周国宝贵的使命，我们的先王也就永远有所归依。现在，我来听命于大龟，如果你们允许我的请求，我就拿着璧和珪回去等待你们的命令；如果你们不允许我，我就收藏璧和珪，不敢再请了。"

乃卜三龟，一习吉。启籥见书，乃并是吉。公曰："体！王其罔害。予小子新命于三王，惟永终是图；兹攸俟，能念予一人。"

公归，乃纳册于金縢之匮中。王翼日乃瘳。

【译文】卜问三龟，都重复出现吉兆。打开藏书的锁钥查书，也都是吉利。周公说："根据兆形，大王的病没有危险。我刚刚向三位先王祷告，只谋求国运长远；现在期待的，是先王能够思念我侍奉鬼神。"

周公回去，史官把他祷告的册书放进金属装束的匣子中。第二天，周武王的病就好了。

武王既丧，管叔及其群弟乃流言于国，曰："公将不利于孺子。"周公乃告二公曰："我之弗辟，我无以告我先王。"

【译文】周武王死后，管叔和他的几个弟弟就在国内散布谣言，说："周公将会对成王不利。"周公就告诉太公、召公说："如果我不摄政，我将无辞告我先王。"

周公居东二年，则罪人斯得。于后，公乃为诗以贻王，名之曰《鸱鸮》。王亦未敢诮公。

【译文】周公留在东方两年，就捕获了罪人。后来，周公写了一首诗送给成王，叫它为《鸱鸮》。结果，成王只是不敢责备周公。

秋，大熟，未获，天大雷电以风，禾尽偃，大木斯拔，邦人大恐。王与大夫尽弁以启金滕之书，乃得周公所自以为功代武王之说。二公及王乃问诸史与百执事。对曰："信。噫！公命我勿敢言。"

【译文】秋天，百谷成熟，还没有收获，天空出现雷电与大风。庄稼都倒伏了，大树都被拔起，国人非常恐慌。周成王和大夫们都穿上朝服，打开金属装束的匣子，得到了周公以自身为质，请代武王的祝辞。太公、召公和成王就询问众史官以及许多办事官员。他们回答说："确实的。唉！周公告诫我们不能说出来。"

王执书以泣，曰："其勿穆卜！昔公勤劳王家，惟予冲人弗及知。今天动威以彰周公之德，惟朕小子其新逆，我国家礼亦宜之。"王出郊，天乃雨，反风，禾则尽起。二公命邦人凡大木所偃，尽起而筑之。岁则大熟。

【译文】成王拿着册书哭泣，说："不要再去敬卜了！过去，周公勤劳王室，我这年轻人来不及了解。现在上天动怒来显示周公的功德，我小子要亲自去迎接，我们国家的礼制也应该这样。"成王走出郊外，天还下着雨，风向反转，倒伏的庄稼又全部立起来。太公、召公命令国人，凡是被大树所压的庄稼，要全部扶起来，用土培好根，这一年获得大丰收。

无逸

周公曰："呜呼！君子所，其无逸。先知稼穑之艰难，乃逸，则知小人之依。相小人，厥父母勤劳稼穑，厥子乃不知稼穑之艰难，乃逸乃谚。既诞，否则侮厥父母曰：'昔之人无闻知。'"

【译文】周公说："啊！君子在位，切不可安逸享乐。先了解耕种收获的艰难，然后处在逸乐的境地，就会知道老百姓的痛苦。看那些老百姓，他们的父母勤劳地耕种收获，他们的儿子却不知道耕种收获的艰难，便安逸，便不恭。时间久了，于是就轻视侮慢他们的父母说：'老人们没有知识。'”

周公曰：“呜呼！我闻曰：昔在殷王中宗，严恭寅畏，天命自度，治民祗惧，不敢荒宁。肆中宗之享国七十有五年。

【译文】周公说：“啊！我听说：前朝商代的中宗，庄严肃穆，敬畏上天，经常揣摩天帝的想法，恭敬的顺应天意，谨慎的治理百姓，他不贪图安逸享乐，勤于政务，不敢有所荒废，所以商中宗在位时间长达七十五年。

其在高宗，时旧劳于外，爰暨小人。作其即位，乃或亮阴，三年不言。其惟不言，言乃雍。不敢荒宁，嘉靖殷邦。至于小大，无时或怨。肆高宗之享国五十年有九年。

【译文】前朝商高宗，在做太子的时候，长期的在外劳作，知道百姓的疾苦，因此他体恤百姓。等到他继承王位后，就沉默寡言，三年没有轻易开口说话。高宗话语虽少，但是言出必中，无不合乎情理。他不好享乐，勤勉朝政，群臣一心振兴商国。从百姓到大臣们都爱戴他，没有人怨恨他的。高宗是一位勤勉的君主，所以他在位五十九年。

其在祖甲，不义惟王，旧为小人。作其即位，爰知小人之依，能保惠于庶民，不敢侮鳏寡。肆祖甲之享国三十有三年。

【译文】商代祖甲，认为父亲传位给他是“废长立幼”不合规矩，不肯取代兄长称王，于是他就躲避到民间，当了很长时间的平民，心知百姓的疾苦。即位后，他爱护百姓，使得民众安居乐业。关心无依无靠的人，不轻慢他们。祖甲勤勉，所以他在位三十三年。

自时厥后，立王生则逸，生则逸，不知稼穑之艰难，不闻小人之劳，惟耽乐之从。自时厥后，亦罔或克寿。或十年，或七八年，或五六年，或四三年。”

【译文】从祖甲以后，在位的商王出生后就享受安闲逸乐的生活。如此，商王不知道耕种收获的艰难，不明白百姓的劳苦，只知道追求过度的逸乐。从这以后，在位的殷王也没有人能够长寿的，在位的时间也很短。有的十年，有的七、八年，有的五、六年，有的三、四年。

周公曰：“呜呼！厥亦惟我周大王、王季，克自抑畏。文王卑服，即康功田功。徽柔懿恭，怀保小民，惠鲜鳏寡。自朝至于日中昃，不遑暇食，用咸和万民。文王不敢盘于游田，以庶邦惟正之供。文王受命惟中身，厥享国五十年。”

【译文】周公说：“啊！只有我们周家的太王、王季具有谦虚谨慎的美德，敬畏天命。文王穿着平民的衣服，和百姓们一起劳作，开山垦荒、耕种田地。他平易近人、善良恭敬，保护百姓安定民心，关心孤苦无依的人。文王从早忙到晚，没有闲暇的时间吃饭，想让万民生活美满和谐。文王不敢乐于游玩、狩猎，不敢将诸侯进献贡物用享乐。文王中年即位，在位五十年。”

周公曰：“呜呼！继自今嗣王，则其无淫于观、于逸、于游、于田，以万民惟正之供。无皇曰：‘今日耽乐。’乃非民攸训，非天攸若，时人丕则有愆。无若殷王受之迷乱，酗于酒德哉！”

【译文】周公说：“唉！从今以后的继位君王，绝不可沉迷于观赏、安逸、嬉游和田猎之中，更不可让百姓进献赋税供其享乐之用。不要自我宽慰的说：‘我只是今天快乐快乐而已。’这不是百姓所喜欢的君主，也不是上天所喜的，这样的人就有罪过了。不要象商纣王那样昏庸无道，把酗酒作为德行啊！”

周公曰：“呜呼！我闻曰：‘古之人犹胥训告，胥保惠，胥教诲，民无或胥诪张为幻。’此厥不听，人乃训之，乃变乱先王之正刑，至于小大。民否则厥心违怨，否则厥口诅祝。”

【译文】周公说：“啊！我听说：‘古时的人互相劝导，互相爱护，互相教诲，所以百姓间不会互相欺骗、互相诈惑。’不听从这些劝告，那么每个人都按照自己的想法，肆无忌惮地行事，随意地变动各种法典，甚至修改先王的正法。如此必定会使百姓心生怨恨，诅咒你。”

周公曰：“呜呼！自殷王中宗及高宗及祖甲及我周文王，兹四人迪哲。厥或告之曰：‘小人怨女詈女。’则皇自敬德。厥愆，曰：‘朕之愆允若时。’不啻不敢含怒。此厥不听，人乃或诪张为幻，曰小人怨女詈女，则信之，则若时，不永念厥辟，不宽绰厥心，乱罚无罪，杀无辜。怨有同，是丛于厥身。”

周公曰：“呜呼！嗣王其监于兹。”

【译文】周公说："啊！从商代中宗、到高宗、到祖甲、到我们的周文王，这四位君王都是明君。如果，有人告诉他们说：'百姓在怨恨你，骂你。'他们就更加敬慎自己的行为；有人举出他们的过错，他们不会恼羞成怒，责怪于他人，而承认错误说：'我的过错确实象这样。'不依照这样，反之而行，人们就会互相欺骗、互相蛊惑。有人说老百姓在怨恨你咒骂你，你就会相信，就会象这样：不能从长处考虑国家的法度，不将自己的心胸放宽，胡乱地处罚没有无罪之人，乱杀无辜的人。长此以往，必将导致民生怨恨，最后，百姓的怨怼汇集到一起，倾泻到你的身上。"

周公说："啊！成王要鉴戒我说的这些话啊！"

秦誓

公曰："嗟！我士，听无哗！予誓告汝群言之首。

古人有言曰：'民讫自若，是多盘。'责人斯无难，惟受责俾如流，是惟艰哉！我心之忧，日月逾迈，若弗员来。

惟古之谋人，则曰未就予忌；惟今之谋人，姑将以为亲。虽则员然，尚猷询兹黄发，则罔所愆。"

【译文】公说："啊！我的官员们，听者，不要喧哗！我有重要的话告诫你们。

古人说：'人都随心所欲，就会多出差错。'责备别人不是难事，被别人责备却如流水一样地顺从，这就困难啊！我心里的忧虑，在于时间一天天地过去，就不回来啊！

往日的谋臣，却说我不能接受指导；现在的谋臣，我将要以为亲密的人。虽说这样，还是请教年纪老的，才不会失误。

番番良士，旅力既愆，我尚有之；仡仡勇夫，射御不违，我尚不欲。惟截截善谝言，俾君子易辞，我皇多有之！

昧昧我思之，如有一介臣，断断猗无他技，其心休休焉，其如有容。人之有技，若己有之。人之彦圣，其心好之，不啻若自其口出。是能容之，以保我子孙黎民，亦职有利哉！

人之有技，冒疾以恶之；人之彦圣，而违之俾不达。是不能容，以不能保我子孙黎民，亦曰殆哉！

邦之杌陧，曰由一人；邦之荣怀，亦尚一人之庆。"

【译文】白发苍苍的善良官员，体力已经衰了，我还能亲近他们。那强壮勇猛的武士，射箭和驾车的本领都不错，我常常不大喜爱接近。只是那些浅薄善辩的人，使君子容易疑惑，我竟然很亲近他们！

我暗暗思量着，如果有一个官员，诚实专一而没有别的技能，他的胸怀宽广而能容人。别人有能力，就好像自己的一样。别人美好明哲，他的心里喜欢，又超过了他口头的称道。这样能够容人，任用他们来保护我的子孙众民，也应当有利啊！

别人有能力，就妒忌，就厌恶。别人美好明哲，却尽力阻扰不让君主指导。这样不能宽容人，任用他们不能保护我的子孙众民，也很危险啊！

国家的危险不安，由于一人；国家的繁荣安定，也常是由于一人的善良啊！”

附录:吴汝纶写定今文尚书二十八篇序

古《尚书》百篇，今存者廿八篇。虞、夏、商、周之遗文，可见者尽此矣。汉时书多十六篇，由时师不能说，不传，卒以亡。惜哉！惜哉！古帝王之事，与后世同。其所为传载万世，薄九闳弥厚土不敝坏者，非独道胜，亦其文崇奥有以久大之也。杨子云最四代之书，以为浑浑尔，噩噩灏灏尔，彼有以通其故矣。由晋宋以来，士汩于晚出之伪篇，莫复知子云之所谓。独韩退之氏，称虞夏书亦曰浑浑，于商于周独取其诘屈聱牙者。《诗》曰："惟其有之，是以似之。"信哉！其徒李汉叙论六艺，又曰："《书》《礼》剔其伪"。书之伪盖自此发。且必退之与其徒常所讲说云尔，而汉诵述之。不然，汉之智殆不及此。圣人者，道与文故并至，下此则偏胜焉，少衰焉，要皆有孤诣独到，非可放效而袭似之者，知言者可望而决耳。吾尤惜近儒者，考辨伪篇，论稍稍定矣。至问所渭浑浑者，噩噩者，灏灏者，诘屈而聱牙者，其茫然而莫辨犹若也。于是写其文，自典谟讫秦穆，颇采文字异者着于篇，庶缀学之士，有以考求杨韩氏之说而得其意焉。嗟乎！自古求道者，必有赖于文，而文章与时升降。春秋以下，邱明所记，管晏老氏所言，去《尚书》抑远矣。秦缪区区起邠荒，宾诸夏，无可言者，独其文岸然跻千载上，视三代殆无愧色。吾又以知帝王之文之肸蠁于后人者，盖终古不绝息也。

【译文】古代的《尚书》有一百篇，保存到现在的只有二十八篇。虞、夏、商、周几个朝代遗留的文章，能看到的只有这些了。汉代的时候还多出了十六篇，由于当时的经师不能解说，没有传播开来，最后失传了。太让人感到可惜了！古代帝王所做的事情，和后世帝王所做的事情是相同的。他们的行为被记录下来流传后世，充满天地，永远不会被泯灭，不仅仅因为他们的道德高尚，也是因为他们的文章崇高、奥妙，能够传之久远宏大。扬雄最喜欢虞、夏、商、周四个朝代的文章，认为那时文章深厚、博大，他有这样认为的原因。从晋代、南朝、宋代以来，士人被晚出的伪《古文尚书》扰乱，不再明白杨雄所讲的是什么意思。只有韩愈称赞虞夏时期的文章深厚，对于商代、周代的文章只看那些读起来特别不顺口的。《诗经》说："只有有道德的人，才能赞美与自己言行相似的人。"确实是这样啊！他的弟子李汉谈论六艺，又说："别除《尚书》《礼记》中的伪造部分"。《尚书》中有伪造的部分大概就是从这时开始被注意的。一定是韩愈与他的弟子常这样说，然后李汉又叙述了一遍。如果不是这样，凭借李汉的智慧大概不会有这样高明的见解。圣人是道德与文章能同时达到完善的，从这以后的人都是有所偏向的，稍微差了一些，关键是要有自己的独特的造诣，不能仿效别人，懂得这话的人立刻就会明白。我为近代的儒者感到可惜，对于伪造的经典，才刚刚考证出来。等到谈论那些深厚、博大、读起来拗口的文章时，就茫然不知怎么理解。于是写文章的时候，就从典谟直到秦穆公的文章，采取那些奇异的文字点缀自己的文章，但愿从事编辑前人旧文的人，能够考察杨雄、韩愈的的观点，并且明白他们的意思。咳！自古以来，追求学问的人，一定是依赖文章的，然而文章的质量是随着时间的变化而有高低变化的。春秋时代以后，左丘明做的传记，管仲、晏婴、老聃所作的文章，比起《尚书》，差的太远了。秦穆公崛起于小小的邠地，和中原地区比起来，没有什么值得称道的，然而他的文章却超出一般，跟千年前三代时期的文章比起来，也毫不逊色。从这里我又知道，帝王的文章影响后人，大概永远也不会停止。

自汉氏言《尚书》有今文古文，其别由伏孔二家。二家经皆出壁中，皆古文，而皆以今文读之。欧阳夏侯受伏氏读，不见其壁中书。壁书本古文，以传朝错，入中秘，自是今文始盛行。吾疑安国与其徒，亦故用今文教授，孔氏所由起其家。用此，二家之异，在篇卷多寡耳，不在文古今也。太史公书言《尚书》滋多自孔氏，而刘歆议立逸书，讥太常以《尚书》为备。其时胶东庸生遗学，亦以多十六篇；与中古文同。凡前汉人重孔氏学称古文逸书皆以此。及贾马郑之徒出，乃始断断于古文之廿八篇，而废弃其逸十六篇，以无师说，绝不讲。晁错所受壁中书，虽朽折，至哀帝时尚在。孔氏古文若废弃，逸十六篇不讲，而止传伏氏所有廿八篇，则与晁错所受书何以异，且又何以大远乎今文邪？今文自前汉时立学官，有禄利，学者习欧阳夏侯经，说之成市，而晁错壁中书，仅乃能传读而已。此同出伏氏一师之所传，盛衰悬绝乃如此。其于古文逸书，以不诵绝之，诚无足怪。若贾马郑诸儒者，诮欧阳，诋夏侯，不习博士经，不徇禄利，背时趋，崇古学矣，乃亦不诵逸书，何欤？帝王之文，至难得也，遭秦焚不尽亡，伏氏少失焉，而复出于孔氏之堂壁，可谓至幸。是后虽微弱，犹尚丝联强续，弥留四百年，而卒废弃于诸儒崇古学者之手。自是以来，十六篇舍太史公所录《汤诰》外，无复遗存者矣。此可为深惜者也！

光绪十三年秋七月桐城吴汝纶记。

【译文】自从汉代《尚书》有了今文与古文的区别之后，有伏胜、孔安国两家不同的学术派别。这两家所传的《尚书》都是从墙壁里面取出来的，都是古代的文字，而且都是用今文阅读。欧阳夏侯接受伏胜的口授，并没有见到墙壁中的书。而从墙壁中取出的古文《尚书》，进献给了朝廷，收藏在秘阁之中，从这以后今文《尚书》盛行起来。我怀疑孔安国与他的弟子，过去也是使用今文进行教授，孔安国所根据的是他家藏的《尚书》。因此，这两家的差异，在于卷数的多少，而不在于文字是古文还是今文。司马迁说《尚书》从孔安国开始变得卷数增多了，而刘歆主张确立《尚书》逸文的地位，讥讽太常认为《尚书》是完备的观点。当时庸谭留下的《尚书》也是多出十六篇；与中古时期的文章篇数相同。凡是西汉时期重视孔安国的学说，称赞古文逸书都是因为这个原因。等到贾逵、马融、郑玄这些人出现的时候，争辩说古文《尚书》只有二十八篇，废弃另外十六篇所谓的逸文，认为没有经师讲论过，就绝不应该去谈论它。晁错接受的从墙壁中取出的《尚书》，虽然腐朽残缺，直到汉哀帝时还存在。孔安国的古文《尚书》也好像被废弃了，也不讲论那十六篇逸文，只传授伏胜所口授的那二十八篇，但是这与晁错所接受的又什么区别呢？而且它与今文《尚书》又有什么很大的不同呢？今文《尚书》从西汉时期就已经设立学官，有俸禄，学习欧阳生与夏侯都尉所处传经书的读书人很多，而晁错接受的从墙壁中取出的《尚书》，仅仅是被传阅而已。这些《尚书》都是从伏胜一个人传播出去的，然而盛衰竟然悬殊如此之大。而《古文尚书》，因为不被传诵而断绝，这就不是很奇怪的事了。贾逵、马融、郑玄这些儒者，诋毁欧阳生与夏侯都尉，不学习博士教授的经文，不贪图利禄，跟时代潮流背道而行，崇尚古代的学问，但还是不诵读那十六篇逸书，这是为什么呢？古代帝王的文章，是最难得到的，遭遇秦代的焚书，而没有完全失传，伏胜失去的篇章比较少，后来又从孔子住宅的墙壁中取出来一部分，这些都称得上非常幸运。后来虽然影响微弱，但还算有所保存，存在了四百年，但最后还是在那些崇尚古代学问的儒者手中被废弃了。从那以后，十六篇《尚书》逸文除了司马迁收录的《汤诰》之外，没有保存到现在的了。这是多么令人深深惋惜啊！

光绪十三年秋季七月，桐城吴汝纶记。

大禹谟

曰若稽古。大禹曰："文命敷于四海，祗承于帝。"曰："后克艰厥后，臣克艰厥臣，政乃乂，黎民敏德。”

帝曰：“俞！允若兹，嘉言罔攸伏，野无遗贤，万邦咸宁。稽于众，舍己从人，不虐无告，不废困穷，惟帝时克。”

益曰：“都，帝德广运，乃圣乃神，乃武乃文。皇天眷命，奄有四海为天下君。”

禹曰：“惠迪吉，从逆凶，惟影响。”

益曰：“吁！戒哉！儆戒无虞，罔失法度。罔游于逸，罔淫于乐。任贤勿贰，去邪勿疑。疑谋勿成，百志惟熙。罔违道以干百姓之誉，罔咈百姓以从己之欲。无怠无荒，四夷来王。”

禹曰：“于！帝念哉！德惟善政，政在养民。水、火、金、木、土、谷，惟修；正德、利用、厚生、惟和。九功惟叙，九叙惟歌。戒之用休，董之用威，劝之以九歌，俾勿坏。”

帝曰：“俞！地平天成，六府三事允治，万世永赖，时乃功。”

【译文】查考往事。大禹说：“将文德教化传播到四海，恭敬地秉承尧、舜二帝的教导。”又说：“如果君王把当好君王看得很难，臣也把当好臣看得不容易，政事就会得到很好的治理，人们也会勉励执行德教了。”

舜帝说：“是啊！如果真是这样，好的意见就不致被埋没，贤德的人也不会隐居在民间，万国都会太平。参考众人的意见，抛弃自己的错误部分，采纳别人的正确部分，不虐待鳏寡孤独没有依靠的人，不抛弃困苦贫穷的人，只有尧帝能够这样做。”

益说：“啊！尧帝的德行广大而影响深远，圣明、神妙，能平定祸乱，能治国安邦。皇天怀念授命，使尧拥有四海，成为天下的君王。”

禹说：“遵循道就吉利，顺从恶就不吉利，吉凶与善恶的关系，就如同影子与形体、回声与声音的关系一样。”

益说；“啊！要警戒啊！要戒备没有预料到的事件，不要违背法则制度。不要放纵游玩，不要过分享乐。任用贤人不要三心二意，除去奸邪不要犹豫不决。可疑的计谋不要去做，各种思虑应当宽广。不要违背正道去谋求百姓的称誉，不要违反百姓的意愿去顺从自己的欲望。如果坚持实行，不懈怠，不荒废，四方的诸侯国都会向往了。”

禹说：“啊！舜帝，您要想想益锐的这些话啊！德就是善于治理政事，治理政事在于教养百姓。水、火、金、木、土、谷六件事要治理，端正人们的德行，便利人们的用物，富足人们的生活，这三件事还要配合实行。这九件事要安排好，九件事安排好了，人们就歌颂君王的德政。要用美好的德政告诫人们，用刑罚督察惩戒人们，用九歌勉励人们，使德政不致被败坏。”

舜帝说：“很对！水土得到平治，万物得到成长，六府三事都确实得到治理，对千秋万代永远有利，这是你的功绩。”

帝曰："格，汝禹！朕宅帝位三十有三载，耄期倦于勤。汝惟不怠，总朕师。"

禹曰："朕德罔克，民不依。皋陶迈种德，德乃降，黎民怀之。帝念哉！念兹在兹，释兹在兹，名言兹在兹，允出兹在兹，惟帝念功。"

帝曰："皋陶，惟兹臣庶，罔或干予正。汝作士，明于五刑，以弼五教。期于予治，刑期于无刑，民协于中，时乃功，懋哉。"

皋陶曰："帝德罔愆，临下以简，御众以宽；罚弗及嗣，赏延于世。宥过无大，刑故无小；罪疑惟轻，功疑惟重；与其杀不辜，宁失不经；好生之德，洽于民心，兹用不犯于有司。"

帝曰："俾予从欲以治，四方风动，惟乃之休。"

【译文】舜帝说："来吧，禹啊！我居帝的位置三十年了，现在年事已高，被辛劳的事情搞得疲惫不堪。你不懈怠，统率我的士众吧。"

禹说："我的德还不能胜任，百姓也不会依从。皋陶勇往行德就普及了，百姓归附他。舜帝，您要考虑啊！想念这个的德在于皋陶，解释这个的也在于泉陶，称道这个的在于皋陶，真正推行这个的也在于皋陶。舜帝，您要思念皋陶的功劳呀！"

舜帝说："皋陶，这些群臣众庶，没有人敢冒犯我的德政。你担任我的士官，明确五种刑罚，用来辅助五品教化。你帮助我治理政事。使用刑罚，正是期望以后不再使用刑罚人们服从正道，这都是你的功劳，应当受到鼓励啊！"

皋陶说："舜帝您品德高尚，没有过失，对待臣下简易不烦，统治百姓宽厚不苛；惩罚不株连子孙，赏赐却延续到后代。误犯的过失，不论多大都能宽恕，故犯的过失，不论多小都要判刑。判罪时还有可重可轻的疑问，就从轻量刑；赏功时还有可轻可重的疑问，就从重赏赐。与其杀害没有罪行的人，宁可失去不守正法的人。爱惜生灵的美德，沾润人民的心中，因此，人们不去冒犯他们的上司。"

舜帝说："你使我能够如愿地治理国家，四方响应，这是你的美德。"

帝曰："来，禹！降水儆予，成允成功，惟汝贤。克勤于邦，克俭于家，不自满假，惟汝贤。汝惟不矜，天下莫与汝争能。汝惟不伐，天下莫与汝争功。予懋乃德，嘉乃丕绩，天之历数在汝躬，汝终陟元后。人心惟危，道心惟微，惟精惟一，允执厥中。无稽之言勿听，弗询之谋勿庸。可爱非君？可畏非民？众非元后，何戴？后非众，罔与守邦？钦哉！慎乃有位，敬修其可愿，四海困穷，天禄永终。惟口出好兴戎，朕言不再。"

禹曰："枚卜功臣，惟吉之从。"

帝曰："禹！官占惟先蔽志，昆命于元龟。朕志先定，询谋佥同，鬼神其依，龟筮协从，卜不习吉。"禹拜稽首，固辞。

帝曰："毋！惟汝谐。"

正月朔旦，受命于神宗，率百官若帝之初。

【译文】舜帝说："来吧，禹啊！洪水警告我们，你言行一致，完成了治水大业，这是你的贤能。能为国家大事不辞辛劳，居家生活俭朴，不自满、不浮夸，也是你的贤能。你不夸耀自己的才能，因此，天下的人没有谁与你争能；你不夸耀自己的功绩，因此，天下的人没有谁与你争功。我认为你有大德，赞美你的大功，帝王相继的次序应在你身上，你终当登上大君之位。现在人心动荡不安，道心幽昧难明，只有精诚专一，实实在在地实行中正之道。没有经过验证的话不轻信，没有征询过众人意见的谋略不轻用。百姓所爱戴的不是君王吗？君王所畏惧的不是百姓吗？百姓没有君王，还拥戴什么人？君王没有百姓，就没有谁来保卫国家。君王同百姓的关系这样密切，你要谨慎啊！谨慎行使你的职守，恭敬地施行你希望做的事，如果天下的百姓困苦贫穷，你的禄位就会永远终结。至于口能赞扬善良言行，也能引起兵争，您很清楚，我就不再重复了。"

禹说："还是逐一占卜功臣，让吉祥的人接受您的帝位吧。"

舜帝说："禹啊！官占的方法要先断定志向，然后才命令大龟显示吉凶。我把帝位授予你的志向已先定了，询问众人的意见时，都和我相同，鬼神依从，龟卜占筮的结果也协同一致，况且，占卜也不须吉凶重复出现啊。"禹跪拜叩头，再三推辞。

舜帝说："不必推辞了吧！只有你适合继承帝位。"

正月初一清晨，禹在尧帝的宗庙接受了帝位，率领百官就像当初舜帝继承尧的帝位那样完成了禅让的礼仪。

帝曰："咨，禹！惟时有苗弗率，汝徂征。"

禹乃会群后，誓于师曰；"济济有众，咸听朕命。蠢兹有苗，昏迷不恭，侮慢自贤，反道败德，君子在野，小人在位，民弃不保，天降之咎，肆予以尔众士，奉辞伐罪。尔尚一乃心力，其克有勋。"

三旬，苗民逆命。益赞于禹曰："惟德动天，无远弗届。满招损，谦受益，时乃天道。帝初于历山，往于田，日号泣于旻天，于父母，负罪引慝。祗载见瞽叟，夔夔斋栗，瞽亦允若。至諴感神，矧兹有苗。"

禹拜昌言曰："俞！"班师振旅。帝乃诞敷文德，舞干羽于两阶，七旬有苗格。

【译文】舜帝说："啊，禹啊！三苗不遵循教命，你去讨伐他们。"

于是，禹就会聚群臣诸侯，誓师说："众位诸侯，都听从我的命令。骚动的三苗，昏庸糊涂，不恭不敬，轻慢众人，妄自尊大，违反正道，败坏德义，君子被排斥，小人受重用，百姓被抛弃而不安，老天降下灾祸，因此，我率领你们众位，尊奉舜帝的命令，讨伐三苗的罪行。希望你们同心尽力，这样，大概可以建立功勋。"

过了三十天，三苗还是违抗舜帝的命令。益辅佐禹，说：“只有德才能感动老天，有德，无论多远的人都会来归服。自满会招致损害，谦虚会得到益处，这是自然规律。当初，舜帝在历山耕作，来往田间，每天对着天空大声号啕哭泣，对于父亲和继母，宁可自己背着不孝的罪名，招来邪恶的名声。舜恭敬地事奉父亲瞽叟，有事见他时，一副恭敬畏惧的样子，瞽叟也确实和顺了些。至诚能感动神灵，何况这个三苗呢！”

禹拜受了益的这番美言，说：“对！”于是，就整顿士众，撤回了军队。舜帝就广泛地施行文明德治，让人放下兵器，拿起楯和翳这些舞具在台阶前跳舞。撤兵七十天以后，三苗来归顺了。

附录:论语尧曰篇

尧曰：“咨！尔舜！天之历数在尔躬，允执其中。四海困穷，天禄永终。”舜亦以命禹。曰：“予小子履，敢用玄牡，敢昭告于皇皇后帝：有罪不敢赦。帝臣不蔽，简在帝心。朕躬有罪，无以万方；万方有罪，罪在朕躬。”周有大赉，善人是富。“虽有周亲，不如仁人。百姓有过，在予一人。”谨权量，审法度，修废官，四方之政行焉。兴灭国，继绝世，举逸民，天下之民归心焉。所重：民、食、丧、祭。宽则得众，信则民任焉。敏则有功，公则说。

【译文】尧说：“啧啧！你这位舜！上天的大命已经落在你的身上了。诚实地保持那中道吧！假如天下百姓都隐于困苦和贫穷，上天赐给你的禄位也就会永远终止。”舜也这样告诫过禹。（商汤）说：“我小子履谨用黑色的公牛来祭祀，向伟大的天帝祷告：有罪的人我不敢擅自赦免，天帝的臣仆我也不敢掩蔽，都由天帝的心来分辨、选择。我本人若有罪，不要牵连天下万方；天下万方若有罪，都归我一个人承担。”周朝大封诸侯，使善人都富贵起来。（周武王）说：“我虽然有至亲，不如有仁德之人。百姓有过错，都在我一人身上。”认真检查度量衡器，周密地制定法度，全国的政令就会通行了。恢复被灭亡了的国家，接续已经断绝了家族，提拔被遗落的人才，天下百姓就会真心归服了。所重视的四件事：人民、粮食、丧礼、祭祀。宽厚就能得到众人的拥护，诚信就能得到别人的任用，勤敏就能取得成绩，公平就会使百姓喜悦。

五子之歌

太康尸位，以逸豫灭厥德，黎民咸贰，乃盘游无度，畋于有洛之表，十旬弗反。有穷后羿因民弗忍，距于河，厥弟五人御其母以从，徯于洛之汭。五子咸怨，述大禹之戒以作歌。

【译文】太康身居高位却不理政事，贪图安逸享乐，丧失做国君的品德，百姓因此怀有二心。太康竟然纵情游乐没有节制，在洛水的南面打猎，一百多天也不回去。有穷国的君王后羿由于人们不能忍受太康的所作所为，就在黄河北岸阻止太康回国。太康的五个弟弟侍候他们的母亲跟随打猎，在洛水转弯处等候太康归来，五个弟弟都埋怨他，因此，遵循大禹的告诫而作诗歌。

其一曰："皇祖有训，民可近，不可下，民惟邦本，本固邦宁。予视天下愚夫愚妇一能胜予，一人三失，怨岂在明，不见是图。予临兆民，懔乎若朽索之驭六马，为人上者，奈何不敬？"

【译文】其中第一首说："我们伟大的祖先大禹有训示，对待百姓，只可以亲近，不能够认为他们卑贱。只有百姓才是立国的根本，根本稳固了，国家才会安宁。我认为天下的愚蠢的人都能胜过我。一个人有许多失误、怨恨，难道要在明显的时候才去考虑吗？应该在没有形成的时候就加以考虑。我们面对众多人民，畏惧的心情就好像用腐朽的绳索驾着六匹马一样。地位在人们之上的人，为什么不谨慎呢？"

其二曰："训有之，内作色荒，外作禽荒。甘酒嗜音，峻宇彫墙。有一于此，未或不亡。"

【译文】其中第二首说："皇祖大禹的训诫有这样的话：在内作兴女色的迷恋，在外作兴游猎的沉迷。纵情饮酒不知节制，嗜好歌舞不知满足，住着高大的屋宇，还在墙上绘上彩饰。只要符合有其中一个，就没有什么人不亡国的。"

其三曰：“惟彼陶唐，有此冀方。今失厥道，乱其纪纲，乃厎灭亡。”

【译文】其中第三首说：“以前尧帝，有了冀州这块地方。如今太康丧失尧的治道，搞乱了尧的法制，于是招致灭亡。”

其四曰：“明明我祖，万邦之君。有典有则，贻厥子孙。关石和钧，王府则有。荒坠厥绪，覆宗绝祀！”

【译文】其中第四首说：“我们十分圣明的祖先大禹，他是各诸侯的天子。有治国的典章法则，遗留给他的后世子孙。交换生产的东西，使它有无平均，民用物资不缺，王府也很富足。现在荒废丧失前人的事业，覆灭了宗族，断绝了祭祀！”

其五曰：“呜呼曷归？予怀之悲。万姓仇予，予将畴依？郁陶乎予心，颜厚有忸怩。弗慎厥德，虽悔可追？”

【译文】其中第五首说：“哎呀！我们归向何方啊？我一想到这点就感到悲伤。普天下的人都怨恨我们，我们依靠谁呢？我的神情抑郁忧愁，脸上带着羞愧，内心充满哀思。平时不注重自己的品德，即使现在想改悔，难道还来得及补救吗？”

伊 训

惟元祀十有二月乙丑，伊尹祠于先王。奉嗣王祗见厥祖，侯甸群后咸在，百官总已以听冢宰。伊尹乃明言烈祖之成德，以训于王。

【译文】太甲元年十二月乙丑，伊尹祭祀先王成汤。他侍奉太甲恭敬的拜见先祖的神位，侯服甸服的各位君长都参加了这次祭祀大典，百官统领下属官员，听从冢宰的号令。于是，伊尹明确的阐述成汤建功立业的大德，用来教导太甲。

曰：“呜呼！古有夏先后，方懋厥德，罔有天灾。山川鬼神，亦莫不宁，暨鸟兽鱼鳖咸若。于其子孙弗率，皇天降灾，假手于我有命，造攻自鸣条，朕哉自亳。惟我商王，布昭圣武，代虐以宽，兆民允怀。今王嗣厥德，罔不在初，立爱惟亲，立敬惟长，始天家邦，终于四海。

呜呼！先王肇修人纪，从谏弗咈，先民时若。居上克明，为下克忠，与人不求备，检身若不及，以至于有万邦，兹惟艰哉！

【译文】伊尹说："啊！古代夏的先王禹努力实行美德，没有天灾。山川鬼神，也没有不安宁的，就连同鸟兽鱼鳖也都顺遂孳生。到禹的子孙时，不遵循先王的治国方法，因此皇天降下灾祸，假借于我们享有天命的成汤，讨伐夏桀战于鸣条，成汤从亳实行美德。惟有我们商王，显示神圣的武德，用宽松的政治代替残暴的苛政，众多百姓真切地怀念成汤。现在的王继续了先王的美德，从继任帝位之初就应该开始实行美德。树立有爱的风气要从亲近的人开始，树立尊敬的风气要从年长的人开始。美德从家，再到邦国，最终将在天下实行。

啊！先王成汤努力规范做人的法度，听从人们的规劝，顺从前辈贤人的正确意见。在上位时能够明察下情，做臣下时能够尽心竭力，结交别人不求完人不责备，约束自己惟恐比不上别人，以致成为天子，这是难能可贵的啊！

敷求哲人，俾辅于尔后嗣，制官刑，儆于有位。曰："敢有恒舞于宫，酣歌于室，时谓巫风，敢有殉于货色，恒于游畋，时谓淫风。敢有侮圣言，逆忠直，远耆德，比顽童，时谓乱风。惟兹三风十愆，卿士有一于身，家必丧；邦君有一于身，国必亡。臣下不匡，其刑墨，具训于蒙士。"

【译文】成汤广泛的寻求聪明的人才，让他们辅助后代，制定惩治官吏的刑法，警戒百官。成汤说："如果谁胆敢经常在宫中跳祀奉神鬼舞蹈的，在室内饮酒唱祭祀鬼神的歌，这叫作巫觋的风气。有人胆敢贪求财产、女色，迷恋游乐、打猎，这是邪恶的风气。胆敢有轻慢圣贤的言论，拒绝忠直的规劝，疏远年高德勋的人，亲近顽愚幼稚的人，这叫荒乱的风气。以上三种风气、十种过错，卿士如果犯上其中一样，免除他的食邑。诸侯如果犯了其中一样，他的国君必定会灭亡。臣下如果不能匡正国君的错误，将受墨刑，还要用这些详细地告诫下士。"

呜呼！嗣王祗厥身，念哉！圣谟洋洋，嘉言孔彰。惟上帝不常，作善降之百祥，作不善降之百殃。尔惟德罔小，万邦惟庆；尔惟不德罔大，坠厥宗。"

【译文】啊！太甲你要用"三风十愆"警戒自身，念念不忘啊！圣人的谋略完美无缺，他的嘉言也很明白。天帝赐福降灾没有一成不变的，对行善的就赐给各种吉祥，对作恶的就奖给各种灾祸。你行德不要怕小，即使行小德，天下的人也感到庆幸，你行不善，即使是小恶，也可能导致亡国。”

说命上

王宅忧，亮阴三祀。既免丧，其惟弗言，群臣咸谏于王曰：“呜呼！知之曰明哲，明哲实作则。天子惟君万邦，百官承式，王言惟作命，不言臣下罔攸禀令。”

【译文】高宗武丁为父居丧三年。守孝期满后，还是不说话，群臣都向高宗进谏说：“啊！通晓事理的叫做明哲，明哲的人就可制定法则。天子统治整个国家，百官尊奉您的法令。大王的话就是教命，不说话，臣下就无从接受教命。”

王庸作书以诰曰：“以台正于四方，惟恐德弗类，兹故弗言。恭默思道，梦帝赉予良弼，其代予言。”乃审厥象，俾以形旁求于天下。说筑傅岩之野，惟肖。爰立作相。王置诸其左右。

【译文】武丁因此作书告喻群臣说：“以我做天下的表率，惟恐我的德行不好，所以不敢轻易发言。我恭敬的默默思考治国的办法，梦见天帝赐给我一位贤良的辅佐，他将代替我发言。”于是详细画出了梦中人的形像，派人拿着图像到天下各处寻找。傅说在傅岩野外夯土筑墙，很像是梦中人。于是任命他为相，王把他设置在左右。”

命之曰：“朝夕纳诲，以辅台德。若金，用汝作砺；若济巨川，用汝作舟楫；若岁大旱，用汝作霖雨。启乃心，沃朕心，若药弗瞑眩，厥疾弗瘳；若跣弗视地，厥足用伤。惟暨乃僚，罔不同心，以匡乃辟。俾率先王，迪我高后，以康兆民。呜呼！钦予时命，其惟有终。”

【译文】武丁命令他说：“你要早晚进谏，以帮助我修德吧！如果是铜具，你就是磨石；如果要渡过大河，你就是船和桨；如果几年大旱，你就是霖雨。敞开你的心泉来灌溉我的心吧！如果药物不猛烈，疾病就不会好；如果赤脚走路而不看地下，脚就会受伤。希望你和你的下属，同心齐力地来匡正你们的君主过错，使他沿着先王的道路，踏着成汤的足迹前进，让天下的百姓安居乐业。啊！重视我的这个命令，希望你能善始善终。”

说复于王曰：“惟木从绳则正，后从谏则圣。后克圣，臣不命其承，畴敢不祗若王之休命？”

【译文】傅说回答武丁说：“木头受过绳墨弹印，就可按照印痕讲其砍削正直，君主接受规劝，就会圣明。君主能够圣明，臣下不必等待命令，就会主动进言，谁敢不恭敬的顺从我王的美好教导呢？”

说命中

惟说命总百官，乃进于王曰：“呜呼！明王奉若天道，建邦设都，树后王君公，承以大夫师长，不惟逸豫，惟以乱民。惟天聪明，惟圣时宪，惟臣钦若，惟民从乂。惟口起羞，惟甲胄起戎，惟衣裳在笥，惟干戈省厥躬。王惟戒兹，允兹克明，乃罔不休。

【译文】傅说接受武丁的王命总理百工后，就向武丁进言：“啊！生命的君王顺从天道，建立邦国，设置都城，树立天子，分封诸侯，接着任命大夫师长等各级官员辅佐君王。这不是让他们安逸享乐，而是让他们治理百姓。上天能听清一切、看清楚一切，圣明的君主要效法上天，臣下恭敬地顺从上天，百姓要服从治理。对于君王来说，轻易的发号施令会招惹羞辱；随便调用军队，会引起战争；官服放在箱子里，不能轻易地赏赐奖励，这要看被赏赐的公卿是否称职；兵器藏在府库里，不可随便的授予他人，要看被授予的将帅是否能胜任其职。君王应该警戒这些，那能确实的使政治清明，没有什么不美好的了。

惟治乱在庶官。官不及私昵，惟其能；爵罔及恶德，惟其贤。虑善以动，动惟厥时。有其善，丧厥善；矜其能，丧厥功。惟事事事，乃其有备，有备无患。无启宠纳侮，无耻过作非。惟厥攸居，政事惟醇。黩于祭祀，时谓弗钦。礼烦则乱，事神则难。”

【译文】“国家太平或者动乱在于底下的众官员。官职不可授予自己偏爱或亲近的人，应该授予有能力的人；爵位不可赐给品德不好的人，应该赐给贤德的人。考虑做的事是善政才可行动，行动要选择适合时机。自以为有很好的善绩，可其他人不承认，反而失去善绩。自夸有才能，而别人不承认，反而会失去功绩。做任何事情，要有准备，有准备才没有后患。不要宠爱小人而自讨轻慢；不要以改过为耻而形成大非。这样思考所担任的事，政事就会完美。祭祀时轻慢不庄重，这叫不敬。祭祀的礼节太烦琐就会混乱，这样事奉鬼神就难了。”

王曰：“旨哉！说。乃言惟服。乃不良于言，予罔闻于行。”说拜稽首曰：“非知之艰，行之惟艰。王忱不艰，允协于先王成德，惟说不言有厥咎。”

【译文】武丁说：“说的好！傅说。你的话令人信服。如果你不善于进言，我就不能勉力去做了。”

傅说跪拜叩头，说道：“懂得这些道理并不难，而是实行它很难。君王真不把实行看做难事，的确符合先王的盛德，我傅说如果不说就有罪过了。”

说命下

王曰：“来！汝说。台小子旧学于甘盘，既乃遯于荒野，入宅于河。自河徂亳，暨厥终罔显。尔惟训于朕志，若作酒醴，尔惟麴糵；若作和羹，尔惟盐梅。尔交脩予，罔予弃，予惟克迈乃训。”

【译文】武丁说：“来吧！傅说。我以前曾经向甘盘学习，不久我就逃避到荒野，居住于黄河边，后来又从那里来到亳都，所以在学业上始终没有明显的进展。你当教导我使我有远大的志向。如果我要作甜酒，你就好像是酒曲；我要作羹汤，你就像是盐和梅。你要多方指正我，不要厌弃我；我一定能够履行你的教导。”

说曰：“王，人求多闻，时惟建事，学于古训乃有获。事不师古，以克永世，匪说攸闻。惟学逊志，务时敏，厥修乃来。允怀于兹，道积于厥躬。惟敩学半，念终始典于学，厥德修罔觉。监于先王成宪，其永无愆。惟说式克钦承，旁招俊乂，列于庶位。”

【译文】傅说道：“君王啊！人们要求多听，这是想建立事业。学习古人的教导，才会有所收获；做事情不向古人学习，而国家能够能长治久安的，我傅说从来没有听说过有这样的。学习要心志谦逊，务必时刻努力，所学才能增长。相信并且记住这些，道德就会在自己身上积累下来。教人是学习的一半，自始至终不忘学习并且始终从事学习，道德就会不知不觉的逐步完善。借鉴先王制定的法律，就会长久没有过失。我傅说因此能够奉行你的意旨，广泛的招纳有才能的人，把他们安排在各种职位上。”

王曰：“呜呼！说，四海之内，咸仰朕德，时乃风。股肱惟人，良臣惟圣。昔先正保衡作我先王，乃曰：‘予弗克俾厥后惟尧舜，其心愧耻，若挞于市。’一夫不获，则曰时予之辜。佑我烈祖，格于皇天。尔尚明保予，罔俾阿衡专美有商。惟后非贤不乂，惟贤非后不食。其尔克绍乃辟于先王，永绥民。”

说拜稽首曰：“敢对扬天子之休命。”

【译文】武丁说：“啊！傅说。天下的人都敬仰我的德行，这是你的教化所致。手足齐全才完人，良臣具备才能成为圣明的君主。从前先贤伊尹使我的先王兴起，他这样说：‘我不能使我的君王成为尧舜那样，我内心感到惭愧耻辱，好比在闹市受到鞭打一样。’如果一人不得其所，他就说：这是我的罪过。他辅助我的祖先建功立业，受到皇天赞美。你要勉力扶持我，不要让伊尹独享商朝的美誉！君主得不到贤人就不能治理好国家，贤人没有君主就不能取得俸禄。你要能让你的君主继承先王的事业，使得百姓长久安定啊。”

傅说跪拜叩头，说：“我冒昧地对你说，我要弘扬天子美好的教导！”

武成

惟一月壬辰，旁死魄。越翼日，癸巳，王朝步自周，于征伐商。

厥四月，哉生明，王来自商，至于丰。乃偃武修文，归马于华山之阳，放牛于桃林之野，示天下弗服。

丁未，祀于周庙，邦甸、侯、卫，骏奔走，执豆、笾。越三日，庚戌，柴、望，大告武成。

【译文】阴历一月壬辰日，月色灰暗。到第二天癸巳日，武王早晨从周京出发，前往征伐商。

四月间，月亮开始放出光辉，武王从商国得胜归来，到达丰邑。停止武备，施行文教，把战马放归华山的南面，把牛放回桃林的旷野，向天下表示不用它们了。

四月丁未日，武王在周庙举行祭祀，邦国甸服、侯服、卫服各等诸侯前来助祭，忙于奔走，陈设木豆、竹笾等祭器。到第三天庚戌日，举行柴祭来祭天，举行望祭来祭山川，遍告伐商的武功成就。

既生魄，庶邦冢君暨百工，受命于周。

若曰："呜呼，群后！惟先王建邦启土，公刘克笃前烈，至于大王肇基王迹，王季其勤王家。我文考文王克成厥勋，诞膺天命，以抚方夏。大邦畏其力，小邦怀其德。惟九年，大统未集，予小子其承厥志。厎商之罪，告于皇天、后土、所过名山、大川，曰：'惟有道曾孙周王发，将有大正于商。今商王受无道，暴殄天物，害虐烝民，为天下逋逃主，萃渊薮。予小子既获仁人，敢祗承上帝，以遏乱略。华夏蛮貊，罔不率俾。恭天成命，肆予东征，绥厥士女。惟其士女，篚厥玄黄，昭我周王。天休震动，用附我大邑周。惟尔有神，尚克相予以济兆民，无作神羞！'

既戊午，师逾孟津。癸亥，陈于商郊，俟天休命。甲子昧爽，受率其旅若林，会于牧野。罔有敌于我师，前徒倒戈，攻于后以北，血流漂杵。

一戎衣，天下大定。乃反商政，政由旧。释箕子囚，封比干墓，式商容闾。散鹿台之财，发钜桥之粟，大赉于四海，而万姓悦服。"

【译文】十五日以后，各国的诸侯和百官都到周京来接受政命，朝见周武王。

周武王这样说："啊！各位君侯。先王后稷建立国家开辟疆土，公刘厚成前人的功业。到了太王，开始了王者事业。王季勤劳王家。我文考文王能够成就其功勋，大受天命，安抚天下四方。大国畏惧他的威力，小国怀念他的美德，文王即位九年卒，统一大业没有完成。我小子继承他的意愿。把商纣的罪恶告之皇天后土以及所经过的名山大川。我禀告说：'有道的曾孙周王姬发，对商国将有大事。现在商王纣残暴无道，弃绝天下百物，虐待众民。他是天下逃亡罪人的主人，商成为罪人聚集的渊薮。我小子得到了仁人志士以后，冒昧地敬承上天的意旨，制止乱谋。华夏各族和四方各国，无不遵从，我奉了上天的美命，所以向东征讨，安定那里的士女。那里的士女，用竹筐装着他们的黑色黄色的丝绸，协助我周国。民心被上天的休美震动了，因而归附了我大国周啊！希望众神能够帮助我，来救助天下百姓，不要发生让神明羞恶的事！'

"到了戊午日，周国军队渡过孟津。癸亥日，在商都郊外布好军阵，等待雨止天晴。甲子日黎明时分，商纣率领他如林的军队，到牧野会战。他的军队无人愿意和周师为敌，前面的士卒反戈向后面攻击，纣王的军队因而大败，血流之多竟然可以漂起木杵。

一次讨伐殷商，天下就安定了。于是，我废除纣王的恶政，采用商代先王旧时的做法。解除箕子的囚禁，重修比干的坟墓，礼敬于商容的居里。散发鹿台的财货，发放钜桥储藏的粟，向四海施行大赏，天下万民都心悦诚服。”

列爵惟五，分土惟三。建官惟贤，位事惟能。重民五教，惟食、丧、祭。惇信明义，崇德报功。垂拱而天下治。

【译文】武王设立爵位分为五等，区分封地分为三品。建立官职，依据贤良，安置众吏，依据才能。注重对百姓施行五教，以及民食、丧葬、祭祀。敦厚诚信，显明忠义，尊崇有德的人，报答有功的人。于是武王垂衣拱手，天下安治。

附录：蔡沈考定武成

惟一月壬辰，旁死魄。越翼日，癸巳，王朝步自周，于征伐商。厎商之罪，告于皇天后土，所过名山大川，曰：“惟有道曾孙周王发，将有大正于商。今商王受无道，暴殄天物，害虐烝民，为天下逋逃主，萃渊薮。予小子既获仁人，敢祗承上帝，以遏乱略。华夏蛮貊，罔不率俾。惟尔有神，尚克相予以济兆民，无作神羞。”

【译文】阴历一月壬辰日，月色灰暗。到第二天癸巳日，武王早晨从周京出发，前往征伐商。把商纣的罪恶告之皇天后土以及所经过的名山大川。我禀告说：“有道的曾孙周王姬发，对商国将有大事。现在商王纣残暴无道，弃绝天下百物，虐待众民。他是天下逃亡罪人的主人，商成为罪人聚集的渊薮。我小子得到了仁人志士以后，冒昧地敬承上天的意旨，制止乱谋。华夏各族和四方各国，无不遵从。希望众神能够帮助我，来救助天下百姓，不要发生让神明羞辱的事！”

既戊午，师逾孟津。癸亥，陈于商郊，俟天休命。甲子昧爽，受率其旅若林，会于牧野。罔有敌于我师，前徒倒戈，攻于后以北，血流漂杵。一戎衣，天下大定。乃反商政，政由旧。释箕子囚，封比干墓，式商容闾。散鹿台之财，发钜桥之粟，大赉于四海，而万姓悦服。

【译文】“到了戊午日，周国军队渡过孟津。癸亥日，在商都郊外布好军阵，等待雨止天晴。甲子日黎明时分，商纣率领他如林的军队，到牧野会战。他的军队无人愿意和周师为敌，前面的士卒反戈向后面攻击，纣王的军队因而大败，血流之多竟然可以漂起木杵。一次讨伐殷商，天下就安定了。于是，我废除纣王的恶政，采用商代先王旧时的做法。解除箕子的囚禁，重修比干的坟墓，礼敬于商容的居里。散发鹿台的财货，发放钜桥储藏的粟，向四海施行大赏，天下万民都心悦诚服。”

厥四月，哉生明，王来自商，至于丰。乃偃武修文，归马于华山之阳，放牛于桃林之野，示天下弗服。

【译文】四月间，月亮开始放出光辉，武王从商国得胜归来，到达丰邑。停止武备，施行文教，把战马放归华山的南面，把牛放回桃林的旷野，向天下表示不用它们了。

既生魄，庶邦冢君暨百工，受命于周。

【译文】十五日以后，各国的诸侯和百官都到周京来接受政命，朝见周武王。

丁未，祀于周庙，邦甸、侯、卫，骏奔走，执豆笾。越三日，庚戌，柴望，大告武成。

【译文】四月丁未日，武王在周庙举行祭祀，邦国甸服、侯服、卫服各等诸侯前来助祭，忙于奔走，陈设木豆、竹笾等祭器。到第三天庚戌日，举行柴祭来祭天，举行望祭来祭山川，遍高伐商的武功成就。

王若曰：“呜呼！群后。惟先王建邦启土。公刘克笃前烈，至于大王，肇基王迹，王季其勤王家。我文考文王，克成厥勋，诞膺天命，以抚方夏。大邦畏其力，小邦怀其德。惟九年，大统未集，予小子其承厥志。恭天成命，肆予东征，绥厥士女。惟其士女，篚厥玄黄，昭我周王。天休震动，用附我大邑周。”

【译文】周武王这样说：“啊！各位君侯。先王后稷建立国家开辟疆土，公刘厚成前人的功业。到了太王，开始了王者事业。王季勤劳王家。我文考文王能够成就其功勋，大受天命，安抚天下四方。大国畏惧他的威力，小国怀念他的美德，文王即位九年卒，统一大业没有完成。我小子继承他的意愿。我奉了上天的美命，所以向东征讨，安定那里的士女。那里的士女，用竹筐装着他们的黑色黄色的丝绸，协助我周国。民心被上天的休美震动了，因而归附了我大国周啊！

列爵惟五，分土惟三。建官惟贤，位事惟能。重民五教，惟食、丧、祭。惇信明义，崇德报功。垂拱而天下治。

【译文】武王设立爵位分为五等，区分封地分为三品。建立官职，依据贤良，安置众吏，依据才能。注重对百姓施行五教，以及民食、丧葬、祭祀。敦厚诚信，显明忠义，尊崇有德的人，报答有功的人。于是武王垂衣拱手，天下安治。

周官

惟周王抚万邦，巡侯、甸，四征弗庭，绥厥兆民。六服群辟，罔不承德。归于宗周，董正治官。

【译文】周成王安抚万国，巡视诸侯国，四处征讨不来朝见的诸侯，安定天下万民。六服的诸侯，无人不奉承他的德教。成王回到王都丰邑，督导整顿治事的官员。

王曰："若昔大猷，制治于未乱，保邦于未危。"

【译文】周成王说："顺从以前的规矩，要在国家没有动乱时候，制订治理的办法；在未出现危机的时候，就要注意安定国家。"

曰："唐虞稽古，建官惟百。内有百揆四岳，外有州牧侯伯。庶政惟和，万国咸宁。夏商官倍，亦克用乂。明王立政，不惟其官，惟其人。

【译文】周成王说："尧舜稽考古代的典制，建立了上百个官职。内有百揆和四岳，外有州牧和侯伯。各种政策适合，天下万国都安宁。时至夏代和商代，官职数量增加一倍，也能用来治理。英明的君王设立官长，不考虑增加官员的数量，而考虑任用贤人。

今予小子，祗勤于德，夙夜不逮。仰惟前代时若，训迪厥官。立太师、太傅、太保，兹惟三公。论道经邦，燮理阴阳。官不必备，惟其人。少师、少傅、少保，曰三孤。贰公弘化，寅亮天地，弼予一人。冢宰掌邦治，统百官，均四海。司徒掌邦教，敷五典，扰兆民。宗伯掌邦礼，治神人，和上下。司马掌邦政，统六师，平邦国。司冠掌邦禁，诘奸慝，刑暴乱。司空掌邦土，居四民，时地利。六卿分职，各率其属，以倡九牧，阜成兆民。

【译文】我小子恭敬勤奋的日夜修养德行，犹不及古人。我想效仿前代之法，明确的建立我朝官职。设立太师、太傅、太保，这是三公。阐明重要道理，治理国家，调和矛盾。三公的官位可以空缺，所任之人必须适当。设立少师、少傅、少保，叫做三孤。他们协助三公弘扬教化，敬信天地，辅助我一人。冢宰掌管国家的治理事宜，统帅百官，安定四海。司徒主管国家的教育，传布五教，使万民和顺。宗伯主管国家的典礼、祭祀，理顺上下尊卑的关系。司马主管国家的军政，统率六师，平治诸侯。司寇主管国家的禁令，查办奸邪为恶的人，刑杀暴乱之徒。司空主管国家的土地，安置士农工商，依时发展土木工程。六卿分管职事，各自统率属官，倡导九州之牧，使得百姓富足安定。

六年，五服一朝。又六年，王乃时巡，考制度于四岳。诸侯各朝于方岳，大明黜陟。"

【译文】制订朝会的制度。每隔六年，五服诸侯来京朝见一次。每隔隔六年，天子按照四时巡视天下，在四岳考正制度礼法。诸侯在所属的方向的大岳进行朝见，天子对诸侯进行升降赏罚。"

王曰："呜呼！凡我有官君子，钦乃攸司，慎乃出令，令出惟行，弗惟反。以公灭私，民其允怀。学古入官。议事以制，政乃不迷。其尔典常作之师，无以利口乱厥官。蓄疑败谋，怠忽荒政，不学墙面，莅事惟烦。

【译文】周成王说："啊！凡在职的大小官员们，你们都要认真的对待所负责的工作，慎重的发号施令。命令一发出，就必须进行，不允许违抗。用公正消除私欲，就会得到百姓的信任，万民归服。先学古代的典章，才可仕途。议论政事，要依据古代的典章制度，政事就不会迷乱。你们要用师法旧典常法，不要以巧言干扰官员办事。迟疑不决，必定败坏所谋；懈怠疏忽，必定废弃政事。不学习就如同面墙而站，什么也看不见，遇事就会烦乱。

戒尔卿士：功崇惟志，业广惟勤，惟克果断，乃罔后艰。位不期骄，禄不期侈。恭俭惟德，无载尔伪。作德，心逸日休；作伪，心劳日拙。居宠思危，罔不惟畏，弗畏入畏。推贤让能，庶官乃和，不和政庞。举能其官，惟尔之能。称匪其人，惟尔不任。"

【译文】告诉你们各位卿士：功高在于立志，业大由于勤勉。做事果敢决断，就不会有后来的艰难。身居高位不当骄傲，俸禄丰厚不当奢侈，恭敬勤俭是美德，不要行使诈伪。作好事心安理得，日子会越过越好；作伪诈的事心虚，一日不如一日。当你处于尊宠的高位时，要居安思危，想到日后的危险，为人处事应怀敬畏，不知道敬畏，就会进入危险的境地。举贤让能，则众官和睦；百官不和，则政事混乱。选拔的官员称职，那是你们有才能；不称职，这是你们不能胜任。”

王曰：“呜呼！三事暨大夫，敬尔有官，乱尔有政，以佑乃辟。永康兆民，万邦惟无斁。

【译文】周成王说：“啊！三事、大夫们：你们要恪尽职守，治理好政事，以此来辅助你们的君主，时时安抚百姓，让天下不厌弃周朝之德。”

诗经

诗

本里巷歌谣与朝廷乐章，古凡三千篇，孔子多取周诗，上采殷，下取鲁，删为三百十一篇。秦火，亡其六篇。一说古《诗》原无三千之多，所谓删者，如篇删其句，句删其字。又其六篇为笙诗，有声无词。虽经秦火，以其讽诵不专在竹帛，故今《诗》实全而未尝亡。汉时，立于学官者有齐、鲁、韩三家，后世皆不传，独传毛公之学，故今称《诗》亦曰《毛诗》。

【译文】《诗》原本是民间的歌谣以及宫廷的乐章，古代的时候总共有三千篇，孔子从其中选择很多周代的诗歌。上起于殷代，下讫于鲁国，删减为三百一十一篇。秦代焚书，《诗》也失去其中的六篇。另一种说法，古代的《诗》并没有三千篇那么多，所谓孔子删减，只是删减了某些句子，或删除某些字。还有六篇是笙诗，有声音但是没有歌词。虽然经历秦代的焚书，因为《诗》不仅仅记载在竹简上，所以《诗》实际上是完整的，并没有残缺。汉朝时期，在学官传授的《诗》，有齐、鲁、韩三家，然而除了毛亨和毛苌所传的《诗》之外，都已经失传了，所以现在的《诗》也被称为《毛诗》。

风

关 雎

关关雎鸠，在河之洲。
窈窕淑女，君子好逑。
参差荇菜，左右流之。
窈窕淑女，寤寐求之。
求之不得，寤寐思服。
悠哉悠哉，辗转反侧。
参差荇菜，左右采之。
窈窕淑女，琴瑟友之。
参差荇菜，左右芼之。
窈窕淑女，钟鼓乐之。

【译文】雎鸠关关叫得欢，成双成对在河滩。
美丽贤良的女子，正是我的好伴侣。
长短不齐水荇菜，左右采摘忙不停。
美丽贤良的女子，做梦也在把她思。
追求她却不可得，日夜思念在心间。
想啊想啊心忧伤，翻来覆去欲断肠。
长短不齐水荇菜，左边右边到处采。
美丽贤良的女子，弹琴鼓瑟永相爱。
长短不齐水荇菜，左边右边到处采。
美丽贤良的女子，鸣钟击鼓乐她怀。

卷耳

采采卷耳，不盈顷筐。
嗟我怀人，置彼周行。
陟彼崔嵬，我马虺隤。
我姑酌彼金罍，维以不永怀。
陟彼高冈，我马玄黄。
我姑酌彼兕觥，维以不永伤。
陟彼砠矣，我马瘏矣，
我仆痡矣，云何吁矣。

【译文】采呀采呀采卷耳，半天不满一小筐。
我啊想念心上人，菜筐弃在大路旁。
攀那高高土石山，马儿足疲神颓丧。
且先斟满金壶酒，慰我离思与忧伤。
登上高高山脊梁，马儿腿软已迷茫。
且先斟满大杯酒，免我心中长悲伤。
艰难攀登乱石冈，马儿累坏倒一旁，
仆人精疲力又竭，无奈愁思聚心上！

桃夭

桃之夭夭，灼灼其华。
之子于归，宜其室家。
桃之夭夭，有蕡其实。
之子于归，宜其家室。
桃之夭夭，其叶蓁蓁。
之子于归，宜其家人。（以上周南）

【译文】桃树繁茂，桃花灿烂。女子出嫁，和美一家。
桃树繁茂，果实丰硕。女子出嫁，幸福一家。
桃树繁茂，枝叶浓密。女子出嫁，快乐一家。

甘棠

蔽芾甘棠、勿翦勿伐、召伯所茇。
蔽芾甘棠、勿翦勿败、召伯所憩。
蔽芾甘棠、勿翦勿拜、召伯所说。（以上召南）

【译文】葱茏杜梨树，请勿去砍伐，召伯曾居住。
葱茏杜梨树，请勿去折断，召伯曾停歇。
葱茏杜梨树，请勿去弯曲，召伯曾停驻。

柏舟

汎彼柏舟，亦泛其流。
耿耿不寐，如有隐忧。
微我无酒，以敖以游。
我心匪鉴，不可以茹。
亦有兄弟，不可以据。
薄言往诉，逢彼之怒。
我心匪石，不可转也。
我心匪席，不可卷也。
威仪棣棣，不可选也。
忧心悄悄，愠于群小。
觏闵既多，受侮不少。
静言思之，寤辟有摽。

日居月诸，胡迭而微？
心之忧矣，如匪浣衣。
静言思之，不能奋飞。

【译文】划着小小柏木舟，飘来荡去到中流。
惴惴不安难入睡，如有忧愁在心头。
并非手中没有酒，举起痛饮自在游。
我心不是青铜镜，善恶很难都辨清。
虽有亲兄弟同胞，心难沟通不能靠。
满心痛苦去倾诉，他们无情很恼怒。
我心不比那方石，不能挪动又转移。
我心不比芦苇席，不能随手便卷起。
你的气宇很轩昂，我心不会选他人。
满腹愁苦心焦虑，怨愤小人恨难消。
遭遇祸患实在多，历经屈辱也不少。
静静细思此间事，捶胸不眠真难熬。
可恨太阳与月亮，为何亏缺无光芒？
心中忧虑难舒畅，犹如没洗脏衣裳。
静静细思从前事，不能上天任翱翔。

谷风

习习谷风，以阴以雨。
黾勉同心，不宜有怒。
采葑采菲，无以下体？
德音莫违，及尔同死。
行道迟迟，中心有违。
不远伊迩，薄送我畿。
谁谓荼苦，其甘如荠。
宴尔新婚，如兄如弟。
泾以渭浊，湜湜其沚。
宴尔新婚，不我屑以。

毋逝我梁，毋发我笱。
我躬不阅，遑恤我后。
就其深矣，方之舟之。
就其浅矣，泳之游之。
何有何亡，黾勉求之。
凡民有丧，匍匐救之。
不我能慉，反以我为雠。
既阻我德，贾用不售。
昔育恐育鞫，及尔颠覆。
既生既育，比予于毒。
我有旨蓄，亦以御冬。
宴尔新婚，以我御穷。
有洸有溃，既诒我肄。
不念昔者，伊余来塈。

【译文】谷风习习阵阵吹，阴雨无常变了天。
尽力与君一条心，宜将恼怒抛一边。
蔓菁萝卜都要采，难道真情你不见？
不离不弃是美德，与君同死心相连。
行人路上步履缓，心中有怨难消散。
非是迢遥万里程，却只送到大门坎。
谁说苦菜味最苦，也曾甘甜如荠菜。
你们新婚燕尔时，亲亲密密似兄弟。
泾水搅得渭水浊，河湾见底水清清。
只因新婚迷着你，不再与我来相亲。
别到我的鱼梁上，别用我的竹鱼筐。
可怜此处难容身，自此我能去何方！
过河遇见水深处，乘舟撑船来过渡。
过河遇见水浅时，下水游泳到彼岸。
家中何有何已无，勤勉操持多兼顾。
邻人或会有急难，尽心尽力去帮助。
不再细心爱悦我，反而视我为仇敌。
种种美德无人睬，有如货物无处卖。
昔日新婚常畏惧，任你颠鸾又倒凤。

如今生儿又育女，却将我来比毒痈。
我留美菜一坛坛，季节变换好过冬。
新娶之人迷着你，夺我积蓄挡贫穷。
对我又打又是骂，繁重家务一重重。
不念往昔吉庆日，也曾痴爱将我娶。

北门

出自北门，忧心殷殷。
终窭且贫，莫知我艰。
已焉哉！天实为之，谓之何哉！
王事適我，政事一埤益我。
我人自外，室人交徧讁我。
已焉哉！天实为之，谓之何哉！
王事敦我，政事一埤遗我。
我人自外，室人交徧摧我。
已焉哉！天实为之，谓之何哉！（以上邶风）

【译文】迈步走出北门边，忧思重重苦难言。
生活寒伧又穷酸，谁人知道我艰难。
算了吧！老天有意这样做，叫我又能怎么办？
王家差事推给我，政事全部加给我。
从外回家脚未落，家人都来责备我。算了吧！
老天有意这样做，叫我还能怎么说？
王家差事催迫我，政事全部留给我。
从外回家脚未落，家人都来讽刺我。算了吧！
老天有意这样做，叫我还能怎么说？

柏舟

汎彼柏舟，在彼中河。
髧彼两髦，实维我仪，之死矢靡它。
母也天只！不谅人只！
汎彼柏舟，在彼河侧。
髧彼两髦，实维我特，之死矢靡慝。
母也天只！不谅人只！（以上鄘风）

【译文】小小柏木船，浮在河中间。
双髦齐眉垂，为我好伴侣，至死心不变。
娘亲与老天，不知我心愿！
小小柏木船，浮在河之畔。
双髦齐眉垂，为我好伴侣，至死心不变。
娘亲与老天，不知我心愿！

考槃

考槃在涧，硕人之宽。
独寐寤言，永矢弗谖。
考槃在阿，硕人之薖。
独寐寤歌，永矢弗过。
考槃在陆，硕人之轴。
独寐寤宿，永矢弗告。

【译文】自得其乐在山涧，大德君子胸襟宽。
独自睡醒独自言，发誓永远记心间。
自得其乐山腰中，大德君子宽心胸。

独自睡醒独自歌，发誓不和人过从。
自得其乐高原上，大德君子自来往。
独自睡醒独自躺，发誓永远不张扬。

氓

氓之蚩蚩，抱布贸丝。
匪来贸丝，来即我谋。
送子涉淇，至于顿丘。
匪我愆期，子无良媒。
将子无怒，秋以为期。
乘彼垝垣，以望复关。
不见复关，泣涕涟涟。
既见复关，载笑载言。
尔卜尔筮，体无咎言。
以尔车来，以我贿迁。
桑之未落，其叶沃若。
于嗟鸠兮！无食桑葚。
于嗟女兮！无与士耽。
士之耽兮，犹可说也。
女之耽兮，不可说也。
桑之落矣，其黄而陨。
自我徂尔，三岁食贫。
淇水汤汤，渐车帷裳。
女也不爽，士贰其行。
士也罔极，二三其德。
三岁为妇，靡室劳矣。
夙兴夜寐，靡有朝矣。
言既遂矣，至于暴矣。
兄弟不知，咥其笑矣。
静言思之，躬自悼矣。

及尔偕老，老使我怨。
淇则有岸，隰则有泮。
总角之宴，言笑晏晏。
信誓旦旦，不思其反。
反是不思，亦已焉哉！

【译文】那汉子满脸笑嘻嘻，抱着布匹来换丝。
换丝哪儿是真换丝，悄悄儿求我成好事。
那天送你过淇水，送到顿丘才转回。
不是我约期又改悔，只怨你不曾请好媒。
我求你别生我的气，重定了秋天好日期。
到时候城上来等待，盼望你回到关门来。
左盼右盼不见你的影，不由得泪珠滚过腮。
一等再等到底见你来，眼泪不干就把笑口开。
只为你求神问过卦，卦辞儿偏偏还不坏。
我让你打发车儿来，把我的嫁妆一齐带。
桑树叶儿不曾落，又绿又嫩真新鲜。
斑鸠儿啊！见着桑椹千万别嘴馋！
姑娘们啊！见着男人不要和他缠！
男子们寻欢，说甩马上甩；
女人沾不上，摆也摆不开。
桑树叶儿离了枝，干黄憔悴真可怜。
打我嫁到你家去，三年挨穷没怨言。
一条淇河莽洋洋的水，车儿过河湿了半截帷。
做媳妇的哪有半点错，男子汉口是又心非。
十个男人九个行不正，朝三暮四哪儿有个准。
三年媳妇说短也不短，一家活儿一个人来担。
起早睡迟辛苦千千万，朝朝日日数也数不完。
一家生活渐渐兜得转，把我折腾越来越凶残。
亲弟亲哥哪晓我的事，见我回家偏是笑得欢。
前思后想泪向肚里咽，自个儿伤心不用谁来怜。
当初说过和你过到老，这样到老那才真够冤。
淇水虽宽总有它的岸，漯河虽阔也有它的边。
记得当年我小他也小，说说笑笑哪儿有愁烦。
记得当年和他许的愿，事儿过了想它也枉然。

回头日子我也不妄想，撒手拉倒好赖都承当！

伯兮

伯兮朅兮，邦之桀兮。
伯也执殳，为王前驱。
自伯之东，首如飞蓬。
无膏沐？谁適为容！
其雨其雨，杲杲出日。
愿言思伯，甘心首疾。
焉得谖草？言树之背。
愿言思伯，使我心痗。

【译文】我的哥啊多英勇，在咱卫国数英雄。
我哥手上拿殳杖，为王打仗做先锋。
打从我哥东方去，我的头发乱蓬蓬。
香油香膏哪缺少，叫我为谁来美容！
好像天天盼下雨，天天太阳像火盆。
一心只把哥来想，头痛难忍又何妨？
哪儿去找忘忧草？为我移到北堂栽。
一心只把哥来想，病到心头化不开。

黍离

彼黍离离，彼稷之苗。
行迈靡靡，中心摇摇。
知我者谓我心忧，
不知我者谓我何求。
悠悠苍天！此何人哉？

彼黍离离，彼稷之穗。
行迈靡靡，中心如醉。
知我者谓我心忧，
不知我者谓我何求。
悠悠苍天！此何人哉？
彼黍离离，彼稷之实。
行迈靡靡，中心如噎。
知我者谓我心忧，
不知我者谓我何求。
悠悠苍天！此何人哉？

【译文】黍子齐齐整整，高粱一片新苗。
步儿慢慢腾腾，心儿晃晃摇摇。
知道我的说我心烦恼，不知道的问我把谁找。
苍天苍天你在上啊！是谁害得我这个样啊？
黍子排成了队，高粱长出了穗。
步儿慢慢腾腾，心里好像酒醉。
知道我的说我心烦恼，不知道的问我把谁找。
苍天苍天你在上啊！是谁害得我这个样啊？
黍子整整齐齐，高粱长足了米。
步儿慢慢腾腾，心里像噎着气。
知道我的说我心烦恼，不知道的问我把谁找。
苍天苍天你在上啊！是谁害得我这个样啊？

兔爰

有兔爰爰，雉离于罗。
我生之初，尚无为；
我生之后，逢此百罹。
尚寐无吪！
有兔爰爰，雉离于罦。
我生之初，尚无造；

我生之后，逢此百忧。
尚寐无觉！有兔爰爰，雉离于罿。
我生之初，尚无庸；
我生之后，逢此百凶。
尚寐无聪！（以上王风）

【译文】兔子行动不着急，野鸡落进罗网里。
当初父母生我时，没有战争无劳役。
偏偏在我出生后，百种忧患都遇齐。
但愿长眠身不起！
兔子行动不慌忙，野鸡不幸落进网。
当初父母生我时，没有事故没灾殃。
偏偏在我出生后，百种忧患都碰上。
但愿长眠眼不张！
兔子行动多悠闲，野鸡落网遭了难。
当初父母生我时，没有劳役无忧患。
偏偏在我出生后，凶险齐生不得安。
但愿长眠听不见！

女曰鸡鸣

女曰：“鸡鸣”，士曰：“昧旦”。
“子兴视夜，明星有烂。”

“将翱将翔，弋凫与雁。”
“弋言加之，与子宜之。
宜言饮酒，与子偕老。
琴瑟在御，莫不静好。”

“知子之来之，杂佩以赠之。
知子之顺之，杂佩以问之。
知子之好之，杂佩以报之。”

【译文】女人说："听，雄鸡在高唱。"
男人说："天才蒙蒙亮。"
"你起来看看天上，天上星辰在闪光。"

"我将在田野去翱翔，射回野鸭和大雁。"
"射鸭射雁准能中，和你煮雁做美肴。
有了美肴好下酒，祝福我们白头又偕老。
你弹琴来我鼓瑟，多么安详和美好。"

"知道你对我真关爱，送给你配饰回赠你的爱。
我知道你对我真体贴，送给你配饰谢谢你的爱。
我知道你对我有真情，送给你配饰报答你的爱。"

出其东门

出其东门，有女如云。
虽则如云，匪我思存。
缟衣綦巾，聊乐我员。
出其闉阇，有女如荼。
虽则如荼，匪我思且。
缟衣茹藘，聊可与娱。（以上郑风）

【译文】漫步走出城东门，漂亮姑娘多如云。
虽然姑娘多如云，不是我的心上人。
只有白衣青巾女，使我快乐又相亲。
漫步走出瓮城门，美女多如白茅花。
虽然多如白茅花，不是我心所牵挂。
只有白衣红巾女，和她一起乐无涯。

还

子之还兮，遭我乎猺之间兮。
并驱从两肩兮，揖我谓我儇兮。
子之茂兮，遭我乎猺之道兮。
并驱从两牡兮，揖我谓我好兮。
子之昌兮，遭我乎猺之阳兮。
并驱从两狼兮，揖我谓我臧兮。（以上齐风）

【译文】你真敏捷技艺娴，与我相遇猺山间。
并驾追赶两大兽，拱手夸我多灵便。
你的身材真美好，与我相遇猺山道。
并驾追赶两雄兽，拱手夸我技艺高。
你的身材真健壮，与我相遇猺山阳。
并驾追赶两条狼，拱手夸我技艺强。

陟岵

陟彼岵兮，瞻望父兮。
父曰："嗟！予子行役，夙夜无已。
上慎旃哉！犹来无止。"
陟彼屺兮，瞻望母兮。
母曰："嗟！予季行役，夙夜无寐。
上慎旃哉！犹来无弃。"
陟彼冈兮，瞻望兄兮。
兄曰："嗟！予弟行役，夙夜必偕。
上慎旃哉！犹来无死。"

【译文】登上草木青青的山啊，登高要把爹来看啊。
爹说：“咳！我儿当差啊出门远行，早沾露水晚披星。
多保重啊多保重！树叶儿归根记在心。”
登上那光秃秃的山顶啊，想娘要望娘的影啊。
娘说：“咳！小子当差啊奔走他乡，朝朝夜夜不挨床。
多保重啊多保重！千万别丢了你的娘。”
登上那高高的山冈啊，要望我哥在哪方啊。
哥说：“咳！我弟当差啊东奔西走，日日夜夜不能休。
多保重啊多保重！别落得他乡埋骨头。”

伐檀

坎坎伐檀兮，寘之河之干兮。
河水清且涟猗。
不稼不穑，胡取禾三百廛兮？
不狩不猎，胡瞻尔庭有县貆兮？
彼君子兮，不素餐兮！
坎坎伐辐兮，寘之河之侧兮。
河水清且直猗。
不稼不穑，胡取禾三百亿兮？
不狩不猎，胡瞻尔庭有县特兮？
彼君子兮，不素食兮！
坎坎伐轮兮，寘之河之漘兮。
河水清且沦猗。
不稼不穑，胡取禾三百囷兮？
不狩不猎，胡瞻尔庭有县鹑兮？
彼君子兮，不素飧兮！（以上魏风）

【译文】丁丁冬冬来把檀树砍，砍下檀树放河边，河水清清水上起波澜。
栽秧割稻你不管，凭什么千捆万捆往家搬？
上山打猎你不沾，凭什么你家满院挂猪獾？
那些个大人先生啊，可不是白白吃闲饭！

做车幅丁冬砍木头，砍来放在河埠头，河水清清河水直溜溜。
栽秧割稻你闲瞅，凭什么千捆万捆你来收？
别人打猎你抄手，凭什么满院挂野兽？
那些个大人先生啊，可不是无功把禄受！
做车轮儿砍树丁冬响，砍来放在大河旁，河水清清圈儿连得长。
下种收割你不忙，凭什么千捆万捆下了仓？
上山打猎你不帮，凭什么你家鹌鹑挂成行？
那些个大人先生啊，可不是白白受供养！

山有枢

山有枢，隰有榆。
子有衣裳，弗曳弗娄。
子有车马，弗驰弗驱。
宛其死矣，他人是愉。
山有栲，隰有杻。
子有廷内，弗洒弗埽。
子有钟鼓，弗鼓弗考。
宛其死矣，他人是保。
山有漆，隰有栗。
子有酒食，何不日鼓瑟。
且以喜乐，且以永日。
宛其死矣，他人入室。

【译文】山坡上面有刺榆，洼地中间白榆长。
你有上衣和下裳，不穿不戴箱里装。
你有车子又有马，不驾不骑放一旁。
一朝不幸离人世，别人享受心舒畅。
山上长有臭椿树，菩提树在低洼处。
你有庭院和房屋，不洒水来不扫除。
你家有钟又有鼓，不敲不打等于无。
一朝不幸离人世，别人占有心舒服。

山坡上面有漆树，低洼地里生榛栗。
你有美酒和佳肴，怎不日日奏乐器。
且用它来寻欢喜，且用它来度时日。
一朝不幸离人世，别人得意进你室。

鸨羽

肃肃鸨羽，集于苞栩。
王事靡盬，不能蓺稷黍。
父母何怙？悠悠苍天，曷其有所？
肃肃鸨翼，集于苞棘。
王事靡盬，不能蓺黍稷。
父母何食？悠悠苍天，曷其有极？
肃肃鸨行，集于苞桑。
王事靡盬，不能蓺稻粱。
父母何尝？悠悠苍天，曷其有常？（以上唐风）

【译文】野雁沙沙响一阵，栎树丛里息不稳。
王差不得息，庄稼种不成！
饿死爹妈谁来问？老天啊老天！那天小民得安身？
野雁沙沙翅儿颤，酸枣丛里息不安。
王差不得息，庄稼完了蛋！我爹我妈准饿饭！
老天啊老天！哪儿有个了啊哪儿有个完？
野雁成行响飕飕，息在一丛桑树头。
王差不得息，庄稼不能收！
爹妈拿什么来糊口？
老天啊老天！太平年头几时有？

蒹葭

蒹葭苍苍，白露为霜。
所谓伊人，在水一方。
溯洄从之，道阻且长。
溯游从之，宛在水中央。
蒹葭萋萋，白露未晞。
所谓伊人，在水之湄。
溯洄从之，道阻且跻。
溯游从之，宛在水中坻。
蒹葭采采，白露未已。
所谓伊人，在水之涘。
溯洄从之，道阻且右。
溯游从之，宛在水中沚。

【译文】芦花一片白苍苍，清早露水变成霜。
心上人儿他在哪，人儿正在水那方。
逆着曲水去找他，绕来绕去道儿长。
逆着直水去找他，像在四边不着水中央。
芦花一片白翻翻，露水珠儿不曾干。
心上人儿他在哪，那人正在隔水滩。
逆着曲水去找他，越走越高道儿难。
逆着直水去找他，像在小小洲上水中间。
一片芦花照眼明，太阳不出露水新。
心上人儿他在哪，隔河对岸看得清。
逆着曲水去找他，曲曲弯弯道儿拧。
逆着直水去找他，好像藏身小岛水中心。

黄鸟

交交黄鸟，止于棘。
谁从穆公？子车奄息。
维此奄息，百夫之特。
临其穴，惴惴其慄。
彼苍者天！歼我良人！
如可赎兮，人百其身。
交交黄鸟，止于桑。
谁从穆公？子车仲行。
维此仲行，百夫之防。
临其穴，惴惴其慄。
彼苍者天！歼我良人！
如可赎兮，人百其身。
交交黄鸟，止于楚。
谁从穆公？子车鍼虎。
维此鍼虎，百夫之御。
临其穴，惴惴其慄。
彼苍者天！歼我良人！
如何赎兮，人百其身！（以上秦风）

【译文】黄雀叽叽，酸枣树上息。
谁跟穆公去了？子车家的奄息。
说起这位奄息，一人能把百人敌。
走近了他的坟墓，忍不住浑身哆嗦。
苍天啊苍天！我们的好人一个不留！
如果准我们赎他的命，拿我们一百换他一个。
黄雀叽叽，飞来桑树上。
谁跟穆公去了？子车家的仲行。
说起这位仲行，一个抵得五十双。

走近了他的坟墓，忍不住浑身哆嗦。
苍天啊苍天！我们的好人一个不留！
如果准我们赎他的命，拿我们一百换他一个。
黄雀叽叽，息在牡荆树。
谁跟穆公去了？子车家的鍼虎。
说起这位鍼虎，一人当百不含糊。
走近了他的坟墓，忍不住浑身哆嗦。
苍天啊苍天！我们的好人一个不留！
如果准我们赎他的命，拿我们一百换他一个。

宛丘

子之汤兮，宛丘之上兮。
洵有情兮，而无望兮。
坎其击鼓，宛丘之下。
无冬无夏，值其鹭羽。
坎其击缶，宛丘之道。
无冬无夏，值其鹭翿。（陈风）

【译文】姑娘啊轻摇慢舞，就在那宛丘高处。
我的情意啊深长，却把希望啊埋葬。
响冬冬皮鼓谁敲，就在那宛丘山脚。
不管是寒冬热夏，戴她的鹭鸶羽毛。
敲打起瓦盆当当，就在那宛丘道上。
不管是热夏寒冬，鹭鸶毛戴在头上。

匪风

匪风发兮，匪车偈兮。
顾瞻周道，中心怛兮。
匪风飘兮，匪车嘌兮。
顾瞻周道，中心弔兮。
谁能亨鱼？之釜鬵。
谁将西归？怀之好音。（桧风）

【译文】那风发发地响，车儿像飞一样。
回头瞧瞧大道，心里多么凄惶。
那风打着旋转，车儿快快地赶。
回头瞧瞧大道，心里好不凄惨。
有谁能够煮鱼，小锅大锅我办。
有谁回转西方，请他捎个"平安"。

蜉蝣

蜉蝣之羽，衣裳楚楚。
心之忧矣，於我归处。
蜉蝣之翼，采采衣服。
心之忧矣，於我归息。
蜉蝣掘阅，麻衣如雪。
心之忧矣，於我归说。（曹风）

【译文】蜉蝣翅膀薄又轻，衣裳华丽真鲜明。
我的心里多忧愁，可怜何处是归程！
蜉蝣展翅翩翩舞，华丽鲜明好衣服。

我的心里多忧愁，可怜何处是归宿。
蜉蝣穿洞向外飞，双膀雪白似麻衣。
我的心里多忧戚，我的归宿在哪里？

七 月

七月流火，九月授衣。
一之日觱发，二之日栗烈。
无衣无褐，何以卒岁！
三之日于耜，四之日举趾。
同我妇子，馌彼南亩。田畯至喜。

七月流火，九月授衣。
春日载阳，有鸣仓庚。
女执懿筐，遵彼微行，爰求柔桑。
春日迟迟，采蘩祁祁。
女心伤悲，殆及公子同归。

七月流火，八月萑苇。
蚕月条桑，取彼斧斨。
以伐远扬，猗彼女桑。
七月鸣鵙，八月载绩。
载玄载黄，我朱孔阳，为公子裳。

四月秀葽，五月鸣蜩。
八月其获，十月陨萚。
一之日于貉，取彼狐狸，为公子裘。
二之日其同，载缵武功。
言私其豵，献豜于公。
五月斯螽动股，六月莎鸡振羽。
七月在野，八月在宇，

九月在户，十月蟋蟀入我床下。
穹室熏鼠，塞向墐户。
嗟我妇子，曰为改岁，入此室处。
六月食郁及薁，七月亨葵及菽。
八月剥枣，十月获稻。
为此春酒，以介眉寿。
七月食瓜，八月断壶，
九月叔苴，采荼薪樗。食我农夫。

九月筑场圃，十月纳禾稼。
黍稷重穋，禾麻菽麦。嗟我农夫！
我稼既同，上入执宫功。
昼尔于茅，宵尔索綯，
亟其乘屋，其始播百谷。

二之日凿冰冲冲，三之日纳于凌阴。
四之日其蚤，献羔祭韭。
九月肃霜，十月涤场。
朋酒斯飨，曰杀羔羊。
跻彼公堂，称彼兕觥，“万寿无疆”！

【译文】七月火星向西沉，九月人家寒衣分。
冬月北风叫得尖，腊月寒气添，
粗布衣裳无一件，怎样挨过年！
正月里修耒头，二月里忙下田，
女人孩子一起干，送汤送饭上垄边。田官老爷露笑脸。

七月火星向西沉，九月人家寒衣分。
春天里好太阳，黄莺儿叫得忙。
姑娘们拿起高筐筐，走在小路上，去采养蚕桑。
春天里太阳慢悠悠，白蒿子采得够。
姑娘们心里正发愁，怕被公子带了走。

七月火星向西沉，八月苇秆好收成。

三月里修桑条，拿起斧和斨，
太长的枝儿都砍掉，拉着枝条采嫩桑。
七月里伯劳还在嚷，八月里绩麻更要忙。
染出丝来有黑也有黄，朱红色儿更漂亮，得给那公子做衣裳。

四月里远志把子结，五月里知了叫不歇。
八月里收谷，十月落树叶。
冬月里打貉子，还得捉狐狸，要给公子做皮衣。
腊月里大伙又聚齐，打猎习武艺。
小个儿野猪给自己，大个儿野猪献公爷。

五月斯螽弹腿响，六月纺织娘抖翅膀。
七月蛐蛐儿在野底，八月里在屋檐底，
九月门口叫，十月床下移。
火烟熏耗子，窟窿尽堵起，
塞起北窗户，柴门涂上泥。
叫唤儿子和老妻，如今快过年，且来搬屋里。
六月里吃山楂樱桃，七月里煮葵菜豆角。
八月里打枣，十月里煮稻，
做成甜酒叫冻醪，老人家喝了精神饱。
七月里把瓜儿采，八月里把葫芦摘。
九月里收麻子，掐些苦菜打些柴，咱农夫把嘴餬起来。（餬：音胡hú，餬口。）

九月垫好打谷场，十月谷上仓。
早谷晚谷黄米高粱，芝麻豆麦满满装。
咱们这些泥腿郎！地里庄稼才收起，城里差事又要当。
白天割得茅草多，夜里打得草索长，
赶紧盖好房，耕田撒种又要忙。

十二月打冰冲冲响，正月抬冰窖里藏，
二月取冰来上祭，献上韭菜和羔羊。
九月里下霜，十月里扫场。
捧上两樽酒，杀上一只羊。
齐上公爷堂，牛角杯儿举头上，祝一声“长寿无疆”！

鸱鸮

鸱鸮鸱鸮！既取我子，无毁我室。
恩斯勤斯，鬻子之闵斯。
迨天之未阴雨，彻彼桑土，绸缪牖户。
今女下民，或敢侮予。
予手拮据，予所捋荼。
予所蓄租，予口卒瘏，曰予未有室家。
予羽谯谯，予尾翛翛，予室翘翘。
风雨所漂摇，予维音哓哓。

【译文】猫头鹰啊猫头鹰！你抓走我的娃，别再毁我的家。
我辛辛苦苦劳劳碌碌，累坏了自己就为养娃。
趁着雨下不来云不起，桑树根上剥些儿皮，门儿窗儿都得修理。
下面的人们，许会把我欺。
我的两手早发麻，还得去捡茅草花，
我聚了又聚加了又加，临了儿磨坏我的嘴，还不曾整好我的家。
我的羽毛稀稀少少，我的尾巴像把干草。
我的巢儿晃晃摇摇，雨还要淋风还要扫。
直吓得我喳喳乱叫。

东山

我徂东山，慆慆不归。
我来自东，零雨其濛。
我东曰归，我心西悲。
制彼裳衣，勿士行枚。
蜎蜎者蠋，烝在桑野。

敦彼独宿，亦在车下。
我徂东山，慆慆不归。
我来自东，零雨其濛。
果蠃之实，亦施于宇。
伊威在室，蠨蛸在户。
町畽鹿场，熠燿宵行。
亦可畏也？伊可怀也。

我徂东山，慆慆不归。
我来自东，零雨其濛。
鹳鸣于垤，妇叹于室。
洒扫穹窒，我征聿至。
有敦瓜苦，烝在栗薪。
自我不见，于今三年。

我徂东山，慆慆不归。
我来自东，零雨其濛。
仓庚于飞，熠耀其羽。
之子于归，皇驳其马。
亲结其缡，九十其仪。
其新孔嘉，其旧如之何？（以上豳风）

【译文】打我远征到东山，一别家乡好几年。
今儿打从东方来，毛毛雨儿尽缠绵。
听得将要离东方，心儿西飞奔家乡。
家常衣裳缝一件，从此不再把兵当。
山蚕屈曲树上爬，桑树地里久住家。
人儿团团独自睡，独自睡在车儿下。

打我远征到东山，一别家乡好几年。
今儿打从东方来，毛毛雨儿尽缠绵。
栝楼藤长子儿大，子儿结在房檐下。
土鳖儿屋里来跑马，蟢蛛儿做网拦门挂。
场上鹿迹深又浅，燐火来去光闪闪。

家园荒凉怕不怕？越是荒凉越牵挂。

打我远征到东山，一别家乡好几年。
今儿打从东方来，毛毛雨儿尽缠绵。
墩上老鹳不停唤，我妻在房唉声叹。
快把屋子收拾起，行人离家可不远。
有个葫芦团又团，撂在柴堆没人管。
葫芦在家我不见，不见葫芦整三年。

打我远征到东山，一别家乡好几年。
今儿打从东方来，毛毛雨儿尽缠绵。
记得那天黄莺忙，翅儿闪闪映太阳。
那人过门做新娘，马儿有赤也有黄。
娘为女儿结佩巾，又把礼节细叮咛。
回想新婚真够美，久别重逢可称心？

雅

小 雅

鹿 鸣

呦呦鹿鸣，食野之苹。
我有嘉宾，鼓瑟吹笙。
吹笙鼓簧，承筐是将。
人之好我，示我周行。
呦呦鹿鸣，食野之蒿。
我有嘉宾，德音孔昭。

视民不恌，君子是则是效。
我有旨酒，嘉宾式燕以敖。
呦呦鹿鸣，食野之芩。
我有嘉宾，鼓瑟鼓琴。
鼓瑟鼓琴，和乐且湛。
我有旨酒，以燕乐嘉宾之心。

【译文】鹿儿呼伴呦呦叫，同在野地吃艾蒿。
我有满座好客人，鼓瑟吹笙来相邀。
席间吹笙又鼓簧，献上礼品满竹筐。
客人忠心爱护我，为我指明大方向。

鹿儿呼伴呦呦叫，同在野地吃青蒿。
我有满座好客人，品德优秀名声高。
教民宽厚别轻薄，君子学习又仿效。
我有佳肴和美酒，贵客欢饮共逍遥。

鹿儿呼伴呦呦叫，同在野地吃野蒿。
我有满座好客人，鼓瑟弹琴来相招。
席间鼓瑟又弹琴，宾主和乐兴更高。
我有美酒敬一杯，贵宾宴乐心欢喜。

常棣

常棣之华，鄂不韡韡。
凡今之人，莫如兄弟。
死丧之威，兄弟孔怀。
原隰裒矣，兄弟求矣。
脊令在原，兄弟急难。
每有良朋，况也永叹。
兄弟阋于墙，外御其务。
每有良朋，烝也无戎。

丧乱既平，既安且宁。
虽有兄弟，不如友生。
傧尔笾豆，饮酒之饫。
兄弟既具，和乐且孺。
妻子好合，如鼓瑟琴。
兄弟既翕，和乐且湛。
宜尔室家，乐尔妻孥。
是究是图，亶其然乎！

【译文】常棣的花儿，花蒂都有光彩。
如今一般的人，谁像兄弟相待。
死丧的威胁，兄弟最是关心。
众人聚在原野，兄弟往来相寻。
脊令困在陆地，兄弟赶来救难。
往往有些良朋，相赠只有长叹。
兄弟在家相争，同心抵抗外侮。
往往有些良朋，长期没有帮助。
乱事平定之后，日子过得安宁。
这时虽有兄弟，又不如朋友相亲。
陈列竹碗木碗，饮宴心足意满。
兄弟今日团聚，互相亲热温暖。
夫妻父子相亲，就像琴瑟谐调。
兄弟今日团聚，永远欢乐和好。
使你全家相安，妻子都能快乐。
好好体会力行，这话真是不错！

伐 木

伐木丁丁，鸟鸣嘤嘤。
出自幽谷，迁于乔木。
嘤其鸣矣，求其友声。
相彼鸟矣，犹求友声；

矧伊人矣，不求友生？
神之听之，终和且平。

伐木许许，酾酒有藇。
既有肥羜，以速诸父。
宁适不来？微我弗顾！
於粲洒埽，陈馈八簋。
既有肥牡，以速诸舅。
宁适不来？微我有咎！

伐木于阪，酾酒有。
笾豆有践，兄弟无远。
民之失德，乾糇以愆。
有酒湑我，无酒酤我。
坎坎鼓我，蹲蹲舞我。
迨我暇矣，饮此湑矣。

【译文】砍树响丁丁，鸟儿叫嘤嘤。
出了深谷底，飞上高树顶。
鸟儿为何叫嘤嘤，要把朋友声音找。
请看鸟儿多殷勤，要把朋友声音找；
人比鸟儿更有情，反而不把朋友交？
人的友爱神听着，既保平安又和好。
锯树呼呼响，筛酒扑鼻香。
我家宰了小肥羊，众位伯叔请来尝。
哪儿去了还不来？可别不肯来赏光！
打扫屋子生光彩，八大件儿席上摆。
我把肥壮公羊宰，众位长亲请过来。
哪儿去了还不来？千万别见我的怪！
砍树砍倒山坡上。筛酒漫出酒缸边。
盘儿碗儿排齐整，老哥老弟别疏远。
有些人们伤和气，饮食小事成祸源。
咱们有酒把酒筛啊，没酒也得把酒买啊。
咱们冬冬打起鼓啊，跳跳蹦蹦一齐舞啊。

趁着今儿有功夫啊，来把清酒喝个足啊。

采薇

采薇采薇，薇亦作止。
曰归曰归，岁亦莫止。
靡室靡家，玁狁之故。
不遑启居，玁狁之故。

采薇采薇，薇亦柔止。
曰归曰归，心亦忧止。
忧心烈烈，载饥载渴。
我戍未定，靡使归聘。

采薇采薇，薇亦刚止。
曰归曰归，岁亦阳止。
王事靡盬，不遑启处。
忧心孔疚，我行不来。

彼尔维何？维常之华。
彼路斯何？君子之车。
戎车既驾，四牡业业。
岂敢定居，一月三捷。
驾彼四牡，四牡骙骙。
君子所依，小人所腓。
四牡翼翼，象弭鱼服。
岂不日戒？玁狁孔棘。

昔我往矣，杨柳依依。
今我来思，雨雪霏霏。
行道迟迟，载渴载饥。

我心伤悲，莫知我哀！

【译文】大巢菜采了又采，大巢菜冒出芽尖。
说回家哪时回家，转眼间就到残年。
谁害我有家难奔，还不是为了玁狁；
谁害我腚不着凳，还不是为了玁狁。

大巢菜采了又采，大巢菜多么鲜嫩。
说回家哪时回家，心里头多么忧闷。
心忧闷好像火焚，饥难忍渴也难忍。
驻防地没有一定，哪有人捎个家信。

大巢菜采了又采，大巢菜又粗又老。
说回家哪时回家，小阳春十月又到。
当王差无穷无尽，哪能有片刻安身。
我的心多么痛苦，到如今谁来慰问？

什么花开得繁盛？那都是常棣的花。
什么车高高大大？还不是贵人的车。
兵车啊已经驾起，高昂昂公马四匹。
哪儿敢安然住下，一个月三次转移。

驾起了公马四匹，四匹马多么神奇，
贵人们坐在车上，士兵们靠它隐蔽。
四匹马多么雄壮，象牙弭鱼皮箭囊。
怎么不天天警戒？那玁狁实在猖狂。

想起我离家时光，杨柳啊轻轻飘荡。
如今我走向家乡，大雪花纷纷扬扬。
慢腾腾一路走来，饥和渴煎肚熬肠。
我的心多么凄惨，谁知道我的忧伤！

节南山

节彼南山，维石岩岩。
赫赫师尹，民具尔瞻。
忧心如惔，不敢戏谈。
国既卒斩，何用不监？

节彼南山，有实其猗。
赫赫师尹，不平谓何！
天方荐瘥，丧乱弘多！
民言无嘉，憯莫惩嗟。

尹氏大师，维周之氐；
秉国之均，四方是维。
天子是毗，俾民不迷。
不吊昊天，不宜空我师！
弗躬弗亲，庶民弗信。
弗问弗仕，勿罔君子。
式夷式已，无小人殆。
琐琐姻亚，则无膴仕。

昊天不佣，降此鞠訩。
昊天不惠，降此大戾。
君子如届，俾民心阕。
君子如夷，恶怒是违。
不吊昊天，乱靡有定。
式月斯生，俾民不宁。
忧心如酲，谁秉国成？
不自为政，卒劳百姓。
驾彼四牡，四牡项领。

我瞻四方，蹙蹙靡所骋。
方茂尔恶，相尔矛矣。
既夷既怿，如相酬矣。

昊天不平，我王不宁。
不惩其心，覆怨其正。
家父作诵，以究王訩。
式讹尔心，以畜万邦。

【译文】高峻的终南山，上有垒垒的岩石。
烜赫的尹太师，人民万目所视。
人民心似火煎，不敢随便笑谈。
国运终要斩断，天公何不开眼？

高峻的终南山，草木充实茂盛。
烜赫的尹太师，为政不平还能说甚！
老天反复降灾，多少死丧祸害！
人民没有一句好话，自己还不惩戒。

姓尹的太师，是周家的根柢。
掌握国家大权，四方仗他维系。
君王要他辅助，百姓要他带路。
不体恤人的老天，可不能断人活路！

（王）自己不问国政，对人民不肯信任。
不咨询也不任用，君子不该欺哄；
坏事要纠正也要制止，不要和小人靠拢；
庸碌的亲戚，不要再给恩宠。

老天不公不平，降下特大灾难。
老天不仁不慈，降下这般忧患。
君子如果执政，能够消除民愤。
君子没啥不平，暴怒也能平静。

老天不惜人命，大乱何时平定。
不要扼杀百姓，使人不得安宁。
我忧心好像酒醉，谁执掌国家成规？
（王）不肯亲自执政，害苦了天下百姓。
驾起了四匹公马，四匹马肿了颈项。
我放眼四下观望，却没有投奔的地方。
当你恶意盛旺，眼光就向着刀枪。
当你怒气消除，就像对饮着酒浆。

天公不想太平，我王不能安枕。
他的心偏不清醒，反怨恨人家纠正。
家父作了这首诗，来揭王家的凶徒。
只指望王心感化，好好把四方安抚。

正 月

正月繁霜，我心忧伤。
民之讹言，亦孔之将。
念我独兮，忧心京京。
哀我小心，癙忧以痒。

父母生我，胡俾我瘉！
不自我先，不自我后。
好言自口，莠言自口。
忧心愈愈，是以有侮。

忧心惸惸，念我无禄。
民之无辜，并其臣仆。
哀我人斯，于何从禄？
瞻乌爰止？于谁之屋？

瞻彼中林，侯薪侯蒸。

民今方殆，视天梦梦。
既克有定，靡人弗胜。
有皇上帝，伊谁云憎？

谓山盖卑？为冈为陵。
民之讹言，宁莫之惩。
召彼故老，讯之占梦。
具曰“予圣”，谁知乌之雌雄？

谓天盖高？不敢不局。
谓地盖厚？不敢不蹐。
维号斯言，有伦有脊。
哀今之人，胡为虺蜴。

瞻彼阪田，有菀其特。
天之杌我，如不我克。
彼求我则，如不我得。
执我仇仇，亦不我力。

心之忧矣，如或结之。
今兹之正，胡然厉矣？
燎之方扬，宁或灭之。
赫赫宗周，褒姒威之！

终其永怀，又窘阴雨。
其车既载，乃弃尔辅。
载输尔载，将伯助予。

无弃尔辅，员于尔辐。
屡顾尔仆，不输尔载。
终逾绝险，曾是不意。

鱼在于沼，亦匪克乐。

潜虽伏矣，亦孔之炤。
忧心惨惨，念国之为虐！
彼有旨酒，又有嘉肴。
洽比其邻，婚姻孔云。
念我独兮，忧心殷殷。
佌佌彼有屋，蔌蔌方有谷。
民今之无禄，天夭是椓。
哿矣富人，哀此茕独！

【**译文**】初夏不断下霜，我心填满忧伤。
民间谣言纷起，传播广远非常。
忧时的只我一个，更教我悲愁难放。
可叹我小心谋虑，因此损害了健康。

为何父母生我，让我遭这场灾祸！
上代灾祸未到，下代灾祸已过。
好话从人家口出，丑话也从人口出。
忧伤使我恍惚，因此更招人欺侮。

我独自忧心难排，想来我真是命乖。
多少无辜的百姓，也要沦作奴才。
可怜这些人啊，哪儿能安身度命？
看那些乌鸦飞来，息向谁家的屋顶？

看那大树林中，一切都成薪柴。
人民处境危殆，恨老天梦眼不开。
等到天心有了定准，谁也不能和它争胜。
伟大的主宰之神，你憎恨的是哪一种人？

谁说高山已经不高？冈陵还不是冈陵。
民间谣言传播，居然不能查禁。
把故老请来询问，再请教占卜的人。
他们人人自夸高明，乌鸦的雌雄谁能辨认？

无论天是怎样高，人还是不敢直腰。
无论地是怎样大，人的脚步不敢不小。
该把这名言宣告，它真是有理有道。
为何现在的人民，像虺蜴东奔西逃。

瞧那坡上的田里，有棵特出的壮苗。
天把我使劲摇撼，惟恐压我不倒。
那人在征求我时，生怕不能得到。
他只是松松地捏着，我出力他却不要。

我心里的痛苦，像绳子打了个扣。
今天的政事，为何这样遭透？
野火烧得旺时，有人把它浇息。
宗周正在盛时，褒姒把它毁灭。

我既是经常忧虑，又像是苦遭阴雨。
那车子把货物装满，却把那夹板丢去。
等货物倾倒坠落，才叫喊"老兄相助"。

不要丢弃你的夹板，你的车辐需要加固。
对赶车的要多照顾，才不会损失货物。
险关本来有法度过，这些你却不加考虑。

鱼儿身在池沼，也不能够快乐。
虽然在深处躲藏，仍然会被人看到。
我心上惶惶不安，忘不了朝政的残暴。

他有美酒，又有美肴。
和临人结交，对亲戚讨好。
想到我的孤立，真是忧心如捣。

猥琐的人都有房，鄙陋的人都有粮。
百姓们空着肚肠，老天爷降下灾殃。
财主们过得欢乐，孤苦人只有哀伤！

小弁

弁彼鸒斯，归飞提提。
民莫不穀，我独于罹。
何辜于天？我罪伊何？
心之忧矣，云如之何！

踧踧周道，鞫为茂草。
我心忧伤，惄焉如捣。
假寐永叹，维忧用老。
心之忧矣，疢如疾首。

维桑与梓，必恭敬止。
靡瞻匪父，靡依匪母。
不属于毛，不罹于里？
天之生我，我辰安在？

菀彼柳斯，鸣蜩嘒嘒。
有漼者渊，萑苇淠淠。
譬彼舟流，不知所届。
心之忧矣，不遑假寐。

鹿斯之奔，维足伎伎。
雉之朝雊，尚求其雌。
譬彼坏木，疾用无枝。
心之忧矣，宁莫之知。

相彼投兔，尚或先之。
行有死人，尚或墐之。
君子秉心，维其忍之。

心之忧矣，涕既陨之。

君子信谗，如或酬之。
君子不惠，不舒究之。
伐木掎矣，析薪扡矣。
舍彼有罪，予之佗矣。

莫高匪山，莫浚匪泉。
君子无易由言，耳属于垣。
无逝我梁，无发我笱。
我躬不阅，遑恤我后。

【译文】快乐的雅鸟啊，从容飞飞还巢。
人人都过得很好，只有我被忧伤撂倒。
我对天有什么罪过？我的错到底是什么？
心里忧伤啊，叫我把它奈何！

平坦的大道，长满了野草。
心里忧伤啊，就像棒子舂捣。
睡梦里也要长叹，忧伤使我衰老。
心里忧伤啊，头痛身如火燎。

想到桑树梓树，我总是毕恭毕敬。
我尊敬的只是父亲，依恋的只是母亲。
难道我既连不上皮衣的毛，又挨不着皮衣的里？
上天让我生下来，我的好运在哪里？

密密的柳树，上有蝉鸣嘒嘒。
深深的水潭，长着茂盛的芦苇。
像在漂荡的船上，不只漂向哪里。
心里忧伤啊，要睡也不容易。

鹿儿奔跑起来，四足轻快如飞。
雉鸡早晨鸣叫，呼唤母鸡相随。

好比臃肿的病树，病得不长枝条。
我心忧伤啊，难道就不知觉。

瞧那投网的兔子，或许还有人放它。
路上有了死人，或许还有人葬他。
君子啊你的居心，为什么这样残酷。
我的心多么悲伤，泪流如何能住。
君子听信谗言，好像喝人家的敬酒。
君子没有慈心，不肯慢慢推究。
伐树还使绳索拉住，砍柴还要看看理路。
真正的罪人轻轻放过，反而把罪名横加给我。

没有高的不是山峦，没有深的不是水泉。
君子别轻率出言，有耳朵贴在墙垣。
别让人上我的鱼梁，别让人开我的鱼笱，
如今我自己不能被容，哪顾得了我的身后。

巧言

悠悠昊天，曰父母且。
无罪无辜，乱如此幠。
昊天已威，予慎无罪。
昊天大幠，予慎无辜。

乱之初生，僭始既涵。
乱之又生，君子信谗。
君子如怒，乱庶遄沮。
君子如祉，乱庶遄已。

君子屡盟，乱是用长。
君子信盗，乱是用暴。
盗言孔甘，乱是用餤。

匪其止共，维王之卭。
奕奕寝庙，君子作之。
秩秩大猷，圣人莫之。
他人有心，予忖度之。
跃跃毚兔，遇犬获之。

荏染柔木，君子树之。
往来行言，心焉数之。
蛇蛇硕言，出自口矣；
巧言如簧，颜之厚矣！

彼何人斯？居河之麋。
无拳无勇，职为乱阶。
既微且尰，尔勇伊何？
为犹将多，尔居徒几何？

【译文】远大无边老天爷，说是下民父和母。
人民无罪又无辜，降下大祸真残酷。
老天实在太暴虐，我无罪过受屈辱。
老天实在太傲慢，我受屈辱本无辜。

当初乱子刚发生，谗言开始得流行。
乱子再次兴起来，君子又把谗言听。
君子发怒斥谗佞，祸乱很快就会停。
君子如果用贤能，乱子迅速能平定。

君子盟誓太经常，所以祸乱越增长。
君子轻信盗贼话，祸乱就会更猖狂。
盗贼话儿甜如蜜，祸乱增进不胜防。
小人不能尽职守，只会为王增祸殃。

宗庙宫殿大又高，原是先王亲手造。
国家大政真完善，都是圣人谋划好。
别人有啥坏心肠，我能一猜就知道。

好比狡兔迅速跳，遇到猎狗跑不了。

小小树儿多柔嫩，君子种植多辛苦。
流言传播无根据，心中分辨自有数。
骗人大话夸夸谈，都从谗人口里出。
花言巧语似吹簧，厚颜无耻不忍睹。

究竟他是什么人，住在大河水草旁。
没有力量没勇气，一切祸乱由他降。
小腿生疮脚又肿，你的勇气在哪方？
阴谋诡计大又多，多少党徒你豢养？

巷伯

萋兮斐兮，成是贝锦。
彼谮人者，亦已大甚！
哆兮侈兮，成是南箕。
彼谮人者，谁適与谋？
缉缉翩翩，谋欲谮人。
慎尔言也，谓尔不信。

捷捷幡幡，谋欲谮言。
岂不尔受？既其女迁。
骄人好好，劳人草草。
苍天苍天！视彼骄人，矜此劳人！

彼谮人者，谁适与谋？
取彼谮人，投畀豺虎。
豺虎不食，投畀有北。
有北不受，投畀有昊！
杨园之道，猗于亩丘。

寺人孟子，作为此诗。
凡百君子，敬而听之！

【译文】彩丝亮啊花线明啊，织成贝纹锦。
那个造谣的害人精，实在太狠心！
张开嘴啊，咧开唇啊，成了簸箕星。
那个造谣的害人精，谁是他的智多星？

嘁嘁喳喳鬼话灵，一心要挖陷人阱。
劝你说话加小心，有一天没人再相信。
花言巧语舌头长，千方百计来编诳。
并不是没有人上当，只怕你自己要遭殃。
骄横人得意忘了形，劳苦人忧愁长在心。
苍天你把眼儿睁！看看那些骄横人，可怜这些劳苦人！

那个造谣的坏东西，是谁给他出主意？
捉住那个造谣的，扔给虎狼去充饥。
虎狼不肯咽，把他撵到北极圈。
北极不肯要，送给老天去发落。

一条大路通杨园，路在亩丘丘上边。
我是阉人叫孟子，这支歌儿是我编。
诸位君子赏个脸，认真听我唱一遍。

蓼莪

蓼蓼者莪，匪莪伊蒿。
哀哀父母，生我劬劳。
蓼蓼者莪，匪莪伊蔚。
哀哀父母，生我劳瘁。

瓶之罄矣，维罍之耻。

鲜民之生，不如死之久矣！
无父何怙？无母何恃？
出则衔恤，入则靡至。

父兮生我，母兮鞠我。
拊我畜我，长我育我，
顾我复我，出入腹我。
欲报之德，昊天罔极！

南山烈烈，飘风发发。
民莫不穀，我独何害？
南山律律，飘风弗弗。
民莫不穀，我独不卒！

【译文】莪蒿生长长又高，不是莪蒿是青蒿。
哀痛我的父和母，生儿养女太辛劳。
莪蒿生长高又肥，不是莪蒿却是蔚。
可怜我的父和母，生儿养女身憔悴。

小小瓶儿空荡荡，酒坛由此愧难当。
孤苦伶仃活世上，不如早日去死亡。
没有父亲依靠谁？没有母亲谁依傍？
出门心里含悲伤，进门不见爹和娘。

父啊辛勤生下我，母啊养我劳苦多。
抚摸我来爱护我，成长我来教育我，
照顾我来挂念我，出出进进抱着我。
如今要报二老恩，老天无端降灾祸！

南山险峻难登上，暴风迅猛透骨凉。
别人都能养父母，我独为何遭灾殃？
南山高险难登上，暴风迅猛尘土扬。
别人都能养父母，我独无法去送葬。

北 山

陟彼北山，言采其杞。
偕偕士子，朝夕从事。
王事靡盬，忧我父母。

溥天之下，莫非王土；
率土之滨，莫非王臣。
大夫不均，我从事独贤。

四牡彭彭，王事傍傍。
嘉我未老，鲜我方将。
旅力方刚，经营四方。

或燕燕居息，或尽瘁事国。
或息偃在床，或不已于行。

或不知叫号，或惨惨劬劳。
或栖迟偃仰，或王事鞅掌。

或湛乐饮酒，或惨惨畏咎。
或出入风议，或靡事不为。

【译文】登上北山头，为把枸杞采。
强干的士子，早晚都当差。
王家的事儿无穷无尽，带累我的父母难解忧怀。

普天之下，哪一处不是王土。
四海之内，谁不是王的臣仆。
执政大夫不公不平，偏教我独个儿劳碌。

四匹马奔忙路上，王家事纷纷难当。
夸奖我说我还不老，重视我为我正强壮。
就因我筋力未衰，驱使我奔走四方。

有些人在家里安安逸逸，有些人为国事精疲力竭。
有些人吃饱饭高枕无忧，有些人在道路往来奔走。
有些人不晓得人间烦恼，有些人身和心不断操劳。
有些人随心意优游闲散，有些人为王事心忙意乱。
有些人贪杯盏终日昏昏，有些人怕得罪小心谨慎。
有些人耍嘴皮只会扯淡，有些人为公家什么都干。

大雅

文王

文王在上，於昭于天。
周虽旧邦，其命维新。
有周不显，帝命不时。
文王陟降，在帝左右。

亹亹文王，令闻不已。
陈锡哉周，侯文王孙子。
文王孙子，本支百世。
凡周之士，不显亦世。

世之不显，厥犹翼翼。
思皇多士，生此王国。
王国克生，维周之桢；
济济多士，文王以宁。
穆穆文王，於缉熙敬止。

假哉天命，有商孙子。
商之孙子，其丽不亿。
上帝既命，侯于周服。
侯服于周，天命靡常。
殷士肤敏，祼将于京。
厥作祼将，常服黼冔。
王之荩臣，无念尔祖。

无念尔祖，聿修厥德。
永言配命，自求多福。
殷之未丧师，克配上帝。
宜鉴于殷，骏命不易！

命之不易，无遏尔躬。
宣昭义问，有虞殷自天。
上天之载，无声无臭。
仪刑文王，万邦作孚！

【译文】文王天上有英灵，光辉照天最显明。
岐周虽然是旧邦，接受天命气象新。
周家前途无限好，天命周家长兴盛。
文王上升又下降，常伴上帝在天庭。

文王勤勉日夜忙，美好声誉永不亡。
施恩布德兴周邦，后世子孙都为王。
文王子孙相继传，嫡亲旁支百代昌。
周家群臣和贵族，也都世世显荣光。

世世代代都显贵，谋事小心多仔细。
群臣众多都贤能，生在这个王国里。
王国能把贤士生，都是周家骨干臣。
人才济济满朝廷，文王在天得安宁。

文王端庄行为正，光明磊落又恭敬。

天命伟大不可违，殷商子孙都信听。
殷商子孙数量多，成万成亿数不清。
上帝已经发命令，服从周邦为周民。

殷商称臣服周王，天命运行本无常。
殷商诸士多勤勉，助祭镐京登庙堂。
他们助祭行灌礼，仍然穿戴殷时装。
都是周王进用臣，牢记祖先不可忘。

牢记祖先别忘记，进德修业要努力。
天命永远须配合，自己多多求福气。
殷商未失民众时，行为也能配上帝。
殷商灭亡应借鉴，永保天命不容易。

永保天命不容易，不要丧失在你身。
美好声誉要发扬，殷朝兴亡有天命。
上帝做事不可测，既无气味也无声。
效法文王好榜样，天下信任又尊敬。

思齐

思齐大任，文王之母。
思媚周姜，京室之妇。
大姒嗣徽音，则百斯男。
惠于宗公，神罔时怨，神罔时恫。
刑于寡妻，至于兄弟，以御于家邦。
雍雍在宫，肃肃在庙。
不显亦临，无射亦保。
肆戎疾不殄，烈假不瑕。
不闻亦式，不谏亦入。
肆成人有德，小子有造。
古之人无斁，誉髦斯士。

【译文】大任端庄又谨慎，她是文王老母亲。
周姜为人最可爱，大王妻子住京城。
大姒继承好名声，百个儿子先后生。
文王孝顺敬先公，神灵满意无怨恨，神灵放心无伤痛。
他用礼法待妻子，一视同仁对弟兄，推行全国都遵从。
和和气气在宫廷，宗庙祭礼更恭敬。
临朝理事最清明，不知厌倦保百姓。
大的祸乱已肃清，害人瘟疫不发生。
好的意见都采纳，逆耳忠言也能听。
如今成人品德好，小孩也都能深造。
文王教育不知倦，英才辈出个个高。

文王有声

文王有声，遹骏有声。
遹求厥宁，遹观厥成。
文王烝哉！

文王受命，有此武功。
既伐于崇，作邑于丰。
文王烝哉！

筑城伊淢，作丰伊匹。
匪棘其欲，遹追来孝。
王后烝哉！

王公伊濯，维丰之垣。
四方攸同，王后维翰。
王后烝哉！

丰水东注，维禹之绩。

四方攸同，皇王维辟。
皇王烝哉！

镐京辟雍，自西自东，
自南自北，无思不服。
皇王烝哉！
考卜维王，宅是镐京。
维龟正之，武王成之。
武王烝哉！

丰水有芑，武王岂不仕？
诒厥孙谋，以燕翼子。
武王烝哉！

【译文】文王有个好名声，名声盛大人人称。
惟求天下民安宁，终见国富事业成。
文王真是好国君！
文王接受上天命，建立武功有威名。
邘崇两国已讨伐，又建丰邑作都城。
文王真是好国君！

筑城又挖护城河，丰邑规模要相当，
不是急于图私欲，孝顺祖先兴周邦。
文王真是好君王！

文王功业真伟大，筑成丰邑百丈墙。
天下四方都统一，周家文王为栋梁。
文王真是好君王！

丰水奔流向东方，大禹功绩不可量。
天下四方都统一，君临天下作榜样。
武王真是好君王！

镐京建成太学堂，四方诸侯来瞻仰。

无论东西或南北，谁人敢不服周邦？
武王真是好君王！

武王占卜问上苍，建都镐京可吉祥？
神龟有灵作决定，武王成功最辉煌。
武王真是好君王！

水芹长满丰水旁，武王岂是无事忙？
传下谋略为子孙，保佑后代享国长。
武王真是好君王！

民劳

民亦劳止，汔可小康。
惠此中国，以绥四方。
无纵诡随，以谨无良。
式遏寇虐，憯不畏明。
柔远能迩，以定我王。

民亦劳止，汔可小休。
惠此中国，以为民逑。
无纵诡随，以谨惛怓。
式遏寇虐，无俾民忧。
无弃尔劳，以为王休。

民亦劳止，汔可小息。
惠此京师，以绥四国。
无纵诡随，以谨罔极。
式遏寇虐，无俾作慝。
敬慎威仪，以近有德。

民亦劳止，汔可小愒。
惠此中国，俾民忧泄。
无纵诡随，以谨丑厉。
式遏寇虐，无俾正败。
戎虽小子，而式弘大。
民亦劳止，汔可小安。
惠此中国，国无有残。
无纵诡随，以谨缱绻。
式遏寇虐，无俾正反。
王欲玉女，是用大谏。

【译文】人民实在太劳苦，但求可以稍安康。
爱护京城老百姓，安抚诸侯定四方。
诡诈欺骗莫纵任，谨防小人行不良。
掠夺暴行应制止，不怕坏人手段强。
远近人民都爱护，安我国家保我王。

人民实在太劳苦，但求可以稍休息。
爱护京城老百姓，可使人民聚一起。
诡诈欺骗莫纵任，谨防歹人起奸计。
掠夺暴行应制止，莫使人民添忧戚。
不弃前功更努力，为使君王得福气。
人民实在太劳苦，但求可以喘口气。
爱护京师老百姓，安抚天下四方地。
诡诈欺骗莫纵容，反覆小人须警惕。
掠夺暴行应制止，莫让邪恶得兴起。
仪容举止要谨慎，亲近贤德正自己。

人民实在太劳苦，但求可以歇一歇。
爱护京师老百姓，人民忧愁得发泄。
诡诈欺骗莫纵任，警惕丑恶防奸邪。
掠夺暴行应制止，莫使国政变恶劣。
你虽年轻经历浅，作用巨大很特别。

人民实在太劳苦，但求可以稍舒服。
爱护京师老百姓，国家安定无残酷。
诡诈欺骗莫纵任，小人巴结别疏忽。
掠夺暴行应制止，莫使政权遭颠覆。
衷心爱戴你君王，大力劝谏为帮助。

板

上帝板板，下民卒瘅。
出话不然，为犹不远。
靡圣管管，不实于亶。
犹之未远，是用大谏。

天之方难，无然宪宪。
天之方蹶，无然泄泄。
辞之辑矣，民之洽矣。
辞之怿矣，民之莫矣。

我虽异事，及尔同僚。
我即尔谋，听我嚣嚣。
我言维服，勿以为笑。
先民有言：“询于刍荛。

天之方虐，无然谑谑。
老夫灌灌，小子蹻蹻。
匪我言耄，尔用忧谑。
多将熇熇，不可救药。

天之方懠，无为夸毗。
威仪卒迷，善人载尸。
民之方殿屎，则莫我敢葵。

丧乱蔑资，曾莫惠我师。

天之牖民，如埙如篪。
如璋如圭，如取如携。
携无曰益，牖民孔易。
民之多辟，无自立辟。

价人维藩，大师维垣。
大邦维屏，大宗维翰。
怀德维宁，宗子维城。
无俾城坏，无独斯畏。

敬天之怒，无敢戏豫。
敬天之渝，无敢驰驱。
昊天曰明，及尔出王。
昊天曰旦，及尔游衍。

【译文】上帝行为太荒诞，天下人民都遭难。
光说好话不实践，制定策略眼光浅。
目无圣人自称贤，没有诚意胡乱言。
政策制定没远见。所以我来大谏劝。

上天正在降灾难，不要这样空喜欢。
上天正在降动乱，不要喋喋多语言。
政治教令能和缓，人民就会抱成团。
政治教令若败坏，百姓遭殃不得安。

我们虽然职事异，毕竟和你是同僚。
我来和你同商量，一听我言显骄傲。
我的话儿是事实，不要以为开玩笑。
古人有话讲得好：要向樵夫多请教。

上天正在肆残暴，不要嬉笑瞎胡闹。
老夫态度很诚恳，小子神气耍骄傲。

非我年老话糊涂，你把忧患当玩笑。
要知坏事做多了，烈火焚烧无救药。

上天正在发脾气，不要卑躬又屈膝。
君臣威仪尽迷乱，贤人闭口如死尸。
人民痛苦正呻吟，无人对我敢怀疑。
死丧祸乱生计无，没人施惠去救济。

上天诱导老百姓，好像吹埙和吹篪，
好像玉璋和玉圭，好像取物提东西。
如提东西无阻碍，教导百姓就容易。
如今人民多邪辟，不可自把邪辟立。

善人好比是篱笆，人民大众是围墙。
大国诸侯是屏障，同姓宗族是栋梁。
为政有德国家安，君王嫡子是城墙。
莫使城墙遭破坏，不要孤立自慌张。

上天发怒要敬仰，不敢嬉戏图欢畅。
老天变故要敬畏，不敢放纵太狂妄。
上天眼睛很明亮，随你出入共来往。
上天眼睛很明亮，随你一道在游逛。

荡

荡荡上帝，下民之辟。
疾威上帝，其命多辟。
天生烝民，其命匪谌。
靡不有初，鲜克有终。

文王曰咨，咨汝殷商！
曾是彊御，曾是掊克；

曾是在位，曾是在服。
天降滔德，女兴是力。

文王曰咨，咨女殷商！
而秉义类，彊御多怼。
流言以对，寇攘式内。
侯作侯祝，靡届靡究。

文王曰咨，咨女殷商！
女炰烋于中国，敛怨以为德。
不明尔德，时无背无侧。
尔德不明，以无陪无卿。

文王曰咨，咨女殷商！
天不湎尔以酒，不义从式。
既愆尔止，靡明靡晦。
式号式呼，俾昼作夜。

文王曰咨，咨女殷商！
如蜩如螗，如沸如羹。
小大近丧，人尚乎由行。
内奰于中国，覃及鬼方。

文王曰咨，咨女殷商！
匪上帝不时，殷不用旧。
虽无老成人，尚有典刑。
曾是莫听，大命以倾！

文王曰咨，咨女殷商！
人亦有言：颠沛之揭，
枝叶未有害，本实先拨。
殷鉴不远，在夏后之世！

【译文】上帝行为太暴虐，政令邪僻真可恨。
上天生下众百姓，他的命令不可信。
人们开头都不错，很少能有好结果。

文王长叹开口说：叹你殷商殷纣王。
如此暴虐太强梁，如此聚敛乱贪赃。
如此居官在高位，如此执政太荒唐。
天生这个傲慢人，你们助他兴风浪。

文王长叹开口说：叹你殷商殷纣王。
任用忠贞善良士，强暴之徒多怨望。
流言蜚语相继来，寇盗抢夺生内堂。
小人天天诅咒你，无穷无尽遭灾殃。

文王长叹开口说：叹你殷商殷纣王。
你在国中乱咆哮，怨声载道仍逞强。
不明自己品德坏，前后左右无贤良。
你的品德不自明，没有辅佐无卿相。

文王长叹开口说：叹你殷商殷纣王。
上天叫你别酗酒，从而效法不应当。
仪容举止失常态，白天黑夜贪酒浆。
大喊大叫瞎嚷嚷，昼夜颠倒太荒唐。

文王长叹开口说：叹你殷商殷纣王。
怨声载道如蝉噪，又似开水和滚汤。
大官小吏快灭亡，人们还是老主张。
国内人民都愤怒，怒火延伸到远方。

文王长叹开口说：叹你殷商殷纣王。
不是上帝不善良，殷商不用旧典章，
虽然没有老成人，尚有成法作榜样。
这些你都不肯听，国家将灭命将亡。

文王长叹开口说：叹你殷商殷纣王。

古人曾经这样讲：树木倒下根朝上，
枝叶没有受损伤，根儿断绝已遭殃。
殷商借鉴不太远，想想夏桀怎样亡。

抑

抑抑威仪，维德之隅。
人亦有言：靡哲不愚。
庶人之愚，亦职维疾。
哲人之愚，亦维斯戾。

无竞维人，四方其训之。
有觉德行，四国顺之。
訏谟定命，远犹辰告。
敬慎威仪，维民之则。

其在于今，兴迷乱于政。
颠覆厥德，荒湛于酒。
女虽湛乐从，弗念厥绍。
罔敷求先王，克共明刑。

肆皇天弗尚，如彼泉流，无沦胥以亡。
夙兴夜寐，洒扫庭内，维民之章。
修尔车马，弓矢戎兵，用戒戎作，用逷蛮方。

质尔人民，谨尔侯度，用戒不虞。
慎尔出话，敬尔威仪，无不柔嘉。
白圭之玷，尚可磨也；
斯言之玷，不可为也。
无易由言，无曰苟矣。
莫扪朕舌，言不可逝矣。

无言不雠，无德不报。
惠于朋友，庶民小子。
子孙绳绳，万民靡不承。

视尔友君子，辑柔尔颜，不遐有愆。
相在尔室，尚不愧于屋漏。
无曰不显，莫予云觏。
神之格思，不可度思，矧可射思！

辟尔为德，俾臧俾嘉。
淑慎尔止，不愆于仪。
不僭不贼，鲜不为则。
投我以桃，报之以李。
彼童而角，实虹小子。

荏染柔木，言缗之丝。
温温恭人，维德之基。
其维哲人，告之话言，顺德之行。
其维愚人，覆谓我僭，民各有心。

於乎小子，未知臧否。
匪手携之，言示之事。
匪面命之，言提其耳。
借曰未知，亦既抱子。
民之靡盈，谁夙知而莫成？

昊天孔昭，我生靡乐。
视尔梦梦，我心惨惨。
诲尔谆谆，听我藐藐。
匪用为教，覆用为虐。
借曰未知，亦聿既耄。

於乎小子，告尔旧止。

听用我谋，庶无大悔。
天方艰难，曰丧厥国。
取譬不远，昊天不忒。
回遹其德，俾民大棘。

【译文】仪容美好行为谨，品德端庄思想正。
古人有话说得好：大智若愚头脑清。
一般人们显得笨，也许天生有毛病。
智者好像不聪明，那是害怕遭罪名。

为政最强是得人，四方诸侯有教训。
国君德行很正大，天下人民都归顺。
雄才大略定方针，大政及时告人民。
仪容举止要谨慎，人民效法把你尊。

形势发展到如今，国政完全乱纷纷。
君臣德行都败坏，沉湎酒色发了昏。
只知纵情贪欢乐，祖宗事业不关心。
先王治道不讲求，国家法度怎执行？

如今皇天不保佑，好像泉水向下流，相与灭亡万事休。
应当早起晚睡觉，洒扫堂屋要讲求，为民表率须带头。
车辆马匹准备好，弓箭兵器要整修。
预防战争将发生，驱逐蛮夷功千秋。

努力安定你人民，遵守法度要认真。
警惕事故突然生，发表言论要谨慎。
行为举止须恭敬。无不美好得安宁。
百色玉版有缺点，尚可琢靡使干净。
言论如果有差错，要想挽回不可能。

不要轻率乱发言，莫说做事可随便。
无人把我舌头拴，言语出口弥补难。
言语不会无反应，施德总是有福添。
亲朋好友要友爱，平民百姓须照看。

子孙谨慎不怠慢，万民顺从国家安。
见你朋友君子来，态度和蔼开笑颜，小心莫把过错犯。
瞧你一人在室内，面对神明无愧惭。
莫说室内不明显，无人能把我看见。
神灵来去无踪影，何时降临猜测难，哪能心里就厌烦？

努力修明你德行，使它完美无伦比。
言谈举止要慎重，切莫马虎失礼仪。
不犯错误不害人，人们无不效法你。
有人赠我一只桃，回报他用一只李。
羊崽无角说有角，实是惑乱你小子。

有株树木很柔韧，配上丝弦做成琴。
态度温和谦恭人，品德高尚根基深。
如果那人很聪明，善言劝告他能听，顺应道德能实行。
如果此人天性笨，反而说我不可信，人不相同各有心。

啊呀小子太年轻，好事坏事分不清。
不但用手相搀扶，而且教你办事情。
不但当面教育你，提着耳朵叫你听。
若说年幼无知识，已把儿子抱在身。
为人能够不自满，谁会早知却晚成！

老天在上最明昭，我的生活多烦恼。
看你糊涂不懂事，我的心里实在焦。
谆谆耐心教导你，你不停信态度傲。
不肯把它作教训，反而当成开玩笑。
若说你还没知识，七老八十年已高！

啊呀你这年轻人，告你先王旧典章。
你能听我用我谋，但愿没有大懊丧。
上天正在降灾难，国势危险快灭亡。
打个比方不算远，上天赏罚无差爽。
你的品行若邪僻，会使百姓太紧张。

烝民

天生烝民，有物有则。
民之秉彝，好是懿德。
天监有周，昭假于下。
保兹天子，生仲山甫。
仲山甫之德，柔嘉维则。
令仪令色，小心翼翼。
古训是式，威仪是力。
天子是若，明命使赋。

王命仲山甫：式是百辟！
缵戎祖考，王躬是保。
出纳王命，王之喉舌。
赋政于外，四方爰发。

肃肃王命，仲山甫将之。
邦国若否，仲山甫明之。
既明且哲，以保其身。
夙夜匪解，以事一人。

人亦有言：柔则茹之，刚则吐之。
维仲山甫，柔亦不茹，刚亦不吐；
不侮矜寡，不畏强御。

人亦有言：德輶如毛，民鲜克举之。
我仪图之，维仲山甫举之。
爱莫助之。衮职有阙，维仲山甫补之。

仲山甫出祖，四牡业业，

征夫捷捷，每怀靡及。
四牡彭彭，八鸾锵锵。
王命仲山甫，城彼东方。

四牡骙骙，八鸾喈喈。
仲山甫徂齐，式遄其归。
吉甫作诵，穆如清风。
仲山甫永怀，以慰其心。

【译文】上天生下众百姓，事物一定有法则。
人人保持共同性，就是爱好这美德。
老天监察我周家，诚心祭祀在下国。
保佑这个周天子，生下山甫是贤哲。

仲山甫有好品德，温和善良是准则。
仪表端正好颜色，谨慎小心不自得。
先王遗训能遵循，言行力求合规格。
天子用心作选择，让他传命发政策。

天子命令仲山甫，要为诸侯作准绳。
祖先事业你继承，保卫王身得安宁。
王命出入你掌管，喉舌之臣责不轻。
你向诸侯发政令，天下各地都响应。

天子命令很严正，山甫认真去执行。
国家事情好或歹，山甫都能认识清。
既明道理又懂事，保持自己好名声。
日夜辛劳不懈怠，侍奉天子保太平。

古人有话这样说：软的东西吃下肚，
硬的东西往外吐。世间只有仲山甫，
软的东西不乱吃，东西再硬也不吐。
鳏寡孤独不欺侮，不怕强暴和歹徒。

古人有话这样道：道德品行轻如毛，人们很少能举高。
认真思考细揣度，做到只有仲山甫，可惜无人能帮助。
龙袍上面有破损，只有山甫能修补。

山甫出行把路祭，四马高大强有力。
征夫敏捷动作疾，纵有私情难顾及。
四匹马儿奔驰急，八只鸾铃响声齐。
周王命令仲山甫，前去东方建城邑。

四匹马儿向前行，八只鸾铃响不停。
山甫动身去齐国，但望迅速早回程。
吉甫写下这首歌，美如清风暖人心。
山甫临行多思念，聊以此歌表慰问。

瞻印

瞻卬昊天，则不我惠。
孔填不宁，降此大厉。
邦靡有定，士民其瘵。
蟊贼蟊疾，靡有夷届。

罪罟不收，靡有夷瘳。
人有土田，女反有之。
人有民人，女覆夺之。
此宜无罪，女反收之。

彼宜有罪，女覆说之。
哲夫成城，哲妇倾城。
懿厥哲妇，为枭为鸱。
妇有长舌，维厉之阶。

乱匪降自天，生自妇人。

匪教匪诲，时维妇寺。
鞫人忮忒，谮始竞背。
岂曰不极？伊胡为慝？

如贾三倍，君子是识。
妇无公事，休其蚕织。
天何以刺？何神不富？
舍尔介狄，维予胥忌。

不吊不祥，威仪不类。
人之云亡，邦国殄瘁。
天之降罔，维其优矣。
人之云亡，心之忧矣！

天之降罔，维其几矣。
人之云亡，心之悲矣！
觱沸槛泉，维其深矣。
心之忧矣，宁自今矣？

不自我先，不自我后。
藐藐昊天，无不克巩。
无忝皇祖，式救尔后！

【译文】抬起头来望昊天，不肯对我施恩情。
天下长久不太平，大祸降临在人境。
国家无法得安定，士卒人民都累病。
好比蟊贼害禾稼，没完没了不得宁。
罪恶之网不收起，人民苦难永难停。

别人有了好土田，你却占有搞盘剥。
别人有了老百姓，你又强行去抢夺。
这人本是无辜者，你要把他来捕捉。
那人本应有罪过，你却替他来开脱。

聪明男子建成城，聪明女人使城倾。
可恨此妇太聪明，变成枭鸱发恶声。
女人多嘴舌头长，祸乱都由她造成。
祸乱不是从天降，大都由于妇人生。
王行暴政无人教，就因爱把妇人听。

诬告害人多诡计，先行诽谤后背弃。
难道这样还不够。为啥继续做恶事？
商人唯求三倍利，主持政事岂相宜？
妇人不肯做女工，停止养蚕和纺织。

上天为啥施责罚？神灵怎不赐福祥？
披甲夷狄你不管，反而怨恨把我伤。
天灾人祸不忧虑，人君威仪尽丧亡。
忠臣贤士都离去，国家困病多灾殃。

上天降下罪恶网，多如牛毛密如雨。
忠臣贤士都离去，我的心里多忧虑。
上天降下罪恶网，灾难临近无处藏。
忠臣贤士都逃亡，我的心里多忧伤。

槛泉泉水涌不息，泉水源头深无底。
我的心中多忧戚，难道只从今日起？
我生之前无灾祸，我生之后灾祸已。
高远无边老天爷，一切无不可畏忌。
伟大祖先不可辱，子孙后代应救济。

颂

周颂

清庙

於穆清庙，肃雍显相。
济济多士，秉文之德。
对越在天，骏奔走在庙。
不显不承，无射于人斯！

执事整齐有威仪，文王德教谨奉行。
报答文王在天灵，迅速奔走在庙庭。
光大祖德继祖业，人民不厌都崇敬。

烈文

烈文辟公，锡兹祉福。
惠我无疆，子孙保之。
无封靡于尔邦，维王其崇之。
念兹戎功，继序其皇之。
无竞维人，四方其训之。
不显维德，百辟其刑之。
於乎，前王不忘！

【译文】无功文德众诸侯，先王赐你大福祥。
从今永远热爱我，子孙永保世代昌。
别让你国有大罪。王将重重给封赏。
想起这些大功荣，务要继承和发扬。
得到贤人最重要，四方归顺无违抗。
你们德行能昭明，天下诸侯都模仿。
啊！祖宗功德不能忘！

闵予小子

闵予小子，遭家不造，嬛嬛在疚。
於乎皇考！永世克孝。
念兹皇祖，陟降庭止。
维予小子，夙夜敬止。
於乎皇王，继序思不忘！

【译文】可怜我这年轻人，家门遭丧太不幸，孤苦无依忧成病。
啊，伟大先父周武王，终生能把孝道行。
追念皇祖周文王，英灵上下在朝廷。
想我嗣位年纪轻，早晚办事应恭敬。
啊，文王武王请放心，继承大业永记清。

敬之

敬之敬之！天维显思。
命不易哉！无曰高高在上，
陟降厥士，日监在兹。
维予小子，不聪敬止。
日就月将，学有缉熙于光明。
佛时仔肩，示我显德行。

【译文】小心谨慎莫忘记，上天监察最明显。
保持天命真困难，莫说高高在上面。
事物由它定升降，每日监视这下边。
想我这个年轻人，敢不听从不恭敬？
日有成就月有进，学问积渐向光明，
群臣辅我担大任，示我治国好德行。

鲁 颂

泮 水

思乐泮水，薄采其芹。
鲁侯戾止，言观其旂。
其旂茷茷，鸾声哕哕。
无小无大，从公于迈。

思乐泮水，薄采其藻。
鲁侯戾止，其马蹻蹻。
其马蹻蹻，其音昭昭。
载色载笑，匪怒伊教。

思乐泮水，薄采其茆。
鲁侯戾止，在泮饮酒。
既饮旨酒，永锡难老。
顺彼长道，屈此群丑。

穆穆鲁侯，敬明其德。
敬慎威仪，维民之则。
允文允武，昭假烈祖。
靡有不孝，自求伊祜。

明明鲁侯，克明其德。
既作泮宫，淮夷攸服。
矫矫虎臣，在泮献馘。
淑问如皋陶，在泮献囚。

济济多士，克广德心。
桓桓于征，狄彼东南。
烝烝皇皇，不吴不扬。
不告于讻，在泮献功。

角弓其觩，束矢其搜。
戎车孔博，徒御无斁。
既克淮夷，孔淑不逆。
式固尔犹，淮夷卒获。

翩彼飞鸮，集于泮林。
食我桑黮，怀我好音。
憬彼淮夷，来献其琛。
元龟象齿，大赂南金。

【译文】大家游乐泮水滨，我在水中采水芹。
鲁侯大驾要光临，已经看到旌旗影。
车上旌旗随风展，铃儿叮当响不停。
无论大官和小官，跟随僖公向前行。

游乐泮水兴致高，我在水中采水藻。
鲁侯大驾已来到，马儿强健气势豪。
马儿强健气势豪，随行人多声音高。
鲁侯和颜面带笑，不发怒气耐心教。

游乐泮水久停留，采摘莼菜忙不休。
鲁侯大驾已光临，泮宫里面饮美酒。
美酒已经举杯饮，祝君长生不老寿。
顺着大道向前走，收服丑类不用愁。

庄严美好鲁僖公，恭敬勤勉品德高。
注意威仪有礼貌，光辉榜样人人效。
真正能文又能武，先祖神灵诚祭告。
遵循祖训无不孝，大福一定能求到。

勤勉努力鲁僖公，能修品德讲法度。
已把泮宫建设好，淮夷人民都归服。
武臣矫矫如猛虎，献敌左耳泮水处。
审讯得法似皋陶，就在泮宫献俘虏。

朝臣济济有修养，能把善心来推广。
威风凛凛去出征，平定东南势力强。
声势盛大军容壮，没有喧哗无叫嚷。
宽待俘虏不穷究，泮宫献功无夸张。

角弓弯弯硬又强，百箭发出嗖嗖响。
兵车坚固数量多，战士英勇斗志昂。
淮夷已经征服了，不再违命多善良。
坚决执行你谋略，淮夷终于得扫荡。

翩翩飞来猫头鹰，落在泮水傍边林。
吃了我的桑上果，给我送来好声音。
如今淮夷有觉悟，献来珍宝表诚心。
既有大龟和象牙，还有南方特产金。

商颂

那

猗与那与！置我鞉鼓。
奏鼓简简，衎我烈祖。

汤孙奏假，绥我思成。
鞉鼓渊渊，嘒嘒管声。
既和且平，依我磬声。
于赫汤孙！穆穆厥声。
庸鼓有斁，万舞有奕。
我有嘉客，亦不夷怿。
自古在昔，先民有作。
温恭朝夕，执事有恪。
顾予烝尝，汤孙之将！

【译文】多么美好多堂皇，拨浪鼓儿安堂上。
鼓儿敲起咚咚响，娱乐先祖心欢畅。
汤孙奏乐来祭告，赐我太平大福祥。
拨浪鼓儿响咚咚，箫管声声多清亮。
音节调谐又和畅，玉馨配合更悠扬。
啊，汤孙英名真显赫，歌声美妙绕屋梁。
敲钟击鼓响铿锵，文舞武舞好排场。
我有嘉宾来助祭，无不欢乐喜洋洋。
自从古代我先王，已把祭礼制妥当。
早晚温和又恭敬，小心谨慎做事忙。
冬祭秋祭神赏光，汤孙至诚奉酒浆。

长发

浚哲维商，长发其祥。
洪水芒芒，禹敷下土方：
外大国是疆，幅陨既长。
有娀方将，帝立子生商。

玄王桓拨，受小国是，受大国是达。
率履不越，遂视既发。
相土烈烈，海外有截。

帝命不违，至于汤齐。
汤降不迟，圣敬日跻。
昭假迟迟，上帝是祗，帝命式于九围。
受小球大球，为下国缀旒，何天之休。
不竞不絿，不刚不柔。
敷政优优，百禄是遒。

受小共大共，为下国骏厖。
何天之龙，敷奏其勇。
不震不动，不戁不竦，百禄是总。

武王载旆，有虔秉钺。
如火烈烈，则莫我敢曷。
苞有三蘖，莫遂莫达。
九有有截，韦顾既伐，昆吾夏桀。

昔在中叶，有震且业。
允也天子，降予卿士。
实维阿衡，实左右商王。

【译文】深谋明智是商王，上天久已现祯祥。
古时洪水茫茫涌，大禹治理遍四方。
外与大国定疆界，幅员由此广且长，
有娀女儿正强壮，上帝立子生殷商。

始祖玄王真英明，受理小国能行令，受理大国也都成。
遵守礼法不过分，遍察教令尽施行。
相土治国有威严，四海威服很齐整。

不敢违背上帝命，成汤能与天相并。
成汤谦卑不怠慢，圣明美德日上升。
诚心祭告久不停，只把上帝来爱敬。
帝令示范九州城。

接受小法和大法，表率诸侯做榜样，承蒙老天赐福祥。
既不竞争不贪求，也不示弱不逞强。
施行政令多宽和，百般福禄聚一堂。

接受小法和大法，下国都在庇护中。
承蒙老天相爱宠，施展才能显英勇。
既不震惊不摇动，也不害怕不惶恐。百般福禄都聚拢。

汤王出征旌旗扬，手拿大斧多刚强。
好比猛火熊熊炎，谁认胆敢来阻挡。
一棵老树三枝杈，不许杈上枝叶长，九州一齐归殷商。
韦顾两国已投降，昆吾夏桀都扫荡。

从前商代中世时，国力强大有威势。
成汤真是天之子，上天降下贤卿士。
就是伊尹号阿衡，辅佐商王把国治。

周 礼

亦名《周官》，周公居摄以后所作，拟周室之官制而未尽实行者。分天、地、春、夏、秋、冬六官，共六篇，统摄各职，为后世官设六部所由昉。秦火后，汉河间献王得之于山崖屋壁之中，而失其《冬官》一篇，因以《考工记》补之。王莽时，刘歆为置博士，始行于世。与《仪礼》、《礼记》合称三礼。

【译文】 又叫《周官》，是周公代理成王执政以后所作，它是周公拟定的治理周朝但没有完全实行的制度。它分为天、地、春、夏、秋、冬六官，一共六篇，统领各个官职，是后世设置六部的开始。秦焚书后，河间献王在山崖和房屋的墙壁之中得到，但缺《冬官》一篇，于是就用《考工记》补上。王莽时期，刘歆设立博士传授，才开始在世上流传。与《仪礼》《礼记》合称三礼。

大 宰

大宰之职，掌建邦之六典，以佐王治邦国。一曰治典，以经邦国，以治官府，以纪万民。二曰教典，以安邦国，以教官府，以扰万民。三曰礼典，以和邦国，以统百官，以谐万民。四曰政典，以平邦国，以正百官，以均万民。五曰刑典，以诘邦国，以刑百官，以纠万民。六曰事典，以富邦国，以任百官，以生万民。

【译文】 大宰的职责，掌管建立和颁行王国的六种法典，以辅助王统治天下各国。第一是治典，用来治理天下各国，治理官府和民众。第二是教典，用来安定天下各国，教育官府的官吏，使民众顺服。第三是礼典，用来协调天下各国，统御百官，使民众和谐。第四是政典，用来使天下各国政治公平，百官政风端正，民众赋役平均。第五是刑典。用来禁止天下各国的叛逆，惩罚百官的违法者，纠察民众。第六是事典，用来使天下各国富强，百官胜任职事，民众能得生养。

以八法治官府。一曰官属，以举邦治。二曰官职，以辨邦治。三曰官联，以会官治。四曰官常，以听官治。五曰官成，以经邦治。六曰官法，以正邦治。七曰官刑，以纠邦治。八曰官计，以弊邦治。

【译文】依据八种法则来治理官府。第一是官属，用来开展王国的政事。第二是官职，用来区别王国官吏的职责。第三是官联，用来会合各官共同办事。第四是官常，用来考察官吏的工作。第五是官成，用来治理王国的政事。第六是官法，用来端正王国的政风。第七是官刑，用来纠察王国的政事。第八是官计，用来评断王国的治理。

以八则治都鄙。一曰祭祀，以驭其神。二曰法则，以驭其官。三曰废置，以驭其吏。四曰禄位，以驭其士。五曰赋贡，以驭其用。六曰礼俗，以驭其民。七曰刑赏，以驭其威。八曰田役，以驭其众。

【译文】依据八种制度治理王畿内的采邑。第一是祭祀制度，用来节制对神的祭祀。第二是（有关宫室、车服等级的）制度，用来统御属官。第三是废置制度，用来治理官吏。第四是禄位制度，用来督励学士。第五是赋贡制度，用来调节财用。第六是礼仪风俗，用来约束民众。第七是刑赏制度，用来树立威信。第八是田役制度，用来役使民众。

以八柄诏王驭群臣。一曰爵，以驭其贵。二曰禄，以驭其富。二曰予，以驭其幸。四曰置，以驭其行。五曰生，以驭其福。六曰夺，以驭其贫。七曰废，以驭其罪。八曰诛，以驭其过。

【译文】用八种权柄辅助王统御群臣。第一是授予爵位的权柄，以使臣尊贵。第二是授予俸禄的权柄，以使臣富有。第三是赐予的权柄，以使臣得宠幸。第四是安置官吏的权柄，以劝励臣下的贤行。第五是赦免死罪的权柄，以使臣得免死之福。第六是剥夺的权柄，以使臣贫穷。第七是废黜的权柄，以惩罚罪臣。第八是诛杀的权柄，以使罪臣遭祸。

以八统诏王驭万民。一曰亲亲，二曰敬故，三曰进贤，四曰使能，五曰保庸，六曰尊贵，七曰达吏，八日礼宾。

【译文】用八项原则辅助王统御民众。第一是亲近亲族，第二是尊敬故旧，第三是荐举贤人，第四是任用能人，第五是抚慰有功的人，第六是尊重尊贵的人，第七是提拔勤劳的小吏，第八是礼敬宾客。

以九职任万民。一曰三农，生九谷。二曰园圃，毓草木。三曰虞衡，作山泽之材。四曰薮牧，养蕃鸟兽。五曰百工，饬化八材。六曰商贾，阜通货贿。七曰嫔妇，化治丝枲。八曰臣妾，聚敛疏材。九曰闲民，无常职，转移执事。

【译文】以九类职业任用民众。第一是在三种不同地形从事农业，生产各种谷物。第二是园林之业，培育瓜果。第三是虞衡之业，开发利用山林川泽的材物。第四是薮牧之业，蕃养鸟兽。第五是百工之业，利用各种原材料制造器物。第六是商贾之业，使财物大流通。第七是嫔妇之业，治理丝麻。第八是臣妾之业，采集草木果实。第九是闲民，没有固定职业，经常转换雇主为人做工。

以九赋敛财贿：一曰邦中之赋，二曰四郊之赋，三曰邦甸之赋，四曰家削之赋，五曰邦县之赋，六曰邦都之赋，七曰关市之赋，八曰山泽之赋，九曰币余之赋。

【译文】用九种赋税法征收财物。第一是王都中的赋税法，第二是距王都百里的四郊的赋税法，第三是距王都百里至二百里的邦甸的赋税法，第四是距王都二百里至三百里的家削的赋税法，第五是距王都三百里至四百里的邦县的赋税法，第六是距王都四百里至五百里的邦都的赋税法，第七是关市的赋税法，第八是山泽的赋税法，第九是给公用的剩余财物的回收法。

以九式均节财用：一曰祭祀之式，二曰宾客之式，三曰丧荒之式，四曰羞服之式，五曰工事之式，六曰币帛之式，七曰刍秣之式，八日匪颁之式，九曰好用之式。

【译文】用九种法则调节财物用度。第一是祭祀所用财物的法则，第二是接待宾客所用财物的法则，第三是遇死丧或灾荒所用财物的法则，第四是饮食和车服所用财物的法则，第五是工匠制作所用财物的法则，第六是行聘问礼所用财物的法则，第七是饲养牛马草料支出的法则，第八是分颁群臣俸禄所用财物的法则，第九是王闲暇时为与诸侯和臣下结恩好而赐予财物的法则

以九贡致邦国之用：一曰祀贡，二曰嫔贡，三曰器贡，四曰币贡，五曰材贡，六曰货贡，七曰服贡，八曰斿贡，九曰物贡。

【译文】按九种贡法收取诸侯国的财物。第一是贡献祭祀用物，第二是贡献接待宾客用物，第三是贡献各种器物，第四是贡献丝织物，第五是贡献竹、木材，第六是贡献珠、贝、金、玉等自然之物，第七是贡献缝制祭服用的材料，第八是贡献玩赏之物，第九是贡献各地土特产。

以九两系邦国之民：一曰牧，以地得民。二曰长，以贵得民。三曰师，以贤得民。四曰儒，以道得民。五曰宗，以族得民。六曰主，以利得民。七曰吏，以治得民。八曰友，以任得民。九曰薮，以富得民。

【译文】用九种和协的办法联系天下各国的民众。第一是诸侯国君，以土地取得民众。第二是官长，以尊贵的爵位取得民众。第三是老师，以贤德取得民众。第四是儒士，以道艺取得民众。第五是大宗，以亲睦族人取得民众。第六是主人，以有利可依取得民众。第七是官吏，以治理民事取得民众。第八是朋友，以可托付信任取得民众。第九是掌管山林川泽的官吏，以山林川泽的材物取得民众。

正月之吉，始和布治于邦国都鄙，乃县治象之法于象魏，使万民观治象，挟日而敛之。

【译文】（周历）正月初一，开始向各国诸侯和王畿内的采邑宣布治典，把形成文字的治典悬挂在象魏上，让民众观看治典，过十天而后收藏起来。

乃施典于邦国，而建其牧，立其监，设其参，傅其伍，陈其殷，置其辅。乃施则于都鄙，而建其长，立其两，设其伍，陈其殷，置其辅。乃施法于官府，而建其正，立其贰，设其考。陈其殷，置其辅。

【译文】在各诸侯国和王畿内的采邑施行治典，为各州设州牧，为各国设国君，为国君设三卿，为卿设五大夫，为大夫设众士，为士置府史。在王畿施行八则，为各采邑设君长，为君长设两卿，为卿设五大夫，为大夫设众士，为士置府史。在官府施行八法，为各官府设长官，为长官设副手，副手下设考核官，属官下设众士，士下置府史。

凡治，以典待邦国之治，以则待都鄙之治，以法待官府之治，以官成待万民之治，以礼待宾客之治。

【译文】凡治理天下，用六典以待治理天下各国，用八则以待治理王畿，用八法以待治理官府，用官成以待治理民众，用宾礼以待接待宾客。

祀五帝，则掌百官之誓戒，与其具修。前期十日，帅执事而卜日，遂戒。及执事视涤濯，及纳亨，赞王牲事。及祀之日，赞玉币爵之事。祀大神示亦如之。享先王亦如之。赞玉几玉爵。

【译文】祭祀五帝，掌管告诫百官（不要失礼），以及具备祭祀用品并把祭祀场所打扫干净。祭祀前的第十天，率众官占卜祭祀的日期，接着就斋戒。（到祭祀的前夕）携同众官视察祭器是否洗涤干净。到（祭祀那天黎明王牵牲）行纳亨礼的时候，帮助王牵牲。到祭祀那天天大亮的时候，帮助王拿玉器、币帛和爵。祭祀天上的大神和地神的礼仪也是这样，祭祀先王也是这样。还要帮助王拿玉几和玉爵。

大朝觐会同，赞玉币、玉献、玉几、玉爵。

【译文】诸侯朝觐王大会同而来，大宰协助王接受诸侯奉献的玉币，协助王接受诸侯进献的珍异之物，协助王设置玉几，协助王接受诸侯向王进酢酒的玉爵。

大丧，赞赠玉、含玉。

【译文】有大丧，协助（嗣王）行赠玉、含玉之礼。

作大事，则戒于百官，赞王命。王视治朝，则赞听治；眡四方之听朝，亦如之。凡邦之小治，则冢宰听之。待四方之宾客之小治。岁终，则令百官府各正其治，受其会，听其致事，而诏王废置。三岁，则大计群吏之治而诛赏之。

【译文】采取大的军事行动，负责告诫百官，协助王发布命令。王在治朝处理政事，就协助王评断政事。王巡守四方时听断政事，（大宰的职责）也是这样。凡王国政务的小事，就由大宰处理。四方来朝宾客有小事也有待大宰处理。（夏历）年终，命令各官府实事求是地整理文书资料，接受他们的会计总账，评断他们汇报的政绩，而帮助王决定对官吏的罢黜和提升。三年大考核众官吏的政绩，而（帮助王）决定对他们的惩罚和奖励。

大司徒

大司徒之职，掌建邦之土地之图与其人民之数，以佐王安扰邦国。以天下土地之图，周知九州之地域广轮之数，辨其山林、川泽、丘陵、坟衍原隰之名物。而辨其邦国、都鄙之数，制其畿疆而沟封之，设其社稷之壝，而树之田主，各以其野之所宜木，遂以名其社与其野。

【译文】大司徒的职责，掌管天下各国土地的地图与记载人民数（的户籍），以辅助王安定下天各国。依据天下土地的地图，遍知九州地域面积之数，辨别各地的山、林、川、泽、丘、陵、坟、衍、原、隰的名称与所出产之物，辨别天下的诸侯国和王畿内的采邑数，制定各国的畿疆而挖沟起土以为界。设立各国社稷的壝坛而以树作为田主，各用当地田野所宜生长的树（为田主），于是就用这种树作为社和田野的名称。

以土会之法，辨五地之物生：一曰山林，其动物宜毛物，其植物宜皁物。其民毛而方。二曰川泽，其动物宜鳞物，其植物宜膏物，其民黑而津。三曰丘陵，其动物宜羽物，其植物宜核物，其民专而长。四曰坟衍，其动物宜介物，其植物宜荚物，其民皙而瘠。五曰原隰，其动物宜蠃物，其植物宜丛物，其民丰肉而庳。

【译文】根据按土地计算贡税的法则，辨别五种不同地形所宜生长的人和物。一是山林，那里宜于生长毛细密的动物，宜于生长栎树之类可供染色用的植物，那里的人民毛长而体方。二是川泽，那里宜于生长鳞甲类的动物，宜于生长莲芡之类结子多的植物，那里的人民皮肤黑而润泽。三是丘陵，那里宣于生长有羽毛的动物，宜于生长李梅之类有果核的植物，那里的人民体型圆而长。四是坟衍，那里宜于生长有甲壳的动物，宜于生长有荚角的植物，那里的人民肤色白而体瘦。五是原隰，那里宜于生长毛短浅的动物，宜于生长萑苇之类丛生的植物，那里的人民胖而矮。

因此五物者民之常。而施十有二教焉：一曰以祀礼教敬，则民不苟。二曰以阳礼教让，则民不争。三曰以阴礼教亲，则民不怨。四曰，以乐礼教和，和民不乖。五曰以仪辨等，则民不越。六曰以俗教安，则民不愉。七曰以刑教中，则民不虣。八曰以誓教恤，则民不怠。九曰以度教节，则民知足。十曰以世事教能，则民不失职。十有一曰以贤制爵，则民慎德。十有二曰，以庸制禄，则民兴功。

【译文】根据以上五种地形的生长物所形成的人民的生活习惯，而施行十二个方面的教育。一是用祭祀之礼教民尊敬，人民就不会马虎随便。二是用(乡射礼、乡饮酒礼之类的)阳礼教民谦让，人民就不会相争。三是用（婚礼那样的）阴礼来教民相亲，人民就不会相互怨恨。四是用乐教民和睦，人民就不会乖戾。五是用礼仪来辨别上下尊卑等级，人民就不会僭越。六是用习俗教民安居，人民就不会苟且。七是用刑法教民遵守礼法，人民就不会暴乱。八是用誓戒教民敬慎，人民就不会懈怠。推是用制度教民节制，人民就会知足。十是用世间技艺之事教民技能，人民就不会失业。十一是根据贤行颁授爵位，人民就会谨慎修养德行。十二是根据功绩制定俸禄，人民就会致力于建立功业。

以土宜之法，辨十有二土之名物，以相民宅而知其利害，以阜人民，以蕃鸟兽，以毓草木，以任土事。辨十有二壤之物而知其种，以教稼穑树艺，以土均之法辨五物九等，制天下之地征，以作民职，以令地贡，以敛财赋，以均齐天下之政。

【译文】依据土地同所生长的人民和动植物相适宜的法则，辨别十二个区域土地的出产物及其名称，以观察人民的居处，而了解它们的利与害之所在，以使人民繁盛，使鸟兽繁殖，使草木生长，努力成就土地上的生产事业。辨别十二种土壤所宜种植的作物，而知道所适宜的品种，以教民种植谷物和果树。用按土地合理征收赋税的法则，辨别以上五种地形的生长物和九种土质，制定天下的地税，而兴起人民的各种职业，以使民贡献各种谷物，以收取钱谷赋税，以使天下赋税的征收公平合理。

以土圭之法测土深。正日景，以求地中。日南则景短，多暑；日北则景长，多寒；日东则景夕，多风；日西则景朝，多阴。日至之景，尺有五寸，谓之地中，天地之所合也，四时之所交也，风雨这所会也，阴阳之所和也。然则百物阜安，乃建王国焉，制其畿方千里而封树之。

【译文】用土圭测日影之法测量土地四方的远近，校正日影，以求得地中央的位置。位置偏南就日影短，气候炎热。位置偏北就日影长，气候寒冷。位置偏东，当地中之日正中时则此处日已偏西，气候干燥多风。位置偏西，当地中之日正中时则此处日还偏东，气候潮湿多阴雨。测得夏至那天中午的日影，长一尺五寸，这个地方叫做地中，这是天地之气相和合的地方，是四时之气相交替的地方，是风雨适时而至的地方，是阴阳二气和协的地方，因而百物丰盛而安康，于是在此建立王国，制定地方千里的王畿，而在畿疆挖沟植树以为固。

凡建邦国，以土圭土其地而制其域。诸公之地，封疆方五百里，其食者半；诸侯之地封疆方四百里，其食者三之一；诸伯之地，封疆方三百里，其食者参之一；诸子之地，封疆方二百里，其食者四之一；诸男之地，封疆方百里，其食者四之一。凡造都鄙，制其地域而封沟之；以其室数制之。不易之地，家百畮；一易之地，家二百畮；再易之地，家三百畮。乃分地职，奠地守，制地贡，而颁职事焉。以为地法而待政令。

【译文】凡建立诸侯国，用土圭（测日影的方法）测量该国的土地而制定该国的疆域。各公国的土地，疆界之内五百里见方，公可收取租税的土地占一半；各侯国的土地，疆界之内四百里见方，侯可收取租税的土地占三分之一；各伯国的土地，疆界之内三百里见方，伯可收取租税的土地占三分之一。各子国的土地，疆界之内二百里见方，子可收取租税的土地占四分之一。各男国的土地，疆界之内一百里见方，男可收取租税的土地占四分之一。凡建造采邑，制定该采邑的地域，而挖沟起土以为界，根据采邑的室家数来制定井田规模。无须休耕的地每家一百亩，种一年休耕一年的地每家二百亩，种一年休耕二年的地每家三百亩。于是分配从事土地生产的职业，确定守护地产的官职，制定从事土地生产应交的税，而分别（命令官民各自）恪尽本职，以此作为有关地政的法则，而准备执行王的政令。

以荒政十有二聚万民：一曰散利，二曰薄征，三曰缓刑，四曰弛力，五曰舍禁，六曰去几，七曰眚礼，八曰杀哀，九曰蕃乐，十曰多昏，十有一曰索鬼神，十有二曰除盗贼。以保息六养万民：一曰慈幼，二曰养老，三曰振穷，四曰恤贫，五曰宽疾，六曰安富。

【译文】用十二项救济灾荒的政策聚集万民：一是借贷种子和粮食给灾民，二是减轻赋税，三是减缓刑罚，四是免除力役，五是放松关市山泽的禁令，六是免除关市之税，七是简省吉礼，八是简省丧礼，九是收藏起乐器而不演奏，十是简化婚礼以促使多嫁娶，十一是求索已废弃祭祀的鬼神而重修祭祀，十二是铲除盗贼。用六项使万民安定而繁衍生息的政策养育万民：一是慈爱幼儿，二是赡养老年人，三是拯救穷困的人，四是救助贫穷的人，五是宽免残疾人的赋役，六是公平分派赋役使富人安心。

以本俗六安万民：一曰媺宫室，二曰族坟墓，三曰联兄弟，四曰联师儒，五曰联朋友，六曰同衣服。正月之吉，始和，布教于邦国、都鄙，乃县教象之法于象魏，使万民观教象。挟日而敛之，乃施教法于邦国、都鄙，使之各以教其所治民。令五家为比，使之相保；五比为闾，使之相受；四闾为族，使之相葬；五族为党，使之相救；五党为州，使之相賙；五州为乡，使之相宾。

【译文】用六种传统风俗使万民安居：一是使房屋坚固，二是使坟墓按族分布，三是团结异姓兄弟，四是使乡里子弟相连合而从师学习，五是团结朋友，六是使民衣服相同。周历正月初一，开始向各诸侯国和王畿内的采邑宣布教法，把形成文字的教法悬挂在象魏上，让万民观看教法，过十天而后收藏起来。于是在各诸侯国和王畿内的采邑施行教法，让他们各用以教育所治理的人民。令五家组成一比，使他们互相担保。五比组成一闾，使他们有事可以互相托付。四闾组成一族，使他们有丧葬事互相帮助。五族组成一党，使他们有灾荒互相救助。五党组成一州，使他们互相周济。五州组成一乡，使他们[对乡中的贤者]以宾客之礼相待。

颁职事十有二于邦国、都鄙。使以登万民：一曰稼穑，二曰树艺，三曰作材，四曰阜藩，五曰饬材，六曰通财，七曰化材，八曰敛材，九曰生材，十日学艺，十有一曰世事，十有二曰服事。以乡三物教万民而宾兴之：一曰六德：知、仁、圣、义、忠、和。二曰六行：孝、友、睦、姻、任、恤。三曰六艺：礼、乐、射、御、书、数。

【译文】在各诸侯国和王畿内采邑分配十二种职业，用以成就万民的生计：一是种谷物，二是种瓜果，三是开发山林川泽的材物，四是畜牧业，五是手工业，六是商业，七是纺织业，八是采集业，九是做雇工，十是做学士学习道艺，十一是世代相传的专业，十二是在官府服务。用三方面内容来教育万民，而荐举贤能者。一是六德：明白事理、爱人及物、通达而能预见、适时决断、言谈发自内心、刚柔适宜。二是六行：孝敬父母、友爱兄弟、和睦九族、亲爱姻戚、信任朋友、救济贫穷。三是六艺：五类礼义、六种歌舞、五种射法、五种驾驭车马法、六种造字法、九种数学计算法。

以乡八刑纠万民：一曰不孝之刑，二曰不睦之刑，三曰不姻之刑，四曰不弟之刑，五曰不任之刑，六曰不恤之刑，七曰造言之刑，八曰乱民之刑。以五礼防万民之伪而教之中，以六乐防万民之情而教之和。凡万民之不服教而有狱讼者，与有地治者听而断之，其附于刑者，归于士。祀五帝，奉牛牲，羞其肆。享先王，亦如之。大宾客，令野修道、委积。大丧，帅六乡之众庶，属其六引，而治其政令。大军旅、大田役，以旗致万民，而治其徒庶之政令。若国有大故，则致万民于王门，令无节者不行于天下。大荒、大札，则令邦国移民、通财、舍禁、弛力、薄征、缓刑。岁终，则令教官正治而致事。正岁，令于教官曰："各共尔职，修乃事，以听王命。其有不正，则国有常刑。"

【译文】用实行于乡中的八种刑罚纠察万民：一是针对不孝的刑罚，二是针对不和睦九族的刑罚，三是针对不亲爱姻戚的刑罚，四是针对不友爱兄弟的刑罚，五是针对不信任朋友的刑罚，六是针对不救济贫困的刑罚，七是针对制造谣言的刑罚，八是针对暴乱之民的刑罚。用五礼防止万民的诈伪而教他们符合中正，用六乐防止万民的情欲而教他们心地平和。凡万民不服从教化而有争讼的，就与地方官一同听取而加以评断，其中有触犯刑律的，就交给司法官审理。祭祀五帝，就奉进牛牲，进献经过豚解的牲体。祭祀先王也这样做。接待大宾客，命令在野外修整道路、积聚粮草（以待宾客到来）。有大丧，率领六乡为丧事服役的徒众，拴系六条大绳在柩车上（以便拉柩车），而负责指挥。大征伐，大田猎，用旗召集万民，而负责指挥徒众。如果国家有大事故，就召集万民到王宫门前待命，并命令无符节的人不得在全国各地任意通行。遇到大灾荒或疾病大流行的年头，就命令诸侯国迁移灾民、百通米粮、放宽（关市和山泽的）禁令、免除力役、减轻租税、宽缓刑罚。（夏历）年终，命令所属官员明白审慎地整理文书资料而上报。（夏历）正月初一，命令教官们说："各自恪尽你们的职守，努力做好你们的工作，而听从王的命令。如有失误，国家自有常刑处置。"

大宗伯

大宗伯之职，掌建邦之天神、人鬼、地示之礼，以佐王建保邦国。以吉礼事邦国之鬼神示，以禋祀祀昊天上帝，以实柴祀日、月、星、辰，以槱燎祀司中、司命、飌师、雨师，以血祭祭社稷、五祀、五岳，以貍沈祭山林川泽，以疈辜祭四方百物。以肆献祼享先王，以馈食享先王，以祠春享先王，以禴夏享先王，以尝秋享先王，以烝冬享先王。

【译文】大宗伯的职责，是掌管建立王国对于天神、人鬼、地神的祭祀之礼，以辅佐王建立和安定天下各国。用吉礼祭祀天下各国的人鬼、天神和地神。用禋祀来祭祀昊天上帝，用实柴来祭祀日、月、星、辰，用槱燎来祭祀司中、司命、风师、雨师。用血祭来祭祀社稷、五祀、五岳、用埋沉来祭祀山林、川泽，用毁折牲体来祭祀四方和各种小神。用经解割（而煮熟的）牲肉、牲血和生的牲肉、向地下灌郁鬯来祭祀先王，用黍稷做的饭祭祀先王，（以这样的礼节）用祠祀在春季祭祀先王，用禴祭在夏季祭祀先王，用尝祭在秋季祭祀先王，用烝祭在冬季祭祀先王。

以凶礼哀邦国之忧，以丧礼哀死亡，以荒礼哀凶札，以吊礼哀祸灾，以禬礼哀围败，以恤礼哀寇乱。以宾礼亲邦国，春见曰朝，夏见曰宗，秋见曰觐，冬见曰遇，时见曰会，殷见曰同，时聘曰问，殷覜曰视。

【译文】用凶礼哀悼天下各国所遭遇的忧伤，用丧礼哀悼死亡，用荒礼哀悼饥馑和疫病，用吊礼哀悼水遭和火灾，用禬礼哀悼被敌国战败的国家，用恤礼哀悼遭受侵犯或有内乱的邻国。用宾礼使天下各国相亲附。春季朝王叫做朝，夏季朝王叫做宗，秋季朝王叫做觐，冬季朝王叫做遇，无定期地会合诸侯叫做会，天下众诸侯国都来朝王叫做同，无定期地（派卿）慰问王叫做问，（每十二年中有三年）众诸侯（派卿）看望王叫做视。

以军礼同邦国，大师之礼，用众也；大均之礼，恤众也；大田之礼，简众也；大役之礼，任众也；大封之礼，合众也。

【译文】用军礼协同天下各国：大军出征之礼，是利用民众（的义勇）；大校比以平均赋税之礼，是忧虑民众（的赋税不均）；举行大田猎之礼，是为了检阅徒众（和战车）；大兴劳役之礼，是为了任用民众（的劳动力）；大规模勘定疆界之礼，是为了聚合民众。

以嘉礼亲万民，以饮食之礼，亲宗族兄弟；以昏冠之礼，亲成男女；以宾射之礼，亲故旧朋友；以飨燕之礼，亲四方之宾客；以脤膰之礼，亲兄弟之国；以贺庆之礼，亲异姓之国。

【译文】用嘉礼使民众相亲和。用饮酒礼和食礼，使宗族兄弟相亲和；用婚礼和冠礼，使男女相亲爱并使行冠礼的男子具有成人的德行；用宾射礼，使故旧和朋友相亲和；用飨礼和燕礼，使四方前来朝聘的宾客相亲和；用赏赐祭祀社稷和宗庙祭肉之礼，使同姓兄弟及异姓之国相亲和；用庆贺之礼，使异姓（及同姓）之国相亲和。

以九仪之命正邦国之位：壹命受职，再命受服，三命受位，四命受器，五命赐则，六命赐官，七命赐国，八命作牧，九命作伯。

【译文】用九等仪命，规正诸侯国的地位。一命可接受（国君分派的）职务，再命可接受（国君所赐的）命服，三命可接受（王朝的）臣位，四命可接受（公所赐的）祭器，五命可（由王）赐予一则之地，六命可赐予（在采邑中）自设官吏的权力，七命可出封为侯伯之国，八命可被任命为州牧，九命可担任方伯。

以玉作六瑞，以等邦国：王执镇圭，公执桓圭，侯执信圭，伯执躬圭，子执谷璧，男执蒲璧。以禽作六挚，以等诸臣：孤执皮帛，卿执羔，大夫执雁，士执雉，庶人执鹜，工商执鸡。

【译文】用玉制作六种玉瑞，以区别诸侯的等级。王执镇圭，公执桓圭，侯执信圭，伯执躬圭，子执谷璧，男执蒲璧。用禽兽作六种见面礼，以区别臣的等级。孤拿兽皮裹饰的束帛，卿拿羔羊，大夫拿鹅，士拿野鸡，庶人拿鸭，工商之人拿鸡。

以玉作六器，以礼天地四方：以苍璧礼天，以黄琮礼地，以青圭礼东方，以赤璋礼南方，以白琥礼西方，以玄璜礼北方。皆有牲币，各放其器之色。

【译文】用玉制作六种玉器，祭祀时用以进献天地四方。用苍璧进献天，用黄琮进献地，用青圭进献东方，用赤璋进献南方，用白琥进献西方，用玄璜进献北方。都有牺牲和束帛，牲、帛之色各依照所用玉器的颜色。

以天产作阴德，以中礼防之；以地产作阳德，以和乐防之。以礼乐合天地之化，百物之产，以事鬼神，以谐万民，以致百物。凡祀大神、享大鬼、祭大示，帅执事而卜日，宿眡涤濯，莅玉鬯，省牲镬，奉玉齍，诏大号，治其大礼，诏相王之大礼。若王不与祭祀，则摄位。凡大祭祀，王后不与，则摄而荐豆笾彻。大宾客，则摄而载果。朝觐、会同，则为上相。大丧亦如之。王哭诸侯亦如之。王命诸侯，则傧。国有大故，则旅上帝及四望。王大封，则先告后土，乃颁祀于邦国、都家、乡邑。

【译文】用动物性食物促使（人体的）阴气动起来，用教人适中的礼来防止（动得过分）；用谷类食物促使（人体的）阳气静下来，用教人和谐的乐来防止（静得过分）。用礼乐配合天地间化生的无生物，以及各种动植物，来祭祀鬼神，和谐万民。凡祭祀大天神，大人鬼，大地神，（事先）率领有关官吏占卜祭祀的日期，（祭前三日）重申对百官的告诫，（祭祀的前夕）视察祭器是否洗涤干净，临视行裸礼用的圭瓒，察看煮牲体用的镬，奉上（盛黍稷用的）玉敦，告诉（大祝祭祀对象的）大名号（以便作祝祷辞），预习王所当行的祭祀礼仪，（到祭礼时）教王并协助王行礼。如果王（因故）不参加祭祀，就代王行祭礼。凡大祭祀，王后(因故)不参加，就代王后进献和彻除豆、笾。招待大宾客，就代王向宾客行裸礼。诸侯朝觐王或王外出会同，就担任上相。有王、王后或太子的丧事，也担任上相。王哭吊死去的诸侯时也担任上相。王策命诸侯，就导引（被策命者）进前受命。国家有凶灾，就旅祭上帝和望祀四方名山大川。王大封诸侯，就先告祭后土。向各诸侯国、各采邑、各乡遂和公邑颁布（所当遵循的）祀典。

大司马

大司马之职，掌建邦国之九法，以佐王平邦国。制畿封国，以正邦国；设仪辨位，以等邦国；进贤兴功，以作邦国；建牧立监，以维邦国；制军诘禁，以纠邦国；施贡分职，以任邦国；简稽乡民，以用邦国；均守平则，以安邦国；比小事大，以和邦国。以九伐之法正邦国，冯弱犯寡则眚之，贼贤害民则伐之，暴内陵外则坛之。野荒民散则削之，负固不服则侵之，贼杀其亲则正之，放弑其君则残之，犯令陵政则杜之。外内乱，鸟兽行，则灭之。

【译文】大司马的职责，负责建立有关诸侯国的九项法则，以辅佐王成就诸侯国的政治。制定诸侯国的封域，以正定它们的疆界；为诸侯国设立仪法、辨别君臣的尊卑之位，以明确诸侯国君臣的等级；进用和荐举贤能有功的人，进用和荐举贤能有功的人，以激发诸侯国(臣民的进取心)；设立州牧和国君，以维系邦国的臣民；建立军队、惩治和严禁违法者，以纠正邦国的失误；分配诸侯国应缴的贡赋，以确定诸侯国的合理负担；查核诸侯国的乡民数，以便诸侯国任用民力；(根据诸侯国爵位的尊卑和拥有土地的大小)，建立合理的守卫土地之法，以安定诸侯国。(使大国)亲小国、(小国)服事大国，以使各诸侯国和睦相处。用九伐之法规正诸侯国。诸侯有以强陵弱、以大侵小的，就削弱他；有杀害贤良和民众的，就讨伐他；有对内暴虐、对外欺陵邻国的，就幽禁他而更立新君。有土地荒芜、人民离散的，就削减他的封地；有依仗险固地形而不服从的，就派兵进入他的国境以示惩罚；有无辜杀害亲族的，就抓起来治罪；有放逐或弑杀他的国君的，就杀死他；有违犯王的命令、轻视国家政法的。就杜塞他同邻国交通的途径；有外内悖乱人伦，行为如同禽兽的，就诛灭他。

正月之吉，始和，布政于邦国都鄙，乃悬政象之法于象魏，使万民观政象，挟日，而敛之，乃以九畿之籍施邦国之政职。方千里曰国畿，其外方五百里曰侯畿，又其外方五百里曰甸畿，又其外方五百里曰男畿，又其外方五百里曰采畿，又其外方五百里曰卫畿，又其外方五百里曰蛮畿，又其外方五百里曰夷畿，又其外方五百里曰镇畿，又其外方五百里曰蕃畿。

【译文】（周历）正月初一，开始向各诸侯国和王畿内的采邑宣布政法，把形成文字的政法悬挂在象魏上，让万民观看政法，过十天而后收藏起来。依照划分九畿的簿籍，分施各诸侯自所当奉行的政策和职责。地方千里是国畿，国畿之外地方五百里是侯畿，侯畿之外地方五百里是甸畿，甸畿之外地方五百里是男畿，男畿之外地方五百里是采畿，采畿之外地方五百里是卫畿，卫畿之外地方五百里是蛮畿，蛮畿之外地方五百里是夷畿，夷畿之外地方五百. 里是镇畿，镇畿之外地方五百里是蕃畿。

凡令赋，以地與民制之。上地，食者三之二，其民可用者家三人；中地，食者半，其民可用者二家五人；下地，食者三之一，其民可用者家二人。

【译文】凡征兵，依据土地的好坏和人口的多少来制定服役人数的标准。上等土地每年可耕种的占三分之二，（休耕三分之一），耕种上等土地的农民可用以服役的每家三人；中等土地每年可耕种的占一半，（休耕一半），耕种中等土地的农民可用以服役的每二家五人；下等土地每年可耕种的占三分之一，（休耕三分之二），耕种下等土地的农民可用以服役的每家二人。

中春，教振旅，司马以旗致民，平列陈，如战之陈，辨鼓铎镯铙之用，王执路鼓，诸侯执贲鼓，军将执晋鼓，师帅执提，旅帅执鼙，卒长执铙，两司马执铎，公司马执镯，以教坐作进退疾徐疏数之节，遂以蒐田，有司表貉，誓民，鼓，遂围禁，火弊，献禽以祭社。

【译文】仲春，教民众习战。大司马用旗召集民众，整编队列阵形，如同实战时那样列阵。教民众辨别鼓、铎、镯、铙的用途。王执掌路鼓，诸侯执掌贲鼓，军将执掌晋鼓，师帅执掌提鼓，旅帅执掌鼙鼓，卒长执掌铙，两司马执掌铎，公司马执掌镯。教（民众）坐下、起立、前进、后退、快速、慢速，以及距离疏密的节度。接着便用他们进行春季田猎，有关官吏在立表处举行貉祭，警诫民众（不要违犯有关田猎之法），然后击鼓，于是开始围猎。（焚烧野草的）火停止燃烧，然后进献所猎获的兽以祭祀社神。

中夏，教茇舍，如振旅之陈，群吏撰车徒，读书契，辨号名之用，帅以门名，县鄙各以其名，家以号名，乡以州名，野以邑名，官各象其事，以辨军之夜事，其他皆如振旅，遂以苗田，如搜之法，车弊，献禽以享礿。

【译文】仲夏，教（民众）在草野之地宿营，如同仲春教民习战那样布阵。选择车辆和兵众（加以配合），阅读簿册（校核兵甲器械）。（教民众）辨别各种徽识的用途：各级军帅的徽识都与他们军营门前所树旌旗书写同样的官事、姓名，六遂的徽识各与本遂的旌旗书写同样的官事、姓名，采邑主的徽识各与本采邑的旌旗书写同样的官事、姓名，六乡官吏的徽识各与本官的旌旗书写同样的官事、姓名，公邑大夫的徽识都与各邑的旌旗书写同样的官事、姓名，各官府的徽识都与它们的旌旗书写同样的官事、姓名，以便夜间军事行动好辨别。其他方面都同仲春教民习战那样。接着进行夏季田猎，如同春季田猎之法。车停止追逐野兽，（田猎结束），便进献所猎获的野兽祭祀宗庙。

中秋，教治兵，如振旅之陈，辨旗物之用，王载大常，诸侯载旂，车吏载旗，师都载旃，乡遂载物，郊野载旐，百官载旟，各书其事与其号焉，其他皆如振旅，遂以狝田，如搜田之法，罗弊，致禽以祀祊。中冬，教大阅，前期，群史戒众庶，修战法，虞人莱所田之野，为表，百步则一，为三表，又五十步为一表。

【译文】仲秋，教民众演习作战，如同仲春教民习战那样布阵。教民辨别各种旌旗的用途。王树大常，诸侯树旂，军吏树旗，军帅和大都、小都之长树同色的旗，乡吏和家邑之长树不同色的旃，郊野的公邑大夫树旐，王的百官树旟，各旗的缪上都书写各自的官事、姓名。其他方面都同仲春教民习战那样。接着进行秋季田猎，如同春季田猎之法。停止用网捕兽，田猎结束，集中所猎获的兽并用以祭祀四方之神。仲冬，教民众大检阅之礼。大检阅之前，乡吏们要告诫民众，演习战法。虞人芟除将要举行田猎的野地的荒草而设表，每百步设一表，设三表，又间隔五十步设一表。

田之日，司马建旗于后表之中，群吏以旗物、鼓铎、镯铙，各帅其民而致，质明，弊旗，诛后至者，乃陈车徒，如战之陈，皆坐，群吏听誓于陈前，斩牲以左右徇陈曰：不用命者斩之。中军以鼙令鼓，鼓人皆三鼓，司马振铎，群吏作旗，车徒皆作，鼓行，鸣镯，车徒皆行，及表乃止。三鼓，摝铎，群吏弊旗，车徒皆坐。又三鼓，振铎，作旗，车徒皆作，鼓进，鸣镯，车骤徒趋，及表乃止。坐作如初，乃鼓，车驰徒走，及表乃止。鼓戒三阕，车三发，徒三刺，乃鼓退，鸣铙，且却，及表乃止，坐作如初。遂以狩田，以旌为左右和之门，群吏各帅其车徒，以叙和出，左右陈车徒，有司平之。旗居卒间以分地，前后有屯百步，有司巡其前后，险野人为主，易野车为主。既陈，乃设驱逆之车，有司表貉于陈前，中军以鼙令鼓，鼓人皆三鼓，群司马振铎，车徒皆作，遂鼓行，徒衔枚而进。大兽公之，小禽私之，获者取左耳，及所弊，鼓皆駴，车徒皆噪，徒乃弊，致禽馌兽于郊。入，献禽以享烝。

【译文】到举行甲猎那天，司马在后表与二表的中间树立旗帜，乡吏们打着旗，敲着鼓、铎、镯、铙等各率领乡民到来。天亮时司马把旗帜放倒，惩罚后到的人。于是用车辆和徒众布阵，如同实战时的阵形，全体坐下。军帅们站在阵前听取有关军法的誓诫，斩杀牲给左右军阵看，说：“不服从命令的，斩！”中军元帅敲击鼙鼓命令击鼓，鼓人都击鼓三通。两司马摇响金铎，军帅们举起旗帜，车辆和步兵都起立。鼓人击鼓命令前进，公司马敲响镯作为行进的节度，车辆和步兵都前进，(从后表)前进到二表而后停止。鼓人击鼓三通，两司马用手捂住铎口而摇铎，军帅们放下旗帜，车辆停止前进、步兵都坐下。(鼓人)又击鼓三通，两司马摇响金铎，军帅们举起旗帜，车辆和步兵都起立。鼓人击鼓命令前进，公司马敲响镯，车辆快速奔跑，步兵快步前进，从二表前进到三表才停止，坐下和起立都和前次一样。于是鼓人又击鼓，车辆迅猛奔驰，步兵快速奔跑，从三表前进到四表才停止。三次连续不断地击鼓命令进攻，车上的射手先后射出三发箭，步兵三次击刺。于是击鼓命令从南向北退兵，卒长敲响铙，兵众向北退，退到后表处才停止，坐下和起立都如同当初一样。接着进行冬季田猎。用旌旗分立左右作为军门，军帅们各率领车辆和步兵依次出军门，分左右用车辆和步兵布阵，乡师规正兵众出入军门的队列。旗树在卒与卒之间以划分地段，车和步兵前后分别屯驻而相距百步，乡师巡视军阵前后。凡布阵，险阻的地方步兵在前，平坦的地方车辆在前。布阵完毕，于是设置驱赶野兽的车和拦击野兽的车，肆师、甸祝等在阵前立表处举行貉祭。中军元帅敲击鼙鼓命令击鼓，鼓人击鼓三通，两司马们摇响金铎，车辆和步兵都起立，接着鼓人击鼓命令前进，步兵都口中衔枚而行。猎获大兽交给公家，小兽留给自己，猎获野兽的人割取兽的左耳以便计功。到达田猎场的边界处就停下来，鼓声震响如雷，车辆和步兵齐声欢呼。徒众于是停止田猎，就集中所。猎获的禽兽并在国郊馈祭四方之神，进入国都又进献所猎获的兽以祭祀宗庙。

及师，大合军，以行禁令，以救无辜伐有罪。若大师，则掌其戒令，莅大卜，帅执事莅衅主及军器。及致，建大常，比军众，诛后至者。及战，巡陈，眂事而赏罚。若师有功，则左执律，右秉钺，以先恺乐献于社。若师不功，则厌而奉主车。王吊劳士庶子，则相。大役，与虑事属其植，受其要，以待考而赏诛。大会同，则帅士、庶子，而掌其政令。若大射，则合诸侯之六耦。大祭祀、飨食、羞牲鱼，授其祭。大丧，平士大夫。丧祭，奉诏马牲。

【译文】到需要率军队随王出行时，就集合六军，执行有关的禁令，以救援无辜被侵之国，讨伐有罪的人。如果王亲征，就执掌有关的戒令。出发前临视大卜占卜吉凶，率领有关官吏临视衅祭将随军而行的迁庙主和社主以及军事器械。到召集军众时，就树起王的大常旗，校核所到的军众人数，惩罚后到的人。到作战时，巡视军阵看有无战功以施行赏罚。如果军队打了胜仗，就左手拿着律管，右手拿者钺，在军前做先导，奏凯旋之乐而向社神献功。如果事队战败，就头戴厌冠而护送载有迁庙主和社主的车回来。王吊唁、慰问死伤的士、庶子，就协助王行礼。兴建大的工程，参与工程的谋画，聚集役徒，接受役徒的名册，以待考核他们的成绩而决定对他们的赏罚。大会同，就率领土和庶子跟从王而掌管有关他们的政令。如果举行大射礼，就匹配诸侯为六耦。举行大祭祀、飨礼、食礼，负责进献羊牲、马牲和鱼牲，（取当祭之物）授给尸或宾客以行食前祭礼。有大丧，负责规正士大夫的职责与尊卑位次；举行丧祭时，奉送马牲到墓地并向死者报告。

大司寇

大司寇之职，掌建邦之三典，以佐王刑邦国，诘四方。一曰，刑新国用轻典；二曰，刑平国用中典；三曰，刑乱国用重典。以五刑纠万民：一曰野刑，上功纠力；二曰军刑，上命纠守；三曰乡刑，上德纠孝；四曰官刑，上能纠职；五曰国刑；上愿纠暴。

【译文】大司寇的职责，负责建立和颁行治理天下的三法，以辅佐王惩罚(违法的)诸侯国，禁止四方各国(的叛逆)：一是惩罚（违法的）新建立之国用轻法，二是惩罚(违法的)旧国用中法，三是惩罚乱国用重法。用五种刑法纠察民众：一是针对野地之民的刑法，以鼓励务农而纠察是否勤劳；二是针对军队的刑法，以鼓励服从军令而纠察是否有离队的；三是针对六乡之民的刑法，以鼓励德行而纠察是否有不孝的；四是针对官府的刑法，以鼓励贤能而纠察是否失职；五是针对国都之民的刑法，以鼓励谨慎而纠察是否恭敬。

以圜土聚教罢民，凡害人者，置之圜土而施职事焉，以明刑耻之，其能改者，反于中国，不齿三年。其不能改而出圜土者杀。以两造禁民讼，入束矢于朝，然后听之，以两剂禁民狱，入钧金。三日，乃致于朝，然后听之。以嘉石平罢民，凡万民之有罪过而未丽于法而害于州里者，桎梏而坐诸嘉石，役诸司空。重罪，旬有三日坐，期役；其次，九日坐，九月役；其次，七日坐，七月役；其次；五日坐，五月役；其下罪，三日坐，三月役，使州里任之，则宥而舍之。以肺石达穷民，凡远近茕独、老幼之欲有复于上，而其长弗达者，立于肺石三日，士听其辞，以告于上，而罪其长。

【译文】用狱城聚教那些游手好闲的不良之民。凡危害人畜，把他关入狱城而罚做工，写明他的罪行让他背在背上以羞辱他。那些能改过的，就释放回故里，但三年不得按年龄大小与一般乡民排列尊卑位次。那些不能改过而逃出狱城的，处死。用使诉讼双方都到场的办法来防禁诉讼不实之辞，先交一束矢给朝廷，然后受理诉讼。通过诉讼双方都携带有关证明材料的办法来防禁人们对于大案的诉讼有不实之辞，先交三十斤铜，过三天才让诉讼双方来朝，然后受理诉讼。用嘉石来使不良之民改过向善。凡民众有罪过而尚未犯法，却危害乡里的，就给他们戴上手镣脚铐罚坐嘉石，然后交给司空（罚服劳役）。罪重的罚坐嘉石十三(二)天，服役一年；其次罚坐九天，服役九个月；又其次罚坐七天，服役七个月；又其次罚坐五天，服役五个月；又轻一等的罪罚坐三天，服役三个月。（罚毕）由同州里的人担保（他不再犯），就宽宥而释放他。用肺石使穷苦无告之民的冤辞能够上达。凡远近孤独无靠或年老、幼弱之民想要向上申诉冤屈，而他们的长官不予转达的，就来到肺石上站三天，然后由朝士听他诉说冤屈，以报告朝廷，而惩罚他们的长官。

正月之吉，始和，布刑于邦国、都鄙乃县刑象之法于象魏，使万民观刑象。挟日，而敛之。凡邦之大盟约，莅其盟书，而登之于天府，大史、内史、司会、及六官，皆受其贰而藏之。凡诸侯之狱讼，以邦典定之。凡卿大夫之狱讼，以邦法断之。凡庶民之狱讼，以邦成弊之。大祭祀，奉犬牲；若禋祀五帝，则戒之日，莅誓百官，戒于百族。及纳亨，前王祭之日，亦如之。奉其明水火。凡朝觐、会同，前王，大丧亦如之。大军旅，莅戮于社。凡邦之大事，使其属跸。

【译文】（周历）正月初一，开始向各诸侯国和王畿内的采邑宣布刑法，把形成文字的刑法悬挂在象魏上，让万民观看刑法，过十天而后收藏起来。凡王与诸侯因会同而订立盟约，就亲临监视盟约的书写，然后上交天府（而藏于祖庙），大史、内史、司会及六卿，都接受盟约的副本加以收藏。凡诸侯之间的诉讼，用王国的六典来审定。凡卿大夫之间的诉讼，用王国的八法来评断。凡庶民之间的诉讼，用王国的八成来判断。举行大祭祀，负责奉进犬牲。用禋祀来祭祀五帝，就宣告祭祀的日期，临视（大宰）对百官的告诫，又对服务于官府的府史胥徒们进行告诫。到（祭祀那天黎明）行纳亨礼的时候，为王做前导。到天大亮以后（正式进行祭祀时）也这样做。负责奉进明水和明火。凡举行朝觐、会同，为王前导。有大丧也这样做。有重大军事行动，亲临监视在军社前（对犯令将士）行刑。凡王国有大事，就派属吏禁止闲人通行。

考工记序

国有六职，百工与居一焉。或坐而论道，或作而行之，或审曲面执，以饬五材，以辨民器，或通四方之珍异以资之，或饬力以长地财，或治丝麻以成之。坐而论道，谓之王公；作而行之，谓之士大夫；审曲面执，以饬五材，以辨民器，谓之百工；通四方之珍异以资之，谓之商旅；饬力以长地财，谓之农夫；治丝麻以成之，谓之妇功。

粤无鎛，燕无函，秦无庐，胡无弓车。粤之无鎛也，非无鎛也，夫人而能为鎛也；燕之无函也，非无函也，夫人而能为函也；秦之无庐也，非无庐也，夫人而能为庐也；胡之无弓车也，非无弓车也，夫人而能为弓车也。知者创物，巧者述之守之，世谓之工。百工之事，皆圣人之作也。烁金以为刃，凝土以为器，作车以行陆，作舟以行水，此皆圣人之所作也。

【译文】国家有六类职业，百工是其中之一。有的人安坐而谋虑治国之道；有的人起来执行治国之道；有的人审视（五材的）曲直、方圆，以（加工）整治五材，使成为民众所需的器物；有的人使四方珍异的物品流通以供人们购取；有的人勤力耕耘土地而使之生长财富；有的人纺织丝麻而制成衣服。安坐而谋虑治国之道的，是王公；起来执行治国之道的，是士大夫；审视五材的曲直、方圆，以加工整治五材，使成为民众所需器物的，是百工；使四方珍异物品流通以供人们购取的，是商旅；耕耘土地而使之生长财富的，是农夫；纺织丝麻而制成衣服的，是妇功。

越地没有制作铸的工匠，燕地没有制作铠甲的工匠. 秦地没有制作（矛、戟等）长柄武器的工匠，匈奴没有制作弓、车的工匠。越地没有制作铸的工匠，不是说没有能够制作镩的人，而是说那里人人都能制作镩。燕地没有制作铠甲的工匠，不是说没有能够制作铠甲的人，而是说那里人人都能制作铠甲。秦地没有制作(矛、戟等)长柄武器的工匠，不是说没有能够制作长柄武器的人，而是说那里人人都能制作长柄武器。匈奴没有制作弓、车的工匠，不是说没有能够制作弓、车的人，而是说那里人人都能制作弓、车。智慧的人创造器物，心灵手巧的人循其法式，守此职业世代相传，叫做工。百工制作的器物，都是圣人创造的。熔化金属而制作带利刃的器具，使土坚凝而制作陶器，制作车而在陆地上行进，制作船而在水上行驶，这些都是圣人的创造。

天有时，地有气，材有美，工有巧，合此四者，然后可以为良。材美工巧，然而不良，则不时，不得地气也。橘窬淮而北为枳，瞿鸲不逾济，貉逾汶则死，此地气然也；郑之刀，宋之斤，鲁之削，吴粤之剑，迁乎其地而弗能为良，地气然也。燕之角，荆之干，妢胡之笴，吴粤之金锡，此材之美者也。天有时以生，有时以杀；草木有时以生，有时以死；石有时以泐，水有时以凝，有时以泽，此天时也。

凡攻木之工七，攻金之工六，攻皮之工五，设色之工五，刮摩之工五，搏埴之工二。攻木之工：轮、舆、弓、庐、匠、车、梓；攻金之工：筑、冶、凫、桌、段、桃；攻皮之工：函、鲍、韗、韦、裘设色之公：画、缋、钟、筐、荒；刮摩之工：玉、楖、雕、矢、磬；搏埴之工：陶、旊。

【译文】天有寒温之时，地有刚柔之气，材质有优良的，工艺有精巧的。把这四方面结合起来，然后可以制作精良的器物。材质优良、工艺精巧，然而制作的器物却不精良，就是因为不合天时、不得地气。橘迁种到淮北就变成枳，八哥鸟不（向北）飞越济水，貉（向北）越过汶水就会死：这些都是地气造成的。郑地的刀，宋地的斧，鲁地的削，吴、越的剑，离开当地而制作，就不能精良，这也是地气造成的。燕地的牛角，荆地的弓干，始胡的箭杆，吴、越的金、锡，这些都是优良的材料。天有时使万物生长，有时使万物凋零；草木有时生长，有时枯死；石头有时会产生裂纹；水有时会凝固，有时（冰冻）会消解。这些都是天时造成的。

凡治理木材的工匠有七种，治理金属的工匠有六种，治理皮革的工匠有五种，染色的工匠有五种，刮摩的工匠有五种，用黏土制作器物的工匠有两种。治理木材的工匠有：轮人、舆人、弓人、庐人、匠人、车人、梓人。治理金属的工匠有：筑氏、冶氏、凫氏、栗氏、段氏、桃氏。治理皮革的工匠有：函人、鲍人、韗人、韦人、裘人。染色的工匠有：画人、缋人、钟氏、筐人、荒氏。刮摩的工匠有：玉人、楖人、雕人、矢人、磬氏。用泥制作器物的工匠有：陶人、旊人。

有虞氏上陶，夏后氏上匠，殷人上梓，周人上舆。故一器而工聚焉者，车为多。车有六等之数：车轸四尺，谓之一等；戈柲六尺有六寸，即建而迤，崇于轸四尺，谓之二等；人长八尺，崇于戈四尺，谓之三等；殳长寻有四尺，崇于人四尺，谓之四等；车戟常，崇于殳四尺，谓之五等；酋矛常有四尺，崇于戟四尺，谓之六等。车谓之六等之数；凡察车之道，必自载于地者始也，是故察车自轮始。

凡察车之道，欲其朴属而微至，不朴属。无以为完久也，不微至。无以为戚速也。轮已崇，则人不能登也，轮已庳，则于马终古登阤也。故兵车之轮六尺有六寸，田车之轮六尺有三寸，乘车之轮六尺有六寸，六尺有六寸之轮，轵崇三尺有三寸也，加轸与轐焉，四尺也。人长八尺，登下以为节。

【译文】有虞氏尊尚制作陶器之工，夏后氏尊尚建造宫室、开挖沟渠之工，殷人尊尚制作礼器、乐器之工，周人尊尚制造车舆之工。制作一种器物而需要聚集数个工种的，以制作车(聚集的工种)为最多。车有六等差数：车轸高四尺，这是第一等；戈连柄长六尺六寸，插在车上而让它斜倚着，比轸高出四尺，这是第二等；人长八尺，站在车上比戈高出四尺，这是第三等；殳长一寻零四尺，插在车上比人高出四尺，这是第四等；车戟长一常，插在车上比殳高出四尺，这是第五等；酋矛长一常零四尺，插在车上比戟高出四尺，这是第六等。因此说车有六等差数。

凡观察车子的要领，必须从车子着地的部位开始，因此观察车子要从车轮开始。凡观察车子的要领，车轮要结构坚固而与地的接触面小。结构不坚固，就不能经久耐用；与地的接触面不小，就不能快速。车轮过高，就不便人登车；车轮过低，对于马来说就常常像爬坡一样吃力。因此兵车车轮高六尺六寸，田车车轮高六尺三寸，乘车车轮高六尺六寸。六尺六寸高的车轮，轵高三尺三寸，再加上轸木与车模就是四尺。人高八尺，以此作为方便人上下的轸高的节度。

仪 礼

盖周代所行之礼制仪式，如冠、昏、丧、祭之事，进退揖让之文。孔子因之而叹夫郁郁者也。周衰，诸侯恶其害己，灭去其籍。汉兴，高堂生传士礼十七篇，即今《仪礼》。说者谓三礼中，独《仪礼》乃孔子删定六经之礼经，然其书出于灰烬之余，多所残阙，又其条文繁密，今古殊情，自来号为难读，信非专家不能详也。

【译文】是关于周代所实行礼的仪式的记载，包括冠礼、婚礼、丧礼、祭祀等内容和进退揖让等形式。孔子曾因此而感叹周朝礼仪的兴盛。周衰落后，各诸侯国厌恶它不利于自己，就毁灭此书。汉建立后，高堂生传授《士礼》十七篇，这就是现存的《仪礼》。有人以为在三礼之中，只有《仪礼》是孔子所删定六经中的《礼经》，然而在秦焚书之后有很大的缺失，加上条文繁杂，古今情况不同，因而自古以来号称难读，确实是专家才能详尽啊！

士冠礼

士冠礼筮于庙门。主人玄冠，朝服，缁带，素韠，即位于门东，西面。有司如主人服，即位于西方，东面，北上。筮与席，所卦者，具馔于西塾。布席于门中，闑西、阈外，西面。筮人执策，抽上韇，兼执之，进受命于主人。宰自右少退赞命。筮人许诺，左还，即席坐，西面。卦者在左。卒筮，书卦，执以示主人。主人受视，反之。

【译文】士加冠的礼仪：在祢庙门前占筮加冠的吉日。主人头戴玄冠，身穿朝服，腰束黑色大带，饰白色蔽膝，在庙门的东边就位，面朝西方；主人的属吏身着与主人相同的礼服，在庙门的西边就位，面朝东方。以北为上首。蓍草、蒲席和记爻、记卦所用的卜具，都陈放在庙门外的西塾中。约在门外的中部，即门槛外，门中所竖短木偏西的地方布设筮席，筮席面朝西方。筮人手持蓍草，抽开装着蓍草的蓍筒盖，一手持盖，一手持蓍筒下部，进前接受主人的吩咐。宰在主人右方稍靠后的地方佐主人发布占筮之命。筮人应答后右转弯回到筮席，就席坐下，面朝西方。卦者的位置在筮人的左边。占筮完了，筮人将筮得的卦写在版上，拿去给主人看。主人接过去看毕，还给筮人。

筮人还，东面，旅占卒，进告吉。若不吉，则筮远日，如初仪。彻筮席，宗人告事毕。

【译文】筮人回至筮席，面向东方，与他的属下共同占筮，占筮完毕，进前报告主人筮得吉卦。如果占筮结果不吉，就占筮以后的日期，其仪式与前相同。占筮结束，撤去筮席，宗人宣布筮日之事结束。

主人戒宾，宾礼辞，许。主人再拜，宾答拜。主人退，宾拜送。前期三日，筮宾，如求日之仪。乃宿宾。宾如主人服，出门左，西面再拜，主人东面答拜。乃宿宾，宾许。主人再拜，宾答拜。主人退，宾拜送。宿赞冠者一人，亦如之。

【译文】主人至众宾家门告以“冠礼”日期，并请参加，他们辞谢一次便应许了。主人两拜宾，宾答拜。主人回，宾拜送主人。在将行加冠礼之前三日，举行占筮正宾的仪式，与占筮日期的仪式相同。于是，主人再次前往邀请正宾。正宾身穿与主人相同的礼服，迎出大门外东方，面朝西方两拜主人，主人面朝东答拜正宾。然后主人（致辞）邀请正宾，正宾应许。主人对正宾两拜，正宾答拜。主人退下，正宾拜送。邀请赞冠者一名，仪式与邀请正宾相同。

厥明夕，为期于庙门之外。主人立于门东，兄弟在其南，少退，西面，北上。有司皆如宿服，立于西方，东面，北上。摈者请期。宰告曰：“质明行事”。告兄弟及有司。告事毕。摈者告期于宾之家。

【译文】第二天，即行加冠礼前一天的傍晚，举行约定行冠礼时辰的仪式，地点在庙门外。主人站立在门外东边，众亲戚站在主人南边稍靠后一些的地方，面朝西方，以北为上首。主人的属吏都身穿朝服，站在庙门外西边，面朝东方，以北为上首。摈者请问加冠礼的时辰。宰告知说：“明晨正天明时举行。”摈者转告亲戚和众属吏。宗人宣布约期的仪式结束。摈者到众宾家通告行加冠礼的时辰。

夙兴，设洗直于东荣，南北以堂深，水在洗东。陈服于房中西墉下，东领北上。爵弁服：纁裳、纯衣、缁带、韎韐。皮弁服：素积、缁带、素韠。玄端：玄裳、黄裳、杂裳可也，缁带、爵韠。缁布冠缺项、青组缨属于缺、缁纚广终幅长六尺、皮弁笄、爵弁笄、缁组纮纁边，同箧。栉实于箪，蒲筵二，在南。侧尊一甒醴，在服北。有篚实勺觯角柶，脯醢，南上。爵弁、皮弁、缁布冠各一匴，执以待于西坫南，南面东上，宾升则东面。

【译文】清晨早起，在正对东屋翼的地方设置洗，洗与堂之间的距离与堂深相等。水设置在洗的东边。礼服陈设在东房内西墙下，衣领朝东方，以北为上首。先是爵弁服：浅绛色裙、丝质黑色上衣、黑色大带、赤黄色蔽膝。其次是皮弁服：白色裙、黑色大带、白色蔽膝。再次是玄端服：黑裙、黄裙、杂色裙都可以，黑色大带、赤黑色蔽膝。然后是加缁布冠所用的頍项、系结在頍上的青色冠缨、六尺长整幅宽的黑色束发巾、加皮弁所用的簪子、加爵弁所用的簪子、镶着浅红色边饰的黑色丝质冠带，以上物品同装于一只箱子里。梳子放在箪中。蒲苇席两张，放置在（礼服、箱、箪的）南边。在礼服的北边，单独设置一甒醴。又有勺、觯、角制的小匙，盛在筐篚中，还有干肉和肉酱（盛于笾豆中），以南为上首。爵弁、皮弁、缁布冠，各盛在一个冠箱里，主人的属吏（三人）各持一只冠箱，等候在西坫的南边，面朝南，以东方为上首，正宾登堂后则转而面朝东方。

主人玄端、爵韠，立于阼阶下，直东序西面。兄弟毕袗玄，立于洗东，西面北上。摈者玄端，负东塾。将冠者采衣、紒，在房中，南面。宾如主人服，赞者玄端从之，立于外门之外。

【译文】主人身着玄端，赤黑色蔽膝，站立在东阶下边正对东序的地方，面朝西方。众亲戚全都身着黑色的衣裳，站在洗的东边，面朝西方，以北为上首。摈者身穿玄端，背朝东塾站立。将冠者身穿采衣，头梳发髻，站在房中，面朝南方。正宾身穿与主人相同的礼服，赞冠人身着玄端相随，站立在大门外边。

摈者告。主人迎出门左，西面再拜，宾答拜。主人揖赞者。

与宾揖先入。每曲揖。至于庙门，揖入。三揖至于阶。三让，主人升立于序端，西面。宾西序，东面。赞者盥于洗西，升立于房中，西面，南上。

【译文】摈者出门请宾入内，并通报主人。主人出至大门东边迎接，面朝西两拜，正宾答拜。主人向赞冠人作揖行礼，又与正宾相对一揖，然后先进入大门。每到转弯的地方，主人必与宾相对一揖。至庙门前，主人揖请正宾进入庙门。如此相对三揖，到达堂前阶下，相互谦让三次，主人上堂，站立在东序南端，面朝西方。宾的位置在西序（南端），面朝东方。赞冠人在洗的西边洗手后，登堂站立在房中，面朝西，以南边为上首。

主人之赞者筵于东序，少北，西面。将冠者出房，南面，赞者奠纚、笄、栉于筵南端。宾揖将冠者。将冠者即筵坐。赞者坐，栉，设纚。宾降，主人降。宾辞，主人对。宾盥卒，壹揖，壹让，升。主人升，复初位。宾筵前坐，正纚。兴，降西阶一等，执冠者升一等，东面授宾。宾右手执项，左手执前，进容。乃祝，坐如初。乃冠，兴，复位。赞者卒。冠者兴，宾揖之，适房，服玄端爵韠，出房，南面。宾揖之，即筵坐，栉，设笄，宾盥正纚如初。降二等，受皮弁，右执项，左执前，进祝。加之如初。复位。赞者卒纮。兴，宾揖之，适房。服素积、素韠，容，出房，南面。宾降三等，受爵弁加之。服纁裳、韎韐。其他如加皮弁之仪。

【译文】佐助主人的人在东序边稍靠北的地方布设筵席，面朝西方。将冠者从房内出至堂上，面朝南方。赞冠人把束头巾、簪子、梳子等物放置在席的南端。正宾对将冠者拱手一揖。将冠者即席坐下。赞冠人也坐下，为将冠者梳理头发，并用头巾束发。正宾下堂，主人也下堂，宾辞谢，主人应答。正宾洗手完毕，与主人相对一揖，相互谦让一番，然后上堂。主人也上堂，回到原位。正宾在筵席前坐下，为将冠者整理束发巾。然后站起，由西阶下一级台阶，持冠的人升上一级台阶，面向东把缁布冠交给正宾。正宾右手持冠的后端，左手持冠的前端，仪容舒扬地前行至席前，然后致祝辞，如先前一样坐下，为将冠者加缁布冠。然后起立，回到原来的位置。赞冠人为冠者加頍项，系好冠缨，完毕。冠者站起，正宾对他作揖行礼。冠者进入房内，穿上玄端服、赤黑色蔽膝，从房中出来，面朝南方。正宾对冠者行揖礼，冠者即席坐下。赞冠人为他梳理头发，插上簪子，正宾下堂洗手，然后为他整理束发巾，都与初加冠的仪式相同。正宾由西阶下两级台阶，接过皮弁，右手持冠后端，左手持前端，进前致祝辞，为冠者戴上，仪式与初加冠相同。正宾回到原位。赞冠人为冠者结好皮弁冠的纽带。冠者站起，正宾对他拱手作揖。冠者进房内，穿上白色裳、白色蔽膝，仪容端正，从房中出来，面朝南方站立。正宾由西阶下三级台阶，接过爵弁为冠者戴上。冠者穿上浅红色裙、赤黄色蔽膝。其他与加皮弁冠的仪式相同。

彻皮弁、冠、栉、筵。入于房。筵于户西，南面。赞者洗于房中，侧酌醴，加柶，覆之，面叶。宾揖，冠者就筵，筵西，南面。宾受醴于户东，加柶，面枋，筵前北面。冠者筵西拜受觯，宾东面答拜。荐脯醢。冠者即筵坐，左执觯，右祭脯醢。以柶祭醴三，兴。筵末坐，啐醴。建柶，兴。降筵，坐奠觯，拜。执觯兴。宾答拜。

【译文】撤去皮弁冠、缁布冠、梳子、筵席等物，进入房中。佐助主人的人在室门西边堂上布设筵席，面朝南方。赞冠人在房中洗觯，独自斟醴，把小匙口朝下放在觯上，匙头朝前。正宾对冠者作揖行礼，冠者即席，在席西端，面朝南方。正宾在室门的东边接觯在手，把小匙放在觯上，匙柄朝前，进至筵席前面，面朝北方。冠者在席西边行拜礼，接觯在手，正宾面朝东答拜。赞冠人把干肉和肉酱进置于席前。冠者即席坐下，左手持觯，右手祭干肉和肉酱。然后用角质的小匙祭醴三番，站起。在席的西头坐下，尝醴。把小匙插置觯中，起立。然后走下筵席，坐下，把觯放在地上，对正宾行拜礼，手持醴觯起立。正宾答拜。

冠者奠觯于荐东，降筵，北面坐取脯。降自西阶，适东壁，北面见于母。母拜受，子拜送，母又拜。宾降，直西序，东面。主人降，复初位。冠者立于西阶东，南面。宾字之，冠者对。宾出，主人送于庙门外。请醴宾，宾礼辞，许。宾就次，冠者见于兄弟，兄弟再拜，冠者答拜。见赞者，西面拜，亦如之。入见姑姊，如见母。

【译文】冠者把觯放在笾豆东边地上，走下筵席，面朝北坐下取干肉。然后从西阶下堂，行至东墙闱门外，面朝北拜见母亲。母亲拜受干肉，冠者拜送，母亲再次拜冠者。正宾下堂，在与西序相对的地方站定，面朝西方。主人下堂，回至原来上台阶前的位置。冠者站立在西阶东边，面朝南方。正宾为冠者命字，冠者应答。正宾退出，主人送出庙门外，请以醴礼酬正宾。正宾辞让一次后应许，至更衣处等候。冠者拜见众亲戚，亲戚向冠者两拜，冠者答拜。然后拜见赞冠人。冠者面朝西行拜礼，仪式与拜见亲戚相同。又进寝宫拜见姑母、姊姊，仪式与拜见母亲时相同。

乃易服，服玄冠、玄端、爵韠。奠挚见于君，遂以挚见于乡大夫、乡先生。

【译文】然后更换礼服，戴玄冠，穿玄端服，饰赤黑色蔽膝。进献礼物，朝见国君。接着携礼物晋见乡大夫、乡先生。

乃醴宾以壹献之礼。主人酬宾，束帛俪皮。赞者皆与，赞冠者为介。宾出，主人送于外门外。再拜。归宾俎。若不醴，则醮用酒。尊于房户之间，两甒，有禁，玄酒在西。加勺南枋。洗有篚，在西。南顺。始加，醮用脯醢。宾降取爵于篚。辞降如初。卒洗，升酌。冠者拜受，宾答拜如初。冠者升筵坐，左执爵，右祭脯醢，祭酒。兴，筵末坐啐酒。降筵拜，宾答拜。冠者奠爵于荐东，立于筵西。彻荐爵，筵尊不彻。加皮弁，如初仪。再醮，摄酒。其他皆如初。加爵弁，如初仪。三醮，有干肉折俎，哜之，其他如初。北面取脯见于母。若杀，则特豚，载合升。离肺实于鼎，设扃鼏。始醮，如初。再醮，两豆，葵菹、蠃醢、两笾、栗脯。三醮，摄酒如再醮，加俎，哜之，皆如初，哜肺，卒醮，取笾脯以降，如初。

【译文】主人以壹献之礼宴请正宾。主人以一束锦、两张鹿皮酬谢正宾。众宾也都参加宴饮。赞冠人担任正宾介。正宾退出，主人送到大门外边，两拜正宾。并遣人把牲送至宾家。如果不用醴法，则可用酒行醮礼。在房和室门之间设置两只酒甒，甒下设有酒禁，玄酒（水）放在西边，上边放置勺子，勺柄朝南。在洗的西边设置筐篚，以北为上首。初次加缁布冠，行醮礼用干肉和肉酱。正宾下堂从篚中取爵；主人也下堂，正宾辞让，与前述仪式相同。正宾洗爵完毕，上堂斟酒。冠者拜接酒爵，正宾答拜，仪式与前相同。冠者即席坐下，左手持爵，右手祭干肉和肉酱，然后祭酒。冠者起立，在席西端坐下尝酒。下筵席向正宾行拜礼，正宾答拜。冠者在笾豆的东边放下酒爵，站立在筵席的西边。撤去笾豆和酒爵，筵席和酒尊不撤。二加皮弁，仪式与初次加冠相同。第二次行醮礼，要对酒加以整理、添益。其他仪式与前述相同。加爵弁的仪式也与前相同。三行醮礼，有干肉、折节盛于俎的牲体，品尝它，其他仪式也与前边相同。冠者面向北取干肉拜见母亲。如果杀牲的话，则用一只小猪。把它放入镬中烹熟，然后合左右牲体把它盛于鼎中。把肺割离开也放在鼎中。鼎上设置横杠和鼎盖。初次行醮礼，仪式与前述相同。第二次行醮礼，用两只豆，盛腌菜和蜗牛肉酱；两只笾，盛栗脯。三行醮礼，整理、添酒与第二次相同，有牲体，尝牲，都与前述仪式相同。并尝肺。行醮礼完毕，冠者取出笾中的干肉下堂等仪式，也都与前述相同。

若孤子，则父兄戒宿。冠之日，主人紒而迎宾。拜、揖、让，立于序端，皆如冠主，礼于阼。凡拜，北面于阼阶上。宾亦北面于西阶上答拜。若杀，则举鼎陈于门外，直东塾，北面。

【译文】如果将冠者是孤儿，则由他的伯父叔父或堂兄代为通知和召请宾客。加冠那天，将冠者束发髻迎宾。拜、揖、让，站立在东序南端，都与冠者父亲所行的仪式相同。在阼阶上行礼。凡行拜礼，都在阼阶上，面朝北方。正宾也同样在西阶上答拜。如果是杀牲，则抬鼎陈放在庙门外边，正对着东塾，面朝北。

若庶子，则冠于房外，南面，遂醮焉。冠者母不在，则使人受脯于西阶下。戒宾曰："某有子某，将加布于其首。愿吾子之教之也。"宾对曰："某不敏，恐不能共事，以病吾子，敢辞。"主人曰："某犹愿吾子之终教之也。"宾对曰："吾子重有命，某敢不从！"宿曰："某将加布于某之首，吾子将莅之，敢宿。"宾对曰，"某敢不夙兴！"始加，祝曰："令月吉日，始加元服。弃尔幼志，顺尔成德，寿考惟祺，介尔景福。"再加曰："吉月令辰，乃申尔服，敬尔威仪，淑慎尔德，眉寿万年，永受胡福。"三加曰："以岁之正，以月之令，咸加尔服。兄弟具在，以成厥德。黄耇无疆，受天之庆。"

【译文】如果冠者是庶子，则在房外加冠，面朝南方，然后行醮礼。如果冠者母亲因故不在家，则使人在西阶下代母亲接受冠者所献上的干肉。告宾时致辞说："某人有儿子名某某，将要为他加缁布冠，希望先生能前往教导。"宾致答辞说："某人不才，恐怕不能胜任此事，有辱先生，所以冒昧推辞。”主人说：“某人仍然期望先生终能前去指教。”宾回答说：“先生再次吩咐，某人怎敢不遵从！”召请正宾时致辞说：“某人将为某某加缁布冠，先生将光临，冒昧前来恭请。”正宾回答说：“某人不敢不早起前往！”初次加缁布冠，致祝辞说：“选择善月吉日，为你戴上缁布冠，去掉你的童稚之心，慎修你成人的美德，属你高寿吉祥，昊天降予大福。”二加皮弁致辞说：“选择吉月良辰，为你再戴皮弁冠，端正你的容貌威仪，敬慎你内心的德性，愿你长寿万年，天永远降你福祉。”三加爵弁致辞说：“在这吉祥的年月，为你完成加冠的成年礼，亲戚都来祝贺，成就你的美德。愿你长寿无疆，承受上天的赐福。”

醴辞曰：“甘醴惟厚，嘉荐令芳。拜受祭之，以定尔祥。承天之休，寿考不忘。”醮辞曰：“旨酒既清，嘉荐亶时，始加元服。兄弟具来，孝友时格，永乃保之。”再醮曰：“旨酒既湑，嘉荐伊脯。乃申尔服，礼仪有序。祭此嘉爵，承天之祜。”

三醮曰：“旨酒令芳，笾豆有楚，咸加尔服，肴升折俎，承天之庆，受福无疆。”字辞曰：“礼仪既备，令月吉日，昭告尔字。爰字孔嘉，髦士攸宜。宜之于假，永受保之。曰伯某甫、仲、叔、季，唯其所当。”

【译文】醴礼的致辞说：“醴酒味美醇厚，干肉肉醢芳香，拜受醴荐祭先祖，诚敬以定吉祥。托庇皇天福佑，永保美名不忘。”醮礼的致辞说：“美酒清洌，芳香的脯醢进献及时。初加缁布冠，亲戚都来赞礼。极尽孝友之道，定可永久安保。”第二次行醮礼致辞说：“美酒清洁，脯醢芳香，再加皮弁冠，礼仪井然有秩序。执此美酒来祭祀，恭承昊天降大福。”第三次行醮礼致辞说：“美酒甘醇芬芳，笾豆陈列馨香，为你完成成年礼，佳肴具陈有折俎。恭承昊天之庆，秉受无疆福禄。”命字致辞说：“礼仪已行齐备，在这善月吉日，宣告你的表字。表字十分美好，正与俊士相配。取字以适宜为大，禀受永远保有它，称呼伯某甫、仲某甫、叔某甫、季某甫，唯其适当为美称。”

屦，夏用葛，玄端黑屦，青絇繶纯，纯博寸。素积白屦，以魁柎之；缁絇繶纯，纯博寸。爵弁纁屦，黑絇繶纯。纯博寸。冬，皮屦可也。不屦繐屦。

【译文】鞋子，夏天穿葛制的。穿玄端服，配以黑鞋，青色的鞋头装饰、下边和鞋口镶边，鞋口镶边宽一寸；白色下衣配以白鞋，用大蛤灰涂注增白，缁色的鞋头装饰、下边和鞋口镶边，鞋口的镶边宽一寸；爵弁服，配以浅红色鞋，黑色的鞋头装饰、下边和鞋口镶边，鞋口的镶边宽一寸。冬天穿皮制的鞋即可。不穿线缕细疏的布所制的鞋子。

（记）冠义。始冠，缁布之冠也。大古冠布，齐则缁之。

其緌也，孔子曰："吾未之闻也。"冠而敝之可也。適子冠于阼，以著代也。醮于客位，加有成也。三加弥尊，谕其志也。冠而字之，敬其名也。委貌，周道也；章甫，殷道也；毋追，夏后氏之道也。周弁、殷冔、夏收，三王共皮弁、素积。无大夫冠礼，而有其昏礼。古者五十而后爵，何大夫冠礼之有？公侯之有冠礼也，夏之末造也。天子之元子犹士也，天下无生而贵者也。继世以立诸侯，象贤也。以官爵人，德之杀也。死而谥，今也。古者生爵，死无谥。

【译文】（记）冠礼的意义：第一次加冠用缁布冠。太古时戴白布冠，祭祀斋戒，则染成黑色。关于这种冠缨下的緌饰，孔子说："我没有听说过这种冠有緌饰这种事。"行加冠礼之后，缁布冠就可以弃置不用了。嫡子在阼阶上行加冠礼，是要表明子将代父的意义。在客位上行醮礼，则显示是在为有成人之德的人加冠。三次所加的冠，后来的都比前一次更贵重，是要教喻冠者确立远大的志向。加冠之后又命以表字，是要显示对所受于父母之名的敬重。委貌，是周代常戴的冠；章甫，是殷代常戴的冠；毋追，是夏代常戴的冠。第三次所加的冠，周代是"弁"，殷代是"冔"，夏代是"收"。第二次加冠的服装，夏、商、周三代都用皮弁、白色的衣、裳。没有大夫的加冠礼，但有大夫婚礼。古代人五十岁才能授予爵位，怎么还会另有大夫的加冠礼呢？公侯另有加冠礼，那是夏末的事情。天子的嫡子，用的也只是"士"礼，这就是说，天下没有生下来就尊贵的人。诸侯世袭，是因为世子能取法先祖的贤德。授人官爵，都以德行的高下等差为标准。士死以后追加谥号，是现在的事。古代士生不为爵，死亦不追加谥号。

士相见礼

士相见之礼。挚，冬用雉，夏用腒。左头奉之，曰："某也愿见，无由达。某子以命命某见。"主人对曰："某子命某见，吾子有辱。请吾子之就家也，某将走见。"宾对曰："某不足以辱命，请终赐见。"主人对曰："某不敢为仪，固请吾子之就家也，某将走见。"宾对曰："某不敢为仪，固以请。"主人对曰："某也固辞不得命，将走见。闻吾子称挚，敢辞挚。"宾对曰："某不以挚，不敢见。"主人对曰："某不足以习礼，敢固辞。"宾对曰："某也不依于挚，不敢见，固以请。"主人对曰："某也固辞，不得命，敢不敬从！"出迎于门外，再拜。宾答再拜。主人揖，入门右。宾奉挚，入门左。主人再拜受，宾再拜送挚，出。主人请见，宾反见，退。主人送于门外，再拜。

【译文】这是士互相见面时的礼节。见面时宾客拿的挚，冬天用的是新鲜的雉肉，夏天用的是干腌的雉肉。拿的时候使雉的头朝左，用双手恭敬的捧着。到了要拜访的士家的大门外的时候，让摈者传言说："某早就希望拜访您，只不过没有人介绍。现在有某子传达了您的命令，让某来见您。"主人回答说："某子传达您的命令，命某前来见您，现在您反倒前来，这是我让您受到了屈辱啊。还是请您先回家，某将迅速前往见您。"宾回答说："您这样子说，某实在不敢当。请您一定赐见。"主人回答说："某不是表面上这样说说，是诚心诚意想要见您，还是请您先回去吧，某将赶紧过来拜见您。"宾回答说："某也不是装样子说说，是真诚地来见您，还是请您赐见。"主人回答说："某一再推迟，没有得到您的允许，某将立刻出去见您。但是听说您还拿着挚，某不敢当此厚礼。"宾对曰："某不拿挚，就不敢来见您。"主人回答说："实在不敢受此厚礼，不敢不再次推辞。"宾回答说："某不拿着挚，就不敢来见您，还是请您赐见。"主人回答说："某一再地推迟，得不到您的允许，就不敢不恭敬的听从命令。"于是主人出大门外迎宾，对着宾行再拜礼。宾回礼再拜。主人作揖请宾从大门进，然后主人从门的右侧进入。宾捧着挚从门的左侧进入。主人行再拜礼，接受了宾送挚的好意。宾再回拜后把挚送给了主人，然后出了大门。主人为了结交宾的欢心，又让摈者请宾相见。于是宾返回来再次与主人相见，然后退出。主人把宾送到大门外，再次拜谢。

主人复见之以其挚，曰："向者吾子辱，使某见。请还挚于将命者。"主人对曰："某也既得见矣，敢辞。"宾对曰："某也非敢求见，请还挚于将命者。"主人对曰："某也既得见矣，敢固辞。"宾对曰："某不敢以闻，固以请于将命者。"主人对曰："某也固辞，不得命，敢不从！"宾奉挚入。主人再拜受。宾再拜送挚，出。主人送于门外，再拜。

【译文】之前的主人又拿着宾赠送的挚来回见，到了现在的主人家的门外，通过主人的摈者传话说："不久前蒙您屈驾来访，让我有幸见到您。现在请允许某把挚还给您的摈者。"主人回答说："某已经得到您的许可见过您了，现在您又屈尊来访，实在不敢当。"宾回答说："某不敢求见您，只求把挚还给您的摈者。"主人回答说："某已经得到您的允许见过您，对于您的到来，再次表示不敢当。"宾回答说："某不敢把还挚的事情让您知道，只是向您的摈者请求还挚。"主人回答说："某一再的推辞得不到您的许可，怎么敢不遵从您的命令呢！"宾恭敬地捧着挚走进大门。主人再次行拜见礼。宾回拜并且向主人送挚，然后出门。主人把宾送到大门外，再次行拜见礼。

士见于大夫，终辞其挚。于其入也，一拜其辱也。宾退，送，再拜。

【译文】士去见大夫，大夫没有接受士拿着的挚。在士进入大门的时候，大夫要拜一下，以此来感谢士屈驾来访。宾退出来的时候，大夫要再次行拜礼相送。

若尝为臣者，则礼辞其挚，曰："某也辞，不得命，不敢固辞。"宾入，奠挚，再拜。主人答壹拜。宾出，使摈者还其挚于门外，曰："某也使某还挚。"宾对曰："某也既得见矣，敢辞。"摈者对曰："某也命某：'某非敢为仪也。'敢以请。"宾对曰："某也，夫子之贱私，不足以践礼，敢固辞！"摈者对曰："某也使某：'不敢为仪也'。固以请！"宾对曰："某固辞，不得命，敢不从！"再拜受。

【译文】如果士曾经做过某大夫的家臣，现在又去拜见某大夫，大夫对于士所赠送的挚，在礼仪上应该先推辞一下，然后才收下，说："某推辞得不到允许，不敢再推辞了。"宾进门后，先要把挚恭敬地摆放在地上，然后行拜礼。主人回拜。宾退出大门后，主人要派摈者到门外面把挚还给宾，说："某派某来把挚还给您。"宾回答说："某已经见到您家主人了，对于您来还挚，再不敢不推辞。"摈者回答说："某命某还挚的时候说：'某不是做做样子的。'所以不敢不请求您收回挚。"宾回答说："某是夫子的家臣，不敢当受宾客的礼节，不得不再次推辞。"摈者回答说："某派某还挚的时候交代说：'不敢只是表面上做做样子。'因此再次请求您收回挚。"宾回答说："某一再推辞却得不到允许，不敢不遵从命令！"于是再次行拜礼，接受了挚。

下大夫相见以雁，饰之以布，维之以索，如执雉。上大夫相见以羔，饰之以布，四维之结于面，左头，如麛执之。如士相见之礼。

【译文】下大夫相见，用雁做挚，用布缠裹雁作为装饰，用布把雁的两脚系着，拿法同拿挚一样。上大夫相见，用小羊做挚，用布把小羊的四个脚系住，往背上交叉穿过，在羊胸前打结，拿的方法是使羊头朝左，就像鹿的拿法一样。大夫相见的礼仪和士相见的礼仪一样。

始见于君，执挚至下，容弥蹙。庶人见于君，不为容，进退走。士、大夫则奠挚，再拜稽首。君答壹拜。

【译文】大凡臣子初次觐见国君，拿着挚走到国君堂下，仪容应该越发的恭敬诚恳。庶人见国君，不讲究仪容，进入和退出来的时候都要快步走。士或者大夫要把挚恭敬的摆放在地上，然后行再拜稽首的礼节。

若他邦之人，则使摈者还其挚，曰："寡君使某还挚。"宾对曰："君不有其外臣，臣不敢辞。"再拜稽首，受。

【译文】如果别国的大臣来拜见国君，见过之后，国君要使摈者把挚还给来宾，说："寡君派某来把挚敬还给您。"来宾回答说："君不把外臣当作自己的臣子，臣也就不敢再推辞了。"于是行再拜稽首礼，接受了挚。

凡燕见于君，必辩君之南面。若不得，则正方，不疑君。君在堂，升见无方阶，辩君所在。

【译文】凡是在国君闲暇的时候去觐见国君，一定要认清国君面朝的方向：国君面朝南，臣就要面朝北觐见。如果国君不是面朝南，那么就面朝正东或者正西方觐见。不能因为国君所处的方向不正，做臣子的也随着斜着面对君。国君如果坐在堂上，臣上堂见君，走的台阶没有固定要求，要视国君的位置而定：如果君离东台阶近，就从东边上堂；离西台阶近，就从西台阶上堂。

凡言非对也，妥而后传言。与君言，言使臣；与大人言，言事君；与老者言，言使弟子；与幼者言，言孝弟于父兄；与众言，言忠信慈祥；与居官者言，言忠信。凡与大人言，始视面，中视抱，卒视面，毋改，众皆若是。若父，则游目，毋上于面，毋下于带。若不言，立则视足，坐则视膝。

【译文】凡是向国君进言而不是回答国君的问话，要在国君坐好了以后再说话。向国君进言，主要谈怎样使用臣下；向公卿大夫进言，主要谈怎样侍奉君主；向老年人进言，主要谈怎样使用子弟；与年幼的人交谈，主要谈怎样孝敬父母和敬爱兄长；与庶民交谈，主要谈怎样做到忠诚、信用、慈爱和祥和；与做官的人交谈，主要谈怎样做到忠诚信用。凡是向在上位的人进言，先要察颜观色，看是否可以进言；说完之后，垂着眼睛注视对方胸口以下，让对方思考并作出反应；最后再观察对方的脸色，看他的反应。这整个过程当中，应该保持自己的仪态端正不改变，自始自终都要像这样恭谦不懈怠。如果是向父亲进言，目光可以移动，观察周围与父亲有关的一切，以此了解父亲身体是否安康。看父亲的时候，目光往上不能超过父亲面部，往下不能低于父亲的束带。如果只是侍奉在父亲身边而不说话，站着，那么目光就要向下注视父亲的脚；坐着，那么目光就要注视父亲的膝盖部位。

凡侍坐于君子，君子欠伸，问日之早晏，以食具告。改居，则请退可也。夜侍坐，问夜、膳荤，请退可也。

【译文】凡是在君子身边侍坐，如果君子打哈欠、伸懒腰，又问现在是什么时候，就回答他晚餐是否做好。如果君子改变了坐姿，那说明他有了倦意，就可以请求退下去了。如果是夜间侍坐，君子问现在是夜里什么时间，并且吃荤辛的东西来提神，那么也可以请求退下了。

若君赐之食，则君祭先饭，遍尝膳，饮而俟。君命之食，然后食。若有将食者，则俟君之食，然后食。若君赐之爵，则下席，再拜稽首，受爵，升席，祭，卒爵，而俟君卒爵，然后授虚爵。退，坐取屦，隐辟而后屦。君为之兴，则曰："君无为兴，臣不敢辞。"君若降送之，则不敢顾辞，遂出。大夫则辞，退下，比及门，三辞。

【译文】如果国君赐士与他一同进食，那么在国君进行吃饭前的祭礼之前，先要为国君尝一下饭，然后把每一种食物都要尝遍，再尝一下酒，等着国君的命令。国君命士进食，然后士才可以开始进食。如果有膳宰进食，士要等国君开始吃了才能吃。如果国君向士敬酒，士就要下席，向国君行再拜稽首礼，然后受爵升席，用酒祭拜先人，再喝干爵里面的酒；之后，要等国君也把爵里的酒喝完了，再把空爵交给赞者。士退席的时候，要到堂下面取屦，在隐蔽的地方跪着穿上。君主因为士退席而起身的时候，士就要说："君不用起来，臣不敢当。"君如果下堂相送，士连回头推辞也不敢，就出去。大夫对国君可以推辞，从退席而国君起身，到下堂而国君走下台阶，再到靠近大门而国君送到门口，前后一共要推辞三次。

若先生异爵者请见之，则辞。辞不得命，则曰："某无以见，辞不得命，将走见，先见之。"

【译文】如果是已经退休的卿大夫来请求见士，士就应该推辞不见。如果推辞得不到允许，就应该说："某没有什么才德值得您屈尊来见某的，推辞呢，又得不到允许。本应该迅速前往拜见您，现在还是先与您相见吧。"

非以君命使，则不称寡大夫。士则曰寡君之老。凡执币者，不趋，容弥蹙以为仪。执玉者，则唯舒武，举前曳踵。凡自称于君，士、大夫则曰下臣。宅者在邦，则曰市井之臣；在野，则曰草茅之臣。庶人则曰刺草之臣。他国之人则曰外臣。

【译文】如果不是奉君主的命令出使邻国，那么他的摈者向邻国传达的时候就不能称自己的大夫为寡大夫。如果因为公事出使，那么摈者到邻国传达的时候可以称自己的大夫为寡大夫，或者是寡君之老。凡是执帛觐见国君，不应该快步走，并且仪容要愈发恭敬诚实。如果拿着玉觐见国君，就要安步徐行，走路的姿势应该是先翘起前脚掌，再带动脚后跟。凡是对国君称呼自己的时候：如果是士或者大夫，就自称下臣；如果是退休的官吏而还居住在国都当中的，就自称为市井之臣，居所在郊野的就自称为草茅之臣；如果是庶民就自称为刺草之臣；别的国家的人就自称为外臣。

礼记

皆述礼、乐、德、义教学之言，为七十子后学所记。汉兴，河间献王得一百三十一篇，献之，其后续有所得，合二百十四篇，戴德删其繁重，为八十五篇，谓之《大戴记》，其从兄子圣又删大戴之书为四十六篇，谓之《小戴记》。后汉马融传《小戴记》，复增三篇，合四十九篇，即今《礼记》。其体例盖犹近世所谓丛书也。惟一说，大戴书为小戴删削之余，凡八十五篇，隋志所录，已佚其四十七篇，是小戴记之书成于大戴记之前，非删大戴之书而成。今并存以俟考。案：自孔子没，其微言大义舍《论语》外，首推此书。《大戴记》之精粹虽少减于小戴书，然古义要言，可宝者亦复孔多。宜乎，昔贤之附于经部，而共称十四经也。

【译文】都是记述关于礼乐、道德内涵、教学之法的书，是孔子弟子的后学所记。汉兴起后，河间献王得到了一百三十篇，这之后也陆续有所得，共二百一十四篇，戴德删除繁杂重复的部分，称为《大戴记》，他堂兄的儿子戴圣又将戴德的书删为四十六篇，称为《小戴记》。后汉马融传授《小戴记》时，又增加了三篇，共四十九篇，也就是现今的《礼记》。《礼记》的体例就好比近世的丛书一样。还有一说，认为戴圣的书是戴德删掉之后所剩余的部分，共八十五篇。《隋书·经籍志》记录时，已经佚失了四十七篇。《小戴记》成书于《大戴记》之前，不是删削《大戴记》而成。现在两者并存以待考证。按：自从孔子去世后，他的言论保存，除去《论语》之外，首推此书。《大戴记》一书的精华虽少于《小戴记》，但是其中保留古代重要的思想，有很多也很珍贵。先贤将他附加在十三经之中，共称十四经，这一做法是合适的。

曲礼（节录）

曲礼曰：毋不敬，俨若思，安定辞，安民哉！

【译文】《曲礼》这篇主要是说：（想要成为一个懂礼的人，就）不要做不恭敬的事，举止要端庄严肃若有所思，言辞要安静和气从容不迫，（这样才能）安抚人民成为榜样。

敖不可长，欲不可从，志不可满，乐不可极。贤者狎而敬之，畏而爱之。爱而知其恶，憎而知其善。积而能散，安安而能迁。临财毋苟得，临难毋苟免。很，毋求胜；分，毋求多。疑事毋质，直而勿有。

【译文】傲慢不可滋长，欲望不可放纵，志向不可自满，享乐不可达到极点。对于贤能的人要亲近并尊重，要敬畏并爱戴。对于所爱的人要了解他的短处，对于憎恨的人要看到他的优点。能积聚财富，但又能分派济贫；能适应平安稳定，又能适应变化不定。遇到财物不要随便获得，遇到危难不应苟且逃避。争执不要求胜，分配不要求多。不懂的事不要下断语，已明白的事不要自夸知道。

若夫坐如尸，立如齐。礼从宜，使从俗。

【译文】坐，要坐得端正；站，要站得恭敬。在遵从礼制的时候要因时因地来行权宜之变，出使别国要顺应当地的风俗。

夫礼者，所以定亲疏，决嫌疑，别同异，明是非也。礼不妄说人，不辞费。礼不逾节，不侵侮，不好狎。修身践言，谓之善行。行修言道，礼之质也。礼闻取于人，不闻取人。礼闻来学，不闻往教。

【译文】礼用来确定人际关系的亲疏远近，判断事情是否混淆相似，分辨物类的大同小异，明确礼制运用正确与否。不可以随便讨人喜欢，不可说些做不到的话。于礼，要行为不越轨，不侵犯侮慢别人，不随便与人装作亲热。注重修养并实践诺言，这才是美好的行为，追求言行一致，这才是礼的本质。我只听说礼是要人主动学习效法的，没听说主动登门传授的；只听说主动来学的，没听说登门教授的。

道德仁义，非礼不成；教训正俗，非礼不备；分争辨讼，非礼不决；君臣上下，父子兄弟，非礼不定；宦、学事师，非礼不亲；班朝、治军，莅官、行法，非礼威严不行；祷祠、祭祀，供给鬼神，非礼不诚不庄。是以君子恭、敬、撙、节、退、让以明礼。

【译文】道德仁义这四种美德，没有礼制（约束）就得不到发扬；教化训导扶正民俗，失去礼制就不会完备；纠正曲直明辨是非，少了礼制就不会分清；天子、大臣、上卿、下士，父、子，兄、弟，不依据礼制就无法确定；做官、求学事奉老师，不讲礼法就失去了亲情；上朝理事、整治军队、职官履事、施行法度，没有礼法就会失去威严；不同性质的祭祀，要以牺牲和束帛供奉鬼神，不依礼制就不虔诚庄重。所以有德有爵之人要貌恭、心敬、克制、自持、退让，才能明晓礼的大义。

鹦鹉能言，不离飞鸟。猩猩能言，不离禽兽。今人而无礼，虽能言，不亦禽兽之心乎？夫唯禽兽无礼，故父子聚麀。是故圣人作为礼以教人，使人以有礼，知自别于禽兽。

【译文】鹦鹉会说话，仍然脱不开飞禽的范畴；猩猩会说话，也脱不开走兽的范畴。现在的人们如果不讲礼制，即使（嘴上）能说话，可是心里上还不是等同于禽兽一样吗？只有禽兽没有礼制的约束，因此才会有长幼共享一只母兽的行径。所以圣人们做了礼制用来教化民众，使他们遵守礼制，知道自己与禽兽是有区别的。

太上贵德，其次务施报。礼尚往来，往而不来，非礼也；来而不往，亦非礼也。人有礼则安，无礼则危。故曰：礼者不可不学也。夫礼者，自卑而尊人。虽负贩者，必有尊也，而况富贵乎？富贵而知好礼，则不骄不淫；贫贱而知好礼，则志不慑。

【译文】上古时候（人心纯朴）只重视施德与人，后来才有了施德与报德（的区别）。礼制讲究的是相互往来，你讲礼节但得不到对方的回报，这是对方的失礼；人家对你讲礼你却不还礼，这是你的失礼。人讲究礼制才能心安身安，否则就会遭受危险。所以说：礼制的学问是不能不学的。礼，讲求放下自己的位置而尊敬别人。即便是背筐的小贩，也一定有自尊心，何况那些达官贵人呢？富贵之人明晓礼制，就会不骄矜不过分；贫贱之人知晓礼制，志气就不会丧气害怕。

檀 弓（节录）

晋献公将杀其世子申生，公子重耳谓之曰："子盖言子之志于公乎？"世子曰："不可。君安骊姬，是我伤公之心也。"曰："然则盖行乎？"世子曰："不可。君谓我欲弑君也。天下岂有无父之国哉！吾何行如之！"使人辞于狐突曰："申生有罪，不念伯氏之言也，以至于死。申生不敢爱其死。虽然，吾君老矣，子少，国家多难，伯氏不出而图吾君，伯氏苟出而图吾君，申生受赐而死。"再拜稽首乃卒。是以为恭世子也。

【译文】晋献公想要杀掉他的太子申生。公子重耳告诉申生说："你为什么不把自己真实的想法说给父亲呢？"太子说："不行。父亲有骊姬才能安逸快乐，我说出来会伤他的心。"重耳又说："那么为什么不逃走呢？"太子说："不行。父亲会说我想谋害他。天下哪里有没有国父的国家？我怎么能做出弑君这样的恶行呢！"申生派人向狐突告别说："我申生有罪，没有听从您的忠告，以至于只有去死。我不敢贪生怕死。虽然如此，但我们国君年纪老了，爱子年纪还小，国家多灾多难，您又不肯出来为国君出谋划策。如果您肯出来为国君出谋划策，我就得到了您的恩惠，甘愿去死。"申生再拜叩头行礼，接着自尽身亡。后来人们送他谥号称"恭世子"。

曾子寝疾，病，乐正子春坐于床下，曾元、曾申坐于足，童子隅坐而执烛。童子曰："华而睆，大夫之箦与？"子春曰："止！"曾子闻之，瞿然曰："呼！"曰："华而睆，大夫之箦与？"曾子曰："然，斯季孙之赐也，我未之能易也，元，起易箦！"曾元曰："夫子之病革矣，不可以变。幸而至于旦，请敬易之。"曾子曰："尔之爱我也不如彼。君子之爱人也以德，细人之爱人也以姑息。吾何求哉？吾得正而毙焉，斯已矣。"举扶而易之，反席未安而没。

【译文】曾子卧病在床，病情严重。乐正子春坐在床下首，曾元、曾申坐在脚边，童子坐在墙角，手拿烛火。童子说："床垫的花纹华丽光洁明亮，是大夫用的垫子吗？"乐正子春说："住嘴！"曾子听到了，突然惊醒过来说："哎呀！"童子又说了一遍："床垫的花纹华丽光洁明亮，是大夫用的垫子吗？"曾子说："是啊，这是季孙氏送给我的，我没有力气撤掉它啊。曾元，扶我起来把垫子换掉。"曾元说："您老人家病情危急，不能再挪动了。希望能等到天亮，再让我来换掉吧。"曾子说："你对我的爱还不如童子。君子爱人用的是德行，小人爱人则要姑息迁就。我现在还要求什么呢？我只求明于正礼再死掉，这样也就心安了。”于是大家扶起曾子，换了床垫，等到将他扶回到床上，还没有放安稳，曾子就去世了。

子路有姊之丧，可以除之矣，而弗除也。孔子曰：“何弗除也？”子路曰：“吾寡兄弟而弗忍也。”孔子曰：“先王制礼，行道之人皆弗忍也。”子路闻之，遂除之。

【译文】子路为姐姐服丧，到了可以去除丧服的时候，却还不脱去丧服。孔子问他说：“你为什么不脱去丧服呢？”子路回答说：“我没有兄弟，所以不舍得脱丧服。”孔子说：“（到期脱掉丧服，这是）先王制定的礼仪，遵行礼节的人都不忍心（也不行啊）。”子路听了这话，就把丧服脱掉了。

大公封于营丘，比及五世，皆反葬于周。君子曰：“乐，乐其所自生。礼，不忘其本。”古之人有言曰：“狐死正丘首。仁也。”

【译文】齐太公姜尚被封在营丘，（与）之后的五代齐国国君，全都返葬在周地。君子说：“乐，是由于王对自己的宏图大业感到愉悦而生成的；礼，是王没有忘记创业的根本而制订的。”古代的先人曾经说道：“狐狸死掉的时候也不忘把头朝向自己的巢穴，这是仁恩的表现啊！”

曾子谓子思曰：“伋！吾执亲之丧也，水浆不入于口者七日。”子思曰：“先王之制礼也，过之者，俯而就之；不至焉者，跂而及之。故君子之执亲之丧也，水浆不入于口者三日，杖而后能起。”

【译文】曾子对子思说：“孔伋啊，我（从前）为父母办丧事的时候，曾七天七夜不吃不喝。”子思说：“先王制定的礼仪（是有尺度的），超越的，就要弯下腰来靠近它；达不到高度的，就要踮起脚尖够到它。所以君子为父母办丧事，三天三夜不吃不喝（也就足够了），（即使这样）也要拄着拐杖才能站起来啊！”

孔子蚤作，负手曳杖，消摇于门，歌曰：“泰山其颓乎？梁木其坏乎？哲人其萎乎？”既歌而入，当户而坐。子贡闻之曰：“泰山其颓，则吾将安仰？梁木其坏，则吾将安仗？哲人其萎，则吾将安放？夫子殆将病也。”遂趋而入。夫子曰：“赐！尔来何迟也？夏后氏殡于东阶之上，则犹在阼也；殷人殡于两楹之间，则与宾主夹之也；周人殡于西阶之上，则犹宾之也。而丘也殷人也。予畴昔之夜，梦坐奠于两楹之间。夫明王不兴，而天下其孰能宗予？予殆将死也。”盖寝疾七日而没。

【译文】孔子一大早就起来了，倒背着手拖着手杖，大摇大摆地在门口游荡，唱着歌道："泰山将要崩塌啦！梁木将要损坏呀！哲人将要委顿啊！"唱完以后走回屋内，在窗前坐了下来。子贡听了以后说道："泰山崩塌，那我还仰望什么呢？梁木损坏，那我还仰仗什么呢？哲人委顿，那我还效仿谁呢？老师该不会是病危了吧！"于是赶紧跑进屋内。孔子说："赐啊，你怎么来得这么晚啊！夏后氏出殡都在东阶之上，那还是在阼阶上。殷人出殡在两楹之间，那是把宾主夹杂在两旁。周人出殡在西阶之上，那还是当宾客相待。而我孔丘是殷人。我前晚上做梦，梦到安坐在两楹之间。可是现在明王不兴，可天下人又有谁会推举我作明王呢？我大概是要死了啊！"孔子卧病在床，大概七天后就去世了。

子路曰："吾闻诸夫子：丧礼，与其哀不足而礼有余也，不若礼不足而哀有余也。祭礼，与其敬不足而礼有余也，不若礼不足而敬有余也。"

【译文】子路说："我听老师讲过：对于办丧事，与其哀伤不足而器物有余，不如器物不足而哀伤有余；对于祭祀之礼，与其敬意不足而祭品有余，不如祭品不足而敬意有余。"

子夏既除丧而见，予之琴，和之而不和，弹之而不成声。作而曰："哀未忘也，先王制礼而弗敢过也。"

子张既除丧而见，予之琴，和之而和，弹之而成声，作而曰："先王制礼，不敢不至焉。"

【译文】子夏除丧之后拜见孔子，孔子递给他一把琴。子夏调弦之后却不能使乐声和谐，因此弹出的声调不合韵律。子夏起身对孔子说："这是因为我还不敢忘掉丧亲之哀的缘故，先王制定的礼节，我不敢超越啊。"子张服丧后拜见孔子，孔子递给他琴。子张调了弦使声调和谐，弹琴而音调悠然，然后起身对孔子说："（乐）是先王制定的礼仪，我不敢不专心致志啊。"

有子问于曾子曰："问丧于夫子乎？"曰："闻之矣：丧欲速贫，死欲速朽。"有子曰："是非君子之言也。"曾子曰："参也闻诸夫子也。"有子又曰："是非君子之言也。"曾子曰："参也与子游闻之。"有子曰："然。然则夫子有为言之也？"曾子以斯言告于子游。子游曰："甚哉！有子之言似夫子也。昔者夫子居于宋，见桓司马自为石椁，三年而不成。夫子曰：'若是其靡也！死不如速朽之愈也。'死之欲速朽，为桓司马言之也。南宫敬叔反，必载宝而朝。夫子曰：'若是其货也！丧不如速贫之愈也。'丧之欲速贫，为敬叔言之也。”曾子以子游之言告于有子。有子曰：“然。吾固曰非夫子之言也。”曾子曰：“子何以知之？”有子曰：“夫子制于中都，四寸之棺，五寸之椁，以斯知不欲速朽也。昔者夫子失鲁司寇，将之荆，盖先之以子夏，又申之以冉有，以斯知不欲速贫也。”

【译文】有子问曾子说：“你听老师讲过丢官之后如何相处吗？”曾子说：“听说过：丢官之后就想要立刻变得贫贱，死了之后就想马上腐朽。”有子说：“这恐怕不是老师这样有为君子说的话啊。”曾子说：“这可是我亲口听老师说过的。”有子又说了一遍：“这不是君子所说的话。”曾子说：“我也和子游说过这样的话。”有子说：“是这样啊。那么老师有对子游说过吗？”曾子把有子的话告诉给子游。子游说：“有子的说话太像老师啦！从前老师居留在宋国，看见桓司马自造石椁，雕凿了三年还没有完成，老师就说：‘像这样也太奢侈了！人死不如快快朽烂会更好。’人死就要快快腐朽，这是说给桓司马的话。南宫敬叔返回鲁国谋官，一定要车载宝物朝见天子。老师就说：‘这样做太过贪于财贿了！丢官也不比立刻变得贫贱更好。’丢官就要立即变得贫贱，这是说给南宫敬叔说的。”曾子把子游的话告诉了有子。有子说：“真是这样，我就说这不是老师的原话嘛。”曾子说：“那你是怎么知道的呢？”有子说：“老师在中都担任邑宰的时候，（订立了）棺四寸厚、椁五寸厚的礼制，由此可知他也不想死后立刻朽烂。以前老师丢掉了鲁司寇的官职，将要去楚国应聘，也是先派子夏、后派冉有（探听情况），由此可知他也不想丢官后立刻就想变得贫贱啊。”

子思之母死于卫。柳若谓子思曰：“子，圣人之后也，四方于子乎观礼，子盖慎诸”。子思曰：“吾何慎哉！吾闻之：有其礼，无其财，君子弗行也。有其礼，有其财，无其时，君子弗行也。吾何慎哉！”

【译文】子思的母亲在父亲死后改嫁到卫国，现在死了，子思前去奔丧。卫国有个叫柳若的对子思说：“您是圣人的后代，各地的人都在关注您如何为嫁母持丧，您可得当心一点。”子思说：“我有什么可当心的！我听说，按礼的规定趣该做的，如果财力不足，君子是无法行礼的。按礼的规定应该做，财力也足够，但没有机会，君子也是无法行礼的。我有什么可当心的呢！”

晋献公之丧，秦穆公使人吊公子重耳，且曰：“寡人闻之，亡国恒于斯，得国恒于斯。虽吾子俨然在忧服之中，丧亦不可久也，时亦不可失也，孺子其图之！”以告舅犯。舅犯曰：“孺子其辞焉。丧人无宝，仁亲以为宝。父死之谓何？又因以为利，而天下其孰能说之？孺子其辞焉！”公子重耳对客曰：“君惠吊亡臣，重耳身丧父死，不得与于哭泣之哀，以为君忧。父死之谓何？或敢有他志，以辱君义？”稽颡而不拜，哭而起，起而不私。子显以致命于穆公。穆公曰："仁夫公子重耳！夫稽颡而不拜，则未为后也，故不成拜。哭而起，则爱父也。起而不私，则远利也。"

【译文】晋献公去世后，秦穆公派人去慰问逃难在狄的公子重耳，且捎话说："敝国国君听说，丢掉君位总是在这个时刻，而得到君位也总是在这个时刻。虽然您现在正在恭敬地丁忧服丧之中，但是服丧也不可太久，机不可失，请您考虑一下此事！"重耳把这些情况告诉了舅犯。舅犯说："您还是婉言谢绝的好。逃亡在外的人没有什么可宝贵的东西，要说有的话，那就是热爱父亲的精神。父亲去世意味着什么？那是天塌般的凶祸。反而趁此机会谋取私利，这样做怎么能向天下人解说清楚呢？您还是婉言谢绝的好。"于是公子重耳对来使说："承蒙贵国国君派足下来慰向出亡在外的臣子，我流亡在外，而父亲死了，不能星夜奔回国内在灵位前哭泣，以抒发内心的悲哀，以至于使贵国国君为我担忧。可是，父亲去世意味着什么呢？那是天塌般的变故。此时此刻，怎么敢有自私自利之心，从而玷辱贵国国君的厚谊呢？"说完以后，只叩头表示丧父之悲，而不敢像丧主那样向来使表示拜谢。然后哭着站立起来，站起来后也不再和使者私下说任何话。使者子显向穆公复命。穆公说："公子重耳真仁厚啊！他只叩头而不拜谢，可见他不是以继承人自居，所以没有完成整套行礼动作。哭着站起来，就像孝子要攀辕不让柩车启动，可见他是很爱其父的。站起来以后就不再和使者私下说话，可见他完全没有乘机谋利的念头。"

穆公问于子思曰："为旧君反服，古与？"子思曰："古之君子，进人以礼，退人以礼，故有旧君反服之礼也。今之君子，进人若将加诸膝，退人若将队诸渊。毋为戎首，不亦善乎！又何反服之礼之有？"

【译文】鲁穆公向子思请教说："大夫光明正大地离开故国，故国对他仍然以礼相待，在这种情况下，故国国君死了，大夫奔回故国为旧君服齐衰三月，这是古来就有的礼节吗？"子思说："古代的国君，在用人时是以礼相待，在不用人时也是以理相待，所以才有为旧君反服之礼。现在的国君，需要用人时，就像要把人家抱到怀里，亲热得无以复加，不需要用人时，就像要把人家推入深渊，必欲置之死地。这样对待臣子，臣子不带领他国军队前来讨伐就不错了，哪里还谈得上为旧君反服呢？"

曾子曰："晏子可谓知礼也已，恭敬之有焉。"有若曰："晏子一狐裘三十年，遣车一乘，及墓而反。国君七个，遣车七乘；大夫五个，遣车五乘。晏子焉知礼？"曾子曰："国无道，君子耻盈，礼焉。国奢，则示之以俭；国俭，则示之以礼。"

【译文】曾子说："晏子可以说是一个知礼的人了，礼的要害不过是个恭敬，而这一点晏子并不缺乏。”有若说：“晏子一件狐皮袍子穿了三十年，办理其父丧事时，只用一辆遣车，随葬器物也少，所以很快就葬毕返回。按规矩来说，国君遣奠所取牲体是七包，遣车也就应是七辆；大夫是五包”遣车应是五辆。晏子全不照规矩来办，怎么能说他是一个知礼的人？”曾子说：“在国家尚未治理好的时候，君子以照搬礼数的规定为耻。在国人奢侈成风时，君子就应作个节俭的表率；在国人节俭成风时，君子就应作出按照丰数办事的表率。”

有子与子游立，见孺子慕者。有子谓子游曰：“予壹不知夫丧之踊也，予欲去之久矣。情在于斯，其是也夫！"子游曰：“礼有微情者，有以故兴物者。有直情而径行者，戎狄之道也。礼道则不然。人喜则斯陶，陶斯咏，咏斯犹，犹斯舞，舞斯愠，愠斯戚，戚斯叹，叹斯辟，辟斯踊矣！品节斯，斯之谓礼。人死，斯恶之矣；无能也，斯倍之矣。是故制绞衾，设蒌翣，为使人勿恶也。始死，脯醢之奠；将行，遣而行之；既葬而食之，未有见其飨之者也。自上世以来，未之有舍也，为使人勿倍也。故子之所刺于礼者，亦非礼之訾也。”

【译文】有子和子游在一块儿站着，看见一个小孩子在哭哭啼啼地寻找父母。有子对子游说：“我一向不知道为什么丧礼中有顿足的规定，我早就想废除这条规定。现在看来，孝子抒发悲哀思慕的感情应该就和这孩子一样，只要是发自内心，可以想怎么哭就怎么哭，还要什么规定呢！”子游说：“礼的种种规定，有的是用来约束感情的，有的是借外在的事物以引发人们内在的感清的。如果没有统一的规定，谁想怎么着就怎么着，那是野蛮民族的作法。如果依礼而行则不然。人们遇到可喜之事就感到开心，感到开心就想唱歌。唱歌还不尽兴，就晃动身体。晃动身体还不过瘾，就跳舞。疯狂地舞过之后又产生愠怒之心，有了愠怒之心就会感到悲戚，悲戚则导致感叹。光感叹还觉得发泄得不够，于是就捶胸。捶胸还不够味，那就要顿足了。将这种种感情和行动加以区别和节制，这就叫做礼。人一死，就要被人厌恶；而且死人没有任何行为能力，人们就要背弃他。所以，制作绞余以掩盖尸体，设置蒌翣以为棺饰，就是为了使人不感到讨厌。人刚死的时候，用肉脯肉酱来祭奠他；将要出葬，又设送行的遣奠；下葬以后，还有一系列馈食之祭。虽然从来没有看见鬼神来享用祭品，但是也并不因此而放弃祭祀，目的就在于不使人们背弃死者。所以，您刚才对礼提出的批评，实在也算不上是礼的毛病。”

子路曰：“伤哉贫也！生无以为养，死无以为礼也。”孔子曰：“啜菽饮水，尽其欢，斯之谓孝。敛手足形，还葬而无椁，称其财，斯之谓礼。”

【译文】子路说：“贫穷真叫人伤心啊！父母在世时没有什么可以供养，父母去世后，又没有东西可以按规矩办丧事。”孔子说：“生前，尽管是粗茶淡饭，但只要总是让父母高高兴兴精神愉快，这就可以说是做到孝顺了。死后，尽管所有的衣裊仅够掩藏尸体，而且是敛罢立即就葬，有棺而无撑，但只要是根据自己的财力尽力办事，也就可以说是合乎丧礼的要求了。”

孔子过泰山侧，有妇人哭于墓者而哀，夫子式而听之。使子路问之曰：“子之哭也，壹似重有忧者。”而曰：“然。昔者吾舅死于虎，吾夫又死焉，今吾子又死焉。”夫子曰：“何为不去也？”曰：“无苛政。”夫子曰：“小子识之，苛政猛于虎也。”

【译文】孔子从泰山旁边路过，看见一个妇人在墓前哭得很伤心，就停下了车，俯身凭轼专注地倾听。然后让子贡去问那位妇人：“听您的哭声，好像接二连三遭到不幸似的。”妇人住了哭声回答道，“不错。过去我的公爹被老虎咬死了，接着我的丈夫又被老虎咬死了，最近我的儿子也被老虎咬死了。”夫子问道：“那么为什么不离开这里呢？”妇人答道：“因为此地没有繁重的摇役和赋税。”夫子对学生们说。“你们要记住，繁重的摇役和赋税，比老虎还要厉割阿！”

鲁人有周丰也者，哀公执挚请见之，而曰：“不可”。公曰：“我其已夫？”使人问焉，曰：“有虞氏未施信于民而民信之，夏后氏未施敬于民而民敬之，何施而得斯于民也？”对曰：“墟墓之间，未施哀于民而民哀。社稷宗庙之中，未施敬于民而民敬。殷人作誓而民始畔，周人作会而民始疑。苟无礼义、忠信、诚悫之心以莅之，虽固结之，民其不解乎？”

【译文】鲁国有个叫周丰的人，鲁哀公带了见面礼要去拜访他，周丰礼貌地表示不剪当。哀公说：“我岂能就此拉倒吗？”于是就派人去请教，说：“有虞氏并未教导百姓诚信而百姓却诚信他，夏后氏并未教导百姓敬重而百姓却敬重他，他们用的什么办法才让老百姓做到了这一步呢？”周丰回答说：“在废墟坟墓当中，你不教导百姓悲哀百姓也会自然而然地悲哀。在社樱宗庙之中，你不教导百姓肃敬百姓也会自然而然地肃敬。殷人盛行立誓，而百姓却开始背叛；周人盛行会盟，而百姓却开始起疑。如果你自己首先不是用礼义忠信诚厚之心对待百姓，虽执意把百姓团结到一起，百姓难道就不会离散吗？”

齐大饥，黔敖为食于路，以待饿者而食之。有饿者蒙袂辑屦，贸贸然来。黔敖左奉食，右执饮，曰：“嗟来食！”扬其目而视之，曰：“予唯不食嗟来之食以至于斯也，”从而谢焉，终不食而死。曾子闻之，曰：“微与？其，嗟也可去，其谢也可食。”

【译文】齐国发生严重的饥荒，黔敖在路边造饭，以备施舍给过路的饥民。有一个饥民，无力地垂着双手：走路一瘸一拐的，一副无精打采的样子走了过来。黔敖左手端着饭，右手端着汤，用可怜的口气喊道："喂！吃吧！"那个饥民瞪起眼睛望着他，说："本人正是由于不吃这种没有好声好气的饭才落到这步田地的。"黔敖听了连忙表示道歉，但那饥民还是坚持不吃，因而饿死了。曾子听说了这件事，说："这恐怕不大对吧？人家没有好声好气地叫吃，你当然可以拒绝；但是人家既然道了歉，也就可以吃了。"

晋献文子成室。晋大夫发焉。张老曰："美哉轮焉！美哉奂焉！歌于斯，哭于斯，聚国族于斯。"文子曰："武也得歌于斯，哭于斯，聚国族于斯，是全要领以从先大夫于九京也。"北面再拜稽首。君子谓之善颂善祷。

【译文】晋国赵文子的新居落成，晋国的大夫都去参加落成典礼。张老致辞说："这高大的新居多么漂亮呀！这灿烂的新居多么漂亮呀！从此以后，主人就可以在这里祭祀奏乐，在这里居丧哭泣，在这里和僚友及族人聚会宴饮了。"文子致答辞说："我能在这里祭祀奏乐，在这里居丧哭泣，在这里和僚友族人聚会宴饮，这表明我将善终，有资格进入九原的祖坟。"说完后就朝北面再拜叩头表示感谢。懂礼的君子说，他们一个善于赞美，一个善于祈福。

赵文子与叔誉观乎九原。文子曰："死者如可作也，吾谁与归？"叔誉曰："其阳处父乎？"文子曰："行并植于晋国，不没其身，其知不足称也。""其舅犯乎？"文子曰："见利不顾其君，其仁不足称也。我则随武子乎！利其君，不忘其身；谋其身，不遗其友。"晋人谓文子知人。文子其中退然如不胜衣，其言呐呐然如不出诸其口。所举于晋国管库之士，七十有余家，生不交利，死不属其子焉。

【译文】赵文子和叔誉一道在九原巡视，文子说："这墓地中埋葬的死者如果能够复活，你最赞成和爱戴他们中的哪一位？"叔誉答道："大概是阳处父吧？"文子说："阳处父在晋国身为大傅，却刚强而无计谋，不得善终，他的智慧叫人不敢恭维，"叔誉又说："那么舅犯可以吗？"文子说："舅犯在考虑自己的利益时就不顾及国君，他的仁爱也叫人不敢恭维。我最赞许和爱戴的人是随武子，他既能为国君利益考虑，也能兼顾个人利益；他既能为自己打算，又不忘掉朋友。"晋国人都认为文子的评价很恰当。文子的身体柔弱得好像连衣服都驮不动，讲起话来迟钝缓慢得像难以出口。他为晋国举荐的管理仓库的官员多达七十余人，但在他生前却从来不和他们在钱财上有交往，死后也不把孩子托付给他们。

成人有其兄死而不为衰者，闻子皋将为成宰，遂为衰。成人曰：“蚕则绩而蟹有匡，范则冠而蝉有緌，兄则死而子皋为之衰。”

【译文】成邑有个人，他的哥哥死了却不愿为哥哥穿孝服，后来听说子皋将要来当邑宰，怕被怪罪，这才连忙穿上孝服。当地人就编了首歌谣讽刺此人，唱词是：“蚕儿会吐丝，而螃蟹有筐子；蜂儿有帽子，而蝉儿有冠带子。是哥哥死了，却为地方长官穿孝衣。”

礼运

昔者仲尼与于蜡宾，事毕出游于观之上，喟然而叹。仲尼之叹，盖叹鲁也。言偃在侧曰：“君子何叹？”孔子曰：“大道之行也，与三代之英，丘未之逮也，而有志焉。“大道之行也，天下为公。选贤与能，讲信修睦。故人不独亲其亲，不独子其子，使老有所终，壮有所用，幼有所长，矜寡孤独废疾者皆有所养，男有分，女有归。货恶其弃于地也，不必藏于己；力恶其不出于身也，不必为己。是故谋闭而不兴，盗窃乱贼而不作，故外户而不闭，是谓大同。

“今大道既隐，天下为家。各亲其亲，各子其子，货力为己；大人世及以为礼，城郭沟池以为固，礼义以为纪，以正君臣，以笃父子，以睦兄弟，以和夫妇，以设制度，以立田里，以贤勇知，以功为己。故谋用是作，而兵由此起。禹汤文武成王周公，由此其选也。此六君子者，未有不谨于礼者也。以著其义，以考其信，著有过，刑仁讲让，示民有常，如有不由此者，在执者去，众以为殃。是谓小康。”

【译文】从前，孔子曾加过鲁国的蜡祭。祭记结束后，他出来在宗庙门外的楼台上游览，不觉感慨长叹。孔子的感叹，大概是感叹鲁国的现状。言偃在他身边问道“老帅为什么叹息？”孔子回答说：‘大道实行的时代，以及夏、商、周三代英明君王当政的时代，我孔丘都设有赶上，我对它们心向往之。

“大道实行的时代，天下为天下人所共有。选举有德行的人和有才能的人来治理天下，人们之间讲究信用，和睦相处。所以人们不只把自己的亲人当亲人，不只把自己的儿女当作儿女这样使老年人能够安享天年，使社年人有贡献才力的地方，使年幼的人能得到良好的教育，使年老无偶、年幼无父、年老无子和残废的人都能得到供养。男子各尽自己的职分，女子各有自己的夫家。人们不愿让财物委弃于无用之地，但不一定要收藏在自己家里。人们担心有力使不上，但不一定是为了自己。因此，阴谋诡计被抑制而无法实现，劫夺偷盗杀人越货的坏事不会出现，所以连住宅外的大门也可以不关。这样的社会就叫做大同世界。

“如今大道已经消逝了，天下成了一家一姓的财产。人们各把自己的亲人当作亲人，把自己的儿女当作儿女，财物和劳力；都为私人拥有。诸侯天子们的权力变成了世袭的，并成为名正言顺的礼制，修建城郭沟池作为坚固的防守。制定礼仪作为纲纪，用来确定君臣关系，使父子关系淳厚，使兄弟关系和睦，使夫妻关系和谐，使各种制度得以确立，划分田地和住宅，尊重有勇有智的人；为自己建功立业。所以阴谋诡计因此兴起，战争也由此产生了。夏禹、商汤、周文王、周武王、周成王和周公旦，由此成为三代中的杰出人物。这六位君子，没有哪个不谨慎奉行礼制。他们彰昌礼制的内涵，用它们来考察人们的信用，揭露过错，树立讲求礼让的典范，为百姓昭示礼法的仪轨。如果有越轨的反常行为.有权势者也要斥退，百姓也会把它看成祸害。这种社会就叫做小康。”

言偃复问曰：“如此乎礼之急也？”孔子曰：“夫礼，先王以承天之道，以治人之情。故失之者死，得之者生。《诗》曰：‘相鼠有体，人而无礼，人而无礼，胡不遄！是故夫礼，必本于天，殽于地，列于鬼神，达于丧、祭、射、御、冠、昏、朝、聘。故圣人以礼示之，故天下国家可得而正也。”

【译文】言偃又问道：“礼象这样急迫吗？”孔子说：“礼，先王以之继承天道，以之治理人的感情。所以失于礼的会死，得到礼的可以生存。诗经上说‘看老鼠也有身体，人而没有礼，人而没有礼，为什么不快死了！’所以，礼，一定要本于天，和于地，分列于鬼神，通达于丧事、祭祀、射饮、戴冠、婚姻、朝政、聘任等事项。所以圣人用礼来指示人民，这样天下国家可得以匡正。”

故圣人耐以天下为一家，以中国为一人者，非意之也。必知其情，辟于其义，明于其利，达于其患，然后能为之。何谓人情？喜、怒、哀、惧、爱、恶、欲，七者弗学而能。何谓人义？父慈、子孝、兄良、弟弟、夫义、妇听、长惠、幼顺、君仁、臣忠十者，谓之人义。讲信修睦，谓之人利；争夺相杀，谓之人患。故圣人之所以治人七情，修十义，讲信修睦，尚辞让，去争夺，舍礼何以治之饮食男女，人之大欲存焉。死亡贫苦，人之大恶存焉。故欲、恶者，心之大端也。人藏其心，不可测度也。美恶皆在其心，不见其色也，欲一以穷之，舍礼何以哉？”

【译文】“因此圣人能够用来把天下团结为一家，把中国团结得像一个人的，不是瞎想。必须了解人情，明白做人的大义，明确人的价值所在，知道人的祸患是什么，然后才能做到。什么是人情？指的是喜、怒、哀、怕、爱、恶、欲，这七个不用学天生就有。什么是人的义呢？父亲慈爱、儿女孝顺、兄长善良、弟敬重兄长、丈夫遵守仁义、妻子顺从、年长的人关怀年幼的人、年幼的顺从长辈、君主仁慈、臣子忠诚，这十项就叫做做人应该遵守的义。讲究信用加强和睦，这是人的利益；争夺并且互相杀戮，这是人的祸患。所以圣人之所以要治理人的七情，培养人的十义，讲究信用加强和睦，崇尚谦让，除去争夺，除了用礼的方法还有什么能够用来治理呢？吃喝和男女之情，人们最基本的欲望就存在里面。死亡贫苦，人们最厌恶的就存在里面。所以欲望和厌恶，是人们所有情感的发端。每个人都有一颗心，不能够测量它在想什么。好和坏都在人心里面，外表看不出来，要想使它彻底显现出来，除了用礼还有什么办法呢？”

夫礼必本于天，动而之地，列而之事，变而从时，协于分艺，其居人也曰养，其行之以货力、辞让：饮食、冠昏、丧祭、射御、朝聘。故礼义也者，人之大端也，所以讲信修睦而固人之肌肤之会、筋骸之束也。所以养生送死事鬼神之大端也。所以达天道顺人情之大窦也。故唯圣人为知礼之不可以已也，故坏国、丧家、亡人，必先去其礼。

【译文】礼必须以天为出发点，运用于大地，序列在万事万物中，并随着四季变化而变化，配合十二个月来制定行事的标准。礼在人叫做义，而礼的施行是通过财物、劳动、谦让、饮食、冠礼、婚礼、丧礼、祭祀、射箭、驾车、朝觐、礼聘等等表现出来的。”“所以礼义，是人的出发点。礼义是用来讲究信用加强友谊的，加强人的肌肤的会合、筋骨的连接；是用来养育胜者、祭送死者和祭祀鬼神的发端；是用来通透天道，理顺人情的重要通道。所以只有圣人才知道礼不可以停止，所以那些败坏国家、丧身的人，肯定是先要废弃礼。”

故礼之于人也，犹酒之有蘖也，君子以厚，小人以薄。故圣王修义之柄、礼之序，以治人情。故人情者，圣王之田也。修礼以耕之，陈义以种之，讲学以耨之，本仁以聚之，播乐以安之。

【译文】所以，礼对于人来说，犹如酒有蘖曲，君子因此而厚道，小人因此而刻薄。所以，圣王修立正义为把柄、礼的秩序，以治理人的情感。因此，人情是圣王的田地，圣王修立礼来耕作它，陈列正义来播种它，讲学以耨作它，以仁为本来聚合它，散播快乐来安定它。”

“故礼也者，义之实也。协诸义而协，则礼虽先王未之有，可以义起也。义者，艺之分，仁之节也。协于艺，讲于仁，得之者强。仁者，义之本也，顺之体也，得之者尊。故治国不以礼，犹无耜而耕也。为礼不本于义，犹耕而弗种也。为义而不讲之以学，犹种而弗耨也。讲之于学而不合之以仁，犹耨而弗获也。合之以仁而不安之以乐，犹获而弗食也。安之以乐而不达于顺，犹食而弗肥也。”

【译文】“所以，是施行义的结果。与义相协调而协和，则礼虽然是先王所没有的，但可以以义来兴起。义，是准则的界限，是仁的节度。协和于准则，讲求于仁，能够做到的则强大。仁，是义的根本，是和顺的本体，能够做到的可以尊贵。所以，治国而不以礼，犹如耕田而没有犁铧；为礼不以义为本，犹如耕田而不播种；为义而不讲授教学，犹如播种而不进行除草等农事；讲授教学而不符合于仁德，犹如进行了除草等农活却没有收获；符合于仁德而不用乐来安定，犹如收获了却不食用；用乐来安定而不能够达到和顺，犹如食用了却没有肥壮。”

“四体既正，肤革充盈，人之肥也。父子笃，兄弟睦，夫妇和，家之肥也。大臣法，小臣廉，官职相序，君臣相正，国之肥也。天子以德为车，以乐为御，诸侯以礼相与，大夫以法相序，士以信相考，百姓以睦相守，天下之肥也，是谓大顺。大顺者，所以养生送死事鬼神之常也，故事大积焉而不苑，并行而不缪，细行而不失。深而通，茂而有间，连而不相及也，动而不相害也，此顺之至也。故明于顺，然后能守危也。”

【译文】“四肢生得正好，皮肤充实丰盈，这是人的肥美。父子笃厚，兄弟和睦，夫妇和气，这是家的肥美。大臣依法，小臣廉洁，百官职责有次序，君臣互相匡正，这是国家的肥美。天子以德为车，以乐来驾御，诸侯依礼相交与，大夫依法相互排列次序，士人用诚信来相互考校，这是天下的肥美，这称为大顺。大顺，是用以养生、送死、事俸鬼神的常道，所以事情积累得很多而并不聚集，相并进行却不缪误，小事上不过失，渊深而通畅，繁茂而有间隙，关连而不相涉及，行动而不相妨害，这是顺的最高境界。所以，明于顺的道理，然后能够保守端正。”

“故礼之不同也，不丰也，不杀也，所以持情而合危也。故圣王所以顺：山者不使居川，不使渚者居中原，而弗敝也；用水、火、金、木，饮食必时；合男女，颁爵位，必当年德，用民必顺。故无水、旱、昆虫之灾，民无凶、饥、妖孽之疾。故天不爱其道，地不爱其宝，人不爱其情。故天降膏露，地出醴泉，山出器车，河出马图，凤凰、麒麟皆在郊椒，龟、龙在宫沼，其余鸟兽之卵胎，皆可俯而窥也。则是无故，先王能修礼以达义，体信以达顺，故此顺之实也。”

【译文】“所以礼的不同，不可以增加，不可以减少，以此来维持人情并保持对危害的警惕。所以圣王能够做到顺：不强迫住在山里的人住到河边去，不强迫住在水渚的人住进中原来，不破坏他们的生活习性；运用水、火、金、木等资源，以及吃饭都要根据时令；使男女婚配，颁授爵位，都必须与人们的年龄和德行相适应，使用人民必须顺应农时。所以没有水灾、旱灾、虫灾等灾害，人民没有灾荒、饥饿和妖孽等危害。所以上天不隐藏大道，大地不隐藏宝物，人民不隐藏实情。所以上天降下雨露，大地流出甘泉，膳山林生出造车的器材，河里出现龙马背负的《图》，凤凰、河马都出现在郊外的沼泽中，龟和龙都畜养在宫殿的池子里，其他各种鸟的卵、怀孕的兽，一俯下身子就可以看见。做到这样没有别的原因，只是因为先王能够修行礼而通达义，体现信而通达顺，所以获得了这种天下大顺的结果。”

内则

子能食食，教以右手；能言，男唯女俞。男鞶革，女鞶丝。六年，教之数与方名。七年，男女不同席，不共食。八年，出入门户及即席饮食，必后长者，始教之让。九年，教之数日。十年，出就外傅，居宿于外，学书计；衣不帛襦袴；礼帅初，朝夕学幼仪，请肄简、谅。十有三年，学乐诵诗，舞《勺》。成童，舞《象》，学射御。二十而冠，始学礼，可以衣裘帛，舞《大夏》，惇行孝弟，博学不教，内而不出。三十而有室，始理男事，博学无方，孙友视志。四十始仕，方物出谋发虑，道合则服从，不可则去。五十命为大夫，服官政。七十致事。

【译文】孩子能吃饭了，就要教他用右手；能讲话了，就教男孩答“唯”，教女孩答“俞”；挂上的佩囊，男孩用皮革的，女孩用丝缯的。孩子六岁时，就教他认识数目和四方名称。七岁，男孩女孩就不同席，不共食。八岁，进出门户和就席饮食，必须要在年长者的后面，开始教孩子懂得礼貌谦让。九岁，教孩子朔望和天干地支的知识。十岁，男孩就出外求学，居宿在外，学习六书九数。衣裤不用帛做，（还是穿孩提时的服装，为了防止奢侈。）举止动作都要遵循当初所教的长幼之礼，每天早晚要学习洒扫进退等礼节，请长者来教习书策和应对言语信实。十三岁，学习音乐，诵读《诗》篇，练习文舞《勺》舞。十五岁以上的儿童，练习武舞《象》舞，学习射箭、御车等。二十岁加冠，开始学习礼；可以穿裘帛的衣服，练习《大夏》之舞；要笃行孝悌，要博学而穷理，但还未可为师教人；要蕴积美德于心中，而不自我表现才能。三十岁成婚有妻室，开始治理男事，如受田、政役等；至此还是学习无常，仅取决于心志所爱好，就应付朋友谦逊，观察他们的志向而自我勉励。四十岁以后学成志定，可以开始做官，要权衡比较事物然后出谋虑策；君臣间合乎理义的就任职听从，不合乎理义的就离去。五十岁受命为大夫，参与邦国大事。七十岁告老还乡。

学记

发虑宪，求善良，足以謏闻，不足以动众。就贤体远，足以动众，未足以化民。君子如欲化民成俗，其必由学乎！玉不琢，不成器；人不学，不知道。是故古之王者建国君民，教学为先。《兑命》曰："念终始典于学。"其此之谓乎。

【译文】考虑问题符合法度，招求友善驯良的人，足可以取得小的名声，不足以使民众感动。访问贤人，体察关系疏远的人，足可以使民众感动，不足以教化人民。君子如果想教化民众，形成良好的风气，大概一定要从教学开始吧！玉石不雕琢，不能成为器物；人不学习，不懂得道理。所以古代的君王建立国家统治民众，都把兴教办学放在首位。《兑命》说："要始终想着经常学习。"说的就是这个意思。

虽有嘉肴，弗食，不知其旨也；虽有至道，弗学，不知其善也。是故学然后知不足，教然后知困。知不足，然后能自反也；知困，然后能自强也。故曰：教学相长也。《兑命》曰："学学半"。其此之谓乎。

【译文】虽然有好菜，不吃，不知道它美味在哪里；虽然有最好的道理，不学，不知道它好在什么地方。所以先要学习，然后才知道自己的不足，教育别人后才知道自己的困惑。知道不足，然后可以自我反省；知道困惑，然后可以奋发图强。所以说：教和学是互相促进的。《兑命》说："教别人学习，一半也是自己增长知识。"说的就是这个意思。

古之教者，家有塾，党有庠，术有序，国有学。比年入学，中年考校。一年，视离经辨志。三年，视敬业乐群。五年，视博习亲师。七年，视论学取友，谓之小成。九年，知类通达，强立而不反，谓之大成。夫然后足以化民易俗，近者说服而远者怀之。此大学之道也。《记》曰："蛾子时术之。"其此之谓乎？

【译文】古代的教育，家里有私塾，党中有庠，遂中有序，国都有学。人们每年到学校学习，隔一年考一次。入学一年的学生，考察他读经断句和归纳主旨的能力，入学三年的考察他是否专心学习并和同学和睦相处，入学五年的考察他是否广泛学习并且尊敬师长，入学七年的考察他谈论学问和结交朋友，这才叫做学业小成。入学九年的人可以触类旁通，有独立见解而不违反老师教授的，这叫做学业大成。此后就可以教化民众，改变风俗，使近处的人心悦诚服，远处的人前来归附。这就是大学的宗旨。《记》说："蚂蚁之子一点点的不停衔土，（也可以堆成小土丘。）"

大学之教也，时，教必有正业，退息必有居。学：不学操缦，不能安弦；不学博依，不能安诗；不学杂服，不能安礼；不兴其艺，不能乐学。故君子之于学也，藏焉，修焉，息焉，游焉。夫然，故安其学而亲其师，乐其友而信其道，是以虽离师辅而不反也。《兑命》曰："敬、孙、务、时、敏，厥修乃来。"其此之谓乎。

【译文】大学的教学必须按照时节来安排内容，所教内容必须是真正的大业，课后休息必须要有处所。对于学习：不练就指法，不能够适应琴弦；不广泛学习表现事物情状的方法，不能够学会作诗；不学习处理各种琐碎的事，不能够学好礼仪；不喜欢所学的技艺，就不会喜欢学习。所以君子对于学习，心有学习的志向，不断进修学业，该休息时休息，该娱乐时娱乐。做到这样，才能够学得好又得老师喜爱，喜欢学友并且深信所学的道理，因此即使离开了师友也不违反师道。《兑命》说："敬重师道，恭顺学习，踏实努力，学习不间断，学过的东西迅速应用实践中，所学的就会有成绩。"说的就是这个意思。

今之教者，呻其占毕，多其讯，言及于数，进而不顾其安，使人不由其诚，教人不尽其材。其施之也悖，其求之也佛。夫然，故隐其学而疾其师，苦其难而不知其益也，虽终其业，其去之必速。教之不刑，其此之由乎。大学之法：禁于未发之谓豫，当其可之谓时，不陵节而施之谓孙，相观而善之谓摩。此四者，教之所由兴也。发然后禁，则扞格而不胜；时过然后学，则勤苦而难成；杂施而不孙，则坏乱而不修；独学而无友，则孤陋而寡闻。燕朋逆其师。燕辟废其学。此六者，教之所由废也。

【译文】现在教授学业的人，只懂得盯着书去吟咏，直到结束，频繁向学生问难，只顾赶进度而不管学生消化了没有，教育学生不出自于诚心，不把自己的知识毫无保留地教授给学生。老师教授的知识违反常理，学生向他请求解答他却答非所问。这样，学生学不明白，怨恨自己的老师，苦于所学习的东西太难，不知道学了有什么好处，即使毕业了，忘记也很快。教育不成功，就是因此造成的啊。大学的教育方法：在学生的邪念还没有萌发的时候就加以防备，叫做预防，当学生可以教育的时候及时施教叫做适时，不超越阶段进行教学叫做顺应，互相观察学习而提高叫做观摩。这四点，就是使教育兴盛的方法。坏事发生后加以禁止，会产生抵触又难以奏效。过了学习的年龄才学习，即使非常勤奋刻苦也难以有成就。杂乱地教授却不顺应学习规律，就会败坏教学难以修整。独自学习而没有朋友，就会孤陋寡闻。不尊敬朋友就是违背师道。闲逛不学好就荒废学业。以上六个方面，就是教育失败的原因。

君子既知教之所由兴，又知教之所由废，然后可以为人师也。故君子之教喻也，道而弗牵，强而弗抑，开而弗达。道而弗牵则和，强而弗抑则易，开而弗达则思。和易以思，可谓善喻矣。

【译文】君子已经懂得教育兴盛的方法，又知道教育被荒废的原因，然后就可以做人的老师。所以君子教育学生，加以引导而不牵强着学生向前，鼓励学生而不抑制他们的学习兴趣，拓展学生思考而不把话说到底。引导而不牵强着学生向前，就能使学生没有抵触地学习，鼓励而不抑制就能使学生容易接受，拓展而不把话说透就能启发学生思考。使学生学习没有抵触情绪，易于接受又深入思考，可以称得上是善于教学。

学者有四失，教者必知之。人之学也，或失则多，或失则寡，或失则易，或失则止。此四者，心之莫同也。知其心，然后能救其失也。教也者，长善而救其失者也。善歌者使人继其声，善教者使人继其志。其言也约而达，微而藏，罕譬而喻，可谓继志矣。

【译文】学生容易犯四种过失，教育的人必须知道。学生学习，有的过失在贪多，有的过失在学少，有的过失在不专注，有的过失在浅尝辄止。这四个方面，心理各不相同。了解学生的心理，然后才能补救他们的过失。从事教育的人，就是要发扬长处挽救过失。善于歌唱的人，能够使人们跟着他唱；善于教育的人，能够使人们继承他的志向。语言婉约而能够使人明白，精微又含蓄，少用比喻而晓畅，可以说是有能力让人继承他的志向了。

君子知至学之难易，而知其美恶，然后能博喻；能博喻，然后能为师；能为师，然后能为长；能为长，然后能为君。故师也者，所以学为君也。是故择师不可不慎也。《记》曰：“三王四代唯其师。”此之谓乎。凡学之道，严师为难。师严，然后道尊；道尊，然后民知敬学。是故君之所不臣于其臣者二：当其为尸，则弗臣也；当其为师，则弗臣也。大学之礼，虽诏于天子，无北面，所以尊师也。

【译文】君子知道进入学问正途的深浅难易，又了解学生天资的高低差异，然后能广泛地因材施教；能够广泛地因材施教，然后能做老师；能做老师，然后能够做官吏；能够做官吏，然后能够做君主。所以跟着老师学习，就是要学习做君主。所以选择老师不能不慎重。《记》说："三王四代的君主之所以圣明，是因为他们慎重地选择老师。"说的就是这个意思。大凡从师学习的原则，尊敬老师是最难做到的。老师被尊敬，然后师道才会被尊重，师道被尊重，然后人们才会严肃认真地对待学习。所以国君不敢把臣当做是自己的臣来对待的情况有两种：当臣充当尸的时候不敢把他当做臣，当臣做自己的老师的时候不敢把他当做臣。按照大学的礼，即使向天子讲授，老师也不能面朝北方，这是用来体现尊敬老师的做法。

善学者，师逸而功倍，又从而庸之。不善学者，师勤而功半，又从而怨之。善问者，如攻坚木，先其易者，后其节目，及其久也，相说以解。不善问者反此。善待问者如撞钟，叩之以小者则小鸣，叩之以大者则大鸣，待其从容，然后尽其声。不善答问者反此。此皆进学之道也。

【译文】善于学习的学生，老师省力而事半功倍，又归功于老师。不善于学习的人，老师辛苦而事倍功半，从而抱怨老师。善于提问的人，如同劈开坚硬的树木，先从比较容易的部分开始，然后从树的关节处，时间长了，各部分就相互脱离分开了。不善于提问的人刚好相反。善于回答问题的人如同撞钟，用小槌子叩击就发出小的鸣响，用大槌子叩击就发出大的鸣声，待钟声从容鸣响，然后散尽。不善于回答问题的人就正好与此相反。这些都是增进学识的道理。

记问之学，不足以为人师。必也其听语乎，力不能问，然后语之；语之而不知，虽舍之可也。

【译文】只是单单记住书里的内容以备学生提问，这样的学问不配做老师。必定要等着学生提问后加以解说，或者学生不能够回答再加以解说；解说后学生不理解，即使是先放一放也是可以的。

乐记

凡音之起，由人心生也。人心之动，物使之然也。感于物而动，故形于声；声相应，故生变；变成方，谓之音；比音而乐之，及干戚羽旄，谓之乐也。乐者，音之所由生也，其本在人心之感于物也。

【译文】大凡音的起始，是由人心产生的。而人心的变动，是物造成的。心有感于物而变动，由声表现出来；声与声相应和，才发生变化；按照一定的方法、规律变化，就叫做音；随着音的节奏用乐器演奏之，再加上干戚羽旄以舞之，就叫做乐了。所以说乐是由音产生的，而其根本是人心有感于物造成的。

是故其哀心感者，其声噍以杀；其乐心感者，其声啴以缓；其喜心感者，其声发以散；其怒心感者，其声粗以厉；其敬心感者，其声直以廉；其爱心感者，其声和以柔。六者，非性也，感于物而后动，是故先王慎所以感之者。故礼以道其志，乐以和其声，政以一其行，刑以防其奸：礼乐刑政，其极一也，所以同民心而出治道也。

【译文】所以当哀伤的心情有所感应时，发出的声音是抑郁而急促的；当欢快的心情有所感应时，发出的声音是宽舒而徐缓的；当喜悦的心情有所感应时，发出的声音是爽朗而昂扬的；当愤怒的心情有所感应时，发出的声音是粗犷而严厉的；当虔诚的心情有所感应时，发出的声音是刚直而廉正的；当爱慕的心情有所感应时，发出的声音是和悦而温柔的。这六种声音，不是本性，是感应外物之后才发生的。所以前代先王慎重地对待能够引起心理感应的外物。所以礼制用来引导人们的志向，音乐用来和同人们的心声，政治用来规范人们的行为，刑法用来防止人们做坏事：礼乐刑政，它们的根本目的是一致的，都是用来统一民心而把社会治理好。

凡音者，生于人心者也；乐者，通伦理者也。是故知声而不知音者，禽兽是也；知音而不知乐者，众庶是也。唯君子为能知乐。是故审声以知音，审音以知乐，审乐以知政，而治道备矣。是故不知声者不可与言音，不知音者不可与言乐，知乐则几于礼矣。礼乐皆得，谓之有德。德者得也。是故乐之隆，非极音也；食飨之礼，非致味也。清庙之瑟，朱弦而疏越，一倡而三叹，有遗音者矣。大飨之礼，尚玄酒而俎腥鱼，大羹不和，有遗味者矣。是故先王之制礼乐也，非以极口腹耳目之欲也，将以教民平好恶而反人道之正也。

【译文】凡音，是在人心中产生的；乐，是与伦理相通的。所以单知声而不知音的，是禽兽；知音而不知乐的，是普通百姓。唯有君子才懂得乐。所以详细审察声以了解音，审察音以了解乐，审察乐以了解政治情况，治理天下的方法也就完备了。因此不懂得声的不足以与他谈论音，不懂得音的不足以与他谈论乐，懂得乐就近于明礼了。礼乐的精义都能得之于心，称为有德，德就是得的意思。所以说大乐的隆盛，不在于极尽音声的规模；宴享礼的隆盛，不在于肴馔的丰盛。周庙太乐中用的瑟，外表是朱红色弦，下有二个通气孔，毫不起眼；演奏时一人唱三人和，形式单调简单，然而于乐声之外寓意无穷。大飨的礼仪中崇尚玄酒，以生鱼为俎实，大羹用味道单一的咸肉汤，不具五味，然而，在实际的滋味之外另有滋味。所以说先王制定礼乐的目的，不是为了满足口腹耳目的嗜欲，而是要以此教训百姓，使有正确的好恶之心，从而归于人道的正路上来。

人生而静，天之性也；感于物而动，性之欲也。物至知知，然后好恶形焉。好恶无节于内，知诱于外，不能反躬，天理灭矣。夫物之感人无穷，而人之好恶无节，则是物至而人化物也。人化物也者，灭天理而穷人欲者也。于是有悖逆诈伪之心，有淫佚作乱之事。是故强者胁弱，众者暴寡，知者诈愚，勇者苦怯，疾病不养，老幼孤独不得其所，此大乱之道也。是故先王之制礼乐，人为之节：衰麻哭泣，所以节丧纪也；钟鼓干戚，所以和安乐也；婚姻冠笄，所以别男女也；射乡食飨，所以正交接也。礼节民心，乐和民声，政以行之，刑以防之。礼乐刑政四达而不悖，则王道备矣。

【译文】人生来好静，是人的天性；感知外物以后发生情感的变动，是天姓的外部表现。外物来到身边后被心智感知，然后形成好恶(wù，务)之情。好恶之情不节制于内，外物感知后产生的诱惑作用于外，天理就要泯灭了。外物给人的感受无穷无尽，而人的好恶之情没有节制，人就被身边的事物同化了。人被外物同化，就会灭绝天理而穷尽人欲。于是才有狂悖、逆乱、欺诈、作假的念头，有荒淫、佚乐、犯上作乱的事。因此，强大者胁迫弱小，众多者施强暴于寡少，聪慧多智的欺诈愚昧无知，勇悍的使怯懦者困苦，疾病者不得养，老人、幼童、孤儿、寡母不得安乐，这些是导致天下大乱的因素。所以，先王制礼作乐，人为的加以节制：以衰麻哭泣的礼仪制度，节制丧葬；钟鼓干戚等乐制，调和安乐；婚姻冠笄的制度，区别男女大防；乡射、大射、乡饮酒及其他宴客享食的礼节制度，端正人际间的交往关系。用礼节制民心，用乐调和民气，以政治推行之，刑罚防范之。礼乐刑政四者都能发达而不相孛乱，帝王之术也就完备了。

凡奸声感人，而逆气应之；逆气成象，而淫乐兴焉。正声感人，而顺气应之；顺气成象，而和乐兴焉。倡和有应，回邪曲直，各归其分，而万物之理，各以类相动也。是故君子反情以和其志，比类以成其行。奸声乱色，不留聪明；淫乐慝礼，不接心术；惰慢邪辟之气，不设于身体。使耳目、鼻口、心知、百体皆由顺正，以行其义。然后发以声音，而文以琴瑟，动以干戚，饰以羽旄，从以箫管，奋至德之光，动四气之和，以著万物之理。是故清明象天，广大象地，终始象四时，周还象风雨，五色成文而不乱，八风从律而不奸，百度得数而有常，小大相成，终始相生，倡和清浊，迭相为经。故乐行而伦清，耳目聪明，血气和平，移风易俗，天下皆宁。故曰："乐者乐也"。君子乐得其道，小人乐得其欲。以道制欲，则乐而不乱；以欲忘道，则惑而不乐。

【译文】凡是邪恶之声影响于人，人身上的邪恶之气就与之呼应；邪恶之气成为一时的风尚，于是淫乐就产生了。凡是纯正之声影响于人，人身上的纯正之气就与之呼应；纯正之气成为一时的风尚，于是和乐就产生了。一唱一和，互相呼应。乖违与邪僻，弯曲与直正，各有各的朋类，这也就是说天下万物都贯穿着这么一条理：同类相应。所以君子就摒弃淫溺之情，以调和自己的心志，'效法好的榜样以成就自己的德行。邪恶的声不听，杂乱的色不看；淫荡之乐和非礼之礼，心中根本没有它的位置；惰慢歪邪的习气，不让它沾染身体。使耳目、口鼻、心灵和身体的各个部分都沿着正道，以履行其职能。然后觋发为声音，用琴瑟来伴奏；跳武舞时手执干戚，跳文舞时手执羽旄，用箫管来伴奏。这祥的乐就能够展现至高道德的光辉，调动四气的协和，从而昭示万物之理。因此，这样的乐，其清澈明朗像天，其无所不载像地，其终而复始像四时，其周回旋转像风雨。虽然乐器的色彩五彩缤纷，但却井然有序。虽然八音杂奏，但也不互相干扰；乐舞虽富于变化，但也像百刻计时那样有一定之规。高音与低音相辅相成，十二律互相配合，或倡或和，或清或浊，轮番为主。所以，这样的乐流行就能使伦类向善，耳聪目明，心气平和，移风易俗，天下皆宁。所以说：乐这个东西，是让人快乐的。但是君子快乐的是得到了仁义，小人快乐的是满足了私欲。用仁义来约束私欲，其结果是得到快乐而不会迷乱；只顾私欲而忘掉仁义，就会陷入迷惑而得不到真正的快乐。

是故君子反情以和其志，广乐以成其教，乐行而民乡方，可以观德矣。德者，性之端也。乐者，德之华也。金石丝竹，乐之器也。诗，言其志也。歌，咏其声也。舞，动其容也。三者本于心，然后乐气从之气是故情深而文明，气盛而化神。和顺积中而英华发外，唯乐不可以为伪。

【译文】推就所以前面说过，君子要摒弃淫溺之情以调和自己的心志，广乐教来完成教化，乐教推行则人民就归向仁义之道，至此，可以通过乐教看到君子之德了。所谓德，是人性的发端。所谓乐，则是由德开放出来的花朵。金石丝竹，是乐器。诗是抒发人的心志的，而歌则是拉长声调表达心志的声音，舞则是用种种姿态表达心志的动作。诗、歌、舞三者都是发自内心，然后用乐器为之伴奏。因此，乐所表达的心志，情感深厚而文采鲜明，气氛浓烈而使人潜移默化。和顺的品德积累于心，才能使乐的精华表现于外。有什么样的德，便有什么样的乐，只有乐是虚伪不了的。

乐也者，情之不可变者也。礼也者，理之不可易者也。乐统同，礼辨异。礼乐之说，管乎人情矣。穷本知变，乐之情也。著诚去伪，礼之经也。礼乐偩天地之情，达神明之德，降兴上下之神，而凝是精粗之体，领父子君臣之节。是故大人举礼乐，则天地将为昭焉。天地訢合，阴阳相得，煦妪覆育万物，然后草木茂，区萌达，羽翼奋，角觡生，蛰虫昭苏，羽者妪伏，毛者孕鬻，胎生者不殰，而卵生者不殈，则乐之道归焉耳。

【译文】乐所表达的，是感情之不可变易者；礼所表达的，是道理之不可变易者。乐强调调和同一，礼强调区别差异。礼和乐的学说，贯通了全部人情。探索人们内心的本源，推知它的变化规律，这是乐的实质；发扬人们真诚的品德，除去那些虚伪的东西，这是礼的原则。礼和乐能够顺应天地的情意，通达鬼神的恩德，感动天神地抵降临，化育万物大小之体，调整君臣父子的关系。所以圣人推行礼乐，天地就会因此而变得光明起来。天地欣然交合，阴阳互相感应，万物莫不得到覆育。于是草木茂盛，作物萌芽，鸟儿展翅飞翔，兽类活蹦乱跳，蛰虫从冬眠状态中苏醒过来，鸟类孵卵育雏，兽类受孕育子，胎生的不至于流产，卵生的不至于蛋壳破裂。这一切都应归之于乐的功能。

乐者，非谓黄钟、大吕、弦歌、干扬也，乐之末节也，故童者舞之。铺筵席，陈尊俎，列笾豆，以升降为礼者，礼之末节也，故有司掌之。乐师辨乎声诗，故北面而弦；宗祝辨乎宗庙之礼，故后尸；商祝辨乎丧礼，故后主人。是故德成而上，艺成而下，行成而先，事成而后。是故先王有上有下，有先有后，然后可以有制于天下也。

【译文】所谓乐，并非是指黄钟大吕、弹琴唱歌、举盾而舞，这些只不过是乐的细微末节，所以让儿童们表演表演就够了。所谓礼，也并非是指铺设筵席、陈设酒食、陈列礼器，以及登堂下阶、上前退后等等，这些也只不过是礼的细微末节，所以让办事人员去办就可以了。乐师光懂得声律诗句，所以只能面北操弦；宗祝光懂得宗庙中的礼节，所以只能跟在尸的屁股后面赞助礼仪；商祝光懂得丧葬之礼，所以只能跟在孝子身后提醒礼仪。由此看来，凡是深明道理的应在上，只懂得技艺的应在下；深明道理的应在前，只懂得技艺的应在后。因为先王明白这种有上有下，有先有后的道理，所以才能为天下制礼作乐。

君子曰：礼乐不可斯须去身。致乐以治心，则易直子谅之心油然生矣。易直子谅之心生则乐，乐则安，安则久，久则天，天则神，天则不言而信，神则不怒而威。致乐以治心者也。致礼以治躬则庄敬，庄敬则严威。心中斯须不和不乐，而鄙诈之心入之矣。外貌斯须不庄不敬，而易慢之心入之矣。故乐也者，动于内者也；礼也者，动于外者也。乐极和，礼极顺，内和而外顺，则民瞻其颜色而弗与争也，望其容貌而民不生易慢焉。故德辉动于内，而民莫不承听；理发诸外，而民莫不承顺。故曰：致礼乐之道，举而错之天下，无难矣。

【译文】君子说：礼乐不可片刻离身。深刻体会乐的作用并用以陶冶内.心，平易正直慈爱诚信的心就会自然而然地产生。有了平易正直慈爱诚信之心就自然感到快乐，感到快乐就会心神安宁，心神安宁就会生命长久，久而久之就会被人信之如天，畏之如神。这就有如天虽不言，而四季的交替从不失信；神虽不怒，而人人敬畏其威。这就是深刻体会乐的作用从而陶冶内心的结果。深刻体会礼的作用并用来整伤自身的外貌，就会给人以庄重恭敬之感，这种庄重恭敬之感又会使人感到威严。如果内心有片刻的不和不乐，鄙卑诈伪的念头就会乘隙而入；如果外貌有片刻的不庄不敬，轻易怠慢的心志就会乘隙而入。所以说，乐这个东西，是影响人的内心的；礼这个东西，是影响人的外貌的。乐追求的目标在于和，礼追求的自标在于顺。内心和悦而外貌恭顺，那么民众只要看到他的脸色就不会与他相争了，只要望见他的容貌就不敢有轻慢的念头了。由此可见，面色和善发自内心而民众莫不乐于听从，动作中规展现于外而民众莫不乐于顺从。所以说：深刻的体会礼乐之道，并将它用来治理天下，就没有什么难办的事情了。

祭 义

祭不欲数，数则烦，烦则不敬。祭不欲疏，疏则怠，怠则忘。是故，君子合诸天道，春禘秋尝。霜露既降，君子履之，必有凄怆之心，非其寒之谓也。春，雨露既濡，君子履之，必有怵惕之心，如将见之。乐以迎来，哀以送往，故禘有乐而尝无乐。

【译文】祭祀不要次数过多，过多则烦乱，烦乱则不诚敬。祭祀不要次数过于少，过少则荒怠，荒怠则会忘记。所以，君子合于天道，春行禘祭秋行尝祭。霜露已经降下，君子踩到它，一定有悽惨悲伤的心情，但并不是因为它寒冷的原故。春天，雨露已经濡湿，君子遇到它，一家有恐惧警惕的心情，如同将要见到它。用音乐以迎接来者，用哀伤以送往者，所以禘祭有音乐，而尝祭没有音乐。

致齐于内，散齐于外。齐之日：思其居处，思其笑语，思其志意，思其所乐，思其所嗜。齐三日，乃见其所为齐者。

【译文】致斋在内室，散斋在外面。行斋的日子：思想他平时居处的行为，思想他的笑语声音，思想他的心志意向，思想他的喜好，思想他的嗜好。行斋三日，就可以见到所为其行斋的对象了。

祭之日，入室，僾然必有见乎其位，周还出户，肃然必有闻乎其容声，出户而听，忾然必有闻乎其叹息之声。是故，先王之孝也，色不忘乎目，声不绝乎耳，心志嗜欲不忘乎心。致爱则存，致悫则著。著存不忘乎心，夫安得不敬乎？君子生则敬养，死则敬享，思终身弗辱也。

【译文】祭祀的日子，进入内室，依稀一定能够见到他在某一位置上，转一圈转身走出门户，恭敬地一定能够闻见他的容貌声音，走出门户而听，一定能够听到其感叹的声音。所以，先王的孝，容貌不忘于眼目，声音不断绝于耳朵，心志嗜欲不忘于心。致其爱心则保存，致其诚敬则记载。记载保存在心中不忘记，怎么会不孝敬呢？君子在父母生时则以敬相养，死后则以敬享祭，想要做到终身都不辱没其亲。

孝子将祭，虑事不可以不豫；比时具物，不可以不备；虚中以治之。

【译文】孝子将要举行祭祀，有关的事一定要提前考虑；届时，一切物品都要置办齐备；在做这些准备工作时，心中不可有其他杂念。

宫室既修，墙屋既设，百物既备，夫妇齐戒，沐浴、盛服，奉承而进之。洞洞乎，属属乎，如弗胜，如将失之，其孝敬之心至也与！荐其荐俎，序其礼乐，备其百官，奉承而进之。于是谕其志意，以其慌惚以与神明交，庶或飨之。庶或飨之，孝子之志也。孝子之祭也，尽其悫而悫焉，尽其信而信焉，尽其敬而敬焉，尽其礼而不过失焉。进退必敬，如亲听命，则或使之也。孝子之祭可知也：其立之也，敬以诎；其进之也，敬以愉；其荐之也，敬以欲；退而立，如将受命；已彻而退，敬齐之色不绝于面。孝子之祭也：立而不诎，固也；进而不愉，疏也；荐而不欲，不爱也；退立而不如受命，敖也；已彻而退，无敬齐之色，而忘本也。如是而祭，失之矣。

【译文】宗庙中的宫室已经装修，墙屋已经粉刷，各种物品都已齐备，此时，孝子夫妇就可以进行斋戒、沐浴，穿上礼服，捧着祭品向神明进献。进献时的神情是那样的诚恳，那样的专注，就好像拿不动手中的祭品，又好像生怕失手脱掉，这都是孝子夫妇孝敬之心达到极端才有的表现吧。献上各种祭品，依礼奏起音乐，百官也都协助主人进献。此时此刻，通过祝的祝词表达孝子的心意，恍惚之中，仿佛真的是在和神明对话，仿佛神明真的在享用祭品。仿佛神明真的在享用祭品，这本是孝子的初衷啊！孝子的祭祀，其实是一种自尽其敬的行为，尽其虔诚之心而表现为虔诚的动作，尽其对神明的相信而表现为确信神明一定存在，尽其敬意而表现为敬事神明的行为，尽其礼节而表现为不违背一点规矩。举手投足，都必恭必敬，就好像真的听到了神明在讲话，有什么事要使唤自己似的。孝子的祭祀，其内心如何可以通过外表观察出来：他站立时，像鞠躬似的；捧着祭品向前走时，和颜悦色；献上祭品时，真心希望神明尝一尝；退下来返回原位时，好像在倾听神明的吩咐；到了撤下祭品而退出时，脸上还始终保持着庄重的神色。相反，孝子在祭祀时，如果不是鞠躬式的站立，那就显得太粗野；捧着祭品向前时不是和颜悦色，月吓就显得疏远神明；进献祭品时不是唯恐神明不来品尝，那就显得对神明并不真爱；退回原位站着时不是像在倾听神明的吩咐，那就显得傲慢；了撤下祭品退出时就全然失去了庄重的神色，那就等于忘掉祖宗了。这样的祭祀，就失去祭祀的意义了。

经解

孔子曰："入其国，其教可知也。其为人也，温柔敦厚，《诗》教也；疏通知远，《书》教也；广博易良，《乐》教也；洁静精微，《易》教也；恭俭庄敬，《礼》教也；属辞比事，《春秋》教也。故《诗》之失，愚；《书》之失，诬；《乐》之失，奢；《易》之失，贼；《礼》之失，烦；《春秋》之失，乱。其为人也，温柔敦厚而不愚，则深于《诗》者也。疏通知远而不诬，则深于《书》者也。广博易良而不奢，则深于《乐》者也。洁静精微而不贼，则深于《易》者也。恭俭庄敬而不烦，则深于《礼》者也。属辞比事而不乱，则深于《春秋》者也。

【译文】孔子说："进入一个国家，可以知道它对人民的教化。观察一个人，温柔敦厚，是得益于《诗》的教化；知识通达见解深远，是得益于《书》的教化；胸怀广阔、平易善良，是得益于《乐》的教化；纯洁、文静、精神又细心，是得益于《易》的教化；恭谦、节俭、庄重又懂得尊重，是得益于《礼》的教化；善于连缀文辞、分析事理，是得益于《春秋》的教化。所以《诗》强调过度，就会使人愚钝；《书》强调过度，就会使人欺骗；《乐》强调过渡，就会使人奢侈；《易》强调过渡，就会使人互相伤害；《礼》强调过度，就会使人烦琐；《春秋》强调过渡，就会使人犯上作乱。如果一个国家的人温柔敦厚又不愚昧，这正是深入施行《诗》教的结果；知识通达、见解深远又不欺骗，是深入施行《书》教的结果；胸怀广阔、平易善良又不奢侈，是深入施行《乐》教的结果；纯洁、文静、精神、细心又不互相伤害，是深入施行《易》教的结果；恭谦、节俭、庄重又懂得尊重，并且不烦琐，这是深入施行《礼》教的结果；善于连缀文辞、分析事理，又不犯上作乱，这是深入施行《春秋》的教化的结果。”

礼之于正国也，犹衡之于轻重也，绳墨之于曲直也，规矩之于方圆也。故衡诚县，不可欺以轻重；绳墨诚陈，不可欺以曲直；规矩诚设，不可欺以方圆；君子审礼，不可诬以奸诈。是故隆礼由礼，谓之有方之士；不隆礼，不由礼，谓之无方之民。敬让之道也，故以奉宗庙则敬，以入朝廷则贵贱有位，以处室家则父子亲、兄弟和，以处乡里则长幼有序。孔子曰：“安上治民，莫善于礼。”此之谓也。

【译文】礼对于端正国家，就好像秤对于轻重，墨、线对于曲直，圆规和尺子对于圆和方一样。所以如果把秤悬挂起来，轻重是没办法作假的；把线和墨摆出来，曲和直是没办法作假的；把圆规和尺子拿出来，圆和方是没办法作假的；君子审慎地运用礼，就不能够用奸诈来欺骗他。因此重视礼、施行礼的人，就叫做有道的人；不重视、不施行礼的人，就叫做没有道的人。恭敬谦让的大道，就是祭拜宗庙要用恭敬的态度，依礼进入朝廷要依照尊卑贵贱各就其位，处理好家庭关系就要父子相亲、兄弟和睦，处理好乡里关系就要年长和年少的人都明确自己的身份。孔子说：“安定统治，治理民众，没有比礼更好的方法了。”说的就是这个意思。

故朝觐之礼，所以明君臣之义也；聘问之礼，所以使诸侯相尊敬也；丧祭之礼，所以明臣子之恩也；乡饮酒之礼，所以明长幼之序也；昏姻之礼，所以明男女之别也。夫礼，禁乱之所由生，犹坊止水之所自来也。故以旧坊为无所用而坏之者，必有水败；以旧礼为无所用而去之者，必有乱患。

【译文】所以朝觐的礼节，是用来表明君和臣之间的大义；聘问的礼节，是用来使诸侯互相尊敬；祭丧的礼节，是用来表明臣下和子女的报恩的人情；乡饮酒的礼节，是用来明确长幼之间的秩序；婚姻的礼节，是用来表示男女有别。礼，是用来防止混乱的产生，就像堤防抵御洪水的到来一样。所以如果认为旧的堤防没有什么用，就毁坏了它，一定会有水患；认为礼没有什么用，就抛弃了它，一定有祸乱的忧患。

故昏姻之礼废，则夫妇之道苦，而淫辟之罪多矣。乡饮酒之礼废，则长幼之序失，而争斗之狱繁矣。丧祭之礼废，则臣子之恩薄，而倍死忘生者众矣。聘觐之礼废，则君臣之位失，诸侯之行恶，而倍畔侵陵之败起矣。故礼之教化也微，其止邪也于未形，使人日徙善远罪而不自知也，是以先王隆之也。《易》曰：‘君子慎始，差若豪厘，缪以千里。’此之谓也。

【译文】所以婚姻的礼仪废止，夫妻关系就产生困苦，淫乱邪僻的罪恶就多起来。乡饮酒的礼节废止，长幼之间失去秩序，争斗的案件就频繁起来。祭丧的礼节废止，臣下、子女报恩之情就少了，背叛死者、忘记生者的人就多起来。朝觐和聘问的礼节废止，君臣关系就遭到破坏，诸侯作恶，背叛和相互侵略的祸乱就出现。所以礼对于人们的教化作用是潜移默化的，它在邪恶还没成长起来之前进行阻止，使人一天天向善，远离罪恶，而自己却没有察觉，所以先王都重视礼的教化作用。《易》说："君子开始要慎重，如果差了哪怕毫厘，结果很可能会差别千里。"说的就是这个意思。

孔子闲居

孔子闲居，子夏侍。子夏曰："敢问《诗》云'凯弟君子，民之父母'，何如斯可谓'民之父母'矣？"孔子曰："夫'民之父母'乎，必达于礼乐之原，以致'五至'而行'三无'，以横于天下，四方有败，必先知之。此之谓'民之父母'矣。"

【译文】孔子在家休息，子夏在旁边侍立。子夏问道："请问《诗》上所说的'平易近人的君王，就好比百姓的父母'，怎样做才可以被叫做'百姓的父母'呢？"孔子回答说："说到'百姓的父母'嘛，他必须通晓礼乐的本源，达到'五至'，做到'三无'，并用来普及于天下；不管任何地方出现了灾祸，他一定能够最早知道。做到了这些，才算是百姓的父母啊！"

子夏曰："'民之父母'既得而闻之矣，敢问何谓'五至'？"孔子曰："志之所至，《诗》亦至焉。《诗》之所至，礼亦至焉。礼之所至，乐亦至焉。乐之所至，哀亦至焉。哀乐相生。是故正明目而视之，不可得而见也；倾耳而听之，不可得而闻也；志气塞乎天地。此之谓'五至'。"

【译文】子夏说："什么是'百姓的父母'，学生已经领教了。再请问什么叫做'五至'？"孔子回答说："既有爱民之心至于百姓，就会有爱民的诗歌至于百姓；既有爱民的诗歌至于百姓奋就会有爱民的礼至于百姓；既有爱民的礼至于百姓，就会有爱民的乐至于百姓；既有爱民的乐至于百姓，就会有哀民不幸之心至于百姓。哀与乐是相生相成。这种道理，瞪大眼睛来看，你无法看得到；支楞起耳朵来听，你无法听得到；但君王的这种思想却充塞于天地之间。这就叫做‘五至’。”

子夏曰：“‘五至’既得而闻之矣，敢问何谓‘三无’？”孔子曰：“无声之乐，无体之礼，无服之丧，此之谓‘三无’。”子夏曰：“‘三无’既得略而闻之矣，敢问何诗近之？”孔子曰：“‘夙夜其命宥密’，无声之乐也；‘威仪逮逮，不可选也’，无体之礼也；‘凡民有丧，匍匐救之’，无服之丧也。”

【译文】子夏说：“什么是‘五至’，学生已经明白了。再请问什么叫做‘三无’？”孔子回答说：“没有声音的音乐，没有形式的礼仪，没有丧服的服丧，这就叫做‘三无’。”子夏说：“什么是‘三无’，大体上已经懂了。再请问什么诗最近乎‘三无’的含义？”孔子回答说：“旧夜谋政，志在安邦’，这句诗最近乎没有声音的音乐；‘仪态安详，无可挑剔’，这句诗最近乎没有形式的礼仪；‘看到他人有灾难，千方百计去支援’，这句诗最近乎没有丧服的服丧。”

子夏曰：“言则大矣，美矣，盛矣！言尽于此而已乎？”孔子曰：“何为其然也？君子之服之也，犹有五起焉。”子夏曰：“何如？”孔子曰：“无声之乐，气志不违；无体之礼，威仪迟迟；无服之丧，内恕孔悲。无声之乐，气志既得，无体之礼，威仪翼翼；无服之丧，施及四国。无声之乐，气志既从；无体之礼，上下和同；无服之丧，以畜万邦。无声之乐，日闻四方；无体之礼，日就月将；无服之丧，纯德孔明。无声之乐，气志既起；无体之礼，施及四海；无服之丧，施于孙子。”

【译文】子夏说：“您这番话太伟大了，太美妙了，太有哲理了！是不是话说到这里就算到头了呢？”孔子说：“怎么会呢？君子在实行‘三无’的时候，还有‘五起’呢。”子夏：“‘五起’怎么讲？”孔子说：“第一，没有声音的音乐，百姓不违背国君的心愿；没有形式的礼仪，国君的态度从容不迫；没有丧服的服丧，设身处地地同样非常悲伤。第二，没有声音的音乐，心愿已经满足；没有形式的礼仪，态度恭恭敬敬；没有丧服的服丧，爱心延及四方各国。第三，没有声音的音乐，上下心愿交融；没有形式的礼仪，上下和睦齐同；没有丧服的服丧，使万国之民竞相孝养。第四，没有声音的音乐，四方闻者日益增多；没有形式的礼仪，一天胜似一天，一月强过一月；没有丧服的服丧，使纯粹的道德日益光明。第五，没有声音的音乐，使响应之心纷纷而起；没有形式的礼仪，普及四海；没有丧服的服丧，传及后世子孙。”

子夏曰：“三王之德，参于天地。敢问何如斯可谓参于天地矣？”孔子曰：“奉‘三无私’以劳天下。”子夏曰：“敢问何谓‘三无私’？”孔子曰：“天无私覆，地无私载，日月无私照。奉斯三者以劳天下，此之谓‘三无私’。其在《诗》曰：‘帝命不违，至于汤齐。汤降不迟，圣敬日齐。昭假迟迟，上帝是祗，帝命式于九围。’是汤之德也。天有四时，春秋冬夏，风雨霜露，无非教也。地载神气，神气风霆，风霆流形，庶物露生，无非教也。清明在躬，气志如神。嗜欲将至，有开必先。天降时雨，山川出云。其在《诗》曰：‘嵩高惟岳，峻极于天。惟岳降神，生甫及申。惟申及甫，惟周之翰。四国于蕃，四方于宣。’此文武之德也。三代之王也，必先其令闻。《诗》云：‘明明天子，令闻不已。’三代之德也。‘弛其文德，协此四国。’大王之德也。”子夏蹶然而起，负墙而立，曰：“弟子敢不承乎！”

【译文】子夏问道：“夏禹、商汤、文王的德行，与天地并列而为三。请问怎样才可以称作是与天地并列而为三呢？”孔子答道：“要遵奉‘三无私’的精神，以恩德招揽天下百姓。”子夏接着问道：“什么叫做‘三无私’呢？”孔子答道：“就是像天那样无私地覆盖万物，像地那样无私地承载万物，像日月那样无私地照耀万物。按照这三条来招揽天下百姓，就叫做‘三无私’。这个意思在《诗经》里也有所反映：‘奉行天命不敢违，至于成汤登君位。降下政教不迟缓，聪明谨慎日向上。明德长久照下民，恭恭敬敬事上帝，帝命九州效法汤。’这就是商汤的德行。天有四季，春生夏长，秋收冬藏，既有刮风下雨，也有下露降霜。这些都是天所显示的教化，人君应当奉行以为政教。大地承载着神妙之气，风雷鼓荡，万物萌芽生长。这些都是地所显示的教化，人君应当奉行以为政教。圣人自身的德行极其清明，他的气志微妙如神。在他行将称王天下的时候，神灵有所预知，一定要为他生下贤能的辅佐之臣。就好像天降及时之雨，又好像山川飘出祥云。有《诗》为证：‘五岳居中是嵩山，巍巍高耸入云天。中岳高山降神灵，生下甫侯和申伯。只有甫侯和申伯，才是周朝栋梁臣。诸侯靠他作屏障，宣扬盛德遍四方。这就是文王、武王的德行。夏、商、周三代称王，在其称王之前就已经有了美好的名声。《诗》上说：‘勤勉不倦的天子，美好名声千古传。这就是三代圣王的德行。《诗》上又说：“太王施其文德，团结四方各国。这就是太王的德行。”子夏听到这里，一跃而起，倚墙而立，说：“弟子敢不接受老师的这番教诲吗！”

坊记

子言之：“君子之道，辟则坊与！坊民之所不足者也。大为之坊，民犹踰之，故君子礼以坊德，刑以坊淫，命以坊欲。”

【译文】孔子说："君子的治民之道，打个比方来说，就好像防止河水漫溢堤防吧！它是为了防止百姓出现过失。虽然周密地为之设防，百姓中还是有人犯规。所以君子用礼来防止道德上的过失，用刑来防止邪恶的行为，用教令来防止贪婪的欲望。"

子云："小人贫斯约，富斯骄；约斯盗，骄斯乱。礼者，因人之情而为之节文，以为民坊者也。故圣人之制富贵也，使民富不足以骄，贫不至于约，贵不谦于上，故乱益亡。"

【译文】孔子说："小人贫则穷困，富则骄横；穷困了就会去偷盗，骄横了就会去乱来。所谓礼，就是顺应人的这种情况而为之制定控制的标准，以作为防止百姓越轨的堤防。所以，圣人制定出了一套富贵贫贱的标准，使富起来的百姓不足以骄横，贫下去的百姓不至于穷困，取得一定社会地位的人不至于对上级不满，所以犯上作乱的事就日趋减少。"

子云："君子弛其亲之过，而敬其美。"《论语》曰："三年无改于父之道，可谓孝矣。"《高宗》云："三年其惟不言，言乃欢。"子云："从命不忿，微谏不倦，劳而不怨，可谓孝矣。《诗》云'孝子不匮。'"

【译文】孔子说："君子不把父母的过错记恨在心，但对于父母的美德却要牢记在怀。"《论语》上说："三年不改变父亲生前的主张，可以说是孝子了。"《尚书》上说："高宗守丧三年，一句话都不讲；可是等到守丧期满一开口讲话，就非常受人拥护。"孔子说："听从父母的教导毫不懈怠，含蓄地规劝父母不知疲倦，为父母担忧而毫无怨言，这样的儿子可以称得上孝顺了。《诗经》上说：'孝子对父母的孝心是无穷无尽的。'"

子云："睦于父母之党，可谓孝矣。故君子因睦以合族。《诗》云：'此令兄弟，绰绰有裕。不令兄弟，交相为瘉。'"

【译文】孔子说："能够与父母的亲人也和睦相处，才可以称作孝。所以君子经常招待族人聚餐以加强团结。《诗经》上说：'兄弟关系良好，彼此融洽无间；兄弟关系恶劣，彼此互相指责。'"

子云："于父之执，可以乘其车，不可以衣其衣。君子以广孝也。"子云："小人皆能养其亲，君子不敬，何以辨？"

【译文】孔子说："对于父亲的同志，可以乘他的车子，但不可以穿他的衣服。君子这样作，就是把对父亲的孝道扩展到父亲的同辈。"孔子说："连小人都能够养活他的双亲，作为君子，如果也是只能养活而不知孝敬，那与小人还有什么区别呢！"

子云："父子不同位，以厚敬也。《书》云：'厥辟不辟，忝厥祖。'"

【译文】孔子说："父亲与儿子，不能处在尊卑相同的位置上，以此来强调对父亲的敬重。《尚书》上说：'做国君的不像个做国君的样子，那就是辱没他的先祖。'"

子云："父母在，不称老。言孝不言慈。闺门之内，戏而不叹。君子以此坊民，民犹薄于孝而厚于慈。"

【译文】孔子说："父母健在，做儿子的不敢自称老。平常要多讲究对父母如何孝顺，不要讲究做父母的应该怎样心疼自己。家门之内，只可引逗父母高兴，不可在父母面前哀声叹气。君子用这些礼节来规范百姓，百姓还有讲究孝道的少，企求父母慈爱的多。"

子云："君子不尽利以遗民。《诗》云：'彼有遗秉，此有不敛穧，伊寡妇之利。'故君子仕则不稼，田则不渔，食时不力珍，大夫不坐羊，士不坐犬。《诗》云：'采葑采菲，无以下体。德音莫违，及尔同死。'以此坊民，民犹忘义而争利以亡其身。"

【译文】孔子说："君子不把利益全部占有，要给百姓留下一部分。《诗经》上说：'那里有遗留下来的禾把，这里有撒在地上的禾穗，这是让寡妇们随意拣拾的。'所以君子当官就不种地，田猎就不打鱼，一年四季有啥吃啥，不追求山珍海味，大夫无故不杀羊，士无故不杀狗。《诗经》上说：'采葑又采菲，叶子已摘走，不要连根取。昔日山盟莫相忘，与你生死不分离。'用这种办法来教育百姓，百姓还有因为忘义争利而丧身的。"

子云："夫礼，坊民所淫，章民之别，使民无嫌，以为民纪者也。故男女无媒不交，无币不相见，恐男女之无别也。《诗》云：'伐柯如之何？匪斧不克。取妻如之何？匪媒不得。''艺麻如之何？横从其亩。取妻如之何？必告父母。'"以此坊民，民犹有自献其身。

【译文】孔子说："礼可以用来防止人们的贪淫好色，强调男女之别，使其避免嫌疑，并成为人们遵守的纪律。所以，男女之间没有媒妁就不得交往，不下聘礼不得相见，就是担心男女无别才做出这种规定。《诗经》上说：'砍柴靠什么？没有斧头就办不到。娶妻靠什么？没有媒灼办不成。种麻靠什么？必须整理田亩。娶妻靠什么？必先禀告父母。'"用这种办法来教育人们，人们还有私自结合的。

表记

子曰："仁之难成久矣，惟君子能之。是故君子不以其所能者病人，不以人之所不能者愧人。是故圣人之制行也，不制以己，使民有所劝勉愧耻，以行其言。礼以节之，信以结之，容貌以文之，衣服以移之，朋友以极之，欲民之有一也。《小雅》曰：'不愧于人，不畏于天。'是故君子服其服，则文以君子之容；有其容，则文以君子之辞；遂其辞，则实以君子之德。是故君子耻服其服而无其容，耻有其容而无其辞，耻有其辞而无其德，耻有其德而无其行。是故君子衰、绖则有哀色，端、冕则有敬色，甲胄则有不可辱之色。《诗》云：'惟鹈在梁，不濡其翼。彼记之子，不称其服。'"

【译文】孔子说："施行仁道难有成效已经很久了，只有君子能够施行仁道。所以君子不用自己擅长的方面去苛责别人，不用别人不能做的事来讥笑别人。所以圣人制定行为标准，不按照自己的标准来制定，使一般人能够有所努力，知道惭愧羞耻，以施行圣人的教诲。用礼来节制人，用诚信来团结人，教人修饰面貌来使人文明，教人穿衣服的礼节来改变人的心志，交朋友怎样相处以尽真情：这些都是希望人民一心向善。《小雅》说：'对人能够不感到惭愧，对天也就不感到畏惧。'所以君子穿君子的衣服，就要文饰君子的仪容；有君子的仪容，就要文饰君子的言辞；成就君子的言辞，就要用君子的德性来充实。所以君子耻于穿着君子的服装却没有君子的仪容，耻于有君子的仪容却没有君子的言辞，耻于有君子的言辞却没有君子的德性，耻于有君子的德性却没有君子的行为。所以君子穿上丧服、系上绖带就要有哀伤的仪容，穿着端服、戴着冠冕就要有庄重敬肃的仪容，穿着甲衣、戴着头盔就要有不可侮辱的仪容。《诗》说：'鹈鹕在渔梁上，不沾湿它的双翼。他们那样的人，不和他们的衣服相称。'"

子曰："君子不以辞尽人，故天下有道，则行有枝叶；天下无道，则辞有枝叶。是故君子于有丧者之侧，不能赙焉，则不问其所费；于有病者之侧，不能馈焉，则不问其所欲；有客不能馆，则不问其所舍。故君子之接如水，小人之接如醴；君子淡以成，小人甘以坏。《小雅》曰："盗言孔甘，乱是用餤。"

【译文】孔子说："君子评价一个人，不是仅仅根据他的言辞。所以在天下有道的太平盛世，天下无道的衰乱之世，人们注重实际行动的多，说漂亮话的少；在人们注重说漂亮话的多，付诸实际行动的少。所以君子和有丧事的人在一起，如果无力资助他办丧事，就不要问他办理丧事所需的费用；和有病的人在一起，如果无力馈赠他，就不要问他需要些什么；有客远道来访，如果自家不能留宿，就不要问他在什么地方落脚。所以君子之交，其淡如水；小人之交，其浓如醴。君子之交虽然其淡如水，但能相辅相成；小人之交虽然其甜如醴，但曰久必然败坏。《小雅》上说：'坏人说话非常甜，所以乱子更增添。'"

子曰："君子不以口誉人，则民作忠。故君子问人之寒则衣之，问人之饥则食之，称人之美则爵之。《国风》曰：'心之忧矣，于我归说。，"子曰："口惠而实不至，怨灾及其身。是故君子与其有诺责也，宁有已怨。《国风》曰：'言笑晏晏，信誓旦旦。不思其反。反是不思，亦已焉哉！"，子曰："君子不以色亲人。情疏而貌亲，在小人则穿窬之盗也与？"子曰："情欲信，辞欲巧。"

【译文】孔子说："君子不以华而不实的话恭维人，这样就会在百姓中间形成忠实的风气。所以，君子询间人家是否寒冷，就要送衣服给人家穿；询问人家是否饥饿，就要送食物给人家吃；称赞人家的优点，就要给人家加官进爵。《国风》上说：'心忧他人无所倚，同我一道回家去休息。"，孔子说："嘴上已经许给人家的好处，就是不兑现，这样就会给自己带来怨恨或灾祸。所以，君子与其对人负有承诺的责任，还不如承受拒绝承诺的埋怨。《国风》上说：'从前你言笑多温柔，既是发誓又赌咒。现在你又变了心，海誓山盟全忘完，从此一刀就两断！'，孔子说："君子不用虚假的表情去讨好别人。如果感情疏远而外表上看起来非常亲密，拿小人来作比方，不就是钻墙洞的小偷吗！"孔子说："内心要诚信，旨辞要巧妙。"

缁衣

子曰："夫民教之以德，齐之以礼，则民有格心；教之以政，齐之以刑，则民有遁心。故君民者，子以爱之，则民亲之；信以结之，则民不倍；恭以涖之，则民有孙心。《甫刑》曰：'苗民匪用命，制以刑，惟作五虐之刑曰法。'是以民有恶德，而遂绝其世也。"

【译文】孔子说："对于百姓，如果用道德教育他们，用礼法约束他们，那么百姓就会有向善之心；如果用政令教育他们，用刑罚约束他们，那么百姓就会有逃避之心。所以，作为领导百姓的国君，应当像爱护子女一样爱护百姓，百姓就会亲近他；用诚信去团结百姓，百姓就不会背叛；用恭敬的态度去对待百姓，百姓就会产生顺从之心。《甫刑》上说：'苗族百姓不听从蚩尤的命令，于是蚩尤就用刑罚制裁他们，制定了五种残暴的刑罚叫做"法"。'于是百姓不讲道德，起而背叛，最终遭到了民族的灭亡。"

子曰："下之事上也，不从其所令，从其所行。上好是物，下必有甚者矣。故上之所好恶，不可不慎也，是民之表也。"

【译文】孔子说，"臣下事奉君长，不是听从君长所下的命令，而是遵从君长的实际行动。君长喜欢某样东西，臣下必定有超过他的。所以，君长喜欢什么、讨厌什么，不可不格外慎重，因为臣下是把君长的行为作为表率的。"

子曰："王言如丝，其出如纶。王言如纶，其出如綍。故大人不倡游言。可言也，不可行，君子弗言也。可行也，不可言，君子弗行也。则民言不危行，而行不危言矣。《诗》云：'淑慎尔止，不諐于仪。"

【译文】孔子说："君王所说的话本来只有丝那般细，可辗转传到百姓耳里，就变成了有缓带那般粗；君主所说的话本来只有缓带那般细，可辗转传到百姓耳里，就变成了有绳索那般粗。所以君长不能讲华而不实的话。能够说到，但不能做到，君子就不说。能够做到，但不可告人，君子就不做。这样一来，老百姓就会言不违背其行，行不违背其言。《诗经》上说：'谨慎行事且得体，不要超过了礼仪。"

子曰："君子道人以言，而禁人以行，故言必虑其所终，而行必稽其所蔽，则民谨于言而慎于行。《诗》云：'慎尔出话，敬尔威仪。'《大雅》曰：'穆穆文王，于缉熙敬止！'"

【译文】孔子说："君子用言行引导人们行善，用言行禁止人们作恶，所以讲话一定要考虑它的后果，做事一定要考察它会带来什么弊端，这样一来，老百姓就说话谨慎做事小心了。《诗经》上说：'说话开口要谨慎，行为举止要端正。'《大雅》上说：'端重恭敬的文王啊，盛德光明而又举止谨慎！'"

子曰："长民者衣服不贰，从容有常，以齐其民，则民德壹。《诗》云：'彼都人士，狐裘黄黄。其容不改，出言有章。行归于周，万民所望。”

【译文】孔子说：“做百姓君长的人，衣服固定不变，举止有一定之规，以此为百姓树立榜样，那么百姓的道德才会齐一。《诗经》上说：‘那位来自西都镐京的君子，狐皮袍子罩黄衫，他的仪容不改常规，他的讲话出口成章。他行将回归西都，深为万民仰望。”

子曰；“小人溺于水，君子溺于口，大人溺于民，皆在其所亵也。夫水近于人而溺人，德易狎而难亲也，易以溺人。口费而烦，易出难悔，易以溺人。夫民闭于人而有鄙心，可敬不可慢，易以溺人。故君子不可以不慎也。”《太甲》曰：“毋越厥命，以自覆也。若虞机张，往省括于厥度，则释。”《兑命》曰：“惟口起羞；惟甲胄起兵，惟衣裳在笥，惟干戈省厥躬。”《太甲》曰：“天作孽，可违也。自作孽，不可以逭。”尹吉曰：“惟尹躬先见于西邑，夏自周有终，相亦惟终。”

【译文】孔子说：“小人喜欢玩水，就容易被水淹死；君子喜欢议论，就容易祸从口出；执政者喜欢玩弄百姓，就容易被百姓推翻。原因都在于对接近最多的东西态度轻慢。水与人们那么接近，而人却往往被水淹死，就是因为水看起来柔和容易接近而实际上却是难于亲近的，所以容易淹死人。好说漂亮话，又好絮絮叨叨，说出去容易，后悔药难吃，所以嘴也容易招致祸害。老百姓不懂道理，心怀鄙诈，对他们可以恭敬而不可以怠慢，否则就容易招来灭顶之祸。所以君子不可以不十分小心。《太甲》上说：“不要颠三倒四地乱下政令，以自取灭亡，就像打猎的人，扣住扳机，仔细察看，等到箭头、箭尾、目标三者成一条直线，再发射。”《说命》上说：“嘴是用来说话的，如果出言不当就会带来羞辱；盔甲是用以自卫的、如果用的不当就会引起战争；放在箱子里的礼服，是准备行礼时穿的，不可随便送人；干戈是用来讨伐坏人的，但在使用之前要反躬自省，不要加害无辜。”《太甲》上说：“上天降下的灾祸，还可以攘避；自己造成的灾祸，无法躲开。”伊尹告诫太甲说：“我伊尹的先祖曾见到过夏代西邑的政治，夏禹以忠信治民而得享天命，辅佐他的人也因此而得享天命。”

三年问

三年之丧，何也？曰：称情而立文，因以饰群，别亲疏贵贱之节，而弗可损益也。故曰：无易之道也。创巨者其日久，痛甚者其愈迟。三年者，称情而立文，所以为至痛极也。斩衰苴杖，居倚庐，食粥，寝苫枕块，所以为至痛饰也。三年之丧，二十五月而毕，哀痛未尽，思慕未忘，然而服以是断之者，岂不送死有已、复生有节也哉？

【译文】守丧三年是根据什么来制定的呢？回答是：这是根据内心哀痛程度而制定的与之相称的礼文，藉此来表明亲属的关系，区别亲疏贵贱的界限，因而是不可随意增减的。所以说，这是不可改变的原则。创伤深重，复原的日子就长；悲痛得厉害，平复的时间就慢。守丧三年的规定，就是根据内心哀痛程度而制定的与之相称的礼文，用来表示无以复加的悲痛。身穿斩衰，手持苴杖，住在倚庐，进食稀粥，睡在草苫上，用土块当枕头，凡此种种，都是为了表示无限的悲痛。三年的守丧期限，实际上二十五个月就结束了。虽然孝子的哀痛还没有结束，对父母的思念仍然存在，可是守丧的期限却到此为止，这是因为对死者的怀念总得有个停止、对于活着的人也总得恢复正常生活吧？

凡生天地之间者，有血气之属，必有知。有知之属，莫不知爱其类。今是大鸟兽，则失丧其群匹，越月逾时焉，则必反巡；过其故乡，翔回焉，鸣号焉，蹢躅焉，踟蹰焉，然后乃能去之。小者至于燕雀，犹有啁噍之顷焉，然后乃能去之。故有血气之属者，莫知于人；故人于其亲也，至死不穷。将由夫患邪淫之人与？则彼朝死而夕忘之，然而从之，则是曾鸟兽之不若也，夫焉能相与群居而不乱乎？将由夫修饰之君子与？则三年之丧，二十五月而毕，若驷之过隙，然而遂之，则是无穷也。故先王焉为之立中制节，壹使足以成文理，则释之矣。

【译文】天地之间的一切生物，只要是高等的动物，必定都有感情。凡是有感情的动物，没有不知道爱护自己同类的。就说大的鸟兽吧，如果丧失了自己的同伴，过了一月，过了一季，还要拐回来巡视；经过过去居住的巢穴时，必定要盘旋，要号叫，要徘徊良久，然后才依依不舍地离开。即使像燕子、麻雀一类的小鸟，在这种情况下，也要叽叽喳喳地哀鸣一阵，然后才依依不舍地离开。在所有的高等动物之中，没有比人更富于感情的了。所以，人对于死去的双亲，至死也不会忘怀。如果由着那些愚蠢无知或者放荡无羁者的意思去办，他们就会早上死了父母，晚上就会忘掉。如果对他们放任不管，那岂不成了连鸟兽也不如了，还怎么能够让大家过集体生活而不发生混乱呢？如果由着那些讲究礼仪的君子的意思去办，则三年的丧服，二十五个月就宣告结束，就像弹指一挥之间那样地迅速。如果成全他们的心愿，那将是哀痛永远没有结束之日。所以先王为贤人与小人制定了一个折中的礼节，使大家都感到合情合理，然后除去丧服。

然则何以至期也？曰：至亲以期断。是何也？曰：天地则已易矣，四时则已变矣，其在天地之中者莫不更始焉，以是象之也。

【译文】那么丧期为一年的丧服是根据什么制定的呢？回答是：为某些至亲而不至尊的亲属服丧满一年就应除服。这是什么道理呢？回答是：一年之中，天地已经运行了一周，四季已经循环了一遍，天地之间，万象无不更新，所以制定出一年的丧服来效法它。

然则何以三年也？曰：加隆焉尔也，焉使倍之，故再期也。由九月以下，何也？曰：焉使弗及也。

【译文】那么为什么有的丧期是三年呢？回答是：这是为了更加隆重其事，于是使丧期延长一倍，所以要过两个周年才除去丧服。那么丧期是九月以下的又是何道理呢？因为有的亲属赶不上至亲那么亲，于是丧期也就达不到一年。

故三年以为隆，缌、小功以为杀。期九月以为间。上取象于天，下取法于地，中取则于人，'人之所以群居和壹之理尽矣。故三年之丧，人道之至文者也。夫是之谓至隆，是百王之所同，古今之所壹也，未有知其所由来者也。孔子曰："子生三年，然后免于父母之怀。夫三年之丧，天下之达丧也。"

【译文】所以五服之中，斩衰三年是最为隆重的丧服，缌麻三月和小功五月是最轻的丧服，齐衰一周年和大功九月是二者之间的丧服。这种规定，上则取法于天，下则取法于地，中间则取法于人情，人们之所以能够集体生活而又和谐一致的道理都表现出来了。所以三年之丧，是人情味十足的一种礼仪。这种最为隆重的礼仪，是历代天子所共同遵循的，是古往今来无人违背的，也不知道究竟已经实行了多么长的时间了。孔子说："孩子生下三年以后才能离开父母的怀抱，所以，父母去世，孩子为之服丧三年，这也是普天之下通行的丧礼。"

儒行

鲁哀公问于孔子曰："夫子之服，其儒服与？"孔子对曰："丘少居鲁，衣逢掖之衣。长居宋，冠章甫之冠。丘闻之也：君子之学也博，其服也乡。丘不知儒服。"哀公曰："敢问儒行。”孔子对曰：“遽数之，不能终其物；悉数之乃留，更仆未可终也。”

【译文】鲁哀公向孔子问道：“先生的衣服，大概是儒者特有的衣服吧？”孔子回答说：“我小时候住在鲁国，就穿鲁国的逢掖之衣；长大了住在宋国，就戴殷代的章甫之冠。我听人们说：君子对自己的要求是，学问要广博，衣服则入乡随俗，不求与众不同。我不知道天底下还有什么儒服。”哀公又问道：“请问儒者的行为有哪些特点呢？”孔子答道：“仓促地列举，短时间难以说完。全部说完要费很长时间，恐怕值班的仆人到了换班时间也未必说完。”

哀公命席。孔子侍，曰：“儒有席上之珍以待聘，夙夜强学以待问，怀忠信以待举，力行以待取：其自立有如此者。

【译文】哀公于是命人给孔子设席。孔子陪侍哀公坐着，说：“儒者的德行就像筵席上的珍宝，等待着诸侯的聘用；早起晚睡地努力学习，等待着别人的询问；心怀忠信，等待着别人的举荐；身体力行，等待着别人的录取。儒者的修身自立有如此者。

儒有衣冠中动作慎；其大让如慢，小让如伪，大则如威，小则如愧；其难进而易退也，粥粥若无能也。其容貌有如此者。

【译文】“儒者的衣冠和寻常人一样，做事非常谨慎；在大事情上谦让，让人觉得有傲慢之感；在小事情上谦让，让人觉得有做作之感；在处理大问题时，战战兢兢，如履薄冰；在处理小问题时，毫不马虎，好像心中有愧冲让他们去争取点什么有点难办”让他们放弃点什么倒比较容易，自卑谦让地像是无能之辈。儒者的容貌有如此者。

“儒有居处齐难，其坐起恭敬，言必先信，行必中正，道途不争险易之利，冬夏不争阴阳之和；爱其死以有待也，养其身以有为也。其备豫有如此者。

【译文】“儒者的日常生活相当严肃，其一起一坐都恭恭敬敬，说话一定要讲究信用，做事一定要讲究公正。在路上不因路的好走难走这等小事就和别人争吵，冬天不和别人争有太阳的地方，夏天不和别人争有凉荫的地方。这样做的目的，是为了爱惜生命以等待时机，养精畜锐以备有所作为。儒者的瞻前顾后有如此者。

“儒有不宝金玉，而忠信以为宝；不祈土地，立义以为土地；不祈多积，多文以为富；难得而易禄也，易禄而难畜也。非时不见，不亦难得乎！非义不合，不亦难畜乎！先劳而后禄，不亦易禄乎！其近人有如此者。

【译文】“在儒者的心目中，金玉并不值得宝贵，. 忠信才值得宝贵。他们不祈求土地，树立起道义就是他们的土地；他们不祈求多有积蓄，多掌握知识就是他们的财富。请他们出来做官很困难，因为他们不在乎高官厚禄；因为他们不在乎高官厚最，就是请出来也难长期留住。不是可以有所作为的时候，就隐居不仕，这难道不是很难请出一来做官吗；即令出仕，如果国君不尊重他的正确意见，他就辞职不干，这难道不是很难长期留住吗！他们先说工作而后说傣禄，这难道不是并不在乎傣禄吗！儒者的待人接物有如此者。

“儒有委之以货财，淹之以乐好，见利不亏其义；劫之以众，沮之以兵，见死不更其守；鷙虫攫搏，不程勇者；引重鼎不程其力；往者不悔，来者不豫；过言不再，流言不极；不断其威，不习其谋。其特立有如此者。

【译文】“有些儒者，即令把许多金银财宝赠送给他，即令用声色犬马去引诱他，他也不会见利而忘义。即令用人数众多来威协他，用武器来恐吓他，他宁愿去死也不会改变节操。和邪恶势力作斗争，他也不估量一下自己的本领；领受艰巨的任务，他也不估量一下自己的能耐：只要认准了就坚决去做。认准了的事，做过了从不后悔，尚未做的也不考虑那么许多。说错了的话就不再说，对于流言蜚语也不去穷究。时刻保持威严，拿定主意的事说干就干，绝不优柔寡断。儒者做事的与众不同有如此者。

“儒有可亲而不可劫也，可近而不可迫也，可杀而不可辱也。其居处不淫，其饮食不溽，其过失可微辨而不可面数也。其刚毅有如此者。

【译文】“儒者可以亲密而不可以威协，可以亲近而不可以强迫，杀头而不可以羞辱。儒者的住处不讲究豪华，儒者的饮食不讲究丰厚，儒者的过失可以委婉地批评而不可以当面责备。儒者的刚毅有如此者。

“儒有忠信以为甲胄，礼义以为干橹；戴仁而行，抱义而处，虽有暴政，不更其所。其自立有如此者。

【译文】“儒者把忠信当做申胃，把礼义当做盾牌，都时时刻刻谨守着仁义。即使受到暴政的迫害，也不改变自己的操守。儒者在操守上的自立有如此者。

“儒有一亩之宫，环堵之室，筚门圭窬，蓬户瓮墉；易衣而出，并日而食；上答之，不敢以疑；上不答，不敢以谄。其仕有如此者。

【译文】“尽管儒者的居住条件很差：宅院只有十步见方，住室四面的墙只有一堵高，在墙上打个圭形小洞就当做进进出出的门，门是用荆条和竹枝编织而成，有的门则是用蓬草编成，把破瓮嵌在墙上就当做窗户。全家只有一套比较体面的衣服，谁出门谁穿。为了节约，两天只吃一天的粮食。受到上边的赏识重用，不敢怀疑自己的能力不足；受不到上边的赏识重用，也不敢馅媚以求进。儒者的做官态度有如此者。

儒有今人与居，古人与稽，今世行之，后世以为楷；适弗逢世，上弗援，下弗推，谗谄之民有比党而危之者；身可危也，而志不可夺也；虽危，起居竟信其志，犹将不忘百姓之病也。其忧思有如此者。

【译文】儒者虽同现代人生活在一起，却能上考古代君子的言行；在现代社会的行为，能成为后世的楷模；正巧生不逢时，上面的人不取用他，下面的人不推举他，谗佞谄媚的人结伙陷害他，他却身可遭害，而志操不可动摇；虽处危境，举动行事终究要伸展自己的志向，仍将不忘百姓的疾苦：儒者的忧国思民之心就是像这样的。

儒有博学而不穷，笃行而不倦，幽居而不淫，上通而不困；礼之以和为贵，忠信之美，优游之法；举贤而容众，毁方而瓦合。其宽裕有如此者。

【译文】儒者虽然已经博学，但仍然学习不止；虽然操行淳厚，但仍然力行不怠。隐居独处时不作坏事，飞黄腾达时力行正道。礼的运用，以和为贵。以忠信为美德，效法和柔。既能推举贤人君子，又能容纳凡夫俗子；既有原则性，又有灵活性。儒者的胸襟宽阔有如此者。

儒有内称不辟亲，外举不辟怨；程功积事，推贤而进达之，不望其报；君得其志，苟利国家，不求富贵。其举贤援能有如此者。

【译文】有这样的儒者，他在向朝廷推举贤能时，只考虑被推举者有无真才实学，而不管他是否是自己的亲属，还是自己的仇人。在充分考虑到被推举者的业绩和才能以后，才向朝廷举荐并使之得到任用，但这并不是为了得到对方的回报。只要国君能因此而得遂其志，只要能为国家造福，自己并不希望得到什么赏赐。儒者的推举贤能有如此者。

“儒有闻善以相告也，见善以相示也，爵位相先也，患难相死也，久相待也，远相致也。其任举有如此者。

【译文】“有这样的一种儒者，他在对待朋友的问题上，听到了有益的话便要告诉他，见到了有益的事便要指给他。爵位有了空缺，首先考虑到朋友；灾祸临头，首先考虑自己献身。朋友长期不得志，自己就不单独出来做官；如果朋友是在远方的他国不得志，自己也要设法把他招来一同出仕。儒者的对待朋友有如此者。

“儒有澡身而浴德，陈言而伏，静而正之，上弗知也，粗而翘之，又不急为也；不临深而为高，不加少而为多；世治不轻，世乱不沮；同弗与，异弗非也。其特立独行有如此者。

【译文】“有这样的一种儒者，他洁身自好，重视道德修养。陈述己言，伏听君命，安静地悟守臣道。如果国君对自己的善言未加重视，就在适当的时候委婉地加以提醒，但又不可操之过急。不在地位较低的人面前自高自大，不在功劳较少的人面前自夸功高。遇到盛世，不自惭形秽；遇到乱世，也不放弃信念。对观点相同的人不随便吹捧，对观点不同的人不妄加非议。儒者品德的不同一般有如此者。

“儒有上不臣天子，下不事诸侯；慎静而尚宽，强毅以与人，博学以知服；近文章，砥砺廉隅；虽分国，如锱铢，不臣不仕。其规为有如此者。

【译文】“有这样一种儒者，他上不臣事天子，下不事奉诸侯；性情慎静而崇尚宽大，性格强毅而能从善如流，学问渊博而能服膺胜于己者。多读圣贤之书，以磨练自己的品行气节。即令是要把整个国家分给他，在他看来也不过是芝麻般的小事而不为动心，不会因此就出来称臣做官。儒者的行为方正有如此者。

“儒有合志同方，营道同术；并立则乐，相下不厌；久不相见，闻流言不信；其行本方立义，同而进，不同而退。其交友有如此者。

【译文】“有这样一种儒者，和朋友志同道合，作学问的路子也一样；彼此皆有成就则皆大欢喜，彼此有了差距也互不嫌弃；彼此久不相见，如果听到了有关对方的流言蜚语，也绝不相信。友谊的基础建立在方正上、道义上，合乎这一点就是朋友，违背这一点就敬而远之。儒者的交友有如此者。

“温良者，仁之本也。敬慎者，仁之地也。宽裕者，仁之作也。孙接者，仁之能也。礼节者，仁之貌也。言谈者，仁之文也。歌乐者，仁之和也。分散者，仁之施也。儒皆兼此而有之，犹且不敢言仁也。其尊让有如此者。

【译文】“温厚善良是仁的根本，恭敬谨慎是仁的落脚点，胸襟广阔是仁的发扬，谦逊待人是仁的能力，礼节是仁的外表，言谈是仁的文采，唱歌跳舞是仁的和谐，有福同享是仁的施行。儒者具备了上述的种种美德，尚且不敢说自己合乎仁。儒者的重视谦让有如此者。

“儒有不陨获于贫贱，不充诎于富贵，不慁君王，不累长上，不闵有司，故曰儒。今众人之命儒也妄，常以儒相垢病。”

【译文】“儒者不因贫贱而困顿失志，不因富贵而骄奢失节，不因为国君的侮辱、卿大夫的掣肘、官员们的刁难而改变节操，所以才叫做‘儒’。现在很多人自命为儒但却有名无实，所以才往往被作为笑料来讲。”

孔子至舍，哀公馆之，闻此言也，言加信，行加义。终没吾世，不敢以儒为戏。

【译文】孔子从国外返回鲁国，鲁哀公在公馆里接见了他，听了孔子的这一席话，对儒者的话更加相信，对儒者的行为更加看重，并且说，我这一辈子，再也不敢和儒者开玩笑了。

冠义

凡人之所以为人者，礼义也。礼义之始，在于正容体，齐颜色，顺辞令。容体正，颜色齐，辞令顺，而后礼义备。以正君臣、亲父子、和长幼。君臣正，父子亲，长幼和，而后礼义立。故冠而后服备，服备而后容体正、颜色齐、辞令顺。故曰：冠者礼之始也。是故古者圣王重冠。

【译文】人之所以成其为人，在于有礼义。礼义从哪里做起呢？应从举止得体、态度端庄、言谈恭顺作起。举止得体，态度端庄，言谈恭顺，然后礼义才算完备。以此来使君臣各安其位、父子相亲、长幼和睦。君臣各安其位，父子相亲，长幼和睦，然后礼义才算确立。所以说，只有行过冠礼以后才算服装齐备，服装齐备以后才能做到举止得体、态度端庄、言谈恭顺。所以说，冠礼是礼的开始。所以古时候的圣王很重视冠礼。

古者冠礼：筮日、筮宾，所以敬冠事；敬冠事所以重礼，重礼所以为国本也。故冠于阼，以著代也。醮于客位，三加弥尊，加有成也。已冠而字之，成人之道也。见于母，母拜之，见于兄弟，兄弟拜之，成人而与为礼也。玄冠玄端，奠挚于君，遂以挚见于乡大夫、乡先生，以成人见也，成人之者，将责成人礼焉也。责成人礼焉者，将责为人子、为人弟、为人臣、为人少者之礼行焉。将责四者之行于人，其礼可不重与！

【译文】古人在举行冠礼时，要先通过占签选定吉曰、通过占筮选择一位可以为子弟加冠的宾，以此来表示对加冠之事的重视。对加冠之事的重视也就体现了对礼的重视，对礼的重视体现了礼是治国的根本。在昨阶上为嫡子加冠，这表示嫡子是未来的继承人。在客位对冠者行醮礼，这表示他已受到了成人的尊重。三次加冠，一次比一次加的冠尊贵，这是要启发冠者立志向上。行过冠礼以后，对冠者要称字而不称名，这因为他已经是个成年人了。加冠以后去拜见母亲，母亲答拜；去见兄弟，兄弟对他再拜：这都是因为他已是成人而与之施礼。戴上淄布冠，穿上玄端服，拿着礼品去拜见国君，把礼品放在地上，表示不敢直接授受；接着又拿着礼品去拜见乡大夫和乡先生，都是以成人的身份前去拜见。既然是成人的身份，那就要以成人的礼数来要求他。所谓以成人的礼数来要求他，也就是将要要求他做一个合格的儿子，做一个合格的弟弟，做一个合格的臣子，做一个合格的后辈。将要要求他具备这四个方面的德行，冠礼能不重要吗！

故孝弟忠顺之行立，而后可以为人。可以为人，而后可以治人也。故圣主重礼。故曰：冠者礼之始也，嘉事之重者也。是故古者重冠，重冠故行之于庙。行之于庙者，所以尊重事。尊重事，而不敢擅重事。不敢擅重事，所以自卑而尊先祖也。

【译文】一个人做到，了对父母孝顺，对兄长友爱，对国君忠诚，对长辈顺从，然后才能被称为真正的人。能被称为真正的人，然后才可以治理别人。所以圣王很重视礼。所以说，冠礼是成人之礼的开始，是嘉礼当中重要的一项。所以古人很重视冠礼。因为重视冠礼，所以冠礼要在宗庙之丙进行。在宗庙之内进行，是表示郑重其事。由于郑重其事，所以不敢擅自处理此事。因为不敢擅自处理此事，所以要在宗庙之内进行，表示自卑，表示对先祖的尊重。

昏义

昏礼者，将合二姓之好，上以事宗庙，而下以继后世也，故君子重之。是以昏礼纳采、问名、纳吉、纳征、请期，皆主人筵几于庙，而拜迎于门外，入，揖让而升，听命于庙，所以敬慎重正昏礼也。

【译文】婚礼，这是一种将要结合两性之好、对上关系到祭祀宗庙、对下关系到传宗接代的重任，所以君子很重视它。所以，在婚礼的纳采、问名、纳吉、纳征、请期这五个步骤中，每逢男方的使者到来时，女方家长都是在庙里铺设筵几·，然后拜迎使者于门外。进入庙门，宾主揖让升阶登堂，在庙堂上听使者传达男方家长的意见。之所以这样做，就是为了表示对婚礼的敬慎和郑重其事。

父亲醮子而命之迎，男先于女也。子承命以迎，主人筵几于庙而拜迎于门外。婿执雁入，揖让升堂，再拜奠雁，盖亲受之于父母也。降出，御妇车，而婿授绥，御轮三周，先俟于门外。妇至，婿揖妇以入。共牢而食，合卺而酳，所以合体、同尊卑，以亲之也。

【译文】父亲亲自向儿子敬酒而命其迎亲，这表示男方处于主导地位。儿子奉命前去迎娶，女方的父母在庙里铺筵设几，然后到庙门外拜迎女婿。婿执雁进入庙门，宾主揖让升阶登堂，婿行再拜稽首之礼，把雁放在地上，这表示是从新妇父母手里领回了新妇。然后妇随婿下堂出门。婿亲自驾驶妇所乘坐之车，又将挽以登车的这都是有意表示亲爱的举动。婿为妇驾车，待车轮再由仆人代婿驾驶。婿乘己车前导，在自家的大门妇后给圈递三，索动绳转外等候。妇到达，婿向妇作揖，请她一同进门。进入婿之寝室，婿与妇共食同一俎中的牲肉，又各执一瓢以饮酒，这表示夫妇一体，不分尊卑，希望他们相亲相爱。

敬慎重正而后亲之，礼之大体，而所以成男女之别，而立夫妇之义也。男女有别，而后夫妇有义；夫妇有义，而后父子有亲；父子有亲，而后君臣有正。故曰：昏礼者，礼之本也。夫礼，始于冠，本于婚，重于丧祭，和于乡射，此礼之大体也。（以上小戴礼记）

【译文】通过敬慎郑重其事的婚礼而后夫妇相亲，这是婚礼的基本原则，也从而确定了男女之别，建立起夫倡妇随的夫妇关系。正因为男女有别，所以才会有夫倡妇随的夫妇关系；正因为有夫倡妇、随的夫妇关系，所以才会有父子相亲；正因为有父子相亲，所以君臣才能各正其位。所以说，婚礼是各种礼的根本。说起礼的实行，要从男子加冠开始，把成婚当作根本，最重在于丧葬祭祀，讲究与乡里和睦相处，这些就是礼的大体情况。

曾子立孝

曾子曰："君子立孝，其忠之用，礼之贵。故为人子而不能孝其父者，不敢言人父不畜其子者；为人弟而不能承其兄者，不敢言人兄不能顺其弟者；为人臣而不能事其君者，不敢言人君不能使其臣者也。故与父言，言畜子；与子言，言孝父；与兄言，言顺弟；与弟言，言承兄；与君言，言使臣；与臣言，言事君。君子之孝也，忠爱以敬；反是，乱也。尽力而有礼，庄敬而安之；微谏不倦，听从而不怠，欢欣忠信，咎故不生，可谓孝矣。尽力无礼，则小人也；致敬而不忠，则不入也。是故礼以将其力，敬以入其忠；饮食移味，居处温愉，着心于此，济其志也。子曰：'可人也，吾任其过；不可人也，吾辞其罪'诗云：'有子七人，莫慰母心。'子之辞也。'夙兴夜寐，无忝尔所生。'言不自舍也。不耻其亲，君子之孝也。是故未有君，而忠臣可知者，孝子之谓也；未有长，而顺下可知者，弟弟之谓也；未有治，而能仕可知者，先修之谓也。故曰：孝子善事君，弟弟善事长，君子一孝一弟，可谓知终矣。"

【译文】曾子说："君子确立孝道，就要内心忠诚，重视行为规范。"所以作为人子而不能孝敬父亲，就不能说他的父亲不养育他；作为弟弟而不能敬爱兄长，就不能说兄长不顺应弟弟；作为人臣而不能侍奉君王，就不能说君王不能使用臣子。因此和父亲说话，就说养育儿子的事；和儿子说话，就说孝敬父亲的事；和兄长说话，就说爱护弟弟的事；和弟弟说话，就说敬爱兄长的事；和君王说话，就说使用臣子的事；和臣子说话，就说侍奉君王的事。君子实行孝道，就要以恭敬的态度忠诚、亲爱父母，违背这些就会出乱。尽心竭力，合乎礼节，庄严恭敬，使父母放心。委婉地劝谏而不感到疲倦；父母听从了，侍奉他们仍不懈怠，欢乐高兴，忠实诚信，才不会发生过错，这样可以说是做到孝了。尽心竭力却不合礼节，就是小人。恭敬却不诚恳，就只是表面功夫。因而礼节是帮助他的力量，恭敬要建立在诚恳之上，不断地更换父母饮食的口味，是父母居住的欢愉，将心思放在这些上面，实现自己的愿望。孔子说："内心的话，即使错了我也担当；不是真实想法，我就责备自己。《诗经》说：'有儿子七个，却不能安慰母亲的心。'这是儿子自责的话。又说：'早起晚睡，辛勤劳作，不愧对父母所生'，这是说不放松自己。"不使亲人感到耻辱，这是君子的孝啊！因此说还没有君王就知道如何做忠臣，这说的是孝子；没有兄长却知道顺应谦下，这说的是能做到敬爱兄长的弟弟；没有治理国家就知道如何可以出仕，这说的是那些修身的人。因此说，孝子懂得如何侍奉君王，敬爱兄长的弟弟知道如何侍奉长辈。孝子做到孝和悌，可以说是知道根本啊！

曾子大孝（节录）

曾子曰：“孝有三：大孝尊亲，其次不辱，其下能养。”

公明仪问于曾子曰：“夫子可谓孝乎？”曾子曰：“是何言与？是何言与？君子之所谓孝者，先意承志，谕父母于道。参直养者也，安能为孝乎？身者，亲之遗体也。行亲之遗体，敢不敬乎？故居处不庄，非孝也；事君不忠，非孝也；莅官不敬，非友也；朋友不信，非孝也；战陈无勇，非孝也。五者不遂，灾及乎身，敢不敬乎？故烹熟鲜香，尝而进之，非孝也，养也。君子之所谓孝者，国人皆称愿焉，曰：‘幸哉！有子如此！’所谓孝也。民之本教曰孝，其行之曰养。养，可能也；敬，为难。敬，可能也；安，为难。安，可能也；久，为难。久，可能也；卒，为难。父母既殁，慎行其身，不遗父母恶名，可谓能终也。

孝有三：大孝不匮，中孝用劳，小孝用力。博施备物，可谓不匮矣。尊仁安义，可谓用劳矣。慈爱忘劳，可谓用力矣。

父母爱之，喜而不忘；父母恶之，惧而无怨；父母有过，谏而不逆；父母既殁，以哀，祀之加之；如此，谓礼终矣。”

乐正子春，下堂而伤其足，伤瘳，数月不出，犹有忧色。门弟子问曰：“夫子伤足，瘳矣，数月不出，犹有忧色，何也？”乐正子春曰：“善！如尔之问也。吾闻之曾子，曾子闻诸夫子曰：‘天之所生，地之所养，人为大矣。父母全而生之，子全而归之，可谓孝矣；不亏其体，可谓全矣。故君子顷步之不敢忘也。’今予忘夫孝之道矣，予是以有忧色。故君子一举足不敢忘父母，一出言不敢忘父母。一举足不敢忘父母，故道而不径，舟而不游，不敢以先父母之遗体行殆也。一出言不敢忘父母，是故恶言不出于口，忿言不及于己，然后不辱其身，不忧其亲，则可谓孝矣。草木以时伐焉，禽兽以时杀焉。夫子曰：‘伐一木，杀一兽，不以其时，非孝也。’

【译文】曾子说：“孝体现在三个重要方面，大孝是使父母尊荣，其次是不给父母带来耻辱，最低的是能够奉养父母。”

公明仪问曾子：“你可以说做到孝了吗？”曾子回答道：“这是什么话呢？这是什么话呢？君子所谓的孝道，就是能够事先了解父母的意愿，用道理来了解父母，我只是能够做到奉养父母，怎能称为孝呢？自身是父母留给的，用父母所留的身体行事，怎敢不恭敬呢？因而行为不庄重，就不是孝；侍奉君王不忠诚，就不是孝；任官而不恭敬，就不是孝；对朋友不诚信，就不是孝；作战不勇敢，就不是孝；者五方面做不到，灾难就会降临，那么怎敢不恭敬呢？煮熟鲜美的食物，自己尝后再给父母，就不是孝，只是养。君子所以为的孝，国人都会称赞他，说道：‘有这样的儿子，太幸运了’，这才是所谓的孝。百姓根本的教化就是孝，实行它就是养。养是可以做到的，但是做到恭敬就难了；做到恭敬是可能的，但做到使父母安心就难了；做到使父母安心是可能的，但能长久坚持就难了；长久坚持或是可能的，但自始至终就难了。父母去世后，行事谨慎，不为父母留下坏名声，才可以说是能做到善始善终。”

孝有三种，大孝是不会穷尽的，中孝是用事功，小孝是用力气。广泛施与，兼具万物，就是不会穷尽；尊信仁德，安于道义，就是事功；敬爱父母，忘掉辛苦，就是用气力。

父母喜欢，自己高兴而不忘记；父母厌恶，自己不安而不怨恨；父母有过错，劝谏而不违背；父母去世后，以哀伤来悼念，增加祭品，这就是孝能做到善始善终。”

乐正子春下台阶的时候伤到了脚，伤好以后数月不出门，还有担忧的表情。门下弟子问道：“你脚上的伤已经好了，数月不出门，脸上还有忧愁的表情，为什么？”乐正子春说：“你问的很好！我听曾子说他从孔子那里听说过，天地所生养的以人为最大。父母完整得生下来，儿子就要完整得归还，这才可以说是孝。不损坏自己的身体，这就是保全父母所生，因此君子时刻都不敢忘记。现在我忘记了孝道，因而才有担忧的表情。所以君子一言一行都不敢忘记父母。举手投足之间不忘记父母，才可走大道而不走小路，坐船而不是游泳，不敢用父母给自己的身体性危险的路。开口说话不忘记父母，因而坏话就不会说出，气恼的话就不会惹身，这样就不会使自己受到侮辱，使父母不去担忧，这可以说是孝啊。草木按照时令砍伐，禽兽按照时令捕杀。孔子说：‘不按时令砍伐一棵树，捕杀一只禽兽就不是孝。’”

曾子制言上

曾子曰：“夫行也者，行礼之谓也。夫礼，贵者敬焉，老者孝焉，幼者慈焉，少者友焉，贱者惠焉。此礼也，行之则行也，立之则义也。今之所谓行者，犯其上，危其下，衡道而强立之，天下无道，故若天下有道，则有司之所求也。

故君子不贵兴道之士，而贵有耻之士也；若由富贵兴道者与？贫贱，吾恐其或失也；若由贫贱兴道者与？富贵，吾恐其嬴骄也。夫有耻之士，富而不以道则耻之，贫而不以道则耻之。

弟子！无曰不我知也，鄙夫鄙妇相会于廧阴，可谓密矣，明日则或扬其言矣；故士执仁与义而不闻行之，未笃故也，胡为其莫之闻也。杀六畜不当，及亲，吾信之矣；使民不时，失国，吾信之矣。

蓬生麻中，不扶自直，白沙在泥，与之皆黑；是故人之相与也，譬如舟车然，相济达也，己先则援之，彼先则推之；是故，人非人不济，马非马不走，土非土不高，水非水不流。

君子之为弟也，行则为人负，无席则寝其趾，使之为夫人则否。近世无贾，在田无野，行无据旅，苟若此，则夫杖可因笃焉。

富以苟，不如贫以誉；生以辱，不如死以荣。辱可避，避之而已矣；及其不可避也，君子视死若归。父母之雠，不与同生；兄弟之雠，不与聚国，朋友之雠，不与聚乡，族人之雠，不与聚邻；良贾深藏如虚，君子有盛教如无。”

弟子问于曾子曰：“夫士，何如则可以为达矣？”曾子曰：“不能则学，疑则问，欲行则比贤，虽有险道，循行达矣。今之弟子，病下人不知事贤，耻不知而又不问，欲作则其知不足，是以惑暗，惑暗，终其世而已矣，是谓穷民也。”

曾子门弟子或将之晋，曰：“吾无知焉。”曾子曰：“何必然，往矣！有知焉，谓之友；无知焉，谓之主。且夫君子执仁立志，先行后言，千里之外，皆为兄弟，苟是之不为，则虽汝亲，庸孰能亲汝乎？”

【译文】曾子说：“所谓德行，是实行那些行为规范的意思。所谓行为规范，对身份尊贵的人要恭敬，对老年人要孝养，对小孩子要慈爱，对年轻人要友善，对贫贱的人要施舍。这些行为规范，自身的履行就是德行，树立起来就是做事的标准。如今所说的德行，是冒犯官员，危害下面的百姓，违背正道而矫强自负；天下无道，故意的说天下有道，这样就是官吏们所要抓捕的对象了。

所以君子不看重那些有所求而来求正道的士人，却看重无所求的士人。若从富裕的环境中有所求而来的人，一旦身处贫贱，我怕他会不能自守而失志；若由贫贱的环境中有所而求来的人，一旦身处在富贵，我怕他会有太多的傲气。至于无所求的士人，致富不经正路就以为耻辱，处贫不经正路也认为耻辱。

“学生们！不要说没人知道我，须知那鄙陋的男子和妇女幽会于阴暗的墙角，可说很隐秘了，却在第二天就有人传出他们幽会的事；所以士人固守着仁义的道理而明显的去实行，只是有心不够深啊，那会没有人知道呢！在不应杀六畜的时候，他残忍的性格就会连累到他的父母，这因果关系我相信，派人民劳役而不分时节，终会失掉国民的拥戴，这因果关系我也相信。

散乱的蓬草长在笔直的麻中，不需夹扶自然竖直生长；洁白的沙子倒在污泥中，都变成黑色。所以人们相互之间的交往和影响，好象船和车一样，互相照顾着渡水和到达目的地；自己在前就帮助那些在后的，他们在前我就加以追赶；因此，人们不相切磋就不能有所成就，马不相竞争就不能快速奔走，土不累积就不能成为高山，水不相汇就不能成为长流。

君子尊敬长者，和长者同行就替他们担负重物，自己没有席子，就坐卧在长者伸脚的席末，叫他对年轻人，就不这样了；若是市场附近没有商人的客舍，田间也没有农舍，路上又没有可住的旅店，若真有这个困境，那么扶杖的老人，就会被服侍的周到了。

用不正当的方法获得富足的，不如贫穷而有美名；处在耻辱的环境中偷生的，不如死去而得光荣。耻辱如果能避，就避开罢了，要是到了不可避免的时候，君子把走向死亡看得像回家一般。父母的仇人，不和他一起活在世上；兄弟的仇人，不和他共住一国；朋友的仇人，不和他同居一乡；族人的仇人，不和他同住一邻。精于买卖的商人往往藏起财货好像一无所有；有德才的君子虽然有了丰厚的教化，却谦虚得像没有德才一样。”

学生问曾子：“士如何才可行事通达呢？”曾子说：“不会的要学习，怀疑的就要提问，行事要亲近贤人，虽然遇到危险的路，依着贤人走，就通畅无阻了。现在的年轻人，以谦虚下人为优，不知道侍奉贤人，既以没有知识为耻而又不提问，要有所作为，智慧又不够，因此的迷惑不明了，即迷惑不明，也就庸庸碌碌过一生罢了，这就是没有希望的人了。”

曾子的学生，将往晋国，临行时说：“那边我没有相知的人！”曾子说：“何必一定要有相知的人，去吧！有相知的人，就认为他们是朋友；没有相知的人，就称他们是待客的主人吧！何况君子本着仁道，立定志向，先身体力行，后发表言辞，千里之外的人，都会受到感染而亲如兄弟；假如这方面不加以追求，那么虽然是你的亲人，又有谁能真正亲近你呢？”

曾子疾病

曾子疾病，曾元抑首，曾华抱足。曾子曰：“微乎！吾无夫颜氏之言，吾何以语汝哉！然而君子之务，尽有之矣；夫华繁而实寡者天也，言多而行寡者人也；鹰�以山为卑，而曾巢其上，鱼、鳖、鼋、鼍以渊为浅，而蹶穴其中，卒其所以得之者，饵也；是故君子苟无以利害义，则辱何由至哉？

亲戚不悦，不敢外交；近者不亲，不敢求远；小者不审，不敢言大；故人之生也，百岁之中，有疾病焉，有老幼焉，故君子思其不可复者而先施焉。亲戚既殁，虽欲孝，谁谓孝？年既耆艾，虽欲弟，谁为弟？故孝有不及，弟有不时，其此之谓与？

言不远身，言之主也；行不远身，行之本也；言有主，行有本，谓之有闻矣。君子尊其所闻，则高明矣；行其所闻，则广大矣，高明广大，不在于他，在加之志而已矣。

与君子游，苾乎如入兰芷之室，久而不闻，则与之化矣；与小人游，贷乎如入鲍鱼之次，久而不闻，则与之化矣；是故，君子慎其所去就。

与君子游，如长日加益，而不自知也；与小人游，如履薄冰，每履而下，几何而不陷乎哉？吾不见好学盛而不衰者矣，吾不见好教如食疾子者矣，吾不见日省而月考之其友者矣！吾不见孜孜而与来而改者矣！”

【译文】曾子的病逝加重，他的儿子曾元扶着他的头，曾华抱着他的脚，曾子说；“不要动我了！我如不引用颜回的话，我能告诉你们什么呢！君子应做的事，全部包括在这些话里了；开花繁盛而结果寥寥的，是天生的现象；言论多而做事少的，是人为的现象。鹰和隼认为山还是太低，而把巢加在山颠的树上；鱼、鳖、鼋、鼍认为潭水还是太浅，而在水底另挖洞穴；最后它们还是被人抓到，那是因为贪吃那饵啊！因此，君子真能够不贪利而不害义，那么耻辱会从那里来呢？

不获得父母的欢心，就不敢在外头结交朋友；不得到周围人的亲爱，就不敢去亲近远方的人；小事还不熟知，不敢谈大事；所以人生在世，百年当中，有小病、大病，也有老年、幼年，所以君子想透那些不能再反悔的事，而应先及时实行；父母已过世，虽然想孝顺，谁给你孝顺？自己一到五十岁或六十岁，虽然想尊敬长辈，你尊敬谁呢？所以说孝顺有来不及的，敬长有不得其时的，就是这样吧！

说话不离开自己所知的事，是谈话的重心；所行不离开自身该做的事，是德行的根本；言论有重心，德行有根本，可说从贤人那里接受到善言。君子崇尚他所听到的善言，其品格就会崇高而光明，若是实行他所听到的善言，其功业就会博大而深刻；要品德高明、功业广大，不在别的途径，只在立起志向罢了。和君子交游，就如走入放置香草的室中，芳草浓郁，时间长了就闻不到香味，那么嗅觉就被香草同化了；和小人交游，就像走进鲍鱼的市场，腥臭四溢，时间长了就闻不到臭味，那么嗅觉就被臭鱼同化了；因此，君子应对于离开或交结朋友是很谨慎的。

和君子交游，如东至以后白天越来越长，而自己不觉得；和小人交游，好像在薄冰上走路，每踏一步冰层便下沉一点，那会不掉到水面的呢？我没看到过好学而不怠惰下去的人！我没看到过喜欢教学生像养护生病的孩子那么勤慎的人！我没看到过天天自省而每月就正于朋友的人！我没看到过勤于奖许来学而肯改过的人！

武王践阼

武王践阼三日，召士大夫而问焉，曰："恶有藏之约、行之行，万世可以为子孙常者乎？"诸大夫对曰："未得闻也！"然后召师尚父而问焉，曰："黄帝颛顼之道存乎？意亦忽不可得见与？"师尚父曰："在丹书，王欲闻之，则齐矣！"

三日王端冕，师尚父亦端冕奉书而入，负屏而立，王下堂，南面而立，师尚父曰："先王之道不北面！"王行西折而南，东面而立，师尚父西面道书之言曰："敬胜怠者吉，怠胜敬者灭，义胜欲者从，欲胜义者凶，凡事，不强则枉，弗敬则不正，枉者灭废，敬者万世。藏之约、行之行、可以为子孙常者，此言之谓也！且臣闻之，以仁得之，以仁守之，其量百世；以不仁得之，以仁守之，其量十世；以不仁得之，以不仁守之，必及其世。"

王闻书之言，惕若恐惧，退而为戒书，于席之四端为铭焉，于机为铭焉，于鑑为铭焉，于盥盘为铭焉，于楹为铭焉，于杖为铭焉，于带为铭焉，于履屦为铭焉，于觞豆为铭焉，于户为铭焉，于牖为铭焉，于剑为铭焉，于弓为铭焉，于矛为铭焉。

席前左端之铭曰："安乐必敬"；前右端之铭曰："无行可悔"；后左端之铭曰："一反一侧，亦不可以忘"；后右端之铭曰："所监不远，视迩所代"。机之铭曰："皇皇惟敬，口生诟，口戕口。"鑑之铭曰："见尔前，虑尔后。"盥盘之铭曰："与其溺于人也，宁溺于渊，溺于渊犹可游也，溺于人不可救也。"楹之铭曰："毋曰胡残，其祸将然，毋曰胡害，其祸将大。毋曰胡伤，其祸将长。"杖之铭曰："恶乎危？于忿疐。恶乎失道？于嗜欲。恶乎相忘？于富贵。"带之铭曰："火灭修容，慎戒必恭，恭则寿。"履屦之铭曰："慎之劳，劳则富"；觞豆之铭曰："食自杖，食自杖！戒之憍，憍则逃。"户之铭曰："夫名，难得而易失：无懃弗志，而曰我知之乎？无懃弗及，而曰我杖之乎？扰阻以泥之，若风将至，必先摇摇，虽有圣人，不能为谋也。"牖之铭曰："随天之时，地之财，敬祀皇天，敬以先时。"剑之铭曰："带之以为服，动必行德，行德则兴，倍德则崩。"弓之铭曰："屈伸之义，废兴之行，无忘自过。"矛之铭曰："造矛造矛！少闲弗忍，终身之羞。""予一人所闻，以戒后世子孙。"

【译文】周武王即位三天后，召集士大夫问道："哪里有内涵简约，可以顺利实现，永久成为子孙后世的行为的准则？”各位大夫都说没有听到过。然后召见师尚父而问道：“黄帝、颛顼所行之道还保存着吗，还是看不到了？”师尚父说：“还保存在古代的丹书中。你要想知道，就要斋戒三日。”

武王穿着玄衣，戴着大冠，师尚父也穿着玄衣，戴着大冠，捧着丹书而入，对着屏风站着，武王坐下堂，面南站立，师尚父说：“先王的大道，不可以面向北方宣读。”武王就走到西边，转身到南边，面东而立，师尚父就面向西方宣读丹书中的遗言：“恭敬胜于怠慢就吉利，怠慢胜过恭敬的就毁灭，道义胜过欲望的就顺利，欲望胜过道义的就有灾难。凡是做事，不努力就会行为偏邪，不恭敬就不正。行为偏邪就会灭亡，做事恭敬就会传至万世。内涵简约，可以顺利实行称为后世子孙法度的就是这些话。况且我听说，用仁德得天下，用仁德治理天下，帝位就会传至百代。不用仁德得天下，而用仁德治理天下，帝位可传十代。不用仁德得天下，也不用仁德治理天下，那灾难就会殃及自己。”

武王听到丹书上的话，感到警惕和恐惧，退朝之后就写了警戒书，在席子的四角、几案、镜子、脸盆、柱子、手杖、带子、鞋子、酒杯、门户、窗子、剑、弓、矛上都刻下了铭文。

席子前面左方的铭文说：“安乐的时候不忘恭敬”，右方的铭文说：“不要做后悔的事”，后面左方的铭文说：“转身之间，也不能忘记那些话，”后面右方的铭文说：“以引为戒的不远，看看你所取代的殷朝！”几案的铭文说：“只有恭敬是盛大的啊！骂别人也会遭别人骂，以口害人，别人也会这样。”镜子的铭文说：“看到前面的，考虑后面的。”脸盆上的铭文说：“与其沉陷别人所作灾难中，不如沉陷在深水中。沉陷水中还可以游泳，沉陷别人的所作的灾难中就不能自救了。”柱子上的铭文说：“不要说有什么伤害，那么祸害就会像火那样燃起来，不要说有什么伤害，那么祸患就会扩大开来。”手杖上的铭文说：“在哪里有危险呢？在愤恨中；在哪里会丧失道义呢？在贪欲中。在哪里会忘记呢？在富贵中。”带子上的铭文说：“欲望会毁灭容貌，自戒一定要恭敬，恭敬就会长寿。”鞋子上的铭文说：“谨慎得劳作，劳作就会富裕。”酒杯上的铭文说：“饮食后自杖而出！饮食后自杖而出！禁戒骄纵，骄纵人民就会离去。”门户上的铭文说道：“名声难以获得而容易丧失，不努力就记不住，怎敢说我都知道呢？不努力就难以成事，怎能说我担当得起呢？匠人必先涂好门户以挡风，若风来了，必定先摇动，即使有圣人，也没有办法。”窗子上的铭文说：“顺应天时，利用地财，恭敬得祭祀上天，事先要心存恭敬。”剑上的铭文说：“佩戴它作为装饰，行为要有德化。实行德化，就会昌盛，违背德化，就会崩溃。”弓上的铭文说：“懂得屈伸、兴废的道理，不忘监督自己啊！”矛上的铭文说：“制造矛时，一时忍不住怒气，就会终身受辱。”这些铭文是我一个人知道的，我用它来警戒后世子孙。

本 命（节录）

分于道，谓之命；形于一，谓之性，化于阴阳，象形而发，谓之生；化穷数尽，谓之死。故命者，性之终也。则必有终矣。

人生而不具者五：目无见、不能食、不能行、不能言、不能化。三月而彻眴，然后能有见；八月生齿，然后食；期而生膑，然后能行；三年嘻合，然后能言；十有六情通，然后能化，阴穷反阳，阳穷反阴。辰故阴以阳化；阳以阴变。故男以八月而生齿，八岁而毁齿，一阴一阳然后成道；二八十六，然后情通，然后其施行，女七月生齿，七岁而毁；二七十四然后其化成。合于三也，小节也。中古男三十而娶，女二十而嫁，合于五也，中节也。太古男五十而室，女三十而嫁，备于三五，合于八八也。八者维纲也，天地以发明，故圣人以合阴阳之数也。

男者，任也；子者，孳也；男子者，言任天地之道，如长万物之义也。故谓之"丈夫"。丈者，长也；夫者，扶也；言长万物也。知可为者，知不可为者；知可言者，知不可言者；知可行者，知不可行者。是故，审伦而明其别，谓之知，所以正夫德者。

女者，如也，子者，孳也；女子者，言如男子之教而长其义理者也。故谓之妇人。妇人，伏于人也。是故无专制之义，有三从之道：在家从父，适人从夫，夫死从子，无所敢自遂也。教令不出闺门，事在馈食之闲而已矣，是故女及日乎闺门之内，不百里而奔丧，事无独为，行无独成之道。参知道而后动，可验而后言，宵行以烛，宫事必量，六畜蕃于宫中，谓之信也，所以正妇德也。

女有五不取；逆家子不取，乱家子不取，世有刑人不取，世有恶疾不取，丧妇长子不取。逆家子者，为其逆德也；乱家子者，为其弃于天也；丧妇长子者，为其无所受命也。

妇有七去：不顺父母去，无子去，淫去，妒去，有恶疾去，多言去，窃盗去。不顺父母去，为其逆德也；无子，为其绝世也；淫，为其乱族也；妒，为其乱家也；有恶疾，为其不可与共粢盛也；口多言，为其离亲也；盗窃，为其反义也。

妇有三不去：有所取无所归，不去；与更三年丧，不去；前贫贱后富贵，不去。

【译文】分有大道就是命，形成确定的形式就是性，阴阳变化，形成具体形象就是生，变化停止生命枯竭就是死。因而说命是性的原始，有始就有终。人刚生下来，五种能力不具备：眼睛看不见，不会吃，不会行走，不会说话，不会生育。三个月后，眼睛明亮而会转动，然后才能看见；八个月后长出牙齿，然后才会吃；一岁后，膝骨发育好，才会走路；三岁后，头骨长结实，然后才会说话；十六以后发育成熟，才会生育。

阴到极点就转化为阳，阳到极点就转化成阴。因而阴遇到阳，阳遇到阴就会变化。因而男子八个月就会长出牙齿，八岁就会换牙齿，一阴一阳相互作用，这就是道。十六以后发育成熟，就会生育能力。女子七个月长出牙齿，七岁时换牙齿。十四岁时，就会有生育能力。男女能够生育的年龄加起来，正好三十，这是最小的限度。中古的时候，男子三十娶妻，女子二十嫁人，年龄加起来正好五十，这是中等限度。远古时期。男子五十成家，女子三十出嫁，都有三和五有关，年龄相加正好八十。八就表示的是四维四纲，这是天地所明示的，因而圣人就用它和阴阳相结合。

男是担当的意思，子是孳生的意思。男子，就是要担当天下之道，助行万物生长的意思，因此叫做“丈夫”。“丈”是长的意思，“夫”是扶助的意思，也就是扶助万物生长的意思。知道可以做的，知道不可以做的，知道可以说的，知道不可以说的，知道可以施行的，知道不可以施行的，因此审视人伦，知道夫妇的区别，这就是知。这是丈夫的德行啊！

女是如的意思，子是孳生的意思。女子，就是说同男子一样，教育她从而增长道理，因而称为妇人。妇人，就是依靠人，因此没有专断的道理，而要遵守三从之道，即在家里听从父亲，嫁人以后听从丈夫，丈夫死后听从儿子，不敢自作主张，命令只在家庭之中，做事限于饮食之类。因此整日处在内室之中，不奔丧到百里之外，行事不要一个人，成事也不会是一个人。考虑清楚后才做，确信无疑后再说，晚上走路一定要点蜡烛，分内之事一定要安排好，使六畜繁殖，这称为信，这是妇人的德行。

女子有五种情况不迎娶：忤逆尊长的女子不娶，败乱家庭的女子不娶，先人犯罪的女子不娶，先人有恶疾的不娶，早年死了母亲而后长大的女子不娶。忤逆尊长的女子不娶，是由于违背了孝道；败乱家庭的女子不娶，是由于为天地不容；早年死了母亲而后长大的女子不娶，是由于没有受到教养。

有七种情况就要和女子离异：不孝顺父母就离异，不能生育的就离异，淫乱的就离异，有嫉妒心就离异，有恶疾的就离异，喜欢闲言碎语的就离异，有盗窃的就离异。不孝顺父母就离异，是由于违背了道德；不能生育的就离异，是由于绝后；淫乱扰乱血统；有嫉妒心就败坏家庭，有恶疾的就离异是由于不能一起祭祀；喜欢闲言碎语的就离异，是由于这样会离间亲人；有盗窃的就离异是由于不合法。

妇人有三种情况不能找借口离异：娶来后，娘家已经没有亲人的，不能离异；守过公婆三年之丧的不能离异；先前同吃苦而后富贵的不能离异。

以上《大戴礼记》

春秋左氏传

《春秋》，本鲁史记之名，孔子删定之，自隐公元年至哀公十四年，凡十二公，二百四十二年，后世编年史之所本也。传《春秋》者，有公羊、穀梁、左氏三家，经与传合，其文互异，所传事实，亦微有不同，故后儒依传说经，经不离传而立。左氏名邱明，为鲁太史，与孔子同时。孔子尝称之，见《论语》。其传《春秋》也，不斤斤于论断，所述事迹，皆本诸国史，文辞灿烂。虽时有浮夸近污者，然自周室东迁，七雄以前，二三百年间，列国之盛衰，贤哲之言行，惟此传记载，至为详尽，不独说经者必以是书为根据，即考论春秋时之人物学说，亦当视之若渔猎之资山海焉。

【译文】《春秋》，原本是鲁国史书的名称，经孔子删定后而成书。它记载了自鲁隐公元年到鲁哀公十四年，共十二公、二百四十二年的历史，是后世编年体史书的源头。给《春秋》作传的，有公羊、穀梁、左氏三家，经文与传文相合，文字则不相同，它们所记载的事件，也有一些小的差别。后世儒者根据传文来解说经文，经文与传文互不分离。《左氏传》作者为左丘明，他是鲁国的史官，和孔子是同一时期的人。孔子曾经称许过他，这在《论语》中有记载。他给《春秋》作传，不拘泥于细小的论断，所记述的各国实事，都是依据历史，文辞华美，虽然有时也有浮夸不实的记载，但是从周室东迁以后到战国七雄以前的三百余年间，各国的盛衰、先哲的言行，只有此书记载的最为详尽，不仅解说经文以此为依据，即使考察春秋时期的人物、学说都视此为根据。

郑庄公克段于鄢（鲁隐公元年）

初，郑武公娶于申，曰武姜。生庄公及共叔段。庄公寤生，惊姜氏，故名曰“寤生”，遂恶之。爱共叔段，欲立之，亟请于武公，公弗许。及庄公即位，为之请制。公曰：“制，岩邑也，虢叔死焉，他邑唯命。”请京，使居之，谓之“京城大叔”。

祭仲曰：“都，城过百雉，国之害也。先王之制：大都，不过参国之一；中，五之一；小，九之一。今京不度，非制也，君将不堪。”公曰：“姜氏欲之，焉辟害？”对曰：“姜氏何厌之有？不如早为之所，无使滋蔓。蔓，难图也”。蔓草犹不可除，况君之宠弟乎？”公曰：“多行不义，必自毙，子姑待之。”

【译文】当初，郑武公娶了申国国君的女儿为妻，叫做武姜；生下了庄公和公叔段。庄公倒生下来，使姜氏受了惊吓所以取名叫“寤生”，武姜因此讨厌庄公。武姜喜爱共叔段，想立他为太子多次向武公请求，武公都没有答应。等到庄公当上了郑国国君，武姜为共叔段请求把制作为他的封邑。庄公说：“制是个险要的城邑，从前虢叔就死在那里，如果要别的地方，我都答应。”武姜又为共叔段请求京邑，庄公就让共叔段住在那里，称他为“京城太叔”。

祭仲说：“都城超过了三百丈，就会成为国家的祸害。按先王的规定，大的都城面积不能超过国都的三分之一。中等的不超过五分之一，小的不超过九分之一。现在京邑的大小不合法度，违反了先王的制度，这会使您受不了。”庄公回答说：“姜氏要这么做我怎能避开这祸害呢？”祭仲说道：“姜氏有什么可满足呢？不如早些处置共叔段，不让他的势力蔓延。如果蔓延开来，就难对付了。蔓延开的野草都除不掉，更何况是您受宠的兄弟呢？”庄公说：“干多了不仁义的事情，必定会自取灭亡，您暂且等着看吧。”

既而太叔命西鄙、北鄙贰于己。公子吕曰：“国不堪贰，君将若之何？欲与太叔，臣请事之；若弗与，则请除之，无生民心。”公曰：“无庸，将自及。”大叔又收贰以为己邑，至于廪延。子封曰：“可矣。厚将得众。”公曰：“不义不昵，厚将崩。”

太叔完聚，缮甲兵，具卒乘，将袭郑。夫人将启之。公闻其期，曰：“可矣！”命子封帅车二百乘以伐京。京叛大叔段。段入于鄢。公伐诸鄢。五月辛丑，太叔出奔共。书曰：“郑伯克段于鄢。”段不弟，故不言弟；如二君，故曰克；称郑伯，讥失教也：谓之郑志。不言出奔，难之也。

【译文】不久之后，太叔命令西边和北边的边邑也同时归他管辖。公子吕说：“一个国家不能容纳两个君王，您打算怎么办？如果您想把国家交给太叔，就请允许我去事奉他；如果不给，就请除掉他，不要使百姓产生二心。”庄公说：“用不着，他会自食其果。”太叔又把双方共管的边邑收归自己，一直把邑地扩大到了廪延。公子吕说：“可以动手了。他占多了地方就会得到百姓拥护。”庄公说：“做事不仁义就不会有人亲近，地方再大也会崩溃。”

太叔修造城地，聚集百姓，修整铠甲和武器。准备好了步兵和战车，将要偷袭郑国国都。武姜打算为他打开城门作内应。庄公得知了太叔偷袭的日期，说：“可以动手了！”于是，他命令公子吕率领二百辆战车去攻打京邑。京邑百姓背叛了共叔段，共叔段逃到了鄢地，庄公又攻打鄢。五月二十三日，共叔段逃奔去了共国。《春秋》记载道："郑伯克段于鄢。"共叔段不遵守做弟弟的本分，所以不说他是庄公的弟弟；兄弟俩如同两个国君一样，所以用"克"字；称庄公为"郑伯"，是讥讽他对弟弟失教；赶走共叔段是出于郑庄公的本意，便不写共叔段自动出奔，这么处理含有责难郑庄公的意思。

遂寘姜氏于郑颍，而誓之曰："不及黄泉，无相见也。"既而悔之。颍考叔为颍谷封人，闻之，有献于公。公赐之食。食舍肉。公问之，对曰："小人有母，皆尝小人之食矣，未尝君之羹。请以遗之。"公曰："尔有母遗，繄我独无！"颍考叔曰："敢问何谓也？"公语之故，且告之悔。对曰："君何患焉？若阙地及泉，遂而相见，其谁曰不然？"公从之。公入而赋："大隧之中，其乐也融融！"姜出而赋："大隧之外，其乐也泄泄！"遂为母子如初。

君子曰："颍考叔，纯孝也。爱其母，施及庄公。《诗》曰：'孝子不匮，永锡尔类。'其是之谓乎？"

【译文】于是庄公把武姜安置到城颖，并向她发誓说："不到地下黄泉，永远不再见面。"事后，他又后悔这么说。

考叔当时是颍谷管理疆界的官员，他听说了这件事，就送了些礼物给庄公。庄公请他吃饭，他却把肉放在一旁不吃。庄公问他为什么，颍考叔回答说："我家中有母亲，我的饭食她都吃过，就是从未吃过君王的肉羹，允许我拿去送给她。"庄公说："你有母亲可以送东西给她，唯独我没有！"颍考叔说："我冒昧问一下这话是什么意思？"庄公把事情的缘由告诉了他，并说自己很后悔。颍考叔说："君王何必担忧呢？如果掘地见水，打成地道去见面，谁能说这不是黄泉相见？"庄公听从了颍考叔的话，照着做了。庄公进入地道，赋诗说："地道当中，心中快乐融和！"武姜走出地道，赋诗说；"隧道之外，心中快乐舒畅！"于是。母子关系又与从前一样了。

君子说："颍考叔真是个孝子。爱自己的母亲，还影响了郑庄公。《诗·大雅·既醉》说：'孝子德行无穷尽，永久能分给同类。'大概说的就是这样的事吧！"

卫石碏杀州吁及子厚（隐公三年四年）

卫庄公娶于齐东宫得臣之妹，曰庄姜，美而无子，卫人所为赋《硕人》也。又娶于陈，曰厉妫，生孝伯，早死。其娣戴妫生桓公，庄姜以为己子。

公子州吁，嬖人之子也，有宠而好兵，公弗禁。庄姜恶之。

石碏谏曰："臣闻爱子，教之以义方，弗纳于邪。骄、奢、淫、泆，所自邪也。四者之来，宠禄过也。将立州吁，乃定之矣。若犹未也，阶之为祸。夫宠而不骄，骄而能降，降而不憾，憾而能眕者，鲜矣。且夫贱妨贵，少陵长，远间亲，新间旧，小加大，淫破义，所谓六逆也。君义，臣行，父慈，子孝，兄爱，弟敬，所谓六顺也。去顺效逆，所以速祸也。君人者，将祸是务去，而速之，无乃不可乎。"弗听。

其子厚与州吁游，禁之，不可。桓公立，乃老。

【译文】卫庄公娶了齐国太子得臣的妹妹为妻，名叫庄姜。庄姜长得很美，但没有生孩子，卫国人给她作了一首诗叫《硕人》。后来卫庄公又娶了一个陈国女子，名叫厉妫。厉妫生下孝伯，孝伯早死。厉妫随嫁的妹妹戴妫生了卫桓公。庄姜把桓公当作自己的儿子对待。

公子州吁是庄公宠妾的儿子，受到庄公宠爱，喜好武事，庄公不加禁止。庄姜则讨厌州吁。大夫石碏劝庄公说："我听说疼爱孩子应当用正道去教导他，不能使他走上邪路。骄横、奢侈、淫乱、放纵是导致邪恶的原因。这四种恶习的产生，是给他的宠爱和俸禄过了头。如果想立州吁为太子，就确定下来。如果定不下来，就会酿成祸乱。受宠而不骄横，骄横而能安于下位，地位在下而不怨恨，怨恨而能克制的人，是很少的。况且低贱妨害高贵，年轻欺凌年长，疏远离间亲近，新人离间旧人，弱小压迫强大，淫乱破坏道义，这是六件背离道理的事。国君仁义，臣下恭行，为父慈爱，为子孝顺，为兄爱护，为弟恭敬，这是六件顺理的事。背离顺理的事而效法违理的事，这就是很快会招致祸害的原因。作为统治民众的君主，应当尽力除掉祸害，而现在却加速祸害的到来，这大概是不行的吧？"卫庄公不听劝告。

石碏的儿子石厚与州吁交往，石碏禁止，但禁止不住。到卫桓公当国君时，石碏就告老退休了。

四年春，卫州吁弑桓公而立。

宋殇公之即位也，公子冯出奔郑，郑人欲纳之。及卫州吁立，将修先君之怨于郑，而求宠于诸侯，以和其民，使告于宋曰："君若伐郑以除君害，君为主，敝邑以赋与陈、蔡从，则卫国之愿也。"宋人许之。

于是，陈、蔡方睦于卫，故宋公、陈侯、蔡人、卫人伐郑，围其东门，五日而还。

公问于众仲曰："卫州吁其成乎？"对曰："臣闻以德和民，不闻以乱。以乱，犹治丝而棼之也。夫州吁，阻兵而安忍。阻兵无众，安忍无亲，众叛亲离，难以济矣。夫兵犹火也，弗戢，将自焚也。夫州吁弑其君而虐用其民，于是乎不务令德，而欲以乱成，必不免矣。"

【译文】四年春季，卫国的州吁杀了卫桓公而自立为国君。

当宋殇公即位的时候，公子冯逃到了郑国。郑国人想送他回国。等到州吁立为国君，准备向郑国报复前代国君结下的怨恨，以此对诸侯讨好，安定国内人心。他派人告诉宋国说："君王如果进攻郑国，除去君王的祸害，以君王为主，敝邑出兵出物，和陈、蔡两国一道作为属军，这就是卫国的愿望。"宋国答应了。这时候陈国、蔡国正和卫国友好，所以宋殇公、陈桓公、蔡国人、卫国人联合进攻郑国，包围了国都的东门，五天以后才回去。

鲁隐公向众仲询问说："卫国的州吁能成功吗？"

众仲回答说："我只听说用德行安定百姓，没有听说用祸乱的。用祸乱，如同要理出乱丝的头绪，反而弄得更加纷乱。州吁这个人，仗恃武力而安于残忍。仗恃武力就没有群众，安于残忍就没有亲附的人。大家背叛，亲近离开，难以成功。军事，就像火一样，不去制止，将会焚烧自己。州吁杀了他的国君，又暴虐百姓，不致力于建立美德，反而想通过祸乱来取得成功，就一定不能免于祸患了。"

州吁未能和其民，厚问定君于石子。

石子曰："王觐为可。"曰："何以得觐？"曰。"陈桓公方有宠于王。陈、卫方睦，若朝陈使请，必可得也。"

厚从州吁如陈。石蜡使告于陈曰："卫国褊小，老夫耄矣，无能为也。此二人者，实弑寡君，敢即图之。"陈人执之，而请涖于卫。九月，卫人使右宰丑涖杀州吁于濮。石腊使其宰獳羊肩涖杀石厚于陈。

君子曰："石腊，纯臣也。恶州吁而厚与焉。'大义灭亲'，其是之谓乎！"

【译文】州吁无法安定卫国的民心，于是石厚便向石碏请教安定君位的方法。石碏说："能朝见周天子，君位就能安定了。"石厚问："怎么才能朝见周天子呢？"石蜡答道："陈桓公现在正受周天子宠信，陈国和卫国的关系又和睦，如果去朝见陈桓公，求他向周天子请命，就一定能办到。"

石厚跟随州吁去到陈国。石碏派人告诉陈国说；"卫国地方狭小，我年纪老迈，没有什么作为了。来的那两个人正是杀害我们国君的凶手，敢请趁机设法处置他们。"陈国人将州吁和石厚抓住，并到卫国请人来处置。这年九月，卫国派遣右宰丑前去，在濮地杀了州吁。石碏又派自己的家臣孺羊肩前去，在陈国杀了石厚。

君子说："石碏真是一位纯粹正直的巨子。他痛恨州吁，把石厚也一起杀了。'大义灭亲'，大概就是说的这种事情吧！"

鲁臧哀伯谏纳郜鼎（桓公二年）

夏，四月，取郜大鼎于宋。戊申，纳于大庙，非礼也。

臧哀伯谏曰："君人者，将昭德塞违，以临照百官，犹惧或失之，故昭令德以示子孙。是以清庙茅屋，大路越席，大羹不致，粢食不凿，昭其俭也。衮、冕、黻、珽，带、裳、幅、舄，衡、紞、纮、綖，昭其度也。藻率、鞞、鞛，鞶、厉、游、缨，昭其数也。火、龙、黼、黻，昭其文也。五色比象，昭其物也。钖、鸾、和、铃，昭其声也。三辰旂旗，昭其明也。夫德，俭而有度，登降有数，文物以纪之，声明以发之，以临照百官，百官于是乎戒惧而不敢易纪律。今灭德立违，而寘其赂器于大庙，以明示百官。百官象之，其又何诛焉？国家之败，由官邪也。官之失德，宠赂章也。郜鼎在庙，章孰甚焉！武王克商，迁九鼎于雒邑，义士犹或非之，而况将昭违乱之赂器于大庙，其若之何！"公不听。

周内史闻之，曰："臧孙达其有后于鲁乎！君违，不忘谏之以德。"

【译文】夏季，四月，桓公从宋国取来了郜国的大鼎。初九日，把大鼎安放在太庙里。这件事不符合礼制。

臧哀伯劝阻说："作为百姓的君主，要发扬道德而阻塞邪恶，以为百官的表率，即使这样，仍然担心有所失误，所以显扬美德以示范子孙。因此太庙用茅草盖屋顶，祭天之车用蒲草席铺垫，肉汁不加调料，主食不吃舂过两次的米，这是为了表示节俭。礼服、礼帽、蔽膝、大圭、腰带、裙子、绑腿、鞋子、横簪、瑱绳、冠系、冠布，都各有规定，用来表示衣冠制度。玉垫、佩巾、刀鞘、鞘饰、革带、带饰、飘带、马鞅，各级多少不同，用来表示各个等级规定的数量。画火、画龙、绣黼、绣黻，这都是为了表示文饰。五种颜色绘出各种形象，这都是为了表示色彩。钖铃、鸾铃、衡铃、旗铃，这都是为了表示声音。画有日、月、星的旌旗，这是为了表示明亮。行为的准则应当节俭而有制度，增减也有一定的数量，用文饰、色彩来记录它，用声音、明亮来发扬它，以此向文武百官做明显的表示。百官才有警戒和畏惧，不敢违反纪律。现在废除道德而树立邪恶，把人家贿赂来的器物放在太庙里，公然展示给百官看，百官也模仿这种行为，还能惩罚谁呢？国家的衰败，由于官吏的邪恶。官吏的失德，由于受宠又公开贿赂。郜鼎放在太庙里，彰显明白地接收贿赂，还有更甚的吗？周武王打败商朝，把九鼎运到洛邑，当时的义士还有人认为他不对，更何况把显然违法叛乱的贿赂器物放在太庙里，这又该如何办？"桓公不听。

周朝的内使听说了这件事，说："臧孙达的后代在鲁国可能长享禄位吧！国君违背礼制，他没有忘记以道德来劝阻。"

鲁曹刿论战（庄公十年）

春，齐师伐我。公将战，曹刿请见。其乡人曰："肉食者谋之，又何间焉？"刿曰："肉食者鄙，未能远谋。"乃入见。

问："何以战？"公曰："衣食所安，弗敢专也，必以分人"。对曰："小惠未徧，民弗从也。"公曰："牺牲玉帛，弗敢加也，必以信。"对曰："小信未孚，神弗福也。"公曰："小大之狱，虽不能察，必以情。"对曰："忠之属也，可以一战。战则请从。"

公与之乘，战于长勺。公将鼓之，刿曰："未可。"齐人三鼓。刿曰："可矣。"齐师败绩。公将驰之。刿曰："未可。"下视其辙，登轼而望之，曰："可矣。"遂逐齐师。既克，公问其故。对曰："夫战，勇气也。一鼓作气，再而衰，三而竭。彼竭我盈，故克之。夫大国，难测也，惧有伏焉。吾视其辙乱，望其旗靡，故逐之。"

【译文】鲁庄公十年的春天，齐国军队攻打鲁国。鲁庄公将要出兵应战，曹刿请求见庄公。他的乡里人说："做大官的人会谋划这件事，你又何必参与呢？"曹刿说："做大官的人见识短浅，不能深谋远虑。"于是他入朝拜见庄公。

曹刿问庄公："您凭借什么去同齐国作战？"庄公答道："衣食一类用来安身的物品，我不敢独自享用，必定要分一些给别人。"曹刿说："这种小恩小惠没有遍及每个民众，他们不会跟从您去作战的。"庄公说："祭祀用的牲畜、宝玉和丝绸，我不敢夸大，一定要忠实诚信。"曹刿答道："这种小信不足以使鬼神信任，鬼神是不会赐福的。"庄公说："大大小小的官司案件，虽然不能一一明禀，也一定要处理得合乎情理。"曹刿说："这是尽心尽力为民办事的表现，可以凭这个同齐国打仗。打仗的时候，请让我跟您一同去。"

庄公和曹刿同乘一辆战车，在长勺同齐军交战。庄公正想击鼓进兵，曹刿说："不行。"齐军已经击了三通鼓。曹刿说："出兵了。"齐军被打得大败，庄公准备驱车追击。曹刿说："还不行。"他下了车，察看齐军车轮的印迹，然后登上车，扶着车轼瞭望齐军，说："可以追击了。"于是开始追击齐军。

鲁军打了胜仗之后，庄公问曹刿取胜的原因。曹判回答说："打仗凭的全是勇气。第一次击鼓时士兵们鼓足了勇气，第二次击鼓时勇气就衰退了，第三次击鼓时勇气便耗尽了。

敌方的勇气耗尽时，我们的勇气正旺盛，所以会取胜。大国用兵作战难以预测，我担心他们设兵埋伏。后来，我看出他们的车轮印很乱，望见他们的旗帜倒下，所以才去追击他们。”

齐桓公救邢（闵公元年）

狄人伐邢。管敬仲言于齐侯曰：“戎狄豺狼，不可厌也。诸夏亲昵，不可弃也。宴安鸩毒，不可怀也。《诗》云：‘岂不怀归？畏此简书。’简书，同恶相恤之谓也。请救邢以从简书。”齐人救邢。

【译文】狄人进攻邢国。管仲对齐桓公说：“戎狄好像豺狼，是不会满足的。中原各国互相亲近，是不能抛弃的。安逸等于毒药，是不能怀恋的。《诗》说：‘难道不想着回去，怕的是这个竹简上的军事文字。’竹简上的军事文字，就是同仇敌忾而忧患与共的意思，所以请按照简书而救援邢国。”于是齐国人出兵救援邢国。

卫文公中兴（闵公二年）

卫文公大布之衣，大帛之冠，务材训农，通商惠工，敬教劝学，授方任能。元年，革车三十乘；季年，乃三百乘。

【译文】卫文公穿着粗布衣服，戴着粗帛帽子，努力生产，教导农耕，便利商贩，加惠各种手工业，重视教化，奖励求学，向臣下传授为官之道，任用有能力的人。头一年，战车只有三十辆，到来年，就有了三百辆。

齐桓公召陵之盟（僖公四年）

春，齐侯以诸侯之师侵蔡，蔡溃，遂伐楚。

楚子使与师言曰：“君处北海，寡人处南海，唯是风马牛不相及也。不虞君之涉吾地也，何故？”管仲对曰：“昔召康公命我先君大公曰：‘五候九伯，女实征之，以夹辅周室。’赐我先君履，东至于海，西至于河，南至于穆陵，北至于无隶。尔贡包茅不入，王祭不共，无以缩酒，寡人是征；昭王南征而不复，寡人是问。”对曰：“贡之不入，寡君之罪也，敢不共给？昭王之不复，君其问诸水滨。”师进，次于陉。

夏，楚子使屈完如师。师退，次于召陵。

齐侯陈诸侯之师，与屈完乘而观之。齐侯曰：“岂不谷是为？先君之好是继。与不谷同好，如何？”对曰：“君惠徼福于敝邑之社稷，辱收寡君，寡君之愿也。”齐侯曰：“以此众战，谁能御之！以此攻城，何城不克！”对曰：“君若以德绥诸候，谁敢不服？君若以力，楚国方城以为城，汉水以为池，虽众，无所用之！”

屈完及诸侯盟。

【译文】鲁僖公四年的春天，齐桓公率领诸侯国的军队攻打蔡国。蔡国溃败，接着又去攻打楚国。

楚成王派使节到齐军对齐桓公说：“您住在北方，我住在南方，因此牛马发情相逐也到不了双方的疆土。没想到您进入了我们的国土这是什么缘故？”管仲回答说：“从前召康公命令我们先君大公说：‘五等诸侯和九州长官，你都有权征讨他们，从而共同辅佐周王室。’召康公还给了我们先君征讨的范围，东到海边，西到黄河，南到穆陵，北到无隶。你们应当进贡的包茅没有交纳，周王室的祭祀供不上，没有用来渗滤酒渣的东西，我特来征收贡物；周昭王南巡没有返回，我特来查问这件事。”楚国使臣回答说：“贡品没有交纳，是我们国君的过错，我们怎么敢不供给呢？周昭王南巡没有返回，还是请您到水边去问一问吧！”于是齐军继续前进，临时驻扎在陉。

这年夏天，楚成王派使臣屈完到齐军中去交涉，齐军后撤，临时驻扎在召陵。

齐桓公让诸侯国的军队摆开阵势，与屈完同乘一辆战车观看军容。齐桓公说：“诸侯们难道是为我而来吗？他们不过是为了继承我们先君的友好关系罢了。你们也同我们建立友好关系，怎么样？”屈完回答说：“承蒙您惠临敝国并为我们的国家求福，忍辱接纳我们国君，这正是我们国君的心愿。”齐桓公说：“我率领这些诸侯军队作战，谁能够抵挡他们？我让这些军队攻打城池，什么样的城攻不下？”屈完回答说：“如果您用仁德来安抚诸侯，哪个敢不顺服？如果您用武力的话，那么楚国就把方城山当作城墙，把汉水当作护城河，您的兵马虽然众多，恐怕也没有用处！”

后来，屈完代表楚国与诸侯国订立了盟约。

齐桓公宁母之盟（僖公七年）

秋，盟于宁母，谋郑故也。

管仲言于齐侯曰：“臣闻之，招携以礼，怀远以德，德礼不易，无人不怀。”齐侯修礼于诸侯，诸侯官受方物。

郑伯使大子华听命于会，言于齐侯曰：“泄氏、孔氏、子人氏三族，实违君命。若君去之以为成。我以郑为内臣，君亦无所不利焉。”齐侯将许之。

管仲曰：“君以礼与信属诸侯，而以奸终之，无乃不可乎？子父不奸之谓礼，守命共时之谓信。违此二者，奸莫大焉。”公曰：“诸侯有讨于郑，未捷。今苟有衅，从之，不亦可乎？”对曰：“君若绥之以德，加之以训辞，而帅诸侯以讨郑，郑将覆亡之不暇，岂敢不惧？若总其罪人以临之，郑有辞矣，何惧？且夫合诸侯以崇德也，会而列奸，何以示后嗣？夫诸侯之会，其德刑礼义，无国不记。记奸之位，君盟替矣。作而不记，非盛德也。君其勿许，郑必受盟。夫子华既为大子而求介于大国，以弱其国，亦必不免。郑有叔詹、堵叔、师叔三良为政，未可间也。”齐侯辞焉。子华由是得罪于郑。

冬，郑伯请盟于齐。

【译文】秋季，鲁僖公和齐桓公、宋桓公、陈国的世子款、郑国的世子华在宁母结盟，策划应对郑国的事情。管仲对齐桓公说：“臣听说：招抚有二心的国家，用礼；怀念疏远的国家，用德。凡事不违背德和礼，没有人不归附的。”齐桓公就以礼对待诸侯，诸侯的官员接受了齐国赏的土特产。郑文公派遣太子华接受会议的命令，对齐桓公说：“泄氏、孔氏、子人氏三族，违背您的命令。您如果除掉他们而和敝国讲和，我国作为您的内臣，这对您也没有什么不利。”齐桓公准备答应他。管仲说：“君王用礼和信会合诸侯，而因邪恶结束，未免不行吧。儿子和父亲不相违背叫做礼，见机行事完成君命叫做信。违背这两点，没有比这再大的邪恶了。”齐桓公说：“诸侯进攻郑国，没有得胜，现在幸而有机可乘，利用这点，不也行吗？”管仲回答说：“君王如果用德来安抚，加上教训，他们不接受，然后率领诸侯讨伐郑国，郑国挽救危亡还来不及，哪敢不害怕？如果领着他的罪人以兵进攻郑国，郑国就有理了，还害怕什么？而且会合诸侯，这是为了尊崇德行。会合而让奸邪之人列于国君，怎么能向后代交代？诸侯的会见，他们的德行、刑罚、礼仪、道义，没有一个国家不加以记载。如果记载了让邪恶的人居于君位，君王的盟约就要废弃了。事情做了而不能见于记载，这就不是崇高的道德。君王还是同意为好！郑国一定会接受盟约的。子华既然做了太子，而要求凭借大国来削弱他的国家，也一定不能免于祸患。郑国有叔詹、堵叔、师叔三个贤明的人执政，还不能去钻它的空子。”齐桓公于是向子华辞谢。子华因此得罪了郑国。

冬季，郑文公派遣使者到齐国请求订立盟约。

齐桓公葵丘之盟（僖公九年）

夏，会于葵丘，寻盟，且修好，礼也。王使宰孔赐齐侯胙，曰：“天子有事于文、武，使孔赐伯舅胙。”齐侯将下拜。孔曰：“且有后命。天子使孔曰：‘以伯舅耋老，加劳，赐一级，无下拜！’对曰：“天威不违颜咫尺，小白余敢贪天子之命，无下拜？恐陨越于下，以遗天子羞。敢不下拜？”下，拜；登，受。秋，齐侯盟诸侯于葵丘，曰：“凡我同盟之人，既盟之后，言归于好。”宰孔先归，遇晋侯，曰：“可无会也。齐侯不务德而勤远略，故北伐山戎，南伐楚，西为此会也。东略之不知，西则否矣。其在乱乎！君务靖乱，无勤于行。”晋侯乃还。

【译文】夏，诸侯在葵丘相会，重申旧盟，并且重温友好关系，这是合乎礼的。周王派太宰孔赐给齐桓公祭肉，说：“天子祭祀文王、武王，派我来赐给伯舅祭肉。”齐桓公准备下阶跪拜。太宰孔说：“还有后面的命令。天子派我说：‘因为伯舅您年事已高，再加上有功劳，赐进一级，不用下阶跪拜。’”齐桓公回答说：“天子的威严不离颜面咫尺，小白我怎么敢领受天子的命令，不下阶跪拜呢？恐怕我会从上面跌下来的，给天子带来羞辱。我怎么敢不下阶跪拜呢？”齐桓公就下阶跪拜，然后登阶接受祭肉。秋，齐桓公与诸侯在葵丘结盟，说：“凡是我们一起结盟的人，既经盟誓，就归于和好。”太宰孔先回去，遇到晋献公，对他说：“可以不去参加盟会了。齐桓公不致力于修行德政而忙于向远方征伐，所以向北攻打山戎，向南攻打楚国，向西举行了这次会盟。他是否会向东征伐还不知道，向西边征伐是不会的了。晋国恐怕会有内乱吧！君王应该致力于平息内乱，不需要忙着赴会。”晋献公就回去了。

附录：孟子五霸者章

孟子曰：“五霸者，三王之罪人也；今之诸侯，五霸之罪人也；今之大夫，今之诸侯之罪人也。天子适诸侯曰巡狩，诸侯朝于天子曰述职。春省耕而补不足，秋省敛而助不给。入其疆，土地辟，田野治，养老尊贤，俊杰在位，则有庆，庆以地。入其疆，土地荒芜，遗老失贤，掊克在位，则有让。一不朝，则贬其爵；再不朝，则削其地；三不朝，则六师移之。是故天子讨而不伐，诸侯伐而不讨。五霸者，搂诸侯以伐诸侯者也，故曰，五霸者，三王之罪人也。五霸，桓公为盛。葵丘之会，诸侯束牲载书而不歃血。初命曰，诛不孝，无易树子，无以妾为妻。再命曰，尊贤育才，以彰有德。三命曰，敬老慈幼，无忘宾旅。四命曰，士无世官，官事无摄，取士必得，无专杀大夫。五命曰，无曲防，无遏籴，无有封而不告。曰，凡我同盟之人，既盟之后，言归于好。今之诸侯皆犯此五禁，故曰，今之诸侯，五霸之罪人也。长君之恶其罪小，逢君之恶其罪大。今之大夫皆逢君之恶，故曰，今之大夫，今之诸侯之罪人也。”

【译文】孟子说：“五霸是三王的罪人，现在的诸侯是五霸的罪人，现在的大夫是现在诸侯的罪人。天子到诸侯那里去叫作巡狩，诸侯朝见天子叫作述职。（天子巡狩，）春天视察耕种情况，补助（种子、劳力）不足的农户；秋天视察收获情况，救济缺粮农户。进入某个诸侯国，（那里）土地开垦得多，田野整治得好，老人得到赡养，贤人受到尊敬，有才能的人在位做官，那就有奖赏，拿土地奖赏。进入某个诸侯国，（如果那里）土地荒芜，遗弃老人，排斥贤人，贪官污吏在位，那就给予责罚。（诸侯）一次不朝见（天子），就降他的爵位；两次不朝见，就削减他的封地；三次不朝见，就派军队去。所以，天子（对于有罪的诸侯，只是）发布命令声讨他的罪行，而不（亲自）征伐；诸侯（是奉天子之命去）征伐而不声讨。五霸却是胁迫诸侯去讨伐别的诸侯，（破坏了三王规矩，）所以说五霸是三王的罪人。五霸中，齐桓公最强。在葵丘盟会上，诸侯们捆绑了牺牲，把盟书放在它身上，并不歃血。（盟书）第一条说，责罚不孝的人，不得擅自改立太子，不得把妾立为正妻。第二条说，尊重贤人，培育人才，用来表彰有德行的人。第三条说，要敬老爱幼，不要忘了来宾和旅客。第四条说，士人不能世代做官，公职不能兼任，选用士人一定要得当，不得擅自杀戮大夫。第五条说，不得到处修筑堤坝，（垄断水利，）不得阻止邻国来买粮食，不能私自封赏而不报告盟主。盟书最后说，凡是我们同盟的人，盟会之后都恢复友好关系。现在的诸侯都违背了这五条誓约，所以说，现在的诸侯是五霸的罪人。（因为顺从君王而）助长了君王的过错，这个罪行还算小的；（故意）逢迎君王的过错，这个罪行就大了。现在的大夫都逢迎君王的过错，所以说，现在的大夫是现在诸侯的罪人。”

宋襄公用鄫子于社（僖公十九年）

夏，宋公使邾文公用鄫子于次睢之社，欲以属东夷。司马子鱼曰：“古者六畜不相为用，小事不用大牲，而况敢用人乎？祭祀以为人也。民，神之主也。用人，其谁飨之？齐桓公存三亡国以属诸侯，义士犹曰薄德。今一会而虐二国之君，又用诸淫昏之鬼，将以求霸，不亦难乎？得死为幸！”

【译文】夏季，宋襄公让邾文公杀死鄫子来祭祀次睢的土地神，想因此使东夷来降附。司马子鱼说：“古时候六种畜牲不能相互用来祭祀，小的祭祀不杀大牲口，何况敢于用人作牺牲呢？祭祀是为了人。百姓，是神的主人。杀人祭祀，有什么神来享用？齐桓公恢复了三个被灭亡的国家以使诸侯归附，义士还说他薄德，现在一次会盟而侵害两个国家的国君，又用来祭祀邪恶昏乱的鬼神，要拿这个来求取霸业，不也是很难吗？得以善终就算幸运了。”

鲁臧文仲谏焚巫尪（僖公二十一年）

夏，大旱。公欲焚巫尪。藏文仲曰:“非旱备也。修城郭，贬食省用，务穑劝分，此其务也。巫尪何为？天欲杀之，则如勿生，若能为旱，焚之滋甚。”公从之。是岁也，饥而不害。

【译文】夏季，很久没有下雨，干旱得很。僖公要烧死巫人和仰面朝天的怪人。臧文仲说：“这不是解决旱灾的办法。修理城墙、节用饮食、节省开支、致力农事、劝人施舍，这是应该做的。巫人、仰面朝天的怪人能做什么？上天要杀他们，就应当不生他们；如果他们能造成旱灾，烧死他们会更厉害。”僖公听从了。这一年，虽有饥荒，却没有伤害百姓。

宋襄公及楚人战于泓（僖公二十二年）

楚人伐宋以救郑。宋公将战。大司马固谏曰：“天之弃商久矣，君将兴之，弗可赦也已。”弗听。

冬十一月，己巳朔。宋公及楚人战于泓。宋人既成列，楚人未既济。司马曰：“彼众我寡，及其未既济也，请击之。”公曰：“不可。”既济而未成列，又以告。公曰：“未可。”既陈而后击之，宋师败绩。公伤股，门官歼焉。国人皆咎公。

公曰：“君子不重伤，不禽二毛。古之为军也，不以阻隘也。寡人虽亡国之余，不鼓不成列。”子鱼曰：“君未知战。勍敌之人，隘而不列，天赞我也。阻而鼓之，不亦可乎？犹有惧焉！且今之勍者，皆我敌也。虽及胡耇，获则取之，何有于二毛！明耻教战，求杀敌也。伤未及死，如何勿重？若爱重伤，则如勿伤；爱其二毛，则如服焉。三军以利用也，金鼓以声气也。利而用之，阻隘可也；声盛致志，鼓儳可也。”

【译文】事件背景：宋襄王欲称霸诸侯成为盟主。楚国实力强大，郑国附庸推举，楚国做了盟主。宋襄王不忿，盛怒讨伐郑国。楚军攻打宋国以援救郑国。宋襄公准备迎战，大司马子鱼劝阻说，“上天遗弃商朝已经很久了，君王要振兴它，就是不可原谅的了。”襄公不听。襄公领兵和楚军在泓水地方交战。宋军已经排好队列，楚军还未全部渡河。子鱼说：“他们人多，我们人少，趁他们尚未全部渡河，请下令攻击他们。”襄公说：“不行。”楚军全部渡河，尚未排好队列，子鱼又将上述意见报告襄公。襄公说：“还不行。”等到楚军排好了阵势，然后才攻击他们，结果，宋军大败。宋襄公腿部受伤，侍卫官也全部被歼。

全国人都归罪襄公。襄公说：“君子不再伤害已经受伤的人，不俘虏头发花白的人。古代领兵作战，不凭借险隘的地形阻击敌人。我虽然是亡了国的殷商的后裔，也不攻击没有排好队列的军队。”子鱼说：“君王不懂得作战。强敌的军队，在险隘的地方不能成列，这是上天赞助我们；阻敌于险地而进攻他们，不也是可以的吗？就这样还怕不能取胜呢。而且现在我们面对的强者，都是我们的敌人。即使到了很大年纪，俘获了就夺取过来，管什么头发花白？使军队明白国耻，教会他们作战，是为了杀敌人。伤势还未到死的程度，怎么不再伤害他们？要是舍不得再去伤害受伤的敌人，就应当根本不要伤害他们；要是怜惜他们当中头发花白的人，就应当向敌人投降。军队在有利时加以使用，钟鼓用声音来调节士气。时机有利而使用军队，阻敌于险地是可以的。鼓声宏大以鼓舞士气，鸣鼓进攻未成列的敌人也是可以的。”

晋公子重耳之亡（僖公二十三年）

晋公子重耳之及于难也，晋人伐诸蒲城。蒲城人欲战，重耳不可，曰：“保君父之命而享其生禄，于是乎得人；有人而校，罪莫大焉。吾其奔也！”遂奔狄。从者狐偃、赵衰、颠颉、魏武子、司空季子。

狄人伐咎如，获其二女叔隗、季隗，纳诸公子。公子娶季隗，生伯儵、叔刘；以叔隗妻赵衰，生盾。将适齐，谓季隗曰：“待我二十五年，不来而后嫁。”对曰：“我二十五年矣，又如是而嫁，则就木焉。请待子。”处狄十二年而行。

过卫，卫文公不礼焉。出于五鹿，乞食于野人，野人与之块。公子怒，欲鞭之。子犯曰：“天赐也。”稽首，受而载之。

及齐，齐桓公妻之，有马二十乘。公子安之。从者以为不可，将行，谋于桑下。蚕妾在其上，以告姜氏。姜氏杀之，而谓公子曰：“子有四方之志，其闻之者，吾杀之矣！”公子曰：“无之。”姜曰：“行也，怀与安，实败名！”公子不可。姜与子犯谋，醉而遣之。醒，以戈逐子犯。

【译文】晋国的公子重耳遭受危难的时候，晋国军队到蒲城去讨伐他。蒲城人打算抵抗，重耳不同意，说：“我依君父的命令享有养生的俸禄，得到所属百姓的拥护。有了百姓拥护就同君父较量起来，没有比这更大的罪过了。我还是逃走吧！”于是重耳逃到了狄国。同他一块儿出逃的人有狐偃、赵衰、颠颉、魏武子和司空季子。

狄国人攻打一个叫唐咎如的部落，俘获了君长的两个女儿叔隗和季隗，把她们送给了公子重耳。重耳娶了季隗，生下伯倏和叔刘。他把叔隗给了赵衰做妻子，生下赵盾。重耳想到齐国去，对季隗说：“等我二十五年，我不回来，你再改嫁。”季隗回答说：“我已经二十五岁了，再过二十五年改嫁，就该进棺材了。还是让我等您吧。”重耳在狄国住了十二年才离开。

重耳经过卫国，卫文公不依礼待他。重耳走到五鹿，向乡下人讨饭吃，乡下人给了他一块泥土。重耳大怒，想用鞭子抽他。狐偃说：“这是上大的恩赐。重耳叩头表示感谢，把泥块接过来放到了车上。重耳到了齐国，齐桓公给他娶了个妻子，还给了他八十匹马。重耳对这种生活很满足，但随行的人认为不应这样呆下去，想去别的地方，便在桑树下商量这件事。有个养蚕的女奴正在桑树上，回去把听到的话报告了重耳的妻子姜氏。姜氏把女奴杀了，对重耳说："你有远行四方的打算吧，偷听到这件事的人，我已经把她杀了。"重耳说："没有这回事。"姜氏说："你走吧，怀恋妻子和安于现状，会毁坏你的功名。"重耳不肯走。姜氏与狐偃商量，用酒把重耳灌醉，然后把他送出了齐国，重耳酒醒之后，拿起戈就去追击狐偃。

及曹，曹共公闻其骈胁，欲观其裸。浴，薄而观之。僖负羁之妻曰："吾观晋公子之从者，皆足以相国；若以相，夫子必返其国；返其国，必得志于诸侯；得志于诸侯而诛无礼，曹其首也。子盍蚤自贰焉？"乃馈盘飧，寘璧焉。公子受飧返璧。及宋，宋襄公赠之以马二十乘。及郑，郑文公亦不礼焉。叔詹谏曰："臣闻天之所启，人弗及也。晋公子有三焉，天其或者将建诸？君其礼焉！男女同姓，其生不蕃，晋公子，姬出也，而至于今，一也；离外之患，而天不靖晋国，殆将启之，二也；有三士足以上人而从之，三也。晋、郑同侪，其过子弟，固将礼焉；况天之所启乎？"弗听。

及楚，楚子飨之，曰："公子若返晋国，则何以报不谷？"对曰："子女玉帛，则君有之；羽毛齿革，则君地生焉；其波及晋国者，君之余也。其何以报君？"曰："虽然，何以报我？"对曰："若以君之灵，得返晋国，晋、楚治兵，遇于中原，其辟君三舍；若不获命，其左执鞭弭，右属櫜鞬，以与君周旋。"子玉请杀之。楚子曰："晋公子广而俭，文而有礼；其从者肃而宽，忠而能力。晋侯无亲，外内恶之。吾闻姬姓，唐叔之后，其后衰者也。其将由晋公子乎？天将兴之，谁能废之？违天，必有大咎。"乃送诸秦。

【译文】到了曹国，曹共公听说重耳的肋骨长得连在一起，想看看他的裸体。重耳洗澡时，曹共公走近了去看他的肋骨。曹国大夫僖负羁的妻子对她丈夫说："我看晋国公子的随从人员，都定以担当治国的大任。如果让他们辅佐公子，公子一定能回到晋国当国君。回到晋国当国君后，一定能在诸侯中称霸。在诸侯中称霸而讨伐对他无礼的国家，曹国恐怕就是头一个。你为什么不趁早向他表示自己对他与曹君不同呢？"于是僖负羁就给重耳送去了一盘饭，在饭中藏了一块宝玉。重耳接受了饭食，将宝玉退还了。

到了宋国，宋襄公送给了重耳二十辆马车。

到了郑国，郑文公也不依礼接待重耳。大夫叔詹劝郑文公说："臣下听说上天所赞助的人，其他人是赶不上的。晋国公子有三件不同寻常的事，或许上天要立他为国君，您还是依礼款待他吧！同姓的男女结婚，按说子孙后代不能昌盛。晋公子重耳的父母都姓姬，他一直活到今天，这是第一件不同寻常的事。遭到流亡在国外的灾难，上天却不让晋国安定下来，大概是要为他开出一条路吧，这是第二件不同寻常的事。有三位才智过人的贤士跟随他，这是第三件不同寻常的事。晋国和郑国是同等的国家，晋国子弟路过郑国，本来应该以礼相待，何况晋公子是上天所赞助的人呢？”郑文公没有听从叔詹的劝告。

到了楚国，楚成王设宴款待重耳，并问道：‘如果公子返回晋国，拿什么来报答我呢？”重耳回答说：“美女。宝玉和丝绸您都有了；鸟羽、兽毛、象牙和皮革，都是贵国的特产。那些流散到晋国的，都是您剩下的。我拿什么来报答您呢？”楚成王说：“尽管如此，总得拿什么来报答我吧？”重耳回答说：“如果托您的福，我能返回晋国，一旦晋国和楚国交战，双方军队在中原碰上了，我就让晋军退避九十里地。如果得不到您退兵的命令，我就只好左手拿着马鞭和弓梢，右边挂着箭袋和弓套奉陪您较量一番。”楚国大夫子玉请求成王杀掉公子重耳。楚成王说：“晋公子志向远大而生活俭朴，言辞文雅而合乎礼仪。他的随从态度恭敬而待人宽厚，忠诚而尽力。现在晋惠公没有亲近的人，国内外的人都憎恨他。我听说姓姬的一族中，唐叔的一支是衰落得最迟的，恐怕要晋公子来振兴吧？上天要让他兴盛，谁又能废除他呢？违背天意，必定会遭大祸。”于是楚成王就派人把重耳送去了秦国。

秦伯纳女五人，怀嬴与焉。奉匜沃盥，既而挥之。怒曰：“秦、晋匹也，何以卑我？”公子惧，降服而囚。他日，公享之。子犯曰：“吾不如衰之文也，请使衰从。”公子赋《河水》，公赋《六月》。赵衰曰：“重耳拜赐！”公子降，拜，稽首。公降一级而辞焉。衰曰：“君称所以佐天子者命重耳，重耳敢不拜！”

【译文】秦穆公把五个女子送给重耳作姬妾，秦穆公的女儿怀嬴也在其中，有一次，怀嬴捧着盛水的器具让重耳洗手，重耳洗完便挥手让怀嬴走开。怀嬴生气地说：“秦国和晋国是同等的，你为什么瞧不起我？”公子重耳害怕了，脱去衣服把自己关起来表示谢罪。

又有一天，秦穆公宴请重耳。狐偃说：“我比不上赵衰那样擅长辞令，让赵衰陪你去吧。”在宴会上，公子重耳作了一首《河水》诗，秦穆公作了《六月》这首诗。赵衰说：“重耳拜谢君王恩赐！”公子重耳走下台阶，拜谢，叩头。秦穆公也走下一级台阶表示不敢接受叩谢的大礼。赵衰说：“君王提出要重耳担当辅佐周天子使命，重耳怎么敢不拜谢？”

富辰谏以狄伐郑（僖公二十四年）

郑之入滑也，滑人听命。师还，又即卫。郑公子士、泄堵俞弥帅师伐滑。王使伯服、游孙伯如郑请滑。郑伯怨惠王之入而不与厉公爵也，又怨襄王之与卫、滑也，故不听王命而执二子。王怒，将以狄伐郑。富辰谏曰："不可。臣闻之，大上以德抚民，其次亲亲以相及也。昔周公吊二叔之不咸，故封建亲戚以蕃屏周。管蔡郕霍，鲁卫毛聃，郜雍曹滕，毕原酆郇，文之昭也。邘晋应韩，武之穆也。凡蒋刑茅胙祭，周公之胤也。召穆公思周德之不类，故纠合宗族于成周而作诗，曰：'常棣之华，常棣之华，鄂不韡韡，凡今之人，莫如兄弟。'其四章曰：'兄弟阋于墙，外御其侮。'如是，则兄弟虽有小忿，不废懿亲。今天子不忍小忿以弃郑亲，其若之何？庸勋亲亲，暱近尊贤，德之大者也。即聋従昧，与顽用嚚，奸也大者也。弃德崇奸，祸之大者也。郑有平、惠之勋，又有厉、宣之亲，弃嬖宠而用三良，于诸姬为近，四德具矣。耳不听五声之和为聋，目不别五色之章为昧，心不则德义之经为顽，口不道忠信之言为嚚，狄皆则之，四奸具矣。周之有懿德也，犹曰'莫如兄弟'，故封建之。其怀柔天下也，犹惧有外侮，扞御侮者莫如亲亲，故以亲屏周。召穆公亦云。今周德既衰，于是乎又渝周、召以从诸奸，无乃不可乎？民未忘祸，王又兴之，其若文、武何？"王弗听，使颓叔、桃子出狄师。夏，狄伐郑，取栎。王德狄人，将以其女为后。富辰谏曰："不可。臣闻之曰：'报者倦矣，施者未厌。'狄固贪惏，王又启之，女德无极，妇怨无终，狄必为患。"王又弗听。

【译文】郑军进入滑国的时候，滑人听从命令。军队回去，滑国又亲附卫国。郑国的公子士、洩堵俞弥带兵进攻滑国。周襄王派伯服、游孙伯到郑国请求不要进攻滑国。郑文公怨恨周惠王回到成周而不给厉公饮酒礼器杯子，又怨恨周襄王偏袒卫、滑两国，所以不听周襄王的命令而逮捕了伯服和游孙伯。周襄王发怒，准备领着狄人进攻郑国。富辰劝谏说："不行。下臣听说，最高的人用德行来安抚百姓，其次的亲近亲属，由近到远。从前周公叹息管叔、蔡叔不得善终，所以把土地分封给亲戚作为周朝的屏障。管、蔡、郕、霍、鲁、卫、毛、聃、郜、雍、曹、滕、毕、原、酆、郇各国，是文王的儿子。邘、晋、应、韩各国，是武王的儿子。凡、蒋、邢、茅、胙、祭各国，是周公的后代。召穆公忧虑周德衰微，所以集合了宗族在成周而做诗，说：'小叶杨的花儿，花朵是那样漂亮艳丽，现在的人们，总不能亲近得像兄弟。'诗的第四章说：'兄弟们在墙里争吵，一到墙外就共同对敌。'像这样，那么兄弟之间虽然有小不和睦，也不能废弃好亲属。现在您不忍耐小怨而丢弃郑国这门亲属，又能把它怎么办？酬答勋劳，亲近亲属，接近近臣，尊敬贤人，这是德行中的大德。靠拢耳背的人，跟从昏暗的人，赞成固陋的人，使用奸诈的人，这是邪恶中的大恶，抛弃德行，崇尚邪恶，这是祸患中的大祸。郑国有过辅助平王、惠王的勋劳，又有厉王、宣王的亲属关系，郑国国君舍弃宠臣而任用三个好人，在姬姓诸姓中属于近亲，四种德行都具备了。耳朵不能听到五声的唱和是耳聋，眼睛不能辨别五色的文饰是昏暗，心里不学德义的准则是顽固，嘴里不说忠信的话是奸诈。狄人效法这些，四种邪恶都具备了。周室具有美德的时候，尚且说'总不能亲近得像兄弟'，所以分封建制。当它笼络天下的时候，尚且害怕有外界的侵犯；抵御外界侵犯的措施，没有比亲近亲属再好的了，所以用亲属作为周室的屏障。召穆公也是这样说的。现在周室的德行已经衰败，而这时又改变周公、召公的措施以跟从各种邪恶，恐怕不可以吧！百姓没有忘记祸乱，君王又把它挑起来，怎么来对待文王、武王呢？”周襄王不听，派遣颓叔、桃子出动狄军。夏季，狄军进攻郑国，占领了栎地。

周襄王感谢狄人，准备把狄君的女儿做王后。富辰劝阻说：“不行。臣听说：‘报答的人已经厌倦了，施恩的人还没有满足。’狄人本来贪婪，而您又启发他们。女子的行为没有准则，妇人的怨恨没有终结，狄人必然成为祸患。”周襄王又不听。

初，甘昭公有宠于惠后，惠后将立之，未及而卒。昭公奔齐，王复之，又通于隗氏。王替隗氏。颓叔、桃子曰：“我实使狄，狄其怨我。”遂奉大叔，以狄师攻王。王御士将御之。王曰：“先后其谓我何？宁使诸。侯图之。璲出。及坎臽，国人纳之。秋，颓叔、桃子奉大叔，以狄师伐周，大败周师，获周公忌父、原伯、毛伯、富辰。王出适郑，处于氾。大叔以隗氏居于温。

【译文】当初，甘昭公受到惠后的宠爱，惠后打算立他为嗣君，没有来得及惠后就死去了。昭公逃亡到齐国，周天子让他回来，他又和隗氏私通。周天子废了隗氏。颓叔、桃子说：“狄人这样，是我们指使的，狄人可能会怨恨我们。”就奉戴大叔攻打周天子，周王的侍卫人员准备抵御，周王说：“如果杀死太叔，先王后将会说我什么？宁可让诸侯来商量一下。”周王于是就离开成周，到达坎欿，都城里的人又把周王接回都城。秋季，颓叔、桃子奉事太叔领了狄人的军队进攻成周，把周军打得大败，俘虏了周公忌父、原伯、毛伯、富辰。周襄王离开成周去郑国，住在氾地。太叔和隗氏住在温地。

晋文公之文教（僖公二十七年）

晋侯始入而教其民，二年，欲用之。子犯曰：“民未知义，未安其居。”于是乎出定襄王，入务利民。民怀生矣，将用之。子犯曰：“民未知信，未宣其用。”于是乎伐原以示之信。民易资者，不求丰焉，明征其辞。公曰：“可矣乎？”子犯曰：“民未知礼，未生其共。”于是乎大搜以示之礼，作执秩以正其官。民听不惑，而后用之。出谷戍，释宋围，一战而霸，文之教也。

【译文】晋文公一回国，就训练百姓，过了两年，就想使用他们。子犯说："百姓还不知道道义，还没能各安其位。"晋文公就离开晋国去安定周襄王的君位，回国后致力于便利百姓，百姓就各安于他们的生活了。又打算使用他们，子犯说："百姓还不知道信用，还不能十分明白信用的作用。"就攻打原国来让百姓看到信用，百姓做买卖不求暴利，明码实价，各无贪心。晋文公说："行了吗？"子犯说："百姓还不知道礼仪，没有产生他们的恭敬。"由此举行盛大阅兵来让百姓看到礼仪，建立执秩的官职来规定主管官员的职责。等到百姓看到事情就能明辨是非，然后才使用他们。赶走谷地的驻军，解除宋国的包围，一次战争就称霸诸侯，这都是因为文公的教化结果。

邾文公论利民（文公十三年）

邾文公卜迁于绎。史曰："利于民而不利于君。"邾子曰："苟利于民，孤之利也。天生民而树之君，以利之也。民既利矣，孤必与焉。"左右曰："命可长也，君何弗为？"邾子曰："命在养民。死之短长，时也。民苟利矣，迁也，吉莫如之！"遂迁于绎。

五月，邾文公卒。君子曰："知命。"

【译文】邾文公为了迁都到绎地而占了卦问吉凶。史官说："对百姓有利而对国不利。"邾文公说："如果对百姓有利，也就是我的利益。上天生育了百姓而为他们设置君主，就是用来给他们利益的。百姓得到利益，我就必然也在其中了。"左右随从说："生命是可以延长的，君王为什么不这样做？"邾文公说："活着就是为了抚养百姓。而死的或早或晚，那是由于偶然因素的缘故。百姓如果有利，迁都就是了，没有比这再吉利的了。"于是就迁都到绎地。五月，邾文公死了。君子说："邾文公真正懂得天命。"五月，邾文公死了。君子说："邾文公真正懂得天命。"

鲁季文子纳谏莒仆（文公十八年）

莒纪公生大子仆，又生季佗。爱季佗而黜仆，且多行无礼于国。仆因国人以弑纪公，以其宝玉来奔，纳诸宣公。公命与之邑，曰："今日必授。"季文子使司寇出诸竟，曰："今日必达。"公问其故，季文子使大史克对曰："先大夫臧文仲教行父事君之礼，行父奉以周旋，弗敢失队。曰：'见有礼于其君者，事之，如孝子之养父母也；见无礼于其君者，诛之，如鹰鹯之逐鸟雀也。'先君周公制《周礼》曰：'则以观德，德以处事，事以度功，功以食民。'作《誓命》曰：'毁则为贼，掩贼为藏。窃贿为盗，盗器为奸。主藏之名，赖奸之用，为大凶德，有常无赦。在九刑不忘。'行父还观莒仆，莫可则也。孝敬忠信为吉德，盗贼藏奸为凶德。夫莒仆，则其孝敬，则弑君父矣；则其忠信，则窃宝玉矣。其人，则盗贼也；其器，则奸兆也。保而利之，则主藏也。以训则昏，民无则焉。不度于善，而皆在于凶德，是以去之。"昔高阳氏有才子八人，苍舒、隤敳、梼戭、大临、尨降、庭坚、仲容、叔达，齐、圣、广、渊、明、允、笃、诚，天下之民谓之八恺。高辛氏有才子八人，伯奋、仲堪、叔献、季仲、伯虎、仲熊、叔豹、季狸，忠、肃、共、懿、宣、慈、惠、和，天下之民谓之八元。此十六族也，世济其美，不陨其名。以至于尧，尧不能举。舜臣尧，举八恺，使主后土，以揆百事，莫不时序，地平天成；举八元，使布五教于四方，父义、母慈、兄友、弟共、子孝，内平外成。"昔帝鸿氏有不才子，掩义隐贼，好行凶德，丑类恶物，顽嚚不友，是与比周。天下之民谓之浑敦。少皞氏有不才子，毁信废忠，崇饰恶言，靖谮庸回，服谗蒐慝，以诬盛德，天下之民谓之穷奇。颛顼氏有不才子，不可教训，不知话言：告之则顽，舍之则嚚，傲很明德，以乱天常，天下之民谓之梼杌。此三族也，世济其凶，增其恶名，以至于尧，尧不能去。缙云氏有不才子，贪于饮食，冒于货贿，侵欲崇侈，不可盈厌，聚敛积实，不知纪极，不分孤寡，不恤穷匮，天下之民以比三凶，谓之饕餮。舜臣尧，宾于四门，流四凶族，浑敦、穷奇、梼杌、饕餮，投诸四裔，以御螭魅。是以尧崩而天下如一，同心戴舜，以为天子，以其举十六相，去四凶也。故《虞书》数舜之功，曰'慎徽五典，五典克从'，无违教也。曰'纳于百揆，百揆时序'，无废事也。曰'宾于四门，四门穆穆'，无凶人也。舜有大功二十而为天子，今行父虽未获一吉人，去一凶矣，于舜之功，二十之一也。庶几免于戾乎？"

【译文】莒国的纪公生了太子仆，又生了季佗，他喜爱季佗废了仆的太子位，同时又在国内做了很多不守礼法的事。太子仆就利用国人的势力把纪公杀掉了，带着国内的宝物逃奔到鲁国，把这些宝器送给鲁宣公。鲁宣公命令给太子仆一处地方，说："今天必须授给他。"鲁大夫季文子让司寇把太子仆逐出鲁国，说："今天必须把他赶出境外。"鲁宣公问季文子为什么这样做。季文子让太史克对鲁宣公说："先头去世的大夫臧文仲教导季文子对待君主的礼法，季文子奉行这些礼法服务于君主面前，不敢有缺失和丢弃。这些礼法是：'看到对待君主有礼度的人，就服侍他，好像孝子对父母的赡养；看到对待自己君主不守礼度的人，就诛罚他，要像鹰鹯一类凶猛的鸟追捕小鸟雀一样。'我们的祖先周公制定《周礼》时说：'礼法的原则是用来衡量观察德行的，德行是用来处理事务的，事务是用来衡量功绩的，功绩是用来供养人民的。'他作《誓命》说：'毁弃礼法就是贼子，隐藏贼人就是窝赃；偷窃财物就是盗寇，盗窃国家宝器就是窃取君位。担当窝赃的名声，依恃奸贼的器用，都是大的凶恶的德行，都在常刑无赦的范围，用九种刑法的任一种处理都不过分。'季文子回顾这些原则用来观察莒国仆的行为，没有一点是可以效法的。孝敬、忠信都是善良美好的德行，盗贼、窝赃都是凶恶的德行。那个仆，如果效法他的孝敬，那么他杀了他的君父；如果效法他的忠信，那么他盗窃了国家的宝玉。看他的人，那就是一个盗贼；看他的器物，那就是窃夺君位的象征。保护他并以他的器物为利，就是窝赃的主人。用他的行为来训导人民就会昏乱，人民就没有准则可以效法。他的行为都不属于善德，而都属于凶德，所以驱逐了他。"过去高阳氏有贤良的儿子八人，称为苍舒、隤、梼戭、大临、尨降、庭坚、仲容、叔达，（他们有八种美德：）举措都合礼法的'齐'、宽博通达的'圣'、度量宽宏的'广'、思虑深远的'渊'、洞见幽微的'明'、言行相符的'允'、交游厚道的'笃'、秉心纯直的'诚'，天下的人民称他们是八位和乐的人。高辛氏也有贤良的儿子八人，叫伯奋、仲堪、叔献、季仲、伯虎、仲熊、叔豹、季狸，（他们也有八种美德：）谨心奉上的'忠'、临事勤敏的'肃'、治身唯谨的'共'、行为精粹的'懿'、思虑周详的'宣'、善良友爱的'慈'、拯救贫乏的'惠'、与物无争的'和'，天下人民称他们为八位善良的人。这十六个族系，每一代都继承着美德，不使美名陨落。一直延续到尧统治天下，尧不能推举他们的后代为官。舜做尧的臣子，推举八位和乐之人的后代做官，让他们管理土地，从而管理国家各种事务，使各种事务都能依时完成而有条不紊，达到土地平整上天和顺。舜又推举八位善良的人的后代，让他们传布声教于全国，使全国做到为父者有恩义，为母者有慈爱，为兄者友爱，为弟者恭顺，为子者孝敬，家国内外和睦亲切。"过去帝鸿氏有没有贤才的儿子，掩蔽仁义隐藏盗贼，喜好做凶恶的事，与凶恶的东西相比类，顽劣不讲友好，与他们的同类者互相联属，天下人民称他们为不开通的浑敦。少皞氏也有没有贤才的儿子，他们毁灭信义废弃忠诚，掩饰恶言，安于听谗言，信用邪僻之人，施行谗佞隐藏罪恶，用来诬蔑盛德，天下人民称他们为穷乏而怪异的人。颛顼氏有没有贤才的儿子，不可教育训导，不懂得善言，教训他顽劣不通，舍弃了他，他更顽劣，践踏光明的德行，用来扰乱上天规定的秩序，天下的人民称他们是再不能凶顽的人了。这三个族系，世代继承了凶恶，不断增加他们的恶名。到尧统治天下的时候尧不能把他们去掉。缙云氏有没有贤才的儿子，贪吃饮食，贪占财物，没有满足，聚积搜刮粮食财物，不知有限度，不管孤贫寡弱，不体恤穷乏的人，天下人民把他们与以上三个凶族相比，称他们为无限贪婪之人。舜做尧的臣子，敞开四门以接纳宾客，流放了四家凶族，浑敦、穷奇、梼杌、饕餮，都被投放到四方荒远之地，让他们去抵御山神怪物。所以当尧死后天下人团结如一，同心拥戴舜，让他做天子，因为他推举了十六个辅佐国家的人，去掉了四家凶族。所以《虞书》历数舜的功劳，说：'敬重宣扬父义、母慈、兄友、弟恭、子孝的五种道德，使五种道德都得以推行。'这是说舜不背弃教化。又说：'事情都各有各的管理，都做到有条不紊。'是说他没有废弃一切事情。又说：'在四门接待宾客贤才，远方的诸侯都恭恭敬敬地来到。'是说国内没有凶恶的人。舜建立的大功有二十项才做了天子，现在季文子虽然还没有得到一个善人，但去掉了一个凶人，与舜的功劳相比，只有二十分之一，这总可有望免去罪过了吧？"

王孙满对楚庄王问鼎（宣公三年）

楚子伐陆浑之戎，遂至于雒，观兵于周疆。定王使王孙满劳楚子。楚子问鼎之大小轻重焉。

对曰："在德不在鼎。昔夏之方有德也，远方图物，贡金九牧，铸鼎象物，百物而为之备，使民知神奸。故民入川泽山林，不逢不若。螭魅罔两，莫能逢之。用能协于上下，以承天休。桀有昏德，鼎迁于商，载祀六百。商纣暴虐，鼎迁于周。德之休明，虽小，重也。其奸回昏乱，虽大，轻也。天祚明德，有所底止。成王定鼎于郏鄏，卜世三十，卜年七百，天所命也。周德虽衰，天命未改。鼎之轻重，未可问也。"

【译文】楚王攻打陆浑戎人，于是到了雒水，在周朝边境上炫耀武力。周定王派王孙满慰劳楚王。楚王问到周王室的九鼎的大小轻重。

王孙满回答说："统治天下在于道德，不在于鼎。从前夏朝正在实行德政的时候，远方各地把各种奇异东西都画成图象，九州贡献出金属，铸成九鼎，把画下来的各种东西的图象铸在鼎上，鼎上面有各种东西的图象，教人民知道神物和怪异。所以人民进入川泽山林，不会碰到对自己不利的东西。螭魅罔两这些妖怪都不会遇到。因此能够上下和协，受到上天的保佑。夏桀昏乱，鼎迁到商朝，前后六百年。商纣暴虐，鼎又迁到周朝。天子德行美善光明，鼎虽然小，也是重的。如果奸邪昏乱，鼎虽然大，也是轻的。上天赐福给有美德的人，是有一定极限的。成王把九鼎放在郏鄏，曾经占卜过，可以传世三十代，享国七百年，这是上天所命令的。今天周朝的德行虽然衰减了，可天命还没有改变。九鼎的轻重，是不能问的

晋栾武子论师之壮老（宣公十二年）

晋师在敖、鄗之间。郑皇戌使如晋师，曰："郑之从楚，社稷之故也，未有贰心。楚师骤胜而骄，其师老矣，而不设备，子击之，郑师为承，楚师必败。"彘子曰："败楚服郑，于此在矣，必许之。"栾武子曰："楚自克庸以来，其君无日不讨国人而训之于民生之不易，祸至之无日，戒惧之不可以怠。在军，无日不讨军实而申儆之于胜之不可保，纣之百克，而卒无后。训以若敖、蚡冒，筚路蓝缕，以启山林。箴之曰：'民生在勤，勤则不匮。'不可谓骄。先大夫子犯有言曰：'师直为壮，曲为老。'我则不德，而徼怨于楚，我曲楚直，不可谓老。其君之戎，分为二广，广有一卒，卒偏之两。右广初驾，数及日中；左则受之，以至于昏。内官序当其夜，以待不虞，不可谓无备。子良，郑之良也；师叔，楚之崇也。师叔入盟，子良在楚，楚、郑亲矣。来劝我战，我克则来，不克遂往。以我卜也，郑不可从。"

【译文】晋国军队驻在敖、鄗两山之间。郑国的皇戌出使到晋军中，说："郑国跟从楚国，是为了保存国家的缘故，对晋国并没有二心。楚军屡次得胜而骄傲，他们在外面已经很久了，又不设防御。您攻击他们，郑国的军队作为后继，楚军一定失败。"先縠说："打败楚军，降服郑国，就在此一举了，一定要答应皇戌的请求。"栾书说："楚国自从战胜庸国以来，楚国的国君没有一天不用不列的方式治理国内的人们：教训百姓生计的不容易、祸患不知哪天就会到来、戒备警惕不能放松。在军队里，没有一天不用这样的方式管理军官士兵，告诫军队：胜利的不能永远保有、纣得到一百次胜利而终究没有好结果。用若敖、蚡冒乘柴车、穿破衣开辟山林的事迹来教训他们。告诫说：'百姓的生计在于勤劳，勤劳就不会匮乏。'这就不能说他们骄傲。先大夫子犯说过：'出兵作战，理直就气壮，理亏就气衰。'我们所做的事情不合于道德，又和楚国结怨，我们理曲，楚国理直，这就不能说他们气衰。他们国君的战车分为左右二广，每广有战车一卒三十辆，每卒又分左右两偏。右广先套车，计算时间等到中午，左广就接替它，一直到晚上。左右近臣按次序值夜，以防备发生意外，这就不能说没有防备。子良，是郑国的杰出人物；师叔，是楚国地位崇高的人物。

师叔进入郑国结盟，子良作为人质住在楚国，楚国和郑国是亲近的。他们来劝我们作战，我们战胜就来归服，不胜就去依靠楚国，这是用我们作为占卜！郑国的话不能听从。”

楚庄王论武有七德（宣公十二年）

丙辰，楚重至于邲，遂次于衡雍。潘党曰：“君盍筑武军，而收晋尸以为京观。臣闻克敌必示子孙，以无忘武功。”楚子曰：“非尔所知也。夫文，止戈为武。武王克商。作《颂》曰：‘载戢干戈，载櫜弓矢。我求懿德，肆于时夏，允王保之。’又作《武》，其卒章曰‘耆定尔功’。其三曰：‘铺时绎思，我徂惟求定。’其六曰：‘绥万邦，屡丰年。’夫武，禁暴、戢兵、保大、定功、安民、和众、丰财者也。故使子孙无忘其章。今我使二国暴骨，暴矣；观兵以威诸侯，兵不戢矣。暴而不戢，安能保大？犹有晋在，焉得定功？所违民欲犹多，民何安焉？无德而强争诸侯，何以和众？利人之几，而安人之乱，以为己荣，何以丰财？武有七德，我无一焉，何以示子孙？其为先君宫，告成事而已。武非吾功也。古者明王伐不敬，取其鲸鲵而封之，以为大戮，于是乎有京观，以惩淫慝。今罪无所，而民皆尽忠以死君命，又可以为京观乎？”祀于河，作先君宫，告成事而还。

【译文】六月十五日，楚军的辎重到达邲地，军队就驻扎在衡雍。潘党说：“君王何不建筑起军营显示武功，收集晋国人的尸首建立一个大坟堆？下臣听说战胜了敌人一定要有纪念物给子孙看，表示不忘记武功。”楚庄王说：这不是你所知道的。说到文字，止戈二字合起来是个武字。武王战胜商朝，作《周颂》说：“收拾干戈，包藏弓箭。我追求那美德，陈于这《夏》乐之中，成就王业而保有天下。”又作《武》篇，它的最后一章说：“得以巩固你的功业。”《周颂》的第三章说：“布陈先王的美德而加以发扬，我前去征讨只是为了求得安定。”它的第六章说：“安定万邦，常有丰年。”武功，是用来禁止强暴、消灭战争、保持强大、巩固功业、安定百姓、调和大众、丰富财物的，所以要让子孙不要忘记他的大功。现在我让两国士兵暴露尸骨，这是强暴了；显耀武力以使诸侯畏惧，战争不能消灭了；强暴而不消灭战争，哪里能够保持强大？还有晋国存在，如何能够巩固功业？所违背百姓的愿望还很多，百姓如何能够安定？没有德行而勉强和诸侯相争，用什么调和大众？乘别人之危作为自己的利益，趁人之乱作为自己的安定，如何能丰富财物？武功具有七种美德，我对晋国用兵却没有一项美德，用什么来昭示子孙后代？还是为楚国的先君修建宗庙，把成功的事祭告先君罢了。用武不是我追求的功业。古代圣明的君王征伐对上不恭敬的国家，抓住它的罪魁祸首杀掉埋葬，作为一次大杀戮，这样才有了京观以惩戒罪恶。现在并不能明确指出晋国的罪恶在哪里，士卒都尽忠为执行国君的命令而死，又难道能建造京观来惩戒吗？楚庄王说完，就在黄河边上祭祀了河神，修建了先君的神庙，报告战争胜利，然后回国。

定王使单襄公责晋献齐捷（成公二年）

晋侯使巩朔献齐捷于周，王弗见，使单襄公辞焉，曰："蛮夷戎狄，不式王命，淫湎毁常，王命伐之，则有献捷，王亲受而劳之，所以惩不敬，劝有功也。兄弟甥舅，侵败王略，王命伐之，告事而已，不献其功，所以敬亲昵，禁淫慝也。今叔父克遂，有功于齐，而不使命卿镇抚王室，所使来抚余一人，而巩伯实来，未有职司于王室，又奸先王之礼，余虽欲于巩伯、其敢废旧典以忝叔父？夫齐，甥舅之国也，而大师之后也，宁不亦淫从其欲以怒叔父，抑岂不可谏诲？"士庄伯不能对。王使委于三吏，礼之如侯伯克敌使大夫告庆之礼，降于卿礼一等。王以巩伯宴，而私贿之。使相告之曰："非礼也，勿籍。"

【译文】晋景公派遣巩朔到成周进献战胜齐国的战利品，周定王不接见，派遣单襄公辞谢，说："蛮夷戎狄，不遵奉天子的命令，迷恋酒色，败坏了天子的制度，天子命令讨伐他，就有了进献战利品的礼仪。天子亲自接受而加以慰劳，用这来惩罚不敬，勉励有功。如果是兄弟甥舅的国家侵犯败坏天子的法度，天子命令讨伐他，只向天子报告一下情况罢了，不用进献俘虏，用这来尊敬亲近、禁止邪恶。现在叔父能够顺利成功，在齐国建立了功勋，而不派遣曾受天子任命的卿来安抚王室，所派遣来安抚我的使者，仅仅是巩伯，他在王室中没有担任职务，又违反了先王的礼制。我虽然喜爱巩伯，岂敢废弃旧的典章制度以羞辱叔父？齐国和周室是甥舅之国，而且是姜太公的后代，叔父攻打齐国，难道是齐国放纵了私欲以激怒了叔父？或是齐国已经不可谏诤和教诲了呢？"巩朔不能回答。周定王把接待的事情交给三公，让他们用侯、伯战胜敌人派大夫告捷的礼节接待巩朔，比接待卿的礼节低一等。周定王和巩伯饮宴，私下送给他财礼，让相礼者告诉他说："这是不合于礼制的，不要记载在史册上。"

刘康公论成子受脤不敬（成公十三年）

三月，公及诸侯朝王，遂从刘康公、成肃公会晋侯伐秦。成子受脤于社，不敬。刘子曰："吾闻之，民受天地之中以生，所谓命也。是以有动作礼义威仪之则，以定命也。能者养之以福，不能者败以取祸。是故君子勤礼，小人尽力，勤礼莫如致敬，尽力莫如敦笃。敬在养神，笃在守业。国之大事，在祀与戎，祀有执膰，戎有受脤，神之大节也。今成子惰，弃其命矣，其不反乎？"五月，成肃公卒于瑕。

【译文】三月，成公和诸侯朝觐周简王，接着就跟从刘康公、成肃公会合晋厉公进攻秦国。成肃公在社神庙接受祭肉的时候，不恭敬。刘康公说："我听说：百姓得到天地的中和之气而降生，这就是所谓生命。因此就有动作、礼义、威仪的准则，用来固定天命。有能力的人保持这些可以得福，没有能力的人败坏这些足以取祸。所以君子勤于礼法，小人竭尽力量。勤于礼法莫过于恭敬，竭尽力量莫过于敦厚笃实。恭敬在于供奉神灵，笃实在于各安本分。国家的大事情，在于祭祀和战争。祭祀有分祭肉之礼，战争有受祭肉之礼，这是和神灵交往的大节。现在成子表现出懒惰不恭，丢弃天命了，恐怕回不来了吧！"五月，成肃公死在瑕地。

晋厉公使吕相绝秦（成公十三年）

晋侯使吕相绝秦，曰："昔逮我献公及穆公相好，戮力同心，申之以盟誓，重之以昏姻。天祸晋国，文公如齐，惠公如秦。无禄，献公即世。穆公不忘旧德，俾我惠公用能奉祀于晋。又不能成大勋，而为韩之师。亦悔于厥心，用集我文公，是穆之成也。

【译文】晋厉公派吕相去与秦国绝交，说："自从我们献公与你们穆公相互友好，合力同心，用盟誓加以申明，又用婚姻来加深这种关系。上天降祸给晋国，文公去了齐国，惠公到了秦国。不幸，献公去世，穆公不忘昔日的情义，使我们惠公因此能在晋国主持祭祀。但他又不能完成这一重大功勋，从而发动了韩地的战役。他后来心中懊悔，因此支持我们文公登上君位，这是穆公成全我们的结果。

“文公躬擐甲胄，跋履山川，逾越险阻，征东之诸侯，虞、夏、商、周之胤而朝诸秦，则亦既报旧德矣。郑人怒君之疆埸，我文公帅诸侯及秦围郑。秦大夫不询于我寡君，擅及郑盟。诸侯疾之，将致命于秦。文公恐惧，绥静诸侯，秦师克还无害，则是我有大造于西也。

【译文】“文公亲自披甲带胄，跋涉山川，逾越艰难险阻，征服东方的诸侯，虞、夏、商、周的后代，都向秦国朝见，这也可以算是报答了秦国往日的恩惠了。郑国人侵犯君王的边境，我们文公率领诸侯与秦国一起包围郑国。秦大夫不征求我国寡君的意见，擅自与郑结盟。诸侯憎恨这事，准备与秦拼死一战。文公恐惧，安抚诸侯，使秦军得以安然回国，这也算是我国给予秦国的大恩惠了。

“无禄，文公即世，穆为不吊，蔑死我君，寡我襄公，迭我殽地，奸绝我好，伐我保城，殄灭我费滑，散离我兄弟，挠乱我同盟，倾覆我国家。我襄公未忘君之旧勋，而惧社稷之陨，是以有殽之师。犹愿赦罪于穆公，穆公弗听，而即楚谋我。天诱其衷，成王陨命，穆公是以不克逞志于我。

【译文】“不幸，文公去世，穆公不肯来吊唁，轻视我们去世的君主，欺负我们的襄公，突然袭击我们殽地，断绝我们的友好邻邦，攻打我们边境城堡，灭亡我们的同姓滑国，离间我们兄弟国家，扰乱我们同盟诸侯，倾覆我们国家。我们襄公没有忘记贵国君王过去的勋劳，而又害怕国家遭到灭亡，所以才有了崤地一役。我们国君仍然希望向穆公解释我们的罪过，但穆公不答应，而勾结楚国打我们的主意。上天保佑我国，楚成王丧命，穆公侵犯我国的阴谋因此没能得逞。

“穆、襄即世，康、灵即位。康公，我之自出，又欲阙剪我公室，倾覆我社稷，帅我蝥贼，以来荡摇我边疆，我是以有令狐之役。康犹不悛，入我河曲，伐我涑川，俘我王官，剪我羁马，我是以有河曲之战。东道之不通，则是康公绝我好也。

【译文】“穆公、襄公去世，康公、灵公即位。康公，是我们晋国女子所生，却又想损害我们公室，倾覆我们国家，率领我国败类，前来扰乱我国边疆，因此，我国才发动了令狐这一战役。康公仍然不思悔改，侵入我们河曲，攻打我国涑川，掠夺我国王官，毁除我国羁马，我国因此才发动了河曲之战。东面道路的不通，就是由于康公和我们断绝友好关系的缘故。

“及君之嗣也，我君景公引领西望曰：‘庶抚我乎！’君亦不惠称盟，利吾有狄难，入我河县，焚我箕、郜，芟夷我农功，虔刘我边陲。我是以有辅氏之聚。

【译文】“到了君王即位，我们国君景公伸长了脖子朝西望说：‘也许要安抚我们了吧！’君王却同样不肯加恩结盟，反而乘我们有狄人侵犯的机会，攻入我国沿河城县，焚毁我们的箕邑、郜邑，收割我们成熟的庄稼，杀戮我们边境的人民。我国因此而发动辅氏战役。

“君亦悔祸之延，而欲徼福于先君献、穆，使伯车来，命我景公曰：‘吾与女同好弃恶，复修旧德，以追念前勋。’言誓未就，景公即世。我寡君是以有令狐之会。君又不祥，背弃盟誓。白狄及君同州，君之仇雠，而我之昏姻也。君来赐命曰：‘吾与女伐狄。’寡君不敢顾昏姻，畏君之威，而受命于吏。君有二心于狄，曰：‘晋将伐女。’狄应且憎，是用告我。楚人恶君之二三其德也，亦来告我曰：‘秦背令狐之盟，而来求盟于我，昭告昊天上帝、秦三公、楚三王曰：“余虽与晋出入，余唯利是视。”不穀恶其无成德，是用宣之，以惩不壹。’

【译文】“君王也懊悔祸患蔓延，而想求福于先君献公、穆公，派伯车来我国，命令我们景公说：‘我与你同心同德抛弃怨恶，重新完善过去的情谊，用以追念先君的功勋。’盟誓尚未完成，景公去世。我们寡君因此与君王有令狐的约会。君王又居心不良，背弃了盟约。白狄与君王同处一州，是君王的仇敌，但与我们有婚姻关系。君王派人来命令说：‘我和你去攻打狄国。’寡君不敢顾及婚姻关系，害怕君王的威力，就向下吏下达了出兵的命令。君王却又讨好狄人，说：‘晋国将要攻打你们。’狄人口头上应付你们，心中却憎恶你们，因此把你们的话告诉了我们。楚国人讨厌君王这种反复无常的德行，也来告诉我们说：‘秦国背弃了令狐的盟约，却来要求与我国结盟，他们对着皇天上帝、秦国的三位先公、楚国的三位先王发誓说：“我们虽然与晋国来往，我不过是为了图谋利益而已。”鄙人憎恶他们没有应有的德行，所以把真相宣布出来，用来惩戒表里不一的人。’

“诸侯备闻此言，斯是用痛心疾首，昵就寡人。寡人帅以听命，唯好是求。君若惠顾诸侯，矜哀寡人，而赐之盟，则寡人之愿也。其承宁诸侯以退，岂敢徼乱？君若不施大惠，寡人不佞，其不能以诸侯退矣。敢尽布之执事，俾执事实图利之！”

【译文】“诸侯全都听到了这话，因此而痛心疾首，来亲近寡人。寡人率领诸侯来听取君王的命令，只是为了求得友好。君王如果加恩于诸侯，怜悯寡人，赐给我们盟约，那是寡人的愿望，寡人就会率领诸挨心平气和地退走，怎么敢求取战乱！君王如果不肯施予大恩，寡人不才，就不能率领诸侯退走了。谨把详情全部报告给您的执事，请执事仔细权衡一下利弊吧！”

晋魏绛谏伐戎（襄公四年）

无终子嘉父使孟乐如晋，因魏庄子纳虎豹之皮，以请和诸戎。晋侯曰：“戎狄无亲而贪，不如伐之。”魏绛曰：“诸侯新服，陈新来和，将观于我。我德则睦，否则携贰。劳师于戎，而楚伐陈，必弗能救，是弃陈也。诸华必叛。”戎，禽兽也，获戎失华，无乃不可乎？《夏训》有之曰：‘有穷后羿。’”公曰：“后羿何如？”对曰：“昔有夏之方衰也，后羿自鉏迁于穷石，因夏民以代夏政。恃其射也，不修民事而淫于原兽。弃武罗、伯因、熊髡、龙圉而用寒浞。寒浞，伯明氏之谗子弟也。伯明后寒弃之，夷羿收之，信而使之，以为己相。浞行媚于内而施赂于外，愚弄其民而虞羿于田，树之诈慝以取其国家，外内咸服。羿犹不悛，将归自田，家众杀而亨之，以食其子。其子不忍食诸，死于穷门。靡奔有鬲氏。

【译文】无终子嘉父派遣孟乐去到晋国，依靠魏庄子的关系，奉献了虎豹的皮革，以请求晋国和各部戎人讲和。晋悼公说：“戎狄没有什么亲近的人而且贪婪，不如进攻他们。”魏庄子说：“诸侯新近顺服，陈国最近前来讲和，都将观察我们的行动。我们有德，就亲近我们；不这样，就背离我们。在戎人那里去用兵，楚国进攻陈国，一定不能去救援，这就是丢弃陈国了。中原诸国一定背叛我们。戎人，不过是禽兽。得到戎人而失去中原，恐怕不可以吧！《夏训》有这样的话‘有穷氏有后羿’”晋悼公说：“后羿怎么样？”魏庄子回答说：“从前夏朝刚刚衰落的时候，后羿从鉏地迁到穷石，依靠夏朝的百姓取代了夏朝政权。后羿仗着他的射箭技术，不致力于治理百姓而沉溺于打猎，抛弃了武罗、伯因、熊髡、龙圉等贤臣而任用寒浞。寒浞，是伯明氏的坏子弟，伯明后寒丢弃了他。后羿收养了他，信任并且使用他，作为自己的辅助。寒浞在里边对女人献媚，在外边广施财物，愚弄百姓而使后羿专以打猎为乐。扶植了奸诈邪恶，用这个取得了后羿的国和家，外部和内部都顺从归服。后羿还是不肯改悔，准备从打猎的地方回来，他的手下人把他杀了煮熟，让他的儿子吃，他的儿子不忍心吃，又被杀死在穷国的城门口。靡逃亡到有鬲氏。

浞因羿室，生浇及豷，恃其谗慝诈伪而不德于民。使浇用师，灭斟灌及斟寻氏。处浇于过，处豷于戈。靡自有鬲氏，收二国之烬，以灭浞而立少康。少康灭浇于过，后杼灭豷于戈。有穷由是遂亡，失人故也。昔周辛甲之为大史也，命百官，官箴王阙。于《虞人之箴》曰：'芒芒禹迹，画为九州，经启九道。民有寝庙，兽有茂草，各有攸处，德用不扰。在帝夷羿，冒于原兽，忘其国恤，而思其麀牡。武不可重，用不恢于夏家。兽臣司原，敢告仆夫。'《虞箴》如是，可不惩乎？"于是晋侯好田，故魏绛及之。

【译文】寒浞和后羿的妻妾生了浇和豷，仗着他的奸诈邪恶，对百姓不施恩德，派浇带兵，灭了斟灌和斟寻氏。让浇住在过地，让豷住在戈地。靡从有鬲氏那里收集两国的遗民，用以灭亡了寒促而立了少康。少康在过地灭掉了浇，后杼在戈地灭掉了豷，有穷从此就灭亡了，这是由于失去贤人的缘故。从前周朝的辛甲做太史的时候，命令百官，每人都劝诫天子的过失。在《虞人之箴》里说：'辽远的夏禹遗迹，分为九州，开通了许多大道。百姓有屋有庙，野兽有丰茂的青草；各得其所，他们因此互不干扰。后羿身居帝位，贪恋着打猎，忘记了国家的忧患，想到的只是飞鸟走兽。武事不能太多，太多就不能扩大夏后氏的国家。主管禽兽的臣，谨以此报告君王左右的人。'《虞箴》是这样，难道能不警戒吗？"当时晋悼公喜欢打猎，所以魏庄子提到这件事。

公曰："然则莫如和戎乎？"对曰："和戎有五利焉：戎狄荐居，贵货易土，土可贾焉，一也。边鄙不耸，民狎其野，穑人成功，二也。戎狄事晋，四邻振动，诸侯威怀，三也。以德绥戎，师徒不勤，甲兵不顿，四也。鉴于后羿，而用德度，远至迩安，五也。君其图之。"公说，使魏绛盟诸戎。修民事，田以时。

【译文】晋悼公说："然而再好的办法也莫过于跟戎人讲和吗？"魏庄子回答说："跟戎人讲和有五种利益：戎狄逐水草而居，重财货而轻土地，他们的土地可以收买，这是一。边境不再有所警惧，百姓安心在田野里耕作，农田管理的人可以完成任务，这是二。戎狄事奉晋国，四边的邻国震动，诸侯因为我们的威严而慑服，这是三。用德行安抚戎人，将士不辛劳，武器不损坏，这是四。有鉴于后羿的教训，而利用道德法度，远国前来而邻国安心，这是五。君王还是慎重谋划吧！"晋悼公听了很高兴，派遣魏庄子与各部戎人讲和。又致力于治理百姓，按照时令去打猎。

晋师旷论卫人出其君（襄公十四年）

师旷侍于晋侯。晋侯曰："卫人出其君，不亦甚乎？"对曰："或者其君实甚。良君将赏善而刑淫，养民如子，盖之如天，容之如地；民奉其君，爱之如父母，仰之如月日，敬之如神明，畏之如雷霆，其可出乎？夫君，神之主也民之望也。若困民之主，匮神之祀，百姓绝望，社稷无主，将安用之？弗去何为？天生民而立之君，使司牧之，勿使失性。有君而为之贰，使师保之，勿使过度。是故天子有公，诸侯有卿，卿置侧室，大夫有贰宗，士有朋友，庶人、工、商、皂、隶、牧、圉皆有亲暱，以相辅佐也。善则赏之，过则匡之，患则救之，失则革之。自王以下各有父兄子弟以补察其政。史为书，瞽为诗，工诵箴谏，大夫规诲。士传言，庶人谤，商旅于市，百工献艺。故《夏书》曰：'遒人以木铎徇于路，官师相规，工执艺事以谏。'正月孟春，于是乎有之，谏失常也。大之爱民甚矣，岂其使一人肆于民上，以从其淫而弃天地之性？必不然矣。"

【译文】师旷随侍在晋悼公旁边，晋悼公说："卫国人赶走他们的国君，不也太过分了吗？"师旷回答说："也许是他们国君实在太过分了。好的国君将会奖赏善良而惩罚邪恶，抚养百姓好像儿女，覆盖他们好像上天一样，容纳他们好像大地一样。百姓尊奉国君，热爱他好像父母，尊仰他好像日月，恭敬他好像神灵，害怕他好像雷霆，哪里能够赶走呢？国君，是祭神的主持者同时是百姓的希望。如果让百姓的财货缺乏，神灵失去了祭祀者，百姓绝望，国家没有主人，哪里还用得着他？不赶走干什么？上天生了百姓而立他们的国君，让他统治他们，不让失去天性。有了国君而又为他设立辅佐，让他们去教育保护他，不让他做事过分。由于这样天子有公，诸侯有卿，卿设置侧室，大夫有贰宗，士有朋友，庶人、工、商、皂、隶、牧、圉各有他们亲近的人，用来互相帮助。善良就奖赏，过失就纠正，患难就救援，错失就改正。从天子以下各有父兄子弟来观察补救他们的过失。太史加以记载，乐师写作诗歌，乐工诵读箴谏，大夫规劝开导，士传话，庶人指责，商人在市场上议论，各种工匠献技艺。所以《夏书》说："宣令的官员摇着木铎在大路上巡行，官师小吏规劝，工匠呈献技艺以作为劝谏。"正月初春，在这个时候有人在路上摇动木铎，这是由于劝谏失去常规的缘故。上天爱护百姓无微不至，难道会让一个人在百姓头上任意妄为，以放纵他的邪恶而失去天地的本性？一定不会这样的。"

鲁臧武仲论诘盗（襄公二十一年）

邾庶其以漆、闾丘来奔。季武子以公姑姊妻之，皆有赐于其从者。于是鲁多盗。季孙谓臧武仲曰：“子盍诘盗？”武仲曰：“不可诘也，纥又不能。”季孙曰：“我有四封，而诘其盗，何故不可？子为司寇，将盗是务去，若之何不能？”武仲曰：“子召外盗而大礼焉，何以止吾盗？子为正卿，而来外盗；使纥去之，将何以能？庶其窃邑于邾以来，子以姬氏妻之，而与之邑，其从者皆有赐焉。若大盗礼焉以君之姑姊与其大邑，其次皁牧舆马，其小者衣裳剑带，是赏盗也。赏而去之，其或难焉。纥也闻之，在上位者洒濯其心，壹以待人；轨度其信，可明征也，而后可以治人。夫上之所为，民之归也。上所不为，而民或为之，是以加刑罚焉，而莫敢不惩。若上之所为，而民亦为之，乃其所也，又可禁乎？《夏书》曰，‘念兹在兹，释兹在兹，名言兹在兹，允出兹在兹，惟帝念功’，将谓由己壹也。信由己壹，而后功可念也。”

庶其非卿也，以地来，虽贱必书，重地也。

【译文】邾国的庶其带着漆地和闾丘逃亡前来，季武子把鲁襄公的姑母嫁给他作妻子，对他的随从都有赏赐。当时鲁国的盗贼很多。季武子对臧武仲说：“您为什么不禁止盗贼？”臧武仲说：“盗贼不可以禁止，纥又没有能力。”季武子说：“我国有四面的边境，用来禁止盗贼，为什么不可以？您做司寇，应当从事于禁止盗贼，为什么不能？”武仲说：“您把外边的盗贼叫来而大大地给予礼遇，怎么能禁止国内的盗贼？您做正卿，反而使外边的盗贼进来，让纥禁止国内的盗贼，怎么能够办到？庶其在邾国偷盗了城邑而前来，您把姬氏作为他的妻子，还给了他城邑，他的随从人员都得到赏赐。如果用国君的姑母和他的大城邑对盗表示尊敬，其次的用皂牧车马，再小的给衣服佩剑带子，这是赏赐盗贼。赏赐了而要去掉他，恐怕困难吧。纥听说过，在上位的人要洗涤他的心，专一地以诚待人，使它合于法度而且使人们相信，可以明确地验证，然后才能治理人。上面的所作所为，是百姓的归依。上面所不做的，百姓有人做了，因此加以惩罚就没有人敢于不警戒。如果上面的所作所为百姓也照样做了，这是势所必然，又能够禁止吗？《夏书》说：‘想要干的就是这个，想舍去不干的就是这个，所要号令的就是这个，诚信所在的就是这个，只有天帝才能记下这功劳。’大约说的是要由自身来体现言行一致。诚信是由于自己的言行一致，然后才可以谈建立功劳。”

庶其不是卿，他带着土地来鲁国，虽然身份低贱，《春秋》必定要加以记载，这是为了重视土地。

鲁叔孙豹论不朽（襄公二十四年）

春，穆叔如晋。范宣子逆之，问焉，曰："古人有言曰：'死而不朽'，何谓也？"穆叔未对。宣子曰："昔匄之祖，自虞以上为陶唐氏，在夏为御龙氏，在商为豕韦氏，在周为唐杜氏，晋王夏盟为范氏，其是之谓乎？"穆叔曰："以豹所闻，此之谓世禄，非不朽也。鲁有先大夫曰臧文仲，即没，其言立，其是之谓乎。豹闻之，太上有立德，其次有立功，其次有立言，虽久不废，此之谓不朽。若夫保姓受氏，以守宗崩，世不绝祀，无国无之。禄之大者，不可谓不朽。"

【译文】春天，穆叔出访晋国。晋国的大夫范宣子迎接时便问穆叔说："古人有一句话说，'虽死不朽'，这句话是什么意思？"穆叔没有急于回答。范宣子又说："过去我的祖先，在虞舜之前被封为陶唐氏，在夏朝被封为御龙氏，在商朝被封为豕韦氏，在周朝被封为唐杜氏，晋国成为中原诸侯盟主之后封为范氏。所说的不朽指的就是这种情况吧？"穆叔回答说："凭借我所知道的，这个叫做世袭爵位俸禄，不能叫做不朽。在鲁国我的先人臧文仲大夫，人虽然不在了，但他的著作言论却留传下来。所说的不朽指的应该是这种情况。我听说这样的事，最高的层次是树立一种道德，其次是建立一项功勋，第三是著书立说，这三样东西，虽经久远却不被磨灭，这才能称作不朽。至于那些长久保留爵位和封号、宗庙香火世代不灭的名门大族，所有的国家都有，官大禄高的人，不可以称作不朽。"

郑子产寓书范宣子论重币（襄公二十四年）

范宣子为政，诸侯之币重，郑人病之。二月，郑伯如晋，子产寓书于子西，以告宣子，曰："子为晋国，四邻诸侯不闻令德，而闻重币，侨也惑之。侨闻君子长国家者，非无贿之患，而无令名之难。夫诸侯之贿，聚于公室，则诸侯贰；若吾子赖之，则晋国贰。诸侯贰，则晋国坏；晋国贰，则子之家坏。何没没也！将焉用贿？夫令名，德之舆也；德，国家之基也。有基无坏，无亦是务乎！有德则乐，乐则能久。《诗》云：'乐只君子，邦家之基'，有令德也夫！'上帝临女，无贰尔心'，有令名也夫！恕思以明德，则令名载而行之，是以远至迩安。毋宁使人为子'子实生我'，而谓子'浚我以生'乎？象有齿以焚其身，贿也。"

宣子说，乃轻币。

【译文】范宣子（晋卿）当权，诸侯向晋国贡献的负担很沉重。郑国的人把这事看作忧患。二月，郑国国君往晋国，子产（公孙侨，字子产，郑国大夫）委托书信给子西（子西随郑伯如晋），带给范宣子，信上说："您为政于晋国，四邻诸侯没听说（您的）的美德（令：善，美），却听说（向诸侯索取的）贡纳很重，我呢，对此很不理解。我听说君子掌管国家的，不是担忧没有财物，而是担忧没有好名声。说到那诸侯的财货，聚集在晋公室，那么诸侯就会离心离德；如果您的私家依赖这些财货，晋国人就会离心（当时范宣子当权，所以有可能占据诸侯的贡物，而使晋国其他贵族因不满于范氏以权谋私而怀有二心）。诸侯离心离德，晋国受到损害；晋国人离心离德，您的私家就会受到损害。为什么昏昧糊涂呢？那时如何使用贡物？说到那好名声，是载德以行的车子；德行，是国家的根基。有基础就不致毁坏，为什么不致力于此呢？（在位者）有美德就能与大家共同享乐，众人快乐就能统治长久。《诗经·大雅·大明》说：（获得拥护而）喜乐的统治者（只：句中语气词，可译为"啊"），是国家的基石，是有美德的啊！'上帝监护着你（武王），人民就不会对你怀有二心'，是有美名的啊！用'恕'的思想来显示美德，那么好的声誉就会载着美德传播推行，因此远方诸侯来归附，近邻诸侯能安心。难道不应该让各国人都说您'您确实是我们的养育父母'，却要让人们说您'您榨取我们来养肥自己'吗？大象有牙齿而使自身遭受围猎，这是因为象牙珍贵可以作为财物啊！"

范宣子很高兴，于是减轻了诸侯的进贡。

齐晏子不死君难（襄公二十五年）

崔武子见棠姜而美之，遂取之。庄公通焉。崔子弑之。晏子立于崔氏之门外。其人曰："死乎？"曰："独吾君也乎哉，吾死也？"曰："行乎？"曰："吾罪也乎哉，吾亡也？"

曰："归乎？"曰："君死，安归？君民者，岂以陵民？社稷是主。臣君者，岂为其口实？社稷是养。故君为社稷死，则死之；为社稷亡，则亡之。若为己死，而为己亡，非其私昵，谁敢任之？且人有君而弑之，吾焉得死之？而焉得亡之？将庸何归？"门启而入，枕尸股而哭。兴，三踊而出。人谓崔子："必杀之。"崔子曰："民之望也，舍之得民。"

【译文】崔武子遇见棠姜，觉得她很漂亮，所以就娶了她。齐庄公和棠姜勾结，崔武子便杀害了庄公。晏了在崔氏的门外站着，他的仆人问说："要为国君殉难吗？"晏子说："是我一个人的国君吗？我为什么要死？"他的手下人说："准备逃出齐国吗？"晏子说："是我的罪过吗？我为什么要逃走？"他的手下人说："回去吗？"晏子说："国君死了，怎能回去？作为百姓的君主，岂可凌驾于百姓之上？要以国家为重啊。臣子侍奉国君，岂是为了他的俸禄？而是要供养国家。因此国君为国家而死，就跟着他去死；为国家而逃亡，就跟着他逃亡。假如是为自己而死，或是为了自己而逃亡，不是他自己宠爱亲近的人，谁敢担当责任？何况是拥有君主宠爱的人杀了他，我怎能为他去死？怎能为他而逃走？又怎么能回去呢？"大门打开了，晏子走了进去，把庄公的尸体放在大腿上大哭，哭完站起来跳了三下才走出去。有人和崔武子说："必须要杀掉他。"崔武子说："他是百姓敬重的人物，不杀他，能够得民心。"

宋子罕论弥兵（襄公二十七年）

宋向戌善于赵文子，又善于令尹子木，欲弭诸侯之兵以为名。如晋，告赵孟。赵孟谋于诸大夫，韩宣子曰："兵，民之残也，财用之蠹，小国之大灾也。将或弭之，虽曰不可，必将许之。弗许，楚将许之，以召诸侯，则我失为盟主矣。"晋人许之。如楚，楚亦许之。如齐，齐人难之。陈文子曰："晋、楚许之，我焉得已。且人曰弭兵，而我弗许，则固携吾民矣！将焉用之？"齐人许之。告于秦，秦亦许之。皆告于小国，为会于宋。

【译文】宋国的向戌和赵文子友好，又和令尹子木友好，想要停止诸侯之间的战争以取得名声。他去到晋国，告诉了赵文子。赵文子和大夫们商量。韩宣子说："战争，是残害百姓的祸事，是财货的蛀虫，是小国的大灾难，有人要消除它，虽然说办不到，一定要答应。不答应，楚国将会答应，用来号召诸侯，那么我国就失去盟主的地位了。"晋国人答应了向戌。向戌又去楚国，楚国也答应了。去到齐国，齐国人感到为难。陈文子说："晋国、楚国答应了，我们怎么能够不答应？而且别人说‘消灭战争’，而我们不答应，那么就使我们的百姓离心了，将要怎么使用他们？”齐国人答应了。告诉秦国，秦国也答应了。这四个国家都通告小国，在宋国举行会见。

宋左师请赏，曰：“请免死之邑。”公与之邑六十。以示子罕，子罕曰：“凡诸侯小国，晋、楚所以兵威之。畏而后上下慈和，慈和而后能安靖其国家，以事大国，所以存也。无威则骄，骄则乱生，乱生必灭，所以亡也。天生五材，民并用之，废一不可，谁能去兵？兵之设久矣，所以威不轨而昭文德也。圣人以兴，乱人以废，废兴存亡昏明之术，皆兵之由也。而子求去之，不亦诬乎？以诬道蔽诸侯，罪莫大焉。纵无大讨，而又求赏，无厌之甚也！”削而投之。左师辞邑。向氏欲攻司城，左师曰：“我将亡，夫子存我，德莫大焉，又可攻乎？”君子曰：“‘彼其之子，邦之司直。’乐喜之谓乎？‘何以恤我，我其收之。’向戌之谓乎？”

【译文】宋国的左师请求赏赐，说：“请求赐给足以免死的城邑。”宋平公给他六十个城邑，他把文件交给子罕看。子罕说：“凡是诸侯小国，晋国、楚国都用武力来威慑他们，使他们害怕然后就上下慈爱和睦，慈爱和睦然后能安定他们的国家，以事奉大国，这是所以生存的原因。没有威慑就要骄傲，骄傲了祸乱就要发生，祸乱发生必然被灭亡，这就是所以灭亡的原因。上天生长了金、木、水、火、土五种材料，百姓把它们样样使用上，缺一种都不可，谁能够废除武器？武器的设置已经很久了，这是用来威慑不轨而宣扬文德的。圣人由于武力而兴起，作乱的人由于武力而废弃。使兴起者废弃、灭亡者生存、明白者糊涂的策略，都是从武力来的，而您谋求去掉它，不也是欺骗吗？以欺骗蒙蔽诸侯，没有比这再大的罪过了。即使没有大的讨伐，反而又求取赏赐，这是不满足到了极点了。”因此，子罕就把封赏文件上的字削去并且扔了它。左师也就推辞了接受城邑。向氏想要攻打子罕，左师说：“我将要灭亡时，他老人家救了我，没有比这再大的恩德了。又可以攻打吗？”君子说：“‘那位人物，是国家主持正义的人’，这说的就是子罕吧！‘用什么赐给我，我将要接受它’，这说的就是向戌吧？”

吴季札论乐（襄公二十九年）

吴公子札来聘。请观于周乐。使工为之歌《周南》、《召南》，曰：“美哉，始基之矣，犹未也，然勤而不怨矣。”为之歌《邶》、《鄘》、《卫》，曰：“美哉，渊乎！忧而不困者也，吾闻卫康叔、武公之德如是。是其《卫风》乎？”为之歌《王》，曰：“美哉，思而不惧，其周之东乎？”为之歌《郑》，曰：“美哉，其细已甚，民弗堪也。是其先亡乎？”为之歌《齐》，曰：“美哉，泱泱乎！大风也哉！表东海者，其大公乎？国未可量也。”

【译文】吴国的公子札前来鲁国聘问，请求观赏周天子的音乐舞蹈。让乐工为他演唱《周南》、《召南》，他说：“美好啊！开始奠定基础了，还没有完成，然而百姓勤劳而没有怨恨了。”为他演唱《邶风》、《鄘风》、《卫风》，他说：“美好啊，深厚啊！哀愁而不窘迫。我听说卫康叔、武公的德行就像这样，这恐怕就是《卫风》吧！”为他演唱《王风》，他说：“美好啊！忧虑而不恐惧，恐怕是周室东迁以后的音乐吧！”为他演唱《郑风》，他说：“美好啊！但它琐碎得太过分了．百姓不能忍受。它恐怕是要先灭亡的吧！”为他演唱《齐风》，他说：“美好啊，宏大啊！这是大国的音乐啊！作为东海一带诸侯的表率，恐怕是太公的国家吧！国家不可限量啊！”

为之歌《豳》，曰：“美哉，荡乎！乐而不淫，其周公之东乎？”为之歌《秦》，曰：“此之谓夏声。夫能夏则大，大之至也，其周之旧乎？”为之歌《魏》，曰：“美哉、沨、沨乎！大而婉，险而易行。以德辅此，则明主也。”为之歌《唐》，曰：“思深哉，其有陶唐氏之遗民乎！不然，何忧之远也？非令德之后，谁能若是？”为之歌《陈》，曰：“国无主，其能久乎？”自《郐》以下无讥焉。

【译文】为他演唱《豳风》，他说：“美好啊！坦荡啊！欢乐而不过度，大概是周公东征的音乐吧！”为他演唱《秦风》，他说：“这就叫做‘夏声’。能发夏声就是宏大，宏大到极点了，大概是周朝旧地的音乐吧！”为他演唱《魏风》，他说：“美好啊，抑扬婉转呵！宏大而婉转．急促而易于行腔，如果用德行加以辅助，就是贤明的君主了。”为他演唱《唐风》，他说：“思虑深远啊！大概有陶唐氏的遗民吧！要不是这样．为什么忧思如此深远呢？不是盛德之人的后裔，谁能像这样？”为他演唱《陈风》，他说：“国家没有主人，难道能长久吗？”从《郐风》以下．就没有评论了。

为之歌《小雅》，曰：“美哉，思而不贰，怨而不言。其周德之衰乎？犹有先王之遗民焉。”为之歌《大雅》，曰“广哉，熙熙乎！曲而有直体，其文王之德乎！”

【译文】为他演唱《小雅》，他说：“美好啊！忧愁而没有二心，怨恨而不形于言语，大概是周朝德行衰微时的音乐吧！还是有先王的遗民啊。”为他演唱《大雅》，他说：“宽广啊，和美融洽啊！抑扬曲折而本体刚劲，恐怕是文王的德行吧！”

为之歌《颂》，曰："至矣哉！直而不倨，曲而不屈，迩而不逼，远而不携，迁而不淫，复而不厌，哀而不愁，乐而不荒，用而不匮，广而不宣，施而不费，取而不贪，处而不底，行而不流。五声和，八风平，节有度，守有序，盛德之所同也。

【译文】为他演唱《颂》，他说："到达顶点了！正直而不放肆，委婉而不卑下，紧密而不局促，悠远而不散漫，变化而不过分，反复而不厌倦，哀伤而不忧愁，欢乐而不荒淫，用取而不匮乏，宽广而不显露，施予而不损耗，吸收而不贪婪，静止而不停滞，行进而不流荡。五声协调，八风和谐。节拍合于节度，演奏按照次序，这是有盛德的人共同具有的。"

见舞《象箾》、《南籥》者，日："美哉，犹有憾。"见舞《大武》者，曰："美哉，周之盛也，其若此乎？"见舞《韶濩》者，曰："圣人之弘也。而犹有惭德，圣人之难也。"见舞《大夏》者，曰："美哉，勤而不德，非禹，其谁能修之？"见舞《韶箾》者，日："德至矣哉！大矣如天之无不帱也，如地之无不载也，虽甚盛德，其蔑以加于此矣。观止矣。若有他乐，吾不敢请已。"

【译文】看到跳《象箾》、《南籥》舞，公子札说："美好啊！但还有些遗憾。"看到跳《大武》舞，说："美好啊！周朝兴盛的时候．大概就是这样吧！"看到跳《韶濩》舞，说："像圣人那样的伟大．尚且因为还有缺点而内疚，当圣人不容易啊！"看到跳《大夏》舞．说："美好啊！勤劳而不自居有德，不是禹，谁能够办到？"看到跳《韶箾》舞，说："功德到达极点了，伟大啊，像苍天的无不覆盖，像大地的无不承载。这样盛大的德行，不能再比它有所增加了，观赏就到这里吧！如果还有其他音乐舞蹈．我不敢再请求了。"

子产始为政（襄公三十年）

郑子皮授子产政，辞曰："国小而逼，族大宠多，不可为也。"子皮曰："虎帅以听，谁敢犯子？子善相之，国无小，小能事大，国乃宽。"

【译文】郑国的子皮把政权交给子产，子产辞谢说："国家小而逼近大国，家族庞大而受宠的人又多，我不能治理好。"子皮说："虎率领他们听从，谁敢触犯您？您好好地辅助国政吧。国家不在于小，小国能够事奉大国，国家就可以不受逼迫了。"

子产为政，有事伯石，赂与之邑。子大叔曰：“国，皆其国也。奚独赂焉？”子产曰：“无欲实难。皆得其欲，以从其事，而要其成，非我有成，其在人乎？何爱于邑？邑将焉往？”子大叔曰：“若四国何？”子产曰：“非相违也，而相从也，四国何尤焉？《郑书》有之曰：‘安定国家，必大焉先。’姑先安大，以待其所归。”既，伯石惧而归邑，卒与之。伯有既死，使大史命伯石为卿，辞。大史退，则请命焉。复命之，又辞。如是三，乃受策入拜。子产是以恶其为人也，使次己位。

【译文】子产治理政事，有事情要伯石去办，赠送给他城邑，子太叔说：“国家是大家的国家，为什么独给他送东西？”子产说：“要没有欲望确实是难的。使他们都满足欲望，去办他们的事情而取得成功。这不是我的成功，难道是别人的成功吗？对城邑有什么爱惜的，它会跑到哪里去？”子太叔说：“四方邻国将怎么看待？”子产说：“这样做不是为了互相违背，而是为了互相顺从，四方的邻国对我们有什么可责备的？《郑书》有这样的话：‘安定国家，一定要优先照顾大族。’姑且先照顾大族，再看它归向何处。”不久，伯石恐惧而把封邑归还，最终子产还是把城邑给了他。伯有死了以后，郑简公让太史去命令伯石做卿，伯石辞谢。太史退出，伯石又请求太史重新发布命令，命令下来了再次辞谢。像这样一连三次，这才接受策书入朝拜谢。子产因此讨厌伯石的为人，但担心他作乱，就让他居于比自己低一级的地位。

子产使都鄙有章，上下有服，田有封洫，庐井有伍。大人之忠俭者，从而与之。泰侈者，因而毙之。

【译文】子产让城市和乡村有所区别，上下尊卑各有职责，田土四界有水沟，庐舍和耕地能互相适应。对卿大夫中忠诚俭朴的，听从他，亲近他；骄傲奢侈的，推翻他。

丰卷将祭，请田焉。弗许，曰：“唯君用鲜，众给而已。”子张怒，退而征役。子产奔晋，子皮止之而逐丰卷。丰卷奔晋。子产请其田里，三年而复之，反其田里及其入焉。从政一年，舆人诵之，曰：“取我衣冠而褚之，取我田畴而伍之。孰杀子产，吾其与之！”及三年，又诵之，曰；“我有子弟，子产诲之。我有田畴，子产殖之。子产而死，谁其嗣之？”

【译文】丰卷准备祭祀，请求猎取祭品。子产不答应，说：“只有国君祭祀才用新猎取的野兽，一般人只要大致足够就可以了。”丰卷生气，退出以后就召集士兵。子产准备逃亡到晋国，子皮阻止他而驱逐了丰卷。丰卷逃亡到晋国，子产请求不要没收他的田地住宅，三年以后让丰卷回国复位，把他的田地住宅和一切收入都退还给他。子产参与政事一年，人们歌唱道：“计算我的家产而收财物税，丈量我的耕地而征收田税。谁杀死子产，我就帮助他。”到了三年，又歌唱道：“我有子弟，子产教诲；我有土田，子产使之增产。万一子产逝世谁来接替他呢？”

子产论毁乡校（襄公三十年）

郑人游于乡校，以论执政。然明谓子产曰："毁乡校，何如？"子产曰："何为？夫人朝夕退而游焉，以议执政之善否。其所善者，吾则行之；其所恶者，吾则改之，是吾师也，若之何毁之？我闻忠善以损怨，不闻作威以防怨。岂不遽止？然犹防川，大决所犯，伤人必多，吾不克救也；不如小决使道，不如吾闻而药之也。"然明曰："蔑也，今而后知吾子之信可事也。小人实不才。若果行此，其郑国实赖之，岂唯二三臣？"

仲尼闻是语也，曰："以是观之，人谓子产不仁，吾不信也。"

【译文】郑国的人们常在乡校里来往，来议论执政的人。然明告诉子产说："把乡校关闭了，您看怎么样？"子产说："为什么关闭？人们早晚劳动之余到这里交游，来议论执政的好还是不好。他们认为好的，我就去实行；他们厌恶的，我就改正。这是我们的老师啊！为什么关闭它呢？我听说实心为善以便减少怨恨，没有听说施用权势（指用惩罚手段）来堵住怨恨的。难道还不赶快停止(毁乡校的念头)？这样做就如同防川，大的决口所造成的灾害，伤人一定很多，我没法挽救；不如开个小口来疏导它，(对人们的议论)不如听到后把它当做治病的苦口良药。"然明说："我从今以后相信您的确能把国家治理好。我原来的想法实在愚蠢。如果真的照这样做下去，那郑国确实要依靠您，岂能只靠我们几个做官的呢？"孔子听到这番话，说："由此看来，人们说子产不仁爱，我是不相信的。"

子产论以政为学（襄公三十一年）

子皮欲使尹何为邑。子产曰："少，未知可否。"子皮曰："愿，吾爱之，不吾叛也。使夫往而学焉，夫亦愈知治矣。”子产曰：“不可。人之爱人，求利之也。今吾子爱人则以政，犹未能操刀而使割也，其伤实多。子之爱人，伤之而已，其谁敢求爱于子？子于郑国，栋也。栋折榱崩，侨将厌焉，敢不尽言。子有美锦，不使人学制焉。大官大邑，身之所庇也，而使学者制焉。其为美锦，不亦多乎？侨闻学而后入政，未闻以政学者也。若果行此，必有所害。譬如田猎，射御贯，则能获禽；若未尝登车射御，则败绩厌覆是惧，何暇思获？”子皮曰：“善哉！虎不敏。吾闻君子务知大者远者，小人务知小者近者。我，小人也。衣服附在吾身，我知而慎之。大官大邑，所以庇身也，我远而慢之，微子之言吾不知也。他日我曰：‘子为郑国，我为吾家，以庇焉其可也。’今而后知不足。自今请，虽吾家，听子而行。”子产曰：“人心之不同，如其面焉。吾岂敢谓子面如吾面乎？抑心所谓危，亦以告也。”

子皮以为忠，故委政焉。子产是以能为郑国。

【译文】子皮想让尹何治理封邑。子产说：“年轻，不知道能不能胜任。”子皮说：“尹何谨慎老实，我喜欢他，他不会背叛我的。让他到那里再学习，他也就更懂得治理政事了。”子产说：“不行。人们爱一个人，总是希望对他有利。现在您爱一个人却把政事交给他，如同还不懂得拿刀却要他去割东西，那样造成的伤害实在很多。您喜爱一个人，不过是使他受到伤害罢了，那还会有谁敢来求得您的喜爱呢？您对于郑国，就如同栋梁。栋梁若是折断了，屋椽就会坍塌，我也将会被压在下面，岂敢不把话全部说出来？您有美丽的锦缎，是不会让人用来学裁制的。高级官员和重要城邑，是自身的庇护，您却让学习政事的人来治理，它们对于美丽的锦缎来说，不是更为重要吗？我听说要先学习然后去办理政事，没有听说拿办理政事作为学习的。如果这样做，一定有所危害。比如打猎，射箭驾车都很熟悉，就能够获取猎物，如果从来没有上车射箭驾驭，那么就只会担心车翻人压，还有什么工夫用于考虑捕获猎物？”子皮说：“说得好啊！我真是不聪明。我听说君子致力于懂得大的、深远的事情，小人致力于懂得小的、近的事情。我，是一个小人啊。衣服穿在我身上，我知道爱惜它；高级官员、重要城邑，是用来庇护自身的，我却疏远怠慢它们。没有您这番话，我还不知道啊。从前我说：‘您治理郑国，我只治理我的家族来庇护自身，就可以了。’现在知道这样做还不够。从现在起我请求即使是我家族内的事务，也听凭您的意见去办。”子产说：“每个人的心思不同就如同他的面孔，我怎敢说您的面孔像我的面孔呢？不过是我心里认为危险的事，也就把它告诉您了。”

子皮认为子产忠实，所以就把政事全部交付给他，子产因此能够治理郑国。

晏子使晋与叔向各论国情（昭公三年）

齐侯使晏婴请继室于晋，曰：“寡君使婴曰：‘寡人愿事君，朝夕不倦，将奉质币，以无失时，则国家多难，是以不获。不腆先君之适以备内宫，焜燿寡人之望，则又无禄，早世陨命，寡人失望。君若不忘先君之好，惠顾齐国，辱收寡人，徼福于大公、丁公，照临敝邑，镇抚其社稷，则犹有先君之适及遗姑姊妹若而人。君若不弃敝邑，而辱使董振择之，以备嫔嫱，寡人之望也。’”韩宣子使叔向对曰：“寡君之愿也。寡君不能独任其社稷之事，未有伉俪，在缞绖之中，是以未敢请。君有辱命，惠莫大焉。若惠顾敝邑，抚有晋国，赐之内主，岂惟寡君，举群臣实受其贶，其自唐叔以下实宠嘉之。”

【译文】齐景公派晏婴请求继续送女子到晋国，说：“寡君派遣婴的时候说：‘寡人愿意奉事君王，早晚都不倦怠，要奉献财礼而不失去定时，然而由于国家多难，因此不能前来。先君的嫡女有幸在君王的内宫充数，照亮了寡人的希望，但又没有福气，过早地死去了，寡人失去了希望。君王如果不忘记先君的友好，加恩顾念齐国，对寡人和睦，求福于太公、丁公，光辉照耀敝邑，镇定安抚我们的国家，那么还有先君的嫡女和其余姑姐妹若干人。君王如果不抛弃敝邑，而派遣使者慎重选择，作为姬妾，这就是寡人的希望。’”韩宣子派叔向回答说：“这正是寡君的愿望。寡君不能单独承担国家大事，没有正式的配偶，由于在服丧期间，因此没有敢提出请求。君王有命令，没有比这再大的恩惠了。如果加恩顾念敝邑，安抚晋国，赐给晋国内主，岂独是寡君，所有的臣下都受到他的恩赐，从唐叔以下都会尊崇赞许他。”

既成昏，晏子受礼，叔向从之宴，相与语。叔向曰：“齐其何如？”晏子曰：“此季世也，吾弗知齐其为陈氏矣。公弃其民，而归于陈氏。齐旧四量：豆、区、釜、钟。四升为豆，各自其四，以登于釜，釜十则钟。陈氏三量皆登一焉，钟乃大矣。以家量贷，而以公量收之。山木如市，弗加于山；鱼盐蜃蛤，弗加于海。民三其力，二入于公，而衣食其一。公聚朽蠹，而三老冻馁。国之诸市，屦贱踊贵。民人痛疾，而或燠休之，其爱之如父母，而归之如流水。欲无获民，将焉辟之？箕伯、直柄、虞遂、伯戏，其相胡公、大姬，已在齐矣！”

叔向曰：“然。虽吾公室，今亦季世也。戎马不驾，卿无军行；公乘无人，卒列无长。庶民罢敝，而宫室滋侈。道殣相望，而女富益尤。民闻公命，如逃寇仇。栾、郤、胥、原、狐、续、庆、伯，降在皂隶。政在家门，民无所依。君日不悛，以乐慆忧。公室之卑，其何日之有？《谗鼎之铭》曰：'昧旦丕显，后世犹怠。'况日不悛，其能久乎？晏子曰："子将若何？"叔向曰："晋之公族尽矣。肸闻之，公室将卑，其宗族枝叶先落，则公从之。肸之宗十一族，唯羊舌氏在而已。肸又无子，公室无度，幸而得死，岂其获祀。"

【译文】订婚之后，晏婴接受了晋国的宴宾之礼。叔向陪他一起参加宴饮，互相交谈起来。叔向说："齐国怎么样了？"晏婴回答说："现在是末代了，我不知道该怎么说。齐国恐怕是陈氏的了。国君抛弃他的百姓，使他们归附陈氏。齐国原来有豆、区、釜、钟四种量器。四升为一豆，各自以四进位，一直升到釜，十釜就是一钟。陈氏的豆、区、釜三种量器，都加大了四分之一，钟的容量就更大了。陈氏用私家的大量器借出粮食，而用公家的小量器收回。山上的木材运到市场，价格不比山里高；鱼盐蛤蜊等海产品，价格也不比海边高。百姓把劳动收入分成三分，两分归公家，一分用来维持自己的衣食。国君聚敛的财物已腐烂生虫，老年人们却挨冻受饿。国都的各个市场上，鞋价便宜而假腿昂贵。百姓有了痛苦疾病，有人乘机去安抚。百姓拥戴陈氏如同父母一样，归附陈氏像流水一样。想要陈氏不得到百姓拥戴，哪里能避得开？陈氏远祖箕伯、直柄、虞遂、伯戏，他们随著胡公和大姬，恐怕已经在齐国接受祭祀了。"

叔向说："是的。就是我们的公室，现在也到了末世了。兵车没有战马和人驾驭，国卿不率军队；国君的战车左右没有好人才，步兵队伍没有好长官。百姓疲病，但宫室更加奢侈。道路上饿死的人随处可见，而宠姬家的财物多得装不下。百姓听到国君的命令，就像逃避仇敌一样。栾、郤、胥、原、狐、续、庆、伯这八个大家族的后人已经沦为低级的吏役。政事由私家决定，百姓无所依从。国君一天比一天不肯悔改，用行乐来掩盖忧愁。公室的衰微，还能有几天？《谗鼎之铭》说：'天不亮就起来致力于政绩显赫，子孙后代还是会懒散懈怠。'可况国君一天天不悔改，国家能够长久吗？"晏子说："您打算怎么办？"叔向说："晋国的公族全完了。我听说，公室快要衰微时，它的宗族就像树的枝叶一样首先落下来，公室跟著就衰亡了。我的一宗有十一族，只有羊舌氏一支还在。我又没有好儿子，公室没有法度，能够得到善终就是万幸，难道还会指望得到后代的祭祀吗？"

初，景公欲更晏子之宅，曰："子之宅近市，湫隘嚣尘，不可以居，请更诸爽垲者。"辞曰："君之先臣容焉，臣不足以嗣之，于臣侈矣。且小人近市，朝夕得所求，小人之利也，敢烦里旅？"公笑曰："子近市，识贵贱乎？"对曰："既利之，敢不识乎？"公曰："何贵？何贱？"于是景公繁于刑，有鬻踊者，故对曰："踊贵，屦贱。"既已告于君，故与叔向语而称之。景公为是省于刑。君子曰："仁人之言，其利溥哉。晏子一言，而齐侯省刑。《诗》曰：'君子如祉，乱庶遄已。'其是之谓乎？"及晏子如晋，公更其宅。反，则成矣。既拜，乃毁之，而为里室，皆如其旧，则使宅人反之，曰："谚曰：'非宅是卜，惟邻是卜。'

二三子先卜邻矣。违卜不祥。君子不犯非礼，小人不犯不祥，古之制也。吾敢违诸乎？”卒复其旧宅，公弗许，因陈桓子以请，乃许之。

【译文】当初，齐景公想要为晏婴更换住宅，对晏婴说：“你的住宅靠近市场，下湿狭窄，而且声音喧闹、尘土飞扬，不能居住，请给你更换到明亮干燥的地方。”晏子推辞说：“君主以前的臣子就容身在这里，我本不足以继承他的职位，我住在这里还觉得奢侈呢。又且我靠近市场，早晚能够得到我所需要的东西，这是我的利益，哪里还敢麻烦人来管理我的家宅呢？”齐景公笑着说：“你靠近市场，货物价格的贵贱你知道吗？”晏婴回答说：“既然得到靠近市场的好处，还能不知道市场价格？”齐景公问：“什么东西贵，什么东西贱？”当时齐景公刑罚繁重，好多人被砍掉腿脚，于是市场上就有出售假肢的人，所以晏婴回答说：“削掉足的人所用的假肢价钱贵，鞋贱。”已经把这情况告诉了齐景公，所以与叔向谈话的时候又提到它。齐景公因此减少了刑罚。君子说：“仁人的言论，它的利益是很广泛的。晏子的一句话，而齐景公就减少了刑罚。《诗经》说：‘君子如果高兴，乱事就能很快停止下来。’正是说的这类事情吧？”等到晏子出使晋国，齐景公就为他建筑新居。他回到齐国后，新居已经筑好。晏婴拜谢了齐景公，就把这所新宅毁掉，而把因给他建新宅拆毁的住宅重新修筑起来，都修成它们原来的样子，让原来居住的人仍旧住回去，对这些人说：“谚语说：‘不要选择住宅，只是要选择邻居。’你们都先选择邻居吧。如果违背了占卜的结果就不会吉祥。君子不做那些不遵礼法的事，小人们不做那些不吉利的事，这是古人的遗训。我敢违背它吗？”最终恢复他的旧居，齐景公不允许，晏婴又通过陈桓子向齐景公请求，齐景公最终允许了。

晋叔向与郑子产论铸刑书（昭公六年）

三月，郑人铸刑书。叔向使诒子产书，曰：“始吾有虞于子，今则已矣。昔先王议事以制，不为刑辟，惧民之有争心也。犹不可禁御，是故闲之以义，纠之以政，行之以礼，守之以信，奉之以仁，制为禄位以劝其从，严断刑罚以威其淫。惧其未也，故诲之以忠，耸之以行，教之以务，使之以和，临之以敬，莅之以强，断之以刚。犹求圣哲之上，明察之官，忠信之长，慈惠之师，民于是乎可任使也，而不生祸乱。民知有辟，则不忌于上，并有争心，以征于书，而徼幸以成之，弗可为矣。夏有乱政而作《禹刑》，商有乱政而作《汤刑》，周有乱政而作《九刑》，三辟之兴，皆叔世也。今吾子相郑国，作封洫，立谤政，制参辟，铸刑书，将以靖民，不亦难乎？《诗》曰：'仪式刑文王之德，日靖四方。'又曰：'仪刑文王，万邦作孚。'如是，何辟之有？民知争端矣，将弃礼而征于书。锥刀之末，将尽争之。乱狱滋丰，贿赂并行，终子之世，郑其败乎！肸闻之，国将亡，必多制，其此之谓乎！"复书曰："若吾子之言，侨不才，不能及子孙，吾以救世也。既不承命，敢忘大惠？"

【译文】三月，郑国把刑法铸在鼎上。叔向派人送给子产一封信，说："开始我对您寄予希望，现在完了。从前先王衡量事情的轻重来断定罪行，不制定刑法，这是害怕百姓有争夺之心。还是不能防止犯罪，因此用道义来防范，用政令来约束，用礼仪来奉行，用信用来保持，用仁爱来奉养。制定禄位，以勉励服从的人，严厉地判罪，以威胁放纵的人。还恐怕不能收效，所以用忠诚来教诲他们，根据行为来奖励他们，用专业知识技艺教导他们，用和悦的态度使用他们，用严肃认真对待他们，用威严监临他们，用坚决的态度判断他们的罪行。还要访求聪明贤能的卿相、明白事理的官员、忠诚守信的乡长、慈祥和蔼的老师，百姓在这种情况下才可以使用，而不致于发生祸乱。百姓知道有法律，就对上面不恭敬。大家都有争夺之心，用刑法作为根据，而且侥幸得到成功，就不能治理了。夏朝有违犯政令的人，就制定禹刑。商朝有触犯政令的人，就制定汤刑。周朝有触犯政令的人，就制定九刑。三种法律的产生，都处于末世了。现在您辅佐郑国，划定田界水沟，设置毁谤政事的条例，制定三种法规，把刑法铸在鼎上，准备用这样的办法安定百姓，不也是很难的吗？《诗》说：'效法文王的德行，每天抚定四方。'又说：'效法文王，万邦信赖。'像这样，何必要有法律？百姓知道了争夺的依据，将会丢弃礼仪而征用刑书。刑书的一字一句，都要争个明白。触犯法律的案件更加繁多，贿赂到处使用。在您活着的时候，郑国恐怕要衰败吧！肸听说，'国家将要灭亡，必然多订法律'，恐怕说的就是这个吧！"子产复信说："像您所说的这样。侨没有才能，不能考虑到子孙，我是用来挽救当前的世界。既然不能接受您的命令，又岂敢忘了您的恩惠？"

子产论伯有为鬼（昭公七年）

郑人相惊以伯有，曰："伯有至矣"，则皆走，不知所往。铸刑书之岁二月，或梦伯有介而行，曰："壬子，余将杀带也。明年壬寅，余又将杀段也。"及壬子，驷带卒，国人益惧。齐、燕平之月壬寅，公孙段卒。国人愈惧。其明月，子产立公孙泄及良止以抚之，乃止。子大叔问其故，子产曰："鬼有所归，乃不为厉，吾为之归也。"大叔曰："公孙泄何为？”子产曰：“说也。为身无义而图说，从政有所反之，以取媚也。不媚，不信。不信，民不从也。”

及子产适晋，赵景子问焉，曰：“伯有犹能为鬼乎？”子产曰：“能。人生始化曰魄，既生魄，阳曰魂。用物精多，则魂魄强。是以有精爽，至于神明。匹夫匹妇强死，其魂魄犹能冯依于人，以为淫厉，况良霄，我先君穆公之胄，子良之孙，子耳之子，敝邑之卿，从政三世矣。郑虽无腆，抑谚曰‘蕞尔国’，而三世执其政柄，其用物也弘矣，其取精也多矣。其族又大，所冯厚矣。而强死，能为鬼，不亦宜乎？”

【译文】郑国人因为伯有鬼魂出现而互相惊恐，有人说“伯有来了”，就都逃走，慌不择路。在把刑法铸在鼎上这一年的二月，有人梦见伯有穿着甲走路，说：“壬子日，我将杀死驷带。明年的壬寅日，我又将杀死公孙段。”到了壬子日，驷带去世。国人更加害怕。齐、燕议和的这个月的壬寅日，公孙段去世。国人怕得更厉害。到下个月，子产立了公孙拽与良止来安抚伯有的鬼魂，伯有才没有再显灵。子太叔问子产缘故，子产说：“鬼有了归宿，就不会再作恶，我是为他安排了归宿。”子太叔说：“那么为什么又立公孙洩呢？”子产说：“是为了取悦于鬼魂。立身没有道义而希望得到快乐，执政官有所违背礼仪，就会使得鬼魂高兴。不使鬼魂高兴，鬼魂就不讲信用。不讲信用，人民就不会顺从。”

等到子产去晋国，赵景子问他，说：“伯有还能做鬼吗？”子产说：“能。人刚刚死去叫做魄，已经变成魄，阳气叫做魂。生时衣食精美丰富魂魄就强有力，因此有现形的能力，一直达到神化。普通的男人和女人不能善终，他们的魂魄还能附在别人身上，以大肆惑乱暴虐，何况伯有是我们先君穆公的后代，子良的孙子，子耳的儿子，敝邑的卿，执政已经三代了。郑国虽然不强大，或者就像俗话所说的是‘小小的国家’，可是三代执掌政权，他使用东西很多，他在其中汲取精华也很多，他的家族又大，所凭借的势力雄厚，可又不得善终，能够做鬼，不也是应该的吗？”

楚子革讽谏灵王（昭公十二年）

楚子狩于州来，次于颍尾，使荡侯、潘子、司马督、嚣尹午、陵尹喜帅师围徐以惧吴。楚子次于乾溪，以为之援。雨雪，王皮冠、秦复陶、翠被、豹舄，执鞭以出。仆析父从。右尹子革夕，王见之，去冠、被，舍鞭，与之语，曰：“昔我先王熊绎与吕伋、王孙牟、燮父、禽父并事康王。四国皆有分，我独无有。今吾使人于周，求鼎以为分，王其与我乎？”对曰：“与君王哉！昔我先王熊绎辟在荆山，筚路蓝缕以处草莽，跋涉山林以事天子，唯是桃弧棘矢以共御王事。齐，王舅也；晋及鲁、卫，王母弟也。楚是以无分，而彼皆有。今周与四国服事君王，将唯命是从，岂其爱鼎？”王曰：“昔我皇祖伯父昆吾，旧许是宅。今郑人贪赖其田，而不我与。我若求之，其与我乎？”对曰：“与君王哉！周不爱鼎，郑敢爱田？”王曰：“昔诸侯远我而畏晋，今我大城陈、蔡、不羹，赋皆千乘，子与有劳焉，诸侯其畏我乎！”对曰：“畏君王哉！是四国者，专足畏也。又加之以楚，敢不畏君王哉！”工尹路请曰：“君王命剥圭以为鏚柲，敢请命。”王入视之。析父谓子革：“吾子，楚国之望也。今与王言如响，国其若之何？”子革曰：“摩厉以须，王出，吾刃将斩矣。”王出，复语。左史倚相趋过，王曰：“是良史也，子善视之！是能读《三坟》、《五典》、《八索》、《九丘》。”对曰：“臣尝问焉，昔穆王欲肆其心，周行天下，将皆必有车辙马迹焉。祭公谋父作《祈招》之诗以止王心，王是以获没于祗宫。臣问其诗而不知也。若问远焉，其焉能知之？”王曰：“子能乎？”对曰：“能。其《诗》曰：‘祈招之愔愔，式昭德音。思我王度，式如玉，式如金。形民之力，而无醉饱之心。’”王揖而入，馈不食，寝不寐，数日，不能自克，以及于难。

仲尼曰：“古也有志：‘克己复礼，仁也。’信善哉！楚灵王若能如是，岂其辱于乾溪？”

【译文】楚灵王在州来打猎阅兵，驻扎在颍尾，派荡侯、潘子、司马督、嚣尹午、陵尹喜带兵包围徐国以威胁吴国。楚灵王驻在乾谿，作为他们的后援。下雪，楚灵王头戴皮帽子，身穿秦国的羽衣，披着翠羽披肩，脚穿豹皮鞋，手拿着鞭子走了出来。仆析父作为随从。右尹子革晚上去朝见，楚王接见他，脱去帽子、披肩，放下鞭子，和他说话，说：“从前我们先王熊绎，和吕级、王孙牟、燮父、禽父一起事奉康王，齐、晋、鲁、卫四国都分赐了宝器，唯独我国没有。现在我派人到成周，请求把鼎作为赏赐，周天子会给我吗？”子革回答说：“会给君王啊！从前我们先王熊绎住在荆山僻处，乘柴车、穿破衣以开辟丛生的杂草，跋山涉水以事奉天子，只能用桃木弓、枣木箭作为进贡。齐国，是天子的舅父。晋国和鲁国、卫国，是天子的同胞兄弟。楚国因此没有得到赏赐，而他们却有，现在是周朝和四国顺服事奉君王了。将会都听从您的命令，难道还爱惜鼎？”楚灵王说：“以前我们的皇祖伯父昆吾，居住在旧许，现在郑国人贪利这里的土田而不给我们。我们如果求取，他会给我们吗？”子革回答说：“会给君王啊！周朝不爱惜鼎，郑国还敢爱惜土田？”楚灵王说：“从前诸侯认为我国偏僻而害怕晋国，现在我们大大地修筑陈国、蔡国两个不羹城的城墙，每地都有战车一千辆，您是有功劳的，诸侯会害怕我们了吧！”子革回答说：“害怕君王啊！光是这四个城邑，也就足够使人害怕了，又加上楚国全国的力量，岂敢不怕君王呢？”工尹路请求说：“君王命令破开圭玉以装饰斧柄，谨请发布命令。”楚灵王走进去察看。析父对子革说：“您，是楚国有名望的人。现在和君王说话，答对好像回声一样，国家将怎么办？”子革说：“我磨快了刀刃等着，君王出来，我的刀刃就将砍下去了。”楚灵王出来，又和子革说话。左史倚相快步走过，楚灵王说：“这个人是好史官，您要好好看待他，这个人能够读《三坟》、《五典》、《八索》、《九丘》。”子革回答说：“下臣曾经问过他。从前周穆王想要放纵他自己的私心，周游天下，想要让天下到处都有他的车辙马迹。祭公谋父作了《祈招》这首诗来阻止穆王的私心，穆王因此得以善终于祗宫。下臣问他这首诗，他都不知道。如果问更远的事情，他哪里能知道？”楚灵王说：“您能知道吗？”子革回答说：“能。这首诗说：‘祈招安祥和悦，表现有德者的声音。想起我们君王的风度，样子好像玉好像金。保存百姓的力量，而自己没有醉饱之心。’”楚灵王向子革作揖，便走了进去，送上饭来不吃，睡觉睡不着，有好几天，不能克制自己，所以终于遇上了祸难。

孔子说：“古时候有话说：‘克制自己回到礼仪上，这就是仁。’真是说得好啊！楚灵王如果能够这样，难道还会在乾谿受到羞辱？”

子产论天道远（昭公十七年十八年）

冬，有星孛于辰，西及汉。申须曰：“彗所以除旧布新也。天事恒象，今除于火，火出必布焉。诸侯其有火灾乎？”郑裨灶言于子产曰：“宋、卫、陈、郑将同日火，若我用瓘斝玉瓒，郑必不火。”子产弗与。

【译文】冬，有彗星在大辰星边出现，西面到达银河。申须说：“彗星是用来扫除旧的布陈新的。天上发生的事常常显示吉凶，现在扫除大火星，大火星再出现时必定布散灾祸。诸侯也许将有火灾了吧？”郑裨灶对子产说：“宋、卫、陈、郑将同日发生火灾，如果我们用瓘斝玉瓒祭祀，郑国一定不会发生火灾。”子产不同意。

次年五月，火始昏见。丙子，风。梓慎曰：“是谓融风，火之始也；七日，其火作乎？”戊寅，风甚。壬午，大甚。宋、卫、陈、郑皆火。

稗灶曰：“不用吾言，郑又将火。”郑人请用之，子产不可。子大叔曰：“宝以保民也。若有火，国几亡。可以救亡，子何爱焉？”子产曰：“天道远，人道迩，非所及也，何以知之？灶焉知天道，是亦多言矣，岂不或信？”遂不与，亦不复火。

【译文】第二年五月，大火星开始在黄昏的时候出现。初七，刮起了风。鲁国的梓慎说："这种风称为融风，是火灾发生的预兆，七天以后，火灾大概就要发生了吧？"初九，风刮得很大。十四日，风刮得更大。宋国、卫国、陈国、郑国都发生火灾。梓慎登上大庭氏的库房向天空眺望，说："大火正在宋国、卫国、陈国、郑国燃烧。"几天以后，这几个国家都来报告火灾的消息。

禆灶说："去年不采纳我的建议，今年郑国还要发生火灾。"郑国人请求采纳他的意见，子产不同意。子大叔说："宝物是用来保护百姓用的。如果有了火灾，国家就会濒临灭亡。既然这些宝物可以挽救国家，您爱惜它干什么呢？"子产说："天道离我们很远很远，人道却离我们很近很近，我们无法知道天道的事情。又如何预测在哪里会发生火灾呢？禆灶哪里懂得天道？这个人的预言也太多了，难道不会偶尔碰上一次两次？"于是不采纳禆灶的建议。后来郑国也没有再发生火灾。

晏子论和同与无死（昭公二十年）

齐侯至自田，晏子侍于遄台，子犹驰而造焉。公曰："唯据与我和夫！"晏子对曰："据亦同也，焉得为和？"公曰："和与同异乎？"对曰："异。和如羹焉，水、火、醯、醢、盐、梅，以烹鱼肉，燀执以薪，宰夫和之，齐之以味，济其不及，以泄其过。君子食之，以平其心。君臣亦然。君所谓可而有否焉，臣献其否以成其可；君所谓否而有可焉，臣献其可以去其否。是以政平而不干，民无争心。故《诗》曰：'亦有和羹，既戒既平。鬷嘏无言，时靡有争。'先王之济五味，和五声也，以平其心，成其政也。声亦如味，一气、二体、三类、四物、五声、六律、七音、八风、九歌，以相成也；清浊、大小、长短、疾徐、哀乐、刚柔、迟速、高下、出入、周疏，以相济也。君子听之，以平其心。心平，德和。故《诗》曰：'德音不瑕。'今据不然。君所谓可，据亦曰可；君所谓否，据亦曰否。若以水济水，谁能食之？若琴瑟之专一，谁能听之？同之不可也如是。"饮酒乐。公曰："古而无死，其乐若何？"晏子对曰："古而无死，则古之乐也，君何得焉？昔爽鸠氏始居此地，季萴因之，有逢伯陵因之，蒲姑氏因之，而后大公因之。古若无死，爽鸠氏之乐，非君所愿也。"

【译文】景公从打猎的地方回来，晏子在遄台随侍，梁丘据也驾著车赶来了。景公说："只有梁丘据与我和协啊！"晏子回答说："梁丘据也不过是相同而已，哪里能说是和协呢？"景公说："和协与相同有差别吗？"晏子回答说："有差别。和协就像做肉羹，用水、火、醋、酱、盐、梅来烹调鱼和肉，用柴火烧煮。厨工调配味道，使各种味道恰到好处；味道不够就增加调料，味道过重就用水冲淡一下。君子吃了这种肉羹，用来平和心性。国君和臣下的关系也是这样。国君认为可以的，其中也包含了不可以，巨下进言指出不可以的，使可以的更加完备；国君认为不可以的，其中也包含了可以的，臣下进言指出其中可以的。去掉不可以的。因此。政事平和而不违背礼丁，百姓没有争斗之心。所以《诗·商颂·烈祖》中说：‘还有调和的好羹汤，五味备又适中。敬献神明来享用，上下和睦不争斗。’先王使五味相互调和，使五声和谐动听，用来平和心性，成就政事。音乐的道理也像味道一样，由一气。二体、三类、四物、五声、六律、七音、八风、九歌各方面相配合而成，由清浊、小大、短长、疾徐、哀乐、刚柔、迅速、高下、出入、周疏各方面相调节而成。君子听了这样的音乐，可以平和心性。心性平和，德行就协调。所以，《诗·豳风·狼跋》说：‘美好音乐没瑕疵。’现在梁丘据不是这样。国君认为可以的，他也说可以；国君认为不可以的，他也说不可以。如果用水来调和水，谁能吃一下去？如果用琴瑟老弹一个音调，谁听得下去？不应当相同的道理，就像这样。”饮酒很快乐。齐景公说：“古人如果没有死，他们的快乐怎么样？”晏子回答说：“古人如果没有死，那是古人的快乐，君王能得到什么呢？往昔爽鸠氏开始居住在这里，季萴因袭他，有逢伯陵因袭季萴，蒲姑氏因袭有逢伯陵，然后太公因袭蒲姑氏。古人如果没有死，爽鸠氏的快乐，不是君王所愿望的。”

子产与大叔论为政宽猛（昭公二十年）

郑子产有疾。谓子大叔曰：“我死，子必为政。唯有德者能以宽服民，其次莫如猛。夫火烈，民望而畏之，故鲜死焉。水懦弱，民狎而玩之，则多死焉，故宽难。”疾数月而卒。

大叔为政，不忍猛而宽。郑国多盗，取人于萑苻之泽。太叔悔之，曰：“吾早从夫子，不及此。”兴徒兵以攻萑苻之盗，尽杀之，盗少止。

仲尼曰：“善哉！政宽则民慢，慢则纠之以猛。猛则民残，残则施之以宽。宽以济猛；猛以济宽，政是以和。”《诗》曰：‘民亦劳之，汔可小康；惠此中国，以绥四方。’施之以宽也。‘毋从诡随，以谨无良；式遏寇虐，惨不畏明。’纠之以猛也。‘柔远能迩，以定我王。’平之以和也。又曰：‘不竞不絿，不刚不柔，布政优优，百禄是遒。’和之至也。”

及子产卒，仲尼闻之，出涕曰：“古之遗爱也。”

【译文】郑国的子产得了病。(他)对子太叔说:“我死(以后),您必定主政。只有道德高尚的人能够用宽厚(的政策)使民众服从,其次(的政策)没有比刚猛更有效(的了)。比如烈火,民众望见就害怕它,所以很少死(在其中)的。水柔弱,民众亲近并和它嬉戏,就很多死(在其中)的,所以宽厚(的政策)难(以实施)。”(子产)病数月后死去。

太叔执政,不忍心严厉,而施行宽柔政策。郑国(因此)很多盗寇,(他们)从萑苻湖畔招集人手。太叔后悔了,说:“我早听从(子产)夫子的,不会到此地步。”发步兵去攻击萑苻的盗寇,将他们全部杀灭,盗寇(才)稍微被遏止。

孔子说:“好啊!(子产的)政策宽厚民众就怠慢,(民众)怠慢就用刚猛(的政策)来纠正。(政策)刚猛民众就受伤害,(民众受)伤害了就施与他们宽厚(的政策)。用宽大来调和严厉;用严厉来补充宽大,政治因此而调和。《诗》说:‘民众也劳累了,差不多可以小憩啦;赐予城中的民众恩惠,用来安抚四方。’(这是)施与民众以宽厚啊。‘不要放纵奸诈,用来防范邪恶;遏止盗寇肆虐,恶毒是不害怕美好的。’(这是)用刚猛来纠正啊。‘宽柔对待远方的民众能够使大家亲近,(这样)来稳定我们的王朝。’(这是)用和缓(的政策)来使民众平安祥和啊。还有(《诗》)说:‘不争斗不急躁,不刚猛不柔弱,实施政策平和,所有的福祉汇集过来。’(这是)和平的极致啊。”

等到子产逝世,孔子听说了,哭泣道:“(他)是古代圣贤继承人啊。”

郑子大叔论礼仪(昭公二十五年)

子大叔见赵简子,简子问揖让周旋之礼焉。对曰:“是仪也,非礼也。”简子曰:“敢问何谓礼?”对曰:“吉也闻诸先大夫子产曰:‘夫礼,天之经也,地之义也,民之行也,天地之经,而民实则之。则天之明,因地之性,生其六气,用其五行,气为五味,发为五色,章为五声,淫则昏乱,民失其性。是故为礼以奉之。为六畜、五牲、三牺,以奉五味。为九文、六采、五章、以奉五色。为九歌、八风、七音、六律,以奉五声。为君臣、上下,以则地义。为夫妇、外内,以经二物。为父子、兄弟、姑姊、甥舅、昏媾、姻亚,以象天明。为政事、庸力、行务,以从四时。为刑罚、威狱,使民畏忌,以类其震曜杀戮。为温慈、惠和,以效天之生殖长育。民有好、恶、喜、怒、哀、乐,生于六气。是故审则宜类,以制六志。哀有哭泣,乐有歌舞,喜有施舍,怒有战斗。喜生于好,怒生于恶。是故审行信令,祸福赏罚,以制死生。生,好物也,死,恶物也。好物,乐也,恶物,哀也。哀乐不失,乃能协于天地之性,是以长久。’”简子曰:“甚哉,礼之大也。”对曰:“礼,上下之纪,天地之经纬也，民之所以生也，是以先王尚之，故人之能自曲直以赴礼者，谓之成人。大，不亦宜乎？”简子曰：“鞅也请终身守此言也。”

【译文】子太叔进见赵简子，赵简子向他询问揖让、周旋的礼节。子太叔回答说：“这是仪，不是礼。”赵简子说：“谨敢请问什么叫礼？”子太叔回答说：“吉曾经听到先大夫子产说：‘礼，是上天的规范，大地的准则，百姓行动的依据。’天地的规范，百姓就加以效法，效法上天的英明，依据大地的本性，产生了上天的六气，使用大地的五行。气是五种味道，表现为五种颜色，显示为五种声音，过了头就昏乱，百姓就失掉本性，因此制作了礼用来使它有所遵循：制定了六畜、五牲、三牺，以使五味有所遵循。制定九文、六采、五章，以使五色有所遵循。制定九歌、八风、七音、六律，以使五声有所遵循。制定君臣上下的关系，以效法大地的准则。制定夫妇内外的关系，以规范两种事物。制定父子、兄弟、姑姊、甥舅、翁婿、连襟的关系，以象征上天的英明。制定政策政令、农工管理、行动措施，以随顺四时。制定刑罚、牢狱让百姓害怕，以模仿雷电的杀伤。制定温和慈祥的措施，以效法上天的生长万物。百姓有好恶、喜怒、哀乐，它们以六气派生，所以要审慎地效法，适当地模仿，以制约六志。哀痛有哭泣，欢乐有歌舞，高兴有施舍，愤怒有战斗。高兴从爱好而来，愤怒从讨厌而来。所以要使行动审慎、使命令有信用，用祸福赏罚，来制约死生。生，是人们喜好的事情。死，是人们讨厌的事物。喜好的事物，是欢乐。讨厌的事物，是哀伤。欢乐不失于礼，就能协调天地的本性，因此能够长久。’”赵简子说：“礼的伟大达到极点！”子太叔回答说：“礼，是上下的纲纪，天地的准则，百姓所生存的依据，因此先王尊崇它，所以人们能够从不同的天性经过自我修养改造或者直接达到礼的，就叫做完美无缺的人。它的伟大，不也是适宜的吗？”赵简子说：“我赵鞅啊，请求一辈子遵循这些话。”

晏子论禳彗与礼可为国（昭公二十六年）

齐有彗星，齐侯使禳之。晏子曰：“无益也。祇取诬焉。天道不慆，不贰其命，若之何禳之？且天之有彗也，以除秽也。君无秽德，又何禳焉？若德之秽，禳之何损？《诗》曰：‘惟此文王，小心翼翼。昭事上帝，聿怀多福。厥德不回，以受方国。’君无违德，方国将至，何患于彗？《诗》曰：‘我无所监，夏后及商。用乱之故，民卒流亡。’若德回乱，民将流亡，祝史之为，无能补也。”公说，乃止。

【译文】齐国的上空出现了彗星，齐景公要让人禳祭消灾。晏子说：“这样做是没有用的，只不过是受人欺骗。天命是不可怀疑的，它不会错下命令。如何能禳祭就使它消灾呢？况且天上出现彗星，是用来扫除污秽的。你没有污秽的德行，又为什么要禳祭呢？如果你有污秽的德行，禳祭又怎么能减损这种秽德呢？《诗经》说：‘只有这周文王，小心谨慎，坦白地对待上帝，想要得到很多幸福。文王的德行不违背上天，所以四方的国家都归服了他。’你如果没有违背上天的德行，周围的小国会归服你，还怕什么彗星呢？《诗经》说：‘我用不着别的借鉴，只要以夏、商为借鉴就可以了。因为他们政治混乱，人民最终背叛离开了他们。’如果你的德行奸邪而又混乱，人民就会离开你流亡，祝史的禳祭，也无所补救。”齐景公听了很高兴，就不让禳祭消灾了。

侯与晏子坐于路寝，公叹曰：“美哉室！其谁有此乎？”晏子曰：“敢问何谓也？”公曰：“吾以为在德。”对曰：“如君之言，其陈氏乎！陈氏虽无大德，而有施于民。豆区釜钟之数，其取之公也簿，其施之民也厚。公厚敛焉，陈氏厚施焉，民归之矣。《诗》曰：‘虽无德与女，式歌且舞。’陈氏之施，民歌舞之矣。后世若少惰，陈氏而不亡，则国其国也已。”公曰：“善哉！是可若何？”对曰：“唯礼可以已之。在礼，家施不及国，民不迁，农不移，工贾不变，士不滥，官不滔，大夫不收公利。”公曰：“善哉！我不能矣。吾今而后知礼之可以为国也。”对曰：“礼之可以为国也久矣。与天地并。君令臣共，父慈子孝，兄爱弟敬，夫和妻柔，姑慈妇听，礼也。君令而不违，臣共而不贰，父慈而教，子孝而箴；兄爱而友，弟敬而顺；夫和而义，妻柔而正；姑慈而从，妇听而婉：礼之善物也。”公曰：“善哉！寡人今而后闻此礼之上也。”对曰：“先王所禀于天地，以为其民也，是以先王上之。”

【译文】齐景公和晏子在路寝里坐着，齐景公叹气说：“多么漂亮的房子啊！是谁会据有这里呢？”晏子说：“请问，这是什么意思？”齐景公说：“我认为在于有德行的人。”晏子说：“像君王所说，恐怕在于陈氏吧！陈氏虽然没有大的德行，然而对百姓有施舍。豆、区、釜、钟这几种量器的容积，从公田征税时就用小的，向百姓施舍时就用大的。您征税多，陈氏施舍多，百姓倾向于他了。《诗》说：‘虽然没有德行给予你，也应当且歌且舞。’陈氏的施舍，百姓已经为之歌舞了。您的后代如果稍稍怠惰，陈氏又如果不灭亡，他的封地就变成国家了。”齐景公说：“对啊！这可怎么办？”晏子回答说：“只有礼可以制止这个，如果符合礼，家族的施舍不能扩大到国内，百姓不迁移，农夫不变动，工人、商人不改行，士不失职，官吏不怠慢，大夫不占取公家的利益。”齐景公说：“对呀！我不能做到了。我从今以后开始知道礼能够用来治理国家了。”晏子回答说：“礼可以治理国家，由来很久了，和天地相等。国君发令，臣下恭敬，父亲慈爱，儿子孝顺，哥哥仁爱，弟弟恭敬，丈夫和蔼，妻子温柔，婆婆慈爱，媳妇顺从，这是合于礼的。国君发令而不违背礼，臣下恭敬而没有二心，父亲慈爱而教育儿子，儿子孝顺而规劝父亲，哥哥仁爱而友善，弟弟恭敬而顺服，丈夫和蔼而知义，妻子温柔而正直，婆婆慈爱而肯听从规劝，媳妇顺从而能委婉陈辞，这又是礼中的好事情。”齐景公说：“对呀！我从今以后开始听到了礼应当加以崇尚了。”晏子回答说：“先王从天地那里接受了礼以治理百姓，所以先王尊崇礼。”

附录:《晏子春秋》六章并刘向晏子春秋叙录

景公之时，雨雪三日而不霁。公被狐白之裘，坐堂侧陛。晏子入见，立有间，公曰：“怪哉！雨雪三日而天不寒。”晏子对曰：“天不寒乎？”公笑。晏子曰：“婴闻之古之贤君，饱而知人之饥，温而知人之寒，逸而知人之劳。今君不知也。”公曰：“善！寡人闻命矣。”乃令出裘发粟与饥寒者。令所睹于途者，无问其乡；所睹于里者，无问其家；循国计数，无言其名。士既事者兼月，疾者兼岁。孔子闻之曰：“晏子能明其所欲，景公能行其所善也。”

【译文】景公在位时，雨雪下了好几天却不转晴。景公穿着用狐狸腋下白毛做的皮衣，坐在正堂前的台阶上。晏子进宫谒见，站了一会儿，景公说：“奇怪啊！雪下了几天，可天气却不寒冷。”晏子回答说：“天气不冷吗？”景公笑了。晏子说：“我听说古代贤德的国君，自己吃饱且知道百姓的饥饿，自己穿暖且知道百姓的寒冷，自己安逸且知道百姓的劳苦。现在你不知道。”景公说：“说得好！我听从您的教诲了。”他于是发令拿出大衣和粮食给忍饥挨饿的人。命令：在路上见到的，不必问他们是哪乡的；在里巷见到的，不必问他们是哪家的；巡视全国统计数字，不必记他们的姓名。士人已任职的发给两个月的粮食，病困的人发给两年的粮食。孔子听到后说：“晏子能阐明他的愿望，景公能实行他认识到的德政。”

景公使圉人养所爱马，暴死，公怒，令人操刀解养马者。是时晏子侍前，左右执刀而进，晏子止而问于公曰：“尧舜支解人，从何躯始？”公矍然曰：“从寡人始。”遂不支解。公曰：“以属狱。”晏子曰：“此不知其罪而死，臣为君数之，使知其罪，然后致之狱。”公曰：“可。”晏子数之曰：“尔罪有三：公使汝养马而杀之，当死罪一也；又杀公之所最善马，当死罪二也；使公以一马之故而杀人，百姓闻之，必怨吾君；诸侯闻之，必轻吾国。汝杀公马，使怨积于百姓，兵弱于邻国，汝当死罪三也。今以属狱。”公喟然叹曰：“夫子释之！夫子释之！勿伤吾仁也。”

【译文】齐景公让养马人饲养他喜爱的马，马突然死了，景公大怒，命人拿刀肢解养马人。这时，晏婴在旁边侍立。手下的人拿了刀上前，晏婴叫住了他们，问景公说："尧舜帝肢解人，是从身体的哪个部位开始的？"景公脸色惊恐，四处张望说："尧舜帝不肢解人，肢解人是从我开始的。"于是就不肢解养马人。景公说："把他关进监狱。"晏婴说："这么做的话他不知道自己的罪就死了，我来替您列举他的罪状，让他知道自己的罪，然后再把他关到监狱去。"景公说："可以。"晏婴就列数他的罪状："你有三大罪状：景公让你养马你却把马养死了，这是判你死的第一条罪状。你又养死了景公最喜爱的马，这是死罪第二条。你让景公因为一匹马的缘故而杀人，百姓听说了，一定会怨恨我们的君王；诸侯听说了，一定会看不起我们的国家。你养死了景公的马，却使得老百姓对景公积聚怨恨，使兵力被邻国削弱，这是叛你死的第三条罪状。现在把你关进监狱。"景公感慨地叹道："您放了他吧，您放了他吧！不要损害我的仁爱之心啊。"

叔向问晏子曰："啬吝爱之于行何如？"晏子对曰："啬者，君子之道；吝爱者，小人之行也。"叔向曰："何谓也？"晏子曰："称财多寡而节用之，富无金藏，贫不假贷，谓之啬；积多不能分人，而厚自养，谓之吝；不能分人，又不能自养，谓之爱。故夫啬者，君子之道；吝爱者，小人之行也。"

【译文】叔向问晏子说："爱惜、舍不得以及珍惜对于行为有什么影响？"晏子回答说："所谓的爱惜，是君子的道路；所谓的舍不得、珍惜，是小人的行为。"叔向说："这是什么意思？"晏子说："称量财物的多少而节约使用，富裕时没有金钱储存，贫困时不向人借贷，称之为爱惜；积蓄的金钱很多但不能分给别人，而是用来丰厚自己的给养，称之为舍不得；不能分给别人，又不能自养，称之为珍惜。所以爱惜，是君子的道路；舍不得以及珍惜，是小人的行为。"

灵公好妇人而丈夫饰者。国人尽服之。公使吏禁之曰："女子而男子饰者，裂其衣，断其带。"裂衣断带，相望而不止。晏子见，公问曰："寡人使吏禁女子而男子饰，裂断其衣带，相望而不止者，何也？"晏子对曰："君使服之于内，而禁之于外，犹悬牛首于门，而卖马肉于内也。公何以不使内勿服，则外莫敢为也。"公曰："善！"使内勿服，不逾月，而国人莫之服。

【译文】齐灵公喜欢妇女穿扮男人服饰，全国女人全都效仿穿男人服装。齐灵公派官吏禁止她们，并且指出："穿扮男人服饰的女子，撕破她的衣服，扯断她的衣带。"虽然人们都看见有人被撕破衣服，扯断衣带，但还是不能禁止。晏子进见时，齐灵公问道："我派出官吏禁止女子穿扮男人服饰，撕破她们的衣服，扯断她们的衣带，都亲眼看见还是止不住。这是为什么啊？"晏子回答说："大王仅仅宫外禁止它，就如同在门口挂牛头却卖马肉，您为什么不让宫内女人不穿扮男人服饰，那么外面也就没有人敢了。”齐灵公说：“好啊。”令宫内妇女不能穿扮男人服饰，没过一个月，全国就没有女人穿扮男人服饰了。

晏子使楚。楚人以晏子短，楚人为小门于大门之侧而延晏子。晏子不入，曰：“使狗国者，从狗门入。今臣使楚，不当从此门入。”傧者更道，从大门入。

见楚王。王曰：“齐无人耶？”晏子对曰：“临淄三百闾，张袂成阴，挥汗成雨，比肩继踵而在，何为无人！”王曰：“然则子何为使乎？”晏子对曰：“齐命使，各有所主。其贤者使使贤王，不肖者使使不肖王。婴最不肖，故直使楚矣！”

晏子将至楚。楚闻之，谓左右曰：“晏婴，齐之习辞者也，今方来，吾欲辱之，何以也？”左右对曰：“为其来也，臣请缚一人，过王而行。王曰，何为者也？对曰，齐人也。王曰，何坐？曰，坐盗。晏子至，楚王赐晏子酒，酒酣，吏二缚一人诣王。王曰：“缚者曷为者也？”对曰：“齐人也，坐盗。”王视晏子曰：“齐人固善盗乎？”晏子避席对曰：“婴闻之，橘生淮南则为橘，生于淮北则为枳，叶徒相似，其实味不同。所以然者何？水土异也。今民生长于齐不盗，入楚则盗，得无楚之水土使民善盗耶？”王笑曰：“圣人非所与熙也，寡人反取病焉。”

【译文】晏子被派遣到楚国。楚人知道晏子身材矮小，在大门的旁边开一个小洞请晏子进去。晏子不进去，说：“出使到狗国的人从狗洞进去，今天我出使到楚国来，不应该从这个洞进去。”迎接宾客的人带晏子改从大门进去。

晏子拜见楚王。楚王说：“齐国没有人可派吗？竟派您做使臣。”晏子严肃地回答说：“齐国的都城临淄有七千五百户人家，人们一起张开袖子，天就阴暗下来；一起挥洒汗水，就会汇成大雨；街上行人肩膀靠着肩膀，脚尖碰脚后跟，怎么能说没有人才呢？”楚王说：“既然这样，那么为什么会打发你来呢？”晏子回答说：“齐国派遣使臣，要根据不同的对象，贤能的人被派遣出使到贤能的国王那里去，不肖的人被派遣出使到不肖的国王那里去。我晏婴是最不肖的人，所以只好出使到楚国来了。”

晏子将要出使楚国。楚王听到这消息，便对侍臣说；“晏婴，是齐国的善于辞令的人，将要来，我想羞辱他，用什么办法呢？”侍臣回答说：“在他来到的时候，请允许我们捆绑一个人，从大王面前走过。大王就问：‘这人是干什么的？’我们就回答说：‘是齐国人。’大王又问：‘犯了什么罪？’我们就回答说：‘犯了偷窃的罪。’”晏子到了，楚王赏赐晏子喝酒。当酒喝得正高兴的时候，两个官吏绑着一个人从楚王面前走过。楚王说：“绑着的人是干什么的？”官吏回答说：“是齐国人，犯了偷窃罪。”楚王瞟着晏子说：“齐国人都善于偷窃吗？”晏子离开座位，回答说：“我听说这样的事，橘子长在淮河以南结出的果实就是橘，长在淮河以北就是酸枳，（橘和枳）它们只是叶子的形状相似，果实味道却完全不同。这是什么原因呢？是水土不同。现在百姓生活在齐国不偷盗，来到楚国就偷盗，难道楚国的水土会使人民善盗吗?”楚王笑着说:“圣人不是能同他开玩笑的,我反而是自讨没趣了。”

护左都水使者光禄大夫臣向言:所校中书《晏子》十一篇,臣向谨与长社尉臣参校雠。太史书五篇,臣向书一篇,参书十三篇,凡中外书三十篇,为八百三十八章。除复重二十二篇六百三十八章,定著八篇二百一十五章。外书无有三十六章,中书无有七十一章,中外皆有以相定。中书以夭为芳,又为备,先为牛,章为长,如此类者多,谨颇略椾,皆已定,以杀青,书可缮写。

晏子名婴,谥平仲,莱人。莱者,今东莱地也。晏子博闻强记,通于古今,事齐灵公、庄公、景公,以节俭力行、尽忠极谏道齐。国君得以正行,百姓得以附亲。不用则退耕于野,用则必不诎义,不可胁以邪。白刃虽交胸,终不受崔杼之劫。谏齐君,悬而至,顺而刻。及使诸侯,莫能诎其辞。其博通如此,盖次管仲。内能亲亲,外能厚贤,居相国之位,受万钟之禄,故亲戚待其禄而衣食五百余家,处士待而举火者亦甚众。晏子衣苴布之衣,麋鹿之裘,驾敝车疲马,尽以禄给亲戚朋友。齐人以此重之。晏子盖短。(按,此下疑有阙文。)其书六篇,皆忠谏其君。文章可观,义理可法,皆合六经之义。又有复重,文辞颇异,不敢遗失,复列以为一篇。又有颇不合经术,似非晏子言,疑后世辩士所为者,故亦不敢失,复以为一篇。凡八篇。其六篇可常置旁御观。谨弟录。臣向昧死上。

【译文】汉护左都水使、光禄大夫刘向说:所校对的禁中所藏的《晏子》十一篇,我是和长社尉杜参一同校勘核对的。《晏子》一书太史本共有五篇,我自己所收藏的版本有一篇,杜参的版本有十三篇,宫内外所有的版本共三十篇,八百三十八章,除去复重的二十二篇六百三十八章外,最后定本为八篇二百一十五章。其中外书没有的三十六章,中书没有的七十一章,中外都有的互相核定。中书有将“夭”误为“芳”的,还有误为“备”的,将“先”误为“牛”的,“章”误为“长”的,这类错误甚多,皆一一加以笺识,作了更正标记,且备以抄写的空白竹简亦已“杀青”,可以缮写誊正了。

晏子名婴,谥号仲平,莱地人。莱就是现在的东莱地区。晏子博学多闻,通晓古今,曾在齐灵公、庄公、景公时为官。他力行节俭,尽忠国家,劝勉国君。国君因而能实行正道,百姓因而得以亲附君王。他不被重用时就退隐耕种,在朝时就一定伸张大义,不会被要挟作坏事。刀刃即使在眼前,他也不怕被崔杼所挟持。劝勉齐王,直言相出。出使各国,都不能使他理屈词穷。如此博闻通达,大概就仅次于管仲吧。晏婴在家能使亲人亲爱,在外能尊重贤者,居于相国的高位,享受万钟的俸禄,因而亲戚依靠他的俸禄而生活的有五百余家,士人靠他而生活的也很多。晏子穿麻布衣服、鹿皮大衣,坐疲弱马拉的破车,将俸禄全部给了亲戚朋友。齐人因此尊重他。……《晏子》一书六篇,内容都是关于劝勉君王的,文章内容、义理可以效法,符合六经大义。对于那些重复、文字不一致的,怕它遗失,就另列为一篇。还有一些，多不符合六经大义，恐怕不是晏子所说的，可能是后世好辩之徒所作，也不敢让它遗失，就再列一篇，共八篇，其中六篇可以让皇帝经常阅览。

孔子相鲁会齐侯于夹谷（定公十年）

夏，公会齐侯于祝其，实夹谷。孔丘相。犁弥言于齐侯曰："孔丘知礼而无勇，若使莱人以兵劫鲁侯，必得志焉。"齐侯从之。孔丘以公退，曰："士兵之！两君和好，而裔夷之俘以兵乱之，非齐君所以命诸侯也。裔不谋夏，夷不乱华，俘不干盟，兵不偪好。于神为不祥，于德为愆义，于人为失礼，君必不然。"齐侯闻之，遽辟之。

将盟，齐人加于载书曰："齐师出竟而不以甲车三百乘从我者，有如此盟！"孔丘使兹无还揖，对曰："而不反我汶阳之田、吾以共命者，亦如之！"

齐侯将享公。孔丘谓梁丘据曰："齐、鲁之故，吾之何不闻焉？事即成矣，而又享之，是勤执事也。且牺、象不出门，嘉乐不野合。飨而既具，是弃礼也；若其不具，用秕稗也。用秕稗，君辱；弃礼，名恶。子盍图之！夫享，所以昭得也。不昭，不如其已也。"乃不果享。

齐人来归郓、讙、龟阴之田。

【译文】夏天，鲁定公和齐景公在祝其会见，祝其实际上就是夹谷。孔子担任傧相。犁弥对齐景公说："孔丘懂得礼仪，但是没有勇气，如果派莱人用武力劫持鲁侯，一定能够如愿。"齐景公听从了犁弥的话。孔子带着鲁定公往后退，并说："士兵们快拿起武器冲上去！两国国君友好会见，而华夏之地以外的夷人俘虏却用武力来捣乱，这不是齐国国君命令诸侯会合的本意。华夏以外的人不得图谋中原，夷人不得触犯盟会，武力不能逼迫友好。这样做对神灵是不吉祥的，对德行也是伤害，对人却是丧失礼仪，国君一定不会这样做。"齐景公听了这番话后，急忙叫莱人避开。

即将举行盟誓时，齐国人在盟书上加上了这样的话："一旦齐国军队出境作战，鲁国如果不派三百辆兵车跟随我们，就按此盟誓惩罚。"孔子让兹作揖回答说："如果你们不归还我们汶水北岸的土地，却要让我们供给齐国的所需，也要按盟约惩罚。"

齐景公准备设享礼款待鲁定公。孔子对梁丘据说："齐国和鲁国从前的典礼制度，您怎么没听说过呢？盟会的事已经结束了，而又没有设享礼款待，这是让办事人辛苦了。再说牺尊和象尊不出国门，钟磬不能野外合奏设享礼而全部具备牺象钟磬，这是抛弃了礼仪；如果这些东西不备齐，那就像用秕稗来款待，是国君的耻辱；抛弃礼仪则名声不好。您为什么不好好考虑一下呢？享礼是用来发扬光大德行的。不能发扬光大，还不如不举行。”结果齐景公没有举行享礼。

冬天，齐国人向鲁国归还了郓邑、讙邑和龟阴邑的土地。

春秋公羊传

旧说公羊高撰，实高所传述，而其玄孙寿及胡母子都录为书。高，子夏弟子。是书解释经旨，多由口耳授受，不无附益，失圣人之意者，而大义相传，终有所受。后汉末，何休作解诂，好引谶纬，所谓黜周王鲁、变周文从殷质之类，公羊皆无明文，盖为其学者相承有此说耳。

【译文】以往以为是公羊高所撰，其实是他所传授的，由他的玄孙公羊寿和胡母子都写成书的。公羊高是子夏的弟子。这本书主要解释经文意思，由于多由口耳传授，因而有好多附会增加之处，有失圣人的本意，然而它相传圣人大义，终究有所依据。后汉末年，何休作《春秋公羊解诂》，喜欢引用谶纬的内容，比如改变周朝的华丽而遵从商朝的质朴，《公羊传》没有明确说明，可能是后世学者互相承袭才有这一说法。

元年春王正月（隐公元年）

元年春，王正月。元年者何也？君之始年也。春者何？岁之始也。王者孰谓？谓文王也。曷为先言“王”而后言“正月”？王正月也。何言乎王正月？大一统也。公何以不言即位？成公意也。何成乎公之意也？公将平国而反之桓。曷为反之桓？桓幼而贵，隐长而卑，其为尊卑也微，国人莫知。隐长又贤，诸大夫扳隐而立之。隐于是焉而辞立，则未知桓之将必得立也。且如桓立，则恐诸大夫之不能相幼君也。故凡隐之立，为桓立也。隐长又贤，何以不宜立？立適，以长不以贤；立子，以贵不以长。桓何以贵？母贵也。母贵则子何以贵？子以母贵，母以子贵。

【译文】《经》中记载：“元年春，王正月。”元年是什么意思？是诸侯国国君执政的第一年。春是什么意思？是一年的开始。王指的是谁？说的是假设出来的符合道德礼义的“文王”。为什么先说王然后才说正月？因为是文王所颁布的历法的正月。为什么说是“王正月”？是为了强调王道统一于道、天下统一于王。为什么不说鲁隐公即位？是为了成全隐公的心意。怎么成全隐公的心意？隐公想使天下平定下来之后就把国君之位归还给桓公。为什么要归还给桓公？桓公年幼却出身高贵，隐公年长却出身卑微，他们的高贵与卑微关系不是人们都很清楚的，国内的人没有人知道。隐公年长而且贤德，各位大夫强行推动他而使他立于国君之位。隐公在此情况下谢绝被立为国君，那么还不知道桓公将来必然能够被立为国君。况且如果桓公被立为国君，就又担心各位大夫不能帮助年幼的国君，所以，总起来说，隐公立在国君之位上是为了桓公而立的。隐公年长而且又贤德，凭什么不应该被立为国君？因为要在嫡生的儿子中选择时，依据是否年长而不是依据是否贤德；在儿子中选择时，依据出身是否高贵而不是依据是否年长。桓公为什么高贵？因为他的母亲贵为国君的夫人。母亲高贵为什么儿子就高贵？因为儿子凭借母亲而能够高贵，母亲凭借儿子而得以尊贵。

癸未葬宋缪公（隐公三年）

癸未，葬宋缪公。葬者曷为或日或不日？不及时而日，渴葬也；不及时而不日，慢葬也；过时而日，隐之也；过时而不日，谓之不能葬也；当时而不日，正也；当时而日，危不得葬也。此当时，何危尔？宣公谓缪公曰：“以吾爱与夷，则不若爱女。以为社稷宗庙主，则与夷不若女，盍终为君矣？”宣公死，缪公立。缪公逐其二子庄公冯与左师勃。曰：“尔为吾子，生毋相见，死毋相哭。”与夷复曰：“先君之所为不与臣国，而纳国乎君者，以君可以为社稷宗庙主也。今君逐君之二子，而将致国乎与夷，此非先君之意也。且使子而可逐，则先君其逐臣矣。”缪公曰：“先君之不尔逐，可知矣。吾立乎此，摄也。终致国乎与夷。”庄公冯弑与夷。故君子大居正，宋之祸，宣公为之也。

【译文】癸未这天，安葬了宋缪公。举行葬礼为什么有的记载日期，有的不记载日期呢？不到葬期提前人葬并写出葬礼日期的，表示急于入葬；不到葬期提前入葬，又不写出日期的，表示不能以礼葬；超过葬期入葬并写明日期，表示哀痛贤君不能按时入葬；超过葬期入葬又不写明日期，这是说不能按时入葬；按时入葬而不写出日期，这是正规的葬礼；按时入葬并写明日期，表示潜伏着危机不能得到安息。宋缪公按时入葬并写明了葬礼的日期，有什么危机呢？宋宣公曾经对缪公说："我对儿子与夷的爱，还不如对你的爱，我认为作为社稷宗庙的主人，与夷远不如你，你何不就做宋国国君呢？"宋宣公死后，缪公立为国君。后来，缪公将他的两个儿子庄公冯和左师勃逐出宋国，并对他们说："你们虽然是我的儿子，但我活着时不要再来见我；我死了，也不要来哭我。"与夷听到后，就对缪公说："先君之所以不把国家交给我，而把国家交给您，是认为您可以做好社稷宗庙的主人。现在您将自己的两个儿子驱逐，准备把家交还给我与夷，这并不是先君的本意。何况，假如儿子可以驱逐，那么先君恐怕也把我赶走了。"缪公说："先君不驱逐你的原因是可以理解的。我在国君这个位置上，仅仅是摄政，最终还是要把国家交还给你与夷的。"缪公死后，庄公冯终于杀了与夷。所以，君子一定要遵守把君位传给儿子的法度，宋国的祸乱，就是宋宣公造成的。

公薨（隐公十一年）

冬，十有一月，壬辰，公薨。何以不书葬？隐之也。何隐尔？弑也。弑则何以不书葬？《春秋》君弑贼不讨，不书葬，以为无臣子也。子沈子曰："君弑，臣不讨贼，非臣也；不复雠，非子也。葬，生者之事也。《春秋》君弑贼不讨，不书葬，以为不系乎臣子也。"公薨，何以不地？不忍言也。

【译文】冬天，十一月，壬辰这天，隐公死了。为什么《春秋》不记载安葬鲁隐公呢？是要隐瞒某事。隐瞒什么呢？隐瞒隐公被桓公所弑这件事。国君被弑，为什么《春秋》不记载葬礼呢？按照《春秋》的体例，国君被弑，而弑君的坏人不被讨伐，就不记载葬礼，认为就像没有臣子一样。子沈子说："国君被弑，臣子们不去讨伐弑君的坏人，就不能算臣子；不为父亲报仇，就不能算儿子。举行葬礼，这是活着的人的事。《春秋》的体例是：国君被弑，而弑君的坏人不被讨伐，就不记葬礼，认为已经不存在君臣关系了。"隐公死，为什么不记载死的地点呢？是不忍心说明。

宋人执郑祭仲（桓公十一年）

秋，七月，葬郑庄公。

九月，宋人执郑祭仲。祭仲者何？郑相也。何以不名？贤也。何贤乎祭仲？以为知权也。其为知权奈何？古者郑国处于留，先郑伯有善于鄫公者，通乎夫人，以取其国而迁郑焉，而野留。庄公死已葬，祭仲将往省于留，途出于宋，宋人执之。谓之曰："为我出忽而立突。"祭仲不从其言，则君必死，国必亡。从其言，则君可以生易死，国可以存易亡。少遼缓之，则突可故出而忽可故反，是不可得则病，然后有郑国。古人之有权者，祭仲之权是也。权者何？权者反于经，然后有善者也。权之所设，舍死亡无所设。行权有道：自贬损以行权，不害人以行权。杀人以自生，亡人以自存，君子不为也。

【译文】秋天，七月，安葬郑庄公。

九月，宋国人拘囚了郑国的祭仲。祭仲是什么人？是郑国的宰相。为什么不称呼他的名字呢？认为他贤能。祭仲有什么贤能之处呢？认为他是个懂得权变的人。为什么说他懂得权变呢？从前，郑国国都在留这个地方，到郑武公时，郑武公对鄫国国君有好处，就与鄫公的夫人私通，后来趁机灭了鄫国，并把郑国国都迁到鄫，然后把留这个地方作为下都。郑庄公死后安葬完毕，祭仲准备到留这个下都去视察，路过宋国，宋国雍氏宗人就拘囚了他，对他说："你一定要替我们把太子忽逐出郑国，改立公子突为国君。"如果祭仲不服从他们的命令，那么郑国国君一定会死，郑国一定会亡。如果服从他们的命令，那么郑国国君就可以用生换取死，郑国也能用存换取亡。只要稍稍缓和一点，慢慢图谋，那么公子突仍然可以因为这个缘故而被逐，太子忽也可以因此而返回郑国。如果达不到逐出公子突，让太子忽回国的目的，祭仲就会受到逐君之罪的困扰。最后祭仲答应了宋国人的要求，郑国得到保全。古代有权变的人，就像祭仲这样有权变。"权变"是什么意思？权变就是与常规相对的，有很大益处的行为。权变的施行就是置人于死地的事不能做。施行权变是有原则的：自己贬损自己来施行权变，不损害别人来施行权变。杀害别人而使自己活着，灭亡别人的国家而使自己的国家保存，这是君子不会做的。

葬桓公（桓公十八年）

冬，十有二月，己丑，葬我君桓公。贼未讨，何以书葬？雠在外也。雠在外，则何以书葬？君子辞也。

【译文】冬天，十二月，己丑这天，安葬我们鲁国国君鲁桓公。凶手还没有讨伐，为什么记载葬礼呢？因为仇人在国外。仇人在国外，那么为什么要记载举行葬礼呢？这是君子用的语言。

纪侯大去其国（庄公四年）

纪侯大去其国。大去者何？灭也。孰灭之？齐灭之。曷为不言齐灭之？为襄公讳也。《春秋》为贤者讳，何贤乎襄公？复雠也。何雠尔？远祖也。哀公亨乎周，纪侯谮之。以襄公之为于此焉者，事祖祢之心尽矣。尽者何？襄公将复雠乎纪。卜之曰："师丧分焉。""寡人死之，不为不吉也。"远祖者，几世乎？九世矣。九世犹可以复雠乎？虽百世可也。家亦可乎？曰："不可！"国何以可？国君一体也。先君之耻，犹今君之耻也。今君之耻，犹先君之耻也。国君何以为一体？国君以国为体，诸侯世，故国君为一体也。今纪无罪，此非怒与？曰："非也。"古者有明天子，则纪侯必诛，必无纪者。纪侯之不诛，至今有纪者，犹无明天子也。古者诸侯必有会聚之事，相朝聘之道，号辞必称先君以相接，然则齐纪无说焉，不可以并立乎天下，故将去纪侯者，不得不去纪也。有明天子，则襄公得为若行乎？曰："不得也！"不得，则襄公曷为为之？上无天子，下无方伯，缘恩疾者可也。

【译文】纪国国君永远离开了他的国家。为什么永远离开呢？因为纪国灭亡了。谁灭了纪国？齐国灭了纪国。为什么不说齐国灭亡了纪国呢？是为了替齐襄公避讳。《春秋》只为贤良的人避讳，齐襄公有什么贤良呢？他为祖先报了仇。报什么仇？齐襄公远祖的仇。当年齐哀公被周天子煮杀了，就是纪侯进的谮言。以齐襄公现在的作为来看，他侍奉祖先的心算是尽到了。为什么说尽到了呢？齐襄公准备向纪国复仇，先去占卜，卦上说："军队要丧失一半。"齐襄公对占卜的人说："我就是战死了，也不算不吉利。"齐襄公的先祖有几世了？九世了。已过九世还可以报仇吗？即使是过了百世也可以报仇。大夫家的仇也可以吗？回答是："不可以！"国君的仇为什么就可以呢？因为历代国君是一个整体，先代国君的耻辱就是现在国君的耻辱，现在国君的耻辱就是先代国君的耻辱。历代国君为什么是一个整体呢？因为国君以国家为体，诸侯的爵位世代相传，所以历代国君是一个整体。现在纪国的国君并没有罪，这不是迁怒于他吗？回答说："不是这样。"假如古时候有贤明的天子，那么纪侯一定会被诛杀，也必然没有纪国了。纪侯之所以没有被诛杀，到现在还有纪国，就是因为没有贤明的天子。古时候，诸侯之间一定有聚会的事，有互相朝见访问的制度，打招呼或告辞的时候，一定要称颂对方先代国君的优秀品质，来相互接近。然而，齐国国君与纪国国君会面时大家都不高兴，简直不能同时存在于天底下，所以想要灭掉纪国的人，就不能不灭掉纪国了。如果有贤明的天子在，那么齐襄公能够这样行事吗？回答是："不可能！"既然不可能，那么齐襄公为什么能这样干呢？因为在上没有贤明的天子，在下没有主持一方的诸侯之长，只要凭着祖先的恩仇，就可以这样干了。

公会齐侯盟于柯（庄公十三年）

冬，公会齐侯盟于柯。何以不日？易也。其易奈何？桓之盟不日，其会不致，信之也。其不日何以始乎此？庄公将会乎桓，曹子进曰："君之意何如？"庄公曰："寡人之生，则不若死矣。"曹子曰："然则君请当其君，臣请当其臣。"庄公曰："诺。"于是会乎桓。庄公升坛，曹子手剑而从之。管子进曰："君何求乎？"曹子曰："城坏压竟，君不图与。"管子曰："然则君将何求？"曹子曰："愿请汶阳之田。"管子顾曰："君许诺。"桓公曰："诺。"曹子请盟，桓公下与之盟。已盟，曹子摽剑而去之。要盟可犯，而桓公不欺；曹子可仇，而桓公不怨。桓公之信著乎天下，自柯之盟始焉。

【译文】冬天，鲁庄公在柯这个地方会见齐侯。并与他盟誓。为什么不记载盟会的日期呢？因为这件事平易而可信。平易而可信又怎么样呢？齐桓公的盟会不再记载日期，他与诸侯会面也不再写归国的时间，因为相信他是讲信义的。不再记载他盟会的日期为什么是从这次开始的呢？鲁庄公将要会见齐植公，鲁国大夫曹沫进见庄公。间："君王的意思怎样呢？"鲁庄公说："如果还被齐国欺凌，我活着还不如死了。"曹沫说："那么就请君王去对付他们的国君，我去对付他们的大臣。"鲁庄公说："好！"就这样，会见了齐桓公。鲁庄公登到坛上，曹沫手持长剑跟随着他。齐国的相国管仲走上前来间："贵国国君有什么要求吗？"曹沫说；"我国城邑被毁，大军压境，你们国君不想一想是什么原因吗？"管仲说："既然这徉，那么贵国国君有什么要求呢？"曹沫说："想请你们归还泣阳的田地。"管仲回过头，对齐桓公说；"君王可以同意。"齐桓公说："好！"曹沫请求盟誓，齐桓公走下坛来，与曹刿定约盟誓。盟完誓，曹沫把剑一丢，离开桓公而去。要胁盟誓可以认为是侵犯，但齐桓公并没有欺骗他；曹沫可以认为是仇敌，但齐桓公并没有怨恨他。齐桓公的信义传遍天下，就是从何这个地方的盟会开始的。

齐师宋师曹师次于聂北救邢（僖公元年）

齐师、宋师、曹师次于聂北，救邢。救不言次，此其言次何？不及事也。不及事者何？邢已亡矣。孰亡之？盖狄灭之。曷为不言狄灭之？为桓公讳也。曷为为桓公讳？上无天子，下无方伯，天下诸侯有相灭亡者，桓公不能救，则桓公耻之。曷为先言次，而后言救？君也。君则其称师何？不与诸侯专封也。曷为不与？实与，而文不与。文曷为不与？诸侯之义，不得专封也。诸侯之义不得专封，则其曰实与之何？上无天子，下无方伯，天下诸侯有相灭亡者，力能救之，则救之可也。

【译文】齐国军队、宋国军队和曹国军队驻扎在聂北这个地方，为了救援邢国。救援是不说驻扎的，这里为什么说驻扎呢？因为事情来不及了。来不及是什么意思？邢国已经灭亡了。是谁灭了刑国？大概是狄人灭了它。为什么不说狄人灭了邢国呢？为了替齐桓公避讳。为什么要替齐桓公避讳？因为上面没有贤明的天子，下面没有诸侯之长，天下的诸侯有相互吞并的事，齐桓公不能救援，那么他会感到很耻辱。为什么要先说驻扎，后说救援呢？因为是各国国君在亲自指挥。既然是国君在指挥，那为什么要称军队呢？因为不赞成诸侯自专，随意封给别人土地或称号。为什么不赞成呢？实际上是赞成的，只是文辞上不能说赞成。文辞上为什么不能说赞成呢？从诸侯的名义来说，是不能自专，不能随意封给别人土地或称号的。既然从诸侯的名义来说是不能自专，不能随意封给别人土地或称号的，那么这里为什么说实际上赞成这种做法呢？因为上面没有贤明的天子，下面没有诸侯之长，天下的诸侯有相互吞并的事，有力量救援他们的，去救援他们是允许的。

城楚丘（僖公二年）

春，王正月，城楚丘。孰城？城卫也。曷为不言城卫？灭也。孰灭之？盖狄灭之。曷为不言狄灭之？为桓公讳也。曷为为桓公讳？上无天子，下无方伯，天下诸侯有相灭亡者，桓公不能救，则桓公耻之也。然则孰城之？桓公城之。曷为不言桓公城之？不与诸侯专封也。曷为不与？实与而文不与。文曷为不与？诸侯之义，不得专封。诸侯之义不得专封，则其曰实与之何？上无天子，下无方伯，天下诸侯有相灭亡者，力能救之，则救之可也。

【译文】鲁僖公二年，春天，周历正月，在卫国楚丘这个地方筑城。为谁筑城？为卫国筑城。为什么不说为卫国筑城呢？因为卫国灭亡了。谁灭了卫国？大概是狄人灭了卫国。为什么不说狄人灭了卫国呢？这是为了替齐桓公避讳。为什么替齐桓公避讳？因为上面没有贤明的天子，下面没有一方诸侯之长，天下的诸侯有互相吞并的现象，齐桓公不能救援，那么他会感到很耻辱。既然这样，那么是谁替卫国筑城呢？是齐桓公替卫国筑城。为什么不说齐桓公为卫国筑城呢？因为不赞成诸侯自专，随意封给别人土地或称号。为什么不赞成呢？实际上是赞成的，但文字上不能说赞成。文字上为什么不能说赞成呢？因为从诸侯的名义来说，是不能自专，不能随意封给别人土地或称号的。既然从诸侯的名义来说是不能自专，不能随意封给别人土地或称号的，那么这里说实际土赞成这种做法是什么意思？因为上无贤明的天子，下无一方诸侯之长，天下的诸侯有相互吞并的事，有力量救援他们的，去救援他们是允许的。

虞师晋师灭夏阳（僖公二年）

虞师晋师灭夏阳。虞，微国也。曷为序乎大国之上？使虞首恶也。曷为使虞首恶？

虞受赂，假灭国者道，以取亡焉。其受赂奈何？献公朝诸大夫而问焉，曰："寡人夜者寝而不寐，其意也何？"诸大夫有进对者曰："寝不安与，其诸侍御有不在侧者与？"献公不应。荀息进曰：'虞郭见与？"献公揖而进之，遂与之入而谋曰："吾欲攻郭，则虞救之；攻虞，则郭救之。如之何？愿与子虑之。"荀息对曰："君若用臣之谋，则今日取郭，而明日取虞尔。君何忧焉？"献公曰："然则奈何？"荀息曰："请以屈产之乘，与垂棘之白璧，往必可得也。则宝出之内藏，藏之外府；马出之内厩，系之外厩尔。君何丧焉？"献公曰："诺。虽然，宫之奇存焉，如之何？"荀息曰："宫之奇知则知矣。"虽然，虞公贪而好宝，见宝必不从其言，请终以往。"于是终以往。虞公见宝，许诺。宫之奇果谏："记曰：'唇亡则齿寒'，虞郭之相救，非相为赐。则晋今日取郭，而明日虞从而亡尔。君请勿许也。"虞公不从其言，终假之道以取郭。还，四年，反取虞。虞公抱宝牵马而至。荀息见曰："臣之谋何如？"献公曰："子之谋则已行矣。宝则吾宝也，虽然，吾马之齿亦已长矣。"盖戏之也。夏阳者何？郭之邑也。曷为不系于郭？国之也。曷为国之？君存焉尔。

【译文】虞国军队和晋国军队灭了夏阳。虞国是很小的国家，为什么把它排在大国的前面呢？为了使虞国成为灭夏阳的首恶。为什么要使虞国成为首恶呢？虞国接受贿赂，借道路给灭亡别国的侵略者而自取灭亡。虞国怎样接受贿赂呢？晋献公有一天在朝廷上召见大夫们，并问他们："我每天夜里都睡不着觉，是什么原因呢？"大夫中有人上前回答说："国君睡不安稳，恐怕是侍妾中有心爱的人不在身边吧？"献公不吭声。大夫荀息走上前说："国君心里是不是在想着虞国和郭国呢？"晋献公向荀息作了一揖，并召他上前来，接着又和他走进内殿谋划。献公说："我想攻打郭国，虞国就会去救它；攻打虞国，郭国也会去救它。怎么办才好呢？很想和您研究这件事。"荀息回答说："国君如果能用我的计谋，那么今天夺取了郭国，明天就能夺取虞国了，您还有什么忧虑呢？"献公说："那么该怎么做呢？"荀息说："请带上屈产的宝马和垂棘的白璧到虞国去一趟，这两个国家就一定可以得到了。这样做，宝贝只是从内库拿出来，收藏在外库里；良马不过从内厩牵出来，系在外厩罢了，您会有什么损失呢？"献公说："好！虽然这样，但是虞国贤臣宫之奇还在呀，怎么办呢？"荀息说："宫之奇聪明确实聪明，虽然这样，但是虞公却很贪婪，并十分喜爱宝物，一看见这些宝贝，必定不会听从宫之奇的规劝，请依旧带上宝马白璧前去。"就这样，依旧带上宝马白璧去了。虞公看见这些宝物，对晋国的要求满口答应。宫之奇果然规劝虞公说："史书上说'嘴唇没有了，那么牙齿就会感到寒冷'，虞国和郭国是相互救助的关系，不是相互恩惠的关系，假如晋国今天夺取了郭国，那么明天虞国就跟着灭亡了，请国君千万不要答应晋国的借道的要求。"虞公不听从宫之奇的话，终于借道路给晋国，让它夺取了郭国。晋国夺取郭国回来，过了四年，又返回去夺取了虞国。虞公抱着白璧牵着宝马来到晋国，荀息看见了说："我的计谋好不好？"献公说："你的计谋是已经实现了，宝贝还是我的宝贝，只是我的宝马年岁又长大了。"大概这是戏谑荀息吧。夏阳是什么地方？是郭国的一座城邑，为什么不说是郭国的城邑呢？是把它当成一个国家。为什么把它当成一个国家呢？因为有国君在那里。

楚屈完来盟于师（僖公四年）

楚屈完来盟于师。盟于召陵。屈完者何？楚大夫也。何以不称使？尊屈完也。曷为尊屈完？以当桓公也。其言盟于师，盟于召陵何？师在召陵也。师在召陵，则曷为再言盟？喜服楚也。何言乎喜服楚？楚有王者则后服，无王者则先叛，夷狄也。而亟病中国，南夷与北狄交，中国不绝若线。桓公救中国，而攘夷狄，卒怗荆，以此为王者之事也。其言来何？与桓为主也。前此者有事矣，后此者有事矣，则曷为独于此焉，与桓公为主？序绩也。

【译文】楚国的屈完来到诸侯军队中结盟，在召陵这个地方结盟。屈完是什么人？是楚国的大夫。为什么不说派遣呢？因为尊重屈完。为什么尊重屈完呢？因为把他看成与齐桓公对等的结盟者。这里说在诸侯军队中盟会，又说在召陵这个地方盟会是什么意思？因为这时军队已经退到召陵了。军队在召陵，那么为什么要两次说盟会呢？是为楚国的屈服表示高兴。为什么说为楚国的屈服表示高兴呢？因为有王的时候楚国最后服从；没有王的时候，楚国就最先反叛，他们是夷狄。中原各国屡次受到侵犯，就是因为南方的夷人和北方的狄人交替为害，中原各国的生存就像还没有断绝的一根线一样。齐桓公拯救中原各国，抵御南夷北狄，终于使楚国屈服，他用这些业绩成就了王的事业。这里说“来”是什么意思？是表示赞成齐桓公成为霸主。在这以前有过这类事情，在这以后也会有这类事情，那么为什么独独在这件事上赞成齐桓公成为霸主呢？因为齐桓公多次尊王攘夷的功绩，都没有比这次使楚国屈服更大的了。

晋里克弑其君卓子及其大夫荀息（僖公十年）

晋里克弑其君卓子，及其大夫荀息。及者何？累也。弑君多矣，舍此无累者乎？曰：

“有。孔父、仇牧皆累也。”舍孔父、仇牧无累者乎？曰：“有。”有则此何以书？贤也。何贤乎荀息？荀息可谓不食其言矣。其不食其言奈何？奚齐卓子者，骊姬之子也。荀息傅焉。骊姬者，国色也。献公爱之甚，欲立其子，于是杀世子申生。申生者，里克傅之。献公病将死，谓荀息曰：“士何如则可谓之信矣？"荀息对曰：“使死者反生，生者不愧乎其言，则可谓信矣。”献公死，奚齐立。里克谓荀息曰：“君杀正而立不正，废长而立幼。如之何？愿与子虑之。”荀息曰：“君尝讯臣矣，臣对曰：‘使死者反生，生者不愧乎其言，则可谓信矣。”，里克知其不可与谋，退。弑奚齐。荀息立卓子。里克弑卓子。荀息死之。荀息可谓不食其言矣。

【译文】晋国大夫里克弑杀了他的国君卓子。“及”晋国大夫荀息。“及”是什么意思？就是牵连。弑杀国君的事很多，除了荀息就没有被牵连的吗？回答说：“有。宋国大夫孔父、仇牧都是受牵连而死的。”除了孔父、仇牧之外就没有受牵连的了吗？回答说：“还有。”既然还有，那么这里为什么要记载荀息呢？因为他贤良。荀息怎么贤良呢？荀息可以说是说话算数的人了。他怎么说话算数呢？奚齐和卓子，都是骊姬的儿子。荀息辅导他们。骊姬是天下最美的女人，晋献公非常爱她，想立她的儿子为太子，于是就杀了太子申生。太子申生是大夫里克辅导的。晋献公病很重，要死了，就对荀息说：“士怎样做才可以说是讲信义呢？”荀息回答说：“如果让死去的人活转来，活着的人也不会对自己说过的话感到惭愧，那就可以说他是讲信义的。”晋献公死后，奚齐被立为国君。里克对荀息说：“国君杀了嫡子而立庶子为太子，废了长子而立了幼子，这该怎么办呢？我愿意和您一起考虑这个问题。”荀息说：“国君曾经问过我，士怎样做才算讲信义，我回答他说：如果让死去的人活转来，活着的人也不会对自己说过的话感到渐愧，那就可以说他是讲信义的。”，里克知道荀息不会和他一起谋划的，回去后，就弑杀了奚齐。荀息就立卓子为国君，里克又就杀了卓子，荀息就为他们自杀了。荀息真可以说是说话算数的人啊。

春王正月戊申朔陨石于宋五
是月六鹢退飞过宋都（僖公十六年）

十有六年，春，王正月，戊申，朔，陨石于宋五。是月，六鹢退飞，过宋都。曷为先言陨而后言石？陨石记闻，闻其磌然，视之则石，察之则五。是月者何？仅逮是月也。何以不日？晦日也。晦则何以不言晦？《春秋》不书晦也。朔有事则书，晦虽有事不书。曷为先言六而后言鹢？六鹢退飞，记见也。视之则六，察之则鹢，徐而察之则退飞。五石六鹢，何以书？记异也。外异不书，此何以书？为王者之后，记异也。

【译文】鲁僖公十六年，‘春季，周历正月，戊申这天，初一，宋国上空坠落五块石头。这个月，有六只鹢鸟后退着飞，从宋国都城上经过。为什么先说坠落后说石头呢？坠落石头是记载听到的事情，听到它们“轰”的一声落下，走过去看，才知道是石头，仔细察看，才知道共有五块。“是月”是什么意思？就是刚刚赶上这个月。为什么不记载日期呢？这是晦日，即每月的最后一天。既然是晦日，那么为什么不写明是晦日呢？因为《春秋》是不记载晦日的。朔日，即每月初一，有事情发生就写上是朔；如果是晦日，虽然有事情发生也不写上是晦。为什么先说六，后说鹢鸟呢？因为六只鹢鸟后退着飞这是记载看见的事情。先看见它们，知道有六只，仔细看才知道是鹢鸟，慢慢观察才发现它们是后退着飞的。五块陨石六只鹢鸟，为什么要记载呢？为了记载怪异现象。鲁国以外发生的怪异现象是不记的，这里为什么记载呢？因为这是为称过王的人的后代记载怪异现象。

晋赵盾卫孙免侵陈（宣公六年）

六年，春，晋赵盾、卫孙免侵陈。赵盾弑君，此其复见何？亲弑君者，赵穿也。亲弑君者赵穿，则曷为加之赵盾？不讨贼也。何以谓之不讨贼？晋史书贼曰：“晋赵盾弑其君夷狼气。”赵盾曰：“天乎！无辜。吾不弑君，谁谓吾弑君者乎？”史曰：“尔为仁为义人，弑尔君而复国不讨贼，此非弑君而何？”赵盾之复国奈何？灵公为无道，使诸大夫皆内朝，然后处乎台上，引弹而弹之，已趋而辟丸，是乐而已矣。赵盾已朝而出，与诸大夫立于朝，有人荷备，自闺而出者。赵盾曰：“彼何也？夫备曷为出乎闺？”呼之不至，曰：“子大夫也。欲视之，则就而视之。”赵盾就而视之，则赫然死人也。赵盾曰：“是何也？”曰：“膳宰也。熊蹯不熟，公怒，以斗摮而杀之，支解将使我弃之。”赵盾曰：“嘻！”趋而入，灵公望见赵盾，愬而再拜。赵盾逡巡北面再拜稽首，趋而出。灵公心怍焉，欲杀之。于是使勇士某者往杀之。勇士入其大门，则无人门焉者。入其闺，则无人闺焉者。上其堂，则无人焉，俯而窥其户，方食鱼飧。勇士曰：“嘻！子诚仁人也。吾入子之大门，则无人焉；入子之闺，则无人焉；上子之堂，则无人焉，是子之易也。子为晋国重卿，而食鱼飧，是子之俭也。君将使我杀子，吾不忍杀子也。虽然，吾亦不可复见吾君矣。”遂刎颈而死。灵公闻之怒。滋欲杀之甚。众莫可使往者，于是伏甲于宫中，召赵盾而食之。赵盾之车右祁弥明者，国之力士也，仡然从乎赵盾而入，放乎堂下而立。

赵盾已食，灵公谓盾曰："吾闻子之剑，盖利剑也。子以示我，吾将观焉。"赵盾起将进剑，祁弥明自下呼之曰："盾食饱则出，何故拔剑于君所？"赵盾知之，躇阶而走。灵公有周狗，谓之獒。呼獒而嘱之，獒亦躇阶而从之。祁弥明逆而踆之，绝其颔。赵盾顾曰："君之獒，不若臣之獒也。"然而宫中甲鼓而起。有起于甲中者，抱赵盾而乘之。赵盾顾曰："吾何以得此于子"？曰："子某时所食活我于暴桑下者也。"赵盾曰："子名为谁？"曰："吾君孰为介，子之乘矣，何问吾名？"赵盾驱而出，众无留之者。赵穿缘民众不说，起弑灵公，然后迎赵盾而入，与之立于朝，而立成公黑臀。

【译文】鲁宣公六年，春季，晋国大夫赵盾和卫国大夫孙免率兵入侵陈国。赵盾就杀了自弓的国君，这里为什么又重新出现呢？亲手弑杀国君的是赵穿。既然亲手就杀国君的是赵穿，那么为什么将弑君的罪名加在赵盾头上呢？主要是因为赵盾没有讨伐狱君的贼人。怎么说赵盾没有讨伐弑君的贼人呢？晋国史官董狐记载弑君的贼人时写道："晋国赵盾弑杀了自己的国君夷皋。"赵盾大呼："天啊！我没有罪。我没有弑杀国君，谁说我弑杀了国君啊？"史官说："你是行仁义的人，有人弑杀了你的国君，你回到国都却不去讨伐弑君的贼人，这不是你弑杀国君又是谁呢？"赵盾回到国都是怎么一回事呢？晋灵公很暴虐，没有德政，他让大夫们都到内朝上朝，然后他自己却站在台_匕用弹弓射击上朝的大夫，他的大夫们奔走躲避着弹丸，观看大夫们这种狼狈样，晋灵公不过以此取乐罢了。有一次赵盾上朝出来，和大夫们站在外朝上，这时有人抬着一个竹筐，从宫中的小门出来。赵盾问："那是什么？为什么筐会从宫中的小门抬出来呢？"赵盾喊那个抬筐的人，那人不过来，却说："您是大夫，您想看，就过来看看吧。"赵盾走近一看，却是触目惊心的一个死人。赵盾问："这是什么人？"回答说："这是膳宰。因为他没有把熊掌煮熟，灵公一吃便大怒，用斗打他的头，把他打死了，肢解了他的尸体，叫我扔出去。"赵盾惊叫一声："啊！"接着就跑进宫去。晋灵公看见赵盾匆匆忙忙的跑进来，就惊慌地向他先拜了两拜。赵盾见灵公先回礼，就迟疑不前，只好向北面叩了两个头，然后快步退了出去。晋灵公明白赵盾进来干什么，内心很羞愧，想杀了赵盾。于是就派勇士某人前去杀赵盾。勇士走进赵盾家的大门。却发现没有人守卫大门；勇士进了赵家内院的小门，也没有看见有人把守内院小门；走上他家厅堂，厅堂里也没有人，勇士低头从窗户里偷看，看见赵盾正在吃只有鱼的晚饭。勇士自叹说："唉！他确实是有仁义的人。我进入他的大门，却无人把守；进了他的内院小门，也无人守卫；上了他的厅堂，那里也没有人，可见他很节省，使役的人很少。他是晋国的重臣，却吃只有鱼的晚饭，这说明他很俭朴。国君派我来杀他，我不忍心杀他。虽然这样，我也不能再去见我的国君了。"说完，就拔剑自刎而死。晋灵公听到这件事后大怒，想杀赵盾的念头更加强烈。可是众多手下没有一个可以派遣去杀赵盾的。于是就在宫中埋伏下武士，召唤赵盾前去就餐。赵盾的车右武士叫祁弥明，是晋国的大力士。他勇敢地跟着赵盾走进宫中，站立在堂下等候。

赵盾已经吃好，晋灵公对赵盾说：“我听说你的剑是一把相当锋利的宝剑，你拿出来给我，我想好好观赏一下。”赵盾站起来，准备把剑呈给灵公。这时祁弥明在堂下大呼：“赵盾吃饱就出来，为什么要在国君的住所拔剑呢？”赵盾一听就明白过来，三步并两步地沿阶跑下。晋灵公喂有一条训练有素的恶狗，叫作“獒”。晋灵公喊来獒，叫它去追赵盾。獒也三步并两步地沿阶追去。祁弥明迎上去用脚踢獒，一脚就把獒的下巴踢断了。赵盾回过头对灵公说：“您的獒不如我的獒厉害！”然而这时埋伏在宫中的武士击着鼓冲了上来。在冲上来的武士中，有一个人抱起赵盾，把他送上车。赵盾回头对那个武士说：'，我为什么会得到您的搭救呢？”那人说：“我就是您有一次在桑树下给饭吃、救活的那个人。”赵盾问：“你叫什么名字？”那人回答：“我们国君为谁埋伏了这些武士。您还不明白吗？您赶快坐车走吧，何必问我的名字呢？”赵盾驱车冲出宫去，众武士没有一个拦截他的。赵穿因为百姓对晋灵公已经很不满了，就起兵弑杀了灵公。然后迎接赵盾进入国都，和赵盾在朝廷上共同执政。并立晋成公黑臀为国君。

楚人杀陈夏征舒（宣公十一年）

冬，十月，楚人杀陈夏征舒。此楚子也，其称人何？贬。曷为贬？不与外讨也。不与外讨者，因其讨乎外而不与也。虽内讨亦不与也。曷为不与？实与，而文不与。文曷为不与？诸侯之义，不得专讨也。诸侯之义不得专讨，则其曰实与之何？上无天子，下无方伯，天下诸侯有为无道者，臣弑君，子弑父，力能讨之，则讨之可也。

【译文】冬季，十月，“楚人”杀了陈国大夫夏征舒。这个“楚人”就是楚子，这里为什么称他“人”呢？为了贬责他。为什么要贬责他？因为不赞成诸侯向外讨伐有罪的人。不赞成诸侯向外讨伐有罪的人，是因为楚子向外讨伐陈国的夏征舒，所以不赞成，即使诸侯在国内讨伐自己的臣下也不赞成。为什么不赞成呢？实际上是赞成的，但是在语言上却表示不赞成。为什么在语言上表示不赞成呢？因为从诸侯的名义来说，是不能自作主张讨伐有罪的。既然从诸侯的名义来说是不能自作主张讨伐有罪的，那么这里为什么说实际上是赞成的呢？因为当时上无贤明的天子，在下没有主持一方的诸侯之长，天下诸侯国内如果有谁做出不道义的事情，比如臣下弑杀国君，儿子弑杀父亲，如果有实力讨伐他，那么讨伐他是可以的。

宋人及楚人平（宣公十五年）

夏五月，宋人及楚人平。外平不书，此何以书？大其平乎己也。何大乎其平乎已。庄王围宋，军有七日之粮尔，尽此不胜，将去而归尔，于是使司马子反乘埋而窥宋城。宋华元亦乘堙而出见之。司马子反曰："子之国何如？"华元曰："惫矣。"曰："何如？"曰："易子而食之，析骸而炊之。"司马子反曰："嘻！甚矣惫，虽然，吾闻之也，围者，柑马而秣之，使肥者应客，是何子之情也？"华元曰："吾闻之，君子见人之厄则矜之，小人见人之厄则幸之，吾见子之君子也，是以告情于子也。"司马子反曰："诺。勉之矣。吾军亦有七日之粮尔，尽此不胜，将去而归尔。"揖而去之，反于庄王。庄王曰："何如？"司马子反曰："惫矣。"曰："何如？"曰："易子而食之，析骸而炊之。"庄王曰："嘻，甚矣惫。虽然，吾今取之，然后而归尔。"司马子反曰："不可。臣已告之矣，军有七日之粮尔。"庄王怒曰："吾使子往视之，子曷为告之？"司马子反曰："以区区之宋，犹有不欺人之臣，可以楚而无乎，是以告之也。"庄王曰："诺。舍而止。虽然，吾犹取此然后归尔。"司马子反曰："然则君请处于此，臣请归尔。"庄王曰："子去我而归，吾孰与处于此？吾亦从子而归尔。"引师而去之。故君子大其平乎已也。此皆大夫也，其称人何？贬。曷为贬？平者在下也。

【译文】鲁宣公十五年夏季，五月，宋国人和楚国人讲和。鲁国之外的国家讲和是不记载的，这里为什么记载呢？为了赞扬宋楚的讲和是靠他们自己。为什么要赞扬宋楚的讲和是靠他们自己呢？楚庄王围攻宋国都城，久攻不下，军中只剩下七天的粮食了，如果吃完这些粮草还攻不下宋都，就准备撤军回国。于是，楚庄王就派司马子反登上楚军为攻城而堆成的土山，偷看宋国国都的情况。碰巧宋国大夫华元这时也登上宋军为守城而堆的土山，伸出头就看见了司马子反。司马子反问华元说："您的国家怎么样了？"华元回答说："已经疲惫了。"司马子反又问："具体情况怎样？"华元说："城中已断粮，人们互相交换自己的子女杀了吃；城内已无柴，人们破开尸骨当柴烧火做饭。"司马子反叹息说："唉！确实是相当疲惫了。即使这样，我听说古代被围的国家，都是把木头放在马的口中，再给马喂粮草，让马想吃也吃不上，牵出来给敌国使者看的都是膘肥体壮的马，表示自己的粮草充足，但是您为什么这样大胆地透露宋国的真情实况呢？"华元说："我听说：君子看到别人的危难就怜悯他；小人看见别人的危难就幸灾乐祸，我看您是君子，因此把宋国的真情实况告诉您。”司马子反说：“好，努力坚守吧！我国军队也只有七天的粮草了，如果吃完这些粮草还攻不下城，就准备撤军回国。”说完，他向华元行一个礼就离开了土山。回去向楚庄王汇报情况。楚庄王问：“宋国情况怎么样？”司马子反说：“已经疲惫不堪了。”庄王又问：“具体情况呢？”司马子反说：“宋国都城内人们互相交换子女杀了吃，劈开死人骨头当柴烧。”楚庄王说：“唉，真是很疲惫了。即使这样，我现在还是要攻下宋国都城，然后再班师回国。”司马子反说：“不行，我已经把我军的实情告诉华元，我军也只有七天的粮草了。”楚庄王听后大怒，说：“我派你去侦察他们的情况，为什么你要把我军的情况告诉华元？”司马子反说：“以一个小小的宋国来说，还有不欺骗别人的臣子，难道像我们楚国这样大的国家就可以没有吗？所以我把情况也告诉了华元。”楚庄王只好说：“好吧，我军就在这里扎下营寨，住下来，即使宋国已经知道我军粮草短缺，我还是要攻F宋国都城后再回国。”司马子反说：“既然这样，君王就请留在这里吧，我请求回去。”庄王说：“您离开我回国，我和谁留在这里？我也和您一起回国算了。”于是楚庄王率领军队离开了宋国国都。所以君子要赞扬宋楚两国讲和是依靠他们自己。司马子反和华元他们都是大夫，“宋人及楚人平”这里为什么称人呢？为了贬斥两国国君。为什么要贬斥两国国君呢？因为宋楚两国的和解是国君手下的臣子实现的。

叔孙侨如会晋士燮齐高无咎宋华元卫孙林父郑公子鳍邾娄人会吴于钟离（成公十五年）

冬，十有一月，叔孙侨如会晋士燮、齐高无咎、宋华元、卫孙林父、郑公子鳍、邾娄人，会吴于钟离。曷为殊会吴？外吴也。曷为外也？《春秋》内其国而外诸夏，内诸夏而外夷狄。王者欲一乎天下，曷为以外内之辞言之？言自近者始也。

【译文】冬季，十一月，鲁国大夫叔孙侨如会见晋国大夫士燮、齐国大夫高无咎、宋国大夫华元、卫国大夫孙林父、郑国公子鳍、邾娄国人，在钟离这个地方同时还会见了吴国人。为什么会见吴国人要另外说呢？这是把吴国人当作外人的意思。为什么要把吴国人当作外人呢？《春秋》这部书，以鲁国为内时，就以华夏各诸侯国为外；以华夏各诸侯国为内时，就以夷狄各族为外。称王的人想要统一天下，为什么还要用“外”“内”这些辞语来称呼各国呢？这样称呼的意思是统一天下要从近处开始。

吴子使札来聘（襄公二十九年）

吴子使札来聘。吴无君，无大夫，此何以有君，有大夫？贤季子也。何贤乎季子？让国也。其让国奈何？谒也，馀祭也，夷昧也，与季子同母者四。季子弱而才，兄弟皆爱之，同欲立之以为君。谒曰：“今若是迮而与季子国，季子犹不受也。请无与子而与弟，弟兄迭为君，而致国乎季子。”皆曰诺。故诸为君者皆轻死为勇，饮食必祝，曰：“天苟有吴国，尚速有悔于予身。”故谒也死，馀祭也立。馀祭也死，夷昧也立。夷昧也死，则国宜之季子者也，季子使而亡焉。僚者长庶也，即之。季之使而反，至而君之尔。阖庐曰：“先君之所以不与子国，而与弟者，凡为季子故也。将从先君之命与，则国宜之季子者也；如不从先君之命与，则我宜立者也。僚恶得为君乎？”于是使专诸刺僚，而致国乎季子。季子不受，曰：“尔杀吾君，吾受尔国，是吾与尔为篡也。尔杀吾兄，吾又杀尔，是父子兄弟相杀，终身无已也。”去之延陵，终身不入吴国。故君子以其不受为义，以其不杀为仁，贤季子。则吴何以有君，有大夫？以季子为臣，则宜有君者也。札者何？吴季子之名也。春秋贤者不名，此何以名？许夷狄者，不一而足也。季子者，所贤也，曷为不足乎季子？许人臣者必使臣，许人子者必使子也。

【译文】吴国使者季札来访问。吴国本无所谓国君，无所谓大夫，这则记载为什么承认它有国君，有大夫呢？为了表明季子的贤啊。季子贤在哪里呢？辞让国君的位置啊。他辞让君位是怎么一回事呢？谒、馀祭、夷昧跟季子是一母所生的四兄弟，季子年幼而有才干，兄长们都爱他，一起想立他做国君。谒说：“现在如果就这样仓促地把君位给他，季子还是不接受的。我愿不传位给儿子而传位给弟弟，由弟弟依次接替哥哥做国君，最后把君位传给季子。”馀祭、夷昧都说行。所以几个哥哥在位时都勇敢不怕死，每次就餐必定祈祷，说：“上天如果让吴国存在下去，就保祐我们早点遭难吧。”所以谒死了，馀祭做国君。馀祭死了，夷昧做国君。夷昧死了，国君的位置应当属于季子了。季子出使在外，僚是寿梦的庶长子，就即位了。季子出访回国，一到就把僚当作国君。阖闾说：“先君所以不传位给儿子，而传位给弟弟，都是为了季子的缘故。要是遵照先君的遗嘱呢，那么国君应该季子来做；要是不照先君的遗嘱呢，那么我该是国君。僚怎么能做国君呢？”于是派专诸刺杀僚，而把国家交给季子。季子不接受，说：“你杀了我的国君，我受了你给予的君位，这样我变成跟你一起篡位了。你杀了我哥哥，我又杀你，这样父子兄弟相残杀，一辈子没完没了了。”就离开国都到了延陵，终身不入吴国宫廷。所以君子以他的不受君位为义，以他的反对互相残杀为仁，称许季子的贤德。

那么吴国为什么有国君，有大夫呢？既承认季子是臣，就应该有君啊。札是什么呢？吴季子的名啊。《春秋》对贤者不直称其名，这则记载为什么称名呢？认可夷狄，不能只凭一事一物就认为够条件了。季子是被认为贤的，为什么季子还不够条件呢？认可做人臣子的，一定要使他象个臣子；认可做人儿子的，一定要使他象个儿子。

葬许悼公（昭公十九年）

冬，葬许悼公。贼未讨，何以书葬？不成于弑也。曷为不成于弑？止进药而药杀也。止进药而药杀，则曷为加弑焉尔？讥子道之不尽也。其讥子道之不尽奈何？曰："乐正子春之视疾也，复加一饭，则脱然愈；复损一饭，则脱然愈。复加一衣，则脱然愈；复损一衣，则脱然愈。止进药而药杀，是以君子加弑焉尔。"曰："许世子止弑其君买，是君子之赦止也。葬许悼公，是君子之赦止也。赦止者，免止之罪辞也。"

【译文】冬季，安葬许悼公。弑杀许悼公的坏人还没有受到诛讨，为什么就记载许悼公的葬礼呢？因为太子止不算弑君。为什么不算就君呢？当时许悼公病重，太子止奉药进献，许悼公饮药而死。既然是太子止奉药进献，许悼公饮药而死，那么为什么给太子止加上弑君的罪名呢？这是责备太子止没有尽到侍奉父母的责任。这里责备太子止没有尽到侍奉父母的责任是什么意思？说："曾子的弟子乐正子春探视父母的病情时，总是根据父母病情的具体情况小心侍奉，有时再加一顿饭，病就顿时好了；有时减少一顿饭，病就顿时好了；有时再添一件衣服，病就顿时好了；有时再减少一件衣服，病就顿时好了。太子止奉药进献给许悼公，药却杀死了许悼公，因此，孔子给他加上弑君的罪名。"说："《春秋》记载许国太子止弑杀他的国君买，是孔子治太子止的罪；记载安葬许悼公，是孔子赦免了太子止。赦免了太子止，这是免除太子止罪过的说法。"

蔡侯以吴子及楚人战于伯莒楚师败绩（定公四年）

冬，十有一月，庚午，蔡侯以吴子及楚人战于伯莒。楚师败绩。吴何以称子？夷狄也而忧中国。其忧中国奈何？伍子胥父诛乎楚，挟弓而去楚，以干阖庐，阖庐曰：“士之甚，勇之甚！”将为之兴师而复雠于楚。伍子胥复曰：“诸侯不为匹夫兴师。且臣闻之：事君犹事父也。亏君之义，复父之雠，臣不为也。”于是止。

蔡昭公朝乎楚，有美裘焉，囊瓦求之，昭公不与。为是拘昭公于南郢，数年然后归之。于其归焉，用事乎河，曰：“天下诸侯苟有能伐楚者，寡人请为之前列。”楚人闻之，怒。为是兴师。使囊瓦将而伐蔡。蔡请救于吴。伍子胥复曰：“蔡非有罪也，楚人为无道。君如有忧中国之心，则若时可矣”于是兴师而救蔡。

曰：“事君犹事父也，此其为可以复雠奈何？”曰：“父不受诛，子复仇可也。父受诛，子复雠，推刃之道也。复雠不除害，朋友相卫，而不相迿，古之道也。”

【译文】冬季，十一月，庚午这天，蔡侯、吴子与楚国军队在伯莒这个地方交战。楚国军队大败。吴国国君在这里为什么称吴子呢？因为他虽然是夷狄人却为中原各国的事情忧虑。所以尊称他为吴子。他怎样为中原各国的事情忧虑呢？楚国大夫伍子胥的父兄被楚平王杀了，于是伍子胥带着弓逃离了楚国，到吴国来求见吴王阖庐。吴王阖庐见到他后，大加赞赏，说：“你真是最贤良的人，最勇敢的人呀！”阖庐并准备为他出兵向楚王复仇。伍子胥急忙对吴王说：“诸侯不为个别人兴师动众，而且我听说：事奉国君就像侍奉父亲，让国君背上丧失道义的名义，以此来报我父兄的仇，我不能这样做。”于是吴国阖庐就放弃了出兵攻打楚国的计划。蔡昭公到楚国去朝见，他穿着一件漂亮的裘皮大衣，楚国令尹囊瓦一见，就向他勒索，蔡昭公不给，为了这件漂亮的裘皮大衣，囊瓦就把蔡昭公囚禁在楚国的国都南郢，过了几年才放他回国。在蔡昭公回国的途中，他祭祀黄河时，发誓说：“天下的诸侯如果有谁出兵攻打楚国，我请求当他的先锋！”楚昭王听到他的这句誓言，大发脾气，因此调动军队，派令尹囊瓦统帅，前来攻打蔡国。蔡昭公向吴王阖庐求救。这时伍子胥出来向吴王说：“这次蔡国并没有罪，楚国出兵攻打蔡国是没有道义的，国君如果有为中原各国忧虑的心，那么像这个时候就可以出兵了。”于是吴王阖庐出兵救蔡。

有人问：“既然说事奉国君就如同侍奉父亲，那么这里伍子胥认为可以复仇了是为什么呢？回答说：“父亲罪不当杀而被杀，儿子复仇是可以的；父亲罪当杀而被杀，儿子却为他复仇，这就像刀一进一却一样相互复仇，仇恨就会越来越深。复仇时只能杀有罪的人，不能杀可能危害自己但无辜的人，朋友要互相保护，不要让人冒险冲在前面，这就是自古以来的道义。”

公会晋侯及吴子于黄池（哀公十三年）

公会晋侯及吴子于黄池。吴何以称子？吴主会也。吴主会，则曷为先言晋侯？不与夷狄之主中国也。其言及吴子何？会两伯之辞也。不与夷狄之主中国，则曷为以会两伯之辞言之？重吴也。曷为重吴？吴在是，则天下诸侯莫敢不至也。

【译文】鲁哀公在黄池这个地方会见晋定公“及吴子”。吴国国君为什么称“吴子”呢？因为这次会晤是由吴国国君主持的。既然吴国国君主持这次会晤，那么为什么要先说晋定公，再说吴子呢？因为不赞成夷狄国家的国君作为中原各诸侯国的盟主。这里说“及吴子”是什么意思？这是鲁哀公会见两个诸侯霸主的说法。既然《春秋》不赞成夷狄国家的国君作为中原各诸侯国的盟主，那么这里为什么用会见两个诸侯霸主的语言来说呢？因为重视吴国国君。为什么重视吴国国君呢？这个盟会上有吴国国君在，那么天下诸侯就没有人敢不来参加了。

西狩获麟（哀公十四年）

十有四年，春，西狩获麟。何以书？记异也。何异尔？非中国之兽也。然则孰狩之？薪采者也。薪采者，则微者也，曷为以狩言之？大之也。曷为大之？为获麟大之也。曷为为获麟大之？麟者，仁兽也，有王者则至，无王者则不至。有以告者，曰：“有麕而角者。”孔子曰：“孰为来哉？孰为来哉？”反袂拭面，涕沾袍。颜渊死，子曰：“噫！天丧予。”子路死，子曰：“噫，天祝予”西狩获麟，孔子曰：“吾道穷矣！”

《春秋》何以始乎隐？祖之所逮闻也。所见异辞，所闻异辞，所传闻异辞。何以终乎哀十四年？曰："备矣！"君子曷为为《春秋》？拨乱世，反诸正，莫近诸《春秋》。则未知其为是与？其诸君子乐道尧舜之道与？末不亦乐乎？尧舜之知君子也。制《春秋》之义，以俟后圣，以君子之为，亦有乐乎此也。

【译文】鲁哀公十四年，春季，鲁国有人在西部打猎，猎获一只麒麟。为什么记载这件事？记载怪异的事情。有什么怪异呢？因为麒麟不是中原地区的野兽。那么这只麒麟是谁猎获的呢？是一个打柴的人。打柴的人地位很低，只有天子、诸侯打猎才用"狩"这个词，这里为什么也用"狩"这个词呢？为了尊重他。为什么尊重他呢？因为他猎获了麒麟，所以尊重他。为什么他猎获了麒麟就尊重他呢？因为麒麟是仁善的动物，当天下有圣明的君王出现时它就到来，如果天下没有圣明的君王时它就躲得远远的。有人把猎获麒麟的事告诉孔子，说："猎获了一只像獐但有角的动物。"孔子说："它为谁而来呢？它为谁而来呢？"边说边翻起袖子来擦眼泪，泪水滴下来沾湿了他衣服的前襟。孔子的弟子颜渊死时，孔子叹道："唉！天要亡我了。"当他的弟子子路死时，孔子又叹道："唉！这次上天要断绝我了。"当听说在鲁国西部猎获麒麟时，孔子说："我的道已经穷尽了！"

《春秋》这部书为什么从鲁隐公开始呢？因为鲁隐公的历史是孔子的高祖所能听到的最早的历史。在孔子和他父亲的时代对史实的说法已不相同，在孔子所听到的文王、宣王、成王、襄王时代对史实的说法也不相同，在孔子所听到传说的隐公、桓公、庄公、闵公、禧公时代对史实的说法更不相同，如果在更久远的年代，对史实就无法正确记载了。《春秋》为什么在鲁哀公十四年结束呢？回答说："记述已经很完备了。"孔子为什么要编写《春秋》这部书呢？为了达到治理乱世，使社会秩序归于正道的目的。现在还没有任何一部书具有《春秋》这种拨乱反正的巨大作用。然而不知道孔子作《春秋》是为了治理乱世，使社会秩序归于正道呢？还是乐于作《春秋》来称述尧舜的道呢？孔子之道就是尧舜之道的继续和发展，孔子不是也很仰慕尧舜之道吗？尧舜在世的时代，他们就预知将来孔子要作《春秋》了。孔子制订《春秋》赏善罚恶的原则。是为了等待后世圣明的君主来效法。孔子所以要作《春秋》，也是乐于让《春秋》的原则贯彻到后代百王之中，永远流传下去。

春秋穀梁传

周谷梁赤所述，而传其学者录为书。赤与公羊氏同师子夏，其传之文体，亦最相近，大抵由其师弟先有问答之词，而后集录为书，与左氏记事者异派而与公羊氏同宗，惟持论颇有异趣，而说者以其传义之精，或有非公羊氏所能及者也。

【译文】周朝的谷梁赤所讲，后由传授者记录而成得书。谷梁赤和公羊高都是子夏的弟子，本书的文体和《春秋公羊传》最相近，大概都是先有师徒问答，之后记录成书的。它和《春秋左氏传》记事不同而和《春秋公羊传》记事相同，只是论断有些不同。有人以为它的精义，有些是《春秋公羊传》比不上的。

元年春王正月（隐公元年）

元年春，王正月。虽无事，必举正月，谨始也。公何以不言即位？成公志也。焉成之？言君之不取为公也。君之不取为公，何也？将以让桓也。让桓正乎？曰不正。《春秋》成人之美，不成人之恶。隐不正而成之，何也？将以恶桓也。其恶桓何也？隐将让而桓弑之，则桓恶矣。桓弑而隐让，则隐善矣。善则其不正焉。何也？《春秋》贵义而不贵惠，信道而不信邪。孝子扬父之美，不扬父之恶。先君之欲与桓，非正也，邪也。虽然，既胜其邪心以与隐矣，已探先君之邪志。而遂以与桓，则是成父之恶也。兄弟，天伦也。为子受之父，为诸侯受之君，已废天伦而忘君父以行小惠，曰小道也。若隐者，可谓轻千乘之国，蹈道则未也。

【译文】隐公元年，春天，是周历正月。即使没有事，也一定记正月，是表示重视君王的开始。对隐公为什么不记载即位二字呢？是为了成全隐公的心愿。怎么是成全隐公呢？

是说隐公不想当国君。隐公不想当国君，是为什么？想把君位让给桓公。让给桓公对么？回答说是不对的。《春秋》都是成全人的好事，而不成全人的坏事，隐公的做法不对，为什么成全他呢？是为显露桓公的坏。为什么要显露出桓公的坏呢？隐公将要让位给桓公，桓公却杀了他，就显出桓公的坏了。桓公弑兄，隐公谦让，就是隐公好。隐公好，又认为他不对，是为什么呢？《春秋》崇尚礼义，不崇尚小恩小惠，伸张正义而不伸张邪恶。孝子显扬父亲的美名，不能显扬父亲的坏名声。惠公想把君位给桓公，是不对的，是邪恶的。虽然这样，他既然战胜了邪恶的想法把君位给了隐公，隐公已经探测到父亲的邪恶想法，却还把君位让给桓公，这就铸成了父亲的恶名。兄弟是天然的亲属关系，做儿子的从父亲那接受一切，如同当诸侯的从君王那里接受一切。隐公废弃了兄弟的长幼的顺序，忘记了君父，来行小恩小惠，这叫小德。像隐公这样的人，可算是轻视君位的人，至于说履行正义之道，还没有做到。

郑伯克段于鄢（隐公元年）

夏，五月，郑伯克段于鄢。

克者何？能也。何能也？能杀也。何以不言杀？见段之有徒众也。

段，郑伯弟也。何以知其为弟也？杀世子，母弟，目君，以其目君，知其为弟也。

段，弟也而弗谓弟，公子也而弗谓公子，贬之也。段失子弟之道矣，贱段而甚郑伯也。

何甚乎郑伯？甚郑伯之处心积虑成于杀也。

于鄢，远也。犹曰取之其母之怀中而杀之云尔，甚之也。然则为郑伯者宜奈何？

缓追逸贼，亲亲之道也。

【译文】夏季，五月，郑伯在鄢地克段。

克是什么意思，是能够的意思。能够干什么，能够战胜并杀死段。

为什么不用杀字，是为了表现段有徒众。

段是郑伯的弟弟。怎么知道他是弟弟？是因为他杀太子。一般都是同母弟想夺君位。他眼睛盯着君王的宝座。以此知道他是弟弟。

段是弟弟，却不称他为弟；段是公子，却不称他公子。这是贬斥他。因为他失了“弟恭”之道。轻视段。而且认为郑伯太过分了。郑伯怎么过分了，他处心积虑置弟弟于死地。

“于鄢”是强调郑伯把弟弟追到很远的地方，就如同从母亲怀中夺过来杀死一样，太过分了！如此，那么郑伯应该怎么办？应当慢慢追，有意放跑弟弟，对亲弟弟讲点亲爱之道。

元年春王正月公即位（桓公元年）

元年春，王。桓无王，其曰王何也？谨始也。其曰无王何也？桓弟弑兄，臣弑君，天子不能定，诸侯不能救，百姓不能去。以为无王之道，遂可以至焉尔。元年有王，所以治桓也。正月，公即位。继故不言即位，正也。继故不言即位之为正。何也？曰先君不以其道终，则子弟不忍即位也。继故而言即位，则是与闻乎弑也。继故而言即位，是为与闻乎弑。何也？曰先君不以其道终，己正即位之道而即位，是无恩于先君也。

【译文】元年春季，王。桓公没有得到周天子命封，为什么还记王呢？是为了慎重记载新君的开始。为什么说没有王？桓公是弟弟杀了哥哥，臣杀君，天子不能平定诸侯，不能救百姓，不能消除无视天子的行为，于是就到了弑兄弑君的地步。元年记王，用以讨伐桓公。先君意外不幸而死，继承这样的君位不能说即位，这是合礼的。为什么呢？先君不是寿终正寝，儿子或弟弟不忍心即位。如果继承这样的君位说即位，那么这新君就是参与了弑君阴谋。为什么呢？君不是寿终正寝，自己改变了即位之礼道，这就表明对先君没有恩义。

公子翚如齐逆女九月齐侯送姜氏于讙公会齐侯于讙夫人姜氏至自齐（桓公三年）

公子翚如齐逆女。逆女，亲者也。使大夫，非正也。

九月，齐侯送姜氏於讙。礼，送女，父不下堂，母不出祭门，诸母兄弟不出阙门。父戒之曰："谨慎从尔舅之言！"母戒之曰："谨慎从尔姑之言！"诸母般，申之曰："谨慎从尔父母之言！"送女逾竟，非礼也。公会齐侯於讙。无讥乎？曰为礼也。齐侯来也，公之逆而会之可也。夫人姜氏至自齐。其不言翚之以来何也？公亲受之于齐侯也。子贡曰："冕而亲迎，不已重乎？"孔子曰："合二姓之好，以继万世之后，何谓已重乎？"

【译文】公子翚到齐国去迎亲。迎亲，应该君王亲自迎。派大夫去，不对。

九月，齐侯送女到讙地。送女，父亲不能下堂，母亲不能送出庙门，诸母和兄弟姊妹不能送出阙门。父亲告诫女儿说："要谨慎遵从你公爹的话"。母亲告诫女儿说："要谨慎遵从婆母的话"。诸母七嘴八传舌地重复说："要谨慎地遵从你父母的话"。送女越过国境，不合于礼。鲁桓公到讙邑去会见齐僖公。《春秋》记载此事没有讥讽之意吧？回答说：为了礼貌，齐僖公既然来了，鲁桓公去迎接并和他相见也是可以的。夫人姜氏从齐国来到。为什么不说公子翚迎来。因为桓公亲自从齐侯那接受过来。子贡说："国君亲自迎亲，不太过分吗？"孔子说："二姓成婚很好，以至延续到万代，怎么说过分呢？"

城楚丘（僖公二年）

春，王正月，城楚丘。楚丘者何？卫邑也。国而曰城，此邑也，其曰城何也？封卫也。则其不言城卫何也？卫未迁也。其不言卫之迁焉何也？不与齐侯专封也。其言城之者，专辞也。故非天子不得专封诸侯。诸侯不得专封诸侯，虽通其仁以义而不与也。故曰仁不胜道。

【译文】僖公二年，春天，周历正月，在楚丘修筑城墙。楚丘是什么？是卫国的城邑。对国家来说是修城，这是小邑，怎么说修城呢？是把卫国封在那里。那为啥不说在卫修城？卫国没有迁移。为什么不说卫国迁移？不赞同齐桓公擅自封诸侯。说修城，是擅自的意思。不是天子不能擅自分封诸侯，诸侯不能擅自封诸侯。（齐桓公）即使行仁，根据义就不赞同他的做法。所以说，行仁不能背义。

虞师、晋师灭夏阳（僖公二年）

“虞师、晋师灭夏阳。”非国而曰灭，重夏阳也。虞无师，其曰师，何也？以其先晋，不可以不言师也。其先晋何也？为主乎灭夏阳也。夏阳者，虞、虢之塞邑也。灭夏阳而虞、虢举矣。虞之为主乎灭夏阳何也？晋献公欲伐虢，荀息曰：“君何不以屈产之乘、垂棘之璧，而借道乎虞也？”公曰：“此晋国之宝也。如受吾币而不借吾道，则如之何？”荀息曰：“此小国之所以事大国也。彼不借吾道，必不敢受吾币。如受吾币而借吾道，则是我取之中府，而藏之外府；取之中厩，而置之外厩也。”公曰：“宫之奇存焉，必不使受之也。”荀息曰：“宫之奇之为人也，达心而懦，又少长于君。达心则其言略，懦则不能强谏；少长于君，则君轻之。且夫玩好在耳目之前，而患在一国之后，此中知以上乃能虑之。臣料虞君中知以下也。”公遂借道而伐虢。宫之奇谏曰：“晋国之使者，其辞卑而币重，必不便于虞。”虞公弗听，遂受其币，而借之道。宫之奇又谏曰：“语曰：‘唇亡则齿寒。’其斯之谓与！”挈其妻、子以奔曹。献公亡虢，五年而后举虞。荀息牵马操璧而前曰：“璧则犹是也，而马齿加长矣。”

【**译文**】“虞师、晋师灭夏阳。”不是国都而说灭，是看重夏阳。虞国的军队不足一个师，《春秋》说是师，为什么呢？因为虞国写在晋国之前，不可以不说师。它写在晋国之前是为什么呢？灭夏阳是它为主的。夏阳，是虞、虢交界处虢国的一个要塞。夏阳一失，虞、虢两国都可占领了。虞国为什么要为主灭夏阳呢？晋献公想要讨伐虢国，荀息说：“君主为什么不用北屈出产的马，垂棘出产的璧，向虞国借路呢？”献公说：“这是晋的国宝，如果受了我的礼物而不借路给我，那又拿它怎么办？”荀息说：“这些东西是小国用来服事大国的。它不借路给我们，一定不敢接受我们的礼物。如受了我们的礼而借路给我们，那就是我们从里面的库藏里拿出来，而藏在外面的库藏里，从里面的马房里拿出来，而放在外面的马房里。”献公说：“宫之奇在，一定不让的。”荀息说：“宫之奇的为人，心里明白，可是怯懦，又比虞君大不了几岁。心里明白，话就说得简短，怯懦就不能拚命谏阻，比虞君大不了几岁，虞君就不尊重他。再加上珍玩心爱的东西就在耳目之前，而灾祸在一个国家之后，这一点要有中等智力以上的人才能考虑到。臣料想虞君是中等智力以下的人。”献公就借路征伐虢国。宫之奇劝谏说：“晋国的使者言辞谦卑而礼物隆重，一定对虞国没有好处。”虞公不听，就接受了晋国的礼物而借路给晋国。宫之奇又谏道：“俗语说：‘唇亡齿寒。’岂不就说的这件事吗！”他带领自己的老婆孩子投奔到曹国去了。晋献公灭了虢国，五年以后占领了虞国。荀息牵着马捧着璧，走上前来说：“璧还是这样，而马的牙齿增加了。”

公及齐侯宋公陈侯卫侯郑伯许男曹伯会王世子于首戴秋八月诸侯盟于首戴（僖公五年）

公及齐侯、宋公、陈侯、卫侯、郑伯、许男、曹伯会王世子于首戴。及以会，尊之也。何尊焉？王世子云者，唯王之贰也。云可以重之存焉，尊之也。何重焉？天子世子，世天下也。

秋，八月，诸侯盟于首戴。无中事而复举诸侯何也？尊王世子而不敢与盟也。尊则其不敢与盟何也？盟者不相信也，故谨信也，不敢以所不信而加之尊者。桓，诸侯也，不能朝天子，是不臣也。王世子，子也，块然受诸侯之尊己而立乎其位，是不子也。桓不臣，王世子不子，则其所善焉何也？是则变之正也。天子微，诸侯不享觐。桓控大国，扶小国，统诸侯，不能以朝天子，亦不敢致天王。尊王世子于首戴，乃所以尊天王之命也。世子含王命会齐桓，亦所以尊天王之命也。世子受之可乎？是亦变之正也。天子微，诸侯不享觐。世子受诸侯之尊己，而天王尊矣，世子受之可也。

【译文】僖公和齐侯、宋公、陈侯、卫侯、郑伯、许男、曹伯一起在首戴会见周王的太子。经文用“及”和“会”，是尊重王太子。为什么尊敬他？王世子的称呼，表示他是天子第二，应该重视他，尊重他。为什么重视他？天子的太子继承天下。

秋季，八月，诸侯在首戴结盟。会见与结盟中间没记事，为什么记结盟时加上诸侯二字呢？是尊重王太子，不敢记太子参加结盟。为什么不敢记太子参加结盟？结盟，是因为互相不守信才慎重地签盟约束盟者守信。所以不敢让这种出于不信任的事加到尊者头上。齐桓公是诸侯，不朝天子，也就不像臣了。王世子，是天子的儿子，安然地让诸侯尊戴自己，坐在尊位，这也就不像天子的儿子了。桓公不像臣，王太子不像太子，那么他们好在什么地方？这就是变通地看，他们又是对的。天子地位衰微，诸侯不纳贡不朝拜。齐桓公控制大国，扶助小国，统率诸侯而不能朝拜天子，能在首戴尊敬王太子，这也就是尊敬天子命令的一种方式。太子带着天子的命令会见桓公。这也是尊敬天子的一种方式。太子可以接受诸侯的尊戴。这也是变通地看，是对的。天子地位衰微，诸侯不纳贡、不朝拜。太子能受到诸侯的尊戴，也就等于天子受到尊戴了，所以太子接受诸侯的尊戴是可以的。

晋杀其大夫里克（僖公十年）

晋杀其大夫里克。称国以杀，罪累上也。里克弑二君与一大夫，其以累上之辞言之何也？其杀之不以其罪也。其杀之不以其罪奈何？里克所为杀者，为重耳也。夷吾曰："是又将杀我乎？"故杀之，不以其罪也。其为重耳弑奈何？晋献公伐虢，得丽姬。献公私之，有二子，长曰奚齐，稚曰卓子。丽姬欲为乱，故谓君曰："吾夜者梦夫人趋而来，曰：'吾苦畏！'胡不使大夫将卫士而卫冢乎？"公曰："孰可使？"曰："臣莫尊于世子，则世子可。"故君谓世子曰："丽姬梦夫人趋而来，曰：'吾苦畏！'女其将卫士而往卫冢乎！"世子曰："敬诺！"筑宫，宫成。丽姬又曰："吾夜者梦夫人趋而来，曰：'吾苦饥！'世子之宫已成，则何为不使祠也？"故献公谓世子曰："其祠！"世子祠。已祠，致福于君。君田而不在。丽姬以酖为酒，药脯以毒。献公田来，丽姬曰："世子已祠，故致福于君。"君将食，丽姬跪曰："食自外来者，不可不试也。"覆酒于地而地贲。以脯与犬，犬死。丽姬下堂而啼呼，曰："天乎天乎！国，子之国也，子何迟于为君？"君喟然叹曰："吾与女未有过切，是何与我之深也！"使人谓世子曰："尔其图之！"世子之傅里克谓世子曰："入自明！入自明则可以生，不入自明则不可以生。"世子曰："吾君已老矣，已昏矣！吾若此而入自明，则丽姬必死；丽姬死，则吾君不安。所以使吾君不安者，吾不若自死。吾宁自杀以安吾君，以重耳为寄矣！"刎脰而死。故里克所为弑者，为重耳也。夷吾曰："是又将杀我也。"

【译文】晋国杀了大夫里克。举出国名说杀了某某，是牵连到谁为君的问题。里克杀了两个君和一个大夫，为什么说牵连到君王？杀里克不是因为他有罪。怎么说杀他不是因为有罪？里克被杀，是为重耳。夷吾说："这人（指里克）又将杀我吧"，就杀了里克。不是因为他有罪。里克为重耳被杀是怎么回事？晋献公攻下虢国，得到骊姬，私自娶下为妾，生了两个儿子，大的叫奚齐，小的叫卓子。骊姬想夺太子权，对献公说："我夜里梦见夫人快步走到跟前说：'我怕得很'。为什么不派大夫带兵去守墓？"公说："谁可以派？"回答说："没有哪个比太子地位高，太子可以。"献公对太子说："骊姬夜里梦见夫人快步来说：'我怕得很'，你带兵去守墓吧。"太子说："遵命"。建守墓住的房子，建好了。骊姬又说：

“我夜里梦见夫人快步走来说：‘我饿得很’，何不派人去祭祀。”献公对太子说：“去祭祀。”太子祭祀完，把祭肉和酒送给父亲。献公打猎不在宫里。骊姬把毒酒渗到酒里，肉里放上毒药。献公回来，骊姬说：“太子祭完了，把祭肉送给你”。献公刚要吃，骊姬跪下说道：“食物从外边送来，不能不试试。”把酒倒在地，地鼓起来。把肉给狗吃，狗死了。骊姬下堂号哭，喊道：“。天哪！天哪！国是你的国，为什么晚一点儿当国君就这么样”。献公长叹道：“我对你从未有过责备，怎么对我的仇恨这么深呢！”派人对太子说：“你自己考虑吧。”太子的保傅里克对太子说：“进宫去，自己说明白。说明白就可以免死，不说明白就得死”。太子说：“我们国君年岁老了，糊涂了。我进宫说明白，骊姬肯定得死。骊姬死，国君就不能安生。假如国君不得安生，我不如自己死。我宁自己死，来让君目安生。我把弟弟重耳托付给你了。”割掉脑袋就死了，所以里克被杀，是因为重耳。夷吾说：“这个人又将杀我。”

春王正月戊申朔陨石于宋五
是月六鹢退飞过宋都（僖公十六年）

十有六年春王正月戊申朔，陨石于宋五。先陨而后石，何也？陨而后石也。于宋四竟之内曰宋。后数，散辞也。耳治也。是月，六鹢退飞过宋都。是月者，决不日而月也。六鹢退飞过宋都，先数，聚辞也，目治也。子曰：石，无知之物，鹢，微有知之物。石无知，故日之；鹢微有知之物，故月之。君子之于物，无所苟而已。石鹢且犹尽其辞，而况于人乎？故五石六鹢之辞不设，则王道不亢矣。民所聚曰都。

【译文】十六年春季，周历正月，戊申这天正是初一，陨石落在宋国五颗。先说落后说石，这是为什么呢？因为先看见有物从天上下落，而后才看清是陨石，因为落在宋国境内所以又说宋，最后说数目是五，因为这是描写陨石散落在各处数了以后才知道是五颗的用语，这是由耳听到陨石坠落的声音来查数的。这个月，有六只鹢鸟倒退着飞，经过宋国都城。这是指和陨石坠落是同一个月发生的，分开来叙述是由于日子不同而月份相同。“有六只鹢鸟倒退着飞经过宋国都城”，先说数目是六，因为描写的是一群鹢鸟的用语，是用眼睛看着数的结果。谷梁子说：“石头是无知之物，鹢鸟是有小智之物。石头是无知之物，所以记载它坠落的日子；鹢鸟是有小智慧之物，所以只记载它飞过宋都的月份。写《春秋》的君子对于记载的事物没有一点马虎，对石头、鹢鸟尚且尽量作到准确无误，何况是对于人事呢！所以‘五石’‘六鹢’记载的文辞不具备，那么治国之道就不能高扬。”老百姓所聚居的地方叫作都城。

灭项（僖公十七年）

夏，灭项。孰灭之？桓公也。何以不言桓公也？为贤者讳也。项，国也，不可灭而灭之乎？桓公知项之可灭也，而不知己之不可以灭也。既灭人之国矣，何贤乎？君子恶恶疾其始，善善乐其终。桓公尝有存亡继绝之功，故君子为之讳也。

【译文】夏天，灭掉项国。谁灭了项国？是齐桓公。为什么不记齐桓公，替贤人隐讳。项是个国家，不可以灭却灭了它。桓公知道项国可灭，却不知自己不能去灭。已经灭了别人的国家，还算什么贤人。君子憎恨坏人，憎恨他的当初；喜欢好人，乐意他善始善终。桓公曾有存亡继绝的功德，所以君子替他隐讳。

王札子杀召伯毛伯（宣公十五年）

王札子杀召伯、毛伯。王札子者，当上之辞也。杀召伯、毛伯，不言其何也？两下相杀也。两下相杀，不志乎《春秋》，此其志何也？矫王命以杀之，非忿怒相杀也，故曰以王命杀也。以王命杀则何志焉？为天下主者天也，继天者君也，君之所存者命也。为人臣而侵其君之命而用之，是不臣也；为人君而失其命，是不君也。君不君，臣不臣，此天下所以倾也。

【译文】王札子杀死了召伯、毛伯。记王札子，是在上位的意思。他杀了召伯、毛伯。为什么不说“其召伯，毛伯”？双方都是下臣。下臣杀下臣，春秋经不予记载，这次为什么记？是王札子假托王命杀的，不是互相生气杀的，所以说是用天子的命令杀的。主管天下的是天，接着天往下排是君。君王的权柄在于命令。做人臣的干犯君命就不是（好）臣。君王丢了命令，就不像个君王了。君不像君，臣不像臣，这就是天下倾覆的原因。

楚子蔡侯陈侯许男顿子胡子沈子淮夷伐吴执齐庆封杀之（昭公四年）

秋，七月，楚子、蔡侯、陈侯、许男、顿子、胡子、沈子、淮夷伐吴。执齐庆封，杀之。此入而杀，其不言入何也？庆封封乎吴钟离，其不言伐钟离何也？不与吴封也。庆封其以齐氏何也？为齐讨也。灵王使人以庆封令于军中曰："有若齐庆封弑其君者乎？"庆封曰："子一息，我亦且一言。"曰："有若楚公子围弑其兄之子而代之为君者乎？"军人粲然皆笑。庆封弑其君而不以弑君之罪罪之者，庆封不为灵王服也。不与楚讨也。春秋之义，用贵治贱，用贤治不肖，不以乱治乱也。孔子曰："怀恶而讨，虽死不服，其斯之谓与。"

【译文】秋天，七月，楚、蔡、陈、许、顿、胡、沈、淮八国君领兵攻打吴国，抓住齐国的庆封，杀死。这是进入吴国杀的。为什么不说进入吴呢？庆封被封在吴附属的锺离。为什么不说攻伐锺离？不赞同吴国封他呵。为什么称齐国的庆封？因为齐国讨伐他。楚灵王让人牵着庆封在军中示众说："有像庆封这样杀自己君王的吗？"庆封说："停一下，我只说一句。"说："有像楚公子围，杀了侄儿取代君位的吗？"军中人都开心地大笑。庆封弑君却没以弑君之罪判他。庆封没服楚灵王，不赞同楚灵王的声讨。春秋的大义是用高贵的治服卑贱的，用有德治服无德的，而不是用乱治乱。孔子说："自己有坏名声，去声讨别人。别人即使掉脑袋也不会服的，大概指的就是这件事吧。"

夏五月戊辰许世子止弑其君买（昭公十九年）

夏，五月戊辰，许世子止弑其君买。日弑，正卒也。正卒，则止不弑也。不弑而曰弑，责止也。止曰："我与夫弑者。"不立乎其位，以与其弟虺。哭泣歠飦粥，嗌不容粒，未逾年而死，故君子即止自责而责之也。

【译文】夏季，五月戊辰日，许国太子杀死国君。记载被弑的日期，表明是正常死去。正常死去就说明太子止没有弑君。没弑君却记载弑君，是责备太子止。止说："我跟那些弑君的太子同罪。"没继承君位，把君位给了他的弟弟虺，哭得喉咙都肿了，喝稠粥都咽不下去，没过一年就死了。所以君子就太子能自责这一点要求人们(学习)。

冬葬许悼公（昭公十九年）

冬，葬许悼公。日卒时葬，不使止为弑父也。曰子既生，不免乎水火，母之罪也；羁贯成童，不就师傅，父之罪也；就师学问无方，心志不通，身之罪也；心志既通，而名誉不闻，友之罪也；名誉既闻，有司不举，有司之罪也；有司举之，王者不用，王者之过也。许世子不知尝药，累及许君也。

【译文】冬天，安葬许悼公。记载许悼公死的日子、举行葬礼的季节，是为了(表示他是正常死的)不让太子止背上杀君的罪名。常言道：孩子已经出生，但却不免灾难，这是母亲的罪过；到了羁贯成童之年，还不向师傅学习，这是父亲的罪过；向师傅学习却没有一定法度，思想还不通达，这是自己的罪过；思想已经通达，而名声还不远闻，这是朋友的罪过；名声已经远闻，而管理选拔人才的官员却不向上推荐，这是选拔人才的官员的罪过；官员已经推荐，而治理天下的人却不任用，这是治理天下的人的错误。许国的太子止不知道给国君进药要先尝的礼节，这又反过来牵累到许国国君，使人认为他作为父亲没有尽到教子知礼的责任。

公会齐侯于颊谷至自颊谷（定公十年）

夏，公会齐侯于颊谷，公至自颊谷。离会不致，何为致也？危之也。危之，则以地致何也？为危之也。其危奈何？曰颊谷之会，孔子相焉。两君就坛，两相相揖。齐人鼓噪而起，欲以执鲁君。孔子历阶而上，不尽一等，而视归乎齐侯，曰："两君合好，夷狄之民何为来？”为命司马止之。齐侯逡巡而谢曰：“寡人之过也。”退而属其二三大夫曰：“夫人率其君与之行古人之道，二三子独率我而入夷狄之俗，何为？”罢会，齐人使优施舞于鲁君之幕下。孔子曰：“笑君者罪当死！”使司马行法焉，首足异门而出。齐人来归郓、讙、龟阴之田者，盖为此也。因是以见虽有文事，必在武备，孔子于颊谷之会见之矣。

【译文】夏季，鲁定公在颊谷会晤齐景公。鲁定公从颊谷回到鲁国。诸侯相会意见不合，《春秋》上是不记载说“至自”的。这次为什么记载了呢？因为鲁定公这次遇到了危险而能安全返回。国君遇到危险就记载地名，这是为什么呢？因为要标出遇危险的地方所在。这次遭遇危险的情况是怎样的呢？回答说：颊谷之会，孔子作鲁定公的辅佐，两位国君就位坛上，互相行揖让之礼，这时齐国人鼓噪而起，想要拘执鲁定公，孔子便快步登上台阶，只剩一个台阶没有走到坛上，目光注视着齐景公说：“两国之君相会合好，不知礼仪的夷狄之民来这里想干什么了”。于是便命令带兵的司马制止这些鼓噪之人。齐景公尴尬地避席而谢罪说：“这是我的过错。”然后走到齐国随行大臣面前对他们说：“孔子引导他的国君和他一起推行古人之道，你们几个为什么要把我引到不讲礼仪的夷狄风俗上去？”开完会后，齐国人让名叫施的优伶在鲁定公的帐下跳舞(嘲弄鲁定公)。孔子说：“嘲笑国君的人，罪应当处死。”便命令司马依法执行死刑，杀了优施而将他的尸体从不同的门抛出门外。(此后不久)齐国人来归还鲁国的郓、讙二邑和龟阴的土地，就是因为这次会上看到鲁国不可欺侮。从这件事上可以看出，纵然盟会的事，也必须有武力准备，这就是孔子在颊谷之会上表现出的见解。

孝 经

旧说孔子为曾子陈孝道而作。后儒又以其文字不类《系辞》《论语》者，因疑为伪作。清《四库全书提要》曰："观其文，取二戴所记为近。要为七十子徒之遗书。使河间献王采入一百三十一篇内，则亦《礼记》之一篇。此言可谓得其要矣。按《孝经》有今文古文两本，今文十八章，古文二十二章，其文字亦略有不同，宋朱熹取古文本作《孝经勘误》，分为经一章，传十四章，于今文中删去子曰者二，引《书》者一，引《诗》者四，凡六十一字。此编所录经一章，即从朱本。

【译文】过去以为是孔子为了讲述孝道而作的，后来的儒者又以为它的文字不像《易经·系辞》《论语》，因而怀疑它是伪造的。清代的《四库全书·提要》说："考察它的文字，和《礼记》比较相近。总之，是孔子弟子的遗书。它在河间献王所得的一百三十一篇记之中，可见也是关于礼的解释之一。"这一说法可以说是抓住了关键。《孝经》有今文本和古文本两种，今文本十八章，古文本二十二章，二者文字稍微有所不同。宋人朱熹依据古文本作《孝经勘误》，分为经一章，传十四章，与今本相比，删掉了孔子话两节，引用《尚书》的一节和引用《诗经》的四节，共六十一个字。这里选录的一章经文，就是按照朱熹的本子。

经一章

仲尼闲居，曾子侍坐。子曰："参，先王有至德要道，以顺天下，民用和睦，上下无怨。女知之乎？"曾子避席曰："参不敏，何足以知之？"子曰："夫孝，德之本也，教之所由生也。复坐，吾语女。身体发肤，受之父母，不敢毁伤，孝之始也。立身行道，扬名于后世，以显父母，孝之终也。夫孝，始于事亲，中于事君，终于立身。

【译文】孔子在家中闲坐，曾参在一旁陪坐。孔子说："先代的圣帝贤王，有一种至为高尚的品行，至为重要的道德，用它可以使得天下人心归顺，百姓和睦融洽，上上下下没有怨恨和不满。你知道这是什么吗？"曾子连忙起身离开席位回答说："我生性愚钝，哪里能知道那究竟是什么呢？"孔子说："那就是孝！孝是一切道德的根本，所有品行的教化都是由孝行衍生出来的。你还是回到座位上去，我讲给你听。一个人的身体、四肢、毛发、皮肤，都是从父母那里得来的，所以要特别地加以爱护，不敢损坏伤残，这是孝的开始，是基本的孝行。一个人要建功立业，遵循天道，扬名于后世，使父母荣耀显赫，这是孝的终了，是完满的、理想的孝行。孝，开始时从侍奉父母做起，中间的阶段是效忠国家，最终则要建树功绩，成名立业，这才是孝的圆满的结果。

"爱亲者，不敢恶于人；敬亲者，不敢慢于人。爱敬尽于事亲，而德教加于百姓，刑于四海。盖天子之孝也。

【译文】孔子说："天子能够亲爱自己的父母，也就不会厌恶别人的父母；能够尊敬自己的父母，也就不会怠慢别人的父母。天子能以爱敬之心尽力侍奉父母，就会以至高无上的道德教化人民，成为天下人效法的典范。这就是天子的孝道啊！

在上不骄，高而不危；制节谨度，满而不溢。高而不危，所以长守贵也。满而不溢，所以长守富也。富贵不离其身，然后能保其社稷，而和其民人。盖诸侯之孝也。

【译文】身居高位而不骄傲，那么尽管高高在上也不会有危险；俭省节约，慎守法度，那么尽管财富充裕也不会奢侈。高高在上而没有危险，这样就能长久地保守尊贵的地位。资财充裕而不奢侈，这样就能长久地保守财富。能够紧紧地把握住富与贵，然后才能保住自己的国家，使自己的人民和睦相处。这就是诸侯的孝道啊！

非先王之法服不敢服，非先王之法言不敢道，非先王之德行不敢行。是故非法不言，非道不行；口无择言，身无择行。言满天下无口过，行满天下无怨恶。三者备矣，然后能守其宗庙。盖卿、大夫之孝也。

【译文】不合乎先代圣王礼法所规定的服装不敢穿，不合乎先代圣王的礼法的言论不敢说，不合乎先代圣王规定的道德的行为不敢做。因此，不合礼法的话不说，不合道德的事不做。说话言论须斟酌字句，行为举止须考虑仔细。虽然言论遍放天下，但无过失；做事遍天下，但从不招致怨恨。完全地做到了这三点，然后才能长久地保住自己的宗庙〔奉祀祖先〕。这就是卿、大夫的孝道啊！

资于事父以事母，而爱同；资于事父以事君，而敬同。故母取其爱，而君取其敬，兼之者父也。故以孝事君则忠，以敬事长则顺。忠顺不失，以事其上，然后能保其禄位，而守其祭祀。盖士之孝也。用天之道，因地之利，谨身节用，以养父母，此庶人之孝也。故自天子已下至于庶人，孝无终始，而患不及者，未之有也。

【译文】用侍奉父亲的态度去侍奉母亲，那爱心是相同的；用侍奉父亲的悲度去侍奉国君，那敬心是相同的。侍奉母亲取亲爱之心，侍奉国君取崇敬之心，侍奉父亲是兼有爱心与敬心。所以，有孝行的人为国君服务必能忠城，能敬重兄长的人对上级必能顺从。忠诚与顺从，都做到没有缺憾和过失，用这样的态度去侍奉国君和上级，就能保住自己的俸禄和爵位，维持对祖先的祭祀。这就是士人的孝道啊！

经传治要卷二

经传二十七种

经传序论

学者之治经，贵通大义，辨源流，知途径，故略读经传之后，于先儒绪论名贵之作，尤不可不悉心考览。案梁昭明太子《文选》，载卜、孔两序，为经序之最古者。世多以为依托，然其源源甚远，理无可废。刘书王说，于经传之流别，论述颇详。《六艺论》虽辑自散逸，而多存古说，亦为后儒所珍视。盖尝论之，周孔之经传，不幸厄于秦火，汉兴，搜残补缺，置博士讲习，及至东都，郑君网罗百家，遍注群经，微言大义，焕乎复明。魏晋之际，儒者如王肃、王弼等皆喜出新意，与郑君立异，然亦时有所获。迨南北分朝，好尚不同，唐初孔、贾等，先后奉敕，纂修《七经正义义疏》，折衷各家异说，垂为定制，传至现代。凡考论经传之古义者，莫不赖之取材。中古以还，传注充斥，门户各别，约而言之，宋儒注经，多发挥义理；清人一变，独提倡训诂，其道相反，而实相成。善夫，阮伯元之序儒林传也，谓周官师儒立教，相助为功，汉宋二家，各得其一，譬之门径堂室，未可偏讥。焦、陈诸君之言，亦多所发明，因知辨生末学，由来无取。江、方二氏，素以博雅自矜，乃各左袒著书，内斗不已，岂非门户之见未融，而其说自不免蔽与？故今汇录先儒之经传序论，于二家之作，一律博观约取，绝无偏阿。及其互相攻驳之言，不尽中肯，而可以考见当时学派之情实者，亦间加采录，盖欲学者于此，合观互考，以祛蔽而求本，则经传之源流既辨，途径已知，而大义亦不难通矣！

【译文】学者治经，关键在于通晓大义，辨明源流，知道路径，因此在略读经传以后，对于先儒著名的序论，就不可不尽心考察。梁代昭明太子萧统所编的《文选》记载有卜商的《诗序》和孔安国的《尚书序》，这是最早关于经的序文，世人多以为是伪托之作，然而它源流很早，没有道理废置的。刘歆的《移让太常博士书》和王充的《正说》，对于经传的渊源流传叙述得很详细。《六艺论》虽然是对郑玄散逸文字的辑录，但是保留有好多古说，因而后儒也很重视。儒家的经传，不幸遭到秦朝焚书。汉代建立后，搜集残余，补齐缺漏，政府设置博士讲习。到东汉，郑玄包罗诸家，遍注群经，儒家的微言大义再次显明。魏晋之际，儒者像王肃、王弼等，喜欢标新立异，与郑玄所讲不同，然而也有所得。到南北朝时，南北学术风尚不同。唐初，孔颖达、贾公彦等，奉皇帝命令编纂《七经正义义疏》，调和各家学说，作为统一标准，一直传到现在。凡是考察经传古时的内涵，没有不依靠它的。中古以后，注疏众多，门派不同，大体而言，宋儒注释经传多发挥义理，清人学风一变，独独提倡训诂之学，与宋儒虽方法相反而实际却互相促进。阮元在《国史儒林传序》中说老师和儒士立教，相互辅助，汉儒和宋儒各得其一，就如门径和堂室，不可互相讥评。焦循、陈澧诸位的看法，也多有发明，好辩无本之学，自来就无所取法。江藩、方东树二人素来以博雅自傲，互相偏袒，内斗不停，难道不是门户之见没有消除，导致他们的看法不免偏颇？因而现今汇集先儒的经传序论中，对于这两家的著作，广泛阅览而扼要择取，绝没有偏护。至于他们互相攻击的看法，不完全正确，也可以看到当时学派之间的实际情况，也有所采录，这是希望学者对于这些，共同观看，互相考察，达到祛除弊端了解根本的目的，这样经传的源流就可以辨别，门径已知，那么大义就不难通晓了！

卜商

周卫人，字子夏，孔子弟子，与子游并列文学科。先儒谓发明章句，始于子夏。故两汉传经大师，多出于卜氏之徒。清四库著录有《易传》《诗序》，其提要则皆断为依托。

【译文】周时卫国人，字子夏，是孔子的弟子，与子游共同列为文学一科。过去的儒者以为创始章句之学的，首先从子夏开始。因此，两汉传授经学的大师，多数是子夏的门徒。清代四库著录子夏著作有《易传》《诗序》，在四库提要中都断定这些是伪托的。

诗序

《关雎》，后妃之德也，风之始也，所以风天下而正夫妇也。故用之乡人焉，用之邦国焉。风，风也，教也；风以动之，教以化之。

【译文】《关雎》，是讲后妃美德的诗，是《诗经》十五国风的起始，是用它来教化天下而矫正夫妇之道的。所以可以用以教化乡村百姓，也可以用以教化诸侯邦国。风，就是讽喻，就是教化；用讽喻来感动、教化人们。

诗者，志之所之也，在心为志，发言为诗。情动于中而形于言，言之不足故嗟叹之，嗟叹之不足故永歌之，永歌之不足，不知手之舞之足之蹈之也。

【译文】诗，是人表现志向所在的，在心里就是志向，用语言表达出来就是诗。情感在心里被触动必然就会表达为语言，语言不足以表达，就会吁嗟叹息，吁嗟叹息不足以表达，就会长声歌咏，长声歌咏不足以表达，就会情不自禁地手舞足蹈。

情发于声，声成文谓之音。治世之音安以乐，其政和；乱世之音怨以怒，其政乖；亡国之音哀以思，其民困。故正得失，动天地，感鬼神，莫近于诗。先王以是经夫妇，成孝敬，厚人伦，美教化，移风俗。

【译文】情感要用声音来表达，声音成为宫、商、角、徵、羽之调，就是音乐。太平盛世的音乐安顺而欢乐，其时的政治就平和通畅；动乱之世的音乐怨恨而愤怒，其时的政治就乖戾残暴；亡国之时的音乐悲哀而思虑，其国民就困顿贫穷。所以矫正政治的得失，感动天地鬼神，没有什么比诗更近于能实现这个目标。古代的君王正是以诗歌来矫正夫妻的关系，培养孝敬的行为，敦厚人伦的纲常，淳美教育的风气，改变不良的风俗。

故诗有六义焉：一曰风，二曰赋，三曰比，四曰兴，五曰雅，六曰颂。上以风化下，下以风刺上。主文而谲谏，言之者无罪，闻之者足以戒，故曰风。至于王道衰，而礼义废，政教失，国异政，家殊俗，而"变风""变雅"作矣。国史明乎得失之迹，伤人伦之废，哀刑政之苛，吟咏情性，以风其上，达于事变而怀其旧俗者也。故变风发乎情，止乎礼义。发乎情，民之性也；止乎礼义，先王之泽也。是以一国之事，系一人之本，谓之风；言天下之事，形四方之风，谓之雅。雅者，正也，言王政之所由废兴也。政有小大，故有小雅焉，有大雅焉。颂者，美盛德之形容，以其成功，告于神明者也。是谓四始，诗之至也。

【译文】所以诗有六义：一叫"风"，二叫"赋"，三叫"比"，四叫"兴"，五叫"雅"，六叫"颂"。上面的（统治者）用"风"来教化下面的（平民百姓），下面的（

失，诸侯各国各行其政，老百姓家风俗各异，于是"变风"、"变雅"的诗就出来了。国家的史官明白政治得失的事实，悲伤人伦关系的废弛，哀怨刑法政治的苛刻，于是选择吟咏自己情感的诗歌，用来讽喻君上，这是明达于世上的事情（已经）变化，而又怀念旧时风俗的，所以"变风"是发于内心的情感，但并不超越礼义。发于内心的情感是人的本性；不超越礼义是先王教化的恩泽犹存。因此，如果诗是吟咏一个邦国的事，只是表现诗人一个人的内心情感，就叫做"风"；如果诗是说天下的事，表现的是包括四方的风俗，就叫做"雅"。"雅"，就是正的意思，说的是王政所以衰微兴盛的缘由。政事有小大之分，所以有的叫"小雅"，有的叫"大雅"。"颂"，就是赞美君王盛德，并将他的成功的事业告诉祖宗神明的。（"风"、"小雅"、"大雅"、"颂"）这就是"四始"，是诗中最高的了。

然则《关雎》《麟趾》之化，王者之风，故系之周公。南，言化自北而南也。《鹊巢》《驺虞》之德，诸侯之风也，先王之所以教，故系之召公。《周南》《召南》，正始之道，王化之基。是以《关雎》乐得淑女，以配君子，忧在进贤，不淫其色；哀窈窕，思贤才，而无伤善之心焉。是《关雎》之义也。

【译文】然而，《关雎》、《麟趾》的教化，原是周文王时的“风”，（但“风”只讲一个邦国的事，文王后来是天子，应该管理天下四方）所以（只能）记在周公的名下。“南”，是说天子的教化自北向南。《鹊巢》、《驺虞》的德行，本是邦国诸侯的“风”，是先文王用来教化的，（文王后来是天子，应该管理天下四方）所以就记在召公的名下。《周南》、《召南》，是规范衡量初始时的标准，是王道教化的基础。因此《关雎》讲乐意得到淑女以配君子，也就是忧虑君子进举贤德而不要一味沉溺于美色。留恋窈窕之女而思慕贤德之才，这样无伤于善道，就是《关雎》之篇的要义啊！

孔安国

字子国，孔子十二世孙。汉武帝时，鲁恭王坏孔子旧宅，于壁中得《古文尚书》及《左传》、《论语》、《孝经》，皆蝌蚪文。安国以今文读之，颇有所增，承诏作书传，又为古文孝经论语训释。惟今所传《书传》及《书序》，近儒皆断为依托，而谓司马迁作《史记》，尝问业于安国，故《史记》中尚略存古文学之梗概云。

【译文】字子国，是孔子的第十二代孙。汉武帝时，鲁恭王毁坏了孔子的老房子，在墙壁中得到了《古文尚书》及《左传》、《论语》、《孝经》，这些都是用蝌蚪文写成的。孔安国用通行的文字隶读，而且又有所增加。他奉诏为《古文尚书》作传，又为《古文孝经》、《论语》给以训释。只是现今所流传的古文尚书传和序，近世的儒者都断定是伪造，且以为司马迁写《史记》时曾经询问过孔安国，因此《史记》中尚且还保存有古文尚书的一些梗概。

尚书序

古者伏羲氏之王天下也，始画八卦，造书契，以代结绳之政，由是文籍生焉。伏羲、神农、黄帝之书，谓之“三坟”，言大道也；少昊、颛顼、高辛、唐、虞之书，谓之“五典”，言常道也。至于夏、商、周之书，虽设教不伦，雅诰奥义，其归一揆，是故历代宝之，以为大训。八卦之说，谓之“八索”，求其义也。九州之志，谓之“九丘”。丘，聚也。言九州所有，土地所生，风气所宜，皆聚此书也。《春秋左氏传》曰：“楚左史倚相，能读三坟、五典、八索、九丘。”即谓上世帝王遗书也。

【译文】古时候伏牺氏治理天下时，开始画八卦，造文字，用来代替结绳记事的方法来处理政事，因此产生了文章典籍。（伏牺、神农、黄帝三皇时代的书，称之为“三坟”，讲的是人生的大道；少昊、颛顼、高辛、唐尧、虞舜五帝时代的书，称之为“五典”，讲的是平常普通的道理。至于夏、商、周三个朝代的书，虽然设置教化不与三坟五典同一类，但它的雅正辞诰的深奥意义，都是归于同一个道理的，因此各个时代的人都很看重它，认为是最重要的教导。画八卦的说法，称之为“八种求索”，是想求得卦中之意。九州的记述，称之为“九种聚集”。丘，就是聚。言说九州所有的，土地所生长的，风气所适宜的，都聚集在这种书中。《春秋左氏传》说：“楚国的左史倚相能够阅读三坟、五典、八索、九丘。”就是说的上古帝王遗留下来的书。）

先君孔子生于周末，睹史籍之烦文，惧览之者不一，遂乃定《礼》、《乐》，明旧章，删《诗》为三百篇，约史记而修《春秋》，赞《易》道以黜“八索”，述职方以除“九丘”。讨论坟典，断自唐虞以下，讫于周。芟夷烦乱，翦截浮辞，举其宏纲，撮其机要，足以垂世立教，典、谟、训、诰、誓、命之文，凡百篇，所以恢宏至道，示人主以轨范也。帝王之制，坦然明白，可举而行，三千之徒并受其义。

及秦始皇灭先代典籍，焚书坑儒，天下学士逃难解散，我先人用藏其家书于屋壁。汉室龙兴，开设学校，旁求儒雅，以阐大猷。济南伏生，年过九十，失其本经，口以传授，载二十馀篇。以其上古之书，谓之《尚书》。百篇之义，世莫得闻。至鲁恭王好治宫室，坏孔子旧宅以广其居，于壁中得先人所藏古文虞夏商周之书及传、《论语》、《孝经》，皆科斗文字。王又升孔子堂，闻金石丝竹之音，乃不坏宅，悉以书还孔氏。科斗书废已久，时人无能知者，以所闻伏生之书考论文义，定其可知者为隶古定，更以竹简写之，增多伏生二十五篇。伏生又以《舜典》合于《尧典》，《益稷》合于《皋陶谟》，《盘庚》三篇合为一，《康王之诰》合于《顾命》，复出此篇并序，凡五十九篇，为四十六卷，其馀错乱摩灭，不可复知，悉上送官，藏之书府，以待能者。

【译文】我的祖先孔子出生在周代末年，看到史籍中的一些烦琐不必要的文字，担心阅读它们的人不专一，于是就修定《礼》、《乐》，使旧有的篇章更加显明，删削《诗》为三百篇，按照历史事实的记载去整理《春秋》，帮助完善《易》的道理而废弃了“八索”，阐述了职方的职责而排除了“九丘”。整理三坟五典，断代从尧舜以后，到周代为止。删剪掉烦琐杂乱的文字，削减去虚浮不实的言辞，提出宏大的纲领，摘取精确的要点，足以流传后世树立教化，典、谟、训、诰、誓、命各类文章共一百篇，用来发扬最深刻的道理，让国君看到楷模。帝王的制度，坦然明白，可以提出来实行，三千个学生都接受了其中正确的道义。

到秦始皇消灭先代的典籍，焚烧书籍活埋儒生时，天下的读书人逃难解散，我的先人因此把家里的书埋藏在住宅墙壁中。等到汉朝兴起，开设学校，广泛寻求博学的儒士，以便阐释先代的道路。济南伏生，年龄已超过九十岁，由于失去了原有的经书，就用口传授，只有二十余篇。因为是上古时代的书，就称之为《尚书》。而百篇的大意，世上没有谁听说过。到鲁恭王喜欢修筑宫室，毁坏孔子的旧屋用来扩大自己的住房，在孔子旧屋墙壁中发现了先人所收藏的、用古文字写的虞夏商周的书及传、《论语》、《孝经》，都是蝌蚪文字。鲁恭王又登上孔子庙堂，听到了金石丝竹奏出的音乐，于是不再毁坏孔子的旧居，并将书籍全部还给孔氏家族。用蝌蚪文字写的书很早以前就已经废除了，这时的人没有一个能看懂的，用从伏生那里听到的书考查讨论文中的意义，定下其中可以认识的写成隶书，再用竹简刻写下来，比伏生的今文《尚书》增多二十五篇。伏生又把《舜典》合并在《尧典》中，《益稷》合并在《皋陶谟》中，《盘庚》三篇合为一篇，《康王之诰》合并在《顾命》中，再分出这些篇，连同序一共五十九篇，为四十六卷，其余错乱散失，不能理解，全部上送官府，藏在书库中，等候能够读懂它们的人。

承诏为五十九篇作传，于是遂研精覃思，博考经籍，采摭群言，以立训传。约文申义，敷畅厥旨，庶几有补于将来。

《书》序，序所以为作者之意。昭然义见，宜相附近，故引之各冠其篇首，定五十八篇。既毕，会国有巫蛊事，经籍道息，用不复以闻，传之子孙，以贻后世。若好古博雅君子与我同志，亦所不隐也。

【译文】秉承皇帝诏告给五十九篇作传，于是我就深思熟虑精心研究，广泛参考经典书籍，采纳各家说法，写下传注。用简明的文字申述意义，铺陈发挥其中的旨趣，大概可以对将来有所帮助吧。

《尚书》的序，是叙述作者为什么这样写的原因。意思明明白白地表现出来了，应该把它们放在各篇，和正文在一起，因此援用它们，各放在相应的某篇前面，定为五十八篇。写完以后，正碰上国家发生了巫蛊事件，进献经籍的道路断绝了，因此不再把《书》上奏朝廷，只把它留给子孙，遗留后代。如果有爱好古道、学问广博、志趣高雅的君子与我有相同的志向，我也不隐瞒我的《书》传啊。

刘 歆

汉楚元王五世孙，字子骏，后改名秀，字颖叔。成帝时与父向领校秘书，遂集六艺群书种别为《七略》，班固因之，作《汉书·艺文志》，后世经籍目录之学自此始。歆治经尊古文学。哀帝时，歆欲建立《左氏春秋》及《毛诗》、《逸礼古文尚书》于学官，诸儒博士皆不肯与议，歆因移书让之，是为后世古文学与今文学争辩之开端。

【译文】汉代楚元王第五代孙，字子骏，后来改名为秀，字颖叔。汉成帝时与他父亲刘向一起校对秘藏的书籍，于是将六经和各种书籍分为七略，班固沿袭这一分类法，作《汉书·艺文志》，后代的书籍的目录学就开始于这时。刘歆研究经典尊尚古文学。哀帝时，刘歆想在学官建立《左氏春秋》及《毛诗》、《逸古文尚书》，各位博士都不肯和他讨论，刘歆因此写文责备他们，这是后来古文学与今文学争论的开始。

移让太常博士书

昔唐虞既衰，而三代迭兴，圣帝明王，累起相袭，其道甚著，周室既微而礼乐不正，道之难全也如此。是故孔子忧道之不行，历国应聘。自卫反鲁，然后乐正，《雅颂》乃得其所；修《易》，序《书》，制作《春秋》，以纪帝王之道。及夫子没而微言绝，七十子终而大义乖。重遭战国，弃笾豆之礼，理军旅之陈，孔氏之道抑，而孙吴之术兴。陵夷至于暴秦，燔经书，杀儒士，设挟书之法，行是古之罪，道术由是遂灭。汉兴，去圣帝明王遐远，仲尼之道又绝，法度无所因袭。时独有一叔孙通略定礼仪，天下唯有《易》卜，未有它书。至孝惠之世，乃除挟书之律，然公卿大臣绛、灌之属咸介胄武夫，莫以为意。至孝文皇帝，始使掌故晁错从伏生受《尚书》。《尚书》初出于屋壁，朽折散绝，今其书见在，时师传读而已。《诗》始萌牙。天下众书往往颇出，皆诸子传说，犹广立于学官，为置博士。在朝之儒，惟贾生而已。至孝武皇帝，然后邹、鲁、梁、赵颇有《诗》、《礼》、《春秋》先师，皆起于建元之间。当此之时，一人不能独尽其经，或为《雅》，或为《颂》，相合而成。《泰誓》后得，博士集而讀之。故诏书称曰："礼坏乐崩，书缺简脱，朕甚闵焉。"时汉兴已七八十年，离于全经，固已远矣。

【译文】从前唐尧、虞舜衰微以后，三代就接着兴起，圣帝明王，一个继承一个，圣道非常显著。周朝衰微以后，礼仪、音乐都不纯正，圣道是这样难以保全。因此孔子忧虑大道不能施行，到各国去周游。他从卫国回到鲁国，才改正音乐，雅、颂都能适当；修订《易经》，编次《书经》，著作《春秋》，用来记载帝王的圣道。到了夫子去世以后，微妙的言论断绝；七十贤人死后，大义也乖谬了。又遭受战国之乱，抛弃祭祀的礼仪，讲求军队行阵的事，孔子的圣道压下去，而孙武、吴起的战术兴盛。以后逐渐衰败，到了暴秦，焚烧经书，杀害儒生，设立私藏书籍治罪的法律，实行尊崇古圣治罪的禁令，道术从此消灭。

汉代兴起，离开圣帝明王很久，孔子的道术又中绝，法律制度无所承袭。当时只有一个叔孙通，大略制定礼仪；天下只有《易经》卜筮，没有其他的书。到了孝惠帝，才废除私藏书籍治罪的法律。可是公卿大臣周勃、灌婴等人，都是戴盔穿甲的武人，谁也不在意。到了文帝，才使掌故晁错，到伏生那里学尚书。尚书刚从夹墙里取出，竹简腐烂折断，编绳散绝，现在书还存在，经师只是传读罢了。诗经刚萌芽。天下的杂书，常常发现一些，都是些诸子传说，还在学校大设科目，为立博士；在朝的儒生，只有贾谊而已。到了武帝时候，邹、鲁、梁、赵等地，讲《诗》、《礼》、《春秋》的老师就相当多了，都在建元年间兴起。在那时候，一个人不能读通全经，有的研究大小雅，有的研究商周鲁颂，合起来成为全经。"泰誓"后来才出现，博士集体研读。所以诏书上说："礼仪败坏，雅乐崩毁，尚书竹简脱失，我很忧虑呀。"这时汉朝兴起已经七八十年，离开经书完整的时代，本来已经很久了。

及鲁恭王坏孔子宅，欲以为宫，而得古文于坏壁之中，《逸礼》有三十九篇，《书》十六篇。天汉之后，孔安国献之，遭巫蛊仓卒之难，未及施行。及《春秋》左氏丘明所修，皆古文旧书，多者二十余通，藏于秘府，伏而未发。孝成皇帝愍学残文缺，稍离其真，乃陈发秘藏，校理旧文，得此三事，以考学官所传，经或脱简，传或间编。传问民间，则有鲁国桓公、赵国贯公、胶东庸生之遗学与此同，抑而未施。此乃有识者之所惜闵，士君子之所嗟痛也。往者缀学之士不思废绝之阙，苟因陋就寡，分文析字，烦言碎辞，学者罢老且不能究其一艺，信口说而背传记，是末师而非往古，至于国家将有大事，若立辟雍、封禅、巡狩之仪，则幽冥而莫知其源。犹欲保残守缺，挟恐见破之私意，而无从善服义之公心，或怀妒嫉，不考情实，雷同相从，随声是非，抑此三学，以《尚书》为备，谓左氏为不传《春秋》，岂不哀哉！

【译文】到了鲁恭王拆毁孔子住宅，想盖宫殿，在毁坏的墙壁里发现了古文，逸《礼》有三十九篇，逸《书》有十六篇。天汉以后，孔安国献给皇帝，突然遇到巫蛊的灾难，没有施行。还有左丘明所传的《春秋》，都是古文旧书，多到二十多通，藏在秘府里，一直没被发现。孝成帝忧虑学术残缺，书籍不全，离开真正圣道，于是取出秘府的藏书，校正整理旧文，找到这三种，用来考订学校传授的，经文有的脱简，有的次序错乱。向民间查问，有鲁国桓公、赵国贯公、胶东庸生的遗学，跟这古书相同，一直压着没有施行，实在是有见识的人所惋惜忧虑，士大夫所叹息伤痛的呀。从前校勘编订的人，不考虑古学废绝的缺点，因陋就简，分析文字，琐碎唠叨；学者从小累到老，也不能读通一经；相信口说而违背传记，认为后代老师讲法对，而古书不对。至于国家有大事，譬如设立大学、祭祀天地、巡视诸侯的礼仪，就模模糊糊不知道它的源流，还存着抱残守缺、怕人看破的私意，没有向善服义的公心。有的心里嫉妒，不考察实在情形，跟在人家后头，随声附和。压抑着这三种古学，认为《尚书》已经完备，说《左传》不是注解《春秋》，不是很可悲哀的吗？

今圣上德通神明，继统扬业，亦闵文学错乱，学士若兹，虽昭其情，犹依违谦让、乐与士君子同之。故下明诏，试《左氏》可立不，遣近臣奉指衔命，将以辅弱扶微，与二三君子比意同力，冀得废遗。今则不然，深闭固距，而不肯试，猥以不诵绝之，欲以杜塞余道，绝灭微学。夫可与乐成，难与虑始，此乃众庶之所为耳，非所望于士君子也。且此数家之事，皆先帝所亲论，今上所考视，其古文旧书，皆有徵验，外内相应，岂苟而已哉！

【译文】现在皇帝贤德通达神明，继承道统，发扬大业，同时忧虑文学错乱，学士们这样不高明，虽然看得很明白，还是慎重谦让，喜欢跟士君子共同主张；所以下明诏，问左氏可否立于学官，派遣亲近的臣子，奉了圣旨命令，要把衰微的扶助起来，跟二三君子同心合力，希望把荒废遗弃的古学建立起来。现在大家不这样做，关紧门户，绝对拒绝研讨，就是不诵习教它断绝，想要杜塞其他的道术，毁灭微妙的学问。可以同享成功的快乐，很难讨论创始，这是一般大众的作风，不希望士君子也这样啊。并且这几家的事，都是先帝亲自讨论，当今皇帝考察过的；古文旧书都有证据，民间师说和秘书可以互相印证，哪里是随便弄出来的呢？

夫礼失求之于野，古文不犹愈于野乎？往者博士《书》有欧阳，《春秋》公羊，《易》则施、孟，然孝宣皇帝犹复广立《穀梁春秋》，《梁丘易》，《大小夏侯尚书》，义虽相反，犹并置之。何则？与其过而废之也，宁过而立之。传曰："文武之道未坠于地，在人；贤者志其大者，不贤者志其小者。"今此数家之言所以兼包大小之义，岂可偏绝哉！若必专己守残，党同门，妒道真，违明诏，失圣意，以陷于文吏之议，甚为二三君子不取也。'

【译文】礼仪废失可以向野人寻求，古文不比野人好吗？从前的博士，《书经》有欧阳，《春秋》有公羊，《易经》有施雠、孟喜。可是孝宣皇帝又广立穀梁《春秋》、梁丘贺《易经》、大小《夏侯尚书》。解说虽然相反，还同时设立。为什么呢？与其错在少学，何如错在多学呢。《论语》上说："文王、武王的圣道，还没有完全失落；在乎人的选择，贤人记住重大的，不贤的记住细小的。"现在这几家的言论，包括了大小两种意义，哪里可以偏废呢？如果一定要固执自己的偏见，抱残守缺，同学结党，嫉妒真道，违背明白的诏书，不听圣上的意旨，以至于被文官讨论处分，二三君子实在不该这样做呀！

王 充

后汉上虞人，字仲任，好博览，不守章句，著有《论衡》，列于杂家。充于经学虽无专书，而生近西汉，其《论衡》中所述经学本末，多可信从，以为考证之资。

【译文】东汉上虞人，字仲任。他喜好博览，不拘泥于章句训诂，写有《论衡》一书，列在杂家之中。他对于经学虽然没有专门的著述，但由于生离西汉较近，《论衡》中所记述关于经学的本末来由，多数可以相信，被称为考证的依据。

正说篇（论衡）

儒者说五经，多失其实。前儒不见本末，空生虚说。后儒信前师之言，随旧述故，滑习辞语。苟名一师之学，趋为师教授，及时蚤仕，汲汲竞进，不暇留精用心，考实根核。故虚说传而不绝，实事没而不见，五经并失其实。《尚书》《春秋》事较易，略正题目粗粗之说，以照篇中微妙之文。

【译文】儒者解释五经，大多不符合五经的真实情况。先前的儒者不见它的来龙去脉，凭空编造许多虚妄之说。后来的儒者迷信前辈老师的说法，遵循旧有的解释，把那些辞语背得滚瓜烂熟。如果追随某一学派有了点名气，就急于当老师教人，及早做官，迫切地争着往上爬，没有时间集中精力用心钻研，以考订核实五经的本来面目。所以虚妄之说流传不绝，真实面目被埋没而不被发现，五经全都失去了它真实的面目。《尚书》、《春秋》中所记载的史事比较容易弄清，只要对有关五经题目方面的各种浅陋说法略加纠正，便可以弄清有关经书内容方面的微妙解说。

说《尚书》者，或以为本百两篇，后遭秦燔《诗》、《书》，遗在者二十九篇。夫言秦燔

《诗》、《书》，是也；言本百两篇者，妄也。盖《尚书》本百篇，孔子以授也。遭秦用李斯之议，燔烧五经，济南伏生抱百篇藏于山中。孝景皇帝时，始存《尚书》。伏生已出山中，景帝遣晁错往从受《尚书》二十余篇。伏生老死，《书》残不竟。晁错传于倪宽。至孝宣皇帝之时，河内女子发老屋，得逸《易》、《礼》、《尚书》各一篇，奏之。宣帝下示博士，然后《易》、《礼》、《尚书》各益一篇，而《尚书》二十九篇始定矣。至孝景帝时，鲁共王坏孔子教授堂以为殿，得百篇《尚书》于墙壁中。武帝使使者取视，莫能读者，遂秘于中，外不得见。至孝成皇帝时，征为古文《尚书》学。东海张霸案百篇之序，空造百两之篇，献之成帝。帝出秘百篇以校之，皆不相应，于是下霸于吏。吏白霸罪当至死，成帝高其才而不诛，亦惜其文而不灭。故百两之篇，传在世间者，传见之人则谓《尚书》本有百两篇矣。

【译文】解说《尚书》的人，有人认为它有一百零二篇，后来遇到秦朝焚烧《诗》、《书》，遗存下来的只有二十九篇。说秦朝焚烧《诗》、《书》是对的，说《尚书》本来就有一百零两篇就错了。《尚书》本来有一百篇，是孔子用来传授学生的。遇上秦朝采纳李斯的建议，焚烧五经，济南郡的伏生抱着一百篇的《尚书》隐藏在山中。汉文帝时，开始设立博士官传授《尚书》。伏生从山中出来以后，汉文帝派晁错去跟伏生学习《尚书》二十余篇。伏生年老死去，《尚书》因此残缺不全。晁错将《尚书》传授于倪宽。到汉宣帝时，河内郡的女子拆旧房子，得到失传的《易》、《礼》、《尚书》各一篇，把它们呈奏给朝廷。汉宣帝交给博士们传阅，这以后《易》、《礼》、《尚书》又各增加了一篇，而《尚书》二十九篇才确定下来了。到汉景帝的时候，鲁共王拆毁孔子的教授堂来修建宫殿，在墙壁中得到了百篇《尚书》。汉武帝派使臣去取来看，没有谁能读懂，于是就把它秘藏在宫中，外间不能得见它。到汉成帝时，征求能治古文《尚书》的学者。东海郡的张霸根据百篇《尚书》的序言，凭空编造出一百零两篇本的《尚书》，把它献给汉成帝。汉成帝就拿出秘藏的百篇本《尚书》来校对百两篇本全都不相符合，于是把张霸交给司法官吏去审问治罪。司法官吏上报张霸的罪当判死刑，汉成帝看重他的文才而没杀他，又爱惜他的著述而没销毁它。所以一百零两篇本的《尚书》流传在世间，传阅见到它的人就说《尚书》本来有一百零两篇了。

或言秦燔诗书者，燔《诗经》之书也，其经不燔焉。夫《诗经》独燔其诗。书，五经之总名也。传曰："男子不读经，则有博戏之心。"子路使子羔为费宰，孔子曰："贼夫人之子。"子路曰："有民人焉，有社稷焉，何必读书，然后为学？"五经总名为"书"。传者不知秦燔书所起，故不审燔书之实。秦始皇二十四年，置酒咸阳宫，博士七十人前为寿。仆射周青臣进颂秦始皇。齐人淳于越进谏，以为始皇不封子弟，卒有田常、六卿之难，无以救也，讥青臣之颂，谓之为谀。秦始皇下其议丞相府，丞相斯以为越言不可用，因此谓诸生之言惑乱黔首，乃令史官尽烧五经，有敢藏诸书百家语者刑，唯博士官乃得有之。五经皆燔，非独诸家之书也。传者信之，见言"诗书"，则独谓经谓之书矣。

【译文】有人说秦朝焚烧诗书，烧的是解释《诗经》的著作，《诗经》本文并没有被烧毁。《诗经》被烧掉的正是它的诗本身。“书”，是五经的总名称。传上说：“男子不读经书，就会产生游手好闲不务正业的思想。”子路让子羔去费地做县宰，孔子说：“这简直是害人子弟。”子路说：“费地有老百姓，有祭祀土地神和谷神的社稷，为什么只有读书才叫学习呢？”这些都证明五经的总名叫“书”。传授的人不知道秦朝焚烧诗书的起因，所以不了解烧书的实际情况。秦始皇三十四年，在咸阳宫设酒宴，七十个博士上前为秦始皇敬酒祝寿。仆射周青臣进前称颂秦始皇。齐人淳于越进谏，认为秦始皇不封赐子弟，终有一天会出现像田常、六卿争权那样的祸乱，就无法挽救，讥讽周青臣的称颂，称之为阿谀奉承。秦始皇把淳于越的议论交给丞相府去评议，丞相李斯认为淳于越的建议不能采用，因此说诸生的议论在老百姓中造成了迷惑与混乱，就命令史官将五经全部烧掉，有敢于私藏诗书及百家著述的就判刑，只有博士官才能收藏五经。可见五经都烧了，不光是烧掉了解释《诗经》的书籍。传闻的人相信了只烧“诗家之书”的说法，看到焚书令中的“诗书”二字，就认为烧的只是解释《诗经》的书籍了。

传者或知《尚书》为秦所燔，而谓二十九篇，其遗脱不烧者也。审若此言，《尚书》二十九篇，火之余也。七十一篇为炭灰，二十九篇独遗耶？夫伏生年老，晁错从之学时，适得二十余篇，伏生死矣，故二十九篇独见，七十一篇遗脱。遗脱者七十一篇，反谓二十九篇遗脱矣。

【译文】传授的人也许知道《尚书》被秦朝所焚烧，而认为二十九篇是其中在当时已经亡失没有被烧掉的部分。真像这种说法的话，《尚书》二十九篇，就是秦焚书后的剩余了。七十一篇被烧成了炭灰，为什么二十九篇唯独会遗留下来呢？伏生年纪大了，晁错跟他学习《尚书》时，恰好学得二十多篇，伏生死了，所以唯独二十九篇出现在世间，而七十一篇亡失了。本来亡失的是七十一篇，反而说成是二十九篇亡失了。

或说《尚书》二十九篇者，法曰北斗七宿也。四七二十八篇，其一曰斗矣，故二十九。夫《尚书》灭绝于秦，其见在者二十九篇，安得法乎？宣帝之时，得佚《尚书》及《易》、《礼》各一篇，《礼》、《易》篇数亦始足，焉得有法？案百篇之序，阙遗者七十一篇，独为二十九篇立法，如何？或说曰：“孔子更选二十九篇，二十九篇独有法也。”盖俗儒之说也，未必传记之明也。二十九篇残而不足，有传之者，因不足之数，立取法之说，失圣人之意，违古今之实。夫经之有篇也，犹有章句也；有章句，犹有文字也。文字有意以立句，句有数以连章，章有体以成篇，篇则章句之大者也。谓篇有所法，是谓章句复有所法也。《诗经》旧时亦数千篇，孔子删去复重，正而存三百篇，犹二十九篇也。谓二十九篇有法，是谓三百五篇复有法也。

【译文】有人说《尚书》的二十九篇，是效法天上的北斗星和二十八宿。四七二十八篇，另外那一篇说成是效法北斗星，所以有二十九篇。《尚书》在秦朝灭绝，其中存在能见到的有二十九篇，怎么谈得上是效法星宿之数呢？汉宣帝时，得到散失了的《尚书》和《易》、《礼》各一篇，《礼》、《易》的篇数也才补足，又哪会有所效法呢？根据百篇《尚书》的序言，缺遗的有七十一篇，单单为二十九篇编造效法星宿的说法，怎么行呢？有人解释说："孔子另外选了二十九篇，唯独二十九篇有所效法。"这大概是一般读书人的解释，不一定是传记上的明文。二十九篇残缺不全，就有传授它的人，根据这个不完整的篇数，编造出效法星宿的说法，既失去了圣人的本意，又违背了古今的事实。经书有篇数，就像有章节句读一样；有章节句读，就像有文字一样。文字具有一定的意义以构成句子，句子具有一定的数目以构成章节，章节具有一定的体例以缀结成篇。篇就是章节句读的结合。说篇数有所效法，这就是说章节句读也有所效法了。《诗经》古时候也有几千篇，孔子删去重复的篇数，订正而保存下三百篇，如同《尚书》只有二十九篇一样。说《尚书》二十九篇有所效法，这就是说《诗经》三百零五篇也有所效法了。

或说《春秋》，十二月也。《春秋》十二公，犹《尚书》之百篇，百篇无所法，十二公安得法？说《春秋》者曰："二百四十二年，人道浃，王道备，善善恶恶，拨乱世，反诸正，莫近于《春秋》。"若此者，人道、王道适具足也。三军六师万二千人，足以陵敌伐寇，横行天下，令行禁止，未必有所法也。孔子作《春秋》，记鲁十二公，犹三军之有六师也；士众万二千，犹年有二百四十二也。六师万二千人，足以成军；十二公二百四十二年，足以立义。说事者好神道恢义，不肖以遭祸，是故经传篇数，皆有所法。考实根本，论其文义，与彼贤者作书诗，无以异也。故圣人作经，贤者作书，义穷理竟，文辞备足，则为篇矣。其立篇也，种类相从，科条相附。殊种异类，论说不同，更别为篇。意异则文殊，事改则篇更，据事意作，安得法象之义乎？

【译文】有人解释《春秋》，说是效法每年十二个月的。《春秋》按鲁国十二公编年纪事，如同《尚书》有一百篇一样，一百篇无所效法，十二公怎么会有所效法呢？解释《春秋》的人说："二百四十二年历史中，'人道'周全，'王道'完备，表彰好的，谴责坏的，整顿乱世，使它返回正道，没有比得上《春秋》的。"如此说来，通过二百四十二年的历史，为人之道和治国之道正好全部讲透了。一国的军队有六师一万二千人，就完全可以攻伐敌寇，横行天下了，有令即行动，有禁即停止，不一定是效法了什么东西。孔子编写《春秋》，只记载了鲁国十二公，正像一国的军队有六师一样；将士有一万二千人，正像《春秋》纪年有二百四十二年一样。六师一万二千人，就完全可以组成一国的军队，那么孔子通过《春秋》十二公二百四十二年的纪事，也完全可以阐明自己的道理了。论说此事的人喜欢把道理说得神乎其神，把意义夸大得毫无边际，认为不这样做就会遭受祸殃，所以经传的篇数，都被说成是有所效法的了。考订核实根本，评论那些文章的含义，孔子编写《春秋》和那些贤人写书，并没有什么不同。所以圣人写经，贤人写书，意义和道理讲尽了，文辞完备了，就构成了篇。他们编写一篇，就把同一个种类的内容归在一起，把章节互相连接起来。如果种类不同，论说不一样，就另外写成一篇。意义不同文章就不同，事情改变了篇目也就更换了，根据事情的意义来写作，有什么效法模仿的意思呢？

或说《春秋》二百四十二年者，上寿九十，中寿八十，下寿七十，孔子据中寿三世而作，三八二十四，故二百四十年也。又说为赤制之中数也。又说二百四十二年，人道浃，王道备。夫据三世，则浃备之说非；言浃备之说为是，则据三世之论误。二者相伐而立其义，圣人之意何定哉？凡纪事言年月日者，详悉重之也。《洪范》五纪，岁月日星，纪事之文，非法象之言也。纪十二公享国之年，凡有二百四十二，凡此以立三世之说矣。实孔子纪十二公者，以为十二公事适足以见王义耶。据三世，三世之数适得十二公而足也。如据十二公，则二百四十二年。不为三世见也。如据三世，取三八之数，二百四十年而已，何必取二？说者又曰："欲合隐公之元也。不取二年，隐公元年不载于经。"夫《春秋》自据三世之数而作，何用隐公元年之事为始？须隐公元年之事为始，是竟以备足为义，据三世之说不复用矣。说隐公享国五十年，将尽纪元年以来耶？中断以备三八之数也？如尽纪元年以来，三八之数则中断；如中断以备三世之数，则隐公之元不合，何如？且年与月日，小大异耳，其所记载，同一实也。二百四十二年谓之据三世，二百四十二年中之日月必有数矣。年据三世，月日多少何据哉？夫《春秋》之有年也，犹《尚书》之有章。章以首义，年以纪事。谓《春秋》之年有据，是谓《尚书》之章亦有据也。

【译文】有人解释《春秋》记载的二百四十二年，认为上寿九十年，中寿八十年，下寿七十年，孔子是根据中寿年数的三代而作《春秋》的，三八二十四，所以是二百四十年。又解释说这是汉朝享国年数的一半。又解释说这二百四十二年，为人之道周全，君王治国之道完备。如果根据中寿三世而确定年数的这个说法正确，那么所谓把"人道"、"王道"讲透的说法就不对了；如果说所谓把"人道"、"王道"讲透的说法正确，那么根据中寿三世而确定年数的说法就错了。二者互相冲突而想确定它的含义，圣人的本意又怎么来确定呢？凡是记载事情而标明年月日的，是为了记得详尽以表示对事情的重视。《洪范》用五纪、岁、月、日、星，是记录事情的文字，不是效法模仿的说法。《春秋》记载鲁十二公享有君位的年数，总共有二百四十二年，这些就成了确立中寿三世说的根据了。实际上，孔子记载鲁国十二公的历史，是认为十二公的事情正好足以阐明"王道"。根据中寿三世的说法，而中寿三世的年数正好是由十二公的享国年数才凑足的。如果根据记载十二公的事情足以阐明"王道"，那么二百四十二年就不是为了凑足中寿三世的年数才出现的。如果根据中寿三世的年数，取三八二十四之数，二百四十年就行了，为什么一定要多取二年呢？解释的人又说："这是想要配合鲁隐公纪元的开始。不多取二年，那么隐公元年的事就不能记载在经书里了。"如果《春秋》本来是根据中寿三世的年数而作的，那么何必一定要用隐公元年的事情作为开端呢？必须要用隐公元年的事情作为开始，这是以年代完整道理完备为根据，根据中寿三世年数的说法不再适用了。假如隐公享国五十年，是把隐公元年以来的事情都记载下来呢？还是从中间断开以符合中寿三世二百四十年的年数呢？如果把隐公元年以来的事情全记载下来，那么中寿三世二百四十年的年数就从中间被割断了。如果从中断开以符合中寿三世的年数，那么隐公纪元的开始又不符合了，怎么能行呢？况且年和月日只不过是时间长短不一样罢了，它们所记载的，是同一回事。如果二百四十二年说它是根据中寿三世的年数确定的，那么二百四十二年中的日月也就必定有什么数字作为根据了。年数是根据中寿三世，月日的多少又是根据什么呢？《春秋》有年数，就同《尚书》有章一样。用章揭示要旨，用年来记载事情。说《春秋》的年数有根据，这就是说《尚书》的章也是有所根据的了。

说《易》者皆谓伏羲作八卦，文王演为六十四。夫圣王起，河出图，洛出书。伏羲王，河图从河水中出，《易》卦是也。禹之时得《洛书》，书从洛水中出，《洪范》九章是也。故伏羲以卦治天下，禹按《洪范》以治洪水。古者烈山氏之王得《河图》，夏后因之曰《连山》；烈山氏之王得《河图》，殷人因之曰《归藏》；伏羲氏之王得《河图》，周人曰《周易》。其经卦皆六十四，文王、周公因彖十八章究六爻。世之传说《易》者，言伏羲作八卦，不实其本，则谓伏羲真作八卦也。伏羲得八卦，非作之；文王得成六十四，非演之也。演作之言，生于俗传。苟信一文，使夫真是几灭不存。既不知《易》之为《河图》，又不知存于俗何家《易》也，或时《连山》、《归藏》，或时《周易》。案礼夏、殷、周三家相损益之制，较著不同。如以周家在后，论今为《周易》，则《礼》亦宜为《周礼》。六典不与今《礼》相应，今《礼》未必为周，则亦疑今《易》未必为周也。案左丘明之《传》，引周家以卦，与今《易》相应，殆《周易》也。

【译文】解释《易》的人都认为是伏羲制作了八卦，周文王把它推演为六十四卦。圣王兴起，黄河中出图，洛水中出书。伏羲称王，《河图》从黄河水中出现，这就是《易》的八卦。夏禹时得到《洛书》，书从洛水中出现，这就是《尚书·洪范》中的九畴。所以伏羲氏用八卦治理天下，夏禹依据《洪范》来治理洪水。上古烈山氏之王得到《河图》，夏后氏继承了它而称之为《连山》；归藏氏之王得到《河图》，殷朝继承了它而称之为《归藏》；伏羲氏之王得到《河图》，周代人继承了它而称之为《周易》。这种经上的卦都是六十四个，周文王和周公研究卦中的六爻因而写出彖辞十八章。世间传授解释《易》的人，说是伏羲制作八卦，如果不切实地考究《易》的本源，那就会认为八卦真是伏羲制作的了。伏羲是得到八卦，并不是制作了八卦；周文王得到的已经是现成的六十四卦，并不是他推演成六十四卦。推演制作的说法，产生于俗传之中。如果相信了他们的说法，就会使那些真实情况几乎全部被抹杀而不存在了。既不知道《易》就是《河图》，又不知道存在于世间的是哪一家的《易》，也许是《连山》、《归藏》，也许是《周易》。依据夏、殷、周三代删减增加的礼制，有显著的区别。如果因为周代处在三代的最后，就说今天的《易》是《周易》，那么今天的《礼经》也就应该是周代的礼了。然而《周礼》的六典和现存的《礼经》却并不相符合，今天的《礼经》不一定就是周礼，那么也应该怀疑今天的《易》不一定就是《周易》了。但是，考察左丘明在《左传》中引用的周代的卦辞和今天的《易》又很相符合，据此，今天的《易》大概就是《周易》了。

说《礼》者皆知礼也，为《礼》何家礼也？孔子曰：“殷因于夏礼，所损益，可知也。周因于殷礼，所损益，可知也。”由此言之，夏、殷、周各自有礼。方今周礼耶？夏、殷也？谓之周礼，《周礼》六典，案今《礼经》，不见六典。或时殷礼未绝，而六典之礼不传，世因谓此为周礼也。案《周官》之法不与今礼相应，然则《周礼》六典是也。其不传，犹古文《尚书》、《春秋左氏》不兴矣。

【译文】解释《礼》的人都知道《礼》，今天的《礼经》是哪个朝代的礼制呢？孔子说：“殷代承袭的是夏代的礼制，其中增删了什么是可以知道的。周代承袭的是殷代的礼制，其中增删了什么也是可以知道的。”由此说来，夏、殷、周三代各自有自己的礼制。现在流传的《礼经》是周代的礼制呢？还是夏、殷时代的礼制呢？如果认为它是周代的礼制，那么周礼有六典，而考察今天的《礼经》，却并不见六典。也许由于殷礼并没有全部绝迹，而记载六典的礼书却没有流传下来，世人根据周代处在三代的最后因此就把《礼经》说成是周礼了。考察《周礼》记载的礼仪制度，与今天的《礼经》不相符合，那么《周礼》应该是记载六典的了。《周礼》一度失传，就像古文《尚书》和《春秋左氏传》一度不流传一样。

说《论语》者，皆知说文解语而已，不知《论语》本几何篇；但周以八寸为尺，不知《论语》所独一尺之意。夫《论语》者，弟子共纪孔子之言行，敕己之时甚多，数十百篇，以八寸为尺，纪之约省，怀持之便也。以其遗非经，传文纪识恐忘，故但以八寸尺，不二尺四寸也。汉兴失亡，至武帝发取孔子壁中古文，得二十一篇，齐、鲁、二河间九篇，三十篇。至昭帝女读二十一篇，宣帝下太常博士。时尚称书难晓，名之曰传，后更隶写以传诵。初，孔子孙孔安国以教鲁人扶卿，官至荆州刺史，始曰《论语》。今时称《论语》二十篇，又失齐、鲁、河间九篇。本三十篇，分布亡失，或二十一篇，目或多或少，文赞或是或误。说《论语》者，但知以剥解之问，以纤微之难，不知存问本根篇数章目。温故知新，可以为师，今不知古，称师如何？

【译文】解释《论语》的人都只是知道解释字义和文意，不知道《论语》原本有多少篇；仅仅知道周代以八寸为一尺，却不知道《论语》只用一尺长的竹简来书写的意思。所谓《论语》，是孔子的弟子共同记录的孔子的言行，他们接受教诲需要记录的时候很多，达到几十几百篇，以八寸为一尺的竹简记录，是为了记录简要，怀藏携带方便。因为《论语》不是作为经书遗存下来的，而是怕忘记而作为传文记录下来的，所以只用八寸为一尺的竹简来记录，而不用写经书用的二尺四寸长的竹简。汉朝兴起时《论语》失传了，到汉武帝时拆毁孔子旧宅，武帝派人取视孔子壁中的古文，得到古文《论语》二十一篇，加上齐、鲁、河间的九篇，正好三十篇。到汉昭帝时读到古文《论语》二十一篇，到汉宣帝时把古文《论语》交给太常博士。当时还说它的文字难懂，给它取名叫传，后来改用隶书抄写以便于传授和诵读。当初，孔子的十二世孙孔安国用它传授给鲁人扶卿，扶卿官至荆州刺史，才开始称这部书为《论语》。现在称为《论语》的只有二十篇，又散失了齐、鲁、河间的九篇。原本有三十篇，分散遗失，有的只剩二十一篇，篇目有多有少，文字辞句有对有错。解释《论语》的人，仅仅知道用些琐碎的问题来提问，用些细微的问题来责难，却不知道追究最早的篇数章目。温习旧有的知识就能有新的体会和收获，这就可以当老师了。现在不了解古代的情况，怎么能称作老师呢？

孟子曰："王者之迹熄而《诗》亡，《诗》亡然后《春秋》作。晋之《乘》，楚之《梼杌》，鲁之《春秋》，一也。"若孟子之言，《春秋》者，鲁史记之名，《乘》、《梼杌》同。孔子因旧故之名，以号《春秋》之经，未必有奇说异意，深美之据也。今俗儒说之："春者岁之始，秋者其终也。《春秋》之经，可以奉始养终，故号为《春秋》。"《春秋》之经何以异《尚书》？《尚书》者，以为上古帝王之书，或以为上所为，下所书，授事相实而为名，不依违作意以见奇。说《尚书》者得经之实，说《春秋》者失圣之意矣。《春秋左氏传》："桓公十有七年冬十月朔，日有食之。不书日，官失之也。"谓"官失"之言，盖其实也。史官记事，若今时县官之书矣，其年月尚大难失，日者微小易忘也。盖纪以善恶为实，不以日月为意。若夫公羊、穀梁之传，日月不具，辄为意使。失平常之事，有怪异之说；径直之文，有曲折之意，非孔子之心。夫《春秋》实及言夏，不言者，亦与不书日月，同一实也。

【译文】孟子说："圣王采诗的盛事废除了，《诗》也就不作了，《诗》不作了才会写作《春秋》。晋国的《乘》，楚国的《梼杌》，鲁国的《春秋》都是同一类的史书。"《春秋》是鲁国史书的别称，跟《乘》和《梼杌》是同样的。孔子沿袭旧有的名称，用来称呼《春秋》这部经书，不一定有什么与众不同的解释和深奥美妙的道理。现在的俗儒解释《春秋》说："春天庄稼开始生长，秋天庄稼成熟。《春秋》这部经书，可以概括一年的始终，所以称为《春秋》。”《春秋》这部经书和《尚书》有什么不同呢？解释《尚书》的人，认为它是上古帝王的书，有人又认为是帝王所做的事，而由臣子们记录成书的，是根据事实而给它取的名称，不是没有事实根据随心所欲而表现它的奇异。解释《尚书》的人掌握了这部经书的真实情况，解释《春秋》的人却违背了孔子的本意。《春秋左氏传》记载："桓公十七年冬十月初一，出现了日食。不写明纪日的干支，这是史官失职。"说"史官失职"这句话，大概是符合实际的。史官记录事件，如同现在记录皇帝言行的书，年月因为还比较大而不容易遗漏，日子则因为较小而容易遗忘。因为写历史以记载善恶为主要内容，而不在意事情发生的具体时间。就像《春秋公羊传》和《春秋穀梁传》一样，日月并不具体，往往是故意这样做的。本来是极平常的事情，却故作怪异的解释；本来是直截了当的记载，却增添了许多曲折复杂的道理，这并不是孔子的心意。《春秋》实际上也讲到了冬夏的事情，书上所以不写冬夏二字，也和不写具体的日月一样，同属一回事情。

唐、虞、夏、殷、周者，土地之名。尧以唐侯嗣位，舜从虞地得达，禹由夏而起，汤因殷而兴，武王阶周而伐，皆本所兴昌之地，重本不忘始，故以为号，若人之有姓矣。说《尚书》谓之有天下之代号唐、虞、夏、殷、周者，功德之名，盛隆之意也。故唐之为言，荡荡也；虞者，乐也；夏者，大也；殷者，中也；周者，至也。尧则荡荡民无能名；舜则天下虞乐；禹承二帝之业，使道尚荡荡，民无能名；殷则道得中；周武则功德无不至。其立义美也，其褒五家大矣，然而违其正实，失其初意。唐、虞、夏、殷、周，犹秦之为秦，汉之为汉。秦起于秦，汉兴于汉中，故曰犹秦汉，犹王莽从新都侯起，故曰亡新。使秦、汉在经传之上，说者将复为秦、汉作道德之说矣。

【译文】唐、虞、夏、殷、周，都是土地的名称。尧以唐地的诸侯继承帝位，舜从虞地得以显达，禹由夏地兴起，成汤由殷地而兴盛，周武王凭借周地而建功立业，这都是原本他们得以兴盛发达的地方，尊重根本不忘初始，所以用来作为国号，就像人有姓一样。解释《尚书》的人，都认为这些统治天下的朝代称号唐、虞、夏、殷、周，是表示功德的名称，包含着兴盛昌隆的意义。因此说"唐"这个字的意思，是浩大无边；"虞"这个字的意思是安乐；"夏"这个字的意思是正大；"殷"这个字的意思是适中；"周"这个字的意思是周至。尧就是功德浩大无比，老百姓简直不知道怎样来称赞他；舜就是天下安定欢乐；禹继承尧舜的帝业，使道德崇高浩大，老百姓不知怎样来称赞他；殷就是使道德适中；周武王就是使功德周密无所不至。它的立义极美，对唐尧、虞舜、夏、殷、周五代的赞颂也是够高的了，然而却违背了它们真正的实情，背离了它们最初的含意。以唐、虞、夏、殷、周为国号，如同秦朝以秦为国号，汉朝以汉为国号一样。秦朝兴起于秦地，汉代兴起于汉中，所以国号就称为秦、汉，如同王莽从新都侯兴起，因此国号称为新一样。如果秦、汉两代记载在经传上，这些解释经传的人又会把秦、汉名称的由来从道德上去作一番解释了。

尧老求禅，四岳举舜。尧曰："我其试哉！"说《尚书》曰："试者，用也；我其用之为天子也。"文为天子也。文又曰："'女于时，观厥刑于二女。'观者，观尔虞舜于天下，不谓尧自观之也。"若此者，高大尧、舜，以为圣人相见已审，不须观试，精耀相炤，旷然相信。又曰："'四门穆穆，入于大麓，烈风雷雨不迷。'言大麓，三公之位也，居一公之位，大总录二公之事，众多并吉，若疾风大雨。"夫圣人才高，未必相知也。圣成事，舜难知佞，使皋陶陈知人之法。佞难知，圣亦难别。尧之才，犹舜之知也。舜知佞，尧知圣。尧闻舜贤，四岳举之，心知其奇，而未必知其能，故言："我其试哉！"试之于职，妻以二女，观其夫妇之法，职治修而不废，夫道正而不僻。复令人庶之野，而观其圣，逢烈风疾雨，终不迷惑。尧乃知其圣，授以天下。夫文言"观"、"试"，观试其才也。说家以为譬喻增饰，使事失正是，诚而不存；曲折失意，使伪说传而不绝。造说之传，失之久矣。后生精者，苟欲明经，不原实，而原之者，亦校古随旧，重是之文，以为说证。经之传不可从，五经皆多失实之说。《尚书》、《春秋》行事成文，较著可见，故颇独论。

【译文】尧年老了，寻求能够继承帝位的人，四岳推举舜来继位。尧说："我姑且试一试看！"解释《尚书》的人却说："试，就是用的意思；我姑且用他当天子。"《尚书》的文字记载是尧要舜试做天子。《尚书》的记载又说："'我要把女儿嫁给舜，从我的两个女儿那里观察他治家的情况。'所谓观察，是把虞舜放在天下人的面前让大家来观察，不是说尧自己观察他。"这样说的目的，是为了使尧、舜的形象更加高大，认为圣人互相认识已经很清楚了，不须观察试用，就像很明亮的光互相照耀一样，很坦然地相互信任。《尚书》上又说："'四方来朝的宾客都肃然恭敬，又让舜担任守山林的官，即使在烈风雷雨中他也不会迷误。'解释经书的人说大麓，指的是三公的位置。处在一公的位置上，却总揽另外二公的事务，事务虽多，都处理得很好，就像在疾风大雷雨中不迷误一样。"圣人的才智高，未必就互相了解。已有的事例是，舜难以识别佞人，让皋陶陈述识别人的方法。佞人难于看清，圣人也难以识别。尧的才能，如同舜的智慧一样。舜识别佞人的能力，就如同尧识别圣人的能力一个样。尧听说舜是贤人，四岳推举他，心里知道他很杰出，而不一定了解他治理国家的才能，所以说："我姑且试一试看！"在职责上测试他，把女儿嫁给他，观察他处理夫妻关系的方法，职事治理得很好而没有荒废，夫道正而不邪。又让他进入深山老林，从而观察他圣明之处，遇上烈风疾雨，他始终不会迷惑。尧才知道他圣明，把天下传授给他。《尚书》上用的字是"观"字和"试"字，是说观试舜的才能。解释《尚书》的人把它们当作比喻和渲染的字，使得事情失去了真相，灭绝而不复遗存；事实被歪曲而失去原意，使得不真实的解释久传而不断绝。那些编造的解释的流传，使事情的真相迷失很久了。后辈精明的人，只是想能够解释经书，根本不考察史实，即使是想考察根本的人，也只是用古人的说法来对照，追随陈旧的解释罢了，重复这类文字，把它当作解释的根据。解释经书的文字不可相信，五经中多有失实的说法。从《尚书》、《春秋》中已有的事例和现存的文字，明显地可以见到，因此单对它们略微作一番评论。

郑玄

高密人，字康成，师事扶风马融三年，既归，客耕东莱，授徒甚众。会党祸作，遂杜门修业。建安中，拜大司农，寻卒，年七十四。所著书凡百余万言。自谓念述先圣之元意，思整百家之不齐。范晔论曰："郑玄囊括大典，网络百家，删裁繁诬，刊改漏失，自是学者略知所归"。近代儒者，以谓汉儒之有郑氏，犹宋儒之有朱子，俱一代不祧之大宗。今所存者有《毛诗笺》、《周礼仪礼礼记注》，又有《高密遗书》十四种（《六艺论》，《易注》、《尚书注》、《尚书大传注》、《毛诗谱》、《箴膏肓》、《释废疾》、《发墨守》、《丧服变除》、《驳五经异议》、《答临孝存周礼难》、《三礼目录》、《鲁禘祫义》、《论语注》、《郑志》、《郑记》），则皆为后人所搜辑，非其原帙矣。

【译文】高密人，字康成，向扶风的马融学习过三年。学完归来后，客居在东莱耕田，传授徒弟很多。正值党锢之祸兴起，于是就闭门不出，专心学问。建安年间，授予大司农一职，不久就去世了，终年七十四岁。郑玄的著作有一百余万字。他说自己要叙述先前圣人的本意，希望将百家不同的地方统一起来。范晔曾说："郑玄学说包含了重要的典籍，网络了各家的学说，删除那些繁杂不实的地方，从此学习者才有所依归。"近代的儒者以为汉代的儒者有郑玄就像宋代儒者有朱熹一样（重要），地位都是一代永不变化的。现在所存著作有《毛诗笺》、《周礼仪礼礼记注》，又有《高密遗书》十四种，即：《六艺论》，《易注》、《尚书注》、《尚书大传注》、《毛诗谱》、《箴膏肓》、《释废疾》、《发墨守》、《丧服变除》、《驳五经异议》、《答临孝存周礼难》、《三礼目录》、《鲁禘祫义》、《论语注》、《郑志》、《郑记》），这些都是后人搜集辑录的，并不是原本。

诗谱序

诗之兴也，谅不于上皇之世。大庭、轩辕、逮于高辛，其时有亡，载籍亦蔑云焉。

《虞书》曰：‘诗言志，歌永言，声依永，律和声。’然则诗之道，放于此乎？”

有夏承之，篇章泯弃，靡有孑遗。迩及商王，不风不雅。何者？论功颂德，所以将顺其美；刺过讥失，所以匡救其恶。各于其党，则为法者彰显，为戒者著明。

周自后稷播种百谷，黎民阻饥，兹时乃粒，自传于此名也。陶唐之末中叶，公刘亦世修其业，以明民共财。至于太王、王季，克堪顾天。文、武之德，光熙前绪，以集大命于厥身，遂为天下父母，使民有政有居。其时《诗》，风有《周南》、《召南》，雅有《鹿鸣》、《文王》之属。及成王，周公致太平，制礼作乐，而有颂声兴焉，盛之至也。本之由此风雅而来，故皆录之，谓之《诗》之正经。

后王稍更陵迟，懿王始受谮亨齐哀公。夷身失礼之后，邶不尊贤。自是而下，厉也，幽也，政教尤衰，周室大坏，《十月之交》、《民劳》、《板》、《荡》勃尔俱作。众国纷然，刺怨相寻。五霸之末，上无天子，下无方伯，善者谁赏？恶者谁罚？故孔子录懿王、夷王时诗，讫于陈灵公淫乱之事，谓之变风变雅。以为勤民恤功，昭事上帝，则受颂声，弘福如彼；若违而勿用，则被劫杀，大祸如此。吉凶之所由，忧娱之萌渐，昭昭在斯，足作后王之鉴，于是止矣。

夷、厉已上，岁数不明，太史《年表》，自“共和”始。历宣、幽、平王，而得《春秋》次第，以立斯谱。欲知源流清浊之所处，则循其上下而省之；欲知风化芳臭气泽之所及，则旁行而观之。此诗之大纲也。举一纲而万目张，解一卷而众篇明，于力则鲜，于思则寡。其诸君子，亦有乐于是与？

【译文】诗的兴起，确实不超过远古帝王的时代。大庭、轩辕及至高辛，那个时候有诗，（但是）记载在古籍上的也很少有说到的。《虞书》说：“诗言志，歌咏言，声依永，律和声。”但是诗之道就只到这里吗？夏继承了诗之道，但是篇章消亡、被舍弃，很少有残存遗余下来的。接近商王的时候，有诗之道却不取，诗不风不雅。为什么（这样）呢？论功颂德，是用来扶持、顺应美德的；讥讽过失是用来纠正错误、制止恶行的。（因为作诗的人）各自为了他们的族亲，就是为表彰、显扬遵守法度的人，为显示、著明犯戒的人。周从后稷以后种植各种谷物，老百姓免除饥饿，这个时候才有收获，自此流传后稷的名声。陶唐末期的时候，公刘也继承他的功业，用来使百姓明智、给予财物。到了大王、王季的时候，能够胜任顾惜天命。文王、武王的德行，发扬光大前人的遗业，因此把天下的大业集中于自己身上，于是成为天下百姓的父母，使老百姓有政令教化、有居所。这个时候的诗，风有《周南》、《召南》，雅有《鹿鸣》、《文王》之类。到了成王、周公的时候达到太平，制定了礼、乐的标准，就有了颂声的兴盛，盛况达到了极致。风雅根本从这里得来，所以把它们都收录下来，叫做诗的正经。自此以后王逐渐更替、衰落，懿王开始因为别人说齐哀公的坏话诬陷他，夷王失掉礼数之后，邶王不尊重贤才。从这以下，厉王、幽王的政治教化更加衰落，周王室衰败。《十月之交》、《民劳》、《板》、《荡》之类，都兴起、被创作，各个国家都一样，互相讽刺、怨念。五霸的末期，朝堂上下没有贤明的人，没有人赏赐为善的人，没有人惩罚作恶的人，纪律纲常都没有了！所以，孔子收录懿王、厉王时候的诗，到陈灵公淫乱的事的时候，可以说风雅都已经变化了本来体恤百姓评定功劳，向上苍表明，就会受到颂声，弘福就会像文、武、成王时候一样；如果违背、弃置不用《诗》义，就会遭致毁灭，祸患就会如厉、幽、陈灵公时所遭受的一样。吉凶的由来，忧虑的征兆、发生，明显在这里，足以成为以后为王的人的借鉴，在这里停止。夷王、厉王之上的，年岁不清楚，太史的《年表》从“共和”开始、历经宣王、幽王、平王，得到《春秋》一类的，来这些这个谱，想要知道源流的地方是清是浊，就沿着它而上考察它；想要知道风吹的好的和不好的气味所达到的地方，就要靠近走去观察它。这是诗的纲目。举出其中的一纲其它的就得以显现，懂得了其中的一卷其它的就都明白了，用的力气很少，思考的也少。各位贤德的人，也对此有兴趣吗？

六艺论（依严可均全后汉文辑本）

六艺者，图所生也。（《公羊序疏》）

【译文】六艺，都是由河图产生的。

河图、洛书皆天神言语，所以教告王者也。（《毛诗·文王正义》《路史·前记九》）

【译文】河图、洛书都是天神的话，是来教化君王的。

太平嘉瑞，图书之出，必龟龙衔负焉，黄帝、尧、舜、周公是其正也。若禹观河见长人，皋陶于洛见黑公，汤登尧台见黑乌至，武王渡河白鱼跃，文王赤雀止于户，秦穆公白雀集于车，是其变也。（《毛诗文王正义》）

【译文】河图洛书的出现，是天下太平的好兆头，必是由龟龙驮负而出，（天象）在黄帝、尧、舜、周公时期表现显著；舜的时候见到河里有白面高人，皋陶在洛水见到黑公，汤在尧台看到黑乌飞来，武王渡黄河时有白鱼跃入船中，文王时期有红色的鸟衔着丹书停在家门口，秦穆公时期有白雀集聚在车旁边，这些都是天象的曲折表现。

《易》者，阴阳之象，天地之所变化，政教之所自生，自人皇初起。（《礼记·大题正义》）、《路史·前记五；后记一》

【译文】《易》，讲的是阴阳的特征，它是天地变化、政治教化兴起的原因。这是从人皇时开始的。

遂皇之后历六纪九十一代（案：《曲礼正义》引燧人至伏羲一百八十代），至伏羲始作十二言之教。（《礼记大题正义》《路史前记二又五》。案正义引方叔机注《六艺论》云："六纪者，九头纪、五龙纪、摄提纪、合洛纪、连通纪、序命纪，凡六纪也。九十一代者，九头一，五龙五，摄提七十二，合洛三，连通六，序命四，凡九十一代也。"又左氏定四年正义云："伏羲始，作十言之教，曰乾、坎、艮、震、巽、离、坤、兑、消、息。"此二字当衍。又《路史后记》一引之教下有"以厚君臣之别"六字。）

【译文】遂皇之后，经历六纪九十一代后，到伏羲的时候才开始作十二言之教。（《礼记正义》引方叔机注解《六艺论》说："六纪是指九头纪、五龙纪、摄提纪、合洛纪、连通纪、序命纪，。九十一代是指九头一，五龙五，摄提七十二，合洛三，连通六，序命四，共九十一代。"《左传》定公四年正义说，伏羲开始作十言之教，即是乾、坎、艮、震、巽、离、坤、兑、消、息。后两个字当是多余的。在《路史后记》一所引之教下有"以厚君臣之别"六字。）

太昊帝包羲氏姓风，蛇身人首有圣德。燧人没，宓羲皇生，其世有五十九姓。羲皇始序制作法度。皆以木德王也，制嫁娶之礼，受龙图，以龙纪官，故曰：龙师。在位合一万一千一十二年。（唐释法琳《辨正论注一》）

【译文】太昊伏羲氏姓风，他是蛇身人头，有圣人之德。燧人氏以后，伏羲氏产生，当时有五十九姓。伏羲开始制定规章制度。都认为木德的应该拥有天下，制定嫁娶的礼仪，接受河图，以龙来表示官职，因而称为龙师。共在位一万一千一十二年。

宓羲氏为网罟，以佃以渔，取牺牲以充庖厨，故曰庖牺氏。（《辨正论注一》）

【译文】伏羲氏制作渔网，来捕鱼打猎，用牲畜来填充厨房，因此称为庖牺氏。

炎帝神农氏，姓姜，人身，牛首，有火瑞，即以火德，王有七世，合五百年也。（《辨正论注一》

【译文】炎帝神农氏，姓姜，人的身体，牛首，有火瑞，即以火德，国王有七代，合五百年。

神农斫木为耒耜，揉木为耨，始教天下种五谷，故号为神农也。(《辨正论注一》)

【译文】神农砍削木头做成了耜，弯曲木头制成了耒，教会天下人种植五谷，因此称为神农。

轩皇姓公孙，二十五月而生，有珠衡日角之相，以土德王天下。建寅月为岁首。生子二十五人，有十二姓，凡十三世。合治一千七十二年。梦受帝箓，遂与天老巡河而受之，得河图书。师于牧马小童，拜广成丈人于崆峒山。《辨正论注一》

【译文】轩辕黄帝姓公孙，他母亲怀孕二十五个月而生他，有帝王之相，他以土德而统治天下，将正月作为一年的开始。他有二十五个儿子，其中十二个有自己的姓氏，经历了十三世，共一千七十二年。他梦见接受到帝箓，于是与天老沿着黄河，得到了河图洛书。向牧马的孩童学习治理天下的道理，在崆峒山拜访广成子。

黄帝佐官有七人，苍颉造书字，大挠造甲子，隶首造算术，容成造历日，歧伯造医方，鬼谀区占候，奚仲造车作律管，与墠坛礼也。《辨正论注一》。

【译文】黄帝的佐官有七个人。苍颉制造文字，大挠制造纪年的方法，隶首创造算术，容成造历法，歧伯创造医术，鬼谀区造占卜之术，奚仲制造车和乐器与墠坛礼。

轩皇有景云之瑞，用云纪官。少昊帝有凤鸟之瑞，故以鸟名官焉。《辨正论注一》

【译文】轩辕黄帝有祥云的征兆，因此用云来作为官职的名称。少昊有凤鸟的征兆，因此用鸟来命名官职。

夏曰《连山》，殷曰《归臧》，周曰《周易》。《连山》者，象山之出云，连连不绝。《归藏》者，万物莫不归藏于其中。《周易》者，言周道周普，无所不备。(《周易正义八论》)

【译文】夏朝称为《连山》，商朝称为《归藏》周朝叫做《周易》。称为连山是由于像山上有云，连绵不接。称为《归藏》是因为万物都藏于其中。称为《周易》是因为关于易的道理周全普遍，无所不备。

易之为名也，一言而函三义。易简一也，变易二也，不易三也。故系辞云：“乾坤其《易》之蕴邪。”又云：“《易》之门户邪！”又云：“夫乾确然示人易矣！夫坤隤然示人简矣！”“易则易知，简则易从。”此言其易简之法则也。又云：“其为道也，屡迁，变动不居，周流六虚，上下无常，刚柔相易，不可以为典要，唯变所适。”此则言其顺时变易，出入移动者也。又云：“天尊地卑，乾坤定矣，卑高以陈，贵贱位矣！动静有常，刚柔断矣！”此则言其张设布列，不易者也。据兹三义之说，《易》之道广矣，大矣！（《周易正义八论》、《世说新语·文学篇注》）

【译文】易这一字有三种涵义，第一是简易，第二是变易，第三是不易。因此《系辞》说：“乾坤包涵在《易》之中。”又说：“乾坤是易的根本。”还说：“乾，高大而示人平易；坤，卑下而示人简从。”“乾以平直资主，坤以简约顺从。”这些都是讲简易的法则。又说：“它所体现的道，经常变迁，变动而不固定，周流于（卦的）六位，或上或下无常规，阳刚阴柔相互变易，不可当成不变法则，唯有随爻之变而有所（生成）之卦。”这是说它顺时出入变化。又说：“天尊贵（于上），地卑贱（于下），乾坤（由此）确定。卑下高上已经陈列，贵贱之位确立。（天地）动静有其常规，（阳）刚（阴）柔即可断定。”这是说它的陈列安排，这是不变之义。按照这三种涵义，可见易道真是广大啊。

《尚书纬》云：孔子求书，得黄帝玄孙帝魁之书，迄于秦穆公凡三千二百四十篇。断远取近，定可以为世法者，百二十篇。以百二篇为《尚书》，十八篇为《中候》。（《尚书序正义》）

【译文】《尚书纬》说：“孔子得到了黄帝元孙帝魁的书，一直到秦穆公时期，共三千二百四十篇。去掉远古部分留取近世的内容，那些可以为后世效法的，共一百二十篇。将其中一百零二篇定为《尚书》，其余十八篇定位《中候》。”

若尧知命在舜，舜知命在禹，犹求于群臣，举于侧陋，上下交让，务在服人。孔子曰：“民可使由之，不可使知之”。此之谓也。（《尚书·尧典正义》）

【译文】就像尧知道天命在禹。禹知道天命在舜，还仍然向群臣询问，举荐地位低下的人，上下互相谦让，目的是在于服人。孔子说：“老百姓可以顺着他，不能叫他知道”。说的就是这吧。

民间得《泰誓》。(《尚书序正义》)

【译文】《泰誓》篇得之于民间。

诗者，弦歌讽谕之声也(案：《北堂书钞》九十五，御览六百八俱引此句)。自书契之兴，朴略尚质，面称不为谄，目谏不为谤。君臣之接，如朋友然，在于诚恳而已。斯道稍衰，奸伪以生，上下相犯。及其制礼，尊君卑臣，君道刚严，臣道柔顺，于是箴谏者希，情志不通，故作诗者，以诵其美而讥其过。(《毛诗普序正义》)

【译文】诗，是对委婉劝说的言语的歌唱。文字产生以后，崇尚质朴，当面称颂不算谄媚，目谏不算诽谤。君臣之间的关系就像朋友一样诚恳。大道衰落后，奸诈虚伪就产生了，上下互相冒犯。制定礼制后，君王尊贵，臣下卑微，君道刚严，臣道柔顺，于是劝诫的就少了，情感志趣不能相通，以此就作诗歌颂善事，讽谏过错。

《春秋纬演孔图》云：诗含五际六情。(《毛诗关雎正义》)

【译文】《春秋纬演孔图》说："诗包含五际六情。

唐虞始造其初，至周分为六诗。(《毛诗谱序正义》《关雎正义》)

【译文】唐虞时期开始有诗歌，到周朝分为六诗。

孔子录周衰之歌及众国圣贤之遗风，自文王创基，至于鲁僖四百年间，凡取三百五篇，合为国风、雅、颂。(《毛诗谱序正义》)

【译文】孔子录取周朝衰落时期的歌和各国圣贤的事迹，从文王创立基业到鲁僖公四百年间，共三百零五篇，合为风雅颂。

河间献王好学，其博士毛公善说《诗》，献王号之曰《毛诗》。(《毛诗·国风正义》)

【译文】河间献王喜好学问，当时博士毛公善于解说《诗》，献王就称他所讲的为《毛诗》。

未有若今传训章句。(《毛诗关雎正义》)

【译文】没有像现在这样为经作解释和分析章节句读的。

注《诗》宗毛为主，毛义若隐略，则更表明。如有不同，即下己意，使可识别也。(《毛诗郑氏笺释文》)

【译文】注释《诗》以宗尚《毛诗》为主。涵义隐晦粗略的，就显明出来。如果有不同的看法，就按照自己的意思，使可以有所判别。

礼者序尊卑之制，崇让和敬也。(《北堂书钞》九十五，《御览》六百八)

【译文】礼就是排列尊卑不同制度，也是崇尚敬让的法度。

礼其初起，盖与《诗》同时。(《毛诗谱序正义》)

【译文】礼兴起的时间，大概和《诗》相同。

唐虞有三礼，至周分为五礼。(《周礼春官序官疏》)

【译文】尧舜时期有三礼，到周朝分为五礼。

汉兴，高堂生得《礼》十七篇，后得孔氏壁中古文《礼》凡五十六篇(案：奔丧正义作五十七篇)，计百三十一篇、《周礼》六篇，其十七篇与高堂生所传同而字多异。其十七篇外，则《逸礼》是也。(《礼记大题正义·奔丧正义》《释文序录》。案：大题正义又引云周官壁中所得六篇。)

【译文】西汉兴起后，高堂生得到十七篇《礼》，后来在孔子住宅的墙壁中得到的用古文写成的《礼》五十六篇，其中十七篇与高堂生所传授的内容相同而文字不同，十七篇之外的就是曾经遗失的礼。

案《汉书·艺文志》、《儒林传》云："传《礼》者十三家，唯高堂生及五传弟子戴德、戴圣名在也。"(《礼记·大题正义》)

【译文】据《汉书·艺文志》、《儒林传》的记载，传授《礼》的有十三家，只有高堂生和五传弟子戴德、戴圣为人所知。

今《礼》行于世者，戴德、戴圣之学也。《礼记·大题正义》）。

【译文】现今在世上流传的礼是戴德和戴圣所传授的。

戴德传《记》八十五篇，戴圣传《记》四十九篇。《礼记·大题正义》）。

【译文】戴德传授的《礼》有八十五篇，戴圣传授的《礼》有四十九篇。

《春秋》者，右史所记之制，动作之事也。右史记事，左史记言。（《礼记·玉藻正义》、《公羊序疏》、《御览》六百八。案：《公羊疏》引作《春秋》者："国史所记，人君动作之事。左史所记为《春秋》，右史所记为《尚书》。"）

【译文】《春秋》是右史所记，是关于行动方面的事。右史记载事迹，左史记载言语。据《公羊疏》引《春秋》的记载上说："国史所记的是关于君王行为方面的事。左史所记的是《春秋》，右史所记的是《尚书》。"

孔子记西狩获麟，自号素王，为后世所命之君，制明王之法。（《左传序正义》）

【译文】孔子记载在西方狩猎获得了麒麟，自称为素王，为后世受命的君王制定大法。

左氏善于礼，公羊善于谶，谷梁善于经。（《谷梁疏序》）

【译文】《左传》善于讲礼，《公羊传》善于讲谶，《谷梁传》善于讲经。

治公羊者，胡母生、董仲舒、董仲舒弟子嬴公、嬴公弟子眭孟、眭孟弟子庄彭祖及颜安乐、安乐弟子阴丰、刘向、王彦。（《公羊传序疏》）

【译文】研究《公羊传》的有胡母生、董仲舒、董仲舒的弟子嬴公、嬴公的弟子眭孟、眭孟的弟子庄彭祖和颜安乐、安乐的弟子阴丰、刘向、王彦。

玄又为之注。(《孝经序疏》)案此谓《春秋》

【译文】郑玄又为《春秋》作注。

孔子以六艺题目不同，指意殊别，恐道离散，后世莫知根源，故作《孝经》以总会之。(《孝经序疏》)

【译文】孔子以为六艺所讲不同，涵义有别，担心大道离乱散失，后世不知道本源，因此就作《孝经》来回合这些。

玄又为之注。(《孝经序疏》)案此谓《孝经》

【译文】郑玄又为《孝经》作注。

遭党锢之事，逃难注《礼》。党锢事解，注《古文尚书》、《毛诗》、《论语》。为袁谭所逼，来至元城，乃注《周易》。(《自序孝经序并注正义》《唐会要》七十七，《文苑英华》七百六十六)

【译文】郑玄由于遇到了党锢之祸，就逃难注解《礼经》。党锢消除后，注解《古文尚书》、《毛诗》、《论语》。被袁谭所逼迫，来到元城，于是注解《周易》。

赵 歧

长陵人，字邠卿，尝与兄袭得罪中常寺唐衡，避祸变姓名，卖饼北海市中。衡死，乃出，征拜议郎，擢太常，建安中卒，着有《孟子章句》、《三辅决录》。

【译文】字邠卿，曾经和哥哥赵袭得罪了中常侍唐衡，为了避祸就更名，在北海的集市中卖饼。唐衡死后才出来，授予议郎，后又提拔为太常，建安年间去世，著作有《孟子章句》、《三辅决录》。

孟子题辞

《<孟子>题辞》者，所以题号《孟子》之书。本末指义，文辞之表也。孟，姓也；子者，男子之通称也。此书孟子之所作也，故总谓之《孟子》，其篇目则各自有名。孟子，邹人也，名轲，字则未闻也。邹本春秋邾子之国，至孟子时改曰邹矣。国近鲁，后为鲁所并。又言邾为楚所并，非鲁也。今邹县是也。或曰孟子鲁公族孟孙之后，故孟子仕于齐。丧母而归，葬于鲁也。三桓子孙，既以衰微分适他国。孟子生有淑质，夙丧其父。幼被慈母三迁之教，长师孔子之孙子思，治儒术之道，通"五经"，尤长于《诗》、《书》。周衰之末，战国纵横，用兵争强，以相侵夺。当世取士，务先权谋，以为上贤。先王大道陵迟堕废，异端并起，若杨朱、墨翟放荡之言，以干时惑众者非一。孟子闵悼尧舜汤文周孔之业，将遂湮微，正涂壅底，仁义荒怠，佞伪驰骋，经紫乱朱，于是则慕仲尼周流忧世，遂以儒道游于诸侯，思济斯民。然由不肯枉尺直寻，时君咸谓之迂阔于事，终莫能听纳其说。孟子亦自知遭苍姬之讫录，值炎刘之未奋，进不得佐兴唐虞雍熙之和，退不能信三代之余风，耻没世而无闻焉，是故垂宪言以诒后人。仲尼有云："我欲讬之空言，不如载之行事之深切着明也。"于是退而论集所与高第弟子公孙丑、万章之徒难疑答问，又自撰其法度之言，着书七篇，二百六十一章，三万四千六百八十五字。包罗天地，揆叙万类，仁义、道德、性命、祸福，粲然靡所不载。帝王公侯遵之，则可以致隆平、颂清庙；卿大夫士蹈之，则可以尊君父、立忠信；守志厉操者仪之，则可以崇高节、抗浮云。有风人之讬物、二雅之正言，可谓“直而不倨、曲而不屈”，命世亚圣之大才者也。

【译文】《〈孟子〉题辞》，就是《孟子》一书的标题名称，是关于书的涵义与文辞内容的。孟是姓，子是男子的统称。这本书是孟子所写的，因而称它为《孟子》。其中的每一篇章都各自有名。孟子是邹国人，名叫轲，字就没听说过。邹国本来是春秋时期邾国，到孟子的时候改为邹国。邹国靠近鲁国，后来被鲁国吞并，还有的说邹国被楚国所灭，而非鲁国，也就是现在的邹县。有的说，孟子是鲁国公族孟孙氏的后代，因而孟子在齐国做官，母亲去世后而葬于鲁国。三桓的后人衰微后，分别到各国去了。孟子生来品行优越，早年丧父，年幼的时候，母亲为了教育他三次迁移居所，长大后，向孔子的孙子子思学习，研究儒学。他精通五经，尤其是精于《诗经》和《尚书》。周朝衰败，战国纷争，以战争争强，互相侵略夺伐。当时用人，最看重权术，先王治理大道，衰落荒废，异端群起，就像杨朱、墨子用放纵之言迷惑世人的不在少数。孟子怜悯尧舜汤文周孔治理天下的大道就要堕落湮没，正道堵塞，仁义荒弃，谄媚虚伪横行，邪道取胜，于是羡慕孔子忧心世事，于是用儒学游说诸侯国，希望能够拯救民众。然而又不肯委屈自己的主张，当时的国君都认为他不切实际，最终都不能听取采纳他的学说。孟子也知道周朝气数已尽，刘汉还没兴起，出仕不能辅佐君王实现太平盛世，隐退就不能使君王相信三代之事，耻于终身默默无闻，因此给后人流传大道。孔子说：“与其记载空洞的言说，不如列举所作所为更为显明。”因而退居讲说，与高徒公孙丑、万章等互相质疑问答，又亲自撰述合于规矩的言说，共为七篇，二百六十一章，三万四千六百八十五字，内容包罗天地，统理万物，仁义道德和性命福祸，都有记载。假若王公遵照实行，就可以实现天下太平，长久保有国家；卿大夫实行遵照实行，就可以使君王、父亲尊崇，忠信树立；有志向、节操的人学习它，就可以崇尚名节，拒绝富贵。它有《国风》所表达的志向，也有《大小雅》所传达的正言，可说是刚直而不傲慢，委婉而不屈服，真是仅次于圣人的大才啊！

孔子自卫反鲁，然后乐正，雅颂各得其所。乃删《诗》定《书》，系《周易》作《春秋》。孟子退自齐梁，述尧舜之道而著作焉，此大贤拟圣而作者也。七十子之畴，会集夫子所言，以为《论语》。《论语》者，五经之錧辖，六艺之喉衿也。孟子之书则而象之：卫灵公问陈于孔子，孔子答以俎豆；梁惠王问利国，孟子对以仁义。宋桓魋欲害孔子，孔子称：“天生德于予。”鲁臧仓毁鬲孟子，孟子曰：“臧氏之子焉能使予不遇哉。”旨意合同若此者众。又有外书四篇，性善辩文说孝经为政，其文不能弘深，不与内篇相似，似非孟子本真。后世依放而讬之者也。孟子既没之后，大道遂绌。逮至亡秦焚灭经术，坑戮儒生，孟子徒党尽矣。其书号为诸子，故篇籍得不泯绝。汉兴，除秦虐禁，开延道德。孝文皇帝欲广游学之路，《论语》、《孝经》、《孟子》、《尔雅》皆置博士。后罢传记博士，独立“五经”而已。讫今诸经通义，得引《孟子》以明事，谓之博文。

孟子长于譬喻，辞不迫切而意已独至。其言曰：“说诗者不以文害辞，不以辞害志。以意逆志，为得之矣。”斯言殆欲使后人深求其意以解其文，不但施于说诗也。今诸解者，往往摭取而说之，其说又多乖异不同。孟子以来，五百余载，传之者亦已众多。余生西京，世寻丕祚，有自来矣。少蒙义方，训涉典文，知命之际，婴戚于灭，遘屯离蹇，诡姓遁身。经营八纮之内，十有余年，心剿形瘵，何勤如焉。尝息肩弛担于海岱之间，或有温故知新，雅德君子，矜我劬瘁，眷我皓首，访论稽古，慰以大道。余困吝之中，精神遐漂，靡所济集。聊欲系志于翰墨，得以乱思遗老也。惟六籍之学，先觉之士，释而辩之者既已详矣。儒家惟有《孟子》，闳远微妙，缊奥难见，宜在条理之科。于是乃述已所闻，证以经传，为之章句。具载本文，章别其旨，分为上下，凡十四卷。究而言之，不敢以当达者施于新学，可以悟疑辩惑，愚亦未能审于是非。后之明者，见其违阙，傥改而正诸，不亦宜乎。

【译文】孔子从卫国回到鲁国后，开始修订诗乐，使《雅》、《颂》都恢复了原来的曲调，删定《诗经》，修订《尚书》，为《周易》作传，写《春秋》。孟子从齐国、魏国退居后，记述尧舜治理天下的大道而行诸文字，这是大贤之人模拟圣人所作。孔子弟子，将孔子所说汇集起来就是《论语》。《论语》是《五经》、《六艺》的关键核心。孟子的书，也是效法这的。卫灵公向孔子询问作战方法，孔子则回答以祭祀之礼。梁惠王问怎样会有利于国家，孟子则回答以“仁义”。宋国桓魋想要害死孔子，孔子说“上天给予了我美好的德行。”鲁国宠臣臧仓诽谤孟子，离间他和鲁平公关系，孟子则说：“姓臧的人又怎么能使我和鲁公不相遇呢。”像这样意思相同的有很多。还有《外书》四篇，即《性善辩》、《文说》、《孝经》、《为政》，文章不深刻，和内篇不同，好像不是孟子原作，是后人依托孟子所作。孟子去世后，大道坠落，到亡秦的时候，焚烧书籍，坑杀儒者，孟子一派消失。他的书因为属于诸子之类，因而没有得到灭绝。汉朝建立后，废除秦朝暴虐的禁令，发扬道德。孝文帝希望扩大学习之途，《论语》、《孝经》、《孟子》、《尔雅》都设置博士教授。后来罢黜传记博士，只立五经博士。到现在，各经的涵义，有需要引述《孟子》才能明白的地方，这就是所谓的通晓文献吧！

孟子善于比喻，文字不繁多就能将内涵表述出来，他说：“理解《诗》时，不能拘泥于作品中个别的文辞，不能从文辞上曲解作品的真旨，要通过自己的感受来把握内涵”。这句话大概是希望后人能够了解他所想说的内涵来解释他的文章词句，不仅是关于解说《诗》的。现今的各种解说，往往提取其中一部分就加以解释，而且互相又多不相同。孟子到现在，已经五百余年了，传授的也不少。我生在长安，世系自由来历。年少的时候，学习义理典章制度，五十的时候，遭遇不幸，经受离乱，改姓埋名，逃脱于偏远的地方十余年，心神疲倦，整日辛勤。也曾经放松于海岱地区，不时温故而知新。高雅君子怜惜我终日劳苦不倦，考察古代事迹，以大道安慰我。我在困顿之中，精神飘忽，无法安定，想要将心思放在文章中，得以能够思怀古人。只是六经，先贤解释辨别得已经很详细了。儒家只有《孟子》，内涵高远精深，深意不易显现，应该给以整理，于是就记述自己所知道的，再依据经传，给以注释，这些都包含在这一书中。分为上下章，共十四卷。总之，不敢施于初学者，能够消除疑惑，我也不敢断定是非。后世通晓者，见错误缺漏之处，如果能够改正，不也很好吗？

杜预

晋杜陵人，字元凯，博学多通，武帝时拜镇南大将军，都督荆州诸军事。平吴功成后，潜心经籍，著《春秋左氏经传集解》，又作《释例》、《盟会图》、《春秋长历》。尝对武帝言曰："臣有《左传》癖。"卒年六十二，谥成。

【译文】晋杜陵人，字元凯。他学识广博通达，在晋武帝时授予镇南大将军，统领荆州地区的军务。在平定吴国成功后，他潜心研究经典，著有《春秋左氏经传集解》，又写有《释例》、《盟会图》、《春秋长历》。曾经对晋武帝说臣下有喜欢《左传》的癖好。六十二岁时去世，谥号为成。

春秋左氏传序

《春秋》者，鲁史记之名也。记事者，以事系日，以日系月，以月系时，以时系年，所以记远近、别同异也。故史之所记，必表年以首事。年有四时，故错举以为所记之名也。《周礼》有史官，掌邦国四方之事，达四方之志。诸侯亦各有国史。大事书之于策，小事简牍而已。《孟子》曰："楚谓之《梼杌》，晋谓之《乘》，而鲁谓之《春秋》，其实一也。"韩宣子适鲁，见易象与鲁《春秋》，曰："周礼尽在鲁矣。吾乃今知周公之德，与周之所以王也。"韩子所见，盖周之旧典礼经也。

【译文】《春秋》是鲁国史官记载史书的名字。史官记事用日期统率史实，月份统率日期，季节统率月份，年度统率季节。以此记录时间的远近、区别史实的异同。所以史事的记载，一定要把表明事件年代当做首要之事。一年有春、夏、秋、冬四季，因此交错互举，摘取其中春秋二字作为鲁国所记录史实的书名。《周礼》记载，朝廷设置太史、小史、内史、外史等史官，共同执掌国家和四方大事，还把国内发生的大事通报四方诸侯。诸侯国也有各自的史官记载国史。他们把大事书写在策，小事只是书写在简片或木牍上罢了。《孟子》书上说，楚国国史名叫《梼杌》，晋国国史称作《乘》，而鲁国国史名为《春秋》，其实都一样。晋国大夫韩宣子到鲁国去观太史书，看到《易》、《象》和《春秋》，感慨地说："周朝的法典、礼制全在鲁国了。直到现在，我才知道周公圣德不虚，周之统一天下也绝非偶然了。"韩宣子所见到的乃是西周古旧典籍《礼经》。

周德既衰，官失其守。上之人不能使春秋昭明，赴告策书，诸所记注，多遗旧章。仲尼因鲁史策书成文，考其真伪，而志其典礼。上以遵周公之遗制，下以明将来之法。其教之所存，文之所害，则刊而正之，以示劝诫，其余皆即用旧史。史有文质，辞有详略，不必改也。故传曰："其善志。"又曰："非圣人，孰能修之。"盖周公之志，仲尼从而明之。左丘明受经于仲尼，以为经者不刊之书也。故传或先经以始事，或后经以终义，或依经以辩理，或错经以合异，随义而发其例之所重。旧史遗文，略不尽举，非圣人所修之要故也。身为国史，躬览载籍，必广记而备言之。其文缓，其旨远，将令学者原始要终，寻其枝叶，究其所穷。优而柔之，使自求之，餍而饫之，使自趋之。若江海之浸，膏泽之润，涣然冰释，怡然理顺，然后为得也。

【译文】周王朝衰落以后，百官失于职守，史官也不例外。生于孔子之前的人，不能使周之春秋褒贬劝诫之法昭明于世，遏丧奔赴，他事相告，君王封授任免记录在策，种种史事的记载，往往也不再遵循原来的章法。孔子依据鲁史典籍整理成书，考核它的真伪，记下它的典章制度，对上遵守周公留下来的礼法，对下期望将来的法制能得到彰明。其中名教善恶所存事实，文辞如不能表达义理寓含褒贬的，就一律予以删削和修正，以便起到劝善惩恶的作用；其余就都利用旧史料。史官的素质有华丽与质朴的分别，记录史事的文辞有详略的不同。因为无关义例，用不着去改动。所以《左传》说："《春秋》真是善长于记事。"又说："要不是圣人，谁能修撰出这么好的史书？"周公的礼法，仲尼在《春秋》一书中再度给予阐明。左丘明接受了为孔子之经《春秋》作传的使命，他认为经书是不能任意删削更改的。所以为传之时，他有时将传文置于经文前边，以说明事情的开端；有时传文放在经文之后以终结微言大义；有时传依据经文辩明义理；有时把几条经文合并写成一传，总之是随时依据经文的内容阐发经书体例的重点。旧史成文已经散逸的，就略去而不一一列举，因为它不是圣人修撰要点的缘故。左丘明身为国家史官，亲自阅览记载的史籍，必须广泛记录而完备地书写出来。它的文辞舒缓，它的意旨深远，将使学习它的人推究它的起始，归纳它的终结；沿着它的枝叶，追究它的底奥。宽舒从容，让他自己去探求它的高深含义；学得深透，疾进锐取。就像江海浸透沿岸，像膏雨滋润大地，像冰块融解消化，心情和悦，义理顺遂，然后才算有所收获。

其发凡以言例，皆经国之常制，周公之垂法，史书之旧章。仲尼从而修之，以成一经之通体。其微显阐幽，裁成义类者，皆据旧例而发义，指行事以正褒贬。诸称“书”、“不书”、“先书”、“故书”、“不言”、“不称”、“书曰”之类，皆所以起新旧，发大义，谓之变例。然亦有史所不书，即以为义者。此盖《春秋》新意，故传不言凡，曲而畅之也。其经无义例，因行事而言，则传直言其归趣而已，非例也。

故发传之体有三，而为例之情有五。一曰微而显。文见于此，而起义在彼。称族尊君命；舍族尊夫人。梁亡、城缘陵之类是也。二曰志而晦。约言示制，推以知例，参会不地，与谋曰及之类是也。三曰婉而成章。曲从义训，以示大顺，诸所讳避，璧假许田之类是也。四曰尽而不汙。直书其事，具文见意，丹楹刻桷，天王求车，齐侯献捷之类是也。五曰惩恶而劝善。求名而亡，欲盖而章，书齐豹盗，三叛人名之类是也。推此五体，以寻经传。触类而长之，附于二百四十二年行事，王道之正，人伦之纪备矣。

【译文】《春秋》所建立的体制和条例，都是治理国家的常用法度，周公传留的礼法，史书编纂书写的体制，孔子因而修撰，把它作为贯穿全书的体例。它阐发幽微，渐至显著，裁制成义类，都依据旧有体例阐发大义，根据所作所为修正褒贬，善者褒之，恶者贬之。诸如传文上所称的“书”、“不书”、“先书”、“故书”、“不言”、“不称”、“书日”之类说法，都是用以区别新旧体例，阐发经文大义，称它是变例。然而也有鲁史所不记载的，事合仲尼之意，即用之以为义例，这大概就是《春秋》的新意。所以《左传》不谈凡例，使迂曲的事实变为流畅的语言。至于经文没有义例，根据其行为做事而书写，《左传》就直接说明它的指归始向罢了，这不属于褒贬之例。

所以左传阐发经书的体例有三，即发凡正例、新意变例、归趣非例。而造成以上体例的情况有五种：一是微而显——言词不多而意义明显。行文于此，立义却在别处。称呼它的族名，是由于尊重国君鲁成公的命令；不称呼族名，这是要尊重夫人。梁国亡、诸侯筑城在缘陵皆不言名就属这一类。二是志而晦——记载史实文辞简约，收敛其事，隐晦其义。简约其言，以示法制；推究其事，以知其例。三国以上盟会，鲁君前往，就记录会盟地点，他国前来就只记录会见；凡出兵，事先与谋日“及”，否则日“会”——这些记载方法就属此类。三是婉而成章，说得通俗些就是：表达婉转委曲却又顺理成章。遣词委曲又服从义训，显示大顺且成就篇章，循守各种避讳，比如郑国用璧暂借鲁国许田之地这类记载即是。第四叫作尽而不汙。直接记载史实，全部文字都可发现其意义，诸如丹漆庙柱且雕刻桷椽、周王到鲁国索求车乘、齐侯来献俘虏等都属这一种。第五叫做惩恶劝善。有人求名见史籍而不可得，有人想隐匿史实反而明文记载，齐豹做不义事称其日盗，庶其、黑肱、牟夷三臣率地叛投鲁国，史书留下“叛臣”的耻名。以上都是警戒邪恶、奖励善良的一类。根据这五种情体，推究经与传，触类而皆可旁通，寄托在《春秋》所载二百四十二年史实中，王道的正法，人伦关系的纲纪实在是很完备了。

或曰：《春秋》以错文见义，若此所论，则经当有事同文异，而无其义也。先儒所传，皆不其然。答曰：《春秋》虽以一字为褒贬，然皆须数句以成言，如非八卦之爻，可错综为六十四也，故当依传以为断。

古今言《左氏春秋》者多矣。今其遗文可见者十数家，大体转相祖述，进不得为错综经文以尽其变，退不守丘明之传。于丘明之传有所不通，皆没而不说，而更肤引《公羊》、《谷梁》，适足自乱。

预今所以为异，专修丘明之传以释经。经之条贯，必出于传；传之义例，总归诸凡。推变例以正褒贬，简二传而去异端，盖丘明之志也。其有疑错，则备论而阙之，以俟后贤。然刘子骏创通大义，贾景伯父子，许惠卿，皆先儒之美者也。末有颍子严者，虽浅近，亦复名家。故特举刘、贾、许、颍之违，以见同异。分经之年与传之年相附，比其义类，各随而解之，名曰《经传集解》。又别集诸例，及地名、谱第、历数，相与为部，凡四十部，十五卷。皆显其异同，从而释之，名曰释例。将令学者观其所聚，异同之说，释例详之也。

【译文】假使有人问：《春秋》用不同的文辞体现不同的义，如果像上面所论说的，那么经文中就会有史事相同所记文辞不同，但却体现不出义这类情况出现。先儒所传，都不这样。回答说：《春秋》一书虽然用一字可体现褒贬，可是却还要用几句话来记录事实的，不像八卦中的爻，错综排列可成六十四种卦式。所以应当依照《左传》加以判断。古往今来研究《左氏春秋》的人是很多的。如今有留传著作可见的就有十几家，他们大多是辗转承述前人的著作。前进一步不能交错综合经文以揭示其变化；退后一步又不能坚持维护左丘明的著作。对于丘明的《左传》不能通晓明晰的，又都避而不谈，却另外肤浅地引述《公羊》、《谷梁》二传，恰好搞乱了自己的思想体系。我如今与别人不同的是，专门研修《左传》用以解释《春秋》经。经书的条理系统，一定要考究于传；传的义例体系，总括归结于经的凡例。推究变例核正褒贬，简选《公羊》、《谷梁》二传而屏弃异端，这大约就合于左丘明的初衷吧。如果有疑惑差错，就尽力去论列挖掘，是非等待后来有研究的人去评说。可是刘子骏初创以传解经、经传互相启发的研究正路，贾逵父子、许惠卿等人，都是研究儒学之佼佼者。最近还有颍子严，研究尽管有浅近之嫌，也成为又一名家。所以特列举刘、贾、许、颍等人的观点，以显示他们的异同。经传按年比照排列，比较它的义例分类，各随时随处加以解释，书名曰：《春秋左氏经传集解》。又另外汇集诸例及地名、谱谍、历数，按类分部，共有四十部，十五卷，都显示他们的异同，从而解释，书名叫《春秋释例》。将使学习的人看到它汇集的各种相同和不同的说法，《释例》收集甚详。

或曰：《春秋》之作，《左传》及《谷梁》无明文。说者以为仲尼自卫反鲁，修《春秋》，立素王，丘明为素臣。言《公羊》者，亦云黜周而王鲁，危行言逊，以避当世之害，故微其文，隐其义。《公羊》经止获麟，而《左氏》经终孔丘卒。敢问所安？答曰：异乎余所闻。仲尼曰："文王既没，文不在兹乎！"此制作之本意也。叹曰："凤鸟不至，河不出图，吾已矣夫！"盖伤时王之政也。麟凤五灵，王者之嘉瑞也。今麟出非其时，虚其应而失其归，此圣人所以为感也。绝笔于获麟之一句者，所感而起，固所以为终也。

【译文】有人问：《春秋》写作于何时？《左传》和《谷梁》都没有明文记载。说者以为仲尼从卫国回到鲁国，开始修撰《春秋》，自立为素王，左丘明自称素臣。持《公羊》之说者，也有贬黜周天子而尊崇鲁王的说法，还说孔子做公正事，讲顺时话，以便躲避当时的迫害，所以经之文辞微约，含义隐蔽。《公羊》经终止于鲁哀公十四年"西狩获麟"，可是《左传》言经却终止于鲁哀公十六年孔子去世。请问赞成哪一说法呢？回答说：我所听到的说法与上不同。仲尼曾说过："文王已经不在人世了，他的仁义之道不就在这里吗？"这就是仲尼编制《春秋》的本意。他还叹息说："凤凰也不飞来，黄河不再显现《周易》，吾道到此为止了！"这大约是为王政不兴而感伤。麒麟凤鸟等五种灵异之物，乃王朝兴盛的嘉瑞祥兆。现在麟的出现并非盛时，应兆不实却又不得其归，这是圣人所以为之伤感的原因。主张绝笔在"西狩获麟"这一句的，因有所感而作起，固然可以作为终止的原因的。

曰：然则《春秋》何始于鲁隐公？答曰：周平王，东周之始王也；隐公，让国之贤君也。考乎其时则相接，言乎其位则列国，本乎其始则周公之祚胤也。若平王能祈天永命，绍开中兴；隐公能宏宣祖业，光启王室，则西周之美可寻，文武之迹不坠。是故因其历数，附其行事，采周之旧，以会成王义，垂法将来。所书之王，即平王也；所用之历，即周正也；所称之公，即鲁隐也。安在其黜周而王鲁乎？子曰："如有用我者，吾其为东周乎？"此其义也。

【译文】可是《春秋》为何开始于鲁隐公？回答说：周平王，东周的开国之君；隐公，让国与弟的贤君。考核两者时间，是相衔接的；说到他的地位，是列国诸侯；推究他的本源，乃是周公的后代子孙。如果周平王能祈求苍天永赐福命，继先王之业开中兴之道；隐公能宏大宣扬祖宗的功德，光辉启导王室，那么西周的仁政王道可以寻回，文武开创的伟业不会衰坠。因此沿循君王世代接替的次序，附着史实政事，采用周之成法，聚合成王道正义，留传礼法给将来。书中所书之王，就是周平王；所采用的历法，乃周朝正统历法；所言之公，就是鲁隐公，怎么可说孔丘贬黜周天子而尊崇鲁王呢？孔子说："如果有采用我的主张的，我将要兴周道于东方吧？"这才是经义所在。

若夫制作之文，所以彰往考来，情见乎辞，言高则旨远，辞约则义微，此理之常，非隐之也。圣人包周身之防，既作之后，方复隐讳以辟患，非所闻也。子路使门人为臣，孔子以为欺天。而云仲尼素王，丘明素臣，又非通论也。先儒以为制作三年，文成致麟。既已妖妄，又引经以至仲尼卒，亦又近诬。据《公羊》经止获麟，而《左氏》小邾射不在三叛之数，故余以为感麟而作，作起获麟，则文止于所起，为得其实。至于反袂拭面，称吾道穷，亦无取焉。

【译文】至于制作《春秋》文字，目的是彰明以往，考虑未来，情感体现于言辞。立言高妙，就旨趣深远；言辞简约，就含义幽微，这是常理，并未隐瞒。圣人防身之虑包备周全，提笔写作之后，方才想隐讳避害，这是不曾听到过的。子路打算让门人对孔子称臣，孔子认为这是欺天。有人还说孔子自立素王，丘明自称素臣，这实在不是讲得通的说法。先儒们认为《春秋》写了三年，经书编成而招致麒麟出现，已经是不真实了；又把经书终止延长到孔子去世，此说也近于虚假。根据《公羊》经辍笔于获麟，而《左传》书中小邾射没有算在三叛臣数字中，所以我认为，《春秋》因有感于麟而制作，制作起始于获麟，那么书亦编成于当年，这才算是获得了它的真实情况。至于说到仲尼翻转袖口擦拭面上眼泪，说我的抱负难以施展了，就更无可取之处了。

郭璞

字景纯，闻喜人，博学工辞赋，元帝时，官至尚书郎，注《尔雅》、《山海经》、《三仓》、《方言》、《穆天子传》、《楚词》等数十万言。

【译文】字景纯，是闻喜人。他学识广博，善于辞赋，晋元帝时，官至尚书郎，注有《尔雅》、《山海经》、《三仓》、《方言》、《穆天子传》、《楚词》等数十万言。

尔雅注序

夫《尔雅》者，所以通诂训之指归，叙诗人之兴咏，总绝代之离词，辩同实而殊号者也。诚九流之津涉，六艺之钤键，学览者之潭奥，摛翰者之华苑也。若乃可以博物，不惑多识于鸟兽草木之名者，莫近于《尔雅》。《尔雅》者，盖兴于中古，隆于汉氏。豹鼠既辨，其业亦显。英儒赡闻之士，洪笔丽藻之客，靡不钦玩耽味，为之义训。璞不揆梼昧。少而习焉，沈研钻极二九载矣。虽注者十余，然犹未详备，并多纷谬，有所漏略，是以复缀集异闻、会萃旧说。考方国之语，乐谣俗之志。错综樊孙，博关群言，剟其瑕砾，搴其萧稂，事有隐滞，援据征之，其所易了，阙而不论。别为音图，用祛未寤。辄复拥篲清道，企望尘躅者，以将来君子亦有涉乎此也。

【译文】《尔雅》这部书，是用来解释圣人的教诲训条，叙述诗人的歌咏、阐述绝妙的离别诗词等。分辨同义但不同形的字、词、句。真正是九流都要涉及，学习六艺的关键。学习文豪的深奥，理解学者的文章。有了它就能博览群书而不迷惑。能够解释鸟兽草木的名称的，没有比《尔雅》更接近的了。《尔雅》，大致兴起于中古时期，兴盛在汉代。豹、鼠都能区别，它的功能很显赫。博学多闻的人，文采很高的人，没有不研习揣摩它的，并为它写注释。我（郭璞）不自量力，小的时候就开始学习它。深刻地钻研，十八年了。虽然给它写了注释十多次，但是仍然没有很详尽，并且还有许多谬误，有省略遗漏的地方。所以重新收集各种见闻，汇集旧的说法，考查全国的语言，采集歌谣俗语。从樊、孙那里借鉴，博览群书，筛除其中的瑕疵，舍弃其中的糟粕。如果有晦涩不清的地方，就引用根据考证它。那些很容易理解的地方，就省略不讨论了。另外还注音画图，用来解释人们不懂的地方。再次拿着扫帚清扫道路，希望扫除灰尘，并希望将来给君子们提供一些帮助。

孔颖达

唐衡水人，字仲达，官至国子祭酒，尝受太宗命撰《五经正义》，考前儒之异说，而求其一是，遂颁示学官，著为功令，后儒皆推称之，即今注疏本之五经疏也。

【译文】唐朝衡水人，字仲达，官职高至国子祭酒，曾经受唐太宗命令撰写《五经正义》，考订先儒所讲的不同，来达到说法同一，并颁布于学官，使之成为法律规定，后世的儒者都称许这一工作，这也就是现在注疏本中的五经疏。

诗正义序

夫《诗》者，论功颂德之歌，止僻防邪之训，虽无为而自发，乃有益於生灵。六情静於中，百物荡於外，情缘物动，物感情迁。若政遇醇和，则欢娱被于朝野，时当惨黩，亦怨刺形于咏歌。作之者所以畅怀舒愤，闻之者足以塞违从正。发诸情性，谐於律吕，故曰“感天地，动鬼神，莫近於《诗》”。此乃《诗》之为用，其利大矣。

【译文】《诗经》，是对功德的歌颂，对防止奸邪的训示，虽然没有目的而自发产生，却对于人民很有益处。人类的感情包含在其中，世间万物体现在其外，感情因外物而兴起，事物也仿佛能感知人的情感变化。如果当时社会和谐醇正，则欢悦遍及朝中内外；如果当时社会悲惨，也会在诗歌中形成怨怒讽刺。写诗的人畅抒胸怀或发泄愤怒，而听到诗的人则能够防止邪恶，改良从善。发自内心，体现于音律当中，所以有人说“感动天地，惊动鬼神，没有什么比得上《诗经》的”。这就是《诗经》的作用，它的益处很大。

若夫哀乐之起，冥於自然，喜怒之端，非由人事。故燕雀表啁噍之感，鸾凤有歌舞之容。然则《诗》理之先，同夫开辟，《诗》迹所用，随运而移。上皇道质，故讽谕之情寡。中古政繁，亦讴歌之理切。唐、虞乃见其初，牺、轩莫测其始。于后时经五代，篇有三千。成、康没而颂声寝，陈灵兴而变风息。先君宣父，釐正遗文，缉其精华，褫其烦重，上从周始，下暨鲁僖，四百年间，六诗备矣。卜商阐其业，雅颂与金石同和；秦正燎其书，简牍与烟尘共尽。汉氏之初，《诗》分为四：申公腾芳于鄢郢，毛诗光价于河间，贯长卿传之于前，郑康成笺之于后。晋、宋、二萧之世，其道大行；齐、魏两河之间，兹风不坠。

【译文】哀愁和和喜悦歌声的兴起，都是冥合于自然而然，不是由于人自身（产生）。因此，燕雀有啁噍之声，凤凰有歌舞的表现。然而《诗》的道理与天地开辟同样早，《诗》中事迹的运用，随着时间会改变。上古的时候世风质朴，因此讽刺的感情就少。中古的时候，政事多了起来，歌颂的诗歌唱得真切。唐虞的时候，才看见到这些的开始，在伏羲、轩辕的时候，还不能知道它的开始。其后，经历唐虞夏商周五代，《诗》有三千篇。周成王康王时代以后，赞颂的歌声消失，陈灵公以后变风就没有了。孔子修订这些遗留下的诗歌，将精华部分编在一起，删除繁琐重复的，时间从周初开始，止于鲁僖公时期，这四百年，六诗具备。子游发扬了孔子的事业，诗歌和乐器共相应和，秦始皇烧毁诗书，简牍和烟尘一起消失。汉代初年，《诗》分为四家，申公在楚地传授，毛诗在河间地区得到发扬光大，先由贯长卿作序，后来又作笺注。晋、宋、梁朝时，毛诗大行。在北方的齐魏，毛诗的传授亦不曾中断。

其近代为义疏者，有全缓、何胤、舒瑗、刘轨思、刘丑、刘焯、刘炫等。然焯、炫并聪颖特达，文而又儒，擢秀干于一时，骋绝辔于千里，固诸儒之所揖让，日下之无双，于其所作疏内特为殊绝。今奉敕删定，故据以为本。然焯、炫等负恃才气，轻鄙先达，同其所异，异其所同，或应略而反详，或宜详而更略。准其绳墨，差忒未免，勘其会同，时有颠踬。今则削其所烦，增其所简，唯意存于曲直，非有心于爱憎。谨与朝散大夫行太学博士臣王德韶、徵事郎守四门博士臣齐威等对其讨论，辨详得失。至十六年，又奉敕与前修疏人及给事郎守太学助教云骑尉臣赵乾叶、登仕郎守四门助教云骑尉臣贾普曜等对敕。使赵弘智覆更详正，凡为四十卷，庶以对扬圣范，垂训幼蒙，故序其所见，载之于卷首云尔。

【译文】在近代为《毛诗》作疏解的有全缓、何胤、舒瑗、刘轨思、刘丑、刘焯、刘炫等。然而刘焯、刘炫聪颖卓绝，是一时之俊秀，为当时的儒生所佩服，视为天下第一，他们所作的疏解尤其出众。现在我奉皇帝之命删定各家注疏，因此将其作为依据。但是刘焯、刘炫凭着才气自负，轻视前人，对于不同的意见统一起来，对于相同的则加以反对。有的应该简略反而详尽，有的应该详实反而简略，按照这一原则，难免会有差错，互相校对，时有困难。现在删去繁杂的部分，增添简略的部分，本意只是在于正确与否，而不是对于他的注疏有所喜爱或不满。现在与朝散大夫行太学博士王德韶、徵事郎守四门博士臣齐威等互相讨论，详细辨别得失。到贞观十六年，与以前参与注疏的人和给事郎守太学助教云骑尉赵乾叶、登仕郎守四门助教云骑尉贾普曜等回复诏令。派遣赵弘智详细审核更正，一共四十卷，这样差不多可以弘扬圣贤的典范，流传教育孩童，因而将所知写成序，记载在卷首。

礼记正义序

夫礼者，经天地，理人伦，本其所起，在天地未分之前。故《礼运》云："夫礼必本于大一。"是天地未分之前已有礼也。礼者，理也。其用以治，则与天地俱兴，故昭二十六年《左传》称晏子云："礼之可以为国也，久矣与天地并"，但于时质略。物生则自然而有尊卑，若羊羔跪乳，鸿雁飞有行列，岂由教之者哉！是三才既判，尊卑自然而有。但天地初分之后，即应有君臣治国。但年代绵远，无文以言。

【译文】礼是治理天地、人伦的，它起源在天地还未分化之前。因此《礼运》说："礼以大一为本。"因此在天地还没有分化之前已经有礼了。礼就是道理。它的功用在于治理，与天地同时兴起，因此《左传》昭公二十六年记载晏子说："礼对于国家来说，与天地一样永久。"但在当时质朴简略。万物生长自然有尊卑的区别，就像羔羊要跪着吃奶，大雁飞行有行列次序一样，难道是教会的吗？天地人既然有所分别，尊卑自然就产生了。在天地刚分化之后，应该就有君臣治国，只是年代久远，无法说清了。

案《易纬·通卦验》云："天皇之先，与乾曜合元。君有五期，辅有三名。"注云："君之用事五行，王亦有五期。辅有三名，公、卿、大夫也。"又云"遂皇始出握机矩"，注云："遂皇谓遂人，在伏羲前，始王天下也。矩，法也，言遂皇持斗机运转之法，指天以施政教。"既云"始王天下"，是尊卑之礼起于遂皇也。持斗星以施政教者，即《礼纬·斗威仪》云"宫主君，商主臣，角主父，徵主子，羽主夫，少宫主妇，少商主政"，是法北斗而为七政。七政之立，是礼迹所兴也。郑康成《六艺论》云："《易》者，阴阳之象，天地之所变化，政教之所生，自人皇初起。"人皇即遂皇也。既政教所生初起于遂皇，则七政是也。《六艺论》又云："遂皇之后，历六纪九十一代，至伏牺始作十二言之教。"

【译文】《易纬·通卦验》说："天皇之前，和太阳相合。君王有五期，辅佐他的有公卿大夫。"注说："君王行事有五行，也有五期。辅佐的三名指公卿大夫。"又说："遂皇出来之始就掌握机要法度。"注说："遂皇指遂人，在伏羲之前，最先统治天下。矩是法度的意思，说遂皇用斗机运转的方法，按照天象来实施治理教化。"既然说最先统治天下，那就是说尊卑起源于遂皇时期。遵照斗星来实施治理教化，即是《礼纬·斗威仪》说的："宫主君王，商主臣子，角主父亲，徵主儿子，羽主丈夫，少宫主妻子，少商主政令"，这是效法北斗星来施政。这七方面的确立，是礼之所以兴起的原因。郑玄《六艺论》说："《易》，讲的是阴阳的特征，它是天地变化、政治教化兴起的原因。这是从人皇时开始的。人皇就是遂皇。"既然政治教化最初产生在遂皇时期，这就是七政。《六艺论》又说："遂皇之后，经历六纪九十一代后，到伏羲的时候才开始作十二言之教。"

然则伏牺之时，《易》道既彰，则礼事弥著。案谯周《古史考》云："有圣人以火德王，造作钻燧出火，教民熟食，人民大悦，号曰遂人。次有三姓，乃至伏牺，制嫁娶，以俪皮为礼，作琴瑟以为乐。"又《帝王世纪》云："燧人氏没，包羲氏代之。"以此言之，则嫁娶嘉礼始於伏牺也。但《古史考》遂皇至于伏牺，唯经三姓；《六艺论》云"历六记九十一代"，其又不同，未知孰是。或于三姓而为九十一代也。案《广雅》云："一纪二十七万六千年。"方叔机注《六艺论》云："六纪者，九头纪、五龙纪、摄提纪、合洛纪、连通纪、序命纪，凡六纪也。九十一代者，九头一，五龙五，摄提七十二，合洛三，连通六，序命四，凡九十一代也。"但伏牺之前及伏牺之后，年代参差，所说不一，纬候纷纭，各相乖背，且复烦而无用，今并略之，唯据《六艺论》之文及《帝王世纪》以为说也。

【译文】然而伏羲的时期，《易》的道理已经彰显，关于礼的事迹更加显著。谯周《古史考》说："有圣人因有火德而成为君王，钻木取火，教会民众吃熟食，人民十分高兴，称他为遂人。历经三姓，到伏羲时，制定婚嫁制度，用成对的鹿皮作为礼物，制作琴瑟演奏音乐。"还有《帝王世纪》说："燧人氏去世后，包羲氏就取代了他。"以此看来，则婚娶的礼仪开始于伏羲时期。但《古史考》中讲到遂皇到伏羲的时候，只有三姓，而《六艺论》却说历经了六纪九十一代，二者不同，不知道谁的正确。或者三姓就历经了九十一代。《广雅》说："一纪是二十七万六千年。"方叔机注解《六艺论》说："六纪是指九头纪、五龙纪、摄提纪、合洛纪、连通纪、序命纪。九十一代是指九头一，五龙五，摄提七十二，合洛三，连通六，序命四，共九十一代。"伏羲之前和之后，年代不一，众说纷纭，互相矛盾，且繁杂无用，现在一并省去，只按照《六艺论》和《帝王世纪》所说为准。

案《易·系辞》云:“包牺氏没,神农氏作。”案《帝王世纪》云:“伏牺之后女娲氏,亦风姓也。女娲氏没,次有大庭氏、柏皇氏、中央氏、栗陆氏、骊连氏、赫胥氏、尊卢氏、浑伅氏、昊英氏、有巢氏、朱襄氏、葛天氏、阴康氏、无怀氏,凡十五代,皆袭伏牺之号”。然郑玄以大庭氏是神农之别号。案《封禅书》无怀氏在伏牺之前,今在伏牺之后,则《世纪》之文未可信用。《世纪》又云:“神农始教天下种穀,故人号曰神农。”案《礼运》云:“夫礼之初,始诸饮食,燔黍捭豚,蕢桴而土鼓。”又《明堂位》云:“土鼓苇籥,伊耆氏之乐。”又《郊特牲》云:“伊耆氏始为蜡。”蜡即田祭,与种穀相协,土鼓苇籥又与蕢桴土鼓相当,故熊氏云:伊耆氏即神农也。既云始诸饮食,致敬鬼神,则祭祀吉礼起于神农也。又《史记》云“黄帝与蚩尤战于涿鹿”,则有军礼也。《易·系辞》“黄帝九事”章云“古者葬诸中野”,则有凶礼也。又《论语撰考》云:“轩知地利,九牧倡教。”既有九州之牧,当有朝聘,是宾礼也。若然,自伏牺以后至黄帝,吉、凶、宾、军、嘉五礼始具。

【译文】《周易·系辞》说:“包羲氏死后,神农氏兴起。”《帝王世纪》说:“伏羲之后有女娲氏,也是风姓名,女娲氏以后,相继有大庭氏、柏皇氏、中央氏、栗陆氏、骊连氏、赫胥氏、尊卢氏、浑伅氏、昊英氏、有巢氏、朱襄氏、葛天氏、阴康氏、无怀氏,一共十五代,都沿袭伏羲的名号。”但是郑玄认为大庭氏是神农的别称。《封禅书》中讲到无怀氏在伏牺之前,现在却说在伏牺之后,可见《帝王世纪》的记载不可相信。《帝王世纪》又说:“神农开始教会天下人种植谷物,因此人们称他为神农。”《礼记·礼运》中说:“上古礼的产生,是从饮食开始的,那时的人把谷物、兽肉放在烧热的石头上焙烤,用土做成的鼓椎,垒个小土台子就当鼓。”《礼记·明堂位》说:“用土做鼓来敲击,用芦苇做成乐器吹奏,这是伊耆氏时期的音乐”。《郊特牲》说:“伊耆氏时开始蜡祭。”蜡,就是田祭,与种植谷物一说相符;土鼓苇籥又与蕢桴土鼓相合,因而熊氏说伊耆氏就是神农。既然说礼开始于饮食,同时来表示对神的致敬,那么吉礼就起源于神农时期。《史记》说“黄帝与蚩尤大战于涿鹿”,这时有军礼的产生。《易·系辞》“黄帝九事”章说“古代在原野之中埋葬”,则有凶礼的产生。《论语撰考》说:“轩知地利,九州长官倡导教化。”既然有九州的长官,应当有朝聘,这就有了宾礼。就这样,自伏牺以后到黄帝时期,吉、凶、宾、军、嘉五礼开始具备。

皇氏云:“礼有三起,礼理起于大一,礼事起于遂皇,礼名起于黄帝。”其“礼理起于大一”,其义通也;其“礼事起于遂皇,礼名起于黄帝”,其义乖也。且遂皇在伏牺之前,《礼运》“燔黍捭豚”在伏牺之后,何得以祭祀在遂皇之时?其唐尧,则《舜典》云“修五礼”,郑康成以为公、侯、伯、子、男之礼。又云命伯夷“典朕三礼”。“五礼”其文,亦见经也。案《舜典》云“类于上帝”,则吉礼也;“百姓如丧考妣”,则凶礼也;“群后回朝”,则宾礼也;“舜征有苗”,则军礼也;“嫔于虞”,则嘉礼也。是舜时五礼具备。直云

“典朕三礼”者，据事天、地与人为三礼。其实事天、地唯吉礼也，其余四礼并人事兼之也。

【译文】皇侃说：“礼有三个起源。关于礼的道理起源于天地之初，礼的事迹起源于遂皇时期，礼的名称起源于皇帝时期。”礼的道理起源于天地之初，这说得通；礼的事迹起源于遂皇时期，礼的名称起源于皇帝时期，这说的就互相矛盾了。遂皇在伏羲之前，《礼运》讲的烧烤谷物、兽肉在伏羲之后，怎能说祭祀起源在遂皇时期呢？在唐尧时期，《舜典》说兴建五礼，郑玄以为是公、侯、伯、子、男五礼。又说命令伯夷关于五礼的内容，在经典都有记载。《舜典》说向上帝报告继承帝位一事，这就是吉礼；说百姓如死去了父母一样悲痛，这说的是凶礼；诸侯在四岳朝见，这是宾礼；舜讨伐有苗，这是军礼；将女儿嫁给舜，这是嘉礼。那么舜的时候五礼已经具备。“典朕三礼”，就是主持祭祀天、地、人，这就是三礼。吉礼只指祭祀天地，其它四礼都是指人事而言。

案《论语》云“殷因于夏礼”，“周因於于礼”，则《礼记》总陈虞、夏、商、周，则是虞、夏、商、周各有当代之礼，则夏、商亦有五礼。郑康成注《大宗伯》，唯云唐、虞有三礼，至周分为五礼。不言夏、商者，但书篇散亡，夏、商之礼绝灭，无文以言，故据周礼有文者而言耳。武王没后，成王幼弱，周公代之摄政，六年致大平，述文、武之德而制礼也。故《洛诰》云：“考朕昭子刑，乃单文祖德。”又《礼记·明堂位》云：“周公摄政六年，制礼作乐，颁度量于天下。”但所制之礼，则《周官》、《仪礼》也。郑作序云：“礼者，体也，履也。统之于心曰体，践而行之曰履。”郑知然者。《礼器》云：“礼者，体也。”《祭义》云：“礼者，履此者也。”《礼记》既有此释，故郑依而用之。礼虽合训体、履，则《周官》为体，《仪礼》为履，故郑序又云：“然则三百三千虽混同为礼，至于并立俱陈，则曰此经礼也，此曲礼也；或云此经文也，此威仪也。”是《周礼》、《仪礼》有体、履之别也。所以《周礼》为体者，《周礼》是立治之本，统之心体，以齐正于物，故为礼。贺瑒云：“其体有二，一是物体，言万物贵贱高下小大文质各有其体；二曰礼体，言圣人制法，体此万物，使高下贵贱各得其宜也。”

【译文】《论语》说商朝沿袭夏朝的礼，周朝沿袭商朝的礼。《礼记》综说虞、夏、商、周四代，这就说虞、夏、商、周四代当时都有各自的礼，由此夏商也应有五礼。郑玄在注解《周官·大宗伯》时，只说唐虞时期有三礼，到周朝时分为五礼。他没有讲到夏朝和商朝的礼，只是由于书籍散失导致夏商的礼淹没了，没法说明，因而根据有记载的周朝的礼来说明。文王死后，成王年幼，周公代替成王摄政，以六年的时间将天下治理太平，为了讲述文王和武王之德就制定了礼。因此《洛诰》说：“实现我告诉你的这些方法，将先祖文王的美德发扬光大。”《礼记·明堂位》说：“周公摄政六年，制定礼乐，向天下颁布度量衡。”这里所说制定的礼是指《周官》和《仪礼》。郑玄序说：“礼就是连接，践行的意思。体就是用心将万物连接起来，履就是实行它。”郑玄说的很对。《礼器》说：“礼就是连接起来的意思。”《祭义》说：“礼就是实践的意思。”《礼记》既然有这一解释，郑玄所说也就依据这一说法。礼虽然解释为体和履的意思，那么《周官》讲的就是体，《仪礼》讲的就是履，因而郑玄序又说：“虽然关于礼的三百项大项目和三千项小项目都统称为礼，但是在一起叙述时，或说这是大礼，这是小礼；或说这是经文，这是威仪。”因而《周礼》、《仪礼》有体、履的区分。因此说《周礼》是体的原因是由于《周礼》是治理的根本，它将万物用心连接起来，因而是礼。贺瑒说：“礼的根本有二，一方面讲的是万物的规矩，是说万物有贵贱、高下、小大、精致素朴的不同，再一方面讲的是礼的根本，说圣人制作法度，体察万物，使高下、贵贱各得其所。”

其《仪礼》但明体之所行，践履之事，物虽万体，皆同一履，履无两义也。于周之礼，其文大备，故《论语》云：“周监于二代，郁郁乎文哉！吾从周也。”然周既礼道大用，何以《老子》云“失道而后德，失德而后仁，失仁而后义，失义而后礼。礼者，忠信之薄，道德之华，争愚之始”。故先师准纬候之文，以为三皇行道、五帝行德，三王行仁，五霸行义。若失义而后礼，岂周之成、康在五霸之后？所以不同者，《老子》盛言道德质素之事，无为静默之教，故云此也。礼为浮薄而施，所以抑浮薄，故云“忠信之薄”。且圣人之王天下，道、德、仁、义及礼并蕴于心，但量时设教，道、德、仁、义及礼，须用则行，岂可三皇五帝之时全无仁、义、礼也？殷、周之时全无道、德也？《老子》意有所主，不可据之以难经也。

【译文】《仪礼》只是讲明所应当实行的事情。事物虽有大的区别，都是要实施的，履只有一种含义。周礼已经很精致了，因此《论语》说：“周朝的礼仪制度借鉴于夏、商二代的基础上演变发展而建立起来的，是多么丰富而完备啊。我遵从周朝的制度”。既然周朝礼制广泛实行，为何老子还说：“丧失了大道，这才强调道德；丧失了道德，这才强调仁爱；丧失了仁爱，这才强调正义；丧失了正义，这才强调礼法。所谓礼法，不过表明了忠信的浅薄缺乏，是争论和愚昧的开始。”因此先师准纬候以为三皇时期实行的是道，五帝时期实行的是德，三王实行的是仁，五霸实行的是义。如果说丧失了仁义之后才会有礼，难道周朝成康时期还在五霸到后面吗？之所以不同是由于老子经常言说道德质朴的事迹，实行无为默然的教化，因而说这些。礼是由于浮薄才会实行，所以老子排斥浮薄，因而说礼是忠信的浅薄缺失。圣人之所以能够统治天下，道、德、仁、义都内存于心中，依不同时机进行教化，道、德、仁、义和礼，时就则行，难道三皇五帝的时候全无仁、义、礼？商、周时期全无道、德？老子的主要意思，不应该依据它来驳难经典。

既《周礼》为体，其《周礼》见于经籍，其名异者，见有七处。案《孝经说》云“礼经三百”，一也；《礼器》云“礼经三百”，二也；《中庸》云“礼仪三百”，三也；《春秋》说云“礼经三百”，四也；《礼说》云“有正经三百”，五也；《周官外题》谓“为《周礼》”，六也；《汉书·艺文志》云“《周官》经六篇”，七也。七者皆云三百，故知俱是《周官》。《周官》三百六十，举其大数而云三百也。其《仪礼》之别，亦有七处，而有五名。一则《孝经说》、《春秋》及《中庸》并云“威仪三千”，二则《礼器》云“曲礼三千”，三则《礼说》云“动仪三千”，四则谓“为《仪礼》”，五则《汉书·艺文志》谓《仪礼》为《古礼经》。凡此七处、五名，称谓并承三百之下，故知即《仪礼》也。所以三千者，其履行《周官》五礼之别，其事委曲，条数繁广，故有三千也。非谓篇有三千，但事之殊别有三千条耳。或一篇一卷，则有数条之事。今行于世者，唯十七篇而已。故《汉书·艺文志》云：“汉初，高堂生传《礼》十七篇”是也。

【译文】既然以《周礼》为体，《周礼》在不同典籍中的记载，共有七处。《孝经说》说“礼经三百”，这是一处；《礼器》说“经礼三百”，这是第二处；《中庸》说“礼仪三百”，这是第三处；《春秋》说“礼经三百”，这是第四处；《礼说》说“有正经三百”，这是第五处；《周官外题》说“是《周礼》”，这是第六处；《汉书·艺文志》说“《周官》经六篇”，这是第七处。这七处都说三百，因而知道它们讲的都是《周官》，《周礼》中共三百六十官，就其主要的说有三百。讲《仪礼》区别的有七处，共有五个不同的名称。。一是《孝经说》、《春秋》及《中庸》都说“威仪三千”，二是《礼器》说的“曲礼三千”，三是《礼说》说的“动仪三千”，四说是“为《仪礼》”，五是《汉书·艺文志》中称《仪礼》为《古礼经》。这七处，共五个名，所叙说时都在“经礼三百”的下面，因而知道它们是《仪礼》。礼之所以分三千项目，是由于按照《周官》讲的五礼的不同，讲解源流，加以增广，因而有三千项之多。并不是说有三千篇，而是说按事情的区分不同有三千项。一篇或一卷，有数项事迹。现在流传在世上的，只有十七篇。因此《汉书·艺文志》说：“在西汉兴起后，高堂生得到《礼》十七篇”，就是指这。

至武帝时，河间献王得古《礼》五十六篇，献王献之。又《六艺论》云：“后得孔子壁中古文《礼》，凡五十六篇。其十七篇与高堂生所传同而字多异，其十七篇外则逸礼是也。”《周礼》为本，则圣人体之；《仪礼》为末，贤人履之。故郑序云“体之谓圣，履之为贤”是也。既《周礼》为本，则重者在前，故《宗伯》序五礼，以吉礼为上；《仪礼》为末，故轻者在前，故《仪礼》先冠、昏，后丧、祭。故郑序云：“二者或施而上，或循而下。”其《周礼》，《六艺论》云：“《周官》壁中所得六篇。”《汉书》说河间献王开献书之路，得《周官》有五篇，失其《冬官》一篇，乃购千金不得，取《考工记》以补其阙。《汉书》云得五篇，《六艺论》云得其六篇，其文不同，未知孰是。

【译文】到汉武帝时期，河间献王得到古代的《礼》五十六篇，就献给了朝廷。郑玄《六艺论》说："后来在孔子住宅的墙壁中得到的用古文写成的《礼》五十六篇，其中十七篇与高堂生所传授的内容相同而文字不同，十七篇之外的就是曾经遗失的礼。"《周礼》是根本，圣人保有它，《仪礼》是末，贤人实践它。因此郑玄序说保有的是圣人，实行的是贤人。既然《周礼》是根本，那么重要的就应该在前面，因此《周礼·春官大宗伯》讲五礼时将吉礼列为最先。《仪礼》是末，因此不重要的放在前面，所以《仪礼》先讲冠礼、昏礼，后讲丧礼、祭礼。郑玄序说："《周礼》和《仪礼》的次序，或说由重到轻，或是由轻到重。"对于《周礼》，《六艺论》说在墙壁中得到的共六篇。《汉书》说河间献王开启了献书的渠道，得到《周官》有五篇，缺失《冬官》一篇，用千金也没购得，于是用《考工记》来补。《汉书》说得到了五篇，《六艺论》说得到了六篇，记载不同，不知哪个正确。

其《礼记》之作，出自孔氏。但正《礼》残缺，无复能明，故范武子不识肴烝，赵鞅及鲁君谓仪为礼。至孔子没后，七十二之徒共撰所闻，以为此《记》。或录旧礼之义，或录变礼所由，或兼记体履，或杂序得失，故编而录之，以为《记》也。《中庸》是子思伋所作，《缁衣》公孙尼子所撰。郑康成云：《月令》，吕不韦所修。卢植云：《王制》，谓汉文时博士所录。其于众篇，皆如此例，但未能尽知所记之人也。其《周礼》、《仪礼》，《礼记》之书，自汉以后各有传授。郑君《六艺论》云："案《汉书·艺文志》、《儒林传》云，传《礼》者十三家，唯高堂生及五传弟子戴德、戴圣名在也。"又案《儒林传》云："汉兴，高堂生传《礼》十七篇，而鲁徐生善为容。孝文时，徐生以容为礼官大夫。瑕丘萧奋以礼至淮阳太守。孟卿，东海人，事萧奋，以授戴德、戴圣。"

【译文】《礼记》是出自孔子之手的，但由于正本已经残缺，不能恢复，因此范武子不知道肴烝之礼是什么，赵简子和鲁昭公将仪式视为礼。孔子去世后，他的弟子将孔子所讲的记载下来，这就是《记》。或是记录以往关于礼的涵义，或记录变礼的依据，或兼记礼的根本和践行，或是礼的得失，将这些记录和编写下来，就是《记》。《中庸》是子思所作，《缁衣》是公孙尼子所著，郑玄说《月令》是吕不韦所作，卢植云说《王制》是汉代博士的记录。这些篇章，都是这样，但不能完全知道记录它们的人。《周礼》、《仪礼》，《礼记》这些书，自汉以后各自都有传授。郑玄《六艺论》说："据《汉书·艺文志》、《儒林传》的记载，传授《礼》的有十三家，只有高堂生和五传弟子戴德、戴圣为人所知。"《汉书·儒林传》说："汉代建立以后，高堂生传授礼经十七篇，而鲁国的徐生善于礼节形式。文帝时，徐生以此担任礼官大夫，瑕丘萧奋也因为懂礼官至淮阳太守。孟卿是东海人，学习于萧奋，后来传授给了戴德和戴圣。"

《六艺论》云"五传弟子"者，熊氏云："则高堂生、萧奋、孟卿、后仓及戴德、戴圣为五也。”此所传皆《仪礼》也。《六艺论》云：“今礼行于世者，戴德、戴圣之学也。”又云“戴德传《记》八十五篇”，则《大戴礼》是也；“戴圣传《礼》四十九篇”，则此《礼记》是也。《儒林传》云：“大戴授琅邪徐氏，小戴授梁人桥仁字季卿、杨荣字子孙。仁为大鸿胪，家世传业。”其《周官》者，始皇深恶之，至孝武帝时，始开献书之路，既出于山岩屋壁，复入秘府。五家之儒，莫得见焉。至孝成时，通人刘歆校理秘书，始得列序，著于录略。为众儒排弃，歆独识之，知是周公致太平之道。河南缑氏杜子春，永平时初能通其读，郑众、贾逵往授业焉。其后马融、郑玄之等，各有传授，不复繁言也。”

【译文】《六艺论》说的“五传弟子”，熊安生说：“五传指高堂生、萧奋、孟卿、后仓及戴德、戴圣。”这里传授的是《仪礼》。《六艺论》说：“现今在世上流传的礼是戴德和戴圣所传授的。”又说“戴德传授《记》八十五篇”，这即是《大戴礼》；“戴圣传授《礼》四十九篇”，这是《礼记》。《汉书·儒林传》说：“戴德传授给琅邪徐氏，圣戴传授给梁人桥仁、杨荣。桥仁为大鸿胪，世代传授。”《周官》一书，秦始皇十分厌恶，到汉武帝时期，广泛开启献书的途径，在山崖房屋的墙壁之中都有发现，后又藏入秘府之中，以上五家儒者没有看到。成帝的时候，博学通达的刘歆，整理秘藏的书籍时，开始为它写序，这才见于记载。当时的儒士都排斥这一做法，以为不正确。只有刘歆独具卓识，知道周公治理天下太平的事迹，都记载这上面。河南缑氏的杜子春永平年间还能够理解它，郑众、贾逵前往向他学习。之后马融、郑玄都各自有传授，不再详细言说了。

贾公彦

永年人，永徽中，为太子博士，著《周礼仪礼义疏》，发挥郑学，称为博洽，与孔颖达之《五经正义》并列学官。

【译文】永年人，永徽年间，为太子博士，著作有《周礼仪礼疏》，他发挥郑玄的学说，被称为广博，这书与孔颖达的《五经正义》同列为学官。

周礼废兴序

周公制礼之日，礼教兴行。后至幽王，礼仪纷乱，故孔子云诸侯专行征伐，十世希不失。郑注云："亦谓幽王之后也。"故晋侯赵简子见仪，皆谓之"礼"，孟僖子又不识其仪也。至于孔子更修而定之，时已不具，故《仪礼》注云："后世衰微，幽厉尤甚，礼乐之书，稍稍废弃。"孔子曰："吾自卫反于鲁，然后乐正，雅、颂各得其所。"谓当时在者而复重杂乱者也，恶能存其亡者乎？至孔子卒后，复更散乱。故《艺文志》云："昔仲尼没，微言绝，七十二弟子丧而大义乖。诸子之书，纷然散乱，至秦患之，乃燔灭文章，以愚黔首。"又云："礼经三百，威仪三千。及周之衰，诸侯将逾法度，恶其害己，灭去其籍，自孔子时而不具，至秦大坏。汉兴，至高堂生博士传十七篇。孝宣世，后仓最明礼，戴德、戴圣、庆普皆其弟子，三家立于学官。"

【译文】周公制定礼乐的时候，礼乐教化就实行了。后来到幽王的时候，礼乐混乱，因此孔子说"诸侯都擅自征伐，能够传十代还不灭国的就很少。"郑玄注也说这在幽王之后。因此，晋侯赵简子看到仪式时认为这是礼，孟僖子又不能够知晓仪式。这到孔子时修改订正，可见当时已经不全了。因此《仪礼》的注说："到了后代，更加衰微，尤其是在周幽王、周厉王时，关于礼乐的书籍，逐渐的废弃掉了。”孔子说：“我自从卫国返回鲁国以后，乐的错误处才得到订正，雅颂才恢复其本来面目。”当时尚在的就已经重复杂乱，又怎么能够保存那些要亡失的礼乐书籍呢？孔子死后，更加散乱，因此《汉书·艺文志》说：“孔子去世后，幽深的道理不在，孔子弟子去世后，关于六经的涵义错误纷纷。诸子的典籍，杂多混乱。到秦朝时厌恨这些，于是就烧毁书籍，来愚弄百姓。”又说：“关于礼的大项目有三百之多，小项目则有三千之多。周朝衰微的时候，诸侯就超越规定，讨厌它们不利于自己，就毁灭这些书籍，到孔子的时候，都不全了，到秦朝的时候残缺得更是严重。汉朝建立后，高堂生博士传授礼经十七篇，宣帝时期，后仓最通晓这些，戴德、戴胜、庆普都是他的弟子，这三家都列在学官。”

案《儒林传》：“汉兴，高堂生传《礼》十七篇，而鲁徐生善为容。孝文时，徐生以容为礼官大夫，而瑕丘萧奋以礼至淮阳太守。孟卿，东海人也，事萧奋，以授后仓。后仓说礼数万言，号曰《后氏曲台记》，授戴德、戴圣。”郑云“五传弟子”，则高堂生、萧奋、孟乡、后仓、戴德、戴圣，是为五也。此所传者，谓十七篇，即《仪礼》也。《周官》，孝武之时始出，秘而不传。《周礼》后出者，以其始皇特恶之故也。是以《马融传》云：“秦自孝公已下，用商君之法，其政酷烈，与《周官》相反。故始皇禁挟书，特疾恶，欲绝灭之，搜求焚烧之独悉，是以隐藏百年。孝武帝始除挟书之律，开献书之路，既出于山岩屋壁，复入于秘府，五家之儒莫得见焉。至孝成皇帝，达才通人刘向、子歆，校理秘书，始得列序，著于录略。然亡其《冬官》一篇，以《考工记》足之。时众儒并出共排，以为非是。唯歆独识，其年尚幼，务在广览博观，又多锐精于《春秋》。末年，乃知其周公致太平之迹，迹具在斯。奈遭天下仓卒，兵革并起，疾疫丧荒，弟子死丧。徒有里人河南缑氏杜子春尚在，永平初，年且九十，家于南山，能通其读，颇识其说，郑众、贾逵往受业焉。众、逵洪雅博闻，又以经书记转相证明为解，逵解行于世，众解不行。”兼揽二家为备，多所遗阙。然众时所解说，近得其实，独以《书序》言‘成王既黜殷命，还归在丰，作《周官》’，则此《周官》也，失之矣。逵以为六乡大夫，则冢宰以下及六遂，为十五万家，絙千里之地，甚谬焉。此比多多，吾甚闵之久矣。六乡之人，实居四同地，故云絙千里之地者，误矣。又六乡大夫，冢宰以下，所非者不著。又云“多多”者，如此解不著者多。

【译文】《汉书·儒林传》说：“汉代建立以后，高堂生传授礼经十七篇，而鲁国的徐生善于礼节形式。文帝时，徐生以此担任礼官大夫，瑕丘萧奋也因为懂礼官至淮阳太守。孟卿是东海人，学习于萧奋，后传授给了后仓。后仓解说礼经若干万言，称为《后氏曲太礼》，并传授于戴德和戴胜。”郑玄所说的五传，就是高堂生、萧奋、孟卿、后仓、戴德、戴圣这五人。这里所说传授的十七篇，就是《仪礼》。《周官》，汉武帝时才发现，但是秘而不传。《周礼》出现最晚，是由于秦始皇十分凶残的原故。因此《马融传》说：“从秦孝公以后，实行商鞅的主张，统治严酷，和《周官》所行主张相反。因此秦始皇禁止拥有书籍，特别厌恶它，想完全消除掉。于是将它搜集起来，全部烧掉了，因而隐藏了百年之久，武帝时期，开始废除拥有书籍的规定，要求献书。在山崖房屋的墙壁之中都有书发现，后又藏入秘府之中，以上五家儒者没有看到。成帝的时候，博学通达的刘向和儿子刘歆，整理秘藏的书籍时，开始为它写序，这才见于记载。但是《冬官》一篇已经亡失，于是用《考工记》补上。当时的儒士都排斥这一做法，以为不正确。只有刘歆独具卓识，他的年龄虽然还小，但追求广泛的阅读，对于《春秋》又多研究，晚年，知道周公治理天下太平的事迹，都记载这上面。无奈遇到天下战乱，疾病导致弟子多数已经死去，只有他同乡人河南缑氏的杜子春还在。永平年间，已经有九十岁了，住在南山，能够理解它，郑众、贾逵前往向他学习。郑众、贾逵博学广闻，又用各种经书、传记互相发明为它注解。贾逵的注解流传于世，其他的都不再流传。”兼具二家，也有所遗漏。郑众的解释，接近事实，只是在《书序》中说：成王灭掉商后，回到丰地，写了《周官》。将此作为《周官》，是不对的。贾逵认为的六乡大夫，冢宰以下到六遂，是十五万家，很不对。这一类错误实在很多，我感到惋惜已经很久了。六乡之人，冢宰以下，错误的不再记述，还有像解释“多多”的，像这样的很多的解释也不记述。

又云：“至六十，为武都守。郡小少事，乃述平生之志，著《易》、《尚书》、《诗》、《礼》传，皆讫。惟念前业未毕者唯《周官》，年六十有六，目瞑意倦，自力补之，谓之《周官传》也。”案《艺文志》云：“成帝时，以书颇散亡，使谒者陈农求遗书于天下。诏光禄大夫刘向校书。经传诸子诗赋。向辄条其篇目，撮其指意，录而奏之。会向卒，哀帝复使向子歆卒父业。歆于是总群书，奏其《七略》，故有《六艺》、《七略》之属。”歆之录，在于哀帝之时，不审马融何云“至孝成皇帝，命刘向、子歆考理秘书，始得列序，著于录略”者。成帝之时，盖刘向父子并被帝命，至向卒，哀帝命歆卒父所修者，故今文乖理则是也。故郑玄序云：“世祖以来，通人达士大中大夫郑少赣，名兴，及子大司农仲师，名众，故议郎卫次仲、侍中贾君景伯、南郡太守马季长，皆作《周礼解诂》。”又云：“玄窃观二三君子之文章，顾省竹帛之浮辞，其所变易，灼然如晦之见明，其所弥缝，奄然如合符复析，斯可谓雅达广揽者也。”然犹有参错，同事相违，则就其原文字之声类，考训诂，捃秘逸。谓二郑者，同宗之大儒，明理于典籍，觕识皇祖大经《周官》之义，存古字，发疑正读，亦信多善，徒寡且约，用不显传于世。今赞而辨之，庶成此家世所训也。

【译文】又说：“到六十岁时，担任五都守太，由于郡小，事情少，于是就记述平生的愿望，写有《易》、《尚书》、《诗》、《礼》传，都完成了，只是以前没有完成的只有《周官》一书。这时已经六十六岁，眼睛不清，精神疲倦，尽力补写完，就是《周官传》。”《汉书·艺文志》说："汉成帝时，由于书散失亡佚的很多，因此就派谒者陈农访求天下散亡的书籍，让光禄大夫刘向校对关于经传、诸子和诗赋的书籍。刘向就按篇目进行分类，将其大意汇集起来，著录成文，献给朝廷，恰遇上刘向去世，汉哀帝就命令刘向的儿子刘歆完成父亲的事业，刘歆于是汇集群书，编为《七略》奏上，因而有《六艺》、《七略》这些书。"刘歆的著录，在于哀帝时，不知马融为何说"到成帝时，命令刘向和儿子刘歆整理秘藏的书籍，开始为它写序，这才见于记载"这些话。成帝的时候，刘向父子都奉皇帝的命令，在刘向死后，哀帝命令刘歆完成父亲的事业，所以今文违背道理。因此，郑玄在序中说："自光武帝以来，博雅通达的大中大夫郑少赣，和儿子大司农仲师，先前议郎卫次仲、侍中贾景伯、南郡太守马季长，都写有《周礼解诂》。"译文：又说："我私自观看这些人的文章，省去了浮夸的文字，他们所更改的，就如黑暗见到了光明，他们所弥补的，就好像符节重新合在一起，可以说是博通雅信的人。虽然还有错误，对同一事有矛盾处，然而他按照文字的发音，考察它的注解，搜集秘密不传的涵义。郑玄，郑少赣，是同一宗族的大儒，理解典籍的内容，通晓《周官》的涵义，保留古字，纠正错误，切实可信，现在称赞辨别它，几乎成为家世所训了。

其名《周礼》为《尚书周官》者，周天子之官也。《书序》曰：'成王既黜殷命，灭淮夷，还归在丰，作《周官》。'是言盖失之矣。案：《尚书·盘庚》、《康诰》、《说命》、《泰誓》之属，三篇《序》皆云'某作若干篇'，今多者不过三千言。又《书》之所作，据时事为辞，君臣相诰命之语。作《周官》之时，周公又作《立政》，上下之别，正有一篇。《周礼》乃六篇，文异数万，终始辞句，非书之类，难以属之。时有若兹，焉得从诸？又云："斯道也，文武所以纲纪周国，君临天下，周公定之，致隆平龙凤之瑞。"然则《周礼》起于成帝刘歆，而成于郑玄，附离之者大半。故林孝存以为武帝知《周官》末世渎乱不验之书，故作《十论》、《七难》以排弃之。何休亦以为六国阴谋之书。唯有郑玄遍览群经，知《周礼》者乃周公致太平之迹，故能答林硕之论难，使《周礼》义得条通。故郑氏传曰，玄以为"括囊大典，网罗众家"，是以《周礼》大行，后王之法。《易》曰"神而化之，存乎其人"，此之谓也。

【译文】他将《周官》称为《尚书周官》，以为是周天子之官。在《尚书序》中说："成王周成王废止商朝的国运，灭亡淮夷以后，返回王都丰，写了《周官》。"这话并不正确。《尚书·盘庚》、《康诰》、《说命》、《泰誓》之属，三篇《序》都说："我写了若干篇"，现在多的也不过三千字。《尚书》的写作，根据事情而作，是君臣相互告诫的话。写作《周官》的时候。周公又写了《立政》，正有一篇。《周礼》共六篇，文字相差数万言，从始至终，并不是和《尚书》一类的，难以归在一起。时常有像这些的，怎能遵从呢？又说："这一道理，是周文王、武王规范国家，君临天下所用的，周公最后确定，致使社会大治，出现祥瑞。"

但是《周礼》出现在成帝时的刘歆，在郑玄手中完成，依托它的却有大半部分，林孝存以为武帝知道《周官》是末世混乱无法证实的书，所以作《十论》、《七难》排斥它。何休也认为它是战国时期关于阴谋的书。只有郑玄遍读群经，知道《周礼》体现的是周公致使天下太平的事迹，因此能够回答林硕的论难，使得《周礼》意思通畅。因而《郑玄传》说他包罗各家主张，因此《周礼》得到广泛流传，为后王效法。《易传》说的“神妙变化正在于人”就是这吧。

程颐

宋洛阳人，字正叔，世称伊川先生。为理学大儒，著《易传》。清《四库提要》谓程子不信邵子之数，故邵子以数言《易》，而程子则言理，一阐天道，一切人事。又著《春秋传》，未成而卒。有《经说》《文集》《语录》。

【译文】宋代洛阳（今属河南）人，字正叔，后世称他为伊川先生。是从事理学研究的大儒，著有《易传》。清代《四库提要》说程颐并不相信邵雍的术数之学，所以邵雍用数来研究《周易》，程颐则用天理来解释、阐述一切关于天道、人事的道理。还曾著《春秋传》，还没有完成就去世了。著作有《经说》《文集》《语录》等。

易传序

易，变易也，随时变易以从道也。其为书也，广大悉备，将以顺性命之理，通幽明之故，尽事物之情，而示开物成务之道也。圣人之忧患后世，可谓至矣。去古虽远，遗经尚存。然而前儒失意以传言，后学诵言而忘味。自秦而下，盖无传矣。予生千载之后，悼斯文之湮晦，将俾后人沿流而求源，此《传》所以作也。

【译文】易，变易的意思，随时变易以服从道的意思。它作为一部书，内容广博一切都包含，是要理顺人性与天命的道理，贯通看得见和看不见的事情之间的因果关系，穷尽万事万物的真实情况，而显示开通民众心志、成就天下事业的方法。圣人为后世操心，可以说极为周到了。现在离开古代虽然久远，圣人遗下的经典还在，但是先前的儒者不理解其本意，而只把其言论传下来，后来的学者只知道背诵这些言论而忘记其深长的意味，从秦朝以后，其本意大概就失传了。我出生在千年之后，为这些人文内容的湮没不彰而悲伤，要使后人溯流而上找到源头，这就是我写作《易传》的原因。

《易》有圣人之道四焉："以言者尚其辞，以动者尚其变，以制器者尚其象，以卜筮者尚其占。"吉凶消长之理，进退存亡之道，备于辞。推辞考卦，可以知变，象与占在其中矣。君子居则观其象而玩其辞，动则观其变而玩其占。得于辞，不达其意者有矣；未有不得于辞而能通其意者也。至微者理也，至著者象也。体用一源，显微无间。观会通以行其典礼，则辞无所不备。故善学者，求言必自近。易于近者，非知言者也。予所传者辞也，由辞以得其意，则在乎人焉。

【译文】《周易》具有圣人之道的四个方面：用它来发表言论的人重视它的卦爻辞，用它来指导行动的人重视它的卦变，用它来创制器物的人重视它的卦象，用它来预测吉凶的人重视它的占卜方法。吉与凶、消与长的道理，进与退、存与亡的原故，都具备在卦爻辞中，推敲卦爻辞和考察卦象，可以知道未来的变化，卦象与占卜方法就都包括在其中了。"君子平时则观察其卦象而玩味其卦爻辞，有所行动则观察其变化而推究其占卜方法"，找到了卦爻辞而不通晓本意的人是有的，但没有不找到卦爻辞而能通晓其本意的。最微妙的是道理，最显著的是卦象。体和用同出一源，显著与微妙没有不可逾越的界限，观察二者之间的相互会合和沟通之点以举行其典礼，则可知卦爻辞中无所不具备。所以善于学习的人，想要立言必须从浅近的地方开始，把浅近看得很容易做到的人，不是真正懂得立言的人。我所解释的是卦爻辞，由卦爻辞而探究到它的深意，则在于读者们的努力了。

春秋传序

天之生民，必有出类之才起而君长之。治之而争夺息，导之而生养遂，教之而伦理明。然后人道立，天道成，地道平。二帝而上，圣贤世出，随时有作。顺乎风气之宜，不先天以开人，各因时而立政。暨乎三王迭兴，三重既备，子、丑、寅之建立，忠质文之更尚，人道备矣，天运周矣。圣王既不复作，有天下者，虽欲仿古之迹，亦私意妄为而已。事之缪，秦至以建亥为正；道之悖，汉专以智力持世。岂复知先王之道也！

【译文】天之所以生出人类，必定会有出类拔萃的人起来做他们的君长，治理他们而使相互间的争夺停止，引导他们而使生息长养的事情顺遂，教育他们而使伦理道德明确，然后人道才能够确立，天道才能够完成，地道才能够均平。尧、舜二帝以前，圣贤代代出现，随时势的需要而有所创造，都是适应当时风气的需要，而不是在天时成熟之前去人为地开创，是各自顺应时势而建立政治措施。等到夏、商、周三代圣王更迭兴起，议定礼仪、制定法度、考订文献这三项措施已经完备，立子月、丑月、寅月为正月的不同历法，和崇尚忠、崇尚质、崇尚文的不同文化精神更迭产生，于是人道完备了，天运也得到普遍体现。圣王既然不再兴起了，拥有天下的人即使想模仿古代的遗迹，也不过是从私心出发胡作非为而已。以至事情的荒谬，秦代竟然立亥月为正月；正道的背叛，汉代竟依靠小聪明和权力去把持天下。哪里又能懂得什么先王之道呢？

夫子当周之末，以圣人不复作也，顺天应时之治不复有也，于是作《春秋》，为百王不易之大法。所谓考诸三王而不谬，建诸天地而不悖，质诸鬼神而无疑，百世以俟圣人而不惑者也。先儒之《传》："游、夏不能赞一辞。"辞不待赞者也，言不能与于斯耳。斯道也，惟颜子尝闻之矣。"行夏之时，乘殷之辂，服周之冕，乐则《韶》武，"此其准的也。后世以史视《春秋》，谓褒善贬恶而已，至于经世之大法，则不知也。《春秋》大义数十，其义虽大，炳如日星，乃易见也。惟其微辞隐义，时措从宜者为难知也。或抑或纵，或予或夺，或进或退，或微或显，而得乎义理之安。文质之中，宽猛之宜，是非之公乃制事之权衡，揆道之模范也。

【译文】孔夫子生当周代的末期，认为圣人不会再兴起，顺从天道适应时势的政治不会再有，于是写作了《春秋》，作为历代王者不可更改的根本法则。也就是《中庸》所谓"拿到三代圣王那里去考核不会指为谬误，树立在天地之间不会受到反对，拿到鬼神那里请教不会提出疑问，千年百世地等着圣人出来也不会表示困惑不解"的东西。据先儒的传说："子游、子夏都不能帮着孔子措一句辞"。其实措辞是不需要帮助的，这句话是说子游、子夏没有能力参与此事而已。《春秋》所表述的这个大道，只有颜子曾听孔子说过："实行夏代的历法，乘坐殷代的大车，佩戴周代的礼帽，音乐则采用《韶乐》和《武乐》。"这是它的目标。后代的人把《春秋》看作史书，说它只是褒扬善的贬斥恶的，至于它包含的治理天下的根本法则，就不知道了。《春秋》包含的重大义旨有几十个，它的义旨虽然重大，但明亮得像太阳星星，是容易见到的。只有其中一些含蓄的辞句和隐晦的义旨、因时而发以适应时宜的部分，是难懂的。有的贬抑有的宽纵，有的肯定有的否定，有的奖励有的排斥，有的含蓄有的明显，而都做到了义理的稳妥、文质的适中，宽严的合宜，是非的公正，是判断事物的尺度，衡量真理的标准。

夫观百物然后识化工之神，聚众材然后知作室之用。于一事一义，而欲窥圣人之用心，非上智不能也。故学《春秋》者，必优游涵泳，默识心通，然后能造其微也。后王知《春秋》之义，则虽德非禹、汤，尚可以法三代之治。自秦而下，其学不传。予悼夫圣人之志不明于后世也，故作《传》以明之，俾后之人通其文而求其义，得其意而法其用，则三代可复也。是《传》也，虽未能极圣人之蕴奥，庶几学者得其门而入矣。

【译文】观察了众多事物之后才能知道造化工夫的神妙，收集了许多种材料之后才能知道建造房屋要用哪些东西，想在一件事、一个义旨上去窥察圣人的用意，不是绝顶聪明不能办到。所以学习《春秋》的人，必须从容不迫地浸泡在其中，默默记住和用心领会，才能深入到它的最含蓄微妙的地方。后来的王者懂得了《春秋》的含义，则即使不像夏禹、商汤那样的道德高尚，也还能够效法三代的政治。自从秦代以后，《春秋》的学术不再流传，我为圣人的志向不能被后代的人理解而哀伤，所以写作《春秋传》以阐明它，使后来的人通晓其文字而求得其义旨，懂得其用意而体现其作用，三代的盛况就可以恢复。这部《春秋传》，虽然没有能够穷尽圣人蕴藏书中的深奥道理，大体上还能使学习者获得一个入门的途径。

朱熹

婺源人，字元晦。其学以主敬穷理为要，集性理儒学之大成。著述繁富，其《易本义》、《启蒙》、《诗集传》、《四书章句集注》，元明以来学者，皆笃守其说。而《四书章句集注》一种，尤为世所诵习，而视为学问之准绳，洵近古有数之巨儒也。

【译文】婺源（今属江西）人，字元晦。他的学问以主静、穷理为主要内容，是性理儒学的集大成者。著述非常多，其中《易本义》、《启蒙》、《诗集传》、《四书章句集注》等书从元明两代以来，被学者们所笃守。尤其是《四书章句集注》，被世人传诵，视为学问的标准，确实是近古以来屈指可数的伟大儒者。

大学章句序

《大学》之书，古之大学所以教人之法也。盖自天降生民，则既莫不与之以仁义礼智之性矣。然其气质之禀或不能齐，是以不能皆有以知其性之所有而全之也。一有聪明睿智能尽其性者，出于其间，则天必命之以为亿兆之君师，使之治而教之，以复其性。此伏羲、神农、黄帝、尧、舜所以继天立极，而司徒之职、典乐之官所由设也。

【译文】《大学》这部书，是古代大学用来教人的准则。自从上天创造了人类，同时也已赋予了仁、义、礼、智这四种德性。但人所禀受的气质，差参不齐，因此不能够都意识到自己固有的德性而保全它。一旦有聪明圣智能充分体现德性的人出现在他们中间，那么上天一定叫他做亿兆人的君王和导师，让他治理教育人们，以恢复他们的天性。这就是伏羲、神农、黄帝、尧、舜所以承受天命、登上帝位的原因。至于司徒、典乐等官职，也是由此而设置的。

三代之隆，其法寖备，然后王宫、国都以及闾巷，莫不有学。人生八岁，则自王公以下至于庶人之子弟，皆入小学，而教之以洒扫、应对、进退之节，礼乐、射御、书数之文。及其十有五年，则自天子之元子、众子，以至公、卿、大夫、元士之適子，与凡民之俊秀，皆入大学，而教之以穷理、正心、修己、治人之道。此又学校之教，大小之节所以分也。

【译文】在夏、商、周三代隆盛时期，法令制度，逐渐完备。此后，王宫国都以及里巷之中，都有学校。人到八岁，那么从王公以下，直到平民百姓的子弟，都要进小学，教他们洒扫庭院、接待宾客的礼节，和礼、乐、射、御、书、数的内容。到了十五岁，那么从帝王的长子、庶子，到公卿、大夫、元土的嫡子，及平民中间才智出众的人，都进大学，教他们穷尽事理、端正心思、自我修养，治理百姓的道理。这又是学校的教学，分大学、小学两个等级的原因。

夫以学校之设，其广如此；教人之术，其次第节目之详又如此；而其所以为教，则又皆本之人君躬行心得之馀，不待求之民生日用彝伦之外。是以当世之人无不学；其学焉者，无不有以知其性分之所固有、职分之所当为，而各俛焉以尽其力。此古昔盛时，所以治隆于上，俗美于下，而非后世之所能及也。

【译文】由于学校的设立，范围这样广大，教学的方法和次序项目，又是这样完备，所教的内容，都出自君王亲身实践后的心得，不用到人民日常生活和伦理道德之外去求取，因此当时的人没有不学习的；学习的人，都知道什么是他固有的德性，以及职务本分所应做的事，从而各自勤勉，竭力从事。这就是古代兴盛时期，所以能够上面政治昌明，下面风俗美好，后代不能企及的原因。

及周之衰，贤圣之君不作，学校之政不修，教化陵夷，风俗颓败。时则有若孔子之圣，而不得君师之位，以行其政教，于是独取先王之法，诵而传之，以诏后世。若《曲礼》、《少仪》、《内则》、《弟子职》诸篇，固小学之支流馀裔。而此篇者，则因小学之成功，以著大学之明法，外有以极其规模之大，而内有以尽其节目之详者也。三千之徒，盖莫不闻其说，而曾氏之传，独得其宗，于是作为传义，以发其意。及孟子没而其传泯焉，则其书虽存，而知者鲜矣！

【译文】到了周朝衰落，贤圣的君王不再产生，教育事业废而不办，教化衰落，风俗败坏。当时虽有象孔子那样的圣人，但没有君师的地位来推行政令教化，于是只能拿出先王的法制，讲习传授，以告诫后人。象《曲礼》、《少仪》、《内则》、《弟子职》各篇，原来都是从小学引申出来的学习项目。而这篇《大学》，则是在完成小学学业的基础上，进一步标举大学明确的准则。外表尽可能使规模宏大，内容尽可能使课程完备。孔子的三千个学生，都听过他的论说，而只有曾子所传授的，真正符合，他的本意，因此作了解说经义的文章，来阐发他的思想。到孟子去世后，这种传授，也就中断了，虽然这部书还在，但能理解的人已很少了。

俗儒记诵词章之习，其功倍于小学而无用；异端虚无寂灭之教，其高过于大学而无实；其他权谋术数，一切以就功名之说，与夫百家众技之流，所以惑世诬民、充塞仁义者，又纷然杂出乎其间。使其君子不幸而不得闻大道之要，其小人不幸而不得蒙至治之泽，晦盲否塞，反覆沉痼，以及五季之衰，而坏乱极矣！

【译文】从此之后，一些平庸的读书人，以背诵词章为学业，耗费比小学加倍的精力，但没有什么用处。而象佛、老那样的异端，鼓吹虚无寂灭的说教，论调比大学还要高远，但不切实际；其他权谋术数全力以取功名的说法，以及诸子百家、从事各种技艺的人，用来迷惑当世、欺骗人民、堵塞仁义道德的东西，又在其中乱糟糟地出现。使得君子不幸听不到大道的要义，小民不幸得不到完善政治的恩泽，昏暗闭塞，变幻无常，祸害日深，到了五代衰亡之际，社会的败坏骚乱已达到了极点。

天运循环，无往不复。宋德隆盛，治教休明。于是河南程氏两夫子出，而有以接乎孟氏之传，实始尊信此篇而表章之；既又为之次其简编，发其归趣，然后古者大学教人之法、圣经贤传之指，粲然复明于世。虽以熹之不敏，亦幸私淑而与有闻焉。顾其为书犹颇放失，是以忘其固陋，采而辑之，间亦窃附已意，补其阙略，以俟后之君子。极知僭逾，无所逃罪，然于国家化民成俗之意、学者修己治人之方，则未必无小补云。淳熙己酉二月甲子，新安朱熹序。

【译文】自然的气运，周而复始，往复回还。宋朝道德兴盛，政治教化美满，在那时候，河南程颢、程颐二先生出世。他们的学说，直接继承了孟子的传授，真正开始尊重信从《大学》这篇文章，并加以显扬。后来又替它排定章节次序，阐发文章宗旨，然后古代大学教人的准则，圣人经典、贤人注释的本意，才在世上重新显现。即使象我这样愚钝的人，也有幸以一个私淑弟子而听到一些。不过程氏的著作，还有不少疏漏之处，因此我不顾自己识见浅陋，采用他们的解说，加以重新编辑，在有些地方附上自己的看法，弥补他们的不足，以待后来君子进行评价。我很清楚这样做超越了身分，无法逃避罪过，但对于国家教化人民形成美好风俗的用意、学者自我修养治理百姓的方法，却未必没有小小的帮助。淳熙己酉二月甲子新安朱熹序。

《中庸章句》序

《中庸》何为而作也？子思子忧道之学失其传而作也。盖自上古圣神继天立极，而道统之传有自来矣。其见于经，则“允执厥中”者，尧之所以授舜也；“人心惟危，道心惟微，惟精惟一，允执厥中”者，舜之所以授禹也。尧之一言，至矣，尽矣！而舜复益之以三言者，则所以明夫尧之一言，必如是而后可庶几也。盖尝论之：心之虚灵知觉，一而已矣，而以为有人心、道心之异者，则以其或生于形气之私，或原于性命之正，而所以为知觉者不同，是以或危殆而不安，或微妙而难见耳。然人莫不有是形，故虽上智不能无人心，亦莫不有是性，故虽下愚不能无道心。二者杂于方寸之间，而不知所以治之，则危者愈危，微者愈微，而天理之公卒无以胜夫人欲之私矣。精则察夫二者之间而不杂也，一则守其本心之正而不离也。从事于斯，无少间断，必使道心常为一身之主，而人心每听命焉，则危者安、微者著，而动静云为自无过不及之差矣。

【译文】子思先生为什么要撰写《中庸》呢？他是因为担心道学因历时久远失其真传而撰写的。原来从上古圣人、神人开始，他们继承天命，开创皇极，而道统的传授就发源于此了。中庸在经书中出现，那就是《论语·尧目篇》中引用《尚书》中的“允执厥中”这句话。这是尧用来传授给舜的。舜又拿“人心惟危，道心惟微，惟精惟一，允执厥中”这四句话传授给了禹。尧的一句话已经把中庸的精神内涵概括无余了，而舜又增加了三句话，这是为什么呢？原来是用来阐明尧的一句话，必须要这样，才差不多把中庸之道阐释得很完整了。我曾经对“中庸”进行了论述：心的本体和心的美德，这两者实质上就是一回事。那些认为有人心和道心的差异的人，这是因为他们认为，中庸可能形成于形、气的私，有些人认为中庸本原于性命的正，因此形成的存在于内心的德性不同，所以有人认为中庸之道危险而不能让人得到安宁，而有人认为它精深微妙而难以见到。但是人都是有形体的，所以，即使是具有上等智慧的人，也不能没有人心，也不能没有这样的天性。同样的道理，即使是那些具有下等智慧的愚蠢人，也不能没有道心。人心和道心，交杂存在于人们的内心，但如果不能将二者处理好，那就会导致已经危险的会更加危险，已经微暗的更加微暗，这样的话，即使是天理的公，也不能战胜人欲的私了。仔细审察人心和道心，使它们之间不互相交杂，乃是专一守住自己的本心而不让它离开。从事于修道心，从来没有丝毫的间断，必定可以使得道心常常成为一身的主宰，这样的话，人心就能够常常听从道心的指挥和制约。如果人们能够这样做，就可以使得处于危险的境况自然安宁下来，处于微暗的境况自然变得明显了，动静都能够符合节度，就没有过和不及的差异了。

夫尧、舜、禹，天下之大圣也。以天下相传，天下之大事也。以天下之大圣，行天下之大事，而其授受之际，丁宁告戒，不过如此。则天下之理，岂有以加于此哉？自是以来，圣圣相承：若成汤、文、武之为君。皋陶、伊、傅，周、召之为臣，既皆以此而接夫道统之传，若吾夫子，则虽不得其位，而所以继往圣、开来学，其功反有贤于尧舜者。然当是时，见而知之者，惟颜氏、曾氏之传得其宗。及曾氏之再传，而复得夫子之孙子思，则去圣远而异端起矣。子思惧夫愈久而愈失其真也，于是推本尧舜以来相传之意，质以平日所闻父师之言，更互演绎，作为此书，以诏后之学者。

【译文】尧、舜、禹三帝是天下的大圣人。他们拿天下来互相禅让，这是天下的大事啊！以天下的大圣人来实行传授天下的大事，当他们之间进行传授和接受的时候，彼此都叮咛告诫的不过是“允执厥中”的中庸道理而已，可见中庸之道可以说是最高的道理了。试问天下的所有道理，有哪一个道理能够超过中庸之道呢？自从尧、舜、禹三帝以来，圣人与圣人之间互相承袭，譬如商汤、周文王、周武王做君主，皋陶、伊尹、傅说、周公、召公做他们的臣子，都是用“允执厥中”的中庸之道来接受和继承道统的流传。像我们的先生孔夫子，他虽然没有得到天子那样的尊贵地位，但是他能够从中庸之道出发，继承圣人之说，开启后学之先，他所取得的功业反而比尧、舜还要伟大。然而，在当时能够亲眼所见，亲身感受到的人，就只有颜回、曾参这样的人，能够传承他老人家的正宗。等到曾子的再传弟子，又到孔夫子的孙子子思，这时候，就已经离开圣人的道统较远了，那些异端邪说开始兴盛起来了。子思深恐时间愈久，离开道统愈远，于是追源于尧、舜以来互相传授的本意，再用平时所听到记住的父辈、师长的言论来加以印证，互相推理，最终撰写成为了《中庸》一书，用来教诲后来的学者。

盖其忧之深也，故其言之也切；其虑之也远，故其说之也详。其曰“天命率性”，则道心之谓也；其曰“择善固执”，则精一之谓也，其曰“君子时中”，则执中之谓也。世之相后，千有余年，而其言之不异，如合符节。历选前圣之书，所以提挈纲维、开示蕴奥，未有若是其明且尽者也。自是而又再传以得孟氏，为能推明是书，以承先圣之统，及其没而遂失其传焉。则吾道之所寄，不越乎言语文字之间，而异端之说日新月盛，以至于老佛之徒出，则弥近理而大乱真矣。然而尚幸此书之不泯，故程夫子兄弟者出，得有所考，以续夫千载不传之绪；得有所据，以斥夫二家似是之非。盖子思之功，于是为大，而微程夫子，则亦莫能因其语而得其心也。惜乎！其所以为说者不传，而凡石氏之所辑录，仅出于其门人之所记，是以大义虽明，而微言未析。至其门人所自为说，则虽颇详尽，而多所发明，然倍其师说而淫于老佛者，亦有之矣。

【译文】因为子思先生担心中庸之道失真的忧虑很深，所以他的话就特别的恳切；他的思虑更加深远，所以他说的话特别详尽。他说“天命率性”，就是所谓的道心；他说“择善固执”，就是所谓求善精一；他说“君子时中”，就是所谓的无过无不及而用其中。从此以后的一千多年间，他的话都没有发生变异，好像符合凭证、信物等符节一样。选择历代圣贤的著作，能够做到提纲挈领，开启阐发所蕴涵着的深奥道理的，再没有比《中庸》做得更详尽的了。从此以后，这本著作由子思传到了孟子，孟子又把中庸之道加以推广阐明，以使得先圣的道统得以流传。等到孟子死后，中庸的道统便失传了。那么，我们道学的理论寄托，就不能超越《中庸》一书的语言文字之间了。可是，时至今日，各种异端邪说，日新月盛，一天比一天发展得壮大，甚至于有些道教、佛教的人出来用那些似是而非的言论，大大干扰了中庸之道的正统而使其失真。然而，值得庆幸的是，《中庸》这部书并没有泯灭。所以，程颐兄弟两个人站出来，对这部书进行了详细考证，用来承续已经有千年不传的道统；他们有这本书作为依据，来驳斥道、佛两家似是而非的谬论。由此回想起来，子思先生对于传承道统的功劳是多么的巨大。而程颐兄弟两个，也还不能够按照子思先生的话进而掌握他的精神实质。尤为可惜的是，这两位先生所阐发中庸的论说也没有能够流传下来，虽然有石先生辑录的《中庸集解》，那也仅仅是出于他的学生们的记录。所以，中庸之道的大义虽然非常明确，可是对于细节的探讨还没有达到条分缕析的程度。至于，程颐兄弟两个的学生也各自确立了自己的学说，虽然也有很多比较详尽的阐述和很多的创见，然而，其中违背他们的老师的理论而倾向于道家和佛家的说教，也是有的。

熹自蚤岁即尝受读而窃疑之，沈潜反复，盖亦有年，一旦恍然似有以得其要领者，然后乃敢会众说而折其中，既为定为著《章句》一篇，以俟后之君子。而一二同志复取石氏书，删其繁乱，名以《辑略》，且记所尝论辩取舍之意，别为《或问》，以附其后。然后此书之旨，支分节解、脉络贯通、详略相因、巨细毕举，而凡诸说之同异得失，亦得以曲畅旁通，而各极其趣。虽于道统之传，不敢妄议，然初学之士，或有取焉，则亦庶乎升高行远之一助云尔。淳熙己酉春三月戊申，新安朱熹序。

【译文】我早年就曾经诵读过《中庸》，然而私下里有很多疑惑，对此进行反复地深沉思考，也已经有好多年了。突然有一天，好像得到了它的要领，于是才敢汇集大家的说法而加以分析折中，终于写成《中庸章句》一书，期待后来的学者君子给予修正。除此以外，我又邀集了几个志同道合的朋友，删除了石先生所编辑的《中庸集解》一书中烦琐杂乱的地方，然后定名《中庸辑略》，而且又把记录的平时曾经辩论取舍的内容，别为《或问》一书，将他们附在《中庸章句》的后面。这样，《中庸》这部书的要旨，剖析义理，详尽中肯，脉络贯通，详略得当，大小道理就全包括在里面了。同时，所有各种说法的相同相异，所得所失，也能够婉曲流畅，触类旁通，而各尽它的旨趣了。虽然我不敢对于道统的流传妄加议论，但《中庸章句》这本书对于初学的人大概还是有一些帮助的吧？那也差不多相当于给即将登高远行的人增添一点力量罢了。南宋孝宗淳熙己酉(1189)春三月戊申(十八日)，新安朱熹序。

诗集传序

或有问于予曰："诗何予而作也？"予应之曰："'人生而静，天之性也；感于物而动，性之欲也。'夫既有欲矣，则不能无思；既有思矣，则不能无言；既有言矣，则言之所不能尽，而发于咨嗟咏叹之余者，必有自然之音响节族而不能已焉。此诗之所以作也。"

【译文】有人问我说："诗歌是为什么而创作的呢？"我回答他说："人生来是爱静的，这是自然的本性，被外界事物所感触而有所冲动，是人性中的各种欲望所致。"既然有欲望了，就不能没有思考；既然有思考了，就不能没有言语；既然有了言语了，那么言语所不能表达彻底而从感叹嘘欷之余表现出来的意思，必然会有自然的音响、节奏出现，以帮助表达，而且不能停止。这就是诗歌之所以创作的原因。

曰："然则其所以教者，何也？"曰："诗者，人心之感物而形于言之余也。心之所感有邪正，故言之所形有是非。惟圣人在上，则其所感者无不正，而其言皆足以为教。其或感之之杂而所发不能无可择者，则上之人必思所以自反，而因有以劝惩之，是亦所以为教也。昔周盛时，上自郊庙朝廷，而下达于乡党闾巷，其言粹然无不出于正者。圣人固已协之声律，而用之乡人，用之邦国，以化天下。至于列国之诗，则天子巡守，亦必陈而观之，以行黜陟之典。降自昭、穆而后，寖以陵夷，至于东迁，而遂废不讲矣。孔子生于其时，既不得位，无以行劝惩黜陟之政，于是特举其籍而讨论之，去其重复，正其纷乱；而其善之不足以为法，恶之不足以为戒者，则亦刊而去之；以从简约，示久远，使夫学者即是而有以考其得失，善者师之，而恶者改焉。是以其政虽不足以行于一时，而其教实被于万世，是则诗之所以为教者然也。"

【译文】又问："那么它产生教化作用的原因，是什么呢？"回答说："诗歌，是人心被外界事物所感动而言语又不能完全表达之时出现的。人心所感觉的有邪恶的和正义的，所以言语表现出来时有对的和不对的。只有圣人在上，那么他感觉的没有不正确的而他的言语都足以用来进行教化。他有时感觉驳杂，而所表现出来时不能没有值得选择的，那么在上位的人必定要思考怎样自我反省，凭借它来劝勉惩戒他人，这也是进行教化的做法。以前周代强盛时，上从宗庙朝廷，下到乡里街巷，言语纯洁的都是正派的人。圣人本来已经把它配上音律，使它在乡人中间使用，在国家大典中使用，以此来教化天下。至于各国的诗歌，那么天子巡行视查时，各国把自己的诗歌摆出来，让天子知道诗歌的内容，以执行进退人材的制度。从周昭王、周穆王以后，国势逐渐衰微。到了周平王东迁时，便废弃不讲了。孔子生活在那个时代，既然没有得到官位，没有办法实行帝王劝勉、惩戒、贬斥、提拔的政策，只能提出那书籍(《诗经》)来讨论，去掉那些重复的，纠正那些纷繁错乱的；那些内容好却不足以作为法则、内容不好又不足以作为鉴戒的，也将它删掉不要，以求简约，给后世的人看，使那些学者就这本书籍而能考察出政治的得失，是好的便效法，是坏的便改正。因此他的政策虽然不足以实行于一时，而他的诗教实际上作用于万代，这就是诗歌之所以产生教化作用的原因。

曰："然则国风、雅、颂之体，其不同若是，何也？"曰："吾闻之，凡诗之所谓风者，多出于里巷歌谣之作。所谓男女相与咏歌，各言其情者也。惟《周南》、《召南》亲被文王之化以成德，而人皆有以得其性情之正，故其发于言者，乐而不过于淫，哀而不及于伤，是以二篇独为风诗之正经。自《邶》而下，则其国之治乱不同，人之贤否亦异，其所感而发者有邪正是非之不齐，而所谓先王之风者，于此焉变矣。若夫雅、颂之篇，则皆成周之世，朝廷郊庙乐歌之辞：其说和而庄，其义宽而密；其作者往往圣人之徒，固所以为万世法程而不可易者也。至于雅之变者，亦皆一时贤人君子，闵时病俗之所为，而圣人取之。其忠厚恻怛之心，陈善闭邪之意，尤非后世能言之士所能及之。此《诗》之为经，所以人事浃于下，天道备于上，而无一理之不具也。"

【译文】又问："那么国风、雅、颂的体制，是那样的不相同，是什么原因呢？"回答说："我听说，大凡诗歌里所说的风，多半出于乡里街巷的歌谣。所谓男女相互吟咏歌唱，道出了各自的感情。只有《周南》、《召南》直接接受了文王的教化来成就德行，人们都因此获得了他们纯正的性情，所以他们表现在言语上的，快乐而不至于过份，悲哀而不至于伤神，因而只有这二篇成为'国风的正诗。从《邶》以下，则因为那些国家的治乱情况不同，人们的贤能和不肖也有区别，他们所感触而表现出来的，有邪与正、是与非的不一样，所谓先王的风诗，在这里也发生变化了。至于雅、颂里的诗篇，则都是成王、周公当政的时期，在朝廷、祖庙里演奏的乐歌之词：它的语言平和而庄重，它的意义宽广而缜密；它的作者常常是圣人一类的人，这就是本来可以作为万代的法则而不能改变的原因。至于雅中的变雅，也都是一时的贤人君子，忧虑时俗所写作的，圣人选取了它。他们那忠厚害怕的心情，宣扬良善、铲除邪恶的意思，尤其不是后代的能言之人所能赶得上的。这就是《诗》之所以成为经典、之所以下谐人事，上备天道、之所以无所不具的原因。

曰："然则其学之也，当奈何？"曰："本之二《南》以求其端，参之列国以尽其变，正之于雅以大其规，和之于颂以要其止，此学诗之大旨也。于是乎章句以纲之，训诂以纪之，讽咏以昌之，涵濡以体之。察之性情隐微之间，审之言行枢机之始，则修身及家，平均天下之道，其亦不待他求，而得之于此矣。

【译文】又问："那么应该怎么学习它呢？"回答说："以二《南》为根本来探索《诗经》的要领；参看其它各国的风诗来彻底弄清楚风诗的变化；通过雅诗来考正政治上的得失，特别重视它的规谏；通过颂声求其和谐而要求有所节制。这是学习《诗经》的基本要求。在这种情况下通过章句来总括它的要旨，通过解释文字来识别它的意义，通过讽诵吟咏来叹赏它的精妙，通过仔细玩味来体会它的优美。在情性的隐幽细微之间考察它的邪与正，在言行的动机上加以审察来分辨它的是与非，那么修炼自身及其家庭、平治天下的准则，也就不必在别的地方寻求、在这里就可以获得了。"

问者唯唯而退。余时方辑《诗传》，因悉次是语，以冠其篇云。淳熙四年丁酉冬十月戊子，新安朱熹书。

【译文】询问的人连连说是而退下去了。我这时正在编辑《诗传》，因而整理好这些话把它放在篇首。淳熙四年丁酉冬十月戊子，新安人朱熹撰写。

蔡沈

建阳人，字仲默，父元定，师朱熹，皆当时大儒。沈承二人未竟之志，作《书集传》。与程颐《易传》、朱熹《易本义》、《诗集传》、胡安国《春秋传》及元陈澔《礼记集说》并为元明以来功令所用之五经注本，大抵宋元人注经，多参性理之说，以反求本心为要，虽不废汉唐人之注疏，而于名物训诂之事用力较浅，其间不免稍有疏舛，然其说理明白，切近人事，颇得圣人为教之旨，裨益于后学者，亦不少焉。

【译文】建阳人，字仲默，父亲是元定，学于朱熹，都是当时的大儒。沈继承父亲和老师没有完成的志向，写了《书集传》这本书。这书与程颐《易传》、朱熹《易本义》、《诗集传》、胡安国《春秋传》以及元代陈澔《礼记集说》共同列为元明以来用力较大的关于五经的注本。大概宋元人注释经典，较多地参杂关于义理的解释，将反求本心作为重点，虽然没有废弃汉唐人的注疏，然而对于名物训诂这方面下的功夫较少，这其中不免有些疏漏和错误，但他们叙说道理清楚明白，贴近于人事，能够理解到圣人教化的本意，对于后学者的帮助，也有不少。

书集传序

庆元己未冬，先生文公令沈作《书集传》，明年先生殁。又十年始克成编，总若干万言。呜呼！《书》岂易言哉！二帝三王治天下之大经大法，皆载此书，而浅见薄识，岂足以尽发蕴奥？且生于数千载之下，而欲讲明于数千载之前，亦已难矣。然二帝三王之治本于道，二帝三王之道本于心，得其心，则道与治固可得而言矣。何者？“精一执中”，尧舜禹相授之心法也；“建中建极”，商汤周武相传之心法也。曰德，曰仁，曰敬，曰诚，言虽殊而理则一，无非所以明此心之妙也。

【译文】庆元己未年冬天，我的老师文公让我作《书集传》，第二年先生就去世了。又经过十年才完成这书，一共有若干万字。哎！《尚书》不是很容易就能说清的啊！古时的二帝三王治理天下的重要原则，都记载在这本书里面。见识浅薄，又怎能完全通晓其中深奥的道理呢？况且出生在数千年后，而想要将数千年前的事讲的明白，也是很难的。但是二帝三王治理的根本在于道，道的根本在于有会于心。有会于心，那么道和至治才能实现。为什么呢？坚持中道、精粹的方法，是尧舜禹递相传授的心法。确立中道和根本原则，这是商汤和周武王递相传授的心法。这些内容就是德行、仁义、敬爱和诚信。虽然说法不同，道理则是相同的，都是要明白心得精妙处。

至于言天，则严其心之所自出；言民，则谨其心之所由施。礼乐教化，心之发也；典章文物，心之著也；家齐国治而天下平，心之推也。心之德其盛矣乎！二帝三王，存此心者也；夏桀商受，亡此心者也；太甲成王，困而存此心者也。存则治，亡则乱，治乱之分，顾其心之存不存如何耳。后世人主，有志于二帝三王之治，不可不求其道，有志于二帝三王之道，不可不求其心，求心之要，舍是书何以哉？沈自受读以来，沉潜其义，参考众说，融会贯通，乃敢折衷。微辞奥旨，多述旧闻。

【译文】至于说到天，则要严肃认识这是人心所产生之处；说到人民，则是谨慎地实行人的思想的。礼乐和教化，都是人心所产生的，各种典章制度，都是人心所表现的。家庭管理得好，而后国家天下都治理得好，这是推及人心的结果。人心的美德很大啊！二帝三王就是保有这些心的人，夏桀和商纣王则是丧失这一心的人。太甲和周成王则是在困惑后保存这一心的人。保有此心，就会治理的好，丧失此心，就会混乱，治理好坏的区别只在于此心保有与否。后世的帝王，凡是向往二帝三王时的治理，不可不追求其中的道理，有向往二帝三王的大道的，不可不追寻他们的内心。追寻内心的关键，除此书之外还有什么呢？我自从研读这本书以来，反复思索其中的奥义，参考各种说法，融会贯通以后，才敢有所断定，对于这深奥的涵义，多数是延续以往的看法。

二典禹谟，先生盖尝是正，手泽尚新，呜呼惜哉！《集传》本先生所命，故凡引用师说，不复识别。四代之《书》，分为六卷。文以时异，治以道同，圣人之心见于《书》，犹化工之妙著于物，非精深不能识也。是《传》也，于尧舜禹汤文武周公之心，虽未必能造其微；于尧舜禹汤文武周公之书，因是训诂亦可得其指意之大略矣。

嘉定己巳三月既望武夷蔡沈序

【译文】二典三谟这些篇章，先生曾亲自订正，遗物还是新的。惋惜啊！《集传》是先生所要求我作的，因此凡是引用老师的观点，不再标示。记载虞夏商周四代的《尚书》，共分为六卷。文字虽然因时代而不同，但是治理的道理却是一样的，圣人的思想在《尚书》中得到了体现，就好比造化的精妙表现在万物上，做不到精深就不能理解这些。这本书，对于尧舜禹汤文武周公的思想，虽然不能理解到精妙处，但对于尧舜禹汤文武周公的著述，由于我的训诂可以理解到它大概意思。

钱大昕

清嘉定人，字晓征，号辛楣，又号竹汀，博通经史小学，乾隆进士，官至少詹事，卒年七十七。著有《经典文字考》、《廿二十二史考异》、《元史·艺文志》、《疑年录》、《十驾斋养新录》、《元诗纪事》、《潜研堂诗文集》等种。自元明以来，学者多避难就易，空谈性理而不征故实，遂令经传荒疏，学术窳陋。清儒惩其流弊，故提倡汉学，以实事求是，无征不信为主。其最著名大师则为顾炎武、阎若璩、江永、惠栋、戴震、段玉裁、阮元、王念孙、王引之及大昕诸君，或创言旨趣，或开示方法，或辨别真伪，或考订讹误，先后特起，俱为一时学者所宗仰。其群徒之盛，著述之富，略具于江藩之《国朝汉学师承记》中，此清代学风一变而至于古之梗概也。

【译文】清嘉定人，字晓征，号辛楣，又号竹汀。他博通经学史学和小学，是乾隆年间的进士，官职最高为少詹事，七十七岁时去世。著作有《经典文字考》、《廿二十考异》、《元史·艺文志》、《疑年录》、《十驾斋养新录》、《元诗纪事》、《潜研堂诗文集》等。从元朝、明朝以来，学者多数都避难就易，空谈性理却不考察实事，于是导致经传解释疏浅，学术孤陋。清代的儒者为了挽救这种弊端，因而提倡汉学，主张实事求是，认为没有证据就不能确信。其中著名的大师有顾炎武、阎若璩、江永、惠栋、戴震、段玉裁、阮元、王念孙、王引之和钱大昕这些人，他们有的提出新的主张，有的开示出了新的方法，有的辨明真假，有的考订错误，都为当时学者所崇尚和敬仰。他们这些人门徒众多，著述丰富，在江藩的《国朝汉学师承记》中有简略的记载，这就是清代的学风变化而达到古时的大致情况。

经籍纂诂序

有文字而后有诂训，有诂训而后有义理。诂训者，义理之所由出，非别有义理出乎诂训之外者也。《诗·烝民》之篇曰："天生烝民，有物有则。民之秉彝，好是懿德。"宣尼赞为知道之言。而其诗述仲山甫之德，本于古训是式。古训者，诂训也。诂训之不忘，乃能全乎民秉之彝。诂训之于人大矣哉。昔唐虞典谟，首称稽古。姬公《尔雅》，诂训具备。孔子大圣，自谓好古敏以求之，又云信而好古，而深恶夫不知而作者。由是删定六经，归于雅言，文也，而道即存焉。汉儒说经，遵守家法，诂训传笺，不失先民之旨。自晋代尚空虚，宋贤喜顿悟，笑问学为支离，弃注疏为糟粕。谈经之家，师心自用，乃以俚俗之言，诠说经典，若欧阳永叔解"吉士诱之"为挑诱，后儒遂有诋《召南》为淫奔而删之者。古训之不讲，其贻害于圣经甚矣。

【译文】先有文字，其后才有对文字的解释，有了对文字的解释后才有关于义理的展开。义理是从训诂中所出的，并不是另有义理出于训诂之外的。《诗·烝民》篇说："上天出生万民，有事物就有道理。百姓秉持这种常德，喜爱美好的德行。"孔子称赞这是了解道理的话。这首诗记述了仲山甫的美德，则是依据古训作为方法的。古训就是解释文字的意思。不忘掉古训，才能保全百姓秉有的道理。训诂，对于人的作用很大啊！过去唐虞时代的书籍，开头先说的就是要考察古代。姬公的《尔雅》，包全了对文字的解释。孔子是大圣人，说自己喜好古代，并努力追求，又说喜好古代并相信它，而深深厌恶那些不知道而写作的，由此删定六经，使之变得通用，语言变得雅驯，大道也就存于其中。汉代的儒者讲经，遵守家法，解说文字含义，不失先前的本意。晋代崇尚空虚，宋代时贤喜好顿悟，讥笑知识之学支离破碎，废弃注疏，视之为糟粕。解说经典的，好自以为是，于是用俚语俗言解释经典，就想欧阳修解释"吉士诱之"为挑诱一样，后儒有诋毁《召南》为淫乱的诗从而将其删掉。古时的训诂不再讲求，对于经典的贻害很大。

我国家崇尚实学，儒教振兴，一洗明季空疏之陋。今少司农仪征阮公以懿文硕学受知九重，敭历八座，累主文衡，首以经术为多士倡，谓治经必通训诂。而载籍极博，未有会最成一编者。往岁休宁戴东原在书局，实创此议。大兴朱竹君督学安徽，有志未果。公在馆阁，日与阳湖孙季逑、大兴朱少白、桐城马鲁陈，相约分纂，钞撮群经，未及半而中辍。乃于视学两浙之暇，手定凡例，即字而审其义，依韵而类其字，有本训有转训，次叙布列，若网在纲。择浙士之秀者若干人，分门编录以教授。归安丁小雅董其事，又延武进臧在东专司校勘，书成凡百有十六卷。

【译文】现在国家崇尚实学，儒学得到振兴，从而以改明代学术空疏的弊端。现在少司农仪征阮元以渊博的学问受到朝廷知遇，历经高官，多次主持考试。他首先提倡经术，以为治经必先精通训诂。但是由于书籍极多，没有能够汇编在一起。往年休宁的戴震在书局，首先有此建议。大兴朱竹督学安徽时候，也有志于此，但最终没有能够实行。

阮公在馆阁时，和阳湖孙季逑、大兴朱少白、桐城马鲁陈约定，分类编纂群经，没有实行一半就停止了。在巡视两浙的闲暇时间，亲自确定规范，按照字考察它的意，依照韵将字归类，有原本的意思也有引申意思，次序竟然，有条不紊。选取两浙地区优秀者若干人，按照门类进行编录。归安丁小雅主持此事，又聘请武进臧在东专门校勘，书成以后，共有一百一十六卷。

公既任满赴阙，将刊梨枣，嘉惠来学，以予粗习雅故，贻书令序其缘起。夫六经，定于至圣。舍经则无以为学，学道要于好古，蔑古则无以见道。此书出而穷经之彦，焯然有所遵循；乡壁虚造之辈，不得胜其说以衒世。学术正而士习端，其必由是矣，小学云乎哉。

【译文】现在阮公任期即满，要到朝廷去，就将此刊刻印刷，嘉惠于将来的学者。因为我略有文化，写信让我叙说起因。六经，是圣人确定的。舍弃经典就没有学问可言，学习大道的关键在于好古，没有古就无法知晓大道。这本书一旦行于世，那些穷经的俊杰，就会有所遵循；那些毫无根据，凭空捏造的人，就不能够在世上炫耀了。学术端正，必然会由于小学。

段玉裁

金坛人，字若膺，一字懋堂，清乾隆举人，官巫山知县，引疾归，卒年八十一。玉裁师事休宁戴震，讲求古意，尤精小学，著有《说文解字注》、《六书音韵表》、《周礼汉读考》、《仪礼汉读考》、《古文尚书选异》、《毛诗训诂传》、《经韵楼集》等。

【译文】金坛人，字若膺，另一字懋堂，清乾隆年举人，做巫山县知县时，托病辞官归乡，年八十一时去世。段玉裁拜休宁戴震为师。他学问追求古代的涵义，尤其精通小学，著有《说文解字注》、《六书音韵表》、《周礼汉读考》、《仪礼汉读考》、《古文尚书选异》、《毛诗训诂传》、《经韵楼集》等。

与诸同志论校书之难书

校书之难，非照本改字不讹不漏之难也，定其是非之难。是非有二：曰，底本之是非；曰，立说之是非。必先定其底本之是非，而后可断其立说之是非。二者不分轇轕，如治丝而棼；如算之淆其法实而瞀乱，乃至不可理。何谓底本？著书者之稿本是也；何谓立说？著书者所言之义理是也。

【译文】校对书籍困难之处，不在于依照原本底稿改字使没有错误遗漏这些困难，而在于断定是非这些困难。是非有两方面，一是底本的是非，另一是立说的是非。一定先要断定底本的是非，然后才可断定立说的是非。这两方面纠缠不清，就像指理丝不找头绪，会越理越乱；也好比将混乱计算的方法，以致乱得不可收拾。底本指什么呢？就是作者的原稿。立说指什么？就是作者所要表达的意思。

《周礼·轮人》："望而视其轮，欲其幎尔而下迤也。"自唐石经以下，各本皆作："下迤。"唐贾氏作："不迤。"故疏曰："不迤者，谓辐上至毂，两两相当，正直不旁迤。故曰：不迤也。"文理甚明。今各本疏文皆作："下迤。"其语绝无文理，则非贾氏之底本矣。此由宋人以疏合经注者，改疏之"不"字，合经之"下"字。所仍之经，非贾氏之经本也。然则经本有二，下者是与？不者是与？曰：下者是也。"望而视其轮"，谓视其已成轮之牙，轮圜甚，牙皆向下迤邪。非谓"辐与毂正直，两两相当。"经下文："悬之以视其辐之直"，自谓辐。"规之以视其圜"，自谓牙。轮之圜在牙。上文"毂、辐、牙"为三材，此言轮、辐、毂，轮即牙也。然则唐石经及各本经作"下"，是；贾氏本作"不"，非也，而义理之是非定矣。倘有浅人校《疏》文"下迤"之误改为"不迤"，因以《疏》文之"不迤"改经文之"下迤"，则贾《疏》之底本得矣，而义理乃大乖也。

【译文】《周礼·轮人》："远看车的外周，均匀而不弯曲。"唐代石经以后，各本都做"下迤"。唐代贾公彦作"不迤"，因而在《周礼义疏》中说："不迤意思是说，从车辐到车毂，彼此相对，因而说不偏斜弯曲。"这意思很清楚，现今的各疏的文字都为"下迤"，意思不通，可知现今的文字与贾疏的原本不同。这是由于宋代的人是把以前单行的注和疏合在一起，把贾疏的"不"字按照经文改为"下"字，照此看，宋人所依据的《周礼》文字并不是贾公彦看到的原本。可见《周礼》的原本有两种，那么到底作"下"正确呢，还是作"不"正确呢？应该是作"下"正确。"望而视其轮"，是说看到已经成为车轮的外围，车轮很圆，外周就向下斜，不是说车辐和车毂不弯曲偏斜，彼此相对。《周礼·轮人》所说的"用绳来测试上下辐是否在同一直线上"，说的就是辐，"用圆规来测量看是否圆"，说的就是车牙（车的外围）。车轮是否圆在于它的外围，上文说"毂、辐、牙"为三材，这里说轮、辐、毂，轮就是指车牙。唐石经和各本经都作"下"，这是正确的；贾本作"不"，是错误的。这样关于义理的是非就断定了。倘若有浅薄者按照贾疏中将"下迤"误为"不迤"的做法，而将经文改为"不迤"，虽然合于贾疏的底本，但是大大的违背义理。

《王制》："虞庠在国之四郊。"《注》云："周立小学于四郊。"唐孔氏本经注皆作"西郊。"《祭义》："天子设四学，当入学，而大子齿。"《注》云："四学，谓周有四郊之虞庠。"孔氏本改《注》作"西郊。"故《疏》云："天子设四代之学：周学、殷学、夏学、虞学也。天子设四学，以有虞庠为小学，设置于西郊。当入学之时，而大子齿于国人。"今本疏文作"设置于四郊"。文理不可通，则非孔氏之底本矣。此由宋人以疏合经注者，改疏之"西郊"，合注之"四郊"。所仍之注，非孔氏之注本也。然则《祭义》注本有二：四郊是与？西郊是与？曰：四郊是也。郑注以"周有四郊虞庠"释经"四学"。文理一直并无转折。"周有四郊虞庠"，即《王制》之"虞庠在国四郊"，《注》之"周立小学于四郊"也。故皇侃云："四郊皆有虞庠。"《通典》云：《周制》，"大学为东胶，小学为虞庠。”引郑注《祭义》：“周有四郊之虞庠。”又引崔灵恩说，亦云：郑注《祭义》曰，“周有四郊之虞庠。”《北史·刘芳传》芳表曰：“《礼记》云，‘周人养庶老于虞庠，虞庠在国之四郊。’又云‘天子设四学，当入学而大子齿。’《注》云：‘四学，谓周四郊之虞庠也’。”刘、崔、皇、杜所见《祭义》注皆作“四郊”。王肃虽好驳郑，而刘芳表云：“王肃《礼记》注云，‘天子四郊有学，去都五十里。’郑氏则不知远近。”按：郑注《王制》“移之郊”云：“为习礼于郊学，郊在乡界之外。”则郑谓“郊学在远郊百里”；肃则云“近郊五十里。”唯此为小异。而小学在四郊无异。故卢辨注：“《大戴礼》亦言四郊之学。”刘芳表曰：“大学在国，四小学在郊。”引《保傅》篇：“帝入东学，帝入西学，帝入南学，帝入北学，帝入大学。”而总之曰：“周之五学，于此弥彰。”崔灵恩亦曰：“凡立学之法，有四郊及国中。四郊并方名之，国中谓之大学。”然则四郊小学绝无可疑。再证以《王制》注：“习礼于郊学，在六乡之外，六遂之内。”则断不专在西郊一处，亦可证。或以《祭义》祀先贤于西学为疑，不知此即《保传篇》：“帝入西学，尚贤而贵德。”祭先贤专在西郊也。西学者，西郊之一别辞也。四学者，合四郊言之都辞也。孔氏于《王制》，依误本“西郊虞庠”，因改此注，亦作“西郊之虞庠”。而经文故作“四学”，因用《仪礼》注“周立四代之学”释经之“设四学”，以“四学中有西郊虞庠”释《注》，谓“周西郊之虞庠”，是不思《仪礼》“四代之学”，谓立大学于国中，不得与郊之小学糅合为四也。且以一承四，甚费周折。是孔氏二疏作“西郊”皆非也。而义理之是非定矣。倘有浅人校《祭义》疏，改“四”为“西”，因并改《祭义》注之“四”为“西”。《王制》经注疏之“西郊”皆沿误不改，则孔疏之底本，虽得而于义理，乃大乖也。

【译文】《礼记·王制》讲：“虞时期的学校在国都的四郊。”《礼记》郑玄注说：“周代立小学在国都的四郊。”唐代孔颖达所依据经和注的原文都作“西郊”。孔颖达《礼记疏》说：“西序在国都西郊，周代立小学在国都西郊”。《礼记·祭义》说：“天子设立四学，到入学的年龄，太子和同龄人按年龄序尊卑。”郑玄注说：“四学，意思是周朝在国都四郊都有学校。”孔颖达则将注改为“西郊”，因而孔疏说：“天子设立四代之学：周朝之学、商朝之学、夏朝之学、虞朝之学。天子设立四学，以有虞庠为小学，设置在国都西郊。到入学的年龄，太子和同龄人按年龄序尊卑。”现今的孔疏本文字作“设置于四郊”，于文意不通，可知（今本“设置于四郊”）不是孔氏的原本。这是由于宋人将注和疏合在一起，将疏“西郊”按照经文改为“四郊”。宋人所依据的注，并不是孔颖达所依据的注本。看来《祭义》注本有两种，那么是作“四郊”正确呢，还是作“西郊”正确呢？应该是作“四郊”正确。郑玄注以周朝国都四郊有学校解释经文中“四学”，字句意思一致，并不曲折。周代国都四郊有学校，与《王制》篇讲的学校在国都的四郊和郑注讲的“周代设立小学在国都的四郊”一致，因此皇侃说“国都的四郊都有学校，”《通典》说：“周代制度是东胶为大学，虞庠为小学。”文引郑玄《祭义》篇注“周朝在国都四郊都有学校”，又引述崔灵恩的说法，亦讲："郑注《祭义》说'周在国都四郊有学校。'"《北史·刘芳传》中刘芳表记载："《礼记》说：'周人培养士在学校里，学校在国都的四郊。'又说：'天子设立四学，到入学的年龄，太子和同龄人按年龄序尊卑'，郑《注》说：'四学，指周朝四郊的学校'。"刘芳、崔灵恩、皇侃、杜佑所见的《祭义》注都作"四郊"。王肃虽然喜好反驳郑玄，刘芳表中说："王肃《礼记》注说，'天子四郊有学校，离国都五十里。'郑玄则不知距离的远近。"郑玄注《王制》"移之郊"这一句时讲："学习礼在郊学，郊在乡之外。"就是说郑玄以为"郊学在百里之外，"王肃则说"离郊有五十里。"二者只有这一点小的区别，小学在国都的四郊并没有不同。因此卢辩注说："《大戴礼记》也说四郊之学"。刘芳表中也说："大学在国都之内，四小学在郊外"。并引《大戴礼记·保傅》篇中的"帝入东学，帝入西学，帝入南学，帝入北学，帝入大学"，并综述道："周朝的五学，据此更加清楚了。"崔灵恩也说："设立学校的法则是有国都四郊的学校，有国都中的学校。四郊的学校按方位命名，国都中的学校称为大学"。看来四郊有小学不可怀疑，也可以《王制》篇的注"在郊学学习礼，郊学在六乡以外，六遂以内"来佐证，(学校)一定不在西郊一处也可以得到证明。有人以《祭义》篇讲的"在西学祭祀先贤"来怀疑，不知道这就是《保傅》篇说的"帝入西学，崇尚贤德的人"。祭祀先贤专门在西郊。西学是四郊学校之一的别称。四学是四郊之学的统称。对于《王制》篇，孔颖达按照作"西郊虞庠"错误的注本，将注也改为"西郊之虞庠"，但是经文原来作"四学"，因而就用《仪礼》注中"周朝设立四代之学"来解释经文中的"四学"。用"四学"中西郊有学校来解释注中说的"周代四郊的学校"，这是没有考虑到《仪礼》中讲的"四代之学"，它说的是在国都中设立大学，这不应和在四郊设立的小学合在一起称为"四学"。而且以一承四，很是不通。因此孔疏这两处改为"西郊"都不正确。照这样，义理的对错就确定了。如果有浅陋者按照《祭义》疏讲经文的"四郊"改为"西郊"，同时将注中的"四"改为"西"，而《王制》经文和注疏中的"西郊"沿误都不改，虽然合于孔疏的底本，但是却大大违背义理。

《春秋左传》："卫侯赐北宫喜，谥曰：'贞子'，赐析朱鉏，谥曰：'成子'，而以齐氏之墓与之。"杜《注》曰："皆死而赐谥及墓田，传终言之。"宋本亦或作："皆未死而赐谥及墓田，传终而言之。"二者皆出于宋本，孰为是与？曰："皆死而赐"者是也。二人时未死也，既死而赐，故要其终而言之。若云："皆未死而赐"，则"传终言之"句不可接，而为赘辞矣。是一本作"未死而赐"者，非也。然则"死而赐"，于说经是与？曰：《春秋》常事不书，书者，为其"未死而赐"也。云"死而赐"，则杜《注》之底本得矣，而于义理实非也。云"未死而赐"，则杜注之底本失矣，而于义理有合也。

【译文】《春秋左传》讲："卫灵公赐北宫喜谥号为'贞子'，赐析朱鉏谥号为'成子'，而把齐氏之墓地赐给他们。"杜预《注》说："都死后赐予谥号和墓地，就人死而言。"宋本有的作:“都没死时赐予谥号和墓地,就人死而言。”这两者都是宋本所记,哪一个正确呢?“都死后赐予”这一说法正确。他二人当时都没死,死后才赐予,因而就人死而言。如果说“没有死就赐予”,就和“人死而言”这一句连接不上,且也是多余的。作“未死而赐”的版本是错误的。但是“死后赐予”和经文的说法相符吗?《春秋》不记载普通的事,记载的应是“没有死就赐予”(这一不常见的事)。说“死而赐”,合于杜预《注》的底本,但是义理上却不正确。说“未死而赐”,不合于杜注的底本,但是在义理上却符合。

《毛诗》:“泾以渭浊。”《笺》云:“泾水以有渭,故见谓浊。”《正义》曰:“泾水言以有渭,故人见谓已浊,犹妇人言以有新婚,故君子见谓已恶也。”引定本《笺》作:“泾水以有渭,故见其浊。”《释文》曰:“故见渭浊。”旧本如此;一本“渭”作“谓”,后人改耳。按:同一字而《正义》作“见谓”;师古定本:作“见其”;《释文》作“见渭。”三者孰是?曰:《正义》作“谓”是也。如《释文》作“见渭”则不可通。定本作“见其”,亦因旧作“渭”不可通,而改之耳。作“见谓浊”,文理易憭。陆德明反说“见谓”为非,“见渭”为是。苟知孔氏疏文底本作“见谓”不误,而义理之是非亦定矣。倘有必据《释文》以改《正义》,则孔疏之底本失,而于义理乃大乖也。

【译文】《毛诗》讲:“泾水由于渭水变得浑浊。”郑玄的《毛诗笺》说:“泾水由于有渭水,因而说是浑浊的。”《毛诗正义》说:“泾水由于有渭水,因而将自己比作‘浊’,好比妇人说男子由于新婚,所以视自己不好。”定本《笺》作:“泾水由于有渭水,因而看到它浑浊。”陆德明《经典释文》:“因而见到渭河浑浊。”原本是这样的,他本“渭”作“谓”,是后人改的。同一字《正义》作“见谓”;颜师古定本作“见其”;《释文》作“见渭。”这三者谁正确?《正义》作“谓”是正确的。《经典释文》作“见渭”意思不通。定本作“见其”,也是由于以前作“渭”意思不通而改的。作“见谓浊”文意很明了。陆德明反而说“见谓”不正确,“见渭”正确。如果知道孔疏的底本作“见谓”没错,义理上的对错就确定了。若按照《经典释文》来改正《正义》的文字,则不合于孔疏的底本,在义理上也大错。

《士冠礼》“以挚见于乡大夫、乡先生”,《冠义》同。上“乡”字,《释文》作“乡”,云“二乡并音香。”二经《疏》皆作:“卿大夫、乡先生”。贾云:“经言‘卿大夫’,不言‘士’。”孔云:“谓在朝之卿大夫也。”“乡”“卿”果孰是与?曰:“乡大夫是也。作卿非也。”凡言“乡大夫”,有二义:一则《周礼》之本乡乡老、乡大夫,关以下州长、党正、族师、闾胥也。“乡大夫”,卿也;“乡老”,公也。举乡大夫以上,关公下,关士也。一则本乡之仕为大夫,在朝者亦举大夫,以关卿士也。《乡射礼》注云:“遵者,乡之人仕至大夫者。”又曰“乡先生,乡大夫致仕者也。”此“乡大夫”三字,所谓同一乡之人,仕至大夫者。同一乡而仕至大夫曰“乡大夫”。每乡卿一人者,亦即大夫之一也。同一乡仕至大夫,致仕者曰“乡先生”。即上老坐于右塾，庶老坐于左塾。《乡饮》、《乡射》则谓之“遵者”是也。郑于《仪礼》、《礼记》皆释“乡先生”，不释“乡大夫”者。《礼记》言“乡先生”同乡老而致仕者，则“乡大夫”之为同乡现仕者可知矣。《仪礼》言“乡先生、乡中老人”，为卿大夫致仕者。”则“乡大夫”为乡中卿大夫未致仕者，可知矣。必重同乡者，死徙无出乡。百姓亲睦，相保相受，相葬相救，相酬相宾。欲使一乡之人相好如一家，六乡六遂皆然。而后仁义著，教化行。本乡之外恐太广而不浃，本乡之内不甚远而易相亲。故有冠者必见其乡之已仕、致仕者，圣人教民之深意也，如贾、孔作“卿大夫”，则在朝之卿大夫，其可全见与？是以陆是而贾孔非也。今若依贾孔之底本，改陆氏音香之说，改二经作“卿大夫。”则贾孔之底本得矣，而于义理乃大乖也。

【译文】《仪礼·士冠礼》：“接着携礼物晋见乡大夫、乡先生。”《礼记·冠义》所引于此相同。上面的“乡”字，《经典释文》作“乡”，并说：“这两个‘乡’字都读为‘香’。”《仪礼》、《礼记》这两部经的《疏》都作“卿大夫，乡先生”。贾公彦说：“经文说到‘卿大夫’，不说‘士’。”孔颖达说：“指在朝的卿大夫。”“乡”和“卿”哪一个正确呢？“乡大夫”这一说法正确。“乡”字作“卿”不对。凡是说到“乡大夫”有两种意思，一种是《周礼》讲的本乡乡老、乡大夫，关以下的各级官员。“乡大夫”就是“卿”，“乡老”就是“公”，也都是乡大夫以上，关公以下，指的是士。另一种指本乡做官的为大夫，在朝中的也是大夫。《礼记·乡射礼》注说：“遵就是乡里官做到大夫的人。”又说到“乡先生、乡大夫退休”，这里“乡大夫”三字的意思指同一乡做官到大夫一级的人。同一乡做官到大夫一级的人称为“乡大夫”。每乡卿一人，也是“乡大夫”之一。同一乡官至大夫，退休的人称为“乡先生”。上老坐在门旁右侧的屋子，庶老坐在左侧的屋子，也就是《礼记·乡饮酒礼》和《乡射礼》中所说的“遵者”。郑玄在《仪礼》、《礼记》都解释了“乡先生”，没有解释“乡大夫”。《礼记》中说“乡先生”是同乡年老而退休的官员，可以知道“乡大夫”就是同乡现在还在做官的人。《仪礼》中说“乡先生、乡中老人”是告老还乡的卿大夫，那么可以知道“乡大夫”就是乡中没有退休的卿大夫。由于重视同乡，老死迁徙都不出同乡，使百姓亲近和睦，互相保护，互相救助、埋葬，互相酬谢报答，目的是使一乡人互相爱护就好比是一家，六乡六遂都是这样，仁义教化就会显著实行。本乡以外担心过于广阔而不能周遍，本乡之内由于不太远而容易相互亲近，因此冠礼时，一定要拜见同乡现任和已经退休的官员。圣人教化民众的深意，若像贾公彦和孔颖达疏所认为的“卿大夫”（即在朝的卿大夫），怎能够完全体会到呢？因此陆德明正确而贾公彦和孔颖达是错误的。如果依照贾公彦和孔颖达的底本，修改陆德明所说，并将《仪礼》和《礼记》的经文改为“卿大夫”，这虽合于贾公彦和孔颖达的底本，但是却大大地违背义理。

就五事论之，依今《疏》作“下迤”，而贾不受也；依贾作“不迤”以改经，而《考工》经不受也；依《祭义》今疏作“四郊虞庠”，而孔不受也；依孔作“西郊”，而《祭义》、《王制》经注不受也；依“皆未死而赐谥”，而杜元凯不受也；依“皆死而谥”，又恐左公不受也；依《疏》作“见谓浊”，而陆不受也；依《释文》作“见渭浊”而郑《笺》不受也；改二《疏》作“乡大夫”，而贾孔不受也；依疏以改经及《释文》作“卿大夫”，而经、《释文》不受也。故校经之法，必以贾还贾，以孔还孔，以陆还陆，以杜还杜，以郑还郑，各得其底本。而后判其义理之是非，而后经之底本可定，而后经之义理可以徐定。不先正注、疏、释文之底本，则多诬古人；不断其立说之是非，则多误今人。自宋人合《正义》、释文于经注，而其字不相同者，一切改之使同。使学而不思者，白首茫如。其自负能校经者，分别又无真见。故三合之注疏本，似辨而易惑，久为经之贼，而莫之觉也。如近者，顾千里校《祭义》疏，改“四郊”为“西郊”。孔氏之底本得矣，而遂欲改注之“四郊”为“西郊”，且云《王制》经注之“西郊”不误。是知孔氏之底本，而不知郑氏之底本也。郑氏之底本失，则经之底本亦失。而《周制》“四郊”“小学”遂不传矣。千里又窃余向时辨刘端临、卢绍弓据二《疏》改经“乡大夫”为“卿大夫”之说，著于《礼记考异》而未知其详。且又因宋本之讹字，谓贾作“乡”不误。是又知经之底本，而不知贾疏之底本也。知之者所以辨其非而归于一是也。

【译文】就以上所举的五个例子看，按照现今的《疏》作“不匜”，则不合于贾疏；按照贾疏所作的“不匜”修改经文，则不合于《考工记》。按照《祭义》现今的疏作“四郊虞庠”，则不合于孔颖达（疏所依据的底本），按照孔颖达所作的“西郊”，则不合于《祭义》、《王制》篇的经文。作“皆未死而赐谥”，则不合于杜预的看法；作“皆死而赐谥”，又不合于《左传》的原意；依照《疏》作“见谓浊”，则不合于陆德明所引；依照《经典释文》作“见渭浊”，则不合于郑《笺》；将《士冠礼》和《冠义》的《疏》改为“乡大夫”，则不合于贾公彦和孔颖达的疏；依照疏将经文和《经典释文》中的“乡大夫”改为“卿大夫”，则不合于经的原文和《经典释文》所引。因此校对经典的方法，按照他们的注疏确定他们注疏经文时依据的底本，之后再判断义理正确与否，这样经文的底本就可以确定，之后经文的义理可以慢慢断定。不首先确定注、疏和释文的底本，就多会冤枉古人；不能断定立说的对错，就多会贻误今人。自从宋代人将《正义》、释文和经文合在一起，对于字不相同的，都改为相同，使得那些学习而不思考的，到老也不知道是什么意思。自以为能够校对经文的，又妄加区分没有真知灼见。因此说将经的原文、注和疏合在一起的本子，看似容易辨别，其实很易迷惑人，时间长了，就会损坏到对经的理解，却感觉不出。比如近来顾千里校对《祭义》疏，改“四郊”为“西郊”，这合于孔颖达的底本，于是就将注文的“四郊”改为“西郊”，并且说《王制》经文和注文的“西郊”不错。这就是说他了解孔颖达疏所依据的底本，却不知道郑玄注依据的底本。郑玄注依据的底本错误，那么经文的底本也会错。这样周代的“四郊”和“小学”就会失传。顾千里又剽窃我以前与刘端临、卢绍弓依据疏改经文“乡大夫”为“卿大夫”的辩说，收在《礼记考异》一书中，具体情况我不太清楚。并且又依据宋本的错误，说贾公彦作“乡”没错。这是知道经文的底本，却不知道贾疏的底本，知道者于是就辨明他的错误，使归于正确。

东原师云：“凿空之弊有二：其一，缘辞生训也；其一，守讹传谬也。缘辞生训者，所释之义非其本义；守讹传谬者，所据之经并非其本经。”如孔氏“虞庠在国西郊”，所谓所据之经非其本经也，而缘之立说，则所释之义非其本义矣。经文之不误者，尚惧缘辞生训，所释非其本义，况守讹传谬之经耶？孔氏守唐时讹谬之本，千里又守孔氏所守。至于古本之是者，确有可据，而不之信。信孔以诬郑，诬郑以诬经，不大为经之害也哉！凡校经者，贵求其是而已。以《祭义》注“四郊虞庠”，谓之“四学”，正《王制》经注之“西郊”为“四郊”，考之《大戴礼》、王肃、刘芳、皇侃、崔灵恩、杜佑诸家而无不合。以排孔氏之疏谬，所谓求其是也。执事以为何如？

【译文】戴东原老师说：“附会的弊端有两种，一是（望文生义）依照文字来解释，另一种是固守错误传播谬论。依照文字来解释，所解释的意思不是它的原意；固守错误传播谬论，所依据的经文就非原本的经文。”就比如孔颖达“虞庠在国西郊”，所依据的经文就非原本，而根据这来立说，解释的经文意思就不是原来的意思。经文原本没有错误，还担心望文生义，所解释不是原意，更何况固守错误流传谬误的经文呢？孔颖达固守唐代错误的本子，顾千里又固守孔颖达的错误。对于正确的原本，真实有依据的却不相信。相信孔颖达就冤枉了郑玄，冤枉了郑玄就冤枉了经文，难道不是对经文的大害吗？凡是校订经文的，贵在求其正确客观。用《礼记·祭义》篇郑玄注文说的“四郊虞庠”称为“四学”，来将《礼记·王制》篇注文的“西郊”校正为“四郊”，并依据《大戴礼》、王肃、刘芳、皇侃、崔灵恩、杜佑等说法而无不吻合，以此排出孔颖达的错误之处，这就是所说的追求客观。你以为如何呢？

章学诚

会稽人，字实斋，乾隆进士，邃于史学，著有《文史通义》、《校雠通义》、《札迻乙卯丙辰札记》、《实斋文钞》。案章氏《文史通义》中力阐“六经皆史”之说，谓史即周官所掌之史。（此史字与后世所谓乙部之著述有别，不可相混而说。）六经皆先王政典，后人不容僭拟，其说盖本于班固《汉书·儒林传序》曰“六学即六经，皆王教之典籍”一语。嗣是龚自珍著《六经正名》，颇与其说互相发明，而《刘恭冕与刘伯山书》则谓“今之列学官者当有二十一经”。其说又与章、龚相反，然亦未尝不言之成理，学者可并参之。

【译文】会稽人，字实斋，乾隆年间进士，精通史学，著有《文史通义》、《校雠通义》、《札迻乙卯丙辰札记》、《实斋文钞》。章学诚在《文史通义》中极力阐述“六经皆史”这一观点，认为史就是周官所掌管的典章制度。（这一“史”字和后世所谓的史部著作不同，不可混淆。）六经是先王的典章制度，后人不应妄自比拟，这一说法大概来源于班固在《汉书·儒林传》说讲的“六学就是六经，都是教化的典籍”这一句话。接承这一观点，龚自珍著有《六经正名》一书，与这一观点互相发明，而《刘恭冕与刘伯山书》则说“现在列在学官的应当有二十一经”，这和章学诚、龚自珍相反，然而也是言之成理，学者应当共同参照。

经解上文史通义

六经不言经，三传不言传，犹人各有我而不容我其我也。依经而有传，对人而有我，是经传人我之名，起于势之不得已，而非其质本尔也。《易》曰：“上古结绳而治，后世圣人易之以书契，百官以治，万民以察。”夫为治为察，所以宣幽隐而达形名，布政教而齐法度也，未有以文字为一家私言者也。《易》曰：“云雷屯，君子以经纶。”经纶之言，纲纪世宙之谓也。郑氏注，谓“论撰书礼乐，施政事。”经之命名，所由昉乎！然犹经纬经纪云尔，未尝明指《诗》、《书》六艺为经也，三代之衰，治教既分，夫子生于东周，有德无位，惧先圣王法积道备，至于成周，无以续且继者，而至于沦失也，于是取周公之典章，所以体天人之撰，而存治化之迹者，独与其徒，相与申而明之。此六艺之所以虽失官守，而犹赖有师教也，然夫子之时，犹不名经也。逮夫子既没，微言绝而大义将乖，于是弟子门人，备以所见闻、所传闻者，或取简毕，或授口耳，录其文而起义。左氏《春秋》、子夏《丧服》诸篇，皆名为传，而前代逸文，不出于六艺者，称述皆谓之传，如孟子所对汤武及文王之囿，是也。则因传而有经之名，由之因子而立父之号矣。

【译文】六经不自称经，三传不自称传，就像每人都是“我”却不容许用“我”来作自己的名称。依据经才有传，相对于别人才有“我”，这是经传、人我的名称由于情势不得不这样而产生，并不是它的实质本来如此。《易》说：“远古时期用结绳的方法记事，后世的圣人改变为用文字记事，百官得以治理，百姓得以观察事物。”进行治理，进行观察，用来显扬隐蔽的事物，表达事物的名称，发布政教措施，统一法度，没有用文字树立一家私言的。《易》说：“云和雷构成‘屯’，君子因此整理丝线经纬。”整理丝线经纬这话，说的是治理天下。郑玄注说“讨论著作礼乐、施行政事”。经书的命名，是从这里开始的吧！然而还只是经纬、经纪的意思罢了，没有明确指定《诗》、《书》六经是“经”。夏商周三代的衰落时期，治理和教化已经分开，孔夫子生活在东周时，有德行没有权位，担心先世圣王的长久法度、完备治道，到了东周没有办法继续下去以至于消亡，于是取周公的典章，那是用来体现天道和人事的规律而保存治理教化的事迹的，只和他的学生一起陈述而阐明它。这说明六经虽然失去官府的掌管，却还依靠有老师的传授。但是孔子那时候，还不称作经。等到孔子死后，精微的言论断绝而重要的意旨被违背，于是弟子门人各自凭所看见的、所听到的、所辗转听到的，有的写在竹简上，有的口耳相传，记住了经书的内容而阐明意义。左丘明的《春秋》，子夏《丧服》等篇，都称呼作传。而前代逸文不是出自六经的，后人述说时都叫作传，例如孟子所对答的商汤、周武之事及文王禽兽园之事就是这样。那么，由于有“传”而有了“经”的名称，就像由于有了儿子而有了父亲的称谓。

至于官师既分，处士横议，诸子纷纷著书立说，而文字始有私家之言，不尽出于典章政教也。儒家者流，乃尊六艺而奉以为经，则又不独对传为名也。荀子曰：“夫学始于诵经，终于习礼。”庄子曰：“孔子言治《诗》、《书》、《礼》、《乐》、《易》、《春秋》六经。”又曰：“繙十二经，以见老子。”荀、庄皆出子夏门人，而所言如是，六经之名，起于孔门弟子亦明矣。

【译文】到了官员和教师的职责分离后，处士任意发议论，诸子纷纷著书立说，文字才有了私家的言论，不完全出自典章政教。儒家一派，于是尊重六经而崇奉作“经”，就又不仅是相对于“传”而立名称。荀子说：“学习从诵读经开始，到研习礼结束。”庄子说：“孔子说自己研究《诗》、《书》、《礼》、《乐》、《易》、《春秋》六经。”又说孔子“反复演绎十二经，以见老子”。荀子、庄子都受业于子夏的门人，而他们这样说，六经的名称从孔门弟子产生，也就清楚了。

然所指专言六经，则以先王政教典章，纲维天下，故《经解》疏别六经，以为入国可知其教也。《论语》述夫子之言行，《尔雅》为群经之训诂，《孝经》则又再传门人之所述，与《缁衣》、《坊》、《表》诸记，相为出入者尔。刘向、班固之徒，序类有九，而称艺为六，则固以三者为传，而附之于经，所谓离经之传，不与附经之传相次也。当时诸子著书，往往自分经传，如撰辑《管子》者之分别经言，《墨子》亦有《经》篇，《韩非》则有《储说》经传，盖亦因时立义，自以其说相经纬尔，非有所拟而僭其名也。经同尊称，其义亦取综要，非如后世之严也。圣如夫子，而不必为经。诸子有经，以贯其传，其义各有攸当也。后世著录之家，因文字之繁多，不尽关于纲纪，于是取先圣之微言，与群经之羽翼，皆称为经。如《论语》、《孟子》、《孝经》，与夫大小《戴记》之别于《礼》，《左氏》、《公》、《穀》之别于《春秋》，皆题为经，乃有九经、十经、十三、十四诸经，以为专部，盖尊经而并及经之支裔也。而儒者著书，始严经名，不敢触犯，则尊圣教而慎避嫌名，盖犹三代以后，非人主不得称我为朕也。然则今之所谓经，其强半皆古人之所谓传也。古之所谓经，乃三代盛时，典章法度，见于政教行事之实，而非圣人有意作为文字以传后世也。

【译文】但是孔门所说的经专指六经，就因为上古帝王的政教典章治理天下，所以《经解》区别六经，认为到一个国家可以知道那里的教化。《论语》记述孔子的言行，《尔雅》是群经的训诂书，《孝经》又是再传门人所述说的，和《缁衣》、《坊记》、《表记》等篇互有同异。刘向、班固等人编排经部作九类，而称作六艺，就本来是把其中三类当作传，附在经后，所谓独立于经书的传，不和附属于经书的传排列在一起。当时诸子著书，往往在书中自己区分经、传，如撰辑《管子》的人划分出“经言”，《墨子》也有《经》篇，《韩非子》则有《储说》分作经、传，大概也根据时势树立义理，用自己的学说互相配合，不是有所模仿而冒用经的名称。“经”本来是尊称，它的意义也取总括这一义项，不像后世那样严格。像孔夫子那样的大德大智，著述不必称经。诸子著述中有经的部分，用来贯穿其中传的部分，那意义各有适当的地方。后世的书目著录家，因为书籍繁多，不是都有关纲要，于是取先世圣人的精微言论与群经的辅助书，都称作经。例如《论语》、《孟子》、《孝经》，和大、小戴《礼记》的有别于《礼》，《左传》、《公羊传》、《谷梁传》的有别于《春秋》，都题为经，于是有了九经、十经、十三经、十四经等，当作专门的部类，大概是尊崇经而一起连带经的旁支。而儒者著书，这才尊重“经”的名称，不敢触犯，便是尊崇圣人教化而小心避开嫌名，大概像三代以后不是君主不能称自己是“朕”。那么，如今所说的经，大半都是古人所说的传；古时所说的经，是三代兴盛时典章法度表现在政治教化行事方面的实迹，而不是圣人有意识地创作出文章用来流传后世。

附录：刘恭冕与刘伯山书

窃思段懋堂先生拟以《史记》、《汉书》、《说文》诸书与五经并列学官，惜当时之读书者，咸囿于所习，未克行先生之意。冕尝推其意而论之，以为今之列学官者，当有二十一经，不当仅列十三经。《大戴礼》中多记孔子、曾子之语，其精言粹义，多与《表记》、《大学》相出入，故《汉志》、《隋志》咸以《大戴记》与《小戴记》并列。今人只知习《小戴记》，而读《大戴记》者，千不得一。此当补列为经者一也。荀子亦传孔门之学，遍治群经。西汉之学，皆荀子一派之传，其功不在孟子下。后儒徒以其反悖孟子，遂并弃其书，不使与孟子并列。此当补列为经者二也。太史公作《史记》，备列古今兴废之迹，以论其得失，而八书尤足与礼经相辅。盖史公本治《易》、《书》之学，俨然西汉之经生。班氏以先黄老而后六经，斥之非通论也。此当补列为经者三也。孟坚《汉书》，乃断代作史者之祖。后世史家咸禀其法，故后世皆以马、班并称。此当补列为经者四也。温公《通鉴》备列古今之政事，乃古代论治之书也。其所论断，悉受法于《春秋》，足以善善恶恶，儆戒百世。此当补列为经者五也。《楚词》为词章之祖，然讽一劝百，怨而不怒。史公称《离骚》一篇，兼有《小雅》、《国风》之旨，可谓知言。此当补列为经者六也。《说文解字》，集小学之大成，古今以来，欲通经学，悉以小学入手，而此书实经学之津梁，故近代治经之儒，咸先从事于此书。此当补列为经者七也。《九章算法》，亦为西周旧籍，乃商辛甲以授周公者也。古人书、数二端列于六艺，而此书实为算法之祖。此当补列为经者八也。以此八书，与十三经相合，共成二十一经。倘能家弦户诵，则人人皆可为通儒矣。

【译文】我私下以为段懋堂打算将《史记》、《汉书》、《说文》这些书与五经都列在学官，可惜的是当时的读书人都局限于习惯，不能够实行他的主张。我曾经推演他的这一想法，以为列在学官的应当有二十一经，不应该仅限于十三经。《大戴礼记》中有很多记载孔子和曾子的言语，这些精粹的言语道理，很多和《表记》、《大学》相互发明，因此《汉书艺文志》、《隋书经籍志》都将《大戴礼记》和《小戴礼记》并列起来。现在人们只是学习《小戴礼记》，读《大戴礼记》的不到千分之一。这是应当补列在经典中的一种。荀子也是传授孔子的学问，对各种经典都有研究。西汉的学问，都是荀子一脉相传的，这些功劳不在孟子之下。后来的儒者只是因为荀子反对孟子，于是就抛弃他的学问，使他不能和孟子并列，这也是应当补列在经典中的第二种。司马迁写《史记》，详细记述古今兴衰成败的事迹，并讨论其得失。其中的《八书》尤其能和礼经互相补充。这是由于司马迁本来是研究《周易》和《尚书》的，就好像是西汉的研究儒家经典一样。班固由于《史记》中将黄老之学排在儒家经典之前，斥责他并非通达的看法。这是应当列为经典的第三种。班固的《汉书》是断代史的鼻祖，后来的历史学家都遵循这种做法，因此后世将班固和司马迁并称。这是当列为经典的第四种。司马光的《资治通鉴》详细记叙了古今关于政治治理的内容，是古代讨论治理之道的书，他所做的论断，都是效法《春秋》的做法，完全可以激浊扬清，警戒后世。这是当列为经典的第五种。《楚词》是词章的鼻祖，然而讽刺的少，劝诫的多，虽有怨恨却没怨怒。司马迁说《离骚》一文，兼有《小雅》和《国风》的旨趣，可以说是很正确的。这是应当列为经典第六种。《说文解字》，集小学之大成，从古到今，想要精通经学的，都要从小学入手，这本书实在是研究经学的入门，因此近代研究经学的儒生，都先研读这本书。这是应对列为经典的第七种。《九章算术》也是西周旧有的典籍，是商辛甲传授给周公的。古文将技艺、算数都列在六艺当中，这本书是算学的始祖。这是应该列为经典的第八种书。将这八种书和十三经合在一起，组成二十一经。倘若能够家家户户学习，那么人人都会成为通儒的。

焦循

甘泉人，字里堂，乾隆举人，为阮元之族姊夫。恬淡寡欲，博学无方，著有《易章句》、《易通释》、《易图略》、《论语通释》、《孟子正义》、《雕菰楼集》。

【译文】甘泉人，字里堂，乾隆年间的举人，是阮元同族的姐夫。他性情恬淡少欲，博学无所不知，著作有《易章句》、《易通释》、《易图略》、《论语通释》、《孟子正义》、《雕菰楼集》。

与某论汉儒品性书

循顿首白，接读手书，得闻责过之言。夫以循不肖而责之，实以循可教而爱之。且以循自误而惜之也，循闻之不禁背汗额泚，愧悔交集。特以弱冠以来，嗜痂成癖，习之既久性情安之，亦如伶酒贺诗，死亡莫变。得聆至论，感莫能从。既而思之，甚有不可不辨者。诚以人心学问之所关，非小故也。自南宋空衍理性，而汉儒训诂之学几即于废。明末以来，稍复古学，攻击肆情，门户遂立。在前若杨升庵，在后若毛大可。其视宋儒有不异寇仇敌国之比者。此实其根柢浅陋，大体未明耳。

【译文】我向你说，接到你的书信，知道了你的责备的话。我不才而受到你责备，实际上是偏爱我以为我可以指教（才会责备我），而且你对我自入歧途而感到惋惜。我听到这些，不禁背部额头流汗，惭愧悔恨交加。只是由于从小以来，有这怪异的癖好，习惯久了，性情也就安心于这些，就像刘伶好酒，贺知章喜好诗一样，至死也不会改变。能够聆听你的高论，以为不能遵从，加以思考后，觉得有好多地方不得不和你讨论。这是关系到人心、学问的（大事），不是小问题。自从南宋以来，空谈性理，汉代儒者关于训诂的学问，几乎接近废止。明后期以来，稍稍能够恢复古时的学术，却随意攻击宋学，门户之见也由此产生。前有杨升庵，后有毛大可，他们将宋儒比为仇人敌国。这些做法其实是根底浅薄，不明了根本的表现。

抑知儒者所奉，孔子也，孔子之科有四，而止于二端，曰言曰行而已。六经者言也，后世诸儒皆其言者也。秦人之语，秦人能解之，汾洛之人或半解之，滇黔闽粤之间，则茫然不知所谓矣。六经如秦，汉儒如汾洛，宋儒如滇黔闽粤。今欲通秦人之言，问之汾洛间乎，问之滇黔闽粤乎？虽然，汾洛非秦人也。故说经之法必以经文为之主，而以汉儒为之辅，以通乎六经之言，而非以求胜宋人故为此也。宋人若茂叔、伊川、考亭、象山诸君子，立忠孝之准，画利义之辨，去欲存诚，黜浮崇实，所以翊孔子之教，而为万古躬行实践之则。经训虽疏，何损大节。不用其言，而并黜其行，其在圣门，蟊矣，贼矣。近年以来，循方勘破此旨，时以衾景之间，不能无愧。惟恐责循者持以诃之，以为徒汉学之躯壳，不能体圣贤立教之心，则是时将无地自容，求死莫获。不料责循者之适相反也。

【译文】儒者所崇奉的是孔子，孔子的学问分为四类，主要就是有关言语和行为的两部分。六经就是关于言语的内容，后来的儒者著述也是有关言语方面的。秦人的话语，秦人能够理解，汾河洛河地区的人或许能够理解一半，南方滇黔闽粤地区的人，就茫然不知道所说的是什么。六经就好比秦人，汉儒就好比汾洛地区的人。现在想要理解秦人的语言，是向汾洛地区的人询问呢，还是向滇黔闽粤地区的人询问呢？即使这样，汾洛地区的人不是秦人。因此解说经典必须以经典的文本为依据，以汉儒的解说为辅助，精通六经的内涵，不必要求助于宋人就是这个原因。宋人像周敦颐，程颐、朱熹、陆九渊这些人，为忠孝确立准则，辨别义利的不同，去除私欲，保有诚实，黜免虚浮，崇尚实在，（这些做法）有助于孔子的教化，确立了永久实践的准则。虽然他们在训诂方面有所疏漏，但不妨大节。不能采纳他们的言语，并且抛弃他们的行为，这对于圣门来说就是贼。最近数年以来，我才看透这层意思，因而时时刻刻，能够无愧于心。只担心责备我的人以此来斥责，以为只有汉学的表面形式，不能体察到圣贤设立教化的本意，那么这时我就会无地自容，即使想死也难，但是却没想到责备我的原因恰是相反。

来书云："欲求科第，必学宋儒"。又云："汉人品行，不及宋人之恬淡"。既以科第之学归之宋儒，则所谓宋儒者，第近来时文讲章之宋儒。庸下之师，假以糊口，冒义理之说，饰空陋之才，阳挟为道学之谈，阴耸以爵禄之贵，以拒高贤，以抑弟子。及叩以宋儒之书，往往不能举其目。程朱若在，必移之于郊。以是为宋儒，子亦过矣。且子谓宋儒恬淡，汉人莫及，其亦谓两汉之学，皆脂韦随俗，干求利禄之徒乎？循于史书，多不记忆，而汉儒本末，则稍稍能详言之。

【译文】你来信说:“想要科举考试,就要学习宋儒”。又说:“汉代人的品德性情,比不上宋代人恬淡”。既然将有关科举考试的学问以为是宋儒的学问,那你认为的宋儒只是近来讲习的宋儒。这些庸师,只是借此来糊口而已,冒充义理,掩盖空疏的才学,外表上好像是在谈论道学,实际上是谋求官爵厚禄,排斥贤能,抑制后学。而对于宋儒的著作,往往不能说出主要的内容。假如程朱在世,也一定抛弃这些。将这些(庸师)看成是宋儒,你也错了。而且你认为宋代儒者性情恬淡,汉代人不如,难道也以为两汉的学术,都是阿谀盲从,谋求利禄的吗?我对于史书,多数记不得,而对于汉代儒者的情况,则能给以稍微详细的说明。

西汉之经学最显,莫如董子。太史公云:“公孙宏治《春秋》,不如仲舒,而希世用事,位至公卿,仲舒疾之”。其后辨诸儒之议,而兴《谷梁传》者,萧望之也。望之与王仲翁俱为丙吉所荐,并见霍光。是时吏民当见者,露索挟持,望之独不肯听,因不见用。仲翁为光禄大夫,谓望之曰:“不肯碌碌,反抱关为?”望之曰:“各从其志”。二君之行,可以见矣。他如田何、伏胜、毛苌、王式之徒,各守其业,不闻有干求自贬之事。若曰某为丞相,某为太守,某为御史大夫,沾沾焉指以为荣,则班生之陋也。东汉诸儒,其迹尤显。帝问郊礼于郑兴,兴不为谶,遂以不任。上之好纬,臣下所知,使兴志在荣禄,何自持所学,不敢稍变,以媚人主?康成杜门,其始由于党禁固曰势无已也。久之,党禁既开,一则幅巾见何进,一宿逃去;再则以袁绍之举,征为司农,乞归不仕,清风介节,皎耀千古。

【译文】西汉研究经学最有名的人没有比得上董仲舒的。司马迁说:“公孙宏研究《春秋》,不如董仲舒,但是他迎合世俗,官位以至于公卿,董仲舒痛恨他”。这以后辨明儒者的争论,振兴《谷梁传》的是萧望之。望之和王仲翁都为丙吉所举荐给霍光。当时官民要见霍光的,都要露出身体被搜查,由侍卫挟持,只有萧望之不肯这样做,因而没有被重用。仲翁成为光禄大夫后,对萧望之说:“你不肯循规蹈矩,只能做个守门的官。”望之说:“我们都遵从各自的志趣。”两个人的行为差距,可以看得很清楚。儒生田何、伏胜、毛苌、王式这些人,都坚守他们的本业,没有听说有追求利禄,来贬低自己的事。若说某为丞相,某为太守,某为御史大夫,以此沾沾自喜,这是班固的浅陋。东汉的儒生,事迹尤其明显。光武帝曾问郑兴郊礼,郑兴回答说自己不知道谶纬,因此没有任官。皇帝喜好谶纬,臣子是知道的,假如郑兴志向在于富贵利禄,为何不依恃自己所学作稍稍变通,来谄媚皇帝呢?郑玄闭门读书,开始时是由于党锢之祸,迫不得已,时间久了,党禁放开后,也以平民装束来见何进,一天之后就逃走了,后来袁绍举荐他,朝廷招他为司农,他却要求回乡,不去任职,高风亮节,光耀千古。

张平子通五经，贯六艺，举孝廉，辟公府，皆不就，史称其从容淡静，诚有然者。又如申屠蟠，学贯五经，兼明图纬，隐居不仕，佣为漆工。周彦祖少通诗论，长精《礼》、《易》，陂田自给，悔于滑泥。其列儒林传者，刘桓公习施氏之易，举孝廉而逃，教授于江陵。孔子建传古文尚书，其对崔篆曰："吾有布衣之心，子有衮冕之志，各从其好，不亦善乎？"杨文义精习韩诗，经中博士自以年未五十，不膺旧科，上府让选。何劭公精研六经，通《公羊》、《孝经》、《论语》风角七分，以列卿子诏拜郎中，非其所好，辞病而去。其颖子严、蔡叔陵、赵歧、卢植并能耻交欲贵，征聘不起。诚皆耽志诗书，无心利禄，非同以口舌文章，鉤致名誉。惟刘歆、张禹、戴圣、马融之徒，志存�鄙，为世所讥。以此概汉儒，岂尽然哉？即令两汉经生，率皆夤缘躁竞之流辈。为其学，亦惟师其言而置其行。孔子曰："不以言取人，不以人废言"。言与行之不能相提并论久矣。子责循，循不能辨，子诬汉儒，循能已于言哉？直言无状，惟更教正之。幸甚。

【译文】张平子精通五经，学贯六艺，举荐他为孝廉，征召到官府做官，他都不去，史书形容他从容宁静，确实这样的。又比如申屠蟠，学贯五经，同时知晓图谶，隐居不仕，给人做漆工。周祖彦年少的时候精通诗，长大后又精通礼和《周易》，种田自养，后悔同流合污。那些记载在《儒林传》的，有刘桓公学习施氏易，举荐为孝廉却逃走，在江陵教授学问。孔子建传授《古文尚书》，他对崔篆说："我有当平民的愿望，你有追求高官的志向，我们各从所好，不很好吗？"杨文义精通《韩诗》，选为博士，他以为自己年未满五十，不能担当，就上书推辞。何休精心研习六经，通晓《公羊》、《孝经》、《论语》风角七分，诏书征召为郎中，这并不是他所喜好，就以病推辞而离去。颍子严、蔡叔陵、赵歧、卢植这些人，都耻于结交权贵，不就任官府的任命。这些都是沉潜在诗书之中，对于名利厚禄没有兴趣，不同于那些只是做口头文章，沽名钓誉的人。只有刘歆、张禹、戴圣、马融这些人，志在逢迎，被世人讥笑。用此来概括汉儒，难道都是这样吗？即使两汉的经生，都是攀附的人，那也应该搁置他们的行为，学习他们的知识。孔子说："不因言语来判断别人，不因个人的好恶而否定别人的言语。"言语和行为不能够相提并论已经很久了。你以此来责备我，我不辩论，但是用此来诬告汉儒，我岂能不说话？直言无礼，只希望你能够教诲，那我就非常庆幸。

阮 元

仪征人，字伯元，号芸台。乾隆进士，道光时，官至体仁阁大学士。历官中外，所至以提倡学术为己任，在馆修《儒林传》，在粤设学海堂，在浙设诂经精舍。又辑《经籍纂诂》，校勘《十三经》，彙刻《学海堂经解》一百八十八种（一名《皇清经解》，后王先谦有彙刻《皇清经解续编》二百九种。清人汉学家著述，大略尽于此二类编矣），号为训诂之渊海，经典之统宗。卒谥文达，有《研经室集》。

【译文】仪征（今属江苏扬州）人，字伯元，号芸台。乾隆年间进士，道光时期，官职做到体仁阁大学士。无论是在朝廷，还是在外做官，他所到之处，都以提倡学术为己任，如在国使馆编辑《儒林传》，在广东设立学海堂，在浙江设立诂经精舍。还编辑有《经籍纂诂》，校勘过《十三经》，还出版发行有《学海堂经解》，收录一百八十八种著作（一名《皇清经解》，后来王先谦还彙刻过《皇清经解续编》二百九十种。清代汉学家的著述，基本上都收录进这两部书之中了），号称是训诂之渊海，经典之统宗。死后谥号为文达，著作有《研经室集》等。

国史儒林传序

昔周公制礼，太宰九两系邦国，三曰师，四曰儒。复于《司徒》本俗，联以师儒，师以德行教民，儒以六艺教民。分合同异，周初已然矣。数百年后，周礼在鲁，儒术为盛。孔子以王法作述，道与艺合，兼备师儒。颜、曾所传，以道兼艺；游、夏之徒，以艺兼道。定、哀之间，儒术极醇，无少差缪者此也。荀卿著论，儒术已乖，然《六经》传说，各有师授。秦弃儒籍，入汉复兴。虽黄老、刑名，犹复淆杂，迨孝武尽黜百家，公卿大夫士吏，彬彬多文学矣。东汉以后，学徒数万，章句渐疏；高名善士，半入党流。迄乎魏、晋，儒风盖已衰矣。司马、班、范，皆以《儒林》立传，叙述经师家法，授受秩然。虽于《周礼》师教未尽克兼，然名儒大臣，匡时植教，祖述经说，文饰章疏，皆与《儒林传》相出人。是以朝秉纲常，士敦名节，拯衰销逆，多历年所，则周、鲁儒学之效也。

【译文】从前周公旦制定礼仪，太宰用九种措施治理国家，第三种是师，第四种是儒。《大司徒》传统风俗中又说要联合起来向师儒学习，师用德行教育民众，儒以六种技艺教育民众。这种区别，从周代初年就已经存在了。几百年以后，鲁国还保存着周礼，儒者教授的六艺很盛行。孔子论述王法，道德是与技艺联系在一起的，他同时拥有师与儒的身份。颜回、曾参所传授的学问，道德为主，兼有技艺。子游、子夏之类的弟子以技艺为主，兼有道德。鲁定公、鲁哀公时期的儒术非常地醇厚，没有什么差错。到了荀子著书立说的时候，儒者传授学术究竟开始有所偏离，然而对《六经》的传承与讲解，各自都有自己的老师传授。秦代抛弃儒家典籍，进入汉代以后，儒学重新兴盛。虽然黄老、法家的学说还在流行，但到了汉武帝的时候就把诸子百家的学说全部废弃了，公卿大夫士吏，都称为文雅的儒士。东汉以后，学习儒家经典的学者有几万人之多，经典的章句也开始被注疏；那些名气大、高雅的士人，有一半都是从事儒学的。到了魏晋时期，从事儒学的风气开始衰退。司马迁、班固和范晔在他们的著作中都有专门的《儒林传》，叙述那些从事经典研究的学者承受家学，师徒传授的顺序。虽然没有做到《周礼》所见的同时兼有师与儒两种身份，然而那些有名的儒者、大臣匡正时弊、树立教化，在自己的著作中引用经典的文章，给经典作注解，都跟《儒林传》记载的人物几乎相同。所以当时的朝廷秉持纲常礼教，士人勉励自己的德行，拯救衰弱的民风，抵制不好的风气，延续许多年，这都是周代、鲁国的儒学产生的效果啊！

两晋玄学盛兴，儒道衰弱，南北割据，传授渐殊。北魏萧梁，义疏甚密。北学守旧而疑新，南学喜新而得伪。至隋、唐《五经正义》成，而儒者鲜以专家古学相授受焉。宋初名臣，皆敦道谊，濂、洛以后，遂启紫阳，阐发心性，分析道理。孔、孟学行不明著于天下哉。《宋史》以《道学》、《儒林》分为二传，不知此即《周礼》师儒之异，后人创分而暗合周道也。元、明之间，守先启后，在于金华。洎乎河东、姚江，门户分歧，递兴递灭，然终不出朱、陆而已。终明之世，《学案》百出，而经训家法，寂然无闻。揆之《周礼》，有师无儒，空疏甚矣。然其间台阁风厉，持正扶危，学士名流，知能激发。虽多私议，或伤国体，然其正道，实拯世心。是故两汉名教，得儒经之功，宋、明讲学，得师道之益，皆于周、孔之道，得其分合，未可偏讥而互诮也。

【译文】西晋、东晋时代，玄学盛行，儒学衰微，南北政权割据，学者的传授内容也渐渐产生不同。北魏与萧姓的梁代，对儒家经典的义理、注疏都很严密。北方的学问坚持旧传统，怀疑新学问，南方的学问喜欢新鲜，因而许多都是虚伪的。到了隋唐时代，《五经正义》编著完成，但这时期的儒者很少以专门研究古代的学问形成师承系统。宋代初年的著名大臣，都尊崇道义，濂学、洛学产生以后，启发了朱熹，他阐述发明心性学说，分析事物的道理。孔孟的学问从此不再被天下人正确地理解。《宋史》把《道学》《儒林》分作两个传记，不明白这就是《周礼》所说的师与儒的区别，后世之人创造了这种分别却暗自符合了周代所讲的道理。元、明两代的时候，承先启后的是金华的金履祥。到了河东的薛瑄、姚江的王阳明时期，儒学分作两大门户，两派交替兴盛，然而始终不脱离朱熹的理学、陆九渊的心学两个套路。整个明代，出现了几部《学案》著作，然而却没有出现专门研究经典的训诂而形成的家学。用《周礼》为准则做一考察，会发现这个时期只有师，而没有儒，这时期的学术是多么空疏啊！人儿这个时期官府劝勉道德，扶植正义，学者们也知道发愤图强。虽然有很多私下的议论，可能伤害国体，然而他们倡导的正道，实际有拯救人心的作用。所以两汉时期的教化得益于儒家经典的功劳，宋明时期的学术得益于讲究师道，都是对孔孟之道的不完整继承，不能相互讥讽。

我朝列圣，道德纯备，包涵前古，崇宋学之性道，而以汉儒经义实之。圣学所指，海内向风；御纂诸经，兼收历代之说。四库馆开，风气益精博矣。国初讲学，如孙奇逢、李容等，沿前明明王薛之派。陆陇其、王懋竑等，始专守朱子，辨伪得真。高愈、应撝谦等，坚苦自持，不愧实践。阎若璩、胡谓等，卓然不惑，求是辨诬。惠栋、戴震等，精发古义，诂释圣言。近时孔广森之于《公羊春秋》，张惠言之于孟、虞《易》说，亦专家孤学也。且我朝诸儒，好古敏求，各造其域，不立门户，不相党伐，束身践行，暗然自修。呜呼！周、鲁师儒之道，我皇上继列圣而昌明之，可谓兼古昔所不能兼者矣。

【译文】当今朝代的几位皇帝，具备完全的道德，包容过去的学术，崇尚宋代性理之学，而又用汉代经典考据的学问充实它。皇帝所崇奉的学问，天下人都跟着学习；朝廷编纂的几部经典，吸收了过去各个朝代的讲法。等到四库馆成立的时候，学术风气更加精深、博大。国家刚建立时期，孙奇逢、李容等人继承的是明代王阳明学派的学术。陆陇其、王懋竑等人，开始专门研究朱熹的学问，并且得到了真传。高愈、应撝谦等人努力地实践道德学说。顾炎武、阎若璩等人，有独立的见解，不迷信成说，追求实事求是，辨析错误。惠栋、戴震等人，仔细地研究古书的意义，解释圣人的言语。当代的孔广森专门研究《公羊春秋》，张惠言专门研究孟喜、虞翻对《周易》的注解，这些都是专门的学问。况且当今朝代的很多儒者，都爱好古代学问，勤勉地研究，各自在自己的领域都有所成就，没有门户之见，不相互指摘，努力实践，独自修行。啊！对于周代、鲁国的师儒之道，我们的皇上继承了几代先皇继续倡导，真称得上同时做到了过去不能同时做到的时期啊。

综而论之，圣人之道，譬若宫墙，文字训诂，其门迳也；门迳苟误，跬步皆歧，安能升堂人室乎？学人求道太高，卑视章句，譬犹天际之翔，出于丰屋之上，高则高矣，户奥之间未实窥也。或者但求名物，不论圣道，又若终年寝馈于门庑之间，无复知有堂室矣。是故正衣尊视，恶难从易，但立宗旨，即居大名，此一蔽也；精校博考，经义确然，虽不逾闲，德便出入，此又一蔽也。臣等备员史职，综辑儒传，未敢区分门径，惟期记述学行。自顺治至嘉庆之初得百数十人，仿《明史》载孔氏于《儒林》之例，别为孔氏传以存《史记·孔子世家》之意。至若陆陇其等，《国史》已入大臣传，兹不载焉。

【译文】总而言之，圣人的学问，就像皇宫的高墙，考察名物，解释古义，是进入学问领域的门径；如果门径走错了，多走一步都是错路，怎么能登堂入室呢？学者追求的道太高远，鄙视浅近的学问，就像在天空翱翔，飞在高大的房屋之上，高是高了，房子的内部却没有看清楚。有人只研究名物，不谈论神圣的道，这就像终年吃睡生活都在门房、廊屋里面，而不知道还有大堂存在。所以有些学者好高骛远，厌恶困难，追求简便，认为确立了学术宗旨就是获得大学者名称，这是一种弊病；有些学者精细地校对，广博地考证，对经典的字义知道得很明白，对高深的道不求甚解，只钻研句读章句，这也是一种弊病。臣等的职务是编纂史书，编辑儒林学者的传记，不敢区分哪条做学问的路径是正确的，只是希望把他们做学问的行为记录下来。从顺治年间直到嘉庆初年，共选择了一百多人，仿照《明史·儒林》的先例，把孔姓学者记录在里面，用意就作为另外一篇《孔子世家》。至于陆陇其等人，现在《国史》已经把他们记载于《大臣传》，这里就不再记录了。

经义述闻序

昔郢人遗燕相书，夜书曰“举烛”，因而过书“举烛”。燕相受书，说之曰：“举烛者，尚明也；尚明者，举贤也”，国以治。治则治矣，非书意也。郑人谓玉未理者“璞”，周人谓鼠未腊者“璞”。周人曰：“欲买璞乎？”郑贾曰：“欲之。”出其璞乃鼠也。夫误会举烛之义，幸而治；误解鼠璞，则大谬。由是言之，凡误解古书者，皆举烛、鼠璞之类也。

【译文】从前楚国郢地有个人给燕国的相国写信，因为在夜里写信，就吩咐捧蜡烛的人“举烛”，因此错误地把“举烛”二字写进信里。燕国的相国受到信，说：“举烛，是崇尚光明；崇尚光明，就是举荐贤才"，于是燕国得到治理。燕国是得到了治理，然而这不是那封信的原意。郑国的人把没有雕琢的玉叫做璞，周地的人把没有风干的老鼠也叫做璞。周地的人说："想要买璞吗？"郑国的顾客说："想买。"拿出来一看周人的璞原来是只老鼠。错误地理解"举烛"的意思，幸亏使国家得到治理；把老鼠和璞混淆，就是很大的错误了。从这里可以看出，凡是错误地解释古书的都犯了跟跟"举烛"、"鼠璞"同样的错误。

古书之最重者，莫逾经。经自汉晋以及唐宋，固全赖古儒解注之力，然其间未发明而沿旧误者尚多，皆由于声音义字假借转注未能通彻之故。我朝小学训诂，远迈前代。至乾隆间惠氏定宇，戴氏东原大明之。高邮王文肃公以清正立朝，以经义教子，故哲嗣怀祖先生家学特为精博，又过于惠、戴二家。先生经义之外，兼核诸古子史。哲嗣伯申继祖，又居鼎甲，幼奉庭训，引而申之，所解益多。著《经义述闻》一书，凡古儒所误解者，无不旁征曲喻而得其本义之所在，使古圣贤见之，必解颐曰："吾言固如是，数千年误解之，今得明矣。"

【译文】古书中最重要的就是经书。从汉代、晋代直到唐宋时代，全都依赖古代儒者对经典注解的努力，经书才得以被人理解，然而其中还有许多没有被阐明而沿袭过去错误的地方。当今朝代在小学、训诂方面的学问所取得的成就远远超过了以前的朝代。到了惠栋、戴震达到了鼎盛阶段。高邮的王安国在朝廷里面享有清正的名声，他用经典的文义教育儿子，所以他的儿子王念孙的家学功底特别精神广博，超过了惠栋、戴震二人。王念孙先生除了对于经典的文义有所研究之外，还对古代的子书、史书也有研究。他的儿子王引之继承祖辈学，再次高中鼎甲，从小就接受家学，又加以引申，他所解释的经典就更多了。他所著的《经义述闻》，共有十五卷，凡是古代儒者有误解的地方，都旁征博引，间接领悟，能够获得经典的本义所在，假如古代的圣贤能够看见，一定会高兴地说："这就是我想说的，被误解了几千年，现在终于有人明白了。"

嘉庆二十年，南昌卢氏宣旬读其书而慕之。既而伯申又从京师，以手订全帙寄余。余授之卢氏，卢氏于刻《十三经注疏》之暇，付之刻工。伯申亦请余言序之。昔余初入京师，尝问字于怀祖先生，先生颇有所授。既而伯申及余门，余平日说经之意，与王氏乔梓投合无间。是编之出，学者当晓然于古书之本义，庶不致为成见旧习所胶固矣。虽然，使非究心于声音文字以通训诂之本原者，恐终以燕说为大宝，而吓其腐鼠也。

【译文】嘉庆二十年，南昌的卢宣旬读了王引之的书，非常仰慕。不久王引之又从京师把全部的手稿寄给了我。我把书稿给了卢宣旬，卢宣旬在刻印《十三经注疏》的闲暇时间，也把这套书给刻印了。王引之请求我给这套书写一个序言。从前我在京师的时候，曾经向王念孙请教关于字的问题，他给我传授了很多知识。不久王引之又向我请教，我平时对经典的理解，跟王氏父子很相近。这套书出版之后，学者应当对古书本来的意思很明白了，大概不会被成见、旧习所迷惑了。即使这样，如果不是专心研究声音、文字以获得古书的本来意思，恐怕最终会像燕国相国一样，把郢人的误笔当做宝贝；像郑国人一样，不懂得璞在周人语言中的意义，导致被老鼠腐烂的尸体吓到。嘉庆二十二年，阮元作序于通往荆州的船中。

经传释词序

经传中实字易训，虚词难释。《颜氏家训》虽有《音辞》篇，于古训罕有发明，所赖《尔雅》、《说文》二书，解说古圣贤经传之词气，最为近古。然《说文》惟解特造之字（如“亏”、“曰”），而不及假借之字（如“而”、“虽”）。《尔雅》所释未全，读者多误。是以但知“攸”训“所”，而不知同“迪”（“攸”與“由”同，“由”、“迪”古音相转。“迪”音当如“涤”。“涤”之从“攸”，“笛”之从“由”，皆是转音，故“迪”、“攸”音近也。《释名》曰：“笛，涤也。”）但见“言”训“我”，而忘其训“闲”（《尔雅》：“言，闲也。”即词之闲也。）虽以毛、郑之精，犹多误解，何况其余？

【译文】经传中有实际意义的字很容易解释，虚词就很难解释了。《颜氏家训》中虽然有《音辞》这一篇章，然而对于古代的家训很少有解释说明，幸亏可以凭借《尔雅》、《说书》这两本书，利用它们去解释古代圣贤经传中的词语，语气，最能够贴近原意。然而《说文》只解释有专门创造的字（如“亏”、“曰”等），而对于假借字（例如“而”、“虽”）却没有解释。《尔雅》的解释也不完全，读者因此产生很多误解。所以只知道把“攸”解释为“所”，而不知道它跟“迪”也是通假字（“攸”与“由”是通假字，“由”、“迪”是古代读音的相互转化。“迪”的发音应当和“涤”相同。“涤”从属于“攸”部，“笛”从属于“由”部，都是转化的读音，所以“迪”、“攸”的读音是相近的。《释名》说：“笛，就是涤。”）。只知道把“言”解释为“我”，而忘了把它解释为“闲”（《尔雅》说：“言，就是闲。”就是词闲的意思。）。即使像毛苌，毛亨与郑玄这样的精细认真，还有很多错误的理解，何况其他人呢？

高邮王氏乔梓，贯通经训，兼及词气。昔聆其《终风》诸说，每为解颐，乃劝伯申勒成一书。今二十年，伯申侍郎始刻成《释词》十卷。元读之，恨不能起毛、孔、郑诸儒而共证此快论也。元昔教浙士解经，曾谓《尔雅》“坎、律，铨也”为“吹、聿，诠也”字之讹，辛楣先生题之。又谓：《诗》“鲜民之生”，《书》“惠鲜鳏寡”，“鲜”皆“斯”之假借字。《诗》“绸直如发”，“如”当解为“而”（“发”乃实指其发，与“笠”同。非比语。《传》、《笺》并误）。《老子》“夫佳兵者不祥之器”，“佳”为“隹”（同“惟”）之讹。（《老子》“夫惟”二字相连为辞者甚多。若以为“佳”，则当云“不祥之事”，不当云“器”）。若此之畴，学者执是书以求之，当不悖谬於经传矣。《论语》曰：“出辞气，斯远鄙倍。”可见古人甚重词气，何况绝代语释乎！

【译文】高邮的王氏父子，对经典的训诂非常精通，同时还对言语或文词的气势有所研究。从前我曾亲自听他对《终风》等的讲解，每次都为他的讲解感到十分地满意，就劝王引之把讲解整理成文章印刷出来。现在二十年过去了，王引之侍郎才开始印刷《释词》一书，共十卷。我读过之后，对不能够让毛苌，毛亨、孔颖达与郑玄活过来共同见证这大快人心的结论感到深深的遗憾。我过去教浙江地区的学者解释经典，曾经说过《尔雅》“坎、律，铨也”是“吹、聿，诠也”错误的写法，钱大昕先生还给我的书题字。我还说过：《诗经》里的“鲜民之生”，《尚书》里的“惠鲜鳏寡”，这两个“鲜”都是“斯”的通假字。《诗经》里的“绸直如发”，“如”应当解释为“而”（“发”是实指其发，与“笠”是一样的。不是比喻。《毛传》、《郑笺》都是错误的）。《老子》里有“夫佳兵者不祥之器”，“佳”是“隹”（同“惟”）之错讹字。（《老子》“夫惟”二字连在一起组成辞的很多。如果认为是“佳”，就应该说“不祥之事”，不应该说成“器”）。遇到这一类的问题，学者可以拿来这本书做参考，应该不会与经传的本来的意思差距太大。《论语》说：“说话的时候，多考虑言辞和声调，就可以避免鄙陋粗野和错误。”由此可见古人非常重视说话的语气，何况解释遥远古代的语言呢！

与郝兰皋论尔雅书

古人字从音出。喉舌之间，音之所通者简；天下之大，言之所异者繁。尔雅者，近正者也。正者，虞、夏、商、周建都之地之正言也。近正者，各国近于王都之正言也。予姻家刘端临之言曰：“‘子所雅言：《诗》、《书》、执《礼》’。雅言者，诵《诗》读《书》，从周之正言，不为鲁之方言也。执《礼》者，诏相礼仪，亦以周音说《礼仪》也。《小雅》、

《大雅》皆周《诗》之正言也。”刘氏此说，足发千古之蒙矣。然则《尔雅》一书，皆引古今天下之异言，以近于正言。夫曰近者，明乎其有异也。正言者，犹今官话也。近正者，各省土音近于官话者也。扬雄《方言》自署曰《輶轩使者绝代语释别国方言》。夫绝代别国尚释之，况本近正者乎？言由音联，音在字前。联音以为言，造字以赴音。音简而字繁，得其简者以通之，此声韵、文字、训诂之要也。

【译文】古人的文字是从声音而来的。从喉舌发出的声音是简单的；而天下的语言是非常复杂的。尔雅，就是接近正规语言的意思。正言，也就是虞舜、夏、商、周等朝代都城所在地的语言。尽正，指各诸侯国接近王都的正规语言。我的亲家刘端临说：“‘孔子在读《诗经》、《尚书》，行礼的时候都用正规语言’。正规的语言，是用来读《诗经》、《尚书》的，是周代都城的正规语言，而不用鲁国的方言。”刘氏这种说法，足以解开很久以来的迷惑。然而《尔雅》这本书，引用的都是天下各地的方言，使它们接近正规语言。既然说接近，皆是说还是有差异的。正规的语言，就像今天的官话。接近正规语言，也就是各个省份的方言跟官话接近的。扬雄把自己的《方言》题名为《輶轩使者绝代语释别国方言》。那些遥远的古代以及其它国度的语言还要去解释它，何况接近正规的语言呢？语言是跟声音连在一起的，声音又在文字前面。联接声音构成语言，创造文字靠近声音。声音简单而文字却很繁多，用简单的声音联系它们，这就是声韵、文字、训诂学问中最重要的方面。

《大戴记·小辨》一篇，足明《尔雅》之学。小辨者，一知半解之俗学也。鲁国当时或有此学，犹汉《急就章》、宋王安石《字说》之类，然不可考矣。《小辨》之学易，《尔雅》之学难。故孔子曰：“社稷之主爱日”。又曰：“士学顺辨言以遂志”，“顺”与“训”通借，即训诂之“训”，“遂志”者，通其意也。不学其训，则言不辨，意不通矣。又曰：“小辨破言，小言破义，小义破道，道小不通，通道必简。尔雅以观于古，足以辨言矣。”“传言以象，反舌皆至，可谓简矣”。“夫亦固十变之积由不可既也。而况天下之言乎！”孔子此数言述《尔雅》之学甚明，何后儒之昧昧也！训诂错则言语错，执古圣之书，以小辨破其言，而断断论之，道义皆错矣。使古圣人见后人如此错解之也，必哑然笑曰：“吾所言本不若是也！”是以不明《尔雅》之学，则《五经》、《四书》皆鼠璞矣。今子为《尔雅》之学，以声音为主，而通其训诂，余亟许之，以为得其简矣。以简通张，古今天下之言，皆有部居，而不越乎喉舌之地。孔子曰：“辨言之乐不下席。”余与子接席而辨之，其乐何如？

【译文】《大戴记·小辨》这篇文章，足以说明《尔雅》这门学问。小辨，是一种知道得不全面，理解得也不透彻的世俗学问。当时鲁国或许有这种学问，就像汉代有《急就章》、宋代有王安石编辑的《字说》一样，然而不能得到考证。学习《小辨》很容易，学习

《尔雅》却非常困难。所以孔子才说："君主都是爱惜时间的"。又说："士人学习训诂、辨析语言以便贯通文章的涵义"，"顺"与"训"是通假字，就是训诂的"训"，"遂志"，就是贯通文章的意思。不学习训诂，就不能辨析语言，文章的涵义自然也就不能贯通。孔子还说："细微的辨析会损害言辞，细微的言辞还伤害涵义，细微的涵义会伤害道理，道理太微小就泥古不化，通达的道理必定是简约的利益。学通《尔雅》考察古代名物，足以辨析语言了。""由象胥传达天子的命令，即使反舌这样的小国也会来听命，真算得上简单了"。"对于十盘棋局胜负的变化还不能把握，何况天下这么广大，他们的语言怎能完全辨析呢？"孔子说的这些话把《尔雅》这门学问的意义说得很清楚，为什么后世俗儒还不明白呢？训诂一旦错了，语言也就错了，拿着古代圣人的书，用小辨这类俗学去辨析书上的语言，还很自信地去讨论，这样道理与涵义就全都错了。假如古代的圣人看到后世俗儒这样错误的解释，一定会无奈地苦笑说："我的话不是这样的意思！"所以不懂得《尔雅》这门学问，就会分辨不清《五经》、《四书》讲得到底是什么道理。您现在研究《尔雅》，以研究文字的声音为主，然后再联系到它的训诂，我非常地赞同，认为您找到了捷径。用简单的声音去解释繁多的文字，古今天下的语言就都可以按部归类了，没有能超越喉舌发出的声音的。孔子说："辨析语言的乐趣只限于户庭席间。"我和您把坐席子连在一起，共同辨析古今语言，不是件很快乐的事吗？

王引之

高邮人，字伯申，念孙子，嘉庆进士。传父音韵训诂之学而推广之，作《经义述闻》、《经传释词》与其父所作《广雅疏证》、《读书杂志》合刊称《高邮王氏四种》。其精博为汉学诸儒之冠。累官工部尚书，卒谥“文简”。案清人治经之法，大要有二，其一，根据文字之正变，推求著书之本意者，曰“训诂”；其二，勾稽参验，而是正其文字之错落者，曰“校勘”。二者皆无误，而后乃敢评论其立说之是非。此清人为学之真精神，余事皆由此出也。是编于清人说经之文，不能多录，亦不可胜录，故惟取其讨论训诂校勘之名作数首，以为守约施博之资，学者幸勿以是而目尽，斯可耳。

【译文】王引之是清代高邮人，字伯申，念孙子，嘉庆年间中进士。他继承父亲王念孙的学术并进行推广，著《经义述闻》、《经传释词》与其父所著《广雅疏证》、《读书杂志》合刊，称为《高邮王氏四种》。他们的著作十分精审广博，为汉学学者之首。王引之官至工部尚书，死后谥号“文简”。按：清代人研究经学，大致的办法有两种。第一，根据文字的变化，推求著书的本意，叫做“训诂”；第二，钩沉验证史实，修正文字讹误错落的情况，叫做“校勘”，只有当“训诂”、“校勘”两者都没有问题，然后才能评判作者著书立说的是非曲折。这是清代人治学的真正精神所在，其他的都是由这两种方法衍生出来的。这一编不能多著录清代人说经的文章，也没有办法多录，所以只能采取其中数篇有关训诂、校勘学的名作，作为学者学习坚守简约、同时又能博学多闻的借鉴，希望学习者不要看到这些就以为得到所有精华而停滞不前，就行了。

经籍纂古序

训诂之学，发端于《尔雅》，旁通于《方言》，六经奥义，五方殊语，既略备于此矣。嗣则叔重《说文》，稚让《广雅》，探赜索引，厥谊可传。下及《玉篇》《广韵》《集韵》，亦颇搜罗遗训，而所据之书，或不可考。且旧书雅记，经史传注，未录者犹多。至于网罗前训，征引群书，考之著录家，罕见有此。惟《旧唐志》载天圣太后《字海》一百卷，诸葛颖《桂苑珠丛》一百卷，《新唐志》载颜真卿《韵海镜源》三百六十卷，自古字书，韵书未有若此之多者，意其详载先儒训释，是以卷帙浩繁，而惜乎其书之已逸也。

【译文】训诂学发端于《尔雅》，旁通于《方言》，六经的深奥含义，各地不同的语言，都大致在这里完备了。后来就有许慎的《说文解字》，张揖的《广雅》，探求索引，虽仍有缺憾但仍可流传。以下就到了《玉篇》、《广韵》、《集韵》三种著作，也颇为搜罗遗留下来的训教，而其所依据的书，有的已经无法考证。而且旧书雅记，经史传注，没有采录的还有很多。至于网罗前人训教，旁征博引群书，对著录进行考证，则以此最为罕见。只是《旧唐书·艺文志》中记载的天圣太后时期《字海》一百卷，诸葛颖的《桂苑珠丛》一百卷，《新唐书·艺文志》中辑录的颜真卿的《韵海镜源》三百六十卷，自古以来的字书、韵书也没有像这样多的，意思就是详细记载先辈儒士训诂阐释，因此导致字书、韵书卷帙浩繁，可惜以上这些书多数已经散佚了。

曩者戴东原庶常，朱笥河学士，皆欲纂集传注，以示学者，未及成编。吾师云台先生欲与孙渊如编修、朱少河孝廉共成之，亦未果。及先生督学浙江，乃手定体例，逐韵增收，总汇名流，分书类辑，凡历二年之久，编成一百十六卷。展一韵而众字毕备，检一字而诸训皆存，寻一训而原书可识，所谓握六艺之钤键，廓九流之潭奥者矣。

【译文】以前的戴震、朱筠，都想编纂经集传注，用来传示学者，没有来得及作成。我的老师阮元想和孙星衍、朱锡庚等人一起完成，也没有完成。等到阮元在浙江督学时，才亲手确定体例，按韵增收，总汇各位名流，分书的种类进行编辑，总共经过了两年时间，编成一百一十六卷。展开一个韵而很多字就都具备了，检索一个字而各种训诂都在，查询一种训诂而原书也可以辨识，所谓能够掌握六艺的核心，廓清十家九流的奥秘了。

夫训诂之旨，本于声音，揆厥所由，实同条贯。如《周南·关雎》篇“左右芼之”，传训芼为择，后人不从，而不知芼、苗声近义同，“左右芼之”之芼，传以为择，犹“田苗搜狩”之苗，《白虎通》以为择取，《尔雅》“芼，搴也”，亦与择取之义相近。

【译文】训诂的意旨在于音韵，探讨其原由，实在是和逐条相互贯通的。比如《诗经·周南·关雎》中的“左右芼之”，经传训诂为“择”，后人不认同，而不知道“芼”、“苗”声近义同，“左右芼之”中的“芼”，经传当做“择”来解释，就像“田苗搜狩”一句中的“苗”,《白虎通》认为应该作“择取”理解,《尔雅》称“芼”就是“搴”,也是和“择取”的意思相近的。

《召南·甘棠》篇“勿翦勿拜”,笺训拜为拔,后人不从,而不知拜与拔声近而义同也。《邶风·柏舟》篇“不可选也”,传训选为数,后人不从,而不知选、算古序通,朱穆《绝交论》作“不可算也”,郑注《论语》“何足算也”,以算为数,正与此同义也。

【译文】《召南·甘棠》篇中的“勿翦勿拜”,笺训诂“拜”为“拔”,后人不认可而不知“拜”和“拔”声近义同。《邶风·柏舟》篇中“不可选也”,经传训“选”为“数”,后人不认可,而不知“选”、“纂”古代通用,朱穆《绝交论》记作“不可算也”,郑玄注《论语》“何足算也”一句,将“算”作为“数”,正是和这个意思相同。

《新台》篇“籧篨不鲜”,笺训鲜为善,后人不从,而不知《尔雅》鲜、省二字,皆训为善,正是一声之转,且下云“籧篨不殄”,殄读曰腆,其义亦为善也。《小雅·采绿》篇“六日不詹”,传训詹为至,后人不从,而不知詹之为至,载于《尔雅》,乃古之方言,是以《方言》亦云:“楚语谓至为詹也。”

【译文】《新台》篇中“籧篨不鲜”一句,笺释训为“善”,后人不认可,而不知《尔雅》中“鲜”、“省”两个字都被训为“善”,正好是同一个声的转音,而且以下说“籧篨不殄”,“殄”读作“腆”,意思也是“善”。《小雅·采绿》篇中“六日不詹”,传训“詹”为“至”,后人不认可,而不知道“詹”在《尔雅》中就记作“至”,是古代的方言,因此《方言》也说:“楚语将‘至’念作‘詹’”

《曲礼》“急缮其怒”,郑读缮为劲,后人不从,而不知缮之为劲,乃耕、仙二部之相转,犹“辨秩东作”通作“平秩”,“平平左右”亦作“便蕃左右”也。《学记》:“术有序”,郑注云:“述当为遂,声之误也”,后人不从,而妄改为州,而不知述、遂古同声,故《月令》“审端径术”注云:“术,《周礼》作遂”也。

【译文】《曲礼》中“急缮其怒”一句,郑玄读“缮”为“劲”,后人不认同,而不知道“缮”字经过“耕”、“仙”两个韵部相转就是“劲”,就像“辨秩东作”通常作“平秩”,“平平左右”也作“便蕃左右”。《学记》中的“术有序”,郑玄注说:“述”应该是“遂”,是声韵之误,后人不认同,而妄自改成“州”,却不知“述”、“遂”古代声音相同,所以《月令》“审端径术”注说:“术”《周礼》作“遂”。

若乃先儒训释偶疏，而后人不知改正者，亦多有之。如《易·屯》六二“女子贞不字”，陆绩训字为爱，已觉未安，至宋耿南仲误读“女子许嫁笄而字”之文，遂以字为许嫁，不可更通，不如虞翻训为妊娠之善也。

【译文】如果先辈儒者训诂解释偶有疏忽，而后人也不知道改正的，也有很多。如《易·屯》六二“女子贞不字”一句，陆绩训“字”为“爱”，已经觉得有些不妥，到南宋耿南仲就误读“女子许嫁笄而字”的意思，于是将“字”作“许嫁”的意思，更加不通，不如虞翻训为“妊娠”来的更好。

《尧典》“克谐以孝，烝烝乂，不格奸”，传训烝烝乂为进进以善自治，颇为不辞，不如蔡邕《九疑山碑》读以“孝烝烝”为句，且依《广雅》“烝烝孝也”之训为善也。《皋陶谟》“万邦作乂”，《禹贡》“莱夷作牧”、“云梦土作乂”，《史记·夏本纪》皆以为字代作字，文义未安，不如用《诗·駉》篇传训作为始之善也。

【译文】《尧典》中的“克谐以孝，烝烝乂，不格奸”，经传训“烝烝乂”为“进进以善自治”，十分不工整，不如蔡邕《九疑山碑》读作“孝烝烝”，而且依据《广雅》“烝烝孝也”的训诂为好。《皋陶漠》中的“万邦作乂”一句，《禹贡》中的“莱夷作牧”、“云梦土作乂”，《史记·夏本纪》寔以“为”字代替“作”字，文义不顺，不如用《诗·駉》篇经传训“作”为“始”更好。

《禹贡》“嵎夷既略”传谓“用功少曰略”，乃望文生义，不如训略为治之善也。《康诰》“远乃猷裕乃以民宁”，传读猷字为句，而训猷为谋，不如断猷裕为句，而用《方言》“猷，裕道也”之训为善也。《诗·鄘风·定之方中》篇“匪直也人”，《桧风·匪风》篇“匪风发兮，匪车偈兮”，《小雅·小旻》篇“如匪行迈谋”，笺并训匪为非，不如用《左传》杜注训匪为彼之善也。

【译文】《禹贡》中的“蜗夷既略”经传说“用功少就叫‘略‘”，于是望文生义，不如训“略”为“治”更好。《康诰》中的“远乃猷裕乃以民宁”，经传在“猷”字处断句，而训“猷”为“谋”，不如在“猷裕”处断句，而用《方言》“猷，裕道”的训诂为好。《诗·鄘风·定之方中》篇“匪直也人”，《桧风·匪风》篇“匪风发兮，匪车偈兮”，《小雅·小旻》篇“如匪行迈谋”，笺都将“匪”训为“非”，不如用《左传》杜注训“匪”为“彼”更好。

《王风·中谷有蓷》篇“叹其湿矣”，传笺并解为水湿，与叹字之义相反，不如读湿为暍，用通俗文欲燥暍之善也。《魏风·陟岵》篇“行役夙夜无寐”，传以为寤寐之寐，不如读寐为沫，而用《楚辞》注“沫，已也”之训为善也。《小雅·南有嘉鱼》篇，“烝然罩罩”，“烝然汕汕”，传依《尔雅》云“罩罩，篧也”，“汕汕，樔也”，不如《说文》训为鱼游水貌之善也。

【译文】《王风·中谷有蓷》篇中的“叹其湿矣”，传篇实解释为水湿，与叹字的含义相反，不如读“湿”为(日显)，用通俗文欲燥(日显)更好。《魏风·陟岵》篇“行役夙夜无寐”，经传认为是“寤寐”的“寐”，不如读“寐”为“沫”，而用《楚辞》注“沫，就是‘已’的意思”的训诂为好。《小雅·南有嘉鱼》篇“烝然罩罩”、“烝然汕汕”，经传以《尔雅》说“罩罩，是指捕鸟笼”，“汕汕，就是巢”，不如《说文》训为鱼游水的样子更好。

《菁菁者莪》篇，“我心则休”，《释文》《正义》并以休为美，不如用《国语》注“休，喜也”之训为善也。《北山》篇“我从事独贤”，笺以为贤才之贤，不如《毛传》训贤为劳之善也。《菀柳》篇“无自昵焉”，传训昵为近，与“无自瘵焉”之文不类，不如《广雅》“昵，病也”之训为善也。

【译文】《菁菁者莪》篇中“我心则休”，《释文》、《正义》都将“休”解释为“美”，不如用《国语》注“休，喜”的训诂为好。《北山》篇“我从事独贤”，笺认为应该作“贤才”的“贤”讲，不如《毛传》训贤为“劳”更好。《菀柳》篇“无自昵焉”，传训“昵”为“近”，与“无自瘵焉”之文字不同类，不如《广雅》“昵，就是病”的训诂为好。

《都人士》篇“序衣服不贰，从容有常”，郑训从容为休燕，不如《缁衣》《正义》训为举动之善也。《大雅·绵》篇“曰止曰时”，笺训时为是，与曰止异义，不如训时为止之善也。《卷阿》篇“有冯有翼”，传云：“道可冯依，以为辅翼”，不如训为“冯冯翼翼，满盛之貌”为善也。《民劳》篇“无纵诡随”，传云“诡人之善，随人之恶”，以叠韵之字而上下异训。不如读随为(言隋)，而训诡谲之善也。

【译文】《都人士》篇“序衣服不贰，从容有常尠”，郑玄训“从容”为“休燕”，不如《缁衣》、《正义》训为“举动”更好。《大雅·绵》篇“曰止曰时”，笺注将“时”作为“是”，和“曰止”意义不同，不如训“时”为“止”更好。《卷阿》篇“有冯确翼”，传说：“道可冯依，以为辅翼”，不如训为“冯冯翼翼，满盛之貌”更好。《民劳》篇“无纵诡随”，传说“诡人之善，随人之恶”，用叠韵字来进行上下异训。不如读“随”为(言隋)，而训为“诡谲”更好。

《云汉》篇“昊天上帝，则不我虞”，笺训虞为度，文义未允，不如训为有与助之善也。《月令》“养壮佼”，《正义》以佼为形容佼好，与壮异义，不如训佼为健之善也。桓十一年《左传》“且曰虞四邑之至也”昭六年《传》“始吾有虞于子”，杜注并训为度，不如训为望之善也。宣十二年传“董泽之蒲。可胜既乎”，杜训既为尽，不如读既为塈，用《摽有梅》诗传“塈，取也”之训为善也。襄二十五年《传》“冯陵我敝邑，不可亿逞”，杜训臆为度，逞为尽，不如训为盈满之善也。

【译文】《云议》篇“昊天上帝，则不我虞”，笺训“虞”为“度”，文义不当，不如训为“确”、“助”更好。《月令》“养壮佼”，《正义》认为佼是形容面貌的佼好，和“壮”意思不同，不如训“佼”为“健”更好。桓公十一年《左传》“且曰虞四邑之至也”昭公六年《传》“始我有虞于子”，杜预注都训为“度”，不如训为“望”更好。宣公十二年传“董泽之蒲。可胜既乎”，杜预训“既”为“尽”，不如读“既”为“塈”，用《标有梅》诗传“塈，获取的意思”的训诂更好。襄公二十五年《传》“冯陵我敝邑，不可臆逞”，杜预训“臆”为“度”，“逞”为“尽”，不如训为“盈”、“满”更好。

后之览是书者，去凿空妄谈之病，而稽于古，取古人之传注而得其声音之理，以知其所以然，而传注之未安者，又能博考前训以正之，庶可传古圣贤著书本旨，且不失吾师纂是书之意与！

【译文】后来者看好这书的，应该抛却臆造妄谈的毛病，而考证古籍，取来古人的传注而获得其声韵、音律的原理，并推知其所以然，而传注不适当的，又可以详尽考量前边的训诂注释加以纠正，差不多就可以传播古代圣贤著述的本意，而且不会误解我老师编纂此书的意图了！

经义述闻自序

引之受性梼昧，少从师读经，裁能绝句而不得其解。既乃习举子业，旦夕不辍，虽有经训，未及搜讨也。年廿一应顺天乡试，不中式而归，亟求《尔雅》、《说文》、《音学五书》读之，乃知有所谓声音、文字、诂训者。越四年而复入都，以己所见质疑于大人前。大人则喜曰：乃今可以传吾学矣。遂语以古韵廿一部之分合，《说文》谐声之义例，《尔雅》《方言》及汉代经师诂训之本原。

【译文】我生性愚笨，年少时跟随老师读经，只能断句而无法理解。然后学习应试的诗文，日夜不停，虽然有经训，但是来不及进行搜寻探讨。二十一岁时去顺天府参加乡试，没有中就回来了，急忙找《尔雅》、《说文》、《音学五书》来读，才知道有所谓的音韵、文字和训诂。过了四年再次去京城，将自己所学求教于父亲。父亲高兴地说：现在可以将学问传授给你了。于是传授给我古韵廿一部的分合、《说文解字》谐声的义例以及《尔雅》《方言》和汉代经师训诂的方法。

大人曰：训诂之指，存乎声音，字之声同声近者，经传往往假借。学者以声求义，破其假借之字而读以本字，则涣然冰释。如其假借之字而强为之解，则诘鞫为病矣，故毛公《诗传》，多易假借之字而训以本字，已开改读之先；至康成笺《诗》、注《礼》，娄云某读为某，而假借之例大明。后人或病康成破字者，不知古字之多假借也。

【译文】我的父亲说：训诂学的意旨，在于音韵，字有声同、声近的，在经传上往往都是假借的结果。学者们通过音韵来探寻经义，破开假借的字得到本字，就可以涣然冰释了。如果通过假借的字勉强进行解释，就会出现诘屈聱牙的毛病，所以毛亨的《诗传》，有很多地方都改易假借的字而使用本字，那时就已经开启了改读的先例；到了郑玄为《诗经》作笺注，为《礼》作传注时，屡屡说“某个字应该读作某个字”实际上就是通过假借的方法。后人有的责备郑玄破开了一些字，但是却不知道古字中有很多都是假借的字。

大人又曰：说经者，期于得经意而已。前人传注不皆合于经，则择其合经者从之，其皆不合，则以己意逆经意，而参之他经。证以成训，虽别为之说亦无不可。必欲专守一家，无少出入，则何邵公之墨守见伐于康成者矣。故大人之治经也，诸说并列，则求其是；字有假借，则改其读。盖孰于汉学之门户而不囿于汉学之藩篱者也。

【译文】我的父亲又说：解说经文的，都希望能在经义之中有心得。前人为经作传注时往往不是分于经相合，于是就选择其中与经相合的来遵从。那些不相合的，就按照自己的意思来迎合经义，同时参考其他的经文。用辩证的办法来促成训诂，虽然另为一说也是可以。一定想要专门坚守两种经，一点出入也没有，就会像何休被郑玄批驳的那样。所以父亲治经，各种说法都采取，来追求其本真；有假借字的，就改正读音。那样就会对汉学十分清楚而又不会被汉学所拘束了。

引之过庭之日，谨录所闻于大人者以为圭臬，日积月累，遂成卷帙。既又由大人之说触类推之，而见古人之诂训，有后人所未能发明者，亦有必当补正者，其字之假借有必当改读者。不揆愚陋，辄取一隅之见附于卷中，命曰《经义述闻》，以志义方之训。凡所说《易》、《书》、《诗》、《周官》、《仪礼》、《大小戴记》、《春秋内外传》、《公羊》《谷梁传》、《尔雅》，皆依类编次，附以通说，其所未竟，归之续编。亦欲当世大才通人，纠而正之，以祛烦惑云尔。嘉庆二年三月二日高邮王引之叙。

【译文】引用父亲的教诲，恭恭敬敬地将父亲所说的奉为圭臬，通过日积月累，逐渐成为篇幅不小的著述。然后有因为父亲的学说而进行触类旁通，终于能够窥见古人训诂学的门径，有后来人所没有办法进行发挥之处，也有应该进行补正的，假借的字有必要的都进行更正。不因为自己的愚笨，动辄就将自己的一己之见附在书中，起名叫《经义述闻》，用来纪念父亲的教导。凡是所说的《易》、《书》、《诗》、《周官》、《仪礼》、《大小戴记》、《春秋内外传》、《公羊》《谷梁传》、《尔雅》等，都进行分类编排，附加上“通论”，还没有完成的就放到续编里。也想让当今世上的才智通达之士进行纠正，以除去纠结惑乱的东西。嘉庆二年三月二日高邮王引之作。

经传释词自序

语词之释，肇于《尔雅》。“粤”、“于”为“曰”，“兹”、“斯”为“此”，“每有”为“虽”，“谁昔”为“昔”：若斯之类，皆约举一隅，以待三隅之反。盖古今异语，别国方言，类多助语之文。凡其散见于经传者，皆可比例而知；触类长之，斯善式古训者也。

【译文】词语的解释，开始于《尔雅》，“粤”、“于”是“曰”的意思，“兹”、“斯”是“此”的意思，“每有”是“虽”的意思，“谁昔”是“昔”的意思：像这样一类的，都略举一些，一起带能够产生举一反三的效果。因为古代和现在的语言是不一样的，其他国家的语言，也有很多助语。凡是散见在经传之中的，都是可以进行类比从而能够掌握的；触类旁通就可以掌握，这就是善于应用的古训了。

自汉以来，说经者宗尚雅训，凡实义所在，既明箸之矣，而语词之例，则略而不究；或即以实义释之，遂使其扞格，而意亦不明。如“由”，用也；“猷”，道也。而又为词之“於”。若皆以“用”与“道”释之，则《尚书》之“别求闻由古先哲王”，“大诰猷尔多邦”，皆文义不安矣。

【译文】从汉代以来，解说经文的人都崇尚典雅的正训，都进行了明确的说明，而词语的体例，则是简略不进行探究；有的就算是用具有实际意义的词来进行解释，也使得文字彼此抵触，互不一致，文意也因此不明晰了。比如“由”，就是“用”的意思；“猷”就是“道”的意思，而又使用“於”这个词。如果都用“用”与“道”来进行解释。则《尚书》中的“别求闻由古先哲王”，“大诰猷尔多邦”，都会产生文意不当的状况了。（这里暂举一个例子，后面的实仿照这个例子）

“攸”，所也；“迪”，蹈也；而又为词之“用”。若皆以“所”与“蹈”释之，则《尚书》之“各迪有功”，“丰水攸同”，“风雨攸除，鸟鼠攸去”，皆文义不安矣。

【译文】“攸”，是“所”的意思；“迪”，是“蹈”的意思；而又用“用”这个词。若如果都用“所”和“蹈”来进行解释，那么《尚书》中的“各迪有功”，“丰水攸同”，《毛诗》中的“风雨攸除，鸟鼠攸去”，就都会产生文意不当的现象了。

“不”，弗也；“否”，不也；“丕”，大也；而又为发声与承上之词。若皆以“弗”与“大”释之，则《尚书》之“三危既宅，三苗丕叙”，“我生不有命在天”，“否则侮厥父母”，《毛诗》之“否难知也”，“有周不显，帝命不时”，《礼记》之“不在此位也”，皆文义不安矣。

【译文】“不”，是“弗”的意思；“否”是“不”的意思；“丕”是“大”的意思；而又将其用作发声和承上的词。如果都用“弗”和“大”来进行解释，那么《尚书》中的“三危既宅，三苗丕叙”，“我生不有命在天”，“否则侮厥父母”，《毛诗》中的“否难知也”，“有周不显，帝命不时”，《礼记》中的“不在此位也”，都会产生文意不当的状况。

“作”，为也；而又为词之“始”与“及”。若皆以“为”释之，则《尚书》之“万邦作乂”，“作其即位”，皆文义不安矣。“为”，作也；而又为词之“如”，与“有”，与“与”，与“於”。若皆以“作”释之，则《左传》之“何臣之为”，《晋语》之“称为前世”，《谷梁传》之“近为祢宫”，《管子》之“为臣死乎”，《孟子》之“得之为有财”，皆文义不安矣。

【译文】“作”，是“为”的意思；而又用“始”和“及”这两个词来代替。如果都用“为”来进行解释，那么《尚书》中的“万邦作乂”，“作其即位”，都会文意不当。“为”是

"作"的意思；而又用"如"和"有"这两个词来取代，和"与"，和"於"。如果都用"作"来进行解释，那么《左传》中的"何臣之为"，《国语·晋语》中的"称为前世"，《谷梁传》中的"近为祢宫"，《管子》中的"为臣死乎"，《孟子》中的"得之为有财"，都会产生文意不当。

又如"如"，若也；而又为词之"而"，与"乃"，与"当"，与"与"。"若"，如也；而又为词之"其"，与"而"，与"此"，与"惟"。"曰"，言也；而又为词之为"欥"。"谓"，言也；而又为词之"为"，与"与"，与"如"，与"柰"。"云"，言也；而又为词之"有"，与"或"，与"然"。"宁"，安也；而又为词之"乃"。"能"，善也；而又为词之"而"，与"乃"。"无"，不有也；而又为词之发声与转语。

【译文】又比如"如"是"若"的意思；而又用"而"和"乃"这两个词，和"当"，和"与"。"若"是"如"的意思；而又用"其"和"而"这两个词，和"此"，和"惟"。"曰"是"言"的意思，而又使用"祇"。"谓"是"言"的意思；而又使用"为"，和"与"，和"如"，和"柰"。"云"是"说"的意思；而又用"有"、"或"、"然"。"宁"是"安"的意思；而又用"乃"。"能"是"善"的意思；而又用"而"和"乃"。"无"，是没有的意思；而又对其进行发声和转语。

"有"，不无也；而又为词之"为"。"即"，就也；而又为之"则"；与"若"，与"或"。"则"，法也；"及"，至也；而又为词之"若"。"兹"，此也；而又为叹词。"嗟"，叹词也；而又为语助。"彼"，他也；而又为词之"匪"。"匪"，非也；而又为词之'彼"。"咫"，八寸也；而又为词之"只"。"允"，信也；而又为词之"用"。"终"，尽也；而又为词之"既"。

【译文】"有"不是"无"的意思；而又用"为"。"即"是"就"的意思；而又用"则"，以及"若"和"或"。"则"是"法"的意思；"及"是"至"的意思；而又用"若"。"兹"是"此"的意思；而又将其作为叹词。"嗟"是叹词；而又作为助语。"彼"是"其他"的意思；而又用"匪"。"匪"是"非"的意思；而又用'彼"。"咫"是八寸；而又用"只"。"允"是"信"的意思；而又用"用"。"终"是"尽"的意思；而又用"既"。

"多"，众也；而又为词之"只"。"适"、"徂"、"逝"，皆往也；而"适"又为词之"啻"；"且"，又为词之"及"；"逝"，又为词之发声。"思"，念也；"居"，处也；"夷"，平也；"一"，数之始也；而又皆为语助。"曷"，词之"何"也；而又为"何不"。"盍"，何不也；而又为"何"。"於"，词之"于"也；而又为"为"，为"与"。"爰"，词之"曰"也；

而又为“与”。“安”，词之“焉”也；而又为“乃”，为“则”，为“于是”。

【译文】“多”是“众多”的意思；而又用“只”。“适”、“徂”、“逝”，都是“去”的意思；而“适”又有一个词“啻”；“徂”，又有一个词“及”；“逝”，又可以作为发声词。“思”是“念”的意思；“居”是“处”的意思；“夷”是“平”的意思；“一”是数字的开始；而又都可以作为为助语。“曷”就是“何”；而又可以理解为“何不”。“盍”，就是“何不”的意思；而又用“何”。“於”，就是“于”；而又用“为”，和“与”。“爰”，是“曰”的意思；而又用“与”。“安”就是“焉”；而又用“乃”，用“则”，用“于是”。

“焉”，词之“安”也；而又为“於”，为“是”，为“于是”，为“乃”，为“则”。“惟”，词之“独”也；而又为“与”，为“及”，为“虽”。“虽”，不定之词也；而又为“惟”。“矧”，词之“况”也；而又为“亦”。“亦”，承上之词也；而又为语助。“且”，词之更端也；而又为“此”。“之”，词之“是”也；而又为“於”，为“其”，为“与”。凡此者其为古之语词，较然甚著。揆之本文而协，验之他卷而通。虽旧说所无，可以心知其意者也。

【译文】“焉”，就是“安”；而又用“於”，用“是”，用“于是”，用“乃”，用“则”。“惟”就是“独”；而又用“与”，用“及”，用“虽”。“虽”，是个不定词；而又用“惟”。“矧”，是“况”的意思；而又用“亦”。“亦”，承接上文的词；而又作为助语。“且”是表示递进的词；而又用“此”。“之”就是“是”；而又用“於”，用“其”，用“与”。凡是这些都是古代的词语，比较起来还是很明显的。通过字的本意来进行考察就会协调了，通过其他的书籍来进行验证也能说得通。虽然是以前的人所没有提及的，也可以说是心领神会了。

引之自庚戌岁入都侍大人，质问经义，始取《尚书》二十八篇紬绎之，而见其词之发句、助句者，昔人以实义释之，往往诘鞫为病；窃尝私为之说，而未敢定也。及闻大人论《毛诗》“终风且暴”，《礼记》“此若义也”诸条，发明意恉，涣若冰释，益复得所遵循，奉为楷式，乃遂引而伸之，以尽其义类。自《九经》、《三传》及周、秦、西汉之书，凡助语之文，遍为搜讨，分字编次，以为《经传释词》十卷，凡百六十字。前人所未及者补之，误解者正之，易晓者则略而不论。非敢舍旧说而尚新奇，亦欲窥测古人之意，以备学者之采择云尔。嘉庆三年二月一日，高邮王引之叙。

【译文】我自从庚戌年进京，侍候在父亲身边向他讨教经义，才开始拿出《尚书》二十八篇进行阐述，而看见其中词语的开句、助语的，前人就用实在的意思进行解释，往往出现深究的毛病；我曾经私下里有一些想法，但是不敢肯定。等到听说父亲讨论《毛诗》中“终风且暴”以及《礼记》中的“此若义也”各条，发挥了经学意旨，才得涣然冰释，更加遵从这种做法，奉为准则。于是对这种做法进行引申，用来穷尽其义类。从《九经》、《三传》以及周、秦、西汉时期的书籍，凡是助语的文字、词语，统统进行了搜罗，按字进行编排，作成《经传释词》十卷，一共以百六十个字。以及前人所没有讨论的也进行补入，被误解了的就进行纠正，其中容易通晓的就不说了。不敢舍弃就说而崇尚新奇的学说，也像用来管窥古人的真正用意，以备学者们进行取舍选择。嘉庆三年二月一日，高邮王引之作。

江　藩

甘泉人，字子屏，号郑堂，监生。少受学于惠栋、余萧客、江声，博综经史。阮元督漕淮安时，礼为丽正书院山长，著《国朝汉学师承记》、《国朝经师经义目录》，甄录诸儒及其著述。一以笃守汉学家法者为断。又有《宋学渊源记》、《周易述补》、《隶经文》、《炳烛室杂文》。（案：江氏又有《经解入门》一书，而坊间不甚流行。曾见石印本两小册，书内列举条目，述群经之源流大义，与文字、训诂、音韵、校勘之事。前有仪徵阮元序，称其文约旨详，甚便初学，后有於越徐仪吉跋，略谓是书初刻于江氏家塾，工未竣，而先生遽捐馆舍，故世无传本，仪吉闻其副本尚在江右，因殚数年心力，以重金购得之，爰为校雠，付之石印，以公同好。今此编因卷帙有限，势难多采，故特摘其卷首之凡例并目录附钞于后，以为学者之绍介焉耳。）

【译文】江藩是清代甘泉人，字子屏，号郑堂，是一名监生。年少之时，江藩曾在惠栋、余萧客、江声那里求学，他博览经史。阮元在淮安监督漕运时，礼贤下士推举江藩为丽正书院山长。江藩著有《国朝汉学师承记》、《国朝经师经义目录》，内容甄别著录各位儒者以及他们的著述。完全按照汉学家法作为评断的标准。他还著有《宋学渊源记》、《周易述补》、《隶经文》、《炳烛室杂文》。（按：江藩还著有《经解入门》一书，但坊间不太流行。曾经见过两小册石印本，书中列举条目，叙述群经的源流大义，以及文字、音韵、训诂、校勘等内容。书前有阮元作的序，称赞他文字简洁内容翔实，十分便利于初学者，书后有徐仪吉的跋文，简略谈到这部书一开始是在江藩家塾中刊刻的，还没有完成，江藩就去世了，所以世间并没有流传，徐仪吉听说这书的副本还在江南，就殚心竭虑耗费数年心力，用重金买到，于是对书的内容进行校勘，并刊出石印本，公开发行给爱好者。现在这一编因为篇幅有限，势必难以多多采录，所以特意摘出卷首的凡例目录附在篇后，作为学者的介绍罢了。）

国朝汉学师承记自序

先王经国之制，井田与学校相维，里有序，乡有庠。八岁入小学，学六甲、五方、书计之事，始知室家长幼之节。十五人大学，学先圣礼乐，而知朝廷君臣之礼。所以耕夫余子，亦得秉耒横经，渐《诗》《书》之化，被教养之泽。济济乎，洋洋乎，三代之隆轨也！

【译文】先王治理国家的制度，井田制和学校互为维度，乡里有庠序之教。一个人八岁进入小学，学习六甲、五方以及书写等技能，才开始了解宗族、家族的礼节。十五岁进入大学，学习先王圣贤的礼乐制度，就可以了解到朝廷君臣之间的礼制。所以农夫的儿子也可以耕读传家，接受《诗经》、《尚书》的教化，同时接受教化训导的恩泽。人才济济，荦荦大端，是三代兴隆的轨迹！

秦并天下，燔诗书，杀术士，圣人之道坠矣。然士隐山泽岩壁之间者，抱遗经，传口说，不绝于世。汉兴，乃出。言《易》，淄川田生；言《书》，济南伏生；言《诗》，于鲁则申公培，于齐则辕固生，于燕则韩太傅；言《礼》，于鲁高则堂生；言《春秋》，于齐则胡毋生，于赵则董仲舒。自兹以后，专门之学兴，命氏之儒起。六经五典，各信师承，嗣守章句，期乎勿失。西都儒士，开横舍，延学徒，诵先王之书，被儒者之服，彬彬然有洙泗之风焉。

【译文】秦统一天下，焚烧诗书，坑杀儒士，圣人的大道被破坏了。然而士人隐居山林沼泽岩穴之间的，还怀抱着遗留下来的经典通过口耳相传，没有在世间断绝。汉代兴盛，这些经典就不断涌现。解说《易》经的，有淄川的田生；解说《尚书》的，有济南的伏生；解说《诗经》的，在鲁国有申公培，在齐国有辕固生，在燕国有韩太傅；解说《礼》经的，有鲁国的高堂生；解说《春秋》的在齐国有胡毋生，在赵国则有董仲舒。从此以后，专门的学术兴盛起来了，专职的儒生兴起。六经五典，各自信服于自己门派的师承，继续坚守章句之学，期待不会有所失。西汉的儒士，开设学舍，招纳学徒，诵读先王的经典，穿着儒者的服饰，文质彬彬的样子很有洙泗一带的风尚。

爰及东京，硕学大儒，贾、服之外，咸推高密郑君，生炎汉之季，守孔子之学，训义优洽，博综群经，故老以为前修，后生未之敢异。晋王肃自谓辨理依经，逞其私说，伪作《家语》，妄撰《圣证》，以外戚之尊，盛行晋代。王弼宗老、庄而注《周易》，杜预废贾、服而释《春秋》，梅赜上伪《书》，费甝为义疏。于是宋、齐以降，师承陵替，江左儒门，参差互出矣。

【译文】到了东汉，博学的大儒，除贾逵、服虔之外，都推崇高密的郑玄，郑玄生于东汉，坚守孔子的学说，训诂之义十分博洽，综合群经，所以有他在前修治经学，后来诸生都不敢提出异议；晋代的王肃自认为辨证义理依据群经，却发挥的是自己的学说，伪作《孔子家语》，妄自撰述《圣证》，因其西晋外戚的尊崇身份在晋代十分盛行；王弼以老子、庄子为宗，而为《周易》作注；杜预抛开贾逵、服虔的学说而为《春秋》作注释，梅赜献上伪古文《尚书》，费甝撰《尚书义疏》。于是从南朝的宋、齐以来，经学师承混乱衰败，江南的儒士，参差不齐而又迭相出现。

然河、洛尚知服古，不改旧章，《左传》则服子慎，《尚书》《周易》则郑康成，《诗》则并主于毛公，《礼》则同遵于郑氏。若辅嗣之《易》，惟河南、青、齐间有讲习之者，而王肃《易》亦间行焉。元凯之《左氏》但行齐地，《伪孔传》惟刘光伯、刘士元信为古文，皆不为当时所尚。《隋书》云："南人约简，得其英华；北学深芜，穷其枝叶。"岂知言者哉！

【译文】然而北朝还知道服从经学古义，不改变旧章。《左传》有服虔。《尚书》、《周易》有郑玄，《诗经》则主要是毛苌，《礼》学也有郑玄。就如同王弼的《易》，只有河南、青、齐地区有讲习的人，而王肃的《易》学也盛行起来。杜预的《左传》注只在齐地流行，《伪孔传》只有隋代的刘炫、明代的刘魁相信其为古文经，都不被当时人所尊崇。《隋书》说："南方人的简约，得到了其中的精华；北方学术深刻繁杂，穷尽其枝叶。"难道不是十分贴切的话吗！

唐太宗挺生于干戈之世，创业于戎马之中，虽左右櫜鞬，栉风雨，然锐情经术，延揽名流，即位后雠正五经，颁示天下，命诸儒萃章句，为义疏。惜乎孔冲远、朱子奢之徒妄出已见，去取失当，《易》用辅嗣而废康成，《书》去马、郑而信伪孔，《谷梁》退麋氏而进范宁，《论语》则专主平叔，弃尊彝而宝康瓠，舍珠玉而收瓦砾，不亦慎哉！

【译文】唐太宗出生于乱世，在战乱中创立基业，虽然过着军旅生活，然而对于经术十分重视，招引名流，他即位后校正五经，颁布晓示天下，命令各位儒士选萃章句，作义疏。可惜孔颖达、朱子奢等人妄自发表己见，去除选取失当，《易》学用王弼的学说不用郑玄的，《尚书》不用马融、郑玄的学说而相信《伪孔传》，《谷梁》学则不用糜信而用范宁，《论语》则专以何晏为主，这种抛弃尊彝宝器而以破罐为宝，舍弃珠玉而收拾瓦砾的做法，不是应该被后人关注吗！

宋初承唐之弊，而邪说诡言，乱经非圣，殆有甚焉。如欧阳修之《诗》、孙明复之《春秋》、王安石之《新义》是已。至于濂、洛、关、闽之学，不究礼乐之源，独标性命之旨，义疏诸书，束置高阁，视如糟粕，弃等弁髦，盖率履则有余，考镜则不足也。

【译文】宋初继承了唐代的弊病，而歪理邪说，扰乱经典、非议圣贤的情况相当严重。比如欧阳修的《诗》、孙复的《春秋》、王安石的《尚书新义》就是这样。至于濂、洛、关、闽四个学派，不去探究礼乐的渊源，只是标榜性命，为各书作义疏而已，并束之高阁，视之为糟粕，弃之如马鬃。那么会出现遵循礼法有余而考镜学术不足的现象。

元、明之际，以制义取士，古学几绝。而有明三百年，四方秀艾，困于帖括，以讲章为经学，以类书为博闻，长夜悠悠，视天梦梦，可悲也夫！在当时岂无明达之人、志识之士哉？然皆滞于所习，以求富贵。此所以儒罕通人，学多鄙俗也。

【译文】元、明之际，以科举取士，古典学术几乎断绝。而明代有三百多年的时间，四方的秀士人才，被书帖等所困，认为讲论章句就是经学，以修治类书为博学多闻。长夜漫漫，观天发梦，是十分可悲的！在当时难道没有聪明练达、有志有识的人吗？但是都被积习所阻滞，以之为追求富贵的途径，这就是因为儒士中极为少见的通达之士，学术较多鄙陋粗俗罢了。

我世祖章皇帝，握贞符，膺图箓，拨乱反正，伐罪吊民，武德定四海，文治垂千古。顺治十三年，敕大学士傅以渐撰《易经通注》，以《永乐大全》繁冗芜陋，刊其舛讹，补其阙漏，勒为是书，颁之学官。

【译文】我朝世祖章皇帝（顺治）手握吉祥的符命，拨乱反正，为民讨伐无道，其武功平定四海，文治垂教千古。顺治十年，命令大学士傅以渐撰述《易经通注》，因为《永乐大典》繁冗浅陋，所以对其中的舛讹进行了刊改，补充其缺漏，布勒成这部书，在学官中颁布。

圣祖仁皇帝嗣位，削平遗孽，亲征西番，戡定三藩，永清六合，然万机之暇，栖神坟典，悦志艺文，阐五音六律之微，稽八线九章之术。天亶睿知，典学宏深，伊古以来所未有也。康熙十九年，敕大学士库勒纳等编《日讲四书解义》《日讲书经解义》。二十二年，敕大学士牛钮等编《日讲易经解义》。三十八年，奉敕撰《春秋传说汇纂》。五十四年，又敕大学士李光地等撰《周易折中》。六十年，又敕大学士王顼龄等撰《书经传说汇纂》，又敕户部尚书王鸿绪等撰《诗经传说汇纂》。凡御纂群经，皆兼采汉宋先儒之说，参考异同，务求至当，远绍千载之薪传，为万世不刊之钜典焉。

【译文】圣祖仁皇帝（康熙）继位，削平余孽，亲征准噶尔，平定三藩，扫平全天下，然而在日理万机的闲暇中，也专心于古代经典，注重艺文，阐发五音六韵的微言大义，稽考八线九章的学术。他是天生睿智的君主，古典学术宏大深厚，是自古以来从来没有的。康熙十九年，命大学士库勒纳等编《日讲四书解义》《日讲书经解义》。康熙二十二年，命大学士牛钮等编《日讲易经解义》。康熙三十八年，奉命撰《春秋传说汇纂》。康熙五十四年，又命大学士李光地等撰《周易折中》。又命户部尚书王鸿绪等撰《诗经传说汇纂》。凡是御撰的群经，都兼顾汉、宋先儒们的学说，参考其中异同，务必追求十分恰当，向上远远继承千百年来的传统，成为万世不变的鸿篇巨制。

世宗宪皇帝际升平之时，咸宁之世，未明求治，乙夜观书，虽夙通三乘，然雅重七经。即位之后，即刊行圣祖《钦定诗经传说汇纂》《书经传说汇纂》，皆御制序文，弁于卷首。又编定《圣祖日讲春秋解义》。雍正五年，御纂《孝经集注》，折衷群言，勒为大训，推武、周达孝之源，究天地明察之理，故能心契孔、曾，权衡醇驳也。

【译文】世宗宪皇帝（雍正）继位于太平盛世，还没有明确治国之术，晚间看书，虽然已经精通三教，但更加重视七种经典。他继位之后，就刊刻圣祖康熙帝的《钦定诗经传说汇纂》《书经传说汇纂》，都是皇帝亲自撰写序文，置于卷首。又编订定《圣祖日讲春秋解义》。雍正五年，皇帝亲自纂写《孝经集注》，对群言进行折衷分析，布勒成为宏大的训导，推导周武王、周公的孝道之源，考察天地明察的道理，所以能够和孔子、孟子的学说相互契合。权衡取舍淳厚驳杂。

至高宗纯皇帝御极六十年，久道化成，不疾而速，不行而至，武功则耆定十全，文德则旁敷四海，富既与地乎侔资，贵乃与天乎比崇，盛德日新，多文日富。乾隆元年，诏儒臣排纂圣祖《日讲礼记解义》。十三年，钦定《周官义疏》《仪礼义疏》《礼记义疏》。二十年，大学士傅恒等奉敕撰《周易述义》《诗义折中》。三十年，大学士傅恒等奉敕撰《春秋直解》，于《易》则不涉虚渺之说与术数之学，观象则取互体，以发明古义。于《诗》则依据毛、郑，溯孔门授受之渊源，事必有征，义必有本，臆说武断，概不取焉。于《礼》则以康成为宗，探孔、贾之精微，综群儒之同异，本天殽地，经国坊民，法治备矣。于《春秋》则采三家之精华，斥安国之迂谬，阐尼山之本意；洵为百王之大法也。经学之外，考石鼓，辨太昌、用修之非；刊石经，湔开成、广政之陋。又刻《御制说经文》于太学，皆治经之津梁，论古之枢要，所谓悬诸日月，焕若丹青者也。于是鼓箧之士，负笈之徒，皆知崇尚实学，不务空言，游心六艺之囿，驰骛仁义之途矣。

【译文】到高宗纯皇帝（乾隆）在位六十年，长久地沐浴着道德教化，不用费力就能很快发展，不用行走就能达到极致，他在武功方面十全十美，文治则享誉四海，财富和地同等，尊贵与天同样崇高，德行一日比一日兴盛，文采繁盛。乾隆元年，下诏令儒士之臣排比汇纂圣祖康熙的《日讲礼记解义》。乾隆十三年，钦定《周官义疏》《仪礼义疏》《礼记义疏》。乾隆二十年，大学士傅恒等奉命撰《周易述义》、《诗义折中》。乾隆三十年，大学士傅恒等奉命撰《春秋直解》，对于《易》则不涉及虚无缥缈的学说和术数之学，对于象数学则采取"互体"的方式加以发挥古义。对于《诗》则根据毛苌、郑玄，追溯孔子一门的渊源，凡事都有理有据，义理必定有所根本，主观武断一概不予采取。对于《礼》则以郑玄为宗，探讨孔子、贾逵的精微之处，综合群儒之间的异同，根本于天地，治国教民；法治就完善了。对于《春秋》，则采用三传的精华，驳斥孔安国的迂腐谬误之处，阐释孔门的本意。就成为后世百王的根本大法了。除了经学之外，考证石鼓文，辨别程大昌、杨慎的不足之处；刊刻石经，洗涤开成石经、广政石经的鄙陋。又在太学刊刻《御制说文》，都是治经学中的重要内容，探讨古代的毕竟之路，即所谓像日月一样高悬，焕然像丹青妙笔一样。于是抱持书箧的士人、负笈的学子，都能知道崇尚实学，不以空谈为务，游心于六艺的学术之中，驰骋在奔向仁义的路途之上。

我皇上诞敷文教，敦尚经术，登明堂，坐清庙，次群臣，奏得失，天下之众，乡风随流，卉然兴道而迁义。家怀克让之风，人诵康哉之咏。猗欤伟欤，何其盛也！盖惟列圣相承，文明于变，尊崇汉儒，不废古训，所以四海九州强学待问者，咸沐《菁莪》之雅化，汲古义之精微。缙绅硕彦，青紫盈朝；缝掖巨儒，弦歌在野。担簦追师，不远千里，讲诵之声，道路不绝，可谓千载一时矣。

【译文】我朝皇上尊重文教事业，崇尚经学，按时于明堂中祭祀，端坐于宗庙之中，议论政教得失，天下的人，随着这种风气，兴起了学术的研究而推进了新的经义。家学能够让人心怀礼让的风气，人们念诵康乐的咏叹。样子十分雄伟，是何等的兴盛！只要继承各位圣贤，文质明确于教化之中，汲取古经义中的精微之处，缙绅学者硕学俊彦，满朝都是这些人才；缀补经义的巨儒，在民间逍遥歌唱，抗着雨伞追向师父，不远千里之遥，讲习诵读的声音，在道路上不绝于耳，可以说是千百年来的盛世了。

藩绾发读书，授经于吴郡通儒余古农、同宗艮庭二先生，明象数制度之原，声音诂训之学。乃知经术一坏于东、西晋之清谈，再坏于南、北宋之道学，元、明以来，此道益晦。至本朝，三惠之学盛于吴中，江永、戴震诸君继起于歙，从此汉学昌明，千载沉霾一朝复旦。暇日诠次本朝诸儒为汉学者，成《汉学师承记》一编，以备国史之采择。

【译文】我自从束发读书以来，在吴郡大儒余萧客、江声二位先生处受教，明白了象数制度的原理，声韵音律训诂之学，才知道经术第一次颓坏于东晋时期的清谈，再次颓坏于两宋时期的道学。元、明以来，这种学问日益隐晦。到了本朝，惠周惕、惠士奇、惠栋祖孙三代的学问在吴郡极盛，江永、戴震等各位继起于安徽歙县，从此以后汉学更加昌盛，千百年来的阴霾一时间一扫而光。空闲时细数、排次本朝各位汉学儒士，作《汉学师承记》一书，以供国史的采用、选取。

嗟乎！三代之时，弼谐庶绩，必举德于鸿儒。魏晋以后，左右邦家，咸取才于科目。经明行修之士，命偶时来，得策名廊庙。若数乖运舛，纵学穷书圃，思极人文，未有不委弃草泽。终老丘园者也。甚至饥寒切体毒螫肤，箴仕无门，赍恨入冥，虽千载以下，哀其不遇。岂知当时绝无过而问之者哉。是记于轩冕则略记学行，山林则兼志高风，非任情轩轾，肆志抑扬，盖悲其友麋鹿以共处，候草木以同彫也。

【译文】嗟乎！夏商周三代的时候，辅弼之臣没有平凡的功绩，一定会在鸿儒硕学之处举起道行。魏晋以后，执政者选取人才，都依靠科目来考量。修行明经的士人，命运偶然时来运转，得以名列宗庙之中。如果命运乖舛，纵然是学尽书林，思考极尽人文，也没有不被抛弃于荒野之中的命运，在山丘园林里终老。甚至是忍受饥寒、疾病，毒虫、猛兽的侵袭而无法进入仕途，于是含恨而终，虽然千百年以后，也要哀叹其怀才不遇的境况。又怎么会知道当时绝没有过问的人呢？因此记录那些高门厚禄者就简略处理其学术活动，在山林间就会志向高远。并非恣意纵情，悲哀他将麋鹿作为朋友共处，等待和草木一样枯黄。

附录：经解入门凡例并目录

一，是编为初学治经起见，故类分各篇，以清眉目，其中语皆浅显，使学者一览而知。

一，是编专为治经者开其先路，故所列各书，皆为于经有用之书。所举各事，皆为治经极要之事。此外史学各家之说，不敢滥入。

一，是编皆靠实立说，无一虚语。使学者知治经一道，入门便不可以凭空臆说，且所学各条，俱鉴前人得失，裁酌尽善，由此而入，万不致有歧途之悔。

一，今人名经学为汉学，盖以秦火而后，汉始昌明其学，魏晋以降，渐亦颓废，而国朝则直追两京，斯为极盛。故书中于汉人书及国朝人说经各书，皆详述之。于唐以下之书从略，以精者罕也。

一，是编分八卷，分篇五十有二，本为初学苦治经无师傅而作，然即以此为师，则胜千里负笈者多矣。孟子曰：夫道，若大路然，岂难知哉？此即经学之先路也。

一，说经家引用群籍书名，皆宜标明其书。多者尤宜标明篇目。如引《易》则当云某卦，引《左氏传》当云某公某年，引周秦诸子，亦当云某子某篇，引汉以下各注，则当云某某某书某篇注（又《周礼》六官缺“冬官”，汉人以《考工记》补入，引《考工记》不得称“冬官”）之类，所以昭征实。是编引各说亦然。学者不宜忽过。

一，治经首重家法，家法不明即为俗学，故《汉书·儒林传》诸经师必详所出，其所出不明者不录。国朝诸老亦然。余所以有《汉学师承》之作，初学切宜确守。

一，说经文法，只求明白晓畅。说尽而止。篇幅长短皆所不论，不宜雕琢字句，及间说空话，读末卷所附各篇，自无不可三反矣。

卷三

南北经术流派第十四
汉宋门户异同第十五
国朝治经诸儒第十六
近儒说经得失第十七

卷四

经与经相表裹第十八
经与纬相表裹第十九
经与子相表裹第二十
经与史相表裹第二十一
说经必先识文字第二十二
说经必先通训诂第二十三
说经必先明假借第二十四
说经必先知音韵第二十五
说经必先审句读第二十六
说经必先明家法第二十七

卷五

字学源流第二十八
音韵源流第二十九
古有六书第三十
古无四声第三十一
有目录之学第三十二
有校勘之学第三十三
有训诂之学第三十四
有考据之学第三十五

卷六

解经不尚新奇第三十六
解经不可虚造第三十七
不可望文生训第三十八

方东树

方东树，清桐城人，字植之，诸生。师事姚鼐，工古文辞，中岁研精义理，一宗朱子，著《汉学商兑》，条列汉学家阎、胡、惠、戴之说，而驳斥其非，与江藩之《国朝汉学师承记》，遂俨若对垒焉。又有《大意尊闻》、《书林扬觯》、《仪卫堂文集》等书。（案：清代儒者，与汉学家时持异议者，惟桐城派古文家方、姚诸君为著，而汉学家亦多不满于桐城派之古文。道不同不相为谋，其此之谓与？参看《古文治要》编。）

【译文】方东树是清代桐城人，字植之，生员。他以姚鼐为师，擅长古文诗词，中年时期研究经传义理，著述《汉学商兑》一书，分条罗列汉学家阎若璩、胡渭、惠栋、戴震的学说，同时又对他们的不足之处进行了驳斥。这部书和江藩的《国朝汉学师承记》于是俨然就对等了。他还著有《大意尊闻》、《书林扬觯》、《仪卫堂文集》等书。（按：清代的儒者，和汉学家们持不同意见的只有桐城派的古文家如方苞、姚鼐等人，而汉学家们也有很多不满于桐城派的古文。道不同不相为谋，难道不是这样吗？参看《古文治要》编。）

汉学商兑自序

近世有为汉学考证者，著书以辟宋儒，攻朱子为本。首以言心言性言理为厉禁，海内名卿巨公，高才硕学，数十家递相祖述，膏唇拭舌，造作飞条，竞欲咀嚼。究其所以为之罪者，不过三端：

【译文】近代有许多从事汉学考证的人，写书以排斥宋儒、攻击朱子，绝口不谈“心”、“性”、“理”的问题；一般有名望的达官贵人、才识丰富的学者，大家互相传述学习，个个抹唇擦舌，找出一些莫须有的罪名，争先恐后地想咬宋儒一口才甘心。而他们怪罪宋儒的原因，推究起来，不过三点：

一则以其讲学标榜，门户分争，为害于家国；一则以其言心言性言理，堕于空虚，心学、禅宗，为歧于圣道；一则以其高谈性命，束书不观，空疏不学，为荒于经术。

【译文】一是认为宋儒讲学时互相标榜，造成门户纷争，有害于国家；一是认为宋儒谈论"心"、"性"、"理"的问题，流于空虚不实，"心学"就和"禅宗"一样，有违圣人之道；一是认为宋儒高谈"性命"，空疏浅薄，而不肯读书、研究，是疏略了经术。

而其人所以为言之恉，亦有数等：若黄震、万斯同、顾亭林辈，自是目击时弊，意有所激，创为救病之论，而析义未精，言之失当；杨慎、焦竑、毛奇龄辈，则出于浅肆矜名，深妒《宋史》创立"道学传"，若加乎儒林之上，缘隙奋笔，忿设诐辞；若夫好学而愚，智不足以识真，如东吴惠氏、武进臧氏，则为暗于是非。自是以来，汉学大盛，新编林立，声气扇和，专与宋儒为水火。而其人类皆以鸿名博学，为士林所重，驰骋笔舌，弗穿百家，遂使数十年间承学之士，耳目心思为之大障。

【译文】他们之所以有这种意见，原因也有好几种：像黄震、万斯同、顾炎武这些人，自然是因为目睹当时的弊病，有感而发地说出救弊的言论；但是分析义理既不够精确，所说也不免有错误；杨慎、焦兹、毛奇龄等人，则出于浅薄放肆，而又爱好虚名，非常嫉恨《宋史》创立了"道学传"，似乎其地位比"儒林传"还更重要，因此在气愤之余，奋笔直书，发表了一些偏颇的言论；至于那些虽然爱好学问，却愚昧得无法认清真理的人，如吴县的惠栋、武进的臧琳，则纯粹是不明是非。从此以后，汉学大为兴盛，新出的书籍多如雨后春笋，彼此连声通气，专门与宋儒为难。而这些人又具有崇高的声望和广博的学问，甚受读书人的尊重，他们以灵舌笔利，攻击遍各家的学问，因此使得数十年间的学子，都受到了极大的蒙蔽。

历观诸家之书，所以标宗旨、峻门户，上援通贤，下詟流俗，众口一舌，不出于训诂小学、名物制度，弃本贵末，违戾诋诬，于圣人躬行求仁、修齐治平之教，一切抹杀。名为治经，实足乱经；名为卫道，实则叛道。

【译文】我遍观各家的著作，他们用来标立宗旨、自立门户，上则拉拢贤能的学者，下则欺瞒一般民众的，异口同声，不外乎是训诂、小学、名物、制度的考究而已！放弃根本而重视枝节，不但违背圣学，而且污蔑了圣人！对于圣人身体力行以求仁道，以及修身、齐家、治国、平天下的道理，一切抹杀不谈；名义上是研治经术，其实正是混淆了经术；号称是保护圣道，其实正是违背了圣道！

昔孟子不得已而好辨，欲以息邪说、正人心。窃以孔子没后，千五百余岁，经义学脉，至宋儒讲辨，始得圣人之真。平心而论，程、朱数子廓清之功，实为晚周以来一大治。今诸人边见，傎倒利本之颠，必欲寻汉人纷歧异说，复汨乱而晦蚀之，致使人失其是非之心，其有害于世教学术，百倍于禅与心学。又若李塨等以讲学不同，乃至说经亦故与宋人相反，虽行谊可尚，而妒惑任情，亦所不解。

【译文】从前孟子在不得已之下而好辩，私下认为，孔子死后一千五百多年，是希望能消灭邪说、端正人心。我经书义理的学脉，到宋儒讲论辩说之后，才真正阐明了圣人的真理。平心而论，二程、朱子扫荡邪说的功劳，实在是春秋以后经学的一大治。如今他们怀着偏见，颠倒本末，硬是要寻究汉人已聚讼纷纭的意见，再度混淆经学，使经学晦暗不彰，因而使学人失去了判断是非的标准；他们之有害于世教和学术，超过禅宗和心学百倍以上。此外像李塨等人，由于讲学观点不同，而至于在解释经典时，也故意和宋儒唱反调。虽然他们的行为品性值得尊敬，但是任意地怀疑妒嫉，却是我所难以了解的。

东树居恒感激，思有以弥缝其失，顾寡昧不学，孤踪违众，河滨之人，捧土以塞孟津，不自度其力之弗胜也。要心有难已，辄就知识所逮，掇拾辨论，以啟其端，俟世有真儒出而大正焉；倘亦识小之在人，而为采获所不弃与？道光丙戌四月，桐城方东树。

【译文】我平日经常慨叹，很希望能弥补他们的缺失，但是浅陋愚昧如我，又是孤军奋战，正好像是居住在黄河边上的人，妄想用手捧土，去堵塞孟津的决口一样，实在是自不量力、不可能达成的啊！但是却心有难已，只得就自己知识所及，收拾整理出一些意见，以作个开端，期待日后世上出现了真正的大儒，再好好地整顿一番！希望还有人觉得这些微末的意见是值得嘉许，因而能被采用而不弃置的！道光六年(一八二六)，桐城方东树记。

评戴东原说五则（《汉学商兑》）

戴氏曰：今人读书，尚未识字，辄薄训诂之学。夫文字之未能通。妄谓通其语言，语言之未能通，妄谓通其心志，此惑之大者也。论者又谓有汉儒之经学，有宋儒之经学。一主训诂，一主义理。夫使义理可以舍经而求，将人人凿空得之。奚取于经乎？惟空任胸臆之无当于义理，然后求之古经。

【译文】戴震说：现在人还没有学会认字就开始读书，动辄轻视训诂的学问。还没有能够精通文字，就轻妄说精通了语言，语言没有精通，就轻妄地说通达了心志，这是十分令人疑惑的。讨论的人又说有汉代诸儒的经学，有宋代诸儒的经学。一个以训诂为主，一个以义理为主。如果可以舍弃经义就轻易得到义理，那么人人都能够穿凿附会有所获。还有什么要取之于经的呢？主观臆断对于义理来说是没有什么帮助的，然后在古经中推求。

而古今悬隔，遗文垂绝，然后求之训诂，训诂明则古经明，古经明而我心同然之义理，乃因之以明（即如所论，是训诂为筌蹄明矣，而何以厉禁义理皆不求之乎？）古圣贤之义理非他，存乎典章制度者是也（从此路歧去，认奴为郎矣，所以谓之汉学，盖其门面宗旨如此，故为异端）。昧者乃歧训诂义理而二之，是训诂非以明义理。而训诂何为？义理不存乎典章制度，势必流入于异端曲说，而不自知矣。

【译文】而古今时空悬殊隔绝，遗留下的文字也近乎断绝，然后再于训诂之中进行探求，精通了训诂则古代的经典就明确了，古经明确而人心也是一样的，才凭借着这个得以明确（即就所讨论，因此训诂是捕鱼的网、是奔走的助力这是很明显的，而为什么严厉禁止义理而不进行推求呢？）古代的能者贤人的义理没有其他，就是保存在典章制度中的那些（从这条路分歧开来，将会颠三倒四误入歧途，所以叫做“汉学”，他的门面上的宗旨是这样，所以就成为异端了）。愚昧无知的人于是就将训诂和义理分开当做两个方面，肯定训诂不足以明确义理。而训诂又能怎样呢？义理没有保存在典章制度之中，势必就会流入那些异端邪说之中而没有办法弄明白了。

按：戴氏此论最近信，主张最有力，所以标宗旨，峻门户，固壁垒，示信学者，谓据其胜理，而不可夺矣。若以实求之，皆谬说也！

【译文】按：戴震这种说法最接近令人信服，其主张最为有力，所以表明宗旨，树立高大门户，坚固壁垒，示信于学者们，是说根据其强势理论，没有办法进行与夺。如果按照实际来推求，就都是谬论了！

古今学问，大抵二端，一小学，一大学。训诂、名物、制度，只是小学内事，《大学》

直从“明”、“新”说起，《中庸》从“性”、“道”说起。此程子之教所主，为其已成就向上，非初学之比。如颜子问仁、问为邦，此时自不待与之言小学事矣；子夏固谓草木有区别，是也。汉学家昧于小学、大学之分，混小学于大学，以为不当歧而二之，非也。故白首著书，毕生尽力，止以名物、训诂、典章、制度小学之事，成名立身，用以当大人之学之究竟，绝不复求明、新、至善之止，痛斥义理、性、道之教，不知本末也！

【译文】古往今来的学问，大致有两种，一种是“小学”，一种是“大学”。训诂、名物、制度等都属于“小学”范畴，“大学”则从“明”、“新”开始谈起，《中庸》则从“性”、“道”开始谈起。这是程朱理学的主张，因为其已经具备一定的成就，并非那些初学者能比得了的。比如颜回问什么是“仁”，问如何治理国家，这种时刻就不用说有关“小学”的事情了，子夏固然说草木也是有区别的，就是了。汉学家对于“小学”、“大学”的分别不清楚，将“小学”混入“大学”，认为不应该分为二者来看待，是不对的。所以直到头发斑白而著书立说，接近生平之力，只是因为名物、训诂、典章、制度等“小学”的内容，达到功成名就，用来承当大人学问的究竟，绝不会重新探求“新”、“至善”等内容，痛斥“义理”、“性”、“道”的学问，是完全不知其中究竟的！

明道“玩物丧志”之戒，久为世口实，不知此止虑其志趣局止于是，即致远恐泥，君子不为之旨。古人言各有当，教亦多术，同归于是而已。故当日特又记“读史逐字看过”一条，以接引来学，可知非舍学问，空谈义理也。若谓舍经空谈义理，不事训诂以求经，则古今无有是事，何况程子！汉学者不穷理析义，援引脱节，以济其私，既诬前贤，又自迷误，致从事差谬，又因以迷误来学。一言三失，所以为罪也！（以上辨主张训诂，误以小学当大学）

【译文】明确说“玩物丧志”的训诫，很久以来已经成为世人的口实，不知道这只是在这里考虑其志趣的局限，即通达致远唯恐拘束，是君子也不这么做的目的。古人的言辞都各有其适当之处，教化也通过各种途径，最后都归于这里而已。所以当天又特别记录了一条“读书逐字逐句看过”，用来承接引导后来的学习者，可知没有舍弃学问，空谈义理而已。如果说舍弃经义而空谈义理，不从事训诂来追求经术，古往今来没有这样的事，更何况程颐！汉学学者不将义理穷尽探析，导致迷惑误导后来学者。说一句话而导致三重失误，这就是其罪过所在！（以上的辩论主张训诂，误将“小学”当做“大学”）

若谓义理即在古经，训诂不当歧而为二；本训诂以求古经，古经明，而我心同然之义理以明。此确论也。然训诂不得义理之真，致误解古经，实多有之。若不以义理为之主，则彼所谓训诂者，安可恃以无差谬也！诸儒释经解字，纷纭百端。吾无论其他，即以郑氏、许氏言之，其乖违失真者已多矣，而况其下焉者乎！总而言之，主义理者，断无有舍经废训诂之事？主训诂者，实不能皆当于义理。何以明之？盖义理有时实有在语言文字之外者。故孟子曰："以意逆志，不以文害辞，辞害意也。"汉学家专泥训诂，如高子说《诗》，所以多不可通。（如惠氏《古义》，臧氏《杂记》，及近时诸家新说）

【译文】若说义理就在古经之中，训诂就不应该将之分为两种；立足于训诂来推求古经义，古经义明确而内心世界的义理明确是一样的效果。这是确实的言论。然而训诂无法得到义理的精髓，以至于吴玠古经，实在是有很多。如果不以义理为主导，就他所删去的那些所谓的训诂的内容，怎么能说没有谬误呢？诸儒解释经典、文字，纷杂百端。我先不讨论其他的，就以郑玄、许慎来说，其乖谬违背失真之处已经很多了，更何况那些才智低下之人呢！总而言之，主张义理的，一点也没有舍弃荒废经义、训诂的事吗？主张训诂的，也实在不能都当做义理，怎样来探明呢？实在是义理有时候确实在语言文字之外。所以孟子说："用意志违背志向，不用文字破坏言辞，用言辞破坏文意。"汉学家专门拘泥于训诂，比如高子谈论《诗》学，所以很多地方无法通达。（比如惠栋的《周易古义》、臧琳的《经义杂记》以及近来各家的新的研究成果。）

故宋儒主义理，原未歧训诂为二而废之。有时废之者，乃政是求义理之真，而去其谬妄穿凿，迂曲不可信者耳。若其不可易者，古今师师相传，硕学之徒，莫之或徙，宋儒何以能废之也？（如朱子《诗集传》，训诂多用毛、郑）汉学之人，主张门户，专执《说文》、《广雅》小学字书，穿凿坚僻，不顾文义之安，正坐斥义理之学，不穷理故也。故义理原不出训诂之外，而必非汉学家所守之训诂，能尽得义理之真也。如曰不然，试平心而论，汉儒、宋儒说经，谁得古圣人语言心志多乎？（以上辨义理本于训诂之不尽然）

【译文】所以宋代诸儒主张义理，原本就没有将训诂分为另一类别而荒废掉。有时的荒废，是追求义理的真实，而摒弃了其中的谬误及穿凿附会或者迂回曲折不可信的。如果不能改变，古往今来师徒之间的相互传授，博学的人，或者不会迁徙。宋代儒者用怎么会有所偏废呢？（比如朱熹《诗集注》中的训诂内容，多采用毛苌、郑玄的学说）汉学学者多主张门户之见，专门用《说文》、《广韵》等小学的字书，对那些生僻的古字进行穿凿附会，不顾文字含义是否顺畅，正是因为斥责义理之学，不穷究义理的缘故。所以义理本就不出于训诂之外，而一定不是汉学家们所坚守的训诂学，能完全获得义理的真谛。如果说不是这样，尝试着平心而论，汉代儒士、宋代儒士演说经义，谁又能更多地获得古代圣贤用来表达内心志向的言语呢？（以上辩证的是义理根本于训诂的不尽然性）

若夫舍经废训诂，亦诚有之，但须区别。如陆子以六经为注脚，有似舍经者，朱子已深斥之。(详见后卷)若程子摆落传注，所见实胜前儒，则其废之者，固甚当也。至于朱子，极尊训诂(详见后卷)，而亦有时废之者，废其失真，不得圣意，而致贻误来学者也。今深疾义理，欲伸汉学，恐不能胜，乃以疑似之迹，概诬宋儒为舍经废训诂，空任胸臆言理云云。此欲欺天下，使耳食无闻者，谓为信然，同以"莫须有"之罪归焉，欲以一手掩天下目也!(以上辨程朱非舍经废训诂。)

【译文】比如舍弃经文、荒废训诂，也是有的，但必须加以区别。比如陆九渊将六经作为注脚，似乎是舍弃了经典，朱熹已经深刻批驳过了。(详见后卷)像程颐排比传注，其所见实在是比前代诸儒要胜出，则其被废除的，也是很恰当的。至于朱熹，及其尊崇训诂(详见后卷)，但也偶尔有荒废之处，荒废训诂失去本真，无法得到圣人的本意，导致贻误后来的学者。现在深刻排斥义理，想令汉学得以伸张，唯恐不能胜任，于是通过疑似的轨迹，一概污蔑宋代儒士舍弃经文、荒废训诂，单凭自己凭空臆想来述说义理。这是像想欺骗天下之人，让那些闻听者无法听到，说起来确很真实，同样也以"莫须有"的罪名附加其上，想要只用一只手就掩盖天下之人的耳目!(以上是辨证程颐、朱熹并非舍弃经文荒废训诂)

夫谓读书尚未识字，辄薄训诂。此自俗士妄人，其于学术大局，焉能为有亡轻重，固不足论。若古今异文，《说文》所引壁经古文，多不与马、郑相应，无论后世。古今既远，传写脱误，或由先师众说不一。如荀悦《申鉴》、朱国桢《涌幢小品》云云，则亦不足为病。(《申鉴》云："文有磨灭，音有楚、夏，出有先后。或学者先意有所措定，后世相仿，弥以滋伪，"《涌幢小品》云："古人、古事、古字，散见杂出，各不相同。见其一，不见其二，哄然纠驳，未免为古人所笑。")

【译文】说还没有认字就读书，动辄轻薄训诂之学。这是庸俗文士妄人的做法，对于学术大局怎能做出有无、轻重的论断，固然不足以讨论。像经学今、古文一样，《说文解字》所引用的是孔壁中的古文经，很多和马融、郑玄相呼应，更不用说后世了。古今时空疏远流传摹写脱误，或者是由于先辈经师的多种不一说法。比如荀悦的《申鉴》、朱国桢的《涌幢小品》等等，则也不足以去诟病。(《申鉴》说："文章有磨灭不传的，音韵有楚、夏，有先出、有后出。有时是学者们先打定主意，后代相互效仿，其中滋长讹伪的就很多了"。《涌幢小品》说："古人、古事、古字到处散见杂出，又各不相同。可见其中的一面，而见不到另外一方面，喧闹起来进行驳斥，未免要被古人所嘲笑。")

但论其大体无失，可也。如范升所云：以年数小差，掇为巨谬，遗脱纤微，指为大尤，则过矣!(有一汉学之徒，痛诋欧《五代史·明宗纪》云：在位十年，于五代之君最为长世；以为不应自相抵牾至此。余曰：此“十”年当是“八”字，传写偶伪，五代惟唐末帝十一年，余者多至六、七年而已、欧公此语，诚小失，然不以辞害意，可也。）

【译文】只要是议论大体上没有缺失就行了、比如范升所说：因为年代数字略有差错，就指责为巨大错谬，遗漏脱误哪怕十分细微也被大加指责，就太过分了！（有一位汉学家，痛加责斥欧阳修的《五代史·明宗纪》说：在位十年时间，在五代时期的君主中时间是最长的，认为不应该自相矛盾成这样子。我则认为：这里的“十”字应该是“八”字，是在流传过程中偶然出现的差错。五代时期只有后唐末帝在位十二年，其他的只有六年、七年的。欧阳修这种说法，只不过是小小失误，但没有因为言辞而妨害文意，也是可以的。）

若夫颇通于训诂，而实不识字；详于制度，而实昧于义理，又何说也？（《困学纪闻》引李衡识字说云，孔光不识“进退”字，张禹不识“刚正”字，许敬宗不识“忠孝”字，柳宗元不识“节义”字，又刘念台《人谱·类记》称，方逊志先生谓门人曰：汝读书几年，尚不识个“是”字！）盖忠、孝、信、义、进、退、取、予、廉、耻等字，不待读《苍》、《雅》、《说文》，而世无不明者。古今学人，或不识得，岂为不晓训诂之故舆？（以上辨不识字之人有分别）

【译文】就像十分精通训诂学的人，实际上也并不怎么识字；十分了解制度的人对于义理却不甚清楚，又怎么说呢？（《困学纪闻》中援引李衡“识字说”说：孔光不识“进退”，张禹不识“刚正”，许敬宗不识“忠孝”，柳宗元不识“节义”，又有刘宗周《人谱·类记》称：方孝孺对自己的门人说：你读了几年书，连个“是”字都不认识！）因此忠、孝、信、义、进、退、取、予、廉、耻等字，不用去查《仓颉篇》、《尔雅》、《说文解字》，而世间没有不了解的。古往今来的学者，有不识字的，难道是因为不通晓训诂的缘故吗？（以上是辨证不识字的人是有区别的）

至谓古圣贤义理，即存乎典章制度。则训诂以经典所载，曰“钦”、曰“明”、曰“安”、曰“恭”、曰“让”、曰“慎”、曰“诚”曰“忠”、曰“恕”、曰“仁”、曰“孝”、曰“义”、曰“信”、曰“慈”、曰“俭”、曰“惩忿窒欲”、曰“迁善改过”、曰“贱利重义”、曰“杀身成仁”；反而言之，曰“骄泰”、曰“奢肆”、曰“苟安”、曰“自欺”、曰“谗谄”、曰“贪鄙”。

【译文】至于古代圣贤的义理，即存在于典章制度之中，那么将经典中所记载的进行训诂，有“钦”、“明”、“安”、“恭”、“让”、“慎”、“诚”“忠”、“恕”、“仁”、“孝”、“义”、“信”、“慈”、“俭”、“惩忿窒欲”、“迁善改过”、“贱利重义”、“杀身成仁”等等的品质；反过来说，就有“骄泰”、“奢肆”、“苟妄”、“自欺”、“谗谄”、“贪鄙”等。

凡诸义理，皆关修、齐、治、平之大实，不必存乎典章制度，岂皆为异端邪说与？而如戴氏《七经小记》、《学礼篇》中所记冠弁诸制，将谓即以尽天下之义理与？震为江永弟子：永之言曰：经籍包罗三才，制度、名物，特其间一支一节耳。斯为儒者持平之论，而震顾张皇若此，不亦谬乎！（以上辨义理不必存乎典章制度）

【译文】凡是义理，都关乎修身、齐家、治国、平天下的大事，不必记录进典章制度之中，难道都是些异端邪说吗？而像戴震《七经小记》、《学礼篇》中所记载的冠冕形制等，能说是穷尽了天下的义理吗？戴震是江永的弟子，江永说：“经籍包括天地人三才以制度、名物，都只不过是其中的一种”，这是儒者平允的论断，而戴震如此张皇失措，难道不很荒谬吗？（以上是辨证义理不一定包含在典章制度之中）

龚自珍

龚自珍，清仁和人，字瑟人，号定菴，段玉裁之外孙，道光进士，官礼部主事，通《公羊春秋》，其文学周秦诸子，多新奇可喜之论，同光之际，风行一时，有《定庵集》。

【译文】龚自珍是清代仁和人，字瑟人，号定庵，是古文字学家段玉裁的外孙，他是道光年间的进士，官至礼部主事，对于《公羊春秋》十分精通，他的文章学习周秦诸子的风格，有很多新奇可喜的论说，同治、光绪见，风行一时，著有《定庵集》。

六经正名

孔子之未生，天下有六经久矣。庄周《天运篇》曰：孔子曰："某以六经奸七十君而不用。"《记》曰："孔子曰：入其国，其教可知也。有《易》、《书》、《诗》、《礼》、《乐》、《春秋》之教。"孔子所睹《易》、《书》、《诗》，后世知之矣。若夫孔子所见《礼》，即汉世出于淹中之五十六篇。

【译文】孔子还没有出生，天下就有六经流传很久了。庄子《天运篇》说：孔子说：我使用六经来七十余位国君而没有得到重用。《礼记》说：孔子说：到了他的国家中去，就可以知道其教化了。有《易》、《书》、《诗》、《礼》、《乐》、《春秋》的教化。孔子所见到的《易》、《书》、《诗》，后世是知道的。就像孔子所见的《礼》，就是汉代出自于孔壁之中。

孔子所谓《春秋》，周室所藏百二国宝书。是也。是故孔子曰："述而不作。"司马迁曰："天下言六艺者，折衷于孔子。"六经、六艺之名，由来久远，不可以臆增益。善夫汉刘向之为《七略》也，班固仍之，造《艺文志》，序六艺为九种，有经，有传，有记，有群书。传则附于经，记则附于经，群书颇关经，则附于经。

【译文】孔子所谓的《春秋》，是周王室所藏的一百二十国的宝书，就是这样。因此孔子说："只进行记述而不创作。"司马迁说："天下提及六艺的，是由孔子的折衷删定而来。"六经、六艺的名称，来源很久了，是不能够主观增加的。汉代刘向作《七略》是很好的，班固继承这种做法，作《汉书·艺文志》将六艺序为九种，其中有经、有传、有注、有记、有群书。传就附加在经之下，群书和经关系密切，也附着在经下。

何谓传？《书》之有大、小夏侯、欧阳，传也。《诗》之有齐、鲁、韩、毛传也。《春秋》之有公羊、谷梁、左氏，邹夹氏，亦传也。何谓记？大、小戴氏所录，凡百三十有一篇是也。何谓群书？《易》之有《淮南》道训古五子十八篇，群书之关《易》者也。《书》之有《周书》七十一篇。群书之关《书》者也。《春秋》之有楚汉《春秋》，太史公书，群书之关《春秋》者也。然则《礼》之有周官司马法，群书之颇关礼经者也。汉二百祀，自六艺而传记。而群书，而诸子毕出，既大备，微夫刘子政氏之《目录》，吾其如长夜乎？何居乎？

【译文】什么是传呢？《尚书》有大、小夏侯氏、欧阳氏三种"传"，《诗经》有齐、鲁、韩、毛四种"传"，《春秋》有公羊、谷梁、左氏、邹氏、夹氏传；什么是记？戴德、戴圣所著录的一共三十一篇就是；什么是群书？《易》中有《淮南子》七十一篇，古五子十八篇，是群书和《易》相互关联之处。《尚书》有《周书》七十一篇，也是群书和《尚书》相关联之处。《春秋》中有楚汉时期的《春秋》、《史记》，是群书和《春秋》相关之处。然而《礼》有《周官》、《司马法》，也就是群书中和礼经颇为关联之处。汉代二百余年，从六经到记传，而群书、诸子都迭相兴起，后来十分完善，如果没有刘向的《目录》，岂不是要像在漫漫长夜中行走了？又能到哪里去呢？

后世有七经、九经、十经、十二经、十三经、十四经之喋喋也。或以传为经，《公羊》为一经，《谷梁》为一经，《左氏》为一经。审如是，是则韩亦一经，齐亦一经，鲁亦一经，毛亦一经，可乎？欧阳一经，两夏侯各一经，可乎？《易》三家，《礼》分庆、戴，《春秋》又有邹、夹，汉世总古今文，为经当十有八，何止十三，如其可也，则后世名一家说经之言甚众。经当以百数，或以记为经。大小戴二记毕称经，夫大小戴二记，古时篇篇单行，然则礼经外，当有百三十一经。或以群书为经，《周官》晚出，刘歆始立。刘向、班固灼知其出于晚周先秦之士之掇拾旧章所为，附之于《礼》，等之于明堂阴阳而已。后世称为经，是为述刘歆，非述孔氏。

【译文】世间传有“七经”、“九经”、“十经”、“十二经”、“十三经”、“十四经”等不同说法，有的将“传”也作为“经”。如《公羊传》为一经，《谷梁传》为一经，《左传》为一经。如果真要这样，那么韩诗为一经、齐诗为一经，鲁诗为一经，毛诗也为一经，可以吗？欧阳、大小夏侯所传《尚书》各为一经，行吗？《易》分三家，《礼》分庆氏、戴氏，《春秋》有邹氏、夹氏二种，汉代总结经学今文、古文，则经应该有十八种，不止十三种。如果可以这样的话，则后世给一家一门说经的命名就很多了。“经”就会有几百种，或者“记”作为“经”，大戴、小戴都称之为“经”，大小戴两种《礼》记，古时都是单篇流传的，到刘歆时立为学官。刘向、班固明显知道其出自于春秋战国的先秦士人缀合前人旧文而作，附着在《礼》的后边，将它和明堂、阴阳像等同，是因为刘歆所述，并非述自孔子。

善夫刘子政氏之序六艺为九种也，有苦心焉，斟酌曲尽善焉，序六艺矣。七十子以来，尊《论语》而谭《孝经》小学者，又经之户枢也，不敢以《论语》夷于记，夷于群书也，不以《孝经》还之记，还之群书也。又非传，于是以三种为经之贰，虽为经之贰，而仍不敢悍然加以经之名。向与固可谓博学明辨慎思之君子者哉。《诗》云：自古在昔，先民有作。向与固岂非则古昔崇退让之君子哉？

【译文】刘向将六艺序为九种是很好的，苦心孤诣，斟酌委婉要尽善尽美，为六艺作序。从孔子门生七十二以来，尊崇《论语》而又谈论《孝经》的小学学者，又都是“经”的门户枢纽，不敢将《论语》和“记”相提并论，和群书等而观之，不能将《孝经》还原为“记”，还原为群书。又不是传，于是将三种作为“经”的辅助，虽然作为“经”的辅助，而仍然不敢贸然加上“经”的名称。刘向和班固可称之为博学明辨慎思的君子，《诗》说：早在远古时期，先民们就有著述了。刘向、班固难道不是古代崇尚谦逊退让的君子吗？

后世又以《论语》、《孝经》为经，假使《论语》、《孝经》可名经，则向早名之，且曰序八经，不曰序六艺矣。仲尼未生，先有六经。仲尼既生，自明不作。仲尼曷尝率弟子使笔其言以自制一经哉？乱圣人之例，淆圣人之名实，以为尊圣，怪哉非所闻，非所闻。然且犹为未快意，于是乎又以子为经。汉有传记博士，无诸子博士。且夫子也者，其术或醇或疵，其名反高于传记。

【译文】后世又将《论语》、《孝经》作为“经”。假使《论语》、《孝经》可以被称之为“经”，那么刘向早就这么做了。就会说“序八经”而不说“序六经”了。孔子还未出生，先有了六经。孔子生后，自己声明“述而不作”。孔子又怎么会率领弟子们让他们记下自己的言论而形成一经呢？扰乱圣人的体例，混淆圣人的名和实，反而认为是尊崇圣人，以自己的所见所闻大惊小怪，然而还并不满意。于是又将诸子的注释作为“经”。汉代有传记博士，没有诸子博士，而且孔子的道术有的醇厚有的有瑕疵，他的名声反而高于传、记。

传记也者，弟子传其师，记其师之言也，诸子也者，一师之自言也。传记，犹天子畿内卿大夫也。诸子，犹公侯各君其国，各子其民，不专事天子者也。今出孟子于诸子，而夷之于二戴所记之间，名为尊之，反卑之矣。子舆氏之灵，其弗享是矣。问子政以《论语》、《孝经》为经之贰，则若是班乎？答：否，否。《孝经》者，曾子以后，支流苗裔之书，平易泛滥，无大疵无闳意眇恉。如置之二戴所录中，与《坊记》、《缁衣》、《孔子闲居》、《曾子天圆》比，非《中庸》、《祭义》、《礼运》之伦也。

【译文】传、记就是弟子们继承、传播其师承、记录师门言论的著作，而诸子则是一位师长自己的言论、传记，就像天子王畿内的卿大夫一样。诸子就像公侯各自在自己的方国内称君，以其民为子民，不专门侍奉天子。现在将孟子移出诸子，而等同于大、小戴之间，列于“经”，名义上是尊崇，实际上反而是地位卑下了。孟子的灵魂，也不会得到应有的祭奠。向刘向询问《论语》、《孝经》是否是经的辅助，《论语》、《孝经》对于班固来说也是一样吗？回答说：不，不。《孝经》是曾子以后支流旁系的书，十分平易泛滥，没有大的瑕疵，但也无关宏旨。比如将其置于大、小戴《礼记》之中，和《坊记》、《缁衣》、《孔子闲居》、《曾子天圆》等相比较，不是《中庸》、《祭义》、《礼运》之类的。

本朝立博士，向与固，因本朝所尊而尊之，非向、固尊之也。然则刘向、班固之序六艺为九种也，北斗可移，南山可隳，此弗可动矣。后世以传为经，以记为经，以群书为经，以子为经，犹以为未快意，则以经之舆台为经，《尔雅》是也。《尔雅》者，释《诗》、《书》之书，所释又《诗》、《书》之肤末，乃使之与《诗》、《书》抗，是尸祝舆台之鬼，配食昊天上帝也。

【译文】本朝设立经学博士，刘向和班固因为为本朝所尊崇而得到尊崇，并非刘向、班固自己地位崇高。然而刘向、班固将六艺序为九种的举动，虽然是北斗七星也可以移动，南山也可以被削平，这是毫无怀疑的。后世将刘向、班固将“传”作为“经”，将“记”作为“经”，将“群书”作为“经”还嫌不够满意，而将经的辅助作为经。《尔雅》就是这样。《尔雅》是解释《尚书》、《诗经》的书，所解释的又是《诗经》、《尚书》中的皮毛，而让其与《诗经》、《尚书》得以抗衡，这就是将三尸神及辅助的鬼怪也和昊天上帝等同祭祀了。

与江子屏牋

大著读竟。其曰《国朝汉学师承记》，名目有十不安焉。改为《国朝经学师承记》，敢贡其说：夫读书者实事求是，千古同之，此虽汉人语，非汉人所能专。一不安也。本朝自有学，非汉学，有汉人稍开门径，而近加邃密者，有汉人未开之门径，谓之汉学，不甚甘心。不安二也。琐碎饾饤，不可谓非学，不得为汉学。三也。

【译文】您的大作读完，它的名字叫做《国朝汉学师承记》，这个名字有十处不当。改为《国朝经学师承记》就十分匹配了。读书的人崇尚实事求是，千百年来都是这样，这虽然是汉代人所说，但并非汉代人所能专守的，这是第一处不当。本朝自有其学问，不是汉学，汉代人稍稍打开门径，而近代加以严谨的，也有汉代人没有开辟的途径，称之为汉学，就不是很心甘情愿了，这是第二处不当。堆砌辞藻不能说不是学问，但绝不是汉学，这是第三处不当。

汉人与汉人不同，家各一经，经各一师，孰为汉学乎？四也。若以汉与宋为对峙，尤非大方之言；汉人何尝不谈性道？五也。宋人何尝不谈名物训诂？不足概服宋儒之心。六也。近有一类人，以名物训诂为尽圣人之道，经师收之，人师摈之，不忍深论，以诬汉人，汉人不受。七也。

【译文】汉代人与汉代人不同，每家各主一门经术，各自师从一名经师，什么是汉学呢？这是第四处不当。如果将汉学和宋学对峙起来，尤其不是大方无私的言论，汉代人又何尝不讨论性命、天道呢？这是第五处不当。宋人又何尝不讨论名物和训诂呢？这是不足以概括起来使宋学儒士信服的，这是第六处不当。现在有一类人，认为只通过名物、训诂就可以穷尽圣人的“道”，经师收授，人师摒弃，不忍心仔细讨论，这样来用语言诬赖汉代人，汉代人是不是接受的，这是第七处不当。

汉人有一种风气，与经无与，而附于经，谬以裨灶、梓慎之言为经，因以汩陈五行，矫诬上帝为说经，《大易》、《洪范》，身无完肤，虽刘向亦不免，以及东京内学，本朝何尝有此恶习？本朝人又不受矣。八也。本朝别有绝特之士，涵咏白文，创获于经，非汉非宋，亦惟其是而已矣，方且为门户之见者所摈。九也。国初之学，与乾隆初年以来之学不同；国初人即不专立汉学门户，大旨欠区别。十也。有此十者，改其名目，则浑浑圆，无一切语弊矣。自珍顿首。丁丑冬至日。

【译文】汉代人有一种风气，和经无关的附会于经，竟然荒谬到以禅灶、梓慎的话作为经，顺势陈设阴阳五行，假借上帝、天命来说经，导致《大易》、《洪范》体无完肤，即便是刘向也不免于此，到了东汉时期的谶纬之学，本朝又怎么会有这种不良习气？本朝人也不会接受的，这是第八处不当。本朝自有才智超群之士，讽诵白文，在经文之中有所创获，既非汉学又非宋学，也就是这样，还被那些持门户之见的人所摒弃，这是第九处不当。我朝初年的学术，和乾隆初年以来的学术是不同的；国初的人不专门设立“汉学”这一门户，大意是欠缺区分，这是第十处不当。由以上这十处不当，改掉书名，就显得浑然天成没有一点毛病了。龚自珍顿首下拜，丁丑冬至日。

陈沣

陈沣，清番禺人，字兰甫，道光举人，先后主讲学海堂书院及菊坡精舍，著《汉儒通议》、《东塾读书记》，谓汉儒亦言义理，宋儒亦言考据，力排汉宋门户之见，又有《声律通考》、《切韵考》、《说文声统》、《东塾集》等书。

【译文】陈沣是清代番禺人，字兰甫，是道光年间举人，先后在学海堂疏远、菊坡精舍作主讲，著有《汉儒通议》、《东塾读书记》，他认为汉学诸儒也讨论性命义理，宋学诸儒也探讨训诂考据，所以他力排汉儒宋儒的门户之见，又著有《声律通考》、《切韵考》、《说文声统》、《东塾集》等书。

郑学七则（《东塾读书记》下同）

郑康成《戒子书》云：念述先圣之元意。此自言其所学也。其论学之语，则《学记》注有云：所学者，圣人之道，在方策。孔《疏》云："郑恐所学惟小小才艺之事。"故云所学者，圣人之道，沣谓郑恐学者向壁虚造，故又云在方策也，郑君论学大旨盖如此。

【译文】郑玄《戒子书》中说：念及叙述先王圣贤的本意，这是自己说自己所学的内容。其论学的话，在《学记》的注中有：所学的内容是圣人的"道"，在于治理国家的策略。孔颖达所作疏证说："郑学所学的只是些微小的才艺一类的事情。"所以说所学的，是圣人的"道"。我认为郑玄恐怕学者凭空捏造，所以说在于治理国家的策略，郑学讨论学术的大旨就是这样。

孔冲远云：《礼》是郑学。（《月令》、《明堂》位杂记疏皆有此语，不知出于孔冲远，抑更有所出）考两汉《书》儒林传，以《易》、《书》、《诗》、《春秋》名家者多，而《礼》家独少，释文序录汉儒。自郑君外，注《周礼》及《仪礼·丧服》者，惟马融。注《礼记》者惟卢植。郑君尽注《三礼》，发挥旁通，遂使《三礼》之书，合为一家之学，故直断之曰：《礼》是郑学也。

【译文】孔颖达说：《礼》是郑玄的学问（《礼记·月令》、《明堂》杂记中都有这话，不知是出自于孔颖达还是出自于别处）考证于《汉书》、《后汉书》的《儒林传》，治《易》、《尚书》、《诗经》、《春秋》学的学者很多，而《礼》学家却在汉代儒士中缺乏记录。除了郑玄给《周官》、《仪礼·丧服》作注之外，只有马融。给《礼记》作注的只有卢植。郑玄编注《三礼》，发挥经义触类旁通，于是使得《三礼》合成为礼学家的学问，所以径直断言说：《礼》是郑玄的学问。

卢子幹云：修《礼》者应徵有道之人，若郑玄之徒（《后汉书·本传》）。然则郑君《礼》学，非但注解，且可为朝廷定制也。袁彦伯云：郑玄造次颠沛，非礼不动（《后汉纪》卷二十九，[《后汉纪》之语皆掇合诸古书，非袁彦伯虚造]）然则郑君《礼》学，非但注解，实能履而行之也。孔子告颜子：非礼勿动。颜子请事斯语。郑君亦非礼不动。故范武子以为仲尼之门不能过也。

【译文】卢植说：修治《礼》学的应该征求于那些有“道”的人，比如郑玄一类的人。（《后汉书·郑玄传》）然而郑玄的《礼》学，并不仅仅是注解，而且是可为朝廷制定规制的。袁宏说：郑玄的每一个举动都符合礼制要求（《后汉纪》卷二十九[《后汉纪》中的话都是综合于各种古书而来，并非袁宏自己虚造的]）然而郑玄的《礼》学，并不仅仅为之作注解，而且自己能够亲身履行。孔子告诉颜回说：不符合礼制的举动不要采取，颜回就要按照这话来实行。郑玄对于不合礼制的举动也是不采取的。所以范武子认为孔子门徒们都是无法超越的。

《六艺论》云：注《诗》宗毛为主。毛义若隐略，则更表明。如有不同，即下己意，使可识别也（《释文》引）。此郑君注经之法，不独《诗笺》为然。《周礼·序》云：二郑同宗之大儒，今赞而辨之（赞即表明也，辨即下己意也）。《后汉书·儒林传》云：郑玄本习小戴礼，后以古经校之。取其义长者，何平叔《论语集解》序云：郑玄就鲁论篇章，考之齐古为之注（《隋书·经籍志》云：郑玄以张侯论为本，参考齐论、古论，而为之注，《论语释文》云：郑校周之本，以齐古读正，凡五十事）。《尚书》注虽已佚，焦里堂辑《禹贡》注而释之云：郑注一本于班氏《地理志》，间有不合者，必别据《地说》等书，明言所以易之之义，注虽残阙，尚可考而知也。然则郑君注《周礼》、《仪礼》、《论语》、

《尚书》，皆与笺《诗》之法无异，有宗主亦有不同。此郑氏家法也，何邵公墨守之学，有宗主而无不同，许叔重异义之学，有不同而无宗主，惟郑氏家法，兼其所长，无偏无弊也。

【译文】《六艺论》说：为《诗经》作注以毛诗为主要参考。"毛诗"的含义比较晦涩简略，就应将该表明之处显露出来。如果存在不同之处，就自己来审度，使之可以识别（《释文》有所引用）。这是郑玄注经的方法，不仅仅《毛诗笺》是这样。《周礼·序》说：郑珍、郑玄是同行的大儒者，现在进行辨赞（赞是表达清楚，辨是自己审度）《后汉书·儒林传》说：郑玄本来修习小戴《礼记》，后来用古文经进行校正。采取其中意味深长的，何晏《论语集解》的序说：郑玄到鲁地去讨论篇章，考证之后参考齐地古文作注（《隋书·经籍志》说：郑玄以张侯的论断为本，参考齐地、古代的论断，为之作注，《论语释文》说：郑玄校正周代古本，以齐地古句读校正，共五十件事。）《尚书》的注虽然已经散佚了，但是焦循辑录了《禹贡》的注进而解释说：郑玄所作的注本于班固《汉书·地理志》，偶尔会有不符合的，一定会根据《地说》等书，明确说明，之所以改换而达到极致之义，虽然有残缺，但仍可以参考知道。然而郑玄注《周礼》、《论语》、《尚书》都和给《诗经》作笺疏的做法没有不同，其所依据的也有不同。因此这是郑玄在经学上的"家法"。何邵公的墨守旧学，其所依据的也没有不同，许慎注重不同意义之间的学问，有不同之处，但没有什么依据，只有郑玄的"家法"，没有偏私和弊病。

郑君师事第五元，先通《公羊春秋》，又从张恭祖受《左氏春秋》、《韩诗》，然其后注《左传》（郑君注《左传》未成，以《舆服》、《子慎》见《世说》文学门）。而不注《公羊》，笺《毛诗》而不笺《韩诗》。郑君之学，不以先入者为主也（《公羊》僖公二十四年，徐疏引《发墨守》而论之云，郑氏杂用三家，不苟从一。沣谓不苟从一之语，似识郑君家法。其云杂用三家，则非也。郑君宗《左传》，而兼用《公羊》、《谷梁》，亦如宗《毛诗》而兼用齐、鲁、韩耳。岂得谓之杂用乎？徐氏实未知郑氏家法也，盖郑氏家法，知之者鲜矣）。

【译文】郑玄师从第五元，先精通了《公羊春秋》，又追随张恭祖学习《左氏春秋》、《韩诗》，然后为《左传》作注（郑玄为《左传》作注没有完成，有《舆服》、《子慎》《世说》文学门）而不为《公羊传》作注，为《毛诗》作笺而不为《韩诗》作笺。郑玄的学说不先入为主（《公羊传》记载鲁僖公二十四年，徐广疏证引用《发墨守》而进行论说：郑玄杂用三家的学说，不随意遵从其中之一。我认为不随便遵从其中之一这话，似乎已经看出郑玄之学的"家法"，说他杂用三家学说，则不对。郑玄本之《左传》而同时兼采《公羊》、《谷梁》，也就像他本之《毛诗》而同时兼采齐、鲁、韩三家《诗》，难道能说是杂用吗？徐广实际上并未知晓郑玄治经的“家法”，郑玄治经的“家法”，知道的人很少。）

郑君之赞、辨二郑也。其说云：玄窥观二三君子之文章，愿省竹帛之浮辞。其所变《易》，灼热如晦之见明，其所弥缝，奄然如合符复析（疑当作析符复合）。斯可谓雅达广揽者也。然犹有参错，同事相违，则就其原文字之声类。考训诂，捃祕逸。谓二郑者，同宗之大儒，明理于典籍，觕识《周官》之义，存古字，发疑正读，亦信多善，徒寡且约，用不显传于世。今赞而辨之，庶成此家。世所训也（《周礼》序）。沣尝论之曰：自非圣人，孰能参错，前儒参错，赖后儒有以辨之，辨其未明者。而明者愈明。辨其未合者，而合者愈合，故足贵也。然辨其参错，不可没其多善。后儒不知此义，读古人书，辨其参错，而其多善则置之不论，既失博学知服之义，且开露才扬己之风。此学者之大病也，由失郑氏家法故也（读郑君《周礼》序，所谓如入宗庙，但见礼乐器；读何邵公《公羊》序，则如观武库，但睹矛戟矣。郑学和所及，可于尔序见之）。

【译文】郑玄的赞、辨，其说法是：郑玄窥见数人的文章，期望能够简省文章中的浮华辞藻。他所演绎的《易》，热烈得如同昏暗中见到光明，他所弥补的，十分明显地如同合上的兵符又分开（怀疑应该写作分开的兵符又和而为一）。这可称得上是信雅通达广博通览的了。然而仍然还有参差之处，同一件事相互违背，则针对其原来的文字的声旁形类，用训诂的方法进行考察、摘取秘闻轶事。所谓的“二郑”，是同姓的大儒，在典籍中明白道理，就会粗略认识到《周官》的内涵，存留下古文字，发挥其疑难并纠正句读，也可信很多好的，仅仅是少儿简洁，因此没有在后世大为流行。现在进行辨赞，差不多就成就了这一门学问。这就是世人所训诫的（《周礼》序）。我曾经进行过讨论：人非圣贤谁能不出错，前代儒士出现差错，以来后代儒者进行辩证，辩证其中的不明之处。而明确的地方会更加明确。辩证其中的不合之处，相合之处会更加相合，所以是很可贵的。然而辩证其中的参错，不可以埋没其中好的地方。后代的儒者不知道这一点，读古人的书，辩证参错，而对于其中好的地方置之不论，就失去了博学知服的本义，而且开启了显露才能、吹捧自己的风气。这是学者的大毛病，是因为失去了郑玄治经的“家法”的缘故（读郑玄《周礼》序，所谓就像是进入宗庙，只看见礼乐器物；读何邵公得《公羊》序，只看见矛戟等兵器。郑玄治经学问所达到的境界，可以在这个序言中看到）

《周礼》注与先郑不同者，则云玄谓：《尚书·大传》注，以大传为非者，则云玄或疑焉，驳《五经》异义，每条云玄之闻也，盖说经不可不辨是非（《曲礼》：毋雷同，注云：人之言当各由己。孟子曰：人无是非之心，非人也）。然辨先儒之说，其辞气当谦恭，不可嚣争求胜也。其箴膏肓《发墨守》、《起废疾》则不然。有云乡曲之学，深可忿疾者，此以何邵公三书，有害于经学风气，不得不忿疾，又何之年辈，不在郑之前，不妨正言相非也。

【译文】《周礼》注和郑玄注有不同之处，就说郑玄曾说：《尚书·大传》不对，就说郑玄或者怀疑，驳斥《五经》的异义，每条都说郑玄的闻说，说经不能不辨别是非（《曲礼》说：不要雷同，注说：人的言论都是由自己发出。孟子说：没有是非之心的人就算不得人了）。然而明辨先辈儒士的学说，言辞语气要谦恭，不能喧闹争相求胜。这个箴言应该孕育，《发墨守》、《起废疾》就不同了。有的说这是乡曲之间的学问，还深深地以之为气忿，这是因为何休所作三篇文章，对于经学的风气有害，不得不产生气忿，又因为何休年纪比郑玄要小，所以直言其不对之处也是无碍的。

朱子书七则

朱子《论语训蒙口义序》云：本之注疏，以通其训诂，参之译文，以正其音读。然后会之于诸老先生之说，以发其精微（《与魏应仲书》亦云：参以释文，正其音读）。《论语要义目录》序云：其文义名物之详，当求之注疏。有不可略者，《答余正父书》云：今所编《礼》者，内有古经阙略处，须以注疏补之，不可专任古经，而直废传注。《答张敬夫孟子说疑义书》云：近看得《周礼》、《仪礼》一过，注疏见成，却觉不甚费力也。《语类》云：祖宗以来，学者但守注疏，其后便论道，如二苏直是要论道，但注疏如何弃得（卷一百二十九）？又云：今世博学之士，不读正当底书，不看正当注疏（卷五十七）。朱子自读注疏，教人读注疏，而深讥不读注疏者如此，昔时讲学者，多不读注疏，近时读注疏者，乃反訾朱子，皆未知朱子之学也。

【译文】朱熹《论语训蒙口义序》说：立足于注疏，来通达训诂，参考译文，来校正音读。然后融汇到各位老先生的学说之中，才能发挥起其中精妙的微言大义（《与魏应仲书》也说：参考释文，校正音读）。《论语要义目录》的序说：其文章含义及名物的详细情况，应在注疏中探求。还有不能省略的，《答余正父书》说：现在所编的《礼》中，有古经缺略的地方。必须用注疏进行补齐，不能只使用古经而偏废传、注。《答张敬夫孟子说疑义书》说：近来将《周礼》、《仪礼》看了一遍，有现成的注疏，却也不觉得十分费力。《朱子语类》说：自从经学开宗立派以来，学者们只是死守注疏，之后就谈论天道，比如苏轼、苏辙都是论道，但注疏又怎能摒弃呢？（卷一百二十九）说：现在的博学之士，不读正当的底本，不看正当的注疏（卷五十七）。朱熹自己读书也要读注疏，教别人也要读注疏，而深深讽刺那些不读注疏的人，以前讲学的人，很多都不读注疏，近来读注疏的，反而斥责朱熹，都是没有获知朱熹学问的。

《语类》云：某寻常解经，只要依训诂说字（卷七十二）。又云先生初令义刚。训二三小子，见教曰：训诂则当依古注（卷七）。《答黄直卿书》云：近日看得，后生且是教他依本子认得训诂。文义分明为急。今人多是躐等妄作，诳误后生，其实都晓不得也。《答李公晦书》云：先儒训诂，直是不草草，《答王晋辅书》云：《礼》书缩训为直者非一，乃先儒之旧，不可易也。朱子重训诂之学如此。其《答何叔京书》云：李先生教人，大抵令于静中体认，大本未发时，气象分明，即处世应物，自然中节。当时窃好章句训诂之习，不得尽心于此。朱子从学于李延平，乃早年事，其时已好章句训诂之学矣。

【译文】《朱子语类》说：我通常解经，只需要依据训诂解字（卷十二）说先生刚开始教训几个年轻后辈，教导他们说：训诂应该依据古注（卷七）。《答黄旨卿书》说：今天看看，后生暂且教导他们依据本子认识训诂。文意分明是十分重要的。现在的人多是胡乱妄作，欺骗耽误后生，其实什么也不知道。《答李公晦书》说：先儒训诂，一点都不草率，《答王晋辅书》说：《礼》书将训缩减的地方很多，是先儒的旧办法，不能改变了。朱熹如此重视训诂，他在《答何叔京书》中说：李先生教育别人，大致上是让他们自己在静思中进行体认，大致的本意还没有发挥时，气象是十分明确的，即便用来待人接物，自然切中要害。当时私下里喜好章句、训诂的修习，没有办法在这上面尽心，朱熹在李延平那里求学，是早年间的事，那时候他就已经喜好章句、训诂之学了。

《语类》云：而今人多说章句之学为陋，某看见人多因章句看不成句，却坏了道理（卷五十六）。沣按：薛艮斋《与朱编修书》云：汉儒之陋，则有所谓章句家法（此称朱编修者，朱子尝除枢密院编修也）。朱子所云：今人者，盖即艮斋也。朱子注《大学》、《中庸》，名曰“章句”，用汉儒名目，以晓当时之以为陋者也。读朱子书者当知之，讲汉学者亦当知之。

【译文】《朱子语类》说现今多以章句之学为浅陋，我看见人们多因章句不成章法，却坏了文章之道（卷五十六）陈沣按：薛季宣的《与朱编修书》说：汉儒的浅陋之处，就是存在所谓的章句“家法”（这里的朱编修是指朱熹曾担任过枢密院编修）说：这里的“今人”指的就是薛季宣。朱熹注《大学》、《中庸》，名叫“章句”，是知道当时的浅陋做法的。读朱熹书的人应该知道，讲求汉学的学者也应该知道。

学校贡举私让云：其治经必专家法者，天下之理，固不外于人之一心。然圣贤之言，则有《渊奥》、《尔雅》，而不可以臆断者，其制度名物，行事本末，又非今日之见闻所能及也。故治经者，必因先儒已成之说而推之。借曰未必尽。是亦当究其所以得失之故，而后可以反求诸心而正其缪。此汉之诸儒所以专门名家。各守师说而不敢轻有变焉者也。《语类》云：汉儒各专一家，看得极仔细，今人才看这一件，又要看那一件，下稍都不曾理会得（卷一百二十一）。《策问》云：问汉世专门之学，如欧阳、大小夏侯、孔氏《书》，齐鲁韩氏《诗》，后氏戴氏《礼》，董氏《春秋》，梁丘费氏《易》，今皆亡矣。其仅有存者，又已列于学官，其亦可以无恶于专门矣，而近世议者深斥之，将谓汉世之专门者耶？抑别有谓也？今百工曲艺，莫不有师，至于学者尊其所闻，则斥以为专门而深恶之，不识其何说也。二三子陈之。

【译文】学校的贡举私下里责备说：治经学必须要专注“家法”的做法，全天下都是这样，固然和人心没有什么区别。但圣贤的言论，有《渊奥》、《尔雅》，也不能主观臆断，其典章制度的各种事务，时间的本末，又不是现在的见闻所能达到的水平了，所以治经学的学者一定会因袭先儒们已经形成的学说逐渐行进推演，借口说未必穷尽，也是为了穷究其失误的原因，而后可以反过来求之于心，而纠正其中的谬误。这就是汉代诸儒之所以专门命名“家学”，各自守护其师门学说而不敢轻易有所变化的原因了。《朱子语类》说：汉代诸儒各专一家学说，看的十分仔细，今人只能看一门学说，细微之处都没有办法了解了。（卷一百二十一）。《策问》说：问汉代的专门学问，比如欧阳、大小夏侯、孔安国的《尚书》学，齐、鲁、韩三家《诗》学，后氏、戴氏《礼》学，董仲舒《春秋》学，梁丘、费氏《易》学，现在都亡佚了、其仅存的，又都已经被列于官学，其也可以对于专门学问没有坏处了，而近世议论的人深深斥责，是说汉代的专门学问吗？还是别的学问？现今的百工曲艺，都有师承，至于学者们遵从他们所闻见的，就斥责为专门指学问，而深深厌恶，不知道他们这是什么学说，几个年轻人也就这样陈说。

《记解经》云：凡解释文字，不可令注脚成文，成文则注与经各为一事。人唯看注疏而忘经，不然则须各作一番理会。须只似汉儒毛孔之流，略释训诂名物，及文义理致尤难明者。而其易明处，更不须贴句相续，乃为得体。盖如此则读者看注，即知其非经外之文，欲须将注再就经上体会，自然思虑归一。功力不分，而其玩索之味，亦益深长矣。《答张敬夫书》云：汉儒可谓善说经者，不过只说训诂。使人以此训诂，玩索经文，训诂经文不相难异。只做一道看了，直是意味深长也。《语类》云：汉初诸儒，专治训诂，如教人亦只言某字训某字，自寻义理而已（卷一百三十七）。自晋以来，解经者欲改变得不同，王弼郭象辈是也。汉儒解经依经演绎，晋人则不然。舍经而自作文（卷六十七）。传注惟古注不作文，却好看。疏亦然。今人解《书》，且图要作文，又加辨说，百般生疑，故其文虽可读，而经意殊远。程子《易传》，亦成作文，说了又说。故今人观者，更不看本经，只读传，亦非所以使人思也（卷十一）。程先生《经解》，理在解语内，某集注《论语》，只是发明其辞，使人玩味经文，理皆在经文内（卷十九）。南轩口孟子尝说他这文字不好看，盖解经不必做文字，止合解释得文字通，则理自明，意自足。今多去上做文字，少间说来说去，只说得他自己一片道理，经意却蹉过了（卷一百三）。

【译文】《记解经》说：凡是解释文字，不可以使注脚都成为文章，注脚都成为文章，那么注和经各自是一回事。人们只看注疏而忘记经文本身，不然就必须各自做一番讨论。似乎只需像汉代儒士毛苌、孔颖达一类的人，约略解释训诂以及那些尤其难以明白的文义、理论。而其中容易明白之处，就更不须一句贴一句相互接读了，才是得体。这样的话读者看注疏，就知道它们不是经文意外的内容，想着必须将著述就着经文进行体会，自然而然思维就会统一。下功夫用力进行区分，那么赏析的味道和意旨，也就会更加深长了。《答张敬夫书》说：汉代诸儒可以说是擅长于说经的，也只不过是说训诂，假如人们以此来修习训诂学，玩赏探索经文，训诂、经文之间不会互相辩难异同。如果放到一起考量，其意味就十分深远了。《朱子语类》说：汉书诸儒士专门修治训诂学，比如教人以只言片语训诂某个字，自己探寻其中义理而已（卷一百三十七），自从魏晋以来，解释经典的想要得出不同的理解，如王弼、郭象等人。汉代儒士解释经文依据经文进行演绎，今人就不是这样。他们舍弃经文而自己作文（卷六十七）。自己作传、注只凭借古注而不作文，就好看了。疏也是这样，现代人理解《尚书》而且还想要作文，又要加以辩证解说，产生了百般的疑惑，所以其中虽有可读得，但经文的意义就差远了。程颐的《易传》，也是自己作文，说了又说，所以现在看的人，就更加不看经文本身了，只读传、注，也不是通过这些让人思考。（卷十一）程颐《经解》，道理包含在语言之中，我为《论语》作集注，只是对其言辞进行发挥，如果将经文进行玩味，道理则都在经文里了。（卷十九）南轩口孟子曾说他这种文字不好看，因为届时经典不必作文，只需要解释使得文从字顺就行，那么道理自然就十分明确了。现在多附加在其上作文，不停说来说去，只是在自说自话表达自己的意思和理解而已，经文本意却已经被错过了。（卷一百〇三）

《语类》云：古时无多书，人只是专心暗诵，且以竹简写之。寻常人如何办得？竹简如此多，所以人皆暗诵而后已。伏生只是口授《尚书》二十余篇，黄霸就狱。夏侯胜授《书》于狱中，又岂得本子？只被他读得透彻，后来著述诸公，皆以名闻汉之经学，所以有用（卷十四）。

【译文】《朱子语类》说：古代书籍数量少，人们只是专心在心里默诵，而且在竹简上进行记录。普通人怎么能办到呢？竹简是这样之多，所以人们都暗中念诵才肯罢休。西汉的伏生只是口授《尚书》的二十几篇，黄霸到监狱中去听夏侯胜传授《尚书》，难道会有书

本存在吗？只是因为书中的内容他都读得透彻了，后来进行著述的各位儒者，都在汉代经学界闻名，所以这样颇有作用。（卷十四）

《语孟集义序》（初曰《精义》，后改名《集义》）云：汉魏诸儒，正音读，通训诂，考制度，辨名物，其功博矣。学者苟不先涉其流，则亦何以用力于此？《答张敬夫书》云：秦汉诸儒，解释文义，虽未尽当，然所得亦多。今且就分数多处论之，则以为得其言而不得其意，与夺之际，似已平允。若更于此一向刻核过当，却恐意思迫窄，而议论偏颇，反不足以服彼之心。又与《林择之书》云：钦夫云：《论孟序》中，不当言汉儒得其言而不得其意。盖汉儒虽言亦不可得也，某则绝不爱此等说话。朱子深明汉儒之学，故不喜南轩刻核之论也。

【译文】《孟子集义序》（一开始叫做《精义》，后来改名为《集义》）说：汉魏各位儒士，纠正音韵句读，通达训诂之学，考证典章制度，辨别名物，其功劳是很大的。学者们如果能首先涉足其中，那么又怎么会需要这么用功呢？《答张敬夫书》说：秦汉时期，诸子解释文义，虽然还没有十分尽理精当，但是其所获也很多。现在就分别进行讨论，那么认为其言论已经和意义无法符合，取舍之间，似乎已经公平允当了。如果一次一直苛刻过当，就恐怕意思紧迫狭窄，而议论中的偏颇之处麻烦而不足以用来平复其心情。又《林择之书》说：张栻说：《论孟序》中，不应该说汉代儒者得言不得意。汉代儒士就算在言的方面也没有收获，我则一点也不喜欢这种说法。朱熹深刻明了汉代诸儒的学术，所以不喜欢张栻的言论。

王先谦

王先谦，清长沙人，同治进士，官至国子监祭酒，尝汇刻《皇清经解》二百九种，以续阮元所编，又编《录续古文辞类纂》，所著有《虚受堂诗文集》。

【译文】王先谦是清代长沙人，同治年间进士，官至国子监祭酒，曾经汇集刊刻《皇清经解》二百零九种，来补续阮元所编，还编《录续古文辞类纂》，他著有《虚受党诗文集》。

复阎季蓉书

奉二月朔手教，知前函已达左右。足下恕其愚直，而复有以诱进之。盛心勤勤，佩仰无量。

【译文】收到您二月朔日的书信，知道我的回信已经送达。希望您能够宽恕我的鲁钝，即便如此，还大加勉励我。您的盛情好义让我感激不尽。

足下谓明代士习之坏，始自中弃，其论允矣。至谓国朝康、雍以前，士习端谨，至今遍天下皆游手浮宕之民，由于汉学之以名相高，以利相诱，士始奔走于津要，而荡焉无复廉耻，则仆不敢附和。

【译文】您所说的明代士人习气败坏开始于明代中叶，这种说法十分公允。至于说我朝（清朝）康熙、雍正以前士人习气端正恭谨，而今天下到处都是游手好闲的民众，是由于汉学名望来推崇、用利禄来诱导，士人开始在权门高官处奔走，而丝毫没有一点廉耻感，这种说法我确实不敢苟同。

国初承宋明讲学之余风，气穷则思变。天下稍稍恶虚趋实，抑陆、王而尊程、朱，此以为理学中之善机。乾隆以后，学者务于经籍传注，考订发挥，即有宋诸君子之书，亦复多所辨正。其实事求是，使古籍暗而复明，微言绝而复续，有裨学术甚巨，如江河之不废也。圣贤之书，义蕴闳深，虽经宋儒阐明，容有疏漏，亦非必一无舛误，此固待后人补正。而为其学者高谈义理，以实事求是为不足为，于是各尊师说，互相诋諆窾启。寡闻之徒，沿波逐流，遂有汉、宋家学之目矣。

【译文】我朝继承了宋明时期讲学的流风余韵，气韵竭尽就要考虑变革，天下之人稍稍厌恶虚义而趋向于实学，尊崇程颐、朱熹而贬抑陆九渊、王阳明的学说，这已经是理学中好的开端。乾隆以后，学者们都为经典作传、作注为务，对其进行考订发挥，即便是宋代诸位儒者的著述，也多有辨证之处。其中一个要点就是实事求是，让那些已经晦涩的古籍经义再次明晰起来，微言大义断绝之后又再次承续，对于学术发展的益处很大，就像长江、黄河一样不停流淌。圣贤君子们的著述，含义宏大深刻，虽然经历宋代诸儒的阐明，也还有一定疏漏之处，也不是一点谬误也没有的，这固然还有待于后来人进行补正，而从事这种学问的学者高谈义理，认为实事求是的态度已经不足，于是各自尊崇自己师门的学说，相互之间污蔑毁谤。闻见寡少者，就随波逐流，于是就产生了汉学、宋学的分野了。

所谓汉学者，考据是也；所谓宋学者，义理是也。今足下之恶汉学者，恶其名也。若谓读书不当从事考据，知非足下所肯出也。去汉学之名，而实之曰考据之学，则足下无所容其恶矣。去宋学之名，而实之曰义理之学，则呰诋理学者无所容其毁矣。此名之为学术累也。然谓二家之学无流弊，则非也。理学之弊，宋、明末流著于载记者，大略可睹。考据之弊，小生曲儒失之穿凿破碎者有之。至谓其为世道人心之忧，以理推之，决无是事。

【译文】所谓的汉学，就是考据；而所谓的宋学，就是阐发义理。现在您贪厌恶汉学，是厌恶汉学家们的名望。如果说读书不进行考据，这是您所不能赞同首肯的。剥离掉“汉学家”的名号，而以义理之学来充实其内容，那么诋毁责备理学家没有容纳他的所诋毁的内容。这些名望都是被学术所累，但是两门学问毫无流弊，是没有道理的。理学的弊端，宋、明时代的末流学者著录进载记的，大略都是可以看到的。考据的弊病，小小的儒生腐儒穿凿附会使得经义破碎的过失也是有的。至于说它是被世道人心所干扰，按道理来推断，绝没有这种道理。

今之士习日非矣，然所谓奔走津要、荡无廉耻者，岂考据之学导之邪？彼身居津要，能考据之学者谁邪？又孰肯持一卷汉学书以奔走达官贵人之门也？果有之，仆与足下当心识其人，今茫乎未有闻也。谓考据家以名相高，似矣；谓其以利相诱，则何利之有？谓今天下皆游手浮宕之民，彼为考据学者，终日钻研，目眵发秃，以求没世可称之名，岂游手浮宕所能为功？此不得不辨也。

【译文】现在的士人习性日渐变坏，但所谓的奔走于高门显宦、寡廉鲜耻的，难道是考据学引导他们这样做的吗？那些身居要职还能精通考据学的还有谁呢？又有谁肯捧读一卷汉学书籍在达官贵人之门奔走呢？如果真有，我和您应该知道是谁并心照不宣，现在茫茫然没有任何听闻。说考据学家以名望相互推崇，似乎是这样；说他们为功名利禄所引诱，那么又有什么功名利禄呢？说现在天底下都是些游手好闲的人，那么那些专门做考据学的学者，整日钻研，眼睛蒙上眼屎、秃顶，来追求万世不灭的声名，难道也是游手好闲者所能做到的吗？这些都是不用讨论的事情。

仆在江南，续刊《经解》。有谓不当如阮文达不收李文贞、方望溪辈著述，以为排斥宋学者，仆晓之曰：“子误矣！经学之分义理、考据，犹文之有骈、散体也。文以明道，何异乎骈散？然自两体既分，各有其独胜之处。若选文而必合为一，未可谓知文派也。为义理、考据学者，亦各有其独至之处。若刊经学书，而必合为一，未可谓知文派也。仆倘续通志堂经、苑二书，则必取言义理诸书，而考据家皆在所弗录矣。”其人大悟，此可见彼之为说者，于学术之深，未尝贯通而博究也。

【译文】我在江南，续刊《经解》。有人说不应该像阮元一样不收录李光地、方苞的著述来排斥宋学学者，我就告诉他说：你错了，经学分为考据、义理两种，就像文章分为骈体、散文。文章是用来阐明“道”，和骈、散文又有什么不同？但自从两种体裁分开，各自有其优胜之处，如果选录文章肯定要合而为一，还不能说深知文章流派，专做义理、考据学的学者，也各自有其独到之处，如果刊刻经学书籍一定要和而为一，也还不能说深知经学流派了。如果我续刊《通志堂经解》，就一定会在阐述义理的各书中进行选取，而考据学家所著述都不会进行采录。那个人恍然大悟，这就可见那些著书立说的人，学术的深厚，也还没有兼通二者进行广博探究。

本朝纠正汉学者，姚姬传氏，最为平允。其时掊击宋儒之风过盛，故姚氏非之，以救时也，非为名也。至其论学，以义理、考据并重，无偏而不举之病。道、咸以降，两家议论渐平，界域渐泯，为学者各随其材质好尚，定趋向以蕲于成而已，本无所用其辩争。孙芝房先生以粤寇之乱，归狱汉学，大为士林姗笑。良由于考据一道，未加讲求，致兹钜失，故曾文正起而亟正之。今足下痛士习之颓靡，发愤著书，思拯其敝，深心大力，敬佩何已！惟言汉学似不若姚、曾两君子之持平，谨贡其愚，惟亮察焉。

【译文】本朝纠正汉学的，以姚鼐最为公允。当时抨击宋学儒者的风气过盛，所以姚鼐进行驳斥是为了挽救时弊，而不是为了博取名望。至于讨论学问，将义理、考据并重，就不会出现偏颇的毛病。道光、咸丰以来，汉学、宋学两家的议论逐渐平和，其界限逐渐模糊，作学问的人各自按照自己的材质、爱好，确定研究方向以期待有所成就，本来用不着进行争辩。孙鼎臣因为广东一带太平天国运动，就归罪于汉学，大大为士林所嘲笑。确实是因为考据之道，没有进行深刻讲求，导致巨大损失，所以曾国藩起来进行纠正。现在您对于士人风气的颓败靡丽痛心疾首，于是发奋著书，考察要拯救这种弊端。这样的宏愿实在令人敬佩不已！只是说汉学似乎不想姚鼐、曾国藩两位的持平论断，在此恭谨地奉上我的愚见，希望您能够进行考察。

仆于学问，惟务躬行，不欲以口舌相争。私念忝附心知，义无缄默。足下方以其道倡于沅、澧之间，一言之出，承学者奉为依归，关系至重。倘不弃刍荛而俯纳之，学术之幸也！《吴崖村诗文》一卷，戛戛独造优入古作者之域，真词必已出者，乞代致倾慕之诚为幸。

【译文】我对于学问，只在于亲身实践，不想做口舌之争。私下里想再附上心中所知，也不能缄默不语。您正好因为这种学问在湖南沅、澧之间大为流行，说出一句话，就被封为圭臬的学者，关系十分深重。如果能够进行深刻考察采纳，那就是学术的大幸了！《吴崖村诗文》一卷优厚进入古代作者的领域，真正的词章来做出，代为致敬表示倾慕的诚意也就是一件幸事了。

张之洞

清南皮人，字香涛，又字孝达，又字严同，同治进士，屡督学典试。所至提倡实学，而亦不薄宋儒义理之言，督抚垂三十年，在两湖最久。光绪末，废止科举，兴办学堂，一切制度章程，多出其手定。著《劝学篇》，推明中学为体西学为用之说，又著《輶轩语》、《书目答问》，胪列应读书籍，详加指示，至今学者尤多奉为南针焉。所著诗文曰《广雅堂集》。

【译文】清朝南皮人，字香涛，又字孝达，又字严同，同治年间进士，多次主持考试。他提倡实学，但是也不轻视宋儒讲的义理之学，担任总督和巡抚近三十年，其中在两湖地区最久。光绪末年，废弃科举，兴办学堂，所有章程制度，很多出自他亲手制定。著《劝学篇》，阐明中学为体西学为用的主张，又著有《輶轩语》和《书目答问》，列举学习应该读的书籍，加以详细指示，到现在学者视为指南。所著的诗文集称为《广雅堂集》。

守约劝学篇

儒术危矣。以言乎迩，我不可不鉴于日本；以言乎远，我不可不鉴于战国。昔战国之际，儒术几为异学诸家所轧，吾读司马谈之《论六家要指》而得其故焉，其说曰："儒家者流，博而寡要，劳而少功。"何以寡要少功，由于有博无约。如此之儒，止可列为九流之一耳，焉得为圣，焉得为贤？老诟儒曰"绝学无忧"，又以孔子说十二经为大谩；墨诟儒曰"累寿不能尽其学"，墨子又教其门人公尚过不读书；法诟儒曰"藏书策，修文学，用之则国乱"。（《韩非子》语）大率诸子所操之术，皆以便捷放纵投世人之所好，而以繁难无用诬儒家，故学者乐闻而多归之。夫先博后约，孔、孟之教所同，而处今日之世变，则当以孟子守约施博之说通之。且孔门所谓博，非今日所谓博也，孔、孟之时，经籍无多，人执一业可以成名，官习一事可以致用，故其博易言也。今日四部之书汗牛充栋，老死不能遍观而尽识。即以经而论，古言古义隐奥难明，讹舛莫定，后师群儒之说解，纷纭百出，大率有确解定论者，不过什五而已。沧海横流，外侮洊至，不讲新学则势不行，兼讲旧学，则力不给，再历数年，苦其难而不知其益，则儒益为人所贱，圣教儒书浸微浸灭，虽无嬴秦坑焚之祸，亦必有梁元文武道尽之忧，此可为大惧者矣。尤可患者，今日无志之士，本不悦学，离经畔道者尤不悦中学，因倡为中学繁难无用之说，设淫辞而助之攻，于是乐其便而和之者益众，殆欲立废中学而后快，是惟设一易简之策以救之，庶可以闲执雠中学者之口，而解畏难不学者之惑。

【译文】儒学处在危机之中。从近处说，我必须借鉴于日本，从远处说，必须借鉴于战国。战国的时候，儒学几乎被异端学问所排挤，我读司马谈《论六家要旨》可以得到这一看法。其中说："儒学，虽然广博但精要很少，费力多收获少。"为何说精要少，收获少呢，是由于广博而不简要这样的儒者，只能是九流之一，怎么可以成为圣人呢？道家辱骂儒学说："抛弃学问就不会有忧愁。"又将孔子所说视为欺骗。墨家诟病儒者一生都不能穷尽其学，墨子又教育公尚过不读书。法家诟病儒家说收藏书籍，撰写文章，用这些则国家混乱。大多诸子所讲的学问，都是用便捷放纵来迎合世人的喜好，反而以繁多无用来污蔑儒家，因此学者就乐于听闻，去学习它。先广博后简约，孔孟所教导的是相同的。处在当今变化的时代，应当行孟子讲的守约施搏。而且儒学所说的博，并不是现在人认为的博。孔孟的时代，书籍不多，人坚守一件事就可以成名，官员学习一项技能就能实用，因此做到博很容易。现在经史子集的书籍汗牛充栋，至死不能全部看完理解。就拿经来说吧，古代的文字含义隐晦深奥，不易明白，错误难定，后世儒者众说纷纭，大概有定论的不过十分之五。现在世道凶险，外国的侮辱前来，不去讲论新学，必然不行，加上再讲旧学则力不从心，经过数年，苦于这样做的困难却尝不到好处，那么儒学就会为人更加鄙视，圣人教诲就会逐渐衰微湮灭，即使没有秦始皇焚书的祸端，也会有梁元帝焚书的忧患，这是大为可怕的。尤其担忧的是，现在没有志向的人本来就不喜欢学习，离经叛道的更不喜欢中国的学问，因此提出中国的学问繁杂无用的说法，并用荒诞的言语来为之辩护，那些乐于便捷就附和的人越来越多，大概想立即废除中学才感到快活，这样只有设立一个简便的方法来挽救这些，差不多可以堵塞那些仇恨中学人的言论，而帮助那些畏惧困难不敢学习的人的困惑。

今欲存中学，必自守约始，守约必自破除门面始。爰举中学各门求约之法，条列于后，损之又损，义主救世，以致用当务为贵，不以殚见洽闻为贤。十五岁以前，诵《孝经》《四书》《五经》正文，随文解义，并读史略、天文、地理、歌括、图式诸书，及汉、唐、宋人明白晓畅文字，有益于今日行文者。自十五岁始，以左方之法求之，统经、史、诸子、理学、政治、地理、小学各门，美质五年可通，中材十年可了，若有学堂专师或依此纂成学堂专书，中材亦五年可了。而以其间兼习西文，过此以往，专力讲求时政，广究西法。其有好古研精、不骛功名之士愿为专门之学者，此五年以后，博观深造，任自为之。然百人入学，必有三五人愿为专门者，是为以约存博，与子夏所谓博学近思、荀子所谓以浅持博，亦有合焉。大抵有专门著述之学，有学堂教人之学。专门之书，求博求精，无有底止，能者为之，不必人人为之也，学堂之书，但贵举要切用，有限有程，人人能解，且限定人人必解者也。（西人天文格致一切学术皆分专门学堂与普通学堂为两事）将来入官用世之人，皆通晓中学大略之人，书种既存，终有萌蘖滋长之日，吾学、吾书庶几其不亡乎。

【译文】现在想要保存中学，必定先从简易的方法开始。守约必先从破除表面形式开始。于是就举出学习中国各门学问的简洁方法，列在后面，少之又少，尊尚那些能够挽救世道、致用于社会的学问，而不崇尚博学多闻。十五岁以前，诵读《孝经》《四书》《五经》原文，按照原文了解文意，并读史书、天文、地理、药方等书，以及汉、唐、宋人明白晓畅对于现在写作有帮助的文章。从十五岁开始，用下面的方法学习，学习经、史、诸子、理学、政治、地理、小学各科，禀赋好的五年可以学会，一般人十年可以学完，这期间同时学习西方语言，此后，尽全力注意时政，广泛研究西方学问。凡其中有喜好古代，钻研精深，不求名利，愿意学习专门学问的人，在这五年以后，随意他学习深造。在学习的一百人之中，必定有三五人愿意研究专门学问的，这就是以约存博，和子夏所说的博学近思，荀子所说的以浅持博相同。大概有专门的学问，有在学校教授的学问。专门的学问，追求广博和精深，没有止境，有能力的可以做，没必要人人都做。学校教授的知识，以实用关键为主，有所限度，追求人人都能理解，而且人人必须理解。西方的天文物理等一切学问，都要分为专门学校和普通学校两种来教授。将来做官治理社会的人，都是懂得中学大致情况的人。书籍保存下来，就会有不断开始增长的时候，那么中国的学问、书籍差不多才可以不亡。

一、经学通大义。切于治身心、治天下者，谓之大义。凡大义必明白平易，若荒唐险怪者乃异端，非大义也。《易》之大义，阴阳消长；《书》之大义，知人安民；《诗》之大义，将顺其美，匡救其恶。（诗谱序：论功颂德、所以将顺其美，刺过讥失、所以匡救其恶）《春秋》大义，明王道，诛乱贼；《礼》之大义，亲亲，尊尊，贤贤；《周礼》大义，治国，治官，治民。三事相维。（太宰建邦之六典。治典、经邦国、治官府、纪万民，其余教典、礼典、政典、刑典、事典皆国、官、民三义并举。盖官为国与民之枢纽，官不治则国民交受其害。此为《周礼》一经专有之义，故汉名《周官经》，唐名《周官礼》），此总括全经之大义也。如十翼之说《易》，《论》《孟》《左传》之说《书》，大小序之说《诗》，《孟子》之说《春秋》，《戴记》之说《仪礼》，皆所谓大义也。

【译文】一、经学要精通主要内涵。所谓主要内涵指切合个人身心修养，有助社会治理部分。凡是大义必然简明平实，那些不着边际、令人惊奇的言说都是异端，不是大义。《周易》的主要内涵讲的是阴阳的消长变化；《尚书》的大讲的是了解别人，安定百姓；《诗》的大义讲的是顺应好的，拯救坏的，（《诗谱序》："论功颂德，是用来扶持、顺应美德的；讥讽过失是用来纠正错误、制止恶行的。"）《春秋》的大义在于尊尚王道，诛灭乱臣。《礼记》的大义在于亲爱亲人，尊重尊者，以能干的人为贤；《周礼》的大义在于治理国家、政府和民众，这三事是互相联系的（太宰建立治理国家的六种法典。治典，是用来治理天下各国，治理官府，治理民众。其它的教典、礼典、政典、刑典、事典都是国家、官府、民众三者并举的。大概政府是国家和民众的关键，政府治理不好，国家和民众都会受其害，这是《周礼》这一经典的专有的含义，因而汉代称为《周官经》，唐代称为《周官礼》），这是全经的大义。比如《易传》解说《易经》，《论语》《孟子》《左传》解说《尚书》，《诗序》解说《诗经》，《孟子》中解说《礼经》，《礼记》中解说《仪礼》，这些都是大义。

欲有要而无劳，约有七端：一、明例，谓全书之义例。（毛诗以训诂音韵为一要事，熟于《诗》之音训，则诸经之音训皆可隅反）一、要指，谓今日尤切用者，每一经少则数十事，多则百余事。一、图表。（诸经图表皆以国朝人为善，谱与表同）一、会通，谓本经与群经贯通之义。一、解纷，论先儒异义各有依据者，择其较长一说主之，不必再考，免耗日力。（大率国朝人说而后出者较长）一、阙疑，谓隐奥难明碎义不急者，置之不考。一、流别，谓本经授受之源流，古今经师之家法。（考其最著而今日有书者）以上七事，分类求之，批郤导窾，事半功倍。

【译文】想要抓住重点而不白费功夫，大约要做到七个方面。一是明例，也就是明白全书的主旨和体例。《毛诗》将音韵训诂作为关键，熟悉《毛诗》的音韵训诂，各经典的音韵训诂都可以推知。二是全书的主要内容。现今尤其切实可用的，每一本经典少则有数十件事，多则有百余件。三是图表。（各种经典的图表都以本朝人写得为最好，谱与表也一样。）四是会通，也就是此经与其他经典要相互贯通。五是解决分歧，对先前儒者各有所依据的不同解说，选择解释较优的一种，其它不必再考虑，免得浪费时间精力。（大多本朝后出的解释比较好。）六是疑惑不解的内容，对于那些涵义深奥难以理解、无关大义的，可以放置不去考察。七是源流，也就是此经传授的来龙去脉，古今相传的家法。（考察那些传授著名且现今书还在的。）以上七个方面，分类去做，从关键处入手，可以收到事半功倍的效果。

大率群经以国朝经师之说为主，《易》则程传与古说兼取。（并不相妨）《论》《孟》

《学》《庸》以朱注为主，参以国朝经师之说。《易》止读程传及孙星衍《周易集解》。（孙书兼采汉人说及王弼注）《书》止读孙星衍《尚书今古文注疏》，《诗》止读陈奂《毛诗传疏》，《春秋左传》止读顾栋高《春秋大事表》，《春秋公羊传》止读孔广森《公羊通义》（国朝人讲《公羊》者惟此书立言矜慎，尚无流弊），《春秋谷梁传》止读钟文烝《谷梁补注》，《仪礼》止读胡培翚《仪礼正义》，《周礼》止读孙诒让《周礼正义》（已刊未毕），《礼记》止读朱彬《礼记训纂》。（钦定七经“传说”“义疏”皆学者所当读，故不备举。）《论》《孟》除朱注外，《论语》有刘宝楠《论语正义》，《孟子》有焦循《孟子正义》，可资考证古说，惟义理仍以朱注为主。《孝经》即读通行注本，不必考辨。《尔雅》止读郝懿行《尔雅义疏》，五经总义止读陈澧《东塾读书记》、王文简引之《经义述闻》，《说文》止读王筠《说文句读》。（兼采段、严、桂、钮诸家，明白详慎，段注《说文》太繁而奥，俟专门者治之。）

【译文】大多数经典的解释以本朝经师的解说为主，《周易》则兼取程传与古说两种。（二者并不抵触。）《论语》《孟子》《大学》《中庸》的注解以朱熹的注为主，并参照本朝经师的看法。《周易》只看《程氏易传》和孙星衍的《周易集解》，（孙星衍的著述采纳了汉人和王弼看法。）《尚书》只读孙星衍的《尚书今古文注疏》，《诗》只读陈奂的《毛诗传疏》，《春秋左传》只读顾栋高的《春秋大事表》，《春秋公羊传》只读孔广森的《公羊通义》（本朝人讲《公羊》学的，只有此书立论谨严，没有流弊。）《春秋谷梁传》只读钟文烝的《谷梁补注》，《仪礼》只读胡培翚的《仪礼正义》，《周礼》只读孙诒让的《周礼正义》，（没有刊刻完毕。）《礼记》只读朱彬的《礼记训纂》。（钦定七经中的传说、注疏都是学者应当读的，因此没有列举。）

《论语》《孟子》除朱熹注外，《论语》有刘宝楠的《论语正义》，《孟子》有焦循的《孟子正义》，可以凭借它们考知古说，只是义理还应当以朱熹注为主。《孝经》读通行本即可，不必要考辨。《尔雅》只读郝懿行的《尔雅义疏》，五经总义只读陈澧的《东塾读书记》、王引之的《经义述闻》，《说文》只读王筠的《说文句读》。（同时采纳段玉裁、严、桂馥、钮诸家看法，明白详细，段玉裁注《说文》过于繁琐深奥，要专家来研究。）

以上所举诸书，卷帙已不为少，全读全解亦须五年，宜就此数书中择其要义先讲明之，用韩昌黎提要钩玄之法，就元本加以钩乙标识。（但看其定论，其引征辨驳之说不必措意。）若照前说七端，节录纂集，以成一书，皆采旧说，不参臆说一语，小经不过一卷，大经不过二卷，尤便学者。此为学堂说经义之书，不必章释句解，亦不必录本经全文。（盖十五岁以前诸经全文已读，文义大端已解矣。）师以是讲，徒以是习，期以一年或一年半毕之，如此治经，浅而不谬，简而不陋，即或废于半途，亦不至全无一得。有经义千余条以开其性识，养其本根，则终身可无离经畔道之患。总之，必先尽破经生著述之门面，方肯为之，然已非村塾学究科举时流之所能矣。

【译文】以上所举的这些书，数量已经不少了，全部读完理解都需要五年，应先在这些书中选择关键的内容讲清楚，用韩愈提要钩玄的读书法，将原书用钩乙号标记。（只看定论，对于引证辨别的内容不必注意。）如果按照前面说的七种方法，加以节选编纂，都采用以前的说法，不参杂自己的猜测，这样小经不过一卷，大经不过两卷，对学者很是方便。这是学堂中讲说经典的书籍，没有必要字字注解，也没必要节录全文。（大概在十五岁以前，各种经典文本已经读过，大致意思已经了解。）老师用这种方法讲解，学生用这种方法学习，在一年后或一年半的时间内学完。用这种方法学习经典，容易却不出错，简洁而不疏陋，即使中途废止，以不至于一无所获。有经典数千则来开启他的性情学识，培养他的根本，这样终身就不会有离经叛道的担忧。总之，必先完全破除经生著作的形式才肯做，这已不是那些乡村私塾先生、学究、和以科举为目标的人所能做到的。

一、史学考治乱典制。
一、诸子知取舍。
一、理学看学案。
一、词章读有实事者。
一、政治书读近今者。
一、地理考今日有用者。
一、算学各随所习之事学之。

【译文】一、史学要考察关于治乱的典章制度。
一、诸子著述要懂得取舍。
一、理学要看学案。
一、文章要读言而有实的。
一、政治书要读当今的。
一、地理书籍要考察对今天有用的。
一、数学应根据所学习的科目具体学习。

一、小学但通大旨大例。中学之训诂犹西学之翻译也，欲知其人之意，必先晓其人之语。去古久远，经文简奥，无论汉学、宋学，断无读书而不先通训诂之理。近人厌中学者，动诋训诂，此大谬可骇者也。伊川程子曰："凡看文字，先须晓其文义，然后可求其意，未有文义不晓而见意者也。"（《二程遗书》，《近思录》引）朱子曰："训诂则当依古注。"（《语类》卷七）又曰："后生且教他依本子认得训诂文义分明为急，今人多是躐等妄作，诳误后生，其实都晓不得也。”（《答黄直卿书》）又曰：“汉儒可谓善说经者，不过只说训诂，使人以此训诂玩索经文。”（《答张敬夫书》）又曰：“向议欲刊《说文》，不知韩丈有意否，因赞成之为佳。”（《答吕伯恭书》。此外言训诂为要者尚多）朱子所注各经，训诂精审，考据《说文》者甚多。《潜夫论》圣为天口，贤为圣译，可谓善譬。若不通古音古义而欲解古书，何异不能译西文而欲通西书乎？惟百年以来，讲《说文》者终身钻研，汩没不反，亦是一病。要之，止须通其大旨大例，即可应用。大旨大例者，解六书之区分，通古今韵之隔阂，识古籀篆之源委，知以声类求义类之枢纽，晓部首五百四十字之义例。至名物无关大用，（如水部自有专书，示部多列祭礼，舟车今制为详，草虫须凭目验，皆不必字字深求者也）说解间有难明，义例偶有抵忤，则阙之不论。（许君书既有脱逸，复多奥义，但为求通六书，不为究极许学，则功力有限断矣）得明师说之，十日粗通，一月大通，引申触类，存乎其人，何至有废时破道之患哉？若废小学不讲，或讲之故为繁难，致人厌弃，则经典之古义茫昧，仅存迂浅俗说，后起趣时之才士，必皆薄圣道为不足观，吾恐终有经籍道熄之一日也。

（此条本应隶于小学著述序论类，因字数无多，不便割裂，仍附于此。）

【译文】一、小学要了解主要内涵。中学的训诂就好像西学的翻译，要想了解别人的主要意思，必先了解别人的语言。离古代久远，加上经文简洁深奥，不论是汉学，还是宋学，没有读书而不先了解训诂的道理。近来厌恶中学的人动辄就诋毁训诂，这不仅大错而且令人可惧。程颐说：“凡是读书，应该先了解文字的含义，然后再考察内容所说，没有不懂文字含义而能了解所说的意思。”（《二程遗书》，《近思录》引）朱熹说：“训诂应当以古代的注释为依据。”（《语类》卷七）又说：“对于学生，应当教他按照书本学习训诂为先，现在人多是超越次序，贻误来者，其实都是不知道。”（《答黄直卿书》）又说：“汉儒可以说是善于解释经典，不过只是说训诂，叫人只是就文字上含义来体味经典。”（《答张敬夫书》）又说：“以前打算刊刻《说文解字》，不知道你是否有此意向，还是赞成的为好。”（《答吕伯恭书》。除此之外，讲到训诂重要性的还很多。）朱子所注释的各种经典，训诂精当严谨，考证《说文解字》之处很多。《潜夫论》将圣人比作天口，将贤人视为传译圣人者，可以说是很贴切的比喻。如果不懂古代的音韵、文意而想理解古书，与不懂西方文字却想读懂西方的书有什么差别呢？只是近百年以来，解释《说文》的人穷其一生来钻研，沉溺其中，也是一个弊端。总之，只要懂得主要意思和体例，能够应用就行。所谓主要意思及体例，就是能知道六书的区分，了解古今音韵的不同，认识古文、籀文、篆文的源流，知道用发音来求得意思的关键，通晓部首五百四十字的主旨，对于无关大用的事物，（如水部自有专门的书，示部多列祭礼，舟车今制为详，草虫要用目验，没有必要字字深求。）说文或有难于理解的，意思偶尔又互相矛盾的，就置之不管。（许慎的书既有缺漏，又内容深奥，只要懂得六书，没有必要深究，只是由于经历有限的原因。）能够得到名师讲说，十天粗通，一个月精通，至于引申发挥，触类旁通就在于个人了，怎么会有浪费时间、背离大道的忧患呢？如果废弃小学不再讲，或者讲解故意繁杂难懂，致使人人厌弃，那么经典的古意就难以明了，只会有迂阔浅陋的俗说。以后追求与时代相合的才士，一定会菲薄圣人之道，以为不足为观，我恐怕最终会有经典不存、大道熄灭的一天。

（这一部分本应该附于小学著述序类，只是文字不多，不便于从中分开，仍旧附录在此。）

史　记

汉司马迁撰，凡一百三十篇，记述黄帝以后至汉武帝时事迹，自来号为实录。书中记载孔门行事，与经传源流，最为近古而可依据。《孔子世家》、《弟子列传》两篇采摭《论语》及他书所载孔门师徒之言行，尤能提挈纲要，为学者进读原经之一助。

【译文】汉代司马迁所写，共一百三十篇，记述黄帝以后到汉武帝时期的事迹，自古以来都认为记载可靠。书中记载的孔子和门人的事迹和经传的源流传授，最接近古代，切实可据。《孔子世家》、《弟子列传》选取《论语》和其它书籍记载的孔门言行事迹，简明扼要，抓住要领，有助于学者进一步阅读原经。

孔子世家

孔子生鲁昌平乡陬邑。其先宋人也，曰孔防叔。防叔生伯夏，伯夏生叔梁纥。纥与颜氏女野合而生孔子，祷于尼丘得孔子。鲁襄公二十二年而孔子生。生而首上圩顶，故因名曰丘云。字仲尼，姓孔氏。

【译文】孔子出生在鲁国昌平乡的陬邑。他的祖先是宋国人，叫孔防叔。防叔生伯夏，伯夏生了叔梁纥。叔梁纥年老时娶颜姓少女才生了孔子，那是他们到尼丘山向神明祷告后而得孔子的。鲁襄公二十二年（前551）孔子诞生。他刚出生时头顶是凹下去的，所以就给他取名叫丘。字仲尼，姓孔氏。

丘生而叔梁纥死，葬于防山。防山在鲁东，由是孔子疑其父墓处，母讳之也。孔子为儿嬉戏，常陈俎豆，设礼容。孔子母死，乃殡五父之衢，盖其慎也。郰人輓父之母诲孔子父墓，然后往合葬于防焉。

【译文】孔子出生不久叔梁纥就死了，埋葬在防山。防山在鲁国东部，因此孔子无法确知父亲的坟墓在何处，是母亲没有把父亲埋葬的地方告诉他。孔子小时候做游戏，常常摆起各种祭器，学做祭祀的礼仪动作。孔子的母亲死后，就把灵柩暂且停放在五父之衢，这是出于慎重没有马上埋葬。郰邑人輓父的母亲把孔子父亲的葬地告诉了他，然后孔子才把母亲迁去防山同父亲葬在一起。

孔子要绖，季氏飨士，孔子与往。阳虎绌曰："季氏飨士，非敢飨子也"。孔子由是退。孔子年十七，鲁大夫孟釐子病且死，诫其嗣懿子曰："孔丘，圣人之后，灭于宋。其祖弗父何，始有宋而嗣让厉公。及正考父佐戴、武、宣公，三命兹益恭，故鼎铭云：'一命而偻，再命而伛，三命而俯，循墙而走，亦莫敢余侮。饘于是，粥于是，以餬余口。'其恭如是。吾闻圣人之后，虽不当世必有达者。今孔丘年少好礼，其达者欤？吾即没，若必师之。"及釐子卒，懿子与鲁人南宫敬叔往学礼焉。是岁，季武子卒，平子代立。

【译文】孔子腰间还系着孝麻带守丧时，季孙氏举行宴会款待名士，孔子前往参加。季孙氏的家臣阳虎阻挠说："季氏招待名士，没有请你啊。"孔子因此而退了回来。孔子十七岁那年，鲁国大夫釐子病危，临终前告诫儿子懿子说："孔丘这个人，是圣人的后代，他的祖先在宋国灭败。他的先祖弗父何本来继位做宋国国君，却让位于他的弟弟厉公。到他的另一个先祖正考父时，历佐宋戴公、宋武公、宋宣公三朝，三次受命一次比一次恭敬，所以正考父鼎的铭文说：'第一次任命鞠躬而受，第二次任命时弯腰而受，第三次任命时俯首而受。走路时顺根快走，也没人敢欺侮我；我就在这个鼎中做些面糊粥以糊口度日。'他就是这般恭谨节俭。我听说圣人的后代，虽不一定做国君执政，但必定会有才德显达的人出现。如今孔子年少而好礼，他不就是才德显达的人吗？如果我死了，你一定要以他为师。等到孟釐子死后，孟懿子和鲁国人南宫敬叔便前往孔子处学礼。这一年，季武子死了，由平子继承了卿位。

孔子贫且贱。及长，尝为季氏史，料量平；尝为司职吏而畜蕃息。由是为司空。已而去鲁，斥乎齐，逐乎宋、卫，困于陈、蔡之间，于是反鲁。孔子长九尺有六寸，人皆谓之"长人"而异之。鲁复善待，由是反鲁。

【译文】孔子家境贫穷，社会地位低下。到长大之后，曾给季氏做过管理仓库的小吏，出纳钱粮算得公平准确；也曾担任过管理牧场的小吏，牲畜蕃息。因此他又升任主管营建工程的司空。过了不多久，他离开了鲁国，在齐国受到排斥，在宋国、卫国遭遇到驱逐，又在陈国和蔡国之间被围困，最后又返回了鲁国。孔子身高九尺六寸，人们都称他为“长人”，觉得他与一般人不一样。鲁国后来对他好了，所以他终于返回了鲁国。

鲁南宫敬叔言鲁君曰：“请与孔子适周。”鲁君与之一乘车，两马，一竖子俱，适周问礼，盖见老子云。辞去，而老子送之曰：“吾闻富贵者送人以财，仁人者送人以言。吾不能富贵，窃仁人之号，送子以言，曰：‘聪明深察而近于死者，好议人者也。博辩广大危其身者，发人之恶者也。为人子者毋以有己，为人臣者毋以有己。’”孔子自周反于鲁，弟子稍益进焉。

【译文】鲁国人南宫敬叔对鲁昭公说：“请让我与孔子一起到周去。”鲁昭公就给了他一辆车子、两匹马，一名童仆，随他出发，到周去学礼，据说是见到了老子。告辞时，老子送他们时说：“我听说富贵的人是用财物送人，品德高尚的人是用言辞送人。我不是富贵的人，只能窃用品德高尚人的名号，用言辞为您送行。这几句话是：‘聪明深察的人常常受到死亡的威胁，那是因为他喜欢议论别人的缘故；博学善辩识见广大的人常遭困厄危及自身，那是因为他好揭发别人罪恶的缘故。做子女的忘掉自己而心想父母，做臣下的要忘掉自己而心存君主。’孔子从周回到鲁国之后，跟从他学习的弟子就渐渐多起来了。

是时也，晋平公淫，六卿擅权，东伐诸侯；楚灵王兵强，陵轹中国；齐大而近于鲁。鲁小弱，附于楚则晋怒；附于晋则楚来伐；不备于齐，齐师侵鲁。

【译文】在这个时候，晋平公淫乱无道，韩氏、赵氏、魏氏、中行氏、范氏、知氏六家大臣把持国政，不断出兵攻打东边的侯国，楚灵王军队强大，也时常侵犯中原各国；齐是大国又靠近鲁国。鲁国既小又弱，归附楚国就惹怒晋国；归附晋国就招致楚国来讨伐；对于齐国如果奉事不周到，齐国的军队就侵犯鲁国。

鲁昭公之二十年，而孔子盖年三十矣。齐景公与晏婴来适鲁，景公问孔子曰：“昔秦穆公国小处辟，其霸何也？”对曰：“秦，国虽小，其志大；处虽辟，行中正。身举五羖，爵之大夫，起累绁之中，与语三日，授之以政。以此取之，虽王可也，其霸小矣。”景公说。

【译文】鲁昭公二十年（前522），这时孔子大是三十岁了。齐景公带着晏婴来到鲁国，景公问孔子说：“从前秦穆公国家小而又处于偏僻的地方，他能够称霸，这是什么原因呢？”孔子回答说：“秦国虽小，志向却很大；所处地方虽然偏僻，但施政却很恰当。秦穆公亲自拔用五张黑公羊皮赎来的百里奚，授给他大夫的官爵，把他从拘禁中一解救出来，就与他一连谈了三天的话，随后就把执政大权交给他了。用这种精神来治理国家，就是统治整个天下也是可以的，他当个霸主还算是小的呢。”景公听了很高兴。

孔子年三十五，而季平子与郈昭伯以斗鸡故得罪鲁昭公，昭公率师击平子，平子与孟氏、叔孙氏三家共攻昭公，昭公师败，奔于齐，齐处昭公乾侯。其后顷之，鲁乱。孔子适齐，为高昭子家臣，欲以通乎景公。与齐太师语乐，闻《韶》音，学之，三月不知肉味，齐人称之。

【译文】孔子三十五岁的时候，季平子因为与郈昭伯斗鸡怨的事得罪了鲁昭公，昭公率军队攻打平，平子和孟孙氏、叔孙氏三家联合攻打昭公，昭公的军队吃了败仗，逃奔到齐国，齐国把昭公安置在乾侯这个地方。其后过了不久，鲁国发生了变乱。孔子来到齐国，做了高昭子的家臣，想借高昭子的关系接近景公。他与齐国的乐官谈论音乐，听到了舜时的《韶》乐，就学习了起来，有三个月的时间竟尝不出肉的味道，齐国人都称赞他。

景公问政孔子，孔子曰：“君君，臣臣，父父，子子。”景公曰：“善哉！信如君不君，臣不臣，父不父，子不子，虽有粟，吾岂得而食诸！”他日又复问政于孔子，孔子曰：“政在节财。”景公说，将欲以尼谿田封孔子。晏婴进曰：“夫儒者滑稽而不可轨法；倨傲自顺，不可以为下；崇丧遂哀，破产厚葬，不可以为俗；游说乞贷，不可以为国。自大贤之息，周室既衰，乐缺有间。今孔子盛容饰，繁登降之礼，趋详之节，累世不能殚其学，当年不能究其礼。君欲用之以移齐俗，非所以先细民也。”后景公敬见孔子，不问其礼。异日，景公止孔子曰：“奉子以季氏，吾不能。”以季、孟之间待之。齐大夫欲害孔子，孔子闻之。景公曰：“吾老矣，弗能用也。”孔子遂行，反乎鲁。

【译文】齐景公向孔子请教如何为政，孔子说：“国君要像国君的样子，臣子要像臣子的样子，父亲要像父亲的样子，儿子要像儿子的样子。”景公听了后说：“对极了！假如国君不像个国君，臣子不像个臣子，父亲不像个父亲，儿子不像个儿子，即使有很多的粮食，我怎么能吃得着呢！”改日景公又向孔子请教为政的道理，孔子说：“管理国家最重要的是节约开支，杜绝浪费。”景公听了很高兴，打算把尼谿的田地封赏给孔子。晏婴劝阻说：儒者这种人，能说会道，是不能用法来约束他们的；他们高傲任性自以为是，不能任为下臣使用；他们重视丧事，竭尽哀情，为了葬隆重而不惜倾家荡产，不能让这种做法形成风气；他们四处游说乞求官禄，不能用他们来治理国家。自从那些圣贤相继下世以后，周王室也随之衰微下去，礼崩乐坏已有好长时间了。现在孔子讲究仪容服饰，详定繁琐的上朝下朝礼节，刻意于快步行走的规矩，这些繁文缛节，就是几代人也学习不完，毕生也搞不清楚。您如果想用这套东西来改变齐国的风俗，恐怕这不是引导老百姓的好办法。”之后，齐景公虽然很有礼貌地接见孔子，可不再问起有关礼的问题了。有一天，景公慰留孔子说："用给季氏那样高的待遇给您，我做不到。"所以就用上卿季孙氏、下卿孟孙氏之间的待遇给孔子。齐国的大夫中有人想害孔子，孔子听到了这个消息。景公对孔子说："我已年老了，不能任用你了。"孔子于是就离开齐国，返回了鲁国。

孔子年四十二，鲁昭公卒于乾侯，定公立。定公立五年，夏，季平子卒，桓子嗣立。季桓子穿井得土缶，中若羊，问仲尼云"得狗"。仲尼曰："以丘所闻，羊也。丘闻之，木石之怪夔、罔阆，水之怪龙、罔象，土之怪坟羊。"

【译文】孔子四十二岁那年，鲁昭公死在齐国的乾侯，鲁定公继位。定公继位的第五年夏天，季平子死了，季恒子继立为上卿。季桓子掘井时掘得一个腹大口小的陶器，里面有个像羊的东西，告诉孔子时却谎称"得到一只狗"。孔子说："据我所知，那里面是羊。我听说，山林中的怪物是一种叫'夔'的单足兽和会学人声的山精'罔阆'，水中的怪物是神龙和叫'罔象'的水怪，泥土中的怪物是一种雌雄未明的'坟羊'。"

吴伐越，堕会稽得骨节专车。吴使使问仲尼："骨何者最大？"仲尼曰："禹致群神于会稽山，防风氏后至，禹杀而戮之，其节专车，此为大矣。"吴客曰："谁为神？"仲尼曰："山川之神足以纲纪天下，其守为神，社稷为公侯，皆属于王者。"客曰："防风何守？"仲尼曰："汪罔氏之君守封、禺之山，为釐姓。在虞、夏、商为汪罔，于周为长翟，今谓之大人。"客曰："人长几何？"仲尼曰："僬侥氏三尺，短之至也。长者不过十之，数之极也。"于是吴客曰："善哉圣人！"

【译文】吴国攻打越国，把越国的国都会稽摧毁了，得到一节骨头，有一辆车长。吴国派使者来问孔子："什么骨头最大？"孔子说："大禹召集群神到会稽山，防风氏迟到，大禹就把他杀死并陈尸示众，他的骨头一节就有一车长，这就是最大的骨头了。"吴国的使者又问："那神又是谁呢？"孔子说："山川的神灵能兴云致雨足可造福天下，负责监守山川按时祭祀的就是神。守土地和谷物的就是公侯，他们都隶属于王者"。吴使又问："防风氏是监守什么的？"孔子说："汪罔氏的君长监守封山和禺山一带的祭祀，是釐姓。在虞、夏、商三叫汪罔，在周叫长翟，现在叫做大人。"吴使问："人的身高有多少？"孔子回答说："僬侥氏身高三尺，是最矮的了；高的不过三丈，数得上是最高的了。"吴国使者听了之后说："了不起呀圣人！"

桓子嬖臣曰仲梁怀，与阳虎有隙。阳虎欲逐怀，公山不狃止之。其秋，怀益骄，阳虎执怀。桓子怒，阳虎因囚桓子，与盟而醳之。阳虎由此益轻季氏。季氏亦僭于公室，陪臣执国政，是以鲁自大夫以下皆僭离于正道。故孔子不仕，退而修《诗》、《书》、《礼》、

《乐》，弟子弥众，至自远方，莫不受业焉。

【译文】季桓子有个宠臣叫仲梁怀，与阳虎有怨仇。阳虎想要驱逐仲梁怀，季氏家臣公山不狃阻止了他。这年秋天，仲梁怀更加骄横了，阳虎把捉了起来。季桓子对此很恼怒，阳虎就把季桓子也囚禁了起来，直到季桓认输订立了盟约才把他释放出来。阳虎从此以后更加看不起季氏。季氏办事也竟然凌驾于鲁君之上，鲁国出现了大臣专权的局面。因此鲁国自大夫以下都不守礼分，超越职权违背了正道。所以孔子不愿意再在鲁国做官了，退闲在家，专心研究整理《诗》、《书》、《礼》、《乐》这些典籍，学生们越来越多，有的甚至来自远方，无不虚心向孔子求教。

定公八年，公山不狃不得意于季氏，因阳虎为乱，欲废三桓之适，更立其庶孽阳虎素所善者，遂执季桓子。桓子诈之，得脱。定公九年，阳虎不胜，奔于齐。是时孔子年五十。

【译文】鲁定公八年（前502），公山不狃在季桓子手下感到不如意，就利用阳虎作乱，打算废掉季孙氏、孟孙氏、叔孙氏三家的嫡生嗣子，另立平日为阳虎所喜欢的庶子，于是就把季桓子抓了起来。桓子用计骗了他，才得以逃脱出来。鲁定公九年（前501），阳虎作乱失败，逃奔到了齐国。这时，孔子五十岁。

公山不狃以费畔季氏，使人召孔子。孔子循道弥久，温温无所试，莫能己用，曰："盖周文、武起丰、镐而王，今费虽小，傥庶几乎！"欲往。子路不说，止孔子。孔子曰："夫召我者岂徒哉？如用我，其为东周乎！"然亦卒不行。

【译文】公山不狃凭借费城反叛季氏，他派人来召请孔子去帮忙。孔子探索所依循的治国之道已经很久了，但抑郁不得志，无处可以施展，没有人能任用自己，就说："当初周文王、周武王兴起于丰、镐而建立了王业，现在费城虽然小，该也差不多吧！"想要应召前去，子路不高兴，阻止孔子。孔子说："他们请我去，难道会让我白白跑一趟吗？如果重用了我，我将在东方建立一个像周那样的王朝！"然而最终也没能成行。

其后定公以孔子为中都宰，一年，四方皆则之。由中都宰为司空，由司空为大司寇。

【译文】以后鲁定公任命孔子做了中都长官，一年后，各地都效法他的治理办法。孔子便由中都长官提升为司空，又由司空提升为大司寇。

定公十年春，及齐平。夏，齐大夫黎鉏言于景公曰："鲁用孔丘，其势危齐。"乃使使告鲁为好会，会于夹谷。鲁定公且以乘车好往。孔子摄相事，曰："臣闻有文事者必有武备，有武事者必有文备。古者诸侯出疆，必具官以从。请具左右司马。"定公曰："诺。"具左右司马会齐侯夹谷，为坛位，土阶三等，以会遇之礼相见，揖让而登。献酬之礼毕，齐有司趋而进曰："请奏四方之乐。"景公曰："诺。"于是旍旄羽袚矛戟剑拨鼓噪而至。孔子趋而进，历阶而登，不尽一等，举袂而言曰："吾两君为好会，夷狄之乐何为于此！请命有司！"有司却之，不去，则左右视晏子与景公。景公心怍，麾而去之。有顷，齐有司趋而进曰："请奏宫中之乐。"景公曰："诺。"优倡侏儒为戏而前。孔子趋而进，历阶而登，不尽一等，曰："匹夫而荧惑诸侯者罪当诛！请命有司！"有司加法焉，手足异处。景公惧而动，知义不若，归而大恐，告其群臣曰："鲁以君子之道辅其君，而子独以夷狄之道教寡人，使得罪于鲁君，为之奈何？"有司进对曰："君子有过则谢以质，小人有过则谢以文。若悼之，则谢以质。"于是齐侯乃归所侵鲁之郓、汶阳、龟阴之田以谢过。

【译文】鲁定公十年（前500）的春天，鲁国与齐国和解。到了夏天，齐国大夫黎对景公说："鲁国起用了孔丘，势必危及齐国"。于是齐景公就派使者告诉鲁国，说要与鲁定公行友好会晤，约定会晤的地点在夹谷。鲁定公准备好车辆随从，毫无戒备地前去赴约。孔子以大司寇的身份，兼办会晤典礼事宜，他对定公说："我听说办理外交必须要有武装准备，办理武事也必须有外交配合。从前诸侯出了自己的疆界，一定要带齐必要的官员随从。请求您安排左、右司马一起去。"定公说："好的。"就带了左、右司马一道去。定公在夹谷与齐侯相会。在那里修筑了盟坛，坛上备好席位，设置了三级登坛的台阶，用国君相遇的简略礼节相见，拱手揖让登坛。彼此馈赠应酬的仪式行过之后，齐国管事的官员快步上前请示说："请开始演奏四方各族的舞乐"。齐景公说："好的。"于是齐国的乐队以旌旗为先导，有的头戴羽冠，身披皮衣，有的手执矛、戟、剑、楯等武器也跟着上台了，喧闹着一涌而上。孔子见状赶忙跑过来，一步一阶快步登台，还差一级台阶时，便扬起衣袖一挥，说道："我们两国国君为和好而来相会，为什么在这里演奏夷狄的舞乐，请命令管事官员叫他们下去！"主管官员叫乐队退下，他们却不肯动，左右看看晏婴与齐景公的眼色。齐景公心里很惭愧，挥手叫乐队退下去。过了一会儿，齐国的管事官员又跑来说道："请演奏宫中的乐曲"。景公说："好的。"于是一些歌舞杂技艺人和身材矮小的侏儒都前来表演了。孔子看了又急跑过来。一步一阶往台上走，最后一阶还没有迈上就说："普通人敢来胡闹迷惑诸侯，论罪当杀！请命令主事官员去执行！"于是主事官员依法将他们处以腰斩，叫他们来个手足异处。齐景公大为恐惧，深深触动，知道自己道理上不如他，回国之后很是慌恐，告诉他的大臣们说："鲁国是用君子的道理来辅佐他们的国君，而你们却仅拿夷狄的办法教我，使我得罪了鲁国国君，这该怎办呢？”主管官员上前回答说：“君子有了过错，就用实际行动来向人家道歉认错；小人有了过错，就用花言巧语来谢罪。您如果痛心，就用具体行动来表示道歉吧。”于是齐景公就退还了从前所侵夺的鲁国郓、汶阳、龟阴的土地，以此来向鲁国道歉并悔过。

定公十三年夏孔子言于定公曰：“臣无藏甲，大夫毋百雉之城。”使仲由为季氏宰，将堕三都。于是叔孙氏先堕郈。季氏将堕费，公山不狃、叔孙辄率费人袭鲁。公与三子入于季氏之宫，登武子之台。费人攻之，弗克，入及公侧。孔子命申句须、乐颀下伐之，费人北。国人追之，败诸姑蔑。二子奔齐，遂堕费。将堕成。公敛处父谓孟孙曰：“堕成，齐人必至于北门。且成，孟氏之保鄣，无成是无孟氏也。我将弗堕。”十二月，公围成，弗克。

【译文】鲁定公十三年（前497）的夏天，孔子对定公说：“臣下的家中不能收藏武器，大夫的封邑不能筑起高一丈长三百丈的城墙。”于是就派仲由去当季氏的管家，打算拆毁季孙、孟孙、叔孙三家封邑的城墙。这时，叔孙氏首先把郈邑的城墙拆了。季孙氏也准备拆费邑的城墙，公山不狃和叔孙辄就带领费邑的人袭击鲁国。鲁定公和季孙、孟孙、叔孙三人就躲进了季孙的住宅，登上了季孙武子的高坛。公山不狃率领的费邑人进攻他们，没有能打进去，但有的人已经突入鲁定公所登高坛的近侧。孔子命令申句须、乐颀下台来攻打他们，费邑人失败逃走，鲁国人乘胜追击，在姑蔑把他们彻底击溃。公山不狃、叔孙辄两人逃到了齐国，费邑的城墙终于被拆毁了。接着准备拆成城，孟孙氏的家臣公敛处父告诉孟孙说：“拆除了成邑的城墙，齐国人必将进逼到我们的北大门。且成城又是你们孟氏的屏障，没有成城也就等于没有孟氏。我不打算拆毁”。十二月，鲁定公率兵包围了成城，没有攻下来。

定公十四年，孔子年五十六，由大司寇行摄相事，有喜色。人曰：“闻君子祸至不惧，福至不喜。”孔子曰：“有是言也。不曰‘乐其以贵下人’乎？”于是诛鲁大夫乱政者少正卯。与闻国政三月，粥羔豚者弗饰贾；男女行者别于涂；涂不拾遗；四方之客至乎邑者，不求有司，皆予之以归。

【译文】鲁定公十四年（前496），孔子五十六岁，他由大司寇理国相职务，脸上露出喜悦神色。他的弟子说：“听说君子大祸临头不恐惧，大福到来也不喜形于色”。孔子说：“有这句话，但不是还有一句‘乐在身居高位而礼贤下士’的话吗？”于是就把扰乱国政的大夫少正卯杀了。孔子参预国政三个月，贩卖猪、羊的商人就不敢漫天要价了；男女行人都分开走路；掉在路上的东西也没人捡走；各地的旅客来到鲁国的城邑，用不着向官员们求情送礼，都能得到满意的照顾，好像回到了家中一样。

齐人闻而惧，曰："孔子为政必霸，霸则吾地近焉，我之为先并矣。盍致地焉，？"黎鉏曰："请先尝沮之；沮之而不可则致地，庸迟乎！"于是选齐国中女子好者八十人，皆衣文衣而舞《康乐》，文马三十驷，遗鲁君。陈女乐文马于鲁城南高门外。季桓子微服往观再三，将受，乃语鲁君为周道游，往观终日，怠于政事。子路曰："夫子可以行矣。"孔子曰："鲁今且郊，如致膰乎大夫，则吾犹可以止。"桓子卒受齐女乐，三日不听政；郊，又不致膰俎于大夫。孔子遂行，宿乎屯。而师己送。曰："夫子则非罪。"孔子曰："吾歌可夫？"歌曰："彼妇之口，可以出走；彼妇之谒，可以死败。盖优哉游哉，维以卒岁！"师已反，桓子曰："孔子亦何言？"师己以实告。桓子喟然叹曰："夫子罪我以群婢故也夫！"

【译文】齐国听到了这个消息就害怕了起来，说："孔子在鲁国执政下去，一定会称霸，一旦鲁国称霸，我们靠它最近，必然会首先来吞并我们。何不先送一些土地给他们呢？"黎钼说："我们先试着阻止他们一下，如果不成，再送给他们土地，这难道还算迟吗！"于是就从齐国挑选了八十个美貌女子，都穿上华丽的衣服，教她他学会跳《康乐》的舞蹈，身上有花纹的马一百二十匹，一起送给鲁君。先把女乐和纹马彩车安置在鲁城南面的高门外。季桓子身着便服前往观看再三，打算接受下来，就告诉鲁君以外出到各地周游视察为名，乘机整天到南门观齐国的美女和骏马，连国家的政事也懒得去管理了，子路看到这种情形便对孔子说："老师，我们可以离开这里了吧。"孔子说："鲁国现在就要在郊外祭祀，如果能按照法把典礼后的烤肉分给大夫们，那么我还可以留下不走"。季桓子终于接了齐国送来的女子乐团，一连三天不过问政务；在郊外祭祀结束后，又违背常礼，没把烤肉分给大夫们。孔子于是离开了鲁国，当天就在屯地住宿过夜。鲁国一个名叫师己的乐师来为他送行，说道："先生您是没有过错的。"孔子说："我唱一首歌，好不好？"于是唱道："那些妇人的口，可以把大臣和亲信撵走；接近那些妇女，可以使人败事亡身。悠闲啊悠闲，我只有这样安度岁月！"师己返回后，桓子问他说："孔子说了些什么？"师己如实相告。桓子长叹一声，说"先生是怪罪我们接受了齐国那一群女乐的缘故啊！"

孔子遂适卫，主于子路妻兄颜浊邹家。卫灵公问孔子："居鲁得禄几何？"对曰："奉粟六万。"卫人亦致粟六万。居顷之，或谮孔子于卫灵公，灵公使公孙余假一出一入。孔子恐获罪焉，居十月，去卫。

【译文】孔子于是到了卫国，寄住在子路妻子的兄长颜浊邹家中。卫灵公问孔子："你在鲁国得到的俸禄是多少？"孔子回答说："俸米六斗。"卫国也照样给了他俸米六万斗。

过了不多久，有人向卫灵公说了孔子的坏话，卫灵公就派公孙余假用兵仗监视孔子的出入。孔子害怕在这里获罪，居住了十个月，就离开了卫国。

将适陈，过匡，颜刻为仆，以其策指之曰："昔吾入此，由彼缺也。"匡人闻之，以为鲁之阳虎，阳虎尝暴匡人，匡人于是遂止孔子。孔子状类阳虎，拘焉五日。颜渊后，子曰："吾以汝为死矣。"颜渊曰："子在，回何敢死！"匡人拘孔子益急，弟子惧。孔子曰："文王既没，文不在兹乎？天之将丧斯文也，后死者不得与于斯文也；天之未丧斯文也，匡人其如予何！"孔子使从者为宁武子臣于卫，然后得去。

【译文】孔子将要到陈国去，经过一个叫匡的地方，弟子颜刻替他赶车，颜刻用马鞭子指着说："从前我进入过这个城，就是由那缺口进去的"。匡人听说，误以为是鲁国的阳虎来了，阳虎曾经残害过匡人，于是匡人就围困了孔子。孔子的模样很像阳虎，所以被困在那里整整五天。颜渊后来赶到，孔子说："我还以为你死了。"颜渊说："老师您活着，我怎么敢死！"匡人围攻孔子越来越急，弟子们都很害怕。孔子说："周文王已经死去，周代的礼乐制度不就在我们这里吗？上天如果要毁灭这些礼乐制度的话，就不会让我们这些后死的人承提起维护它的责任。上天并没有要消灭周代的这些礼乐，匡人又能把我怎么样呢！"孔子派了一个跟从他的人到宁武子那里称臣，然后才得以离开匡地。

去即过蒲，月余，反乎卫，主蘧伯玉家。灵公夫人有南子者，使人谓孔子曰："四方之君子，不辱欲与寡君为兄弟者，必见寡小君。寡小君愿见。"孔子辞谢，不得已而见之。夫人在絺帷中。孔子入门，北面稽首。夫人自帷中再拜，环佩玉声璆然。孔子曰："吾乡为弗见，见之礼答焉。"子路不说。孔子矢之曰："予所不者，天厌之！天厌之！"居卫月余，灵公与夫人同车，宦者雍渠参乘，出，使孔子为次乘，招摇市过之。孔子曰："吾未见好德如好色者也。"于是丑之，去卫，过曹。是岁，鲁定公卒。

【译文】孔子离开匡地之后就到了一个叫蒲的地方，过了一多月，又返回了卫国，寄住在蘧伯玉家。卫灵公有个叫南子的夫人，派人对孔子说："各国的君子，凡是看得起我们国君，愿意与我们国君建立像兄弟一样交情的，必定会来见见我们南子夫人的，我们南子夫人也愿意见见您"。孔子开始还推辞谢绝一番，最后不得已才去见她。南子夫人坐在葛布做的帷帐中等待。孔子进门后，面朝北叩头行礼。南子夫人在帷帐中拜了两拜，她披戴的环佩玉器首饰发出了叮当撞击的清声响。事后孔子说："我来就不愿见她，现在既然不得已见了，就得还她以礼。"子路不高兴。孔子发誓说："我假若不对的话，上天一定厌弃我！上天一定厌弃我！"在卫国住了一个多月，灵公与夫人南同坐了一辆车子，宦官雍渠陪待车右，出宫后，让孔子坐在第二辆车子上跟从，大摇大摆地从市上走过。孔子说："我没有见过喜好道德像这样喜欢美色的人啊。”于是对卫灵公的所作所为感到厌恶，就离开卫国，往曹国去了。这一年，鲁定公死了。

孔子去曹适宋，与弟子习礼大树下。宋司马桓魋欲杀孔子，拔其树。孔子去。弟子曰：“可以速矣。”孔子曰：“天生德于予，桓魋其如予何！”

【译文】孔子离开曹国到达宋国，与弟子们在大树下演习礼仪。宋国的司马桓魋想杀死孔子，就把树砍掉了。孔子只得离开这个地方。弟子们催促说：“我们可以快点走了。”孔子说：“上天既然把传道德的使命赋予我，桓魋他又能把我怎么样！”

孔子适郑，与弟子相失，孔子独立郭东门。郑人或谓子贡曰：“东门有人，其颡似尧，其项类皋陶，其肩类子产，然自要以下，不及禹三寸，累累若丧家之狗。”子贡以实告孔子。孔子欣然笑曰：“形状，末也。而似丧家之狗，然哉！然哉！”

【译文】孔子到了郑国，与弟子们走失散了，孔子一个人站在外城的东门。郑国人有看见了就对子贡说：“东门有个人，他的额头像唐尧，脖子像皋陶，肩膀像郑子产，可是从腰部以下比禹短了三寸，一副狼狈不堪、没精打采的样子，真像一条丧家狗。”子贡见面把原话如实地告诉了孔子。孔子高兴地说道：“他形容我的相貌，不一定对，但说我像条丧家狗，对极了！对极了。”

孔子遂至陈，主于司城贞子家。岁余，吴王夫差伐陈，取三邑而去。赵鞅伐朝歌。楚围蔡，蔡迁于吴。吴败越王句践会稽。有隼集于陈廷而死，楛矢贯之，石砮，矢长尺有咫。陈湣公使使问仲尼。仲尼曰：“隼来远矣，此肃慎之矢也。昔武王克商，通道九夷百蛮，使名以其方贿来贡，使无忘职业。于是肃慎贡楛矢石砮，长尺有咫。先王欲昭其令德，以肃慎矢分大姬，配虞胡公而封诸陈。分同姓以珍玉，展亲；分异姓以远方职，使无忘服。故分陈以肃慎矢。”试求之故府，果得之。

【译文】孔子于是到达陈国，寄住在司城贞子家里。过了一年多，吴王夫差来攻打陈国，夺取了三个城邑才退兵。赵鞅攻打朝歌。楚国包围了蔡国，蔡国迁移到吴地。吴国在会稽打败了越王勾践。

有一天，许多只隼落在陈国的宫廷中死了，有隼木做的箭穿在身上，箭头是石头制做的，箭长一尺八寸。陈湣公派使者向孔子请教，孔子说：“这些隼是从很远的地方飞来的，这是肃慎部族的箭。从前周武王伐纣灭商，沟通了与各少数民族的民族的联系，让九夷百蛮各族都贡献各自的地方特产，叫他们不能忘记自己的职责和义务。于是肃慎部族献来楛木做的箭和石头制作的箭头，长一尺八寸。周武王为了显示他的美德，就把肃慎部族的箭分给长女太姬，后来太姬嫁给了虞胡公，虞胡公又封在陈国。当初王室分珍宝玉器给同姓诸侯，是为了表示重视亲族；把远方的贡品分赠给姓诸侯，是为了表示重视亲族；把远方的贡品分赠给异姓诸侯，是为了让他们不要忘服从周王朝。所以把肃慎部族的箭分给陈国。”陈湣公听了叫人到过去收藏各方贡物的仓库中去找一找，果然找到了这种箭。

孔子居陈三岁，会晋、楚争强，更伐陈，及吴侵陈，陈常被寇。孔子曰：“归与归与！吾党之小子狂简，进取不忘其初。”于是孔子去陈。过蒲，会公叔氏以蒲畔，蒲人止孔子。弟子有公良孺者，以私车五乘从孔子。其为人长贤，有勇力，谓曰：“吾昔从夫子遇难于匡，今又遇难于此，命也已。吾与夫子再罹难，宁斗而死。”斗甚疾。蒲人惧，谓孔子曰：“苟毋适卫，吾出子。”与之盟，出孔子东门。孔子遂适卫。子贡曰：“盟可负邪？”孔子曰：“要盟也，神不听。”。

【译文】孔子在陈国居住了三年，正好遇上晋国、楚国争霸，两国轮番攻打陈国，直到吴国攻打陈国为止，陈国常常遭受侵犯。孔子说：“回去吧，回去吧！我家乡的那些弟子，志气很大，只是行事粗率简单一些，他们都很有进取心，也没有忘记自己的初衷。”于是孔子就离开了陈国。

孔子路过一个叫蒲的地方，正好遇上公叔氏据蒲反叛卫国，蒲人扣留了孔子。弟子中有个叫公良孺的，自己带了五辆车子跟随孔子周游各地。他这个人身材高大，有才德，且有勇力，对孔子说：“我从前跟随老师周游在匡地遇到危难，如今又在这里遇到危难，这是命里注定的吧。我和老师一再遭难，可搏斗而死。”公良孺跟蒲人打得很激烈，蒲人害怕了，对孔子说：“如果你不到卫国去，我就放你们走。”孔子与他们订立了盟约，这才放孔子他们从东门出去。孔子是到了卫国。子贡说：“盟约可以违背吗？”孔子说：“在要挟下订立的盟约，神是不会认可的。”

卫灵公闻孔子来，喜，郊迎。问曰：“蒲可伐乎？”对曰：“可。”灵公曰：“吾大夫以为不可。今蒲，卫之所以待晋、楚也，以卫伐之，无乃不可乎？”孔子曰：“其男子有死之志，妇人有保西河之志。吾所伐者不过四五人。”灵公曰：“善。”然不伐蒲。灵公老，怠于政，不用孔子。孔子喟然叹曰：“苟有用我者，期月而已，三年有成。”孔子行。

【译文】卫灵公听说孔子到来，很高兴，亲自赶到郊外迎接。灵公问孔子说：“蒲这个地方可以讨伐吗？”孔子回答说：“可以。”灵公说：“我的大夫却认为不可以讨伐，因为现在的蒲是防御晋，楚的屏障，用我们卫国的军队去攻打，恐怕是不可以的吧？”孔子说：“蒲地的男子有誓死效忠卫国的决心，妇女有守卫西河这块地方的愿望。我所说要讨伐的，只是四、五个领头叛乱的人罢了。”卫灵公说：“很好。”但是没有出兵去讨伐的叛乱。卫灵公年纪老了，懒得处理政务，也不起用孔子。孔子长叹了一声说：“如果有人起用我，一年时间就差不多了，三年就会在大见成效。”孔子只好离开。

佛肸为中牟宰。赵简子攻范、中行，伐中牟。佛肸畔，使人召孔子。孔子欲往。子路曰：“由闻诸夫子：‘身亲为不善者，君子不入也’。今佛肸亲以中牟畔，子欲往，如之何？”孔子曰：“有是言也。不曰坚乎，磨而不磷；不曰白乎，涅而不淄。我岂匏瓜也哉，焉能系而不食？”

孔子击磬。有荷蒉而过门者，曰：“有心哉，击磬乎！硁硁乎莫己知也夫，而已矣！”

【译文】佛肸做中牟的长官。晋国的赵简子攻打范氏、中行氏，讨伐中牟。佛肸就占据中牟，反叛赵简子，并派人招请孔子孔子打算去。子路说：“我听老师说过：‘亲自做坏事的人那里，君子是不去的’。现在佛肸自己占据中牟反叛，您想前去，这是为什么呢？”孔子说：“我是说过这句话。但我不也说过，坚硬的东西是磨不薄的；不也说过洁白的东西，是染不黑的。我难道是只中看不能吃的匏瓜吗，怎么可以老是挂着却不给人吃呢？”有一次孔子正敲着磬，有个背着草筐的人路过门口，说道：“有心思啊，这个击磬人，磬敲得又响又急，既然人家不赏识自己，那就算了吧！”

孔子学鼓琴师襄子，十日不进。师襄子曰：“可以益矣。”孔子曰：“丘已习其曲矣，未得数也。”有间，曰：“已习其数，可以益矣。”孔子曰：“丘未得其志也。”有间，曰：“已习其志，可以益矣。”孔子曰：“丘未得为人也。”有间，有所穆然深思焉，有所怡然高望而远志焉。曰：“丘得其为人，黯然而黑，几然而长，眼如望羊，如王四国，非文王谁能为此也！”师襄子辟席再拜，曰：“师盖云《文王操》也。”。

【译文】孔子向师襄子学习弹琴，一连学了十天，也没增学新曲子。师襄子说：“可以学些新曲了。”孔子说：“我已经熟习乐曲了，但还没有熟练地掌握弹琴的技法。”过了些时候，师襄子又说：“你已熟习弹琴的技法了，可以学些新曲子了。”孔子说：“我还没有领会乐曲的感意蕴，可以学些新曲了。”孔子说：“我还没有体会出作曲者是怎样的一个人。”过了些时候，孔子肃穆沉静，深思着什么，接着又心旷神怡，显出志向远大的样子。说：“我体会出作曲者是个什么样的人了，他的肤色黝黑，身材高大，目光明亮而深邃，好像一个统治四方侯的王者，除了周文王又有谁能够如此呢！”师襄子恭敬地离开位给孔子拜了两拜，说：“我老师原来说过，这是《文王操》呀”。

孔子既不得用于卫，将西见赵简子。至于河而闻窦鸣犊、舜华之死也临河而叹曰：

"美哉水洋洋乎！丘之不济此，命也夫！"子贡趋而进曰："敢问何谓也？"孔子曰："窦鸣犊、舜华，晋国之贤大夫也。赵简子未得志之时，须此两人而后从政；及其已得志，杀之乃从政。丘闻之也，刳胎杀夭则麒麟不至郊，竭泽涸渔则蛟龙不合阴阳，覆巢毁卵则凤皇不翔。何则？君子讳伤其类也。夫鸟兽之于不义也，尚知辟之，而况乎丘哉！"乃还息乎陬乡，作为《陬操》以哀之。而反乎卫，入主蘧伯玉家。

【译文】孔子既然得不到卫国的重用，打算西游去见赵简子。到了黄河边，听到窦鸣犊、舜华被杀的消息。就面对着黄河感慨地叹气说："壮美啊黄河水，浩浩荡荡多么盛大，我所以不能渡过黄河，也是命运的安排吧！"子贡赶上前去问："冒昧地请问老师，这话是什么意思？"孔子说："窦鸣犊、舜华两个人，都是晋国有才德的大夫。当赵简子还没有得志的时候，是依靠这两个人才得以从政的；等到他得志了，却杀了他们来执掌政权。我听说过，一个地方剖腹取胎杀害幼兽，麒麟就不来到它的郊野，排干了池塘水抓鱼，那么龙就不调合阴阳来兴致雨了，倾覆鸟巢毁坏鸟卵，凤凰就不愿来这里飞翔。这是为什么呢？君子忌讳伤害他的同类。那些鸟兽对于不义的行为尚且知道避开，何况是我孔丘呢！"于是便回到老家陬乡休息，创作了《陬操》的琴曲来哀掉窦鸣犊、舜华两们贤人。随后又回到卫国，寄住在蘧伯玉家。

他日，灵公问兵陈。孔子曰："俎豆之事则尝闻之，军旅之事未之学也。"明日，与孔子语，见蜚雁，仰视之，色不在孔子。孔子遂行，复如陈。

【译文】有一天，卫灵公向孔子问起军队列阵作战的事。孔子回答说："祭祀的事我倒曾经听说过，排兵布阵的事，我还不曾学过呢。"第二天，卫灵公与孔子谈话的时候，看见空中飞来大雁，就只顾抬头仰望，神色不在孔了身上。孔子于是就离开了卫国，再往陈国。

夏，卫灵公卒，立孙辄，是为卫出公。六月，赵鞅内太子蒯聩于戚。阳虎使太子絻，八人衰绖，伪自卫迎者，哭而入，遂居焉。冬，蔡迁于州来。是岁鲁哀公三年，而孔子年六十矣。齐助卫围戚，以卫太子蒯聩在故也。

夏，鲁桓，釐庙燔，南宫敬叔救火。孔子在陈，闻之，曰："灾必于桓、釐庙乎？"已而果然。

【译文】这年夏天，卫灵公死了，他的孙子辄立为国君，这就是卫出公。六月间，赵鞅把流亡在外的姨灵公太子蒯聩接纳到戚地。阳虎让太子蒯聩穿上孝服，又让八个人空麻带孝，装扮成是从卫国来接太子回去奔丧的样子，哭着进了戚城，就在那里住了下来。冬天，蔡国迁都到州来。这一年是鲁哀公三年，孔子已六十岁了。齐国帮助卫国包围了戚城，是因为卫太子蒯聩在那儿的缘故。

还是这一年夏天，鲁桓公、釐公的庙堂起火烧了起来。南宫敬叔去救火。孔子在陈国听到了这个消息，就说："火灾一定在桓公、釐公的庙堂吧？"不久证实，果然如他所言。

秋，季桓子病，辇而见鲁城，喟然叹曰："昔此国几兴矣，以吾获罪于孔子，故不兴也。"顾谓其嗣康子曰："我即死，若必相鲁；相鲁，必召仲尼。"后数日，桓子卒，康子代立。已葬，欲召仲尼。公之鱼曰："昔吾先君用之不终，终为诸侯笑。今又用之，不能终，是再为诸侯笑。"康子曰："则谁召而可？"曰："必召冉求。"于是使使召冉求。冉求将行，孔子曰："鲁人召求，非小用之，将大用之也。"是日，孔子曰："归乎归乎！吾党之小子狂简，斐然成章，吾不知所以裁之。"子贡知孔子思归，送冉求，因诫曰："即用，以孔子为招"云。

【译文】这年秋天，季桓子病重乘着辇车望见鲁城，感慨地长叹一声说："从前这个国家几乎兴旺了，因为我得罪了孔子，所以没有兴旺起来。"回头又对他的嗣子季康子说："我要是死了，你一定会接掌鲁国的政权佐国君；你佐国君之后，一定要召回孔子。"过了几天，季桓子死了，季康子继承了他的职位。丧事办完之后，想召回了孔子。大夫公之鱼说："从前我们的国君鲁定公曾经任用过他，没能有始有终，最后被诸侯耻笑。现在你再任用他，如果也不能善终，这会再次招来诸侯的耻笑。"季康子说："那么召谁才好呢？"公之鱼说："一定要召冉求。"于是就派人召回了冉求。冉求准备起身前往，孔子说："这次鲁国召冉求回去，不会小用，该会重用他。"就在这一天，孔子说："回去吧，回去吧！我家乡的那些弟子志向高远而行事疏阔，为文富有文采，我真不知从何下手来教育他们才好。"子贡知道孔子思念家乡想回去，在送冉求时，叮嘱过他"你要是被重用了，要想着把老师请回去"之类的话。

冉求既去，明年，孔子自陈迁于蔡。蔡昭公将如吴，吴召之也。前昭公欺其臣迁州来，后将往，大夫惧复迁，公孙翩射杀昭公。楚侵蔡。秋，齐景公卒。

【译文】冉求离去之后，第二年，孔子从陈国移居蔡国。蔡昭公准备到吴国去，是吴国召他去的。从前昭公欺骗他的大臣，把国都迁到了州来，这次将要前往，大夫们担心他又要迁都，公孙翩就在路上把蔡昭公射死了。接着，楚军就来侵犯蔡国。同年秋天，齐景公死了。

明年，孔子自蔡如叶。叶公问政，孔子曰："政在来远附迩。"他日，叶公问孔子于子路，子路不对。孔子闻之，曰：“由，尔何不对曰‘其为人也，学道不倦，诲人不厌，发愤忘食，乐以忘忧，不知老之将至’云尔。”

【译文】第二年，孔子从蔡国前往叶地。叶公问孔子为政的道理，孔子说：“为政的道理在于招纳远方的贤能，使近处的人归服”。有一天。叶公向子路问孔子的情况，子路不回答。孔子听说这件事后就对子路说：“仲由，你为什么不对他说：‘他这个人呀，学习起道理来不知疲倦，教导人全不厌烦，发愤学习时忘记了吃饭，快乐时忘记了忧愁，以致于连衰老就将到来也不知道’。”

去叶，反于蔡。长沮、桀溺耦而耕，孔子以为隐者，使子路问津焉。长沮曰：“彼执舆者为谁？”子路曰：“为孔丘。”曰：“是鲁孔丘与？”曰：“然。”曰：“是知津矣。”桀溺谓子路曰：“子为谁？”曰：“为仲由。”曰：“子，孔丘之徒与？”曰：“然。”桀溺曰：“悠悠者天下皆是也，而谁以易之？且与从辟人之士，岂若从辟世之士哉’”耰而不辍。子路以告孔子，孔子怃然曰：“鸟兽不可与同群。天下有道，丘不与易也。”

【译文】孔子离开楚国的叶地回到蔡国。在路上遇见长沮、桀溺两人并肩耕田，孔子以为他们是隐士，就叫子路前去打听渡口在什么地方。长沮说：“那个拉着马缰绳的人是谁？”子路回答说：“是孔丘。”长沮又问：“是鲁国的孔丘吧？”子路说：“是的。”长沮说：“那他应该知道渡口在哪儿了。”桀溺又问子路：“你是谁？”子路说：“我是仲由。”桀溺说：“你是孔丘的门徒吗？”子路说：“是的。”桀溺说：“天下到处都在动荡不安，而谁能改变这种现状呢？况且你与跟着那逃避暴乱臣的人四处奔走，还不如跟着我们这些躲避乱世的人呢？”说完，就继续不停地耕田。子路把此话告诉了孔子，孔子失望地说：“我们不能居住在山林里与鸟兽同群，要是天下太平，我也用不着到处奔走想改变这个局面了”。

他日，子路行，遇荷蓧丈人，曰：“子见夫子乎？”丈人曰：“四体不勤，五谷不分，孰为夫子！”植其杖而芸。子路以告，孔子曰：“隐者也。”复往，则亡。

【译文】有一天，子路一个人行走的时候，路遇一位肩扛除草工具的老人。子路问他：“您看见过我的老师吗？”老人说：“你们这些人四肢不勤劳，五谷分辨不清，谁是你的老师我怎么会知道？”说完就拄着拐杖拔草去了。事后子路把这些经过告诉了孔子，孔子说：“这是位隐士。”叫子路再到那里看看，老人已经走了。

孔子迁于蔡三岁，吴伐陈。楚救陈，军于城父。闻孔子在陈蔡之间，楚使人聘孔子。

孔子将往拜礼，陈、蔡大夫谋曰：“孔子贤者，所刺讥皆中诸侯之疾。今者久留陈、蔡之间，诸大夫所设行，皆非仲尼之意。今楚，大国也，来聘孔子。孔子用于楚，则陈、蔡用事大夫危矣。”于是乃相与发徒役，围孔子于野。不得行，绝粮。从者病，莫能兴。孔子讲诵弦歌不衰。子路愠见曰：“君子亦有穷乎？”孔子曰：“君子固穷，小人穷斯滥矣。”

【译文】孔子迁居到蔡国三年，吴国攻打陈国。楚国救援陈国，军队驻扎在城父。听说孔子住在陈国和蔡国的边境上，楚国便派人去聘请孔子。孔子正要前往拜见接受聘礼，陈国、蔡国的大夫商议说：“孔子是位有才德的贤人，他所指责讽刺的都切中诸侯的弊病。如今长久地停留在我们陈国和蔡国之间，大夫们的施政、所做所为都不合仲尼的意思。如今的楚国，是个大国，却来聘请孔子。如果孔子在楚国被重用，那么我们陈蔡两国掌权的大夫们就危险了。”于是他们双方就派了一些服劳役的人把孔子围困在野外。孔子和他的弟子无法行动，粮食也断绝了。跟从的弟子饿病了，站都站不起来。孔子却还在不停地给大家讲学，朗诵诗歌、歌唱、弹琴。子路很生气地来见孔子：“君子也有困窘的时候吗？”孔子说：“君子在困窘面前能坚守节操不动摇，人小遇到困窘就会不加节制，什么过火的事情都做得出来。”

子贡色作。孔子曰：“赐，尔以予为多学而识之者与？”曰：“然。非与？”孔子曰：“非也。予一以贯之。”

【译文】这时子贡的脸色也变了。孔子说：“赐啊，你认为我是博学强记的人吗？”子贡回答说：“是的。难道不对吗？”孔子说：“不是的。我是用一种基本原则贯穿于全部知识之中的。”

孔子知弟子有愠心，乃召子路而问曰：“《诗》云：‘匪兕匪虎，率彼旷野。’吾道非耶？吾何为于此？”子路曰：“意者吾未仁耶？人之不我信也。意者吾未知耶？人之不我行也。”孔子曰：“有是乎！由譬，使仁者而必信，安有伯夷、叔齐？使智者而必行，安有王子比干？”

【译文】孔子知道弟子们心中不高兴。便叫来子路问道：“《诗经》上说‘不是犀牛也不是老虎，然而它却排徊在旷野上’，难道是我们学说有什么不对吗？我们为什么会落到这种地步呢？”子路说：“大概是我们的德还不够吧？所以人家不信任我们；想必是我们的智谋还不够吧？所以人家不放我们通行。”孔子说：“有这样的话吗？仲由啊，假使有仁德的人必定能使人信任，哪里还会有伯夷、叔齐饿死在首阳山呢？假使有智谋的人就能早行无阻，哪里会有王子比干被剖心呢？”

路出，子贡入见。孔子曰："赐，《诗》云：'匪兕匪虎，率彼旷野'。吾道非耶？吾何为于此？"子贡曰："夫子之道至大也，故天下莫能容夫子。夫子盖少贬焉？"孔子曰："赐，良农能稼而不能为穑，良工能巧而不能为顺。君子能修其道，纲而纪之，统而理之，而不能为容。今尔不修尔道而求为容。赐，而志不远矣！"

【译文】子路退出，子贡进来见孔子。孔子对子贡说："赐啊，《诗经》上说'不是犀牛也不是老虎，然而它却徘徊在旷野上'。难道是我们的学说有有什么不对吗？我们为什么落到这种地步呢？"子贡说："老师的学说博大到极点了，所以天下没有一个国家能容纳老师。老师何不稍微降低一些您的要求呢？"孔子说："赐啊，好的农夫虽然善于耕种，但他却不一定有好的收获；好的工匠虽然有精巧的手艺，但他的所作却未必能使人们都称心如意。有修养的人能研修自己的学说，就像网一样，先构出基本的大纳统绪，然后再依疏理扎，但不一定被世人所接受。现在你不去研修自己的学说，反而想降格来敬合取容。赐啊，你的志向太不远大了。"

子贡出，颜回入见。孔子曰："回，《诗》云：'匪兕匪虎，率彼旷野。'吾道非耶？吾何为于此？"颜回曰："夫子之道至大，故天下莫能容。虽然，夫子推而行之，不容何病？不容然后见君子！夫道之不修也，是吾丑也；夫道既已大修而不用，是有国者之丑也。不容何病？不容然后见君子！"孔子欣然而笑曰："有是哉，颜氏之子！使尔多财，吾为尔宰。"

于是使子贡至楚。楚昭王兴师迎孔子，然后得免。

【译文】子贡出去之后，颜回进来见孔子。孔子说："回啊，《诗经》说'不是犀牛也不是老虎，然而它却徘徊在旷野上'。难道是我们的说学有什么不对吗？我们为什么落到这种地步呢？"颜回说："老师的学说博大到极点了，所以天下没有一个国家能容纳老师。虽然是这样，老师还是要推行自己的学说，不被天下接受又有什么关系呢？不被接受，这样才能看出君子的本色！一个人不研修自己的学说，那才是自己的耻辱。至于已下大力研修的学说不被人所用，那是当权者的耻辱了。不被天下接受又有什么关系呢？不被接受，这样才能显出君子的本色！"孔子听了欣慰地笑着说："是这样的啊，姓颜的小伙子！假使你有很多钱财，我愿意给你做管家。"

于是派子贡到楚国去。楚昭王调动军队来迎接孔子，这才除了这场灾祸。

昭王将以书社地七百里封孔子。楚令尹子西曰："王之使使诸侯有如子贡者乎？"曰："无有。""王之辅相有如颜回者乎？"曰："无有。""王之将率有如子路者乎？"曰：

“无有。”“王之官尹有如宰予者乎？”曰：“无有。”“且楚之祖封于周，号为子男五十里。今孔丘述三、五之法，明周、召之业，王若用之，则楚安得世世堂堂方数千里乎！夫文王在丰，武王在镐，百里之君，卒王天下。今孔丘得据土壤，贤弟子为佐，非楚之福也。”昭王乃止。其秋，楚昭王卒于城父。

【译文】楚昭王想把有户籍登记的七百里地方封给孔子。楚国的令尹子西阻止说：“大王派往各侯国的使臣，有像子贡这样的吗？”昭王说：“没有。”子西又问：“大王的左右辅佐大臣，有像颜回这样的吗？”昭王说：“没有。”子西又问：“大王的将帅，有像子路这样的吗？”昭王回答说：“没有。”子西还问：“大王的各部主事官员，有像宰予这样的吗？”昭王回答说：“没有。”子西接着说：“况且我们楚国的祖先在受周天子分封时，封号是子爵，土地跟男爵相等，方圆五十里。现在孔丘讲述三皇五帝的治国方法，申明周公旦、召公奭辅佐周天子的事业，大王如果任用了他，那么楚国还能世世代代保有方圆几千里的土地吗？想当年文王在丰邑、武王在镐京，作为只有百里之地的主，最终能统治天下。现在如让孔丘拥有那七百城土地，再加上那些有才能的弟子辅佐，这不是楚国的福音啊。“昭王听了就打消了原来的想法。这年秋天，楚昭死在城父。

楚狂接舆歌而过孔子，曰：“凤兮凤兮，何德之衰！往者不可谏兮，来者犹可追也！已而已而，今之从政者殆而！”孔子下，欲与之言。趋而去，弗得与之言。于是孔子自楚反乎卫。是岁也，孔子年六十三，而鲁哀公六年也。

【译文】楚国的狂人接舆有一天唱着歌走过孔子的车子，说：“凤凰呀，凤凰呀，你的美德为什么这么不景气？过去的不能再挽回，未来的还可以再赶得上，算了吧，算了吧！现在从政的人都是很危险的啊！”孔子下了车，想和他谈谈，但他却快步走开了，没能跟他说上话。

于是孔子从楚国返回了卫国。这一年，孔子六十三岁，是鲁哀公六年。

其明年，吴与鲁会缯，征百牢。太宰嚭召季康子。康子使子贡往，然后得已。孔子曰：“鲁、卫之政，兄弟也。”是时，卫君辄父不得立在外，诸侯数以为让。而孔子弟子多仕于卫，卫君欲得孔子为政，子路曰：“卫君待子而为政，子将奚先？”孔子曰：“必也正名乎！”子路曰：“有是哉，子之迂也！何其正也？”孔子曰：“野哉由也！夫名不正则言不顺，言不顺则事不成，事不成则礼乐不兴，礼乐不兴则刑罚不中，刑罚不中则民无所错手足矣。夫君子为之必可名，言之必可行。君子于其言，无所苟而已矣。”

【译文】第二年，吴国和鲁国在一个叫缯的地方会盟，吴国要求鲁国提供百牢的祭品。吴国的太宰嚭召见季康子。季康子就派子贡前往交涉，然后鲁国才纳百牢祭品。

孔子说："鲁国、卫国的政治情况，如同兄弟一般相似。"这个时候，卫出公辄的父亲蒯聩没有继位做国君，流亡在外，诸侯对此事屡加指责。而孔子的弟子很多在卫国做官，卫出公辄也想请孔子出来执政。子路问孔子说："卫国国君想请您出来执政，您打算首先做什么呢？"孔子回答说："那我一定首先正名分！"子路说："有这样的事吗，老师您太迂阔了！为什么要首先正名分呢？"孔子说："鲁莽啊，仲田！要知道，名分不正，说出的话来就不顺当；说话不顺当，那么事情就办不成；事情办不成，那么礼乐教化就不能兴盛；礼乐教化不兴盛，那么刑罚不准确适度，那么老百姓就手足无措，不知怎么办才好。所以君子办事必须符合名分，说出来的话，一定要切实可行。君子对于他所说出来的话，应该毫不苟且随便才行啊。"

其明年，冉有为季氏将师，与齐战于郎，克之。季康子曰："子之于军旅，学之乎？性之乎？"冉有曰："学之于孔子。"季康子曰："孔子何如人哉？"对曰："用之有名：播之百姓，质诸鬼神而无憾。求之至于此道，虽累千社，夫子不利也。"康子曰："我欲召之，可乎？"对曰："欲召之，则毋以小人固之，则可矣。"而卫孔文子，将攻太叔，问策于仲尼。仲尼辞不知，退而命载而行，曰："鸟能择木，木岂能择鸟乎？"文子固止。会季康子逐公华，公宾、公林，以币迎孔子，孔子归鲁。

【译文】第二年（前484），冉有为季氏统率军队，在郎地同齐国作战，打败了齐国的军队。季康子对冉求说："您的军事才能，是学来的呢？还是天生的呢？"冉有回答说："我是从孔子那里学来的。"季康子又问："孔子是怎样的一个人呢？"冉有回答说："任用他要符合名分，他的学说不论是传布到百姓中，还是对质于鬼神前，都是没有遗憾的。我对于军事，虽然有功而累计封到二千五百户人家，而孔子却会毫不动心的。"康子说："我想召请他回来，可以吗？"冉有说："你想召请他回来，只要不让小人从中阻碍他，就可以了。"当时，卫国大夫孔文子准备攻打太叔，向孔子问计策。孔子推辞说不知道，他回到住处便立即吩咐备车离开了卫国，说道："鸟能选择树木栖息，树木怎能选择鸟呢？"孔文子坚决拘留他。恰好季康子派来公华、公宾、公林，带着礼物迎接迎孔子，孔子就回鲁国去了。

孔子之去鲁凡十四岁而反乎鲁。

鲁哀公问政，对曰："政在选臣。"季康子问政，曰："举直错诸枉，则枉者直。"康子患盗，孔子曰："苟子之不欲，虽赏之不窃。"然鲁终不能用孔子，孔子亦不求仕。

【译文】孔子离开鲁国一共经过十四年又回到鲁国。

鲁哀公向孔子问为政的道理，孔子回答说："为政最重要的是选择好大臣。"季康子也向孔子问为政的道理，孔子说："要举用正直的人，抛弃邪曲的人，那样就使邪曲的人变为正直的人了。"季康子忧虑盗窃，孔子说："如果你自己没有欲的话，就是给奖赏，人们也是不会去偷窃的。"但是鲁国最终也不能重用孔子，孔子也不要求出来做官。

孔子之时，周室微而礼乐废，《诗》、《书》缺。追迹三代之礼，序《书传》，上纪唐、虞之际，下至秦缪，编次其事。曰："夏礼吾能言之，杞不足征也。殷礼吾能言之，宋不足征也。足，则吾能征之矣。"观殷、夏所损益，曰："后虽百世可知也，以一文一质。周监二代，郁郁乎文哉。吾从周。"故《书传》、《礼记》自孔氏。

【译文】孔子的时代，周王衰微，礼崩乐坏，《诗》、《书》也残缺不全了。孔子探究夏、商、西周三代的礼仪制度，编定了《书传》的篇次，上起唐尧、虞舜之时，下至秦穆公，依照事情的先后，加以整理编排。孔子说："夏代的礼仪制度我还能讲出来，只是夏的后代杞国没有留下足够证明这些的文献了。殷商的礼仪制度我也能讲出来，只是殷商的后代宋国没有留下足够证明这些制度的文献了。如果杞、宋两国有足够的文献，我就能证明这些制度了。"孔子考察了殷代继承夏代对礼仪制度所作的增减之后说："将来即使经过一百，那增减的也是可以预知的，因为一种是重视文采，另一种是重视朴实。周代的礼仪制度是在参照了夏代和殷代的基础上制定的，多么丰富多彩呀，我主张用周代的礼仪"所以《书传》、《礼记》都是孔子编定的。

孔子语鲁大师："乐其可知也。始作翕如，纵之纯如，皦如，绎如也，以成。""吾自卫反鲁，然后乐正，《雅》、《颂》各得其所。"

【译文】孔子曾对鲁国的乐官太师说："音乐是可以通晓的。刚开始演奏的时候要互相配合一致，继续下去是节奏和谐，声音清晰，连续不断，这样直到整首乐曲演奏完成。"孔子又说："我从卫国返回鲁国之后，就开始订正诗乐，使《雅》、《颂》都恢复了原来的曲调。"

古者《诗》三千余篇，及至孔子，去其重，取可施于礼义，上采契、后稷，中述殷、周之盛，至幽、厉之缺，始于衽席，故曰："《关雎》之乱以为《风》始，《鹿鸣》为《小雅》始，《文王》为《大雅》始，《清庙》为《颂》始"三百五篇孔子皆弦歌之，以求合《韶》、《武》、《雅》、《颂》之音。礼乐自此可得而述，以备王道，成六艺。

【译文】古代留传下来的《诗》有三千多篇，到孔子时，他把重复的删掉了，选取中合于义的用于礼义教化，最早的是追述殷始祖契、周始祖后稷，其次是叙述殷、周两代的兴盛，直到周幽王、周厉王的政治缺失，而开头的则是叙述男女夫妇关系和感情的诗篇，所以说："《关雎》这一乐章作为《国风》的第一篇，《鹿鸣》作为《小雅》的第一篇；《文王》作为《大雅》的第一篇；《清庙》作为《颂》的第一篇"。三百零五篇诗孔子都能将演奏歌唱，以求合于《韶》、《武》、《雅》《颂》这些乐曲的音调。先王的乐制度从此才恢复旧观而得以称述，王道完备了，孔子也完成了被称为"六艺"的《诗》、《书》、《乐》、《易》、《春秋》的编修。

孔子晚而喜《易》，序《彖》、《系》、《象》、《说卦》、《文言》。读《易》，韦编三绝。曰："假我数年，若是，我于《易》则彬彬矣。"

【译文】孔子晚年喜欢钻研《周易》，他详细解释了《彖辞》、《锡辞》、《卦》、《文言》等。孔子读《周易》刻苦勤奋，以致把编穿书简的牛皮绳子也弄断了多次。他还说："再让我多活几年，这样的话，我对《周易》的文辞和义理就能够充分掌握理解了。"

孔子以《诗》、《书》、《乐》教弟子，盖三千焉，身通六艺者七十有二人。如颜浊邹之徒，颇受业者甚众。

【译文】孔子用《诗》、《书》、《礼》、《乐》作教材教育弟子，就学的弟子大约在三千人，中能精通礼、乐、射、御、数、术这六种技艺的有七十二人。至于像颜浊邹那样的人，多方面受到孔子的教诲却没有正式入籍的弟子就更多了。

孔子以四教：文，行，忠，信。绝四：毋意，毋必，毋固，毋我。所慎：齐，战，疾。子罕言利与命与仁。不愤不启。举一隅不以三隅反。则弗复也。其于乡党，恂恂似不能言者。其于宗庙朝廷，辩辩言，唯谨尔。朝，与上大夫言，訚訚如也；与下大夫言，侃侃如也。

【译文】孔子教育弟子有四个方面：学问、言行、忠恕、信义。为弟子订四条禁律：不揣测、不武断、不固执、不自以为是。他认为应当特别谨慎处理的是：斋戒、战争、疾病。孔子很少谈到利，如果谈到，就与命运、仁德联系起来。他教育弟子的时候，不到人家真正遇到困难，烦闷发急的时候，不去启发开导他。他出一个道理，弟子不能触类旁通地推演出似的道理，他就不再重复讲述了。

孔子在自己的乡里，谦恭得像个不善言谈的人。他在宗庙祭祀和朝廷议政这些场合，却能言善辩，言辞明晰而又通达，然而又很恭谨小心。上朝时，与上大夫交谈，态度和悦，中正自然；与下大夫交谈，就显得和乐安详了了。

入公门鞠躬如也；趋进，翼如也。君召使傧，色勃如也。君命召，不俟驾行矣。鱼馁，肉败，割不正，不食。席不正，不坐。食于有丧者之侧，未尝饱也。是日哭，则不歌。见齐衰、瞽者，虽童子必变。

【译文】孔子进入国君的公门，低头弯腰，恭敬谨慎，进门后急行而前，恭有礼。国命他迎接宾客，容色庄重认真。国君召见他，不等待车驾备好，就动身起行。鱼不新鲜，肉有变味，或不按规矩切割，孔子不吃。席位不正，不就坐。在有丧事的人旁边吃饭，从来没有吃饱过。在一天内哭泣过，就不会再歌唱。看见穿孝服的人和盲人，即使是是个小孩，也必定改变面容以示同情。

"三人行，必得我师。""德之不修，学之不讲，闻义不能徙，不善不能改，是吾忧也。"使人歌，善，则使复之，然后和之。

子不语：怪，力，乱，神。

【译文】孔子说："三个人同行，中间就有可做我老师的。"又说："不去修明道德，不去探求学业，听到正直的道理又不前往学习，对缺点错误又不能改正，这些我是忧虑提心的问题。"孔子请人唱歌，要是唱得好，就请人再唱一遍，然后自己也和唱起来。孔子不谈论怪异、暴力、鬼神的事情。

子贡曰："夫子之文章，可得闻也。夫子言天道与性命，弗可得闻也已。"颜渊喟然叹曰："仰之弥高，钻之弥坚。瞻之在前，忽焉在后。夫子循循然善诱人，博我以文，约我以礼，欲罢不能。既竭我才，如有所立，卓尔。虽欲从之，蔑由也已。"达巷党人（童子）曰："大哉孔子，博学而无所成名。"子闻之曰："我何执？执御乎？执射乎？我执御矣。"牢曰："子云：'不试，故艺'。"

【译文】子贡说："老师在文献方面的成绩很显著，我们是知道的。老师讲论有关天道与人的命运的深微见解我们就不知道了。"颜渊感慨地长叹一声说："我越是仰慕老师的学问，越得它无比崇高，越是钻研探讨，越觉得它坚实深厚。看见它是在前面，忽然间又在后面了。老师善于循序渐进地诱导人，用典籍来丰富我的知识，用礼仪来规范我的言行，使我想停止学习都不可能。已经竭尽了我的才力，我现在也好像有所建树，但老师的学问却依然高立在我的面前。虽然我也想追赶上去，但是不可能追得上。"达巷这个地方的人对我说："伟大啊孔子，他博学多才却不专一名家。"孔子听了这话之后说："我要专于什么呢？是专于驾车？还是专于射箭？我看还是专于驾车吧。"子牢说："老师曾说：'我没有被世所用，所以才学会了这许多的技艺'。"

鲁哀公十四年春，狩大野。叔孙氏车子鉏商获兽，以为不祥，仲尼视之，曰："麟也。"取之。曰："河不出图，雒不出书，吾已矣夫！"颜渊死，孔子曰："天丧予！"及西狩见麟，曰："吾道穷矣！"喟然叹曰："莫知我夫！"子贡曰："何为莫知子？"子曰："不怨天，不尤人，下学而上达，知我者其天乎！"

【译文】鲁哀公十四年（前481）的春天，在大野这个地方狩猎。给叔孙氏驾车的商猎获了一头怪兽，他们以为这是不祥之兆。孔子看了后说："这是麒麟。"于是便将它取走了。孔子说："黄河上再不见神龙负图出现，洛水上再不见神龟负洛书出现，我也就快要完啦！"渊死了，孔子说："这是老天要我死呀！"等到他西去大野狩猎见到麒麟，说："我的主张到尽头了！"感慨地说："没有人能了解我了！"子贡说："为什么说没有人了解您？"孔子回答说："我不抱怨天，也不怪罪人，下学人事，上通天理，能了解我的，只有上天了吧！"

"不降其志，不辱其身，伯夷、叔齐乎？"谓"柳下惠、少连降志辱身矣。"谓"虞仲、夷逸隐居放言行中清，废中权。""我则异于是，无可无不可。"

【译文】孔子说："不降低自己的志向，不使自己的人格受到侮辱，只有伯夷、叔齐丙人吧！"又说："柳下惠、少连降低了自己的志向，使人格受到了侮辱"。又说"虞仲、夷逸隐居，不言世务，行为合干清高纯洁，自我废弃合于权变"。又说："我就跟他们不同了，既不降志辱身以求进取，也不隐居避世脱离尘俗，没有绝对的可以，也没有绝对的不可以"。

子曰："弗乎弗乎君子病殁世而名不称焉。吾道不行矣，吾何以自见于后世哉？"乃因史记作《春秋》，上至隐公，下讫哀公十四年，十二公。据鲁，亲周，故殷，运之三代。约其文辞而指博。故吴、楚之君自称王，而《春秋》贬之曰"子"；践土之会实召周天子，而《春秋》讳之曰"天王狩于河阳"：推此类以绳当世。贬损之义，后有王者举而开之。《春秋》之义行，则天下乱臣贼子惧焉。

【译文】孔子说："不成啊，不成啊！君子最担忧的就是死后没有留下好的名声。我的主张不能实行，我用什么贡献给社会留下好名呢？"于是就根据鲁国的史书作了《春秋》，上起鲁隐公元年（前722），下止鲁哀公十四年（前481），共包 括鲁国十二个国君。以鲁国为中心记述，尊奉周王室为正统，以殷商的旧为借鉴，推而上承夏、商、周在法统，文辞简约而旨意广博。所以吴、楚的国自称为王的，在《春秋》中仍贬称为子爵；晋文公在践土与诸侯会盟，实际上是召周襄王入会的，而《春秋》中却避讳说“周天子巡狩来到到河阳”。依此类推，《春秋》就是用这一原则，来褒贬当时的各种事件，后有的国君加以称推广开来，使《春秋》的义法在天下通行，天下那些乱臣奸贼就都害怕起来了。

孔子在位听讼，文辞有可与人共者，弗独有也。至于为《春秋》，笔则笔，削则削，子夏之徒不能赞一辞。弟子受《春秋》，孔子曰：“后世知丘者以《春秋》，而罪丘者亦以《春秋》。”

【译文】孔子任司寇审理诉讼案件时，文辞上有可与别人商讨的时候，他从不独自决断。到了写《春秋》时就不同了，应该写的一定写上去，应当删的一定删掉，就连子夏这些长于文字的弟子，一句话也不能给他增删。弟子们学习《春秋》，孔子说：“后人了解我将因为《春秋》，后人怪罪我也将因为《春秋》。”

明岁，子路死于卫。孔子病，子贡请见。孔子方负杖逍遥于门，曰：“赐，汝来何其晚也？”孔子因叹，歌曰：“太山坏乎！梁柱摧乎！哲人萎乎！”因以涕下。谓子贡曰：“天下无道久矣，莫能宗予。夏人殡于东阶，周人于西阶，殷人两柱间。昨暮予梦坐奠两柱之间，予始殷人也。”后七日卒。

【译文】第二天，子路死在卫国。孔子生病了，子贡请求看望他。孔子正拄着拐杖在门口修闲散步，说：“赐，你为什么来得这样迟啊？”孔子于是就叹息，随即唱道：“泰山要倒了！梁柱要断了，哲人要死了！”他边唱边流下了眼泪。对子贡说：“天下失去常道已经很久了，没有人能奉我的主张。夏人死了停棺在东厢的台阶，周人死了停棺在西厢的台阶，殷人死了停棺在堂屋的两柱之间。昨天晚上我梦见自己坐在两柱之间受人祭奠，我原本就是殷商人啊。”过了七天孔子就死了。

孔子年七十三，以鲁哀公十六年四月己丑卒。

哀公诔之曰：“旻天不吊，不慭遗一老，俾屏余一人以在位，茕茕余在疚。呜呼哀哉！尼父，毋自律！”子贡曰：“君其不没于鲁乎！夫子之言曰：‘礼失则昏，名失则愆。失志为昏，失所为愆。’生不能用，死而诔之，非礼也。称‘余一人’，非名也。”

【译文】孔子享年七十三岁，死在鲁哀公十六年（前479）四月的己丑日。

鲁哀公为他作了一篇悼词说：“老天爷不仁慈，不肯留下这位老人，使他扔下我，孤零零一人在位，我孤独而又伤痛。啊！多么痛！尼父啊，没有人可以作为我学习的楷模了！”子贡说：“鲁君他难道不能终老在鲁国吗？老师的话说：‘法丧失就会昏乱，名分丧失就会产生过失。丧失了意志就会昏乱，失去所宜就会出现过错。’老师活着的时候不能用他，死了作祭文哀悼他，这是不合礼的。以诸侯身份称‘余一人’，是不合名分的啊。”

孔子葬鲁城北泗上，弟子皆服三年。三年心丧毕，相诀而去，则哭，各复尽哀；或复留。唯子贡庐于冢上，凡六年，然后去。弟子及鲁人往从冢而家者百有余室，因命曰孔里。鲁世世相传以岁时奉祠孔子冢，而诸儒亦讲礼乡饮大射于孔子冢。孔子冢大一顷。故所居堂弟子内，后世因庙藏孔子衣冠琴车书，至于汉二百余年不绝。高皇帝过鲁，以太牢祠焉。诸侯卿相至，常先谒然后从政。

【译文】孔子死后葬在鲁城北面的泗水岸边，弟子们都在心里为他服丧三年。三年心丧完毕，大家道别离去时，都相对而哭，又各尽哀；有的就又留了下来。只有子贡在墓旁搭子一间小房住下，守墓总共六年，然后才离去。弟子及鲁国他人，相率前往墓旁居住的一百多家。因而就把这里命名为“孔里”。鲁国世世代代相传，每年都定时到孔子墓前祭拜，而儒生们也在这时来这里讲习礼仪，行乡学业考校的饮酒礼，以及比射等仪式。孔子的墓地有一顷大。孔子故居的堂屋以及弟子们所居住的内室，后来就改成庙，借以收藏孔子生前穿过的衣服，戴过的帽子，使用过的琴、车子、书籍等，直到汉代，二百多年间没有废弃。高皇帝刘邦经过鲁地，用牛羊猪三牲俱全的太牢祭祀孔子。诸侯、卿大夫、宰相一到任，常是先去拜谒孔子墓，然后才去就职处理政务。

孔子生鲤，字伯鱼。伯鱼年五十，先孔子死。伯鱼生伋，字子思，年六十二。尝困于宋。子思作《中庸》。子思生白，字子上，年四十七。子上生求，字子家，年四十五。子家生箕，字子京，年四十六。子京生穿，字子高，年五十一。子高生子慎，年五十七，尝为魏相。

【译文】孔子生了鲤，字伯鱼。伯鱼享年五十岁，死在孔子之前。伯鱼生了伋，字子思，郭年六十二岁。曾经受困于宋国。子思作了《中庸》。子思生了白，字子上，享年四十七岁。子上生了求，字子家，享年四十五岁。子家生了箕，字子京，享年四十六岁。子京生了穿，字子高，享年五十一岁。子高生了慎，享年五十七岁，曾经做过魏国的相。

子慎生鲋，年五十七，为陈王涉博士，死于陈下。鲋弟子襄，年五十七。尝为孝惠皇帝博士，迁为长沙太守。长九尺六寸。子襄生忠，年五十七。忠生武，武生延年及安国。安国为今皇帝博士，至临淮太守，蚤卒。安国生卬，卬生了驩。

【译文】子慎生了鲋，享年五十七岁，做过陈胜王的博士，死在陈这个地方。鲋的弟弟叫子襄，享年五十七岁。曾经做过汉孝惠皇帝的博士，后被提升为长沙郡的太守。身高九尺六寸。子襄生了忠，享年五十七岁。忠生了武，武生了延年和安国。安国做了当今孝武皇帝的博士，官至临淮郡太守，寿短早死。安国生了卬，卬生了驩。

太史公曰：《诗》有之："高山仰止，景行行止。"虽不能至，然心向往之。余读孔氏书，想见其为人。适鲁，观仲尼庙堂、车服、礼器，诸生以时习礼其家，余祗回留之不能去云。天下君王至于贤人众矣，当时则荣，没则已焉。孔子布衣，传十余世，学者宗之。自天子王侯，中国言六艺者折中于夫子，可谓至圣矣！

【译文】太史公说：《诗》中有这样的话："像高山一般令人瞻仰，像大道一般让人遵循。"虽然我不能达到这种境地，但是心里却向往着他。我读孔子的著作，可以想见到他的为人。到了鲁地，参观了孔子的庙堂、车辆、衣服、礼器，目睹了读书的学生们按时到孔子旧宅中演习礼仪的情景。我怀着崇敬的心情徘徊留恋不愿离去。自古以来，天下的君王直到贤人也够多的了，当活着的时候都显贵荣耀，可是一死什么也就没有了。孔子是一个平民，他的名声和学说已经传了十几世，读书的人仍然崇他为宗师。从天子王侯一直到全国谈六艺的人，都把孔子的学说来做为判断衡量的最高准则，可以说孔子是至高无上的圣人了。

仲尼弟子列传

孔子曰："受业身通者七十有七人"，皆异能之士也。德行：颜渊、闵子骞、冉伯牛、仲弓。政事：冉有、季路。言语：宰我、子贡。文学：子游、子夏。师也辟，参也鲁，柴也愚，由也喭，回也屡空。赐不受命而货殖焉，亿则屡中。

【译文】孔子说："跟着我学习而精通六艺的弟子有七十七人"，他们都是具有奇异才能的人。德行方面突出的：颜渊，闵子骞，冉伯牛，仲弓。擅长处理政事的：冉有，季路。语言方面的：宰我，子贡。文章博学方面的：子游，子夏。颛孙师偏激，曾参迟钝，高柴愚笨，仲由粗鲁，颜回经常贫穷无所有。端木赐不接受命运的摆布而去经营商业，不过他推测的行情经常是准确的。

孔子之所严事：于周则老子；于卫，蘧伯玉；于齐，晏平仲；于楚，老莱子；于郑，子产；于鲁，孟公绰。数称臧文仲、柳下惠、铜鞮伯华、介山子然，孔子皆后之，不并世。

【译文】孔子所礼敬的人：在周朝是老子；在卫国是蘧伯玉；在齐国是晏仲平；在楚国是老莱子；在郑国是子产；在鲁国是孟公绰。他也经常称颂臧文仲、柳下惠、铜鞮伯华、介山子然，孔子出生的时间比他们都晚，不是同一时代的人。

颜回者，鲁人也，字子渊。少孔子三十岁。

颜渊问仁，孔子曰："克已复礼，天下归仁焉。"

【译文】颜回，是鲁国人，字子渊。比孔子小三十岁。

颜渊问什么是仁，孔子说："约束自己，使你的言行符合于礼，天下的人就会称许你是有仁德的人了。"

孔子曰："贤哉回也！一箪食，一瓢饮，在陋巷，人不堪其忧，回也不改其乐。""回也如愚；退而省其私，亦足以发，回也不愚。""用之则行，舍之则藏，唯我与尔有是夫！"

【译文】孔子说："颜回！多么贤德的人啊！吃的是一小竹筐饭，喝的是一瓢水，住在简陋的胡同里，一般人忍受不了这种困苦，颜回却也不改变自己的乐趣。听我授业时，颜回象个蠢笨的人，下课后考察他私下的言谈，也能够刻意发挥，颜回实在不笨。""任用你的时候，就匡时救世，不被任用的时候，就藏道在身，只有我和你才有这样的处世态度吧！"

回年二十九，发尽白，蚤死。孔子哭之恸，曰："自吾有回，门人益亲。"鲁哀公问："弟子孰为好学？"孔子对曰："有颜回者好学，不迁怒，不贰过。不幸短命死矣，今也则亡。"

【译文】颜回才二十九岁，头发就全白了，过早的死去。孔子哭得特别伤心，说："自从我有了颜回，学生们越来越和我亲近。"鲁哀公问："学生中谁是最好学习的？"孔子回答说："有个叫颜回的人最好学习，从不把怒火转移到别人身上，不再犯同样的过失。不幸的是寿命很短，死了，现在就没有这样的人了。"

闵损字子骞。少孔子十五岁。孔子曰："孝哉闵子骞！人不间于其父母昆弟之言。"

不仕大夫，不食污君之禄。“如有复我者，必在汶上矣。”

【译文】闵损，字子骞，比孔子小十五岁。孔子说：“闵子骞太孝顺啦！他侍奉父母，顺从兄弟，别人对他的父母兄弟夸赞他都没有非议的闲话。”他不做大夫的家臣，不要昏君的俸禄。所以他说：“如果有人再来召我，我一定逃到汶水以北了。”

冉耕字伯牛。孔子以为有德行。伯牛有恶疾，孔子往问之，自牖执其手，曰：“命也夫！斯人也，而有斯疾，命也夫！”

【译文】冉耕，字伯牛。孔子认为他有德行。伯牛得了难治的病，孔子前去问候他，从窗户里握手住他的手，说：“这是命啊！这样好的人却得了这样的病，这是命啊！”

冉雍字仲弓。仲弓问政，孔子曰：“出门如大宾，使民如承大祭。在邦无怨，在家无怨。”

孔子以仲弓为有德行，曰：“雍也可使南面。”

仲弓父，贱人。孔子曰：“犁牛之子骍且角，虽欲勿用，山川其舍诸？”

【译文】仲弓问如何处理政事，孔子说：“出门做事如同接待贵宾一样谦恭有礼，使用百姓如同承办隆重的祭典一样虔诚谨慎。这样，在诸侯的封国里任职，就没人怨恨你，在卿大夫的家邑里任职也不会有人怨恨你。”

孔子认为仲弓在德行方面有成就，说：“冉雍啊，可以让他作个卿大夫一样的大官。”

仲弓的父亲，是个地位卑微的人。孔子打比方说：“杂色牛生出红色的小牛，两角长得周正，即使你不想用它作祭品，山川的神灵难道会舍弃它吗？”

冉求字子有，少孔子二十九岁。为季氏宰。

季康子问孔子曰：“冉求仁乎？”曰：“千室之邑，百乘之家，求也可使治其赋。仁则吾不知也。”复问：“子路仁乎？”孔子对曰：“如求。”

求问曰：“闻斯行诸？”子曰：“行之。”子路问：“闻斯行诸？”子曰：“有父兄在，如之何其闻斯行之！”子华怪之，“敢问问同而答异？”孔子曰：“求也退，故进之。由也兼人，故退之。”

【译文】冉求，字子有，比孔子小二十九岁。作李氏家臣之长。

季康子问孔子说：“冉求有仁德吗？”孔子回答说：“有千户人家的城邑，有百辆兵车的采邑，冉求能够把那里的军政事物管理好。至于他仁德不仁德，我就不知道了。”季康子又问："子路有仁德吗？"孔子回答说："像冉求一样。"

冉求问孔子说："听到应做的事情就立刻行动吗？"孔子回答说："立刻行动。"子路问孔子说："听到应做的事就应该立刻行动吗？"孔子回答说："有父亲兄长在，怎么听到就能立刻行动呢？"子华感到这件事很奇怪，不解地说："我大胆地问问，为什么问同样的问题而回答却不一样呢？"孔子回答说："冉求做事畏缩多虑，所以我激励他。仲由做事有两个人的胆量，所以我要抑制他。"

仲由字子路，卞人也。少孔子九岁。

子路性鄙，好勇力，志伉直，冠雄鸡，佩豭豚，陵暴孔子。孔子设礼稍诱子路，子路后儒服委质，因门人请为弟子。

子路问政，孔子曰："先之，劳之。"请益。曰："无倦。"

子路问："君子尚勇乎？"孔子曰："义之为上。君子好勇而无义则乱，小人好勇而无义则盗。"

子路有闻，未之能行，唯恐有闻。

孔子曰："片言可以折狱者，其由也与！""由也好勇过我，无所取材。""若由也，不得其死然。""衣敝缊袍与衣狐貉者立，而不耻者，其由也与！""由也升堂矣，未入于室也。"

季康子问："仲由仁乎？"孔子曰："千乘之国可使治其赋，不知其仁。"

子路喜从游，遇长沮、桀溺、荷任丈人。

子路为季氏宰，季孙问曰："子路可谓大臣与？"孔子曰："可谓具臣矣。"

子路为蒲大夫，辞孔子。孔子曰："蒲多壮士，又难治。然吾语汝：恭以敬，可以执勇；宽以正，可以比众；恭正以静，可以报上。"

【译文】仲由，字子路，卞地人。比孔子小九岁。

子路性情粗朴，喜欢逞勇斗力，志气刚强，性格直爽，头戴雄鸡式的帽子，佩戴着公猪皮装饰的宝剑，曾经欺凌孔子。孔子用礼乐慢慢地诱导他，后来，子路穿着儒服，带着拜师的礼物，通过孔子学生的引荐，请求作孔子的学生。

子路问如何处理政事，孔子说："自己先给百姓作出榜样，然后才能使百姓辛勤地劳作。"子路请求进一步讲讲。孔子说："持久不懈。"

子路问："君子崇尚勇敢吗？"孔子说："君子最崇尚的是义。君子只好勇而不崇尚义，就会叛逆作乱。小人只好勇而不崇尚义，就会做强盗。"

子路要听到什么道理，没有马上行动，只怕又听到别的道理。

孔子说："只听单方面言辞就可以决断案子的，恐怕只有仲由吧！""仲由崇尚勇敢超过我之所用，就不适用了。"像仲由这种性情，不会得到善终。""穿着用乱麻絮做的破旧袍子和穿着裘皮大衣的人站在一起而不认为羞愧的，恐怕只有仲由吧！”“仲由的学问好像登上了正厅，可是还没能进入内室呢。”

季康子问道：“仲由有仁德吗？”孔子答说：“拥有一千辆兵车的国家，可以让他管理军政事务，至于他有没有仁德，我就不知道了。”

子路喜欢跟随孔子出游，曾遇到过长沮、桀溺、扛着农具的老人等隐士。

子路出任季氏的家臣，季孙问孔子说：“子路可以说是人臣了吗？”孔子回答说：“可以说是备位充数的臣子了。”

子路出任蒲邑的大夫，向孔子辞行。孔子说：“蒲邑勇武之士很多，又难治理。可是，我告诉你：恭谨谦敬，就可以驾驭勇武的人；宽厚清正，就可以使大家亲近；恭谨清正而社会安静，就可以用来报效上司了。”

初，卫灵公有宠姬曰南子。灵公太子蒉聩得过南子，惧诛出奔。及灵公卒而夫人欲立公子郢。郢不肯，曰：“亡人太子之子辄在。”于是卫立辄为君，是为出公。出公立十二年，其父蒉聩居外，不得入。子路为卫大夫孔悝之邑宰。蒉聩乃与孔悝作乱，谋入孔悝家，遂与其徒袭攻出公。出公奔鲁，而蒉聩入立，是为庄公。方孔悝作乱，子路在外，闻之而驰往。遇子羔出卫城门，谓子路曰：“出公去矣，而门已闭，子可还矣，毋空受其祸。”子路曰：“食其食者不避其难。”子羔卒去。有使者入城，城门开，子路随而入。造蒉聩，蒉聩与孔悝登台。子路曰：“君焉用孔悝？请得而杀之。”蒉聩勿听。于是子路欲燔台，蒉聩惧，乃下石乞、壶黡攻子路，击断子路之缨。子路曰：“君子死而冠不免。”遂结缨而死。

孔子闻卫乱，曰：“嗟乎，由死矣！”已而果死。故孔子曰：“自吾得由，恶言不闻于耳。”是时子贡为鲁使于齐。

【译文】当初，卫灵公有位宠姬叫作南子。灵公的太子蒉聩曾得罪过她，害怕被谋杀就逃往国外。等到灵公去世，夫人南子想让公子郢继承王位。公子郢不肯接受，说：“太子虽然逃亡了，太子的儿辄还在。”于是卫国立了辄为国君，这就是卫出公。出公继位十二年，他的父亲蒉聩一直留在国外，不能够回来。这时子路担任卫国大夫孔悝采邑的长官。蒉聩就和孔悝一同作乱，想办法带人潜入孔悝家，就和他的党徒去袭击卫出公。出公逃往鲁国，蒉聩进宫继位，这就卫庄公。当孔悝作乱时，子路还有事在外，听到这个消息就立刻赶回来。子羔从卫国城门出来，正好相遇，对子路说：“卫出公逃走了，城门已经关闭，您可以回去了，不要为他遭受祸殃。”子路说：“吃着人家的粮食就不能回避人家的灾难。”子羔终于离去了。正赶上有使者要进城，城门开了，子路就跟了进去。找到蒉聩，蒉聩和孔悝都在台上。子路说：“大王为什么要任用孔悝呢？请让我捉住他杀了。”蒉聩不听从他的劝说。于是子路要放火烧台，蒉聩害怕了，于是叫石乞、壶黡到台下去攻打子路，斩断了子路的帽带。子路说："君子可以死，帽子不能掉下来。"说完系好帽子就死了。

孔子听到卫国发生暴乱的消息，说："唉呀，仲由死了！"不久，果真传来了他的死讯。所以孔子说："自从我有子仲由，恶言恶语的话再也听不到了。"这时，子贡正为鲁国出使到了齐国。

宰予字子我。利口辩辞。既受业，问："三年之丧不已久乎？君子三年不为礼，礼必坏，三年不为乐，乐必崩。旧谷既没，新谷既升，钻燧改火，期可已矣。"子曰："于汝安乎？"曰："安。""汝安则为之。君子居丧，食旨不甘，闻乐不乐，故弗为也。"宰我出，子曰："予之仁也！子生三年，然后免于父母之怀。夫三年之丧，天下之通义也。"

宰予昼寝。子曰："朽木不可雕也，粪土之墙不可圬也。"

宰我问五帝之德，子曰："予非其人也。"

宰我为临菑大夫，与田常作乱，以夷其族，孔子耻之。

【译文】宰予，字子我。他口齿伶俐，擅长辞辩。拜在孔子门下以后，问道："一个人的父母死了，守孝三年，时间不是太长了吗？君子三年不习礼，礼义必定会毁坏；三年不演奏音乐，音乐一定会败坏。一年间，陈旧的谷子吃完了，新的谷子又成熟了，钻木取火的木材换遍了，守丧一年也就可以了。"孔子说："只守丧一年，你内心安不安呢？"宰我回答说："心安。"孔子说："你既然感到心安理得，你就这样做吧。君子守孝期间，即使吃美味的食品，也感觉不到甜美，听到动听的音乐也感觉不到高兴，所以君子才不这样做呀。"宰我退了出去，孔子说："宰予不是个仁人君子啊！孩子生下来三年，才能脱离母亲的怀抱。为父母守孝三年，是天下共同遵行的礼仪啊。"

宰予白天睡大觉。孔子说："腐朽了的木头是不能雕刻器物的，腐秽的墙壁是不能够粉刷的。"

宰我询问五帝的德行，孔子回答说："你不是问这种问题的人。"

宰我做齐国临菑的大夫，和田常一起同谋作乱，因此被灭族，孔子为他感到羞耻。

端木赐，卫人，字子贡。少孔子三十一岁。

子贡利口巧辞，孔子常黜其辩。问曰："汝与回也孰愈？"对曰："赐也何敢望回！回也闻一以知十，赐也闻一以知二。"

子贡既已受业，问曰："赐何人也？"孔子曰："汝器也。"曰："何器也？"曰："瑚琏也。"

陈子禽问子贡曰："仲尼焉学？"子贡曰："文武之道未坠于地，在人，贤者识其大者，不贤者识其小者，莫不有文武之道。夫子焉不学，而亦何常师之有！"又问曰："孔子适是国必闻其政。求之与？抑与之与？"子贡曰："夫子温良恭俭让以得之。夫子之求之也，其诸异乎人之求之也。”

子贡问曰：“富而无骄，贫而无谄，何如？”孔子曰：“可也；不如贫而乐道，富而好礼。”

【译文】端木赐，是卫国人，字子贡。比孔子小三十一岁。

子贡口齿伶俐，巧于辞令，孔子常常驳斥他的言辞。孔子问子贡说：“你和颜回比，谁更加出色？”子贡回答说：“我怎么敢指望跟颜回相比呢？颜回听知一个道理，能够推知十个道理，我听说一个道理，也不过推导出两个道理。”

子贡拜在孔子门下求学以后，问道：“我是什么样的人？”孔子说：“你像个有用器物。”子贡说：“什么样的器物呀？”孔子说：“宗庙里的瑚琏呀。”

陈子禽问子贡说：“仲尼在哪里得来这么广博的学问啊？”子贡说：“文王、武王的治国思想并没有完全丢掉，还在人间流传，贤能人记住它重要的部分，不贤的人只记住了它细枝末节，无处不有文王、武王的思想存在着。先生在哪里不能学习，又何必要有固定的老师！”陈子禽又问道：“孔子每到一个国家，一定了解到这个国家的政事。这是请求人家告诉他的呢，还是人家主动告诉他的呢？”子贡说：“先生凭借着温和、善良、恭谨、俭朴、谦让的美德得来的。先生这种求得的方式，或许与别人求得的方式不同吧。”

子贡问孔子说：“富有而不骄纵，贫穷而不谄媚，这样的人怎么样？”孔子说：“可以了；不过，不如即使贫穷乐于恪守圣贤之道，虽然富有却能处事谦恭守礼。”

田常欲作乱于齐，惮高、国、鲍、晏，故移其兵欲以伐鲁。孔子闻之，谓门弟子曰：“夫鲁，坟墓所处，父母之国，国危如此，二三子何为莫出？”子路请出，孔子止之。子张、子石请行，孔子弗许。子贡请行，孔子许之。

遂行，至齐，说田常曰：“君之伐鲁过矣。夫鲁，难伐之国，其城薄以卑，其地狭以泄，其君愚而不仁，大臣伪而无用，其士民又恶甲兵之事，此不可与战。君不如伐吴。夫吴，城高以厚，地广以深，甲坚以新，士选以饱，重器精兵尽在其中，又使明大夫守之，此易伐也。”田常忿然作色曰：“子之所难，人之所易；子之所易，人之所难。而以教常，何也？”子贡曰：“臣闻之，忧在内者攻强，忧在外者攻弱。今君忧在内。吾闻君三封而三不成者，大臣有不听者也。今君破鲁以广齐，战胜以骄主，破国以尊臣，而君之功不与焉，则交日疏于主。是君上骄主心，下恣群臣，求以成大事，难矣。夫上骄则恣，臣骄则争，是君上与主有郤，下与大臣交争也。如此，则君之立于齐危矣。故曰不如伐吴。伐吴不胜，民人外死，大臣内空，是君上无强臣之敌，下无民人之过，孤主制齐者唯君也。”田常曰：“善。虽然，吾兵业已加鲁矣，去而之吴，大臣疑我，奈何？”子贡曰：“君按兵无伐，臣请往使吴王，令之救鲁而伐齐，君因以兵迎之。”田常许之，使子贡南见吴王。

【译文】田常想要在齐国叛乱，却害怕高昭子，国惠子，鲍牧，晏圉的势力，所以想转移他们的军队去攻打鲁国。孔子听说这件事，对门下弟子们说："鲁国，是祖宗坟墓所在的地方，是我们出生的国家，我们的祖国危险到这种地步，诸位为什么不挺身而出呢？"子路请求前去，孔子制止了他。子张、子石请求前去救鲁，孔子也不答应。子贡请求前去救鲁，孔子答应他。

子贡就出发了，来到齐国，游说田常说："您攻打鲁国是错误的。鲁国，是难攻打的国家，它的城墙单薄而矮小，它的护城河狭窄而水浅，它的国君愚昧而不仁慈，大臣们虚伪而中用，它的士兵百姓又厌恶打仗的事，这样的国家不可以和它交战。您不如去攻打吴国。吴国，它的城墙高大而厚实，护城河宽阔而水深，铠甲坚固而崭新，士卒经过挑选而精神饱满，可贵的人才、精锐的部队都在那里，又派英明的大臣守卫着它，这样的国家是容易攻打的。"田常顿时忿怒了，脸色一变说："你认为难，人家认为容易；你认为容易的，人家认为是难的。用这些话来指教我，是什么用心？"子贡说："我听说，忧患在国内的，要去攻打强大的国家；忧患在国外的，要去攻打弱小的国家。如今，您的忧患在国内。我听说您多次被授予封号而多次未能封成，是因为朝中大臣的有反对你的呀。现在，你要攻占鲁国来扩充齐国的疆域，若是打胜了，你的国君就更骄纵，占领了鲁国土地，你国的大臣就会更尊贵，而您的攻劳都不在其中，这样，您和国君的关系会一天天地疏远。这是您对上使国君产生骄纵的心理，对下使大臣们放纵无羁，想要因此成就大业，太困难啦。国君骄纵就要无所顾忌，大臣骄纵就要争权夺利，这样，对上您与国君感情上产生裂痕，对下您和大臣们相互争夺。像这样，那您在齐国的处境就危险了。所以说不如攻打吴国。假如攻打吴国不能取得胜利，百姓死在国外，大臣率兵作战朝廷势力空虚，这样，在上没有强臣对抗，在下没有百姓的非难，孤立国君专制齐国的只有您了。"田常说："好。虽然如此，可是我的军队已经开赴鲁国了，现在从鲁国撤军转而进兵吴国。大臣们怀疑我，怎么办？"子贡说："您按兵不动，不要进攻，请让我为您出使去见吴王，让他出兵援助鲁国而攻打齐国，您就趁机出兵迎击它。"田常采纳了子贡的意见，就派他南下去见吴王。

说曰："臣闻之，王者不绝世。霸者无强敌，千钧之重加铢两而移。今以万乘之齐而私千乘之鲁，与吴争强，窃为王危之。且夫救鲁，显名也；伐齐，大利也。以抚泗上诸侯，诛暴齐以服强晋，利莫大焉。名存亡鲁，实困强齐，智者不疑也。"吴王曰："善。虽然，吾尝与越战，栖之会稽。越王苦身养士，有报我心。子待我伐越而听子。"子贡曰："越之劲不过鲁，吴之强不过齐，王置齐而伐越，则齐已平鲁矣。且王方以存亡继绝为名，夫伐小越而畏强齐，非勇也。夫勇者不避难，仁者不穷约，智者不失时，王者不绝世，以立其义。今存越示诸侯以仁，救鲁伐齐，威加晋国，诸侯必相率而朝吴，霸业成矣。且王必恶越，臣请东见越王，令出兵以从，此实空越，名从诸侯以伐也。"吴王大说，乃使子贡之越。

【译文】子贡游说吴王说："我听说，施行王道的不能让诸侯属国灭绝，施行霸道的不能让另外的强敌出现，在千钧重的物体上，再加上一铢一两的分量也可能产生移位。如今，拥有万辆战车的齐国再独自占有千辆战车的鲁国，和吴国来争高低，我私下替大王感到危险。况且去援救鲁国，是显扬名声的事情；攻打齐国，是能获大利的事情。安抚泗水以北的各国诸侯，讨伐强暴的齐国，用来镇服强大的晋国，没有比这样做获利更大的了。名上保存危亡的鲁国，实际上阻厄了强齐的扩张，这道理，聪明人是不会怀疑的。"吴王说："好。虽然如此，可是我曾经和越国作战，越王退守在会稽山上栖身，越王自我刻苦，优待士兵，有报复我的决心。您等我攻打越国后再按您的话做罢。"子贡说："越国的力量超不过鲁国，吴国的强大超不过齐国，大王把齐国搁置在一边，去攻打越国，那么，齐国早已平定鲁国了，况且大王正借着"使灭亡之国复存，使断绝之嗣得续"的名义，却攻打弱小的越国而害怕强大的齐国，这不是勇敢的表现。勇敢的人不回避艰难，仁慈的人不让别人陷入困境。聪明的人失掉时机，施行王道的人不会让一个国家灭绝，凭借这些来树立你们的道义。现在，保存越国向各国诸侯显示您的仁德，援助鲁国攻打齐国，施加晋国以威力，各国诸侯一定会竞相来吴国朝见，称霸天下的大业就成功了。大王果真畏忌越国，我请求东去会见越王，让他派出军队追随您，这实际上使越国空虚，名义上追随诸侯讨伐齐国。"吴王特别高兴，于是派子贡到越国去。

越王除道郊迎，身御至舍而问曰："此蛮夷之国，大夫何以俨然辱而临之？"子贡曰："今者吾说吴王以救鲁伐齐，其志欲之而畏越，曰'待我伐越乃可'。如此，破越必矣。且夫无报人之志而令人疑之，拙也；有报人之意，使人知之，殆也；事未发而先闻，危也。三者举事之大患。"勾践顿首再拜曰："孤尝不料力，乃与吴战，困于会稽，痛入于骨髓，日夜焦唇干舌，徒欲与吴王接踵而死，孤之愿也。"遂问子贡。子贡曰："吴王为人猛暴，群臣不堪；国家敝于数战，士卒弗忍；百姓怨上，大臣内变；子胥以谏死，太宰嚭用事，顺君之过安以其私：是残国之治也。今王诚发士卒佐之以徼其志，重宝以说其心，卑辞以尊其礼，其伐齐必也。彼战不胜，王之福矣。战胜，必以兵临晋，臣请北见晋君，令共攻之，弱吴必矣。其锐兵尽于齐，重甲困于晋，而王制其敝，此灭吴必矣。"越王大说，许诺。送子贡金百镒，剑一，良矛二。子贡不受，遂行。

【译文】越王清扫道路，到郊外迎接子贡，亲自驾驭着车子到子贡下榻的馆舍致问说："这是个偏远落后的国家，大夫怎么屈辱自己庄重的身份光临到这里来了！"子贡回答说："现在我已劝说吴王援救鲁国攻打齐国，他心里想要这么做却害怕越国，说：'等我攻下越国才可以'。像这样，攻破越国是必然的了。况且要没有报复人的心志而使人怀疑他，太拙劣了；要有报复人的心志又让人知道他，就不安全了；事情还没有发动先叫人知道，就太危险了。这三种情况是办事的最大祸患。”勾践听罢叩头到地再拜说：“我曾不自量力，才和吴国交战，被围困在会稽，恨入骨髓，日夜唇焦舌燥，只打算和吴王一块儿拼死，这就是我的愿望。”于是问子贡怎么办。子贡说：“吴王为人凶猛残暴，大臣们难以忍受；国家多次打仗，弄得疲惫衰败，士兵不能忍耐；百姓怨恨国君，大臣内部发生变乱；伍子胥因谏诤被杀死，太宰嚭执政当权，顺应着国君的过失，用来保全自己的私利：这是残害国家的政治表现啊。现在大王果真能出兵辅佐吴王，以投合他的心志，用重金宝物来获取他的欢心，用谦卑的言辞尊他，以表示对他的礼敬，他一定会攻打齐国。如果那场战争不能取胜，就是大王您的福气了。如果打胜了，他一定会带兵逼近晋国，请让我北上会见晋国国君，让他共同攻打它，一定会削弱吴国的势力。等他们的精锐部队全部消耗在齐国，重兵又被晋国牵制住，而大王趁它疲惫不堪的时候攻打它，这样一定能灭掉吴国。”越王非常高兴，答应照计行动。送给子贡黄金百镒，宝剑一把，良矛二支。子贡没有接受，就走了。

报吴王曰：“臣敬以大王之言告越王，越王大恐，曰：'孤不幸，少失先人，内不自量，抵罪于吴，军败身辱，栖于会稽，国为虚莽，赖大王之赐，使得奉俎豆而修祭祀，死不敢忘，何谋之敢虑！'”后五日，越使大夫种顿首言于吴王曰：“东海役臣孤勾践使者臣种，敢修下吏问于左右，今窃闻大王将兴大义，诛强救弱，困暴齐而抚周室，请悉起境内士三千人，孤请自被坚执锐，以先受矢石。因越贱臣种奉先人藏器，甲二十领，鈇屈卢之矛，步光之剑，以贺军吏。”吴王大说，以告子贡曰：“越王欲身从寡人伐齐，可乎？”子贡曰：“不可。夫空人之国，悉人之众，又从其君，不义。君受其币，许其师，而辞其君。”吴王许诺，乃谢越王。于是吴王乃遂发九郡兵伐齐。

【译文】子贡回报吴王说：“我郑重地把大王的话告诉了越王，越王非常惶恐，说：‘我很不走运，从小就失去了父亲，又不自量力，触犯吴国而获罪，军队被打败，自身受屈辱，栖居在会稽山上，国家成了荒凉的废墟，仰赖大王的恩赐，使我能够捧着祭品而祭祀祖宗，我至死也不敢忘怀，怎么另有其他的打算！’”过了五天，越国派大夫文种以头叩地对吴王说：“东海役使之臣勾践谨派使者文种，来修好您的属下近臣，托他们向大王问候。如今我私下听说大王将要发动正义之师，讨伐强暴，扶持弱小，困厄残暴的齐国而安抚周朝王室，请求出动越国境内全部军队三千人，勾践请求亲自披挂铠甲、拿着锐利的武器，甘愿在前面去冒箭石的危险。因此派越国卑贱的臣子文种进献祖先珍藏的宝器，铠甲十二件，斧头、屈卢矛、步光剑、用来作贵军吏的贺礼。”吴王听了非常高兴，把文种的话告诉子贡说：“越王想亲自跟随我攻打齐国，可以吗？”子贡回答说：“不可以。使人家国内空虚，调动人家所有的人马，还要人家的国君跟着出征，这是不道义的。你可接受他的礼物，允许他派出军队，辞却他的国君随行。”吴王同意了，就辞谢越王。于是吴王就是调动了九个郡的兵力去攻打齐国。

子贡因去之晋，谓晋君曰：“臣闻之，虑不先定，不可以应卒，兵不先辨，不可以胜敌。今夫齐与吴将战，彼战而不胜，越乱之必矣；与齐战而胜，必以其兵临晋。”晋君大恐，曰：“为之奈何？”子贡曰：“修兵休卒以待之。”晋君许诺。

【译文】子贡因而离开吴国前往晋国，对晋国国君说：“我听说，不事先谋划好计策，就不能应付突然来的变化，不事先治理好军队，就不能战胜敌人。现在齐国和吴国即将开战，如果那场战争吴国不能取得胜利，越国必定会趁机扰乱它；和齐国一战取得了胜利，吴王一定会带他的军队逼近晋国。”晋非常恐慌，说：“那该怎么办呢？”子贡说：“整治好武器，休养士卒，等着吴军的到来。”晋君依照他的话做了。

子贡去而之鲁。吴王果与齐人战于艾陵，大破齐师，获七将军之兵而不归，果以兵临晋，与晋人相遇黄池之上。吴晋争强。晋人击之，大败吴师。越王闻之，涉江袭吴，去城七里而军。吴王闻之，去晋而归，与越战于五湖。三战不胜，城门不守，越遂围王宫，杀夫差而戮其相。破吴三年，东向而霸。

故子贡一出，存鲁，乱齐，破吴，强晋而霸越。子贡一使，使势相破，十年之中，五国各有变。

【译文】子贡离开晋国前往鲁国。吴王果然和齐国人在艾陵打了一仗，把齐军打得大败，俘虏了七个将军的士兵而不肯班师回国，果然带兵逼近晋国，和晋国人在黄池相遇。吴晋两国争雄，晋国人攻击吴国，大败吴军。越王听到吴军惨败的消息，就渡过江去袭击吴国，直打到离吴国都城七里的路程才安营扎寨。吴王听到这个消息，离开晋国返回吴国，和越国军队在五湖一带作战。多次战斗都失败了，连城门都守不住了，于是越军包围了王宫，杀死了吴王夫差和他的国相。灭掉吴国三年后，越国称霸东。

所以，子贡这一出行，保全了鲁国，扰乱了齐国，灭掉了吴国，使晋国强大而使越国称霸。子贡一次出使，使各国形势发生了相应变化，十年当中，齐、鲁、吴、晋、越五国的形势各自有了变化。

子贡好废举，与时转货赀。喜扬人之美，不能匿人之过。常相鲁、卫，家累千金，卒终于齐。

【译文】子贡擅长囤积居奇，贱买贵卖，随着供需情况转手谋取利润。他喜欢宣扬别人的长处，也不隐瞒别人的过失。曾出任过鲁国和卫国的国相，家产积累千金，最终死在齐国。

言偃，吴人，字子游。少孔子四十五岁。

子游既已受业，为武城宰。孔子过，闻弦歌之声。孔子莞尔而笑曰："割鸡焉用牛刀？"子游曰："昔者偃闻诸夫子曰，君子学道则爱人，小人学道则易使。"孔子曰："二三子，偃之言是也。前言戏之耳。"孔子以为子游习于文学。

【译文】言偃，是吴国人，字子游。比孔子小四十五岁。

子游受业以后，出任武城的长官。孔子路过武城，听到弹琴唱歌的声音。孔子微微地笑了，说："杀鸡何必用宰牛刀呢？"子游说："从前我听先生说过：'有才德的人学了礼乐，就会涵养仁心，爱护人民；普通人学了礼乐，就会谨守法规，容易使唤。'"孔子对随行的学生们说："诸位，言偃的话是对的。我刚才说的那句话不过是开玩笑罢了。"孔子认为子游熟习文章博学。

卜商字子夏。少孔子四十四岁。

子夏问："'巧笑倩兮，美目盼兮，素以为绚兮'，何谓也？"子曰："绘事后素。"曰："礼后乎？"孔子曰："商始可与言《诗》已矣。"

子贡问："师与商孰贤？"子曰："师也过，商也不及，""然则师愈与？"曰："过犹不及。"

子谓子夏曰："汝为君子儒，无为小人儒。"

孔子既没，子夏居西河教授，为魏文侯师。其子死，哭之失明。

【译文】卜商，字子夏。比孔子小四十四岁。

子夏问道："'姣美的笑容妩媚动人啊，明沏的眼珠流动生辉啊，信佛洁白的生绡染上了绚烂的文彩'，这三句诗是什么意思？"孔子回答说："绘画要先有洁白的底子，然后再彩饰图画。"子夏说："是不是礼乐的产生在仁义之后呢？"孔子说："卜商啊，现在可以和你讨论《诗经》了。"

子贡问道："颛孙师和卜商哪一位更强些？"孔子说："师么，有些过分，商么，有些赶不上。"子贡说："那么颛孙师好一些吗？"孔子说："过分和赶不上同样是不完美的。"

孔子对子夏说："你要立志作个有才德的读书人，不要作浅薄不正派的读书人。

孔子逝世后，子夏定居河西教授学生，成了魏文侯的教师。子夏的儿子死了，把眼睛都哭瞎了。

颛孙师，陈人，字子张。少孔子四十八岁。

子张问干禄，孔子曰："多闻阙疑，慎言其余，则寡尤；多见阙殆，慎行其余，则寡悔。言寡尤，行寡悔，禄在其中矣。"

他日从在陈蔡间，困，问行。孔子曰："言忠信，行笃敬，虽蛮貊之国，行也；言不忠信，行不笃敬，虽州里，行乎哉！立则见其参于前也，在舆则见其倚于衡，夫然后行。"子张书诸绅。

子张问："士何如斯可谓之达矣？"孔子曰："何哉，尔所谓达者？"子张对曰："在国必闻，在家必闻。"孔子曰："是闻也，非达也。夫达者，质直而好义，察言而观色，虑以下人，在国及家必达。夫闻也者，色取仁而行违，居之不疑，在国及家必闻。"

【译文】颛孙师，是陈国人，字子张。比孔子小四十八岁。

子张向孔子学习求取官职俸禄的方法。孔子说："多听人家说，对疑难未解的，不要妄加评论，其余有把握的要谨慎地说出，能少犯错误；多看人家行事，对疑难未解的，不要妄加行动，其余有把握的要谨慎地行动，能减少懊悔。说话的错误少、行动的懊悔少，你要求取的官职俸禄就在里面了。"

有一天子张跟随孔子在陈国和蔡国之间被围困，子张问怎样才能处处行得通。孔子说："说话要忠诚信实，行为要真诚恭敬，即使在南蛮北狄也行得通；说话不忠诚信实，行为不真诚恭敬，即使是在本乡本土，能行得通吗？站着的时候，就象'忠信笃敬'几个字呈现在眼前；坐在车上，就象'忠信笃敬'几个字挂在车前的横木上，做到这种地步之后，就到处行得通了。"子张就把这些话写在束腰的大带子上。

子张问："读书人怎样做才可以叫通达了呢？"孔子说："你所说的通达，是指的什么呢？"子张回答说："在诸侯的邦国中一定要有声望，在卿大夫家里也一定要有声誉。"孔子说："这是声望，不是通达。所谓通达，应当是立身正直而好义，审度别人的言论，观察别人的表情，时常想着谦恭退让，这样，在诸侯的邦国和卿大夫的封地一定能够通达。所说的声望，外表上好像追求仁德的样子，而实际行动上却违背仁德，自己要安然处之，毫不怀疑，这样的人在诸侯的邦国和卿大夫的封地一定能取得名望。"

曾参，南武城人，字子舆。少孔子四十六岁。

孔子以为能通孝道，故授之业。作《孝经》。死于鲁。

【译文】曾参，是南武城人，字了舆，比孔子小四十六岁。

孔子认为他能通达孝道，所以传授他学业。他撰写了一部《孝经》。他死在鲁国。

澹台灭明，武城人，字子羽。少孔子三十九岁。

状貌甚恶。欲事孔子，孔子以为材薄。既已受业，而退修行，行不由径，非公事不见卿大夫。

南游至江，从弟子三百人，设取予去就，名施乎诸。孔子闻之，曰："吾以言取人，失之宰予；以貌取人，失之子羽"。

【译文】澹台灭明，是武城人，字子羽。比孔子小三十九岁。

他的体态相貌很丑陋。想要侍奉孔子，孔子认为他资质低下。从师学习以后，回去就致力于修身实践，处事光明正大，不走邪路，不是为了公事，从来不去会见公卿大夫。

他往南游历到长江，追随他的学生有三百人，他获取、给予离弃、趋就都完美无缺，他的声誉传遍了四方诸侯。孔子听到这些事，说："我只凭言辞判断人，对宰予的判断就错了；单从相貌上判断人，对子羽的判断就错了。"

宓不齐字子贱。少孔子四十九岁。

孔子谓"子贱君子哉！鲁无君子，斯焉取斯？"

子贱为单父宰，反命于孔子，曰："此国有贤不齐者五人，教不齐所以治者。"孔子曰："惜哉不齐所治者小，所治者大则庶几矣。"

【译文】宓不齐，字子贱。比孔子小三十岁。

孔子谈论宓子贱，说："子贱真是个君子啊！假如鲁国没有君子，这个人又从哪儿学到这种好品德呢？"

子贱出任单父地方长官，回来向孔子报告，说："这个地方有五个人比我贤能，他们教给我施政治民的方法。"孔子说："可惜呀！不齐治理的地方太小了，要是治理的地方大就差不多了。"

原宪字子思。

子思问耻。孔子曰："国有道，谷。国无道，谷，耻也。"

子思曰："克伐怨欲不行焉，可以为仁乎？"孔子曰："可以为难矣，仁则吾弗知也。"

孔子卒，原宪亡在草泽中。子贡相卫，而结驷连骑，排藜藿入穷阎，过谢原宪。宪摄敝衣冠见子贡。子贡耻之，曰："夫子岂病乎？"原宪曰："吾闻之，无财者谓之贫，学道而不能行者谓之病。若宪，贫也，非病也。"子贡惭，不怿而去，终身耻其言之过也。

【译文】原宪，字子思。子思问什么是耻辱。孔子说："国家政治清明，可以做官领取俸禄，却不能有所见树。国家政治黑暗，做官领取俸禄，却不能独善其身，就是耻辱。

子思说："好胜、自我夸耀、怨恨、贪欲都没有显现出来，可以算是做到了仁了吗？"

孔子说："可以说是难能可贵了，是否算是做到仁，那我就不知道了。"

孔子逝世以后，原宪就跑到低洼积水、野草丛生的地方隐居起来。子贡做了卫国的国相，出门车马接连不断，排开丛生的野草，来到偏远简陋破败的小屋，前去看望原宪。原宪整理好破旧的衣帽，会见子贡。子贡见状替他感到羞耻，说："难道你很困窘吗？"原宪回答说："我听说，没有财产的叫做贫穷，学习了道理而不能施行的叫做困窘。像我，贫穷，不是困窘啊。"子贡感到很惭愧，不高兴地离去了，一辈子都为这次说错了话感到羞耻。

公冶长，齐人，字子长。

孔子曰："长可妻也，虽在累绁之中，非其罪也。"以其子妻之。

【译文】公冶长，是齐国人，字子长。

孔子说："公冶长，可以把女儿嫁给他，即使他在囚禁之中，并不是他的罪过。"就把自己的女儿嫁给了他。

南宫括字子容。

问孔子曰："羿善射，奡荡舟，俱不得其死然；禹稷躬稼而有天下？"孔子弗答。容出，孔子曰："君子哉若人！上德哉若人！""国有道，不废；国无道，免于刑戮。"三复"白珪之玷"，以其兄之子妻之。

【译文】南宫括，字子容。

南宫括问孔子说："羿擅长射箭，奡擅长荡舟，他们都不能够善终；禹、稷亲自耕种而为什么能得到天下呢？"孔子不回答。南子容退出后，孔子说："这个人真是个君子啊！这个人崇尚道德啊！"孔子评论他说："国家政治清明，他会被任用；国家政治黑暗，他也不会遭受刑罚"。他把"白珪之玷"的几句诗再三吟诵，孔子就把自己的侄女嫁给了他。

公皙哀字季次。

孔子曰："天下无行，多为家臣，仕于都；唯季次未尝仕。"

【译文】公皙哀，字季次。孔子说："天下的读书人没有善行，大多数作了卿大夫们的家臣，在都邑作官，只有季次不曾出来作官。"

曾蒧字皙。侍孔子，孔子曰："言尔志。"蒧曰："春服既成，冠者五六人，童子六七人，浴乎沂，风乎舞雩，咏而归。"孔子喟尔叹曰："吾与蒧也！"

【译文】曾蒧，字皙。他陪着孔子，孔子说："谈谈你的志趣。"曾蒧说："穿着刚做好的春装，和五六个成年人，六七个小孩子，在沂水里洗个澡，在祈雨台上吹吹风，唱着歌回来。"孔子听了，长长地叹息说："我赞成曾蒧的志趣啊！"

颜无繇字路。路者，颜回父，父子尝各异时事孔子。

颜回死，颜路贫，请孔子车以葬。孔子曰："材不材，亦各言其子也。鲤也死，有棺而无椁，吾不徒行以为之椁，以吾从大夫之后，不可以徒行。"

【译文】颜无繇，字路。颜路，是颜回的父亲，父子俩曾先后在孔子门下求学。

颜回死了，颜路贫穷，请求孔子把车子卖掉安葬颜回。孔子说："孔鲤不论是有才华或没有才华，但对我们来说都是自己的儿子。孔鲤死了，只有内棺，没有外椁，我不能卖掉车子徒步走路给他买椁，因为我曾经位居大夫行列，那是不可以徒步行走的。"

商瞿，鲁人，字子木，少孔子二十九岁。

孔子传《易》于瞿，瞿传楚人馯臂子弘，弘传江东人矫子庸疵，疵传燕人周子家竖，竖传淳于人光子乘羽，羽传齐人田子庄何，何传东武人王子中同，同传菑川人杨何。何元朔中，以治《易》为汉中大夫。

【译文】商瞿，是鲁国人。字子木，比孔子小二十九。

孔子把《易经》传授给商瞿，商瞿传给楚国人馯臂子弘，子弘传给江东人矫子庸疵，庸疵传给燕国人周子家竖，周竖传给淳于人光子乘羽，光羽传给齐国人田子庄何，田何传给东武人王子中同，中同传给菑川人杨何。杨何在汉武元朔年间，因为研究《易经》出任了当朝的中大夫。

高柴字子羔。少孔子三十岁。

子羔长不盈五尺，受业孔子，孔子以为愚。

子路使子羔为费郈宰，孔子曰："贼夫人之子！"子路曰："有民人焉，有社稷焉，何必读书然后为学！"孔子曰："是故恶夫佞者。"

【译文】高柴，字子羔。比孔子小三十岁。

子羔的身长不足五尺，在孔子门下学习，孔子认为他很愚笨。

子路派子羔担任费邑的长官。孔子说："这是残害人家的子弟！"子路说："那里有人民百姓。有祭祀土神和谷神的庙宇，为什么一定要读书才叫做学问呢？"孔子说："所以我厌恶用花言巧语谄媚的人"。

漆雕开字子开。

孔子使开仕，对曰："吾斯之未能信。"孔子说。

【译文】漆雕开，字子开。孔子叫子开去做官，子开回答说："我对作官还没有信心。"孔子听了很高兴。

公伯缭字子周。

周愬子路于委孙，子服景伯以告孔子，曰："夫子固有惑志，缭也，吾力犹能肆诸市朝。"孔子曰："道之将行，命也；道之将废，命也。公伯缭其如命何！"

【译文】公伯缭，字子周。

子周在季孙面前说子路的坏话，子服景伯把这件事告诉了孔子并且说："季孙本来就有了疑心，可是我还有力量杀死公伯缭，把他的尸体陈放在街头示众。"孔子说："正道能够行得通，那是天意，正道废弃不能施得，也是天意，公伯缭对天意又能怎么样呢？"

司马耕字子牛。

牛多言而躁。问仁于孔子，孔子曰："仁者其言也讱。"曰："其言也讱，斯可谓之仁乎？"子曰："为之难，言之得无讱乎！"

问君子，子曰："君子不忧不惧。"曰："不忧不惧，斯可谓之君子乎？"曰："内省不疚，夫何忧何惧！"

【译文】司马耕，字子牛。

子牛话多而性情急躁。他向孔子问仁德，孔子说："有仁德的人，说话很谨慎。"子牛又问："说话很谨慎，这就可以算是仁德吗？"孔子说："做起来很困难，说起来能不谨慎吗！"

子牛问怎样才算是君子，孔子说："一个君子既不忧愁，也不畏惧。"他接着问："不忧愁，不畏惧，这就可以算是君子吗？"孔子说："自我反省，内心无愧，有什么忧愁，有什么畏惧的呢！"

樊须字子迟。少孔子三十六岁。

樊迟请学稼，孔子曰："吾不如老农。"请学圃，曰："吾不如老圃。"樊迟出，孔子曰："小人哉，樊须也！上好礼，则民莫敢不敬；上好义，则民莫敢不服；上好信，则民莫敢不用情。夫如是，则四方之民襁负其子而至矣，焉用稼！"

樊迟问仁，子曰：“爱人。”问智，曰：“知人。”

【译文】樊须，字子迟。比孔子小三十六岁。

樊须向孔子请求学种庄稼，孔子说：“我不如老农民。”又请求学种蔬菜，孔子说：“我不如老菜农。”樊迟退出后，孔子说：“樊须，是个志向浅薄的小人啊！统治者提倡礼义，百姓就没有人敢不敬；统治者诚恳信实，百姓就没有人敢不说真情实话。如果能这样，那么四方的百姓就会背负着包裹着的孩子前来投奔，哪里用得着自己种庄稼。

樊迟问什么是仁德，孔子说：“爱所有的人！”又问什么智慧，孔子说：“了解人。”

有若少孔子十三岁。有若曰：“礼之用，和为贵，先王之道斯为美。小大由之，有所不行；知和而和，不以礼节之，亦不可行也。”“信近于义，言可复也；恭近于礼，远耻辱也；因不失其亲，亦可宗也。”

孔子既没，弟子思慕，有若状似孔子，弟子相与共立为师，师之如夫子时也。他日，弟子进问曰：“昔夫子当行，使弟子持雨具，已而果雨。弟子问曰：‘夫子何以知之？’夫子曰：‘《诗》不云乎？“月离于毕，俾滂沱矣”。昨暮月不宿毕乎？’他日，月宿毕，竟不雨。商瞿年长无子，其母为取室。孔子使之齐，瞿母请之。孔子曰：‘无忧，瞿年四十后当有五丈夫子。’已而果然。敢问夫子何以知此？”有若默然无以应。弟子起曰：有子避之，此非子之座也！”

【译文】有若，比孔子小十三岁。有若说：“礼的应用，以恰到好处为可贵。过去圣明的君王治理国家的办法，最高明的地方就在这里；小事大事都按照这一条原则去理，有时就行不通；但是只知道和的重要而一味地追求和，而不用礼去节制它，也是不可行的。”有若又说：“所守的信约要符合于义，这约言就能经得起实践的检验。恭敬要符合礼，就能避免耻辱；依傍那些不失为亲近的人，也就可靠了。”

孔子逝世以后，学生们都很怀念他。有若长得很像孔子，学生们共同拥戴他当教师，就像当年侍奉孔子一样对待他。有一天，学生进来问他说：“从前先生正要出行，就叫同学们带好雨具，不久果真下起雨来。同学们请教说：‘先生怎么知道要下雨呢？’先生回答说：‘《诗经》里不是说了吗：月亮依附于毕星的位子上，接着就会下大雨。昨天夜里月亮不是宿在毕星的位子上吗？’有一天，月亮又宿在毕星的位了上，却没有下雨。商瞿年纪大了还没有儿子，他的母亲要替他另外娶妻。孔子派他到齐国去，商瞿的母亲请求不要派他。孔子说：‘不要担忧，商瞿四十岁以后会有五个男孩子。’过后，果真是这样的。请问先生当年怎么能够预先知道是这样的呢？”有若沉默无以回答。学生们站起来说：“有先生，你躲开这儿吧，这个位子不是您能坐的啊！”

公西赤字子华，少孔子四十二岁。

子华使于齐，冉有为其母请粟。孔子曰：“与之釜。”请益，曰：“与之庾。”冉子与之粟五秉。孔子曰：“赤之适齐也，乘肥马，衣轻裘。吾闻君子周急不继富。”

【译文】公西赤，字子华。比孔子小四十二岁。

子华出使去齐国，冉有为他的母亲向孔子请求粮食。孔子说：“给他一釜。”冉有请求增加，孔子说：“那就给他一庾。”，冉有给了她五秉粮食。孔子说：“公西赤到齐国去，坐的是肥马拉的车子，穿的是又轻又暖的裘皮衣裳。我听说，君子救济紧急需要的穷人而不是为他增加财富。

巫马施字子旗。少孔子三十岁。

陈司败问孔子曰：“鲁昭公知礼乎？”孔子曰：“知礼。”退而揖巫马旗曰：“吾闻君子不党，君子亦党乎？鲁君娶吴女为夫人，命之为孟子。孟子姓姬，讳称同姓，故谓之孟子。鲁君而知礼，孰不知礼！”施以告孔子，孔子曰：“丘也幸，苟有过，人必知之。臣不可言君亲之恶，为讳者，礼也。”

【译文】巫马施，字子旗，比孔子小三十岁。

陈司败问孔子说：“鲁昭公懂礼吗？”孔子说：“懂礼。”孔子出去后，陈司败向巫马旗作了个揖说：“我听说君子是不偏私袒护的，莫非君子也会偏私袒护？鲁昭公娶来吴女作夫人，给她起名叫她孟子。孟子本姓姬，避忌称呼同姓，所以叫她吴孟子。鲁君要是懂得礼仪，那还有谁不懂得礼节呢？”巫马施把这些话转告给孔子，孔子说：“我真幸运，如果有了过失，人家一定会知道。作臣子的不能说国君的过错的，替他避忌的人，就是懂礼啊。”

梁鳣字叔鱼，少孔子二十九岁。颜幸字子柳，少孔子四十六岁。冉孺字子鲁，少孔子五十岁。曹邺字子循，少孔子五十岁。伯虔字子析，少孔子五十岁。公孙龙字子石，少孔子五十三岁。自子石已右三十五人，颇有年名及受业闻见于书传。其四十有二人，无年及不见书传者纪于左：

【译文】梁鳣，字叔鱼，比孔子小二十九岁。颜幸，字子柳，比孔子小四十六岁。冉儒，字子鲁，比孔子小五十岁。曹，字子循，比孔子小五十岁。伯虔，字子析，比孔子小五十岁。公孙龙，字子石，比孔子小五十三岁。从子石以上三十五人，他们的年龄、姓名和受业经过、事迹都能明显地见么文字记载。其余的四十二人，没有年龄可考，也没有文字记载的记在下面：

冉季字子产。公祖句兹字子之。秦祖字子南。漆雕哆字子敛。颜高字子骄。漆雕徒父。壤驷赤字子徒。商泽。石作蜀字子明。任不齐字选。公良孺字子正。后处字子里。秦冉字开。公夏首字乘。奚容箴字子晳。公坚定字子中。颜祖字襄。鄡单字子家。句井疆。罕父黑字子索。秦商字子丕。申党字周。颜之仆字叔。荣旂字子祺。县成字子祺。左人郢字行。燕伋字思。郑国字子徒。秦非字子之。施之常字子恒。颜哙字子声。步叔乘字子车。原亢籍。乐欬字子声。廉絜字庸。叔仲会字子期。颜何字冉。狄黑字晳。邦巽字子敛。孔忠。公西舆如字子上。公西葴字子上。

【译文】冉季，字子产。公祖名兹，字子之。秦祖，字子南。漆雕哆，字子敛。颜高，这字骄。漆雕徒父。壤驷赤，字子徒。商泽。石作蜀，字子明。任不齐，字选。公良儒，字子正。后处，字子里。秦冉，字开。公夏首，字乘。奚容箴，字子晳。公肩定，字子中。颜祖，字襄。鄡单，字子家。句井疆。罕父黑，字子索。秦商，字子丕。申党，字周。颜之仆，字叔。荣旗，字子祈。县成，字子祺。左人郢，字行。燕伋，字思。郑国，字子徒。秦非，字子之。施之常，字子恒。颜哙，字子声。步叔乘，字子车。原亢，字籍。乐欬，字子声。廉絜，字庸。叔仲会，字子期。颜何，字冉。狄黑，字晳。邦巽，字子敛。孔忠。公西舆如，字子上。公西葴，字子上。

太史公曰：学者多称七十子之徒，誉者或过其实，毁者或损其真，钧之未睹厥容貌。则论言弟子籍，出孔氏古文近是。余以弟子名姓文字悉取《论语》弟子问并次为篇，疑者阙焉。

【译文】太史公说："后世学者们都称述孔子门下七十位门徒，赞誉他们的人，有的超过了他们的实际，诋毁他们的人，有的损害了他们的真实形象。"总之，谁都没有看到他们的真实相貌，而议论品评。孔门弟子的生平事迹还是孔氏古文接近真相，关于孔子门下弟子们的名字、姓氏、言行等情况，我全部取自《论语》的弟子问答，编次成篇，有疑问的地方就空缺着。

儒林列传序

太史公曰：余读功令，至于广厉学官之路，未尝不废书而叹也。曰：嗟乎！夫周室衰而《关雎》作，幽厉微而礼乐坏，诸侯恣行，政由强国。故孔子闵王路废而邪道兴，于是论次《诗》《书》，修起礼乐。适齐闻《韶》，三月不知肉味。自卫返鲁，然后乐正，《雅》《颂》各得其所。世以混浊莫能用，是以仲尼干七十余君无所遇，曰“苟有用我者，期月而已矣”。西狩获麟，曰“吾道穷矣”。故因史记作《春秋》，以寓王法，其辞微而指博，后世学者多录焉。

【译文】太史公说：我阅读朝廷考选学官的法规，读到广开勉励学官兴办教育之路时，总是禁不住放下书本而慨叹，说道：唉，周王室衰微了，讽刺时政的《关雎》诗就出现了；周厉王、周幽王的统治衰败了，礼崩乐坏，诸侯便恣意横行，政令全由势力强大的国家发布。所以孔子担忧王道废弛邪道兴起，于是编定《诗》《书》，整理礼仪音乐。他到齐国听到了美妙的《韶》乐，便沉迷不已，三个月品尝不出肉的美味。他从卫国返回鲁国之后，开始校正音乐，使《雅》《颂》乐歌各归其位，有条不紊。由于世道混乱污浊，无人起用他，因此孔子周游列国向七十几位国君求官都得不到知遇。他感慨地说：“要是有人肯用我，只需一年就可以治理好国政了。”鲁国西郊有人猎获了麒麟，孔子闻知后哀叹“我的理想不能实现了”，于是他借助鲁国已有的历史记录撰写《春秋》，用它来表现天子的王法，其文辞精约深隐而寓意丰富博大，后代学者很多人都学习传录它。

自孔子卒后，七十子之徒散游诸侯，大者为师傅卿相，小者友教士大夫，或隐而不见。故子路居卫，子张居陈，澹台子羽居楚，子夏居西河，子贡终于齐。如田子方、段干木、吴起、禽滑厘之属，皆受业于子夏之伦，为王者师。是时独魏文侯好学，后陵迟以至于始皇。天下并争于战国，儒术既绌焉，然齐鲁之门，学者独不废也。于威、宣之际，孟子、荀卿之列，咸遵夫子之业而润色之，以学显于当世。

【译文】自孔子逝世后，他的七十余名好学生纷纷四散去交游诸侯，成就大的当了诸侯国君的老师和卿相，成就小的结交、教导士大夫，有的则隐居不仕。所以子路在卫国做官，子张在陈国做官，澹台子羽住在楚国，子夏在西河教授，子贡终老于齐。像田子方、段干木、吴起、禽滑釐这些人，都曾受业于子夏之辈，然后当了诸侯国君的老师。那时只有魏文侯最虚心求教于儒学，后来儒学渐趋衰颓直到在秦始皇手中遭受灭顶之灾。战国时期天下群雄并争，儒学已经受到排斥，但是在齐国和鲁国一带，学习研究它的人独独不曾废弃。在齐威王、齐宣王当政时期，孟子、荀子等人，都继承了孔子的事业而发扬光大，凭自己的学说显名于当世。

及至秦之季世，焚《诗》《书》，坑术士，六艺从此缺焉。陈涉之王也，而鲁诸儒持孔氏之礼器，往归陈王。于是孔甲为陈涉博士，卒与涉俱死。陈涉起匹夫，驱瓦合适戍，旬月以王楚，不满半岁竟灭亡，其事至微浅，然而缙绅先生之徒负孔子礼器往委质为臣者，何也？以秦焚其业，积怨而发愤于陈王也。及高皇帝诛项籍，举兵围鲁，鲁中诸儒尚讲诵习礼乐，弦歌之音不绝，岂非圣人之遗化，好礼乐之国哉？故孔子在陈，曰："归与归与！吾党之小子狂简，斐然成章，不知所以裁之"。夫齐鲁之间于文学，自古以来，其天性也。故汉兴，然后诸儒始得脩其经艺，讲习大射乡饮之礼。叔孙通作汉礼仪，因为太常，诸生弟子共定者，咸为选首，于是喟然叹兴于学。然尚有干戈，平定四海，亦未暇遑庠序之事也。孝惠、吕后时，公卿皆武力有功之臣。孝文时颇征用，然孝文帝本好刑名之言。及至孝景，不任儒者，而窦太后又好黄老之术，故诸博士具官待问，未有进者。

【译文】到了秦朝末年，秦始皇焚烧《诗》《书》，坑杀儒生，儒家典籍六艺从此残缺。陈涉起事反秦，自立为王，鲁地的儒生们携带孔子家传的礼器去投奔他。于是孔甲当了陈涉的博士，最终和他同归于尽。陈涉起步于普通百姓，驱使一群戍边的乌合之众，一个月内就在楚地称了王，而不到半年竟又复归灭亡。他的事业十分微小浅薄，体面的士大夫们却背负孔子的礼器去追随归顺向他称臣，为什么呢？因为秦王朝焚毁了他们的书籍学业，积下了仇怨，这迫使他们投奔陈王来发泄满腔的愤懑。到高祖皇帝杀死项籍，率兵包围了鲁国，其时鲁国中的儒生们仍在讲诵经书演习礼乐，弦歌之声不绝于耳，这难道不是古代圣人遗留的风范，难道不是一个深爱礼乐的国家吗？所以孔子出游到陈国后，说："回去吧！回去吧，我们乡里的青年人志向高远，文采熠熠如锦绣，我不知怎么教导他们才好。"齐鲁一带重视爱好文化仪典，自古以来就是如此，这已成为自然风尚。汉朝建立后，儒生们开始获得重新研究经学的机会，又讲授演习起了大射和乡饮的礼仪。叔孙通制定汉廷礼仪后，做了太常官，和他一同制定礼仪的儒生弟子们，也都被选为朝官，于是人们喟然感叹，对儒学产生了兴趣。但是，当时天下战乱尚未止息，皇上忙于平定四海，还无暇顾及兴办学校之事。孝惠帝、吕后当政时，公卿大臣都是武艺高强战功卓著的人。孝文帝时略微起用儒生为官，但是孝文帝原本只爱刑名学说。等到孝景帝当政，不用儒生，而且窦太后又喜好道家思想，因此列位博士官职只是备员待诏，徒有其名，儒生无人进身受到重用。

及今上即位，赵绾、王臧之属明儒学，而上亦乡之，于是招方正贤良文学之士。自是之后，言《诗》于鲁则申培公，于齐则辕固生，于燕则韩太傅。言《尚书》自济南伏生。言《礼》自鲁高堂生。言《易》自菑川田生。言《春秋》于齐鲁自胡毋生，于赵自董仲舒。及窦太后崩，武安侯田蚡为丞相，绌黄老、刑名百家之言，延文学儒者数百人，而公孙弘以《春秋》白衣为天子三公，封以平津侯。天下之学士靡然乡风矣。

【译文】直到当今皇上即位，赵绾、王臧等人深明儒学，而皇上也心向往之，于是朝廷下令举荐品德贤良方正而且通晓经学的文士学者。从此以后，讲《诗》的在鲁地有申培公，在齐地有辕固生，在燕地则有韩太傅。讲《尚书》的有济南伏生。讲《礼》的有鲁地高堂生。讲《春秋》的在齐鲁两地有胡毋生，在赵地有董仲舒。到窦太后去世，武安侯田蚡做了丞相，他废弃道家，刑名家等百家学说，延请治经学的儒生数百人入朝为官，而公孙弘竟以精通《春秋》步步高升，从一介平民荣居天子左右的三公尊位，封为平津侯。从此，天下学子莫不心驰神往，潜心钻研儒学了。

公孙弘为学官，悼道之郁滞，乃请曰："丞相御史言：制曰'盖闻导民以礼，风之以乐。婚姻者，居室之大伦也。今礼废乐崩，朕甚愍焉，故详延天下方正博闻之士，咸登诸朝。其令礼官劝学，讲议洽闻兴礼，以为天下先。太常议，与博士弟子，崇乡里之化，以广贤材焉'。谨与太常臧、博士平等议曰：闻三代之道，乡里有教，夏曰校，殷曰序，周曰庠。其劝善也，显之朝廷；其惩恶也，加之刑罚。故教化之行也，建首善自京师始，由内及外。今陛下昭至德，开大明，配天地，本人伦，劝学修礼，崇化厉贤，以风四方，太平之原也。古者政教未洽，不备其礼，请因旧官而兴焉。为博士官置弟子五十人，复其身。太常择民年十八已上，仪状端正者，补博士弟子。郡国县道邑有好文学，敬长上，肃政教，顺乡里，出入不悖所闻者，令相长丞上属所二千石，二千石谨察可者，当与计偕，诣太常，得受业如弟子。一岁皆辄试，能通一艺以上，补文学掌故缺；其高第可以为郎中者，太常籍奏。即有秀才异等，辄以名闻。其不事学若下材及不能通一艺，辄罢之而请诸不称者罚。臣谨案诏书律令下者，明天人分际，通古今之义，文章尔雅，训辞深厚，恩施甚美。小吏浅闻，不能究宣，无以明布谕下。治礼次治掌故，以文学礼义为官，迁留滞。请选择其秩比二百石以上，及吏百石通一艺以上，补左右内史大行卒史；比百石已下，补郡太守卒史：皆各二人，边郡一人。先用诵多者，若不足，乃择掌故补中二千石属，文学掌故补郡属，备员。请著功令。佗如律令。"制曰："可。"自此以来，则公卿大夫士吏斌斌多文学之士矣。

【译文】公孙弘曾拜为博士，他害怕儒学被阻滞得不到传扬，当了丞相后就上奏请求说："丞相御史启禀皇上：陛下曾下令说'听说为政者应该用礼仪教导百姓，用音乐感化他们。婚姻之事，乃是夫妇间最重要的伦理关系。如今礼乐被破坏废弃了，我深感忧虑。所以大力延请天下品德方正学识广博的人都来入朝做官。我下令礼官勤奋学习，讲论儒术，要学识渊博，复兴礼乐，以此作为天下人的表率。又命太常商议，给博士配置弟子员生，使民间都崇尚教化，来开拓培养贤才的道路'。根据陛下旨意。臣与太常孔臧、博士平等认真商议决定：听说夏、商、周三代的治国之道，是乡里之间都有教育的场所，夏代称校、殷代称序，周代称庠。他们勉励为善者，就让他在朝中显达扬名；惩治作恶者，就施以刑罚。所以教化的实施，要首先从京城开始树立榜样，再从京城推广到地方。如今陛下已经明示无上的恩德，放射出日月般的光辉，它符合天地之大道，是以整饬人伦为根本，鼓励术学，讲究礼仪，崇尚教化，奖励贤良，以此使海内四方从风向善，这正是实现太平之治的本原啊！古代的政治教化不协和，礼仪不完备，现在请求借助原有的官职来兴盛它。请为博士官配置弟子五十人，免除他们的赋税徭役。让太常从百姓中挑选十八岁以上仪表端正的人，补充博士弟子。郡国、县、道、邑中有喜好经学，尊敬长上，严守政教，友爱乡邻，出入言行皆不违背所学教诲的人，县令、侯国相、县长、县丞要向上级郡守和诸侯王国相举荐，经其认真察看合格者，应与上计吏同赴京师太常处，接受和博士弟子相同的教育。他们学满一年都要考试，能够精通一种经书以上的人，补充文学掌故的缺官；其中成绩好名次高的可以任用为郎中，由太常造册上奏。若是特别优异出众的，可直接将其姓名向上呈报。那些不努力学习才能低下者，和不能通晓一种经学的人，就要罢斥，并惩罚举荐他们的不称职的官吏。臣认真领会陛下所下达的诏书和律令，它们阐明了天道和人道关系，贯通了自古及今的治国义理，文章雅正、教诲之辞含义深刻丰富，它恩德无量将深深造福于社稷百姓。但是小官吏们见识浅陋，不能透彻地讲解诏书律令，无法明白地将陛下的旨意传布晓喻天下。而治礼、掌故之职，是由懂经学礼仪的人担当的，他们的升迁很缓慢造成了人才积压。因此请求挑选其中官秩比同二百石以上的人，和百石以上能通晓一种经学的小吏，升补左右内史、大行卒史；挑选比同百石以下的人补郡太守卒史：各郡定员二人，边郡定员一人。优先选用熟知经书能大量讲诵的人，若人数不够，就选用掌故补中二千石的属吏，选用文学掌故补郡国的属吏，将人员备齐。请把这些记入考选学官的法规。其它仍依照律令。”皇上批示说：“准奏。”从此以后，公卿大夫和一般士吏中就有很多文质彬彬的经学儒生了。

附录：汉书儒林传序

古之儒者，博学乎《六艺》之文。六学者，王教之典籍，先圣所以明天道，正人伦，致至治之成法也。周道既衰，坏于幽厉，礼乐征伐自诸侯出。陵夷二百余年而孔子兴，以圣德遭季世，知言之不用而道不行，乃叹曰：“凤鸟不至，河不出图，吾已矣夫！”“文王既没，文不在兹乎？”于是应聘诸侯，以答礼行谊。西入周，南至楚，畏匡厄陈，奸(干)七十余君。适齐闻《韶》，三月不知肉味；自卫反鲁，然后乐正，《雅》《颂》各得其所。究观古今之篇籍，乃称曰：“大哉，尧之为君也！唯天为大，唯尧则之。巍巍乎其有成功也，焕乎其有文章也！”又云：“周监于二世，郁郁乎文哉！吾从周。”于是叙《书》则断《尧典》，称乐则法《韶舞》，论《诗》则首《周南》。缀周之礼，因鲁《春秋》，举十二公行事，绳之以文武之道，成一王法，至获麟而止。盖晚而好《易》，读之韦编三绝，而为之传。皆因近圣之事，以立先王之教，故曰："述而不作，信而好古；""下学而上达，知我者其天乎！"

【译文】古代的儒者，对《六艺》文章都广泛学习。《六艺》，是王教的经典，先圣用来明天道，正人伦，达到天下大治的成法。周道衰微，坏于幽厉之时，礼乐征伐出自诸侯，衰落二百多年后孔子兴起，因圣德遭逢末世，智言不被用，大道不能通行，于是慨叹道："凤鸟不来，河不出图，我算了吧！文王已死，文章之事岂不在此乎？"于是应聘于诸侯，以答礼行义。向西入周，向南到楚，受惊于匡，断粮于陈，拜访七十多个国君。到齐听到《韶》乐，三月不知肉味；从卫返鲁，然后音乐得以修正，《雅》《颂》各得其所。探查古今篇籍，于是称赞道："尧做君主真伟大啊！只有天最大，尧效法它。他的成就多么高啊，他的礼乐法度多么美好啊！"又说："周借鉴于夏商，文章隆盛，我赞同周。"于是整述《书》便从《尧典》开始，称乐便以《韶舞》为法，论《诗》则以《周南》为首。连结周礼，循鲁《春秋》，列举十二公的行事，用文武之道为标准，成为一统王法，到获麟为止。晚年喜欢《易》，读《易》次数太多而使连缀竹简的皮带断了好几次，为之作传。都是以近代圣王之事，来确立先王之教。所以说："传承而不创新，诚信而好古"；"下学人事，上达天命，了解我的只有天吧！""

仲尼既没，七十子之徒散游诸侯，大者为卿相师傅，小者友教士大夫，或隐而不见。故子张居陈，澹台子羽居楚，子夏居西河，子贡终于齐。如田子方、段干木、吴起、禽滑氂之属，皆受业于子夏之伦，为王者师。是时，独魏文侯好学。天下并争于战国，儒术既黜焉，然齐鲁之间学者犹弗废，至于威、宣之际，孟子、孙卿之列咸尊夫子之业而润色之，以学显于当世。

【译文】孔子去世后，七十弟子散游诸侯，位高者为卿相师傅，位低者成为士大夫的师友，有的遁世隐身。所以子张在陈国，澹台子羽在楚，子夏在西河，子贡死在齐。像田子方、段干木、吴起、禽滑氂等，都受业于子夏之辈，称为君王的老师。这时，只有魏文侯好学。战国时天下纷争，儒术被贬斥，然而齐鲁之地的学者还未废大道，到威、宣之际，孟子、孙卿等都遵循孔子的事业并加发扬，以学问著称于当世。

及秦始皇兼天下，燔《诗》《书》，杀术士，六学从此缺矣。陈涉之王也，鲁诸儒持孔氏礼器而归之，于是孔甲为涉博士，卒与俱死。陈涉起匹夫，驱适(谪)戍以立号，不满岁而灭亡，其事至微浅，然而搢绅先生负礼器往委质为臣者，何也？以秦禁其业，积怨而发愤于陈王也。

【译文】等到秦始皇兼并天下，焚烧《诗》《书》，杀害术士，六学便从此残缺了。陈涉称王时，鲁国的儒士拿着孔氏礼器去归依他，于是孔甲成了陈涉的博士，最终和他一起死难。陈涉起身于匹夫，驱使守边的人而自立国号，不满一年就灭亡了，这本是很微浅的事，然而缙绅先生背着礼器委质为臣，是为什么呢？因为秦禁绝这项事业，心中积怒而依靠陈王来发泄。

及高皇帝诛项籍，引兵围鲁，鲁中诸儒尚讲颂习礼，弦歌之音不绝，岂非圣人遗化好学之国哉？于是诸儒始得修其经学，讲习大射乡饮之礼。叔孙通作汉礼仪，因为奉常，诸弟子共定者，咸为选首，然后喟然兴于学。然尚有干戈，平定四海，亦未皇庠序之事也。孝惠、高后时，公卿皆武力功臣。孝文时颇登用，然孝文本好刑名之言。及至孝景，不任儒，窦太后又好黄老术，故诸博士具官待问，未有进者。

【译文】等到高皇帝杀项籍，率兵围鲁，鲁地儒士还在讲诵习礼，弦歌之声不断，难道不是圣人教化的好学之国吗？于是诸儒才能开始修习经学，讲习大射、乡饮之礼。叔孙通制作汉礼仪，因此做了奉常，诸弟子一起参与制定的人，都成为选首，然后学术喟然而兴。然而仍有战事，要平定四海，也没有来得及兴办庠序之事。孝惠、高后时，公卿们都是武力功臣。孝文时稍有进用，但孝文本来喜好刑名之学。到了孝景，不任用儒生，窦太后又喜好黄老之术，所以诸博士备官待问，没有进用的。

汉兴，言《易》自淄川田生；言《书》自济南伏生；言《诗》，于鲁则申培公，于齐则辕固生，燕则韩太傅；言《礼》，则鲁高堂生；言《春秋》，于齐则胡毋生，于赵则董仲舒。及窦太后崩，武安君田蚡为丞相，黜黄老、刑名百家之言，延文学儒者以百数，而公孙弘以治《春秋》为丞相封侯，天下学士靡然乡(向)风矣。

【译文】汉兴起后，淄川田生讲《易》；济南伏生讲《书》；讲《诗》，在鲁是申培公，在齐是辕固生，在燕是韩太傅；讲《礼》，则是鲁高堂生；讲《春秋》的，在齐是胡毋生，在赵是董仲舒。等到窦太后崩，武安君田蚡做丞相，排斥黄老、刑名百家言论，延用文学儒士数百人，公孙弘因研究《春秋》而做了丞相封侯，天下学士纷纷效仿。

弘为学官，悼道之郁滞，乃请曰："丞相、御史言：制曰：'盖闻导民以礼，风之以乐。婚姻者，居室之大伦也。今礼废乐崩，朕甚愍焉，故详延天下方闻之士，咸登诸朝。其令礼官劝学，讲义洽闻，举遗兴礼，以为天下先。太常议，予博士弟子，崇乡里之化，以厉贤材焉。'谨与太常臧、博士平等议，曰：闻三代之道，乡里有教，夏曰校，殷曰庠，周曰序。其劝善也，显之朝廷；其惩恶也，加之刑罚。故教化之行也，建首善自京师始，繇

(由)内及外。今陛下昭至德，开大明，配天地，本人伦，劝学兴礼，崇化厉贤，以风四方，太平之原也。古者政教未治，不备其礼，请因旧官而兴焉。为博士官置弟子五十人，复其身。太常择民年十八以上仪状端正者，补博士弟子。郡国县官有好文学，敬长上，肃政教，顺乡里，出入不悖，所闻，令相长丞上属所二千石。二千石谨察可者，常与计偕，诣太常，得受业如弟子。一岁皆辄课，能通一艺以上，补文学掌故缺；其高第可以为郎中，太常籍奏。即有秀才异等，辄以名闻。其不事学若下材，及不能通一艺，辄罢之，而请诸能称者。臣谨案诏书律令下者，明天人分际，通古今之谊(义)，文章尔雅，训辞深厚，恩施甚美。小吏浅闻，弗能究宣，亡以明布谕下。以治礼掌故以文学礼义为官，迁留滞。请选择其秩比二百石以上及吏百石通一艺以上补左右内史、大行卒史，比百石以下补郡太守卒史，皆各二人，边郡一人。先用诵多者，不足，择掌故以补中二千石属，文学掌故补郡属，备员。请著功令。它如律令。”制曰：“可。”自此以来，公卿大夫士吏彬彬多文学之士矣。

【译文】公孙弘是学官，担心大道的衰微，于是奏请说：“丞相、御史对皇帝说：‘听说要以礼指导人民，以乐施行教化。婚姻，是家庭的大伦。现在礼崩乐坏，我很感伤，所以延用天下有道博闻之士，都录用于朝廷。应当令礼官劝学，讲释经义，广博见闻，举求遗逸，兴盛礼仪，作天下的榜样。太常建议，授予博士弟子，崇尚乡里教化，以劝勉贤才。’于是与太常臧、博士平等商议道：听说三代之道，乡里有教育机构，夏称校，殷称庠，周称序。劝勉善行，使之昭显于朝廷；惩治恶行，便施以刑罚。所以教化的实行，建立首善从京师开始，由内及外。现在陛下昭明至德，开大明，配天地，以人伦为本，劝学兴礼，崇尚教化，勉励贤才，来教化四方，这是太平的本源。古代政教没有普遍，礼仪不完备，请利用旧学官而兴起它. 为博士官设置弟子五十人，免除其徭役。太常选择十八岁以上仪容端庄的人，补充博士弟子。郡国县官有爱好文献经典，敬重长上，恭守政教，顺行乡里，出入不违礼的，听说后，县令国相县长县丞报告所属的二千石。二千石谨慎察看，认为可以的，就与推荐的官吏一起，到太常去，就能够像弟子一样受业。第一年都专学一门，能通学一艺以上，补充文学掌故的空缺；高第可以为郎中，太常编选名册奏上。如果有奇异的人才，便单独具名上奏，那些不事学问的下才，以及不能精通一艺的，便免去资格，再请求能胜任的。臣谨案所颁发的诏书律令，分明天人之别，沟通古今道理，文章雅正，训辞深厚，恩泽宏美。小吏见闻浅薄，不能深刻宣传，无法明白颁布晓谕下民。因治礼掌故之官本以有文学习礼义为职，应该迁擢留滞的人才。请选择其俸禄相当二百石以上以及吏百石精通一艺以上者补左右内史、大行卒吏，相当百石以下的补郡太守卒史，都是每郡二人，边郡一人。先录用诵经多的，不足，就选择掌故来补中二千石属，文学掌故补郡属，以配足名额。请着于功令。其他的一如律令。”皇帝下诏说可以，于是以后公卿、士大夫、官吏多文质兼备之士。

昭帝时举贤良文学，增博士弟子员满百人，宣帝末增倍之。元帝好儒，能通一经者皆复。数年，以用度不足，更为设员千人，郡国置《五经》百石卒史。成帝末，或言孔子布衣，养徒三千人，今天子太学弟子少，于是增弟子员三千人。岁余，复如故。平帝时王莽秉政，增元士之子得受业如弟子，勿以为员，岁课甲科四十人为郎中，乙科二十人为太子舍人，丙科四十人补文学掌故云。

【译文】昭帝时举荐贤良文学，增加博士弟子满一百人，宣帝末年又增加了一倍。元帝喜好儒学，能精通一经的都免除徭役。数年后，因为用度不足，改为设员一千人，郡国设置《五经》百石卒史。成帝末年，有人说孔子以平民身份养弟子三千人，现在天子太学弟子太少，于是增加弟子至三千人。一年多后，又恢复旧制。平帝时王莽执政，增加元士的子弟可以像弟子一样受业，不算作定员数中，岁课甲科四十人做郎中，乙科二十人做太子舍人，丙科四十人补文学掌故。

國學治要今譯

第二册

史书治要

张文治 编纂
石岗等 今译

团结出版社

目 录

史书治要卷一 史书五种

国语

战国策

史 记

汉 书

资治通鉴

附 录

史书治要卷二 史评两种

史 通

文史通义

史书治要卷一

史书五种

史书五种 序

史书与经传古本无别，不必远举虞夏商周之书。即观《汉·艺文志》载太史公书于春秋类，尚足以知其渊源所出。迨自魏晋以来史书之著作日繁，分门别类，其种数竟与经传相埒，故荀志阮录，更因标丙部纪传之名，而离“六艺”独立。盖其势有不容已者也。虽然，史书之门类固多，种数固繁，苟能溯本穷源，举重明轻，则如唐刘氏所论“六家二体”之中（六家谓《尚书》《春秋》《左传》《国语》《史记》《汉书》，二体谓纪传、编年），求其文直事核，历代取法者，亦不难屈指计。故是编特据刘说而审择焉。谨案六家之中，如《尚书》《春秋》《左传》三家之本书，皆属于经传范围，不容采集；其余三家之书，自当以《国语》为最古。《战国策》叙述春秋以后时事，其体本乎《国语》，其书亦在伯仲之间，未能偏废。《史记》《汉书》冠乎正史，通古断代，并未初祖。此四书者，皆周秦两汉之巨著，奇文伟绩，历代艳称。后世名实具副之作，惟《资治通鉴》效法于《左传》，《纪事本末》导源于《尚书》。其书贯穿古今，秩然粲然，其文与事，亦与《语》《策》《史》《汉》同垂不朽，故取之为殿，以补夫二家之阙。都计采录史书五种（纪事本末包括在《资治通鉴》中，故不数及）核以刘氏所论，则纪传与编年，二体皆备。六家之中，只缺《春秋》（春秋文简义约，以褒贬为宗，后儒不容僭拟。朱子虽有《通鉴纲目》拟经，以目拟传。然目中所载事实，皆录自《通鉴》原书，其纲亦不能成篇独行，故从阙如。）更以今目录家之分类言之，于古史取《国语》《国策》，于正史取《史记》《汉书》，于编年取《资治通鉴》，而兼有纪事本末之体。其余各类，琐琐无重要关系者，概从省略。惟政书类之三通正续诸编，荟萃历代之政典，详其因革损益之迹，盖出于正史中之诸志，而加以整齐贯通，为读史者所不能废。今以其全书浩瀚，首尾相承，势难摘取，故仅录郑志马考之自序若干首，近贤所谓为经世之作，附于卷后，以见其梗概，为学者行远自迩之一助云尔。

【译文】史书与经传古代本来没有什么差别，没有必要举出虞夏、商、周时期那么远时代的史书，从《汉书·艺文志》将司马迁的《史记》记载在“春秋”一类之下，就知道它的渊源和出处了。自从魏晋以来史书的著述越来越多，分门别类后，种类最终和经传的数量相当。所以阮孝绪的《七录》就改变了用“丙”部纪传体史书的记录方式，因而从“六经”中独立出来。也是因为没有办法不能完全包揽的原因。即便如此，史书的种类固然很多，数量虽然很大，如果能够追本溯源，明白其中的轻重关系，就像唐代刘知几所论述的“六家二体”中（六家指《尚书》《春秋》《左传》《国语》《史记》《汉书》六家；二体是指纪传、编年），追求文字简洁、事情详备，历代所遵从的章法，也不难掰着指头计算了。因此这一编根据刘知几的说法来进行取材。按：六家中，如《尚书》《春秋》《左传》三家本来的成书，都属于经传的范围，不容易进行采集；其余三家的成书，应该以《国语》最为古老，叙述春秋时代以后的事情就以《战国策》为主，它的体材原本源自于《国语》，书本身和《国语》不相上下，不能厚此薄彼。《史记》《汉书》叙述了春秋以后的事件，或为通史、或为断代史，都是正史体材的鼻祖。这四种书，都是周秦两汉之际的巨著，文字奇丽记录重大事件而被历代赞誉。后世能够赶得上的，只有《资治通鉴》效仿《左传》《通鉴纪事本末》来源于《尚书》了。这几种书记述都贯通古今，很有章法，文字与记录的史实，都和《国语》《战国策》《史记》《汉书》一起永垂不朽。所以先后在其中选择数篇，来补充纪传体、编年体二者的不足。统共采录史书五种（纪事本末包括在《资治通鉴》中，所以不单另计算），以刘知几的论断来衡量，纪传体和编年体，两者都具备了。六家之中，只缺少《春秋》（《春秋》记录事件简单含义丰富，以褒贬史实、人物为重点，后世儒家是容不得超出它的。朱熹然作《通鉴纲目》来比拟经书，用书目来比拟传，但其中所记载的事实都是《通鉴》原书中所有的内容，其大纲也不能独自成篇，所以在这里就不选了。）再者以现在目录学家的书目分类方法来看，在古史中选取《国语》《战国策》，在正史中选取《史记》《汉书》，在编年体中选取《资治通鉴》，从而达到兼有纪事本末的体材。其余各种，都是琐碎无关紧要的，一概省略不录。只有政书类的“三通”正篇、续篇，集合历朝历代的政治制度及法典，详细叙述了变革损益的轨迹，都是从各正史中而来，在这里加以编排贯通，使读史者不能偏废。现在因为全书篇幅浩大，首尾相互承接，势必难以选取，所以仅采取郑樵《通志》和马端临《文献通考》的自序等若干篇，近代各位贤人治国利民的著作也同时附于其后，以表明其大概的内容，为学者学习提供一个由近及远的途径而已。

国　语

《国语》序

周左丘明撰。丘明，鲁之太史，与孔子同时，或曰“孔子弟子”。孔子作《春秋》，丘明述其志而作传，是为《春秋左传》（详《经传治要》编）。又取其遗事，分国撰记（内分周鲁齐晋郑楚吴越八国），是为《国语》，一称为《春秋外传》。《隋·志》载于经部，清《四库》改入史部。其说曰：“国语二十一篇，《汉书·艺文志》虽入春秋类，然无《外传》之名。《律历志》引之，乃称《春秋外传》，然所记上包周穆王，下及鲁悼公，与《春秋》时代不相应，与《春秋》经义又不相关。考《史通》‘六家’，国语居一，实古左史之遗。”今案，《汉·志》著录群书，经史原未分部。故于《国语》《战国策》《太史公书》皆附于春秋类。后世史传著述日富，既别立为一部。则《国语》一书，自以改从清《四库》所言为是。盖其书不独如《史通》所称，乃国别史家之祖，亦确为吾国古史中之尤翔实而可观者。

【译文】《国语》是周代左丘明所作。左丘明，鲁国太史，与孔子所处时代相同，有人说他是孔子的弟子。孔子作《春秋》，而左丘明就阐发孔子的遗志，为《春秋》作传，这就是《春秋左传》。在为《春秋》作传之余，左丘明取出未编入的故事，按国家分类编排，分为周、鲁、齐、晋、郑、楚、吴、越八国，也就是《国语》，还有一个名称叫《春秋外传》。《春秋外传》在《隋书·经籍志》里被列于“经部”之下，清代修《四库全书》时改到“史部”下。《四库全书总目提要》说：“《国语》共二十一篇，《汉书·艺文志》虽然把它列入‘春秋’类，但那时候还没有‘春秋外传’的叫法。《汉书·律历志》引用到《国语》，才称之为《春秋外传》，但是它的主要内容上至周穆王、下至鲁悼公，与孔子《春秋》的时间起讫不一致，也和《春秋》所要表达的微言大义风格不同。按照唐刘知几《史通》‘六家’的说法，《国语》算是其中一种，其实是古代左史记事的遗续。”

《汉书·艺文志》著录了大量书籍的时候，经史本没有分开著录。所以对于像《国语》《战国策》《太史公书》之类的书籍都附录在“春秋”类之下。只是由于后世史书著述越来越多，才另外分出一个“史部”。所以《国语》这本书，应该改从清代《四库总目提要》所给的分类。总体来说，这本书不仅如《史通》所说，是国别体史书的鼻祖，也的确是我国古史中内容翔实，颇值得一读的史书。

祭公谏穆王征犬戎

（《国语 周语》上）

穆王将征犬戎，祭公谋父谏曰："不可。先王耀德不观兵。夫兵戢而时动，动则威，观则玩，玩则无震。是故周文公之颂曰：'载戢干戈，载櫜弓矢。求我懿德，肆于时夏，允王保之。'先王之于民也，懋正其德，而厚其性，阜其财求，而利其器用，明利害之乡，以文修之，使务利而避害，怀德而畏威，故能保世以滋大。

【译文】周穆王将去征讨犬戎，祭公谋父劝阻说："不能这样做。先王以道德昭示天下而不炫耀武力。平时敛藏军队而在适当的时候动用，这样它才会显示出威力，炫耀就会滥用，滥用便失去了威慑作用。所以周公的颂诗说：'收起干戈，藏好弓箭，我只求让美德遍及全国而发扬光大，相信我王定能长保封疆。'先王对于百姓，鼓励他们端正德性和敦厚品行，广开财路以满足需求，使他们有称心的器物使用，明示利害所在，依靠礼法来教育他们，使他们能趋利避害、感怀君王的恩德而畏惧君王的威严。所以先王能使自己的基业世代相延并不断壮大。

"昔我先王世后稷，以服事虞、夏。及夏之衰也，弃稷不务，我先王不窋，用失其官，而自窜于戎、狄之间，不敢怠业，时序其德，纂修其绪，修其训典，朝夕恪勤，守以敦笃，奉以忠信，奕世载德，不忝前人。至于武王，昭前之光明，而加之以慈和，事神保民，莫不欣喜。商王帝辛，大恶于民。庶民弗忍，欣戴武王，以致戎于商牧。是先王非务武也，勤恤民隐，而除其害也。

【译文】"从前我们的先王世代担任农官，而尽心为虞、夏做事。到夏朝衰落时废去了农官而置农事于不顾，我们的先王不窋因此而失去官职，只好跑到与戎狄接邻的地方居住下来，但他不敢荒废祖业，常常砥砺自己的德行，继承祖先的业绩，维护他们的教导和典则，时刻勤勉有加，以敦厚自守，以忠信自奉，在立德立业上比前人做得更出色。到了武王时，继续发扬光大先人光明磊落的德行，并又增以仁慈和善，敬奉神灵、保护百姓，神人无不欢欣喜悦。而商王帝辛则为民众深恶痛绝，百姓无法忍受他的残暴统治，都乐于拥戴武王，武王才出兵商郊牧野。可见先王并非崇尚武力，只是体恤百姓的忧患，而除去他们的祸害。

“夫先王之制，邦内甸服，邦外侯服，侯、卫宾服，蛮、夷要服，戎、狄荒服。甸服者祭，侯服者祀，宾服者享，要服者贡，荒服者王。日祭、月祀、时享、岁贡、终王，先王之训也。有不祭则修意，有不祀则修言，有不享则修文，有不贡则修名，有不王则修德，序成而有不至则修刑。于是乎有刑不祭，伐不祀，征不享，让不贡，告不王。于是乎有刑罚之辟，有攻伐之兵，有征讨之备，有威让之令，有文告之辞。布令陈辞而又不至，则增修于德，而无勤民于远，是以近无不听，远无不服。

【译文】“先王的制度规定，在王畿内的是甸服，在王畿外的是侯服，侯服之外的是宾服，夷蛮地区是要服，戎狄地区是荒服。属甸服的供日祭，属侯服的供月祀，属宾服的供时享，属要服的供岁贡，属荒服的则有朝见天子的义务。这每天一次的祭、每月一次的祀、每季一次的享、每年一次的贡和一生一次的朝见天子之礼都是先王定下的规诫。如果甸服有不履行日祭义务的，天子就应内省自己的思想；侯服有不履行月祀义务的，天子就要检查自己的号令；宾服有不履行时享义务的，天子就要检查法律规章；要服有不履行岁贡义务的，天子就要检查名号尊卑；荒服有不履行朝见天子义务的，天子就要内省自己的德行，依次做了上述的内省检查后如还有不履行义务的才可以依法处置。因此，才有惩罚不祭、攻伐不祀、征讨不享、谴责不贡、告谕不朝的各种措施，才有惩罚的刑法、攻伐的军队、征讨的武备、谴责的严令、晓谕的文辞。如果颁布了法令、文告后还有不履行义务的，那就再一次内省自己的德行，而不轻易劳民远征。正因为如此，近处的诸侯才没有不听从的，远处的诸王也没有不信服的。

“今自大毕、伯士之终也，犬戎氏以其职来王。天子曰：‘予必以不享征之，且观之兵。’其无乃废先王之训，而王几顿乎！吾闻夫犬戎树惇，能帅旧德，而守终纯固，其有以御我矣！”王不听，遂征之，得四白狼、四白鹿以归。自是荒服者不至。

【译文】“如今，自从大毕、伯士去世以后，犬戎的君长一直按照荒服的职责来朝见，而天子却说‘我将以不享的罪名去讨伐他们’，并以此向他们炫耀武力。这难道不是废弃先王的遗训而使王业败坏吗？我听说犬戎性情敦厚纯朴，能遵守先人的德行而专一不变，他们是有能力抵御我们的。”周穆王不听劝告，去征讨犬戎，结果只得到了犬戎进贡的四只白狼、四只白鹿回来，从此荒服地区的诸侯再也不来朝见了。

召公谏厉王弭谤

（《国语·周语》上）

厉王虐，国人谤王。召公告曰："民不堪命矣！"王怒，得卫巫，使监谤者。以告，则杀之。国人莫敢言，道路以目。王喜，告召公曰："吾能弭谤矣，乃不敢言。"

【译文】周厉王暴虐，百姓纷纷指责他。召穆公对厉王说："老百姓忍受不了暴政了！"厉王听了勃然大怒，找到卫国的巫师，让卫国的巫师去监视批评国王的人，按照卫国的巫师的报告，就杀掉批评国王的人。于是人们都不敢随便说话，路上相见，以目示意，不敢交谈。周厉王颇为得意，对召穆公说："我能消除指责的言论，他们再也不敢吭声了！"

召公曰："是障之也。防民之口，甚于防川；川壅而溃，伤人必多。民亦如之。是故为川者决之使导，为民者宣之使言。故天子听政，使公卿至于列士献诗，瞽献曲，史献书，师箴，瞍赋，矇诵，百工谏，庶人传语，近臣尽规，亲戚补察，瞽、史教诲，耆、艾修之，而后王斟酌焉，是以事行而不悖。

【译文】召公回答说："你这样做是堵住人们的嘴。阻塞老百姓的嘴，好比阻塞河水。河道因堵塞而造成决口，就会伤害很多人。倘使堵住老百姓的口，后果也将如此。因此治水的人疏通河道使它畅通，治民者只能开导他们而让人畅所欲言。所以君王处理政事，让三公九卿以至各级官吏进献讽喻诗，乐师进献民间乐曲，史官进献有借鉴意义的史籍，乐师诵读箴言，盲人吟咏诗篇，诵读讽谏之言，掌管营建事务的百工纷纷进谏，平民则将自己的意见转达给君王，近侍之臣尽规劝之责，君王的同宗都能补其过失，察其是非，乐师和史官以歌曲、史籍加以谆谆教导，元老们再进一步修饰整理，然后由君王斟酌取舍，付之实施，这样，国家的政事得以实行而不违背道理。

民之有口，犹土之有山川也，财用于是乎出；犹其有原隰衍沃也，衣食于是乎生。口之宣言也，善败于是乎兴。行善而备败，其所以阜财用衣食者也。夫民虑之于心而宣之于口，成而行之，胡可壅也？若壅其口，其与能几何？"

王不听，于是国人莫敢言。三年，乃流王于彘。

【译文】老百姓有口，就像大地有高山河流一样，社会的物资财富全靠它出产；又像高原和低地都有平坦肥沃的良田一样，人类的衣食物品全靠它产生。人们用嘴巴发表议论，政事的成败得失就能表露出来。人们以为好的就尽力实行，以为失误的就设法预防，这是增加衣食财富的途径啊。人们心中所想的通过嘴巴表达，他们考虑成熟以后，就自然流露出来，怎么可以堵呢？如果硬是堵住老百姓的嘴，那赞许的人还能有几个呢？”

周厉王不听，在这种情况下老百姓再也不敢公开发表言论指斥他。过了三年，人们终于把这个暴君放逐到彘地去了。

襄王责晋侯请隧

（《国语·周语》中）

晋文公既定襄王于郏，王劳之以地，辞，请隧焉。王不许，曰：“昔我先王之有天下也，规方千里以为甸服，以供上帝山川百神之祀，以备百姓兆民之用，以待不庭不虞之患。其余以均分公侯伯子男，使各有宁宇，以顺及天地，无逢其灾害，先王岂有赖焉。内官不过九御，外官不过九品，足以供给神祇而已，岂敢厌纵其耳目心腹以乱百度？亦唯是死生之服物采章，以临长百姓而轻重布之，王何异之有？

【译文】晋文公帮助周襄王在郏地复位，襄王以土地作为酬劳，文公谢辞，要求死后用隧礼安葬。襄王不同意，说：“过去我们先王拥有天下，划出方圆千里的土地作为甸服，以便供给上帝山川百神的祭品，以备百姓万民的用度，以应付变乱和不能预料的灾患。其余的土地则按规定分配给公、侯、伯、子、男，使他们各有安居的处所，以顺从天地尊卑的等级，不至于遭到灾害，先王哪里有自己的私利呢？他宫中的官只有九御，朝廷上的官只有九卿，不过足以供奉神灵、主持祭祀罢了，哪里敢尽情满足自己的声色口腹之欲而败坏法规制度呢？只是这生前死后服饰器物的色彩和纹饰，则根据地位的高低而有所区别，以表示尊卑贵贱的等级，此外天子与其他人还有什么两样呢？

今天降祸灾于周室，余一人仅亦守府，又不佞以勤叔父，而班先王之大物以赏私德，其叔父实应且憎，以非余一人，余一人岂敢有爱？先民有言曰：‘改玉改行。’叔父若能光裕大德，更姓改物，以创制天下，自显庸也，而缩取备物以镇抚百姓，余一人其流辟旅于裔土，何辞之有与？若犹是姬姓也，尚将列为公侯以复先王之职，大物其未可改也。叔父其懋昭明德，物将自至，余何敢以私劳变前之大章，以忝天下，其若先王与百姓何？何政令之为也？若不然，叔父有地而隧焉，余安能知之？”文公遂不敢请，受地而还。

【译文】现在上天将灾难降临到周室，我也只能守护住王室的财产而已，又因为我的无能以致劳动了叔父，但是如果改变先王的制度来酬劳我个人所受的恩惠，那公叔父将受到人们的憎恶，因为这不是我个人的财物，否则，我哪敢吝惜呢？前人有言道：‘变换佩玉步伐也会改变。’叔父如果能光扬美德，改姓易朝统治天下，创造新的制度来显示功业，从而采用天子的礼法来统抚百姓，我即使流放到边远荒地也没有话可说。如果仍是姓姬的掌有天下，叔父依然将作为诸侯，把恢复先王的规制作为自己的责职，那葬礼这样的体制不可更改。叔父继续努力光扬美德，那样的礼仪自然会得到，我如何敢为了私情就改变先世的体制，以至有愧于天下，那我把先王和百姓放到哪儿去了呢？又怎么制定政令呢？如若不然，叔父有土地而自行隧葬，我怎么能管得了呢？”晋文公于是不敢请求隧葬，接受赐地而回国了。

单襄公论陈国必亡

（《国语·周语》中）

定王使单襄公聘于宋。遂假道于陈，以聘于楚。火朝觌矣，道茀不可行，候不在疆，司空不视涂，泽不陂，川不梁，野有庾积，场功未毕，道无列树，垦田若艺，膳宰不致饩，司里不授馆，国无寄寓，县无旅舍，民将筑台于夏氏。及陈，陈灵公与孔宁、仪行父南冠以如夏氏，留宾不见。

【译文】周定王派单襄公出使宋国，此后又借道陈国去访问楚国。已是清晨能见到大火星的季节了，道路上杂草丛生无法通行，负责接待宾客的官员不在边境迎候，司空不巡视道路，湖泽不筑堤坝，河流不架桥梁，野外堆放着谷物，谷场还没有修整，路旁没有种植树木，田里的庄稼稀稀拉拉，膳夫不供应食物，里宰不安排住处，都邑内没有客房，郊县里没有旅舍，百姓将去为夏氏修筑台观。到了陈国都城，陈灵公与大臣孔宁、仪行父穿戴着楚地流行的服饰到夏氏家玩乐，丢下客人不会见。

单子归，告王曰：“陈侯不有大咎，国必亡。”王曰：“何故？””对曰：“夫辰角见而雨毕，天根见而水涸，本见而草木节解，驷见而陨霜，火见而清风戒寒。故先王之教曰：‘雨毕而除道，水涸而成梁，草木节解而备藏，陨霜而冬裘具，清风至而修城郭宫室。’故《夏令》曰：‘九月除道，十月成梁。’其时儆曰：‘收而场功，偫而畚梮，营室之中，土功其始。火之初见，期于司里。’此先王所以不用财贿，而广施德于天下者也。今陈国火朝觌矣，而道路若塞，野场若弃，泽不陂障，川无舟梁，是废先王之教也。

【译文】单襄公回朝后告诉周定王说：“陈侯如果不遭凶灾，国家也一定要灭亡。”周定王问：“为什么呢？”单襄公答道：“角星在早晨出现时表示雨水结束，天根在早晨出现时表示河流将干枯，氐星在早晨出现时表示草木将凋落，房星在早晨出现时便要降霜了，大火星在早晨出现时表示天气已冷，该准备过冬了。所以先王的教诲说：‘雨季结束便修整道路，河流干枯便修造桥梁，草木凋谢便储藏谷物，霜降来临使备好冬衣，寒风吹起就修整城郭宫室。’所以《夏令》说：‘九月修路，十月架桥。’届时又提醒人们说：‘结束场院的农活，备好土箕和扁担，当营室之星见于中天时，营造工作就要开始。在大火星刚出现时，到司里那儿去集合。’这正是先王能够不费钱财而向民众广施恩惠的原因啊。现在陈国早晨已能见到大火星了，但是道路已被杂草堵塞，农村的谷场已被废弃，湖泊不筑堤坝，河流不备舟桥，这是荒废了先王的遗教。

“周制有之曰：‘列树以表道，立鄙食以守路。国有郊牧，疆有寓望，薮有圃草，囿有林池，所以御灾也。其余无非谷土，民无悬耜，野无奥草。不夺民时，不蔑民功。有优无匮，有逸无罢。国有班事，县有序民。’今陈国道路不可知，田在草间，功成而不收，民罢于逸乐，是弃先王之法制也。

【译文】“周代的制度规定：‘种植树木以标明道路，郊外提供食宿以款待旅客。国家有专设的牧场，边境有接待宾客的设施，洼地里有茂盛的水草，园苑中有林木和水池，这都是用来防备灾害的。其余的地方无不是农田，百姓没有闲置的农具，田野没有丛生的杂草。农时不被耽误，劳力不被浪费。生活富裕而不穷困，百姓安逸而不疲惫。都城中各类人员职责分明，郊外的民众劳作井然有序。’如今陈国的道路无法辨认，农田埋没在杂草丛中，庄稼熟了无人收割，百姓为国君的享乐而疲于劳作，这是抛弃了先王的法度。

“周之《秩官》有之曰：‘敌国宾至，关尹以告，行理以节逆之，候人为导，卿出郊劳，门尹除门，宗祝执祀，司里授馆，司徒具徒，司空视涂，司寇诘奸，虞人入材，甸人积薪，火师监燎，水师监濯，膳宰致饔，廪人献饩，司马陈刍，工人展车，百官以物至，宾入如归。是故小大莫不怀爱。其贵国之宾至，则以班加一等，益虔。至于王吏，则皆官正莅事，上卿监之。若王巡守，则君亲监之。’今虽朝也不才，有分族于周，承王命以为过宾于陈，而司事莫至，是蔑先王之官也。

【译文】“周的《秩官》上说：‘地位相等国家的宾客来访，关尹便向上报告，行理手持符节去迎接，候人引路，卿士到郊外表示慰问，门尹清扫门庭，宗祝陪同客人行祭礼，司里安排住处，司徒调派仆役，司空视察道路，司寇查禁奸盗，虞人供应物品，甸人运送燃料，火师照看火烛，水师料理盥洗，膳宰进送熟食，廪人献奉粮米，司马备齐草料，工人检修车辆，百官各按职责照应，客人来访如同回到了家里。因此大小宾客无不感到满意。如果大国的客人到了，接待的规格就提高一个等级，更加恭敬。至于天子派官员到来，则由各部门的长官接待，上卿加以督察。如果天子下来巡视，就由国君亲临督察。’如今臣虽然没有什么才能，但还是天子的亲族，是奉了天子的使命作为宾客而途经陈国，然而主管的官员却不来照应，这是蔑视先王所制定的官职。

“先王之令有之曰：‘天道赏善而罚淫，故凡我造国，无从非彝，无即慆淫，各守尔典，以承天休。’今陈侯不念胤续之常，弃其伉俪妃嫔，而帅其卿佐以淫于夏氏，不亦嬻姓矣乎？陈，我大姬之后也。弃衮冕而南冠以出，不亦简彝乎？是又犯先王之令也。

【译文】“先王的法令中说：‘天道是奖善惩恶的，所以凡由我们周室治国，不允许违背法令，不迁就怠惰放纵，各自遵守你们的职责，以接受上天的赐福。’如今陈侯不顾念历代相承的法度，抛弃自己的夫人妃嫔，带领下属到夏氏那里去恣意淫乐，这不是亵渎了姬姓吗？陈侯是我们大姬的后裔，却丢弃正式的礼服而穿戴楚地的服饰外出，这不是简慢了礼制吗？这又违背了先王的政令。

“昔先王之教，懋帅其德也，犹恐殒越。若废其教而弃其制，蔑其官而犯其令，将何以守国？居大国之间而无此四者，其能久乎？”

六年，单子如楚。

八年，陈侯杀于夏氏。

九年，楚子入陈。

【译文】“过去先王的教诲，即使认真遵行，还恐怕有所差池。像这样荒废先王的遗教、抛弃先王的法度、蔑视先王的分职、违背先王的政令，那凭什么来保守国家呢？地处大国的中间而不仰仗先王的遗教、法度、分职、政令，能够支持长久吗？”

周定王六年，单襄公到楚国。

定王八年，陈灵公被夏征舒杀害。

定王九年，楚庄王攻入陈国。

展禽论臧文仲祀爰居

（《国语·鲁语》上）

海鸟曰“爰居”，止于鲁东门之外三日。臧文仲使国人祭之。展禽曰：“越哉，臧孙之为政也！夫祀，国之大节也，而节，政之所成也。故慎制祀以为国典。今无故而加典，非政之宜也。

“夫圣王之制祀也，法施于民则祀之，以死勤事则祀之，以劳定国则祀之，能御大灾则祀之，能捍大患则祀之。非是族也，不在祀典。昔烈山氏之有天下也，其子曰柱，能植百谷百蔬。夏之兴也，周弃继之，故祀以为稷。共工氏之伯九有也，其子曰后土，能平九土，故祀以为社。黄帝能成命百物，以明民共财。颛顼能修之，帝喾能序三辰以固民，尧能单均刑法以仪民，舜勤民事而野死，鲧障供水而殛死，禹能以德修鲧之功，契为司徒而民辑，冥勤其官而水死，汤以宽治民而除其邪，稷勤百谷而山死，文王以文昭，武王去民之秽。故有虞氏禘黄帝而祖颛顼，郊尧而宗舜；夏后氏禘黄帝而祖颛顼，郊鲧而宗禹；商人禘舜而祖契，郊冥而宗汤；周人禘喾而郊稷，祖文王而宗武王。幕，能帅颛顼者也，有虞氏报焉；杼，能帅禹者也，夏后氏报焉；上甲微，能帅契者也，商人报焉；高圉、太王，能帅稷者也，周人报焉。凡禘、郊、祖、宗、报，此五者，国之典祀也。

【译文】有一只海鸟叫爰居，停留在鲁国都城的东门外，有三天了。臧文仲派人去祭祀它。展禽说：“臧孙治理政治事务超越礼教啊！！祭祀，是国家的重大礼节，而这重大的礼节，是政事成功的基础。所以制定祭祀之礼，并把它们作为国家大典要十分慎重。现在无故地增加祭祀典礼，政治上是不合适的啊！

圣明的国王是这样制定祭祀大礼的：用礼法施惠于民的人就祭祀他，勤勤恳恳敬业而死的人就祭祀他，稳定国家有功绩的人就祭祀他，能够为国抵御重大灾害的人就祭祀他，能够为国抵御重大祸患的人就祭祀他。不属于这一类的，就不在祭祀典礼之列。“从前烈山氏统治天下的时候，他的儿子叫做柱，能够种植各种庄稼各种蔬菜；夏朝建立的时候，周弃继承了他的事业，所以把柱祭祀起来作为农神。工共氏雄霸九州时，他的儿子叫后土，能够治理九州的土地，所以将他作为土神来祭祀。黄帝能够为万物命名，让百姓清楚明白地供应万物，颛顼能够继承和发扬黄帝的事业，喾帝能够掌握日月星辰的规律来让百姓安居乐业，尧能够尽力公平地制定刑法来劝民为善，舜操劳民众的事务而死在野外，鲧因为阻挡洪水不成功而遭流放而死，禹能够用德操来完成鲧的未竟事业，契作司徒时使民众亲睦，冥勤劳任职而被淹死，汤用宽厚治理民众而消除了奸邪的夏桀，稷操劳于农作物的种植而死在山上，文王因为文德而显赫，武王为民众铲除了邪恶淫乱的纣王。所以有虞氏禘祭黄帝而祖祭颛顼，郊祭尧而宗祭舜；夏后氏禘祭黄帝而祖祭颛顼，郊祭鲧而宗祭禹；商朝人禘祭舜而祖祭契，郊祭冥而祖祭汤；周朝人禘祭喾而郊祭稷，祖祭文王而宗祭武王；幕，能够遵循颛顼的规矩，有虞氏便报祭他；杼，能够遵循禹的规矩，夏后氏便报祭他；上甲微，能够遵循契的规矩，商朝人便报祭他；高圉、太王能够遵循稷的规矩，周朝人便报祭他们。凡是禘、郊、祖、宗、报五种祭祀，都是国家的祭祀典礼。

“加之以社稷山川之神，皆有功烈于民者也。及前哲令德之人，所以为明质也；及天之三辰，民所以瞻仰也；及地之五行，所以生殖也；及九州名山川泽，所以出财用也。非是，不在祀典。

“今海鸟至，已不知而犯之，以为国典，难以为仁且智矣。夫仁者讲功，而智者处物。无功而祀之，非仁也；不知而不问，非智也。今兹海其有灾乎？夫广川之鸟兽，恒知避其灾也。”

是岁也，海多大风，冬暖。文仲闻柳下季之言，曰：“信吾过也。季子之言，不可不法也。”使书以为三策。

【译文】“加上社稷山川的神灵，都是对百姓有功德的。还有那些前代的圣哲以及具有美好品行的人，都是百姓学习的榜样。天上的日月星辰，是百姓共同瞻仰的。地上的金、木、水、火、土五种东西，是生养万物的。九州、名山、河流、湖泊，是出产财物日用的。除此之外，不在国家的祭祀大典之中。

“现在一只海鸟飞来，自己不知道它的来历却去祭祀它，还作为国家大典，很难说这是仁德和智慧啊。仁德的人论功行事，聪明的人善于处理各种事物。没有功绩却要祭祀它，这算不上仁德；不知道却不询问，这算不上智慧。现在这大海可能发生什么灾害了吧？那些大海上的鸟兽，通常是懂得躲避灾难的。”

这年，大海常刮大风，冬天很暖和。文仲听了柳下季（即展禽，又名柳下惠）的话说：“确实是我的错啊！季先生的话，不能不作为准则啊！”叫人把他的话写了三份留存了下来。

季文子论妾马

（《国语·鲁语》上）

季文子相宣、成，无衣帛之妾，无食粟之马。仲孙它谏曰：“子为鲁上卿，相二君矣，妾不衣帛，马不食粟，人其以子为爱，且不华国乎！”文子曰：“吾亦愿之。然吾观国人，其父兄之食粗而衣恶者犹多矣，吾是以不敢。人之父兄食粗衣恶，而我美妾与马，无乃非相人乎！且吾闻以德荣为国华，不闻以妾与马。”

文子以告孟献子，献子囚之七日。自是，子服之妾衣不过七升之布，马饩不过稂莠。文子闻之，曰：“过而能改者，民之上也。”使为上大夫。

【译文】季文子担任宣公、成公的国相，妻不穿丝绸的衣服，马不吃精饲料。仲孙它进谏说：“你是鲁国的上卿，做了两代君王的国相。你的妻不穿丝绸的衣服，马不吃精饲料，人们都认为你是一个吝啬的人，并且不能替国家增添光彩吧。”季文子说：“我也很愿意那样做，然而我看见我们国人，父老乡亲们吃粗粮、穿破衣服的还有很多，因此我不敢这样做。父老乡亲吃粗粮、穿破衣服，而我却把我的妾和马打扮得美丽的，这是作为国相应该做的吗！况且我只听说以高尚的德行及光荣作为国家的光彩，没有听说过以妻和马的华丽来为国增光的。”

季文子把这一切告诉孟献子，献子把他（仲孙它）禁闭了七天。从这以后，仲孙它的妾也只穿粗布衣服，他的马饲料也只用杂草。文子听说了这些，说：“有过错却能改正的人，是百姓的榜样。”于是乎就任命他做了上大夫。

敬姜论劳逸

（《国语·鲁语》下）

公父文伯退朝，朝其母，其母方绩，文伯曰：“以歜之家而主犹绩，惧干季孙之怒也。其以歜为不能事主乎?”其母叹曰:“鲁其亡乎?使僮子备官而未之闻耶?居,吾语女。昔圣王之处民也,择瘠土而处之,劳其民而用之,故长王天下。夫民劳则思,思则善心生;逸则淫,淫则忘善;忘善则恶心生。沃土之民不材,淫也。瘠土之民,莫不向义,劳也。

【译文】公父文伯退朝之后,去看望他的母亲,他的母亲正在放线,文伯说:“象我公父歜这样的人家还要主母亲自放线,这恐怕会让季孙恼怒。他会觉得我公父歜不愿意孝敬母亲吧?”他的母亲叹了一口气说:“鲁国要灭亡了吧?让你这样的顽童充数做官却不把做官之道讲给你听?坐下来,我讲给你听。过去圣贤的国王为老百姓安置居所,选择贫瘠之地让百姓定居下来,使百姓劳作,发挥他们的才能,因此(君主)就能够长久地统治天下。老百姓要劳作才会思考,要思考才能(找到)改善生活(的好办法);闲散安逸会导致人们过度享乐,人们过度享乐就会忘记美好的品行;忘记美好的品行就会产生邪念。居住在沃土之地的百姓劳动水平不高,是因为过度享乐啊。居住在贫瘠土地上的百姓,没有不讲道义的,是因为他们勤劳啊。

是故天子大采朝日,与三公九卿,祖识地德,日中考政,与百官之政事。师尹惟旅牧相,宣序民事。少采夕月,与大史司载纠虔天刑。日入,监九御,使洁奉禘郊之粢盛,而後即安。诸侯朝修天子之业命,昼考其国职,夕省其典刑,夜儆百工,使无慆淫,而後即安。卿大朝考其职,昼讲其庶政,夕序其业,夜庀其家事,而後即安。士朝受业,昼而讲贯,夕而习复,夜而计过,无憾,而后即安。

【译文】因此天子穿着五彩花纹的衣服隆重地祭祀太阳,让三公九卿,熟习知悉农业生产,中午考察政务,交代百官要做的事务。京都县邑各级官员在牧、相的领导下,安排事务使百姓得到治理。天子穿着三采花纹的衣服祭祀月亮,和太史、司载详细记录天象;日落便督促嫔妃们,让她们清洁并准备好禘祭、郊祭的各种谷物及器皿,然后才休息。诸侯们清早听取天子布置事务和训导,白天完成他们所负责的日常政务,傍晚反复检查有关典章和法规,夜晚警告众官,告诫他们不要过度享乐,然后才休息。卿大夫清早统筹安排政务,白天与属僚商量处理政务,傍晚梳理一遍当天的事务,夜晚处理他的家事,然后才休息。贵族青年清早接受早课,白天讲习所学知识,傍晚复习,夜晚反省自己有无过错,直到没有什么不满意的地方,然后才休息。

自庶人以下,明而动,晦而休,无日以怠。王后亲织玄紞,公侯之夫人,加之以纮、綖。卿之内子为大带,命妇成祭服。列士之妻,加之以朝服。自庶士以下,皆衣其夫。社而赋事,蒸而献功,男女效绩,愆则有辟。古之制也!君子劳心,小人劳力,先王之训也!

自上以下，谁敢淫心舍力？

【译文】从平民以下，日出而作，日落而息，没有一天懈怠的。王后亲子编织冠冕上用来系瑱的黑色丝带，公侯的夫人还要编织系于颔下的帽带以及覆盖帽子的装饰品。卿的妻子做腰带，所有贵妇人都要亲自做祭祀服装。各种士人的妻子，还要做朝服。普通百姓，都要给丈夫做衣服穿。春分之后祭祀土地接着开始耕种，冬季祭祀时献上谷物和牲畜，男女（都在冬祭上）展示自己的劳动成果（事功），有过失就要避开不能参加祭祀。这是上古传下来的制度！君王操心，小人出力，这是先王的遗训啊。自上而下，谁敢挖空心思偷懒呢？

今我寡也，尔又在下位，朝夕处事，犹恐忘先人之业。况有怠惰，其何以避辟？吾冀而朝夕修我，曰：'必无废先人。'尔今曰：'胡不自安？'以是承君之官，余惧穆伯之绝嗣也？

仲尼闻之曰："弟子志之，季氏之妇不淫矣！"

【译文】如今我守了寡，你又做官，早晚做事，尚且担心丢弃了祖宗的基业。倘若懈怠懒惰，那怎么躲避得了罪责呢！我希望你早晚提醒我说：'一定不要废弃先人的传统。'你今天却说：'为什么不自己图安逸啊？'以你这样的态度承担君王的官职，我恐怕你父亲穆伯要绝后了啊。"

仲尼听说这件事后说："弟子们记住，季家的老夫人不图安逸！"

管仲论为国

（《国语·齐语》）

桓公自莒反于齐，使鲍叔为宰，辞曰："臣，君之庸臣也。君加惠于臣，使不冻馁，则是君之赐也。若必治国家者，则非臣之所能也。若必治国家者，则其管夷吾乎。臣之所不若夷吾者五：宽惠柔民，弗若也；治国家不失其柄，弗若也；忠信可结于百姓，弗若也；制礼义可法于四方，弗若也；执枹鼓立于军门，使百姓皆加勇焉，弗若也。"桓公曰："夫管夷吾射寡人中钩，是以滨于死。"鲍叔对曰："夫为其君动也。君若宥而反之，夫犹是也。"桓公曰："若何？"鲍子对曰："请诸鲁。"桓公曰："施伯，鲁君之谋臣也，夫知吾将用之，必不予我矣。若之何？”

鲍子对曰：“使人请诸鲁，曰：‘寡君有不令之臣在君之国，欲以戮之于群臣，故请之。’则予我矣。”桓公使请诸鲁，如鲍叔之言。

【译文】齐桓公从莒国返回齐国，任命鲍叔为国相。鲍叔推辞说：“我是国君的一个庸臣。您照顾我，使我不挨冻受饿，就已经是恩赐了。如果要治理国家的话，那就不是我所擅长的。若论治国之才，大概只有管仲了。我有五个方面不如管仲：以宽厚慈惠来安抚民众，我不及他；治理国家不忘根本，我不及他；为人忠实诚信，能得到百姓的信任，我不及他；制定的礼仪足以使天下效法，我不及他；立在军门之前击鼓指挥，使百姓加倍勇猛，我不及他。”桓公说：“管仲曾用箭射中了我的腰钩，使我险些丧命。”鲍叔解释说：“那是为他的主子出力啊。你若赦免他，让他回来，他也会那样为你出力的。”桓公问：“怎样使他回来呢？”鲍叔说：“到鲁国去邀请他。”桓公说：“施伯是鲁君的谋臣，若知道我将起用管仲，一定不会放还给我的。那可怎么办？”

鲍叔回答说：“派人去向鲁国要求说：‘我们国君有个不遵守命令的臣子在贵国，想在群臣面前处死他，所以请交还给我国。’这样鲁国就会把他放还我国了。”于是桓公照鲍叔说的那样，派人向鲁国提出要求。

庄公以问施伯，施伯对曰：“此非欲戮之也，欲用其政也。夫管子，天下之才也。所在之国，则必得志于天下。令彼在齐，则必长为鲁国忧矣。”庄公曰：“若何？”施伯对曰：“杀而以其尸授之。”庄公将杀管仲，齐使者请曰：“寡君欲亲以为戮，若不生得以戮于群臣，犹未得请也。请生之。”于是庄公使束缚以予齐使。齐使受之而退。

比至，三衅，三浴之。桓公亲逆之于郊，而与之坐而问焉，曰：“昔吾先君襄公，筑台以为高位，田、狩、罼、弋，不听国政，卑圣侮士，而唯女是崇。九妃、六嫔，陈妾数百，食必粱肉，衣必文绣。戎士冻馁，戎车待游车之裂，戎士待陈妾之余。优笑在前，贤材在后，是以国家不日引、不月长，恐宗庙之不扫除，社稷之不血食，敢问为此若何？”

【译文】鲁庄公询问施伯如何处置这件事。施伯回答说：“这不是想处死他，而是要起用他来执政。管仲是天下的奇才，他所效劳的国家，一定会称霸于诸侯。让他返齐，必将会长久地成为鲁国的祸患。”庄公说：“那怎么办呢？”施伯答道：“杀了他把尸体交还给齐国。”庄公准备处死管仲，齐国使者求说：“我们国君想亲自处决他，如果不把他活着带回去在群臣面前施刑示众，还是没能达到要求。请让他活着回去。”于是庄公派人把管仲捆缚起来交给齐国使者。齐使接受之后就回国了。

管仲快到达齐国时，三次薰香沐浴。桓公亲自到郊外迎接，然后请他坐下并问道：“过去，我们的先君襄公修筑高台以示尊荣，成天打猎游乐，不处理国家政事，藐视圣贤，侮辱文士，只看重女色。宫中有九妃六嫔、姬妾数百，吃的一定要是精米鱼肉，穿的一定要是彩衣绣服。将士们挨冻受饿，军车要等游玩的车子破损后才充用，士兵要靠侍妾吃剩的粮食来养活。亲近那些唱歌逗乐的倡优，却把贤德的人才抛在一边。国家因此而不能日有所进、月有所长。这样下去恐怕宗庙将无人清扫，社稷也难以受祭。请问面对这些景况应该怎么处理？”

管子对曰：“昔吾先王昭王、穆王，世法文、武远绩以成名。合群叟，比校民之有道者，设象以为民纪，式权以相应，比缀以度，竱本肇末，劝之以赏赐，纠之以刑罚，班序颠毛，以为民纪统。”桓公曰：“为之若何？”管子对曰：“昔者，圣王之治天下也，参其国而伍其鄙，定民之居，成民之事，陵为之终，而慎用其六柄焉。”

【译文】管仲回答说：“过去的先王周昭王、周穆王，以效法文王、武王的政绩而成就美名。召集众长老来考察选择百姓中有德行的人，制定法令作为民众行为的准则，同时树立相应的榜样，以此把百姓维系起来。从根本上来解决那些细微末节的问题，用赏赐善行来引导民众，用惩罚罪恶来纠正偏差，使长幼有序，为百姓立下规矩。”桓公说：“那怎样去做呢？”管仲回答说：“过去，圣王治理天下时，曾把都城分为三区、郊野分为五区，以确定百姓的住地，让百姓各就其业，设置葬地作为他们的归宿，并谨慎地运用生、杀、贫、富、贵、贱这六种权力。”

桓公曰：“成民之事若何？”管子对曰：“四民者，勿使杂处，杂处则其言哤，其事易。”公曰：“处士、农、工、商若何？”管子对曰：“昔圣王之处士也，使就闲燕，处工就官府，处商就市井，处农就田野。

“令夫士，群萃而州处，闲燕，则父与父言义，子与子言孝，其事君者言敬，其幼者言悌。少而习焉，其心安焉，不见异物而迁焉。是故其父兄之教，不肃而成。其子弟之学，不劳而能。夫是故士之子恒为士。

【译文】桓公问：“怎样使百姓各就其业呢？”管仲回答说：“士、农、工、商，不要让他们混杂居住。混杂居住会使他们相互干扰，工作不安心。”桓公问：“怎样来安排士、农、工、商的住地呢？”管仲回答说：“过去圣王把士人的住处安排在清静的地方，把工匠的住处安排在官府，把商人的住处安排在市场，把农民的住处安排在田野。

“让那些士人聚集在一起居住，空闲时，父辈之间谈论礼义，子侄辈之间谈论孝道，侍奉国君的人谈论克尽职守，年幼的则谈论兄弟和睦。从小就受到熏陶，他们的思想就安定了，不再见异思迁。所以父兄的教诲不用督促就能实行，子弟的学习无须费力就能掌握。这样，士人的后代就一直是士人。

“令夫工，群萃而州处，审其四时，辨其功苦，权节其用，论比协材。旦暮从事，施于四方，以饬其子弟，相语以事，相示以巧，相陈以功。少而习焉，其心安焉，不见异物而迁焉。是故其父兄之教，不肃而成，其子弟之学，不劳而能。夫是故工之子恒为工。

“令夫商，群萃而州处，察其四时，而监其乡之资，以知其市之贾，负、任、担、荷，服牛、轺马，以周四方，以其所有，易其所无，市贱鬻贵。旦暮从事于此，以饬其子弟，相语以利，相示以赖，相陈以知贾。少而习焉，其心安焉，不见异物而迁焉。是故其父兄之教，不肃而成，其子弟之学，不劳而能。夫是故商之子恒为商。

【译文】“让那些工匠聚集在一起居住，了解不同季节的产品需要，辨别质量的优劣，衡量器材的用处，选用合适的材料。从早到晚做这些事，使产品适用于四方，用这些来教诲子弟，互相谈论工作，互相交流技艺，互相展示成果。从小就受到熏陶，他们的思想就安定了，不再见异思迁。所以父兄的教诲不用督促就能实行，子弟的学习无须费力就能掌握。这样，工匠的后代就一直是工匠。

“让那些商人聚集在一起居住，了解不同季节的营销需要，熟悉本地的货源，掌握市场的行情。或背负肩挑，或车载畜驾，把货物运往四方，用已有的东西来换取缺少的物品，贱价买进高价卖出。从早到晚做这些事，用这些来教诲后代，互相谈论生财之道，互相交流赚钱经验，互相展示经营手段。从小就受到熏陶，他们的思想就安定了，不再见异思迁。所以父兄的教诲不用督促就能实行，子弟的学习无须费力就能掌握。这样，商人的后代就一直是商人。

“令夫农，群萃而州处，察其四时，权节其用，耒、耜、耞、芟。及寒，击稾除田，以待时耕；及耕，深耕而疾耰之，以待时雨。时雨既至，挟其枪、刈、耨、镈，以旦暮从事于田野。脱衣就功，首戴茅蒲，身衣袯襫，霑体涂足，暴其发肤，尽其四肢之敏，以从事于田野。少而习焉，其心安焉，不见异物而迁焉。是故其父兄之教，不肃而成，其子弟之学，不劳而能。夫是故农之子恒为农。野处而不昵其秀。民之能为士者，必足赖也。有司见而不以告，其罪五。有司已于事而竣。”

【译文】“让那些农民聚集在一起居住，了解不同季节的农事，根据不同的农事准备耒、耜、耞、镰等农具，到了冬天，要除去枯草，整修田地，以等待春耕；到了耕种季节，要深翻土壤，抓紧耙土复种，以等待春雨；春雨过后，就带着锄头等农具从早到晚在田里劳作。劳动时脱去上衣，头戴草帽，身穿蓑衣，全身沾满泥土，太阳曝晒皮肤，使出全部的力气在田里干活。从小就受到熏陶，他们的思想就安定了，不再见异思迁。所以父兄的教诲不用督促就能实行，子弟的学习无须费力就能掌握。这样，农民的后代就一直是农民。他们居住在郊野而不沾染不良习气，其中能入仕做官的优秀者，一定足以信赖。有关官员见到这样的人才不予推荐，要受到五刑的处罚。他们必须推荐贤才，才可谓之称职。

桓公曰："定民之居若何？"管子对曰："制国以为二十一乡。"桓公曰："善。"管子于是制国，以为二十一乡：工商之乡六；士乡十五。公帅五乡焉，国子帅五乡焉，高子帅五乡焉。参国起案以为三官，臣立三宰，工立三族，市立三乡，泽立三虞，山立三衡。

【译文】桓公问："怎样来确定百姓的住地呢？"管仲答道："把全国分为二十一个乡。"桓公说："好啊。"管仲于是把全国划分为二十一个乡：工匠和商人的乡有六个，士人和农民的乡有十五个，由国君掌管五个乡，国子掌管五个乡，高子掌管五个乡。分国事为三，各种官职也各设置三名：设三卿主管群臣，设三族主管工匠，设三乡主管商人，设三虞主管川泽，设三衡主管山林。

桓公曰："吾欲从事于诸侯，其可乎？"管子对曰："未可，国未安。"桓公曰："安国若何？"管子对曰："修旧法，择其善者而业用之；遂滋民，与无财，而敬百姓，则国安矣。"桓公曰："诺。"遂修旧法，择其善者而业用之；遂滋民，与无财，而敬百姓。国既安矣，桓公曰："国安矣，其可乎？"管子对曰："未可。君若正卒伍，修甲兵，则大国亦将正卒伍，修甲兵，则难以速得志矣。君有攻伐之器，小国诸侯有守御之备，则难以速得志矣。君若欲速得志于天下诸侯，则事可以隐令，可以寄政。"桓公曰："为之若何？"管子对曰："作内政而寄军令焉。"桓公曰："善。"

【译文】桓公说："我想在诸侯中做一番事业，能行吗？"管仲回答说："不行，国家还不安定。"桓公问："怎样来安定国家呢？"管仲说："整顿已有的法令，选择合用的修订施行。然后繁殖人口，救济贫困，安抚百姓，这样国家就安定了。"桓公说："就这样办。"于是整顿已有的法令，选择合用的修订施行。然后繁殖人口，救济贫困，安抚百姓。国家安定了以后，桓公说："国家已经安定，可以有所作为了吧？"管仲说："还不行。你如果整顿军队、修造盔甲兵器，其他大国也会整顿军队，修造盔甲兵器，我们就难以很快实现志向了。你有进攻的武器，小国诸侯也有防御的准备，我们也难以很快实现志向。你若想迅速在天下诸侯中实现志向，就应该把要做的事情隐蔽起来，把战备寄寓在政令里。"桓公问："怎样去做呢？"管仲回答说："在整顿内政中寄寓军令。"桓公说："很好。"

管子于是制国："五家为轨，轨为之长；十轨为里，里有司；四里为连，连为之长；十连为乡，乡有良人焉。以为军令：五家为轨，故五人为伍，轨长帅之；十轨为里，故五十人为小戎，里有司帅之；四里为连，故二百人为卒，连长帅之；十连为乡，故二千人为旅，乡良人帅之；五乡一帅，故万人为一军，五乡之帅帅之。三军，故有中军之鼓，有国子之鼓，有高子之鼓。春以蒐振旅，秋以狝治兵。是故卒伍整于里，军旅整于郊。内教既成，令勿使迁徙。伍之人，祭祀同福，死丧同恤，祸灾共之。人与人相畴，家与家相畴，世同居，少同游。故夜战声相闻，足以不乖；昼战目相见，足以相识。其欢欣足以相死。居同乐，行同和，死同哀。是故守则同固，战则同强。君有此士也三万人，以方行于天下，以诛无道，以屏周室，天下大国之君，，莫之能御也。”

【译文】于是管仲就制定国家的政令：“五家为一轨，轨设轨长；十轨为一里，里设有司；四里为一连，连设连长；十连为一乡，乡设良人。其中所寄寓的军令是：五家一轨，所以五人为一伍，由轨长统率；十轨一里，所以五十人为小戎，由里的有司统率；四里一连，所以二百人为一卒，由连长统率；十连一乡，所以二千人为一旅，由乡的良人统率；五个乡是一帅，所以正好是一万人，编成一个军，由卿来统率。全国可编为三军，所以有国君亲自统帅的中军的旗鼓，有国子的旗鼓，有高子的旗鼓。春天用春猎的名义来整编军队，秋天以秋猎的名义来操练军队。这样卒、伍一级的小队伍在里中就已经编就。军、旅一级的大兵团在郊野中得以组成。内政中既已包含了军事组织，就得命令民众不得迁徙。同一个伍的人祭祀时同享酒肉，死丧时大家哀伤，有了灾祸共同承担。人与人相伴，家与家相伴，世代同住一地，从小一起游戏。所以夜间作战能听到声音，就不会发生误会；白天作战能相互看见，足以认识同伙。那种欢乐的心情，能使他们拚死互助。在家时共同欢乐，行军时融洽无间，战死时一起哀伤。所以，防守就坚固不移，作战就英勇顽强。你若能拥有三万名这样的兵士，率领他们横行天下，讨伐无道，保卫王室，天下的大国诸侯还有谁能与你对抗。”

正月之朝，乡长复事。君亲问焉，曰：“于子之乡，有居处好学、慈孝于父母、聪慧质仁、发闻于乡里者，有则以告。有而不以告，谓之蔽明，其罪五。”

有司已于事而竣。桓公又问焉，曰：“于子之乡，有拳勇股肱之力，秀出于众者，有则以告。有而不以告，谓之蔽贤，其罪五。”有司已于事而竣。桓公又问焉，曰：“于子之乡，有不慈孝于父母、不长悌于乡里、骄躁淫暴、不用上令者，有则以告。有而不以告，谓之下比，其罪五。”有司已于事而竣。是故乡长退而修德进贤，桓公亲见之，遂使役官。

【译文】正月初一朝见的时候，乡长们汇报工作。桓公亲自咨问他们，说：“在你的乡里，发现平日好学、孝敬父母、聪明仁惠、在当地有一定名声的人，就应向上级报告。如果有这样的人却不报告，叫埋没贤明，要判五刑之罪。”

主管这方面事务的官员报告后退下。桓公又对乡长们说：“在你的乡里，发现勇敢强健、力气出众的人，就应向上级报告。如果有这样的人却不报告，叫埋没贤能，要判五刑之罪。”主管这方面事务的官员报告后退下。桓公还对乡长们说：“在你的乡里，发现不孝敬父母、不友爱兄弟、骄横暴戾、不服从君长命令的人，就应向上级报告。如果有这样的人却不报告，叫包庇坏人，要判五刑之罪。”主管这方面事务的官员报告后退下。所以，乡长们回去以后，都修养品德，推荐贤才，桓公亲自接见被推举的人，授他们以官职。

桓公令官长期而书伐，以告且选，选其官之贤者而复用之，曰：“有人居我官，有功休德，惟慎端悫，以待时使民，以劝绥谤言，足以补官之不善政。”桓公召而与之语，訾相其质，足以比成事，诚可立而授之。设之以国家之患而不疚，退问之其乡，以观其所能而无大厉，升以为上卿之赞。谓之三选。国子、高子退而修乡，乡退而修连，连退而修里，里退而修轨，轨退而修伍，伍退而修家。是故匹夫有善，可得而举也；匹夫有不善，可得而诛也。政既成，乡不越长，朝不越爵，罢士无伍，罢女无家。夫是故民皆勉为善。与其为善于乡也，不如为善于里；与其为善于里也，不如为善于家。是故士莫敢言一朝之便，皆有终岁之计；莫敢以终岁之议，皆有终身之功。

【译文】桓公命令官长每年纪录有功之臣，以便上报备案，从中遴选出贤能的官员提拔使用。推荐时说：“我这里有这样的官员，他功劳卓著，品德高尚，谨慎正派，处事不失时机，能以劝勉的办法治理百姓，制止诽谤，这个人足以替补不称职的官员。”然后桓公就召见被推荐的人，和他谈话，估量审视他的素质，看他是否可以辅助完成国事，确实可提拔当大官的就委以重任。桓公还以国家可能遇到的患难诘问他，如果问不倒，再退而诘问乡里的事情，以观察他的能力，如没有大毛病，就晋升他做上卿的助手。以上乡长推荐，官长选拔，国君亲自面试，叫做三选。国子、高子回去后整治乡政，乡长回去后整治连政，连长回去后整治里政，里有司回去后整治轨，轨长回去后整治伍，伍回去后整治家。所以百姓中凡有好的，可得到推举；百姓中凡有坏的，要受到诛罚。政令定下以后，乡里不逾越长幼的次序，朝中不逾越爵位的等级，没有德行的男人不能入伍，没有德行的女人不能外嫁。这样，百姓因此都努力向善。与其在乡里做好事，不如回到里中做好事；与其在里中做好事，不如回到家中做好事。所以大家都不敢只图一时的便宜，都有一年的计划；都不敢满足于一年的计划，都有终身立功的打算。

桓公曰：“伍鄙若何？”管子对曰：“相地而衰征，则民不移；政不旅旧，则民不偷；山泽各致其时，则民不苟；陆、阜、陵、墐、井田畴均，则民不憾；无夺民时，则百姓富；牺牲不略，则牛羊遂。”

【译文】桓公问：“伍鄙怎样治理？”管子回答说：“按照土地的肥瘠逐级降低赋税的标准，那么百姓就不会迁徙；为政不抛弃先君故旧，百姓就不会苟且从事；山林河泽依照时令开放或封禁，百姓就不会随意出入砍柴捕猎；陆地、土山、井田等分配均平，百姓就不会怨恨；不侵夺农时贻误农事，百姓就能富足；祭祀用的牲畜不过度屠杀，牛羊就能繁殖增加。”

桓公曰：“定民之居若何？”管子对曰：“制鄙。三十家为邑，邑有司；十邑为卒，卒有卒帅；十卒为乡，乡有乡帅；三乡为县，县有县帅；十县为属，属有大夫。五属，故立五大夫，各使治一属焉；立五正，各使听一属焉。是故正之政听属，牧政听县，下政听乡。”桓公曰：“各保治尔所，无惑淫怠而不听治者！”

正月之朝，五属大夫复事。桓公择是寡功者而谪之曰：“制地、分民如一，何故独寡功？教不善，则政不治，一再则宥，三则不赦。”桓公又亲问焉，曰：“于子之属，有居处为义、好学、慈孝于父母、聪慧质仁、发闻于乡里者，有则以告。有而不以告，谓之蔽明，其罪五。”有司已于事而竣。桓公又问焉，曰：“于子之属，有拳勇股肱之力秀出于众者，有则以告。有而不以告，谓之蔽贤，其罪五。”有司已于事而竣。桓公又问焉，曰：“于子之属，有不慈孝于父母，不长悌于乡里、骄躁淫暴、不用上令者，有则以告。有而不以告，谓之下比，其罪五。”有司已于事而竣。五属大夫于是退而修属，属退而修县，县退而修乡，乡退而修卒，卒退而修邑，邑退而修家。是故匹夫有善，可得而举也；匹夫有不善，可得而诛也。政既成矣，以守则固，以征则强。

【译文】桓公问：“怎样划定百姓的居处？”管仲回答说：“建立郊野之政。规定郊野三十家为一邑，邑有主管的人；十邑为一卒，由卒帅领导；十卒为一乡，由乡帅领导；三乡为一县，由县帅领导；十县为一属，由大夫领导。全国共分五属，所以共设五位大夫，让他们各自治理一属的政事；另外再设五位政长，让他们各自监察一属的政事。所以五位政长的职责就是监察五位大夫的治理情况，五位大夫的职责就是监察县帅的治理情况，县帅的职责就是监察乡帅的治理情况。”桓公说：“各自治理好所管辖的地方，不要有人放荡怠慢而不服从治理！”

正月初一朝见的时候，五属大夫汇报工作。桓公挑他们中政绩差的加以谴责，说：“划定的土地和分配的百姓都是相同的，为什么只有你没有做出好的成绩？教育不善，政事就不能得到很好的治理，一次两次可以原谅，第三次就不能宽赦了。”桓公又亲自过问他们的工作，说：“在你所管辖的属里，发现平日行义好学、孝敬父母、聪明仁惠、在当地有一定名声的人，就应向上级报告。如果有这样的人却不报告，叫埋没贤明，要判五刑之罪。”主管这方面事务的官员报告后退下。桓公又对他们说：“在你所管辖的属里，发现勇敢强健、力气出众的人，就应向上级报告。如果有这样的人却不报告，叫埋没贤能，要判五刑之罪。”主管这方面事务的官员报告后退下。桓公最后又说：“在你所管辖的属里，发现不孝敬父母、不友爱兄弟、骄横暴戾、不服从君长命令的人，就应向上级报告。如果有这样的人却不报告，叫包庇坏人，要判五刑之罪。”主管这方面事务的官员报告后退下。五属大夫于是回到各自的辖地整治属的政事，属退下来就整治县，由县退下来就整治乡，由乡退下来就整治卒，由卒退下来就整治邑，由邑退下来就整治家。所以百姓中凡有好的，可以得到推举；百姓中凡有坏的，要受到诛罚。政令确定以后，用它来守国则固若金汤，用它来进攻则强大无比。

史苏论骊姬必乱晋

（《国语·晋语》）

献公伐骊戎，克之，灭骊子，获骊姬以归，立以为夫人，生奚齐。其娣生卓子。骊姬请使申生主曲沃以速悬，重耳处蒲城，夷吾处屈，奚齐处绛，以儆无辱之故。公许之。

【译文】晋献公讨伐骊戎，征服了这个国家，杀了它的国君骊子，俘获骊姬回国，立她为夫人。骊姬生了奚齐，她妹妹生了卓子。骊姬请求献公派太子申生去曲沃以逼他速死，另派公子重耳去蒲城，公子夷吾去屈，而把奚齐留在国都绛。她说这是为了防备敌国的入侵，不让晋国受到耻辱。献公同意了她的请求。

史苏朝，告大夫曰：“二三大夫其戒之乎，乱本生矣！日，君以骊姬为夫人，民之疾心固皆至矣。昔者之伐也，起百姓以为百姓也，是以民能欣之，故莫不尽忠极劳以致死也。今君起百姓以自封也，民外不得其利，而内恶其贪，则上下既有判矣；然而又生男，其天道也？天强其毒，民疾其态，其乱生哉！吾闻君子好好而恶恶，乐乐而安安，是以能有常。

【译文】史苏上朝时对大夫们说：“你们可要戒备哩，晋国内乱的根子已经产生了！当年，国君立骊姬为夫人，民众不满的心态原就达到了极点。古代的明君从事征伐，是发动百姓为百姓除害，所以民众能高兴地拥戴他，无不尽忠竭力甚至不惜一死。现在国君发动百姓却是为的自己丰厚，民众对外攻战得不到利益，又厌恶国内君王的贪欲，所以上下已经离心了。然而骊姬生的又是儿子，难道这是天意？上天加强了晋国的祸害，民众不满这种状况，内乱就要发生了！我听说国君应该喜欢好的事物，憎恶坏的事物，欢乐时就高兴，安定时就放心，这样统治才能持久正常。

伐木不自其本，必复生；塞水不自其源，必复流；灭祸不自其基，必复乱。今君灭其父而言畜其子，祸之基也。畜其子，又从其欲，子思报父之耻而信其欲，虽好色，必恶心，不可谓好。好其色，必授之情。彼得其情以厚其欲，从其恶心，必败国且深乱。乱必自女戎，三代皆然。”骊姬果作难，杀太子而逐二公子。君子曰：“知难本矣。”

【译文】砍伐树木不从树根开始，必定会重新萌生；堵塞河水不从源头开始，必定会重新流淌；消灭祸乱不从根本着手，必定会重生祸乱。如今国君杀了骊姬的父亲却又留下骊姬，这正是祸乱的根基啊。既留下骊姬，还要顺从她的欲望，她想报杀父之耻就会伸张野心。虽然外貌很美，但内心一定很丑恶，不能算是真正的美。国君喜欢她的美丽外貌，必定会答应她的要求。她得到国君的宠爱会进一步加强政治上的欲望，扩张其野心，这样就必定会使晋国败亡并且造成深重的祸乱。祸乱一定来自女人，夏、商、西周都是这样。”后来骊姬果然作乱，杀了太子申生并驱逐了公子重耳和夷吾。有识之士说：“史苏洞察灾难的根源了。”

骊姬夜半谗申生于献公

（《国语·晋语》）

优施教骊姬夜半而泣，谓公曰：“吾闻申生甚好仁而强，甚宽惠而慈于民，皆有所行之。今谓君惑于我，必乱国，无乃以国故而行强于君。君未终命而不殁，君其若之何？盍杀我，无以一妾乱百姓。”公曰：“夫岂惠其民而不惠于其父乎？”骊姬曰：“妾亦惧矣。吾闻之外人之言曰：为仁与为国不同。为仁者，爱亲之谓仁；为国者，利国之谓仁。故长民者无亲，众以为亲。苟利众而百姓和，岂能惮君？以众故不敢爱亲，众况厚之，彼将恶始而美终，以晚盖者也。凡民利是生，杀君而厚利众，众孰沮之？杀亲无恶于人，人孰去之？苟交利而得宠，志行而众悦，欲其甚矣，孰不惑焉？虽欲爱君，惑不释也。今夫以君为纣，若纣有良子，而先丧纣，无章其恶而厚其败。钧之死也，无必假手于武王，而其世不废，祀至于今，吾岂知纣之善否哉？君欲勿恤，其可乎？若大难至而恤之，其何及矣！”

【译文】优施献计让骊姬在夜里哭着对献公说：“我听说申生为人很仁义而且势力很

大，对百姓又很宽厚慈爱，这些都是有所用心的举动。如今他说国君被我迷惑，一定会因此而乱国，我恐怕他会以国家利益作借口对你施行武力。你还健在，准备怎么应付他呢？何不杀了我，不要为了我一个女人而让百姓遭受动乱。”献公问：“他难道会爱百姓而不爱他的父亲吗？”骊姬说：“我也正害怕这个啊。我听别人说，施行仁义和效忠国家不一样。施行仁义的人，把爱自己的亲人称作仁；而效忠国家的人，把安定社稷称作仁。所以百姓的领袖没有私亲，而以百姓为亲。倘若他认为对多数人有利又能把百姓团结在自己周围，还怕弑君？为了多数人的缘故而不爱私亲，大家会更加拥戴他，他开始虽有弑君的恶声，可是最终能得到忠于国家的美名，用后来的善行掩盖掉前面的罪恶。民众总是追求利的。杀了国君而让民众得到厚利，民众有谁还会反对他呢？杀了父亲但没有施恶于他人，民众有谁还会背弃他呢？如果大家都得利而受宠，他的志向实现了使大家高兴，大家会更拥戴他，谁能不被他所迷惑？即使想爱国君，可这种迷惑解脱不了啊。现在且把国君比作纣王，如果纣王有个好儿子，先把纣王杀了，这样就不会张扬纣的罪恶而招来周的诛伐。同样是死，就不必借周武王之手了，而且商的国祚不会中断，祖宗至今还得到祭祀，我们怎么会知道纣王其人是善是恶呢？你想不担心这类事的发生，能办得到吗？等到大祸临头时才忧虑，就再也来不及了！”

公惧曰：“若何而可？”骊姬曰：“君盍老而授之政。彼得政而行其欲，得其所索，乃其释君。且君其图之，自桓叔以来，孰能爱亲？唯无亲，故能兼翼。”公曰：“不可与政。我以武与威，是以临诸侯。未殁而亡政，不可谓武；有子而弗胜，不可谓威。我授之政，诸侯必绝；能绝于我，必能害我。失政而害国，不可忍也。尔勿忧，吾将图之。”

【译文】献公害怕地问：“怎么办才好呢？”骊姬说：“你何不称老退位而把国政交给申生。申生掌握了国政，按自己心愿行事，得到了他追求的东西，就会放过你。你再考虑一下，自你的曾祖桓叔以来，谁能爱过亲人？正因为不爱私亲，所以才能把本家占有的翼地兼并了。”献公说：“不能把国政交出去。我凭着武功和威势，才得以驾驭诸侯。没死就丢失国政，不能算有武功；连儿子也制服不了，不能算有威势。我把国政交给他，诸侯必定会和我们断绝关系；能断绝关系，必定会加害于我们。丢失国政而且害了国家，这是不能容忍的。你不必担心，我会有办法对付他。”

骊姬曰：“以皋落狄之朝夕苛我边鄙，使无日以牧田野，君之仓廪固不实，又恐削封疆。君盍使之伐狄，以观其果于众也，与众之信辑睦焉。若不胜狄，虽济其罪可也。若胜狄，则善用众矣，求必益广，乃可厚图也。且夫胜狄，诸侯惊惧，吾边鄙不儆，仓廪盈，四邻服，封疆信，君得其赖，又知可否，其利多矣。君其图之！”公说，是故使申生伐东山，衣之偏裻之衣，佩之以金玦。仆人赞闻之，曰：“太子殆哉！君赐之奇，奇生怪，怪生无常，无常不立。使之出征，先以观之，故告之以离心，而示之以坚忍之权，则必恶其心而害其身矣。恶其心，必内险之；害其身，必外危之。危自中起，难哉！且是衣也，狂夫阻之衣也。其言曰：‘尽敌而反。’虽尽敌，其若内谗何！”申生胜狄而反，谗言作于中。君子曰：“知微。”

【译文】骊姬说：“皋落狄不分早晚侵扰我国的边境，使那里的边民没有一天可以到田野放牧牛羊。国君的仓库本来就不充实，又担心外族削减我国的疆土。你何不派申生去讨伐狄国，以便观察他是否能带兵，与民众的关系是否确实很和睦。如果他不能战胜狄国，那就自然构成罪名，可以加罪于他；如果胜了狄国，那就说明他很会使用民众，他所要求的会更多，我们就更要想办法对付他。况且战胜狄国，诸侯将会吃惊害怕，我们的边境将不必戒备，国库充实，四邻畏服，疆界不会有争议，你得到这些利益，又可以知道如何去对付申生，好处太多了。你何不谋划一下！”献公听了很高兴，于是决定派申生讨伐东山的狄人，让他穿一件左右颜色各异的衣服，佩戴一块金玦。申生的仆人赞听到后说：“太子危险了！国君赐给他奇异的东西，奇就要生怪，怪就要出现反常，反常预示着太子不能继立为君。派他出征，先以此观察他和民众的关系，用左右颜色各异的衣服象征不一致，用金玦暗示冷淡和离心，这就必定是讨厌他的心性而想加害于他的身体了。讨厌他的心性，就必定在内部使他陷于危险；要加害于他的身体，就必定在外面使他陷于绝境。危险从内部产生，难以摆脱哩！而且那件衣服，是要让方相氏诅咒后才能穿的。方相氏的诅咒说：‘消灭敌人而返回。’即使消灭了敌人，申生又能对内部的谗言怎么样呢？”申生战胜了狄国回来后，对他的谗言从宫中开始散布。有识之士说：“赞这个人很能够见微知著。”

胥臣论教因材质

（《国语·晋语》）

文公问于胥臣曰：“吾欲使阳处父傅欢也，而教诲之，其能善之乎？”对曰：“是在欢也。蘧蒢不可使俯，戚施不可使仰，僬侥不可使举，侏儒不可使援，矇瞍不可使视，嚚瘖不可使言，聋聩不可使听，童昏不可使谋。质将善而贤良赞之，则济可竢。若有违质，教将不入，其何善之为！

【译文】晋文公问胥臣说：“我想叫阳处父做欢的老师来教育他，能教育好吗？”胥臣回答说：“这主要取决于欢。直胸的残疾人不能让他俯身，驼背不能让他仰头，小种人不能让他举重物，矮子不能让他攀高，瞎子不能让他看东西，哑巴不能让他说话，聋子不能让他听音，糊涂人不能让他出主意。本质好而又有贤良的人教导，就可以期待他有所成就。如果本质邪恶，教育他也听不进去，怎么能使他为善呢！

“臣闻昔者大任娠文王，不变，少溲于豕牢，而得文王，不加疾焉。文王在母不忧，在傅弗勤，处师弗烦，事王不怒，孝友二虢，而惠慈二蔡，刑于大姒，比于诸弟。《诗》云：‘刑于寡妻，至于兄弟，以御于家邦。’于是乎用四方之贤良。及其即位也，询于八虞，而谘于二虢，度于闳夭，而谋于南宫，诹于蔡、原而访于辛、尹，重之以周、邵、毕、荣，亿宁百神，而柔和万民。故《诗》云：‘惠于宗公，神罔时恫。’若是，则文王非专教诲之力也。”

【译文】“我听说，以前周文王的母亲怀孕时身体没有变化，小便的时候在厕所里生下文王，没有添加任何痛苦。文王不让母亲增添忧虑，无需保傅多操心思，未让师长感到烦扰，事奉父王不让他生气，对两个弟弟虢仲和虢叔很友爱，对两个儿子大蔡和小蔡很慈惠，为自己的妻子大姒做出榜样，与同宗的兄弟也很亲近。《诗》上说：‘为自己的妻子做出表率，进而及于兄弟，以此来治理家庭和国家。’这样就能任用天下的贤良之士。到他即位之后，有事咨询掌管山泽的八虞，与虢仲、虢叔两兄弟商量，听取闳夭、南宫括的意见，咨访蔡公、原公、辛甲、尹佚四位太史，再加上有周文公、邵康公、毕公和荣公的帮助，从而让百神安宁，使万民安乐。因此《诗》上说：‘孝敬祖庙里的先公，神灵都没有怨恨。’像这样的话，那么周文王就不单单是教诲的作用了。”

公曰：“然则教无益乎？”对曰：“胡为，文益其质。故人生而学，非学不入。”公曰：“奈夫八疾何！”对曰：“官师之所材也，戚施直镈，蘧蒢蒙璆，侏儒扶卢，矇瞍修声，聋聩司火。童昏、嚚瘖、僬侥，官师之所不材也，以实裔土。夫教者，因体能质而利之者也。若川然有原，以卬浦而后大。”

【译文】晋文公说：“这样说来，那教育就没有用了吗？”胥臣回答说：“要文采干什么呢，就是为了使本质更加美好。所以人生下来就要学习，不学习就不能进入正道。”文公说：“那对先前所说的八种残疾人怎么办呢？”胥臣回答说：“这就要看官长因材而用了，驼背的让他俯身敲钟，直胸的让他戴上玉磬，矮子让他表演杂技，瞎子让他演奏音乐，聋子让他掌管烧火。糊涂的、哑巴和小种人，官长认为难以因材而用的，就让他们去充实边远的地区。教育，就是根据他内在的性能、本质加以因势利导，就像河川有它的源头，迎它到江河里然后让它汇成大流。”

叔向贺韩宣子贫

（《国语·晋语》）

叔向见韩宣子，宣子忧贫，叔向贺之，宣子曰："吾有卿之名，而无其实，无以从二三子，吾是以忧，子贺我何故？"对曰："昔栾武子无一卒之田，其宫不备其宗器，宣其德行，顺其宪则，使越于诸侯，诸侯亲之，戎、狄怀之，以正晋国，行刑不疚，以免于难。及桓子骄泰奢侈，贪欲无艺，略则行志，假贷居贿，宜及于难，而赖武之德以没其身。及怀子改桓之行，而修武之德，可以免于难，而离桓之罪以亡于楚。

【译文】叔向去见韩宣子，宣子正为自己贫困而忧愁，叔向反而祝贺他。韩宣子说："我只有正卿的虚名，却没有正卿的财产，无法和卿大夫们交际往来，我正因此发愁，而你却祝贺我，是什么缘故呢？"叔向回答说："从前栾武子没有百顷的田产，家里置备不齐祭祀的礼器，可是他能宣扬德行，遵循法制，使名声传播到各诸侯国，诸侯亲近他，戎、狄归附他，依靠这点治好了晋国，执行法令没有弊病，所以避免了灾难。传到他儿子桓子，骄傲奢侈，贪得无厌，违法乱纪，任意妄为，借贷牟利，囤积财物，本该遭到祸难，依赖了他父亲武子的余德，才得以善终。到了怀子，改变了桓子的行为，发扬武子的美德，本可以凭此免除祸难，但是受到他父亲桓子罪恶的连累，因而逃亡到楚国去了。

夫郤昭子，其富半公室，其家半三军，恃其富宠，以泰于国，其身尸于朝，其宗灭于绛。不然，夫八郤，五大夫三卿，其宠大矣，一朝而灭，莫之哀也，唯无德也。今吾子有栾武子之贫，吾以为能其德矣，是以贺。若不忧德之不建，而患货之不足，将吊不暇，何贺之有？"宣子拜稽首焉，曰："起也将亡，赖子存之，非起也敢专承之，其自桓叔以下，嘉吾子之赐。"

【译文】那位郤昭子，他的财富抵得上晋国王室的一半，他家的人在三军将帅中占了一半，依仗着他的财富和宠荣，在晋国骄横跋扈。结果他自己被杀，在朝廷陈尸示众，他的宗族也在绛城被灭绝。如果不是这样的话，郤氏八人，有五个做大夫，三个做卿，他们受到的宠幸够大了，可是一旦被消灭，没有谁来同情他们，就是因为没有德行啊。如今你像栾武子那样清贫，我认为你也能具备他的美德，所以向你道贺。如果你不去忧虑自己不能立德，而只为财物不足而发愁，我恐怕哀悼还来不及，又有什么可以祝贺的呢？”韩宣子下拜叩头，说：“我韩起将要灭亡之际，幸亏您保全了我，这不是我韩起一个人敢单独承受的，恐怕从我的祖宗桓叔以下的子孙，都要感激您的恩赐。”

伍举与灵王论章华之台

（《国语·楚语》）

灵王为章华之台，与伍举升焉，曰：“台美夫！”对曰：“臣闻国君服宠以为美，安民以为乐，听德以为聪，致远以为明。不闻其以土木之崇高、彤镂为美，而以金石匏竹之昌大、嚣庶为乐；不闻其以观大、视侈、淫色以为明，而以察清浊为聪。

【译文】楚灵王建造了章华台，和伍举一起登了上去，说：“这高台真美啊！”伍举回答说：“我听说国君把有德而受到尊崇当作美，把安抚百姓当作快乐，把能听从有德的人当作听觉灵敏，把能招致远方的人归附当作贤明。没有听说把土木建筑的高大和雕梁画栋当作美，把钟磬笙箫等演奏乐队的盛大和喧哗当作快乐；没有听说把观赏的场面大、看到的东西奢侈、迷乱于姿色当作目光明亮，把能分辨音乐的清浊当作耳朵灵敏。

“先君庄王为匏居之台，高不过望国氛，大不过容宴豆，木不妨守备，用不烦官府，民不废时务，官不易朝常。问谁宴焉，则宋公、郑伯；问谁相礼，则华元、驷騑；问谁赞事，则陈侯、蔡侯、许男、顿子，其大夫侍之。

【译文】“我们先君楚庄王建造的匏居台，高度不过可以观望国家吉凶的气象，台大不过能够容纳宴会的杯盘，用的木材不占用国家的守备，财用不增加官府的负担，百姓不误农时，官吏不打乱日常的政务。说到宴请的有谁，是宋公和郑伯；说到有谁导引朝见的礼节，是华元和驷騑；说到有谁辅佐宴会事务，是陈侯、蔡侯、许男和顿国国君，他们的大夫们各自陪侍自己的国君。

先君以是除乱克敌，而无恶于诸侯。今君为此台也，国民罢焉，财用尽焉，年谷败焉，百官烦焉，举国留之，数年乃成。愿得诸侯与始升焉，诸侯皆距，无有至者。而后使太宰启疆请于鲁侯，惧之以蜀之役，而仅得以来。使富都那竖赞焉，而使长鬣之士相焉，臣不知其美也。

【译文】先君就靠这样消除祸乱，战胜敌国，而并不得罪诸侯。现在您建造了这高台，使国家和百姓疲惫不堪，钱财都用光了，年成不好，百官烦忙，举国上下都来建造它，花了好几年才建成。希望有诸侯来庆贺，和他们一起首次登上高台，可是诸侯们都拒绝没有一个来的。后来派太宰启疆去请鲁侯，并用蜀地之战威胁他，他才勉强前来。又叫俊美娴雅的少年辅佐宴会事务，长鬚美须的士人导引朝见，我不知道这有什么美。

“夫美也者，上下、内外、小大、远近皆无害焉，故曰美。若于目观则美，缩于财用则匮，是聚民利以自封而瘠民也，胡美之为？夫君国者将民之与处；民实瘠矣，君安得肥？且夫私欲弘侈，则德义鲜少；德义不行，则迩者骚离，而远者距违。天子之贵也，唯其以公侯为官正也，而以伯子男为师旅。其有美名也，唯其施令德于远近，而小大安之也。若敛民利以成其私欲，使民蒿焉望其安乐而有远心，其为恶也甚矣，安用目观？

【译文】“所谓美，是指对上下、内外、大小、远近都没有妨害，所以才叫美。如果用眼睛看起来是美的，财用却匮乏，这是收括民财使自己富有却让百姓贫困，有什么美呢？当国君的人，要与百姓共处，百姓贫瘦了，国君怎么能肥呢？况且私欲太大太多，就会使德义鲜少；德义不能实行，就会使近处的人忧愁叛离，远方的人抗拒违命。天子的尊贵，正是因为他把公、侯当作官长，让伯、子、男统率军队。他享有美名，正是因为他把美德布施给远近的人，使大小国家都得到安定。如果聚敛民财来满足自己的私欲，使百姓贫耗失去安乐从而产生叛离之心，那作恶就大了，眼睛看上去好看又有什么用呢？

“故先王之为台榭也，榭不过讲军实，台不过望氛祥。故榭度于大卒之居，台度于临观之高。

【译文】“所以先王建造台榭，榭不过是用来讲习军事，台不过是用来观望气象吉凶。因此榭只要能在上面可以检阅士卒，台只要能登临观望气象吉凶的高度就行了。

其所不夺穑地，其为不匮财用，其事不烦官业，其日不废时务，瘠硗之地，于是乎为之；城守之木，于是乎用之；官僚之暇，于是乎临之；四时之隙，于是乎成之。

【译文】它所在的地方不侵占农田，它的建造不使国家的财用匮乏，它的工作不烦扰正常的政务，它占用的时间不妨碍农时。要在贫瘠的土地上建造它；以建造城防剩余的木料建造它；要让官吏在闲暇的时候前去指挥；在四季农闲的时候建成它。

故《周诗》曰：‘经始灵台，经之营之。庶民攻之，不日成之。经始勿亟，庶民子来。王在灵囿，麀鹿攸伏。’夫为榭台，将以教民利也，不知其以匮之也。若君谓此台美而为之正，楚其殆矣！”

【译文】所以《周诗》上说：‘经营建造灵台，经营它，建造它。百姓来营造，没用几天就完成了。经营建造的时间不急迫，百姓像孝顺儿子一样都来了。周王来到了园林，母鹿悠然卧伏。’建造台榭，是为了要让百姓得到利益，没听说是为了使百姓匮乏的。如果您认为这高台很美，事情做得正确，那么楚国可就危险了！”

鬬且廷论子常必亡

（《国语·楚语》）

鬬且廷见令尹子常，子常与之语，问蓄货聚马。归以语其弟，曰：“楚其亡乎！不然，令尹其不免乎？吾见令尹，令尹问蓄聚积实，如饿豺狼焉，殆必亡者也。“夫古者聚货不妨民衣食之利，聚马不害民之财用，国马足以行军，公马足以称赋，不是过也。公货足以宾献，家货足以共用，不是过也。夫货、马邮则阙于民，民多阙则有离叛之心，将何以封矣。

【译文】鬬且在朝廷见了令尹子常，子常和他谈话，询问怎样才能聚敛财宝和马匹。鬬且回家后告诉了他的弟弟，说：“楚国恐怕要灭亡了吧！如果不是这样，令尹恐怕不免于难。我见到令尹，令尹询问怎样积聚财宝，像饥饿的豺狼一样，恐怕是一定要败亡的。“古时候积聚财货不妨害百姓衣食的利益，聚敛马匹不损害百姓的财物，国家征收的马匹能满足行军所用，公卿的戎马能与兵赋的需要相称，不超过这个限度。公卿的财货足够馈赠贡献所用，大夫家的财货足够供给使用，不超过这个限度，财货与马匹过多百姓就会穷困，百姓过于穷困就会产生背叛之心，那凭什么来立国呢？

“昔鬬子文三舍令尹，无一日之积，恤民之故也。成王闻子文之朝不及夕也，于是乎每朝设脯一束、糗二筐，以羞子文。至于今，令尹秩之。成王每出子文之禄，必逃，王止而后复。人谓子文曰：‘人生求富，而子逃之，何也？’对曰：‘夫从政者，以庇民也。民多旷也，而我取富焉，是勤民以自封，死无日矣。我逃死，非逃富也。’故庄王之世，灭若敖氏，唯子文之后在，至于今处郧，为楚良臣。是不先恤民而后己之富乎？

【译文】“以前鬬子文三次辞去令尹的职务，家里没有一天的储粮，是由于体恤百姓的缘故。楚成王听说子文吃了早饭就没有晚饭，因此每逢朝见时就准备一束肉干、两筐粮食，用来送给子文。直到现在已成为对待令尹的惯例。成王每次颁下子文的俸禄，子文一定要逃避，等到成王不再这样做，然后他才回来任职。有人对子文说：‘人活着都追求富贵，但您却逃避它，为什么呢？’子文回答说：‘从政的人，是保护人民的。民众都很贫困，而我却取得富贵，这是劳苦了百姓而使自己富厚，不知哪天就会遭祸而死了。我是逃避死亡，不是逃避富贵。’所以楚庄王在位的时候，灭掉了若敖氏家族，只有子文的后代还在，一直到现在还住在郧地，做楚国的良臣。这不是首先体恤百姓然后自己才富有吗？

“今子常，先大夫之后也，而相楚君，无令名于四方。民之羸馁，日已甚矣。四境盈垒，道殣相望，盗贼司目，民无所放。是之不恤，而蓄聚不厌，其速怨于民多矣。积货滋多，蓄怨滋厚，不亡何待？

【译文】“现在子常，是先大夫的后代，辅佐楚国国君却在四方没有好名声。百姓饥瘦挨饿，一天比一天更厉害了。四周边境布满了堡垒，道路上饿死的人到处可见，盗贼张目窥伺，民众无所依靠。他不去顾恤这些，反而聚敛不已，招致民众怨恨的太多了。积累的财货越多，蓄积的怨恨也就越深，不灭亡还等待什么？

“夫民心之愠也，若防大川焉，溃而所犯必大矣。子常其能贤于成、灵乎？成不礼于穆，愿食熊蹯，不获而死。灵不顾于民，一国弃之，如遗迹焉。子常为政，而无礼不顾甚于成、灵，其独何力以待之！”

期年，乃有柏举之战，子常奔郑，昭王奔随。

【译文】“对待百姓心中的愤怒，就像堤防大河一样，一旦崩溃了破坏一定很大。子常的下场能比成王和灵王好吗？成王对穆王无礼，临死时想吃熊掌，都没有得到就死了。灵王不顾百姓死活，全国的人都抛弃了他，就像丢下脚印一样。子常执政，他对别人的无礼和不顾百姓死活，比成王、灵王还厉害，他独自一个人有什么力量来抵御呢？”

一年以后，就发生了柏举之战，子常逃亡到了郑国，楚昭王逃到随国。

蓝尹亹说子西毋患吴

（《国语·楚语》）

子西叹于朝，蓝尹亹曰："吾闻君子唯独居思念前世之崇替者，与哀殡丧，于是有叹，其余则否。君子临政思义，饮食思礼，同宴思乐，在乐思旧，无有叹焉。今吾子临政而叹，何也？"子西曰："阖庐能败吾师。阖庐即世，吾闻其嗣又甚焉。吾是以叹。"

对曰："子患政德之不修，无患吴矣。阖庐口不贪嘉味，耳不乐逸声，目不淫于色，身不怀于安，朝夕勤志，恤民之羸，闻一善若惊，得一士若赏，有过必悛，有不善必惧，是故得民以济其志。今吾闻夫差好疲民力以成私好，纵过而翳谏，一夕之宿，台榭陂池必成，六畜玩好必从。夫先自败也已，焉能败人。子修德以待吴，吴将毙矣。"

【译文】子西在朝廷上叹息，蓝尹亹说："我听说君子只有在独居思考前代的兴衰成败，或者殡殓发丧悲伤时，才发出叹息，在其他时候并不叹息。君子处理政事时想到道义，饮食时想到礼仪，共同宴会时想到欢乐，在欢乐时想到旧时的悲伤，没有可叹息的。现在您临朝理政而发出叹息，是什么缘故呢？"子西说："吴王阖庐能打败我们的军队，阖庐去世了，我听说他的继承人比他还厉害。我因此叹息。"

蓝尹亹回答说："您应该担心自己的政事德行没有搞好，不必担心吴国。阖庐嘴不贪美味佳肴，耳不喜欢听靡靡之音，眼睛不贪恋美色，身体不贪图安逸，从早到晚勤劳国事，体恤百姓的疾苦。听到一句有益的话就很惊喜，得到一位贤士如同得到了赏赐，犯了过失必定改正，有不好的行为必然感到担忧，所以得到百姓的支持，实现了战胜楚国的志愿。如今我听说夫差喜欢滥用民力来满足个人的爱好，纵容自己的过失，拒绝别人的进谏，即使是在某处只住一夜，台榭园池等都必须建好，声色狗马之类的玩物也必须随行。夫差这样做首先搞垮了自己，又怎么能打败别人呢。您修治德行对付吴国，吴国就要灭亡了。"

王孙圉与赵简子论楚之所宝

（《国语·楚语》）

王孙圉聘于晋，定公飨之，赵简子鸣玉以相，问于王孙圉曰：“楚之白珩犹在乎？”对曰：“然。”简子曰：“其为宝也，几何矣。”

【译文】王孙圉到晋国访问，晋定公设宴招待他，赵简子佩带着丁冬作声的玉饰担任傧相，问王孙圉说：“楚国的白珩还在吗？”王孙圉回答说：“在。”简子说：“它作为楚国的珍宝，有多久了？”

曰：“未尝为宝。楚之所宝者，曰观射父，能作训辞，以行事于诸侯，使无以寡君为口实。又有左史倚相，能道训典，以叙百物，以朝夕献善败于寡君，使寡君无忘先王之业；又能上下说于鬼神，顺道其欲恶，使神无有怨痛于楚国。又有薮曰云连徒洲，金、木、竹、箭之所生也。龟、珠、角、齿、皮、革、羽、毛，所以备赋，以戒不虞者也。所以共币帛，以宾享于诸侯者也。若诸侯之好币具，而导之以训辞，有不虞之备，而皇神相之，寡君其可以免罪于诸侯，而国民保焉。此楚国之宝也。若夫白珩，先王之玩也，何宝焉？

【译文】王孙圉说：“并未曾把它当作珍宝。楚国所宝贵的，叫观射父，他能发表训导和外交辞令，来和各诸侯国交往办事，使诸侯无法拿我们国君作为话柄。又有位左史倚相，能述说古代的典籍，来说明各种事物，早晚向国君提供成败得失的教训，使国君不忘记先王的功业；又能取悦于天上地下的鬼神，顺应它们的好恶，使神灵对楚国没有怨恨。又有个大泽叫云连徒洲，是金、木、竹、箭出产的地方。又有龟甲、珍珠、兽角、象牙、虎豹皮、犀牛皮、鸟羽和牦牛尾，是用来提供兵赋，预防不测之患的。还可提供币帛，用来招待献赠给诸侯。如果诸侯喜爱这些物品，而又用辞令来疏导，有预防不测的准备，又得到天神的保佑，那我们国君就可以避免得罪诸侯，而国家、百姓也得以保全了。这些才是楚国的珍宝。至于洁白的玉珩，不过是先王的玩物，有什么可宝贵的呢？

“圉闻国之宝六而已。圣能制议百物，以辅相国家，则宝之；玉足以庇荫嘉谷，使无水旱之灾，则宝之；龟足以宪臧否，则宝之；珠足以御火灾，则宝之；金足以御兵乱，则宝之；山林薮泽足以备财用，则宝之。若夫哗嚣之美，楚虽蛮夷，不能宝也。”

【译文】“我听说国家的珍宝不过六种而已。明智的人能裁断评议各种事物，用来辅佐治理国家，就把他作为珍宝；祭祀的玉器足以庇荫嘉美的五谷，使没有水旱灾害，就把它作为珍宝；龟甲足以表明善恶凶吉，就把它作为珍宝；珍珠足以防御火灾，就把它作为珍宝；金属足以抵御兵乱，就把它作为珍宝；山林湖泽足以提供财物器用，就把它作为珍宝。至于发出喧哗声响的美玉，楚国虽然是蛮夷之邦，也不能把它当作珍宝啊。”

越行成于吴

（《国语·吴语》）

吴王夫差起师伐越，越王勾践起师逆之江。大夫种乃献谋曰：“夫吴之与越，唯天所授，王其无庸战。夫申胥、华登简服吴国之士于甲兵，而未尝有所挫也。夫一人善射，百夫决拾，胜未可成也。夫谋必素见成事焉，而后履之，不可以授命。王不如设戎，约辞行成，以喜其民，以广侈吴王之心。吾以卜之于天，天若弃吴，必许吾成而不吾足也，将必宽然有伯诸侯之心焉。既疲弊其民，而天夺之食，安受其烬，乃无有命矣。”

【译文】吴王夫差出兵进攻越国，越王勾践起兵对抗。大夫文种向勾践献计说：“吴国与越国的命运，只凭天意决定，您无须通过战争来解决问题。申胥和华登选拔训练吴国的青年把他们组编成军队，还不曾被打败过。一个人善于射箭，就会有一百个人拉紧弓弦跟着仿效，吴国有这样的良将指挥，我们能否获胜还没有把握。凡要谋划一件事，一定要预见到成功的把握，然后才可以去做，不能冒险玩命。您不如勒兵自守，同时用谦卑的辞令向对方求和，让吴国的百姓高兴，让吴王的野心膨胀。我们可以为此卜问上天，上天倘若要抛弃吴国，必定会让吴国答应我们的求和并且不以我们的求和为满足，进一步膨胀它称霸诸侯的野心。等到它的百姓疲惫，天灾又夺去它的粮食后，就可以安安稳稳地收拾它的残局，吴国就失去上天的眷顾了。”

越王许诺，乃命诸稽郢行成于吴，曰：“寡君勾践，使下臣郢，不敢显然布币行礼，敢私告于下执事曰：昔者越国见祸，得罪于天王。天王亲趋玉趾，以心孤勾践，而又宥赦之。君王之于越也，繄起死人而肉白骨也。孤不敢忘天灾，其敢忘君王之大赐乎！今勾践申祸无良，草鄙之人，敢忘天王之大德，而思边垂之小怨，以重得罪于下执事？勾践用帅二三之老，亲委重罪，顿颡于边。

【译文】越王同意了，于是派诸稽郢去吴国求和，说："我们国君派我来，不敢公开以玉帛表达敬意，只好私下对贵国的办事人员说：过去越国遭祸，得罪了天王。天王亲自起兵，打算灭掉勾践，却又宽宥了他。天王对于我们越国，如同让死人复活，让白骨重新长肉一样地恩德啊。勾践不敢忘记上天降下的灾祸，又怎敢忘记天王的恩赐呢！勾践现在因为没有善良的德行重遭灾祸，草野鄙贱之人，岂敢忘记天王的大恩大德，而计较边境上的小怨，以至再次获罪于天王的办事人员呢？勾践特地率领几个老家臣，亲自承认犯下的重罪，在边境上叩头求饶。

"今君王不察，盛怒属兵，将残伐越国。越国固贡献之邑也，君王不以鞭箠使之，而辱军士使寇令焉。勾践请盟：一介嫡女，执箕帚以晐姓于王宫；一介嫡男，奉槃匜以随诸御；春秋贡献，不解于王府。天王岂辱裁之？亦征诸侯之礼也。

【译文】"现在天王没有细察，在盛怒之下调集军队，打算狠狠地讨伐越国。越国本来就是给吴国纳贡的城邑，天王用鞭子驱使它就可以了，何必让您的军士屈尊来侵犯呢。勾践请求缔结盟约，并送上一个嫡生女儿，拿着箕帚到王宫里侍奉您；送上一个嫡生儿子，捧着盘匜跟仆人一起伺候您；春秋两季的贡品，决不懈怠。天王又何须屈尊来制裁越国呢？我们进献的贡品也是按照天子向诸侯征税的礼制啊。

"夫谚曰：'狐埋之而狐搰之，是以无成功。'今天王既封植越国，以明闻于天下，而又刈亡之，是天王之无成劳也。虽四方之诸侯，则何实以事吴？敢使下臣尽辞，唯天王秉利度义焉！"

【译文】"谚语说：'狐狸埋了东西，狐狸又把它掘出来，所以没有成功。'现在天王既已扶植越国，以圣明闻达于天下，却又要消灭它，这是天王对越国的扶植徒劳无功。即使四方的诸侯想臣事吴国，又怎么使他们相信呢？我冒昧地把话说透彻，只希望天王根据实际情况来考虑怎样做才是合适的。"

吴许越成

（《国语·吴语》）

吴王夫差乃告诸大夫曰：“孤将有大志于齐，吾将许越成而无拂吾虑。若越既改，吾又何求？若其不改，反行，吾振旅焉。”

申胥谏曰：“不可许也。夫越非实忠心好吴也，又非慑畏吾兵甲之强也。大夫种勇而善谋，将还玩吴国于股掌之上以得其志。夫固知君王之盖威以好胜也，故婉约其辞，以从逸王志，使淫乐于诸夏之国以自伤也。使吾甲兵钝弊，民人离落，而日以憔悴，然后安受吾烬。夫越王好信以爱民，四方归之，年谷时熟，日长炎炎。及吾犹可以战也，为虺弗摧，为蛇将若何？”

【译文】吴王夫差于是对大夫们说：“我将要实行征服齐国的宏大志向，为此我将允许越国讲和的请求，你们不要干扰我的考虑。假如越国已经改弦更张，我还要求它什么？假如越国不改正，从齐国返回后，我还可以整顿军队教训它。”

伍子胥劝告说：“不可以允许越国的求和。越国并非真心与吴国友好，也并非害怕慑服于我们军队的强大。越国的大夫文种勇敢而善于谋略，他是想玩弄吴国于股掌之上，以实现其野心。他本来就知道您崇尚武力，好胜心强，所以就用委婉动听的话来放纵您的意志，让您贪图中原各国的安乐，以自取败亡。使我们的军队疲惫，兵器损耗，民众背弃逃亡，国力日趋衰竭，然后安安稳稳地收拾我们的残局。越王重信义，爱民众，四方的人都归附于他。那里年年丰收，国势隆盛。现在我们还有力量战胜他，好比一条小蛇，不打死它，长成了大蛇可怎么办？”

吴王曰：“大夫奚隆于越，越曾足以为大虞乎？若无越，则吾何以春秋曜吾军士？”乃许之成。

将盟，越王又使诸稽郢辞曰：“以盟为有益乎？前盟口血未干，足以结信矣。以盟为无益乎？君王舍甲兵之威以临使之，而胡重于鬼神而自轻也？”吴王乃许之，荒成不盟。

【译文】吴王说："子胥大夫何必把越国讲得那么强大，越国难道会成为我们的心腹大患吗？如果越国不存在，那么春秋两季阅兵时，我向谁去炫耀我们的军威呢？"于是就答应了越国的求和。

两国将要举行盟誓时，越王又派诸稽郢推辞说："你们认为盟誓有用吗？先前盟誓时留在嘴边的血迹还没有干，足够表示结盟的信义了。你们认为盟誓没有用吗？君王可以放弃武力威胁，亲自来役使我们就行了，何必看重鬼神的威力而看轻自己的力量呢？"吴王于是同意了，达成了讲和的口头协议而没有举行正式的盟誓。

勾践复仇始末

（《国语·越语》）

越王勾践栖于会稽之上，乃号令于三军曰："凡我父兄昆弟，及国子姓，有能助寡人谋而退吴者，吾与之共知越国之政。"大夫种进对曰："臣闻之，贾人夏则资皮，冬则资絺，旱则资舟，水则资车，以待乏也。夫虽无四方之忧，然谋臣与爪牙之士，不可不养而择也。譬如蓑笠，时雨既至，必求之。今君王既栖于会稽之上，然后乃求谋臣，无乃后乎？"勾践曰："苟得闻子大夫之言，何后之有。"执其手而与之谋。

【译文】越王勾践兵败退守于会稽山上，于是向三军传令说："凡是我父老兄弟及同姓的宗族中，有能帮助我谋划打退吴国军队的，我愿同他共同管理越国的国政。"大夫文种进前回答说："我听说做生意的人，夏天就储备皮货，冬天就储备麻布，旱季就储备舟船，雨季就储备车辆，等待缺货时卖大价钱。平时即使没有四方的袭扰，但谋臣和武将一类的人才，不可不事先选拔培养。譬如蓑衣和笠帽，雨季到来后一定会派上用场。现在君王退守到会稽山上以后，才想到寻找谋臣，不也太晚了吗？"勾践说："如果能听到您的高论，有什么晚的。"拉着他的手便和他商量起来。

遂使之行成于吴，曰："寡君勾践，乏无所使，使其下臣种，不敢彻声闻于天王，私于下执事，曰：寡君之师徒，不足以辱君矣。愿以金玉、子女赂君之辱；请勾践女，女于王，大夫女，女于大夫，士女，女于士。越国之宝器毕从，寡君帅越国之众，以从君之师徒，唯君左右之。若以越国之罪为不可赦也，将焚宗庙，系妻孥，沉金玉于江，有带甲五千人，将以致死，乃必有偶。是以带甲万人事君也，无乃即伤君王之所爱乎？与其杀是人也，宁其得此国也，其孰利乎？”

【译文】于是派文种去吴国求和，说：“我们国君勾践没有人可派遣，派下臣我来，不敢当面与吴王谈，私下里跟他的办事人员说：我们国君的军队已不值得屈辱吴王亲自来讨伐了。我们愿意把金玉、子女奉献给吴王作为赔罪；请让勾践的女儿给吴王做女奴，大夫的女儿给吴国的大夫做女奴，士的女儿给吴国的士人做女奴。越国的财宝重器全都献上，我们国君率领越国的军队，随从吴王的军队，听凭吴王调遣。如果你们认为越国的罪不可宽恕，那我们将烧掉本国的宗庙，与妻子百姓死生同命，把金玉沉入江中。我们有披甲的士兵五千人准备拼死抵抗，那就必定一个顶俩，等于有披甲的士兵一万人为国君效死，这不就会伤了吴王所爱的部下吗？你们与其杀了这些越国人，还不如得到这个国家的臣服，哪个更有利呢？”

夫差将欲听，与之成，子胥谏曰：“不可。夫吴之与越也，仇雠敌战之国也。三江环之，民无所移，有吴则无越，有越则无吴矣，将不可改于是矣。员闻之，陆人居陆，水人居水。夫上党之国，我攻而胜之，吾不能居其地，不能乘其车。夫越国，吾攻而胜之，吾能居其地，吾能乘其舟。此其利也，不可失也已，君必灭之。失此利也，虽悔之，必无及已。”

【译文】夫差准备听从文种的话跟越国讲和，伍子胥劝告说：“不行。吴国和越国，是天生的敌国。三条大江环绕着吴越两国，百姓无处迁移，有吴就不能有越，有越就不能有吴，这是不可改变的事情。我听说，陆地上的人习惯住在陆地，水边的人习惯住在水边。那些高地上的诸侯国，我们即使进攻并战胜了它，也不能居住在它们的土地上，不能乘坐它们的车辆。而越国，我们进攻并战胜它，就能居住它的土地，乘坐它的舟船。这是有利的事情，不可失掉良机，君王一定要灭了它。失掉这个利益，以后虽然后悔，也必定来不及了。”

越人饰美女八人纳之太宰嚭，曰：“子苟赦越国之罪，又有美于此者，将进之。”太宰嚭谏曰：“嚭闻古之伐国者，服之而已。今已服矣，又何求焉？”夫差与之成而去之。

勾践说于国人曰：“寡人不知其力之不足也，而又与大国执雠，以暴露百姓之骨于中原，此则寡人之罪也。寡人请更。”于是葬死者，问伤者，养生者，吊有忧，贺有喜，送往者，迎来者，去民之所恶，补民之不足。然后卑事夫差，宦士三百人于吴，其身亲为夫差前马。

【译文】越国人把打扮好的八个美女进献给太宰嚭，说：“您如果宽赦越国的罪，还有比这些更美的女子进献给您。”于是太宰嚭劝谏吴王说：“我听说古代讨伐别的国家，只要它降服就可以了。如今越国已经服从，还要求什么呢？”夫差跟越国讲和后，就打发文种回去了。

勾践对国人说：“我不知道我们的国力不足，却与大国结仇，因此连累百姓的尸骨暴露在原野上，这是我的罪过，请允许我改正。”于是就埋葬那些战死的人，照顾那些受伤的人，教养活着的人，慰问有丧事的人，祝贺有喜事的人，对离去的人给予帮助，对迁来的人给予安排，废弃百姓所厌恶的规章制度，补充百姓认为不够的事情。然后卑躬屈膝地事奉夫差，派遣三百个士人去吴国当奴仆，他还亲自走在夫差的马车前为他开路。

勾践之地，南至于句无，北至于御儿，东至于鄞，西至于姑蔑，广运百里。乃致其父母昆弟而誓之曰：“寡人闻古之贤君，四方之民归之，若水之归下也。今寡人不能，将帅二三子，夫妇以蕃。”

【译文】当时勾践统治的土地，南面到句无，北面到御儿，东面到鄞，西面到姑蔑，方圆百里。勾践召集了父老兄弟然后发誓说：“我听说，古代的贤君，四方的民众都愿意归附他，好比水往低处流一样。现在我无能，但要带领你们各个家庭多生儿育女，使人口繁殖增加起来。”

令壮者无取老妇，令老者无取壮妻。女子十七不嫁，其父母有罪；丈夫二十不娶，其父母有罪。将免者以告，公令医守之。生丈夫，二壶酒，一犬；生女子，二壶酒，一豚。生三人，公与之母；生二人，公与之饩。

【译文】于是下令壮年男子不准娶老妇，老年男子不准娶壮妻。姑娘十七岁还不嫁人，她的父母就要论罪；小伙二十岁不娶妻，他的父母也要论罪。有要生孩子的报告上去，公家派医生守护。生了男孩，赏两壶酒，一条狗；生了女孩，赏两壶酒，一头小猪。生三胞胎的，公家供给乳母；生双胞胎的，公家供给食物。

当室者死，三年释其政；支子死，三月释其政。必哭泣葬埋之，如其子。令孤子、寡妇、疾疹、贫病者，纳宦其子。其达士，洁其居，美其服，饱其食，而摩厉之于义。四方之士来者，必庙礼之。勾践载稻与脂于舟以行，国之孺子之游者，无不餔也，无不歠也，必问其名。非其身之所种，则不食，非其夫人之所织，则不衣，十年不收于国，民俱有三年之食。

【译文】嫡子死了，免除三年徭役；庶子死了，免除三个月的徭役，埋葬的时候一定要哭泣，像对待自己的儿子一样。命令凡是鳏夫、寡妇、有病和贫弱的家庭，由公家供给其子女生活费用。对那些有才干的人，提供他们整洁的住房，给他们穿好的，吃好的，让他们切磋磨练以崇尚正义。对各地来投奔的士人，一定在庙堂里以礼接待。勾践还亲自用船装载粮食和肥肉。遇到流浪的年轻人，没有不给吃，不给喝的，一定记下他们的姓名。不是他亲自种出的粮食就不吃；不是他夫人亲自织成的布就不穿。整整十年在国内不收赋税，百姓家里备有三年的存粮。

国之父兄请曰："昔者夫差耻吾君于诸侯之国，今越国亦节矣，请报之。"勾践辞曰："昔者之战也，非二三子之罪也，寡人之罪也。如寡人者，安与知耻？请姑无庸战。"父兄又请曰："越四封之内，亲吾君也，犹父母也。子而思报父母之仇，臣而思报君之雠，其有敢不尽力者乎？请复战。"

勾践既许之，乃致其众而誓之曰："寡人闻古之贤君，不患其众之不足也，而患其志行之少耻也。今夫差衣水犀之甲者，亿有三千，不患其志行之少耻也，而患其众之不足也。今寡人将助天灭之。吾不欲匹夫之勇也，欲其旅进旅退。进则思赏，退则思刑，如此则有常赏。进不用命，退则无耻，如此则有常刑。"

【译文】越国的父老兄弟向勾践请求说："过去夫差在诸侯面前使您蒙受耻辱，如今越国已恢复国力，我们请求报复吴国！"勾践辞谢说："过去的战争失利，不是你们的罪过，而是我的罪过。像我这样的人，哪里值得你们跟我共同承担耻辱，请你们姑且不要言战。"父兄们又请求说："越国四境之内，百姓爱我们的国君，就像爱自己的父母一样。儿子想为父母报仇，臣下想为国君报仇，哪有敢不尽全力的！请再和吴国打一仗。"

勾践于是答应了他们的请求，召集国人发誓说："我听说古代的贤君，不担忧他的军队不够，而担忧他本人的志向操行不够高尚。现在夫差拥有穿着水牛皮铠甲的军队十万三千人，不担忧自己的志向操行不够高尚，却还担忧他的军队不够。现在我将帮助上天灭掉它。我不想要匹夫之勇的士兵，而希望大家统一步调，共同行动。前进时就想到奖赏，后退时就想到刑罚，这样才能有赏赐。前进时不听号令，后退时还不知羞耻，这样就会有惩罚。"

果行，国人皆劝，父勉其子，兄勉其弟，妇勉其夫，曰："孰是吾君也，而可无死乎？"是故败吴于囿，又败之于没，又郊败之。

【译文】军队出发了，国人都彼此勉励。父亲勉励儿子，哥哥勉励弟弟，妻子勉励丈夫，大家说："谁有我们这样好的国君啊，还能不为他拼死作战吗？"所以在囿这个地方打败了吴军，又在没这个地方打败了吴军，最后在吴国国都的郊外第三次打败了吴军。

夫差行成，曰："寡人之师徒，不足以辱君矣。请以金玉、子女赂君之辱。"勾践对曰："昔天以越予吴，而吴不受命；今天以吴予越，越可以无听天之命，而听君之令乎？吾请达王甬句东，吾与君为二君乎。"夫差对曰："寡人礼先壹饭矣，君若不忘周室，而为弊邑宸宇，亦寡人之愿也。君若曰：'吾将残汝社稷，灭汝宗庙。'寡人请死，余何面目以视于天下乎！越君其次也。"遂灭吴。

【译文】夫差请求讲和，说："我的军队已经不值得屈辱您亲自讨伐了，请允许我把金玉美女进献给您作为赔罪。"勾践回答说："过去上天把越国赐给吴国，而吴国没有接受天命；现在上天又把吴国交给越国，越国难道可以不听天命，却听你的命令吗？请让我把你送到甬句东去，我和你共同做越国的国君吧。"夫差回答说："从情礼说，以前我曾有恩于越国，您如果不忘周王室的情面，而给吴国一点屋檐下的地方立脚，也是我的愿望。您如果说：'我将摧残你的社稷，毁坏你的宗庙。'我就只有请求一死，我还有什么脸给天下人看笑话啊！您就带领军队进占吴国吧。"于是越国就灭了吴国。

战国策

《战国策》序

一名《长短书》，本先秦诸人所记战国时事。汉刘向重加校编，其体与《国语》相同（内分东周、西周、秦、齐、楚、赵、魏、韩、燕、宋、卫、中山十二国）。《汉书·艺文志》亦入“春秋”类。后世史书离“六艺”独立，而《战国策》遂载于“史部”。《隋·志》《唐·志》皆然。惟宋晁公武《读书志》，始改入“子部·纵横家”。马端临《文献通考》因之。清《四库全书》则仍还之史部，谓考班固称司马迁作《史记》，所据有《战国策》，则《战国策》当入“史部”，固无疑义，且子之为名，本以称人，因以称其所著。《战国策》为刘向所校编，其文不出一手，所谓“子者何子乎？”晁氏所考，殊为未允。其后张之洞《书目答问》，乃与《国语》并列为古史类，今已成为定论矣。

【译文】《战国策》又名《长短书》，原本是先秦的著作家们记录战国时代历史的一本书。经西汉的刘向重新加以校订、整理，体裁和《国语》相同（分东周、西周、秦、齐、楚、赵、魏、韩、燕、宋、卫、中山十二个战国时期主要国家）。《汉书·艺文志》也把《战国策》归入“春秋”类。后世史书的著录逐渐离开经部“六艺”（即诗、书、礼、乐、易、春秋）而独立著录，《战国策》也就被著录于“史部”。《隋书·经籍志》《新唐书·艺文志》都沿袭将其著录于“史部”。只有南宋的晁公武在其《郡斋读书志》中将《战国策》归入“子部·纵横家”。元人马端临的《文献通考》继承了晁公武的分类方法。清代修《四库全书》时仍然将《战国策》放回史部著录，说经过考证，班固称司马迁作《史记》，也包含《战国策》在内，所以将《战国策》归入“史部”是毫无疑问的，而且“子”本来是用来称呼人的名字的，后来才被用作其著作的名称。《战国策》是刘向校订、整理的，从文风看不会是同一作者，所以说“到底是哪一个人写的呢？”晁公武的考证，是不太公允的。其后清代张之洞的《书目答问》，才将《战国策》与《国语》并列归为“古史”类，至今已经成为学界的定论了。

颜率为周说齐王以遏秦师

（《战国策·东周策》）

秦兴师临周，而求九鼎，周君患之，以告颜率。颜率曰："大王勿忧，臣请东借救于齐。"颜率至齐，谓齐王曰："夫秦之为无道也，欲兴兵临周而求九鼎，周之君臣内自画计与秦，不若归之大国。夫存危国，美名也；得九鼎，厚宝也。愿大王图之。"齐王大悦，发师五万人，使陈臣思将以救周，而秦兵罢。

【译文】秦国兴师、兵临城下威胁东周，而且向东周君索要九鼎（国宝），周君为此忧心忡忡，就与朝中重臣颜率来商讨对策。颜率说："君王不必忧虑，可由臣往东去齐国借兵求救。

颜率到了齐国，对齐王说："如今秦王暴虐无道，兴强暴之师、兵临城下威胁周君，还索要九鼎。我东周君臣在宫廷内寻思对策，最终君臣一致认为：与其把九鼎送给暴秦，实在不如送给贵国。挽救面临危亡的国家必定美名传扬，赢得天下人的认同和赞誉；如果能得到九鼎这样的国之珍宝，也确实是国家的大幸。但愿大王能努力争取！"齐王一听非常高兴，立刻派遣五万大军，任命陈臣思为统帅前往救助东周，秦兵果然撤退。

齐将求九鼎，周君又患之。颜率曰："大王勿忧，臣请东解之。"颜率至齐，谓齐王曰："周赖大国之义，得君臣父子相保也，愿献九鼎，不识大国何途之从而致之齐？"齐王曰："寡人将寄径于梁。"颜率曰："不可。夫梁之君臣欲得九鼎，谋之晖台之下，少海之上，其日久矣。鼎入梁，必不出。"齐王曰："寡人将寄径于楚。"对曰："不可。楚之君臣欲得九鼎，谋之于叶庭之中，其日久矣。若入楚，鼎必不出。"王曰："寡人终何涂之从而致之齐？"颜率曰："弊邑固窃为大王患之。夫鼎者，非效醯壶酱甀耳，可怀挟提挈以至齐者；非效鸟集乌飞，兔兴马逝，漓然止于齐者。昔周之伐殷，得九鼎，凡一鼎而九万人輓之，九九八十一万人，士卒师徒，器械被具，所以备者称此。今大王纵有其人，何途之从而出？臣窃为大王私忧之。"齐王曰："子之数来，犹无与耳。"颜率曰："不敢欺大国疾定所从出，弊邑迁鼎以待命。"齐王乃止。

【译文】当齐王准备向周君要九鼎，以兑现颜率的诺言时，周君又一次忧心忡忡。颜率说："大王不必担心，请允许臣去齐国解决这件事。"颜率来到齐国，对齐王说："这回我东周仰赖贵国的义举，才使我君臣父子得以平安无事，因此心甘情愿把九鼎献给大王，但是却不知贵国要借哪条道路把九鼎从东周运回到齐国？"齐王说："寡人准备借道梁国。"

颜率说："不可以借道梁国，因为梁国君臣很早就想得到九鼎，他们在晖台和少海一带谋划这件事已很长时间了。所以九鼎一旦进入梁国，必然很难再出来。"于是齐王又说："那么寡人准备借道楚国。"颜率回答说："这也行不通，因为楚国君臣为了得到九鼎，很早就在叶庭（地方名）进行谋划。假如九鼎进入楚国，也绝对不会再运出来"。齐王说："那么寡人究竟从那里把九鼎运到齐国呢？"

颜率说："我东周君臣也在私下为大王这件事忧虑。因为所谓九鼎，并不是像醋瓶子或酱罐子一类的东西，可以提在手上或揣在怀中就能拿到齐国，也不像群鸟聚集、乌鸦飞散、兔子奔跳、骏马疾驰那样飞快地进入齐国。当初周武王伐殷纣王获得九鼎之后，为了拉运一鼎就动用了九万人，九鼎就是九九共八十一万人。士兵、工匠需要的难以计数，此外还要准备相应的搬运工具和被服、粮饷等物资，如今大王即使有这种人力和物力，也不知道从哪条路把九鼎运来齐国。所以臣一直在私下为大王担忧。"

齐王说："贤卿屡次来我齐国，说来说去还是不想把九鼎给寡人了！"颜率赶紧解释说："臣怎敢欺骗贵国呢，只要大王能赶快决定从哪条路搬运，我东周君臣可迁移九鼎听候命令。"齐王终于打消了获得九鼎的念头。

苏厉为周说白起勿攻梁

（《战国策·西周策》）

苏厉谓周君曰："败韩、魏，杀犀武，攻赵，取蔺、离石、祁者，皆白起。是攻用兵，又有天命也。今攻梁，梁必破，破则周危，君不若止之。"谓白起曰："楚有养由基者，善射；去柳叶者百步而射之，百发百中。左右皆曰善。有一人过曰，善射，可教射也矣。养由基曰，人皆曰善，子乃曰可教射，子何不代我射之也。客曰，我不能教子支左屈右。夫射柳叶者，百发百中，而不已善息，少焉气力倦，弓拨矢钩，一发不中，前功尽矣。今公破韩、魏，杀犀武，而北攻赵，取蔺、离石、祁者，公也。公之功甚多。今公又以秦兵出塞，过两周，践韩，而以攻梁，一攻而不得，前功尽灭，公不若称病不出也。"

【译文】苏厉对周君说："击败韩、魏联军，杀掉魏将犀武，攻取越国蔺、离石、祁等地的都是秦将白起。这是他巧于用兵，又得上天之助的缘故。现在，他要进攻魏都大梁，大梁必克，攻克大梁，西周就岌岌可危。君王您不如制止他进攻魏都。"苏厉又对白起说："楚国的养由基是射箭的能手，距离柳叶百步射箭，百发百中。旁边看的人都说他的射箭技术很好。有一人从旁走过，却说：'射得很好，可以教你射箭了吗？'养由基说：'人家都说好，您却说可以教我射箭吗？您为何不代我射呢？'那人说：'我并不能教您左手拉弓，用力向前伸出，右手拉弦，用力向后弯曲那种射箭的方法。但是，您射柳叶能百发百中，却不趁着射得好的时候休息休息，过一会，当气力衰竭，感到疲倦，弓身不正，箭杆弯曲时，您若一箭射出而不中，岂不前功尽弃了么！'现在击败韩、魏，杀了犀武，向北攻赵，夺取了蔺、离石和祁的都是您呀。您的功劳已很多。现在又率领秦兵出塞，经过东、西两周，进犯韩国，攻打魏都大梁，如果进攻不胜，岂不前功尽弃了么！您不如称病，不去攻打魏都大梁。"

苏秦始以连横说惠王

（《战国策·秦策》一）

苏秦始将连横，说秦惠王曰："大王之国，西有巴、蜀、汉中之利，北有胡貉、代马之用，南有巫山、黔中之限，东有肴、函之固。田肥美，民殷富，战车万乘，奋击百万，沃野千里，蓄积饶多，地势形便，此所谓天府，天下之雄国也。以大王之贤，士民之众，车骑之用，兵法之教，可以并诸侯，吞天下，称帝而治。愿大王少留意，臣请奏其效。"

【译文】苏秦一开始用连横的方法游说秦惠王说："大王的国家，西面有巴蜀汉中等地的物产，北方有胡人地区与代郡马邑等地的物产，南边有巫山，黔中作为屏障，东方有崤山、函谷关这样坚固的要塞。土地肥沃，人民众多而富足；战车万辆，精兵百万；沃野千里，积蓄充足，地势险要，能攻易守。这正是人们所说的天然的府库，确实是天下的强国。凭着大王您的贤能，军民的众多，战备的充足，战士的训练有素，完全有把握吞并诸侯，统一天下，成为治理天下的帝王。希望大王能稍加留意，允许臣陈述秦国地利兵强的功效。"

秦王曰："寡人闻之，毛羽不丰满者，不可以高飞，文章不成者，不可以诛罚，道德不厚者不可以使民，政教不顺者，不可以烦大臣。今先生俨然不远千里而庭教之，愿以异日。”

【译文】秦惠王说：“寡人曾听说：羽毛不够丰满的鸟儿不可以高飞，礼乐法度不完备的国家不可以奖惩刑罚，道德修养不淳厚的君主不可役使百姓，政策教化不顺通的君主不可以号令大臣。如今先生郑重地不远千里来到我秦国亲临指教，我希望改日再谈！”

苏秦曰：“臣固疑大王之不能用也。昔者神农伐补遂，黄帝伐涿鹿而禽蚩尤，尧伐驩兜，舜伐三苗，禹伐共工，汤伐有夏，文王伐崇，武王伐纣，齐桓任战而霸天下。由此观之，恶有不战者乎？

【译文】苏秦说：“我本来就猜想大王可能不用我的策略。从前神农攻打补遂，黄帝讨伐涿鹿并擒获蚩尤，唐尧放逐驩兜，虞舜攻打三苗，夏禹王攻打共工，商汤王灭夏桀，周文王攻打崇侯，周武王灭商纣王，齐桓公用战争而雄霸天下。由这些事例来看，哪有不经过战争就行的呢？

“古者使车毂击驰，言语相结，天下为一，约从连横，兵革不藏；文士并饬，诸侯乱惑；万端俱起，不可胜理；科条既备，民多伪态；书策稠浊，百姓不足；上下相愁，民无所聊；明言章理，兵甲愈起；辩言伟服，战攻不息；繁称文辞，天下不治；舌弊耳聋，不见成功；行义约信，天下不亲。

【译文】“古代使者都坐着兵车奔驰，宣称互相缔结盟约，谋求天下统一；合纵连横兴起，兵革不息；文士巧言善饰，诸侯混乱迷惑；事端纷起，无法梳理；法令条规都很完备，但百姓虚伪奸恶；文书政令杂乱繁琐，百姓生活贫苦不足；君臣上下都愁眉不展，百姓无所依赖；有漂亮的言辞，冠冕堂皇的理由，而战事却不能停息；讲求文辞末节，天下就无法太平。因此说客的舌头说焦了，听的人耳朵都听聋了，却不见什么成效；实行道义讲究信用，天下人却不亲善。

于是乃废文任武，厚养死士，缀甲厉兵，效胜于战场。夫徒处而致利，安坐而广地，虽古五帝、三王、五霸，明主贤君，常欲坐而致之，其势不能，故以战续之。宽则两军相攻，迫则杖戟相撞，然后可建大功。是故兵胜于外，义强于内；威立于上，民服于下。今欲并天下，凌万乘，诎敌国，制海内，子元元，臣诸侯，非兵不可。今之嗣主，忽於至道，皆惛于教，乱于治，迷于言，惑于语，沉于辩，溺于辞。以此论之，王固不能行也。”

说秦王书十上，而说不行。黑貂之裘敝，黄金百斤尽，资用乏绝，去秦而归。羸縢履蹻，负书担橐，形容枯槁，面目黧黑，状有愧色。归至家，妻不下纴，嫂不为炊，父母不与言。苏秦喟然叹曰："妻不以我为夫，嫂不以我为叔，父母不以我为子，是皆秦之罪也。"乃夜发书，陈箧数十，得太公阴符之谋，伏而诵之，简练以为揣摩。读书欲睡，引锥自刺其股，血流至足。曰："安有说人主，不能出其金玉锦绣，取卿相之尊者乎？"期年揣摩成，曰："此真可以说当世之君矣。"

【译文】于是废除文治而使用武力，召集并且礼遇敢死之士，制作好各种甲铠，磨光各种刀枪，然后到战场上去争胜负。如果无所事事却想获取利益，安居不动却要使国土扩大，即使是五代五帝，三王，五霸，明主贤君，也常想坐着不动而获得这些，但形势却不允许，所以只有继续用战争达到目的。距离远的就用军队互相攻伐，距离近的就短兵相杀，只有如此才能建立伟大功业。所以，军队如果能得胜于外，那么国内民众的仁义就会高涨，君王的威权就会增强，在下的百姓就会服从统治。现在假如要想吞并天下，凌驾于大国，使敌国屈服，控制海内，治理百姓，号令诸侯，实在是非用武力不可。可是如今继嗣当政的君主，却忽视了这至上的道理，都不懂得教化人民，政治混乱，迷惑于花言巧语，热衷于辩论，沉溺于辩辞中。以此说来，大王本来就不会实行我的策略。"

苏秦游说秦王的奏章虽然一连上了十多次，但他的建议始终没被秦王采纳。他的黑貂皮袄已破了，百斤金币也用完了，没有了生活之资，不得已只有离开秦国回到洛阳。他腿上打着裹脚，脚上穿着草鞋，背着一些书籍，挑着自己的行囊，形容枯槁，神情憔悴，脸色又黄又黑，面有惭愧之色。他回到家里以后，妻子不下织布机，嫂子也不给他做饭，甚至父母也不跟他说话。因此他深深叹息说："妻子不把我当丈夫，嫂子不把我当小叔，父母不把我当儿子，这都是我苏秦的罪过。"当晚，苏秦就从几十个书箱里面找出一部姜太公著的《阴符》来。他伏案发奋钻研，选择重点加以熟读，并反复揣摩演练。读到疲倦而要打瞌睡时，就用锥子刺自己的大腿，鲜血一直流到自己的脚上。他自言道："哪有游说人主却不能让他们掏出金玉锦绣，得到卿相这样的尊位呢？"过了一年，终于揣摩透了，说道："这次我真的可以游说当世的君主了。"

于是乃摩燕乌集阙，见说赵王于华屋之下，抵掌而谈。赵王大说，封为武安君。受相印，革车白乘，锦绣千纯，白璧百双，黄金万镒，以随其后，约从散横，以抑强秦。

【译文】于是苏秦来到赵国的燕乌集阙宫门，在高大华丽的宫殿里游说赵王，说话投机以致排起掌来。赵王非常高兴，立刻封苏秦为武安君，并授以相印。又给兵车白辆，锦缎千匹，白玉百双，金币二十万两，跟随其后，到各国去约定合纵，拆散连横，以此抑制强大的秦国。

故苏秦相于赵而关不通。当此之时，天下之大，万民之众，王侯之威，谋臣之权，皆欲决苏秦之策。不费斗粮，未烦一兵，未战一士，未绝一弦，未折一矢，诸侯相亲，贤于兄弟。夫贤人在而天下服，一人用而天下从，故曰：‘式于政，不式于勇；式于廊庙之内，不式于四境之外’。当秦之隆，黄金万镒为用，转谷连骑，炫熿于道。山东之国，从风而服。使赵大重，且夫苏秦特穷巷掘门桑户棬枢之士耳，伏轼撙衔，横历天下，庭说诸侯之主，杜左右之口，天下莫之伉。

【译文】因此，当苏秦在赵国做宰相时，函谷关的交通都被断绝了。在当世，天下如此之大，百姓如此之多，诸侯如此威风，谋臣有如此权术，都要取决于苏秦的策略。没耗费一斗军粮，没耗用一件兵器，没用一名士兵出战，没折断一根弓弦，没损失一支羽箭，就使天下诸侯和睦相处，甚至比亲兄弟还要亲近。由此可见，只要有贤明人士当权主政，天下就会顺服；只要有一人得以重用，天下就会顺从。所以说："要用政治手段解决问题，而不必用武力征服，要在朝廷上运筹帷幄，而不必到边疆上去厮杀作战。"当苏秦得势当红的时候，黄金二十万两供他使用，车轮飞驰，马匹成群，威风十足，炫耀于道，崤山以东的各诸侯国，莫不望风而臣服。赵国的地位也大大提高。其实那苏秦，当初不过是一个住在陋巷，挖墙做门，坎桑做窗，用弯曲的树条做门框的那类穷人罢了，但现在的他却常常坐上豪华的马车，骑着高头大马，横行天下，在各诸侯朝廷上游说君王，使各诸侯王的亲信不敢开口，天下没有谁敢与他对抗。

将说楚王，路过洛阳，父母闻之，清宫除道，张乐设饮，郊迎三十里。妻侧目而视，倾耳而听；嫂蛇行匍伏，四拜自跪而谢。苏秦曰："嫂，何前倨而后卑也？"嫂曰："以季子位尊而多金。"苏秦曰："嗟乎！贫穷则父母不子，富贵则亲戚畏惧。人生世上，势位富厚，盖可忽乎哉！"

【译文】苏秦将要去游说楚威王，路过洛阳。他的父母听说了，就赶紧整理房间，清扫道路，张社乐队，备办酒席，到距城三十里远的地方去迎接。妻子对他敬畏得不敢正视，侧着耳朵听他说话；而嫂子跪在地上不敢站起，像蛇一样在地上爬，对苏秦一再叩首请罪。苏秦问："嫂子为什么以前那样傲慢而现在又这样卑下呢？"他嫂子答："因为你现在地位尊显，钱财富裕。"苏秦长叹一声说道："哎！一个人如果穷困落魄，连父母都不把他当儿子，然而一旦富贵显赫之后，亲戚朋友都感到畏惧。由此可见，人生在世，权势、名位和富贵，怎么能忽视不顾呢！"

司马错张仪论伐蜀

（《战国策·秦策》一）

司马错与张仪争论于秦惠王前。司马错欲伐蜀，张仪曰：“不如伐韩。”王曰：“请闻其说。”

对曰：“亲魏善楚，下兵三川，塞轘辕、缑氏之口，当屯留之道，魏绝南阳，楚临南郑，秦攻新城、宜阳，以临二周之郊，诛周主之罪，侵楚、魏之地。周自知不救，九鼎宝器必出。据九鼎，按图籍，挟天子以令天下，天下莫敢不听，此王业也。今夫蜀，西僻之国，而戎狄之长也，敝兵劳众，不足以成名，得其地，不足以为利。臣闻：‘争名者于朝，争利者于市。’今三川、周室，天下之市朝也，而王不争焉，顾争于戎狄，去王业远矣。”

【译文】司马错跟张仪在秦惠王面前争论战事。司马错主张秦国应该先去攻打蜀国，可是张仪却反对说：“不如先去攻打韩国。”秦惠王说：“我愿听听你的意见。”

张仪回答说：“我们先跟楚、魏两国结盟，然后再出兵到三川、堵住轘辕和缑氏山的通口，挡住屯留的孤道，魏军断绝南阳退路，楚军逼进南郑，秦兵再攻打新城、宜阳，这样我们便兵临东西周的城外，惩罚二周的罪过，并且可以侵占楚、魏两国。周王知道自己的危急，一定会交出传国之宝。我们据有传国之宝，再按照地图户籍，假借周天子的名义号令诸侯，天下又有谁不敢听我们命令呢？这才是霸王之业。至于蜀国，那是一个在西方边远之地，野蛮人当酋长的国家，我们即使劳民伤财发兵前往攻打，也不足以因此而建立霸业；臣常听人说：‘争名的人要在朝廷，争利的人要在市场。’现在三川周室，乃是天下的朝廷和市场，可是大王却不去争，反而争夺戎、狄等蛮夷之邦，这就距离霸王之业实在太远了。”

司马错曰：“不然。臣闻之，欲富国者，务广其地；欲强兵者，务富其民；欲王者，务博其德。三资者备，而王随之矣。今王之地小民贫，故臣愿从事于易。夫蜀，西僻之国也，而戎狄之长也，而有桀、纣之乱。以秦攻之，譬如使豺狼逐群羊也。取其地足以广国也；得其财足以富民缮兵；不伤众而彼已服矣。故拔一国，而天下不以为暴；利尽西海，诸侯不以为贪。是我一举而名实两附，而又有禁暴正乱之名。今攻韩，劫天子，劫天子，恶名也，而未必利也，又有不义之名，而攻天下之所不欲，危！臣请谒其故：周，天下之宗室也；韩，周之与国也。周自知失九鼎，韩自知亡三川，则必将二国并力合谋，以因于齐、赵，而求解乎楚、魏。以鼎与楚，以地与魏，王不能禁。此臣所谓‘危’，不如伐蜀之完也。”惠王曰：“善！寡人听子。”

卒起兵伐蜀，十月取之，遂定蜀。蜀主更号为侯，而使陈庄相蜀。蜀既属，秦益强富厚，轻诸侯。

【译文】司马错说：“事情并不像张仪所说的那样，据我所知：‘要想使国家富强，务必先扩张领土；要想兵强马壮，必须先使人民富足；要想得到天下，一定要先广施仁政。这三件事都做到以后，那么天下自然可以获得。’如今大王地盘小而百姓穷，所以臣渴望大王先从容易的地方着手。因为蜀国是一个偏僻小国，而且是戎狄之邦的首领，并且像夏桀、商纣一样紊乱，如果用秦国的兵力去攻打蜀国，就好像派狼群去驱逐羊群一样简单。秦国得到蜀国的土地可以扩大版图，得到蜀国的财富可以富足百姓；虽是用兵却不伤害一般百姓。并且又让蜀国自动屈服。所以秦虽然灭亡了蜀国，而诸侯不会认为是暴虐；即使秦抢走蜀国的一切财富珍宝，诸侯也不会以秦为贪。可是我们只要做伐蜀一件事，就可以名利双收，甚至还可以得到除暴安良的美名。今天如果我们去攻打韩国，就等于是劫持天子了，这是一个千夫所指的恶名，而且也不见得能获得什么利益，反而落得一个不仁不义的坏名。干天下人不愿做的事情，实在是一件危险的事。请允许我讲明这个缘故：周天子是天下的共主，同时韩是周的友邦，周自己知道要失掉九鼎，韩自己清楚要失去三川，这样两国必然精诚合作，共同联络齐、赵，去解楚、魏之围，两国会自动地把九鼎献给楚，把土地割让给魏，这一切大王是不能制止的，这也就是臣所说的危险所在。因此，攻打韩国是失策，先伐蜀才是万全之计。”秦惠王说：“好的！寡人听你的。”

于是秦国就出兵攻打蜀，经过10个月的征讨，终于占领了蜀地，把蜀主的名号改为侯，并且派秦臣陈庄去作蜀的相国。蜀地既已划归秦国的版图，秦国就越发强盛富足，而且更加轻视天下诸侯。

张仪说楚绝齐交

（《战国策·秦策》二）

齐助楚攻秦，取曲沃。其后秦欲伐齐，齐、楚之交善，惠王患之，谓张仪曰：“吾欲伐齐，齐、楚方欢，子为寡人虑之，奈何？”张仪曰：“王其为臣约车并币，臣请试之。”

【译文】齐国帮助楚国进攻秦国，攻下了曲沃（秦地）。后来秦想要报仇进攻齐国。可是由于齐、楚是友好国家，秦惠王为此甚感忧虑，于是秦惠王就对张仪说："寡人想要发兵攻齐，无奈齐、楚两国关系正密切，请贤卿为寡人考虑一下怎么办才好？"张仪说："请大王为臣准备车马和金钱，让臣去南方游说楚王试试看。"

张仪南见楚王曰："弊邑之王，所说甚者，无大大王；唯仪之所甚愿为臣者，亦无大大王。弊邑之王，所甚憎者，无大齐王；惟仪之所甚憎者，亦无大齐王。今齐王之罪，其于弊邑之王甚厚，弊邑欲伐之，而大国与之欢，是以弊邑之王不得事令，而仪不得为臣也。大王苟能闭关绝齐，臣请使秦王献商於之地方六百里。若此，齐必弱，齐弱，则必为王役矣。则是北弱齐，西德于秦，而私商於之地以为利也，则此一计而三利俱至。"

【译文】于是张仪去南方楚国见楚怀王说："敝国国王最敬重的人莫过于大王了，我做臣子，也莫过于希望给大王你做臣子；敝国所最痛恨的君主莫过于齐国，而臣张仪最不愿侍奉的君主莫过于齐王。现在齐国罪恶，对秦王来说是最严重的，因此秦国才准备发兵征讨齐国，无奈贵国跟齐国缔结有军事攻守同盟，以致使秦王无法好好侍奉大王，同时也不能使臣张仪做大王的忠臣。然而如果大王能关起国门跟齐断绝交邦，让臣劝秦王献上方圆六百里商、于土地。如此一来，齐就丧失了后援，而必定走向衰弱；齐走向衰弱以后，就必然听从大王号令。由此看来，大王如果能这样做，楚国不但在北面削弱了齐国的势力，而又在西南对秦国施有恩惠，同时更获得了商、于六百里的土地，这真是一举三得的上策。"

楚王大说，宣言之于朝廷曰："不穀得商於之地方六百里。"群臣闻见者毕贺，陈轸后见，独不贺。楚王曰："不穀不烦一兵，不伤一人，而得商於之地六百里，寡人自以为智矣！诸士大夫皆贺，子独不贺，何也？"陈轸对曰："臣见商於之地不可得，而患必至也，故不敢妄贺。"王曰："何也？"对曰："夫秦所以重王者，以王有齐也。今地未可得而齐先绝，是楚孤也，秦又何重孤国？且先出地绝齐，秦计必弗为也。先绝齐，后责地，且必受欺于张仪。受欺于张仪，王必惋之。是西生秦患，北绝齐交，则两国兵必至矣。"楚王不听，曰："吾事善矣！子其弭口无言，以待吾事。"楚王使人绝齐，使者未来，又重绝之。

【译文】楚怀王一听，非常高兴，就赶紧在朝宣布："寡人已经从秦国得到商、于六百里肥沃的土地！"群臣听了怀王的宣布，都一致向怀王道贺，惟独客卿陈轸最后晋见，而且根本不向怀王道贺。这时怀王就很诧异的问："寡人不发一卒，而且没有伤亡一名将士，就得到商、于六百里土地，寡人认为这是一次外交上的重大胜利，朝中文武百官都向寡人道贺，偏只有贤卿一人不道贺，这是为什么？”陈轸回答说：“因为我认为，大王不但得不到商、于六百里，反而会招来祸患，所以臣才不敢随便向大王道贺。”怀王问：“什么道理呢？”陈轸回答说：“秦王所以重视大王的原因，是因为有齐国这样一个强大盟邦。如今秦国还没把地割给大王，大王就跟齐国断绝邦交，如此就会使楚国陷于孤立状态，秦国又怎会重视一个孤立无援的国家呢？何况如果先让秦国割让土地，楚国再来跟齐断绝邦交，秦国必不肯这样做；要是楚国先跟齐国断交，然后再向秦要求割让土地，那么必然遭到张仪欺骗而得不到土地。受了张仪的欺骗，以后大王必然懊悔万分；结果是西面惹出秦国的祸患，北面切断了齐国的后援，这样秦、齐两国的兵都将进攻楚国。”楚王不听从，说：“我的事已经办妥当了，你就闭口，不要再多说，你就等待寡人的吧！”于是怀王就派使者前往齐国宣布跟齐断绝邦交，还没等第一个绝交使者回来，楚王竟急着第二次派人去与齐国绝交。

张仪反，秦使人使齐，齐、秦之交阴合。楚因使一将军受地于秦。张仪至，称病不朝。楚王曰：“张子以寡人不绝齐乎？”乃使勇士往詈齐王。张仪知楚绝齐也，乃出见使者曰：“从某至某，广从六里。”使者曰：“臣闻六百里，不闻六里。”仪曰：“仪固以小人，安得六百里？”使者反报楚王，楚王大怒，欲兴师伐秦。陈轸曰：“臣可以言乎？”王曰：“可矣。”轸曰：“伐秦，非计也，王不如因之赂之一名都，与之伐齐，是我亡于秦，而取偿于齐也。楚国不尚全乎。王今已绝齐，而责欺于秦，是吾合齐、秦之交也，国必大伤。”

楚王不听，遂举兵伐秦。秦与齐合，韩氏从之。楚兵大败于杜陵。故楚之土壤士民非削弱，仅以救亡者，计失于陈轸，过听于张仪。

【译文】张仪回到秦国之后，秦王就赶紧派使者前往齐国游说，秦齐的盟约暗暗缔结成功。果然不出陈轸所料，当楚国一名将军去秦国接收土地时，张仪为了躲避楚国的索土使臣，竟然装病不上朝，楚怀王说：“张仪以为寡人不愿诚心跟齐国断交吗？”于是楚怀王就派了一名勇士前去齐国骂齐国，张仪在证实楚齐确实断交以后，才勉强出来接见楚国的索土使臣，说：“敝国所以赠送贵国的土地，是这里到那里，方圆总共是六里。”楚国使者很谅讶的说：“臣只听说是六百里，却没有听说是六里。”张仪赶紧郑重其事的巧辩说：“我张仪在秦国只不过是一个微不足道的小官，怎么能说有六百里呢？”楚国使节回国报告楚怀王以后，怀王大怒，就准备发兵去攻打秦国。这时陈轸走到楚王面前表示：“现在我可以说话了吗？怀王说：“可以。”于是陈轸就很激动地说：“楚国发兵去攻打秦国，绝对不是一个好办法。大王实在不如趁此机会，不但不向秦国要求商、于六百里土地，反而再送给秦一个大都市，目的是跟秦连兵伐齐，如此或许可以把损失在秦国手里的再从齐国得回来，这不就等于楚国没有损失吗？大王既然已经跟齐国绝交，现在又去责备秦国的失信，岂不是等于在加强秦、齐两国的邦交吗，这样的话，楚国必受大害！”

可惜楚怀王仍然没有采纳陈轸的忠谏，而是照原定计划发兵北去攻打秦国。秦、齐两国组成联合阵线，同时韩国也加入了他的军事同盟，结果楚军被三国联军在杜陵打得惨败。可见，楚国的土地并非不大，而人民也并非比其他诸侯软弱，但是之所以会弄得几乎要亡国的惨境，就是由于怀王没有采纳陈轸的忠实良言，而过于听信张仪诡诈游说的缘故。

范雎说昭王远交近攻并论四贵之危国

（《战国策·秦策》三）

范子因王稽入秦，献书昭王曰：“臣闻明主莅政，有功者不得不赏，有能者不得不官；劳大者其禄厚、功多者其爵尊，能治众者其官大。故不能者不敢当其职焉，能者亦不得蔽隐。使以臣之言为可，则行而益利其道；若将弗行，则久留臣，无谓也。语曰：‘庸主赏所爱而罚所恶。明主则不然，赏必加于有功，刑必断于有罪。’今臣之胸不足以当椹质，要不足以待斧钺，岂敢以疑事尝试于王乎？虽以臣为贱而轻辱臣，独不重任臣者，后无反覆于王前耶！

【译文】范雎得王稽之助来到秦国，他献书昭王说：“臣听说明君主政，有战功的必然得到奖赏，有能力的一定授予官职；功劳大的俸禄多，战功多的爵位高，能治理民众的官位高。没有才能的不会让他任职，有能力的不会被埋没。假如大王认为臣说得在理，就请大王依计试行之，臣自信能有益于治道。如果明知其利而不行其道，那臣即使久留于秦也枉自无用。谚语道：‘一般的君王行功论赏，总以好恶而施，而英明的君主却不是这样，总是赏有功而罚有罪。’现在，我的胸膛挡不住杀人用的垫板，我的腰板抵不住利斧，我怎敢拿毫无把握的计策上献给大王呢？臣虽鄙贱不足以闻，大王又难道会认为举荐臣的人（指王稽）胆敢欺诈大王吗？

“臣闻周有砥厄，宋有结绿，梁有悬黎，楚有和璞。此四宝者，工之所失也，而为天下名器。然则圣王之所弃者，独不足以厚国家乎？

“臣闻善厚家者，取之于国；善厚国者，取之于诸侯。天下有明主，则诸侯不得擅厚矣。是何也？为其凋荣也。良医知病人之死生，圣主明于成败之事，利则行之，害则舍之，疑则少尝之，虽尧、舜、禹、汤复生，弗能改已！语之至者，臣不敢载之于书；其浅者，又不足听也。意者臣愚而不阖于王心耶？抑其言臣者，将贱而不足听耶！非若是也，则臣之志，愿少赐游观之闲，望见足下而入之。”

书上，秦王说之，因谢王稽，使人持车召之。

【译文】“臣听说周之砥厄、宋之结绿、梁之悬黎、楚之和璞，都是为璞所遮的美玉，最初玉工都不能辨别，历经波折最终成为天下名器。既然这样，那么圣王所遗弃的人难道就不能使国家富强吗？

“臣听说善于治家的，在国内招致人才；善于治国的，更到诸侯国中寻觅良臣。正因为天下有明君贤主，各诸侯国才不可能专有贤士。究其原因，在于昏庸的诸侯们空有眼珠，不能识才，而任人才流动。正如良医能预测生死一样，明主能够洞察事情的成败，有利则为，有害则不为，疑惑不定则尝试而为之。这是尧、禹、汤等圣主也无法改变的通则。至关重要的言语，臣不敢写在这里；而一些肤浅的话语又不值一说。臣内心惴惴不安，也许是臣的愚昧无知，使言语不符合大王心意？还是由于推荐臣的人出身鄙贱，大王认定他们的话不足相信？如果不是这些原因，那么我的意思是，希望大王能稍微腾出一点游览观赏的余暇，我将当面进言。”

这封自荐的奏书献上后，秦王十分高兴，向王稽表示了荐举贤才的谢意，再派车马去召请范雎。

范雎至，秦王庭迎范雎曰：“寡人宜以身受令久矣。会义渠之事急，寡人旦暮自请太后。今义渠之事已，寡人乃得以身受命。躬窃闵然不敏，敬执宾主之礼。”范雎辞让。

是日见范雎，见者无不变色易容者。秦王屏左右，宫中虚无人，秦王跪而请曰：“先生何以幸教寡人？”范雎曰：“唯唯。”有闲，秦王复请，范雎曰：“唯唯。”若是者三。

【译文】范雎来到秦宫，秦王亲自到大厅迎接。秦王对范雎说：“我很久以来，就该亲自来领受您的教导，正碰上要急于处理义渠国的事务，而我每天早晚又要亲自给太后问安；现在义渠的事已经处理完毕，我这才能够亲自领受您的教导了。我深深感到自己愚蠢糊涂。”于是秦王以正式的宾主礼仪接待了范雎，范雎也表示谦让。

这天，凡是见到范雎的人，没有不肃然起敬，另眼相看的。秦王把左右的人支使出去，宫中只剩下他们两人，秦王直起腰腿，跪身请求说：“先生怎么来教导我呢？”范雎只是“啊啊”了两声。过了一会儿，秦王再次请求，范雎还是“啊啊”了两声。就这样一连三次。

秦王跽曰：“先生不幸教寡人乎？” 范雎谢曰：“非敢然也。臣闻始时吕尚之遇文王也，身为渔父，而钓于渭阳之滨耳。若是者交疏也。已一说而立为太师，载与俱归者，其言深也。故文王果收功于吕尚，卒擅天下，而身立为帝王。即使文王疏吕望，而弗与深言，是周无天子之德，而文、武无与成其王也。今臣，羁旅之臣也，交疏于王，而所愿陈者，皆匡君之事，处人骨肉之，愿以陈臣之陋忠，而未知王心也，所以王三问而不对者是也。臣非有所畏而不敢言也，知今日言之于前，而明日伏诛于后，然臣弗敢畏也。大王信行臣之言，死不足以为臣患，亡不足以为臣忧，漆身而为厉，被发而为狂，不足以为臣耻。五帝之圣而死，三王之仁而死，五霸之贤而死，乌获之力而死，奔、育之勇而死。死者人之所必不免也。处必然之势，可以少有补于秦，此臣之所大愿也，臣何患乎？伍子胥橐载而出昭关，夜行而昼伏，至于蔆水，无以饵其口，坐行蒲服，乞食于吴市，卒兴吴国，阖闾为霸。使臣得进谋如伍子胥，加之以幽囚，终身不复见，是臣说之行也，臣何忧乎？箕子、接舆，漆身而为厉，被发而为狂，无益于殷、楚。使臣得同行于箕子、接舆，可以补所贤之主，是臣之大荣也，臣又何耻乎？臣之所恐者，独恐臣死之后，天下见臣尽忠而身蹶也，是以杜口裹足，莫肯即秦耳。足下上畏太后之严，下惑奸臣之态；居深宫之中，不离保傅之手；终身暗惑，无与照奸；大者宗庙灭覆，小者身以孤危。此臣之所恐耳！若夫穷辱之事，死亡之患，臣弗敢畏也。臣死而秦治，贤于生也。”

【译文】秦王又拜请说：“先生硬是不教导我了吗？”范雎便恭敬地解释说：“我并不敢这样。我听说，当初吕尚与文王相遇的时候，他只是一个渔夫，在渭河钓鱼而已，那时，他们很陌生。此后，吕尚一进言，就被尊为太师，和文王同车回去，这是因为他谈得很深入的缘故。所以文王终于因吕尚而建立了功业，最后掌握了天下的大权，自己立为帝王。如果文王当时疏远吕尚，不与他深谈，周朝就不可能有天子的圣德，而文王、武王也不可能成就帝王的事业。现在，我只是个旅居在秦国的宾客，与大王比较陌生，但想陈述的又是纠正君王政务的问题，而且还会关涉到君王的骨肉之亲。我本想尽我的愚忠，可又不知大王的心意如何，所以大王三次问我，我都没有回答。我并不是有什么畏惧而不敢进言。我知道，今天在大王面前说了，明天可能就会遭到杀身之祸。但是，我并不畏惧，大王真能按照我的计谋去做，我即使身死，也不会以为是祸患；即使流亡，也不会以此为忧虑；即使不得已漆身为癞，披发为狂，也不会以此为耻辱。五帝是天下的圣人，但终究要死；三王是天下的仁人，但终究要死；五霸是天下的贤人，但终究要死；乌获是天下的大力士，但终究要死；孟贲、夏育是天下的勇士，但终究要死。死，是人人不可避免的，这是自然界的必然规律。如果能够稍补益于秦国，这就是我最大的愿望，我还有什么可忧虑的呢？

伍子胥当年是躲藏在口袋里逃出昭关的，他晚上出行，白天躲藏，到了淩水，吃不上饭饿着肚皮，双膝跪地，双手爬行，在吴市讨饭度日，但终于帮助阖庐复兴了吴国，使吴王阖庐建立了霸业。如果让我像伍子胥一样能呈献计谋，即使遭到囚禁，终身不再出狱，只要能实现我的计谋，我还有什么可忧虑的呢？当初殷韩的箕子，楚国的接舆，漆身为癞，披发为狂，却终究无益于殷、楚。如果使我与箕子、接舆有同样的遭遇，也漆身为癞，只要有益于圣明的君王，这就是我最大的光荣，我又有什么可感到耻辱的呢？我所担心的是，我死了以后，人们见到这样尽忠于大王，终究还是身死，因此人们都会闭口不言、裹足不前，不肯到秦国来。大王对上畏惧太后的威严，对下又迷惑于大臣的虚伪，住在深宫之中，不离宫中侍奉之人之手，终身迷惑糊涂，不能了解坏人坏事。这样，大而言之，则会使得国家遭受灭亡之祸，小而言之，则使得自己处于孤立危境。这就是我所担心害怕的。至于我个人受困遭辱的事情，杀戮流亡的祸殃，我是不会畏惧的。如果我死了，秦国却治理的很好，这比我活着要好得很多。”

秦王跪曰：“先生是何言也！夫秦国僻远，寡人愚不肖，先生乃幸至此，此天以寡人慁先生，而存先王之庙也。寡人得受命于先生，此天所以幸先王，而不弃其孤也。先生奈何而言若此！事无大小，上及太后，下至大臣，愿先生悉以教寡人，无疑寡人也。”范雎再拜，秦王亦再拜。

【译文】秦王跪身说：“先生怎么说出这样的话呢？秦国是个偏僻边远的国家，我又是一个没有才能的愚人，先生能到卑国来，这是上天让我来烦扰先生，使得先王留下来的功业不至中断。我能接受先生的教导，这是上天要先生扶助先王，不抛弃我。先生怎么说出这样的话呢？今后事无大小，上至太后，下及大臣，所有一切，都希望先生一一给我教导，千万不要对我有什么疑惑。”范雎因而再次拜谢，秦王也再次回拜。

范雎曰：“大王之国，北有甘泉、谷口，南带泾、渭，右陇、蜀，左关、阪；战车千乘，奋击百万。以秦卒之勇，车骑之多，以当诸侯，譬若驰韩卢而逐蹇兔也，霸王之业可致。今反闭关而不敢窥兵于山东者，是穰侯为国谋不忠，而大王之计有所失也。”

王曰：“愿闻所失计。”

【译文】范雎说：“大王的国家，北有甘泉、谷口，南绕泾水和渭水的广大地区，西南有陇山、蜀地，东面有函谷关、崤山；战车有千辆，精兵有百万。拿秦国兵卒的勇敢，车骑的众多，来抵挡诸侯国，就如猛犬追赶跛兔一般，轻易就可造成霸王的功业。如今反而闭锁函谷关门，兵卒不敢向山以东诸侯窥视一下，这是秦国穰侯魏冉为秦国谋划不忠实，导致大王的决策失误啊！”

秦王说：“愿闻所以失计之处”

雎曰：“大王越韩、魏而攻强齐，非计也。少出师，则不足以伤齐；多之，则害于秦。臣意王之计，欲少出师，而悉韩、魏之兵，则不义矣。今见与国之不可亲，越人之国而从前楚国叶公子高，其貌不扬，而有柱国之才；平定了白公之乱，使楚国得以安定，发扬了先君的遗德，影响到方城之外，四境诸侯都不敢来犯，使楚国的威名在诸侯中未受损伤。在这个时候，诸侯都不敢出兵南侵，叶公子高的封地有六百畛的土地，所以，我说的那个为了提高爵位，增加俸禄，而忧虑国家安危的，就是叶公子高。

“昔者吴与楚战于柏举，两军之闲夫卒交。莫敖大心抚其御之手，顾而太息曰：‘嗟乎子乎，楚国亡之日至矣！吾将深入吴军，若扑一人，若捽一人，以与大心者也，社稷其庶几乎？’故断脰决腹，壹瞑而万世不视，不知所益，以忧社稷者，莫敖大心是也。

【译文】从前，吴、楚两国在柏举交战，双方对垒，士卒已经短兵相接。莫敖大心拉着驾车战士的手，望着他们说：‘唉！唉！楚国亡国的日子就要到了，我要深入吴军，你们如果能打倒一个敌人，助我一臂之力，我们楚国也许还不至于灭亡！’所以，我说的那个不怕断头，不怕剖腹，视死如归，不顾个人利益，而忧虑国家安危的，就是莫敖大心。

“昔吴与楚战于柏举，三战入郢。寡君身出，大夫悉属，百姓离散。棼冒勃苏曰：‘吾被坚执锐，赴强敌而死，此犹一卒也，不若奔诸侯。’于是赢粮潜行，上峥山，逾深谿，蹠穿膝暴，七日而薄秦王之朝。雀立不转，昼吟宵哭。七日不得告。水浆无入口，瘨而殚闷，旄不知人。秦王闻而走之，冠带不相及，左奉其首，右濡其口，勃苏乃苏。秦王身问之：‘子孰谁也？’棼冒勃苏对曰：‘臣非异，楚使新造盩棼冒勃苏。吴与楚人战于柏举，三战入郢，寡君身出，大夫悉属，百姓离散。使下臣来告亡，且求救。’秦王顾令之起：‘寡人闻之，万乘之君，得罪一士，社稷其危，今此之谓也。’遂出革车千乘，卒万人，属之子满与子虎。下塞以东，与吴人战于浊水，而大败之，亦闻于遂浦。故劳其身，愁其思，以忧社稷者，棼冒勃苏是也。

【译文】从前，吴、楚两国在柏举交战，吴军连攻三次，攻入楚都，楚君逃亡，大夫跟随，百姓流离失所，棼冒勃苏说：‘我如果身披铠甲，手执武器与强敌作战，不幸战死，其作用也只像一个普通士卒而已，还不如向诸侯去求援。’于是，他背着干粮秘密出发，越过高山峻岭，渡过深水溪谷，鞋子穿烂了，脚掌磨破了，裤子破了，露出了膝盖；走了七天，到了秦王的朝廷，踮着脚跟翘望，希望得到秦王的帮助；日夜哭泣，希望得到秦王的同情。经过七昼夜，也未能面告秦王。他就这样，滴水不进，以致头昏眼花，气绝晕倒，不省人事。秦王知道后来不及系好衣帽就跑来看他，左手捧着他的头，右手给他灌水，勃苏才慢慢苏醒过来，秦王亲自问他：‘你是什么人？’棼冒勃苏回答说：‘我不是别人，是楚王派来的因不死于国难新获罪的棼冒勃苏。吴、越两国现在柏举交战，吴国连攻三次，进入楚都，楚君逃亡，大夫跟随，百姓流离失所。敝国君王特派我来报告楚国面临的亡国大祸，并攻，可乎？疏于计矣！昔者齐人伐楚，战胜，破军杀将，再辟千里，肤寸之地无得者，岂齐不欲地哉，形弗能有也。诸侯见齐之罢露，君臣之不亲，举兵而伐之，主辱军破，为天下笑。所以然者，以其伐楚而肥韩、魏也。此所谓藉贼兵而赍盗食者也。王不如远交而近攻，得寸，则王之寸，得尺，亦王之尺也。今舍此而远攻，不亦缪乎？且昔者中山之地方五百里，赵独擅之，功成、名立、利附焉，天下莫能害。今韩、魏中国之处，而天下之枢也。王若欲霸，必亲中国，而以为天下枢，以威楚、赵。赵强，则楚附，楚强，则赵附。楚、赵附则齐必惧，惧，必卑辞厚币以事秦，齐附，而韩、魏可虚也。”

【译文】范雎说：“大王越过韩、魏的国土去进攻强齐，这不是好的计谋。出兵少了，并不能够损伤齐国；多了，则对秦国有害。臣揣摩大王的计谋，是想本国少出兵，而让韩、魏全部出兵，这就不相宜了。如今明知盟国不可以信任，却越过他们的国土去作战，这可以吗？显然是疏于算计了！从前，齐国攻打楚国，打了大胜仗，攻破了楚国的军队，擒杀了它的将帅，两次拓地千里，但到最后连寸土也没得到，这难道是齐国不想得到土地吗？疆界形势不允许它占有啊！诸侯见齐国士卒疲，弊君臣不和睦，起兵来攻打它，齐缗王出走，军队被攻破，遭到天下人的耻笑。落得如此下场，就因为齐伐楚而使韩、魏获得土地壮大起来的缘故。这就是所说的借给强盗兵器而资助小偷粮食啊！大王不如采取交接远国而攻击近国的策略，得到寸土是王的寸土，得到尺地是王的尺地。如今舍近而攻远，这不是个错误吗？从前，中山国的土地，方圆有五百里，赵国单独把它吞并，功业也成就了，声名也树立了，财利也获得了，天下也没能把赵国怎么样。如今韩、魏的形势，居各诸侯国的中央，是天下的枢纽。大王如果想要成就霸业，一定先要亲近居中的国家而用它做天下的枢纽，来威胁楚国和赵国。赵国强盛，那么楚就要附秦；楚国强盛，那么赵就要附秦。楚、赵都来附秦，齐国一定恐慌，齐国恐慌肯定会卑下言辞，加重财礼来服侍秦国。如果齐国归附，那么韩、魏就有虚可乘了。”

王曰：“寡人欲亲魏，魏，多变之国也，寡人不能亲。请问亲魏奈何？”范雎曰：“卑辞厚币以事之。不可，削地而赂之。不可，举兵而伐之。”于是举兵而攻邢丘，邢丘拔而魏请附。曰：“秦、韩之地形，相错如绣。秦之有韩，若木之有蠹，人之病心腹。天下有变，为秦害者，莫大于韩。”王曰：“寡人欲收韩，韩不听，为之奈何？” 范雎曰：“举兵而攻荥阳，则成皋之路不通；北斩太行之道，则上党之兵不下；一举而攻宜阳，则其国断而为三。魏、韩见必亡，焉得不听？韩听而霸事可成也。”王曰：“善。”

【译文】秦王说：“寡人本想亲睦魏国，但魏的态度变幻莫测，寡人无法亲善它。请问怎么办才能亲魏呢？”范雎说：“用卑下的言辞，加重财礼来服侍它。这样不行，就割地贿赂它，这样还不行，就起兵来攻伐它。”于是起兵来攻打邢丘（魏地），邢丘被攻陷，而魏国果然来请求归附。范雎说："秦、韩两国的地形，相交纵如锦绣。秦旁有韩存在，就像树木有蛀蚀器物的虫子，人有心腹之疾一样。天下一朝有变，危害秦国的，没有比韩国再大的。。"秦王说："寡人打算使韩来附，韩不听从，可怎么办呢？"范雎说："起兵攻打荥阳，那么成皋的道路就不通了；北部截断太行的道路，那么上党的兵也就不能南下了；一举而拿下荥阳，那么韩国将分成孤立的三块（谓新郑、成皋、泽潞）。韩国看到自身将要覆亡，怎么能够不听从呢？韩国一顺从，那么霸业就可以成功了。"秦王说："这很好。"

范雎曰："臣居山东，闻齐之内有田单，不闻其有王。闻秦之有太后、穰侯、泾阳、华阳，不闻其有王。夫擅国之谓王，能专利害之谓王，制杀生之威之谓王。今太后擅行不顾，穰侯出使不报，泾阳、华阳击断无讳，高陵进退不清，四贵备，而国不危者，未之有也。为此四者，下乃所谓无王已。然则权焉得不倾，而令焉得从王出乎？臣闻：'善为国者，内固其威，而外重其权。'穰侯使者，操王之重，决裂诸侯，剖符于天下，征敌伐国，莫敢不听。战胜攻取，则利归于陶国，弊御于诸侯；战败，则怨结于百姓，而祸归社稷。《诗》曰：'木实繁者披其枝，披其枝者伤其心。大其都者危其国，尊其臣者卑其主。'淖齿管齐之权，缩闵王之筋，悬之庙梁，宿昔而死。李兑用赵，减食主父，百日而饿死。今秦，太后、穰侯用事，高陵、泾阳佐之，卒无秦王，此亦淖齿、李兑之类已。臣今见王独立于庙朝矣，且臣将恐后世之有秦国者，非王之子孙也。

秦王惧，于是乃废太后，逐穰侯，出高陵，走泾阳于关外。昭王谓范雎曰："昔者齐公得管仲，时以为仲父。今吾得子，亦以为父。"

【译文】范雎说："臣在山东时，只知道齐有相国田单，不曾听说过有齐王；只听说秦国有太后、穰侯、泾阳君、华阳君，而不晓得有秦王。能手握国政、独断专谋、操生杀大权的，方称得上国君。但如今宣太后专行无忌，穰侯遣使臣不上报，泾阳、华阳只按自己心意判决事务，高陵进退不清。国家有这四个显贵操纵朝政，不出危险，是不可能的。文武诸臣都屈从于这四人，心中哪里还有大王！如此下去，大权旁落，政令又怎能出自大王之手？臣听说善于治国的君主，一方面在国内加强权威，一方面亲自执掌外交政策。穰侯派出的使者操纵王权，任意和诸侯结盟或断交，擅自对外用兵，征伐敌国，朝野上下，莫敢不从。于是，打了胜仗，战果全归穰侯他们所有，以致国家困弱，受制于诸侯；一旦失利，则令百姓怨声载道，祸害由国家承受。《诗经》上说：'果子多会压损枝条，树枝折了会伤及根本；扩大封君城邑会危及到国家安全，过分尊宠大臣会削弱君王权威。'淖齿控制齐政，到头来将闵王吊在庙堂大梁上面，使闵王一夜之间横遭惨死。李兑执掌赵国，围困赵武灵王，只一百天功夫，便将他活活饿死。当今秦国，太后、穰侯呼风唤雨，高陵、泾阳推波助澜，没有臣民知道上有大王。这些都是淖齿、李兑一类的人。臣可幸今日尚能看见大王孤立于朝堂，真担心将来秦国主持国政的君王，不再是大王的子孙！"

听了这番话，秦昭王不寒而栗，便废太后，逐穰侯，将高陵、泾阳赶出函谷关。他对范雎说："当年齐桓公得到管仲，把他称为'仲父'，寡人今日得到先生，先生也是寡人的'叔父'啊！"

蔡泽说应侯范雎辞位

（《战国策·秦策》三）

蔡泽见逐于赵，而入韩、魏，遇夺釜鬲于涂。闻应候任郑安平、王稽皆负重罪，应侯内惭，乃西入秦。将见昭王，使人宣言以感怒应侯，曰："燕客蔡泽，天下骏雄弘辩之士也。彼一见秦王，秦王必相之，而夺君位。"

【译文】蔡泽被赵国驱逐，逃亡到韩、魏，途中又被人抢走炊具。正落寞之时，听说秦相应侯范雎任用郑安平、王稽，可是后来两人都犯下了重罪，以致使范雎内心惭愧不已蔡泽便决定西行入秦。去拜见秦昭王，事先故意对人发出豪语，以激怒范雎："燕国大纵横家蔡泽，乃是天下雄辩豪杰之士。只要他一见到秦王，秦王必定任命他为相国，替代范雎的地位。"

应侯闻之，使人召蔡泽。蔡泽入，则揖应侯。应侯固不快，及见之，又倨。应侯因让之曰："子常宣言代我相秦，岂有此乎？"对曰："然。"应侯曰："请闻其说。"蔡泽曰："吁！何君见之晚也。夫四时之序，成功者去。夫人生百体坚强，手足便利，耳目聪明圣智，岂非士之所愿欤？"应侯曰："然。"蔡泽曰："质仁秉义，行道施德于天下，天下怀乐敬爱，愿以为君王，岂不辩智之期欤？"应侯曰："然。"蔡泽复曰："富贵显荣，成理万物，万物各得其所；生命寿长，终其年而不夭伤；天下继其统，守其业，传之无穷，名实纯粹，泽流千世，称之而毋绝。岂非道之符，而圣人所谓吉祥善事欤？"应侯曰："然。"

【译文】范雎听说之后，就派人找来蔡泽，蔡泽见范雎，并未行礼只是拱了拱手，致使范雎很不高兴，谈吐之间蔡泽更是倨傲无礼，此时更是火上添油，于是责问他说："你曾扬言，你将取代我的秦国相国职位，有没有这回事呢？"蔡泽回答说："有。"范雎说："那我倒愿意听听是什么道理？"蔡泽说："唉，阁下为什么这样见识迟钝呢！即使是四季的转移，也是本着‘功成身退’的自然法则。一个人活在世界上，手脚都很健康，耳朵也很灵敏，眼睛也很明亮，内心像圣人一样贤智，这不是每个人殷切期望吗？”范雎说：“是的。”蔡泽说：“以仁为礼，以义为则，施恩德于天下，天下人都会由于感恩而崇拜他，并且都希望拥护他为君王，这不也都是雄辩家殷切期望的吗？”范雎说：“是的。”蔡泽又说：“既富且贵，善治万事，使每个人都能享尽天年，每个人都不致夭折。天下人民都能继承他们的传统，维护他们的业绩，传给无穷的后代，名实兼而有之，恩泽流传万年，受人永远赞美。虽说这不是施仁义的结果，不也是圣人所说的吉祥善事吗？”范雎说：“是的。”

泽曰：“若秦之商君，楚之吴起，越之大夫种，其卒亦可愿矣。”应侯知蔡泽之欲困己以说，复曰：“何为不可？夫公孙鞅事孝公，极身毋二，尽公不还私，设刀锯以禁奸邪，信赏罚以致治，竭智能，示情素，蒙怨咎，欺旧交，虏魏公子卬，卒为秦禽将破敌军，攘地千里。吴起事悼王，使私不害公，谗不蔽忠，言不取苟合，行不取苟容，行义不顾毁誉，必欲霸主强国，不辞祸凶。大夫种事越王，主离困辱，悉忠而不解，主虽亡绝，尽能而不离，多功而不矜，贵富不骄怠。若此三子者，义之至，忠之节也。故君子杀身以成名，义之所在，身虽死无憾悔，何为不可哉？”蔡泽曰：“主圣臣贤，天下之福也；君明臣忠，国之福也；父慈子孝，夫信妇贞，家之福也。故比干忠而不能存殷；子胥智而不能存吴；申生孝而晋惑乱。是有忠臣孝子，国家灭乱，何也？无明君贤父以听之。故天下以其君父为戮辱，而怜其臣子。夫待死而后可以立忠成名，是微子不足仁，孔子不足圣，管仲不足大也。夫人之立功，岂不期于成全耶？身与名俱全者，上也；名可法而身死者，其次也；名在僇辱而身全者，下也。”于是应侯称善。

【译文】蔡泽说：“例如秦国的商鞅、楚国的吴起、越国的文种，他们最后也都完成了他们愿望了吗？”范雎知道蔡泽是为了要使自己陷于窘境，于是就这一点回答说：“为什么不可以？说起商鞅臣事秦孝公，终身尽忠，绝无二心，公而忘私，赏罚分明，秦国大治，竭尽智能，表露赤心，然而却招致秦国人的怨恨和责怪，他为秦国而欺骗老朋友，俘虏魏公子卬，最后终于为秦国擒获魏将而大破魏军，扩充疆土达一千里之多。吴起臣事楚悼王，绝对不以私损公，更不用谗言来隐蔽忠节，每当遇到应行的大事，就不顾毁誉，一心想要使君王成就霸业，国家富强，而且不畏一切灾祸和邪恶势力。大夫文种，臣事越王勾践，当君主陷于困辱惨境时，他忠心爱主而不懈怠，君王虽然被敌人俘虏，仍然竭诚尽智没有背弃国家，而且不夸耀自己的功劳，即使富贵也不骄傲。像以上这三位忠臣，可以说是义行极致和忠贞的典范。所以君子总是牺牲性命来完成名节，只要是大义所在，虽然牺牲生命也无所懊悔，为什么不可以呢？”蔡泽说：“君主圣明，这是家庭之福。父亲慈爱，儿子孝顺，丈夫讲信义，妻子有贞节，这是国家之福。然而比干忠君爱国，却不能维护殷朝的存在，伍子胥虽然贤能，却不能使吴国保存不灭，申生虽然孝顺，而晋国仍然不能避免内乱。这就是虽然有忠臣孝子，国家仍然不免灭亡骚乱，这是什么道理呢？主要是没有明君、贤父来采纳的缘故。所以天下因为父不仁不义而蒙羞，臣子也因此而难免受其害。假如一定等到死才能尽忠成名，恐怕就连微子也不足成为仁人，孔子也不足成为圣人，管仲也不足以成为伟人。”这时范雎认为蔡泽的话很对。

蔡泽得少闲，因曰：“商君、吴起、大夫种，其为人臣，尽忠致功，则可愿矣。闳夭事文王，周公辅成王也，岂不亦忠乎？以君臣论之，商君、吴起、大夫种，其可愿孰与闳夭、周公哉？”应侯曰：“商君、吴起、大夫种不若也。”蔡泽曰：“然则君之主，慈仁任忠，敦厚旧故，其贤智与有道之士为胶漆，义不倍功臣，孰与秦孝、楚悼、越王乎？”应侯曰：“未知何如也。”蔡泽曰：“今主固亲忠臣，不过秦孝、越王、楚悼。君之为主正乱、披患、折难，广地、殖谷，富国足家强主，威盖海内，功彰万里之外，不过商君、吴起、大夫种。而君之禄位贵盛，私家之富，过于三子，而身不退，窃为君危之。语曰：‘日中则移，月满则亏。’物盛则衰，天之常数也；进退、盈缩、变化，圣人之常道也。昔者齐桓公九合诸侯，一匡天下，至葵丘之会，有骄矜之色，畔者九国。吴王夫差，无敌于天下，轻诸侯，陵齐、晋，遂以杀身亡国。夏育、太史启，叱呼骇三军，然而身死于庸夫。此皆乘至盛不近道理也。夫商君为孝公明法令、平权衡、正度量、调轻重，决裂阡陌，教民耕战，是以兵动而地广，兵休而国富，故秦无敌于天下，立威诸侯。功已成矣，遂以车裂。楚地方数千里，持戟百万，白起率数万之师，以与楚战，一战举鄢、郢，再战烧夷陵，南并蜀、汉，又越韩、魏攻强赵，北坑马服，诛屠四十余万之众，流血成川，沸声若雷，遂入围邯郸，使秦业帝。自是之后，赵、楚慑服，不敢攻秦者，白起之势也。身所服者，七十余城。功已成矣，赐死于杜邮。吴起为楚悼，罢无能，废无用，损不急之官。塞私门之请，壹楚国之俗，南攻杨越，北并陈、蔡，破横散从，使驰说之士，无所开其口。功已成矣，卒支解。大夫种为越王，垦草创邑，辟地殖谷，率四方之士，专上下之力，以禽劲吴，成霸功。勾践终棓而杀之。此四子者，成功而不去，祸至于此。此所谓信而不能屈，往而不能反者也。范蠡知之，超然避世，长为陶朱君。独不观博者乎？或欲大投，或欲分功。此皆君之所明知也。今君相秦，计不下席，谋不出廊庙，坐制诸侯，利施三川，以实宜阳，决羊肠之险，塞太行之口，又斩范、中行之途，栈道千里，通于于蜀、汉，使天下皆畏秦。秦之欲得矣，君之功极矣。此亦秦之分功之时也！如时不退，则商君、白公、吴起、大夫种是也。君何不以此时归相印，让贤者授之，退而严居川观，必有伯夷之廉；长为应侯，世世称孤，而有乔、松之寿。孰与以祸终哉！此则君何居焉？”应侯曰“善”。乃延入坐为上客。

【译文】蔡泽略为停一会接着说:“商鞅、吴起、文种,他们为人臣能够尽忠立功,这都是出于他们的心愿。闳夭大臣事周文王,周公辅佐周成王,难道不是尽忠吗?然而就君臣而论,商鞅和吴起、文种等人,当然还不如闳夭、周公。”蔡泽说:“然而阁下服务的君主与秦孝公、楚悼王、越王勾践相比,究竟谁更慈爱而又信任忠臣、不欺凌故旧呢?”范雎说:“不知道。”蔡泽说:“当然,阁下的君主并不像秦孝公、越王勾践、楚悼王那样亲信忠臣。而阁下事奉君主,在平定内乱、消除祸患、排除困难,扩充、疆土、发展农业、振兴国家、强化君主等方面,威权压倒全国,功业扬名万里之外,并没有超过商鞅、吴起、文种三位名臣。但是阁下的地位和俸禄,以及家中的财富都已经超过他们三人,然而阁下还是不隐退,我深为阁下担忧。古谚说得对:‘太阳升到正午时就开始落,月亮圆到满盈时就开始亏。’万物都是盛极而衰,这乃是自然规律。不论是进还是退,不论是伸还是缩,都随着时间变化,这乃是圣人所认定的常理。古时齐桓公九次会合诸侯,矫正天下弊风而使其焕然一新,到葵丘之会,桓公就显出了骄纵之色,因此就有九个国家背叛他。吴王夫差,自认为天下无敌,因此就轻视诸侯,欺凌齐、晋两国,到后来国破人亡。夏育、太史启等人,一声叱咤能使三军震撼,然而他们本人却死于普通人之手。这都是仗恃威权而不深思事物道理的缘故。商鞅为秦孝公制度量衡、改革货币、废除井田、重划土地,教民努力耕种和作战,因此大军一出发就拓展疆土,军队凯旋而归使国家富强,所以秦兵无敌于天下,在诸侯之间建立了威权。可是成功之后,竟残遭五马分尸之刑。楚国拥有雄兵百万,然而秦将白起仅仅率领几万秦兵,一战便攻陷楚都鄢和郢,再战而焚烧夷陵,往南吞并蜀、汉,此外又越过韩、魏攻打强赵,在北方屠杀马服君及四十多万兵卒,血流成河,凄惨哀嚎之声震憾天地,为建立秦国的霸业立下了汗马功劳。从此以后,赵、楚两国衰弱下去,再也不敢抗拒秦兵,这都是仰仗白起攻下的城池有70多座,他虽然为秦国建立了丰伟战功,可是他却在杜邮被秦王赐死。吴起为楚悼王改革弊政罢免无能的朝臣,撤消无用的机构,废除多余的官吏,杜绝请客说情的风气,改良楚国的风俗,往南攻打杨越,往北攻打陈、蔡,摧毁连横政策,解散合纵之约,游说之士没有开口余地,可算得上是成功了,可怜最后他本人却死于楚人的乱箭之中,然后再把他分尸泄愤。越大夫文种,为越王勾践开疆拓土,发展农业,率领四方军队和全国上下的人民,击败吴国生擒吴王夫差,完成了越国霸王功业,可是到头来勾践却把他杀了。这四位贤臣,都是因为功成而不退,才为自己招来杀身之祸,这就是所谓‘伸而不能屈,往而不能返’。只有范蠡深知明哲保身之理,于是就以超然的姿态功成身退,远离人间的是非之门,驾轻舟渡海遁世,隐姓埋名经商,而成为巨富陶朱公。难道阁下没有看过赌博的人吗?有时想孤注一掷,有时想步步取胜,相信阁下是最清楚的。如今阁下当了秦国相国,为了谋划国家大事而终日忙碌,为了制定策略而不走出朝廷,坐在朝中控制诸侯,威仪施行于三川,借以充实宜阳,打开羊肠之险,封闭太行要塞,切断三晋的道路,修栈道千里通往蜀汉之地,使天下诸侯都畏惧秦国,秦王的欲望得到了满足,您的功勋已无可复加,正是分功之时,此刻如果不知及时隐退,商鞅、吴起、文种之祸就不远了!您为何不在此时纳还相印,虚相国之位以待贤人?这样既可博取伯夷一样的美名，又可长享富贵，世代称孤，更能和仙人王子乔、赤松子一般长寿。这些与日后身遭惨祸，自是天壤之别，你的看法又如何呢？”范雎深有同感：“先生的说法太有道理了。”于是请蔡泽入座，待以上宾之礼。

后数日，入朝，言于秦昭王曰：“客新有从山东来者蔡泽，其人辩士。臣之见人甚众，莫有及者，臣不如也。”秦昭王召见与语，大说之，拜为客卿。应侯因谢病，请归相印。昭王强起应侯，应侯遂称笃，因免相。昭王新说蔡泽计画，遂拜为秦相，东收周室。蔡泽相秦王数月，人或恶之，惧诛，乃谢病，归相印，号为刚成君。居秦十余年，事昭王、孝文王、庄襄王。卒事始皇帝。为秦使于燕，三年，而燕使太子丹入质于秦。

【译文】过了几天，范雎入朝拜见昭王，对他说：“有位新从山东来的客人蔡泽，其人雄辩，臣阅人无数，更无人与之相比，臣自愧不如。”于是昭王召见蔡泽，相与言语，昭王十分赞赏，拜为客卿。范雎这时自思后路，便称病不朝，并且借病辞官。昭王一再不准，范雎便推言病重。昭王无奈只得允准。昭王对蔡泽的计谋十分欣赏，任命他为相。蔡泽助秦昭王吞并了东周国。蔡泽出任相国没几个月，便有人恶意诽谤他，由于恐招致杀身之祸，便称病辞官，得封为刚成君。他在秦十多年，历事昭王、孝文王、庄襄王，最后任职于秦始皇皇朝，曾出使燕国，三年之后令太子丹到秦做人质。

邹忌讽威王纳谏

（《战国策·齐策》一）

邹忌修八尺有余，而形貌昳丽。朝服衣冠，窥镜，谓其妻曰：“我孰与城北徐公美？”其妻曰：“君美甚，徐公何能及君也！”城北徐公，齐国之美丽者也。忌不自信，而复问其妾曰：“吾孰与徐公美？”妾曰：“徐公何能及君也！”旦日，客从外来，与坐谈，问之曰：“吾与徐公孰美？”客曰：“徐公不若君之美也！”

【译文】邹忌身高八尺多，形体容貌光艳美丽。（有一天）早晨（他）穿戴好衣帽，照着镜子，对他的妻子说：“我与城北的徐公相比，谁更美呢？”他的妻子说：“您更美，徐公怎么能比得上您呢？”城北的徐公，是齐国的美男子。邹忌不相信自己（会比徐公美），于是又问他的妾说：“我与徐公相比，谁更美？”妾说：“徐公怎能比得上您呢？”第二天，一位客人从外面来（拜访），邹忌和他坐着谈话，（邹忌）问客人道：“我和徐公相比，谁更美？”客人说：“徐公不如您美啊。”

明日，徐公来。孰视之，自以为不如；窥镜而自视，又弗如远甚。暮，寝而思之曰：“吾妻之美我者，私我也；妾之美我者，畏我也；客之美我者，欲有求于我也。”

【译文】又过了一天，徐公来了，邹忌仔细地端详他，自己觉得不如他美；再照镜子看看自己，更觉得远远比不上人家。晚上，他躺在床上想这件事情，说：“我的妻子认为我（比徐公）美的原因，是偏爱我；我的妾认为我（比徐公）美的原因，是惧怕我；客人认为我（比徐公）美的原因，是对我有所求。

于是入朝，见威王曰：“臣诚知不如徐公美，臣之妻私臣，臣之妾畏臣，臣之客欲有求于臣，皆以美于徐公。今齐地方千里，百二十城，宫妇左右，莫不私王；朝廷之臣，莫不畏王；四境之内，莫不有求于王。由此观之，王之蔽甚矣！”王曰：“善。”乃下令：“群臣吏民，能面刺寡人之过者，受上赏；上书谏寡人者，受中赏；能谤讥于市朝，闻寡人之耳者，受下赏。”

【译文】因此邹忌上朝拜见齐威王，说：“我确实知道（自己）不如徐公美。（可是）我的妻子偏爱我，我的妾惧怕我，我的客人对我有所求，（他们）都认为（我）比徐公美。如今的齐国，土地方圆千里，有一百二十多座城池，宫中的姬妾和身边的近臣，没有不偏爱大王的；朝廷中的大臣，没有不惧怕大王的；国内的百姓，没有不对大王有所求的。由此看来，大王您受到的蒙蔽（一定）很严重了！”齐威王说：“（说得真）好。”于是下了一道命令：“所有大臣、官吏、百姓能够当面批评我过错的，授予上等奖赏；能够上书劝谏我的，授予中等奖赏；能够在众人集聚的公共场所指责、议论（我的过失），（并能）传到我耳朵里的，授予下等奖赏。”

令初下，群臣进谏，门庭若市。数月之后，时时而间进。期年之后，虽欲言，无可进者。燕、赵、韩、魏闻之，皆朝于齐。此所谓战胜于朝廷。

【译文】政令刚一下达，许多官员大臣与百姓都来进言规劝，宫门庭院就像集市一样（喧闹）；几个月以后，有时偶尔还有人进谏；一年以后，即使想进言，也没有什么可说的了。燕、赵、韩、魏等国听说了这件事，都到齐国来朝见。这就是身居朝廷，不必用兵，就战胜了敌国。

王斗说宣王好士

（《战国策·齐策》四）

先生王斗，造门而欲见齐宣王，宣王使谒者延入。王斗曰："斗趋见王为好势，王趋见斗为好士，于王何如？"使者复还报。王曰："先生徐之，寡人请从。"宣王因趋而迎之于门，与入，曰："寡人奉先君之宗庙，守社稷，闻先生直言正谏不讳。"王斗对曰："王闻之过。斗生于乱世，事乱君，焉敢直言正谏。"宣王忿然作色，不说。

【译文】先生王斗登门要拜见齐宣王，宣王派传达去领王斗进来。王斗说："我拜见大王是爱慕权势；大王迎接我是礼贤下士。大王认为怎么样？"传达汇报王斗的话。宣王说："让先生等一会儿进来，我去迎接。"于是，宣王跑到门口去迎接王斗，与他一块儿进来。宣王说："我继承先王的大业，得以治理国家，听说先生能直言批评，无所忌讳。"王斗回答说："大王听错了。我生在乱世，又侍奉乱君，怎么敢直言批评呢？宣王听后，怒形于色，很不高兴。

有闲，王斗曰："昔先君桓公所好者五，九合诸侯，一匡天下，天子受籍，立为大伯。今王有四焉。"宣王说，曰："寡人愚陋，守齐国，唯恐失抎之，焉能有四焉？"王斗曰："否。先君好马，王亦好马。先君好狗，王亦好狗。先君好酒，王亦好酒。先君好色，王亦好色。先君好士，而王不好士。"宣王曰："当今之世无士，寡人何好？"王斗曰："世无骐驎騄耳，王驷已备矣。世无东郭逡、卢氏之狗，王之走狗已具矣。世无毛嫱、西施，王宫已充矣。王亦不好士也，何患无士？"王曰："寡人忧国爱民，固愿得士以治之。"王斗曰："王之忧国爱民，不若王爱尺縠也。"王曰："何谓也？"王斗曰："王使人为冠，不使左右便辟，而使工者，何也？为能之也。今王治齐，非左右便辟无使也，臣故曰，不如爱尺縠也。"

宣王谢曰："寡人有罪国家。"于是举士五人任官，齐国大治。

【译文】过了一会儿，王斗说："从前先君齐桓公有五种爱好。他纠合诸侯，匡正天下，天子授位，立为霸主。现在，大王有四种爱好。"宣王听之喜悦说："我愚蠢寡闻，治理齐国，只担心失国，怎能有四种爱好呢？"王斗说："不。先君喜好马，大王也喜好马；先君喜好狗，大王也喜好狗；先君喜好酒，大王也喜好酒；先君好色，大王也好色；先君礼贤下士，大王却不礼贤下士”宣王说：“现在世上没有士，我又怎么去礼贤下士呢？王斗说：“世上没有骐騄、騄耳这样的骏马，可是大王已经车马齐备；世上没有赛过狡兔东郭逡的韩卢之狗，可是大王已经有善跑的猎狗；世上没有象毛嫱、西施那样的美女，可是大王的后宫中充满了美女。大王只是不礼贤下士，怎么发愁世上没有士呢？”宣王说：“我忧国爱民，心底就盼望聘得贤士共治齐国。”王斗进一步说：“臣认为大王忧国忧民，还不如爱一尺绉纱。”宣王说：“这是什么意思？”王斗说：“大王要人做帽子，不要亲近宠爱的人去做，却要工匠去做，为什么？因为他们会做。现在，大王治理国家，却一定要用亲近宠爱的人去治理。所以我说：‘您忧国爱民不如爱一尺绉纱。’”

宣王内疚自责说：“我对国家有罪。”于是。选拔了五名贤士，任命他们的官职，齐国因此治理得很好。

陈轸为宣王说楚昭阳勿伐魏

（《战国策·齐策》二）

昭阳为楚伐魏，覆军杀将，得八城。移兵攻齐。陈轸为齐王见昭阳，再拜贺战胜，起而问：“楚之法，覆军杀将，其官爵何也？”昭阳曰：“官为上柱国，爵为上执珪。”陈轸曰：“异贵于此者何也？”曰：“唯令尹耳。”陈轸曰：“令尹贵矣！主非置两令尹也，臣窃为公譬可也。楚有祠者，赐其舍人卮酒。舍人相谓曰：‘数人饮之不足，一人饮之有余。请画地为蛇，先成者饮酒。’一人蛇先成，引酒且饮，乃左手持卮，右手画蛇，曰：‘吾能为之足。’未成，一人之蛇成，夺其卮曰：‘蛇固无足，子安能为之足。’遂饮其酒。为蛇足者，终亡其酒。今君相楚而攻魏，破军杀将，得八城，不弱兵，欲攻齐，齐畏公甚，公以是为名,亦足矣，官之上，非可重也。战无不胜，而不知止者，身且死，爵且后归，犹为蛇足也。”昭阳以为然，解军而去。

【译文】楚国大将昭阳率楚军攻打魏国，击杀魏将，大破其军，占领了八座城池，又移师攻打齐国。陈轸充任齐王使者去见昭阳，再拜之后祝贺楚军的胜利，然后站起来问昭阳：“按照楚国的制度，灭敌杀将能封什么官爵禄位？”昭阳答道：“官至上柱国，爵为上执。”陈轸接着又问：“比这更尊贵的还有什么？”昭阳说：“那只有令尹了。”陈轸就说：“令尹的确是最显贵的官职，但楚王却不可能设两个令尹！我愿意替将军打个比方。楚国有个贵族祭过祖先，把一壶酒赐给门客。门客相顾商议：'这酒，几个人喝不够，一个人享用却有余，让我们各地上画一条蛇，先画成的请饮此酒。'有个门客率先完成，取过酒杯准备先喝，就左手持杯，右手又在地上画了起来，并说：'我还可以为蛇添上足呢。'蛇足尚未画完，另一门客的蛇也画好了，于是夺过他手中的酒杯，说'蛇本无脚，你怎能给它硬添上脚呢？'便喝了那酒。而画蛇脚的最终没有喝到酒。如今将军辅佐楚王攻打魏国，破军杀将，夺其八城，兵锋不减之际，又移师向齐，齐人震恐，凭这些，将军足以立身扬名了，而在官位上是不可能再有什么加封的。如果战无不胜却不懂得适可而止，只会招致杀身之祸，该得的官爵将不为将军所有，正如画蛇添足一样！"昭阳认为他的话有道理，就撤兵回国了。

冯谖客孟尝君

（《战国策·齐策》四）

齐人有冯谖（一作驩，又作煖，下并同）者，贫乏不能自存，使人属孟尝君，愿寄食门下。孟尝君曰："客何好？"曰："客无好也。"曰："客何能？"曰："客无能也。"孟尝君笑而受之，曰："诺。"左右以君贱之也，食以草具。

【译文】齐国有个名叫冯谖的人，家境贫困，难以养活自己，托人请求孟尝君，愿意寄食门下。孟尝君问："先生有什么爱好吗？"冯谖说："没有。"孟尝君又问："先生有什么特长吗？"他说："也没有。"孟尝君笑了笑，接纳了他："好的。"孟尝君身边的人因为主人不太在意冯谖，就拿粗茶淡饭给他吃。

居有顷，倚柱弹其剑，歌曰："长铗归来乎！食无鱼。"左右以告。孟尝君曰："食之，比门下之客。"居有顷，复弹其铗，歌曰："长铗归来乎！出无车。"左右皆笑之，以告。孟尝君曰："为之驾，比门下之车客。"于是乘其车，揭其剑，过其友曰："孟尝君客我。"后有顷，复弹其剑铗，歌曰："长铗归来乎！无以为家。"左右皆恶之，以为贪而不知足。孟尝君问："冯公有亲乎？"对曰："有老母。"孟尝君使人给其食用，无使乏。于是冯谖不复歌。

【译文】住了不久，冯谖就背靠柱子，弹剑而歌："长剑呀，咱们回去吧，吃饭没有鱼。”身边的人把这件事告诉孟尝君。孟尝君吩咐说：“给他一般门客待遇，让他吃鱼吧。”住了不久，冯谖又弹着他的剑，唱道：“长剑呀，我们还是回去吧，出门没有车坐。”孟尝君说：“给他配上车，按照车客的待遇。”于是冯谖驾车带剑，向他们的朋友夸耀：“孟尝君尊我为上客。”这样过了一段日子，冯谖复弹其剑，唱道：“长剑呀，咱们回去吧，无以养家。”身边的人都厌恶他，认为他贪得无厌。孟尝君问道：“冯先生有父母吗？”冯谖答道：“有个老母。”孟尝君资助其家用，不使他母亲穷困，而冯谖从此不再唱牢骚歌了。

后孟尝君出记，问门下诸客：“谁习计会，能为文收责于薛者乎？”冯谖署曰：“能。”孟尝君怪之，曰：“此谁也？”左右曰：“乃歌夫长铗归来者也。”孟尝笑曰：“客果有能也，吾负之，未尝见也。”请而见之，谢曰：“文倦于事，愦于忧，而性（忄宁）愚，沉于国家之事，开罪于先生。先生不羞，乃有意欲为收责于薛乎？”冯谖曰：“愿之。”于是约车治装，载券契而行，辞曰：“责毕收，以何市而反？”孟尝君曰：“视吾家所寡有者。”

【译文】后来，孟尝君出了一通告示，问门下食客：“请问哪一位通晓账务会计，能替我到薛地收债呢？”冯谖署上名字说：“我能。”孟尝君看了很诧异，向左右随从：“这是谁呀？”人们答道：“就是那个唱‘长剑呀，我们回去吧’的人。”孟尝君笑道：“他果然有才能，我真对不起他，还未曾见过面呢。”于是请他来相见，道歉说：“田文每日为琐事所烦，心身俱累，被忧愁弄得神昏意乱，而且生来懦弱笨拙，只因政务缠身，而怠慢了先生。好在先生不怪我，先生愿意替我到薛地收债吗？”冯谖说：“愿效微劳。”于是孟尝君替他备好车马行装，让他载着债券契约出发。辞别时，冯谖问：“收完债后，买些什么回来？”孟尝君回答：“先生看着办，买点我家缺少的东西吧。”

驱而之薛，使吏召诸民当偿者，悉来合券。券遍合，起矫命，以责赐诸民，因烧其券，民称万岁。

【译文】冯谖赶着马车到薛地，派官吏把该还债的百姓都叫来核对债券，全部核对之后，冯谖站了起来，假托孟尝君的名义将债款赏给这些百姓，并烧掉了那些券契文书，百姓感激得欢呼万岁。

长驱到齐，晨而求见。孟尝君怪其疾也，衣冠而见之，曰：“责毕收乎？来何疾也！”曰：“收毕矣。”“以何市而反？”冯谖曰：“君云‘视吾家所寡有者’。臣窃计，君宫中积珍宝，狗马实外厩，美人充下陈。君家所寡有者，以义耳！窃以为君市义。”孟尝君曰：

“市义奈何？”曰：“今君有区区之薛，不拊爱子其民，因而贾利之。臣窃矫君命，以责赐诸民，因烧其券，民称万岁。乃臣所以为君市义也。”孟尝君不说，曰：“诺，先生休矣！”

【译文】冯谖又马不停蹄地返回齐国都城临淄，一大早求见孟尝君，孟尝君很奇怪他回来得这么快，穿好衣服接见他说：“收完债了吗？何以回来得这般快捷？”冯谖答道：“都收完了。”“先生替我买了些什么回来？”冯谖说：“殿下曾言‘买些家中缺乏的东西’，臣暗想，殿下宫中珠宝堆积，犬马满厩，美女成行。殿下家中所缺少的，惟有仁义了，因此臣自作主张为殿下买了仁义回来。”孟尝君说：“你怎么买仁义的？”冯谖答道：“您只据有小小的薛地，不但不好好体恤薛地子民，反而像商人一样在他们身上榨取利益。臣为君计，私自假传您的命令，将所有的债款都赐给他们，并焚毁债券，百姓莫不欢呼万岁，这就是臣替您买的仁义呀！”孟尝君很不高兴，说：“我知道了，先生退下休息吧。”

后期年，齐王谓孟尝君曰：“寡人不敢以先王之臣为臣。”孟尝君就国于薛，未至百里，民扶老携幼，迎君道中终日。孟尝君顾谓冯谖：“先生所为文市义者，乃今日见之。”冯谖曰：“狡兔有三窟，仅得免其死耳。今有一窟，未得高枕而卧也。请为君复凿二窟。”孟尝君予车五十乘，金五百斤，西游于梁，谓惠王曰：“齐放其大臣孟尝君于诸侯，诸侯先迎之者，富而兵强。”于是梁王虚上位，以故相为上将军，遣使者黄金千斤，车百乘，往聘孟尝君。冯谖先驱，诫孟尝君曰：“千金，重币也；百乘，显使也。齐其闻之矣。”梁使三反，孟尝君固辞不往也。齐王闻之，君臣恐惧，遣太傅赍黄金千斤，文车二驷，服剑一，封书一，谢孟尝君曰：“寡人不祥，被于宗庙之祟，沉于谄谀之臣，开罪于君，寡人不足为也。愿君顾先王之宗庙，姑反国统万人乎？”冯谖诫孟尝君曰：“愿请先王之祭器，立宗庙于薛。”庙成，还报孟尝君曰：“三窟已就，君姑高枕为乐矣。”

孟尝君为相数十年，无纤介之祸者，冯谖之计也。

【译文】一年以后，齐王对孟尝君说：“寡人不敢用先王的旧臣为臣。”孟尝君回到封地薛，还差百里未到，当地百姓扶老携幼，在路旁迎接孟尝君。孟尝君回头对冯谖说：“先生为我买的‘义’，今天方才看到。”冯谖对孟尝君接着进言说：“狡兔三窟，才可得以免死。如今殿下只有一洞穴，尚未能得以高枕无忧，臣愿替殿下再凿两穴。”孟尝君便给他五十辆车，五百斤金去游说魏国。冯谖西入大梁，对惠王说：“齐国放逐了大臣孟尝君，诸侯谁先得到他，谁就能富国强兵。”于是魏王空出相位，让原来的相国做上将军，派出使节，以千斤黄金、百乘马车去聘孟尝君。冯谖先赶回薛地对孟尝君说：“千斤黄金是极贵重的聘礼，百乘马车是极隆重的使节，咱们齐国该知道这件事了。”魏国使者接连跑了三趟，可孟尝君坚决推辞不就。齐王听到这个消息，君臣震恐，连忙派遣太傅带着一千斤黄金，两乘四马花车及宝剑一把，外附书信一封向孟尝君道歉说：“都是寡人行为的兆头不吉祥，遭受祖宗降下的神祸，听信谗言，得罪了先生。寡人无德，虽不足以辅佐，但请先生顾念先王宗庙，暂且回国执掌政务。”冯谖劝孟尝君说：“希望殿下索取先王的祭器，立宗庙于薛。”宗庙落成，冯谖回报说：“三窟已就，殿下可安心享乐了。”

孟尝君为相几十年，没有纤介之微的祸患，倚靠的正是冯谖的谋划啊！

鲁仲连遗燕将书

（《战国策·齐策》六）

燕攻齐，取七十余城，唯莒、即墨未下。齐田单以即墨破燕，杀骑劫。初，燕将攻下聊城，人或谗之。燕将惧诛，遂保守聊城，不敢归。田单攻之，岁余，士卒多死，而聊城不下。

【译文】燕国攻打齐国，夺取了七十多座城，只有莒和即墨两地保存下来。齐将田单就以即墨为据点大败燕军，杀死燕将骑劫。当初，有位燕将攻占了聊城，可是却被人在燕王那里进了谗言，这位燕将害怕会被处死，就死守在聊城不敢回国。齐将田单为收复聊城，打了一年多，将士死伤累累，可聊城仍然无法攻克。

鲁连乃为书，约之矢以射城中，遗燕将曰：“吾闻之，智者不倍时而弃利，勇士不怯死而灭名，忠臣不先身而后君。今公行一朝之忿，不顾燕王之无臣，非忠也；杀身亡聊城，而威不信于齐，非勇也；功废名灭，后世无称，非智也。故智者不再计，勇士不怯死。今生死荣辱，尊卑贵贱，此其一时也。愿公之详计，而无与俗同也。

【译文】齐国谋臣鲁仲连就写了一封信，绑在箭杆上，射到城内，信中这样对燕将讲：“我听说，智者不去做违背时势、有损利益的事，勇士不去做害怕死去而毁掉荣誉的事，忠臣总是处处为君王着想而后才想到自己。现在将军竟因一时的激愤，而不顾燕王失去一位大臣，这不是忠臣所为；城破身死，威名不会在齐国传播，这不是勇士的举动；战功废弃，英名埋没，后人不会称道，这不是聪明人的举动。因此，明智的人不会踌躇不决，勇敢的人不会贪生怕死，如今生死荣辱、尊卑贵贱，都取决于一时的当机立断，希望将军能够三思而行，不要与普通人一般见识。

且楚攻南阳，魏攻平陆，齐无南面之心，以为亡南阳之害，不若得济北之利，故定计而坚守之。今秦人下兵，魏不敢东面，横秦之势合，则楚之形危。且齐弃南阳，断右壤，存济北，计必为之。今楚、魏交退，燕救不至，齐无天下之规，与聊城共据期年之弊，即臣见公之不能得也。齐必决之于聊城，公无再计。彼燕国大乱，君臣过计，上下迷惑，栗腹以十万之众，五折于外，万乘之国，被围于赵，壤削主困，为天下戮，公闻之乎？今燕王方寒心独立，大臣不足恃，国弊祸多，民心无所归。今公又以弊聊之民，距全齐之兵，期年不解，是墨翟之守也；食人炊骨，士无反北之心，是孙膑、吴起之兵也。能以见于天下矣。

【译文】而且楚国进攻南阳、魏国进逼平陆，齐国压根就没有分兵拒击的意思，认为失去南阳之害，不及攻取聊城之利，所以一心一意攻打聊城。如今秦王出兵助齐，魏国再不敢出兵平陆；秦齐连横之势已定，楚国此刻岌岌可危。何况即便弃南阳、失平陆，只要能保全聊城之地，齐国也会一意孤行，在所不惜。如今楚、魏先后退兵，可燕国的援军仍然毫无消息，齐国既没有了外患，就会与你相持下去直至最终定出成败。一年之后，我恐怕就见不到将军之面了。总之，攻取聊城是秦国既定不变的方略，你切莫举棋不定。将军知道吗？目下燕国内乱，君臣失措，上下惶惑。燕将栗腹率领十万军队进攻赵国，却屡战屡败，燕国本是万乘强国，却被赵国围困。土地被掠夺，国君遭困厄，为天下诸侯耻笑。现在，大臣不足以倚仗，兵祸连连，国难深重，民心涣散。燕王正处在心惊胆战、孤立无援的境地，而你却能指挥早已疲惫不堪的聊城子民，抗拒整个齐国的兵马，已历一年，聊城现今仍安如磐石，将军确如墨翟一般善于攻守；士兵们饥饿到食人肉炊人骨的地步，而始终没有背弃你的想法，你确如孙膑、吴起一样善于用兵。就凭这两条，将军足可成名于天下！

"故为公计，不如罢兵休士，全车甲，归报燕王，燕王必喜。士民见公，如见父母，交游攘臂而议于世，功业可明矣。上辅孤主，以制群臣；下养百姓，以资说士。矫国革俗于天下，功名可立也。意者亦捐燕弃世，东游与齐乎？请裂地定封，富比陶、卫，世世称寡，与齐久存，此亦一计也。二者显名厚实也，愿公熟计而审处一也。"

【译文】因此，我替你打算，不如罢兵休斗，保全车仗甲胄，回国向燕王复命，他一定会很高兴。燕国的官吏子民见到你，会如同见到父母一般敬爱热情，新朋故交会抓着你的胳膊赞扬将军的赫赫战功，这样将军就会名扬天下。然后，将军上可辅佐国君，统制群臣；下可存恤百姓，奉养说客；矫正国弊，改革陋俗，完全能够建立更大的功名。如果将军不愿回去，是否能考虑一下抛弃世俗的成见，隐居于齐呢？我会让齐王赐你封地，与秦国的魏冉、商鞅般富有，代代相袭，与齐并存，这是另一条出路。这两者，一是扬名当世；一是富贵安逸，希望你慎重考虑，选择其中一种。

“且吾闻效小节者，不能行大威，恶小耻者，不能立荣名。昔管仲射桓公中钩，篡也；遗公子纠而不能死，怯也；束缚桎梏，辱身也。此三行者，乡里不通也，世主不臣也。使管仲终穷抑幽囚而不出，惭耻而不见，穷年没寿，不免为辱人贱行矣。然管子并三行之过，据齐国之政，一匡天下，九合诸侯，为五霸首，名高天下，光照邻国。曹沫为鲁君将，三战三北，而丧地千里。使曹子之足不离陈，计不顾后，出必死而不生，则不免为败军禽将。曹子以败军禽将，非勇也；功废名灭，后世无称，非智也。故去三败之耻，退而与鲁君计也，曹子以为遭齐桓公有天下，朝诸侯。曹子以一剑之任，劫桓公于坛位之上，颜色不变，而辞气不悖。三战之所丧，一朝而反之，天下震动惊骇，威信吴、楚，传名后世。若此二公者，非不能行小节，死小耻也，以为杀身绝世，功名不立，非智也。故去忿恚之心，而成终身之名；除感忿之耻，而立累世之功。故业与三王争流，名与天壤相敝也。公其图之！”

【译文】我还听说过于看重小节，难以建树大功；不堪忍受小辱，难以成就威名。从前管仲弯弓射中桓公的带钩，这是篡逆作乱；不能为公子纠死义，这是贪生惜命；身陷囚笼，这是奇耻大辱。有了这三种行径，虽乡民野老也不会与之交往，君主也不会以之为臣。如果管仲因此困辱抑制自己的志向，不再出仕，以卑贱的劳作辱没一生。可是他却在身兼三种恶行的情况下，执掌齐国政事，扶正天下，九次召集诸侯会盟，使桓公得以成为春秋五霸之首，他自己也名满天下，光耀邻邦。曹沫是鲁国的将军，三战三败，失地千里。如果他发誓永远不离开疆场，不顾后果一意孤行，他一定会战死沙场，那就不过是一个丧师身殁的败将而已。这样一来，就不能称为勇士；功名淹没，不能算是聪明。可是，他能隐忍三次败北的耻辱，与庄公重新谋划。齐桓公威服天下之后，召集诸侯会盟，曹沫就凭着一柄宝剑，在祭坛之上劫持桓公，从容不迫，义正辞严，一朝收回失地，天下为之震动。他的威名更远播吴楚而名重后世。以上说的管仲、曹沫两个人，并不是不能遵行小节，为小耻而死，只是他们认为功名未立，壮志未酬，愤而求死是不明智的做法。所以才决定抛弃愤恨之心，成就一生的功名；忍受一时耻辱，建立万世功业。他们的功业可与三王争高低，声名可与天地共短长，愿将军三思而后行！”

燕将曰：“敬闻命矣。”因罢兵，倒椟而去。故解齐国之围，救百姓之死，仲连之说也。

【译文】燕将深为折服，答复鲁仲连说：“谨遵先生之命。”于是，背着兵器撤军回国。因此说，解除齐兵对聊城的围困，使百姓免遭刀兵之祸，全是鲁仲连的功劳呀！

鲁仲连与田单论攻狄

（《战国策·齐策》六）

田单将攻狄，往见鲁仲子。仲子曰："将军攻狄，不能下也。"田单曰："臣以五里之城，七里之郭，破亡余卒，破万乘之燕，复齐墟。攻狄而不下，何也？"上车弗谢而去。遂攻狄，三月而不克之也。

【译文】田单将要进攻狄城，去拜见鲁仲连，鲁仲连说："将军进攻狄城，是会攻不下的。"田单说："我曾以区区即墨五里之城，七里之郭，带领残兵败将，打败了万乘的燕国，收复了失地，为什么进攻狄城，就攻不下呢？"说罢，他登车没有告辞就走了。随后，他带兵进攻狄城，一连三月，却没有攻下。

齐婴儿谣曰："大冠若箕，修剑拄颐，攻狄不能，下垒枯丘。"田单乃惧，问鲁仲子曰："先生谓单不能下狄，请问其说。"鲁仲子曰："将军之在即墨，坐而织蒉，立则丈插，为士卒倡曰：'何往矣！宗庙亡矣！去曰尚矣！归于何党矣！'当此之时，将军有死之心，而士卒无生之气，闻若言，莫不挥泣奋臂而欲战，此所以破燕也。当今将军东有夜邑之奉，西有菑上之虞，黄金横带，而驰乎淄、渑之闲，有生之乐，无死之心，所以不胜者也。"田单曰："单有心，先生志之矣。"明日，乃厉气循城，立于矢石之所，乃援枹鼓之，狄人乃下。

【译文】齐国的小孩唱着一首童谣说："高高的官帽象簸箕，长长的宝剑托腮齐，攻打狄城不能下，梧丘筑城空伤悲。"田单听了有些害怕，便去问鲁仲连："先生说我攻不下狄城，请听听您讲的道理吧。"鲁仲连说："将军从前在即墨时，坐下去就编织草袋，站起来就舞动铁锹，身先士卒，您号召说：'勇敢地杀上战场，神圣的祖国将要灭亡，我们个个就会走进坟场，只有一条路，勇敢地杀上战场。'在那时，将军有决死之心，士卒无生还之意，听了您的号召，（士卒们）没有一个不挥泪振臂，奋勇求战。这就是当初您打败燕国的原因。现在，将军您，东可收纳夜邑封地的租税，西可在淄水之上尽情地欢乐，金光闪闪的宝剑横挎在腰间，驰骋在淄水，渑水之间，现在您有贪生的欢乐，而没有战死的决心。这就是您攻不下狄城的原因。"田单说："我有决死之心，先生您就看着吧！"第二天，他就激励士气，巡视城防，选择箭弩能命中敌人的优势地势，擂鼓进军，狄城终于被攻下了。

赵威后问齐使

（《战国策·齐策》四）

齐王使使者问赵威后。书未发，威后问使者曰："岁亦无恙耶？民亦无恙耶？王亦无恙耶？"使者不说，曰："臣奉使使威后，今不问王，而先问岁与民，岂先贱而后尊贵者乎？"威后曰："不然。苟无岁，何有民？苟无民，何以有君？故有舍本而问末者耶？"乃进而问之曰："齐有处士曰钟离子，无恙耶？是其为人也，有粮者亦食，无粮者亦食；有衣者亦衣，无衣者亦衣。是助王养其民者也，何以至今不业也？叶阳子无恙乎？是其为人，哀鳏寡，恤孤独，振困穷，补不足。是助王息其民者也，何以至今不业也？北宫之女婴儿子无恙耶？撤其环瑱，至老不嫁，以养父母。是皆率民而出于孝情者也，胡为至今不朝也？此二士弗业，一女不朝，何以王齐国、子万民乎？於陵子仲尚存乎？是其为人也，上不臣于王，下不治其家，中不索交诸侯。此率民而出于无用者，何为至今不杀乎？"

【译文】齐王派使者来聘问赵威后，（齐王给威后的）信还没打开，威后就问使者说："齐国的年成好吗？老百姓好吗？齐王也好吗？"（齐国）使者（听了）不高兴，说："我尊奉使命出使到威后这里，现在您不问齐王如何，而先问收成和老百姓，哪里有先问卑贱者后问尊贵者的呢？"威后说："不能这样说。如果没有收成，凭什么有百姓？如果没有百姓，又凭什么会有国君？哪有不问根本而去问末梢呢？"于是（威后）进一步又问齐国的使者说："齐国有一个处士叫钟离子，他还好吧？（我听说）这个人的为人，有粮食的人有饭吃，没粮食的人，他也给他们饭吃；有衣服的人有衣服穿，没衣服的人他给他们衣服穿。这是在帮助齐王抚养他的百姓，为什么至今不让他成就功业呢？叶（音she）阳子还好吧？这个人他的为人，怜悯、抚恤鳏夫、寡妇、孤儿和没有子女的老人，救济生活穷困、缺衣少食的人。这是帮助齐王使百姓得到生息繁衍，为什么至今不让他成就功业呢？北宫家的女儿婴儿子还好吧？她除去耳环首饰（不修饰自己），到老也不嫁人，为的是供养父母，这是为民表率，使民孝敬父母啊，为什么至今不给她封号呢？这两个处士不能成就功业，一个孝女不加封号，如何能统治齐国、做万民的父母呢？於陵的子仲还在吗？这个人的为人，对上不向君王称臣，对下不管好自己的家，横向又不谋求与诸侯交好，这是引导百姓成为无用的人，为什么至今还不杀他呢？”

莫敖子华对威王历论忧社稷之臣

（《战国策·楚策》一）

威王问于莫敖子华曰：“自从先君文王，以至不穀之身，亦有不为爵劝，不以禄勉，以忧社稷者乎？”莫敖子华对曰：“如华不足知之矣。”王曰：“不于大夫，无所闻之。”莫敖子华对曰：“君王将何问者也？彼有廉其爵，贫其身，以忧社稷者；有崇其爵，丰其禄，以忧社稷者；有断脰决腹，壹瞑而万世不视，不知所益，以忧社稷者；有劳其身，愁其思，以忧社稷者；亦有不为爵劝，不为禄勉，以忧社稷者。”王曰：“大夫此言，将何谓也？”

【译文】楚威王问莫敖子华，说：“从先君文王到我这一辈为止，真有不追求爵位俸禄，而忧虑国家安危的大臣吗？”莫敖子华回答说：“这些事情，非子华所能回答。”威王说：“我要是不问您，更无从知道。”莫敖子华回答说：“君王您问的是哪一类大臣呢？有奉公守法，安于贫困，而忧虑国家安危的；有为了提高其爵位，增加其俸禄，忧虑国家安危的；有不怕断头，不怕剖腹，视死如归，不顾个人利益，而忧虑国家安危的；有劳其筋骨，苦其心志，而忧虑国家安危的；也有既不追求爵位，又不追求俸禄，而忧虑国家安危的。”威王说：“您这些话，说的都是谁呢？”

莫敖子华对曰：“昔令尹子文，缁帛之衣以朝，鹿裘以处；未明而立于朝，日晦而归食；朝不谋夕，无一曰之积。故彼廉其爵，贫其身，以忧社稷者，令尹子文是也，

“昔者叶公子高，身获于表薄，而财于柱国；定白公之祸，宁楚国之事，恢先君以掩方城之外，四封不侵，名不挫于诸侯。当此之时也，天下莫敢以兵南乡。叶公子高食田六百畛。故彼崇其爵，丰其禄，以忧社稷者，叶公子高是也。

【译文】莫敖子华回答说：“从前令尹子文上朝时，身穿朴素的黑丝绸长衫，在家时，穿着简朴的鹿皮衣。黎明即起，就去上朝；太阳落山，才回家吃饭。吃完早饭就顾不上晚饭。连一天的粮食也没有积存。所以，我说的那个奉公守法，安于贫困，而忧虑国家安危的，就是令尹子文。

且请求援救。’秦王一再要他起身，他一直不起。秦王说：‘我听说，万乘大国的君王，如果得罪了志士，国家就会危险，如今就是这样。’于是，秦王派出战车千辆，兵士万人，让公子满和公子虎带领，出边关，向东挺进，与吴军战于浊水之上，大败吴军，又听说还在遂浦作战。所以，我说的那个劳其筋骨，苦其心志，而忧虑国家安危的，就是棼冒勃苏。

“吴与楚战于柏举，三战入郢。君王身出，大夫悉属，百姓离散。蒙谷结斗于宫唐之上，舍斗奔郢，曰：‘若有孤，楚国社稷其庶几乎！’遂入大宫，负鸡次之典，以浮于江，逃于云梦之中。昭王反郢，五官失法，百姓昏乱；蒙谷献典，五官得法，而百姓大治。此蒙谷之功多，与存国相若，封之执圭，田六百畛。蒙谷怒曰：‘谷非人臣，社稷之臣。苟社稷血食，余岂患无君乎？’遂自弃于磨山之中，至今无位。故不为爵劝，不为禄勉，以忧社稷者，蒙谷是也。”

【译文】吴、楚两国在柏举交战，吴国连攻三关，攻入楚都，楚君逃亡，大夫跟随，百姓流离失所，楚臣蒙谷在宫唐与吴军遭遇，这时楚王生死未卜，蒙谷撇开吴军跑到楚都，说：‘如果有孤子可以继位，楚国大概可难免遭灭亡。’于是，他来到楚宫，背上楚国法律离次大典，乘船浮游于江上，逃到云、梦地区。以后楚昭王返回楚都，百官无法可依，百姓混乱；蒙谷献出了离次大典，百官便有法可依，百姓得以治理。相形之下，蒙谷立了大功，等于使楚国得以保全。于是，楚王封他为执纆，给他封田六百畛。蒙谷生气地说：‘我并不是一般贪图爵禄的大臣，我是忧虑国家安危的大臣；国家平安无事，我难道会去忧虑个人有无官做吗！’于是他隐居磨山之中，至今仍无爵禄。所以，我说的那个既不追求爵位，也不追求俸禄，而忧虑国家安危的，就是蒙谷啊！”

王乃太息曰：“此古之人也。今之人焉能有之耶？”

莫敖子华对曰：“昔者先君灵王好小腰，楚士约食，冯而能立，式而能起，食之可欲。忍而不入；死之可恶，就而不避。华闻之，其君好发者，其臣抉拾。君王直不好，若君王诚好贤，此五臣者，皆可得而致之。”

【译文】楚王叹息道：“这些都是古人，现在还有这样的人吗？”

莫敖子华回答说：“从前，楚灵王喜欢细腰女子，楚国的人便少吃饭，使自己的腰都细起来，以致要扶着东西才能起立，虽然想吃东西，但总是忍着饿不吃，这样饿下去，就有死的危险，可是人们无所畏惧。我听说：‘国君喜好射箭，大臣也会去学习射箭。’大王您只是不喜好贤臣而已，如果真是喜好贤臣，上述这五种贤臣，都是可以被大王罗致来的。”

庄辛与襄王论幸臣亡国

（《战国策·楚策》四）

庄辛谓楚襄王曰：“君王左州侯，右夏侯，辇从鄢陵君与寿陵君，专淫逸侈靡，不顾国政，郢都必危矣。”襄王曰：“先生老悖乎？将以为楚国袄祥乎？”庄辛曰：“臣诚见其必然者也，非敢以为国袄祥也。君王卒幸四子者不衰，楚国必亡矣。臣请辟于赵，淹留以观之。”庄辛去之赵。留五月，秦果举鄢、郢、巫、上蔡、陈之地，襄王流揜于城阳。于是使人发驺，征庄辛于赵。庄辛曰：“诺。”

【译文】庄辛对楚襄王说：“君王左有州侯右有夏侯，车后又有鄢陵君和寿陵君跟从着，一味过着毫无节制的生活，不理国家政事，如此会使郢都变得很危险。”楚襄王说：“先生老糊涂了吗？还是认为楚国将遇到不祥呢？”庄辛说：“臣当然是看到了事情的必然后果，不必认为国家遇到不祥。假如君王始终宠幸这四个人，而不稍加收敛，那楚国一定会因此而灭亡的。请君王准许臣到赵国避难，在那里来静观楚国的变化。”庄辛离开楚国到了赵国，他只在那里住了五个月，秦国就发兵攻占了鄢、郢、巫、上蔡、陈这些地方，楚襄王也流亡躲藏在城阳。在这时侯襄王才派人率骑士到赵国召请庄辛。庄辛说：“可以。”

庄辛至，襄王曰：“寡人不能用先生之言，今事至于此，为之奈何？”庄辛对曰：“臣闻鄙语曰：‘见兔而顾犬，未为晚也；亡羊而补牢，未为迟也。’臣闻昔汤、武以百里昌，桀、纣以天下亡。今楚国虽小，绝长续短，犹以数千里，岂特百里哉？

【译文】庄辛到了城阳以后，楚襄王对他说：“寡人当初不听先生的话，如今事情发展到这地步，对这事可怎么办呢？”庄辛回答说：“臣知道一句俗语：‘见到兔子以后再放出猎犬去追并不算晚，羊丢掉以后再去修补也不算迟。’臣听说过去商汤王和周武王，依靠百里土地，而使天下昌盛，而夏桀王和殷纣王，虽然拥有天下，到头来终不免身死亡国。现在楚国土地虽然狭小，然而如果截长补短，还能有数千里，岂止一百里而已？

“王独不见夫蜻蛉乎？六足四翼，飞翔乎天地之间，俯啄蚊虻而食之，仰承甘露而饮之，自以为无患，与人无争也。不知夫五尺童子，方将调饴胶丝，加己乎四仞之上，而下为蝼蚁食也。蜻蛉其小者也，黄雀因是以俯噣白粒，仰栖茂树，鼓翅奋翼，自以为无患，与人无争也。不知夫公子王孙，左挟弹，右摄丸，将加己乎十仞之上，以其类为招。昼游乎茂树，夕调乎酸咸，倏忽之间，坠于公子之手。夫雀其小者也，黄鹄因是以。游于江海，淹乎大沼，俯噣鳝鲤，仰啮菱衡，奋其六翮，而凌清风，飘摇乎高翔，自以为无患，与人无争也，不知夫射者，方将修其碆卢，治其缯缴，将加己乎百仞之上。披礛磻，引微缴，折清风而抎矣，故昼游乎江河，夕调乎鼎鼐。

【译文】大王难道没有见过蜻蜓吗？长着六只脚和四只翅膀，在天地之间飞翔，低下头来啄食蚊虫，抬头起来喝甘美的露水，自以为无忧无患，又和人没有争执。岂不知那几岁的孩子，正在调糖稀涂在丝网上，将要在高空之上粘住它，它的下场将是被蚂蚁吃掉。蜻蜓的事可能是小事，其实黄雀也是如此。它俯下身去啄白米，仰起身来栖息在茂密的树丛中，鼓动着它的翅膀奋力高翔，自己满以为没有祸患，和人没有争执，却不知那公子王孙左手拿着弹弓，右手按上弹丸，将要向三十尺高空以黄雀的脖子为射击目标。黄雀白天还在茂密的树丛中游玩，晚上就成了桌上的佳肴，转眼之间落入王孙公子之口。黄雀的事情可能是小事情，其实黄鹄也是如此。黄鹄在江海上翱游，停留在大沼泽旁边，低下头吞食黄鳝和鲤鱼，抬起头来吃菱角和水草，振动它的翅膀而凌驾清风，飘飘摇摇在高空飞翔，自认为不会有祸患，又与人无争。然而他们却不知那射箭的人，已准备好箭和弓，将向七十尺的高空射击它。它将带着箭，拖着细微的箭绳，从清风中坠落下来，掉在地上。黄鹄白天还在湖里游泳，晚上就成了锅中的清炖美味。

"夫黄鹄其小者也，蔡灵侯之事，因是以。南游乎高陂，北陵乎巫山，饮茹溪流，食湘波之鱼，左抱幼妾，右拥嬖女，与之驰骋乎高蔡之中，而不以国家为事。不知夫子发方受命乎宣王，系己以朱丝而见之也。

【译文】那黄鹄的事可能是小事，其实蔡灵侯的事也是如此。他曾南到高陂游玩，北到巫山之顶，饮茹溪里的水，吃湘江里的鱼；左手抱着年轻貌美的侍妾，右手搂着如花似玉的宠妃，和这些人同车驰骋在高蔡市上，根本不管国家大事。却不知道那子发正在接受宣王的进攻命令，他将要成为阶下之囚。

"蔡灵侯之事其小者也，君王之事，因是以左州侯，右夏侯，辇从鄢陵君与寿陵君，饭封禄之粟，而载方府之金，与之驰骋乎云梦之中，而不以天下国家为事，不知夫穰侯方受命乎秦王，填黾塞之内，而投己乎黾塞之外。"

襄王闻之，颜色变作，身体战栗。于是乃执珪而授之，封之为阳陵君，与淮北之地也。

【译文】蔡灵侯的事只是当中的小事，其实君王您的事也是如此。君王左边是州侯，右边是夏侯，鄢陵君和寿陵君始终随着君王的车辆，吃的是封地收取的赋税，用的是地方上贡的金银，与他们驰骋在云梦地区，根本不把国家的事情放在心上。然而君王却没料到，穰侯魏冉已经奉秦王命令，在黾塞之南布满军队，州侯等却把君王抛弃在黾塞以北。”

楚襄王听了庄辛这番话之后，大惊失色，全身发抖。在这时才把执珪的爵位送给庄辛，封他为阳陵君，不久庄辛帮助楚王收复了淮北的土地。

李园谋杀春申君

（《战国策·楚策》四）

楚考烈王无子，春申君患之，求妇人宜子者进之，甚众，卒无子。

赵人李园持其女弟欲进之楚王，闻其不宜子，恐又无宠。李园求事春申君为舍人。已而谒归，故失期。还谒，春申君问状。对曰：“齐王遣使求臣女弟，与其使者饮，故失期。”春申君曰：“聘入乎？”对曰：“未也。”春申君曰：“可得见乎？”曰：“可。”于是园乃进其女弟，即幸于春申君。知其有身，园乃与其女弟谋。

【译文】楚考烈王没有儿子，相国春申君为此甚为忧愁，寻求宜于生子的妇人进献给考烈王，虽然进献了许多妇人，却始终没能生儿子。

这时赵国李园想把自己妹妹献给考烈王，可是又听人说自己的妹妹并无生子之像，又担心将来得不到考烈王的宠信。李园就请求能当春申君的舍人，当上舍人不久，请假回家，又故意晚回。回来见到春申君，春申君问他为什么迟到。李园回答说：“齐王派人来娶我的妹妹，我和使者喝酒，结果耽误了回来的时间。”春申说：“送过聘礼了吗？”李园说：“还没有。”春申君说：“可以让我见一下令妹吗？”李园说：“可以的。”于是李园就把妹妹献给了春申君，得到春申君的宠爱。当李园知道妹妹有了身孕，就和妹妹商量了一个计谋。

园女弟承闲说春申君曰：“楚王之贵幸君，虽兄弟不如。今君相楚王二十余年，而王无子，即百岁后，将更立兄弟。即楚王更立，彼亦各贵其故所亲，子又安得长有宠乎？

非徒然也，君用事久，多失礼于王兄弟，兄弟诚立，祸且及身，奈何以保相印、江东之封乎？今妾自知有身矣，而人莫知。妾之幸君未久，诚以君之重，而进妾于楚王，王必幸妾。妾赖天而有男，则是君之子为王也，楚国封尽可得，孰与其临不测之罪乎？”春申君大然之。乃出园女弟谨舍，而言之楚王。楚王召入，幸之。遂生子男，立为太子，以李园女弟立为王后。楚王贵李园，李园用事。

【译文】李园妹妹趁着空闲的时候向春申君说：“君王宠信你，就连兄弟也不过如此。现在你当楚国相国已经二十多年，可是楚王还没有儿子。等到楚王死后，必然拥立兄弟为王。楚国王位更换，必然重用自己的亲人，您又怎么能长久得到宠信呢？不仅如此，您出任宰相的时间又长，难免对大王兄弟有许多失礼得罪之处。将来大王兄弟如果真能登上王位，您定会身受大祸，又怎能保全相国和江东的封地呢？现在臣妾已经知道自己怀有身孕，旁人却谁也不知道。臣妾受你的宠爱还不算久，假如能凭你的高贵身份而把臣妾献给楚王，那楚王必然会宠爱臣妾。万一臣妾能得上天保佑生个儿子，那岂不是你的儿子作了楚王，到那时楚国的所有不尽在你的掌握之中吗，这和面对着不可猜测的罪过相比，哪一个更好呢？”春申君认为这话很对，就把李园的妹妹迁到一个秘密的地方，并向楚王说进献李园妹妹。楚王把李园妹妹召来后就非常喜欢她。后来果然生了一个男孩，而且被立为太子，立李园的妹妹为皇后。考烈王也很重用李园，因而李园也就掌握了朝政。

李园既入其女弟为王后，子为太子，恐春申君语泄而益骄，阴养死士，欲死春申君以灭口，而国人颇有知之者。春申君相楚二十五年，考烈王病。朱英谓春申君曰：世有无妄之福，又有无妄之祸。今君处无妄之世，以事无妄之主，安不有无妄之人乎？”春申君曰：“何谓无妄之福？”曰：“君相楚二十余年矣，虽名为相国，实楚王也。五子皆相诸侯。今王疾甚，旦暮且崩，太子衰弱。疾而不起，而君相少主，因而代立当国，如伊尹、周公。王长而反政，不即遂南面称孤，因而有楚国。此所谓无妄之福也。”春申君曰；“何谓无妄之祸？”曰：“李园不治国，王之舅也。不为兵将，而阴养死士之日久矣。楚王崩，李园必先入。据本议，制断君命，秉权，而杀君以灭口。此所谓无妄之祸也。”春申君曰：“何谓无妄之人？”曰：“君先仕臣为郎中，君王崩，李园先入，臣请为君（童刂）其胸杀之。此所谓无妄之人也。”春申君曰：“先生置之，勿复言已。李园，软弱人也。仆又善之，又何至此？”朱英恐，乃亡去。

【译文】李园既然把自己妹妹送入宫成了皇后，所生的孩子又成了太子，深恐春申君越发骄纵或者泄漏内幕，因此就在暗中养着刺客，想杀死春申君灭口，不过有很多人知道这件事。当春申君作楚相国第二十五年时，考烈王生病了。这时朱英对春申君说：“世间有出人意外的鸿福，也有始料不及的横祸。现在您正处在出人意外的世界里，去侍奉出人意外的君主，怎能得不到出人意外的人呢？”春申君说：“什么叫出人意外的福呢？”朱英说：“您当楚国的相国已经二十多年了，虽然名是楚国的相国，实际上是楚国的国王。五个儿子都当上了诸侯的辅相。现在君王病得很重，早晚是会死的，一旦大王彻底病倒了，您就得做少主的相国，太子又很弱小，你就得代少主掌管国政，就像伊尹和周公一样，等少主长大再让他亲政，要不然，您就可以南面称王，掌握楚国。这就是所谓出人意外的福。”春申君问：“那什么叫出人意外的祸呢？”李英说：“李园不是治理国家的相国，而是君王的大舅子。他既然不是领兵大将，却在暗中豢养刺客，这事已经很久了。楚王死后，李园必定入宫，据本奏议，假传君王命令杀死阁下灭口，这就是所谓意想不到的祸。”春申君说：“什么叫意想不到的人呢？”朱英说：“阁下先任命臣为郎中卫士官，君王死后，李园一定先入宫，请让臣替您以利剑刺入他的胸膛把他杀死，这就是所谓意想不到的人。”春申君说：“先生先别提这事，李园为人诚恳老实，我又和他很要好，怎么能用这种毒辣的手段呢？”朱英一看春申君不肯听他的话，心里便害怕起来，就赶紧逃离了楚国。

后十七日，楚考烈王崩，李园果先入，置死士止于棘门之内。春申君后入，止棘门。园死士夹刺春申君，斩其头，投之棘门外。于是使吏尽灭春申君之家。而李园女弟，初幸春申君有身，而入之王所生子者，遂立为楚幽王也。

是岁，秦始皇立九年矣。嫪毐亦为乱于秦，觉，夷三族，而吕不韦废。

【译文】十七天后，楚考烈王驾崩，李园果然先入宫中，暗中在棘门内布置刺客。当春申君经过棘门时，李园的刺客从门两边跳出杀死他，然后将他的头割下丢到棘门外，同时又派人杀死春申君的全部家族。李园的妹妹所生的孩子，被立为幽王。

这一年，也就是秦始皇被立为秦王的第九年，嫪毐在秦国作乱，事发后被诛了三族，宰相吕不韦也因受到牵连而被废。

苏秦始以合纵说肃侯

（《战国策·赵策》一）

苏秦从燕之赵，始合从，说赵王曰：“天下之卿相人臣，乃至布衣之士，莫不高贤大王之行义，皆愿奉教陈忠于前之日久矣。虽然，奉阳君妒，大王不得任事，是以外宾客游谈之士，无敢尽忠于前者。今奉阳君捐馆舍，大王乃今然后得与士民相亲，臣故敢进其愚忠。为大王计，莫若安民无事，请无庸有为也。安民之本，在于择交，择交而得，则民安，择交不得，则民终身不得安。请言外患：齐、秦为两敌，而民不得安；倚秦攻齐，而民不得安；倚齐攻秦，而民不得安。故夫谋人之主，伐人之国，常苦出辞断绝人之交，愿大王慎无出于口也。

【译文】苏秦从燕国到赵国，开始用联合六国抗衡秦国的策略游说赵肃侯："普天之下，各诸侯国的卿相大臣，以至于普通老百姓，没有一个不尊崇大王施行仁义行为的，都愿接受您的教诲，向大王献忠心，已经很久了。然而，奉阳君妒嫉贤能，使大王不能专心处理国事，以致于宾客逐渐疏远，游说之士都不敢前来进忠言。现在奉阳君死了，大王才能够和各方面的人士接近，所以我才敢来敬献一点愚忠以报效大王。我为大王考虑，没有比让人民安居乐业、平安无事更好的情况了。安民的根本措施在于选择好诸侯国并与其建立良好邦交。有良好的邦交人民就安定，没有良好的邦交人民终身都不得安定。我再来说说外敌入侵的隐患：秦、齐两国是您的敌国，所以赵国人民不得安定；依靠秦国进攻齐国，人民不能安定；依靠齐国进攻秦国，人民也不能安定。可见图谋他国国君，进攻他国，常常会口出恶言，并与他国断交，所以我请大王切勿说这样的话。

"请屏左右，白言所以异，阴阳而已矣。大王诚能听臣，燕必致毡裘狗马之地，齐必致海隅鱼盐之地，楚必致桔柚云梦之地，韩、魏皆可使致封地汤沐之邑，贵戚父兄，皆可以受封侯。夫割地效实，五霸之所以覆军禽将而求也；封侯贵戚，汤、武之所以放杀而争也。今大王垂拱而两有之，是臣之所以为大王愿也。大王与秦，则秦必弱韩、魏；与齐，则齐必弱楚、魏。魏弱，则割河外，韩弱，则效宜阳。宜阳效，则上郡绝，河外割，则道不通。楚弱，则无援。此三策者，不可不熟计也。夫秦下轵道，则南阳动，劫韩包周，则赵自销铄，据卫取淇，则齐必入朝。秦欲已得行于山东，则必举甲而向赵。秦甲涉河逾漳，据番吾，则兵必战于邯郸之下矣。此臣之所以为大王患也。

【译文】请您回避左右侍臣，我说说合纵、连横的差别。大王真能听从我的忠言，燕国一定会把出产毡、裘、狗、马的好地方献给您，齐国一定会把海边出产鱼盐的地盘献给您，楚国一定会把出产橘柚的云梦之地献给您，韩国、魏国也必然献出很多城池和供您洗盥费用的县邑，大王的父兄外戚都可以有封侯的土地。割取别国土地得到别国财货，乃是五霸不惜牺牲将士的生命去追求的；使贵戚得以封侯，也是从前商汤放逐夏桀、周武王讨伐殷纣王才争得的。现在大王不费力气就可以得到两种东西，这是我为大王感到欣慰的。大王与秦国结盟，秦国必然去侵略韩、魏；大王与齐国结盟，齐国必然去侵略楚、魏；魏国衰弱后就必然割河外之地；韩国软弱了，它就会献出宜阳。献出了宜阳，则通往上郡的路就切断了；河外割让了，道路就不能通行到上郡；楚国衰弱，赵国就孤立无援。这三项计策，是不能不慎重考虑的。秦国攻下轵道，那么南阳就会动摇；再劫持韩国包围周室，那么赵国就会自行削弱；秦国再占领卫都濮阳夺取淇水之地，那么齐国必然会到秦国称臣。假如秦国能在山东得到这些，必然就会进攻赵国。秦军渡过黄河，穿过漳水，占据番吾，那么秦兵必将交战于邯郸城下。这就是我为大王担忧的地方啊！

“当今之时，山东之建国，莫如赵强。赵地方二千里，带甲数十万，车千乘，骑万匹，粟支十年；西有常山，南有河、漳，东有清河，北有燕国。燕固弱国，不足畏也。且秦之所畏害于天下者，莫如赵。然而秦不敢举兵甲而伐赵者，何也？畏韩、魏之议其后也。然则韩、魏，赵之南蔽也。秦之攻韩、魏也，则不然。无有名山大川之限，稍稍蚕食之，傅之国都而止矣。韩、魏不能支秦，必入臣于秦。秦无韩、魏之隔，祸中于赵矣。此臣之所以为大王患也。

【译文】现在，山东各国，没有哪个国家像赵国这么强大。赵国土地方圆两千里，精兵几十万，战车几千辆，战马上万匹，军粮可供十年之用，西边有常山，南边有黄河、漳水，东边有清河，北边有燕国。燕国本是一个弱国，不足畏惧。在诸侯国中，秦国最害怕的是赵国。然而，秦国不敢发兵讨伐赵国的原因是什么呢？是因为秦国担心韩、魏两国在后边算计它。这样看来，韩、魏两国就是赵国南边的蔽障。秦国攻打韩、魏就不是这样了。韩、魏没有名山大川的阻隔，秦国只要对它们一点点地吞食，一直把国都吞食完为止就可以了。韩、魏不能抗拒秦国，必然会向秦称臣。韩、魏臣服于秦后，秦国就没有韩、魏的障碍了，战祸就将降到赵国头上。这也是我为大王忧虑的地方。

“臣闻，尧无三夫之分，舜无咫尺之地，以有天下。禹无百人之聚，以王诸侯。汤、武之卒不过三千人，车不过三百乘，立为天子。诚得其道也。是故明主外料其敌国之强弱，内度其士卒之众寡、贤与不肖，不待两军相当，而胜败存亡之机节，固已见于胸中矣，岂掩于众人之言，而以冥冥决事哉！

【译文】“我听说尧过去连三百亩这么大的地盘都没有，舜没有一尺那么大的地盘，他们竟然拥有了天下。禹只有一个不满百人的部落，竟成为诸侯的共主。商汤、周武王的兵士不满三千，战车不过三百辆，最后成为天子。这都是因为他们获得了治国安邦的正道。所以英明的国君，对外要估计敌国的强弱，对内要视察士卒的多寡、贤与不贤，不必等到两军相拼，胜败存亡的关键就已经心中有数了。怎么能够被众人之言所蒙蔽，糊里糊涂的决定事情呢！”

“臣窃以天下地图案之。诸侯之地，五倍于秦，料诸侯之卒，十倍于秦。六国并力为一，西面而攻秦，秦破必矣。今西面而事之，见臣于秦。夫破人之与破于人也，臣人之与臣于人也，岂可同日而言之哉！夫横人者，皆欲割诸侯之地以与秦成。与秦成则高台榭，美宫室，听竽笙琴瑟之音，察五味之和，前有轩辕，后有长庭，美人巧笑，卒有秦患，而不与其忧。是故横人日夜务以秦权恐喝诸侯，以求割地，愿大王之熟计之也。

【译文】我私下拿天下地图察看，诸侯的土地相当于秦国的五倍，诸侯的兵力相当于秦国的十倍。假如六国能够团结一致，合力西去攻打秦国，秦国必定灭亡。现在各国将要被秦国灭亡，却面朝西方共同侍奉秦国，向秦国称臣。灭掉别国或被别国灭掉，让别国臣服或臣服于别国，两者绝不能相提并论。那些主张连横的人，他们都想割让诸侯的土地来与秦国谈和。一旦能和秦国讲和，他们就可以高筑台榭，美化车马住宅，倾听美女姣笑，然而一旦秦国突然发兵攻打诸侯，他们却不与诸侯共同承担忧患。因此主张连横的人日夜寻求靠秦国的权势来恐吓诸侯，以求得向秦国割地。请大王深思熟虑。

“臣闻明主绝疑去谗，屏流言之迹，塞朋党之门，故尊主广地强兵之计，臣得陈忠于前矣。故窃为大王计，莫如一韩、魏、齐、楚、燕、赵六国从亲，以傧畔秦。令天下之将相，相与会于洹水之上，通质，刑白马以盟之。

【译文】我听说贤明的君主不怀疑他人，不轻信谗言，摒弃一切流言蜚语的滋生，杜绝党派的门户之争，这就使得君主尊贵、疆地广大和兵强马壮了，我也能有机会在大王面前尽效愚忠了。所以我私下为大王谋划，不如团结韩、魏、齐、楚、燕、赵，使六国合纵，互相亲近，以此抗拒秦国。通令天下的将相，一齐到洹水之畔集会，交换人质，杀白马缔结盟约。

约曰：‘秦攻楚，齐、魏各出锐师以佐之，韩绝食道，赵涉河、漳，燕守常山之北。秦攻韩、魏，则楚绝其后，齐出锐师以佐之，赵涉河、漳，燕守云中。秦攻齐，则楚绝其后，韩守成皋，魏塞午道，赵涉河、漳、博关，燕出锐师以佐之。秦攻燕，则赵守常山，楚军武关，齐涉渤海，韩、魏出锐师以佐之。秦攻赵，则韩军宜阳，楚军武关，魏军河外，齐涉渤海，燕出锐师以佐之。诸侯有先背约者，五国共伐之。六国从亲以傧秦，秦必不敢出兵于函谷关，以害山东矣。如是则霸业成矣。”

【译文】盟约可以这样写：‘假如秦国攻打楚国，齐、魏都要各出精兵为楚国作战，韩国负责切断秦国的粮道，赵国渡过黄河、漳水，燕国则派大军死守常山以北。假如秦国攻打韩、魏，楚国就切断秦国的后路，齐国派精兵支援韩、魏，赵国则渡过黄河、漳水，至于燕国则派兵死守云中。秦国如果攻打齐国，楚国就负责切断秦国的后路，韩国派边守住成皋而魏国则封锁午道，赵国越过黄河、漳水、博关，燕国则派精兵援助齐国。假如秦兵攻打燕国，那赵国就守住常山，楚国进兵武关，齐军渡过渤海，韩、魏两国各出精兵援救。秦兵如果攻打赵国，那韩国就要镇守宜阳，楚军列阵武关，魏军则驻扎在河外，齐军渡过渤海，燕国则发精兵救赵。六个诸侯国中有先背弃盟约的，那其他五国就共同出兵讨伐它。只要六国形成合纵，亲密合作来抵抗秦国，秦国就不敢出兵函谷关侵略山东六国了。这样大王的霸业就可以顺利完成了。

赵王曰："寡人年少，莅国之日浅，未尝得闻社稷之长计。今上客有意存天下，安诸侯，寡人敬以国从。"乃封苏秦为武安君，饰车百乘，黄金千镒，白璧百双，锦绣千纯，以约诸侯。

【译文】赵肃侯说："我年纪小，即位的时间又短，还没有听到过治国的大计。现在您有意拯救天下、安定诸侯，我非常愿意缔结合纵的盟约。"于是赵肃侯封苏秦为武安君，拨给他战车一百辆，黄金千镒，白璧百双，锦锈一千匹，用这些财物去与诸侯缔结合纵之约。

武灵王与群臣论胡服骑射

（《战国策·赵策》二）

武灵王平昼闲居，肥义侍坐，曰："王虑世事之变，权甲兵之用，念简、襄之迹，计胡、狄之利乎？"王曰："嗣立不忘先德，君之道也；错质务明主之长，臣之论也。是以贤君静而有道民便事之教，动而有明古先世之功。为人臣者，穷有弟长辞让之节，通有补民益主之业。此两者，君臣之分也。今吾欲继襄主之业，启胡、翟之乡，而卒世不见也。敌弱者，用力少而功多，可以无尽百姓之劳，而享往古之勋。夫有高世之功者，必负遗俗之累；有独智之虑者，必被庶人之恐。今吾将胡服骑射，以教百姓，而世必议寡人矣。"

【译文】赵武灵王平时空闲的时候，独自呆着，肥义在一旁陪坐，说："大王您是不是在考虑目前时事的变化，权衡兵力的合理使用，思念简子、襄子的光辉业绩，盘算如何从胡、狄那里得到好处呢？"赵武灵王回答："继承君位不忘祖先的功德，这是做君王应遵循的原则；委身于君，致力于光大君主的长处和功绩，这是作臣子的本分。所以贤明的君王在平时就要教育老百姓为国出力，战时则要争取建立继往开来的功业。做臣子的，在不得志时要保持尊敬长辈谦虚退让的品行，地位显达以后要做出有益于百姓和君王的事业。这两个方面，是做君王和臣下的应尽职责。现在我想继承襄主的事业，开发胡、翟居住的地区，但是我担心一辈子也没有人理解我的用心。敌人的力量薄弱，我们付出的力量不大，就会取得非常大的成果，不使百姓疲惫，就会得到简子、襄子那样的功勋。建立了盖世功勋的人，必然要遭受一些世俗小人的责难；而有独到见解的人，也必然会招惹众人的怨恨。现在我准备教导民众穿着胡服练习骑马射箭，这样一来，国内一定会有人非议指责我。”

肥义曰：“臣闻之，疑事无功，疑行无名。今王即定负遗俗之虑，殆毋顾天下之议矣。夫论至德者，不和于俗，成大功者，不谋于众。昔舜舞有苗，而禹袒入裸国，非以养欲而乐志也，欲以论德而要功也。愚者昧于成事，智者见于未萌，王其遂行之。”王曰：“寡人非疑胡服也，吾恐天下笑之。狂夫之乐，智者哀焉；愚者之笑，贤者戚焉。世有顺我者，则胡服之功，未可知也。虽驱世以笑我，胡地中山，我必有之。”

【译文】肥义说：“我听说，做事情犹豫不决就不可能成功，行动在即还顾虑重重就绝不会成名。现在大王既然下定决心背弃世俗偏见，那就一定不要顾虑天下人的非议了。凡是追求最高道德的人都不去附和俗人的意见；成就伟大功业的人都不会去与众人商议。从前舜跳有苗（上古南方部族）的舞蹈，禹光着身子进入不知穿衣服的部落，他们并不是想放纵情欲，怡乐心志，而是想借此宣扬道德，建立功业，求取功名。愚蠢的人在事情发生以后还看不明白，而聪明的人却能在事情未发生之前就有所察觉，大王您还是马上按您的想法去付诸实施吧。”赵武灵王说：“我不是对‘胡服骑射’这件事有什么顾虑，而是担心天下人笑话我。狂狷的人觉得高兴的事，有理智的人会为此感到悲哀；愚蠢的人高兴的事，贤明者却对此担忧。如果国人都支持我的话，那么改穿胡服的功效就不可估量。即使举世的百姓都讥笑我，北方胡人和中山国的地方我也一定会得到。”

王遂胡服。使王孙緤告公子成曰：“寡人胡服，且将以朝，亦欲叔之服之也。家听于亲，国听于君，古今之公行也。子不反亲，臣不逆主，先王之通谊也。今寡人作教易服，而叔不服，吾恐天下议之也。夫制国有常，而利民为本；从政有经，而令行为上。故明德在于论贱，行政在于信贵。今胡服之意，非以养欲而乐志也。事有所出，功有所止。事成功立，然后德且见也。今寡人恐叔逆从政之经，以辅公叔之议。且寡人闻之，事利国者行无邪，因贵戚者名不累。故寡人愿慕公叔之义，以成胡服之功。使緤谒之，叔请服焉。”

【译文】赵武灵王于是改穿胡人的服装。武灵王派王孙緤去告诉公子成自己的意思，说："我已经改穿胡服了，而且将要穿着它上朝，我希望王叔也改穿胡服。在家里听命于父母，在朝廷要听命于君王，这是自古至今公认的道理；子女不能违背父母，臣子不许抗拒君王，这是先王定下的通则。现在我下令改穿胡服，如果王叔您不穿它，我担心天下的人对此会有所议论。治理国家要有一定的原则，但要以有利于民众为出发点；处理政事有一定的法则，但首先的是政令能够顺利施行。所以，要想修明朝廷的德政，必须考虑普通民众的利益，要想执掌国家的政权首先要使贵族接受君命。现在我改穿胡服的目的，并不是想纵情恣欲只顾自己享乐。事情一旦开了头，就有成功的基础、等到事情成功以后，政绩才能显现出来。现在我担心王叔违背了从政的原则，以至助长贵族们对我的非议。何况我曾听说过，只要你做的事情有利于国家就不必顾忌别人说什么，依靠贵族来办事，就不会遭人非议。所以我希望仰仗王叔的威望，促成改穿胡服这件事的成功。我派王孙緤特地来禀告您，希望您也穿上胡服。"

公子成再拜曰："臣固闻王之胡服也，不佞寝疾，不能趋走，是以不先进。王今命之，臣固敢竭其愚忠。臣闻之：中国者，聪明睿智之所居也，万物财货之所聚也，贤圣之所教也。仁义之所施也，诗书礼乐之所用也，异敏技艺之所试也，远方之所观赴也，蛮夷之所义行也。今王释此，而袭远方之服，变古之教，易古之道，逆人之心，畔学者，离中国，臣愿大王图之。"

【译文】公子成再三拜谢说："我本来已经听说大王改穿胡服这件事了，只是因我卧病在床，行动不便，因此没能尽快去拜见大王，当面陈述我的意见。现在大王您既然通知了我，我就理应大胆地尽我的一点愚忠。我听说，中原地区是聪明而有远见的人士居住的地方，是各种物资和财富聚集的地区，是圣贤对人进行教化的地方，是德政仁义普遍施行的地方，是读《诗》《书》《礼》《乐》的地方，是各种奇巧技艺得以施展的地方，是各国诸侯不远千里前来观光的地方，是四方落后少数民族效仿学习的地方。现在大王却舍弃这些优秀文化，因袭落后部族的服装，这是改变传统教育方法，更新古代的道德准则，违背众人的心意，从而使学习的人背离了先王之道，抛弃了中原的先进文化。我希望大王您慎重地考虑这件事。"

使者报王。王曰："吾固闻叔之病也。"即之公叔成家，自请之曰："夫服者，所以便用也；礼者，所以便事也。是以圣人观其乡而顺宜，因其事而制礼，所以利其民而厚其国也。被发文身，错臂左衽，瓯越之民也。黑齿雕题，鳀冠秫缝，大吴之国也。礼服不同，其便一也。是以乡异而用变，事异而礼易。是故圣人苟可以利其民，不一其用；果可以便其事，不同其礼。儒者一师而礼异，中国同俗而教离，又况山谷之便乎？

【译文】王孙緤把公子成的话报告给赵武灵王。武灵王说："我就知道王叔反对这件事。"于是马上就去公子成家里，亲自向他阐述自己的观点："大凡衣服是为了便于穿用，礼制是为了便于办事。因此圣贤之人观察当地的习俗然后制定与之相适应的措施，根据具体的情况来制定礼法，这样做既有利于民众，也有益于国家。剪掉头发，在身上刺花纹，两臂交错站立，衣襟向左掩，这是瓯越人民的风俗。染黑牙齿，在额头雕画，头戴鱼皮帽子，身穿缝纫粗拙的衣服，这是吴国的风俗。礼制和服饰虽然不同，但求其利国便民却是一致的。因此，地方不同，所采用的器物就不一样，情况不同，使用的礼制也有所改变。因此，圣贤的君主只制定有利于百姓的政策，但并不统一他们的器物用度；如果可以方便行事，礼制完全可以不相同。儒生虽都师从同一老师，可是传下来的礼法却各不相同；中原地区风俗相同，但各国的政教不同，更何况地处偏僻山区，难道不更应该考虑便宜行事吗？

故去就之变，知者不能一；远近之服，贤圣不能同。穷乡多异，曲学多辨。不知而不疑，异于己而不非者，公于求善也。今卿之所言者，俗也。吾之所言者，所以制俗也。今吾国东有河、薄洛之水，与齐、中山同之，而无舟楫之用。自常山以至代、上党，东有燕、东胡之境，西有楼烦、秦、韩之边，而无骑射之备。故寡人且聚舟楫之用，求水居之民，以守河、薄洛之水；变服骑射，以备其参胡、楼烦、秦、韩之边。且昔者简主不塞晋阳，以及上党，而襄主兼戎取代，以攘诸胡，此愚智之所明也。先时中山负齐之强兵，侵掠吾地，系累吾民，引水围鄗，非社稷之神灵，即鄗几不守。先王忿之，其怨未能报也。今骑射之服，近可以备上党之形，远可以报中山之怨。而叔也顺中国之俗，以逆简、襄之意，恶变服之名，而忘国事之耻，非寡人所望于子！"

【译文】所以说对于风俗礼制的取舍变化多端，即使聪明人也无法统一；不同地区的服式，即使圣贤君主也难以使其一致。偏僻的地方人们少见而多怪，孤陋寡闻的人喜欢争辩，不熟悉的事情不要轻易怀疑，对和自己不同的意见不非议，这才是无私地追求真理的态度。现在王叔您所说的是有关适应风俗的意见；我所说的则是如何改变旧的传统。现在，我国东面有黄河、漳水，是和齐国、中山共同拥有的边境，但却没有战船守御它。从常山到代郡、上党郡，东面与燕国和东胡接壤，西面与楼烦、秦国、韩国紧紧相邻，但我们没有骑兵部队防守。所以我准备制造战船，招募习于水战的居民，让他们来防守黄河、漳水；改穿胡服，练习骑马射箭，防备与燕国、东胡、楼烦、秦国、韩国的边境。从前简子不把自己限于晋阳和上党两个地方，襄子兼并了戎族和代郡，以抵御胡人。这些道理不论是愚笨之人还是聪明之人都明白。过去，中山国依仗齐国强大的军队的支持，侵犯掠夺我国的土地，掳掠囚禁我国的人民，引水围灌鄗邑鄗城，假若不是祖宗神灵的保佑，鄗城几乎被攻破。先王对这事非常气愤，直到今天，他们的仇怨还没有报。现在我们推行'胡服骑射'

的政策，从近处说，可以扼守上党这样形势险要的地方；从远处说，可以报中山侵略先王的仇恨。可王叔您却偏偏要因袭中原的旧俗，违背简子和襄子的遗愿，憎恶改变服式的做法，却忘记了国家曾遭受的耻辱，这决不是我期望您做的啊！”

公子成再拜稽首曰：“臣愚不达于王之议，敢道世俗之闻。今欲继简、襄之意，以顺先王之志，臣敢不听令。”再拜，乃赐胡服。

【译文】公子成听了，对武灵王大礼参拜谢罪，他说：“我太愚蠢了，竟没有体会到大王的良苦用心，所以才冒昧地说了一些世俗的言论。现在大王想要继承简子、襄子的意愿，实现先王的遗志，我怎么敢不服从命令呢！”公子成又拜了两拜。于是赵武灵王就赐给他胡服。

赵文进谏曰：“农夫劳力，而君子养焉，政之经也。愚者陈意而知者论焉，教之道也。臣无隐忠，君无蔽言，国之禄也。臣虽愚，愿竭其忠。”王曰：“虑无侵扰，忠无过罪，子其言乎。”赵文曰：“当世辅俗，古之道也。衣服有常，礼之制也。循法无愆，民之职也。三者，先圣之所以教。今君释此，而袭远方之俗，变古之教，易古之道，故臣愿王之图之。”

【译文】赵文劝谏武灵王说：“农夫辛勤耕作以供养君子，这是治理国家的根本；愚笨的人表达意见，明智的人加以决策，这是处理问题的方法；做臣子的不隐瞒自己的意见，做君王的不阻塞言路，这是国家的福分。我虽然愚笨，但还是希望竭尽自己的忠心。”武灵王说：“替别人着想的人不应该过分苛求，竭尽忠心的人不能指责他的错误，您就直言吧。”赵文说：“适应时势顺从当地民俗，这是自古以来的法则；衣服有一定的款式这是礼法的规定；遵守法纪，不犯错误，这是老百姓的职责，这三个方面，都是古代圣贤的教导。现在大王您对这些都弃之不顾，去改穿远方胡人的衣服，改变古代的教化，改变古代的章程，所以我希望大王认真地考虑考虑。”

王曰：“卿言世俗之闲。常民溺于习俗，学者沉于所闻。此两者，所以成官而顺政也，非所以观远而论始也。且夫三代不同服而王，五霸不同教而政。智者作教，而愚者制焉。贤者议俗，不肖者拘焉。夫制于服之民。不足与论心；拘于俗之众，不足与致意。故势与俗化，而礼与变俱，圣人之道也。承教而动，循法无私，民之职也。知学之人，能与闻迁，达于礼之变，能与时化。故为己者不待人，制今者不法古，子其释之。”

【译文】武灵王说：“你所说的只是世俗的见解。普通民众只是一味地沉溺于习惯世俗之中，而书呆子又总是拘泥于书本上的东西，这两种人，他们只能谨守职责，遵守法令而已，不能和他们一道谋长远的事业，建立开创之功。而且夏、商、周三个朝代虽然服装不同但却能统一天下；春秋五霸政教各异却能治理好国家。聪明人制订法令，愚蠢的人被法令制约；贤达的人改革习俗，而愚笨的人却拘泥于旧风陋俗。因此那些受世俗礼法制约的人，没有必要和他们交流思想；那些拘泥于旧风陋俗的人，没有必要向他们说明你的意图。所以习俗随时势而变，而礼法和这一变化了的习俗相统一，这才是圣人治国的根本原则啊！接到国家的政令就马上行动，遵守法制而抛弃个人私念，这才是老百姓的天职。真正有学问的人能听从意见而改变观点，真正通晓礼法的人能跟着时代的变化而变化。因此为自己着想的人不会兼顾他人，要改变时势就不能完全效法古代，您就放心吧！”

赵造谏曰：“隐忠不竭，奸之属也。以私诬国，贱之类也。犯奸者身死，贱国者族宗。有此两者，先圣之明刑，臣下之大罪也。臣虽愚，愿尽其忠，无遁其死。”王曰：“竭意不讳，忠也。上无蔽言，明也。忠不辟危，明不距人。子其言乎。”

【译文】赵造也去劝谏赵武灵王，他说：“不竭尽忠心，知而不言，这是奸臣一样的行为；为了私利去欺骗君主，这是有损于国家的做法。犯了奸佞罪的人处以死刑，危害国家的人诛灭宗族。这两点是上古圣王制定的刑法，也是作臣子的人所犯的最重的罪。我虽然愚笨，但愿尽自己的忠心，绝不逃避死亡。”武灵王说：“毫不保留地说出自己的想法而不加任何隐讳，这就是忠臣；不阻塞言路，虚心接受意见，这就叫明主。忠臣不畏惧危险，明主不拒绝臣子发表意见，您就坦然地说吧！”

赵造曰：“臣闻之，圣人不易民而教，智者不变俗而动。因民而教者，不劳而成功；据俗而动者，虑径而易见也。今王易初不循俗，胡服不顾世，非所以教民而成礼也。且服奇者志淫，俗僻者乱民。是以莅国者不袭奇辟之服，中国不近蛮夷之行，非所以教民而成礼者也。且循法无过，循礼无邪，臣愿王之图之。”

【译文】赵造说：“我听说过，圣贤之人不去变更民众的习俗而去教化他们，聪明的人不改变习俗而治理国家。根据民意进行教化，不费多大力气就能收到成效；根据不同的习俗治理国家，考虑问题简捷方便，做起来容易见到效果。现在大王您改变原来的服饰而不遵循习俗，改穿胡服而不顾世人的议论，这不是按照礼仪法则教化民众的方式。而且穿着奇装异服，会使人心思不正，习俗怪僻会扰乱民心。所以做国君的人不应去接受奇异怪僻的衣服，中原地区的人民不应效法蛮夷的生活方式，这不是按礼法要求来教化百姓的途径。况且遵循以往的法令不会出差错，按照旧有的礼节行事就不会生出邪念。我希望大王慎重考虑这件事情。”

王曰："古今不同俗，何古之法？帝王不相袭，何礼之循？伏羲、神农教而不诛，黄帝、尧、舜，诛而不怒。及至三王，观时而制法，因事而制礼，法度制令，各顺其宜；衣服器械，各便其用。故礼世不一其道，便国不必法古。圣人之兴也，不相袭而王。夏、殷之衰也，不易礼而灭。然则反古未可非，而循礼未足多也。且服奇而志淫，是邹、鲁无奇行也；俗僻而民易，是吴、越无俊民也。是以圣人利身之谓服，便事之谓教，进退之谓节，衣服之谓制，所以齐常民，非所以论贤者也。故圣与俗流，贤与变俱。谚曰：'以书为御者，不尽于马之情。以古制今者，不达于事之变。'故循法之功，不足以高世；法古之学，不足以制今。子其勿反也。"

【译文】武灵王说："自古至今，习俗都不同，我们要效法哪一个时候的呢？帝王的礼法也不是世代相承的，我们要遵循谁的礼法呢？伏羲和神农，对民众只是进行教化，而不诛杀；黄帝、尧、舜，虽然有了死刑，但并不诛连妻子儿女。到了夏、商、周三代圣王时，就观察当时的形势来建立法制，根据具体情况来制定礼俗。法度、政令都因时制宜，衣服器用都方便使用。所以治理国家不一定要走同一条路，只要对国家有利，不一定要效法古代。圣人的出现，不是因为互相承袭才统治天下的；夏朝和殷朝的衰亡，不会因为改变礼法而不灭亡。这样说来，不沿袭古法，不一定就要斥责，谨守旧礼陋俗也未必值得称赞。再说，如果服饰奇异就会使人心思不正的话，那么最遵守礼法的邹国和鲁国就不会有行为怪僻的人了；如果习俗怪僻就会使民众变坏的话，那么吴、越地区就不会出现出类拔萃的人才了。所以说圣人把便于穿着的叫衣服，把方便行事的就叫教化。行为举止上的一些礼节，服饰上的规定，只是用来让普通百姓取得一致，而不是用来衡量贤明与否的。因此，圣明的人能适应任何习俗，有才能的人能紧随时势的变化。有句谚语说：'按照书本来驾车的人，就不能充分发挥马的实际能力；采用古代的礼法来治理当今的国家，就不能符合当今社会的实际。'所以，遵循现成的制度建立的功业不可能超过当世，效法古人的作法，就不能够管理好现在的国家。您还是不要反对吧。"

虞卿论割六城与秦之害

（《战国策·赵策》三）

秦攻赵于长平，大破之，引兵而归。因使人索六城于赵而讲。赵计未定，楼缓新从秦来，赵王与楼缓计之，曰："与秦城何如？不与何如？"楼缓辞让曰："此非人臣之所能知也。”王曰：“虽然，试言公之私。”楼缓曰：”王亦闻夫公甫文伯母乎？公甫文伯官于鲁，病死。妇人为之自杀于房中者二人。其母闻之，不肯哭也。相室曰：‘焉有子死而不哭者乎？’其母曰：‘孔子，贤人也，逐于鲁，是人不随。今死而妇人为死者十六人。若是者，其于长者薄，而于妇人厚？’故从母言之，之为贤母也；从妇言之，必不免为妒妇也。故其言一也，言者异，则人心变矣。今臣新从秦来，而言勿与，则非计也；言与之，则恐王以臣之为秦也。故不敢对。使臣得为王计之，不如予之。”王曰：“诺。”

【译文】秦国在长平攻打赵国，大败赵国，引兵返回秦国。于是派人向赵国索要六座城池以讲和，赵国还没有决策。楼缓刚从秦国回来，赵王和楼缓商量说：“给秦国城池会怎么样？不给会怎么样？”楼缓推辞说：“这不是我作为臣子所能知道的。”赵王说：“虽然如此，请谈谈您个人的看法吧。”楼缓说：“君王您听说过公甫文伯的母亲吗？公甫文伯在鲁国当官，病死了。有十六个妇人在房里为他自尽。他的母亲听说以后，不肯哭。管家说：‘哪有儿子死了而母亲不哭的？’公甫文伯的母亲说：‘孔子，是贤人，他被鲁国驱逐，这个人（指公甫文伯）不追随他。如今他死了，而有十六个妇人为他而死。像这样的话，说明他对长者情薄，而对妇人情厚。’此话出自母亲之口，这位母亲便是贤良的母亲啊；要是出自妇人之口，就不免是妒妇了。所以，同样的一种言论，说的人不同，则想法也是不同的。现在我刚从秦国回来，如果说‘不给城池’，则不是好计策；如果说‘给城池’，则怕您认为我是在帮秦国啊。所以我不敢应答。如果要我为大王考虑的话，不如割城给秦国。”赵王说：“好的。”

虞卿闻之，入见王，王以楼缓言告之。虞卿曰：“此饰说也。”王曰：“何谓也？”虞卿曰：“秦之攻赵也，倦而归乎？王以其力尚能进，爱王而不攻乎？”王曰：“秦之攻我也，不遗余力矣，必以倦而归也。”虞卿曰：“秦以其力。攻其所不能取，倦而归。王又以其力之所不能攻而资之，是助秦自攻也。来年，秦复攻王，王无以救矣。”

【译文】虞卿听说了以后，进去见赵王，赵王把楼缓说的话告诉他。虞卿说：“这是花言巧语啊。”赵王说：“为什么？”虞卿说：“秦国攻打赵国，是因为疲倦了才归国的吧？您以为他还有力量进攻，会因为怜惜您而不进攻吗？”赵王说：“秦国攻打我，不遗余力呀。他们必然是因为疲倦才归国的。”虞卿说：“秦国尽力攻打赵国而攻不下，疲倦了才撤退。君王您又把以秦国的力气攻不下的城池来送给他，这是帮助秦国攻打自己啊。明年秦国再次进攻您，您就无法挽救了。”

王以虞卿之言告楼缓。楼缓曰：“虞卿能尽知秦力之所至乎？不知秦力之所至，此弹丸之地，犹不予也，令秦来年复攻，王得无割其内而讲乎？”王曰：“诚听子割矣，子能必来年秦之不复攻我乎？”楼缓对曰：“此非臣之所敢任也。昔者三晋之交于秦，相善也，今秦释韩、魏而独攻王，王之所以事秦，必不如韩、魏也。今臣为足下解负亲之攻，启关通敝，齐交韩、魏。至来年而王独不取于秦，王之所以事秦者，必在韩、魏之后也。此非臣之所敢任也。”

【译文】赵王又把虞卿的话告诉了楼缓。楼缓说：“虞卿能完全了解秦国军队的能力吗？现在秦国兵力果真不行的话，这些弹丸之地，咱们还不肯给它，假如明年秦国又来攻打咱们，那您岂不是得割更多的地去与它讲和？”赵王说：“如果听你的话割地给秦国，你能保证明年秦国一定不来攻打我们吗？”楼缓回答道：“这不是我所能担当的。从前三晋（韩、赵、魏）和秦交好，现在秦放了韩国和魏国，惟独攻打您，这说明您事奉秦国一定不如韩国和魏国好。赵国曾亲近秦国，后又违背秦国引起秦国的进攻。现在我来为您解开这件事情吧，开通关塞、交换礼物，像韩国魏国一样与秦交好。到了明年，如果还是惟独您不能取得秦国的亲善，那么您事奉秦国必定是不如韩国和魏国。这些事，也不是我所能担当的。”

王以楼缓之言告虞卿。虞卿曰：“楼缓言不讲，来年秦复攻，王得无更割其内而讲。今讲，楼缓又不能必秦之不复攻也，虽割何益？来年复攻，又割其力之所不能取而讲也，此自尽之术也。不如无讲。秦虽善攻，不能取六城；赵虽不能守，而不至失六城。秦倦而归，兵必罢。我以六城收天下，以攻罢秦，是我失之于天下，而取偿于秦也，吾国尚利，孰与坐而割地，自弱以强秦？今楼缓曰：‘秦善韩、魏而攻赵者，必王之事秦不如韩、魏也。’是使王岁以六城事秦也，即坐而地尽矣。来年秦复求割地，王将予之乎？不与，则是弃前资而挑秦祸也；与之，则无地而给之。

【译文】赵王把楼缓的话告诉了虞卿，虞卿说：“楼缓说，不和秦国讲和，明年秦国来攻打您，您就得割让更多的城池给秦国。现在讲和，楼缓又不能肯定秦国不再来攻打，那么，即便割让了又有什么用？明年秦国来攻，又要割让以它的能力攻取不下的城池给它来讲和，这是自取灭亡的方法啊。那还不如不讲如。秦国虽然善于打仗，但取不了六座城池；赵国虽然不善于守国，但不至于要丢掉六座城池。秦军攻倦而归，兵士必疲。我们用六座城池来收买天下诸侯来攻打疲倦的秦军，这样，我们在诸侯那儿失去的，可以从秦国那取得补偿。我国还是有利的。这与坐等割地、削弱自己而增强秦国的方法，哪个更好？现在楼缓说：‘秦国和韩国、魏国交好而攻打赵国，一定是君王事奉秦国不如韩国与魏国。’这是让您每年都拿六座城池来事奉秦国啊，就是坐等国土丧尽啊。明年秦国又要求您割地，您给还是不给？不给的话，则是前功尽弃，而且挑起秦国的战祸；给的话，则是没地可给了。

语曰：‘强者善攻，而弱者不能自守。’今坐而听秦，秦兵不敝而多得地，是强秦而弱赵也。以益强之秦，而割愈弱之赵，其计固不止矣。且秦，虎狼之国也，无礼义之心。其求无已，而王之地有尽。以有尽之地，给无已之求，其势必无赵矣。故曰：此饰说也。王必勿与。”王曰：“诺。”

【译文】常言道：‘强者善攻，而弱者不能自守。’如今坐待听命于秦，秦兵不疲便可多得地，这是增强秦国而削弱赵国啊。那么，使强大的秦国更加强大，而使弱小的赵国更加弱小，这种计策必定是没完没了的，再说秦国猛虎恶狼一样的国家，没有一点礼仪之心，它的 追求没有止境、可是大王的土地是有送尽的时候。用有限的土地供给无止境的贪求，这样发展下去，赵国必定会灭亡的。所以说：‘这是花言巧语啊。’君王您一定不能割地。”赵王说：“好的。”

楼缓闻之，入见于王，王又以虞卿言告之。楼缓曰：“不然。虞卿得其一未得其二也。夫秦、赵构难，而天下皆说，何也？曰：‘我将因强而乘弱。’今赵兵困于秦，天下之贺战胜者，则必在于秦矣。故不若亟割地求和，以疑天下，慰秦心。不然，天下将因秦之怒，乘赵之敝而瓜分之，赵且亡，何秦之图？王以此断之，勿复计也。”

【译文】楼缓听说了，进去求见赵王，赵王又把虞卿的话告诉他。楼缓说：“不对。虞卿只知其一，不知其二。秦国和赵国结怨，而天下诸侯都高兴，为什么？回答是‘我要借助强者去欺凌弱者。如今赵国兵士被秦军所困，诸侯中都庆祝贺胜利的人，必然都在秦国那一方。所以不如快快割地求和，以迷惑诸侯，慰藉秦国。不然的话，诸侯们将趁秦国发怒，赵国疲弱而把赵国瓜分了。赵国将要灭亡了，还谈什么图谋秦国？君王您就这样决定吧，不要再考虑了。”

虞卿闻之，又入见王曰：“危矣楼子之为秦也！夫赵兵困于秦，又割地为和，是愈疑天下，而何慰秦心哉？不亦大示天下弱乎？且臣曰勿予者，非固勿予而已也。秦索六城于王，王以六城赂齐。齐，秦之深仇也，得王六城，并力而西击秦也，齐之听王，不待辞之毕也。是王失于齐，而取偿于秦，一举结三国之亲，而与秦易道也。”赵王曰：“善！”因发虞卿东见齐王，与之谋秦。虞卿未反，秦之使者已在赵矣。楼缓闻之，逃去。

【译文】虞卿听说了，又进去见赵王，说：“危险啊，楼缓这是在帮秦国啊！赵军为秦军所困，又割地求和，这会使天下诸侯更加疑惑，何谈安定秦心呢？这不是向诸侯暴露自己的软弱吗？而且我说不要割地的意思，并非是坚持不割地那么简单。秦国向您索要六座城池，您就拿六座城池来贿赂齐国。齐国，是和秦国有深仇大恨的国家，它得到您的五座城池，会和您一起去西边攻击秦国。齐国听您的命令，不待您讲完就会马上行动的。所以君王您从齐国那儿失去的，会从秦国那儿取得补偿。这样，您一举和齐魏韩三国结成联盟，从而改变秦国的地位和形势啊。”赵王说：“很好。”于是派虞卿去东边朝见齐王，与齐王商谋关于秦国的事。虞卿还没返回，秦国的使者已经到赵国来了。楼缓听到以后，逃走了。

鲁仲连说辛垣衍义不帝秦

（《战国策·赵策》三）

秦围赵之邯郸。魏安釐王使将军晋鄙救赵。畏秦，止于荡阴，不进。魏王使客将军辛垣衍，闲入邯郸，因平原君谓赵王曰：“秦所以急围赵者，前与齐闵王争强为帝，已而复归帝，以齐故。今齐益弱。方今惟秦雄天下，此非必贪邯郸，其意欲求为帝。赵诚发使尊秦昭王为帝，秦必喜，罢兵去。”平原君犹豫，未有所决。

【译文】秦国围困赵国都城邯郸。魏安厘王派大将晋鄙将军援救赵国，但魏王与晋鄙都畏惧秦军，所以魏军驻扎在魏赵接壤的荡阴，不敢前进。 魏王又派客将军辛垣衍秘密潜入邯郸城，通过平原君对赵王说：“秦国之所以加紧围攻邯郸的原因，是因为先前它与齐王互相争强逞威称帝，后来齐王去掉帝号。因为齐国不称帝，所以秦国也取消了帝号。如今，齐国日渐衰弱，只有秦国能在诸侯之中称雄争霸。可见，秦国不是为了贪图邯郸之地，其真正目的是想要称帝。如果赵国真能派遣使者尊崇秦昭王为帝，秦国肯定会很高兴，这样秦兵就会自解邯郸之围。”平原君一直很犹豫，没有作出决定。

此时鲁仲连适游赵，会秦围赵。闻魏将欲令赵尊秦为帝，乃见平原君曰：“事将奈何矣？”平原君曰：“胜也何敢言事？百万之众折于外，今又内围邯郸而不去。魏王使将军辛垣衍令赵帝秦，今其人在是，胜也何敢言事！”鲁连曰：“始吾以君为天下之贤公子也，吾乃今然后知君非天下之贤公子也。梁客辛垣衍安在？吾请为君责而归之。”平原君曰：“胜请为召而见之于先生。”平原君遂见辛垣衍曰：“东国有鲁连先生，其人在此，胜请为召而见之于将军。”辛垣衍曰：“吾闻鲁连先生，齐国之高士也。衍，人臣也，使事有职。吾不愿见鲁连先生也。”平原君曰：“胜已泄之矣。”辛垣衍许诺。

【译文】这个时候，鲁仲连恰巧到赵国游历，正碰上秦军围攻邯郸，他听说魏国想要让赵国尊崇秦王为帝，就去见平原君说："事情现在怎样了？"平原君回答说："我赵胜现在还敢谈战事？赵国的百万大军战败于长平，秦军现在又深入赵国，围困邯郸，没有什么办法可以使他们离去。魏王派客将军辛垣衍叫赵国尊秦为帝，现在辛将军就在邯郸，我还能说什么呢？"鲁仲连说："刚开始我一直以为您是诸侯国中圣明的贵公子，今天我才知道您并不贤明。魏国来的那位叫辛垣衍的客人在哪里？请让我为您当面去斥责他，让他回到魏国去。"平原君说："那我就把他叫来跟先生您见见面吧！"平原君于是就去见辛垣衍，说："齐国有位叫鲁仲连的先生，他现在正在这里，我把他介绍给您，让他来跟你见见面。"辛垣衍说："我已听说过鲁仲连先生，他是齐国的高尚贤明之士。而我辛垣衍，魏王的臣子，此次出使是担负有重要职责的，我不想见鲁仲连先生。"平原君说："我已经把你在这里的消息告诉他了。"辛垣衍不得已，答应去见鲁仲连。

鲁仲连见辛垣衍而无言。辛垣衍曰："吾视居此围城之中者，皆有求于平原君者也。今吾视先生之玉貌，非有求于平原君者，曷为久居此围城之中而不去也？"鲁连曰："世以鲍焦无从容而死者，皆非也。今众人不知，则为一身。彼秦弃礼义而上首功之国也。权使其士，虏使其民。彼则肆然而为帝，过而遂正于天下，则连有赴东海而死耳。吾不忍为之民也！所为见将军者，欲以助赵也。"辛垣衍曰："先生助之奈何？"鲁连曰："吾将使梁及燕助之。齐、楚固助之矣。"

【译文】鲁仲连见到辛垣衍后，没有首先开口。辛垣衍说："据我观察，居住在这个被围困的都城中的人，都是有求于平原君的。可现在我一见到先生的仪容相貌，不像是有求于平原君的人，为什么久留在这个围城之中而不离开呢？"鲁仲连说："世上那些认为鲍焦（周时隐士，嫉世愤时）是不能自我宽容而死去的人，都是错误的。现在一般人不了解鲍焦的死因，认为他是为了自身利益而死的。那秦国，是一个抛弃了仁义礼制而崇尚杀敌斩首之功的国家，以权术驾驭臣下，像奴隶一样役使它的百姓。如果让秦国肆无忌惮地称了帝，然后再进一步以自己的政策号令天下，那么我鲁仲连只有跳东海自杀了，我不能容忍做它的顺民。我之所以要见将军，只是想对赵国有所帮助。"辛垣衍问："先生您将怎样帮助赵国呢？"鲁仲连说："我要让魏国和燕国发兵救赵，而齐国、楚国倒是本来就会帮助它的。"

辛垣衍曰："燕则吾请以从矣。若乃梁，则吾乃梁人也，先生恶能使梁助之耶？"鲁连曰："梁未睹秦称帝之害故也，使梁睹秦称帝之害，则必助赵矣。"辛垣衍曰："秦称帝之害将奈何？"鲁仲连曰："昔齐威王尝为仁义矣，率天下诸侯而朝周。周贫且微，诸侯莫朝，而齐独朝之。居岁余，周烈王崩，诸侯皆吊，齐后往。周怒，赴于齐曰：'天崩地坼，天子下席。东藩之臣田婴齐后至，则斮之！’威王勃然怒，曰：‘叱，而母婢也。’卒为天下笑。故生则朝周，死则叱之，诚不忍其求也。彼天子固然，其无足怪。”

【译文】辛垣衍说：“燕国么，我倒是真的认为它会听从您的。至于魏国，我就是刚从魏国来的，先生怎么能使魏国帮助赵国呢？”鲁仲连回答：“那是因为魏国还没有看到秦国称帝的危害的缘故。如果让魏国了解了这一点，那么它一定会救助赵国的！”辛垣衍又问道：“秦国称帝究竟会有些什么危害呢？”鲁仲连说：“当初齐威王曾施行仁义之政，率领各诸侯国去朝见周天子。当时的周王室又贫穷又衰弱，诸侯们都没去朝见，只有齐国朝见他。过了一年多时间，周烈王死了，各诸侯国都去吊丧，齐国去得晚了。周室大臣都很生气，在给齐国的讣告里说：‘天子驾崩，如同天地塌陷，新天子都亲自守丧。而戍守卫东部边防的诸侯齐国的田婴竟敢迟到，按理应该杀掉才是。’齐威王勃然大怒，竟然骂道：‘呸！你妈也不过是个奴婢罢了。’结果成了天下的笑柄。齐威王之所以在周天子活着的时候去朝见他，死后却辱骂他，这实在是因为忍受不了周室过分的苛求啊！然而做天子的，本来就如此，这并没有什么可大惊小怪的。”

辛垣衍曰：“先生独未见夫仆乎？十人而从一人者，宁力不胜、智不若耶？畏之也。”鲁仲连曰：“然，梁之比于秦若仆耶？”辛垣衍曰：“然。”鲁仲连曰：“然则吾将使秦王烹醢梁王。”辛垣衍怏然不说，曰：“嘻！亦太甚矣，先生之言也。先生又恶能使秦王烹醢梁王？”

【译文】辛垣衍说：“先生您难道没有见过奴仆吗？十个仆人跟随一个主子，难道是因为他们的力量和智慧都胜不过吗？不，只是由于惧怕主人罢了！”鲁仲连问：“这样说来，魏国和秦国的关系就像是仆人与主子的关系了？”辛垣衍回答：“是的。”鲁仲连问：“既然如此，那么我就可以让秦王把魏王煮了剁成肉酱！”辛垣衍很不服气地说：“咳！先生您的话太过分了，您又怎么能让秦王把魏王煮了剁成肉酱呢？”

鲁仲连曰：“固也，待吾言之。昔者鬼侯鄂侯、文王，纣之三公也。鬼侯有子而好，故入之于纣，纣以为恶，醢鬼侯。鄂侯争之急，辨之疾，故脯鄂侯。文王闻之，喟然而叹，故拘之于牖里之库，百日，而欲舍之死。曷为与人俱称帝王，卒就脯醢之地也？

【译文】鲁仲连说：“当然可以，等我讲给您听。从前，鬼侯、鄂侯、文王三个人是商纣王所封的三个诸侯。鬼侯有个女儿很漂亮，所以就把她送进纣的后宫，纣却认为她丑陋，就把鬼侯剁成肉酱。鄂侯因为此事极力为鬼侯辩护，所以被纣王杀死后制成了肉干。文王听说后，长声叹息，纣王就把文王囚禁在牖里的库房里一百天，还要把它置于死地。是什么原因使这些同别人一样称王称帝的人，最后却落到被人制成肉酱、肉干的下场呢？

齐闵王将之鲁，夷维子执策而从，谓鲁人曰：‘子将何以待吾君？’鲁人曰：‘吾将以十太牢待子之君。’夷维子曰：‘子安取礼而来待吾君？彼吾君者，天子也。天子巡狩，诸侯避舍，纳筦键，摄衽抱几，视膳于堂下，天子已食，退而听朝也。’鲁人投其籥，不果纳，不得入于鲁。将之薛，假涂于邹。

【译文】齐王准备去鲁国，夷维子驾车随行。问鲁国人：‘您打算用什么样的礼节接待我的国君呢？’鲁国人回答：‘我们准备用十太牢的规格来款待贵国国君。’夷维子说：‘您怎么能用这样的礼节来接待我们的国君呢？我们的国君是天子。天子巡视四方，各诸侯国君都要离开自己的宫室到别处避居，还要交出钥匙，自己提起衣襟，捧着几案，在堂下侍候天子吃饭。天子吃完饭，诸侯才能告退去处理政务。’鲁国人一听这番话，立刻锁门下匙，没有让他们进城。齐王不能进入鲁国，又准备到薛地去，向邹国借路通行。

当是时，邹君死，闵王欲入吊。夷维子谓邹之孤曰：‘天子吊，主人必将倍殡柩，设北面于南方，然后天子南面吊也。’邹之群臣曰：‘必若此，吾将伏剑而死。’故不敢入于邹。邹鲁之臣，生则不得事养，死则不得饭含。然且欲行天子之礼于邹、鲁之臣，不果纳。今秦，万乘之国，梁，亦万乘之国。俱据万乘之国，交有称王之名，睹其一战而胜，欲从而帝之，是使三晋之大臣，不如邹、鲁之仆妾也。且秦无已而帝，则且变易诸侯之大臣。彼将夺其所谓不肖，而予其所谓贤；夺其所憎，而与其所爱。彼又将使其子女谗妾为诸侯妃姬，处梁之宫，梁王安得晏然而已乎？而将军又何以得故宠乎？”

【译文】恰巧在这个时候，邹国国君死了。闵王想入城吊丧，夷维子就对邹国的孝子说：‘天子来吊丧，主人一定要把灵柩移到相反的方向，在南边设立朝北的灵堂，然后让天子面向南祭吊。’邹国的大臣们说：‘如果一定要这么办，我们就只有以死抗争了。’所以，齐闵王就没有胆量进入邹城。鲁国和邹国的臣子，都很贫寒，生前领不到俸禄，死后又得不到很好的安葬，然而一旦（齐王）委让他们对其行天子之礼时，他们也都不能接受。现在秦国是拥有万辆兵车的大国，魏国也是拥有万辆兵车的大国，彼此都是拥有万辆兵车的大国，相互都有称王的名分，仅仅看到秦国打了一次胜仗，就要尊秦为帝，这样看来，赵、韩、魏三国的大臣还不如邹、鲁二国的大臣啊！况且秦国一旦顺利地实现了它称帝的野心，会马上更换各诸侯国的大臣们。他们将撤换他们认为没有才能的臣子，把职务授与他们认为有才能的人；撤换他们所憎恨的人，把职务授与他们亲近的人。他们还会把他们的女儿和那些善于毁贤嫉能的女人配给诸侯充当妃嫔，日夜谗毁。这样的女人进入魏王的王宫里，魏王还能安安然然地过日吗？而将军您又怎么能继续像原来那样受宠信呢？”

于是辛垣衍起，再拜谢曰：“始以先生为庸人，吾乃今日而知先生为天下之士也。吾请去，不敢复言帝秦。”秦将闻之，为却军五十里。

【译文】于是辛垣衍站起身来，向鲁仲连拜了两拜，道歉说：“起初我还以为先生是个平庸之辈，如今我才知道先生是能经纬天下的士人呀！请让我离开这里，我不敢再说尊秦为帝的事了。”秦国的将军听说这件事后，把围困邯郸的部队撤退了五十里。

适会公子无忌夺晋鄙军以救赵击秦，秦军引而去。于是平原君欲封鲁仲连。鲁仲连辞让者三，终不肯受。平原君乃置酒，酒酣，起前以千金为鲁连寿。鲁连笑曰：“所贵于天下之士者，为人排患、释难、解纷乱而无所取也。即有所取者，是商贾之人也，仲连不忍为也。”遂辞平原君而去，终身不复见。

【译文】恰巧这时魏国的公子无忌夺取了晋鄙的兵权，率领军队前来援救赵国，进攻秦军。秦军撤退，离开了邯郸。这时，平原君想封赏鲁仲连。鲁仲连再三辞让，始终不肯接受。平原君就摆酒宴款待他。当酒喝得正畅快的时候，平原君站起身来，上前用千金向鲁仲连祝福。鲁仲连笑着说：“天下之士所看重的，是替人排除忧患，解除危难，排解纷乱而不收取任何报酬。如果说收取报酬，那就和买卖人没有什么区别了。我鲁仲连不忍心做这样的事。”于是辞别平原君而离开赵国，终身不再露面。

鲁君侍惠王宴避席择言为戒

（《战国策·魏策》）

梁王魏罃觞诸侯于范台。酒酣，请鲁君举觞。鲁君兴，避席择言曰：“昔者帝女令仪狄作酒而美，进之禹，禹饮而甘之，遂疏仪狄，绝旨酒，曰：‘后世必有以酒亡其国者。’齐桓公夜半不嗛，易牙乃煎敖燔炙，和调五味而进之，桓公食之而饱，至旦不觉，曰：‘后世必有以味亡其国者。’晋文公得南之威，三日不听朝，遂推南之威而远之，曰：‘后世有必以色亡其国者。’楚王登强台而望崩山，左江而右湖，以临彷徨，其乐忘死，遂盟强台而弗登，曰：‘后世必有以高台陂池亡其国者。’今主君之尊，仪狄之酒也；主君之味，易牙调也；左白台而右闾须，南威之美也；前夹林而后兰台，强台之乐也。有一于此，足以亡国。今主君兼此四者，可无戒与！梁王称善相属。

【译文】魏惠王魏罃在范台宴请各国诸侯。酒兴正浓的时候，魏惠王向鲁共公敬酒。鲁共公站起身，离开自己的坐席，正色道："从前，舜的女儿仪狄擅长酿酒，酒味醇美。仪狄把酒献给了禹，禹喝了之后也觉得味道醇美。但因此就疏远了仪狄，戒绝了美酒，并且说道：'后代一定有因为美酒而使国家灭亡的。'齐桓公有一天夜里觉得肚子饿，想吃东西。易牙就煎熬烧烤，做出美味可口的菜肴给他送上，齐桓公吃得很饱，一觉睡到天亮还不醒，醒了以后说：'后代一定有因贪美味而使国家灭亡的。'晋文公得到了美女南之威，三天没有上朝理政，于是就把南之威打发走了，说道：'后代一定有因为贪恋美色而使国家灭亡的。'楚灵王登上强台远望崩山，左边是长江，右边是大湖，登临徘徊，惟觉山水之乐而忘记人之将死，于是发誓不再游山玩水。后来他说：'后代一定有因为修高台、山坡、美池，而致使国家灭亡的。'现在您酒杯里盛的好似仪狄酿的美酒；桌上放的是易牙烹调出来的美味佳肴；您左边的白台，右边的闾须，都是南之威一样的美女；您前边有夹林，后边有兰台，都是强台一样的处所。这四者中占有一种，就足以使国家灭亡，可是现在您兼而有之，能不警戒吗？"魏惠王听后连连称赞谏言非常之好。

张仪为秦以连横说哀王

（《战国策·魏策》）

张仪为秦连横说魏王曰："魏地方不至千里，卒不过三十万人。地四平，诸侯四通，条达辐凑，无有名山大川之限。从郑至梁，不过百里；从陈至梁，二百余里。马驰人趋，不待倦而至梁。南与楚境，西与韩境，北与赵境，东与齐境，卒戍四方。守亭障者参列。粟粮漕庾，不下十万。魏之地势，故战场也。魏南与楚而不与齐，则齐攻其东；东与齐而不与赵，则赵攻其北；不合于韩，则韩攻其西；不亲于楚，则楚攻其南。此所谓四分五裂之道也。

【译文】张仪为秦国连横之事，去游说魏襄王说："魏国的领土方圆不到一千里，士兵不超过三十万人。四周地势平坦，与四方诸侯交通便利，犹如车轮辐条都集聚在车轴上一般，更没有高山深川的阻隔。从郑国到魏国，不过百来里；从陈国到魏国，也只有二百余里。人奔马跑，等不到疲倦就到了魏国。南边与楚国接壤，西边是韩国，北边是赵国，东边与齐国相邻，魏国士兵要守卫四方边界。守境的小亭和屏障接连排列。运粮的河道和储米的粮仓，不少于十万。魏国的地势，原本就是适合作战的地方。如果魏国向南亲近楚国而不亲近齐国，那齐国就会进攻你们的东面；向东亲附齐国而不亲附赵国，那赵国就会由北面来进攻你们；不和韩国联合，那么韩国就会攻打你们西面；不和楚国亲善，那南面就会危险了。这就是人们所说的四分五裂的地理位置。

“且夫诸侯之为从者，以安社稷、尊主、强兵、显名也。合从者，一天下约为兄弟，刑白马以盟于洹水之上，以相坚也。夫亲昆弟，同父母，尚有争钱财。而欲恃诈伪反覆苏秦之余谋，其不可以成亦明矣。

【译文】再说诸侯组织合纵阵线，说是为了使社稷安定，君主尊贵，兵力强大，名声显赫。现在合纵的国家想要联合诸侯，结为兄弟，在洹水之滨宰杀白马，歃血为盟，以示坚守信约。然而同一父母所生的亲兄弟，尚且还有争夺钱财的。而您却想依靠欺诈虚伪、反复无常的苏秦所残留的计策，这明显不可能成功。

“大王不事秦，秦下兵攻河外，拔卷、衍、燕、酸枣，劫卫取晋阳，则赵不南；赵不南则魏不北，魏不北则从道绝。则大王之国，欲求无危，不可得也。秦挟韩而攻魏，韩劫于秦，不敢不听。秦、韩为一国，魏之亡，可立而须也，此臣之所以为大王患也。为大王计，莫如事秦，事秦，则楚、韩必不敢动；无楚、韩之患，则大王高枕而卧，国必无忧矣。

【译文】如果大王不臣服于秦国，秦国将发兵进攻河外，占领卷、衍、南燕、酸枣等地，胁迫卫国夺取晋阳，那么赵国就不能南下支援魏国；赵国不能南下，那么魏国也就不能北上联合赵国；魏国不能联络赵国，那么合纵的通道就断绝了。合纵的通道一断，那么大王的国家再想不危险就不可能了。再有，秦国若是挟制韩国来攻打魏国，韩国迫于秦国的压力，一定不敢不听从。秦韩结为一体，那魏国灭亡之期就不远了，这就是我为大王担心的原因。我替大王考虑，不如归顺秦国，归顺了秦国，那么楚韩必定不敢轻举妄动；没了楚韩的侵扰，大王就可以高枕无忧了，国家也一定不会有忧患了。

“且夫秦之所欲弱，莫如楚，而能弱楚者，莫若魏。楚虽有富大之名，其实空虚；其卒虽众多，然而轻走易北，不敢坚战。悉魏之兵，南面而伐，胜楚必矣。夫亏楚而益魏，攻楚而适秦，内嫁祸安国，此善事也。大王不听臣，秦甲出而东伐，虽欲事秦，而不可得也。

【译文】再说，秦国想要削弱的莫过于楚国，而能抑制楚国的又莫不过魏国。楚国虽然有富足强大的名声，但实际上空虚得很；它的士兵虽然多，但大部分容易逃跑败退，不敢打硬仗；如果出动魏国军队向南讨伐，必定能战胜楚国。这样看来，让楚国吃亏而魏国得到好处，攻打楚国取悦秦国，把灾祸转嫁给别人，安定国家，这可是件大好事啊。大王如果不听我的意见，秦兵出动，即使想归顺也不可能了。

“且夫从人多奋辞而寡可信，说一诸侯之王，出而乘其车；约一国而成，反而取封侯之基。是故天下之游士，莫不日夜搤腕，瞋目切齿，以言从之便，以说人主。人主览其辞，牵其说，恶得无眩哉？臣闻积羽沉舟，群轻折轴，众口铄金，故愿大王之熟计之也。”

【译文】而且主张合纵的人大都夸大其辞、不可信赖，他们游说一个君主，出来就乘坐那个君主赏赐给他的车子，联合一个诸侯成功返回故国，他就有了封侯的资本。所以天下游说之士，没有不每天都捏着手腕，瞪着眼睛，咬牙切齿地高谈阔论合纵的好处，以博得君王的欢心。君王们接受他们的巧辩，被他们的空话牵动，怎能不头昏目眩呢？我听说羽毛多了也可以压沉船只，轻的东西装多了也可以压断车轴，众口一词足以熔化金属，所以请大王仔细考虑这个问题。”

魏王曰：“寡人蠢愚，前计失之。请称东藩，筑帝宫，受冠带，祠春秋，效河外。”

【译文】魏王说：“我太愚蠢，以前的策略错了。我愿意做秦国东方的藩臣，给秦王修建行宫，接受秦国的封赏，春秋两季贡献祭品，并献上河外的土地。”

信陵君谏安釐王与秦攻韩

（《战国策·魏策》三）

魏将与秦攻韩，无忌谓魏王曰：“秦与戎、翟同俗，有虎狼之心，贪戾好利而无信，不识礼义德行。苟有利焉，不顾亲戚兄弟，若禽兽耳。此天下之所同知也，非所施厚积德也。故太后，母也，而以忧死；穰侯，舅也，功莫大焉，而竟逐之；两弟无罪，而再夺之国。此其于亲戚兄弟若此，而又况于仇雠之敌国也！

【译文】魏国打算联合秦国攻打韩国，韩臣无忌对魏王说："秦国与戎狄的习俗相同，有虎、狼一般威猛贪狠之心，贪暴好利，不讲信义，不懂得礼、义德行。如果有利可图，就不顾父、母、兄、弟，跟禽兽一样。这是天下的人所共知的，它是一个既不施恩惠于他人，也不积德行于自己的国家。所以，宣太后是秦昭王的母亲，缺被他废掉，忧愤而死；穰侯是昭王的舅父，功劳最大，竟然被驱逐；两个弟弟泾阳君、高陵君无罪，却两次夺去他们的封地，他对于父、母、兄、弟尚且这样，更何况对于敌国呢。

"今大王与秦伐韩，而益近秦，臣甚惑之，而王弗识也，则不明矣。群臣知之，而莫以此谏，则不忠矣。今夫韩氏，以一女子承一弱主，内有大乱，外安能支强秦、魏之兵，王以为不破乎？韩亡，秦有郑地，与大梁邻，王以为安乎？王欲得故地，而今负强秦之祸也，王以为利乎？

【译文】"现在大王打算联合秦国攻打韩国，就更加接近秦国，我非常迷惑不解，可大王还不了解，这就不够明智了，群臣了解情况，而却无人以上述情况进行劝谏，这就是不忠了。现在韩国以一个女子辅助一个幼主，国内有大乱，对外怎么能够抵抗强大的秦、魏联军，大王以为韩国不会被灭亡吗？韩国灭亡了，秦国完全占有其地，与魏都大梁为邻，大王以为这样能平安吗？大王想收回被韩国占领的旧地，如今却要遭受强秦的祸患，大王认为这有利吗？

"秦非无事之国也，韩亡之后，必且更事；更事，必就易与利；就易与利，必不伐楚与赵矣。是何也？夫越山踰河，绝韩之上党而攻强赵，则是复阏与之事也，秦必不为也。若道河内，倍邺、朝歌，绝漳、滏之水，而以与赵兵决胜于邯郸之郊，是受智伯之祸也，秦又不敢。伐楚，道涉山谷，行三千里，而攻危隘之塞，所行者甚远，而所攻者甚难，秦又弗为也。若道河外，倍大梁，而右上蔡、召陵，以与楚兵决于陈郊，秦又不敢也。故曰，秦必不伐楚与赵矣，又不攻卫与齐矣。韩亡之后，兵出之日，非魏无攻矣。

【译文】"秦国并不是一个不滋生事端的秦国，韩国灭亡之后，一定又会发动战争，如果发动战争，就一定选择容易和有利的事去做；选择容易和有利的事，就一定不会进攻楚国和赵国。这是为什么呢？秦国要越过高山，跨过黄河，横穿韩国的上党去攻打强赵，这是重蹈阏与之战失败的复辙，秦国一定不会干。如果经过河内，背着邺城，朝歌、横渡漳水和滏水，而在邯郸之郊与赵军决一胜负，这就要遭受智伯受过的灭国大祸，秦国又会不敢。假设攻打楚国，取道涉谷，行走三千里，去攻打黾隘关塞，走的路太远，攻打起来又太难，秦国又不会干。如果取道河外，背向大梁，经过陈州以西的上蔡，召陵，在陈州效野与楚军决一胜负，秦国又不敢。所以说'秦国肯定不会进攻楚国和赵国'，又不会攻打燕国和齐国。当韩国灭亡之后，秦国出兵之日，必定会攻打魏国。

“秦故有怀茅刑丘、安城垝津，以临河内，河内共汲，莫不危矣。秦有郑地，得垣雍，决荥泽而水大梁，大梁必亡矣。王之使者大过矣，乃恶安陵氏于秦，秦之欲许之久矣。然而秦之叶阳、昆阳，与舞阳、高陵邻，听使者之恶也，随安陵氏而欲亡之。秦绕舞阳之北，以东临许，则南国必危矣。南国虽无危，则魏国岂得安哉？且夫憎韩不爱安陵氏，可也，夫不患秦之不爱南国，非也。

【译文】“秦国本来有怀地、茅地、刑丘，在垝津筑城，而逼近河内，河内的共、汲必定危险。秦国占领了郑地，获得了垣雍，决开荧泽之水，去淹灌大梁，大梁一定会被攻陷。大王的使者太错了，竟然在秦国诋毁魏的附属国安陵氏，秦国很久以来就想占领许地。然而秦国的叶阳、昆阳与魏国的舞阳为邻，若听任使者诋毁，跟随灭安陵氏之后，秦国就想占有许地。秦军绕道舞阳以北，向东逼近许地，那末魏都大梁必定危险，即使大梁不危险，魏国难道就能安宁吗？如果痛恨韩国，不怜惜安陵氏，这还可以，然而不担心秦国也不怜惜大梁，这就不可以。

“异日者，秦乃在河西，晋国之去梁也，千里有余，有河山以阑之，有周、韩而闲之。从林乡军以至于今，秦十攻魏，五入国中，边城尽拔。文台堕，垂都焚，林木伐，麋鹿尽，而国继以围。又长驱梁北，东至陶、卫之郊，北至乎阚，所亡乎秦者，山北、河外、河内，大县数百，名都数十。秦乃在河西，晋国之去大梁也尚千里，而祸若是矣。又况于使秦无韩而有郑地，无河山以阑之，无周、韩以闲之，去大梁百里，祸必百此矣。

【译文】“从前，秦国才在黄河以西，魏国旧都安邑距大梁有千里之遥。中间有河、山阻隔，又有周、韩两国相间。从秦攻魏的林中战役至今，秦国十次进攻魏国，五次进入范围，边境城市尽被占领，文台被毁坏，垂都被焚烧，林木被砍伐、麋、鹿被杀尽，接着国都被包围。秦军长驱直入，一直打到大梁的北边，东边打到陶、卫二地的郊外，北边打到阚地，丧失给秦国的土地有：山南、山北、河外、河内，大县有数百，大邑有数十。秦国在黄河以西，魏国旧都安邑距大梁还有千里，可是灾祸竟然到了这种地步。更何况如果秦国灭掉了韩国，占有郑地，没有河、山阻隔，没有周，韩两国的相间，离大梁只有百里，那灾祸必然超过此刻一百倍。

异日者，从之不成矣，楚、魏疑，而韩不可得而约也。今韩受兵三年矣，秦挠之以讲，韩知亡，犹弗听，投质于赵，而请为天下雁行顿刃。以臣之愚观之，则楚、赵必与之攻矣。此何也？则皆知秦欲之无穷也，非尽亡天下之兵，而臣海内之民，必不休矣。是故臣愿以从事乎王，王速受楚、赵之约，而挟韩之质，以存韩为务，因求故地于韩，韩必效之。如此则士民不劳，而故地得，其功多于与秦共伐韩，然而无与强秦邻之祸。

【译文】“从前，合纵不成功，楚国和赵国猜疑，韩国多变，不可能结盟。现在韩国被秦兵进攻了三年，秦国要韩国屈膝求和，韩国知道要被灭亡，仍然不愿俯首听命，给赵国送去人质，请求准备好武器为诸侯打头阵。据我看来，楚国和赵国必定会和韩国联合进攻秦国。这是为什么呢？因为诸侯都知道秦国的贪欲没完没了，不消灭天下的军队，不征服天下的人民，它必定不肯罢休。因此，我愿意用合纵政策为大王服务，请大王即刻接受楚国和赵国的盟约，控制韩国的人质，以保存韩国为急务。因此，向韩国讨回原来被其占领的土地，韩国一定会献出。这样，人民不必辛劳而收回了故土，这个功绩比联合秦国攻打韩国的功绩大得多。而且还可以避免与强秦为邻的祸患。

“夫存韩安魏而利天下，此亦王之大时已。通韩之上党于共、宁，使道已通，因而关之，出入者赋之，是魏重质韩以其上党也。共有其赋，足以富国，韩必德魏、爱魏、重魏、畏魏，韩必不敢反魏。是韩则魏之县也。魏得韩以为县，则卫、大梁、河外必安矣。今不存韩，则二周必危，安陵必易。楚、赵大破，卫、齐甚畏。天下之西乡而驰秦入朝，为臣之日不久矣。”

【译文】“保存韩国，安定魏国，而使天下诸侯得利，这也是大王建功立业的大好时机啊。使韩协的上党与共、宁二地的道路相通，两国通使之道已通。因而设立关卡，对出入的人征收赋税，这样韩国以其上党作为给魏国一份重礼，两国共同享有赋税，足可以富国。韩国也必然感激魏国，爱戴魏国，尊重魏国。敬畏魏国，它一定不敢反对魏国。这样，韩国就成了魏国的一个县，魏国得到韩国作为一个县，就用来捍卫遮蔽国都大梁，河外一定安宁。如果不保存韩国，那么东周、西周一定危险，安陵必定成为秦国所有，秦国大败楚、赵两国，燕国、齐国非常害怕，诸侯向西奔往秦国，朝拜秦王甘愿做臣的日子就不远了。”

秦韩浊之战

（《战国策·韩策》一）

秦、韩战于浊泽，韩氏急。公仲朋谓韩王曰：“与国不可恃。今秦之心欲伐楚，王不如因张仪为和于秦，赂之以一名都，与之伐楚。此以一易二之计也。”韩王曰：“善。”乃儆公仲之行，将西讲于秦。

【译文】秦韩两国在浊泽交战，韩国告急。公仲朋对韩王说：“盟国不能依靠。现在秦国的意图是要攻打楚国，大王不如通过张仪同秦国讲和，送给它一座大城市，同秦国一起攻打楚国。这是以一换二的计策。”韩王说：“好。”于是就为公仲朋出行做准备，将到西方同秦国讲和。

楚王闻之，大恐，召陈轸而告之。陈轸曰：“秦之欲伐我久矣，今又得韩之名都一而具甲，秦、韩并兵南乡，此秦所以庙祠而求也。今已得之矣，楚国必伐矣。王听臣，为之儆四境之内，选师言救韩，令战车满道路；发信臣，多其车，重其币，使信王之救己也。纵韩为不能听我，韩必德王也，必不为雁行以来。是秦、韩不和，兵虽至，楚国不大病矣。为能听我绝和于秦，秦必大怒，以厚怨于韩。韩得楚救，必轻秦。轻秦，其应秦必不敬。是我困秦、韩之兵，而免楚国之患也。”楚王大说，乃儆四境之内，选师言救韩，发信臣，多其车，重其币。谓韩王曰：“敝邑虽小，已悉起之矣。愿大国遂肆意于秦，敝邑将以楚殉韩。”

【译文】楚王听此消息，大为恐慌，马上召见陈轸。陈轸说：“秦国想攻伐我国已经很久了，如今又得到韩国一座大城市，其财赋可以增加兵饷，秦韩两国合兵向南，秦国多年梦寐以求的事今天已经实现了，楚国必然会被进攻。大王要听从我的意见：在全国实行戒严，挑选军队声言援救韩国，让战车布满道路，派遣使者，增加使者的车辆，加重使者的聘礼，使韩国相信大王是在救它。韩国如果不能听从我们，一定会感激大王，绝不会联兵而来。这样秦韩两国不和，秦兵虽然来到，楚国不会遭受大的损失。韩国如果能够听从我们，同秦国决裂，秦国必然大怒，因而痛恨韩国。韩国得到楚国的援救，一定会轻视秦国；轻视秦国，它应付秦国一定不恭敬。这样我们便可以使秦韩两国的军队疲惫不堪，从而解除楚国的忧患。”楚王非常高兴，便在全国范围内实行戒严，挑选军队声言援救韩国，派遣使者，增加使者的车辆，加重使者的聘礼。让使者对韩王说：“敝国虽小，已经全部动员起来了，希望贵国随心所欲地对付秦国，敝国为韩国将不惜牺牲一切地进行帮助。”

韩王大说，乃止公仲。公仲曰：“不可，夫以实告我者秦也；以虚名救我者楚也。恃楚之虚名，轻绝强秦之敌，必为天下笑矣。且楚、韩非兄弟之国也，又非素约而谋伐秦。秦欲伐楚，楚因以起师言救韩，此必陈轸之谋也。且王以使人报于秦矣，今弗行，是欺秦也。夫轻强秦之祸，而信楚之谋臣，王必悔之矣。”

【译文】韩王十分高兴，便停止公仲朋使秦。公仲朋说："不行。采取行动使我们吃苦头的是秦国，用虚假的名义来援救我们的是楚国。倚仗楚国的虚名，轻易停止同强秦这样的敌人讲和，一定会被天下人耻笑了。何况楚韩两国不是兄弟国家，又不是预先约定共谋攻打秦国的，情况是秦国要攻打楚国，楚国这才发兵声言援救韩国的，这一定是陈轸的阴谋。再说大王已经派人通知秦国了，如今使者不去，是欺骗秦国。忽视强秦的灾祸，却听信楚国的谋臣，大王一定要后悔的。"

韩王弗听，遂绝和于秦。秦果大怒，兴师与韩氏战于岸门，楚救不至，韩氏大败。韩氏之兵非削弱也，民非蒙愚也，兵为秦禽，智为楚笑，过听于陈轸，失计于韩明也。

【译文】韩王不听从，就同秦国停止讲和。秦国果然大怒，发兵与韩国交战于岸门。楚国的救兵不到，韩国大败。韩国的军队并不弱小，人民并不愚昧，可是军队被秦国俘获，谋略被楚国耻笑，是因为错误地听信了陈轸，没有采纳公仲朋的计策啊。

郭隗对昭王论致士

（《战国策·燕策》一）

燕昭王收破燕后，即位，卑身厚币以招贤者，欲将报雠。故往见郭隗先生曰："齐因孤国之乱，而袭破燕。孤极知燕小力少，不足以报。然得贤士与共国，以雪先王之耻，孤之愿也。敢问以国报雠者奈何？"

【译文】燕昭王收拾了残破的燕国以后登上王位，他礼贤下士，用丰厚的聘礼来招募贤才，想要依靠他们来报齐国破燕杀父之仇。为此他去见郭隗先生，说："齐国乘人之危，攻破我们燕国，我深知燕国势单力薄，无力报复。然而如果能得到贤士与我共商国事，以雪先王之耻，这是我的愿望。请问先生要报国家的大仇应该怎么办？"

郭隗先生对曰："帝者与师处，王者与友处，霸者与臣处，亡国与役处。诎指而事之，北面而受学，则百己者至。先趋而后息，先问而后嘿，则什己者至。人趋己趋，则若己者至。冯几据杖，眄视指使，则厮役之人至。若恣睢奋击，呴籍叱咄，则徒隶之人至矣。此古服道致士之法也。王诚博选国中之贤者，而朝其门下，天下闻王朝其贤臣，天下之士必趋于燕矣。”

【译文】郭隗先生回答说：“成就帝业的国君以贤者为师，成就王业的国君以贤者为友，成就霸业的国君以贤者为臣，行将灭亡的国君以贤者为仆役。如果能够卑躬曲节地侍奉贤者，屈居下位接受教诲，那么比自己才能超出百倍的人就会光临；早些学习晚些休息，先去求教别人过后再默思，那么才能胜过自己十倍的人就会到来；别人怎么做，自己也跟着做，那么才能与自己相当的人就会来到；如果凭靠几案，拄着手杖，盛气凌人地指挥别人，那么供人驱使跑腿当差的人就会来到；如果放纵骄横，行为粗暴，吼叫骂人，大声喝斥，那么就只有奴隶和犯人来了。这就是古往今来实行王道和招致人才的方法啊。大王若是真想广泛选用国内的贤者，就应该亲自登门拜访，天下的贤人听说大王的这一举动，就一定会赶着到燕国来。”

昭王曰：“寡人将谁朝而可？”郭隗先生曰：“臣闻古之君人，有以千金求千里马者，三年不能得。涓人言于君曰：‘请求之。’君遣之。三月得千里马，马已死，买其首五百金，反以报君。君大怒曰：‘所求者生马，安事死马，而捐五百金？’涓人对曰：‘死马且买之五百金，况生马乎？天下必以王为能市马，马今至矣。’于是不能期年，千里之马至者三。今王诚欲致士，先从隗始；隗且见事，况贤于隗者乎？岂远千里哉？”

【译文】昭王说：“我应当先拜访谁才好呢？”郭隗先生说道：“我听说古时有一位国君想用千金求购千里马，可是三年也没有买到。宫中有个近侍对他说道：‘请您让我去买吧。国君就派他去了。三个月后他终于找到了千里马，可惜马已经死了，但是他仍然用五百金买了那匹马的脑袋，回来向国君复命。国君大怒道：‘我要的是活马，死马有什么用，而且白白扔掉了五百金？’这个近侍胸有成竹地对君主说：‘买死马尚且肯花五百金，更何况活马呢？天下人一定都以为大王您擅长买马，千里马很快就会有人送了。’于是不到一年，三匹千里马就到手了。如果现在大王真的想要罗致人才，就请先从我开始吧；我尚且被重用，何况那些胜过我的人呢？他们难道还会嫌千里的路程太遥远了吗？”

于是昭王为隗筑宫而师之。乐毅自魏往，邹衍自齐往，剧辛自赵往，士争凑燕。燕王吊死问生，与百姓同其甘苦。二十八年，燕国殷富，士卒乐佚轻战。于是遂以乐毅为上将军，与秦、楚、三晋合谋以伐齐，齐兵败，闵王出走于外。燕兵独追北，入至临淄，尽取齐宝，烧其宫室宗庙。齐城之不下者，唯独莒、即墨。

【译文】于是昭王为郭隗专门建造房屋，并拜他为师。消息传开，乐毅从魏国赶来，邹衍从齐国而来，剧辛也从赵国来了，人才争先恐后集聚燕国。昭王又在国中祭奠死者，慰问生者，和百姓同甘共苦。燕昭王二十八年的时候，燕国殷实富足，国力强盛，士兵们心情舒畅愿意效命。于是昭王用乐毅为上将军，和秦楚及三晋赵魏韩联合策划攻打齐国，齐国大败，齐闵王逃到国外。燕军又单独痛击败军，一直打到齐都临淄，掠取了那里的全部宝物，烧毁齐国宫殿和宗庙。没有被攻下的齐国城邑，只剩下莒和即墨。

苏秦自解于燕王以忠信得罪

（《战国策·燕策》一）

人有恶苏秦于燕王者曰："武安君，天下不信人也。王以万乘下之，尊之于廷，示天下与小人群也。"

【译文】有人对燕王毁谤苏秦说："苏秦是天下最不讲信义的人。大王以万乘之尊却非常谦恭地对待他，在朝廷上推崇他，但这是向天下人显示了自己与小人为伍啊。"

武安君从齐来，而燕王不馆也。谓燕王曰："臣东周之鄙人也，见足下身无咫尺之功，而足下迎臣于郊，显臣于廷。今臣为足下使，利得十城，功存危燕，足下不听臣者，人必有言臣不信，伤臣于王者。臣之不信，是足下之福也。使臣信如尾生，廉如伯夷，孝如曾参，三者天下之高行也，而以事足下可乎？"燕王曰："可。"曰："有此臣，亦不事足下矣。"

【译文】苏秦从齐国归来，燕王竟然不给他预备住处。 苏秦对燕王说："我本是东周的一个平庸之辈，当初见大王时没有半点儿功劳，但大王到郊外去迎接我，使我在朝廷上地位显赫。现在我替您出使齐国，取得了收复十座城邑的利益，挽救了危亡之中的燕国，可是您却不再信任我，一定是有人说我不守信义，在大王面前中伤我。其实，我不守信义，那倒是您的福气。假使我像尾生那样讲信用，像伯夷那样廉洁，像曾参那要孝顺，具有这三种天下公认的高尚操行，来为大王效命，是不是可以呢？"燕王说："当然可以。"苏秦说："如果真是这样，我也就不会来为大王服务了。"

苏秦曰："且夫孝如曾参，义不离亲，一夕宿于外，足下安得使之之齐？廉如伯夷，不取素飡，污武王之义而不臣，辞孤竹之君，饿而死于首阳之山。廉如此者，何肯步行数千里，而事弱燕之危主乎？信如尾生，期而不来，抱梁柱而死。信至如此，何肯扬燕、秦之威于齐而取大功哉？且夫信行者，所以自为也，非所以为人也。皆自覆之术，非进取之道也。且夫三王代兴，五霸迭盛，皆不自覆也。君以自覆为可乎？则齐不益于营邱，足下不踰境，不窥于边城之外。且臣有老母于周，离老母而事足下，去自覆之术，而谋进取之道，臣之趣固不与足下合者。足下皆自覆之君也，仆者进取之臣也，所谓以忠信得罪于君者也。"

【译文】苏秦道："臣要像曾参一样孝顺，就不能离开父母在外面歇宿一夜，您又怎么能让他到齐国去呢？像伯夷那样廉洁，不吃白食，认为周武王不义，不做他的臣下，又拒不接受孤竹国的君位，饿死在首阳山上，廉洁到这种程度，又怎么肯步行几千里，而为弱小燕国的垂危君主服务呢？如果臣有尾生的信用，和女于约会在桥下，那女子没来，直到水淹上身也不离开，最终抱着桥柱被淹死。讲信义到这种地步，怎么肯到齐国去宣扬燕秦的威力，并取得巨大的功绩呢？再说讲信义道德的人，都是用来自我完善，不是用来帮助他人的。所以这都是满足现状的办法，而不是谋求进取的途径。再说，三王交替兴起，五霸相继兴盛，他们都不满足现状。如果满足现状是可以的，那么齐国就不会进兵营丘，您也不能越过楚国边境，不可能窥探边城之外了。况且我在周地还有老母，离开老母来事奉您，抛开固步自封的做法，谋求进取的策略。看来我的目标，本来不和您相同。大王是满足现状的君主，而我是谋求进取的臣子，这就是因为忠信而得罪于君主的原因啊。"

燕王曰："夫忠信，何得罪之有也？" 对曰："足下不知也。臣邻家有远为吏者，其妻私人。其夫且归，其私之者忧之。其妻曰：'公勿忧也，吾已为药酒以待之矣。'后二日，夫至。妻使妾奉卮酒进之。妾知其为药酒也，进之则杀主父，言之则逐主母。乃佯僵弃酒。主父大怒而笞之。妾之弃酒，上以活主父，下以存主母也。忠至如此，然不免于笞，此以忠信得罪者也。臣之事，适不幸而有类妾之弃酒也。且臣之事足下，亢义益国，今乃得罪，臣恐天下后事足下者，莫敢自必也。且臣之说齐，曾不欺之也。使之说齐者，莫如臣之言也，虽尧、舜之智，不敢取也。"

【译文】燕王说："忠信又有什么可责怪的呢？"苏秦说："您不知道，我的邻居中有个在远地方做官的人，他的妻子跟别人私通。她的丈夫眼看就快要回来了，和他私通的人很忧虑。那妻子对他的情夫说：'你别担心，我已经准备了毒酒等着他呢。'过了两天，丈夫到家了，妻子让女仆捧着毒酒送给他丈夫。女仆知道那是毒酒，如果送上去就要毒死男主人，如果说出实情女主人难以避免被赶走。于是她假装跌倒，泼掉了毒酒。男主人很生气，就用竹板打她。那女仆这一倒，对上救了男主人，对下保住了女主人。忠心到了这种地步，然而仍然免不了被打，这就是因为忠信反而受到罪责的人啊。现在我的处境，恰恰不幸和那个女仆泼掉毒酒反而受罚的遭遇类似。而且我事奉大王您，尽量使信义崇高，国家获益，如今竟受罪责，我担心以后天下来事奉您的人，没有谁自信能够做到这样。况且我劝说齐王，确实没用欺诈的手段，只不过游说齐国的其它使者，没有谁像我说得那么婉转。即使他们像尧、舜一样贤明，齐国也不肯相信他们的话。”

惠王使人让乐毅并乐毅报书

（《战国策·燕策》）

昌国君乐毅，为燕昭王合五国之兵而攻齐，下七十余城，尽郡县之，以属燕。三城未下，而燕昭王死。惠王即位，用齐人反间，疑乐毅，而使骑劫代之将。乐毅奔赵，赵封以为望诸君。齐田单欺诈骑劫，卒败燕军，复收七十余城以复齐。燕王悔，惧赵用乐毅燕之弊以伐燕。

【译文】昌国君乐毅为燕昭王率五国军队攻打齐国，攻下七十多座城邑，并把这些地方全部作为郡县划归燕国。只剩三座城没有攻下，燕昭王就死了。燕惠王即位，齐人采用反间计，使乐毅受到怀疑，惠王派骑劫代替乐毅的将军职务。于是乐毅逃亡赵国，赵王封他为望诸君。后来，齐国大将田单设计骑劫，最终打败了燕国，收复了七十多座城邑，恢复了齐国。 惠王后来感到后悔，又害怕赵国任用乐毅趁燕国疲惫时来攻打燕国。

燕王乃使人让乐毅，且谢之曰：“先王举国而委将军，将军为燕破齐，报先王之仇，天下莫不振动，寡人岂敢一日而忘将军之功哉！会先王弃群臣，寡人新即位，左右误寡人。寡人之使骑劫代将军，为将军久暴露于外，故召将军且休计事。将军过听，以与寡人有隙，遂捐燕而归赵。将军自为计则可矣，而亦何以报先王之所以遇将军之意乎？”

【译文】于是燕惠王派人责备乐毅，并向乐毅表示歉意说：“先王把整个燕国托付给将军，将军不负重托，为燕国打败了齐国，替先王报了仇，天下人无不为之震动，我怎么敢忘记将军的功劳呢！现在，适逢先王不幸离开人世，我又刚刚即位，结果竟被左右侍臣蒙蔽了。寡人所以让骑劫代替将军的意思，是因为将军长期在外奔波辛劳，于是召请将军回来，暂且休整一下，以便共议国家大事。然而，将军误解了我，认为和我有了隔阂，就丢下燕国归附了赵国。如果将军为自己这样打算还可以，可您又拿什么来报答先王对将军您的知遇之恩呢？”

望诸君乃使人献书报燕王曰：“臣不佞，不能奉承先王之教，以顺左右之心，恐抵斧质之罪，以伤先王之明，而又害于足下之义，故遁逃奔赵。自负以不肖之罪，故不敢为辞说。今王使使者数之罪，臣恐侍御者之不察先王之所以畜幸臣之理，而又不白于臣之所以事先王之心，故敢以书对。

【译文】于是乐毅派人送去书信回答燕惠王说：“我庸碌无能，不能遵行先王的教诲，来顺从左右人的心思，又惟恐遭杀身之祸，这样既损伤了先王用人的英明，又使大王蒙受不义的名声，所以我才逃到赵国。我背着不忠的罪名，所以也不敢为此辩解。大王派使者来列举我的罪过，我担心大王不能明察先王任用爱护我的理由，并且也不明白我之所以事奉先王的心情，所以才斗胆写封信来回答您。

“臣闻贤圣之君，不以禄私其亲，功多者授之；不以官随其爱，能当之者处之。故察能而授官者，成功之君也；论行而结交者，立名之士也。臣以所学者，观之先王之举错，有高世之心，故假节于魏王，而以身得察于燕。先王过举，擢之乎宾客之中，而立之乎群臣之上，不谋于父兄，而使臣为亚卿。臣自以为奉令承教，可以幸无罪矣，故受命而不辞。

【译文】“我听说贤惠圣明的君主，不把爵禄任意送给自己亲近的人，而是赐给功劳大的人；不把官职随便授给自己喜爱的人，而是让称职的人干。所以，考察才能再授以相应的官职，这才是能够建功立业的君主；能够衡量一个人的德行再结交朋友，这才是能显身扬名的人。我用所学的知识观察，先王举拔安置人才，有超越当代君主的胸襟，所以我借着为魏王出使的机会，才能亲自到燕国接受考察。先王过高地抬举我，在宾客之中把我选拔出来，安排的官职在群臣之上，不与宗室大臣商量，就任命我为亚卿。我自以为接受命令秉承教导，可以有幸不受处罚，所以就接受了任命而没有推辞。

“先王命之曰：‘我有积怨深怒于齐，不量轻弱，而欲以齐为事。’臣对曰：“夫齐，霸国之余教，而骤胜之遗事也，闲于兵甲，习于战攻。王若欲攻之，则必举天下而图之。举天下而图之，莫径于结赵矣。且又淮北、宋地，楚、魏之所同愿也。赵若许，约楚、魏、宋尽力，四国攻之，齐可大破也。’先王曰：‘善。’臣乃口受令，具符节，南使臣于赵。顾反命，起兵随而攻齐。

【译文】先王命令我说：‘我和齐国有深仇大恨，顾不得国力弱小，也要向齐国报仇。’我回答说：‘齐国有先代称霸的遗教，并且留下来几次大胜的功业。精于用兵，熟习攻守。大王若想攻打齐国，就一定要联合天下的诸侯共同对付它。要联合天下诸侯来对付齐国，最捷便的就是先和赵国结交。再说，齐国占有的淮北和宋国故地，是楚国和魏国想要得到的。赵国如果答应，再联合楚魏和被齐占领的宋国共同出动兵力，四国联合攻齐，就一定可以大败齐国。’先王说：‘好。’于是亲口授命，准备好符节，让我出使到南边的赵国。待我回国复命以后，各国随即起兵攻齐。

“以天之道，先王之灵，河北之地，随先王举而有之于济上。济上之军，奉令击齐，大胜之。轻卒锐兵，长驱至齐。齐王逃遁走莒，仅以身免。珠玉财宝，车甲珍器，尽收入燕，大吕陈于元英，故鼎反乎历室，齐器设于宁台。蓟丘之植，植于汶皇。自五霸以来，功未有及先王者也。先王以为慊于其志，以臣为不顿命，故裂地而封之，使之得比乎小国诸侯。臣不佞，自以为奉命承教，可以幸无罪矣，故受命而弗辞。

【译文】“靠着上天的保佑和先王的精明，河北之地全数被先王所占有。我们驻守在济水边上的军队，奉命进击齐军，获得全胜。我们以轻便精锐的部队又长驱直入齐都，齐闵王怆惶逃到莒地，才得以免于一死。齐国的珠玉财宝，车马铠甲、珍贵器物，全部收入燕国的府库，齐国制定乐律的大钟被陈放在元英殿，燕国的大鼎又回到了历室宫，齐国的各种宝器摆设在宁台里，燕都蓟丘的植物移种在汶水的竹田里。从春秋五霸以来，没有一个人的功业能赶得上先王。先王认为满足了心愿，也认为我没有辜负使命，因此划分一块土地封赏我，使我的地位能够比得上小国的诸侯。我没才能，但自认为奉守命令秉承教诲，就可以万幸无罪了，所以接受了封赏而毫不推辞。

“臣闻贤明之君，功立而不废，故著于春秋；蚤知之士，名成而不毁，故称于后世。若先王之报怨雪耻，夷万乘之强国，收八百岁之蓄积，及至弃群臣之日，余令诏后嗣之遗义，执政任事之臣，所以能循法令，顺庶孽者，施及萌隶，皆可以教于后世。

【译文】“我听说贤明的君王，功业建立后就不能半途而废，因而才能名垂青史；有先见之明的人，获得名誉后就不可毁弃，因而才能被后人所称颂。像先王那样报仇雪恨，征服了拥有万辆车的强国，收取它们八百年的积蓄。等到离开人世，先王仍不忘发布旨令，向后代宣示遗嘱。执政管事的大臣，凭着先王的旨义并按照法令，谨慎对待王族子孙，施恩于平民百姓，这些都可以成为后世的典范。

“臣闻善作者不必善成；善始者不必善终。昔者伍子胥说听乎阖闾，故吴王远迹至于郢。夫差弗是也，赐之鸱夷而浮之江。故吴王夫差不悟先论之可以立功，故沉子胥而弗悔。子胥不蚤见主之不同量，故入江而不改。夫免身全功，以明先王之迹者，臣之上计也。离毁辱之非，堕先王之名者，臣之所大恐也。临不测之罪，以幸为利者，义之所不敢出也。

【译文】“我听说，善于开创的不一定善于完成，有好的开端未必有好的结局。从前，伍子胥的计谋被吴王阖闾采用，所以吴王的足迹能远踏楚国郢都。相反，吴王夫差对伍子胥的意见不以为然，赐死伍子胥，装在皮口袋里，投入江中。可见吴王夫差始终不明白贤人的主张对吴国建立功业的重要性，所以把伍子胥沉人江中也不后悔。伍子胥不能及早预见自己和君主的度量不同，所以即使被投入大江里也不能改变诚挚的初衷。能免遭杀戮，保全功名，以此彰明先王的业绩，这是我的上策。自身遭受诋毁侮辱，因而毁坏先王的名声，这是我最害怕的事情。面对不可估量的大罪，还企图和赵国图谋燕国以求取私利，从道义上讲，这是我所不能做的。

“臣闻古之君子，交绝不出恶声；忠臣之去也，不洁其名。臣虽不佞，数奉教于君子矣。恐侍御者之亲左右之说，而不察疏远之行也。故敢以书报，唯君之留意焉。”

【译文】“我听说，古代的君子在交情断绝时也不说对方的坏话；忠臣离开本国时，也不为自己的名节辩白。我虽不才，也曾多次接受有德之人的教诲，我担心大王听信左右的话，而不体察我这个被疏远人的行为。所以才斗胆以书信作答，只请大王您三思。”

燕太子丹使荆轲刺秦王

（《战国策·燕策》三）

燕太子丹质于秦，亡归。见秦且灭六国，兵已临易水，恐其祸至。太子丹患之，谓其太傅鞠武曰：“燕、秦不两立，愿太傅幸而图之。”武对曰：“秦地遍天下，威胁韩、魏、赵氏，则易水以北，未有所定也。奈何以见陵之怨，欲批其逆鳞哉？”太子曰：“然则何由？”太傅曰：“请入图之。”

【译文】在秦国做人质的燕太子丹逃回了燕国。他看到秦国将要吞并六国，如今秦军已逼近易水，惟恐灾祸来临，心里十分忧虑，于是对他的太傅鞠武说：“燕秦势不两立，希望太傅帮忙想想办法才好。”鞠武回答说：“秦国的势力遍布天下，地盘广大，如果它们再用武力胁迫韩赵魏，那么易水以北的燕国局势还不一定啊。何必因在秦遭受凌辱的怨恨，就去触犯秦国呢？”太子说：“那可怎么办好呢？”太傅说：“请让我好好考虑考虑。”

居之有间，樊将军亡秦之燕，太子客之。太傅鞠武谏曰：“不可。夫秦王之暴，而积怨于燕，足为寒心，又况闻樊将军之在乎！是以委肉当饿虎之蹊，祸必不振矣！虽有管、晏，不能为之谋也。愿太子急遣樊将军入匈奴以灭口。请西约三晋，南连齐、楚，北讲于单于，然后乃可图也。”太子丹曰：“太傅之计，旷日弥久，心惛然恐不能须臾。且非独于此也。夫樊将军困穷于天下，归身于丹，丹终不迫于强秦，而弃所哀怜之交，置之匈奴，是丹命固卒之时也。愿太傅更虑之。”鞠武曰：“燕有田光先生者，其智深而虑沉，可与之谋也。”太子曰：“愿因太傅交于田先生可乎？”鞠武曰：“敬诺。”出见田光，道太子愿图国事于先生。田光曰：“敬奉教”。乃造焉。

【译文】过了一些时候，樊将军从秦国逃到燕国，太子收留了他。太傅进谏劝告太子说：“不能这样做啊。秦王残暴，又对燕国一直怀恨在心，如此足以让人胆战心惊了，更何况他知道樊将军在这里！这就好比把肉丢在饿虎经过的路上，灾祸难以避免了。我想，即使管仲和晏婴再世，也无力回天。太子您还是赶紧打发樊将军到匈奴去，以防泄露风声。请让我到西边去联合三晋，到南边去联合齐楚，到北边去和匈奴讲和，然后就可以对付秦国了。”太子丹说：“太傅的计划旷日持久，我心里昏乱忧虑得要死，恐怕一刻也不能等了。况且问题还不仅仅在这里，樊将军穷途末路，才来投奔我，我怎么能因为秦国的威胁，就抛弃可怜的朋友，把他打发到匈奴去呢，这该是我拼命的时候了，太傅您得另想办法才好。”鞠武说：“燕国有一位田光先生，此人深谋远虑，勇敢沉着，您不妨跟他商量商量。”太子丹说：“希望太傅您代为介绍，好吗？”鞠武说：“好吧。”于是鞠武去见田光，说：“太子希望和先生一起商议国家大事。”田光说：“遵命。”于是就去拜见太子。

太子跪而逢迎，却行为道，跪地拂席。田先生坐定，左右无人，太子避席而请曰：“燕、秦不两立，愿先生留意也。”田光曰：“臣闻骐骥盛壮之时，一日而驰千里。至其衰也，驽马先之。今太子闻光壮盛之时，不知吾精已消亡矣。虽然，光不敢以乏国事也。所善荆轲，可使也。”太子曰：“愿因先生得交荆轲可乎？”田光曰：“敬诺。”起，趋出。太子送之至门，戒曰：“丹所报，先生所言者，国大事也，愿先生勿泄也。”田光俛而笑曰：“诺。”

【译文】太子跪着迎接田光，倒退着走为他引路，又跪下来替田光拂拭坐席。等田光坐稳，左右人都退下后，太子就离席，向田光请教道：“燕秦势不两立，希望先生能尽量想个办法来解决这件事。”田光说：“我听说好马在年轻力壮的时候，一天可以飞奔千里。可到它衰老力竭的时候，连劣马也能跑在它的前面。太子现在听说的是我壮年的情况，却不知道如今我的精力已经衰竭了。虽然这么说，我不敢因此耽误国事。我的好朋友荆轲可以担当这个使命。”太子说：“希望能通过先生与荆轲结识，可以吗？”田光说：“好的。”说完起身就走了出去。太子把他送到门口，告诫他说：“我告诉您的和先生刚才说的，都是国家大事，希望先生不要泄露出去。”田光低头一笑，说：“好。”

偻行，见荆轲曰：“光与子相善，燕国莫不知。今太子闻光壮盛之时，不知吾形已不逮也，幸而教之曰：‘燕、秦不两立，愿先生留意也。’光窃不自外，言足下于太子，愿足下过太子于宫。”荆轲曰：“谨奉教。”田光曰：“光闻长者之行，不使人疑之，今太子约光曰：‘所言者，国之大事也，愿先生勿泄也。’是太子疑光也。夫为行而使人疑之，非节侠士也。”欲自杀以激荆轲，曰：“愿足下急过太子，言光已死，明不言也。”遂自刭而死。

【译文】田光弯腰曲背地去见荆轲，对他说：“我和您交情很深，燕国没有人不知道。现在太子只听说我壮年时的情况，却不知道我的身体已大不如当年了。有幸得到他的教导说：‘燕秦势不两立，希望先生尽力想想办法。’我从来就没把您当外人，于是把你举荐给太子，希望您能到太子的住处走一趟。”荆轲说：“遵命。”田光又说：“我听说，忠厚老实之人的所作所为，不使人产生怀疑，如今太子却告诫我说：‘我们所讲的，都是国家大事，希望先生不要泄露出去。’这是太子他怀疑我啊。为人做事让人怀疑，就不是有气节的侠客。”田光这番话的意思是想用自杀来激励荆轲，接着又说道：“希望您马上去拜见太子，说我已经死了，以此表明我没有把国家大事泄漏出去。”说完就自刎而死。

轲见太子，言田光已死，致光之言。太子再拜而跪，膝下行，流涕，有顷而后言曰：“丹所请田先生不言者，欲以成大事之谋，今田先生以死明不泄言，岂丹之心哉？”荆轲坐定，太子避席顿首曰：“田先生不知丹不肖，使得至前，愿有所道，此天所以哀燕而不弃其孤也。今秦有贪饕之心，而欲不可足也，非尽天下之地，臣海内之王者，其意不餍。今秦已虏韩王，尽纳其地，又举兵南伐楚，北临赵。王翦数十万之众临漳、邺，而李信出太原、云中。赵不能支秦，必入臣。入臣，则祸至燕。

【译文】荆轲见到太子，告诉他田光已经死了，转达了田光的临终之言。太子拜了两拜，双腿跪行，泪流满面，过了好一会儿才说道：“我之所以告诫田光先生不要泄密，是想实现重大的计划罢了。现在田先生用死来表明他没有泄密，这哪里是我的本意呢？”荆轲坐定后，太子离席，给荆轲叩头，说：“田先生不知我是个无能的人，让您来到我面前，愿您有所指教。这真是上天可怜燕国，不抛弃他的后代。如今秦国贪得无厌，野心十足，如果不把天下的土地全部占为己有，不使各诸侯全部成为自己的臣下，它是不会满足的。现在秦国已经俘虏韩王，占领了韩地，又发兵向南攻打楚国，向北进逼赵国。王翦的大军已逼近漳水、邺城，而李信又出兵太原、云中。赵国哪里能抵抗秦国的攻势，一定会投降。赵国向秦称臣，大祸就落到燕国头上了。

燕小弱，数困于兵，今计举国不足以当秦。诸侯服秦，莫敢合从。丹之私计，愚以为诚得天下之勇士使于秦，窥以重利，秦王贪其贽，必得所愿矣。诚得劫秦王，使悉反诸侯之侵地，若曹沫之与齐桓公，则大善矣；则不可，因而刺杀之。彼大将擅兵于外，而内有大乱，则君臣相疑。以其间，诸侯得合从，其破秦必矣。此丹之上愿，而不知所以委命，唯荆卿留意焉。”久之，荆轲曰：“此国之大事也，臣驽下，恐不足任使。”太子前顿首，固请无让。然后许诺。于是尊荆轲为上卿，舍上舍，太子日日造门下，供太牢、具异物，间进车骑美女，恣荆轲所欲，以顺适其意。

【译文】燕国国小力弱，多次遭受兵祸，现在就算征发全国力量也不可能抵挡住秦军。诸侯都屈服于秦国，没有谁敢和燕国联合。我私下考虑能得到天下最勇敢的人出使秦国，用重利引诱秦王，秦王贪图这些厚礼，我们就一定能如愿以偿了。如果能劫持秦王，让他归还侵占的全部诸侯土地，就像当年曹沫劫持齐桓公那样，那就更好了；如果秦王不答应，那就杀死他。秦国的大将在国外征战，而国内又大乱起来，那么君臣必定会相互猜疑。趁这个机会诸侯就可以联合起来，势必击破秦国。这是我最高的愿望。但不知道把这个使命托付给谁，希望先生您给想个办法。”过了一会儿，荆轲才说：“这是国家大事，我才能低下，恐怕不能胜任。”太子上前叩头，坚决请求荆轲不要推辞。荆轲这才答应下来。于是，太子尊荆轲为上卿，让他住在上等的宾馆，太子每天前去问候。供给他丰盛的宴席，备办奇珍异宝，不断地进献车马和美女，尽量满足荆轲的欲望，以便让他称心如意。

久之，荆轲未有行意。秦将王翦破赵，虏赵王，尽收其地，进兵北略地，至燕南界。太子丹恐惧，乃请荆卿曰：“秦兵旦暮渡易水，则虽欲长侍足下，岂可得哉？”荆卿曰：“微太子言，臣愿得谒之。今行而无信，则秦未可亲也。夫樊将军，秦王购之金千斤，邑万家。诚能得樊将军首，与燕督亢之地图献秦王，秦王必说见臣，臣乃得有以报太子。”太子曰：“樊将军以穷困来归丹，丹不忍以己之私，而伤长者之意，愿足下更虑之。”

【译文】过了很久，荆轲还没有动身的意思。这时，秦将王翦攻破赵国，俘虏赵王，占领了赵地。又挥军北进，掠夺土地，一直打到燕国南部边境。太子丹非常恐惧，就向荆轲请求说：“秦国军队早晚要渡过易水，我虽然愿意长久地侍奉您，又哪里可能呢？”荆轲说：“即使太子不说，我也想向您请求行动了。现在去了如果没有信物，那就无法接近秦王。现在秦王正用千两黄金和万户封邑来悬赏缉拿樊将军。如果能得到樊将军的首级和燕国督亢的地图献给秦王，秦王一定乐于接见我，这样我才能有报效太子的机会。”太子丹说：“樊将军因为走投无路来投奔我，我又怎么忍心为了自己的私事而伤害忠厚老实的人的心，还望您另想个办法。”

荆轲知太子不忍，乃遂私见樊於期曰：“秦之遇将军，可谓深矣。父母宗族，皆为戮没。今闻购将军之首，金千斤，邑万家，将奈何？”樊将军仰天太息流涕曰：“吾每念，常痛于骨髓，顾计不知所出耳。”

【译文】荆轲知道太子不忍心，于是就私下里去见樊于期说：“秦王对您可以说太狠毒了，父母和同家族的人都被杀害了。现在又听说秦王悬赏千两黄金和万户封邑来求您的头颅，您打算怎么办呢？” 樊将军仰天长叹，泪流满面地说：“我每次想到这些，就恨入骨髓，考虑再三，只是不知道如何才能报仇罢了。”

轲曰：“今有一言，可以解燕国之患，而报将军之仇者，何如？”樊於期乃前曰：“为之奈何？”荆轲曰：“愿得将军之首，以献秦王，秦王必喜，而善见臣，臣左手把其袖，而右手揕其胸，然则将军之仇报，而燕国见陵之耻除矣。将军岂有意乎？”樊於期偏袒扼腕而进曰：“此臣之日夜切齿腐心，乃今得闻教。”遂自刎。太子闻之，驰往，伏尸而哭，极哀。既已无可奈何，乃遂收盛樊於期之首函封之。

【译文】荆轲说：“我现在有一个建议，不但可以解除燕国的祸患，而且可以为您报仇，您看怎么样？”樊于期走上前说：“您究竟想怎么办？但说无妨。”荆轲说：“希望能得到将军的首级，进献秦王，秦王必定很高兴，就会接见我。到那时，我左手抓住他的衣袖，右手用匕首刺进他的胸膛。这样，您的大仇可报，燕国遭受的耻辱也可以洗刷了。将军可有这番心意呢？” 樊于期袒露出一条臂膀，握住手腕，走近一步说：“这是我日夜咬牙切齿、痛彻心胸的事情，居然在今天能听到您的指引。”说完就自杀了。太子听说后，赶紧驾车奔去，趴在樊于期的尸体上痛哭起来，极其悲伤。事情既然无可挽回，于是就只好收敛樊于期的头颅，用匣子封存起来。

于是，太子预求天下之利匕首，得赵人徐夫人匕首，取之百金，使工以药淬之，以试人，血濡缕，人无不立死者。乃为装，遣荆坷。燕国有勇士秦武阳，年十三杀人，人不敢与视。乃令秦武阳为副。荆轲有所待，欲与俱，其人居远未来，而为留待。顷之未发。太子迟之，疑其有改悔，乃复请之曰：“日以尽矣，荆卿岂无意哉？丹请先遣秦武阳。”荆轲怒，叱太子白：“今日往而不反者，竖子也！今提一匕首，入不测之强秦，仆所以留者，待吾客与俱。今太子迟之，请辞决矣。”遂发。

【译文】这时候，太子已经预先寻到天下最锋利的匕首，那是从徐夫人手里用一百金才买到的匕首。太子让工匠用毒药水淬染匕首，拿它在人身上试验，只要流出一点儿血，那人就会立刻死去。于是准备行装，送荆轲动身。 燕国有个勇士叫秦武阳，十三岁时就杀过人，别人都不敢正眼看他。于是太子就派秦武阳做荆轲的助手。荆轲正等着另一个人，想跟他一起去，那人住得远，还没有赶到，荆轲为此滞留等他。过了好几天还没有出发。太子嫌他行动缓慢，怀疑他要反悔，于是又去请求他说：“时间已经不多了，你难道不打算去了吗？请让我先派秦武阳去吧。”荆轲生气了，喝叱太子说：“我今天去了如果不能回来，就可能因为秦武阳这小子！如今我拿着一把匕首到吉凶难测的秦国去，之所以还不动身，是要等我的朋友一起走。现在您既然嫌我行动迟缓，那就诀别吧！”于是就出发了。

太子及宾客知其事者，皆白衣冠以送之。至易水上，既祖取道。高渐离击筑，荆轲和而歌，为变徵之声，士皆垂泪涕泣。又前而为歌曰：“风萧萧兮易水寒，壮士一去兮不复还。”复为羽声忼慨，士皆瞋目，发尽上指冠。于是荆轲遂就车而去，终已不顾。

【译文】太子以及知道这件事的宾客，都身穿白衣，头戴白帽来为荆轲送行。到了易水岸边，祭祀完路神，就要上路。这时，高渐离击起了筑乐，荆轲和着曲调唱起歌来，歌声凄厉悲怆，人们听了都流下眼泪，暗暗地抽泣。荆轲又踱上前唱道：“风萧萧啊易水寒，壮士一去啊不复还！”接着乐音又变作慷慨激昂的羽声，人们听得虎目圆瞪，怒发冲冠。于是荆轲登上马车飞驰而去，始终没有回头看一眼。

既至秦，持千金之资币物，厚遗秦王宠臣中庶子蒙嘉。嘉为先言于秦王曰：“燕王诚振怖大王之威，不敢兴兵以逆军吏，愿举国为内臣，比诸侯之列，给贡职如郡县，而得奉守先王之宗庙。恐惧不敢自陈，谨斩樊於期头，及献燕督亢之地图，函封，燕王拜送于庭，使使以闻大王。唯大王命之。”

【译文】行人到秦国以后，荆轲带上价值千金的玉帛等礼物，去见秦王的宠臣中庶子蒙嘉。蒙嘉替他事先在秦王面前美言道：“燕王确实畏惧大王的威势，不敢发兵和大王对抗，情愿让国人做秦国的臣民，和各方诸侯同列，像秦国郡县一样进奉贡品，只求能够奉守先王的宗庙。燕王非常害怕，不敢亲自来向大王陈述，特地斩了樊于期，并献上燕国督亢的地图，都封装在匣子里，燕王又亲自在朝廷送行，派来使者向大王禀告。请大王指示。”

秦王闻之大喜。乃朝服，设九宾，见燕使者咸阳宫。荆轲奉樊於期之头函，而秦武阳奉地图匣以次进。至陛下。秦武阳色变振恐，群臣怪之，荆轲顾笑武阳，前为谢曰："北蛮夷之鄙人，未尝见天子，故振慑，愿大王少假借之，使得毕使于前。"秦王谓轲曰："起，取武阳所持图。"

【译文】秦王听了这番话后十分高兴。于是穿上朝服，设置九宾之礼，在咸阳宫接见燕国使者。荆轲捧着封藏樊于期头颅的匣子，秦武阳捧着装地图的匣子，按顺序走上前去。走到宫殿前的台阶下，秦武阳脸色陡变，浑身发抖，秦国大臣们感到奇怪，荆轲回过头朝秦武阳笑了笑，走上前去向秦王谢罪说："他是北方荒野之地的粗人，没有见过世面，今日得见天子，所以害怕，希望大王稍加宽容，让他能在大王面前完成使命。"秦王对荆轲说："起来，把拿的地图取过来。"

发图，秦王轲既取图奉之，图穷而匕首见。因左手把秦王之袖，而右手持匕首揕之。未至身，秦王惊，自引而起，袖绝。拔剑，剑长操其室。时恐急，剑坚故不可立拔。荆轲逐秦王，秦王环柱而走。群臣惊愕，卒起不意，尽失其度。而秦法群臣侍殿上者，不得持尺寸之兵。诸郎中执兵，皆陈于殿下，非有诏不得上。方急时，不及召下兵，以故荆轲逐秦王，而卒惶急，无以击轲，而乃以手共搏之。是时侍医夏无且，以其所奉药囊提轲。秦王之方环柱走，卒惶急不知所为，左右乃曰："王负剑！王负剑！"遂拔以击荆轲，断其左股。荆轲废，乃引其匕首提秦王，不中，中柱。秦王复击轲，轲被八创。轲自知事不就，倚柱而笑，箕踞以骂曰："事所以不成者，乃欲以生劫之，必得契约以报太子也。"左右既前斩荆轲，秦王目眩良久。而论功赏群臣及当坐者，各有差。而赐夏无且黄金二百镒，曰："无且爱我，乃以药囊提荆轲也。"

【译文】荆轲就取过地图奉献上去，打开卷轴地图，地图完全展开时露出了匕首，说时迟那时快，荆轲左手拉住秦王的衣袖，右手抓过匕首就刺向秦王，可惜没能刺中。秦王大吃一惊，抽身而起，挣断衣袖。秦王赶忙伸手拔剑，剑身太长，卡在剑鞘里了。当时情况紧急，剑又竖着卡得太紧，所以不能立刻拔出来。荆轲追赶秦王，秦王只好绕着柱子逃跑。群臣都惊慌失措，由于突然发生了出人意料的事，一个个都失去了常态。而且按照秦国的法律，大臣在殿上侍奉君王时不得携带任何兵器，守卫宫禁的侍卫虽然带着武器，但都站在殿外，没有秦王的命令不能上殿。正在危急的时候，秦王来不及召殿下卫兵，因此荆轲追赶秦王的时候，大臣们在仓猝之间惊慌失措，没有什么东西拿来还击荆轲，只好一起用手抓他。这时御医夏无且用他身上带着的药袋向荆轲投去。秦王正绕着柱子跑，不知怎么办好，趁这个机会大臣们才对他大喊："大王把剑背过去！快推到背后！"秦王这才拔出剑来砍荆轲，一下子砍断了他的左腿。荆轲重伤跌倒在地，于是举起匕首向秦王投去，没有击中，扎在柱子上。秦王又砍荆轲，荆轲八处受伤。荆轲自知事情失败，就靠着柱子大笑起来，叉开两腿大骂道："事情之所以没有成功，无非是想活捉你，得到归还侵占土地的凭证去回报太子。"两旁的人赶过来把荆轲杀了，秦王头昏目眩了好久，才回过神来。后来秦王对群臣论功行赏，处罚也根据情况，分别对待。秦王赏赐夏无且黄金二百镒，说："无且爱护我，才用药袋投击荆轲啊。"

于是秦大怒燕，益发兵诣赵，赵王翦军以伐燕。十月，而拔燕蓟城。燕王喜、太子丹等，皆率其精兵东保于辽东。秦将李信追击燕王，王急，用代王嘉计，杀太子丹，欲献之秦。秦复进兵攻之。五岁而卒灭燕国，而虏燕王喜，秦兼天下。

【译文】从这以后，秦对燕十分愤恨，增派军队赶往赵国旧地，命令王翦的部队去攻打燕国，十月攻陷燕都蓟城。燕王喜、太子丹等率领精锐部队退守辽东。秦将李信追击燕王，燕王急了，只好采用代王赵嘉的主意，杀了太子丹，打算献给秦王。但秦军仍旧继续进攻，五年之后终于灭掉了燕国，俘虏了燕王喜，秦国统一天下。

其后荆轲客高渐离，以击筑见秦皇帝，而以筑击秦皇帝，为燕报仇，不中而死。

【译文】后来，荆轲的好友高渐离利用击筑的机会见到秦始皇，他用筑投击秦始皇，想为燕国报仇，结果也没有击中，反被杀死。

墨子说止楚王攻宋

（《战国策·宋策》）

公输般为楚设机，将以攻宋。墨子闻之，百舍重茧，往见公输般，谓之曰："吾自宋闻子。吾欲藉子杀王。"公输般曰："吾义固不杀王。"墨子曰："闻公为云梯，将以攻宋。宋何罪之有？义不杀王而攻国，是不杀少而杀众。敢问攻宋，何义也？"公输般服焉，请见之王。

【译文】公输般为楚国制造攻城的云梯，预备用来攻打宋国。墨子听到这件事，步行数百里，脚底磨起了厚茧，赶着去见公输般，对他说道："我在宋国就听说了先生的大名。

我想借助您的力量去杀一个人。”公输般说：“我是讲道义的，决不杀人。”墨子说：“听说您在造云梯，用来攻打宋国，宋国有什么罪？你口口声声说讲道义，不杀人，如今攻打宋国，这分明是不杀少数人而杀多数人呀！请问你攻打宋国是什么道义呢？”公输般被说服了，墨子请他为自己引见楚王。

墨子见楚王曰：“今有人于此，舍其文轩，邻有弊舆而欲窃之；舍其锦绣，邻有短褐而欲窃之；舍其粱肉，邻有糟糠而欲窃之。此为何若人也？”王曰：“必为有窃疾矣。”

【译文】墨子见到楚王，说道：“假如这儿有一个人，放着自己华美的彩车不坐，却想去偷邻居家的一辆破车；放着自己锦绣织成的衣服不穿，却想去偷邻居的粗布短衫；放着自己家里的好饭好菜不吃，却去偷邻居的酒糟和糠皮。这是个什么样的人呢？”楚王说：“一定是有偷东西的癖好。”

墨子曰：“荆之地方五千里，宋方五百里，此犹文轩之与弊舆也。荆有云梦，犀兕麋鹿盈之，江、汉鱼鳖鼋鼍为天下饶，宋所谓无雉兔鲋鱼者也，此犹粱肉之与糟糠也。荆有长松、文梓、楩、楠、豫樟，宋无长木，此犹锦绣之与短褐也。臣以王吏之攻宋，为与此同类也。”王曰：“善哉！请无攻宋。”

【译文】墨子接着说：“楚国土地纵横五千里，而宋国才不过五百里，这就如同用华美的彩车和破车相比。楚国有云梦泽，犀牛和麋鹿充斥其中，长江和汉水的鱼鳖、大鼋和鳄鱼，为天下最多，而宋国却是连野鸡、兔子、鲫鱼都不产的地方，这就如同用精美的饭菜和糟糠相比。楚国有高大的松树，带花纹的梓树，以及树、楠树、豫樟树等名贵树种，而在宋国大树找不到一棵，这就如同用锦绣和粗布短衫相比。因此我认为大王去攻打宋国，与有盗窃癖差不多。”楚王说：“说得好！我不去攻打宋国了。”

南文子论智伯遗君璧马

（《战国策·卫策》）

智伯欲伐卫，遗卫君野马四百，白璧一。卫君大悦。群臣皆贺，南文子有忧色。卫君曰：“大国大欢，而子有忧色何？”文子曰：“无功之赏，无力之礼，不可不察也。野马四百，璧一，此小国之礼也，而大国致之。君其图之。”卫君以其言告边境。智伯果起兵而袭卫，至境而反，曰：“卫有贤人，先知吾谋也。”

【译文】智伯想攻打卫国，就送给卫君良马四百匹和一支白璧。卫君十分高兴，群臣都来庆贺，南文子却面带愁容。卫君说：“全国上下一片喜庆，而你却愁眉苦脸，这是为什么呢？”文子说：“没有功劳就受到赏赐，没费力气就得到礼物，不可以不慎重对待。四百匹野马和一支白璧，这是小国应该送给大国的礼物，而如今大国却将这种礼物送给我们，您还是慎重考虑为好。”卫君把南文子的这番话告诉边防人员，让他们加以戒备。智伯果然出兵偷袭卫国，到了边境又返回去了。智伯说：“卫国有能人，预先知道了我的计谋。”

智伯欲袭卫，乃佯亡其太子使奔卫。南文子曰：“太子颜为君子也，甚爱而有宠，非有大罪而亡，必有故。”使人迎之于境，曰：“车过五乘，慎勿纳也。”智伯闻之，乃止。

【译文】智伯还是想袭击卫国，处心积虑地假装逐出他的太子，让他逃奔卫国。南文子说：“太子颜是个好人，智伯又很宠爱他，他没有犯什么大罪却逃亡出来，这其中必有蹊跷。”南文子让人到边境迎接人，并告诫道：“如果太子的兵车超过五辆，就要慎重，千万不要让他入境。”智伯听说后，打消了偷袭卫国的念头。

中山君以壶飡得士

（《战国策·中山策》）

中山君飨都士大夫，司马子期在焉。羊羹不遍，司马子期怒而走于楚，说楚王伐中山，中山君亡。有二人挈戈而随其后者，中山君顾谓二人：“子奚为者也？”二人对曰：“臣有父，尝饿且死，君下壶飡饵之。臣父且死，曰：‘中山有事，汝必死之。’故来死君也。”中山君喟然而仰叹，曰：“与不期众少，其于当厄；怨不期深浅，其于伤心。吾以一杯羊羹亡国，以一壶飡得二死士。”

【译文】中山国君宴请国都里的士人，大夫司马子期也在其中。由于羊羹没有分给自己，司马子期一生气便跑到楚国去了，还劝楚王攻打中山。楚攻中山时中山君逃亡，有两个人提着武器跟在他身后。中山君回头对这两个人说：“你们是干什么的？”两人回答说：

“我们的父亲有一次饿得快要死了，您赏给一壶熟食给他吃。他临死时说：‘中山君有了危难，你们一定要为他而死。’所以特来为您效命。”中山君仰天长叹，说：“施与不在多少，在于正当人家困难的时候；仇怨不在深浅，在于是否伤了人家的心。我因为一杯羊羹亡国，因为一壶熟食得到的两个勇士。”

史记

汉司马迁撰，迁事迹及作史之意，均详自叙篇。是书起自黄帝，讫于汉武，为十二本纪、以序帝王；十表以贯岁月；八书以纪政事；三十世家以述公侯；七十列传以志士庶。迁没后，缺十篇，元成间，褚少孙追补，并附以武帝后事，凡一百三十卷。案迁书采摭经传百家之书，包举二千余年行事。于《尚书》《春秋》外，自名一家。（清浦起龙《史通通释》称为通古纪传家）其书之大略长短，班氏父子论之甚悉，虽班氏颇讥评迁史，后人亦讥评班书，期间似无定论。然平心而言，马班二书，固不免时有缺略，然其体大思精、文富事备，终非陈寿以下诸史所能抗行。取以冠冕正史，良无愧焉。

【译文】西汉司马迁撰写，他的事迹和写这部史书的立意，在“自叙”里说的很清楚。此书记事从黄帝开始，止于汉武帝，分为十二篇《本纪》，用来记载自黄帝以来的帝王；十篇《表》用来作为时间线索；八篇《书》用来记录政事；三十篇《世家》是用来记述公侯人物的；七十篇《列传》则用来为士庶人等立传。司马迁死后，本书就遗失了十篇，西汉元帝、成帝时期，缺失的篇章有褚少孙补齐，并附上武帝后期的内容，一共一百三十卷。案，司马迁此书采撷经传百家的著作，前后囊括两千多年的事情。除《尚书》《春秋》之外，自成一家。（清代的浦起龙在《史通通释》中将称其为“古纪传家”）这部书的内容大略、篇幅长短，东汉的班固父子讨论的是很详细的，虽然班氏对司马迁的史记颇有讥讽的评价，后人对班固自己的著作也颇有微词，这两者之间似乎还没有定论。但是平心而论，司马迁、班固两个人的著作，固然不免时有瑕疵，然而主要的特点还是体系庞大、思维缜密、文采飞扬、虚实详备，不论怎样陈寿《三国志》以下的正史是无法与之匹敌的。将它作为正史的鼻祖和顶峰之作，是一点都不过分的。

五帝本纪（节录）

黄帝者，少典之子，姓公孙，名曰轩辕。生而神灵，弱而能言，幼而徇齐，长而敦敏，成而聪明。

【译文】黄帝，是少典部族的子孙，姓公孙名叫轩辕。他一生下来，就很有灵性，出生不久就会说话，幼年时聪明机敏，长大后诚实勤奋，成年以后见闻广博，对事物看得清楚。

轩辕之时，神农氏世衰。诸侯相侵伐，暴虐百姓，而神农氏弗能征。于是轩辕乃习用干戈，吕征不享，诸侯咸来宾从。而蚩尤最为暴，莫能伐。炎帝欲侵陵诸侯，诸侯咸归轩辕。轩辕乃修德振兵，治五气，艺五种，抚万民，度四方，教熊罴貔貅貙虎，以与炎帝战于阪泉之野。三战然后得其志。蚩尤作乱，不用帝命。于是黄帝乃征师诸侯，与蚩尤战于涿鹿之野，遂禽杀蚩尤。而诸侯咸尊轩辕为天子，代神农氏，是为黄帝。天下有不顺者，黄帝从而征之，平者去之，披山通道，未尝宁居。

【译文】轩辕时代，神农氏的后代已经衰败，各诸侯互相攻战，残害百姓，而神农氏没有力量征讨他们。于是轩辕就习兵练武，去征讨那些不来朝贡的诸侯，各诸侯这才都来归从。而蚩尤在各诸侯中最为凶暴，没有人能去征讨他。炎帝想进攻欺压诸侯，诸侯都来归从轩辕。于是轩辕修行德业，整顿军旅，研究四时节气变化，种植五谷，安抚民众，丈量四方的土地，训练熊、罴、貔、貅、貙、虎等猛兽，跟炎帝在阪泉的郊野交战，先后打了几仗，才征服炎帝，如愿得胜。蚩尤发动叛乱，不听从黄帝之命。于是黄帝征调诸侯的军队，在涿鹿郊野与蚩尤作战，终于擒获并杀死了他。这样，诸侯都尊奉轩辕做天子，取代了神农氏，这就是黄帝。天下有不归顺的，黄帝就前去征讨，平定一个地方之后就离去，一路上劈山开道，从来没有在哪儿安宁地居住过。

东至于海，登丸山，及岱宗。西至于空峒，登鸡头。南至于江，登熊、湘。北逐荤粥，合符釜山，而邑于涿鹿之阿。迁徙往来无常处，以师兵为营卫。官名皆以云命，为云师。置左右大监，监于万国。万国和，而鬼神山川封禅与为多焉。获宝鼎，迎日推策。举风后、力牧、常先、大鸿以治民。顺天地之纪，幽明之占，死生之说，存亡之难。时播百谷草木，淳化鸟兽虫蛾，旁罗日月星辰水波土石金玉，劳勤心力耳目，节用水火材物。有土德之瑞，故号黄帝。

【译文】黄帝往东到过东海，登上了丸山和泰山。往西到过空桐，登上了鸡头山。往南到过长江，登上了熊山、湘山。往北驱逐了荤粥部族，来到釜山与诸侯合验了符契，就在逐鹿山的山脚下建起了都邑。黄帝四处迁徙，没有固定的住处，带兵走到哪里，就在哪里设置军营以自卫。黄帝所封官职都用云来命名，军队号称云师。他设置了左右大监，由他们督察各诸侯国。这时万国安定，因此自古以来，祭祀鬼神山川的要数黄帝时最多。黄帝获得上天赐给的宝鼎，于是观测太阳的运行，用占卜用的蓍草推算历法，预知节气日辰。他任用风后、力牧、常先、大鸿等治理民众。黄帝顺应天地四时的规律，推测阴阳的变化，讲解生死的道理，论述存与亡的原因，按照季节播种百谷草木，驯养鸟兽蚕虫，测定日月星辰以定历法，收取土石金玉以供民用，身心耳目，饱受辛劳，有节度地使用水、火、木材及各种财物。他做天子有土这种属性的祥瑞征兆，土色黄，所以号称黄帝。

黄帝二十五子，其得姓者十四人。

【译文】黄帝有二十五个儿子，其中建立自已姓氏的有十四人。

黄帝居轩辕之丘，而娶于西陵之女，是为嫘祖。嫘祖为黄帝正妃，生二子，其后皆有天下：其一曰玄嚣，是为青阳，青阳降居江水；其二曰昌意，降居若水。昌意娶蜀山氏女，曰昌仆，生高阳，高阳有圣德焉。黄帝崩，葬桥山。其孙昌意之子高阳立，是为帝颛顼也。

【译文】黄帝居住在轩辕山，娶西陵国的女儿为妻，这就是嫘祖。嫘祖是黄帝的正妃，生有两个儿子，他们的后代都领有天下：一个叫玄嚣，也就是青阳，青阳被封为诸侯，降居在江水；另一个叫昌意，也被封为诸侯，降居在若水。昌意娶了蜀山氏的女儿，名叫昌仆，生下高阳，高阳有圣人的品德。黄帝死后，埋葬在桥山，他的孙子，也就是昌意的儿子高阳即帝位，这就是颛顼帝。

太史公曰：学者多称五帝，尚矣。然《尚书》独载尧以来；而百家言黄帝，其文不雅驯，荐绅先生难言之。孔子所传《宰予问五帝德》及《帝系姓》，儒者或不传。余尝西至空峒，北过涿鹿，东渐于海，南浮江、淮矣，至长老皆各往往称黄帝、尧、舜之处，风教固殊焉，总之不离古文者近是。予观《春秋》《国语》，其发明《五帝德》《帝系姓》

章矣，顾弟弗深考，其所表见皆不虚。《书》缺有间矣，其轶乃时时见于他说。非好学深思，心知其意，固难为浅见寡闻道也。余并论次，择其言尤雅者，故著为本纪书首。

【译文】太史公说：学者们很多人都称述五帝，五帝的年代已经很久远了。《尚书》只记载着尧以来的史实；而各家叙说黄帝，文字粗疏而不典范，士大夫们也很难说得清楚。孔子传下来的《宰予问五帝德》及《帝系姓》，读书人有的也不传习。我曾经往西到过空桐，往北路过涿鹿，往东到过大海，往南渡过长江、淮水，所到过的地方，那里的老前辈们都往往谈到他们各自所听说的黄帝、尧、舜的事迹，风俗教化都有不同，总起来说，我认为那些与古文经籍记载相符的说法，接近正确。我研读了《春秋》《国语》，它们对《五帝德》《帝系姓》的阐发都很明了，只是人们不曾深入考求，其实它们的记述都不是虚妄之说。《尚书》残缺已经有好长时间了，但散轶的记载却常常可以从其他书中找到。如果不是好学深思，真正在心里领会了它们的意思，想要向那些学识浅薄，见闻不广的人说明白，肯定是困难的。我把这些材料加以评议编次，选择了那些言辞特别雅正的，著录下来，写成这篇本纪，列于全书的开头。

周本纪（节录）

周后稷名弃。其母有邰氏女，曰姜原。姜原为帝喾元妃。姜原出野，见巨人迹，心忻然说，欲践之，践之而身动，如孕者。居期而生子，以为不祥，弃之隘巷，马牛过者皆辟不践；徙置之林中，适会山林多人，迁之；而弃渠中冰上，飞鸟以其翼覆荐之。姜原以为神，遂收养长之。初欲弃之，因名曰弃。

【译文】周的始祖后稷，名叫弃。他的母亲是有邰氏部族的女儿，名叫姜原。姜原是帝喾的正妃。姜原外出到郊野，看见一个巨人脚印，心里欣然爱慕，想去踩它一脚，一踩就觉得身子振动像怀了孕似的。满了十月就生下一个儿子，姜原认为这孩子不吉祥，就把他扔到了一个狭窄的小巷里，但不论是马还是牛从他身边经过都绕着躲开而不踩他，于是又把他扔在树林里，正赶上树林里人多，所以又挪了个地方；把他扔在渠沟的冰上，有飞鸟飞来用翅膀盖在他身上，垫在他身下。姜原觉得这太神异了，就抱回来把他养大成人。由于起初想把他扔掉，所以就给他取名叫弃。

弃为儿时，屹如巨人之志。其游戏，好种树麻、菽，麻、菽美。及为成人，遂好耕农，相地之宜，宜谷者稼穑焉，民皆法则之。帝尧闻之，举弃为农师，天下得其利，有功。帝舜曰："弃，黎民始饥，尔后稷，播时百谷。"封弃于邰，号曰后稷，别姓姬氏。后稷之兴，在陶唐、虞、夏之际，皆有令德。

【译文】弃小的时候，就很出众，有伟人的高远志向。他游戏的时候，喜欢种植麻、豆之类的庄稼，种出来的麻、豆长得都很茂盛。到他成人之后，就喜欢耕田种谷，仔细观察什么样的土地适宜种什么，适宜种庄稼的地方就在那里种植收获，民众都来向他学习。尧帝听说了这情况，就举任弃担任农师的官，教给民众种植庄稼，天下都得到他的好处，他做出了很大成绩。舜帝说："弃，黎民百姓当初挨饿时，全靠你担任了农师，播种了各种谷物。"把弃封在邰，以官为号，称后稷，另外以姬为姓。后稷的兴起，正在唐尧、虞舜、夏商的时代，这一族都有美好的德望。

后稷卒，子不窋立。不窋末年，夏后氏政衰，去稷不务，不窋以失其官而奔戎狄之间。不窋卒，子鞠立。鞠卒，子公刘立。公刘虽在戎狄之间，复修后稷之业，务耕种，行地宜，自漆、沮度渭，取材用，行者有资，居者有畜积，民赖其庆。百姓怀之，多徙而保归焉。周道之兴自此始，故诗人歌乐思其德。公刘卒，子庆节立，国于豳。

【译文】后稷死后，他的儿子不窋继位。不窋晚年夏后氏政治衰败，废弃农师，不再务农，不窋因为失了官职就流浪到戎狄地区。不窋死后，他的儿子鞠继位。鞠死后，儿子公刘继位。公刘虽然生活在戎狄地区，仍然治理后稷的基业，从事农业生产，巡行考察土地适宜种什么，从漆水、沮水，渡过渭水，伐取木材以供使用，使得出门的人有旅费，居家的人有积蓄。民众的生活都靠他好起来。各姓的人都感念他，很多人迁来归附他。周朝事业的兴盛就是从这时候开始的，所以，诗人们创歌谱乐来怀念他的功德。公刘去世后，儿子庆节继位，在豳地建立了国都。

庆节卒，子皇仆立。皇仆卒，子差弗立。差弗卒，子毁隃立。毁隃卒，子公非立。公非卒，子高圉立。高圉卒，子亚圉立。亚圉卒，子公叔祖类立。公叔祖类卒，子古公亶父立。古公亶父复修后稷、公刘之业，积德行义，国人皆戴之。薰育戎狄攻之，欲得财物，予之。已复攻，欲得地与民。民皆怒，欲战。古公曰："有民立君，将以利之。今戎狄所为攻战，以吾地与民。民之在我，与其在彼何异。民欲以我故战，杀人父子而君之，予不忍为。"乃与私属遂去豳，度漆、沮，踰梁山，止于岐下。豳人举国扶老携弱，尽复归古公于岐下。及他旁国闻古公仁，亦多归之。于是古公乃贬戎狄之俗，而营筑城郭室屋，而邑别居之。作五官有司。民皆歌乐之，颂其德。

【译文】庆节去世后，儿子皇仆继位。皇仆去世后，儿子差弗继位。差弗去世后，儿子毁隃继位。毁隃去世后，儿子公非继位。公非去世后，儿子高圉继位。高圉去世后，儿子亚圉继位。亚圉去世后，儿子公叔祖类继位。公叔祖类去世后，儿子古公亶父继位。古公亶父重修后稷、公刘的大业，积累德行，普施仁义，国人都爱戴他。戎狄的薰育族来侵扰，想要夺取财物，古公亶父就主动给他们。后来又来侵扰，想要夺取土地和人口。人民都很愤怒，想奋起反击。古公说："民众拥立君主，是想让他给大家谋利益。现在戎狄前来侵犯，目的是为了夺取我的土地和民众。民众跟着我或跟着他们，有什么区别呢？民众为了我的缘故去打仗，我牺牲人家的父子兄弟却做他们的君主，我实在不忍心这样干。"于是带领家众离开豳地，渡过漆水、沮水，翻越梁山，到岐山脚下居住。豳邑的人全城上下扶老携幼，又都跟着古公来到岐下。以至其他邻国听说古公这么仁爱，也有很多来归从他。于是古公就废除戎狄的风俗，营造城郭，建筑房舍，把民众分成邑落定居下来。又设立各种官职，来办理各种事务。民众都谱歌作乐，歌颂他的功德。

古公有长子曰太伯，次曰虞仲。太姜生少子季历，季历娶太任，皆贤妇人，生昌，有圣瑞。古公曰："我世当有兴者，其在昌乎？"长子太伯、虞仲知古公欲立季历以传昌，乃二人亡如荆蛮，文身断发，以让季历。古公卒，季历立，是为公季。公季修古公遗道，笃于行义，诸侯顺之。

【译文】古公的长子名叫太伯，次子叫虞仲。他的妃子太姜生下小儿子季历，季历娶太任为妻，她也像太姜一样是贤惠的妇人。生下昌，有圣贤的祥兆。古公说："我们家族有一代要兴旺起来，恐怕就在昌身上应验吧？"长子太伯、次子虞仲知道古公想让季历继位以便传给昌，就一块逃到了南方荆、蛮之地，随当地的习俗，在身上刺上花纹，剪掉了头发，把王位让给季历。古公去世后，季历继位，这就是公季。公季学习实行古公的政教，努力施行仁义，诸侯都归顺他。

公季卒，子昌立，是为西伯。西伯曰文王，遵后稷、公刘之业，则古公、公季之法，笃仁，敬老，慈少。礼下贤者，日中不暇食以待士，士以此多归之。伯夷、叔齐在孤竹，闻西伯善养老，盍往归之。太颠、闳夭、散宜生、鬻子、辛甲大夫之徒，皆往归之。

【译文】公季去世，儿子昌继位，这就是西伯。西伯也就是文王，他继承后稷、公刘的遗业，效法古公、公刘的法则，一心一意施行仁义，敬重老人，慈爱晚辈。对贤士谦下有礼，有时到了中午都顾不上吃饭来接待贤士，士人因此都归附他。伯夷、叔齐在孤竹国，听说西伯非常敬重老人，就商量说为什么不去投奔西伯呢？太颠、闳夭、散宜生、鬻子、辛甲大夫等人都一起归顺了西伯。

崇侯虎谮西伯于殷纣曰："西伯积善累德，诸侯皆向之，将不利于帝。"帝纣乃囚西伯羑里。闳夭之徒患之，乃求有莘氏美女，骊戎之文马，有熊九驷，他奇怪物，因殷嬖臣费仲而献之纣。纣大悦，曰："此一物足以释西伯，况其多乎！"乃赦西伯，赐之弓矢斧钺，使西伯得征伐。曰："谮西伯者，崇侯虎也。"西伯乃献洛西之地，以请纣去炮烙之刑。纣许之。

【译文】崇侯虎向殷纣说西伯的坏话，他说："西伯积累善行、美德，诸侯都归向他，这将对您不利呀！"于是纣帝就把西伯囚禁在羑里。闳夭等人都为西伯担心，就设法找来有莘氏的美女，骊戎地区出产的红鬃白身、目如黄金的骏马，有熊国出产的三十六匹好马，还有其他一些珍奇宝物，通过殷的宠臣费仲献给纣王。纣见了这些非常高兴，说："这些东西有了一件就可以释放西伯了，何况这么多呢！"于是赦免了西伯，还赐给他弓箭斧钺，让他有权征讨邻近的诸侯。纣说："说西伯坏话的是崇侯虎啊！"西伯回国之后就献出洛水以西的土地，请求纣废除炮格的刑法，这种刑罚就是在铜柱上涂上油，下面烧起炭火，让受罚者爬铜柱，爬不动了就落在炭火里。纣答应了西伯的请求。

西伯阴行善，诸侯皆来决平。于是虞、芮之人，有狱不能决，乃如周。入界，耕者皆让畔，民俗皆让长。虞、芮之人，未见西伯，皆惭，相谓曰："吾所争，周人所耻，何往为，只取辱耳。"遂归，俱让而去。诸侯闻之，曰："西伯盖受命之君。"

【译文】西伯暗中做善事，诸侯都来请他裁决争端。当时，虞国人和芮国人发生争执不能断决，就一块儿到周国来。进入周国境后，发现种田的人都互让田界，人们都有谦让长者的习惯。虞、芮两国发生争执的人，还没有见到西伯，就觉得惭愧了，都说："我们所争的，正是人家周国人以为羞耻的，我们还找西伯干什么，只会自讨耻辱罢了。"于是各自返回，都把田地让出然后离去。诸侯听说了这件事，都说："西伯恐怕就是那承受天命的君王。"

明年，伐犬戎。明年，伐密须。明年，败耆国。殷之祖伊闻之惧，以告帝纣。纣曰："不有天命乎？是何能为！"明年，伐邘。明年，伐崇侯虎。而作丰邑，自岐下而徙都丰。明年，西伯崩，太子发立，是为武王。

西伯盖即位五十年。其囚羑里，盖益《易》之八卦为六十四卦。诗人道西伯盖受命之年称王而断虞芮之讼。后七年而崩，谥为文王。改法度，制正朔矣。追尊古公为太王，公季为王季：盖王瑞自太王兴。

【译文】第二年，西伯征伐犬戎。下一年，征伐密须。又下年，打败了耆国。殷朝的祖伊听说了，非常害怕，把这些情况报告给纣帝。纣说："我不是承奉天命的人吗？他这个人能干成什么！"次年，西伯征伐邘。次年，征伐崇侯虎。营建了丰邑，从岐下迁都到丰。次年，西伯逝世，太子发登位，这就是武王。

西伯在位大约五十年。他被囚禁在羑里的时候，据说曾经增演《易》的八卦为六十四卦。诗人称颂西伯，说他断决虞、芮争执以后，诸侯们尊他为王，那一年就是他承受天命而称王的一年。后来过了九（十）年逝世，谥为文王。他曾改变了殷之律法制度，制定了新的历法。曾追尊古公为太王，公季为王季：那意思就是说，大概帝王的瑞兆是从太王时开始兴起的。

武王即位，太公望为师，周公旦为辅，召公、毕公之徒左右王师，修文王绪业。

【译文】武王登位，太公望任太师，周公旦做辅相，还有召公、毕公等人辅佐帮助，以文王为榜样，承继文王的事业。

九年，武王上祭于毕。东观兵，至于盟津。为文王木主，载以车中军。武王自称太子发，言奉文王以伐，不敢自专。乃告司马、司徒、司空、诸节："齐栗，信哉！予无知，以先祖有德臣，小子受先功，毕立赏罚，以定其功。"遂兴师，师尚父号曰："总尔众庶，与尔舟楫，后至者斩。"武王渡河，中流，白鱼跃入王舟中，武王俯取以祭。既渡，有火自上复于下，至于王屋，流为乌，其色赤，其声魄云。是时，诸侯不期而会盟津者，八百诸侯。诸侯皆曰："纣可伐矣。"武王曰："女未知天命，未可也。"乃还师归。

【译文】武王受命第九年，在毕地祭祀文王。然后往东方去检阅部队，到达盟津。制做了文王的牌位，用车载着，供在中军帐中。武王自称太子发，宣称是奉文王之命前去讨伐，不敢自己擅自作主。他向司马、司徒、司空等受王命执符节的官员宣告："大家都要严肃恭敬，要诚实啊，我本是无知之人，只因先祖有德行，我承受了先人的功业。现在已制定了各种赏罚制度，来确保完成祖先的功业。"于是发兵。师尚父向全军发布命令说："集合你们的兵众，把好船桨，落后的一律斩杀。"武王乘船渡河，船走到河中央，有一条白鱼跳进武王的船中，武王俯身抓起来用它祭天了。渡过河之后，有一团火从天而降，落到武王住的房子上，转动不停，最后变成一只乌鸦，赤红的颜色，发出魄魄的鸣声。这时候，诸侯们虽然未曾约定，却都会集到盟津，共有八百多个。诸侯都说："纣可以讨伐了！"武王说："你们不了解天命，现在还不可以。"于是率领军队回去了。

居二年，闻纣昏乱，暴虐滋甚，杀王子比干，囚箕子。太师疵、少师强抱其乐器而奔周。于是武王遍告诸侯曰："殷有重罪，不可以不毕伐。"乃遵文王，遂率戎车三百乘，虎贲三千人，甲士四万五千人，以东伐纣。十一年十二月戊午，师毕渡盟津，诸侯咸会。曰："孳孳无怠！"武王乃作《太誓》，告于众庶："今殷王纣，乃用其妇人之言，自绝于天，毁坏其三正，离逷其王父母弟，乃断弃其先祖之乐，乃为淫声，用变乱正声，怡悦妇人。故今予发，维共行天罚。勉哉夫子，不可再，不可三！"

【译文】过了两年，武王听说纣昏庸暴虐更加严重，杀了王子比干，囚禁了箕子。太师疵、少师强抱着乐器逃奔到周国来了。于是武王向全体诸侯宣告说："殷王罪恶深重，不可以不讨伐了！"于是遵循文王的遗旨，率领战车三百辆，勇士三千人，披甲战士四万五千人，东进伐纣。第十一年十二月戊午日，军队全部渡过盟津，诸侯都来会合。武王说："要奋发努力，不能懈怠！"武王作了《太誓》，向全体官兵宣告："如今殷王纣竟听任妇人之言，以致自绝于天，毁坏天、地、人的正道，疏远他的亲族弟兄，又抛弃了他祖先传下的乐曲，竟谱制淫荡之声，扰乱雅正的音乐，去讨女人的欢心。所以，现在我姬发要恭敬地执行上天的惩罚。各位努力吧，不能再有第二次，不能再有第三次！"

二月甲子昧爽，武王朝至于商郊牧野，乃誓。武王左杖黄钺，右秉白旄以麾。曰："远矣西土之人！"武王曰："嗟！我有国冢君，司徒、司马、司空，亚旅、师氏，千夫长、百夫长，及庸、蜀、羌、髳、微、纑、彭、濮人，称尔戈，比尔干，立尔矛，予其誓。"王曰："古人有言'牝鸡无晨，牝鸡之晨，惟家之索。'今殷王纣维妇人言是用，自弃其先祖肆祀不答，昏弃其家国，遗其王父母弟不用，乃维四方之多罪逋逃是崇是长，是信是使，俾暴虐于百姓，以奸轨于商国。今予发维共行天之罚。今日之事，不过六步七步，乃止齐焉，夫子勉哉！不过于四伐五伐六伐七伐，乃止齐焉，勉哉夫子！尚桓桓，如虎如罴，如豺如离，于商郊，不御克奔，以役西土，勉哉夫子！尔所不勉，其于尔身有戮。"誓已，诸侯兵会者四千乘，陈师牧野。

【译文】二月甲子日的黎明，武王一早就来到商郊牧野，举行誓师。武王左手拿着黄色大斧，右手拿着有旄牛尾做装饰的白色旗帜，用来指挥。说："辛苦了，西方来的将士们！"武王说："喂！我的友邦的国君们，司徒、司马、司空、亚旅、师氏各位卿大夫们，千夫长、百夫长各位将领们，还有庸人、蜀人、羌人、髳人、微人、纑人、彭人、濮人，高举你们的戈，排齐你们的盾，竖起你们的矛，让我们来发誓！"武王说："古人有句老话：'母鸡不报晓。母鸡报晓，就会使家毁败。'如今殷王纣只听妇人之言，废弃祭祀祖先的事不加过问，放弃国家大政，抛开亲族兄弟不予任用，却纠合四方罪恶多端的逃犯，抬高他们，尊重他们，信任他们，使用他们，让他们欺压百姓，在商国为非作歹。现在我姬发恭敬地执行上天的惩罚。今天我们作战，每前进六步七步，就停下来齐整队伍，大家一定要努力呀！

刺击过四五次、六七次，就停下来齐整队伍，努力吧，各位将士！希望大家威风勇武，像猛虎，像熊罴，像豺狼，像蛟龙。在商都郊外，不要阻止前来投降的殷纣士兵，要让他们帮助我们西方诸侯，一定要努力呀，各位将士！你们谁要是不努力，你们自身就将遭杀戮！”誓师完毕，前来会合的诸侯军队，共有战车四千辆，在牧野摆开了阵势。

帝纣闻武王来，亦发兵七十万人拒武王。武王使师尚父与百夫致师，以大卒驰帝纣师。纣师虽众，皆无战之心，心欲武王亟入。纣师皆倒兵以战，以开武王。武王驰之，纣兵皆崩畔纣。纣走，反入登于鹿台之上，蒙衣其珠玉，自燔于火而死。武王持大白旗以麾诸侯，诸侯毕拜武王，武王乃揖诸侯，诸侯毕从。武王至商国，商国百姓咸待于郊。于是武王使群臣告语商百姓曰：“上天降休！”商人皆再拜稽首，武王亦答拜。遂入，至纣死所。武王自射之，三发而后下车，以轻剑击之，以黄钺斩纣头，县太白之旗。已而至纣之嬖妾二女。二女皆经自杀。武王又射三发，击以剑，斩以玄钺，县其头小白之旗。武王已乃出复军。

【译文】帝纣听说武王攻来了，也发兵七十万来抵抗武王。武王派师尚父率领百名勇士前去挑战，然后率领拥有战车三百五十辆、士卒两万六千二百五十人、勇士三千人的大部队急驱冲进殷纣的军队。纣的军队人数虽多，却都没有打仗的心思，心里盼着武王赶快攻进来。他们都掉转兵器攻击殷纣的军队，给武王做了先导。武王急驱战车冲进来，纣的士兵全部崩溃，背叛了殷纣。殷纣败逃，返回城中登上鹿台，穿上他的宝玉衣，投火自焚而死。武王手持太白旗指挥诸侯，诸侯都向他行拜礼，武王也作揖还礼，诸侯全都跟着武王。武王进入商都朝歌，商都的百姓都在郊外等待着武王。于是武王命令群臣向商都百姓宣告说：“上天赐福给你们！”商都人全都拜谢，叩头至地，武王也向他们回拜行礼。于是进入城中，找到纣自焚的地方。武王亲自发箭射纣的尸体，射了三箭然后走下战车，又用轻吕宝剑刺击纣尸，用黄色大斧斩下了纣的头，悬挂在大白旗上。然后又到纣的两个宠妃那里，两个宠妃都上吊自杀了。武王又向她们射了三箭，用剑刺击，用黑色的大斧斩下了她们的头，悬挂在小白旗上。武王做完这些才出城返回军营。

其明日，除道，修社及商纣宫，及期，百夫荷罕旗以先驱。武王弟叔振铎奉陈常车，周公旦把大钺，毕公把小钺，以夹武王。散宜生、太颠、闳夭皆执剑以卫武王。既入，立于社南大卒之左右毕从。毛叔郑奉明水，卫康叔封布兹，召公奭赞采，师尚父牵牲。尹佚筴祝曰：“殷之末孙季纣，殄废先王明德，侮蔑神祇不祀，昏暴商邑百姓，其章显闻于天皇上帝。”于是武王再拜稽首，曰：“膺更大命，革殷，受天明命。”武王又再拜稽首，乃出。

【译文】第二天，清除道路，修治祭祀土地的社坛和商纣的宫室。开始动工时，一百名壮汉扛着有几条飘带的云罕旗在前面开道。武王的弟弟叔振铎护卫并摆开了插着太常旗的仪仗车，周公旦手持大斧，毕公手持小斧，侍卫在武王两旁。散宜生、太颠、闳夭都手持宝剑护卫着武王。进了城，武王站在社坛南大部队的左边，群臣都跟在身后。毛叔郑捧着明月夜取的露水，卫康叔封铺好了公明草编的席子，召公奭献上了彩帛，师尚父牵来了供祭祀用的牲畜。伊佚朗读祝文祝祷说："殷的末代子孙季纣，完全败坏了先王的明德，侮慢鬼神，不进行祭祀，欺凌商邑的百姓，他罪恶昭彰，被天皇上帝知道了。"于是武王拜了两拜，叩头至地，说："承受上天之命，革除殷朝政权，接受上天圣明的旨命。"武王又拜了两拜，叩头至地，然后退出。

封商纣子禄父，殷之余民。武王为殷初定未集，乃使其弟管叔鲜、蔡叔度相禄父治殷。已而命召公释箕子之囚。命毕公释百姓之囚，表商容之闾。命南宫括散鹿台之财，发钜桥之粟，以振贫弱萌隶。命南宫括、史佚展九鼎保玉。命闳夭封比干之墓。命宗祝享祠于军。乃罢兵西归。行狩，记政事，作《武成》。封诸侯，班赐宗彝，作《分殷之器物》。武王追思先圣王，乃褒封神农之后于焦，黄帝之后于祝，帝尧之后于蓟，帝舜之后于陈，大禹之后于杞。于是封功臣谋士，而师尚父为首封。封尚父于营丘曰齐。封弟周公旦于曲阜曰鲁。封召公奭于燕。封弟叔鲜于管，弟叔度于蔡。余各以次受封。

【译文】武王把殷朝的遗民封给商纣的儿子禄父。武王因为殷地刚刚平定，还没有安定下来，就命令他的弟弟管叔鲜、蔡叔度辅佐禄父治理殷国。然后命令召公把箕子从牢狱里释放出来。又命令毕公释放了被囚禁的百姓，表彰商容的里巷，以褒扬他的德行。命令南宫括散发鹿台仓库的钱财，发放钜桥粮仓的粮食，赈济贫弱的民众。命令南宫括、史佚展示传国之宝九鼎和殷朝的宝玉。命令闳夭给比干的墓培土筑坟。命令主管祭祀的祝官在军中祭奠阵亡将士的亡灵。然后才撤兵回西方去。路上武王巡视各诸侯国，记录政事，写下了《武成》，宣告灭殷武功已成。又分封诸侯，颁赐宗庙祭器，写下《分殷之器物》，记载了武王的命令和各诸侯得到的赐物。武王怀念古代的圣王，就表彰并赐封神农氏的后代于焦国，赐封黄帝的后代于祝国，赐封尧帝的后代于蓟，赐封舜帝的后代于陈，赐封大禹的后代于杞。然后分封功臣谋士，其中师尚父是第一个受封的。把尚父封在营丘，国号为齐。把弟弟周公旦封在曲阜，国号为鲁。封召公奭于燕。封弟弟叔鲜于管，封弟弟叔度于蔡。其他人各自依次受封。

武王征九牧之君，登豳之阜，以望商邑。武王至于周，自夜不寐。周公旦即王所曰："曷为不寐？"王曰："告女：维天不飨殷，自发未生，于今六十年，麋鹿在牧，蜚鸿满野。天不享殷，乃今有成。维天建殷，其登名民三百六十夫，不显，亦不宾灭，以至今。

我未定天保，何暇寐？”王曰：“定天保，依天室，悉求夫恶，贬从殷王受。日夜劳来我西土。我维显服，及德方明。自洛汭延于伊汭，居易毋固，其有夏之居。我南望三涂，北望岳鄙，顾詹有河，粤詹洛、伊，毋远天室。”营周居于洛邑而后去。纵马于华山之阳，牧牛于桃林之虚；偃干戈，振兵释旅：示天下不复用也。

【译文】武王召见九州的长官，登上豳城附近的土山，远远地向商朝的国都眺望。武王回到周都镐京，直到深夜不能安睡。周公旦来到武王的住处，问道：“你为什么不能入睡？”武王说：“告诉你吧：上天不享用殷朝的祭品，从我姬发没出生到现在已经六十年了，郊外怪兽成群，害虫遍野。上天不保佑殷朝，才使我们取得了今天的成功。上天建立殷朝，曾经任用有名之士三百六十人，虽然说不上政绩光著，但也不至于灭亡，才使殷朝维持至今。我还不能使上天赐给周朝的国运永葆不变，哪里顾得上睡觉呢？”武王又说：“我要确保周朝的国运不可改变，要靠近天帝的居室，要找出所有的恶人，惩罚他们，像对待殷王一样。我要日夜勤勉努力，确保我西方的安定，我要办好各种事情，直到功德在四方放光。从洛水湾直到伊水湾，地势平坦没有险阻，是从前夏朝定居的地方。我南望三涂，北望岳北，观察黄河，仔细察看了洛水、伊水地区，这里离天帝的居室不远，是建都的好地方。”于是对在洛邑修建周都进行了测量规划，然后离去。把马放养在华山南面，把牛放养在桃林区域；让军队把武器放倒，进行整顿然后解散：向天下表示不再用兵。

秦始皇本纪（节录）

二十六年，秦初并天下，令丞相、御史曰：“异日韩王纳地效玺，请为藩臣，已而倍约，与赵、魏合从畔秦，故兴兵诛之，虏其王。寡人以为善，庶几息兵革。赵王使其相李牧来约盟，故归其质子。已而倍盟，反我太原，故兴兵诛之，得其王。赵公子嘉乃自立为代王，故举兵击灭之。魏王始约服入秦，已而与韩、赵谋袭秦，秦兵吏诛，遂破之。荆王献青阳以西，已而畔约，击我南郡，故发兵诛，得其王，遂定其荆地。燕王昏乱，其太子丹乃阴令荆轲为贼，兵吏诛，灭其国。齐王用后胜计，绝秦使，欲为乱，兵吏诛，虏其王，平齐地。寡人以眇眇之身，兴兵诛暴乱，赖宗庙之灵，六王咸伏其辜，天下大定。今名号不更，无以称成功，传后世。其议帝号。”丞相绾、御史大夫劫、廷尉斯等皆曰：“昔者五帝地方千里，其外侯服夷服，诸侯或朝或否，天子不能制。今陛下兴义兵，诛残贼，平定天下，海内为郡县，法令由一统，自上古以来未尝有，五帝所不及。臣等谨与博士议曰：

‘古有天皇，有地皇，有泰皇，泰皇最贵。’臣等昧死上尊号，王为‘泰皇’。命为‘制’，令为‘诏’，天子自称曰‘朕’。”王曰：“去‘泰’，著‘皇’，采上古‘帝’位号，号曰‘皇帝’。他如议。”制曰：“可”。追尊庄襄王为太上皇。制曰：“朕闻太古有号毋谥，中古有号，死而以行为谥。如此，则子议父，臣议君也，甚无谓，朕弗取焉。自今已来，除谥法。朕为始皇帝。后世以计数，二世三世至千万世，传之无穷。”

【译文】始皇二十六年，秦国刚统一天下，命令丞相、御史说：“从前韩王交出土地献上印玺，请求做守卫边境的臣子，不久又背弃誓约，与赵国、魏国联合反叛秦国，所以派兵去讨伐他们，俘虏了韩国的国王。我认为这很好，因为这样或许就可以停止战争了。赵王派他的相国李牧来订立盟约，所以归还了他们抵押在这里的质子。不久他们就违背了盟约，在太原反抗我们，所以派兵去讨伐他们，俘获了赵国的国王。赵公子嘉竟然自立为代王，所以就派兵去灭了赵国。魏王起初已约定归服于秦，不久却与韩国、赵国合谋袭击秦国，秦国官兵前去讨伐，终于打败了他们。楚王献出青阳以西的地盘，不久也背弃誓约，袭击我南郡，所以派兵去讨伐，俘获了楚国的国王，终于平定了楚地。燕王昏乱糊涂，他的太子丹竟然暗中派荆轲来做刺客，秦国官兵前去讨伐，灭掉了他的国家。齐王采用后胜的计策，断绝了与秦国的使臣来往，想要作乱，秦国官兵前去讨伐，俘虏了齐国国王，平定了齐地。我凭着这个渺小之身，兴兵诛讨暴乱，靠的是祖宗的神灵，六国国王都依他们的罪过受到了应有的惩罚，天下安定了。现在如果不更改名号，就无法显扬我的功业，传给后代。请商议帝号。”丞相王绾、御史大夫冯劫、廷尉李斯等都说：“从前五帝的土地纵横各千里，外面还划分有侯服、夷服等地区，诸侯有的朝见，有的不朝见，天子不能控制，现在您兴正义之师，讨伐四方残贼之人，平定了天下，在全国设置郡县，法令归于一统，这是亘古不曾有，五帝也比不上的。我们恭谨地跟博士们商议说：‘古代有天皇、有地皇、有泰皇，泰皇最尊贵。’我们这些臣子冒死罪献上尊号，王称为‘泰皇’。发教令称为‘制书’，下命令称为‘诏书’，天子自称为‘朕’。秦王说：“去掉‘泰’字，留下‘皇’字，采用上古‘帝’的位号，称为‘皇帝’，其它就按你们议论的办。”于是下令说：“可以”。追尊庄襄王为太上皇。又下令说：“我听说上古有号而没有谥，中古有号，死后根据生前品行事迹给个谥号。这样做，就是儿子议论父亲，臣子议论君主了，非常没有意义，我不取这种做法。从今以后，废除谥法。我就叫做始皇帝，后代就从我这儿开始，称二世、三世直到万世，永远相传，没有穷尽。”

始皇推终始五德之传，以为周得火德，秦代周德，从所不胜。方今水德之始，改年始，朝贺皆自十月朔，衣服旄旌节旗皆上黑，数以六为纪，符、法冠皆六寸，而舆六尺，六尺为步，乘六马。更名河曰德水，以为水德之始，刚毅戾深，事皆决于法，刻削毋仁恩和义，然后合五德之数。于是急法，久者不赦。

【译文】秦始皇按照水、火、木、金、土五行相生相克、终始循环的原理进行推求，认为周朝占有火德的属性，秦朝要取代周朝，就必须取周朝的火德所抵不过的水德。现在是水德开始之年，为顺天意，要更改一年的开始。群臣朝见拜贺都在十月初一这一天。衣服、符节和旗帜的装饰，都崇尚黑色。因为水德属阴，而《易》卦中表示阴的符号阴爻叫做“元”，就把数目以十为终极改成以六为终极，所以符节和御史所戴的法冠都规定为六寸，车宽为六尺，六尺为一步，一辆车驾六匹马。把黄河改名为“德水”，以此来表示水德的开始。刚毅严厉，一切事情都依法律决定，刻薄而不讲仁爱、恩惠、和善、情义，这样才符合五德中水主阴的命数。于是把法令搞得极为严酷，犯了法久久不能得到宽赦。

丞相绾等言：“诸侯初破，燕、齐、荆地远，不为置王，毋以填之。请立诸子，唯上幸许。”始皇下其议于群臣，群臣皆以为便，廷尉李斯议曰：“周文武所封子弟同姓甚众，然后属疏远，相攻击如仇雠，诸侯更相诛伐，周天子弗能禁止。今海内赖陛下神灵一统，皆为郡县，诸子功臣，以公赋税重赏赐之，甚足，易制。天下无异意，则安宁之术也。置诸侯不便。”始皇曰：“天下共苦战斗不休，以有侯王，赖宗庙，天下初定，又复立国，是树兵也，而求其宁息，岂不难哉！廷尉议是。”

【译文】丞相王绾等进言说：“诸侯刚刚被打败，燕国、齐国、楚国地处偏远，不给它们设王，就无法镇抚那里。请封立各位皇子为王，希望皇上恩准。”始皇把这个建议下交给群臣商议，群臣都认为这样做有利。廷尉李斯发表意见说：“周文王、周武王分封子弟和同姓亲属很多，可是他们的后代逐渐疏远了，互相攻击，就像仇人一样，诸侯之间彼此征战，周天子也无法阻止。现在天下靠您的神灵之威获得统一，都划分成了郡县，对于皇子功臣，用公家的赋税重重赏赐，这样就很容易控制了。要让天下人没有邪异之心，这才是使天下安宁的好办法啊。设置诸侯没有好处。”始皇说：“以前，天下人都苦于连年战争无止无休，就是因为有那些诸侯王。现在我依仗祖宗的神灵，天下刚刚安定如果又设立诸侯国，这等于是又挑起战争想要求得安宁太平，岂不困难吗？廷尉说得对。”

分天下以为三十六郡，郡置守、尉、监。更名民曰“黔首”。大酺。收天下兵，聚之咸阳，销以为钟鐻，金人十二，重各千石，置廷宫中，一法度衡石丈尺。车同轨。书同文字。地东至海，暨朝鲜，西至临洮、羌中，南至北向户，北据河为塞，兼阴山，至辽东。徙天下豪富于咸阳，十二万户，诸庙及章台、上林皆在渭南。秦每破诸侯，写放其宫室，作之咸阳北阪上，南临渭，自雍门以东至泾、渭，殿屋复道，周阁相属。所得诸侯美人钟鼓以充入之。

【译文】于是把天下分为三十六郡。每郡都设置守、尉、监。改称人民所做“黔首”。下令全国特许聚饮以表示欢庆。收集天下的兵器，聚集到咸阳，熔化之后铸成大钟，十二个铜人，每个重达十二万斤，放置在宫廷里。统一法令和度量衡标准。统一车辆两轮间的宽度。书写使用统一的隶书。领土东到大海和朝鲜，西到临洮、羌中，南到北向户，往北据守黄河作为要塞。沿着阴山往东一直到达辽东郡。迁徙天下富豪人家十二万户到咸阳居住。诸如祖庙及章台宫、上林苑都在渭水南岸。秦国每灭掉一个诸侯，都按照该国宫室的样子，在咸阳北面的山坡上进行仿造，南边濒临渭水，从雍门往东直到泾、渭二水交会处，殿屋之间有天桥和环行长廊互相连接起来。从诸侯那里虏得的美人和钟鼓乐器之类，都放到那里面。

三十四年，始皇置酒咸阳宫，博士七十人前为寿。仆射周青臣进颂曰：“他时秦地不过千里，赖陛下神灵明圣，平定海内，放逐蛮夷，日月所照，莫不宾服。以诸侯为郡县，人人自安乐，无战争之患，传之万世。自上古不及陛下威德。“始皇悦。博士齐人淳于越进曰：“臣闻殷周之王千余岁，封子弟功臣，自为枝辅。今陛下有海内，而子弟为匹夫，卒有田常、六卿之臣，无辅拂，何以相救哉？事不师古而能长久者，非所闻也。今青臣又面谀，以重陛下之过，非忠臣。”始皇下其议。丞相李斯曰：“五帝不相复，三代不相袭，各以治，非其相反，时变异也。今陛下创大业，建万世之功，固非愚儒所知，且越言乃三代之事，何足法也？异时诸侯并争，厚招游学。今天下已定，法令出一，百姓当家，则力农工，士则学习法令辟禁。今诸生不师今而学古，以非当世，惑乱黔首。丞相臣斯昧死言：古者天下散乱，莫之能一，是以诸侯并作，语皆道古以害今，饰虚言以乱实，人善其所私学，以非上之所建立。今皇帝并有天下，别黑白而定一尊。私学而（此而字以李斯传参稽之，疑当在私学二字之上，于文法始合）相与非法教，人闻令下，则各以其学议之，入则心非，出则巷议，夸主以为名，异取以为高，率群下以造谤。如此弗禁，则主势降乎上，党与成乎下。禁之便。臣请史官，非秦记皆烧之。非博士官所职，天下敢有藏《诗》《书》、百家语者，悉诣守、尉杂烧之。有敢偶语《诗》《书》者弃市。以古非今者族。吏见知不举者，与同罪。令下三十日不烧，黥为城旦。所不去者，医药卜筮种树之书。若欲有学法令，以吏为师。”制曰：“可。”

【译文】秦始皇三十四年，在咸阳宫摆设酒宴，七十位博士上前献酒颂祝寿辞。仆射周青臣走上前去颂扬说：“从前秦国土地不过千里，仰仗陛下神灵明圣，平定天下，驱逐蛮夷，凡是日月所照耀到的地方，没有不臣服的。把诸侯国改置为郡县，人人安居乐业，不必再担心战争，功业可以传之万代。您的威德，自古及今无人能比。”始皇十分高兴。博士齐人淳于越上前说：“我听说殷朝、周朝统治天下达一千多年，分封子弟功臣，给自己当作辅佐。如今陛下拥有天下，而您的子弟却是平民百姓，一旦出现象齐国田常、晋国六卿之类谋杀君主的臣子，没有辅佐，靠谁来救援呢？凡事不师法古人而能长久的，还没有听说过。刚才周青臣又当面阿谀，以致加重陛下的过失，这不是忠臣。”始皇把他们的意见下交群臣议论。丞相李斯说：“五帝的制度不是一代重复一代，夏、商、周的制度也不是一代因袭一代，可是都凭着各自的制度治理好了，这并不是他们故意要彼此相反，而是由于时代变了，情况不同了。现在陛下开创了大业，建立起万世不朽之功，这本来就不是愚陋的儒生所能理解的。况且淳于越所说的是夏、商、周三代的事，哪里值得取法呢？从前诸侯并起纷争，才大量招揽游说之士。现在天下平定，法令出自陛下一人，百姓在家就应该致力于农工生产，读书人就应该学习法令刑禁。现在儒生们不学习今天的却要效法古代的，以此来诽谤当世，惑乱民心。丞相李斯冒死罪进言：古代天下散乱，没有人能够统一，所以诸侯并起，说话都是称引古人为害当今，矫饰虚言挠乱名实，人们只欣赏自己私下所学的知识，指责朝廷所建立的制度。当今皇帝已统一天下，分辨是非黑白，一切决定于至尊皇帝一人。可是私学却一起非议法令，教化人们一听说有命令下达，就各根据自己所学加以议论，入朝就在心里指责，出朝就去街巷谈议，在君主面前夸耀自己以求取名利，追求奇异说法以抬高自己，在民众当中带头制造谤言。象这样却不禁止，在上面君主威势就会下降，在下面朋党的势力就会形成。臣以为禁止这些是合适的。我请求让史官把不是秦国的典籍全部焚毁。除博士官署所掌管的之外，天下敢有收藏《诗》《书》、诸子百家著作的，全都送到地方官那里去一起烧掉。有敢在一块儿谈议《诗》《书》的处以死刑示众，借古非今的满门抄斩。官吏如果知道而不举报，以同罪论处。命令下达三十天仍不烧书的，处以脸上刺字的黥刑，处以城旦之刑四年，发配边疆，白天防寇，夜晚筑城。所不取缔的，是医药、占卜、种植之类的书。如果有人想要学习法令，就以官吏为师。”秦始皇下诏说：“可以。”

三十五年，卢生说始皇曰：“臣等求芝奇药仙者常弗遇，类物有害之者。方中，人主时为微行，以辟恶鬼，恶鬼辟，真人至。人主所居，而人臣知之，则害于神。真人者，入水不濡，入火不爇，陵云气，与天地久长。今上治天下，未能恬惔。愿上所居宫，毋令人知，然后不死之药，殆可得也。”于是始皇曰：“吾慕真人，自谓‘真人’不称‘朕’。”乃令咸阳之旁二百里内，宫观二百七十，复道甬道相连，帷帐钟鼓美人充之，各案署不移徙。行所幸，有言其处者，罪死。始皇帝幸梁山宫，从山上见丞相车骑众，弗善也。中人或告丞相，丞相后损车骑。始皇怒曰：“此中人泄吾语。”案问莫服。当是时，诏捕诸时在旁者皆杀之。自是后莫知行之所在。听事群臣受决事，悉于咸阳宫。

【译文】始皇三十五年，卢生劝说始皇道：“我们寻找灵芝、奇药和仙人，一直找不到，好像是有什么东西伤害了它们。我们心想，皇帝要经常秘密出行以便驱逐恶鬼，恶鬼避开了，神仙真人才会来到。皇上住的地方如果让臣子们知道，就会妨害神仙。真人是入水不会沾湿，入火不会烧伤的，能够乘驾云气遨游，寿命和天地共久长。现在皇上治理天下，还没能做到清静恬淡。希望皇上所住的宫室不要让别人知道，这样，不死之药或许能够得到。”于是始皇说：“我羡慕神仙真人，我自己就叫‘真人’，不再称‘朕’了。”于是令咸阳四旁二百里内的二百七十座宫观都用天桥、甬道相互连接起来；把帷帐、钟鼓和美人都安置在里边，全部按照所登记的位置不得移动。皇帝所到的地方，如有人说出去，就判死罪。有一次皇帝幸临梁山宫，从山上望见丞相的随从车马众多，很不赞成。宦官近臣里有人把这件事告诉了丞相，丞相以后就减少了车马数目，始皇生气地说：“这是宫中有人泄露了我的话。”经过审问，没有人认罪，就下诏把当时跟随在旁的人抓起来，全部杀掉。从此以后再没有人知道皇帝的行踪。处理事务，群臣接受命令，全在咸阳宫进行。

侯生、卢生相与谋曰：始皇为人，天性刚戾自用，起诸侯，并天下，意得欲从，以为自古莫及己。专任狱吏，狱吏得亲幸。博士虽七十人，特备员弗用。丞相诸大臣皆受成事，倚办于上。上乐以刑杀为威，天下畏罪持禄，莫敢尽忠。上不闻过而日骄，下慑伏谩欺以取容。秦法不得兼方，不验辄死。然候星气者至三百人，皆良士，畏忌讳谀，不敢端言其过。天下之事，无小大皆决于上，上至以衡石量书，日夜有呈，不中呈，不得休息。贪于权势至如此，未可为求仙药。”于是乃亡去。始皇闻亡，乃大怒曰：“吾前收天下书，不中用者尽去之。悉召文学方术士甚众，欲以兴太平，方士欲练以求奇药。今闻韩众去不报，徐市等费以巨万计，终不得药，徒奸利相告日闻。卢生等吾尊赐之甚厚，今乃诽谤我，以重吾不德也。诸生在咸阳者，吾使人廉问，或为訞言，以乱黔首。”于是使御史悉案问诸生，诸生传相告引，乃自除犯禁者四百六十余人，皆坑之咸阳，使天下知之，以惩后。益发谪徙边。始皇长子扶苏谏曰：“天下初定，远方黔首未集，诸生皆诵法孔子，今上皆重法绳之，臣恐天下不安。唯上察之。”始皇怒，使扶苏北监蒙恬于上郡。

【译文】侯生、卢生一起商量说：“始皇为人，天性粗暴凶狠，自以为是，他出身诸侯，兼并天下，诸事称心，为所欲为，认为从古到今没有人比得上他。他专门任用治狱的官吏，狱吏们都受到亲近和宠幸。博士虽然也有七十人，但只不过是虚设充数的人员。丞相和各位大臣都只是接受已经决定的命令，依仗皇上办事。皇上喜欢用重刑、杀戮显示威严，官员们都怕获罪，都想保持住禄位，所以没有人敢真正竭诚尽忠。皇上听不到自己的过错，因而一天更比一天骄横。臣子们担心害怕，专事欺骗，屈从讨好。秦法规定，一个方士不能兼有两种方术，如果方术不能应验，就要处死。然而占候星象云气以测吉凶的人多达三百，都是良士，然而由于害怕获罪，就得避讳奉承，不敢正直地说出皇帝的过错。天下的事无论大小都由皇上决定，皇上甚至用称来称量各种书写文件的竹简木简的重量，日夜都有定额，阅读达不到定额，就不能休息。他贪于权势到如此地步，咱们不能为他去找仙药。”于是就逃跑了。始皇听说二人逃跑，十分恼怒地说：“我先前查收了天下所有不适用的书都把它们烧掉。征召了大批文章博学之士和有各种技艺的方术之士，想用他们振兴太平，这些方士想要炼造仙丹寻找奇药。今天听说韩众逃跑了不再还报。徐市等人花费的钱以数万计算，最终也没找到奇药，只是他们非法谋利互相告发的消息传到我耳朵里。对卢生等人我尊重他们，赏赐十分优厚，如今竟然诽谤我，企图以此加重我的无德。这些人在咸阳的，我派人去查问过，有的人竟妖言惑众，扰乱民心。”于是派御吏去一一审查，这些人辗转告发，一个供出一个，始皇亲自把他们从名籍上除名，一共四百六十多人，全部活埋在咸阳，让天下的人知道，以惩戒以后的人。征发更多的流放人员去戍守边疆。始皇的大儿子扶苏进谏说：“天下刚刚平定，远方百姓还没有归附，儒生们都诵读诗书，效法孔子，现在皇上一律用重法制裁他们，我担心天下将会不安定，希望皇上明察。”始皇听了很生气，就派扶苏到北方上郡去监督蒙恬的军队。

项羽本纪（节录）

项籍者，下相人也，字羽。初起时年二十四。其季父项梁，梁父即楚将项燕，为秦将王翦所戮者也。项氏世世为楚将，封于项，故姓项氏。

项籍少时，学书，不成，去学剑，又不成。项梁怒之。籍曰：“书足以记名姓而已。剑一人敌，不足学，学万人敌。”于是项梁乃教籍兵法，籍大喜，略知其意，又不肯竟学。项梁尝有栎阳逮，乃请蕲狱椽曹咎书抵栎阳狱椽司马欣，以故事得已。项梁杀人，与籍避仇于吴中。吴中贤士大夫皆出项梁下。每吴中有大繇役及丧，项梁常为主办，阴以兵法部勒宾客及子弟，以是知其能。秦始皇帝游会稽，渡浙江，梁与籍俱观。籍曰：“彼可取而代也。”梁掩其口，曰：“毋妄言，族矣！”梁以此奇籍。籍长八尺余，力能扛鼎，才气过人，虽吴中子弟，皆已惮籍矣。

【译文】项籍是下相人，字羽。开始起事的时候，他二十四岁。项籍的叔父是项梁，项梁的父亲是项燕，就是被秦将王翦所杀害的那位楚国大将。项氏世世代代做楚国的大将，被封在项地，所以姓项。

项籍小的时候曾学习写字识字，没有学成就不学了；又学习剑术，也没有学成。项梁对他很生气。项籍却说：“写字，能够用来记姓名就行了；剑术，也只能敌一个人，不值得学。我要学习能敌万人的本事。”于是项梁就教项籍兵法，项籍非常高兴，可是刚刚懂得了一点儿兵法的大意，又不肯学到底了。项梁曾经因罪案受牵连，被栎阳县逮捕入狱，他就请蕲县狱掾曹咎写了说情信给栎阳狱掾司马欣，事情才得以了结。后来项梁又杀了人，为了躲避仇人，他和项籍一起逃到吴中郡。吴中郡有才能的士大夫，本事都比不上项梁。每当吴中郡有大规模的徭役或大的丧葬事宜时，项梁经常做主办人，并暗中用兵法部署组织宾客和青年，借此来了解他们的才能。秦始皇游览会稽郡渡浙江时，项梁和项籍一块儿去观看。项籍说："那个人，我可以取代他！"项梁急忙捂住他的嘴，说："不要胡说，要满门抄斩的！"但项梁却因此而感到项籍很不一般。项籍身高八尺有余，力大能举鼎，才气超过常人，即使是吴中当地的年轻人也都很惧怕他了。

初，宋义所遇齐使者高陵君显，在楚军，见楚王曰："宋义论武信君之军必败，居数日，军果败。兵未战而先见败征，此可谓知兵矣。"王召宋义与计事而大说之，因置以为上将军；项羽为鲁公，为次将，范增为末将，救赵。诸别将皆属宋义，号为卿子冠军。行至安阳，留四十六日不进。项羽曰："吾闻秦军围赵王钜鹿，疾引兵渡河，楚击其外，赵应其内，破秦军必矣。"宋义曰："不然。夫搏牛之虻，不可以破虮虱。今秦攻赵，战胜则兵罢，我承其敝；不胜，则我引兵鼓行而西，必举秦矣。故不如先斗秦、赵。夫被坚执锐，义不如公；坐而运策，公不如义。"因下令军中曰："猛如虎，很如羊，贪如狼，强不可使者，皆斩之。"乃遣其子宋襄相齐，身送之至无盐，饮酒高会。天寒大雨，士卒冻饥。项羽曰："将戮力而攻秦，久留不行。今岁饥民贫，士卒食芋菽，军无见粮，乃饮酒高会，不引兵渡河，因赵食，与赵并力攻秦，乃曰'承其敝'。夫以秦之强，攻新造之赵，其势必举赵。赵举而秦强，何敝之承！且国兵新破，王坐不安席，埽境内而专属于将军，国家安危，在此一举。今不恤士卒，而徇其私，非社稷之臣。"项羽晨朝上将军宋义，即其帐中斩宋义头，出令军中曰："宋义与齐谋反楚，楚王阴令羽诛之。"当是时，诸将皆慴服，莫敢枝梧。皆曰："首立楚者，将军家也。今将军诛乱。"乃相与共立羽为假上将军。使人追宋义子，及之齐，杀之。使桓楚报命于怀王。怀王因使项羽为上将军，当阳君、蒲将军皆属项羽。

【译文】先前，宋义在路上遇见的那位齐国使者高陵君显正在楚军中，他求见楚王说："宋义曾猜定武信君的军队必定失败，没过几天，就果然战败了。在军队没有打仗的时候，就能事先看出失败的征兆，这可以称得上是懂得用兵了。"楚怀王召见宋义，跟他商计军中大事，非常欣赏他，因而任命他为上将军；项羽为鲁公，任次将，范增任末将，去援救赵国，其他各路将领都隶属于宋义，号称卿子冠军。部队进发抵达安阳，停留四十六天不向前进。项羽说："我听说秦军把赵王包围在钜鹿城内，我们应该赶快率兵渡过黄河，楚军从外面攻打，赵军在里面接应，打垮秦军是确定无疑的。"宋义说："我认为并非如此。能叮咬大牛的牛虻却损伤不了小小的虮虱。如今秦国攻打赵国，打胜了，士卒也会疲惫，我们就可以利用他们的疲惫；打不胜，我们就率领部队擂鼓西进，一定能歼灭秦军。

所以，现在不如先让秦、赵两方相斗。若论披坚甲执锐兵，勇战前线，我宋义比不上您；若论坐于军帐，运筹决策，您比不上我宋义。”于是通令全军：“凶猛如虎，违逆如羊，贪婪如狼，倔强不听指挥的，一律斩杀。”又派儿子宋襄去齐国为相，亲自送到无盐，置备酒筵，大会宾客。当时天气寒冷，下着大雨，士卒一个个又冷又饿。项羽对将士说：“我们大家是想齐心合力攻打秦军，他却久久停留不向前进。如今正赶上荒年，百姓贫困，将士们吃的是芋艿掺豆子，军中没有存粮，他竟然置备酒筵，大会宾客，不率领部队渡河去从赵国取得粮食，跟赵合力攻秦，却说‘利用秦军的疲惫’。凭着秦国那样强大去攻打刚刚建起的赵国，那形势必定是秦国攻占赵国。赵国被攻占，秦国就更加强大，到那时，还谈得上什么利用秦国的疲惫？再说，我们的军队刚刚打了败仗，怀王坐不安席，集中了境内全部兵卒粮饷交给上将军一个人，国家的安危，就在此一举了。可是上将军不体恤士卒，却派自己的儿子去齐国为相，谋取私利，这样不是国家真正的贤良之臣。”项羽早晨去参见上将军宋义，就在军帐中，斩下了他的头，出来向军中发令说：“宋义和齐国同谋反楚，楚王密令我处死他。”这时候，将领们都畏服项羽，没有谁敢抗拒，都说：“首先把楚国扶立起来的，是项将军家。如今又是将军诛灭了叛乱之臣。”于是大家一起立项羽为代理上将军。项羽派人去追赶宋义的儿子，追到齐国境内，把他杀了。项羽又派桓楚去向怀王报告。楚怀王无奈，让项羽作了上将军，当阳君、蒲将军都归属项羽。

项羽已杀卿子冠军，威震楚国，名闻诸侯。乃遣当阳君、蒲将军将卒二万渡河，救钜鹿。战少利，陈余复请兵。项羽乃悉引兵渡河，皆沈船，破釜甑，烧庐舍，持三日粮，以示士卒必死，无一还心。于是至则围王离，与秦军遇，九战，绝其甬道，大破之，杀苏角，虏王离。涉间不降楚，自烧杀。当是时，楚兵冠诸侯。诸侯军救钜鹿下者十余壁，莫敢纵兵。及楚击秦，诸将皆从壁上观。楚战士无不一以当十，楚兵呼声动天，诸侯军无不人人惴恐。于是已破秦军，项羽召见诸侯将，入辕门，无不膝行而前，莫敢仰视。项羽由是始为诸侯上将军，诸侯皆属焉。

【译文】项羽诛杀了卿子冠军，威震楚国，名扬诸侯。他首先派遣当阳君、蒲将军率领二万人渡过漳河，援救钜鹿。战争只有一些小的胜利，陈余又来请求增援。项羽就率领全部军队渡过漳河，把船只全部弄沉，把锅碗全部砸破，把军营全部烧毁，只带上三天的干粮，以此向士卒表示一定要决死战斗，毫无退还之心。部队抵达前线，就包围了王离，与秦军遭遇，交战多次，阻断了秦军所筑甬道，大败秦军，杀了苏角，俘虏了王离。涉间拒不降楚，自焚而死。这时，楚军强大居诸侯之首，前来援救钜鹿的诸侯各军筑有十几座营垒，没有一个敢发兵出战。到楚军攻击秦军时，他们都只在营垒中观望。楚军战士无不一以当十，士兵们杀声震天，诸侯军人人战慄胆寒。项羽在打败秦军以后，召见诸侯将领，当他们进入军门时，一个个都跪着用膝盖向前走，没有谁敢抬头仰视。自此，项羽真正成了诸侯的上将军，各路诸侯都隶属于他。

楚军夜击阬秦卒二十余万人新安城南。行略定秦地。函谷关有兵守，关不得入。又闻沛公已破咸阳，项羽大怒，使当阳君等击关。项羽遂入，至于戏西。沛公军霸上，未得与项羽相见。沛公左司马曹无伤，使人言于项羽曰："沛公欲王关中，使子婴为相，珍宝尽有之。"项羽大怒曰："旦日飨士卒，为击破沛公军！"当是时，项羽兵四十万，在新丰鸿门，沛公兵十万，在霸上。范增说项羽曰："沛公居山东时，贪于财货，好美姬。今入关，财物无所取，妇女无所幸，此其志不在小。吾令人望其气，皆为龙虎，成五采，此天子气也。急击勿失。"

【译文】楚军趁夜把秦军二十余万人击杀坑埋在新安城南。项羽带兵西行，要去夺取平定秦地。到了函谷关，关内有士兵把守，没能进去。又听说沛公已经攻下了咸阳，项羽非常生气，就派当阳君等攻打函谷关。这样项羽才进了关，一直到戏水之西。当时，沛公的军队驻扎在霸上，没能跟项羽相见。沛公的左司马曹无伤派人告诉项羽说："沛公想在关中称王，让秦王子婴为相，珍奇宝物都占为已有了。"项羽大为愤怒，说："明天准备酒食，好好犒劳士卒，给我把沛公的部队打垮！" 这时候，项羽有兵卒四十万，驻扎在新丰鸿门；沛公有兵卒十万，驻扎在霸上。范增劝项羽说："沛公住在山东的时候，贪图财货，宠爱美女。现在进了关，财物什么都不取，美女也没亲近一个，看这势头他的志气可不小啊。我让人觇望他那边的云气，都呈现为龙虎之状，五色斑斓，这是天子的瑞气呀。希望您赶快进攻，不要错失良机！"

楚左尹项伯者，项羽季父也，素善留侯张良。张良是时从沛公，项伯乃夜驰之沛公军，私见张良，具告以事，欲呼张良与俱去。曰：毋从俱死也。"张良曰："臣为韩王送沛公，沛公今事有急，亡去不义，不可不语。"良乃入，具告沛公。沛公大惊曰："为之奈何？"张良曰："谁为大王为此计者？"曰："鲰生说我曰'距关毋纳诸侯，秦地可尽王也'。故听之。"良曰："料大王士卒，足以当项王乎？"沛公默然曰："固不如也，且为之奈何？"张良曰："请往谓项伯，言沛公不敢背项王也。"沛公曰："君安与项伯有故？"张良曰："秦时与臣游，项伯杀人，臣活之。今事有急，故幸来告良。"沛公曰："孰与君少长？"良曰："长于臣。"沛公曰："君为我呼入，吾得兄事之。"张良出，要项伯。项伯即入见沛公。沛公奉卮酒为寿，约为婚姻，曰："吾入关，秋豪不敢有所近，籍吏民，封府库，而待将军。所以遣将守关者，备他盗之出入与非常也。日夜望将军至，岂敢反乎！愿伯具言臣之不敢倍德也。"项伯许诺。谓沛公曰："旦日不可不蚤自来谢项王。"沛公曰："诺。"于是项伯复夜去，至军中，具以沛公言报项王。因言曰："沛公不先破关中，公岂敢入乎？今人有大功而击之，不义也，不如因善遇之。"项王许诺。

【译文】楚国的左尹项伯，是项羽的叔父，一向跟留侯张良要好。张良这时正跟随沛公，项伯连夜驱马跑到沛公军中，私下会见了张良，把事情全都告诉了他，想叫张良跟他一起离开。项伯说："不要跟沛公一块儿送死啊。"张良说："我是为韩王来护送沛公的，沛公如今情况危急，我若逃走就太不仁不义了，不能不告诉他。"张良于是进入军帐，把项伯的话全部告诉了沛公。沛公大为吃惊，说："该怎么办呢？"张良说："是谁给您出的派兵守关这个主意？"沛公说："是一个浅陋小人劝我说：'守住函谷关，不要让诸侯军进来，您就可以占据整个秦地称王了。'所以我听了他的话。"张良说："估计您的兵力敌得过项王吗？"沛公沉默不语，过了一会说："当然敌不过，那怎么办呢？"张良说："请让我前去告诉项伯，就说沛公是不敢背叛项王的。"沛公说："您怎么跟项伯有交情呢？"张良说："还是在秦朝的时候，我们就有交往，项伯杀了人，我使他免了死罪。如今情况危急，幸好他来告诉我。"沛公说："你们两人谁的年龄大？"张良说："他比我大。"沛公说："您替我请他进来，我要像对待兄长一样侍奉他。"张良出去请项伯。项伯进来与沛公相见。沛公捧着酒杯，向项伯献酒祝寿，又定下了儿女婚姻。沛公说："我进驻函谷关以后，连秋毫那样细小的东西都没敢动，登记了官民的户口，查封了各类仓库，只等着项将军到来。我所以派将守关，是为了防备其他盗贼窜入和意外的变故。我们日夜盼着项将军到来，哪里敢谋反啊！希望您详细转告项将军，我是绝不敢忘恩负义的。"项伯答应了，对沛公说："明天可千万要早点来向项王道歉。"沛公说："好吧。"于是项伯又乘夜离开，回到军营中，把沛公的话一一报告了项王。接着又说："如果不是沛公先攻破关中，您怎么敢进关呢？如今人家有大功反而要攻打人家，这是不符合道义的，不如就此好好对待他。"项王答应了。

沛公旦日从百余骑来见项王，至鸿门，谢曰："臣与将军戮力而攻秦，将军战河北，臣战河南，然不自意能先入关破秦，得复见将军于此。今者有小人之言，令将军与臣有郤。"项王曰："此沛公左司马曹无伤言之；不然，籍何以至此。"项王即日因留沛公与饮。项王、项伯东向坐，亚父南向坐。亚父者，范增也。沛公北向坐，张良西向侍。范增数目项王，举所佩玉玦以示之者三，项王默然不应。范增起，出召项庄谓曰："君王为人不忍，若入前为寿，寿毕，请以剑舞，因击沛公于坐，杀之。不者，若属皆且为所虏。"庄则入为寿。寿毕，曰："君王与沛公饮，军中无以为乐，请以剑舞。"项王曰："诺。"项庄拔剑起舞，项伯亦拔剑起舞，常以身翼蔽沛公，庄不得击。于是张良至军门见樊哙。樊哙曰："今日之事何如？"良曰："甚急。今者项庄拔剑舞，其意常在沛公也。"哙曰："此迫矣，臣请入，与之同命。"哙即带剑拥盾入军门。交戟之卫士欲止不内，樊哙侧其盾以撞，卫士仆地，哙遂入，披帷西向立，嗔目视项王，头发上指，目眦尽裂。项王按剑而跽曰："客何为者？"张良曰："沛公之骖乘樊哙者也。"项王曰："壮士，赐之卮酒。"则与斗卮酒。哙拜谢，起，立而饮之。项王曰："赐之彘肩。"则与一生彘肩。樊哙覆其盾于地，加彘肩上，拔剑切而啖之。项王曰："壮士，能复饮乎？"樊哙曰："臣死且不避，卮酒安足辞！夫秦王有虎狼之心，杀人如不能举，刑人如不恐胜，天下皆叛之。怀王与诸将约曰'先破秦入咸阳者王之。'。今沛公先破秦入咸阳，毫毛不敢有所近，封闭宫室，还军霸上，以待大王来。故遣将守关者，备他盗出入与非常也。劳苦而功高如此，未有封侯之赏，而听细说，欲诛有功之人。此亡秦之续耳，窃为大王不取也。"项王未有以应，曰："坐。"樊哙从良坐。坐须臾，沛公起如厕，因招樊哙出。

【译文】第二天一清早，沛公带着一百多名侍从人马来见项王，到达鸿门，向项王培罪说："我跟将军合力攻秦，将军在河北作战，我在河南作战。却没想到我能先入关攻破秦朝，能够在这里又见到您。现在是有小人说了什么坏话，才使得将军和我之间产生了嫌隙。"项王说："是您的左司马曹无伤说的，不然，我怎么会这样！"项王当日就让沛公留下一起喝酒。项王、项伯面朝东坐，亚父面朝南坐。亚父也就是范增。沛公面朝北坐，张良面朝西陪侍着。范增好几次给项王递眼色，又好几次举起身上佩戴的玉块向他示意，项王只是沉默着，没有反应。范增起身出去，叫来项庄，对他说："君王为人心肠太软，你进去上前献酒祝寿，然后请求舞剑，趁机刺击沛公，把他杀死在坐席上。不然的话，你们这班人都将成为人家的俘虏啦。"项庄进来，上前献酒祝寿。祝酒完毕，对项王说："君王和沛公饮酒，军营中没有什么可以娱乐的，就让我来舞剑吧。"项王说："那好。"项庄就拔剑起舞，项伯也拔剑起舞，常常用身体掩护沛公，项庄没有办法刺击沛公。见此情景，张良走到军门，找来樊哙。樊哙问道："今天的事情怎么样？"张良说："很危急！现在项庄正在舞剑，他一直在打沛公的主意呀！"樊哙说："这么说太危险啦！让我进去，我要跟沛公同生死！"樊哙带着宝剑拿着盾牌就往军门里闯。交叉持戟的卫士想挡住不让他进去，樊哙侧过盾牌往前一撞，卫士们仆倒在地，樊哙于是闯进军门，挑开帷帐面朝西站定，睁圆眼睛怒视项王，头发根根竖起，两边眼角都要睁裂了。项王伸手握住宝剑，挺直身子，问："这位客人是干什么的？"张良说："是沛公的护卫樊哙。"项王说："真是位壮士！赐他一杯酒！"手下的人给他递上来一大杯酒。樊哙拜谢，起身站着喝了。项王说："赐他一只猪肘！"手下的人递过来一只整猪肘。樊哙把盾牌反扣在地上，把猪肘放在上面，拔出剑来边切边吃。项王说："好一位壮士！还能再喝吗？"樊哙说："我连死都不在乎，一杯酒又有什么可推辞的！那秦王有虎狼一样凶狠之心，杀人无数，好象唯恐杀不完；给人加刑，好象唯恐用不尽，天下人都叛离了他。怀王曾经和诸将约定说'先击败秦军进入咸阳，让他在关中为王。'如今沛公先击败秦军进入咸阳，连毫毛那么细小的财物都没敢动，封闭秦王宫室，把军队撤回到霸上，等待大王您的到来。特地派遣将士把守函谷关，为的是防备其他盗贼窜入和意外的变故。沛公如此劳苦功高，没有得到封侯的赏赐，您反而听信小人的谗言，要杀害有功之人。这只能是走秦朝灭亡的老路，我私下认为大王您不会采取这种做法！”一番话说得项王无话回答，只是说：“坐！坐！”樊哙挨着张良坐下来。坐了一会儿，沛公起身上厕所，顺便把樊哙叫了出来。

沛公已出，项王使都尉陈平召沛公。沛公曰：“今者出，未辞也，为之奈何？”樊哙曰：“大行不顾细谨，大礼不辞小让。如今人方为刀俎，我为鱼肉，何辞为！”于是遂去，乃令张良留谢。良问曰：“大王来，何操？”曰：“我持白璧一双，欲献项王，玉斗一双，欲与亚父，会其怒，不敢献。公为我献之。”张良曰：“谨诺。”当是时，项王军在鸿门下，沛公军在霸上，相去四十里。沛公则置车骑，脱身独骑，与樊哙、夏侯婴、靳强、纪信等四人，持剑盾步走，从郦山下，道芷阳，间行。沛公谓张良曰：“从此道至吾军，不过二十里耳。度我至军中，公乃入。”沛公已去，间到军中，张良入谢，曰：“沛公不胜杯杓，不能辞。谨使臣良，奉白璧一双，再拜献大王足下；玉斗一双，再拜奉大将军足下。”项王曰：“沛公安在？”良曰：“闻大王有意督过之，脱身独去，已至军矣。”项王则受璧，置之坐上。亚父受玉斗，置之地，拔剑撞而破之，曰：“唉！竖子不足与谋。夺项王天下者，必沛公也，吾属今为之虏矣。”沛公至军，立诛杀曹无伤。

【译文】沛公出来后，项王派都尉陈平来叫沛公。沛公对樊哙说：“现在我出来，没有来得及告辞，怎么办？”樊哙说：“干大事不必顾及小的礼节，讲大节无须躲避小的责备，如今人家好比是刀子砧板，而我们好比是鱼是肉，还告辞干什么！”于是一行人离开那里，让张良留下来向项王致歉。张良问：“大王来的时候带了什么礼物？”沛公说：“我拿来白璧一双，准备献给项王；玉斗一对，准备献给亚父。正赶上他们发怒，没敢献上。您替我献上吧。”张良说：“遵命。”这个时候，项王部队驻扎在鸿门一带，沛公的部队驻扎在霸上，相距四十里。沛公扔下车马、侍从，脱身而走，他独自一人骑马，樊哙、夏侯婴、靳强、纪信等四人手持剑盾，跟在后面徒步奔跑，从骊山而下，顺着芷阳抄小路而行。沛公临行前对张良说：“从这条路到我们军营，超不过二十里。估计我们到了军营，您就进去。”沛公等一行离开鸿门，抄小路回到军营，张良进去致歉，说道：“沛公酒量不大，喝得多了点，不能跟大王告辞了。谨让臣下张良捧上白璧一双，恭敬地献给大王足下；玉斗一对，恭敬地献给大将军足下。”项王问道：“沛公在什么地方？”张良答道：“听说大王有意责怪他，他就脱身一个人走了，现在已经回到军营。”项王接过白璧，放在座位上；亚父接过玉斗，扔在地上，拔出剑来撞碎了，说：“唉！项庄这班小子没法跟他们共谋大事，夺取项王天下的，一定是沛公了。我们这班人就要成为俘虏了！”沛公回到军中，立即杀了曹无伤。

是时汉兵盛食多，项王兵罢食绝。汉遣陆贾说项王，请太公，项王弗听。汉王复使侯公往说项王，项王乃与汉约，中分天下，割鸿沟以西者为汉，鸿沟而东者为楚。项王许之，即归汉王父母妻子。军皆呼万岁。汉王乃封侯公为平国君。匿弗肯复见。曰：“此天下辩士，所居倾国，故号为平国君。”项王已约，乃引兵解而东归。

【译文】这时候，汉军士卒气盛，粮草充足，项王士卒疲惫，粮食告绝。汉王派陆贾去劝说项王，要求放回太公，项王不答应。汉王又派侯公去劝说项王，项王才跟汉王定约，平分天下，鸿沟以西的地方划归汉，鸿沟以东的地方划归楚。项王同意了这个条件之后，立即放回了汉王的家属。汉军官兵都呼喊万岁。汉王于是封侯公为平国君，让他隐匿起来，不肯再跟他见面。说：“这个人是天下的善辩之士，他呆在哪国，就会使哪国倾覆，所以给他个称号叫平国君。”项王订约后，就带上队伍罢兵东归了。

汉欲西归，张良、陈平说曰：“汉有天下太半，而诸侯皆附之。楚兵罢食尽，此天亡楚之时也，不如因其机而遂取之。今释弗击，此所谓‘养虎自遗患’也。”汉王听之。汉五年，汉王乃追项王至阳夏南，止军，与淮阴侯韩信、建成侯彭越，期会而击楚军。至固陵，而信、越之兵不会。楚击汉军，大破之。汉王复入壁，深堑而自守。谓张子房曰：“诸侯不从约，为之奈何？”对曰：“楚兵且破，信、越未有分地，其不至固宜。君王能与共分天下，今可立致也。即不能，事未可知也。君王能自陈以东傅海，尽与韩信；睢阳以北至穀城，以与彭越：使各自为战，则楚易败也。”汉王曰：“善。”于是乃发使者告韩信、彭越曰：“并力击楚。楚破，自陈以东傅海，与齐王，睢阳以北至穀城，与彭相国。”使者至，韩信、彭越皆报曰：“请今进兵。”韩信乃从齐往，刘贾军从寿春并行，屠城父，至垓下。大司马周殷叛楚，以舒屠六，举九江兵，随刘贾、彭越，皆会垓下，诣项王。

【译文】汉王也想撤兵西归，张良、陈平劝他说：“汉已据天下的大半，诸侯又都归附于汉。而楚军已兵疲粮尽，这正是上天亡楚之时。不如索性趁此机会把它消灭。如果现在放走项羽而不打他，这就是所谓的‘养虎给自己留下祸患’。”汉王听从了他们的建议。汉五年（前202），汉王追赶项王到阳夏南边，让部队驻扎下来，并和淮阴侯韩信、建成侯彭越约好日期会合，共同攻打楚军。汉军到达固陵，而韩信、彭越的部队没有来会合。楚军攻打汉军，把汉军打得大败。汉王又逃回营垒，掘深壕沟坚守。汉王问张良道：“诸侯不遵守约定，怎么办？”张良回答说：“楚军快被打垮了，韩信和彭越还没有得到分封的地盘，所以，他们不来是很自然的。君王如果能和他们共分天下，就可以让他们立刻前来。如果不能，形势就难以预料了。君王如果把从陈县以东到海滨一带地方都给韩信，把睢阳以北到穀城的地方给彭越；使他们各自为自己而战，楚军就容易打败了。”汉王说：“好。”于是派出使者告诉韩信、彭越说：“你们跟汉王合力击楚，打败楚军之后，从陈县往东至海滨一带地方给齐王，睢阳以北至穀城的地方给彭相国。”使者到达之后，韩信、彭越都说：“我们今天就带兵出发。”于是韩信从齐国起行，刘贾的部队从寿春和他同时进发，屠戮了城父，到达垓下。大司马周殷叛离楚王，以舒县的兵力屠戮了六县，发动九江兵力，随同刘贾、彭越一起会师在垓下，逼向项王。

项王军壁垓下，兵少食尽，汉军及诸侯兵围之数重。夜闻汉军四面皆楚歌，项王乃大惊曰："汉皆已得楚乎？是何楚人之多也！"项王则夜起，饮帐中。有美人名虞，常幸从；骏马名骓，常骑之。于是项王乃悲歌慷慨，自为诗曰："力拔山兮气盖世，时不利兮骓不逝。骓不逝兮可奈何，虞兮虞兮奈若何！"歌数阕，美人和之。项王泣数行下，左右皆泣，莫能仰视。

【译文】项王的部队在垓下修筑了营垒，兵少粮尽，汉军及诸侯兵把他团团包围了好几层。深夜，听到汉军在四面唱着楚地的歌，项王大为吃惊，说："难道汉已经完全取得了楚地？怎么楚国人这么多呢？"项王连夜起来，在帐中饮酒。有美人名虞，一直受宠跟在项王身边；有骏马名骓（zhuī，追），项王一直骑着。这时候，项王不禁慷慨悲歌，自己作诗吟唱道："力量能拔山啊，英雄气概举世无双，时运不济呀骓马不再往前闯！骓马不往前闯啊可怎么办，虞姬呀虞姬，怎么安排你呀才妥善？"项王唱了几遍，美人虞姬在一旁应和。项王眼泪一道道流下来，左右侍者也都跟着落泪，没有一个人能抬起头来看他。

于是项王乃上马骑，麾下壮士骑从者八百余人，直夜，溃围南出驰走。平明，汉军乃觉之，令骑将灌婴以五千骑追之。项王渡淮，骑能属者百余人耳。项王至阴陵，迷失道，问一田父，田父绐曰"左"。左，乃陷大泽中。以故汉追及之。项王乃复引兵而东，至东城，乃有二十八骑。汉骑追者数千人。项王自度不得脱。谓其骑曰："吾起兵至今八岁矣，身七十余战，所当者破，所击者服，未尝败北，遂霸有天下。然今卒困于此，此天之亡我，非战之罪也。今日固决死，愿为诸君决战，必三胜之，为诸君溃围，斩将刈旗，令诸君知天亡我，非战之罪也。"乃分其骑以为四队，四向。汉军围之数重。项王谓其骑曰："吾为公取彼一将。"令四面骑驰下，期山东为三处。于是项王大呼驰下，汉军皆披靡，遂斩汉一将。是时赤泉侯为骑将，追项王，项王瞋目而叱之，赤泉侯人马俱惊，辟易数里。与其骑会为三处。汉军不知项王所在，乃分军为三，复围之。项王乃驰，复斩汉一都尉，杀数十百人，复聚其骑，亡其两骑耳。乃谓其骑曰："何如？"骑皆伏曰："如大王言。"

【译文】于是项王骑上马，部下壮士八百多人骑马跟在后面，趁夜突破重围，向南冲出，飞驰而逃。天快亮的时候，汉军才发觉，命令骑将灌婴带领五千骑兵去追赶。项王渡过淮河，部下壮士能跟上的只剩下一百多人了。项王到达阴陵，迷了路，去问一个农夫，农夫骗他说："向左边走。"项王带人向左，陷进了大沼泽地中。因此，汉兵追上了他们。项王又带着骑兵向东，到达东城，这时就只剩下二十八人。汉军骑兵追赶上来的有几千人。项王自己估计不能逃脱了，对他的骑兵说："我带兵起义至今已经八年，亲自打了七十多仗，我所抵挡的敌人都被打垮，我所攻击的敌人无不降服，从来没有失败过，因而能够称霸，据有天下。可是如今终于被困在这里，这是上天要灭亡我，决不是作战的过错。今天肯定得决心战死了，我愿意给诸位打个痛痛快快的仗，一定胜它三回，给诸位冲破重围，斩杀汉将，砍倒军旗，让诸位知道的确是上天要灭亡我，决不是作战的过错。"于是把骑兵分成四队，面朝四个方向。汉军把他们包围起几层。项王对骑兵们说："我来给你们拿下一员汉将！"命令四面骑士驱马飞奔而下，约定冲到山的东边，分作三处集合。于是项王高声呼喊着冲了下去，汉军像草木随风倒伏一样溃败了，项王杀掉了一名汉将。这时，赤泉侯杨喜为汉军骑将，在后面追赶项王，项王瞪大眼睛呵叱他，赤泉侯连人带马都吓坏了，倒退了好几里。项王与他的骑兵在三处会合了。汉军不知项王的去向，就把部队分为三路，再次包围上来。项王驱马冲了上去，又斩了一名汉军都尉，杀死有百八十人，聚拢骑兵，仅仅损失了两个人。项王问骑兵们道："怎么样？"骑兵们都敬服地说："正像大王说的那样。"

于是项王乃欲东渡乌江。乌江亭长檥船待，谓项王曰："江东虽小，地方千里，众数十万人，亦足王也。愿大王急渡。今独臣有船，汉军至，无以渡。"项王笑曰："天之亡我，我何渡为！且籍与江东子弟八千人，渡江而西，今无一人还，纵江东父兄，怜而王我，我何面目见之？纵彼不言，籍独不愧于心乎？"乃谓亭长曰："吾知公长者。吾骑此马五岁，所当无敌，尝一日行千里，不忍杀之，以赐公。"乃令骑皆下马步行，持短兵接战。独籍所杀汉军数百人。项王身亦被十余创。顾见汉骑司马吕马童曰："若非吾故人乎？"马童面之，指王翳曰："此项王也。"项王乃曰："吾闻汉购我头千金，邑万户，吾为若德。"乃自刎而死。

【译文】这时候，项王想要向东渡过乌江。乌江亭长正停船靠岸等在那里，对项王说："江东虽然小，但土地纵横各有一千里，民众有几十万，也足够称王啦。希望大王快快渡江。现在只有我这儿有船，汉军到了，没法渡过去。"项王笑了笑说："上天要灭亡我，我还渡乌江干什么！再说我和江东子弟八千人渡江西征，如今没有一个人回来，纵使江东父老兄弟怜爱我让我做王，我又有什么脸面去见他们？纵使他们不说什么，我项籍难道心中没有愧吗？"于是对亭长说："我知道您是位忠厚长者，我骑着这匹马征战了五年，所向无敌，曾经日行千里，我不忍心杀掉它，把它送给您吧。"命令骑兵都下马步行，手持短兵器与追兵交战。光项籍一个人就杀掉汉军几百人。项王身上也有十几处负伤。项王回头看见汉军骑司马吕马童，说："你不是我的老相识吗？"马童这时才跟项王打了个对脸儿，于是指给王翳说："这就是项王。"项王说："我听说汉王用黄金千斤，封邑万户悬赏征求我的脑袋，我就把这份好处送你吧！"说完，自刎而死。

十二诸侯年表序

太史公读《春秋历谱谍》，至周厉王，未尝不废书而叹也。曰：鸣呼，师挚见之矣！纣为象箸而箕子唏。周道缺，诗人本之衽席，《关雎》作。仁义陵迟，《鹿鸣》刺焉。及至厉王，以恶闻其过，公卿惧诛而祸作，厉王遂奔于彘，乱自京师始，而共和行政焉。是后或力政，彊乘弱，兴师不请天子。然挟王室之义，以讨伐为会盟主，政由五伯，诸侯恣行，淫侈不轨，贼臣篡子滋起矣。齐、晋、秦、楚，其在成周微甚，封或百里，或五十里。晋阻三河，齐负东海，楚介江淮，秦因雍州之固，四国迭兴，更为伯主，文武所褒大封，皆威而服焉。是以孔子明王道，干七十余君，莫能用，故西观周室，论史记旧闻，兴于鲁而次《春秋》，上记隐，下至哀之获麟，约其辞文，去其烦重，以制义法，王道备，人事浃。七十子之徒口受其传指，为有所刺讥褒讳挹损之文辞不可以书见也。鲁君子左邱明惧弟子人人异端，各安其意，失其真，故因孔子史记具论其语，成《左氏春秋》。铎椒为楚威王传，为王不能尽观《春秋》，采取成败，卒四十章，为《铎氏微》。赵孝成王时，其相虞卿上采《春秋》，下观近势，亦著八篇，为《虞氏春秋》。吕不韦者，秦庄襄王相，亦上观尚古，删拾《春秋》，集六国时事，以为八览、六论、十二纪，为《吕氏春秋》。及如荀卿、孟子、公孙固、韩非之徒，各往往捃摭《春秋》之文以著书，不同胜纪。汉相张苍历谱五德，上大夫董仲舒，推《春秋》义，颇著文焉。 太史公曰：儒者断其义，驰说者骋其辞，不务综其终始；历人取其年月，数家隆于神运，谱牒独记世谥，其辞略，欲一观诸要难。於是谱十二诸侯，自共和讫孔子，表见《春秋》、《国语》学者所讥盛衰大指著于篇，为成学治古文者要删焉。

【译文】太史公读《春秋历谱谍》这部文献，到记述周厉王事迹的地方，未尝不是放下书本大加叹息的。说：哎呀，鲁国太师名叫挚的有很高明的见解啊！商纣王用象牙做了筷子就使得箕子哀叹。周朝治国的大道废缺，作诗的人根据床席间的情事借作比喻，《关雎》这一篇就产生了。道德仁义逐渐衰败，《鹿鸣》这一篇就写出来进行讥刺。到了厉王的时候，因为讨厌听到百姓议论自己的过错，出现了公卿害怕诛杀而起来包围王宫的祸乱，厉王就奔亡到了彘地。祸乱从京师开始发生，就产生了共和行政的局面。从这以后有的人就崇尚武力征伐，强国欺凌弱国，兴动军队不再请求天子的旨令。然而却挟持朝廷的名义，用讨伐的手段使自己成为诸侯们会盟的主宰，政治形势先后由五位诸侯首领控制，诸侯们恣意妄行．淫逸奢侈行为不轨，贼乱和篡逆的臣下频繁地出现了。齐国、晋国、秦国、楚国，他们在成周的时候地位非常卑微，封地有的只有一百里，有的只有五十里。晋国倚仗着三河地区的形胜，齐国背靠着东海的优势，楚国依赖长江、淮河的隔阻，秦国借着有雍州地区的四方固塞，在天下相替兴起，更替着成了霸主，文王、武王时候所褒奖的大的封国，都因为害怕他们的威严而表示了臣服。因此孔子阐明王道政治，求取七十多位国君，没有谁能任用他。所以他往西方去考察周家王室，论列历史的记录和旧日的闻见，选用鲁国的史事作记事基础而序次编成《春秋》，记述上起隐公，下限到达哀公获得白麟的那一年，简约史籍中的辞藻文字，除去其中的繁杂重复，用来制定一种义理法则，使它包含的王道完备，表述的人事通彻。七十多位弟子们只能通过口传接受其中解释经义的深旨，这是因为有些讥刺忌讳批评贬损的文辞不能够写在书面上显现出来。鲁国的君子左丘明害怕弟子们人人有异端态度，各人安习于自己的意见，失却孔子原意的本真，所以根据孔子的历史记述详细地论述它的语意，写成了《左氏春秋》。铎椒做了楚威王的老师，因为威王不能够完全了解《春秋》的旨意，采取其中有关政治成败的内容，结果写出了四十章，成了《铎氏微》。赵孝成王的时候，他的辅相虞卿在上采取《春秋》记述的史事，在下观察近世的情势，也著述了八篇，写成了《虞氏春秋》。吕不韦，是秦庄襄王的辅相，也是在观察上古的变化。删削拾取《春秋》的内容．集中六国时候的世事，因而撰述出八览、六论、十二纪这些篇章，写成了《吕氏春秋》。以及像荀卿、孟子、公孙固、韩非等这一批人，各自常常是搜集《春秋》的文义内容来著书立说，多得都记不过来。汉代丞相张苍用历谱的形式写成《终始五德传》，上大夫董仲舒推阐《春秋》的隐义，很著述了一些文篇。

太史公说：儒家的学者断章取义，纵横驰说的学者骋辩他们的言辞，不致力于综合考察事情的终始；研究历法的人只注意集取世事的年月。阴阳术数家特别关注于神运，撰述谱谍的只单独记载世系谥号，他们写出的文辞都很简略，想总体地观察一下各方面的要领就非常难。于是谱列十二个诸侯国的大事，从共和元年起到孔子去世（还包括以后的两年），用表列的形式把研究《春秋》《国语》的学者们所探究的政治盛衰的要旨著述在篇中，替那些想成就学问而研习古文的人删取其要。

六国年表序

太史公读《秦记》，至犬戎败幽王，周东徙洛邑，秦襄公始封为诸侯，作西畤用事上帝，僭端见矣。礼曰：“天子祭天地，诸侯祭其域内名山大川。”今秦杂戎翟之俗，先暴戾，后仁义，位在藩臣，而胪于郊祀，君子惧焉。及文公踰陇，攘夷狄，尊陈宝，营岐雍之间，而穆公修政，东竟至河，则与齐桓、晋文中国侯伯侔矣。是后陪臣执政，大夫世禄，六卿擅晋权，征伐会盟，威重于诸侯。及田常杀简公而相齐国，诸侯晏然弗讨，海内争于战功矣。三国终之卒分晋，田和亦灭齐而有之，六国之盛自此始。务在彊兵并敌，谋诈用而从衡短长之说起。矫称蜂出，誓盟不信，虽置质剖符，犹不能约束也。秦始，小国僻远，诸夏宾之，比于戎翟，至献公之后，常雄诸侯。论秦之德义，不如鲁卫之暴戾者，量秦之兵不如三晋之彊也，然卒并天下，非必险固便，形势利也，盖若天所助焉。或曰“东方物所始生，西方物之成熟”。夫作事者必于东南，收功实者常于西北。故禹兴于西羌，汤起于亳，周之王也以丰镐伐殷，秦之帝用雍州兴，汉之兴自蜀汉。

【译文】太史公研读《秦记》，看到上面记载犬戎部族击败杀死周幽王，周王室往东迁都到洛邑，秦襄公开始被封为诸侯，就建造西畤来事奉天帝，这表明秦国越位犯上的苗头已经显现出来了。《礼经》上说：“天子才有权祭祀天地，诸侯只能祭祀本国封区内的名山大川。”当时秦国夹杂着西戎北狄的民风习俗，把凶暴乖戾摆在前面，将仁德道义放在后头，地位处在捍卫王室的臣属行列，却在祭祀规格上同天子平起平坐，君子对此感到后怕。到秦文公越过陇山，驱逐戎狄，祭祀陈宝，开发了岐山到雍地这片地区，而秦穆公修明政治，把东部国境扩展到黄河西岸，就与齐桓公、晋文公这些中原霸主势均力敌了。此后，家臣执掌国政，大夫世代保持政治地位，六卿独揽晋国的大权，无论征伐还是会盟，威势都在诸侯之上。到田常杀掉齐简公而自任齐相，诸侯却无动于衷不予讨伐，这标志着海内已经围绕怎样保持本国的军事实力来争斗了。韩赵魏终于到最后瓜分晋国，田和也吞灭姜齐据为己有，六国并立的局面由此开始了。首要之务在于壮大军事力量，兼并对方，因而权谋诈术得到普遍应用，合纵连横的学说也相继兴起。各种谎言骗局蜂拥而出，誓词盟约毫无诚意，即使互派人质，剖符为凭，还不能相互约束。秦国起初只是一个偏远小国，中原各国都排斥它，把它比作戎狄。但从献公以后，一直在诸侯中称雄。论起秦国的德义，还不如鲁卫两国中那些凶暴乖戾的人；计量秦国的兵力，也不如三晋强大，但最后却吞并天下，这不一定就是因为秦国凭据天险，攻守方便，地理形势非常有利，好像上天对它有所扶助似的。有一种说法认为：“东方是万物开始萌生的地方，西方是万物最后成熟的地方。”据此看来，开创事业的人必定出现在东南，获取胜利果实的人常常诞生在西北。所易大禹在西羌勃兴，成汤在亳地崛起，周人建立王朝是因为有丰镐作根据地去讨伐殷商，秦国完成帝业是由于有雍州当大本营才日益强大，汉朝兴盛是从巴蜀汉中开始的。

秦既得意，烧天下诗、书，诸侯史记尤甚，为其有所刺讥也。诗、书所以复见者，多藏人家，而史记独藏周室，以故灭。惜哉惜哉！独有《秦记》，又不载日月，其文略不具。然战国之权变，亦有可颇采者，何必上古。秦取天下多暴，然世异变，成功大。传曰“法后王”，何也？以其近己而俗变相类议卑而易行也。学者牵于所闻，见秦在帝位日浅，不察其终始，因举而笑之不敢道，此与以耳食无异。悲夫！余于是因《秦记》，踵《春秋》之后，起周元王，表六国时事，讫二世，凡二百七十年，著诸所闻兴坏之端。后有君子，以览观焉。

【译文】秦国已经统一天下，就焚烧《诗》《书》，而各国国史被烧得更厉害，因为书中有讽刺讥笑秦国的地方。《诗》《书》之所以重新流传于世，是因为收藏的人家很多，而各国国史专门收藏在周王室，因此一下子就全毁灭了。可惜呀！可惜呀！如今只有《秦纪》传下来，又不写明日月，内容简略也不完整。但是战国关于变通和应急的对策也有大量可以采用的，为什么非上古不可呢？秦国夺取天下暴行很多，但能随着时代的不同而相应调整对策，建树的功业非常巨大。传世的典籍强调说：“效法后王。”这是为什么呢？因为后王距离自己近，当代民俗的变化也和后王那个时期差不多，道理讲起来浅显明白，容易推行。一般的读书人局限于平常听到的那点东西，看见秦朝高居皇帝宝座的时间很短促，不考察它本身发展的全过程，就都耻笑它，这和用耳朵吃东西没有什么两样，真可悲呀！我于是根据《秦纪》，接在《春秋》后面，上起周元王，列表编排六国发生的大小事件，下至秦二世，总共二百七十年，借此显示出我所闻知的各种兴盛衰败的头绪来。后世若有君子，请来阅读它。

河渠书

《夏书》曰：禹抑鸿水十三年，过家不入门。陆行载车，水行载舟，泥行蹈毳，山行即桥。以别九州，随山浚川，任土作贡。通九道，陂九泽，度九山。然河菑衍溢，害中国也尤甚。唯是为务，故道河自积石历龙门，南到华阴，东下砥柱，及孟津、雒汭，至于大邳。于是禹以为河所从来者高，水湍悍，难以行平地，数为败，乃厮二渠以引其河。北载之高地，过降水，至于大陆，播为九河，同为逆河，入于勃海。九川既疏，九泽既灑，诸夏艾安，功施于三代。

【译文】《夏书》记载：禹治理洪水经历了十三年，其间路过家门口也不回家看望亲人。行陆路时乘车，水路乘船，泥路乘橇，山路坐轿，走遍了所有地方。从而划分了九州边界，随山势地形，疏浚了淤积的大河川，根据土地物产确定了赋税等级。使九州道路通畅，筑起了九州的泽岸，度量了九州山势。然而还有黄河泛滥成灾，给中国造成很大危害。于是集中力量治理黄河，引导河水自积石山经过龙门，南行到华阴县，东下经砥柱山和孟津、雒汭，到达大邳山。禹以为大邳以上黄河流经的地区地势高，水流湍急，难以在大邳以东的平地经过，否则会时常败堤破岸，造成水灾，于是将黄河分流成二条河以减小水势，并引水北行，从地势较高的冀州地区流过，经降水，到大陆泽，以下开九条大河，共同迎受黄河之水，流入勃海。九州河川都已疏通，九州大泽都筑了障水堤岸，华夏诸国得到治理而安定，其功绩使夏、商、周三代受益不绝。

自是之后，荥阳下，引河东南为鸿沟，以通宋、郑、陈、蔡、曹、卫，与济、汝、淮、泗会。于楚，西方则通渠汉水、云梦之野，东方则通鸿沟江淮之间。于吴，则通渠三江、五湖。于齐，则通菑济之间。于蜀，蜀守冰凿离碓，辟沫水之害；穿二江成都之中。此渠皆可行舟，有余则用溉浸，百姓飨其利。至于所过，往往引其水益用，溉田畴之渠，以万亿计，然莫足数也。

西门豹引漳水溉邺，以富魏之河内。

而韩闻秦之好兴事，欲罢之，毋令东伐，及使水工郑国间说秦，令凿泾水，自中山西邸瓠口为渠，并北山，东注洛三百余里，欲以溉田。中作而觉，秦欲杀郑国。郑国曰："始臣为间，然渠成，亦秦之利也。"秦以为然，卒使就渠。渠就，用注填阏之水，溉泽卤之地四万余顷，收皆亩一钟。于是关中为沃野，无凶年，秦以富强，卒并诸侯，因命曰郑国渠。

【译文】后人又自荥阳以下引河水东南流，成为鸿沟，把宋、郑、陈、蔡、曹、卫各国连结起来，分别与济、汝、淮、泗诸水系交会。在楚地，西方在汉水和云梦泽之间修渠连通，东方则在江淮之间用沟渠相连。在吴地于三江、五湖间开凿河渠。在齐则于菑、济二水间修渠。在蜀，有蜀守李冰凿开离堆，以避沫水造成的水灾；又在成都一带开凿二条江水支流。这些河渠水深都能行舟，有余就用来灌溉农田，百姓获利不小。至于渠水所过地区，人们往往又开凿一些支渠引渠水灌田，数目之多不下千千万万，但工程小，不足数计。

西门豹引漳水灌溉邺郡的农田，使魏国的河内地区富裕起来。

韩国听说秦国好兴办工役等新奇事，想以此消耗它的国力，使它无力对山东诸国用兵，于是命水利工匠郑国找机会游说秦国，要它凿穿泾水，从中山（今陕西泾阳县北）以西到瓠口，修一条水渠，出北山向东流入洛水长三百余里，欲用来灌溉农田。渠未成，郑国的目的被发觉，秦国要杀他，郑国说："臣开始是为韩国做奸细而来，但渠成以后确实对秦国有利。"秦国以为他说得对，最后命他继续把渠修成。渠成后，引淤积混浊的泾河水灌溉两岸低洼的盐碱地四万多顷，亩产都达到了六石四斗。从此关中沃野千里，再没有饥荒年成，秦国富强起来，最后并吞了诸侯各国，因把此渠命名为郑国渠。

汉兴三十九年，孝文时，河决酸枣，东溃金堤，于是东郡大兴卒塞之。其后四十有余年，今天子元光之中，而河决于瓠子，东南注钜野，通于淮、泗。于是天子使汲黯、郑当时兴人徒塞之，辄复坏。是时武安侯田蚡为丞相，其奉邑食鄃。鄃居河北，河决而南，则鄃无水菑，邑收多。蚡言于上曰："江河之决皆天事，未易以人力为强塞，塞之未必应天。"而望气用数者亦以为然。于是天子久之不事复塞也。

是时郑当时为大农，言曰："异时关东漕粟，从渭中上，度六月而罢，而漕水道九百余里，时有难处。引渭穿渠，起长安，并南山下，至河，三百余里，径，易漕，度可令三月罢；而渠下民田万余顷，又可得以溉田。此损漕省卒，而益肥关中之地，得谷。"天子以为然，令齐人水工徐伯表，悉发卒数万人穿漕渠，三岁而通。通以漕，大便利。其后漕稍多，而渠下之民，颇得以溉田矣。

【译文】汉朝建立后三十九年，到孝文帝时黄河堤决于酸枣县，向东冲溃金堤，于是东郡动员了许多兵卒堵塞决口。此后过了四十多年，到本朝天子元光年间，黄河在瓠子决口，向东南流入巨野泽，将淮河、泗水连成一片。于是天子命汲黯、郑当时调发人夫、罪徒堵塞决口，往往堵塞以后又被冲坏。那时朝中的丞相是武安侯田蚡，他的奉邑是鄃县，以鄃县租税为食。而鄃县在黄河以北，黄河决口水向南流，鄃县没有水灾，收成很好。所以田蚡对皇帝说："江河决口都是上天的事，不易用人力强加堵塞，即便将决口堵塞了，也未必符合天意。"此外望云气和以术数占卜的人也都这样说。因此天子很长时间没有提堵塞决口的事。

那时郑当时任大司农职，说道："往常从关东漕运的粮食是沿渭水逆流而上，运到长安估计要用六个月，水路全程九百多里，途中还有许多难行的地方。若从长安开一条渠引渭水，沿南山而下，直到黄河才三百多里，是一条直道，容易行船，估计可使漕船三个月运到；而且沿渠农田一万多顷得到灌溉。这样既能减少漕省运粮的兵卒，节省开支，又能使关中农田更加肥沃，多打粮食。"天子认为说得对，命来自齐地的水利工匠徐伯表测地势，确定河道走向，动员全部兵卒数万人开凿漕渠，历时三年完工，通水后，用来漕运，果然十分便利。此后漕渠渐渐多起来，渠下的老百姓都颇能得到以水溉田的利益。

其后河东守番系言："漕从山东西，岁百余万石，更砥柱之限，败亡甚多，而亦烦费。穿渠引汾，溉皮氏、汾阴下，引河溉汾阴、蒲坂下，度可得五千顷。五千顷故尽河壖弃地，民茭牧其中耳，今溉田之，度可得谷二百万石以上。谷从渭上，与关中无异，而砥柱之东，可无复漕。"天子以为然，发卒数万人作渠田。数岁，河移徙，渠不利，则田者不能偿种。久之河东渠田废，予越人令少府以为稍入。

其后人有上书欲通褒斜道及漕，事下御史大夫张汤。汤阿其事，因言："抵蜀从故道，故道多阪，回远。今穿褒斜，道少阪，近四百里；而褒水通沔，斜水通渭，皆可以行船漕。漕从南阳上沔入褒，褒之绝水至斜，间百余里，以车转，从斜下下渭。如此，汉中之谷可致，山东从沔无限，便于砥柱之漕。且褒斜材木竹箭之饶，拟于巴蜀。"天子以为然，拜汤子卬为汉中守，发数万人作褒斜道五百余里。道果便近，而水湍石，不可漕。

【译文】后来河东守番系说："从山东漕运粮米西行入关，每年一百多万石，中间经过砥柱这个行船的禁限地区，有许多漕船船坏人亡，而且运费也太大。若穿渠引汾水灌溉皮氏、汾阴一带的土地，引黄河水灌溉汾阴、蒲坂一带的土地，估计可以造田五千顷。这五千顷田原来都是河边被遗弃的荒地，老百姓只在其中打草放牧，如今加以灌溉耕种，估计可得粮食二百万石以上。这些粮食沿渭水运入长安，与直接从关中收获的没有两样，而不再从砥柱以东漕粮入关。"天子同意他的意见，动员兵卒数万人造渠田。几年以后，黄河改道，渠无水，种渠田的连政府贷给的种子也难以偿还。久而久之，河东渠田完全报废，朝廷把它分给从越地内迁的百姓耕种，使少府能从中得到一点微薄的租赋收入。

以后有人上书，是为了想打通褒斜道以及漕运的事，天子交给御史大夫张汤，张汤详细了解后，说道："从汉中入蜀向来走故道，故道有许多山坂大坡，曲折路远。今若凿穿褒斜道，山坂坡路少，比故道近四百里的路程；而且褒水与沔水相通，斜水与渭水相通，都能通行漕船。漕船从南阳沿沔水上行驶入褒水，从褒水登陆到斜水旱路一百多里，以车转运，再下船顺斜水下行驶入渭水。这样不但汉中的粮食可以运来，山东的粮食从沔水而上没有禁限，比经砥柱漕运方便。而且褒斜地区的木材箭竹，其富饶可以与巴蜀相比拟。"天子认为有道理，封张汤的儿子卬为汉中郡太守，调发数万人开出一条长五百多里的褒斜道。果然方便而且路程近，但是水流湍急多石，不能通漕。

其后庄熊罴言："临晋民愿穿洛，以溉重泉以东万余顷故卤地。诚得水，可令亩十石。"于是为发卒万余人穿渠，自徵引洛水至商颜下。岸善崩，乃凿井，深者四十余丈。往往为井，井下相通行水。水颓以绝商颜，东至山岭十余里间。井渠之生自此始。穿渠得龙骨，故名曰龙首渠。作之十余岁，渠颇通，犹未得其饶。

自河决瓠子后二十余岁，岁因以数不登，而梁楚之地尤甚。天子既封禅，巡祭山川，其明年旱，干封少雨。天子乃使汲仁、郭昌发卒数万人塞瓠子决。于是天子已用事万里沙，则还，自临决河，沈白马玉璧于河，令群臣从官自将军已下，皆负薪窴决河。是时东流郡烧草，以故薪柴少，而下淇园之竹以为楗。

【译文】此后庄熊罴说："临晋地区的老百姓愿意凿穿洛水筑成水渠，用来灌溉重泉以东原有的一万多顷盐碱地。倘若果然能得水灌溉，可使每亩产量达到十石。”于是调发兵卒一万多人开渠，自徵城引洛水到商颜山下。由于土岸容易塌方，于是沿流凿井，最深有的达到四十多丈。许多地方都凿了井，井下相互连通，使水通行。水从地下穿商颜山而过，东行直到山岭之中十多里远。从此产生了井渠。凿渠时曾掘出了龙骨，所以给此渠命名为龙首渠。这条渠筑了十多年，颇有些地方通了水，但是并未得到太大的好处。

自从黄河在瓠子决口后二十多年，每年土地都因水涝没有好收成，梁楚地区更为严重。天子既已封禅，并巡祭了天下名山大川，第二年，天由于要晒干泰山封土而少雨。于是命汲仁、郭昌调发兵卒数万人堵塞瓠子决口，阻止水涝，天子从万里沙祠祷神以后，回来的路上亲临黄河决口处，沉白马、玉璧于河中祭奠河神，命群臣及随从官员自将军衔以下，都背负柴薪，填塞决口。当时东郡百姓以草为炊，柴薪很少，因而命砍伐淇园的竹子作为塞决口的楗。

天子既临河决，悼功之不成，乃作歌曰：“瓠子决兮将奈何？皓皓旰旰兮闾殚为河！殚为河兮地不得宁，功无已时兮吾山平。吾山平兮钜野溢，鱼沸郁兮柏冬日。延道弛兮离常流，蛟龙骋兮方远游。归旧川兮神哉沛，不封禅兮安知外！为我谓河伯兮何不仁，泛滥不止兮愁吾人？齧桑浮兮淮、泗满，久不反兮水维缓。”一曰：“河汤汤兮激潺湲，北渡污兮浚流难。搴长茭兮沈美玉，河伯许兮薪不属。薪不属兮卫人罪，烧萧条兮噫乎何以御水！颓林竹兮楗石菑，宣房塞兮万福来。”于是卒塞瓠子，筑宫其上，名曰宣房宫。而道河北行二渠，复禹旧迹，而梁楚之地复宁，无水灾。自是之后，用事者争言水利。朔方、西河、河西、酒泉，皆引河及川谷以溉田；而关中辅渠、灵轵引堵水；汝南、九江引淮；东海引钜定；泰山下引汶水。皆穿渠为溉田，各万余顷。佗小渠披山通道者，不可胜言。然其著者在宣房。

【译文】天子既然亲临决河处，悼念塞河不能成功，作歌道：“瓠子河决啊有何办法，浩浩汗汗啊民居已尽为河。尽为河啊地方不安，河工无休止啊吾山已经凿平。吾山已平啊钜野泽外流，水族喧嚷啊迫天齐日。河道废弛啊水离常流，蛟龙驰骋啊正远游。水归旧道啊神福滂沛，若不封禅啊怎知此事！为我告河伯啊因何不仁，泛滥不止啊愁煞人。河浸齧桑啊淮、泗水满，久不归故道啊唯愿水流稍缓。”另一首是：“河水汤汤啊流急，北渡回曲啊疏浚难。揭草埽于决口啊沉美玉于河，河伯纵许息水啊奈薪柴不足。薪柴不足啊卫人获罪，民烧柴尚不足啊如何御水！伐淇园之竹啊楗阻石柱，堵塞宣房啊万福来。”于是塞住了瓠子决河，在决口处筑了一座宫殿，取名为宣房宫。并修二条渠引河水北行，恢复了禹时的样子，梁、楚地区重又得到安宁，没有水灾了。从此以后，负责河渠事的官员争相建议修筑水利。朔方、西河、河西、酒泉等地都引黄河以及川谷中的水灌溉农田；而关中的辅渠、灵轵渠引诸川中的水；汝南、九江地区引淮河水；东海郡引钜定泽水；泰山周围地区引汶水。各自所开渠都能灌溉农田万余顷。其他小渠以及劈山通水道的，不可尽言。但工程最大的还是宣房治河的工程。

太史公曰：余南登庐山，观禹疏九江，遂至于会稽太湟，上姑苏，望五湖；东窥洛汭、大邳，迎河，行淮、泗、济、漯、洛渠；西瞻蜀之岷山及离碓；北自龙门至于朔方。曰：甚哉，水之为利害也！余从负薪塞宣房，悲《瓠子》之诗而作《河渠书》。

【译文】太史公说："我曾南行登上庐山，观看禹疏导九江的遗迹，随后到会稽太湟，上姑苏台，眺望五湖；东行考察了洛汭、大邳，逆河而上，走过淮、泗、济、漯、洛诸水；西行瞻望了西蜀地区的岷山和离堆；北行自龙门走到朔方。深切感到：水与人的利害关系太大了！我随从皇帝参加了负薪塞宣房决口那件事，为皇帝所作《瓠子》诗感到悲伤，因而写下了《河渠书》。

平准书

汉兴，接秦之弊，丈夫从军旅，老弱转粮饷，作业剧而财匮，自天子不能具钧驷，而将相或乘牛车，齐民无藏盖。于是为秦钱重难用，更令民铸钱，一黄金一斤，约法省禁。而不轨逐利之民，蓄积余业，以稽市物，物踊腾粜，米至石万钱，马一匹则百金。天下已平，高祖乃令贾人不得衣丝乘车，重租税以困辱之。孝惠、高后时，为天下初定，复弛商贾之律，然市井之子孙，亦不得仕宦为吏。量吏禄，度官用，以赋于民。而山川园池市井租税之入，自天子以至于封君汤沐邑，皆各为私奉养焉，不领于天下之经费。漕转山东粟，以给中都官，岁不过数十万石。

【译文】汉朝兴起后，承继的是秦朝的破败局面，壮年男子参加军队，老弱运送粮饷，事务繁剧而又财政匮乏，自天子以下备不齐一辆四匹同样颜色马拉的车子，大将丞相有的乘坐牛车，老百姓家无余粒。于是因秦钱太重不便流通，命老百姓另铸荚钱，规定一金为黄金一斤重，简化法令，省约禁条。而那些不守法令、惟利是图的商人囤积居奇以操纵物价，以致物价飞涨，粮价腾踊，米价涨到每石一万钱，马一匹价值百金。天下平定后，高祖便下命令，商人不许穿丝绸，不许乘车行路，加重征收他们的租税，使他们经济遭困境，人格受侮辱。孝惠帝、高后时期，因为天下初得安定，重又放宽对商人的法律，然而商人子孙仍不许当官作吏，国家计算官吏俸禄和其他用度，向百姓按需收税。而山林、河川、园囿、陂地、市场的租税收入，以及自天子以下至于大小封君汤沐邑的收入，都作为各主管官员的私人费用，不从国家经费中支出。所以从山东漕运粮食，以供给京都中的官员，每年不过数十万石。

至孝文时，荚钱益多，轻，乃更铸四铢钱，其文为“半两”，令民纵得自铸钱。故吴，诸侯也，以即山铸钱，富埒天子，其后卒以叛逆。邓通，大夫也，以铸钱财过王者。故吴、邓氏钱布天下，而铸钱之禁生焉。匈奴数侵盗北边，屯戍者多，边粟不足给食当食者。于是募民能输及转粟于边者拜爵，爵得至大庶长。孝景时，上郡以西旱，亦复修卖爵令，而贱其价以招民；及徒复作，得输粟县官以除罪。益造苑马以广用，而宫室列观舆马益增修矣。

至今上即位数岁，汉兴七十余年之间，国家无事，非遇水旱之灾，民则人给家足，都鄙廪庾皆满，而府库余货财。京师之钱累巨万，贯朽而不可校。太仓之粟，陈陈相因，充溢露积于外，至腐败不可食。众庶街巷有马，阡陌之间成群，而乘字牝者，傧而不得聚会。守闾阎者食粱肉，为吏者长子孙，居官者以为姓号。故人人自爱而重犯法，先行义而后绌耻辱焉。当是之时，网疏而民富，役财骄溢，或至兼并豪党之徒，以武断于乡曲。宗室有土公卿大夫以下，争于奢侈，室庐舆服僭于上，无限度。物盛而衰，固其变也。

【译文】到孝文帝时，荚钱越来越多，而且轻，于是另铸四株钱，钱文是“半两”，命百姓可以随意自铸钱。所以吴是个诸侯国，但它依铜山铸钱，富可与天子相比拟，后来终于成了叛逆。邓通是个大夫，因自铸钱，财产超过了诸侯王。所以吴、邓氏钱遍布天下，导致了禁止私铸钱命令的产生。匈奴常常侵挠北部边境，在那里屯驻很多戍守的士兵，边境屯粮不足供给。于是招募百姓能纳粮给官府或者运送粮食到边地的封拜爵位，最高的可至大庶长。孝景帝时，上郡以西发生旱灾，又重新修定了卖爵令，降低价格以招徕百姓；遇赦的罪徒犯重罪罚为官作的，能向官府缴纳粮食以免除罪过。更大造苑囿多养厩马以扩大用度，而宫殿、列观、车马等也大量增修起来。

汉武帝即位不几年，那时自汉朝建国七十多年之间，国家无大事，除非遇到水旱灾害，老百姓家给人足，天下粮食堆得满满的，少府仓库还有许多布帛等货材。京城积聚的钱币千千万万，以致穿钱的绳子朽烂了，无法计数。太仓中的粮食大囤小囤如兵阵相连，有的露积在外，以至腐烂不能食用。普通街巷中的百姓也有马匹，田野中的马匹更是成群，以至乘年轻母马的人受排斥不许参加聚会。居住里巷的普通人也吃膏粱肥肉，为吏胥的老死不改任，做官的以官为姓氏名号。因此人人知道自爱，把犯法看得很重，崇尚行义，厌弃做耻辱的事。那时候，法网宽疏而百姓富实，因而产生了利用财物作骄奢不法事的人，兼并土地的人家以及土豪巨党，以威势武力横行于乡里。宗室有封地的以至公卿大夫以下，争相奢侈，房屋车服超过了自身等级，没有限度。物盛则衰，本来是事物应有的变化。

自是之后，严助、朱买臣等，招来东瓯，事两越，江淮之间，萧然烦费矣。唐蒙、司马相如开路西南夷，凿山通道千余里，以广巴蜀，巴蜀之民罢焉。彭吴贾灭朝鲜，置沧海之郡，则燕齐之间，靡然发动。及王恢设谋马邑，匈奴绝和亲，侵扰北边，兵连而不解，天下苦其劳，而干戈日滋。行者赍，居者送，中外骚扰而相奉，百姓抏弊以巧法，财赂衰秏而不赡。入物者补官，出货者除罪，选举陵迟，廉耻相冒，武力进用，法严令具。兴利之臣，自此始也。

其后，汉将岁以数万骑出击胡，及车骑将军卫青取匈奴河南地，筑朔方。当是时，汉通西南夷道，作者数万人，千里负担馈粮，率十余钟致一石，散币于邛僰以集之。数岁道不通，蛮夷因以数攻，吏发兵诛之。悉巴蜀租赋，不足以更之，乃募豪民田南夷，入粟县官，而内受钱于都内。东至沧海之郡，人徒之费。拟于南夷。又兴十万余人筑卫朔方，转漕甚辽远，自山东咸被其劳，费数十百巨万，府库益虚。乃募民能入奴婢得以终身复，为郎增秩，乃入羊为郎，始于此。

其后四年，而汉遣大将，将六将军，军十余万，击右贤王，获首虏万五千级。明年，大将军将六将军，仍再出击胡，得首虏万九千级。捕斩首虏之士受赐黄金二十余万斤，虏数万人皆得厚赏，衣食仰给县官，而汉军之士马死者十余万，兵甲之财转漕之费不与焉。于是大农陈藏钱经秏，赋税既竭，犹不足以奉战士。有司言："天子曰'朕闻五帝之教不相复而治，禹汤之法不同道而王，所由殊路，而建德一也。北边未安，朕甚悼之。日者，大将军攻匈奴，斩首虏万九千级，留蹛无所食。议令民得买爵，及赎禁锢免减罪'。请置赏官，命曰武功爵。级十七万，凡值三十余万金。诸买武功爵，官首者试补吏，先除；千夫如五大夫；其有罪，又减两等；爵得至乐卿，以显军功。"军功多用越等，大者封侯卿大夫，小者郎吏。吏道杂而多端，则官职秏废。

【译文】从此以后，严助、朱卖臣等招徕东瓯，发生了对两越的战事，江淮之间费用浩大，从而变得萧条而烦乱。唐蒙、司马相如开通西南夷的道路，为此凿山劈岭，修路一千多里，以扩大巴蜀与外界的联系，巴蜀的百姓疲惫不堪了。彭吴开通入秽貊、朝鲜的道路，设置了沧海郡，燕齐之间如风靡草偃一般骚动起来。及至王恢在马邑设计谋袭击匈奴，匈奴与汉断绝和亲关系，不断侵扰北部边境，兵连祸结，无法和解，天下人为此烦劳，叫苦不迭，而战争还是日甚一日。行人为战事运载物资，居住的则忙于送行，内外扰嚷骚动，都为战争而忙碌，百姓舞弊钻法律的空隙，财物衰竭消耗而不足于用。缴纳财物的做官，出具货赂的除罪，选官制度被破坏，廉耻不分，有武力者被重用，法律严酷而命令繁琐，善于为国刮财谋利的官员从此产生了。

后来汉将每年以数万骑出击胡人，终至车骑将军卫青攻占匈奴河套以南的土地，修筑了朔方城。那时候，汉朝正在打通西南夷的道路，动用数万人，从千里之外肩扛担挑运送粮食，大约每十余钟运到的只有一石，将钱币散于邛、僰地区以招徕那里的人民。一连数年道路不通，那里的蛮夷人乘机屡次进攻，官吏发兵诛杀他们。以巴蜀地区的全部租税不足以维持这种局面，于是招募豪民在南夷地区种田，将收获的粮食卖给当地县官，而到京都内府支取粮款。向东开凿通向沧海郡的道路，人工的费用与南夷相仿佛。又调发十万多人修筑并守卫朔方郡，水陆运输的路程极为辽远，自山以东都承受了这个负担，花费数十万以至百万万，府库更加空虚。于是招募百姓能向政府缴纳奴婢的，得以终身免除租赋徭役，原是郎官的增加品级，以及纳羊者得郎官，就始于此时。

过了四年，汉派遣大将率领六位将军，十多万军队，出击匈奴右贤王，杀死及俘获共一万五千人。第二年，大将军率六将再次出击胡人，杀死及俘获一万九千人。赏赐给杀获敌人的将士黄金多达二十多万斤，投降的胡虏数万人也得到很厚的赏赐，衣服、食物全都仰仗县官供给。而汉军士、马匹死了十多万，兵器甲仗等物水陆运输的费用还都不计算在内。于是大农条陈说，倾尽库藏钱和赋税收入仍不足以供给战士的费用。负责人员道："天子说：'朕听说五帝的教命不相重复天下同样得到治理，禹和汤法律不同都是一代之王，走的路子不同，建立的功德则完全相同。北部边境未得安宁，朕深念于此。这些日子以来，大将军攻匈奴，斩首并俘获一万九千人，而富人屯积财物，贫者没有粮食吃。你们商量一下，命百姓出钱买爵并得以缴纳赎金减免禁锢等罪刑。'据此，请准于设置赏官，名为武功爵。每级价十七万，共值三十多万金。凡买武功爵到官首一级的，可通过测试补为吏，并优先除授；千夫一级与五大夫相当；有罪的降二等；武功爵最高可至乐卿。以此使军功显荣。"而实际军功爵有许多超过了这个等级，大者封侯或封卿大夫，小者为郎为吏。吏制杂乱多端，官员名位变轻，职任也荒废了。

自公孙弘以《春秋》之义绳臣下，取汉相，张汤用峻文决理，为廷尉，于是见知之法生，而废格沮诽穷治之狱用矣。其明年，淮南、衡山、江都王谋反迹见，而公卿寻端治之，竟其党与，而坐死者数万人，长吏益惨急，而法令明察。

当是之时，招尊方正贤良文学之士，或至公卿大夫。公孙弘以汉相，布被，食不重味，为天下先。然无益于俗，稍骛于功利矣。

其明年，骠骑仍再出击胡，获首四万。其秋，浑邪王率数万之众来降，于是汉发车二万乘迎之。既至，受赏，赐及有功之士。是岁费凡百余巨万。

【译文】自从公孙弘以《春秋》大义绳治官民，从而取得汉丞相的职位，张汤以峻文苛法断事当上了廷尉，于是产生了因"见知不举报"、"不遵天子之命"、"沮格、诽谤"等罪名，便穷治不休，以致入监入狱的事。第二年出现了淮南、衡山、江都王谋反的事，公卿寻根究底，审理此案，把他们的党羽一网打尽，获罪而死的达到数万人，从此官吏更加惨急，法令更加苛细了。

那时候，朝廷正在招揽、尊崇方正、贤良、文学等士人，有的升任为卿大夫。公孙弘以汉朝丞相的身份，盖布被，饭食也很简单，欲以此作天下人的榜样。但是对世人影响很小，从此便渐渐以功利为务了。

第二年，骠骑将军再次出击胡人，斩敌首四万级。当年秋天，匈奴浑邪王率领数万人投降，于是，汉朝廷调发二万辆车迎接。降人到京城后，受到赏赐，连同有功将士也一并受了赏。这一年花费达一百多万万钱。

初，先是往十余岁河决观，梁楚之地固已数困，而缘河之郡堤塞河，辄决坏，费不可胜计。其后番系欲省底柱之漕，穿汾、河渠以为溉田，作者数万人；郑当时为渭漕渠回远，凿直渠，自长安至华阴，作者数万人；朔方亦穿渠，作者数万人；各历二三期，功未就，费亦各巨万十数。

天子为伐胡，盛养马，马之来食长安者数万匹，卒牵掌者关中不足，乃调旁近郡。而胡降者皆衣食县官，县官不给，天子乃损膳，解乘舆驷，出御府禁藏以赡之。

其明年，山东被水灾，民多饥乏，于是天子遣使者虚郡国仓廥以振贫民。犹不足，又募豪富人相贷假。尚不能相救，乃徙贫民于关以西，及充朔方以南新秦中，七十余万口，衣食皆仰给县官。数岁，假予产业，使者分部护之，冠盖相望。其费以亿计，不可胜数。于是县官大空。

而富商大贾，或蹛财役贫，转毂百数，废居居邑，封君皆低首仰给。冶铸煮盐，财或累万金，而不佐国家之急，黎民重困。于是天子与公卿议，更钱造币以赡用，而摧浮淫并兼之徒。是时禁苑有白鹿，而少府多银锡。自孝文更造四铢钱，至是岁四十余年，从建元以来用少，县官往往即多铜山而铸钱，民亦间盗铸钱，不可胜数。钱益多而轻，物益少则贵。有司言曰："古者皮币，诸侯以聘享。金有三等，黄金为上，白金为中，赤金为下。今半两钱法重四铢，而奸或盗摩钱里取鋊，钱益轻薄而物贵，则远方用币烦费不省。"乃以白鹿皮方尺，缘以藻缋，为皮币，直四十万。王侯宗室，朝觐聘享，必以皮币荐璧，然后得行。

【译文】起初，于十数年前黄河决口于观县，梁楚地区原已数次遭困，而缘河诸郡筑堤塞河，每每重又堤坏河决，费用之多无法计算。此后番系欲节省砥柱漕运的费用，引汾水、黄河水为渠造渠田，开渠的达数万人；郑当时因渭水漕运曲折路远，自长安到华阴开凿一条直渠，有数万人施工，朔方郡也开凿水渠，数万人参加。各自都历时传两三年之久，功且未成，花费也都达到数十万万。

天子为讨伐胡人，大量养马，到长安就食的马多达数万匹，养马士卒关中不足，就从附近诸郡调发。而投降的胡人都靠县官供给衣食，县官财力不足，天子就减少膳食费用，解下自己乘车上的马匹，从私人仓库御府中拿出钱财养活他们。

第二年，山以东地区遭受水灾，老百姓大多陷于饥饿困乏之中，于是天子派遣使者，尽出郡国仓库中的物资赈济贫民。仍不够用，又招募豪富人家借贷予贫民，还是不能救灾民脱困境，就把贫民迁徙到关西，或充实到朔方郡以南的新秦中去，约七十余万人，衣食都靠县官供给。数年之间，借给他们产业，派使者分部保护他们，一批批的天子使者，冠盖相望，道路不绝。费用以亿计，多不可计算。于是县官财力告竭。

然而富商大贾有的蓄积财物，奴役贫民；前呼后拥，车乘百余辆；屯积居奇，封君对他们也都伏首低眉，仰仗他们供给物资。有的冶铸煮盐，家财积累到万金，而不帮助国家的急难，黎民百姓陷于重困之中。于是天子与公卿商议，另造钱币以足用，并打击摧折那些浮华荒淫的兼并之徒。那时皇帝苑囿中有白鹿，少府有许多银锡。自孝文帝另造四铢钱以来，已有四十多年，从建元年间以来，用度不足，县官往往在产铜多的山旁冶铜铸钱，百姓也乘机偷铸，数目很大。钱越来越多而且轻，货物越来越少而且贵。有关机构的官员说：“古时候有皮币，诸侯聘享时使用。金有三等，黄金是上等，白金为中等，赤金为下等。如今的半两钱法定重量是四铢，而奸盗人等摩钱里以取铜屑，钱更轻薄物价更贵，远方用钱很不方便。”于是以白鹿皮一尺见方，饰以绣文，制成皮币，值四十万钱，规定王侯宗室来朝觐聘享，玉璧都必须以皮币作衬垫进献，然后礼仪得行。

又造银锡为白金。以为天用莫如龙，地用莫如马，人用莫如龟，故白金三品：其一曰重八两，圜之，其文龙，名曰“白选”，直三千；二曰以重差小，方之，其文马，直五百；三曰复小，椭之，其文龟，直三百。令县官销半两钱，更铸三铢钱，文如其重。盗铸诸金钱，罪皆死，而吏民之盗铸白金者不可胜数。

于是以东郭咸阳、孔仅为大农丞，领盐铁事；桑弘羊以计算用事侍中。咸阳，齐之大煮盐，孔仅，南阳大冶，皆致生累千金，故郑当时进言之。弘羊，雒阳贾人子，以心计，年十三侍中。故三人言利事，析秋毫矣。法既益严，吏多废免。兵革数动，民多买复及五大夫，征发之士益鲜。于是除千夫五大夫为吏，不欲者出马；故吏皆（通）适令伐棘上林，作昆明池。其明年，大将军、骠骑大出击胡，得首虏八九万级，赏赐五十万金，汉军马死者十余万匹，转漕车甲之费不与焉。是时财匮，战士颇不得禄矣。

有司言，三铢钱轻，易奸诈，乃更请诸郡国铸五铢钱，周郭其下，令不可磨取鋊焉。

大农上盐铁丞孔仅、咸阳言：“山海，天地之藏也，皆宜属少府，陛下不私，以属大农佐赋。愿募民自给费，因官器作煮盐，官与牢盆。浮食奇民，欲擅管山海之货，以至富羡，役利细民。其沮事之议，不可胜听。敢私铸铁器煮盐者，钛左趾，没入其器物。郡不出铁者，置小铁官，便属在所县。”使孔仅、东郭咸阳乘传，举行天下盐铁，作官府，除故盐铁家富者为吏。吏道益杂不选，而多贾人矣。

【译文】又杂铸银锡制成白金，认为天所用最重要的是龙，地所用最重要的是马，人所用最重要的是龟，所以把白金分作三品，第一品重八两，圆形，花纹为龙，名为“白选”，值三千钱；第二品重量较小，方形，花纹是马，值五百钱；第三品又小一些，随圆形，花纹是龟，值三百钱。命令县官销毁半两钱，另铸三铢钱，钱文与重量相同。盗铸各种金钱的一律是死罪，但是盗铸白金的吏民仍是不可胜数。

于是任命东郭咸阳、孔仅为大农丞，兼领盐铁事；桑弘羊以计算被任命为侍中。咸阳，是齐地煮盐的大商人，孔仅是南阳地区冶铸业的首户，产业（致生之业）都积累到千金以上的规模，所以郑当时才向朝廷推荐他们。弘羊，是雒阳商人的儿子，因善于心算，十三岁就当了侍中。这三人讲求财利的事那真可说是精细入微，察见毫末了。

法律既然越来越严酷，官吏多因罪免官。加上不断打仗，百姓买爵以求免赋役，大多买到五大夫一级，官府可徵发的人越来越少了。于是除授有千夫、五大夫爵位的人为吏，不愿为吏的向官府交马匹求免；原来为吏的都免去职务，责令到上林苑砍伐荆棘，或去开凿昆明池。

第二年，大将军、骠骑将军大规模出兵与胡人作战，捕获斩杀敌人八九万，赏赐有功将士五十万金，汉军死于战场的马多达十余万匹，运输和制造兵车衣甲的费用还不计算在内。当时财政匮乏，战士有许多人得不到俸禄。

有关机构的人说三铢钱重量小，容易从中舞弊，于是请准于诸郡铸五株钱，将钱背面四周加厚为钱郭，使人无法磨取铜屑。大农奏上盐铁丞孔仅、东郭咸阳的话说：“山海是天地藏物的大仓库，都应该属于少府，陛下不为私有，命属于大农作为赋税的补充。请准于招募百姓自备经费，使用官府器具煮盐，官府供给牢盆。一些浮游无籍的人欲独占山海的利益，求取财富，奴役贫民取利。他们阻挠此事的议论，听不胜听。建议敢于私铸铁器、煮盐的，钛其左脚趾，没收其器物用具。不产铁的郡设置小铁官，隶属于所在县。”于是使孔仅、东郭咸阳乘着传舍的车子到各地去督促实行官办盐铁，建立官府，除授原来经营盐铁的富家为吏。吏制更加杂乱，不再行选举制，官吏中有许多是商人。

商贾以币之变，多积货逐利。于是公卿言：“郡国颇被灾害，贫民无产业者，募徙广饶之地。陛下损膳省用，出禁钱以振元元，宽贷赋，而民不齐出于南亩，商贾滋众。贫者畜积无有，皆仰县官。异时算轺车贾人缗钱皆有差，请算如故。诸贾人末作贳贷卖买，居邑稽诸物，及商以取利者，虽无市籍，各以其物自占，率缗钱二千而一算。诸作有租及铸，率缗钱四千一算。非吏比者，三老、北边骑士，轺车以一算；商贾人轺车二算；船五丈以上一算。匿不自占，占不悉，戍边一岁，没入缗钱。有能告者，以其半畀之。贾人有市籍者，及其家属，皆无得籍名田，以便农。敢犯令，没入田僮”。

【译文】商人因钱经常改变，就多积货物以追逐利润。于是公卿建议说：“郡国颇受灾害，贫民没有产业的，招募他们迁徙到地多而富饶的地方。陛下为此降低膳食等级、节省费用，拿出皇宫中的钱来赈济百姓，放宽借贷的利率和赋税等级，然而百姓仍不能都去田亩中耕作，商人数目不断增加。贫民没有积蓄，都仰赖县官供给衣食。以前轺车、商人所有的缗钱都要征收多少不等的算赋，请准许像往时一样出算赋。那些属于末作的商人凡赊贷买卖，屯积居奇，以及营商取利的人，即使没有市籍，也要各自按自己的货物，赀产认定应占的算赋等级，通常是缗钱二千为一算。诸种手工行业有租税以及冶铸业的人家，大抵四千缗为一算。不属于官吏的三老、北部边境的骑士，有轺车一辆为一算；商人有轺车一辆为二算；有船长五丈以上的为一算。有隐匿不自度赀产，或隐瞒部分赀产的，罚到边境戍守一年，没收赀产。有能告发的，给予被告发者赀产的一半。商人有市籍的，连同他的家属，都不许占有土地，以有利于农民。有敢违犯此令的，没收为他种田的田仆入官。”

天子乃思卜式之言，召拜式为中郎，爵左庶长，赐田十顷，布告天下，使明知之。

初，卜式者，河南人也，以田畜为事。亲死，式有少弟。弟壮，式脱身出分，独取畜羊百余，田宅财物尽予弟。式入山牧十余岁，羊致千余头，买田宅。而其弟尽破其业，式辄复分予弟者数矣。是时，汉方数使将击匈奴，卜式上书，愿输家之半县官，助边。天子使使问式：“欲官乎？”式曰：“臣少牧，不习仕宦，不愿也。”使问曰：“家岂有冤，欲言事乎？”式曰：“臣生与人无分争。式邑人贫者贷之，不善者教顺之，所居人皆从式，式何故见冤于人！无所欲言也。”使者曰：“苟如此，子何欲而然？”式曰：“天子诛匈奴，愚以为贤者宜死节于边，有财者宜输委，如此而匈奴可灭也。”使者具其言入以闻。天子以语丞相弘。弘曰：“此非人情。不轨之臣，不可以为化而乱法，愿陛下勿许。”于是上久不报式，数岁，乃罢式。式归，复田牧。岁余，会军数出，浑邪王等降，县官费重，仓府空。其明年，贫民大徙，皆仰给县官，无以尽赡。卜式持钱二十万，予河南守，以给徙民。河南上富人助贫人者籍，天子见卜式名，识之，曰“是固前而欲输其家半助边”，乃赐式外繇四百人。式又尽复予县官。是时富豪皆争匿财，唯式尤欲输之助费。天子于是以式终长者，故尊显以风百姓。

初，式不愿为郎。上曰：“吾有羊上林中，欲令子牧之。”式乃拜为郎，布衣屩而牧羊。岁余，羊肥息。上过见其羊，善之。式曰：“非独羊也，治民亦犹是也。以时起居；恶者辄斥去，毋令败群。”上以式为奇，拜为缑氏令，试之，缑氏便之。迁为成皋令，将漕最。上以为式朴忠，拜为齐王太傅。

而孔仅之使天下铸作器，三年中，拜为大农，列于九卿。而桑弘羊为大农丞，管诸会计事，稍稍置均输以通货物矣。始令吏得入谷补官，郎至六百石。

【译文】天子于是想起卜式的话，封他官为中郎，爵为左庶长，赐给农田十顷，还布告天下，使每个人都知道这件事。

卜式是河南人，以种田养畜为业。当初，父母去世后，留下一个年少的弟弟。等弟弟长大成人，就与他分了家，自己只要了百余只羊，其余田地、房屋等全都留给弟弟。从此卜式入山牧羊，经过十多年，羊繁育到一千多只，买了田地宅舍。他的弟弟却家业尽破，卜式每每再分给他一些。这时候汉朝廷正数次遣将出兵对匈奴作战，卜式上书说，愿意把一半家产交给官府作为边境作战费用。天子派使者问他："你是想做官吗？"卜式说："为臣自幼放牧，不熟习官场的事，不愿做官。"使者问："是家中有冤屈，有话要对天子说？"卜式道："臣生来与人无争，同邑人有贫穷的我就借贷给他，不善良的我就教导他，使他驯良，邻里人都愿听我的话，我怎会受人冤屈！没有要对天子说的话。"使者说："那么，你捐了这么多家产，究竟为了何事？"卜式道："天子要讨伐匈奴，我认为应该有力的出力，有钱的出钱，这样才能灭掉匈奴。"使者把他的话回报了天子。天子又转告公孙弘丞相。公孙弘说："这不合人情。不守法度的人，不可以作天下楷模以扰乱了法纪，原陛下不要再去理会他。"于是天子很久没给卜式答复，数年后，打发他离开京城。卜式回家后，依旧种田放牧。过了一年多，正赶上汉军屡次出征，浑邪王等人投降，县官花费很大，仓库空虚。第二年，贫民大迁徙，都靠县官供给，县官没有力量全部负担起来。卜式拿着二十万钱交给河南太守，作为被迁百姓的花费。河南呈上富人资助贫人的籍账，天子见到上面卜式的名子，尚能记得，说道："这是前些日子，要献一半家产助边的那个人"，于是赐给卜式免戍边徭役四百人的权力。卜式又把它全都交给县官。那时富豪人家为了逃税争着隐匿家产，唯有卜式热衷于输资帮助官府。天子于是认为卜式的确是位有德长者，才给他显官尊荣以诱导百姓。

起初，卜式不愿做郎官。天子说："我有羊在上林苑中，想请你替我放牧。"卜式才做了郎官，却是穿着布衣草鞋的放羊郎。一年多后，羊群肥壮且繁殖了很多。天子路过这里看到羊群，夸奖他一番。卜式道："不但是羊，治理百姓与这是同一道理：让他们按时起居，不断把凶恶的除掉，不要让他败了群。"天子听了很是惊奇，封他为缑氏令试一试他的本领，果然缑氏百姓反映很好。升任为成皋令，办理漕运的政迹又被评为"最"好。天子认为卜式为人朴实忠厚，封他做了齐王太傅。

而孔仅由于出使各地铸作铁器，三年之中升任为大农令，位列于九卿。而桑弘羊当上了大农丞，管理有关会计事务，慢慢设置起均输制度来流通货物了。这时期开始允许吏缴纳谷物补为官，补为郎官缴纳的谷物多至六百石。

自造白金五铢钱，后五岁，赦吏民之坐盗铸金钱死者数十万人。其不发觉相杀者，不可胜计。赦自出者，百余万人。然不能半自出，天下大抵无虑皆铸金钱矣。犯者众，吏不能尽诛取，于是遣博士褚大、徐偃等，分曹循行郡国，举兼并之徒、守、相为吏者。而御史大夫张汤方隆贵用事，减宣、杜周等为中丞，义纵、尹齐、王温舒等，用惨急刻深为九卿，而直指夏兰之属始出矣。而大农颜异诛。

初，异为济南亭长，以廉直稍迁至九卿。上与张汤既造白鹿皮币。问异，异曰："今王侯朝贺以苍璧，直数千，而其皮荐反四十万，本末不相称。"天子不说。张汤又与异有部，及人有告异以它议。事下张汤治异。异与客语，客语初令下有不便者，异不应，微反唇。汤奏异当九卿见令不便，不入言而腹诽，论死。自是之后，有腹诽之法以此，而公卿大夫，多谄谀取容矣。

【译文】自从制造白金和五铢钱以后五年，赦免官民因盗铸金钱获死罪的数十万人，天子没有发觉而被地方处死的，不可胜数。自出赎金经赦免罪的有百余万人。然而犯罪又能出得起赎金的连一半人也没有，普天之下大约所有人都无顾忌地盗铸金钱了。犯罪的人太多，官吏不可能把他们全都诛死，于是派遣博士褚大、徐偃等人按照尚书诸曹职司的不同划分权限，巡察郡国，揭发、举报兼并之徒以及身为郡守、国相等职，却利用职权图谋私利的人。而御史大夫张汤这时正处在官势显赫、大权在握的时候，减宣、杜周等人任御史中丞，义纵、尹齐、王温舒等人以执行法律惨急深刻被提升为九卿，在这种局面下，如直指夏兰这类人开始出现了。因而有大农令颜异被杀的事发生。

起初，颜异是济南的一个亭长，因办事清廉直率慢慢升迁到九卿的地位。天子与张汤既已制造了白鹿皮币，问颜异有什么看法，颜异说："如今诸侯王朝见天子有苍璧，价值不过数千钱，而作为垫衬的皮币反而值四十万，本末不相称。"天子听了很不高兴。张汤又与颜异平素有些过节，适巧有人以其他事告发颜异，此事交给张汤审理。颜异曾经与客人闲谈，客人说到某法令初颁下时有些弊病，颜异没有说话，客人以为他与己见不同，反唇讥刺几句。张汤知道此事后上奏天子说，颜异身为九卿，见法令有不妥处，不向朝廷进言，只在心中诽谤非难，其罪当死。从此之后，有了"腹诽"的罪名，而公卿大夫多以谄媚逢迎、阿谀奉承取悦于人了。

天子既下缗钱令，而尊卜式，百姓终莫分财佐县官，于是杨可告缗钱纵矣。 郡国民多奸铸钱，钱多轻，而公卿请令京师铸钟官赤侧，一当五，赋官用，非赤侧不得行。白金稍贱，民不宝用，县官以令禁之，无益。岁余，白金终废不行。是岁也，张汤死而民不思。其后二岁，赤侧钱贱，民巧法用之，不便，又废。于是悉禁郡国无铸钱，专令上林三官铸。钱既多，而令天下非三官钱不得行，诸郡国所前铸钱，皆废销之，输其铜三官。而民之铸钱益少，计其费不能相当，唯真工大奸，乃盗为之。卜式相齐，而杨可告缗遍天下，中家以上大抵皆遇告。杜周治之，狱少反者。乃分遣御史廷尉正监，分曹往，即治郡国缗钱，得民财物以亿计，奴婢以千万数，田大县数百顷，小县百余顷，宅亦如之。于是商贾中家以上，大率破，民偷，甘食好衣，不事畜藏之产业，而县官有盐铁缗钱之故，用益饶矣。益广关，置左右辅。

【译文】天子既颁发了算缗钱令并尊崇卜式为天下人的榜样，而百姓终究不肯拿出钱财帮助县官，于是发生了怂恿告缗钱的事。郡国有许多盗铸的金钱，大多不够分量，因而公卿请求命京城铸造钟官赤侧钱，一个当五个，向官府缴纳赋税以及其他对官方使用的场合，不是赤侧钱不许使用。从此白金的价值降低了，百姓不在珍视它，县官下令禁止，仍无作用。一年多后，白金终于废止不用。这一年，张汤死，而百姓对他毫无思念之情。此后二年，赤侧钱又贱，老百姓千方百计把它花出去，这对市场很不利，赤侧钱又废弃了。于是下令所有郡国都不许再铸钱，专门命上林苑三官铸造。流行的钱既已很多，下令天下，凡不是三官铸造的钱币不许使用，诸郡国以前铸造的钱币全都销毁，把销钱得到的铜上缴三官。百姓铸钱的事更少了，铸钱所获利益还没有花费大，只有巧工匠和大奸商才有能力盗铸。卜式做了齐国诸侯相，而杨可掀起的告发隐匿缗钱的事遍及天下，中等人家以上大约都被告发。由杜周加以审理，很少有能反案的。于是分别派遣御史、廷尉、正监等官员按不同使命出使诸国，顺便治理郡国隐匿缗钱的案子，所得没收老百姓的钱物以亿计，奴婢上千万，田地大县数百顷，小县百余顷，房产也与这些数字相当。于是商人中等以上人家大约全都破了家，从此老百姓满足于美衣美食，得吃就吃，得喝就喝，谁也不再经营买卖、蓄藏等事业了，而县官因为有官办盐铁和告缗钱这两件事，财政宽裕多了。接着，把函谷关东迁三百多里扩大关中地域，设置了京都左右辅都尉。

初，大农管盐铁，官布多，置水衡，欲以主盐铁。及杨可告缗钱，上林财物众，乃令水衡主上林。上林既充满，益广。是时越欲与汉用船战逐，乃大修昆明池，列观环之。治楼船高十余丈，旗帜加其上，甚壮。于是天子感之，乃作柏梁台，高数十丈。宫室之修，由此日丽。

乃分缗钱诸官，而水衡、少府、大农、太仆，各置农官，往往即郡县比没入田田之。其没入奴婢，分诸苑养狗马禽兽，及与诸官。诸官益杂置多，徒奴婢众，而下河漕度四百万石，及官自籴乃足。

所忠言："世家子弟富人，或斗鸡走狗马，弋猎博戏，乱齐民。"乃征诸犯，令相引数千人，命曰"株送徒"。入财者得补郎，郎选衰矣。

【译文】起初，大农有许多经管的盐铁官布，因而设置了水衡都尉，想让他主管盐铁事。等到杨可告发隐匿缗钱的事发生后，上林有许多财物，就命水衡主管上林。上林财物既满，便扩大上林的规模。这时越国打算与汉朝用船决战，于是大规模修建昆明池，池周筑观宇环绕。建造楼船，有十丈多高，上面插着旗子，很是壮观。天子受这气派的感染，建造了柏梁台，高达数十丈。修建的宫室，也从此日趋于富丽。

于是把缗钱分给各官府，而水衡、少府、大农、太仆还各自设置了农官，往往就地在各郡县整治没收来的土地，加以耕种。没收来的奴婢，则分给诸苑囿，使喂养狗马禽兽，或者分给诸官府。诸官府更设置了做各种事情的奴婢，罪徒奴婢众多，因而由黄河漕运至京的粮食大约增加到每年四百万石，并且还要官府自籴一部分粮食才能足用。

所忠上书说：“世家子弟和富人或斗鸡赛狗赛马，或射猎赌博游戏，扰乱齐民的生活。”于是惩罚诸罪犯，命他们互相攀引，牵连达到数千人，称为“株送徒”。入财的既得以补为郎官，郎官的选拔从此衰退了。

是时山东被河灾，及岁不登数年，人或相食，方一二千里。天子怜之，诏曰：“江南火耕水耨，令饥民得流就食江淮间，欲留之处。”遣使冠盖相属于道护之，下巴蜀粟以振之。

其明年，天子始巡郡国。东度河，河东守不意行至，不辦，自杀。行踰陇，陇西守以行往卒，天子从官不得食，陇西守自杀。于是上北出萧关，从数万骑，猎新秦中，以勒边兵而归。新秦中或千里无亭徼，于是诛北地太守以下，而令民得畜牧边县，官假马母，三岁而归，及息什一，以除告缗，用充仞新秦中。

既得宝鼎，立后土、太一祠，公卿议封禅事，而天下郡国，皆豫治道桥，缮故宫，及当驰道县，县治官储，设供具，而望以待幸。

【译文】这时山以东遭受黄河水灾，并且一连数年粒米不收，方圆一、二千里之间，易子而食。天子心中怜悯，下诏书说：“江南火耕水耨，命饥民可流亡到江淮之间寻口饭吃，想留在那里的，可在那里定居。”派遣的使者冠盖相连，来往于道路，护送这些饥民，并从巴蜀运来粮食赈济他们。

明年，天子开始巡察郡国。东渡黄河，河东太守没有想到天子的车驾会来到这里，供具不备，失了礼教，畏罪自杀。西行穿过陇山，陇西太守因车驾来去仓猝，准备不足，以致天子从官连饭也吃不上，陇西太守自杀。于是天子北出萧关，随从数万骑，在新秦中射猎，以此布勒边兵，然后回到京城。见新秦中有的地方千里之间没有一名亭兵徼卒，于是尽杀北地太守以下官员，并命百姓，得以到边境诸县放牧牲畜，官府贷给母马，三年归还，利息十分之一，废除告缗令，以此充实新秦中地区。

既得宝鼎以后，设立了后土祠、太一祠，公卿在讨论在关封禅的事宜，而天下郡国都在预先修桥铺路，缮治原有的宫室，那些临近驰道的县分，在准备官库，储藏物品，设置需供给的用具，巴望并等待着天子车驾的幸临。

其明年，南越反，西羌侵边为桀。于是天子为山东不赡，赦天下，因南方楼船卒二十余万人击南越，数万人发三河以西骑击西羌，又数万人度河筑令居。初置张掖、酒泉郡，而上郡、朔方、西河、河西开田官，斥塞卒六十万人戍田之。中国缮道馈粮，远者三千，近者千余里，皆仰给大农。边兵不足，乃发武库工官兵器以赡之。车骑马乏绝，县官钱少，买马难得，乃著令，令封君以下，至三百石以上吏，以差出牝马，天下亭，亭有畜牸马，岁课息。

齐相卜式上书曰："臣闻主忧臣辱。南越反，臣愿父子与齐习船者往死之。"天子下诏曰："卜式虽躬耕牧，不以为利，有余辄助县官之用，今天子不幸有急，而式奋愿父子死之，虽未战，可谓义形于内。赐爵关内侯，金六十斤，田十顷。"布告天下，天下莫应。列侯以百数，皆莫求从军击羌、越。至酎，少府省金，而列侯坐酎金失侯者百余人。乃拜式为御史大夫。

式既在位，见郡国多不便县官作盐铁，铁品苦恶，贾贵，或强令民卖买之。而船有算，商者少，物贵，乃因孔仅言船算事。上由是不悦卜式。

汉连兵三岁，诛羌，灭南越，番禺以西至蜀南者，置初郡十七，且以其故俗治，毋赋税。南阳、汉中以往郡，各以地比给初郡吏卒奉食币物，传车马被具。而初郡时时小反，杀吏，汉发南方吏卒往诛之，间岁万余人，费皆仰给大农。大农以均输调盐铁助赋，故能赡之。然兵所过县，为以訾给无毋乏而已，不敢言擅赋法矣。

【译文】第二年，南越反叛，西羌侵犯边境以逞凶暴。于是天子因山以东年成不好，赦免天下囚犯的罪行，就南方的楼船士卒二十多万人一起进攻南越，数万人调发三河以西的马匹为坐骑进攻西羌，还有数万人西渡黄河修筑令居城。这一年设置了张掖、酒泉郡，而在上郡、朔方、西河、河西等地设置田官，使在这里戍守的候卒逻兵六十万人一面戍守，一面耕种。中国内地则缮治道路以馈运粮饷，路远的达三千里，近的也有一千多里，全都仰仗大农供给。边境的兵器不足，就调发武库和工官的兵器来满足那里的需要。兵车和战马不够，县官钱少，很难买到马匹，就制定一项命令：封君以下至于年俸三百石以上的官吏，按等级不同缴纳不同数目的母马，分给天下驻兵的亭牧养，使每亭都有母马，每年考核其喂养繁息的成绩以定赏罚。

齐国相卜式上书说："为臣曾闻说天子有忧虑，是臣子的耻辱。如今南越反叛，臣父子情愿与从齐国发来的操船兵卒一起战死于南越战场。"天子下诏说："卜式虽然是个耕田放牧人，并不以此求利，每有剩余就帮助县官缓解经费的困难。如今天下不幸有危急的事发生，而卜式奋勇请求父子为此献身，虽没有参加战斗，心中的义念可说是已表现出来了。特赏赐给他关内侯的爵位，黄金六十斤，农田十顷。"布告天下，但天下没有人响应。诸侯有上百名，没有一人要求从军与羌、越作战。于是到九月诸侯朝见，尝酎献酎金时，命少府检查酎金的成色，列侯由于酎金分量不足被削夺侯位的有一百多人。拜卜式为御史大夫。

卜式既有了这等重要的官位，见到许多郡国反映县官作盐铁的坏处，如铁器质量差，价钱贵，还有的强迫百姓买卖。而船有算赋，以船运货的商人少，商品昂贵，于是通过孔仅上书反映船只征收算赋的事。天子因此对卜式很不满意。

汉朝接连打了三年仗，杀掉了西羌入侵的军队，灭了南越国，番禺以西直到蜀南初次设了十七郡，姑且按照他们原来的风俗加以治理，不征收赋税。南阳至汉中之间旧有的郡县各自承担与自己毗邻的新设郡中吏卒的薪俸、食品、钱物，以及驿传所用的车马被服等具的一切费用。而新设郡县还时常有小规模的反叛，诛杀官吏，汉朝调发南方的官吏兵卒前往镇压，每年有万余人，费用都靠大农支给。大农以均输法调各地盐铁所得，以补充赋税的不足，所以才能应付得了。然而士兵路过的县城，不过做到供给无缺就是了，再也谈不上遵守赋税成法了。

其明年，元封元年，卜式贬秩为太子太傅。而桑弘羊为治粟都尉，领大农，尽代仅管天下盐铁。弘羊以诸官各自市，相与争，物故腾跃，而天下赋输，或不偿其僦费，乃请置大农部丞数十人，分部主郡国，各往往县置均输盐铁官，令远方各以其物贵时，商贾所转贩者为赋，而相灌输。置平准于京师，都受天下委输。召工官治车，诸器，皆仰给大农。大农之诸官，尽笼天下之货物，贵即卖之，贱则买之。如此富商大贾无所牟大利，则反本，而万物不得腾踊。故抑天下物，名曰“平准”。天子以为然，许之。于是天子北至朔方，东到太山，巡海上，并北边以归。所过赏赐，用帛百余万匹，钱金以巨万计，皆取足大农。

弘羊又请令吏得入粟补官，及罪人赎罪。令民能入粟甘泉，各有差，以复终身，不告缗。他郡各输急处，而诸农各致粟，山东漕益，岁六百万石。一岁之中，太仓、甘泉仓满。边余谷诸物均输帛五百万匹，民不益赋，而天下用饶。于是弘羊赐爵左庶长，黄金再百斤焉。

是岁小旱，上令官求雨。卜式言曰：“县官当食租衣税而已，今弘羊令吏坐市列肆，贩物求利。亨弘羊，天乃雨。”

【译文】第二年，即元封元年，卜式贬官做了太子太傅。而桑弘羊任治粟都尉，兼领大农令，完全代替孔仅管理天下盐铁。由于各地官员们自做买卖，相互间竞争，所以价格涨落很快，而天下所缴赋税有的还不够偿还转运的脚力钱，桑弘羊于是请求设立大农部丞官数十名，分别掌管各郡国的大农事务，各自又往往在主要县分设立均输官和盐铁官，命边远地区都以物价贵时，商人从该地区向外地贩运的物品为赋税，而由政府互相转输。在京城设立平准机构，总受天下输纳来的物品。召雇工官制造车辆等器物，都由大农供给费用。大农所属各个机构全部垄断了天下的货物，物贵则卖出，贱则买入。这样，富商大贾无从牟取大利，就会反本为农，而所有商品都不会出现价格忽涨忽落的现象。由于天下物品价格都受其抑制的缘故，所以称之为“平准”。天子认为有道理，答应了他的请求。于是天子巡游向北到朔方郡，向东到太山，又巡行海上，以及北部边郡，然后归来。所过之处都有赏赐，用去帛一百多万匹，钱、金以亿计，全由大农支出。

弘羊又请求允许吏得以缴纳粮食补官，以及罪人纳粮赎罪。命百姓能向甘泉宫的仓库缴纳多少不等的粮食，得以免除终身赋役，不受告缗令的影响。其他郡县的百姓则各自向急需处交纳，而各处的农民都各自纳粮，山东漕运到京的粮食每年增加了六百万石。一年之中，太仓、甘泉宫仓堆满了粮食，边境剩余的粮食和其他物品，按均输法折为帛五百万匹。不向百姓增收赋税而天下用度得到满足。于是赐给桑弘羊爵为左庶长，黄金二百斤。

这一年有轻微的旱灾，天子派遣官员求雨。卜式说道："县官应该以租税为衣食，如今桑弘羊使官吏坐于列肆中买卖货物，求取利润，将桑弘羊下锅煮了，天才会下雨。"

太史公曰：农工商交易路通，而龟贝金钱刀布之币兴焉。所从来久远，自高辛氏之前尚矣，靡得而记云。故《书》道唐虞之际，《诗》述殷周之世，安宁则长庠序，先本绌末，以礼义防于利；事变多故，而亦反是。是以物盛则衰，时极而转，一质一文，终始之变也。《禹贡》九州，各因其土地所宜，人民所多少而纳职焉。汤武承弊易变，使民不倦，各兢兢所以为治，而稍陵迟衰微。齐桓公用管仲之谋，通轻重之权，徼山海之业，以朝诸侯，用区区之齐，显成霸名。魏用李克尽地力，为强君。自是之后，天下争于战国，贵诈力而贱仁义，先富有而后推让。故庶人之富者，或累巨万，而贫者或不厌糟糠；有国强者，或并群小以臣诸侯，而弱国或绝祀而灭世。以至于秦，卒并海内。虞夏之币，金为三品，或黄、或白，或赤；或钱，或布，或刀，或龟贝。及至秦中，一国之币分为（三）（二）等：黄金以溢名，为上币；铜钱识曰半两，重如其文，为下币。而珠玉、龟贝、银锡之属为器饰宝藏，不为币，然各随时而轻重无常。于是外攘夷狄，内兴功业，海内之士，力耕不足粮饷，女子纺绩不足衣服。古者尝竭天下之资财以奉其上，犹自以为不足也。无异故云事势之流，相激使然，曷足怪焉。（姚鼐惜抱轩笔记曰：柯维骐论《平准书》后，太史公曰，农工商交易之路通。至何足怪焉四百余字，谓是《平准书》之发端，非其后赞，其说极为的当，无可疑者。）

【译文】太史公说：农工商之间相互贸易的路子沟通了，就有龟贝金钱刀布等货币产生。这是很久的历史了，自高辛氏以前年代太远，无从记述。所以《尚书》最早讲到唐虞时期事，《诗经》最早讲到殷周时期事，一般是世道安宁则按庠序中的长幼序尊卑，先农本而后商末，以礼义为限制物利的堤防；世道变乱就会与此相反。所以物太盛就会转为衰落，时事达到极点就会转变，一质之后有一文，与终后有始，始后有终的终始之变是一样的。《禹贡》中的九州，各自根据其土地所适宜、人民所多所少缴纳职贡。商汤和周武王承前朝弊政之后有所改易，使百姓不致疲弊困乏，各自都小心谨慎地致力于自己所从事的事业，而与禹时相比，已稍微有缓慢衰落的气象了。齐桓公采用管仲的计谋，统一货币，从山海的事业中求取财富，以朝会诸侯，利用区区齐国成就了霸主的威名。魏国任用李克，充分利用地力，发展农业生产，成了强国。从此以后，在战国时期天下互相争夺，以诡诈武力为贵，轻视仁义道德，以富有之道为先，以推让等礼仪为后。所以百姓中间富有的积财产上亿计，而贫穷的糟糠之食尚不能满足；诸侯国强大的或至并吞诸小国而使诸侯称臣，弱小者有的至于断绝祭祀而亡国。延续到秦，终于使海内统一。虞、夏时的货币，金有三种，或者黄、或者白、或者赤；此外或者用钱，或者用布、或者用刀，或者用龟贝。及至到秦朝之间，一国货币分为二等：黄金以溢为单位，是上等货币；铜钱上的文识为“半两”，重量与文识相同，是下等货币。而珠玉、龟贝、银锡之类只作为器物的装饰、作为宝藏，不作货币使用。然而其价格随时不同，高低无常。于是外对夷狄作战，内部兴利除弊建立功业，天下百姓尽力耕种不够供给粮饷，女子纺织不足穿衣。古时曾经竭尽天下的资财以奉献给天子，天子仍以为不够使用。没有别的缘故，主要是当时各种事务互相影响，共同作用造成的，有什么可奇怪呢。（姚鼐的惜抱轩笔记中说：“柯维骐评论《平准书》的最后一段，‘太史公曰，农工商交易之路通。至何足怪焉’四百多个字，是《平准书》的开端，并不是之后对其整篇的总结赞美，所说极为恰当，没有可疑虑的。）

齐太公世家

太公望吕尚者，东海上人。其先祖尝为四岳，佐禹平水土甚有功。虞夏之际封于吕，或封于申，姓姜氏。夏商之时，申、吕或封枝庶子孙，或为庶人，尚其后苗裔也。本姓姜氏，从其封姓，故曰吕尚。

【译文】太公望吕尚，是东海边之人。其先祖曾做四岳之官，辅佐夏禹治理水土有大功。舜、禹时被封在吕，有的被封在申，姓姜。夏、商两代，申、吕有的封给旁支子孙，也有的后代沦为平民，吕尚就是其远代后裔。吕尚本姓姜，因为以其封地之名为姓，所以叫作吕尚。

吕尚盖尝穷困，年老矣，以鱼钓奸周西伯。西伯将出猎，卜之，曰：“所获非龙非彲，非虎非罴；所获霸王之辅。”于是周西伯猎，果遇太公于渭之阳，与语大说，曰：“自吾先君太公曰‘当有圣人适周，周以兴。’子真是邪？吾太公望子久矣。”故号之曰“太公望”，载与俱归，立为师。

【译文】吕尚曾经穷困，年老时，借钓鱼的机会求见周西伯。西伯在出外狩猎之前，占卜一卦，卦辞说：“所得猎物非龙非螭，非虎非熊；所得乃是成就霸王之业的辅臣。”西伯于是出猎，果然在渭河北岸遇到太公，与太公谈论后西伯大喜，说：“自从我国先君太公就说：‘定有圣人来周，周会因此兴旺。’说的就是您吧？我们太公盼望您已经很久了。”因此称吕尚为“太公望”，二人一同乘车而归，尊为太师。

或曰，太公博闻，尝事纣。纣无道，去之。游说诸侯，无所遇，而卒西归周西伯。或曰，吕尚处士，隐海滨。周西伯拘羑里，散宜生、闳夭素知而招吕尚。吕尚亦曰“吾闻西伯贤，又善养老，盍往焉”。三人者为西伯求美女奇物，献之于纣，以赎西伯。西伯得以出反国。言吕尚所以事周虽异，然要之为文武师。

【译文】有人说，太公博学多闻，曾为商纣做事。商纣无道，太公就离开了。四处游说列国诸侯，未得知遇之君，最终西行归依周西伯。有人说，吕尚乃一处士，隐居海滨。周西伯被囚禁在羑里时，西伯之臣散宜生、闳夭久闻吕尚之名而召请他。吕尚也认为“听说西伯贤德，又一贯尊重关心老年人，何不前往？”此三人为了营救西伯，寻找美女奇宝，献给纣王，以赎取西伯。西伯因此得以被释，返回周国。虽然吕尚归周的传说各异，但大旨都认为他是文王，武王之师。

周西伯昌之脱羑里归，与吕尚阴谋修德，以倾商政，其事多兵权与奇计，故后世之言兵及周之阴权，皆宗太公为本谋。周西伯政平，及断虞芮之讼，而诗人称西伯受命曰，文王。伐崇密须、犬夷，大作丰邑。天下三分，其二归周者，太公之谋计居多。

【译文】周西伯昌从羑里脱身归国后，暗中和吕尚策划如何推行德政以推翻商纣政权，其中很多是用兵的权谋和奇计，所以后代谈论用兵之道和周朝的隐秘权术的都尊法太公的基本策略。周西伯为正清平，尤其在明断虞、芮二国的国土争讼后，被诗人称道为膺受天命的文王。西伯又讨伐了崇国、密须和犬夷，大规模建设丰邑。天下三分之二的诸侯都归心向周，多半是太公谋划筹策的结果。

文王崩，武王即位。九年，欲修文王业，东伐以观诸侯集否。师行，师尚父左杖黄钺，右把白旄以誓，曰：“苍兕苍兕，总尔众庶，与尔舟楫，后至者斩！”遂至盟津。诸侯不期而会者八百诸侯。诸侯皆曰：“纣可伐也。”武王曰：“未可。”还师，与太公作此《太誓》。

【译文】文王死后，武王即位。九年，武王想继续完成文王的大业，东征商纣察看诸侯是否云集响应。军队出师之际，被尊称为“师尚父”的吕尚左手拄持黄钺，右手握秉白旄誓师，说：“苍兕苍兕，统领众兵，集结船只，迟者斩首。”于是兵至盟津。各国诸侯不召自来有八百之多。诸侯都说：“可以征伐商纣了。”武王说：“还不行。”班师而还，与太公同写了《太誓》。

居二年，纣杀王子比干，囚箕子。武王将伐纣，卜，龟兆不吉，风雨暴至。群公尽惧，唯太公强之劝武王，武王于是遂行。十一年正月甲子，誓于牧野，伐商纣。纣师败绩。纣反走，登鹿台，遂追斩纣。明日，武王立于社，群公奉明水，卫康叔封布采席，师尚父牵牲，史佚策祝，以告神讨纣之罪。散鹿台之钱，发钜桥之粟，以振贫民。封比干墓，释箕子囚。迁九鼎，修周政，与天下更始。师尚父谋居多。

【译文】又过了两年，商纣杀死王子比干，囚禁了箕子。武王又将征伐商纣，占卜一卦，龟兆显示不吉利，风雨突至。群臣恐惧，只有太公强劝武王进军，武王于是出兵。十一年正月甲子日，在牧野誓师，进伐商纣。商纣军队彻底崩溃。商纣回身逃跑，登上鹿台，于是被追杀。第二天，武王立于社坛之上，群臣手捧明水，卫康叔封铺好彩席，师尚父牵来祭祀之牲，史佚按照策书祈祷，向神祇禀告讨伐罪恶商纣之事。散发商纣积聚在鹿台的钱币，发放商纣屯积在钜桥的粮食，用以赈济贫民。培筑加高比干之墓，释放被囚禁的箕子。把象征天下最高权力的九鼎迁往周国，修治周朝政务，与天下之人共同开始创造新时代。上述诸事多半是采用师尚父的谋议。

于是武王已平商而王天下，封师尚父于齐营邱。东就国，道宿行迟。逆旅之人曰：“吾闻时难得而易失。客寝甚安，殆非就国者也。”太公闻之，夜衣而行，黎明至国。莱侯来伐，与之争营邱。营邱边莱。莱人夷也，会纣之乱，而周初定，未能集远方，是以与太公争国。

【译文】此时武王已平定商纣，成为天下之王，就把齐国营丘封赏给师尚父。师尚父东去自己的封国，边行边住，速度很慢。客舍中的人说他：“我听说时机难得而易失。这位客人睡得这样安逸，恐怕不是去封国就任的吧。”太公听了此言，连夜穿衣上路，黎明就到达齐国。正遇莱侯带兵来攻，想与太公争夺营丘。营丘毗邻莱国。莱人是夷族，趁商纣之乱而周朝刚刚安定，无力平定远方，因此和太公争夺国土。

太公至国修政，因其俗，简其礼，通商工之业，便鱼盐之利，而人民多归齐，齐为大国。及周成王少时，管蔡作乱，淮夷畔周，乃使召康公命太公曰：“东至海，西至河，南至穆陵，北至无棣，五侯九伯，实得征之。”齐由此得征伐，为大国。都营邱。

【译文】太公到齐国后，修明政事，顺其风俗，简化礼仪，开放工商之业，发展渔业盐业优势，因而人民多归附齐国，齐成为大国。到周成王年幼即位之时，管蔡叛乱，淮夷也背叛周朝，成王派召康公命令太公说：“东至大海，西至黄河，南至穆陵，北至无棣，此间五等诸侯，各地官守，如有罪愆，命你讨伐。”齐因此可以征讨各国，形成大国，定都营丘。

鲁周公世家

周公旦者，周武王弟也。自文王在时，旦为子孝，笃仁，异于群子。及武王即位，旦常辅翼武王，用事居多。武王九年，东伐至盟津，周公辅行。十一年，伐纣，至牧野，周公佐武王，作《牧誓》。破殷，入商宫。已杀纣，周公把大钺，召公把小钺，以夹武王衅社，告纣之罪于天及殷民。释箕子之囚。封纣子武庚禄父，使管叔、蔡叔傅之，以续殷祀。遍封功臣同姓戚者。封周公旦于少昊之虚曲阜，是为鲁公。周公不就封，留佐武王。

【译文】周公旦，是周武王之弟。从文王还在世时，旦作为儿子非常孝顺，忠厚仁爱，胜过其他兄弟。到武王即位，旦经常佐助辅弼武王，处理很多政务。武王九年，亲自东征至盟津，周公随军辅助。十一年，讨伐殷纣，军至牧野，周公佐助武王，发布了动员战斗的《牧誓》。周军攻破殷都，进入殷王宫。杀殷纣以后，周公手持大钺，召公手持小钺，左右夹辅武王，举行衅社之礼，向上天与殷民昭佈纣之罪状。把箕子从临禁中释放出来。封纣子武庚禄父，命管叔、蔡叔辅助他，以承续殷之祭祀。遍封功臣、同姓及亲戚。封周公于少昊故墟曲阜，就是鲁公。但不让周公去自己的封国，而是留在朝廷辅佐武王。

武王克殷二年，天下未集，武王有疾不豫，群臣惧，太公、召公乃穆卜。周公曰："未可以戚我先王。"周公于是乃自以为质，设三坛，周公北面立，戴璧秉圭，告于大王、王季、文王。史策祝曰："惟尔元孙王发，勤劳阻疾。若尔三王，是有负子之责于天，以旦代王发之身。旦巧能多才多艺，能事鬼神。乃王发不如旦多材多艺，不能事鬼神。乃命于帝庭，敷佑四方，用能定汝子孙于下地，四方之民罔不敬畏。无坠天之降葆命，我先王亦永有所依归。今我其即命于元龟，尔之许我，我以其璧与圭归，以俟尔命。尔不许我，我乃屏璧与圭。"周公已令史策告大王、王季、文王，欲代武王发，于是乃即三王而卜。卜人皆曰吉，发书视之，信吉。周公喜，开籥，乃见书，遇吉。周公入贺武王曰："王其无害，旦新受命三王，维长终是图兹道，能念予一人。"周公藏其策金縢匮中，诫守者勿敢言。明日，武王有瘳。

【译文】武王战胜殷纣的次年，天下统一之业尚未成功，武王患病，身体不安，群臣恐惧，太公和召公就想虔敬地占卜以明吉凶。周公说："不可以令我们先王忧虑悲伤。"周公于是以自身为质，设立三个祭坛，周公向北站立，捧璧持圭，向太王、王季、文王之灵祈祷。命史官作册文祝告说："你们的长孙周王发，辛劳成疾。如果三位先王欠上天一个儿子，请以旦代替周王发。旦灵巧能干，多才多艺，能事奉鬼神。周王发不如旦多才多艺，不会事奉鬼神。但周王发受命于天庭，要普济天下，而且能使你们的子孙在人世安定地生活，四方人民无不敬畏他。他能使天赐宝运长守不失，我们的先王也能永享奉祀。现在我通过占卜的大龟听命于先王，你们若能答应我的要求，我将圭璧献上，听从您的吩咐。你们若不答应，我就把圭璧收藏起来。"周公命史官作册文向太王、王季、文王祝告要用己身代替武王发之后，就到三王祭坛前占卜。卜人都说吉利，翻开兆书一看 ，果然是吉。周公十分高兴，又开锁察看藏于柜中的占兆书，也是吉象。周公即进宫祝贺武王说："您没有灾祸，我刚接受三位先王之命，让您只需考虑周室天下的长远之计，别无他虑。此所谓上天为天子考虑周到啊。"周公把册文收进金丝缠束的柜中密封，告诫守柜者不许泄露。第二天，武王痊愈。

其后武王既崩，成王少，在强葆之中。周公恐天下闻武王崩而畔，周公乃践阼代成王摄行政当国。管叔及其群弟流言于国曰："周公将不利于成王。"周公乃告太公望、召公奭曰："我之所以弗辟而摄行政者，恐天下畔周，无以告我先王大王、王季、文王。三王之忧劳天下久矣，于今而后成。武王蚤终，成王少，将以成周，我所以为之若此。"于是卒相成王，而使其子伯禽代就封于鲁。周公戒伯禽曰："我文王之子，武王之弟，成王之叔父，我于天下亦不贱矣。然我一沐三握发，一饭三吐哺，起以待士，犹恐失天下之贤人。子之鲁，慎无以国骄人。"

【译文】后来武王去世，成王幼小，尚在襁褓之中。周公怕天下人听说武王死而背叛朝廷，就登位替成王代为处理政务，主持国家大权。管叔和他的诸弟在国中散布流言说："周公将加害成王。"周公就告诉太公望、召公奭说："我之所以不避嫌疑代理国政，是怕天下人背叛周室，没法向我们的先王太王、王季、文王交代。三位先王为天下之业忧劳甚久，现在才刚成功。武王早逝，成王年幼，只是为了完成稳定周朝之大业，我才这样做。"于是终究辅佐成王，而命其子伯禽代自己到鲁国受封。周公告诫伯禽说："我是文王之子、武王之弟、成王之叔父，在全天下人中我的地位不算低了。但我却洗一次头要三次握起头发，吃一顿饭三次吐出正在咀嚼的食物，起来接待贤士，这样还怕失掉天下贤人。你到鲁国之后，千万不要因有国土而骄慢于人。"

管、蔡、武庚等果率淮夷而反。周公乃奉成王命，兴师东伐，作《大诰》。遂诛管叔，杀武庚，放蔡叔。收殷余民，以封康叔于卫，封微子于宋，以奉殷祀。宁淮夷东上，二年而毕定。诸侯咸服宗周。

【译文】管叔、蔡叔、武庚等人果然率领淮夷造反。周公乃奉成王之命，举兵东征，写了《大诰》。于是诛斩管叔，杀掉武庚，流放蔡叔。收伏殷之遗民，封康叔于卫，封微子于宋，让他奉行殷之祭祀。平定淮夷及东部其他地区，二年时间全部完成。诸侯都宗顺周王朝。

天降祉福，唐叔得禾，异母同颖，献之成王，成王命唐叔以馈周公于东土，作《馈禾》。周公既受命禾，嘉天子命，作《嘉禾》。东土以集，周公归报成王，乃为诗贻王，命之曰《鸱鸮》。王亦未敢训周公。

【译文】天降福瑞在平叛期间，晋唐叔得到二茎共生一穗的粟禾，献给成王，成王命唐叔到东部周公军队驻地赠给周公，写了《馈禾》。周公接受后，感激赞颂天子之命，写了《嘉禾》。东方安定后，周公回报成王，作诗赠给成王，其诗名为《鸱鸮》。周成王看后心中不服，但也未敢责备周公。

成王七年二月乙未，王朝步自周至丰，使太保召公先之洛相土。其三月，周公往营成周洛邑，卜居焉，曰：吉，遂国之。

【译文】成王七年二月乙未日，成王在镐京朝拜武王庙，然后步行至丰京朝拜文王庙，命太保召公先行到洛邑勘察地形。三月，周公去洛邑营造成周京城，并进行占卜，得象大吉，于是就以洛邑为国都。

成王长，能听政。于是周公乃还政于成王，成王临朝。周公之代成王治，南面倍依以朝诸侯。及七年后，还政成王，北面就臣位，匔匔如畏然。

【译文】成王长大，能够处理国事了。于是周公就把政权还给成王，成王临朝听政。过去周公代替成王治天下时，面向南方，背对扆壁，接受诸侯朝拜。七年之后，还政于成王，周公面向北站在臣子之位上，仍谨慎恭敬如履薄冰。

初，成王少时，病，周公乃自揃其蚤，沈之河，以祝于神曰："王少未有识，奸神命者乃旦也。"亦藏其策于府。成王病有瘳。及成王用事，人或谮周公，周公奔楚。成王发府，见周公祷书，乃泣，反周公。

【译文】当初，成王幼小时，有病了，周公就剪下自己的指甲沉入河中，向神祝告说：

“王年幼没有主张，冒犯神命的是旦。”也把那祝告册文藏于秘府，成王病果然痊愈。到成王临朝后，有人说周公坏话，周公逃亡到楚国。成王打开秘府，发现周公当年的祈祷册文，感动得泪流满面，即迎回周公。

周公归，恐成王壮，治有所淫佚，乃作《多士》，作《毋逸》。《毋逸》称：“为人父母，为业至长久，子孙骄奢忘之，以亡其家，为人子可不慎乎！故昔在殷王中宗，严恭敬畏天命自度治民震惧，不敢荒宁，故中宗飨国七十五年。其在高宗，久劳于外，为与小人，作其即位，乃有亮闇，三年不言，言乃欢，不敢荒宁，密靖殷国，至于小大无怨，故高宗飨国五十五年。其在祖甲，不义惟王，久为小人于外，知小人之依，能保施小民，不侮鳏寡，故祖甲飨国三十三年。”《多士》称曰：“自汤至于帝乙，无不率祀明德，帝无不配天者。在今后嗣王纣，诞淫厥佚，不顾天及民之从也。其民皆可诛。”（周多士）“文王日中昃不暇食，飨国五十年。”作此以诫成王。

【译文】周公归国后，怕成王年轻，为政荒淫放荡，就写了《多士》《毋逸》。《毋逸》说：“做父母者，经历长久时期创业成功，其子孙骄奢淫佚忘记了祖先的困苦，毁败了家业，做儿子的能不谨慎吗？因此过去殷王中宗，庄重恭敬地畏惧天命，治民时严以律己，兢兢业业不敢荒废事业自图逸乐，所以中宗拥有国家七十五年之久。殷之高宗，久在民间劳碌，与小民共同生活，他即位后居丧，三年不言语，一旦说话就得到臣民拥戴，不敢荒淫逸乐，使殷国家安定，小民大臣均无怨言，所以高宗拥有国家五十五年。殷王祖甲，觉得自己并非长子，为王不宜，因此长时间逃避于民间，深知人民需要，他安定国家，施惠于民，不悔慢鳏寡孤独之人，所以祖甲拥有国家三十三年。”《多士》说：“自汤至帝乙，殷代诸王无不遵循礼制去祭祀，勉力向德，都能上配天命。后来到殷纣时，大为荒淫逸乐，不顾天意民心，万民都认为他该杀。”“周文王每天日头偏西还顾不上吃饭，拥有国家五十年。”周公写了这些用来告诫成王。

成王在丰，天下已安，周之官政未次序，于是周公作《周官》，官别其宜。作《立政》，以便百姓。百姓说。

【译文】成王居于丰京，当时天下虽已安定，但周朝的官职制度尚未安排得当，于是周公写了《周官》，划定百官职责。写了《立政》，以利百姓，百姓欢悦。

周公在丰，病将没，曰：“必葬我成周，以明吾不敢离成王。”周公既卒，成王亦让，葬周公于毕，从文王，以明予小子不敢臣周公也。

【译文】周公在丰京患病，临终时说："一定要把我埋葬在成周，以表明我不敢离开成王。"周公死后，成王也谦让，最后把周公葬于毕邑，伴随文王，来表示成王不敢以周公为臣。

周公卒后，秋未获，暴风雷雨，禾尽倒，大木尽拔。周国大恐。成王与大夫朝服以开金縢书，王乃得周公所自以为功，代武王之说。二公及王乃问史百执事，史百执事曰："信有，昔周公命我勿敢言。"成王执书以泣，曰："自今后其无缪卜乎！昔周公勤劳王家，惟予幼人弗及知。今天动威以彰周公之德，惟朕小子其迎，我国家礼亦宜之。"王出郊，天乃雨，反风，禾尽起。二公命国人，凡大木所偃，尽起而筑之。岁则大熟。于是成王乃命鲁得郊、祭文王。鲁有天子礼乐者，以褒周公之德也。

【译文】周公去世那年秋后，庄稼尚未收割，一场暴风雷霆，禾稼倒伏，大树连根拔起。王都的人十分害怕。成王和众大夫穿好朝服打开金縢之书，看到周公愿以己身代武王去死的册文。太公、召公和成王于是问史官和有关人员，他们说："确有此事，但过去周公命令我们不许说出去。"成王手执册文而泣，说："今后不要在笃行占卜了！过去周公为王室辛劳，但我年幼不理解。现在上天发威来彰明周公之德，现在我应设祭迎其神，亦合于我们国家之礼。"成王于是举行郊天之礼，果真天下雨，风向反转，倒伏之禾全部立起。太公、召公命国人，凡倒下的大树都扶起培实土基。当年大丰收。于是成王特准鲁国可以行郊祭天和庙祭文王之礼。鲁国所以有周天子一样的礼乐，是因为褒奖周公的德行啊。

管晏列传

管仲夷吾者，颍上人也。少时常与鲍叔牙游，鲍叔知其贤。管仲贫困，常欺鲍叔，鲍叔终善遇之，不以为言。已而鲍叔事公子小白，管仲事公子纠。及小白立，为桓公，公子纠死，管仲囚焉。鲍叔遂进管仲。管仲既用，任政于齐，齐桓公以霸，九合诸候，一匡天下，管仲之谋也。

【译文】管仲，名夷吾，是颍上人。他年轻的时候，常和鲍叔牙交往，鲍叔牙知道他贤明、有才干。管仲家贫，经常占鲍叔的便宜，但鲍叔始终很好地对待他，不因为这些事而有什么怨言。不久，鲍叔侍奉齐国公子小白，管仲侍奉公子纠。等到小白即位，立为齐桓公以后，桓公让鲁国杀了公子纠，管仲被囚禁。于是鲍叔向齐桓公推荐管仲。管仲被任用以后，在齐国执政，桓公凭借着管仲而称霸，并以霸主的身份，多次会合诸侯，使天下归正于一，这都是管仲的智谋。

管仲曰："吾始困时，尝与鲍叔贾，分财利，多自与，鲍叔不以我为贪，知我贫也。吾尝为鲍叔谋事，而更穷困，鲍叔不以我为愚，知时有利不利也。吾尝三仕，三见逐于君，鲍叔不以我为不肖，知我不遭时也。吾尝三战三走，鲍叔不以我为怯，知我有老母也。公子纠败，召忽死之，吾幽囚受辱，鲍叔不以我为无耻，知我不羞小节，而耻功名不显于天下也。生我者父母，知我者鲍子也。

【译文】管仲说："我当初贫困时，曾经和鲍叔一起做生意，分财利时自己总是多要一些，鲍叔并不认为我贪财，而是知道我家里贫穷。我曾经替鲍叔谋划事情，反而使他更加困顿不堪，陷于窘境，鲍叔不认为我愚笨，他知道时运有时顺利，有时不顺利。我曾经多次作官多次都被国君驱逐，鲍叔不认为我不成器，他知道我没遇上好时机。我曾经多次打仗多次逃跑。鲍叔不认为我胆小，他知道我家里有老母需要赡养。公子纠失败，召忽为之殉难，我被囚禁遭受屈辱，鲍叔不认为我没有廉耻，知道我不因小的过失而感到羞愧，却以功名不显扬于天下而感到耻辱。生养我的是父母，真正了解我的是鲍叔啊。"

鲍叔既进管仲，以身下之。子孙世禄于齐，有封邑者十余世，常为名大夫。天下不多管仲之贤，而多鲍叔能知人也。

【译文】鲍叔推荐了管仲以后，情愿把自身置于管仲之下。他的子孙世世代代在齐国享有俸禄，得到封地的有十几代，多数是著名的大夫。因此，天下的人不称赞管仲的才干，反而赞美鲍叔能够识别人才。

管仲既任政相齐，以区区之齐，在海滨，通货积财，富国强兵，与俗同好恶。故其称曰："仓廪实而知礼节，衣食足而知荣辱，上服度则六亲固。四维不张，国乃灭亡。下令如流水之原，令顺民心。"故论卑而易行。俗之所欲，因而予之；俗之所否，因而去之。

【译文】管仲出任齐相执政以后，凭借着小小的齐国在海滨的条件，流通货物，积聚财富，使得国富兵强，与百姓同好恶。所以，他在《管子》一书中称述说："仓库储备充实了，百姓才懂得礼节；衣食丰足了，百姓才能分辨荣辱；国君的作为合乎法度，"六亲"才会得以稳固""不提倡礼义廉耻，国家就会灭亡。""国家下达政令就像流水的源头，顺着百姓的心意流下。"所以政令符合下情就容易推行。百姓想要得到的，就给他们；百姓所反对的，就替他们废除。

其为政也，善因祸而为福，转败而为功。贵轻重，慎权衡。桓公实怒少姬，南袭蔡，管仲因而伐楚，责包茅不入贡于周室。桓公实北征山戎，而管仲因而令燕修召公之政。于柯之会，桓公欲背曹沫之约，管仲因而信之，诸候由是归齐。故曰："知与之为取，政之宝也。"

【译文】管仲执政的时候，善于把祸患化为吉祥，使失败转化为成功。他重视分别事物的轻重缓急，慎重地权衡事情的利弊得失。齐桓公实际上是怨恨少姬改嫁而向南袭击蔡国，管仲就寻找借口攻打楚国，责备它没有向周王室进贡菁茅。桓公实际上是向北出兵攻打山戎，而管仲就趁机让燕国整顿召公时期的政教。在柯地会盟，桓公想背弃曹沫逼迫他订立的盟约，管仲就顺应形势劝他信守盟约，诸候们因此归顺齐国。所以说："懂得给予正是为了取得的道理，这是治理国家的法宝。"

管仲富拟于公室，有三归、反坫，齐人不以为侈。管仲卒，齐国遵其政，常强于诸侯。后百余年，而有晏子焉。

【译文】管仲富贵得可以跟国君相比拟，拥有设置华丽的三归台和国君的宴饮设备，齐国人却不认为他奢侈僭越。管仲逝世后，齐国仍遵循他的政策，常常比其它诸候国强大。此后过了百余年，齐国又出了个晏婴。

晏平仲婴者，莱之夷维人也。事齐灵公、庄公、景公，以节俭力行重于齐。即相齐，食不重肉，妾不衣帛。其在朝，君语及之，即危言；语不及之，即危行。国有道，即顺命；无道，即衡命。以此三世显名于诸侯。

【译文】晏平仲，名婴，是齐国莱地夷维人。他辅佐了齐灵公、庄公、景公三代国君，由于节约俭仆又努力工作，在齐国受到人们的尊重。他做了齐国宰相，食不兼味，妻妾不穿丝绸衣服。在朝廷上，国君说话涉及到他，就正直地陈述自己的意见；国君的话不涉及他，就正直地去办事。国君能行正道，就顺着他的命令去做，不能行正道时，就对命令斟酌着去办。因此，他在齐灵公、庄公、景公三代，名声显扬于各国诸候。

越石父贤，在缧绁中。晏子出，遭之途，解左骖赎之，载归。弗谢，入闺。久之，越石父请绝。宴子戄然，摄衣冠，谢曰："婴虽不仁，免子于厄，何子求绝之速也？"石父曰："不然。吾闻君子诎于不知己，而信于知己者。方吾在缧绁中，彼不知我也。夫子既已感寤而赎我，是知己；知己而无礼，固不如在缧绁之中。”晏子于是延入为上客。

【译文】越石父是个贤才，正在囚禁之中。晏子外出，在路上遇到他，就解开乘车左边的马，把他赎出来，用车拉回家。晏子没有向越石父告辞，就走进内室，过了好久没出来，越石父就请求与晏子绝交。晏子大吃一惊，匆忙整理好衣帽道歉说：“我即使说不上善良宽厚，也总算帮助您从困境中解脱出来，您为什么这么快就要求绝交呢？”越石父说：“不是这样的，我听说君子在不了解自己的人那里受到委屈而在了解自己的人面前意志就会得到伸张。当我在囚禁之中，那些人不了解我。你既然已经受到感动而醒悟，把我赎买出来，这就是了解我；了解我却不能以礼相待，还不如在囚禁之中”于是晏子就请他进屋待为贵宾。

晏子为齐相，出，其御之妻，从门间而窥其夫。其夫为相御，拥大盖，策驷马，意气扬扬，甚自得也。既而归，其妻请去。夫问其故。妻曰：“晏子长不满六尺，身相齐国，名显诸侯。今者妾观其出，志念深矣，常有以自下者。今子长八尺，乃为人仆御，然子之意，自以为足，妾是以求去也。”其后夫自抑损。晏子怪而问之，御以实对。晏子荐以为大夫。

【译文】晏子做齐国宰相时，一次坐车外出，车夫的妻子从门缝里偷偷地看她的丈夫。他丈夫替宰相驾车，头上遮着大伞，挥动着鞭子赶着四匹马，神气十足，洋洋得意。不久回到家里，妻子就要求离婚，车夫问她离婚的原因，妻子说：“晏子身高不过六尺，却做了齐的宰相，名声在各国显扬，我看他外出，志向思想都非常深沉，常有那种甘居人下的态度。现在你身高八尺，才不过做人家的车夫，看你的神态，却自以为挺满足，因此我要求和你离婚。”从此以后，车夫就谦虚恭谨起来。晏子发现了他的变化，感到很奇怪，就问他，车夫也如实相告。晏子就推荐他做了大夫。

太史公曰：吾读管氏《牧民》《山高》《乘马》《轻重》《九府》，及《晏子春秋》，详哉，其言之也。既见其著书，欲观其行事，故次其传。至其书，世多有之，是以不论，论其轶事。

【译文】太史公（司马迁）说：我读了管仲的《牧民》《山高》《乘马》《轻重》《九府》和《晏子春秋》，这些书上说的太详细了！读了他们的著作，还想让人们了解他们的事迹，所以就依次编写了他们的合传。至于他们的著作，社会上已有很多，因此不再论述，只记载他们的佚事。

管仲世所谓贤臣，然孔子小之。岂以为周道衰微，桓公既贤，而不勉之至王，乃称霸哉？语曰：“将顺其美，匡救其恶，故上下能相亲也。”岂管仲之谓乎？

【译文】管仲是世人所说的贤臣，然而孔子小看他，难道是因为周朝统治衰微，桓公既然贤明，管仲不勉励他实行王道却辅佐他只称霸主吗？古语说：“要顺势助成君了的美德，纠正挽救他的过错，所以君臣百姓之间能亲密无间。”这大概就是说的管仲吧？

方晏子伏庄公尸，哭之成礼，然后去，岂所谓“见义不为无勇”者邪？至其谏说，犯君之颜，此所谓“进思尽忠，退思补过”者哉！假令晏子而在，余虽为之执鞭，所忻慕焉。

【译文】当初晏子枕伏在庄公尸体上痛哭，完成了礼节然后离去，难道是人们所说的“遇到正义的事情不去做就是没有勇气”的表现吗？至于晏子直言进谏，敢于冒犯国君的威严，这就是人们所说的“进就想到竭尽忠心，退就想到弥补过失”的人啊！假使晏子还活着，我即使替他挥动着鞭子赶车，也是我非常高兴和十分向往的啊！

孙子吴起列传

孙子武者，齐人也。以兵法见于吴王阖庐。阖庐曰：“子之十三篇，吾尽观之矣，可以小试勒兵乎？”对曰：“可。”阖庐曰：“可试以妇人乎？”曰：“可。”于是许之。出宫中美女得百八十人。孙子分为二队，以王之宠姬二人各为队长，皆令持戟。令人曰：“汝知而心与左右手、背乎？”妇人曰：“知之”。孙子曰：“前，则视心；左，视左手；右，视右手；后，即视背。”妇人曰：“诺。”约束既布，乃设鈇钺，即三令五申之。于是鼓之，右妇人复大笑。孙子曰：“约束不明，申令不熟，将之罪也。”复三令五申而鼓之，左妇人复大笑。孙子曰“约束不明，申令不熟，将之罪也；既已明而不如法者，吏士之罪也。”

【译文】孙子名武，是齐国人。因为他精通兵法受到吴王阖庐的接见。阖庐说：“您的十三篇兵书我都看过了，可用来小规模地试着指挥军队吗？”孙子回答说：“可以。”阖庐说：“可以用妇女试验吗？”回答说：“可以。”于是阖庐答应他试验，叫出宫中美女，共约百八十人。孙子把她们分为两队，让吴王阖庐最宠爱的两位侍妾分别担任各队队长，让所有的美女都拿一支戟。然后命令她们说：“你们知道自己的心、左右手和背吗？”妇人们回答说："知道。"孙子说："我说向前，你们就看心口所对的方向；我说向左，你们就看左手所对的方向；我说向右，你们就看右手所对的方向；我说向后，你们就看背所对的方向。"妇人们答道："是。"号令宣布完毕，于是摆好斧钺等刑具，旋即又把已经宣布的号令多次重复地交待清楚。就击鼓发令，叫她们向右，妇人们都哈哈大笑。孙子说："纪律还不清楚，号令不熟悉，这是将领的过错。"又多次重复地交待清楚，然后击鼓发令让她们向左，妇人们又都哈哈大笑。孙子说："纪律弄不清楚，号令不熟悉，这是将领的过错；现在既然讲得清清楚楚，却不遵照号令行事，那就是军官和士兵的过错了。"

乃欲斩左右队长。吴王从台上观，见且斩爱姬，大骇。趣使使下令，曰："寡人已知将军能用兵矣。寡人非此二姬，食不甘味，愿勿斩也。"孙子曰："臣既已受命为将，将在军，君命有所不受。"遂斩队长二人以徇。用其次为队长，于是复鼓之。妇人左右前后跪起，皆中规矩绳墨，无敢出声。于是孙子使使报王曰："兵既整齐，王可试下观之，唯王所欲用之，虽赴水火犹可也。"吴王曰："将军罢休就舍，寡人不愿下观。"孙子曰："王徒好其言，不能用其实。"于是阖庐知孙子能用兵，卒以为将。西破强楚，入郢，北威齐晋，显名诸侯，孙子与有力焉。

【译文】于是就要杀左、右两队的队长。吴王正在台上观看，见孙子将要杀自己的爱妾，大吃一惊。急忙派使臣传达命令说："我已经知道将军善用兵了，我要没了这两个侍妾，吃起东西来也不香甜，希望你不要杀她们吧。"孙子回答说："我已经接受命令为将，将在军队里，国君的命令有的可以不接受。"于是杀了两个队长示众。然后按顺序任用两队第二人为队长，于是再击鼓发令，妇人们不论是向左向右、向前向后、跪倒、站起都符合号令、纪律的要求，再没有人敢出声。于是孙子派使臣向吴王报告说："队伍已经操练整齐，大王可以下台来验察她们的演习，任凭大王怎样使用她们，即使叫她们赴汤蹈火也办得到啊。"吴王回答说："让将军停止演练，回宾馆休息。我不愿下去察看了。"孙子感叹地说："大王只是欣赏我的军事理论，却不能让我付诸实践。"从此，吴王阖庐知道孙子果真善于用兵，终于任命他做了将军。后来吴国向西打败了强大的楚国，攻克郢都，向北威震齐国和晋国，在诸侯各国名声赫赫，这其间，孙子不仅参与，而且出了很大的力啊。

孙武既死，后百余岁有孙膑。膑生阿鄄之间，膑亦孙武之后世子孙也。孙膑尝与庞涓俱学兵法。庞涓既事魏，得为惠王将军，而自以为能不及孙膑，乃阴使召孙膑。膑至，庞涓恐其贤于己，疾之，则以法刑断其两足而黥之，欲隐勿见。

【译文】孙子死后，隔了一百多年又出了一个孙膑。孙膑出生在阿城和鄄城一带，也是孙武的后代子孙。他曾经和庞涓一道学习兵法。庞涓奉事魏国以后，当上了魏惠王的将军，却知道自己的才能比不上孙膑。就秘密地把孙膑找来。孙膑到来，庞涓害怕他比自己贤能，忌恨他，就假借罪名砍掉他两只脚，并且在他脸上刺了字，想让他隐藏起来不敢抛头露面。

齐使者如梁，孙膑以刑徒阴见，说齐使。齐使以为奇，窃载与之齐。齐将田忌善而客待之。忌数与齐诸公子驰逐重射。孙子见其马足不甚相远，马有上、中、下辈。于是孙子谓田忌曰："君弟重射，臣能令君胜。"田忌信然之，与王及诸公子逐射千金。及临质，孙子曰："今以君之下驷与彼上驷，取君上驷与彼中驷，取君中驷与彼下驷。"既驰三辈毕，而田忌一不胜而再胜，卒得王千金。于是忌进孙子于威王。威王问兵法，遂以为师。

【译文】齐国的使臣来到大梁，孙膑以犯人的身份秘密地会见了齐使，进行游说。齐国的使臣认为他是个难得的人才，就偷偷地用车把他载回齐国。齐国将军田忌不仅赏识他而且还象对待客人一样对待他。田忌经常跟齐国贵族子弟赛马，下很大的赌注。孙膑发现他们的马脚力都差不多，可分为上、中、下三等。于是孙膑对田忌说："你尽管下大赌注，我能让你取胜。"田忌信以为然，与齐王和贵族子弟们比赛下了千金的赌注。到临场比赛，孙膑对田忌说："现在用您的下等马对付他们的上等马，拿您的上等马对付他们的中等马，让您的中等马对付他们的下等马。"三次比赛完了，田忌败了一次，胜了两次，终于赢得了齐王千金赌注。于是田忌就把孙子推荐给齐威王。威王向他请教兵法后，就把他当做老师。

其后魏伐赵，赵急，请救于齐。齐威王欲将孙膑，膑辞谢曰："刑余之人，不可。"于是乃以田忌为将，而孙子为师，居辎车中，坐为计谋。田忌欲引兵之赵，孙子曰："夫解杂乱纷纠者不控卷，救斗者不搏撠，批亢捣虚，形格势禁，则自为解耳。今梁赵相攻，轻兵锐卒必竭于外，老弱罢于内。君不若引兵疾走大梁，据其街路，冲其方虚，彼必释赵而自救。是我一举解赵之围而收弊于魏也。"田忌从之。魏果去邯郸，与齐战于桂陵，大破梁军。

【译文】后来魏国攻打赵国，赵国形势危急，向齐国求救。齐威王打算任用孙膑为主将，孙膑辞谢说："受过酷刑的人，不能任主将。"于是就任命田忌做主将，孙膑做军师，坐在带蓬帐的车里，暗中谋划。田忌想要率领救兵直奔赵国，孙膑说："想解开乱丝的人，不能紧握双拳生拉硬扯；解救斗殴的人，不能卷进去胡乱搏击。要扼住争斗者的要害，争斗者因形势限制，就不得不自行解开。如今魏赵两国相互攻打，魏国的精锐部队必定在国外精疲力竭，老弱残兵在国内疲惫不堪。你不如率领军队火速向大梁挺进，占据它的交通要道，冲击它正当空虚的地方，魏国肯定会放弃赵国而回兵自救。这样，我们一举解救了赵国之围，而又可坐收魏国自行挫败的效果。”田忌听从了孙膑的意见。魏军果然离开邯郸回师，在桂陵地方交战，魏军被打得大败。

后十五岁，魏与赵攻韩，韩告急于齐。齐使田忌将而往，直走大梁。魏将庞涓闻之，去韩而归，齐军既已过而西矣。孙子谓田忌曰：“彼三晋之兵，素悍勇而轻齐，齐号为怯，善战者因其势而利导之。兵法，百里而趣利者，蹶上将，五十里而趣利者，军半至。使齐军入魏地为十万灶，明日为五万灶，又明日为三万灶。”庞涓行三日，大喜，曰：“我固知齐军怯，入吾地三日，士卒亡者过半矣。”乃弃其步军，与其轻锐，倍日并行逐之。孙子度其行，暮当至马陵。马陵道狭，而旁多阻隘，可伏兵，乃斫大树，白而书之曰：“庞涓死于此树之下”。于是令齐军善射者万弩，夹道而伏，期曰“暮见火举而俱发”。庞涓果夜至斫木下，见白书，乃钻火烛之。读其书未毕，齐军万弩俱发，魏军大乱相失。庞涓自知智穷兵败，乃自刭，曰：“遂成竖子之名！”齐因乘胜尽破其军，虏魏太子申以归。孙膑以此名显天下，世传其兵法。

【译文】十五年后，魏国和赵国联合攻打韩国，韩国向齐国告急。齐王派田忌率领军队前去救援，径直进军大梁。魏将庞涓听到这个消息，率师撤离韩国回魏，而齐军已经越过边界向西挺进了。孙膑对田忌说：“那魏军向来凶悍勇猛，看不起齐兵，齐兵被称作胆小怯懦，善于指挥作战的将领，就要顺应着这样的趋势而加以引导。兵法上说：“用急行军走百里和敌人争利的，有可能折损上将军；用急行军走五十里和敌人争利的，可能有一半士兵掉队。命令军队进入魏境先砌十万人做饭的灶，第二天砌五万人做饭的灶，第三天砌三万人做饭的灶。”庞涓行军三日，特别高兴地说：“我本来就知道齐军胆小怯懦，进入我国境才三天，开小差的就超过了半数啊！”于是放弃了他的步兵，只和他轻装精锐的部队，日夜兼程地追击齐军。孙膑估计他的行程，当晚可以赶到马陵。马陵的道路狭窄，两旁又多是峻隘险阻，适合埋伏军队。孙膑就叫人砍去树皮，露出白木，写上：“庞涓死于此树之下。”于是命令一万名善于射箭的齐兵，隐伏在马陵道两边，约定说：“晚上看见树下火光亮起，就万箭齐发。”庞涓当晚果然赶到砍去树皮的大树下，看见白木上写着字，就点火照树干上的字，上边的字还没读完，齐军伏兵就万箭齐发，魏军大乱，互不接应。庞涓自知无计可施，败成定局，就拔剑自刎，临死说：“倒成就了这小子的名声！”齐军就乘胜追击，把魏军彻底击溃，俘虏了魏国太子申回国。孙膑也因此名扬天下，后世社会上流传着他的《兵法》。

吴起者，卫人也，好用兵。尝学于曾子，事鲁君。齐人攻鲁，鲁欲将吴起，吴起取齐女为妻，而鲁疑之。吴起于是欲就名，遂杀其妻，以明不与齐也。鲁卒以为将。将而攻齐，大破之。

【译文】吴起是卫国人，善于用兵。曾经向曾子求学，奉事鲁国国君。齐国的军队攻打鲁国，鲁君想任用吴起为将军，而吴起娶的妻子却是齐国人，因而鲁君怀疑他。当时，吴起一心想成名，就杀了自己的妻子，用来表明他不亲附齐国。鲁君终于任命他做了将军，率领军队攻打齐国，把齐军打得大败。

鲁人或恶吴起曰："起之为人，猜忍人也。其少时家累千金，游仕不遂。遂破其家。乡党笑之，吴起杀其谤已者三十余人，而东出卫郭门。与其母诀，啮臂而盟曰：'起不为卿相，不复入卫。'遂事曾子。居顷之，其母死，起终不归。曾子薄之，而与起绝。起乃之鲁学兵法，以事鲁君。鲁君疑之，起杀妻以求将。夫鲁小国，而有战胜之名，则诸侯图鲁矣。且鲁卫兄弟之国也，而君用起，则是弃卫。"鲁君疑之，谢吴起。

【译文】鲁国就有的人诋毁吴起说："吴起为人，是猜疑残忍的。他年轻的时候，家里积蓄足有千金，在外边求官没有结果，把家产也荡尽了，同乡邻里的人笑话他，他就杀掉三十多个讥笑自己的人。然后从卫国的东门逃跑了。他和母亲决别时，咬着自己的胳膊狠狠地说：'我吴起不做卿相，绝不再回卫国。'于是就拜曾子为师。不久，他母亲死了，吴起最终还是没有回去奔丧。曾子瞧不起他并和他断绝了师徒关系。吴起就到鲁国去，学习兵法来奉事鲁君。鲁君怀疑他，吴起杀掉妻子表明心迹，用来谋求将军的职位。鲁国虽然是个小国，却有着战胜国的名声，那么诸侯各国就要谋算鲁国了。况且鲁国和卫国是兄弟国家，鲁君要是重用吴起，就等于抛弃了卫国。"鲁君怀疑吴起，疏远了吴起。

吴起于是闻魏文侯贤，欲事之。文侯问李克曰："吴起何如人哉？"李克曰："起贪而好色，然用兵，司马穰苴不能过也。"于是魏文侯以为将，击秦，拔五城。

【译文】这时，吴起听说魏国文侯贤明，想去奉事他。文侯问李克说："吴起这个人怎么样啊？"李克回答说："吴起贪恋成名而爱好女色，然而要带兵打仗，就是司马穰苴也超不过他。"于是魏文侯就任用他为主将，攻打秦国，夺取了五座城池。

起之为将，与士卒最下者同衣食。卧不设席，行不骑乘，亲裹赢粮，与士卒分劳苦。卒有病疽者，起为吮之。卒母闻而哭之。人曰："子卒也，而将军自吮其疽，何哭为。"母曰："非然也。往年吴公吮其父，其父战不旋踵，遂死于敌。吴公今又吮其子，妾不知其死所矣。是以哭之。"

【译文】吴起做主将，跟最下等的士兵穿一样的衣服，吃一样的伙食，睡觉不铺垫褥，行军不乘车骑马，亲自背负着捆扎好的粮食和士兵们同甘共苦。有个士兵生了恶性毒疮，吴起替他吸吮浓液。这个士兵的母亲听说后，就放声大哭。有人说："你儿子是个无名小卒，将军却亲自替他吸吮浓液，怎么还哭呢？"那位母亲回答说："不是这样啊，往年吴将军替他父亲吸吮毒疮，他父亲在战场上勇往直前，就死在敌人手里。如今吴将军又给他儿子吸吮毒疮，我不知道他又会在什么时候死在什么地方，因此，我才哭他啊。"

文侯以吴起善用兵，廉平，尽能得士心，乃以为西河守，以拒秦、韩。魏文侯既卒，起事其子武侯。武侯浮西河而下，中流，顾而谓吴起曰："美哉乎山河之固，此魏国之宝也！"起对曰："在德不在险。昔三苗氏，左洞庭，右彭蠡，德义不修，禹灭之。夏桀之居，左河济，右泰华，伊阙在其南，羊肠在其北，修政不仁，汤放之。殷纣之国，左孟门，右太行，常山在其北，大河经其南，修政不德，武王杀之。由此观之，在德不在险。若君不修德，舟中之人，尽为敌国也。"武侯曰："善。"

【译文】魏文侯因为吴起善于用兵打仗，廉洁不贪，待人公平，能取得所有将士的欢心，就任命他担任西河地区的长官，来抗拒秦国和韩国。魏文侯死后，吴起奉事他的儿子魏武侯。武侯泛舟黄河顺流而下，船到半途，回过头来对吴起说："山川是如此的险要、壮美哟，这是魏国的瑰宝啊！"吴起回答说："国家政权的稳固，在于施德于民，而不在于地理形势的险要。从前三苗氏左临洞庭湖，右濒彭蠡泽，因为它不修德行，不讲信义，所以夏禹能灭掉它。夏桀的领土，左临黄河、济水，右靠泰山、华山，伊阙山在它的南边，羊肠坂在它的北面。因为他不施仁政，所以商汤放逐了他。殷纣的领土，左边有孟门山，右边有太行山，常山在它的北边，黄河流经它的南面，因为他不施仁德，武王把他杀了。由此看来，政权稳固在于给百姓施以恩德，不在于地理形势的险要。如果您不施恩德，即便同乘一条船的人也会变成您的仇敌啊！"武侯回答说："有道理。"

即封吴起为西河守，甚有声名。魏置相，相田文。吴起不悦，谓田文曰："请与子论功可乎？"田文曰："可。"起曰："将三军，使士卒乐死，敌国不敢谋，子孰与起？"文曰："不如子。"起曰："治百官，亲万民，实府库，子孰与起？"文曰：不如子。"起曰："守西河而秦兵不敢东向，韩赵宾从，子孰与起？"文曰："不如子。"起曰："此三者，子皆出吾下，而位加吾上，何也？"文曰："主少国疑，大臣未附，百姓不信，方是之时，属之于子乎？属之于我乎？"起默然良久，曰："属之子矣。"文曰："此乃吾所以居子之上也。"吴起乃自知弗如田文。

【译文】吴起做西河守，取得了很高的声望。魏国设置了相位，任命田文做国相。吴起很不高兴，对田文说："请让我与您比一比功劳，可以吗？"田文说："可以。"吴起说："统率三军，让士兵乐意为国去死战，敌国不敢图谋魏国，您和我比，谁好？”田文说：“不如您。”吴起说：“管理文武百官，让百姓亲附，充实府库的储备，您和我比，谁行？”田文说：“不如您。”吴起说：“拒守西河而秦国的军队不敢向东侵犯，韩国、赵国服从归顺，您和我比，谁能？”田文说：“不如您。”吴起说：“这几方面您都不如我，可是您的职位却在我之上，是什么道理呢？”田文说：“田君还年轻，国人疑虑不安，大臣不亲附，百姓不信任，正当处在这个时候，是把政事托付给您呢，还是应当托付给我？”吴起沉默了许久，然后说：“应该托付给您啊。”田文说：“这就是我的职位比您高的原因啊。”吴起这才明白在这方面不如田文。

田文既死，公叔为相，尚魏公主而害吴起。公叔之仆曰：“起易去也。”公叔曰：“奈何？”其仆曰：“吴起为人，节廉而自喜名也。君因先与武侯言曰：‘夫吴起贤人也，而侯之国小，又与强秦壤界，臣窃恐起之无留心也。’武侯即曰：‘奈何？’君因谓武侯曰：‘试延以公主，起有留心，则必受之，无留心，则必辞矣。以此卜之。’君因召吴起而与归，即令公主怒而轻君。吴起见公主之贱君也，则必辞。”于是吴起见公主之贱魏相，果辞魏武侯。武侯疑之而弗信也。吴起惧得罪，遂去，即之楚。

【译文】田文死后，公叔出任国相，娶了魏君的女儿，却畏忌吴起。公叔的仆人说：“吴起是不难赶走的。”公叔问：“怎么办？”那个仆人说：“吴起为人有骨气而又喜好名誉、声望。您可找机会先对武侯说：‘吴起是个贤能的人，而您的国土太小了，又和强大的秦国接壤，我私下担心吴起没有长期留在魏国的打算。’武侯就会说：‘那可怎么办呢？’您就趁机对武侯说：‘请用下嫁公主的办法试探他，如果吴起有长期留在魏国的心意，就一定会答应娶公主，如果没有长期留下来的心意，就一定会推辞。用这个办法能推断他的心志。’您找个机会请吴起一道回家，故意让公主发怒而当面鄙视您，吴起见公主这样蔑视您，那就一定不会娶公主了。”当时，吴起见到公主如此地蔑视国相，果然婉言谢绝了魏武侯。武侯怀疑吴起，也就不再信任他。吴起怕招来灾祸，于是离开魏国，随即就到楚国去了。

楚悼王素闻吴起贤，至则相楚。明法审令，捐不急之官，废公族疏远者，以抚养战斗之士。要在强兵，破驰说之言从横者。于是南平百越；北并陈蔡，却三晋；西伐秦。诸侯患楚之强。

【译文】楚悼王一向就听说吴起贤能，刚到楚国就任命他为国相。他使法明确，依法办事，令出必行，淘汰并裁减无关紧要的冗员，停止疏远王族的按例供给，来抚养战士。致力于加强军事力量，揭穿往来奔走的游说之客。于是向南平定了百越；向北吞并了陈国和蔡国，打退韩、赵、魏三国的进攻；向西又讨伐了秦国。诸侯各国对楚国的强大感到忧虑。

故楚之贵戚尽欲害吴起。及悼王死，宗室大臣作乱，而攻吴起，吴起走之王尸而伏之。击起之徒，因射刺吴起，并中悼王。悼王既葬，太子立，乃使令尹尽诛射吴起而并中王尸者。坐射起而夷宗者七十余家。

【译文】以往被吴起停止供给的疏远王族都想谋害吴起。等悼公一死，王室大臣发动骚乱，攻打吴起，吴起逃到楚王停尸的地方，附伏在悼王的尸体上。攻打吴起的那帮人趁机用箭射吴起，同时也射中了悼王的尸体。等把悼王安葬停当后，太子即位。就让令尹把射杀吴起同时射中悼王尸体的人，全部处死，由于射杀吴起而被灭族的有七十多家。

太史公曰：世俗所称师旅，皆道《孙子》十三篇，吴起《兵法》，世多有，故弗论，论其行事所施设者。语曰："能行之者未必能言，能言之者未必能行。"孙子筹策庞涓，明矣，然不能蚤救患于被刑。吴起说武侯以形势不如德，然行之于楚，以刻暴少恩亡其躯。悲夫！

【译文】太史公说：社会上称道军旅战法的人，无不称道《孙子》十三篇和吴起的《兵法》，这两部书，社会上流传很广，所以我不加论述，只评论他们生平行事所涉及到的情况。俗话说："能做的未必能说，能说的未必能做。"孙膑算计庞涓的军事行动是英明的，但是他自己却不能预先避免刖足的酷刑。吴起向魏武侯讲凭借地理形势的险要，不如给人民施以恩德的道理，然而一到楚国执政却因为刻薄、暴戾、少恩葬送了自己的生命。可叹啊！

商君列传

商君者，卫之诸庶孽公子也，名鞅，姓公孙氏，其祖本姬姓也。鞅少好刑名之学，事魏相公叔座为中庶子。公叔座知其贤，未及进。会座病，魏惠王亲往问病，曰："公叔病，有如不可讳，将奈社稷何？"公叔曰："座之中庶子公孙鞅，年虽少，有奇才，愿王举国而听之。"王嘿然。王且去，座屏人言曰："王即不听用鞅，必杀之，无令出境。"王许诺而去。公叔座召鞅谢曰："今者，王问可以为相者，我言若，王色不许我。我方先君后臣，因谓王，即弗用鞅，当杀之。王许我。汝可疾去矣，且见禽。"鞅曰："彼王不能用君之言任臣，又安能用君之言杀臣乎？"卒不去。惠王既去，而谓左右曰："公叔病甚，悲乎，欲令寡人以国听公孙鞅也，岂不悖哉！"

【译文】商君，是卫国国君姬妾生的公子。名鞅，姓公孙，他的祖先本来姓姬。公孙鞅年轻时就喜欢刑名法术之学，侍奉魏国国相公叔座做了中庶子。公叔座知道他贤能，还没来得及向魏王推荐。正赶上公叔座得了病，魏惠王亲自去看望他，说："你的病倘有不测，国家将怎么办呢？"公叔座回答说："我的中庶子公孙鞅，虽然年轻，却有奇才，希望大王能把国政全部交给他，由他去治理。"魏惠王听后默默无言。当魏惠王将要离开时，公叔座屏退左右随侍人员，说："大王假如不任用公孙鞅，就一定要杀掉他，不要让他走出国境。"魏王答应了他的要求就离去了。公叔座召来公孙鞅，道歉说："刚才大王询问能够出任国相的人，我推荐了你。看大王的神情不会同意我的建议。我当先忠于君后考虑臣的立场，因而劝大王假如不任用公孙鞅，就该杀掉他。大王答应了我的请求。你赶快离开吧，不快走马上就要被擒。"公孙鞅说："大王既然不能听您的话任用我，又怎么能听您的话来杀我呢？"终于没有离开魏国。惠王离开后，对随侍人员说："公叔座的病很严重，真叫人伤心啊，他想要我把国政全部交给公孙鞅掌管，难道不是糊涂了吗？"

公叔既死，公孙鞅闻秦孝公下令国中，求贤者，将修缪公之业，东复侵地，乃遂西入秦，因孝公宠臣景监，以求见孝公。孝公既见卫鞅，语事良久，孝公时时睡，弗听。罢，而孝公怒景监曰："子之客，妄人耳，安足用邪！"景监以让卫鞅。卫鞅曰："吾说公以帝道，其志不开悟矣。"后五日，复求见鞅。鞅复见孝公，益愈，然而未中旨。罢，而孝公复让景监，景监亦让鞅。鞅曰："吾说公以王道，而未入也。请复见鞅。"

【译文】公叔座死后不久，公孙鞅听说秦孝公下令在全国寻访有才能的人，要重整秦穆公时代的霸业，向东收复失地，他就西去秦国，依靠孝公的宠臣姓景的太监求见孝公。孝公召见卫鞅，让他说了很长时间的国家大事，孝公一边听一边打瞌睡，一点也听不进去。事后孝公迁怒景监说："你的客人是大言欺人的家伙，这种人怎么能任用呢！"景监又用孝公的话责备卫鞅。卫鞅说："我用尧、舜治国的方法劝说大王，他的心志不能领会。"过了几天，景监又请求孝公召见卫鞅。卫鞅再见孝公时，把治国之道说的淋漓尽致，可是还合不上孝公的心意。事后孝公又责备景监，景监也责备卫鞅。卫鞅说："我用禹、汤、文、武的治国方法劝说大王而他听不进去。请求他再召见我一次。"

鞅复见孝公，孝公善之，而未用也。罢而去。孝公谓景监曰："汝客善，可与语矣。"

鞅曰：“吾说公以霸道，其意欲用之矣。诚复见我，我知之矣。”卫鞅复见孝公。公与语，不自知厀之前于席也。语数日不厌。景监曰：“子何以中吾君？吾君之欢甚也。”鞅曰：“吾说君以帝王之道比三代，而君曰：‘久远，吾不能待。且贤君者，各及其身，显名天下，安能邑邑待数十百年以成帝王乎？’故吾以强国之术说君，君大说之耳。然亦难以比德于殷周矣。”

【译文】卫鞅又一次见到孝公，孝公对他很友好，可是没任用他。会见退出后，孝公对景监说：“你的客人不错，我可以和他谈谈了。”景监告诉卫鞅，卫鞅说：“我用春秋五霸的治国方法去说服大王，看他的心思是准备采纳了。果真再召见我一次，我就知道该说些什么啦。”于是卫鞅又见到了孝公，孝公跟他谈的非常投机，不知不觉地在垫席上向前移动膝盖，谈了好几天都不觉得厌倦。景监说：“您凭什么能合上大王的心意呢？我们国君高兴极了。”卫鞅回答说：“我劝大王采用帝王治国的办法，建立夏、商、周那样的盛世，可是大王说：‘时间太长了，我不能等，何况贤明的国君，谁不希望自己在位的时候名扬天下，怎么能叫我闷闷不乐地等上几十年、几百年才成就帝王大业呢？’所以，我用富国强兵的办法劝说他，他才特别高兴。然而，这样也就不能与殷、周的德行相媲美了。”

孝公既用卫鞅，鞅欲变法，恐天下议己。卫鞅曰：“疑行无名，疑事无功。且夫有高人之行者，固见非于世；有独知之虑者，必见敖于民。愚者暗于成事，知者见于未萌。民不可与虑始，而可与乐成。论至德者，不和于俗，成大功者不谋于众。是以圣人苟可以强国，不法其故；苟可以利民，不循其礼。”孝公曰：“善。”

【译文】孝公任用卫鞅后不久，打算变更法度，又恐怕天下人议论自己。卫鞅说：“行动犹豫不决，就不会搞出名堂，办事犹豫不决就不会成功。况且超出常人的行为，本来就常被世俗非议；有独道见解的人，一定会被一般人嘲笑。愚蠢的人事成之后都弄不明白，聪明的人事先就能预见将要发生的事情。不能和百姓谋划新事物的创始而可以和他们共享成功的欢乐。探讨最高道德的人不与世俗合流，成就大业的人不与一般人共谋。因此，圣人只要能够使国家强盛，就不必沿用旧的成法；只要能够利于百姓，就不必遵循旧的礼制。”孝公说：“讲的好。”

甘龙曰：“不然。圣人不易民而教，知者不变法而治。因民而教，不劳而成功；缘法而治者，吏习而民安之。”卫鞅曰：“龙之所言，世俗之言也。常人安于故俗，学者溺于所闻。以此两者，居官守法可也，非所与论于法之外也。三代不同礼而王，五伯不同法而霸。智者作法，愚者制焉；贤者更礼，不肖者拘焉。”杜挚曰：“利不百，不变法；功不十，不易器。法古无过，循礼无邪。”卫鞅曰：“治世不一道，便国不法古。故汤武不循古而王，夏殷不易礼而亡。反古者不可非，而循礼者不足多。”孝公曰：“善。”以卫鞅为左庶长，卒定变法之令。

【译文】甘龙说：“不是这样。圣人不改变民俗而施以教化，聪明的人不改变成法而治理国家。顺应民风民俗而施教化，不费力就能成功；沿袭成法而治理国家，官吏习惯而百姓安定。”卫鞅说：“甘龙所说的，是世俗的说法啊。一般人安于旧有的习俗，而读书人拘泥于书本上的见闻。这两种人奉公守法还可以，但不能和他们谈论成法以外的改革。三代礼制不同而都能统一天下，五伯法制不一而都能各霸一方。聪明的人制定法度，愚蠢的人被法度制约；贤能的人变更礼制，寻常的人被礼制约束。”杜挚说：“没有百倍的利益，就不能改变成法；没有十倍的功效，就不能更换旧器。仿效成法没有过失，遵循旧礼不会出偏差。”卫鞅说：“治理国家没有一成不变的办法，有利于国家就不仿效旧法度。所以汤武不沿袭旧法度而能王天下，夏殷不更换旧礼制而灭亡。反对旧法的人不能非难，而沿袭旧礼的人不值得赞扬。”孝公说：“讲的好。”于是任命卫鞅为左庶长，终于制定了变更成法的命令。

令民为什伍，而相收司连坐。不告奸者腰斩，告奸者与斩敌首同赏，匿奸者与降敌同罚。民有二男以上，不分异者，倍其赋。有军功者，各以率受上爵；为私斗者，各以轻重被刑大小。僇力本业，耕织致粟帛多者，复其身。事末利，及怠而贫者，举以为收孥。宗室非有军功，论不得为属籍。明尊卑爵秩等级，各以差次，名田宅，臣妾衣服以家次。有功者显荣，无功者，虽富无所芬华。

【译文】下令把十家编成一什，五家编成一伍，互相监视检举，一家犯法，十家连带治罪。不告发奸恶的处以拦腰斩断的刑罚，告发奸恶的与斩敌首级的同样受赏，隐藏奸恶的人与投降敌人同样的惩罚。一家有两个以上的壮丁不分居的，赋税加倍。有军功的人，各按标准升爵受赏；为私事斗殴的，按情节轻重分别处以大小不同的刑罚。致力于农业生产，让粮食丰收、布帛增产的免除自身的劳役或赋税。因从事工商业及懒惰而贫穷的，把他们的妻子全都没收为官奴。王族里没有军功的，不能列入家族的名册。明确尊卑爵位等级，各按等级差别占有土地、房产，家臣奴婢的衣裳、服饰，按各家爵位等级决定。有军功的显赫荣耀，没有军功的即使很富有也不能显荣。

令既具，未布，恐民之不信已，乃立三丈之木，于国都市南门，募民有能徙置北门者，予十金。民怪之，莫敢徙。复曰“能徙者，予五十金”。有一人徙之，辄予五十金，以明不期。卒下令。

【译文】新法准备就绪后，还没公布，恐怕百姓不相信，就在国都后边市场的南门竖起一根三丈长的木头，招募百姓中能把木头搬到北门的人赏给十金。百姓觉得这件事很奇怪，没人敢动。又宣布“能把木头搬到北门的人赏五十金”。有一个人把它搬走了，当下就给了他五十金，借此表明令出必行，绝不欺骗。事后就颁布了新法。

令行于民，期年，秦民之国都，言初令之不便者以千数。于是太子犯法。卫鞅曰：“法之不行，自上犯之。”将法太子。太子，君嗣也，不可施刑，刑其傅公子虔，黥其师公孙贾。明日，秦人皆趋令。行之十年，秦民大说，道不拾遗，山无盗贼，家给人足。民勇于公战，怯于私斗，乡邑大治。秦民初言令不便者，有来言令便者，卫鞅曰“此皆乱化之民也”，尽迁之于边城。其后，民莫敢议令。

【译文】新法在民间施行了整一年，秦国老百姓到国都说新法不方便的人数以千计。正当这时，太子触犯了新法。卫鞅说：“新法不能顺利推行，是因为上层人触犯它。”将依新法处罚太子。太子，是国君的继承人，又不能施以刑罚，于是就处罚了监督他行为的老师公子虔，以墨刑处罚了给他传授知识的老师公孙贾。第二天，秦国人就都遵照新法执行了。新法推行了十年，秦国百姓都非常高兴，路上没有人拾别人丢的东西为己有，山林里也没了盗贼，家家富裕充足。人民勇于为国家打仗，不敢为私利争斗，乡村、城镇社会秩序安定。当初说新法不方便的秦国百姓又有来说法令方便的，卫鞅说：“这都是扰乱教化的人”，于是把他们全部迁到边疆去。此后，百姓再没人敢议论新法了。

于是以鞅为大良造。将兵围魏安邑，降之。居三年，作为筑冀阙宫庭于咸阳，秦自雍徙都之。而令民父子兄弟同室内息者为禁。而集小都乡邑聚为县，置令、丞，凡三十一县。为田开阡陌封疆，而赋税平。平斗桶权衡丈尺。行之四年，公子虔复犯约，劓之。居五年，秦人富强，天子致胙于孝公，诸侯毕贺。

【译文】于是卫鞅被任命为大良造。率领着军队围攻魏国安邑，使他们屈服投降。过了三年，秦国在咸阳建筑宫廷城阙，把国都从雍地迁到咸阳。下令禁止百姓父子兄弟同居一室。把零星的乡镇村庄合并成县，设置了县令、县丞，总共合并划分为三十一个县。废除井田重新划分田塍的界线，鼓励开垦荒地，而使赋税平衡。统一全国的度量衡制度。施行了四年，公子虔又犯了新法，被判处劓刑。过了五年，秦国富强，周天子把祭肉赐给秦孝公，各国诸侯都来祝贺。

其明年，齐败魏兵于马陵，虏其太子申，杀将军庞涓。其明年，卫鞅说孝公曰：“秦之与魏，譬若人之有腹心疾，非魏并秦，秦即并魏。何者？魏居岭阨之西，都安邑，与秦界河，而独擅山东之利。利则西侵秦，病则东收地。今以君之贤圣，国赖以盛。而魏往年大破于齐，诸侯畔之，可因此时伐魏。魏不支秦，必东徙。东徙，秦据河山之固，东乡以制诸侯，此帝王之业也。”孝公以为然，使卫鞅将而伐魏。魏使公子卬将而击之。军既相距，卫鞅遗魏将公子卬书，曰：“吾始与公子欢，今俱为两国将，不忍相攻，可与公子面相见盟，乐饮而罢兵，以安秦魏。”魏公子卬以为然。会盟，已饮，而卫鞅伏甲士而袭虏魏公子卬，因攻其军，尽破之以归秦。魏惠王兵数破于齐秦，国内空，日以削，恐，乃使使割河西之地，献于秦以和。而魏遂去安邑，徙都大梁。梁惠王曰：“寡人恨不用公叔座之言也。”卫鞅既破魏还，秦封之於、商十五邑，号为商君。

【译文】第二年，齐国军队在马陵打败魏军，俘虏了魏国的太子申，射杀将军庞涓。下一年，卫鞅劝孝公说：“秦和魏的关系，就象人得了心腹疾病，不是魏兼并了秦国，就是秦国吞并了魏国。为什么要这样说呢？魏国地处山岭险要的西部，建都安邑，与秦国以黄河为界而独立据有崤山以东的地利。形势有利就向西进犯秦国，没利时就向东扩展领地。如今凭借大王圣明贤能，秦国才繁荣昌盛。而魏国往年被齐国打得大败，诸侯们都背叛了他，可以趁此良机攻打魏国。魏国抵挡不住秦国，必然要向东撤退。一向东撤退，秦国就占据了黄河和崤山险固的地势，向东就可以控制各国诸侯，这可是统一天下的帝王伟业啊！”孝公认为说得对。就派卫鞅率领军队攻打魏国。魏国派公子卬领兵迎击。两军相拒对峙，卫鞅派人给魏将公子卬送来一封信，写道：“我当初与公子相处的很快乐，如今你我成了敌对两国的将领，不忍心相互攻击，可以与公子当面相见，订立盟约，痛痛快快地喝几杯然后各自撤兵，让秦魏两国相安无事。”魏公子卬认为卫鞅说的对。会盟结束，喝酒，而卫鞅埋伏下的士兵突然袭击并俘虏了魏公子卬，趁机攻打他的军队，彻底打垮了魏军后，押着公子卬班师回国。魏惠王的军队多次被齐、秦击溃，国内空虚，一天比一天消弱，害怕了，就派使者割让河西地区奉献给秦国做为媾和的条件。魏国就离开安邑，迁都大梁。梁惠王后悔地说：“我真后悔当初没采纳公叔座的意见啊。”卫鞅打败魏军回来以后，秦孝公把於、商十五个邑封给了他，封号叫做商君。

商君相秦十年，宗室贵戚，多怨望者。赵良见商君。商君曰：“鞅之得见也，从孟兰皋。今鞅请得交，可乎？”赵良曰：“仆弗敢愿也。孔丘有言曰：‘推贤而戴者进，聚不肖而王者退。’仆不肖，故不敢受命。仆闻之曰：‘非其位而居之，曰贪位，非其名而有之，曰贪名。’仆听君之义，则恐仆贪位贪名也。故不敢闻命。”商君曰：“子不说吾治秦与？”赵良曰：“反听之谓聪，内视之谓明，自胜之谓强。虞舜有言曰：‘自卑也尚矣。’君不若道虞舜之道，无为问仆矣。”商君曰：“始秦戎翟之教，父子无别，同室而居。今我更制其教，而为其男女之别，大筑冀阙，营如鲁卫矣。子观我治秦也，孰与五羖大夫贤？”

【译文】商君出任秦相十年，很多皇亲国戚都怨恨他。赵良去见商君。商君说："我能见到你，是由于孟兰皋的介绍，现在我们交个朋友，可以吗？"赵良回答说："鄙人不敢奢望。孔子说过：'推荐贤能，受到人民拥戴的人才会前来；聚集不肖之徒，即使能使成王业的人也会引退。'鄙人不才，所以不敢从命。鄙人听到过这样的说法：'不该占有的职位而占有它叫做贪位，不该享有的名声而享有它叫做贪名。'鄙人要是接受了您的情谊，恐怕那就是鄙人既贪位又贪名了。所以不敢从命。"商鞅说："您不高兴我对秦国的治理吗？"赵良说："能够听从别人的意见叫做聪，能够自我省察叫做明，能够自我克制叫做强。虞舜曾说过：'自我谦虚的人被人尊重。'您不如遵循虞舜的主张去做，无须问我了。"商鞅说："当初，秦国的习俗和戎狄一样，父子不分开，男女老少同居一室。如今我改变了秦国的教化，使他们男女有别，分居而住，大造宫廷城阙，把秦国营建的像鲁国、魏国一样。您看我治理秦国，与五羖大夫比，谁更有才干？"

赵良曰："千羊之皮，不如一狐之掖；千人之诺诺，不如一士之谔谔。武王谔谔以昌，殷纣墨墨以亡。君若不非武王乎，则仆请终日正言而无诛，可乎？"商君曰："语有之矣，貌言华也，至言实也，苦言药也，甘言疾也。夫子果肯终日正言，鞅之药也。鞅将事子，子又何辞焉！"赵良曰："夫五羖大夫，荆之鄙人也。闻秦缪公之贤，而愿望见，行而无资，自粥于秦客，被褐食牛。期年，缪公知之，举之牛口之下，而加之百姓之上，秦国莫敢望焉。相秦六七年，而东伐郑，三置晋国之君，一救荆国之祸。发教封内，而巴人致贡；施德诸侯，而八戎来服。由余闻之，款关请见。五羖大夫之相秦也，劳不坐乘，暑不张盖，行于国中，不从车乘，不操干戈，功名藏于府库，德行施于后世。五羖大夫死，秦国男女流涕，童子不歌谣，舂者不相杵。此五羖大夫之德也。

【译文】赵良说："一千张羊皮比不上一领狐腋贵重，一千个随声附合的人比不上一个人正义直言。武王允许大臣们直言谏诤，国家就昌盛，纣王的大臣不敢讲话，因而灭亡。您如果不反对武王的做法，那么，请允许鄙人整天直言而不受责备，可以吗？"商君说："俗话说，外表上动听的话好比是花朵，真实至诚的话如同果实，苦口相劝、听来逆耳的话是治病的良药，献媚奉承的话是疾病。您果真肯终日正义直言，那就是我治病的良药了。我将拜您为师，您为什么又拒绝和我交朋友呢！"赵良说："那五羖大夫，是楚国偏僻的乡下人。听说秦穆公贤明，就想去当面拜见，要去却没有路费，就把自己卖给秦国人，穿着粗布短衣给人家喂牛。整整过了一年，秦穆公知道了这件事，把他从牛嘴下面提拔起来，凌驾于万人之上，秦国人没有谁不满意。他出任秦相六、七年，向东讨伐过郑国，三次拥立晋国的国君，一次出兵救楚。在境内施行德化。巴国前来纳贡；施德政于诸侯，四方少数民族前来朝见。由余听到这种情形，前来敲门投奔。五羖大夫出任秦相，劳累不坐车，酷暑炎热不打伞，走遍国中，不用随从的车辆，不带武装防卫，他的功名载于史册，藏于府库，他的德行施教于后代。五羖夫死时，秦国不论男女都痛哭流涕，连小孩子也不唱歌谣，正在舂米的人也因悲哀而不发出相应的呼声。这就是五羖大夫的德行啊。

今君之见秦王也，因嬖人景监以为主，非所以为名也。相秦不以百姓为事，而大筑冀阙，非所以为功也。刑黥太子之师傅，残伤民以骏刑，是积怨畜祸也。教之化民也深于命，民之效上也捷于令。今君又左建外易，非所以为教也。君又南面而称寡人，日绳秦之贵公子。《诗》曰：'相鼠有体，人而无礼，人而无礼，何不遄死，以《诗》观之，非所以为寿也。公子虔杜门不出已八年矣，君又杀祝欢而黥公孙贾。《诗》曰：'得人者兴，失人者崩。'此数事者，非所以得人也。

【译文】如今您得以见秦王，靠的是秦王宠臣景监推荐介绍，这就说不上什么名声了。身为秦国国相不为百姓造福而大规模地营建宫阙，这就说不上为国家建立功业了。惩治太子的师傅，用严刑酷法残害百姓，这是积累怨恨、聚积祸患啊。教化百姓比命令百姓更深入人心，百姓模仿上边的行为比命令百姓更为迅速。如今您却违情背理地建立权威变更法度，这不是对百姓施行教化啊。您又在商於封地南面称君，天天用新法来逼迫秦国的贵族子弟。《诗经》上说：'相鼠还懂得礼貌，人反而没有礼仪，人既然失去了礼仪，为什么不快快地死呢。'照这句诗看来，实在是不能恭维您了。公子虔闭门不出已经八年了，您又杀死祝欢而用墨刑惩处公孙贾。《诗经》上说：'得到人心的振兴，失掉人心的灭亡。'这几件事，都不是得人心的呀。

君之出也，后车十数，从车载甲，多力而骈胁者为骖乘，持矛而操闟戟者旁车而趋。此一物不具，君固不出。《书》曰：'恃德者昌，恃力者亡。'君之危若朝露，尚将欲延年益寿乎？则何不归十五都，灌园于鄙，劝秦王显岩穴之士，养老存孤，敬父兄，序有功，尊有德，可以少安。君尚将贪商于之富，宠秦国之教，畜百姓之怨，秦王一旦捐宾客而不立朝，秦国之所以收君者，岂其微哉？亡可翘足而待。"商君弗从。

【译文】您一出门，后边跟着数以十计的车辆，车上都是顶盔贯甲的卫士，身强力壮的人做贴身警卫，持矛操戟的人紧靠您的车子奔随。这些防卫缺少一样，您必定不敢出门。《尚书》上说：'凭靠施德的昌盛，凭靠武力的灭亡。'您的处境就好象早晨的露水，很快就会消亡一样危险，您还打算要延年益寿吗？那为什么不把商於十五邑封地交还秦国，到偏僻荒远的地方浇园自耕，劝秦王重用那些隐居山林的贤才，赡养老人，抚育孤儿，使父兄相互敬重，依功序爵，尊崇有德之士，这样才可以稍保平安。您还要贪图商於的富有，以独揽秦国的政教为荣宠，聚集百姓的怨恨，秦王一旦舍弃宾客而不能当朝，秦国所要拘捕您的人难道能少吗？您丧身的日子就象抬起足来那样迅速地到来。"商君没有听从劝告。

后五月，而秦孝公卒，太子立。公子虔之徒告商君欲反，发吏捕商君。商君亡至关下，欲舍客舍。客人不知其是商君也，曰："商君之法，舍人无验者坐之。商君喟然叹曰："嗟乎，为法之敝一至此哉！"去之魏。魏人怨其欺公子卬而破魏师，弗受。商君欲之他国。魏人曰："商君，秦之贼。秦强而贼入魏，弗归，不可"。遂内秦。商君既复入秦，走商邑，与其徒属发邑兵北出击郑。秦发兵攻商君，杀之于郑黾池。秦惠王车裂商君以徇，曰："莫如商鞅反者！"遂灭商君之家。

【译文】五个月之后，秦孝公去世，太子即位。公子虔一班人告发商君要造反，派人去逮捕商君。商君逃跑到边境关口，想住旅店。旅店的主人不知道他就是商君，说："商君有令，住店的人没有证件店主要连带判罪。"商君长长地叹息说："唉呀！制定新法的遗害竟然到了这样的地步！"离开秦国潜逃到魏。魏国人怨恨他欺骗公子卬而打败魏军，拒绝收留他。商君打算到别的国家。魏国人说："商君，是秦国的逃犯，秦国强大逃犯跑到魏国来，不送还，不行。"于是把商君送回秦国。商君再回到秦国后，就潜逃到他的封地商邑，和他的部属发动邑中的士兵，向北攻击郑国谋求生路，秦国出兵攻打商君，把他杀死在郑国黾池。秦惠王把商君五马分尸示众，说："不要像商鞅那样谋反！"于是就诛灭了商君全家。

太史公曰：商君，其天资刻薄人也。迹其欲干孝公以帝王术，挟持浮说，非其质矣。且所因由嬖臣，及得用，刑公子虔，欺魏将卬，不师赵良之言，亦足发明商君之少恩矣。余尝读商君开塞耕战书，与其人行事相类。卒受恶名于秦，有以也夫！

【译文】太史公说：商君，他的天性就是个残忍少恩的人，考察他当初用帝王之道游说孝公，凭借着虚饰浮说，不是他自身的资质。再说凭靠着国君宠臣太监的推荐，等到被任用，就刑罚公子虔，欺骗魏将公子卬，不听赵良的规劝，足以证明商君残忍少恩了。我曾经读过商君开塞耕战的书籍，其内容和他本身的作为相类似。但最终还是在秦国落得个谋反的恶名，这是有缘故的呀！

李斯列传

李斯者，楚上蔡人也。年少时，为郡小吏，见吏舍厕中鼠食不洁，近人犬，数惊恐之。斯入仓，观仓中鼠，食积粟，居大庑之下，不见人犬之忧。于是李斯乃叹曰："人之贤不肖，譬如鼠矣，在所自处耳！"

【译文】李斯是楚国上蔡人。他年轻的时候，曾在郡里当小吏，看到办公处附近厕所里的老鼠在吃脏东西，每逢有人或狗走来时，就受惊逃跑。后来李斯又走进粮仓，看到粮仓中的老鼠，吃的是屯积的粟米，住在大屋子之下，更不用担心人或狗惊扰。于是李斯就慨然叹息道："一个人有出息还是没出息，就如同老鼠一样，是由自己所处的环境决定的。"

乃从荀卿学帝王之术。学已成，度楚王不足事，而六国皆弱，无可为建功者，欲西入秦。辞于荀卿，曰："斯闻得时无怠，今万乘方争时，游者主事。今秦王欲吞天下，称帝而治，此布衣驰骛之时，而游说者之秋也。处卑贱之位，而计不为者，此禽鹿视肉，人面而能强行者耳。故诟莫大于卑贱，而悲莫甚于穷困。久处卑贱之位，困苦之地，非世而恶利，自托于无为，此非士之情也。故斯将西说秦王矣。"

【译文】于是李斯就跟荀子学习帝王治理天下的学问。学业完成之后，李斯估量楚王是不值得侍奉的，而六国国势都已衰弱，没有为它们建功立业的希望，就想西行到秦国去。在临行之前，向荀子辞行说："我听说一个人若遇到机会，千万不可松懈错过。如今各诸侯国都争取时机，游说之士掌握实权。现在秦王想吞并各国，称帝治理天下，这正是平民出身的政治活动家和游说之士奔走四方、施展抱负的好时机。地位卑贱，而不想着去求取功名富贵，就如同禽兽一般，只等看到现成的肉才想去吃，白白长了一副人的面孔勉强直立行走。所以最大的耻辱莫过于卑贱，最大悲哀莫过于贫穷。长期处于卑贱的地位和贫困的环境之中，却还要非难社会、厌恶功名利禄，标榜自己与世无争，这不是士子的本愿。所以我就要到西方去游说秦王了。"

至秦，会庄襄王卒，李斯乃求为秦相文信侯吕不韦舍人。不韦贤之，任以为郎。李斯因此得说，说秦王曰："胥人者，去其几也。成大功者，在因瑕衅而遂忍之。昔者，秦穆公之霸，终不东并六国者，何也？诸侯尚众，周德未衰，故五伯迭兴，更尊周室。自秦孝公以来，周室卑微，诸侯相兼，关东为六国，秦之乘胜役诸侯，盖六世矣。今诸侯服秦，譬若郡县。夫以秦之强，大王之贤，由灶上骚除，足以灭诸侯，成帝业，为天下一统，此万世之一时也。今怠而不急就，诸侯复强，相聚约从，虽有黄帝之贤，不能并也。"秦王乃拜斯为长史，听其计，阴遣谋士，赍持金玉，以游说诸侯。诸侯名士可下以财者，厚遗结之，不肯者利剑刺之。离其君臣之计，秦王乃使其良将随其后。秦王拜斯为客卿。

【译文】到秦国之后，正赶上秦庄襄王去世，李斯就请求充当秦相国文信侯吕不韦的舍人；吕不韦很赏识他，任命他为郎官。这样就使得李斯有游说的机会，他对秦王说："平庸的人往往失去时机，而成大功业的人就在于他能利用机会并能下狠心。从前秦穆公虽称霸天下，但最终没有东进吞并山东六国，这是什么原因呢？原因在于诸侯的人数还多，周朝的德望也没有衰落，因此五霸交替兴起，相继推尊周朝。自从秦孝公以来，周朝卑弱衰微，诸侯之间互相兼并，函谷关以东地区化为六国，秦国乘胜奴役诸侯已经六代。现如今诸侯服从秦国就如同郡县服从朝廷一样。以秦国的强大，大王的贤明，就象扫除灶上的灰尘一样，足以扫平诸侯，成就帝业，使天下统一，这是万世难逢的一个最好时机。倘若现在懈怠而不抓紧此事的话，等到诸侯再强盛起来，又订立合纵的盟约，虽然有黄帝一样的贤明，也不能吞并它们了。"秦始皇就任命李斯为长史，听从了他的计谋，暗中派遣谋士带着金玉珍宝去各国游说。对各国著名人物能收买的，就多送礼物加以收买；不能收买的，就用利剑把他们杀掉。这些都是离间诸侯国君臣关系的计策，接着，秦王就派良将随后攻打。秦王任命李斯为客卿。

会韩人郑国来间秦，以作注溉渠，已而觉。秦宗室大臣皆言秦王曰："诸侯人来事秦者，大抵为其主游间于秦耳，请一切逐客。"李斯议亦在逐中。斯乃上书曰：

臣闻吏议逐客，窃以为过矣。昔缪公求士，西取由余于戎，东得百里奚于宛，迎蹇叔于宋，来丕豹、公孙支于晋。此五子者，不产于秦，而缪公用之，并国二十，遂霸西戎。孝公用商鞅之法，移风易俗，民以殷盛，国以富强，百姓乐用，诸侯亲服，获楚、魏之师，举地千里，至今治强。惠王用张仪之计，拔三川之地，西并巴、蜀，北收上郡，南取汉中，包九夷，制鄢、郢，东据成皋之险，割膏腴之壤，遂散六国之从，使之西面事秦，功施到今。昭王得范睢，废穰侯，逐华阳，强公室，杜私门，蚕食诸侯，使秦成帝业。此四君者，皆以客之功。由此观之，客何负于秦哉！向使四君却客而不内，疏士而不用，是使国无富利之实，而秦无强大之名也。

【译文】恰在此时韩国人郑国以修筑渠道为名，来到秦国做间谍，不久被发觉。秦国的王族和大臣们都对秦王说："从各诸侯国来奉事秦王的人，大都是为他们的国君游说，以离间秦国而已，请求大王把客卿一概驱逐。"李斯也在计划好的要驱逐的客卿之列。于是李斯就上书说：

听说官员们议论要驱逐客卿，我私下认为这是错误的。从前秦穆公招揽贤才，从西戎找到由余，从东边楚国的苑地得到了百里奚，从宋国迎来了蹇（jiǎn，减）叔，从晋国招来了丕豹、公孙。这五个人都不生在秦国，而秦穆公重用他们，吞并了二十多个国家，也就得以在西戎称霸。秦孝公采用商鞅的新法，移风易俗，人民因此殷实兴盛，国家因此富足强大，百姓们愿意为国家效力，其它国家也诚心归顺，击败了楚国、魏国的军队，攻取了千里土地，至今政治安定，国家强盛。秦惠王用张仪的计策，攻取了三川地区，向西又吞并了巴、蜀，向北占领了上郡，向南攻占了汉中，囊括九夷，控制鄢、郢，在东面占据了险要的成皋，割取了肥沃的土地，并进一步瓦解了六国的合纵联盟，使他们面向西方，奉事秦国，功业一直延续到今天。秦昭王得范雎（suī，尿），废黜穰侯，驱逐华阳君，使公室强大，杜绝了私门权贵的势力，像蚕吃桑叶一般，逐渐吞并诸侯的土地，终于使秦国奠定了统一天下大业的基础。这四位君主，都是依靠了别国客卿的力量。由此看来，客卿有哪一点对不起秦国呢？假使这四位君主拒绝客卿而不接受他们，疏远士人而不重用，这就使秦国既无富足之实，又无强大之名。

今陛下致昆山之玉，有随、和之宝，垂明月之珠，服太阿之剑，乘纤离之马，建翠凤之旗，树灵鼍之鼓。此数宝者，秦不生一焉，而陛下说之，何也？必秦国之所生然后可，则是夜光之璧，不饰朝廷，犀象之器，不为玩好，郑、卫之女，不充后宫，而骏良駃騠，不实外厩，江南金锡不为用，西蜀丹青不为采。所以饰后宫，充下陈，娱心意，说耳目者，必出于秦然后可，则是宛珠之簪，傅玑之珥，阿缟之衣，锦绣之饰，不进于前，而随俗雅化，佳冶窈窕赵女不立于侧也。夫击瓮叩缶弹筝搏髀，而歌呼呜呜，快耳（目）者，真秦之声也；《郑》《卫》《桑间》《昭》《虞》《武》《象》者，异国之乐也。今弃击瓮叩缶而就《郑》《卫》，退弹筝而取《昭》《虞》，若是者何也？快意当前，适观而已矣。今取人则不然。不问可否，不论曲直，非秦者去，为客者逐。然则是所重者在乎色乐珠玉，而所轻者在乎人民也。此非所以跨海内、制诸侯之术也。

【译文】现在皇上您罗致昆山的美玉，得到随侯之珠、和氏之璧，挂着明月珠，佩着太阿剑，驾着纤离马，竖着翠凤旗，摆着灵鼍鼓。以上这些宝物，并没有一样是秦国出产的，但陛下您非常喜爱它们，这是为什么呢？若是一定要秦国所产然后才使用的话，那么夜光之璧就不能用来装饰朝廷，犀角象牙制品就不能为您所赏玩，郑国、卫国的美女也不能列于您的后宫之中，駃騠良马也不能填满您的马棚。江南的金锡也不该用，西蜀的丹青也不应用来当颜料。您用来装饰后宫、充当姬妾、赏心乐意、怡目悦耳的，一定要出自秦国然后才用的话，那么，用宛地珍珠装饰的簪子，玑珠镶嵌的耳坠，东阿白绢缝制的衣服、刺绣华美的装饰品，就不能进献在您的面前，那时髦而又高雅漂亮而又文静的赵国女子不能侍立在您的身边。而那些敲打瓦坛瓦罐、弹着秦筝、拍着大腿、呜呜叫喊以满足欣赏要求的，这才是正宗的秦国音乐。象《郑》《卫》《桑间》《昭》《虞》《武》《象》这些乐曲，则是其他国家的音乐。现在您抛弃敲打瓦坛瓦罐这一套秦国音乐而听《郑》《卫》之声，不去听弹筝而欣赏《昭》《虞》之曲，这是什么原因呢？说穿了，只不过是图眼前快乐，以满足耳目观赏需求而已。而现在您用人却不是这样，不问此人能用不能用，也不问是非曲直，只要不是秦国人一律辞退，只要是客卿一律驱逐。这样看来，陛下所看重的是美女、音乐、珍珠、宝玉，所轻视的是人才了。这并不是统一天下、制服诸侯的方法。

臣闻地广者粟多，国大者人众，兵强则士勇。是以太山不让土壤，故能成其大；河海不择细流，故能就其深；王者不却众庶，故能明其德。是以地无四方，民无异国，四时充美，鬼神降福，此五帝、三王之所以无敌也。今乃弃黔首以资敌国，却宾客以业诸侯，使天下之士，退而不敢西向，裹足不入秦，此所谓“籍寇兵而赍盗粮”者也。夫物不产于秦，可宝者多；士不产于秦，而愿忠者众。今逐客以资敌国，损民以益仇，内自虚而外树怨于诸侯，求国无危，不可得也。

【译文】我所说过土地广阔所产粮食就丰富，国家广大人口就众多，军队强盛士兵就勇敢。所以泰山不排斥泥土，才能堆积得那样高大；河海不挑剔细小的溪流，才能变得如此深广；而成就王业的人不抛弃广大民众，才能显出他的盛德。所以地无论东南西北，民众不分这国那国，一年四季五谷丰登，鬼神赐予福泽，这就是五帝三王无敌于天下的原因所在。而现在陛下您抛弃了百姓来帮助敌国，排斥宾客而使他们为其他诸侯国建立功业，使天下有才之士后退而不敢西行，停住脚步而不敢进入秦国，这正是人们所说的“借武器给敌人，送粮食给盗贼”啊！非秦国出产的物品，值得珍视的很多；非秦国出生的士人，愿意效忠的也不少。现在您驱逐客卿来资助敌国，损害百姓以帮助仇人，在内部削弱自己而在外面又和诸侯结下怨恨，这样下去，要使国家没有危险，是不可能的。

秦王乃除逐客之令，复李斯官，卒用其计谋。官至廷尉。二十余年，竟并天下，尊主为皇帝，以斯为丞相。夷郡县城，销其兵刃，示不复用。使秦无尺土之封，不立子弟为王，功臣为诸侯者，使后无战攻之患。

【译文】于是，秦王就废除了逐客令，恢复了李斯的官职，终于采用了他的计谋，他的官位也升到廷尉之职。二十多年，终于统一了天下，尊称国王为“皇帝”。皇帝又任命李斯为丞相。并拆平了各国郡县的城墙，销毁了各地的武器，表示不再使用。使秦国没有一寸分封的土地，也不立皇帝的儿子、兄弟为王，更不把功臣封为诸侯，以便使国家从此之后再也没有战争的祸患。

始皇三十四年，置酒咸阳宫，博士仆射周青臣等，颂称始皇威德。齐人淳于越进谏曰：“臣闻之，殷周之王千余岁，封子弟功臣，自为支辅。今陛下有海内，而子弟为匹夫，卒有田常、六卿之患，臣无辅弼，何以相救哉？事不师古，而能长久者，非所闻也。今青臣等又面谀以重陛下过，非忠臣也。”始皇下其议丞相。丞相谬其说，绌其辞，乃上书曰：“古者天下散乱，莫能相一，是以诸侯并作，语皆道古以害今，饰虚言以乱实，人善其所私学，以非上所建立。今陛下并有天下，别白黑而定一尊；而私学乃相与非法教之制，闻令下，即各以其私学议之，入则心非，出则巷议，非主以为名，异趣以为高，率群下以造谤。如此不禁，则主势降乎上，党与成乎下。禁之便。臣请诸有文学《诗》《书》百家语者，蠲除去之。令到满三十日弗去，黥为城旦。所不去者，医药卜筮种树之书。若有欲学者，以吏为师。”始皇可其议，收去《诗》《书》百家之语以愚百姓，使天下无以古非今。明法度，定律令，皆以始皇起。同文书。治离宫别馆，周遍天下。明年，又巡狩，外攘四夷，斯皆有力焉。

【译文】秦始皇三十四年（前213），在咸阳宫设宴招待群臣，博士仆射周青臣等人称颂秦始皇的武威盛德。齐人淳于越劝谏道：“我听说殷商和周朝统治达一千多年，分封子弟及功臣做为膀臂辅翼。而现在陛下您虽统一天下，但子弟却还是平民百姓，若一旦出现了田常、六卿夺权篡位的祸患，在朝中又没有强有力的辅佐之臣，靠谁来相救呢？办事不学习古代经验而长期统治的朝代，我还没有听说过。现在周青臣等人又当面阿谀奉承以加重您的错误，不是忠臣。”始皇把这种议论交给李斯处理，李斯认为这种论点是荒谬的，因此废弃不用，就上书给皇帝说：“古时候天下分散败乱，彼此之间互不服从，所以才诸侯并起，一般舆论都称道古代以否定当代，装点一些虚夸不实的文辞来扰乱社会的实际，人们都认为自己的一派学问最好，以否定皇帝的政策法令。现在陛下统一了天下，分辨了黑白是非，使海内共同尊崇皇帝一人；而诸子百家各个学派却在一起任意批评朝廷的法令制度，听说朝廷令下，立刻就以自己学派的观点来议论它，回家便心中不满，出门则在街头巷尾纷纷议论，以批评君主来博得名声，认为和朝廷不一样便是本领高，并带领下层群众来制造诽谤。这样下去而不加以禁止的话，上面君主的权力威望就要下降，下面私人的帮派也要形成。因此，还是以禁止为好。我请求把人们收藏的《诗》《书》和诸子百家的著作，都一概扫除干净。命令下达三十天之后，若还有人不服从，判处黥刑并罚做筑城苦役。不在清除之列的，是医药、占卜、种植等类书籍。若有想学习法令的，以官吏为老师。”秦始皇批准了他的建议，没收了《诗经》《尚书》和诸子百家的著作，以便使人民愚昧无知，使天下人无法用古代之事来批评当前朝廷。修明法制，制定律令，都从秦始皇开始。统一文字，在全国各地修建离宫别馆。第二年，始皇又四出巡视，平定了四方少数民族，这些措施，李斯都出了不少力。

斯长男由为三川守，诸男皆尚秦公主，女悉嫁秦诸公子。三川守李由告归咸阳，李斯置酒于家，百官长皆前为寿，门廷车骑以千数。李斯喟然而叹曰：“嗟乎！吾闻之荀卿曰‘物禁大盛’。夫斯乃上蔡布衣，闾巷之黔首，上不知其驽下，遂擢至此。当今人臣之位无居臣上者，可谓富贵极矣。物极则衰，吾未知所税驾也！”

【译文】李斯的长子李由担任三川郡守，儿子们娶的是秦国的公主，女儿们嫁的都是秦国的皇族子弟。三川郡守李由请假回咸阳时，李斯在家中设下酒宴，文武百官都前去给李斯敬酒祝贺。门前的车马数以千计。李斯慨然长叹道："唉呀！我听荀卿说过'事情不要搞得过了头'。我李斯原是上蔡的平民，街巷里的百姓，皇帝不了解我才能低下，才把我提拔到这样高的地位。现如今做臣子的没有人比我职位更高，可以说是富贵荣华到了极点。然而事物发展的极点就要开始衰落，我还不知道归宿在何方啊！"

始皇三十七年十月，行出游会稽，并海上，北抵琅邪。丞相斯、中车府令赵高，兼行符玺令事，皆从。始皇有二十余子，长子扶苏，以数直谏上，上使监兵上郡，蒙恬为将。少子胡亥爱，请从，上许之。余子莫从。其年七月，始皇帝至沙丘，病甚，令赵高为书，赐公子扶苏曰："以兵属蒙恬，与丧会咸阳而葬。"书已封，未授使者，始皇崩。书及玺皆在赵高所，独子胡亥、丞相李斯、赵高及幸宦者五六人知始皇崩，余群臣皆莫知也。李斯以为上在外崩，无真太子，故秘之。置始皇居辒辌车中，百官奏事上食如故，宦者辄从辒辌车中，可诸奏事。

【译文】秦始皇三十七年（前210）十月，他巡行出游到会稽山，沿海北上，到达琅邪山。丞相李斯和中车府令兼符玺令赵高都随同前往。秦始皇有二十多个儿子，长子扶苏因多次直言劝谏皇帝，始皇派他到上郡监督军队，蒙恬任将军。小儿子胡亥很受宠爱，要求随行，始皇答应了。其他的儿子都没跟着去。这一年七月，秦始皇达到沙丘，病的非常严重，命令赵高写好诏书给公子扶苏说："把军队交给蒙恬，赶快到咸阳参加葬礼，然后安葬。"书信都已封好，但还没交给使者，秦始皇就去世了。书信和印玺都在赵高手里，只有小儿子胡亥，丞相李斯和赵高以及五、六个亲信宦官知道始皇去世，其余群臣都不知道。李斯认为皇帝在外面去世，又没正式确立太子，所以保守秘密，把始皇的尸体安放在一辆既能保温又能通风凉爽的车子中，百官奏事及进献饮食还像往常一样，宦官就假托皇帝从车中批准百官上奏的事。

赵高因留所赐扶苏玺书，而谓公子胡亥曰："上崩，无诏封诸王子而独赐长子书。长子至，即立为皇帝，而子无尺寸之地，为之奈何？"胡亥曰："固也。吾闻之，明君知臣，明父知子。父捐命，不封诸子，何可言者！"赵高曰："不然。方今天下之权，存亡在子与高及丞相耳，愿子图之。且夫臣人与见臣于人，制人与见制于人，岂可同日道哉！"胡亥曰："废兄而立弟，是不义也；不奉父诏而畏死，是不孝也；能薄而材谫，强因人之功，是不能也；三者逆德，天下不服，身殆倾危，社稷不血食。"高曰："臣闻汤、武杀其主，天下称义焉，不为不忠。卫君杀其父，而卫国载其德，孔子著之，不为不孝。夫大行不小谨，盛德不辞让，乡曲各有宜，而百官不同功。故顾小而忘大，后必有害；狐疑犹豫，后必有悔。断而敢行，鬼神避之，后有成功。愿子遂之！”胡亥喟然叹曰：“今大行未发，丧礼未终，岂宜以此事干丞相哉！”赵高曰：“时乎时乎，间不及谋！赢粮跃马，唯恐后时！”

【译文】赵高因此扣留了始皇赐给扶苏的诏书，而对公子胡亥说：“皇帝去世了，没有诏书封诸子为王而只赐给长子扶苏一封诏书。长子到后，就登位作皇帝，而你却连尺寸的封地也没有，这怎么办呢？”胡亥说：“本来就是这样。我听说过，圣明的君主最了解臣子，圣明的父亲最了解儿子。父亲临终既未下命令分封诸子，那还有什么可说的呢？”赵高说：“并非如此。当今天下的大权，无论谁的生死存亡，都在你、我和李斯手里掌握着啊！希望你好好考虑考虑。更何况驾驭群臣和向人称臣，统治别人和被人统治，难道可以同日而语吗！”胡亥说：“废除兄长而立弟弟，这是不义；不服从父亲的诏命而惧怕死亡，这是不孝；自己才能浅薄，依靠别人的帮助而勉强登，这是无能：这三件事都是大逆不道的，天下人也不服从，我自身遭受祸殃，国家还会灭亡。”赵高说：“我听说过商汤、周武杀死他们的君主，天下人都称赞他们行为符合道义，不能算是不忠。卫君杀死他的父亲，而卫国人民称颂他的功德，孔子记载了这件事，不能算是不孝。更何况办大事不能拘于小节，行大德也用不着再三谦让，乡间的习俗各有所宜，百官的工作方式也各不一样。所以顾忌小事而忘了大事，日后必生祸害；关键时刻犹豫不决，将来一定要后悔。果断而大胆地去做，连鬼神都要回避，将来一定会成功。希望你按我说的去做。”胡亥长叹一声说道：“现在皇帝去世还未发丧，丧礼也未结束，怎么好用这件事来求丞相呢？”赵高说：“时光啊时光，短暂得来不及谋划！我就像携带干粮赶着快马赶路一样，唯恐耽误了时机！”

胡亥既然高之言，高曰：“不与丞相谋，恐事不能成，臣请为子与丞相谋之。”高乃谓丞相斯曰：“上崩，赐长子书，与丧会咸阳，而立为嗣。书未行，今上崩，未有知者也。所赐长子书及符玺，皆在胡亥所，定太子，在君侯与高之口耳。事将如何？”斯曰：“安得亡国之言！此非人臣所当议也！”高曰：“君侯自料，能孰与蒙恬？功高孰与蒙恬？谋远不失孰与蒙恬？无怨于天下孰与蒙恬？长子旧而信之孰与蒙恬？”斯曰：“此五者，皆不及蒙恬，而君责之何深也？”高曰：“高固内官之厮役也，幸得以刀笔之文，进入秦宫，管事二十余年，未尝见秦免罢丞相功臣，有封及二世者也，卒皆以诛亡。皇帝二十余子，皆君之所知。长子刚毅而武勇，信人而奋士，即位，必用蒙恬为丞相，君侯终不怀通侯之印归于乡里，明矣。高受诏教习胡亥，使学以法事数年矣，未尝见过失。慈仁笃厚，轻财重士，辩于心而诎于口，尽礼敬士，秦之诸子，未有及此者，可以为嗣。君计而定之。”

【译文】胡亥同意了赵高的话以后，赵高说：“不和丞相商议，恐怕事情还不能成功，我希望能替你与丞相商议。”赵高就对丞相李斯说道：“始皇去世，赐给长子扶苏诏书，命他到咸阳参加丧礼，并立为继承人。诏书未送，皇帝去世，还没人知道此事。皇帝赐给长子的诏书和符玺都在胡亥手里，立谁为太子只在于你我的一句话而已。你看这事该怎么办？”李斯说：“你怎么能说出这种亡国的话呢！这不是做为人臣所应当议论的事！”赵高说：“您自己估计一下，和蒙恬相比，谁有本事？谁的功劳更高？谁更谋略深远而不失误？天下百姓更拥戴谁？与长子扶苏的关系谁更好？”李斯说：“在这五个方面我都不如蒙恬，但您为什么这样苛求于我呢？”赵高说：“我本来就是一个宦官的奴仆，有幸能凭熟悉狱法文书进入秦宫，管事二十多年，还未曾见过被秦王罢免的丞相功臣有封爵而又传给下一代的，结果都是以被杀告终。皇帝有二十多个儿子，这些都是您所知道的。长子扶苏刚毅而且勇武，信任人而又善于激励士人，即位之后一定要用蒙恬担任丞相，很显然，您最终也是不能怀揣通侯之印退职还乡了。我受皇帝之命教育胡亥，让他学法律已经有好几年了，还没见过他有什么错误。他慈悲仁爱，诚实厚道，轻视钱财，尊重士人，心里聪明但不善言辞，竭尽礼节尊重贤士，在秦始皇的儿子中，没人能赶得上他，可以立为继承人。您考虑一下再决定。”

斯曰：“君其反位！斯奉主之诏，听天之命，何虑之可定也？”高曰：“安可危也，危可安也，安危不定，何以贵圣？”斯曰：“斯，上蔡闾巷布衣也，上幸擢为丞相，封为通侯，子孙皆至尊位重禄者，故将以存亡安危属臣也。岂可负哉！夫忠臣不避死而庶几，孝子不勤劳而见危，人臣各守其职而已矣。君其勿复言，将令斯得罪。”高曰：“盖闻圣人迁徙无常，就变而从时，见末而知本，观指而睹归，物固有之，安得常法哉！方今天下之权，命悬于胡亥，高能得志焉。且夫从外制中谓之惑，从下制上谓之贼。故秋霜降者草花落，水摇动者万物作，此必然之效也。君何见之晚？”斯曰：“吾闻晋易太子，三世不安；齐桓兄弟争位，身死为戮；纣杀亲戚，不听谏者，国为丘墟，遂危社稷，三者逆天，宗庙不血食。斯其犹人哉，安足为谋！”高曰：“上下合同，可以长久；中外若一，事无表里。君听臣之计，即长有封侯，世世称孤，必有乔、松之寿，孔、墨之智。今释此而不从，祸及子孙，足以为寒心。善者因祸为福，君何处焉？”斯乃仰天而叹，垂泪太息曰：“嗟乎！独遭乱世，既以不能死，安托命哉！”于是斯乃听高。高乃报胡亥曰：“臣请奉太子之明命以报丞相，丞相斯敢不奉令！”

【译文】李斯说：“您还是回到自己的岗位上恪尽职守吧！我李斯只执行皇帝的遗诏，自己的命运听从上天的安排，有什么可考虑决定的呢？”赵高说：“看来平安却可能是危险的，危险又可能是平安的。在安危面前不早做决定，又怎么能算使圣明的人呢？”李斯说：“我李斯本是上蔡街巷里的平民百姓，承蒙皇帝提拔，让我担任丞相，封为通侯，子孙都得到尊贵的地位和优厚的待遇，所以皇帝才把国家安危存亡的重任交给了我，我又怎么能辜负了他的重托呢？忠臣不因怕死而苟且从事，孝子不因过分操劳而损害健康，做臣子的各守各的职分而已。请您不要再说了，不要让我李斯也跟着犯罪。”赵高说：“我听说圣人并不循规蹈矩，而是适应变化，顺从潮流，看到苗头就能预知根本，看到动向就能预知归宿。而事物本来就是如此，哪里有什么一成不变的道理呢！现如今天下的权力和命运都掌握在胡亥手里，我赵高能猜出他的心志。更何况从外部来制服内部就是逆乱，从下面来制服上面就是反叛。所以秋霜一降花草随之凋落，冰消雪化就万物更生，这是自然界必然的结果。您怎么连这些都没看到呢？”李斯说：“我听说晋代换太子，三代不安宁；齐桓公兄弟争夺王位，哥哥被杀死；商纣杀死亲戚，又不听从臣下劝谏，都城夷为废墟，随着危及社稷；这三件事都违背天意，所以才落得宗庙没人祭祀。我李斯还是人啊，怎么能参与这些阴谋呢！”赵高说：“上下齐心协力，事业可以长久；内外配合如一，就不会有什么差错。您听从我的计策，就会长保封侯，并永世相传，一定有仙人王子乔、赤松子那样的长寿，孔子、墨子那样的智慧。现在放弃这个机会而不听从我的意见，一定会祸及子孙，足以令人心寒。善于为人处世，相机而动的人是能够转祸为福的，您想怎么办呢？”李斯仰天长叹，挥泪叹息道：“唉呀！偏偏遭逢乱世，既然已经不能以死尽忠了，将向何处寄托我的命运呢！”于是李斯就依从了赵高。赵高便回报胡亥说：“我是奉太子您的命令去通知丞相李斯的，他怎么敢不服从命令呢！”

于是乃相与谋，诈为受始皇诏丞相立子胡亥为太子。更为书，赐长子扶苏，曰：“朕巡天下，祷祠名山诸神，以延寿命。今扶苏与将军蒙恬将师数十万以屯边，十有余年矣，不能进而前，士卒多秏，无尺寸之功，乃反数上书直言诽谤我所为，以不得罢归为太子，日夜怨望。扶苏为人子不孝，其赐剑以自裁！将军恬与扶苏居外，不匡正，宜知其谋。为人臣不忠，其赐死，以兵属裨将王离。”封其书以皇帝玺，遣胡亥客奉书，赐扶苏于上郡。使者至，发书，扶苏泣，入内舍，欲自杀。蒙恬止扶苏曰：“陛下居外，未立太子，使臣将三十万众守边，公子为监，此天下重任也。今一使者来，即自杀，安知其非诈？请复请，复请而后死，未暮也。”使者数趣之。扶苏为人仁，谓蒙恬曰：“父而赐子死，尚安复请！”即自杀。蒙恬不肯死，使者即以属吏，系于阳周。

【译文】于是他们就一同商议，伪造了秦始皇给丞相李斯的诏书，立胡亥为太子。又伪造了一份赐给长子扶苏的诏书说：“我巡视天下，祈祷祭祀各地名山的神灵以求长寿。现在扶苏和将军蒙恬带领几十万军队驻守边疆，已经十几年了，不能向前进军，而士兵伤亡很多，没有立下半点功劳，反而多次上书直言诽谤我的所做所为，因不能解职回京当太子，日夜怨恨不满。扶苏做为人子而不孝顺，赐剑自杀！将军蒙恬和扶苏一同在外，不纠正他的错误，也应知道他的谋划。做为人臣而不尽忠，一同赐命自杀，把军队交给副将王离。”用皇帝的玉玺把诏书封好，让胡亥的门客捧着诏书到上郡交给扶苏。使者到达之后，打开诏书，扶苏就哭泣起来，进入内室想自杀。蒙恬阻止扶苏说：“皇上在外，没有立下太子，派我带领三十万大军守卫边疆，公子担任监军，这是天下的重任啊。现在只有一个使者来，您就立刻自杀，怎能知道其中没有虚假呢？希望您再请示一下，有了回答之后再死也不晚。”使者连连催促。扶苏为人仁爱，对蒙恬说：“父亲命儿子死去，还要请示什么！”立刻自杀而死。蒙恬不肯自杀，使者立刻把他交付法吏，关押在阳周。

使者还报，胡亥、斯、高大喜。至咸阳发丧，太子立，为二世皇帝。以赵高为郎中令，常侍中用事。

【译文】使者回来汇报，胡亥、李斯、赵高都非常高兴。到咸阳后发布丧事，太子胡亥立为二世皇帝。任命赵高担任郎中令，常在宫中服侍皇帝，掌握大权。

二世燕居，乃召高与谋事，谓曰：“夫人生居世间也，譬犹骋六骥过决隙也。吾既已临天下矣，欲悉耳目之所好，穷心志之所乐，以安宗庙而乐万姓，长有天下，终吾年寿，其道可乎？”高曰：“此贤主之所能行也，而昏乱主之所禁也。臣请言之，不敢避斧钺之诛，愿陛下少留意焉。夫沙丘之谋，诸公子及大臣皆疑焉，而诸公子尽帝兄，大臣又先帝之所置也。今陛下初立，此其属，意怏怏皆不服，恐为变。且蒙恬已死，蒙毅将兵居外，臣战战栗栗，惟恐不终。且陛下安得为此乐乎？”二世曰：“为之奈何？”赵高曰：“严法而刻刑，令有罪者相坐，诛至收族，灭大臣而远骨肉；贫者富之，贱者贵之。尽除去先帝之故臣，更置陛下之所亲信者近之。此则阴德归陛下，害除而奸谋塞，群臣莫不被润泽，蒙厚德，陛下则高枕肆志宠乐矣。计莫出于此。”二世然高之言，乃更为法律。于是群臣诸公子有罪，辄下高，令鞠治之。杀大臣蒙毅等，公子十二人，僇死咸阳市，十公主矺死于杜，财物入于县官，相连坐者，不可胜数。

【译文】秦二世在宫中闲居无事，就把赵高叫来一同商议，对赵高说：“人活在世上，就如同驾驭着六匹骏马从缝隙前飞过一样短暂。我既然已经统治天下了，想全部满足耳目方面的一切欲望，享受尽我所能想到的一切乐趣，使国家安宁，百姓欢欣，永保江山，以享天年，这种想法能行得通吗？”赵高说：“这对贤明君主来说是能够做到的，而对昏乱君主来说是应禁忌的。我冒昧地说一句不怕杀头的话，请您稍加注意一点。对于沙丘的密谋策划，各位公子和大臣都有怀疑，而这些公子都是您的兄长，这些大臣都是先帝所安置。现在陛下您刚刚登皇位，这些人都心中怨恨不服，唯怕他们要闹事。更何且蒙恬虽已死去，蒙毅还在外面带兵，我之所以提心吊胆，只是害怕会有不好的结果。陛下您又怎么能为此而行乐呢？”二世说：“这可怎么办呢？”赵高说：“实行严峻的法律和残酷的刑罚，把犯法的和受的牵连的人统统杀死，直至灭族，杀死当朝大臣而疏远您的骨肉兄弟，让原来贫穷的人富有起来，让原来卑贱的人高贵起来。全部铲除先帝的旧臣，重新任命您信任的人并让他们在您的身边。这样就使他们从心底对您感恩戴德，根除了祸害而杜绝了奸谋，群臣上下没有人不得到您的恩泽，承受您的厚德，陛下您就可以高枕无忧，纵情享受了。没有比这更好的主意了。”二世认为赵高的话是对的，就重新修订法律。于是群臣和公子们有罪，就交付赵高，命他审讯法办。杀死了大臣蒙毅等人，十二个公子在咸阳街头斩首示众，十个公主也在杜县被分裂肢体处死，财物没收归皇帝所有，连带一同治罪的不计其数。

公子高欲奔，恐收族，乃上书曰：“先帝无恙时，臣入则赐食，出则乘舆。御府之衣，臣得赐之；中厩之宝马，臣得赐之。臣当从死而不能，为人子不孝，为人臣不忠。不忠者无名以立于世，臣请从死，愿葬郦山之足。唯上幸哀怜之。”书上，胡亥大说，召赵高而示之，曰：“此可谓急乎？”赵高曰：“人臣当忧死而不暇，何变之得谋！”胡亥可其书，赐钱十万以葬。

【译文】公子高想外出逃命，怕被满门抄斩，就上书说：“先帝活着的时候，我进宫就给吃的东西，出宫就让乘车。皇帝内府中的衣服，先帝赐给我；宫中马棚里的宝马，先帝也赐给我。我本该与先帝一起死去而没做到，这是我做人子的不孝，做人臣的不忠。而不忠的人没有理由活在世上，请允许我随先帝死去，希望能把我埋在骊山脚下。只求皇上哀怜答应我。”此书上奏以后，胡亥非常高兴，叫来赵高并把此书指示给他看，说：“这可以说是窘急无奈了吧？”赵高说：“在大臣们整天担心自己死亡还来不及的时候，怎么能图谋造反呢！”胡亥答应了公子高的请求，赐给他十万钱予以安葬。

法令诛罚，日益刻深，群臣人人自危，欲畔者众。又作阿房之宫，治直、驰道，赋敛愈重、戍傜无已。于是楚戍卒陈胜、吴广等，乃作乱，起于山东，杰俊相立，自置为侯王，叛秦，兵至鸿门而却。李斯数欲请间谏二世不许。而二世责问李斯曰：“吾有私议，而有所闻于韩子也，曰：‘尧之有天下也，堂高三尺，采椽不斫，茅茨不翦，虽逆旅之宿，不勤于此矣。冬日鹿裘，夏日葛衣，粢粝之食，藜藿之羹，饭土匦，啜土铏，虽监门之养，不觳于此矣。禹凿龙门，通大夏，疏九河，曲九防，决渟水致之海，而股无胈，胫无毛，手名胼胝，面目黎黑，遂以死于外，葬于会稽，臣虏之劳不烈无此矣’。然则夫所贵于有天下者，岂欲苦形劳神，身处逆旅之宿，口食监门之养，手持臣虏之作哉？此不肖人之所勉也，非贤者之所务也。彼贤人之有天下也，专用天下适已而已矣，此所以贵于有天下也。夫所谓贤人者，必能安天下而治万民，今身且不能利，将恶能治天下哉！故吾愿赐肆广欲，长享天下而无害，为之奈何？”

【译文】当时的法令刑罚一天比一天残酷，群臣上下人人自危，想反叛的人很多。二世又建造阿房宫，修筑直道、驰道，赋税越来越重，兵役劳役没完没了。于是从楚地征来戍边的士卒陈胜、吴广等人就起来造反，起兵于崤山以东，英雄豪杰蜂拥而起，自立为侯王，反叛秦朝，他们的军队一直攻到鸿门才退去。李斯多次想找机会进谏，但二世不允许。二世反倒责备李斯说："我有个看法，是从韩非子那里听来的，他说'尧统治天下，殿堂只不过三尺高，柞木椽子直接使用而不加砍削，茅草做屋顶而不加修剪，即使是旅店中住宿的条件也不会比这更艰苦的了。冬天穿鹿皮袄，夏天穿麻布衣，粗米作饭，野菜作汤，用土罐吃饭，用土钵喝水，即使是看门人的生活也不会比这更清寒的了。夏禹凿开龙门，开通大夏水道，又疏通多条河流，曲折地筑起多道堤防，决积水引导入海，大腿上没了白肉，小腿上没了汗毛，手掌脚底都结满了厚茧，面孔漆黑，最终还累死在外，埋葬在会稽山上，即使是奴隶的劳苦也不会比这更厉害了'。然而把统治天下看得无尚尊贵的人，其目的难道就是想操心费力，住旅店一样的宿舍，吃看门人吃的食物，干奴隶干的活计吗？这些事都是才能低下的人才努力去干的，并非贤明的人所从事的。那些贤明的人统治天下的时候，只是把天下的一切都拿来满足自己的欲望而已，这正是把统治天下看得无尚尊贵的原因所在。人们所说的贤明之人，一定能安定天下、治理万民，倘若连给自己捞好处都不会，又怎么能治理天下呢！所以我才想姿心广欲，永远享有天下而没有祸害。这该怎么办呢？"

李斯子由为三川守，群盗吴广等西略地，过去弗能禁。章邯以破逐广等兵，使者履，案三川相属，诮让斯居三公位，如何令盗如此。李斯恐惧，重爵禄，不知所出，乃阿二世意，欲求容，以书对曰：

【译文】李斯的儿子李由任三川郡守，群起造反的吴广等人向西攻占地盘，任意往来，李由不能阻止。章邯在击败并驱逐了吴广等人的军队之后，派到三川去调查的使者一个接着一个，并责备李斯身居三公之位，为何让盗贼猖狂到这种地步。李斯很是害怕，又把爵位俸禄看得很重，不知如何是好，就曲意阿顺二世的心意，想求得宽容，便上书回答二世说：

夫贤主者，必且能全道而行督责之术者也，督责之，则臣不敢不竭能以徇其主矣。此臣主之分定，上下之义明，则天下贤不肖，莫敢不尽心竭任，以徇其君矣。是故主独制于天下，而无所制也。能穷乐之极矣，贤明之主也，可不察焉。

【译文】贤明的君主，必将是能够全面掌握为君之道，又对下行使督责的统治术的君主。对下严加督责，则臣子们不敢不竭尽全力为君主效命。这样，君主和臣子的职分一经确定，上下关系的准则也明确了，那么天下不论是有才德的还是没有才德的，都不敢不竭尽全力为君主效命了。因此君主才能专制天下而不受任何约束，能享尽达到极致的乐趣。贤明的君主啊，又怎能看不清这一点呢！

故申子曰："有天下而不恣睢，命之曰以天下为桎梏"者，无他焉，不能督责，而顾以其身劳于天下之民，若尧、禹然，故谓之"桎梏"也。夫不能修申、韩之明术，行督责之道，专以天下自适也，而徒务苦形劳神，以身徇百姓，则是黔首之役，非畜天下者也，何足贵哉！夫以人徇己，则己贵而人贱；以己徇人，则己贱而人贵。故徇人者贱，而人所徇者贵，自古及今，未有不然者也。凡古之所为尊贤者，为其贵也；而所为恶不肖者，为其贱也。而尧、禹以身徇天下者也，因随而尊之，则亦失所为尊贤之心矣，夫可谓大缪矣。谓之为"桎梏"，不亦宜乎？不能督责之过也。

【译文】所以申不害先生说："占有天下要是还不懂得纵情姿欲，这就叫把天下当成自己的镣铐"这样的话，没有别的意思，只是讲不督责臣下，而自己反辛辛苦苦为天下百姓操劳，像尧和禹那样，所以称之为"镣铐"。不能学习申不害、韩非的高明法术，推行督责措施，一心以天下使自己舒服快乐，而只是白白地操心费力，拼命为百姓干事，那就是百姓的奴仆，并不是统治天下的帝王，这有什么值得尊贵的呢！让别人为自己献身，就自己尊贵而别人卑贱；让自己为别人献身，就自己卑贱而别人尊贵。所以献身的人卑贱，接受献身的人尊贵，从古到今，没有不是这样的。自古以来之所以尊重贤人，是因为受尊敬的人自己尊贵；之所以讨厌不肖的人，是因为不肖的人自己卑贱。而尧、禹是为天下献身的人，因袭世俗的评价而予以尊重，这也就失去了所以尊贤的用心了，这可说是绝大的错误。说尧、禹把天下当作自己的"镣铐"，不也是很合适的吗？这是不能督责的过错。

故韩子曰"慈母有败子而严家无格虏"者，何也？则能罚之加焉必也。故商君法，刑弃灰于道者。夫弃灰，薄罪也，而被刑，重罚也。彼唯明主为能深督轻罪。夫罪轻且督深，而况有重罪乎？故民不敢犯也。是故韩子曰"布帛寻常，庸人不释，铄金百溢，盗跖不搏"者，非庸人之心重，寻常之利深，而盗跖之欲浅也；又不以盗跖之行，为轻百镒之重也。搏必随手刑，则盗跖不搏百镒；而罚不必行也，则庸人不释寻常。是故城高五丈，而楼季不轻犯也；泰山之高百仞，而跛牂牧其上。夫楼季也，而难五丈之限，岂跛牂也，而易百仞之高哉？峭堑之势异也。明主圣王之所以能久处尊位，长执重势，而独擅天下之利者，非有异道也，能独断而审督责，必深罚，故天下不敢犯也。今不务所以不犯，而事慈母之所以败子也，则亦不察于圣人之论矣。夫不能行圣人之术，则舍为天下役何事哉？可不哀邪！

【译文】所以韩非说"慈爱的母亲会养出败家的儿子，而严厉的主人家中没有强悍的奴仆”，是什么原因呢？这是由于能严加惩罚的必然结果。所以商鞅的新法规定，在道路上撒灰的人就要判刑。撒灰于道是轻罪，而加之以刑是重罚。只有贤明的君主才能严厉地督责轻罪。轻罪尚且严厉督责，何况犯有重罪呢？所以百姓不敢犯法。因此韩非先生又说：“对几尺绸布，一般人见到就会顺手拿走，百镒美好的黄金，盗跖不会夺取”，并不因为常人贪心严重，几尺绸布价值极高，盗跖利欲淡泊；也不是因为盗跖行为高尚，轻视百镒黄金的重利。原因是一旦夺取，随手就要受刑，所以盗跖不敢夺取白镒黄金；若是不坚决施行刑罚的话，那么一般人也就不会放弃几尺绸布。因此五丈高的城墙，楼季不敢轻易冒犯；泰山高达百仞，而跛脚的牧羊人却敢在上面放牧。难道楼季把攀越五丈高的城墙看得很难，而跛脚的牧羊人登上百仞高的泰山看得很容易吗？这是因为陡峭和平缓，两者形势不同。圣明的君主之所以能久居尊位，长掌大权，独自垄断天下利益，其原因并不在于他们有什么特殊的办法，而是在于他们能够独揽大权，精于督责，对犯法的人一定严加惩处，所以天下人不敢违犯。现在不制订防止犯罪的措施，去仿效慈母养成败家子的作法，那就太不了解前代圣哲的论说了。不能实行圣人治理天下的方法，除去给天下当奴仆还能干什么呢？这不是太令人悲伤的事吗！

且夫俭节仁义之人立于朝，则荒肆之乐辍矣；谏说论理之臣间于侧，则流漫之志诎矣；烈士死节之行显于世，则淫康之虞废矣。故明主能外此三者，而独操主术，以制听从之臣，而修其明法，故身尊而势重也。凡贤主者，必将能拂世磨俗，而废其所恶，立其所欲，故生则有尊重之势，死则有贤明之谥也。是以明君独断，故权不在臣也。然后能灭仁义之涂，掩驰说之口，困烈士之行，塞聪掩明，内独视听，故外不可倾以仁义烈士之行，而内不可夺以谏说忿争之辩。故能荦然独行恣睢之心，而莫之敢道。若此，然后可谓能明申、韩之术，而修商君之法。法修术明，而天下乱者，未之闻也。故曰“王道约而易操”也。唯明主为能行之。若此，则谓督责之诚，则臣无邪，臣无邪则天下安，天下安则主严尊，主严尊则督责必，督责必则所求得，所求得则国家富，国家富则君乐丰。故督责之术设，则所欲无不得矣。群臣百姓，救过不给，何变之敢图？若此，则帝道备，而可谓能明君臣之术矣。虽申、韩复生，不能加也。

【译文】更何况节俭仁义的人在朝中任职，那荒诞放肆的乐趣就得中止；规劝陈说，高谈道理的臣子在身边干预，放肆无忌的念头就要收敛；烈士死节的行为受到世人的推崇，纵情享受的娱乐就要放弃。所以圣明的君主能排斥这三种人，而独掌统治大权以驾驭言听计从的臣子，建立严明的法制，所以自身尊贵而权势威重。所有的贤明君主，都能拂逆世风、扭转民俗，废弃他所厌恶的，树立他所喜欢的，因此在他活着的时候才有尊贵的威势，在他死后才有贤明的谥号。正因为这样，贤明的君主才集权专制，使权力不落入臣下手中，然后才能斩断仁义之路，堵住游说之口，困厄烈士的死节行为，闭目塞听，任凭自己独断专行，这样在外就不致被仁义节烈之士的行为所动摇，在内也不会被劝谏争论所迷惑。因此才能卓荦独行逞其为所欲为的心志，而没有人敢反抗。像这样，然后才可以说是了解了申不害、韩非的统治术，学会了商鞅的法制。法制和统治术都学好而明了了，天下还会大乱，这样的事我还没听说过。所以，有人说："帝王的统治术是简约易行的。"只有贤明君主才能这么做。像这样，才可以说是真正实行了督责，臣下才能没有离异之心，天下才能安定，天下安定才能有君主的尊严，君主有了尊严才能使督责严格执行，督责严格执行后君主的欲望才能得到满足，满足之后国家才能富强，国家富强了君主才能享受得更多。所以督责之术一确立，君主就任何欲望都能满足了。群臣百姓想补救自己的过失都来不及，哪里还敢图谋造反？像这样，就可以说是掌握了帝王的统治术，也可以说了解了驾驭群臣的方法。即使申不害、韩非复生，也不能超过了。

书奏，二世悦。于是行督责益严，税民深者为明吏。二世曰："若此，则可谓能督责矣。"刑者相半于道，而死人日成积于市。杀人众者忠臣。二世曰："若此，则可谓能督责矣。"初，赵高为郎中令，所杀及报私怨众多，恐大臣入朝奏事毁恶之，乃说二世曰："天子所以贵者，但以闻声，群臣莫得见其面，故号曰"朕"。且陛下富于春秋，未必尽通诸事，今坐朝廷，谴举有不当者，则见短于大臣，非所以示神明于天下也。且陛下深拱禁中，与臣及侍中习法者待事，事来，有以揆之。如此，则大臣不敢奏疑事，天下称圣主矣。"二世用其计，乃不坐朝廷见大臣，居禁中。赵高常侍中用事，事皆决于赵高。

【译文】这封答书上奏之后，二世看了非常高兴。于是更加严厉地实行督责，向百姓收税越多越是贤明的官吏。二世说："像这样才可称得上善于督责了。"路上的行人，有一半是犯人，在街市上每天都堆积着刚杀死的人的尸体，而且杀人越多的越是忠臣。二世说："像这样才可称的上实行督责了。"起初，赵高在担任郎中令时，杀死的人和为了报私仇而陷害的人非常多，唯恐大臣们在入朝奏事时向二世揭露他，就劝说二世道："天子之所以尊贵，就在于大臣只能听到他的声音，而不能看到他的面容，所以才自称为'朕'。况且陛下还很年轻，未必什么事情都懂，现在坐在朝廷上，若惩罚和奖励有不妥当的地方，就会把自己的短处暴露给大臣，这也就不能向天下人显示您的圣明了。陛下不妨深居宫中，和我及熟悉法律的侍中在一起，等待大臣把公事呈奏上来，等公文一旦呈上，我们就可以研究决定。这样，大臣们就不敢把疑难的事情报上来，天下的人也就称您为圣明之主了。"二世听从了赵高的主意，就不再坐在朝廷上接见大臣，深居在宫禁之中。赵高总在皇帝身边侍奉办事，一切公务都由赵高决定。

高闻李斯以为言，乃见丞相，曰："关东群盗多，今上急，益发繇治阿房宫，聚狗马无用之物。臣欲谏，为位贱。此真君侯之事，君何不谏？"李斯曰："固也，吾欲言之久矣。今时上不坐朝廷，上居深宫，吾有所言者，不可传也，欲见无间。”赵高谓曰：“君诚能谏，请为君候上间语君。”于是赵高待二世方燕乐，妇女居前，使人告丞相：“上方间，可奏事。”丞相至宫门上谒，如此者三。二世怒曰：“吾常多闲日，丞相不来。吾方燕私，丞相辄来请事。丞相岂少我哉？且固我哉？”赵高因曰：“如此，殆矣！夫沙丘之谋，丞相与焉。今陛下已立为帝，而丞相贵不益，此其意，亦望裂地而王矣。且陛下不问臣，臣不敢言。丞相长男李由，为三川守，楚盗陈胜等，皆丞相傍县之子，以故楚盗公行，过三川，城守不肯击。高闻其文书相往来，未得其审，故未敢以闻。且丞相居外，权重于陛下。”二世以为然。欲案丞相，恐其不审，乃使人案验三川守与盗通状。李斯闻之。

【译文】赵高听说李斯对此有不满的言论，就找到李斯说：“函谷关以东地区盗贼很多，而现在皇上却加紧遣发劳役修建阿房宫，搜集狗马等没用的玩物。我想劝谏，但我的地位卑贱。可实在是您丞相的事，为什么不劝谏呢？”李斯说“确实这样，我早就想说话了。可是现在皇帝不临朝听政，常居深宫之中，我虽然有话想说，又不便让别人传达，想见皇帝却又没有机会。”赵高对他说：“您若真能劝谏的话，请允许我替你打听，只要皇上一有空闲，我立刻通知你。”于是赵高趁二世在闲居娱乐，美女在前的时候，派人告丞相说：“皇上正有空闲，可以进宫奏事。”丞相李斯就到宫门求见，接连三次都是这样。二世非常生气地说：“我平时空闲的日子很多，丞相都不来。每当我在寝室休息的时候，丞相就来请示奏事。丞相是瞧不起我呢？还是以为我鄙陋？”赵高又乘机说：“您这样说话可太危险了！沙丘的密谋，丞相是参与了的。现在陛下您已即位皇帝，而丞相的地位却没有提高，显然他的意思是想割地封王呀！如果皇帝您不问我，我不敢说。丞相的大儿子李由担任三川郡守，楚地强盗陈胜等人都是丞相故乡邻县的人，因此他们才敢公开横行，经过三川时，李由只是守城而不出击。我曾听说他们之间有书信来往，但还没有调查清楚，所以没敢向陛下报告。更何况丞相在外，权力比陛下还大。”二世认为赵高的话没错，想法办丞相，但又担心情况不实，就派人去调查三川郡守与盗贼勾结的具体情况。李斯知道了这个消息。

是时，二世在甘泉，方作觳抵优俳之观。李斯不得见，因上书言赵高之短，曰：“臣闻之，臣疑其君，无不危国；妾疑其夫，无不危家。今有大臣于陛下，擅利擅害，与陛下无异，此甚不便。昔者司城子罕相宋，身行刑罚，以威行之，期年，遂劫其君。田常为简公臣，爵列无敌于国，私家之富，与公家均，布惠施德，下得百姓，上得群臣，阴取齐国，杀宰予于庭，即弑简公于朝，遂有齐国。此天下所明知也。今高有邪佚之志，危反之行，如子罕相宋也；私家之富，若田氏之于齐也。兼行田常、子罕之逆道，而劫陛下之威信，其志若韩玘为韩安相也。陛下不图，臣恐其为变也。”二世曰：“何哉？夫高，故宦人也，然不为安肆志，不以危易心，絜行修善，自使至此，以忠得进，以信守位，朕实贤之，而君疑之，何也？且朕少失先人，无所识知，不习治民，而君又老，恐与天下绝矣。朕非属赵君，当谁任哉？且赵君为人，精廉强力，下知人情，上能适朕，君其勿疑。”李斯曰：“不然。夫高，故贱人也，无识于理，贪欲无厌，求利不止，列势次主，求欲无穷，臣故曰殆。”二世已前信赵高，恐李斯杀之，乃私告赵高。高曰：“丞相所患者，独高，高已死，丞相即欲为田常所为。”于是二世曰：“其以李斯属郎中令。”

【译文】当时二世正在甘泉宫观看摔跤和滑稽戏表演。李斯不能进见，就上书揭发赵高的短处说：“我听说，臣子怀疑君主，没有不危害国家的；妾怀疑丈夫，没有不危害家庭的。现在有的大臣擅自掌握赏罚大权，和您没有什么不同，这是非常不妥当的。从前司城子罕当宋国丞相，自己掌握刑罚大权，用威权行事，一年之后就劫持了宋国国君，篡夺了王位。田常当齐简公的臣子，爵位高到全国无人与他相匹敌，自家的财富和公家的一样多，他行恩施惠，下得百姓的爱戴，上得群臣的拥护，暗中窃取了齐国的权力，在厅堂里杀死了宰予，又在朝廷上杀死齐简公，这样，就完全控制了齐国。这是天下人明明知道的。现在赵高有邪辟过分的心志和险诈叛逆的行为，就如同子罕当宋国丞相时的所作所为；私人占有的财富，也正像田常在齐国那样多。他一并使用田常、子罕的叛逆方式而又窃取了陛下您的威信，他志向就如同韩玘当韩安的宰相时一样。陛下你不早打算，我担心他迟早会发动叛乱啊。”二世说：“这是什么话？赵高原本是个宦官，但他不因处境安逸就为所欲为，也不因处境危险就改变忠心，他品行廉洁，一心向善，靠自己的努力才得到今天的地位，因忠心耿耿才被提拔，因讲信义才保住禄位，我确实认为他是贤才，而你怀疑他，这是什么原因呢？再加上我年纪轻轻就失去了父亲，没什么知识，不知如何管理百姓，而你年纪又大了，我担心与天下人隔绝了。我如果不把国事托付给赵高，还应当用谁呢？况且赵先生为人精明廉洁，竭尽其力，下能了解民情，上能顺适我的心意，请你不要怀疑。”李斯说：“并非如此。赵高从前是卑贱的人，并不懂道理，贪得无厌，求利不止，地位权势仅次于陛下，但他追求地位和权势的欲望没有止境，所以我说是很危险的。”二世早已相信了赵高，担心李斯杀掉他，就暗中把这些话告诉了赵高。赵高说：“丞相所忧虑的只有我赵高，我死之后，丞相就可以干田常所干的那些事了。”于是二世说：“就把李斯交给你这郎中令查办吧！”

赵高案治李斯。李斯拘执束缚，居囹圄中，仰天而叹曰：“嗟乎！悲夫！不道之君，何可为计哉！昔者，桀杀关龙逢，纣杀王子比干，吴王夫差杀伍子胥。此三臣者，岂不忠哉！然而不免于死，身死而所忠者非也。今吾智不及三子，而二世之无道，过于桀、纣、夫差，吾以忠死宜矣。且二世之治，岂不乱哉！日者夷其兄弟而自立也，杀忠臣而贵贱人，作为阿房之宫，赋敛天下。吾非不谏也，而不吾听也。凡古圣王饮食有节，车器有数，宫室有度，出令造事，加费而无益于民利者禁，故能长久治安。令行逆于昆弟，不顾其咎；侵杀忠臣，不思其殃；大为宫室，厚赋天下，不爱其费。三者已行，天下不听。今反者已有天下之半矣，而心尚未寤也，而以赵高为佐，吾必见寇至咸阳，麋鹿游于朝也。”

【译文】赵高查办李斯。李斯被捕后并套上刑具，关在监狱中，仰天长叹道：“唉呀！可悲啊！无道的昏君，怎么能为他出谋划策呢！从前夏桀杀死关龙逄，商纣杀死王子比干，吴王夫差杀死伍子胥。这三个大臣，难道不忠吗！然而免不了一死，他们虽然尽忠而死，只可惜忠非其人。现在我的智慧赶不上这三个人，而二世的暴虐无道超过了桀、纣、夫差，我因尽忠而死，也是应该的呀。况且二世治国不是胡搞么！不久前杀死了自己的兄弟而自立为皇帝，又杀害忠良，重用低贱的人，修建阿房宫，对天下百姓横征暴敛。并不是我不劝谏，而是他不听我的呀。凡是古代圣明的帝王饮食都有一定的节制，车马器物有一定的数量，宫殿都有一定的限度，颁布命令和办事情，增加费用而不利于百姓的一律禁止，所以才能长治久安。现在二世对自己的兄弟，施以违反常情常理的残暴手段，不考虑会有什么灾祸迫害、杀戮忠臣，也不考虑会有什么灾殃；大力修筑宫殿，加重对天下百姓的税收，不吝惜钱财：这三件措施实行之后，天下百姓不服从。现在造反的人已占天下人的一半了，但二世心中还未觉悟，居然任用赵高为辅佐，我一定会看到盗贼攻进咸阳，使朝廷变为麋鹿嬉游的地方。”

于是二世乃使高案丞相狱，治罪，责斯与子由谋反状，皆收捕宗族宾客。赵高治斯，榜掠千余，不胜痛，自诬服。斯所以不死者，自负其辩，有功，实无反心，幸得上书自陈，幸二世之寤而赦之。李斯乃从狱中上书曰：“臣为丞相治民，三十余年矣。逮秦之地狭隘。先王之时秦地不过千里，兵数十万。臣尽薄材，谨奉法令，阴行谋臣，资之金玉，使游说诸侯，阴修甲兵，饰政教，官斗士，尊功臣，盛其爵禄，故终以胁韩弱魏，破燕、赵，夷齐、楚，卒兼六国，虏其王，立秦为天子。罪一矣。地非不广，又北逐胡、貉，南定百越，以见秦之强。罪二矣。尊大臣，盛其爵位，以固其亲。罪三矣。立社稷，修宗庙，以明主之贤。罪四矣。更克画，平斗斛度量，文章布之天下，以树秦之名。罪五矣。治驰道，兴游观，以见主之得意。罪六矣。缓刑罚，薄赋敛，以遂主得众之心，万民戴主，死而不忘。罪七矣。若斯之为臣者，罪足以死固久矣。上幸尽其能力，乃得至今，愿陛下察之！”书上，赵高使吏弃去不奏，曰：“囚安得上书！”

【译文】于是二世就派赵高审理丞相一案，对他加以惩处，查问李斯和儿子李由谋反的情状，将其宾客和家族全部逮捕。赵高惩治李斯，拷打他一千多下，李斯不能忍受痛苦的折磨，冤屈地招供了。李斯之所以不自杀而死，是他自负能言善辩，又对秦国有大功，确实没有反叛之心，希望能够上书为自己辩护，希望二世能觉悟过来并赦免他。李斯于是在监狱中上书说：“我担任丞相治理百姓，已经三十多年了。我来秦国赶上领土还很狭小。

先王的时候，秦国的土地不过千里，士兵不过几十万。我用尽了自己微薄的才能，小心谨慎地执行法令，暗中派遣谋臣，资助他们金银珠宝，让他们到各国游说，暗中准备武装，整顿政治和教化，任用英勇善战的人为官，提高功臣的社会地位，给他们很高的爵位和俸禄，所以终于威胁韩国，削弱魏国，击败了燕国、赵国，削平了齐国、楚国，最后兼并六国，俘获了他们的国王，拥立秦王为天子。这是我的第一条罪状。秦国的疆域并不是不广阔，还要在北方驱逐胡人、貉人，在南方平定百越，以显示秦国的强大。这是我的第二条罪状。尊重大臣，提高他们的爵位，用以巩固他们同秦王的亲密关系。这是我的第三条罪状。建立社稷，修建宗庙，以显示主上的贤明。这是我的第四条罪状。更改尺度衡器上所刻的标志，统一度量衡和文字，颁布天下，以树立秦朝的威名。这是我的第五条罪状。修筑驰道，兴建游观之所，以显示主上志满意得。这是我的第六条罪状。减轻刑罚，减少税收，以满足主上赢得民众的心愿，使万民百姓都拥戴皇帝，至死都不忘记皇帝的恩德。这是我的第七条罪状。像我李斯这样作臣子的，所犯罪状足以处死，本来已经很久了，皇帝希望我竭尽所能，才得以活到今天，希望陛下明察。”奏书呈上之后，赵高让狱吏丢在一边而不上报，说：“囚犯怎能上书！”

赵高使其客十余辈，诈为御史、谒者、侍中，更往覆讯斯。斯更以其实对，辄使人复榜之。后二世使人验斯，斯以为如前，终不敢更言，辞服。奏当上，二世喜曰：“微赵君，几为丞相所卖。”及二世所使案三川之守至，则项梁已击杀之。使者来，会丞相下吏，赵高皆妄为反辞。

二世二年七月，具斯五刑，论腰斩咸阳市。斯出狱，与其中子俱执，顾谓其中子曰：“吾欲与若复牵黄犬，俱出上蔡东门，逐狡兔，岂可得乎！”遂父子相哭，而夷三族。

【译文】赵高派他的门客十多人假扮成御史、谒者、侍中，轮流往复审问李斯。李斯改为以实对答时，赵高就让人再拷打他。后来二世派人去验证李斯的口供，李斯以为还和以前一样，终不敢再改口供，在供词上承认了自己的罪状。赵高把判决书呈给皇帝，二世皇帝很高兴地说：“没有赵君，我几乎被丞相出卖了。”等二世派的使者到达三川调查李由时，项梁已经将他杀死。使者返回时，正当李斯已被交付狱吏看押，赵高就编造了一整套李由谋反的罪状。

二世二年（前208）七月，李斯被判处五刑，判在咸阳街市上腰斩。李斯出狱时，跟他的次子一同被押解，他回头对次子说：“我想和你再牵着黄狗一同出上蔡东门去打猎追逐狡兔，又怎能办得到呢！”于是父子二人相对痛哭，三族的人都被处死了。

李斯已死，二世拜赵高为中丞相，事无大小，辄决于高。高自知权重，乃献鹿，谓之马。二世问左右：“此乃鹿也？”左右皆曰：“马也。”二世惊，自以为惑，乃召太卜令卦之。太卜曰："陛下春秋郊祀，奉宗庙鬼神，斋戒不明，故至于此。可依盛德，而明斋戒。"于是乃入上林斋戒。日游弋猎，有行人入上林中，二世自射杀之。赵高教其女婿咸阳令阎乐，劾不知何人贼杀人，移上林，高乃谏二世曰："天子无故，贼杀不辜人，此上帝之禁也，鬼神不享，天且降殃，当远避宫以禳之。"二世乃出居望夷之宫。

【译文】李斯死后，二世任命赵高任中丞相，无论大事小事都由赵高决定。赵高自知权力过重，就献上鹿，称它为马。二世问左右侍从说："这是鹿吧？"左右都说："是马"。二世惊慌起来，以为自己迷惑，就把太卜召来，叫他算上一卦。太卜说："陛下春秋两季到郊外祭祀，供奉宗庙鬼神，斋戒时不虔诚，所以才到这种地步。可依照圣明君主的样子再虔诚地斋戒一次。"于是，二世就到上林苑中去斋戒。整天在上林苑中游玩射猎，一次有个行人走进上林苑中，二世亲手把他射死。赵高就让他的女婿咸阳令阎乐出面弹劾，说是不知谁杀死了人，把尸体搬进上林苑中。赵高就劝谏二世说"天子无缘无故杀死没有罪的人，这是上帝所不允许的，鬼神也不会接受您的祭祀，上天将会降下灾祸，应该远远地离去皇宫以祈祷消灾。"二世就离开皇宫到望夷宫去居住。

留三日，赵高诈诏卫士，令士皆素服，持兵内乡，入告二世曰："山东群盗兵大至！"二世上观而见之，恐惧，高即因劫令自杀，引玺而佩之，左右百官莫从，上殿，殿欲坏者三。高自知天弗与，群臣弗许，乃召始皇弟《秦本纪》曰，子婴者，二世之兄子也，此"弟"子当一为"孙"字之误，授之玺。子婴即位，患之，乃称疾不听事，与宦者韩谈及其子，谋杀高。高上谒请病，因召入，令韩谈刺杀之，夷其三族。子婴立三月，沛公兵从武关入，至咸阳，群臣百官皆畔，不適。子婴与妻子，自系其颈以组，降轵道旁。沛公因以属吏，项王至而斩之，遂以亡天下。

【译文】二世在望夷宫里住了三天，赵高就假托二世的命令，让卫士们都穿着白色的衣服，手持兵器面向宫内，自己进宫告诉二世说："山东各路强盗大批大批地来了！"二世上楼台观看，看到卫士拿着兵器朝向宫内，非常害怕，赵高立刻逼迫二世让他自杀。然后取过玉玺把它带在自己身上，身边的文武百官无一人跟从；他登上大殿时，大殿有好几次都像要坍塌似的。赵高自知上天不给予他皇帝之位，群臣也不会答应，就把秦始皇弟弟的弟弟叫来，把玉玺交给了他。子婴即位之后，担心赵高再作乱，就假称有病而不上朝处理政务，与宦官韩谈和他的儿子商量如何杀死赵高。赵高前来求见，询问病情，子婴就把他召进皇宫，命令韩谈刺杀了他，诛灭了他的三族。子婴即位三个月，刘邦的军队就从武关打了进来，到达咸阳，文武百官都起义叛秦，不抵抗沛公。子婴和妻子儿女都用丝带系在自己脖子上，到轵道亭旁去投降。刘邦把他们交给部下官吏看押。项羽到达咸阳后把他们杀死，秦就这样失去了天下。

太史公曰：李斯以闾阎历诸侯，入事秦，因以瑕衅以辅始皇，卒成帝业，斯为三公，可谓尊用矣。斯知《六艺》之归，不务明政，以补主上之缺，持爵禄之重，阿顺苟合，严威酷刑，听高邪说，废適立庶。诸侯已畔，斯乃欲谏争，不亦末乎！人皆以斯极忠而被五刑死，察其本，乃与俗议之异。不然，斯之功，且与周、召列矣。

【译文】太史公说：李斯以一个里巷平民的身份，游历诸侯，入关奉事秦国，抓住机会，辅佐秦始皇，终于完成统一大业。李斯位居三公之职，可以称得上是很受重用了。李斯知道儒家《六经》的要旨，却不致力于政治清明，用以弥补皇帝的过失，而是凭仗他显贵的地位，阿谀奉承，随意附合，推行酷刑峻法，听信赵高的邪说，废掉嫡子扶苏而立庶子胡亥。等到各地已经群起反叛，李斯这才想直言劝谏，这不是太愚蠢了吗！人们都认为李斯忠心耿耿，反受五刑而死，但我仔细考察事情的真相，就和世俗的看法有所不同。否则的话，李斯的功绩真的要和周公、召公相提并论了。

太史公自序

昔在颛顼，命南正重以司天，北正黎以司地。唐虞之际，绍重黎之后，使复典之，至于夏商，故重黎氏世序天地。其在周，程伯休甫其后也。当周宣王时，失其守而为司马氏。司马氏世典周史。惠襄之间，司马氏去周适晋。晋中军随会奔秦，而司马氏入少梁。

【译文】从前颛顼统治天下时，任命南正重掌管天文，北正黎掌管地理。唐虞之际，又让重、黎的后代继续掌管天文、地理，直到夏商时期，所以，重黎氏世代掌管天文地理。周朝时候，程伯休甫就是他们的后裔。当周宣王时，重黎氏因失去官守而成为司马氏。司马氏世代掌管周史。周惠王和周襄王统治时期，司马迁离开周都，到了晋国。后来，晋国中军元帅随会逃奔秦国，司马氏也迁居少梁。

自司马氏去周适晋，分散，或在卫，或在赵，或在秦。其在卫者，相中山。在赵者，以传剑论显，蒯聩其后也。在秦者名错，与张仪争论，于是惠王使错将伐蜀，遂拔，因而守之。错孙靳，事武安君白起。而少梁更名曰夏阳。靳与武安君阬赵长平军，还而与之俱赐死杜邮，葬于华池。靳孙昌，昌为秦主铁官，当始皇之时。蒯聩玄孙卬为武信君将，而徇朝歌。诸侯之相王，王卬于殷。汉之伐楚，卬归汉，以其地为河内郡。昌生无泽，无泽为汉市长。无泽生喜，喜为五大夫，卒，皆葬高门。喜生谈，谈为太史公。

【译文】自从司马氏离周到晋之后，族人分散各地，有的在卫国，有的在赵国，有的在秦国。在卫国的，做了中山国的相。在赵国的，以传授剑术理论而显扬于世，蒯聩就是他们的后代。在秦国的名叫司马错，曾与张仪发生争论，于是秦惠王派司马错率军攻打蜀国，攻取后，又让他做了蜀地郡守。司马错之孙司马靳，奉事武安君白起。而少梁已更名为夏阳。司马靳与武安君坑杀赵国长平军，回来后与武安君一起被赐死于杜邮，埋葬在华池。司马靳之孙司马昌，是秦国主管冶铸铁器的官员，生活在秦始皇时代。蒯聩玄孙司马卬，曾为武信君部将并带兵攻占朝歌。诸侯争相为王时，司马卬在殷地称王。汉王刘邦攻打楚霸王项羽之际，司马卬归降汉王，汉以殷地为河内郡。司马昌生司马无泽，司马无泽担任汉朝市长之职。无泽生司马喜，司马喜封爵五大夫，死后都埋葬在高门。司马喜生司马谈，司马谈做了太史公。

太史公学天官于唐都，受《易》于杨何，习道论于黄子。太史公仕于建元元封之间，愍学者之不达其意而师悖，乃论六家之要指云云（文别录入诸子治要编，兹故从略。）

【译文】太史公从师唐都学习天文，从师杨何学习《易经》，从师黄子学习道家理论。太史公在建元至元封年间做官，他忧虑学者不能通晓各学派的要义而所学悖谬，于是论述阴阳、儒、墨、名、法和道德六家的要旨。

太史公既掌天官，不治民。有子曰迁。迁生龙门，耕牧河山之阳。年十岁则诵古文。二十而南游江、淮，上会稽，探禹穴，窥九疑，浮于沅、湘；北涉汶、泗，讲业齐、鲁之都，观孔子之遗风，乡射邹、峄；厄困鄱、薛、彭城，过梁、楚以归。于是迁仕为郎中，奉使西征巴、蜀以南，南略邛、筰、昆明，还报命。

【译文】太史公职掌天文，不管民事。太史公有子名迁。司马迁生于龙门，在黄河之北、龙门山之南过着耕种畜牧生活。年仅十岁便已习诵古文。二十岁开始南游江、淮地区，登会稽山，探察禹穴，观览九疑山，泛舟于沅水、湘水之上；北渡汶水、泗水，在齐、鲁两地的都会研讨学问，考察孔子的遗风，在邹县、峄山行乡射之礼；困厄于鄱、薛、彭城，经过梁、楚之地回到家乡。于是司马迁出仕为郎中，奉命出使西征巴蜀以南，往南经略邛、筰、昆明，归来向朝廷复命。

是岁天子始建汉家之封，而太史公留滞周南，不得与从事，故发愤且卒。而子迁适使反，见父于河洛之间。太史公执迁手而泣曰："余先周室之太史也。自上世尝显功名于虞夏，典天官事。后世中衰，绝于予乎？汝复为太史，则续吾祖矣。今天子接千岁之统，封泰山，而余不得从行，是命也夫，命也夫！余死，汝必为太史；为太史，无忘吾所欲论著矣。且夫孝始于事亲，中于事君，终于立身。扬名于后世，以显父母，此孝之大者。夫天下称诵周公，言其能论歌文武之德，宣周邵之风，达太王王季之思虑，爰及公刘以尊后稷也。幽厉之后，王道缺，礼乐衰，孔子脩旧起废，论《诗》《书》，作《春秋》，则学者至今则之。自获麟以来，四百有余岁，而诸侯相兼，史记放绝。今汉兴，海内一统，明主贤君忠臣死义之士，余为太史而弗论载，废天下之史文，余甚惧焉，汝其念哉！"迁俯首流涕曰："小子不敏，请悉论先人所次旧闻，弗敢阙。"

【译文】这一年，天子开始举行汉朝的封禅典礼，而太史公被滞留在周南，不能参与其事，所以心中愤懑，致病将死。其子司马迁适逢出使归来，在黄河、洛水之间拜见了父亲。太史公握着司马迁的手哭着说："我们的先祖是周朝的太史。远在上古虞夏之世便显扬功名，职掌天文之事。后世衰落，今天会断绝在我手里吗？你继做太史，就会接续我们祖先的事业了。现在天子继承汉朝千年一统的大业，在泰山举行封禅典礼，而我不能随行，这是命啊，是命啊！我死之后，你必定要做太史；做了太史，不要忘记我想要撰写的著述啊。再说孝道始于奉养双亲，进而侍奉君主，最终在于立身扬名。扬名后世来显耀父母，这是最大的孝道。天下称道歌诵周公，说他能够论述歌颂文王、武王的功德，宣扬周、邵的风尚，通晓太王、王季的思虑，乃至于公刘的功业，并尊崇始祖后稷。周幽王、厉王以后，王道衰败，礼乐衰颓，孔子研究整理旧有的典籍，修复振兴被废弃破坏的礼乐，论述《诗经》《书经》，写作《春秋》，学者至今以之为准则。自获麟以来四百余年，诸侯相互兼并，史书丢弃殆尽。如今汉朝兴起，海内统一，明主贤君忠臣死义之士，我作为太史都未能予以论评载录，断绝了天下的修史传统，对此我甚感惶恐，你可要记在心上啊！"司马迁低下头流着眼泪说："儿子虽然驽笨，但我会详述先人所整理的历史旧闻，不敢稍有缺漏。"

卒三岁而迁为太史令，䌷史记石室金匮之书。五年而当太初元年，十一月甲子朔旦冬至，天历始改，建于明堂，诸神受纪。

【译文】司马谈去世三年后司马迁任太史令，开始缀集历史书籍及国家收藏的档案文献。司马迁任太史令五年正当汉太初元年，十一月甲子朔旦冬至，汉朝的历法开始改用夏正，即以农历一月为正月，天子在明堂举行实施新历法的仪式，诸神皆受瑞纪。

太史公曰："先人有言：'自周公卒，五百岁而有孔子。孔子卒后至于今五百岁，有能绍明世，正《易传》，继《春秋》，本《诗》《书》《礼》《乐》、之际？'意在斯乎！意在斯乎！小子何敢让焉。"

【译文】太史公说："先人说过：'自周公死后五百年而有孔子。孔子死后到现在五百年，有能继承清明之世，正定《易传》，接续《春秋》，意本《诗》《书》《礼》《乐》的人吗？'其用意就在于此，在于此吧！我又怎敢推辞呢。"

上大夫壶遂曰："昔孔子何为而作《春秋》哉？"太史公曰："余闻董生曰：'周道衰废，孔子为鲁司寇，诸侯害之，大夫壅之。孔子知言之不用，道之不行也，是非二百四十二年之中，以为天下仪表，贬天子，退诸侯，讨大夫，以达王事而已矣。'子曰：'我欲载之空言，不如见之于行事之深切著明也'。夫《春秋》，上明三王之道，下辨人事之纪，别嫌疑，明是非，定犹豫，善善恶恶，贤贤贱不肖，存亡国，继绝世，补敝起废，王道之大者也。《易》著天地阴阳、四时、五行，故长于变；《礼》经纪人伦，故长于行；《书》记先王之事，故长于政；《诗》记山川、谿谷、禽兽、草木、

牝牡雌雄，故长于风；《乐》乐所以立，故长于和；《春秋》辩是非，故长于治人。是故《礼》以节人，《乐》以发和，《书》以道事，《诗》以达意，《易》以道化，《春秋》以道义。拨乱世反之正，莫近于《春秋》。《春秋》文成数万，其指数千。万物之散聚皆在《春秋》。《春秋》之中，弑君三十六，亡国五十二，诸侯奔走不得保其社稷者不可胜数。察其所以，皆失其本已。故《易》曰'失之毫厘，差以千里'。

【译文】上大夫壶遂问："从前孔子为什么要作《春秋》呢？"太史公说："我听董生讲：'周朝王道衰败废弛，孔子担任鲁国司寇，诸侯嫉害他，卿大夫阻挠他。孔子知道自己的意见不被采纳，政治主张无法实行，便褒贬评定二百四十二年间的是非，作为天下评判是非的标准，贬抑无道的天子，斥责为非的诸侯，声讨乱政的大夫，为使国家政事通达而已'。孔子说：'我与其载述空洞的说教，不如举出在位者所做所为以见其是非美恶，这样就更加深切显明了。'《春秋》这部书，上阐明三王的治道，下辨别人事的纪纲，辨别嫌疑，判明是非，论定犹豫不决之事，褒善怨恶，尊重贤能，贱视不肖，使灭亡的国家存在下去，断绝了的世系继续下去，补救衰敝之事，振兴废弛之业，这是最大的王道。《易》载述天地、阴阳、四时、五行，所以在说明变化方面见长；《礼》规范人伦，所以在行事方面见长；《书》记述先王事迹，所以在政治方面见长；《诗》记山川溪谷、禽兽草木，牝牡雌雄，所以在风土人情方面见长；《乐》是论述音乐立人的经典，所以在和谐方面见长；《春秋》论辨是非，所以在治人方面见长。由此可见《礼》是用来节制约束人的，《乐》是用来诱发人心平和的，《书》是来述说政事的，《诗》是用来表达情意的，《易》是用来讲

变化的，《春秋》是用来论述道义的。平定乱世，使之复归正道，没有什么著作比《春秋》更切近有效。《春秋》不过数万字，而其要旨就有数千条。万物的离散聚合都在《春秋》之中。在《春秋》一书中，记载弑君事件三十六起，被灭亡的国家五十二个，诸侯出奔逃亡不能保其国家的数不胜数。考察其变乱败亡的原因，都是丢掉了作为立国立身根本的春秋大义。所以《易》中讲'失之毫厘，差以千里。'

故曰'臣弑君，子弑父，非一旦一夕之故也，其渐久矣。'故有国者不可以不知《春秋》，前有谗而弗见，后有贼而不知。为人臣者不可以不知《春秋》，守经事而不知其宜，遭变事而不知其权。为人君父而不通于《春秋》之义者，必蒙首恶之名。为人臣子而不通于《春秋》之义者，必陷篡弑之诛，死罪之名。其实皆以为善，为之不知其义，被之空言而不敢辞。夫不通礼义之旨，至于君不君，臣不臣，父不父，子不子。夫君不君则犯，臣不臣则诛，父不父则无道，子不子则不孝。此四行者，天下之大过也。以天下之大过予之，则受而弗敢辞。故《春秋》者，礼义之大宗也。夫礼禁未然之前，法施已然之后；法之所为用者易见，而礼之所为禁者难知。"

【译文】说'臣弑君，子弑父，并非一朝一夕的缘故，其发展渐进已是很久了'。因此，做国君的不可以不知《春秋》，否则就是谗佞之徒站在面前也看不见，奸贼之臣紧跟在后面也不会发觉。做人臣者不可以不知《春秋》，否则就只会株守常规之事却不懂得因事制宜，遇到突发事件则不知如何灵活对待。做人君、人父若不通晓《春秋》的要义，必定会蒙受首恶之名。做人臣、人子如不通晓《春秋》要义，必定会陷于篡位杀上而被诛伐的境地，并蒙死罪之名。其实他们都认为是好事而去做，只因为不懂得《春秋》大义，而蒙受史家口诛笔伐的不实之言却不敢推卸罪名。如不明了礼义的要旨，就会弄到君不象君，臣不象臣，父不象父，子不象子的地步。君不象君，就会被臣下干犯，臣不象臣就会被诛杀，父不象父就会昏聩无道，子不象子就会忤逆不孝。这四种恶行，是天下最大的罪过。把天下最大的罪过加在他身上，也只得接受而不敢推卸。所以《春秋》这部经典是礼义根本之所在。礼是禁绝坏事于发生之前，法规施行于坏事发生之后；法施行的作用显而易见，而礼禁绝的作用却隐而难知。"

壶遂曰："孔子之时，上无明君，下不得任用，故作《春秋》，垂空文以断礼义，当一王之法。今夫子上遇明天子，下得守职，万事既具，咸各序其宜，夫子所论，欲以何明？"

【译文】壶遂说："孔子时候，上没有圣明君主，他处在下面又得不到任用，所以撰写《春秋》，留下一部空洞的史文来裁断礼义，当作一代帝王的法典。现在先生上遇圣明天子，下能当官供职，万事已经具备，而且全部各得其所，井然相宜，先生所要撰述的想要阐明的是什么呢？”

太史公曰：“唯唯，否否，不然。余闻之先人曰：‘伏羲至纯厚，作《易》八卦。尧舜之盛，《尚书》载之，礼乐作焉。汤武之隆，诗人歌之。《春秋》采善贬恶，推三代之德，褒周室，非独刺讥而已也。’汉兴以来，至明天子，获符瑞，建封禅，改正朔，易服色，受命于穆清，泽流罔极，海外殊俗，重译款塞，请来献见者，不可胜道。臣下百官，力诵圣德，犹不能宣尽其意。且士贤能而不用，有国者之耻，主上明圣而德不布闻，有司之过也。且余尝掌其官，废明圣盛德不载，灭功臣世家贤大夫之业不述，堕先人所言，罪莫大焉。余所谓述故事，整齐其世传，非所谓作也，而君比之于《春秋》，谬矣。”

【译文】太史公说：“是，是啊，不不，不完全是这么回事。我听先人说过：‘伏羲最为纯厚，作《易》八卦。尧舜的强盛，《尚书》做了记载，礼乐在那时兴起。商汤周武时代的隆盛，诗人予以歌颂。《春秋》扬善贬恶，推崇夏、商、周三代盛德，褒扬周王室，并非仅仅讽刺讥斥呀’。汉朝兴建以来，至当今英明天子，获见符瑞，举行封禅大典，改订历法，变换服色，受命于上天，恩泽流布无边，海外不同习俗的国家，辗转几重翻译到中国边关来，请求进献朝见的不可胜数。臣下百官竭力颂扬天子的功德，仍不能完全表达出他们的心意。再说士贤能而不被任用，是做国君的耻辱；君主明圣而功德不能广泛传扬使大家都知道，是有关官员的罪过。况且我曾担任太史令的职务，若弃置天子圣明盛德而不予记载，埋没功臣、世家、贤大夫的功业而不予载述，违背先父的临终遗言，罪过就实在太大了。我所说的缀述旧事，整理有关人物的家世传记，并非所谓著作呀，而您拿它与《春秋》相比，那就错了。”

于是论次其文。七年而太史公遭李陵之祸，幽于缧绁。乃喟然而叹曰：“是余之罪也夫！是余之罪也夫！身毁不用矣。”退而深惟曰：“夫《诗》《书》隐约者，欲遂其志之思也。昔西伯拘羑里，演《周易》；孔子厄陈蔡，作《春秋》；屈原放逐，著《离骚》；左邱失明，厥有《国语》；孙子膑脚，而论兵法；不韦迁蜀，世传《吕览》；韩非囚秦，《说难》《孤愤》；《诗》三百篇，大抵贤圣发愤之所为作也。此人皆意有所郁结，不得通其道也，故述往事，思来者。”于是卒述陶唐以来，至于麟止，自黄帝始。

【译文】于是开始论述编次所得文献和材料。到了第七年，太史公遭逢李陵之祸，被囚禁狱中。于是喟然而叹道：“这是我的罪过啊！这是我的罪过啊！身体残毁没有用了。”退而深思道：“《诗》《书》含义隐微而言辞简约，是作者想要表达他们的心志和情绪。从前周文王被拘禁羑里，推演了《周易》；孔子遭遇陈蔡的困厄，作有《春秋》；屈原被放逐，著了《离骚》；左丘明双目失明，才编撰了《国语》孙子的腿受了膑刑，却论述兵法；吕不韦被贬徙蜀郡，世上才流传《吕览》；韩非被囚禁在秦国，才写有《说难》《孤愤》；《诗》三百篇，大都是圣人贤士抒发愤懑而作的。这些人都是心中聚集郁闷忧愁，理想主张不得实现，因而追述往事，考虑未来。”于是终于下定决心记述陶唐以来直到武帝获麟那一年的历史，而始自黄帝。

维昔黄帝，法天则地，四圣遵序，各成法度；唐尧逊位，虞舜不台；厥美帝功，万世载之。作《五帝本纪》第一。

【译文】从前黄帝以天为法，以地为则，颛顼、帝喾、尧、舜四位圣明帝王先后相继，各建成一定法度；唐尧让位于虞舜，虞舜因觉自己不能胜其任而不悦；这些帝王的美德丰功，万世流传。作《五帝本纪》第一。

维禹之功，九州攸同，光唐虞际，德流苗裔；夏桀淫骄，乃放鸣条。作《夏本纪》第二。

【译文】大禹治水之功，九州同享其成，光耀唐虞之际，恩德流传后世；夏桀荒淫骄横，于是被放逐鸣条。作《夏本纪》第二。

维契作商，爰乃成汤；太甲居桐，德盛阿衡；武丁得说，乃称高宗；帝辛湛湎，诸侯不享。作《殷本纪》第三。

【译文】契建立商国，传到成汤；太甲被放逐居桐地改过反善，阿衡功德隆盛；武丁得有傅说辅佐，才被称为高宗；帝辛沉湎无道，诸侯不再进贡。作《殷本纪》第三。

维弃作稷，德盛西伯；武王牧野，实抚天下；幽厉昏乱，既丧酆镐；陵迟至赧，洛邑不祀。作《周本纪》第四。

【译文】弃发明种谷，西伯姬昌时功德隆盛；武王在牧野伐纣，安抚天下百姓；幽王、厉王昏暴淫乱，丧失了丰、镐二京；王室衰败直至赧王，洛邑断绝了周室宗庙的祭祀。作《周本纪》第四。

维秦之先，伯翳佐禹；穆公思义，悼豪之旅；以人为殉，诗歌《黄鸟》；昭襄业帝。作《秦本纪》第五。

【译文】秦的祖先伯翳，曾经辅佐大禹；秦穆公思及君义，祭悼秦国在殽战死的将士；穆公死后以活人殉葬，《黄鸟》一诗诉其哀伤；昭襄王开创了帝业。作《秦本纪》第五。

始皇即立，并兼六国；销锋铸鐻，维偃干革，尊号称帝，矜武任力；二世受运，子婴降虏。作《始皇本纪》第六。

【译文】秦始皇即位，兼并了六国，销毁兵器，铸为钟鐻，希望干戈止息，尊号称为皇帝，耀武扬威，专凭暴力，秦二世承受国运，子婴投降做了俘虏。作《始皇本纪》第六。

秦失其道，豪桀并扰；项梁业之，子羽接之；杀庆救赵，诸侯立之；诛婴背怀，天下非之。作《项羽本纪》第七。

【译文】秦朝丧失王道，豪杰并起造反；项梁开创反秦大业，项羽接续；项羽杀了庆子冠军宋义，解救了赵国，诸侯拥立他；可他诛杀子婴，背弃义帝怀王，天下都责难他。作《项羽本纪》第七。

子羽暴虐，汉行功德；愤发蜀汉，还定三秦；诛籍业帝，天下惟宁，改制易俗。作《高祖本纪》第八。

惠之早霣，诸吕不台；崇强禄、产，诸侯谋之；杀隐幽友，大臣洞疑，遂及宗祸。作《吕太后本纪》第九。

【译文】项羽残酷暴虐，汉王建功施德；发愤于蜀、汉，率军北还平定三秦；诛灭项羽建立帝业，天下安定，又改革制度，更易风俗。作《高祖本纪》第八。

惠帝早逝，诸吕用事使百姓不悦；吕后提高吕禄、吕产的地位，加强他们的权力，诸侯图谋剪除他们；吕后杀害赵隐王，又囚杀赵幽王刘友，朝中大臣疑惧，终于导致吕氏宗族覆灭之祸。作《吕太后本纪》第九。

汉既初兴，继嗣不明，迎王践祚，天下归心；蠲除肉刑，开通关梁，广恩博施，厥称太宗。作《孝文本纪》第十。

【译文】汉朝初建，惠帝死后帝位继承人不明，众臣迎立代王刘恒即位，天下心服；文帝废除肉刑，开通水陆要道，博施恩惠，死后被称为太宗。作《孝文本纪》第十。

诸侯骄恣，吴首为乱，京师行诛，七国伏辜，天下翕然，大安殷富。作《孝景本纪》第十一。

【译文】诸侯王骄横放肆，吴王率先叛乱，朝廷派兵讨伐，叛乱七国先后伏罪，天下安定，太平富裕。作《孝景本纪》第十一。

汉兴五世，隆在建元，外攘夷狄，内脩法度，建封禅，改正朔，易服色。作《今上本纪》第十二。

【译文】汉朝兴建五世，兴隆盛世在建元年间，天子外攘夷狄，内修法度，举行封禅，修订历法，改变服色。作《今上本纪》第十二。

维三代尚矣，年纪不可考，盖取之谱牒旧闻，本于兹，于是略推，作《三代世表》第一。

【译文】夏、商、周三代太久远了，具体年代已不可考，大致取之于传世的谱牒旧闻，以此为据，进而大略地推断，作《三代世表》第一。

幽厉之后，周室衰微，诸侯专政，《春秋》有所不纪；而谱牒经略，五霸更盛衰，欲睹周世相先后之意，作《十二诸侯年表》第二。

【译文】幽王、厉王之后，周朝王室衰落，诸侯各自为政，《春秋》有些未作记载；而谱牒只记概要，五霸又交替盛衰，为考察周朝各诸侯国的先后关系，作《十二诸侯年表》第二。

春秋之后，陪臣秉政，强国相王；以至于秦，卒并诸夏，灭封地，擅其号。作《六国年表》第三。

【译文】春秋以后，陪臣执政，强国之君竞相称王，及至秦王嬴政，终于吞并各国，铲除封地，独享尊号。作《六国年表》第三。

秦既暴虐，楚人发难，项氏遂乱，汉乃扶义征伐；八年之间，天下三嬗，事繁变众，故详著《秦楚之际月表》第四。

【译文】秦帝暴虐，楚人陈胜发难，项氏又自乱反秦阵营，汉王于是仗义征伐。八年之间，天下三易其主，事变繁多，所以详著《秦楚之际月表》第四。

汉兴已来，至于太初百年，诸侯废立分削，谱纪不明，有司靡踵，强弱之原云以世。作《汉兴已来诸侯年表》第五。

【译文】汉朝兴建以来，直到太初一百年间，诸侯废立分削的情况，谱录记载不明，主管的官员也无法接着记下去，但可据其世系推知其强弱的原由。作《汉兴已来诸侯年表》第五。

维高祖元功，辅臣股肱，剖符而爵，泽流苗裔，忘其昭穆，或杀身陨国。作《高祖功臣侯者年表》第六。

【译文】高祖始取天下，辅佐他创业的功臣，都得剖符封爵，恩泽传给他们的子孙后代，有的忘其亲疏远近，分不出辈分，也有的竟至杀身亡国。作《高祖功臣侯者年表》第六。

惠景之间，维申功臣，宗属爵邑，作《惠景间侯者年表》第七。

【译文】惠帝、景帝年间，增封功臣宗属爵位和食邑。作《惠景间侯者年表》第七。

北讨强胡，南诛劲越，征伐夷蛮，武功爰列。作《建元以来侯者年表》第八。

【译文】北面攻打强悍的匈奴，南面诛讨强劲的越人，征伐四方蛮夷，不少人以武功封侯。作《建元以来侯者年表》第八。

诸侯既强，七国为从；子弟众多，无爵封邑，推恩行义，其势销弱，德归京师。作《王子侯者年表》第九。

【译文】诸侯国日渐强大，吴楚等七国南北连成一片，诸侯王子弟众多，没有爵位封邑，朝廷下令推行恩义，分封诸侯王子弟为侯，致使王国势力日益削弱，而德义却归于朝廷。作《王子侯者年表》第九。

国有贤相良将，民之师表也。维见汉兴以来，将相名臣年表，贤者记其治，不贤者彰其事。作《汉兴以来将相名臣年表》第十。

【译文】国家的贤相良将，是民众的表率。曾看到汉兴以来将相名臣年表，对贤者则记其治绩，对不贤者则明其劣迹。作《汉兴以来将相名臣年表》第十。

维三代之礼，所损益各殊务，然要以近情性，通王道，故礼因人质为之节文，略协古今之变。作《礼书》第一。

【译文】夏、商、周三代之礼，各有所增减而不同，但总地来看，其要领都在于使礼切近人的情性，通于王道，所以礼根据人的质朴本性而制成，减掉了那些繁文缛节，大体顺应了古今之变。作《礼书》第一。

乐者，所以移风易俗也。自《雅》《颂》声兴，则已好郑卫之音，郑卫之音，所从来久矣。人情之所感，远俗则怀。比《乐书》以述来古，作《乐书》第二。

【译文】乐是用来移风易俗的。自《雅》《颂》之声兴起，人们就已经喜好郑、卫之音，郑、卫之音由来已久了。被人情所感发，那远方异俗之人就会归附。仿照已有《乐书》来论述自古以来音乐的兴衰，作《乐书》第二。

非兵不强，非德不昌，黄帝、汤、武以兴，桀、纣、二世以崩，可不慎欤？《司马法》所从来尚矣，太公、孙、吴、王子能绍而明之，切近世，极人变。作《律书》第三。

【译文】没有军队国家就不会强大，没有德政国家就不会昌盛，黄帝、商汤、周武王以明于此而兴，夏桀、商纣、秦二世以昧于此而亡，怎么可以对此不慎重呢？《司马法》产生已很久了，姜太公、孙武、吴起、王子成甫能继承并有所发明，切合近世情况，极尽人事之变。作《律书》第三。

律居阴而治阳，历居阳而治阴，律历更相治，间不容翲忽。五家之文怫异，维太初之元论。作《历书》第四。

【译文】乐律处于阴而治阳，历法处于阳而治阴，律历交替相治，其间不容许丝毫差错。原有五家的历书相互悖逆不同，只有太初元年所论历法为是。作《历书》第四。

星气之书，多杂禨祥，不经；推其文，考其应，不殊。比集论其行事，验于轨度，以次，作《天官书》第五。

【译文】星气之书，杂有许多求福去灾、预兆吉凶的内容，荒诞不经；推究其文辞，考察其应验，并无什么特别之处。待到武帝召集专人研讨此事，并依次用轨度加以验证。作《天官书》第五。

受命而王，封禅之符罕用，用则万灵罔不禋祀。追本诸神名山大川礼，作《封禅书》第六。

【译文】承受天命做了帝王，封禅这样的符瑞之事不可轻易举行，如果举行，那一切神灵没有不受祭祀的。追溯祭祀名山大川诸神之礼，作《封禅书》第六。

维禹浚川，九州攸宁；爰及宣防，决渎通沟。作《河渠书》第七。

【译文】大禹疏通河川，九川得以安宁；及至建立宣防宫之时，河道沟渠更被疏浚。作《河渠书》第七。

维币之行，以通农商；其极则玩巧，并兼兹殖，争于机利，去本趋末。作《平准书》以观事变第八。

【译文】钱币的流通，是为沟通农商；其弊端竟发展到玩弄智巧，兼并发财，争相投机牟利，舍本逐末，去农经商。作《平准书》来考察事情的变化发展，这是第八。

太伯避历，江蛮是适；文武攸兴，古公王迹。阖庐弑僚，宾服荆梦；夫差克齐，子胥鸱夷；信嚭亲越，吴国既灭。嘉伯之让，作《吴世家》第一。

【译文】太伯为让季历继位，避居江南蛮夷之地，文王、武王才得以振兴周邦，发展了古公亶父的王业。阖闾杀了吴王僚，夺取王位，降服楚国；夫差战胜齐国，逼杀伍子胥以革囊盛其尸；听信伯嚭的话亲善越国，最终被越国所灭。为赞许太伯让位的美德，作《吴世家》第一。

申、吕肖矣，尚父侧微，卒归西伯，文武是师；功冠群公，缪权于幽；番番黄发，爰飨营丘。不背柯盟，桓公以昌，九合诸侯，霸功显彰。田阚争宠，姜姓解亡。嘉父之谋，作

《齐太公世家》第二。

【译文】申、吕两国衰弱，尚父微贱坎坷，终于投归西伯，为文王、武王之师；他的功劳为群臣之首，长于暗中设计权谋；头发斑白，受封于齐，建都营丘，成为齐国始祖。齐桓公不背弃与鲁国在柯地所订盟约，事业由此昌盛，多次会合诸侯，霸功显赫。田恒与阚止争宠，姜姓齐国于是瓦解灭亡。为赞美尚父的宏谋，作《齐太公世家》第二。

依之违之，周公绥之；愤发文德，天下和之；辅翼成王，诸侯宗周。隐桓之际，是独何哉？三桓争强，鲁乃不昌。嘉旦《金縢》，作《周公世家》第三。

【译文】诸侯和部属对周无论是依顺的，还是违抗的，周公都安抚他们；他努力宣扬文德，天下都响应随和；辅佐保护成王，诸侯以周天子为天下宗主。隐公、桓公之际却屡屡发生悖德非礼之事，这是为什么呢？只因三桓争强，鲁国国运不昌。赞美周公旦的《金縢》策文，作《周公世家》第三。

武王克纣，天下未协而崩。成王既幼，管蔡疑之，淮夷叛之，于是召公率德，安集王室，以宁东土。燕易之禅，乃成祸乱。嘉《甘棠》之诗，作《燕世家》第四。

【译文】武王战胜商纣，天下尚未协洽他便驾崩。成王年幼，管叔、蔡叔怀疑周公篡位，淮夷也起兵叛乱，于是召（绍）公以其高德率先支持周公，使王室团结安定，保证了周公东征的胜利，使东方得以安宁。燕王哙的禅位，才造成了祸乱。赞赏《甘棠》诗篇，作《燕世家》第四。

管蔡相武庚，将宁旧商；及旦摄政，二叔不飨；杀鲜放度，周公为盟；太任十子，周以宗强。嘉仲悔过，作《管蔡世家》第五。

【译文】管、蔡二叔辅佐武庚，想要安定商朝旧地；周公旦摄政，二叔不服，周公便杀死管叔鲜，流放蔡叔度，周公盟誓忠于成王，太任生育十个儿子，周室以宗族繁盛而强大。表彰蔡仲悔过，作《管蔡世家》第五。

王后不绝，禹舜是说：维德休明，苗裔蒙烈。百世享祀，爰周陈杞，楚实灭之。齐田既起，舜何人哉？作《陈杞世家》第六。

【译文】先王后代延继不绝，舜、禹为此而感到高兴；他们功德美好清明，后代得以承其功业。百世享受祭祀，到了周时，封有陈国、杞国，后被楚国灭掉。齐田氏又使之兴起，舜是位多么了不起的人啊！作《陈杞世家》第六。

收殷余民，叔封始邑，申以商乱，《酒》《材》是告。及朔之生，卫顷不宁；南子恶蒯聩，子父易名。周德卑微，战国既强，卫以小弱，角独后亡。嘉彼《康诰》，作《卫世家》第七。

【译文】收纳殷的遗民，康叔始封邑。周公用商朝乱德亡国的教训申饬他，写了《酒诰》《梓材》等辞来告诫他。到卫公子朔出生，卫国开始倾危不宁；南子憎恶蒯聩，造成儿子和父亲名分颠倒。周朝统治日益衰微，各诸侯国日益强大，卫国因为弱小，国君角反而后亡。赞美《康诰》，作《卫世家》第七。

嗟箕子乎！嗟箕子乎！正言不用，乃反为奴。武庚既死，周封微子。襄公伤于泓，君子孰称。景公谦德，荧惑退行。剔成暴虐，宋乃灭亡。嘉微子问太师，作《宋世家》第八。

【译文】可叹啊，箕子！可叹啊，箕子！正确的意见没有被采纳，反被迫害装疯为奴。武庚死后，周朝封微子于宋。宋襄公在泓水之战中受伤，又有哪位君子称道？景公有自谦爱民之德，荧惑为之退行。剔成暴虐无道，宋国因而灭亡。赞美微子请教太师，作《宋世家》第八。

武王既崩，叔虞邑唐。君子讥名，卒灭武公。骊姬之爱，乱者五世；重耳不得意，乃能成霸。六卿专权，晋国以秏。嘉文公锡珪鬯，作《晋世家》第九。

【译文】武王去世后，叔虞封邑于唐。君子讥讽晋穆公为儿子取名之事，武公终于灭而代之。献公宠爱骊姬，造成五世之乱；重耳不得志，却能威霸诸侯。六卿专权，晋国衰亡。赞美文公因功得天子珪鬯，作《晋世家》第九。

重黎业之，吴回接之；殷之季世，粥子牒之。周用熊绎，熊渠是续。庄王之贤，乃复国陈；既赦郑伯，班师华元。怀王客死，兰咎屈原；好谀信谗，楚并于秦。嘉庄王之义，作《楚世家》第十。

【译文】重黎创业，吴国继承；殷朝末年，有简札记述鬻子为楚国始祖。周成王任用熊绎封为楚子，熊渠继承先世之业。楚庄王贤明，又恢复陈国。赦免了郑伯之罪，又因华元之言而班师回国。怀王客死于秦，子兰归咎屈原，楚君喜阿谀信谗言，终于被秦所吞并。赞美庄王的德义，作《楚世家》第十。

少康之子，实宾南海，文身断发，鼋鳝与处，既守封禺，奉禹之祀。句践困彼，乃用种、蠡。嘉句践夷蛮，能脩其德，灭强吴以尊周室，作《越王句践世家》第十一。

【译文】少康之子远弃南海，纹身断发，与鼋鼍相处，守在封山禺山，事奉大禹的祭祀。勾践受到夫差的困辱，于是信用文种、范蠡。赞美勾践身在夷蛮能修其德，消灭强大吴国以尊奉周室，作《越王勾践世家》第十一。

桓公之东，太史是庸。及侵周禾，王人是议。祭仲要盟，郑久不昌。子产之仁，绍世称贤。三晋侵伐，郑纳于韩。嘉厉公纳惠王，作《郑世家》第十二。

【译文】桓公东迁，信用太史之言。庄公派兵侵犯周土，割取庄稼，受到周王臣民的非议。祭仲被宋胁迫结盟，郑国长期不得昌兴。子产的仁政，后世称道贤明。三晋侵犯征伐，郑终被韩吞并。赞美郑厉公接纳周惠王，作《郑世家》第十二。

维骥騄耳，乃章造父。赵夙事献，衰续厥绪。佐文尊王，卒为晋辅。襄子困辱，乃禽智伯。主父生缚，饿死探爵。王迁辟淫，良将是斥。嘉鞅讨周乱，作《赵世家》第十三。

【译文】骥騄耳骏马使造父彰名。赵夙事奉晋献公，赵衰（cuī，崔）继承他的事业，辅佐晋文公尊奉国王，终于成为晋国辅臣。赵襄子被困辱，却擒捉了智伯。主父遭臣子围困，掏雀充饥活活饿死。赵王迁邪僻淫乱，贬斥迫害良将。表彰赵鞅子讨平周王室之乱，作《赵世家》第十三。

毕万爵魏，卜人知之。及绛戮干；戎翟和之。文侯慕义，子夏师之。惠王自矜，齐秦功之。既疑信陵，诸侯罢之。卒亡大梁，王假厮之。嘉武佐晋文申霸道，作《魏世家》第十四。

【译文】毕万在魏封爵，卜官预知其后代必昌盛。及至魏绛羞辱杨干，负罪完成与戎翟（dí，敌）媾和之命。文侯仰慕仁义，拜子夏为师。惠王骄傲自大，受到齐国秦国的攻打。安釐王怀疑信陵君，因而诸侯疏远魏国。魏终于被秦所灭，魏王假做了厮养卒。赞美魏武子佐助晋文公创立霸业，作《魏世家》第十四。

韩厥阴德。赵武攸兴；绍绝立废，晋人宗之。昭侯显列，申子庸之。疑非不信，秦人袭之。嘉厥辅晋，匡周天子之赋，作《韩世家》第十五。

【译文】韩阙善积阴德，赵武才得兴立。使灭国者重新振起，使废弃者得以再立，晋人尊崇他。韩昭侯在诸侯中地位显要，重用申不害。韩王怀疑韩非而不信用，秦攻袭韩。赞赏韩厥辅佐晋君，匡正周王室的兵赋，作《韩世家》第十五。

完子避难，适齐为援，阴施五世，齐人歌之。成子得政，田和为侯。王建动心，乃迁于共。嘉威、宣能拨浊世而独宗周，作《田敬仲完世家》第十六。

周室既衰，诸侯恣行。仲尼悼礼废乐崩，追脩经术，以达王道，匡乱世，反之于正，见其文辞，为天下制仪法，垂《六艺》之统纪于后世。作《孔子世家》第十七。

【译文】完子避难，出奔到齐国请求援助，田氏暗施恩惠于民相继五世，齐人歌颂他。田成子夺得齐国政权，田和成为诸侯。齐王建被奸计说动，使齐迁于共。赞赏齐威王、齐宣王能冲破污浊之世而独尊崇周天子，作《田敬仲完世家》第十六。

周王室已经衰落，诸侯恣意而行。孔子伤感礼乐崩废，因而追研经术，以重建王道，匡正乱世，使之返于正道，观其著述，为天下制定礼仪法度。留下《六艺》纲纪于后世。作《孔子世家》第十七。

桀、纣失其道而汤武作，周失其道而《春秋》作。秦失其政，而陈涉发迹，诸侯作难，风起云蒸，卒亡秦族。天下之端，自涉发难。作《陈涉世家》第十八。

成皋之台，薄氏始基。诎意适代，厥崇诸窦。栗姬偩贵，王氏乃遂。陈后太骄，卒尊子夫。嘉夫德若斯，作《外戚世家》第十九。

【译文】桀、纣丧失王道而汤、武兴起，周失其王道而《春秋》一书问世。秦失其为政之道，陈涉发起反秦义举，诸侯相继造反，风起云涌，终于灭掉秦国。天下亡秦之端，始于陈涉发难。作《陈涉世家》第十八。

成皋台是薄氏的肇基之地。窦太后被迫到了代国，才使窦氏家族得以富贵。栗姬依仗地位尊贵而自骄于人，王氏才得以顺达显贵。陈皇后过于娇贵，终于使子夫受到尊宠。赞美卫子夫德行如此之好，作《外戚世家》第十九。

汉既谲谋，禽信于陈；越荆剽轻，乃封弟交为楚王，爰都彭城，以强淮泗，为汉宗藩。戊溺于邪，礼复绍之。嘉游辅祖，作《楚元王世家》第二十。

【译文】汉高祖设诡计在陈擒拿韩信；越、楚之民慓悍轻捷，于是封其弟刘交作了楚王，建都彭城，以加强淮、泗地区的统治，成为汉王朝的宗属国。楚王刘戊溺于邪僻合谋反叛，刘礼又被封为楚王继承王业。赞赏刘交辅佐高祖，作《楚元王世家》第二十。

维祖师旅，刘贾是与；为布所袭，丧其荆、吴。营陵激吕，乃王琅邪；怵午信齐，往而不归，遂西入关，遭立孝文，获复王燕。天下未集，贾、泽以族，为汉藩辅。作《荆燕世家》第二十一。

【译文】高祖率军反秦，刘贾加入其行列，后被英布攻袭，丧失了他的荆、吴之地。营陵侯使人游说感动吕后，被封为琅琊王；被祝午诱骗轻信齐王，前往齐国不得归返，用计离齐，西入关中，又遇到迎立孝文帝的事，获封燕王。当天下未安定之时，刘贾、刘泽以高祖同族兄弟身份，成为其藩属。作《荆燕世家》第二十一。

天下已平，亲属既寡；悼惠先壮，实镇东土。哀王擅兴，发怒诸吕，驷钧暴戾，京师弗许。厉之内淫，祸成主父。嘉肥股肱，作《齐悼惠王世家》第二十二。

【译文】天下平定后，高祖亲属已不多。齐悼惠王先长大成人，镇守东部国土。齐哀王擅自出兵是因为对诸吕用事感到愤怒；驷钧粗暴乖戾，朝廷不准立其为帝。厉王亲属内部淫乱，杀身之祸成于主父偃之手。表彰悼惠王刘肥为辅佐天子的股肱，作《齐悼惠王世家》第二十二。

楚人围我荥阳，相守三年；萧何填抚山西，推计踵兵，给粮食不绝，使百姓爱汉，不乐为楚。作《萧相国世家》第二十三。

【译文】楚霸王围汉于荥阳，相持三年；萧何镇抚山西，计算人口输送兵员，粮食供给不断，使百姓爱戴汉王，而不愿为楚王出力。作《萧相国世家》第二十三。

与信定魏，破赵拔齐，遂弱楚人。续何相国，不变不革，黎庶攸宁。嘉参不伐功矜能，作《曹相国世家》第二十四。

【译文】与韩信一起平定了魏地，又打败赵国，攻取齐地，削弱了楚霸王的势力。继萧何之后成为汉相国，凡事不做变更，百姓得以安宁。赞美曹参不夸耀自己的功劳和才能，作《曹相国世家》第二十四。

运筹帷幄之中，制胜于无形，子房计谋其事，无知名，无勇功，图难于易，为大于细。作《留侯世家》第二十五。

【译文】运筹策划于帷幄之中，无形之中克敌制胜，子房谋划克敌制胜之事，没有智巧之名，没有勇武之功，从易处着手解决难题，从小处着手成就大事。作《留侯世家》第二十五。

六奇既用，诸侯宾从于汉；吕氏之事，平为本谋，终安宗庙，定社稷。作《陈丞相世家》第二十六。

【译文】六出奇计都被高祖采用，诸侯归附于汉；消灭诸吕之事，陈平为主谋，终于安定王室和国家。作《陈丞相世家》第二十六。

诸吕为从，谋弱京师，而勃反经合于权；吴楚之兵，亚夫驻于昌邑，以厄齐赵，而出委以梁。作《绛侯世家》第二十七。

【译文】诸吕勾结，阴谋削弱皇室，周勃在剪灭诸吕的问题上，背离常规而合于权变之道；吴楚七国起兵叛乱，周亚夫驻军于昌邑，以扼制齐赵之军，放弃了求救的梁王。作《绛侯世家》第二十七。

七国叛逆，蕃屏京师，惟梁为捍；偩爱矜功，几获于祸。嘉其能距吴楚，作《梁孝王世家》第二十八。

【译文】吴楚七国叛逆，藩屏天子的同姓王中只有梁孝王抵御敌国；但他自恃宠爱夸耀前功，几乎遭到杀身之祸。表彰他能抵抗吴楚叛军，作《梁孝王世家》第二十八。

五宗既王，亲属洽和，诸侯大小为藩，爰得其宜，僭拟之事，稍衰贬矣。作《五宗世家》第二十九。

【译文】五宗封王以后，天子亲属融洽和睦，诸侯或大或小皆为藩屏，各得其宜，僭位而自拟于天子之事逐渐减少。作《五宗世家》第二十九。

三子之王，文辞可观。作《三王世家》第三十。

【译文】当今皇上三位皇子被封为王，策文文辞典雅可观。作《三王世家》第三十。

末世争利，维彼奔义；让国饿死，天下称之。作《伯夷列传》第一。

【译文】末世争权夺利，而伯夷、叔齐兄弟却趋向仁义，为让君位，双双饿死，天下称赞他们的美德。作《伯夷叔齐列传》第一。

晏子俭矣，夷吾则奢；齐桓以霸，景公以治。作《管晏列传》第二。

【译文】晏子节俭，管仲则奢侈：齐桓公因得管仲辅佐而称霸，齐景公因得晏子辅佐而国治。作《管晏列传》第二。

李耳无为自化，清净自正；韩非揣事情，循势理。作《老子韩非列传》第三。

【译文】李耳主张无为而治，使百姓自化于善；清静寡欲，使百姓自归于正。韩非揣度事物的实际情况，遵循事物发展的趋势和道理。作《老子韩非列传》第三。

自古王者而有《司马法》，穰苴能申明之。作《司马穰苴列传》第四。

非信廉仁勇，不能传兵论剑，与道同符，内可以治身，外可以应变，君子比德焉。作《孙子吴起列传》第五。

【译文】自古做帝王的都有《司马法》，穰苴能够对其阐述发挥。作《司马穰苴列传》第四。

没有信、廉、仁、勇不能传授兵法论说剑术，兵法剑术与道相符，内可以修身，外可以应变，君子对此重视并以之为德。作《孙子吴起列传》第五。

维建遇谗，爰及子奢，尚既匡父，伍员奔吴。作《伍子胥列传》第六。

【译文】太子建遇谗毁，祸及伍奢，伍尚救父，伍员逃奔吴国。作《伍子胥列传》第六。

孔氏述文，弟子兴业，咸为师傅，崇仁厉义。作《仲尼弟子列传》第七。

鞅去卫适秦，能明其术，强霸孝公，后世遵其法。作《商君列传》第八。

【译文】孔子传述文德，弟子振兴其业，都成为师傅，教导人们尊仁行义。作《仲尼弟子列传》第七。

商鞅离卫到秦，能阐明实施他的治国之术，使秦孝公强盛称霸，后世遵循其法度。作《商君列传》第八。

天下患衡秦无餍，而苏子能存诸侯，约从以抑贪强。作《苏秦列传》第九。

【译文】天下忧虑连横秦将贪得无厌，苏秦能保存诸侯利益，约定合纵来抑制秦的贪婪强横。作《苏秦列传》第九。

六国既从亲，而张仪能明其说，复散解诸侯。作《张仪列传》第十。

【译文】六国合纵相互亲近，而张仪明了合纵的主张，所以能针锋相对，使联合起来的诸侯再次离散瓦解。作《张仪列传》第十。

秦所以东攘，雄诸侯，樗里、甘茂之策。作《樗里甘茂列传》第十一。

【译文】秦国之所以能够向东侵伐，称雄诸侯，是樗里、甘茂的良策。作《樗里甘茂列传》第十一。

苞河山，围大梁，使诸侯敛手而事秦者，魏冉之功。作《穰侯列传》第十二。

【译文】席卷河山，围困大梁，使诸侯拱手而服事秦国，是魏冉的功劳。作《穰侯列传》第十二。

南拔鄢郢，北摧长平，遂围邯郸，武安为率；破荆灭赵，王翦之计。作《白起王翦列传》第十三。

【译文】南面攻占鄢郢，北面摧毁长平守军，进而围困赵都邯郸，武安君是主将；破楚灭赵，是王翦的计谋。作《白起王翦列传》第十三。

猎儒墨之遗文，明礼义之统纪，绝惠王利端，列往世兴衰。作《孟子荀卿列传》第十四。

【译文】涉猎儒墨的遗文，阐明礼义的纪纲，根绝梁惠王逐利的念头，陈述往世的兴衰。作《孟子荀卿列传》第十四。

好客喜士，士归于薛，为齐扞楚魏。作《孟尝君列传》第十五。

争冯亭以权，如楚以救邯郸之围，使其君复称于诸侯。作《平原君虞卿列传》第十六。

【译文】喜爱门客、士人，士人归附薛公，为齐抵御楚、魏。作《孟尝君列传》第十五。

出于权变争得冯亭所献上党之地，为解邯郸之围亲自赶楚救赵，使其国君得以再次称雄于诸侯。作《平原君虞卿列传》第十六。

能以富贵下贫贱，贤能诎于不肖，唯信陵君为能行之。作《魏公子列传》第十七。

【译文】身为富贵而能尊重贫贱者，自身贤能而能屈就不肖，只有信陵君能够如此。作《魏公子列传》第十七。

以身徇君，遂脱强秦，使驰说之士，南乡走楚者，黄歇之义。作《春申君列传》第十八。

【译文】舍身以救其主，终于逃离强秦，使游说之士向南趋赴楚国，这是黄歇的忠义所致。作《春申君列传》第十八。

能忍訽于魏齐，而信威于强秦；推贤让位，二子有之。作《范睢蔡泽列传》第十九。

【译文】能忍辱于魏齐，却扬威于强秦，推举贤能让出相位，范睢、蔡泽都有这样的美德。作《范睢蔡泽列传》第十九。

率行其谋，连五国兵，为弱燕报强秦之仇，雪其先君之耻。作《乐毅列传》第二十。

能信意强秦，而屈体廉子，用徇其君，俱重于诸侯。作《廉颇蔺相如列传》第二十一。

【译文】身为主将施展谋略，联合五国军队，为弱燕报复了强齐侵凌的仇恨，洗雪了燕国先君的耻辱。作《乐毅列传》第二十。

能在强秦朝廷上陈述己意，又能对廉颇忍让谦恭，以尽忠其君，将相二人名重于诸侯。作《廉颇蔺相如列传》第二十一。

湣王既失临淄而奔莒，惟田单用即墨，破走骑劫，遂存社稷。作《田单列传》第二十二。

【译文】齐湣王丢失临淄后逃到莒邑，只有田单凭借即墨打败敌军驱逐骑劫，才保住齐国江山。作《田单列传》第二十二。

能设诡说，解患于围城，轻爵禄，乐肆志。作《鲁仲连邹阳列传》第二十三。

【译文】能用巧妙的说辞解除围城之患，轻视爵位利禄，却以尽其志趣为乐。作《鲁仲连邹阳列传》第二十三。

作辞以讽谏，连类以争义，《离骚》有之。作《屈原贾生列传》第二十四。

结子楚亲，使诸侯之士，斐然争入事秦。作《吕不韦列传》第二十五。

【译文】创作诗赋文章进行讽喻，连类比附来伸张正义，《离骚》有这样的特色。作《屈原贾生列传》第二十四。

与子楚结交，使各诸侯国的士人争相入秦，为秦效力。作《吕不韦列传》第二十五。

曹子匕首，鲁获其田，齐明其信；豫让义不为二心。作《刺客列传》第二十六。

【译文】曹沫凭借匕首使鲁国重获失去的土地，也使齐君昭信于诸侯；豫让守义，忠于其君而无二心。作《刺客列传》第二十六。

能明其画，因时推秦，遂得意于海内，斯为谋首。作《李斯列传》第二十七。

【译文】能够阐明自己的谋略，顺应时势推尊秦国，终于使秦得志于海内，李斯实为谋首。作《李斯列传》第二十七。

为秦开地益众，北靡匈奴，据河为塞，因山为固，建榆中。作《蒙恬列传》第二十八。

填赵塞常山，以广河内，弱楚权，明汉王之信于天下。作《张耳陈馀列传》第二十九。

【译文】为秦开拓疆土，增聚民众，北面击败匈奴，据黄河为要塞，依山岭为固垒，建榆中。作《蒙恬列传》第二十八。

平定赵国要塞常山，扩张河内，削弱西楚霸王的势力，彰明汉王的信义于天下。作《张耳陈馀列传》第二十九。

收西河、上党之兵，从至彭城；越之侵掠梁地，以苦项羽。作《魏豹彭越列传》第三十。

【译文】收拢西河、上党之兵，跟随高祖直到彭城；彭越侵掠梁地以困扰项羽。作《魏豹彭越列传》第三十。

以淮南畔楚归汉，汉用得大司马殷，卒破子羽于垓下。作《黥布列传》第三十一。

【译文】黥布以淮南之地叛楚归汉，汉王通过他而得到楚大司马周殷，最后在垓下打败项羽。作《黥布列传》第三十一。

楚人迫我京索，而信拔魏赵，定燕齐，使汉三分天下有其二，以灭项籍。作《淮阴侯列传》第三十二。

楚汉相距巩洛，而韩信为填颍川，卢绾绝籍粮饷。作《韩信卢绾列传》第三十三。

诸侯畔项王，唯齐连子羽城阳，汉得以间，遂入彭城。作《田儋列传》第三十四。

【译文】楚军困迫汉军于京、索，韩信攻克魏、赵，平定燕、齐，使三分天下汉得其二，奠定消灭项羽的基础。作《淮阴侯列传》第三十二。

楚汉相持于巩、洛，韩信为汉镇守颍川，卢绾断绝了项羽军队的粮饷。作《韩信卢绾列传》第三十三。

诸侯背叛项王，唯有齐王在城阳牵制项羽，使汉王得机攻入彭城。作《田儋列传》第三十四。

攻城野战，获功归报，哙、商有力焉，非独鞭策，又与之脱难。作《樊郦列传》第三十五。

【译文】攻打城池，战于旷野，获功归报，樊哙、郦商是出力最多的战将，不仅随时听命汉王的驱遣，又常和汉王一起摆脱危难。作《樊郦列传》第三十五。

汉既初定，文理未明，苍为主计，整齐度量，序律历。作《张丞相列传》第三十六。

【译文】汉朝天下初定，文治条理未明，张苍担任主计，统一度量衡，编订律历。作《张丞相列传》第三十六。

结言通使，约怀诸侯；诸侯咸亲，归汉为藩辅。作《郦生陆贾列传》第三十七。

【译文】游说通使，笼抚诸侯；诸侯都亲附汉朝，归汉成为藩属辅臣。作《郦生陆贾列传》第三十七。

欲详知秦楚之事，惟周緤常从高祖，平定诸侯。作《傅靳蒯成列传》第三十八。

徙强族，都关中，和约匈奴；明朝廷礼，次宗庙仪法。作《刘敬叔孙通列传》第三十九。

能摧刚作柔，卒为列臣；栾公不劫于势而倍死。作《季布栾布列传》第四十。

【译文】想要详细了解秦楚之际的事情，只有周緤最清楚，因为他经常跟随高祖，参加平定诸侯的军事活动。作《傅靳蒯成列传》第三十八。

迁徙豪强大族，建都关中，与匈奴和亲；明辨朝廷之礼，制订宗庙仪法。作《刘敬叔孙通列传》第三十九。

季布能改其刚戾而为柔顺，终于成为汉朝名臣；栾公不被威势所迫背叛死者。作《季布栾公列传》第四十。

敢犯颜色，以达主义，不顾其身，为国家树长画。作《袁盎晁错列传》第四十一。

【译文】敢于犯颜强谏，使主上言行合于道义，不顾自身安危，为国家建立长远方案。作《袁盎晁错列传》第四十一。

守法不失大理，言古贤人，增主之明。作《张释之冯唐列传》第四十二。

敦厚慈孝，讷于言，敏于行，务在鞠躬，君子长者。作《万石张叔列传》第四十三。

【译文】维护法律不失大节，言称古代贤人，增长君主之明。作《张释之冯唐列传》第四十二。

敦厚慈孝，不善言辞，敏于行事，致力于谦恭，堪为君子长者。作《万石张叔列传》第四十三。

守节切直，义足以言廉，行足以厉贤，任重权不可以非理挠。作《田叔列传》第四十四。

【译文】恪守节操，恳切刚直，义足以称清廉，行足以激励贤能，担任要职而不能以无理使之屈服。作《田叔列传》第四十四。

扁鹊言医，为方者宗，守数精明；后世(修)(循)序，弗能易也，而仓公可谓近之矣。作《扁鹊仓公列传》第四十五。

【译文】扁鹊论医，为医家所尊奉，医术精细高明；后世遵循其法，不能改易，而仓公可谓接近扁鹊之术了。作《扁鹊仓公列传》第四十五。

维仲之省，厥濞王吴，遭汉初定，以填抚江淮之间。作《吴王濞列传》第四十六。

【译文】刘仲被削夺王爵，其子刘濞受封做了吴王，适逢汉朝初定天下，让他镇抚江淮之间。作《吴王濞列传》第四十六。

吴楚为乱，宗属唯婴贤而喜士，士乡之，率师抗山东荥阳。作《魏其武安列传》第四十七。

智足以应近世之变，宽足用得人。作《韩长孺列传》第四十八。

勇于当敌，仁爱士卒，号令不烦，师徒乡之。作《李将军列传》第四十九。

【译文】吴、楚叛乱，宗室亲属中只有窦婴贤能而喜好士人，士人归心于他，率军在荥阳抵抗叛军。作《魏其武安侯列传》第四十七。

智谋足以应付近世之变，宽厚足以得人。作《韩长孺列传》第四十八。

勇于抗敌，仁爱士卒，号令简明不烦，将士归心于他。作《李将军列传》第四十九。

自三代以来，匈奴常为中国患害；欲知强弱之时，设备征讨，作《匈奴列传》第五十。

【译文】自夏、商、周三代以来，匈奴常为中原祸害，为要了解强弱时势，设防征讨，作《匈奴列传》第五十。

直曲塞，广河南，破祁连，通西国，靡北胡。作《卫将军骠骑列传》第五十一。

【译文】拓直曲曲折折的边塞，扩展河南之地，攻破祁连山，打开通往西域各国的道路，击败北方匈奴。作《卫将军骠骑列传》第五十一。

大臣宗室以侈靡相高，唯弘用节衣食为百吏先。作《平津侯列传》第五十二。

【译文】大臣和宗室以奢侈浪费争高强，只有公孙弘节衣缩食为百官表率。作《平津侯列传》第五十二。

汉既平中国，而佗能集杨越以保南藩，纳贡职。作《南越列传》第五十三。

【译文】汉朝已经平定中国，而赵佗能安定杨越以保卫南方藩属之地，纳贡尽职。作《南越列传》第五十三。

吴之叛逆，瓯人斩濞，葆守封禺为臣。作《东越列传》第五十四。

【译文】吴国叛逆，东瓯人斩杀刘濞，保卫封禺山，终为汉臣。作《东越列传》第五十四。

燕丹散乱辽间，满收其亡民，厥聚海东，以集真藩，葆塞为外臣。作《朝鲜列传》第五十五。

唐蒙使略通夜郎，而邛笮之君请为内臣受吏。作《西南夷列传》第五十六。

【译文】燕太子丹败散于辽东地区，卫满收拢其逃亡百姓，聚集海东，以安定真藩等部，保卫边塞而成为塞外之臣。作《朝鲜列传》第五十五。

唐蒙出使，经略西南，通使夜郎，而邛、笮之君请求成为汉朝内臣并接受朝廷所派官吏。作《西南夷列传》第五十六。

《子虚》之事，《大人》赋说，靡丽多夸，然其指风谏，归于无为。作《司马相如列传》第五十七。

【译文】司马相如作《子虚赋》《大人赋》之事，深得君主喜欢，虽然文辞过于华丽夸张，但其旨意在于讽谏，归结于无为而治。作《司马相如列传》第五十七。

黥布叛逆，子长国之，以填江淮之南，安剽楚庶民。作《淮南衡山列传》第五十八。

【译文】黥布叛逆，高祖少子刘长封为那里的国王，镇守江淮之间，安抚剽悍的楚地百姓。作《淮南衡山列传》第五十八。

奉法循理之吏，不伐功矜能，百姓无称，亦无过行。作《循吏列传》第五十九。

正衣冠立于朝廷，而群臣莫敢言浮说，长孺矜焉；好荐人，称长者，壮有溉。作《汲郑列传》第六十。

【译文】遵奉法律、按照情理办事的官吏，不自夸其功劳贤能，百姓对其无所称赞，也没有什么过失行为。作《循吏列传》第五十九。

端正衣冠立于朝廷，群臣没人敢说虚浮不实的话，汲长孺刚正庄重；好荐贤人，称道长者，郑庄慷慨有节操。作《汲郑列传》第六十。

自孔子卒，京师莫崇庠序，唯建元元狩之间，文辞粲如也。作《儒林列传》第六十一。

【译文】自孔子去世以后，在京师没有谁重视学校教育，只有建元至元狩之间，文教事业灿烂辉煌。作《儒林列传》第六十一。

民倍本多巧，奸轨弄法，善人不能化，唯一切严削为能齐之。作《酷吏列传》第六十二。

【译文】人们背弃本业而多巧诈，作奸犯科，玩弄法律，善人也不能感化他们，只有一切依法严酷惩治才能使他们整齐化一，遵守社会秩序。作《酷吏列传》第六十二。

汉既通使大夏，而西极远蛮，引领内乡，欲观中国。作《大宛列传》第六十三。

【译文】汉与大夏通使之后，西方极远的蛮族，伸长脖子望着内地，想观瞻中国文明。作《大宛列传》第六十三。

救人于厄，振人不赡，仁者有乎；不既信，不倍言，义者有取焉。作《游侠列传》第六十四。

【译文】救人于难，济人于贫，仁者有此美德吧；不失信用，不背诺言，义者有可取之处。作《游侠列传》第六十四。

夫事人君，能说主耳目，和主颜色，而获亲近，非独色爱，能亦各有所长。作《佞幸列传》第六十五。

【译文】侍奉君主能使其耳目愉快，脸色和悦，同时得到主上的亲近，这不仅是美色招人喜爱，技能也各有特长。作《佞幸列传》第六十五。

不流世俗，不争势利，上下无所凝滞，人莫之害，以道之用。作《滑稽列传》第六十六。

【译文】不流于世俗，不争夺势利，上下无所阻碍，没有人能伤害他们，因善用其道。作《滑稽列传》第六十六。

齐、楚、秦、赵为日者，各有俗所用。欲循观其大旨，作《日者列传》第六十七。

【译文】齐、楚、秦、赵占卜者，各有随俗所用的方法。想要总览其要旨，作《日者列传》第六十七。

三王不同龟，四夷各异卜，然各以决吉凶。略窥其要，作《龟策列传》第六十八。

【译文】夏、商、周三代君主占卜之法不同，四方蛮夷卜筮风俗各异，但都以卜筮判断吉凶祸福。粗略考察卜筮的要略，作《龟策列传》第六十八。

布衣匹夫之人，不害于政，不妨百姓，取与以时而息财富，智者有采焉。作《货殖列传》第六十九。

【译文】布衣匹夫这种普普通通的人，不妨害政令，也不妨害百姓，据时买卖增殖财富，智者在他们那里可取得借鉴。作《货殖列传》第六十九。

维我汉继五帝末流，接三代统业。周道废，秦拨去古文，焚灭《诗》《书》，故明堂石室金匮玉版图籍散乱。于是汉兴，萧何次律令，韩信申军法，张苍为章程，叔孙通定礼仪，则文学彬彬稍进，《诗》《书》往往间出矣。自曹参荐盖公言黄老，而贾生、晁错明申、商，公孙弘以儒显，百年之间，天下遗文古事靡不毕集太史公。太史公仍父子相续纂其职。曰："於戏！余维先人尝掌斯事，显于唐虞，至于周，复典之，故司马氏世主天官。至于余乎，钦念哉！钦念哉！"罔罗天下放失旧闻，王迹所兴，原始察终，见盛观衰，论考之行事，略推三代，录秦汉，上记轩辕，下至于兹，著十二本纪，既科条之矣。

【译文】想我大汉王朝继承五帝的遗风，接续三代中断的大业。周朝王道废弛，秦朝毁弃古代文化典籍，焚毁《诗》《书》，所以明堂、石室金匮玉版图籍散失错乱。这时汉朝兴起，萧何修订法律，韩信申明军法，张苍制立章程，叔孙通确定礼仪，于是品学兼优的文学之士逐渐进用。《诗》《书》不断地在各地发现。自曹参荐举盖公讲论黄老之道，而贾生、晁错通晓申不害、商鞅之法，公孙弘以儒术显贵，百年之间，天下遗文古事无不汇集于太史公。太史公父子相继执掌这职务。太史公说："呜呼！我先人曾职掌此事，扬名于唐虞之世，直到周朝，再次职掌其事，所以司马氏世代相继主掌天官之事。难道中止于我这一代吗？敬记在心，敬记在心啊！"网罗搜集天下散失的旧闻，对帝王兴起的事迹溯源探终，既要看到它的兴盛，也要看到它的衰亡，研讨考察各代所行之事，简略推断三代，详细载录秦汉，上记轩辕，下至于今，著十二本纪，已按类别加以排列。

并时异世，年差不明，作十表。礼乐损益，律历改易，兵权、山川、鬼神、天人之际，承敝通变，作八书。二十八宿环北辰，三十辐共一毂，运行无穷，辅拂肱股之臣配焉，忠信行道，以奉主上，作三十世家。扶义俶傥，不令己失时，立功名于天下，作七十列传。凡百三十篇，五十二万六千五百字，为《太史公书》序。略以拾遗补艺，成一家之言，厥协《六经》异传，整齐百家杂语，藏之名山，副在京师，俟后世圣人君子。第七十。

太史公曰：余述历黄帝以来至太初而讫，百三十篇。

【译文】有的同时异世，年代差误不明，作十表。礼乐增减，律历改易，兵法权谋，山川鬼神，天和人的关系，趁其衰败实行变革，作八书。二十八宿列星环绕北辰，三十根车辐集于车毂，运行无穷，辅弼肱股之臣与此相当，他们忠信行道，以奉事主上，作三十世家。有些人仗义而行，倜傥不羁，不使自己失去时机，立功名于天下，作七十列传。总计一百三十篇，五十二万六千五百字，称为《太史公书》。序略，以拾遗补充六艺，成为一家之言，协合《六经》异传，整齐百家杂语，藏之于名山，留副本在京都，留待后世圣人君子观览。第七十。

太史公说：我历述黄帝以来史事至太初年止，共一百三十篇。

附录一：司马迁报任安书

案班固《汉书》迁本传曰："迁既被刑之后，为中书令，尊宠任职。故人益州刺史任安予迁书，责以古贤臣之义。迁报书云云。迁既死后，其书稍出，宣帝时，迁外孙平通侯杨恽，祖述迁书，遂宣布焉。王莽时，求封迁后为史通子。"今录迁《报任安书》，特依姚鼐《古文辞类纂》本，并录其所注各本异字于下，俾便考核。

【译文】案班固《汉书》中司马迁本传记载："迁被施以腐刑之后，做了中书令，很受尊宠。老朋友益州刺史任安给他写信，用古代贤臣的道义来打动他（试图让他帮忙）。司马迁回信云云。司马迁死后，报任安书就逐渐流传出来，宣帝时，他的外孙平通侯杨恽陈述了祖先的书信，于是就将报任安书广为流传开来。王莽时期，乞求册封司马迁为史通子的爵位。"在此收录司马迁《报任安书》依据的是清人姚鼐《古文辞类纂》本为主要内容，同时也收录注释于不同的字词之下，以便利核对。

太史公牛马走司马迁再拜言。（汉书无此十二字。鼐疑太史公公字乃令字。文选传本误耳。）

少卿足下：曩者辱赐书，教以慎于接物，推贤进士为务。意气勤勤恳恳，若望仆不相师，而用（而用汉书作用而）流俗人之言。仆非敢如是也。仆虽罢驽，亦尝侧闻长者遗风矣。

【译文】太史公像牛马一般的仆役、司马迁再拜说：

少卿足下：前时，蒙您屈尊给我写信，教导我待人接物要谨慎，应把推荐贤士当作自己的责任。情意那样诚恳，好像抱怨我没有遵从您的教诲，而是追随了世俗之人的意见。我是不敢这样做的。我虽然才能庸劣，也曾从旁听说过有德之人留传下来的风尚。

顾自以为身残处秽，动而见尤，欲益反损，是以独郁悒而无（文选作与），谁语。谚曰："谁为为之？孰令听之！"盖钟子期死，伯牙终身不复鼓琴。何则？士为知己者（汉书无者字）用，女为说己者容。若仆大质已亏缺矣，虽才怀随和，行若由夷，终不可以为荣，适足以见笑而自点耳。

【译文】只是自己以为身体残缺处于污秽耻辱的境地，行动就要受指责，想做有益之事反而招来损害，因此只能独自愁闷，没有谁可以去诉说。谚语说："为谁去做事？谁来听从你！”锺子期死后，俞伯牙终身不再弹琴，为什么呢？士人要为他的知己效力，女子要为喜爱她的人梳妆美容。像我这样的人，即使自己怀有的才能像随侯珠及卞和玉那样宝贵，品行像许由和伯夷那样高尚，终究不能再以此为荣，恰恰只能被人耻笑而自取污辱罢了。

读辞宜答，会东从上来，又迫贱事，相见日浅，卒卒无须臾之间，得竭志意。今少卿抱不测之罪，涉旬月，迫季冬，仆又薄从上上（文选少一上字）雍，恐卒然不可讳。是仆终不得舒愤懑以晓左右，则长逝者魂魄，私恨无穷。请略陈固陋。阙然久不报，幸勿为过。

【译文】您的信本应早日回复，正赶上随从皇上东巡归来，又忙于一些琐事，与您见面的机会较少，匆匆忙忙没有半点空闲，能够尽情陈述自己的心意。如今您遭到无法预料之罪，再过一个月，逼近冬末，我又迫于跟随皇上到雍地去，恐怕突然之间就会发生不可避免的事，那样我最终也就不可能向您抒发我的愤懑之情了，那么与世长存的灵魂也会抱恨无穷的。请允许我把浅陋的意见略加陈述，时隔很久没有回信，望您不要责怪。

仆闻之：修身者，智之府也；爱施者，仁之端也；取予者，义之符也；耻辱者，勇之决也；立名者，行之极也。士有此五者，然后可以托于世，而列于君子之林矣。故祸莫憯于欲利，悲莫痛于伤心，行莫丑于辱先，诟莫大于宫刑。刑余之人，无所比数，非一世也，所从来远矣。昔卫灵公与雍渠同载，孔子适陈；商鞅因景监见，赵良寒心；同子参乘，爰丝变色：自古而耻之。夫中材之人，事有关于宦竖，莫不伤气，而况慷慨之士乎？如今朝廷虽乏人，奈何令刀锯之余，荐天下豪儁（文选作俊）哉！

【译文】我听说，修身是智慧的集中体现；爱人和助人是仁的发端；要得到什么和付出什么是义的标志；有耻辱之心是勇敢的先决条件；树立名誉是行为的最终目标。士人有了这五个方面，然后才可以立身于世并进入君子的行列。所以祸没有比贪欲私利更惨的，悲没有比刺伤心灵更痛苦的，行为没有比污辱祖先更丑的，耻辱没有比宫刑更大的。受刑之后得到余生的人，无法和别人相比，并非一代如此，由来已久了。从前卫灵公和宦官雍渠同乘一辆车，孔子见到后就到陈国去了；商鞅依靠宦官景监的引见得到重用，赵良感到寒心；赵谈陪文帝乘车，袁丝脸色都变了。自古以来就以宦官为耻辱。那些才能平庸的人，事情只要涉及到宦官，就没有不感到丧气的，何况是那些志气昂扬的人呢？如今朝廷虽然缺乏人才，可怎么能让一个受了宫刑的人来举荐天下的豪杰呢！

仆赖先人绪业，得待罪辇毂下，二十余年矣。所以自惟：上之不能纳忠效信，有奇策才力之誉，自结明主；次之又不能拾遗补阙，招贤进能，显岩穴之士；外之不能备行伍，攻城野战，有斩将搴旗之功；下之不能累日积劳，取尊官厚禄，以为宗族交游光宠。四者无一遂，苟合取容，无所短长之效，可见于此矣。乡者仆亦尝厕下大夫之列，陪奉外廷末议，不以此时引纲维，尽思虑，今已亏形为扫除之隶，在阘茸之中，乃欲仰首伸眉，论列是非，不亦轻朝廷羞当世之士邪！嗟乎嗟乎！如仆尚何言哉！尚何言哉！

【译文】我仰仗先人留下的事业，才能在皇帝左右为官达二十多年。所以常自思自想，上不能对君王尽心报效诚信，也没有因出奇的谋略和特殊的能力受到赞誉，取得贤君的信任；其次又不能为皇帝拾取遗漏弥补缺陷，也不能招纳举荐贤能之人，并让山野中的隐士显露才能；对外又不能参加军队，攻城野战，有斩杀敌将夺取敌人军旗的功劳；往低处说，不能以日积月累的辛劳，取得高官厚禄，使亲族朋友都感到荣耀。这四者没有一件如愿以偿，只好勉强求合以博得皇上的喜欢，不会有特别表现，我的情况从这里也就可以看出来了。从前我也曾置身下大夫的行列，在外朝陪着别人发表些微不足道的意见，没有借这个时机根据朝廷法度竭尽自己的才思，如今已经身体残缺成了从事扫除的差役，处在卑贱的地位，还想要昂首扬眉，评论是非，那不是轻慢朝廷羞辱当今的士人吗！唉！唉！像我这样的人还有什么可说的呢！

且事本末未易明也。仆少负不羁之才，长无乡曲之誉。主上幸以先人之故，使得奏薄技，出入周卫之中。仆以为戴盆何以望天，故绝宾客之知，忘室家之业，日夜思竭其不肖之才力，务一心营职，以求亲媚于主上。而事乃有大谬不然者。

【译文】况且事情的前因后果是不容易说清的。我年少时以不受约束的高才自负，长大后没有得到乡里的赞誉，幸而皇上由于我父亲的缘故，使我能够贡献浅薄的才能，出入于宫禁之中。我以为戴着盆还怎么能去望天呢，所以断绝了与朋友的交往，忘记了家庭的事情，日夜都想竭尽自己并不很高的能力，专心致志尽力于职守，以便能够讨好皇上。然而事情竟会大错特错，而不是所想象的那样。

夫仆与李陵，俱居门下，素非（选有能字）相善也。趣舍异路，未尝衔杯酒接殷勤之余欢。然仆观其为人自（选有守字）奇士，事亲孝，与士信，临财廉，取予义，分别有让，恭俭下人。常思奋不顾身，以殉国家之急。其素所蓄积也，仆以为有国士之风。

【译文】我和李陵都在宫廷内做官，平时并没有什么交情，彼此志趣不同，不曾在一起喝过一杯酒，在一起尽情交欢。然而我观察他的为人，是能自守节操的奇士，侍奉双亲讲孝道，和士人交往重诚信，在钱财面前廉洁，收取和给予都以义为准则，对有差别的事肯于退让，对人谦恭，甘居人后，时常想奋不顾身为国家的急难而牺牲自己，从他平素的言行表现来看，我认为他有国士的风度。

夫人臣出万死不顾一生之计，赴公家之难，斯已奇矣。今举事一不当，而全躯保妻子之臣，随而媒糵（糵依李陵传）其短，仆诚私心痛之。且李陵提步卒不满五千，深践戎马之地，足历王庭，垂饵虎口，横挑强胡。仰亿万之师，与单于连战十有余日，所杀过半，虏救死扶伤不给。

【译文】作为臣子虽经历万般危险也不为自己的生命考虑，只想到解救公家之危难，这已是很出奇了。如今所做的事稍有不当，那些只顾保全自己和妻儿的大臣，接着就把他的失误尽情夸大，我确实内心里感到痛苦。况且李陵率领步兵不满五千，深入战场踏上匈奴的住地，到达单于的王庭。在虎口中投下诱饵，对强悍的匈奴勇敢地挑战，迎着亿万敌军与单于连续作战十多天，所杀的敌人超过了自己的军队的人数，使得敌人顾不上救援死伤士兵。

旃裘之君长咸震怖，乃悉征左右贤王，举引弓之民，一国共攻而围之。转斗千里，矢尽道穷，救兵不至，士卒死伤如积。然陵一呼劳军，士无不起躬（选有自字）流涕，沫血饮泣，张空弮（选作拳），冒白刃，北向争死敌者（汉无者字）。陵未没时，使有来报，汉公卿王侯皆奉觞上寿。

【译文】匈奴的君王都震惊恐怖，于是才把左右贤王的兵马全都调来，发动会拉弓射箭的人，全国的军队共同围攻李陵。李陵转战千里，箭用光了，路走绝了，救兵不到，士兵死伤的堆积如山，然而李陵振臂一呼鼓舞士气的时候，士兵没有不奋起的，个个涕泪横流，满脸是血，吞下眼泪，再拉开空弓，冒着刀箭，向北拼死杀敌。李陵还没有覆没的时候，曾有使者来报告战况，汉朝的公卿王侯都举杯向皇上祝贺。

后数日，陵败书闻，主上为之食不甘味，听朝不怡。大臣忧惧，不知所出。仆窃不自料其卑贱，见主上惨怆（汉书作悽）怛悼，诚欲效其款款之愚。以为李陵素与士大夫绝少分甘（汉书作绝甘分少），能得人（汉书有之字）死力，虽古之（汉无之字）名将不能（汉无能字）过也。身虽陷败，彼观其意，且欲得其当而报（选有于字）汉。事已无可奈何，其所摧败，功亦足以暴于天下矣（汉无矣字）。

【译文】过了几天，李陵兵败的奏章知道后，皇上为此吃饭不香，上朝不乐，大臣忧虑恐惧，不知道该怎么办。我私下没有考虑自己的卑贱，看到皇上的悲戚哀伤，真心想献上自己的恳切忠诚，认为李陵平时与军官们在一起，同甘共苦，能使人们拼死为他效力，虽是古代名将，也不能超过他。李陵虽然兵败陷身匈奴，看他的心意，将要等到合适的时机报效汉朝。事情已经无可奈何，他消灭了那么多敌军，这战功也足能显示给天下了。

仆怀欲陈之而未有路。适会召问，即以此指推言陵之（汉无之字）功。欲以广主上之意，塞睚眦之辞。未能尽明，明主不深（选无深字）晓，以为仆沮贰师，而为李陵游说。遂下于理。拳拳之忠，终不能自列，因为诬上，卒从吏议。

【译文】我心中想陈述这个看法但没有机会，恰好皇上召见问话，我就按这个意思阐述李陵的战功，想用这番话宽慰皇上的心胸，堵塞怨恨李陵的人所说的坏话；没能完全说明，皇上不理解，认为我是有意中伤贰师将军李广利，并为李陵游说，于是就把我交付法庭，诚恳的忠心始终不能自己一一陈述。因此被定为欺骗皇上之罪，最后皇上同意狱吏的判决。

家贫，货赂不足以自赎。交游莫救（选有视字），左右亲近不为一言。身非木石，独与法吏为伍，深幽囹圄之中，谁可告愬者！此正（选作真）少卿所亲见，仆行事岂不然邪（选作乎）？李陵既生降，隤其家声，而仆又佴之（汉作茸以）蚕室，重为天下观笑。悲夫悲夫！事未易一二为俗人言也。

【译文】我家中贫穷，财物不够用来赎罪，朋友没人相救，皇上左右的近臣，也没有谁向皇帝说句话，自身并非木石，却要与法吏在一起，被囚禁在监狱之中，谁是可以听我诉说的人呢！这正是少卿亲眼所见，我的所作所为，难道不是这样吗？李陵既已投降匈奴，败坏了他家的名声，而我又受刑住进蚕室，更加被天下人嘲笑，悲痛啊悲痛啊！事情是不容易一一地讲给俗人听的。

仆之先人，非有剖符丹书之功，文史星历，近乎卜祝之间，固主上所戏弄，倡优畜之（选作所蓄），流俗之所轻也。假令仆伏法受诛，若九牛亡一毛，与蝼蚁何以（汉无以字）异？而世俗又不能与死节者比，特以为智穷罪极，不能自免，卒就死耳。何也？素所自树立使然也（汉无也字）。人固有一死，死有重于泰山，或轻于鸿毛，用之所趣异也。

【译文】我的先辈并没有立下什么功劳，可以得到皇上赐给的剖符和丹书铁券，掌管史籍和天文历法，类似于占卜祭祀之官，本来就是给皇上戏耍的，像畜养倡优一样，是世俗之人看不起的职业。如果我依法被处死，也就像九牛失去一根毛，同死个蝼蚁有什么两样？世人也不会把我和那些死于气节的人相提并论，只不过认为你智虑穷尽，罪恶已极，不能自己赎免，终于走上死路罢了。为什么呢？就是平日自己的工作和职业造成的。人本来都有一死，有人死得比泰山还重，有人死得比鸿毛还轻，为什么用死追求的目的是不一样的。

太上不辱先，其次不辱身，其次不辱理色，其次不辱辞令；其次诎体受辱，其次易服受辱，其次关木索、被箠楚受辱，其次鬄（汉作剔）毛发、婴金铁受辱，其次毁肌肤、断肢体受辱，最下腐刑极矣！传曰：“刑不上大夫。”此言士节不可不勉（汉无勉字）厉也。猛虎处深山，百兽震恐，及在槛穽之中（及字下汉书有其字），摇尾而求食，积威约之渐也。

【译文】最重要的是不能使祖先受辱，其次是不使自身受辱，其次是不使脸面受辱，其次是不让别人用文辞和教令来羞辱，再次是身体被捆绑受辱，再次是换上囚服受辱，再次是披枷带索被刑杖拷打受辱，再次是剃光头发、颈戴铁圈受辱，再次是毁伤肌肤、砍断肢体受辱，最下等的是宫刑，受辱到顶点了。古书上说：“刑罚不用在大夫身上。”这就是说士大夫在气节方面不能不进行磨砺。猛虎在深山里，百兽都震惊恐惧，等它到了陷阱或兽笼里，就得摇着尾巴乞求食物，这是由于长期用威力制约，逐渐取得的结果。

故士有画地为牢，势不可（汉无可字，下同）入；削木为吏，议不对，定计于鲜也。今交手足，受木索，暴肌肤，受榜箠，幽于圜墙之中。当此之时，见狱吏则头抢地，视徒隶则心惕息。

【译文】因此，即使有个在地上划出的监牢，士人也绝对不能进去；有个用木头削成的狱吏审判你，也不能去质对。受刑之前就决计自杀，这才是鲜明的态度。如今捆绑手脚，戴上枷索，暴露肌肤，受到鞭打，囚禁在监狱之中。在这时候，看到狱吏就要叩头触地，看到狱吏就吓得不敢出气。

何者？积威约之势也。及已至是言不辱者，所谓强颜耳，曷足贵乎！且西伯，伯也，拘于（汉无于字）羑（汉作牖）里；李斯，相也，具于（汉无于字）五刑；淮阴，王也，受械于陈；

【译文】为什么呢？这是长期用威力制约造成的情势。事情已经到了这种地步，还说不受辱的人，不过是所谓的厚脸皮罢了，还有什么值得尊重的呢！况且西伯（周文王）是诸侯之长，曾被拘禁在牖里；李斯是丞相，也受遍了五种刑罚；韩信已是诸侯王，却在陈地被戴上刑具；

彭越、张敖，南面（汉作向）称孤，系狱抵（汉作具）罪；绛侯诛诸吕，权倾五伯，囚于请室；魏其，大将也，衣赭衣（汉无衣字）、关三木；季布为朱家钳奴；灌夫受辱于居室。

【译文】彭越、张敖已南面称王，结果都下狱定罪；绛侯周勃诛杀了吕氏家族，权力超过了春秋时的五霸，后来也被囚禁在待罪之室；魏其侯是大将军，最后也穿上了囚衣，戴上了刑具；季布做了朱家的家奴；灌夫被关押在居室受辱。

此人皆身至王侯将相，声闻邻国，及罪至罔加，不能引决自裁（汉作财字），在尘埃之中，古今一体，安在其不辱也！由此言之，勇怯，势也；强弱，形也。审矣，曷足怪乎？夫（汉作且）人不能自裁绳墨之外，已（选作以）稍陵遲（汉作夷），至于鞭箠之间，乃欲引节，斯不亦远乎！古人所以重施刑于大夫者，殆为此也。

【译文】这些人都已身居王侯将相，名声传到了邻国，等犯了罪受到法令制裁，不能下决心自杀，在监狱里，古今都一样，他怎能不受辱呢！从这些情况来说，勇敢和怯懦，是权力地位不同造成的；坚强和软弱，是由所处的形势决定的。这是很清楚的，有什么值得奇怪的呢？况且一个人如果不能在受刑之前早点自杀，就已经逐渐衰颓了；到了鞭打受刑的时候，才想到以自杀殉节，那不是太晚了吗？古人所以要慎重对待对士大夫的用刑，大概就是这个原因吧！

夫人情莫不贪生恶死，念父母（汉作亲戚），顾妻子。至激于义理者不然，乃有不得已也。今仆不幸，早失父母（汉作二亲），无兄弟之亲，独身孤立。少卿视仆于妻子何如哉？且勇者不必死节，怯夫慕义，何处不勉焉！仆虽怯懦（汉作耎）欲苟活，亦颇识去就之分矣，何至自湛溺缧绁之辱哉！且夫臧获婢妾犹能引决，况若仆之不得已乎？所以隐忍苟活，幽于（汉作函，无于字）粪土之中而不辞者，恨私心有所不尽，鄙陋（汉无陋字）没世而文采不表于后世（汉无世字）也。

【译文】人之常情没有不贪恋生存、厌恶死亡的，没有不顾念父母妻儿的。至于那些为义理所激励的人并不如此，那是由不得已的形势造成的。如今我不幸，早年丧失父母，没有兄弟相亲，孤独一人在世，少卿您看我对妻儿们该如何呢？况且勇敢的人不必以死殉节，怯懦的人只要仰慕节义，什么情况下不能勉励自己呢！我虽然怯懦，想苟且偷生，但也还懂得偷生与赴死的界限，何至于自甘陷身牢狱之中去受辱呢！奴隶婢妾还能去自杀，何况我这种处于不得已境地的人呢！我之所以要克制忍耐、苟且偷生，囚禁在污秽的监狱之中也在所不辞，是以心中还有未了之事为恨，以身死之后文章不能留传后世为耻呀！

古者富贵而名磨（汉作摩）灭，不可胜记，唯倜傥（倜汉作俶）非常之人称焉。盖文王（汉作西伯）拘而演《周易》；仲尼厄而作《春秋》；屈原放逐，乃赋《离骚》；左邱失明，厥有《国语》；孙子膑脚，《兵法》修列；不韦迁蜀，世传《吕览》；韩非囚秦，《说难》《孤愤》；《诗》三百篇，大抵圣贤发愤之所为（汉有作字）也。此人皆意有所郁结，不得通其道，故述往事，思来者。乃如左丘明（汉无明字）无目，孙子断足，终不可用，退论书策，以舒其愤，思垂空文以自见。仆窃不逊，近自托于无能之辞，网罗天下放失旧闻，略考之行事（汉无略字），综其终始（汉无此句）稽其成败兴坏之纪（汉作理）。上计轩辕，下至于兹，为十表、本纪十二、书八章、世家三十、列传七十（自上计轩辕至此凡二十六字，汉书无），凡百三十篇。亦欲以究天人之际，通古今之变，成一家之言。

【译文】古时候虽富贵而名声却泯灭不传的人，是无法都记载下来的，只有卓越不凡的特殊人物能够名扬后世。周文王被拘禁后推演出《周易》的六十四卦；孔子受困回来后开始作《春秋》；屈原被放逐后，才创作了《离骚》；左丘明失明后，才有《国语》的写作；孙子被砍断双脚，编撰出《兵法》著作；吕不韦贬官迁徙到蜀地，世上传出了《吕氏春秋》；韩非被秦国囚禁，写出了《说难》《孤愤》等文章；《诗经》的三百篇诗，大都是圣贤为抒发忧愤而创作出来的。这些人都是心中忧郁苦闷，不能实现他的理想，所以才记述以往的史事，想让后来的人看到并了解自己的心意。至于左丘明失去双目，孙子砍断双脚，终于不可能被任用，便退而著书立说，以此来舒散他们的愤慨，想让文章流传后世以表现自己的志向。我私下里不自量力，近年来投身在无用的文辞之中，收集天下散失的史籍与传闻，考证前代人物的事迹，考察他们成败兴衰的道理，上自黄帝轩辕，下至当今，写成了十表、本纪十二篇、书八章、世家三十篇、列传七十篇，共计一百三十篇。也是想借此探究天道与人事的关系，贯通从古到今的历史发展变化，完成有独特见解、自成体系的著作。

草创未就，遭会此祸，惜其不成，是以就极刑而无愠色。仆诚已著此书，藏之名山，传之其人，通邑大都。则仆偿前辱之责，虽万被戮，岂有悔哉！然此可为智者道，难为俗人言也。

【译文】草稿尚未完成，正好遭到这场灾祸，我痛惜此书没有完成，因此受到最残酷的刑罚也没有露出怨怒之色。我确实是想著成此书，把它珍藏在名山，把它传给志同道合的人，让它在通都大邑之间流传。那么，我就可以偿还从前受辱所欠的债了，即使受到再多的侮辱，难道会后悔吗！然而我这番苦心只能对智者讲，很难对俗人说呀！

且负（汉作贫）下未易居，下流多谤议。仆以口语遇遭此祸，重为乡党戮笑，污辱先人，亦何面目复上父母之邱墓乎？虽累百世，垢弥甚耳！是以肠一日而九回，居则忽忽若有所亡，出则不知其所（汉有如字）往。每念斯耻，汗未尝不发背沾衣也。身直为闺阁之臣，宁得自引深藏（汉有于字）岩穴邪？故且从俗浮沉，与时俯仰，以通其狂惑。今少卿乃教以推贤进士，无乃与仆私心剌（汉作之私指）谬乎？今虽欲自雕琢（汉作瑑），曼辞以自饰（汉作解），无益于俗，不信，适足取辱耳。要之死日，然后是非乃定。书不能悉意，故略陈固陋。谨再拜。

【译文】况且在背着恶名的情况下不容易处世，处在被鄙视的地位会招来更多的诽谤。我由于发表议论遭受了这场灾祸，深为家乡的人耻笑，污辱了祖先，又有什么脸面再去谒拜父母的坟墓呢！即使再经历一百代，耻辱只会越来越深啊！因此，愁肠每天都反复回转，在家里就恍恍忽忽若有所失，外出就不知道要到哪里去。每当想到这种耻辱，没有不汗流浃背沾湿衣裳的。自己简直就是个宦官，还怎能自行隐退，藏身到深山岩穴之中呢？所以只得暂且随世俗浮沉，在时势中周旋，以此来抒发内心的狂乱迷惑。如今少卿却教诲我要推荐贤士，岂不是和我内心的苦衷相违背吗？现在即使想粉饰自己，用美妙的言辞宽慰自己，对俗人毫无用处，也不会被信任，只是自讨羞辱罢了。总之，到了死的那天，然后是非才能论定。信中不能把意思写尽，只能简略陈述浅陋之见。特此再拜。

附录二：班彪父子史记论赞

范晔《后汉书·班彪传》曰："彪既才高而好述作，遂专心史籍之间。武帝时，司马迁著《史记》。自太初以后，缺而不录。后好事者颇为缀集时事，然多鄙俗，不足以踵继其书。彪乃继采前史遗事，傍贯异闻，作《后传》数十篇，因斟酌前史，而议正得失。"其略论云云。嗣后子固因彪书而作《汉书》，于《司马迁传》赞，即布父彪所论，而各有详略，今并录于后，以资比较。

【译文】南朝刘宋范晔在《后汉书·班彪传》中说："班彪非常有才又喜好著述，所以潜心史书之间。汉武帝时，司马迁著《史记》。自武帝太初年间之后的事迹有所缺漏，没有收录。后来有对这部书感兴趣的人还将当时的时事补进去，但是大多十分鄙俗，不足以续成《史记》。班彪于是继续搜集前代史实旧事，间或插进一些异闻，作《史记后传》数十篇，并希望通过这部书来对前边的史书进行参考斟酌，议论世事变化得失"等等。之后班彪之子班固接着父亲的《后传》作《汉书》，在《司马迁传》中的赞，即班氏父子的言论，各有其详略之初。现在全部将其收录于下，并留作比较。

论曰：唐虞三代，诗书所及，世有史官，以司典籍，暨于诸侯，国自有史，故《孟子》曰“楚之《梼杌》，晋之《乘》，鲁之《春秋》，其事一也”。定哀之间，鲁君子左邱明论集其文，作《左氏传》三十篇，又撰异同，号曰《国语》，二十篇，由是《乘》《梼杌》之事遂暗，而《左氏》《国语》独章。又有记录黄帝以来至春秋时帝王公侯卿大夫，号曰《世本》，一十五篇。春秋之后，七国并争，秦并诸侯，则有《战国策》三十三篇。汉兴定天下，太中大夫陆贾记录时功，作《楚汉春秋》九篇。孝武之世，太史令司马迁采《左氏》《国语》，删《世本》《战国策》，据楚、汉列国时事，上自黄帝，下讫获麟，作本纪、世家、列传、书、表凡百三十篇，而十篇缺焉。迁之所记，从汉元至武以绝，则其功也。至于采经摭传，分散百家之事，甚多疏略，不如其本，务欲以多闻广载为功，论议浅而不笃。其论术学，则崇黄老而薄《五经》；序货殖，则轻仁义而羞贫穷；道游侠，则贱守节而贵俗功：此其大敝伤道，所以遇极刑之咎也。然善述序事理，辩而不华，质而不野，文质相称，盖良史之才也。诚令迁依《五经》之法言，同圣人之是非，意亦庶几矣。

【译文】其略论写道：“唐虞三代，据《诗经》《书经》的记载，每代均有史官，管理经典著作，到了诸侯各国，每国均有历史，所以《孟子》上说‘楚国的历史叫《梼杌》，晋国的历史叫《乘》，鲁国的历史叫《春秋》，他们记载历史都是一回事’。鲁定公、哀公的年代，鲁国君子左丘明收集当时的历史，作《左氏传》三十篇，又根据各种不同的材料，写成《国语》二十一篇，从此《乘》和《木寿杌》的事就不行于时，而《左氏》《国语》就得到人们的重视传习。又有记录黄帝以来至春秋时代帝王公侯卿大夫事迹的书，叫做《世本》，共一十五篇。春秋之后，七国纷争，秦国吞并诸侯，就有《战国策》三十三篇问世。汉朝兴起，平定天下，太中大夫陆贾记录当时情况，作《楚汉春秋》九篇。孝武皇帝的年代，太史令司马迁采集《左氏》《国语》，删削《世本》《战国策》，根据楚、汉列国时事，上自黄帝起，下至太始二年获应..为止，作本纪、世家、列传、书、表共一百三十篇，而有十篇缺了，司马迁所记，从汉朝开国至武帝时绝笔，这是它的功绩。至于采取经传，搜罗分散于百家的材料，很多粗疏简略之处，不如原来的真实详细，它是以多闻广载见长，论议肤浅而不厚实。他论学术就推崇黄帝、老子而轻视《五经》；写货殖传，就轻仁义而以贫穷为耻；写游侠之士，就轻视那些节烈的人而推崇世俗建功之士。这就是大毛病，有伤正道，所以遭到腐刑的缘故。但是他善于叙述事理，文笔畅达而不华丽，质朴而不粗野，文质相称，不愧为良史之才。如果让他遵照《五经》的礼法之言，符合圣人的是非标准，那就差不多了。

夫百家之书，犹可法也。若《左氏》《国语》《世本》《战国策》《楚汉春秋》《太史公书》，今之所以知古，后之所由观前，圣人之耳目也。司马迁序帝王则曰本纪，公侯传国则曰世家，卿士特起则曰列传。又进项羽、陈涉而黜淮南、衡山，细意委曲，条例不经。若迁之著作，采获古今，贯穿经传，至广博也。一人之精，文重思烦，故其书刊落不尽，尚有盈辞，多不齐一。若序司马相如，举郡县，著其字，至萧、曹、陈平之属，及董仲舒并时之人，不记其字，或县而不郡者，盖不暇也。今此后篇，慎核其事，整齐其文，不为世家，唯纪、传而已。传曰：“杀史见极，平易正直，《春秋》之义也。”

【译文】“那些百家的历史书籍，都有可取之处。如《左氏》《国语》《世本》《战国策》《楚汉春秋》《太史公书》，读了之后，今天的人能够知道古代历史，后世的人可以知道前代的事，实在是圣人的耳目呀。司马迁替帝王作传就称为本纪，写公侯传国就称为世家，写卿士特起就称为列传。他把项羽、陈涉列入本纪和世家，而淮南王、衡山王降为列传，写得细致委婉，很有条理。司马迁的著作，采自古今的轶闻，贯穿经传的史料，实在广博得很。凭一个人的精力，内容复杂而繁重，所以他的收删削繁芜之处还不太够，有些多余的语言，不够整齐划一。例如写司马相如，举出郡县，写出他的表字，至于写到萧何、曹参、陈平等人，以及董仲舒同时的人，就不记载他们的表字，有些只写了县而不写郡，可能是没有顾及到吧。今后写历史，必须严格核对事实，修饰文字，统一体例，写世家，只要纪、传就够了。传说：写历史是为了使人们见到一些标准，必须严格核对事实，不写无关系的细枝末节，这才是《春秋》的本义！

赞曰：自古书契之作而有史官，其载籍博矣。至孔氏纂之，上继唐尧，下讫秦缪。唐虞以前虽有遗文，其语不经，故言黄帝、颛顼之事未可明也。及孔子因鲁史记而作《春秋》，而左邱明论辑其本事以为之传，又纂异同为《国语》。又有《世本》，录黄帝以来至春秋时帝王、公侯、卿大夫祖世所出。春秋之后，七国并争，秦兼诸侯，有《战国策》。汉兴，伐秦，定天下，有《楚汉春秋》。故司马迁据《左氏》《国语》，采《世本》《战国策》，述《楚汉春秋》，接其后事，讫于大汉。其言秦汉详矣。至于采经摭传，分散数家之事，甚多疏略，或有抵梧。

【译文】赞曰：从古人有文字开始就有了史官，并写下了许多史书。到了孔子整理史书，上自唐尧时期，下止秦穆公时期。唐尧、虞舜以前的情况虽然有留下来的文字，但那些算不上经典，所说关于黄帝、颛顼的事迹就不那么清楚。到孔子依据鲁国的史书著作《春秋》，左丘明阐述整理有关史实来给《春秋》作传，又编撰了与此相异同的史料而成为《国语》。又有《世本》，记录了黄帝以来至春秋时期帝王、公侯、卿大夫的先祖、世系的由来。春秋以后，七国争雄，最后秦国兼并了各诸侯国，记述这段历史的史书有《战国策》。汉朝兴起推翻秦朝，平定天下，记载这段历史的是《楚汉春秋》。所以司马迁根据《左氏春秋》《国语》，采用《世本》《战国策》的一些史料，陈述《楚汉春秋》的史实，接续记载其后的史事，截止于大汉年间。所讲的秦、汉时期的历史十分详尽。至于采录、摘取经传，分别记述几家的史事，有许多地方粗疏简略，有的互相矛盾。

亦其涉猎者广博，贯穿经传，驰骋古今，上下数千载间，斯以勤矣。又其是非颇缪于圣人，论大道则先黄老而后六经，序游侠则退处士而进奸雄，述货殖则崇势利而羞贱贫，此其所蔽也。然自刘向、扬雄博极群书，皆称迁有良史之材，服其善序事理，辨而不华，质而不俚，其文直，其事核，不虚美，不隐善，故谓之实录。呜呼！以迁之博物洽闻，而不能以知（智）自全，既陷极刑，幽而发愤，书亦信矣。迹其所以自伤悼，《小雅》巷伯之伦。夫唯《大雅》，"既明且哲，能保其身"，难矣哉！

【译文】还有他涉猎的范围广博，贯通经传，驰骋于古今上下几千年之间，这是他勤奋努力的结果。再有他的是非观和圣人非常不同，论说大道则以黄老学说为主，而以六经为辅；叙述游侠，则贬退隐士而推举奸雄；记述经济活动，则崇尚权势财利，而羞辱贫贱，这些是他的短处。然而，从刘向到扬雄，这些人博览群书，他们都称赞司马迁有良史之才，佩服他善于序说事物的道理，明辨而不华丽，质朴而不鄙俗，他的文章秉笔直书，他所记述的史事真实不做虚假的赞美，不掩饰丑恶的东西，所以称作实录。唉！以司马迁的博学广闻，却不能靠智慧保全自己，已经遭受极刑仍在狱中发愤写作，他给任安的信中所陈述的也是可信的。究察其所以哀伤自己，是属于《诗经. 小雅》中巷伯一类的人。像《诗经. 大雅》所说的"既明辨又聪明，还能保全自己"，这太难了！

汉　书

《汉书》序

后汉班固撰，固，安陵人，字孟坚。明帝时，典校秘书，作《汉书》，积思二十余年，至建中初乃成。后迁玄武司马，帝会诸儒讲论五经，令固撰集其事，作《白虎通义》。窦宪出征匈奴，以固为中护军行中郎将事。宪败，固被捕系，死狱中。初，固父彪，字叔皮，以《史记》太初以后，阙而不录，遂作《后传》数十篇。固以所续未详，又缀集所闻，以为此书。起高祖，终孝平王莽之诛，凡百卷。八《表》并《天文志》未竟而卒。和帝诏固妹昭，就东观藏书踵成之。其全书体例，皆从《史记》，惟删去世家之名，而统称列传。又易八书之书名为志，后世史家大抵皆从固之所定，是为断代纪传家之祖。

【译文】《汉书》，东汉班固撰写，班固是安陵人，字孟坚。明帝时官至典校秘书，作《汉书》。此书前后积二十余年，到建中年间才完成。班固后来升任玄武司马，适逢章帝集合诸儒讲论五经异同，命令班固将这次集会的内容记录下来，编成《白虎通义》一书。窦宪北征匈奴，任命班固为中护军行中郎将。后来窦宪得罪，班固也连坐被捕，死于狱中。起初的时候，班固之父班彪，字叔皮，认为西汉司马迁的《史记》于太初以后的事情缺而未录，故作《后传》数十篇。班固认为其父的叙述也不详备，所以在他的基础上搜集异闻旧事，最终纂成《汉书》。此书记述起自汉高祖，终于王莽代汉，共百卷。八《表》及《天文志》还没有完成班固就去世了。汉和帝命班固的妹妹班昭到皇家图书馆东观去续成其书。《汉书》全书体例，都模仿于《史记》。惟独删去“世家”，都统称“列传”。还改八书的名称为“志”。后世史家大多遵循班固定下的正史体例，《汉书》也就成为断代纪传体的鼻祖了。

高祖本纪（节录）

高祖，沛丰邑中阳里人也，姓刘氏。母媪，尝息大泽之陂，梦与神遇。是时，雷电晦冥，父太公往视，则见交龙于上。已而有娠，遂产高祖。

【译文】汉高祖，是沛县丰邑中阳里的人，姓刘。其母有一次在水塘堤坝上闭目小憩，梦与天神不期而遇。逢上雷电交加，天色阴暗，其父太公到塘坝接应其母，只见一条蛟龙蟠于母身。随之就怀孕了，生下了汉高祖。

高祖为人，隆准而龙颜，美须髯，左股有七十二黑子。宽仁爱人，意豁如也。常有大度，不事家人生产作业。及壮，试吏，为泗上亭长，廷中吏无所不狎侮。好酒及色。常从王媪、武负贳酒，时饮醉，卧，武负、王媪见其上常有怪。高祖每酤，留饮酒雠数倍。及见怪，岁竟，此两家常折券弃负。

【译文】高祖的容貌与性格特征：鼻梁高而眉骨隆起，胡须很美，左边大腿上有七十二颗黑痣。宽厚仁爱，胸襟十分开朗。平日不拘小节，不很安心从事一般生产劳动。成年后，试补小吏，做泗上亭长。对郡府中的吏员都甚为轻蔑。爱好酒色。经常到王婆、武妈酒店赊酒，有时烂醉如泥，王婆、武妈见他醉卧时有一种神秘气氛。高祖每次在此赊酒痛饮，酒店总是成倍抬高酒价。后见他醉后的神秘气氛，在年终结算酒账时，这两家就毁其欠条免收酒费。

高祖常繇咸阳，纵观秦皇帝，喟然大息曰：“嗟乎，大丈夫当如此矣！”

【译文】高祖曾到秦都咸阳服徭役，亲眼看到秦始皇的威仪，他引声长叹地说：“大丈夫就是应该像这样啊！”

秦二年，初，怀王与诸将约，先入定关中者王之。当是时，秦兵强，常乘胜逐北，诸将莫利先入关。独羽怨秦破项梁，奋势，愿与沛公西入关。怀王诸老将皆曰：“项羽为人慓悍祸贼，尝攻襄城，襄城无噍类，所过无不残灭。且楚数进取，前陈王、项梁皆败，不如更遣长者扶义而西，告谕秦父兄。秦父兄苦其主久矣，今诚得长者往，毋侵暴，宜可下。项羽不可遣，独沛公秦宽大长者。”卒不许羽，而遣沛公西。

【译文】秦二年，初，怀王曾与诸将相约，谁能先平定关中就封之为王。这时期，秦兵强大，常常乘胜追击义军，诸将都畏其威而不敢入关。独有项羽恨秦军打败并杀死项梁，十分愤激，愿意和沛公西进入关。怀王的一些老将都说："项羽为人剽悍好杀，原先攻下襄城，襄城几无遗类，项羽所过之处都遭残灭。且楚军在多次进取中前楚王陈涉、项梁都以失败告终，不如另派一位宽厚长者仗义西进，告谕秦地父老兄弟。秦地人民受秦朝之苦已久，要是果真有一位长者领兵，秋毫不犯，秦都咸阳应当是能够攻下的。项羽不能担此任，只有沛公平日就是一个宽大仁厚的人。"最后怀王不同意项羽西进，而派沛公西收陈涉与项梁的散兵。

元年冬十月（时未改元，以高祖十月至霸上，故以秦二年十月为岁首），沛公至霸上。秦王子婴素车白马，系颈以组，封皇帝玺、符、节，降枳道旁。诸将或言诛秦王，沛公曰："始怀王遣我，固以能宽容，且人已服降，杀之不祥。"乃以属吏。遂西入咸阳。欲止宫休舍，樊哙、张良谏，乃封秦重宝财物府库，还军霸上。萧何尽收秦丞相府图籍文书。十一月，召诸县豪桀曰："父老苦秦苛法久矣，诽谤者族，耦语者弃市。吾与诸侯约，先入关者王之，吾当王关中。与父老约法三章耳：杀人者死，伤人及盗抵罪。余悉除去秦法。吏民皆按堵如故。凡吾所以来，为父兄除害，非有所侵暴，毋恐！且吾所以军霸上，待诸侯至而定要束耳。"乃使人与秦吏行至县、乡、邑告谕之。秦民大喜，争持牛、羊、酒食，献享军士。沛公让不受，曰："仓粟多，不欲费民。"民又益喜，唯恐沛公不为秦王。

【译文】汉高祖元年（前206）冬十月，沛公领兵到达霸水上。秦王子婴驾着素车白马，颈上系着绶带，把皇帝的玉玺符节封好，在轵道亭旁向沛公投降，众将中有人建议沛公杀掉秦王，沛公说："原先楚怀王之所以派我入关，是因为我能宽容人，何况秦王已经归顺投降，要杀掉他是不好的。"于是将孺子婴交给小校看管。接着西进咸阳，到秦都后沛公想进秦宫休息，樊哙、张良进行劝阻。沛公就将秦都的重要财物府库进行封存后，将军队回驻于霸上。萧何把秦丞相府的图籍档案全都收取。十一月，沛公在召集秦地各县豪杰会上说："各位父老受秦朝的酷刑峻法之苦很久了。当时是对犯诽谤罪者刑及父母妻子，二人相对议论者斩首示众。我曾与反秦的诸侯有约，先入关者为王。我先入关当称王于关中。现在向诸位父老宣布法令三条：杀人的偿命，伤人及抢劫的按情节治罪。其余的秦朝法令一律废除。秦地吏臣民都要服从纪律各从其业。我之所以领兵入关，是为帮父兄们除害。绝不会在此地横行霸道，望诸位不要惊恐。我现在驻军于霸上的原因，是等各路起义诸侯到达以后一齐执行约法三章。"即时派人与秦朝故吏下行县乡晓喻百姓。秦民大喜，争先牵着牛羊，提着酒食来犒劳沛公的将士。沛公一再推辞不受，他说："秦库粮食甚多，实在不敢增加百姓负担。"秦地人民更是感戴，深怕沛公不做关中之王。

二年三月，汉王至洛阳新城，三老董公遮说汉王曰："臣闻'顺德者昌，逆德者亡'，'兵出无名，事故不成'。故曰：'明其为贼，敌乃可服。'项羽为无道，放杀其主，天下之贼也。夫仁不以勇，义不以力，三军之众为之素服，以告之诸侯，为此东伐，四海之内莫不仰德。此三王之举也。"汉王曰："善。非夫子无所闻。"于是汉王为义帝发丧，袒而大哭，哀临三日。发使告诸侯曰："天下共立义帝，北面事之。今项羽放杀义帝江南，大逆无道。寡人亲为发丧，兵皆缟素。悉发关中兵，收三河士，南浮江、汉以下，愿从诸侯王击楚之杀义帝者。"

【译文】三月，汉王到达洛阳，新城三老董公拦马说汉王道："臣听说'顺德者昌，逆德者亡'，'兵出无名，其事不成'。所以说：'公布敌人的罪状，敌人才能被打败。'项羽素来无道，弑杀义帝，是天下罪人。已有仁，不必用勇而天下自服，已有义，不必用力而天下自定，让三军都为义帝披上孝衣，并传檄布告诸侯，说明此次用兵是为义帝被弑而东讨逆贼，如此则四海之内都会仰戴大德。这是可以追从三王的义举。"汉王说："正确之极，不是老人家的教诲我是不懂得的。"于是汉王为义帝发丧，按丧礼左袒而大哭，公开追悼三天。派使者遍告诸侯："天下共立义帝，北面而朝。今项羽弑义帝于江南，实为大逆不道。寡人亲为发丧，全军尽着素衣，尽起关中兵卒，聚会三河将士，顺汉水入长江南下，愿随各位侯王之后，缉拿弑君的元凶。"

五年春正月，令曰："兵不得休八年，万民与苦甚，今天下事毕，其赦天下殊死以下。"于是诸侯上疏曰："楚王韩信、韩王信、淮南王英布、梁王彭越、故衡山王吴芮、赵王张敖、燕王臧荼昧，死再拜言，大王陛下：先时秦为亡道，天下诛之。大王先得秦王，定关中，于天下功最多。存亡定危，救败继绝，以安万民，功盛德厚。又加惠于诸侯王有功者，使得立社稷。地分已定，而位号比拟，亡上下之分，大王功德之著，于后世不宣。昧死再拜上皇帝尊号。"汉王曰："寡人闻帝者贤者有也，虚言亡实之名，非所取也。今诸侯王皆推高寡人，将何以处之哉？"诸侯王皆曰："大王起于细微，灭乱秦，威动海内。又以辟陋之地，自汉中行威德，诛不义，立有功，平定海内，功臣皆受地食邑，非私之地。大王德施四海，诸侯王不足以道之，居帝位甚实宜，愿大王以幸天下。"汉王曰："诸侯王幸以为便于天下之民，则可矣。"于是诸侯王及太尉长安侯臣绾等三百人，与博士稷嗣君叔孙通，谨择良日，二月甲午，上尊号。汉王即皇帝位于汜水之阳。

【译文】五年春正月，下令"战争已连续八年，给人民造成严重的灾难，今日天下已经统一安定。除已决死刑外的囚犯都一律赦免。”此时诸侯向汉王上奏：“楚王韩信、韩王信、淮南王英布、梁王彭越、原衡山王吴芮、赵王张敖、燕王臧荼诚惶诚恐冒死上书，大王陛下：以往秦朝无道，神人共行诛讨。大王首先俘虏秦王子婴，平定关中，功劳盖于天下。存亡定危，救败继绝，以安定万民，功高德厚。同时又施加恩惠于各个有功的侯王，对他们裂土分封。现在各侯王封地及名分已定，而和大王同称王号，没有尊卑之别，如此则大王显著的高功盛德，就不能宣明于后世。因此臣等冒死再拜请上皇帝尊号。”汉王辞谢道：“寡人常闻帝号归于圣贤所有，名不副实的名号，是不应取得的。今日诸位侯王都推举寡人称帝，寡人怎能领受得起？”诸位侯王都禀道：“大王崛起于民间，消灭乱秦，威震海内。后来又以巴蜀偏僻之区为基地，从汉中推行威德，诛讨不义，封立有功，平定海内，功臣都得到封地与食邑，一律论功行赏。大王的恩德遍于四海，其他侯王都不能与之媲美，尊为皇帝是名实相副，愿大王能满足天下臣民的愿望。”汉王说：“诸位侯王如果说寡人称帝有利天下人民的话，那寡人就认可了。”于是各位侯王及太尉长安侯卢绾等三百人，与博士稷嗣君叔孙通谨择吉日二月初三日，上皇帝尊号，汉王即皇帝位于汜水以北的济阴。

帝置酒雒阳南宫。上曰：“通侯诸将，毋敢隐朕，皆言其情。吾所以有天下者何？项氏之所以失天下者何？”高起、王陵对曰：“陛下嫚而侮人，项羽仁而敬人。然陛下使人攻城略地，所降下者，因以与之，与天下同利也。项羽妒贤嫉能，有功者害之，贤者疑之，战胜而不与人功，得地而不与人利，此其所以失天下也。”上曰：“公知其一，未知其二。夫运筹帷幄之中，决胜千里之外，吾不如子房；填国家，抚百姓，给饷馈，不绝粮道，吾不如萧何；连百万之众，战必胜，攻必取，吾不如韩信。三者皆人杰，吾能用之，此吾所以取天下者也。项羽有一范增而不能用，此所以为我禽也。”群臣说服。

【译文】高祖皇帝在洛阳南宫举行宴会。他致祝酒词说：“通侯诸将，不必对我有所隐晦，都请畅所欲言。我为什么能取得天下？项羽为何失掉天下？”高起、王陵答道：“陛下平日似乎并不大尊重他人，项羽似乎能关心与尊重他人。但是陛下派人攻城略地，所取得的战果，都给予有功之人，这是与大家同甘共苦的表现。而项羽妒贤嫉能，对有功之人进行打击，对贤才之士不愿重用，打了胜仗攘人之功以为己有，得了土地不愿意分赏功臣，这就是他众叛亲离而失败的症结。”高祖说：“公只知其一，未知其二。如运筹于帷幄之中，决胜于千里之外，我不及张良；镇守国家，安抚百姓，供应粮饷，保证粮道畅通，我不及萧何；指挥百万之众，战无不胜，攻无不取，我不及韩信。这三位都是旷世俊杰。而我能充分发挥他们的作用，这就是我能夺取天下的原因。项羽本有一贤才范增，但不能重用，所以他才败在我的手下。”群臣都心悦诚服。

十二年冬十月，上破布军于会缶。布走，令别将追之。

【译文】十二年冬十月，皇上打败英布之兵于会缶，英布逃走，皇上派别将追逐。

上还过沛，留，置酒沛宫，悉召故人父老子弟佐酒。发沛中儿得百二十人，教之歌。酒酣，上击筑，自歌曰："大风起兮云飞扬，威加海内兮归故乡，安得猛士兮守四方！"令儿皆和习之。上乃起舞，忼慨伤怀，泣数行下。谓沛父兄曰："游子悲故乡。吾虽都关中，万岁之后，吾魂魄犹思乐沛。且朕自沛公以诛暴逆，遂有天下，其以沛为朕汤沐邑，复其民，世世无有所与。"沛父老诸母故人日乐饮极欢，道旧故为笑乐。十余日，上欲去，沛父兄固请。上曰："吾人众多，父兄不能给。"乃去。沛中空县皆之邑西献。上留止，张饮三日。沛父兄皆顿首曰："沛幸得复，丰未得，唯陛下哀矜。"上曰："丰者，吾所生长，极不忘耳。吾特以其为雍齿故，反我为魏。"沛父兄固请之，乃并复丰比沛。

【译文】皇上回都，经过故乡沛县，暂作停留，在沛宫摆开筵席，招待所有的故人父老子弟饮酒。召集沛中儿郎一百二十人，教他们唱歌。酒兴正浓时，皇上去打乐器，自唱道："大风激猛啊云飞扬，威加四海啊归故乡，安得猛士啊守四方！"令儿郎们都一起和唱。皇上随歌起舞，慷慨感伤，泪水下淌。对沛地父兄说："游子总是怀念自己的故乡。我虽身居关中，逝世以后，魂魄仍然会留恋沛地家乡的。回想朕从任沛公起兵以推翻暴秦，遂得天下，愿以沛为朕的汤沐邑，免除沛民徭役，世世代代不向朝廷缴纳赋税。"沛县父老故人连日共饮极欢并讲述皇上昔日故事为笑乐。十余日，皇上想辞去，沛地父兄坚决留客。皇上说："我的随从甚多，父兄供给不了。"就离开了。沛中万人空巷送皇上到县西并献上告别的礼品。皇上又停留下来，张开帐幕宴请送行的人三天。沛县父老子弟都叩首感戴说："沛县叨蒙皇恩免除赋役，而丰县却未能得恩，望皇上对丰县予以关怀。"皇上说："丰县，是我生长的地方，我是至念不忘的。我只因为雍齿曾在这里反我而归魏，就不想照顾了。"沛父兄再三请求，皇上同意免除丰县赋役，和沛一样。

上击布时，为流矢所中，行道疾。疾甚，吕后迎良医。医入见，上问医曰："疾可治不？"医曰："可治"。"于是上嫚骂之曰："吾以布衣提三尺取天下，此非天命乎？命乃在天，虽扁鹊何益！"遂不使治疾，赐黄金五十斤，罢之。吕后问曰："陛下百岁后，萧相国既死，谁令代之？"上曰："曹参可。"问其次，曰："王陵可，然少戆，陈平可以助之。陈平知有余，然难独任。周勃重厚少文，然安刘氏者必勃也，可令为太尉。"吕后复问其次，上曰："此后亦非乃所知也。"夏四月甲辰，帝崩于长乐宫。

【译文】皇上攻打英布时，被流矢射中，在征途中就病了。病情逐渐加重吕后请来良医。医生入见，皇上问对伤势的看法。医生说："病会好起来。"此时皇上对医生嬉笑怒骂，他说：“我以平民提三尺宝剑以取天下，这不是天命吗？命之在天，就是神医扁鹊重生对我又有何益！”就不让医生诊病，赏赐黄金五十斤，叫他出宫。吕后问道：“陛下百年之后，萧何丞相也去世，谁能代他为相？”皇上说：“曹参可以。”吕后又问谁继曹参，皇上说：“王陵可，然他性格有些刚直，陈平可以帮助他。陈平智谋有余，但难单独任丞相。周勃老成持重而不善于文辞，可是安定刘汉的一定是周勃，可以令他任太尉之职。”吕后又问再以后谁继以大任，皇上说：“再以后你也不可能知道了。”夏四月二十五日，高帝驾崩于长乐宫。

初，高祖不修文学，而性明达，好谋能听，自监门戍卒，见之如旧。初顺民心，作三章之约。天下既定，命萧何次律令，韩信申军法，张苍定章程，叔孙通制礼仪，陆贾造《新语》。又与功臣剖符作誓，丹书铁契，金匮石室，藏之宗庙。虽日不暇给，规摹弘远矣。

【译文】原先，高祖不大注意书本知识，而秉性开朗聪明，善于思考，能博采众议，从人民及官吏到普通士卒，都能平易相亲。入关之初顺民心作约法三章，天下平定之后，命萧何整理法律与条令，命韩信建立与健全军队法纪，命张苍统一历法与度量衡等法式，令叔孙通制定各种礼节与仪式，令陆贾作总结历史兴亡之鉴的《新语》。又与各功臣剖符作誓，丹书铁契，贮于金柜石室之中，保藏于宗庙之内。高祖虽然日理万机，但订立的规划与矩度是意义深远的。

文帝本纪（选录经中诏令，又他篇中所载文章之诏书，亦择尤编入。末附杨王孙传，可与遗诏相参。）

元年，议赈贷。诏曰：“方春和时，草木群生之物，皆有以自乐，而吾百姓鳏、寡、孤、独、穷困之人，或阽于死亡，而莫之省忧。为民父母将何如？其议所以振贷之。”

【译文】（文帝）元年，讨论赈贷的事情，下诏说：“正值春和时节，草木群生之物都有各自的乐趣，而百姓鳏寡孤独穷困之人有的濒临死亡，而没有人看望。作为百姓的父母将会怎么办？应议一议怎样赈救、借贷。”

元年，赐南越王赵佗书曰："皇帝谨问南粤王，甚苦心劳思。朕，高皇帝侧室之子，弃外奉北籓于代，道里辽远，壅蔽朴愚，未尝致书。高皇帝弃群臣，孝惠皇帝即世，高后自临事，不幸有疾，日进不衰，以故悖暴乎治。诸吕为变，故乱法不能独制，乃取它姓子为孝惠皇帝嗣。赖宗庙之灵，功臣之力，诛之已毕。朕以王侯吏不释之故，不得不立，今即位。乃者闻王遗将军隆虑侯书，求亲昆弟，请罢长沙两将军。朕以王书罢将军博阳侯，亲昆弟在真定者，已遣人存问，修治先人冢。前日闻王发兵于边，为寇灾不止。

【译文】元年汉文帝赐书信给赵佗说："皇帝恭敬地问候南粤王，以最诚挚的心情。朕不是高皇帝嫡后所生，所以被安置在朝廷之外，在代奉守北面的边疆。由于路途辽阔遥远，消息不通，本性朴质愚钝，所以没有写信问候你。高皇帝抛下群臣而崩逝，接着孝惠皇帝也去世；吕后自己监临国家政事，不幸地生了病，病情日益严重因此政治苛暴，不合常规。诸吕趁机作敌，故意破坏法纪，他们不能独自进行统治，就把别人的孩子当作孝悪皇帝的继承人。依靠宗庙神灵的保佑，靠着功臣的力量，已把诸吕给诛杀了。朕因为王、侯、吏等不应允朕的辞让，不得已才被立为天子；现在已经正式即位了。不久以前，听说你送将军隆虑侯书信，要求保护亲冢、堂兄弟，并且要求免掉防守长沙的两位将军。朕为了你信里的要求，免掉了博阳侯陈濞将军，你在真定的亲人和堂兄弟朕已派人去慰问，并且整修好了你祖先的坟墓。前几天听说你在边境发动军队，不停地侵略，为害百姓。

当其时，长沙苦之，南郡尤甚，虽王之国，庸独利乎！必多杀士卒，伤良将吏，寡人之妻，孤人之子，独人父母，得一亡十，朕不忍为也。朕欲定地犬牙相入者，以问吏，吏曰'高皇帝所以介长沙土也'，朕不得擅变焉。吏曰：'得王之地，不足以为大，得王之财，不足以为富，服领以南，王自治之。'虽然，王之号为帝。两帝并立，亡一乘之使以通其道，是争也；争而不让，仁者不为也。愿与王分弃前患，终今以来，通使如故。故使贾驰谕告王朕意，王亦受之，毋为寇灾矣。上褚五十衣，中褚三十衣，下褚二十衣，遗王。愿王听乐娱忧，存问邻国。"

【译文】在那时候，长沙百姓因战事关系，生活困苦，南郡尤其厉害；就是你自己的国家，也不可能得到什么好处吧！因为战事一发，一定会杀死很多士卒，伤害了良将官吏，使别人妻子成寡妇，使别人儿女成孤儿，使别人父母孤独无依；得到的好处只有一点点，而丧失的却有十倍，这种事朕是不忍心做的。朕原先想厘定和你百越相错的长沙土地，问主管的官吏，官吏说'这是高皇帝当初为间隔长沙土地而划分的'，既然这样，朕就不敢擅自改变了。现在朕纵使得到你的土地，也大不到那里去；得到你的财物，也富不了多少。所以朕愿意划分五岭以南的地区，由你自己统辖。虽然你现在已号称为帝，但和朕两帝并存，却没有一个使者来往互通讯息，是会引起争执的；两帝争执不相退让，这是仁者不愿做的事。朕希望和你彼此放弃以前的嫌隙，从今以后，一直到永久，都能照常互通使者。因此让贾谊骑马去你那里宣布我的旨意，你也就接受了吧，不要再发动兵祸了。这里有上褚衣五十件、中褚衣三十件、下褚衣二十件赠送给你。希望你能够听听乐曲消除心头的烦闷，同时也顺便照料你的邻国。”

二年，议犯法相坐，诏曰：“朕闻之，法正则民悫，罪当则民从。且夫牧民而道之以善者，吏也；既不能道，又以不正之法罪之，是法反害于民，为暴者也。朕未见其便，宜孰计之。”

【译文】二年，议论犯法相互连坐的事情，诏令说：“朕听说，法律端正那么百姓就谨慎，罪罚得当那么人民就听从。治理人民并用善来加以引导的，是官吏；既不能引导，又用不正当的刑法来处罚他们，这是刑法，反而害民，成为暴力。我没有看见它的便利，你们应仔细加以考虑。”

二年，除诽谤法，诏曰：“古之治天下，朝有进善之旌，诽谤之木，所以通治道而来谏者也，今法有诽谤、訞言之罪，是使众臣不敢尽情，而上无由闻过失也。将何以来远方之贤良？其除之。民或祝诅上，以相约结而后相谩，吏以为大逆，其有他言，吏又以为诽谤。此细民之愚，无知抵死，朕甚不取。自今以来，有犯此者勿听治。”

【译文】二年，废除诽谤之法，诏令：“古代圣明的君主治理天下，朝廷专门设有进言献策的旌旗和批评朝政的谤木，用来疏通治政的渠道，招致进谏的臣民。如今的法律规定批评朝政和传播妖言的人要治罪，造就使得群臣不敢畅所欲言，做皇帝的无从知道自己的过失，这怎么能招致远方的贤能之士到朝廷来呢？应当废除这些法令。百姓中有人背后诅咒皇帝，发誓相约互相隐瞒，后来又互相告发，官吏就认为这是大逆不道；如果再说些不服的话，官吏又认为是诽谤朝廷。这不过是由于小民们愚昧无知，以至于犯下死罪，我认为很不可取。从今以后，凡是触犯了这条法令的，一律不加处理。”

二年，日食，诏曰：“朕闻之，天生民，为之置君以养治之。人主不德，布政不均，则天示之灾，以戒不治。乃十一月晦，日有食之，適见于天，灾孰大焉！朕获保宗庙，以微眇之身托于士民君王之上，天下治乱，在予一人，唯二三执政，犹吾股肱也。朕下不能治育群生，上以累三光之明，其不德大矣。令至，其悉思朕之过失，及知见之所不及，匄以启告朕。及举贤良方正能直言极谏者，以匡朕之不逮。因各敕以职任，务省徭费以便民。朕既不能远德，故憪然念外人之有非，是以设备未息。今纵不能罢边屯戍，又饬兵厚卫，其罢卫将军军。太仆见马遗财足，余皆以给传置。”

【译文】二年，发生日食，文帝下诏："我听说上天生下万民，为他们设置君主来抚养治理他们。如果君主不贤明，施行政令不公平，那么上天就会显示出灾象来，警告他治理不当。十一月最后一天出现日食，已被上天谴责，哪有比这更大的灾象呀！朕有幸得以保全宗庙，凭我这样渺小的一个人依托在万民和诸侯之上，天下的治与乱，责任全在于我一人，只有二三执政大臣好比是我的左右手。我下不能治理和抚育好众生，上有损于日、月、星辰的光明，我的失德真是太大了。各地接到我的诏令后，大家都想想我的过失，以及我所知所见的不足之处，要求大家告诉我。并推荐贤良方正、能直言极谏的人来补正我的不足。也希望各级官吏认真整顿好自己的本职工作，尽量减少徭役和开支费用，以便利民众。我既不能以恩德感化远方，又总是担心外族有侵略的企图，因而使得边防战备未能停止。现在既不能撤除边防驻军，又怎能饬令军队加强京城的防备来保卫我呢。现决定撤销卫将军统辖的部队。太仆所管的现有马匹，只保留到够用的数目就行了，其余的一律交给驿站使用。"

前六年，遗匈奴书曰："皇帝敬问匈奴大单于无恙。使系虖浅遗朕书曰'愿寝兵休士，除前事，复故约，以安边民，世世平乐'，朕甚嘉之。此古圣王之志也。汉与匈奴约为兄弟，所以遗单于甚厚。背约离兄弟之亲者，常在匈奴。然右贤王事已在赦前，勿深诛。单于若称书意，明告诸吏，使无负约有信，敬如单于书。使者言单于自将并国有功，甚苦兵事。服绣袷绮衣、长襦、锦袍各一，比疏一，黄金饬具带一，黄金犀毗一，绣十匹，锦二十匹，赤绨、绿缯各四十匹，使中大夫意、谒者令肩遗单于。"

【译文】孝文帝前元六年，汉朝送给匈奴的信中说道："汉朝皇帝敬问匈奴大单于平安无恙。您派系虖浅送我书信，说：'希望停罢战争，休养士卒，消除以前的误会，恢复我们原来的和约，以安定边民，世世代代平安欢乐。我十分欣赏你的说法。这是古代圣王的用心与志向。汉朝与匈奴约为兄弟，用来送给单于的礼物十分优厚。背叛盟约，使兄弟亲情疏远的责任，一般是在匈奴。然而右贤王那回事发生在大赦之前，请您不要过分追究责备他。单于如果能按来信中说的去做，明确地告诉官吏们，使他们不要背负盟约，讲求信义，我们会尊敬地按单于的书中所说的去做。使者说单于亲自率军作战，统一他国有功劳，作战十分辛苦。所以，现在有御用绣夹绮衣、长袄、锦袍各一件，金发饰一件，黄金装饰的腰中大带一条，黄金带钩一枚，彩绸十匹，锦缎二十匹，赤绨、绿缯各四十匹，派中大夫意、谒者令肩去敬赠给单于。"

十三年，除肉刑，诏曰："盖闻有虞氏之时，画衣冠、异章服以为戮，而民弗犯，何治之至也！今法有肉刑三，而奸不止，其咎安在？毋乃朕德之薄而教不明与？吾甚自愧。故夫训道不纯，而愚民陷焉，《诗》曰：'恺悌君子，民之父母。'今人有过，教未施而刑已加焉，或欲改行为善，而道亡繇至，朕甚怜之。夫刑至断支体，刻肌肤，终身不息，何其刑之痛而不德也！岂称为民父母之意哉！其除肉刑，有以易之”。

【译文】十三年废除肉刑，诏令道：“制诏御史：曾听说有虞氏的时候，用画着不同图文标志的衣服帽子表示不同等级的制服作为刑杀的象征，而百姓不去犯罪，这是何等地太平！现在刑法有三种肉刑，但邪恶仍然没有停止，过失到底在哪里？难道是朕的道德浅薄，教化不明确不成！我很惭愧。因为训诫引导不正，愚民就陷入罪恶了。《诗》上说：‘和乐简易的君子，是百姓的父母。’现在人有罪过，还没有进行教育而刑法就已加上来了，有人想改正行为去做善事，却没有道路可到达，朕很哀怜他们。刑罚至人截断肢体，刀刻肌肤，终生都不能再生长复原，这种刑罚何等地痛苦而又不道德啊！难道合乎是人民的父母的含意吗？我命令废除肉刑，予以改替。”

十四年，增祀无祈，诏曰：“朕获执牺牲、珪币以事上帝宗庙，十四年于今。历日弥长，以不敏不明，而久抚临天下，朕甚自愧。其广增诸祀坛场、珪币。昔先王远施不求其报，望祀不祈其福，右贤左戚，先民后己，至明之极也。今吾闻祠官祝釐，皆归福于朕躬，不为百姓，朕甚愧之。夫以朕之不德，而专乡独美其福，百姓不与焉，是重吾不德也。其令祀官致敬，无有所祈。”

【译文】十四年，增加的神祇没有祭祀，于是下诏说：“我得以捧执祭品以奉祀上帝和宗庙，至今已达十四年。经历的时间长久了，凭我这么一个既不聪敏又不贤明的人，却长久地治理天下，我自己深感惭愧。应当扩大增设祭祀的坛场和礼器、钱帛。从前，先王对人远施恩惠却不求人报答，遥祭天地鬼神却不为自己祝福，尊重贤才，抑制亲戚，先民众后自己，英明至极。如今，我听说祠官在祭祀祷告时，全为我一个人祝福而没有替百姓祈祷，这使我非常惭愧。以我这样的失德之人，却独享神灵所降的幸福，而百姓们却没有份儿，这就加重了我的失德。现在命令祠官祭祀要诚心恭敬，不要再为个人祝福。”

后元年，求言，诏曰：“间者数年比不登，又有水旱、疾疫之灾，朕甚忧之。愚而不明，未达其咎。意者朕之政有所失而行有过与？乃天道有不顺，地利或不得，人事多失和，鬼神废不享与？何以致此？将百官之奉养或费，无用之事或多与？何其民食之寡乏也！夫度田非益寡，而计民未加益，以口量地，其于古犹有余，而食之甚不足者，其咎安在？无乃百姓之从事于末以害农者蕃，为酒醪以靡谷者多，六畜之食焉者众与？细大之义，吾未能得其中。其与丞相、列侯、吏二千石、博士议之，有可以佐百姓者，率意远思，无有所隐。”

【译文】孝文帝继位后一年，征求谏言，下诏说："近来连续几年欠收，又有旱涝和疾病的灾害，朕十分担忧朕愚蠢而不聪明，不知道出现这些灾害的祸根是什么：或许是朕治国有失误，行为有过错吗？是天道不顺，或是不得地利，人事多有失和，没有供奉鬼神吗？为什么会这样呢？或者是废弃了百官的奉养，所兴办的无用之事太多了吗？为什么百姓缺乏粮食充饥呢？估计土地没有比以前减少，而统计百姓的人口也没有比以前增加，按平均每人占有的耕地来计算，现在比古代还要多；但百姓的粮食却严重缺乏，造成这种失误的根源在哪里？莫非是由于百姓之中从事工商末业而损害农耕本业的人多，造酒大量耗费了粮食，六畜吃得太多了吗？这些大大小小的原因，我不知道哪个是最主要的可以由丞相、列侯、二千石官员、博士共同议论这个问题，有能够帮助百姓的意见，可按照各自的思路，去做深远的探讨，无所隐瞒地告诉我！"

后二年，遗匈奴书曰："皇帝敬问匈奴大单于无恙。使当户且渠雕渠难、郎中韩辽遗朕马二匹，已至，敬受。先帝制，长城以北引弓之国受令单于，长城以内冠带之室朕亦制之，使万民耕织，射猎衣食，父子毋离，臣主相安，俱无暴虐。今闻渫恶民贪降其趋，背义绝约，忘万民之命，离两主之欢，然其事已在前矣。书云'二国已和亲，两主欢说，寝兵休卒养马，世世昌乐，翕然更始'，朕甚嘉之。圣者日新，改作更始，使老者得息，幼者得长，各保其首领而终其天年。朕与单于俱由此道，顺天恤民，世世相传，施之无穷，天下莫不咸嘉，使汉与匈奴邻敌之国，匈奴处北地寒，杀气早降，故诏吏遗单于秫糵、金帛、绵絮它物岁有数。今天下大安，万民熙熙，独朕与单于为之父母。朕追念前事，薄物细故，谋臣计失，皆不足以离昆弟之欢。朕闻天不颇覆，地不偏载。

【译文】孝文帝后元二年，汉朝派使者送书信给匈奴说："皇帝敬问匈奴大单于平安无恙。您派当户且渠雕渠难、郎中韩辽送给我二匹马，已经送到了，我恭敬地接受了。我们的先帝规定：长城以北的游牧射箭民族由单于管辖，长城以内戴帽束带的人家，我来掌管，让百姓万民能够耕地种田，织布纺线，射猎野兽，谋衣谋食，父子不分离，君臣相安，都不要做横暴的恶事。现在我听说有邪恶之徒贪图不义之财，背叛信义，断绝和约，置百姓万民的性命于不顾，离间两国君主的友谊，然而这些都已是以前的事了。您的来信说：'我们两国已经和亲，两国君主对此都很高兴，以后要停止战争，休养士卒、放牧马匹，世代欢乐，安定的局面重新开始。'我对此十分赞赏。圣人每天都要更新自己，改弦更张，让老年人得以休养，年轻人能顺利长成，各保性命，终享天年。我与单于都遵循此道理，顺应天意，安抚万民，世代相传，永远延续下去，天下人对这没有不称赞的。汉朝与匈奴是势均力敌的邻国，匈奴在北方居住，天气寒冷，冬天来得早，所以我命令我的官吏每年送给单于一定数量的秫蘖、金帛、棉布等其他物品。现在天下十分安定，万民欢乐，只有我和单于您为民父母，做天下人的君长。我回忆思念以前的事，不过是为了一些小小的财物和小事情，加上谋臣计议失误造成的，这些都不足以离间我们兄弟间的友谊。我听说天不偏盖一方，地不偏载一方。

朕与单于皆捐细故，俱蹈大道也，堕坏前恶，以图长久，使两国之民若一家，子元元万民，下及鱼鳖，上及飞鸟，跂行喙息蠕动之类，莫不就安利，避危殆。故来者不止，天之道也。俱去前事，朕释逃虏民，单于毋言章尼等。朕闻古之帝王，约分明而不食言。单于留志，天下大安，和亲之后，汉过不先。单于其察之。”

【译文】我与单于您应该抛弃前嫌，都遵循天地大道，消除以前的嫌恶，以谋求长久的和平相处，使两国人民像一家的儿女一样。百姓万民，下及鱼鳖、上及飞鸟，直到歧行、喙息、蠕动的动物，没有不趋向平安有利而躲避危险的。所以对归来者不予制止，这是上天的大道。我们应完全消除以往的误会，我宽恕赦免逃跑到匈奴去的汉人，单于你也不要责怪章尼等人。我听说古代的帝王，订约分明而不反悔。希望单于留意，天下安定，和亲之后，汉朝不先背约。希望单于仔细考虑这事。”

后七年，遗诏曰：“朕闻之：盖天下万物之萌生，靡不有死。死者天地之理，物之自然，奚可甚哀！当今之世，咸嘉生而恶死，厚葬以破业，重服以伤生，吾甚不取。且朕既不德，无以佐百姓。今崩，又使重服久临，以罹寒暑之数，哀人父子；伤长老之志，损其饮食，绝鬼神之祭祀，以重吾不德，谓天下何！朕获保宗庙，以眇眇之身，托于天下君王之上，二十有余年矣。赖天之灵，社稷之福，方内安宁，靡有兵革。朕既不敏，常畏过行，以羞先帝之遗德；惟年之久长，惧于不终。今乃幸以天年，得复供养于高庙，朕之不明与，嘉之，其奚哀念之有！其令天下吏民，令到，出临三日，皆释服。无禁取妇、嫁女、祠祀、饮酒、食肉。自当给丧事服临者，皆无践。绖带无过三寸。无布车及兵器。无发民哭临宫殿中。殿中当临者，皆以旦夕，各十五举音，礼毕罢。非旦夕临时，禁无得擅哭临。以下，服大功十五日，小功十四日，纤七日，释服。它不在令中者，皆以此令比类从事。布告天下，使明知朕意。”

【译文】后七年，遗诏说：“我听说天下万物出生后，没有不死的。死是天地之间的常理，生物的自然现象，有什么值得特别哀痛的呢！如今这个时代，世人都高兴生而厌恶死，死了人花钱厚葬，以致弄得倾家荡产；强调服丧，以致损伤了身体。我很不赞成这种做法。况且我没有什么德行，对百姓无所帮助；现在死了，又让人们长久地为我服丧哭吊，遭受寒冬酷暑的折磨，使天下父子悲哀不已，损伤了老幼的心灵，减少他们的食量，中断了对鬼神的祭祀，造就加重了我的失德，怎么对得起全天下的人呢！我有幸获得保护宗庙的权力，以渺小的一个人依托在天下诸侯之上，已经二十多年了。靠天地的神灵，托国家的洪福，才使得国内安宁，没有战乱。我很不聪敏，常常担心自己有什么错误的行为，以致辱没先帝遗留下来的美德；年长岁久，担心自己不能做得完善到底。如今我竟有幸能以高寿去世，又能被后人供养在高庙里，也许我的见识不高明吧，却喜欢这样的归宿，哪里还有什么值得悲哀的呢！现在诏令全国官民，从诏令到达之日起哭吊三天就除去丧服。不要禁止娶妻、嫁女、祭祀、饮酒、吃肉。应当办理丧事、服丧哭祭的人，都不要赤脚。孝带不要超过三寸宽. 送葬时不要陈列车驾和兵器，不要发动男女百姓到宫殿来哭吊。宫中应当哭祭的人，都只要在早晚各哭十五声，礼毕就停止。非早晚哭祭时间，不得擅自哭泣。下葬以后，大功只服丧十五天，小功只服丧十四天，緦麻只服丧七天，此后就脱掉孝服。其他不在诏令规定范围以内的事项，都应参照这道诏令办理。这些规定要通告全国，使大家都能知道我的心意。”

附录：杨王孙传

杨王孙者，孝武时人也。学黄、老之术，家业千余，厚自奉，养生亡所不致。及病且终，先令其子曰：“吾欲裸葬，以反吾真，必亡易吾意。死则为布囊盛尸，入地七尺，既下，从足引脱其囊，以身亲土。”其子欲默而不从，重废父命；欲从之，心又不忍，乃往见王孙友人祁侯。

【译文】杨王孙是汉武帝时的人。学习黄老之术，家业千金，重视养生之道，凡是有利于养生的东西，无不想法弄到。到病危临终时，先在遗嘱中命令他的儿子说：“我死了要裸葬，让我返归自然之道，一定不能改变我的意愿。死后就用布袋装尸体，入地七尺，放下去以后，从脚上拉掉布袋子，让我的身体直接接触土壤。”他的儿子想默默地不听从，又感到难以违背父亲的遗命；想听从父亲的意愿，心中又不忍，于是就去拜见父亲的好友祁侯。

祁侯与王孙书曰：“王孙苦疾，仆迫从上祠雍，未得诣前。愿存精神，省思虑，进医药，厚自持。窃闻王孙先令裸葬，令死者亡知则已，若其有知，是戮尸地下，将裸见先人，窃为王孙不取也。且《孝经》曰‘为之棺椁衣衾’，是亦圣人之遗制，何必区区独守所闻？愿王孙察焉。”

【译文】祁侯给杨王孙写了一封信说：“你受疾病折磨，我急于跟随皇上到雍县祭祀，未能到府上看望你。希望你颐养精神，少考虑问题，请医生治疗，好好照顾自己。我听说你先立下遗命，死后要裸葬，假使死者没有知觉就算了，如果死者有知觉，这是戮尸地下，将裸体去见先人，我认为你不该这样做。而且《孝经》上说‘为死者置办棺椁衣衾’，这也是圣人遗传下来的制度，你又何必独自坚持自己的见解呢？希望你审察我的意见。”

王孙报曰：“盖闻古之圣王，缘人情不忍其亲，故为制礼，今则越之，吾是以裸葬，将以矫世也。夫厚葬诚亡益于死者，而俗人竞以相高，靡财单币，腐之地下。或乃今日入而明日发，此真与暴骸于中野何异！且夫死者，终生之化，而物之归者也。归者得至，化者得变，是物各反其真也。反真冥冥，亡形亡声，乃合道情。夫饰外以华众，厚葬以鬲真，使归者不得至，化者不得变，是使物各失其所也。且吾闻之，精神者天之有也，形骸者地之有也。精神离形，各归其真，故谓之鬼，鬼之为言归也。其尸塊然独处，岂有知哉？

【译文】杨王孙回信说：“我听说，古代的圣王循人情而不抑制自己的亲人，所以给人们制定了葬礼，如今却超越礼制规定实行厚葬，因此我才要求裸葬，打算以此矫正社会上厚葬的风气啊。厚葬实在无益于死者，可是世俗之人却竞相攀比，用尽钱财置办随葬品，让这些东西腐烂在地下。或者今天才埋进地下，明天就被人挖掘，还真是和暴尸荒野没有什么不同！况且，所谓死，就是生的结束，是万物的归宿。归宿得以到达，死者得以变化，造就是物体各自返回到了它的本原啊。使本原返回到冥冥之中，无形无声，这才合乎道理和感情。装饰外表以哗众取宠，厚葬而隔离本原，使归宿不能到达，死者不能变化，这是使物体各失其所啊。而且我听说，精神是天所有，形骸归地所有。精神离开形体，各自回到它的本原，所以称之为鬼，鬼就是说归啊。死尸像土块一样空寂独处，怎么会有知觉呢？

裹以币帛，鬲以棺椁，支体络束，口含玉石，欲化不得，郁为枯腊，千载之后，棺椁朽腐，乃得归土，就其真宅。由是言之，焉用久客！昔帝尧之葬也，窾木为椟，葛藟为缄，其穿下不乱泉，上不泄殠。故圣王生易尚，死易葬也。不加功于亡用，不损财于亡谓。今费财厚葬，留归鬲至，死者不知，生者不得，是谓重惑。於戏！吾不为也。”

祁侯曰：“善。”遂裸葬。

【译文】用绢帛包裹尸体，用棺椁隔离泥土，肢体被缠绕束缚，口中含着玉石，想融化它却不能做到，郁郁不乐地变成干尸，千年以后，棺椁腐朽，才能归土，回到他真正的归宿。由此说来，又何必长久为客呢！从前尧安葬的时候，掏空木头做棺材，外面用葛藤捆绑，挖掘墓穴深不及泉水，上面不漏泄腐气。所以圣明的君王活着容易尊奉，死了容易安葬。不把功夫花在无用的地方，没有宗旨就不损耗钱财。现在浪费钱财实行厚葬，阻留死者归土，使其和本原隔离，死的人不知道，活着的人也不能实现自己孝敬的愿望，这可以说是太糊涂了。呜呼！我不厚葬啊！”

祁侯看了杨王孙的回信，说：“讲得好。”杨王孙死后，终于裸葬。

诸侯王表序

昔周监于二代，三圣制法，立爵五等，封国八百，同姓五十有余。周公、康叔建于鲁、卫，各数百里；太公于齐，亦五侯九伯之地。《诗》载其制曰：“介人惟藩，大师惟垣。大邦惟屏，大宗惟翰。怀德惟宁，宗子惟城。毋俾城坏，毋独斯畏。”所以亲亲贤贤，褒表功德，关诸盛衰，深根固本，为不可拨者也。故盛则周、邵相其治，致刑错；衰则五伯扶其弱，与共守。

【译文】过去周朝戒于夏、殷二代，文王、武王及周公制定法规，立公、侯、伯、子、男五等爵位，封八百诸侯国，其中与天子同姓的有五十余个。周公、康叔建藩于鲁国、卫国，方圆各有数百里；姜太公在齐国建藩，也是五等诸侯、九州之长的地方。《诗经》里记载那时的制度道：“把善人作为藩篱，把太师作为垣墙。大国诸侯作为屏蔽，王室同姓作为柱干。能够合乎德政天下就安宁，分封宗室之子城堡就坚固。城堡不可以毁坏，宗室不可以孤立。如不那样，畏惧不安就来了。”所以亲人和贤人一并受封，有功有德的人一同建藩，这是关系到国家盛衰，天下稳定的根本，是不能更改的。因而周朝强盛时有周公、邵公参与治国，达到无人犯法，刑法搁置不用的境界；衰落时有五霸扶助，一同保守天下。

自幽、平之后，日以陵夷，至虖阸　河洛之间，分为二周，有逃责之台，被窃鈇之言。然天下谓之共主，强大弗之敢倾。历载八百余年，数极德尽，既于王赧，降为庶人，用天年终。号位已绝于天下，尚犹枝叶相持，莫得居其虚位，海内无主，三十余年。

【译文】自从幽王、平王之后，国家一天天衰微，甚至落到夹在强大的诸侯国之间崎岖不安，本身也分裂成东周与西周两个小国，有天子逃债避难的高台，有象征王权的铡刀被偷取藏匿的传言。然而天下仍称之为共同的主人，强大的诸侯也不敢灭它。历经八百余年，功德总算失尽，王位也止于赧王，天子被降为庶人，自然亡故。虽然称号和王位在天下之内失去，仍有枝叶维持似的，无人敢占据空虚的王位，海内没有天子，有三十余年。

秦据势胜之地，骋狙诈之兵，蚕食山东，壹切取胜。因矜其所习，自任私知，姗笑三代，荡灭古法，窃自号为皇帝，而子弟为匹夫，内亡骨肉本根之辅，外亡尺土籓翼之卫。陈、吴奋其白梃，刘、项随而毙之。故曰，周过其历，秦不及期，国势然也。

【译文】秦朝凭藉优越的地势，驱驰着诡诈的军队，吞并山东六国，一鼓气取得了胜利。因而它夸赞自己熟知天下，自以为一人晓立国之业，毁谤嘲笑三代，清除消灭古代之法，偷取皇帝的称号给自己，可子弟却是平民，在内没有同本同根的骨肉相辅佐，在外没有有土有地的藩邦相拱卫。陈胜、吴广以一根木棍奋起，刘邦、项籍随即灭亡了秦朝。因此说，周朝享国太久，秦朝没有达到期限，是国势造成这样的呀。

汉兴之初，海内新定，同姓寡少，惩戒亡秦孤立之败，于是剖裂疆土，立二等之爵。功臣侯者百有余邑，尊王子弟，大启九国。自雁门以东，尽辽阳为燕、代。常山以南，太行左转，度河、济，渐于海为齐、赵。穀、泗以往，奄有龟、蒙为梁、楚。

【译文】汉朝兴起初年，海内刚刚平定，同姓宗室稀少，高祖以灭亡的秦朝因孤立无援而败亡为教训，于是开始割裂疆土，立王侯二等爵。功臣封侯者有一百余座城邑，故王室子弟封王者有比九国还大的领地。自雁门往东，到辽水北岸，是燕国和代国。常山往南，太行山往东，过河水与济水，一直入海，是齐国和赵国。谷水、泗水一带包括龟山和蒙山，是梁、楚二国。

东带江、湖，薄会稽为荆、吴。北界淮濒，略庐、衡为淮南。波汉之阳，亘九嶷为长沙。诸侯比境，周匝三垂，外接胡、越。

【译文】东含江、湖，靠近会稽，是吴国。北临淮河，包括庐山与衡山，是淮南国。汉水往南，到九嶷山，是长沙国。各诸侯国一个连一个，环绕在北、東、南三边，外接胡地和南越。

天子自有三河、东郡、颍川、南阳，自江陵以西至巴、蜀，北自云中至陇西，与京师内史凡十五郡，公主、列侯颇邑其中。而籓国大者夸州兼郡，连城数十，宫室百官同制京师，可谓娇枉过其正矣。虽然，高祖创业，日不暇给，孝惠享国又浅，高后女主摄位，而海内晏如，亡狂狡之忧，卒折诸吕之难，成太宗之业者，亦赖之于诸侯也。

【译文】天子自己则有河东、河南、河内、东郡、颍川、南阳，从江陵往西到巴蜀，北边从云中到陇西，包括京师共十五郡，其中又有公主、列侯的封邑。大的藩国跨几州兼有几郡，连接数十城，宫室、百官制度同京师一样，可以说是矫枉过正了。即使这样，高祖创立基业，一天也没有闲暇，惠帝在位又短，高后以女人摄政，海内却安然无恙，没有偏激可忧，后来摧毁吕氏的祸难，成就文帝的帝业，也是依赖于诸侯之力量。

然诸侯原本以大，末流滥以致溢，小者淫荒越法，大者睽孤横逆，以害身丧国。故文帝采贾生之议分齐、赵，景帝用晁错之计削吴、楚。武帝施主父之册，下推恩之令，使诸侯王得分户邑以封子弟，不行黜陟。而籓国自析。自此以来，齐分为七，赵分为六，梁分为五，淮南分为三。

【译文】然而诸侯本来就国大势大，末流也泛滥四溢。小一些的荒淫违法，大一点的横行无道，以致害了自己和国家。因此文帝采用贾谊的建议分割齐国和赵国，景帝采用晁错的计谋削弱吴、楚等国。武帝实施主父的策划，下达推恩令，使诸侯王得以分一部分户数和城邑封给子弟，不用废黜迁徙，藩国自己就分崩离析了。自此以后，齐国分成七个小国，赵国分成六个，梁国分成五个，淮南国分成三个。

皇子始立者，大国不过十余城。长沙、燕、代虽有旧名，皆亡南北边矣。景遭七国之难，抑损诸侯，减黜其官。武有衡山、淮南之谋，作左官之律，设附益之法，诸侯惟得衣食税租，不与政事。

【译文】皇子开始封为王时，大一点的不超过十座城池。长沙、燕、代等国虽还有旧名，都没有以前南北的边界了。景帝遭受七国灾难，就抑制削弱诸侯，减少罢黜各国官吏。武帝时有衡山、淮南二王的谋反，就设立诸侯官吏的法律，严惩违法之徒，各诸侯只能得到衣食税租，不能参与政事。

至于哀、平之际，皆继体苗裔，亲属疏远，生于帷墙之中，不为士民所尊，势与富室亡异。而本朝短世，国统三绝，是故王莽知汉中外殚微，本末俱弱，亡所忌惮，生其奸心；因母后之权，假伊、周之称，颛作威福庙堂之上，不降阶序而运天下。作谋既成，遂据南面之尊，分遣五威之吏，驰传天下，班行符命。汉诸侯王厥角稽首，奉上玺韨，惟恐在后，或乃称美颂德，以求容媚，岂不哀哉！是以究其终始强弱之变，明监戒焉。

【译文】到了哀帝、平帝的时候，诸侯都是继承先世的后裔，同天子关系疏远，生在宫室之中，不被士人百姓尊崇，势力与富家无异了。而天子又都早逝，连续三朝没有子嗣，所以王莽知道汉朝里外都岌岌可危，本末俱弱，就无所顾忌，生出奸心；凭着姑母太后的权威，假称周公欺骗人心，在朝堂上作威作福，不下台阶就使天下运转。奸诈的计谋一成，就篡夺皇帝的尊位，分别遣送官吏迅速传遍天下，颁布皇帝命令。汉朝诸侯王慑于淫威，都匍匐在地奉上玉玺绶带，惟恐落在后面，有的还歌功颂德，献媚讨好，真可悲啊！所以我查明诸侯从头至尾由强到弱的变化，以作为惩戒。

礼乐志（录序并礼志）

《六经》之道同归，而《礼》、《乐》之用为急。治身者斯须忘礼，则暴嫚入之矣；为国者一朝失礼，则荒乱及之矣。人函天、地、阴、阳之气，有喜、怒、哀、乐之情。天禀其性而不能节也，圣人能为之节而不能绝也，故象天、地而制礼、乐，所以通神明，立人伦，正情性，节万事者也。

【译文】《六经》的道路都是达到同一目标，而《礼》和《乐》的功用尤为迫切。进行自我修养的人稍微忘记一下礼，就会染上凶恶轻慢的毛病；治理国家的人，一天失去礼，那么荒废紊乱就会到来。人包含有天地阴阳的气，有喜怒哀乐的感情。天承受它的特点却不能有所节制，圣人能够加以节制地利用而且不会断绝，所以就依照天地的规律制作了礼乐，用来通达神灵，建立人的伦理，端正人的性情，调节各种事情。

人性有男女之情，妒忌之别，为制婚姻之礼；有交接长幼之序，为制乡饮之礼；有哀死思远之情，为制丧祭之礼；有尊尊敬上之心，为制朝觐之礼。哀有哭踊之节，乐有歌舞之容，正人足以副其诚，邪人足以防其失。故婚姻之礼废，则夫妇之道苦，而淫辟之罪多；乡饮之礼废，则长幼之序乱，而争斗之狱蕃；丧祭之礼废，则骨肉之恩薄，而背死忘先者众；朝聘之礼废，则君臣之位失，而侵陵之渐起。故孔子曰："安上治民，莫善于礼；移风易俗，莫善于乐。"礼节民心，乐和民声，政以行之，刑以防之。礼、乐、政、刑四达而不誖，则王道备矣。

【译文】人的本性有男女的情爱，有妒嫉他人的差别，因此制定了嫁娶的礼仪；人的本性有长辈和晚辈交往的次序，所以制定了乡饮酒礼；人的本性有哀悼死者思念远祖的感情，因此制定了祭祀死者的礼仪；有尊重尊长敬重皇上的心意，因此制定了朝见皇上的礼仪。悲痛有丧礼的仪节，高兴有歌唱和舞蹈的仪容，正直的人足以堪称诚心诚意，邪恶的人足以用来防止过失。因此嫁娶的礼仪被废除了，那么夫妻间的礼节就粗劣了，而男女间放荡淫乱的罪过就多了；乡饮酒礼被废除了，那么长辈和晚辈的次序就混乱了，而且争斗的官司也多了；丧祭的礼仪被废除了，那么骨肉间的恩情也就薄了，而且背弃死者忘掉祖先的人越来越多；朝见皇帝的礼仪被废除了，那么君和臣的位置就会出现错误，侵犯欺凌的现象就会逐渐发生。所以孔子说："安定国家治理百姓，没有比礼更好的；改变风气转换习俗，没有比乐更好的。"礼能节制百姓的思想，乐能调和百姓的声音，用政令来实行它，用刑法来防患它。礼、乐、政令、刑法四样都通行无阻，那么王道就具备了。

乐以治内而为同，礼以修外而为异；同则和亲，异则畏敬；和亲则无怨，畏敬则不争。揖让而天下治者，礼、乐之谓也。二者并行，合为一体。畏敬之意难见，则著之于享献、辞受，登降、跪拜；和亲之说难形，则发之于诗歌咏言，钟石、管弦。盖嘉其敬意而不及其财贿，美其欢心而不流其声音。故孔子曰："礼云礼云，玉帛云乎哉？乐云乐云，钟鼓云乎哉？"此礼乐之本也。故曰："知礼乐之情者能作，识礼乐之文者能述；作者之谓圣，述者之谓明。明圣者，述作之谓也。"

【译文】乐用来治理内部就需要和谐，礼用来修饰外部就需要相异；和谐就能和睦相亲，相异就能产生畏惧和敬意；和睦相亲就不会有怨恨，畏惧和敬佩就不会相争。无为而天下治理得很好，是礼和乐的功效。这两者一同使用，合为一体。畏惧和敬重的心意难以表现出来，就用奉献酒食和辞让以及上下的跪拜来表现；和睦相亲的喜悦难以形容，就用诗词、歌唱、咏叹、言语以及钟石、管弦来抒发。这都是赞美人的敬意而不涉及他的财物，赞美人愉快的心情而不涉及声音。所以孔子说："礼啊礼，难道可以用玉帛来表示吗？乐呀乐，岂有用钟鼓来表示？"这就是礼和乐的根本。所以说："懂得礼乐本性的人就能创新，了解礼乐制度的人就能传承；创新的人称为圣，传承的人称为明。明圣就是针对创新和传承来说的。"

王者必因前王之礼，顺时施宜，有所损益，即民之心，稍稍制作，至太平而大备。周监于二代，礼文尤具，事为之制，曲为之防，故称礼经三百，威仪三千。于是教化浃洽，民用和睦，灾害不生，祸乱不作，囹圄空虚，四十余年。孔子美之曰："郁郁乎文哉！吾从周。"及其衰也，诸侯踰越法度，恶礼制之害己，去其篇籍。遭秦灭学，遂以乱亡。

【译文】帝王一定要根据前代帝王的礼，遵从时代的要求加以施行，进行增删，按照百姓的思想，逐渐制作，至天下太平时就完备了。周朝借鉴夏、殷二代，礼制尤为齐全，每件事都设立制度，有偏邪就加以防止，所以称作礼节仪式有三百，礼仪细节有三千。于是教化遍及，民用和睦，不生灾害，没有祸乱，监狱空虚，这样的情况有四十多年。孔子赞美它说："太漂亮了！我要跟随周朝。"等到周朝衰落的时候，诸侯超越法律限度，憎恶礼制损害自己利益，就删去其中的篇章及书籍。又逢秦朝毁灭学说，因此礼乐散乱流失。

汉兴，拨乱反正，日不暇给，犹命叔孙通制礼仪，以正君臣之位。高祖说而叹曰："吾乃今日知为天子之贵也！"以通为奉常，遂定仪法，未尽备而通终。

【译文】汉朝建立后，开始治理乱世，使之恢复正常安定，没有一天空闲，但仍命叔孙通制定礼仪，用来端正君臣的地位。高祖高兴地赞叹道："我今天才知道做天子的尊贵！"任命叔孙通为奉常，于是礼仪法度才制定，但还没有完全齐备叔孙通就去世了。

至文帝时，贾谊以为："汉承秦之败俗，废礼义，捐廉耻，今其甚者杀父兄，盗者取庙器，而大臣特以簿书不报期会为故，至于风俗流溢，恬而不怪，以为是适然耳。夫移风易俗，使天下回心而乡道，类非俗吏之所能为也。夫立君臣，等上下，使纲纪有序，六亲和睦，此非天之所为，人之所设也。人之所设，不为不立，不修则坏。汉兴至今二十余年，宜定制度，兴礼乐，然后诸侯轨道，百姓素朴，狱讼衰息。"乃草具其仪，天子说焉。而大臣绛、灌之属害之，故其议遂寝。

【译文】到文帝时，贾谊认为"汉朝承袭了秦朝的坏习俗，不讲礼义，不顾廉耻，现在更有甚者去杀害父亲兄长，盗窃的人偷走宗庙的器物，而大臣只以文案簿书不报告政令的实行为理由，以至于风俗流行，心安而不觉得奇怪，以为本来就该这样。改变风气转换习俗，使天下人都回心转意走向正道，大概不是庸俗的官吏所能办得到的。设立君主和臣子，使上下有差别，使国家制度有次序，使六亲和睦，这不是上天所行，人所设立的。人所设立的，不做就不能树立，不修明就会败坏。汉朝建立到现在有二十多年了，应该制定制度，提倡礼乐，然后诸侯才能走上正轨，百姓就能简朴无华，官司逐渐消失"。于是创立了礼仪，天子感到高兴。但大臣周勃、灌婴之辈忌妒他，所以他的建议便没有被采用。

至武帝即位，进用英隽，议立明堂，制礼服，以兴太平。会窦太后好黄老言，不说儒术，其事又废。后董仲舒对策，言王者欲有所为，宜求其端于天。天道大者在于阴阳。阳为德，阴为刑。天使阳常居大夏，而以生育长养为事；阴常居大冬，而积于空虚不用之处，以此见天之任德不任刑也。阳出布施于上而主岁功，阴入伏臧于下而时出佐阳。阳不得阴之助，亦不能独成岁功。王者承天意以从事，故务德教而省刑罚。刑罚不可任以治世，犹阴之不可任以成岁也。今废先王之德教，独用执法之吏治民，而欲德化被四海，故难成也。是故古之王者，莫不以教化为大务，立大学以教于国，设庠序以化于邑。教化以明，习俗以成，天下尝无一人之狱矣。至周末世，大为无道，以失天下。秦继其后，又益甚之。自古以来，未尝以乱济乱，大败天下如秦者也。习俗薄恶，民人抵冒。今汉继秦之后，虽欲治之，无可奈何。法出而奸生，令下而诈起，一岁之狱，以万千数，如以汤止沸，沸甚而无益。辟之琴瑟，不调甚者，必解而更张之，乃可鼓也。为政而不行甚者，必变而更化之，乃可理也。故汉得天下以来，常欲善治，而至今不能胜残去杀者，失之当更化而不能更化也。古人有言：‘临渊羡鱼，不如归而结网。’今临政而愿治，七十余岁矣，不如退而更化。更化则可善治，而灾害日去，福禄日来矣。”是时上方征讨四夷，锐志武功，不暇留意礼文之事。

【译文】到汉武帝即位，他提拔任用才智杰出的人物，商讨建立宣明政教的明堂，制定礼仪和衣服的颜色，用来振兴太平。正巧窦太后喜好黄帝和老子的学说，不喜欢儒学，这件事又作罢。后来董仲舒在试卷中答道：“帝王想有所作为，应根据上天来探求他的行为。天道无边，全在于阴阳。阳是仁德，阴是刑法。天使阳常处在盛夏用来养育万物使之生长，使阴常处在隆冬并聚积在空虚不用的地方，从这里可以看出天是主张德行而不主张刑法的。阳气出现散布在上来主导一年的时序，阴气进入地下伏藏，时时出来辅佐阳气。阳气没有阴气的帮助，也不能单独形成一年的时序。帝王秉承上天的意志来行动，所以要致力于仁德教化而减少刑罚。刑罚不能用来治理国家，就像阴气不能用来形成一年的时序一样。现在废弃先王的仁德教化，只用执掌法令的官吏来治理百姓，要想用德行来使四海的人都受到感化，是很难成功的。所以古代的帝王没有不以政教风化为大事的，建立太学在国都来实行教导，设立庠序在小镇来进行教化。政教风化已经明确，习惯和风俗已经形成，天下就会没有一个人在监狱了。到周代末年，大行无道之事，以致失掉了天下。秦朝跟在周朝的后面，所行更有过之而无不及。从古代到现在，不曾有用乱来增添乱，极端破坏天下像秦朝那样的。习惯风俗轻薄可恶，人民毫无畏惧。现在汉朝跟在秦朝的后面，即使想治理这种情况，却没有办法。法律一颁布就有狡诈的人出现，法令一下达就有欺骗发生，一年的官司就有千万数，就像用热水来止息沸腾的开水，只会使水更沸而没有帮助。比如琴瑟不协调，厉害一点的就一定要拆散后再装上才能弹奏。处理政事而得不到实行，情况很严重的就要加以重新改变，才可以治理。因此汉得到天下以来，常想治理得很好，但到现在仍不能使凶暴的人转化为善，使他们可因此免除死刑，这是由于在应当变更教化的时候没有加以变更。古人曾说：‘在池边羡慕鱼多，不如回去把鱼网结好。’现在掌握政权打算治理好国家有七十多年了，还不如先进行变革。变革就能治理得好国家，使国家灾害日益减少，幸福日益增多。”这时候，皇上正在征讨四夷，致力于武功，来不及留心礼节仪式之类的事情。

至宣帝时，琅邪王吉为谏大夫，又上疏言：“欲治之主不世出，公卿幸得遭遇其时，未有建万世之长策，举明主于三代之隆者也。其务在于簿书、断狱、听讼而已，此非太平之基也。今俗吏所以牧民者，非有礼义科指可世世通行者也，以意穿凿，各取一切。

是以诈伪萌生，刑罚无极，质朴日消，恩爱浸薄。孔子曰‘安上治民，莫善于礼’，非空言也。愿与大臣延及儒生，述旧礼，明王制，驱一世之民，跻之仁寿之域，则俗何以不若成、康？寿何以不若高宗？”上不纳其言，吉以病去。

【译文】到了宣帝的时候，琅邪王吉任谏大夫，他又给皇帝上奏书道：“想治理好天下的君主并不是世代都有的，公卿等官有幸身逢其时．却没有建立万代的长远计策，帮助圣明君主达到三代那样兴盛的人。他们的任务只是靠官署文书来判决官司听取诉讼而已，这不是天下太平的根本所在。现在庸俗的官吏所用来统治百姓的，没有可以世代通行的礼义条文，就用自己的想法去附会，各自图一时的安定。因此狡诈虚伪便萌发，刑罚没有边际，朴实日益消失，恩爱逐渐淡薄。孔子说‘安定国家，治理百姓，没有比礼更好的了，这不是空话。愿同大臣一起选拔儒生，继承旧时礼仪，彰明王者的制度，督促一代的百姓，达到仁爱长寿的境地，这样民俗又怎么不如成王、康王？长寿又怎么不及高宗呢？”皇上没有采纳他的话，王吉就称有病而辞官。

至成帝时，犍为郡于水滨，得古磬十六枚，议者以为善祥。刘向因是说上：“宜兴辟雍，设庠序，陈礼乐，隆雅颂之声，盛揖攘之容，以风化天下。如此而不治者，未之有也。或曰，不能具礼。礼以养人为本，如有过差，是过而养人也。刑罚之过，或至死伤。今之刑非皋陶之法也，而有司请定法，削则削，笔则笔，救时务也。至于礼乐，则曰不敢，是敢于杀人不敢于养人也。为其俎豆、管弦之间小不备，因是绝而不为，是去小不备而就大不备，大不备，或莫甚焉。夫教化之比于刑法，刑法轻，是舍所重而急所轻也。

【译文】到成帝的时候，犍为郡在水边得到古磬十六枚，议者认为这很吉祥。刘向根据这个情况就劝说成帝道：“应当兴建辟雍，设立庠序，陈设礼乐，使雅颂之声盛隆，使揖让的礼仪盛行，用来教化天下。如果这样还没有形成天下太平，还从没有过。有人说，礼不能都齐备。礼是以教育人为根本的，即使有过错，这些过错也还是教育人。刑罚的错误，有的就让人或死或伤。如今的刑法，不是皋陶时候的法令了，有关部门制定法令，说删就删，说增就增，只是为了援助常世的要事。至于增设礼乐，就说不敢，这是敢于杀人而不敢于教育人。为了俎豆这样的礼器和管弦这样的乐器没有齐备，因此就绝对不去做，这是放弃没有齐备的一点小东西而结果成了大部分都不具备的局面，没有比这更亏的了：用教化和刑法相比较，刑法比较轻微，这是抛开重要的东西而去急着处理轻微的东西。

且教化，所恃以为治也，刑法所以助治也。今废所恃而独立其所助，非所以致太平也。自京师有誖逆不顺之子孙，至于陷大辟受刑戮者不绝，繇不习五常之道也。夫承千岁之衰周，继暴秦之余弊，民渐渍恶俗，贪饕险诐，不闲义理，不示以大化，而独驱以刑罚，终已不改。故曰：‘导之以礼乐，而民和睦。’初，叔孙通将制定礼仪，见非于齐、鲁之士，然卒为汉儒宗，业垂后嗣，斯成法也。”成帝以向言下公卿议，会向病卒，丞相大司空奏，请立辟雍。案行长安城南，营表未作，遭成帝崩，群臣引以定谥。

【译文】况且教化是依靠它来治理国家的，刑法是用来辅助治理的。现在抛弃应该依赖的而惟独建立只是用来起辅助作用的东西，这不是达到天下太平的方法。从京师有违抗不孝顺的子孙到那些遭受大辟杀戮之刑的人不断，这是由于不通晓仁、义、礼、智、信五常的道理的缘故。汉朝继承了周朝千年的衰败，残暴秦朝的遗留弊端，百姓逐渐染上坏习俗，贪婪险恶，不懂道理，不告诉他们教化，只用刑罚来约束他们，民俗始终不会改正。所以说：‘用礼乐来引导百姓，他们就会和睦。’原先，叔孙通将要制定礼仪时，遭到齐地、鲁地读书人的非议，但最后还是成为汉朝儒生的宗师，功业流传后代，成为法典。”成帝就把刘向的话交给公卿讨论，正好刘向病逝，丞相大司空就请求皇上设立辟雍。巡视长安城的南边，确定位置的表还没有制作好，成帝就驾崩，群臣就引用这件事来为他确定谥号。

及王莽为宰衡，欲耀众庶，遂兴辟雍，因以篡位，海内畔之。世祖受命中兴，拨乱反正，改定京师于土中。即位三十年，四夷宾服，百姓家给，政教清明，乃营立明堂、辟雍。显宗即位，躬行其礼，宗祀光武皇帝于明堂，养三老、五更于辟雍，威仪既盛美矣。然德化未流洽者，礼乐未具，群下无所诵说，而庠序尚未设之故也。孔子曰：“辟如为山，未成一匮，止，吾止也。”今叔孙通所撰礼仪与律令，同录臧于理官，法家又复不传。汉典寝而不著，民臣莫有言者。又通没之后，河间献王采礼乐古事，稍稍增辑，至五百余篇。今学者不能昭见，但推士礼以及天子，说义又颇谬异，故君臣长幼交接之道浸以不章。

【译文】等到王莽称号为宰衡，想迷惑众人，就兴建辟雍，因此而篡夺了帝位，国内人开始反叛他。世祖光武帝受天命使衰落的汉朝重新兴盛，他治理乱世，使之恢复正常安定，把国都改定在洛阳。在位三十年，四夷臣服，百姓家家富足，政治教化清明，于是建立了明堂、辟雍。显宗即位，亲自主持礼仪，在明堂祭祀光武皇帝，在辟雍奉养三老五更，礼仪细节既多又完美。但道德教化没有广泛传播，是因为礼乐没有具备，群臣百姓没有可述说的，而且庠序还没有设立。孔子说：“比如造山，还差一匮之土，却停止不干了，我也不再去教谕他了。”现在叔孙通所撰写的礼节仪式，和律令一同记录着，被法官所收藏，但法家又没有再传下来。汉朝的典籍就再也不加著录，百姓臣子也不再提及。还有叔孙通去世之后，河间献王选取一些礼乐旧事，慢慢加以增加辑录，达到五百多篇。现在的学者却不能彰明，只是向天子推荐《士礼》，所说的道理又多有错误，因此君臣长幼相处的规则渐渐模糊。

刑法志(节录)

夫人宵天地之貌（宵，化也，言禀天地气化而生也），怀五常之性（仁义礼智信也），聪明精粹（精，细也；粹，淳也），有生之最灵者也。爪牙不足以供嗜欲，趋走不足以避利害，无毛羽以御寒暑，必将役物以为养，任（任原作用）智而不恃力，此所以为贵也。故不仁爱则不能群，不能群则不胜物，不胜物则养不足。群而不足，争心将作，上圣卓然先行敬让博爱之德者，众心悦而从之。从之成群，是为君矣；归而往之，是为王矣。《洪范》曰：“天子作民父母，为天下王。”圣人取类以正名，而谓君为父母。明仁爱德让，王道之本也。爱待敬而不败，德须威而久立，故制礼以崇敬，作刑以明威也。圣人既躬明哲之性，必通天地之心，制礼作教，立法设刑，动缘民情，而则天象地，故因天秩而制五礼，因天讨而作五刑。上刑用甲兵，其次用斧钺；中刑用刀锯，其次用钻凿；薄刑用鞭扑。大者陈诸原野，小者致诸市朝，其所繇来者上矣。自黄帝有涿鹿之战，颛顼有共工之陈（共工主水官，秉政作虐，故颛顼伐之也）。唐虞之际（际原作隆），至治之极，犹流共工，放驩兜，杀三苗，殛鲧，然后天下服。夏有甘扈之誓，殷、周以兵定天下。古人有言：“天生五材，民并用之，废一不可，谁能去兵?”鞭扑不可弛于家，刑罚不可废于国，征伐不可偃于天下。用之有本末，行之有逆顺耳。

【译文】人禀承天地之气而化生，包藏“五常”（指仁义礼智信）的本性，聪明灵敏，精细淳美，是所有物类中最具有智慧的群体。人的手脚、牙齿不足以供给自己的嗜欲，奔走的能力不足以躲避祸害，没有羽毛来抵御寒暑，就必须役使其他物类来养活自己，使用智慧而不是依靠体力，这就是人类之所以尊贵的原因。所以，人不讲仁爱就不能聚合，不能聚合就不能战胜其他物类，不能战胜其他物类就不足以养活自己。群聚而供给不够，争夺的思想必将形成。上古的圣人卓然首先行施恭敬礼让博爱之恩德，众人便心悦诚服地追随他。追随者成群，他就会成为至尊之人；众人归顺投靠他，他就成为君王了。《洪范》上说：“天子能充当民之父母，方可成为天下之王。”圣人选取可以类比者为之正名，便称君为父母。明白仁、爱、德、让，是君王治理天下的根本。仁爱依靠谦敬才不会衰败，德行须有威严才能长久树立，所以制定礼仪来推崇谦敬，制定刑法来显示威严。圣人已经具有洞察事理的本性，必能通达天地的存心，制定礼仪兴起教化，建立法律设置刑罚，一举一动皆顺民情而效法天地。所以圣人根据上天规定的品秩等级来制定“五礼”，按照上天的惩罚意向而确定“五刑”。最高的刑罚是动用军队来剿灭，其次是使用斧钺来诛杀；中等的刑罚是使用刀锯来断肢，其次是使用钻凿来刻刺面额；最轻的刑罚是用皮鞭来抽打。规模大的陈尸于原野，范围小的示众于街市。这种情况其由来已很久了。即使黄帝，也有涿鹿之战；即使颛顼，也有对共工的讨伐。唐尧虞舜时期，天下治理得最好，犹且流放共工、驱逐驩兜、流放三苗、放逐鲧，然后使天下归服。夏启曾有在甘征伐有扈氏的誓词，殷、周用武力平定天下。古人曾说：“上天生有金、木、水、火、土五材，百姓一并使用它们，废弃一样都不行，谁又能丢弃武力呢？”鞭打的责罚不可以在家庭去除，刑罚不可以在国家废弃，征伐不可以在天下停止。只不过使用刑罚有主次本末之别，施行刑罚有顺时背理之分罢了。

孔子曰：“工欲善其事，必先利其器。”文德者，帝王之利器；威武者，文德之辅助也。夫文之所加者深，则武之所服者大；德之所施者博，则威之所制者广。三代之盛，至于刑措兵寝者，以其本末有序，帝王之极功也。春秋之时，王道寖坏，礼乐不兴，刑罚不中，陵夷至于战国。韩任申子，秦用商鞅，连相坐之法，造参夷之诛；增加肉刑，大辟、有凿颠、抽肋、镬亨之刑。至于始皇，兼吞战国，遂毁先王之法，灭礼义之官，专任刑罚，躬操文墨，而奸邪并生，赭衣塞路，囹圄成市，天下愁怨，溃而叛之。高祖初入关，约法三章，蠲削烦苛，兆民大悦。其后四夷未附，兵革未息，三章之法，不足以御奸。于是相国萧何捃摭秦法，取其宜于时者，作律九章。当孝惠、高后时，萧、曹为相，填以无为，是以衣食滋殖，刑罚用希。及孝文即位，躬修玄默，劝趣农桑，减省租赋。将相皆旧功臣，少文多质，惩恶亡秦之政。论议务在宽厚，耻言人之过失。化行天下，告讦之俗易。吏安其官，民乐其业，蓄积岁增，户口寖息，风流笃厚，禁罔疏阔。选张释之为廷尉，罪疑者予民。是以刑罚大省，至于断狱四百，有刑措之风。即位十三年，齐大仓令淳于公有罪当刑。其少女缇萦上书曰：“妾父为吏，齐中皆称其廉平，今坐法当刑。妾伤夫死者不可复生，刑者不可复属，虽后欲改过自新，其道无由也。妾愿没入为官婢，以赎父刑罪，使得自新。”书奏天子，天子怜悲其意，遂下令曰：“盖闻有虞氏之时，画衣冠异章服以为戮，而民不犯，何治之至？今法有肉刑三（黥、劓二，刖左右趾合一，凡三也），而奸不止。其咎安在？非乃朕德之薄而教不明与？吾甚自愧！故夫训道不纯，而愚民陷焉。《诗》曰：‘凯悌君子，民之父母。’今人有过，教未施而刑已加焉，或欲改行为善，而道无由至，朕甚怜之。夫刑至断支体，刻肌肤，终身不息，何其刑之痛而不德也！岂称为民父母之意哉？其除肉刑，有以易之。”

【译文】孔子说：“做工的人想把活做好，必须先把工具备好。”礼乐制度和德行便是帝王的利器；刑法和武力，是礼乐和德行的辅助手段。如果礼乐教化的程度深，那么，武力所征服的地域就大；恩德所施及的群体众多，那么威严所能控制的范围就广。夏商周三代鼎盛，到了止刑息兵的程度，是因为本末（指文德和威武）使用有序，这是帝王最伟大的功绩啊。春秋时期，王道败坏，礼乐废弃，刑罚不适当，衰败没落一直到战国。韩国任用申不害，秦国任用商鞅，使用连坐之法，创制灭三族的惩罚；增加肉刑的种类，死刑中有开凿头顶、抽掉肋骨、汤锅煮死等刑法。到了秦始皇，并吞战国，遂毁弃了先王之法，取消主管礼义的官职，专一地凭借刑罚，亲自掌握判决文书，然而狡诈邪恶并生，穿着囚衣的犯人充塞道路，监狱的囚犯之多如同集市。天下人都忧愁、怨恨，如河水冲破堤岸一样起来反叛他。高祖刚进入关中，约法三章，免除苛捐杂税，广大百姓极为喜悦。其后因边境的少数民族尚未归附，战争没有停息，三章约法尚不足以抵御奸邪，于是相国萧何参考秦法，取其中适应于时势的，制定法律九章。当孝惠皇帝、高祖吕后时，萧何、曹参任相国，以无为而治的方法来安宁百姓，因而衣食更加丰足，刑罚很少使用。到了孝文皇帝即位，亲自研修深奥清静的道家学说，勉励督促农桑业，减少田租税赋，将相都是往日的有功之臣，不重文采而讲求朴实，戒止、憎恶亡秦的政策，讨论、争议务求宽厚，以谈人的过失为耻。于是教化大行于国内，密告揭短的习气得到改变，做官者安守其职位，老百姓乐从其职业，积蓄年年有增加，人口渐渐得到繁衍，社会风俗朴实淳厚，法禁宽大。选用张释之做廷尉，罪行有疑点时由民众议决，因此刑罚大大地减省，以至出现一年之中全国判决的案件只有四百起，大有刑罚被搁置不用的世风。文帝即位的第十三年，齐地太仓令淳于公有罪被判刑，他的女儿缇萦上书说："我的父亲做官吏，齐地都称赞他廉洁公平，今天犯法被判刑。我悲伤那些判处死刑的人不可能复生，受过肉刑的人不能恢复原形，即使他们以后想改过自新，也是无路可走的了。我愿意被罚入宫做奴婢，来赎父亲的刑罪，让他得到自新的机会。"上书奏闻皇上，皇上怜悯她的用意，遂下令说："曾闻虞舜时，在罪犯的衣冠上画上图形，让他们穿上异于常人且有识别符号的衣服，人民也不触犯法律，治理竟达到这样好的程度！当今有肉刑三种（黥、劓、刖左右趾），但邪恶仍不能禁止。其问题在哪里呢?莫非是朕的德行不厚、教化不明么？我甚感自愧，是教诲开导的不好而使得无知之民陷于法网。《诗经》说：'善于教诲、平易近人的君子，人民把他视为父母。'现在人有了过失，教化未施而刑罚已加之于身，有的人想改过为善，而却没有办法做到了，朕对此很感怜惜。刑罚达到截断肢体、刻削肌肤的程度，会终生不能生长恢复。这样的刑罚是多么的令人痛苦而又缺乏道德啊！这难道合乎为民父母的意思吗?应当废除肉刑，用别的办法来代替。"

善乎！孙卿之论刑也，曰："世俗之为说者，以为治古无肉刑，有象刑，是不然矣。以为治古，则人莫触罪邪，岂独无肉刑哉，亦不待象刑矣。以为人或触罪矣，而直轻其刑，是杀人者不死，而伤人者不刑也。罪至重而刑至轻，民无所畏，乱莫大焉。凡制刑之本，将以禁暴恶，且惩其末也。杀人者不死，伤人者不刑，是惠暴而宽恶也。故象刑非生于治古，方起于乱今也（所以有象刑之言者，近起今人恶刑之重，故遂推言古之圣君，但以象刑，天下自治也)。凡爵列官职,赏庆刑罚,皆以类相从者也。一物失称,乱之端也。德不称位,能不称官,赏不当功,刑不当罪,不祥莫大焉。夫征暴诛悖,治之威(威原作盛)也。杀人者死,伤人者刑,是百王之所同,未有知其所由来者也。故治则刑重,乱则刑轻,犯治之罪固重,犯乱之罪固轻也。《书》云'刑罚世重世轻',此之谓也。"《书》所谓"象刑惟明"者,言象天道而作刑,安有菲屦赭衣者哉?

【译文】孙卿子对刑罚的论述太好了,他说:"社会上一般人谈论刑法,认为社会安定的古代没有肉刑,有像刑墨、黥之类的刑罚,用穿草履、布衣无领来代替,这样的说法是不对的。如果认为按上古的办法管理,就没有人犯罪了,那么难道只是没有肉刑了吗?就连象征性的刑罚也不需要了。如果认为人或者有犯罪的,而直接将刑罚减轻,这就等于是杀人者不判死刑、伤害人者不加处罚。罪行很重而惩罚很轻,以致百姓无所畏惧,那么祸乱就没有比它更大的了。大凡制定刑法的根本目的,是用来禁止残暴和罪恶,而且防患于未然。如果杀人者不判处死刑,伤人者不加惩罚,这是赐惠于强暴而宽恕罪恶。所以象征性的刑罚不是发生在安定的上古时代,而是起始于刑罚混乱的当今时代。(之所以出现说有象征性刑罚这样言论的人,这是由于现代的人厌恶刑罚太过残酷,因此就说上古圣明君王只凭借象征性的刑罚就自然地达到了天下大治。)凡是爵位、官职、赏赐和刑罚,都要按功过的等级来相应地施予。一件事做得不恰当,就是混乱的开端。德行和爵位不相称、才能和官职不相合、赏赐与功劳不相当、处罚与罪行不相当,没有比这更不吉祥的了。征伐强暴诛杀叛逆,是治理权威的表现。杀人者处死,伤人者受刑,是所有帝王相同的刑律,尚没有谁知道这些常规的由来。所以治世刑罚必定被实施所以重,乱世刑罚不会被认真实施所以轻,是由于犯法于治世其罪责本来就重,犯法于乱世其罪责本来就轻。《尚书》上说'刑罚有世重世轻之别',说的就是这种情况啊。"《尚书》所谓"象刑惟明"的说法,是说仿效天道而判定刑法,哪里有给罪犯穿草鞋麻鞋或赤色囚衣的说法呢?

孙卿之言既然,又因俗说而论之曰:禹承尧、舜之后,自以德衰而制肉刑。汤、武顺而行之者,以俗薄于唐、虞故也。今汉承衰周暴秦极弊之流俗,已薄于三代,而行尧、舜之刑,是犹以鞿羁而御駻突(以绳系马领曰鞿。駻突,恶马也),违救时之宜矣。且除肉刑者,本欲以全民也,今去髡钳一等,转而入于大辟。以死罔民,失本惠矣。故死者岁以万数,刑重之所致也。至乎穿窬之盗,忿怒伤人,男女淫佚,吏为奸臧,若此之恶,髡钳之罚,又不足以惩也。故刑者岁十万数,民既不畏,又曾不耻,刑轻之所生也。故俗之能吏,公以杀盗为威,专杀者胜任,奉法者不治,乱名伤制,不可胜条。是以网密而奸不塞,刑繁而民愈嫚。必世而未仁,百年而不胜残,诚以礼乐阙而刑不正也。岂宜惟思所以清原正本之论,删定律令,撰二百章,以应大辟。其余罪次于古当生今触死者,皆可募行肉刑。及伤人与盗,吏受赇枉法,男女淫乱,皆复古刑为三千章。诋欺文致微细之法,悉蠲除。如此，则刑可畏而禁易避，吏不专杀，法无二门，轻重当罪，民命得全，合刑罚之中，殷天人之和，顺稽古之制，成时雍之化。成康刑措，虽未可致，孝文断狱，庶几可及也。

【译文】孙卿的言论已经如此，再参考社会上流行的说法而论述说：夏禹承继尧舜之后，自认为德行衰微，因而制定肉刑。商汤、周武王因袭而施行它的原因，是鉴于社会风气又比唐虞时期淡薄的缘故。当今汉朝承继衰周暴秦极度败坏的社会风气，风俗已经比夏商周三代衰微了，但却要施行尧舜时的刑法，这好比把缰绳系于马脖子上来驾驶凶悍不驯服的马，是违犯了拯救时弊的正当做法啊！况且，废除肉刑，本来是想保全人民的，现在只废掉剃去头发和用铁圈束颈一类刑罚，转而进入到以杀头治罪的阶段，以处死来害民，是失去了本想施惠于人民的用意啊。所以被处死的人每年以万数，这是由于刑罚过重导致。至于穿壁越墙的盗贼、因忿怒而伤人、男女淫乱放荡、官吏贪赃枉法，像这类罪恶，用剃去头发、铁圈束颈的刑罚却又不足以戒止，所以受刑罚者每年多达十万人，人民既不畏惧，也不觉得是耻辱，这是由于刑罚偏轻所造成的。所以一般所谓有能力的官吏，共性是以杀戮盗贼为威风，专擅杀人者被看做胜任工作，遵守法规者反而没有治绩。搞乱名誉、损害法制的现象，不胜枚举。因此法网严密而奸邪却不能遏止，刑法繁多而百姓愈加轻慢。经过三十年还没有达到仁政，百年也不会遏制残暴之人使其不作恶，的确是由于礼乐缺少而刑法不正，对此应该认真想一想之所以要清源正本的议论，经过修改而确定刑律法令，撰写二百条规章，来对应死刑。其余犯罪的等次，凡按古时法律应当不处死刑、按现今法律却触犯死刑的，都可收集入执行肉刑的条款。涉及伤人和偷盗、官吏受贿枉法、男女淫乱等，都应该恢复古代刑法的规定，制定三千条规章。诋毁欺凌、玩弄法令条文陷人以罪等行文细密的刑法，都应废止。这样，刑罚就会让人畏惧，而人们就会避免犯禁，从而官吏不再以杀戮为能事，法令就会统一，量刑的轻重就会和罪行相符，人民的生命就会得以保全。这样做合乎制定刑法的目的，可以进一步实现天人的协调，顺乎古代的法制，有助于形成社会和谐的风气。比之周代成王、康王刑法搁置不用的景象，虽然还不能达到，但如文帝时期“断狱四百”的情况，差不多是可以做到的。

食货志

《洪范》八政，一曰食，二曰货。二者生命之本，兴自神农之世。“斫木为耜，煣木为耒，耒耨之利，以教天下”，“日中为市，致天下之民”，“聚天下之货，交易而退，各得其所”，而货通食足。然后国实民富，而教化成。黄帝以下“通其变，使民不倦”。殷周之盛，《诗》、《书》所述，要在安民，富而教之也。故《易》称：“天地之大德曰生，圣人之大宝曰位，何以守位，曰仁，何以聚人，曰财。”财者，帝王所以聚人守位、养成群生、治国安人之本也。是以圣王域民，筑城郭以居之，制井庐以均之，开市肆以通之，设庠序以教之。士农工商，四民有业。圣王量能授事，四民陈力受职，故朝无废官，邑无傲民，地无旷土。孔子曰：“导千乘之国，敬事而信，节用而爱人，使民以时。”故民皆劝功乐业，先公而后私。民三年耕，则余一年之畜，衣食足而知荣辱，廉让生而争讼息。余三年食，进业曰登，再登曰平，三登泰平，然后王德流洽，礼乐成焉。又曰：“籴甚贵伤民，甚贱伤农。民伤则离散，农伤则国贫。故甚贵与甚贱，其伤一也。”善为国者，使民毋伤，而农益劝。

【译文】《尚书·洪范》所列举的八样政事，首先是粮食，其次是钱财。这两件事是民生的根本，从神农氏之世起就受到重视。“削木制作犁头，煣木制作犁柄，用犁锄等农具带来的利益(增产粮食)，来教化天下”，“在太阳正中时开市，招集天下之民，集中天下之货，交易之后离开集市，大家都能得到自己所需要的东西”，于是财货流通、食物充足。然后国家殷实，人民富足，从而教化就会成功。从黄帝以来，“能达其变化，使百姓乐此不疲”。殷周的兴盛，如《诗经》、《尚书》所说，主要在于使民安居，生活富足，然后广行教化。所以《易经》上说：“天地最大的恩德就是生养万物，圣人最宝贵的东西就是地位。凭什么来保持其地位?就靠仁。凭什么汇聚人心？就是财。”所谓财，就是帝王用以会聚人心、保持地位、养育众生、治国安民的根本。因此圣明的君王划分百姓居住区域，修筑城郭让他们安居，建造“井”形的村舍让他们均等生活，开辟集市让他们交易物品，设立学校让他们受到教化。士农工商，四类人各有其业。圣明的君王通过衡量人们的能力来授予职事，(士农工商)四民根据自己的才能来接受任务。所以朝堂上没有无用之官，城邑里没有轻慢之民，土地没有荒芜的现象。孔子说：“治理拥有千辆兵车的诸侯国，要敬肃国事，讲求信用，节约资财，爱护臣民，役使百姓不要耽误农时。”那么人民都能勉力做事，乐从其业，做到先公而后私。老百姓三年耕作，就会有可供一年的余粮积蓄。衣食富足就会知荣辱，廉洁谦让的风气形成则争夺诉讼的事也就会停息。积余三年的食用，农业有所发展就叫做“登”，有两次“登”就叫做“平”，三次“登”就叫做“泰平”。这样一来，君主的圣德流布广泛，礼乐教化就会大有成效。又说：“粮食收购价过高则损害大众利益，收购价过低则伤害农民利益。大众利益受到伤害就会离散，农民利益受到伤害国家就要贫穷。所以粮价太高或太低，两者都一样有害。”善于治理国家的人，既能让民众不受到伤害，也能让农民得到勉励。

文帝即位，躬修俭节，思安百姓。时民近战国，皆背本趋末，贾谊说上曰："管子曰：'仓廪实知礼节。'民不足而可治者，自古及今，未之尝闻。古之人曰：'一夫不耕，或受之饥，一女不织，或受之寒。'生之有时，而用之无度，则物力必屈。古之治天下，至纤至悉也，故其蓄积足恃。今背本而趋末，食者甚众，是天下之大残也；淫侈之俗，日日以长，是天下之大贼也。残贼公行，莫之或止，生之者甚少，而靡之者甚多，天下财产，何得不蹶哉！世之有饥穰，天之行也（天之行气，不能常孰），禹、汤被之矣。即不幸有方二三千里之旱，国胡以相恤?卒然边境有急，数十万之众，国胡以馈之?兵旱相乘，天下屈，有勇者聚徒而横击，并举而争起矣，乃骇而图之，岂将有及乎?夫积贮者，天下之大命也，苟粟多而财有余，何为而不成?以攻则取，以守则固，以战则胜，怀敌附远，何招而不至?今殴民而归之农，皆著于本，使天下各食其力，末技游食之民，转而缘南晦，则畜积足而人乐其所矣。可以为富安天下，而直为此廪廪也（廪廪，危也），窃为陛下惜之！"于是上感谊言，始开藉田，躬耕以劝百姓。

【译文】文帝即位后，亲自讲求节俭，一心安抚百姓。其时上距战国时期不远，社会背离"以农为本"的方针，趋向工商技巧等末业。贾谊向文帝上书说："管仲说：'库藏充足人民就知晓礼节。'人民生活不宽裕而能把国家治理好的事，从古到今，还不曾听说过。古人曾说：'一个农夫不种庄稼，就有人会受到饥饿；一个妇女不纺织，就有人会遭受寒冷。'生产粮食布帛有时限，而使用却无限度，那么物力必会竭尽。古人治理国家是极为细臻而周密的。所以那时候有很可靠的积蓄。现今背离'以农为本'而趋向工商技巧之业，而吃饭的人口众多，这是天下的大灾难；奢侈浪费的风气一天比一天厉害，这是国家的大祸患。灾难祸患公然风行，却未能使其有所遏止，生产物品的人很少，而耗费的人很多，国家的财产怎能不缺乏呢！世上有荒年和丰年，这是自然变化的规律，夏禹、商汤都会遭逢。如果不幸有方圆二三千里大面积的荒旱，国家将拿什么来救济呢?如果突然在边境上发生紧急军情，几十万兵众，国家将拿什么来供给军饷?战争荒旱交加，国家财力穷尽，有勇力者就蛮横打劫杀人，进而发动徒众争相起事，这时才惊慌地设法应对，难道能来得及吗?贮藏粮食，是天下的大事。如果粮食多而财资充裕，做什么事不成功呢?攻城能拿下，守城就坚固，作战会胜利，安抚敌方百姓使远方之人归附，还有什么招之不来的呢?如今假如让老百姓都归附农业，着力于国之根本，让天下的人各食其力，使从事于工商业和四处谋生的人转而走向农田，那样就会积蓄充足而人民也就能安居乐业了。本可以使天下富有安定，但却出现如此危惧之事，我私下替陛下您痛惜啊！"于是，文帝为贾谊的谏言所感动，开始设天子的责任田，并亲自耕作以勉励百姓。

晁错复说上曰："圣王在上，而民不冻饥者，非能耕而食之、织而衣之也，为开其资财之道也。故尧、禹有九年之水，汤有七年之旱，而国无捐瘠者（捐谓民饥也。或谓贫乞者为捐），以畜积多而备先具也。今海内为一，土地人民之众，不避汤、禹，加以无天灾，而畜积之未及者，何也？地有遗利，民有余力，生谷之土未尽垦，山泽之利未尽出，游食之人未尽归农也。民贫则奸邪生。贫生于不足，不足生于不农，不农则不地著，不地著则离乡轻家。民如鸟兽，虽有高城深池，严法重刑，犹不能禁也。夫寒之于衣，不待轻暖；饥之于食，不待甘旨；饥寒至身，不顾廉耻。人情一日不再食则饥，终岁不制衣则寒。夫腹饥不得食，肤寒不得衣，虽慈母不能保其子，君安能以有民哉！明主知其然也，故务民于农桑，薄赋敛，广蓄积，以实仓廪，备水旱，故民可得而有也。

【译文】后来晁错又上书劝谏说："圣明的君王在位而老百姓就不会冻饿的原因，并不是圣明的君王耕田而供老百姓吃、纺织而供老百姓穿，是因为他能开通老百姓获取资财的途径。所以唐尧、大禹时都曾有九年水灾，商汤时曾有七年旱灾，但国内却没有因灾讨饭、饿死的人，是积蓄的粮食多而预先有防备的缘故。现在海内统一，土地、人口之多不比汤、禹时少，加上没有天灾，但是积蓄的粮食却赶不上，其原因是什么呢？是土地还有未开发的利益，百姓尚有未发挥的潜力，能生长粮食的土地没有完全开垦，山林川泽的物产没有全部开发，流动谋生的人还没有尽归农业。百姓贫穷，就容易出现奸邪之事。贫困产生于衣食不足，衣食不足产生于不从事农耕，不从事农耕就不寄附于土地，不寄附于土地就会离开家乡看轻家庭。百姓像鸟兽一样，即使有高城深池、严法重刑，也是禁止不了其流动的。寒冷之时对于衣服，就不追求轻暖；饥饿之时对于食物，就不希图美味。饥寒临身，就会不顾及廉耻。人的常情是，一天吃不到两顿饭就感到饥饿，全年不缝制衣服就要受寒冷。肚子饿了吃不到食物，身体冷了穿不上衣服，即使是慈母也不能保护她的儿子，做君王的怎能会拥有百姓呢！圣明的君主懂得这个道理，所以要求人民搞好农桑，并减轻其赋税，让其更多地积蓄，来充实粮食布帛之仓库，防备水旱灾情，因此才能拥有众多百姓啊！"

"民者在上所以牧之，趋利如水走下，四方无择也。夫珠玉金银，饥不可食，寒不可衣，然而众贵之者，以上用之故也。其为物轻微易藏，在于把握，可以周海内，而无饥寒之患。此令民易去其乡，盗贼有所劝，亡逃者得轻资也。粟米布帛生于地，长于时，聚于力，非可一日成也；数石之重，中人不胜，不为奸邪所利，一日弗得而饥寒至。是故明君贵五谷而贱金玉。今农夫春耕夏耘，秋获冬藏，伐薪樵，给徭役，春不得避风尘，夏不得避暑热，秋不得避阴雨，冬不得避寒冻，四时之间，无日休息，又私自送往迎来，吊死问疾，养孤长幼在其中，勤苦如此，尚复被水旱之灾，急政暴虐，赋敛不时，朝令而暮改，当其有者半贾而卖，无者取倍称之息（取一偿二为倍称），于是有卖田宅、鬻子孙，以偿责者矣。而商贾大者积贮倍息，小者坐列贩卖，操其奇赢，日游都市，乘上之急，所卖必倍。故其男不耕耘，女不蚕织，衣必文采，食必粱肉，无农夫之苦，而有阡陌之得。因其富厚，交通王侯，力过吏势，以利相倾，千里游遨，冠盖相望，此商人所以兼并农人，农人所以流亡者也。今法律贱商人，商人已富贵矣；尊农夫，农夫已贫贱矣。故俗之所贵，主之所贱也；吏之所卑，法之所尊也。上下相反，好恶乖迕，而欲国富法立，不可得也。方今之务，莫若使民务农而已矣。欲民务农，在于贵粟，贵粟之道，在于使民以粟为赏罚。今募天下，入粟县官，得以拜爵，得以除罪。如此富人有爵，农民有钱，粟有所渫矣。夫能入粟以受爵，皆有余者也，取于有余，以供上用，则贫民之赋可损，所谓损有余补不足，令出而民利者也。"

【译文】"百姓，在于君主用什么方法来驾驭，他们趋从利益，就像水往低处流，至于流向何方，并不选择。珠玉金银饿了不能吃，冷了不能穿，然而大家都认为它贵重，那是因为君上需用的原故。那些东西份量轻便、容易保藏，拿在手头，可以走遍海内而没有饥寒的担忧。这样使老百姓容易离开他们的乡土，对盗贼则有所'鼓励'，逃亡的人有了轻便易带的资财。粟米布帛出产于土地，成长有一定的时限，要聚含许多人力，不是一日之间就有成效；几石粮食的重量，一般体力的人拿不动，也不被奸邪图利之人所看中，但是一天得不到那些东西饥寒就会来临。所以圣明的君主重视五谷、轻视金玉。当今的老百姓，春耕夏耘，秋收冬藏，采伐柴草，支应徭役，春天不能避风尘，夏天不能避暑热，秋天不能避阴雨，冬天不能避寒冻，一年四季没有一天能够休息安闲，再加上他们生活中还要迎来送往，祭吊死者，探问病人，赡养老人、抚育儿孙都包括在内。勤劳艰苦到如此地步，还会遭受洪涝干旱的灾害、严急政令的暴虐，且赋税的征收又不以时，朝令而夕改，有东西的半价卖出，没有东西的以加倍的利息借取，于是（老百姓）有卖掉田宅、卖掉儿孙来偿还债务的人。而那些大商人囤积待时，获取成倍的利润，小的坐摊贩卖，掌握奇异货物，待高价而出售，每天游转在集市上，趁上级征敛急迫时，所卖之物必加倍获利。这些人男的不耕不种，女的不养蚕、纺织，穿衣必求多彩华丽，吃饭必求精美膳食。他们没有农夫的艰难困苦，但却有土地出产的享受。他们凭着资财的丰厚，交往勾结王侯人物，活动能量超过了官吏的势力，进行权钱交易，不远千里游逛，冠盖相望不绝于道。这是商人兼并了农民，农民所以流浪逃亡的原因。当今的法律，说是轻视商人，但商人实际上却富贵了；说是尊重农民，但农民实际上却贫贱了。所以世俗所看重的，是君主所轻视的；官吏所贬低的，是法律所尊重的。上下相反，好恶相悖，却想使国家富强、法律生效，是难以办到的事。当今的要务，没有比让老百姓从事农耕生产更重要的事了。想让老百姓致力于农业，关键的问题在于重视粮食；重视粮食的办法，在于让民众用粮食作为确定赏罚的条件。现在可广泛征求于天下：向官府交纳粮食，可以授予爵位，可以用来赎罪。这样做，富人有爵位，农民可有钱，使粮食得以分散。因为能交纳粮食而受封爵的，都是钱粮有富余的人。从有余者手里获取，供给君上支配，那么贫苦之人的赋税就可以减少，这就是所谓'损有余而补不足'，政令一出就会对农民有利啊。"

"顺于民心，所补者三：一曰主用足，二曰民赋少，三曰劝农功。爵者上之所擅，出于口而无穷；粟者民之所种，生于地而不乏。夫得高爵与免罪，人之所甚欲也。使天下人入粟于边，以受爵免罪，不过三岁，塞下粟必多矣。"于是文帝从错之言，令民入粟边，各以多少级数为差。至武帝之初，七十年间，国家无事，都鄙廪庾尽满，而府库余财。京师之钱累百巨万，贯朽而不可校（校，数也）。太仓之粟，陈陈相因，充溢露积于外，腐败不可食。众庶街巷有马，阡陌之间成群，守闾阎者食粱肉，为吏者长子孙，居官者以为姓号（仓氏庾氏是也），人人自爱而重犯法，先行谊而黜愧辱焉。于是罔疏而民富。是后外事四夷，内兴功利，役费并兴，而民去本。天下虚耗，人民相食。武帝末年，悔征伐之事，乃封丞相为富民侯，以赵过为搜粟都尉，教民代田，用力少而得谷多。至昭帝时，流民稍还，田野益辟，颇有蓄积。

【译文】"此事顺应民心，有所补益者有三条：一是君主费用充足，二是百姓赋税减少，三是对勉励农业生产有效。爵位，是君王所独有的，出于皇帝之口而没有穷尽；粮食，是农民所种植的，出产于土地而不会缺乏。能得到高的爵位与可以免于惩处，这是人们很希望的事。让天下人交送粮食到边境，来受封爵、免惩罚，过不了三年，边塞的粮饷必然就多了。"于是文帝听从晁错的谏言，命令人民交送粮食到边境，按各自所交粮食的多少排列出等级差别。直到武帝初即位的七十年间，国家没有大的事故，京城和边邑的粮仓暴满，国家的府库有余财，京都的钱资累百巨万，穿钱的绳子已腐烂，钱数都无法数清。国家中心粮仓的粮食，陈粮不断增加，库房已充满，只好在仓外露天堆积，有些已腐烂得不能食用。众多百姓街巷中拴有马匹，田间小路上更是成群结队。乡里的小头目吃的都是精美膳食；为官者长期任职，以致子孙都长大了而本人仍在官位；做官的人将官职作为姓氏名号（如仓氏、庾氏等）。人人都知自爱而遵纪守法，首重品行、仁义而贬斥令人耻辱的行为。于是法网宽疏而百姓富足。但此后一个时期，同周边少数民族战争不断，对内大兴急功近利的事业，劳役和耗费一齐兴起，使老百姓离开农业生产，以致国库空虚、资财耗尽，人民中又出现人吃人的现象。到了武帝晚年，他追悔征伐之事，遂晋封丞相为富民侯，任用赵过为搜粟都尉，教老百姓实行叫做"代田"的耕种办法，用的劳力少而收获的谷物多。到了昭帝时，流亡的百姓逐渐还乡，土地的开垦增加，有了一些积蓄。

宣帝即位，用吏多选贤良，百姓安土，岁数丰穰，谷至石五钱，农人少利。时大司农中丞耿寿昌奏言："籴三辅、弘农、河东、上党、太原、郡谷，足供京师，可以省关东漕卒过半。"天子从其计。寿昌遂白，令边郡皆以谷贱时，增价而籴，谷贵时，减价而粜，名曰常平仓。民便之。上乃赐寿昌爵关内侯。至元帝时，乃罢常平仓。哀帝即位，百姓訾富，虽不及文景，然天下户口最盛。平帝崩，莽遂篡位。因汉承平之业，匈奴称藩，百蛮宾服，舟车所通，尽为臣妾，府库百官之富，天下晏然。莽一朝有之，而其意未满，狭小汉家制度，以为疏阔。宣帝始赐单于印玺，与天子同。而西南夷钩町称王，莽乃遣使易单于印绶，贬钩町为侯。二方始怨，侵犯边境。莽遂兴师，发三十万众，欲同时十道并出，一举灭匈奴，海内扰矣。又动欲慕古，不度时宜，分裂州郡，改职作官。下令更名天下田曰王田，奴婢曰私属，皆不得卖买；其男口不满八，而田过一井者，分余田与九族乡党。犯令、法至死。制又不定，吏缘为奸，天下謷謷然，陷刑者众。

【译文】宣帝即位，在任用官吏上多选贤能之人，百姓安守其土地，连年丰收，谷价低到五个钱一石，农民获利微薄。当时大司农中丞耿寿昌上奏说："收购三辅、弘农、河东、上党、太原等郡的粮食，足够供应京师，可以减少关东漕运兵卒半数以上。"天子听从了他的意见。寿昌遂即又陈述说，让边远之郡都在市场粮贱时加价购进粮食，到市场粮价高时减价出售，称其名为"常平仓"。这种办法对百姓有利。皇上于是赐寿昌关内侯爵位。到元帝时，却取缔了"常平仓"。哀帝即位，百姓的财富虽然比不上文帝、景帝时期，然而人口达到了最鼎盛的时期。平帝驾崩，王莽就篡夺了帝位。凭借汉王朝几代相继安定的基业，匈奴甘称属国，众多少数民族归服。水路、旱路所到之处，全都称臣称妾；府库充盈，百官富有，天下安宁。王莽一时间便有了这些（大好形势），但其心意仍未满足，小视汉家制度，认为还有疏漏不周之处。当年，宣帝最初赐于匈奴单于的印玺，与天子相同，而且让西南方的部族钩町称王。王莽这时派使臣更换了单于的印绶，贬钩町为侯。西南部族和匈奴开始怨恨，并侵犯边境。王莽遂即兴兵，动员三十万大军，计划同时由十条路线一起出击，想一举灭掉匈奴，由此国内产生混乱。王莽又常常仰慕古制，不考虑时代之所宜，重新分割州郡，改变职位名称，创制官衔。他下令把天下土地改名为"王田"，奴婢改称为私属，一律不得买卖；一家男性不满八口，而占有田地一井以上的，要分出多余的田地给乡党九族。触犯了命令的，就按法处以死刑。然而制度又不固定，官吏乘机作奸，弄得天下怨声载道，陷于刑罚者很多。

凡货，金钱布帛之用，夏、殷以前，其详靡记云。太公为周立九府圜法（圜即钱也），退又行之于齐。至管仲相桓公，通轻重之权，曰："岁有凶穰，故谷有贵贱；令有缓急，故物有轻重（所缓则贱，所急则贵）。人君不理，则蓄贾游于市，乘民之不给，百倍其本矣。计本量委则足矣，然而民有饥饿者，谷有所藏也。民有余则轻之，故人君敛之以轻；民不足则重之，故人君散之以重（民轻之之时，为敛籴之；重之之时，官为散之）。凡轻重敛散之以时，即准平。故大贾蓄家不得豪夺吾民矣。"

【译文】钱币，是金钱布帛的功用，夏商以前没有详细记载。姜太公为周朝制定了管理钱币的九府铸钱的法令。姜太公离职后又在齐国施行。到了管仲辅佐齐桓公时，通晓调控物价高低的权变之策，他说："年景有好坏，所以粮食就有贵贱；政令有缓急，所以物品有轻重（所缓则贱，所急则贵）。人君如果不加整治，那么囤积居奇的商人活动于市场，乘人民一时供给不足，价格就抬高到本钱的一百倍。计算来源、估量所积累的，粮食是足够人们食用的，可是百姓仍然有饥饿之人，其原因是有人把粮食储藏起来了。老百姓食用有余时则看轻粮物，所以人君征收粮物价格不高；老百姓食用不足时则看重粮物，所以人君抛售粮物时价格就高。大凡物价高低、收购抛售适应当时的情况，就是'平准'。因此那些搞囤积居奇的大商人就不能够强夺我们百姓的利益了。"

秦兼天下，币为二等：黄金以溢为名（二十两为溢，秦以溢为一金。汉以一斤为一金也），钱质如周钱文曰半两。汉兴，以为秦钱重难用，更令民铸荚钱（如榆荚也）。孝文为钱益多而轻，更铸四铢，文为半两。除盗铸钱令。贾谊谏曰："夫事有召祸，而法有起奸。今令细民人操造币之蓺，各隐屏而铸作，因欲禁其厚利微奸，虽黥罪日报，其势不止（报，论）。为法若此，上何赖焉?又民用钱，郡县不同。法钱不立，吏急而壹之乎，则大为烦苛，而力不能胜；纵而弗呵乎，则市肆异用，钱文大乱。苟非其术，何乡而可哉！今农事弃捐而采铜者繁，奸钱日多，五谷不为多（民采铜铸钱，废其农业，故五谷不为多）。善人怵而为奸邪（怵诱动心于奸邪也），愿民陷而之刑戮。刑戮甚不祥，奈何而忽！"上不听。是时吴以诸侯即山铸钱，富埒天子，后卒叛逆。邓通，大夫也，以铸钱财过王者。故吴邓钱布天下。

【译文】秦朝统一天下后，将货币分为二等：黄金以"镒"为单位（二十两为镒，秦以"镒"为一金，汉以一斤为一金），钱的形式像周钱一样，钱面铸文为"半两"。汉朝建立后，认为秦钱偏重而难以使用，改令民间铸荚钱（小如榆荚）。孝文帝认为荚钱越来越多且分量较轻，改铸四铢钱，钱面铸文为"半两"（二十四铢为一两，一枚四铢钱实重六分之一两，但面额标明"半两"，名实不相符），废除不准民间私自铸钱的法令。贾谊上书规谏说："此事会招致祸患，此法会引起奸邪。现在让小民个人拥有造钱的权利，大家秘密地搞铸钱的活动，照此下去，想禁止他们奸巧作弊以牟取暴利，即使天天判处黥刑，这种势头也难以遏止。如此立法，皇上还能依赖什么来维持统治地位呢?再者，若百姓使用的钱币，各郡县有所不同，而规范的钱币不确立，官吏们若是急着统一钱币吧，就大为烦琐、苛刻而无力做到；如果放纵而不加管制，那么市场流通的钱币又各不一样，钱币的规则就要大乱。如果不实施一个办法，又如何面对这些问题呢?现在农业生产多被放弃，而采铜的人很多；私铸之钱一天天多了，粮食却不增多。（百姓采铜私自铸钱，荒废了农业，所以粮食不增多）。好人被诱惑而干坏事（诱惑好人使其心动去做坏事），诚实的人陷入邪路而受刑法处治，针对这种情况的惩罚又很不明确，怎么能不重视这些问题呢?"皇上没有听取贾谊的意见。这时候，吴王濞作为诸侯，就山采铜铸钱，富庶程度跟天子相等，后来终于反叛。邓通是一位大夫，因铸钱财富超过王侯。所以吴王、邓通的钱流通天下。

武帝因文景之蓄，忿胡、越之害，即位数年，严助、朱买臣等，招来东瓯，事两粤，江淮之间，萧然烦费矣。唐蒙、司马相如始开西南夷，凿山通道千余里，以广巴蜀，巴蜀之民罢焉。彭吴穿秽貊（貊原作柏）、朝鲜，置沧海郡，则燕、齐之间，靡然发动。及王恢设谋马邑，匈奴绝和亲，侵扰北边，兵连而不解，天下共其劳。干戈日滋，行者赍，居者送，中外骚扰相奉，财赂衰耗而不澹。入物者补官，出货者除罪，选举陵夷，廉耻相冒，武力进用，法严令具，兴利之臣，自此而始。其后卫青岁以数万骑出击匈奴，遂取河南，筑朔方郡。时又通西南夷道，作者数万人，千里负担馈饷，率十余钟致一石（钟，六石四斗）。置沧海郡，筑卫朔方，转漕甚远，自山东咸被其劳，费数十百巨万，府库并虚。乃募民，能入奴婢，以终身复，为郎增秩，及入羊为郎，始于此。此后卫青比岁将十余万众击胡，斩捕首虏之士，受赐黄金二十余万斤，而汉军士马死者十余万，兵甲转漕之费不与焉。于是经用赋税既竭，不足以奉战士。有司请令得买爵，及赎禁锢，免臧罪，大者封侯、卿大夫，小者郎。吏道杂而多端，官职耗废。票骑仍再出击胡，大克获。浑邪王率数万众来降，皆得厚赏。衣食仰给县官，县官不给。天子乃损膳，解乘舆驷，出御府禁藏以澹之。费以亿计，县官大空，富商贾财或累万金，而不佐公家之急。于是天子与公卿议，更造钱币以澹用，而摧浮淫并兼之徒。于是以东郭咸阳、孔仅为大司农丞，领盐铁事，而桑弘羊贵幸侍中，故三人言利事析秋毫矣。法既益严，吏多废免，皆谪令伐棘上林，作昆明池。其明年，大将军票骑大出击胡，赏赐五十万金，军马死者十余万匹，转漕车甲之费不与焉。是时财匮，战士颇不得禄矣。诸贾人末作贳贷，及商以取利者，虽无市籍，各以其物自占，率缗钱二千而算一。轺车一算，商贾人轺车二算（商贾人有轺车，使出二算，重其赋也）。船五丈以上一算。匿不自占，占不悉，戍边一岁，没入缗钱。有能告者，以其半畀之。是时豪富皆争匿财，唯卜式数求入财以助县官。天子乃超（超旧作越，改之）拜式为中郎，赐爵左庶长、田十顷，布告天下，以风百姓。

【译文】武帝凭借文、景二帝的积蓄，怨恨匈奴、南粤的侵害，即位不几年，严助、朱买臣等招徕东瓯，与南越、闽越发生战事，江淮地区战事骚扰，耗资繁多。唐蒙、司马相如开始开发西南地区，开凿山岭，疏通道路一千多里，来扩展巴蜀，使巴蜀百姓深感疲劳。彭吴打通秽貊、朝鲜地区，设置沧海郡，于是燕齐一带接连发生动乱。及至王恢在马邑设计诱骗单于，匈奴和汉断绝和亲关系，侵扰北方边境，战争连年不停，天下都为此而感到疲劳。战事一天比一天增加，出征的士卒自举衣食用具，后方的人输送军需，内外骚扰而相与筹献给养，财物衰减、消耗而不够使用。于是交纳财物的可以增补为官，出钱的可以免罪，选举官吏的制度衰败，廉耻之风不再，以武力为进身之阶，法令严酷苛细，能够谋得财利的官员从此受到重用。此后，卫青每年率领数万骑兵出击匈奴，于是夺取了河套以南之地，设立朔方郡。这时候又打通西南地区道路，筑路工数万人，不远千里背负着吃的用的，大致运送十余钟粮食到目的地只余一石（一钟合六石四斗）。设置沧海郡，筑城守卫朔方，转输漕运非常遥远，从崤山以东广大地区都要担负劳役，耗资数十万乃至百万，府库空虚。于是号召民间（富人）能向官府交纳奴婢者可以终身免除徭役，做郎官则可以升官，以至交纳羊群者可做郎官。（以上这些）都是从这时开始的。此后，卫青连年统率十余万兵众进击匈奴，对斩杀或俘虏敌兵者赏赐的黄金二十多万斤，而汉军中死的将士、马匹达十多万，武器转运的费用还不在其中计算。因此常年赋税收入已用完，不够供给战士。有关部门请求朝廷允许人民用钱买爵位和以钱赎免不准做官等禁锢以及免除贪赃之罪。用钱多的人可封侯、卿大夫，小者可封为郎。做官的途径杂乱而头绪诸多，官员的职责混乱而荒废。骠骑将军霍去病仍两次出击匈奴，获得了大胜。浑邪王率领数万人来投降，都得到了丰厚的赏赐。衣食费用都由朝廷供给。朝廷资金不足，天子就减少膳食开支，拿出乘舆之马，由少府所藏的财物来补充。费用以亿计，朝廷大空，大商大贾有的资产积累可达万金，但不拿出支助公家的急需。于是天子和公卿们商议，通过改铸钱币来供给使用，用以压制那些浮奢吞并财富之徒。此时任用东郭咸阳、孔仅为大司农丞，兼管盐铁官营等事，而桑弘羊被天子宠信为侍中，所以他们三个人奏议经济问题精明细致得如察秋毫一般。法令越加严酷，官吏多被罢免，尽数罚去上林苑采伐林木，兴修昆明池。第二年（元狩四年），大将军卫青和骠骑将军霍去病大规模地出击匈奴，赏赐五十万黄金，军中战马死了十余万匹，运输车甲的费用还不包括在内。这时候财政匮乏，战士大多没有薪饷了。遂让商人、巧匠、放高利贷者以及经商营利的人，即使没有商人户籍，也要各自按其所拥有的财产向官府申报，一般按价值二千钱上交一算（一百二十钱）的财产税。车子每辆上交一算，商人的车子每辆交二算。船长五丈以上交一算。凡隐匿不向官府自报，或报得不完全的，戍边一年，没收其未报的缗钱。有能检举揭发的，将所没收缗钱的一半付给他。这时候，豪富们都争相隐瞒财产，只有卜式多次请求将自己的财产拿出资助朝廷。天子于是破格地任命卜式为中郎，赏赐左庶长爵位，赐田十顷，并传告天下，用以教化百姓。

自造白金五铢钱，后五岁而赦，吏民之坐盗铸金钱死者数十万人。其不发觉相杀者，不可胜计。赦自出者百余万人，然不能半自出矣。犯法者众，吏不能尽诛。于是遣博士褚大、徐偃等，分行郡国，举并兼之徒。而御史大夫张汤方贵用事，减宣、杜周等为中丞，义纵、尹齐、王温舒等用惨急苛刻为九卿，直指夏兰之属始出，而大农颜异诛矣。自是后有腹非之法比，而公卿大夫多谄谀取容。

【译文】（自元狩四年冬）铸造白金五铢钱以后五年，赦免了吏民中因私铸金钱判处死刑的数十万人，那些情况不明而被杀死的不知有多少。因其自首而获赦的有一百多万人，然而自首的人还不到半数。犯法的人多，官吏不能尽数惩处。于是派博士褚大、徐偃等人分别到郡国巡行视察，检举揭发那些官商暗中勾结、合伙铸钱的人。可是，御史大夫张汤这时正被重用而当权，减宣、杜周等为中丞，义纵、尹齐、王温舒等人因执行严刑峻法而被任命为九卿，直指（特命钦差）夏兰这类人开始登上政治舞台，而大农颜异被诛杀了。从此之后有了“腹非罪”的条款（颜异因腹非罪被处死），于是公卿大夫大多以谄谀奉承博取天子的欢心。

天子既下缗钱令，而尊卜式，百姓终莫分财佐县官，于是告缗钱纵矣。杨可告缗遍天下，中家以上，大氐皆遇告，得民财物以亿计，奴婢以千万数，田大县数百顷、小县百余，宅亦如之。于是商贾中家以上大氐破，民偷甘食好衣，不事蓄藏之业，而县官以盐铁缗钱之故，用少饶矣。是时粤欲与汉用船战逐（水战相逐），乃大修昆明池，列馆环之；治楼船，高十余丈；作柏梁台，高数十丈。宫室之修，由此日丽。

【译文】天子已经下达了“缗钱令”（即对个人田宅、货物、车船、畜产等征税的法令）而重用卜式，老百姓到底还是没有人分出自己的财产来资助朝廷，于是检举告发别人隐匿财产，逃漏税款之风大盛。杨可主持的告缗之事遍及天下，中等富户以上大抵都被告发。此举获得民间财物数以亿计，收为官奴者以千、万计。大县没收的田地有数百顷，小县有百余顷，宅院也依照此法被没收。于是经商者中等富户以上大都破败，民众只图眼前吃好、穿好，不做积蓄储藏之事，而朝廷由于实行盐铁官营和征收财产税的办法，财用稍微富裕了些。这时候南越将要与汉室用舟船进行水战，于是就大规模地修筑昆明池，在周围筑建楼台馆所，打造的楼船，高十多丈，又修建柏梁台，高数十丈。宫室的修建，从此一天天华丽起来。

明年，天子始巡郡国。公卿白议封禅事，而郡国皆预治道，修缮故宫，储设共具而望幸。明年，南粤反，西羌侵边。天子因南方楼船士二十余万人击粤，发三河以西骑击羌，又度河筑令居。初置张掖、酒泉郡，而上郡、朔方、西河、河西开田官，斥塞卒（塞上候斥卒也）六十万人戍田之。中国缮道馈粮，远者三千余里。边兵不足，乃发武库工官兵器以澹之。齐相卜式上书，愿父子死南粤。天子下诏褒扬，爵关内侯，黄金四十斤，田十顷。布告天下，天下莫应。列侯以百数，皆莫求从军。至饮酎，少府省金，（省视诸侯金有轻重）而列侯坐酎金失侯者百余人，乃拜卜式为御史大夫。式既在位，见郡国多不便县官作盐铁器，或强令民买之，而船有算，因孔仅言船算事。上不说。然兵所过县，县以为訾给，毋乏而已，不敢言轻赋法矣。

【译文】第二年（元鼎四年），天子巡视各郡国。公卿们上奏商议封禅之事，而各郡国都预先修治驰道，修缮原有的宫室，准备行宫的陈设，以等待天子驾临。次年（元鼎五年），南粤王反叛，西部羌族侵犯边境。天子凭借南方楼船水兵二十多万人进攻南粤，征发黄河、赐(析)支河、湟河以西地区的骑兵进攻羌人，又过黄河修筑令居城。开始设置张掖、酒泉郡，而在上郡、朔方、西河、河西开始设屯田官，开拓边塞的兵卒六十万人戍守在那里。国内修缮道路，为戍边者送粮，距离远的有三千里。戍边的兵士装备不够，就征发武库工官兵器来补充。当时齐王国丞相卜式上书，请求父子两代人都到南粤效命。天子颁诏表扬，赐封他关内侯的爵位，赏黄金四十斤、田地十顷，并将此事布告天下，然而天下却没有人响应。列侯数百名，都没有人愿意从军。到皇家祭祖庙时，少府检查列侯所献的祭金的质量和数量，因祭金不合规定而失去侯爵的就有一百多人。于是拜卜式为御史大夫。卜式到职后，发现郡国多数反映盐铁官营的不利处，那些劣质的器具，有时会强行让人民来买，而造船有赋税可图，于是通过孔仅上奏船税之事。皇上不高兴。然而军队所经过的郡县，但求物资供应不缺而已，不敢谈及朝廷轻赋的法令。

元封元年，卜式贬为太子太傅。而桑弘羊为治粟都尉，领大农。乃请置大农部丞数十人，分部主郡国，各往往置均输盐铁官，尽笼天下之货，名曰“平准”，不复告缗。民不益赋，天下用饶。于是弘羊赐爵左庶长，黄金者再百焉。是岁小旱，上令百官求雨。卜式言曰：“县官当食租衣税而已，今弘羊令吏坐市列，贩物求利，烹弘羊，天乃雨。”久之，拜弘羊为御史大夫。

【译文】元封元年，卜式被贬职为太子太傅，而任命桑弘羊为治粟都尉，兼任大司农。桑弘羊请设置大司农府属官数十人，分管各个郡国，各自大都在所分管的郡国设置协调、运输盐铁的官员，尽量垄断天下的货物，名称叫“平准”，不再让人告发偷漏财产税之事。人民不增加赋税而天下费用充足。于是赐桑弘羊爵位为左庶长，黄金二百斤。这一年稍有旱情，皇上命百官求雨。卜式上奏说：“官府应当靠租税吃穿就行了，现在桑弘羊命令官府吏员进入市场，贩卖货物以谋求利润，如果煮死桑弘羊，上天就会下雨。”过了很长时间，封桑弘羊为御史大夫。

昭帝即位，诏郡国举贤良文学士，问以民所疾苦、教化之要，皆对愿罢盐铁酒榷均输官，毋与天下争利，示以节俭，然后教化可兴。乃罢酒酤。宣、元、成、哀、平五世，亡所变改。王莽居摄，变汉制，更作金、银、龟、贝、钱、布之品，名曰“宝货”。凡宝货，五物、六名、二十八品。百姓愦乱，其货不行，民私以五铢钱市买。莽患之，下诏：“敢非井田、挟五铢钱者，为惑众，投诸四裔，以御魑魅。”于是商农失业，食货俱废，民涕泣于市道。坐卖买田宅奴婢铸钱抵罪者，自公卿大夫至庶人，不可胜数。莽知民愁，乃但行小钱直一，与大钱五十，二品并行，龟贝布属且寝。莽性躁扰，不能无为，每有所兴造，必欲依古得经文。羲和置命士，督五均六斡，郡有数人，皆用富贾，乘传求利，交错天下，因与郡县通奸，多张空簿，府藏不实，百姓愈病。莽每一斡，为设科条防禁，犯者罪至死。奸吏猾民并侵，众庶各不安生。每壹易钱，民用破业，而大陷刑。莽以私铸钱死，及非沮宝货，投四裔。犯法者多，不可胜计。乃更轻其法，私铸作泉布者，与妻子没入为官奴婢；吏及比伍，知而不举告，与同罪；非沮宝货，民罚作一岁，吏免官。犯者愈众，及五人相坐皆没入，郡国槛车铁锁，传送长安钟官，愁苦死者十六七。匈奴侵寇甚，莽大募天下囚徒人奴，名曰猪突豨勇（猪性触突人，故取以喻）。一切税吏民，訾三十而取一。又令公卿已下，至郡县黄绶吏，皆保养军马，吏尽复以与民。民摇手触禁，不得耕桑，徭役烦剧，而枯旱蝗虫相因。又用制作未定，上自公侯，下至小吏，皆不得奉禄，而私赋敛，货赂上流，狱讼不决。吏用苛暴立威，旁缘莽禁，侵刻小民。富者不得自保，贫者无以自存，起为盗贼，依阻山泽。吏不能禽，而覆蔽之，浸淫日广。于是青、徐、荆楚之地，往往万数。战斗死亡，缘边四夷，所系虏陷罪，饥疫人相食。及莽未诛，而天下户口减半矣。自发猪突豨勇后四年，而汉兵诛莽。

【译文】昭帝即位，下诏命令郡国推举贤良文学士，向他们询问人民认为疾苦的事，以及施行教化的要务。大家都回答：希望取消盐铁酒类专卖和协调运输之官，不要和天下人民争利，以示节俭，这样做了以后教化之风可兴起。于是停止了酒类专卖。宣帝、元帝、成帝、哀帝和平帝五代，都没有改变。王莽位居摄政，改变了汉王朝的制度，另造作金、银、龟、贝、钱、布等货币名目，叫做“宝货”。宝货共分五种材料、六种名称、二十八个等次。老百姓感到混乱难用，这些货币未能流通，民间私下用五铢钱进行交易。王莽为此忧虑，颁诏说：“有敢非难井田制、携带五铢钱者以惑乱民众论罪，要流放到四方边远之地去抵御蛮夷、鬼怪。”于是商人、农夫失业，粮食货物交易都停滞，老百姓哭泣于街市道路。因为卖买田宅奴婢、铸钱而犯罪的人，上自公卿大夫，下到庶民百姓，不可胜数。王莽了解到人民为此愁苦，于是只通行面值为“一”的小钱和面值“五十”的大钱。这两种钱币并用，龟、贝、布之类的货币暂且停止使用。王莽的脾性急躁纷乱，不能清静无为，每有所作为，一定要托古改制、附会经文。羲和（相当大司农官）之下，设置命士监督“五均六斡”（指盐、铁、铸钱、布帛、名山大泽出产等五种产业的协调发展和设立的加上酿酒业六个方面的主管人员），每郡设置数人，都任用富商大贾。他们乘坐驿站的车马来谋取财利，行迹交叉错杂遍及国内。这些人借机跟郡县勾结，大多都设立假帐，府库存量不如实统计，老百姓越来越受到损害。王莽每一次调整政策都订立条例法规防止犯禁，对犯禁者可以判处死罪。奸吏、刁民一起侵害，老百姓都不得安生。每一次更换币制，老百姓因而破产，很多人因此犯罪。王莽对私铸钱币者处以死刑，并对非议阻碍宝货（即王莽规定的流通货币）的人，流放到边远地区去，以致犯法的人多得不可胜计。于是就改行较轻的法令：私自铸造泉布钱币者，与其妻子儿女一起入官府做奴婢；官吏及其相邻的五户，知道有人私铸钱币而不检举告发者，和私铸钱币的人同罪；诽议、阻难宝货的，老百姓罚服一年的劳役，官吏则撤职。犯法者更多。至于有五家比邻共同犯罪均没入官府为奴婢者，郡国用囚车铁锁，押解到长安掌管铸钱的钟官令衙门，因愁苦而死的占十分之六七。匈奴侵犯边境很厉害，王莽大规格地募集天下囚徒、奴隶，称他们为“猪突豨勇”，统一向官吏、百姓征税，税额为个人财产的三十分之一。又命令公卿以下直到郡县有铜印、黄绶的官吏，都要承担饲养军马的任务，官吏完不成任务的又转嫁给百姓承担。老百姓动辄犯禁，不能进行农耕生产，徭役繁重，而且大旱、蝗虫交相为害。又因制度修订尚未确定，上自公侯，下到小吏，都拿不到薪俸，于是私下征收赋税，贿赂有权势者，案件得不到处理。官吏们用苛刻暴虐的办法树立威严，依仗王莽的禁令，侵害普通百姓。富有的人不能自保，贫苦的人没法生存，便起而做盗贼，占据山泽。官吏不能擒捕，就隐瞒情况，事态渐渐逐日扩大。于是青州、徐州、荆楚等地的盗贼经常数以万计。因战斗中死亡、周边四夷拘囚、俘虏、犯罪被处死、饥饿、瘟疫而死及人吃人等多种原因，到王莽尚未被杀时，天下的人口已经减少了一半。从征发所谓“猪突豨勇”作战之后四年，汉兵杀死了王莽。

郊祀志（节录）

武帝初即位，尤敬鬼神之祀。汉兴已六十余岁矣，天下艾安，缙绅之属，皆望天子封禅改正度也，而上儒术，招贤良赵绾、王臧等，以文学为公卿，欲议古立明堂城南，以朝诸侯，草巡狩封禅、改历、服色，事未就。窦太后不好儒术，使人微伺赵绾等奸利事，按绾、臧，绾、臧自杀，诸所兴为皆废。六年，窦太后崩。其明年，征文学之士。

【译文】武帝刚即位时，很重视鬼神的祭祀。汉朝建立已六十多年了，天下安定，士大夫们都希望天子举行封惮大典，改正朔、度量，武帝也倾向儒术，招纳贤良趙绾、王臧等人，因为有学问而做了公卿，他们想取法古代在城南建立明堂，使诸侯来朝见，草拟巡察、封禅、改历数、服色等事还没有结果。窦太后不喜欢儒术，使人暗中监察赵绾等人作奸违法的事，审理赵绾、王臧，赵绾、王臧自杀，各种所兴作的事都废止。六年，窦太后去世。第二年，国家征召有学问的人士。

明年，上初至雍，郊见五畤。后常三岁一郊。是时上求神君，舍之上林中磃氏馆。神君者，长陵女子目乳死，见神于先后宛若。宛若祠之其室，民多往祠。平原君亦往祠，其后子孙以尊显。及上即位，则厚礼置祠之内中。闻其言，不见其人云。

【译文】第二年，皇上初次到雍地，郊祀五峙。以后经常每三年一郊祀。这时皇上访求神灵，将其安置在上林中的磃氏馆。神灵，是长陵女子，因难产而死，显神灵于她的妯娌宛若。宛若就把她供奉在自己室内，百姓大都去祭祀。平原君也去祭祀，他的子孙后代都做了大官。等到皇上继位，就用厚礼把祭祀设置在宫中。听得到她的谈话，见不到她的人影。

是时李少君亦以祠灶、谷道、却老方见上，上尊之。少君者，故深泽侯人，主方。匿其年及所生长。常自谓七十，能使物却老。

【译文】这时，李少君也凭祭灶、辟谷之道、防止衰老等方术得以见到武帝，武帝尊宠他。李少君是以前深泽侯家的人，掌管方药。隐藏他的年龄和籍贯。常自称已七十岁，能役使鬼神，防止衰老。

其游以方遍诸侯。无妻子。人闻其能使物及不死，更馈遗之，常余金钱、衣食。人皆以为不治产业而饶给，又不知其何所人，愈信，争事之。少君资好方，善为巧发奇中。常从武安侯宴，坐中有年九十余老人，少君乃言与其大父游射处，老人为儿，从其大父识其处，一坐尽惊。少君见上，上有故铜器，问少君。少君曰："此器齐桓公十年陈于柏寝。"

【译文】他凭藉方术周游各地诸侯。没有妻子和儿女。人们听说他能役使鬼神以及能够长生不死，都争着向他送礼，使他经常富有金钱衣食。人们都以为他不治理产业就能富足，又不知道他是哪里人，更加信任，争着事奉他。李少君凭借奇方，善于时时应验他所说的话。经常跟从武安侯宴饮，宴席中有一个九十多岁的老人，李少君就说出同他的祖父游玩和习射的地方，老人小时候就跟随自己祖父，认识那个地方，满座的人都惊奇不已。李少君晋见皇上，皇上有古铜器，询问李少君。李少君说："这件器物在齐桓公十年的时候，陈列在柏寝台。"

已而按其刻，果齐桓公器。一宫尽骇，以为少君神，数百岁人也。少君言上："祠灶皆可致物，致物而丹沙可化为黄金，黄金成，以为饮食器，则益寿，益寿而海中蓬莱仙者乃可见之，以封禅则不死，黄帝是也。臣尝游海上，见安期生，安期生食臣枣，大如瓜。

【译文】过了一会儿察看铭刻，果然是齐桓公时的器物。满宫的人全都大吃一惊，以为李少君是神仙，是几百岁的人了。李少君对皇上说："祠灶都可以招致鬼神，招致鬼神可以把丹沙化为黄金，用黄金做成饮食器皿可以长寿，长寿就可以见到海中蓬莱仙人，举行封禅就不会死，黄帝就是这样。臣曾经周游海上，见到安期生，安期生把一个大如瓜的枣给臣吃。

安期生仙者，通蓬莱中，合则见人，不合则隐。”于是天子始亲祠灶，遣方士入海求蓬莱安期生之属，而事化丹沙诸药齐为黄金矣。久之，少君病死。天子以为化去，不死也，使黄、锤史宽舒受其方，而海上燕、齐怪迂之方士，多更来言神事矣。

【译文】安期生是仙人，通行蓬莱中，和他投合，他就见人，不与他投合，他就不见人。”于是天子才亲自祠灶，派遣方士到海中访求蓬莱安期生之流，并从事用药剂把丹沙化为黄金的工作。过了很久，李少君病死。天子认为他是化为神仙没有死，派黄锤史宽舒研究他的遗方，而沿海一带燕齐古怪迂腐的方士纷纷来谈说鬼神一类的事。

齐人少翁以方见上。上有所幸李夫人，夫人卒，少翁以方盖夜致夫人，及灶鬼之貌云，天子自帷中望见焉。乃拜少翁为文成将军，赏赐甚多，以客礼礼之。文成言：“上即欲与神通，宫室被服非象神，神物不至。”乃作画云气车，及各以胜日驾车避恶鬼。又作甘泉宫，中为台室，画天地泰一诸鬼神，而置祭具，以致天神。居岁余，其方益衰，神不至。乃帛书以饭牛，阳不知，言此牛腹中有奇书。杀视得书，书言甚怪。天子识其手，问之，果为书。于是诛文成将军，隐之。

【译文】第二年，齐国人少翁凭藉方术见到皇上。皇上有一个宠爱的李夫人，夫人死了，少翁就用方术在夜里招致夫人及灶神的形象，天子从床帷中看见它们了。就拜少翁为文成将军，赏赐给他的东西很多，用宾客的礼节来招待他。文成说：“皇上即使想与神灵相通，宫室中的被褥衣鞋等物品上没有神的形象，神灵也是不会来的。”就在上面画一些有云气的车，在吉祥的日子里驾车驱赶恶鬼. 又兴建甘泉宫，中间是祭坛，刻画天地泰一各种鬼神，供置祭祀用品以招致天神。过了一年多，他的方术越来越不灵验，神灵不来。就用帛书喂牛，假装不知道，说这头牛腹中有奇书。杀牛一看，得到一卷书，书上所说的很奇怪。天子认得他的手迹，审问少翁，果然是他写的。于是就诛杀了文成将军，把这件事隐瞒下来。

乐成侯登上书言栾大。栾大，胶东宫人，故尝与文成将军同师，已而为胶东王尚方。而乐成侯姊为康王后，无子。王死，它姬子立为王，而康后有淫行，与王不相中，相危以法。康后闻文成死，而欲自媚于上，乃遣栾大人，因乐成侯求见言方。天子既诛文成，后悔其方不尽，及见栾大，大说。大为人长美言，多方略，而敢为大言，处之不疑。

【译文】这年春天，乐成侯上书推荐乐栾大。栾大，是胶东宫人，以前曾同文成将军同学，后来为胶东王掌管配制药品。而乐成侯的姐姐是康王王后，没有儿子。康王死后，其他姬的儿子被立为王，而康后有淫乱行为，与王不和，相互用国法来威胁。康后听说文成死后，想主动献媚于皇上，于是派遣栾大入宫，靠着乐成侯的关系求见皇上，说他精通方术。天子诛杀文成后，后悔知道他的方术不全面，等到见到栾大，大为高兴。栾大为人修长漂亮，说话很有技巧，而又敢说大话，让人不感到怀疑。

大言曰："臣常往来海中，见安期、羡门之属，顾以臣为贱，不信臣。又以为康王诸侯耳，不足与方。臣数以言康王，康王又不用臣。臣之师曰：'黄金可成，而河决可塞，不死之药可得，仙人可致也。'然臣恐效文成，则方士皆掩口，恶敢言方哉！"上曰："文成食马肝死耳。子诚能修其方，我何爱乎！"大曰："臣师非有求人，人者求之。陛下必欲致之，则贵其使者，令为亲属，以客礼待之，勿卑。使各佩其信印，乃可使通言于神人。神人尚肯邪不邪，尊其使然后可致也。"于是上使验小方，斗棋，棋自相触击。

【译文】栾大说道："臣经常往来于海中，见到安期生、羡门之类，他们认为臣地位低下，不信任臣下。又认为康王是诸侯，不足给他药方。臣几次把情况告诉康王，康王又不肯重用臣。臣的师傅说：'黄金可以炼成，黄河决口也可以堵住，不死的药可以得到，神仙也是可以招来的。'但臣怕步文成的后尘，那么方士都得闭口，不敢再谈方术了！"皇上说："文成是食马肝而死的。你果真能整理他的方术，我有什么吝惜的！"栾大说："臣下老师并不是有求于人，而是人求他。陛下一定想要招他，就要提高使者的地位，让他做天子的亲信，并用客礼来招待他，不要鄙视他，让他们各自佩带着信印，才能使他们传话给神灵。神人来或不肯来，要看皇上是否重视使者，然后才可请来。"于是皇上用一个小方术加以检验，演示斗棋，棋子能自相撞击。

是时，上方忧河决，而黄金不就，乃拜大为五利将军。居月余，得四印，得天士将军、地士将军、大通将军印。制诏御史："昔禹疏九河，决四渎。间者，河溢皋陆，堤徭不息。朕临天下二十有八年，天若遗朕士而大通焉。《乾》称'飞龙'，'鸿渐于般'，朕意庶几与焉。其以二千户封地士将军大为乐通侯。"

【译文】这时，皇上正为黄河决口和黄金铸造不成而担忧，于是拜栾大为五利将军。過了一个多月，栾大得到四枚官印；得到天士将军、地士将军、大通将军印。皇帝颁布诏书给御史道："以前大禹疏通九河，开通四渎. 最近黄河水淹没岸边平地，筑堤的徭役没有尽头。朕在帝位二十八年了，如果上天派人辅佐我，那栾大就是其中之一。《乾》卦称'飞龙，'鸿渐于般'，朕的意思与这正相吻合。以二千户封地士将军栾大为乐通侯。"

赐列侯甲第，童千人。乘舆斥车马、帷帐、器物以充其家。又以卫长公主妻之，赍金十万斤，更名其邑曰当利公主。天子亲如五利之第，使者存问共给，相属于道。

【译文】赐给他列侯的宅第，僮仆千人。从皇帝乘舆中拿出车马、帷帐、器物来充实他的住所。又把卫长公主嫁给他，送给他金十万斤，将其邑地改名为当利公主。天子亲自到五利将军的宅第，派使者问候供给，络绎不绝。

自大主将、相以下，皆置酒其家，献遗之。天子又刻玉印曰“天道将军”，使使衣羽衣，夜立白茅上，五利将军亦衣羽衣，立白茅上受印，以示不臣也。而佩“天道”者，且为天子道天神也。于是五利常夜祠其家，欲以下神。后装治行，东入海，求其师云。大见数月佩六印，贵震天下，而海上燕、齐之间，莫不搤掔而自言有禁方，能神仙矣。（案后，栾大不敢入海，之泰山祠，武帝使人随验，实毋所见。栾妄言见其师，其方尽多不雠，帝乃诛大。）

【译文】从天子之姑到将相以下官员，都到他家摆酒席，献给他财物。天子又刻玉印为“天道将军”，派使者穿着羽衣，夜晚站在白茅上，五利将军也穿着羽衣，站在白茅上接受玉印，以表示不是人臣。而佩带“天道”，是要为天子导引天神。于是五利将军经常夜晚在家里祭祀，想招来天神。后来又整理行装，向东到海上访求他的老师。栾大出现几个月，佩带六枚官印，尊贵震动天下，而海边燕、齐之间的人没有不扼腕而表示自己也有秘方能修炼成神仙。（案后，栾大不敢入海，转到泰山去祠神，武帝派人去探险，实无所见，栾大妄言见到他的师傅，他的药方多不实，谎话被揭穿，被武帝处死）

苏建苏武传

苏建，杜陵人也。以校尉从大将军青击匈奴，封平陵侯。以将军筑朔方。后以卫尉为游击将军，从大将军出朔方。后一岁，以右将军再从大将军出定襄，亡翕侯，失军当斩，赎为庶人。其后为代郡太守，卒官。有三子：嘉为奉车都尉，贤为骑都尉，中子武最知名。

【译文】苏建，杜陵人。以校尉身份跟随大将军卫青出击匈奴，封为平陵侯。又以将军身份建造朔方城。后以卫尉身份任游击将军，大将军出兵朔方。一年后，以右将军身份再次跟从大将军出兵定襄，损兵折将，部将翕侯赵信逃降匈奴，损失部队当问斩，赎为平民免了死罪。之后任代郡太守，死在官位上。有子三人：苏嘉为奉车都尉，苏贤为骑都尉，二儿子苏武最有名气。

武字子卿，少以父任，兄弟并为郎，稍迁至栘中厩监。时汉连伐胡，数通使相窥观，匈奴留汉使郭吉、路充国等，前后十余辈。匈奴使来，汉亦留之以相当。天汉元年，且鞮侯单于初立，恐汉袭之，乃曰："汉天子，我丈人行也。"尽归汉使路充国等。武帝嘉其义，乃遣武以中郎将使持节送匈奴使留在汉者，因厚赂单于，答其善意。武与副中郎将张胜，及假吏常惠等，募士斥候百余人俱。既至匈奴，置币遗单于。单于益骄，非汉所望也。

【译文】苏武，字子卿，年轻时因父亲苏建为国立功，而与兄弟们一起被任用为郎，苏武后来逐渐升迁为栘中厩监。当时汉朝不断讨伐匈奴，双方多次派使者暗察对方情况，匈奴先后扣留了郭吉、路充国等十多批汉使者。匈奴使者到来，汉朝也扣留以相抵偿。天汉元年，且鞮侯单于刚刚即位，害怕汉朝袭击，于是说："汉朝的皇帝是我的长辈。"把扣留的汉朝使者路充国等全部放还。汉武帝称赞他明于大义，就派苏武以中郎将的身份带着汉朝符节护送被扣留在汉朝的匈奴使者，并赠送给单于许多财物，以报答他的好意。苏武与副使汉中郎将张胜，以及临时兼任使者属吏的常惠等人，招募士卒、斥候一百多人同去匈奴。到达匈奴后，陈设财物赠送给单于。单于更加傲慢，完全不像汉朝所期望的那样。

方欲发使送武等，会缑王与长水虞常等谋反匈奴中。缑王者，昆邪王姊子也，与昆邪王俱降汉，后随浞野侯没胡中。及卫律所将降者，阴相与谋劫单于母阏氏归汉。会武等至匈奴，虞常在汉时，素与副张胜相知，私候胜曰："闻汉天子甚怨卫律，常能为汉伏弩射杀之。吾母与弟在汉，幸蒙其赏赐。"张胜许之，以货物与常。后月余，单于出猎，独阏氏子弟在。虞常等七十余人欲发，其一人夜亡，告之单于子弟，发兵与战。缑王等皆死，虞常生得。

【译文】单于正要派使者护送苏武等人返回，正赶上缑王和长水虞常等在匈奴谋反。缑王是昆邪王姐姐的儿子，曾与昆邪王一起投降汉朝，后来随同浞野侯讨伐匈奴，兵败而降。他们与随从卫律投降的人暗中策划，要劫持单于的母亲阏氏返回汉朝，恰巧苏武等出使匈奴。虞常在汉朝时和副使张胜关系一直不错，就暗中拜访张胜，说："听说汉朝皇帝非常怨恨卫律，我能为汉朝暗设弓弩杀死他。我的母亲和弟弟在汉朝，希望他们能得到我为汉朝立功的赏赐。"张胜表示同意，并送给虞常财物。一个多月以后，单于出去打猎，只有阏氏及其侍从在家。虞常等七十多人准备下手，但其中一人晚上逃走，向单于告密，单于及其部下派兵与虞常等展开激战，缑王等都在战斗中被杀，虞常被活捉。

单于使卫律治其事。张胜闻之，恐前语发，以状语武。武曰："事如此，此必及我。见犯乃死，重负国。"欲自杀，胜、惠共止之。虞常果引张胜。单于怒，召诸贵人，议欲杀汉使者。左伊秩訾曰："即谋单于，何以复加？宜皆降之。"单于使卫律召武受辞，武谓惠等："屈节辱命，虽生何面目以归汉！"引佩刀自刺。卫律惊，自抱持武，驰召毉凿地为坎，置煴火，覆武其上，蹈其背以出血。武气绝，半日复息。惠等哭，舆归营。单于壮其节，朝夕遣人候问武，而收系张胜。

【译文】单于任用卫律审理这一事件。张胜听到这个消息，恐怕以前与虞常密谋之语被泄露，就把情况告诉给苏武。苏武说："事情已发展到这个地步，一定会牵涉到我。受到侮辱之后才死，将更加对不起国家。"于是便要自杀，张胜、常惠一起把他劝住。虞常果然供出张胜。单于大怒，召集匈奴贵族商议，要杀死汉朝使者。左伊秩訾说："如果有谋害单于的，该如何加重处罚？不如让他们全部投降。"单于便派卫律召来苏武审问。苏武对常惠等人说："使自己的节操和国家的使命受到屈辱，即使不死，还有什么脸面回到汉朝？"拔出佩刀自杀。卫律大吃一惊，亲自抱住苏武，派人骑马跑去找医生。医生在地上凿了一个坑，放进煴火，使苏武伏卧在火坑上，用手叩击他的背使淤血从伤口中流出。苏武昏死过去，很久才苏醒。常惠等人哭着把他抬回营帐。单于非常佩服他的气节，派人早晚探问他的病情，并拘捕了张胜。

武益愈，单于使使晓武。会论虞常，欲因此时降武。剑斩虞常已，律曰："汉使张胜谋杀单于近臣，当死，单于募降者赦罪。"举剑欲击之，胜请降。律谓武曰："副有罪，当相坐。"武曰："本无谋，又非亲属，何谓相坐？"复举剑拟之，武不动。律曰："苏君，律前负汉归匈奴，幸蒙大恩，赐号称王，拥众数万，马畜弥山，富贵如此。苏君今日降，明日复然。空以身膏草野，谁复知之！"武不应。律曰："君因我降，与君为兄弟，今不听吾计，后虽欲复见我，尚可得乎？"武骂律曰："女为人臣子，不顾恩义，畔主背亲，为降虏于蛮夷，何以女为见？且单于信女，使决人死生，不平心持正，反欲斗两主，观祸败。南越杀汉使者，屠为九郡；宛王杀汉使者，头悬北阙；朝鲜杀汉使者，即时诛灭。独匈奴未耳。若知我不降明，欲令两国相攻，匈奴之祸，从我始矣。"

【译文】苏武的伤势逐渐好转，单于派使者劝他投降，又共同审判虞常，想借此机会迫使苏武投降。用剑杀死虞常之后，卫律说："汉朝使者张胜谋杀单于亲近的大臣，罪当处死，不过单于招募投降的人，赦免他的罪过。"举剑要杀张胜，张胜请求投降。卫律又对苏武说："副使有罪，你应当与他连坐。"苏武说："我本来没有参与密谋，又不是他的亲属，为什么要与他连坐？”卫律用剑比划着要刺苏武，苏武毫不动摇。卫律说：“苏先生，我卫律从前背叛汉朝，归降匈奴，幸而承蒙单于恩德，赐给我王号，使我拥有部众数万，马畜满山，富贵如此。您今日投降，明天也会这样。否则被杀，白白葬身于荒野之中，有谁知道你为汉朝而死？”苏武不予理睬。卫律又说：“您借助我而投降，我与您结为兄弟；今天不听我的话，以后再想见到我，还有可能吗？”苏武痛斥卫律说：“你作为汉朝臣民，不顾恩义廉耻，背叛皇帝和亲人，投降蛮夷，我见你干什么？况且单于信任你，让你裁决人的生死，你却不出于公心，主持平正，反而要使两国之主相互争斗以坐观双方混战所造成的祸乱。南越杀汉使者，被夷平成为汉朝的九个郡；大宛王杀汉使者，他的头颅已被悬于汉宫之北阙；朝鲜杀汉使者，立即遭到灭顶之灾。惟独匈奴未发生这种事。你明知我不投降，如果想让两国相攻伐，匈奴的祸败将从杀我开始。”

律知武终不可胁，白单于。单于愈益欲降之，乃幽武置大窖中，绝不饮食。天雨雪，武卧啮雪与旃毛，并咽之，数日不死。匈奴以为神，乃徙武北海上无人处，使牧羝，羝乳，乃得归。别其官属常惠等，各置他所。

【译文】卫律知道最终不能威胁苏武投降，就把情况汇报给单于。单于越发想使苏武投降，便把他囚禁在大窖里，断绝向他供应饮食。天降大雪，苏武就卧在地上，吞食雪团与毡毛，得以好多天没饿死. 匈奴以为他是神人，就把他迁徙到北海没有人烟的地方，让他放牧公羊，直到公羊产乳生仔，才允许他回来，并把他与属吏常惠等分开，分别安置在不同的地方。

武既至海上，廪食不至，掘野鼠去草实而食之。杖汉节牧羊，卧起操持，节旄尽落。积五、六年，单于弟於靬王弋射海上。武能网纺缴，檠弓弩，於靬王爱之，给其衣食。三岁余，王病，赐武马畜、服匿、穹庐。王死后，人众徙去。其冬，丁令盗武牛羊，武复穷厄。

【译文】苏武被流放到北海以后，匈奴不供给他粮食，他只好挖掘野鼠所贮藏的草籽充饥。拄着汉朝节牧羊，时时刻刻把汉朝节带在身边，以致节上的旄都脱落了。过了五六年，单于的弟弟於靬王在北海打猎，因苏武会制做猎网和箭缴，校正弓弩，於靬王很喜欢他，送给他衣服和食物。又过了三年多，於靬王病了，就赠送苏武牲畜、酒酪器皿和毡帐。於靬王死后，他的部众也都走了。这年冬天，丁令人偷走了苏武的牛羊，苏武再一次陷入了困境。

初，武与李陵俱为侍中，武使匈奴，明年，陵降，不敢求武。久之，单于使陵至海上，为武置酒设乐，因谓武曰：“单于闻陵与子卿素厚，故使陵来说足下，虚心欲相待。

终不得归汉，空自苦亡人之地，信义安所见乎？前长君为奉车，从至雍棫阳宫，扶辇下除，触柱折辕，劾大不敬，伏剑自刎，赐钱二百万以葬。孺卿从祠河东后土，宦骑与黄门驸马争船，推堕驸马河中溺死，宦骑亡，诏使孺卿逐捕，不得，惶恐饮药而死。来时太夫人已不幸，陵送葬至阳陵。

【译文】起初，苏武与李陵同在汉朝任侍中，苏武出使匈奴的第二年，李陵投降匈奴，不敢求见苏武。过了很长时间，单于派李陵到北海，为苏武置办酒宴，陈设乐舞，趁机对苏武说："单于听说我与您平素交往很深，因此派我来劝您，单于将诚心待您。终究不能回到汉朝，白白地在这无人之地自找苦吃，谁能看见您的信义之心呢？从前您的哥哥苏嘉任奉车都尉，随皇帝到雍城棫阳宫，扶辇下殿阶，辇撞到柱子上，折断了辕，以大不敬罪受到弹劾，拔剑自杀，皇帝赐给了二百万钱的安葬费。你的弟弟苏贤随从皇帝去河东郡祭祀上神，宦骑与黄门驸马争船，驸马被推入河中淹死，宦骑逃跑，皇帝命令苏贤追捕宦骑，没能捉住，苏贤忧虑害怕，饮药自杀。我领兵离长安时，您的母亲不幸去世，我送葬到阳陵。

子卿妇年少，闻已更嫁矣。独有女弟二人，两女一男，今复十余年，存亡不可知。人生如朝露，何久自苦如此！陵始降时，忽忽如狂，自痛负汉，加以老母系保宫，子卿不欲降，何以过陵？且陛下春秋高，法令亡常，大臣亡罪夷灭者数十家，安危不可知，子卿尚复谁为乎？愿听陵计，勿复有云。"武曰："武父子亡功德，皆为陛下所成就，位列将，爵通侯，兄弟亲近，常愿肝脑涂地。今得杀身自效，虽蒙斧钺汤镬，诚甘乐之。臣事君，犹子事父也。子为父死无所恨。愿勿复再言。"陵与武饮数日，复曰："子卿壹听陵言。"武曰："自分已死久矣！王必欲降武，请毕今日之欢，效死于前！"陵见其至诚，喟然叹曰："嗟乎义士！陵与卫律之罪，上通于天。"因泣下沾衿，与武决去。

【译文】您的妻子年轻，听说已改嫁了。只剩下两个妹妹、两个女儿和一个儿子，现在已过去十多年，不知是死是活。人生如同早上的露珠一样短促，何必长时间地折磨自己！我开始投降时，心神恍惚，如疯若狂，为自己背叛汉朝而痛心，加上老母亲被囚禁在保宫，您不想投降的心情怎么会超过我呢？况且皇帝年老，法令没有常规，大臣无罪而被诛灭的有数十家，安危难以预料，您还为谁守节呢？希望听从我的计策，什么也别说了。"苏武说："我们父子无功无德，都是由于皇帝的提拔，才位列将军，爵至通侯，兄弟三人都为皇帝近臣，常愿为此肝脑涂地。现在如果能牺牲自己，报效国家，即使蒙受斧钺之诛、汤镬之刑，也甘心情愿。大臣侍奉君主，如同儿子侍奉父亲，儿子为父亲而死，毫无怨恨。希望您不要再说了。"李陵与苏武宴饮了几天之后，又劝苏武："您一定要听我的话。"苏武说："我早已心甘情愿去死，您一定要使我投降，就请结束今天的欢宴，让我死在您面前！"李陵见他对汉朝如此忠诚，长叹一声，说："唉，真是义士！我和卫律的罪过，比天还高啊！”随之泪如雨下，沾湿了衣襟，与苏武告别离去。

陵恶自赐武，使其妻赐武牛羊数十头。后陵复至北海上，语武：“区脱捕得云中生口，言太守以下吏民皆白服，曰上崩。”武闻之，南乡号哭，欧血，旦夕临数月。

【译文】李陵羞于亲自赠送苏武财物，就派他的妻子给苏武送去几只牛羊。后来，李陵又到北海，告诉苏武：“匈奴边塞哨所活捉云中汉人，说上自太守下至百姓都穿白色丧服，并说皇帝死了。”苏武听到这个消息，面对南方痛哭，以致吐血，每天早晚哭吊武帝。

昭帝即位数年，匈奴与汉和亲。汉求武等，匈奴诡言武死。后汉使复至匈奴，常惠请其守者与俱，得夜见汉使。具自陈过。教使者谓单于，言天子射上林中，得雁，足有系帛书，言武等在荒泽中。使者大喜，如惠语以让单于。单于视左右而惊，谢汉使曰：“武等实在。”

【译文】几个月后，昭帝即位。过了几年，匈奴与汉朝和好。汉朝寻求苏武等人，匈奴诈说苏武死了。后来漢使者又到匈奴，常惠请求看守他的人和他一起晚上去见漢使者，详细叙述了事情的经过，又教汉使者对单于说，汉朝皇帝在上林苑打猎，射下一只雁，脚上系着一封帛书，说苏武在某个大泽中。汉使者非常高兴，就按常惠所说的责问单于。单于左顾右盼，暗暗吃惊，只好向汉使者道歉说：“苏武确实活着。”

于是李陵置酒贺武曰：“今足下还归，扬名于匈奴，功显于汉室，虽古竹帛所载，丹青所画，何以过子卿！陵虽驽怯，令汉且贳陵罪，全其老母，使得奋大辱之积志，庶几乎曹柯之盟，此陵宿昔之所不忘也。收族陵家，为世大戮，陵尚复何顾乎？已矣！令子卿知吾心耳。异域之人，一别长绝！”陵起舞，歌曰：“径万里兮度沙幕，为君将兮奋匈奴。路穷绝兮矢刃摧，士众灭兮名已隤。老母已死，虽欲报恩将安归！”陵泣下数行，因与武决。单于召会武官属，前以降及物故，凡随武还者九人。

【译文】这时，李陵摆设酒宴庆贺苏武，说：“您今天回去，美名传颂于匈奴，功勋显扬于汉朝，即使古代史书所载，图画所描绘的，有谁能胜过您！我李陵虽无能怯懦，假使汉朝暂且宽赦我的罪过，保全我的老母，使我能施展由于投降匈奴之耻辱而积蓄已久的志愿，或许能像曹沫那样寻找机会立功赎罪，这是我从前念念不忘的。皇帝逮捕族灭了我全家，这是世上最大的侮辱，我还有什么可留恋的？算了吧！我只是让您知道我的心情罢了。你我各处异国，这一分手将永无相见之日了！”李陵起身舞蹈，唱道：“驰骋万里啊横度沙漠，为皇帝领兵啊奋击匈奴。被困于狭谷啊矢尽刀折，士兵战死啊我名声扫地。老母已死，虽想报恩何处归！”李陵涕泪交流，与苏武诀别。单于召集苏武的属吏，除去已投降的和死去的，随苏武返回的总共九人。

武以始元六年春至京师。诏武奉一太守谒武帝园庙，拜为典属国，秩中二千石，赐钱二百万，公田二顷，宅一区。常惠、徐圣、赵终根皆拜为中郎，赐帛各二百匹。其余六人老归家，赐钱人十万，复终身。常惠后至右将军，封列侯，自有传。武留匈奴凡十九岁，始以强壮出，及还，须发尽白。

【译文】苏武在昭帝始元六年春天回到都城长安。昭帝命令他供奉牛、羊、豕到武帝陵墓，又授予他典属国之职，官阶为中二千石，并赏赐二百万钱，公田二顷，宅地一处。常惠、徐圣、赵终根均被授予中郎之职，每人得赏赐绢帛二百匹。其余六人年老归家，每人得赏赐十万钱，免除终身徭役。常惠后来官至右将军，封为列侯，在《汉书》中有他的传记。苏武在匈奴被扣留十九年，出使时年富力强，等到返回时，已须发全白了。

武来归明年，上官桀、子安，与桑弘羊及燕王、盖主谋反。武子男元与安有谋，坐死。

【译文】苏武回来的第二年，上官桀的儿子上官安与桑弘羊及燕王、盖主谋反。苏武的儿子苏元与上官安有密谋，犯罪被杀。

初，桀、安与大将军霍光争权，数疏光过失予燕王，令上书告之。又言苏武使匈奴二十年不降，还乃为典属国，大将军长史无功劳，为搜粟都尉，光颛权自恣。及燕王等反诛，穷治党与，武素与桀、弘羊有旧，数为燕王所讼，子又在谋中，廷尉奏请逮捕武。霍光寝其奏，免武官。

【译文】起初上官桀、上官安父子与大将军霍光争权，多次逐条记录霍光的过失，送给燕王，让燕王上书昭帝，告发霍光。又扬言说苏武只因出使匈奴二十年不投降，回来才授予典属国之职，霍光的长史杨敞没有功劳，却任搜粟都尉，霍光专权，肆意妄为。等到燕王等因谋反被杀，穷究与他们同谋的人。苏武平素与上官桀、桑弘羊有交情，燕王也曾就苏武为国立功之事多次向皇帝申诉过，苏武的儿子又参与谋反，因此廷尉上奏请求逮捕苏武。霍光把这个奏章压下，只免除了苏武的官职。

数年，昭帝崩，武以故二千石与计谋，立宣帝，赐爵关内侯，食邑三百户。久之，卫将军张安世，荐武明习故事，奉使不辱命，先帝以为遗言。宣帝即时召武，待诏宦者署，数进见，复为右曹典属国。以武著节老臣，令朝朔望，号称祭酒，甚优宠之。

【译文】几年以后，昭帝去世，苏武因曾以中二千石的身份参与朝臣迎立宣帝的计谋，被赐给关内侯的爵位和三百户的食邑。过了很长时间，卫将军张安世推荐苏武熟悉过去的典章制度，奉命出使不辱使命，昭帝生前常常提到这些。宣帝立即征召苏武在宦者署听候命令，苏武多次进见宣帝，又任右曹典属国。因为苏武是以有节操著名的老臣，宣帝命令他每逢初一、十五入朝，给予祭酒的尊号，非常优容、尊宠他。

武所得赏赐，尽以施予昆弟故人，家不余财。皇后父平恩侯、帝舅平昌侯、乐昌侯、车骑将军韩增、丞相魏相、御史大夫丙吉皆敬重武。武年老，子前坐事死，上闵之，问左右："武在匈奴久，岂有子乎？"武因平恩侯自白："前发匈奴时，胡妇适产一子通国，有声问来，愿因使者致金帛赎之。"上许焉。后通国随使者至，上以为郎。又以武弟子为右曹。武年八十余，神爵二年病卒。

【译文】苏武所得赏赐的财物，全都赠送给兄弟和旧友，家里不蓄积财产。皇后的父亲平恩侯许伯、宣帝的舅舅平昌侯王无故和乐昌侯王武、车骑将军韩增、丞相魏相、御史大夫丙吉都很敬重苏武。苏武年事已高，儿子苏元又犯罪被杀，宣帝很可怜他，就询问左右大臣："苏武在匈奴那么长时间，难道没有生子？"苏武通过平恩侯向宣帝陈述："当初从匈奴动身回来时，我的匈奴族妻子正好生下一个儿子，叫苏通国，刚好有音信传来，希望能通过使者用财物把他赎回来。"宣帝同意了。后来苏通国随使者回来，宣帝任命他为郎。又任用苏武的侄子为右曹。苏武终年八十多岁，于宣帝神爵二年病死。

甘露三年，单于始入朝。上思股肱之美，乃图画其人于麒麟阁，法其形貌，署其官爵、姓名。唯霍光不名，曰大司马大将军博陆侯姓霍氏，次曰卫将军富平侯张安世，次曰车骑将军龙额侯韩增，次曰后将军营平侯赵充国，次曰丞相高平侯魏相，次曰丞相博阳侯丙吉，次曰御史大夫建平侯杜延年，次曰宗正阳城侯刘德，次曰少府梁邱贺，次曰太子太傅萧望之，次曰典属国苏武。皆有功德，知名当世，是以表而扬之，明著中兴辅佐，列于方叔、召虎、仲山甫焉。凡十一人，皆有传。自丞相黄霸、廷尉于定国、大司农朱邑、京兆尹张敞、右扶风尹翁归，及儒者夏侯胜等，皆以善终，著名宣帝之世，然不得列于名臣之图，以此知其选矣。

【译文】宣帝甘露三年，单于开始入塞朝拜汉朝皇帝。宣帝思念那些辅佐自己的大臣的美德，便令人把他们的形体相貌画在麒麟阁上，并注明他们各自的官职、爵位和姓名，只有霍光不注名字，以示尊崇，称为大司马大将军博陆侯霍氏，以下依次为：卫将军富平侯张安世，车骑将军龙额侯韩增，后将军营平侯赵充国，丞相高平侯魏相，丞相博阳侯丙吉，御史大夫建平侯杜延年，宗正阳城侯刘德，少府梁邱贺，太子太傅萧望之，典属国苏武。这些人都功勋卓著，品德高尚，为当世人所熟知，因此画名臣图来表彰他们，明确说明他们是汉宣帝中兴的辅佐之臣，可与辅佐周宣王中兴的名臣方叔、召虎、仲山甫媲美。共十一人，在《汉书》中各有传记。从丞相黄霸、廷尉于定国、大司农朱邑、京兆尹张敞、右扶风尹翁归，及名儒夏侯胜等，都能善始善终，扬名于宣帝之时，却不能列于名臣图中，由此可知辅佐之臣的选择标准。

赞曰：孔子称“志士仁人，有杀身以成仁，无求生以害仁”，“使于四方，不辱君命”，苏武有之矣。

【译文】孔子说的“志士仁人，有杀身以成仁，无求生以害仁”，“使于四方，不辱君命”，这些做人的道德标准，在苏武身上都体现出来了。

张骞传

张骞，汉中人也，建元中为郎。时匈奴降者言，匈奴破月氏王，以其头为饮器，月氏遁而怨匈奴，无与共击之。汉方欲事灭胡，闻此言，欲通使，道必更匈奴中，乃募能使者。骞以郎应募使月氏，与堂邑氏奴甘父，俱出陇西。径匈奴，匈奴得之，传诣单于。单于曰：“月氏在吾北，汉何以得往，使吾欲使越，汉肯听我乎？”留骞十余岁，予妻，有子，然骞持汉节不失。

【译文】张骞，汉中人，汉武帝建元年间为郎官。当时，投降汉朝的匈奴人说匈奴打败月氏王后，用月氏王的头作为饮酒的用具，月氏人逃走了并且很怨恨匈奴，但是没有人援助它共同打击匈奴。汉朝此时正打算消灭匈奴，听到这话，想派人出使月氏，但途中必经匈奴地区，于是就招募敢于出使月氏的人。当时张骞以郎官的身份应募出使月氏，带着姓堂邑氏的奴隶名叫甘父的，一道从陇西出发。在经过匈奴地区时，被匈奴人抓获，用传车送至单于处。单于说：“月氏在我们的北面，汉朝为什么要向月氏派使者？我想派使者到南越，汉朝肯答应我的使者去吗？”就扣留了张骞十余年，还给他娶了妻子，有了孩子。可是张骞始终保留着汉朝出使用的符节，没有丢失。

居匈奴西，骞因与其属亡乡月氏，西走数十日，至大宛。大宛闻汉之饶财，欲通不得，见骞，喜，问欲何之。骞曰："为汉使月氏，而为匈奴所闭道脱亡，唯王使人道送我。诚得至，反汉，汉之赂遗王财物，不可胜言。"大宛以为然，遣骞，为发译道，抵康居。康居传致大月氏。大月氏王已为胡所杀，立其夫人为王。既臣大夏而君之，地肥饶，少寇，志安乐。又以自远远汉，殊无报胡之心。骞从月氏至大夏，竟不能得月氏要领。

【译文】张骞住在匈奴的西边，他乘机与部下向月氏方向逃去。他们向西逃了数十日，到达大宛。大宛人早就听说汉朝富庶，想和汉朝往来，但未能办到。这些人见到张骞来，非常高兴，就问张骞要到哪儿去。张骞说："是为汉朝出使月氏的，路上被匈奴所阻拦。如今逃出来，希望大王您派人做向导送我一下。果真到达大月氏的话，我回到汉朝，汉朝送给您的礼物会多得说不完。"大宛王认为张骞说得对，打发走张骞，并为他派了翻译和向导，送到康居。康居人又将他们送到大月氏。此时，大月氏王已为匈奴所杀，大月氏人拥立了王的夫人为王。他们已征服并占领了大夏，成为这里的君主。这里土地肥沃，很少有外来的侵扰，他们志在过安宁快乐的生活，又自认为远离汉朝而疏远了与汉朝的关系，根本没有报复匈奴之心。张骞从大月氏到大夏，一直没有得到结果。

留岁余还，并南山，欲从羌中归，复为匈奴所得。留岁余，单于死，国内乱，骞与胡妻及堂邑父俱亡归汉。拜骞大中大夫，堂邑父为奉使君。

【译文】张骞在那里停留了一年多，回来时，沿着昆仑山、阿尔金山和祁连山，想从羌族地区返回，可是又被匈奴人抓住。在匈奴被扣留了一年多，恰逢单于死，匈奴内部混乱，张骞便与他的匈奴妻子及堂邑父一起逃回汉朝。汉武帝授予他为大中大夫，堂邑父为奉使君。

骞为人强力，宽大信人，蛮夷爱之。堂邑父胡人，善射，穷急，射禽兽给食。初，骞行时百余人，去十三岁，唯二人得还。

【译文】张骞为人坚强而有毅力，宽宏大量，待人真诚，少数民族人喜欢他。堂邑父是匈奴人，善于射箭，在穷困危急的关头，就射取禽兽作为食物。当初，张骞出行时有一百余人，去了十三年，只有他和堂邑父两人回来。

骞身所至者，大宛、大月氏、大夏、康居，而传闻其旁大国五六，具为天子言其地形所有，语皆在《西域传》。

【译文】张骞亲身所到过的地方，有大宛、大月氏、大夏、康居等国，他听说在这些国家的旁边还有五、六个大国，他一一向汉武帝讲述了这些国家的地形和物产，所说的内容都在《西域传》里。

骞曰："臣在大夏时，见卭竹杖、蜀布，问：'安得此？'大夏国人曰：'吾贾人往市之身毒国。身毒国在大夏东南可数千里。其俗土著，与大夏同，而卑湿暑热。其民乘象以战。其国临大水焉。'以骞度之，大夏去汉万二千里，居西南。今身毒又居大夏东南数千里，有蜀物，此其去蜀不远矣。今使大夏，从羌中险，羌人恶之；少北，则为匈奴所得；从蜀宜径，又无寇。"天子既闻大宛及大夏、安息之属皆大国，多奇物，土著颇与中国同俗，而兵弱，贵汉财物；其北则大月氏、康居之属，兵强，可以赂遗设利朝也。诚得而以义属之，则广地万里，重九译，致殊俗，威德遍于四海。

【译文】张骞说："我在大夏的时候，见到邛那个地方的竹杖和蜀郡产的细布，问他们从哪儿得到这些东西，大夏国人说：'是我国的商人从身毒国买来的。身毒国在大夏东南，大约有数千里地。那里的风俗是过着定居的生活，和大夏相同，但地势低洼，潮湿，气候炎热。那里的人骑着大象打仗，国家滨临大水。根据我的推测，大夏距离汉朝约有一万二千里，在汉朝的西南。现在身毒又在大夏东南数千里，有蜀郡的物产，这样看来，身毒距离蜀不远。现在出使大夏，从羌族地区经过很危险，羌族人很厌恶汉朝；稍稍往北，则会被匈奴人俘获；如果从蜀郡走，当是方便的道路，又无侵扰。"汉武帝听说大宛和大夏、安息等国家都是大国，有许多奇怪的物产，又过着定居的生活，与汉朝的风俗相同。而兵力很弱，很看重汉朝的财物；其北方则是大月氏、康居等国，兵力强大，可以用赠送财物、给他们以好处的方法，诱使他们前来朝见汉天子。果真能够这样做并用道义的力量使他们归附汉朝，那么汉朝就可扩大疆土一万余里，有些民族的人到朝廷来，要经多重翻译才能通晓语言，一些奇风异俗的少数民族也前来归附，汉朝的威望德泽就可普及四海。

天子欣欣，以骞言为然。乃令因蜀犍为发间使，数道并出：出駹，出莋，出徙、邛，出僰，皆各行一二千里。其北方闭氐、莋，南方闭巂、昆明。昆明之属无君长，善寇盗，辄杀略汉使，终莫得通。然闻其西可千余里，有乘象国，名滇越，而蜀贾间出物者或至焉，于是汉以求大夏道，始通滇国。初，汉欲通西南夷，费多，罢之。及骞言可以通大夏，乃复事西南夷。

【译文】汉武帝很高兴，认为张骞说得很有道理。于是下令通过蜀郡和犍为郡派遣探路的使者，分四路同时出发。一路从冉驰出发，一路从榨都出发，一路从徙和邛出发，一路从僰出发，各有一二千里路程。可是北方的通道为氐族和筰都夷所阻挡，南方的通道为嶲和昆明所阻。昆明等少数民族没有君长，善于劫掠和盗窃。每每杀害过往的汉使，夺走财物，这条路终于没能打通。不过听说昆明西边大约千余里的地方，有乘象国，名叫滇越，蜀郡有些私自往来买卖货物的商人到过那儿。于是汉朝因寻求通往大夏的道路而开始与滇国往来。当初，汉朝想与西南夷通使，由于费用太多，停止了这项工作。及至张骞说可经西南夷通往大夏，汉朝才着手打通西南夷之路。

骞以校尉从大将军击匈奴，知水草处，军得以不乏，乃封骞为博望侯。是岁元朔六年也。后二年，骞为卫尉，与李广俱出右北平击匈奴。匈奴围李将军，军失亡多，而骞后期，当斩，赎为庶人。是岁，骠骑将军破匈奴西边，杀数万人，至祁连山。其秋，浑邪王率众降汉，而金城、河西，并南山，至盐泽，空无匈奴。匈奴时有候者到，而希矣。后二年，汉击走单于于幕北。

【译文】张骞以校尉的身份跟随大将军卫青出击匈奴，因为他了解水草分布的地方，军队才能不缺给养，于是封张骞为博望侯。这年是汉武帝元朔六年。两年以后，张骞作为卫尉，与李广将军一起从右北平出发抗击匈奴。匈奴包围李将军，汉军伤亡惨重，而张骞晚于约定的时间到达，按军法当处以斩刑，他用财物赎为平民。这一年，骠骑将军霍去病在西边打败匈奴，杀数万人，直至祁连山。秋天，匈奴浑邪王率领他的部众投降汉朝。于是，从金城、河西走廊，沿祁连山直至盐泽一带空无匈奴。匈奴时或有侦察兵前来，但也为数很少。又过了两年，汉朝击退匈奴单于并赶往漠北。

天子数问骞大夏之属。骞既失侯，因曰："臣居匈奴中，闻乌孙王号昆莫。昆莫父难兜靡，本与大月氏俱在祁连、敦煌间，小国也。大月氏攻杀难兜靡，夺其地，人民亡走匈奴。子昆莫新生，傅父布就翕侯抱亡置草中，为求食，还，见狼乳之，又乌衔肉翔其旁，以为神，遂持归匈奴，单于爱养之。及壮，以其父民众与昆莫，使将兵，数有功。时月氏已为匈奴所破，西击塞王。塞王南走远徙，月氏居其地。昆莫既健，自请单于报父怨，遂西攻破大月氏。大月氏复西走，徙大夏地。昆莫略其众，因留居，兵稍强，会单于死，不肯复朝事匈奴。匈奴遣兵击之，不胜，益以为神而远之。

【译文】汉武帝多次向张骞询问大夏等国的情况。此时张骞已失去了侯的封号，就回答道："我住在匈奴的时候，听说乌孙王名昆莫。昆莫的父亲难兜靡本来和大月氏都住在祁连山、敦煌一带，是个小国。大月氏攻打杀害了难兜靡，强占他的地盘，乌孙人逃亡投奔匈奴。难兜靡的儿子昆莫那时刚出生不久，傅父布就翎侯抱着他逃亡，途中将他放在草丛中，去为他寻找食物。回来时，见狼正在给他喂奶，又有乌鸦衔着肉在旁边盘旋，以为昆莫是神，就抱着昆莫归附匈奴，单于喜欢他，将他抚养成人。昆莫长大后，单于把他父亲的民众交还给他，让他带兵打仗，昆莫屡次建立战功。那时，月氏已被匈奴打败，向西进攻塞王。塞王南巡迁往远方，月氏人便居住在塞王的地盘上。昆莫的力量壮大后，亲自请求单于允许他替父报仇，于是向西攻败大月氏。大月氏人再次西逃，迁往大夏人居住的地方。昆莫掠夺其民众，就留居在大月氏人的土地上，兵力逐渐强大起来，正好碰上匈奴单于死，于是不肯再入朝事奉匈奴。匈奴派军队攻打他，无法战胜，更认为昆莫是神而远离他。

今单于新困于汉，而昆莫地空。蛮夷恋故地，又贪汉物，诚以此时厚赂乌孙，招以东居故地，汉遣公主为夫人，结昆弟，其势宜听，则是断匈奴右臂也。既连乌孙，自其西大夏之属，皆可招来而为外臣。”天子以为然，拜骞为中郎将，将三百人，马各二匹，牛、羊以万数，赍金币帛，直数千巨万，多持节副使，道可便遣之旁国。骞既至乌孙，致赐谕指，未能得其决。语在《西域传》。骞即分遣副使使大宛、康居、月氏、大夏。乌孙发译道送骞，与乌孙使数十人，马数十匹。报谢，因令窥汉，知其广大。

【译文】如今单于刚被汉朝打败，处于窘困的境地，而昆莫原来的地方无人居住。少数民族依恋故土，又贪心汉朝的财物，如果在此时多多地送些财物给乌孙，招引他们到东边来居住在原来的土地上，汉朝送公主给乌孙王作夫人，双方结为兄弟关系，根据以上对形势的分析，乌孙一定会听从我们的建议，那么造就等于切断了匈奴的右臂。联合了乌孙，自乌孙以西的大夏等国，都可招来而为您的外臣。”汉武帝认为张骞说得对，授予张骞中郎将的官职，率领三百人，每人马各二匹，赶着上万计的牛羊，随身携带价值数千万万的黄金和礼物，还有许多持节副使随行，出使乌孙。道路方便的话，就派持节副使出使乌孙旁边的国家。张骞到达乌孙后，将汉武帝的礼物送给乌孙王并转达了汉武帝的旨意，但未能获得乌孙王的明确表态。具体内容记载在《西域传》里。张骞便分别派遣副使出使大宛、康居、月氏、大夏。乌孙王派翻译向导护送张骞。乌孙使者数十人，马数十匹随张骞回汉朝答谢汉武帝，趁机让他们察看汉朝的情况，了解到了汉朝的广大。

骞还，拜为大行。岁余骞卒。后岁余，其所遣副使通大夏之属者，皆颇与其人俱来，于是西北国始通于汉矣。然骞凿空，诸后使往者，皆称博望侯，以为质于外国，外国由是信之。其后乌孙竟与汉结婚。

【译文】张骞返回汉朝，被授予大行官。一年多后，张骞去世。又过了一年多，他所派遣去通大夏等国的副使大都与这些国家的使节一同回到汉朝，于是西北各国开始了与汉朝的交通往来。不过由于张骞开辟了通往西域的道路，后来出使西域的人都仿效张骞，称博望侯，以此来取信于外国，外国人因此而信任他们。那以后，乌孙王终于与汉公主结婚。

初，天子发书《易》，曰“神马当从西北来”。得乌孙马好，名曰：“天马”。及得宛汗血马，益壮，更名乌孙马曰“西极马”，宛马曰“天马”云。而汉始筑令居以西，初置酒泉郡，以通西北国。因《益》发使抵安息、奄蔡、黎轩、条支、身毒国。而天子好宛马，使者相望于道，一辈大者数百，少者百余人，所赍操大放博望侯时。其后益习而衰少焉。汉率一岁中使者多者十余，少者五六辈，远者八九岁，近者数岁而反。

【译文】当初，汉武帝打开《易》书占卜，说：“神马当从西北来。”得了乌孙马觉得好，给它起名为“天马”。等到又得了大宛汗血马，它比乌孙马更加膘壮，便将乌孙马改名为“西极马”，称大宛马为“天马”。并且汉朝开始从令居向西筑塞，新设酒泉郡，以便于通往西域各国。汉朝于是增派使者到安息、奄蔡、黎轩、条支、身毒国。且汉武帝喜欢大宛马，出使西域的使者相望于道，一批多者数百人，少者百余人，所携带的东西，完全仿效博望侯张骞时的盛况。其后，随着对西域情况的日益熟悉，每批使者的人数越来越少。汉朝时大概一年中使者多者十余批，少者五六批，远的八九年，近的几年就可往返。

是时，汉既灭越蜀，所通西南夷皆震，请吏置牂柯、越巂、益州、沈黎、文山郡，欲地接以前通大夏。乃遣使岁十余辈，出此初郡，皆复闭昆明，为所杀夺币物。于是汉发兵击昆明，斩首数万。后复遣使，竟不得通。语在《西南夷传》。

【译文】这个时候，汉朝已灭了南越，与蜀郡相通的西南夷都很震动，他们请求汉朝在那儿设治并派官吏进行治理。汉朝在西南夷设置了臧柯、嶲岭、益州、沈黎、文山郡，想用在西南夷设郡的办法，地界相接，向前通往大夏。于是汉朝每年派使者十余批，从这些新设置的郡出发，但都再次被昆明夷所阻绝，汉使被杀、礼品遭劫。于是汉朝发兵出击昆明，斩首数万。后来又派使者，终不能通过。详情在《西南夷传》里。

自骞开外国道以尊贵，其吏士争上书，言外国奇怪利害，求使。天子为其绝远，非人所乐，听其言，予节，募吏民，无问所从来，为备众遣之，以广其道。来还不能无侵盗币物，及使失指，天子为其习之，辄复按致重罪，以激怒令赎，复求使。使端无穷，而轻犯法。其吏卒亦辄复盛推外国所有，言大者予节，言小者为副，故妄言无行之徒，皆争相效。其使皆私县官赍物，欲贱市以私其利。

【译文】自从张骞开辟了通往西域的道路而获得尊贵的地位，那些吏士争着上书谈论外国物产的稀奇古怪以及通使的利害关系，请求出使。汉武帝因为西域偏僻遥远，并非人人都乐意去，便接受他们的言论，给予出使的符节，招募官吏和百姓而不问应募者的身份资历，为这些人准备好随行人员打发他们出使，以此扩大出使西域人员的来源。这些人回来时，难免有劫掠和盗窃来的财物，以及执行使命时违背汉武帝的旨意，汉武帝因为他们熟悉西域的情况，就每每审查他们并致以重罪，以激发他们发奋去立功赎罪，再次请求出使西域。出使西域的缘由无穷无尽，且轻视犯法。那些吏卒也每每一再地推崇外国的物产，夸张程度大的，被给予符节，为正使，夸张程度小的为副使。故无稽之谈者及无良好品行之徒都争相仿效。使者们大都将天子送给西域各国的礼物据为己有，想以较低的价格卖出以从中牟利。

外国亦厌汉使，人人有言轻重，度汉兵远不能至，而禁其食物，以苦汉使。汉使乏绝责怨，至相攻击。楼兰、姑师小国，当空道，攻劫汉使王恢等尤甚。而匈奴奇兵又时时遮击之。使者争言外国利害，皆有城邑，兵弱易击。于是天子遣从票侯破奴，将属国骑及郡兵数万以击胡，胡皆去。明年，击破姑师，虏楼兰王。酒泉列亭障至玉门矣。

【译文】外国人也厌恶汉使人人言语轻重不实，估计路远汉军不能到达，便断绝汉使的食物供应，使他们陷于困苦的境地。汉使生活穷困，谴责抱怨，以至于相互攻击。楼兰、姑师等小国，地处交通要道，攻击、劫掠汉使王恢等尤为厉害，且匈奴奇兵更是时时截击汉使。使者们争相谈论征服这些国家对汉朝有利，不讨伐它则对汉朝有害，这些国家都有城邑，军队战斗力弱，易于攻击。于是汉武帝派从票侯赵破奴，率领西域各属国骑兵及各郡兵力数万人反击匈奴，匈奴兵全部逃窜。第二年，赵破奴击败姑师，俘虏了楼兰王。汉朝从酒泉郡起布列了边防哨所，直至玉门关。

而大宛诸国发使随汉使来，观汉广大，以大鸟卵及犛靬眩人献于汉，天子大说。而汉使穷河源，其山多玉石，采来，天子案古图书，名河所出山曰昆仑云。

【译文】大宛诸国派使者随汉使来到汉朝，看到汉朝的广大，他们向汉朝献上驼鸟卵和犛靬的幻术家，汉武帝大喜。汉使穷尽黄河的源头，那里的山多玉石，汉使采来运回汉朝，汉武帝查考了古地图书籍，将黄河源头所出之山命名为昆仑山。

是时上方数巡狩海上，乃悉从外国客，大都多人过之，则散财帛赏赐，厚具饶给之，以览视汉富厚焉。大角氐出奇戏诸怪物，多聚观者，行赏赐，酒池肉林，令外国客遍观名各仓库府臧之积，欲以见汉广大，倾骇之。及加其眩者之工，而角氐奇戏岁增变，其益兴自此始。而外国使更来更去。大宛以西，皆自恃远，尚骄恣，未可诎以礼，羁縻而使也。

【译文】这时，汉武帝正好多次到海边视察，身边竟全是外国客人跟随着。凡属大都市或人多的地方就打那儿经过，散发财物布帛进行赏赐，备办丰厚的礼物送给他们，以此来展示汉朝财力的雄厚。表演大角抵、奇戏等新奇的东西，引来众多的围观者，大行赏赐，酒池肉林。让外国客人遍观汉朝各仓库府藏的储积，想以此显示汉朝的广大，使他们对汉朝的强大既佩服又诧异。至于增加幻术家的技艺，角抵、奇戏花样的年年增变，它们的进一步兴起，就是从汉武帝时开始的。且外国使者不断地交替往来，络绎不绝。大宛以西的国家都自恃离汉朝遥远，还是骄傲放纵，汉朝没能使他们屈服，就用礼尚往来的方式与他们保持联系，出使这些国家。

汉使往既多，其少从率进孰于天子，言大宛有善马，在贰师城，匿不肯示汉使。天子既好宛马，闻之甘心，使壮士车令等持千金及金马，以请宛王贰师城善马。宛国饶汉物，相与谋曰："汉去我远，而盐水中数有败，出其北有胡寇，出其南乏水草，又且往往而绝邑，乏食者多。汉使数百人为辈来，常乏食，死者过半，是安能致大军乎？且贰师马宛宝马也。"遂不肯予汉使。汉使怒，妄言椎金马而去。宛中贵人怒曰："汉使至轻我！"遣汉使去，令其东边郁成王遮攻杀汉使，取其财物。天子大怒。诸尝使宛姚定汉等言："宛兵弱，诚以汉兵不过三千人，强弩射之，即破宛矣。"天子以尝使浞野侯攻楼兰，以七百骑先至虏其王，以定汉等言为然，而欲侯宠姬李氏，乃以李广利为将军，伐宛。

【译文】汉朝出使到西域的人已很多，那些少年从使多用虚美的言辞怂恿汉武帝，说大宛有好马在贰师城，藏起来不肯让汉使看到。汉武帝喜欢宛马，听说后一心想得到它，他派壮士车令等带着千金和金马去请求大宛王送给贰师城好马。大宛国有许多汉朝财物，他们互相商量道："汉朝离我们很远，且人从盐泽一带经过每有死亡，从它的北面经过有匈奴的骚扰，从南面来则缺乏水草，加上沿途处处没有城邑，缺乏食物的情况经常发生。汉使一批数百人前来，常常缺乏食物。死者过半。这样的情况怎么能派大军来呢？况且贰师马是大宛的宝马啊。"终不肯给汉使。汉使大怒，痛骂一通，椎破金马而去。大宛国的贵臣们怒道："汉使太轻视我们了！"令汉使离开大宛国，又让东边的郁成王拦击他们，杀害汉使夺取他们的财物。汉武帝大怒。曾出使过大宛的姚定汉等人说："大宛兵弱，若用近三千的汉军，强弓劲弩向他们射击，便可打败他们。"汉武帝因曾派浞野侯赵破奴攻打楼兰，以七百骑兵先到楼兰，俘虏了楼兰王，故认为姚定汉等人言之有理，而想封宠姬李夫人的兄弟为侯，便以李广利为将军讨伐大宛。

骞孙猛，字子游，有俊才，元帝时为光禄大夫，使匈奴，给事中，为石显所谮。自杀。

【译文】张骞孙张猛，字子游，颇有才智，元帝时为光禄大夫，出使过匈奴，加官给事中，被石显陷害而自杀。

赞曰："《禹本纪》言，河出昆仑，昆仑高二千五百里余，日月所相避隐为光明也。自张骞使大夏之后，穷河原，恶睹所谓昆仑者乎？故言九州山川，《尚书》近之矣。至《禹本纪》、《山经》所有，放哉！"

【译文】赞曰：《禹本纪》记载黄河源于昆仑山，昆仑山高二千五百余里，山上的光明凭着日月交替隐避而得到。自张骞出使大夏之后，走到了黄河的尽头，没有看到所说的昆仑山吗？因此讲九州山川，《尚书》比较可信。至于《禹本纪》、《山经》所记载，无甚根据，不可信！

循吏传序

汉兴之初，反秦之敝，与民休息，凡事简易，禁罔疏阔，而相国萧、曹，以宽厚清静为天下帅，民作"画一"之歌。孝惠垂拱，高后女主，不出房闼，而天下晏然，民务稼穑，衣食滋殖。至于文、景，遂移风易俗。是时循吏，如河南守吴公、蜀守文翁之属，皆谨身帅先，居以廉平，不至于严，而民从化。

【译文】汉朝兴起之初，一反秦代的弊政，让人民得以休养生息，凡事都从简而行，禁例法规也大为放宽，而相国萧何、曹参以宽厚清静的办事作风成为了天下的表率，人民因而编了一首"画一"歌来加以称颂。惠帝无为而治，吕后隐居深宫，而天下平安，人民专心从事农业生产，一片丰衣足食的景象。而到文帝、景帝年间，便又移风易俗。当时能奉公守法的循吏如河南郡太守吴公、蜀郡太守文翁这些人，都能严于律己，为人表率，办事清廉公正，不用强迫的方法，就能使人民顺从地接受感化。

孝武之世，外攘四夷，内改法度，民用凋敝，奸轨不禁。时少能以化治称者，唯江都相董仲舒、内史公孙弘、兒宽，居官可纪。三人皆儒者，通于世务，明习文法，以经术润饰吏事，天子器之。仲舒数谢病去，弘、宽至三公。

【译文】武帝时，对外抗御四方的蛮夷，对内修改法规条令，因而搞得人民疲惫不堪，内乱外患无法禁止。那时已很少能有以教化治理而著称的人，只有江都相董仲舒、内史公孙弘和倪宽等，其政绩值得一书。三人都是儒生，既精通处世之道，又熟习文章之法，他们以经学的思想方法帮助自己处理政务，天子很器重他们。董仲舒因病多次辞官，而公孙弘、倪宽做官做到三公。

孝昭幼冲，霍光秉政，承奢侈师旅之后，海内虚耗，光因循守职，无所改作。至于始元、元凤之间，匈奴乡化，百姓益富，举贤良文学，问民所疾苦，于是罢酒榷而议盐铁矣。

【译文】昭帝年幼登基，由霍光代为主持政务，此时正值长年征战之后，海内消耗很大，霍光沿袭于此而恪守职责，没有改变以前的作法。到了始元和元凤年间，匈奴归顺，而老百姓生活也渐渐富足，于是开始举荐人才，关心人民疾苦，废除酒税而讨论盐铁之利。

及至孝宣，由仄陋而登至尊，兴于闾阎，知民事之艰难。自霍光薨后，始躬万机，厉精为治，五日一听事，自丞相已下，各奉职而进。及拜刺史守相，辄亲见问，观其所由，退而考察所行，以质其言，有名实不相应，必知其所以然。常称曰："庶民所以安其田里，而亡叹息愁恨之心者，政平讼理也。与我共此者，其唯良二千石乎！"以为太守，吏民之本也。数变易则下不安，民知其将久，不可欺罔，乃服从其教化。故二千石有治理效，辄以玺书勉厉，增秩赐金，或爵至关内侯，公卿缺，则选诸所表，以次用之。是故汉世良吏，于是为盛，称中兴焉。若赵广汉、韩延寿、尹翁归、严延年、张敞之属，皆称其位，然任刑罚，或抵罪诛。王成、黄霸、朱邑、龚遂、郑弘、召信臣等，所居民富，所去见思，生有荣号，死见奉祀，此廪廪庶几德让君子之遗风矣。

【译文】待到了宣帝时，由于他是身份微贱而当上的皇帝，本起家于里巷，所以深知人民的喜怒哀乐。他从霍光死后便开始亲自过问处理各项朝政，励精图治，每五天便上朝听政一次，从丞相以下各官职依次进朝禀告。待授予刺史、郡守、诸侯相等官职时，都要亲自接见询问，了解他们的思想，然后再考察其行为以与其言论相比较，有名实不符合的，必须找到它的根源。宣帝曾说道："老百姓所以能够安心于农业生产而消除忧虑怨恨的不良心情，是因为政治清平而法律能够主持正义。而与我共同保证这一点的人，只有那些好的郡守啊。他认为郡守是管理官吏人民的根本，频繁调换就会造成地方上的不安宁，人民当知道太守的人选十分稳定，不可欺瞒时，才会服从他的教化。所以郡守要是治理有成效，他总是亲自颁书勉励，增加其俸禄并赐以重金，或授爵号至关内侯，公卿位缺时则以所表彰者依次任用之。由此原因汉代的循良官吏才得以层出不穷，有中兴之称。如赵广汉、韩延寿、尹翁归、严延年、张敞这些人，都能做到称职尽责，但却任用刑罚，有的甚至犯了死罪。王成、黄霸、朱邑、龚遂、郑弘、召信臣等人，在位时人民富足，离任后人民思念，生前有荣誉的称号，死后被祭祀缅怀，这样的风采也许就是仁德礼让的君子遗风吧。

货殖传序

昔先王之制，自天子、公、侯、卿、大夫、士，至于皂隶、抱关、击柝者，其爵禄、奉养、宫室、车服、棺椁、祭祀、死生之制，各有差品，小不得僭大，贱不得踰贵。夫然，故上下序而民志定。于是辨其土地、川泽、丘陵、衍沃、原隰之宜，教民种树畜养；五谷六畜及至鱼鳖、鸟兽、雚蒲、材干、器械之资，所以养生送终之具，靡不皆育。育之以时，而用之有节。草木未落，斧斤不入于山林；豺獭未祭，罝网不布于野泽；鹰隼未击，矰弋不施于徯隧。

【译文】从前先王的制度，从天子、公、侯、卿、大夫、士直到马夫、门丁、更夫，他们在爵位、俸禄、供养、居住、车马、服饰、棺椁、祭祀、养生送死的制度等，都各有不同的等级规定，下级不能僭越上级，卑贱者不能超过高贵者。惟有这样，才能上下有序而民心安定。于是辨别土地、河流、湖泊、丘陵、沃地、平原、洼地等不同的地理条件，教导百姓种植和畜养技术；这样，人民用于生活和殡葬的用品，包括五谷、六畜、鱼、鳖、鸟、兽、柴草、木材、器械等各种物资，都生产出来了。生产要按照一定的时令，消费也要有所节制。在草木的叶子没有凋落时，不能进入山林砍伐；在农历正月前，不能到江湖打鱼；在农历九月前，不能到田野捕兽；在农历七月前，不能到小路边上捕射飞鸟。

既顺时而取物，然犹山不茬蘖，泽不伐夭，蝝鱼麛卵，咸有常禁。所以顺时宣气，蕃阜庶物，蓄足功用如此之备也。然后四民因其土宜，各任智力，夙兴夜寐，以治其业，相与通功易事，交利而俱赡，非有征发期会而远近咸足。故《易》曰“后以财成辅相天地之宜，以左右民”，“备物致用，立成器以为天下利，莫大乎圣人”，此之谓也。《管子》：云古之四民，不得杂处。士相与言仁义于闲宴，工相与议技巧于官府，商相与语财利于市井，农相与谋稼穑于田野，朝夕从事，不见异物而迁焉。故其父兄之教，不肃而成，子弟之学不劳而能，各安其居而乐其业，甘其食而美其服，虽见奇丽纷华，非其所习，辟犹戎翟之与于越，不相入矣。是以欲寡而事节，财足而不争。于是在民上者，道之以德，齐之以礼，故民有耻而且敬，贵谊而贱利。此三代之所以直道而行，不严而治之大略也。

【译文】除了要顺应时令生产外，还不能在山里砍小树，在湖边割嫩草，不能捕捉幼小的虫、鱼、兽，不能采集鸟蛋。这是为了顺应时令气候，使各种生物得以繁殖兴旺。这样做就可以充分发挥自然的功效，使各种财物贮备富足。然后，士农工商各自依据所在地区的自然条件，充分发挥他们的智力和体力，早起晚睡，治理自己的产业，相互交换：工作成果，满足了各自的需要。这样，并没有对于民间人力和物力的额外征发，而远近地区财物都很充足。所以，《周易》上说："君主用政令裁度自然的变化，辅助天地的所宜，教导万民从事生产，""生产各种财物，用于各个方面，制成各种器具，使天下都能受益，这是圣人的伟大之处"，就是这个意思。《管子》说：古代的士、农、工、商四民，是不许杂居的。士人在学习读书的地方相互议论仁义，工匠在官府里相互议论技巧，商人在市场上相互议论财利，农民在田野中相互议论农事。他们从早到晚从事一种职业，不会见异思迁。所以，他们父兄的教导即便不严格，也能教好子弟；其子弟纵使不劳苦也能学会本领。他们各安于自己所居住的地方，乐于从事自己的职业，虽然见到奇异和华丽的物品，因为不适于他们的习俗，也不会接受，这就好像西北地区戎族、狄族和东南吴越地区在风俗习惯上不能融合一样。在这种情况下，人们的欲望少而事情简单，财物充足而没有争夺。于是统治者再用道德来引导他们，用礼制来统一他们，所以庶民就有廉耻而且讲礼貌，重视仁义而轻视财利。造就是夏、商、周三代之所以能沿着正确的道路发展，不需采用严酷的政治而能治理国家的概要。

及周室衰，礼法堕，诸侯刻桷丹楹，大夫山节藻棁，八佾舞于庭，《雍》彻于堂。其流至乎士庶人，莫不离制而弃本，稼穑之民少，商旅之民多，谷不足而货有余。

【译文】到周王室衰落时，礼法毁坏，鲁庄公违反周礼在其父桓公庙的椽子上雕刻，把柱子染红。鲁国大夫臧文仲违反周礼，把柱顶方木刻上山形，把梁上短柱画上水藻。鲁国的世卿季氏竟在家庙用八佾奏乐舞蹈，鲁国的孟孙、叔孙、季孙三家，在祭祀祖先时竟唱着《雍》这首诗来撤除祭品，这种风气流传到一般的士人和平民当中，大家无不背离圣王的制度，放弃本业，务农的民众减少，经商的百姓增多，粮食不足而奢侈品有余。

陵夷至乎桓、文之后，礼谊大坏，上下相冒，国异政，家殊俗，嗜欲不制，僭差亡极。于是商通难得之货，工作亡用之器，士设反道之行，以追时好而取世资。伪民背实而要名，奸夫犯害而求利，篡弑取国者为王公，圉夺成家者为雄杰。

【译文】这种衰落的趋势发展到齐桓公、晋文公之后，礼义大为破坏，上下互相冒犯，各国的政治差别很大，大夫们的风气各不相同，追逐利欲的活动不能遏制，破坏等级制度的行为没有止境。于是，商人贩卖奇珍异货，工匠生产没有实用价值的器具，士人进行歪门邪道的活动，以追逐时俗之所好而取得财货。诡诈的人违背事实诈骗取名，奸邪之民犯法害人求利，谋杀君主篡夺国家大权的人成为王公，抢夺大夫封地的人成了雄杰。

礼谊不足以拘君子，刑戮不足以威小人。富者木土被文锦，犬马余肉粟，而贫者短褐不完，含菽饮水。其为编户齐民同列，而以财力相君，虽为仆虏，犹亡愠色。故夫饰变诈为奸轨者，自足乎一世之间；守道循理者，不免于饥寒之患。其教自上兴，由法度之无限也。故列其行事，以传世变云。

【译文】礼义不能够约束君子，刑罚杀戮不能使小民畏惧。富人用丝绸来装饰房屋、墙壁，犬马吃粮、食肉还有剩余，而穷人连粗布衣都穿不上，经常吃豆子喝生水。他们都是编户平民，但因财力不同而地位有别，有人虽然成为奴仆，仍然没有怨愤。所以，玩弄权术而为非作歹的人，可以一辈子富足；遵循义理、固守正道的人却不能免受饥寒的威胁。这种风气是从社会上层兴起的，来源于法令制度的破坏。所以，列举这些事情，以记载人世间的变化。

序传下

固以为唐虞三代，《诗》、《书》所及，世有典籍，故虽尧、舜之盛，必有典谟之篇，然后扬名于后世，冠德于百王，故曰："巍巍乎其有成功，焕乎其有文章也！"汉绍尧运，以建帝业，至于六世，史臣乃追述功德，私作本纪，编于百王之末，厕于秦、项之列。太初以后，阙而不录，故探篹前记，缀辑所闻，以述《汉书》，起于高祖，终于孝平、王莽之诛，十有二世，二百三十年，综其行事，旁贯《五经》，上下洽通，为春秋考纪、表、志、传，凡百篇。其叙曰：

【译文】我（班固）认为唐尧虞舜夏商周，以及《诗经》《尚书》所涉及到的，世间都有典籍传世，因此即使是远古尧舜时期的盛况，也一定有《尧典·皋陶谟》之类的篇章，才能声名流传到后世，圣德冠于百王之上，所以说“他们获得了巨大的成功这多么伟大，他们制订了灿烂的典章制度又是多么辉煌！”汉朝承继唐尧的国运，建立了帝业，到了汉武帝时代，史官司马迁便追述前世功德，私下撰写了帝王本纪，把汉朝排列于百王之后，与秦朝、项羽同列。汉武帝太初年间以后之事，未能记载，因此我探求前人的传记，编辑所能听到的材料，从而撰述《汉书》，从汉高祖时开始，以孝平、王莽的被杀而结束，共十二代，二百三十年，综合史事，旁贯《五经》，上下衔接通达，分为本纪、表、志、传四种体裁，共百篇。撰写《汉书》的意旨如下：

皇矣汉祖，纂尧之绪，实天生德，聪明神武。秦人不纲，罔漏于楚，爰兹发迹，断蛇奋旅。神母告符，朱旗乃举，粤蹈秦郊，婴来稽首。革命创制，三章是纪，应天顺民，五星同晷。项氏畔换，黜我巴、汉，西土宅心，战士愤怨。乘畔而运，席卷三秦，割据河山，保此怀民。股肱萧、曹，社稷是经，爪牙信、布，腹心良、平，龚行天罚，赫赫明明。述《高纪》第一。

【译文】伟大的汉高祖啊，继承尧的功业，的确是天生之德，聪明神武之性。秦违背治国纲纪，陈胜起义反秦失败，高祖从此发迹，斩蛇起兵。神妇告知天命征兆，于是举起赤旗，抵达秦都郊外，子婴叩头请降。革除旧制创建新制度，约法三章管束军民，应天命顺人心，金、木、水、火、土五星同景相聚。项氏背叛义帝盟约，把高祖贬到巴、汉，西部百姓归心向汉，战士们对项羽背约义愤填膺。乘项羽东归之机出兵，席卷三秦，割据关中，安抚百姓。萧何、曹参为辅佐之臣，江山社稷得以安定，韩信、英布为干将，张良、陈平为心腹，恭敬地执行天命去惩罚罪恶，创建赫赫功业，光辉照耀后世千秋。于是撰写《高祖本纪》第一。

孝惠短世，高后称制，罔顾天显，吕宗以败。述《惠纪》第二，《高后纪》第三。

【译文】孝惠帝在位时间不长，吕后临朝掌管政事，毫不顾忌天命明示，吕氏宗族因此遭到覆灭。于是撰写《惠帝纪》第二，《高后纪》第三。

太宗穆穆，允恭玄默，化民以躬，帅下以德，农不供贡，罪不收孥，宫不新馆，陵不崇墓。我德如风，民应如草，国富刑清，登我汉道。述《文纪》第四。

【译文】太宗仪容端庄，诚信恭谨谦让，用自身作表率以教育百姓，用恩德驾御臣下。

农耕不纳贡赋，罪人不为奴隶，皇宫不建新馆，陵地不修高墓。君主之德如吹风，百姓响应如野草一样随风而伏，国家富强犯罪者少，成就了汉家江山。于是撰写《文帝纪》第四。

孝景莅政，诸侯方命，克伐七国，王室以定。匪怠匪荒，务在农桑，著于甲令，民用宁康。述《景纪》第五。

【译文】孝景帝继位后，诸侯违抗君主命令，景帝平定了七国之乱，王室得以安定。不懈怠不荒废政务，注重农耕养蚕，将这颁布在重要命令之中，百姓得以康宁。于是撰写了《景帝纪》第五。

世宗晔晔，思弘祖业，畴咨熙载，髦俊并作。厥作伊何？百蛮是攘，恢我疆宇，外博四荒。武功既抗，亦迪斯文，宪章六学，统一圣真。封禅郊祀，登秩百神；协律改正，飨兹永年。述《武纪》第六。

【译文】武帝才华出众，一心想弘扬祖业，选拔可以兴国立业的贤人，起用出类拔萃的豪杰。起用他们去做什么？打退各族的侵扰，扩充汉家疆域，开拓荒芜地带。既壮大武功，又增进文事，效法《诗》、《书》、《礼》、《易》、《乐》、《春秋》六种经典，一切都以圣人本意为主旨。封禅郊祀，升祭百神；调和音律，改换历法，以便世代享用。于是撰写了《武帝纪》第六。

孝昭幼冲，冢宰惟忠。燕、盖诪张，实睿实聪，罪人斯得，邦家和同。述《昭纪》第七。

【译文】孝昭帝年幼即位，全赖辅佐大臣的忠诚。燕王、盖长公主蒙蔽昭帝，而昭帝聪明睿智，使罪人得到应有的惩罚，国家得以安定。于是撰写《昭帝纪》第七。

中宗明明，寅用刑名，时举傅纳，听断惟精，柔远能迩，燀耀威灵，龙荒幕朔，莫不来庭。丕显祖烈，尚于有成。述《宣纪》第八。

【译文】宣帝智慧明察，慎重运用刑名学说，及时选用贤人，采纳良言，听讼断案讲求准确。安抚远方百姓，善待周围官民，光芒闪耀．显示威严灵明，匈奴龙城边远荒漠之族，无不前来朝廷进见。大显祖业，取得了近于完美的成功。于是撰写了《宣帝纪》第八。

孝元翼翼，高明柔克，宾礼故老，优繇亮直。外割禁囿，内损御服，离宫不卫，山陵不邑。阉尹之疵，秽我明德。述《元纪》第九。

【译文】孝元帝待人恭恭敬敬，有高明之度而执柔成德，对先朝旧臣能待以宾礼，对磊落直谏的大臣能宽容相待。宫外削减御用林苑，宫内节省御用衣食，离宫不设卫队，陵墓地带不置乡邑。然而重用宦官的弊病，玷污了他的英明之德。于是撰写了《元帝纪》第九。

孝成煌煌，临朝有光，威仪之盛，如圭如璋。壶闱恣赵，朝政在王，炎炎燎火，亦允不阳。述《成纪》第十。

【译文】成帝心性明亮，上朝时神采奕奕，仪表威严之盛，犹如美玉一般。内宫极宠赵飞燕姐妹，而朝政大权委任于王凤等外戚家族，这样成帝即使如炎炎烈火，也变得黯然无光。于是撰写《成帝纪》第十。

孝哀彬彬，克揽威神，雕落洪支，底剧鼎臣。婉娈董公，惟亮天功，《大过》之困，实桡实凶。述《哀纪》第十一。

【译文】孝哀帝文质彬彬，能够独揽大权，黜退专横跋扈的王氏，重诛权臣朱博、王嘉，起用美貌的董公为重臣，指望他力挽危局，助成汉家江山不败，《大过》卦辞指出了困境，说明以小材为栋梁，必定曲折遇凶险。于是撰写了《哀帝纪》第十一。

孝平不造，新都作宰，不周不伊，丧我四海。述《平纪》第十二。

【译文】孝平帝不能成就帝业，新都侯王莽任宰相，没有周公、伊尹一样的忠诚，葬送了汉家江山。于是撰写了《平帝纪》第十二。

汉初受命，诸侯并政，制自项氏，十有八姓。述《异姓诸侯王表》第一。
太祖元勋，启立辅臣，支庶藩屏，侯王并尊。述《诸侯王表》第二。
侯王之祉，祚及宗子，公族蕃滋，支叶硕茂。述《王子侯表》第三。
受命之初，赞功剖符，奕世弘业，爵土乃昭。述《高惠高后孝文功臣侯表》第四。

【译文】汉朝初建之时，允许诸侯各自为政，这项制度由项羽创立，共有十八家诸侯。撰写《异姓诸侯王表》第一。

太祖时的开国元勋，被任命的辅佐大臣，刘氏旁支亲属为汉家江山的护卫藩篱屏障，被封为王，都得到高位。撰写《诸侯王表》第二。

王侯的福分，延及到子辈，同族繁衍滋生，枝叶茂盛。撰写《王子侯表》第三。

高祖刚刚即位的时候，奖赏辅佐的功臣，分发封赏的凭证，使丰功伟业代代流传，爵位采邑世世显耀。撰写《高惠高后孝文功臣侯表》第四。

景征吴、楚，武兴师旅，后昆承平，亦有绍土。述《景武昭宣元成哀功臣侯表》第五。

【译文】景帝征讨吴楚七国叛乱，武帝兴师用兵，后世虽然世道承平，也有因功勋受到爵位和封地奖赏的。撰写《景武昭宣元成哀功臣侯表》第五。

亡德不报，爰存二代，宰相外戚，昭韪见戒。述《外戚恩泽侯表》第六。

【译文】凡对汉室有恩德的大臣无一不受到报答，即使是商、周二代的后裔也受到封赏，表彰汉代宰相、外戚当中有功的人以扬是戒非。撰写《外戚恩泽侯表》第六。

汉迪于秦，有革有因，觕举僚职，并列其人。述《百官公卿表》第七。

【译文】汉朝上承秦朝，制度有变革也有因循，大略列举官职，同时指出任职者姓名。撰写《百官公卿表》第七。

篇章博举，通于上下。略差名号，九品之叙。述《古今人表》第八。

【译文】凡篇籍所记载的人名，都广泛搜集，贯通古今上下，大概分出名号，分排次序。撰写《古今人表》第八。

元元本本，数始于一，产气黄钟，造计秒忽。八音七始，五声六律，度量权衡，历算逌出，官失学微，六家分乖，一彼一此，庶研其几。述《律历志》第一。

【译文】一切事物的本源，其数量都从一开始，黄钟律管所生之气，制作计量的最小单位秒和忽，都不例外。八音七始，五声六律，度量权衡，历法计算的数据，都出自“一”这个数字。官府失去标准，学术逐渐衰退。历法也分为六派，不同的时代使用不同的历法，可谓观察得十分细致了。于是撰写了《律历志》第一。

上天下泽，春雷奋作，先王观象，爰制礼乐。厥后崩坏，郑、卫荒淫，风流民化，湎湎纷纷。略存大纲，以统旧文。述《礼乐志》第二。

【译文】上效法天象，下取法池泽之形，春雷震震，都是先王观察到的自然现象，并据此制订了礼乐。后来礼乐遭到破坏，郑、卫之地流行靡靡之音，王室风气败坏，下民效仿成俗，到处流行，世风混乱。保存礼乐的纲要，以整理旧文。于是撰写《礼乐志》第二。

雷电皆至，天威震耀，五刑之作，是则是效，威实辅德，刑亦助教。季世不详，背本争末，吴、孙狙诈，申、商酷烈，汉章九法，太宗改作，轻重之差，世有定籍。述《刑法志》第三。

【译文】雷电一齐到来，上天显示出威严和震怒，制作五刑，就是效法这种威严，威严辅助恩德，刑罚也是协助教化。春秋末期不详审用刑的道理，背离德教根本，而争先使用刑罚作为辅助手段，吴起、孙子诡诈，申不害、商鞅使用酷刑。汉朝有九章法律，太宗废除肉刑。轻重差别，历代都有确定的章法。撰写《刑法志》第三。

厥初生民，食货惟先。割制庐井，定尔土田，什一供贡，下富上尊。商以足用，茂迁有无，货自龟贝，至此五铢。扬榷古今，监世盈虚。述《食货志》第四。

【译文】最初的百姓，把食品货物列在首位。分出田野中的房屋和井田，确定了人们的土地，交纳十分之一的贡赋，百姓富裕，王者尊贵。商人的享用得到满足，有无得到交换，货币从龟、贝开始，直到现在的五铢钱币。列举古今农业、商业及手工业，考察历代富足和拮据的经验教训。于是撰写了《食货志》第四。

昔在上圣，昭事百神。类帝禋宗，望秩山川，明德惟馨，永世丰年。季末淫祀，营信巫史，大夫胪岱，侯伯僭畤，放诞之徒，缘间而起。瞻前顾后，正其终始。述《郊祀志》第五。

【译文】过去在上圣时代，供奉百神，祭祀天地，望祭山川众神，美德流传到远方，取得长久的丰收年景。衰败年代，滥行祭祀，轻信巫术骗人之士，大夫也开始游泰山祭祀，侯伯越级祭祀五帝祠，狂妄之徒，乘机而起。考察古今，正确记载祭祀活动的始末。撰写《郊祀志》第五。

炫炫上天，县象著明，日月周辉，星辰垂精。百官立法，宫室混成，降应王政，景以烛形。三季之后，厥事放纷，举其占应，览故考新。述《天文志》第六。

【译文】光芒照耀的天空，悬挂着各种显著的星象，日月光辉四射，星辰垂挂着精气之光。其中的百官有其命的法则，宫室也交错而成，降应在王政上，如影随形。夏、商、周三代之后，事情纷繁芜杂，举出占卜应验的事例，观察旧物考求新事。撰写了《天文志》第六。

《河图》命庖，《洛书》赐禹，八卦成列，九畴逌叙。世代实宝，光演文、武，《春秋》之占，咎征是举。告往知来，王事之表。述《五行志》第七。

【译文】上天将《河图》授予伏羲，将《洛书》赐给大禹，八卦排成序列，九条治国法则得以记载。世世代代奉为至宝，光辉照耀到文王、武王，《春秋》中的占验，凶兆已经举出。告诉过去预知未来，王事得以明了。于是撰写《五行志》第七。

《坤》作地势，高下九则，自昔黄、唐，经略万国，燮定东西，疆理南北。三代损益，降及秦、汉，革刬五等，制立郡县。略表山川，彰其剖判。述《地理志》第八。

【译文】《坤》卦表示出地势，好坏分为九等，从过去的黄帝、唐尧，治理许多国家，和协东西，综理南北。三代时有所增减，到了秦、汉，削为五等，建立了郡县制度。略述山川形势，表明地理区划。于是撰写了《地理志》第八。

夏乘四载，百川是导。唯河为艰，灾及后代。商竭周移，秦决南涯，自兹距汉，北亡八支。文陻枣野，武作《瓠歌》，成有平年，后遂滂沱。爰及沟渠，利我国家。述《沟洫志》第九。

【译文】夏禹乘四种交通工具，去各地疏导百川。只有黄河最难治理，灾害殃及后代。黄河在商代枯竭、周朝改道，秦国决河南岸，自此至汉，北面黄河八条支流消失。汉文帝堵塞酸枣县河道，武帝在黄河决口处作《瓠子之歌》，成帝时黄河有治平之年，不久便大水横流。及至修治沟渠，河水便能利国富民。于是撰写《沟洫志》第九。

虙羲画卦，书契后作，虞夏商周，孔纂其业，纂《书》删《诗》，缀《礼》正《乐》，彖系大《易》，因史立法。六学既登，遭世罔弘，群言纷乱，诸子相腾。秦人是灭，汉修其缺，刘向司籍，九流以别。爰著目录，略序洪烈。述《艺文志》第十。

【译文】虙羲画八卦，后来产生文字，虞、夏、商、周历代王朝相继兴盛，孔子编纂其业绩，整理《尚书》删定《诗经》，编辑《周礼》，订正《乐经》、《易经》，依据鲁史撰写《春秋》，为帝王确立行为准则。六种经学完成之后，遭遇乱世不能得以弘扬，百家之说纷纭，诸子之学兴起。秦皇焚毁百家学说，汉朝修补了这个缺陷，刘向掌管典籍，区分出九大流派。于是编撰出群书目录，概述百家源流，成就了宏图伟业。撰述《艺文志》第十。

上嫚下暴，惟盗是伐，胜、广熛起，梁、籍煽烈。赫赫炎炎，遂焚咸阳，宰割诸夏，命立侯王，诛婴放怀，诈虐以亡。述《陈胜项籍传》第一。

【译文】国君倨傲无理，对百姓施行暴力，只能逼百姓起而造反，陈胜、吴广起如猛火疾风，项梁、项籍起如烈焰飞扬。声势浩大如燎原烈火，项羽于是火烧咸阳，主宰中原，发号令封王立侯，杀子婴废怀王，因欺诈暴虐而灭亡。撰述《陈胜项籍传》第一篇。

张、陈之交，斿如父子，携手遁秦，拊翼俱起。据国争权，还为豺虎，耳谋甘公，作汉藩辅。述《张耳陈馀传》第二。

【译文】张耳、陈余之交，如同父子一般，携手逃避暴秦，振翼齐飞。得势后据国争权，反而像虎狼一样相互吞食，张耳听从甘公建议，归汉作了藩王辅臣。撰写《张耳陈余传》第二。

三枿之起，本根既朽，枯杨生华，曷惟其旧！横虽雄材，伏于海隝，沐浴尸乡，北面奉首，旅人慕殉，义过《黄鸟》。述《魏豹田儋韩信传》第三。

【译文】三支余孽复生，根本已经朽壤，枯杨开花，而为时不久！田横虽有雄才，处于海中孤岛，归降行至尸乡，藉沐浴之机而自杀，让人献上人头以示称臣，门客仰慕之至，死于田横墓旁。其义气胜遇《黄鸟》篇中的秦穆公。撰述了《魏豹田儋韩信传》第三。

信惟饿隶，布实黥徒，越亦狗盗，芮尹江湖。云起龙襄，化为侯王，割有齐、楚，跨制淮、梁。绾自同闬，镇我北疆，德薄位尊，非胙惟殃。吴克忠信，胤嗣乃长。述《韩彭英卢吴传》第四。

【译文】韩信是个食不饱腹之徒，英布是一名黥面犯人，彭越也是一个惯于盗窃之辈，吴芮不过是主管江、湖一带的县令。风云际会，四人一变而成为侯王，夺取了齐、楚地区，占领了淮南、梁地。卢绾和高祖同乡，为汉室镇守北疆，品德浅薄而地位尊崇，无福遭殃。吴芮能保持忠实诚信，后世得以长期承袭其位。撰写了《韩彭英卢吴传》第四。

贾廑从旅，为镇淮、楚。泽王琅邪，权激诸吕。濞之受吴，疆土踰矩，虽戒东南，终用齐斧。述《荆燕吴传》第五。

【译文】刘贾勤劳从军，为汉室镇守淮、楚地区。刘泽封为琅邪王，靠劝说吕后封诸吕为王而取得王位。刘濞受封为吴王，封地超过了制度规定，虽然镇守东南，受到告诫不得谋反，但最终还是受到刀斧的惩罚。撰写了《荆燕吴传》第五。

太上四子：伯兮早夭，仲氏王代，斿宅于楚。戊实淫缺，平陆乃绍。其在于京，奕世宗正，劬劳王室，用侯阳成。子政博学，三代成名，述《楚元王传》第六。

【译文】高祖之父刘太公有四子：长子早夭，次子封王于代国，刘脖被封为楚元王。刘戊荒淫无德，平陆侯刘礼还能继承其父辈之业。供职于京师，世守宗正之官，为王室勤劳奉公，后人刘德封为阳城侯。刘向博学，经历元、成、哀三世而功成名就。撰写《楚元王传》第六。

季氏之诎，辱身毁节，信于上将，议臣震栗。栾公哭梁，田叔殉赵，见危授命，谊动明主，布历燕、齐，叔亦相鲁，民思其政，或金或社。述《季布栾布田叔传》第七。

【译文】季氏的冤屈，毁坏了自己名誉，陈述上将过错，使议政大臣震惊。乐布不畏死罪去哭悼被杀的彭越，田叔甘愿随赵王去殉葬，品德在危难中显现，情谊感动了圣明的君主。乐布相继在燕、齐为官，田叔也曾任鲁相，百姓感念他们的政绩，有人在田叔死后送金，有人在乐布生时立祭祀之社。撰写《季布乐布田叔传》第七。

高祖八子，二帝六王。三赵不辜，淮厉自亡，燕灵绝嗣，齐悼特昌。掩有东土，自岱徂海，支庶分王，前后九子。六国诛毙，適齐亡祀。城阳、济北，后承我国。赳赳景王，匡汉社稷。述《高五王传》第八。

【译文】高祖有八子，二子为帝六子为王。三位赵王无罪被杀，淮南厉王自灭，燕灵王无人继任，只有齐悼惠王一支昌盛。采食东方土地，从泰山到大海，后代支派分封为王，前后共有九子。其中六国诛灭，正支的齐王无人继位。城阳王、济北王后来承继国土。威武的景王，匡扶汉室江山建立功绩。撰写了《高五王传》第八。

猗与元勋，包汉举信，镇守关中，足食成军，营都立宫，定制修文。平阳玄默，继而弗革，民用作歌，化我淳德，汉之宗臣，是谓相国。述《萧何曹参传》第九。

【译文】真是元勋啊，占据汉中推荐韩信，镇守关中，供给军粮兵员，兴建京都营造皇宫。制订法律制度。平阳侯守静无为，承继旧制不加变更，百姓加以歌颂，育成纯朴品德。汉朝受尊崇的大臣，就是相国。撰写《萧何曹参传》第九。

留侯袭秦，作汉腹心，图折武关，解厄鸿门。推齐销印，驱至越、信；招宾四老，惟宁嗣君。陈公扰攘，归汉乃安，毙范亡项，走狄擒韩，六奇既设，我罔艰难。安国廷争，致仕杜门。绛侯矫矫，诛吕尊文。亚夫守节，吴、楚有勋。述《张陈王周传》第十。

【译文】留侯张良袭击秦始皇，后来成了汉王心腹，献计智取武关，解除鸿门之危。劝汉王承认韩信为齐王，又建议销毁封王所用印信，用计调遣彭越、韩信如期参加垓下会战；为吕后献策招请商山四老，稳定了太子地位。陈平纷忙，归汉王之后得以安定，献离间计使范增毙命项羽败亡，施奇计使匈奴撤走了包围平城的兵马，伪游云梦之计又使韩信被擒，六出奇计，使我汉室摆脱了灾难。安国侯王陵敢于面折廷诤，谏阻吕氏为王，最后不得不辞官回乡闭门谢客。绛侯周勃武勇，诛杀诸吕，迎立文帝。周亚夫坚守气节，平定吴楚七国叛乱建立功勋。撰写了《张陈王周传》第十。

舞阳鼓刀，滕公厩驺，颖阴商贩，曲周庸夫，攀龙附凤，并乘天衢。述《樊郦滕灌傅靳周传》第十一。

【译文】阳侯樊哙操刀屠狗为业，滕公驾车养马，颖阴侯贩卖丝帛，曲周侯郦商平庸之人，追随高祖依附吕后，都受封为侯，步入天路。撰写了《樊郦滕灌傅靳周传》第十一。

北平志古，司秦柱下，定汉章程，律度之绪。建平质直，犯上干色；广阿之廑，食厥旧德。故安执节，责通请错，蹇蹇帝臣，匪躬之故。述《张周赵任申屠传》第十二。

【译文】北平侯樊噜以记载古事，任秦朝柱下史，编定汉朝历法制度，调正音律。建平侯性情耿直，敢于触犯皇上尊严，不按皇上脸色行事；广阿侯任敖勤勉奉公，因有救吕后的大恩得以采邑封赏。故安侯廉洁奉公，责备邓通怠慢无礼，请求诛杀晁错，多灾多难的大臣，不是为了自己的私利。撰写《张周趟任申屠传》第十二。

食其监门，长揖汉王，画袭陈留，进收敖仓，塞隘杜津，王基以张。贾作行人，百越来宾，从容风议，博我以文。敬繇役夫，迁京定都，内强关中，外和匈奴。叔孙奉常，与时抑扬，税介免胄，礼义是创。或哲或谋，观国之光，述《郦陆朱娄叔孙传》第十三。

【译文】郦食其任乡里监门之官，初见汉王，因刘邦不以礼相待，故长揖而不拜，献策夺取陈留，进取敖仓，占据要塞控制渡口，奠定了帝王基业。陆贾为使臣，使百越族前来汉朝称臣，从容献策，劝说高祖博施文采。刘敬是服劳役之徒，献策迁都长安，则内巩固关中，对外与匈奴和好。叔孙通官任奉常，能够依据时代潮流，收敛兵器，创制礼仪。有智有谋之士，都应在朝奉命任职。撰《郦陆朱娄叔孙传》第十三。

淮南僭狂，二子受殃。安辩而邪，赐顽以荒，敢行称乱，窘世荐亡。述《淮南衡山济北传》第十四。

【译文】淮南王狂妄越权，结果二子遭受祸殃。刘安巧于言论而办事邪佞，刘赐愚顽而荒唐，敢于作乱，父子二世频频败亡。撰写《淮南衡山济北传》第十四。

蒯通一说，三雄是败，覆郦骄韩，田横颠沛。被之拘系，乃成患害。充、躬罔极，交乱弘大。述《蒯伍江息夫传》第十五。

【译文】蒯通一句话，三雄同时败亡，使郦食其遭烹杀，鼓动韩信叛汉，使田横颠沛流亡。伍被自首谋反被捕，反而被杀害，祸及父母。江充、息夫躬谗言无限，扰乱汉家大业。撰写《蒯伍江息夫传》第十五。

万石温温，幼寤圣君，宜尔子孙，夭夭伸伸，庆社于齐，不言动民。卫、直、周、张，淑慎其身。述《万石卫直周张传》第十六。

【译文】万石君温和恭敬，幼年时感动高祖，子孙安宜，和睦舒适，石庆相齐，不发号令百姓便闻风而动。卫绾、直不疑、周仁、张驱，善良而谨言慎行。撰写了《万石卫直周张传》第十六。

孝文三王，代孝二梁，怀折亡嗣，孝乃尊光。内为母弟，外扞吴、楚，怙宠矜功，僭欲失所，思心既霿，牛祸告妖。帝庸亲亲，厥国五分，德不堪宠，四支不传。述《文三王传》第十七。

【译文】孝文帝的三个儿子被封为王，代孝王、梁孝王、梁怀王，怀王坠马而死没有后继之人，梁孝王深受宠爱。在家里孝王是景帝同母的弟弟，对外抗击吴、楚叛军，依仗宠爱夸耀功劳，权欲与享受都超越了本分，思想已经糊涂，牛生怪胎预示了凶祸。文帝实行亲近亲属之道，分梁国为五个小的封国，其中没有恩德可言的，四支绝后不传。撰写了《文三王传》第十七。

贾生矫矫，弱冠登朝。遭文睿圣，屡抗其疏，暴秦之戒，三代是据。建设藩屏，以强守圉，吴、楚合从，赖谊之虑。述《贾谊传》第十八。

【译文】贾谊文才出众，年二十岁进入朝廷。遇到圣明的文帝，屡次上书，陈说暴秦灭亡的教训，论述夏、商、周三代兴盛的原因。建设保卫中央的藩篱，以便加强对国土的守卫，吴、楚联合七国叛乱，也多靠贾谊出谋。撰写《贾谊传》第十八。

子丝慷慨，激辞纳说，揽辔正席，显陈成败。错之琐材，智小谋大，祸如发机，先寇受害。述《爰盎晁错传》第十九。

【译文】袁盎慷慨陈辞，急切上疏献策，执辔阻拦文帝飞驰山陵，制止帝后与姬妃同席而坐，讲明存亡成败的道理。晁错的细微之才，智小而图谋很大，祸殃有如弩箭速发而至，先于吴楚叛军受到灾祸。撰述《袁盎晁错传》第十九。

释之典刑，国宪以平。冯公矫魏，增主之明。长孺刚直，义形于色，下折淮南，上正元服。庄之推贤，于兹为德。述《张冯汲郑传》第二十。

【译文】张释之掌刑狱，国法得以持平。冯唐为魏尚争辩评功，增加了君主的明智。汲黯刚正不阿，正义之心显于外表，下面淮南王谋反还怕他直谏，上面武帝不整齐衣冠就不敢接见汲黯。郑庄推荐贤臣，对汉室有功。撰写《张冯汲郑传》第二十。

荣如辱如，有机有枢，自下摩上，惟德之隅。赖依忠正，君子采诸。述《贾邹枚路传》第二十一。

【译文】光荣或者耻辱，在于掌握枢机，自下激励君主，只有品行端正的人才能办到。依赖忠实正直，正人君子实行。撰写了《贾邹枚路传》第二十一。

魏其翩翩，好节慕声，灌夫矜勇，武安骄盈，凶德相挻，祸败用成。安国壮趾，王恢兵首，彼若天命，此近人咎。述《窦田灌韩传》第二十二。

【译文】魏其侯沾沾自喜，崇尚气节喜好声名，灌夫自夸勇武，武安侯田蚡骄横不羁，凶性相使，自成祸败。韩安国伤足，王恢首议发兵，前者似是天命造成，后者近是人为之过。撰写了《窦田灌韩传》第二十二。

景十三王，承文之庆。鲁恭馆室，江都訬轻；赵敬险诐，中山淫醟；长沙寂寞，广川亡声；胶东不亮，常山骄盈。四国绝祀，河间贤明，礼乐是修，为汉宗英。述《景十三王传》第二十三。

【译文】景帝之子封为十三王，承接了文帝恩德的赐福。鲁恭王喜好修建宫室馆舍，江都王轻捷健壮；赵敬王邪僻狂妄，中山王时常酗酒；长沙王沉默寡言，广川王寂然无声；胶东王昏昧不清，常山王骄横满盈。四个王国绝后无嗣，河间王贤明，修订礼乐，是汉家推崇的英才。撰写《景十三王传》第二十二。

李广恂恂，实获士心，控弦贯石，威动北邻，躬战七十，遂死于军。敢怨卫青，见讨去病。陵不引决，忝世灭姓。苏武信节，不诎王命。述《李广苏建传》第二十四。

【译文】李广谦躬谨慎，深得战士之心，射箭竟能穿石，威震北部邻国匈奴，身经七十余战，终于死于军中。李敢怨恨卫青，死于霍去病箭下。李陵战败后不能自裁，辱没了李氏宗族。苏武伸张气节，不负王命。撰写《李广苏建传》第二十四。

长平桓桓，上将之元，薄伐猃允，恢我朔边，戎车七征，冲輣闲闲，合围单于，北登阗颜。票骑冠军，猋勇纷纭，长驱六举，电击雷震，饮马瀚海，封狼居山，西规大河，列郡祁连。述《卫青霍去病传》第二十五。

【译文】长平侯卫青威武异常，可谓上将之首，他讨伐匈奴，扩展汉朝北部疆域，汉朝的军队七次北征，行军队伍从容有度，合围单于，北登阗颜山。骠骑将军勇冠全军，猛烈如暴风，六次长驱进攻匈奴，有如雷震电击，战马抵达翰海，将士登临狼居山，西窥大河，设郡直到祁连山地段。撰写《卫青霍去病传》第二十五。

抑抑仲舒，再相诸侯，身修国治，致仕县车，下帷覃思，论道属书，谠言访对，为世纯儒。述《董仲舒传》第二十六。

【译文】董仲舒治学严谨，两次入相诸侯，修养身心国家得以治理，辞官不做，下帷讲学，论道著述，直言对策，为一世宗儒。撰写《董仲舒传》第二十六。

文艳用寡，子虚乌有，寓言淫丽，托风终始，见识博物，有可观采，蔚为辞宗，赋颂之首。述《司马相如传》第二十七。

【译文】文章艳丽而少实用，子虚乌有之赋，寓言文辞华丽，全篇寄托着对天子诸侯的讽谏，文章见多识广，博览万物，文采颇为可观，辞藻之富丽可为一代宗师，诗赋颂歌也堪称一世之首。撰写《司马相如传》第二十七。

平津斤斤，晚跻金门，既登爵位，禄赐颐贤，布衾疏食，用俭饬身。卜式耕牧，以求其志，忠寤明君，乃爵乃试。兒生亹亹，束发修学，偕列名臣，从政辅治。述《公孙弘卜式兒宽传》第二十八。

【译文】平津侯公孙弘明察秋毫，晚年跻身金门，受封爵位之后，以私俸供养贤人，穿布衣吃粗食，节俭费用约束自身。卜式耕种放牧，追求自己的志向，忠诚之心感悟明君，封赏爵位又任官职。倪生勤勉，束发为髻，就教研兴修学问，同列名臣之位，参与辅佐朝政。撰写《公孙弘卜式倪宽传》第二十八。

张汤遂达，用事任职，媚兹一人，日旰忘食，既成宠禄，亦罹咎慝。安世温良，塞渊其德，子孙遵业，全祚保国。述《张汤传》第二十九。

【译文】张汤性情通达，做官办事，深受天子宠爱，总是废寝忘食地工作，虽然已经成为受宠官员，也会被罗织上罪名。张安世生性温良，德行深厚，子孙承继业绩，保全家国。撰写《张汤传》第二十九。

杜周治文，唯上浅深，用取世资，幸而免身。延年宽和，列于名臣。钦用材谋，有异厥伦。述《杜周传》第三十。

【译文】杜周治狱执法，只按天子的旨意，为世代所取用，幸而免遭灾祸。其子杜延年宽厚平和，位列名臣。其孙杜钦深谋远虑，出众超群。撰述《杜周传》第三十。

博望杖节，收功大夏；贰师秉钺，身衅胡社。致死为福，每生作祸。述《张骞李广利传》第三十一。

【译文】博望侯张骞奉命出使，取得通使大夏的功劳，贰师将军率师出征，被匈奴俘杀取血祭祀。不畏死亡反而能存活受封为侯，贪生怕死降敌终招杀身之祸。撰写《张骞李广利传》第三十一。

乌呼史迁，薰胥以刑！幽而发愤，乃思乃精，错综群言，古今是经，勒成一家，大略孔明。述《司马迁传》第三十二。

【译文】啊！史官司马迁，无罪而受牵连以致身遭酷刑，在幽禁之中发奋著史，思考精深，综合百家言论，贯通古今史事，撰述成一家之言，宗旨深明。于是撰写《司马迁传》第三十二。

孝武六子，昭、齐亡嗣。燕剌谋逆，广陵祝诅。昌邑短命，昏贺失据，戾园不幸，宣承天序。述《武五子传》第三十三。

【译文】孝武帝六子，昭帝、齐王没有子嗣。燕剌王谋反被杀，广陵王犯诅咒罪而自尽。昌邑王短命，其子刘贺失去承继帝位的机会。戾太子身遭不幸，宣帝继承了帝位。撰写《武五子传》第三十三。

六世耽耽，其欲浟浟，方武方作，是庸四克。助、偃、淮南，数子之德，不忠其身，善谋于国。述《严朱吾丘主父徐严终王贾传》第三十四。

【译文】武帝威视天下，深怀急功近利的欲望，文治武功并举，旨在开拓四方。严助、主父偃、淮南王刘安，依各自的品德，不能自爱其身，而善于替国家出谋划策。撰写《严朱吾丘主父徐严终王买传》第三十四。

东方赡辞，诙谐倡优，讥苑扞偃，正谏举邮，怀肉污殿，弛张沉浮。述《东方朔传》第三十五。

【译文】东方朔善于言词，擅长诙谐取笑歌舞戏耍，讽劝阻止主父偃扩建上林苑的建议，正言直谏皇帝过失，自割赐肉入怀而去之，醉卧之后小便于殿上，行为放纵而且不拘小节。撰写《东方朔传》第三十五。

葛绎内宠，屈氂王子。千秋时发，宜春旧仕。敞、义依霍，庶几云已。弘惟政事，万年容己。咸睡厥诲，熟为不子？述《公孙刘田杨王蔡陈郑传》第三十六。

【译文】葛绎侯受后宫宠幸，刘屈氂是中山靖王之子。车千秋适时而起，宜春侯是汉室旧臣。杨敞、蔡义服从霍光的旨意，几乎都是无益于国家的人。郑弘只为政事操劳，陈万年容身保位。陈咸听父亲教诲时竟昏昏欲睡，谁是不肖之子？撰写《公孙刘田杨王蔡陈郑传》第三十六。

王孙裸葬，建乃斩将。云廷讦禹，福逾刺凤，是谓狂狷，敞近其衷。述《杨胡朱梅云传》第三十七。

【译文】杨王孙遗嘱裸葬，胡建按律法先斩监军。朱云当廷斥责丞相张禹，梅福上书讥刺大将军王凤，可谓急进，而云敞近于折衷。撰写了《杨胡朱梅云传》第三十七。

博陆堂堂，受遗武皇，拥毓孝昭，末命导扬。遭家不造，立帝废王，权定社稷，配忠阿衡。怀禄耽宠，渐化不详，阴妻之逆，至子而亡。秺侯狄孥，虔恭忠信，奕世载德，貤于子孙。述《霍光金日磾传》第三十八。

【译文】博陆侯仪表堂堂，受武帝遗诏，辅佐孝昭皇帝，武帝遗命得以显扬。遇新主不可造就，迎立宣帝废除昌邑王，安定了刘氏江山，堪称社稷之臣。受禄厚宠，渐渐发生变化，隐瞒妻子大逆之罪，到其子辈便遭到灭族亡家之祸。秺侯金日磾是匈奴族休屠王之子，恭敬忠信，永世记载其德，延续子孙后代。撰写《霍光金日磾传》第三十八。

兵家之策，惟在不战。营平皤皤，立功立论，以不济可，上谕其信。武贤父子，虎臣之俊。述《赵充国辛庆忌传》第三十九。

【译文】兵家的上策，在于不战而使人降服。营平侯白发苍苍，建功立论，用屯田之策代替宣帝出征羌族的命令，取得了皇帝的信任。辛武贤父子，号称虎臣。撰写《赵充国辛庆忌传》第三十九。

义阳楼兰，长罗昆弥，安远日逐，义成郅支。陈汤诞节，救在三哲；会宗勤事，疆外之桀。述《傅常郑甘陈段传》第四十。

【译文】义阳侯斩杀楼兰王，长罗侯扶立昆弥王，安远侯迎接日逐王降汉，义成侯击杀郅支单于。陈汤放纵不羁，皇帝降罪，由刘向等三人相救；段会宗勤劳王事，是出使西域的俊杰。撰写《傅常郑甘陈段传》第四十。

不疑肤敏，应变当理，辞霍不婚，逡遁致仕。疏克有终，散金娱老。定国之祚，于其仁考。广德、当、宣，近于知耻。述《隽疏于薛平彭传》第四十一。

【译文】隽不疑貌美机敏，应变自如善辨真伪，拒绝了霍光以女许婚，退隐不再为官。疏广得以善终，施舍钱财与旧友欢度晚年。于定国的福分，在于他仁慈的父亲。薛广德、平当、彭宣三人不苟于禄位，近于知耻。撰写《隽疏于薛平彭传》第四十一。

四皓遁秦，古之逸民，不营不拔，严平、郑真。吉因于贺，涅而不缁；禹既黄发，以德来仕。舍惟正身，胜死善道；郭钦、蒋诩，近遁之好。述《王贡两龚鲍传》第四十二。

【译文】商山四皓逃避秦朝暴政，是古代的隐逸之士，爵禄不能乱其志，威武不能屈其身，严君子、郑真可与之相比。王吉受昌邑王刘贺牵连，却出污泥而不染；贡禹年老，因德性淳厚得以为官。龚舍不愿任职，意在修身正己，龚胜辞官归乡，得以善终；郭钦、蒋诩，近于避世而结局美好。撰写《王贡两龚鲍传》第四十二。

扶阳济济，闻《诗》闻《礼》。玄成退让，仍世作相。汉之宗庙，叔孙是谟，革自孝元，诸儒变度。国之诞章，博载其路。述《韦贤传》第四十三。

【译文】扶阳侯庄严恭敬，多闻《诗》《礼》。其子玄成不袭父爵，而连任宰相。汉室宗庙，定制出自叔孙通之谋，变革从孝元帝开始，诸儒改变制度。国家的重要文献，广泛记载了这种变革。撰写《韦贤传》第四十二。

高平师师，惟辟作威，图黜凶害，天子是毗。博阳不伐，含弘光大，天诱其衷，庆流苗裔。述《魏相丙吉传》第四十四。

【译文】高平侯有识别辅佐大臣之法，只有人君才可掌握威权，谋除凶害，大臣之职只在辅佐。博阳侯从不自夸其功，襟怀宽广心性光明，天生平和之德，吉庆泽及子孙后代。撰写《魏相丙吉传》第四十四。

占往知来，幽赞神明，苟非其人，道不虚行。学微术昧，或见仿佛，疑殆匪阙，违众迕世，浅为尤悔，深作敦害。述《眭两夏侯京翼李传》第四十五。

【译文】验证过去预知未来，深至神明赞助，如不是有道之人占卜，不会显示神明。学问浅薄道术不精，有人只见到事情的大概，不懂得多闻阙疑，违背民众逆世行事，涉浅者犹为过错悔恨，深陷者便遭祸害。撰写《眭两夏侯京翼李传》第四十五。

广汉尹京，克聪克明；延寿作翊，既和且平。矜能讦上，俱陷极刑。翁归承风，帝扬厥声。敞亦平平，文雅自赞；尊实赳赳，邦家之彦；章死非罪，士民所叹。述《赵尹韩张两王传》第四十六。

【译文】赵广汉任京兆尹，聪敏明察；韩延寿任左冯翊，办事平和。但两人自我夸耀功勋，揭发皇上短处，都受到极刑处罚。尹翁归继任右扶风，皇帝表彰其业绩。张敞也是善于治理，又以文雅助其治理之术；王尊武勇，国家之美士；王章死于非罪，士民为之叹息。撰写《赵尹韩张两王传》第四十六。

宽饶正色，国之司直。丰繄好刚，辅亦慕直。皆陷狂狷，不典不式。崇执言责，隆持官守。宝曲定陵，并有立志。述《盖诸葛刘郑毋将孙何传》第四十七。

【译文】盖宽饶庄重严肃，是国家纠正不法之徒的刚直之官。诸葛丰惟好刚直，刘辅仰慕直谏。二者都流于狂猖，不足以为典范。郑崇坚守以言直谏之职，毋将隆持守劝谏官职。孙宝折曲定陵侯，何并立志斩侍中之奴。撰写《盖诸葛刘郑毋将孙何传》第四十七。

长倩懊懊，觌霍不举，遇宣乃拔，傅元作辅，不图不虑，见踬石、许。述《萧望之传》第四十八。

【译文】萧长倩行步舒缓安适，拜见霍光却不被推举，遇到宣帝才受到重用，成为元帝之师，因不作远虑思谋，被权臣石显、许章所算计陷害。撰写《萧望之传》第四十八。

子明光光，发迹西疆，列于御侮，厥子亦良。述《冯奉世传》第四十九。

【译文】冯子明显赫威武，出使西域而立功发迹，置于抵御外侮的功臣之列，其子多被器重，有名于当世。撰写《冯奉世传》第四十九。

宣之四子，淮阳聪敏，舅氏蘧蒢，几陷大理。楚孝恶疾，东平失轨，中山凶短，母归戎里。元之二王，孙后大宗，昭而不穆，大命更登。述《宣元六王传》第五十。

【译文】宣帝四子之中，淮阳王刘钦聪敏，其舅谄佞，几乎使淮阳王陷入大罪。楚孝王患恶疾，东平王触犯律法，中山王短命，其母回归故乡戎里。元帝之子有二人封王，其孙之后有继承皇位的哀帝、平帝，然而有父无子，帝位变更。撰述《宣元六王传》第五十。

乐安衪衪，古之文学，民具尔瞻，困于二司。安昌货殖，朱云作娸。博山敦慎，受莽之疚。述《匡张孔马传》第五十一。

【译文】乐安侯满腹经纶，古文经学造诣高深，其职任尊崇，民所瞻仰，然而在位失德，为司隶校尉王尊、王骏弹劾。安昌侯增置产业，朱云在朝廷出丑。博山侯厚道而谨慎，因屈从王莽而声名受损。撰写《匡张孔马传》第五十一。

乐昌笃实，不挠不诎，遘闵既多，是用废黜。武阳殷勤，辅导副军，既忠且谋，飨兹旧勋。高武守王，因用济身。述《王商史丹傅喜传》第五十二。

【译文】乐昌侯忠厚诚实，不诎服不退缩，遭遇多次陷害，于是被贬而不受重用。武阳侯殷勤奉公，辅导太子，既忠实又多谋略，谏静使成帝继位，因立国之功受赏封爵食邑。高武侯守正不阿，故而得以免祸。撰写《王商史丹傅喜传》第五十二。

高阳文法，扬乡武略，政事之材，道德惟薄，位过厥任，鲜终其禄。博之翰音，鼓妖先作。述《薛宣朱博传》第五十三。

【译文】高阳侯薛宣熟悉法律，扬乡侯朱博满腹武略，具备处理政务的才能，只是德行浅薄，职位过高而力不胜任，不能善始善终。朱博拜官时声音嘹亮，不祥鼓声先响。撰写《薛宣朱博传》第五十三。

高陵修儒，任刑养威，用合时宜，器周世资。义得其勇，如虎如貔，进不跬步，宗为鲸鲵。述《翟方进传》第五十四。

【译文】高陵侯翟方进修习儒学，用刑罚以助威严，所用儒术、刑罚皆合时宜，其才能可为后世所用。翟义生性勇武，有如猛虎，行进时昂首阔步，起兵失败后，王莽灭翟氏，将其宗族人等作为害人大鱼示众。撰写《翟方进传》第五十四。

统微政缺，灾眚屡发。永陈厥咎，戒在三七。邺指丁、傅，略窥占术。述《谷永杜邺传》第五十五。

【译文】刘氏血统衰微朝政废缺，日食月食等预示灾祸的现象多次出现。谷永陈述灾害出现的罪责，指出应在建汉二百一十周年时有所戒备。杜邺指责丁、傅二太后，他稍知占卜之术。撰写《谷永杜邺传》第五十五。

哀、平之恤，丁、傅、莽、贤。武、嘉戚之，乃丧厥身。高乐废黜，咸列贞臣。述《何武王嘉师丹传》第五十六。

【译文】哀帝、平帝的忧虑，在于丁、傅二太后以及王莽、董贤。何武、王嘉为其忧伤，结果都丧了性命。高乐侯师丹罢了官，三人都被列为忠臣。撰述《何武王嘉师丹传》第五十六。

渊哉若人！实好斯文。初拟相如，献赋黄门，辍而覃思，草《法》纂《玄》，斟酌《六经》，放《易》象《论》，潜于篇籍，以章厥身。述《扬雄传》第五十七。

【译文】此人学问多么渊博啊！富于礼乐文采。起初自比司马相如，献诗赋于官府，继而深思，草创《法言》撰写《太玄经》，参考《六经》，仿效《易经》，摹拟《论语》，专心研究文章，从而成名于世。撰述《扬雄传》第五十七。

犷犷亡秦，灭我圣文，汉存其业，六学析分。是综是理，是纲是纪，师徒弥散，著其终始，述《儒林传》第五十八。

【译文】残酷暴虐使秦灭亡，毁弃了圣人经典，汉朝保存圣人伟业，六经之学分门别类。分析研究，明确纲纪，师生分为门派，写明发展变化始末。撰述《儒林传》第五十八篇。

谁毁谁誉，誉其有试。泯泯群黎，化成良吏。淑人君子，时同功异。没世遗爱，民有余思。述《遁吏传》第五十九。

【译文】谁被指责，谁被赞扬，如有赞誉，可以试用。无知百姓，良吏教化而成俗。良善君子，在同一时代而功业各异。去世之后仁爱仍然遗留于世间，以致百姓怀着无限思念。撰述《循吏传》第五十九。

上替下陵，奸轨不胜，猛政横作，刑罚用兴。曾是强圉，掊克为雄，报虐以威，殃亦凶终。述《酷吏传》第六十。

【译文】朝廷衰败懈怠，下级官吏称霸，犯罪数不胜数，暴政横行，滥用刑罚。欺压善良之徒，为官聚敛称雄，回报虐待百姓的恶吏的办法，就是使用威力加以诛灭，使害民之官也以凶险告终。撰述《酷吏传》第六十。

四民食力，罔有兼业，大不淫侈，细不匮乏，盖均无贫，遵王之法。靡法靡度，民肆其诈，逼上并下，荒殖其货。侯服玉食，败俗伤化。述《货殖传》第六十一。

【译文】士、农、工、商自食其力，没有兼作他业的，大业主不奢侈，小业主不贫乏，是由于施政均衡，不致贫困，而能遵守国家法度。如果没有法度，百姓肆意欺诈，逼上侵下，大肆经营。越制穿王侯该穿的衣服，食用珍贵的食物，伤风败俗。撰述《货殖传》第六十一。

开国承家，有法有制，家不臧甲，国不专杀。矧乃齐民，作威作惠，如台不匡，礼法是谓！述《游侠传》第六十二。

【译文】建立国家，设立法制，家不藏兵器，国不独断滥杀。何况是平民百姓，作威作福，施恩施惠，如果国家不闻不问，还谈什么礼制和法律！撰述《游侠传》第六十二。

彼何人斯，窃此富贵！营损高明，作戒后世。述《佞幸传》第六十三。

【译文】他们是什么人啊，竟窃取了这样的富贵！损害高尚贤明的大臣，用来警戒后世。撰述《佞幸传》第六十三。

於惟帝典，戎夷猾夏！周宣攘之，亦列《风》《雅》。宗幽既昏，淫于褒女，戎败我骊，遂亡酆鄗。大汉初定，匈奴强盛，围我平城，寇侵边境。至于孝武，爰赫斯怒，王师雷起，霆击朔野。宣承其末，乃施洪德，震我威灵，五世来服。王莽窃命，是倾是覆，备其变理，为世典式。述《匈奴传》第六十四。

【译文】《尚书·舜典》告诫说，戎夷乱华夏；周宣王击退他们，事迹载入《诗经》之中。幽王昏庸，宠幸褒姒，戎族乘机将幽王杀于骊山脚下，然后攻占了酆京和鄗京，使西周灭亡。大汉初建，匈奴强盛，把高祖围困在平城，侵犯边境。到武帝时，便勃然大怒，王师如迅雷而起，闪电般进军北部匈奴。宣帝承继其余威，屡施宏恩大德，显示汉朝的雄武英明，从宣帝到平帝，匈奴都前来臣服。王莽窃取皇权，葬送了胡汉的友好关系，备录事变之理，以为后世树立典则。撰述《匈奴传》第六十四。

西南外夷，种别域殊。南越尉佗，自王番禺。攸攸外寓，闽越、东瓯。爰洎朝鲜，燕之外区。汉兴柔远，与尔剖符。皆恃其阻，乍臣乍骄，孝武行师，诛灭海隅。述《西南夷两越朝鲜传》第六十五。

【译文】西南边远夷族，种族有别地域特殊。南越族的尉佗，在番禺自立为王。遥远的东南方，居住着闽越、东瓯两族。及至朝鲜、燕地以外的地区。汉朝建立后，安抚边远地区，与远方各族订盟分封疆土。各族因山高路险，时而称臣，时而倨傲叛离，武帝发兵征讨，诛灭海角叛逆之族。撰述《西南夷两越朝鲜传》第六十五。

西戎即序，夏后是表。周穆观兵，荒服不旅。汉武劳神，图远甚勤。王师驒驒，致诛大宛。姼姼公主，乃女乌孙，使命乃通，条支之濒。昭、宣承业，都护是立，总督城郭，三十有六，修奉朝贡，各以其职。述《西域传》第六十六。

【译文】西戎民族即使有秩序，也是夏禹教化而成。周穆王陈兵西疆，征服不入朝述职之族。武帝殚精竭虑，急于征服边远民族。皇帝派出的军队长途行军，人马疲惫，到达大宛诛杀其首领。美貌公主，嫁给乌孙，使命于是畅通，使臣到达条支海岸。昭帝、宣帝承继先帝事业，设立都护官署，总督西域三十六座城郭，各国都前来修好朝贡，各尽其职。撰述《西域传》第六十六。

诡矣祸福，刑于外戚，高后首命，吕宗颠覆。薄姬坠魏，宗文产德。窦后违意，考盘于代。王氏仄微，世武作嗣。子夫既兴，扇而不终。钩弋忧伤，孝昭以登。上官幼尊，类祃厥宗。史娣、王悼，身遇不祥，及宣飨国，二族后光。恭哀产元，夭而不遂。邛成乘序，履尊三世。飞燕之妖，祸成厥妹。丁、傅僭恣，自求凶害。中山无辜，乃丧冯、卫。惠张、景薄，武陈、宣霍，成许、哀傅，平王之作，事虽歆羡，非天所度。怨咎若兹，如何不恪！进《外戚传》第六十七。

【译文】福祸相违始终不一，典型事例在于外戚。高后首命为皇后，吕氏家族遭到覆灭。薄姬坠入魏国，得宠生下文帝。窦后回乡不遂心愿，成乐于代国，生下了景帝。王氏以夫人之低位升至皇后，其子武帝继承皇位。卫子夫虽已得宠，宠爱却不能自始至终。钩弋之子立为太子却忧伤而终，昭帝以母爱死得登帝位。上官皇后幼小便得尊位，家族却以大逆之罪而遭诛灭。史良娣、王悼遇害，到宣帝时二族受封，后世荣耀。恭哀许皇后生下元帝，被霍氏毒死而未遂心愿。邛成许皇后荣登尊位，经历宣帝、元帝、成帝三世。赵飞燕姿容妖艳，灾祸起于其妹丁、傅二太后越权专横，自召其祸。中山孝王无罪，却失去了冯、卫二太后。惠帝张皇后、景帝薄皇后、武帝陈皇后、宣帝霍皇后、成帝许皇后、哀帝傅皇后、平帝王皇后，她们的兴起，事虽美好，却不是天意使居。忧怨对错就这样事与愿违，如何不令人敬畏！撰述《外戚传》第六十七。

元后娠母，月精见表。遭成之逸，政自诸舅。阳平作威，诛加卿宰。成都煌煌，假我明光。曲阳歊歊，亦朱其堂。新都亢极，作乱以亡。述《元后传》第六十八。

【译文】元后的母亲怀着她时曾梦见月光入怀。遇成帝贪图享乐，朝政全由舅家掌管。阳平侯作威作福，甚至诛杀卿相。成都侯私欲横流，竟借用汉家的明光宫。曲阳侯生性气盛，装修屋宇超越礼制，甚至用朱漆粉刷台阶。新都侯狂妄之极，最终由于作乱而自取灭亡。撰述《元后传》第六十八。

咨尔贼臣，篡汉滔天，行骄夏癸，虐烈商辛。伪稽黄、虞，缪称典文，众怨神怒，恶复诛臻。百王之极，究其奸昏。述《王莽传》第六十九。

【译文】贼臣王莽，篡夺汉位罪恶滔天，行事骄纵如夏桀，暴虐与商纣无异。诡称恢复黄帝、舜时的古制，妄称之为经典文章，激起民众怨恨苍天震怒，罪大恶极必遭诛杀。百王中罪恶无比，考查其奸邪昏暗。撰述《王莽传》第六十九。

凡《汉书》，叙帝皇，列官司，建侯王。准天地，统阴阳，阐元极，步三光。分州域，物土疆，穷人理，该万方。纬《六经》，缀道纲，总百氏，赞篇章。函雅故，通古今，正文字，惟学林。述《叙传》第七十。

【译文】总体而论，《汉书》是记述皇帝治国纲纪，表列百官职掌，谱写王侯之世系。记天文以效法天地，记五行以合阴阳，记律历以推上极元始，推算日、月、星辰之运行，记地理以划分疆域，察看天地，记古今人物以穷尽人伦之理，记郊祀以详万物。记艺文以考证六经，阐述道统纲纪，写传记以汇总人物生平事迹，撰述评论篇章。全书包含雅训之旧典，贯通古今之世事，校正文字，亦称文学之林薮。撰述《叙传》第七十。

资治通鉴

资治通鉴序

《资治通鉴》，宋司马光撰，光字君实，陕州夏县涑水乡人，历仕仁宗、英宗至神宗时，以议新法之害，出居于洛。哲宗立，高太后临朝，光入为相，尽改新法，在相位八月而卒，赠太师、温国公，谥文正。初英宗朝，光奉召集历代君臣事迹，关于国家兴废、生民休戚，可为鉴戒者。许自辟官属，在外听以书局自随。凡十九年而成，助其事者，刘攽、刘恕、范祖禹等，皆当代通儒。故其书网罗宏富、体大思精，托始于周威烈王命三晋为诸侯一事，而终于五代之季，凡十六代，一千三百六十二年，为书二百九十四卷。书上，神宗赐名《资治通鉴》，光复略举其事目，年经国纬，以备检寻，为目录三十卷，参考群书，评其异同，为《考异》三十卷。晚年病本书太繁，目录太简，更著《通鉴举要》八十卷，未成而卒。光尝自谓精力尽于此书，宜乎其书卒为编年诸史之冠，同时刘恕沿其体例，别撰《通鉴外纪》，述庖牺至周。清毕沅撰《续资治通鉴》，述自宋至元，今多附于光书而行。又有借其旧文而自为新著者，如朱子之为《通鉴纲目》，因年以著通，大书分注，合《春秋》《左传》而为一家；袁枢之作《通鉴纪事本末》，以事分类，详其起讫，则导源于《尚书》，而加以推广。虽其书之为功，各有短长，并足以垂不朽，然由此益知光书志博大精深为可贵矣。（案本书求便通览，故所录《通鉴》各篇，皆系自有起讫，篇幅完整者。实与纪事本末之体相近，间有数篇，因事涉多年，必须缀合者，则竟依袁书，稍加删节。故此一书不啻有二体，二体者，即《史通》所谓尚书家与左传家也。）

【译文】《资治通鉴》是北宋司马光所著，司马光，字君实，是陕州夏县涑水乡人，历任仁宗、英宗朝官，到神宗朝，因为议论新法的危害，被贬出朝廷，到了洛阳。哲宗即位后，高太后临朝听政，又将其召回做了宰相，将新法全部废除。他在相位八个月就去世了，死后追赠太师、温国公，并赐谥号“文正”。当初在英宗朝时，司马光就奉诏搜集历代君臣的事迹（编辑成书），内容有关国家兴亡、百姓福祸，可作为后世借鉴的对象。皇帝准许他自己任命助手，在外也准许他随身带着书局机构，一共花了十九年时间才最终完成。帮助他完成这项事业的有刘攽、刘恕、范祖禹等人，都是当时学问广博的学者，所以这部书所包含的内容宏大、丰富，体系庞大但条理清晰。这部书记事开始于周威烈王准许赵魏韩三家分晋，结束于五代末，共十六代、一千三百六十二年，二百九十四卷。书献上以后，神宗赐名《资治通鉴》。司马光又大略举出其中的条目，以国家为经以年代为纬编辑起来，以便于检索查询，即三十卷的《通鉴目录》。参考群书、评论其中的异同，又作《通鉴考异》三十卷。司马光晚年时嫌《通鉴》篇幅太长，而《目录》又太简略，所以又作《通鉴举要》八十卷，还没完成就去世了。他曾说自己的精力几乎全都花在这部书上了，难怪这部书要成为编年体史书中的翘楚了。同时刘恕沿袭这种体例，另外撰写了《通鉴外纪》，记述庖牺氏到周代的事迹；清代毕沅撰写《续资治通鉴》，叙述从宋至元的历史，现在多被附在《通鉴》后边流传于世；又有借着《通鉴》内容而自己重新编纂的著作，如朱熹《通鉴纲目》，按照年代顺序叙述统纪，以大字分注的形式将《春秋》《左传》合为一体；明人袁枢的《通鉴纪事本末》则以事件分类，详述事情的起止，这种方法可以上溯至《尚书》，但他在此能加以推广。虽然（以上）各书的作用各有优劣，但都足以传之后世而永垂不朽。这样就更加能够了解到司马光《通鉴》的博大精深，是有多么可贵了。（案，本书为了便于阅览，所以转录《通鉴》各篇，都有始有终，篇幅完整，本质上是与“纪事本末”的体例相似。但其中几篇由于所涉历史时间快读过大，必须进行缀合，所以就按着袁枢的办法，稍微进行一点增删。所以本书不亚于同时具有两种体例，即《史通》所说的“尚书家”和“左传家”。）

智伯之亡

（周威烈王二十三年）

初，智宣子将以瑶为后。智果曰：“不如宵也。瑶之贤于人者五，其不逮者一也。美鬓长大则贤，射御足力则贤，伎艺毕给则贤，巧文辩慧则贤，强毅果敢则贤，如是而甚不仁。夫以其五贤陵人，而以不仁行之，其谁能待之？若果立瑶也，智宗必灭。”弗听，智果别族于太史为辅氏。

【译文】当初，晋国的智宣子想以智瑶为继承人，族人智果说：“他不如智宵。智瑶有超越他人的五项长处，只有一项短处。美发高大是长处，精于骑射是长处，才艺双全是长处，能写善辩是长处，坚毅果敢是长处。虽然如此却很不仁厚。如果他以五项长处来制服别人而做不仁不义的恶事，谁能和他和睦相处？要是真的立智瑶为继承人，那么智氏宗族一定灭亡。”智宣子置之不理。智果便向太史请求脱离智族姓氏，另立为辅氏。

赵简子之子，长曰伯鲁，幼曰无恤。将置后，不知所立。乃书训戒之辞于二简，以授二子曰：“谨识之。”三年而问之，伯鲁不能举其辞，求其简，已失之矣。问无恤，诵其辞甚习，求其简，出诸袖中而奏之。于是简子以无恤为贤，立以为后。

【译文】赵国的大夫赵简子的儿子，长子叫伯鲁，幼子叫无恤。赵简子想确定继承人，不知立哪位好，于是把他的日常训诫言词写在两块竹简上，分别交给两个儿子，嘱咐说：“好好记住！”过了三年，赵简子问起两个儿子，大儿子伯鲁说不出竹简上的话；再问他的竹简，已丢失了。又问小儿子无恤，竟然背诵竹简训词很熟习；追问竹简，他便从袖子中取出献上。于是，赵简子认为无恤十分贤德，便立他为继承人。

简子使尹铎为晋阳。请曰：“以为茧丝乎？抑为保障乎？”简子曰：“保障哉！”尹铎损其户数。简子谓无恤曰：“晋国有难，而无以尹铎为少，无以晋阳为远，必以为归。”

【译文】赵简子派尹铎去晋阳，临行前尹铎请示说：“您是打算让我去抽丝剥茧般地搜刮财富呢，还是作为保障之地？”赵简子说：“作为保障。”尹铎便少算居民户数，减轻赋税。赵简子又对儿子赵无恤说：“一旦晋国发生危难，你不要嫌尹铎地位不高，不要怕晋阳路途遥远，一定要以那里作为归宿。”

及智宣子卒，智襄子为政，与韩康子、魏桓子宴于蓝台。智伯戏康子而侮段规，智国闻之，谏曰：“主不备难，难必至矣！”智伯曰：“难将由我。我不为难，谁敢兴之？”对曰：“不然。《夏书》有之曰：‘一人三失，怨岂在明，不见是图。’夫君子能勤小物，故无大患。今主一宴而耻人之君相，又弗备，曰不敢兴难，无乃不可乎！蚋、蚁、蜂、虿，皆能害人，况君相乎！”弗听。

【译文】等到智宣子去世，智襄子智瑶当政，他与韩康子、魏桓子在蓝台饮宴，席间智瑶戏弄韩康子，又侮辱他的家相段规。智瑶的家臣智国听说此事，就告诫说：“主公您不提防招来灾祸，灾祸就一定会来了！”智瑶说：“人的生死灾祸都取决于我。我不给他们降临灾祸，谁还敢兴风作浪！”智国又说：“这话可不妥。《夏书》中说：‘一个人屡次三番犯错误，结下的仇怨岂能在明处，应该在它没有表现时就提防。’贤德的人能够谨慎地处理小事，所以不会招致大祸。现在主公一次宴会就开罪了人家的主君和臣相，又不戒备，说：‘不敢兴风作浪。’这种态度恐怕不行吧。蚊子、蚂蚁、蜜蜂、蝎子，都能害人，何况是国君、国相呢！”智瑶不听。

智伯请地于韩康子，康子欲弗与。段规曰："智伯好利而愎，不与，将伐我；不如与之。彼狃于得地，必请于佗人；佗人不与，必向之以兵。然则我得免于患，而待事之变矣。"康子曰："善。"使使者致万家之邑于智伯，智伯悦。又求地于魏桓子，桓子欲弗与。任章曰："何故弗与？"桓子曰："无故索地，故弗与。"任章曰："无故索地，诸大夫必惧；吾与之地，智伯必骄。彼骄而轻敌，此惧而相亲。以相亲之兵，待轻敌之人，智氏之命必不长矣。《周书》曰：'将欲败之，必姑辅之；将欲取之，必姑与之。'主不如与之以骄智伯，然后可以择交而图智氏矣。奈何独以吾为智氏质乎！"桓子曰："善。"复与之万家之邑一。

【译文】智瑶向韩康子要地，韩康子想不给。段规说："智瑶贪财好利，又刚愎自用，如果不给，一定讨伐我们，不如姑且给他。他拿到地更加狂妄，一定又会向别人索要；别人不给，他必定向人动武用兵，这样我们就可以免于祸患而伺机行动了。"韩康子说："好主意。"便派了使臣去送上有万户居民的领地。智瑶大喜，果然又向魏桓子提出索地要求，魏桓子想不给。家相任章问："为什么不给呢？"魏桓子说："无缘无故来要地，所以不给。"任章说："智瑶无缘无故强索他人领地，一定会引起其他大夫官员的警惧；我们给智瑶地，他一定会骄傲。他骄傲而轻敌，我们警惧而互相亲善；用精诚团结之兵来对付狂妄轻敌的智瑶，智家的命运一定不会长久了。《周书》说：'要打败敌人，必须暂时听从他；要夺取敌人利益，必须先给他一些好处。'主公不如先答应智瑶的要求，让他骄傲自大，然后我们可以选择盟友共同图谋，又何必单独以我们作智瑶的靶子呢！"魏桓子说："对。"也交给智瑶一个有万户的封地。

智伯又求蔡、皋狼之地于赵襄子，襄子弗与。智伯怒，帅韩、魏之甲以攻赵氏。襄子将出，曰："吾何走乎？"从者曰："长子近，且城厚完。"襄子曰："民罢力以完之，又毙死以守之，其谁与我！"从者曰："邯郸之仓库实。"襄子曰："朘民之膏泽以实之，又因而杀之，其谁与我！其晋阳乎，先主之所属也，尹铎之所宽也，民必和矣。"乃走晋阳。

【译文】智瑶又向赵襄子要蔡和皋狼的地方。赵襄子拒绝不给。智瑶勃然大怒，率领韩、魏两家甲兵前去攻打赵家。赵襄子准备出逃。问："我到哪里去呢？"随从说："长子城最近，而且城墙坚厚又完整。"赵襄子说："百姓精疲力尽地修完城墙，又要他们舍生入死地为我守城，谁能和我同心？"随从又说："邯郸城里仓库充实。"赵襄子说："搜刮民脂民膏才使仓库充实，现在又因战争让他们送命，谁会和我同心。还是投奔晋阳吧，那是先主的地盘，尹铎又待百姓宽厚，人民一定能同我们和衷共济。"于是前往晋阳。

三家以国人围而灌之，城不浸者三版。沈灶产蛙，民无叛意。智伯行水，魏桓子御，韩康子骖乘。智伯曰：“吾乃今知水可以亡人国也。”桓子肘康子，康子履桓子之跗，以汾水可以灌安邑，绛水可以灌平阳也。絺疵谓智伯曰：“韩、魏必反矣。”智伯曰：“子何以知之？”絺疵曰：“以人事知之。夫从韩、魏之兵而攻赵，赵亡，难必及韩、魏矣。今约胜赵而三分其地，城不没者三版，人马相食，城降有日，而二子无喜志，有忧色，是非反而何？”明日，智伯以絺疵之言告二子，二子曰：“此夫谗人，欲为赵氏游说，使主疑于二家而懈于攻赵氏也。不然，夫二家岂不利朝夕分赵氏之田，而欲为危难不可成之事乎？”二子出，絺疵入曰：“主何以臣之言告二子也？”智伯曰：“子何以知之？”对曰：“臣见其视臣端而趋疾，知臣得其情故也。”智伯不悛。絺疵请使于齐。

【译文】智瑶、韩康子、魏桓子三家围住晋阳，引水灌城。城墙头只差三版的地方没有被淹没，锅灶都被泡塌，青蛙孳生，人民仍是没有背叛之意。智瑶巡视水势，魏桓子为他驾车，韩康子站在右边护卫。智瑶说：“我今天才知道水可以让人亡国。”魏桓子用胳膊肘碰了一下韩康子，韩康子也踩了一下魏桓子脚。因为汾水可以灌魏国都城安邑，绛水也可以灌韩国都城平阳。智家的谋士疵对智瑶说：“韩、魏两家肯定会反叛。”智瑶问：“你何以知道？”疵说：“以人之常情而论。我们调集韩、魏两家的军队来围攻赵家，赵家覆亡，下次灾难一定是连及韩、魏两家了。现在我们约定灭掉赵家后三家分割其地，晋阳城仅差三版就被水淹没，城内宰马为食，破城已是指日可待。然而韩康子、魏桓子两人没有高兴的心情，反倒面有忧色，这不是必反又是什么？”第二天，智瑶把疵的话告诉了韩、魏二人，二人说：“这一定是离间小人想为赵家游说，让主公您怀疑我们韩、魏两家而放松对赵家的进攻。不然的话，我们两家岂不是放着早晚就分到手的赵家田土不要，而要去干那危险必不可成的事吗？”两人出去，疵进来说：“主公为什么把臣下我的话告诉他们两人呢？”智瑶惊奇地反问：“你怎么知道的？”回答说：“我见他们认真看我而匆忙离去，因为他们知道我看穿了他们的心思。”智瑶不改。于是疵请求让他出使齐国。

赵襄子使张孟谈潜出见二子，曰：“臣闻唇亡则齿寒。今智伯帅韩、魏而攻赵，赵亡则韩、魏为之次矣。”二子曰：“我心知其然也，恐事未遂而谋泄，则祸立至矣”。张孟谈曰：“谋出二主之口，入臣之耳，何伤也？”二子乃阴与张孟谈约，为之期日而遣之。襄子夜使人杀守堤之吏，而决水灌智伯军。智伯军救水而乱，韩、魏翼而击之，襄子将卒犯其前，大败智伯之众。遂杀智伯，尽灭智氏之族。唯辅果在。

【译文】赵襄子派张孟谈秘密出城来见韩、魏二人，说：“我听说唇亡齿寒。现在智瑶率领韩、魏两家来围攻赵家，赵家灭亡就该轮到韩、魏了。”韩康子、魏桓子也说：“我们心里也知道会这样，只怕事情还未办好而计谋先泄露出去，就会马上大祸临头。”张孟谈又说：“计谋出自二位主公之口，进入我一人耳朵，有何伤害呢？”于是两人秘密地与张孟谈商议，约好起事日期后送他回城了。夜里，赵襄子派人杀掉智军守堤官吏，使大水决口反灌智瑶军营。智瑶军队为救水淹而大乱，韩、魏两家军队乘机从两翼夹击，赵襄子率士兵从正面迎头痛击，大败智家军，于是杀死智瑶，又将智家族人尽行诛灭。只有辅果得以幸免。

诸吕之变

（汉高皇后八年）

诸吕欲为乱，畏大臣绛、灌等未敢发。朱虚侯以吕禄女为妇，故知其谋，乃阴令人告其兄齐王，欲令发兵西，朱虚侯、东牟侯为内应，以诛诸吕，立齐王为帝。齐王乃与其舅驷钧、郎中令祝午、中尉魏勃，阴谋发兵。齐相召平弗听。八月丙午，齐王欲使人诛相。相闻之，乃发卒卫王宫。魏勃绐召平曰："王欲发兵，非有汉虎符验也。而相君围王，固善，勃请为君将兵卫王。"召平信之。勃既将兵，遂围相府，召平自杀。于是齐王以驷钧为相，魏勃为将军，祝午为内史，悉发国中兵。

【译文】诸吕打算作乱，因惧怕大臣周勃、灌婴等人，未敢贸然行事。朱虚侯刘章娶吕禄之女为妻，所以得知吕氏的阴谋，就暗中派人告知其兄齐王刘襄，让齐王统兵西征，朱虚侯、东牟侯为他做内应，图谋诛除吕氏，立齐王为皇帝。齐王就与他舅父驷钧、郎中令祝午、中尉魏勃暗中密谋发兵。齐相召平反对举兵。八月丙午（二十六日），齐王准备派人杀国相召平；召平得知，就发兵包围了王宫。魏勃欺骗召平说："齐王没有汉朝廷的发兵虎符，就要发兵，这是违法的。您发兵包围了齐王本是对的，我请求为您带兵入宫软禁齐王。"召平信以为真，让魏勃指挥军队。魏勃掌握统兵权之后，就命令包围相府，召平自杀。于是，齐王命驷钧为相，魏勃为将军，祝午为内史，征发齐国的全部兵员。

使祝午东诈琅邪王曰："吕氏作乱，齐王发兵，欲西诛之。齐王自以年少，不习兵革之事，愿举国委大王。大王自高帝将也。请大王幸之临淄，见齐王计事。"琅邪王信之，西驰见齐王。齐王因留琅邪王，而使祝午尽发琅邪国兵，并将之。琅邪王说齐王曰："大王，高皇帝嫡长孙也，当立。今诸大臣狐疑未有所定，而泽于刘氏最为长年，大臣固待泽决计。今大王留臣，无为也，不如使我入关计事。"齐王以为然，乃益具车送琅邪王。琅邪王既行，齐遂举兵西攻济南。遗诸侯王书，陈诸吕之罪，欲举兵诛之。

【译文】齐王派祝午到东面的琅邪国，欺骗琅邪王刘泽说："吕氏在京中发动变乱，齐王发兵，准备西入关中诛除吕氏。齐王因为自己年轻，又不懂得军旅战阵之事，自愿把整个齐国听命于大王的指挥。大王您在高祖时就已统兵为将，富有军事经验；请大王光临齐都临淄，与齐王面商大事。"琅邪王信以为真，迅速赶往临淄见齐王。齐王乘机扣留了琅邪王，而指令祝午全部征发琅邪国的兵员，一并由自己统领。琅邪王对齐王说："大王是高皇帝的嫡长孙，应当立为皇帝；现在朝中大臣对立谁为帝犹豫不定，而我在刘氏宗室中年龄最大，大臣们本当等着由我决定择立皇帝的大计。现在大王留我在此处，我无所作为，不如让我入关计议立帝之事。"齐王认为他说得有道理，就准备了许多车辆为琅邪王送行。琅邪王走后，齐王就出兵向西攻济南国；齐王还致书于各诸侯王，历数吕氏的罪状，表明自己起兵灭吕的决心。

相国吕产等闻之，乃遣颍阴侯灌婴将兵击之。灌婴至荥阳，谋曰："诸吕拥兵关中，欲危刘氏而自立。今我破齐还报，此益吕氏之资也。"乃留屯荥阳，使使谕齐王及诸侯，与连和，以待吕氏变，共诛之。齐王闻之，乃还兵西界待约。

【译文】相国吕产等人闻讯齐王举兵，就派颍阴侯灌婴统兵征伐。灌婴率军行至荥阳，与其部下计议说："吕氏在关中手握重兵，图谋篡夺刘氏天下，自立为帝。如果我们现在打败齐军，回报朝廷，这就增强了吕氏的力量。"于是，灌婴就在荥阳屯兵据守，并派人告知齐王和诸侯，约定互相联合，静待吕氏发起变乱，即一同诛灭吕氏。齐王得知此意，就退兵到齐国的西部边界，待机而动。

吕禄、吕产欲作乱，内惮绛侯、朱虚等，外畏齐、楚兵，又恐灌婴畔之。欲待灌婴兵与齐合而发，犹豫未决。

【译文】吕禄、吕产想发起变乱，但内惧朝中绛侯周勃、朱虚侯刘章等人，外怕齐国和楚国等宗室诸王的重兵，又恐手握军权的灌婴背叛吕氏，打算等灌婴所率汉兵与齐军交战之后再动手，所以犹豫未决。

当是时，济川王太、淮阳王武、常山王朝，及鲁王张偃，皆年少，未之国，居长安；赵王禄、梁王产，各将兵居南北军。皆吕氏之人也。列侯群臣，莫自坚其命。

【译文】此时，济川王刘太、淮阳王刘武、常山王刘朝及鲁王张偃，都年幼，没有就职于封地，居住于长安；赵王吕禄、梁王吕产分别统率南军和北军，都是吕氏一党。列侯群臣没有人能自保安全。

太尉绛侯勃不得主兵。曲周侯郦商老病，其子寄与吕禄善。绛侯乃与丞相陈平谋，使人劫郦商，令其子寄往绐说吕禄曰："高帝与吕后共定天下，刘氏所立九王，吕氏所立三王，皆大臣之议，事已布告诸侯，诸侯皆以为宜。今太后崩，帝少，而足下佩赵王印，不急之国守籓，乃为上将将兵留此，为大臣诸侯所疑。足下何不归将印，以兵属太尉，请梁王归相国印，与大臣盟而之国。齐兵必罢，大臣得安，足下高枕而王千里，此万世之利也。"吕禄信然其计，欲以兵属太尉。使人报吕产及诸吕老人，或以为便，或曰不便，计犹豫未有所决。

【译文】太尉绛侯周勃手中没有军权。曲周侯郦商年老有病，其子郦寄与吕禄交好。绛侯就与丞相陈平商定一个计策，派人劫持了郦商，让他儿子郦寄去欺骗吕禄说："高帝与吕后共同安定天下，立刘氏九人为诸侯王，立吕氏三人为诸侯王，都是经过朝廷大臣议定的，并已向天下诸侯公开宣布，诸侯都认为理应如此。现在太后驾崩，皇帝年幼，您身佩赵王大印，不立即返回封国镇守，却出任上将，率兵留在京师，必然会受到大臣和诸侯王的猜忌。您为何不交出将印，把军权还给太尉，请梁王归还相国大印给朝廷，您二人与朝廷大臣盟誓后各归封国？这样，齐兵必会撤走，大臣也得以心安，您高枕无忧地去做方圆千里的一国之王，这是造福于子孙万代的事。"吕禄相信了郦寄的计谋，想把军队交给太尉统率；派人把这个打算告知吕产及吕氏长辈，有人同意，有人反对，计策犹豫未决。

吕禄信郦寄，时与出游猎，过其姑吕媭。媭大怒曰："若为将而弃军，吕氏今无处矣！"乃悉出珠玉、宝器散堂下，曰："毋为他人守也！"

【译文】吕禄信任郦寄，经常结伴外出游猎，途中曾前往拜见其姑母吕。吕大怒说："你身为上将而轻易地离军游猎，吕氏如今将无处容身了！"吕把家中的珠玉、宝器全拿出来，抛散到堂下，说："不要为别人守着这些东西了！"

九月庚申旦，平阳侯窋行御史大夫事，见相国产计事。郎中令贾寿使从齐来，因数产曰："王不早之国，今虽欲行，尚可得邪！"具以灌婴与齐、楚合从，欲诛诸吕告产，且趣产急入宫。平阳侯颇闻其语，驰告丞相、太尉。

【译文】九月庚申（初十）清晨，行使御史大夫职权的平阳侯曹，前来与相国吕产议事。郎中令贾寿出使齐国返回，批评吕产说："大王不早些去封国，现在即便是想去，还能够吗！"贾寿把灌婴已与齐、楚两国联合欲诛灭吕氏的事告诉了吕产，并且催吕产迅速入据皇宫，设法自保。平阳侯曹听到了贾寿的话，快马加鞭，赶来向丞相和太尉报告。

太尉欲入北军，不得入。襄平侯纪通尚符节，乃令持节矫内太尉北军。太尉复令郦寄与典客刘揭先说吕禄曰："帝使太尉守北军，欲足下之国。急归将印辞去。不然，祸且起。"吕禄以为郦况不欺己，遂解印属典客，而以兵授太尉。太尉至军，吕禄已去。太尉入军门，行令军中曰："为吕氏右袒，为刘氏左袒！"军中皆左袒，太尉遂将北军。然尚有南军。丞相平乃召朱虚侯章佐太尉，太尉令朱虚侯监军门，令平阳侯告卫尉："毋入相国产殿门。"

【译文】太尉想进入北军营垒，但被阻止不得入内。襄平侯纪通负责典掌皇帝符节，太尉便命令他持节，伪称奉皇帝之命允许太尉进入北军营垒。太尉又命令郦寄和典客刘揭先去劝说吕禄："皇帝指派太尉代行北军指挥职务，要您前去封国。立即交出将印，告辞赴国！否则，将有祸事发生！"吕禄认为郦寄不会欺骗自己，就解下将军印绶交给典客刘揭，而把北军交给太尉指挥。太尉进入北军时，吕禄已经离去。太尉进入军门，下令军中说："拥护吕氏的袒露右臂膀，拥护刘氏的袒露左臂膀！"军中将士全都袒露左臂膀。太尉就这样取得了北军的指挥权。但是，还有南军未被控制。丞相陈平召来朱虚侯刘章辅佐太尉。太尉令朱虚侯监守军门，又令平阳侯曹告诉统率宫门禁卫军的卫尉说："不许相国吕产进入殿门！"

吕产不知吕禄已去北军，乃入未央宫，欲为乱。至殿门，弗得入，徘徊往来。平阳侯恐弗胜，驰语太尉。太尉尚恐不胜诸吕，未敢公言诛之，乃谓朱虚侯曰："急入宫卫帝！"朱虚侯请卒，太尉予卒千馀人。入未央宫门，见产廷中。日晡时，遂击产，产走。天风大起，以故其从官乱，莫敢斗，逐产，杀之郎中府吏厕中。朱虚侯已杀产，帝命谒者持节劳朱虚侯。朱虚侯欲夺其节，谒者不肯。朱虚侯则从与载，因节信驰走，斩长乐卫尉吕更始。还驰入北军报太尉。太尉起拜贺朱虚侯曰："所患独吕产。今已诛，天下定矣！"遂遣人分部悉捕诸吕男女，无少长皆斩之。辛酉，捕斩吕禄，而笞杀吕媭，使人诛燕王吕通，而废鲁王张偃。戊辰，徙济川王王梁。遣朱虚侯章以诛诸吕事告齐王，令罢兵。

【译文】吕产不知吕禄已离开北军，进入未央宫，准备作乱。吕产来到殿门前，无法入内，在殿门外徘徊往来。平阳侯恐怕难以制止吕产入宫，策马告知太尉。太尉还怕未必能战胜诸吕，没敢公开宣称诛除吕氏，就对朱虚侯说："立即入宫保卫皇帝！"朱虚侯请求派兵同往，太尉拨给他一千多士兵。朱虚侯进入未央宫门，见到吕产正在廷中。时近傍晚，朱虚侯立即率兵向吕产冲击，吕产逃走。天空狂风大作，因此吕产所带党羽亲信慌乱，都不敢接战搏斗；朱虚侯等人追逐吕产，在郎中府的厕所中将吕产杀死。朱虚侯已杀吕产，皇帝派谒者持皇帝之节前来慰劳朱虚侯。朱虚侯要夺皇帝之节，谒者不放手，朱虚侯就与持节的谒者共乘一车，凭着皇帝之节，驱车疾驰，斩长乐卫尉吕更始。事毕返回，驰入北军，报知太尉。太尉起立向朱虚侯拜贺说："最令人担忧的就是吕产。现在吕产被杀，天下已定！"于是，太尉派人分头逮捕所有吕氏男女，不论老小一律处斩。辛酉（十一日），捕斩吕禄，将吕乱棒打死，派人杀燕王吕通，废除鲁王张偃。戊辰（十八日），改封济川王刘太为梁王，派朱虚侯刘章去告知齐王，吕氏已被诛灭，令齐罢兵。

灌婴在荥阳，闻魏勃本教齐王举兵，使使召魏勃至，责问之。勃曰："失火之家，岂暇先言丈人而后救火乎！"因退立，股战而栗，恐不能言者，终无他语。灌将军熟视笑曰："人谓魏勃勇，妄庸人耳，何能为乎！"乃罢魏勃。灌婴兵亦罢荥阳归。

【译文】灌婴驻扎荥阳，闻知魏勃原先教唆齐王举兵，便派人召魏勃来见，加以责问。魏勃回答说："家中失火的时候，哪有空闲时间先请示长辈而后才救火呢！"随即退立一旁，两腿颤抖不止，吓得说不出话来，直到最后也说不出别的话，为自己辩解。灌将军仔细审视魏勃，笑着说："人说魏勃武勇，其实不过是个狂妄而平庸的人罢了，能有什么作为呢！"于是赦免魏勃不加追究。灌婴所统率的军队也从荥阳撤回长安。

武帝伐匈奴

（元狩四年）

四年，上与诸将议曰："翕侯赵信，为单于画计，常以为汉兵不能度幕轻留，今大发士卒，其势必得所欲。"乃粟马十万，令大将军青、票骑将军去病各将五万骑，私负从马复四万匹，步兵转者踵军后，又数十万人，而敢力战深入之士皆属票骑。票骑始为出定襄，当单于，捕虏言单于东，乃更令票骑出代郡，令大将军出定襄。郎中令李广数自请行，天子以为老，弗许；良久乃许之，以为前将军。太仆公孙贺为左将军，主爵都尉赵食其为右将军，平阳侯曹襄为后将军，皆属大将军。赵信为单于谋曰："汉兵既度幕，人马罢，匈奴可坐收虏耳。"乃悉远北其辎重，以精兵待幕北。

【译文】元狩四年，汉武帝与各位军事将领商议说："翕侯赵信给匈奴单于出谋划策，常常认为我国军队不能够轻装穿过大沙漠，即使到了那里也不能久留。此次我们发动大军，一定要达到我们的目的。"于是征选了用粟米饲养的战马十万匹，命大将军卫青、票骑将军霍去病各率骑兵五万，跟随官兵私人驮运行装的马匹也有四万匹，步兵和运送辎重的人夫跟在大军之后有数十万人，其中敢于深入作战的都隶属于票骑将军霍去病，票骑将军霍去病才准备出塞，正面攻击匈奴单于。后从俘虏口中得知单于在东边，于是改命霍去病自代郡出塞，卫青自定襄出塞。郎中令李广屡次主动请求出征，汉武帝认为他年事已高，不准所请，过了很长时间才答应他，任命为前将军。太仆公孙贺被任命为左将军，主爵都尉赵食其为右将军，平阳侯曹襄为后将军，都隶属于大将军卫青。赵信为单于谋划说："汉国横穿大沙漠后，人马必然疲惫，我军可以坐等擒获敌军。"于是将己方的辎重运到北方很远的地方，命精锐部队在沙漠以北等候汉军。

大将军青既出塞，捕虏知单于所居，乃自以精兵走之，而令前将军广并于右将军，军出东道。东道回远而水草少，广自请曰："臣部为前将军，今大将军乃徙令臣出东道。且臣结发而与匈奴战，今乃一得当单于，臣愿居前，先死单于。"大将军亦阴受上诫，以为"李广老，数奇，毋令当单于，恐不得所欲。"而公孙敖新失侯，大将军亦欲使敖与俱当单于，故徙前将军广。广知之，固自辞于大将军；大将军不听，广不谢而起行，意甚愠怒。

【译文】卫青出塞后，自俘虏口中得知单于住地，便亲自率精兵挺进，命前将军李广与右将军赵食其合兵一处，由东路进军。李广因东路绕远，水草也少，主动请求说："我的部队是前将军的部队，而今大将军却改命我部为东路军。我自少年时就开始与匈奴作战，今天才有机会正面对付单于，所以愿意作前锋，先去与单于死战。"卫青曾受汉武帝暗中告诫，认为："李广年纪已老，运气又不好，不要让他与单于正面作战，恐怕他不能完成擒获单于的任务。"而公孙敖不久前失去侯爵，卫青也想让他与自己一同正面与单于作战立功，所以将前将军李广调到东路。李广知道内情，坚决地向卫青推辞，遭到卫青拒绝。李广未向卫青告辞就动身出发，心中十分恼怒。

大将军出塞千余里，度幕，见单于兵陈而待。于是大将军令武刚车自环为营，而纵五千骑往当匈奴。匈奴亦纵可万骑。会日且入，大风起，砂砾击面，两军不相见，汉亦纵左右翼绕单于。单于视汉兵多而士马尚强，自度战不能如汉兵，单于遂乘六骡，壮骑可数百，直冒汉围，西北驰去。时已昏，汉匈奴相纷拏，杀伤大当。当军左校捕虏言单于未昏而去，汉军发轻骑夜追之，大将军军因随其后，匈奴兵亦散走。迟明，行二百馀里，不得单于，捕斩首虏万九千级，遂至窴颜山赵信城，得匈奴积粟食军，留一日，悉烧其城余粟而归。

【译文】卫青率大军出塞一千余里，横穿大沙漠，见匈奴单于的军队正列阵以待，便下令将兵车环绕一周结成营阵，派出五千骑兵攻击匈奴，匈奴也放出约一万骑兵迎战。恰好太阳将要西沉，狂风忽起，砂砾扑打人脸，两军士卒相互不能分辨。卫青增派左右两翼的军队包抄单于。单于见汉军人多，兵马仍然很强，估计自己打不过汉军，便乘坐六匹健骡，在约数百名精壮骑兵的保护下直冲汉军防线，向西北方向飞奔而去。这时天已黑，汉军与匈奴的将士们仍在激烈搏杀，双方损失大体相当。汉军左翼校尉报告卫青说，他从抓到的俘虏那里得知，单于已于天未黑时离去。于是卫青派出轻骑兵连夜追击，自率大军跟随其后，匈奴兵也四散逃走。将近天明时，汉军已追出二百余里，没有抓到单于，但擒获和斩杀匈奴一万九千余人。于是到颜山赵信城，夺得匈奴的存粮供应军队。在该地停留一日之后，将该城和所余的粮食全部烧光，然后班师而还。

前将军广与右将军食其军无导，惑失道，后大将军，不及单于战。大将军引还，过幕南，乃遇二将军。大将军使长史责问广、食其失道状，急责广之幕府对簿。广曰："诸校尉无罪，乃我自失道，吾今自上簿至莫府"。广谓其麾下曰："广结发与匈奴大小七十馀战，今幸从大将军出接单于兵，而大将军徙广部，行回远，而又迷失道，岂非天哉！且广年六十馀矣，终不能复对刀笔之吏！"遂引刀自刭。广为人廉，得赏赐辄分其麾下，饮食与士共之，为二千石四十馀年，家无余财。猿臂善射，度不中不发。将兵乏绝之处，见水，士卒不尽饮，广不近水，士卒不尽食，广不尝食。士以此爱乐为用。及死，一军皆哭。百姓闻之，知与不知，无老壮皆为垂涕。而右将军独下吏当死，赎为庶人。

【译文】前将军李广与右将军赵食其率领的东路军因没有向导，在沙漠中迷失了道路，所以落到卫青的后面，没能赶上与单于的那一战。直到卫青率部班师，经过沙漠南部时才遇到李、赵二位将军。卫青派长史责问二人迷路的情况，并命李广马上到大将军处听候传讯。李广说道："校尉们没有罪，是我自己迷了路，我现在自己到大将军幕府去受审。"又对他的部下说："我从少年时开始作战，而大将军却将我部调到东路，路途本就绕远，又迷失了道路，难道这不是天意吗！况且我六十多岁了，毕竟不能再去面对那些刀笔小吏！"于是拔刀自刎。李广为人清廉，得到赏赐就分给部下，与士卒一起吃喝，作了四十多年二千石官，家中却没有多余的财产。他的手臂像猿臂又长又灵活，擅长射箭，估计射不中目标，便不发箭。他带领军队，在困境中找到水，士卒没有都喝过，李广不沾水；士卒没有都吃过，李广不进食。士卒因此乐意被他使用。及至李广死去，全军都哭了。百姓听到死讯，认识他的和不认识他的，无论年老还是年轻，都为他流泪，右将军赵食其一人被交付审判，其罪当死，赎身后成为平民。

单于之遁走，其兵往往与汉兵相乱而随单于，单于久不与其大众相得。其右谷蠡王以为单于死，乃自立为单于。十余日，真单于复得其众，而右谷蠡王乃去其单于号。

【译文】匈奴单于逃走后，其部下很多人混杂在汉军中追赶单于。单于长时间没有同他的军民大众会合。右谷蠡王认为单于已死，便自立为单于。十几天后，真单于重新与其部众会合，右谷蠡王才去掉单于称号。

票骑将军骑兵车重与大将军军等，而无裨将，悉以李敢等为大校，当裨将，出代、右北平二千余里，绝大幕，直左方兵，获屯头王、韩王等三人，将军、相国、当户、都尉八十三人，封狼居胥山，禅于姑衍，登临翰海，卤获七万四百四十三级。天子以五千八百户益封票骑将军；又封其所部右北平太守路博德等四人为列侯，从票侯破奴等二人益封，校尉敢为关内侯，食邑；军吏卒为官、赏赐甚多。而大将军不得益封，军吏卒皆无封侯者。

【译文】票骑将军霍去病率领的骑兵军车和辎重都与大将军卫青相同，但没有副将，将李敢等人全都任命为大校，充当副将，从代郡、右北平郡出塞二千余里，穿越大沙漠，与匈奴左部的军队遭遇，擒获匈奴屯头王、韩王等三人，以及将军、相国、当户、都尉等八十三人，在狼居胥山祭祀天神，姑衍山祭祀地神，又登上翰海旁边的山峰眺望，共俘获匈奴七万零四百四十三人。汉武帝增加霍去病食邑五千八百户，又封其部将右北平太守路博德等四人为列侯，从票侯赵破奴等二人增加食邑，封校尉李敢为关内侯，赐食邑。低级军官和兵卒升官，受赏的人很多。而大将卫青却没有增加食邑，部下军吏士兵全都没有被封侯的。

两军之出塞，塞阅官及私马凡十四万匹，而复入塞者不满三万匹。

【译文】卫青与霍去病两支部队出塞时，曾在边塞检阅，官私马匹加起来共十四万匹，至班师重新入塞时，马匹不到三万。

乃益置大司马位，大将军、票骑将军皆为大司马，定令，令票骑将军秩禄与大将军等。自是之后，大将军青日退，而票骑日益贵。大将军故人、门下士多去事票骑，辄得官爵，唯任安不肯。

【译文】于是，汉武帝增设大司马一职，由卫青、霍去病同时担任，还规定霍去病的官级和俸禄与卫青一样。从此以后，卫青的权势日渐衰落，而霍去病日益尊贵。很多卫青以往的朋友和门客去改投霍去病，马上得到了官职、爵位，只有任安不肯这样做。

票骑将军为人，少言不泄，有气敢往。天子尝欲教之孙吴兵法，对曰："顾方略何如耳，不至学古兵法。”天子为治第，令票骑视之，对曰：“匈奴未灭，无以家为也！”由此上益重爱之。然少贵，不省士，其从军，天子为遣太官赍数十乘，既还，重车余弃梁肉，而士有饥者；其在塞外，卒乏粮或不能自振，而票骑尚穿域蹋鞠，事多此类。大将军为人仁，喜士退让，以和柔自媚于上。两人志操如此。

【译文】霍去病为人寡言沉稳，有勇气，敢于任事，汉武帝曾想教他学习孙武、吴起兵法，他说：“作战只看谋略如何罢了，用不着古代兵法。”汉武帝为霍去病修建府第，让他前往观看，他说：“匈奴还没有消灭，要家干什么呢！”因此，汉武帝更加爱重他了。但霍去病少年显贵，对部下不关心。他率军出征时，汉武帝派负责宫廷膳食的太官给他送来的食物装了数十辆车。班师时，车上装满吃剩下的粮食和肉类，而士兵却有饿肚子的。在塞外时，军队有时因缺粮而士气不振，可霍去病却修建蹋鞠的场地游戏。像这样的事例有很多。卫青为人仁和，尊重士子，谦虚退让，以温顺、柔和博取汉武帝的喜爱。二人的志趣节操就是如此。

是时，汉所杀虏匈奴合八九万，而汉士卒物故亦数万。是后匈奴远遁，而幕南无王庭。汉度河自朔方以西至令居，往往通渠置田官，吏卒五六万人，稍蚕食匈奴以北；然亦以马少，不复大出击匈奴矣。

【译文】这时，汉朝消灭匈奴共八、九万人，汉军也死亡了数万人。此后，匈奴迁往很远的地方，沙漠以南再没有匈奴的王庭了。汉军渡过黄河，从朔方以西到令居县，处处开通河渠，设置田官，派士卒五、六万人屯垦，逐渐蚕食到匈奴旧地以北。但也因缺少马匹，不再大举出击匈奴了。

昌邑王之废

（昭帝元平元年）

昌邑王既立，淫戏无度。昌邑官属皆征至长安，往往超擢拜官。相安乐迁长乐卫尉。龚遂见安乐流涕，谓曰：“王立为天子，日益骄溢，谏之不复听。今哀痛未尽，日与近臣饮酒作乐，斗虎豹，召皮轩车九旒，驱驰东西，所为悖道。古制宽大，臣有隐退；今去不得，阳狂恐知，身死为世戮，奈何？君，陛下故相，宜极谏争。”

【译文】昌邑王刘贺作了皇帝后，淫乱荒唐没有节制。原昌邑国官吏全部被征召到长安，很多人得到破格提拔。昌邑国相安乐被任命为长乐卫尉。龚遂见到安乐，哭着对他说："大王被立为天子之后，日益骄纵，规劝他也不再听从。如今仍在居丧期间，他却每天与亲信饮酒作乐，观看虎豹搏斗，又传召悬挂着天子旌旗的虎皮轿车，坐在上面东奔西跑，所作所为违背了正道。古代制度宽厚，大臣可以辞职隐退，如今想走走不得，想伪装疯狂，又怕被人识破，死后还要遭人唾骂，教我如何是好？您是陛下原来的丞相，应当极力规劝才是。"

王梦青蝇之矢积西阶东，可五六石，以屋版瓦覆之，以问遂，遂曰："陛下之《诗》不云乎：'营营青蝇止于藩。恺悌君子，毋信谗言。'陛下左侧，谗人众多，如是青蝇恶矣。宜进先帝大臣，子孙亲近以为左右。如不忍昌邑故人，信用谗谀，必有凶咎。愿诡祸为福，皆放逐之！臣当先逐矣。"王不听。

【译文】刘贺梦见在殿堂西阶的东侧，堆积着绿头苍蝇的粪便，约有五六石之多，上面盖着大片的屋瓦。刘贺向龚遂询问，龚遂说："陛下所读的《诗经》中，不是有这样的话吗：'绿蝇往来落篱笆，谦谦君子不信谗。'陛下左侧奸佞之人很多，就像陛下在梦中见到的苍蝇粪便一样。因此，应该选拔先帝大臣的子孙，作为陛下身边的亲信侍从。如若总是不忍抛开昌邑国的故旧，信任并重用那些进谗阿谀之人，必有祸事。希望陛下能反祸为福，将这些人全部逐出朝廷。我应当第一个走。"刘贺拒不接受龚遂的劝告。

太仆丞河东张敞上书谏，曰："孝昭皇帝早崩无嗣，大臣忧惧，选贤圣承宗庙，东迎之日，唯恐属车之行迟。今天子以盛年初即位，天下莫不拭目倾耳，观化听风。国辅大臣未褒，而昌邑小辈先迁，此过之大者也。"王不听。

【译文】太仆丞河东人张敞上书劝说道："孝昭皇帝早逝，没有儿子，朝中大臣忧虑惶恐，选择贤能圣明的人承继帝位，到东方迎接圣驾之时，唯恐跟随您的从车行进迟缓。如今陛下正当盛年，初即帝位，天下人无不擦亮眼睛，侧着耳朵，盼望看到和听到陛下实施善政。然而，辅国的重臣尚未得到褒奖，而昌邑国拉车的小吏却先获得升迁，这是个大过错。"刘贺不听。

大将军光忧懑，独以问所亲故吏大司农田延年。延年曰："将军为国柱石，审此人不可，何不建白太后，更选贤而立之！"光曰："今欲如是，于古尝有此不？"延年曰："伊尹相殷，废太甲以安宗庙，后世称其忠。将军若能行此，亦汉之伊尹也。"光乃引延年给事中，阴与车骑将军张安世图计。

【译文】大将军霍光见此情景，忧愁烦恼，便单独向所亲信的旧部、大司农田延年询问对策。田延年说："将军身为国家柱石，既然认为此人不行，何不禀告太后，改选贤明的人来拥立呢？"霍光说："我如今正想如此，古代曾否有人这样做过吗？"田延年说："当年伊尹在商朝为相，为了国家的安定将太甲废黜，后人因此称颂伊尹忠心为国。如今将军若能这样做，也就成为汉朝的伊尹。"于是霍光命田延年兼任给事中，与车骑将军张安世秘密谋划废黜刘贺。

王出游，光禄大夫鲁国夏侯胜当乘舆前谏曰："天久阴而不雨，臣下有谋上者。陛下出欲何之？"王怒，谓胜为祆言，缚以属吏。吏白霍光，光不举法。光让安世，以为泄语。安世实不言，乃召问胜。胜对言："在《鸿范传》曰：'皇之不极，厥罚常阴，时则下人有伐上者。'恶察察言，故云'臣下有谋'。"光、安世大惊，以此益重经术士。侍中傅嘉数进谏，王亦缚嘉系狱。

【译文】刘贺外出巡游，光禄大夫鲁国人夏侯胜挡在车驾前劝阻道："天气久阴不下雨，预示臣下有不利于皇上的阴谋。陛下出宫，要到哪里去？"刘贺大怒，认为夏侯胜口出妖言，命将其捆绑，交官吏治罪。负责处理此事的官员向霍光报告，霍光不处以刑罚。霍光以为是张安世将计划泄漏，便责问他。但张安世实际上并未泄漏，于是召夏侯胜前来询问，夏侯胜回答说："《鸿范传》上说：'君王有过失，上招天罚，常会使天气阴沉，此时就会有臣下谋害君上。'我不敢明言，只好说是'臣下有不利于皇上的阴谋'。"霍光、张安世闻言大惊，因此更加重视精通经书的儒士。侍中傅嘉多次劝说刘贺，刘贺也将他绑起来关进监狱。

光、安世既定议，乃使田延年报丞相杨敞。敞惊惧不知所言，汗出洽背，徒唯唯而已。延年起至更衣，敞夫人遽从东厢谓敞曰："此国大事，今大将军议已定，使九卿来报君侯，君侯不疾应，与大将军同心，犹与无决，先事诛矣！"延年从更衣还，敞夫人与延年参语，许诺："请奉大将军教令！"

【译文】霍光、张安世计议已定，便派田延年前去报知丞相杨敞。杨敞闻言又惊又怕，不知该说什么好，汗流浃背，只是唯唯诺诺而已。田延年起身去换衣服，杨敞的夫人急忙从东厢房对杨敞说："这是国家大事，如今大将军计议已定，派大司农来通知你，你不赶快答应，表示与大将军同心，却犹豫不决，就要先被诛杀了！"田延年换衣返回，杨敞夫人也参与谈话，表示同意霍光的计划，"一切听大将军吩咐！"

癸巳，光召丞相、御史、将军、列侯、中二千石、大夫、博士会议未央宫。光曰："昌邑王行昏乱，恐危社稷，如何？”群臣皆惊鄂失色，莫敢发言，但唯唯而已。田延年前，离席按剑曰：“先帝属将军以幼孤，寄将军以天下，以将军忠贤，能安刘氏也。今群下鼎沸，社稷将倾；且汉之传谥，常为‘孝’者，以长有天下，令宗庙血食也。如汉家绝祀，将军虽死，何面目见先帝于地下乎？今日之议，不得旋踵，群臣后应者，臣请剑斩之！”光谢曰：“九卿责光是也！天下匈匈不安，光当受难。”于是议者皆叩头曰：“万姓之命，在于将军，唯大将军令！”

【译文】癸巳（二十八日），霍光召集丞相、御史、将军、列侯、中二千石、大夫、博士在未央宫开会。霍光说：“昌邑王行为昏乱，恐怕会危害国家，怎么办？”群臣闻言全都大惊失色，谁也不敢发言，只唯唯诺诺而已。田延年离开席位，走到群臣前面，手按剑柄说道：“先帝将幼弱孤儿托付将军，并把国家大事交与将军作主，是因为相信将军忠义贤明，能够保全刘氏的江山。如今朝廷被一群奸佞小人搞得乌烟瘴气，国家危亡；况且我大汉历代皇帝的谥号都有一个‘孝’字，为的就是江山永存，使宗庙祭祀不断。如果汉家祭祀断绝，将军即使死去，又有何脸面见先帝于地下呢？今日的会议，必须立即作出决断，群臣中最后响应的，我请求用剑将他斩首！”霍光点头认错，说道：“大司农对我的责备很对！国家不安宁，我应当受处罚。”于是参加会议的人都叩头说道：“万民的命运，都掌握在将军手中，一切听从大将军的命令！”

光即与群臣俱见白太后，具陈昌邑王不可以承宗庙状。皇太后乃车驾幸未央承明殿，诏诸禁门毋内昌邑群臣。王入朝太后还，乘辇欲归温室。中黄门宦者各持门扇，王入，门闭，昌邑群臣不得入。王曰：“何为？”大将军跪曰：“有皇太后诏，毋内昌邑群臣！”王曰：“徐之，何乃惊人如是！”光使尽驱出昌邑群臣，置金马门外。车骑将军安世将羽林骑收缚二百余人，皆送廷尉诏狱。令故昭帝侍中中臣侍守王。光敕左右：“谨宿卫！卒有物故自裁，令我负天下有杀主名。”王尚未自知当废，谓左右：“我故群臣从官安得罪，而大将军尽系之乎！”

【译文】霍光随即与群臣一同晋见太后，向太后禀告，陈述昌邑王刘贺不能承继皇位的情状。于是皇太后乘车驾前往未央宫承明殿，下诏命皇宫各门不许放昌邑国群臣入内。刘贺朝见太后之后，乘车准备返回温室殿，此时禁宫宦者已分别抓住门扇，刘贺一进去，便将门关闭，昌邑国群臣不能入内，刘贺问道：“这是干什么？”大将军霍光跪地回答说：“皇太后有诏，不许昌邑国群臣入宫。”刘贺说：“慢慢吩咐就是了，为什么竟如此吓人！”霍光命人将昌邑国群臣全部驱赶到金马门之外。车骑将军张安世率领羽林军将被赶出来的昌邑国群臣二百余人逮捕，全部押送廷尉所属的诏狱。霍光命曾在汉昭帝时担任过侍中的宦官守护刘贺，并命令手下人说：“一定要严加守护！如果他突然死去或自杀，就会让我对不起天下人，背上杀主的恶名。”此时刘贺还不知道自己即将被废黜，问身边之人说：“我以前的群臣、从属犯了什么罪？大将军为什么将他们全部关押起来呢？”

顷之，有太后诏召王。王闻召，意恐，乃曰：“我安得罪而召我哉！”太后被珠襦，盛服坐武帐中，侍御数百人皆持兵，期门武士陛戟陈列殿下，群臣以次上殿，召昌邑王伏前听诏。

【译文】不久，皇太后下诏召刘贺入见。刘贺听说太后召见，感到害怕，说道：“我犯了什么错？太后为什么召我？”太后身披用珠缀串而成的短衣，盛装打扮，坐在武帐之中，数百名侍卫全部手握兵器，与持戟的期门武士排列于殿下。文武群臣按照品位高低依次上殿，然后召昌邑王上前伏于地下，听候宣读诏书。

光与群臣连名奏王，尚书令读奏曰：“丞相臣敞等昧死言皇太后陛下：孝昭皇帝早弃天下，遣使征昌邑王典丧，服斩衰，无悲哀之心，废礼谊，居道上不素食，使从官略女子载衣车内，所居传舍。始至谒见，立为皇太子，常私买鸡豚以食。受皇帝信玺、行玺大行前，就次发玺不封。从官更持节，引内昌邑从官、驺宰、官奴二百馀人，常与居禁闼内敖戏。为书曰：‘皇帝问侍中君卿：使中御府令高昌奉黄金千斤，赐君卿取十妻。’大行在前殿，发乐府乐器，引内昌邑乐人，击鼓，歌吹，作俳倡；召内泰壹、宗庙乐人，悉奏众乐。驾法驾，驱驰北宫、桂宫，弄彘，斗虎。召皇太后御小马车，使官奴骑乘，游戏掖庭中。与孝昭皇帝宫人蒙等淫乱，诏掖庭令：‘敢泄言，要斩！’……”

【译文】霍光与群臣连名奏劾昌邑王，由尚书令宣读奏章：“丞相杨敞等冒死上奏皇太后陛下：孝昭皇帝过早地抛弃天下而去，朝廷派使者征召昌邑王前来，主持丧葬之礼。而昌邑王身穿丧服，并无悲哀之心，废弃礼义，在路上不肯吃素，还派随从官员掳掠女子，用有帘幕遮蔽的车来运载，在沿途驿站陪宿。初到长安，谒见皇太后之后，被立为皇太子，仍经常私下派人购买鸡、猪肉食用。在孝昭皇帝灵柩之前接受皇帝的印玺，回到住处，打开印玺后就不再封存。派侍从官更手持皇帝符节前去召引昌邑国的侍从官、车马官、官奴仆等二百余人，与他们一起居住在宫禁之内，肆意游戏娱乐。曾经写信说：‘皇帝问候侍中君卿，特派中御府令高昌携带黄金千斤，赐君卿娶十个妻子。’孝昭皇帝的灵柩还停在前殿，竟搬来乐府乐器，让昌邑国善于歌舞的艺人入宫击鼓，歌唱欢弹，演戏取乐；又调来泰一祭坛和宗庙的歌舞艺人，遍奏各种乐曲。驾着天子车驾，在北宫、桂宫等处往来奔驰，并玩猪、斗虎。擅自调用皇太后乘坐的小马车，命官奴仆骑乘，在后宫中游戏。与孝昭皇帝的叫蒙的宫女等淫乱，还下诏给掖庭令：‘有敢泄漏此事者腰斩！’……”

太后曰："止！为人臣子，当悖乱如是邪！"王离席伏。尚书令复读曰："……取诸侯王、列侯、二千石绶，及墨绶、黄绶，以并佩昌邑郎官者免奴。发御府金钱、刀剑、玉器、采缯，赏赐所与游戏者。与从官、官奴夜饮，湛沔于酒。独夜设九宾温室，延见姊夫昌邑关内侯。祖宗庙祠未举，为玺书使使者持节以三太牢祠昌邑哀王园庙，称'嗣子皇帝'。受玺以来二十七日，使者旁午，持节诏诸官署征发凡一千一百二十七事。荒淫迷惑，失帝王礼谊，乱汉制度。臣敞等数进谏，不变更，日以益甚。恐危社稷，天下不安。臣敞等谨与博士议，皆曰：'今陛下嗣孝昭皇帝后，行淫辟不轨。"五辟之属，莫大不孝。"周襄王不能事母，《春秋》曰："天王出居于郑，"由不孝出之，绝之于天下也。宗庙重于君，陛下不可以承天序，奉祖宗庙，子万姓，当废！'臣请有司以一太牢具告祠高庙。"皇太后诏曰："可。"

【译文】太后说："停下！作臣子的，竟会如此悖逆荒乱吗！"刘贺离开席位，伏地请罪。尚书令继续读道："……取朝廷赐予诸侯王、列侯、二千石官员的绶带及黑色、黄色绶带，赏给昌邑国郎官，及被免除奴仆身分的人佩带。将皇家仓库中的金钱、刀剑、玉器、彩色丝织品等赏给与其一起游戏的人。与侍从官、奴仆彻夜狂饮，酒醉沉迷。在温室殿设下隆重的九宾大礼，于夜晚单独接见其姐夫昌邑关内侯。尚未举行祭祀宗庙的大礼，就颁发正式诏书，派使者携带皇帝符节，以三牛、三羊、三猪的祭祀大礼前往祭祀其父昌邑哀王的陵庙，还自称'嗣子皇帝'。即位以来二十七天，向四面八方派出使者，持皇帝符节，用诏令向各官署征求调发，共一千一百二十七次。荒淫昏乱，失去了帝王的礼义，败坏了大汉的制度。杨敞等多次规劝，但并无改正，反而日益加甚，恐怕这样下去将危害国家，使天下不安。我们与博士官商议，一致认为：'当今陛下继承孝昭皇帝的帝位，行为淫邪不轨。《孝经》上说："五刑之罪当中，以不孝之罪最大。"昔日周襄王不孝顺母亲，所以《春秋》上说他："天王出居郑国，"因其不孝，所以出居郑国，被迫抛弃天下。宗庙要比君王重要得多，陛下既然不能承受天命，侍奉宗庙，爱民如子，就应当废黜！'因此，臣请求太后命有关部门用一牛、一羊、一猪的祭祀大礼，祭告于高祖皇帝的祭庙。"皇太后下诏说："可以。"

光令王起拜受诏，王曰："闻'天下有争臣七人，虽亡道，不失天下。'"光曰："皇太后诏废，安得称天子！"乃即持其手，解脱其玺组，奉上太后，扶王下殿，出金马门，群臣随送。王西面拜曰："愚戆不任汉事！"起就乘舆副车，大将军光送至昌邑邸。光谢曰："王行自绝于天，臣宁负王，不敢负社稷！愿王自爱，臣长不复左右。"光涕泣而去。

【译文】于是霍光命刘贺站起来，拜受皇太后诏书。刘贺说道："我听说：'天子只要有七位耿直敢言的大臣在身边，既使无道，也不会失去天下。'"霍光说："皇太后已经下诏将你废黜，岂能自称天子！"随即抓住刘贺的手，将他身上佩戴的玉玺绶带解下，献给皇太后，然后扶着刘贺下殿，从金马门走出皇宫，群臣跟随后相送。刘贺出宫后，面向西方叩拜道："我太愚蠢，不能担当汉家大事！"然后起身，登上御驾的副车，由大将军霍光送到长安昌邑王官邸。霍光道歉说："大王的行为是自绝于上天，我宁愿对不起大王，不敢对不起社稷！希望大王自爱，我不能再常侍奉于大王的左右了。"说完洒泪而去。

群臣奏言："古者废放之人，屏于远方，不及以政。请徙王贺汉中房陵县。"太后诏归贺昌邑，赐汤沐邑二千户，故王家财物皆与贺；及哀王女四人，各赐汤沐邑千户；国除为山阳郡。

【译文】文武群臣上奏太后说："古时候，被废黜之人，要放逐到远方去，使其不能再参与政事。请将昌邑王刘贺迁徙到汉中房陵县。"太后下诏，命刘贺回昌邑居住，赐给他二千户人家作为汤沐邑，他当昌邑王时的家财也全部发还给他，其姐妹四人，各赐一千户人家作为汤沐邑；撤销昌邑国，改为山阳郡。

昌邑群臣，坐在国时，不举奏王罪过，令汉朝不闻知，又不能辅道，陷王大恶，皆下狱，诛杀二百余人。唯中尉吉、郎中令遂以忠直数谏正，得减死，髡为城旦。师王式系狱当死，治事使者责问曰："师何以无谏书？"式对曰："臣以《诗》三百五篇朝夕授王，至于忠臣、孝子之篇，未尝不为王反复诵之也。至于危亡失道之君，未尝不流涕为王深陈之也。臣以三百五篇谏，是以无谏书。"使者以闻，亦得减死论。

【译文】原昌邑国群臣都被指控在封国时不能举奏刘贺的罪过，使朝廷不了解真实情况，又不能加以辅佐、引导，使刘贺陷于罪恶，一律逮捕下狱，诛杀二百余人；只有中尉王吉、郎中令龚遂因忠正耿直，多次规劝刘贺，被免除死罪，剃去头发，罚以"城旦"之刑，白天守城，夜晚作苦工。刘贺的老师王式也被逮捕下狱，罪应处死，审案官员责问王式道："你作为昌邑王的老师，为什么没有上述规劝？"王式回答说："我每天早晚都为昌邑王讲授《诗经》三百零五篇，遇到涉及忠臣、孝子的内容，未曾不为其反复诵读、讲解；遇到关于无道之君使国家危亡的篇章，也未曾不流泪为他详细陈说。我是用《诗经》三百零五篇来规劝昌邑王，所以没有专门上书规劝。"审案官员将王式这番话奏闻朝廷，所以王式也被免除死罪。

光武帝昆阳之战

（淮阳王更始元年）

春，正月甲子朔，汉兵与下江兵共攻甄阜、梁丘赐，斩之，杀士卒二万余人。王莽纳言将军严尤、秩宗将军陈茂，引兵欲据宛，刘縯与战于淯阳下，大破之，遂围宛。

【译文】春季，正月甲子朔（初一），汉军与下江兵一同攻打向甄阜、梁丘赐军，斩甄阜、梁丘赐，杀士卒二万余人。王莽的纳言将军严尤、秩宗将军陈茂率军前进，打算驻防宛城。刘与他们在阳会战，大破严尤、陈茂军，于是包围宛城。

三月，王凤与太常偏将军刘秀等徇昆阳、定陵、郾，皆下之。

【译文】三月，王凤和太常偏将军刘秀等率领汉军攻掠昆阳、定陵、郾等城，都予攻克。

王莽闻严尤、陈茂败，乃遣司空王邑驰传，与司徒王寻发兵平定山东。征诸明兵法六十三家以备军吏，以长人巨毋霸为垒尉，又驱诸猛兽虎、豹、犀、象之属以助威武。邑至洛阳，州郡各选精兵，牧守自将，定会者四十三万人，号百万；余在道者，旌旗、辎重，千里不绝。夏五月，寻、邑南出颍川，与严尤、陈茂合。

【译文】王莽知道了严尤、陈茂失败，就派遣司空王邑乘坐传车急速出发，和司徒王寻一起发兵去平定崤山以东地区。同时征召通晓六十三家兵法的人为军官，任用巨人巨毋霸为垒尉，又赶来虎、豹、犀、象等猛兽以助军威。王邑到了洛阳，各州郡选派精锐的士兵，由州郡的长官亲自带领，定期汇集起来的有四十三万人，号称百万；其余的正在路上走，旌旗、辎重千里不绝。夏季，五月，王寻、王邑离开颍川南下，同严尤、陈茂会合。

诸将见寻、邑兵盛，皆反走入昆阳，惶怖忧念妻孥，欲散归诸城。刘秀曰："今兵谷既少，而外寇强大，并力御之，功庶可立；如欲分散，势无俱全。且宛城未拔，不能相救昆阳，即拔，一日之间，诸部亦灭矣。今不同心胆，共举功名，反欲守妻子财物邪！"诸将怒曰："刘将军何敢如是！"秀笑而起。会候骑还，言："大兵且至城北，军陈数百里，不见其后。"诸将素轻秀，及迫急，乃相谓曰："更请刘将军计之。"秀复为图画成败，诸将皆曰："诺。"时城中唯有八九千人，秀使王凤与廷尉大将军王常守昆阳，夜与五威将军李轶等十三骑出城南门，于外收兵。

【译文】汉军的将领们看到王寻、王邑兵多势众，都往回跑，进入昆阳城，惊慌不安，担忧老婆孩子，想从这里分散而到其他城邑去。刘秀对他们说："现在城内兵、粮既少，而城外敌军又强大，合力抵抗敌军，也许可以立功；如果分散，势必不能一一保全。况且刘部队还没有攻下宛城，不能前来救援；假如昆阳被敌军占领，只要一天的功夫，我军各部也就都完了。现在怎么能不同心胆，共举大业，反而想要守着妻子财物呢？"将领们发怒说："刘将军怎么敢这样说！"刘秀笑而起身。正在此时，侦察的骑兵回来，报告说："敌人大军即将来到城的北面，军阵达几百里，看不到它的尾巴。"将领们一向轻视刘秀，到了这样紧急的时候，才互相议论道："再去请刘将军谋划这件事。"刘秀又给将领们描述成败因素，将领们都说："是的。"这时城中只有八九千人，刘秀让王凤和廷尉大将军王常守卫昆阳，自己夜里同五威将军李轶等十三人骑马驰出昆阳城的南门，在外面收集士兵。

时莽兵到城下者且十万，秀等几不得出。寻、邑纵兵围昆阳，严尤说邑曰："昆阳城小而坚，今假号者在宛，亟进大兵，彼必奔走。宛败，昆阳自服。"邑曰："吾昔围翟义，坐不生得，以见责让。今将百万之众，遇城而不能下，非所以示威也。当先屠此城，蹀血而进，前歌后舞，顾不快邪！"遂围之数十重，列营百数，钲鼓之声闻数十里，或为地道、冲輣撞城；积弩乱发，矢下如雨，城中负户而汲。王凤等乞降，不许。寻、邑自以为功在漏刻，不以军事为忧。严尤曰："《兵法》：'围城为之阙'，宜使得逸出以怖宛下。"邑又不听。

【译文】当时开到昆阳城下的王莽军将近十万，刘秀等人几乎不能出去。王寻、王邑纵兵包围昆阳，严尤向王邑献策说："昆阳城小而坚固，现在假冒皇帝名号的刘玄在宛城，我们大军迅速向那里进兵，他必定奔逃；宛城方面的汉军一旦失败，昆阳城里的汉军自然向我军降服。"王邑说："我以前围攻翟义，因没有活捉住他而受到责备，如今带领百万之众，遇城而不能攻下，这就不能显示军威了。应当先攻陷屠杀此城，踏着血泊前进，前歌后舞，难道不痛快吗？"于是把昆阳包围了几十重，列营上百个，钲鼓之声响彻几十里，还挖掘地道，用战车撞城；用许多弓弩向城内乱射，矢下如雨，城内的人为了躲避飞矢，背着门板出外打水。王凤等乞求投降，不被理睬。王寻、王邑自以为片刻就可成功，不担心军事上会出其它事故。严尤建议说："《兵法》上写着：'围城要留下缺口'，应让被围之敌得以逃出，从而使围攻宛城的绿林军害怕。"王邑又不听取这个建议。

棘阳守长岑彭与前队贰严说共守宛城，汉兵攻之数月，城中人相食，乃举城降。更始入都之。诸将欲杀彭，刘縯曰："彭，郡之大吏，执心坚守，是其节也。今举大事，当表义士，不如封之。"更始乃封彭为归德侯。

【译文】棘阳守长岑彭和前队副将严说同守宛城，汉军围攻了几个月，城中因为缺粮而人吃人，于是全城投降。更始皇帝进城，并在宛城建都。将领们打算杀掉岑彭，刘说："岑彭是郡的大官，决心固守，是有气节的表现。现在我们办大事，应当表彰义士，不如封他。"更始帝就封岑彭为归德侯。

刘秀至郾、定陵，悉发诸营兵。诸将贪惜财物，欲分兵守之。秀曰："今若破敌，珍宝万倍，大功可成；如为所败，首领无余，何财物之有！"乃悉发之。六月己卯朔，秀与诸营俱进，自将步骑千余为前锋，去大军四五里而陈；寻、邑亦遣兵数千合战，秀奔之，斩首数十级。诸将喜曰："刘将军平生见小敌怯，今见大敌勇，甚可怪也！且复居前，请助将军！"秀复进，寻、邑兵却，诸部共乘之，斩首数百千级。连胜，遂前，诸将胆气益壮，无不一当百，秀乃与敢死者三千人，从城西水上。冲其中坚。寻、邑易之，自将万余人行陈，敕诸营皆按部，毋得动，独迎与汉兵战，不利，大军不敢擅相救。寻、邑陈乱，汉兵乘锐崩之，遂杀王寻。城中亦鼓而出，中外合势，震呼动天地。莽兵大溃，走者相腾践，伏尸百余里。会大雷、风、屋瓦皆飞，雨下如注，滍川盛溢，虎豹皆股战，士卒赴水溺死者以万数，水为不流。王邑、严尤、陈茂轻骑乘死人度水逃去，尽获其军实辎重，不可胜算，举之连月不尽，或燔烧其余。士卒奔走，各还其郡，王邑独与所将长安勇敢数千人还洛阳，关中闻之震恐。于是海内豪桀，翕然响应，皆杀其牧守，自称将军，用汉年号，以待诏命。旬月之间，遍于天下。

【译文】刘秀到了郾、定陵等地，调发各营的全部军队；将领们贪惜财物，想要分出一部分兵士留守。刘秀说："现在如果打垮敌人，有万倍的珍宝，大功可成；如果被敌人打败，头都被杀掉了，还有什么财物！"于是征发了全部军队。六月己卯朔（初一），刘秀和各营部队一同出发，亲自带领步兵和骑兵一千多人为先头部队，在距离王莽大军四五里远的地方摆开阵势。王寻、王邑也派几千人来交战，刘秀带兵冲了过去，斩了几十人首级。将领们高兴地说："刘将军平时看到弱小的敌军都胆怯，现在见到强敌反而英勇，太奇怪了！还是我们在前面吧，请让我们协助将军！"刘秀又向前进兵，王寻、王邑的部队退却；汉军各部一同冲杀过去，斩了数百上千个首级。汉军接连获胜，继续进兵，将领们胆气更壮，没有一个不是以一当百。刘秀就和敢于牺牲的三千人从城西水岸边攻击王莽军的主将营垒。王寻、王邑轻视汉军，亲自带领一万余人巡行军阵，戒令各营都按兵不动，单独迎上来同汉军交战，不利，大部队又不敢擅自相救；王寻、王邑所部阵乱，汉军乘机击溃敌军，终于杀了王寻。昆阳城中的汉军也击鼓大喊而冲杀出来，里应外合，呼声震天动地；王莽军大溃，逃跑者互相践踏，倒在地上的尸体遍布一百多里。适值迅雷、大风，屋瓦全都被风刮得乱飞，大雨好似从天上倒灌下来，水暴涨，虎豹都吓得发抖，掉入水中溺死的士兵上万，河水因此不能流动。王邑、严尤、陈茂等以轻骑踏着死人渡过水逃走。汉军获得王莽军抛下的全部军用物资，不可胜计，接连几个月都运不完，有些余下的就被烧掉。王莽军的士兵奔跑，各还故乡，只有王邑和他带领的长安勇士几千人回到洛阳，关中听到这个消息十分惊惧。于是海内豪杰一致响应，都杀掉当地的州郡长官，自称将军，用更始年号，等待更始皇帝的诏命；一个月之内，这种形势遍于天下。

班超使西域

（明帝永平十六年）

奉车都尉窦固之伐北匈奴也。使假司马班超与从事郭恂俱使西域。超行到鄯善，鄯善王广奉超礼敬甚备，后忽更疏懈。超谓其官属曰：“宁觉广礼意薄乎？”官属曰：“胡人不能常久，无它故也。”超曰：“此必有北虏使来，狐疑未知所从故也。明者睹未萌，况已著邪！”乃召侍胡诈之曰：“匈奴使来数日，今安在乎？”侍胡惶恐曰：“到已三日，去此三十里。”

【译文】奉车都尉窦固讨伐北匈奴时，派副司马班超和从事郭恂一同出使西域。班超到达鄯善国时，鄯善王广用十分尊敬周到的礼节接待他，但后来忽然变得疏远懈怠了。班超对他的部下说：“你们可曾觉出广的态度冷淡了吗？”部下说：“胡人行事无常性，并没有别的原因。”班超说：“这一定是因为有北匈奴的使者前来，而鄯善王心里犹豫，不知所从的缘故。明眼人能够在事情未发生前看出端倪，何况事情已显著暴露！”于是他召来胡人侍者，假装已知实情，说：“匈奴使者来了几天，如今在什么地方？”胡人侍者慌忙答道：“已经来了三天，离此地三十里。”

超乃闭侍胡，悉会其吏士三十六人，与共饮，酒酣，因激怒之曰：“卿曹与我俱在绝域，今虏使到裁数日，而王广礼敬即废。如令鄯善收吾属送匈奴，骸骨长为豺狼食矣。为之奈何？”官属皆曰：“今在危亡之地，死生从司马！”超曰：“不入虎穴，不得虎子。当今之计，独有因夜以火攻虏，使彼不知我多少，必大震怖，可殄尽也。灭此虏，则鄯善破胆，功成事立矣。”众曰：“当与从事议之。”超怒曰：“吉凶决于今日！从事文俗吏，闻此必恐而谋泄，死无所名，非壮士也。”众曰：“善！”

【译文】于是班超就把胡人侍者关起来，召集全体属员，共三十六人，和他们一同饮酒。饮到酣畅之时，班超借酒激怒众人说：“你们和我同在绝远荒域，如今北匈奴使者才来了几天，而鄯善王就已不讲礼节了，若是使者命令鄯善把我们抓起来送给匈奴，那么我们的骨头就要永远喂给豺狼了。我们应该怎么办？”部下一致回答：“如今处在危亡之地，我们跟随司马同生共死！”班超说：“不入虎穴，不得虎子。如今可行的办法，只有乘夜用火进攻匈奴人，使对方不知我们到底有多少人马，必定大为震恐，这样便可将他们一网打尽。除掉了北匈奴使者，那么鄯善人就会胆战心惊，我们便成功了。”众人说：“应当和从事商议此事。”班超生气地说：“命运的吉凶就在今天决定，而从事不过是平庸的文吏，听到我们的打算定要害怕，计谋便会泄露，到那时候，我们死得没有名堂，就不是英雄了。”众人说：“好！”

初夜，超遂将吏士往奔虏营。会天大风，超令十人持鼓，藏虏舍后，约曰：“见火然，皆当鸣鼓大呼。”余馀人悉持兵弩夹门而伏，超乃顺风纵火。前后鼓噪，虏众惊乱。超手格杀三人，吏兵斩其使及从士三十余级，余众百许人悉烧死。明日，乃还告郭恂，恂大惊，既而色动，超知其意，举手曰：“掾虽不行，班超何心，独擅之乎！”恂乃悦。

【译文】一入夜，班超便带领部下奔向北匈奴使者的营地。当时正刮着大风，班超命令十人拿鼓，躲到匈奴人的帐房后面，相约道：“看见火起，就要一齐擂鼓呐喊。”其余的人全都手持刀剑弓弩，埋伏在帐门两侧。于是班超顺风放火，大火一起，帐房前后鼓声齐鸣，杀声震耳。匈奴人惊慌失措，一时大乱。班超亲手格杀三人，下属官兵斩杀北匈奴使者及其随从共三十余人，其余约一百人全部被火烧死。班超等人次日返回，将事情的经过告诉了郭恂。郭恂大为震惊，接着神色一变。班超明白了他的意思，举手声称：“从事虽然没有前去参与行动，可班超怎有心一人居功！”郭恂这才大喜。

超于是召鄯善王广，以虏使首示之，一国震怖。超告以汉威德，“自今以后，勿复与北虏通。”广叩头：“愿属汉无二心。”遂纳子为质。还白窦固，固大喜，具上超功效，并求更选使使西域。帝曰：“吏如班超，何故不遣，而更选乎！今以超为军司马，令遂前功。”

【译文】于是班超叫来鄯善王广，给他看匈奴使者的首级，鄯善全国震恐。班超将汉朝的国威和恩德告诉鄯善王，并说：“从今以后，不要再同北匈奴来往。”广叩头声称：

“我愿臣属汉朝，没有二心。”于是将王子送到汉朝充当人质。班超归来后，向窦固讲述了出使经过，窦固十分高兴，将班超的功劳一一上报，并请求重新选派使者出使西域。明帝说：“有班超这样的官员，为什么不派遣，而要另选他人呢？现任命班超为军司马，让他完成先前的功业。”

固复使超使于窴，欲益其兵，超愿得将本所从三十六人，曰：“于窴国大而远，今将数百人，无益于强；如有不虞，多益为累耳。”是时于窴王广德雄张南道，而匈奴遣使监护其国。超既至于窴，广德礼意甚疏。且其俗信巫，巫言：“神怒，何故欲向汉？汉使有騧马，急求取以祠我！”广德乃遣国相私来比就超请马。超密知其状，报许之，而令巫自来取马。有顷，巫至，超即斩其首；收私来比，鞭笞数百。以巫首送广德；因责让之。广德素闻超在鄯善诛灭虏使，大惶恐，即杀匈奴使者而降。超重赐其王以下，因镇抚焉。于是诸国皆遣子入侍，西域与汉绝六十五载，至是乃复通焉。

【译文】窦固又让班超出使于阗国，想为他增加随行兵马，但班超只愿带领原来跟从的三十六人。他说：“于阗是个大国，道路遥远，如今率领几百人前往，无益于显示强大。而如有不测之事发生，人多反而成为累赘。”当时，于阗王广德称雄于西域南道，但该国仍受匈奴使者的监护。班超到达于阗后，广德待他礼仪态度十分疏淡。于阗又有信巫之俗，而巫师声称：“神已发怒，问我们为何要倾向汉朝？汉朝的使者有一匹黑唇黄马，快去找来给我做祭品！”于是广德派宰相私来比向班超索求赠马。班超暗中获知底细，便答应此事，但要巫师亲自前来取马。不久，巫师来了，班超便立刻将他斩首，并逮捕了私来比，痛打数百皮鞭。班超将巫师的首级送给广德，借机对他进行谴责。广德早已听说过班超在鄯善斩杀北匈奴使者的事迹，大为惊恐，便随即杀死匈奴使者投降。班超重赏于阗王及其大臣，就此镇服安抚于阗。于是西域各国全都派出王子到汉朝做人质。西域与汉朝的关系曾中断了六十五年，至此才恢复交往。

宦官之乱

（灵帝建宁元年）

初，窦太后之立也，陈蕃有力焉。及临朝，政无大小，皆委于蕃。蕃与窦武同心戮力，以奖王室，征天下名贤李膺、杜密、尹勋、刘瑜等，皆列于朝廷，与共参政事。于是天下之士，莫不延颈想望太平。而帝乳母赵娆及诸女尚书，旦夕在太后侧，中常侍曹节、王甫等共相朋结，谄事太后。太后信之，数出诏命，有所封拜。蕃、武疾之，尝共会朝堂，蕃私谓武曰："曹节、王甫等，自先帝时操弄国权，浊乱海内，今不诛之，后必难图。"武深然之。蕃大喜，以手推席而起。武于是引同志尚书令尹勋等共定计策。

【译文】起初，窦妙被册封为皇后，陈蕃曾经尽过力量。等到窦妙当上太后，临朝主持朝政时，就把大小政事全部交付陈蕃。陈蕃和窦武同心合力，辅佐皇室，征召天下闻名的贤才李膺、杜密、尹勋、刘瑜等人，都进入朝廷，共同参与朝廷政事。于是，天下的士人，无不伸长脖子殷切盼望太平盛世的来临。然而，灵帝的奶妈赵娆跟女尚书们，早晚都守候在窦太后身边，和中常侍曹节、王甫等人互相勾结，奉承窦太后。于是，得到窦太后的宠信，多次颁布诏书，封爵拜官。陈蕃、窦武对此深为痛恨。有一次，在朝堂上共同商议朝廷政事，陈蕃私下对窦武说："曹节、王甫等人，从先帝时起就操纵国家大权，扰乱天下，今天如果不杀掉他们，将来更难下手。"窦武也很同意陈蕃的意见。陈蕃大为高兴，用手推席起身。于是，窦武便和志同道合的尚书令尹勋等人，共同制定计策。

会有日食之变，蕃谓武曰："昔萧望之困一石显，况今石显数十辈乎！蕃以八十之年，欲为将军除害，今可因日食斥罢宦官，以塞天变。"武乃白太后曰："故事，黄门、常侍，但当给事省内门户，主近署财物耳；今乃使与政事，任重权，子弟布列，专为贪暴。天下匈匈，正以此故，宜悉诛废以清朝廷。"太后曰："汉元以来故事，世有宦官，但当诛其有罪者，岂可尽废邪！"时中常侍管霸颇有才略，专制省内，武先白收霸及中常侍苏康等，皆坐死。武复数白诛曹节等，太后犹豫未忍，故事久不发。蕃上疏曰："今京师嚣嚣，道路喧哗，言侯览、曹节、公乘昕、王甫、郑飒等，与赵夫人、诸尚书，并乱天下，附从者升进，忤逆者中伤，一朝群臣如河中木耳，泛泛东西，耽禄畏害。陛下今不急诛此曹，必生变乱，倾危社稷，其祸难量。愿出臣章宣示左右，并令天下诸奸知臣疾之。"太后不纳。

【译文】正好遇上发生日食的灾变，陈蕃对窦武说："过去萧望之困在一个石显手里，何况今天有数十个石显！我今年已八十岁，只想帮助将军铲除祸害。正可抓住发生日食这个机会，斥退废黜宦官，来消除天象变异。"于是窦武禀告太后说："按照旧日的典章制度，黄门、常侍只在宫内供职，负责管理门户，保管宫廷财物。而今却教他们参与朝廷政事，掌握重要权力，家人子弟，布满天下，专门贪赃暴虐。天下舆论沸腾，正是为了这个缘故，应该将他们全部诛杀或废黜，以肃清朝廷。"窦太后吃惊地说："自从汉王朝建立以来，按照旧日的典章制度，世世代代都有宦官，只应当诛杀其中犯法有罪的，怎么能够将他们全都消灭？"当时中常侍管霸，很有才能和谋略，在禁宫独断专行。窦武请准窦太后，先行逮捕管霸，以及中常侍苏康等，都坐罪处死。窦武又多次向窦太后请求诛杀曹节等，窦太后犹豫不决，不忍批准，所以便把事情拖延下去。于是陈蕃又上书说："而今京都洛阳人心不安，道路喧哗，传言侯览、曹节、公乘昕、王甫、郑飒等，和赵妖、尚书们共同扰乱天下。凡是依附和服从他们的升官进爵，违背和抗拒他们的中伤陷害。举朝的文武官员，好象河水中漂流的树木一样，一会漂到东，一会漂到西，只知道贪图俸禄，畏惧权势。陛下如果现在不迅速诛杀此辈，一定会发生变乱，危害国家，灾祸难以预计。请求把这份奏章，宣示左右，并命天下的奸佞们都知道我对他们深恶痛绝。"窦太后不肯采纳。

是月，太白犯房之上将，入太微。侍中刘瑜素善天官，恶之，上书皇太后曰："案《占书》：宫门当闭，将相不利，奸人在主傍，愿急防之。"又与武、蕃书，以星辰错缪，不利大臣，宜速断大计。于是武、蕃以朱寓为司隶校尉，刘祐为河南尹、虞祁为洛阳令。武奏免黄门令魏彪，以所亲小黄门山冰代之，使冰奏收长乐尚书郑飒，送北寺狱。蕃谓武曰："此曹子便当收杀，何复考为！"武不从，令冰与尹勋、侍御史祝瑨杂考飒，辞连及曹节、王甫。勋、冰即奏收节等，使刘瑜内奏。

【译文】同月，金星侵犯房宿上将星，深入太微星座。侍中刘瑜一向精于天文，对上述天象感到厌恶，于是向窦太后上书说："根据《占书》，天上有此星象，宫门应当关闭，将对将相不利，奸人近在咫尺，但愿紧急防备。"同时，又写信警告窦武、陈蕃，指出星辰错乱，对大臣不利，应该迅速确定大计。于是窦武、陈蕃任命朱寓为司隶校尉，刘祐为河南尹，虞祁为洛阳县令。窦武奏准将黄门令魏彪免官，任命所亲信的小黄门山冰接替。然后由山冰出面，弹劾和逮捕长乐尚书郑飒，送往北寺监狱囚禁。陈蕃对窦武说："对于这批家伙，抓住便应当场诛杀，还用审问？"窦武没有听从，命山冰、尹勋、侍御史祝瑨共同审问郑飒。郑飒在供辞中，牵连到曹节、王甫。尹勋、山冰根据郑飒的口供，立即奏请窦太后准予逮捕曹节等人，奏章交由刘瑜呈递。

九月辛亥，武出宿归府。典中书者先以告长乐五官史朱瑀，瑀发武奏，骂曰："中官放纵者，自可诛耳，我曹何罪而当尽见族灭！"因大呼曰："陈蕃、窦武奏白太后废帝为大逆！"乃夜召素所亲壮健者长乐从官史共普、张亮等十七人，歃血共盟，谋诛武等。

【译文】九月辛亥（初七），窦武休假，出宫回家住宿。负责主管奏章的宦官得到消息，先行报告长乐五官史朱瑀、朱瑀秘密拆阅窦武的奏章，诟骂说："宦官放任犯罪，自然可以诛杀，可是我们又有什么罪过，却应当全都遭到灭族？"因而大声呼喊说："陈蕃、窦武奏请皇太后废黜皇帝，大逆不道！"便连夜召集一向亲近的健壮宦官、长乐从官史共普、张亮等十七人歃血共同盟誓，合谋诛杀窦武等人。

曹节白帝曰："外间切切，请出御德阳前殿。"令帝拔剑踊跃，使乳母赵娆等拥卫左右，取棨信，闭诸禁门，召尚书官属，胁以白刃，使作诏板，拜王甫为黄门令，持节至北寺狱，收尹勋、山冰。冰疑不受诏，甫格杀之，并杀勋；出郑飒，还兵劫太后，夺玺绶。令中谒者守南宫，闭门绝复道。使郑飒等持节及侍御史、谒者捕收武等。武不受诏，驰入步兵营，与其兄子步兵校尉绍，共射杀使者。

【译文】曹节急忙向灵帝报告说："外面情况紧急，请陛下赶快登上德阳前殿。"并且，教灵帝拔出佩剑，做出欢欣奋起的模样，派奶妈赵娆等在灵帝左右保护，收取符信，关闭宫门，召唤尚书台官属，用利刀威胁，命他们撰写诏书，任命王甫为黄门令，持节到北寺监狱，逮捕尹勋、山冰。山冰怀疑诏书不是真的，拒不受诏，王甫格杀山冰，接着又杀死尹勋，将郑飒释放出狱。随后，王甫又率领卫士回宫，劫持窦太后，夺取皇帝的玺印。命中谒者守卫南宫，紧闭宫门，切断通往北宫的复道。派郑飒等持节，率领侍御史、谒者，逮捕窦武等人。窦武拒不受诏，投奔步兵校尉军营，跟他的侄儿、步兵校尉窦绍，共同射杀使者。

召会北军五校士数千人，屯都亭，下令军士曰："黄门、常侍反，尽力者封侯重赏。"陈蕃闻难，将官属诸生八十余人，并拔刃突入承明门，到尚书门，攘臂呼曰："大将军忠以卫国，黄门反逆，何云窦氏不道邪！"王甫时出，与蕃相遇，适闻其言，而让蕃曰："先帝新弃天下，山陵未成，武有何功，兄弟父子并封三侯！又设乐饮宴，多取掖廷宫人，旬日之间，赀财巨万，大臣若此，为是道邪！公为宰辅，苟相阿党，复何求贼！"使剑士收蕃，蕃拔剑叱甫，辞色逾厉。遂执蕃，送北寺狱。

【译文】召集会合北军五校尉营将士数千人，进屯都亭，对军士下令说："黄门、中常侍谋反，努力作战的封侯、重赏。"陈蕃听到事变，率领他的部属官员，和学生门徒八十余人，各人拔出刀剑，闯入承明门，一直走到尚书台门前，振臂大声呼喊说："大将军忠心卫国，黄门反叛，为何反说窦武大逆不道？"当时王甫出来，正好和陈蕃相遇，听见他的呼喊，斥责陈蕃说："先帝刚刚去世，修筑坟墓尚未竣工，窦武有什么功劳，兄弟父子三人同时赀财产累积上万，朝廷大臣这种行为，不是无道，又是什么？你是宰辅大臣，苟且互相结党，还去什么地方捉拿奸贼？"命令武士逮捕陈蕃，陈蕃拔剑斥责王甫，言辞和脸色都更加严厉。可是，武士终于把陈蕃拘捕，送到北寺监狱囚禁。

黄门从官驺蹋踧蕃曰："死老魅！复能损我曹员数、夺我曹禀假不！"即日杀之。时护匈奴中郎将张奂征还京师，曹节等以奂新至，不知本谋，矫制以少府周靖行车骑将军、加节，与奂率五营士讨武。

【译文】黄门从官骑士用脚踢着陈蕃得意洋洋地说："死老精怪，还能不能裁减我们的人员数目，克扣我们的俸给和借贷？"并于当天在狱中将陈蕃杀死。这时，护匈奴中郎将张奂正好被召回京都洛阳。曹节等人因张奂新到，不了解政变的内幕。于是假传皇帝圣旨，擢升少府周靖为行车骑将军、加节，和张奂率领五校尉营留下的将士前往讨伐窦武。

夜漏尽，王甫将虎贲、羽林等合千余人，出屯朱雀掖门，与奂等合，已而悉军阙下，与武对陈。甫兵渐盛，使其士大呼武军曰："窦武反，汝皆禁兵，当宿卫宫省，何故随反者乎！先降有赏！"

【译文】此时天已微明，王甫率领虎贲武士、羽林军等共计一千余人，出朱雀掖门布防，跟张奂等会合。不久全部抵达宫廷正门，和窦武对阵。这样，王甫的兵力渐盛，他教士兵向窦武军队大声呼喊说："窦武谋反，你们都是皇帝的警备部队，应当保卫皇宫，为什么追随谋反的人？先投降的有赏！"

营府兵素畏服中官，于是武军稍稍归甫，自旦至食时，兵降略尽。武、绍走，诸军追围之，皆自杀，枭首洛阳都亭；收捕宗亲宾客姻属，悉诛之，及侍中刘瑜、屯骑校尉冯述，皆夷其族。宦官又谮虎贲中郎将河间刘淑、故尚书会稽魏朗，云与武等通谋，皆自杀。迁皇太后于南宫，徙武家属于日南；自公卿以下，尝为蕃、武所举者，及门生故吏，皆免官禁锢。

【译文】北军五营校尉府的官兵，一向畏惧归服宦官，于是窦武的军队开始有人投奔王甫，从清晨到早饭时，几乎全部归降。窦武、窦绍被迫逃走，各路军队追捕包围，他们两人都自杀身亡，被砍下人头悬挂在洛阳都亭示众。紧接着，又大肆搜捕窦武的亲族、宾客、姻戚，全部加以诛杀。侍中刘瑜、屯骑校尉冯述，被屠灭全族。宦官又诬陷虎贲中郎将河间国人刘淑，前尚书会稽郡人魏朗，说他俩和窦武等人通谋，他俩也都自杀。将窦太后迁到南宫，把窦武的家属放逐到日南郡。从三公、九卿以下，凡是陈蕃、窦武所推荐的官员，以及他们的学生门徒和过去的部属，全都免官，从此不许再出来作官。

议郎勃海巴肃，始与武等同谋，曹节等不知，但坐禁锢，后乃知而收之。肃自载诣县，县令见肃入阁，解印绶，欲与俱去。肃曰："为人臣者，有谋不敢隐，有罪不逃刑，既不隐其谋矣，又敢逃其刑乎！"遂被诛。

【译文】议郎、勃海郡人巴肃开始时参与窦武共同密谋，曹节等人不知道，只是坐罪禁锢不许再做官，后来才被发现，于是下令逮捕巴肃。巴肃自己乘车来到县廷，县令见到巴肃以后，迎到后阁，解下县令印信，打算和巴肃一起逃走。巴肃说："做臣下的，有谋略不敢隐藏，有罪过不敢逃避刑罚，既然没有隐藏谋略，又怎么敢逃避应得的刑罚？"便被诛杀。

曹节迁长乐卫尉，封育阳侯。王甫迁中常侍，黄门令如故。朱瑀、共普、张亮等六人皆为列侯，十一人为关内侯。于是群小得志，士大夫丧气。

【译文】曹节升任长乐卫尉，封为育阳侯。王甫升任中常侍，仍照旧兼任黄门令。朱瑀、共普、张亮等六人，都封为列侯。另外，还有十一人封为关内侯。于是，一群小人得志，士大夫们都垂头丧气。

蕃友人陈留朱震收葬蕃尸，匿其子逸，事觉，系狱，合门桎梏。震受考掠，誓死不言，逸由是得免。武府掾桂阳胡腾殡敛武尸行丧，坐以禁锢。武孙辅年二岁，腾诈以为己子，与令史南阳张敞共匿之于零陵界中，亦得免。

【译文】陈蕃的朋友、陈留郡人朱震，收殓埋葬陈蕃的尸体，把陈蕃的儿子陈逸秘密藏匿起来。事情被发觉以后，朱震全家被捕，男女老幼都被戴上刑具。朱震虽遭严刑拷打，誓死不肯吐露真情，陈逸因此得以逃命。窦武大将军府的掾吏、桂阳郡人胡腾收殓殡葬窦武的尸体，为窦武吊丧，受到禁锢，不许做官的处分；窦武的孙子窦辅，年仅二岁，胡腾将他冒充是自己的儿子，跟大将军府令史、南阳郡人张敞把他藏到零陵郡境内，也得以逃命。

张奂迁大司农，以功封侯。奂深病为曹节等所卖，固辞不受。

【译文】张奂升任大司农，因功封侯。张奂懊悔中了曹节等人的奸计，坚决推辞，不肯接受封侯。

党锢之祸

（建宁二年）

初，李膺等虽废锢，天下士大夫，皆高尚其道，而污秽朝廷，希之者唯恐不及，更共相标榜，为之称号：以窦武、陈蕃、刘淑为三君，君者言一世之所宗也；李膺、荀翌、杜密、王畅、刘祐、魏朗、赵典、朱寓为八俊，俊者言人之英也；郭泰、范滂、尹勋、巴肃及南阳宗慈、陈留夏馥、汝南蔡衍、泰山羊陟为八顾，顾者言能以德行引人者也；张俭、翟超、岑晊、苑康及山阳刘表、汝南陈翔、鲁国孔昱、山阳檀敷为八及，及者言其能导人追宗者也；度尚及东平张邈、王孝、东郡刘儒、泰山胡母班、陈留秦周、鲁国蕃向、东莱王章为八厨，厨者言能以财救人者也。及陈、窦用事，复举拔膺等；陈、窦诛，膺等复废。

【译文】起初，李膺等虽然遭到废黜和禁锢，但天下的士族和文人都很尊敬他们，认为是朝廷政治恶浊，盼望能跟他们结交，唯恐不被他们接纳，而他们也互相赞誉，各人都有美号。称窦武、陈蕃、刘淑为三郡，所谓君，说他们是一代宗师；李膺、荀翌、杜密、王畅、刘祐、魏朗、赵典、朱典为八俊，所谓俊，说他们是一代英雄俊杰；郭泰、范滂、尹勋、巴肃，以及南阳郡人宗慈、陈留郡人夏馥、汝南郡人蔡衍，泰山郡人羊陟为八顾，所谓顾，说他们是一代德行表率；张俭、翟超、岑晊、苑康，以及山阳郡人刘表、汝南郡人陈翔、鲁国人孔昱、山阳郡人檀敷为八及，所谓及，说他们是一代导师；度尚、以及东平国人张邈、王孝、东郡人刘儒、泰山郡人胡母班、陈留郡人秦周、鲁国人蕃向、东莱郡人王章为八厨，所谓厨、说他们是一代舍财救人的侠士。等到后来，陈蕃、窦武掌握朝廷大权，重新举荐和提拔李膺等人。陈蕃、窦武被诛杀，李膺等人再度被废黜。

宦官疾恶膺等，每下诏书，辄申党人之禁。侯览怨张俭尤甚，览乡人朱并素佞邪，为俭所弃，承览意指，上书告俭与同乡二十四人，别相署号，共为部党，图危社稷，而俭为之魁。诏刊章捕俭等。冬十月，大长秋曹节因此讽有司，奏"诸钩党者，故司空虞放，及李膺、杜密、朱寓、荀翌、翟超、刘儒、范滂等，请下州郡考治。"是时上年十四，问节等曰："何以为钩党？"对曰："钩党者，即党人也。"上曰："党人何用为恶而欲诛之邪？"对曰："皆相举群辈，欲为不轨。"上曰："不轨欲何如？"对曰："欲图社稷。"上乃可其奏。

【译文】宦官们对李膺等人非常痛恨，所以皇帝每次颁布诏书，都要重申对党人的禁令。中常侍侯览对张俭的怨恨尤为厉害。侯览的同郡人朱并素来奸佞邪恶，曾被张俭尖刻抨击过，便秉承侯览的旨意，上书检举说，张俭和同郡二十四人，分别互起称号，共同结成朋党，企图危害国家，而张俭是他们的首领。灵帝下诏，命将朱并的姓名除掉，公布奏章，逮捕张俭等人。冬季十月，大长秋曹节暗示有关官吏奏报："互相牵连结党的，有前司空虞放，以及李膺、杜密、朱寓、荀翌、翟超、刘儒、范滂等，请交付州郡官府拷讯审问。"当时，灵帝年仅十四岁，问曹节说："什么叫做互相牵连结党？"曹节回答说："互相牵连结党，就是党人。"灵帝又问："党人有什么罪恶，一定要诛杀？"曹节又回答说："他们互相推举，结成朋党，准备有不轨行动。"灵帝又问："不轨行动，想干什么？"曹节回答说：

"打算推翻朝廷。"于是，灵帝便批准了曹节的奏章。

或谓李膺曰："可去矣！"对曰："事不辞难，罪不逃刑，臣之节也。吾年已六十，死生有命，去将安之！"乃诣诏狱考死；门生故吏并被禁锢。侍御史蜀郡景毅子顾为膺门徒，未有录牒，不及于谴，毅慨然曰："本谓膺贤，遣子师之，岂可以漏脱名籍苟安而已！"遂自表免归。

【译文】有人告诉李膺说："你应该逃了。"李膺说："侍奉君王不辞艰难，犯罪不逃避刑罚，这是臣属的节操。我年已六十，生死有命，逃向何方？"便主动前往诏狱报到，被酷刑拷打而死。他的学生和过去的部属都被禁锢，不许再做官。侍御史蜀郡人景毅的儿子景顾是李膺的学生，因为在名籍上没有写他的名字，所以没有受到处罚。景毅感慨地说："我本来就认为李膺是一代贤才，所以才教儿子拜他为师，岂可以因为名籍上脱漏而苟且偷安？"便自己上书检举自己，免职回家。

汝南督邮吴导，受诏捕范滂，至征羌，抱诏书闭传舍，伏床而泣，一县不知所为。滂闻之曰："必为我也。"即自诣狱。县令郭揖大惊，出解印绶，引与俱亡，曰："天下大矣，子何为在此！"滂曰："滂死则祸塞，何敢以罪累君。又令老母流离乎！"其母就与之诀，滂白母曰："仲博孝敬，足以供养。滂从龙舒君归黄泉，存亡各得其所。惟大人割不可忍之恩，勿增感戚！"

【译文】汝南郡督邮吴导接到逮捕范滂的诏书，抵达征羌侯国时，紧闭驿站旅舍的屋门，抱着诏书伏在床上哭泣，全县的人都不知道发生了什么事情。范滂得到消息后说："一定是为我而来。"即自行到监狱报到。县令郭揖大吃一惊，把他接出来，解下印信，要跟范滂一道逃亡，说："天下大得很，你怎么偏偏到这个地方来？"范滂回答说："我死了，则灾祸停止，怎么敢因为我犯罪来连累你，而又使我的老母亲流离失所！"他的母亲来和他诀别，范滂告诉母亲说："范仲博孝顺恭敬，足可供养您。我则跟从龙舒君归于九泉之下。生者和死者，都各得其所。只求您舍弃不能忍心的恩情，不要增加悲伤。"

仲博者，滂弟也。龙舒君者，滂父龙舒侯相显也。母曰："汝今得与李、杜齐名，死亦何恨！既有令名，复求寿考，可兼得乎！"滂跪受教，再拜而辞。顾其子曰："吾欲使汝为恶，恶不可为；使汝为善，则我不为恶。"行路闻之，莫不流涕。

【译文】范仲博是范滂的弟弟。龙舒君是范滂的父亲，即已故的龙舒侯国宰相范显。母亲说："你今天得以和李膺、杜密齐名，死有何恨！既已享有美名，又要盼望长寿，岂能双全?”范滂跪下,聆听母亲教诲,听完以后,再拜而别。临行时,回头对儿子说:“我想教你作恶,但恶不可作;教你行善,即我不作恶。”行路的人听见,无不感动流涕。

凡党人死者百余人,妻子皆徙边,天下豪桀及儒学有行义者,宦官一切指为党人;有怨隙者,因相陷害,睚眦之忿,滥入党中。州郡承旨,或有未尝交关,亦离祸毒,其死、徙、废、禁者又六、七百人。

【译文】因党人案而死的共有一百余人,他们的妻子和儿女都被放逐到边郡。天下英雄豪杰,以及有良好品行和道义的儒家学者,宦官一律把他们指控为党人。有私人怨恨的,也乘机争相陷害,甚至连瞪了一眼的小积忿,也滥被指控为党人。州郡官府秉承上司的旨意,有的人和党人从来没有牵连和瓜葛,也遭到惩处。因此而被处死、放逐、废黜、禁锢的人,又有六七百人之多。

郭泰闻党人已死,私为之恸曰:“《诗》云:‘人之云亡,邦国殄瘁。’汉室灭矣,但未知‘瞻乌爰止,于谁之屋’耳!”泰虽好臧否人伦,而不为危言核论,故能处浊世而怨祸不及焉。

【译文】郭泰听到党人相继惨死的消息,暗中悲恸说:“《诗经》上说:‘人才丧亡,国家危亡。’汉王朝行将灭亡,但不知道‘乌鸦飞翔,停在谁家。’”郭泰虽然也喜爱评论人物的善恶是非,但从不危言耸听、苛刻评论,所以才能身处浑浊的乱世,而没有遭到怨恨和灾祸。

张俭亡命困迫,望门投止,莫不重其名行,破家相容。后流转东莱,止李笃家。外黄令毛钦操兵到门,笃引钦就席曰:“张俭负罪亡命,笃岂得藏之!若审在此,此人名士,明廷宁宜执之乎!”钦因起抚笃曰:“蘧伯玉耻独为君子,足下如何专取仁义!”笃曰:“今欲分之,明廷载半去矣。”钦叹息而去。

【译文】张俭逃亡,困急窘迫,每当望见人家门户,便投奔请求收容。主人无不敬重他的声名和德行,宁愿冒着家破人亡的危险也要收容他。后来他辗转逃到东莱郡,住在李笃家里。外黄县令毛钦手持兵器来到李笃家中,李笃领着毛钦就座以后说:“张俭是背负重罪的逃犯,我怎么会窝藏他!假如他真的在我这里,这人是有名的人士,您难道非捉拿他不可?”毛钦因而站起身来,抚摸着李笃的肩膀说:“蘧伯玉以单独为君子而感到耻辱,你为何一个人专门获得仁义?”李笃回答说:“而今就想和你分享,你已经获得了一半。”于是毛钦叹息告辞而去。

笃导俭经北海戏子然家，遂入渔阳出塞。其所经历，伏重诛者以十数，连引收考者布遍天下，宗亲并皆殄灭，郡县为之残破。俭与鲁国孔褒有旧，亡抵褒，不遇，褒弟融年十六，匿之。后事泄，俭得亡走，国相收褒、融送狱，未知所坐。融曰："保纳舍藏者，融也，当坐。"褒曰："彼来求我，非弟之过。"吏问其母，母曰："家事任长，妾当其辜。"一门争死，郡县疑不能决，乃上谳之，诏书竟坐褒。及党禁解，俭乃还乡里，后为卫尉，卒年八十四。夏馥闻张俭亡命，叹曰："孽自己作，空污良善，一人逃死，祸及万家，何以生为！"乃自翦须变形，入林虑山中，隐姓名，为冶家佣，亲突烟炭，形貌毁瘁，积二三年，人无知者。馥弟静，载缣帛，追求饷之，馥不受，曰："弟奈何载祸相饷乎！"党禁未解而卒。

【译文】李笃便引导张俭经由北海郡戏子然家，再进入渔阳郡，逃出塞外。张俭自逃亡以来，所投奔的人家，因为窝藏和收容他而被官府诛杀的有十余人，被牵连遭到逮捕和审问的几乎遍及全国，这些人的亲属也都同时被灭绝，甚至有的郡县因此而残破不堪。张俭和鲁国人孔褒是旧友，当他去投奔褒时，正好遇上孔褒不在家，孔褒的弟弟孔融年仅十六岁，作主把张俭藏匿在家。后来事情被泄露，张俭虽然得以逃走，但鲁国宰相将孔褒、孔融逮捕，送到监狱关押，不知道应该判处谁来坐罪？孔融说："接纳张俭并把他藏匿在家的，是我孔融，应当由我坐罪。"孔褒说："张俭是来投奔我的，不是弟弟的罪过。"负责审讯的官吏征求他俩母亲的意见，母亲说："一家的事，由家长负责，罪在我身。"一家母子三人，争相赴死，郡县官府疑惑不能裁决，就上报朝廷。灵帝下诏，将孔褒诛杀抵罪。等到党禁解除以后，张俭才返回家乡，后来又被朝廷任命为卫尉，去世时，享年八十四岁。当初，夏馥听到张俭逃亡的消息，叹息说："自己作孽，应由自己承当，却凭空去牵连善良的人。一人逃命，使万家遭受灾祸，何必活下去！"于是他把胡须剃光，改变外貌，逃入林虑山中，隐姓埋名，充当冶铸金属人家的佣工，亲自挖掘烟炭，容貌憔悴，为时二、三年，没有人知道他是谁。夏馥的弟弟夏静带着缣帛，追着要馈赠与他。夏馥不肯接受，并且对夏静说："你为什么带着灾祸来送给我？"党禁还没有解除，他便去世了。

初，中常侍张让父死，归葬颍川，虽一郡毕至，而名士无往者，让甚耻之，陈是独吊焉。及诛党人，让以是故，多所全宥。南阳何颙，素与陈蕃、李膺善，亦被收捕，乃变名姓匿汝南间，与袁绍为奔走之交，常私入洛阳，从绍计议，为诸名士罹党事者求救援，设权计，使得逃隐，所全免甚众。

【译文】起初，中常侍张让的父亲去世，棺柩运回颍川郡埋葬，虽然全郡的人几乎都来参加丧礼，但知名的人士却没有一个人前来，张让感到非常耻辱。只有陈实单独前来吊丧。等到大肆诛杀党人，张让因为陈实的缘故，曾出面保全和赦免了很多人。南阳郡人何颙一一向和陈蕃、李膺友善，也在被搜捕之列。于是他就改名换姓，藏匿在南阳郡和汝南郡之间，与袁绍结为奔走患难之交。他经常私自进入京都洛阳，和袁绍一道合计商议，为陷入党人案的名士们寻求救援，为他们策划，想方设法使其逃亡或隐藏，所保全和免于灾祸的人很多。

初，太尉袁汤三子，成、逢、隗。成生绍，逢生术。逢、隗皆有名称，少历显官。时中常侍袁赦以逢、隗宰相家，与之同姓，推崇以为外援，故袁氏贵宠于世，富奢甚，不与他公族同。绍壮健有威容，爱士养名，宾客辐凑归之，辎丼、柴毂，填接街陌。术亦以侠气闻。逢从兄子闳少有操行，以耕学为业，逢、隗数馈之，无所受。闳见时方险乱，而家门富盛，常对兄弟叹曰："吾先公福祚，后世不能以德守之，而竞为骄奢，与乱世争权，此即晋之三郤矣。"及党事起，闳欲投迹深林，以母老不宜远遁，乃筑土室四周于庭，不为户，自牖纳饮食。母思闳，时往就视，母去，便自掩闭，兄弟妻子莫得见也。潜身十八年，卒于土室。

【译文】当初，太尉袁汤生有三个儿子：袁成、袁逢、袁隗。袁成生袁绍，袁逢生袁术。袁逢、袁隗都有声望，自幼便担任显要官职。当时中常侍袁赦认为袁逢、袁隗出身宰相之家，又和他同姓，特别推崇和结纳作为自己的外援，所以袁姓家族以尊贵荣宠著称当世，非常富有奢侈，跟其他三公家族绝不相同。袁绍体格健壮，仪容庄重，喜爱结交天下名士，宾客们从四面八方前来归附于他，富人乘坐的有帘子的辎车，贱者乘坐的简陋小车，填满街巷，首尾相接。袁术也以侠义闻名当世。袁逢的堂侄袁闳少年时便有良好的品行，以耕种和读书为业，袁逢、袁隗多次馈赠于他，袁闳全不接受。袁闳眼看时局险恶昏乱，而袁姓家族富有贵盛，常对兄弟们叹息说："我们先祖的福禄，后世的子孙不能用德行保住，而竞相骄纵奢侈，与乱世争权夺利，这就会如晋国的三大夫一样。"等到党人之案爆发，袁闳本想逃到深山老林，但因母亲年老，不适宜远逃，于是在庭院里建筑了一间土屋，只有窗而没有门，饮食都从窗口递进。母亲思念儿子时，到窗口去看看他，母亲走后，就自己把窗口关闭，连兄弟和妻子儿女都不见面。一直隐身居住了十八年，最后在土屋中去世。

初，范滂等非讦朝政，自公卿以下皆折节下之，太学生争慕其风，以为文学将兴，处士复用。申屠蟠独叹曰："昔战国之世，处士横议，列国之王至为拥彗先驱，卒有坑儒烧书之祸，今之谓矣。"乃绝迹于梁、砀之间，因树为屋，自同佣人。居二年，滂等果罹党锢之祸，唯蟠超然免于评论。

【译文】起初，范滂等非议和抨击朝廷政事。自三公、九卿以下文武官员，都降低自己的身份，对他恭敬备至。太学学生争先恐后地仰慕和学习他的风度，认为文献经典之学将再度兴起，隐居的士人将会重新得到重用。只有申屠蟠独自叹息说："过去，战国时代隐居的士人肆意议论国家大事，各国的国王甚至亲自为他们执帚扫除，作为前导，结果产生焚书坑儒的灾祸。这正是今天所面临的形势。"于是在梁国和砀县之间，再也见不到他的行迹。他靠着大树，建筑一栋房屋，把自己变成佣工模样。大约居住了两年，范滂等果然遭受党锢大祸，只有申屠蟠超脱世事，才免遭抨击。

赤壁之战

（献帝建安十三年）

初，鲁肃闻刘表卒，言于孙权曰："荆州与国邻接，江山险固，沃野万里，士民殷富，若据而有之，此帝王之资也。今刘表新亡，二子不协，军中诸将，各有彼此。刘备天下枭雄，与操有隙，寄寓于表，表恶其能而不能用也。若备与彼协心，上下齐同，则宜抚安，与结盟好；如有离违，宜别图之，以济大事。肃请得奉命吊表二子，并慰劳其军中用事者，及说备使抚表众，同心一意，共治曹操，备必喜而从命。如其克谐，天下可定也。今不速往，恐为操所先。"权即遣肃行。

【译文】起初，鲁肃听到刘表去世的消息，就对孙权建议说："荆州与我们相邻，江山险固，沃野万里，百姓富足，如果能占领荆州，就奠定了帝王的基业。现在刘表刚死，他的两个儿子不和睦，军中将领也分为两派。刘备是天下的英雄人物，与曹操矛盾很深，寄居在刘表那里，刘表嫉妒他的才干而不能加以重用。如果刘备与刘表的儿子齐心协力，上下团结，我们就应当与他们和平相处，共结盟好。如果刘备与他们离心离德，我们就该另打主意，以成就大业。我请求您派我去向刘表的两个儿子吊丧，并慰劳他们军中的主要将领。同时劝说刘备，让他安抚刘表的部众，同心一意，共抗曹操，刘备一定会高兴地接受的。如果能达到目的，就能平定天下。现在不赶快前去，就恐怕会让曹操占先。"孙权立即派鲁肃去荆州。

到夏口，闻操已向荆州，晨夜兼道，比至南郡，而琮已降，备南走，肃径迎之，与备会于当阳长坂。肃宣权旨，论天下事势，致殷勤之意，且问备曰："豫州今欲何至？"备曰："与苍梧太守吴巨有旧，欲往投之。"肃曰："孙讨虏聪明仁惠，敬贤礼士，江表英豪，咸归附之，已据有六郡，兵精粮多，足以立事。今为君计，莫若遣腹心自结于东，以共济世业。而欲投吴巨，巨是凡人，偏在远郡，行将为人所并，岂足托乎！”备甚悦。肃又谓诸葛亮曰：“我子瑜友也。”即共定交。子瑜者，亮兄瑾也，避乱江东，为孙权长史。备用肃计，进住鄂县之樊口。

【译文】鲁肃到达夏口，听说曹操大军已向荆州进发，便日夜兼程前往，等他到达南郡时，刘琮已经投降曹操，刘备已经向南撤退。鲁肃便直接去见刘备，在当阳的长坂与他相会。鲁肃传达了孙权的意图，与刘备讨论天下大事，对刘备表示诚恳的关心。并且询问刘备说：“刘豫州，如今您打算到什么地方去？”刘备说：“苍梧郡太守吴巨是我的老朋友，打算去投奔他。”鲁肃说：“孙将军聪明仁惠，敬重与优待贤能之士，江南的英雄豪杰都归附于他。现在已占有六郡的土地，兵精粮多，足以成就一番事业。如今为您打算，最好是派遣心腹之人到江东去与孙权将军联系，可以共建大业。而您却想投奔吴巨，吴巨不过是个凡夫俗子，又在偏远的边郡，即将被别人吞并，怎么可以托身于他呢？”刘备听后大为高兴。鲁肃又对诸葛亮说：“我是诸葛子瑜的朋友。”于是诸葛亮与鲁肃也成为朋友。诸葛子瑜就是诸葛亮的哥哥诸葛瑾，他避乱到江东，担任孙权的长史。刘备采纳鲁肃的计策，进驻鄂县的樊口。

曹操自江陵将顺江东下。诸葛亮谓刘备曰：“事急矣，请奉命求救于孙将军。”遂与鲁肃俱诣孙权。亮见权于柴桑，说权曰：“海内大乱，将军起兵江东，刘豫州收众汉南，与曹操并争天下。今操芟夷大难，略已平矣，遂破荆州，威震四海。英雄无用武之地，故豫州遁逃至此，愿将军量力而处之。若能以吴、越之众，与中国抗衡，不如早与之绝；若不能，何不按兵束甲，北面而事之！今将军外托服从之名，而内怀犹豫之计，事急而不断，祸至无日矣。”

【译文】曹操从江陵出发，将要顺长江东下。诸葛亮对刘备说：“形势危急，我请求奉命去向孙将军求救。”于是他就和鲁肃一起去见孙权。诸葛亮在柴桑见到孙权，对孙权说：“天下大乱，将军在长江以东起兵，刘备在汉水以南召集部众，与曹操共同争夺天下。现在，曹操基本已经消灭北方的主要强敌，接着南下攻破荆州，威震四海。在曹操大军面前，英雄无用武之地，所以刘备逃到这里，希望将军量力来加以安排。如果将军能以江东的人马，与占据中原的曹操相抗衡，不如及早与操断绝关系；如果不能，为什么不早点解除武装，向他称臣？现在，将军表面上服从朝廷，而心中犹豫不决，事情已到危急关头而不果断处理，大祸马上就要临头了。”

权曰：“苟如君言，刘豫州何不遂事之乎！”亮曰：“田横，齐之壮士耳，犹守义不辱；况刘豫州王室之胄，英才盖世，众士慕仰，若水之归海！若事之不济，此乃天也，安能抗此难乎！”权勃然曰：“吾不能举全吴之地，十万之众，受制于人。吾计决矣！非刘豫州莫可以当曹操者；然豫州新败之后，安能抗此难乎！”

【译文】孙权说：“假如像你说的那样，刘备为什么不服从曹操？”诸葛亮说：“田横，不过是齐国的壮士，还坚守节义，不肯屈辱投降；何况刘备是皇室后裔，英雄才略，举世无双，士大夫们对他的仰慕，如同流水归向大海。如果大事不成，这是天意，怎么能再居于曹操之下呢？”孙权勃然大怒，说：“我不能把全部吴国故地和十万精兵拱手奉送，去受曹操的控制。我的主意已定！除刘备以外，曹没有能抵挡曹操的人，但刘备新近战败之后，怎么能担当这项重任呢？”

亮曰：“豫州军虽败于长坂，今战士还者及关羽水军精甲万人，刘琦合江夏战士亦不下万人。曹操之众，远来疲敝，闻追豫州，轻骑一日一夜行三百余里，此所谓‘强弩之末势不能穿鲁缟’者也。故《兵法》忌之，曰‘必蹶上将军’。且北方之人，不习水战；又荆州之民附操者，逼兵势耳，非心服也。今将军诚能命猛将统兵数万，与豫州协规同力，破操军必矣。操军破，必北还；如此，则荆、吴之势强，鼎足之形成矣。成败之机，在于今日！”权大悦，与其群下谋之。

【译文】诸葛亮说：“刘备的军队虽然在长坂大败，但现在陆续回来的战士和关羽的水军加起来有一万精兵，刘琦集结江夏郡的战士，也不下一万人。曹操的军队远道而来，已经疲惫。听说在追赶刘备时，轻骑兵一天一夜奔驰三百余里，这正是所谓‘强弩射出的箭，到了力量已尽的时候，连鲁国生产的薄绸都穿不透’。所以《兵法》以此为禁忌，说‘必定会使上将军受挫’。而且，北方地区的人，不善于进行水战。另外，荆州地区的民众归附曹操，只是在他军队的威逼之下，并不是心悦诚服。如今，将军如能命令猛将统领数万大军，与刘备齐心协力，一定能打败曹军。曹操失败后，必然退回北方，这样荆州与东吴的势力就强大起来，可以形成鼎足三分的局势。成败的关键，就在于今天！”孙权听后非常高兴，就去与他的部属们商议。

是时，曹操遗权书曰：“近者奉辞伐罪，旌麾南指，刘琮束手。今治水军八十万众，方与将军会猎于吴。”权以示臣下，莫不响震失色。长史张昭等曰：“曹公，豺虎也，挟天子以征四方，动以朝廷为辞；今日拒之，事更不顺。且将军大势可以拒操者长江也。今操得荆州，奄有其地，刘表治水军，蒙冲斗舰，乃以千数，操悉浮以沿江，兼有步兵，水陆俱下，此为长江之险，已与我共之矣，而势力众寡又不可论。愚谓大计不如迎之。”

【译文】这时曹操写信给孙权说："最近我奉天子之命，讨伐有罪的叛逆，军旗指向南方，刘琮降服。如今我统领水军八十万人，将要与将军在吴地一道打猎。"孙权把这封书信给部属们看，他们无不惊惶失色。长史张昭等人说："曹操是豺狼虎豹，挟持天子以征讨四方，动不动就用朝廷的名义来发布命令。今天我们如果进行抗拒，就更显得名不正而言不顺。况且将军可以抵抗曹操的，是依靠长江天险。现在，曹操占有荆州的土地，刘表所训练的水军，包括数以千计的蒙冲战船，已由曹操接管，曹操计全部船只沿长江而下，再加上步兵，水陆并进。这样长江天险已由曹操与我们共有，而双方势力的众寡又不能相提并论。因此依我们的愚见，最好是迎接曹操，投降朝廷。"

鲁肃独不言。权起更衣，肃追于宇下。权知其意，执肃手曰："卿欲何言？"肃曰："向察众人之议，专欲误将军，不足与图大事。今肃可迎操耳，如将军不可也。何以言之？今肃迎操，操当以肃还付乡党，品其名位，犹不失下曹从事，乘犊车，从吏卒，交游士林，累官故不失州郡也。将军迎操，欲安所归乎？愿早定大计，莫用众人之议也！"权叹息曰："诸人持议，甚失孤望。今卿廓开大计，正与孤同。"

【译文】只有鲁肃一言不发。孙权起身上厕所，鲁肃追到房檐下，孙权知道鲁肃的意思，握着鲁肃的手说："你想说什么？"鲁肃说："刚才我观察众人的议论，只是想贻误将军，不足以与他们商议大事。现在像我鲁肃这样的人可以迎降曹操，但将军却不可以。为什么这样说呢？现在我在迎接曹操，曹操一定会把我交给乡里父老去评议，以确定名位，也还会做一个下曹从事，能乘坐牛车，有吏卒跟随，与士大夫们结交，步步升官，也能当上州、郡的长官。可是将军迎接曹操，打算到哪里去安身呢？希望将军能早定大计，不要听那些人的意见。"孙权叹息说："这些人的说法，太让我失望了。如今你阐明的策略，正与我想的一样。"

时周瑜受使至番阳，肃劝权召瑜还。瑜至，谓权曰："操虽托名汉相，其实汉贼也。将军以神武雄才，兼仗父兄之烈，割据江东，地方数千里，兵精足用，英雄乐业，当横行天下，为汉家除残去秽；况操自送死，而可迎之邪？请为将军筹之：今北土未平、马超、韩遂尚在关西，为操后患；而操舍鞍马，仗舟楫，与吴、越争衡；今又盛寒，马无藁草，驱中国士众远涉江湖之间，不习水土，必生疾病。此数者，用兵之患也，而操皆冒行之。将军擒操，宜在今日。瑜请得精兵数万人，进住夏口，保为将军破之！"

【译文】当时，周瑜奉命到达番阳，鲁肃劝孙权把他召回来。周瑜来到后，对孙权说："曹操虽然名义上是汉朝的丞相，但实际上是汉朝的贼臣。将军以神武英雄的才略，又凭借父、兄的基业，割据江东，统治的地区有几千里，精兵足够使用，英雄乐于效力，应当模行天下，为汉朝清除邪恶的贼臣。何况曹操自己前来送死，怎么可以去迎降？请允许我为将军分析：如今北方尚未完全平定，马超、韩遂还驻兵函谷关以西，是曹操的后患。而曹操舍弃鞍马，改用船舰，与生长在水乡的江东人来决一胜负。现在正是严寒，战马缺乏草料。而且驱使中原地区的士兵远道跋涉来到江湖地区，不服水土，必然会发生疾疫。这几方面是用兵的大患，而曹操都贸然行事。将军抓住曹操的时机，正在今天。我请求率领精兵数万人，进驻夏口，保证能为将军击破曹操。”

权曰：“老贼欲废汉自立久矣，徒忌二袁、吕布、刘表与孤耳；今数雄已灭，惟孤尚存。孤与老贼势不两立，君言当击，甚与孤合，此天以君授孤也。”因拔刀斫前奏案曰：“诸将吏敢复有言当迎操者，与此案同！”乃罢会。

【译文】孙权说：“曹操老贼早就想要废掉汉朝皇帝，自己篡位了，只是顾忌袁绍、袁术、吕布、刘表与我孙权。现在那几个英雄都已被消灭，只剩下我还存在。我与老贼势不两立。你主张迎战曹军，正合我意，是上天把你授给了我！”孙权就势拔出佩刀，砍向面前的奏案，说：“将领官吏们，有胆敢再说应当投降曹操的，就与这个奏案一样！”于是散会。

是夜，瑜复见权曰：“诸人徒见操书言水步八十万，而各恐慑，不复料其虚实，便开此议，甚无谓也。今以实校之：彼所将中国人不过十五六万，且已久疲；所得表众，亦极七八万耳，尚怀狐疑。夫以疲病之卒，御狐疑之众，众数虽多，甚未足畏。瑜得精兵五万，自足制之，愿将军勿虑！”权抚其背曰：“公瑾，卿言至此，甚合孤心。子布、元表诸人，各顾妻子，挟持私虑，深失所望；独卿与子敬与孤同耳，此天以卿二人赞孤也。五万兵难卒合，已选三万人，船粮战具俱办。卿与子敬、程公便在前发，孤当续发人众，多载资粮，为卿后援。卿能办之者诚快，邂逅不如意，便还就孤，孤当与孟德决之。”遂以周瑜、程普为左右督，将兵与备并力逆操；以鲁肃为赞军校尉，助画方略。

【译文】当天夜里，周瑜又去见孙权，说：“众人只看到曹操信中说有水、陆军八十万而各自惊恐，不再去分析其中的虚实，就提出向曹操投降的意见，太不像话。现在咱们据实计算一下，曹操所率领的中原部队不过十五、六万人，而且长期征战，早已疲惫；新接收的刘表的部队，至多有七、八万人，仍然心怀猜疑。以疲惫的士卒，驾驭心怀猜疑的部众，人数虽多，却并没有什么可怕的。我只要有五万精兵，就足以制服敌军，望将军不要顾虑！”孙权拍着周瑜的背说：“周公瑾，你说到这个地步，非常合我的心意。张昭、秦松等人，各顾自己的妻子儿女，怀有私心，非常使我失望。只有你与鲁肃和我的看法相同，这是上天派你们两个人来辅佐我。五万精兵一时难以集结，已挑选了三万人，战船、粮草及武器装备都已备齐，你和鲁肃、程普率兵先行，我当继续调集人马，多运辎重、粮草，作为你的后援。你能战胜曹军，就当机立断；如果失利，就退到我这里来，我当与曹操决一胜负。”于是孙权任命周瑜、程普为左、右督，率兵与刘备合力迎战曹操；又任命鲁肃为赞军校尉，协助筹划战略。

刘备在樊口，日遣逻吏于水次候望权军。吏望见瑜船，驰往白备，备遣人慰劳之。瑜曰：“有军任，不可得委署；傥能屈威，诚副其所望。”备乃乘单舸往见瑜曰：“今拒曹公，深为得计。战卒有几？”瑜曰：“三万人。”备曰：“恨少。”瑜曰：“此自足用，豫州但观瑜破之。”备欲呼鲁肃等共会语，瑜曰：“受命不得妄委署。若欲见子敬，可别过之。”备深愧喜。

【译文】刘备驻军樊口，每天派巡逻的士兵在江边眺望孙权的军队。士兵看到周瑜的船队，就立即乘马回营报告刘备。刘备派人前去尉劳。周瑜对慰劳的人说：“我有军事任务在身，不能委派别人代理，如果刘备能屈尊前来会面，实在符合我的愿望。”刘备就乘一只船去见周瑜，说：“现在抵抗曹操，实在是很明智的决定。不知有多少战士？”周瑜说：“三万人。”刘备说：“可惜太少了。”周瑜说：“这已足够用，将军且看我击败曹军。”刘备想要召呼鲁肃等来共同谈话，周瑜说：“接受军令，不得随意委托人代理，如果您要见鲁肃，可以另去拜访他。”刘备既很惭愧，又很高兴。

进与操遇于赤壁。时操军众已有疾疫，初一交战，操军不利，引次江北。瑜等在南岸，瑜部将黄盖曰：“今寇众我寡，难与持久。操军方连船舰，首尾相接，可烧而走也。”乃取蒙冲斗舰十艘，载燥荻、枯柴、灌油其中，裹以帷幕，上建旌旗，预备走舸系于其尾。先以书遗操，诈云欲降。时东南风急，盖以十舰最著前，中江举帆，余船以次俱进。操军吏士皆出营立观，指言盖降。去北军二里余，同时发火，火烈风猛，船往如箭，烧尽北船，延及岸上营落。顷之，烟炎张天，人马烧溺死者甚众。瑜等率轻锐继其后，雷鼓大进北军大坏。操引军从华容道步走，遇泥泞道不通，天又大风，悉使羸兵负草填之，骑乃得过。羸兵为人马所蹈藉，陷泥中，死者甚众。刘备、周瑜水陆并进，追操至南郡。时操军兼以饥疫，死者太半。操乃留征南将军曹仁、横野将军徐晃守江陵，折冲将军乐进守襄阳，引军北还。

【译文】周瑜大军继续前进，在赤壁与曹操相遇。当时曹操的部队中已发生疾疫。两军初次交战，曹军失利，退到长江北岸。周瑜等驻军在长江南岸，周瑜部将黄盖说：“如今敌众我寡，难以长期相持。曹军正把战船连在一起，首尾相接，可以用火攻，击败曹军。”于是选取蒙冲战船十艘，装上干荻和枯柴，在里边浇上油，外面裹上帷幕，上边插上旌旗，预先备好快艇，系在船尾。黄盖先派人送信给曹操，谎称打算投降。当时东南风正急，黄盖将十艘战船排在最前面，到江心时升起船帆，其余的船在后依次前进。曹操军中的官兵都走出营来站着观看，指着船，说黄盖来投降了。离曹军还有二里多远，那十艘船同时点火，火烈风猛，船象箭一样向前飞驶，把曹军战船全部烧光，火势还蔓延到曹军设在陆地上的营寨。顷刻间，浓烟烈火，遮天蔽日，曹军人马烧死和淹死的不计其数。周瑜等率领轻装的精锐战士紧随在后，鼓声震天，奋勇向前，曹军大败。曹操率军从华容道步行撤退，遇到泥泞，道路不通，天又刮起大风。曹操让所有老弱残兵背草铺在路上，骑兵才勉强通过。老弱残兵被人马所践踏，陷在泥中，死了很多。刘备、周瑜水陆并进，追赶曹操直到南郡。这时曹军又饿又病，死了一大半。曹操就留下征南将军曹仁、横野将军徐晃镇守江陵，折冲将军乐进镇守襄阳，自己率军返回北方。

周瑜、程普将数万众，与曹仁隔江，未战。甘宁请先径进取夷陵，往即得其城，因入守之。益州将袭肃举军降，周瑜表以肃兵益横野中郎将吕蒙。蒙盛称："肃有胆用，且慕化远来，于义宜益，不宜夺也。"权善其言，还肃兵。曹仁遣兵围甘宁，宁困急，求救于周瑜，诸将以为兵少不足分，吕蒙谓周瑜、程普曰："留凌公绩于江陵，蒙与君行，解围释急，势亦不久。蒙保公绩能十日守也。"瑜从之，大破仁兵于夷陵，获马三百匹而还。于是将士形势自倍。瑜乃渡江屯北岸，与仁相距。

【译文】周瑜、程普率领几万人马，与曹仁隔长江对峙，尚未开战。甘宁请求先去直接夺取夷陵。甘宁率部前往，一到就占领了夷陵，于是入城防守。益州牧刘璋的部将袭肃率领全军投降。周瑜上表，请求用袭肃的部队扩充横野中郎将吕蒙的兵力。吕蒙极力称赞袭肃，说："袭肃有胆识，有才干，而且仰慕归化，远来投奔。从道理上讲，应该扩充他的兵力，而不应夺去他的军权。"孙权赞同吕蒙的看法，归还袭肃的军权。曹仁派兵包围甘宁，甘宁被困，形势危急，向周瑜求救。吴军将领们以为兵力单薄，不能再分出援军去救甘宁。吕蒙对周瑜、程普说："留凌统驻守江陵，我与您前去解围，也不会需要太长的时间，我保证凌统能守住十天。"周瑜同意他的建议，在夷陵大破曹仁军队，获战马三百匹归来。于是全军上下士气倍增，周瑜就渡过长江，驻兵北岸，与曹仁相持。

曹爽之难

（魏邵陵厉公正始九年）

大将军爽，骄奢无度，饮食衣服，拟于乘舆；尚方珍玩，充牣其家；又私取先帝才人以为伎乐。作窟室，绮疏四周，数与其党何晏等纵酒其中。弟羲深以为忧，数涕泣谏止之，爽不听。爽兄弟数俱出游，司农沛国桓范谓曰："总万机，典禁兵，不宜并出。若有闭城门，谁复内入者？"爽曰："谁敢尔邪！"

【译文】大将军曹爽骄奢无度，饮食衣服，与皇帝相同，尚方署中的珍宝玩好，也充满了他的家，他还私自留用明帝的宫中女官做歌舞乐妓。他掘开地面建造地下宫室，在四周雕饰了华丽的花纹，并经常与他的党羽何晏等人在里面饮酒作乐。他的弟弟曹羲深深地为此忧虑，多次哭泣着劝阻他别再这样做，但曹爽不听。曹爽兄弟几个经常一起出去游玩，司农、沛国人桓范对他说："您总理万机，掌管城内禁兵，弟兄们不宜同时出城，如果有人关闭城门，又有谁在城内接应呢？"曹爽说："谁敢这样做！"

初，清河、平原争界，八年不能决。冀州刺史孙礼，请天府所藏烈祖封平原时图以决之。爽信清河之诉，云图不可用，礼上疏自辨，辞颇刚切。爽大怒，劾礼怨望，结刑五岁。久而复为并州刺史，往见太傅懿，有忿色而无言。懿曰："卿得并州少邪？恚理分界失分乎？"礼曰："何明公言之乖也！礼虽不德，岂以官位往事为意邪！本谓明公齐踪伊、吕，匡辅魏室，上报明帝之托，下建万世之勋。今社稷将危，天下凶汹汹，此礼之所以不悦也！"因涕泣横流。懿曰："且止，忍不可忍！"

【译文】当初，清河、平原二君争议地界，八年也不能决断。冀州刺史孙礼请求观看天府收藏的魏明帝受封为平原王时的地图加以决断；但曹爽相信清河郡的上诉，说地图不可用，于是孙礼上疏自我申辩，言辞颇为强硬严厉。曹爽勃然大怒，弹劾孙礼对朝廷心怀不满，叛罪五年。过了很久，又改任孙礼为并州刺史。孙礼去看望太傅司马懿时，面露忿然之色却不说话。司马懿说："你是嫌得到并州地盘小呢？还是怨恨处理分界事务不正确呢？"孙礼说："为什么您说话这样不合道理？我虽然没有什么德能，难道还把区区官位和过去的事情放在心上吗？我本想说的是您应该追循伊尹、吕尚的足迹，匡正辅佐魏国朝政，上可以报答明帝的嘱托，下可以建立万世的功勋。而如今国家将要遭受危难，天下也动荡不宁，这就是我所以不高兴的原因！"说完他已经悲痛万分，泪流满面了。司马懿劝慰他说："你先不要悲痛，要学会忍受那些不能够忍受的事情。"

冬，河南尹李胜出为荆州刺史，过辞太傅懿。懿令两婢侍，持衣衣落；指口言渴，婢进粥，懿不持杯而饮，粥皆流出沾胸。胜曰："众情谓明公旧风发动，何意尊体乃尔！"懿使声气才属，说："年老枕疾，死在旦夕。君当屈并州，并州近胡，好为之备！恐不复相见，以子师、昭兄弟为托。"胜曰："当还忝本州，非并州。"懿乃错乱其辞曰："君方到并州？"胜复曰："当忝荆州。"懿曰："年老意荒，不解君言。今还为本州，盛德壮烈，好建功勋！”胜退，告爽曰：“司马公尸居余气，形神已离，不足虑矣。”他日，又向爽等垂泣曰：“太傅病不可复济，令人怆然！”故爽等不复设备。

【译文】冬季，河南令尹李胜出任荆州刺史，到太傅司马懿家去辞行。司马懿让两个婢女侍奉着出来接见。让他更衣，他却把衣服掉在地上；指着嘴说口渴，婢女端来了粥，司马懿拿不动碗，就由婢女端着喝，粥从嘴边流出，沾满了前胸。李胜说：“大家都说您的中风病旧病复发，没想到您的身体竟这样糟！”司马懿气喘嘘嘘地说：“我年老体弱卧病不起，不久就要死了。你屈就并州刺史，并州靠近胡地，要很好地加强戒备。恐怕我们不能再见面了，我把我的儿子司马师和司马昭兄弟托付给你。”李胜说：“我是回去愧居本家乡的州官，不是并州。司马懿装聋作哑，故意听错他的话说：“你刚刚到过并州？”李胜又说：“是愧居荆州。”司马懿说：“我年老耳聋思绪迷乱，没听明白你的话。如今你回到本家乡的州，正好轰轰烈烈地大展德才建立功勋。”李胜告退后，禀告曹爽说：“司马公只是比死人多一口气，形体与精神已经分离，离死不远，不足以忧虑了。”过了几天，他又流着泪向曹爽等人说：“太傅的病体不能再复元了，实在令人悲伤。”因此曹爽等人不再对司马懿加以戒备。

何晏闻平原管辂明于术数，请与相见。正始九年十二月丙戌，辂往诣晏，晏与之论《易》。时邓飏在坐，谓辂曰：“君自谓善《易》，而语初不及《易》中辞义，何也？”辂曰：“夫善《易》者不言《易》也。”晏含笑赞之曰：“可谓要言不烦也！”因谓辂曰：“试为作一卦，知位当至三公不？”又问：“连梦见青蝇数十来集鼻上，驱之不去，何也？”辂曰：“昔元、凯辅舜，周公佐周，皆以和惠谦恭，享有多福，此非卜筮所能明也。今君侯位尊势重，而怀德者鲜，畏威者众，殆非小心求福之道也。又鼻者天中之山，‘高而不危，所以长守贵。’今青蝇臭恶而集之，位峻者颠，轻豪者亡，不可不深思也！愿君侯裒多益寡，非礼不履，然后三公可至，青蝇可驱也。”飏曰：“此老生之常谭。”辂曰：“夫老生者见不生，常谭者见不谭。”辂还邑舍，具以语其舅。舅责辂言太切至，辂曰：“与死人语，何所畏邪！”舅大怒，以辂为狂。

【译文】何宴听说平原郡的管辂精通占卜之术，就请求与他相见。正始九年十二月，丙戌（二十八日），管辂去拜访何晏，何晏和他讨论《易经》。当时邓飏也在坐，对管辂说：“您自己说善于研究《易经》，但谈话时却从不说到《易经》中辞义，这是为什么？”管辂说：“善于《易经》的人是不说《易经》的。”何晏含笑称赞他说：“这话可真是要言不烦哪！”于是又对管辂说：“请为我试卜一卦，看我的地位能否达到三公？”又问道：“连日来我总梦见数十只青蝇落在鼻子上，赶都赶不走，这是怎么回事呢？”管辂说：“古代八元、八凯辅佐虞舜，周公辅佐成王，都因其温和仁厚谦虚恭敬而多福多寿，这不是卜筮所能决定的。如今您地位尊贵权势很大，但人们怀念您恩德的少，而畏惧您威势的多，这恐怕不是小心求福之道。另外，鼻子是天中之山，《易经》说：‘居高位而不危倾，就可以长久地守住尊贵之位。’如今梦见青蝇这种污秽的东西集聚在您的鼻子上，这就是说地位高者将要倾覆，轻佻奢侈者将要灭亡，您不能不深入地想一想了！希望您削减多的，补充不足，不合礼的事不要去干，这样三公的地位就可以达到，青蝇也可以被驱赶走了。”邓飏说：“你这是老生常谈。”管辂说：“但老生者却见到不生，常谈者却见到不谈。”管辂回到家中，把这些都告诉了他舅舅。其舅责怪管辂说话太直切露骨。管辂说：“和死人说话，还有什么可畏惧的！”他的舅舅大怒，认为管辂太狂傲。

太傅懿阴与其子中护军师、散骑常侍昭，谋诛曹爽。嘉平元年，春正月甲午，帝谒高平陵，大将军爽与弟中领军羲、武卫将军训、散骑常侍彦皆从。太傅懿以皇太后令，闭诸城门，勒兵据武库，授兵出屯洛水浮桥，召司徒高柔假节行大将军事，据爽营，太仆王观行中领军事，据羲营。

【译文】太傅司马懿暗地里和他的儿子中护军司马师、散骑常侍司马昭密谋诛杀曹爽。嘉平元年（己巳，公元249年）春季，正月甲午（初六），魏帝祭扫高平陵，大将军曹爽和他的弟弟中领军曹羲、武卫将军曹训、散骑常侍曹彦等都随侍同行。太傅司马懿以皇太后名义下令，关闭了各个城门，率兵占据了武库，并派兵出城据守洛水浮桥；命令司徒高柔持节代理大将军职事，占据曹爽营地；太仆王观代理中领军职事，占据曹羲营地。

因奏爽罪恶于帝曰；“臣昔从辽东还，先帝诏陛下、秦王及臣升御床，把臣臂，深以后事为念。臣言‘太祖、高祖亦属臣以后事，此自陛下所见，无所忧苦。万一有不如意，臣当以死奉明诏。’今大将军爽背弃顾命，败乱国典，内则僭拟，外则专权，破坏诸营，尽据禁兵，群官要职，皆置所亲，殿中宿卫，易以私人，根据盘互，纵恣日甚，又以黄门张当为都监，伺察至尊，离间二宫，伤害骨肉，天下汹汹，人怀危惧。陛下便为寄坐，岂得久安！此非先帝诏陛下及臣升御床之本意也。臣虽朽迈，敢忘往言！太尉臣济等，皆以爽为有无君之心，兄弟不宜典兵宿卫，奏永宁宫，皇太后令敕臣如奏施行。臣辄敕主者，及黄门令‘罢爽、羲、训吏兵，以侯就第，不得逗留，以稽车驾；敢有稽留，便以军法从事！’臣辄力疾将兵屯洛水浮桥，伺察非常。”爽得懿奏事，不通；迫窘不知所为，留车驾宿伊水南，伐木为鹿角，发屯田兵数千人以为卫。

【译文】然后向魏帝禀奏曹爽的罪恶说：“我过去从辽东回来时，先帝诏令陛下、秦王和我到御床跟前，拉着我的手臂，深为后事忧虑。我说道：‘太祖、高祖也曾把后事嘱托给我，这是陛下您亲眼见到的，没有什么可忧虑烦恼的。万一发生什么不如意的事，我当誓死执行您的诏令。’如今大将军曹爽，背弃先帝的遗命，败坏扰乱国家的制度；在朝内则超越本分自比君主，在外部则专横拔扈独揽大权；破坏各个军营的编制，完全把持了禁卫部队；各种重要官职，都安置他的亲信担任；皇宫的值宿卫士，也都换上了他自己的人；这些人相互勾结盘踞在一起，恣意妄为日甚一日。曹爽又派宦官黄门张当担任都监，侦察陛下的情况，挑拨离间陛下和太后二宫的关系，伤害骨肉之情，天下动荡不安，人人心怀畏惧。这种形势下，陛下也只是暂时寄居天子之位，岂能长治久安。这绝不是先帝诏令陛下和我到御床前谈话的本意。我虽老朽不堪，怎敢忘记以前说的话？太尉蒋济等人也都认为曹爽有篡夺君位之心，他们兄弟不宜掌管部队担任皇家侍卫，我把这些意见上奏皇太后，皇太后命令我按照奏章所言施行。我已擅自作主告诫主管人及黄门令说：‘免去曹爽、曹羲、曹训的官职兵权，以侯爵的身分退职归家，不得逗留而延滞陛下车驾，如敢于延滞车驾，就以军法处置。’我还擅自作主勉力支撑病体率兵驻扎在洛水浮桥，侦察非常情况。”曹爽得到司马懿的奏章，没有通报魏帝；但惶急窘迫不知所措，于是就把魏帝车驾留宿于伊水之南，伐木构筑了防卫工事，并调遣了数千名屯田兵士为护卫。

懿使侍中高阳、许允及尚书陈泰，说爽宜早自归罪，又使爽所信殿中校尉尹大目谓爽，唯免官而已，以洛水为誓。泰，群之子也。

【译文】司马懿派遣侍中、高阳人许允和尚书陈泰去劝说曹爽，告诉他应该尽早归降认罪；又派曹爽所信任的殿中校尉尹大目去告诉曹爽，只是免去他的官职而已，并指着洛水发了誓。陈泰是陈群之子。

初，爽以桓范乡里老宿，于九卿中特礼之，然不甚亲也。及懿起兵，以太后令召范，欲使行中领军。范欲应命，其子止之曰：“车驾在外，不如南出。”范乃出。至平昌城门，城门已闭。门候司蕃，故范举吏也，范举手中版示之，矫曰：“有诏召我，卿促开门！”蕃欲求见诏书，范呵之曰：“卿非我故吏邪？何以敢尔！”乃开之。范出城，顾谓蕃曰：“太傅图逆，卿从我去！”蕃徒行不能及，遂避侧。懿谓蒋济曰：“智囊往矣！”济曰：“范则智矣，然驽马恋栈豆，爽必不能用也。”

【译文】当初，曹爽因桓范是他同乡年长的故旧，所以在九卿之中对桓范特别加以礼遇，但关系不太亲近。司马懿起兵时，以太后的名义下令，想要让桓范担任中领军之职。桓范打算接受任命，但他的儿子劝阻他说：“皇帝的车驾在外，您不如出南门去投奔。”于是桓范就离城出去。走到平昌城门时，城门已经关闭。守门将领司蕃是桓范过去提拔的官吏，桓范把手中的版牒向他一亮，谎称说：“有诏书召我前往，请你快点开门。”司蕃想要亲眼看看诏书，桓范大声呵斥说：“你难道不是我过去手下的官吏吗？怎敢如此对我？”

司蕃只好打开城门。桓范出城以后，回过头来对司蕃说："太傅图谋叛逆，你还是跟我走吧！"司蕃步行追赶不及，只好在道旁躲避。司马懿得知后对蒋济说："曹爽的智囊去了！"蒋济说："桓范是很有智谋的，但曹爽就象劣马贪恋马房的草料一样，因顾恋他的家室而不能作长远打算，所以必然不能采纳桓范的计谋。"

范至，劝爽兄弟以天子诣许昌，发四方兵以自辅。爽疑未决，范谓羲曰："此事昭然，卿用读书何为邪！于今日卿等门户，求贫贱复可得乎！且匹夫质一人，尚欲望活；卿与天子相随，令于天下，谁敢不应也！"俱不言。范又谓羲曰："卿别营近在阙南，洛阳典农治在城外，呼召如意。今诣许昌，不过中宿，许昌别库，足相被假；所忧当在谷食，而大司农印章在我身。"羲兄弟默然不从，自甲夜至五鼓，爽乃投刀于地曰："我亦不失作富家翁！"范哭曰："曹子丹佳人，生汝兄弟，犊犊耳！何图今日坐汝等族灭也！"

【译文】桓范到了之后，劝说曹爽兄弟把天子挟持到许昌，然后调集四方兵力辅助自己。曹爽仍犹豫不决，桓范就对曹羲说："这件事明摆着只能如此办理，真不知你读书是干什么用的！在今天的形势下，象你们这样门第的人想要求得贫贱平安的日子还可能吗？而且普通百姓有一人被劫作人质，人们尚且希望他能存活，何况你们与天子在一起，挟天子以令天下，谁敢不从。"他们都默然不语。桓范又对曹爽说："你的中领军别营近在城南，洛阳典农的治所也在城外，你可随意召唤调遣他们。如今到许昌去，不过两天两夜的路程，许昌的武器库，也足以武装军队，我们所忧虑的当是粮食问题，但大司农的印章在我身上，可以签发征调。"然而曹羲兄弟却默然不动，从初夜一直坐到五更。曹爽然后把刀扔在地上说："即使投降，我仍然不失为富贵人家！"桓范悲痛地哭泣道："曹子丹这样有才能的人，却生下你们这群如猪如牛的兄弟！没想到今日受你们的连累要灭族了。"

爽乃通懿奏事，白帝下诏免己官，奉帝还宫。爽兄弟归家，懿发洛阳吏卒围守之；四角作高楼，令人在楼上察视爽兄弟举动。爽挟弹到后园中，楼上便唱言："故大将军东南行！"爽愁闷不知为计。

【译文】于是曹爽向魏帝通报了司马懿上奏的事，告诉魏帝下诏书免除自己的官职，并侍奉魏帝回宫。曹爽兄弟回家以后，司马懿派洛阳的兵士包围了曹府并日夜看守；府宅的四角搭起了高楼，派人在楼上监视曹爽兄弟的举动。曹爽若是挟着弹弓到后园去，楼上的人就高声叫喊："故大将军向东南去了。"弄得曹爽愁闷不已，不知如何是好。

戊戌，有司奏："黄门张当私以所择才人与爽，疑有奸。"收当付廷尉，考实辞云："爽与尚书何晏、邓飏、丁谧、司隶校尉毕轨、荆州刺史李胜等，阴谋反逆，须三月中发。”于是收爽、羲、训、晏、飏、谧、轨、胜并桓范，皆下狱，劾以大逆不道，与张当俱夷三族。

【译文】戊戌（初十），有关部门奏告“黄门张当私自把选择的才人送给曹爽，怀疑他们之间隐有奸谋。”于是逮捕了张当，交廷尉讯问查实。张当交待说：“曹爽与尚书何晏、邓飏、丁谧，司隶校尉毕轨，荆州刺史李胜等人阴谋反叛，等到三月中旬起事”。于是把曹爽、曹羲、曹训、何晏、邓飏、丁谧、毕轨、李胜以及桓范等人都逮捕入狱，以大逆不道罪劾奏朝廷，并与张当一起都被诛灭三族。

初，爽之出也，司马鲁芝留在府，闻有变，将营骑斫津门出赴爽。及爽解印绶，将出，主簿杨综止之曰：“公挟主握权，舍此以至东市乎？”有司奏收芝、综治罪，太傅懿曰：“彼各为其主也。宥之。”顷之，以芝为御史中丞，综为尚书郎。

【译文】当初，曹爽出城之时，司马鲁芝留在府中，后听说发生变乱，就率领军营骑兵砍开津门，出城投奔曹爽。等到曹爽将要出门交出官印之时，主簿杨综劝止他说：“您挟天子握重权，交出官印是想要被诛杀于东市吗？”有关部门奏告要逮捕鲁芝、杨综治罪，太傅司马懿说：“他们也是各为其主，宽恕他们吧。”不久，任命鲁芝为御史中丞，杨综为尚书郎。

鲁芝将出，呼参军辛敞欲与俱去。敞，毗之子也，其姊宪英为太常羊耽妻，敞与之谋曰：“天子在外，太傅闭城门，人云将不利国家，于事可得尔乎？”宪英曰：“以吾度之，太傅此举，不过以诛曹爽耳。”敞曰：“然则事就乎？”宪英曰：“得无殆就！爽之才非太傅之偶也。”敞曰：“然则敞可以无出乎？”宪英曰：“安可以不出！职守，人之大义也。凡人在难，犹或恤之；为人执鞭而弃其事，不祥莫大焉。且为人任，为人死，亲昵之职也，从众而已。”敞遂出。事定之后，敞叹曰：“吾不谋于姊，几不获于义。”

【译文】当初鲁芝将要出城之时，呼唤参军辛敞，想让他与自己同去。辛敞是辛毗之子。辛敞的姐姐辛宪英是太常羊耽之妻。辛敞与姐姐商量说：“天子在外，太傅关闭了城门，人都说这将不利于国家，事情能这样吗？”宪英说：“以我看来，太傅的这个举动，不过是想诛杀曹爽而已。”辛敞说：“那么事情能成功吗？”宪英说：“恐怕会接近成功吧！曹爽的才能是不能与太傅相比的。”辛敞说：“那么我可以不必出城了？”宪英说：“怎么可以不出去呢？忠于职守，是人之大义所在。一般人遇到危难，尚且需要救助，何况你的上司呢？这就好比为人执鞭驾车而突然撒手不管一样，没有比这更凶险的事了。再说为人承担责任，为人去死，这是亲信宠爱之人的职责，你只要随大流就可以了。”于是辛敞跟随出城而去。事情平定之后。辛敞感叹地说：“如果我不是先同姐姐商量，几乎背离了大义。”

先是，爽辟王沈及太山羊祜，沈劝祜应命。祜曰：“委质事人，复何容易！”沈遂行。及爽败，沈以故吏免，乃谓祜曰：“吾不忘卿前语。”祜曰：“此非始虑所及也！”

【译文】先前，曹爽召辟王沈和太山人羊祜为官，王沈劝羊祜应召。羊祜说：“委身效命追随主人，又岂是一件容易事！”结果王沈一人去了。等到曹爽失败，王沈因为是曹爽原来的行属被免官，于是他对羊祜说：“我永远不会忘记你从前说的话。”羊祜说：“这件事不是我当初所能想到的。”

爽从弟文叔妻夏侯令女，早寡而无子，其父文宁欲嫁之；令女刀截两耳以自誓，居常依爽。爽诛，其家上书绝昏，强迎以归，复将嫁之；令女窃入寝室，引刀自断其鼻，其家惊惋，谓之曰：“人生世间，如轻尘栖弱草耳，何至自苦乃尔！且夫家夷灭已尽，守此欲谁为哉！”令女曰：“吾闻仁者不以盛衰改节，义者不以存亡易心。曹氏前盛之时，尚欲保终，况今衰亡，何忍弃之！此禽兽不行，吾岂为乎！”司马懿闻而贤之，听使乞子字养为曹氏后。

【译文】曹爽堂弟曹文叔之妻夏侯令女，早年守寡而无子，其父夏侯文宁想让她改嫁，夏侯令女用刀割下两耳以示誓死不嫁，平时居家度日常常依靠曹爽。曹爽被诛后，夏侯家上书断绝婚约，并强行把夏侯令女接回家，将再次让她改嫁；夏侯令女悄悄进入寝室，又用刀自己割断了鼻子，其家人十分惊愕惋惜，对她说：“人生在世，就如同轻轻的尘土栖息在柔弱的草上而已，你何必这样自讨苦吃呢？而且你丈夫家人已被杀尽，你苦守着这个家到底是为了谁呀？”夏侯令女回答说：“我听说过，仁人不会因盛衰而改变节操，义士也不会因存亡而改变心志。曹家以前兴盛之时，我尚且想终生守节，何况如今衰亡了，我怎么忍心抛弃它？这是禽兽的行为，我岂能这样做？”司马懿听说后，很称赞她的贤德，于是就听任她收养了儿子作为曹家的后代。

何晏等方用事，自以为一时才杰，人莫能及。晏尝为名士品目，曰：“惟深也，故能通天下之志，夏侯泰初是也。惟几也故能成天下之务，司马子元是也。惟神也，不疾而速，不行而至，吾闻其语，未见其人。”盖欲以神况诸己也。

【译文】何晏等人刚刚当政时，自以为是当时的杰出人才，没有人能比得上。何晏曾经对名士加以品评说：“‘惟其深刻，所以能通天下之志’，夏侯泰初就是如此。‘惟其细致入微，所以能成天下之事’，司马子元就是如此。‘惟其神妙，所以不显迅疾而速度极快，不行而已到达’，我只听说过这样的话，但未见如此之人。”何晏是想以神来比拟自己。

选部郎刘陶，晔之子也，少有口辩，邓飏之徒称之以为伊、吕。陶尝谓傅玄曰：“仲尼不圣。何以知之？智者于群愚，如弄一丸于掌中；而不能得天下，何以为圣！”玄不复难，但语之曰：“天下之变无常也，今见卿穷。”及曹爽败，陶退居里舍，乃谢其言之过。

【译文】选部郎刘陶是刘晔的儿子，从小就有辩才，邓飏等人赞扬他可比伊尹、吕尚。刘陶曾对傅玄说：“孔子不是圣人。怎么知道的呢？因为智者对付一群愚人，就如同在掌中玩弄一个弹丸；而孔子竟不能得天下而为天子，怎么能称作圣人？”傅玄便不再和他辩论，只对他说：“天下形势变幻无常，现在可以看到你将穷困不堪。”等到曹爽失败，刘陶罢官退居家中，才承认自己言语的过失。

管辂之舅谓辂曰：“尔前何以知何、邓之败？”辂曰：“邓飏之行步，筋不束骨，脉不制肉，起立倾倚，若无手足，此为鬼躁。何之视候，则魂不守宅，血不华色，精爽烟浮，容若槁木，此为鬼幽。二者皆非遐福之象也。”

【译文】管辂的舅舅对管辂说：“你以前是如何知道何晏、邓必败的？”管辂说：“邓在行路时，脉不能控制肌肉，站立起来歪歪斜斜，好象没有手脚的样子，这就叫鬼躁；何晏看上去的样子就是魂不守舍，面无血色，精神象飘浮的烟一样绵软不振，面容则象枯槁的木头，这就叫鬼幽；这二者都不是有久远之福的征象。”

何晏性自喜，粉白不去手，行步顾影。尤好老、庄之书，与夏侯玄、荀粲及山阳王弼之徒，竞为清谈，祖尚虚无，谓《六经》为圣人糟粕。由是天下士大夫争慕效之，遂成风流，不可复制焉。

【译文】何晏生性风流自赏，搽脸的白粉从不离手，走路也顾影自怜。他尤其喜好老、庄之书，与夏侯玄、荀灿以及山阳人王弼等人清谈玄理，崇尚虚无之论，说《六经》是圣人的糟粕。从此后天下的士大夫争相羡慕而仿效他们，终于形成一时之风气，不可遏制。

贾后之乱

（晋惠帝元康元年）

初，贾后之为太子妃也，尝以妒，手杀数人，又以戟掷孕妾，子随刃堕；武帝大怒，修金墉城，将废之。荀勖、冯紞、杨珧及充华赵粲共营救之，曰：“贾妃年少，妒者妇人常情，长自当差。”杨后曰：“贾公闾有大勋于社稷，妃亲其女，正复妒忌，岂可遽忘其先德邪！”妃由是得不废。

【译文】当初，贾皇后还是太子妃时，曾经由于嫉妒，亲手杀了几个人，她还用戟投掷怀有身孕的姬妾，使孕妇肚子里的胎儿随着刀锋而落地。晋武帝动怒，修了金墉城要把她废黜。荀勖、冯紞、杨珧以及嫔纪赵粲都想办法援救她，对晋武帝说：“贾妃年轻，嫉妒本是妇人的本性，长大了自然就会变好的。”杨皇后说：“贾充对国家有大功，贾妃是他的女儿，即使嫉妒，怎么可以这么快就忘记她先人的功德呢？”贾妃因此而没有被废。

后数诫厉妃，妃不知后之助己，返以后为构己于武帝，更恨之。及帝即位，贾后不肯以妇道事太后，又欲干预政事，而为太傅骏所抑。殿中中郎渤海孟观、李肇，皆骏所不礼也，阴构骏云，将危社稷。黄门董猛，素给事东宫，为寺人监，贾后密使猛与观、肇谋诛骏，废太后。又使肇报汝南王亮，使举兵讨骏，亮不可。肇报都督荆州诸军事楚王玮，玮欣然许之，乃求入朝。骏素惮玮勇锐，欲召之而未敢，因其求朝，遂听之。二月癸酉，玮及都督扬州诸军事淮南王允来朝。

【译文】杨皇后多次训斥贾妃，贾妃不知皇后这样做是为了帮助她，反而认为皇后在武帝面前陷害她，因而仇恨杨皇后。后来晋惠帝即位，贾皇后不肯以儿媳的身份侍奉皇太后，还想要干预政事，但却被太傅杨骏所遏制。殿中中郎渤海人孟观、李肇，都是杨骏不以礼相待的人，暗地里图谋杨骏，说他将危害国家。宦官黄门董猛，平时在东宫供职，主管宦官。贾皇后秘密指使董猛与孟观、李肇谋划除掉杨骏，废黜太后。又派李肇告知汝南王司马亮，让他发兵讨伐杨骏，司马亮没有答应。李肇告诉了都督荆州诸军事楚王司马玮，司马玮欣然同意，就请求入朝。杨骏平时就畏惧司马玮的勇猛强悍，想召他来又不敢，这次司马玮请求入朝，杨骏就同意了。二月，癸酉（二十日），司马玮和都督扬州诸军事、淮南王司马允入朝求见。

三月辛卯，孟观、李肇启帝，夜作诏，诬骏谋反，中外戒严，遣使奉诏，废骏以侯就第。命东安公繇帅殿中四百人讨骏，楚王玮屯司马门，以淮南相刘颂为三公尚书，屯卫殿中段广跪言于帝曰：“杨骏孤公无子，岂有反理？愿陛下审之！”帝不答。

【译文】三月，辛卯（初八），孟观、李肇禀告晋惠帝，夜里撰写诏书，诬陷杨骏谋反，朝廷内外戒严，派遣使者遵诏命废除杨骏，以侯爵的身份回家。命令东安公司马繇率领殿中四百人讨伐杨骏，楚王司马玮驻守在司马门，任命淮南相刘颂为三公尚书，驻兵守卫殿中。段广跪着对晋惠帝说：“杨骏孤单没有儿子，岂有谋反的道理，希望陛下慎重考虑。”晋惠帝不回答。

时骏居曹爽故府，在武库南，闻内有变，召众官议之。太傅主簿朱振说骏曰：“今内有变，其趣可知，必是阉竖为贾后设谋，不利于公。宜烧云龙门以胁之，索造事者，首开万春门，引东宫及外营兵，拥皇太子入宫，取奸人，殿内震惧，必斩送之。不然，无以免难。”

【译文】当时杨骏住在曹爽从前的宅第，位置在武器库南边，他听到皇宫内有变动，就召集各位官员商议。太傅主簿朱振劝说杨骏道：“现在宫中发生了事变，它的趋向可以知道，一定是那些宦官给贾皇后出的主意，对您很不利。应当烧了云龙门逼迫他们，索要起事者的人头，打开万春门，带领东宫以及外营兵围护着皇太子进宫，捉拿恶人，宫殿之内震动恐惧，必定会斩肇事者送来，不这样的话，没有办法免于灾难。”

骏素怯懦不决，乃曰：“云龙门魏明帝所造，功费甚大，奈何烧之！”侍中傅祇白骏，请与尚书武茂入宫观察事势，因谓群僚曰：“宫中不宜空。”遂揖而下阶。众皆走，茂犹坐；祇顾曰：“君非天子臣邪？今内外隔绝，不知国家所在，何得安坐！”茂乃惊起。

【译文】杨骏素来怯懦，下不了决心，说道：“云龙门是魏明帝所造，劳力、耗费非常大，为什么要把它烧了？”侍中傅祇禀告杨骏，请求和尚书武茂进宫观察事态的发展，他对官员们说：“宫中不宜空虚。”然后拱手行礼下了台阶。官员们都跑了，武茂还坐在那里。傅祇回过头对他说：“你难道不是天子的臣下吗？如今内外隔绝，不知道天子在哪里，你怎么还能坐得住呢？”武茂于是惊觉而起。

骏党左军将军刘豫，陈兵在门，遇右军将军裴頠，问太傅所在，頠绐之曰："向于西掖门遇公乘素车，从二人西出矣。"豫曰："吾何之？"頠曰："宜至廷尉。"豫从頠言，遂委而去。寻诏頠代豫领左军将军，屯万春门。頠，秀之子也。

【译文】杨骏的党羽、左军将军刘豫，领兵列阵守候在门外，遇到右军将军裴頠，他问裴頠杨骏在哪里，裴頠欺骗他说："我刚才在西掖门遇到杨骏，他乘着白色的车子，有两个人跟着他向西去了。"刘豫说："我应该去哪里？"裴頠说："应该去廷尉。"刘豫听从裴頠的话，就把士兵托付给裴頠，他就走了。不久，命令裴頠代替刘豫兼任左军将军，驻守万春门。裴頠是裴秀的儿子。

皇太后题帛为书，射之城外，曰："救太傅者有赏。"贾后因宣言太后同反。寻而殿中兵出，烧骏府，又令弩士于阁上临骏府而射之，骏兵皆不得出，骏逃于马厩，就杀之。孟观等遂收骏弟珧、济、张劭、李斌、段广、刘豫、武茂及散骑常侍杨邈、中书令蒋骏、东夷校尉文鸯，皆夷三族，死者数千人。

【译文】皇太后把信写在绢帛上，用箭射出城外，上面写着"救太傅者有赏"。贾后就利用这件事宣称，太后与杨骏一起谋反。不久宫中的士兵们出去了，放火烧杨骏的府第，弓弩手在楼阁上对着杨骏的府第放箭，杨骏的士兵们没有办法出来。杨骏逃到马房里，被人杀死在那里。孟观等人于是拘捕了杨骏的弟弟杨珧、杨济，张劭、李斌、段广、刘豫、武茂以及散骑常侍杨邈、中书令蒋骏、东夷校尉文鸯，这些人都被夷灭三族，被处死的人有几千。

珧临刑，告东安公繇曰："表在石函，可问张华。"众谓宜依钟毓例为之申理。繇不听，而贾氏族党趣使行刑。珧号叫不已，刑者以刀破其头。繇，诸葛诞之外孙也，故忌文鸯，诬以为骏党而诛之。是夜，诛赏皆自繇出，威振内外。王戎谓繇曰："大事之后，宜深远权势。"繇不从。

【译文】杨珧临刑的时候，请求东安公司马繇说："我以前给晋武帝的表奏就放在石头匣子里，你可以问张华。"众人认为应当按照钟毓的先例为杨珧申述昭雪，司马繇不答应，而贾氏家族的同党又催促赶快执行死刑。杨珧不停地呼号叫喊，执行死刑的人用刀劈开了他的头。司马繇是诸葛诞的外孙，以前就忌恨文鸯，这次就把文鸯当作杨骏的党羽一起杀了。这一夜，要杀谁，要赏谁，都由司马繇说了算，他的威势震动了朝廷内外。王戎对司马繇说："大事处理完之后，应当深藏远离权势。"司马繇不听。

壬辰，赦天下，改元。贾后矫诏，使后军将军荀悝送太后于永宁宫，特全太后母高都君庞氏之命，听就太后居。

【译文】壬辰（初九），赦天下，改年号为元康。贾皇后诈称皇帝诏书，派后军将军荀悝送太后去永宁宫居住，特别保全了太后母亲高都君庞氏的性命，同意她去太后那里居住。

寻复讽群公有司奏曰："皇太后阴渐奸谋，图危社稷，飞箭系书，要募将士，同恶相济，自绝于天。鲁侯绝文姜，《春秋》所许。盖奉祖宗任至公于天下，陛下虽怀无已之情，臣下不敢奉诏。"诏曰："此大事，更详之。"有司又奏："宜废皇太后曰峻阳庶人。"

【译文】不久，贾皇后又暗示各位大臣通过有关部门上奏说："皇太后早就在暗中进行邪恶的谋划，企图危害国家，用飞箭捎带书信，招募将士，与邪恶之人狼狈为奸，自动与天相绝。鲁侯与文姜断绝关系，这是《春秋》所赞许的。至于侍奉祖宗，在天下担当起公正无私的责任，陛下虽然是怀着不得已的感情，臣下也不敢奉命而行。"晋惠帝下诏书说："这是大事，要再慎重一些。"有关部门又上奏说："应当废太后为峻阳庶人。"

中书监张华议："皇太后非得罪于先帝，今党其所亲，为不母于圣世，宜依汉废赵太后为孝成后故事，贬皇太后之号，还称武皇后，居异宫，以全始终之恩。"左仆射荀恺与太子少师下邳王晃等议曰："皇太后谋危社稷不可复配先帝，宜贬尊号，废诣金墉城。"于是有司奏，请从晃等议，废太后为庶人。诏可。

【译文】中书监张华提议："太后并没有获罪于先帝，如今偏私她所亲近的人，为人之母，在圣世没有作出榜样，应当按照汉代废赵太后为孝成后的旧例，贬皇太后的尊号，还称她为武皇后，让她在别的宫里居住，以保全从始到终的德惠。"左仆射荀恺与太子少师、下邳王司马晃等人提议说："皇太后图谋危害国家，不能再与先帝相配，应当贬去她的尊号，废了她，让她去金墉城。"这时，有关部门上奏，遵从司马晃等人的提议，把太后废为平民。皇帝下诏书同意这一决定。

又奏："杨骏造乱，家属应诛，诏原其妻庞氏，以慰太后之心。今太后废为庶人，请以庞付廷尉行刑。"诏不许。有司复固请，乃从之。庞临刑，太后抱持号叫，截发稽颡，上表诣贾后称妾，请全母命；不见省。董养游太学，升堂叹曰："朝廷建斯堂，将以何为乎！每览国家赦书，谋反大逆皆赦，至于杀祖父母、父母不赦者，以为王法所不容故也。奈何公卿处议，文饰礼典乃至此乎！天人之理既灭，大乱将作矣。"

【译文】又有有关部门上奏说："杨骏造反作乱，他的家属应当被处死，诏命恕免了他的妻子庞氏的性命，以安尉太后之心。现在太后被废为平民，请求把庞氏交付廷尉执行死刑。"皇帝诏命不赞同，有关部门又坚持请求，皇帝就听从了这个意见。庞氏监刑的时候，太后抱住她号哭叫喊，割断头发，跪下来以额触地。太后上表要去贾后那里当奴仆，请求保全母亲性命，却不被理睬。董养出游到了太学，登上殿堂感叹地说："朝廷建立了此堂，将要用它来作什么呢？每当观看国家大赦的文书，像谋反这样极大的罪恶都能赦免，但是对于杀了祖父、祖母，杀了父亲、母亲之罪却不赦免，原因就在于这样的罪恶是帝王制定的法律所不能宽容的。但是为什么公卿处理意见，修饰礼仪制度，竟到了如此地步呢？天道人事的法则已经灭绝，大的动乱就要兴起了。"

怀愍之辱

（怀帝永嘉五年至元帝建武元年）

怀帝永嘉五年五月，汉主聪使前军大将军呼延晏将兵二万七千寇洛阳，比及河南，晋兵前后十二败，死者三万余人。始安王曜、王弥、石勒皆引兵会之；未至，晏留辎重于张方故垒；癸未，先至洛阳；甲申，攻平昌门；丙戌，克之，遂焚东阳门及诸府寺。

【译文】西晋怀帝永嘉五年五月，汉主刘聪派前军大将军呼延晏率领二万七千兵士进犯洛阳，到达河南时，晋朝军队先后十二次失败，死了三万多人。始安王刘曜、王弥、石勒都带兵与呼延晏会合，还没有到，呼延晏把辎重留在张方遗留下来的旧营垒中，癸未（二十七日），呼延晏先行到达洛阳。甲申（二十八日），攻打平昌门，丙戌（三十日），攻克平昌门，于是焚烧东阳门以及各府寺等房屋建筑。

六月，丁亥朔，晏以外继不至，俘掠而去。帝具舟于洛水，将东走，晏尽焚之。辛卯，王弥至宣阳门；壬辰，始安王曜至西明门；丁酉，王弥、呼延晏克宣阳门，入南宫，升太极前殿，纵兵大掠，悉收宫人、珍宝。帝出华林园门，欲奔长安，汉兵追执之，幽于端门。曜自西明门入，屯武库。戊戌，曜杀太子诠、吴孝王晏、竟陵王楙、右仆射曹馥、尚书闾丘冲、河南尹刘默等，士民死者三万余人。遂发掘诸陵，焚宫庙、官府皆尽。曜纳惠帝羊皇后，迁帝及六玺于平阳。石勒引兵出轘辕，屯许昌。

【译文】六月，丁亥朔（初一），呼延晏因为外面援兵还没有到，俘掠了一些人和财物而离去。怀帝在洛水安排准备了一些船只，准备向东逃难，呼延晏都给焚烧了。辛卯（初五），王弥到达宣阳门。壬辰（初六），始安王刘曜到达西明门。丁酉（十一日），王弥、呼延晏攻克宣阳门，进入南宫，登上太极前殿，放纵士兵大肆抢掠，把宫人、珍宝收罗干净。怀帝出华林园门，想逃奔长安，汉兵追上把他抓住，囚禁在端门。刘曜从西明门进城到武库驻扎。戊戌（十二日），刘曜杀死晋太子司马诠、吴孝王司马晏、竟陵王司马楙、右仆射曹馥、尚书闾丘冲、河南尹刘默等人，士人百姓死了三万多人。于是又挖掘各个陵墓，把宫庙、官府都焚烧光了。刘曜纳娶惠帝羊皇后，把怀帝以及皇帝专用的六方玉玺都送往平阳。石勒带兵从轘辕关出击，到许昌驻扎。

汉主聪大赦，改元嘉平，以帝为特进左光禄大夫，封平阿公。六年二月封帝为会稽郡公，加仪同三司。聪从容谓帝曰："卿昔为豫章王，朕与王武子造卿，武子称朕于卿，卿言闻其名久矣，赠朕柘弓银研，卿颇记否？"帝曰："臣安敢忘之？但恨尔日不早识龙颜！"聪曰："卿家骨肉，何相残如此？"帝曰："大汉将应天受命，故为陛下自相驱除，此殆天意，非人事也！且臣家若能奉武皇帝之业，九族敦睦，陛下何由得之！"聪喜，以小刘贵人妻帝，曰："此名公之孙也，卿善遇之。"

【译文】汉主聪大赦，改元嘉平，封晋怀帝为平阿公。永嘉六年又封为会稽郡公，开府仪同三司。刘聪和颜悦色地对怀帝说："你过去当豫章王，我与王武子拜访你，王武子向你称赞我，你说久闻大名，送给我柘木良弓和银砚台，你还记得吗？"怀帝说："臣下我怎么敢忘掉呢？只遗憾当时没有及早地认识龙颜！"刘聪说："你家的亲骨肉为什么这样互相残杀？"怀帝说："大汉将要承接天意，所以自相驱赶杀戮替陛下扫清道路，这是天意，不是人所能决定的！再说我家如果能尊奉武皇帝的大业，九族和睦相处，陛下从哪里得到天下呢？"刘聪听得高兴，把小刘贵人给了怀帝作妻子，说："这是名公爵的孙女，你好好对待她。"

（愍帝建兴元年）春，正月丁丑朔，汉主聪宴群臣于光极殿，使怀帝著青衣行酒。庾珉、王俊隽等不胜悲愤，因号哭；聪恶之。有告珉等谋以平阳应刘琨者，二月丁未，聪杀珉、隽等故晋臣十余人，怀帝亦遇害。

【译文】（愍帝建兴元年）春季，正月，丁丑朔（初一），汉主刘聪在光极殿宴请群臣，派晋怀帝身穿青衣巡行酌酒劝饮。庾珉、王隽等人不胜悲愤，因此而放声大哭。刘聪讨厌他们。正好有人告发庾珉等人商谋在平阳接应刘琨。二月，丁未（初一），刘聪杀庾珉、王隽等原晋朝的大臣十多人，晋怀帝也遇害。

夏四月丙午，怀帝凶问至长安，皇太子举哀，因加元服。壬申，即皇帝位，大赦，改元。以卫将军梁芬为司徒，雍州刺史麴允为尚书左仆射、录尚书事，京兆太守索綝为尚书右仆射、领吏部、京兆尹。是时长安城中户不盈百，蒿棘成林；公私有车四乘，百官无章服、印绶，唯桑版署号而已。寻以索綝为卫将军、领太尉，军国之事，悉以委之。

【译文】夏季四月丙午（初一），晋怀帝被害的凶信传到长安，皇太子举行哀悼，加戴冠冕。壬申（二十七日），即皇帝位，宣布大赦，改年号为建兴。任卫将军梁芬为司徒，雍州刺史麴允为尚书左仆射、录尚书事，京兆太守索綝为尚书右仆射，兼领吏部、京兆尹。当时长安城中，户不满百家，蒿草荆棘丛生，公室私家的车乘只有四辆，文武百官没有官服、印章绶带，只有授官桑木板和官署名号而已。不久任索綝为卫将军、兼太尉，军政大事，全部委交给索綝。

四年八月，汉大司马曜逼长安。九月，攻陷长安外城，麴允、索綝退守小城以自固。内外断绝，城中饥甚，米斗直金二两，人相食，死者太半，亡逃不可制，唯凉州义众千人，守死不移。太仓有麴数十饼，麴允屑之为粥以供帝，既而亦尽。

【译文】四年八月，汉大司马刘曜进逼长安，九月，刘曜攻陷长安的外城，麴允、索綝退到小城自守。内外断绝了联系，城中非常饥饿，一斗米值二两金子，人吃人，城里人死了一大半，兵士逃亡不能控制禁止，只有凉州义兵几千人，誓死不动。京城粮食仓库有几十个麦饼，麴允把饼弄碎做成粥来供愍帝食用，不久也吃光了。

冬十一月，帝泣谓允曰："今穷厄如此，外无救援，当忍耻出降以活士民。"因叹曰："误我事者麴、索二公也！"使侍中宗敞送降笺于曜。索綝潜留敞，使其子说曜曰："今城中食犹足支一年，未易克也，若许綝以仪同、万户郡公者，请以城降。"

【译文】冬季，十一月，愍帝哭着对麴允说："现在这样穷困，外无救援，应该忍受耻辱出去投降，使士人、百姓能够生存下来。"说完又感叹说："耽误我的事业的，是麴允、索綝二公！"派侍中宗敞给刘曜送交投降书。索綝暗自留住宗敞，又派他的儿子去对刘曜说："现在城中的粮食还足够维持一年，是不容易攻克的，如果应允封索綝为仪同、万户郡公，那就请求献城投降。"

曜斩而送之曰："帝王之师，以义行也。孤将兵十五年，未尝以诡计败人，必穷兵极势，然后取之。今索綝所言如此，天下之恶一也，辄相为戮之。若兵食审未尽者，便可勉强固守；如其粮竭兵微，亦宜早寤天命。”

【译文】刘曜把他杀了送回尸首，说：“帝王之师，按照道义行事。我带兵十五年，从来没有靠诡计去打败敌人，一定是竭尽全部兵力打到底，然后占取该地。现在按索綝所说的这样，天下的恶人都一样，总是互相攻杀。如果军队、粮食确实没有用完，就可以尽力坚守；但如果军粮用尽兵势微弱，你们也就应该早点明白上天的旨意。”

甲午，宗敞至曜营；乙未，帝乘羊车，肉袒、衔璧、舆榇出东门降。群臣号泣，攀车执帝手，帝亦悲不自胜。御史中丞冯翊吉朗叹曰：“吾智不能谋，勇不能战，何忍君臣相随，北面事贼虏乎！”乃自杀。曜焚榇受璧，使宗敞奉帝还宫。丁酉，迁帝及公卿以下于其营；辛丑，送至平阳。

【译文】甲午（初十），宗敞到刘曜的兵营。乙未（十一日），愍帝谦恭地乘着羊车、袒露着臂膀、口含玉璧，用车拉着棺材从东门出去投降，群臣放声大哭，登车去拉愍帝的手，愍帝也悲痛万分不能自已。御史中丞冯翊人吉朗感叹说：“我的才智不能为国家出谋划策，勇力也不能为国战死，怎么能忍心君臣相随，向贼寇低头称臣呢？”说完就自杀了。刘曜焚烧了愍帝所带的棺材，接受了他口含的玉璧，派宗敞侍奉着愍帝回宫。丁酉（十三日），刘曜把愍帝以及公卿大臣们迁到自己的兵营中。辛丑（十七日），把他们送到了平阳。

壬寅，汉主聪临光极殿，帝稽首于前。麴允伏地恸哭，扶不能起。聪怒，囚之，允自杀。聪以帝为光禄大夫，封怀安侯。以大司马曜为假黄钺、大都督、督陕西诸军事、太宰，封秦王。大赦，改元麟嘉。以麴允忠烈，赠车骑将军，谥节愍侯。以索綝不忠，斩于都市。

【译文】壬寅（十八日），汉君主刘聪来到光极殿，愍帝向前行稽首礼。麴允趴伏在地下痛哭，扶不起来，刘聪发怒，把他囚禁起来，麴允自杀。刘聪让愍帝任光禄大夫，封为怀安侯。以大司马刘曜担任假黄钺、大都督、都督陕西诸军事、太宰，封为秦王。宣布大赦，改年号为麟嘉。根据麴允的忠心刚烈，追赠为车骑将军，谥号为节愍侯。又根据索綝的不忠，在闹市把他杀了。

元帝建武元年冬十一月，汉主聪出畋，以愍帝行车骑将军，戎服执戟前导。见者指之曰：“此故长安天子也。”聚而观之，故老有泣者。太子粲言于聪曰：“昔周武王岂乐杀纣乎？正恐同恶相求，为患故也。今兴兵聚众者，皆以子业为名，不如早除之！”聪曰：“吾前杀庾珉辈，而民心犹如是。吾未忍复杀也，且小观之。”十二月，聪飨群臣于光极殿，使愍帝行酒洗爵，已而更衣，又使之执盖；晋臣多涕泣，有失声者。尚书郎陇西辛宾起，抱帝大哭，聪命引出斩之。

【译文】（东晋）元帝建武元年冬十一月，汉主刘聪出猎，让已经投降的西晋愍帝权充车骑将军，穿上军服手持画戟作为先导。看见的人指着他说："这就是过去在长安的皇帝。"众人聚集观望，西晋遗老有的潸然泪下。太子刘粲对刘聪说："古时周武王怎会以杀商纣为乐事呢？只是惟恐恶人聚集其身边，酿成祸患。现在聚众起兵之人，莫不以降帝司马邺之名相号召，不如早些除掉他。"刘聪说："当年我虽杀了庾珉、王儁及晋怀帝等人，但民心仍然如此，我不忍再杀司马邺，暂且观察一段时间。"十二月，刘聪在光极殿大宴群臣，让愍帝斟酒洗杯，又让他拿盖。晋旧臣见了，不少人潸然泪下，有的甚至哭出了声。尚书郎陇西人辛宾起身，抱着愍帝大哭，刘聪令人将他带出斩首。

赵固与河内太守郭默侵汉河东，至绛，右司隶部民奔之者三万余人。骑兵将军刘勋追击之，杀万余人，固、默引归。太子粲帅将军刘雅生等步骑十万屯小平津，固扬言曰："要当生缚刘粲，以赎天子。"粲表于聪曰："子业若死，民无所望，则不为李矩、赵固之用，不攻而自灭矣。"戊戌，愍帝遇害于平阳。

【译文】赵固和河内太守郭默进犯汉国河东，到达绛县，右司隶部的人民投奔而去的有三万多人。骑兵将军刘勋追袭他们，杀一万多人，赵固、郭默领军退回。汉太子刘粲率将军刘雅生等步骑兵十万屯居小平津，赵固扬言说："誓当活捉刘粲赎回愍帝。"刘粲上表给刘聪说："如果司马邺死了，民众无所期望，就不会再被李矩、赵固驱用，将不攻自灭。"戊戌（二十日），愍帝司马邺在平阳遇害。

淝水之战

（晋孝武帝太元八年）

秋七月，秦王坚下诏大举入寇，民每十丁遣一兵；其良家子年二十已下，有材勇者，皆拜羽林郎。又曰："其以司马昌明为尚书左仆射，谢安为吏部尚书，桓冲为侍中；势还不远，可先为起第。"良家子至者三万余骑，拜秦州主簿赵盛之为少年都统。是时，朝臣皆不欲坚行，独慕容垂、姚苌及良家子劝之。阳平公融言于坚曰："鲜卑、羌虏，我之仇雠，常思风尘之变以逞其志，所陈策画，何可从也！良家少年皆富饶子弟，不闲军旅，苟为谄谀之言以会陛下之意。今陛下信而用之，轻举大事，臣恐功既不成，仍有后患，悔无及也！”坚不听。

【译文】秋七月前秦王苻坚下达诏令，开始大举入侵东晋。百姓中每十个成年人选派一人充军，良家子弟中年龄在二十岁以下，有才能勇气的人，全都授官羽林郎。又说：“晋朝任命司马昌明为尚书左仆射，谢安为吏部尚书，桓冲为侍中。以此形势来看，凯旋的时间不会太远，可以先行为其修建府邸。”良家子弟应征的有三万多骑兵，苻坚任命秦州主簿赵盛之为少年都统。这时，满朝大臣都不想让苻坚出征，唯独慕容垂、姚苌及良家子弟对此加以劝勉。阳平公苻融向苻坚进言说：“鲜卑、羌族的虏臣，是我们的仇敌，经常盼望着风云变化以实现他们的心愿，他们所陈献的办法，怎么能听从呢！良家少年全都是富豪子弟，不熟悉军事，只是苟且进上阿谀奉承之言以迎合陛下的心愿。如今陛下相信并采纳了他们的话，轻率地进行大规模行动，臣恐怕既不能成就战功，随之还会产生后患，悔之不及！”苻坚没有听从。

八月戊午，坚遣阳平公融督张蚝、慕容垂等步骑二十五万为前锋；以兖州刺史姚苌为龙骧将军，督益、梁州诸军事。坚谓苌曰：“昔朕以龙骧建业，未尝轻以授人，卿其勉之！”左将军窦冲曰：“王者无戏言，此不祥之征也！”坚默然。

【译文】八月，戊午（初二），苻坚派遣阳平公苻融督帅张蚝、慕容垂等人的步、骑兵二十五万人作为前锋，任命兖州刺史姚苌为龙骧将军，督益、梁州诸军事。苻坚对姚苌说：“过去我靠龙骧将军的官位建立了大业，未曾轻易地把这个官位授予别人，你努力干吧！”左将军窦冲说：“君王无戏言，这话是不祥之兆！”苻坚沉默不语。

慕容楷、慕容绍言于慕容垂曰：“主上骄矜已甚，叔父建中兴之业，在此行也！”垂曰：“然。非汝，谁与成之！”

【译文】慕容楷、慕容绍向慕容垂进言说：“主上的骄纵傲慢已经非常严重，叔父建立中兴大业，就在此行！”慕容垂说：“对。除了你们，谁能和我一起成就大业呢！”

甲子，坚发长安，戎卒六十余万，骑二十七万，旗鼓相望，前后千里。九月，坚至项城，凉州之兵始达咸阳，蜀、汉之兵方顺流而下，幽、冀之兵至于彭城，东西万里，水陆齐进，运漕万艘。阳平公融等兵三十万，先至颍口。

【译文】甲子（初八），苻坚发兵长安，将士共有六十多万，骑兵二十七万，旌旗战鼓遥遥相望，绵延千里。九月，苻坚抵达项城，凉州的军队刚刚到达咸阳，蜀、汉的军队正顺流而下，幽州、冀州的军队到了彭城，东西万里，水陆并进，运输军粮的船只多达万艘。阳平公苻融等人的部队三十万人，先期抵达颍口。

诏以尚书仆射谢石为征虏将军、征讨大都督，以徐、兖二州刺史谢玄为前锋都督，与辅国将军谢琰、西中郎将桓伊等，众共八万拒之；使龙骧将军胡彬，以水军五千援寿阳。琰，安之子也。

【译文】东晋下达诏令，任命尚书仆射谢石为征虏将军、征讨大都督，任命徐、兖二州刺史谢玄为前锋都督，与辅国将军谢琰、西中郎将桓伊等人的兵众八万人抵抗前秦。让龙骧将军胡彬带领五千水军援助寿阳。谢琰是谢安的儿子。

是时秦兵既盛，都下震恐。谢玄入，问计于谢安，安夷然答曰："已别有旨。"既而寂然。玄不敢复言，乃令张玄重请。安遂命驾出游山墅，亲朋毕集，与围棋赌墅。安棋常劣于玄，是日玄惧，便为敌手，而又不胜。安遂游陟，至夜乃还。桓冲深以根本为忧，遣精锐三千入援京师。谢安固却之，曰："朝廷处分已定，兵甲无阙，西藩宜留以为防。"冲对佐吏叹曰："谢安石有庙堂之量，不闲将略。今大敌垂至，方游谈不暇，遣诸不经事少年拒之，众又寡弱，天下事已可知，吾其左衽矣！"

【译文】这时前秦的军队已经非常强盛，东晋京城里的人震惊恐惧。谢玄入朝，向谢安询问应对之策，谢安一副平静的样子，回答说："已经另有打算了。"紧接着就闭口无言。谢玄不敢再问，就让张玄重新请求指令。谢安于是就命令驾车出游山间别墅，亲戚朋友云集，与谢玄在别墅玩围棋赌博。谢安的棋术一直不如谢玄，这天，谢玄由于内心恐惧，在有利的形势下投子打劫，反而还不能获胜。谢安于是就登山漫游，到晚上才回来。桓冲对国家的根基大业深以为忧，派精锐部队三千人入城保卫京师。谢安固执地阻拦他，说："朝廷的处理办法已经决定，士兵武器都不缺乏，应该留在西藩之地以作防备。"桓冲对藩府参佐叹息道："谢安有身居朝廷的气量，但不熟悉带兵打仗的方法。如今大敌临头，还尽情游玩，高谈阔论不止，只派遣未经战事的年轻人前去抵抗，再加上数量不足，力量软弱，天下的结局已经可以知道了，我们将要受外族的统治了！"

冬十月，秦阳平公融等攻寿阳；癸酉，克之，执平虏将军徐元喜等。融以其参军河南郭褒为淮南太守。慕容垂拔郧城。胡彬闻寿阳陷，退保硖石，融进攻之。秦卫将军梁成等，帅众五万屯于洛涧，栅淮以遏东兵。

【译文】冬季十月，前秦阳平公苻融等攻打寿阳。癸酉（十八日），攻克了寿阳，擒获了平虏将军徐元喜等人。苻融任命他的参军河南人郭褒为淮南太守。慕容垂攻下了郧城。胡彬听说寿阳被攻陷，后退守卫硖石，苻融进军攻打硖石。前秦卫将军梁成等率领五万兵众驻扎在洛涧，沿淮河布防以遏制东面的部队。

谢石、谢玄等去洛涧二十五里而军，惮成不敢进。胡彬粮尽，潜遣使告石等曰："今贼盛粮尽，恐不复见大军！"秦人获之，送于阳平公融。融驰使白秦王坚曰："贼少易擒，但恐逃去，宜速赴之！"

【译文】谢石、谢玄等在距离洛涧二十五里的地方驻军，由于惧怕梁成而不敢前进。胡彬的粮食耗尽，秘密地派遣使者向谢石等报告说："如今贼寇强盛而我的粮食已经耗尽，恐怕不能再见到大军了！"前秦人擒获了胡彬，把他送交给阳平公苻融。苻融急速派使者向前秦王苻坚报告说："现在贼寇力量不足，容易擒获，只是怕他们逃走，应该迅速率兵前来。"

坚乃留大军于项城，引轻骑八千，兼道就融于寿阳。遣尚书朱序来说谢石等，以为"强弱异势，不如速降。"序私谓石等曰："若秦百万之众尽至，诚难与为敌。今乘诸军未集，宜速击之；若败其前锋，则彼已夺气，可遂破也。"石闻坚在寿阳，甚惧，欲不战以老秦师。谢琰劝石从序言。

【译文】苻坚于是就把大部队留在项城，带领八千轻装骑兵，日夜兼程赶赴寿阳与苻融汇合。苻坚派尚书朱序前去劝说谢石等人，认为："形势强弱悬殊，不如迅速投降。"朱序私下里却对谢石等人说："如果秦国的百万兵众全部抵达，确实难以与他们抗衡。如今乘着各路军队尚未会集，应该迅速攻击他们。如果能打败他们的前锋部队，那他们就已经丧失了士气，最终就可以攻破他们。"谢石听说苻坚在寿阳，十分害怕，想用不交战的办法来拖垮前秦的军队。谢琰劝说谢石听从朱序的话。

十一月，谢玄遣广陵相刘牢之帅精兵五千人趣洛涧，未至十里，梁成阻涧为陈以待之。牢之直前渡水，击成，大破之，斩成及弋阳太守王咏，又分兵断其归津，秦步骑崩溃，争赴淮水，士卒死者万五千人。执秦扬州刺史王显等，尽收其器械军实。于是谢石等诸军水陆继进。秦王坚与阳平公融登寿阳城望之。见晋兵部阵严整，又望八公山上草木，皆以为晋兵，顾谓融曰："此亦劲敌，何谓弱也！"怃然始有惧色。

【译文】十一月，谢玄派广陵相刘牢之率领五千精兵开赴洛涧，在离洛涧十里的地方，梁成扼守山涧布署兵阵以等待刘牢之。刘牢之径直向前渡河，攻击梁成，大败梁成，斩杀了梁成以及弋阳太守王咏。又分派部队断绝了他们归途上的渡口，前秦的步、骑兵全都崩溃，争先恐后地逃向淮水，死亡的士兵有一万五千人，抓获了前秦扬州刺史王显等人，全部收缴了他们的武器军粮。于是谢石等各路军队，从水路、陆路相继进发。前秦王苻坚与阳平公苻融登上寿阳城观望，只见东晋的军队布阵严整，又望见了八公山上的草木，也以为都是东晋的士兵，苻坚掉头对苻融说："这也是强敌，怎么能说他软弱呢！"茫然若失，脸上开始有了恐惧的神色。

秦兵逼肥水而陈，晋兵不得渡。谢玄遣使谓阳平公融曰："君悬军深入，而置陈逼水，此乃持久之计，非欲速战者也。若移陈少却，使晋兵得渡，以决胜负，不亦善乎！"

【译文】前秦的军队紧逼淝水而布阵，东晋的军队无法渡过。谢玄派使者对阳平公苻融说："您孤军深入，然而却紧逼淝水部署军阵，这是长久相持的策略，不是想迅速交战的办法。如果能移动兵阵稍微后撤，让晋朝的军队得以渡河，以决胜负，不也是很好的事情吗！"

秦诸将皆曰："我众彼寡，不如遏之，使不得上，可以万全。"坚曰："但引兵少却，使之半渡，我以铁骑蹙而杀之，蔑不胜矣！"融亦以为然，遂麾兵使却。秦兵遂退，不可复止，谢玄、谢琰、桓伊等引兵渡水击之。

【译文】前秦众将领都说："我众敌寡，不如遏制他们，使他们不能上岸，这样可以万无一失。"苻坚说："只带领兵众稍微后撤一点，让他们渡河渡到一半，我们再出动铁甲骑兵奋起攻杀，没有不胜的道理！"苻融也认为可以，于是就挥舞战旗，指挥兵众后退。前秦的军队一退就不可收拾。谢玄、谢琰、桓伊等率领军队渡过河攻击他们。

融驰骑略陈，欲以帅退者，马倒，为晋兵所杀，秦兵遂溃。玄等乘胜追击，至于青冈。秦兵大败，自相蹈藉而死者，蔽野塞川。其走者闻风声鹤唳，皆以为晋兵且至，昼夜不敢息，草行露宿，重以饥冻，死者什七、八。初，秦兵小却，朱序在陈后呼曰："秦兵败矣！"众遂大奔。序因与张天锡、徐元喜皆来奔。获秦王坚所乘云母车，复取寿阳，执其淮南太守郭褒。

【译文】苻融驰马巡视军阵，想来率领退逃的兵众，结果战马倒地，苻融被东晋的士兵杀掉，前秦的军队于是就崩溃了。谢玄等乘胜追击，一直追到青冈，前秦的军队大败，自相践踏而死的人，遮蔽山野堵塞山川。逃跑的人听到刮风的声音和鹤的鸣叫声，都以为是东晋的军队将要来到，昼夜不敢停歇，慌不择路，风餐露宿，冻饿交加，死亡的人十有七八。当初，前秦的军队稍微后撤时，朱序在军阵后面高声呼喊："秦军失败了！"兵众们听到后就狂奔乱逃。朱序乘机与张天锡、徐元喜都来投奔东晋。缴获了前秦王苻坚所乘坐的装饰着云母的车乘。又攻取了寿阳，抓获了前秦的淮南太守郭褒。

坚中流矢，单骑走至淮北，饥甚，民有进壶飧、豚髀者，坚食之，赐帛十匹，绵十斤。辞曰："陛下厌苦安乐，自取危困。臣为陛下子，陛下为臣父，安有子饲其父而求报乎？"弗顾而去。坚谓张夫人曰："吾今复何面目治天下乎！"潸然流涕。

【译文】苻坚中了流箭，单身匹马逃到淮河以北，十分饥饿，有的百姓送来了盛在壶里的水泡饭、猪骨头，苻坚吃了下去，赏赐给他们十匹布帛，十斤绵。这些人推辞说："陛下厌倦困苦，安于享乐，自取危难。我是陛下的儿子，陛下是我的父亲，哪里有儿子给父亲饭吃还求取报偿的呢！"他们连赏赐的那些东西看也没看就离开了。苻坚对张夫人说："我如今再以什么面目去治理天下呢！"说着便潸然泪下。

是时诸军皆溃，惟慕容垂所将三万人独全，坚以千余骑赴之。世子宝言于垂曰："家国倾覆，天命人心皆归至尊，但时运未至，故晦迹自藏耳。今秦主兵败，委身于我，是天借之便以复燕祚，此时不可失也，愿不以意气微恩忘社稷之重！"

【译文】这时前秦的各路军队全都溃散，唯独慕容垂所统领的三万人完整保全，苻坚带领一千多骑兵到了他那里。长子慕容宝向慕容垂进言说："宗族国家覆灭，天命人心全都归于极其尊贵的帝王，只是时运还未到来，所以应该掩饰形迹躲藏起来。如今秦主兵败，委身于我们，这是上天赐予的有利时机以恢复燕国的国统，这个时机不可丧失，愿您不要因为受到过恩义小惠而忘掉了国家的重任！"

垂曰："汝言是也。然彼以赤心投命于我，若之何害之！天苟弃之，不患不亡？不若保护其危以报德，徐俟其衅而图之！既不负宿心，且可以义取天下。"奋威将军慕容德曰："秦强而并燕，秦弱而图之，此为报仇雪耻，非负宿心也；兄奈何得而不取，释数万之众以授人乎？"

【译文】慕容垂说："你说得对。然而他以一片赤诚之心把自身的安全交给我，为什么要伤害他！假如上天抛弃他，不用担心他不灭亡。不如在危难中保护他以报答他的恩德，慢慢地等待他的灾祸，然后再图谋他，这样既不违背往日的心愿，而且能够以道义征服天下。”奋威将军慕容德说：“秦国强大的时候吞并了燕国，秦国软弱的时候图谋他，这是报仇雪耻，不是违背往日的心愿。哥哥你为什么得到了却不占取，放弃数万兵众而授予别人呢？”

垂曰：“吾昔为太傅所不容，置身无所，逃死于秦，秦主以国士遇我，恩礼备至。后复为王猛所卖，无以自明。秦主独能明之，此恩何可忘也！若氐运必穷，吾当怀集关东，以复先业耳，关西会非吾有也。”冠军行参军赵秋曰：“明公当绍复燕祚，著于图谶。今天时已至，尚复何待！若杀秦主，据邺都鼓，行而西，三秦亦非苻氏之有也！”垂亲党多劝垂杀坚，垂皆不从，悉以兵授坚。平南将军慕容暐屯郧城，闻坚败，弃其众遁去；至荥阳，慕容德复说暐起兵以复燕祚，暐不从。

【译文】慕容垂说：“我过去被太傅慕容评所不容，无处安身，逃死到了秦国，秦国主像对待国中才能出众的人那样对待我，恩义礼遇备至。以后我又被王猛所出卖，无法自我明辩，秦国主偏偏就能明察，这样的恩情怎么能忘记呢！如果氐族人的命运必定穷尽，我应当招纳关东的民众，以光复先帝的大业，关西之地必定不会归我所有！”冠军行参军赵秋说：“明公您应当继承光复燕国的国统，这已经明显地表现在图谶上了。如今天时已经来到，还要等待什么！如果杀掉秦国主苻坚，占据邺都后击鼓西行，三秦之地也就不会归苻氏所有了！”慕容垂的亲信党羽大多都劝他杀掉苻坚，慕容垂一概没有听从，命令把军队交给苻坚。平南将军慕容暐驻扎在郧城，听说苻坚失败后，抛弃了他的兵众而逃走。到达荥阳，慕容德又劝说慕容暐起兵以恢复前燕的国统，慕容暐没有听从。

谢安得驿书，知秦兵已败，时方与客围棋，摄书置床上，了无喜色，围棋如故。客问之，徐答曰：“小儿辈遂已破贼。”既罢，还内，过户限，不觉屐齿之折。

【译文】谢安接到了驿站传递的书信，知道前秦的军队已经失败，当时他正与客人玩围棋，拿着信放到了床上，毫无高兴的样子，继续下棋。客人问他是什么事，他慢条斯理地回答说：“小孩子们已经最终攻破了寇贼。”下完棋以后，他返回屋里，过门槛时，高兴得竟然连屐齿被折断都没有发觉。

丁亥，谢石等归建康，得秦乐工，能习旧声，于是宗庙始备金石之乐。乙未，以张天锡为散骑常侍，朱序为琅邪内史。

【译文】丁亥（初二），谢石等人返回建康，由于得到了前秦的音乐工匠，熟悉过去的音乐，从此宗庙当中开始有了钟磬乐器演奏音乐。乙未（初十），任命张天锡为散骑常侍，朱序为琅邪内史。

刘裕伐南燕之役

（安帝义熙五年、六年）

五年三月，刘裕抗表伐南燕，朝议皆以为不可，惟左仆射孟昶、车骑司马谢裕、参军臧熹以为必克，劝裕行。裕以昶监中军留府事。谢裕，安之兄孙也。

【译文】（义熙）五年三月，东晋刘裕上表请求讨伐南燕，朝廷中商议，大臣们都以为不可轻举妄动。只有左仆射孟昶、车骑司马谢裕、参军臧熹认为一定能胜利，劝说刘裕出征。刘裕任命孟昶为监中军留府事。谢裕是谢安哥哥的孙子。

初，苻氏之败也，王猛之孙镇恶来奔，以为临澧令。镇恶骑乘非长，关弓甚弱，而有谋略，善果断，喜论军国大事。或荐镇恶于刘裕，裕与语，说之，因留宿。明旦，谓参佐曰："吾闻将门有将，镇恶信然。"即以为中军参军。

【译文】当初，前秦苻氏政权衰败的时候，王猛的孙子王镇恶投奔到东晋，朝廷任命他为临澧令。王镇恶对骑术不很擅长，拉弓射箭的能力也很弱，但是却有深谋远略，善于对事情作出果决的判断，很喜欢谈论军队国家的大事。有人把王镇恶推荐给刘裕，刘裕和他交谈一番，很喜欢他，所以留宿在家里。第二天早晨，对参军佐僚们说："我听说名将之门当出大将，王镇恶的确是这样。"便任命他为中军参军。

四月己巳，刘裕发建康，帅舟师自淮入泗。五月至下邳，留船舰、辎重，步进至琅邪。所过皆筑城，留兵守之。或谓裕曰："燕人若塞大岘之险，或坚壁清野，大军深入，不惟无功，将不能自归，奈何？"裕曰："吾虑之熟矣。鲜卑贪婪，不知远计，进利虏获，退惜禾苗，谓我孤军远入，不能持久，不过进据临朐，退守广固，必不能守险清野，敢为诸君保之。"

【译文】夏四月，己巳（十一日），刘裕从建康出发，率水军从淮水进入泗水。五月东晋部队到达下邳，把船舰、笨重的军用物资留下，步行开进到琅邪，所路过的地方都修筑起城池，留下军队把守。有人对刘裕说：“燕国人如果把大岘山的险要堵塞住，或者坚固城墙，使散居百姓聚居进去，只把空荡荡的田野留给我们，那么我们的大部队深入到敌国重地，便不但不能建立什么功业，而且还可能无法安全返回，怎么办？”刘裕说：“我已经把这些考虑成熟了，鲜卑人生性贪婪，没有长远的打算，前进的时候只盼望多多地抢夺掳掠，后退的时候又吝惜田中禾苗。他们以为我们孤军深入一定不能长久坚持，因此不外乎进军驻守临朐，或者退兵戍卫广固，一定不会据险要之地抵抗、清肃四野防备我们。我敢向你们保证。”

南燕主超闻有晋师，引群臣会议。征虏将军公孙五楼曰：“吴兵轻果，利在速战，不可争锋。宜据大岘，使不得入，旷日延时，沮其锐气，然后徐简精骑二千，循海而南，绝其粮道，别敕段晖帅兖州之众，缘山东下，腹背击之，此上策也。各命守宰依险自固，校其资储之外，余悉焚荡，芟除禾苗，使敌无所资，彼侨军无食，求战不得，旬月之间，可以坐制，此中策也。纵贼入岘，出城逆战，此下策也。”

【译文】南燕国主慕容超听说有东晋军队来讨伐，便召集大臣们在一起商议对策。征虏将军公孙五楼说：“吴地的兵众轻装果决，方便的是速战速决，不能与他们迎面作战。应该据守大岘，让他们无法进入，拖延时间，把他们的锐气泄掉，然后再从容地挑选精壮骑兵二千人，沿着海滨南下，断绝他们运粮草的通道，另外再命令段晖率兖州的军队沿着山地向东进军，在后背处进攻他们。这是最好的办法，分别命令各地的守宰官员依靠险要自己固守，考虑估计自己所用的粮食物质等以外，剩下的全部烧毁，再把田野中的庄稼全部割光，让来犯的敌人没有东西可补充给养，他们远征的部队既没粮草，求战又找不到对手，一个月之间，我们就可以坐在那里控制他们了。这是一般的办法。把贼兵放入岘山，然后我们再出城迎战他们，这是最不好的办法了。”

超曰：“今岁星居齐，以天道推之，不战自克。客主势殊，以人事言之，彼远来疲弊，势不能久。吾据五州之地，拥富庶之民，铁骑万群，麦禾布野，奈何芟苗徙民，先自蹙弱乎！不如纵使入岘，以精骑蹂之，何忧不克！”

【译文】慕容超说：“今年上天的吉星正在我们三齐的头上，按照天道推测，我们用不着作战，就会胜利。现在客军和主人的势力相差太悬殊，按照人间事理来看，他们远道而来，疲惫不堪一定不能耽搁太久。我据守五个州的地域，拥有富庶的百姓，强大的骑兵万群，茁壮的庄稼遍布四野，怎么能割倒庄稼迁移百姓，首先自己向人示弱呢？我看，不如放他们进入大岘山，再派精壮骑兵前去践踏他们，何必担心打不败他们。”

辅国将军广宁王贺赖卢苦谏不从，退谓五楼曰："必若此，亡无日矣！"太尉桂林王镇曰："陛下必以骑兵利平地者，宜亟岘逆战，战而不胜，犹可退守，不宜纵敌入岘，自弃险固也。"超不从。

【译文】辅国将军广宁王慕容贺赖卢苦苦劝阻，慕容超只是不听。退朝后，慕容贺赖卢对公孙五楼说："如果一定这样的话，亡国也就没几天了！"太尉桂林王慕容镇说："陛下如果一定认为骑兵在平地作战方便的话，就应该冲出岘山去迎战敌人，即使在战斗中不能取胜，也还可以退守。"不应该放纵敌兵进入岘山，自己放弃险要的地势。"慕容超拒不听从。

镇出，谓韩谆曰："主上既不能逆战却敌，又不肯徙民清野，延敌入腹，坐待攻围，酷似刘璋矣。今年国灭，吾必死之。卿中华之士，复为文身矣。"超闻之大怒，收镇下狱。乃摄莒、梁父二戍修城隍，简士马以待之。

【译文】慕容镇退出后，对韩谆说："主上既不想主动迎战，把敌人击退，又不同意迁移居民，清肃原野。把敌人引进自己的腹地，坐在那里等待敌人的进攻围困，这一点太像汉末的刘璋了。今年之内我们国家就要灭亡，我只有一死。但是你作为中原人士，却要像江南人那样被重新纹身了。"慕容超听说这话后，暴跳如雷，把慕容镇抓起来送进了监狱。于是他下令撤回莒城、梁父两地的守军，加固修筑都城的防御工程，遴选将士和战马，等待东晋兵来。

刘裕过大岘，燕兵不出。裕举手指天，喜形于色。左右曰："公未见敌而先喜，何也？"裕曰："兵已过险，士有必死之志；余粮栖亩，人无匮乏之忧。虏已入吾掌中矣。"

【译文】刘裕顺利通过大岘，南燕的军队一直没有出现。刘裕举起手来，指着上天，禁不住脸上露出喜色。左右的侍从们说："您没有看见敌人却先高兴起来，这是为什么？"刘裕说："大军已过险关，军队没有退路可走，因此一定会有拼死作战的决心；余粮尚在田亩之中储存，我们又没有了缺乏粮草的忧虑。敌人已经完全落入了我的手中。"

六月己巳，裕至东莞。超先遣公孙五楼、贺赖卢及左将军段晖等，将步骑五万屯临朐，闻晋兵入岘，自将步骑四万往就之，使五楼帅骑进据巨蔑水。前锋孟龙符与战，破之，五楼退走。裕以车四千乘为左右翼，方轨徐进，与燕兵战于临朐南，日向昃，胜负犹未决。

【译文】六月，己巳（十二日），刘裕大军抵达东莞。慕容超先派遣公孙五楼、慕容贺赖卢以及左将军段晖等人统领步、骑兵共五万人屯据在临朐，听说东晋兵马已经通过岘山，便亲自带领步、骑兵共四万人前去迎战，并派公孙五楼率领骑兵开进巨蔑水据守。东晋部队的前锋孟龙符与他展开激战，将他打败，公孙五楼败退而走。刘裕用四千乘军车作为左右的屏障，排成方阵缓缓向前推进，在临朐以南的地方与南燕军队进行会战，太阳渐渐西移，双方的胜负还没有最后明朗。

参军胡藩言于裕曰："燕悉兵出战，临朐城中留守必寡，愿以奇兵从间道取其城，此韩信所以破赵也。"裕遣藩及谘议参军檀韶、建威将军河内向弥，潜师出燕兵之后，攻临朐，声言轻兵自海道至矣，向弥擐甲先登，遂克之。

【译文】东晋参军胡藩对刘裕说："南燕倾巢出动，与我们作战，临朐城中的守军一定很少。我愿意带领一支出敌不意的部队从小路去夺取这座城池，这是韩信击败赵国的办法。"刘裕于是派遣胡藩以及谘议参军檀韶、建成将军河内人向弥暗自带兵绕到南燕军队的后面，进攻临朐，号称是轻装部队从海路直接赶来增援的。向弥身披铠甲，首先登上城墙，于是攻破该城。

超大惊，单骑就段晖于城南。裕因纵兵奋击，燕众大败，斩段晖等大将十余人，超遁还广固，获其玉玺、辇及豹尾。裕乘胜逐北至广固，丙子，克其大城，超收众入保小城。裕筑长围守之，围高三丈，穿堑三重；抚纳降附，采拔贤俊，华、夷大悦。于是因齐地粮储，悉停江、淮漕运。

【译文】慕容超听说后，大吃一惊，单人匹马从城中逃出，赶到城南投奔段晖。刘裕趁势催动大军奋力战斗，南燕军队大败，斩杀了段晖等大将十多人，慕容超逃回广固，晋兵缴获了他的玉玺、车辇以及挂在车后的豹尾。刘裕乘胜追击，直到广固。丙子（十九日），又攻克了广固外围的外城。慕容超聚集众人进入内城据守。刘裕兴筑长墙围困他们，墙高三丈，挖了三道地沟。好言抚慰接纳投降归附的人士，选择提拔贤才俊杰，不管是汉人还是夷人，都很高兴。从此因为夺取了齐地这里储存的粮草，便把从长江、淮河水路运输军粮的工作全部停止。

超遣尚书郎张纲乞师于秦，赦桂林王镇以为录尚书、都督中外诸军事，引见谢之，且问计焉。镇曰："百姓之心，系于一人。今陛下亲董六师，奔败而还。群臣离心，士民丧气。闻秦人自有内患，恐不暇分兵救人。散卒还者尚有数万，宜悉出金帛以饵之，更决一战。若天命助我，必能破敌；如其不然，死亦为美，比于闭门待尽，不犹愈乎！"

【译文】慕容超派遣尚书郎张纲向后秦请求救兵，又赦免了桂林王慕容镇，任命他为录尚书、都督中外诸军事，把他请来相见，并谢了罪，又问他有什么好办法。慕容镇说："百姓的心事、希望，全部维系在您一个人身上。现在陛下亲自指挥大部队前去迎战，结果是战败跑回，不但大臣们的心思难以统一，百姓也都丧失了胆气。我听说秦国自己也正有内患没有清除，恐怕也没有功夫分出兵力解救别人。现在我们逃散的士兵回来的还有几万，应该把国库中的金银布匹等全部拿出来引诱他们，让他们再去决一死战。如果天命应该帮助我们，那么这一次一定能击败敌人；如果不这样，那么死了也是一件美事。这和关起门来坐在这里等死，不也还强出许多吗？"

司徒乐浪王惠曰："不然。晋兵乘胜，气势百倍，我以败军之卒当之，不亦难乎！秦虽与勃勃相持，不足为患；且与我分据中原，势如唇齿，安得不来相救！但不遣大臣则不能得重兵，尚书令韩范为燕、秦所重，宜遣乞师。"超从之。

【译文】司徒乐浪王慕容惠说："不对。晋军乘胜而来，气势旺盛，比原来还要超出百倍，我们用刚刚惨败的士卒抵挡他们，不也是太难了吗？秦国虽然与赫连勃勃互相僵持、斗争不休，但是也不足以把这当成祸患。况且他们与我们分别占据中原地区，彼此依傍，形势就像唇齿一样，怎么能够不来救助我们呢？但是不派出官职重要的大臣去，就请不来更多的援兵。尚书令韩范一直被我们和秦国所重视，应该派他去请求援军。"慕容超听从了他的意见。

秋七月，加刘裕北青、冀二州刺史。南燕尚书略阳垣尊及弟京兆太守苗逾城来降，裕以为行参军。尊、苗皆超所委任以为腹心者也。

【译文】秋季七月，东晋加授刘裕为北青、北冀二州的刺史。南燕尚书略阳人垣尊和他的弟弟京兆太守垣苗，跳出城墙向东晋部队投降，刘裕任命他们为行参军。垣尊、垣苗都是慕容超喜欢、重用并引为心腹的人。

或谓裕曰："张纲有巧思，若得纲使为攻具，广固必可拔也。"会纲自长安还，太山太守申宣执之，送于裕。裕升纲于楼车，使周城呼曰："刘勃勃大破秦军，无兵相救。"城中莫不失色。江南每发兵，及遣使者至广固，裕辄潜遣兵夜迎之，明日，张旗鸣鼓而至，北方之民执兵负粮归裕者，日以千数。围城益急，张华、封恺皆为裕所获，超请割大岘以南地为藩臣，裕不许。

【译文】有人对刘裕说："张纲心灵手巧，如果把他抓来，让他制作攻城用具，广固一定可以攻克。"正好张纲从长安回来，太山太守申宣把他抓住，送给刘裕。刘裕让张纲登上很高的楼车，命令他在城的四周对城内高喊："刘勃勃把秦军打得大败，所以没有谁能派兵来救你们了。"城中将士听到这话没有不大惊失色的。东晋从江南每次发兵前来增援，或者派遣使者来广固慰问，刘裕都常常暗自派兵卒在前一天夜里迎候，第二天再打着大旗、敲着锣鼓到来。北方的百姓拿着武器、背着粮食归降刘裕的人，每天都有一千多。晋军对广固的围攻更加猛烈。南燕大臣张华、封恺都先后被刘裕俘虏。慕容超请求割让大岘山以南的地区讲和，并愿做东晋的藩臣，刘裕没有答应。

秦王兴遣使谓裕曰："慕容氏相与邻好，今晋攻之急，秦已遣铁骑十万屯洛阳；晋军不还，当长驱而进。"裕呼秦使者谓曰："语汝姚兴：我克燕之后，息兵三年，当取关、洛。今能自送，便可速来！"

【译文】后秦王姚兴派遣使者对刘裕说："慕容氏与我们相邻，关系友好。现在你们晋国这样急迫地进攻他们，我们秦国已派遣十万精锐强壮的骑兵屯聚在洛阳。你们的部队如果不撤，那么我们就要长驱进军了。"刘裕把后秦的使节叫到跟前来说："告诉你们姚兴：我攻克燕国之后，停止军事行动三年，然后就要去夺取你们的关中、洛阳。今天你们要是能自己送来，那就快点来吧！"

刘穆之闻有秦使，驰入见裕，而秦使者已去。裕以所言告穆之，穆之尤之曰："常日事无大小，必赐预谋，此宜善详，云何遽尔答之！此语不足以威敌，适足以怒之。若广固未下，羌寇奄至，不审何以待之？"

【译文】刘穆之听说有后秦使节来，便骑着快马跑来拜见刘裕，但后秦使节已经走了。刘裕把自己说的话告诉给了刘穆之。刘穆之埋怨他说："平常的时候事情无论大小，都一定找我商量。这件事太重大，应该好好考虑一下再决定，为什么就这样贸然地答复他呢？你说的这话不但不足以把敌人威慑住，相反却足以激怒他。如果广固没有攻下，而那些羌族强盗又突然到来，不知道你怎么对付他们？"

裕笑曰："此是兵机，非卿所解，故不相语耳。夫兵贵神速，彼若审能赴救，必畏我知，宁容先遣信命，逆设此言！是自张大之辞也。晋师不出，为日久矣。羌见伐齐，始将内惧。自保不暇，何能救人邪！"

【译文】刘裕笑着说："这是用兵之道，不是你所能明白的，所以才不告诉你。大凡用兵，贵在神奇迅速，他们如果真的能赶来救援的话，一定是害怕我们知道，哪里还能事先派人前来通知我，说下这番话呢？这是他们的大话。晋军不出国征战，时间已经很久了。羌人看见我们大举讨伐三齐之地，心中已经开始畏惧。他们保全自己还来不及，怎么还能援救别人呢？”

九月，秦王兴自将击夏王勃勃，至贰城，遣安远将军姚详等，分督租运。勃勃乘虚奄至，兴惧，欲轻骑就详等。右仆射韦华曰：“若銮舆一动，众心骇惧，必不战自溃，详营亦未必可至也。”兴与勃勃战，秦兵大败，将军姚榆生为勃勃所擒，左将军姚文宗等力战，勃勃乃退，兴还长安。勃勃复攻秦敕奇堡、黄石固、我罗城，皆拔之，徙七千余家于大城，以其丞相右地，代领幽州牧以镇之。

【译文】九月，后秦王姚兴准备亲自带兵征讨夏王刘勃勃，到达贰城，派遣安远将军姚详等人分别督运粮草。刘勃勃乘虚突然前来袭击，姚兴非常害怕，打算轻装骑马去到姚详那里躲避。右仆射韦华说：“如果陛下的大驾一动，部众的心中就会惊骇恐惧，一定不等打仗便自行崩溃，那样的话，恐怕陛下也不一定能跑到姚详的军营中去。”姚兴与刘勃勃对战，后秦军大败，将军姚榆生也被刘勃勃抓获。左将军姚文宗等人拼死力战，刘勃勃才退兵，姚兴回到长安。刘勃勃又进攻后秦的敕奇堡、黄石固、我罗城，全部攻克，把七千多户居民迁移到大城，任命他的丞相右地代兼幽州牧，镇守在那里。

初，兴遣卫将军姚强帅步骑一万，随韩范往就姚绍于洛阳，并兵以救南燕，及为勃勃所败，追强兵还长安。韩范叹曰：“天灭燕矣！”南燕尚书张俊自长安还，降于刘裕，因说裕曰：“燕人所恃者，谓韩范必能致秦师也，今得范以示之，燕必降矣。”

【译文】当初，姚兴派遣右将军姚强，统帅步兵骑兵共一万人，随韩范到洛阳与姚绍会合，然后两个合兵一起去救援南燕，等到被刘勃勃打败之后，又派人追上姚强，让他带领部队回长安。韩范叹息说：“上天让我燕灭亡了！”南燕尚书张俊从长安回来，投降了刘裕，又对刘裕说：“燕人所仗恃的，是以为韩范一定能请来秦的军队。现在抓住韩范让他们看看，那么燕国一定会投降。”

裕乃表范为散骑常侍，且以书招之，长水校尉王蒲劝范奔秦，范曰：“刘裕起布衣，灭桓玄，复晋室；今兴师伐燕，所向崩溃，此殆天授，非人力也。燕亡，则秦为之次矣，吾不可以再辱。”遂降于裕。裕将范循城，城中人情离沮。或劝燕主超诛范家，超以范弟讠卓尽忠无贰，并范家赦之。

【译文】于是刘裕一面上疏给朝廷，请求封韩范为散骑常侍，一面写信给韩范，招降他。后秦长水校尉王蒲劝说韩范投奔后秦国，韩范说："刘裕从一个平民百姓起家，剿灭桓玄，兴复晋朝皇室，这次起兵讨伐燕国，所到之处无不土崩瓦解，这一定是上天的旨意，不是人力所能做到的。燕国亡，那么秦国紧跟着就是第二个，我不能再受一次亡国之辱。"于是投降了刘裕。刘裕带着韩范绕城一周，城中人见了，情绪顿时一落千丈，人心离散。有人劝说南燕国主慕容超诛杀韩范全家，慕容超则因为韩范弟弟韩浡为国尽忠，从无二心，所以赦免了韩范的家属。

冬十月，段宏自魏奔于裕。张纲为裕造攻具，尽诸奇巧。超怒，县其母于城上支解之。

【译文】冬季十月，投奔北魏的南燕旧臣段宏，从北魏投奔刘裕。张纲为刘裕设计制造的攻城用具，每件都是奇妙精巧无比。慕容超大怒，把他的母亲悬挂在城墙之上，并把她活活支解。

六年春正月甲寅朔，南燕主超登天门，朝群臣于城上。乙卯，超与宠姬魏夫人登城，见晋兵之盛，握手对泣。韩讠卓谏曰："陛下遭堙厄之运，正当努力自强以壮士民之志，而更为儿女子泣邪！"超拭目谢之。尚书令董铣劝超降，超怒，囚之。

【译文】六年春季，正月，甲寅朔（初一），南燕国主慕容超登上天门，在城墙上朝会群臣。乙卯（初二），慕容超与宠爱的侍姬魏夫人登上城墙，看见东晋军队的强盛景况，握住对方的手相对哭泣。韩淖规劝说："陛下遭受险恶的命运，正应该不懈努力，强行振作，用来鼓舞将士百姓的斗志，怎么能做这小女子似的痛哭流涕的事呢？"慕容超擦了擦眼睛上的眼泪，表示歉意。尚书令董诜规劝慕容超投降，慕容超大怒，把他囚禁起来。

二月癸未，南燕贺赖卢、公孙五楼为地道出击晋兵，不能却。城久闭，城中男女病脚弱者太半，出降者相继。超辇而登城，尚书悦寿说超曰："今天助寇为虐，战士凋瘁，独守穷城，绝望外援，天时人事亦可知矣。苟历数有终，尧、舜避位，陛下岂可不思变通之计乎！"超叹曰："废兴命也。吾宁奋剑而死，不能衔璧而生！"

【译文】二月，癸未朔（初一），南燕贺赖卢、公孙五楼挖了一条地道出来袭击东晋部队，却不能把他们击退。广固城门关闭太久，城中男女百姓患软脚病的人超过一半，因此出城投降的人一个接着一个。慕容超乘辇车登上城墙，尚书悦寿劝说慕容超道："现在，上天帮助强盗制造罪恶，我们的将士疲惫凋零，单独困守这一座穷破的城池，外援已经毫无希望，天时和人心的倾向也是可以想见的。如果大数已尽，命该如此，那么即使是尧、舜也都不能不退位，陛下怎么可以不想一下变通的办法呢？”慕容超叹息说：“天下的兴起和覆亡，都是天命。我宁可高举利剑战斗而死，也决不能口里衔着璧玉投降求生。”

丁亥，刘裕悉众攻城。或曰：“今日往亡，不利行师。”裕曰：“我往彼亡，何为不利！”四面急攻之。悦寿开门纳晋师，超与左右数十骑逾城突围出走，追获之。裕数以不降之罪，超神色自若，一无所言，惟以母托刘敬宣而已。

【译文】丁亥（初五），刘裕动员全部兵力，奋力攻城。有人说：“今天是往亡日，不利于调动军队。”刘裕说：“我去他死，怎么是不利！”在城的四面发动猛攻。悦寿打开城门，把东晋部队放了进来。慕容超与左右侍卫几十个骑兵越过城墙突围出去，被东晋军队追上抓获。刘裕一一用拒不投降的罪行斥责他，慕容超神色平静，一言不发，只是把母亲托付给刘敬宣照顾而已。

裕忿广固久不下，欲尽坑之，以妻女以赏将士。韩范谏曰：“晋室南迁，中原鼎沸，士民无援，强则附之，既为君臣，必须为之尽力。彼皆衣冠旧族，先帝遗民；今王师吊伐而尽坑之，使安所归乎！窃恐西北之人，无复来苏之望矣。”裕改容谢之，然犹斩王公以下三千人，没入家口万余，夷其城隍，送超诣建康斩之。

【译文】刘裕忿恨广固久攻不下，打算把所有军民全部活埋，然后把他们的妻子女儿，赏给自己的将士。韩范劝阻说：“晋朝帝室迁移到南方去之后，中原地区混乱不堪，士人百姓无依无靠，对待强有力的政权，自然便依附过去了。既然做了人家的臣民，就一定要为人家尽力拼命。他们都是古老的世族，先帝遗留下来的子民。今天王家的军队前来讨伐异族拯救他们，却要把他们全部活埋，那么您打算让百姓往哪里去呢？我私下里担心西北的百姓从此不会再有盼望我们去拯救他们的愿望了。”刘裕马上肃然起敬，向他道歉，但是还是杀了王公以下的三千多人，没收的家庭人口也有一万多，拆毁了广固城墙。把慕容超押回建康，斩首。

魏迁洛阳

（齐武帝永明十一年至明帝建武三年）

齐武帝永明十一年，魏主以平城地寒，六月雨雪，风沙常起，将迁都洛阳；恐群臣不从，乃议大举伐齐，欲以胁众。斋于明堂左个，使太常卿王谌筮之，遇“革”，帝曰：“‘汤、武革命，应乎天而顺乎人。’吉孰大焉！”群臣莫敢言。

【译文】北齐武帝永明十一年，魏孝文帝因为平城气候寒冷，夏季六月时还在下雪，而且经常狂风大作，飞沙漫天，所以准备把京都迁到洛阳。但他又担心文武官员们不同意，于是提议大规模进攻南齐，打算以这种名义胁迫大家。在明堂南厢东边的偏殿斋戒之后，让太常卿王谌占卜，得到“革卦”，孝文帝说：“‘商汤王和周武王进行变革，是适应上天之命，顺应百姓之心的。’没有比这更吉祥的了。”文武官员没有人敢说什么。

尚书任城王澄曰：“陛下弈叶重光，帝有中土；今出师以征未服，而得汤、武革命之象，未为全吉也。”帝厉声曰：“繇云：‘大人虎变’，何言不吉！”澄曰：“陛下龙兴已久，何得今乃虎变！”帝作色曰：“社稷我之社稷，任城欲沮众邪！”澄曰：“社稷虽为陛下之有，臣为社稷之臣，安可知危而不言！”帝久之，乃解曰：“各言其志，夫亦何伤！”

【译文】尚书任城王拓跋澄说：“陛下继承几代累积下来的大业，并使之发扬光大，拥有了中原土地，而如今却要讨伐还没有臣服的对象，在这时得到了商汤王和周武王变革的象辞，恐怕这并不全是吉利。”孝文帝立刻严厉地说：“繇辞说：‘大人物实施老虎一样的变革’，你为什么要说这不吉利呢？”拓跋澄说：“陛下作为飞龙兴起已经很久了，怎么到今天又实施如同老虎一样的变革？”孝文帝立刻发怒说：“国家是我的国家，任城王打算要阻止大家吗？”拓跋澄说：“国家虽然是陛下所有，而我是国家的臣属，怎么可以明知危险而不说出来呢？”孝文帝过了很长时间才缓和了气色，说：“每个人都该说出自己的看法，这又有什么关系！”

既还宫，召澄入见，逆谓之曰：“向者《革卦》，今当更与卿论之。明堂之忿，恐人人竞言，阻我大计，故以声色怖文武耳。想识朕意。”因屏人，谓澄曰：“今日之举，诚为不易。但国家兴自朔土，徙居平城；此乃用武之地，非可文治。今将移风易俗，其道诚难，朕欲因此迁宅中原，卿以为何如？”

【译文】孝文帝回到皇宫，立刻召见拓跋澄，劈头就说：“刚才关于‘革卦’的事，现在要进一步和你讨论一下。在明堂上我之所以大发脾气，是因为害怕大家争先恐后地发言，破坏了我一个大的决策，所以我就声色俱厉，以此吓唬那些文武官员罢了。我想，你会了解朕的用心。”于是命令左右侍从退下，对拓跋澄说：“今天我所要做的这件事，确实是很不容易的。我们国家是在北方疆土上建立起来的，后来又迁都到平城。但是平城只是用武力开疆拓土的地方，而不宜进行治理教化。现在我打算进行改变风俗习惯的重大变革，这条路走起来确实困难，朕只是想利用大军南下征伐的声势，将京都迁到中原，你认为怎么样？”

澄曰：“陛下欲卜宅中土，以经略四海，此周、汉之所以兴隆也。”帝曰：“北人习常恋故，必将惊扰，奈何？”澄曰：“非常之事，故非常人之所及。陛下断自圣心，彼亦何所能为！”帝曰；“任城吾之子房也！”

【译文】拓跋澄说：“陛下您打算把京都迁到中原，用以扩大疆土，征服四海，这一想法也正是以前周王朝和汉王朝兴盛不衰的原因。”孝文帝说：“北方人习惯留恋于旧有的生活方式，那时他们一定会惊恐骚动起来，怎么办？”拓跋澄回答说：“不平凡的事，原来就不是平凡的人所能做得了的。陛下的决断，是出自您圣明的内心，他们又能有什么办法呢？”孝文帝高兴地说：“任城王真是我的张子房呀！”

六月，丙戌，命作河桥，欲以济师。秘书监卢渊上表，以为：“前世承平之主，未尝亲御六军，决胜行陈之间；岂非胜之不足为武，不胜有亏威望乎！昔魏武以弊卒一万破袁绍，谢玄以步兵三千摧苻秦，胜负之变，决于须臾，不在众寡也。”

【译文】六月，丙戌（初七），北魏孝文帝下令在黄河上修筑大桥，准备让南下大军由桥上渡过黄河。秘书监卢渊上书，认为：“以前太平时代的君主，从来没有过亲自统率大规模军队作战，在双方交战阵地上决一胜负的，还不是因为胜利了并不足以显示勇敢，而失败了则会使自己的威望受到损失吗？以前，曹操统率一万名疲惫不堪的士卒打败了袁绍，谢玄率领三千名步兵，摧毁了苻坚的大军，胜利与失败的变化，决定于转眼的工夫，而不在于人数多少。”

诏报曰：“承平之主，所以不亲戎事者，或以同轨无敌，或以懦劣偷安。今谓之同轨则未然，比之懦劣则可耻，必若王者不当亲戎，则先王制革辂，何所施也？魏武之胜，盖由仗顺，苻氏之败，亦由失政；岂寡必能胜众，弱必能制强邪！”丁未，魏主讲武，命尚书李冲典武选。

【译文】孝文帝下诏回答说：“太平时代的君主，之所以不亲自统率军队作战，有的是因为天下已经统一，不再存在敌人；有的是因为懦弱卑怯，苟且偷安。现在说是天下已经统一、太平，实际上并不是这样；与懦弱卑劣的人相比，又是十分可耻的。如果太平时期的君主一定不应该亲自统率军队作战，那么古代的君王特别制造的战斗时使用的革车，又会有什么用呢？曹操之所以能取得胜利，是因为他依仗名正言顺。苻坚之所以失败了，其根源也是由于他失德无道。怎么能是人数少就一定能战胜人数多，力量弱就一定能战胜力量强的呢？”丁未（二十八日），孝文帝讲论武事，命令尚书李冲负责选拔将官。

秋九月戊辰，魏主济河；庚午，至洛阳。魏主自发平城至洛阳，霖雨不止。丙子，诏诸军前发。丁丑，帝戎服执鞭，乘马而出。群臣稽颡于马前。

【译文】秋九月，戊辰（二十日），北魏孝文帝渡过黄河；庚午（二十二日），抵达洛阳。孝文帝从平城出发，直到抵达洛阳，天一直下雨，没有停过。丙子（二十八日），诏令各路大军继续向南进发。丁丑（二十九日），孝文帝身穿战服，手持马鞭，骑马出发。文武官员赶紧拦住马头，不断叩拜。

帝曰：“庙算已定，大军将进，诸公更欲何云？”尚书李冲等曰：“今者之举，天下所不愿，唯陛下欲之。臣不知陛下独行，竟何之也！臣等有其意而无其辞，敢以死请！”帝大怒曰：“吾方经营天下，期于混壹，而卿等儒生，屡疑大计；斧钺有常，卿勿复言！”策马将出，于是安定王休等并殷勤泣谏。

【译文】孝文帝说：“作战计划已经决定，各路大军将要继续前进，你们还想要说什么呢？”尚书李冲等人说：“我们现在的行动，全国上下都不愿意，只有陛下一个人想实现它。臣不知道陛下一个人走，将要到什么地方去。我们有一心报国效忠皇上的心愿，却无法表达出来，只好冒死向陛下请求。”孝文帝勃然大怒，说：“我现在正要征服外邦，希望统一天下，治理国家，可你们这些文弱书生，却多次怀疑这一重大决策。杀人用的斧钺有它们使用的地方，你们不要再多说什么！”说完又纵马要走，这时安定王拓跋休等人一齐来好言劝谏，流泪阻止。

帝乃谕群臣曰：“今者兴发不小，动而无成，何以示后！朕世居幽朔，欲南迁中土；

苟不南伐，当迁都于此，王公以为何如？欲迁者左，不欲者右。”安定王休等相帅如右。

【译文】孝文帝又告诉大家说：“这一次我们出动军队的规模不小，出动而没有什么成就，我们将来拿什么让后人看？朕世世代代居住在幽朔，一直想要南迁到中原。如果我们不再向南征伐，那么我们就应该把京都迁到这里，你们认为这样做怎么样？同意迁都的人站在左边，不同意迁都的人站在右边。”安定王拓跋休等相互引领着站在了右边。

南安王桢进曰：“‘成大功者不谋于众。’今陛下苟辍南伐之谋，迁都洛邑，此臣等之愿，苍生之幸也。”群臣皆呼万岁。时旧人虽不愿内徙，而惮于南伐，无敢言者；遂定迁都之计。

【译文】南安王拓跋桢靠近孝文帝说：“‘干成大事业的人，并不向众人征询意见。’如今陛下如果放弃向南征伐的计划，将京都迁到洛邑，这正是我们所希望的，是老百姓的幸运。”文武百官都高呼万岁。当时鲜卑人虽然不愿意向南迁移，但是又害怕再向南征伐，所以也就没有人敢说些什么。北魏的迁都大计，于是确定了下来。

李冲言于上曰：“陛下将定鼎洛邑，宗庙宫室，非可马上行游以待之。愿陛下暂还代都，俟群臣经营毕功，然后备文物、鸣和鸾而临之。”帝曰：“朕将巡省州郡，至邺小停，春首即还，未宜归北。”

【译文】李冲对孝文帝说：“陛下将要迁都洛邑，可是，皇家祖庙和皇宫、府宅都要重新建造，我们不能只骑在马上走来走去，等待它们建成。希望陛下暂时回到代都，等到文武百官把这一切事情做好之后，陛下再备齐仪仗，在宁静祥和的銮铃声中莅临新的京都。”孝文帝说：“朕正要到各个州郡巡查，现在正好可以利用这个机会，先到邺城，暂作停留，明年一开春就返回，而不应该先回北方。”

乃遣任城王澄还平城，谕留司百官以迁都之事，曰：“今日真所谓革也。王其勉之！”帝以群臣意多异同，谓卫尉卿、镇南将军于烈曰：“卿意如何？”烈曰：“陛下圣略渊远，非愚浅所测。若隐心而言，乐迁之与恋旧，适中半耳。”帝曰：“卿既不唱异，即是肯同，深感不言之益。”使还镇平城，曰：“留台庶政，一以相委。”

【译文】于是派遣任城王拓跋澄返回平城，向留守在那里的官员们宣布迁都的情况，对任城王说：“如今才是‘革卦’上真正的‘革’，你要把事情办好。”由于文武官员的意见并不一致，孝文帝就对卫尉卿镇南将军于烈说：“你是怎么想的呢？”丁烈回答说：“陛下圣明的谋略，是为了国家长远的利益，这不是愚昧、肤浅的人所能预测得到的。但如果推测大家的心意，愿意迁都的人和依恋故土的人，正好各占一半。”孝文帝说：“你既然没有公开说自己反对，那就是表示认同了，我深感到你不说话的好处。”于是，派于烈回到平城镇守，说：“留守在朝廷里的一切事情，全都托付给你了。”

冬十月，戊寅朔，魏主如金墉城，征穆亮，使与尚书李冲、将作大匠董尔经营洛都。己卯，如河南城；乙酉，如豫州；癸巳，舍于石济。乙未，魏解严，设坛于滑台城东，告行庙以迁都之意。

【译文】冬季，十月，戊寅朔（初一），孝文帝前往金墉城，召回穆亮，命令他和尚书李冲、将作大匠董尔一起负责营建新都洛阳。己卯（初二），前往河南城。乙酉（初八），前往豫州。癸巳（十六日），在石济住宿。乙未（十八日），下令北魏境内解除戒严，在滑台城东边兴筑祭台，向随行的祖宗牌位禀告迁都的想法。

大赦。起滑台宫。任城王澄至平城，众始闻迁都，莫不惊骇。澄援引古今，徐以晓之，众乃开伏。澄还报于滑台，魏主喜曰：“非任城朕事不成。”乙巳，魏主遣安定王休帅从官迎家于平城。魏主筑宫于邺西，冬十一月癸亥，徙居之。

【译文】下令实行大赦。兴筑滑台宫。任城王拓跋澄回到平城，大家刚刚听到要迁都时，没有不感到震惊的。于是拓跋澄引经据典，慢慢地解释开导，让大家明白这样做的好处，最后大家终于接受了。拓跋澄回到滑台向孝文帝汇报了这一情况，孝文帝高兴地说：“没有任城王，朕的事就办不成。”乙巳（二十八日），孝文帝派安定王拓跋休率领侍从官员，到平城迎接眷属。孝文帝在邺城城西兴建皇宫，冬十一月，癸亥（十六日），搬入新皇宫。

明帝建武元年春正月乙亥，魏主如洛阳西宫。中书侍郎韩显宗上书陈四事：其一，以为：“窃闻舆驾今夏不巡三齐，当幸中山。往冬舆驾停邺，当农隙之时，犹比屋供奉，不胜劳费。况今蚕麦方急，将何以堪命！且六军涉暑，恐生疠疫。臣愿早还北京，以省诸州供张之苦，成洛都营缮之役。”

【译文】北齐明帝建武元年，春正月，乙亥（二十九日），北魏孝文帝到了洛阳西宫。中书侍郎韩显宗向孝文帝上书讲陈了四件事情：其一，认为：“我听说陛下今年夏天舆驾出行，不是去巡视三齐，就是临幸中山。往年冬天大驾停在邺城，虽然正当农闲之时，但仍使每家每户出资出力供奉，不胜辛劳破费。何况现在正是蚕麦刚熟的农忙时节，您大驾所至，百姓将如何忍受得住呢？而且六军冒着酷暑护驾，恐怕要爆发严重的传染疾病。臣希望早点回到北都平城，以便能节省各州张罗供奉的费用，这样就能使营建修缮洛阳都城的工程早日完成。”

其二，以为：“洛阳宫殿故基，皆魏明帝所造，前世已讥其奢。今兹营缮，宜加裁损。又顷来北都富室，竞以第舍相尚；宜因迁徙，为之制度。及端广衢路，通利沟渠。”

【译文】其二，认为：“洛阳宫殿的旧基，都是魏明帝所建造的，在那时人们就批评他太奢侈了。如今我们的营建，应该缩减规模。还有，近来北都平城的富室大户，竞相比逐宅舍房宇的高下，应该借这次迁都搬移的机会，在这方面定出一个制度。同时对于都城的道路交通要拓宽加直，水沟渠道也要加以疏通。

其三，以为：“陛下之迁洛阳，轻将从骑。王者于闱闼之内，施警跸，况涉履山河而不加三思乎！”

【译文】其三，认为：“陛下您迁洛阳，随从保卫的武器人员很少。皇帝平时住在宫中，还要施行警戒保护措施，何况出外巡察山河呢？对此不可不加以三思。”

其四，以为：“陛下耳听法音，目玩坟典，口对百辟，心虞万机，景昃而食，夜分而寝；加以孝思之至，随进而深；文章之业，日成篇卷；虽睿明所用，未足为烦，然非所以啬神养性，保无疆之祚也。伏愿陛下垂拱司契，而天下治矣。”帝颇纳之。显宗，麒麟之子也。

【译文】其四，认为：“陛下耳听雅乐，眼观圣人典籍，口对百官言谈，心虑万机，日头偏西方才吃饭，午夜时分才能入侵。再加上自文明太后去世之后，陛下对她的孝思随着时日的推移而日日加深；陛下还撰写文章，每日都有篇章写成。虽然陛下聪明睿智，这些都不足以成为烦苦，但是终非修心养性、爱惜圣体，以保万寿无疆之良策。所以俯请陛下无为而治，只管重要之事，不必事事亲躬。”孝文帝对上述建议颇有采纳。韩显宗是韩麒麟的儿子。

显宗又上言，以为：“昔周居洛邑，犹存宗周；汉迁东都，京兆置尹。案《春秋》之义，有宗庙曰都，无曰邑。况代京宗庙山陵所讬，王业所基，其为神乡福地，实亦远矣，今便同之郡国，臣窃不安。谓宜建畿置尹，一如故事，崇本重旧，光示万叶。

【译文】韩显宗又上书，认为："过去周成王居处洛阳，但仍保存丰镐为故都；东汉迁都洛阳，而在长安仍置京兆尹。根据《春秋》大义，有宗庙的叫'都'，没有宗庙叫'邑'。况且平城这个地方，是宗庙和先帝陵墓所在之地，是朝廷王业的根基所在，其作为一块神奇福地，意义是非常久远的，如今就把它等同于一般的州郡，我私下里非常不安。所以我认为应该如过去的惯例那样，在平城建置京兆尹，以示崇尚根本，重视过去，光昭万世"。

"又古者四民异居，欲其业专志定也。太祖道武皇帝创基拨乱，日不暇给，然犹分别士庶，不令杂居，工伎屠沽，各有攸处；但不设科禁，久而混殽。今闻洛邑居民之制，专以官位相从，不分族类。夫官位无常，朝荣夕悴，则是衣冠、皁隶不日同处矣。借使一里之内，或调习歌舞，或讲肄诗书，纵群儿随其所之，则必不弃歌舞而从诗书矣。

【译文】还有，古代士、农、工、商分别居处，不使杂混，以便他们能各专其业、各安其志。太祖道武皇帝创基立国之始，拨乱反正，日夜操劳，无有闲暇之时，然而仍然不忘区别士族与庶族，不让他们杂混居处，工匠、技人、屠夫、商贩等各有所处，但没有制定禁止措施，时间久了就互相混淆而住了。现在听说洛阳城居民居处制度专以官位来分划，而不以士族庶族分类。官职并非是永久不变的，有时朝得之而夕失之，所以以官位来划分居处，则势必使衣冠之士和仆隶之徒不日而相杂混处。假如同一里居之内，有的人家调教演习歌舞，有的人家讲读《诗》、《书》，在此情况之下，即使让孩子们选择自己的爱好，则必定不能弃歌舞而接近《诗》、《书》。

然则使工伎之家习士人风礼，百年难成；士人之子效工伎容态，一朝而就。是以仲尼称里仁之美，孟母勤三徙之训。此乃风俗之原，不可不察。朝廷每选人士，校其一婚一宦以为升降，何其密也！至于度地居民，则清浊连甍，何其略也！今因迁徙之初，皆是公地，分别工伎，在于一言，有何可疑，而阙盛美！"帝览奏，甚善之。

【译文】但是让工匠、伎艺人家学习士人的礼仪习俗，一百年也难以学成；让士人的子弟仿效工匠、伎艺们的举止言谈，一朝半夕就可以学成。所以孔子指出人选择居处，应居于仁者之里，如此就是美；孟母三次择邻而居，以便使孟子远下贱而近礼仪。这乃是风俗礼仪的根本所在，不可不加以明察。朝廷每次选拔人才，考察其婚姻和仕宦情况作为升降的标准，何其严密认真啊！可是在安置民众居住事情上，却尊卑贵贱不辨，使他们杂混居住在一起，又是何等的疏略啊！如今正是迁徙初始之时，洛阳城中皆是空地，使工匠、伎艺等行当的人分别居住，甚为容易，一言之令即可以办到，有何疑难而不为，以致使如此盛美之事付之阙如呢？孝文帝看了韩显宗的奏章，非常赞赏他的意见。

二月壬寅，魏主北巡；癸卯，济河；三月，壬申，至平城。使群臣更论迁都利害，各言其志。燕州刺史穆罴曰：“今四方未定，未宜迁都。且征伐无马，将何以克？”

【译文】二月壬寅（二十七日），北魏孝文帝到北方巡视；癸卯（二十八日），渡过黄河；三月壬申（二十七日），到了平城。孝文帝让诸大臣再次议论迁都的利害关系，各位臣子们都表述了自己对此问题的看法。燕州刺史穆罴说：“如今天下四方没有安定，所以不宜于迁都。况且到时军中缺少战马，这样如何能克敌取胜呢？”

帝曰：“厩牧在代，何患无马！今代在恒山之北，九州之外，非帝王之都也。”尚书于果曰：“臣非以代地为胜伊、洛之美也。但自先帝以来，久居于此，百姓安之；一旦南迁，众情不乐。”

【译文】孝文帝回答说：“养马的地方在平城地区，何愁没有马呢？如今的都城代京地处恒山的北边，九州之外，并不是理想的帝王之都。”尚书于果接着说道：“我并不是认为代京这块地方就比洛阳好，但是自从道武皇帝以来，就一直居住在这里，老百姓已经安居于此，一旦让他们往南边搬迁，恐怕会产生不满情绪。”

平阳公丕曰：“迁都大事，当讯之卜筮。”帝曰：“昔周、邵圣贤，乃能卜宅。今无其人，卜之何益！且卜以决疑，不疑何卜！黄帝卜而龟焦，天老曰‘吉’，黄帝从之。然则至人之知未然，审于龟矣。王者以四海为家，或南或北，何常之有！朕之远祖，世居北荒，平文皇帝始都东木根山，昭成皇帝更营盛乐，道武皇帝迁于平城。朕幸属胜残之运，何为独不得迁乎！”群臣不敢复言。罴，寿之孙；果，烈之弟也。癸酉，魏主临朝堂，部分迁留。

【译文】平阳公拓跋丕说：“迁都是一件大事，应当通过卜筮来决定。”孝文帝说：“古代的周公、召公是圣贤之人，所以才能卜问宅居。如今没有他们这样的圣贤了，卜筮又有什么用处呢？况且古人曾言：‘卜筮为了决疑，没有犹疑，何必占卜？’过去黄帝灼龟甲卜吉凶，龟甲烧焦了，黄帝的臣子天老说是‘吉’，黄帝听从了。那么，至美至善的完人知晓未发生的事情，是通过龟兆而审悉的。但是统治天下做王称帝的人以四海为家，南北不定，哪有常常居留一地而不动的呢？朕的远祖，世世代代居住在北方荒凉之地，到平文皇帝之时方才建都于东木根山。其后昭成皇帝又营建了盛东而迁居。道武皇帝之时，又迁都于平城。朕很幸运遇上了能平定天下、施行教化的时运，为什么就不能迁都呢？”群臣百僚们不敢再表示反对意见了。穆罴是穆寿的孙子，于果是于烈的弟弟。癸酉（二十八日），孝文帝驾临朝堂，主持部署了迁往新都洛阳和留在平城的人事、机构安排事项。

冬十月戊申，魏主亲告太庙，使高阳王雍、于列，奉迁神主于洛阳；辛亥，发平城。十一月魏主至洛阳，欲澄清流品，以尚书崔亮兼吏部郎。

【译文】冬十月，戊申（初七），北魏孝文帝亲自去太庙祝告，又责成高阳王拓跋雍和于烈奉命迁神主于洛阳。辛亥（初十），开始从平城出发。北魏孝文帝到达洛阳。他想整理朝纲，澄清流品，就让尚书崔亮兼任吏部郎。

十二月，魏主欲变易旧风，壬寅，诏禁士民胡服。国人多不悦。通直散骑常侍刘芳，缵之族弟也，与给事黄门侍郎太原郭祚，皆以文学为帝所亲礼，多引与讲论，及密议政事；大臣贵戚皆以为疏己，怏怏有不平之色。

【译文】十二月，北魏孝文帝想改革旧的风俗习惯，壬寅（初二）发布诏令，禁止士大夫与民众穿胡服，鲜卑族人大多不乐意。通直散骑常侍刘芳是刘缵的族弟，他同给事黄门侍郎太原郭祚，均以工于文学受到孝文帝的亲接礼遇，经常招他们二人一起讲论义理，以及密议政事。大臣贵戚们都认为孝文帝疏远了自己，心中怏怏不乐，不平之色溢于言表。

帝使给事黄门侍郎陆凯私谕之曰："至尊但欲广知古事，询访前世法式耳，终不亲彼而相疏也。"众意乃稍解。戊申，诏代民迁洛者，复租赋三年。

【译文】孝文帝让给事黄门侍郎陆凯私下里对这些人说："皇上只是想通过这二人多知道些古代的事情，了解前代的法式罢了，并非是亲近他们而疏远你们。"由此这些人的情绪才渐渐宽解了些。戊申（初八），孝文帝诏令由平城迁到洛阳的百姓免除三年赋税。

二年夏五月，魏主欲变北俗，引见群臣，谓曰："卿等欲朕远追商、周，为欲不及汉、晋邪？"咸阳王禧对曰："群臣愿陛下度越前王耳。"

【译文】（建武二年）夏五月，孝文帝想要改变北方风俗，为此而特意召见文武群臣，问他们："各位爱臣希望朕远追商、周呢？还是想让朕连汉、晋都比不上呢？"咸阳王拓跋禧回答说："群臣们都盼愿陛下能超过前王。"

帝曰："然则当变风易俗，当因循守故邪？"对曰："愿圣政日新。"帝曰："为止于一身，为欲传之子孙邪？"对曰："愿传之百世！"帝曰："然则必当改作，卿等不得违也。"对曰："上令下从，其谁敢违！"

【译文】孝文帝接着又问道："那么应当改变风俗习惯呢？还是因循守旧呢？"拔跋禧再回答："愿意移风易俗，圣政日新。"又问："只是愿意自身实行呢？还是希望传之于子孙后代呢？"回答说："愿意传之于百世万年。"于是，孝文帝说道："那么，朕一定下令开始进行，你们一定不得有违。"拓跋禧回答："上令而下从，有谁敢违抗呢？"

帝曰："夫'名不正，言不顺，则礼乐不可兴。'今欲断诸北语，一从正音。其年三十已上，习性已久，容不可猝革。三十已下，见在朝廷之人，语音不听仍旧；若有故为，当加降黜。各宜深戒！王公卿士以为然不？"对曰："实如圣旨。"

【译文】孝文帝又说："'名不正，言不顺，则礼乐不能兴。'现今朕想要禁止使用鲜卑语，全部改用汉语。年龄在三十岁以上的人，由于习性已久，可以宽容他们不能一下子就改换过来。但是年龄在三十岁以下的人，凡在朝廷中任职者，不能允许他们仍然还讲过去的语言，如果有谁故意不改，就一定要降免其官职。所以各位应当严加自戒。对此，各位王公卿士同意不同意呢？"拓跋禧回答："无不遵从圣旨。"

帝曰："朕尝与李冲论此，冲曰："四方之语，竟知谁是；帝者言之，即为正矣。'冲之此言，其罪当死！"因顾冲曰；'卿负社稷，当令御史牵下！"冲免冠顿首谢。又责留守之官曰："昨望见妇女，犹服夹领小袖，卿等何为不遵前诏！"皆谢罪。帝曰："朕言非是，卿等当廷争。如何入则顺旨，退则不从乎！"六月己亥，下诏："不得为北俗之语于朝廷。违者免所居官！"

【译文】孝文帝接着讲道："朕曾经与李冲谈过这件事，李冲说：'四方之人，言语不同，故不知应该以谁的为是；做皇帝的人说的，就是标准。'李冲此话，其罪行应当处死。"因此看着李冲又说道："你有负于社稷，应当命令御史把你牵下去。"李冲摘下帽子磕头谢罪。孝文帝又指责出巡时留守洛阳的官员们："昨天，朕望见妇女们还穿着夹领小袖衣服，你们为什么不遵行朕前头的诏令呢？"这些官员们都磕头谢罪不已。孝文帝继续讲道："如果朕讲的不对，你们可以当庭争辩，为什么上朝则顺从朕旨，退朝后就不听从呢？"六月己亥（初二），孝文帝下令："在朝廷中不得讲鲜卑语，违背者免去所任官职。"

戊午，魏改用长尺、大斗，其法依《汉志》为之。秋八月，立国子、太学、四门小学于洛阳。九月庚午，魏六宫、文武悉迁于洛阳。冬十二月甲子，魏主引见群臣于光极堂，颁赐冠服。

【译文】戊午（二十一日），北魏改用长尺、大斗，其度量法度依照《汉书》中的记载制定。秋八月，北魏在洛阳设立国子、太学、四门小学。九月，庚午（初四），北魏皇帝的后妃、夫人、嫔御等以及内外文武百官全部迁于洛阳。十二月乙未朔（初一），北魏孝文帝在光极堂接见群臣，颁赐冠冕朝服。

三年春正月，魏主下诏，以为："北人谓土为拓，后为跋。魏之先出于黄帝，以土德王，故为拓跋氏。夫土者，黄中之色，万物之元也；宜改姓元氏。诸功臣旧族自代来者，姓或重复，皆改之。"

【译文】三年春正月，北魏孝文帝发布诏令，认为："北方人称'土'为'拓'，称'后'为'跋'。魏朝的祖先是黄帝的后代，以土德而称帝，所以姓拓跋。土，乃黄中之色，万物之根本，所以应该改姓为'元'。诸位功臣旧族中凡从代京迁来的，其姓氏有复姓的，要一律改变。"

秋八月，魏太子恂不好学，体素肥大，苦河南地热，常思北归。魏主赐之衣冠，恂常私著胡服。八月戊戌，恂密谋，召牧马轻骑奔平城。尚书陆琇启帝，帝引见恂，数其罪，杖之百余下，囚于城西，废为庶人。

【译文】秋八月北魏太子元恂不喜欢学习，长得身肥体胖，熬受不了河南夏天的炎热，经常思念回到北方去。孝文帝赐予元恂衣服、帽子，他却常常私下里穿着胡服。八月戊戌（初七），元恂与心腹密谋策划，叫来马匹骑上直奔平城。尚书陆琇急忙骑马去向孝文帝汇报，孝文帝召见元恂，数说了他的罪过，并且把元恂打了一百多棒，然后命人把他囚禁在城西，废除太子之位，成为庶人。

韦叡救钟离之役

（梁武帝天监六年）

梁天监六年正月，魏中山王英与平东将军杨大眼等众数十万攻钟离。钟离城北阻淮水，魏人于邵阳洲两岸为桥，树栅数百步，跨淮通道。英据南岸攻城，大眼据北岸立城，以通粮运。城中众才三千人，昌义之督帅将士，随方抗御。魏人以车载土填堑，使其众负土随之，严骑蹙其后。人有未及回者，因以土迮之。俄而堑满，冲车所撞，城土辄颓，义之用泥补之，冲车虽入，而不能坏。魏人昼夜苦攻，分番相代，坠而复升，莫有退者。一日战数十合，前后杀伤万计，魏人死者与城平。

【译文】梁天监六年正月，北魏中山王元英与平东将军杨大眼等数十万人马攻打钟离。钟离城北边有淮水为阻，北魏人在邵阳洲两岸架桥，树立栅栏数百步长，跨过淮水连通了南北道路。元英占据南岸攻城，杨大眼占据北岸修筑城堡，以便粮运畅通。钟离城中才有三千人，昌义之督率将士，随机应变地守卫。北魏人用车载土填入城壕之中，让大伙背着土跟随车后，又派骑兵紧跟在后面，那些来不及返回来的人，就被土埋进去了，不一会儿城壕就被填满了。北魏人用冲车撞城墙，所撞之处城墙上的土就掉下来一大片，昌义之用泥巴涂补，因此冲车虽然能撞入但不能撞毁城墙。北魏军队昼夜苦攻，轮班相替，从云梯上掉下来再上去，没有人后退。每天交战数十次，前后杀伤的人以万计数，北魏死去的人的尸体堆的与城墙一般高。

二月，魏主召英使还，英表称：“臣志殄逋寇，而月初已来，霖雨不止，若三月晴霁，城必可克，愿少赐宽假。”魏主复赐诏曰：“彼土蒸湿，无宜久淹。势虽必取，乃将军之深计，兵久力殆，亦朝廷之所忧也。”英犹表称必克，魏主遣步兵校尉范绍诣英议攻取形势。绍见钟离城坚，劝英引还，英不从。

【译文】二月，宣武帝诏令元英返回，元英上表说：“我矢志歼灭寇敌，然而月初以来，天气淫雨不止，如果三月里天气放晴的话，钟离城就一定可以攻克，希望圣上恩赐，再稍微宽限些时日。”宣武帝又诏令元英：“那里的地气蒸湿，不宜于久住长留。钟离城虽然势在必取，但这只是将军的深入考虑，而用兵时间久长力量耗尽，这也是朝廷所担忧的呀。”元英再上表言称钟离城必定能攻克，宣武帝就派遣步兵校尉范绍到达元英那里商议攻取的形势。范绍见钟离城非常坚固，就劝说元英撤兵返回，但是元英不听从。

上命豫州刺史韦睿将兵救钟离，受曹景宗节度。睿自合肥取直道，由阴陵大泽行，值涧谷，辄飞桥以济师。人畏魏兵盛多，劝睿缓行。睿曰：“钟离今凿穴而处，负户而汲，车驰卒奔，犹恐其后，而况缓乎！魏人已堕吾腹中，卿曹勿忧也。”旬日至邵阳。上豫敕曹景宗曰：“韦睿卿之乡望，宜善敬之！”景宗见睿礼甚谨。上闻之，曰：“二将和，师必济矣。”

【译文】梁武帝命令豫州刺史韦睿率兵去援救钟离，接受曹景宗的指挥。韦睿从合肥取直道，经由阴陵大泽而行，遇上了涧谷，就架起飞桥让军队过去。人们害怕北魏兵势强盛，很多人都劝说韦睿缓行，韦睿却说："钟离城眼下正挖穴而住，负户而汲，情况异常危急，就是车驰卒奔，还恐怕来不及的，何况缓慢而行呢！北魏人已经落入我的腹中了，各位不必担忧。"十日之间到达邵阳，武帝预先告戒曹景宗说："韦睿是你们州里的望族出身，应该好好地敬重他。"曹景宗见了韦睿，礼节甚为恭谨，武帝得知其情后说："两个将领和好，军队一定能取胜。"

景宗与睿进顿邵阳洲，睿于景宗营前二十里，夜掘长堑，树鹿角，截洲为城，去魏城百余步。南梁太守冯道根，能走马步地，计马足以赋功，比晓而营立。魏中山王英大惊，以杖击地曰："是何神也！"景宗等器甲精新，军容甚盛，魏人望之夺气。景宗虑城中危惧，募军士言文达等，潜行水底，赍敕入城，城中始知有外援，勇气百倍。

【译文】曹景宗与韦睿进驻邵阳洲，韦睿连夜在曹景宗营地前二十里之处挖掘长沟，把带枝叉的树木，竖立其中，截邵阳洲筑城，离北魏军队的城堡仅百余步远近。南梁太守冯道根，能走马量地，计算马的步数而分配每人的工作量，天亮城垒就建成了。北魏中山王元英大吃一惊，用杖击打着地面说道："这是哪位神灵的保佑啊！"曹景宗等人的武器甲盔精新，军容特别强盛，北魏军队看见就气馁了。曹景宗忧虑城中危惧，招募军士言文达等人潜水而行，把圣旨送入城中，城中方才知道外面援军到了，因此勇气百倍。

杨大眼勇冠军中，将万余骑来战，所向皆靡。睿结车为陈，大眼聚骑围之，睿以强弩二千一时俱发，洞甲穿中，杀伤甚众。矢贯大眼右臂，大眼退走。明旦，英自帅众来战，睿乘素木舆，执白角如意以麾军。

【译文】杨大眼勇冠军中，率领一万多骑兵来交战，所向披靡，不可敌挡。韦睿把战车连接起来组成阵势，杨大眼聚集骑兵围攻，韦睿用强弩两千一起发射，穿透铠甲射中人，杀伤了大批北魏人马。箭射穿了杨大眼的右臂，杨大眼退走了。第二天早晨，元英亲自率部来交战，韦睿乘坐没有加漆的木车，手执白角如意来指挥军队。

一日数合，英乃退。魏师复夜来攻城，飞矢雨集。睿子黯请下城以避箭，睿不许。军中惊，睿于城上厉声呵之，乃定。牧人过淮北伐刍藳者，皆为杨大眼所略，曹景宗募勇敢士千余人，于大眼城南数里筑垒，大眼来攻，景宗击却之。垒成，使别将赵草守之，有抄掠者，皆为草所获，是后始得纵刍牧。

【译文】一日之内交战了数次，元英才被迫撤退。北魏军队在夜里又来攻城，箭雨密集而至，韦睿的儿子韦黯请求下城墙去避箭，韦睿不准许，军中一片震惊，韦睿站在城墙上厉声呵叱，人心才安定下来。放牧人到淮水北岸去割蒿草，全被杨大眼掠抢走了。曹景宗招募勇敢之士一千余人，在杨大眼的城堡之南数里之处筑建堡垒，杨大眼来攻打，曹景宗打退了他。堡垒修成了，曹景宗派别将赵草守着，北魏人再有抄掠者，全都被赵草抓获，从此之后方才可以放牧打草了。

上命景宗等豫装高舰，使与魏桥等，为火攻之计。令景宗与睿各攻一桥：睿攻其南，景宗攻其北。三月，淮水暴涨六七尺。睿使冯道根与庐江太守裴邃、秦郡太守李文钊等乘斗舰竞发，击魏洲上军尽殪。别以小船载草，灌之以膏，从而焚其桥。风怒火盛，烟尘晦冥，敢死之士，拔栅斫桥，水又漂疾，倏忽之间，桥栅俱尽。

【译文】武帝命令曹景宗等人事先装修高大船舰，使其与北魏的桥一样高，实行火攻之计，令曹景宗和韦睿各攻一座桥，韦睿攻南桥，曹景宗攻北桥。三月，淮水暴涨六、七尺，韦睿指派冯道根与庐江太守裴邃、秦郡太守李文钊等人乘战舰一时竞发，差不多把北魏在邵阳洲上的军队全歼灭光。又用小船载草，草上灌上膏油，纵船放火而烧其桥，风劲火盛，烟尘遮天蔽日，敢死之士奋勇出击，拔栅砍桥，水流又特别湍急，倏忽之间，桥和栅栏就全不见了。

道根等皆身自搏战，军人奋勇，呼声动天地，无不一当百，魏军大溃。英见桥绝，脱身弃城走，大眼亦烧营去，诸垒相次土崩，悉弃其器甲争投水，死者十余万，斩首亦如之。睿遣报昌义之，义之悲喜不暇答语，但叫曰："更生更生！"诸军逐北至濊水上，英单骑入梁城，缘淮百余里，尸相枕藉，生擒五万人，收其资粮、器械山积，牛马驴骡，不可胜计。

【译文】冯道根等人都亲自搏战，战士们人人奋勇争先，呼喊声震天动地，个个一以当百，锐不可挡，北魏军队大崩溃。元英见桥断了，就脱身弃城而逃跑，杨大眼也放火烧了营盘而去。北魏军队的营垒相次而土崩瓦解，兵士们都扔下器甲争相投水而逃，结果死去的有十多万，被斩首的也有这么多。韦睿派人报告昌义之，昌义之悲喜交加，激动的连话都说不上来，只是叫道："得以再生，得以再生！"各路军队追击魏军到水边上，元英单骑进入梁城，沿着淮水一百多里范围内，尸体相互枕藉，梁朝军队生擒北魏军队五万人，收缴其物资粮食以及各种器械堆得象山一样，牛马驴骡则不可胜计。

义之德景宗及睿，请二人共会，设钱二十万官赌之。景宗掷得雉；睿徐掷得卢，遽取一子反之曰："异事！"遂作塞。景宗与群帅争先告捷，睿独居后，世尤以此贤之。诏增景宗、睿爵邑，义之等受赏各有差。

【译文】昌义之非常感激曹景宗和韦睿，请他们二人一起聚会，设下二十万钱，在徐州官厅上掷樗蒲赌博。曹景宗掷得“雉”；韦睿慢慢地掷得“庐”，立即取一子翻过来，说道：“怪事呀！”于是变成了“塞”。曹景宗同其他将帅争着先去告捷，只有韦睿独居其后，世人尤其因这一点而赞扬他。武帝诏令增加曹景宗和韦睿的爵邑，昌义之等人所受赏赐各有多少不等。

台城之围

（太清三年）

初，台城之闭也，公卿以食为念，男女贵贱并出负米，得四十万斛，收诸府藏钱帛五十万亿，并聚德阳堂，而不备薪刍、鱼盐。至是，坏尚书省为薪。撤荐剉以饲马。荐尽，又食以饭。军士无膎，或煮铠、熏鼠、捕雀而食之。御甘露厨有干苔，味酸咸，分给战士。军人屠马于殿省间，杂以人肉，食者必病。

【译文】当初，台城关闭城门的时候，公卿们将粮食问题记挂在自己的心上，男的、女的、尊贵的、低贱的都出来背米，一共得到四十万斛粮食，同时还收集了各个府第贮藏的钱和帛达五十万亿，它们全都集中在德阳堂，但是他们并没有储备柴禾、牲口草料，以及鱼、盐。到了此时，只好拆除尚书省的建筑作木柴，拿掉垫席，磨碎了以后喂马，垫席用光了，又把米饭喂马。士兵们没有肉吃之后，有的人都煮甲衣上的皮革，烤老鼠，捕捉鸟雀来吃。皇室的厨房里有一种干的海苔，味道又酸又咸，不得已拿出来分给战士。军人们在皇宫与各省的办公地点之间杀马，煮的马肉中还夹杂着人肉，吃的人全都得了病。

侯景众亦饥，抄掠无所获；东城有米，可支一年，援军断其路。又闻荆州兵将至，景甚患之。王伟曰：“今台城不可猝拔，援兵日盛，吾军乏食，若伪求和以缓其势，东城之米，足支一年，因求和之际，运米入石头，援军必不得动，然后休士息马，缮修器械，伺其懈怠击之，一举可取也。”

【译文】侯景的部队也很饥饿，四处搜寻掠夺没有取得什么收获。东府城里有不少大米，可以供应部队整整一年，可是去那里的路被援军切断了。在这种情况下，侯景又听说荆州的部队将要赶到，心里非常害怕。王伟对他说："现在看来，台城不可能迅速攻克，对方的援军力量日益强大，而我们的部队缺少粮食，如果我们假装向他们求和的话，可以缓解他们逼近的势头，东城的大米，足够让我们吃一年，趁着求和的时候，把大米运进石头城，援军一定不敢行动，然后我们使将士与战马都得到休息，修理好有关器械，看到对方懈怠下来再攻击他们，一下子就可以夺取台城。"

景从之，遣其将任约、于子悦至城下，拜表求和，乞复先镇。太子以城中穷困，白上，请许之。上怒曰："和不如死！"太子固请曰："侯景围逼已久，援军相仗不战，宜且许其和，更为后图。"

【译文】侯景接受了他的建议，派遣手下的将领任约、于子悦来到台城下面，恭敬地递上文书求和，请皇上允许他去恢复原先镇守的失地。皇太子考虑到城里已穷困不堪，就将此事禀报给梁武帝，请他答应侯景的要求。梁武帝愤怒地说道："跟侯景和好，还不如死！"皇太子再三请求说："侯景围困逼迫我们已经很久，我们的援军又相互推诿不投入战斗，应该暂且答应与侯景媾和，以后再作其它打算。"

上迟回久之，乃曰："汝自图之，勿令取笑千载。"遂报许之。景乞割江右四州之地，并求宣城王大器出送，然后济江。中领军傅岐固争曰："岂有贼举兵围宫阙，而更与之和乎！此特欲却援军耳。戎狄兽心，必不可信。且宣城嫡嗣之重，国命所系，岂可为质！"

【译文】梁武帝犹豫了很久才说："你自己考虑吧，不要让千载以下的人讥笑。"于是派人告诉侯景，说皇上已答应他的请求。侯景乞求朝廷割让长江西面的四个州给他，又表示得让宣城王萧大器出来相送，然后他才渡过长江。中领军傅岐态度坚决地争辩说："哪有叛贼兴兵包围宫殿，而我们转过头来跟他们媾和的道理！侯景现在的这一行动是想让援军撤走而已。戎狄侯景人面兽心，绝对不能相信。况且宣城王是皇上的直系后裔，地位重要，国家的命运维系在他的身上，怎么可以叫他去当人质！"

上乃以大器之弟石城公大款为侍中，出质于景。又敕诸军不得复进，下诏曰："善兵不战，止戈为武。可以景为大丞相，都督江西四州诸军事，豫州牧、河南王如故。"

【译文】梁武帝于是便任命萧大器的弟弟石城公萧大款为侍中，派他去侯景部做人质。他又命令各路援军一律不得再前进，同时还颁下这样的诏书："善于用兵的人不必以刀兵定胜负，止与戈两字合成为'武'。我可以再任命侯景为大丞相，统管江西四个州诸军事，仍照旧担任豫州牧、河南王之职。”

己亥，设坛于西华门外，遣仆射王克、上甲侯韶、吏部郎萧瑳，与于子悦、任约、王伟，登坛共盟。太子詹事柳津出西华门，景出栅门遥相对，更杀牲歃血为盟。

【译文】己亥（十三日），梁武帝在西华门外设立神坛，派遣仆射王克、上甲侯萧韶、吏部郎萧瑳与于子悦、任约、王伟一同登上神坛订立盟约。太子詹事柳津来到西华门外，侯景则来到栅门外，遥遥相对，双方再屠宰牲畜，口中含血，订立盟誓。

既盟，而景长围不解，专修铠仗，讬云“无船，不得即发”，又云“恐南军见蹑”，遣石城公还台，求宣城王出送；邀求稍广，了无去志。太子知其诈言，犹羁縻不绝。韶，懿之孙也。

【译文】盟约订立以后，侯景却长时间地不解除原来的包围，专门修缮铠甲与兵器，还找借口说：“没有船只，不能立即出发。”又说：“害怕那些屯驻在秦淮河南岸的援军追击我们。”他叫石城公返回台城，要宣城王出来相送，提的要求越来越多，丝毫没有离去的意思。皇太子明知他说的都是假话，却还是不停地笼络他。萧韶是萧懿的孙子。

庚子，前南兖州刺史南康王会理、前青冀二州刺史湘潭侯退、西昌侯世子彧众合三万，至于马印洲，景虑其自白下而上，启云：“请敕北军聚还南岸，不尔，妨臣济江。”太子即勒会理自白下城移军江潭苑。退，恢之子也。

【译文】庚子（十四日），前南兖州刺史南康王萧会理，前青冀二州刺史湘谭侯萧退，西昌侯的嫡长子萧彧率领合起来数量为三万的人马来到马印洲。侯景担心他们从白下攻打上来，就向梁武帝呈交奏折，说，“请让驻扎在北面马洲的部队聚集起来，回到南岸去，如果不这样的话，就会妨碍我们渡长江。”皇太子便命萧会理将部队从白下城转移到江潭苑。萧退是萧恢的儿子。

辛丑，以邵陵王纶为司空，鄱阳王范为征北将军，柳仲礼为侍中、尚书右仆射。景以于子悦、任约、傅士悊皆为仪同三司，夏侯譒为豫州刺史，董绍先为东徐州刺史，徐思玉为北徐州刺史，王伟为散骑常侍。上以伟为侍中。

【译文】辛丑（十五日），梁武帝任命邵陵王萧纶为司空，鄱阳王萧范为征北将军，柳仲礼为侍中，尚书右仆射。侯景任命于子悦、任约、傅士悊三人为仪同三司，夏侯譒为豫州刺史，董绍先为东徐州刺史，徐思玉为北徐州刺史，王伟为散骑常侍。梁武帝又任命王伟为侍中。

乙卯，景又启曰："适有西岸信至，高澄已得寿阳、钟离，臣今无所投足，求借广陵并谯州，俟得寿阳，即奉还朝廷。"又云："援军既在南岸，须于京口度江。"太子并答许之。

【译文】乙卯（疑误），侯景又启奏梁武帝，说："刚才我接到一封来自西岸的信，上面说高澄已经取得了寿阳、钟离这两地方，我现在没有地方可以立足，请求皇上将广陵和谯州借给我，等我夺取了寿阳，马上会把广陵和谯州奉还给朝廷。"又说："援军既然在南岸，我军说必须在京口渡江。"对这些要求，皇太子全都答应了。

癸卯，大赦。庚戌，景又启曰："永安侯确、直閤赵威方，频隔栅见诟云：'天子自与汝盟，我终当破汝。'乞召确及威方入，即当引路。"

【译文】癸卯（十七日），梁朝大赦天下。庚戌（二十四日），侯景又递上奏折，说："永安侯萧确，直閤赵威不久前频繁地隔着栅栏骂我说：'皇上同你订立盟约是他自己的事，我反正终究要打败你。'我乞求皇上叫永安侯与赵威方入城，我将立即指挥部队上路返回北方。"

上遣吏部尚书张绾召确，辛亥，以确为广州刺史，威方为盱眙太守。确累启固辞不入，上不许。确先遣威方入城，因欲南奔。邵陵王纶泣谓确曰："围城既久，圣上忧危，臣子之情，切于汤火，故欲且盟而遣之，更申后计。成命已决，何得拒违！"

【译文】梁武帝派遣吏部尚书张绾去召回萧确。辛亥（二十五日），梁武帝任命萧确为广州刺史，赵威方为盱眙太守。萧确屡次启奏梁武帝，坚决推辞，不进台城，但是梁武帝没有答应。萧确先派遣赵威方进城，自己想奔向南面的荆、江二镇。邵陵王萧纶流着眼泪对萧确说："台城已经被围困很久，皇上的处境危险，让人忧虑，作为臣下和儿子的心情，就跟沸水与大火差不多，所以我们想暂且与侯景订立盟约，打发他离开。以后再作其它打算。这一决定已经作出，怎么能够抗拒与违反？"

时台使周石珍、东宫主书左法生在纶所，确谓之曰："侯景虽云欲去而不解长围，意可见也。今召仆入城，何益于事！"石珍曰："敕旨如此，郎那得辞！"确意尚坚，纶大怒，谓赵伯超曰："谯州为我斩之！持其首去！"伯超挥刃眄确曰："伯超识君侯，刀不识也！”确乃流涕入城。

【译文】此时，台使周石珍，东宫主书左法生正在萧纶的住所，萧确对他们说：“侯景虽然说要撤离，但又不解除长长的包围圈，他的意图由此可见。现在皇上叫我进城，对现在的局势能有什么好处呀？”周石珍回答说：“皇上的圣旨叫你这么做，你哪能推辞？”萧确的主意还是不动摇，萧纶非常愤怒，对赵伯超说道：“你替我把他杀了，提着他的头颅进城！”赵伯超挥起腰刀斜眼看着萧确说：“我本人认识君侯您，可是手中的刀却不认识你。”萧确这才流着眼泪进入台城。

上常蔬食，及围城日久，上厨蔬茹皆绝，乃食鸡子。纶因使者暂通，上鸡子数百枚，上手自料简，歔欷哽咽。

【译文】梁武帝平时经常吃蔬菜，随着台城被包围的时间一长，皇帝专用厨房里的蔬菜都吃光了，他就开始吃鸡蛋。萧纶趁着使者能够与台城取得短时间的联系的机会，呈送给梁武帝几百个鸡蛋，梁武帝一边亲手料理，一边哽咽抽泣。

湘东王绎军于郢州之武城，湘州刺史河东王誉军于青草湖，信州刺史桂阳王慥军于西峡口，托云俟四方援兵，淹留不进。中记室参军萧贲，骨鲠士也，以绎不早下，心非之；常与绎双六，食子未下，贲曰：“殿下都无下意。”绎深衔之。

【译文】湘东王萧绎的部队驻扎在郢州的武城。湘州刺史河东王萧誉的部队驻扎在青草湖，信州刺史桂阳王萧慥的部队驻扎在西峡口，他们都借口要等待四面来的援兵，久留在原地不前进。中记室参军萧贲是位耿直的人，看到萧绎不尽早向下游进发，心里反感。他曾经和萧绎玩一种叫做双六的赌博游戏，吃了子却不拿下，对萧绎说：“殿下您全然没有下的意思。”萧绎深深地恨上了萧贲。

乃得上敕，绎欲旋师，贲曰：“景以人臣，举兵向阙，今若放兵，未及度江，童子能斩之矣，必不为也。大王以十万之众，未见贼而退，奈何！”绎不悦，未几，因事杀之。慥，懿之孙也。

【译文】等得到梁武帝诏书，萧绎准备回师原地，萧贲对他说：“侯景以臣子的身份带兵攻打皇宫，现在他如果放下武器，那么等不到渡江，一个小孩子就能杀掉他，所以他必定不会这么做。大王您拥有十万大军，还没看见叛贼就撤退，这是为什么？”萧绎听了很不高兴，没有多久，就找了一个理由杀掉了萧贲。萧慥是萧懿的孙子。

侯景运东府米入石头，既毕，王伟闻荆州军退，援军虽多，不相统一，乃说景曰："王以人臣举兵，围守宫阙，逼辱妃主，残秽宗庙，擢王之发，不足数罪。今日持此，欲安所容身乎！背盟而捷，自古多矣，愿且观其变。"

【译文】侯景将东府的大米运进石头城，事情办完之后，王伟听说来自荆州的部队已经撤退，援军的人数虽然多，但是相互不统一，于是就劝侯景道："大王您以臣子的身份发动兵变，包围皇宫，逼迫污辱妃嫔，毁坏弄脏宗庙，犯下的罪行之多，就是拔掉大王您的头发来数也不够。今天弄到这种地步，您还想平平安安地呆在一个地方吗？背弃盟约而取得胜利这类事情，自古以来就很多，希望您暂且观察事态的发展。"

临贺王正德亦谓景曰："大功垂就，岂可弃去！"景遂上启，陈帝十失，且曰："臣方事睽违，所以冒陈谠直。陛下崇饰虚诞，恶闻实录，以袄怪为嘉祯，以天谴为无咎。敷演六艺，排摈前儒，王莽之法也。以铁为货，使轻重无常，公孙之制也。烂羊镌印，朝章鄙杂，更始、赵伦之化也。豫章以所天为血仇，邵陵以父存而冠布，石虎之风也。修建浮图，百度糜费，使四民饥馁，笮融、姚兴之代也。"

【译文】临贺王萧正德也对侯景说："大功眼看就要告成，怎么可以放弃呢？"侯景于是上书梁武帝，陈述梁武帝的十大过失，并且说："我正要准备离去，所以冒昧地陈述以下谠直之言。陛下您喜欢崇尚虚无荒诞，厌恶真实的历史记录，将妖怪视为呈祥的象征，而对上天的谴责却置若罔闻。您解说六艺，排斥前儒之说，这是王莽的做法。您用铁来铸造货币，轻重时常变化，这是公孙述所采用的办法。您还滥授官爵，乱刻官印，使官职象烂羊头、烂羊尾一样不值钱，弄得朝纲混乱，这是汉朝更始年间、晋代司马伦篡位时期的风气。豫章王萧综将父皇视为仇敌，邵陵王萧纶在父皇在世之时，便把一个老头装扮成自己的父亲而加以捶打，这是晋代石虎的作法。您还大肆建造佛塔，造成极大的浪费，使得四方的百姓饥饿不堪，这分明又是当年笮融、姚兴佞佛的再演。"

又言："建康宫室崇侈，陛下唯与主书参断万机，政以贿成，诸阉豪盛，众僧殷实。皇太子珠玉是好，酒色是耽，吐言止于轻薄，赋咏不出《桑中》；邵陵所在残破；湘东群下贪纵；南康、定襄之属，皆如沐猴而冠耳。亲为孙侄，位则藩屏，臣至百日，谁肯勤王！此而灵长，未之有也。昔鬻拳兵谏，王卒改善，今日之举，复奚罪乎！伏愿陛下小惩大戒，放谗纳忠，使臣无再举之忧，陛下无婴城之辱，则万姓幸甚！"

【译文】侯景又说："建康的皇宫中移崇奢侈的风气，陛下您只跟主书一道决断各种机要大事，政务要通过贿赂才能办成，宦官们豪奢富足，僧人们产业殷实。皇太子一味喜好珠宝，沉湎于酒宴与女色之中，说出的都是轻薄的话语，撰写与吟咏的都是淫荡的诗赋；邵陵王到处残害百姓，湘东王的官员们贪婪放纵；南康王、定襄王的下属个个沐猴而冠，象孙子、侄子一类的亲人，都封王封侯，我到这里都一百天了，又有谁真的前来保卫王室？象这样而能国运绵长，以前从来未曾有过。昔日鬻拳以武器强谏楚王，楚王最终改正了自己的错误，我今天的举动，又有什么罪过呢？我希望陛下您受到这次小的惩罚之后，能够进一步警戒自己，放逐那些谗佞小人，接纳忠贞的臣子，这样就能使我不用忧虑再次发动兵变，陛下您也不用蒙受被围困在城中的耻辱了，这对百姓来说也是非常幸运的！”

上览启，且惭且怒。三月丙辰朔，立坛于太极殿前，告天地。以景违盟，举烽鼓噪。初闭城之日，男女十余万，擐甲者二万余人；被围既久，人多身肿气急，死者什八九，乘城者不满四千人，率皆羸喘。

【译文】梁武帝阅读着这份文书，又羞惭又愤怒。三月，丙辰朔（初一），他下令在太极殿前设立祭坛，禀告天地，以侯景违背盟约为由，举起烽火擂鼓呐喊，准备与侯景继续战斗。当初，城门关闭的时候，城里有男男女女十几万人，披盔带甲的将士有二万多人；被围困的时间一长，大多数人身体浮肿，气喘吁吁，十个人中有八九个死亡，登上城墙的不满四千人，他们都瘦弱不堪。

横尸满路，不可瘗埋，烂汁满沟，而众心犹望外援。柳仲礼唯聚妓妾，置酒作乐，诸将日往请战，仲礼不许。

【译文】城里的道路到处横躺着尸体，无法掩埋，腐烂后的尸体流出的汁液积满了沟渠。在这样的时刻，大家将希望还寄托在外面的援军身上。柳仲礼只知聚集歌舞妓女，终日设酒宴寻欢作乐，将领们天天去向他请战，他都没有答应。

安南侯骏说邵陵王纶曰：“城危如此，而都督不救，若万一不虞，殿下何颜自立于世！今宜分军为三道，出贼不意攻之，可以得志。”纶不从。

【译文】安南侯萧骏劝说邵陵王萧纶道：“台城面临的危险已经如此严重，但是都督却还不去救援，如果万一真的发生了料想不到的事，那么殿下您还有什么脸面在这个世界上立身？现在我们应该把部队分成三路，出其不意地攻打叛贼，一定可以取胜。”萧纶没有听从他们的意见。

柳津登城谓仲礼曰：“汝君父在难，不能竭力，百世之后，谓汝为何！”仲礼亦不以为意。上问策于津，对曰：“陛下有邵陵，臣有仲礼，不忠不孝，贼何由平！”

【译文】柳津登上城楼对柳仲礼说：”你的君王与父亲正在受难，而你却不能竭尽全力救援，百世以后，人们将会把你说成什么人？”柳仲礼听了也不在意。梁武帝向柳津询问计策，柳津回答说：“陛下您有邵陵王这样的儿子，我有柳仲礼这样的儿子，他们不忠又不孝，叛贼怎能平定呢？”

戊午，南康王会理与羊鸦仁、赵伯超等进营于东府城北，约夜度军。既而鸦仁等晓犹未至，景众觉之。营未立，景使宋子仙击之，赵伯超望风退走。会理等兵大败，战及溺死者五千人。景积其首于阙下，以示城中。

【译文】戊午（初三），南康王萧会理与羊鸦仁、赵伯超等人把军营推进到东府城的北面，约定晚上指挥部队渡江。到了拂晓，羊鸦仁等人还未到指定地点，侯景的部队就已发现。没等援军建立营地，侯景便派遣宋子仙前来攻击，赵伯超望风而逃。萧会理等人的部队遭到惨重的失败，战死以及淹死的达五千人。侯景把这些人的头颅堆到宫门下面，向城里人展示。

景又使于子悦求和，上使御史中丞沈浚至景所。景实无去志，谓浚曰：“今天时方热，军未可动，乞且留京师立效。”浚发愤责之，景不对，横刀叱之。

【译文】侯景又派于子悦向梁武帝求和。梁武帝派御史中丞沈浚来到侯景处。侯景实际上并没有离去的想法，他对沈浚说：“现在天气正是炎热的时候，我们的部队无法行动，请让我们暂且留在就城立功效力。”听罢，沈浚愤怒地遣责起侯景，侯景不作正面回答，而是横刀喝斥沈浚，示意要杀掉他。

浚曰：“负恩忘义，违弃诅盟，固天地所不容！沈浚五十之年，常恐不得死所，何为以死相惧邪！”因径去不顾。景以其忠直舍之。

【译文】沈浚说道：“你忘恩负义，违背盟誓，本身就被天地所不容！我沈浚已经五十岁，经常担心自己不能死得其所，你何必要用死来吓唬我？”说着，他头也不回就径直离去。侯景敬佩他忠诚正直，放掉了他。

于是景决石阙前水百道攻城，昼夜不息。邵陵世子坚屯太阳门，终日蒲饮，不恤吏士，其书佐董勋、熊昙朗恨之。丁卯，夜向晓，勋、昙朗于城西北楼，引景众登城，永安侯确力战不能却，乃排闼入，启上云："城已陷。"上安卧不动，曰："犹可一战乎？"对曰："不可。"上叹曰："自我得之，自我失之，亦复何恨！"因谓确曰："汝速去，语汝父，勿以二宫为念。"因使慰劳在外诸军。

【译文】侯景于是挖开皇宫石门前的玄武湖，引出里面的湖水灌城，开始从各处攻城，昼夜不停。邵陵王的嫡长子萧坚屯驻在太阳门，终日不是赌博就是饮酒，不体恤手下官吏与将士的疾苦，他的书佐董勋、熊昙朗恨透了他。丁卯（十二日），下半夜临近拂晓的时候，董勋、熊昙朗从台城的西北楼引导侯景的人马攀登上来，永安侯萧确奋力拼搏，不能打退敌人，就推开宫中的小门启禀梁武帝道："台城已经陷落了。"梁武帝平静地躺着不动，问道："还可以打一仗吗？"萧确回答说："已经不行了。"梁武帝叹了一口气说道："从我这儿得到的，又从我这儿失去，还有什么可遗憾的呢！"他于是对萧确说道："你快些离开，告诉你的父亲不要记挂我和太子。"于是便派萧确慰劳在外面的各路援军。

俄而景遣王伟入文德殿奉谒，上命褰帘开户引伟入，伟拜呈景启，称："为奸佞所蔽，领众入朝，惊动圣躬，今诣阙待罪。"上问："景何在？可召来。"

【译文】没有多久，侯景派遣王伟来到文德殿拜见梁武帝，梁武帝下令揭起帘幕，打开房门带王伟进来，王伟跪拜之后，将侯景的文书呈交给梁武帝，声称："我们受到一些奸佞的蒙蔽，带领人马进入朝堂，惊动了皇上，现在特地到宫中等候降罪。"梁武帝问道："侯景在什么地方？你可以把他叫来。"

景入见于太极东堂，以甲士五百人自卫。景稽颡殿下，典仪引就三公榻。上神色不变，问曰："卿在军中日久，无乃为劳！"景不敢仰视，汗流被面。

【译文】侯景来太极殿的东堂晋见梁武帝，随身带了五百多顶盔带甲的武士保护自己。侯景在大殿下面跪拜，以额触地，典仪带着他走到三公坐的榻前。梁武帝神色不变，问侯景道："你在军队里的时间很长，真是劳苦功高呀？"侯景不敢抬头正视梁武帝，汗水流了一脸。

又曰："卿何州人，而敢至此，妻子犹在北邪？"景皆不能对。任约从旁代对曰："臣景妻子皆为高氏所屠，唯以一身归陛下。"

【译文】梁武又问道："你是哪个州的人，敢到这里来，你的妻儿还在北方吗？"对这些问题侯景都不能回答。任约在旁边代替侯景回答说：“臣下侯景的妻儿都被高家屠杀光了，只有我单身一人投靠了陛下您。”

上又问：“初度江有几人？”景曰：“千人。”“围台城几人？”曰：“十万。”“今有几人？”曰：“率土之内，莫非己有。”上俯首不言。

【译文】梁武帝又问道：“当初你渡江过来的时候有多少人？”侯景说道：“一千人。”再问道：“包围台城时共有多少人？”回答说：“十万人。”问：“现在共有多少人？”回答说：“四海之内没有不属于我的人。”梁武帝低下头去不再说话。

景复至永福省见太子，太子亦无惧容。侍卫皆惊散，唯中庶子徐摛、通事舍人陈郡殷不害侧侍。摛谓景曰：“侯王当以礼见，何得如此！”景乃拜。太子与言，又不能对。

【译文】侯景又到永福省去拜见皇太子，皇太子也没有表现出害怕的神情。皇太子身边的侍卫都已惊慌地逃散了，唯独中庶子徐摛、通事舍人陈郡人殷不害在一旁侍奉。徐摛对侯景说：“你来拜见应遵守礼节，怎么可以象现在这样？”侯景听了就跪下参拜。皇太子与侯景说话，侯景又不能回答。

景退，谓其厢公王僧贵曰：“吾尝跨鞍对陈，矢刃交下，而意气安缓，了无怖心。今见萧公，使人自慑，岂非天威难犯！吾不可以再见之。”于是悉撤两宫侍卫，纵兵掠乘舆、服御、宫人皆尽。收朝士、王侯送永福省，使王伟守武德殿，于子悦屯太极东堂。矫诏大赦，自加大都督中外诸军、录尚书事。

【译文】侯景离开之后，对他的厢公王僧贵说道：“我经常跨上马鞍与敌人对阵，面临刀丛箭雨，心绪平稳如常，一点也不害怕；今天见到萧公，心里竟然不由自主地恐慌起来，这岂不是天子的威严难以触犯吗？我不能再见他们了。”于是他把两宫的侍卫都撤掉，放纵将士把皇帝及后妃使用的车辆、服装，还有宫女都抢得一干二净。又将朝士、王侯们捉了送到永福省，派王伟守卫武德殿，于子悦屯驻在太极殿的东堂。侯景接着又伪造梁武帝的诏书，下令大赦天下，还加封自己为都督中外诸军、录尚书事。

建康士民，逃难四出。太子洗马萧允至京口，端居不行，曰：“死生有命，如何可逃！祸之所来，皆生于利；苟不求利，祸从何生！”

【译文】建康的老百姓往四面八方逃难。太子洗马萧允来到京口时，端正地坐着不走，说道：“死生都是命中注定，怎么可以逃掉呢？灾祸都是由利而生的，如果不追求利益，灾祸怎会产生？”

己巳，景遣石城公大款，以诏命解外援军。柳仲礼召诸将议之，邵陵王纶曰：“今日之命，委之将军。”仲礼熟视不对。

【译文】己巳（十四日），侯景派遣石城公萧大款带上梁武帝的诏书，去下令解散外面的救援部队。柳仲礼召集各位将领商议此事，邵陵王萧纶对柳仲礼说道：“今天该下什么样的命令，我们都听将军您了。”柳仲礼注目细看萧纶不作回答。

裴之高、王僧辩曰：“将军拥众百万，致宫阙沦没，正当悉力决战，何所多言！”仲礼竟无一言，诸军乃随方各散。

【译文】裴之高、王僧辩说道：“将军您拥有百万人马，却致使皇宫沦陷，眼下正是应该投入全部力量决一死战的时候，何必多言呢？”柳仲礼竟然始终不发一言，各路援军于是只好分散，回到各自原来驻守的地方去了。

南兖州刺史临成公大连、湘东世子方等、鄱阳世子嗣、北兖州刺史湘潭侯退、吴郡太守袁君正、晋陵太守陆经等各还本镇。君正，昂之子也。邵陵王纶奔会稽。

【译文】南兖州刺史临成公萧大连、湘东王嫡长子萧方等、鄱阳王嫡长子萧嗣、北兖州刺史湘潭侯萧退、吴郡太守袁君正、晋陵太守陆经等人都返回本来镇守的州郡。袁君正是袁昂的儿子。邵陵王萧纶逃往会稽。

仲礼及弟敬礼、羊鸦仁、王僧辩、赵伯超并开营降，军士莫不叹愤。仲礼等入城，先拜景而后见上；上不与言。仲礼见父津，津恸哭曰：“汝非我子，何劳相见！”

【译文】柳仲礼和他的弟弟柳敬礼，还有羊鸦仁、王僧辩、赵伯超一道打开营门向侯景投降，将士们没有不叹息愤恨的。柳仲礼等人进入京城之后，先拜会侯景然后才晋见梁武帝，梁武帝不跟他们说话。柳仲礼见到了父亲柳津，柳津痛哭道：“你不是我的儿子，何必来跟我相见！”

湘东王绎使全威将军会稽王琳送米二十万石以馈军，至姑孰，闻台城陷，沉米于江而还。

【译文】湘东王萧绎派遣全威将军会稽人王琳运送二十万石大米来馈赠援军，到达姑孰时，他们听说台城又遭陷落，就将大米沉到江中，然后回去了。

景命烧台内积尸，病笃未绝者，亦聚而焚之。庚午，诏征镇牧守可复本任。景留柳敬礼、羊鸦仁，而遣柳仲礼归司州，王僧辩归竟陵。

【译文】侯景下令焚烧掉宫殿内堆积的尸体，那些病重但是还没有断气的人，也都被堆集在一块烧掉了。庚午，诏征镇牧守可恢复本来的职任。景留柳敬礼、羊鸦仁，而遣柳仲礼归司州，王僧辩归竟陵。

江都之乱

（唐高祖武德元年）

隋炀帝至江都，荒淫益甚，宫中为百余房，各盛供张，实以美人，日令一房为主人。江都郡丞赵元楷掌供酒馔，帝与萧后及幸姬历就宴饮，酒卮不离口，从姬千余人亦常醉。然帝见天下危乱，意亦扰扰不自安，退朝则幅巾短衣，策杖步游，遍历台馆，非夜不止，汲汲顾景，唯恐不足。

【译文】隋炀帝到江都，更加荒淫，宫中一百多间房，每间摆设都极尽豪华，内住美女，每天以一房的美女作主人。江都郡丞赵元楷负责供应美酒饮食，炀帝与萧后以及宠幸的美女吃遍了宴会，酒杯不离口，随从的一千多美女也经常喝醉。不过炀帝看到天下大乱，心情也忧虑不安，下朝后常头戴幅巾，身穿短衣，柱杖散步，走遍行宫的楼台馆舍，不到晚上不止步，不停地观赏四周景色，唯恐没有看够。

帝自晓占候卜相，好为吴语；常夜置酒，仰视天文，谓萧后曰：“外间大有人图侬，然侬不失为长城公，卿不失为沈后，且共乐饮耳！”因引满沉醉。又尝引镜自照，顾谓萧后曰：“好头颈，谁当斫之？”后惊问故，帝笑曰：“贵贱苦乐，更迭为之，亦复何伤！”

【译文】炀帝通晓占卜相面，爱说江浙话，经常半夜摆酒，抬头看星象，对萧后说：

“外间有不少人算计侬，不过侬不失为长城公陈叔宝，卿也不失为沈后。我们姑且只管享乐饮酒吧！”然后倒满杯喝得烂醉。炀帝还曾拿着镜子照着，回头对萧后说：“好一个头颅，该由谁斩下来？”萧后惊异地问他为什么这样说，炀帝笑着说：“贵贱苦乐循环更替，又有什么好伤感的？”

帝见中原已乱，无心北归，欲都丹阳，保据江东，命群臣廷议之。内史侍郎虞世基等皆以为善；右候卫大将军李才极陈不可，请车驾还长安，与世基忿争而出。

【译文】炀帝见中原已乱，不想回北方，打算把国都迁到丹阳，保守江东，下令群臣在朝堂上议论迁都之事，内史侍郎虞世基等人都认为不错；右候卫大将军李才极力说明不可取，请炀帝御驾回长安，并与虞世基忿然争论而下殿。

门下录事衡水李桐客曰：“江东卑湿，土地危狭，内奉万乘，外给三军，民不堪命，恐亦将散乱耳。”御史劾桐客谤毁朝政。于是公卿皆阿意言：“江东之民望幸已久，陛下过江，抚而临之，此大禹之事也。”乃命治丹阳宫，将徙都之。

【译文】门下录事衡水人李桐客说：“江东地势低洼，气候潮湿，环境恶劣，地域狭小，对内要奉养朝廷，对外要供奉三军，百姓承受不起，恐怕最终要起来造反的。”御史弹劾李桐客诽谤朝政，于是公卿都曲意阿奉炀帝之意说：“江东百姓渴望陛下临幸已经很久了，陛下过江抚慰统治百姓，这是大禹那样的作为。”于是炀帝下令修建丹阳宫，准备迁都丹阳。

时江都粮尽，从驾骁果多关中人，久客思乡里，见帝无西意，多谋叛归。郎将窦贤遂帅所部西走，帝遣骑追斩之，而亡者犹不止，帝患之。

【译文】当时江都的粮食吃完了，随炀帝南来的骁果大多是关中人，长期在外，思恋故乡，见炀帝没有回长安的意思，大都策划逃回乡。郎将窦贤便带领部下西逃。炀帝派骑兵追赶，杀了他，但仍然不断有人逃跑，令炀帝很头痛。

虎贲郎将扶风司马德戡素有宠于帝，帝使领骁果屯于东城，德戡与所善虎贲郎将元礼、直阁裴虔通谋曰：“今骁果人人欲亡，我欲言之，恐先事受诛；不言，于后事发，亦不免族灭，奈何？又闻关内沦没，李孝常以华阴叛，上囚其二弟欲杀之。我辈家属皆在西，能无此虑乎！”

【译文】虎贲郎将扶风人司马德戡一向得炀帝信任，炀帝派他统领骁果，驻扎在东城，司马德戡与平时要好的虎贲郎将元礼、直阁裴虔通商量，说："现在骁果人人想逃跑，我想说，又怕说早了被杀头；不说，事情真发生了，也逃不了族灭，怎么办？又听说关内沦陷，李孝常以华阴反叛，皇上囚禁了他的两个弟弟，准备杀掉，我们这些人的家属都在西边，能不担心这事吗？"

二人皆惧曰："然计将安出？"德戡曰："骁果若亡，不若与之俱去。"二人皆曰："善！"因转相招引，内史舍人元敏、虎牙狼将赵行枢、鹰扬郎将孟秉、符玺郎李覆、牛方裕、直长许弘仁、薛世良、城门郎唐奉义、医正张恺、勋侍杨士览等，皆与之同谋，日夜相结约，于广座明论叛计，无所畏避。

【译文】元、裴二人都慌了，问："既然如此，有什么好办法吗？"司马德戡说："如果骁果逃亡，我们不如和他们一齐跑。"元、裴二人都说："好主意！"于是相互联络，内史舍人元敏、虎牙郎将赵行枢、鹰扬郎将孟秉、符玺郎李覆、牛方裕、直长许弘仁、薛世良、城门郎唐奉义、医正张恺、勋侍杨士览等人都参与同谋，日夜联系，在大庭广众之下公开商议逃跑的事，毫无顾忌。

有宫人白萧后曰："外间人人欲反。"后曰："任汝奏之。"宫人言于帝，帝大怒，以为非所宜言，斩之。其后宫人复白后，后曰："天下事一朝至此，无可救者，何用言之！徒令帝忧耳！"自是无复言者。

【译文】有一位宫女告诉萧后："外面人人想造反。"萧后说："由你去报告吧。"宫女便对炀帝说了，炀帝很生气，认为这不是宫女该过问的事，杀了这个宫女。后来又有人对萧后说起，萧后说："天下局面到了今天这个地步，没法挽救了，不用说了，免得白让皇上担心！"从此以后，再也没人说起外面的情况。

赵行枢与将作少监宇文智及素厚，杨士览，智及之甥也，二人以谋告智及，智及大喜。德戡等期以三月望日结党西遁，智及曰："主上虽无道，威令尚行，卿等亡去，正如窦贤取死耳。今天实丧隋，英雄并起，同心叛者已数万人，因行大事，此帝王之业也。"

【译文】赵行枢与将作少监宇文智及历来很要好，杨士览是宇文智及的外甥，赵、杨二人把他们的计划告诉了宇文智及，智及很高兴。司马德戡等人定于三月月圆那天结伴西逃，宇文智及说："皇上虽然无道，可是威令还在，你们逃跑，和窦贤一样是找死，现在实在是老天爷要隋灭亡，英雄并起，同样心思想反叛的已有数万人，乘此机会起大事，正是帝王之业。”

德戡等然之。行枢、薛世良请以智及兄右屯卫将军许公化及为主，结约既定，乃告化及。化及性驽怯，闻之变色流汗，既而从之。

【译文】司马德戡等人同意他的意见。赵行枢、薛世良要求由宇文智及的兄长右屯卫将军许公宇文化及为首领，协商定了，才告诉宇文化及。宇文化及性格怯懦，能力低下，听说后脸色都变了，直冒冷汗，后来又听从了众人的安排。

德戡使许宏仁、张恺入备身府，告所识者云：“陛下闻骁果欲叛，多酝毒酒，欲因享会尽鸩杀之，独与南人留此。”骁果皆惧，转相告语，反谋益急。乙卯，德戡悉召骁果军吏，谕以所为，皆曰：“唯将军命！”

【译文】司马德戡让许宏仁、张恺去备身府，对认识的人说：“陛下听说骁果想反叛，酿了很多毒酒，准备利用宴会，把骁果都毒死，只和南方人留在江都。”骁果都很恐慌，互相转告，更加速了反叛计划。乙卯（初十），司马德戡召集全体骁果军吏，宣布了计划，军吏们都说：“就听将军的吩咐！”

是日，风霾昼昏。晡后，德戡盗御厩马，潜厉兵刃。是夕，元礼、裴虔通直阁下，专主殿内；唐奉义主闭城门，与虔通相知，诸门皆不下键。

【译文】当天，大风刮得天昏地暗，黄昏，司马德戡偷出御厩马，暗地磨快了武器。傍晚，元礼、裴虔通在阁下值班，专门负责大殿内；唐奉义负责关闭城门，唐奉义与裴虔通等商量好，各门都不上锁。

至三更，德戡于东城集兵得数万人，举火与城外相应。帝望见火，且闻外喧嚣，问何故。虔通对曰：“草坊失火，外人共救之耳。”时内外隔绝，帝以为然。

【译文】到三更时分，司马德戡在东城集合数万人，点起火与城外相呼应，炀帝看到火光，又听到宫外面的喧嚣声，询问发生了什么事。裴虔通回答：“草坊失火，外面的人在一起救火呢。”当时宫城内外相隔绝，炀帝相信了。

智及与孟秉于城外集千余人，劫候卫虎贲冯普乐，布兵分守衢巷。燕王倓觉有变，夜穿芳林门侧水窦而入，至玄武门，诡奏曰：“臣猝中风，命悬俄顷，请得面辞。”裴虔通等不以闻，执囚之。

【译文】宇文智及和孟秉在宫城外面集合了一千多人，劫持了巡夜的候卫虎贲冯普乐，布署兵力分头把守街道。燕王杨倓发觉情况不对，晚上穿过芳林门边的水闸入宫，到玄武门假称："臣突然中风，就要死了，请让我当面向皇上告别。"裴虔通等人不通报，而把杨倓关了起来。

丙辰，天未明，德戡授虔通兵，以代诸门卫士。虔通自门将数百骑至成象殿，宿卫者传呼有贼；虔通乃还，闭诸门，独开东门，驱殿内宿卫者令出，皆投仗而走。

【译文】丙辰（十一日），天还没亮，司马德戡交给裴虔通兵马，用来替换各门的卫士。裴虔通由宫门率领数百骑兵到成象殿，值宿卫士高喊有贼，于是裴虔通又返回去，关闭各门，只开东门，驱赶殿内宿卫出门，宿卫纷纷放下武器往外跑。

右屯卫将军独孤盛谓虔通曰："何物兵，形势大异！"虔通曰："事势已然，不预将军事；将军慎毋动！"盛大骂曰："老贼，是何物语！"不及被甲，与左右十余人拒战，为乱兵所杀。盛，楷之弟也。

【译文】右屯卫将军独孤盛对裴虔通说："什么人的队伍，行动太奇怪了！"裴虔通说："形势已经这样了，不关将军您的事，您小心些不要轻举妄动！"独孤盛大骂："老贼，说的什么话！"顾不上披铠甲，就与身边十几个人一起拒战，被乱兵杀死。独孤盛是独孤楷的弟弟。

千牛独孤开远帅殿内兵数百人，诣玄览门，叩阁请曰："兵仗尚全，犹堪破贼。陛下若出临战，人情自定；不然，祸今至矣！"竟无应者，军士稍散。贼执开远，义而释之。

【译文】千牛独孤开远带领数百殿内兵到玄览门，敲阁门请求："武器完备，足以破贼，陛下如能亲自临敌，人情自然安定；否则，祸事就在眼前。"竟然没有回答的人，军士逐渐散去。反叛者捉住独孤开远，又为他的忠义行为感动而放了他。

先是，帝选骁健官奴数百人，置玄武门，谓之给使，以备非常，待遇优厚，至以宫人赐之。司宫魏氏为帝所信，化及等结之，使为内应。是日，魏氏矫诏，悉听给使出外，仓猝之际，无一人在者。

【译文】早先，炀帝挑选了几百名勇猛矫健的官奴，安置在玄武门，称为“给使”，以防备突然发生的情况，待遇优厚，甚至把宫女赐给给使。司宫魏氏得炀帝信任，宇文化及等人勾结她作内应。这天，魏氏假称圣旨放全体给使出宫，致使仓促之际玄武门没有一个给使在场。

德戡等引兵自玄武门入，帝闻乱，易服逃西阁。虔通与元礼进兵排左阁，魏氏启之，遂入永巷，问：“陛下安在？”有美人出指之。校尉令狐行达拔刀直进，帝映窗扉谓行达曰：“汝欲杀我邪？”对曰：“臣不敢，但欲奉陛下西还耳。”因扶帝下阁。

【译文】司马德戡等人领兵从玄武门进入宫城，炀帝听到消息，换了衣服逃到西阁。裴虔通和元礼进兵推撞左门，魏氏开，乱兵进了永巷，问：“陛下在哪里？”有位美人出来指出了炀帝的所在。校尉令狐行达拔刀冲上去，炀帝躲在窗后对令狐行达说：“你想杀我吗？”令狐行达回答：“臣不敢，不过是想奉陛下西还长安罢了。”说着扶炀帝下阁。

虔通本帝为晋王时亲信左右也，帝见之，谓曰：“卿非我故人乎！何恨而反？”对曰：“臣不敢反，但将士思归，欲奉陛下还京师耳。”帝曰：“朕方欲归，正为上江米船未至，今与汝归耳！”虔通因勒兵守之。

【译文】裴虔通本来是炀帝作晋王时的亲信，炀帝见到他，对他说：“你不是我的旧部吗！有什么仇要谋反？”裴虔通回答：“臣不敢谋反，但是将士想回家，我不过是想奉陛下回京师罢了。”炀帝说：“朕正打算回去，只为长江上游的运米船未到，现在和你们回去吧！”裴虔通于是领兵守住炀帝。

至旦，孟秉以甲骑迎化及，化及战栗不能言，人有来谒之者，但俯首据鞍称罪过。化及至城门，德戡迎谒，引入朝堂，号为丞相。

【译文】天明后，孟秉派武装骑兵迎接宇文化及，宇文化及浑身颤抖说不出话，有人来参见，他只会低头靠在马鞍上连说：“罪过”表示感谢。宇文化及到宫城门前，司马德戡迎接他入朝堂，称丞相。

裴虔通谓帝曰：“百官悉在朝堂，陛下须亲出慰劳。”进其从骑，逼帝乘之；帝嫌其鞍勒敝，更易新者，乃乘之。虔通执辔挟刀出宫门，贼徒喜噪动地。

【译文】裴虔通对炀帝说：“百官都在朝堂，需陛下亲自出去慰劳。”送上自己随从的坐骑，逼炀帝上马，炀帝嫌他的马鞍笼头破旧，换过新的才上马。裴虔通牵着马缰绳提着刀出宫城门，乱兵欢声动地。

化及扬言曰：“何用持此物出，亟还与手。”帝问：“世基何在？”贼党马文举曰：“已枭首矣！”于是引帝还至寝殿，虔通、德戡等拔白刃侍立。

【译文】宇文化及扬言：“哪用让这家伙出来，赶快弄回去结果了。”炀帝问：“虞世基在哪儿？”乱党马文举说：“已经枭首了。”于是将炀帝带回寝殿，裴虔通、司马德戡等拔出兵刃站在边上。

帝叹曰：“我何罪至此？”文举曰：“陛下违弃宗庙，巡游不息，外勤征讨，内极奢淫，使丁壮尽于矢刃，女弱填于沟壑，四民丧业，盗贼蜂起；专任佞谀，饰非拒谏；何谓无罪！”

【译文】炀帝叹息道：“我有什么罪该当如此？”马文举说：“陛下抛下宗庙不顾，不停地巡游，对外频频作战，对内极尽奢侈荒淫。致使强壮的男人都死于刀兵之下，妇女弱者死于沟壑之中，民不聊生，盗贼蜂起；一味任用奸佞，文过饰非，拒不纳谏，怎么说没罪！”

帝曰：“我实负百姓；至于尔辈，荣禄兼极，何乃如是！今日之事，孰为首邪？”德戡曰：“溥天同怨，何止一人！”化及又使封德彝数帝罪，帝曰：“卿乃士人，何为亦尔！”德彝赧然而退。

【译文】炀帝说：“我确实对不起老百姓，可你们这些人，荣华富贵都到了极致，为什么还这样？今天这事，谁是主谋？”司马德戡说：“整个天下的人都怨恨，哪止一个人！”宇文化及又派封德彝数落炀帝的罪状。炀帝说：“你可是士人，怎么也干这种事？”封德彝羞红了脸，退了下去。

帝爱子赵王杲，年十二，在帝侧，号恸不已，虔通斩之，血溅御服。贼欲弑帝，帝曰：“天子死自有法，何得加以锋刃！取鸩酒来！”文举等不许，使令狐行达顿帝令坐。帝自解练巾授行达缢杀之。

【译文】炀帝的爱子赵王杨杲才十二岁，在炀帝身边不停地嚎啕大哭，裴虔通杀了赵王，血溅到炀帝的衣服上。这些人要杀炀帝，炀帝说：“天子自有天子的死法，怎么能对天子动刀，取鸩酒来！”马文举等人不答应，让令狐行达按着炀帝坐下。炀帝自己解下练巾交给令狐行达，令狐行达绞死了炀帝。

初，帝自知必及于难，常以罂贮毒药自随，谓所幸诸姬曰：“若贼至，汝曹当先饮之，然后我饮。”及乱，顾索药，左右皆逃散，竟不能得。萧后与宫人撤漆床版为小棺，与赵王杲同殡于西院流珠堂。

【译文】当初，炀帝料到有遇难的一天，经常用罂装毒酒带在身边，对宠幸的各位美女说：“如果贼人到了，你们要先喝，然后我喝。”等到乱事真的来到，回头找毒酒时，左右都逃掉，最终还是找不到。萧后和宫女撤下漆床板，做成小棺材，把炀帝和赵王杨杲一起停柩在西院流珠堂。

帝每巡幸，常以蜀王秀自随，囚于骁果营。化及弑帝，欲奉秀立之，众议不可，乃杀秀及其七男。又杀齐王暕及其二子，并燕王倓，隋氏宗室、外戚，无少长皆死。

【译文】炀帝每次巡幸，常常将蜀王杨秀随行，囚禁在骁果营。宇文化及弑炀帝，准备奉杨秀为皇帝，众人舆论以为不行，于是杀了杨秀和他的七个儿子。又杀齐王杨暕及其两个儿子和燕王杨倓，隋朝的宗室、外戚，无论老幼一律杀死。

唯秦王浩素与智及往来，且以计全之。齐王暕素失爱于帝，恒相猜忌。帝闻乱，顾萧后曰：“得非阿孩邪？”化及使人就第诛暕，暕谓帝使收之，曰：“诏使且缓儿，儿不负国家！”贼曳至街中斩之，暕竟不知杀者为谁，父子至死不相明。

【译文】只有秦王杨浩平时与宇文智及有来往，宇文智及想办法保全了他。齐王杨暕一向失宠于炀帝，父子一直相互猜忌。炀帝听说起乱事，对萧后说：“不会是阿孩（杨）吧？”宇文化及派人到杨暕府第杀人，杨暕以为是炀帝下令来捕他，还说：“诏使暂且放开孩儿，儿没有对不起国家！”乱兵将他拉扯到街当中，杀了他，杨暕最终也不知道要杀他的是谁，父子之间至死也没能消除隔阂。

又杀内史侍郎虞世基、御史大夫裴蕴、左翊卫大将军来护儿、秘书监袁充、右翊卫将军宇文协、千牛宇文皛、梁公萧钜等，及其子。钜，琮之弟也。

【译文】乱兵又杀了内史侍郎虞世基、御史大夫裴蕴、左翊卫大将军来护儿、秘书监袁充、右翊卫将军宇文协、千牛宇文皛、梁公萧钜等人及其儿子。萧钜是萧综弟弟的儿子。

难将作，江阳长张惠绍驰告，裴蕴与惠绍谋，欲矫诏发郭下兵收化及等，扣门援帝。议定，遣报虞世基；世基疑告反者不实，抑而不许。须臾难作，蕴叹曰："谋及播郎，竟误人事！"

【译文】动乱就要发生时，江阳县长张惠绍飞驰去通告了裴蕴，裴蕴与张惠绍商量假称圣旨调江都城外的军队逮捕宇文化及等人，敲开城门援救炀帝。二人商量好后，派人报告虞世基，虞世基怀疑谋反的事不真实，压下来没有答复。一会儿发难，裴蕴叹息道："和播郎（虞世基）商量，竟然误了事！"

虞世基宗人伋谓世基子符玺郎熙曰："事势已然，吾将济卿南渡，同死何益？"熙曰："弃父背君，求生何地？感尊之怀，自此决矣！"世基弟世南抱世基号泣，请以身代，化及不许。

【译文】虞世基的同宗虞伋对世基的儿子符玺郎虞熙说："事情已经这样了，我打算送你过长江去南边，一起死了又有什么用！"虞熙说："扔下父亲背叛君主，又有什么脸活着！感谢您的关心，从此永别了！"虞世基的弟弟虞世南抱着世基大哭，请求代替他赴死，宇文化及不准。

黄门侍郎裴矩，知必将有乱，虽厮役皆厚遇之，又建策为骁果娶妇；及乱作，贼皆曰："非裴黄门之罪。"既而化及至，矩迎拜马首，故得免。化及以苏威不预朝政，亦免之。威名位素重，往参化及；化及集众而见之，曲加殊礼。

【译文】黄门侍郎裴矩知道肯定要发生动乱，因此对待作贱役的人也很优厚，又建议为骁果娶妇；待乱事发生后，乱兵都说："不是裴黄门的错。"不久宇文化及到了，裴矩迎到马前行礼，因此得以免去了祸事。宇文化及因为苏威不参与朝政，也放过了他。苏威名声、地位历来显赫，他去参见宇文化及，宇文化及集合众人来见他，对他格外尊重。

百官悉诣朝堂贺，给事郎许善心独不至。许弘仁驰告之曰："天子已崩，宇文将军摄政，阖朝文武咸集。天道人事自有代终，何预于叔而低回若此？"善心怒不肯行。弘仁反走，上马泣而去。化及遣人就家擒至朝堂，既而释之。善心不舞蹈而出，化及怒曰："此人大负气！"复命擒还，杀之。其母范氏年九十二，抚柩不哭，曰："能死国难，吾有子矣！"因卧不食，十余日而卒。

【译文】百官都到朝堂祝贺宇文化及，只有给事郎许善心不到。许弘仁骑马跑去告诉他说：“天子已经驾崩了，宇文将军代理朝政，满朝文武都集于朝堂，天道人事自有它相互代替终结的道理，又与叔叔您有什么相干，何至于这样流连不舍！”善心很生气，不肯去。弘仁回身上马，哭着走了。宇文化及派人到家里把许善心捉到朝堂上，一会儿又放了他。许善心不按朝见的规矩行礼就走出朝堂，宇文化及生气地说：“这人真不知好歹！”重新下令把许善心捉回朝堂，杀了。许善心的母亲范氏九十二岁了，抚摸着灵柩但并不哭泣，说：“能死国难，真是我的儿子！”躺着不吃东西，十几天后去世。

唐王之入关也，张季珣之弟仲琰为上洛令，帅吏民拒守，部下杀之以降。宇文化及之乱，仲琰弟琮为千牛左右，化及杀之，兄弟三人，皆死国难，时人愧之。

【译文】唐王李渊入关时，张季珣的弟弟张仲琰是上洛令，带领部下、百姓占据城池抵抗，部下杀了他投降唐王。宇文化及之乱，仲琰的弟弟张琮为千牛左右，宇文化及杀了张琮，兄弟三人都死于国难，令当时的人感到羞愧。

化及自称大丞相，总百揆。以皇后令立秦王浩为帝，居别宫，令发诏画敕书而已，仍以兵监守之。化及以弟智及为左仆射，士及为内史令，裴矩为右仆射。

【译文】宇文化及自称大丞相，总理百官。以炀帝皇后的命令立秦王杨浩为皇帝，住在别宫，只让皇帝签署发布诏敕而已，仍然派兵监守。宇文化及以弟弟宇文智及为左仆射，宇文士及为内史令，裴矩为右仆射。

贞观君臣论治

丙午，上与群臣论止盗。或请重法以禁之，上哂之曰：“民之所以为盗者，由赋繁役重，官吏贪求，饥寒切身，故不暇顾廉耻耳。朕当去奢省费，轻徭薄赋，选用廉吏，使民衣食有余，则自不为盗，安用重法邪！”自是数年之后，海内升平，路不拾遗，外户不闭，商旅野宿焉。

【译文】（武德九年十一月）丙午（二十一日），太宗与群臣讨论防盗问题。有人请求设严刑重法以禁盗，太宗微笑着答道："老百姓之所以做盗贼，是因为赋役繁重，官吏贪财求贿，百姓饥寒交集，所以便顾不得廉耻了。朕主张应当杜绝奢移浪费，轻徭薄赋，选用廉吏，使老百姓吃穿有余，自然不去做盗贼，何必用严刑重法呢！"从此经过数年之后，天下太平，路不拾遗，夜不闭户，商人旅客可在野外露宿。

上又尝谓侍臣曰："君依于国，国依于民。刻民以奉君，犹割肉以充腹，腹饱而身毙，君富而国亡。故人君之患，不自外来，常由身出。夫欲盛则费广，费广则赋重，赋重则民愁，民愁则国危，国危则君丧矣。朕常以此思之，故不敢纵欲也。"

【译文】太宗曾对身边的大臣说："君主依靠国家，国家仰仗百姓。剥削百姓来奉养君主，如同割下身上的肉来充腹，腹饱而身死，君主富了而国家灭亡。所以君主的忧虑，不来自于外面，而常在于自身。凡欲望多则花费大，花费大则赋役繁重，赋役繁重则百姓愁苦，百姓愁苦则国家危急，国家危急则君主地位不保。朕常常思考这些，所以不敢放纵自己的欲望。"

上谓裴寂曰："比多上书言事者，朕皆粘之屋壁，得出入省览，每思治道，或深夜方寝。公辈亦当恪勤职业，副朕此意。"

【译文】（武德九年十二月）太宗对大臣裴寂说："近来很多上书言事的奏章，朕都将它们贴在寝宫的墙壁上，以便进出时观看，朕时常思考为政之道，有时要到深夜才能入睡。希望你们也要恪尽职守，与朕的这一心意相称。"

上厉精求治，数引魏征入卧内，访以得失；征知无不言，上皆欣然嘉纳。上遣使点兵，封德彝奏："中男虽未十八，其躯干壮大者，亦可并点。"上从之。

【译文】太宗励精求治，多次让魏徵进入卧室内，询问政治得失。魏徵知无不言，太宗均高兴地采纳。太宗派人征兵，封德彝上奏道："中男虽不到十八岁，其中身体魁梧壮实的，也可一并征发。"太宗同意。

敕出，魏征固执以为不可，不肯署敕，至于数四。上怒，召而让之曰："中男壮大者，乃奸民诈妄以避征役，取之何害，而卿固执至此！"对曰："夫兵，在御之得其道，不在众多。陛下取其壮健，以道御之，足以无敌于天下，何必多取细弱以增虚数乎！且陛下每云：'吾以诚信御天下，欲使臣民皆无欺诈。'今即位未几，失信者数矣！"

【译文】敕令传出，魏徵固执己见加以反对，不肯签署，如是往返四次。太宗大怒，将他召进宫中责备道："中男中魁梧壮实的，都是那些奸民虚报年龄以逃避徭役的人，征召他们有什么害处，而你却如此固执！"魏徵答道："军队在于治理得法，而不在于人数众多。陛下征召身体壮健的成丁，用正确的方法加以管理，便足以无敌于天下，又何必多征年幼之人以增加虚数呢！而且陛下总说：'朕以诚信治理天下，欲使臣下百姓均没有欺诈行为。'现在陛下即位没多久，却已经多次失信了！"

上愕然曰："朕何为失信？"对曰："陛下初即位，下诏云：'逋负官物，悉令蠲免。'有司以为负秦府国司者非官物，征督如故。陛下以秦王升为天子，国司之物，非官物而何！又曰：'关中免二年租调，关外给复一年。'既而继有敕云：'已役已输者，以来年为始。'散还之后，方复更征，百姓固已不能无怪。今既征得物，复点为兵，何谓来年为始乎！又陛下所与共治天下者，在于守宰，居常简阅，咸以委之；至于点兵，独疑其诈，岂所谓以诚信为治乎！"

【译文】太宗惊愕地问道："朕怎么失信了？"魏徵答道："陛下刚即位时，就下诏说：'百姓拖欠官家的财物，一律免除。'有关部门认为拖欠秦王府国司的财物，不属于官家财物，仍旧征求索取。陛下由秦王升为天子，秦王府国司的财物不是官家之物又是什么呢？又说：'关中地区免收二年的租调，关外地区免除徭役一年。'不久又有敕令说：'已纳税和已服徭役的，从下一年开始免除。'如果退还已纳税物之后，又重新征回，这样百姓不能没有责怪之意。现在是既征收租调，又指派为兵员，还谈什么从下一年开始免除呢！另外与陛下共同治理天下的都是地方官，日常公务都委托他们办理；至于征点兵员，却怀疑他们使诈，这难道是以诚信为治国之道吗？"

上悦曰："向者朕以卿固执，疑卿不达政事，今卿论国家大体，咸尽其精要。夫号令不信，则民不知所从，天下何由而治乎？朕过深矣！"乃不点中男，赐征金瓮一。

【译文】太宗高兴地说："以前朕认为你比较固执，怀疑你不通达政务，现在看到你议论国家大政方针，确实都切中要害。朝廷政令不讲信用，则百姓不知所从，国家如何能得到治理呢？朕的过失很深呐！"于是不征点中男做兵员，并且赐给魏徵一只金瓮。

上闻景州录事参军张玄素名，召见，问以政道，对曰："隋主好自专庶务，不任群臣；群臣恐惧，唯知禀受奉行而已，莫之敢违。以一人之智，决天下之务，借使得失相半，乖谬已多，下谀上蔽，不亡何待！陛下诚能谨择群臣，而分任以事，高拱穆清，而考其成败，以施刑赏，何忧不治！

【译文】太宗素闻景州录事参军张玄素的大名，便召他进宫，问他为政之道，张玄素答道："隋朝皇帝好独揽各种政务，而不委任给群臣；群臣内心恐惧，只知道禀承旨意加以执行，没有人敢违命不遵。然而以一个人的智力决断天下事务，即使得失参半，乖谬失误之处已属不少，加上臣下谄谀皇上受蒙蔽，国家不灭亡更待何时！陛下如能慎择群臣而让他们各司其事，自己高拱安坐、清和静穆，考察臣下的成败得失据以实施刑罚赏赐，国家还能治理不好！

又臣观隋末乱离，其欲争天下者，不过十余人而已，其余皆保乡党、全妻子，以待有道而归之耳。乃知百姓好乱者亦鲜，但人主不能安之耳。"上善其言，擢为侍御史。

【译文】而且我观察隋末大动乱，其中想要争夺天下的不过十几人而已，其余大部分都想保全乡里和妻子儿女，等待有道之君而归附。由此可知百姓很少有好作乱的，只是君主不能使他们安定罢了。"太宗欣赏他的言论，提拔他为侍御史。

前幽州记室直中书省张蕴古，上《大宝箴》，其略曰："圣人受命，拯溺亨屯，故以一人治天下，不以天下奉一人。"又曰："壮九重于内，所居不过容膝；彼昏不知，瑶其台而琼其室。罗八珍于前，所食不过适口；惟狂罔念，丘其糟而池其酒。"

【译文】前幽州记室参军直中书省张蕴古，呈给太宗一篇《大宝箴》。大略写道："圣人上承天命，拯黎民于水火，救时世之危难。所以以一个人来治理天下，而不以天下专奉一人。"又写道："内廷重屋叠室、宽大无比，而帝王所居住的不过一片狭小之地；他们却昏庸无知，大肆修筑瑶台琼室。席前堆着山珍海味，而帝王所吃的不过合口味的几样；他们却忽发狂想，堆糟成丘、以酒为池。"

又曰："勿没没而暗，勿察察而明，虽冕旒蔽目，而视于未形，虽黈纩塞耳，而听于无声。"上嘉之，赐以束帛，除大理丞。

【译文】又写道："不要无声无息、糊里糊涂，也不要苛察小事，自以为精明，应该虽有冕前的垂旒遮住双眼却能看清事物的未成形状态，虽有黈纩挡住耳朵却能听到尚未发出的声音。"太宗深为嘉许，赏赐给束帛，任命他为大理丞。

上召傅奕，赐之食，谓曰："汝前所奏，几为吾祸。然凡有天变，卿宜尽言皆如此，勿以前事为惩也。"上尝谓奕曰："佛之为教，玄妙可师，卿何独不悟其理？"对曰："佛乃胡中桀黠，诳耀彼土。中国邪僻之人，取老、庄玄谈，饰以妖幻之语，用欺愚俗。无益于民，有害于国，臣非不悟，鄙不学也。”上颇然之。

【译文】太宗召见傅奕，赐给他食物，对他说：“你六月所奏金星出现在秦的分野，秦王当有天下，差一点害我遭殃，不过今后凡有天象变化，你应一如既往，言无不尽，不要心有余悸，总记着过去的事。”太宗曾对傅奕说：“佛作为宗教，道理玄妙可以师法，为何惟独你不明悟其道理？”傅奕答道：“佛是胡族中的狡诈之人，欺言诳世炫耀于西域。中国的一些狡猾邪恶之人，择取庄子、老子玄谈理论，用妖幻之语加以修饰，用来欺蒙愚昧的民众，这既不利于百姓，更有害于国家，我不是不能明悟，而是鄙视它不愿意接触它。”太宗颇以为然。

夏五月，有上书请去佞臣者，上问：“佞臣为谁？”对曰：“臣居草泽，不能的知其人，愿陛下与群臣言，或阳怒以试之，彼执理不屈者，直臣也，畏威顺旨者，佞臣也。”上曰：“君，源也；臣，流也；浊其源而求其流之清，不可得矣。君自为诈，何以责臣下之直乎！朕方以至诚治天下，见前世帝王好以权谲小数接其臣下者，常窃耻之。卿策虽善，朕不取也。”

【译文】（贞观元年）夏五月，有人上书请求除去奸佞之人，太宗问：“谁是奸佞之人？”回答道：“臣我身居草野，不能确知谁是奸佞之人，希望陛下对群臣明言，或者假装恼怒加以试探，那些坚持己见、不屈服于压力的，便是耿直的忠臣；畏惧皇威顺从旨意的，便是奸佞之人。”太宗说：“君主，是水的源头；群臣，是水的支流。混浊了源头而去希冀支流的清澈，是不可能的事。君主自己做假使诈，又如何能要求臣下耿直呢！朕正以至诚之心治理天下，看见前代帝王喜好用权谋小计来对待臣下，常常觉得可鄙。你的建议虽好，朕不采用。”

冬十二月，或告右丞魏征私其亲戚，上使御史大夫温彦博按之，无状。彦博言于上曰：“征不存形迹，远避嫌疑，心虽无私，亦有可责。”上令彦博让征，且曰：“自今宜存形迹。”它日，征入见，言于上曰：“臣闻君臣同体，宜相与尽诚；若上下但存形迹，则国之兴丧尚未可知，臣不敢奉诏。”上瞿然曰：“吾已悔之。”征再拜曰：“臣幸得奉事陛下，愿使臣为良臣，勿为忠臣。”上曰：“忠、良有以异乎？”对曰：“稷、契、皋陶，君臣协心，俱享尊荣，所谓良臣。龙逄、比干，面折廷争，身诛国亡，所谓忠臣。”上悦，赐绢五百匹。

【译文】有人告发右丞魏徵偏袒他的亲属，太宗派御吏大夫温彦博查问，没有实据。

彦博对太宗说："魏徵不留下办事的表态，远远地避开嫌疑，内心虽然无私，但也有应责备的地方。"太宗让温彦博去责问魏徵，而且说道："从今以后，应留下办事的表态。"有一天，魏徵上朝，对太宗说："我听说君主与臣下一体，应彼此竭诚相待。如果上下都追求留下办事的表态，那么国家的兴亡就难以预料了，我不敢接受这个诏令。"太宗吃惊地说："我已经后悔了。"魏徵拜了两拜道："我很荣幸能为陛下做事，愿陛下让臣做良臣，不要让臣做忠臣。"太宗问："忠、良有什么区别吗？"回答道："后稷、契、皋陶，君臣齐心合力，共享荣耀，这就是所说的良臣。龙逢、比干犯颜直谏，身死国亡，这就是所说的忠臣。"太宗听后十分高兴，赐给绢五百匹。

上神采英毅，群臣进见者，皆失举措；上知之，每见人奏事，必假以辞色，冀闻规谏。尝谓公卿曰："人欲自见其形，必资明镜；君欲自知其过，必待忠臣。苟其君愎谏自贤，其臣阿谀顺旨，君既失国，臣岂能独全！如虞世基等，谄事炀帝，以保富贵，炀帝既弑，世基等亦诛。公辈宜用此为戒，事有得失，无惜尽言！"

【译文】太宗的神情、风采英武刚毅，众位大臣进见他时，皆手足失措。太宗知道后，每次见人上朝奏事，都要对他们和颜悦色，希望听到规谏之言。曾对公卿说："人想要看见自己的形体，一定要借助于镜子；君主想自己知道过错，必然要善待忠正耿直的大臣。如果君主刚愎自用，自以为是，大臣阿谀逢迎，君主就会失去国家，大臣又岂能独自保全！像虞世基等人对隋炀帝阿谀奉承以求保全富贵，炀帝被杀后，世基等也难免一死。望你们以此为戒，每件事都有得失，希望不惜畅所欲言！"

六月戊子，上谓侍臣曰："朕观《隋炀帝集》，文辞奥博，亦知是尧、舜而非桀、纣，然行事何其反也！"魏征对曰："人君虽圣哲，犹当虚己以受人，故智者献其谋，勇者竭其力。炀帝恃其俊才，骄矜自用，故口诵尧、舜之言，而身为桀、纣之行，曾不自知，以至覆亡也。"上曰："前事不远，吾属之师也！"

【译文】（贞观二年）戊子（十三日），太宗对亲近的大臣说："朕翻阅《隋炀帝集》，见其文辞深奥博雅，也知道推崇尧、舜而非议桀、纣，然而其行事为何与其文章相反呢？"魏徵回答道："君主虽然是圣哲之人，也应当虚心地接受别人的谏议，所以智慧的人奉献他的谋略，勇武之人竭尽其勇力。炀帝恃才自傲，骄矜自大，所以口诵尧、舜的言语而身行桀、纣的作为，竟然自己不知道怎么回事而至于覆灭。"太宗说："前事不远，当成为我们的借鉴。"

冬十二月壬午，以黄门侍郎王珪为守侍中。上尝闲居与珪语，有美人侍侧，上指示珪曰："此庐江王瑗之姬也，瑗杀其夫而纳之。"珪避席曰："陛下以庐江纳之为是耶，非邪？"上曰："杀人而取其妻，卿何问是非！"对曰："昔齐桓公知郭公之所以亡，由善善而不能用，然弃其所言之人，管仲以为无异于郭公。今此美人尚在左右，臣以为圣心是之也。"上悦，即出之，还其亲族。

【译文】冬十二月壬午（初十），任命黄门侍郎王珪为守侍中。太宗曾闲居无事与王珪交谈，有一个美女子在旁侍候，太宗指给王珪说："这是庐江王李瑗的妾，李瑗杀了她的丈夫而收纳她。"王珪离开座位说道："陛下认为庐江王纳她为妾是对还是不对？"太宗说："杀了人而娶他妻子为妾，你怎么还要问对错呢？"王珪答道："从前齐桓公知道郭公灭亡的原因，在于喜好良言而不能采用，而桓公本人弃置进良言的人，管仲认为这与郭公没什么两样。现在这个美女子还在您身边，我认为陛下是认为庐江王做得对。"太宗听了非常高兴，即刻将此女子放出宫去，让她回到自己父母身边。

秋七月乙丑，上问房玄龄、萧瑀曰："隋文帝何如主也？"对曰："文帝勤于为治，每临朝，或至日昃，五品已上，引坐论事，宿卫之士，传飧而食；虽性非仁厚，亦励精之主也。"上曰："公得其一，未知其二。文帝不明而喜察，不明则照有不通，喜察则多疑于物。事皆自决，不任群臣。天下至广，一日万机，虽复劳神苦形，岂能一一中理！

【译文】（贞观四年）秋七月，乙丑（初二），太宗问房玄龄、萧瑀道："隋文帝作为一代君主怎么样？"回答说："文帝勤于治理朝政，每次监朝听政，有时要到日落西山时，五品以上官员，围坐论事，晚上守夜的卫兵，（赐予）食物传递而食，虽然品性算不上仁厚，亦可称为励精图治的君主。"太宗说："你们只知其一，未知其二。文帝不贤明而喜欢苛察，不贤明则察事不能都通达，苛察则对事物多有疑心，万事皆自行决定，不信任群臣。天下如此之大，日理万机，虽伤身劳神，难道能每一事均切中要领！

群臣既知主意，唯取决受成，虽有愆违，莫敢谏争，此所以二世而亡也。朕则不然。择天下贤才，置之百官，使思天下之事，关由宰相，审熟便安，然后奏闻。有功则赏，有罪则刑，谁敢不竭心力以修职业，何忧天下之不治乎！"因敕百司："自今诏敕行下有未便者，皆应执奏，毋得阿从，不尽己意。"

【译文】群臣既已知主上的意见，便只有无条件接受，即使主上出现过失，也没人敢争辩谏议，所以到了第二代隋朝就灭亡了。朕则不是这样。选拔天下贤能之士，分别充任文武百官，让他们考虑天下大事，汇总到宰相处，深思熟虑，然后上奏到朕这里。有功则行赏，有罪即处罚，谁还敢不尽心竭力而各司职守，何愁天下治理不好呢！"因而敕令各部门：

"今后诏敕文书有不当之处，均应执意禀奏，不得阿谀顺从，不充分发表自己的意见。"

冬十二月，诸宰相侍宴，上谓王珪曰："卿识鉴精通，复善谈论，玄龄以下，卿宜悉加品藻，且自谓与数子何如？"对曰："孜孜奉国，知无不为，臣不如玄龄。才兼文武，出将入相，臣不如李靖。敷奏详明，出纳惟允，臣不如温彦博。处繁治剧，众务毕举，臣不如戴胄。耻君不及尧、舜，以谏争为己任，臣不如魏征。至于激浊扬清，嫉恶好善，臣于数子，亦有微长。"上深以为然，众亦服其确论。

【译文】冬十二月，众位宰相陪太宗饮宴，太宗对王珪说："你精通鉴别人才，又很健谈，房玄龄以下宰臣，望你能详细加以品评，而且自己衡量与他们相比如何？"王珪答道："勤勤恳恳地事奉大唐，尽心竭力无所保留，我不如房玄龄。文武全才，出将入相，我不如李靖。议事详尽周到，传达诏令，反映群臣意见都平允恰当，我不如温彦博。处理繁重、艰难的事务都能办好，我不如戴胄。惟恐君王赶不上尧、舜，专以苦言强谏为己任，我不如魏徵。说到辨别清浊，嫉恶奖善，我与他们相比，倒是略有长处。"太宗非常赞同，众人也钦佩他的高论。

三月，长乐公主将出降，上以公主皇后所生，特爱之，敕有司资送，倍于永嘉长公主。魏征谏曰；"昔汉明帝欲封皇子，曰：'我子岂得与先帝子比！'皆令半楚、淮阳。今资送公主，倍于长主，得无异于明帝之意乎！"上然其言，入告皇后。

【译文】（贞观六年）三月，长乐公主将要出嫁长孙仲，太宗以公主是皇后亲生，特别疼爱，敕令有关部门所给陪送比皇姑永嘉长公主多一倍。魏徵劝谏说："过去汉明帝想要分封皇子采邑，说：'我的儿子怎么能和先帝的儿子相比呢？'均令分给楚王、淮阳王封地的一半。如今公主的陪送，比长公主多一倍，岂不是与汉明帝的意思相差太远吗？"太宗觉得有理，进宫中告知皇后。

后叹曰："妾亟闻陛下称重魏征，不知其故，今观其引礼义以抑人主之情，乃知真社稷之臣也！妾与陛下结发为夫妇，曲承恩礼，每言必先候颜色，不敢轻犯威严；况以人臣之疏远，乃能抗言如是，陛下不可不从也。"

【译文】皇后感慨道："我总是听得陛下称赞魏徵，不知是什么缘故，如今见其引征礼义来抑制君王的私情，这真是辅佐陛下的栋梁大臣呀！我与陛下是多年的结发夫妻，多蒙恩宠礼遇，每次讲话还都要察言观色，不敢轻易冒犯您的威严。何况大臣与陛下较为疏远，还能如此直言强谏，陛下不能不听从其意见。"

因请遣中使，赍钱四百缗、绢四百匹以赐征，且语之曰：“闻公正直，乃今见之，故以相赏。公宜常秉此心，勿转移也。”上尝罢朝，怒曰：“会须杀此田舍翁。”后问为谁，上曰：“魏徵每廷辱我。”后退，具朝服立于庭，上惊问其故。后曰：“妾闻主明臣直；今魏徵直，由陛下之明故也，妾敢不贺！”上乃悦。

【译文】于是皇后请求太宗派宦官去魏徵家中，赏赐给四百缗钱、四百匹绢。并且对他说：“听说您十分正直，今日得以亲见，所以赏赐这些。希望您经常秉持此忠心，不要有所迁移。”有一次太宗曾罢朝回到宫中，怒气冲冲地说：“以后找机会一定杀了这个乡巴佬。”皇后问是谁惹怒陛下，太宗说：“魏徵常在朝堂上羞辱我。”皇后退下，穿上朝服站在庭院内，太宗惊奇地问这是何故。皇后说：“我听说君主开明则臣下正直，如今魏徵正直敢言，是因为陛下的开明，我怎能不祝贺呢！”太宗才转怒为喜。

冬十二月，魏王泰有宠于上，或言三品以上多轻魏王。上怒，引三品以上，作色让之曰：“隋文帝时，一品以下皆为诸王所颠踬，彼岂非天子儿耶！朕但不听诸子纵横耳，闻三品以上皆轻之，我若纵之，岂不能折辱公辈乎！”房玄龄等皆惶惧流汗，拜谢。

【译文】（贞观十年）冬十二月，魏王李泰深得太宗宠爱，有人禀奏称三品以上大臣多轻薄魏王。太宗大怒，召见三品以上大臣，严厉地责备他们说：“隋文帝的时候，一品以下大臣均被亲王们所羞辱操纵，难道魏王不是帝王的儿子吗？朕不过不想听任皇子们横行霸道，听说三品以上大臣都轻视他们，我如果放纵他们胡来，难道不能羞辱你们吗？”房玄龄等人都惶恐得汗流满面，磕头谢罪。

魏征独正色曰：“臣窃计当今群臣，心无敢轻魏王者。在礼，臣、子一也。《春秋》：王人虽微，序于诸侯之上。三品以上皆公卿，陛下所尊礼，若纪纲大坏，固所不论；圣明在上，魏王必无顿辱群臣之理。隋文帝骄其诸子，使多行无礼，卒皆夷灭，又足法乎？”

【译文】惟独魏徵正颜厉色地说：“我考虑当今的大臣们，必不敢轻薄魏王。依照礼仪，大臣与皇子都是一样的。《春秋》说：周王的人即使微贱，也要位列诸侯之上。三品以上都是公卿大臣，陛下素所尊崇礼待。假如纲纪败坏，固然不必说它；如果圣明在上，魏王必无羞辱大臣之理。隋文帝骄溺他的儿子们，使得他们举止无礼，最后全被杀掉，又值得后人效法吗？”

上悦，曰：“理到之语，不得不服。朕以私爱忘公义，向者之忿，自谓不疑，及闻征言，方知理屈。人主发言，何得容易乎！”

【译文】太宗高兴地说：“说得条条在理，朕不得不佩服。朕因私情溺爱而忘记公义，刚才恼怒的时候，自己觉得有道理，等听到魏徵的一番话，方知没有道理。身为君主讲话哪能那么轻率呢？”

五月壬申，魏征上疏，以为：“陛下欲善之志不及于昔时，闻过必改少亏于曩日，谴罚积多，威怒微厉。乃知贵不期骄，富不期侈，非虚言也。且以隋之府库、仓廪、户口、甲兵之盛，考之今日，安得拟伦！

【译文】（贞观十一年）五月壬申（疑误），魏徵上奏疏，认为：“陛下从善如流、闻过必改的精神似乎不如从前，谴责惩罚渐多，逞威发怒比过去严厉了。由此可知富贵时不希望引来骄横奢侈，而骄横奢侈却不期而至，这并非虚妄之言。而且当年隋朝府库、仓廪的充实与户口、甲兵的强盛，今日如何比得上！

然隋以富强，动之而危，我以寡弱静之而安；安危之理，皎然在目。昔隋之未乱也，自谓必无乱；其未亡也，自谓必无亡。故赋役无穷，征伐不息，以至祸将及身，而尚未之寤也。

【译文】然而隋朝自恃富强频繁有大的举动以至国家危亡，我们自知贫弱与民清静而使天下安定；安定与危亡的道理，昭然若揭。从前隋朝未发生变乱时，自己认为必然不会发生变乱；未灭亡时，自认为必然没有灭亡的危险。故而不停地征派赋税劳役，不停地东征西伐，以致祸乱将及自身时还尚未知觉。

夫鉴形莫如止水，鉴败莫如亡国。伏愿取鉴于隋，去奢从约，亲忠远佞，以当今之无事，行畴昔之恭俭，则尽善尽美，固无得而称焉。夫取之实难，守之甚易，陛下能得其所难，岂不能保其所易乎！”

【译文】所以说照看自己的身形莫过于使水静止如镜面，借鉴失败莫过于看国家的灭亡。深望陛下能够借鉴隋的覆亡，除掉奢侈立意俭约，亲近忠良远离邪佞，以现在的平静无事，继续施行过去的勤勉节俭，才能达到尽善尽美、无以复加的地步。取得天下诚属困难，而守成则较为容易，陛下能够取得较难的一步，难道不能保全较容易的吗？”

秋七月，魏征上疏，以为：“《文子》曰：‘同言而信，信在言前；同令而行，诚在令外。’自王道休明，十有余年，然而德化未洽者，由待下之情未尽诚信故也。

【译文】秋七月，魏徵上奏疏认为：“《文子》说：‘同样的言语，有时能被信任，可见信任在言语之前；同样的命令，有时被执行，可见真诚待人在命令之外。’自从大唐兴旺，已有十多年了，然而德化的成效不尽人意，是因为君王对待臣下未尽诚信的缘故。

今立政致治，必委之君子；事有得失，或访之小人。其待君子也敬而疏，遇小人也轻而狎；狎则言无不尽，疏则情不上通。夫中智之人岂无小慧！然才非经国，虑不及远，虽竭力尽诚，犹未免有败；况内怀奸宄，其祸岂不深乎！

【译文】如今确立政策，达到大治，必然委之于君子；而事有得失，有时要询访小人。对待君子敬而远之，对待小人轻佻而又亲昵，亲昵则言语表达得充分，疏远则下情难以上达。智力中等的人，岂能没有小聪明！然而并没有经国的才略，考虑问题不远，即使竭尽诚意，也难免有败绩，更何况内心怀有奸诈的小人，对国家的祸患能不深吗？

夫虽君子不能无小过，苟不害于正道，斯可略矣。既谓之君子，而复疑其不信，何异立直木而疑其影曲乎！陛下诚能慎选君子，以礼信用之，何忧不治！不然，危亡之期，未可保也。”上赐手诏褒美曰：“昔晋武帝平吴之后，志意骄怠，何曾位极台司，不能直谏，乃私语子孙，自矜明智，此不忠之大者也。得公之谏，朕知过矣。当置之几案，以比弦、韦。”

【译文】虽然君子也不能没有小过失，假如对于正道没有太大的害处，就可以略去不计较。既然称之为君子而又怀疑其不真诚，这与立一根直木而又怀疑其影子歪斜有什么不同？陛下如果真能慎择君子，礼遇信任予以重用，何愁不能达到天下大治呢？否则的话，很难保证危亡不期而至呀。”太宗赐给魏徵手书诏令，夸赞道：“以前晋武帝平定东吴之后，意志骄傲懈怠，何曾身处三公高位，不能犯颜直谏，而是私下里说与子孙们听，自诩为明智，此乃最大的不忠。如今得到你的谏言，朕已知错了。当把你的箴言放在几案上，犹如西门豹、董安于佩戴韦弦以自警。”

上问侍臣曰：“自古或君乱而臣治，或君治而臣乱，二者孰愈？”魏征对曰：“君治则善恶赏罚当，臣安得而乱之！苟为不治，纵暴愎谏，虽有良臣，将安所施！”上曰：“齐文宣得杨遵彦，非君乱而臣治乎？”对曰：“彼才能救亡耳，乌足为治哉！”

【译文】（贞观十六年）太宗问身边大臣：“自古以来有时是君主昏愦而臣下清明，有时又是君主清明而臣下昏乱，二者之间哪个更厉害些？”魏徵答道：“君主清明则善恶赏罚得当，臣下如何能够作乱！如果不清明，放纵暴虐刚愎自用，即使有良臣在身旁，又有什么作为？”太宗说：“齐文宣帝身边有个杨遵彦，难道不是君主昏愦而臣下清明吗？”答道：“他也只能延缓灭亡而已，如何谈得上治理好朝政呢？”

二十二年春正月己丑，上作《帝范》十二篇以赐太子，曰《君体》、《建亲》、《求贤》、《审官》、《纳谏》、《去谗》、《戒盈》、《崇俭》、《赏罚》、《务农》、《阅武》、《崇文》；且曰：“修身治国，备在其中。一旦不讳，更无所言矣。”

【译文】贞观二十二年，春季，正月，己丑（初八），太宗写成《帝范》十二篇赐给太子，各篇名是《君体》、《建亲》、《求贤》、《审官》、《纳谏》、《去谗》、《戒盈》、《崇俭》、《赏罚》、《务农》、《阅武》、《崇文》。太宗说道：“修身治理国家的道理，都在这十二篇之中了。我一旦逝去，就没有别的话可说了。”

又曰：“汝当更求古之哲王以为师，如吾不足法也。夫取法于上，仅得其中；取法于中，不免为下。吾居位已来，不善多矣，锦绣珠玉不绝于前，宫室台榭屡有兴作，犬马鹰隼无远不致，行游四方，供顿烦劳，此皆吾之深过，勿以为是而法之。

【译文】又说：“你应当以古代的先哲圣王为师，象我，则不足效法。古人说效法上等的，仅得其中，效法中等的，不免得其下。我即位以来，过失之处不少，锦绣珠玉不断于身前，又不停地修筑宫室台榭，犬马鹰鹘无论多远也要罗致来，游幸四方，使各地供给烦劳，这些都是我的大过失，千万不要认为正确而效法。

顾我弘济苍生，其益多；肇造区夏，其功大。益多损少，故人不怨；功大过微，故业不堕；然比之尽美尽善，固多愧矣。汝无我之功勤，而承我之富贵，竭力为善，则国家仅安；骄惰奢纵，则一身不保。且成迟败速者，国也；失易得难者，位也；可不惜哉！可不慎哉！”

【译文】回顾起来我普济苍生效益多，创建大唐基业功劳大。好处多损害少，所以百姓没有怨言；功劳大过失小，所以王业稳固；然而若是要求尽善尽美，实在是多有惭愧。你没有我这些功劳勤苦而承继我的富贵，竭力行善举，则国家仅得安定；如果骄奢懒惰，则自身都难保。而且成功来之不易，败亡却可迅速招致，是指国家而言；失去容易得之较难，是指皇位；能不珍惜吗？能不谨慎吗！”

高宗立武后

（永徽五年六年）

初，王皇后无子，萧淑妃有宠，王后疾之。上之为太子也，入侍太宗，见才人武氏而悦之。太宗崩，武氏随众感业寺为尼。忌日，上诣寺行香，见之，武氏泣，上亦泣。王后闻之，阴令武氏长发，劝上内之后宫，欲以间淑妃之宠。

【译文】起初，王皇后没有儿子，萧淑妃得高宗宠幸，王皇后十分忌妒。高宗做太子的时候，进寝宫侍奉太宗，看见才人武氏便十分喜欢。太宗驾崩后，武氏随着众位妃嫔到感业寺当尼姑。到了太宗的忌日，高宗到感业寺行香拜佛，见到了她，武氏哭泣，高宗也流泪。王皇后听说后，暗中让武氏留发，劝说高宗纳武氏入后宫，想要以武氏来离间高宗对萧妃的宠爱。

武氏巧慧多权数，初入宫，卑辞屈体以事后。后爱之，数称其美于上。未几大幸，拜为昭仪，后及淑妃宠皆衰，更相与共谮之，上皆不纳。昭仪欲追赠其父而无名，故托以褒赏功臣，遍赠屈突通等，而武士彟预焉。

【译文】武氏机敏聪慧，善施权术，刚进宫时，侍奉皇后十分谦恭有礼；皇后十分喜欢她，多次在高宗面前称赞她。不久大得宠幸，拜为昭仪，皇后与萧妃均失宠，二人又一同诬告武氏，高宗均不予采纳。武昭仪想要追赠他的父亲武士的官爵，而苦于没有什么名义，于是便假托要褒奖赏赐十三位功臣，其中便有武士彟。

王皇后、萧淑妃与武昭仪更相谮诉，上不信后、淑妃之语，独信昭仪。后不能曲事上左右，母魏国夫人柳氏及舅中书令柳奭入见六宫，又不为礼。武昭仪伺后所不敬者，必倾心与相结，所得赏赐分与之。由是后及淑妃动静，昭仪必知之，皆以闻于上。

【译文】王皇后、萧淑妃与武昭仪之间相互诬告诽谤，高宗不相信王后、萧妃的话，惟独信任武昭仪。王皇后不会曲意事奉高宗身边的人，她的母亲魏国夫人柳氏及舅舅中书令柳奭进见六宫妃嫔，又不讲礼节。武昭仪观察到皇后讨厌的人，便与之倾心相交，所得到的赏赐也要分给她们。因此王皇后与萧妃的一举一动，武氏都知道，并且都告诉给高宗。

后宠虽衰，然上未有意废也。会昭仪生女，后怜而弄之，后出，昭仪潜扼杀之，覆之以被。上至，昭仪阳欢笑，发被观之，女已死矣，即惊啼。

【译文】王皇后虽然失宠，但高宗并未有废后的想法。正巧此时武昭仪生下一个女孩，皇后怜爱她并逗弄她玩，皇后走出去后，武氏趁没人将女孩掐死，又盖上被子。正好高宗来到，武氏假装欢笑，打开被子一同看孩子，发现女婴已经死了，武氏大声哭闹。

问左右，左右皆曰："皇后适来此。"上大怒曰："后杀吾女！"昭仪因泣诉其罪。后无以自明，上由是有废立之志。又畏大臣不从，乃与昭仪幸太尉长孙无忌第，酣饮极欢，席上拜无忌宠姬子三人皆为朝散大夫，仍载金宝缯锦十车，以赐无忌。

【译文】问身边的人是怎么回事，身边的人都说："皇后刚刚来过这里。"高宗勃然大怒，说道："皇后杀了我的女儿！"武昭仪借机哭泣着数落其罪过。皇后无法申辩，高宗从此有了废皇后立武昭仪为后的打算。又担心大臣们不服，于是便和武氏一道临幸太尉长孙无忌的宅第，宴饮酣畅欢乐到极点，酒席上将无忌宠姬的三个儿子都拜为朝散大夫，又命人装载金银财宝、锦缎丝绸等共十车赐给无忌。

上因从容言皇后无子，以讽无忌，无忌对以佗语，竟不顺旨，上及昭仪皆不悦而罢。昭仪又令母杨氏诣无忌第，屡有祈请，无忌终不许。礼部尚书许敬宗亦数劝无忌，无忌厉色折之。

【译文】高宗乘机讲到王皇后没有子嗣，以此暗示无忌，无忌顾左右而言他，竟然没有顺从旨意，高宗与武氏二人在不愉快中结束这场酒宴。武昭仪又让自己的母亲杨氏到无忌的宅第，多次请求，无忌最终还是没有答应。礼部尚书许敬宗也曾多次劝说无忌，无忌正言厉色斥责了他。

六年夏六月，武昭仪诬王后与其母魏国夫人柳氏为厌胜，敕禁后母柳氏不得入宫。秋七月戊寅，贬吏部尚书柳奭为遂州刺史。奭行至扶风，岐州长史于承素，希旨奏奭漏泄禁中语，复贬荣州刺史。

【译文】六年夏，六月，武昭仪诬陷王皇后和她的母亲魏国夫人柳氏求巫施厌胜术诅咒昭仪，高宗敕令禁止皇后母亲柳氏进入宫内。秋季七月戊寅（初十），将吏部尚书柳奭贬为遂州刺史。柳奭赴任走到扶风县，岐州长史于承素揣摸圣意上奏称柳奭泄漏宫禁秘密，又贬为荣州刺史。

唐因隋制，后宫有贵妃、淑妃、德妃、贤妃，皆视一品。上欲特置宸妃，以武昭仪为之，韩瑗、来济谏，以为故事无之，乃止。

【译文】唐朝因袭隋朝制度，后宫有贵妃、淑妃、德妃、贤妃，都是正一品。高宗想要特别设置一个宸妃，封给武昭仪，韩瑗、来济谏阻，认为无旧例可循，于是作罢。

中书舍人饶阳李义府，为长孙无忌所恶，左迁壁州司马。敕未至门下，义府密知之，问计于中书舍人幽州王德俭，德俭曰："上欲立武昭仪为后，犹豫未决者，直恐宰臣异议耳。君能建策立之，则转祸为福矣。"

【译文】中书舍人饶阳人李义府，为长孙无忌所厌恶，降职为壁州司马。敕令还未到门下省，李义府已经暗中得知，便向中书舍人幽州人王德俭问计，德俭说："高宗想要立武昭仪为皇后，正在犹豫不决，一直担心宰相们会有异议。你如果能提建议立武氏为后，则转祸为福了。"

义府然之，是日，代德俭直宿，叩阁上表，请废皇后王氏，立武昭仪，以厌兆庶之心。上悦，召见与语，赐珠一斗，留居旧职。

【译文】李义府同意他的话，这一天，他代替德俭值宿，叩门向高宗上表章，请求废掉王皇后，立武昭仪为后，以满足黎民百姓的愿望。高宗十分高兴，亲自召见李义府，与他谈话，赐给珍珠一斗，留下他官居原职。

昭仪又密遣使劳勉之，寻超拜中书侍郎。于是卫尉卿许敬宗、御义大夫崔义玄、中丞袁公瑜，皆潜布腹心于武昭仪矣。

【译文】武氏又暗中派人慰劳勉励他，不久破格提拔为中书侍郎。在此之后，卫尉卿许敬宗、御史大夫崔义玄、御史中丞袁公瑜都暗中向武氏表达其效忠之心。

秋八月，长安令裴行俭，闻将立武昭仪为后，以国家之祸必由此始，与长孙无忌、褚遂良私议其事。袁公瑜闻之，以告昭仪母杨氏，行俭坐左迁西州都督府长史。行俭，仁基之子也。

【译文】秋八月，长安县令裴行俭听说朝廷将要立武昭仪为皇后，认为国家的祸患必定从此开始，便与长孙无忌、褚遂良私下议论此事。袁公瑜听说后，将这一情况告诉武氏母亲杨氏，行俭因此获罪，贬为西州都督府长史。行俭是裴仁基的儿子。

九月戊辰，以许敬宗为礼部尚书。上一日退朝，召长孙无忌、李勣、于志宁、褚遂良入内殿。遂良曰："今日之召，多为中宫，上意既决，逆之必死。太尉元舅，司空功臣，不可使上有杀元舅及功臣之名。遂良起于草茅，无汗马之劳，致位至此，且受顾托，不以死争之，何以下见先帝！"

【译文】九月戊辰（初一），任命许敬宗为礼部尚书。有一天高宗退朝后，宣召长孙无忌、李勣、于志宁、褚遂良进入内殿。褚遂良说："今天皇上宣召，多半是为了后宫的事，皇上的主意既已定了，违抗者必是死罪。太尉是元舅，司空是功臣，不可以让皇上承担杀元舅与功臣的不好名声。我褚遂良乃是自平民起家，没有汗马功劳，到了今日这个地位，而且接受先帝托孤，不以死谏诤，无颜去见先帝！"

勣称疾不入。无忌等至内殿，上顾谓无忌曰："皇后无子，武昭仪有子，今欲立昭仪为后，何如？"遂良对曰："皇后名家，先帝为陛下所娶。先帝临崩，执陛下手，谓臣曰：'朕佳儿佳妇，今以付卿。'此陛下所闻，言犹在耳。皇后未闻有过，岂可轻废！臣不敢曲从陛下，上违先帝之命！"

【译文】李世勣称病没去内殿。无忌等人到了内殿，高宗对他们说："皇后没有子嗣，武昭仪有，如今朕想立武昭仪为皇后，你们看怎么样？"褚遂良答道："皇后出身名家，是先帝为陛下娶的。先帝临死的时候，拉着陛下的手对我说：'朕的好儿子好儿媳，如今就交付给你了。'这些话都是陛下亲耳听到的，言犹在耳。未听说皇后有什么过错，怎么能够轻易废掉呢！我不敢曲意顺从陛下，以违背先帝的遗愿！"

上不悦而罢。明日又言之，遂良曰："陛下必欲易皇后，伏请妙择天下令族，何必武氏！武氏经事先帝，众所共知，天下耳目，安可蔽也。万代之后，谓陛下为如何！愿留三思！臣今忤陛下，罪当死！"因置笏于殿阶，解巾叩头流血曰："还陛下笏，乞放归田里。"上大怒，命引出。昭仪在帘中大言曰："何不扑杀此獠！"无忌曰："遂良受先朝顾命，有罪不可加刑！"于志宁不敢言。

【译文】高宗十分不高兴，只好作罢。第二天又言及此事，褚遂良说："陛下一定要更换皇后，我请求遴选全国的世家望族，何必非武氏不可。武氏曾经侍奉过先帝，这是众所周知，天下人的耳目，怎么能遮掩呢？千秋万代之后，人们又将怎么评价陛下呢？愿陛下三思而后行！我今日触怒陛下，罪该处死。"说完将朝笏放在殿内台阶上，解下头巾磕头直到血流满面，说道："还给陛下朝笏，乞求放我回老家去。"高宗勃然大怒，命人将他带出去。武昭仪在隔帘内大声说道："何不就地杀了这老东西！"长孙无忌说："褚遂良是先朝顾命大臣，有罪也不可以加刑。"于志宁不敢说话。

韩瑗因简奏事，涕泣极谏，上不纳。明日又谏，悲不自胜，上命引出。瑗又上疏谏曰："匹夫匹妇，犹相选择，况天子乎！皇后母仪万国，善恶由之，故嫫母辅佐黄帝，妲己倾覆殷王，《诗》云：'赫赫宗周，褒姒灭之。'每览前古，常兴叹息，不谓今日尘黩圣代。作而不法，后嗣何观！

【译文】韩瑗找个时机上奏疏，流泪极力劝阻废皇后，高宗不予采纳。他第二天又劝谏，悲伤得不能自已，高宗命人将他带出去。韩瑗又上奏疏劝谏道："一般的夫妇，还要相互选择后再结合，何况天子呢？皇后乃是天下妇女的仪范，善恶由她而生，所以说嫫母辅佐黄帝；妲己倾覆殷朝，《诗经》说：'赫赫有名的宗周，就灭在褒姒之手。'每次观览前朝史事，常会发出感慨，没想到今天圣明之世也会受到玷污。作事不依法度，后世将如何看呢！

愿陛下详之，无为后人所笑！使臣有以益国，菹醢之戮，臣之分也！昔吴王不听子胥之言，而麋鹿游于姑苏。臣恐海内失望，棘荆生于阙庭，宗庙不血食，期有日矣！"来济上表谏曰："王者立后，上法乾坤，必择礼教名家，幽闲令淑，副四海之望，称神祇之意。是故周文造舟以迎太姒，而兴《关雎》之化，百姓蒙祚；孝成纵欲，以婢为后，使皇统亡绝，社稷倾沦。有周之隆既如彼，大汉之祸又如此，惟陛下详察！"上皆不纳。

【译文】希望陛下再三考虑，不要让后人讥笑。假使臣下我的话有益于国家，即使被剁成肉酱，臣也死得其所！当年吴王不听伍子胥的话，结果吴都姑苏破败，麋鹿出没。臣下我担心陛下令海内之人失望，使宫廷长满荆棘，宗庙不能继续享有祭祀的情况，为期不远了！"来济上表章劝谏说："君主册立皇后，应该依据天地之理，必须选择名门礼教之家的淑女，幽雅娴静，贤淑美好，才可与人的厚望相副，也能称神灵的意图。所以说周文王造船迎接太姒，这才有《关雎》的教化，百姓承受福祚；汉成帝纵欲成性，以婢女为皇后，使皇统断绝，社稷倾覆。周代的隆盛是那样，汉代的祸患又是这样，希望陛下明察！"高宗对这些谏言都不予采纳。

它日，李勣入见，上问之曰："朕欲立武昭仪为后，遂良固执以为不可。遂良既顾命大臣，事当且已乎？"对曰："此陛下家事，何必更问外人！"上意遂决。许敬宗宣言于朝曰："田舍翁多收十斛麦，尚欲易妇；况天子立一后，何豫诸人事而妄生异议乎！"昭仪令左右以闻。庚午，贬遂良为潭州都督。

【译文】又一天，李世勣进宫见高宗，高宗问他："朕想要立武昭仪为皇后，褚遂良固执己见认为不可以。褚遂良既是顾命大臣，他反对，那么事情就应该停止吗？"李世勣答道："这是陛下的家事，何必又去问外人呢！"高宗废后主意于是定了下来。许敬宗在朝中扬言道："庄稼汉多收了十斛麦子，还想着要换个老婆呢？何况天子要立皇后，人们又何必管那么多事而妄生异议呢？"武昭仪让身边的人将此话讲给高宗听。庚午（初三），将褚遂良贬为潭州都督。

冬十月己酉，下诏称："王皇后、萧淑妃谋行鸩毒，废为庶人，母及兄弟，并除名，流岭南。"

【译文】冬季十月，己酉（十三日），高宗下诏说："王皇后、萧淑妃阴谋用毒酒杀人，废黜为平民。她们的母亲、兄弟一一并削除官爵，流放岭南。"

乙卯，百官上表请立中宫，乃下诏曰："武氏门著勋庸，地华缨黻，往以才行选入后庭，誉重椒闱，德光兰掖。朕昔在储贰，特荷先慈，常得待从，弗离朝夕，宫壶之内，恒自饬躬，嫔嫱之间，未尝迕目，圣情鉴悉，每垂赏叹，遂以武氏赐朕，事同政君，可立为皇后。"

【译文】乙卯（十九日），百官上奏请求立皇后，高宗于是下召："武氏出身于有功劳的家庭，世代都任官职，以前因才德出众被选入后宫，品德光照宫闱。朕以前做太子时，她受我已故母亲的特殊恩惠，时常得以侍从先帝，日夜不离左右，在后宫中经常检点行为，嫔妃间也没闹过矛盾，先帝看得很清楚，时常赞叹，于是将武氏赏赐给朕，就像汉宣帝将宫女王政君赏赐给皇太子一样。武氏可立为皇后。"

丁巳，赦天下。是日，皇后上表称："陛下前以妾为宸妃，韩瑗、来济面折庭争，此既事之极难，岂非深情为国！乞加褒赏。"上以表示瑗等，瑗等弥忧惧，屡请去位，上不许。

【译文】丁巳(二十一日),唐朝大赦天下,皇后上表说:“陛下从前打算封我为宸妃,韩瑗、来济在朝廷当面谏争。这样做是难能可贵的,难道不正说明他们一心一意为国家吗,请求表彰赏赐他们。”高宗把她的奏表给韩缓等人看,韩瑗等更加害怕,一再请求辞职,高宗不允许。

十一月,丁卯朔,临轩命司空李勣,赍玺绶册皇后武氏。是日,百官朝皇后于肃义门。

【译文】十一月,丁卯朔(初一),高宗亲临殿前平台命司空李世勣携带印玺册封武氏为皇后。当天,百官朝拜皇后于肃义门。

故后王氏、淑妃萧氏,并囚于别院,上尝念之,间行至其所,见其室封闭极密,惟窍壁以通食器,恻然伤之,呼曰:“皇后、淑妃安在?”

【译文】原皇后王氏,原淑妃萧氏,一同被囚禁在后宫别院,高宗曾思念她们,私下去囚禁她们的地方,看见囚室封闭得极为严密,只在墙壁上凿个小洞以便送食物的器具能进出。他为她们感到悲伤,呼喊道:“皇后、淑妃在哪里?”

王氏泣对曰:“妾等得罪为宫婢,何得更有尊称!”又曰:“至尊若念畴昔,使妾等再见日月,乞名此院为回心院。”上曰:“朕即有处置。”

【译文】王氏哭泣回答说:“我等犯罪已成宫中奴婢,哪里还能再有后、妃等尊贵的称号!”又说:“至尊如果念及从前的情分,让我等再见天日,请命名这个院子为回心院。”高宗说:“朕即有所安排。”

武后闻之,大怒,遣人杖王氏及萧氏各一百,断去手足,捉酒瓮中,曰:“令二妪骨醉!”数日而死,又斩之。

【译文】武后听说后,大怒,派人将王氏和萧氏各杖打一百下,砍去手足,投入酒瓮中,说:“让这两个老女人醉入骨髓!”数日后她们死去,又被砍下脑袋。

王氏初闻宣敕,再拜曰:“愿大家万岁!昭仪承恩,死自吾分。”淑妃骂曰:“阿武妖猾,乃至于此!愿他生我为猫,阿武为鼠,生生扼其喉。”

【译文】当皇后王氏听到宣布处置她们的命令时，拜了两拜说："祝愿皇帝万岁！武昭仪承受皇恩，死自然是我的本分。"淑妃萧氏大骂道："阿武邪恶狡诈，竟然到了这种地步！愿来生我变为猫，她变为鼠，我活活扼住她的咽喉。"

由是宫中不畜猫。寻又改王氏姓为蟒氏，萧氏为枭氏。武后数见王、萧为祟，被发沥血如死时状。后徙居蓬莱宫，复见之，故多在洛阳，终身不归长安。

【译文】从此宫中不养猫。不久又改王氏姓蟒氏，萧氏枭集氏。武后多次看见王氏和萧氏的鬼魂作祟，披散着头发，浑身滴血，如同死时候的模样。她后来移居蓬莱宫，还是看见同样情形，所以她多居住在洛阳，终身不回长安。

玄宗奔蜀

（肃宗至德元载）

是时天下以杨国忠骄纵召乱，莫不切齿。又禄山起兵，以诛国忠为名，王思礼密说哥舒翰，使抗表请诛国忠，翰不应。思礼又请以三十骑劫取以来，至潼关杀之。翰曰："如此乃翰反，非禄山也。"或说国忠："今朝廷重兵尽在翰手，翰若援旗西指，于公岂不危哉！"

【译文】这时，人们都以为安禄山叛乱是因为杨国忠骄横放纵所致，无不对杨国忠切齿痛恨。而且安禄山起兵是以讨杨国忠为名，所以王思礼就悄悄地劝哥舒翰，让他上表请求玄宗杀掉杨国忠，哥舒翰没有答应。王思礼又请求率领三十个骑兵把杨国忠劫持出京师，到潼关把他杀掉，哥舒翰说："如果这样做就是我谋反，而不是安禄山谋反。"有人劝杨国忠说："现在朝廷的重兵都在哥舒翰掌握之中，他如果挥兵西向京城，您不就危险了吗！"

国忠大惧，乃奏："潼关大军虽盛，而后无继，万一失利，京师可忧。请选监牧小儿三千，于苑中训练。"上许之，使剑南军将李福德等领之。又募万人屯灞上，令所亲杜乾运将之，名为御贼，实备翰也。翰闻之，亦恐为国忠所图，乃表请灞上军隶潼关。六月癸未，召杜乾运诣关，因事斩之；国忠益惧。

【译文】杨国忠大为恐惧，于是就上奏玄宗说："现在潼关虽然有大军把守，但后无援兵，一旦潼关失守，京师就难保，请求挑选牧马的士卒三千人于禁宛中训练，以应付不测。"玄宗同意，于是就派剑南军将李福德等人统领这支队伍。杨国忠又招募了一万人屯兵于灞上，命令他的亲信杜乾运率领，名义上是抵御叛军，实际上却是为了防备哥舒翰。哥舒翰得知后，也怕被杨国忠谋算，于是就上表玄宗请求把驻扎在灞上的军队归于潼关军队统一指挥。六月癸未（初一），哥舒翰把杜乾运召到潼关，借机杀了他，杨国忠更加害怕。

会有告崔乾祐在陕，兵不满四千，皆羸弱无备，上遣使趣哥舒翰进兵复陕、洛。翰奏曰："禄山久习用兵，今始为逆，岂肯无备！是必羸师以诱我。若往，正堕其计中。且贼远来，利在速战；官军据险以扼之，利在坚守。况贼残虐失众，兵势日蹙，将有内变；因而乘之，可不战擒也。要在成功，何必务速！今诸道征兵，尚多未集，请且待之。"

【译文】这时有人告诉玄宗说崔乾祐在陕郡的兵力不到四千，都是老弱兵，而且没有准备，玄宗就派人催促哥舒翰出兵收复陕郡和洛阳。哥舒翰上奏说："安禄山善于用兵，现在刚举兵反叛，怎么能够不设防呢！这一定是故意示弱来引诱我们，如果出兵攻打，正中了他的计谋。再说叛军远来，利在速战速决，我们据险扼守，利在长期坚持。何况叛军残暴，失去人心，兵势正在变为不利，将会有内乱，到那时再乘机进攻，就可不战而获胜。我们最主要是要取胜，何必要立刻出兵呢！现在各地所征的兵大多都还没有到达，请暂且等待一段时间。"

郭子仪、李光弼亦上言："请引兵北取范阳，覆其巢穴，质贼党妻子以招之，贼必内溃。潼关大军，惟应固守以弊之，不可轻出。"国忠疑翰谋己，言于上，以贼方无备，而翰逗留，将失机会。上以为然，续遣中使趣之，项背相望。翰不得已，抚膺恸哭；丙戌，引兵出关。

【译文】郭子仪与李光弼也上言说："请让我们率兵向北攻取范阳，直捣叛军巢穴，抓住他们的妻子、儿子作为人质用来招降，这样叛军内部必定大乱。坚守潼关的大军应该固守以挫敌锐气，不可轻易出战。"杨国忠怀疑哥舒翰想要谋害他，就告诉玄宗说叛军没有准备，而哥舒翰却逗留拖延，将要失去战机。玄宗信以为然，于是又派宦官去催促出兵，连续不断。哥舒翰没有办法，抚胸痛哭。丙戌（初四），亲自率兵出关。

己丑，遇崔乾祐之军于灵宝西原。乾祐据险以待之，南薄山，北阻河，隘道七十里。庚寅，官军与乾祐会战。乾祐伏兵于险，翰与田良丘浮舟中流以观军势，见乾祐兵少，趣诸军使进。王思礼等将精兵五万居前，庞忠等将余兵十万继之，翰以兵三万登河北阜望之，鸣鼓以助其势。

【译文】已丑（初七），官军与崔乾祐的叛军相遇于灵宝西原。崔乾祐的军队占据着险要之地，南靠大山，北据黄河天险，有狭道七十里。庚寅（初八），官军与崔乾祐的叛军交战。崔乾祐先把精兵埋伏在险要的地方，哥舒翰与田良丘乘船在黄河中观察军情，看见崔乾祐兵少，就命令大军前进。王思礼等率领精兵五万在前，庞忠等率领其余的十万在后，哥舒翰率兵三万登上黄河北岸的高丘观察指挥，并鸣鼓助战。

乾祐所出兵不过万人，什什伍伍，散如列星，或疏或密，或前或却，官军望而笑之。乾祐严精兵陈于其后。兵既交，贼偃旗如欲遁者，官军懈，不为备。须臾，伏兵发，贼乘高下木石，击杀士卒甚众。道隘，士卒如束，枪槊不得用。

【译文】崔乾祐出兵不到一万，三五成群，稀稀拉拉，队伍有疏有密，士兵有前有后，官军看见后都大笑叛军不会用兵。而崔乾祐却把精兵摆在阵后。两军一交战，叛军偃旗息鼓假装败逃，官军斗志松懈，毫无准备。不一会，叛军伏兵齐发，占据着高地，用滚木石块打击官军，官军死伤惨重。又因为道路狭窄，士卒拥挤，刀枪伸展不开。

翰以毡车驾马为前驱，欲以冲贼。日过中，东风暴急，乾祐以草车数十乘，塞毡车之前，纵火焚之，烟焰所被，官军不能开目，妄自相杀，谓贼在烟中，聚弓弩而射之。日暮矢尽，乃知无贼。

【译文】哥舒翰又让马拉毡车为前队，去冲击叛军。过了中午，东风骤起，崔乾祐把数十辆草车塞于毡车之前，放火焚烧。顿时大火熊熊，烟雾蔽天，官军睁不开眼睛，敌我不分，互相冲杀，以为叛军在烟火中，就召集弓箭手和弩机手射击。持续到天黑，箭已射尽，才知道没有叛军。

乾祐遣同罗精骑自南山过，出官军之后击之，官军首尾骇乱，不知所备，于是大败；或弃甲窜匿山谷，或相挤排入河溺死，嚣声振天地，贼乘胜蹙之。后军见前军败，皆自溃，河北军望之亦溃，瞬息间，两岸皆空。

【译文】这时崔乾祐派同罗精锐骑兵过南山，从官军后面发起进攻，官军腹背受敌，首尾大乱，不知道如何抵挡，因此大败。有的丢盔弃甲逃入山谷，有的互相拥挤被推入黄河中淹死，喊声振天动地，叛军又乘胜追击。官军后面的将士看见前军大败，也纷纷溃逃，黄河北岸的军队看见了也向后逃跑，转眼间，两岸的唐军一哄而散。

翰独与麾下数百骑走，自首阳山西度河入关。关外先为三堑，皆广二丈，深丈，人马坠其中，须臾而满；余众践之以渡，士卒得入关者才八千余人。辛卯，乾祐进攻潼关，克之。

【译文】哥舒翰仅与部下数百骑兵得以逃脱，从首阳山西面渡过黄河，进入潼关。潼关城外先前挖了三条深沟，都是宽二丈，深一丈，过关的人马坠落沟中，很快就填满了沟，后面的人踏着他们得以通过，残兵逃入关内的才八千多人。辛卯（初九），崔乾祐率兵攻陷潼关。

翰至关西驿，揭榜收散卒，欲复守潼关。蕃将火拔归仁等，以百余骑围驿，入谓翰曰："贼至矣，请公上马。"翰上马出驿，归仁帅众叩头曰："公以二十万众，一战弃之，何面目复见天子！且公不见高仙芝，封常清乎？请公东行。"翰不可，欲下马。归仁以毛絷其足于马腹，及诸将不从者，皆执之以东。会贼将田乾真已至，遂降之，俱送洛阳。

【译文】哥舒翰到了关西驿站，张贴告示收罗逃散的士卒，想重新守卫潼关。这时蕃人将领火拔归仁等率领一百余名骑兵包围了驿站，进去对哥舒翰说："叛军来了，请您赶快上马。"哥舒翰上马出驿站后，火拔归仁率部下叩头说："您率领二十万军队一战而全军覆没，还有什么脸面去见天子呢！再说您没有看到封常清与高仙芝的下场吗？还不如向东去归降安禄山。"哥舒翰不同意，想要下马。火拔归仁就用毛绳把他的双脚捆绑在马肚子下，对于将领中不愿意投降的，也都捆起来押往东方。这时叛军将领田乾真赶到，火拔归仁就投降了他，被一起送往洛阳。

安禄山问翰曰："汝常轻我，今定何如？"翰伏地对曰："臣肉眼不识圣人。今天下未平，李光弼在常山，李祗在东平，鲁炅在南阳，陛下留臣，使以尺书招之，不日皆下矣。"禄山大喜，以翰为司空、同平章事。谓火拔归仁曰："汝叛主，不忠不义。"执而斩之。翰以书招诸将，皆复书责之。禄山知无效，乃囚诸苑中。潼关既败，于是河东、华阴、冯翊、上洛防御使皆弃郡走，所在守兵皆散。

【译文】安禄山问哥舒翰说："你过去总是看不起我，现在怎么样呢？"哥舒翰伏地而拜回答说："我凡人肉眼不识圣人。现在天下还没有平定，李光弼率兵在常山，吴王李祇在东平，鲁炅在南阳，陛下如果能够留我一条性命，让我写信招降他们，用不了多长时间就会平定。”安禄山很高兴，于是就拜哥舒翰为司空、同平章事。又对火拔归仁说：“你背叛了你的主人，是不忠不义。”然后就杀了他。哥舒翰写信招降其他将帅，他们都复信责备他的背叛行为。安禄山知道没有什么效果，就把哥舒翰囚禁于禁苑中。潼关既已失守，于是河东、华阴、冯翊、上洛等郡的防御使都弃郡而逃，部下的守兵也纷纷逃命。

是日，翰麾下来告急，上不时召见，但遣李福德等将监牧兵赴潼关。及暮，平安火不至，上始惧。壬辰，召宰相谋之。杨国忠自以身领剑南，闻安禄山反，即令副使崔圆，阴具储偫，以备有急投之，至是首唱幸蜀之策。

【译文】潼关失守的当天，哥舒翰的部下到朝廷报告情况危急，玄宗当时没有召见，只是派李福德等人率领监牧小儿组成的军队开赴潼关增援。到了晚上，没看到报告平安的烽火，玄宗才感到惧怕。壬辰（初十），玄宗把宰相召来商议对策。杨国忠因为自己兼任剑南节度使，安禄山反叛后，即命令节度副使崔圆暗中准备物资，以防备危急时到剑南使用，所以这时他首先提出到蜀中避难。

上然之。癸巳，国忠集百官于朝堂，惶懅流涕；问以策略，皆唯唯不对。国忠曰：“人告禄山反状已十年，上不之信。今日之事，非宰相之过。”仗下，士民掠扰奔走，不知所之，市里萧条。国忠使韩、虢入宫，劝上入蜀。

【译文】玄宗赞成他的意见。癸巳（十一日），杨国忠召集百官于朝堂，神色惊惧，痛哭流涕地问他们有什么计策，百官都不回答。杨国忠说：“人们告安禄山的反状已有十年了，但皇上总是不相信。现在事情发展到这种地步，不是宰相的过错。”罢朝后卫兵退下，这时长安城中的百姓惊慌逃命，都不知道该往那里躲避，店铺关门，市里一片萧条。杨国忠又让韩国夫人与虢国夫人入宫，劝说玄宗到蜀中去避难。

甲午，百官朝者什无一二。上御勤政楼，下制云欲亲征，闻者皆莫之信。以京兆尹魏方进为御史大夫兼置顿使；京兆少尹灵昌崔光远为京兆尹，充西京留守；将军边令诚掌宫闱管钥。托以剑南节度大使，颍王璬将赴镇，令本道设储偫。

【译文】甲午（十二日），百官上朝的不到十分之一二。玄宗登临勤政楼，下制书说要亲自率兵征讨安禄山，听到的人都不相信。玄宗又任命京兆尹魏方进为御史大夫兼置顿使，京兆少尹灵昌人崔光远为京兆尹，兼西京留守，让将军边令诚掌管宫殿的钥匙。玄宗假称剑南节度大使颍王李璬将要赴镇，命令剑南道准备所用物资。

是日，上移仗北内。既夕，命龙武大将军陈玄礼整比六军，厚赐钱帛，选闲厩马九百余匹，外人皆莫之知。乙未黎明，上独与贵妃姊妹、皇子、妃、主、皇孙、杨国忠、韦见素、魏方进、陈玄礼及亲近宦官、宫人，出延秋门，妃、主、皇孙之在外者，皆委之而去。

【译文】当天，玄宗移居大明宫。天黑以后，玄宗命令龙武大将军陈玄礼集合禁军六军，重赏他们金钱布帛，又挑选了闲厩中的骏马九百余匹，所做的这些事情外人都不知晓。乙未（十三日）天刚发亮，玄宗只与杨贵妃姊妹、皇子、皇妃、公主、皇孙、杨国忠、韦见素、魏方进、陈玄礼及亲信宦官、宫人从延秋门出发，在宫外的皇妃、公主及皇孙都弃而不顾，只管自己逃难。

上过左藏，杨国忠请焚之，曰："无为贼守。"上愀然曰："贼来不得，必更敛于百姓；不如与之，无重困吾赤子。"是日，百官犹有入朝者，至宫门，犹闻漏声，三卫兵仗俨然。门既启，则宫人乱出，中外扰攘，不知上所之。

【译文】玄宗路过左藏库，杨国忠请求放火焚烧，并说："不要把这些钱财留给叛贼"玄宗心情凄惨地说："叛军来了没有钱财，一定会向百姓征收，还不如留给他们，以减轻百姓们的苦难。"这一天，百官还有入朝的，到了宫门口，还能听到漏壶滴水的声音，仪仗队的卫士们仍然整齐地站在那里，待宫门打开后，则看见宫人乱哄哄地出逃，宫里宫外一片混乱，都不知道皇上在那里。

于是王公、士民四出逃窜，山谷细民争入宫禁及王公第舍，盗取金宝，或乘驴上殿。又焚左藏大盈库。崔光远、边令诚帅人救火，又募人摄府、县官分守之，杀十余人，乃稍定。光远遣其子东见禄山，令诚亦以管钥献之。

【译文】于是王公贵族、平民百姓四出逃命，山野小民争着进入皇宫及王公贵族的宅第，盗抢金银财宝，有的还骑驴跑到殿里。还放火焚烧了左藏大盈库。崔光远与边令诚带人赶来救火，又召募人代理府、县长官分别守护，杀了十多个人，局势才稳定下来。崔光远派他的儿子去见安禄山，边令诚也把宫殿各门的钥匙献给安禄山。

上过便桥，杨国忠使人焚桥。上曰："士庶各避贼求生，奈何绝其路！"留内侍监高力士，使扑灭乃来。上遣宦者王洛卿前行，告谕郡县置顿食。时至咸阳望贤宫，洛卿与县令俱逃，中使征召吏民，莫有应者。

【译文】玄宗一行经过便桥后，杨国忠派人放火烧桥，玄宗说："官吏百姓都在避难求生，为何要断绝他们的生路呢！"于是就把内侍监高力士留下，让他把大火扑灭后再来。玄宗派宦官王洛卿先行，告诉郡县官作好准备。到吃饭的时候，抵达咸阳县望贤宫，而王洛卿与咸阳县令都已逃跑。宦官去征召，官吏与民众都没有人来。

日向中，上犹未食，杨国忠自市胡饼以献。于是民争献粝饭，杂以麦豆；皇孙辈争以手掬食之，须臾而尽，犹未能饱。上皆酬其直，慰劳之。众皆哭，上亦掩泣。

【译文】已到了中午，玄宗还没有吃饭，杨国忠就亲自用钱买来胡饼献给玄宗。于是百姓争献粗饭，并参杂有麦豆，皇孙们争着用手抓吃，不一会儿就吃光了，还没有吃饱。玄宗都按价给了他们金钱，并慰劳他们。众人都涕泣流泪，玄宗也禁不住哭泣。

有老父郭从谨进言曰："禄山包藏祸心，固非一日；亦有诣阙告其谋者，陛下往往诛之，使得逞其奸逆，致陛下播越。是以先王务延访忠良以广聪明，盖为此也。臣犹记宋璟为相，数进直言，天下赖以安平。自顷以来，在廷之臣以言为讳，惟阿谀取容，是以阙门之外，陛下皆不得而知。草野之臣，必知有今日久矣，但九重严邃，区区之心，无路上达。事不至此，臣何由得睹陛下之面而诉之乎！"

【译文】这时有一位名叫郭从谨的老人进言说："安禄山包藏祸心，阴谋反叛已经很久了，其间也有人到朝廷去告发他的阴谋，而陛下却常常把这些人杀掉，使安禄山奸计得逞，以致陛下出逃。所以先代的帝王务求延访忠良之士以广视听，就是为了这个道理。我还记得宋璟作宰相的时候，敢于犯颜直谏，所以天下得以平安无事。但从那时候以后，朝廷中的大臣都忌讳直言进谏，只是一味地阿谀奉承，取悦于陛下，所以对于宫门之外所发生的事陛下都不得而知。那些远离朝廷的臣民早知道会有今日了，但由于宫禁森严，远离陛下，区区效忠之心无法上达。如果不是安禄山反叛，事情到了这种地步，我怎么能够见到陛下而当面诉说呢！"

上曰："此朕之不明，悔无所及！"慰谕而遣之。俄而尚食举御膳以至，上命先赐从官，然后食之。命军士散诣村落求食，期未时皆集而行。夜将半，乃至金城。县令亦逃，县民皆脱身走，饮食器皿具在，士卒得以自给。时从者多逃，内侍监袁思艺亦亡去，驿中无灯，人相枕藉而寝，贵贱无以复辨。王思礼自潼关至，始知哥舒翰被擒；以思礼为河西、陇右节度使，即令赴镇，收合散卒，以俟东讨。

【译文】玄宗说："这都是我的过错，但后悔已经来不及了。"然后安慰了一番郭从谨，让他走了。不一会儿，管理皇上吃饭的官吏给玄宗送饭来了，玄宗命令先赏赐给随从的官吏，然后自己才吃。玄宗命令士卒分散到各村落去寻找食品，约好未时集合继续前进。快半夜时，到了金城县，县令和县民都已逃走，但食物和器物都在，士卒才能够吃饭。当时跟随玄宗的官吏逃跑的也很多，宦吏内侍监袁思艺就借机逃走了。驿站中没有灯火，人们互相枕藉而睡，也不管身份的贵贱。王思礼从潼关赶到后，玄宗才知道哥舒翰被俘，于是就任命王思礼为河西、陇右节度使，命令他立刻赴任，收罗散兵，准备向东进讨叛军。

丙申，至马嵬驿，将士饥疲，皆愤怒。陈玄礼以祸由杨国忠，欲诛之，因东宫宦者李辅国以告太子，太子未决。会吐蕃使者二十余人遮国忠马，诉以无食，国忠未及对，军士呼曰："国忠与胡虏谋反！"或射之中鞍。国忠走至西门内，军士追杀之，屠割支体，以枪揭其首于驿门外，并杀其子户部侍郎暄，及韩国、秦国夫人。

【译文】丙申（十四日），玄宗一行到了马嵬驿，随从的将士因为饥饿疲劳，心中怨恨愤怒。龙武大将军陈玄礼认为天下大乱都是杨国忠一手造成的，想杀掉他，于是就让东宫宦官李辅国转告太子，太子犹豫不决。这时有吐蕃使节二十余人拦住杨国忠的马，向他诉说没有吃的，杨国忠还没有来得及回答，士卒们就喊道："杨国忠与胡人谋反！"有人用箭射去，射中了杨国忠坐骑的马鞍。杨国忠急忙逃命，逃至马嵬驿西门内，被士兵追上杀死，并肢解了他的尸体，把头颅挂在矛上插于西门外示众，然后杀了他的儿子户部侍郎杨暄与韩国夫人、秦国夫人。

御史大夫魏方进曰："汝曹何敢害宰相！"众人又杀之。韦见素闻乱而出，为乱兵所挝，脑血流地。众曰："勿伤韦相公。"救之得免。军士围驿，上闻喧哗，问外何事，左右以国忠反对。

【译文】御史大夫魏方进说："你们胆大妄为，竟敢谋害宰相！"士兵们又把他杀了。韦见素听见外面大乱，跑出驿门察看，被乱兵用鞭子抽打得头破血流。众人喊道："不要伤了韦相公。"韦见素才免于一死。士兵们又包围了驿站，玄宗听见外面的喧哗之声，就问是什么事，左右侍从回答说是杨国忠谋反。

上杖屦出驿门，慰劳军士，令收队，军士不应。上使高力士问之，玄礼对曰："国忠谋反，贵妃不宜供奉，愿陛下割恩正法。"上曰："朕当自处之。"入门倚杖，倾首而立。久之，京兆司录韦谔前言曰："今众怒难犯，安危在晷刻，愿陛下速决！"因叩头流血。上曰："贵妃常居深宫，安知国忠反谋！"高力士曰："贵妃诚无罪，然将士已杀国忠，而贵妃在陛下左右，岂敢自安！愿陛下审思之，将士安则陛下安矣。"上乃命力士引贵妃于佛堂，缢杀之。舆尸置驿庭，召玄礼等视之。

【译文】玄宗穿上鞋，拄着拐杖走出驿门，慰劳军士，命令他们撤走，但军士不答应。玄宗又让高力士去问话，陈玄礼回答说："杨国忠谋反被诛，杨贵妃不应该再侍奉陛下，愿陛下能够割爱，把杨贵妃处死。"玄宗说："这件事由我自行处置。"然后进入驿站，拄着拐杖侧首而立。过了一会儿，京兆司录参军韦谔上前说道："现在众怒难犯，形势十分危急，安危在片刻之间，希望陛下赶快作出决断！"说着不断地跪下叩头，以至血流满面。玄宗说："杨贵妃居住在戒备森严的宫中，不与外人交结，怎么能知道杨国忠谋反呢？"高力士说："杨贵妃确实是没有罪，但将士们已经杀了杨国忠，而杨贵妃还在陛下的左右侍奉，他们怎么能够安心呢！希望陛下好好地考虑一下，将士安宁陛下就会安全。"玄宗这才命令高力士把杨贵妃引到佛堂内，用绳子勒死了她。然后把尸体抬到驿站的庭中，召陈玄礼等人入驿站察看。

玄礼等乃免胄释甲，顿首请罪，上慰劳之，令晓谕军士。玄礼等呼万岁，再拜而出，于是始整部伍为行计。谔，见素之子也。国忠妻裴柔，与其幼子晞，及虢国夫人、夫人子裴徽，皆走至陈仓，县令薛景仙，帅吏士追捕，诛之。

【译文】陈玄礼等人脱去甲胄，叩头谢罪，玄宗安慰他们，并命令告谕其他的军士。陈玄礼等都高喊万岁，拜了两拜而出，然后整顿军队准备继续行进。韦谔是韦见素的儿子。杨国忠的妻子裴柔与她的小儿子杨晞、虢国夫人与她的儿子裴徽都乘乱逃走，到了陈仓县，被县令薛景仙率领官吏抓获杀掉。

丁酉，上将发马嵬，朝臣惟韦见素一人，乃以韦谔为御史中丞，充置顿使。将士皆曰："国忠谋反，其将吏皆在蜀，不可往。"或请之河、陇，或请之灵武，或请之太原，或言还京师。上意在入蜀，虑违众心，竟不言所向。

【译文】丁酉（十五日），玄宗将要从马嵬驿出发，朝臣中只有韦见素一人随行，于是就任命韦谔为御史中丞，并兼任置顿使。这时将士们都说："杨国忠谋反被杀，而他的部下亲信都在蜀中，不能去那里避难。"有人请求去河西、陇右，有人请求去灵武，有人请求去太原，还有的请求回京师。玄宗想去蜀中，又恐怕违背众心，所以沉默不言。

韦谔曰："还京当有御贼之备。今兵少，未易东向，不如且至扶风，徐图去就。"上询于众，众以为然，乃从之。及行，父老皆遮道请留，曰："宫阙陛下家居，陵寝陛下坟墓，今舍此欲何之？"上为之按辔久之，乃命太子于后宣慰父老。

【译文】韦谔说："如果要返回京师，就要有足够的兵力抵御叛军。而现在兵力单薄，不要轻易向东。不如暂时到扶风郡，再慢慢考虑去向。"玄宗征求大家的意见，大家都同意，于是准备去扶风。等到出发时，当地的父老乡亲拦在路中请求玄宗留下，并说："森严宏壮的宫殿是陛下的家室，那些列祖列宗的陵园是陛下先人的葬地，现在都舍弃不顾，想要到那里去呢？"玄宗骑在马上停留了很长时间，然后命令太子留在后面安慰这些父老乡民。

父老因曰："至尊既不肯留，某等愿帅子弟从殿下东破贼，取长安。若殿下与至尊皆入蜀，使中原百姓谁为之主？"须臾众至数千人。太子不可，曰："至尊远冒险阻，吾岂忍朝夕离左右。且吾尚未面辞，当还白至尊，更禀进止。"涕泣跋马欲西。

【译文】父老们趁机对太子说："皇上既然不愿意留下来，我们愿意率领子弟跟随殿下向东讨伐叛军，收复长安。如果殿下与皇上都逃向蜀中，那么谁为中原的百姓们作主呢？"不一会儿，来到太子跟前的多达数千人。太子不肯，并说："父皇冒艰历险，远出避难，我怎么忍心早晚都不在他身边呢！再说我也没有当面向他辞别，我要回去告诉父皇，然后听候他的吩咐。"说着涕泣流泪，要回马西行。

建宁王倓与李辅国执鞚谏曰："逆胡犯阙，四海分崩，不因人情，何以兴复！今殿下从至尊入蜀，若贼兵烧绝栈道，则中原之地拱手授贼矣。人情既离，不可复合，虽欲复至此，其可得乎！不如收西北守边之兵，召郭、李于河北，与之并力东讨逆贼，克复二京，削平四海，使社稷危而复安，宗庙毁而更存，扫除宫禁以迎至尊，岂非孝之大者乎！何必区区温凊，为儿女之恋乎！"

【译文】这时建宁王李倓与宦官李辅国拉着太子的马笼头进谏说："逆胡安禄山举兵反叛，进犯长安，以至四海沸腾，国家分裂，如果不服从民意，怎么能够复兴大唐天下呢！现在殿下随从皇上入蜀中避难，如果叛军焚烧断绝了通向蜀中的栈道，那么中原大地就拱手送给叛军了。人心既已分离，就难以再聚合，到那时就是想要有所作为，恐怕也不可能了。不如现在收聚西北边防的镇兵，再加上郭子仪与李光弼在河北地区的兵力，与他们合兵东讨叛贼，收复两京，平定四海，挽救国家于危难之中，使大唐的帝业得以继续，然后再打扫宫殿，迎接皇上返回京师，这难道不是最好的孝顺行为吗！何必因为区区温凊，而作儿女之恋呢！"

广平王俶亦劝太子留。父老共拥太子马不得行。太子乃使俶驰白上。上总辔待太子，久不至，使人侦之，还白状，上曰："天也！"乃命分后军二千人及飞龙厩马从太子，且谕将士曰："太子仁孝，可奉宗庙，汝曹善辅佐之。"

【译文】广平王李俶也劝太子留下来。父老乡亲们都拦住太子的马，使他无法前行。于是太子就让广平王李驰马去报告玄宗。玄宗骑在马上等待太子，久等不见，就派人去打听，被派去的人回来报告了太子的情况，玄宗说："这真是天意！"于是就从后军中分出二千人，再加上一批最好的飞龙厩马给予太子，并且告谕将士说："太子仁义孝顺，能够继承我们大唐的帝业，希望你们好好辅佐他。"

又谕太子曰："汝勉之，勿以吾为念。西北诸胡，吾抚之素厚，汝必得其用。"太子南向号泣而已。又使送东宫内人于太子，且宣旨欲传位，太子不受。俶、倓皆太子之子也。

【译文】然后又告谕太子说："希望你好自为之，不要为我而担心。西北地区的各族胡人，我一直待他们厚道，你一定能用得上。"太子听后向南号叫哭泣。玄宗又派人把太子东宫中的宫女送给太子，并且宣旨说要传帝位给太子，太子不接受。广平王李俶和建宁王李倓都是太子的儿子。

郭子仪说回纥破吐蕃

（代宗永泰元年）

冬十月，吐蕃退至邠州，遇回纥，复相与入寇，辛酉，至奉天。癸亥，党项焚同州官廨、民居而去。

【译文】吐蕃军队撤退到州时，遇到回纥军队，他们相互联合再次前来进犯，辛酉（初三），到达奉天。癸亥（初五），党项军队焚毁同州官署、民宅后便撤军而去。

丙寅，回纥、吐蕃合兵围泾阳，子仪命诸将严设守备而不战。及暮，二虏退屯北原，丁卯，复至城下。是时回纥与吐蕃闻仆固怀恩死，已争长不相睦，分营而居，子仪知之。回纥在城西，子仪使牙将李光瓒等往说之，欲与之共击吐蕃。

【译文】丙寅（初八），回纥、吐蕃联军包围泾阳，郭子仪命令诸将加强守备而不与敌军作战。等到傍晚时，回纥、吐蕃联军退驻北原。丁卯（初九），回纥、吐蕃联军再次来到城下。正当此时，回纥和吐蕃听说仆固怀恩已经去世，便开始互争尊长，不相和睦，分别设置营帐居住，郭子仪知道了这件事。回纥军队住在城西，郭子仪便派牙将李光瓒等人前去游说回纥，打算联合回纥共同攻击吐蕃。

回纥不信，曰："郭公固在此乎？汝绐我耳。若果在此，可得见乎？"光瓒还报，子仪曰："今众寡不敌，难以力胜。昔与回纥契约甚厚，不若挺身往说之，可不战而下也。"

【译文】回纥人不相信李光瓒，说道："郭子仪真在这里吗？你不过是在欺骗我罢了。假如真在这里的话，我可以见见他吗？"李光瓒便回去向郭子仪报告，郭子仪说："如今我们寡不敌众，难于凭借军事力量取胜。过去我们曾与回纥缔结协约，交情甚厚。所以不如我挺身前往，去劝说他们，可以不战而胜。"

诸将请选铁骑五百为卫从，子仪曰："此适足为害也。"郭晞扣马谏曰："彼虎狼也大人国之元帅，奈何以身为虏饵！"子仪曰："今战则父子俱死而国家危；往以至诚与之言，或幸而见从，则四海之福也！不然，则身没而家全。"

【译文】诸将请求选派铁骑兵五百人作为郭子仪的警卫随从，郭子仪说："此举恰恰会害了我。"郭晞拉住郭子仪的马劝说道："他们是虎狼，父亲大人你是一国元帅，怎么可以让自己成为敌人口中之食呢！"郭子仪回答道："如今要是交战的话，那么我们父子俩都会牺牲，国家就危险了。我前去以真诚劝说他们，或许能侥幸使他们听从我的劝说，那就是国家的福分了！假如他们不听我的劝说，我虽身死而我家可以保全。"

以鞭击其手曰："去！"遂与数骑开门而出，使人传呼曰："令公来！"回纥大惊。其大帅合胡禄都督药葛罗，可汗之弟也，执弓注矢立于阵前。

【译文】郭子仪扬鞭抽打郭晞拉马的手，说道："走开！"郭子仪与几位骑兵打开城门而去，郭子仪又派人传呼说："郭令公来了！"回纥军队大吃一惊。回纥统帅合胡禄都督药葛罗是回纥可汗的弟弟，他执弓上箭，立在军阵前列。

子仪免胄释甲投枪而进，回纥诸酋长相顾曰："是也！"皆下马罗拜。子仪亦下马，前执药葛罗手，让之曰："汝回纥有大功于唐，唐之报汝亦不薄，奈何负约，深入吾地，侵逼畿县，弃前功，结怨仇，背恩德而助叛臣，何其愚也！且怀恩叛君弃母，于汝国何有！今吾挺身而来，听汝执我杀之，我之将士，必致死与汝战矣。”

【译文】郭子仪脱掉盔甲，放下长枪，向前走去，回纥各位酋长相互看了看，说道：“是郭子仪来了！”他们都下马一起围着郭子仪跪拜。郭子仪也下了马，上前拉着药葛罗的手，责备他说：“你们回纥对我们唐朝是有大功劳的，唐朝报答你们也不薄，为何背信弃义，深入我内地，侵犯进逼京畿郊县，放弃前功，新结怨仇，违背恩德而帮助叛臣，这是多么愚蠢啊！况且仆固怀恩背叛国君，抛弃母亲，对你们国家有什么好处！今天我挺身前来，任凭你们把我抓起来杀掉，我的部下必定与你们作殊死搏战。”

药葛罗曰：“怀恩欺我，言天可汗已晏驾，令公亦捐馆，中国无主，我是以敢与之来。今知天可汗在上都，令公复总兵于此，怀恩又为天所杀，我曹岂肯与令公战乎！”

【译文】药葛罗回答道：“仆固怀恩欺骗我，说大唐天子已经驾崩，郭子仪也已经去世，中国没有主人了，所以我才敢同他前来。如今我已经知道天子在上都长安，您又在这里统帅军队，仆固怀恩又为苍天所杀，我们难道愿意和您交战吗！”

子仪因说之曰：“吐蕃无道，乘我国有乱，不顾舅甥之亲，吞噬我边鄙，焚荡我畿甸，其所掠之财不可胜载，马牛杂畜，长数百里，弥漫在野，此天以赐汝也。全师而继好，破敌以取富，为汝计，孰便于此！不可失也。”

【译文】郭子仪因此劝说道：“吐蕃暴虐，乘我国有乱，不顾舅甥之国的关系，吞噬我边疆，焚毁扫荡我京畿地区，他们所掠夺的财物用车装都装不完，马、牛和其它牲畜前后长达数百里，散布在荒野上，这是苍天赏赐给你们的。使自己的军队完整而能与唐朝重归于好，击败敌军又能取得财富。从你那方面考虑，还有比这更有利的吗！机不可失啊！”

药葛罗曰：“吾为怀恩所误，负公诚深，今请为公尽力，击吐蕃以谢过。然怀恩之子，可敦兄弟也，愿舍之勿杀。”子仪许之。

【译文】药葛罗说道：“我上了仆固怀恩的当，辜负您实在太深，如今请让我为您尽力，攻击吐蕃以谢罪。然而，仆固怀恩之子是回纥可敦的兄弟，愿您放过他而不要杀他。”郭子仪表示允许。

回纥观者左右为两翼，稍前，子仪麾下亦进，子仪挥手却之，因取酒与其酋长共饮。药葛罗使子仪先执酒为誓，子仪酹地曰：“大唐天子万岁！回纥可汗亦万岁！两国将相亦万岁！有负约者，身殒陈前，家族灭绝。”

【译文】在两侧旁观的回纥人，逐渐向前靠近，郭子仪的部下也迎上去，郭子仪挥手让他们退后，于是取酒来与回纥酋长共饮。药葛罗让郭子仪先拿酒杯对天发誓，郭子仪将酒洒在地上，发誓说：“大唐天子万岁！回纥可汗也万岁！两国的将相也万岁！谁要负约，就在阵前陨命，家族灭绝。”

杯至药葛罗，亦酹地曰：“如令公誓！”于是诸酋长皆大喜曰：“向以二巫师从军，巫言此行甚安稳，不与唐战，见一大人而还，今果然矣。”子仪遗之彩三千匹，酋长分以赏巫。子仪竟与定约而还。吐蕃闻之，引兵夜遁去。回纥遣其酋长石野那等六人，入见天子。

【译文】酒杯传到药葛罗手中，他也将酒洒在地上说：“我的誓言同郭令公一样！”于是回纥诸位酋长都非常高兴地说：“出发时，我们让两位巫师从军，巫师说这次行动非常安稳，不用与唐军交战，见到一位大人物就回师，如今果然如此。”郭子仪送给他们彩帛三千匹，回纥酋长分出部分彩帛，奖赏巫师。郭子仪最后与回纥订好盟约才回来。吐蕃闻讯后，夜里便率领军队逃跑了。回纥派酋长石野那等六人入朝觐见代宗。

药葛罗帅众追吐蕃，子仪使白元光帅精骑与之俱；癸酉，战于灵台西原，大破之，杀吐蕃万计，得所掠士女四千人。丙子，又破之于泾州东。

【译文】药葛罗率领军队追击吐蕃军队，郭子仪派遣白元光率领精锐骑兵与回纥军队共同追击。癸酉（十五日），在灵台西原与吐蕃军队交战，大破吐蕃军队，杀死数以万计的吐蕃士兵，截获被吐蕃掠走的士人、妇女四千人。丙子（十八日），在泾州东面又将吐蕃军队打败。

裴度李愬平蔡之役

（宪宗元和十二年）

元和十二年春正月甲申，贬袁滋为抚州刺史。李愬至唐州，军中承丧败之余，士卒皆惮战，愬知之。有出迓者，愬谓之曰："天子知愬柔懦能忍耻，故使来拊循尔曹。至于战攻进取，非吾事也。"众信而安之。

【译文】春季正月甲申（二十四日），宪宗将袁滋贬为抚州刺史。李愬来到唐州。唐州的军队在经受死丧败亡后，将士们都害怕作战，李愬也知道这种状况。有些人出来迎接李愬，李愬便对他们说："天子知道我柔弱怯懦，能够忍受耻辱，因此让我来抚慰你们。至于采取军事行动，就不是我的事情了。"大家相信了他的话，都放心了。

愬亲行视士卒，伤病者存恤之，不事威严。或以军政不肃为言，愬曰："吾非不知也。袁尚书专以恩惠怀贼，贼易之，闻吾至，必增备，故吾示之以不肃。彼必以吾为懦而懈惰，然后可图也。"淮西人自以尝败高、袁二帅，轻愬名位素微，遂不为备。

【译文】李愬亲自去看望将士们，慰问抚恤受伤和生病的人，不摆威严的架子。有人进言说军中政事不够整肃，李愬说："我并不是不知道。袁尚书专门以恩惠安抚敌人，敌人轻视他。现在，敌人得知我来了，肯定要增设防备。我故意让敌人看到我军不够整肃，他们肯定以为我是懦弱而又懒惰的，此后才能够设法对付他们。"淮西人自认为曾经打败过高霞寓和袁滋的两个主帅，因李愬的名望与官位素来卑微而轻视他，便不再作防备。

李愬谋袭蔡州，表请益兵，诏以昭义、河中、鄜坊步骑二千给之。丁酉，愬遣十将马少良将十余骑巡逻，遇吴元济捉生虞候丁士良，与战，擒之。士良，元济骁将，常为东边患，众请刳其心，愬许之。既而召诘之，士良无惧色。愬曰："真丈夫也！"命释其缚。

【译文】李愬策划袭击蔡州，上表请求增派兵力，宪宗颁诏将昭义、河中、鄜坊的步、骑兵两千人拨给了他。丁酉（初七），李愬派遣十将马少良率骑兵十余人巡回侦察，遇到吴元济的捉生虞候丁士良，与他交战，将他擒获。丁士良是吴元济骁勇善战的将领，经常危害东部的唐州、邓州等地。大家请求将丁士良的心剜出来，李愬答应下来。不久，李愬把丁士良叫来，当面责问他，丁士良没有一点恐惧的神色。李愬说："丁士良真是一位大丈夫！"他命令为丁士良松绑。

士良乃自言："本非淮西士，贞元中隶安州，与吴氏战，为其所擒，自分死矣。吴氏释我而用之，我因吴氏而再生，故为吴氏父子竭力。昨日力屈，复为公所擒，亦分死矣。今公又生之，请尽死以报德！"愬乃给其衣服器械，署为捉生将。

【译文】于是，丁士良主动说："我原来不是淮西的官吏，贞元年间我隶属安州，与吴氏作战，被吴氏擒获，自忖就要被处死了，吴氏却释放并起用了我。我因为吴氏而得以再次存活下来，所以我为吴氏父子尽力效命。昨天我力不能支，又被您所擒获，我也料想这次可要被处死了，现在您又让我存活下来。请让我竭尽死力，报答您的恩德。”于是，李愬将衣服和器具又给了他，任命他为捉生将。

己亥，淮西行营奏克蔡州古葛伯城。丁士良言于李愬曰：“吴秀琳拥三千之众，据文城栅，为贼左臂，官军不敢近者，有陈光洽为之谋主也。光洽勇而轻，好自出战，请为公先擒光洽，则秀琳自降矣。”戊申，士良擒光洽以归。

【译文】己亥（初九），淮西行营奏称攻克了蔡州的古葛伯城。丁士良向李愬进言说：“吴秀琳拥有三千兵马，据有文城栅，犹如敌人的左臂。官军不敢靠近他的原由，就在于有陈光洽作他的主谋。陈光洽勇敢善战，但是不够稳重，喜欢亲自出来接战，请让我替您首先捉住陈光洽，吴秀琳自然就会投降了。”戊申（十八日），丁士良捉获了陈光洽，带着他回来了。

鄂岳观察使李道古引兵出穆陵关。甲寅，攻申州，克其外郭，进攻子城。城中守将夜出兵击之，道古之众惊乱，死者甚众。道古，皋之子也。

【译文】鄂岳观察使李道古率领兵马由穆陵关进发，甲寅（二十四日），攻打申州，攻克了申州外围的城郭，又进军攻打内城。在城中守卫的将领夜间派兵进击李道古，李道古的兵马惊惶散乱，死者众多。李道古是李皋的儿子。

淮西被兵数年，竭仓廪以奉战士，民多无食，采菱芡鱼鳖鸟兽，食之亦尽，相帅归官军者前后五千余户。贼亦患其耗粮食，不复禁。庚申，敕置行县以处之，为择县令，使之抚养，并置兵以卫之。三月乙丑，李愬自唐州徙屯宜阳栅。

【译文】淮西一连几年遭受战火，只得竭尽粮仓的储备来奉养参战的士兵。百姓多数没有食物，便去寻找菱角、芡实、鱼鳖、鸟兽来吃，但也吃光了。百姓聚在一起归附官军的先后有五千多户。吴无济也担心百姓要消耗粮食，便不再禁止他们归降官军。庚申（三十日），宪宗敕令设置行县来安顿淮西降附的百姓，为他们选择县令，让县令体恤并赡养百姓，还设置军队来保卫他们。三月，乙丑（初五），李愬由唐州移兵屯驻宜阳栅。

吴秀琳以文城栅降于李愬。戊子，愬引兵至文城西五里，遣唐州刺史李进诚将甲士八千至城下，召秀琳，城中矢石如雨，众不得前。进诚还报：“贼伪降，未可信也。”愬曰：

“此待我至耳。”即前至城下，秀琳束兵投身马足下，愬抚其背慰劳之，降其众三千人。

【译文】吴秀琳率文城栅兵马向李愬投降。戊子（二十八日），李愬领兵来到文城西面五里处，派遣唐州刺史李进诚率领兵士八千人来到城下，召呼吴秀琳，城中箭石密集如雨，大家无法上前。李愬进诚回来报告说：“敌人是假装投降，是不能够相信的。”李愬说：“这是等候我前去哩。”李愬当即来到城下，吴秀琳收起兵器，一头伏在李的马前，李愬抚摩着他的脊背，好言安慰他，收降了吴秀琳的三千人马。

秀琳将李宪，有材勇，愬更其名曰忠义而用之，悉迁妇女于唐州，入据其城。于是唐、邓军气复振，人有欲战之志。贼中降者相继于道，随其所便而置之。闻有父母者，给粟帛遣之，曰：“汝曹皆王人，勿弃亲戚。”众皆感泣。

【译文】吴秀琳的将领李宪既有才能，又很勇敢，李愬为他改名为李忠义，并且起用了他。李愬将文城各将领的女眷全部迁移到唐州。于是，唐州与邓州军中的士气又振作起来，人人都有准备打仗的决心。前来投降的敌军在道路上一个接着一个，李愬便根据他们的具体情况，一一做出安置。得知归降者家中有父母需要照料的，便发给粮食与布帛，打发他们回去，还说：“你们都是朝廷的百姓，不能丢下亲属不管。”大家都感动得哭起来。

官军与淮西兵夹溵水而军，诸军相顾望，无敢度溵水者。陈许兵马使王沛先引兵五千度溵水，据要地为城，于是河阳、宣武、河东、魏博等军相继皆度，进逼郾城。丁亥，李光颜败淮西兵三万于郾城，走其将张伯良，杀士卒什二三。

【译文】官军与淮西军隔着溵水驻扎下来，官军的各支军队相互踌躇观望，没有哪支军队有胆量渡过水。陈许兵马使王沛率领兵马五千人率先渡过溵水，占领要害的地点筑城。于是，河阳、宣武、河东、魏博等军队都一个接着一个地渡过水，进逼郾城。丁亥（二十七日），李光颜在郾城打败淮西兵马三万人，赶走了该军将领张伯良，杀掉全军将士的十分之二三。

己丑，李愬遣山河十将董少玢等，分兵攻诸栅。其日少玢下马鞍山，拔路口栅。夏四月辛卯，山河十将马少良下嵖岈山，擒淮西将柳子野。

【译文】己丑（二十九日），李愬派遣山河十将董少玢等人分别出兵攻打各处栅垒。就在当天，董少玢占领马鞍山，攻克路口栅。夏季，四月，辛卯（初二），山河十将马少良占领嵖岈山，擒获淮西将领柳子野。

吴元济以蔡人董昌龄为郾城令，质其母杨氏。杨氏谓昌龄曰：“顺死贤于逆生，汝去逆而吾死，乃孝子也；从逆而吾生，是戮吾也。”会官军围青陵，绝郾城归路，郾城守将邓怀金谋于昌龄，昌龄劝之归国，怀金乃请降于李光颜曰：“城人之父母妻子皆在蔡州，请公来攻城，吾举烽求救，救兵至，公逆击之，蔡兵必败，然后吾降，则父母妻子庶免矣。”光颜从之。

【译文】吴元济任命蔡州人董昌龄为郾城县令，而将他的母亲杨氏当作人质。杨氏告诉董昌龄说：“顺承朝廷而死胜于叛逆朝廷而生。你摆脱叛逆，就是我死了，你也是我孝顺的儿子；你随从叛逆，就是我活着，也等于你杀死了我。”适值官军包围青陵，切断了郾城的退路，郾城守将邓怀金去找董昌龄商议，董昌龄便规劝他归顺朝廷。于是，邓怀金向李光颜请求投降说：“郾城将士的父母、妻子、儿女都住在蔡州，请您前来攻打郾城，我点燃烽火向蔡州请求援救，等援救的兵马来到郾城时，您便迎击他们，蔡州兵马必定失败。此后我再归降，郾城将士的父母、妻子、儿女大约便能够幸免于死了。”李光颜听从了他的主张。

乙未，昌龄、怀金举城降，光颜引兵入据之。吴元济闻郾城不守，甚惧。时董重质将骡军守洄曲，元济悉发亲近及守城卒，诣重质以拒之。

【译文】乙未（初六），董昌龄与邓怀金率领全城归降，李光颜带领兵马占领了郾城。吴元济得知郾城失守，非常恐惧。当时，董重质率领骡军在洄曲防守，吴元济将亲信将士以及守城士兵全部派往董重质处，以便抵御李光颜。

李愬山河十将妫雅、田智荣下冶炉城。丙申，十将阎士荣下白狗、汶港二栅。癸卯，妫雅、田智荣破西平。丙午，游弈兵马使王义破楚城。五月辛酉，李愬遣柳子野、李忠义袭朗山，擒其守将梁希果。

【译文】李愬的山河十将妫雅、田智荣攻克了冶炉城。丙申（初七），山河十将阎士荣攻克了白狗、汶港两处栅垒。癸卯（十四日），妫雅、田智荣攻破西平。丙午（十七日），游弈兵马使王义攻下楚城。五月辛酉，李愬遣柳子野、李忠义袭朗山，擒其守将梁希果。

丁丑，李愬遣方城镇遏使李荣宗击青喜城，拔之。愬每得降卒，必亲引问委曲，由是贼中险易远近虚实尽知之。愬厚待吴秀琳，与之谋取蔡。秀琳曰：“公欲取蔡，非李祐不可，秀琳无能为也。”祐者，淮西骑将，有勇略，守兴桥栅，常陵暴官军。

【译文】丁丑（十八日），李愬派遣方城镇遏使李荣宗攻克青喜城。每当李愬得到归降的士兵，一定要亲自领来询问淮西的底细，因此他对敌方的地形和兵力分布都了解清楚了。李愬优待吴秀琳，与他策划夺取蔡州。吴秀琳说："如果您打算夺取蔡州，非有李祐不可，我是无能为力的。"李祐是淮西的骑兵将领，勇敢而有谋略，防守兴桥栅，经常侵凌欺辱官军。

庚辰，祐率士卒刈麦于张柴村，愬召厢虞候史用诚戒之曰："尔以三百骑伏彼林中，又使人摇帜于前，若将焚其麦积者。祐素易官军，必轻骑来逐之，尔乃发骑掩之，必擒之。"

【译文】庚辰（二十一日），李祐率领士兵在张柴村收割麦子，李愬叫来厢虞候史用诚，告诫他说："你带领骑兵三百人在那片树林中埋伏下来，再让人在前面摇动旗帜，做出将要焚烧他们的麦堆的样子。李祐平时小看官军，肯定会率领轻装的骑兵前来驱逐他们。这时，你便派骑兵袭取他，肯定能够将他擒获。"

用诚如言而往，生擒祐以归。将士以祐向日多杀官军，争请杀之。愬不许，释缚待以客礼。时愬欲袭蔡，而更密其谋，独召祐及李忠义屏人语，或至夜分，它人莫得预闻。诸将恐祐为变，多谏愬。愬待祐益厚。士卒亦不悦，诸军日有牒，称祐为贼内应，且言得贼谍者，具言其事。

【译文】史用诚按照李愬的吩咐前往，活捉李而回。由于李祐往日杀害了许多官军，将士们争着请求将他杀掉。李愬不肯答应，给他松了绑，以宾客的礼节对待他。当时，李愬准备掩袭蔡州，谋划更为隐秘。他单独叫来李祐和李忠义，屏退外人后才进行交谈，有时谈话一直延续到夜半，别人都不能够参与商议。各将领担心李祐制造变故，往往规劝李愬，而李愬对待李祐更为优厚。士兵们也不高兴，各军每天都有文书声称李祐是淮西的内应，而且说是听敌方奸细讲的。

愬恐谤先达于上，已不及救，乃持祐泣曰："岂天不欲平此贼邪！何吾二人相知之深而不能胜众口也。"因谓众曰："诸君既以祐为疑，请令归死于天子。"乃械祐送京师，先密表其状，且曰："若杀祐，则无以成功。"诏释之，取还愬。愬见之喜，执其手曰："尔之得全，社稷之灵也！"乃署散兵马使，令佩刀巡警，出入帐中。或与之同宿密语，不寐达曙，有窃听于帐外者，但闻祐感泣声。

【译文】李愬担心诽谤事先传到朝廷，自己来不及搭救李祐，便握着李祐的手哭泣着说："难道是上天不愿意平定这伙贼人吗？为什么你我二人相互了解得如此深切，但就是不能够制服众人的议论呢？"因而，李愬对大家说："既然诸位怀疑李祐，请大家让他到天子那里接受死刑吧！"于是，李愬给李祐加上枷锁，将他送往京城，事先暗中上表讲清具体情况，而且说："如果杀了李祐，就无法取得成功。"宪宗颁诏释放李祐，将他还给李愬。李愬见到李祐时，高兴地握着李祐的手说："你得以保全，这是社稷的威灵有知啊！"李愬便任命李祐为散兵马使，让他带着佩刀，巡视警戒，在自己的帐中往来。有时，李愬与他一同就寝，秘密交谈，直到透出曙色也不入睡，有人在帐外暗中偷听，只能听到李祐感动的哭泣声。

时唐、随牙队三千人，号六院兵马，皆山南东道之精锐也。愬又以祐为六院兵马使。旧军令舍贼谍者屠其家。愬除其令，使厚待之。谍反以情告愬，愬益知贼中虚实。

【译文】当时，唐州、随州节度使牙卫队三千人，号称六院兵马，都是山南东道精悍勇锐的军队，李愬又任命李祐为六院兵马使。原先的军令规定，对留宿敌方奸细的人，要屠杀他的全家。李愬除去这一军令，让人们优待敌人的奸细，奸细反而将实情报告给李愬，李愬愈发了解敌人的情况。

乙酉，愬遣兵攻朗山，淮西兵救之，官军不利。众皆怅恨，愬独欢然曰："此吾计也！"乃募敢死士三千人，号曰突将，朝夕自教习之，使常为行备，欲以袭蔡。会久雨，所在积水，未果。

【译文】乙酉（二十六日），李愬派兵攻打朗山，淮西兵前去援救，官军失利。大家又惆怅，又恼恨，只有李愬欢快地说："这正是我的计策啊！"于是，李愬募集了敢死之士三千人，号称突将，天天亲自教练他们，让他们经常做好出发的准备，李愬就是打算以这支军队袭击蔡州。适值多日落雨，到处积满雨水，这一计划没有实现。

吴元济见其下数叛，兵势日蹙，六月壬戌，上表谢罪，愿束身自归。上遣中使赐诏，许以不死，而为左右及大将董重质所制，不得出。

【译文】吴元济看到部下屡次背叛自己，军事形势日益紧迫，六月，壬戌（初四），他上表认罪，表示愿意亲自回朝投案。宪宗派遣中使向他颁赐诏书，答应可以免他一死。然而，吴元济被自己的亲信和大将董重质等人所控制，无法离开蔡州。

诸军讨淮蔡，四年不克，馈运疲弊，民至有以驴耕者。上亦病之，以问宰相。李逢吉等竞言师老财竭，意欲罢兵。裴度独无言，上问之，对曰："臣请自往督战。"

【译文】诸军讨伐淮西蔡州，历时四年，没有攻克，物资转运使人们疲惫不堪，以至于有些百姓只好用驴来耕种田地。宪宗也为此忧虑，便就此事询问宰相。李逢吉等人争着说军中士气低落，财物消耗已尽，意思是打算停止用兵。唯独裴度一言不发，宪宗征求他的意见，他回答说："我请求亲自前去督战。"

乙卯，上复谓度曰："卿真能为朕行乎？"对曰："臣誓不与此贼俱生！臣比观吴元济表，势实窘蹙，但诸将心不壹，不并力迫之，故未降耳。若臣自诣行营，诸将恐臣夺其功，必争进破贼矣。"

【译文】乙卯（二十八日），宪宗又对裴度说："你果真能够为朕去走一遭吧？"裴度回答说："我发誓不与这些贼人一起生存。近日我看了吴元济的奏表，他面临的形势实在已经窘困紧迫，但是各将领心不齐，不能够合力紧逼他，所以他还没有降顺。如果我亲自前往行营，各将领惟恐我夺去他们的功劳，肯定争先进军破敌了。"

上悦，丙戌，以度为门下侍郎、同平章事、兼彰义节度使，仍充淮西宣慰招讨处置使。又以户部侍郎崔群为中书侍郎、同平章事。制下，度以韩弘已为都统，不欲更为招讨，请但称宣慰处置使，仍奏刑部侍郎马总为宣慰副使，右庶子韩愈为彰义行军司马，判官、书记皆朝廷之选，上皆从之。

【译文】宪宗大悦，丙戌（疑误），任命裴度为门下侍郎、同平章事、兼彰义节度使，还充任淮西宣慰招讨处置使，同时任命户部侍郎崔群为中书侍郎、同平章事。制书下达后，裴度因韩弘已经出任都统，不打算再担当招讨使，请求只称宣慰处置使。他还奏请由刑部侍郎马总担任宣慰副使，右庶子韩愈担任彰义行军司马，叛官、书记等职，都由朝廷选派，宪宗全部依从了他。

度将行，言于上曰："臣若贼灭，则朝天有期；贼在，则归阙无日。"上为之流涕。八月庚申，度赴淮西，上御通化门送之。

【译文】在将要启程时，裴度对宪宗说："倘若贼人覆灭了，我不久就会前来朝见陛下；倘若贼人尚在，我就不会回到朝廷中来。"宪宗听得此言，不禁流下了眼泪。八月，庚申（初三），裴度前往淮西，宪宗驾临通化门为他送行。

右神武将军张茂和，茂昭弟也，尝以胆略自衒于度。度表为都押牙，茂和辞以疾，度奏请斩之。上曰："此忠顺之门，为卿远贬。"辛酉，贬茂和永州司马。以嘉王傅高承简为都押牙。承简，崇文之子也。

【译文】右神武将军张茂和是张茂昭的弟弟，曾经在裴度面前夸耀自己的胆识才略，裴度上表请求任命他为都押牙。张茂和以身染疾病推辞，裴度上奏请求将他斩杀。宪宗说："此人出于忠心顺命的人家，朕为你将他贬官到远方吧。"辛酉（初四），宪宗将张茂和贬为永州司马，任命嘉王傅高承简为都押牙。高承简是高崇文的儿子。

李逢吉不欲讨蔡，翰林学士令狐楚与逢吉善，度恐其合中外之势以沮军事，乃请改制书数字，且言其草制失辞。壬戌，罢楚为中书舍人。李光颜、乌重胤与淮西战，癸亥，败于贾店。

【译文】李逢吉不愿意讨伐蔡州，而翰林学士令狐楚与李逢吉交好。裴度担心他们二人将内廷与外朝的势力合起来阻挠战事，便请求在制书上改动了几个字，并且说令孤楚起草制书言辞失当。壬戌（初五），宪宗将令狐楚罢免为中书舍人。李光颜与乌重胤与淮西交战，癸亥（初六），二人在贾店战败。

裴度过襄城南白草原，淮西人以骁骑七百邀之。镇将楚邱曹华知而为备，击却之。度虽辞招讨名，实行元帅事，以郾城为治所。甲申，至郾城。先是诸道皆有中使监陈，进退不由主将，胜则先使献捷，不利则陵挫百端。度悉奏去之，诸将始得专军事，战多有功。

【译文】裴度经过襄城南面的白草原时，淮西军派出骁勇的骑兵七百人前来截击他。镇将楚丘人曹华事先得到消息，做好了准备，便将他们击退了。虽然裴度辞去了招讨的名称，实际上是行使元帅的职事，他选定郾城作为自己的官署。甲申（二十七日），裴度来到郾城。在此之前，诸道都有中使监督战阵，军队的行动不能由主将做主。打了胜仗，中使率先使人向朝廷报捷；作战失利了，中使便对将帅百般凌辱。裴度奏请将各处监督战阵的中使全部罢除，各将领这才得以专力办理军中事务，在作战中经常取胜。

九月庚子，淮西兵寇溵水镇，杀三将，焚刍藁而去。

【译文】九月庚子（十四日），淮西兵马侵犯溵水镇，斩杀三员将领，烧掉喂养牲畜的干草以后便撤离了。

甲寅，李愬将攻吴房，诸将曰："今日往亡。"愬曰："吾兵少不足战，宜出其不意。彼以往亡不吾虞，正可击也。"遂往，克其外城，斩首千余级。

【译文】甲寅（二十八日），李愬准备攻打吴房县。诸将领都说："今天是不利前往的往亡日啊。"李愬说："我们兵马为数较少，正面作战，兵力不够用的，适于采取出其不意的行动。敌人因今天是往亡日便不会戒备我们，这正是可以进击的时候。"于是，李愬率军前往，攻克了吴房的外城，斩首一千余级。

余众保子城不敢出。愬引兵还以诱之，淮西将孙献忠果以骁骑五百追击其背。众惊将走，愬下马据胡床，令曰："敢退者斩！"返旆力战，献忠死，淮西兵乃退。或劝愬乘胜攻其子城，可拔也。愬曰："非吾计也。"引兵还营。

【译文】剩下来的吴房兵马防守内城，不敢出战。李愬率领兵马撤回，以便诱使吴房兵马出动，淮西将领孙献忠果然率领骁勇的骑兵五百人在背后追击。大家惊惶失措，准备逃走，李愬跳下马来，靠在胡床上，下达命令说："有胆敢退却的，一概斩杀！"大家回军尽力作战，孙献忠阵亡，淮西兵马这才撤退。有人劝说李愬乘胜攻打吴房的内城，认为是能够攻克的。李愬说："这不是我的计策。"于是，李愬率领兵马返回营地。

李祐言于李愬曰："蔡之精兵，皆在洄曲及四境拒守，守州城者皆羸老之卒，可以乘虚直抵其城。比贼将闻之，元济已成擒矣。"愬然之。冬十月甲子，遣掌书记郑澥至郾城，密白裴度。度曰："兵非出奇不胜，常侍良图也。"

【译文】李祐向李愬进言说："蔡州的精锐兵马全都被派往洄曲及四周的边境上，在那里防御守备。防守蔡州城的兵力都是老弱残兵，可以乘蔡州空虚，直接抵达蔡州城。及至敌军将领得知消息时，吴元济已经就擒了。"李愬认为言之有理。冬季，十月，甲子（初八），李派遣掌书记郑澥前往郾城，秘密禀报裴度。裴度说："用兵打仗，不出奇兵，不能取胜，李常侍提出了个妙计啊。"

裴度帅僚佐观筑城于沱口，董重质帅骑出五沟邀之，大呼而进，注弩挺刃，势将及度。李光颜与田布力战拒之，度仅得入城。贼退，布扼其沟中归路。贼下马逾沟，坠压死者千余人。

【译文】裴度率僚佐在沱口观看修筑城墙，董重质率领骑兵从五沟出发，前来拦击裴度，大声呼喊着向前进军，搭着弓弩，拔出兵器，兵锋将要危及裴度。李光颜与田布尽力作战，抵御董重质，裴度才得以进入沱口城中。敌军撤退时，田布扼守敌军在沟中的退路，敌人下马翻越沟堑，摔死压死的有一千多人。

辛未，李愬命马步都虞候、随州刺史史旻，留镇文城，命李祐、李忠义帅突将三千为前驱，自与监军将三千人为中军，命李进诚将三千人殿其后。军出，不知所之。

【译文】辛未（十五日），李愬命令马步都虞候、随州刺史史留下来镇守文城，命令李祐与李忠义率领由敢死之士组成的突将三千人作为前导，自己与监军率领三千人作为中军，命令田进诚率领三千人居于军队的后部。军队出发以后，还不知道是往哪里开进。

愬曰："但东行。"行六十里，夜至张柴村，尽杀其戍卒及烽子。据其栅，命士少休，食干粮，整羁靮，留义成军五百人镇之，以断洄曲及诸道桥梁，复夜引兵出门。诸将请所之，愬曰："入蔡州取吴元济！"

【译文】李愬说；"只须向着东方行进！"军队走了六十里路，夜晚来到张柴村，将屯戍村中的淮西士兵和守候烽火的人员全部杀死，占领了敌军的栅垒。李愬命令将士稍作休息，吃些干饭，整顿马具，将义成军的五百人留下来镇守张柴村，以便截断洄曲与各条道路间的桥梁。李愬又连夜率领兵马出了张柴村的栅门，各位将领请示进军目标，李愬说："到蔡州去捉拿吴元济！"

诸将皆失色。监军哭曰："果落李祐奸计！"时大风雪，旌旗裂，人马冻死者相望。天阴黑，自张柴村以东道路，皆官军所未尝行，人人自以为必死，然畏愬，莫敢违。

【译文】各位将领都大惊失色。监军哭着说；"果然中了李祐的奸计了！"当时，风雪大作，旗帜破裂，冻死的战士与马匹到处可见。加之天色阴暗，由张柴村往东去的道路，都是官军从来没有走过的，人人都暗自以为肯定活不成了。但是，他们畏惧李愬，不敢违抗命令。

夜半，雪愈甚，行七十里至州城。近城有鹅鸭池，愬令击之以混军声。自吴少诚拒命，官军不至蔡州城下三十余年，故蔡人不为备。壬申四鼓，愬至城下，无一人知者。

【译文】到了半夜，雪下得更大了。官军走了七十里路，来到蔡州城下。靠近城边有一处喂养鹅鸭的池塘，李愬命令哄打鹅鸭，以便遮掩军队行走的声音。自从吴少诚抗拒朝命，官军不到蔡州城下已经有三十多年，所以蔡州人没有防备。壬申（十六日），四更时，李愬来到蔡州城下，敌军无人知晓。

李祐、李忠义镢其城为坎以先登，壮士从之。守门卒方熟寐，尽杀之，而留击柝者，使击柝如故，遂开门纳众。及里城亦然，城中皆不之觉。鸡鸣，雪止，愬入居元济外宅。

【译文】李祐和李忠义用锄头在城墙上掘出坑坎，率先登城，强壮的士兵便跟在他们身后。看守蔡州城门的士兵正在熟睡，李祐等人将他们全部杀掉，只将巡夜打更的人留了下来，让他依然如故地去敲打木梆。于是，李祐等人打开城门，让大家进去。来到内城时，也是采用这种办法，城中的人们都没有发觉官军。鸡叫时，雪停，这时李祐已经进入吴元济的所居外城。

或告元济曰："官军至矣！"元济尚寝，笑曰："俘囚为盗耳！晓当尽戮之。"又有告者曰："城陷矣！"元济曰："此必洄曲子弟就吾求寒衣也。"起听于廷，闻愬军号令曰："常侍传语！"应者近万人。元济始惧，曰："何等常侍，能至于此！"乃帅左右登牙城拒战。

【译文】有人向吴元济报告说："官军到啦！"吴元济还在躺着，笑着说："不过是被俘的囚徒在做盗窃行径罢了！天亮后我会把他们都杀了。"又有前来报告的人说："州城陷落啦！"吴元济说："这肯定是洄曲的后生们到我这里来要求发放冬季服装的。"他站起身来，走到院子中向外聆听，听到李愬军在发布号令说："常侍传话。"响应号令的有将近一万人。吴元济这才害怕地说："这是个什么样的常侍，竟能够到此地来呢！"于是，吴元济率领亲信，登上牙城，抵御官军。

时董重质拥精兵万余人据洄曲。愬曰："元济所望者，重质之救耳。"乃访重质家，厚抚之，遣其子传道持书谕重质。重质遂单骑诣愬降。

【译文】当时，董重质拥有精锐兵马一万多人，占据着洄曲。李愬说："吴元济盼望的事情，只是董重质前来援救而已！"于是，李愬寻找到董重质的家人，深深地抚慰他们，派遣他的儿子董传道带着书信前去规劝董重质，董重质便单人匹马前往李愬处投降。

愬遣李进诚攻牙城，毁其外门，得甲库，取器械。癸酉，复攻之，烧其南门，民争负薪刍助之，城上矢如蝟毛。晡时门坏，元济于城上请罪，进诚梯而下之。

【译文】李愬派遣李进诚攻打牙城，毁去牙城的外门，得到了兵甲仓库，取出了军用器具。癸酉（十七日），李愬进诚再次攻打牙城，火烧牙城的南门，百姓争着背来柴草帮助官军，射向城上的箭象刺猬毛一样密集。到了申时，城门毁坏了，吴元济在城上请罪，李进诚用梯子将他接了下来。

甲戌，愬以槛车送元济诣京师，且告于裴度。是日，申、光二州及诸镇兵二万余人相继来降。自元济就擒，愬不戮一人，凡元济官吏、帐下、厨厩之卒，皆复其职，使之不疑，然后屯于鞠场以待裴度。

【译文】甲戌（十八日），李愬用囚车将吴元济送往京城，并且向裴度作了报告。这一天，申、光二州以及各城镇军两万多人相继前来归降。自从吴元济被擒获后，李愬没有杀戮任何一人。凡是吴元济的官吏及帐下、厨房、马厩的士兵，李愬一概恢复他们的职事，使他们没有疑虑。然后，李愬便在鞠球场上驻屯兵马，等候裴度前来。

己卯，淮西行营奏获吴元济，光禄少卿杨元卿言于上曰："淮西大有珍宝，臣能知之，往取必得。"上曰："朕讨淮西，为人除害，珍宝非所求也。

【译文】己卯（二十三日），淮西行营奏称俘获了吴元济。光禄少卿杨元卿向宪宗进言说："淮西有许多珍宝，我知道它们，让我前去寻取，一定能够得到。"宪宗说："朕讨伐淮西，是为民除害，朕并不要在那里寻求珍宝啊。"

董重质之去洄曲军也，李光颜驰入其壁，悉降其众。庚辰，裴度遣马总先入蔡州慰抚。辛巳，度建彰义军节，将降卒万余人入城，李愬具櫜鞬出迎，拜于路左。度将避之，愬曰："蔡人顽悖，不识上下之分数十年矣。愿公因而示之，使知朝廷之尊。"度乃受之。

【译文】董重质离开洄曲军后，李光颜奔进他的营垒，将他的兵马全部招降。庚辰（二十四日），裴度派遣马总率先进入蔡州抚慰将士。辛巳（二十五日），裴度手执彰义军的符节，带领投降的士兵一万多人进入蔡州城，李愬全副武装，出来迎接，在道路左侧向裴度行礼。裴度准备避开李愬的拜礼，李愬说："蔡州人愚妄悖逆，不懂得长官与下属的名分，已经有几十年了，希望您就此显示给他们，使他们知道朝廷的尊严。"于是，裴度接受了拜礼。

李愬还军文城，诸将请曰：“始公败于朗山而不忧，胜于吴房而不取，冒大风甚雪而不止，孤军深入而不惧，然卒以成功，皆众人所不谕也，敢问其故？”

【译文】李愬返回文城栅驻扎。各位将领请教说：“起初，您在朗山战败了，但并不发愁；在吴房取胜了，但并不夺取吴房；冒着大风暴雪，但并不肯停止行军；带着孤立无援的军队深入敌境，但并不畏惧。然而，您终于因此获得成功，这都是大家所不明白的，请让我们冒昧地询问其中的原由。”

愬曰：“朗山不利，则贼轻我而不为备矣。取吴房则其众奔蔡，并力固守，故存之以分其兵。风雪阴晦，则烽火不接，不知吾至。孤军深入，则人皆致死，战自倍矣。夫视远者不顾近，虑大者不计细，若矜小胜，恤小败，先自挠矣，何暇立功乎！”众皆服。愬俭于奉己而丰于待士，知贤不疑，见可能断，此其所以成功也。

【译文】李愬说：“朗山失利，敌人便轻视我们，因而不作防备了。夺取吴房，吴房的人马便要逃奔蔡州，合力坚守，所以我将吴房留下来，以便分散敌人的兵力。急风暴雪，天色昏暗，便不能够用烽火取得联系，敌人就不会知道我们已经到来。孤立无援的军队深入敌境，人们便都献身效死，打起仗来自然就会加倍出力。一般说来，眺望远处的人不必顾及近处，计虑大事的人不必知悉细事。倘若夸耀小小的胜利，顾惜小小的失败，首先就把自己搅乱了，哪里还有余暇去建立功劳呢！”大家都服气了。李愬生活节俭，但对将士的供养却是丰厚的；他了解到一个人是贤能的，就不对他疑心；他见到可以实行的事，便能做出决断；这就是他获得成功的原由。

裴度以蔡卒为牙兵，或谏曰：“蔡人反仄者尚多，不可不备。”度笑曰：“吾为彰义节度使，元恶既擒，蔡人则吾人也，又何疑焉！”蔡人闻之感泣。先是吴氏父子阻兵，禁人偶语于涂，夜不然烛，有以酒食相过从者罪死。度既视事，下令惟禁盗贼，余皆不问，往来者不限昼夜，蔡人始知有生民之乐。

【译文】裴度任用蔡州的士卒为牙兵，有人规劝他说：“蔡州人中间反复不定的人为数还很多，不能不加以防备。”裴度笑着说：“我是彰义节度使，首恶已被擒获，蔡州人就是我的人啊，又有什么可怀疑的呢！”蔡州人得知此言，感动得哭了。在此之前，吴少阳、吴元济父子拥兵淮西，禁止人们在道路上相对私语，不许在夜间点燃灯烛，若有人以酒饭相互往来，便要处以死罪。裴度任职以后，下达命令，只须禁止盗窃，其余一概不加过问，人们相互往来，没有白天黑夜的限制，蔡州人初次感到了做百姓的快乐。

甲申，诏韩弘、裴度条列平蔡将士功状及蔡之将士降者，皆差第以闻。淮西州县百姓，给复二年；近贼四州，免来年夏税。官军战亡者，皆为收葬，给其家衣粮五年；其因战伤残废者，勿停衣粮。

【译文】甲申（二十八日），宪宗颁诏命令韩弘与裴度逐条罗列平定蔡州将士的立功情况，以及归降了的蔡州将士的情况，一概区别等级，上报朝廷。淮西各州县百姓，免除赋役两年。邻近淮西的陈、许、颍、唐四州，免去下一年的夏税。阵亡的官军，一概予以收殓安葬，向他们的家属供应五年的衣服与口粮。那些由于作战受伤而残废的官军，不可停止衣服口粮的供应。

十一月，上御兴安门受俘，遂以吴元济献庙社，斩于独柳之下。

【译文】十一月，宪宗驾临兴安门，接受战俘，便以吴元济献祭宗庙社稷，将他在独柳下斩杀。

初，淮西之人，劫于李希烈、吴少诚之威虐，不能自拔，久而老者衰，幼者壮，安于悖逆，不复知有朝廷矣。自少诚以来，遣诸将出兵，皆不束以法制，听各以便宜自战，故人人得尽其才。

【译文】初，淮西百姓遭受李希烈与吴少诚威压虐待，无法从中摆脱出来，时间久了，老一辈的人们衰弱下去了，少一辈的人们强壮起来了，他们在悖乱忤逆的环境中心安理得，不知道还有朝廷在上了。从吴少诚以来，派遣诸将领外出打仗，一概不用法令制度约束他们，听任他们见机行事，各自为战，所以各将领得以人尽其才。

韩全义之败于溵水也，于其帐中得朝贵所与问讯书，少诚束而示众曰："此皆公卿属全义书，云破蔡州日，乞一将士妻女为婢妾。"由是众皆愤怒，以死为贼用。虽居中土，其风俗犷戾，过于夷貊。故以三州之众，举天下之兵环而攻之，四年然后克之。

【译文】韩全义在溵水战败时，淮西军在韩全义的营帐中得到朝廷权贵写给他的相互问候的书信，吴少诚将书信捆成一束，呈示在大家面前说："这些都是公卿们嘱托韩全义的书信，说是在打破蔡州时，要得到一位将士的妻子或女儿作为婢女姬妾。"因此，大家都心怀愤怒，誓死为叛军效力。虽然蔡州地居中原，但民间的风尚猛悍暴戾超过了异族。所以，吴元济凭着蔡、光、申三州人众作乱，朝廷发动全国的兵力将他包围起来，四面攻打，经过四年时间才将他制服。

官军之攻元济也，李师道募人通使于蔡，察其形势，牙前虞候刘晏平应募，出汴、宋间，潜行至蔡。元济大喜，厚礼而遣之。晏平还至郓，师道屏人而问之，晏平曰："元济暴兵数万于外，阽危如此，而日与仆妾游戏博奕于内，晏然曾无忧色。以愚观之，殆必亡不久矣！"师道素倚淮西为援，闻之惊怒，寻诬以他过，杖杀之。

【译文】官军准备攻克吴元济时，李师道召募人员出使蔡州，察看蔡州的发展趋势，牙前虞候刘晏平响应召募，取道汴州与宋州之间，暗中来到蔡州。吴元济非常高兴，以丰厚的礼物打发他回返郓州。刘晏平回到郓州后，李师道屏退周围的人们，向他询问蔡州的情形，刘晏平说："吴元济将数万兵众暴露在外，面临如此危难的局面，却天天与仆从姬妾在内游戏下棋，安闲佚乐，没有一点忧愁的神色。在我看来，吴元济必定要灭亡，时间不会太长了！"李师道平时依靠淮西作为救援的力量，听了这一席话，又吃惊，又恼怒。不久，李师道诬称刘晏平犯了别的过失，将他杖打而死。

戊子，以李愬为山南东道节度使，赐爵凉国公；加韩弘兼侍中；李光颜、乌重胤等各迁官有差。

【译文】戊子（初三），宪宗任命李愬为山南东道节度使，赐给凉国公的爵位，加封韩弘兼侍中，对李光颜、乌重胤等人也分别晋升官职各有等次。

甘露之变

（文宗太和九年）

十一月丙午，以大理卿郭行余为邠宁节度使。癸丑，以河东节度使、同平章事李载义兼侍中。丁巳，以户部尚书、判度支王璠为河东节度使。戊午，以京兆尹李石为户部侍郎、判度支；以京兆少尹罗立言权知府事。石，神符之五世孙也。己未，以太府卿韩约为左金吾卫大将军。

【译文】十一月，丙午（初五），唐文宗任命大理卿郭行余为邠宁节度使。癸丑（十二日），任命河东节度使、同平章事李载义兼侍中。丁巳（十六日），任命户部尚书、判度支王为河东节度使。戊午（十七日），任命京兆尹李石为户部侍郎、判度支，京兆少尹罗立言暂时处理京兆府的政务。李石是李神符的第五代子孙。己未（十八日），任命太府卿韩约为左金吾卫大将军。

始郑注与李训谋，至镇，选壮士数百，皆持白棓，怀其斧以为亲兵。是月戊辰，王守澄葬于浐水，注奏请入护丧事，因以亲兵自随。仍奏令内臣中尉以下，尽集浐水送葬，注因阖门，令亲兵斧之，使无遗类。

【译文】最初，郑注和李训商议，待郑注到风翔上任后，挑选几百名壮士，每人携带一根白色棍棒，怀揣一把利斧，作为亲兵。二人约定，本月戊辰（二十七日），朝廷在河旁埋葬王守澄时，由郑注奏请文宗批准率兵护卫葬礼，于是便可带亲兵随从前往。同时奏请文宗，命神策军护军中尉以下所有宦官都到河旁为王守澄送葬。届时，郑注下令关闭墓门，命亲兵用利斧砍杀宦官，全部诛除。

约既定，训与其党谋："如此事成，则注专有其功，不若使行余、璠以赴镇为名，多募壮士为部曲，并用金吾、台府吏卒，先期诛宦者，已而并注去之。"行余、璠、立言、约及中丞李孝本，皆训素所厚也，故列置要地，独与是数人及舒元舆谋之，它人皆莫之知也。

【译文】计划已经约好，李训又和他的同党密谋说："如果这个计划成功，那么诛除宦官的功劳就全部归于郑注，不如让郭行余和王璠以赴宁、河东上任为名，多招募一些壮士，作为私兵，同时调动韩约统领的金吾兵和御史台、京兆府官吏和士卒，先于郑注一步，在京城诛除宦官，随后把郑注除掉。"宁节度使郭行余、河东节度使王璠、左金吾卫大将军韩约、京兆少尹罗立言和御史中丞李孝本，都是李训所信用的官员，所以任命他们担任要职，李训只和这几个人以及宰相舒元舆密谋，其他朝廷百官都一概不知。

壬戌，上御紫宸殿。百官班定，韩约不报平安，奏称："左金吾听事后石榴夜有甘露，臣递门奏讫。"因蹈舞再拜，宰相亦帅百官称贺。训、元舆劝上亲往观之，以承天贶，上许之。百官退班于含元殿。日加辰，上乘软舆出紫宸门，升含元殿。先命宰相及两省官诣左仗视之，良久而还。

【译文】壬戌（二十一日），唐文宗御临紫宸殿。百官列班站定后，左金吾卫大将军韩约不按规定报告平安，奏称："左金吾衙门后院的石榴树上，昨晚发现有甘露降临，这是祥瑞的征兆，昨晚我已通过守卫宫门的宦官向皇上报告。"于是，行蹈舞礼，再次下拜称贺，宰相也率领百官向文宗祝贺。李训、舒元舆乘机劝文宗亲自前往观看，以便承受上天赐予的祥瑞。文宗表示同意。接着，百官退下，列班于含元殿。辰时刚过，文宗乘软轿出紫宸门，到含元殿升朝，先命宰相和中书、门下两省的官员到左金吾后院察看甘露，过了很久才回来。

训奏："臣与众人验之，殆非真甘露，未可遽宣布，恐天下称贺。"上曰："岂有是邪！"顾左、右中尉仇士良、鱼弘志帅诸宦者往视之。宦者既去，训遽召郭行余、王璠曰："来受敕旨！"璠股栗不敢前，独行余拜殿下。时二人部曲数百，皆执兵立丹凤门外，训已先使人召之，令入受敕。独东兵入，邠宁兵竟不至。

【译文】李训奏报说："我和众人去检查过了，不象是真正的甘露，不可匆忙向全国宣布，否则，全国各地就会向陛下祝贺。"文宗说："难道还有这种事！"随即命左、右神策军护军中尉仇士良、鱼弘志率领诸位宦官再次前往左金吾后院察看。宦官走后，李训急忙召集郭行余、王璠，说："快来接受皇上的圣旨！"王璠紧张得两腿发抖，不敢前去，只有郭行余一人拜倒在含元殿下接旨。这时，二人招募的私兵几百人都手执兵器，立在丹凤门外等待命令。李训已经先派人去叫他们来含元殿前，接受文宗下达的诛除宦官的命令。结果，只有河东兵来了，邠宁兵竟没有来。

仇士良等至左仗视甘露，韩约变色流汗。士良怪之，曰："将军何为如是？"俄风吹幕起，见执兵者甚众，又闻兵仗声，士良等惊骇走出。门者欲闭之，士良叱之，关不得上。

【译文】仇士良率领宦官到左金吾后院去察看甘露，韩约紧张得浑身流汗，脸色十分难看。仇士良觉得很奇怪，问："将军为什么这样？"过了一会儿，一阵风把院中的帐幕吹起来，仇士良发现很多手执兵器的士卒，又听到兵器的碰撞声音。仇士良等人大惊，急忙往外跑，守门的士卒正想关门，被仇士良大声呵叱，门闩没有关上。

士良等奔诣上告变。训见之，遽呼金吾卫士曰："来上殿卫乘舆者，人赏钱百缗！"宦官曰："事急矣，请陛下还宫！"即举软舆迎上，扶升舆，决殿后罘罳，疾趋北出。训攀舆呼曰："臣奏事未竟，陛下不可入宫！"金吾兵已登殿。

【译文】仇士良等人急奔含元殿，向文宗报告发生兵变，被李训看见。李训急呼金吾士卒说："快来上殿保护皇上，每人赏钱百缗！"宦官对文宗说："事情紧急，请陛下赶快回宫！"随即抬来软轿，迎上前去搀扶文宗上轿，冲断殿后面的丝网，向北急奔而去。李训拉住文宗的软轿大声说：“我奏请朝政还没有完，陛下不可回宫！”这时，金吾兵已经登上含元殿。

罗立言帅京兆逻卒三百余自东来，李孝本帅御史台从人二百余自西来，皆登殿纵击宦官，流血呼冤，死伤者十余人，乘舆迤逦入宣政门，训攀舆呼益急，上叱之，宦者郗志荣奋拳殴其胸，偃于地。乘舆即入，门随阖，宦者皆呼万岁，百官骇愕散出。

【译文】同时，罗立言率领京兆府担负巡逻任务的士卒三百多人从东边冲来，李孝本率领御史台随从二百多人从西边冲来，一齐登上含元殿，击杀宦官。宦官血流如注，大声喊冤，死伤十几个人。文宗的软轿一路向北进入宣政门，李训拉住软轿不放，呼喊更加急迫。文宗呵斥李训，宦官郗志荣乘机挥拳奋击李训的胸部，李训被打倒在地。文宗的软轿进入宣政门后，大门随即关上，宦官都大呼万岁。这时，正在含元殿上朝的百官都大吃一惊，四散而走。

训知事不济，脱从吏绿衫衣之，走马而出，扬言于道曰：“我何罪而窜谪！”人不之疑。王涯、贾餗、舒元舆还中书，相谓曰：“上且开延英，召吾属议之。”两省官诣宰相请其故，皆曰：“不知何事，诸公各自便！”士良等知上豫其谋，怨愤，出不逊语，上惭惧，不复言。

【译文】李训见文宗已入后宫，知道大事不好，于是换上随从官吏的绿色官服，骑马而逃。一路上大声扬言说：“我有什么罪而被贬逐！”因而人们也不怀疑。宰相王涯、贾餗、舒元舆回到政事堂，相互商议说：“皇上过一会儿就会开延英殿，召集我们商议朝政。”中书、门下两省的官员来问王涯三人，到底发生了什么事？三人都说：“我们也不知怎么回事，诸位各自随便先去吧！”仇士良等宦官知道文宗参予了李训的密谋，十分愤恨，在文宗面前出语不逊。文宗羞愧惧怕，不再作声。

士良等命左右神策副使刘泰伦、魏仲卿等各帅禁兵五百人，露刃出阁门讨贼。王涯等将会食，吏白：“有兵自内出，逢人辄杀！”涯等狼狈步走，两省及金吾吏卒千余人填门争出。门寻阖，其不得出者六百余人皆死。

【译文】仇士良等人命令左、右神策军副使刘泰伦、魏仲卿等各率禁兵五百人，持刀露刃从紫宸殿冲出讨伐贼党。这时，王涯等宰相在政事堂正要吃饭，忽然有官吏报告说：“有一大群士兵从宫中冲出，逢人就杀！”王涯等人狼狈逃奔。中书、门下两省和金吾卫的士卒和官吏一千多人堵在门口争着向门外逃跑。不一会儿，大门被关上，尚未逃出的六百多人全被杀死。

士良等分兵闭宫门，索诸司讨贼党。诸司吏卒及民酤贩在中者皆死，死者又千余人，横尸流血，狼籍涂地，诸司印及图籍、帷幕、器皿俱尽。又遣骑各千余，出城追亡者，又遣兵大索城中。

【译文】仇士良下令分兵关闭各个宫门，搜查南衙各司衙门，逮捕贼党。各司的官吏和担负警卫的士卒，以及正在里面卖酒的百姓和商人一千多人全部被杀，尸体狼藉，流血遍地。各司的大印、地图和户籍档案、衙门的帷幕和办公用具被捣毁、抄掠一空。仇士良等人又命左、右神策军各出动骑兵一千多人出城追击逃亡的贼党，同时派兵在京城大搜捕。

舒元舆易服单骑出安化门，禁兵追擒之。王涯徒步至永昌里茶肆，禁兵擒入左军。涯时年七十余，被以桎梏，掠治不胜苦，自诬服，称与李训谋行大逆，尊立郑注。王璠归长兴里私第，闭门以其兵自防。

【译文】舒元舆换上民服后，一人骑马从安化门逃出，被骑兵追上逮捕。王涯步行到永昌里的一个茶馆，被禁兵逮捕，押送到左神策军中。王涯这时年迈已七十多岁，被戴上脚镣手铐，遭受毒打，无法忍受，因而，违心地承认和李训一起谋反，企图拥立郑注为皇帝。王璠回到长兴里家中后，闭门不出，用招募的私兵防卫。

神策将至门呼曰：“王涯等谋反，欲起尚书为相，鱼护军令致意！”璠喜，出见之。将趋贺再三，璠知见绐，涕泣而行，至左军，见王涯曰：“二十兄自反，胡为见引？”涯曰：“五弟昔为京兆尹，不漏言于王守澄，岂有今日耶！”璠俯首不言。

【译文】神策将前来搜捕，到他的门口时，大声喊道：“王涯等人谋反，朝廷打算任命您为宰相，护军中尉鱼弘志派我们来向您致意！”王璠大喜，马上出来相见。神策将再三祝贺他升迁，王璠发现被骗，流着眼泪跟随神策将而去。到了左神策军中，见到王涯，王璠说：“你参予谋反，为什么要牵连我？”王涯说：“你过去担任京兆尹时，如果不把宋申锡诛除宦官的计划透露给王守澄，哪里会发生今天的事！”王璠自知理亏，低头不语。

又收罗立言于太平里，及涯等亲属奴婢，皆入两军系之。户部员外郎李元皋，训之再从弟也，训实与之无恩，亦执而杀之。故岭南节度使胡证家巨富，禁兵利其财，托以搜贾餗，入其家，执其子溵杀之。

【译文】神策军又在太平里逮捕了罗立言，以及王涯的亲属奴婢，都关押在左、右神策军中。户部员外郎李元皋是李训的远房表弟，其实李训并没有提拔重用他，也被逮捕杀死。前岭南节度使胡证是京城的巨富，禁军士卒想掠夺他的财物，借口说贾餗藏在他家，进行搜查，把他的儿子胡溵抓住杀死。

又入左常侍罗让、詹事浑鐬、翰林学士黎埴等家，掠其货财，扫地无遗。鐬，瑊之子也，坊市恶少年因之报私仇杀人，剽掠百货。互相攻劫，尘埃蔽天。

【译文】禁军又到左常侍罗让、詹事浑鐬、翰林学士黎埴等人的家中掠夺财产，一扫而空。浑鐬是中唐名将浑瑊的儿子。这时，京城的恶少年也乘机报平日的私仇，随意杀人，劫掠商人和百姓的财物，甚至相互攻打，以致尘埃四起，漫天蔽日。

癸亥，百官入朝，日出，始开建福门，惟听以从者一人自随，禁兵露刃夹道。至宣政门，尚未开。时无宰相御史知班，百官无复班列。上御紫宸殿，问："宰相何为不来？"仇士良曰："王涯等谋反系狱。"因以涯手状呈上，召左仆射令狐楚、右仆射郑覃等升殿示之。

【译文】癸亥（二十三日），百官开始上朝。直到太阳已经出来时，大明宫右侧的建福门才刚刚打开。宫中传话说，百官每人只准带一名随从进门。里面禁军手持刀枪，夹道防卫。到宣政门时，大门尚未打开。这时，由于没有宰相和御史大夫率领，百官队伍混乱，不成班列。唐文宗亲临紫宸殿，问："宰相怎么没有来？"仇士良回答："王涯等人谋反，已经被逮捕入狱。"接着，把王涯的供词递呈文宗，文宗召左仆射令狐楚、右仆射郑覃上前，让他们观看王涯的供词。

上悲愤不自胜，谓楚等曰："是涯手书乎？"对曰："是也！""诚如此，罪不容诛！"因命楚、覃留宿中书，参决机务。使楚草制宣告中外。楚叙王涯、贾餗反事浮泛，仇士良等不悦，由是不得为相。

【译文】文宗既悲伤又气愤，几乎难以自持，问令狐楚和郑覃："是不是王涯的笔迹？"二人回答说："是！"文宗说："如果真的这样，那就罪不容诛！"于是，命令二人留在政事堂，参予决策朝廷大政方针。同时，又命令狐楚起草制书，将平定李训、王涯等人叛乱宣告朝廷内外。令狐楚在制书中叙述王涯、贾餗谋反的事实时，浮泛而不切要害，仇士良等人对此很不满，由此令狐楚未能被擢拔为宰相。

时坊市剽掠者犹未止，命左、右神策将杨镇、靳遂良等，各将五百人分屯通衢，击鼓以警之，斩十余人，然后定。

【译文】这时，京城街坊和集市中的剽掠仍未停止。朝廷命左、右神策军将领杨镇、靳遂良等人各率五百人分别把守街道的主要路口，敲击街鼓加以警告，同时斩首十几个罪犯，这才安定下来。

贾餗变服潜民间，经宿，自知无所逃，素服乘驴诣兴安门，自言："我宰相贾餗也，为奸人所污，可送我诣两军！"门者执送西军。李孝本改衣绿，犹服金带，以帽障面，单骑奔凤翔，至咸阳西，追擒之。甲子，以右仆射郑覃同平章事。

【译文】贾餗换了官服以后，潜藏在百姓家里。过了一夜，感到实在无法逃脱，于是换上丧服，骑驴到兴安门，说："我是宰相贾餗，被奸人所污蔑，你们把我抓起来送到左、右神策军去吧！"守门人随即把他押送到右神策军中。李孝本改换六品、七品官员穿的绿色官服，但仍旧系着只有五品以上官员才能穿戴的金带，用帽子摭住脸，一个人骑着马直奔凤翔，打算投靠郑注。到了咸阳城西，被追兵逮捕。甲子（二十二日），唐文宗任命右仆射郑覃为同平章事。

李训素与终南僧宗密善，往投之。宗密欲剃其发而匿之，其徒不可。训出山，将奔凤翔，为盩厔镇遏使宋楚所擒，械送京师。至昆明池，训恐至军中，更受酷辱，谓送者曰："得我者则富贵矣！闻禁兵所在搜捕，汝必为所夺，不若取我首送之！"送者从之，斩其首以来。

【译文】李训向来和终南山的僧人宗密关系亲近，于是前往投奔。宗密想为李训剃发，装扮成僧人，然后藏在寺院中。他的徒弟们都认为不妥。李训只好出山，打算前往凤翔投靠郑注，被周至镇遏使宋楚逮捕，戴上脚镣手铐，押送到京城。走到昆明池，李训恐怕到神策军后遭受更加严酷的毒打污辱，便对押送他的人说："无论谁抓住我都能得到重赏而富贵！听说禁军到处搜捕，他们肯定会把我夺走。不如把我杀了，拿我的首级送到京城！"押送他的人表示同意，于是，割下李训的头送往京城。

乙丑，以户部侍郎、判度支李石同平章事，仍判度支。前河东节度使李载义复旧任。左神策出兵三百人，以李训首引王涯、王璠、罗立言、郭行余；右神策出兵三百人，拥贾餗、舒元舆、李孝本献于庙社，徇于两市。命百官临视，腰斩于独柳之下，枭其首于兴安门外。亲属无问亲疏皆死，孩稚无遗，妻女不死者，没为官婢。

【译文】乙丑（二十四日），唐文宗任命户部侍郎、判度支李石为同平章事，仍兼判度支。命前河东节度使李载义官复原职。左神策军出兵三百人，以李训的首级引导王涯、王璠、罗立言和郭行余，右神策军出兵三百人，押贾𫗧、舒元舆和李孝本，献祭太庙和太社，接着在东、西两市游街示众，命百官前往观看。在京城独柳树下把他们腰斩，首级挂在兴安门外示众。李训等人的亲属不管亲疏老幼，全部被杀。妻子、女儿没有死的，没收为官奴婢。

石敬瑭借兵契丹

（后晋高祖天福元年）

秋，张敬达围晋阳。石敬瑭遣间使求救于契丹，令桑维翰草表称臣于契丹主，且请以父礼事之，约事捷之日，割卢龙一道及雁门关以北诸州与之。

【译文】秋季，张敬达包围了晋阳。石敬瑭派使者从偏僻道路求救于契丹，让桑维翰草写表章向契丹主称臣，并且请求用对待父亲的礼节来侍奉他，约定事情成功之日，划割卢龙一道及雁门关以北诸州给契丹。

刘知远谏曰：“称臣可矣，以父事之太过。厚以金帛赂之，自足致其兵，不必许以土田，恐异日大为中国之患，悔之无及。”敬瑭不从。表至契丹，契丹主大喜，白其母曰：“儿比梦石郎遣使来，今果然，此天意也。”乃为复书，许俟仲秋，倾国赴援。

【译文】刘知远劝谏他说：“称臣就可以了，用父亲的礼节对待他就太过份了。用丰厚的金银财宝贿赂他，自然是足以促使他发兵，不必许诺割给他土田，恐怕那样以后要成中国的大患，后悔就来不及了。”石敬瑭不听。表章送到契丹，契丹国主耶律德光非常高兴，告诉他的母亲述律太后说：“孩儿最近梦见石郎派遣使者来，现在果然来了，这真是天意啊。”便向石敬瑭写了回信，答应等到仲秋时节，发动全国人马来支援他。

八月，帝闻契丹许石敬瑭以仲秋赴援，屡督张敬达急攻晋阳，不能下。每有营构，多值风雨，长围夏为水潦所坏，竟不能合，晋阳城中日窘，粮储浸乏。

【译文】八月，末帝听说契丹答应石敬瑭在仲秋时节发兵来支援他，几次督促张敬达紧急攻打晋阳，但不能攻下。每当有所营建构筑工事，往往遇到风雨天气，很长的包围工事又被水浸所破坏，竟然接合不拢。晋阳城中日益窘迫，粮食储备因浸泡而缺乏。

九月，契丹主将五万骑，号三十万，自扬武谷而南，旌旗不绝五十余里。

【译文】九月，契丹主耶律德光统领五万骑兵，号称三十万，从代州扬武谷向南进发，旌旗连绵不断达五十余里。

辛丑，契丹主至晋阳，陈于汾北之虎北口。先遣人谓敬瑭曰："吾欲今日即破贼，可乎？"敬瑭遣人驰告："南军甚厚，不可轻，请俟明日议战，未晚也。"使者未至，契丹已与唐骑将高行周、符彦卿合战，敬瑭乃遣刘知远出兵助之。

【译文】辛丑（十五日），契丹主到达晋阳，把兵马布列在汾北的虎北口。先派人对石敬瑭说："我打算今天攻打贼兵，行不行？"石敬瑭派人驰奔告诉他们说："南军力量很雄厚，不可以轻视，请等到明天议论好如何开战也不晚。"使者还未到达契丹军营，契丹兵已经同后唐骑将高行周、符彦卿打了起来，石敬瑭便派刘知远出兵帮助他们。

张敬达、杨光远、安审琦以步兵陈于城西北山下，契丹遣轻骑三千，不被甲，直犯其陈。唐兵见其羸，争逐之，至汾曲，契丹涉水而去。唐兵循岸而进，契丹伏兵自东北起，冲唐兵断而为二，步兵在北多为契丹所杀，骑兵在南者引归晋安寨。契丹纵兵乘之，唐兵大败，步兵死者近万人，骑兵独全。敬达等收余众保晋安，契丹亦引兵归虎北口。

【译文】张敬达、杨光远、安审琦用步兵列阵在城西北山下，契丹派轻骑兵三千人，不披铠甲，直奔唐兵阵列。唐兵看到契丹兵单薄，争相驱赶，到了汾水之曲，契丹兵涉水而去。唐兵沿着河岸向北进取，契丹伏兵从东北涌起，冲击唐兵，把唐兵截为两段，在北面的步兵大多被契丹所杀，在南面的骑兵引退回到晋安营寨。契丹放开兵马乘乱攻击，唐兵大败，步兵死亡近万人，骑兵却保全了。张敬达等收集余众退保晋安，契丹也率领其兵返回虎北口。

是夕，敬瑭出北门见契丹主，契丹主执敬瑭手，恨相见之晚。敬瑭问曰："皇帝远来，士马疲倦，遽与唐战而大胜，何也？"契丹主曰："始吾自北来，谓唐必断雁门诸路，伏兵险要，则吾不可得进矣。使人侦视，皆无之。吾是以长驱深入，知大事必济也。兵既相接，我气方锐，彼气方沮，若不乘此击之，旷日持久，则胜负未可知矣。此吾所以亟战而胜，不可以劳逸常理论也。”敬瑭甚叹服。

【译文】这天晚上，石敬瑭出北门，会见契丹主。契丹主握住石敬瑭的手，只恨相见晚了。石敬瑭问道：“皇帝远道而来，兵马疲倦，急切同唐兵作战而取得大胜，这是什么原因？”契丹主说：“开始我从北面过来，以为唐兵必然要切断雁门的各条道路，埋伏兵众在险要之地，那样我就不能顺利前进了。我使人侦察，发现断路和伏险都没有，这样，我才得以长驱深入，知道大事必然成功了。兵马相接以后，我方气势正锐盛，彼方气势正沮丧，如果不乘此时急速攻击他，旷日持久，那谁胜谁负就不可预料了。这就是我之所以速战而胜的道理，不能用谁劳谁逸的通常的道理来衡量了。”石敬瑭很是叹服。

壬寅，敬瑭引兵会契丹围晋安寨，置营于晋安之南，长百余里，厚五十里，多设铃索吠犬，人跬步不能过。敬达等士卒犹五万人，马万匹，四顾无所之。

【译文】壬寅（十六日），石敬瑭率领兵马会合契丹兵马包围了晋安寨，在晋安的南面设置营地，长一百多里，宽五十里，密布铃索和吠犬，人们连半步也不能过去。此时张敬达等的士兵尚有五万人，马有万匹，四面张顾，不知往哪里去好。

甲辰，敬达遣使告败于唐，自是声问不复通。唐王大惧，遣彰圣都指挥使符彦饶将洛阳步骑兵屯河阳，诏天雄节度使兼中书令范延光将魏州兵二万，由青山趣榆次，卢龙节度使、东北面招讨使兼中书令北平王赵德钧将幽州兵，由飞狐出契丹军后，耀州防御使潘环，糺合西路戍兵，由晋、绛两乳岭出慈、石，共救晋安寨。契丹主移帐于柳林，游骑过石会关，不见唐兵。

【译文】甲辰（十八日），张敬达派出使者向后唐朝廷报告打了败仗，此后便没有再通音讯了。唐主极为恐惧，派遣彰圣都指挥使符彦饶统领洛阳步兵、骑兵屯扎在河阳，末帝下诏命令天雄节度使兼中书令范延光统领魏州兵两万，从邢州青山奔赴榆次，卢龙节度使、东北面招讨使兼中书令北平王赵德钧统领幽州兵，从契丹军阵之后出击，耀州防御使潘环纠合西路守戍的兵士从晋州、绛州间的两乳岭出兵向慈州、石州共同营救晋安寨。契丹主把军帐移到柳林，流动的骑兵过了石会关，还没有遇到唐兵。

初，赵德钧阴蓄异志，欲因乱取中原，自请救晋安寨；唐主命自飞狐踵契丹后，钞其部落，德钧请将银鞍契丹直三千骑，由土门路西入，帝许之。

【译文】起初，赵德钧暗中怀有异志，想要乘着动乱夺取中原，自己请求去救援晋安寨，末帝命他从飞狐道出代州，绕到契丹之后，抄袭其部落，赵德钧请求把他在幽州用契丹降卒设置的银鞍契丹直三千骑兵，从土门路向西进军，末帝准许了他。

赵州刺史、北面行营都指挥使刘在明，先将兵戍易州，德钧过易州，命在明以其众自随。在明，幽州人也。德钧至镇州，以成德节度使董温琪领招讨副使，邀与偕行，又表称兵少，须合泽潞兵；乃自吴儿谷趣潞州，癸酉，至乱柳。

【译文】赵州刺史、北面行营都指挥使刘在明原来领兵戍守在易州，赵德钧军过易州，命令刘在明带着自己的兵从跟随他行进。刘在明是幽州人。赵德钧到了镇州，任用成德节度使董温琪为招讨副使，也邀他一起行动。又上表朝廷说自己兵少，须同泽潞的兵力会合；便从吴儿谷向潞州进发，癸酉（十八日），到达乱柳。

时范延光受诏将部兵二万屯辽州，德钧又请与魏博军合；延光知德钧志趣难测，表称魏博兵已入贼境，无容南行数百里与德钧合，乃止。

【译文】当时范延光领受诏命统领所属兵士二万人屯驻于辽州，赵德钧又请求与魏博军会合；范延光知道赵德钧意图难于测料，便上表朝廷声称魏博兵已经入了贼境，不能再向南行军数百里与赵德钧会合，便停止下来。

冬十一月戊子，以赵德钧为诸道行营都统，依前东北面行营招讨使。以赵延寿为河东道南面行营招讨使，以翰林学士张砺为判官。庚寅，以范延光为河东道南面行营招讨使，以宣武节度使、同平章事李周副之。

【译文】冬十一月，戊子，后唐朝廷任命赵德钧为诸道行营都统，依旧任东北面行营招讨使。任用赵延寿为河东道南面行营招讨使，任用翰林学士张砺为判官。庚寅（初五），任用范延光为河东道南面行营招讨使，任用宣武节度使、同平章事李周为副使。

辛卯，以刘延朗为河东道南面行营招讨副使。赵延寿遇赵德钧于西汤，悉以兵属德钧。唐主遣吕琦赐钧敕告，且犒军。德钧志在并延光军，逗留不进，诏书屡趣之，德钧乃引兵北屯团柏谷口。

【译文】辛卯（初六），任用刘延朗为河东道南面行营招讨副使。赵延寿在西汤遇到赵德钧，把所统兵马全部归属于赵德钧。末帝派吕琦赐给赵德钧敕告，并且犒赏了军队。赵德钧的意图是要兼并范延光的军队，逗留不肯前进，朝廷屡次下达诏书催促他，赵德钧便引领部队向北屯扎在团柏谷口。

契丹主谓石敬瑭曰："吾三千里赴难，必有成功。观汝气貌识量，真中原之主也。吾欲立汝为天子。"敬瑭辞让数四，将吏复劝进，乃许之。

【译文】契丹主对石敬瑭说："我从三千里以外来帮助你解决危难，必然会成功。观察你的器宇容貌和见识气量，真的是个中原的国主啊。我想扶立你做天子。"石敬瑭推辞逊让了好几次，将吏又反复劝他进大位，于是便答应了。

契丹主作册书，命敬瑭为大晋皇帝，自解衣冠授之，筑坛于柳林。是日即皇帝位。割幽、蓟、瀛、莫、涿、檀、顺、新、妫、儒、武、云、应、寰、朔、蔚十六州以与契丹，仍许岁输帛三十万匹。

【译文】契丹主制作册封的文书，命令石敬瑭为大晋皇帝，自己解下衣服冠冕亲授给他，在柳林搭筑坛台，就在这一天，即了皇帝之位。并割让了幽、蓟、瀛、莫、涿、檀、顺、新、妫、儒、武、云、应、寰、朔、蔚十六个州给予契丹，仍然答应每年运输帛三十万匹给他们。

契丹主虽军柳林，其辎重老弱皆在虎北口，每日暝，辄结束，以备仓猝遁逃，而赵德钧欲以契丹取中国，至团柏逾月，按兵不战，去晋安才百里，声问不相通。

【译文】契丹主虽然把军队屯扎在柳林，他们的辎重和老弱士兵都在虎北口，每当太阳西落便结扎停当，以便于仓促之间遁逃，而赵德钧想要倚赖契丹夺取中国，到达团柏一个多月，按兵不动，距离晋安才百里，但消息不能相通。

德钧累表为延寿求成德节度使，曰："臣今远征，幽州势孤，欲使延寿在镇州左右，便于接应。"唐主曰："延寿方击贼，何暇往镇州！俟贼平，当如所请。"

【译文】赵德钧屡次上表为他的儿子赵延寿祈求委任为成德节度使，他说："臣现在远征在外，幽州形势孤弱，想要让延寿戍守在镇州，向左向右都便于接应。"后唐末帝说："延寿正在与贼兵争斗，哪有空暇去往镇州！等待贼兵平定后，可以按所请求的办理。"

德钧求之不已，唐主怒曰：“赵氏父子坚欲得镇州，何意也？苟能却胡寇，虽欲代吾位，吾亦甘心，若玩寇邀君，但恐犬兔俱毙耳。”德钧闻之，不悦。

【译文】赵德钧没完没了地请求，后唐主发怒说：“赵氏父子坚持要得到镇州，是什么意思？如果能够打退胡寇，即使要取代我的位置，我也甘心愿意，若是玩弄寇兵以胁求君主，只怕要落得犬兔都毙命了。”赵德钧听说，很不高兴。

闰月，赵延寿献契丹主所赐诏，及甲马弓剑，诈云德钧遣使致书契丹主，为唐结好，说令引兵归国；其实别为密书，厚以金帛赂契丹主，云：“若立己为帝，请即以见兵南平洛阳，与契丹为兄弟之国；仍许石氏常镇河东。”契丹主自以深入敌境，晋安未下，德钧兵尚强，范延光在其东，又恐山北诸州邀其归路，欲许其请。

【译文】闰十一月，赵延寿奉献出契丹主所赐的诏书以及铠甲、马匹、弓矢、刀剑，诈称赵德钧遣派的使者致信给契丹主，为后唐求结和好，劝说契丹让他们引兵归国；其实又另具秘密书信，用丰厚的金宝财帛贿赂契丹主，并说：“如果立自己为中国皇帝，请求就用现有兵马向南平定洛阳，与契丹约为兄弟之国；仍然允许石敬瑭常镇河东。”契丹主自以为深入敌境，晋安没有攻下，赵德钧兵力尚强，范延光在他的东面，又怕太行山以北诸州遮断他的归路，想要答应赵德钧的请求。

帝闻之，大惧，亟使桑维翰见契丹主，悦之曰：“大国举义兵以救孤危，一战而唐兵瓦解，退守一栅，食尽力穷。赵北平父子不忠不信，畏大国之强，且素蓄异志，按兵观变，非以死徇国之人，何足可畏。且使晋得天下，将竭中国之财以奉大国，岂此小利之比乎！”

【译文】后晋帝石敬瑭听说，很是害怕，赶紧派桑维翰去见契丹主耶律德光，劝他说：“您大国发动义兵来救援孤危，一次战斗就使唐兵瓦解，退守到一栅之后，食粮用尽，力量穷竭。赵德钧父子不忠于唐，不信于契丹，只是畏惧大国之强盛，而且素怀异志，按兵不动，以窥测变化，并非以死殉国的人，有什么可怕的。而且如果让晋国得了天下，将要竭尽中国之财以奉献给大国，哪里是这些小利可比的！”

契丹主曰：“尔见捕鼠者乎，不备之，犹或啮伤其手，况大敌乎！”对曰：“今大国已扼其喉，安能啮人乎！”契丹主曰：“吾非大渝前约也，但兵家权谋，不得不尔。”

【译文】契丹主说：“你看见捕鼠的人吗，不防备它，还可能咬伤了手，何况是大敌啊！”回答说：“现在大国已经卡住它的喉咙，岂能再咬人啊！”契丹主说：“我不是要改变以前的约定，只是用兵的权谋不能不这样。”

对曰：“皇帝以信义救人之急，四海之内俱属耳目，奈何一旦二三其命，使大义不终！臣窃为皇帝不取也。”跪于帐前，自旦达暮，涕泣争之。契丹主乃从之，谓德钧使者曰：“我已许石郎，此石烂，可改矣！”

【译文】回答说：“皇帝用信义救人的急难，四海人的耳目都注意到了这件事，怎么能忽而这样、忽而那样，以致使得大义不能贯彻始终，臣私下认为皇帝不能这样做啊！”于是跪在帐前，从早到晚，哭泣流涕地争辩不止。契丹主便依从了他，对赵德钧的使者说：“我已经许诺了石郎，除非这块石头烂了，才能改变。”

晋安寨被围数月，高行周、符彦卿数引骑出战，众寡不敌，皆无功。刍粮俱竭，削杮淘粪以饲马，马相啗，尾鬣皆秃，死则将士分食之，援兵竟不至。

【译文】晋安寨被围了几个月，高行周、符彦卿多次率领骑兵出战，由于寡不敌众，都不能成功。粮食和草料都用完了，只好削木屑淘马粪中草筋来喂马，马互相啗咬，尾巴和颈鬃都秃了，死了就由将士分而食之，援兵还是不来。

张敬达性刚，时谓之“张生铁。”杨光远、安审琦，劝敬达降于契丹，敬达曰：“吾受明宗及今上厚恩为元帅而败军，其罪已大，况降敌乎！今援兵旦暮至，且当俟之。必若力尽势穷，则诸军斩我首，携之出降，自求多福，未为晚也。”光远目审琦，欲杀敬达，审琦未忍。

【译文】张敬达性情刚强，当时人叫他“张生铁”。杨光远、安审琦劝说张敬达向契丹投降，张敬达说：“我受明宗和当今皇上的厚恩当了元帅而打败仗，罪过已经很大，何况向敌人投降呢！现在援兵早晚是要到来，暂且等待吧。如果一旦力尽势穷，那就请诸军斩了我的头，拿着去投降，以求保全自己而获多福，那时也还不晚。”杨光远向安审琦使眼色要杀掉张敬达，安审琦不忍下手。

高行周知光远欲图敬达，常引壮骑尾而卫之，敬达不知其故，谓人曰：“行周每踵余后，何意也？”行周乃不敢随之。诸将每旦集于招讨使营，甲子，高行周、符彦卿未至，光远乘其无备，斩敬达首，帅诸将上表降于契丹。

【译文】高行周知道杨光远要暗算张敬达，常常带领精壮骑兵尾随张敬达来护卫他，张敬达不知其中缘故，对别人说："行周常常跟在我的脚后，是什么用意？"高行周才不敢再尾随他。诸将每天早晨会集在招讨使的营房中，甲子（初九），高行周、符彦卿尚未到达，杨光远乘着张敬达没有防备，斩了他的头，率领诸将上表向契丹投降。

契丹主素闻诸将名，皆慰劳，赐以裘帽，因戏之曰："汝辈亦大恶汉，不用盐酪，啖战马万匹！"光远等大惭。契丹主嘉敬达之忠，命收葬而祭之，谓其下及晋诸将曰："汝曹为人臣，当效敬达也。"

【译文】契丹主耶律德光平素就听说诸将的名声，都加以慰劳，赐给皮帽，因而开玩笑说："你们各位是非常可恨的恶汉，用不着我准备加盐的乳酪来喂你们上万匹的战马了！"杨光远等大为羞惭。契丹主嘉许张敬达的忠义，命令收尸安葬，并进行祭典，对他的下属及晋国诸将说："你们做人臣的，应该仿效张敬达啊！"

帝与契丹主引兵而南。契丹以其将高谟翰为前锋，与降卒偕进。丁卯，至团柏，与唐兵战，赵德钧、赵延寿先遁，符彦饶、张彦琦、刘延朗、刘在明继之，士卒大溃，相腾践死者万计。

【译文】后晋高祖与契丹主将要领兵向南进军。契丹用他的将领高谟翰做前锋，同降兵一起相偕而进。丁卯（十二日），到达团柏，与唐兵交战，赵德钧、赵延寿先逃跑，符彦饶、张彦琦、刘延朗、刘在明也跟着逃跑，士兵大乱溃逃，相互践踏而死的万计。

赵德钧、赵延寿南奔潞州，唐败兵稍稍从之。甲戌，帝与契丹主至潞州，德钧父子迎谒于高河，契丹主慰谕之，父子拜帝于马首，进曰："别后安否？"帝不顾，亦不与之言。契丹主谓德钧曰："汝在幽州所置银鞍契丹直何在？"德钧指示之，契丹主命尽杀之于西郊，凡三千人。遂锁德钧、延寿，送归其国。

【译文】赵德钧、赵延寿向南逃奔到潞州，后唐败兵稍微跟着他们。甲戌（十九日），后晋高祖与契丹主到达潞州，赵德钧父子在高河迎接并谒见，契丹主好言安慰他们，赵氏父子在马前拜见后晋高祖，又走近后晋高祖身边说："分别以后安好吗？"后晋高祖不看他们，也不同他们交谈。契丹主问赵德钧说："你在幽州所设置的银鞍契丹兵现在哪里？"赵德钧指给他看，契丹主下令在西郊把这些人都杀了，共有三千人。于是，便捆绑了赵德钧、赵延寿，押送到契丹国。

德钧见述律太后，悉以所赍宝货并籍其田宅献之，太后问曰："汝近者何为往太原？"德钧曰："奉唐主之命。"太后指天曰："汝从吾儿求为天子，何妄语邪！"又自指其心曰："此不可欺也。"

【译文】赵德钧谒见契丹主的母亲述律太后，把所有带来的宝货及没收得来的田宅都献出来作贡物，太后问道："你最近为什么到太原去？"赵德钧说："是奉唐主之命。"太后指着天说道："你向我儿请求扶你当天子，为什么说瞎话！"又指指自己的心说："这里是不能欺骗的。"

又曰："吾儿将行，吾戒之云：赵大王若引兵北向渝关，急须引归，太原可救也。汝欲为天子，何不先击退吾儿，徐图亦未晚。汝为人臣，既负其主不能击敌，又欲乘乱邀利，所为如此，何面目复求生乎？"德钧俯首不能对。

【译文】又说："我儿将要出行时，我告诫他说：赵大王如果率领兵马向渝关北进时，就赶紧带领部众回来，太原不必去救他。你想当天子，为什么不先把我儿击退，再慢慢谋取也不晚。你作为人臣，既辜负自己的君主，不能攻击敌人，又想乘着危乱之时谋求自己的利益，你干出来这样的事，还有什么面目来求生存呢？"赵德钧低着头不能回答。

又问："器玩在此，田宅何在？"德钧曰："在幽州。"太后曰："幽州今属谁？"德钧曰："属太后。"太后曰："然则又何献焉？"德钧益惭。自是郁郁不多食，逾年而卒。

【译文】太后又问他："你所献的器物玩好在这里，但你所献的田宅在哪里？"赵德钧说："在幽州。"太后说："幽州现在是属于谁的？"回答说："属于太后。"太后说："那你还献什么啊！"赵德钧更加羞惭。从此郁郁吃不下东西，一年之后便死了。张砺与赵延寿一起进入契丹，契丹主仍然让他做翰林学士。

帝将发上党，契丹主举酒属帝曰："余远来徇义，今大事已成，我若南向，河南之人必大惊骇；汝宜自引汉兵南下，人必不甚惧。我令太相温将五千骑卫送汝至河梁，欲与之渡河多少随意，余且留此，俟汝音闻，有急则下山救汝。若洛阳既定，吾即北返矣。"

【译文】后晋高祖将要进军上党，契丹主举着酒杯对他说："我远道而来履行协约，现在大事已经完成，我如果再向南进军，黄河以南的人必然要引起大的惊骇；你应该自己率领汉兵南下，人心定不会太恐惧。我命令太相温带领五千骑兵保卫护送你到河阳桥，你想要多少人随你渡河由你决定。我暂时留在这里，等你的消息，有紧急情况，我便下山去援救你；如果你能把洛阳安定下来，我就返回北面去。”

与帝执手相泣，久之不能别，解白貂裘以衣帝，赠帝良马二十匹，战马千二百匹，曰：“世世子孙勿相忘！”

【译文】于是与后晋高祖执手相泣，久久不能作别，脱下自己的白貂裘给后晋高祖穿上，又赠送了好马二十匹，战马一千二百匹，说：“世世代代子孙不要相忘。”

附 录

通 志

宋郑樵撰，樵字渔仲，莆田人，居夹漈山。世称夹漈先生。博学强记，好为考证伦类之学，自负不凡。邵兴中，以荐召对，给札使归钞此书。书成，入为枢密院编修。是书凡二百卷，规仿正史纪传之体，而不断于一代。与司马迁史记正同。清四库书目载于别史类。惟论者谓其书中纪传之文，大抵因袭旧文，略为删润，无甚可观。其二十略，则采摭详博，议论警辟，为全书精华所在。故书目家一列为政书。与《通典》《通考》并称三通。清乾隆间，敕撰官书，又有《续三通》，皇朝三通六种，与前三种相合，世称九通，全书共二千余卷，洵数典家之渊海也。

【译文】宋郑樵撰，樵字渔仲，莆田人，住在夹漈山。世人称为夹漈先生。他博学强记，喜欢做考证伦类之学，自认为自己不一般。邵兴年间，因人推荐召对，给札出使回家钞这本书。书成，入朝任枢密院编修。本书共二百卷，效法纪传体史书之体，而不断一代。与司马迁史记正同。清四库书目记载在另外史类。论者认为他的书中只有列传的文字，大致沿袭旧文章，略为删改润色，没有可观。其二十略，则采集详细广泛，议论精辟，为全书精华所在。所以书目家一列为政书。与《通典》、《通考》并称三通。清乾隆年间，敕撰官书，又有《续三通》，本朝三通六种，与前三种相结合，世人称为九通，全书共二千余卷，确实有典家的渊博。

总序

百川异趋，必会于海，然后九州无浸淫之患；万国殊途，必通诸夏，然后八荒无壅滞之忧。会通之义大矣哉。

【译文】各条河流流经地域不同，但必定汇聚到海洋，然后天下才能免除洪水冲刷、浸泡的威胁；各国开辟的道路不同，但必定都通向中原，然后八方才免除阻隔的苦恼。会通的意义就十分重要了。

自书契以来，立言者虽多，惟仲尼以天纵之圣，故总诗书礼乐而会于一手，然后能同天下之文；贯二帝三王而通为一家，然后能极古今之变。是以其道光明，百世之上，百世之下，不能及。仲尼既没，百家诸子兴焉，各效《论语》，以空言著书，至于历代实迹，无所纪系。

【译文】自从文字发明以来，著书立说的人虽然很多，只有孔子因为是天生的圣人，所以才总括《诗经》、《尚书》、《礼》、《乐》而融会在一人手中，然后能够整齐厘定天下的各种记载，贯穿二帝三王，而连接成一个系统，然后能够彻底厘清古今的变化。因而他所创立的理论大放光辉，无论百代以上还是百代以下都不能达到这个水平。孔老夫子死后，诸子百家兴盛起来了，各自仿效《论语》用空洞的言词撰写著作。至于历代的史实，却无所记述和编排。

迨汉建元元封之后，司马氏父子出焉。司马氏世司典籍，工于制作，故能上稽仲尼之意，会《诗》、《书》、《左传》、《国语》、《世本》、《战国策》、《楚汉春秋》之言，通黄帝尧舜至于秦汉之世，勒成一书，分为五体：本纪纪年，世家传代，表以正历，书以类事，传以著人，使百代而下，史官不能易其法，学者不能舍其书。六经之后，惟有此作。

【译文】直到汉武帝建元、元封之后，司马谈和司马迁才用著作记述历史。 司马迁父子世代掌管典籍，擅长著述创作，所以，能够往上继承领会孔子的意图，会通《诗经》、《尚书》、《左传》、《国语》、《世本》、《战国策》、《楚汉春秋》的言论，贯通黄帝、尧、舜，一直到秦、汉时代，写成一书，分为五种体裁：本纪用来记载年代，世家用来代代相传，表格用来订正历法，书志用来排比史事，列传用来记载人物，使百代以下，史官不能改变他的这种著史方法，作学问的人不能抛开他的《史记》。《诗》、《书》、《礼》、《乐》《易》、《春秋》六部儒家经典以后，只有这部著作。

故谓周公五百岁而有孔子，孔子五百岁而在斯乎，是其所以自待者已不浅。然大著述者必深于博雅，而尽见天下之书，然后无遗恨。当迁之时，挟书之律初除，得书之路未广，亘三千年之史籍，而局蹐于七八种书，所可为迁恨者，博不足也。

【译文】所以说“周公去世五百年以后有孔子，孔子去世五百年以后继承他们事业的人就在这里吧！”因此他自我标榜的地方水准已经不低了。然而大规模著述的人，一定要长期学识渊博、品行端正，而且全部看到天下的书籍，然后才没有遗憾。在司马迁那个时代，私藏书籍的律令刚刚解除，搜求书籍的途径尚未畅通，横贯三千年的历史典籍，却局限在七、八种参考书籍中，所值得司马迁遗憾的，是不够广博。

凡著书者虽采前人之书，必自成一家言。左氏，楚人也，所见多矣，而其书尽楚人之辞。公羊，齐人也，所闻多矣，而其书皆齐人之语。今迁书全用旧文，间以俚语，良由采摭未备，笔削不遑，故曰予不敢堕先人之言，乃述故事，整齐其传，非所谓作也。刘知几亦讥其多聚旧记，时插杂言，所可为迁恨者，雅不足也。

【译文】大凡写作史书的人，即使采纳前人的书籍，也一定自成一家言论。左丘明是楚国人，他所看到的太多了，但他的《春秋左氏传》全都是楚人的言辞。公羊高，是战国齐人，他所听到的太多了，但他的《春秋公羊传》都是齐人的言论。现在司马迁的《史记》全部采用的是旧有史文，中间有时也有方言，实在是由于选录摘取未能详细，下笔删削匆忙的缘故，所以司马迁说：“我不敢毁弃先人（司马谈）所说的话，于是记述往事，整理那时的家世，世人的传记，而不是所谓的进行创作。”唐代刘知几也讥笑司马迁大量堆聚旧有的记载，有时也插入诸子百家不纯正的言论。所值得司马迁遗憾的，是不够典雅。

大抵开基之人，不免草创；全属继志之士，为之弥缝。晋之《乘》，楚之《梼杌》，鲁之《春秋》，其实一也。《乘》、《梼杌》无善后之人，故其书不行。《春秋》得仲尼挽之于前，左氏推之于后，故其书与日月并传。不然，则一卷事目安能行于世？自《春秋》之后，惟《史记》擅制作之规模。不幸班固非其人，遂失会通之旨。司马氏之门戸，自此衰矣。

【译文】大致上奠基者难免要粗糙简略，全都靠继承这种志向的有志之士来为它弥补愈合。晋国的《乘》、楚国的《梼杌》、鲁国的《春秋》，它们记载的内容都是同一时期的事情。《乘》和《梼杌》没有使他们结局完美的人，所以这两部书不能流传于世。《春秋》前头得到孔子的挽救，后头得到左氏的推崇，所以这部书与太阳、月亮一样经久不衰。否则的话，《春秋》只是一卷事情的目录，怎么能够在社会上流传？自从《春秋》以后，只有《史记》拥有这样写作的规模；不幸的是班固并不是这样的人，于是丧失了会合变通的宗旨，司马迁创立的通史的写法从此就衰落了。

班固者，浮华之士也。全无学术，专事剽窃。肃宗问以制礼作乐之事，固对以在京诸儒必能知之。傥臣邻皆如此，则顾问何取焉？及诸儒各有所陈，固惟窃叔孙通十二篇之仪，以塞白而已。傥臣邻皆如此，则奏议何取焉？肃宗知其浅陋，故语窦宪曰："公爱班固而忽崔骃，此叶公之好龙也。"固于当时，已有定价。如此人材，将何著述？

【译文】班固这个人，是讲究表面华丽、不务实际的人，全然没有作学术的本领，专门从事抄袭窃取。东汉章帝向他询问制作礼仪、音乐的事情，班固用在洛阳的各位儒生一定都能知道它们作为回答。倘若臣民都像这样，那么询问又有什么用呢？等到众位儒生各有陈述，班固只是剽窃叔孙通的十二篇《汉仪》，来拼凑文字搪塞罢了。假如臣民都像这样，那么奏议又有什么可取的呢？汉章帝知道班固学识粗浅鄙陋，所以对窦宪说："你喜欢班固而忽略崔骃，这好比姓叶的人喜欢假龙一样。"班固在当时已有评价；像这样的人才，打算用什么来著述呢？

《史记》一书，功在《十表》，犹衣裳之有冠冕，木水之有本原。班固不通，旁行邪上，以古今人物，强立差等，且谓汉绍尧运，自当继尧，非迁作《史记》厕于秦项，此则无稽之谈也。由其断汉为书，是致周秦不相因，古今成间隔。

【译文】《史记》全书，功劳在于十表，它好比衣裳有帽子，树有根本水有源头；班固没有这种通达的意识，所以使用旁门左道，以表格形式排列的系表、谱牒等，把古今人物强行确立等级。而且说汉朝继承尧的运数，自然应该上继唐尧，并不是司马迁写作《史记》把汉朝放置在秦朝、项羽以后，这纯粹是没有根据的谈论。由于班固截取汉朝写为《汉书》，这样就导致周、秦不能相互沿袭，古今之间成为间隔。

自高祖至武帝，凡六世之前，尽窃迁书，不以为惭；自昭帝至平帝凡六世，资于贾逵、刘歆，复不以为耻；况又有曹大家终篇，则固之自为书也几希，往往出固之胸中者，古今人表耳。他人无此谬也。后世众手修书，道傍筑室，掠人之文，窃钟掩耳，皆固之作俑也。

【译文】从汉高祖到汉武帝，凡是六朝以前的史事，都是抄袭司马迁《史记》的，他自己不感到惭愧；从汉昭帝到汉平帝，总共六朝，都是取资于贾逵、刘歆的著作，又不认为是耻辱。况且又有曹大家来结束全书，那么班固自己所书写的几乎太少了。经常出自班固胸中的内容，是《古今人表》罢了，其他人是没有这种谬误的。后代编修史书出自众人之手，杂采各家之说；剽窃别人的文字，掩耳盗铃，都是班固首开的先例。

固之事业如此，后来史家，奔走班固之不暇，何能测其浅深？迁之于固，如龙之于猪，奈何诸史弃迁而用固？

【译文】班固所干的事情就是这样，后来作史的人趋附迎合班固断代史体没有空闲时间，怎么能测量出他的深浅！司马迁与班固相比，好比龙和猪一样，为什么各种史书都抛弃司马迁的通史体裁而采用班固的断代史体裁？

刘知几之徒，尊班而抑马，且善学司马迁者莫如班彪，彪续迁书，自孝武至于后汉，欲令后人之续已，如已之续迁，既无衍文，又无绝绪，世世相承，如出一手，善乎其继志也。

【译文】刘知几之类的人尊崇班固而贬抑司马迁，况且善于学习司马迁的人，没有人赶得上班彪。班彪续写司马迁的《史记》，从汉武帝一直写到东汉，想叫后人接续自己的著作，如同自己续写司马迁的著作；既没有多余的史文，又没有中断头绪，世世代代相互接承，如同出自一人之手；他继承司马迁的志向太好了。

其书不可得而见，所可见者，元成二帝赞耳。皆于本纪之外，别记所闻，可谓深入太史公之阃奥矣。凡左氏之有君子也者，皆经之新意；《史记》之有太史公曰者，皆史之外事，不为褒贬也。间有及褒贬者，褚先生之徒杂之耳。

【译文】但他的书不能得以看到；所能够看到的，只有元帝、成帝二位帝王本纪的赞罢了。都在本纪以外，另外记载他所听到的，可以说是深入太史公司马迁学问的精微深奥之处了。凡是左氏《左传》中有“君子也”的地方，都是对《春秋》经有新的见解；《史记》中有“太史公曰”的地方，都是史实以外的事情，不是对事情进行褒贬；偶尔也有涉及到褒扬贬低的地方，都是褚少孙等人掺杂到里边去的罢了。

且纪传之中，既载善恶，足为鉴戒，何必于纪传之后，更加褒贬？此乃诸生决科之文，安可施于著述？殆非迁彪之意。况谓为赞，岂有贬辞？后之史家，或谓之论，或谓之序，或谓之铨，或谓之评，皆效班固。

【译文】况且本纪、列传之中，已经记载了善恶好坏，足以用来借鉴，何必在本纪列传的后面另外在进行赞扬或贬低呢？这是儒生参加科举考试所作的试卷，怎么能放在著述中呢？这大概不是司马迁、班彪的本意。况且既然称为赞，哪能有贬低的词句呢？后代作史的人，有的叫做论，有的叫做序，有的叫做诠，有的叫做评，都效仿班固。

臣不得不剧论固也。司马谈有其书，而司马迁能成其父志；班彪有其业，而班固不能读父之书。固为彪之子，既不能保其身，又不能传其业，又不能教其子，为人如此，安在乎言为天下法？范晔、陈寿之徒继踵，率皆轻薄无行，以速罪辜，安在乎笔削，而为信史也？

【译文】臣下我不能不狠狠地批评班固了。司马谈有他的著作，而司马迁能够完成他父亲的愿望；班彪有他的学业，而班固却不能阅读他父亲的著作。班固作为班彪的儿子，既不能够保护他自身，又不能够传播他父亲的学业，还不能教育他的儿女，这样做人，说值得天下人效法的方面在哪里呢！范晔、陈寿等人继承他创立的断代史体例，大多都是些轻狂颠薄没有好品德的人，因此很快招致罪过，整理修改而写作出确凿可信的史书在哪里呢？

孔子曰："殷因于夏礼，所损益，可知也；周因于殷礼，所损益，可知也。"此言相因也，自班固以断代为史，无复相因之义。虽有仲尼之圣，亦莫知其损益。会通之道，自此失矣。

【译文】孔子说："商朝沿袭夏朝的礼仪制度，废除了哪些、增加了那些，现在可以通过考察而了解；周朝因袭商朝的礼仪制度，废除了哪些、增加了哪些，也是可以知道的。"这是说相互继承。自从班固按朝代划分段落来写作史书，不再有相互继承的意思；即使有孔子一样的智慧，也无法知道它增加或废除了什么。融会贯通的方法，从此就丢失了。

语其同也，则纪而复纪，一帝而有数纪；传而复传，一人而有数传；天文者，千古不易之象，而世世作《天文志》；洪范五行者，一家之书，而世世序《五行传》。如此之类，岂胜繁文？

【译文】说到它们相同的地方，就是已有本纪而再作本纪，一位帝王就有几个本纪；

已有列传却再作列传，一人竟有几个列传；天文，是千古不会改变的天象，可世世代代都写作《天文志》；《洪范五行传》，是刘向一人的著作，可世世代代都排列《五行传》。像这些史志，哪能举得尽繁杂琐碎的文辞？

语其异也，则前王不列于后王，后事不接于前事；郡县各为区域，而昧迁革之源；礼乐自为更张，遂成殊俗之政。如此之类，岂胜断绠？

【译文】谈到它们的不同之处，那么前代称王的人不列在后代称王的人中，后面发生的事情不能接续前头发生的事情；郡县沿革各有各的界限范围，却不能清楚变迁的原委；礼乐制度自行变更，于是成为不同风俗地区的政令。像这些记载，哪能举得完前后互不连贯？

曹魏指吴蜀为寇，北朝指东晋为僭，南谓北为索虏，北谓南为岛夷。齐史称梁军为义军，谋人之国，可以为义乎？隋书称唐兵为义兵，伐人之君，可以为义乎？

【译文】曹魏指吴国、蜀国为乱寇，北朝指东晋为僭伪，南朝政权称北朝政权为索头虏，北朝政权称南朝政权为岛中夷。《南齐书》称梁朝军队为正义军队，用阴谋篡夺了萧齐国家政权能够说是符合道义吗？《隋书》称大唐军队为正义军队，讨伐别人的国君能够说是符合道义吗？

房元龄董史册，故房彦谦擅美名；虞世南预修书，故虞荔，虞寄，有嘉传。甚者，桀犬吠尧，吠非其主。晋史党晋而不有魏，凡忠于魏者，目为叛臣，王凌、诸葛诞、毋邱俭之徒，抱屈黄壤。

【译文】房玄龄总监各代史书，所以他的父亲房彦谦享有美好的名声；虞世南参与编修史书，所以他父亲虞荔、叔父虞寄都立有美好的传记。更厉害的是，让夏桀的狗对着好人唐尧叫唤，叫唤是因为唐尧不是它的主人。《晋书》中袒护晋而容不下魏，凡是忠于曹魏政权的人，都被称为叛臣，致使王凌、诸葛诞、毋丘俭等人在黄色土壤下满怀冤屈。

齐史党齐而不有宋，凡忠于宋者，目为逆党，袁粲、刘秉、沈攸之之徒，含冤九原。噫！天日在上，安可如斯？似此之类，历世有之，伤风败义，莫大乎此！

【译文】《南齐书》偏袒齐而容不下宋，凡是忠于刘宋政权的人，都被称为叛逆的党羽，致使袁粲、刘秉、沈攸之等人在九泉之下满怀冤屈。唉！天上的太阳高高在上面照耀，怎么能够这样呢？像这样的例子，历代都曾有过。败坏良好的风俗道义，没有比这再大的了！

迁法既失，固弊日深。自东都至江左，无一人能觉其非。惟梁武帝为此慨然，乃命吴均作《通史》。上自太初，下终齐室，书未成而均卒。

【译文】司马迁写通史的方法既已丢失，班固断代为史的弊端一天比一天加深了，从东汉到东晋及南朝各代，没有一个人能感到这样有什么不对。只有梁武帝对这种情况发出感叹，于是命令吴均写作《通史》，上起自于汉武帝太初年间，下结束于齐朝灭亡，书没有写成可吴均就死了。

隋杨素又奏令陆从典续《史记》，讫于隋书，未成而免官。岂天之靳斯文而不传与？抑非其人而不佑之与？自唐之后，又莫觉其非。凡秉史笔者，皆准《春秋》，专事褒贬。夫《春秋》以约文见义，若无传释，则善恶难明。

【译文】隋朝时杨素又上奏叫陆从典续写司马迁的《史记》，准备写到隋朝，可惜书还没写成就被罢免了官职。难道上天吝惜这些史文而不让它们流传吗？还是写作通史的人是不称职的人而上天不保佑他们呢？从唐朝以后，有没有觉得这种情况是不对的了。凡是拿笔写史的人，都把《春秋》作为仿效的标准，专门从事赞扬或贬低工作。《春秋》以文字简略表现大义，但如果没有史传来解释，那么善恶好坏就难以辨明。

史册以详文该事，善恶已彰，无待美刺。读萧曹之行事，岂不知其忠良？见莽卓之所为，岂不知其凶逆？夫史者，国之大典也。而当职之人，不知留意于宪章，徒相尚于言语。正犹当家之妇，不事饔飧，专鼓唇舌。纵然得胜，岂能肥家？此臣之所深耻也。

【译文】史书已经文字详细、事实清楚，善恶好坏已经彰明，不需要再进行称美与讽恶。阅读汉相萧何、曹参做过的事情，哪能不知道他们忠贞善良；看到王莽、董卓的所作所为，哪能不知道他们凶恶悖逆。史书，是国家的重要文献典籍。但担当写史职务的人，不懂在典章制度上留意，只是在言语上相互推崇。正好比管家的媳妇，不做早饭和晚饭，专门鼓动唇舌，即使获得胜利，哪能使家庭富裕呢？这是臣下我深深感到耻辱的。

江淹有言："修史之难，无出于'志'。"诚以'志'者，宪章之所系，非老于典故者，不能为也。不比纪传，纪则以年包事；传则以事系人。儒学之士，皆能为之，惟有《志》难。其次莫如《表》，所以范晔，陈寿之徒，能为纪传，而不敢作《表》、《志》。

【译文】江淹说过："撰修纪传体史书，没有比志这部分更难的了。"这实在因为志是国家典章制度的寄托，不熟悉精通典章制度的人，根本就写不了。它不像本纪和列传，本纪只是按年代包纳排比史事，列传只是把史事归并缀连在人物身上，因而儒学士子都能写。唯有"志"难度大，其次没有比"表"再难作的了。所以范晔、陈寿这般人都能修本纪、列传而不敢写"表"写"志"。

"志"之大原，起于《尔雅》。司马迁曰"书"。班固曰"志"。蔡邕曰"意"。华峤曰"典"。张勃曰"録"。何法盛曰"说"。余史并承班固谓之"志"，皆详于浮言，略于事实，不足以尽《尔雅》之义。

【译文】"志"的本源来自《尔雅》，司马迁称之为"书"，班固称之为"志"，蔡邕称之为"意"，华峤称之为"典"，张勃称之为"录"，何法盛称之为"说"。其他各史一律承袭班固，叫做"志"，又都是在泛泛而谈上花笔墨，在具体事实上很简略，不足以充分体现出《尔雅》的求实宗旨。

臣今总天下之大学术，而条其纲目，名之曰"略"。凡二十"略"。百代之宪章，学者之能事，尽于此矣。其五略，汉唐诸儒所得而闻，其十五略，汉唐诸儒所不得而闻也。

【译文】如今臣下我总括天下的大学问，区分条列它们的宏纲细目，命名为"略"，共二十"略"，有关历代的典章制度和学者的全部学问都在这里面了。其中有五略，是汉唐诸儒所听说过的，其余十五略，就是汉唐诸儒所不曾听说过的了。

生民之本，在于姓氏，帝王之制，各有区分，男子称氏，所以别贵贱，女子称姓，所以别婚姻，不相紊滥。秦并六国，姓氏混而为一。自汉至唐，历世有其书，而皆不能明姓氏。原此一家之学，倡于左氏。因生赐姓，胙土命氏。又以字、以谥、以官、以邑命氏，邑亦土也。左氏所言，惟兹五者，臣今所推，有三十二类，左氏不得而闻，故作《氏族略》。

【译文】百姓的根本在于姓氏，帝王的制度各有不同，男子称氏是为了区分贵贱，女子称姓是为了区别姻亲关系，防止混乱。秦统一六国，姓氏也得到统一。从汉到唐，历代都有姓氏书，但都没弄明白姓氏到底是怎么回事。追溯这一门学问，本来是左丘明倡导的。按照出生情况赏赐给新生儿姓氏，通过分封赏赐给诸侯姓氏。还有按字、谥号、官职、城邑来取名的，城邑也是领土。左丘明所说的只有以上五种。但现在据我所知共有三十二种，左丘明都不知道的，所以作《氏族略》。

书契之本，见于文字。独体为文，合体为字。文有子母，主类为母，从类为子。凡为字书者，皆不识子母。文字之本，出于六书，象形指事，文也，会意、谐声、转注，字也，假借者，文与字也。原此一家之学，亦倡于左氏，然止戈为武，不识谐声，反正为乏，又昧象形。左氏既不别其源，后人何能别其流？是致小学一家，皆成卤莽。经旨不明，穿凿蜂起，尽由于此。臣于是驱天下文字，尽归六书。军律既明，士乃用命，故作《六书略》。

【译文】书写的基本原则是对文字的运用。单字的叫“文”，复合结构的叫“字”。“文”有子母，基本文字是“母”，据此衍化出来的称“子”。凡是作字书的人，都不知道文字有这层“子母”关系。文字的构造方式，基本上有六种，象形、指事两种是“文”（单个结构），会意、谐声两种是“字”（复合结构），转注类是“字”，假借的既有“文”也有“字”。追溯这一门学问的本源，也导源于左丘明。但是“止、戈”两个字合起来组成“武”字，看不出来应该根据哪个部分发音；“反、正”组成“乏”字，又看不出这个字到底像什么了。左丘明本来就没有辨别文字的来源，后人又怎能区分出变化流传的情况呢？这样就导致小学这门学问，都做得很冒失很粗糙。经文的旨意弄不明白，穿凿附会的情况就会大量涌现，都是由于这个原因。我在此将天下所有文字都置入“六书”造字规范之中。就像军队纪律严明，兵士才能尽力搏杀，所以作《六书略》。

天籁之本，是成经纬，纵有四声以成经，横有七音以成纬。皇颉制字，深达此机。江左四声，反没其旨。凡为韵书者，皆有经无纬。字书眼学，韵书耳学。眼学以母为主，耳学以子为主。母主形，子主声，二家具失所主。今欲明七音之本，扩六合之情，然后能宣仲尼之教，以及人间之俗，使裔夷之俘皆知礼义，故作《七音略》。

【译文】音乐的本源，有其自己的严密的“经、纬”体系，纵向有四声作为“经”，横向有七音作为“纬”。仓颉造字，深深地了解这个玄机。到了南朝的四声声韵，反而掩盖了这个宗旨。凡是作韵书的人，都“有经无纬”。字书是通过眼睛来达成的学问，韵书是通过耳朵来实现的学问。眼学以“母”为主，耳学以“子”为主。母主要是字形变化，子主要是声殒变化，两门学问都丢失了自己的主体。现在要明了七音的本质，增进了解宇宙的情态，而后广为宣扬孔子的教化，最终达到民间的风俗习惯，使得四周蛮夷的俘虏都能知道、遵守礼义，所以作《七音略》。

天文之家，在于图象。民事必本于时，时序必本于天。为天文志者，有义无象，莫能知天。臣今取隋丹元子《步天歌》，句中有图，言下成象，灵台所用，可以仰观；不取《甘石本经》，惑人以妖妄，速人于罪累。故作《天文略》。

【译文】天文家最重要的在于图象。人民的日常生活必须要依据天时而定，天时的次序则由天象来决定。作天文志的人，了解到这层意思而没有天象的描述，是无法了解天文的。我现在选取隋代丹元子《步天歌》，其中文句之下有天象图，言语之间将天象描述清楚，也可以使用灵台，仰观天文。没有选取《甘石本经》，这种书用荒诞不经的内容迷惑大家，加速促使人们犯罪被罚。所以作《天文略》。

地理之家，在于封圻。而封圻之要，在于山川。禹贡九州，皆以山川定其经界。九州有时而移，山川千古不易。是故《禹贡》之图，至今可别。班固《地理》，主于郡国，无所底止。虽有其书，不如无也。后之史氏，正以方隅，郡国并迁，方隅颠错，皆因司马迁无地理书。班固为之创始，致此一家，俱成谬举。臣今准《禹贡》之书，而理川源，本《开元十道图》，以续今古，故作《地理略》。

【译文】地理家最重要的在于弄清封畿、疆土。封畿、疆土的诀窍在于山川地理形势。大禹治水之后将全国分为九州，都是依据山川地理形势来规定边界的。九州偶尔会有移动变化，但是山川却是千古不变的。所以《禹贡》里所载的地图，至今还清晰可辨。班固《汉书·地理志》中重在记录郡国情况，但却没有地图可供依据。有这样的书，还不如没有。后来的史家们用四方和四隅的边疆来进行修正。郡国地理位置变化，四方和四隅的边疆也出现颠倒错误，都因为司马迁《史记》中没有地理书的缘故。班固创始地理书，但却使得这种记录方法都为一种极易出现谬误的举动。我现在严格按照《禹贡》这部书，理清山川源流，以《开元十道图》为基础，将古今的断裂续上，所以作《地理略》

都邑之本，金汤之业。史氏不书，黄图难考。臣上稽三皇五帝之形势，远探四夷八蛮之巢穴，仍以梁汴者，四朝旧都，为痛定之戒；南阳者，疑若可为中原之新宅，故作《都邑略》。

【译文】都邑最根本的是固若金汤的城池。史家没有记载，《三辅黄图》也很难考证。我往上考证三皇五帝时的形势，往远处则探讨周边蛮夷少数民族的巢穴，在后梁将都城前往汴京之后，共有四朝在此定都，这都是痛定思痛之时的教训。南阳，估计是可以作为中原新都的地方，所以作《都邑略》。

谥法一家，国之大典。史氏无其书，奉常失其旨。周人以讳事神，谥法之所由起也。古之帝王，存亡皆用名。自尧舜禹汤至于桀纣皆名也。周公制礼，不忍名其先君，武王受命之后，乃追谥太王、王季、文王，此谥法所由立也。本无其书，后世伪作《周公谥法》，欲以生前之善恶，为死后之劝惩。

【译文】谥法是国家重要的典仪。史家没有记载，使得奉常们没有办法履行自己的职责。谥法起源于周人用禁忌来侍奉鬼神。上古帝王，是存是亡都有自己的名号。自尧舜禹汤到夏桀、商纣，都是名号。周公旦制礼作乐不忍心为自己的先辈们起名，武王克商之后，才追谥太王、王季、文王的名号，这就是谥法的由来。本来也没有专书，后世伪作《周公谥法》，想用生前的善恶行径来起到死后劝恶扬善的惩戒作用。

且周公之意，既不忍称其名，岂忍称其恶？如是，则《春秋》为尊者讳，为亲者讳，不可行乎周公矣。此不道之言也，幽、厉、桓、灵之字，本无凶义。谥法欲名其恶，则引辞以迁就其意。何为皇颉制字，使字与义合；而周公作法，使字与义离。臣今所纂，并以一字见义，削去引辞而除其曲说，故作《谥略》。

【译文】而且按照周公的意思，既然不忍称名号，难道忍心称其恶名？如果是这样的话，像《春秋》那样为尊者避讳、为亲者避讳的办法，在周公那里是行不通的。这都是些没有道义的字眼，幽、厉、桓、灵等字，本来没有贬义。谥法想要借助它们来彰显其恶行，所以就援引这些词语来迁就这些意思。为什么？仓颉造字，使得字与意思合二为一，而周公制礼作乐，使得字与意思又产生了分离。我现在所编纂的都是用一个字去看它的意思，从而削去歪曲本意的说法，所以作《谥略》。

祭器者，古人饮食之器也。今之祭器，出于礼图。徒务说义，不思适用。形制既乖，岂便歆享。夫祭器尚象者，古之道也。器之大者，莫如罍，故取诸云山。其次莫如尊，故取诸牛象。其次莫如彝，故取诸鸡凤。

【译文】祭器是古人饮食用具。今天的祭器，出自《三礼图》，其中仅仅提及礼器的意涵，没有想着还必须要满足实用的标准。形制已经乖离本原，难道还方便神灵、先祖享受供物？祭器的形制讲究模仿自然界万物，这是自古以来的规矩。就大型器来说，没有比得上罍的，取意其象征云气山川；其次没有比得上尊，它的形象取自牛象的样子；其次没有比得上彝的，其形象取自鸡首凤冠。

最小者莫如爵，故取诸雀。其制皆象其形，凿项及背以出内酒。惟刘杳能知此义，故引鲁郡地中所得齐子尾送女器有牺尊，及齐景公冢中所得牛尊象尊以为证。其义甚明，世莫能用。故作《器服略》。

【译文】最小的莫过于爵，所以取形于雀。这些祭器的制作都参考其所象征的形象，在顶、背等部位开口贮存或倒酒。只有刘杳能够知道这个意思，所以他引用了鲁郡出土的齐子尾送女出嫁的器物牺尊，以及齐景公墓中出土的牛尊象尊，来作为证据。意思很明确，但是世人都不采纳。所以在这里作《器服略》

乐以诗为本，诗以声为用。风土之音曰风。朝廷之音曰雅。宗庙之音曰颂。仲尼编诗，为正乐也，以风雅颂之歌，为燕享祭祀之乐。工歌《鹿鸣》之三，笙吹《南陔》之三，歌间《鱼丽》之三，笙间《崇邱》之三，此大合乐之道也。

【译文】乐以《诗经》为其根本，《诗》则要用声来表达。各地不同的风土之音，叫做“风”。朝堂的音乐叫“雅”。宗庙中的音乐叫“颂”。孔子编订《诗经》是为了配合这些音乐，用“风雅颂”里边的歌作为宴会、祭祀时的乐曲。乐工奏《鹿鸣》三次，用笙吹奏《南陔》三次，唱的时候用《鱼丽》来间隔开，笙也用《崇邱》来间隔，这就大大符合音乐的自身的规律。

古者丝竹有谱无辞，所以六笙但存其名。序诗之人，不知此理，谓之有其义而亡其辞，良由汉立齐鲁韩毛四家博士，各以义言诗，遂使声歌之道日微。至后汉之末，诗三百、仅能传《鹿鸣》、《驺虞》、《伐檀》、《文王》四篇之声而已。

【译文】古时候的音乐是有曲谱无歌词的，所以六篇配合笙来演奏的诗就只剩下了名字。为诗作序的人不知这个道理，说是意涵还在仅仅是丢失了歌词而已，实在是由于汉立齐鲁韩毛四家《诗》为学官博士，都用自己的意思来解释，导致音乐、诗歌这种原本结合在一起的演奏形式逐渐衰微。到东汉末，三百多首《诗》中只有配合《鹿鸣》、《驺虞》、《伐檀》、《文王》四篇的音乐传了下来。

太和末，又失其三，至于晋室，《鹿鸣》一篇又无传。自《鹿鸣》不传，后世不复闻诗。然诗者人心之乐也，不以世之兴衰而存亡。继风雅之作者，乐府也。史家不明仲尼之意，弃乐府不收，乃取工伎之作以为志。臣旧作《系声乐府》，以集汉魏之辞，正为此也。今取篇目以为次，曰《乐府正声》者，所以明风雅，曰《祀享正声》者，所以明颂。

【译文】曹魏明帝太和末年又丢失了三篇（乐谱），到了晋代，《鹿鸣》一篇也失传了。自从《鹿鸣》一篇失传，后世就再也没有听说“诗”了。但是“诗”是人们发自内心所愿意听的，它的存在不以朝代兴亡更替而变化。继承“风雅”而对音乐所有贡献的是乐府。史家没弄明白孔子的意思，摒弃乐府诗而不收录，反而取乐工舞伎的作品来作为《乐志》。我以前所作《系声乐府》搜集汉魏时期的歌词，就是为了这个目的。现在采撷篇目并按顺序排列，命名为《乐府正声》，就是为了让“风雅”的体材进一步彰显，《祀享正声》则是为了彰显“颂”。

又以琴操明丝竹，以遗声准逸诗。语曰：“韶尽美矣，又尽善也；武尽美矣，未尽善也。”此仲尼所以正舞也。韶即文舞，武即武舞，古乐甚希，而文武二舞犹传于后世，良由有节而无辞，不为义说家所惑，故得全仲尼之意。五声八音十二律者，乐之制也，故作《乐略》。

【译文】又用琴操等来校正乐器，用遗留下来的音乐来校对散逸的诗歌。《论语》说：“《韶乐》可谓尽美尽善，《武王伐纣》则尽美而未尽善”这正是孔子用来校正舞蹈所用的。《韶》是文舞，《武》是武舞，古乐留存下来的十分稀少，但文武两种舞蹈却仍然流传后世，的确是因为它们只有节拍而没有歌词的缘故，没有被那些望文生义的学者所搞混，所以才在其中得以保全孔子真正的用意。五声八音十二律，是用来制乐的，所以作《乐略》。

学术之苟且，由源流之不分。书籍之散亡，由编次之无纪。《易》虽一书，而有十六种学。有传学，有注学，有章句学，有图学，有数学，有谶纬学，安得总言《易》类乎？《诗》虽一书，而有十二种学。有诂训学，有传学，有注学，有图学，有谱学，有名物学，安得总言诗类乎？

【译文】学术界之所以出现今天这样敷衍、马虎的现状，是由于没有分清源流的缘故。书籍的散佚失传，是由于编次没有规律。《易》虽然只是一种书，但却有相关的十六种学问：有传学、注学、章句学、图学、数学及谶纬学等，怎么能说是《易》学呢？《诗》虽然是一种书，也有十二种学问：诂训学、传学、注学、图学、谱学、名物学等，又怎能说是《诗》学呢？

道家则有道书，有道经，有科仪，有符箓，有吐纳内丹，有炉火外丹，凡二十五种，皆道家，而浑为一家，可乎？医方则有脉经，有灸经，有本草，有方书，有炮炙，有病源，有妇人，有小儿，凡二十六种，皆医家，而浑为一家，可乎？故作《艺文略》。

【译文】道家则有道书、道经、科仪、符箓、吐纳内丹、炉火外丹等共二十五种都属于道家，将这二十五种都混同为一种，行得通吗？医方则有脉经、灸经、本草、方书、炮炙、病源、妇人、小儿等二十六家，也混为一谈可以吗？所以作《艺文略》。

册府之藏，不患无书。校雠之司，未闻其法，欲三馆无素餐之人，四库无蠹鱼之简，千章万卷，日见流通，故作《校雠略》。

【译文】皇家图书馆里不怕没有大量的书籍。进行校勘的官员们不得其法，想要收罗校书人才，按四部分类方法整理大量书籍，为了让千万卷的书籍逐渐流通，所以作《校雠略》。

河出图，天地有自然之象。图谱之学，由此而兴。洛出书，天地有自然之文。书籍之学，由此而出。图成经，书成纬，一经一纬，错综而成文，古之学者，左图右书，不可偏废。刘氏作《七略》，收书不收图，班固即其书为《艺文志》。

【译文】河出图，是因为天地之间有自然的表象。关于图册谱牒的学问从此兴盛；洛出书，天地间有自然的文字，关于书籍的学问，从这里就诞生了。图后来成为"经"，书成为"纬"，图书相互交错成为文章，古代的学者，一边是图，一边是书，都不能偏废。刘歆所作《七略》收书却不收录图，班固就在这基础之上作《汉书·艺文志》。

自此以还，图谱日亡，书籍日冗，所以困后学而堕良材者，皆由于此。何哉？即图而求易，即书而求难。舍易从难，成功者少，臣乃立为二记，一曰记有，记今之所有者，不可不聚；二曰记无，记今之所无者，不可不求。故作《图谱略》。

【译文】从此以后，图谱逐渐散佚失传，书籍逐渐增多，因此困扰了后来的学者，毁掉很多有优良才智的人，都是由于这个缘故。为什么呢？参照图而求学比较简单，依照书求学比较难。舍易从难，成功者就很少了，我在这里作两种记录，一种记录存在的图籍，不能不收集到一起，其次记录没有的、失传的，这一部分也不能不尽力去搜求，所以作《图谱略》。

方册者，古人之言语；款识者，古人之面貌。方册所载，经数千万传，款识所勒，犹存其旧。盖金石之功，寒暑不变。以兹稽古，庶不失真。今艺文有志，而金石无纪。臣于是采三皇五帝之泉币，三王之鼎彝，秦人石鼓，汉魏丰碑，上自苍颉石室之文，下逮唐人之书，各列其人，而名其地，故作《金石略》。

【译文】典籍是古人用来记录言行的，款识就是古人的脸面。典籍所载内容经历千万次的流传，由于款识的标记，还跟原来一样。这就是金石的功劳了，虽经历寒暑千年而不变。用这些来进行考证，才不会失去本真。现在的艺文有《艺文志》，而没有专门记录金石的著述。我在这里搜集三皇五帝时期的货币、三王用来祭祀的钟鼎彝器，秦人石鼓，汉魏碑刻，上自仓颉在石洞中造的字，下到唐人书法，都列上人名、地名，所以作《金石略》。

《洪范五行》传者，巫瞽之学也。历代史官皆本之以作《五行志》。天地之间，灾祥万种。人间祸福，冥不可知。若之何一虫之妖，一物之戾，皆绳之以五行？又若之何晋厉公一视之远，周单子一言之徐，而能关于五行之沴乎？

【译文】《洪范五行》所传承的是巫师、乐师的学问。历朝历代史官都基于这种学问作《五行志》。天地之间，灾异、祥瑞的现象不知有多少种。人间的祸福也是朦胧不可知的。为什么虫子产生的妖气、一个事物因为背离了平常的轨迹，都要用“五行”理论来衡量呢？又为什么晋厉公眼光短浅被杀，单襄子眼光长远但预言实现太慢，这都关乎五行之间的不合吗？

晋申生一衣之偏，郑子臧一冠之异，而能关于五行之沴乎？董仲舒以阴阳之学，倡为此说，本于春秋，牵合附会。历世史官，自愚其心目。俛首以受笼罩，而欺天下。臣故削去五行，而作《灾祥略》。

【译文】晋太子申生因为被骊姬陷害穿上半黑半白的衣服，郑子臧因为佩戴了与自己身份地位不相符的帽子而被郑伯杀死，这都与五行的不合有关吗？西汉董仲舒治阴阳学说，倡导这种说法，立足于《春秋》经文，牵强附会。历代的史官，自我蒙蔽，都自愿低下头来接受这种学说的控制，而自欺欺人。因此我删去五行内容而作《灾祥略》。

语言之理易推；名物之状难识。农圃之人，识田野之物，而不达诗书之旨。儒生达诗书之旨，而不识田野之物。五方之名本殊，万物之形不一，必广览动植，洞见幽潜，通鸟兽之情状，察草木之精神，然后参之载籍，明其品彙，故作《昆虫草木略》。

【译文】语言的逻辑容易推导，名物的形状就难以辨识了。农田园圃中的人不了解诗书的意思。儒生了解诗书的意思但又不认识田野里的东西。天地五方的名字本来就不一样，万物的形状也不一样，必须多多观察各种动植物，才能产生深刻的看法和见解，充分了解鸟兽的形状情态，观察草木的神态，然后参考典籍，明确其品种，所以作《昆虫草木略》。

凡十五略，出臣胸臆，不涉汉唐诸儒议论。《礼略》所以叙五礼，《职官略》所以秩百官，《选举略》言抡材之方，《刑法略》言用刑之术，《食货略》言财货之源流，凡兹五略，虽本前人之典，亦非诸史之文也。

【译文】以上一共十五《略》，出自于我的脑中，不涉及汉唐以来诸儒的议论。《礼略》用来叙述五礼，《职官略》用来记录百官品秩，《选举略》说的是选择人才的方法，《刑法略》说的是用刑的办法，《食货略》说的是财货的源流，一共五《略》。虽然是在前人基础上所作，但也不是各史书的语言。

古者记事之史谓之志。《书大传》曰："天子有问无以对，责之疑，有志而不志，责之丞"，是以宋郑之史皆谓之《志》。太史公更志为记，今谓之志，本其旧也。桓君山曰："太史公三代世表，旁行邪上，并效周谱"。

【译文】古代有关记事的历史，叫做《志》。《尚书·大传》说："天子有什么疑问，没有什么来回答，就责问他不能解决，但是有《志》而不记的，就要责问丞了"，因此宋、郑的史书都叫做《志》。司马迁将《志》变为《记》，即现在所说的《志》，则又回到原来的叫法了。桓谭曾说："司马迁三代世袭表格，用旁行斜上的方式来表达，是仿效周人谱牒的做法"。

古者纪年别系之书，谓之谱。太史公改而为表，今复表为谱，率从旧也。然西周经幽王之乱，纪载无传。故《春秋》编年以东周为始，自皇甫谧作《帝王世纪》及《年历》，上极三皇，谯周、陶弘景之徒，皆有其书，学者疑之。而以太史公编年为正，故其年始于共和。然共和之名已不可据，况其年乎？

【译文】古代另外附上纪年的书叫做"谱"。司马迁改为"表"，现在又叫回"谱"，也是复古之举。然而西周经过周幽王之乱，没有史书的记载。所以孔子编订《春秋》时纪年从东周开始，自从西晋皇甫谧作《帝王世纪》以及《年历》上溯至三皇，蜀汉的谯周、南朝的陶弘景等人都有这部书，遭受到学者的怀疑。司马迁以编年体为主，所以其书纪年从共和元年开始。但是共和的名字已经靠不住了，更何况用来纪年呢？

仲尼著书，断自唐虞，而纪年始于鲁隐，以西周之年无所考也。今之所谱，自春秋之前称世，谓之世谱。春秋之后称年，谓之年谱。太史公纪年以六甲，后之纪年者以六十甲，或不用六十甲，而用岁阳岁阴之名。今之所谱，即太史公法，既简且明，循环无滞。

【译文】孔子著书，记事从尧舜开始，但纪年却始于鲁隐公，因为西周并没有纪年可供依据。现在的年谱，春秋之前的称"世"，叫做"世谱"，春秋之后称"年"，叫做"年谱”。司马迁纪年用甲子纪年法，所以后世纪年时都以六十年为一个甲子，或者不用甲子纪年法，用岁阴、岁阳之类的称呼。现在的年谱使用的是司马迁的办法，十分简明，而且循环推算起来也毫无窒碍。

礼言，临文不讳，谓私讳不可施之于公也。若庙讳则无所不避。自汉至唐，史官皆避讳，惟新唐书无所避。臣今所修，准旧史例，间有不得而避者，如谥法之类，改易本字，则其义不行。故亦准唐旧。

【译文】《礼》说：“在文章面前不可避讳”，意思是说私下里的避讳不能强加于公众。如果是庙讳的话，就不能不都避讳了。从汉到唐，史官都避讳，只有《新唐书》不避讳。我现在所修纂的，就严格按照以往史书的体例，偶尔有不得不避讳的，如谥法之类的，就改动原字，那么意思也就没有办法通行了。所以也按照唐代的老办法。

夫学术超诣，本乎心识。如人入海，一入一深。臣之二十略，皆臣自有所得，不用旧史之文。纪传者，编年纪事之实迹，自有成规，不为智而增，不为愚而减。故于纪传，即其旧文，从而损益。若纪有制诏之辞，传有书疏之章，入之正书，则据实事，寘之别录，则见类例。《唐书》、《五代史》，皆本朝大臣所修，微臣所不敢议。故纪传讫隋。

【译文】学术水平的高低，应按照个人的心智而定，就像人跳进大海，有人飘在水面，有人沉了下去。我的《二十略》，都是我自己的心得，不用以前史书旧文。纪传部分，采用编年纪传的体例，有现成的规则可供借鉴，不为聪明的人有所增加，也不为愚蠢的人减少。所以对于纪传来说，立足以前历史旧文，在此基础上有所损益。如果“纪”中有制书诏命之类的文辞，“传”中有书信、手札等篇章，都放入正文，以事实为依据置入，“别录”则参见“类例”。《唐书》、《五代史》，是本朝大臣所修订，微臣不敢有议。所以纪传下讫于隋代。

若礼乐政刑，务存因革。故引而至唐云。呜呼，酒醴之末，自然浇漓。学术之末，自然浅近。九流设教，至末皆弊。然他教之弊，微有典刑。惟儒家一家，去本太远，此理何由?

【译文】像礼乐政刑之类的记载，必须要加以沿袭改革。所以下延至唐代。呜呼，酒喝到最后，自然越来越稀薄。学术的末流，自然很浅近。九个流派的学问，到末流弊病已经很多了。其他学问的弊病，多少都有典籍可供参照。只有儒家一家，离开自己的本源太过久远，这是什么原因呢?

班固有言，自武帝立五经博士，开弟子员，设科射策，劝以官禄，讫于元始，百有余年，传业者寖盛，枝叶繁滋，一经说之百余万言，大师众至千余人，盖禄利之路然也。百年之间，其患至此，千载之后，弊将若何？况禄利之路，必由科目，科目之设，必由乎文辞。三百篇之《诗》，尽在声歌，自置诗博士以来，学者不闻一篇之诗。六十四卦之《易》，该于象数，自置易博士以来，学者不见一卦之《易》。

【译文】班固曾说过，自从汉武帝设立五经博士，并设置博士弟子，通过发表主张、观点并进行谋划举行考试，用官位俸禄来鼓励文人、士大夫，下至于西汉平帝元始年间时，已经有一百余年了。传道授业的事业逐渐兴盛起来了，学术渊源能够开枝散叶、繁荣昌盛，有将一种经典阐释至百万余字的情况发生，都是由于利禄的道路被打开的缘故。而且百年之间，弊病也逐渐显露，千百年后，积累的弊病会怎样呢？而且通往富贵荣华，科举是必经之路，必须由文章辞藻中而来。《诗》三百篇，都在于和着曲调唱出来，自从西汉设置博士官以来，学者们没有听过一首诗歌；记录六十四卦变化的《易》，于象数记载是很详备的，但自从设置博士以来，学者们也没有见过任何一卦的《易》。

皇颉制字，尽由六书，汉立小学，凡文字之家，不明一字之宗。伶伦制律，尽本七音，江左置声韵，凡音律之家，不达一音之旨。经既苟且，史又荒唐。如此流离，何时返本？道之污隆存乎时。时之通塞存乎数。儒学之弊，至此而极，寒极则暑至，否极则泰来，此自然之道也。臣蒲柳之质，无复余龄，葵藿之心，惟期盛世。谨序。

【译文】仓颉造字的规则是"六书"，西汉将小学立为学官，但凡是文字学家，都弄不明白一个字的的来龙去脉。优伶制定乐律，都是本着七音的原则，南朝时设置的声韵，对于音律家来说，一个音符的内涵也无法表达。经典既然都这样马虎疏忽，史实自然也就荒唐无稽了。像这样流散脱离的状态，何时才能重返本原？道在世间升降完全依赖时事的变化，而时事的通达与闭塞则完全由天命来决定。儒学的流弊到现在已经极其严重了，寒冷到一定程度暑热就会降临，厄运到一定程度好运就到来，这是自然的规律。我这一把衰朽的骨头，也没有几天活头了，但是一颗忠心仍然期待着盛世的到来。谨以此为序。

文献通考序

元马端临撰，端临字贵與，鄱阳人，父廷鸾，为宋丞相。宋亡，端临隐居不仕，远近师之。是书凡二百四十八卷。自序谓欲观圣王之迹，则于其粲然者，后王是也。昔司马温公作《通鉴》，取千三百余年之事，著其理乱兴衰，使人有所鉴戒。独至经国典章之要，历代之因仍损益，而鲜自为之条理贯通者，因仿唐杜祐《通典》而推广之。以《通典》八门（食货、选举、职官、礼、乐、兵刑、州郡、边防）析为一十有九，而增以经籍、帝系、封建、象纬、物异五门，共为二十四门，所述事上起黄虞，下讫宋宁，分条排纂，加以论断，与《通典》并为数典家之要藉，郑志非其伦也。

【译文】《文献通考》是元朝马端临所作，马端临，字贵與，是鄱阳人，父亲马廷鸾，在南宋做过丞相。宋亡之后，马端临隐居不再出来做官，有很多人都师从于他。这部书一共二百四十八卷。在《自序》中马端临说想（通过这部书）观察先圣贤君们的事迹，则其中事迹昭彰能够为后世所效仿。以前司马光作《资治通鉴》，选取了上下一千三百多年的历史，将其治乱兴衰的情况都条理出来，让人们能够有所借鉴。只有国家典章制度等紧要部分，历朝历代都因袭并且有所损益，但少有将这些内容条理贯通出来成书的。所以在此模仿唐人杜祐《通典》的体材将（这些内容）进行推广。将《通典》八部分（食货、选举、职官、礼、乐、兵刑、州郡、边防）分为十九部分，增加经籍、帝系、封建、象纬、物异五部分，共为二十四部分，叙述内容上起黄帝虞舜时期，下讫宋末，分条排列编纂，加以评价定论，和《通典》一同成为典章制度学者们重视的典籍，郑樵的《通志》就不属于这一类的。

序二十四篇

昔荀卿子曰："欲观圣王之迹，则于其粲然者矣，后王是也。君子审后王之道，而论于百王之前，若端拜而议。"然则考制度，审宪章，博闻而强识之，固通儒事也。

【译文】以前荀子曾说过："想要看到上古圣王们的光辉事迹，就只能看到其中灿烂辉煌的，这是后来想要学习效法者所能看到的。道德高尚之人审视后来效仿者们的治理之道，在诸王面前进行讨论，就像是端正拜仪之后而进行议论一样。"然而考核典章制度，审查既有的章典，能够做到博闻强识，才能成为一个博通的儒士。

《诗》、《书》、《春秋》之后，惟太史公号称良史，作为纪、传、书、表，纪、传以述理乱兴衰，八书以述典章经制，后之执笔操简牍者，卒不易其体。

【译文】自《诗》、《书》、《春秋》之后，只有司马迁才能被称为好的史家，他在《史记》采用"纪"、"传"、"书"、"表"四种体例，"纪"、"传"用来陈述社会的治乱兴衰，八篇"书"用来记述历朝历代的典章制度，后来的史家们，一直也没有改变这种体例。

然自班孟坚而后，断代为史，无会通因仍之道，读者病之。至司马温公作《通鉴》，取千三百余年之事迹，十七史之纪述，萃为一书，然后学者开卷之余，古今咸在。

【译文】然而自从班固著《汉书》之后，采用了断代著史的方法，没有继承贯通沿袭的精要，被读者所诟病。到司马光作《资治通鉴》，选取一千三百余年间历史，将北宋之前成书的十七部正史荟萃为一部书，然而后来学者们在此书中没有看到的史实内容，从古至今一直都存在着。

然公之书，详于理乱兴衰，而略于典章经制，非公之智有所不逮也，编简浩如烟埃，著述自有体要，其势不能以两得也。窃尝以为理乱兴衰，不相因者也，晋之得国异乎汉，隋之丧邦殊乎唐，代各有史，自足以该一代之始终，无以参稽互察为也。

【译文】但是司马光的书在记述治乱兴衰方面较详细，而对于典章制度则比较简略，这并不是因为他的智力无法达到，实在是因为史书浩如烟海，著述本来就有它自己的体例和要旨，理所当然是无法两个方面都照顾到的。我曾经私下里认为历史的治乱兴衰，不是前后相互沿袭的，西晋之所以能够取得建立与汉使完全不同的，而隋的灭亡也与唐完全不同，每个时代都有自己的历史，自然足以完备一个时代的起始和终结，也没有办法进行互相之间的比较和考察。

典章经制，实相因者也，殷因夏，周因殷，继周者之损益，百世可知，圣人盖已预言之矣。爰自秦汉以至唐宋，礼乐兵刑之制，赋敛选举之规，以至官名之更张，地理之沿革，虽其终不能以尽同，而其初亦不能以遽异。

【译文】各种典章制度，实际上是相互沿袭的，殷商沿袭着夏代的，西周又沿袭着殷商，继承西周礼乐典章的兴革，历百代还可以知晓，圣人们大概都已经预言过了。于是自从秦汉到唐宋，礼乐兵刑制度、赋税选官等制度的规则，乃至官号官名的变化、地理的沿革，虽然最终没有办法相同，但最初的时候也是不能突然变化的。

如汉之朝仪、官制，本秦规也，唐之府卫、租庸，本周制也，其变通张弛之故，非融会错综，原始要终而推寻之，固未易言也。

【译文】比如汉代的朝廷礼仪、官制，本来就是秦代的规制，唐代的府卫军事、租庸调制度，本源于北周的旧制，这其中的变通扩展、缩小，如果不是融合错综复杂的内容，探究其源头而考察其结果，是很不容易弄清楚的。

其不相因者，犹有温公之成书，而其本相因者，顾无其书，独非后学之所宜究心乎！

【译文】这其中没有沿袭的，就像司马光的《资治通鉴》的成书，从根本上沿袭的，本来也没有成书，难道不是后来学者们所应该用心探求的吗！

唐杜岐公始作《通典》，肇自上古，以至唐之天宝，凡历代因革之故，粲然可考。

【译文】唐代杜佑才开始作《通典》，记事开始于上古三代，以至于唐天宝年间，历代沿革的轨迹，都是很明显的可以考察的。

其后宋白尝续其书，至周显德，近代魏了翁又作《国朝通典》。然宋之书成而传习者少，魏尝属稿而未成书，今行于世者，独杜公之书耳，天宝以后盖阙焉。

【译文】这以后，北宋的宋白曾经续成《通典》，到了后周显德年间，近代人魏了翁又作了《国朝通典》。然而宋白的书写成后流传、研习者很少，魏了翁曾经把书稿托付给后人但是没有成书，现在流传于世的，只有杜佑的《通典》，唐天宝以后也多少有所缺漏。

有如杜书纲领宏大，考订该洽，固无以议为也，然时有古今，述有详略，则夫节目之间未为明备，而去取之际颇欠精审，不无遗憾焉。盖古者因田制赋，赋乃米粟之属，非可析之于田制之外也。

【译文】就像杜佑《通典》一书纲领宏大，考核完备博洽，固然没有什么可说的，但时代有古今，叙述有详略，则章节篇目还不是很清晰、完善，而且取舍之间也颇欠细心审视，不能不说很令人遗憾了。古人凭着田地制作赋税，而赋税则是谷米麦粟之类的东西，是不可以分离到土地制度之外的。

古者任土作贡，贡乃包篚之属，非可杂之于税法之中也。乃若叙选举，则秀、孝与铨选不分，叙典礼，则经文与传注相汩，叙兵则尽遗赋调之规，而姑及成败之迹，诸如此类，宁免小疵。

【译文】古代分封土地规定好进贡的义务，进贡的是酒食之类的东西，是不能乱杂进赋税制度之中的。还有叙述选官制度就把秀才、孝廉和铨选不予分开；陈述典礼仪式时经典文献和经传、经注相掺杂；叙述兵制时对于遗留下来的赋税征调的规制姑且涉及到成败的迹象无不竭尽所能，诸如此类的，也都难免出现瑕疵。

至于天文、五行、艺文，历代史各有志，而《通典》无述焉。马、班二史，各有诸侯王、列侯表，范晔《东汉书》以后无之，然历代封建王侯，未尝废也。

【译文】至于《天文志》、《五行志》、《艺文志》，后代正史中都继承了下来，但是《通典》没有这方面的叙述，司马迁、班固《史记》、《汉书》二史书各有“诸侯王”、“列侯”表，范晔的《后汉书》以后也没有了，尽管如此，历代分封王侯的制度并没有因此而废除。

王溥作唐及五代会要，首立帝系一门，以叙各帝历年之久近，传授之始末，次及后妃、皇子、公主之名氏封爵，后之编会要者仿之，而唐以前则无其书。

【译文】宋王溥作唐以及五代《会要》，首先开创了“帝系”一个门类，叙述历代各个帝王年代的远近，相互之间传授的详细情况，还有后妃、皇子、公主的名号封爵，后来编著会要的人都仿效王溥，唐以前并没有这种体裁的著述。

凡是二者，盖历代之统纪，典章系焉，而杜书亦复不及，则亦未为集著述之大成也。

【译文】以上这两种，历代的帝王统纪、典章制度，连杜佑的《通典》都比不上，但是也没有成为著述中相当完备的集大成者。

愚自蚤岁，盖尝有志于缀缉，顾百忧薰心，三余少暇，吹竽已涩，汲绠不修，岂复敢以斯文自诡？昔夫子言夏、殷之礼，而深慨文献之不足徵，释之者曰：

【译文】我从早年就曾经有志于进行著述，但诸多杂事常常影响我的心情，所有空闲的时间都算到一起也不够，现在吹芋已经很涩了，汲水的井绳也修不了了，难道还要用这种言辞来进行自我掩饰呢？以前孔子说到夏、商两代的礼仪、历史，深深地感慨文献不足以引证，解释的人就说：

“文，典籍也。献，贤者也。”生乎千百载之后，而欲尚论千百载之前，非史传之实录具存，何以稽考？

【译文】“文，就是典籍。献，就是圣贤。”生于千百年之后，还想讨论千百年之前，如果没有史著具体完备地记载留存于后世，有如何来进行考察呢？

儒先之绪言未远，足资讨论，虽圣人亦不能臆为之说也。窃伏自念：业绍箕裘，家藏坟索，插架之收储，趋庭之问答，其于文献盖庶几焉。

【译文】先儒们的言论距离现在还不久远，足以供讨论，虽然圣人也不能从自己的主观出发来臆测创立学说。我曾经自己在内心思忖：继承父祖们的事业，家里收藏着各种典籍，书架上的收藏，向父辈问教的问答，多少也可以算作是“文献”了。

尝恐一旦散轶失坠，无以属来哲，是以忘其固陋，辄加考评，旁搜远绍，门分汇别，曰田赋，曰钱币，曰户口，曰职役，曰征榷，曰市籴，曰土贡，曰国用，曰选举，曰学校，曰职官，曰郊社，曰宗庙，曰王礼，曰乐，曰兵，曰刑，曰舆地，曰四裔，俱效《通典》之成规。

【译文】我恐怕典籍一旦散佚失传，就没有办法托付给后来的睿智之人，因此忘记浅薄的见识，动辄加以考核评价，对远近的文献进行搜索收集，然后分门别类，分为田赋、钱币、户口、职役、征榷、市籴、土贡、国用、选举、学校、职官、郊社、宗庙、王礼、乐、兵、刑、舆地、四裔等内容，都效法《通典》的成规。

自天宝以前，则增益其事迹之所未备，离析其门类之所未详；自天宝以后，至宋嘉定之末，则续而成之。曰经籍，曰帝系，曰封建，曰象纬，曰物异，则《通典》元未有论述，而采摭诸书以成之者也。

【译文】唐代天宝以前的事迹，就增加记述还未详备之处，分离开各门各类所不详备之处；天宝以后的，到宋嘉定末年，最终续而成书。分别起名为经籍、帝系、封建、象纬、物异，这些都是《通典》本就没有的条目，而选取各书来完成这件事。

凡叙事，则本之经史，而参之以历代会要，以及百家传记之书，信而有证者从之，乖异传疑者不录，所谓“文”也。凡论事，则先取当时臣僚之奏疏，次及近代诸儒之评论，以至名流之燕谈、稗官之纪录，凡一话一言，可以订典故之得失，证史传之是非者，则采而录之，所谓“献”也。

【译文】凡叙事就根据经典、正史，而以历代的会要作为参考，还有诸子百家的著述，只要是内容确实可信有证据的，内容违背常理并显得诡异的一概不予著录，这就是“文”。凡讨论事情先选取平时臣下官僚的奏疏，然后是现在各位儒生的评价，乃至名流席间谈论、稗官野史的记录，其一言一行都可以订正典故的失误之处，这些都是要采取并著录的，也就是所谓的“献”。

其载诸史传之纪录而可疑，稽诸先儒之论辨而未当者，研精覃思，悠然有得，则窃著己意，附其后焉。

【译文】那些载进各史书传记中的比较可疑的记录以及考核审视先儒们还不够精当的论辩，经过研讨和深刻地思考，慢慢就会有所明晰，这样我私下里将自己的意图附着在书后。

命其书曰《文献通考》，为门二十有四，卷三百四十有八，而其每门著述之成规，考订之新意，各以小序详之。

【译文】我将这部书命名为《文献通考》，共有二十四各门类，三百四十八卷，每个门类著述的成固定的规则，考订的新意，都以小序来详述。

昔江淹有言，修史之难，无出于志。诚以志者，宪章之所系，非老于典故者不能为也。陈寿号善叙述，李延寿亦称究悉旧事，然所著二史，俱有纪传而独不克作志，重其事也。

【译文】以前江淹说过，修纂史书最难的是“志”。实在因为“志”是专门用来收集典章制度的，不是对于典故极其熟悉的人是无法完成的。陈寿号称善于叙述，李延寿也被称赞熟悉旧事，然而他们著述的《三国志》和《南北史》，都是只有纪、传而没有“志”，他们都注重于事件的记载。

况上下数千年，贯串二十五代，而欲以末学陋识操觚窜定其间，虽复穷老尽气，刿目鉥心，亦何所发明？聊辑见闻，以备遗忘耳！

【译文】何况上下数千年的历史，贯通、串连了二十五史，想要以最不出众的学问、浅薄的见识来执笔撰述，虽然穷尽生命、使劲力气，刺瞎眼睛、刺痛心灵，又能有什么发挥？只不过编辑见闻，以备后世查考而已。

后之君子，傥能芟削繁芜，增广阙略，矜其仰屋之勤，而俾免于覆车之愧，庶有志于经邦稽古者或可考焉。

【译文】后世的有德君子，能够删削史书中的繁杂，增加缺少的内容，怜悯他们心思转注、辛勤，使得败亡的愧疚得以避免，多少对于治理国家和考察古代社会的人会有些帮助。

古之帝王，未尝以天下自私也，故天子之地千里，公、侯皆方百里，伯七十里，子、男五十里，而王畿之内，复有公卿大夫采地禄邑，各私其土，子其人，而子孙世守之。

【译文】古代的帝王从来没有把天下作为自己的私产，所以天子的土地有千里之广，公侯之地都有方圆百里，伯七十里，子、男五十里，但王城内还有公卿大夫的采邑，在这些地方，都将土地、人民作为自己的私产，而且子孙世世代代都进行守护。

其土壤之肥硗，生齿之登耗，视之如其家，不烦考核而奸伪无所容，故其时天下之田悉属于官。

【译文】他们土壤肥沃，人口增减情况，都当做是自己的家事，没有用繁琐的考证核对但是那些奸邪小人都没有办法容身，所以当时天下所有的田地都属于官家。

民仰给于官者也，故受田于官，食其力而输其赋，仰事俯育，一视同仁，而无甚贫甚富之民，此三代之制也。秦始以宇内自私，一人独运于其上，而守宰之任，骤更数易，视其地如传舍，而闾里之情伪，虽贤且智者，不能周知也。

【译文】人民仰起头供给官，所以从官那里领了土地来耕种，使劲力气间租税缴纳给地主，为官服务也会得到像子民般的待遇，这是一视同仁的。那个时候没有过分贫困或过分富裕的人民，这是夏商周三代的制度。秦始皇将整个天下都视为自己一个人的私物，一个人大权独揽高高在上，而各地的守令官员任职屡屡变化，将土地视为暂时的馆驿，乡里民情的真伪，虽然是最具智慧的人也不能知道的周悉。

守宰之迁除，其岁月有限，而田土之还受，其奸敝无穷，故秦汉以来，官不复可授田，遂为庶人之私有，亦其势然也。

【译文】守令宰臣们的迁官、任命，时间是很有限的，而土地的归还与授予，这样奸邪小人、弊政恶政无穷无尽，所以自从秦汉以来，官员不再主持田土的收受，土地于是就被庶民所私有，也是必然的事情。

虽其间如元魏之太和、李唐之贞观，稍欲复三代之规，然不久而其制遂隳者，盖以不封建而井田不可复行故也。三代而上，天下非天子所得私也，秦废封建，而始以天下奉一人矣。

【译文】这其中虽然有相北魏太和之政、唐太宗贞观之治等，稍稍想要恢复三代的规制，但是不久制度就被毁坏了，这都是因为封建制度被废黜而井田制度没有办法再次实行的缘故。三代以上，天下不是天子的私产，从秦朝开始废除了分封建卫，天下都要开始侍奉一个人了。

三代以上，田产非庶人所得私也，秦废井田，而始捐田产以予百姓矣。秦于其当与者取之，所当取者与之，然所袭既久，反古实难。欲复封建，是自割裂其土宇以启纷争；欲复井田，是强夺民之田亩以召怨讟。

【译文】三代以上，土地、出产不是平民百姓所私有的，秦代废除井田制，才开始将土地抛给人民，秦将应该给予的反而征取，应该征收的反而给予，但是沿袭的时间已经很久了，想要恢复以前的制度就很难了。像恢复分封建卫，就是自行割裂土地以至于开启了争端；想要恢复井田制，就是强制夺取人民的田地以至于招致怨恨。

书生之论所以不可行也。随田之在民者税之，而不复问其多寡，始于商鞅。随民之有田者税之，而不复视其丁中，始于杨炎。三代井田之良法坏于鞅，唐租庸调之良法坏于炎。

【译文】书生的论断之所以不能实行。随着土地田亩所归属的平民而征税，不管土地数量多少的政策开始于商鞅。而随着平民有田亩的而征税，不再按照人口年龄而征税，开始于唐德宗宰相杨炎。三代井田优良的方法败坏于商鞅，唐代的租庸调的好办法败坏于宰相杨炎。

二人之事，君子所羞称，而后之为国者，莫不一遵其法，一或变之，则反至于烦扰无稽，而国与民俱受其病，则以古今异宜故也。作《田赋考》第一，叙历代因田制赋之规，而以水利、屯田、官田附焉。凡七卷。

【译文】这两个人的事，道德高尚的君子羞于称道，其后治理国家的人没有不遵守其成法的，或者改变成法，以至于返回到繁琐扰乱没有办法考查，国家、人民都深受其害，这是因为古今变化情况不同的缘故。于是作第一篇《田赋考》，叙述历代因袭田地税赋制度的规制，以水利、屯田、官田附在其后，一共七卷。

生民所资，曰衣与食；物之无关于衣食，而实适于用者，曰珠、玉、五金。先王以为衣食之具未足以周民用也，于是以适用之物，作为货币以权之，故上古之世，以珠、玉为上币，黄金为中币，刀、布为下币。

【译文】人民所依赖生存的，是衣食两种东西；与衣食无关但仍然具有实用价值的是珠宝玉器以及贵重金属。先王们认为衣食器物还不足以满足人民的需求，于是用合适的东西作为货币来进行衡量，所以上古时代，用珠玉作为上等货币，黄金作为中等货币，刀币、布币为下等货币。

然珠、玉、黄金，为世难得之货，至若权轻重，通贫富，而可以通行者，惟铜而已，故九府圜法，自周以来，未之有改也。然古者俗朴而用简，故钱有余；后世俗侈而用糜，故钱不足。

【译文】然而珠、玉、黄金是世间难得的东西，讲到权衡轻重、贯通贫富，能够可以流通的只有铜了。所以姜太公制定的用行政手段保证财货的均衡流通和合理出入，使钱币与布帛不断流通的办法，从西周以来，也从来没有改变过。但是古代的习俗质朴而简单，所以有剩余的钱货；后世习惯奢侈用度浪费，所以钱币就不够用了。

于是钱之直日轻，钱之数日多。数多而直轻，则其致远也难，自唐以来，始创为飞券、钞引之属，以通商贾之厚赍贸易者。

【译文】于是钱的价值逐渐轻了起来，钱的数量越来越多。数量多而价值轻，则要流通到远方也就很难了，自从唐代以来，开始创制飞钱、钞引之类的东西，用来在商贾之间的贸易进行流通。

其法盖执券、引以取钱，而非以券、引为钱也。宋庆历以来，蜀始有交子；建炎以来，东南始有会子。

【译文】这种办法一般是拿着书券、引来取钱，券、引本身并不是钱。宋代庆历以来，蜀地才有了交子货币；南宋建炎以来，东南地区才出现会子货币。

自交、会既行，而始直以楮为钱矣。夫珠、玉、黄金，可贵之物也，铜虽无足贵，而适用之物也。

【译文】自从交子、会子在流通领域通行，才开始用纸作为钱的质地。珠、玉、黄金都是宝贵的东西，铜虽然不足贵重，也都是实用的东西。

以其可贵且适用者，制币而通行，古人之意也。至于以楮为币，则始以无用为用矣。举方尺腐败之券，而足以奔走一世，寒藉以衣，饥藉以食，贫藉以富，盖未之有。

【译文】因为它们都很宝贵而且实用所以能够通行，这是古人的意旨。至于用纸作为货币，才开始把没用的东西变成有用的。拿着尺寸见方的纸券，就足以为之奔走一辈子，冷了的用它可以穿衣，饿了用它可以吃饭，贫困的借助它可以变得富裕，这是从来都没有的事情。

然铜重而楮轻，鼓铸繁难，而印造简易，今舍其重且难者，而用其轻且易者，而又下免犯铜之禁，上无搜铜之苛，亦一便也。作《钱币考》第二。凡二卷。

【译文】然而铜重纸轻，铸造困难而印刷简单，现在舍弃重的、难的而实用轻的、容易的，对民间又免除官营铜钱的禁令，官府没有了搜索铜的苛求，也是一种便利。这里作第二篇《钱币考》，一共两卷。

古者户口少，而皆才智之人；后世生齿繁，而多窳惰之辈。钧是人也，古之人，方其为士，则道问学；及其为农，则力稼穑；及其为兵，则善战阵。

【译文】古时人口稀少，但都是有才智的人；后代人口繁多，但都是恶劣懒惰之辈。均等地看待这些人，古代的人，士人在路上都要讲求学问；农民则尽力耕种、收获庄稼；当兵的善于布阵打仗。

投之所向，无不如意。是以千里之邦，万家之聚，皆足以世守其国，而捍城其民。民众则其国强，民寡则其国弱，盖当时国之与立者民也。

【译文】不管他们向着哪里，都可以随心所欲。所以千里大小的邦国，万家民众聚集在一起，足以世代守护他们的国家，捍卫他们的城池、人民。人民多国家就强，人民少国家就弱，也就是因为当时国家的兴废取决于人民。

光、岳既分，风气日漓，民生其间，才益乏而智益劣。士拘于文墨，而授之介胄则惭；农安于犁锄，而问之刀笔则废。以至九流、百工、释老之徒，食土之毛者，日以繁夥，其肩摩袂接，三孱不足以满隅者，总总也，于是民之多寡，不足为国之盛衰。

【译文】天空和山岳分开，风和云气日渐浮薄，人民生活在这其中，才智越来越贫乏、拙劣。文士拘泥于笔墨之间，而把盔甲交给他们则无法发挥作用；农民安于各种农具之间，让他们从事文笔工作也是徒劳的。至于十家九流、各种工匠、佛教道教之徒，凡是吃粮食的人，越来越多，摩肩接踵，再三减少也没有办法充满一个角落，还是很多的样子，于是人民的多少，再也无法决定国家的盛衰了。

官既无藉于民之材，而徒欲多为之法，以征其身，户调、口赋，日增月益，上之人厌弃贱薄，不倚民为重，而民益穷苦憔悴，只以身为累矣。作《户口考》第三，叙历代户口之数与其赋役，而以奴婢、占役附焉。凡二卷。

【译文】官府既没有要向人民借助的材、物，只想多制定各种法则，来征调人头税、户调、口赋，日积月累，上等人们讨厌嫌弃卑贱和浅薄，不依靠人民、倚重人民，人民越来越穷苦窘迫，只是自身成为拖累了。这里作第三篇《户口考》，叙述历代户口书目和赋予制度，并把奴婢、徭役等内容附在后边，一共两卷。

役民者官也，役于官者民也。郡有守，县有令，乡有长，里有正，其位不同，而皆役民者也。在军旅则执干戈，兴土木则亲畚锸，调征行则负羁绁，以至追胥、力作之任，其事不同，而皆役于官者也。

【译文】役使人民的是官，被役使的是人民。郡有郡守、县有县令、乡有乡长、里有里正，任职虽然不同，但都是使役人民的。军旅中的官则手执武器，修建土木工事的时候亲自运用工具，征调的时候则负责牵马，以至于地方小官、出力的人，虽然具体的事情不同，但都是被官役使的。

役民者逸，役于官者劳，其理则然。然则乡长、里正非役也，后世乃虐用其民，为乡长、里正者，不胜诛求之苛，各萌避免之意，而始命之曰户役矣。

【译文】役使人民的人安逸，被官役使的劳累，这是必然的。但是乡长、里正都不是被役使的，后世竟滥用民力，作为乡长、里正的，受不了无穷无尽的劳役征发，也都萌生了推却的意思，所以才开始命名为户役。

唐、宋而后，下之任户役者，其费日重；上之议户役者，其制日详。于是曰差，曰雇，曰义，纷纭杂袭，而法出奸生，莫能禁止。

【译文】唐宋以后，下层担任户役的，费用一天天重了起来；上层讨论户役的，制定的名目越来越多，于是差科、雇佣、义田等等丰登杂乱沿袭，法令越多而犯罪越多，没有办法禁止。

噫！成周之里宰、党长，皆有禄秩之命官；两汉之三老、啬夫，皆有誉望之名士，盖后世之任户役者也，曷尝凌暴之至此极乎！作《职役考》第四，叙历代役法之详，而以复除附焉。凡二卷。

【译文】噫！成周时代的里宰、党长，都有食禄品级的官员；两汉的三老、啬夫，都是享有美誉和名望的名士，大概就是后世任户口赋役者，哪里曾经欺凌残暴极致到了这种地步！所以在这里作第四篇《职役考》，将历代赋役制度的详细情况，附着在后边，总计两卷。

征榷之途有二：一曰山泽，茶、盐、坑冶是也；二曰关市，酒酤、征商是也。羞言利者，则曰县官当食租衣税而已，而欲与民庶争货殖之利，非王者之事也。

【译文】国家征收赋税的途径主要有两个，一个是山林湖泽出产，比如茶、盐、冶金之类；第二个是关市，征收买卖酒税、向商人征收。但是羞于说为了利益，只说是县官应该享用租税，想要和庶民争抢牟利，就不是王者的事情了。

善言利者，则曰山海天地之藏，而豪强擅之，关市货物之聚，而商贾擅之，取之于豪强、商贾，以助国家之经费，而毋专仰给于百姓之赋税，是崇本抑末之意，乃经国之远图也。

【译文】善于说利益的人，就说天地之间的物藏出产，却被地主豪强所掌握，关市货物的聚集，被商贾掌握，如果能将税收向豪强、商贾征收，用来资助国家财政支出，不需要依靠别人的供给，这是注重农业之本而抑制作为“末业”的商业这种意图，才是治理国家的长远的打算。

自是说立，而后之加详于征榷者，莫不以藉口，征之不已，则并其利源夺之，官自煮盐、酤酒、采茶、铸铁，以至市易之属。

【译文】自从这种说法出现以后，赋税征收的花样不断翻新，都是找借口征收不停，而且联通了获利的源头也一并争夺，官府征收的对象从煮盐、买卖酒、采茶、铸铁，甚至征收市场交易税之类。

利源日广，利额日重，官既不能自办，而豪强商贾之徒又不可复擅，然既以立为课额，则有司者不任其亏减，于是又为均派之法。

【译文】获利的源头越多，获利的额度越重，官府已经没有办法自己来操办了，而豪强、商人们也不能再专擅获利了，但是既然已经设立了征课的名目、数额，则有关部门不能听任其自己亏损，于是又制定了平均摊派的办法。

或计口而课盐钱，或望户而榷酒酤，或于民之有田者计其顷亩，令于赋税之时，带纳以求及额，而征榷遍于天下矣。盖昔之榷利，曰取之豪强、商贾之徒，以优农民，及其久也，则农民不获豪强、商贾之利，而代受豪强、商贾之榷。有识者知其苛横，而国计所需，不可止也。

【译文】有的计算户口设立盐税，有的按着户数而征收酒税，有的计算有地农民的田亩数量，命令他们在缴纳赋税时进行附带缴纳，以求满足数额，征榷制度已经遍于全国。以前的征税获利，都说是取自豪强、商贾一类的人，是有利于农民的，但是施行的时间一长，农民没有获得豪强、商贾所获得的利益，反而代替豪强、商贾缴纳赋税。有识之士都知道这种征收办法的苛刻、蛮横，但是出于国家财政计划的需要，也没有办法停下来。

作《征榷考》第五，首叙历代征商之法，盐铁始于齐，则次之；榷酤始于汉，榷茶始于唐，则又次之；杂征敛者，若津渡、间架之属，以至汉之告缗，唐之率贷，宋之经、总制钱，皆衰世一切之法也，故又次之。凡六卷。

【译文】这里作第五篇《征榷考》，首先叙述历代向商人征收赋税的办法。其次叙述征收盐铁开始于战国的齐国；然后叙述汉代开始征收酒税，唐代开始征收茶税；再次叙述其他一些杂税的征收，比如渡口、桥梁、房屋等，以至于汉代的告缗，唐代的率贷，宋代的经、总制钱，这都是世道衰落时期的办法，一共是六卷。

市者，商贾之事也。古之帝王，其物货取之任土所贡而有余，未有国家而市物者也。而市之说，则昉于《周官》之泉府，后世因之，曰均输，曰市易，曰和买，皆以泉府藉口者也。

【译文】在市场上交易，是商贾们的事情。古代的帝王，他们的货物是在分封进贡之后剩余的物资，没有国家出面主导买卖的局面。市场的说法开始于《周官》之泉府，后世沿袭未改，有汉代均输法，宋代市易法以及宋以后的和买制度，都是借助泉府的名义来实行的。

籴者，民庶之事。古之帝王，其米粟取之什一，所赋而有余，未有国家而籴粟者也。而籴之说，则昉于齐桓公、魏文侯之平籴，后世因之，曰常平，曰义仓，曰和籴，皆以平籴藉口者也。然泉府与平籴之立法也，皆所以便民。

【译文】买进粮食，是庶民的事情。古代的帝王，征收十分之一的粮食税还有剩余，没有国家买进粮食的。而买进粮食的说法始于齐桓公、魏文侯的平籴制度，后世沿袭未改，叫常平仓、义仓、和籴，都是以平籴为名义。但是泉府和平籴之法都为民众带来极大的便利。

方其滞于民用也，则官买之、籴之；及其适于民用也，则官卖之、粜之。盖懋迁有无，曲为贫民之地，初未尝有一毫征利富国之意。然沿袭既久，古意浸失。

【译文】当它的作用阻碍了人民的生活，官府买入粮食、货物；当有利于人民生活的时候，官府就卖出粮食、货物。大概贸易的有无，曲折地为贫民的土地考虑，最初还没有一丝一毫有利于富国的意图。但是既然已经沿袭很久，前人的意图也就逐渐消失了。

其市物也，亦诿曰榷蓄贾居货待贾之谋；及其久也，则官自效商贾之为，而指为富国之术矣。其籴粟也，亦诿曰救贫民谷贱钱荒之弊；及其久也，则官未尝有及民之惠，而徒利积粟之入矣。

【译文】在市场上，也推诿说是蓄意囤积货物等待价格上涨；等到这种办法实行的久了，就被指之为富国的办法。买入粮食，也推诿说是拯救贫民、挽救钱荒的弊政；等到实行的久了，官府也没有什么对平民实惠的政策了，只是以囤积粮食为利。

至其极弊，则名曰和买、和籴，而强配数目，不给价直，鞭笞取足，视同常赋。盖古人恤民之事，后世反藉以厉民，不可不究其颠末也。作《市籴考》第六。凡二卷。

【译文】到了它的弊端到达极致的时候，就用和买、和籴等诸多名目，不给农民等价物，甚至鞭打农民，凑足税额。古人是体恤人民的，后世反而严厉压迫他们，不能不考察这种本末倒置的做法。这里作第六篇《市籴考》，一共两卷。

《禹贡》八州皆有贡物，而冀州独无之；甸服有米粟之输，而余四服俱无之。说者以为王畿之外，八州俱以田赋所当供者，市易所贡之物，故不输粟，然则土贡即租税也。

【译文】按照《禹贡》的说法，八个州都有要贡献给周王的贡物，只有冀州没有这一项；甸服要进贡米粟等粮食，而其余四服则不需要进贡。有人认为王畿之外的八个州都是将当做进贡的田租赋税在市场上换取了应该进贡的物品，所以就不用进贡粮食了，也就是说当地出产物就是租税了。

汉唐以来，任土所贡，无代无之，著之令甲，犹曰当其租入。然叔季之世，务为苛横，往往租自租而贡自贡矣。至于珍禽、奇兽、袤服、异味，或荒淫之君降旨取索，或奸谄之臣希意创贡，往往有出于经常之外者。甚至掯留官赋，阴增民输，而命之曰“羡余”，以供贡奉，上下相蒙，苟悦其名，而于百姓则重困矣。作《土贡考》第七。凡一卷。

【译文】汉、唐以来，根据土地所贡，没有替代没有的，著成法令，并说当他的税收。但是衰亡的时代，致力于苛刻蛮横，往往租自租而贡自贡。至于珍禽、奇兽、长衣服、美味，有的荒淫的君主降旨索取，有的奸邪谄媚之臣希望独创贡，往往有高于正常之外的。甚至掯留官税，阴增民输，而称之为"羡余"，以供进贡，上下互相欺骗，苟悦其名，而对于老百姓则加重了。作《土贡考》第七。凡一卷。

贾山《至言》曰："昔者周盖千八百国，以九州之民养千八百国之君，君有余财，民有余力，而颂声作。秦皇帝以千八百国之民自养，力疲不能胜其役，财尽而不能胜其求。一君之身耳，所自养者，驰骋弋猎之娱，天下弗能供也。"

【译文】汉代贾山的《至言》说："以前周代一共有一千八百个方国，九州的人民都来养活者一千八百国的国君，国君有花不完的钱财，人民也没有完全被压榨干净，因而称颂的声音就产生了。秦始皇以同样多的人民供养自己，人民筋疲力尽无法胜任他的役使，财物化用干净也无法满足他的要求。一个君主的身体、耳目，都需要外出骑马打猎等各种娱乐活动来使之愉悦，天下没有办法提供这些东西。"

然则国之废兴非财也，财少而国延，财多而国促，其效可睹矣。然自《周官·六典》有太府，又有王府、内府，且有"惟王不会"之说，后之为国者因之。

【译文】然而国家兴废也并不是因为财货多少，财货少国家就延续下去，财货多国家命运短促，效果也是有目共睹的。然而自《周官·六典》中有太府，又有王府、内府，而且有"只有王不受限制"的说法，后世之国者也因袭不改。

两汉财赋曰大农者，国家之帑藏也，曰少府、曰水衡者，人主之私蓄也。唐既有转运、度支，而复有琼林、大盈；宋既有户部、三司，而复有封桩、内藏。

【译文】两汉掌管财赋的是大农令，国家的国库是少府、水衡都尉，都是君主的私人积蓄。唐代就有转运使、度支使，于是就有琼林、大盈等内库；宋代就有户部、三司来掌管，还有封桩、内藏的皇室府库。

于是天下之财，其归于上者，复有公私。恭俭贤主，常捐内帑以济军国之用，故民裕而其祚昌；淫侈僻王，至糜外府以供耳目之娱，故财匮而其民怨。此又历代制国用者龟鉴也。

【译文】于是天下的财货，归属于皇室的，也要再分公、私。勤俭节约的君主，经常从内库中拿出来周济国家大事，所以人民富裕而国运昌盛；淫邪奢侈的君王，以至于消耗光外库来供给自己的娱乐之用，所以财货匮乏而导致人民埋怨。这又是历代治理国家者所必须要借鉴的。

作《国用考》第八，叙历代财计首末，而以漕运、赈恤、蠲贷附焉。凡五卷。

【译文】这里作第八篇《国用考》，叙述历代财用始末，并附以漕运、赈恤、蠲贷，一共五卷。

古之用人，德行为首，才能次之。虞朝载采，亦有九德，周家宾兴，考其德行，于才不屑屑也。两汉以来，刺史、守、相，得以专辟召之权；魏晋而后，九品中正，得以司人物之柄。

【译文】古代的用人办法，首先考量的是一个人的德行，然后才考虑其才能。虞舜时期选拔人才，也有九种对于德行进行考量的办法，西周也是首先考量德行，对于人才不让他们劳累匆迫。两汉以来，州刺史、郡守、诸侯国相都专门职掌征召的权力；魏晋以后，九品中正都能够掌管人才的权柄。

皆考之以里閈之毁誉，而试之以曹掾之职业，然后俾之入备王官，以阶清显。盖其为法，虽有愧于古人德行之举，而犹可以得才能之士也。

【译文】都用里门考察的毁誉，然后用曹掾的职位来尝试，最后使之为王官作准备，来划分官位的清要显达。这些方法，虽然有愧于古人重视德行的举动，但是仍然可以得到有才能的士人。

至于隋而州郡僚属，皆命于铨曹，搢绅发轫悉由于科目。自以铨曹署官，而所按者资格而已，于是勘籍小吏，得以司升沈之权；自以科目取士，而所试者词章而已，于是操觚末技，得以阶荣进之路。

【译文】至于到了隋代，州郡僚属都要听从铨曹的命令，缙绅的开始也是从科举考试来确定的。铨曹来具体安排官僚的部署，而所考核的只有资格而已，于是核对籍贯的小官，就掌握了官职升迁的大权。自从用科举来选官，考试的内容主要是填词写文章而已，因此如果能够熟练操笔属文等小道，就可以打开进身光荣升迁之路。

夫其始进也，试之以操觚末技，而专主于词章；其既仕也，付之于勘籍小吏，而专校其资格，于是选贤与能之意，无复存者矣。然此二法者，历数百年而不可以复更，一或更之，则荡无法度，而侥滥者愈不可澄汰，亦独何哉？

【译文】开始晋升的时候，用笔试等小道进行考核，会使得他们专注于词章之学；在仕进之后，又托付查勘籍贯的小吏，专门对其资格进行考核，于是选举贤能之士的意图，再也不存在了。然而这两种方法，经历了数百年而没有出现变更，一旦变更或许就会出现荡然无存的局面，那样的话，侥幸而滥竽充数的可能就没有办法淘汰出来了，这种现象难道是单独存在的？

又古人之取士，盖将以官之。三代之时，法制虽简，而考核本明，毁誉既公，而贤愚自判。往往当时士之被举者，未有不入官，初非有二途也。

【译文】古人选取人才，会授予他们官职。三代之时，法律制度虽然很简略，但考核明确，毁誉都很公平，贤者、愚者当时就判别出来了。往往当时被选中的，没有不授予官职的，不是说一开始就有两套办法。

降及后世，巧伪日甚，而法令亦滋多，遂以科目为取士之途，铨选为举官之途，二者各自为防闲检柅之法。至唐，则以试士属之礼部，试吏属之吏部，于是科目之法、铨选之法，日新月异，不相为谋。

【译文】到了后世，投机取巧作伪的一日多于一日，而法令也逐渐繁多起来，随意以科举考试作为选取人才的方法，铨选是选举官吏的一种办法，两者各自都有防止偷闲检查制止的办法。到了唐代，在士人之间进行考试一事属于礼部管理，考核管理则归属于吏部，于是科举的各种办法、铨选的办法，可谓日新月异，相互之间没有进行规划。

盖有举于礼部而不得官者，不举于礼部而得官者，而士之所以进身之涂辙亦复不一，不可比而同之也，于是立举士、举官两门以该之。作《选举考》第九。凡十二卷。

【译文】有举荐到礼部而没有授予官位的，没有举荐到礼部反而授予官位的情况出现，而士人进身的途径、道路也就不一样了，不能拿来硬性进行比较等同，于是设立举荐士人、举荐官吏两个门类来完善选官制度，这里第九篇《选举考》，一共十二卷。

古之教者，家有塾，党有庠，术有序，国有学，所谓学校，至不一也。然惟国学有司乐、司成，专主教事，而州、闾、乡、党之学，则未闻有司职教之任者。

【译文】古代的教育，私人有私塾，里党有庠，遂里有序，国有学，所谓的学校，都不一样。但只有国学里有专门掌管礼乐的，专门掌管教育事业，而州、闾、乡、党级别的学校，就没有听说过有专门掌管教育的职任。

及考《周礼·地官》：党正各掌其党之政令教治，孟月属民而读法，祭祀则以礼属民；州长掌其州之教治政令，考其德行道艺，纠其过恶而劝戒之。

【译文】等到考论《周礼·地官》中的记载，党正各自掌管自己治下的政令教化，头几个月就教授人民学习法令，祭祀的时候就用礼法来教育民众；州一级的长官职掌一州境内的政治教化，考核他们的德行技艺，纠正其中的过错、恶行而进行劝诫。

然后知党正即一党之师也，州长即一州之师也，以至下之为比长、闾胥，上之为乡、遂大夫，莫不皆然。盖古之为吏者，其德行道艺，俱足以为人之师表，故发政施令，无非教也。

【译文】然后就能知道党正就是一党的老师，州一级的长官就是州一级的老师，往下一直可以推至比长、闾胥，往上就是乡、遂一级的大夫，都是这样。古代做官的，其德行技艺，足以作为学生们的表率，所以发号施令，也就是教育的过程。

以至使民兴贤，出使长之；使民兴能，入使治之。盖役之则为民，教之则为士，官之则为吏，尊之则为师，钧是人也。秦汉以来，儒与吏始异趋，政与教始殊途。于是曰郡守，曰县令，则吏所以治其民；曰博士官，曰文学掾，则师所以教其弟子。

【译文】到了使人民尊重贤者，出动使者让他们进行教化；使人民尊重有才能者，让使者治理他们。役使之下的是人民，所以，役使他们就成为人民，教导他们就成为士人，选举他们就成为官吏，尊敬他们就成为老师，都是同样的一批人。秦汉以来，儒士和官吏才开始分化，政治和教育才开始分离。于是郡守、县令出现，这是为了要治理民众；博士、文学掾出现，就是老师教育弟子了。

二者漠然不相为谋，所用非所教，所教非所用。士方其从学也，曰习读；及进而登仕版，则弃其诗书礼乐之旧习，而从事乎簿书期会之新规。

【译文】二者之间并没有进行相互之间的规划，用的不是教的，教的不是用的。士人正要从师学习，叫做“习读”；等到做了官，就抛弃了诗书礼仪的旧习惯，转而从事文书政令一类的新的规矩。

古人有言曰：“吾闻学而后入政，未闻以政学者。”后之为吏者，皆以政学者也。自其以政学，则儒者之学术皆筌蹄也，国家之学官皆刍狗也，民何由而见先王之治哉？

【译文】古人有言说：“我听说学习然后入仕做官，没有听说为了做官而学习。”后来做官的人，都是为了做官而学习。为了做官而学习，那么儒士、学者的学术就成为做官的敲门砖了，国家的学术就都成为贫贱无用的东西了，民众又怎么能见到先王的盛世呢？

又况荣途捷径，旁午杂出，盖未尝由学而升者，滔滔也。于是所谓学者，姑视为粉饰太平之一事，而庸人俗吏，直以为无益于兴衰理乱之故矣。

【译文】而且何况对于荣耀的做官捷径，旁门左道，都是没有经过学习而做官的情况很多。于是所谓的学者，姑且都视作粉饰太平的事情，而普通俗人都以为对于兴衰治乱的原因无所谓的。

作《学校考》第十，叙历代学校之制，及祠祭褒赠先圣先师之首末，幸学养老之仪，而郡国乡党之学附见焉。凡七卷。

【译文】这里作第十篇《学校考》，叙述历代学校的制度，等到祭祀褒扬先圣先师的始末，辛勤学习奉养老人的礼仪，而郡国乡党的学校也附着在后边，一共七卷。

古者因事设官，量能授职，无清浊之殊，无内外之别，无文武之异，何也？

【译文】古代根据具体的事务设置官职，估量能力授予官位，没有清浊的差别，没有内外的分别，没有文武的差异，这是为什么呢？

唐虞之时，禹宅揆，契掌教，皋陶明刑，伯夷典礼，羲和掌历，夔典乐，益作虞，垂共工。

【译文】唐虞的时候，大禹总领国政，契职掌教化，皋陶明典刑，伯夷掌管礼仪，羲和掌管时历，夔发明娱乐，益是掌管山泽的虞官，教化共工。

盖精而论道经邦，粗而饬财辨器，其位皆公卿也，其人皆圣贤也。后之居位临民者，则自诡以清高，而下视曲艺多能之流；其执技事上者，则自安于鄙俗，而难语以辅世长民之事。

【译文】大概聪颖之人可以讨论天理，粗浅者可以管理财物辨识器物，他们的职位都是公卿级别，而且都是圣人。后来身居高位治理人民的人，自视清高，鄙视多才多艺的人，那些侍奉上级的人，安于粗鄙的陋习，很难跟他们说治国安邦的事情。

于是审音，治历、医、祝之流，特设其官以处之，谓之杂流，摈不得与搢绅伍，而官之清浊始分矣。昔在成周，设官分职，缀衣、趣马，俱籲俊之流，宫伯、内宰、尽兴贤之侣。逮夫汉代，此意犹存，故以儒者为侍中，以贤士备郎署。

【译文】于是审视音律，治理天文历法、医卜星象之类，特别设立官职包括这些人，叫做杂流，摒弃他们不让他们与缙绅士人为伍，而官吏的清浊开始分开了。以前在东周时，设置官吏分开职守，缀衣、趣马等都是贤者人物，宫伯、内宰极尽尊贤重道的办法。从汉代以来，这种意思还存在，所以用儒士作为侍中，以贤明之人随时为内官郎署准备人才。

如周昌、袁盎、汲黯、孔安国之徒，得以出入宫禁，陪侍宴私，陈谊格非，拾遗补过。其才能卓异者，至为公卿将相，为国家任大事，霍光、张安世是也。

【译文】比如周昌、袁盎、汲黯、孔安国一类的人，能够自由出入皇宫，陪侍宴席、陈述情谊禁止胡作非为，拾取遗漏补偿过失。其中才能卓越的，乃至成为公卿将相，管理国家大事，比如霍光、张安世一类的人。

中汉以来，此意不存，于是非阉竖嬖幸，不得以日侍宫庭，而贤能搢绅，特以之备员表著。汉有宫中、府中之分，唐有南司、北司之党，职掌不相为谋，品流亦复殊异，而官之内外始分矣。

【译文】东汉以来，这种意图也没有了，于是不是宦官或得宠大臣，不能日日侍候宫廷，那个时候成为选拔官员的对象而被列于名单。汉时有宫中、府中的区分，唐有南衙、北司，职掌也有所不同，品级、流别也不一样，内官、外官开始分开了。

古者文以经邦，武以拨乱，其在大臣，则出可以将，入可以相；其在小臣，则簪笔可以待问，荷戈可以前驱。

【译文】古代用文来治国安邦，用武力来平定叛乱，大臣出朝可以为将，入朝可以为相；小官则随时准备好纸笔等待君主的顾问，手持武器可以作为军队前锋，冲锋陷阵。

后世人才日衰，不供器使，司文墨者不能知战阵，被介胄者不复识简编，于是官人者制为左右两选，而官之文武始分矣。至于有侍中、给事中之官，而未尝司宫禁之事，是名内而实外也。

【译文】后世人才日复一日衰落，没有办法成为实用人才，掌管文墨的不知道军事战阵，披着甲胄的又多不识字，于是将官吏分为左右两班，因此文武的分别开始了。至于有侍中、给事中的官，而不再掌管宫内宫外的事情，这是对内只是名义对外才是实职。

有太尉、司马之官，而未尝司兵戎之事，是名武而实文也，太常有卿佐而未尝审音乐，将作有监贰而未尝谙营缮，不过为儒臣养望之官，是名浊而实清也。

【译文】有太尉、司马等官，但是从没有掌管军事，这是名义上的武官实质上是文官；太常有佐官而从来没有审视过音乐，将作有监牧和副手但从来不懂得修筑营建之术，都只不过是文臣儒士们增加名望的官职，这是名义上的浊官，实际上是清官。

尚书令在汉为司牍小吏，而后世则为大臣所不敢当之穹官；校尉在汉为兵师要职，而后世则为武弁所不齿之冗秩。盖官之名同，而古今之崇卑悬绝如此。

【译文】尚书令一职在汉代只不过是掌管文书的小官，后世却成为大臣们不敢担任的百官之首；校尉在汉代是军事上重要的官职，但却成为后世武官们所羞于启齿的烦冗品秩职官的名称。官的名称相同，而古今官职尊卑差距变化是如此地悬殊。

参稽互考，曲畅旁通，而因革之故可以类推。作《职官考》第十一，首叙官制次序、官数，内官则自公师宰相而下，外官则自州牧郡守而下，以至散官、禄秩、品从之详。凡二十一卷。

【译文】参考考核，将曲折之处打通，因袭沿革的缘故是可以依次推导的。这里作第十一篇《职官考》，开头叙述官制的次序、数量，内廷官从公卿等以下，外廷官则从州牧郡守以下，以至于散官、俸禄、品秩等的详细内容，一共二十一卷。

《郊特牲》曰："礼之所尊，尊其义也。失其义，陈其数，祝、史之事也。故其数可陈也，其义难知也。"

【译文】《礼记·郊特牲》说："礼仪之所尊崇的是义，失去了所尊崇的义，陈列出来它们的数目，这是巫祝、史官们的职责。所以说数字可以陈列出来，但是义是很难知道的。"

荀卿子曰："不知其义，谨守其数，慎不敢损益，父子相传，以王公。是故三代虽亡，治法犹存，是官人百吏之所以取禄秩也。"

【译文】荀子说："不知道其中的精义，谨慎地守着官吏的数目，而且不敢在此基础上有所减损、增加，在父子之间相传，来等待王公的重视。所以三代虽然已经亡了，治世的方法还存在世上，百官凭借着这个才能取得官禄品秩。"

然则义者祭之理也；数者祭之仪也。古者人习于礼，故家国之祭祀，其品节仪文，祝、史、有司皆能知之，然其义则非儒宗讲师不能明也。周衰礼废，而其仪亡矣。

【译文】然而对于"义"来说，是祭祀的内涵，"象数"是祭祀的礼仪。古人研习礼仪，所以国家的祭祀典礼，其品级、礼节、文辞，巫祝、史官以及有关部门都知道，但是它的具体的含义，只有那些学问深厚的儒士通过讲授才能明白。周代衰落了，礼仪也被废除了，具体的仪式、规程也消亡了。

秦汉以来诸儒口耳所授、简册所载，特能言其义理而已，《戴记》是也。《仪礼》所言，止于卿士大夫之礼；《六典》所载，特以其有关于职掌者则言之，而国之大祀，盖未有能知其品节仪文者。

【译文】秦汉以来，各位儒士都是通过口耳相传、书籍的记载，仅仅只能说出其中的义理，这就是《大戴礼记》。《仪礼》上所说的，仅只于卿士大夫这一级别；《唐六典》上所载内容，只有关于官僚职掌一类的事情才记录，国家的大型祭祀，还没有能够知道其中具体细节的。

汉郑康成深于礼学，作为传注，颇能补经之所未备，然以谶纬之言而释经，以秦汉之事而拟三代，此其所以舛也。

【译文】汉代郑玄对于礼学的研究是很精深的，并且遍注群经，很能够补充经典中所没有完备之处，但是用谶纬中所说的言论对经典进行解释，用秦汉时期的事情比拟三代时期，这就是所以出现舛误的原因了。

盖古者郊与明堂之祀，祭天而已，秦汉始有五帝、泰一之祠，而以古者郊祀、明堂之礼礼之，盖出于方士不经之说。而郑注《礼经》二祭，曰天，曰帝，或以为灵威仰，或以为耀灵宝，袭方士纬书之荒诞，而不知其非。

【译文】古代郊祀与明堂制度，都是用来祭天的，秦汉开始才有祭祀五帝、东皇太一的祠堂，用古代郊祀、明堂的祭礼来进行祭祀，这都出自于方士们荒诞不经的的学说。郑玄《礼经》中记载的两种祭礼，是祭天、祭帝，或者叫做“灵威仰”，或者叫做“耀灵宝”，是承袭方士纬书的荒诞不经，不知道他们的不足之处。

夫礼莫先于祭，祭莫重于天，而天之名义且乖异如此，则其他节目注释虽复博赡，不知其果得《礼经》之意否乎。王肃诸儒虽引正论以力排之，然魏晋以来祀天之礼，尝参酌王、郑二说而迭用之，竟不能偏废也。

【译文】对于礼仪来说则最重要的是祭祀，而祭祀之中又以祭天为重，祭天的名目繁多，虽然其注释广博详赡，没有办法得知《礼经》的真正意旨。王肃等儒者虽然屡屡引用正确的论断来努力摈弃错误的经义，但是魏晋以来祭天的礼仪都曾仔细斟酌、参考王肃、郑玄两个人的说法，最终也没有办法有所偏向、荒废。

至于禘、祫之节，宗祧之数，《礼经》之明文无所稽据，而注家之聚讼莫适折衷，其丛杂抵牾，与郊祀之说无以异也。近世三山信斋杨氏得考亭、勉斋之遗文奥义，著为《祭礼》一书，词义正大，考订精核，足为千载不刊之典。

【译文】至于禘、祫等礼节，宗祧的数量，《礼经》中是没有明文根据的，历代各注释家聚集在一起争论也没有最终的结论，还造成了杂乱相互矛盾的局面，和郊祀之说是没有什么差别的。近代有三山信斋杨氏得考亭、黄干遗留下文章中深奥的含义，写作了《祭礼》一书，用词正确、无私，考证精细准确，足以成为千载流传的经典之作。

然其所述一本经文，不复以注疏之说搀补，故经之所不及者，则阔略不接续。杜氏《通典》之书，有祭礼则参用经注之文，两存王、郑之说，虽通畅易晓，而不如杨氏之纯正。

【译文】然而他们所叙述的一本经文，不再使用注疏等言论搀入并补充正文，所以经典之所以比不上，是因为中间文字疏阔没有办法接续得上。杜佑的《通典》这一部书，在记载祭礼方面参合着使用经注的文字，对于王肃、郑玄两种说法都存留下来，虽然语言流畅容易明白，但毕竟不如杨氏论说的纯正。

今并录其说，次及历代祭祀礼仪本末，而唐开元、宋政和二礼书中所载诸祀仪注，并详著焉。

【译文】现在将两种说法都进行收录，再补上历代祭祀典礼礼仪的具体情况，对于唐开元、宋政和两种礼仪之书中所记载的祭祀礼仪、仪轨，也进行详细的著录。

作《郊祀考》第十二，以叙古今天神地祇之祀，首郊，次明堂，次后土，次雩，次五帝，次日月、星辰、寒暑，次六宗、四方，次社稷、山川，次封禅，次高禖，次八蜡，次五祀，次籍田、祭先农，次亲蚕、祭先蚕，次祈禳，次告祭，而后以杂祠、淫祠终焉。凡二十三卷。

【译文】这里作第十二篇《郊祀考》，叙述古今天地神灵的祭祀典礼，依次叙述首郊、明堂、后土、雩、五帝、日月、星辰、寒暑、六宗、四方、社稷、山川、封禅、高禖、八蜡、五祀、籍田、先农、亲蚕、祭先蚕、祈禳、告祭以及杂祠、淫祠等内容为终篇，一共二十三卷。

作《宗庙考》第十三，以叙古今人鬼之祀，首国家宗庙，次时享，次祫、禘，次功臣配享，次祠先代君臣，次诸侯宗庙，而以大夫、士庶宗庙时享终焉。凡十五卷。

【译文】作第十三篇《宗庙考》，叙述古今人们对于神灵鬼怪的祭祀，首先是国家宗庙的祭祀，其次是禘祭、祫祭，再次是配享的功臣，下来是祭祀先代的君臣、诸侯、大夫、士庶四时享祭情况，一共十五卷。

古者经礼、礼仪，皆曰三百，盖无有能知其节目之详者矣。然总其凡有五，曰吉、凶、军、宾、嘉；举其大有六，曰冠、昏、丧、祭、乡、相见。此先王制礼之略也。

【译文】古代经学指出的礼仪、礼仪，都说有三百余种，但是没有能够知道其详细章节、细目。其中一共有五种，即吉、凶、军、宾、嘉五种；略举其大要，就有冠、昏、丧、祭、乡、相见六种。这是先王制礼作乐的大致情况。

秦汉而后，因革不同：有古有而今无者，如大射、聘礼、士相见、乡饮酒、投壶之类是也；有古无而今有者，如圣节、上寿、上尊号、拜表之类是也；有其事通乎古今，而后世未尝制为一定之礼者，若臣庶以下冠、昏、丧、祭是也。

【译文】秦汉以后，沿革因袭各有不同：有古代就存在而今天没有的，比如大射、聘礼、士相见、乡饮酒、投壶等各种礼仪；自古没有而今天有的，比如圣节、上寿、上尊号、拜表等各种礼仪；有些事情贯通古今而后世没有指定固定的礼仪制度，就像臣下、庶人的冠、昏、丧、祭礼仪。

凡若是者，皆本无沿革，不烦纪录，而通乎古今而代有因革者，惟国家祭祀、学校、选举，以至朝仪、巡狩、田猎、冠冕、服章、圭璧、符玺、车旗、卤簿，及凶礼之国恤耳。

【译文】就像这样的，本来都没有因袭沿革，记录十分繁琐，而贯通古今而时代都有因袭沿革的，只有国家祭祀、学校、选官，乃至朝廷礼仪、皇帝出外狩猎、冠冕服章、玉璧符玺、车旗、仪仗，乃至凶礼的国恤制度。

今除国祀、学校、选举已有专门外，朝仪已下，则总谓之“王礼”，而备著历代之事迹焉。盖本晦庵《仪礼经传通解》，所谓王朝之礼也。

【译文】现在除了国家祭祀、学校、选官制度已经有专门的著述以外，朝廷礼仪以下的总称为“王家礼制”，而历代事迹十分详备的著述，都本自于朱熹的《仪礼经传通解》，也就是所谓的王朝的礼仪。

其本无沿革者，若古礼则经传所载、先儒所述，自有专书可以寻求，无庸赘叙，若今礼则虽不能无失，而议礼制度又非书生所得预闻也，是以亦不复措辞焉。作《王礼考》第十四。凡二十二卷。

【译文】那些本来没有沿革因袭的，就像古代礼仪由经传记载、由先儒所述的内容，自有专门的书籍可以寻找，这些都是不用赘述了，就像礼仪虽然没有失误，而讨论礼仪制度又不是书生们可以预先知道的，所以也不再在这里浪费笔墨进行描述了。作第十四篇《王礼考》，一共二十二卷。

《记》曰："声音之道，与政通矣。故审乐以知政。"盖言乐之正哇，有关于时之理乱也。然自三代以后，号为历年多、施泽久，而民安乐之者，汉唐与宋。

【译文】《礼记》说："声音的本质，和政治是相通的。所以审视声音就可以知道政治情况。"这是在说声音的端正与否，关乎时代的兴衰治乱。但是自从三代以后，号称是经历的年代久远，施加的恩泽众多，人民安居乐业，则指的是汉唐和宋。

汉莫盛于文景之时，然至孝武时，河间献王始献雅乐，天子下太乐官常存隶之，岁时以备数，然不常御，常御及郊庙皆非雅声，至哀帝时始罢郑声，用雅乐，而汉之运祚且移于王莽矣。

【译文】汉代的昌盛莫过于文景之时，然而到了武帝时期，河间献王刘德刚刚开始向朝廷进献雅乐，天子将太乐乐官撤换存留起来，随着时令的变化以备不时之用，但不是常用的，常用的一级郊庙祭祀时都不是雅乐，到汉哀帝时期才罢除淫靡的郑卫之音，使用雅乐，而汉王朝的国运也马上就要转移到王莽了。

唐莫盛于贞观、开元之时，然所用者，多教坊俗乐，太常阅工人常隶习之，其不可教者乃习雅乐，然则其所谓乐者可知矣。

【译文】唐代最兴盛莫过于贞观、开元时期，然而所用的多是教坊间的通俗音乐，太常署下的太乐伎工都隶属于这个机构经常进行研习，那些没有办法教授的就修习雅乐，但是所谓的乐是什么样的就可以知道了。

宋莫盛于天圣、景祐之时，然当时胡瑗、李照、阮逸、范镇之徒，拳拳以律吕未谐，声音未正为忧，而卒不克更置，至政和时始制《大晟乐》，自谓古雅，而宋之土宇，且陷入女真矣。

【译文】宋代的盛世莫过于天圣、景祐时期，但当时胡瑗、李照、阮逸、范镇这些人深切地认为音乐还没有和谐，以还没有正经的雅乐而忧虑，但最终也没有能够重新改置，到政和时期才开始制定《大晟乐》，自己认为很古雅，但那个时候宋廷的领土已经逐渐为女真所蚕食了。

盖古者因乐以观政，而后世则方其发政施仁之时，未暇制乐，及其承平之后，纲纪法度，皆已具举，敌国外患，皆已销亡，君相他无所施为，学士大夫他无所论说，然后始及制乐，乐既成而政已秕，国已衰矣。昔隋开皇中制乐，用何妥之说，而摈万宝常之议。

【译文】古人都是通过音乐来观看政治是否清明的，而后世在努力发号施令实行仁政的时候，没有空闲来制礼作乐；等到天下太平后，各种制度法规都已经很完备、外部的敌国祸患消亡之时，君臣又没有什么作为，文人学士也没有什么论证，然后开始制礼作乐；音乐制成后，政治已经腐化破败，国家已经走向衰落。以前隋在开皇年间，采用何妥的学说来作乐，而摒弃了万宝常的议论。

及乐成，宝常听之，泫然曰："乐声淫厉而哀，不久天下将尽。"噫！使当时一用宝常之议，能救隋之亡乎？然宝常虽不能制乐以保隋之长存，而犹能听乐而知隋之必亡，其宿悟神解，亦有过人者。

【译文】等到音乐制成，宝常听过之后，眼泪连连地说："这个音乐的声音中包藏着祸患让人感觉到悲哀，天下不久就要大乱了。"啊！假如当时使用宝常的议论，能不能拯救隋朝的灭亡呢？但是宝常虽然不能通过制定音乐来确保隋王朝的长久存在，但还能从音乐中听出隋的必然灭亡，也算是有过人之处的。

窃尝以为世之兴衰理乱。固未必由乐，然若欲议乐，必如师旷、州鸠、万宝常、王令言之徒。其自得之妙，岂有法之可传者？

【译文】我曾经私下里以为世道的治乱兴衰固然未必因为音乐，但是说道讨论音乐一定会像师旷、州鸠、万宝常、王令言等人。其中以自己的体验获得的认知的妙处，难道有法则可以流传下来吗？

而后之君子，乃欲强为议论，究律吕于黍之纵横，求正哇于声之清浊；或证之以残缺断烂之简编、埋没销蚀之尺量，而自谓得之，何异刻舟、覆蕉、叩槃、扪烛之为？

【译文】而后的有道君子，还想着勉强进行议论，探究乐律以及黍的纵横杂乱，在音乐声中证求纯正的或是靡靡之音的清浊；或求证于散乱折断腐烂简牍、埋没腐蚀的度量衡，而且还自认为有所得，这跟刻舟求剑进行解释、不经实践片面认识的行为有什么分别呢?

愚固不知其说也。作《乐考》第十五，首叙历代乐制，次律吕制度，次八音之属，各分雅部、胡部、俗部，以尽古今乐器之本末，次乐县，次乐歌、次乐舞、次散乐、鼓吹，而以彻乐终焉。凡十五卷。

【译文】我固然不知这种说法，这里作第十五篇《乐考》，首先叙述历代的音乐制度，然后是乐器制度，然后是八音等各种东西，分为雅部、胡部、俗部，以究尽古今乐器的始末，然后依次是乐县、乐歌、乐舞、散乐、鼓吹，用彻乐来结束，一共十五卷。

按《周官·小司徒》：“五人为伍，五伍为两，四两为卒，五卒为旅，五旅为师，五师为军。上地家七人，可任也者家三人；中地家六人，可任也者二家五人；下地家五人，可任也者家二人。”此教练之数也。

【译文】按《周官·小司徒》记载：“五个人组成伍，五个伍为两，四两为卒，五卒为旅，五旅为师，五师为军。上等可以容纳七个人，可任用的一家出人；中等地可以容纳六人，可以任用的两家出五个人；下等地容纳五个人，可以任用的一家出两个人。”这是教授练习的法则。

《司马法》：“地方一里为井，四井为邑，四邑为邱，四邱为甸，甸六十四井，有戎马四匹、兵车一乘、牛十二头、甲士三人、卒七十二人。”此调发之数也。

【译文】《司马法》记载：“一里方圆的地方为井，四井为邑，四邑为邱，四邱为甸，甸六十四井，有战马四匹、兵车一辆、牛十二头、甲士三人、卒七十二人。”这是征调的数目。

教练则不厌其多，故凡食土之毛者，除老弱不任事之外，家家使之为兵，人人使之知兵，故虽至小之国，胜兵万数可指顾而集也。

【译文】教练再多也不会嫌多，多以凡是吃粮食的，除老弱病残没有办法任用之外，每家每户都要出兵，每个人都要了解军事，所以对于再小的国家，手指目视之间就可以调集数万军队。

调发则不厌其简，甸六十四井，为五百一十二家，而所调者止七十五人，是六家调发，其出一人也。

【译文】征调再简单也不会厌烦，每甸有六十四井，共五百一十二家，但所调发的只有七十五人，也就是六家调发出一人。

每甸姑通以中地二家五人计之，五百一十二家可任者一千二百八十人，而所调者止七十五人，是十六次调发方及一人也。教练必多，则人皆习于兵革；调发必简；则人不疲于征战。

【译文】每甸姑以中等地两家五个人来计算，五百一十二家能够任用的一千二百八十人，而被调发的只有七十五人，因此通过十六次调发才能轮到每一个人。教练一多，则每个人都熟习于军事；征调也必然简单；这样人们在征战的时候就不会疲劳。

此古者用兵制胜之道也。后世士自为士，农自为农，工商末技自为工商末技，凡此四民者，平时不识甲兵为何物，而所谓兵者，乃出于四民之外。

【译文】这是古代用兵制敌的办法，后世的士人是士人，农民为农民，工商是工商，这四种身份的人，平时也不知道兵甲军事是什么东西，所以说所谓的军事在四种人之外。

故为兵者甚寡，知兵者甚少，一有征战，则尽数驱之以当锋刃，无有休息之期，甚则以未尝训练之民而使之战，是弃民也。唐宋以来，始专用募兵，于是兵与民判然为二途，诿曰教养于平时，而驱用于一旦。

【译文】所以当兵的很少，知道军事的人很少，一旦发生征战，就把所有人驱赶起来来抵挡敌军，没有休止的期限，甚至用从来没有被训练过的人民来让他们投入战争，这是抛弃人民的做法。唐宋以来，才开始专门征募军队，这时兵、民才明确分为两个系统，于是就推诿说是平日里进行教养训练，而一时之间对他们进行驱使。

然其季世，则兵数愈多，而骄悍，而劣弱，为害不浅，不惟足以疲国力，而反足以促国祚矣。作《兵考》第十六，首叙历代兵制，次禁卫及郡国之兵，次教阅之制，次车战、舟师、马政、军器。凡十三卷。

【译文】然而到了末世，兵数越来越多但是更加骄横彪悍，同时更加拙劣软弱，危害很深，不止对于国力是很大的损害，而且也促使国运短促。这里作第十六篇《兵考》，首先叙述历代的兵制，然后论述禁卫军和郡国兵，然后叙述教阅制度，然后是车战、水军、马政、兵器，一共十三卷。

昔汉陈咸言："为人议法，当依于轻，虽有百金之利，慎无与人重比。"盖汉承秦法。过于严酷，重以武、宣之君，张、赵之臣，淫刑喜杀，习以为常，咸之言盖有激也。

【译文】以前汉陈咸说："为人议论法律，应该尽量从轻，虽然有百金的利益，也要谨慎不能和别人进行着重比较。"汉代的法律制度继承于秦代，法律制定的过于严厉，以汉武帝、宣帝时期最重，张汤、赵禹等人，特别喜欢重刑，都习以为常，都说是受到了刺激。

窃尝以为劓、刵、椓、黥，蚩尤之刑也，而唐虞遵之；收孥、赤族，亡秦之法也，而汉魏以来遵之。以贤圣之君，而不免袭乱虐之制，由是观之，咸言尤为可味也。汉文除肉刑，善矣，而以髡笞代之。

【译文】我曾经私下里认为劓、刵、椓、黥都是蚩尤的刑罚，尧舜也遵循这样的刑罚；收捕了孥、赤两族，这都是灭亡秦王朝的苛刑，但是汉魏以来都沿袭不改。圣贤的君主也免不了承袭混乱暴虐的制度，这样看来，都说是可以品味的。汉文帝废除了肉刑，是好事，后来用髡刑笞刑代替。

髡法过轻，而略无惩创；笞法过重，而至于死亡。其后乃去笞而独用髡，减死罪一等，即止于髡钳，进髡钳一等，即入于死，而深文酷吏，务从重比，故死刑不胜其众，魏晋以来病之。

【译文】髡刑过轻，但是几乎没有起到惩治的作用；笞刑过重，甚至致人死亡。后来废除了笞刑而只用髡刑，但是却有所加重一等，就相当于死刑了，严酷的官吏力求从重惩处，所以死刑多次出现，魏晋以来被人所诟病。

然不知减笞数而使之不死，乃徒欲复肉刑以全其生，肉刑卒不可复，遂独以髡钳为生刑。所欲活者傅生议，于是伤人者或折腰体，而才翦其毛发；所欲陷者与死比，于是犯罪者既已刑杀，而复诛其宗亲。

【译文】但是不知道减轻鞭打的数目而让犯罪之人不死，才徒然想恢复肉刑来保全人的生命，肉刑没有办法恢复，所以就将髡刑钳刑作为惩罚生者的刑罚。所以想让刑徒活下来的议论，就将伤害犯人或许会弯折他们的腰身，只剪掉他们的毛发；想陷害犯人想治他们于死地，已经发了罪的人，已经被施以刑罚或者杀死，然后再诛杀他们的家族。

轻重失宜，莫此为甚。及隋唐以来，始制五刑，曰笞、杖、徒、流、死。此五者，即有虞所谓鞭、朴、流宅，虽圣人复起，不可偏废也。

【译文】刑罚轻重失当，再也没有比这更加严重的了。自从隋唐以来，才开始制定笞、杖、徒、流、死五种刑罚。这五种刑罚就是尧时的所谓鞭、朴、流宅的刑罚，虽然圣人再世，也不能偏废。

若夫苟慕轻刑之名，而不恤惠奸之患，杀人者不死，伤人者不刑，俾无辜罹毒虐者，抱沈冤而莫伸，而舞文利赇贿者，无后患之可惕，则亦非圣人明刑弼教之本意也。

【译文】如果仅仅是钦慕轻的刑罚的美名，不体恤奸邪的祸患，杀人的不会死，伤人的不再受刑，假使无辜的遭受到恶毒暴虐惩罚的人，含冤莫雪，那些文武浓墨接受贿赂的人，也没有后患可以警惕，这也不是圣人明正典刑进行教化的本意。

作《刑考》第十七，首刑制，次徒流，次详谳，次赎刑、赦宥。凡十二卷。

【译文】这里作第十七篇《刑考》，首先叙述刑罚、然后叙述徒刑、流放之刑，然后叙述赎刑、赦免宽宥，一共十二卷。

昔秦燔经籍，而独存医药、卜筮、种树之书，学者抱恨终古。然以今考之，《易》与《春秋》二经，首末具存，《诗》亡其六篇，或以为笙诗，元无其辞，是《诗》亦未尝亡也。

【译文】以前秦焚烧诗书只存留下医药、占卜、种树一类的书籍，让学者们抱憾终身。但是现在考证起来《易经》和《春秋》两种经书，首尾都很完备，《诗经》丢失了六篇，有人认为以歌和诗本来没有歌词，因此《诗经》也没有亡佚。

《礼》本无成书，《戴记》杂出汉儒所编，《仪礼》十七篇及《六典》最晚出，《六典》仅亡《冬官》，然其书纯驳相半，其存亡未足为经之疵也。

【译文】《礼》本来没有完整的成书，《大戴礼记》纷乱杂出于汉代诸儒的编纂，《仪礼》十七篇以及《六典》最晚出现，《六典》只剩下《冬官》，但是这部书精纯诡辟参半，存留下的和散佚的不足以补救经典的毛病。

独虞、夏、商、周之书，亡其四十六篇耳。然则秦所燔，除《书》之外，俱未尝亡也。若医药、卜筮、种树之书，当时虽未尝废锢，而并无一卷流传至今者，以此见圣经贤传终古不朽，而小道异端虽存必亡，初不以世主之好恶为兴废也。

【译文】只有虞、夏、商、周的书，亡佚了四十六篇。秦火所焚烧的，除了《书》之外，都没有亡佚。像医药、卜筮、种树一类的书，当时虽然没有被废除、禁锢，但是没有一卷书流传到现在，因此可见圣贤们言论流传万世不朽，而小道异端虽然存留于世最终也必然亡佚，最初不按当时君主的喜好而或兴盛或废除。

汉、隋、唐、宋之史，俱有《艺文志》，然《汉志》所载之书，以《隋志》考之，十已亡其六七，以《宋志》考之，隋唐亦复如是，岂亦秦为之厄哉？

【译文】汉、隋、唐、宋时代的史书，都有《艺文志》，但是《汉书·艺文志》所记载的书，用《隋书·经籍志》来考证，已经亡佚了十分之六七，用《宋史·艺文志》考证，隋唐也不过如此，难道秦代书所遭受的厄运呢？

昌黎公所谓为之也易，则其传之也不远，岂不信然。夫书之传者已鲜，传而能蓄者加鲜，蓄而能阅者尤加鲜焉。

【译文】韩愈所说的做起来很容易，那么流传起来也不会很久远，岂不是确实的话？书的流传已经很少了，流传而能积累的更少了，积累而能阅读的就特别少了。

宋皇祐时，命名儒王尧臣等，作《崇文总目》，记馆阁所储之书，而论列于其下方，然止及经、史，而亦多缺略，子集则但有其名目而已。

【译文】宋代皇祐时，命名儒王尧臣等人作《崇文总目》，记录馆阁中所存储的书罗列在其中，但是只限于经、史，还多有缺漏，子、集两部多有名字和目录而已。

近世昭德晁氏公武有《读书记》，直斋陈氏振孙有《书录解题》，皆聚其家藏之书而评之。今所录先以四代史志列其目，其存于近世而可考者，则采诸家书目所评，并旁搜史传、文集、杂说、诗话。

【译文】近世晁公武著《郡斋读书志》，陈振孙著有《直斋书录解题》，都聚集自己家藏的书籍而进行评论。现在所著录的先用四代的史书、史志罗列目录，留存到现在的能够进行考证的书，则从诸位藏书家的评论，而其广为搜集史传、文集、杂说、诗话等内容。

凡议论所及，可以纪其著作之本末，考其流传之真伪，订其文理之纯驳者，则具载焉，俾览之者，如入群玉之府，而阅木天之藏。

【译文】凡是议论所涉及的，可以记载著述的本末，考证其流传的真伪，考订文字的精纯邪僻，都一一进行详细记载，进行阅览的人就像进入一个美好的地方，可以肆意阅览。

不特有其书者，稍加研究，即可以洞究旨趣；虽无其书者，味兹题品，亦可粗窥端倪，盖殚见洽闻之一也。

【译文】不只有这样的书，稍加研究探讨，就可以深深的考究其旨趣；虽然没有书，品味这其中的内涵，也可以粗略地窥探其中的端倪，仅仅是广博见闻中的一个了。

作《经籍考》第十八，经之类十有三，史之类十有四，子之类二十有二，集之类六。凡七十六卷。

【译文】这里作第十八篇《经籍考》，经类有十三类，史部有十四类，子部有二十二类，集部有六类，一共七十六卷。

昔太史公言："儒者断其义，驰说者骋其辞，不务综其始终。"盖讥世之学者以空言著书，而历代统系无所考订也。于是作为《三代世表》，自黄帝以下谱之。

【译文】以前太史公司马迁说："儒士论断其中的意旨，游说的人使用这种言辞，没有综合书的始终。"这是讥讽世上的学者，用空洞的言论来著述，而历代纪统世系没有进行考订。于是作《三代世表》，从黄帝以下都记录在谱。

然五帝之事远矣，而迁必欲详其世次，按图而索，往往抵牾，故欧阳公复讥其不能缺所不知，而务多闻以为胜。

【译文】然而五帝的事情已经很遥远了，而司马迁一定想要详细撰述世系先后，按图索骥，往往相互矛盾，所以欧阳修再一次讥讽他不能缺少他所不知道的，反而务必以博学多闻为胜事。

然自三代以后，至于近世史牒所载，昭然可考，始学者童而习之，屈伸指而得其大概，至其传世历年之延促，枝分派别之远近，猝然而问，虽华颠钜儒，不能以遽对，则以无统系之书故也。

【译文】但是三代以后，一直到现在史书所载的内容，是很明显的，开始学习的儿童，伸缩手指就可以知道其中的大致情形，至于传世经年的延长、仓促，支派分别的远近情况，仓促之间发问，虽然是大儒、通儒，也没有办法在仓促之间回答，就是因为没有统系的书记载的缘故。

今仿王溥唐及五代会要之体，首叙帝王之姓氏出处，及其享国之期、改元之数，以及各代之始终，次及后妃、皇子、公主、皇族，其可考者，悉著于篇，而历代所以尊崇之礼、册命之仪，并附见焉。作《帝系考》第十九。凡十卷。

【译文】现在模仿王溥的唐、五代《会要》的体裁，首先叙述帝王姓氏的出处，以及其国运延续的时间长短、改元的次数，还有各朝各代的始终，然后叙述后妃、皇子、公主、皇族，其中能够考证都详细著录于书中，而历代所尊崇的礼仪、册封的礼仪都附在篇中，作第十九篇《帝系考》，一共二十卷。

封建莫知其所从始也。禹涂山之会，号称万国；汤受命时，凡三千国；周定五等之封，凡千七百七十三国；至春秋之时，见于经传者，仅一百六十五国，而蛮夷戎狄亦在其中。

【译文】不知道分封建卫是从什么时候开始的，禹在涂山大会诸侯，号称有万国；商汤接受上天的顾命时，共有三千多个国家；周确定五等封爵的制度，共有一千七百七十三国；到春秋时期，见于经传记载的仅仅剩下一百六十五国，而蛮夷戎狄等少数民族也在其中。

盖古之国至多，后之国日寡，国多则土宜促，国少则地宜旷，而夷考其故则不然。试以殷周上世言之，殷契至成汤八迁，史以为自商而砥石，自砥石而复居商，又自商而亳。

【译文】古代国家很多，后代国家越来越少，国家多土地就容易狭小，国家少土地就容易空旷，考证蛮夷的缘故就不是这样。这里试着用殷周的都城迁徙来说，殷商从殷契到商汤有八次迁都，史书都认为从商迁到砥石，又从砥石迁徙到商这个地方，又从商迁到亳。

周弃至文王亦屡迁，史以为自邰而豳，自豳而岐，自岐而丰。夫汤，七十里之国也，文王百里之国也。然以所迁之地考之，盖有出于七十里、百里之外者矣。

【译文】周弃到文王之间也经历了屡次迁徙，史书都以为从邰到豳，从豳到岐，从岐到丰。商汤七十里就成为一个国家，周文王时期百里成为国。然而就其所迁徙的地点进行考证，都超出七十里、一百里之外了。

又如泰伯之为吴，鬻绎之为楚，箕子之为朝鲜，其初不过自屏于荒裔之地，而其后因以有国传世。窃意古之诸侯者，虽曰受封于天子，然亦由其行义德化足以孚信于一方，人心翕然归之，故其子孙因之，遂君其地；或有灾否，则转徙他之，而人心归之不能释去，故随其所居，皆成都邑。

【译文】有比如吴泰伯、楚的鬻绎、朝鲜的箕子，最初都不过是为了自己退隐到四周蛮荒之地，其后世有国可以传世。我曾经私下里认为古代的诸侯，虽然受封于天子，但也是由于其行为具有道德教化作用而能被一方信服，人们都能够一心归附，所以子孙们因袭不改，所以就在这个地方作了君主；有时候会有灾祸产生，就迁移到其他地方去，而归附的人们不能离开他们，随意就跟从着他们，于是就形成了都城。

盖古之帝王未尝以天下为己私，而古之诸侯亦未尝视封内为已物，上下之际，均一至公，非如后世分疆画土，争城争地，必若是其截然也。秦既灭六国，举宇内而郡县之，尺土一民始皆视为已有，再传而后，刘项与群雄共裂其地而分王之。

【译文】古代的帝王从来没有把天下作为自己的私产，古代的诸侯们也从来没有把分封的领土当做自己的东西，所以在上下之间，都是一致而且公正的，不像后世划分疆土，争夺城池、土地，必须是保证整齐有序。秦灭了六国之后，在所有国土上设置了郡县，一尺领土上的人民都被视为私有的物品，再往后，刘备、项羽与群雄一起瓜分了秦的领土，而且各自称王。

高祖既诛项氏之后，凡当时诸侯王之自立者，与为项氏所立者，皆击灭之，然后裂土以封韩、彭、英、卢、张、吴之属，盖自是非汉之功臣不得王矣。

【译文】汉高祖刘邦诛杀项羽之后，当时自立为诸侯王的，以及项羽所立的诸侯王都被讨灭，然后分封土地给韩信、彭越、英布、卢绾、张敖、吴芮等人，不是汉初的功臣就不能封王。

逮数年之后，反者九起，异姓诸侯王多已夷灭，于是悉取其地，以王子弟亲属，如荆、吴、齐、楚、淮南之类，盖自是非汉之同姓不得王矣。

【译文】数年之后，反叛的有九次，异姓诸侯王大多已经被消灭了，于是拿来这些分封的土地封给宗亲王室子弟，像荆、吴、齐、楚、淮南等，不是汉室宗亲不能称王。

然一再传而后，贾谊、晁错之徒，拳拳有诸侯强大之虑，以为亲者无分地，而疏者逼天子，必为子孙之忧。于是或分其国，或削其地，其负强而动如七国者，则六师移之。

【译文】然后传了一代之后，贾谊、晁错之类的人，深切地忧虑诸侯的尾大不掉，认为皇室宗亲没有分封而与中央疏远的就会影响到中央王室，一定会成为后世子孙的忧患。于是或者分开、或者削夺诸侯的土地，而仗着强大进行叛乱的吴楚等七个国家，中央用军队进行了镇压。

盖西汉之封建，其初则剿灭异代所封，而以畀其功臣；继而剿灭异姓诸侯，而以畀其同宗；又继而剿灭疏属刘氏王，而以畀其子孙。盖检制益密，而猜防益深矣。

【译文】西汉的分封建卫制度，开始将剿灭前代的分封土地，用来授予给开国功臣；接着剿灭异姓诸侯，又授予给同宗；接着又剿灭了疏远刘氏的宗亲，授予给他们的子孙，监察、监视的制度越来越严密，而猜忌也越来越深了。

昔汤武虽以征伐取天下，然商惟十一征；周惟灭国者五十，其余诸侯，皆袭前代所封，未闻尽以宇内易置而封其私人。

【译文】以前商汤、周武王虽然用征伐来取得天下，但是商汤只进行了十一次征战；周只消灭了五十个国家，其余诸侯都沿袭着以前的分封土地，没有听说过天底下有将分封的土地封给外人。

周虽大封同姓，然文昭武穆之邦，与国咸休，亦未闻成康而后，复畏文武之族偪，而必欲夷灭之，以建置己之子孙也。愚尝谓必有公天下之心，而后可以行封建。

【译文】周虽然大封同姓王，但是文王、昭王、武王、穆王的邦国，和国家一起终止了，没有听说过成王、康王以后，再次害怕文王、武王后代的逼迫就一定要将他们诛灭干净，用来安置自己的子孙。我曾经说过只有公正天下的心才可以实施分封制度。

自其出于公心，则选贤与能，而小大相维之势，足以绵千载；自其出于私心，则忌疏畏偪，而上下相猜之形，不能以一朝居矣。

【译文】出于公正之心，则选贤臣与能臣，而大小相互对峙的形势，足以绵延千年；出于私心，害怕疏远威逼，而上下相互猜忌的形势，就一刻也不得安宁了。

景武之后，令诸侯王不得治民补吏，于是诸侯虽有君国子民之名，不过食其邑入而已，土地甲兵不可得而擅矣。

【译文】汉景帝、武帝之后，命令禁止诸侯王治理人民、做官，于是诸侯王虽然有君临国家、治理人民的名义，只不过享用人民的税赋而已，土地、军队都无法染指了。

然则汉虽惩秦之弊，复行封建，然为人上者苟慕美名，而实无唐虞、三代之公心，为诸侯者既获裂土，则遽欲效春秋战国之余习，故不久而遂废。逮汉之亡，议者以为乏藩屏之助，而成孤立之势。

【译文】但是汉虽然避免了秦的弊政，重新实行了分封建卫，但是上等人即使钦慕美名，实际上没有唐尧虞舜、夏商周三代的公正之心，诸侯即已获得分封的土地，还想仿效春秋战国时期遗留下来的习气，所以不久就废除了。直到汉朝灭亡，议论的人认为缺乏藩屏的助力，成为孤立的势力。

然愚又尝夷考历代之故，魏文帝忌其诸弟，帝子受封有同幽絷，再传之后，主势稍弱，司马氏父子即攘臂取之，曾无顾惮。晋武封国至多，宗藩强壮，俱自得以领兵卒，置官属，可谓惩魏之弊矣，然八王首难，阻兵安忍，反以召五胡之衅。

【译文】然而我又曾经详细思考历代的旧事，魏文帝曹丕猜忌他的各位兄弟，曹操之子受封有如囚禁，再传一代之后，君主的势力逐渐变弱，司马氏父子很容易就取得了政权，一点也没有忌惮。晋武帝司马炎大行分封，宗室的力量强盛起来，都可以自己率领军队，设置官吏，可以说是避免了曹魏的弊政，但是八王之乱，削弱了军事力量，反而导致五胡乱华的结果。

宋、齐皇子俱童孺当方面，名为藩镇，而实受制于典签、长史之手，每一易主，则前帝之子孙歼焉，而运祚卒以不永。梁武享国最久，诸子孙皆以盛年雄材，出为邦伯，专制一方，可谓惩宋、齐之弊矣，然诸王拥兵，捐置君父，卒不能止侯景之难，然则魏、宋、齐疏忌骨肉，固以取亡，而晋、梁崇奖宗藩，亦不能救乱。

【译文】宋、齐皇子都是由小孩子来主政大局，名义上是藩镇，而实际上是受制于典签、长史之手，每一次改变君主，则前代皇室子孙都被尽数消灭，国运也最终不能长久。梁武帝算是这其中维持国运时间最长的，他的子孙们都是年长之后出镇地方而成为专制一方的实权人物，可以说是避免了宋、齐的弊政，但是各位诸侯王拥兵自重，舍弃了君主父亲，最终也不能阻止侯景作乱，但是曹魏、宋、齐疏离亲生骨肉，固然是自取灭亡，而晋、梁褒崇奖掖宗室的办法，也没有办法拯救乱世。

于是封建之得失，不可复议，而王绾、李斯、陆士衡、柳宗元辈，所论之是非，亦不可得而偏废矣。今所论著，三皇而后，至春秋之前，国名之见于经传，而事迹可考者略著之，如共工、防风氏，以至邦、鄘、樊、桧之类是也。

【译文】于是分封建卫的利弊不能再被讨论，而王绾、李斯、陆士衡、柳宗元之类的人所议论的是非，也是没有办法偏废的。现在所讨论的，是三皇之后到春秋之前，见于经传记载的国家名称事迹可以考证的略加著录，如共工、防风氏，乃至邦、鄘、樊、桧之类的分封国家。

春秋十二列国，既有太史世家，详其事迹，不复赘叙，姑纪其世代历年而已。若诸小国之事迹，见于《春秋》三传、杂记者，则仿世家之例，叙其梗概，邾、莒、许、滕以下是也。

【译文】春秋十二个分封的国家，已经有太史公司马迁的世家详细叙述其事迹，不再进行赘述，姑且记载其历代纪年而已。比如一些小国的事迹，见于《春秋》三传以及杂记等，则模仿世家的体例，叙述他们的梗概，邾、莒、许、滕以下的封国就是这样。

汉初诸侯王、王子侯、功臣外戚恩泽侯，则悉本马、班二史年表，东汉以后无年表可据，则采摭诸传，各订其受封传授之本末而备著焉。

【译文】汉初分封诸侯王、王子侯、功臣以及外戚因为恩泽而受封的诸侯，则详细记载在司马迁、班固《史记》、《汉书》的年表之中，东汉以后没有年表可以依据，则采取各传记，考订他们受封的始末并进行详细记载。

列侯不世袭始于唐，亲王不世袭始于宋，则姑志其始受封者之名氏而已。作《封建考》第二十。凡十八卷。

【译文】列侯不再世袭开始于唐代，亲王不再世袭则开始于宋，在这里姑且将开始受封者的名姓记录在这里。作第二十篇《封建考》，一共十八卷。

昔三代之时，俱有太史，其所职掌者，察天文、记时政，盖合占候、纪载之事，以一人司之。汉时，太史公掌天官，不治民，而紬史记、金匮、石室之书，犹是任也。

【译文】以前三代之时，都有太史，他们所职掌的，观测天文、记录时政，要合于天象变化、记载的事情，由一个人来职掌。汉代的太史公掌管天官，不治理人民，而缀集史记、金匮、石室之类的书籍，都是类似的职任。

至宣帝时，以其官为令，行太史公文书，其修撰之职，以他官领之，于是太史之官，唯知占候而已。盖必二任合而为一，则象纬有变，纪录无遗，斯可以考一代天文运行之常变，而推其休祥。然二任之隳废离隔，不相为谋，盖已久矣。

【译文】到汉宣帝时，以这样的官为令，来职掌太史公的公文书籍，用其他的官来掌管，于是太史官，只知道视天象变化以附会人事。两种职任合二为一，则象数谶纬的变化，无论细小的情况都进行记载，可以考证一个朝代的天文运行的变化，推测其中的吉祥。但是两种职掌的破坏分离，没有办法相互谋划，已经很久了。

昔《春秋》日食不书日，而史氏以为官失之，可见当时掌占候与司纪载者，各为一人，故疏略如此。又尝考之，春秋二百四十二年，而日食三十六；自鲁定公十五年，至汉高帝之三年，其间二百九十三年，而搜考史传，书日食凡七而已，然则遗缺不书者多矣。

【译文】以前《春秋》日蚀不进行记录，史家认为职官失去了职掌，可见当时掌握占候和职掌记载的各有一人，因此粗疏简略到这个样子。我曾经考证过，春秋二百四十年，日蚀共有三十六次；从鲁定公十五年到汉高祖三年，一共二百九十三年，进行搜索考察，书籍记载的日蚀只有七次而已，这是因为有遗漏或缺没有记载的很多。

自汉而后，史录具在，天下一家之时，纪载者递相沿袭，无以知其得失也。及南北分裂之后，国各有史，今考之：南自宋武帝永初元年，至陈后主祯明二年，北自魏明帝泰常五年，至隋文帝开皇八年，此一百六十九年之间，《南史》所书日食仅三十六，而《北史》所书乃七十九，其间年岁之相合者，才二十七，又有年合而月不合者。

【译文】自从汉代以后，史记具体的记载，天下一家的时候，记载相继沿袭继承，没有办法知道其中的得失。南北朝分裂之后，各国都有自己的史书，现在进行考证：南方自从宋武帝永初元年到陈后主祯明二年，北朝从魏明帝泰常五年到隋文帝开皇八年的一百六十九年之间，《南史》所记载的日蚀记录只有三十六次，而《北史》所记载的有七十九次，这之间与年岁相合的只有二十七次，还有与年代符合但月数不合。

夫同此一苍旻也，食于北者，其数过倍于南，理之所必无者，而又日月不相吻合，岂天有二日乎？盖史氏之差谬抵牾，其失大矣。

【译文】在同一片苍天之下，北朝的日蚀数超过南朝数倍，从理论上说是不可能的，而且日月年数又不相吻合，难道说天上有两个太阳？这应该时史家的差错和矛盾之处，失误之处很大。

悬象著明，莫大乎日月，虽庸奴举目可知，而所书薄蚀之谬且如此，则星辰之迟留、伏逆、陵犯、往来，其所纪述，岂足凭乎，姑述故事，广异闻耳。天文志莫详于晋、隋，至丹元子之《步天歌》，尤为简明。

【译文】天象的变化，莫过于日月，虽然见识浅陋之人抬起头都可以看见，但是所书写的日蚀等变化怪异荒谬成这样，那么星辰的各种变化，见于记载，不足以凭借暂时记载的旧事，只不过增加了一些奇闻。天文志记录的详细莫过于晋、隋，到隋代的丹元子《步天歌》，最为简明扼要。

宋《两朝史志》，言诸星去极之远近，《中兴史志》，采近世诸儒之论，亦多前史所未发，故择其尤明畅有味者，具列于篇。作《象纬考》第二十一，首三垣、二十八宿之星名、度数，次天汉起没，次日月、五星行度，次七曜之变，次云气。凡十七卷。

【译文】宋代《两朝史志》记录了各星座距离极星的远近，《中兴史志》采取近世各位儒者的议论，也有很所前代史书所没有发明之处，所以选择其中尤其明显流畅的可供品味的详细排列在篇章之中。这里作第二十一篇《象纬考》，首先记载三垣、二十八宿之星名、度数，然后天象起伏，其次日月五星的运行度数，还有七曜的变化、云气的变化，一共十七卷。

《记》曰："国家将兴，必有祯祥。国家将亡，必有妖孽。"盖天地之间，有妖必有祥，因其气之所感而证应随之。自伏胜作《五行传》，班孟坚而下踵其说，附以各代证应，为《五行志》，始言妖而不言祥。

【译文】《礼记》说"国家将要兴盛，一定会有吉祥的征兆；国家将要灭亡，一定有不祥的征兆。"天地之间，有不祥之兆就有吉祥的征兆，因为云气所被感化，然后征兆随即就产生了。自从汉伏生作《五行传》，班固以下继承这种说法，附着各代的证据而为《五行志》，才诉说灾异的征兆而不说吉祥的征兆。

然则阴阳五行之气，独能为妖孽而不能为祯祥乎？其亦不达理矣。虽然，妖祥之说固未易言也。治世则凤凰见，故有虞之时，有来仪之祥，然汉桓帝元嘉之初、灵帝光和之际，凤凰亦屡见矣，而桓、灵非治安之时也。

【译文】然而阴阳五行的云气，就单独成为妖孽而不能成为吉祥的征兆吗？也是说不通的。虽然这样，不祥的说法固然不容易说清楚。在政治清明的时候就有凤凰出现，所以虞舜的时候有凤凰来朝见的祥瑞，但是汉桓帝元嘉初期、灵帝光和之际，凤凰也屡屡出现，但桓帝、灵帝之时绝不是政治清明的时期。

诛杀过当，其应为恒寒，故秦始皇时，有四月雨雪之异，然汉文帝之四年，亦以六月雨雪矣，而汉文帝非淫刑之主也。斩蛇夜哭，在秦则为妖，在汉则为祥，而概谓之龙蛇之孽可乎？

【译文】刑罚、诛杀过分，就应该出现长久的寒冷局面，所以秦始皇时期由四月飞雪的灾异，但是汉文帝四年，也出现了六月飞雪，难道说汉文帝是频繁滥用刑罚的君主吗？汉高祖斩蛇，对于秦来说是灾异，但是对于汉来说则是祥瑞，难道能够概括地说龙蛇的恶事？

僵树虫文，在汉昭帝则为妖，在宣帝则为祥，而概谓之木不曲直可乎？前史于此，不得其说，于是穿凿附会，强求证应而罙有所不通。窃尝以为物之反常者异也，其祥则为凤凰、麒麟、甘露、醴泉、庆云、芝草，其妖则山崩、川竭、水涌、地震、豕祸、鱼孽。

【译文】偃树虫文一类的东西，在汉昭帝时期是灾异表现，在宣帝时期则是吉祥的表现，可以概括地说树木没有曲直吗？前代的史书对于此没有办法得到正确的说法，于是穿凿附会，强行进行验证但是太过深邃没有办法通达。我曾经私自认为反常的事物都是不一样的，凤凰、麒麟、甘露、醴泉、庆云、芝草等都是吉祥的征兆，山崩、川竭、水涌、地震、豕祸、鱼孽等都是灾异的征兆。

妖祥不同，然皆反常而罕见者，均谓之异可也，故今取历代史《五行志》所书，并旁搜诸史本纪及传记中所载祥瑞，随其朋类，附入各门，不曰妖，不曰祥，而总名之曰物异。如恒雨、恒旸、恒燠、恒寒、恒风、水潦、水灾之属，俱妖也，不可言祥，故仍前史之旧名。

【译文】凶吉征兆不同，但是都有反常而罕见的，都可以认为是怪异的，所以这里选取历代诸史《五行志》的记载，以及广泛搜集各种史书纪传中所详细记载的祥瑞，按照同类排比，载入各个门类，不叫“妖”，不叫“详”，而总称为“物异”。比如长时间下雨、长时间干旱，长时间暖热，长时间寒冷，长时间刮风，水涝、水灾之类的，都是不祥的征兆，所以仍沿袭着前代史书的旧名。

至如魏晋时，鱼集武库屋上，前史所谓鱼孽也；若周武王之白鱼入舟，则祥而非孽。然妖祥虽殊，而其为异一尔，故均谓之鱼异。秦孝公时，马生人，前史所谓马祸也；若伏羲之龙马负图，则祥而非祸。然妖祥虽殊，而其为异亦一尔，故均谓之马异。

【译文】至于像魏晋时期鱼聚集在武库屋上，以前的史书都称之为鱼在作怪；像周武王时期白鱼跳进舟中，是祥瑞而不是凶兆。但是吉与不吉，都是不同寻常的，应该都称作是关于鱼的非同寻常的事情。秦孝公时，马生了人，以前的史书称作马在作怪；伏羲时期龙马背着河图洛书，也是吉祥而非祸事。吉与不吉，都是不同寻常的，所以应该都成为是关于马的怪异的事情。

其余鸟兽、昆虫、草木、金石，以至童谣、诗谶之属，前史谓之羽虫、毛虫、龙蛇之孽，或曰诗妖、华孽，今所述皆并载妖祥，故不曰妖，不曰孽，而均以“异”名之，其豕祸、鼠妖，则无祥可述，故亦仍前史之旧名，至于木不曲直者，木失其常性而为妖，如桑谷共生之类是也。

【译文】其余的鸟兽、昆虫、草木、金石，以至童谣、诗谶之类的，前代的史书称之为羽虫、毛虫、龙蛇，或称之为诗妖、华孽，现在所叙述并详细记载的妖祥，既不叫“妖”，也不叫“孽”，都一概称之为“异”，猪祸、鼠妖，没有什么详细可叙述的，所以仍然延续着前代历史的旧名，至于树木不曲折的，树木失去了常性而成为妖，就像桑树、谷物并生之类的事情。

若雨木冰，乃寒气胁木而成冰，其咎不在木也，而刘向以雨木冰为木不曲直。华孽者，花失其常性而为妖，如冬桃李华之类是也。若冰花，乃冰有异而结花，其咎不在花也，而《唐志》以冰花为华孽。二者俱失其伦类，今革而正之，俱以入恒寒门，附雨雹之后。

【译文】如同雨下在木头上就化作冰，是寒气裹挟着树木才成为冰的，其过错的地方不在于树木，而刘向认为这件事是因为树木没有曲直。花妖，是花失去常性才成为妖，如冬天的桃李开花一类的事情。就像冰花是冰产生了变异而结成花，罪过之处不再花，而《唐书·灾异志》认为冰花是花妖。二者都失去他们的同类，现在进行变革、端正，都排列进“恒寒”一类，附着在雨雹之后。

又前志以鼠妖为青眚、青祥，物自动为木沴金，物自坏为金沴木，其说俱后学所未谕，今以鼠妖、青眚各自为一门，而自动、自坏，直以其事名之，庶览者易晓云。作《物异考》第二十二。凡二十卷。

【译文】而以前的史志都将鼠妖作为青色的灾害、青色的祥瑞，万物都认为自己运动是木克金，物自己毁坏是金克木，这种说法是后来的学者们都没有违背的。现在鼠妖、青眚各自为一个门类，而运动、自己毁坏是以事情来命名的，一般观览的人都容易通晓。这里作第二十二篇《物异考》，一共二十卷。

昔尧时禹别九州，至舜分为十二州，周职方复分为九州，而又与禹异。汉承秦分天下为郡、国，而复以十三州统之。晋时分州为十九。自晋以后，为州寖多，所统寖狭，且建治之地亦不一所。

【译文】以前尧、禹分开九州，到舜的时候分为十二州，职方再次分为九州又与禹不同。汉继承秦分天下为郡国，再次以十三个州统治。晋代分州为十九，自晋代以后，州的数量很多，所统的地域更加狭小，而且其建制和治理的地方都不一样。

姑以扬州言之，自汉以来，或治历阳，或治寿春，或治曲阿，或治合肥，或治建业，而唐始治广陵。至南北分裂之后，务为夸大，侨置诸州，以会稽为东扬，京口为南徐，广陵为南兖，历阳为南豫，历城为南冀，襄阳为南雍。

【译文】姑且拿扬州来说，自从汉以来，或者治历阳，或治寿春，或治曲阿，或治合肥，或治建业，而唐开始治广陵。到南北朝分裂之后，多进行了夸大，侨置州郡，以会稽为东扬州，京口为南徐州，广陵为南兖州，历阳为南豫州，历城为南冀州，襄阳为南雍州。

鲁郡在禹迹为徐州，而汉则属豫州所领；陈留在禹迹为豫州，而晋则属兖州所领。离析磔裂，循名失实，而禹迹之九州，冞不复可考矣。

【译文】鲁郡在禹迹的徐州，在汉则属于豫州治理的地方；陈留在禹时时豫州，而晋代则属于兖州治理。这样分崩离析人为割裂，使得名实不符，而大禹当时所设置的九州远远没有办法考证了。

夹漈郑氏曰："州县之设，有时而更；山川之秀，千古不易。故《禹贡》分州，必以山川定疆界，使兖州可移，而济、河之兖州不可移；梁州可迁，而华阳、黑水之梁州不可迁。故《禹贡》为万世不易之书。后之作史者，主于郡县，故州县移易，其书遂废矣。"善哉言也！

【译文】郑樵说："州县的设置，时时有所变化；山川的秀丽，千古不变。所以《禹贡》分割诸州，必然以山川形势制定疆界，使得兖州移动，而济水、黄河间的兖州不能够移动；梁州可以迁移，而华阳、黑水旁的梁州不能迁移。所以《禹贡》成为万世都没有办法改变的书。后代撰史的人主要集中在郡县，所以州郡迁移变化，书于是就逐渐被忽视了。"这真是确切的言论啊！

杜氏《通典》，亦以历代郡县析于禹九州之中。今所论著，九州则以禹迹所统为准，沿而下之，府、州、军、监，则以宋朝所置为准，溯而上之，而备历代之沿革焉。

【译文】杜佑《通典》也将历代郡县分离在禹的九州之中。今天所撰述的，九州要以禹当时的设置为标准，往下一直到宋代设置的府、州、军、监，往上追溯，历代严沿革情况都在书中进行记载。

至冀之幽、朔，雍之银、夏，南粤之交趾，元未尝入宋之职方者，则以唐郡为准，追考前代，以补其缺；而于每州总论之下，复各为一图，先以春秋时诸国之可考者分入九州，次则及秦、汉、晋、隋、唐、宋所分郡县，考其地理，悉以附禹九州之下，而汉以来各州刺史、州牧所领之郡，其不合禹九州者，悉改而正之。作《舆地考》第二十三。凡九卷。

【译文】到冀方的幽州、朔州，雍方的银州、夏州，南粤的交趾，元末还没有进入宋史的《职方志》，还是以唐代的郡县设置为准，追记考证前代，补充其缺漏；而在每个州郡之下，都有一幅地图，先将春秋时期能够考证的分入九州，然后涉及秦、汉、晋、隋、唐、宋所分郡县，考证其自汉代以来各州刺史、州牧所治理的地方，凡是有不合禹贡九州的地方全都改正过来。这里作第二十三篇《舆地考》，一共九卷。

昔先王疆理天下，制立五服，所谓蛮夷戎狄，其在要、荒之内，九州之中者，则被之声教，疆以戎索。

【译文】以前先王们划分疆界，设置五服制度，所谓蛮夷戎狄这些少数民族，处于距离王畿极远的地方，九州之中，都被教化洗礼，边疆被划分用来抵御戎狄。

唐、虞、三代之际，其详不可得而知矣，《春秋》所录，如蛮夷荆、舒之属也，夷则莱夷之属也，戎则山戎、北戎、陆浑、赤驹之属也，狄则赤狄、白狄、皋落、鲜虞之属也。

【译文】唐尧虞舜三代之际的详细情况没有办法知道了，《春秋》所记载的内容，楚国、舒国之类，蛮夷则是莱夷之类，戎狄则有山戎、北戎、陆浑、赤驹之类，夷狄则有赤狄、白狄、皋落、鲜虞之类。

载之经传，如齐桓之所攘，魏绛之所和，其种类虽曰戎狄，而皆错处于华地，故不容不有以制服而羁縻之。

【译文】载于经传的比如齐桓公的攘夷，魏绛的与夷狄和睦共处，其种类虽然叫做“戎狄”，杂处在华夏之地，所以不能不有制服之举而进行羁縻笼络的政策。

至于沙碛之滨、瘴海之外，固未尝穷兵黩武，绝大漠、逾悬度，必欲郡县其部落、衣冠其旃毳，以震耀当时，而夸示后世也。秦始皇既并六国，始北却匈奴，南取百粤。

【译文】至于沙碛的水滨、南方海域之外，固然未尝穷兵黩武，越绝大漠、悬远的地区，一定想要在部落之中设置郡县、对少数民族则用衣冠来替换他们的兽毛的衣服，来震惊炫耀于当世，而夸耀于后世。秦始皇即已合并六国，才开始北边抵抗匈奴，南方取得百越之地。

至汉武帝时，东并朝鲜，西收甘、凉，南辟交趾、珠厓，北斥朔方、河南，以至车师、大宛、夜郎、昆明之属，俱遣信使，赍重贿，招来而羁置之，俾得通于上国，窥其广大，割齐民以附夷狄，弊所恃以事无用。

【译文】到汉武帝时期，东边兼并了朝鲜地区，西边收复了甘州、凉州地区，南方开辟了交趾、珠厓等地，北方开拓了朔方、河套地区，以至车师、大宛、夜郎、昆明等国，都派遣信使，给以丰厚的赏赐，招徕他们并且羁縻管理、设置郡县，使得他们能够和中原大国相互交往，得以窥视中原地区的广大，割划百姓以附属夷狄，弊端出在其有所依凭但是没有什么用处。

自是之后，世谨梯航，历代载记所叙，其风气之差殊、习俗之诡异，可考而索，至其世代传授之详，则固不能以备知也。作《四裔考》第二十四。凡二十五卷。

【译文】从这以后，世代对于长途跋涉都非常谨慎，历代记载的内容，其中风气的差异，习俗差距的巨大，都是可以考核能够了解的，至于后世世代传授的详细内容，固然不能知道的详备，这里作第二十四篇《四裔考》，一共二十五卷。

史书治要卷二

史评两种

序

史评原于诸史之论赞，所以发明删述之旨，褒贬人物之情。前者为作法之法，后者为读史之事；前者近实而难作，后者蹈虚而易成。故近代通人于其类，独推《史通》一书，盖谓其考辨体例，讨论规律，其有史学三难，洵史评之楷式也。第自刘氏发愤以后，千载沈霾，始获章氏之《文史通义》，庶几追配，而犹非纯一论史学者。何其难哉？清儒考订诸史之篇，其间发明作法者，虽亦不少可观，惜大率为劄记之体，文字破碎，不名一家。是编为治要作，以为读史者，重在事实，无多取雌黄甲乙之论，徒迷乱人之耳目，故一切略焉。

【译文】史评源自于各正史的“论”、“赞”部分，并由此发挥删减撰述的宗旨，对人情世故进行褒贬。前者是诸史的的方法，后者是读史的事实；前者近于事实而难于述作，后者蹈着虚构而路子而容易作成。所以现代人能够通于各种类别，在这个方面首推刘知几的《史通》一书，主要内容在于考察辨别体例，讨论期间规律方面，则有三个难点，也遵循着史评的便准范式。继刘知几发愤著述之后，千年以来史学理论方面始终没有成为显学，这时候才出现章学诚的《文史通义》，差不多可以与刘知几的书媲美，但也不是完全讨论史学问题的。为什么这么困难呢？清代各位儒者考订历史的篇章，其中发挥史学方法的，虽然也有不少能看的，可惜大部分都是札记的形式，文字支离破碎，无法成为一家之说。这里的篇章认为读史的人，重史实，不重视讨论区别划分等级之论，只不过迷惑众人耳目，所以也就忽略了。

史通

序

唐刘知几撰，知几，彭城人，字子玄，又以字行。领修国史垂三十年。开元初，迁左散骑常侍，封居巢县子，卒。知几常言，史有三难，才、学、识，世罕兼之。又尝与萧至忠、宗楚客争论史事，不合，遂发愤著此书。内外四十九篇，内篇论史家体例，外篇论史籍源流，与历代史书得失。其议论纵横透辟，凡所驳诘，马班或不能自解。徐坚见而叹曰：“为史氏者，皆当署此为座右”世人以为知言。（或曰：“史官兼司掌故，而知几之意，惟以褒贬为宗，余事皆视为枝赘，殊非古法。”案此论切中刘氏之失，讲史学者亦不可不知。）

【译文】《史通》，唐代刘知几所撰，刘知几，彭城人，字子玄，又以字行于世。他领修国史将近三十年。玄宗开元初年，迁官左散骑常侍，封居巢县子的爵位，不久就去世了。他曾经说过，史学有三难，史才、史学、史识，能够兼有这三种治史才能的人世间罕有。他曾经和萧至忠、宗楚客争论历史事件，说不到一起。于是就发愤撰写《史通》这部书。这部书分内外篇，共四十九篇，内篇讨论史学家的写作体例，外篇探讨史著的源流和史书的得失。他的议论纵横捭阖精辟透彻，凡是他所辩驳诘难的问题，司马迁或班固自己都不一定能解释清楚。徐坚看过之后感叹说：“作为一名史学工作者，都应当把这种志愿作为自己的座右铭。”世人都说徐坚言之有理。（有人又说：“史官兼管历史掌故，而刘知几的意思是，只要将褒贬史实、人物作为著史的核心宗旨，其他的都可以看作枝叶累赘，无关紧要，这可不是古往今来的治史方法。”这种议论切中刘知几的失误之处，讲读历史的学者也不能不有所了解。）

六 家

自古帝王编述文籍，《外篇》言之备矣。古往今来，质文递变，诸史之作，不恒厥体。榷而为论，其流有六：一曰《尚书》家，二曰《春秋》家，三曰《左传》家，四曰《国语》家，五曰《史记》家，六曰《汉书》家。今略陈其义，列之于后。

【译文】自古以来称帝称王的人编辑著述文章典籍的情况，在《史通外篇古今正史篇》中已经详细地介绍它们了。从古到今，实质内容与外在形式交替变化；各种史书的创作，不拘泥在同一种史书体上。加以探讨以后做出结论，这些史书的流派有六种：第一叫做《尚书》流派，第二叫做《春秋》流派，第三叫做《左传》流派，第四叫做《国语》流派，第五叫做《史记》流派，第六叫做《汉书》流派。现在就简略地陈述一下六大流派的旨义，在后面将它们列举出来。

〔浦起龙曰：此篇序也，史体尽此六家。六家各有原委。其举数也，欲溢为七而无欠，欲减为五则不全。是史通总挈之纲领也，其辨体也，援驳俪纯而派同，移甲置乙则族乱，是六家类从之畛涂也。注家认家字不清，要领全没。今为显说之。一、《尚书》，记言家也。二、《春秋》，记事家也。三、《左传》，编年家也。四、《国语》，国别家也。五、《史记》，通古纪传家也。六、《汉书》，断代纪传家也。会此分配，以观六章，观全书如视掌文矣。（以后各篇中注字，皆据浦氏通释本摘录，不再举名。）〕

【译文】浦起龙说：这篇序言，史体全部在这六家。六家各有始末。要举出数目，要溢出为七而没有欠，要减为五就不完整。这是《史通》总挈的纲领呢，他的辨体，援驳俪纯而派同，把甲放在乙则分类就乱了，这是六家类从的途径。注家认家字不清，要领完全消失。现在是公开说的。一、《尚书》是记言家。二、《春秋》是记事家。三、《左传》是编年家。四、《国语》是国别家。五、《史记》是古代纪传体家。六、《汉书》是断代纪传体家。按这种分配，来看这六部书，观察全书就像看自己的掌纹了。（以后各篇中注字，都据浦氏通释本摘录，不能再举名。）

《尚书》家者，其先出于太古。《易》曰：“河出《图》，洛出《书》，圣人则之。”故知

《书》之所起远矣。至孔子观《书》于周室，得虞、夏、商、周四代之典，乃删其善者，定为《尚书》百篇。孔安国曰："以其上古之书，谓之《尚书》。"《尚书璇玑钤》曰："尚者，上也。上天垂文象，布节度，如天行也。"王肃曰："上所言，下为史所书，故曰《尚书》也。"

【译文】《尚书》流派的史书，它的诞生产生于远古。《易经》上说："黄河出现背上有图形的龙马，洛水出现背上有图形的神，圣人仿照它制作八卦、文字。"所以知道《书》的起源由来已久了。到孔子时在周王室观看《书》，得到虞（舜）、夏、商、周四代的典籍，于是删取其中较好的部分，确定为《尚书》一百篇。汉代孔安国说："因为它是上古时期的书籍，所以叫它《尚书》。《尚书璇玑钤》说：《尚书》"尚"是上的意思。上天降下日月星变化的迹象，显示节令的顺序季节变化的度数，如同天体的运行一样。"三国王肃说："君上所说的话，在下面被史官记载下来，所以叫做《尚书》"

此三说，其义不同。盖《书》之所主，本于号令，所以宣王道之正义，发话言于臣下，故其所载，皆典、谟、训、诰、誓、命之文。至如《尧》、《舜》二典，直序人事，《禹贡》一篇，唯言地理，《洪范》总述灾祥，《顾命》都陈丧礼，兹亦为例不纯者也。

【译文】这三种说法，它们的意义各不相同。大概《书》的主要旨义，本始于发号令；是用来宣扬以仁义治理天下的正当道理，向臣子属下发布言论。所以《尚书》所记载的，都是典章、谋议、训诫、诰令、誓词、册命等六方面的文字。至于《尧典》、《舜典》这二种典章，径直叙述人事；《禹贡》这一篇，记载的都是地理知识；《洪范》篇是概括叙述灾害祥瑞；《顾命》篇陈述的全都是丧葬礼仪：这五篇也都是作为记言史书体例不纯粹的部分。

又有《周书》者，与《尚书》相类，即孔氏刊约百篇之外，凡为七十一章。上自文、武，下终灵、景。甚有明允笃诚，典雅高义；时亦有浅末恒说，滓秽相参，殆似后之好事者所增益也。至若《职方》之言，与《周官》无异；《时训》之说，比《月令》多同。期百王之正书，《五经》之别录者也。

【译文】又有一部《周书》，和《尚书》的体裁相类似，也就是孔子删削一百篇以外的周朝典籍，总共是七十一章。上起自周文王、周武王，下终于周灵王、周景王。大多都严明恰当、切实忠诚，言辞庄重、高雅，拥有正大的道理；有时也有肤浅的平庸之言，污浊不堪的东西相列参错，大概好像后来喜欢多事的人所增添的。至于《职方》篇的言论，与《周礼》的记载没有什么区别；《时训》篇的叙述，与《礼记月令》篇相比大多相同。这都是历代帝王经史一类的典籍，是《诗》、《书》、《礼》、《易》、《春秋》等五部分儒家经典的单独撰述。

自宗周既殒，《书》体遂废，迄乎汉、魏，无能继者。至晋广陵相鲁国孔衍，以为国史所以表言行，昭法式，至于人理常事，不足备列。乃删汉、魏诸史，取其美词典言，足为龟镜者，定以篇第，纂成一家。由是有《汉尚书》、《后汉尚书》、《魏尚书》，凡为二十六卷。至隋秘书监太原王劭，又录开皇、仁寿时事，编而次之，以类相从，各为其目，勒成《隋书》八十卷。寻其义例，皆准《尚书》。原夫《尚书》之所记也，若君臣相对，词旨可称，则一时之言，累篇咸载。

【译文】自从周王朝衰落下去以后，《书》这种记言体例于是被废止。一直到汉、魏时期，没有能够继承这种史书体例的人。直到东晋广陵相鲁国人孔衍，认为国史是用来表彰言论行为、昭示法规制度的东西，至于做人的道德规范，常有的事情，不值得详细列举。于是删取汉、魏时期的各种史书，选取其中美好动听的词句、典文有据的言辞、足以作为借鉴的内容，确定它们的篇章顺序，纂写成独立的一种史书体裁。由此便有《汉尚书》、《后汉尚书》、《汉魏尚书》的创作，总共是二十六卷。到了隋朝秘书监太原人王劭，又记录开皇、仁寿时期的史事，按次序对它们进行编排，按照类别相互统属，各自确立它们的篇目，编纂成《隋书》八十卷。探寻该书著书的主旨和体例，全都是以《尚书》作为仿效标准。推究《尚书》所记载的内容，像君主、臣子之间的相互对话，如果言词意旨可以称赞，那么一时的言论，篇篇都接连记载。

如言无足纪，语无可述，若此故事，虽有脱略，而观者不以为非。爰逮中叶，文籍大备，必剪截今文，摸拟古法，事非改辙，理涉守株。故舒元所撰《汉》、《魏》等书，不行于代也。若乃帝王无纪，公卿缺传，则年月失序，爵里难详，斯并昔之所忽，而今之所要。如君懋《隋书》，虽欲祖述商、周，宪章虞、夏，观其所述，乃似《孔子家语》、临川《世说》，谓画虎不成，反类犬也。故其书受嗤当代，良有以焉。

【译文】如果言论不值得记载，话语没有能够称述的，像这些过去的事情，即使有所脱漏省略，而阅读的人却不认为这种作法是错的。于是等到隋朝中期以后，文献典籍大大丰富了，一定要剪裁取当代的史文，效法古书的编纂方法，记载事情并不是改变了作法，而道理上却似乎有些像守株待兔一样墨守成规。所以孔衍所撰写的《汉尚书》、《后汉尚书》、《汉魏尚书》等《尚书》体著作不能流传于世上了。至于称帝称王的人没有本纪，三公九卿缺少传记，就会使纪年月份失去顺序，官爵品级、州郡乡里难以周详。这都是以前所忽视，而当今所要重视的，比如王劭的《隋书》，虽然想要仿效商书、周书，效法虞书、夏书，考察该书的体例，竟然与三国王肃所撰《孔子家语》、临川王刘义庆所撰《世说新语》相类似，可以说是“画虎没有画成却反而像条狗”了。所以王劭的《隋书》在隋代受人嗤笑，确实是有原因的啊。

《春秋》家者，其先出于三代。案《汲冢琐语》，案太丁时事，且为《夏殷春秋》。孔子曰："疏通知远，《书》教也"、"属辞比事，《春秋》之教也。"知《春秋》始作，与《尚书》同时。

【译文】《春秋》流派的史书，它的产生起源于夏、商、周三代。考察《汲冢琐语》记载商王太丁时期的事情，题目叫做《夏殷春秋》。孔子说："条理通达，了解远古，是《尚书》的教化作用"、"连缀文辞，排比史事，是《春秋》的教化作用"。由此可以知道《春秋》的开始写作，与《尚书》属于同一时代。

《琐语》又有《晋春秋》，记献公十七年事。《国语》云：晋羊舌肸习于春秋，悼公使传其太子。《左传》昭二年，晋韩献子来聘，见《鲁春秋》曰："周礼尽在鲁矣。"斯则春秋之目，事匪一家。至于隐没无闻者，不可胜载。

【译文】《汲冢琐语》中又有《晋春秋》，记载晋献公在位十七年间的史事。《国语》中提到：晋国大夫羊舌肸（叔向）熟悉《春秋》，晋悼公让他担任太子的老师。《左传》鲁昭公二年记载，晋国大夫韩宣子（韩起）前来鲁国聘问，见到了《鲁春秋》后，说道："周朝的礼仪全部保存在鲁国了。"这样的话，那么《春秋》的名目，所记载的史事并不止一家，至于那些埋没不能流传的，就更记载不过来了。

又案《竹书纪年》，其所纪事，皆与《鲁春秋》同。孟子曰："晋谓之乘，楚谓之梼杌，而鲁谓之春秋，其实一也。"然则乘与纪年、梼杌，其皆春秋之别名者乎！故《墨子》曰："吾见百国春秋"，盖皆指此也。

【译文】又考察《竹书纪年》，它所记载的事情，都有与《鲁春秋》相同。孟子曾说过："晋国的史书叫做《乘》，楚国的史书叫做《梼杌》，而鲁国的史书叫做《春秋》，它们记载的内容是统一的。"既然这样，那么《乘》与《竹书纪年》、《梼杌》，它们都是《春秋》的不同名称吗？所以墨子说："我见过各个国家的《春秋》，大概指的就是这些《春秋》体史书。

逮仲尼之修《春秋》也，乃观周礼之旧法，遵鲁史之遗文；据行事，仍人道；就败以明罚，因兴以立功；假日月而定历数，籍朝聘而正礼乐；微婉其说，志晦其文；为不刊之言，著将来之法，故能弥历千载，而其书独行。又案儒者之说春秋也，以事系日，以日系月；言春以包夏，举秋以兼冬，年有四时，故错举以为所记之名也。

【译文】等到孔子修撰《春秋》的时候，便观看周朝礼法的旧有规定，遵从鲁国历史的剩余文字；根据既往的历史事实，因循人类的道德规范；假借失败来明确惩罚，根据兴盛确立功勋；借助日期、月份而确定历法，假借朝问、聘问而端正礼乐；精微、委婉地表达自己的说法，曲折不明显地写下书中的文字；做出不易更改的言论，著出将来做史的方法，所以能够远远经历上千年而孔子的《春秋》能够独立流传于世。又考察儒家学者对《春秋》的解释，将事情编排于日期下，将日期联属在月份下；谈到春季来包括夏季，举出秋季来容纳冬季；一年有春夏秋冬四季，所以交错举出春秋二季来作为所记史事的名字。

苟如是，则晏子、虞卿、吕氏、陆贾，其书篇第，本无年月，而亦谓之《春秋》，盖有异于此者也。至太史公著《史记》，始以天子为本纪，考其宗旨，如法《春秋》。自是为国史者，皆用斯法。然时移世异，体式不同。其所书之事也，皆言罕褒讳，事无黜陟，故马迁所谓整齐故事耳，安得比于《春秋》哉！

【译文】假如真像这样的话，那么晏婴、虞卿、吕不韦、陆贾，它们著作的篇目次序本来就没有纪年月份，却也叫做《春秋》，大概是和这种解释大不一样的。等到太史公司马迁写作《史记》，才开始把天子写成本纪。考察司马迁做本纪的宗义旨趣，也像效法《春秋》一样。自此以后写作国史的人，都用这种方法。然而时代推移、世道不同了，体裁格式也不相同了；《春秋》体史书所记载的事情，在言论上很少赞美隐讳，议事上没有黜退表彰；所以都是司马迁所说的整理排比往事罢了，怎么能够和《春秋》相比呢？

《左传》家者，其先出于左丘明。孔子既著《春秋》，而丘明受经作传。盖传者转也，转受经旨，以授后人。或曰，传者传也，所以传示来世。案孔安国注《尚书》，亦谓之传，斯则传者，亦训释之义乎。观《左传》之释经也，言见经文，而事详内传，或传无而经有，或经阙而传存。

【译文】《左传》流派的史书，它的起源产生于左丘明。孔子写作《春秋》以后，而左丘明根据《春秋经》来作解释阐述。大概"传"是转的意思；转受《春秋经》的义旨，来传授给后人。有人说，"传"是传的意思，是用来传示来世的。考察汉朝孔安国注释《尚书》，也称为"传"；这样则"传"也有解释的意思吗？阅读《左传》对《春秋经》的解释，记言见于《春秋》经文而事情详细记载在《左传》里边；有的《左传》里没有而《春秋经》却有，有的《春秋经》里没有《左传》里却独自保存。

其言简而要，其事详而博，信圣人之才羽翮，而述者之冠冕也。逮孔子云没，经传不作。于时文籍，唯有《战国策》及《太史公书》而已。至晋著作郎鲁国乐资，乃追采二史，撰为《春秋后传》。其书始以周贞王续前传鲁哀公后，至王赧入秦，又以秦文王之继周，终于二世之灭，合成三十卷。

【译文】《左传》的记言简明而扼要，《左传》的记事详细而周密；确实是圣人孔子所作《春秋》的辅翼者，而且是写作史书之人当中的佼佼者。等到孔子去世以后，撰写经书和阐述经文的传不再创作，在这时候的文献典籍，只有《战国策》和《太史公书》罢了。到了晋朝著作郎鲁国人乐资，便追述收罗这二部史书的内容，撰写成《春秋后传》。乐资的《春秋后传》开始于周贞定王，接续《左传》鲁哀公结束，一直到王赧进入秦国为官；又用秦孝文王接续周朝灭亡，结束于秦二世的灭亡，合并成三十卷。

当汉代史书，以迁、固为主，而纪传互出，表志相重，于文为烦，颇难周览。至孝献帝，始命荀悦撮其书为编年体，依《左传》著《汉纪》三十篇。自是每代国史，皆有斯作，起自后汉，至于高齐。如张璠、孙盛、干宝、徐广、裴子野、吴均、何之元、王劭等，其所著书，或谓之春秋，或谓之纪，或谓之略，或谓之典，或谓之志。虽当有其字名各异，大抵皆依《左传》以为的准焉。

【译文】在汉代的史书，以司马迁的《史记》、班固的《汉书》为主，然而纪传体史书本纪与列传互相出现，史表与史志相互重复，就史文来说颇为烦琐，很难详细阅读；到了汉献帝的时候，才开始命令荀悦抄撮班固的《汉书》写成编年体，依随《左传》体载，著成《汉纪》三十篇。从此每一朝代的国史都有这种编年体史书创作，起源于东汉，一直到齐太祖高皇帝萧道成，如东晋张璠的《后汉纪》、晋孙盛的《晋阳秋》、东晋干宝的《晋纪》、徐贯（广）的《晋纪》、梁裴子野的《宋略》、梁吴均的《齐春秋》、陈何之元的《梁典》、齐王劭的《齐志》等等，他们所著作的编年体史书，有的叫做《春秋》，有的叫做《纪》，有的叫做《略》，有的叫做《典》，有的叫做《志》，虽然名称各不相同，但大体上都依照《左传》编年体例，把它作为编纂史书奉行的准则。

《国语》家者，其先亦出于左丘明。既为《春秋内传》，又稽其逸文，纂其别说，分周、鲁、齐、晋、郑、楚、吴、越八国，事起自周穆王，终于鲁悼公，别为《春秋外传国语》，合为二十一篇。其文以方《内传》，或重出而小异。

【译文】《国语》流派的史书，它的产生也起源于左丘明。左丘明著作《春秋内传》即《左传》后，又搜稽《左传》逸漏的史文，纂集那些其它的观点，分为周、鲁、齐、晋、郑、楚、吴、越八国，记事起自于周穆王，结束于鲁悼公，另外著作了《春秋外传》，即《国语》，加起来是二十一篇。《国语》的史文主要仿照《春秋内传》；有的重复出现而与《左传》略有不同。

然自古名儒贾逵、王肃、虞翻、韦曜之徒，并申以注释，治其章句，此亦"六经"之流，《三传》之亚也。暨纵横互起，力战争雄，秦兼天下，而著《战国策》。其篇有东西二周、秦、齐、燕、楚、三晋、宋、卫、中山，合十二国，分为三十三卷。夫谓之策者，盖录而不序，故即简以为名。

【译文】然而自古以来著名的儒家学者东汉贾逵、三国魏王肃、三国吴虞翻、三国吴韦昭等人，都引申加以注释，研读其书的章节句读。这也是《诗》、《书》、《礼》、《易》、《春秋》、《乐》六经同一流派，《春秋三传》的继承者。等到战国合纵连横的主张相继诞生，诸侯武力作战争着称雄，秦朝最终兼并天下，于是著作了《战国策》。它的篇目有东周、西周、秦、齐、燕、楚、三晋（韩、赵、魏）、宋、卫、中山，加起来是十二国，分为三十三卷。之所以称之为策，大概只是记录而不评论它，所以就用策作为它简化的名称。

或云，汉代刘向以战国游士为之策谋，因谓之《战国策》。至孔衍又以《战国策》所书未为尽善。乃引太史公所记，参其异同，删彼二家，聚为一录，号为《春秋后语》。除二周及宋、卫、中山，其所留者七国而已。始自秦孝公，终于楚、汉之际，比于《春秋》，亦尽二百三十余年行事。

【译文】有人说：汉代刘向认为是战国游说之士为合纵连横出谋划策，所以叫它《战国策》。到了汉朝孔衍时，又认为《战国策》所记载的不能尽善尽美，于是援引太史公司马迁的记载，比较《史记》和《战国策》的不同与相同，删削这二种史书，汇聚成一种记载，起名称叫做《春秋后语》。除掉东周、西周二周和宋、卫、中山四国史事，它所保留的只是剩下的秦、齐、燕、楚、三晋七国罢了。《春秋后语》记事起自于秦孝公，结束于楚汉之际，和《春秋》相比，也叙述完了二百三十多年的往事。

始衍撰《春秋时国语》，复撰《春秋后语》，勒成二书，各为十卷。今行于世者，唯《后语》存焉。按其书《序》云："虽左氏莫能加"。世人皆尤其不量力，不度德。寻衍之此义，自比于丘明者，当谓《国语》非《春秋传》也。必方以类聚，岂多嗤乎！

【译文】开始时孔衍撰写了《春秋时国语》，后来又撰写了《春秋后语》，编成这二部书，各自分为十卷。如今在社会上流传的，只有《春秋后语》得以保存下来。考察《春秋后语》的序中说："即使左丘明本人也不能超过该书。"世上的人都指责孔衍不能估量自己能力，不会评估自己的德行。探寻孔衍这句话的意思，把自己的《春秋后语》同左丘明的相比较的，应当是指《国语》，而不是指《春秋内传》即《左传》。一定要比较就要把同一类别放在一起才行，怎能对孔衍多加嘲笑呢？

当汉氏失驭，英雄角力。司马彪又录其行事，因为《九州春秋》，州为一篇，合为九卷。寻其体统，亦近代之《国语》也。自魏都许、洛，三方鼎峙；晋宅江、淮，四海幅裂。其君虽号同王者，而地实诸侯。所在史官，记其国事，为纪传者，则规模班、马，创编年者，则议拟荀、袁。

【译文】正当汉朝政权失掉统治人民的能力，各路英雄豪杰角逐力量时，西晋人司马彪又记录那时发生过的事情，于是著作了《九州春秋》，冀、徐、兖、青、荆、扬、凉、益、幽九州各写成一篇，加起来共是九卷。探讨它的体例，也是近代的《国语》了。自从曹魏迁都许昌，定都洛阳，魏蜀吴三国像鼎足一样峙立；东晋建都长江、淮河的分界建康时，国家分裂；那时的国君虽然名号也与称王天下的人相同，而在占地上却实际上等同于割据一方的诸侯。各分裂据政权管辖下的史官，记录它们的国家事情；写纪传体裁的人，就仿效班固、司马迁；创立编年体裁的人，就模拟荀悦、袁宏。

于是《史》《汉》之体大行，而《国语》之风替矣。《史记》家者，其先出于司马迁。自"五经"间行，百家竞列，事迹错糅，前后乖舛。至迁乃鸠集国史，采访家人，上起黄帝，下穷汉武，纪传以统君臣，书表以谱年爵，合百三十卷。因鲁史旧名，目之曰《史记》。

【译文】在这时候，《史记》、《汉书》创立的纪传体广泛流传于社会，而《国语》创立的国别史风气就逐渐衰微不振了。《史记》流派的史书，它的起源产生于司马迁。自以《诗》《书》、《礼》、《易》、《春秋》流行衰微，诸子百家竞相陈列，事迹错杂，前后不一。到了司马迁时，便收集本朝修纂的历史，采访平民之家，上起自于传说中的黄帝，下至汉武帝时期，本纪、列传用来统领君臣，史书、史表用来接照类别编排记录年代，加起来共一百三十卷，因袭鲁国史书的旧有名称，给它起名叫做《史记》。

自是汉世史官所续，皆以《史记》为名。迄乎东京，著书犹称《汉记》。至梁武帝，又敕其群臣，上至太初，下终齐室，撰成《通史》六百二十卷。其书自秦以上，皆以《史记》为本，而别采他说，以广异闻；至两汉已还，则全录当时纪传，而上下通达，臭味相依；又吴、蜀二主，皆入世家，五胡及拓拔氏，列于《夷狄传》。大抵其体皆如《史记》，其所为异者，唯无表而已。

【译文】从此以后汉代史官所续写的纪传体史书，都将《史记》作为名称。等到东汉著作史书，仍然称作《东观汉纪》。到梁武帝的时候，又动员他手下的众位大臣，上起自于太初，下终于齐王室，撰成《通史》六百二十卷。这部《通史》从秦朝以上，都以《史记》作为蓝本，而另外采集其它说法来扩大不同的见闻；到两汉以来，就全部记录当时的本纪、列传，以而使上下通畅，风格相互一致；还有三国时期吴、蜀二国的君主，都列入世家；五胡和拓拔氏，都列在夷狄列传，大致上该书的体例都像《史记》一样，其中有所不同的，只是没有表格罢了。

其后元魏济阴王晖业（当为常山王晖，详北史魏宗室传），又著《科录》二百七十卷，其断限亦起自上古，而终于宋年。其编次多依放《通史》，而取其行事尤相似者，共为一科，故以《科录》为号。皇家显庆中，符玺郎陇西李延寿，钞撮近代诸史，南起自宋，终于陈，北始自魏，卒于隋，合一百八十篇，号曰《南北史》。其君臣流例（恐当作别），纪传群分，皆以类相从，各附于本国。凡此诸作，皆《史记》之流也。

【译文】此后元魏济阴王晖业又写成《科录》二百七十卷。《科录》的断限也起自于上古，而终于刘宋时期。该书的编次大多仿效《通史》的体例，而选取其中的旧事尤其相似的内容编为一科，所以就用《科录》作为它的名称。本朝显庆年间，符玺郎陇西人李延寿抄集近代各种史书，南方起自于刘宋时期，终于陈朝；北方起自于北魏，结束于隋朝，南北方加起来共一百八十篇，命名为《南北史》。该书君臣之间流传下来的惯例，是本纪、列传按群体相互分别，都按照类别相互归属，各自依附于本国之下。所有这些著作，都是《史记》流派。

寻《史记》疆宇辽阔，年月遐长，而分以纪传，散以书表。每论家国一政，而胡、越相悬；叙君臣一时，而参、商是隔。此其为体之失者也。兼其所载，多聚旧记，时采杂言，故使览之者事罕异闻，而语饶重出。此撰录之烦者也。况《通史》以降，芜累尤深，遂使学者宁习本书，而怠窥新录。且撰次无几，而残缺遽多，可谓劳而无功，述者所宜深诫也。

【译文】探究《史记》所载疆土边界辽阔，年代月份长久，而用本纪、列传来分别记载，用书志、表格来分别记载；每次议论国家的同一政事，就往往像北方胡人、南方越人一样分散开来；叙述君臣之间同一时期事情往往像西方的参星、东方的商星一样分离开来：这是《史记》作为通史体裁的缺点。再加上《史记》所记载的内容大多是堆聚旧有记载，有时也采录一些诸子百家的杂谈；所以让阅览的人，事情很少有不同的见闻，而言语绕弯重复出现：这是撰写烦杂的地方。况且《通史》以后的纪传体通史，文辞繁冗累赘，于是使做学问的人宁愿研究原书而懒得看一眼新的记载。而且编纂完成后没有多少时间，而残缺就多起来，可以说是辛苦而没有功劳，这是著述的人所要深深引以为诫的。

《汉书》家者，其先出于班固。马迁撰《史记》，终于今上。自太初已下，阙而不录。班彪因之，演成《后记》，以续前编。至子固乃断自高祖，尽于王莽，为十二纪、十志、八表、七十列传，勒成一史，目为《汉书》。

【译文】《汉书》流派的史书，它的产生起源于东汉的班固。西汉司马迁撰写《史记》，结束于汉武帝时期。自汉武帝太初年间以下的史事，都缺着而没有记录。班彪因袭《史记》的记载，演变成《史记后记》来接续前编。到班彪的儿子班固时，便以汉高祖时作为断限，一直记载到王莽时期，分为十二本纪、十志、八表、七十列传，撰写一部史书，命名为《汉书》。

昔虞、夏之典，商、周之诰，孔氏所撰，皆谓之“书”。夫以“书”为名，亦稽古之伟称。寻其创造，皆准子长，但不为“世家”，改“书”曰“志”而已。自东汉以后，作者相仍，皆袭其名号，无所变革，唯《东观》曰“记”，《三国》曰“志”。然称谓虽别，而体制皆同。历观自古，史之所载也，《尚书》记周事，终秦穆，《春秋》述鲁文，止哀公，《纪年》不逮于魏亡，《史记》唯论于汉始。

【译文】从前虞夏时期的《典》、商周时期的《诰》，孔子撰写它们时，都称它们为“书”。把“书”作为名称，也是考察古事的美好称呼。探究班固的创作，都以司马子长的《史记》为准则；只是不再写世家，并改“书”叫做“志”罢了。自从东汉以后，写作史书的人相互因袭，都继承，《汉书》的名字，没有什么变革的地方。只有《东观汉纪》叫做“纪”《三国志》叫做“志”；然而称呼虽然不同，而体例却完全相同。遍览自古以来史书的记载，《尚书》记载周朝史事，结束于秦穆公；《春秋》记述鲁国的史文，终于鲁哀公；《竹书纪年》记载不到魏灭亡就结束了，《史记》只是谈论到西汉开始。

如《汉书》者，究西都之首末，穷刘氏之废兴，包举一代，撰成一书。言皆精炼，事甚该密，故学者寻讨，易为其功。自尔迄今，无改斯道。于是考兹六家，商榷千载，盖史之流品，亦穷之于此矣。而朴散淳销，时移世异，《尚书》等四家，其体久废，所可祖述者，唯《左氏》及《汉书》二家而已。

【译文】像《汉书》这样的史书，终究西汉一朝的始末，穷尽刘氏一家的兴废，统括整个西汉一代，撰写成一部史书。记言都十分精微干练，记事十分完备周密；所以做学问的人容易研究探讨，容易在它上面收到功效。自班固那时一直到现在，也没有改变这种做法。在这里考察了这六大史书流派，讨论了上千年时间的史书编纂情况，大概史书的类别也就全部出现在这里了。而淳朴之风消散，时代推移社会变迁；《尚书》等四种流派，它们的体裁长期被废弃了，所能够效法的，只有《左氏春秋》和《汉书》之家罢了。

二体

三五之代，书有典、坟，悠哉邈矣，不可得而详。自唐、虞以下迄于周，是为《古文尚书》。然世犹淳质，文从简略，求诸备体，固已阙如。既而丘明传《春秋》，子长著《史记》，载笔之体，于斯备矣。后来继作，相与因循，假有改张，变其名目，区域有限，孰能逾此！盖荀悦、张璠，丘明之党也；班固、华峤，子长之流也。惟此二家，各相矜尚，必辨其利害，可得而言之。

【译文】三皇五帝的时代，记载历史的书有三坟与五典，这些离现在时间已经很悠远，不能够知道当时的详细情况。从尧舜以下一直到周朝的历史，都记载在《古文尚书》中。但是当时的社会敦厚朴实，文字记载简略，想要拥有完备的体系，当然会存在缺陷。之后左丘明写了《春秋》，司马迁写了《史记》，史书的体例，到这时候在完备了。之后的作品，都相互因循，稍作改动，改变名目，范围有限，哪里有可以超过这二者的！荀悦、张璠都是跟左丘明一样撰写编年史的人，而班固、华峤都是跟司马迁一样撰写纪传体史书的人。只有这两家，相互夸耀分辨他们的利弊，都可以说出来。

夫《春秋》者，系日月而为次，列时岁以相续，中国外夷，同年共世，莫不备载。其事形于目前，理尽一言，语无重出。此其所以为长也。至于贤士贞女，高才俊德，事当冲要者，必盱衡而备言；迹在沉冥者，不枉道而详说。

【译文】《春秋》以日月为次，以时间为序，中原和外夷，同一时间，同在世界上发生的事情，没有不详细记述事情经过的。用一句话说明道理，言语没有重复的。这就是它的长处。而贤士贞女，有才有德的，关系到重要事件的人，一定会审视仔细，详细记录。而不重要的事情和不关系国家治理的人，就不会违背正道而详细地记录。

如绛县之老，杞梁之妻，或以酬晋卿而获记，或以对齐君而见录。其有贤如柳惠，仁若颜回，终不得彰其名氏，显其言行。故论其细也，则纤芥无遗；语其粗也，则丘山是弃。此其所以为短也。

【译文】像绛县老人、杞梁的妻子这样的人，有的是因为跟晋卿对话而被记载，有的是因为与齐君对话而被记载。有像柳下惠这样贤能和像颜回这样仁德的人，却最终不能够被记载，显露他们的言行。所以说编年体史书记载细致，那么一根细草都不会放过，说记载粗疏，那么连大山都放弃。这就是它的短处。

《史记》者，纪以包举大端，传以委曲细事，表以谱列年爵，志以总括遗漏，逮于天文、地理、国典、朝章，显隐必该，洪纤靡失。此其所以为长也。若乃同为一事，分在数篇，断续相离，前后屡出，于《高纪》则云语在《项传》，于《项传》则云事具《高纪》。又编次同类，不求年月，后生而擢居首帙，先辈而抑归末章，遂使汉之贾谊将楚屈原同列，鲁之曹沫与燕荆轲并编。此其所以为短也。

【译文】《史记》这部史书，本纪用来记在大事，传用来记载小事，表排列年代和爵位，志概括遗漏，记载天文、地理、国典、朝章，显隐必备，大小不失。这是它的长处。至于说到同一件事情，分在多篇之中纪录，故事不连贯，前后多次出现，《高祖本纪》中就说记载在《项羽本纪》中，在《项羽本纪》中则说记载在《高祖本纪》中。又因为按照类别排列编次，不区分年代，后发生的事情却记载在前面，先发生的事情却记载在末尾，就使得汉代的贾谊与楚国的屈原记载在一起，鲁国的曹沫与燕国的荆轲记载在一起。这就是它的短处。

考兹胜负，互有得失。而晋世干宝著书，乃盛誉丘明而深抑子长，其义云：能以三十卷之约，括囊二百四十年之事，靡有遗也。寻其此说，可谓劲挺之词乎？案：春秋时事，入于左氏所书者，盖三分得其一耳。丘明自知其略也，故为《国语》以广之。

【译文】对比二者的胜负，各有优缺点。东晋干宝的著作中，就盛赞左丘明而刻薄贬低司马迁。他说：能以区区三十卷史书，概括二百四十年的历史，没有遗漏。看他的种说法，是有说服力的吗？观察春秋时的事实，记载在《左传》之中的，大概只有三分之一。左丘明知道它的简略，所以写了《国语》作为补充。

然《国语》之外，尚多亡逸，安得言其括囊靡遗者哉？向使丘明世为史官，皆仿《左传》也，至于前汉之严君平、郑子真，后汉之郭林宗、黄叔度，晁错、董生之对策，刘向、谷永之上书，斯并德冠人伦，名驰海内，识洞幽显，言穷军国。或以身隐位卑，不预朝政；或以文烦事博，难为次序。皆略而不书，斯则可也。必情有所吝，不加刊削，则汉氏之志传百卷，并列于十二纪中，将恐碎琐多芜，阑单失力者矣。

【译文】但是在《国语》之外仍有很多遗漏之处，哪里能说它是囊括了所有的事情而没有遗漏呢？况且左丘明世为史官，体例均仿照《左传》，而前汉的严君平、郑子真，后汉的郭林宗、黄叔度、晁错、董仲舒的对策，刘向、谷永之的上书，都是高德备才，驰名中外，意蕴深远，言及军国大事的。而他们有的因为职位卑微，不干预朝政，有的因为文章繁琐，事情众多，难以理出头绪。都省略不写，这样则是可以的；若感情方面有所吝啬，不见削减，那么《汉书》传世的将有百卷，并列于十二篇本纪之中，就恐怕显得纷繁琐碎了，耗尽力气也无法一一阐明。

故班固知其若此，设纪传以区分，使其历然可观，纲纪有别。荀悦厌其迂阔，又依左氏成书，翦截班史，篇才三十，历代褒之，有逾本传。

【译文】所以班固了解这一情况就设立纪传加以区分，使它清晰可观，纲纪有别。荀况厌恶它的冗长繁琐，又依据《左传》剪裁了班固所著的历史，总共三十篇，得到历代人的褒奖，成就超越了原书。

然则班、荀二体，角力争先，欲废其一，固亦难矣。后来作者，不出二途。故晋史有王、虞，而副以《干纪》；《宋书》有徐、沈，而分为裴《略》。各有其美，并行于世。异夫令升之言，唯守一家而已。

【译文】但是班、荀两种体例，相互竞争，想要废除其中一个，也很困难。后来的作者，都没有超越这两种途径。所以晋代史书有王隐、虞预辅以干宝的《晋纪》。宋代史书有徐爰的《宋书》和沈约的《宋书》，加上裴子野的《宋略》，各有自己的优点，并行于世。干宝的言论，仅是一家之言。

採撰

子曰：“吾犹及史之阙文。”是知史文有阙，其来尚矣。自非博雅君子，何以补其遗逸者哉？盖珍裘以众腋成温，广厦以群材合构。自古探穴藏山之士，怀铅握椠之客，何尝不征求异说，采摭群言，然后能成一家，传诸不朽。

【译文】孔子说：“我还来得及看到史书的阙文。”由此可知历史文献有遗阙，由来很古了。如果不是博雅的人，怎么能补上史书的遗失散逸呢？珍贵、温暖的裘衣集众狐之腋而成，宽广的大厦要以众多木材一块构造，自古以来的搜集资料、编撰图书之人，何尝不征集搜求不同的说法，采摘各家的言论，然后才能成一家之言，传之后世。

观夫丘明受《经》立《传》，广包诸国，盖当时有《周志》、《晋乘》、《郑书》、《楚杌》等篇，遂乃聚而编之，混成一录。向使专凭鲁策，独询孔氏，何以能殚见洽闻若斯之博也？马迁《史记》，采《世本》、《国语》、《战国策》、《楚汉春秋》。至班固《汉书》，则全同太史。自太初已后，又杂引刘氏《新序》、《说苑》、《七略》之辞。此并当代雅言，事无邪僻，故能取信一时，擅名千载。

【译文】看左丘明接受孔子所传《春秋》经而写下《左传》，广泛包含各个国家。大概当时有《周志》、《晋乘》、《郑书》、《楚梼杌》等书，于是就把它们聚合起来进行编纂，混合而成一本书。假如当时只凭鲁国史书，只向孔子一人学习，怎么能有如此广博详尽的见闻呢？司马迁的《史记》采录了《世本》、《国语》、《战国策》、《楚汉春秋》。至于班固的《汉书》，则和《史记》完全一样，从太初以后，又杂引刘向的《新序》、《说苑》《七略》中的话。这些都是当时的一代雅正之言，所记的没有邪僻的事，所以能为当时人信任，成为千年名著。

但中世作者，其流日烦，虽国有册书，杀青不暇，而百家诸子，私存撰录，寸有所长，实广闻见。其失之者，则有苟出异端，虚益新事，至如禹生启石，伊产空桑，海客乘槎以登汉，姮娥窃药以奔月。如斯踳驳，不可殚论，固难以污南、董之片简，霑班、华之寸札。而嵇康《高士传》，好聚七国寓言，玄晏《帝王纪》，多采六经图谶，引书之误，其萌于此矣。

【译文】但是中古以后，作史者日见其繁琐。虽然国家不断有图书编撰出版，但史事也难以尽记。而诸子百家、私人撰著，自有它们的可取之处，确实可以广博见闻。它们的缺点是，牵强附会地列出一些非正统的说法，无益地添加奇闻异事，以至于如大禹生启为石，伊尹生于空桑，海上有人乘筏而入天河，嫦娥偷药而奔月，一类杂乱荒诞的东西，说不胜说，自然难以玷污南史、董狐、班固、华峤等人的笔墨。而嵇康的《高士传》，喜欢聚集七国寓言，皇甫玄晏的《帝王纪》，大多采用六经图谶中的说法，不正确地援引书籍，大概从此就开始了。

至范晔增损东汉一代，自谓无惭良直，而王乔凫履，出于《风俗通》，左慈羊鸣，传于《抱朴子》。朱紫不别，秽莫大焉。沈氏著书，好诬先代，于晋则故造奇说，在宋则多出谤言。前史所载，已讥其谬矣。而魏收党附北朝，尤苦南国，承其诡妄，重以加诸。遂云马叡出于牛金，刘骏上淫路氏。可谓助桀为虐，幸人之灾。寻其生绝胤嗣，死遭剖斫，盖亦阴过之所致也。

【译文】到范晔的《后汉书》，增删东汉一代的历史，自认为称得上良史直笔，但是其中的王乔鞋子化凫的事，出自于《风俗通》，左慈化羊而说人话的事，为《抱朴子》所传，良莠不分，太污杂了。沈约著史书，好诬蔑前代。对于晋代，故意编造奇异的说法；对于刘宋，则有很多诽谤的言论。前代史书记载的时侯，已经谴责他的错误了。而魏收依附北朝，尤其诬蔑南朝。他承袭沈约的奇异荒诞，并且更无中生有。于是说司马睿是牛金所生，刘骏和他的母亲私通。可以说是助桀为虐，幸灾乐祸。探究他的生前没有后代，死后遭到戮尸，大概也是冥冥之中的报应所致了。

晋世杂书，谅非一族，若《语林》、《世说》、《幽明录》、《搜神记》之徒，其所载或恢谐小辩，或神鬼怪物。其事非圣，扬雄所不观；其言乱神，宣尼所不语。皇朝新撰《晋史》，多采以为书。夫以干、邓之所粪除，王、虞之所糠秕，持为逸史，用补前传，此何异魏朝之撰《皇览》，梁世之修《遍略》，务多为美，聚博为功，虽取说于小人，终见嗤于君子矣。

【译文】晋代的历史类杂书，不止一种，如《语林》、《世说》、《幽明录》、《搜神记》之类，所记载的有的是小笑话、小机辩，有的是神鬼怪物，事情是扬雄所不看的不符合圣人行径的事情，语言是孔子所不说的有关怪力乱神的语言。本朝新撰的晋史，采纳了很多这一类的事作为书中的内容。把干宝、邓粲所作为垃圾而清除了的，王隐、虞预所看作是秕糠的东西，拿来作为逸史，补充前人的史传，这和魏朝编撰《皇览》，梁代撰修《遍略》，追求以多为美，以博为工有什么不同？虽然使小人喜欢，但最终还要被君子嗤笑。

夫郡国之记，谱谍之书，务欲矜其州里，夸其氏族。读之者安可不练其得失，明其真伪者乎？至如“江东五俊”，始自《会稽典录》，“颍川八龙”，出于《荀氏家传》，而修晋、汉史者，皆征彼虚誉，定为实录。苟不加以研核，何以详其是非？

【译文】有关郡国的图书，务必要夸耀所记载的地方；有关谱谍的图书，务必要夸耀所记载的氏族，读这些书的人怎么能不熟悉它的得失，明了它的真伪呢？至于像“江东五俊”，由《会稽典录》最早提到；颍川“八龙”，出自于《荀氏家传》，而修撰晋、汉史书的人，都采集这些虚假的名称，定为真实的历史。假如不另外加以研究审核，怎么清楚他们的是非呢？

又讹言难信，传闻多失，至如曾参杀人，不疑盗嫂，翟义不死，诸葛犹存，此皆得之于行路，传之于众口，倘无明白，其谁曰不然。故蜀相薨于渭滨，《晋书》称呕血而死；魏君崩于马圈，《齐史》云中矢而亡；沈炯骂书，河北以为王伟；魏收草檄，关西谓之邢邵。夫同说一事，而分为两家，盖言之者彼此有殊，故书之者是非无定。

【译文】还有，谣言难以确信，传闻大多失实。至于像曾参杀人，直不疑和嫂子偷情，翟义不死，诸葛亮仍活着等等，这些都是道听途说、口说无据的事情，倘若没有弄明白，谁能肯定？所以，蜀国宰相死于渭水之滨，《晋书》说他呕血而死；魏高祖死于马圈戍，《齐史》中说他中箭而亡；沈炯写作辱骂敌手的檄书，北方人以为出于王伟之手；魏收撰写檄文，北方人说是邢邵。同说一件事，说法有两种，大概因为传说的人彼此不同，所以记载的人也就是非难定。

况古今路阻，视听壤隔，而谈者或以前为后，或以有为无，泾、渭一乱，莫之能辨。而后来穿凿，喜出异同，不凭国史，别讯流俗。及其记事也，则有师旷将轩辕并世，公明与方朔同时；尧有八眉，夔唯一足；乌白马角，救燕丹而免祸；犬吠鸡鸣，逐刘安以高蹈。此之乖滥，往往有旃。

【译文】何况古今无路可通，今人不能看到听到古代的事情，而谈说的人或者前后颠倒，或者有无不辨。泾渭一乱，就没人能够分辨。而后来著史的人又穿凿附会，喜欢和别人不同。他们不凭借国史，倒另外去从流俗中打听。在他们记载事情的时候，就有人把师旷和轩辕放到一个时代，管辂和东方朔放到一个时代；说尧有八眉，夔只有一只脚；乌鸦头变白，马头上生角，从而救了燕太子丹，使他免遭灾祸；犬吠鸡鸣，追逐刘安而升天。这种违理失实的地方，往往有的是！

故作者恶道听途说之违理，街谈巷议之损实。观夫子长之撰《史记》也，殷、周已往，采彼家人；安国之述《阳秋》也，梁、益旧事，访诸故老。夫以刍荛鄙说，刊为竹帛正言，而辄欲与《五经》方驾，《三志》竞爽，斯亦难矣。呜呼！逝者不作，冥漠九泉；毁誉所加，远诬千载。异辞疑事，学者宜善思之。

【译文】所以编撰史书的人憎恶道听途说的违背常理和街头巷议的不符合事实。看司马子长撰写《史记》，有关殷、周以前的事，采集于仆役之口；孙盛编著《晋阳秋》，有关梁地、益地的旧事，访之于老人之口。把草野之人所说的东西，粗鄙不雅的说法，刊刻到书籍中，作为正规的言论，还想要跟《五经》并列，和《三志》争名，这也是够难的了。唉！死去的人在渺茫幽远的九泉之下，不会爬起来，所以加在他头上的抵毁，会长久地欺骗千年以后的人。后世的学者，对书中的不同之处，值得怀疑的事情，应当好好的思考。

载文

夫观乎人文，以化成天下；观乎国风，以察兴亡。是知文之为用，远矣大矣。若乃宣、僖善政，其美载于周诗；怀、襄不道，其恶存乎楚赋。读者不以吉甫、奚斯为谄，屈平、宋玉为谤者，何也？盖不虚美，不隐恶故也。是则文之将史，其流一焉，固可以方驾南、董，俱称良直者矣。

【译文】考察风俗人文的记载，可以教化天下；考察采集的国风，可以了解兴亡的迹象。由此可知诗文的作用，很深远，很巨大了。周宣王、鲁僖公政绩很好，对他们的赞美载于周诗；楚怀王、楚襄王无道，对他们的谴责记载于楚赋。读周诗的人不认为尹吉甫、奚斯谄媚，读楚赋的人也不以为屈原、宋玉诽谤，为什么呢？大概是他们不虚美、不隐恶的原因。这就是文章和史著，它们的性质是一致的，当然可以和南史、董狐并驾齐驱，都可说是“良直”了。

爰洎中叶，文体大变，树理者多以诡妄为本，饰辞者务以淫丽为宗。譬如女工之有绮縠，音乐之有郑、卫。盖语曰：不作无益害有益。至如史氏所书，固当以正为主。是以虞帝思理，夏后失御，《尚书》载其元首、禽荒之歌；郑庄至孝，晋献不明，《春秋》录其大隧、狐裘之什。其理说而切，其文简而要，足以惩恶劝善，观风察俗者矣。若马卿之《子虚》、《上林》，扬雄之《甘泉》、《羽猎》，班固《两都》，马融《广成》，喻过其体，词没其义，繁华而失实，流宕而忘返，无裨劝奖，有长奸诈，而前后《史》、《汉》皆书诸列传，不其谬乎！

【译文】到了中期，风格大变，讲说道理的多用荒诞不经为依据，修饰文辞的努力以华丽为宗旨。譬如织物中花样别出的绫罗绸缎，音乐中的郑卫放荡之音。古人说：不作无益的事而妨害有益的东西。至于著史者所写的，当然应当以雅正为主。所以虞舜渴望天下大治，夏代失去统治，《尚书》记载关于他们的元首、禽荒之歌；郑庄公孝顺，晋献公昏庸，《春秋》记载了关于他们的大隧、狐裘之诗，体现的道理正直而恳切，文字简明而扼要，足以惩恶劝善，考察风俗，了解民情。至于司马相如的《子虚》、《上林赋》，扬雄的《甘泉》、《羽猎》赋，班固的《两都赋》，马融《广成赋》，比喻超过了内容，辞藻淹没了主题，繁华而失实，游离而不知所归，无益于劝勉奖励，有助于长奸诈，而前后《史记》、《汉书》都将它们记载在列传中，难道不荒谬吗！

且汉代词赋，虽云虚矫，自余它文，大抵犹实。至于魏、晋已下，则伪谬雷同。榷而论之，其失有五：一曰虚设，二曰厚颜，三曰假手，四曰自戾，五曰一概。

【译文】再说汉代的辞赋，虽然说虚矫，但其他的文章大致还是实在的。到了魏、晋以后，就错讹谬误，相互雷同了。概括起来，其失误有五：一是虚有其文，二是厚颜无耻，三是借人之手，四是自相矛盾，五是一概而论。

何者？昔大道为公，以能而授，故尧咨尔舜，舜以命禹。自曹、马已降，其取之也则不然。若乃上出禅书，下陈让表，其间劝进殷勤，敦谕重沓，迹实同于莽、卓，言乃类于虞、夏。且始自纳陛，迄于登坛。彤弓卢矢，新君膺九命之锡；白马侯服，旧主蒙三恪之礼。徒有其文，竟无其事。此所谓虚设也。

【译文】为什么这样说呢？从前大道为公，以才能而授予，所以尧传给舜，舜传给禹。以命令禹。自魏晋以后，取得帝位就不是这样了。至于皇上发出禅书的诏书，受禅人陈述辞让的表章，其中有众臣殷勤劝说登基，有皇帝再三敦促晓谕。其实所做的与王莽、董卓一样，所说的却是类似于虞、夏。并且开始从纳陛，到登坛。新君受彤弓卢矢之类九种物件相锡；旧帝受到如夏禹、商汤的后代所受到的礼遇。只空有的文章，却无相应的事实。这就是"虚有其文"。

古者两军为敌，二国争雄，自相称述，言无所隐。何者？国之得丧，如日月之蚀焉，非由饰辞矫说所能掩蔽也。逮于近古则不然。曹公叹蜀主之英略，曰“刘备吾俦”；周帝美齐宣之强盛，云“高欢不死”。或移都以避其锋，或斫冰以防其渡。及其申诰誓，降移檄，便称其智昏菽麦，识昧玄黄，列宅建都，若鹪鹩之巢苇，临戎贾勇，犹螳螂之拒辙。此所谓厚颜也。

【译文】古代两军对敌，两国争雄，自己对自己的称述，没有隐瞒。为什么？因为国家的得失，如日食、月食一样，不是由掩饰的言词所能掩盖了。到了近古就不一样了。以至于像曹操感叹蜀主的才略，说：“刘备是我同类。”周文帝宇文泰赞齐文宣帝高洋，说：“高欢没有死。”前者讨论迁都以避对方锋芒，后者要断冰以防对方袭击。等到下达告示，下发公文之时，就说对方理智昏聩，分不清豆子和麦子；见识浅陋，不辨黄色和黑色。别人列国建都，说别人如鹪鹩的巢苇；别人临戎奋勇，说别人如同螳螂抵抗车辙。这就是“厚颜无耻”。

古者国有诏命，皆人主所为。故汉光武时，第五伦为督铸钱掾，见诏书而叹曰："此圣主也，一见决矣。"至于近古则不然。凡有诏敕，皆责成群下，但使朝多文士，国富辞人，肆其笔端，何事不录。是以每发玺诰，下纶言，申恻隐之渥恩，叙忧勤之至意。其君虽有反道败德，唯顽与暴。观其政令，则辛、癸不如；读其诏诰，则勋、华再出。此所谓假手也。

【译文】古代国家发布诏命，都是人主亲自所为。所以汉光武帝时，第五伦为督铸钱掾，见到诏书就感叹说：“这是圣明的君主啊！一见诏书就知道了。”到了近古就不一样了。凡是有诏令，都责成下面群臣起草。只要朝廷多文人，放开笔墨，什么写不出！所以，黄帝只要下诏书，发诰令，表示朝廷同情怜悯的恩德，叙述帝王忧虑操劳的心意。君主虽然违背常道，德行败坏，凶顽残暴，看他的政令，连商纣、夏桀都不如。但读他的诏书，却是仿佛尧、舜再世。这就是“借人之手”。

盖天子无戏言，苟言之有失，则取尤天下。故汉光武谓庞萌“可以托六尺之孤”，及闻其叛也，乃谢百官曰：诸君得无笑朕乎？是知褒贬之言，哲王所慎。至于近古则不然。凡百具寮，王公卿士，始有褒崇，则谓其珪璋特达，善无可加；旋有贬黜，则比诸斗筲下才，罪不容责。夫同为一士之行，同取一君之言，愚智生于倏忽，是非变于俄顷，帝心不一，皇鉴无恒。此所胃自戾也。

【译文】天子没有开玩笑的话，如果说的话有失误，就会受天下的指责。所以，汉光武帝认为："庞萌，可以给他托付幼小的孤儿。"等到听说他叛变了，于是就向百官说："各位是不是会笑我呢？"可知有褒贬的话，圣明的帝王会非常谨慎的。到了近古就不一样了。各级官吏，王公卿士，开始有褒崇的时候，就说他的人品出众，好得不能再好；随即有贬黜，又当他是小人一样悲琐下贱，坏得不能再坏。同是一个人的行为，同是一个君主的话，上智下愚，是非好坏瞬间即变。皇帝心中不一，评价不确定。这就是"自相矛盾"。

夫国有否泰，世有污隆，作者形言，本无定准。故观猗与之颂，而验有殷方兴；睹《鱼藻》之刺，而知宗周将殒。至于近代则不然。夫谈主上之圣明，则君尽三、五；述宰相之英伟，则人皆二八。国止方隅，而言并吞六合；福不盈眦，而称感致百灵。虽人事屡改，而文理无易，故善之与恶，其说不殊，欲令观者，畴为准的？此所谓一概也。

【译文】国运有顺逆，世道有兴衰，写作者的话，根本没有标准。所以读"猗欤"的歌颂，便可证实殷商当时正处兴盛时期；看了《鱼藻》的讽刺，就知道周代即将灭亡。到了近代就不一样了。谈到主上英明，那么所有的帝王都是三皇、五帝；说起宰相才智杰出，那么所有的大臣都是八元、八恺。国家只是角落里的小国，却说吞并天下；福分只有那么一小点，却号称感动了千百神灵。虽然人事屡屡改变，而文章中的说法没有变化，所以善与恶，说法一样，要让读者以谁作为依归？这就是"一概而论"。

于是考兹五失，以寻文义，虽事皆形似而言必凭虚。夫镂冰为璧，不可得而用也；画地为饼，不可得而食也。是以行之于世，则上下相蒙；传之于后，则示人不信。而世之作者，恒不之察，聚彼虚说，编而次之，创自起居，成于国史，连章疏录，一字无废，非复史书，更成文集。

【译文】这里考察这五失，以之衡量文章，虽然事情看起来都形似，而所用言辞却不符合事实。以冰雕镂玉，不能使用；在地上画出来的饼，不可充饥。因此，行之于世，就会使上下互相欺骗；传于后代，就给后人留下不诚实的范例。但世上的著史者，长期不能察觉，把这些虚假的文辞收集在一起，加以编排，从起居注开始，直至编成国史，整章整篇地录入，一个字也没有废除，简直不是史书，而成文集。

若乃历选众作，求其秽累，王沈、鱼豢，是其甚焉；裴子野、何之元，抑其次也。陈寿、干宝，颇从简约，犹时载浮讹，罔尽机要。唯王邵撰《齐》、《隋》二史，其所取也，文皆诣实，理多可信，至于悠悠饰词，皆不之取。此实得去邪从正之理，捐华摭实之义也。

【译文】如果在众多的史书中挑选芜杂累赘的，王沈、鱼豢是最厉害的；裴子野、何之元大概是其次的；陈寿、干宝很简约，但仍常载有浮泛错讹的文章，未能完全做到精要。只有王劭所撰写的《齐书》、《隋书》二史，所取的文章符合实际，理多可信。至于无根游谈、文饰之辞，全都不取。这确实符合去掉邪僻，遵从正道，捐弃浮华，只取真实的原则。

盖山有木，工则度之。况举世文章，岂无其选，但苦作者书之不读耳。至如诗有韦孟《讽谏》，赋有赵壹《嫉邪》，篇则贾谊《过秦》，论则班彪《王命》，张华述箴于《女史》，张载题铭于《剑阁》，诸葛表主以《出师》，王昶书字以《诫子》，刘向、谷永之上疏，晁错、李固之对策，荀伯子之弹文，山巨源之启事，此皆言成轨则，为世龟镜。求诸历代，往往而有。苟书之竹帛，持以不刊，则其文可与三代同风，其事可与五经齐列。古犹今也，何远近之有哉？

【译文】山上只要有树木，工匠就来丈量它。何况世上文章无数，难道没有可选的？只是遗憾作者不去读了。比如，诗有韦孟《讽谏》，赋有赵壹《嫉邪赋》，文章有贾谊的《过秦》，论则班彪的《王命》，箴有张华的《女史箴》，铭有张载的《剑阁铭》，表有诸葛亮的《出师表》，书信有王昶的《诫子书》，刘向、谷永的奏疏，晁错、李固的策对，荀伯子的弹文，山巨源的举荐启事等，这些都是能成为准则的言论，可为世人借鉴。这一类文章，历代比比皆是，假如把他们载入史书，作为规范，那么文章可以和三代同风，事迹可以和“五经”并列。古代与现在一样，又有什么远近之分呢？

昔夫子修《春秋》，别是非，申黜陟，而贼臣逆子惧。凡今之为史而载文也，苟能拨浮华，采贞实，亦可使夫雕虫小技者，闻义而知徒矣。此乃禁淫之堤防，持雅之管辖，凡为载削者，可不务乎？

【译文】当年孔夫子修《春秋》，分辨是非，申张褒贬，而使贼臣逆子恐惧。现今编著史书而在书中记载当时人文章的，如果能拨开浮华，采录真实，也就可以使那些从事雕虫小技的人，听到了大道理就能追随了。这是禁止滥用淫丽之风的堤防、保持雅正之道的关键，凡为编写史书的，可以不努力吗？

言语

盖枢机之发，荣辱之主，言之不文，行之不远，则知饰词专对，古之所重也。夫上古之世，人惟朴略，言语难晓，训释方通。是以寻理则事简而意深，考文则词艰而义释，若《尚书》载伊尹之训，皋陶之谟，《洛诰》、《牧誓》、《泰誓》是也。

【译文】从内心发出的言辞，是招致荣辱的主要因素；如果言辞没有文采，就难能传播久远，可知修饰言词独自应对，在古时候是十分重要的。上古时代，人们质朴简略，叙事记言都用当时口语，经历了久远的世代，言语就不容易理解，须要经过解释才能贯通。因此探求道理，事情虽然简单而意义却很深刻，考查文辞，词语虽然艰深而事理仍然明白。如《尚书》所记载的《伊训》、《皋陶谟》以及《洛诰》、《 牧誓》、《泰誓》等都是这样的。

周监二代，郁郁乎文。大夫、行人，尤重词命，语微婉而多切，言流靡而不淫，若《春秋》载吕相绝秦，子产献捷，臧孙谏君纳鼎，魏绛对戮杨干是也。

【译文】周代的礼仪制度是以夏、商两代作为借鉴而制定的，文采多么丰富啊！大夫、对外使者，更特别重视辞令，辞语巧妙委婉十分恰当，言谈流畅华美而又不夸大失实，如《左传》记载吕相与秦国断绝邦交，子产向晋国奉献战利品，臧孙劝谏宋君收回大鼎，魏绛回答杀戮杨干的道理等等都属于这种情况。

战国虎争，驰说云涌，人持弄丸之辩，家挟飞钳之术，剧谈者以谲诳为宗，利口者以寓言为主，若《史记》载苏秦合从，张仪连横，范睢反间以相秦，鲁连解纷而全赵是也。

【译文】战国时代们像虎一样互相争斗，驰骋游说风起云涌，人人都掌握了弄丸所说的论辩才能，家家都怀抱着飞钳所说的辩说技术，言谈急切的以怪异欺诈为宗旨，能言善辩的用寓言故事为根本，如《史记》记载苏秦的合纵，张仪的连横，范睢用反间计而得到秦的相位，鲁仲连化解纷争而保全赵国等等都属于这种情况。

逮汉、魏已降，周、隋而往，世皆尚文，时无专对。运筹画策，自具于章表；献可替否，总归于笔札。宰我、子贡之道不行，苏秦、张仪之业遂废矣。假有忠言切谏，《答戏》《解嘲》，其可称者，若朱云折槛以抗愤，张纲埋轮而献直。秦宓之酬吴客，王融之答虏使，此之小辩，曾何足云。是以历选载言，布诸方册，自汉以下，无足观焉。

【译文】到汉、魏已后，北周、隋代以前，举世都崇尚文采，但却不再需要专对的人才。运筹帷幄，出谋划策，都写到章表之中；提出正确主张以代替错误主张，全归入文章。宰我、子贡所擅长的不再流行，苏秦、张仪的事业因此废弃。假如有忠诚中肯的谏言，就成了如《答戏》、《解嘲》之类的文赋。其中有值得称道的，如朱云为了抗御汉成帝的愤怒，攀断了殿槛；张纲为了奉献自己的忠直之言，埋起了车轮。秦宓酬对吴国使者，王融应答北魏使者。这一类的小小巧辩，哪里值得一说？所以历代选取言论载入史书的，从汉代以后，就没有值得一看的了。

寻夫战国已前，其言皆可讽咏，非但笔削所致，良由体质素美。何以核诸？至如“鹑贲”、“鸲鹆”，童竖之谣也；“山木”、“辅车”，时俗之谚也；“皤腹弃甲”，城者之讴也；“原田是谋”，舆人之诵也。斯皆刍词鄙句，犹能温润若此，况乎束带立朝之士，加以多闻博古之识者哉！则知时人出言，史官入记，虽有讨论润色，终不失其梗概者也。

【译文】探讨战国以前，史书所记载的言语都可以吟咏朗诵，这不全是编写时作了修改的结果，还与当时言语本身质朴优美很有关系。怎么核对呢？至于如“鹑之贲之”、“ 鸲之鹆之”，是儿童奴仆的歌谣；“山木”、“辅车”，是当时民间的谚语；“皤腹弃甲”，是筑城民夫所唱；“原田是谋”，为普通众人所诵。这些都是草野之人、低贱之人所诵所唱，尚且如此温润和婉，何况系着腰带身着朝服立于朝堂之上的人，加上具备很广博的古代的知识呢？因此可知，当时人说出话来，史官载入史书，虽然有所研究润色，但没有失去基本内容。

夫《三传》之说，既不习于《尚书》；两汉之词，又多违于《战策》。足以验氓俗之递改，知岁时之不同。而后来作者，通无远识，记其当世口语，罕能从实而书，方复追效昔人，示其稽古。是以好丘明者，则偏摸《左传》；爱子长者，则全学史公。用使周、秦言辞见于魏、晋之代，楚、汉应对，行乎宋、齐之日。而伪修混沌，失彼天然，今古以之不纯，真伪由其相乱。故裴少期讥孙盛录曹公平素之语，而全作夫差亡灭之词。虽言似《春秋》，而事殊乖越者矣。

【译文】《春秋》三传的言语已经不承袭《尚书》，前后《汉书》的言词又大多与《战国策》不同，足以验证民间风俗的递相更改，知道时代风气的变化不一。而后来的作者，一般没有远见，记载当时口语，很少能据实而书。又在仿效古人，显示他们研习了古代。所以爱好左丘明的，就偏于摹仿《左传》；爱好司马迁的则全学《史记》，因而使周代、秦代的言词出现于魏晋之时；楚汉时的应答之语，流行于宋齐时代。伪装成上古的质朴，反而失去了真实自然，今、古因此而不纯，真、伪由此淆乱。因此裴松之讥讽孙盛记载曹操平时说的话，却全是春秋时吴王夫差将亡之时所说的。虽然言语很像《春秋》，事情却完全不一样。

然自咸、洛不守，龟鼎南迁，江左为礼乐之乡，金陵实图书之府，故其俗犹能语存规检，言喜风流，颠沛造次，不忘经籍（原注：若梁史载高祖在围中见萧正德，而谓之曰，啜其泣矣，何嗟及矣。湘东王闻世子方等见杀，谓其次子方诸曰，不有其废，君何以兴，皆其类也）。而史臣修饰，无所费功。其于中国则不然，何者？于斯时也，先王桑梓，翦为蛮貊，被发左衽，充牣神州。

【译文】自从西晋都城洛阳失守，政权南迁，江南成了讲究礼乐的地方，金陵成了图书聚集之处，所以东晋的风俗还能做到语言符合规范，喜好古代遗风。尽管颠沛流离之中，仓促不全之时，还是不忘经籍。因此史臣修饰文辞时，不需费多少气力。对于中原地区来说就不一样了。为什么？在当时，古代先王的故乡全都成了蛮族居住之处，少数民族的服饰打扮充满了神州大地。

其中辩若驹支，学如郯子，有时而遇，不可多得。而彦鸾修伪国诸史，收、弘撰《魏》《周》二书，必讳彼夷音，变成华语，等杨由之听雀，如介葛之闻牛，斯亦可矣。而于其间，则有妄益文彩，虚加风物，援引《诗》、《书》，宪章《史》、《汉》。遂使且渠、乞伏，儒雅比于元封，拓跋、宇文，德音同于正始。华而失实，过莫大焉。

【译文】其中像驹支那样的辩才，如郯子那样的学识，有时能够遇到，却不可多得。而崔彦鸾修撰十六国史，魏收、牛弘撰《魏书》、《北周书》，定要忌讳少数民族语言，把它变成华语，相当于杨由听懂鸟语，介葛卢分清牛话，这也还是可以的。但其中却有妄自增加的文彩，凭空添上的风貌人物，援引《诗经》、《尚书》，仿效《史记》、《汉书》，于是使沮渠、乞伏这些政权，其儒雅可以与汉武帝相比，拓跋、宇文这些朝代，诏令完全与正始间的诏令相同，虽然华丽却并不真实，没有比这更错误的了。

唯王、宋著书，叙元、高时事，抗词正笔，务存直道，方言世语，由此毕彰。而今之学者，皆尤二子，以言多滓秽，语伤浅俗。夫本质如此，而推过史臣，犹鉴者见嫫姆多媸，而归罪于明镜也。

【译文】只有王劭、宋孝王著史书，叙述西魏元氏政权、北齐高氏政权的事，言词正直，文笔公正，力求体现直笔的原则。地方口语，世俗言谈，由此充分显示。而今天的学者，责难这两人，认为他们的书，语言中大多是污秽渣滓，过分浅薄世俗。其实当时本质就是这样，却把过失推给史臣。就好比从镜子里看到膜母太丑，就归罪于明镜一样。

又世之议者，咸以北朝众作，《周史》为工。盖赏其记言之体，多同于古故也。夫以枉饰虚言，都捐实事，便号以良直，师其模楷，是则董狐、南史，举目可求，班固、华峤，比肩皆是者矣。

【译文】还有世俗舆论都认为北朝众多史书中，《周史》是写得工整，大概是赏识它的记载言语的文体大多与古代相同的原因吧。假如因为它虚假文饰的言语，完全抛弃事实，就称它为良史直笔，把它作为楷模。如此一来，就使得董狐、南史，到处都是；与班固、华峤比肩的也到处都是了。

近有敦煌张太素、中山郎余令，并称述者，自负史才。郎著《孝德传》，张著《隋后略》。凡所撰今语，皆依仿旧辞。若选言可以效古而书，其难类者，则忽而不取，料其所弃，可胜纪哉？

【译文】近来有敦煌的张太素、中山的郎余令一起以著述被人称道，以有史才自负，郎徐令著有《孝子后传》，张太素著有《隋后略》。所编撰现在的语言，都仿照过去的言词，如果选择言词可以仿效古代的才写，那些难以仿效的就忽略不取，可以想象，被他们所遗弃的，还能够计算吗？

盖江芈骂商臣曰：“呼！役夫，宜君王废汝而立职。”汉王怒郦王曰：“竖儒，几败乃公事。”单固谓杨康曰：“老奴，汝死自其分。”乐广叹卫玠曰：“谁家生得宁馨儿！”斯并当时侮嫚之词，流俗鄙俚之说。必播以唇吻，传诸讽诵，而世人皆以为上之二言，不失清雅，而下之两句，殊为鲁朴者，何哉？

【译文】江芈骂商臣说：“啊！贱东西，难怪君王要废了你而立职为太子。”汉王对郦食其发怒说；“小子几乎坏了老子的事。”单固对杨康说：“老奴你死得合该。”乐广见了卫珍感叹说：“这是哪家生了这样的孩儿。”这些都是当时的侮辱轻视的语言，民间通俗粗野的说法。如果流传于口头，形之于文字，被人诵读，而大家都认为前面两句不失其清雅，而后面两句特别拙朴，这是为什么呢？

盖楚、汉世隔，事已成古，魏、晋年近，言犹类今。已古者即谓其文，犹今者乃惊其质。夫天地长久，风俗无恒，后之视今，亦犹今之视昔。而作者皆怯书今语，勇效昔言，不其惑乎！

【译文】原来楚汉和今天相隔时代久远，已成为旧事；魏晋和今天年代较近，语言还和今天类似。已经成了古代的事，我们就说它文雅；和今天类似的话，我们就惊讶于它的质朴。天地是永远的，风俗不会固定不变。后人看今天，也就像我们今天看古代。可是写书的人都害怕写出今天的语言，而勇于仿效古代的语言，岂不糊涂吗？

苟记言则约附五经，载语则依凭三史，是春秋之俗，战国之风，互两仪而并存，经千载其如一，奚以今来古往，质文之屡变者哉？

【译文】如果记录言行大约并依附于“五经”，记载语录依凭“三史”，是春秋以来的习惯，战国的风气是两种规则并存，经历了千年不变，到哪里验证古往今来文质之间数次变化呢？

盖善为政者，不择人而理，故俗无精粗，咸被其化；工为史者，不选事而书，故言无美恶，尽传于后。若事皆不谬，言必近真，庶几可与古人同居，何止得其糟粕而已。

【译文】善于治理国家的人，不选择被治理的对象而能大治，所以无论风俗精粗，都能受到教化；工于编史的人，编写时不要选择事情，所以不管语言美丑，都写下来传至后代。假如事情都不是荒谬的，语言必定接近真实，差不多可以与古人接近了，何至于只是得到他们的糟粕呢？

叙事

夫史之称美者，以叙事为先。至若书功过，记善恶，文而不丽，质而非野，使人味其滋旨，怀其德音，三复忘疲，百遍无斁，自非作者曰圣，其孰能与于此乎？

【译文】好的史书，以叙事为首要。至于写出历史人物的功过，记下历史人物的善恶；有文采而又不流于艳丽，质朴而又不是粗野，使人体味其中的滋味和意旨，怀想其中的圣德言论，再三捧读而不知疲倦，读之百遍而不觉厌烦，自然如果作者不是圣人，谁能做到这一点呢？

昔圣人之述作也，上自《尧典》，下终获麟，是为属词比事之言，疏通知远之旨。子夏曰："《书》之论事也，昭昭若日月之代明。"扬雄有云："说事者莫辨乎《书》，说理者莫辨乎《春秋》。"然则意指深奥，诰训成义，微显阐幽，婉而成章，虽殊途异辙，亦各有差焉。

【译文】古代圣人的述作，上起自《尧典》，下至鲁哀公十四年猎获麒麟，这些或是运用文辞，排列史事的著作；或有沟通古今，了解往事的含义。子夏说："《尚书》议论史事，光明正大，如同日月一般。"扬雄说过："说事情，没有像《尚书》那样清晰的；说道理，没有像《春秋》那样透彻的。"这就说明，《尚书》含义曲折深奥，在训诰中体现深刻的含义；《春秋》把隐含的大义阐明出来，用委婉的语言写成文章。虽然它们方法不一，但是各得其美。

谅以师范亿载，规模万古，为述者之冠冕，实后来之龟镜。既而马迁《史记》，班固《汉书》，继圣而作，抑其次也。故世之学者，皆先曰"五经"，次云"三史"，经史之目，于此分焉。

【译文】确实应当用来作为千秋万代的典范和楷模，是著述中的领袖，后代人的龟镜。后来司马迁的《史记》、班固的《汉书》，接着圣人而写，则是仅次于它们的著作。所以世上的学者都是先说"五经"，接着说"三史"，经和史的名目，从这里就分出来了。

尝试言之曰：经犹日也，史犹星也。夫杲日流景，则列星寝耀；桑榆既夕，而辰象粲然。故《史》、《汉》之文，当乎《尚书》、《春秋》之世也，则其言浅俗，涉乎委巷，垂翅不举，懘龠无闻。逮于战国已降，去圣弥远，然后能露其锋颖，倜傥不羁。

【译文】我曾经试图说过：经好比太阳，史好比星辰。明亮的太阳光芒闪耀，星辰就会失去光芒；太阳下山，星辰就会明亮灿烂。所以，《史记》、《汉书》的文字，对于《尚书》《春秋》时代的叙述，语言浅薄粗俗，涉及到琐碎枝节之事，如同翅膀下垂的鸟，不能高飞；好比音调不谐的龠，吹不成声。只有到了战国以后，离开圣人的时代越来越远，才能露出锋芒，显得出色有生气。

故知人才有殊，相去若是，校其优劣，讵可同年？自汉已降，几将千载，作者相继，非复一家，求其善者，盖亦几矣。夫班、马执简，既五经之罪人；而《晋》《宋》杀青，又三史之不若。譬夫王霸有别，粹驳相悬，才难不其甚乎！

【译文】由此可见，人的才能有差别，相差很远，要比较他们的优劣，不可同日而语。自从汉代以来，将近千年，著史者相继而出，不止一家。要在其中找出好的，大概寥寥无几吧。司马迁、班固著书，已经是败坏"五经"传统的罪人，而晋、宋以来出笼的史书，更连"三史"都不如了。就好像王业、霸业那样一个纯美，一个驳杂，相差悬殊。人才难得，到了什么程度！

然则人之著述，虽同自一手，其间则有善恶不均，精粗非类。若《史记》之《苏》《张》《蔡泽》等传，是其美者。至于《三》、《五》本纪，《日者》、《太仓公》、《龟策传》，固无所取焉。又《汉书》之帝纪，《陈》、《项》诸篇，是其最也。

【译文】然而人们的著述，虽然出于同一人之手，其中也有好坏不均，精粗不等的情况。如《史记》中的《苏秦》、《张仪》、《蔡泽》等传，是其中的好的；而像《三皇本纪》、《五帝本纪》和《日者》、《太仓公》、《龟策》等列传，确实就没有可取之处了。还有《汉书》的帝纪、以及《陈胜》、《项羽》等列传，是其中最为严重的。

至于《淮南王》、《司马相如》、《东方朔传》，又安足道哉！岂绘事以丹素成妍，帝京以山水为助。故言媸者其史亦拙，事美者其书亦工。必时乏异闻，世无奇事，英雄不作，贤俊不生，区区碌碌，抑惟恒理，而责史臣显其良直之体，申其微婉之才，盖亦难矣。

【译文】至于《淮南王》《司马相如》《东方朔》等传，又哪里值得一谈！或许是因为绘画一定要有粉底才能漂亮，帝王所在的京都一定要有山水的衬托才显得壮观。所以语言如果不美，历史著作也拙劣；事迹如果美好，历史著作也工致。如果一个时代没有奇闻异事发生，没有英雄豪杰出现，没有贤人产生，事情琐屑，人物平庸，不出常理的范围，却要求著史的人彰显历史著作的公正、真实，表现出作者的隐微婉曲的著史才能，大概也是困难的吧。

故扬子有云："虞、夏之书浑浑尔；商书灏灏尔；周书噩噩尔；下周者其书憔悴乎？"观丘明之记事也，当桓、文作霸，晋、楚更盟，则能饰彼词句，成其文雅。

【译文】所以扬雄说过：虞夏之书渊深博大，商代之书广阔辽远，周代之书严肃不苟，周代以下就凋敝萎靡了。我们看左丘明记事，当齐桓公、晋文公相继称霸，晋、楚交替为诸侯盟主的时候，就能够装点词句，形成典雅的文风。

及王室大坏，事益纵横，则《春秋》美辞几乎翳矣。观子长之叙事也，自周以往，言所不该，其文阔略，无复体统。洎秦、汉已下，条贯有伦，则焕炳可观，有足称者。

【译文】到了周王室极端衰微，史事更加杂乱无章，《春秋》中的精妙的言词，就几乎绝迹了。我们再看司马迁的叙事，周代以前，记事不完备，文字粗疏简略，不成体统。而从秦汉以下，则条理清晰，光彩焕发，很值得称道。

至若荀悦《汉纪》，其才尽于十帝；陈寿《魏书》，其美穷于三祖。触类而长，他皆若斯。

【译文】至于像荀悦的《汉纪》，才华只表现在西汉十帝；陈寿的《三国志·魏志》，佳处仅在于前面三祖。依此类推，其它的也都与此相似。

夫识宝者稀，知音盖寡。近有裴子野《宋略》、王劭《齐志》，此二家者，并长于叙事，无愧古人。而世人议者，皆雷同誉裴，而共诋王氏。夫江左事雅，裴笔所以专工；中原迹秽，王文由其屡鄙。

【译文】能识得宝贝的人很少，能知音的人大概也不多。近来有裴子野编写《宋略》，王劭撰著《齐志》。这两家都长于叙事，不逊于古人。但世人说起来，都人云亦云地称赞裴子野，诋毁王劭。因为江南的风尚文雅，所以裴子野的文笔工致；中原的事迹芜杂，所以王韵的言词常显得粗鄙。

且几原务饰虚辞，君懋志存实录，此美恶所以为异也。设使丘明重出，子长再生，记言于贺六浑之朝，书事于士尼干之代，将恐辍毫栖牍，无所施其德音。而作者安可以今方古，一概而论得失？

【译文】而且裴子野追求对言词的修饰，王劭注重对事情的真实记录，这就造成了对他们的赞美与厌恶的不同。假如让左丘明重出，司马迁转世，记录北齐一代言行史事，恐怕也要辍笔难写，无从发挥他们的佳言妙论了。所以怎么能以后代的作者和古代的相比，对他们的得失一概而论呢？

夫叙事之体，其流甚多，非复片言所能覼缕，今辄区分类聚，定为三篇，列之于下。

【译文】叙事的体例，种类很多，不是短短的篇幅就能详细论列的。这里就把它分门别类，定为三篇，论列于下。

夫国史之美者，以叙事为工，而叙事之工者，以简要为主。简之时义大矣哉！历观自古，作者权舆，《尚书》发踪，所载务于寡事，《春秋》变体，其言贵于省文。

【译文】好的国史，主要体现在叙事完美上，而叙事完美，又以简要为主，简要的意义大啊！一一观察自古以来可作为著史者的规范的书，《尚书》作为开端，所记载的追求事实减省；《春秋》转变了体例，所记载的注重文字精简省略。

斯盖浇淳殊致，前后异迹。然则文约而事丰，此述作之尤美者也。始自两汉，迄乎三国，国史之文，日伤烦富。逮晋已降，流宕逾远。

【译文】这大概是由于时代风尚厚薄不同，前后风格相异。然而文字简约而史事丰富则是它们共同的，这才是特别好的历史著作。从两汉开始，直到三国，国史的文字，变得越来越多而且杂。到了晋代以后，在这条路上走得越来越远。

寻其冗句，摘其烦词，一行之间，必谬增数字；尺纸之内，恒虚费数行。未聚蚊成雷，群轻折轴，况于章句不节，言词莫限，载之兼两，曷足道哉？

【译文】如果要寻找多余的句子，摘取多余的词语，那么一行之中，必定有几个字是被错误地加上去的；一篇之内，必定有几行是白白浪费笔墨的。成群的蚊子的声音会形成雷声振耳，众多的轻物的重量也会压断车轴，何况章句不加节省，言词没有限制，即使能装载几大车，又有什么值得称道的呢？

盖叙事之体，其别有四：有直纪其才行者，有唯书其事迹者，有因言语而可知者，有假赞论而自见者。至如《古文尚书》，称帝尧之德，标以“允恭克让”；《春秋左传》，言子太叔之状，目以“美秀而文”。

【译文】叙事的体裁，可以分别为四种：有直接记录人物的才能品行的；有只记录人物的事迹的；有根据言语可以了解的；有借助论赞而自然清楚的。如《古文尚书》，称述帝尧的德行，用“允恭克让”来表示；《春秋左传》讲述子太叔的形状，用“美秀而文”来表述。

所称如此，更无他说，所直纪其才行者。又如《左氏》载申生为骊姬所谮，自缢而亡；班史称纪信为项籍所围，代君而死。此则不言其节操，而忠孝自彰，所谓唯书其事迹者。

【译文】像这样的记载，再没有其它的说法了，就是所谓的直接记录才能品行。又如《左传》记载申生被骊姬陷害，上吊而死；班固《汉书》记叙纪信被项羽围困，代替汉高祖而死。这些就不说他们节操如何，但人物的忠孝自然显示出来，这就是所谓的只记录事迹。

又如《尚书》称武王之罪纣也，其誓曰：“焚炙忠良，刳剔孕妇。”《左传》纪随会之论楚也，其词曰：“荜辂蓝缕，以启山林。”此则才行事迹莫不阙如，而言有关涉，事便显露，所谓因言语而可知者。

【译文】又如《尚书》记载周武王历数商封王的罪状，在誓词中说：“烧烤忠良，剖挖孕妇。”《左传》记载随会论述楚国，所说的话是：“筚路蓝缕，以启山林。”这就是才能品行，全都没有谈到，但在人物语言中涉及到了，事迹也就显示出来，所谓根据语言可以了解的。

又如《史记·卫青传》后，太史公曰：“苏建尝责大将军不荐贤待士。”《汉书·孝文纪》末，其赞曰：“吴王诈病不朝，赐以几杖。”此则传之与纪，并所不书，而史臣发言，别出其事，所谓假赞论而自见者。

【译文】又如《史记·卫青传》后，太史公说：“苏建曾经责怪大将军不推荐贤人，不以礼待士。”《汉书·孝文纪》末尾，班固赞语说：“吴王装病不朝见天子，文帝赐给他几杖。”这些都是本纪和列传中都不作记载，而史臣发表议论时另外说出这些事情，就是所谓的借助论赞而自然清楚的。

然则才行、事迹、言语、赞论，凡此四者，皆不相须。若兼而毕书，则其费尤广。

【译文】如此说来，才行、事迹、言语、论赞，所有这四个方面，都不相互依据。如果四个方面都要写出来，那么所费的笔墨将特别多。

原注：（近史纪传，欲言人居哀毁损，则先云至性纯孝；欲言人尽夜观书，则先云笃志好学；欲言人赴敌不顾，则先云武艺绝伦；欲言人下笔成篇，则先云文章敏速。此则既述才行，又彰事迹也。如《谷梁传》云：骊姬以鸩为酒药脯以毒献公田来，骊姬曰："世子已祀，故致福于君。"君将食，骊姬跪曰："食自外来者，不可不试也。"覆酒于地，而地坟；以脯与犬，犬毙。骊姬下堂而啼，呼曰："天乎！天乎！国子之国也，子何迟乎为君！"又《礼记》云：阳门之介夫死，司城子罕入而哭之哀。晋人之觇宋者反报于晋侯曰："阳门之介夫死，而子罕哭之哀，而民说，殆不可伐也。"此则既书事迹，又载言语也。又近代诸史，人有行事美恶，皆已具其纪传中，续以赞论，重述前事。此则才行事迹纪传已书，赞论又载也。按：此注旧本多讹，今照传记改正。）

【译文】（近来史书在纪传中要叙述人居丧时哀伤过度，就先说他"至性纯孝"；要叙述人整夜读书，就先说他"笃志好学"；要叙述人作战时奋不顾身，就先说他"武艺绝伦"；要叙述人下笔成篇，就先说他"文章敏速"。这样就是既叙述他的才行，又写明他的事迹了。如《谷梁传》中说："骊姬在酒里和肉里下毒。晋献公田猎归来，骊姬说：'太子已经祭祀过了，所以拿祭祀的酒肉来为您祝福。'献公将要食用的时候，骊姬跪着说：'食品是从外面来的，不能不试一试。'把酒倒在地上，地面鼓起一个大包；把肉给狗吃，狗倒地而死。骊姬下堂哭呼道：'天啊！天啊！国家是你的国家，你何必在乎晚一点为君主啊！"。还有《礼记》上说："宋国阳门的介夫死了，司城子罕哭得非常悲痛。晋国派来侦探宋国的人回去报告晋侯说：'阳门的介夫死了，子罕哭得非常悲痛。老百姓心情舒畅。恐怕不能攻打。"，这就是既书写了事迹，又记载了言语。还有近来的各种史书，一个人的事迹，好坏都已在纪传中详细记载了，后面又用论赞重复叙述前面的事。这就是才行、事迹已在纪传里写了，论赞又加以记载）。

但自古经史，通多此类。（此九字一本混入注中。原注：《公》、《梁》、《礼》、《新序》、《说苑》、《战国策》、《楚汉春秋》、《史记》，迄于皇家所撰《五代史》皆有之。）能获免者，盖十无一二。（原注：唯左丘明、裴子野、王邵无此也。）

【译文】但是自古以来的经史，大多有这样的毛病（《公羊传》、《谷梁传》、《礼记》《新序》、《说苑》、《战国策》、《楚汉春秋》、《史记》，直到皇家所修撰的《五代史》都有）。能够避免的，大概只有十分之一二（只有左丘明、裴子野、王劭没有这样的毛病）。

又叙事之省，其流有二焉：一曰省句，二曰省字。如《左传》宋华耦来盟，称其先人得罪于宋，鲁人以为敏。夫以钝者称敏，则明贤达所嗤，此为省句也。

【译文】还有叙事的省略，可以分为两类：一叫省句，二叫省字。如《左传》记载宋国华耦来鲁国会盟，说他的先辈得罪宋国，愚钝的人认为他很聪敏。愚钝的人称赞聪敏，那么也就明白是贤达之人所嗤笑的了，这就是省句。

《春秋经》曰："陨石于宋五。"夫闻之陨，视之石，数之五。加以一字太详，减其一字太略，求诸折中，简要合理，此为省字也。

【译文】《春秋经》说："陨石于宋五。"表明听到天上掉下东西的声音，看到掉下来的是石头，数一下是五块。加一个字太详细，减一个字太简略，在详略之中找一个最恰当的点，简要但是合理，这就叫省字。

其有反于是者，若《公羊》称郄克眇，季孙行父秃，孙良夫跛，齐使跛者逆跛者，秃者逆秃者，眇者逆眇者。盖宜除"跛者"已下句，但云"各以其类逆"。必加再述，则于文殊费，此为烦句也。

【译文】与此相反的，如《公羊传》说郄克独眼，季孙行父秃头，孙良夫跛足。齐国用跛足的迎接跛足的，秃头的迎接秃头的，独眼的迎接独眼的。大概应该删除"跛足的"以下的字，只说"分别用同类的人迎接"。如果事情都要重新叙述，就特别多费文字，这就叫烦句了。

《汉书·张苍传》云："年老口中无齿"。盖于此一句之内，去"年"及"口中"可矣。夫此六文成句，而三字妄加，此为烦字也。然则省句为易，省字为难，洞识此心，始可言史矣。苟句尽余剩，字皆重复，史之烦芜，职由于此。

【译文】《汉书·张苍传》说："年老口中无齿。"大概在这一句之内，去掉"年"字和"口中"也就可以了。这样的六个字的一句话中，就有三个字是妄加的，这就叫烦字了。如此说来，省句容易，省字较难，能深切地认识到这一点，才可以谈论著史。如果句子都是多余的，文字都是重复的，那么史书的繁琐杂乱，就是因为这个原因。

盖饵巨鱼者，垂其千钧，而得之在于一筌；捕高鸟者，张其万罝，而获之由于一目。夫叙事者，或虚益散辞，广加闲说，必取其所要，不过一言一句耳。苟能同夫猎者、渔者，既执而（说文，当是广置议）罝钓必收，其所留者，唯一筌一目而已，则庶几骈枝尽去，而尘垢都捐，华逝而实存，滓去而沛在矣。嗟乎！能损之又损，而玄之又玄，轮扁所不能语斤，伊挚所不能言鼎也。

【译文】钓大鱼的人，垂下千条钓丝，得到鱼的只是在于一筌；捕高鸟的人，张开万张罗网，得到鸟的只在于一个网眼。叙事的人，有时徒然地扩充闲散的言词，广泛地增加无关的说法，如果取出其中的关键之处，不过一言一句罢了。如果能与打猎捕鱼的人一样，捕到鱼鸟后就收起所有的钓丝网罗，所留下来的，只有一筌一眼而已，那么或许可以做到多出来的老皮厚茧全都去掉，灰尘污垢完全清除。花落了而果实在，渣去了而汁水在。唉！能够精简了再精简，是玄妙而又玄妙的。轮扁没办法说出用斧子的巧妙之处，伊挚没办法说出汤锅中滋味的变化无穷啊。

夫饰言者为文，编文者为句，句积而章立，章积而篇成。篇目既分，而一家之言备矣。古者行人出境，以词令为宗；大夫应对，以言文为主。况乎列以章句，刊之竹帛，安可不励精雕饰，传诸讽诵者哉？

【译文】对字词进行修饰就成为文辞，对文辞进行编排就成为文句。句子累积起来就有了章节，章节累积起来就有了篇目。篇目一旦划分，一家之言也就完成了。古代使者出使别国，以词令为根本；大夫在外交场合的应对，以文辞为主。何况要把它们排列为章句，刊刻成书籍，怎么能不尽力雕琢，以传给读者呢？

自圣贤述作，是曰经典，句皆《韶》、《夏》，言尽琳琅，秩秩德音，洋洋盈耳。譬夫游沧海者，徒惊其浩旷；登太山者，但嗟其峻极。必摘以尤最，不知何者为先。

【译文】自从圣贤开始述作，就被叫作经典，句句如同《韶》《夏》之乐，字字好比琳琅美玉，聪明多智的语言，美妙而又丰盛。譬如在大海中遨游的人，空自惊异它的浩瀚辽阔；登临泰山的人，只能感叹它的高大险峻。如果要摘取其中最为突出的，却不知从何摘起。

然章句之言，有显有晦。显也者，繁词缛说，理尽于篇中；晦也者，省字约文，事溢于句外。然则晦之将显，优劣不同，较可知矣。夫能略小存大，举重明轻，一言而巨细咸该，片语而洪纤靡漏，此皆用晦之道也。

【译文】但是章句中的言词，有明显的，有隐晦的。明显的，词句繁多，道理已经在文章中说尽；隐晦的，字句简约，事情更在字句之外。如此，隐晦的与明显的，它们的优劣不同，能够明显地看出来了。能够省略小事而保留大事，举出重要的就可以明白不重要的，一个字就能概括大事小事，几句话就能使重要的不重要的都没有遗漏，这些都是运用隐晦的方法。

昔古文义，务却浮词。《虞书》云："帝乃殂落，百姓如丧考妣。"《夏书》云："启呱呱而泣，予不子。"《周书》称"前徒倒戈"，"血流漂杵"。《虞书》云："四罪而天下咸服。"此皆文如阔略，而语实周赡。

【译文】古代的文章，务必去掉浮泛之词。《虞书》说："尧死了，百姓如丧考妣。"《夏书》说："启呱呱地哭泣，我不能抚育他。"《周书》说："前线士卒倒戈"，"流的血把春杵都漂起来"。《虞书》说："惩罚了四个人而天下都服。"这些都是行文似乎粗略，其实内容丰富完整。

故览之者初疑其易，而为之者方觉其难，固非雕虫小技所能斥苦其说也。既而丘明受《经》，师范尼父。夫《经》以数字包义，而《传》以一句成言，虽繁约有殊，而隐晦无异。

【译文】所以起初读它的人怀疑它简易，而写起来才发现它的困难。当然不是用"雕虫小技"所能指责的。其后左丘明得到《春秋经》的传授，以孔夫子为楷模。《春秋经》以几个字包含的意义，而《左氏传》以一句话表达清楚，虽然在文字的繁简上有所不同，但在明显或隐晦的处理上完全一致。

故其纲纪而言邦俗也，则有士会为政，晋国之盗奔秦；邢迁如归，卫国忘亡。其款曲而言人事也，则有犀革裹之，比及宋，手足皆见；三军之士皆如挟纩。斯皆言近而旨远，辞浅而义深，虽发语已殚，而含意未尽。

【译文】所以如提纲挈领地讲述国家的风俗，就有说士会执政，晋国的盗贼逃奔到秦国；邢国人迁移后如同归家，卫国人忘了亡国的痛苦。如详尽细致地讲述人事，就有让女人劝南宫长万饮酒，然后用犀牛皮把他裹起来，等到了宋国，手脚都已露出来了；拉着庙宇的椽子，震动了屋梁；军队里的人大多很冷，楚王巡视并抚慰了三军，三军的战士都如同穿上了丝棉。这些都是语言虽然浅近而意义却很深远，虽然话语已经结束而含义却仍未尽。

使夫读者望表而知里，扪毛而辨骨，睹一事于句中，反三隅于字外。晦之时义不亦大哉！洎班、马二史，虽多谢五经，必求其所长，亦时值斯语。至若高祖亡萧何，如失左右手；汉兵败绩，睢水为之不流；董生乘马，三年不知牝牡；翟公之门，可张雀罗，则其例也。

【译文】让读者看到表面的就能明白内在的，抚摸毛皮而能辨分骨头，在文句中看到一件事，能够在文字外举一反三。隐晦的意义，不是很大的吗？到了司马迁、班固的两种史书中，虽然和“五经”相比已经逊色很多，但若寻找其中的长处，也还时常遇到这一类的语言。如汉高祖听说萧何走了，如同失去了左右手；汉兵打了败仗，睢河流水为之停止；董仲舒乘马，三年了还不知道雄雌；翟公的门口，可以张网捕雀等等，就是这样的例子。

自兹已降，史道陵夷，作者芜音累句，云蒸泉涌。其为文也，大抵编字不只，捶句皆双，修短取均，奇偶相配。故应以一言蔽之者，辄足为二言；应以三句成文者，必分为四句。弥漫重沓，不知所裁。

【译文】从此以后，著史的原则日益衰微，字句芜杂累赘的作者，不断涌现。在他们的笔下，一般不用单字成词，句子都要成双，长短要相等，奇偶要相配。所以本来一字能概括的，也要凑足为双字；应该用三句成文的，一定要分成四句。散漫重叠，不知剪裁。

是以处道受责于少期（原注：《魏书·邓哀王传》曰：容貌姿美，有殊于众，故特见宠异。裴松之曰：一类之言而分以为三，亦叙属之一病也。），子昇取讥于君懋（原注：王劭《齐志》曰：时议恨邢子才不得掌兴魏之书，怅快温子升亦若此，而撰《永安记》，率是支言，支言旧謿六言）非不幸也。

【译文】所以王沈被裴松之指责（《魏书·邓哀王传》说“容貌姿美”。裴松之说：“一个貌字分为三个字，也是叙事类的一个毛病”）。温子昇受王君懋讥笑（王劭《齐志》说：“当时舆论遗憾邢子才不能负责撰修北魏国史，失意惆怅的温子升也和他一样，因而编撰《永安记》，全都是枝蔓之词），并不是没有理由的。

盖作者言虽简略，理皆要害，故能疏而不遗，俭而无阙。譬如用奇兵者，持一当百，能全克敌之功也。若才乏俊颖，思多昏滞，费词既甚，叙事才周，亦犹售铁钱者，以两当一，方成贸迁之价也。

【译文】著史者的文字虽然简略，而事理却都很重要，所以能够做到疏略却没有遗漏，简省但没有空缺，就像用奇兵的人，以一当百，能够收到战胜敌人的功效。如果没有突出的才能，思维又不敏捷，就会花费很多的词句，叙事才能周详，就像卖铁钱的人，以二当一，才能符合买卖交易的价钱。

然则《史》、《汉》已前，省要如彼；《国》、《晋》已降，烦碎如此。必定其妍媸，甄其善恶。夫读古史者，明其章句，皆可咏歌；观近史者，悦其绪言，直求事意而已。是则一贵一贱，不言可知，无假榷扬，而其理自见矣。

【译文】如此说来，《史记》《汉书》以前，是那样的简洁扼要；《三国志》《晋书》以下，是这样的繁杂琐碎。如果要确定它们的美丑，甄别它们的好坏。读古代史书，弄明白了它的章句，都可以反复诵读；看近代史书，喜欢它的字词，只需要知道叙事的意思就完了。这样一贵一贱，不需说明就已经清楚，也用不着进行讨论，其中的道理已经自己出来了。

昔文章既作，比兴由生。鸟兽以媲贤愚，草木以方男女，诗人骚客，言之备矣。洎乎中代，其体稍殊，或拟人必以其伦，或述事多比于古。当汉氏之临天下也，君实称帝，理异殷、周；子乃封王，名非鲁、卫。而作者犹谓帝家为王室，公辅为王臣。盘石加建侯之言，带河申俾侯之誓。而史臣撰录，亦同彼文章，假托古词，翻易今语。润色之滥，萌于此矣。

【译文】古代有了文章著述以后，比兴由此产生。用鸟兽来比喻贤愚，用草木来比喻男女，诗人墨客，已经说得很完全了。到了中古，体例稍有变化，有的比人一定用过去同类人物，有的说事情一定和古代的事情相比。当汉代帝王君临天下，国君其实称为皇帝，道理和商周时代称“王”不同；皇帝之子封为王，名称也不是商周时代的鲁、卫之类。可是作者却还称中央朝廷为王室，称朝廷大臣为王臣。分封王侯要加上稳固如磐石之类的话，任命诸侯国君要申明黄河如带之类的誓言。而史臣编入史书，也如同那些文章，假借古代词句，翻改今天的语言。滥用修饰，就从这里开始了。

降及近古，弥见其甚。至如诸子短书，杂家小说，论逆臣则呼为问鼎，称巨寇则目以长鲸。邦国初基，皆云草昧；帝王兆迹，必号龙飞。斯并理兼讽谕，言非指斥，异乎游、夏措词，南、董显书之义也。

【译文】到了近代，风气更见其盛，以至于诸子短书、杂家小说，说到逆臣就呼为“问鼎”，说到巨寇就称作“长鲸”。国家初建之时，都说是“草昧”；帝王发迹之时，必称作“龙飞”。这些都是带着些讽谕的味道，不是直接指斥的言词，与子游、子夏不能加以修饰的《春秋》的字寓褒贬的原则，以及南史、董狐的记录史事不加隐晦的原则不同。

如魏收《代史》，吴均《齐录》，或牢笼一世，或苞举一家，自可申不刊之格言，弘至公正之说，而收称刘氏纳贡，则曰“来献百牢”；均叙元日临轩，必云“朝会万国”。夫以吴徵鲁赋，禹计涂山，持彼往事，用为今说，置于文章则可，施于简册则否矣。

【译文】如魏收的《魏书》和吴均的《齐春秋》，或是笼括一世，或是包罗一家，当然可以申明不容改动的作为准则的言词，宏扬最为公正的正直说法。可是魏收称南朝刘宋政权向元魏进贡，却叫做“来献百牢”；吴均记叙皇帝元旦接受朝见，定要说“朝会万国”。用古代吴国向鲁国征收赋税和大禹在涂山统计诸侯的典故，拿古代的往事，作为今天的说法。放在文章里还可以，用在史书里就不行了。

亦有方以类聚，譬诸昔人。如王隐称诸葛亮挑战，冀获曹咎之利；崔鸿称慕容冲见幸，为有龙阳之姿。其事相符，言之谠矣。而卢思道称邢邵丧子不恸，自东门吴已来，未之有也；李百药称王琳雅得人心，虽李将军恂恂善诱，无以加也。斯则虚引古事，妄足庸音，苟矜其学，必辨而非当者矣。

【译文】也有以同类型的古代人物作为比方的，如王隐《晋书》说诸葛亮向司马懿挑战，指望获得“曹咎之利”；崔鸿《十六国春秋》说慕容冲被符坚宠幸，因为“有龙阳之姿”。这些事古今相符，说得很正确。而卢思道说邢劭死了儿子不痛哭，是自从东门吴以来所没有的；李百药说王琳深得人心，即使是李将军那样的对下属和蔼可亲，善于诱导，也不过如此了。这就是虚妄地引用古事，以庸俗的音调凑成曲子，牵强地炫耀学识，如果认真辨析，这就不恰当的了。

昔《礼记·檀弓》，工言物始。夫自我作故，首创新仪，前史所刊，后来取证。是以汉初立槥，孟坚所书；鲁始为髽，丘明是记。河桥可作，元凯取验于毛《诗》；男子有笄，伯支远徵于《内则》。即其事也。

【译文】古人的《礼记·檀弓》，长于记载事物的开始。不拘泥于前人成例，首先开创新的标准，前代史书所记载，为后来史书所采用。所以汉初设立士卒从军死了为槥的制度，被司马迁写下；鲁国人开始在丧礼中结髽，被左丘明记录。浮桥可建，杜预在毛《诗》中得到验证；男子有笄，刘伯支远远地征引《礼记·内则》，就都是这种情况。

案裴景仁《秦记》，称苻坚方食，抚盘而诟；王邵《齐志》，述洛干感恩，脱帽而谢。及彦鸾撰以新史，重规删其旧录，乃易“抚盘”以“推案”，变“脱帽”为“免冠”。夫近世通无案食，胡俗不施冠冕，直以事不类古，改从雅言，欲令学者何以考时俗之不同，察古今之有异？

【译文】查裴景仁《秦记》，说符坚正在吃饭，“抚盘而骂”；王劭《齐志》讲受洛干感恩，“脱帽而谢”。到了崔彦鸾编撰新的十六国史，李重规删改旧的北齐史，就把“抚盘”改成“推案’，把“脱帽”变为“免冠”。而近代以来统统不用食案吃饭，胡人风俗头上不戴冠冕，就因为认为裴、王的语言与古书中的不同，因而改成文雅的言词。这让学习的人如何去考察一代风俗的不同和古今之间的差异呢。

又自杂种称制，充牣神州，事异诸华，言多丑俗。至如翼犍道武原讳；黑獭，周文本名。而伯起革以他语，德棻阙而不载。盖厖降、蒯聩，字之媸也；重耳、黑臀，名之鄙也。旧皆列以三史，传诸五经，未闻后进谈讲，别加刊定。

【译文】还有，自从混杂不纯的种族称帝建国，遍布中原大地，风俗和华夏民族不同，语言大多丑陋鄙俗。如“翼犍”是昭成帝的名讳，“黑獭”是周文帝的本名，而魏伯起改成别的称呼，令狐德棻缺而不记。大概厖降、蒯聩，要算是用字丑陋的；重耳、黑臀，要算是取名鄙俗的。这些古代的名字编列在三史中，流传在五经里，没有听说后来人对它们有所议论，另外加以修改。

况齐丘之犊，彰于载谶（杜台卿《齐记》载谶云：“首牛入西谷，逆犊上齐丘”也）；河边之狗，著于谣咏。（王劭《齐志》载谣云：“獾獾头团遭，河中狗子破尔苑”也。）明如日月，难为盖藏，此而不书，何以示后？

【译文】况且齐丘的牛犊，明白记载在谶语中（杜台卿《齐记》记载谶语说：“头牛进了西山谷，迎接牛犊上齐丘”）。河边的狗子，记录在民谣里（王劭《齐志》记载民谣说：“獾獾头团团，河中狗子破你园”）。明朗如同日月，难以掩盖遮藏，这些都不写出，怎么告诉后人？

亦有氏姓本复，减省从单，或去“万纽”而留“于”，或止存“狄”而除“厍”。求诸自古，罕闻兹例。

【译文】也有姓氏本为复姓，都省略成单字。或是去掉“万纽”只留下“于”字，或是只存“狄”字而去掉“库”字。遍查自古以来，难以听说有这样的事例。

昔夫子有云：“文胜质则史。”故知史之为务，必藉于文。自五经已降，三史而往，以文叙事，可得言焉。而今之所作，有异于是。其立言也，或虚加练饰，轻事雕彩；或体兼赋颂，词类俳优。文非文，史非史，譬夫乌孙造室，杂以汉仪，而刻鹄不成，反类于鹜者也。

【译文】过去孔夫子说过："文饰胜过了质朴就像史。"由此可知，从事史书的撰述，必须借助于文辞。自五经以后，到三史之前，运用文辞叙事，是值得一谈的。而如今的著述，则与此不同。这些书中的文字，有的不切实际地加以修饰，十分随便地进行刻划描绘；有的文体如同赋颂，用词类似俳优。文学不像文学，历史不像历史。就像乌孙王营造宫室，夹杂着汉王朝式样，结果好比雕刻天鹅不成功，反而像野鸭了。

书事

昔荀悦有云："立典有五志焉：一曰达道义，二曰彰法式，三曰通古今，四曰著功勋，五曰表贤能。"

【译文】过去荀悦说过："著作史书有五条宗旨：一是符合道义，二是表明法则，三是贯通古今，四是著录功勋，五是表彰贤能。"

干宝之释五志也："体国经野之言则书之，用兵征伐之权则书之，忠臣、烈士、孝子、贞妇之节则书之，文诰专对之辞则书之，才力技艺殊异则书之。"

【译文】干宝解释这五条宗旨是："是规划治理国家的言论就记载；是用兵征伐的权谋就记载，是忠臣、烈士、孝子、贞妇的节操就记载，是朝廷文诰以及交涉应对的言论就记载，是在才能、力气、技艺方面有特殊之处的就记载。"

于是采二家之所议，征五志之所取，盖记言之所网罗，书事之所总括，粗得于兹矣。然必谓故无遗恨，犹恐未尽者乎？

【译文】因此采用二人的论述，收集五条宗旨的概括，大概史书记言记事所应包含的内容，已经有了个大概了。但一定要说没有遗漏，恐怕还有没说到的地方吧？

今更广以三科，用增前目：一曰叙沿革，二曰明罪恶，三曰旌怪异。何者？礼仪用舍，节文升降，则书之；君臣邪僻，国家丧乱，则书之；幽明感应，祸福萌兆，则书之。

【译文】这里再扩充三条，以增补前面的条目。一叫叙述沿革，二叫表明罪恶，三叫宣扬怪异。是什么呢？礼节的取舍、仪式的简繁有变化就记载；君臣邪僻，国家动乱衰亡就记载；冥间和人世相互感应，祸福发生之前有征兆就记载。

于是以此三科，参诸五志，则史氏所载，庶几无阙。求诸笔削，何莫由斯？

【译文】用这三条，加上五条宗旨，那么史书所记载的，差不多就没有缺漏了。考察史书的编撰，哪一种不是根据这些啊！

但自古作者，鲜能无病。苟书而不法，则何以示后？盖班固之讥司马迁也，“论大道则先黄、老而后六经，序游侠则退处士而进奸雄，述货殖则崇势利而羞贱贫。此其所蔽也。”

【译文】但是自古以来的作者，很少能没有毛病的。假如著述不遵守法规，那么用什么给后人做示范？班固指责司马迁说：“谈论大道理是黄、老地位在上，《六经》地位在下；记叙游侠是降低处士的地位而抬高奸雄的地位；叙述货殖是崇尚权势财利而羞于低贱贫穷，这是他被蒙蔽的地方。”

又傅玄之贬班固也，“论国体则饰主阙而折忠臣，叙世教则贵取容而贱直节，述时务则谨辞章而略事实。此其所失也。”

【译文】傅玄又贬斥班固说：“论述国家的典章制度是掩盖君主的过失而贬抑忠臣；记叙世风教化是看重曲从讨好之人而轻视忠直有气节之士；叙述时务是重视诗文而忽略事实。这是他的失误之处。”

寻班、马二史，咸擅一家，而各自弹射，递相疮痏。夫虽自卜者审，而自见为难，可谓笑他人之未工，忘已事之已拙。上智犹其若此，而况庸庸者哉！

【译文】探究班固、司马迁二家的史书，都各有擅长，自成一家，却各自受到攻击，递相揭露疮疤。虽说自我估量比较确实，但完全发现自己是困难的，可说是笑话别人不够精巧，忘了自己的笨拙。智力突出的人尚且如此，何况智力平庸之人呢！

苟目前哲之指踪，校后来之所失，若王沈、孙盛之伍，伯起、德棻之流，论王业则党悖逆而诬忠义，叙国家则抑正顺而褒篡夺，述风俗则矜夷狄而陋华夏。

【译文】假如根据前代哲人的指示，校正后来人的失误，如王沈、孙盛、魏收、令狐德棻等人，论述帝王的事业时，是偏袒悖逆之人而诬蔑忠义之士；记叙国家时，是贬抑正统的、符合道义的国家而褒扬篡夺而得的政权；记述风俗时，是崇尚夷狄而鄙薄华夏。

此其大较也。必伸以纠摘，穷其负累，虽擢发而数，庸可尽邪！子曰：“于予何诛？”于此数家见之矣。

【译文】这还仅是个大概。如果要进一步加以收集摘录，找出其全部错误和不周之处，虽然擢发难数，哪儿能够穷尽！孔子说：“对于宰予，哪值得责备？”在这几人身上可以用上了。

抑又闻之，怪力乱神，宣尼不语；而事鬼求福，墨生所信。故圣人于其间，若存若亡而已。

【译文】又听说，怪、力、乱、神，是孔夫子所不谈的；而侍奉鬼神以求福，是墨子所相信的。所以圣人对于这些事，若有若无而已。

若吞燕卵而商生，启龙漦而周灭，厉坏门以祸晋，鬼谋社而亡曹，江使返璧于秦皇，圯桥授书于汉相，此则事关军国，理涉兴亡，有而书之，以彰灵验可也。

【译文】如简狄吞燕卵而生殷契，龙涎被打开而周朝灭亡，恶鬼毁坏大门而祸害晋侯，众鬼在社坛边谋划而曹国灭亡，大江的使者送还玉璧给秦始皇，老人在圯桥传授奇书给汉相张良。这些则是关系到军国的大事，是涉及到兴亡的道理，如果有就记载下来，以表现征兆的灵验是可以的。

而王隐、何法盛之徒，所撰晋史，乃专访州闾细事，委巷琐言，聚而编之，目为《鬼神》传录，其事非要，其言不经。异乎三史之所书，五经之所载也。

【译文】可是王隐、何法盛等人所编撰的晋史，却专门采访州县乡里的小事，街巷之间的琐碎言论，聚而编之，称为《鬼神传》、《鬼神录》，事情不是重要的事情，言论不是正规的言论。就不同于三史所写的，五经所载的了。

范晔博采众书，裁成汉典，观其所取，颇有奇工。至于《方术》篇及诸蛮夷传，乃录王乔、左慈、廪君、盘瓠，言唯迂诞，事多诡越。可谓美玉之瑕，白圭之玷。惜哉！无是可也。

【译文】范哗广泛采集众书，剪裁成《后汉书》，颇有新奇精细之处。至于其《方术》一篇以及各蛮夷传，却采录王乔、左慈、廪君、槃瓠，这样的只是一些迂腐荒诞的言词，违背常理的事情。可算是美玉上的瑕疵，白圭上的斑点。可惜啊，没有这些也可以。

又自魏、晋已降，著述多门，《语林》、《笑林》、《世说》、《俗说》，皆喜载调谑小辩，嗤鄙异闻，虽为有识所讥，颇为无知所说。

【译文】再有，自从魏、晋以后，著述的种类多起来，《语林》、《笑林》、《世说》、《俗说》，都喜欢记载一些调笑戏谑的细事琐语，一些为人们所讥笑鄙视的奇文异事。虽然受到有识之士的非议，却挺受无知之人的喜欢。

而斯风一扇，国史多同。至如王思狂躁，起驱蝇而践笔，毕卓沈湎，左持螯而右杯，刘邕榜吏以膳痂，龄石戏舅而伤赘，其事芜秽，其辞猥杂。

【译文】这样的风气一起，很多国史也就与其相同。如王思性格暴躁，起来驱逐苍蝇，苍蝇不走，就把笔扔到地上踩坏；毕卓沉缅于酒，说“左手持蟹螯，右手持酒杯，便足了一生”；刘邕鞭打吏卒，为了吃他们鞭伤上所结的疮痂；朱龄石戏弄其舅，割了他头上的瘤子，这一类事情芜杂，言词庸俗。

而历代正史，持为雅言。苟使读之者为之解颐，闻之者为之抚掌，固异乎记功书过，彰善瘅恶者也。

【译文】而历代正史，拿来作为高雅的言行。如果使读到它的人开颜一笑，听到它的人鼓起掌来，当然和史书的记录功过、扬善惩恶意义不同。

大抵近代史笔，叙事为烦。榷而论之，其尤甚者有四：夫祥瑞者，所以发挥盛德，幽赞明王。至如凤皇来仪，嘉禾入献，秦得若雉，鲁获如麕。

【译文】大致近代史书的笔法，叙事比较繁琐。讨论起来，其中最严重的有四点。祥瑞，是用来阐发大德，隐微地颂扬圣明之君的。至于如成双成对的凤凰飞来，一茎双穗的禾稻进献，秦文公获得声如野鸡的雉，鲁国得到像璋子一样的麒麟。

求诸《尚书》、《春秋》，上下数千载，其可得言者，盖不过一二而已。爰及近古则不然。凡祥瑞之出，非关理乱，盖主上所惑，臣下相欺，故德弥少而瑞弥多，政逾劣而祥逾盛。

【译文】这些在《尚书》、《春秋》中寻找，上下数千年，能够得到记载的，大概不过那么一两件而已。到了近古就不是这样了。凡是有祥瑞出现，都与治乱无关。作君主的受到迷惑，为臣下的进行欺骗，所以君主的德政愈少，为政愈劣，祥瑞倒愈多愈盛。

是以桓、灵受祉，比文、景而为丰；刘、石应符，比曹、马而益倍。而史官征其谬说，录彼邪言，真伪莫分，是非无别。其烦一也。

【译文】因此桓帝、灵帝所受的赐福，比文帝、景帝要多；前汉的刘氏、后赵的石氏所应验的符瑞，比三国魏的曹氏、东西晋的司马氏，成倍的增加。而史官收集那些谬说邪言，加以记录，真伪不分，是非不辨。这是第一个繁琐之处。

当春秋之时，诸侯力争，各擅雄伯，自相君臣。《经》书某使来聘，某君来朝者，盖明和好所通，盛德所及。此皆国之大事，不可阙如。

【译文】当春秋时代，诸侯竭力争斗，各自争雄称霸，有自己的君主、臣下。《春秋经》上记载某国来使，某国君朝见天子，是为了表明国与国之间的友好交往，天子的盛德所及。这些都是国家的大事，不可缺少。

而自《史》、《汉》已还，相承继作。至于呼韩入侍，肃慎来庭，如此之流，书之可也。若乃藩王岳牧，朝会京师，必也书之本纪，则异乎《春秋》之义。

【译文】而自从《史记》、《汉书》以来，承袭经书所作，至于如匈奴呼韩邪单于来朝、肃慎朝贡这一类的，记载下来是可以的。而至于如藩王、封疆大臣等朝会京师，也要记载于《本纪》，这就和《春秋》的义法不一样了。

夫臣谒其君，子觐其父，抑惟恒理，非复异闻。载之简策，一何辞费？其烦二也。

【译文】臣僚谒见其君主，儿子觐见其父亲，这只是常理，不属于异闻。把这些载之于史册，是多么浪费文辞！这是第二个繁琐之处。

若乃百职迁除，千官黜免，其可以书名本纪者，盖惟槐鼎而已。故西京撰史，唯编丞相、大夫；东观著书，止列司徒、太尉。而近世自三公以下，一命已上，苟沾厚禄，莫不备书。

【译文】至于说到百职千官的任免升降，可以在本纪中记载姓名的，大概只有三公而已。所以西汉史官编撰史书，只编入丞相、大夫之类，东汉则只列司徒、太尉之类。而近代却从三公以下，一命以上，只要得到较厚的俸禄，无不全部写出。

且一人之身，兼预数职，或加其号而阙其位，或无其实而有其名。赞唱为之口劳，题署由其力倦。具之史牍，夫何足观？其烦三也。

【译文】而且同为一人，身兼数职，有的只是加衔而没有实际职位，有的只是空有其名而无实位。宣唱的司仪把嘴都唱累了，题署的人把手都写累了。把这些详细记入史册，有什么值得看的？这是第三个繁琐之处。

夫人之有传也，盖唯书其邑里而已。其有开国承家，世禄不坠，积仁累德，良弓无改，项籍之先，世为楚将，石建之后，廉谨相承，此则其事尤异，略书于传可也。

【译文】对于人物的世系传承，只要写出他的邑里也就可以了。若有开基建国，继承家业，世袭的勋禄得以继承；先辈积仁累德，子孙不改其志。如项籍的先辈，世代都为楚将；石建的后代，都以洁身、谨慎相传承。这些属于事迹特别特出的，在传内略作记载还是可以的。

其失之者，则有父官令长，子秩丞郎，声不著于一乡，行无闻于十室，而乃叙其名位，一二无遗。此实家谍，非关国史。其烦四也。

【译文】这方面的失误则有父亲官位不过令长，儿子官阶仅是承郎，名声不能著称于乡里，行为不能闻名于十户，却一一叙述他们的名位，毫无遗漏。这其实是家谱，与国史无关。这是第四个繁琐之处。

于是考兹四事，以观今古，足验积习忘返，流宕不归，乖作者之规模，违哲人之准的也。孔子曰："吾党之小子狂简，斐然成章，不知所以裁之。"其斯之谓矣。

【译文】因此考察这四个方面，用以观察近古以来的史书，足以说明已经形成积习忘记返回，放任而不知所归，背离了编史者的规范，违反了哲人所立的标准了。孔子说："我们那里的学生们志向高大得很，文彩斐然可观，我不知道怎么教导他们。"大概就是指这样的了。

亦有言或可记，功或可书，而纪阙其文，传亡其事者。何则？始自太上，迄于中古，其间文籍，可得言焉。夫以仲尼之圣也，访诸郯子，始闻少皞之官；叔向之贤也，询彼国侨，载辨黄能之祟。

【译文】也有言论或许可以记录，功绩或许可以一写，而本纪中没有记载，列传中也不记其事。为什么这么说呢？从上古开始，直到中古，其间有些文献典籍可以说一说。以仲尼这样的圣人，要访问郯子，才知道少皞氏的官名来源；以叔向这样的贤者，要询问子产，才能辨明黄能作祟的由来。

或八元才子，因行父而获传；或五羖大夫，假赵良而见识。则知当时正史，流俗所行，若三坟、五典、八索、九丘之书，虞、夏、商、周春秋、梼杌之记，其所缺略者多矣。

【译文】有的如八元才子，因为季孙行父才得以流传；有的如五羖大夫，借助赵良之口而为人所知。由此可知当时的正史，民间所流行的，如三坟、五典、八索、九丘之所记载的，虞、夏、商、周的春秋、梼杌所载录的，缺略的东西很多啊。

既而汲冢所述，方五经而有残，马迁所书，比三传而多别，裴松补陈寿之阙，谢绰拾沈约之遗，斯又言满五车，事逾三箧者矣。夫记事之体，欲简而且详，疏而不漏。若烦则尽取，省则多捐，此乃忘折中之宜，失均平之理。惟夫博雅君子，知其利害者焉。

【译文】以后汲冢书所记载的，和五经相比而有所不同；司马迁所著，与三传相比而多有区别。裴松之补陈寿之所缺，谢绰拾沈约之遗，这就又是言满五车，事过三箱了。记事这种体裁要求简而且详，疏而不漏。如果繁琐处一字不拉，减省处大多抛弃，这是忘记了适中的原则，丢弃了均衡的道理。只有博雅君子，才能知道其中的利害得失啊。

古今正史

《易》曰:“上古结绳以理,后世圣人易之以书契。”儒者云:“伏羲氏始画八卦,造书契,以代结绳之政,由是文籍生焉。”又曰:“伏羲、神农、黄帝之书,谓之‘三坟’,言大道也;少昊、颛顼、高辛、唐、虞之书,谓之‘五典’,言常道也。”《春秋传》载楚左史能读三坟、五典。《礼记》曰:“外史掌三皇、五帝之书。”由斯而言,则坟、典文义,三、五史策,至于春秋之时,犹大行于世。

【译文】《易》说上古之时,结绳记事以治天下,后世圣人发明文字以代替结绳。”为《易》作注释的儒士说:“伏羲氏创造了八卦图像与文字,以代替结绳治理国家的方式,于是书籍便产生了。”又说:“伏羲、神农、黄帝之书,称作三坟,谈的是宇宙、社会的大道理。少昊、颛顼、高辛、唐、虞之书,称为五典,谈的是一般的道理。”《春秋传》讲楚国左史倚相能读懂三坟、五典。《礼记》说:“外史掌管三皇五帝之书”。由此来看,三坟、五典到了春秋时,还在广泛地流传着。

爰及后古,其书不传,惟唐、虞已降,可得言者。然自尧而往,圣贤犹述,求其一二,仿佛存焉。而后来诸子,广造奇说,其语不经,其书非圣。故马迁有言:“神农已前,吾不知矣。”班固亦曰:“颛顼之事,未可明也。”斯则坟、典所记,无得而称者焉。

【译文】然而到了后来,三坟、五典就不传了。尧、舜以后的历史,人们还能讲述。但是尧以前的史实,圣人贤者尚能说起,仿佛还保存着,也只是十分之一二了。而后来的许多人,大肆编造新奇之说,所说的荒诞不经,所著的书籍与圣人所说不同。所以,司马迁说过:“神农之前的情况,我已经不知道了。”班固也说:“颛顼的情况,已经弄不清楚了。”由此可见,三坟、五典所记载的,我们已经不能知道它们的内容了。

案尧、舜相承,已见坟、典;周监二代,各有书籍。至孔子讨论其义,删为《尚书》,始自唐尧,下终秦穆,其言百篇,而各为之序。属秦为不道,坑儒禁学,孔子之末孙曰惠,壁藏其书。汉室龙兴,旁求儒雅,闻故秦博士伏胜能传其业,诏太常使掌故晁错受焉。

【译文】尧、舜是紧联着的两个朝代，那时的情况记载于三坟、五典之中。周借鉴之前的夏、商二代，它们亦各有许多书籍问世。到了孔子时，他将以前的典籍详加研讨，删为《尚书》。其书的内容从唐尧开始，至秦穆公结束，有一百多篇，孔子为每篇都写了序。秦朝残暴无道，焚书坑儒，禁止儒学。孔子的末孙孔惠，只得将《尚书》藏于墙壁中。汉朝一统天下后，征求儒家著作与儒家学说，听说秦时博士伏胜能够传授《尚书》，便诏令太常史掌固晁错去学习。

时伏生年且百岁，言不可晓，口授其书，才二十九篇。自是传其学者，有欧阳氏、大小夏侯。宣帝时，复有河内女子，得《泰誓》一篇献之，与伏生所诵，合三十篇，行之于世。其篇所载年月，不与序相符会，又与《左传》、《国语》、《孟子》所引《泰誓》不同，故汉、魏诸儒，咸疑其缪。

【译文】那时伏生年龄将近百岁，说话已经很难懂，他口述《尚书》的内容，仅得二十九篇。从此以后传授《尚书》这一学问的，有欧阳生与大小夏侯等人。汉宣帝时，河内又有一妇女，得《泰誓》一篇，该妇女将此书献给了皇帝。朝廷将此篇与伏生口述的三十篇，合在一起，刊行于世。该篇所载的年月时间，与《尚书》序言不相符合，与《左传》《国语》《孟子》所引述的《泰誓》内容也不相同，所以，汉、魏时许多儒学大师，都怀疑它不是原文。

古文《尚书》者，即孔惠所藏科斗之文字也。鲁恭王坏孔子旧宅，始得之于壁中。博士孔安国，以校伏生所诵，增多二十五篇，更以隶古字写之，编为四十六卷。司马迁屡访其事，故多有古说。安国又受诏为之训传。

【译文】古文《尚书》，即是孔惠藏干壁中，用科斗文写的那一种，是鲁恭王毁坏孔子旧宅时，在墙壁中发现它的。博士孔安国以这新发现的《尚书》校核伏生口述的《尚书》，比原来增加了二十五篇，用一行科斗书、一行隶书的形式抄写，编为四十六卷。司马迁多次向孔安国询问《尚书》事，所以在《史记》中多采用古文《尚书》的说法。孔安国按照皇帝的指示，为《尚书》作传疏。

值武帝末，巫蛊事起，经籍道息，不获奏上，藏诸私家。刘向取校欧阳、大小夏侯三家经文，脱误甚众。至于后汉，孔氏之本遂绝。其有见于经典者，诸儒皆谓之逸书。王肃亦注《今文尚书》，而大与古文孔传相类，或肃私见其本，而独秘之乎？

【译文】正好遇上武帝末期，发生了巫蛊事件，征求经书典籍的传统被废弃，所以孔安国的传疏没有能够奏闻皇帝，而是藏在私人家里。刘向取来欧阳与大小夏侯三家《尚书》进行校勘，发现脱字错误的地方很多。到了东汉，孔安国的古文《尚书》原本不再存在。其中有些文字见之于其它经典，众儒生都称之为“逸书”（指的是马融、郑玄、杜预）。王肃也曾注解《今文尚书》，然而其注解与孔安国《古文尚书》相似，难道是王肃见到了孔安国的《尚书》本子，自己藏起来了吗？

晋元帝时，豫章内史梅赜，始以孔《传》奏上，而缺《舜典》一篇，乃取肃之《尧典》，从“慎徽”以下，分为《舜典》以续之。自是欧阳、大小夏侯家等学，马融、郑玄、王肃诸注废，而古文孔传独行，列于学官，永为世范。

【译文】到了东晋元帝时，官居豫章内史的梅赜，献上了《孔传古文尚书》，然而，缺少《舜典》一篇。于是，取王肃《今文尚书注》中的《尧典》篇，从“慎徽五典”以下，分出为《舜典》篇，塞在他所献的《孔传古文尚书》中。自此以后，欧阳、大小夏侯的《尚书》学与马融、郑玄、王肃等人的《尚书》注解被废弃，只有《孔传古文尚书》独自流行，并被列入学官，成为世人长久教学、研读的范本。

齐建武中，吴兴人姚方兴，采马、王之义，以造孔传《舜典》，云于大航购得，诣阙以献。举朝集议，咸以为非。及江陵板荡，其文入北，中原学者得而异之，博士刘炫遂取此一篇列诸本第。古今人所习《尚书·舜典》，元出于姚氏者焉。

【译文】齐建武中，吴兴人姚方兴，撷采马融、王肃的注解，伪造了一篇孔安国传疏的《舜典》，献给朝廷，说是从大航购得。朝廷召集廷臣审查，都认为是伪造的《尚书》。后来，江南动乱，本篇传入北方的皇宫，中原的学者见后感到很惊异。隋朝学士刘炫见后，采用了这一篇，并将它收入《孔传古文尚书》内。所以，今日人们所研习的《尚书·舜典》，最早出之于姚方兴之手。

当周室微弱，诸侯力争，孔子应聘不遇，自卫而归。乃与鲁君子左丘明，观书于太史氏，因鲁史记而作《春秋》。上遵周公遗制，下明将来之法，自隐及哀，十二公行事。经成，以授弟子，弟子退而异言。丘明恐失其真，故论本事而为传，明夫子不以空言说经也。《春秋》所贬当世君臣，其事实皆形于传，故隐其书而不宣，所以免时难也。

【译文】当周朝衰弱时，诸侯都用武力争夺霸权。孔子周游列国，然而没有一个诸侯国重用他，他只好从卫国返回鲁国。于是与鲁国一品德高尚的名叫左丘明的人，一起在太史处阅读史书，依凭鲁国的记年史整理修订成《春秋》。该书对已往则肯定了周公的政治制度，对未来则明确地提出了新的社会法则。记事从鲁隐公开始到鲁哀公结束，全面地描写了鲁国十二个君主在位时天下所发生的大事。《春秋》一书修订整理成后，孔子用来教授弟子，然而弟子从课堂上出来后却作随意解释。左丘明担忧长期以往，失掉历史的本来面目，因而对《春秋》中所略写的历史事件详细叙述，这样做，欲使人们认识到孔子并非是臆造了一部《春秋》，他所说的都是有根据的。《春秋》一书对当时君臣某些言行的贬斥批评，在左丘明的传中都有详细的事情经过的描绘。《春秋》的作者之所以态度隐晦，闪烁其词，那是因为要避免当权者的责难。

及末世口说流行，故有《公羊》、《穀梁》、《邹》、《夹》之传。邹氏无师，夹氏有录无书，故不显于世。

【译文】战国末年，口头讲授、注解《春秋》的形式流行，于是有《公羊传》、《谷梁传》、《邹传》、《夹传》等，因邹氏无师承，夹氏最终仍然是只有口述而无书，所以，《邹传》、《夹传》都未能引起人们的重视。

汉兴，董仲舒、公孙弘并治《公羊》，其传习者，有严、颜二家之学。宣帝即位，闻卫太子私好《穀梁》，乃召名儒蔡千秋、萧望之等大议殿中，因置博士。

【译文】汉代兴起后，董仲舒与公孙弘二人一起研习《公羊传》，后来继承其业的则有严彭祖与颜安乐。汉宣帝登位后，听说卫太子私下里喜欢《谷梁传》，于是召集著名的儒学大师蔡千秋和萧望之等人到殿中议论《公羊传》与《谷梁传》的同异，最后大家倾向于《谷梁传》，于是，列入学官，设置教授此学的博士。

平帝初立《左氏》。逮于后汉，儒者数廷毁之。会博士李封卒，遂不复补。逮和帝元兴十一年，郑兴父子奏请重立学官。至魏、晋其书渐行，而二传亦废。今所用《左氏》本，即杜预所注者。

【译文】汉平帝初年，朝廷又将《左氏春秋传》立于学官。到了后汉，许多研习儒学的人在朝廷上批判、攻击《左传》。恰在这时，《左传》学的博士李封死亡，朝廷就不再补充这一空缺的职位了。一直到了和帝元兴十一年，郑兴父子上书朝廷，请求将《左氏春秋传》重新立于学官，才使它在学官中有一席之地。魏晋时，《左传》渐渐流行，相反，《公羊传》《谷梁传》却不再为人重视，直至淹没。今日人们所用的《左传》文本，是杜预注解的。

又当春秋之世，诸侯国自有史。故孔子求众家史记，而得百二十国书。如楚之书，郑之志，鲁之春秋，魏之纪年，此其可得言者。左丘明既配经立传，又撰诸异同，号曰《外传国语》二十一篇。斯盖采书、志等文，非唯鲁之史记而已。

【译文】春秋时候，各诸侯国都设置史官修史，于是，孔子广泛地搜求史籍，得到了一百二十国的国史，如其中有人们知道的《楚书》、《郑志》、《鲁春秋》、《魏纪年》等等。左丘明在配合《春秋》作传后，又校勘了各国史记在记述历史大事上的同、异之处，然后写成《外传国语》一书，共二十一篇。其材料不仅取自《鲁春秋》，还有其它诸侯国的《书》《志》等。

楚、汉之际，有好事者，录自古帝王、公侯、卿大夫之世，终乎秦末，号曰《世本》，十五篇。春秋之后，七雄并争，秦并诸侯，则有《战国策》三十三篇。汉兴，太中大夫陆贾纪录时功，作《楚汉春秋》九篇。

【译文】楚汉之际，有热心于编撰史书的人将记录古代至秦末的帝王、公侯、卿、相大夫活动的史料抽取出来，编为一书，名叫《世本》，共十五篇。春秋之后，先是七国争雄，后来秦灭诸侯各国，记录期间事情的则有《战国策》，该书有三十三篇。汉代兴起之初，太中大夫陆贾，叙述了楚汉相争的过程与汉开国的功绩，成为《楚汉春秋》一书，该书共有九篇。

孝武之世，太史公司马谈欲错综古今，勒成一史，其意未就而卒。子迁乃述父遗志，采《左传》、《国语》，删《世本》、《战国策》，据楚、汉列国时事，上自黄帝，下讫麟止，作十二本纪、十表、八书、三十世家、七十列传，凡百三十篇，都谓之《史记》。厥协六经异传，整齐百家杂言，藏诸名山，副在京师，以俟后圣君子。

【译文】汉武帝在位时，太史公司马谈想综合整理之前的各种史籍，然后修成一部通史，然而在愿望未能实现时就死去了。他儿子司马迁继承父亲的遗志，采撷《左传》、《国语》中的史料，删定《世本》、《战国策》，根据相去不远的楚汉列国时发生的事情，写成十二本纪、十表、八书、三十世家、十七列传，共有一百三十篇，定名为《史记》。考核《诗》《书》、《礼》、《乐》、《易》、《春秋》六经不同的注解，整合诸子百家的论述，书成后正本藏于名山，副本留在京师，以等待圣明的君子。

至宣帝时，迁外孙杨恽，祖述其书，遂宣布焉。而十篇未成，有录而已。元、成之间，褚先生更补其缺，作《武帝纪》、《三王世家》、《龟策》、《日者》等传，辞多鄙陋，非迁本意也。

【译文】到了汉宣帝时，司马迁的外孙杨恽开始讲述《史记》，于是公布于世。由发表的《史记》看出，其中缺了十篇，有目录而无内容。元帝、成帝期间，褚少孙先生作了补缺的工作，撰写了《武帝纪》、《三王世家》、《龟策》、《日者》等传，词语粗鄙，不是司马迁的本意。

晋散骑常侍巴西谯周，以迁书周、秦已上，或采家人诸子，不专据正经，于是作《古史考》二十五篇，皆凭旧典，以纠其缪。今则与《史记》并行于代焉。

【译文】晋朝散骑常侍巴西人谯周，认为司马迁描述周、秦以上的历史，所用的史料，许多是民间口传与诸子百家之言，而不是完全依据正史的材料，于是作《古史考》二十五篇。该书都是根据典籍，一一考核《史记》所述，纠正其错误。今日，它与《史记》并行于世。

《史记》所书，年止汉武，太初已后，阙而不录。其后刘向、向子歆，及诸好事者，若冯商、卫衡、扬雄、史岑、梁审、肆仁、晋冯、段肃、金丹、冯衍、韦融、萧奋、刘恂等，相次撰续，迄于哀平间，犹名《史记》。

【译文】《史记》记事的时间，到汉武帝时为止。太初以后，不再有史事的记载。之后，刘向、刘歆父子以及其他热心于修撰汉史的人，如冯商、卫衡、扬雄、史岑、梁审、肆仁、晋冯、段肃、金丹、冯衍、韦融、萧奋、刘恂等，相继撰写续写空缺的史事，接在《史记》的后面。这样，记事的时间便延伸至汉哀帝建平年间，仍称为《史记》。

至建武中，司徒掾班彪以为其言鄙俗，不足以踵前史；又雄、歆褒美伪新，误后惑众，不当垂之后代者也。于是采其旧事，旁贯异闻，作《后传》六十五篇。其子固以父所撰，未尽一家，乃起元高皇，终乎王莽，十有二世，二百三十年，综其行事，上下通洽，为《汉书》纪、表、志、传百篇。

【译文】到了建武中，司徒掾班彪认为后来人补写的历史，言辞鄙俚粗俗，未能继承《史记》的笔法，加之扬雄、刘歆歌颂王莽伪朝，迷惑后代，误导群众，不应该让这些所谓史书与《史记》相连接。于是收集过去的史实，采录同一历史事件的不同的说法，作《后传》六十五篇。他的儿子班固认为父亲所写的史书未能成为一家史书，于是，重新从汉高祖写起，到王莽朝结束，描写了十二代皇帝，历时二百三十年。汇集其间的各种活动与大事，上下贯通衔接，有纪、表、志、传等百篇，成为《汉书》。

其事未毕，会有上书云固私改作《史记》者，有诏京兆收系，悉录家书封上。固弟超诣阙自陈，明帝引见，言固续父所作，不敢改易旧书，帝意乃解。即出固，征诣校书，受诏卒业。经二十余载，至章帝建初中乃成。

【译文】这项写作工作还未结束，有人上书朝廷，说班固私自改写《史记》。朝廷下令京兆尹逮捕班固，将他家中藏书全部抄录奏上。班固的弟弟班超到宫中陈述班固的写作意图，汉明帝亲自接见了他。班超说：班固只是想继承父亲的未完成的事业，不是改动《史记》。于是，明帝理解了班固的写作动机，让他出任校书郎。之后，班固遵照帝王的指示，继续写作《汉书》，经过二十多年的努力，到汉章帝建初中终于写成。

固后坐窦氏事，卒于洛阳狱，书颇散乱，莫能综理。其妹曹大家博学能属文，奉诏校叙。又选高才郎马融等十人，从大家受读。其八表乃《天文志》等犹未克成，多是待诏东观马续所作。而《古今人表》尤不类本书。始自汉末，迄乎陈世，为其注解者，凡二十五家，至于专门受业，遂与《五经》相亚。

【译文】后来，班固因受到窦宪案件的牵连，死于洛阳狱中。所写的国史大量散乱无序，无人能够整理。在此情况下，知识渊博并具有写作才能的班固妹妹曹大家，接受皇帝的诏令，整理、校对哥哥的遗著。朝廷又选才学杰出的马融等十人，跟曹大家学习《汉书》。《汉书》中缺少的八表与《天文志》，有目而正文中无内容，则大多由待诏东观马续写成。不过，《古今人表》不象原书的风格。从汉末到南朝陈，为《汉书》作注解的，有二十五家，也有人专门学习研究《汉书》，使得它与五经并行于世。

初，汉献帝以固书文烦难省，乃诏侍中荀悦，依《左氏传》体，删为《汉纪》三十篇，命秘书给纸笔。经五六年乃就。其言简要，亦与纪传并行。

【译文】在注解《汉书》的风气形成之初，汉献帝觉得《汉书》繁杂难懂，于是令侍中荀悦按照《春秋左氏传》的笔法，将《汉书》删订成《汉纪》，让秘书省提供纸笔，荀悦花了五、六年时间完成，共三十篇。书的内容精炼，与《汉书》一起流行于世上。

在汉中兴，明帝始诏班固，与睢阳令陈宗、长陵令尹敏、司隶从事孟异，作《世祖本纪》，并撰功臣及新市、平林、公孙述事，作列传、载记二十八篇。

【译文】汉代中兴之时，汉明帝诏令班固与睢阳县令陈宗、长陵县令尹敏、司吏从事孟异撰写《世祖本纪》，并撰写功臣列传和王匡的新市兵、陈牧、廖湛的平林兵及公孙述等人的事迹为载记，共有二十八篇。

自是以来，春秋考纪，亦以焕炳，而忠臣义士，莫之撰勒。于是又诏史官谒者仆射刘珍及谏议大夫李尤，杂作纪、表、名臣、节士、儒林、外戚诸传，起自建武，讫乎永初。事业垂竟，而珍、尤继卒。复命侍中伏无忌与谏议大夫黄景，作诸王、王子、功臣、恩泽侯表、南单于、西羌传、地理志。

【译文】从此，光武朝三十多年的事情昭然于世，然而，班固等人仅为功臣作传，而忠臣义士的事迹却没有写到史书上。于是，朝廷又令史官谒者仆射刘珍即谏议大夫李尤，撰写纪、表与忠贤之臣、节操高尚之士、文学家与史学家、皇室外戚等人物传。记事时间从建武开始，到永初止。在这项工作即将结束的时候，刘珍、李尤却相继死去。朝廷便再令侍中伏无忌与谏议大夫黄景作各位王、王子、功臣、因恩泽而封侯的人的表及南单于与西羌的传记和地理志。

至元嘉元年，复令太中大夫边韶、大军营司马崔寔、议郎朱穆、曹寿，杂作《孝穆》、《崇》及《顺烈皇后传》，又增《外戚传》，入安思等后，《儒林传》入崔篆诸人。寔、寿又与议郎延笃杂作《百官表》，顺帝功臣孙程、郭愿及郑众、蔡伦等传。凡百十有四篇，号曰《汉纪》。

【译文】到了元嘉元年，汉桓帝又令太中大夫边韶、大军营司马崔寔、议郎朱穆、曹寿，撰写桓帝祖孝穆皇、父孝崇皇以及顺烈皇后的列传，又将安思皇后阎姬编入《外戚传》、崔篆等人编入《儒林列传》。崔寔、曹寿二人又与议郎延笃撰写《百官表》与顺帝时的功臣孙程、郭愿以及郑众、蔡伦等人的列传。共有一百一十四篇，称作《汉纪》。

熹平中，光禄大夫马日磾、议郎蔡邕、杨彪、卢植，著作东观，接续纪传之可成者，而邕别作《朝会》、《车服》二志。后坐事徙朔方，上书求还续成十志。会董卓作乱，大驾西迁，史臣废弃，旧文散佚。及在许都，杨彪颇存注记。至于名贤君子，自永初已下阙续。

【译文】熹平年间，光禄大夫马日磾与议郎蔡邕、杨彪、卢植在东观修史，对于前人未写完的纪传，在史料完备的情况下，将它们补写完。蔡邕又另外写了《朝会志》与《车服志》。后因案件牵连被充军北方时，他上书朝廷请求让他继续完成《十志》的撰写工作。此时，恰好遇到董卓作乱，皇帝被迫迁都西京，史臣一职被废除，原有的国史及资料散乱丢失。只有在许都的杨彪还保存一些注、记等史料。至于名臣贤士的事迹，从永初以下的质帝、桓帝、灵帝、献帝四代，都没有记载。

魏黄初中，唯著《先贤表》，故《汉记》残缺，至晋无成。泰始中，秘书丞司马彪始讨论众书，缀其所闻，起元光武，终于孝献，录世十二，编年二百，通综上下，旁引庶事，为纪、志、传凡八十篇，号曰《续汉书》。

【译文】三国魏黄初年间，史官只撰写了《先贤表》，而没有作汉史的整理工作，故而汉史仍残缺不全。到了晋代之初，此项工作仍然未做，一直到了泰始中，秘书丞司马彪才开始汇集各家的史书，进行研究，连缀各种史书中所记载的有价值的事件。从汉武帝开始，到汉献帝结束，记述的历史经历了十二代皇帝，按年、月、日的时间顺序进行编写，历时二百余年。将前后的历史事件综合贯通起来，另外又引入众多的资料，写成纪、志、传共八十篇，名叫《续汉书》。

又散骑常侍华峤，删定《东观记》，为《汉后书》，帝纪十二、皇后纪二、典十、列传七十、谱三，总九十七篇。其十典竟不成而卒。自斯已往，作者相继，为编年者四族，创纪传者五家，推其所长，华氏居最。而遭晋室东徙，三惟一存。

【译文】后来又有散骑常侍华峤，将《东观汉记》删改修订为《汉后书》，分为十二篇帝纪、二篇皇后纪，三篇谱、十篇典，七十篇列传，总共为九十七篇。其中典的部分尚未写成就死去了。从此以后，修订汉史的人相继出现，作编年体的有四人，写纪传体的有五家。如要推选最好的，应该以华峤的《汉后书》为首选。可是到了晋朝廷迁移到江南，这些史书三分只存一分了。

至宋宣城太守范晔，乃广集学徒，穷览旧籍，删烦补略，作《后汉书》，凡十纪、十志、八十列传，合为百篇。会晔以罪被收，其十志亦未成而死。先是晋东阳太守袁宏，抄撮《汉氏后书》，依荀悦体，著《后汉纪》三十篇。世言汉中兴史者，唯范、袁二家而已。

【译文】到了南朝宋，宣城太守范晔，大量地招收学生，广泛地搜集阅览旧有史籍，删除冗杂，补充漏略，写成《后汉书》。分为十纪、十志、八十列传，共有一百篇。恰巧范晔因犯罪被捕，被判死刑，而十志还未写成。在范晔之前，有晋朝东阳太守袁宏，摘录各种后汉史籍，模仿荀悦的体例编成《后汉纪》三十篇。人们在说到后汉史书时，只有范晔与袁宏二家而已。

魏史，黄初、太和中，始命尚书卫觊、缪袭草创纪传，累载不成。又命侍中韦诞、应璩、秘书监王沈、大将军从事中郎阮藉、司徒右长史孙该、司隶校尉傅玄等，复共撰定。其后王沈独就其业，勒成《魏书》四十四卷。其书多为时讳，殊非实录。

【译文】魏国史书的修撰，开始于黄初、太和中，朝廷令尚书卫觊、缪袭草拟纪、传，历时多年未能成功。于是，又令侍中韦诞、应璩、秘书监王沈、大将军从事中郎阮籍、司徒右长史孙该、司隶校尉傅玄等，共同重新撰写。后来，王沈一人独自承担了撰写的任务，写成《魏书》，四十卷。然而，该书许多地方为传主掩饰，不是一部据实记载的史书。

吴大帝之季年，始命太史丁孚、郎中项峻撰《吴书》。孚、峻俱非史才，其文不足纪录。至少帝时，更敕韦曜、周昭、薛莹、梁广、华覈访求往事，相与记述。

【译文】吴大帝孙权登帝位后的第二年，开始让太史令丁孚、郎中项峻撰写《吴书》。然而，丁孚、项峻都不具备史家的才能，他们的史学与文字水平使他们不能胜任记录史事的工作。到了少帝孙亮时，重新命韦耀、周昭、薛莹、梁广、华核察访调查过去的历史大事，按照时间的先后进行记载。

并作之中，曜、莹为首。当归命侯时，昭、广先亡，曜、莹徙黜，史官久阙，书遂无闻。覈表请召曜、莹，续成前史，其后曜独终其书，定为五十五卷。

【译文】在上述这些人所撰写的史书中，韦曜、薛莹所写的质量最高。在归命侯孙皓即位时，梁广、周昭先于他人而亡，韦曜犯罪，薛莹流放远处充军，史官散逸，再没有人递补上来，修写史书的事自然停滞不前。这时，右国史华核上疏朝廷，请求让韦曜、薛莹继续撰史的工作。朝廷批准。之后，韦曜独自一人结束了全书的撰写工作，该书共有五十五卷。

至晋受命，海内大同，著作陈寿乃集三国史，撰为《国志》，凡六十五篇。夏侯湛时亦著《魏书》，见寿所作，便坏已草而罢。及寿卒，梁州大中正范頵表言，《国志》明乎得失，辞多劝诫，有益风化，愿垂采录。于是诏下河南尹，就家写其书。

【译文】到了晋代，天下统一。著作郎陈寿，汇集三国时的官私历史著作，重新撰写，名为《三国志》，有六十五篇。当时人夏侯湛也在撰写《魏书》，见到陈寿的作品后，毁掉自己的草稿而停止了写史的工作。陈寿死时，梁州大中正范頵上表朝廷，说《三国志》能正确地分析历史上政治成功与失败的原因，劝导人们忠君爱民，各守本分，此书有益于教化民众、淳正风俗。他请求朝廷采纳此书。于是，朝廷指示河南尹到他家中誊抄《三国志》。

先是，魏时京兆鱼豢，私撰《魏略》，事止明帝。其后孙盛撰《魏氏春秋》，王隐撰《蜀记》，张勃撰《吴录》，异闻错出，其流最多。宋文帝以《国志》载事伤于简略，乃命中书郎裴松之兼采众书，补注其阙。由是世言《三国志》者，以裴《注》为本焉。

【译文】在陈寿之前，魏国京兆人鱼豢，私下里撰写了《魏略》，记事时间到明帝结束。在陈寿之后，又有孙盛撰写了《魏氏春秋》、王隐撰写了《蜀记》、张勃撰写了《吴录》。各种史书纷纷问世，不胜枚举。宋文帝认为《三国志》记述历史事件过于简略，于是令中书郎裴松之作注。松之博采群书一百四十余种，又搜集传说逸闻，以补述《三国志》的缺漏之处。从此以后，人们只要谈到《三国志》，都根据裴注本。

晋史，洛京时，著作郎陆机始撰三祖纪，佐著作郎束皙又撰十志。会中朝丧乱，其书不存。先是，历阳令陈郡王铨有著述才，每私录晋事，及功臣行状，未就而卒。子隐博学多闻，受父遗业，西都事迹，多所详究。过江为著作郎，受诏撰晋史。为其同僚虞预所诉，坐事免官。家贫无资，书未遂就，乃依征西将军庾亮于武昌镇。亮给其纸墨，由是获成，凡为《晋书》八十九卷。咸康六年始诣阙奏上。

【译文】关于晋朝史书。西晋时，有著作郎陆机首先撰写了《宣帝纪》《景帝纪》和《文帝纪》。后来，佐著作郎束皙又撰写了十志。西晋末，战争频起，动乱不宁，这些著作都散佚不存。在陆、束之前，历阳县令陈郡人王铨，富有写作、修史的才能，他曾私下里撰写《晋书》与功臣的事迹，然而，事业未成时就已死去。他的儿子王隐，继承了他父亲未完成的事业。他对于西晋所发生过的历史大事，大都进行过考核研究。朝廷移到江南后，他任著作郎，接受诏令撰写晋史。后因同僚虞预结党排挤他，使他在一次案件中受牵连而被免官。王隐因家中贫困，没有撰史的物质条件，所以，撰写工作不能完成。后来到武昌依附于征西将军庾亮，庾亮供给纸墨，这样，才写成了国史。著作名叫《晋书》，有八十九卷。咸康六年，才献给朝廷。

隐虽好述作，而辞拙才钝。其书编次有序者，皆铨所修；章句混漫者，必隐所作。时尚书郎领国史干宝亦撰《晋纪》，自宣讫愍七帝，五十三年，凡二十二卷。其书简略，直而能婉，甚为当时所称。

【译文】王隐虽然喜爱写作，然而才思滞塞，辞不达意。所以《晋书》一书，其线索清晰，叙述有条不紊之处，都是他父亲王铨写的。章节错乱，意思不明的地方，一定就是王隐写的。其时，尚书郎兼领国史的干宝，也撰写了《晋纪》，该书记事从宣帝开始，到愍帝结束，五十三年，共有二十二卷。该书内容简略，既能直书史事，又能将自己的褒贬态度寓含于字里行间，委婉地表现出来，该书得到了当时人的赞扬。

晋江左史，自邓粲、孙盛、檀道鸾、王韶之已下，相次继作。远则偏记两帝，近则唯叙八朝。至宋湘东太守何法盛，始撰《晋中兴书》，勒成一家，首尾该备。齐隐士东莞臧荣绪，又集东、西二史，合成一书。

【译文】江南东晋的史官邓粲、孙盛、檀道鸾、王韶之等人，相继写作国史。有的只撰写东晋初的元帝、明帝纪，有的则撰写从明帝到安帝八朝的帝纪。到了南朝宋，湘东太守何法盛，开始撰写《晋中兴书》，独家完成，首尾全备。南朝齐隐士东莞营县人臧荣绪又汇集了西晋与东晋的史书，合成一书，名叫《晋史》。

皇家贞观中，有诏以前后晋史十有八家，制作虽多，未能尽善，乃敕史官更加纂录。采正典与杂说数十余部，兼引伪史十六国书，为纪十、志十二、列传七十、载记三十，并叙例、目录，合为百三十二卷。自是言晋史者，皆弃其旧本，竞从新撰者焉。

【译文】本朝贞观年间，太宗认为十八家东、西晋史，著作虽然很多，但是没有一家尽善尽美，于是，下令房玄龄等人重新修撰。史官们收集、采纳几十部正史与野史的材料，又引伪十六国史的史料，编纂成十卷纪、二十卷志、七十卷列传、三十卷载记。另外加上序言、凡例、目录，共计为一百三十二卷。从此以后，研习晋代历史的人，都放弃旧的晋代史书，竞相根据新撰写的《晋史》。

宋史，元嘉中，著作郎何承天草创纪传。自此以外，悉委奉朝请山谦之补承天残缺。后又命裴松之续成国史。松之寻卒，史佐孙冲之表求别自创立，为一家之言。孝建初，又敕南台侍御史苏宝生续造诸传，元嘉名臣，皆其所撰。宝生被诛。

【译文】南朝宋国史的修撰，始于元嘉中，从著作郎何承天撰写纪、传与《天文志》《律历志》开始，何承天之外的撰写任务，全由奉朝请山谦之承担。不久，山谦之病亡，朝廷又令裴松之继续国史的修写工作。不多时松之又死。在此情况下，史佐官孙冲之上表请求由他重新撰写，成一家之言。孝建初，朝廷又令南台侍御史苏宝生继续前人未完成的纪传的撰写工作，元嘉时名臣传记，都是出于他的手笔。宝生因罪被杀。

大明六年，又命著作郎徐爰踵成前作。爰因何孙、山、苏所述，勒成一书，其臧质、鲁爽、王僧达诸传，又皆孝武自造，而序事多虚，难以取信。自永光已后至禅让，十余年中，阙而不载。至齐著作郎沈约，更补缀所遗，制成新史。始自义熙肇号，终乎昇明三年。为纪十、志三十、列传六十，合百传，名曰《宋书》。永明末，其书既行，河东裴子野更删为《宋略》二十卷。沈约见而叹曰："吾所不逮也。"由是世之言宋史者，以裴《略》为上，沈《书》次之。

【译文】大明六年，朝廷又命著作郎徐爰承接前人的事业，完成修史工作。徐爰凭依着何承天、孙冲之、山谦之、苏宝生的著作，汇聚后进行整合，修订成一书。然而，臧质、鲁爽、王僧达等起兵造反者的传记，都是孝武帝亲自写的，在叙述事情时却不实事求是，虚假的成份较多，所以人们难以相信。自永光之后到宋顺帝让位的十多年里，国家大事缺而未录。到了南朝齐时，著作郎沈约重新撰写《宋史》，并对旧史的缺漏之处进行补充。记事时间从义熙开始到升明三年结束。有十卷纪、三十卷志、六十卷列传，共有一百卷。名叫《宋书》。永明末年，该书问世。之后，河东裴子野在此基础上删订为《宋略》，变成二十卷。沈约见到《宋略》后，感叹地说："我赶不上裴子野啊！"自此以后，人们谈论宋史，都将裴子野的《宋略》摆在第一位，将沈约的《宋书》摆在第二位。

齐史，江淹始受诏著述，以为史之所难，无出于志，故先著十《志》以见其才。沈约复著齐纪二十篇。梁天监中，太尉录事萧子显启撰齐史，书成表奏之。诏付秘阁。起昇明之年，尽永元之代。为纪八、志十一、列传四十，合成五十九篇。

【译文】南朝齐的国史，其修撰工作由江淹开始。他接受朝廷的诏令后，先撰写了《十志》。因为在整个修史工作中，志书是最难的。江淹想以此来显示自己的才华。后来，沈约又写了《齐纪》，有二十篇。梁天监中，萧子显又启奏开始写作《齐史》，成书之后，上表奏请，诏令下来说让放入秘书阁。记事起自昇明年间，终于永元年间。有八篇纪、十一篇志、四十篇列传、共计为五十九篇。

时奉朝请吴均亦表请撰齐史，乞给起居注并群臣行状。有诏："齐氏故事，布在流俗，闻见既多，可自搜访也。"均遂撰《齐春秋》三十篇。其书称梁帝为齐明佐命，帝恶其实，诏燔之。然其私本，竟能与萧氏所撰并传于后。

【译文】著作完成后，他上书朝廷，奏告其事。朝廷令秘阁收藏。当时，任奉朝请一职的吴均，也上表请求撰写《齐史》，并请求借给他齐朝《起居注》与《群臣行状》。皇帝说："齐朝历史上发生过的事件，民间多有传说，你既然耳闻目睹过很多，可以自己去搜集嘛。"于是，吴均撰写了《齐春秋》一书，有三十篇。因该书说梁武帝曾任齐明帝时的佐命小官，故而，武帝对这种据实记载的书非常反感，命令烧掉。然而，吴均私下里保存的副本却能与萧子显所撰的《齐史》在世上一起流行。

梁史，武帝时，沈约与给事中周兴嗣、步兵校尉鲍行卿、秘书监谢昊，相承撰录，已有百篇。值承圣沦没，并从焚荡。庐江何之元、沛国刘璠，以所闻见，穷其始末，各撰《梁典》三十篇，而纪传之书，未有其作。陈祠部郎中姚察，有志撰勒，施功未周。但既当朝务，兼知国史，至于陈亡，其书不就。

【译文】南朝梁的国史，在梁武帝时就已着手撰写。先后有沈约撰写过一十四卷的《高祖纪》，给事中周兴嗣撰写过《皇帝实录》、《皇德记》与《起居注》等，步兵校尉鲍行卿撰写过十三卷的《皇定仪》等著作，秘书监谢昊又撰写过四十九卷的《梁书》，总加起来，有一百多卷。然而，这些史料在侯景之乱中或被焚毁，或散佚，荡然无存。庐江何之元、沛国刘璠回忆自己的所见所闻，又仔细调查了每件事情的起始到结束的过程，合作撰写《梁典》，一共三十卷。然而，帝纪与列传，却没有人写。陈朝祠部郎中姚察有心想重修梁史，然而，他未能全身心地进行撰写工作，一面承担朝廷政务，一面领导修撰国史的工作，直到陈亡国时，该书也未能完成。

陈史，初有吴郡顾野王、北地傅縡，各为撰史学士，其武、文二帝纪，即顾、傅所修。太建初，中书郎陆琼续撰诸篇，事伤繁杂，姚察就加删改，粗有条贯。及江东不守，持以入关。隋文帝尝索梁、陈事迹，察具以所成每篇续奏，而依违荏苒，竟未绝笔。

【译文】南朝陈国史，开始由撰史学士吴郡人顾野王、北地人傅縡修撰，《武帝纪》与《文帝纪》就是他们二人写的。太建初年，中书郎陆琼接着撰写了许多卷，然而，记事不简炼，拖拉庞杂。于是姚察对陆书加以删改整理，变得稍有条理一些。到了陈代灭亡时，姚察便将史书带入新朝。隋文帝常常向姚察索要关于记载梁、陈二代的史册，姚察便每修订好一卷就献给文帝，但是在反复斟酌、迟疑不决之际，光阴迅速地消逝而去，直到他死时，也未能完成该书。

皇家贞观初，其子思廉为著作郎，奉诏撰成二史。于是凭其旧稿，加以新录，弥历九载，方始毕功。定为《梁书》五十卷、《陈书》三十六卷，今并行世焉。

【译文】唐朝贞观初年，姚察的儿子姚思廉任著作郎。他遵照皇帝的诏令，撰写梁、陈二代的史书。于是，依凭旧的书稿，加进新撰的内容，耗费了九年时间，才完成这项工作。一名叫《梁书》，有五十卷，一名叫《陈书》，有三十六卷。今天，这两部著作都在世上流行。

十六国史，前赵刘聪时，领左国史公师彧撰《高祖本纪》，及功臣传二十人，甚得良史之体。凌修谮其讪谤光帝，聪怒而诛之。刘曜时，平舆子和苞撰《汉赵记》十篇，事止当年，不终曜灭。

【译文】西晋末年之后相继建立的十六国国史，起始于前赵刘聪在位时。在这期间，任左国史的公师彧撰写了《高祖本纪》与二十位功臣的传记，所写的著作很符合良史的体例与规范。因为凌修诬告他讥嘲、诽谤先帝刘渊，刘聪大怒，杀了公师彧。刘曜当皇帝时，平舆子和苞撰写了十篇《汉赵记》，其记事时间仅止一于写作那一年，没有连续记载到刘曜灭亡之日。

后赵石勒命其臣徐光、宗历、傅畅、郑愔等，撰《上党国记》、《起居注》、《赵书》。其后又令王兰、陈晏、程阴、徐机等相次撰述。至石虎并令刊削，使勒功业不传。

【译文】后赵皇帝石勒命令臣子徐光、宗历、傅畅、郑愔等人撰写《上党国记》《起居注》与《赵书》，后来，又命令王兰、陈晏、程阴、徐机等，相继撰写有关后赵的史事。到了石虎登上帝位后，他下令删削有关内容，目的是使石勒的功绩不能传世。

其后燕太傅长史田融、宋尚书库部郎郭仲产、北中郎参军王度，追撰二石事，集为《邺都记》、《赵记》等书。前燕有起居注，杜辅全录以为《燕纪》。

【译文】后来，燕太傅长史田融、宋尚书库部郎郭仲产、晋北中郎参军王度等人在修撰后赵史书时，才补撰上石勒事迹，并将其汇入到所修撰的后赵史书中，这些史书分别为《邺都记》《赵记》等。前燕原有《起居注》，是杜辅全将其抄录整理后定名为《燕纪》。

后燕建兴元年，董统受诏草创后书，著本纪并佐命功臣、王公列传，合三十卷。慕容垂称其叙事富赡，足成一家之言。但褒述过美，有惭董史之直。其后申秀、范亨，各取前后二燕合成一史。

【译文】后燕在建兴元年，朝廷令董统着手撰记后燕的国史，董统撰写了帝王本纪与辅佐帝王的功臣以及王公的列传，共计为三十卷。慕容垂称赞这部著作叙事细腻，内容丰富，形成了一家的观点。然而其书对人物过于褒美，难以符合南史、董狐所传下来的直笔的传统。后来，申秀、范亨将杜辅全的《燕记》与董统的著作，整合成一部前燕史。

南燕有赵郡王景晖，尝事德、超，撰二主起居注。超亡，仕于冯氏，官至中书令，仍撰《南燕录》六卷。

【译文】南燕的史书，由赵郡人王景晖撰写。王景晖在南燕慕容德、慕容超朝中做官，撰写德、超两位君主的《起居注》。慕容超死后，他到北燕冯氏朝廷做官，一直做到中书令。他到了北燕后，就撰写了《南燕录》，该书有六卷。

蜀初号曰成，后改称汉。李势散骑常侍常璩撰《汉之书》十卷。后入晋秘阁，改为《蜀李书》。璩又撰《华阳国志》，具载李氏兴灭。

【译文】蜀国，开始叫成，后又改名叫汉。后主李势在位时，散骑常侍常璩撰写十卷《汉书》，该书后来藏于东晋的秘阁，改为《蜀李书》。常璩还写过《华阳国志》，该书记载了成汉李氏由兴到亡的过程。

前凉张骏十五年，令其西曹边浏集内外事，以付秀才索绥，作《凉国春秋》五十卷。又张重华护军参军刘庆，在东苑专修国史二十余年，著《凉记》十二卷。建康太守索晖、从事中郎刘昞，又各著《凉书》。

【译文】前凉国在忠成公张骏执政第十五年时，命令西曹边浏搜集朝廷内外所发生过的大事资料，付给秀才索绥。于是，索绥撰写出了五十卷的《凉国春秋》。之后敬烈公张重华执政时，他的护军参军刘庆在东苑专门撰修国史，花费了二十多年时间，写成十二卷的《凉记》。另外，建康太守索晖、从事中郎刘昞，又各自写成过《凉书》。

前秦史官，初有赵渊、车敬、梁熙、韦谭，相继著述。苻坚尝取而观之，见苟太后幸李威事，怒而焚灭其本。后著作郎董谊追录旧语，十不一存。

【译文】前秦的历史，先是有该国的史官赵渊、车敬、梁熙、韦谭相继撰写过。世祖符坚尝拿过来看看，当看到其中记载着母亲苟太后与李威的男女关系事时，大怒，将它们全部烧毁。后来，著作郎董谊追忆以前的旧事，记载下来，所记内容连原来的十分之一都不到了。

及宋武帝入关，曾访秦国事，又命梁州刺史吉翰，问诸仇池，并无所获。先是秦秘书郎赵整参撰国史，值秦灭，隐于商洛山，著书不辍，有冯翊、车频助其经费。

【译文】到了宋武帝刘裕出兵关中，消灭后秦时，曾访问秦国的史事。后来又命令梁州刺史吉翰到氐族聚住地仇池去寻问，都没有收获。在此之前，秦国秘书郎赵整曾参与国史的修撰，在秦灭亡时，他隐居于商洛山，继续撰写秦国史。在他写作时，得到了冯诩、车频的帮助。

整卒，翰乃启频纂成其书，以元嘉九年起，至二十八年方罢，定为三卷。而年月失次，首尾不伦。河东裴景仁，又正其讹僻，删为《秦纪》十一篇。

【译文】赵整死后，吉翰请车频把该书编纂成。编纂工作从元嘉九年开始，到二十八年才结束，有三卷。然而书中时间混乱，前后体例不一。于是河东人裴景仁纠正该书的讹误之处，删去不重要的内容，定名叫《秦记》，有十一篇。

后秦扶风马僧虔、何东卫隆景，并著《秦史》。及姚氏之灭，残缺者多。泓从弟和都，仕魏为佐民尚书，又追撰《秦纪》十卷。

【译文】后秦的史书，由扶风人马僧虔、河东人卫隆景同时撰写。然而，在姚氏被灭亡的过程中，史书散佚很多。后来，姚泓的堂弟姚和都在北朝魏任左民尚书时，又重新撰写了十卷《秦纪》。

夏天水赵思群、北地张渊，于真兴、承光之世，并受命著其国书。及统万之亡，多见焚烧。

【译文】夏，天水人赵思群、北地人张渊在真兴、承光之时，一起接受朝廷的命令，撰写夏朝的国史。等到夏的首都统万被占领后，所写的国史大部分被焚烧了。

西凉与西秦，其史或当代所书，或他邦所录。段龟龙记吕氏，宗钦记沮渠氏，失名记秃发氏，韩显宗记冯氏。唯有三者可知，自余不详谁作。

【译文】西凉国、西秦国与北燕国的国史，有的是本朝的人撰写的，有的是别的王朝撰写的。凉国著作佐郎段龟龙记载了吕氏的后凉国史事，先仕北凉、后又仕北魏的宗钦撰写沮渠氏的北凉国史；不知名者撰写秃发氏的南凉国史；北魏中书侍郎韩显宗修撰了冯氏北燕的史书。只有这三家尚可知，其它的史书就不知为谁所作了。

魏氏黄门侍郎崔鸿，乃考核众家，辨其同异，除烦补阙，错综纲纪，易其国书曰录，主纪曰传，都谓之《十六国春秋》。鸿始以景明之初，求诸国逸史，逮正始元年，鸠集稽备，而犹阙蜀事，不果成书。

【译文】北朝魏黄门侍郎崔鸿，在上述诸史的基础上，考察、研究各家的记载，看看哪些记载是一致的，哪些记载有出入，删削繁杂的内容，补充缺漏的地方。将“国史”改名叫“录”，将所谓帝王的纪改为“传”，总称叫《十六国春秋》。崔鸿搜集各国散逸史书的工作开始于景明初年，到了正始元年，搜集与考核工作基本上完成，唯缺少蜀国史，不能编辑成书。

推求十有五年，始于江东购获，乃增其篇目，勒为一百二卷。鸿殁后，永安中，其子缮写奏上，请藏诸秘阁。由是伪史宣布，大行于时。

【译文】又经过十五年的寻觅，才在江南购买到。于是增加了篇幅，编成一百二十卷。崔鸿死后，他的儿子誊抄后献给皇帝，请求将该书收藏在秘阁。从此以后，伪十六国王朝的历史公布于世，并在当时得到广泛地流行。

元魏史，道武时，始令邓渊著国记，唯为十卷，而条例未成。暨乎明元，废而不述。神䴥二年，又诏集诸文士崔浩、浩弟鉴、高谠、邓颖、晁继、范亨、黄辅等，撰国书为三十卷。

【译文】元魏朝的国史，在道武帝拓跋珪在位时，就诏令邓渊撰写了十卷《国记》，然而没有整理成有条理的符合体例的著作。到了魏太宗拓跋嗣时，就停止编撰了。神䴥二年，太武帝诏集崔浩、浩之弟崔览、高谠、邓颖、晁继、范享、黄辅等文士撰写国书，成书三十卷。

又特命浩总监史任，务从实录。复以中书郎高允、散骑侍郎张伟，并参著作，续成前史书。叙述国事，无隐所恶，而刊石写之，以示行路。浩坐此夷三族，同作死者百二十八人。自是遂废史官。

【译文】又特别命令崔浩领导修史的工作，要求严格按照实际情况来写。又命令中书郎高允、散骑侍郎张伟一起参加撰写工作，接着完成前书。在修撰时，对于朝廷的过失不隐瞒，写好后，将内容刊刻在石碑上，以让行路人阅读。崔浩因为这样做而被灭三族，同时被处死的僚属有一百二十八人。从此以后，朝廷废除史官。

至文成帝和平元年，始复其职，而以高允典著作，修国记。允年已九十，手目俱衰。时有校书郎刘模，长于缉缀，乃令执笔而口占授之。如是者五六岁。所成篇卷，模有力焉。初，国记自邓、崔以下，皆相承作编年体。

【译文】直至到了成帝和平元年才恢复这一职位，委任高允掌管著作事，领导修撰国史的工作。高允年龄有九十多岁，握笔看书都很吃力。当时有一校书郎中刘模，在编辑工作方面是个行家，于是高允让他执笔，记录自己口述的内容。这样的工作方式持续了五、六年。可以说，在高允所完成的史书中，刘模起了很大的作用。早期的元魏国史，从邓渊、崔浩之后一直到孝文帝太和十一年，都是用编年体的形式来写史的。

至孝文太和十一年，诏秘书丞李彪，著作郎崔光，始分为纪传异科。宣武时，命邢峦追撰《孝文起居注》。既而崔光、王遵业补续，下讫孝明之世。温子昇复修《孝庄纪》，济阴王晖业撰《辨宗室录》。魏史官私所撰，尽于斯矣。

【译文】到了太和十一年，秘书丞李彪、著作郎崔光才奏告皇帝，请求仿照《史记》与《汉书》的体例，皇帝批准了这一请求。宣武帝元恪在位时，命令邢峦追记孝文帝的《起居注》。不久，崔光、王遵业一同补充《起居注》缺漏的地方，记事的时间也延伸到孝明帝在位时。后来，温子升又撰写了《孝庄纪》、济阴王晖业撰写了《辨宗室录》。北魏官方与私人所撰的史书，都在这里了。

齐天保二年，敕秘书监魏收博采旧闻，勒成一史。又命刁柔、辛元植、房延祐、睦仲让、裴昂之、高孝幹等助其编次。

【译文】北齐天保二年，朝廷指示秘书监魏收广泛地搜集关于前朝的史事，撰写成一部史书。同时，又命令刁柔、辛元植、房延祐、睦仲让、裴昂之、高孝干等帮助魏收做编史的工作。

收所取史官，惧相凌忽，故刁、辛诸子并乏史才，唯以仿佛学流，凭附得进。于是大征百家谱状，斟酌以成《魏书》。上自道武，下终孝靖，纪传与志，凡百三十卷。收谄齐氏，於魏室多不平。

【译文】魏收对于帮助他工作的史官，害怕他们凌辱轻视自己，所以只依赖奉承他的人。故而，刁柔、辛元植等人，都没有多少修撰国史的才能，只是因为他们效法学者之流，得以进身。就这样，他们广泛地征集名士、显宦、功臣等家族的谱牒，斟酌取舍其中的内容，编成《魏书》。记事时间上自道武帝拓跋珪，下至孝武帝元修结束，纪、传与志，共有一百三十卷。此书，既偏爱北朝的高齐政权，又对北魏宗室多有不平之处。

既党北朝，又厚诬江左。性憎胜己，喜念旧恶，甲门盛德，与之有怨者，莫不被以丑言，没其善事。迁怒所至，毁及高曾。书成始奏，诏收于尚书省与诸家论讨。前后列诉者，百有余人。

【译文】他既偏好北朝，又对南朝进行深深的污蔑。魏收憎恶胜过自己的人，念念不忘与自己有过矛盾的人，一些名门望族虽然德行高尚，但是因为曾与他有仇，他一概说他们的坏话，埋没他们的善行与功绩。他对人的仇恨，甚至延及对方的高祖、曾祖辈。书写好奏上皇帝时，皇帝令魏收在尚书省与所写人物的子孙讨论该书，前后有一百多人向皇帝投诉。

时尚书令杨遵彦，一代贵臣，势倾朝野，收撰其家传甚美，是以深被党援。诸讼史者，皆获重罚，或有毙于狱中。群怨谤声不息。

【译文】当时的尚书令杨遵彦，是贵宠一代的权臣，其势力影响朝廷内外。魏收撰写他的家传时，加上了许多溢美之辞，所以魏收得到了杨遵彦的庇护。杨遵彦给予上诉的人严厉的惩罚，有的竟在狱中被杀害，因此，怨骂之声接连不断。

孝昭世，敕收更加研审，然后宣布于外。武成尝访诸群臣，犹云不实，又令治改，其所变易甚多。由是世薄其书，号为“秽史”。

【译文】到了孝昭帝高演时，诏令魏收对该书重新研究审核，然后公布于世。到了武成帝高湛时，武成帝曾经就这本书向许多大臣询问看法，大臣们仍然说该书所记不符合史实。于是，又命令魏收修改，修改后的内容比起原来的有许多不同。因此，世上的人轻视此书，称它为“秽史”。

至隋开皇，敕著作郎魏澹与颜之推、辛德源更撰《魏书》，矫正收失。澹以西魏为真，东魏为伪，故文、恭列纪，孝靖称传。合纪、传、论例，总九十二篇。

【译文】到了隋文帝开皇年间，朝廷指示著作郎魏澹与颜之推、辛德源重新撰写《魏书》，纠正魏收的错误。魏澹以西魏为正统，东魏为伪朝，所以将文帝、恭帝的事迹列为本纪，将东魏孝靖帝仅列名为传。此书纪传、凡例等加在一起，总共为九十二篇。

炀帝以澹书犹未能善，又敕左仆射杨素别撰，学士潘徽、褚亮、欧阳询等佐之。会素薨而止。今世称魏史者，犹以收本为主焉。

【译文】到隋炀帝杨广执政时，认为魏澹的著作还不是很完善的，于是指示左仆射杨素，让学士潘徽、褚亮、欧阳询等人帮助他。此事因杨素去世而停止了。今天社会上研习的魏史，仍然以魏收的本子为主。

高齐史，天统初，太常少卿祖孝征述献武起居，名曰《黄初传天录》。时中书侍郎陆元规，常从文宣征讨，著《皇帝实录》，唯记行师，不载它事。

【译文】北齐的国史，撰写工作开始于天统初年，太常少卿祖孝征追录齐高祖高欢的起居注，书名叫《黄初传天录》。当时，曾经跟随文宣帝征讨的中书侍郎陆元规，也撰写《皇帝实录》，不过，他只记皇帝带兵打仗的事，而不涉及其它方面。

自武平后，史官阳休之、杜台卿、祖崇儒、崔子发等，相继注记。逮于齐灭，隋秘书监王劭、内史令李德林，并少仕邺中，多识故事。王乃凭述起居注，广以异闻，造编年书，号曰《齐志》，十有六卷。

【译文】从武平年之后，史官阳休之、杜台卿、祖崇儒、崔子发等相继记录起居注。到了齐朝灭亡以后，隋朝的秘书监王劭、内史令李德林，年轻时都曾在北齐做过官，了解北齐历史上发生过的事情，于是王劭凭借《起居注》，又增补大量不同于《起居注》的说法，按年编纂，名叫《齐志》，共计十六卷。

李在齐预修国史，创纪传书二十七卷。至开皇初，奉诏续撰，增多齐史三十八篇，以上送官，藏之秘府。

【译文】李德林在北齐时曾参加修撰国史的工作，写过纪与传二十七卷。到了开皇初年，受皇帝的指示，继续修撰北齐史，比起之前所著的，增多了三十八卷。写好后献给朝廷，为秘府收藏。

皇家贞观初，敕其子中书舍人百药，仍其旧录，杂采它书，演为五十卷。今之言齐史者，惟王、李二家云。

【译文】本朝贞观初年，皇帝命令李德林儿子中书舍人李百药，依凭他父亲所写的北齐史书，再从其它书中采集史料，演述为五十卷。今日人们谈论齐史，都以王劭与李德林父子所写的为本。

宇文周史，大统年，有秘书丞柳虬，兼领著作，直辞正色，事有可称。至隋开皇中，秘书监牛弘追撰《周纪》，十有八篇，略叙纪纲，仍皆抵忤。皇家贞观初，敕秘书丞令狐德棻、秘书郎岑文本，共加修缉，定为《周书》五十卷。

【译文】宇文氏的北周史，西魏文帝大统年间，有秘书丞柳虬兼任著作之职，记事录言非常严肃，做到言必有据。他的工作值得称道。到了隋朝开皇年间，秘书监牛弘追撰成《周纪》十八篇，但只是描述轮廓大概，有些地方还自相矛盾。本朝贞观初年，皇帝命令秘书丞令狐德棻、秘书郎岑文本一起进行修订编辑，定名为《周书》，一共五十卷。

隋史，当开皇仁寿时，王劭为书八十卷，以类相从，定其篇目。至于编年、纪传，并阙其体。炀帝世，惟有王胄等所修《大业起居注》。及江都之祸，仍多散逸。皇家贞观初，敕中书侍郎颜师古、给事中孔颖达，共撰成《隋书》五十五卷，与新撰《周书》并行于时。

【译文】隋朝的史书，在开皇、仁寿之时，由王劭撰写成《隋书》八十卷。该书将同类的内容归在一处，并由类的性质来定篇目。但未示采用编年、纪传体。隋炀帝执政时，问世的历史著作只有王胄等人写的《大业起居注》。然而，在隋朝被灭亡期间，大部分都散失了。本朝贞观初年，太宗命令中书侍郎颜师古、给事中孔颖达，一起撰写《隋书》。他们写成了五十五卷，与新写成的《周史》，一起在世上流行。

初，太宗以梁、陈及齐、周、隋氏，并未有书，乃命学士分修。事具于上。仍使秘书监魏征总知其务，凡有赞论，征多预焉。始以贞观三年创造，至十八年方就，合为“五代纪传”并目录，凡二百五十二卷。

【译文】起初，太宗认为，梁、陈与齐、周以及隋朝，都没有一部完善的史书，于是指示许多学士分头修撰。具体情况见于前面的叙述。又让魏征总的负责这项工作。诸史中的论、赞，魏征大多参与了写作。此项工作开始于贞观三年，到贞观十八年方取得成功。五个朝代的纪、传以及目录，合计共有二百五十二卷。

书成，下于史阁。唯有十志，断为三十卷，寻拟续奏，未有其文。又诏左仆射于志宁、太史令李淳风、著作郎韦安仁、符玺郎李延寿同撰。其先撰史人，唯令狐德棻重预其事。太宗崩后，刊勒始成。其篇第虽编入《隋书》，其实别行，俗呼为《五代史志》。

【译文】书写成后，颁下于史馆。只有十志没有写成，拟分三十卷，准备写好后奏上，但其内容一直没有写好。于是，朝廷又指示左仆射于志宁、太史令李淳风、著作郎韦安仁、符玺郎李延寿一起撰写。在这次撰写工作中，上次参加撰史的人，只有令狐德棻再次参预了。唐太宗死后，其书才刊刻问世。它虽然也编入到《隋书》中，但实际上，它单独流行，人们称它为《五代史志》。

惟大唐之受命也，义宁、武德间，工部尚书温大雅首撰《创业起居注》三篇。自是司空房玄龄、给事中许敬宗、著作佐郎敬播，相次立编年体，号为“实录”。迄乎三帝，世有其书。

【译文】大唐王朝受天命而治理天下后，在义宁、武德年间，工部尚书温大雅首先撰写了三卷的《创业起居注》。从此以后，司空房玄龄、给事中许敬宗、著作佐郎敬播相继用编年体的形式撰写当时的大事，名叫“实录”。所记录的是高祖、太宗、高宗三个帝王的言行，今日世上还有这些书。

贞观初，姚思廉撰纪传，粗成三十卷。至显庆元年，太尉长孙无忌与于志宁、令狐德棻、著作郎刘胤之、杨仁卿、起居郎顾胤等，因其旧作，缀以后事，复为五十卷。虽云繁杂，时有可观。

【译文】贞观初年，姚思廉开始写纪传，写成草稿三十卷。到了显庆元年，太尉长孙无忌与于志宁、令狐德棻、著作郎刘胤之、杨仁卿、起居郎顾胤等，依凭此前的著作进行整理、加工，又补充后世的史事与人物，共成书五十卷。内容虽然繁多庞杂，但有许多精彩之处。

龙朔中，敬宗又以太子少师总统史任。更增前作，混成百卷。如《高宗本纪》及永徽名臣、四夷等传，多是其所造。又起草十志，未半而终。敬宗所作纪传，或曲希时旨，或猥饰私憾，凡有毁誉，多非实录。必方诸魏伯起，亦犹张衡之蔡邕焉。

【译文】龙朔年间，许敬宗又以太子少师的身份领导史书的修撰工作，对之前的国史又增加了不少新的内容，达到了百卷之多。如《高宗本纪》以及《永徽名臣传》、《四夷传》等，大多是他写的。除此之外，他又撰写了十志，不过还未写到一半就死了。许敬宗所作的纪传，或是有意迎合帝王的旨意，或是用个人的爱憎去看待人和事，是凡他赞扬的和贬抑的，大多不实事求是。如果把他与魏收相比，犹如汉代的蔡邕和张衡一样。

其后左史李仁实续撰于志宁、许敬宗、李义府等传，载言记事，见推直笔。惜其短岁，功业未终。至长寿中，春官侍郎牛凤及又断自武德，终于弘道，撰为《唐书》百有十卷。凤及以喑聋不才，而辄议一代大典，凡所撰录，皆素责私家行状，而世人叙事，罕能自远。

【译文】后来，左史李仁实续编于志宁、许敬宗、李义府等人的列传，其记述言语，叙述事情，都被人推许为直笔。可惜他寿命太短，没能够最终完成修史之业。到了长寿年间，春官侍郎牛凤及又撰写了一百一十卷的《唐书》。时间上自武德，下止弘道。牛凤及是聋哑无才之人，而轻率地撰写一代国史。他所纂录的内容，都是根据他平常索取官宦家庭所记录的材料，叙述事情或给人物作的传，很少能站在史学家的高度上，很少有能够看的长远的。

或言皆比兴，全类咏歌，或语多鄙朴，实同文案，而总入编次，了无厘革。其有出自胸臆，申其机杼，发言则嗤鄙怪诞，叙事则参差倒错。故阅其篇第，岂谓可观；披其章句，不识所以。既而悉收姚、许诸本，欲使其书独行。由是皇家旧事，残缺殆尽。

【译文】他所利用的私家记录的内容，有的用比、兴的手法，语言象诗歌一样；有的粗鄙不雅，完全象公文一样。其中有的内容是牛凤及自己写的，出自他的内心，用他自己的叙述方法，那就是说出来的话鄙俚怪诞，让人可笑；叙事则头尾不清，颠三倒四。所以看他的这部书，无精采之处不说，还不知所云。不久，又全部收缴了姚思廉与许敬宗等人所撰的史书，想让他的书独自流行于世。从此，皇家史料残缺不全到了几乎不存的地步。

长安中，余与正谏大夫朱敬则、司封郎中徐坚、左拾遗吴兢，奉诏更撰《唐书》，勒成八十卷，神龙元年又与坚、兢等重修《则天实录》，编为三十卷，夫旧史之坏，其乱如绳，错综艰难，期月方毕。虽言无可择，事多遗恨，庶将来削稿，犹有凭焉。

【译文】长安年间，我与正谏大夫朱敬则、司封郎中徐坚、左拾遗吴兢，接受朝廷的指示重新撰写《唐书》，编成八十卷。神龙元年，我又与徐坚、吴兢等人重新修撰《则天实录》，编成三十卷。旧的史书，毫无条理可言，犹如乱麻，整整花费了一个月的时间，才将它们整理得井然有序。虽然对语言的记载没有可供选择的余地，对事情的记载也有很多缺漏的遗憾，或许将来编写正史时，可以有所依据。

大抵自古史臣撰录，其梗概如此。盖属词比事，以月系年，为史氏之根本，作生人之耳目者，略尽于斯矣。自余偏记小说，则不暇具而论之。

【译文】自古以来史臣撰录正史的情况，大概就是这样。连缀文辞，排列史事，以时间为线索，这是史家的基本方法，世人了解历史的途径，大略全在这里了。其余偏记小说之类的杂史，这里就无暇详细具体论述了。

文史通义

清章学诚撰，学诚会稽人，号实斋。乾隆进士，邃于史学，以修方志为时所称。是书推阐史法，虽不如《史通》之缜密，而持论能见大体，时有创获。尝自称：“吾于史学，自信发凡起例，多为后世开山，而人乃拟吾于刘知几，不知刘言史法，吾言史意；刘议开馆纂修，吾议一家著述。”观此语，可以知章氏所自负，及其与刘氏不同者矣。

【译文】《文史通义》，清代章学诚撰，他是会稽人，号实斋。乾隆年间进士，精通史学，因为修撰方志为当时所称道。这部书推演阐发史学方法，虽然比不上《史通》的缜密，但所持论点仍能反映大体，时不时也有所创获。他曾经自己说过：“对于史学来说，我自信自己能够发前人所未发，能为后人开山，但是世人以我比刘知几，却不知道刘知几说的是史学方法，我说的是史学内涵；刘知几开馆修纂史书，我却议论史家著述。”看这样的话，可得知章学诚所自负的，以及他与刘知几的不同之处了。

书教上

《周官》外史掌三皇五帝之书。今存虞、夏、商、周之策而已，五帝仅有二，而三皇无闻焉。左氏所谓三坟、五典，今不可知，未知即是其书否也？以三王之誓、诰、贡、范诸篇，推测三皇诸帝之义例，则上古简质，结绳未远，文字肇兴，书取足以达微隐通形名而已矣。因事命篇，本无成法，不得如后史之方圆求备，拘于一定之名义者也。夫子叙而述之，取其疏通知远，足以垂教矣。世儒不达，以谓史家之初祖，实在《尚书》，因取后代一成之史法，纷纷拟《书》者，皆妄也。

【译文】《周礼》载外史主管三皇五帝的典籍。现在存留在《尚书》里的只有虞舜、夏、商、周的简册而已，五帝的典籍只剩下两代的，而三皇的典籍没有传闻。《左传》所说的“三坟”“五典”，现在已不能知道是什么样的书，不知道是否就是外史所主管的书。以夏、商、周三代诸王的誓、诰、贡、范等篇，来推测三皇五帝典籍的体例，便可知上古时代简约质朴，距离用绳子打结以记事的时代不远，文字刚刚产生，典籍采用足够表达隐约的意思、传达事物的形状和名称的简单方式罢了。根据事情而写成篇章，本来没有既定的方法，不可能像后代作史书那样追求完备的法则，被确定的形式所限制。孔夫子编排而陈述《尚书》，是采取它通达博古的性质，足够传布教化。一般的儒者不通晓《尚书》的写法，认为历史著作的开端确实是《尚书》，于是拿后代固定不变的著史方法来纷纷比照《尚书》，这都是荒谬的。

三代以上之为史，与三代以下之为史，其同异之故可知也。三代以上，记注有成法，而撰述无定名；三代以下，撰述有定名，而记注无成法。夫记注无成法，则取材也难；撰述有定名，则成书也易。成书易则文胜质矣，取材难则伪乱真矣。伪乱真而文胜质，史学不亡而亡矣。良史之才，间世一出，补偏救弊，惫且不支。非后人学识不如前人，《周官》之法亡，而《尚书》之教绝，其势不得不然也。

【译文】夏商周三代以上著史书，与三代以下著史书，它们不相同的缘故可以探知。三代以上，记注有既定的方法，而撰述没有确定的名称；三代以下，撰述有确定的名称，而记注没有既定的方法。记注没有既定的方法，采撷材料就困难；撰述有确定的名称，完成一书就容易。完成一书容易，文辞就胜过实质了；采撷材料困难，假的就搅乱真的了。假的搅乱真的，文辞胜过实质，史学表面上没有消亡，实际上却消亡了。优秀史家的人才，隔世才会出现一个，却为补救偏差纠正弊端，弄得疲乏不堪。不是后人的学识不如前人，是因为《周礼》的制度消亡，《尚书》的教化断绝，其情势不得不这样。

《周官》三百六十，具天下之纤析矣，然法具于官，而官守其书。观于六卿联事之义，而知古人之于典籍，不惮繁复周悉，以为记注之备也。

【译文】《周礼》载三百六十个官职，具备了天下的详细事务，但是法度完备地存在官府，由官员掌管那典籍。看六卿联合办公的记载，便知道古人对于国家文献，不害怕纷繁复杂、周到详细，用来作为记注的预备资料。

即如六典之文，繁委如是，太宰掌之，小宰副之，司会、司书、太史又为各掌其贰，则六典之文，盖五倍其副贰，而存之于掌故焉。其他篇籍，亦当称是。是则一官失其守，一典出于水火之不虞，他司皆得藉徵于副策。斯非记注之成法，详于后世欤？

【译文】就拿六典的文字来说，那样繁多琐碎，太宰主管，小宰辅助，司会、司书、太史又各自为长官掌管副本，那么六典的文字，大概是副本的五倍，在掌故那里保存。对于其它的文献，也应当类似。这样，如果有一官疏忽自己的职守，有一典遭到意外的水火灾害，其它官署都可以在副本中证取材料。这不是记注的既定方法比后世详细周密吗？

汉至元成之间，典籍可谓备矣。然刘氏七略，虽溯六典之流别，亦已不能具其官；而律令藏于法曹，章程存于故府，朝仪守于太常者，不闻石渠大禄别储副贰，以备校司之讨论，可谓无成法矣。汉治最为近古，而荒略如此，又何怪乎后世之文章典故，杂乱而无序也哉？

【译文】汉代到元帝、成帝的时候，典籍可以说是完备的了。但是刘氏父子的《七略》，虽然上溯六典的类别，也已经不能使典籍完备地存在官府，而法令收藏在司法机关，制度存放在旧府库，朝廷礼仪由太常主管，没有听说藏书的石渠阁、天禄阁另外储存副本，用来准备校勘机关的探究。可以说是没有既定的方法了。汉代政治最接近古代，却这样混乱简略，又怎能诧异后代的文章与朝廷制度杂乱没有秩序呢？

孟子曰："王者之迹熄而《诗》亡；《诗》亡，然后《春秋》作。"盖言王化之不行也，推原《春秋》之用也。不知《周官》之法废而《书》亡，《书》亡而后《春秋》作。则言王章之不立也，可识《春秋》之体也。何谓《周官》之法废而《书》亡哉？

【译文】孟子说："圣王的功业断绝后，《诗》消亡；《诗》消亡，然后《春秋》产生。"大概说圣王的教化不能推行，是探究《春秋》的作用。他不知道是《周礼》的制度废弃后，《尚书》消亡；《尚书》消亡，然后《春秋》产生。这是说圣王典章制度不再实行，可以认识《春秋》的本体。什么是《周礼》的制度废弃而《尚书》消亡呢？

盖官礼制密，而后记注有成法；记注有成法，而后撰述可以无定名。以谓纤悉委备，有司具有成书，而吾特举其重且大者笔而著之，以示帝王经世之大略；而典、谟、训、诰、贡、范、官、刑之属，详略去取，惟意所命，不必著为一定之例焉，斯《尚书》之所以经世也。

【译文】大概周代礼制规章慎密，然后记注有既定的方法，记注有既定的方法，然后撰述可以没有确定的名称。当时人认为详细的资料搜集完备，官署完整地保存已修成的典籍，我只是选取那些重大的资料，记录下来进行著述，以显示帝王治理国家的远大谋略。而典、谟、训、诰、贡、范、官、刑等类，文字或详细或简略，对资料或舍弃或采取，只按照心意给予名称，不必编成确定的凡例。这就是《尚书》能够治理国家的原因。

至官礼废，而记注不足备其全；《春秋》比事以属辞，而左氏不能不取百司之掌故，与夫百国之宝书，以备其事之始末，其势有然也。马、班以下，演左氏而益畅其支焉。所谓记注无成法，而撰述不能不有定名也。故曰：王者迹熄而《诗》亡，见《春秋》之用；《周官》法废而《书》亡，见《春秋》之体也。

【译文】到周代礼制被废弃，记注不能够准备齐全的资料。《春秋》排比史事而写成著作，而左丘明不得不取分存在各官署的故事与各国的史书，用来完备史事的详细过程，是形势造成这样的。司马迁、班固以下，推广左丘明的方法而使那支流更加畅通。这就是所说的记注没有既定的方法，而撰述不得不有确定的名称。所以说：圣王的功业断绝后，《诗》消亡，可见《春秋》的作用；《周礼》的法度废弃后，《尚书》消亡，可见《春秋》的本体。

《记》曰："左史记言，右史记动。"其职不见于《周官》，其书不传于后世，殆礼家之愆文欤？后儒不察，而以《尚书》分属记言，《春秋》分属记事，则失之甚也。

【译文】《礼记》说"左史记言语，右史记行动。"左史、右史的官职在《周礼》中没有见到，他们记载的书没有流传后世，也许是《礼》家的误文吧？后世儒者不考察，把《尚书》分属记言语之书，《春秋》分属记事之书，就错得太厉害了。

夫《春秋》不能舍传而空存其事目，则左氏所记之言不啻千万矣。《尚书》典谟之篇，记事而言亦具焉；训诰之篇，记言而事亦见焉。古人事见于言，言以为事，未尝分事言为二物也。

【译文】《春秋》不可能舍弃《春秋》传文而空洞地保留它事情的条目，于是《左传》记述的言语不止成千上万字了。《尚书》典、谟等篇，记事而言语也被陈述，训、诰等篇，记言语而事也得到体现。古人记事在言语中表现，记言语也是记事，从来没有将事和言语分成两个部分。

刘知几以二典、贡、范诸篇之错出，转讥《尚书》义例之不纯，毋乃因后世之空言，而疑古人之实事乎！《记》曰："疏通知远，《书》教也。"岂曰记言之谓哉？

【译文】刘知几根据《尧典》、《舜典》、《禹贡》、《洪范》等篇的错杂，反转来指责

《尚书》的体例不纯，这不是由于后世人的空泛言语，而怀疑古人的实在事情吗？《礼记》说："通达博古，是《尚书》的教化"难道说的只是记言语吗？

六艺并立，《乐》亡而入于《诗》、《礼》，《书》亡而入于《春秋》，皆天时人事不知其然而然也。《春秋》之事，则齐桓、晋文，而宰孔之命齐侯，王子虎之命晋侯，皆训诰之文也，而左氏附传以翼经；夫子不与《文侯之命》同著于篇，则《书》入《春秋》之明证也。

【译文】六经并列，《乐》消亡而并人《诗》、《礼》，《尚书》消亡而并入《春秋》，都是由于时势世事变化，不知怎么就那样了。《春秋》的事，就是齐桓公、晋文公等的事迹，而宰孔时齐桓公传周王命，王子虎对晋文公传周王命，都属于训诰的文体，而左丘明把它们附在《左传》里来辅助《春秋》经文。孔子不把它们和《文侯之命》同载在《尚书》里，这就是《尚书》并入《春秋》的明显证据。

马迁绍法《春秋》，而删润典谟，以入纪传；班固承迁有作，而《禹贡》取冠《地理》，《洪范》特志《五行》，而《书》与《春秋》，不得不合为一矣。后儒不察，又谓纪传法《尚书》，而编年法《春秋》，是与左言右事之强分流别，又何以异哉？

【译文】司马迁效仿《春秋》，截取润色《尚书》的文辞，写进《史记》的纪、传，班固继承司马迁作《汉书》，取《禹贡》文放在《地理志》篇首，取《洪范》文特地作《五行志》，《尚书》和《春秋》不得不合为一体了。后世儒者不考察，又说纪传体史书效法《尚书》，编年体史书效法《春秋》，这和左史记言语、右史记事之说的强分类别，又有什么不同呢？

书教中

《书》无定体，故易失其传；亦惟《书》无定体，故讬之者众。周末文胜，官礼失其职守，而百家之学，多争讬于三皇五帝之书矣。艺植讬于神农，兵法医经讬于黄帝，好事之徒，传为三坟之逸书，而五典之别传矣。

【译文】《尚书》没有固定的体制，因此容易失传；也正因为《尚书》没有固定的体制，所以假托的人众多。周末文辞胜过实质，王家礼制失去掌管的官员，诸子百家的学说大多争相假托三皇五帝的书籍。农艺假托神农，兵法、医书假托黄帝，喜欢多事的人传布“三坟”的逸书和“五典”的别传。

不知书固出于依讬，旨亦不尽无所师承，官礼政举而人存，世氏师传之掌故耳。惟“三”“五”之留遗，多存于《周官》之职守，则外史所掌之书，必其籍之别具，亦如六典各存其副之制也。

【译文】人们不知道，这些书固然出于假托，意旨却不全是没有师承，王家礼制的政事实行而贤人在位。这是世袭官职相传的制度故实。因为“三坟”“五典”所遗留的，大多保存在《周礼》的官吏职掌范围，那么，《周礼》中外史掌管的三皇五帝的书籍，一定是“三坟”“五典”的另外存置，也像六典各自存有副本的制度。

左氏之所谓三坟、五典，或其概而名之，或又别为一说，未可知也。必欲确指如何为三皇之坟，如何为五帝之典，则凿矣。

【译文】《左传》所说的“三坟”“五典”，也许是概括地定名，也许又是另外一种说法，不可能知道了。一定想要明确地指定什么是三皇的“坟”，什么是五帝的“典”，就牵强了。

《逸周书》七十一篇，多官礼之别记，与《春秋》之外篇，殆治《尚书》者杂取以备经书之旁证耳。刘、班以为孔子所论百篇之余，则似逸篇初与典、谟、训、诰同为一书，而孔子为之删彼存此耳。

【译文】《逸周书》七十一篇，大多是《周礼》的别记和《春秋》的外篇，也许是研究《尚书》的人四处采取用来预备为经书的旁证材料而已。刘向、班固认为是孔子所论定的《尚书》百篇的剩余，这就好像《逸周书》中的篇章，原来和《尚书》中典、谟、训、诰等篇同是一书，而孔子删除那些保留这些而已。

毋论其书文气不类，纯驳互见，即如《职方》、《时训》诸解，明用经记之文，《太子晋解》，明取春秋时事，其为外篇别记，不待繁言而决矣。而其中实有典言宝训，识为先王誓诰之遗者，亦未必非百篇之逸旨，而不可遽为删略之余也。

【译文】不必说《逸周书》文风不相似，纯粹和驳杂同时存在，就像《职方解》《时训解》等篇，明显使用《周礼》、《礼记》的文字。《太子晋解》，明显采取春秋时期的事，《逸周书》是外篇别记，不用等待长篇大论就可以判定了。而其中确实有典范言论、帝王训令，可以识别出是上古帝王誓诰的的遗留，也未必不是《尚书》百篇的逸文，不可以仓促地说是删除后的剩余。

夫子曰："信而好古。"先王典诰，衰周犹有存者，而夫子删之，岂得为好古哉？惟《书》无定体，故《春秋》官礼之别记外篇，皆得从而附合之，亦可明《书》教之流别矣。

【译文】孔子说："相信并且爱好古代文化。"上古帝王的典诰等，到周朝衰落的时候还有保留下来的，如果孔子删除它们，难道能说是爱好古代文化吗？正因为《尚书》没有固定的体制，所以《春秋》、《周礼》的别记外篇，都可以随着依附它，这也可以明了《尚书》教化的源流了。

《书》无定体，故附之者杂。后人妄拟《书》以定体，故守之也拘。古人无空言，安有记言之专书哉？汉儒误信《玉藻》记文，而以《尚书》为记言之专书焉。

【译文】《尚书》没有固定的体例，所以依附的人杂多。后世人荒谬地模仿《尚书》来确定体例，因此遵守它而受拘束。古人没有空泛的言论，哪里有专门记言语的书呢？汉代儒者错误地信从《玉藻》的记载，把《尚书》当作专门记言语的书。

于是后人削趾以适屦，转取事文之合者，削其事而辑录其文，以为《尚书》之续焉；若孔氏《汉魏尚书》、王氏《续书》之类皆是也。无其实而但貌古人之形似，譬如画饼，饵之不可以充饥。

【译文】于是后人削足适履，反转来拿过记事与记言语相配合的作品，删掉它的记事部分而辑录它的言语，用来作《尚书》的续书，例如孔衍《汉魏尚书》、王通《续书》一类就是。没有那实质，却只是描摹古人的形式，追求外表相似，譬如画饼不能充饥。

况《尚书》本不止于记言，则孔衍、王通之所拟，并古人之形似而不得矣。刘知几尝患史策记事之中，忽间长篇文笔，欲取君上诏诰臣工奏章，别为一类，编次纪传史中，略如书志之各为篇目，是刘亦知《尚书》折而入《春秋》矣。

【译文】何况《尚书》本来不只是记言语，那么孔衍、王通所模仿的，连与古人的外表相似都做不到。刘知几曾经担忧史书的记事当中忽然夹入长篇文章，打算取君主的诏诰、臣下的奏章，另外作一类，编排在纪传体史书中，大致像书、志那样各自成篇。这样，刘知几也知道《尚书》转入《春秋》了。

然事言必分为二，则有事言相贯、质与文宣之际，如别自为篇，则不便省览，如仍然合载，则为列不纯；是以刘氏虽有是说，后人讫莫之行也。至如论事章疏，本同口奏，辨难书牍，不异面论，次于纪传之中，事言无所分析，后史恪遵成法可也。

【译文】但是，事和言语一定要分成两类，就有事和言语互相贯穿、实质和文辞互相疏通的时候，如果另外各自成篇，就不便阅览，如果仍然合载，就是体例不纯。因此，刘氏虽然有这种说法，后人一直没有实行过。至于像论事的奏章，本来和口头进言相同，辩驳的书信，无异于当面讨论，编在纪传当中，事和言语没有可以分离的地方。后代著史恭敬地遵守既成的方法是可以的。

乃若扬、马之辞赋，原非政言，严、徐之上书，亦同献颂，邹阳、枚乘之纵横，杜钦、谷永之附会，本无关于典要，马、班取表国华，削之则文采灭，如存之则记传猥滥，斯亦无怪刘君之欲议更张也。

【译文】至于像扬雄、司马相如的辞赋，本来不是论政事的文字，严安、徐乐的上书，也和献进颂文相同，邹阳、枚乘的纵横家文风、杜钦、谷永的附会论事，本来和法令制度没有关系，司马迁、班固采用来显示国家的文才，删掉它们就没有了文采，保存它们就使纪传文字杂多无度，这也就不用惊诧刘知几想主张变更方法了。

杜氏《通典》，为卷二百，而《礼典》乃八门之一，已占百卷，盖其书本官礼之遗，宜其于礼事加详也。

【译文】杜佑《通典》有二百卷，《礼典》是八门之一，却已经占了一百卷，大约这书本来是《周礼》的遗续，在礼仪制度方面更详细是应当的。

然叙典章制度，不异诸史之文，而礼文疑似，或事变参差，博士经生，折中详议，或取裁而径行，或中格而未用，入于正文，则繁复难胜，削而去之，则事理未备；杜氏并为采辑其文，附著礼门之后，凡二十余卷，可谓穷天地之际，而通古今之变者矣。

【译文】不过，它叙述典章制度，和各代史书的文字没有什么不同，但是礼仪文字似是而非，有时情况变化很不一致，于是博士经生详尽议论，寻求适中的方案，有的加以取舍而径直实行，有的合乎格式而没有被采用，这些议论放进正文，就显得繁多重复难以承受，删除舍弃它们，就显得道理不周全。杜氏把这些文字一起采集编录，附在礼门后面，共有二十几卷，可以说是探究天地间事物的关系而通晓从古到今的变化的了。

史迁之书，盖于《秦纪》之后，存录秦史原文。惜其义例未广，后人亦不复踵行，斯并记言记事之穷，别有变通之法，后之君子所宜参取者也。

【译文】司马迁的书，大概在《秦始皇本纪》的后面存录秦国史书的原文。可惜这种体例没有能推广，后人也不再效法。这都是记言语记事的方法穷尽后，另外有变通的方法，后世君子所应当参酌吸取的。

滥觞流为江河，事始简而终钜也。东京以还，文胜篇富，史臣不能概见于记传，则汇次为《文苑》之篇。

【译文】源泉汇流成江河，事情起初简单而最终巨大。东汉以来，文采兴盛，篇章众多，史臣不能一概在纪传里记载，就汇编作《文苑传》。

文人行业无多，但著官阶贯系，略如《文选》人名之注，试榜履历之书，本为丽藻篇名，转觉风华消索；则知一代文章之盛，史文不可得而尽也。

【译文】文人事迹不多，只是记下官阶、籍贯、世系，大致像《文选》人名的注释，试榜履历的名单，这样本来是华丽文辞的篇名，反倒令人感到风华衰落，这就知道一代文章的兴盛，史书的文字不可能全部包括。

萧统《文选》以还，为之者众，今之尤表表者，姚氏之《唐文粹》，吕氏之《宋文鉴》，苏氏之《元文类》，并欲包括全代，与史相辅，此则转有似乎言事分书，其实诸选乃是春华，正史其秋实尔。（史与文选各有言与事，故仅可分华与实，不可分言与事。）

【译文】萧统《文选》以来，编选文集的人众多。现在特别显著的是，姚铉的《唐文粹》、吕祖谦的《宋文鉴》、苏天爵的《元文类》，都想要包括整个朝代，和史书互相配合。这就反倒好像言语和事分开来记载，其实这些选集是春天的花朵，正史是秋天的果实而已。（史书和诗文选集，各有言语和事，因此只可以分作花朵和果实，不可以分作言语和事。）

四部既分，集林大畅。文人当诰，则内制外制之集自为编矣。宰相论思，言官白简，卿曹各言职事，阃外料敌善谋，陆贽奏议之篇，苏轼进呈之策，又各著于集矣。

【译文】书籍的四部划分以后，集部极兴盛。文人掌管起草皇帝文诰，于是，内制、外制的集子就自己编定了。宰相对国事的议论思考，谏官、监察官的弹劾奏章，官署官员对各自职守的谈论，边关武将判断敌情的精妙谋略，陆贽的奏议，苏轼进呈的策，又各自收进文集里了。

萃合则有《名臣经济》《策府议林》，连编累牍，可胜数乎！大抵前人著录，不外别集、总集二种，盖以一人文字观也。其实应隶史部，追源当系《尚书》；但训诰乃《尚书》之一端，不得如汉人之直以记言之史目《尚书》耳。

【译文】汇聚起来的便有《名臣经济》、《策府议林》，连篇累犊，能数得过来吗？大抵前人目录书里的记载，不外别集、总集两种，大概根据是否一个人的文字来看待。这些其实应该属于史部，追溯源流应当归属《尚书》。不过训诰是《尚书》的一个方面，不可以像汉代人那样径直用记言之史书来看待《尚书》罢了。

名臣章奏，隶于《尚书》，以拟训诰，人所易知。撰辑章奏之人，宜知训诰之记言，必叙其事，以备所言之本末，故《尚书》无一空言，有言必措诸事也。

【译文】名臣的奏章，归属于《尚书》，用来比照《尚书》的训诰，是人们容易知晓的。编辑奏章的人，应当知道《尚书》训诰的记言语必定叙事，以使所言的事情经过完备，因此《尚书》没有一处空泛的言语，有言语必定安置在事情中。

后之辑章奏者，但取议论晓畅，情辞慨切，以为章奏之佳也，不备其事之始末。虽有佳章，将何所用？

【译文】后世编辑奏章的人，只取议论明白流畅，感情和话语激动恳切，认为是奏章里的佳篇。不使事情的经过完备。即使有佳篇，要用到什么地方呢？

文人尚华之习见，不可语于经史也。班氏董、贾二传，则以《春秋》之学为《尚书》也，（即《尚书》折入《春秋》之证也。）其叙贾、董生平行事，无意求详，前后寂寥数言，不过为政事诸疏、天人三策，备始末尔。

【译文】文人崇尚文采的习惯看法，不可以谈论经史。班固的董仲舒、贾谊两篇传，就用《春秋》之学作《尚书》体。（这就是《尚书》转入《春秋》的例证）。他叙述贾、董生平事迹，无意求详细，前后很少几句话，不过是为贾谊《论政事疏》等、董仲舒“天人三策”完备事情经过罢了。

（贾、董未必无事可叙，班氏重在疏策，不妨略去一切，但录其言，前后略缀数语，备本末耳，不似后人作传，必尽生平，斤斤求备。）噫！观史裁者，必知此意，而始可与言《尚书》、《春秋》之学，各有其至当，不似后世类钞徵事，但知方圆求备而已也。

【译文】（贾、董未必没有事迹可以叙述，班氏重点在疏、策，不妨省略所有事迹，只收录他们的言论，前后略微写上几句，使事情经过具备罢了，不像后人作传记，必定穷尽其全部生平，用琐碎的记载追求完备。）啊！观看史书体制的人一定要知道这个意思，才可以和他们谈论《尚书》、《春秋》之学，各有它们的极恰当处，不像后人用分类抄录的方法来采集事迹，只知道寻求完备的方法而已。

书教下

《易》曰：“蓍之德，圆而神，卦之德，方以智。”闲尝窃取其义，以概古今之载籍，撰述欲其圆而神，记注欲其方以智也。夫智以藏往，神以知来，记注欲往事之不忘，撰述欲来者之兴起，故记注藏往似智，而撰述知来拟神也。

【译文】《易》说：“著的性质是圆形而变化莫测的，卦的性质是方形而有智慧的。”闲暇时曾经私下采取这个意思，用来概括从古到今的史书，撰述要它圆通而变化莫测，记注要它方正而有智慧。智慧用来集聚过去的知识，神妙用来预知未来的事物，记注想使过去的事情不被遗忘，撰述想使未来的事物出现。因此，记注集聚过去的知识好像有智慧，著述预知未来的事物好像变化莫测。

藏往欲其赅备无遗，故体有一定而其德为方；知来欲其决择去取，故例不拘常而其德为圆。《周官》三百六十，天人官曲之故，可谓无不备矣。

【译文】集聚过去的知识要它完备没有遗漏，因此体制有确定的规则，它的性质是方形的固定；预知未来的事物要它选择取舍，因此体例不受常规的拘束，它的性质是圆形的变化。《周礼》三百六十个官职，自然界事物和人世官的才能和效用之事可以说没有不具备的了。

然诸史皆掌记注，而未尝有撰述之官；（祝史命告，未尝非撰述，然无撰史之人。如《尚书》誓诰，自出史职，至于《帝典》诸篇，并无应撰之官。）

【译文】但是各史官都掌管记注，却未曾有掌管撰述的官。（祝、史作的命、告，未尝不是撰述，但是没有撰史的人。例如《尚书》的誓诰，自然出于史官所作，至于《帝典》等篇，并没有奉命撰写的官。）

则传世行远之业，不可拘于职司，必待其人而后行；非圣哲神明，深知二帝三皇精微之极致，不足以与此。此《尚书》之所以无定法也。

【译文】那么，流传后世通行久远的事业不可以拘泥于职守，非得等到适合的人选出现后进行，不是圣哲高明，深知尧舜二帝、夏商周三王精深微妙的顶点，不能够参预这事。这就是《尚书》没有固定方法的原因。

《尚书》、《春秋》，皆圣人之典也。《尚书》无定法，而《春秋》有成例。故《书》之支裔，折入《春秋》，而《书》无嗣音。有成例者易循，而无定法者难继，此人之所知也。

【译文】《尚书》、《春秋》都是圣人的典籍。《尚书》没有固定的方法，而《春秋》有既定的体例。因此《尚书》的支派转入《春秋》。《尚书》却没有继承这体例。有既定体例的容易遵循，而没有固定方法的难以为继，这是人们所知道的。

然圆神方智，自有载籍以还，二者不偏废也。不能究六艺之深耳，未有不得其遗意者也。史氏继《春秋》而有作，莫如马、班，马则近于圆而神，班则近于方以智也。

【译文】但是圆通而变化莫测与方正而有智慧，自从有书籍以来，二者是不偏废的。人们不能探究六经的深奥罢了，没有得不到六经遗留的意旨的。史学家继承《春秋》而有著作，没有比得上司马迁、班固的，司马迁近似于圆通而变化莫测，班固近似于方正而有智慧。

《尚书》一变而为左氏之《春秋》，《尚书》无成法，而左氏有定例，以纬经也。左氏一变而为史迁之纪传，左氏依年月，而迁书分类例，以搜逸也。

【译文】《尚书》一变而出现了左丘明的《春秋》，《尚书》没有既成的方法，而《左传》有确定的凡例，以便辅助经书。《左传》一变而出现了司马迁的纪传体，《左传》按照年月顺序记事，而司马迁的《史记》分类别记事，以便搜集逸事。

迁书一变而为班氏之断代，迁书通变化，而班氏守绳墨，以示包括也。就形貌而言，迁书远异左氏，而班史近同迁书。盖左氏体直，自为编年之祖，而马、班曲备，皆为纪传之祖也。

【译文】司马迁的《史记》一变而出现了班固的断代史，司马迁的书通变化，而班固守规矩，以表示总括。就形状面貌来说，《史记》和《左传》远远不同，而《汉书》同《史记》相近。大概《左传》体制直截，自成编年体之祖。而《史记》、《汉书》曲折完备，都是纪传体之祖。

推精微而言，则迁书之去左氏也近，而班史之去迁书也远；盖迁书体圆用神，多得《尚书》之遗；班氏体方用智，多得官礼之意也。

【译文】推究精深微妙处来说，《史记》离《左传》近，而《汉书》离《史记》远。大概《史记》本体圆通作用神妙，多得《尚书》的遗留；《汉书》本体方正、作用明智，多得《周礼》的意旨。

迁书纪、表、书、传，本左氏，而略示区分，不甚拘拘于题目也。《伯夷列传》，乃七十篇之序例，非专为伯夷传也。《屈贾列传》，所以恶绛、灌之谗，其叙屈之文，非为屈氏表忠，乃吊贾之赋也。

【译文】司马迁《史记》纪、表、书、传等体，源出《左传》，而大致表示区分，不很拘泥于题目。《伯夷列传》其实是七十篇列传的序例，不是专门为伯夷立传。《屈贾列传》是用来表示厌恶绛侯、灌婴进谗言，它叙述屈原的文字，不是为屈原表白忠心，实在是悼念贾谊的赋作。

《仓公》录其医案，《货殖》兼书物产，《龟策》但言卜筮，亦有因事命篇之意，初不沾沾为一人具始末也。《张耳陈馀》，因此可以见彼耳。《孟子荀卿》，总括游士著书耳。

【译文】《仓公列传》记录他的医案，《货殖列传》同时记载各地物产，《龟策列传》只记卜筮事，也有根据事情写成篇章的意思，本来不拘泥于为某一个人具备生平经过。《张耳陈馀列传》，由一人的事迹可以看到另一人的事迹。《孟子荀卿列传》，总括游士的著书。

名姓标题，往往不拘义例，仅取名篇，譬如《关雎》、《鹿鸣》所指，乃在嘉宾淑女，而或且讥其位置不伦（如孟子与三邹子），或又摘其重复失检（如子贡已在《弟子传》，又见于《货殖》）。

【译文】《史记》用姓名标明篇目，往往不受体例的限制，只是用来起个篇名，譬如《诗经》的《关雎》、《鹿鸣》，内容所指是在嘉宾淑女。而有的人却指责它所排列的不是一类（如孟子与三位邹子）。有的人又指摘它重复而失于检查（如子贡已列在《仲尼弟于列传》，又见于《货殖列传》）。

不知古人著书之旨，而转以后世拘守之成法，反訾古人之变通，亦知迁书体圆而用神，犹有《尚书》之遗者乎！

【译文】不知道古人著书的用意，却反而用后世人所固执遵守的既成方法，责备古人的变通，他们也知道《史记》本体圆通作用神妙，仍然有《尚书》的遗留吗！

迁《史》不可为定法，固《书》因迁之体而为一成之义例，遂为后世不祧之宗焉。三代以下，史才不出世，而谨守绳墨，待其人而后行，势之不得不然也。

【译文】司马迁《史记》的作法不可以当作固定的方法，班固《汉书》因袭司马迁的体制，制定了确定的体例，于是成为后世尊奉的创始者。夏商周三代以后，史学人才不是每个世代都出现的，就小心遵守规矩，等待合适的人出现后再实行，情势不得不这样。

然而固《书》本撰述而非记注，则于近方近智之中，仍有圆且神者以为之裁制，是以能成家而可以传世行远也。

【译文】但是班固《汉书》本来是撰述而不是记注，那么在近似方正明智之中，仍然有圆通而神妙的性质用来为《汉书》安排布置，因此能成一个流派而可以流传后世通行久远。

后史失班史之意，而以纪表志传，同于科举之程式，官府之簿书，则于记注撰述，两无所似，而古人著书之宗旨，不可复言矣。

【译文】后世的史书丢失了班固《汉书》的意旨，却把纪、表、志、传看作和科举的程式、官府的文书相同，就在记注、撰述两方面都没有相似之处，而古人著书的宗旨不可以再提及了。

史不成家，而事文皆晦，而犹拘守成法，以为其书固祖马而宗班也，而史学之失传也久矣！

【译文】史学方面不能自成一家，而所记的事和文章都不显著，却还固执地遵守既定的方法，认为自己的书本来是尊奉司马迁和班固的，那么史学失去传承很长久了！

历法久则必差，推步后而愈密，前人所以论司天也。而史学亦复类此。《尚书》变而为《春秋》，则因事命篇，不为常例者，得从比事属辞为稍密矣。

【译文】历法使用时间久就必然有误差，推算到后世就更加周密，因此前人论观察天文星象。史学也类似这样。《尚书》一变而出现《春秋》，于是根据事情写成篇章不立常规的作法，得以由排比史事写成著作因而渐渐周密了。

《左》、《国》变而为纪传，则年经事纬，不能旁通者，得从类别区分为益密矣。纪传行之千有余年，学者相承，殆如夏葛冬裘，渴饮饥食，无更易矣。

【译文】《左传》、《国语》一变而出现纪传体，于是用年月为经用事件为纬不能连通其它的作法，得以由按类划分因而更加周密了。纪传体实行了一千多年，仿效的人接连不断，大概像夏天穿葛布衣，冬天传裘皮衣，渴了饮水，饿了吃饭，不能改变了。

然无别识心裁，可以传世行远之具；而斤斤如守科举之程式，不敢稍变；如治胥吏之簿书，繁不可删。以云方智，则冗复疏舛，难为典据；以云圆神，则芜滥浩瀚，不可诵识。

【译文】但是没有独特见识、内心筹划，可以用来流传后世、通行久远的才能，而拘谨得好像遵守科举程式，不敢略微改变，又好像小吏办理的文书，繁多而不能删除。凭这个说方正有智慧，就杂乱无度难以成为经典而被引据；凭这个说圆通神妙，就会繁多不尽而不能记诵。

盖族史但知求全于纪表志传之成规，而书为体例所拘，但欲方圆求备，不知纪传原本《春秋》，《春秋》原合《尚书》之初意也。《易》曰："穷则变，变则通，通则久。"

【译文】大概众史书只知道在纪、表、志、传的已有规矩内寻求完善，而书被体例限制，只想追求完备的方法，不知道纪传体原来根据《春秋》，《春秋》原来符合《尚书》的起初意旨。《易》说："事物穷尽时就发生变化，变化就能通达，通达就能长久发展。"

纪传实为三代以后之良法，而演习既久，先王之大经大法，转为末世拘守之纪传所蒙，曷可不思所以变通之道欤？

【译文】纪传体确实是夏商周三代以后的好方法，而被当作程式学习的时间长久后，上古帝王的根本原则，反转来被末世固执遵守的纪传体所遮盖，怎么能不思考用来变通的方法呢？

左氏编年，不能曲分类例，《史》、《汉》纪表志传，所以济类例之穷也。族史转为类别所拘，以致书繁而事晦；亦犹训诂注疏所以释经，俗师反溺训诂注疏而晦经旨也。

【译文】《左传》是编年体，不能曲折、周到地区分类别。《史记》《汉书》采用纪、表、传、志的体裁，用来补救类别的缺失。众史书反转来被类别限制，以致书内容繁多而事情隐讳，也就像训诂注疏，是用来解释经文的，平庸的经师反而沉迷在训诂注疏当中而模糊了经文的意旨。

夫经为解晦，当求无解之初；史为例拘，当求无例之始。例自《春秋左氏》始也，盍求《尚书》未入《春秋》之初意欤？

【译文】经文被解释弄得模糊，应当寻求未被解释前的初旨；史书被凡例限制，应当寻求没有凡例前的初旨。凡例从《春秋左氏传》开始有，为什么不寻求《尚书》没有转入《春秋》前的初旨呢？

神奇化臭腐，臭腐复化为神奇，解《庄》书者，以谓天地自有变化，人则从而奇腐云耳。事屡变而复初，文饰穷而反质，天下自然之理也。《尚书》圆而神，其于史也，可谓天之至矣。

【译文】神奇变化为臭腐，臭腐又变化为神奇，解释《庄子》书的人，认为天地自有变化，人就跟着有神奇和臭腐的感觉。事物一再变化而回复到当初，文饰到了尽头而返回质朴，是天下自然而然的道理。《尚书》圆通神妙，它在史书里，可以说是天然的极点了。

非其人不行，故折入左氏，而又合流于马、班，盖自刘知几以还，莫不以谓书教中绝，史官不得衍其绪矣。又自《隋·经籍志》著录，以纪传为正史，编年为古史，历代依之，遂分正附，莫不甲纪传而乙编年。

【译文】没有适合的人不能实行，因此转入《左传》，又和司马迁、班固相融合。大概从刘知几以来，没有人不认为《尚书》的教化中断，史官不能扩展它的事业了。另外，自从《隋书·经籍志》记载书，把纪传体当作正史，编年体当作古史，历代依照它，于是分成正的和附属的，没有人不把纪传体放在首位而编年体放在其次的。

则马、班之史，以支子而嗣《春秋》，荀悦、袁宏，且以左氏大宗而降为旁庶矣。司马《通鉴》病纪传之分，而合之编年矣。袁枢《纪事本末》，又病《通鉴》之合，而分之以事类。

【译文】这样司马迁、班固的史书，以庶子的身份而继承《春秋》，荀悦、袁宏的书，却以左丘明的长房的身份而降成旁支庶子了。司马光的《资治通鉴》诟病纪传体的分，用编年体来合。袁枢的《通鉴纪事本末》又不满《资治通鉴》的合，用按类纪事来分。

按本末之为体也，因事命篇，不为常格；非深知古今大体，天下经纶，不能网罗隐括，无遗无滥。文省于纪传，事豁于编年，决断去取，体圆用神，斯真《尚书》之遗也。

【译文】考察纪事本末的体制，它根据事情写成篇章，不立固定的格式，不是深知从古到今的重要道理，天下的治理谋划，不能广泛搜集加以剪裁，没有遗失没有过多。文字比纪传体简省，叙事比编年体通达，决定对材料的取舍、本体圆通作用神妙，这真是《尚书》的遗留。

在袁氏初无其意，且其学亦未足与此，书亦不尽合于所称。故历代著录诸家，次其书于杂史。自属纂录之家，便观览耳。但即其成法，沉思冥索，加以神明变化，则古史之原，隐然可见。

【译文】对袁氏来说，本来没有那样的意思，况且他的学识也不足以参预这事，书也不完全合乎所赞扬的。因此历代书目著录各家，把这书排列在杂史类，自然归属纂录之家，便于观看阅览罢了。但是如果就着它既成的方法，深沉地思索，再加上奇妙的变化，那么古史的本原，隐约的可以发现。

书有作者甚浅，而观者甚深，此类是也。故曰：神奇化臭腐，而臭腐复化为神奇，本一理耳。

【译文】书有写的人用意很浅，而看的人觉得用意很深，这一类就是。所以说：神奇变化为臭腐，臭腐又变化为神奇，本来是一个道理。

夫史为记事书。事实万变而不齐，史文屈曲而适如其事，则必因事命篇，不为常例所拘，而后能起讫自如，无一言之或遗而或溢也。此《尚书》之所以神明变化，不可方物。降而左氏之传，已不免于以文徇例，理势不得不然也。

【译文】史书是记事的书。事物万般变化而不一致，史书文字曲折周到而恰好和所记的事相似，就必定根据事情写成篇章，不被常规限制，然后能够从开端到终止都自如，没有一句话或遗失或多出的。这就是《尚书》神妙变化、难以想象的原因。往下的《左传》，已经不免于以文字屈从凡例，事理的趋势不得不这样。

以上古神圣之制作，而责于晚近之史官，岂不悬绝欤！不知经不可学而能，意固可师而仿也。且《尚书》固有不可尽学者也，即《纪事本末》，不过纂录小书，亦不尽取以为史法，而特以义有所近，不得以辞害意也。

【译文】拿上古时期圣人的创作，来要求近代的史官，难道不悬殊吗？不知道经史不可以通过学习而能作出的，那精神本来是可以学习仿效的，况且《尚书》本来有不可能全部学到的。就像《纪事本末》，不过是纂录的小书，也不完全取来作为史学方法，只是因为道理有相近的地方，不应当因为词句的表达而妨碍对意思的理解。

斟酌古今之史，而定文质之中，则师《尚书》之意，而以迁《史》义例，通左氏之裁制焉，所以救纪传之极弊，非好为更张也。

【译文】斟酌从古到今的史书，确定文饰和实质两者关系的适中点，那么学习《尚书》的精神，而以司马迁《史记》的体例，通晓《左传》的剪裁安排，这是用来补救纪传体的极端弊病，不是喜欢改变方法。

纪传虽创于史迁，然亦有所受也。观于《太古年纪》、《殷夏春秋》、《竹书纪年》，则本纪编年之例，自文字以来即有之矣。《尚书》为史文之别具，如用左氏之例而合于编年，即传也。

【译文】纪传体虽然由司马迁创始，但是他也有所授受。看《太古年纪》、《夏殷春秋》、《竹书纪年》，就知道本纪编年的体裁，自从文字产生以来就有了。《尚书》是历史著作的独特存在，如果采用《左传》的凡例结合编年，就成为传。

以《尚书》之义，为《春秋》之传，则左氏不致以文徇例，而浮文之刊落者多矣。以《尚书》之义，为迁《史》之传，则八书三十世家不必分类，皆可仿左氏而统名曰传。

【译文】用《尚书》的精神作《春秋》的传文，那么《左传》不致以文词屈从凡例，而空泛的文字删去的就多了。用《尚书》的精神作司马迁《史记》的传，那么八篇书、三十篇世家没有必要分类，都可以仿照《左传》而统称为传。

或考典章制作，或叙人事终始，或究一人之行，（即列传本体。）或合同类之事，或录一时之言（训诂之类），或著一代之文，因事命篇，以纬本纪。

【译文】有的考察典章制度，有的叙述人事的经过，有的探求一个人的事迹（即列传的根本体式）。有的合起来说一类人的事迹，有的记录一时的言语（例如训语之类），有的记载一个朝代的文章，根据事情写成篇章，用来配合本纪。

则较之左氏翼经，可无局于年月后先之累；较之迁《史》之分列，可无歧出互见之烦。文省而事益加明，例简而义益加精，岂非文质之适宜，古今之中道欤？

【译文】那么比起《左传》的辅助经文，可以没有局限在年月先后方面的牵累；比起《史记》的分开排列，可以没有多处出现、互相参见的麻烦。文字省略而事情更加清楚，体例简单而内容更加精要，难道不是文饰和实质之间的适宜作法，古和今之间的合适道路吗？

至于人名事类，合于本末之中，难于稽检，则别编为表以经纬之；天象地形，舆服仪器，非可本末该之，且亦难以文字著者，别绘为图以表明之。

【译文】至于人名和事迹，融合在纪事本末当中，不容易查考检索，就另外编成表，用来使它们有条理。天象、地形、车服、礼仪器物等，这些不能用纪事本末体包括，况且也难用文字表现的方面，另外绘成图，用来表示清楚。

盖通《尚书》、《春秋》之本原，而拯马《史》、班《书》之流弊，其道莫过于此。至于创立新裁，疏别条目，较古今之述作，定一书之规模，别具《圆通》之篇，此不具言。

【译文】贯通《尚书》、《春秋》的根本，而补救司马迁《史记》、班固《汉书》的流弊，办法没有胜过这个的。至于创立新的样式，分别条目，比较从古到今的著述，确定一部书的格局，另外具备在《圆通》一篇，这里不详尽谈论。

（邵氏晋涵云："纪传史裁参仿袁枢，是貌同心异。以之上接《尚书》家言，是貌异心同。是篇所推，于六艺为支子，于史学为大宗；于前史为中流砥柱，于后学为蚕丛开山。"）

【译文】（邵晋涵说：纪传体的体裁，参照和仿效袁枢所创始的纪事本末体，这是外貌相同内心不同。用它上接《尚书》家的文字，这是外貌不同内心相同。本篇所推究的，对于六经来说是庶子，对于史学来说是长房，对于以往史学来说是中流砥柱，对于后学来说是蚕丛开山。）

言公上

古人之言所以为公也，未尝矜于文辞，而私据为己有也。志期于道，言以明志，文以足言。其道果明于天下，而所志无不申，不必其言之果为我有也。

【译文】古人的言论，是用来作为公有的，未曾在文辞方面夸耀而私下据为己有。心意期望道，语言用来表明心意，文辞用来充分地修饰语言。道果真在天下显明，所向往的无不舒展，不必那言论非得被我占有。

《虞书》曰："敷奏以言，明试以功。"此以言语观人之始也。必于试功而庸服，则所贵不在言辞也。誓诰之体，言之成文者也。苟足立政而敷治，君臣未尝分居立言之功也。

【译文】《虞书》说："诸侯报告治绩，天子明确考察其功效。"根据语言观察人，这是最早的。必定在考察功效后赏赐车马、衣服，那么所重视的并不在于言辞。誓、诰类的体裁，是语言形成的文辞。如果够得上树立政治施行治理，君臣未曾各自占据立言的功绩。

周公曰："王若曰多方。"诰四国之文也。说者以谓周公将王之命，不知斯言固本于周公，成王允而行之，是即成王之言也。盖圣臣为贤主立言，是谓贤能任圣，是亦圣人之治也。

【译文】周公说："王这样说：各地诸侯……"是告诫各地诸侯的文辞。论说的人认为周公传达王的命令，不知道这言论本来出自周公，成王同意了而施行，这也是成王的言论。大概圣明的臣下为贤明的君主立言，这叫作贤人能任用圣人，这也就是圣人的治理。

曾氏巩曰："典谟载尧、舜功绩，并其精微之意而亦载之，是岂寻常所及哉？当时史臣载笔，亦皆圣人之徒也。"由是观之，贤臣为圣主述事，是谓贤能知圣，是亦圣人之言也。

【译文】曾巩说："《尚书》的典、谟记载尧、舜的功绩，他们精深微妙的思想也一起记载上，这难道是平常人能够比得上的吗？当时史臣挥笔，也都是圣人一等人。"由此来看，贤明的臣下为圣明的君主记述事情，这叫作贤人能了解圣人，这也就是圣人的言论。

文与道为一贯，言与事为同条，犹八音相须而乐和，不可分属一器之良也。五味相调而鼎和，不可标识一物之甘也。故曰古人之言，所以为公也，未尝矜于文辞，而私据为己有也。

【译文】文和道条理相关连，语言和事也条理相通。这就像各种乐器互相配合而音乐和谐，不可以单独归于一种乐器的精良；各种味道互相调和而食物滋味可口，不可以宣扬一种食品的味道美。所以说：古人的言论，是用来作为公有的，未曾在文辞方面夸耀而私下据为己有。

司马迁曰："《诗》三百篇，大抵贤圣发愤所为作也。"是则男女慕悦之辞，思君怀友之所讬也。征夫离妇之怨，忠国忧时之所寄也。必泥其辞而为其人之质言，则《鸱鸮》实鸟之哀音，何怪鲋鱼忿诮于庄周，《苌楚》乐草之无家，何怪雌风慨叹于宋玉哉？

【译文】司马迁说："《诗》三百篇，大抵是贤人、圣人发愤所创作的"这样，男女间爱慕喜悦的话语，就是思念君主、怀想友人所寄托的；远行男子、独居妇人的怨恨，就是忠于国家忧虑时局所寄托的。'必定要拘泥于辞句而当作那人的实话，那么《鸱鸮》确实是鸟的哀伤鸣叫，诧异什么庄周以鲋鱼表达痛斥？《隰有苌楚》羡慕草的无家无室，诧异什么宋玉以雌风表达感慨呢？

夫诗人之旨，温柔而敦厚，主文而谲谏，言之者无罪，闻之者足戒，舒其所愤懑，而有裨于风教之万一焉，是其所志也。因是以为名，则是争于艺术之工巧，古人无是也。故曰：古人之言所以为公也，未尝矜于文辞而私据为己有也。

【译文】《诗经》作者的意旨，温柔而敦厚，以文辞为主而委婉地劝谏，说的人不会得罪，听的人完全可以引起警惕；舒展作者的抑郁不平，而对教化有些微帮助，是作者的心意。凭借作诗而求取名声，就是竞争技艺的工巧，古人没有这种现象。所以说：古人的言论，是用来作为公有的，未曾在文辞方面夸耀而私下据为己有。

夫子曰："述而不作。"六艺皆周公之旧典，夫子无所事作也。《论语》则记夫子之言矣。"不恒其德"，证义巫医，未尝明著《易》文也。"不忮不求"之美季路，"诚不以富"之叹夷齐，未尝言出于《诗》也。

【译文】孔夫子说"传述而不创作。"六经都是周公时的典章，孔子没有什么可以进行创作的。《论语》就记录了孔夫子的言论。"不恒久保持德行"，用来证明关于巫师、医师的谚语，未曾标明是《易》的文句。"不嫉妒，不贪求"，用来称赞子路，"诚然不因为富裕，只因为新异"，用来赞叹伯夷、叔齐，未曾说是出自《诗经》。

"允执厥中"之述尧言，"元牡昭告"之述汤誓，未尝言出于《书》也。(《墨子》引《汤誓》。)《论语》记夫子之微言，而《诗》、《书》初无识别，盖亦述作无殊之旨也。

【译文】"确实能不偏不倚地把握中点"，是转述尧的话，"用黑色公牛明告天帝"，是转述汤的誓词，未曾说是出自《尚书》。(《墨子》引作《汤誓》)《论语》记孔夫子的精微语言，而引《诗》、《书》从来不加标明，大概也是传述和创作不加区别的旨趣。

(王伯厚常据古书出孔子前者，考证《论语》所记夫子之言，多有所本。古书或有伪托，不尽可凭，要之古人引用成说，不甚拘别。)

【译文】(王伯厚常常根据出自孔子前的古书，考证《论语》所记孔子的言论大多有来源。古书有的有伪托，不是完全可依据，总之古人引用已有的说法，不太拘束。)

夫子之言，见于诸家之称述(诸家不无真伪之参，而子思、孟子之书，所引精粹之言，亦多出于《论语》所不载。)而《论语》未尝兼收，盖亦详略互讬之旨也。

【译文】孔夫子的言论，在诸家的述说中可以见到(诸家不是没有真伪的混杂，而子思、孟子的著作所引精粹的言论，也大多是《论语》没有记载的。)而《论语》未曾同时收入，大概也是详细和简略分别寄托的旨趣。

夫六艺为文字之权舆，《论语》为圣言之荟萃，创新述故，未尝有所用心，盖取足以明道而立教，而圣作明述，未尝分居立言之功也。故曰：古人之言所以为公也，未尝矜其文辞而私据为己有也。

【译文】六经是著作的开始，《论语》是圣人言论的荟萃，开创新意，传述旧说，未曾对二者的区别有所留意，大概是采取足够阐明道而树立教化的原则，而圣人创作，明智的人传述，未曾各自占据立言的功劳。所以说：古人的言论，是用来作为公有的，未曾在文辞方面夸耀而私下据为己有。

周衰文弊，诸子争鸣，盖在夫子既没，微言绝而大义之已乖也。然而诸子思以其学易天下，固将以其所谓道者，争天下之莫可加，而语言文字，未尝私其所出也。

【译文】周代衰落，文化破败，诸子争鸣，大概在孔夫子已经去世，精微的言论断绝而要旨被违背之后。然而诸子私下想用他们的学说改变天下，因此想要用他们所说的道争夺天下第一，而对于语言文字，未曾把他们所陈述的看作私有。

先民旧章，存录而不为识别者，《幼官》、《弟子》之篇，《月令》、《土方》之训是也。(《管子·地圆》，《淮南·地形》，皆土训之遗。) 辑其言行，不必尽其身所论述者，管仲之述其身死后事，韩非之载其李斯《驳议》是也。

【译文】对古时贤人的典籍，收集起来而不辨明著作的，例如《幼官》、《弟子》等篇，《月令》、土方氏的法则就是。(《管子·地圆》、《淮南子·地形》，都是土方氏、训方氏的遗留。) 辑录某人的言行，不必完全是那人自己所论述的，例如《管子》书中记述了管仲死后的事，《韩非子》书中记载了李斯的反驳意见就是。

《庄子·让王》、《渔父》之篇，苏氏谓之伪讬；非伪讬也，为庄氏之学者所附益尔。《晏子春秋》，柳氏以谓墨者之言。非以晏子为墨，为墨学者述晏子事以名其书，犹孟子之《告子》、《万章》名其篇也。

【译文】《庄子》的“让王”、“渔父”等篇，苏轼认为是伪托；实际不是伪托，是庄子学派的人所增加的而已。《晏子春秋》，柳宗元认为是墨家的言论，不是把晏子当作墨家，是信从墨家学说的人记述晏子的事，用晏子的名字称呼这书；这就像《孟子》的用告子、万章的名字作篇名。

《吕氏春秋》，先儒与《淮南鸿烈》之解同称，盖谓集众宾客而为之，不能自命专家，斯固然矣。然吕氏、淮南，未尝以集众为讳，如后世之掩人所长以为己有也。

【译文】《吕氏春秋》，先世儒者把它和《淮南鸿烈》一同谈论，大概认为都是集中许多宾客而完成的，不能自以为专门一家，这本是对的。但是吕氏、淮南王未曾把集中众人著书当作忌讳，像后世人掩盖别人的长处当作自己所有那样。

二家固以裁定之权，自命家言，故其宗旨，未尝不约于一律，（吕氏将为一代之典要，刘安托于道家之支流。）斯又出于宾客之所不与也。诸子之奋起，由于道术既裂，而各以聪明才力之所偏，每有得于大道之一端，而遂欲以之易天下。

【译文】两家本来使用裁定的权力，自认为是一家之言，因此他们书中的宗旨未尝不用一种标准约束（吕氏打算成为一代的经典、准则，刘安寄托在道家支流上）这又是宾客所不参与的。诸子的兴起，是由于道术已经分裂，而各自使用有所偏重的聪明才力，常常在大道的一个方面有所得，于是就想用它来改变天下。

其持之有故，而言之成理者，故将推衍其学术，而传之其徒焉。苟足显其术而立其宗，而援述于前，与附衍于后者，未尝分居立言之功也。故曰：古人之言所以为公也，未尝矜其文辞而私据为己有也。

【译文】那些主张有根据、言论有道理的，因此打算推广他们的学术而传授给门徒，如果足以显扬一家的学术而创立宗派，在前援引陈述的与在后依附扩展的，未曾各自占有立言的功绩。所以说古人的言论，是用来作为公有的，未曾在文辞方面夸耀而私下据为己有。

夫子因鲁史而作《春秋》，孟子曰：“其事齐桓、晋文，其文则史。”孔子自谓窃取其义焉耳。载笔之士，有志《春秋》之业，固将惟义之求，其事与文，所以藉为存义之资也。

【译文】孔夫子依据鲁国史书而作《春秋》，孟子说：“所记的事情是齐桓公、晋文公的事，所用的文字是一般史书的文字。孔子自己说借用了褒贬的大义。挥笔的士人，如果有志于《春秋》事业，本来会只探求大义，那事情和文字，用来借作保存大义的凭依。

世之讥史迁者，责其裁裂《尚书》、《左氏》、《国语》、《国策》之文，以谓割裂而无当，（出苏明允《史论》）世之讥班固者，责其孝武以前之袭迁书，以为盗袭而无耻，（出郑渔仲《通志》。）此则全不通乎文理之论也。

【译文】世上指责司马迁的人，责备他割裂《尚书》、《左传》、《国语》、《战国策》的文字，认为是割裂而不得当；（出苏明允《史论》。）世上指责班固的人，责备他武帝以前沿袭司马迁《史记》，认为是剽窃而无耻（出郑渔仲《通志》）这就是完全不通文理的论调。

迁史断始五帝，沿及三代、周、秦，使舍《尚书》、《左》、《国》，岂将为凭虚、亡是之作赋乎？必谓《左》、《国》而下，为迁所自撰，则陆贾之《楚汉春秋》，高祖孝文之《传》，皆迁之所采摭，其书后世不传，而徒以所见之《尚书》、《左》、《国》，怪其割裂焉，可谓知一十而不知二五者矣。

【译文】司马迁《史记》的断限从五帝开始，顺序到夏商周三代、周、秦，假使不用《尚书》、《左传》、《国语》，难道要像凭虚公子、亡是公那样作赋吗？一定要说《左传》《国语》以后的史事是司马迁自己撰写的话，那么，陆贾的《楚汉春秋》，高祖、文帝的传记，都是司马迁采择过的，这些书没有流传后世，却只是根据所见到的《尚书》、《左传》、《国语》，惊诧司马迁割裂它们，可以说是知道一十等于十而不知道二五也等于一十呀。

固书断自西京一代，使孝武以前，不用迁史，岂将为经生决科之同题而异文乎？必谓孝武以后为固之自撰，则冯商、扬雄之纪，刘歆、贾护之书，皆固之所原本，其书后人不见，而徒以所见之迁史怪其盗袭焉，可谓知白出而不知黑入者矣。

【译文】班固《汉书》断限在西汉一代，假使武帝以前不用司马迁《史记》，难道要做经生考试的相同题目下的不同文章吗？一定要说武帝以后的史事是班固自己撰写的话，那么，冯商、扬雄、刘歆、贾护所撰写的史书，都是班固所依据的，这些书后人没有见到，却只是根据所见到的司马迁《史记》，惊诧班固剽窃《史记》，可以说是知道某人穿白衣出去却不知道穿黑衣回来的也是他呀。

以载言为翻空欤？扬、马词赋，尤空而无实者也。马、班不为《文苑传》，藉是以存风流文采焉，乃述事之大者也。以叙事为徵实欤？年表传目尤实而无文者也。

【译文】把记言当作凭空的行为吗？扬雄、司马相如的词赋，是特别空泛而不实际的，司马迁、班固不另立《文苑传》，是凭借他们的词赋来保存风流文采，正是很重要的记事。把叙事当作求实的行为吗？年表与传的题目，是特别质直而没有文采的。

《屈贾》、《孟荀》、《老庄申韩》之标目，《同姓侯王》、《异姓侯王》之分表，初无发明，而仅存题目，褒贬之意，默寓其中，乃立言之大者也。作史贵知其意，非同于掌故，仅求事文之末也。

【译文】《史记》的《屈贾》、《孟荀》、《老庄申韩》等传的标明题目，《汉书》的《同姓诸侯王》、《异姓诸侯王》的分别列表，本来没有发挥，而只是留个题目，褒贬的含意已暗暗寄托在里面，正是很重要的立言。撰写史书贵在知道意义，不是像掌管故实的官员那样，只是寻求事情和文字的琐细方面。

夫子曰："我欲讬之空言，不如见诸行事之深切著明也。"此则史氏之宗旨也。苟足取其义而明其志，而事次文篇，未尝分居立言之功也。故曰：古人之言，所以为公也，未尝矜其文辞而私据为己有也。

【译文】孔夫子说："我认为把自己的观点用议论来表达，却不如用事实来表现更深切明显"这就是史学家的宗旨。如果足以采取大义、表明意图，而排列事迹和编录文章，未曾各自占据立言的功劳。所以说：古人的言论，是用来作为公有的，未曾在文辞方面夸耀而私下据为己有。

汉初经师，抱残守缺，以其毕生之精力，发明前圣之绪言，师授渊源，等于宗支谱系；观弟子之术业，而师承之传授，不啻凫鹄黑白之不可相淆焉，学者不可不尽其心也。

【译文】汉初的经师抱残守缺，用他们毕生的精力，发挥前代圣人未尽的言论，师授的渊源，相当于宗族的谱系；观察弟子的学业，而师承的传授，如同野鸭和天鹅的毛色黑白不可能相混淆，学者不可以不尽心。

《公》、《穀》之于《春秋》，后人以谓假设问答以阐其旨尔。不知古人先有口耳之授，而后著之竹帛焉，非如后人作经义，苟欲名家，必以著述为功也。

【译文】《公羊传》、《穀梁传》和《春秋》的关系，后人认为是假设问答以阐明《春秋》的意旨。不知道古人先有口耳相传的讲授，以后写成文字，不像后人解释经书，如果想称为一家，必定把著述当作成绩。

商瞿授《易》于夫子，其后五传而至田何。施、孟、梁邱，皆田何之弟子也。然自田何而上，未尝有书，则三家之《易》著于《艺文》，皆悉本于田何以上口耳之学也。

【译文】商瞿从孔夫子学习《易》，以后经过五代传到田何，施雠、孟喜、梁丘贺，都是田何的弟子。但是从田何以上，未曾有书，那么，施、孟、梁丘三家的《易》，在《汉书·艺文志》上著录，都完全根据田何以上口耳相传的学说。

是知古人不著书，其言未尝不传也。治韩《诗》者，不杂齐、鲁，传伏《书》者，不知孔学；诸学章句训诂，有专书矣。

【译文】由此可知古人不写作著书，他们的言论未尝不流传。研究韩《诗》的人，不夹杂齐《诗》、鲁《诗》，传授伏生《尚书》的人，不知道孔安国的学说，各家学说的解说注释，具有专书。

门人弟子据引称述，杂见传纪章表者，不尽出于所传之书也，而宗旨卒亦不背乎师说。

【译文】门人弟子援引述说，杂见在传纪、章表的，不完全出自所传授的书，而宗旨到底也不违背老师的学说。

则诸儒著述成书之外，别有微言绪论口授其徒，而学者神明其意，推衍变化，著于文辞，不复辨为师之所诏，与夫徒之所衍也。

【译文】那么，诸位儒者在著述成书以外，另有精微的言论、未尽的说法，口授给自己的门徒，而从学的门徒尊崇老师的意旨，推广发挥加以变化，用文辞表现出来，于是不再能辨别是老师所教诲的，还是门徒所发挥的。

而人之观之者，亦以其人而定为其家之学，不复辨其孰为师说孰为徒说也。

【译文】而旁人观察门徒，也依据那人的师承而确定为哪一家的学说，不再辨别哪是老师的说法，哪是门徒的说法。

盖取足以通其经而传其学，而口耳竹帛，未尝分居立言之功也。故曰：古人之言，所以为公也，未尝矜于文辞而私据为己有也。

【译文】大概是采取足以通晓那经书而传承哪家学说的原则，而口耳相传和写成文字，未曾各自占据立言的功劳。所以说：古人的言论，是用来作为公有的，未曾在文辞方面夸耀而私下据为己有。

史德

才、学、识三者，得一不易，而兼三尤难，千古多文人而少良史，职是故也。昔者刘氏子讳，盖以是说谓足尽其理矣。虽然，史所贵者义也，而所具者事也，所凭者文也。

【译文】才、学、识这三者，能具备其中一种已属不易，而要兼备三者就尤为困难。千古以来文人众多而良史少见，主要就是这个缘故。过去，刘知几认为他提出的史家三长之说已经很完备了。这是有道理的，史书最讲究的是史义，它所记载的是史事，而所赖以传世的是文辞。

孟子曰："其事则齐桓、晋文，其文则史，义则夫子自谓窃取之矣。"非识无以断其义，非才无以善其文，非学无以练其事，三者固各有所近也，其中固有似之而非者也。记诵以为学也，辞采以为才也，击断以为识也，非良史之才、学、识也。

【译文】孟子说："《春秋》所记载的事情不过如齐桓公、晋文公之类，所用的笔法不过是一般史书的笔法，而书中所寄寓的褒善惩恶的大义则出自孔子自己的裁断。"没有史识便无法评判是非曲直，没有史才便无法铸写优美的文辞，没有史学便无法熟悉丰富的史事。这三者固然各自都有与之相近似的东西，其中自然也有貌似而实非者。把记诵当作史学，把文采当作史才，把专断当作史识，这不是良史所具备的才学识。

虽刘氏之所谓才、学、识，犹不足以尽其理也。夫刘氏以谓有学无识，如愚估操金，不解贸化。推此说以证刘氏之指，不过欲于记诵之间，知所决择以成文理耳。

【译文】即使是刘知几所说的才学识，也还不能说已经穷尽其理了。刘知几认为有史学而无史识，就如愚蠢的商人手持黄金而不懂如何经营生利。用此说来推论刘氏之意，不过是想在记诵之间，知道如何选择、判断而成文章条理罢了。

故曰：古人史取成家，退处士而进奸雄，排死节而饰主阙，亦曰一家之道然也。此犹文士之识，非史识也。能具史识者，必知史德。德者何？谓著书者之心术也。

【译文】因此刘知几说：古人修史自成一家，有的降低隐士的地位而抬高奸雄的作用，有的贬低忠臣而掩饰君主的过错，也说这是一家之言的缘故。这仍然是一般文人的见识，而称不上史识。能具备史识的人，必定知道史德。什么是史德？史德就是著书者的心术。

夫秽史者，所以自秽，谤书者，所以自谤，素行为人所羞，文辞何足取重。魏收之矫诬，沈约之阴恶，读其书者先不信其为人，其患未至于甚也。所患夫心术者，谓其有君子之心，而所养未底于粹也。

【译文】编撰秽史的人实际上是自污其身，撰写谤书的人实际上是自取其辱，平素的品行为人所耻，他们的文章又哪里值得人们重视呢！魏收喜好欺诈诬谤，沈约有隐秘的恶行，读他们的书先已不相信他们的为人，那么这类书造成的危害尚不至很严重。我对心术的忧惧，指的是有君子之心，但他的修养尚未达到纯粹的境界。

夫有君子之心而所养未粹，大贤以下所不能免也。此而犹患于心术，自非夫子之《春秋》不足当也。以此责人，不亦难乎？

【译文】有君子之心而修养未到纯粹的境界，这是大德大贤以下的人所不能避免的。我在此仍为心术而担忧，如果不是孔子的《春秋》，谁能达到那种境界呢。用这种标准来苛求别人，不是太难了吗？

是亦不然也。盖欲为良史者，当慎辨于天人之际，尽其天而不益以人也。尽其天而不益以人，虽未能至，苟允知之，亦足以称著述者之心术矣。而文史之儒，竞言才、学、识，而不知辨心术以议史德，乌乎可哉？

【译文】其实这也未必。若想成为良史，就应当审慎地区辨天道与人道，尽量尊重客观史实而不要掺杂个人的主观成份。只要能尽力反映客观、真实而不感情用事，即使未能完全达到所期望的效果，但如果确实知道这么去做，那也足以称作著书者的心术了。但一般的文人学士争相称道才学识，而不知道区辨心术来评论史德，那怎么可以呢？

夫是尧、舜而非桀、纣，人皆能言矣。崇王道而斥霸功，又儒者之习故矣。至于善善而恶恶，褒正而嫉邪，凡欲托文辞以不朽者，莫不有是心也。

【译文】称赞尧、舜而非难桀、纣，这话人人会说；尊崇王道而贬斥霸功，又是儒生所语熟的事典。至于颂扬善良而憎恶丑恶，褒赞正义而痛恨邪恶，凡是想借著书立说以求永垂不朽的人，人人都有这种愿望。

然而心术不可不虑者，则以天与人参，其端甚微，非是区区之明所可恃也。夫史所载者事也，事必藉文而传，故良史莫不工文，而不知文又患于为事役也。

【译文】然而心术不能不慎重考虑的缘故，是因为天道与人道互相掺合，其端绪细微难察，不是靠小小的明辨能力所能做到的。史书所记载的是史事，史事必须依托文辞而流传，所以良史无不擅长文辞，但却不知文辞容易受到史事的制约。

盖事不能无得失是非，一有得失是非，则出入予夺相奋摩矣。奋摩不已，而气积焉。事不能无盛衰消息，一有盛衰消息，则往复凭吊，生流连矣。流连不已，而情深焉。凡文不足以动人，所以动人者气也。

【译文】因为事情不可能没有是非得失，而一有是非得失，那么取舍定夺之间便会产生很大的摩擦。不停地奋力摩擦，胸中的“气”便积蓄起来了。事情也不可能没有盛衰消长，而一有盛衰消长，那么来回凭吊感慨便会产生流连之意。流连不已，对它的感情也就加深了。大凡文章本身并不足以打动人，能打动人的，是作者的“气”。

凡文不足以入人，所以入人者情也。气积而文昌，情深而文挚；气昌而情挚，天下之至文也。然而其中有天有人，不可不辨也。气得阳刚，而情含阴柔。人丽阴阳之间，不能离焉者也。

【译文】文章本身也并不足以感染人，能感染人的，是作者的情感。“气”满则文辞繁茂，情深则文辞真挚；“气”旺盛而情又真挚，那就是天下最美的文章了。然而其中有天道有人道，不可不作分辨。“气”得自阳刚而情与阴柔相合，人附着在阴阳之间，不能与之分离。

气合于理，天也；气能违理以自用，人也。情本于性，天也；情能汨性以自恣，人也。史之义出于天，而史之文不能不藉人力以成之。人有阴阳之患，而史文即忤于大道之公，其所感召者微也。

【译文】“气”符合理性，这是天道；“气”也能违背理性而为己所用，这是人为的。情出于人性，这是天道；情也能汩乱人性而随心所欲，这是出于人为。史书的史义出于天道，而史书的文辞却不能不借人力来完成。如果人有了阴阳两方面的忧患，那么史文就会违逆天道的公正，它所起到的感召作用就很微弱了。

夫文非气不立，而气贵于平。人之气，燕居莫不平也。因事生感，而气失则宕，气失则激，气失则骄，毗于阳矣。文非情不深，而情贵于正。人之情，虚置无不正也。

【译文】文章没有文气便站立不起来，而文气贵在平和。人的“气”，闲居时没有不平和的。一遇事便生出感慨，“气”失去平和则动摇不定，“气”失去平和则易于激动，“气”失去平和则骄傲放纵，阳气便受到了损伤。文章没有情感便不能深人，而情感贵在平正。人的情感，安闲时没有不平正的。

因事生感，而情失则流，情失则溺，情失则偏，毗于阴矣。阴阳伏沴之患，乘于血气而入于心知，其中默运潜移，似公而实逞于私，似天而实蔽于人，发为文辞，至于害义而违道，其人犹不自知也。故曰，心术不可不慎也。

【译文】一遇事便生出感慨，而情感失去平正则转移不定，情感失去平正则易于沉迷，情感失去平正则会产生偏颇，那么阴气便受到了损伤。这种潜藏的阴阳不和的灾害，顺着血气进入人的内心，在心中潜移默化，貌似公允而实际包含了私心，似乎符合天道自然而实际上受到人的主观感情的蒙蔽，表现为文字，以至于损害文义、违背儒家大道，而他本人还未觉察。所以说对心术不可不慎重。

夫气胜而情偏，犹曰动于天而参于人也。才艺之士，则又溺于文辞，以为观美之具焉，而不知其不可也。

【译文】“气”之过盛与情感偏颇，尚且说这破坏了客观自然而夹杂着主观因素。搞文学创作的人，却又沉溺于文辞之中，把作品当做观赏华美的工具，却不知道这是不行的。

史之赖于文也，犹衣之需乎采，食之需乎味也。采之不能无华朴，味之不能无浓淡，势也。华朴争而不能无邪色，浓淡争而不能无奇味。邪色害目，奇味爽口，起于华朴浓淡之争也。

【译文】史书依赖于文采辞藻，就如同衣服需要色彩，饮食需要味道。色彩不能没有华丽、质朴之分，口味不能没有浓重、清淡之别。华丽与质朴相争不能不出现怪异的色彩，浓重与清淡相争便不能不产生奇特的味道。怪异的色彩伤害眼睛，奇特的味道败坏味觉，这都是华丽与质朴、浓重与清淡相互争斗而引发的。

文辞有工拙，而族史方且以是为竞焉，是舍本而逐末矣。以此为文，未有见其至者；以此为史，岂可与闻古人大体乎？

【译文】文辞有工巧与拙朴，而众多的史家正以此为追逐的目标，这是在舍本逐末呀。这样做文章，没有见出现过至善至美的文章；这样来修史，怎么能得知古人修史的原则要点呢？

韩氏愈曰："仁义之人，其言蔼如。"仁者情之普，义者气之遂也。程子尝谓："有《关雎》、《麟趾》之意，而后可以行《周官》之法度。"吾则以谓通六艺比兴之旨，而后可以讲春王正月之书。

【译文】韩愈说："仁爱正义的人，他们说的话也和蔼可亲。"仁是爱的情感的扩充，义是"气"畅达的渠道。程颢曾经说过："有了《关雎》、《麟趾》诗中所说的贤良之心，然后才能够施行《周礼》记载的周王朝的法规制度。"我则以为通晓了"六艺"中比兴的旨意之后，才可以谈论史书。

盖言心术贵于养也。史迁百三十篇，《报任安书》，所谓"究天地之际，通古今之变，成一家之言。"自序以谓"绍名世，正《易传》，本《诗》、《书》、《礼》、《乐》之际"，其本旨也。

【译文】意思是说心术贵在修养。司马迁有《史记》一百三十篇，《报任安书》所说的"推求天道与人事之间的关系，通晓古今变化的规律，著成一家之说"，《太史公自序》认为的"继承清明之世，订正《易传》，不失《诗》、《书》、《礼》、《乐》之本'，这是《史记》本来的宗旨。

所云发愤著书，不过叙述穷愁，而假以为辞耳。后人泥于发愤之说，遂谓百三十篇，皆为怨诽所激发，王允亦斥其言为谤书。

【译文】他所说的发泄愤懑而著书，不过是叙述穷困忧愁的托辞。后人拘泥于“发愤”之说，于是认为一百三十篇都是怨恨毁谤所激发的，王允也指责它为“谤书”。

于是后世论文，以史迁为讥谤之能事，以微文为史职之大权，或从羡慕而仿效为之；是直以乱臣贼子之居心，而妄附《春秋》之笔削，不亦悖乎！

【译文】于是后世人评论文章，认为司马迁的《史记》极尽讥谤之能事，把隐约讥讽当作史官的一大职权，有的还从羡慕进而到仿效，这简直是用乱臣贼子之心妄自比附《春秋》笔削的手法，不是太荒谬了吗！

今观迁所著书，如《封禅》之惑于鬼神，《平准》之算及商贩，孝武之秕政也。后世观于相如之文，桓宽之论，何尝待史迁而后著哉？

【译文】现在看看司马迁所写的《史记》，如《封禅书》所载武帝对鬼神的迷惑，《平准书》所载武帝为赋税算计商贩，这是汉武帝政治腐败的一面。后人看司马相如的文章，桓宽的《盐铁论》可得到证明，何曾要等到《史记》之后才彰显于世呢？

《游侠》、《货殖》诸篇，不能无所感慨，贤者好奇，亦洵有之。余皆经纬古今，折衷六艺，何尝敢于讪上哉？朱子尝言，《离骚》不甚怨君，后人附会之过。

【译文】《游狭列传》、《货殖列传》等篇，不能不有些感慨，贤者出于好奇之心，这也确实是有的。其余的都是纵横古今，折中于六经，何曾敢于讥谤皇上呢？朱熹曾说《离骚》对楚国国君不是很怨恨的，后人附会得太过分了。

吾则以为史迁未敢谤主，读者之心自不平耳。夫以一身坎坷，怨诽及于君父，且欲以是邀千古之名，此乃愚不安分，名教中之罪人，天理所诛，又何著述之可传乎？

【译文】我则认为司马迁也不敢诽谤君主，那是读者自己心中不平的缘故。因为一生的坎坷遭遇，便怨恨诽谤到了君主身上，而且还想用它获取千古功名，这真是愚蠢而又不安本分，是名教中的罪人，天理不容，又有什么著作可以流传后世的呢？

夫《骚》与《史》，千古之至文也。其文之所以至者，皆抗怀于三代之英，而经纬乎天人之际者也。所遇皆穷，固不能无感慨。

【译文】《离骚》与《史记》，都是千古以来最完美的文章。他们的文章之所以能达到最高的境界，因为他们都是情怀高尚而以夏、商、周三代几位精英自相期许，又以推究“天人之际”为己任的人。但他们的遭遇都很困窘，固然不能没有感慨。

而不学无识者流，且谓诽君谤主，不妨尊为文辞之宗焉，大义何由得明，心术何由得正乎？夫子曰：“《诗》可以兴。”说者以谓兴起好善恶恶之心也。

【译文】而不学无术、没有见识的一些人，还说讥刺君主毁谤皇上并不妨碍尊奉他为文章之宗师，果真如此，大义怎么能够显明，心术怎么能够端正呢？孔子说：“《诗经》可以感发人的情志。”解说《诗经》的人认为是感发人们爱好善良、憎恨邪恶的心志。

好善恶恶之心，惧其似之而非，故贵平日有所养也。《骚》与《史》皆深于《诗》者也。言婉多风，皆不背于名教，而梏于文者不辨也。故曰，必通六艺比兴之旨，而后可以讲春王正月之书。

【译文】好善恶恶之心，害怕它貌似而实非，所以重视平常要有所修养。《离骚》与《史记》，都深得《诗经》的精髓，言辞委婉而多含讽喻，都不违背名教，而拘泥于文辞的人却分辨不清。所以说一定要通晓“六义”中的“比”、“兴”之意，然后才可以谈论史书。

史释

或问《周官》府史之史，与内史、外史、太史、小史、御史之史有异义乎？曰：无异义也。府史之史，庶人在官供书役者，今之所谓书吏是也。

【译文】有人问：《周礼》中府史的史，与内史、外史、太史、小史、御史的史，有不同的含义吗？回答说：没有不同的意思。府史的史，是在官府中担任文书之类差事的平民百姓，也就是今天所谓的书吏。

五史，则卿、大夫、士为之，所掌图书、纪载、命令、法式之事，今之所谓内阁六科、翰林中书之属是也。官役之分，高下之隔，流别之判，如霄壤矣。然而无异议者，则皆守掌故而以法存先王之道也。

【译文】内史等五史，则由卿、大夫、士担任，掌管图书、记录、命令、法律制度等事，就如同现在的内阁六科、翰林中书之类的官职。所管事务的不同，官位高低的相隔，品类等级的区分，都有天壤之别。但是却说它们没有不同的意义，那是因为它们都主管典章制度，而凭借法令制度保存先王的治国大道。

史守掌故而不知择，犹府守库藏而不知计也。先王以谓太宰制国用，司会质岁之成，皆有调剂盈虚、均平秩序之义，非有道德贤能之选，不能任也，故任之以卿士、大夫之重。

【译文】史负责典章制度而不知道取舍，就像府吏管理钱财货物而不知道计算一样。先王认为太宰制定国家预算，司会评断全年的统计文书，都有调节盈虚，整理秩序的用意，若非有道德有贤才的人，不能担任此职，所以任用卿士、大夫这种有贵族身份的人担任此官。

若夫守库藏者，出纳不敢自专，庶人在官，足以供使而不乏矣。然而卿士、大夫，讨论国计，得其远大，若问库藏之纤悉，必曰府也。

【译文】至于管理钱财货物的府吏，支出收入是不敢擅自作主的，但平民百姓在官府中，足以供给差遣而不使人感到缺少什么。然而卿士、大夫，讨论国计民生之大事，从远大之处着眼；若要问库藏货物方面的详细情况，一定说去找府吏。

五史之于文字，犹太宰司会之于财货也。典、谟、训、诰，曾氏以谓“唐、虞、三代之盛，载笔而纪，亦皆圣人之徒”，其见可谓卓矣。

【译文】五史与文字的关系，就像太宰、司会与钱财货物的关系。典、谟、训、诰，曾巩认为是唐尧、虞舜与夏、商、周三代兴盛之世的文章，携带笔墨记载王事的史官，也都是圣贤一类的人。他的见解可谓是很高超的。

五史以卿士、大夫之选，推论精微；史则守其文诰、图籍、章程、故事，而不敢自专；然而问掌故之委折，必曰史也。

【译文】五史选用卿士、大夫来担任，推求、探讨精深、隐微的东西；史则主管文告、图书、规程条例、典章制度而不敢擅自作主。然而若问及隐微曲折的掌故，必定说去找史。

夫子曰："民可使由之，不可使知之。"先王道法非有二也，卿士、大夫能论其道，而府史仅守其法；人之知识，有可使能与不可使能尔。非府史所守之外，别有先王之道也。

【译文】孔子说："对老百姓可以使他们按照圣贤规定的去做，但不可让他们知道那是为什么。"先王的道统法度，并非有不同，卿士、大夫能论述先王之道，而府史只能墨守先王之法，人的识辨能力有可以使之论道与不可以使之论道的差异，而不是府史之外，另有一种先王之道。

夫子曰："俎豆之事，则尝闻之矣。"曾子乃曰："君子所贵乎道者三。笾豆之事，则有司存。"非曾子之言异于夫子也，夫子推其道，曾子恐人泥其法也。

【译文】孔子说："俎豆这类礼仪小事，我曾经听到过。"曾参却说："君子为人处世的行为有三方面应该注重，至于礼仪方面的细节，自有主管人员。"不是曾子的话与孔子的话有什么不同，孔子是在推求先王之道，曾子则恐怕后人拘泥于这些具体之法而忽略了大道。

子贡曰："文武之道，未坠于地，在人。夫子焉不学，亦何常师之有？""入太庙，每事问。"则有司贱役，巫祝百工，皆夫子之所师矣。问礼问官，岂非学于掌故者哉？

【译文】子贡说："文王、武王之道，并没有失传，而是散在人间。孔夫子在什么地方不学习呢，又为什么要有固定的老师呢？""孔子到了太庙，每件事都要向别人请教"那么主管的官吏、卑贱的差役、巫祝及各种工匠，都是孔子所求教的人。向老聃问礼、向郯子学习官制，难道不是在学习典章制度吗？

故道不可以空诠，文不可以空著。三代以前，未尝以道名教，而道无不存者，无空理也。三代以前，未尝以文为著作，而文为后世不可及者，无空言也。

【译文】所以说道不可以凭空阐明，文章不可以凭空撰述。夏、商、周三代以前，先王之道并没有用“道”来命名，但道却无所不在，这是因为道不是空洞的道理；三代以前，未曾有意把文章当作著作，但文章却为后代所不及，这是因为文章没有空洞的言论。

盖自官师治教分，而文字始有私门之著述，于是文章学问，乃与官师掌故为分途，而立教者可得离法而言道体矣。

【译文】自从官员与老师、政事与教化分离之后，文字开始有了私家的著述，于是文章学问，便与官府的典章制度分道扬镳，进行教化的人也可以离开具体的法而谈论道的主旨了。

《易》曰：“苟非其人，道不虚行。”学者崇奉六经，以谓圣人立言以垂教，不知三代盛时，各守专官之掌故，而非圣人有意作为文章也。

【译文】《周易》说：“如果没有贤明之士探究阐发，《周易》的道理就难以凭空推行。”学者崇奉六经，认为这是圣人通过创立学说来垂训后世，不知道三代兴盛之时，各自都有专门的官员负责掌故，而并非圣人有意为后世撰写文章。

《传》曰：“礼时为大。”又曰：“书同文。”盖言贵时王之制度也。学者但诵先圣遗言，而不达时王之制度，是以文为鞶帨絺绣之玩，而学为斗奇射覆之资，不复计其实用也。

【译文】《礼记》说：“制定礼法，以符合时事为最高原则。”又说：“书写使用形体统一的文字。”意思是重视当代君王制定的制度。学者只诵读先王留下的著作，而不通晓当代的制度。这是把文章当作佩巾彩绣一类的玩物，把学问当作斗奇争异与玩游戏的材料，不再考虑它的实用了。

故道隐而难知，士大夫之学问文章，未必足备国家之用也。法显而易守，书吏所存之掌故，实国家之制度所存，亦即尧、舜以来因革损益之实迹也。

【译文】所以大道隐微而难知，士大夫的学问文章，未必能供朝廷使用；法令显而易见而容易掌握，书吏所保存的掌故，实际上国家制度就保存在其中，也就是尧舜以来历代沿革损益的实际历程。

故无志于学则已，君子苟有志于学，则必求当代典章，以切于人伦日用；必求官司掌故，而通于经术精微；则学为实事，而文非空言，所谓有体必有用也。

【译文】所以若无心学习则罢，君子若有志学习，则一定要探求当代的典章制度以便切合于社会日常生活，一定要探求官府的掌故，以便通晓经学所蕴涵的精微之义，那么学问便成了实在的事情，而文章也不是空洞的说教，这就是所说的有本体一定有实用。

不知当代而言好古，不通掌故而言经术，则鞶帨之文，射覆之学，虽极精能，其无当于实用也审矣。

【译文】不了解当代而说好古，不熟习掌故而谈论经学，那么视如佩巾的文章，当作游戏玩的学问，即使极尽精深之能事，它不切合于实用也是确实无疑的。

孟子曰："力能举百钧，而不足举一羽。明足察秋毫之末，而不见舆薪。"难其所易，而易其所难，谓失权度之宜也。

【译文】孟子说："有个人的膂力能够举起三千斤，却不足以举起一根羽毛。目力能够明察秋毫，却看不见一车柴火摆在眼前。"容易的事情被弄得很艰难，困难的事情却又做得很容易，他们这是没有掌握好权衡事物轻重的准则。

学者昧今而博古，荒掌故而通经术，是能胜《周官》卿士之所难，而不知求府史之所易也。

【译文】学者不了解当代而博通古代，荒于掌故而通晓经学，这是能够胜任《周礼》中卿士所担任的难事，而不知道寻求府史所担任的易事。

故舍器而求道，舍今而求古，舍人伦日用而求学问精微，皆不知府史之史通于五史之义者也。

【译文】所以舍弃具体的事物而探求高深抽象的道理，舍弃当代而探求古代，舍弃社会日常生活而探求精细隐微的学问，这都是不知道府史的史与五史的史本义相通的缘故。

以吏为师，三代之旧法也。秦人之悖于古者，禁《诗》、《书》而仅以法律为师耳。三代盛时，天下之学，无不以吏为师。

【译文】以官吏为老师，这是夏、商、周三代的旧法。秦朝人有悖于古人的地方，就是禁止《诗》、《书》的流传而仅仅以法律为老师。三代兴盛之时，天下人的学习，无一不是以官吏为老师的。

《周官》三百六十，天人之学备矣。其守官举职而不坠天工者，皆天下之师资也。东周以还，君师政教不合于一，于是人之学术，不尽出于官司之典守。

【译文】《周礼》有三百六十个官职，关于天道人事的学问已非常完备了。那些恪守官职尽心尽责而不败坏上天职能的人，都是天下人学习的老师。东周以后，君主与老师、政事与教化不再合为一体，于是世间的学术，有了私相传授而不完全出自主管的官吏。

秦人以吏为师，始复古制。而人乃狃于所习，转以秦人为非耳。秦之悖于古者多矣，犹有合于古者，以吏为师也。

【译文】秦朝以官吏为老师，才开始恢复古代的制度。但人们囿于传统的偏见，反以为秦人不对。秦朝违背古人的地方很多，但仍然有与古代相合之处，那就是以官吏为老师。

孔子曰："生乎今之世，反古之道，裁及其身者也。"李斯禁《诗》、《书》，亦以谓儒者是古而非今，其言若相近，而其意乃大悖。后之君子，不可不察也。

【译文】孔子说："生活在当今之世，却要回到古代的治国之道上去，灾祸就会降临到他身上。"李斯请求禁止《诗》、《书》，认为儒生称赞古代而非难当代，他的言论与孔子的话似乎相近，但他的用意却大相违背。后代的君子，不可不看清楚。

夫三王不袭礼，五帝不沿乐。不知礼时为大，而动言好古，必非真知古制者也。是不守法之乱民也，故夫子恶之。

【译文】三王各不袭用前代的礼制，五帝各不沿用前代的乐名。不知道礼制以合乎时宜为最高原则，而动辄称赞古代，一定不是真正通晓古代典制的人。这是不守法的乱民，所以孔子憎恶这种人。

若夫殷因夏礼，百世可知。损益虽曰随时，未有薄尧、舜而诋斥禹、汤、文、武、周公而可以为治者。李斯请禁《诗》、《书》，君子以谓愚之首也。

【译文】至于殷代沿袭夏代的礼仪制度，就是百代之后也可知道。对古制的废除与增加虽说要随时宜而定，但没听说有鄙薄尧、舜，毁谤指责夏禹、商汤、周文王、周武王、周公而可以达到大治的人。李斯请求禁止《诗》、《书》，君子认为这是最愚蠢的。

后世之去唐、虞、三代，则更远矣。要其一朝典制，可以垂奕世而致一时之治平者，未有不于古先圣王之道，得其仿佛者也。

【译文】后世离陶唐氏、有虞氏及夏、商、周三代，则更远了。总之，一朝的典章制度，可以流传累世而达到一时的政治太平，都得到了古代先王治国大道的一个梗概。

故当代典章，官司掌故，未有不可通于《诗》、《书》六艺之所垂。而学者昧于知时，动矜博古，譬考西陵之蚕桑，讲神农之树艺，以谓可御饥寒，而不须衣食也。

【译文】所以当代的法令制度，官府的掌故，与《诗》、《书》六经所流传下来的东西没有什么不相通的。学者们对当代一窍不通，动辄夸耀自己通晓古代，就好比考辨嫘祖养蚕治丝，讲述神农种植庄稼，认为这可以抵御饥寒而不需要衣服、粮食一样。

史注

昔夫子之作《春秋》也，笔削既具，复以微言大义口授其徒。三传之作，因得各据闻见，推阐经蕴，于是《春秋》以明。诸子百家既著其说，亦有其徒相与守之，然后其说显于天下。

【译文】过去孔夫子撰写《春秋》，修改写定之后，又将微言大义口授给他的弟子。左氏、公羊、谷梁三家为《春秋》作传，因而能够根据各自的所见所闻，阐发经文蕴含的意义，于是《春秋》才明白易晓。诸子百家创建了自己的学说，也有各自的弟子共同来传习阐发，然后他们的学说才得以流传天下。

至于史事，则古人以业世其家，学者就其家以传业（孔子问礼，必于柱下史）。盖以域中三大，非取备于一人之手，程功于翰墨之林者也。

【译文】至于史学方面，古人的史职是世代相承的，学习的人必须到他们家中去受业（孔子学习礼制，一定要去请教柱下史老聃）。这是因为史学与天、道一样在宇宙间并称为“三大”，不是通过一人之手就能完善的，就能在著述之林中显扬出它的功绩。

史迁著百三十篇（《汉书》为《太史公》，《隋志》始曰《史记》），乃云：“藏之名山，传之其人。”其后外孙杨恽，始布其书。

【译文】司马迁撰写了一百三十篇的《史记》（《汉书》称之为《太史公》，《隋书·经籍志》开始称《史记》），于是说：“把它藏进名山之中，传给那个能够担当此任的人。”后来，到了司马迁的外孙杨恽才开始传播此书。

班固《汉书》，自固卒后，一时学者未能通晓。马融乃伏阁下，从其女弟昭受业，然后其学始显。夫马、班之书，今人见之悉矣，而当日传之必以其人，受读必有所自者。

【译文】班固的《汉书》，自从班固去世之后，一时间学者竟然读不懂。于是马融就到东观藏书阁跟随班固的妹妹班昭学习《汉书》，然后《汉书》方才显扬天下。司马迁、班固的书，今天的人见到的都是很详备的，而当时传授此书必有一定的人，受业必定都有师承家法。

古人专门之学，必有法外传心，笔削之功所不及，则口授其徒，而相与传习其业，以垂永久也。迁书自裴骃为注，固书自应劭作解，其后为之注者，犹若干家，则皆阐其家学者也。

【译文】这是因为古人父子、师徒相传的学问，必定在常法之外别有会心，文字上无法表达的，则通过口授弟子而世代传习，以便永久流传。司马迁的《史记》自裴駰作注以来，班固的《汉书》自应劭作解以来，为二书作注的仍有若干家，都是为了阐发他们的家学。

魏、晋以来，著作纷纷，前无师承，后无从学。且其为文也，体既滥漫，绝无古人笔削谨严之义；旨复浅近，亦无古人隐微难喻之故；自可随其诣力，孤行于世耳。

【译文】魏、晋以来，著作纷繁复杂，前无师承渊源，后无弟子传习。而且他们所写的文章，体例既已杂乱，丝毫也没有古人笔削谨严的用意，旨意又很浅显，也没有古人隐晦难明的记述，自然可以凭着他们所达到的水准，而单独在世上流传。

至于史籍之掌，代有其人，而古学失传，史存具体。惟于文诰案牍之类次，月日记注之先后，不胜扰扰，而文亦繁芜复沓，尽失迁、固之旧也。

【译文】至于史书的修撰，每个朝代都有专人负责，但是古代史学的优良史法已经失传，只保留了一些细枝末节的东西，唯独对诏敕文诰、公函案卷的分类排比，每月每日记事的先后，可谓是纷烦不堪，而文字也繁冗拖沓，完全失去了司马迁、班固的那种文风。

是岂尽作者才力之不逮，抑史无注例，其势不得不日趋于繁富也。古人一书，而传者数家。后代数人，而共成一书。夫传者广，则简尽微显之法存。

【译文】这难道是完全因为作者的才力都比不上他们吗？抑或也因为史书不再使用注释的体例，其发展势态不得不日益趋向繁富。古人的一部书，传授者有数家；后代合数人之力，共同撰成一种书。传授的人广，那么《春秋》简略与详尽、隐微与显露的笔法就能保存下来。

作者多，则牴牾复沓之弊出。循流而日忘其源，古学如何得复，而史策何从得简乎？是以《唐书》倍汉，《宋史》倍唐，检阅者不胜其劳，传习之业，安得不亡？

【译文】作者人多，那么彼此矛盾、重复拖沓的弊病就会出现。顺水而下渐渐淡忘了它的源头，古代的史学传统如何能够恢复，史书从哪里能够精简呢？因此新、旧两《唐书》的卷帙比《汉书》增加了一倍，《宋史》又比《唐书》扩大了一倍，翻阅的人不胜其烦，传授学习的事业又怎么能不消亡呢？

夫同闻而异述者，见崎而分道也。源正而流别者，历久而失真也。九师之《易》，四氏之《诗》，师儒林立，传授已不胜其纷纷。

【译文】受业同师而撰述不同，是因为见解不同而分道扬镳；源头纯正而支流相别，是因为历时久远而失去了真貌。《易》有九师之说，《诗》有四家之学，经师林立，各家传授已纷乱不堪。

士生三古而后，能自得于古人，勒成一家之作，方且徬徨乎两间，孤立无徒，而欲抱此区区之学，待发挥于子长之外孙，孟坚之女弟，必不得之数也。

【译文】生于三古之后的儒生，能无师自通地从古人那里获取真知，撰成一家之说，又将在人世间徘徊不定，孤独一人而没有同道，竟想抱着这区区之学，期待着司马子长的外孙、班孟坚的妹妹来发扬传播，注定会落得一个空想的下场。

太史《自叙》之作，其自注之权舆乎？明述作之本旨，见去取之从来，已似恐后人不知其所云，而特笔以标之。所谓不离古文，乃考信六艺云云者，皆百三十篇之宗旨，或殿卷末，或冠篇端，未尝不反复自明也。

【译文】司马迁撰写《太史公自序》，大概就是自注的起源吧？《自序》阐明撰述的本意，让读者看出作者取舍的依据。似乎已经在担心后人不明白他所说的，因而特地标明于此。他所说的“不离古文”及“考信六艺”等等，都是《史记》一百三十篇的宗旨，有的置于卷末，有的冠于篇首，未尝不是在反复地自我说明。

班《书》年表十篇，与《地理》、《艺文》二志皆自注，则又大纲细目之规矩也。其陈、范二史，尚有松之、章怀为之注。至席惠明注《秦记》，刘孝标注《世说新语》，则杂史支流，犹有子注，是六朝史学家法未亡之一验也。

【译文】班固《汉书》中的十篇年表，与《地理》、《艺文》二志都有自注，这又立下了大纲与细目的规矩。陈寿与范晔所撰的两部史书，尚有裴松之与章怀太子为之作注。到席惠明注《秦记》，刘孝标注《世说新语》，那么杂史一类的著作仍然有子注，这是六朝史学家法尚未消亡的一个凭证。

自后史权既散，纪传浩繁，惟徐氏《五代史注》，亦已简略，尚存饩羊于一线。而唐、宋诸家，则茫乎其不知涯涘焉。宋范冲修《神宗实录》，别为《考异》五卷，以发明其义。

【译文】自此以后，史官的职权被分散开了，纪传体史书卷帙浩繁，只有徐无党著《五代史注》，也已经比较简略了，但仍如饩羊一般尚保存有一线生机。而唐、宋其他各家，则茫然不知边际。宋代范冲修撰《神宗实录》，另外又撰写了《神宗实录考异》五卷，来阐发《实录》的义例。

是知后无可代之人，而自为之解。当与《通鉴举要》、《考异》之属，同为近代之良法也。

【译文】这是他知道后代没有可以替代的人而自己为它注解。应当与《通鉴举要》及《通鉴考异》之类，一同视为近代优良的修史法则。

刘氏《史通》画补注之例为三条，其所为小书人物之《三辅决录》、《华阳士女》，与所谓史臣自刊之《洛阳伽蓝》、《关东风俗》者，虽名为二品，实则一例。

【译文】刘知几的《史通》把补注的体例划为三条，他所说的属于“史传小书、人物杂记”的《三辅决录》《华阳国志》，与他所说的亲任史职而为自己的书作注的《洛阳伽蓝记》《关东风俗传》，虽然名义上分为二类，实际上却为同一体例。

皆近世议史诸家之不可不亟复者也。惟其所谓思广异闻之松之《三国》、刘昭《后汉》一条，则史家之旧法，与《索隐》、《正义》之流，大同而小异者也。

【译文】都是近代史学评论家们不可不急切考察的。只有他所说的属于“思广异闻”的裴松之《三国志注》及刘昭《后汉书注》这一条，仍是史家的旧法，与《史记索隐》、《史记正义》之类的史注大同小异。

夫文史之籍，日以繁滋，一编刊定，则徵材所取之书，不数十年，尝失亡其十之五六，宋、元修史之成规，可复按焉。

【译文】文史方面的典籍，日益繁多，一部新书写成后，那么它所征引取材的书籍，不到数十年便亡佚了十分之五、六，宋、元两朝修史的状况仍可查考验证。

使自注之例得行，则因援引所及，而得存先世藏书之大概，因以校正艺文著录之得失，是亦史法之一助也。且人心日漓，风气日变，缺文之义不闻，而附会之习，且愈出而愈工焉。

【译文】如果自注的体例得以施行，那么因征引所及而得以保存了前代藏书的大致情况，用它来校正史书艺文志著录典籍的得失，这也是得益于修史方法的一个方面。况且人心日益不古，世风日益颓败，存疑不书的古义听不到，而附会的陋习倒越来越工巧了。

在官修书，惟冀塞责，私门著述，苟饰浮名，或剽窃成书，或因陋就简。使其术稍黠，皆可愚一时之耳目，而著作之道益衰。

【译文】在官府机构中修史，只求敷衍了事；私家著述，则随便粉饰虚美。有的是剽窃成书，有的则因陋就简。假使他的手法稍微狡猾一点，都可蒙蔽住时人的耳目，而著述之法则日益衰落。

诚得自注以标所去取，则闻见之广狭，功力之疏密，心术之诚伪，灼然可见于开卷之顷，而风气可以渐复于质古，是又为益之尤大者也。

【译文】如果能用自注来标明取舍，那么作者见闻的广博与狭窄，功力的稀疏与缜密，心术的诚实与虚伪，在开卷之际便灼然可见，而质朴的古风也可以逐渐恢复，这又是最为有益的一个方面。

然则考之往代，家法既如彼；揆之后世，繁重又如此；夫翰墨省于前，而功效多于旧，孰有加于自注也哉？

【译文】那么考查前代，史学家法既如上所述；揆测后世，关系又如此重大；文字比前人简省而功效却多于过去，还有什么方法比自注更好的呢？

释通（节录）

班固承建初之诏，作《白虎通义》。（《儒林传》称《通义》，固本传称《通德论》，后人去义字，称《白虎通》，非是）应劭愍时流之失，作《风俗通义》。

【译文】建初时班固秉承汉章帝的诏令，撰成《白虎通义》（《后汉书·儒林传》称作《通义》，班固本传称作《通德论》，后人省去“义”字称作《白虎通》，是不对的）。应劭为时人的失误而忧虑，所以撰写了《风俗通义》。

盖章句训诂，末流浸失，而经解论议家言起而救之。二子为书，是后世标通之权舆也。自是依经起义，则有集解（杜预《左传》、范宁《穀梁》、何晏《论语》）。

【译文】大概章句的讲解与辞语的训释，后世末流逐渐迷失了方向，因而自成一家的解释经文、论说经义的著作便出来进行拯救。班、应二人的书，是后世著作标“通”的开始。自此之后，依据经文解释阐述的，有“集解”、（如杜预的《左氏经传集解》，范宁的《谷梁传集解》，何晏的《论语集解》）。

集注（荀爽《九家易》、崔灵恩《毛诗》、孔伦、裴松之《丧服九传》）、异同（许慎《五经异义》、贺玚《五经异同评》）、然否（何休《公羊墨守》、郑玄《驳议》、谯周《五经然否论》）诸名；离经为书，则有六艺（郑元论）、圣证（王肃论）、匡谬（唐颜师古《匡谬正俗》）、兼明（宋邱光庭《兼明书》）诸目。

【译文】“集注”（荀爽的《九家易》，崔灵恩的《集注毛诗》，孔伦、裴松之的《集注丧服经传》）、“异同”（如许慎的《五经异义》，贺玚的《五经异同评》）、“然否”（如何休的《公羊墨守》，郑玄的《驳何氏汉议》，谯周的《五经然否论）等名称；脱离经文而独自为书的，则有“六艺”、（如郑玄的《六艺论》）、“圣证”（如王肃的《圣证论》）、“匡谬”（如颜师古的《匡谬正俗》）、“兼明”（如宋邱光庭的《兼明书》）等名目。

其书虽不标通，而体实存通之义，经部流别，不可不辨也。若夫尧、舜之典，统名《夏书》（《左传》称《虞书》为《夏书》。马融、郑元、王肃三家首篇皆题《虞夏书》。伏生《大传》首篇亦题《虞夏传》）；《国语》、《国策》，不从周记；《太史》百三十篇，自名一子（本名《太史公书》，不名《史记》也）。

【译文】这些书虽然不标“通”字，而体裁上实质还保留了“通”的含义，经部的源流派别不可不慎重察辨。至于《尚书》中的《尧典》、《舜典》，都统称为《夏书》（《左传》称《虞书》为《夏书》；马融、郑玄、王肃三家，首篇都题作《虞夏书》。伏生《大传》，首篇也题作《虞夏传》）；《国语》、《战国策》，不称“周记”；《太史公书》一百三十篇，自称为一家之书（本名《太史公书》，不叫作《史记》）。

班固《五行》、《地理》，上溯夏、周（《地理》始《禹贡》，《五行》合《春秋》（补司马迁之阙略，不必以汉为断也）。古人一家之言，文成法立，离合铨配，惟理是视，固未尝别为标题，分其部次也。

【译文】班固《汉书》中的《五行志》《地理志》，上溯到夏朝与周朝（《地理志》始于

《禹贡》，《五行志》与《春秋》一致，补司马迁《史记》所阙，不必以汉代为断限）。古人一家之言，文章撰成后体例便确立了，分离聚合、衡量调配，只看思想内容的要求，固然未曾另立题目，划分部类。

梁武帝以迁、固而下，断代为书，于是上起三皇，下讫梁代，撰为《通史》一编，欲以包罗众史。史籍标通，以滥觞也。嗣是而后，源流渐别。

【译文】梁武帝因司马迁、班固以后都断代为史，于是上起三皇，下至梁代，撰成《通史》一书，想以它来包罗众史。史籍当中标用“通”字，这是最早的。从此以后，源流逐渐分离。

总古今之学术，而纪传一规乎史迁，郑樵《通志》作焉（《通志》精要在乎义例。盖一家之言，诸子之学识，而寓于诸史之规矩，原不以考据见长也。后人议其疏陋，非也。）

【译文】总述古今学术，纪传体史书全都以司马迁的《史记》为典范，于是郑樵的《通志》出现了；（《通志》精粹的地方在于它的义例。作为一家之言，他们的学识都寄托在他们所作的史书的义例之中，原本不以考据见长。后人讥议他们的疏漏，是不对的。）

统前史之书志，而撰述取法乎官礼，杜佑《通典》作焉（《通典》本刘秩《政典》）。合纪传之互文（纪传之文，互为详略），而编次总括乎荀、袁（荀悦《汉纪》三十卷，袁宏《后汉纪》三十卷，皆易纪传为编年），司马光《资治通鉴》作焉。

【译文】综合前代史书的“志”，而撰述则效法官府的礼法，于是杜佑的《通典》出现了；（《通典》是根据刘秩的《政典》编成的）。参用纪传互文的方法（本纪与列传的文字，互为详略），而编排材料上总括了荀、袁二人的作法（荀悦《汉纪》三十卷，袁宏《后汉纪》三十卷，都改纪传体为编年体），于是司马光的《资治通鉴》出现了。

汇公私之述作，而铨录略依仿乎孔、萧（孔逭《文苑》百卷、昭明太子萧统《文选》三十卷），裴潾《太和通选》作焉。此四子者，或存正史之规（《通志》是也。自《隋志》以后，皆以纪传一类为正史），或正编年之的（《通鉴》），或以典故为纪纲（《通典》），或以词章存文献（《通选》），史部之通，于斯为极盛也（大部总选，意存掌故者，当隶史部，与论文家言不一例）。

【译文】汇集官方与私人的著作，而选录大略仿照孔、萧二人（孔逭《文苑》一百卷，昭明太子萧统《文选》三十卷），于是裴潾的《太和通选》出现了。这四位先生，有的保存了正史的体例（《通志》就是这样的。自从《隋书·经籍志》以后，后世著录都以纪传体史书为正史），有的端正编年体的规范（如《资治通鉴》），有的以典故为纲纪（如《通典》），有的以诗文来保存文献（如《通选》），史部当中以“通”为名的情况，在这个时期是最兴盛的了（大部头的包括一代或数代的选集，主旨在于保存掌故的，应当归属于史部，与文论家所说的不相同）。

至于高氏《小史》（唐元和中，高峻及子迥）、姚氏《统史》（唐姚康复）之属，则撙节繁文，自就隐括者也。罗氏《路史》（宋罗泌）、邓氏《函史》（明邓元锡）之属，则自具别裁，成其家言者也（谯周《古史考》、苏辙《古史》、马骕《绎史》之属，皆采摭经传之书，与通史异）。

【译文】至于高氏《小史》（唐元和中高峻及其子高迥撰）、姚氏《统史》（唐姚康复撰）之类，则属于抑制繁琐的文字，对原有的内容、文字进行加工改写的一种体裁。罗氏《路史》（宋罗泌撰）、邓氏《函史》（明邓元锡撰）之类，则属于别出心裁，自成一家之言的著作（谯周的《古史考》、苏辙的《古史》、马骕的《绎史》等这类书，都是从经传中采集摘抄的，与《通史》的体例有异）。

范氏《五代通录》，（宋范质以编年体，纪梁、唐、晋、汉、周事实。）熊氏《九朝通略》（宋熊克合吕夷简《三朝国史》、王珪《两朝国史》、李焘洪迈等《四朝国史》，以编年体为九朝书），标通而限以朝代者也（易姓为代，传统为朝）。

【译文】范氏《五代通录》（宋代范质用编年体记载后梁、后唐、后晋、后汉、后周的史），熊氏《九朝通略》（宋熊克综合吕夷简的《三朝国史》、王硅的《两朝国史》、李焘洪迈的《四朝国史》，用编年体编为九朝史），则属于标明“通”字而以朝代为起始断限的著作（改换姓氏称为“代”，帝业相传称作“朝”）。

李氏《南·北史》（李延寿），薛、欧《五代史》（薛居正、欧阳修俱有《五代史》），断代而仍行通法者也（已上二类，虽通数代，终有限断，非如梁武帝之《通史》，统合古今）。

【译文】李氏《南北史》（李延寿撰），薛、欧《五代史》（薛居正、欧阳修都有《五代史》），这是断代但仍然采用通史写法的著作（以上二类，虽然贯通数代，但终究还有断限，不像梁武帝的《通史》那样总括古今）。

其余纪传故事之流，补缉纂录之策，纷然杂起，虽不能一律以绳，要皆仿萧梁《通史》之义而取便耳目，史部流别，不可不知也。夫师法失传，而人情怯于复古，末流浸失，而学者囿于见闻。

【译文】其余的纪传故事之类，补辑纂录之书，纷纷混杂而出，虽然不能以一律的标准来要求，但大致都仿照萧梁《通史》的作法而主旨是为了阅读方便，所以史部书籍的源流派别不能不知道。师承之法失传，人情害怕复古；末流逐渐迷误，学者见闻有限。

训诂流而为经解，一变而入于子部儒家（应劭《风俗通义》，蔡邕《独断》之类），再变而入于俗儒语录（程、朱语录，记者有未别择处，及至再传，而后浸失，故曰俗儒），三变而入于庸师讲章（蒙存浅达之类，支离蔓衍，甚于语录）。

【译文】训诂演化为经书的注释，第一次变化成了子部儒家（如应劭《风俗通义》、蔡邕《独断》之类），第二次变化成了俗儒语录（程颐、程灏、朱熹的《语录》，记录者有的地方没作选择、辨别，等到二传以后便逐渐出现讹误，所以称为俗儒），第三次变化成了平庸的塾师的讲义（如《蒙存》、《浅达》之类的启蒙读物，支离破碎、繁琐枝蔓，比语录更厉害）。

不知者习而安焉，知者鄙而斥焉，而不知出于经解之通，而失其本旨者也。载笔汇而有通史，一变而流为史钞，（小史通史之类，但节正史，并无别裁，当入史钞。向来著录入于通史，非是。史部有史钞，始于《宋史》）。

【译文】不知道的人习以为常，知道的人加以鄙视排斥，却不知道它是出于经书通解而失去了通解本来的宗旨。史传文字汇合起来因而有通史，第一次演变而成为史钞，（《小史》、《通史》之类，只节录正史，并没有什么别出心裁的地方，应当归入史钞类。以前的著录，都归入通史，这是不对的。史部有史钞类，始于《宋史》）。

再变而流为策士之括类，（《文献通考》之类，虽仿《通典》，而分析次比，实为类书之学。书无别析通裁，便于对策敷陈之用。）三变而流为兔园之摘比，（《纲鉴合纂》及《时务策括》之类）。

【译文】第二次演变则变成了参加策试的读书人所用的应试材料，（如《文献通考》之类，虽然模仿《通典》，但它的剪裁排比，实为类书之学。该书并没有特别的见识与会通的体例，只便于应对策试时为陈述问题之用）第三次演变则变成了儿童启蒙一类的读物。（如

《纲鉴合纂》、《时务策括》之类）。

不知者习而安焉，知者鄙而斥焉，而不知出于史部之通，而亡其大原者也。且《七略》流而为四部，类例显明，无复深求古人家法矣。然以语录讲章之混合，则经不为经，子不成子也。

【译文】不知道的人习以为常，知道的人加以鄙视排斥，却不知道这是出于史部的通史，但却失去了通史本来的宗旨。况且七略演变为四部，分类体例非常明白，不再深究古人的师承家法了。但是因为语录、讲义这类东西的混合，则归入经部又不能算作经书，归入子部又不能算作子书。

策括类摘之淆杂，则史不成史，集不为集也。四部不能收，九流无所别，纷纭杂出，妄欲附于通裁，不可不严其辨也。夫古人著书，即彼陈编，就我创制，所以成专门之业也。后人并省凡目，取便检阅，所以入记诵之陋也。

【译文】策括、类摘这类东西的混杂，则归入史部又不能算作史书，归入集部又不能算作文集。四部不能收录，九流也无法辨别，纷纭错杂而出，妄想归附于会通的名下，这是不能不严加分辨的。古人著书，采用他人的旧文，融进自己所创立的体制中，所以能成为专门的学业。后人合并省略总目，图的是便于查检翻阅，这就是造成很少背记诵读的原因。

夫经师但殊章句，即自名家（费直之《易》，申培之《诗》，《儒林传》言其别无著述训诂，而《艺文志》有《费氏说》、《申公鲁诗》，盖即口授章句也）。

【译文】儒家经师只要章句解释不同，即可自成一家（如费直的《易》学，申培的《鲁诗》，《汉书·儒林传》说他们并没有著述、训诂，但《汉书·艺文志》上有《费氏说》与《申公鲁诗》，大概这是他们口头传授的章句注释）。

史书因袭相沿，无妨并见；（司马迁本《春秋》、《国策》诸书，《汉书》本史迁所记及刘歆所著者，当时两书并存，不以因袭为嫌），专门之业，别具心裁，不嫌貌似也。

【译文】史书因袭相沿，无妨同时并见。（如司马迁的《史记》本于《春秋》《战国策》等书，《汉书》则又根据《史记》与刘歆的著作，当时两书并存，不以因袭为嫌疑），专门的学业，别具心裁，不怕外表的相似。

剿袭讲义，沿习久而本旨已非（明人修《大全》，改先儒成说以就己意），摘比典故，原书出而舛讹莫掩，记诵之陋，漫无家法，易为剽窃也。

【译文】抄袭讲义，沿习久了以至本来的宗旨完全变了（明朝人修撰《四书大全》等篡改先儒的解说以适合自己的意思），摘抄排列典故，用原书一对照便无法遮掩它的讹误。背记诵读太少，漫无家法，容易进行剽窃。

然而专门之精，与剽窃之陋，其相判也，盖在几希之间，则别择之不可不慎者也。

【译文】然而专门学业的精深与剽窃的浅陋，它们的区别，大概也就在很小之间，那么辨别、选择就不能不谨慎了。

通史之修，其便有六：一曰免重复，二曰均类例，三曰便铨配，四曰平是非，五曰去牴牾，六曰详邻事。

【译文】通史的修撰，其便利有六点：一为避免重复，二为统一体例，三为便于安排组织，四为是非评判公允，五为去除前后抵触，六为邻国之事详细。

其长有二：一曰具翦裁，二曰立家法。其弊有三：一曰无短长，二曰仍原题，三曰忘标目。

【译文】其长处有两条：一为能合理剪裁，二为可创立家法。其弊端有三个：一为没有增减，二为沿袭原题，三为忘记标目。

何谓免重复？夫鼎革之际，人物事实，同出并见。胜国无徵，新王兴瑞，即一事也。前朝草窃，新主前驱，即一人也。

【译文】避免重复指的是什么？改朝换代的时候，人物事实，同出共见，前朝灭亡的征兆，新王朝兴起的吉瑞，实际就是同一件事。前朝的草寇、盗贼，新王朝的先锋，实际就是同一个人。

董卓、吕布，范、陈各为立传，禅位册诏，梁、陈并载全文，所谓复也。《通志》总合为书，事可互见，文无重出，不亦善乎？

【译文】董卓、吕布，范晔《后汉书》、陈寿《三国志》各自为他们立传禅让帝位的册书、诏令，《梁书》《陈书》都载录了全文，这就是所说的重复。《通志》汇总在一起撰写成书，事情可用互见的方法，文字却没有重复，不也很好吗？

何谓均类例？夫马立《天官》，班创《地理》，《齐志·天文》，不载推步；《唐书·艺文》，不叙渊源；依古以来，参差如是。郑樵著《略》，虽变史志章程，自成家法；但《六书》《七音》，原非沿革，《昆虫草木》，何尝必欲一代相仍乎？

【译文】统一体例指的是什么？司马迁创立《天官书》，班固创立《地理志》，《南齐书·天文志》，不记载日月星辰运行的度数；《唐书·艺文志》，不叙述各类书籍的源流演变，自古以来，都是这样参差不齐。郑樵著《通志》二十略，虽然改变了史书中"志"的体例，自成一家；但《六书略》、《七音略》，原本并非沿袭前人之例；《昆虫草木略》，何曾一定要与前代相因袭呢？

惟通前后而勒成一家，则例由义起，自就隐括。《隋书·五代史志》（梁、陈、北齐、周、隋），终胜沈、萧、魏氏之书矣（沈约《宋志》、萧子显《南齐志》、魏收《魏志》，皆参差不齐也）。

【译文】惟有通晓古今而撰成一家，那么体例可根据其书主旨而定，自己对旧文加以剪裁组织。《隋书·五代史志》（指梁、陈、北齐、周、隋五个朝代），终究胜过了沈氏、萧氏、魏氏三家的史志（沈约《宋书》的志、萧子显《南齐书》的志、魏收《魏书》的志，都参差不齐）。

何谓便铨配？包罗诸史，制度相仍。惟人物挺生，各随时世。自后妃宗室，标题著其朝代；至于臣下，则约略先后，以次相比（《南北史》以宗室分冠诸臣之上，以为识别，欧阳《五代史》，始标别朝代）。

【译文】便于安排分配指的是什么？包罗众史，制度相沿，只有人物的挺拔而出，各随时代而变。从后妃到宗室，标题上写明了他们的朝代先后；至于臣下，则大致据年代先后，按次序排列（《南北史》将宗室分别冠于群臣之上，作为识别标志欧阳修《新五代史》才开始标明朝代）。

然子孙附于祖父，世家会聚宗支（《南北史》王谢诸传，不尽以朝代为断）。一门血脉相承，时世盛衰，亦可因而见矣。

【译文】但子孙附在祖父传下，世家大族则把同一宗族的会聚在一起，（《南北史》中王、谢等人的传，不完全按朝代为断限。）一门之中血脉相承，时代的盛衰变化，也可从这里看见。

即楚之屈原，将汉之贾生同传，周之太史，偕韩之公子同科，古人正有深义，相附而彰，义有独断。末学肤受，岂得从而妄议耶？

【译文】就是楚国的屈原，与汉代的贾谊同在一传；周朝的太史老子，与韩国的公子韩非合为一传，古人也正有深意，合为一传可以相得益彰、其用心有独到之处。后世浅陋的人，怎么能对它妄加评议呢？

何谓平是非？夫曲直之中，定于易代。然晋史终须帝魏，而周臣不立韩通，虽作者挺生，而国嫌宜慎，则亦无可如何者也。惟事隔数代，而衡鉴至公，庶几笔削平允，而折衷定矣。

【译文】评判是非得当指的是什么？对是非曲直的公正评判，到改换朝代之后才能确定。但晋史终究还必须以曹魏为正统，而《新五代史》却不给后周的臣子韩通立传，虽然作者杰出，但本朝的嫌疑应该慎重，那也是无可奈何的。只有事隔数代才能衡量审察得最公正，差不多可以褒贬得当而取舍评判才能有定论。

何谓去牴牾？断代为书，各有裁制，详略去取，亦不相妨。惟首尾交错，互有出入，则牴牾之端，从此见矣。

【译文】去除互相矛盾指的是什么？以朝代为断限的史书，各有自己的剪裁体例。详略取舍，也不互相妨碍。只是首尾交错，互有出入，那么互相抵触的端倪，从这里就可以看见了。

居摄之事，班殊于范；二刘始末（刘表、刘焉），范异于陈。统合为编，庶几免此。

【译文】王莽摄政的事情，班固《汉书》与范晔《后汉书》所载不一致；二刘的始末（即刘表、刘焉），范晔《后汉书》与陈寿《三国志》所载详略不同。总合为一编，差不多可避免这类问题。

何谓详邻事？僭国载纪，四裔外国，势不能与一代同其终始；而正朔纪传，断代为编，则是中朝典故居全，而藩国载纪乃参半也。

【译文】详于邻国之事指的是什么？僭称帝号的非正统政权的历史记载，周边的少数民族与其他国家，势必不能与一个正统王朝的兴亡时间正好相同，但正统王朝的纪传体史书，是以朝代的终始为断限的，那么正统王朝的典制与掌故是很齐全的，但地方政权、少数民族与外国史事的记载就只有一半了。

惟南北统史，则后梁、东魏悉其端，而五代汇编，斯吴越、荆、潭终其纪也。凡此六者，所谓便也。

【译文】只有南、北朝有统一的史书，那么后梁、东魏的历史才能有头有尾；而五代历史合编在一起，这样吴越、荆南、楚等小国的记载才能到最后。总共这六点，就是我所说的便利之处。

何谓具翦裁？通合诸史，岂第括其凡例，亦当补其缺略，截其浮辞，平突填砌，乃就一家绳尺。

【译文】能进行合理剪裁指什么？融合贯通众史，岂只是概括它们的凡例，也应当弥补它们的简略与缺漏，删除那些多余的文字结构上的起伏安排与文字上的详略，都是根据一家的准绳来处理的。

若李氏《南》、《北》二史，文省前人，事详往牒，故称良史。盖生乎后代，耳目闻见，自当有补前人，所谓凭藉之资，易为力也。

【译文】像李延寿的《南》、《北》二史，文字比前人简练，事情比过去的记载更详细，事件比以往的谱牒记载更为详细，所以称为良史。大概生在后世，耳闻目见，自然应当有补于前人，所谓凭借的资料容易让人得力。

何谓立家法？陈编具在，何贵重事编摩？专门之业，自具体要。若郑氏《通志》，卓识名理，独见别裁，古人不能任其先声，后代不能出其规范；虽事实无殊旧录，而辨名正物，诸子之意，寓于史裁，终为不朽之业矣。

【译文】能创立自成一家的体制指什么？过去的史书都还在流传，为什么要重视重新进行编写？专门的学业，自然具有它本身的纲要主旨。如郑氏的《通志》，对事物的是非、道理有卓越的见识，颇见别出心裁，古人不能成为他的先导，后代没有人能跳出他创立的模式；虽然事实与旧史所载没有什么差别，但分析名称、辨正事物，把创立一家之言寄托在史书的剪裁组织当中，终于成为不朽的事业。

凡此二者，所谓长也。何谓无短长？纂辑之书，略以次比，本无增损，但易标题，则刘知几所谓："学者宁习本书，怠窥新录"者矣。

【译文】以上这两条，就是我所说的长处。没有增减指什么？编纂而成的书，略加排比，本来没有增加、减损，只是改换了标题，那就成了刘知几所说的"学习的人宁肯读原来的史书，而懒得看新编的著作"所指的这类书籍。

何谓仍原题？诸史异同，各为品目，作者不为更定，自就新裁。《南史》有《孝义》而无《列女》，（详《列女》篇。）《通志》称《史记》以作时代，（《通志》汉、魏诸人，皆标汉、魏，称时代，非称史书也。而《史记》所载之人，亦标《史记》，而不标时代，则误仍原文也。）一隅三反，则去取失当者多矣。

【译文】沿袭原题指什么？众史异同，各自标目，作者不进行改定，让它符合新著的要求。《南史》有《孝义传》而无《列女传》，（详《列女》篇。）《通志》叙述人物，用《史记》来作为所应标明的时代，（《通志》中汉、魏时代的人，都标明"汉"、"魏"等字来称时代，不足称史书。而对《史记》所记载的人物，也标《史记》而不标时代，则是因为错误地沿用了原书的文字。）举一反三，那么取舍失当的情况可见有很多。

何谓忘题目？帝王、后妃、宗室、世家，标题朝代，其别易见。臣下列传，自有与时事相值者，见于文辞，虽无标别，但玩叙次，自见朝代。

【译文】忘记标目指什么？帝王、后妃、宗室、世家，标明朝代，它们的分别还容易看见。臣下的传记，本身有与时事相关联的，表现在文辞上，虽然没标明年代，但玩味传文的叙述次序，其朝代自然能明白。

至于《独行》、《方伎》、《文苑》、《列女》诸篇，其人不尽涉于世事，一例编次，若《南史》吴逵、韩灵敏诸人，几何不至于读其书不知其世耶？凡此三者，所谓弊也。

【译文】至于《独行》、《方伎》、《文苑》、《列女》等传，其人与世事无关，按照一种体例编写，像《南史》中的吴逵、韩灵敏等人，何曾不是阅读他们的传记而不知道他们的时代？以上三条，就是我所说的弊端。

國學治要今譯

第三册

诸子治要

张文治 编纂
石岗等 今译

UNITY PRESS 團結出版社

目 录

诸子治要卷一 诸子十八种

老子

列子

庄子

管子

商子

韩子

公孙龙子

墨子

鬼谷子

吕氏春秋

淮南子

论 衡

孙 子

诸子治要卷二
诸子四十五种

诸子治要卷一

诸子十八种

诸子十八种 序

诸子之学，起于衰周。说者谓王官失守，其徒各以所业，游说诸侯。是时，车马之迹日密，竹帛之用渐宏，故百家之说蜂起。而著述浸多，其后源远流分，醇驳互见；为其学者，又多拘守门户，污附不已，故其言乃以庞杂见病。然平心而论，诸子之书，其笃实博大，固不及周孔之经传，亦往往各有独入深到之处，言若相反，功多相成，此其书所以千载犹新，而终不可废也。所惜世远年湮，篇简残缺，诸子之学，尤称难治。盖尝考之其时，自孟荀庄韩诸子，以至刘安司马谈之伦，于其学之渊源流别，虽时有论说，加以褒贬，然或叙述不周，或论断欠平，皆未足以见其全。迨刘向父子因群书而作《七略》（班固《汉书·艺文志》即本刘氏《七略》而成，《七略》之书久亡，今云《七略》者，据汉志而言也），评论部次，条理缜密，后世学者，相率奉为准绳。顾更考诸隋唐以下诸史志，见其著录群书，莫不删七略而为四部，以兵书数术方技三略，并入子部，则诸子之部次又一变矣。吾因深求其说，而后知诸子之家数，正犹经传之种类，历代时有增损，不能执一而论，苟揆诸义而协，则亦不得遽斥为无据也。故是编特深维古义，斟酌今情，于古有而今不传者缺之，或今虽传，而浅率虚伪，无重要关系于学术者，亦皆不取；都计采録诸子之学八家，其次序则本于《七略》，而以兵家为殿，每家之中，各举一二巨子，为书共一十七种，其十之八九，皆先秦两汉之古著，非后人剿袭立说者可比。学者宜熟究之，舍短取长，略通万方，其庶乎可以知吾先哲蕴藏之宏富，而有以自立矣。

【译文】诸子学兴起于周王朝统治衰落时期。后代的学者认为此时“官师合一”（王室的官吏既为官又为师）的王官之学传统已被打破，原来的王官之学的子弟，凭其所学到处游说诸侯，各立其业。这个时期，车马交通日益频繁，竹简、布帛的使用也渐渐增多，这些都推动了诸子百家学说的纷纷兴起。诸子之学的著述很多，其后又有诸多分支流派，有的精醇，有的驳杂，加上后代习学者大多又偏执于各自门户之见，迂曲附会，导致诸子之著述言论中显现庞杂之病。不过，平心而论，诸子著述实在是博大精深，虽不及周公、孔子的经传之作，但也往往各自有独到、精深的地方。其言辞表面似乎相反相逆，但实际却是多相反相成，这恐怕就是这些著作虽历经了千年，但依旧犹如新书，能不断产生新意，而始终不可废弃的原因所在。可惜的是，由于历代久远，在流传中，有些篇目已残损、坏缺，这就使得诸子学更加难于研究。我曾经探考过其时代变化，从孟子、荀子、庄子、韩非子到刘安、司马谈，对他们的学术渊源、派别，虽有所论说，并评以褒贬，但或是叙述不周，或是论断不客观，都没能全面地反映他们的思想。直到刘向父子，在整理群书的基础上而著有《七略》一书（班固的《汉书·艺文志》即是以刘向的《七略》为底本而作，《七略》一书早已亡失，今天所说的《七略》是以《汉书·艺文志》为依据的），开始评论分类，条理严密，后代学者都以其为准绳。不过，通过考察隋唐以后的诸多史志来看，这些史志中著录的群书没有不是将《七略》所列之书分为四部的，而且将兵书、数术、方技三类并入子部，这样诸子书的分类部次又发生了变化。我因致力于探求诸子的学说思想，了解到诸子的种类，正像经传的种类一样，历代经常有增、有减，并不能执著于某一种类，假使诸种类综合协虑，则也不能随意武断地驳斥为无根据。因此在编排此书时，既遵循了古人的观念，又充分考虑到当今的情况，对于古代有而现在已不传的不编取，或现在虽有流传，但浅陋、粗率、虚言、伪书之类，没有什么学术意义的，也都不采用。总计编采了八家诸子学，编次顺序以《七略》为参照，但将兵家放在了最后，每家中各举一两个有重要影响的人物，总计十七种，其中十分之八九是先秦两汉时人的著作，这是后代那些抄袭立说的作品无可相比的。作学问者，应当熟练地掌握其内容思想，并能取长去短，广博精通各家思想，只有如此方能明白先哲们著作中丰富的思想蕴涵，并有助于能提出自己的独立之见。

荀子

周荀况撰。况，赵人，时人相尊，亦称荀卿，汉人或称为孙卿，以荀孙字音相近，或曰以避宣帝讳询之嫌名故也。自仲尼没，传其学者，孟荀并为大宗。《荀子·性恶篇》持论，虽与孟子相反，然其本旨，在使人去恶归善，固无二致。书凡三十三篇，主于明周孔之教，崇礼乐，勉人学问，而于当时名墨诸家立说之弊，尤不厌反复辨正。其推论多精切不磨，与孟子之自任辟邪说以承三圣，正复相似，故韩愈称其书为大醇小疵，而杨倞更以为羽翼经传，光乎孔氏者也。（案荀姓也，子男子之美称也，荀子本以称人，因以称其所著之书，凡诸子之书名，多同此类。）

【译文】《荀子》，周代荀况著。荀况，赵国人，当时人为表示尊敬，也称荀卿，汉代时人又称孙卿，因为荀与孙二字音相近，有的说是为避讳汉宣帝的名。自从孔子去世始，继承其学术思想的人，孟子与荀子并为大宗。荀子的性恶篇的观点，虽然与孟子相反，但其思想的根本宗旨在于使人去恶从善，在这一点上二者是一致的。《荀子》一书共三十三篇，主要思想在于阐明周代孔子的思想，崇尚礼乐，勉励人要善于学习与询问，而对于当时名墨各家观点的弊端，也不厌其烦的反复辨明其错误之处。其推理论证大多精当贴切，与孟子的自以驳斥邪说以继承三圣思想正相似。所以，韩愈认为此书多数是醇厚的，只是有小的瑕疵，而杨倞更称之为经传的羽翼，光大了孔子的思想的人。（荀是姓，子是古代男子的美称，荀子本是对人的称呼，并因此以其人名作其书名，诸子的书名大多如此。）

劝学（节录 以下各篇并同）

君子曰：学不可以已。青，取之于蓝，而青于蓝；冰，水为之，而寒于水。木直中绳，輮以为轮，其曲中规，虽有槁暴，不复挺者，輮使之然也。故木受绳则直，金就砺则利，君子博学而日参省乎己，则知明而行无过矣。故不登高山，不知天之高也；不临深溪，不知地之厚也；不闻先王之遗言，不知学问之大也。干、越、夷、貉之子，生而同声，长而异俗，教使之然也。诗曰：“嗟尔君子，无恒安息。靖共尔位，好是正直。神之听之，介尔景福。”

【译文】君子说：“学习不可以停止。”靛青，是从蓼蓝中提取出来的，但比蓼蓝更青；冰，是水变成的，但比水寒冷。木料笔直得合于墨线，但把它熏烤弯曲而做成车轮，它的弯曲度就与圆规画的相合，即使再烘烤暴晒，它也不再伸直了，这是熏烤弯曲使它这样的啊。所以木料受到墨线的弹划校正才能取直，金属制成的刀剑在磨刀石上磨过才能锋利，君子广泛地学习而又能每天检查省察自己，那就会见识高明而行为没有过错了。所以不登上高高的山峰，就不知道天空的高远；不俯视深深的山谷，就不知道大地的深厚；没有听到前代圣明帝王的遗言，就不知道学问的渊博。吴国、越国、夷族、貊族的孩子，生下来啼哭的声音都相同，长大了习俗却不同，这是教化使他们这样的啊。《诗》云：“唉呀，你们君子啊，不要常常歇息着。安心供奉你的职位，爱好正直行为。上帝知道了这些，就会给你大福气。”

学恶乎始？恶乎终？曰：其数则始乎诵经，终乎读礼；其义则始乎为士，终乎为圣人。真积力久则入。学至乎没而后止也。故学数有终，若其义则不可须臾舍也。为之，人也；舍之，禽兽也。故书者，政事之纪也；诗者，中声之所止也；礼者，法之大分、类之纲纪也。故学至乎礼而止矣。夫是之谓道德之极。礼之敬文也，乐之中和也，诗书之博也，春秋之微也，在天地之间者毕矣。

【译文】学习从哪里开始？到哪里终结？答案是：从学习的科目来说，是从诵读《书》《诗》等经典开始，到阅读《礼》为止；从学习的意义来说，是从做一个读书人开始，到成为圣人为止。诚心积累，长期努力，就能深入，学到老死然后才停止。所以从学习的科目来说，是有尽头的；但如果从学习的意义来说，那么学习是片刻也不能丢的。致力于学习，就成为人；放弃学习，就成了禽兽。《尚书》，是政事的记载；《诗》，是和谐的音乐所附丽的篇章；《礼》，是行为规范的要领、具体准则的总纲。所以学到《礼》就到头了，这可以叫做达到了道德的顶点。《礼》的肃敬而有文饰，《乐》的中正而又和谐，《诗》《书》的内容渊博，《春秋》的词意隐微，存在于天地之间的道理都包括在这些典籍中了。

君子之学也，入乎耳，箸乎心，布乎四体，形乎动静。端而言，蝡而动，一可以为法则。小人之学也，入乎耳，出乎口；口耳之间，则四寸耳，曷足以美七尺之躯哉！

【译文】君子的学习，是听在耳里，记在心中，表现在威仪的举止和符合礼仪的行动上。所以他稍微说一句话，稍微动一动，都可以成为别人效法的榜样。小人的学习，只是从耳中听进去，从口中说出来。口、耳之间才不过四寸罢了，怎么能够靠它来完美七尺长的身躯呢?

修身

见善，修然必以自存也；见不善，愀然必以自省也。善在身，介然必以自好也；不善在身，菑然必以自恶也。故非我而当者，吾师也；是我而当者，吾友也；谄谀我者，吾贼也。故君子隆师而亲友，以致恶其贼。好善无厌，受谏而能诫，虽欲无进，得乎哉！小人反是：致乱而恶人之非己也；致不肖而欲人之贤己也；心如虎狼，行如禽兽，而又恶人之贼己也。谄谀者亲，谏争者疏，修正为笑，至忠为贼，虽欲无灭亡，得乎哉！诗曰："噏噏呰呰，亦孔之哀。谋之其臧，则具是违；谋之不臧，则具是依。"此之谓也。

【译文】看到善良的行为，一定一丝不苟地拿它来对照自己；看到不好的行为，一定心怀恐惧地拿它来反省自己；善良的品行在自己身上，一定因此而坚定不移地爱好自己；不良的品行在自己身上，一定因此而被害似地痛恨自己。所以指责我而指责得恰当的人，就是我的老师；赞同我而赞同得恰当的人，就是我的朋友；阿谀奉承我的人，就是害我的贼人。君子尊崇老师、亲近朋友，而极端憎恨那些贼人；爱好善良的品行永不满足，受到劝告就能警惕，那么即使不想进步，可能么?小人则与此相反，自己极其昏乱，却还憎恨别人对自己的责备；自己极其无能，却要别人说自己贤能；自己的心地像虎、狼，行为像禽兽，却又恨别人指出其罪恶；对阿谀奉承自己的就亲近，对规劝自己改正错误的就疏远，把善良正直的话当作对自己的讥笑，把极端忠诚的行为看成是对自己的戕害，这样的人即使想不灭亡，可能么?《诗》云："乱加吸取乱诋毁，实在令人很可悲。谋划本来很完美，偏偏把它都违背；谋划本来并不好，反而拿来都依照。"就是说的这种小人。

志意修则骄富贵，道义重则轻王公；内省而外物轻矣。传曰："君子役物，小人役于物。"此之谓矣。身劳而心安，为之；利少而义多，为之；事乱君而通，不如事穷君而顺焉。故良农不为水旱不耕，良贾不为折阅不市，士君子不为贫穷怠乎道。

【译文】志向美好就能傲视富贵，把道义看得重就能藐视天子、诸侯；内心反省注重了，那么身外之物就微不足道了。古书上说："君子役使外物，小人被外物所役使。"就是说的这个道理啊。身体劳累而心安理得的事，就做它；利益少而道义多的事，就做它；侍奉昏乱的君主而显贵，不如侍奉陷于困境的君主而顺行道义。所以优秀的农夫不因为遭到水灾旱灾就不耕种，优秀的商人不因为亏损而不做买卖，有志操和学问的人不因为贫穷困厄而怠慢道义。

夫骥一日而千里，驽马十驾，则亦及之矣。将以穷无穷，逐无极与？其折骨绝筋，终身不可以相及也。将有所止之，则千里虽远，亦或迟、或速、或先、或后，胡为乎其不可以相及也！不识步道者，将以穷无穷，逐无极与？意亦有所止之与？夫"坚白"、"同异"、"有厚无厚"之察，非不察也，然而君子不辩，止之也。倚魁之行，非不难也，然而君子不行，止之也。故学曰迟。彼止而待我，我行而就之，则亦或迟、或速、或先、或后，胡为乎其不可以同至也！故蹞步而不休，跛鳖千里；累土而不辍，丘山崇成。厌其源，开其渎，江河可竭。一进一退，一左一右，六骥不致。彼人之才性之相县也，岂若跛鳖之与六骥足哉！然而跛鳖致之，六骥不致，是无它故焉，或为之，或不为之尔！道虽迩，不行不至；事虽小，不为不成。其为人也多暇日者，其出入不远矣。好法而行，士也；笃志而体，君子也；齐明而不竭，圣人也。

【译文】那骏马一天能跑千里，劣马走十天也就能达到了。但如果要去走尽没有穷尽的路途、赶那无限的行程，那么劣马就是跑断了骨头，走断了脚筋，一辈子也是不可能赶上骏马的。所以如果有个终点，那么千里的路程虽然很远，也不过是有的走得慢一点、有的跑得快一点、有的先到一些、有的后到一些，为什么不能达到这个终点呢？不知道那走在人生道路上的人是要穷尽那无穷的东西、追求那无限的目标呢？还是也有个止境呢？那些对"坚白"、"同异"、"有厚无厚"等命题的考察分析，不是不明察，然而君子不去辩论它，是因为有所节制啊；出奇怪异的行为，做起来不是不难，但是君子不去做，也是因为有所节制啊。所以学者们说："我迟缓落后了，在他们停下来等我时，我赶上去靠近他们，那也就不过是或迟缓一些、或迅速一些、或冒前一些、或落后一些，为什么不能同样到达目的地呢？"所以一步二步地走个不停，瘸了腿的甲鱼也能走到千里之外；堆积泥土不中断，土山终究能堆成；塞住那水源，开通那沟渠，那么长江黄河也可以被搞干；一会儿前进一会儿后退，一会儿向左一会儿向右，就是六匹骏马拉车也不能到达目的地。至于各人的资质，即使相距遥远，哪会像瘸了腿的甲鱼和六匹骏马之间那样悬殊呢？然而，瘸了腿的甲鱼能够到达目的地，六匹骏马却不能到达，这没有其他的缘故啊，只是一个去做、一个不去做罢了！路程即使很近，但不走就不能到达；事情即使很小，但不做就不能成功。那些活在世上而闲荡的时间很多的人，他们即使能超出别人，也决不会很远的。爱好礼法而尽力遵行的，是士人；意志坚定而身体力行的，是君子；无所不明而其思虑又永不枯竭的，是圣人。

非十二子

假今之世，饰邪说，文奸言，以枭乱天下，矞宇嵬琐，使天下混然不知是非治乱之所存者，有人矣。纵情性，安恣睢，禽兽行，不足以合文通治；然而其持之有故，其言之成理，足以欺惑愚众；是它嚣魏牟也。忍情性，綦谿利跂，苟以分异人为高，不足以合大众，明大分，然而其持之有故，其言之成理，足以欺惑愚众：是陈仲史鳝也。不知壹天下建国家之权称，上功用，大俭约，而僈差等，曾不足以容辨异，县君臣；然而其持之有故，其言之成理，足以欺惑愚众：是墨翟宋钘也。尚法而无法，下修而好作，上则取听于上，下则取从于俗，终日言成文典，及紃察之，则倜然无所归宿，不可以经国定分；然而其持之有故，其言之成理，足以欺惑愚众：是慎到田骈也。不法先王，不是礼义，而好治怪说，玩琦辞，甚察而不惠，辩而无用，多事而寡功，不可以为治纲纪；然而其持之有故，其言之成理，足以欺惑愚众；是惠施邓析也。略法先王而不知其统，犹然而材剧志大，闻见杂博；案往旧造说，谓之五行，甚僻违而无类，幽隐而无说，闭约而无解；案饰其辞，而只敬之，曰：此真先君子之言也。子思唱之，孟轲和之。世俗之沟犹瞀儒、嚾嚾然不知其所非也，遂受而传之，以为仲尼子游为兹厚于后世：是则子思孟轲之罪也。

【译文】假借现在这个混乱的时代，以粉饰邪恶的说法，美化奸诈的言论来搞乱天下，用那些诡诈、夸大、怪异、委琐的言论，使天下人混混沌沌地不知道是非标准、治乱原因的，已有这样的人了。纵情任性，习惯于恣肆放荡，行为像禽兽一样，谈不上和礼义合拍、和正确的政治原则相贯通；但是他们立论时却有根有据，他们解说论点时又有条有理，足以欺骗蒙蔽愚昧的民众。它嚣、魏牟就是这种人。抑制本性人情，偏离大道，离世独行，不循礼法，以与众不同为高尚，不能和广大民众打成一片，不能彰明忠孝的大义；但是他们立论时却有根有据，他们解说论点时又有条有理，足以欺骗蒙蔽愚昧的民众。陈仲、史鳝就是这种人。不懂得统一天下、建立国家的法度，崇尚功利实用，重视节俭而轻慢等级差别，甚至不容许人与人间有分别和差异的存在、也不让君臣间有上下的悬殊；但是他们立论时却有根有据，他们解说论点时又有条有理，足够用来欺骗蒙蔽愚昧的民众。墨翟、宋钘就是这种人。推崇法治但又没有个法度，卑视贤能的人而喜欢另搞一套，上则听从君主，下则依从世俗，整天谈论制定礼义法典，但反复考察这些典制，就会发现它们迂远得没有一个最终的着落点，不可以用来治理国家、确定名分；但是他们立论时却有根有据，他们解说论点时又有条有理，足够用来欺骗蒙蔽愚昧的民众。慎到、田骈就是这种人。不效法古代圣明的帝王，不赞成礼义，而喜欢钻研奇谈怪论，玩弄奇异的词语，非常明察但毫无用处，雄辩动听但不切实际，做了很多事但功效却很少，不可以作为治国的纲领；但是他们立论时却有根有据，他们解说论点时又有条有理，足够用来欺骗蒙蔽愚昧的民众。惠施、邓析就是这种人。大致上效法古代圣明的帝王而不知道他们的要领，然而还是自以为才气横溢、志向远大、见闻丰富广博。根据往古旧说来创建新说，把它称为“五行”，非常乖僻背理而不合礼法，幽深隐微而难以讲说，晦涩缠结而无从解释，却还粉饰他们的言论而郑重其事地说：“这真正是先师孔子的言论啊。”子思倡导，孟轲附和，社会上那些愚昧无知的儒生七嘴八舌地不知道他们的错误，于是就接受了这种学说而传授它，以为是孔子、子弓立此学说来嘉惠于后代。这就是子思、孟轲的罪过了。

若夫总方略，齐言行，壹统类，而群天下之英杰，而告之以太古，教之以至顺，奥窔之间，簟席之上，敛然圣王之文章具焉，佛然平世之俗起焉，六说者不能入也，十二子者不能亲也。无置锥之地，而王公不能与之争名，在一大夫之位，则一君不能独畜，一国不能独容，成名况乎诸侯，莫不愿以为臣，是圣人之不得势者也，仲尼子弓是也。一天下，财万物，长养人民，兼利天下，通达之属，莫不从服，六说者立息，十二子者迁化，则圣人之得势者，舜禹是也。今夫仁人也，将何务哉？上则法舜禹之制，下则法仲尼子弓之义，以务息十二子之说。如是则天下之害除，仁人之事毕，圣王之迹著矣。

【译文】至于总括治国的方针策略，端正自己的言论行动，统一治国的纲纪法度，从而汇聚天下的英雄豪杰，把根本的原则告诉给他们，拿最正确的道理教导他们；在室堂之内、竹席之上，那圣明帝王的礼义制度集中地具备于此，那太平时代的风俗蓬勃地兴起于此。上述六种学说是不能侵入这讲堂的，那十二个人是不能接近这讲席的。他们虽然没有立锥之地，但天子诸侯不能与之竞争名望；他们虽然只是处在一个大夫的职位上，但不是一个诸侯国的国君所能单独任用，不是一个诸侯国所能单独容纳，他们的盛名比同于诸侯，各国诸侯无不愿意让他们来当自己的臣子。这是圣人中没有得到权势的人啊，孔子、子弓就是这种人。统一天下，管理万物，养育人民，使天下人都得到好处；凡能到达的地方，没有人不服从，上述六种学说立刻消声匿迹，十二个人也弃邪从正。这是圣人中得到了权势的人啊，舜、禹就是这种人。当今讲究仁德的人该致力于什么呢？上应师法舜、禹的政治制度，下应师法仲尼、子弓的道义，以求消除上述十二个人的学说。像这样，那么天下的祸害除去了，仁人的任务就完成了，圣明帝王的事迹也就彰明了。

儒效

秦昭王问孙卿子曰："儒无益于人之国。"孙卿子曰："儒者法先王，隆礼义，谨乎臣子而致贵其上者也。人主用之，则势在本朝而宜；不用，则退编百姓而悫；必为顺下矣。虽穷困冻餧，必不以邪道为贪；无置锥之地，而明于持社稷之大义；呜呼而莫之能应，然而通乎财万物、养百姓之经纪。势在人上，则王公之材也；在人下，则社稷之臣，国君之宝也。虽隐于穷阎漏屋，人莫不贵之，道诚存也。"仲尼将为司寇，沈犹氏不敢朝饮其羊，公慎氏出其妻，慎溃氏踰境而徙，鲁之粥牛马者不豫贾，必修正以待之也。居于阙党，阙党之子弟罔不分，有亲者取多，孝弟以化之也。儒者在本朝则美政，在下位则美俗。儒之为人下如是矣。"王曰："然则其为人上何如？"孙卿曰："其为人上也，广大矣！志意定乎内，礼节修乎朝，法则度量正乎官，忠信爱利形乎下。行一不义，杀一无罪，而得天下，不为也。此君义信乎人矣，通于四海，则天下应之如讙。是何也？则贵名白而天下治也。故近者歌讴而乐之，远者竭蹶而趋之，四海之内若一家，通达之属，莫不从服。夫是之谓人师。诗曰：'自西自东，自南自北，无思不服。'此之谓也。夫其为人下也如彼，其为人上也如此，何谓其无益于人之国也！"昭王曰："善！"

【译文】秦昭王问荀子说："儒者对于人世间的国家没有什么益处。"荀子说："儒者，是效法古代的圣明帝王、崇尚礼义、要使臣子谨慎守职而极其敬重他们君主的人。君主如果任用他们，那么他们位在朝廷而合宜地处理政事；如果不用他们，那么他们就退身归入百姓行列而谨慎老实地做人；无论如何，他们一定做一个顺从的臣民。他们即使贫穷困苦、受冻挨饿，也一定不会用不正当的手段去谋取财利；即使没有立锥之地，也深明维护国家的大义；即使大声疾呼而没有人能响应他们，可是他们精通管理万物、养育人民的纲领。如果他们的地位在别人之上，那就是当天子、诸侯的干才；如果在别人之下，那就是国家的能臣、国君的宝贵财富。即使隐居在偏僻的里巷与狭小简陋的房屋之中，人们也没有不尊重他们的，因为治国之道确实掌握在他们手中。孔子将要担任鲁国司法大臣的时候，沈犹氏不敢再在早晨喂自己的羊喝水了，公慎氏休掉了自己的妻子，慎溃氏越境搬走了，鲁国卖牛马的也不再漫天要价了，这是因为孔子总是预先用正道去对待人们的缘故。孔子住在阙党的时候，阙党的子弟将网获的鱼兽进行分配时，有父母亲的子弟就多得一些，这是因为孔子用孝顺父母尊敬兄长的道理感化了他们。儒者在朝廷上当官，就能使朝政完美；在下面做个老百姓，就能使风俗完美。儒者做臣民时就像这样的啊。”秦昭王说：“那么儒者当了君主又怎么样呢？”荀子说：“儒者当了君主，影响就广大了。他在内心意志坚定；于是在朝廷上，礼节就会整饬；在官府中，法律准则、规章制度就会公正不阿；在民间，忠诚、老实、仁爱、利人等美德就会蔚然成风。做一件不义的事，杀一个无罪的人，而能取得天下，他也不干。这种做君主的道义被人民相信了，传遍了四面八方，那么天下的人就会像异口同声地欢呼一样来响应他。这是为什么呢？是因为他尊贵的名声明显卓著而天下得到了治理的缘故。所以近处的人歌颂他而且热爱他，远处的人竭力奔走来投奔他。四海之内就像一个家庭似的，凡是交通能到达的地方，没有谁不服从。这可以称作是人民的君长了。《诗》云：‘从西到东，从南到北，没有哪个不服从。’说的就是这种情况啊。儒者做臣民的时候像上述那样，他当了君主就像这样，怎么能说他们对于人世间的国家没有什么益处呢？”秦昭王说：“讲得好。”

先王之道，仁之隆也，比中而行之。曷谓中？曰：礼义是也。道者，非天之道，非地之道，人之所以道也，君子之所道也。君子之所谓贤者，非能遍能人之所能之谓也；君子之所谓知者，非能遍知人之所知之谓也；君子之所谓辩者，非能遍辩人之所辩之谓也；君子之所谓察者，非能遍察人之所察之谓也；有所正矣。相高下，视硗肥，序五种，君子不如农人；通货财，相美恶，辩贵贱，君子不如贾人；设规矩，陈绳墨，便备用，君子不如工人；不恤是非然不然之情，以相荐樽，以相耻怍，君子不若惠施、邓析。若夫谲德而定次，量能而授官，使贤不肖皆得其位，能不能皆得其官，万物得其宜，事变得其应，慎墨不得进其谈，惠施、邓析不敢窜其察，言必当理，事必当务，是然后君子之所长也。凡事行，有益于理者，立之；无益于理者，废之。夫是之谓中事。凡知说，有益于理者，为之；无益于理者，舍之。夫是之谓中说。事行失中，谓之奸事；知说失中，谓之奸道。奸事、奸道，治世之所弃，而乱世之所从服也。若夫充虚之相施易也，“坚白”“同异”之分隔也，是聪耳之所不能听也，明目之所不能见也，辩士之所不能言也，虽有圣人之知，未能偻指也。不知，无害为君子；知之，无损为小人。工匠不知，无害为巧；君子不知，无害为理。王公好之则乱法，百姓好之则乱事。而狂惑戆陋之人，乃始率其群徒，辩其谈说，明其辟称，老身长子，不知恶也。夫是之谓上愚，曾不如相鸡狗之可以为名也。诗曰：“为鬼为蜮，则不可得，有靦面目，视人罔极。作此好歌，以极反侧。”此之谓也。

【译文】古代圣明帝王的政治原则，是仁德的最高体现，因为他们是顺着中正之道来实行它的。什么叫做中正之道呢？我要说：礼义就是这种中正之道。我所谓的原则，不是指上天的运动规律，也不是指大地的变化规律，而是指人类所要遵行的准则，是君子所遵循的原则。君子的所谓贤能，并不是能够全部做到别人所能做到的一切；君子的所谓智慧，并不是能够全部知道别人所知道的一切；君子的所谓善辩，并不是能够全部辩明别人所辩论的一切；君子的所谓明察，并不是能够全部观察到别人所观察的一切；君子的能力也是有一定限度的啊。观察地势的高低，识别土质的贫瘠与肥沃，安排各种庄稼的种植季节，君子不如农民；使财物流通，鉴别货物的好坏，区别货物的贵贱，君子不如商人；使用圆规和矩尺，弹划墨线，完善各种器具，君子不如工人。不顾是与非、对与不对的实际情况，互相贬抑，互相污辱，君子不如惠施、邓析。至于评估德行来确定等级，衡量才能来授予官职，使有德与无德的人都得到应有的地位，有才能与没有才能的人都得到应有的职事，使各种事物都得到适宜的处置，突发的事变都得到相应的处理，使慎到、墨翟不能推出他们的言论，惠施、邓析不敢贩卖他们貌似明察的诡辩，说话一定符合道理，做事一定符合要求，这些才是君子所擅长的。凡是事情和行为，有益于治理的就做它，无益于治理的就不做它，这叫做正确地处理事情。凡是知识和学说，有益于治理的就确立它，无益于治理的就废除它，这叫做正确地对待学说。事情和行为不得当，就叫做奸邪的事情；知识和学说不得当，就叫做奸邪的学说。奸邪的事情、奸邪的学说，是太平盛世所抛弃的，却是混乱的社会所依从的。至于天地间盈和虚的互相转化，“坚白”、“同异”的分辨，这是耳朵灵敏的人也不能听懂的，是眼睛明亮的人也不能看清楚的，是能言善辩的学者也不能说明白的，即使有了圣人的智慧，也不能很快地将它们点明。但是，不知道这些学说，君子还是君子；懂得这些学说，小人还是小人。工匠不了解这些，无害于掌握技巧；卿大夫不懂得这些，无害于从事政治。帝王、诸侯爱好这些学说，就会乱了法度；老百姓喜欢这些学说，就会把各项工作搞乱。但是那些狂妄糊涂、愚蠢浅陋的人，却率领着他们的一伙门徒，辩护他们的主张学说，阐明他们的比喻引证，一直到自己衰老了、儿子长大了，也不知道厌恶那一套。这可以叫做极端的愚蠢，还不如爱好鉴别鸡狗的优劣倒可以出名。《诗》云：“你若是鬼是短狐，那就无法看清楚；你的面目这样丑，给人看就看不透？作此好歌唱一唱，用来揭穿你的反复无常。”说的就是这种人啊。

不闻不若闻之，闻之不若见之，见之不若知之，知之不若行之。学至于行之而止矣。行之，明也；明之为圣人。圣人也者，本仁义，当是非，齐言行，不失豪厘，无他道焉，已乎行之矣。故闻之而不见，虽博必谬；见之而不知，虽识必妄；知之而不行，虽敦必困。不闻不见，则虽当，非仁也。其道百举而百陷也。故人无师无法，而知则必为盗，勇则必为贼，云能则必为乱，察则必为怪，辩则必为诞；人有师有法，而知则速通，勇则速威，云能则速成，察则速尽，辩则速论。故有师法者，人之大宝也；无师法者，人之大殃也。人无师法，则隆性矣；有师法，则隆积矣；而师法者，所得乎情，非所受乎性，不足以独立而治。性也者，吾所不能为也，然而可化也。情也者，非吾所有也，然而可为也。注错习俗，所以化性也；并一而不二，所以成积也。习俗移志，安久移质。并一而不二，则通于神明，参于天地矣。此之谓也。

【译文】没有听到不如听到，听到不如见到，见到不如理解，理解不如实行。学习到了实行也就到头了。实行，才能明白事理，明白了事理就是圣人。圣人这种人，以仁义为根本，能恰当地判断是非，能使言行保持一致，不差丝毫，这并没有其他的窍门，就在于他能把学到的东西付诸行动罢了。所以听到了而没有见到，即使听到了很多，也必然有谬误；见到了而不理解，即使记住了，也必然虚妄；理解了而不实行，即使知识丰富，也必然会陷入困境。不去聆听教诲，不去观摩考察，即使偶尔做对了，也不算是仁德，这种办法采取一百次会失误一百次。所以，人要是没有老师、不懂法度，如果有智慧，就一定会偷窃；如果勇敢，就一定会抢劫；如果有才能，就一定会作乱；如果明察，就一定会搞奇谈怪论；如果善辩，就一定会大言欺诈。人要是有了老师、懂了法度，如果有智慧，就会很快通达事理；如果勇敢，就会很快变得威武；如果有才能，就会很快成功；如果明察，就能很快理解一切；如果善辩，就能很快论断是非。所以有老师、懂法度，是人们的一大宝物；没有老师、不懂法度，是人们的一大祸害。人要是没有老师、不懂法度，就会推崇发展本性了；有了老师、懂了法度，就会注重增加学习的积累了；而老师、法度，是从合乎礼义的高尚情操中得来的，并不是禀受于先天的本性，所以也不能够独立地得到完善。本性这种东西，是我们所不能造就的，却可以通过教育来改变；学习的积累，不是我们固有的，却可以造就。对人的安排措置以及习惯风俗，是用来改变本性的；专心致志地学习而不三心二意，是用来造成知识积累的。风俗习惯能改变人的思想，安守习俗的时间长了就会改变人的本质；学习时专心致志而不三心二意，就能通于神明，与天地相并列了。

故积土而为山，积水而为海，旦暮积谓之岁，至高谓之天，至下谓之地，宇中六指谓之极，涂之人百姓，积善而全尽，谓之圣人。彼求之而后得，为之而后成，积之而后高，尽之而后圣。故圣人也者，人之所积也。人积耨耕而为农夫，积斵削而为工匠，积反货而为商贾，积礼义而为君子。工匠之子，莫不继事，而都国之民，安习其服，居楚而楚，居越而越，居夏而夏，是非天性也，积靡使然也。故人知谨注错，慎习俗，大积靡，则为君子矣；纵情性而不足问学，则为小人矣。为君子则常安荣矣，为小人则常危辱矣。凡人莫不欲安荣而恶危辱，故唯君子为能得其所好，小人则日徼其所恶。诗曰："维此良人，弗求弗迪；唯彼忍心，是顾是复。民之贪乱，宁为荼毒。"

【译文】所以，堆积泥土就成为山，积聚水流就形成海，一朝一夕积累起来就叫做年，最高的叫做天，最低的叫做地，空间之中朝六个方向延伸出去叫做极，路上的普通老百姓积累善行而达到了尽善尽美就叫做圣人。这些都是努力追求以后才得到的，努力做了以后才成功的，不断积累以后才高超的，尽善尽美以后才圣明的。所以圣人这种人，实是普通人德行的积累。人积累了锄草耕地的本领就成为农夫，积累了砍削的技巧就成为工匠，积累了贩卖货物的经验就成为商人，积累了合乎礼义的德行就成为君子。工匠的儿子无不继承父亲的事业，而国都里的居民都安心习惯于本地的习俗，居住在楚国就像楚国人一样生活，居住在越国就像越国人一样生活，居住在中原各国就像中原各国的人一样生活。这不是天生的本性，而是后天的积习和磨炼使他们这样的啊。所以人懂得谨慎地措置自己，小心地对待风俗习惯，加强德行的积累和磨炼，就成为君子了；如果放纵本性而不重视学习，就成为小人了。成为君子，就经常会得到安宁与光荣了；成为小人，就经常会遇到危险和耻辱了。凡是人没有不希望安宁、光荣而厌恶危险、耻辱的，但是只有君子才能得到他所喜欢的，小人却是天天在招致他所厌恶的。《诗》云："有了这些善良人，你不访求不进用；那些狠心残忍者，你却照顾又看重。民众一心想作乱，难道甘愿被残害？"说的就是这个。

王 制

水火有气而无生，草木有生而无知，禽兽有知而无义，人有气、有生、有知，亦且有义，故最为天下贵也。力不若牛，走不若马，而牛马为用，何也？曰：人能群，彼不能群也。人何以能群？曰：分。分何以能行？曰：义。故义以分则和，和则一，一则多力，多力则强，强则胜物；故宫室可得而居也。故序四时，裁万物，兼利天下，无他故焉，得之分义也。故人生不能无群，群而无分则争，争则乱，乱则离，离则弱，弱则不能胜物，故宫室不可得而居也，不可少顷舍礼义之谓也。能以事亲谓之孝，能以事兄谓之悌，能以事上谓之顺，能以使下谓之君。君者，善群也。群道当，则万物皆得其宜，六畜皆得其长，群生皆得其命。故养长时，则六畜育；杀生时，则草木殖；政令时，则百姓一，贤良服。圣王之制也：草木荣华滋硕之时，则斧斤不入山林，不夭其生，不绝其长也。鼋鼍鱼鳖鳅鳣孕别之时，罔罟毒药不入泽，不夭其生，不绝其长也。春耕、夏耘、秋收、冬藏，四者不失时，故五谷不绝，而百姓有余食也。污池渊沼川泽，谨其时禁，故鱼鳖优多，而百姓有余用也。斩伐养长不失其时，故山林不童，而百姓有余材也。圣王之用也：上察于天，下错于地，塞备天地之间，加施万物之上，微而明，短而长，狭而广，神明博大以至约。故曰：一与一，是为人者，谓之圣人。

【译文】水、火有气却没有生命，草木有生命却没有知觉，禽兽有知觉却不讲礼仪；人有气、有生命、有知觉，而且讲究礼义，所以人最为天下所贵重。人的力气不如牛，奔跑不如马，但牛、马却被人役使，为什么呢？就是因为：人能结合成社会群体，而它们不能结合成社会群体。人为什么能结合成社会群体？就是因为有等级名分。等级名分为什么能实行？就是因为有礼义，能裁断。所以，根据礼义确定了名分，人们就能和睦协调；和睦协调，就能团结一致；团结一致，力量就大；力量大了，就强盛；强盛了，就能战胜外物，所以人才有可能在房屋中安居。所以，人顺应四季，管理好万事万物，使天下都得到利益，这并没有其他的缘故，而是从名分和礼义中得来的。人生活着不能没有社会群体，但结合成了社会群体而没有等级名分的限制就会发生争夺，一发生争夺就会产生动乱，一产生动乱就会离心离德，离心离德就会使力量削弱，力量弱了就不能胜过外物，所以也就不能在房屋中安居了。这是说人不能片刻舍弃礼义。能够按礼义来侍奉父母叫做孝，能够按礼义来侍奉兄长叫做悌，能够按礼义来侍奉君主叫做顺，能够按礼义来役使臣民叫做君。所谓君，就是善于把人组织成社会群体的意思。组织社会群体的原则恰当，那么万物都能得到应有的合宜安排，六畜都能得到应有的生长，一切生物都能得到应有的寿命。所以饲养适时，六畜就生育兴旺；砍伐种植适时，草木就繁殖茂盛；政策法令适时，老百姓就能被统一起来，有德才的人就能被使用。圣明帝王的制度：草木正在开花长大的时候，砍伐的斧头不准进入山林，这是为了使它们的生命不夭折，使它们不断生长；鼋、鼍、鱼、鳖、泥鳅、鳝鱼等怀孕产卵的时候，鱼网、毒药不准投入湖泽，这是为了使它们的生命不夭折，使它们不断生长。春天耕种、夏天锄草、秋天收获、冬天储藏，这四件事都不丧失时机，所以五谷不断地生长而老百姓有多余的粮食；池塘、水潭、河流、湖泊，严格禁止在规定时期内捕捞，所以鱼、鳖丰饶繁多而老百姓有多余的资财；树木的砍伐与培育养护不错过季节，所以山林不会光秃秃而老百姓有多余的木材。圣明帝王的作用：上能明察天时的变化，下能安排好土地的开发；他的作用充满了天地之间，施加到万物之上；隐微而又明显，短暂而又长久，狭窄而又广阔；它圣明博大，却又极其简要。所以说：从礼义到礼义，这样做人的，就叫做圣人。

富国

万物同宇而异体，无宜而有用为人，数也。人伦并处，同求而异道，同欲而异知，生也。皆有可也，知愚同；所可异也，知愚分。埶同而知异，行私而无祸，纵欲而不穷，则民心奋而不可说也。如是，则知者未得治也；知者未得治，则功名未成也；功名未成，则群众未县也；群众未县，则君臣未立也。无君以制臣，无上以制下，天下害生纵欲。欲恶同物，欲多而物寡，寡则必争矣。故百技所成，所以养一人也。而能不能兼技，人不能兼官。离居不相待则穷，群居而无分则争；穷者患也，争者祸也，救患除祸，则莫若明分使群矣。强胁弱也，知惧愚也，民下违上，少陵长，不以德为政，如是，则老弱有失养之忧，而壮者有分争之祸矣。事业所恶也，功利所好也，职业无分，如是，则人有树事之患，而有争功之祸矣。男女之合，夫妇之分，婚姻娉内，送逆无礼，如是，则人有失合之忧，而有争色之祸矣。故知者为之分也。

【译文】万物并存于宇宙之中而形体各不相同，它们不能主动地迎合人们的需要却对人都有用，这是一条客观规律。人类群居在一起，同样有追求而思想原则却不同，同样有欲望而智慧却不同，这是人的本性。人们都有所认可，这是智者和蠢人相同的；但各人所认可的事物是不同的，这是智者和蠢人的区别。如果人们地位相同而智慧不同，谋取私利而不受惩罚，随心所欲而不会碰壁，那么人们将奋起争竞，求取私欲，而不可说服了。像这样，那么有智慧的人就不能进行治理；有智慧的人不能治理，那么他们的功业和名望就不能成就；他们的功业名望不能成就，那么人群就不会有等级差别；人群没有等级差别，那么君主与臣下的关系就不能确立。没有君主来统制臣子，没有上级来控制下级，那么天下的祸害就会因为各人的为所欲为而不断发生。人们需要和厌弃同样的东西，可是需要的多而东西少，东西少就一定会发生争夺了。用来供养一个人的，是各行各业的人所制成的产品。一个人的能力不可能同时精通所有的技艺，一个人不可能同时从事所有的职业，所以人如果离群索居而不互相依靠就会陷入困境，如果群居而没有名分规定就会发生争夺。陷于困境，是一种祸患；争夺，是一种灾难。要消除祸患免除灾难，就没有比明确各人的名分、使人们结合成社会群体更好的了。如果强暴的威胁弱小的，聪明的害怕愚昧的，下民违抗君上，年轻的欺凌年长的，不根据礼义道理来治理政事，像这样，那么年老体弱的人就会有无人扶养的忧虑，而身强力壮的人也会有分裂相争的祸患了。做事干活是人们所厌恶的，功名利益是人们所喜欢的，如果各人的职事没有名分规定，像这样，那么人们就会有事情难以兴办而互相争夺功劳的祸患了。男女的结合、夫妇的区别、娶妻出嫁、定亲送礼、送女迎亲等如果没有礼制规定，那么人们就会有失去配偶的忧虑，而有争夺女色的祸患了。所以智者给人们制定了名分。

君道

有乱君，无乱国；有治人，无治法，羿之法非亡也，而羿不世中；禹之法犹存，而夏不世王。故法不能独立，类不能自行；得其人则存，失其人则亡。法者、治之端也；君子者、法之原也。故有君子，则法虽省，足以遍矣；无君子，则法虽具，失先后之施，不能应事之变，足以乱矣。不知法之义，而正法之数者，虽博临事必乱。故明主急得其人，而闇主急得其埶。急得其人，则身佚而国治，功大而名美，上可以王，下可以霸；不急得其人，而急得其埶，则身劳而国乱，功废而名辱，社稷必危。故君人者，劳于索之，而休于使之。书曰："惟文王敬忌，一人以择。"此之谓也。

【译文】有搞乱国家的君主，没有自行混乱的国家；有治理国家的人才，没有自行治理的法制。后羿的射箭方法并没有失传，但后羿并不能使世世代代的人都百发百中；大禹的法制仍然存在，但夏后氏并不能世世代代称王天下。所以法制不可能单独有所建树，律例不可能自动被实行；得到了那种善于治国的人才，那么法制就存在；失去了那种人才，那么法制也就灭亡了。法制，是政治的开头；君子，是法制的本原。所以有了君子，法律即使简略，也足够用在一切方面了；如果没有君子，法律即使完备，也会失去先后的实施次序，不能应付事情的各种变化，足够形成混乱了。不懂得法治的道理而只是去定法律的条文的人，即使了解得很多，碰到具体事情也一定会昏乱。所以英明的君主急于得到治国的人才，而愚昧的君主急于取得权势。急于得到治国的人才，就会自身安逸而国家安定，功绩伟大而名声美好，上可以称王天下，下可以称霸诸侯；不急于得到治国的人才，而急于取得权势，就会自身劳苦而国家混乱，功业败坏而声名狼藉，国家政权必然危险。所以统治人民的君主，在寻觅人才时劳累，而在使用他以后就安逸了。《尚书》说："要想想文王的恭敬戒惧，亲自去选择人才。"说的就是这种道理啊。

合符节，别契券者，所以为信也；上好权谋，则臣下百吏，诞诈之人，乘是而后欺。探筹、投钩者，所以为公也；上好曲私，则臣下百吏，乘是而后偏。衡石称县者，所以为平也；上好覆倾，则臣下百吏乘是而后险。斗斛敦概者，所以为啧也；上好贪利，则臣下百吏，乘是而后丰取刻与，以无度取于民。故械数者，治之流也，非治之原也；君子者，治之原也。官人守数，君子养原；原清则流清，原浊则流浊。故上好礼义，尚贤使能，无贪利之心，则下亦将綦辞让，致忠信，而谨于臣子矣。如是则虽在小民，不待合符节，别契券而信，不待探筹投钩而公，不待冲石称县而平，不待斗斛敦概而啧。故赏不用而民劝，罚不用而民服，有司不劳而事治，政令不烦而俗美。百姓莫敢不顺上之法，象上之志，而劝上之事，而安乐之矣。故藉敛忘费，事业忘劳，寇难忘死，城郭不待饰而固，兵刃不待陵而劲，敌国不待服而诎，四海之民不待令而一，夫是之谓至平。诗曰："王犹允塞，徐方既来。"此之谓也。

【译文】对合符节、辨认契券，是用来造成信用的；但如果君主喜欢搞权术阴谋，那么大臣百官中那些搞欺骗诡诈的人就会乘机跟着搞欺诈。抽签、抓阄，是用来造成公正的；但如果君主喜欢偏私，那么大臣百官就会乘机跟着搞偏私。用衡器来称量，是用来造成公平的；但如果君主喜欢偏斜颠倒，那么大臣百官就会乘机跟着邪恶不正。各种量器量具，是用来造成统一标准的；但如果君主热衷于贪图财利，那么大臣百官就会乘机跟着去多拿少给以致于没有限度地盘剥老百姓。所以各种有助于治理的器物与方法，只是政治的末流，并不是政治的源头；君主，才是政治的源头。官吏拘守具体的方法条例，君主则保养源头。源头清澈，那么下边的流水也清澈；源头混浊，那么下边的流水也混浊。所以君主如果爱好礼义，尊重贤德的人、使用有才能的人，没有贪图财利的思想，那么臣下也就会极其谦让，极其忠诚老实，而谨慎地做一个臣子了。像这样，即使是在卑微的老百姓之中，也不等对合符节、辨认契券就能做到有信用，不等抽签、抓阄就能做到公正，不靠衡器来称量就能做到公平，不需要各种量器量具就能做到标准统一。所以不用奖赏而民众就能勤勉，不用刑罚而民众就能服从，官吏不费力而事情就能处理好，政策法令不繁多而习俗就能变好；百姓没有谁敢不顺从君主的法令、依照君主的意志而为君主的事情卖力，而且对此感到安乐。所以，民众在纳税时不觉得破费，为国家干事业时忘掉了疲劳，外敌发动战争时能拼死作战；城墙不等修整就坚固，兵器的刀口不用淬炼就坚硬，敌国不等去征服就屈从，天下的民众不用命令就能统一行动。这叫做极其太平。《诗》云："王道真大满四海，徐国已经来朝拜。"说的就是这种情形啊。

议兵

临武君与孙卿子议兵于赵孝成王前，王曰：请问兵要？

临武君对曰：上得天时，下得地利，观敌之变动，后之发，先之至，此用兵之要术也。

孙卿子曰：不然！臣所闻古之道，凡用兵攻战之本，在乎壹民。弓矢不调，则羿不能以中微；六马不和，则造父不能以致远；士民不亲附，则汤武不能以必胜也。故善附民者，是乃善用兵者也。故兵要在乎善附民而已。

临武君曰：不然。兵之所贵者，执利也，所行者变诈也。善用兵者，感忽悠闇，莫知其所从出。孙吴用之无敌于天下，岂必待附民哉！

【译文】临武君和荀卿在赵孝成王面前议论用兵之道。赵孝成王说："请问用兵的要领。”

临武君回答说：“上取得有利于攻战的自然气候条件，下取得地理上的有利形势，观察好敌人的变动情况，比敌人后行动但比敌人先到达，这就是用兵的要领。”

荀卿说：“不对。我所听说的古代的方法，大凡用兵打仗的根本在于使民众和自己团结一致。如果弓箭不协调，那么后羿也不能用它来射中微小的目标；如果六匹马不协调，那么造父也不能靠它们到达远方；如果民众不亲近归附君主，那么商汤、周武王也不能一定打胜仗。所以善于使民众归附的人，这才是善于用兵的人。所以用兵的要领就在善于使民众归附自己罢了。”

临武君说：“不对。用兵所看重的，是形势有利；所施行的，是机变诡诈。善于用兵的人，神出鬼没，没有人知道他们是从什么地方出来的。孙武、吴起用了这种办法，因而无敌于天下。哪里一定要依靠使民众归附的办法呢？”

孙卿子曰：不然。臣之所道，仁人之兵，王者之志也。君之所贵，权谋埶利也；所行，攻夺变诈也；诸侯之事也。仁人之兵，不可诈也；彼可诈者，怠慢者也，路亶者也，君臣上下之间，滑然有离德者也。故以桀诈桀，犹巧拙有幸焉。以桀诈尧，譬之若以卵投石，以指挠沸；若赴水火，入焉焦没耳。故仁人上下，百将一心，三军同力；臣之于君也，下之于上也，若子之事父，弟之事兄，若手臂之扞头目而覆胸腹也，诈而袭之，与先惊而后击之，一也。且仁人之用十里之国，则将有百里之听；用百里之国，则将有千里之听；用千里之国，则将有四海之听，必将聪明警戒，和传而一。故仁人之兵，聚则成卒，散则成列，延则若莫邪之长刃，婴之者断；兑则若莫邪之利锋，当之者溃，圜居而方止，则若盘石然，触之者角摧，案角鹿埵陇种，东笼而退耳。且夫暴国之君，将谁与至哉？彼其所与至者，必其民也，而其民之亲我，欢若父母，其好我，芬若椒兰，彼反顾其上，则若灼黥，若仇雠；人之情，虽桀跖，岂又肯为其所恶，贼其所好者哉！是犹使人之子孙，自贼其父母也，彼必将来告之，夫又何可诈也！故仁人用国日明，诸侯先顺者安，后顺者危，虑敌之者削，反之者亡。诗曰：“武王载发，有虔秉钺；如火烈烈，则莫我敢遏。”此之谓也。

孝成王、临武君曰：善！

【译文】荀卿说：“不对。我所说的，是仁德之人的军队、是称王天下者的意志。您所看重的，是权变谋略、形势有利；所施行的，是攻取掠夺、机变诡诈：这些都是诸侯干的事。仁德之人的军队，是不可能被欺诈的；那可以被欺诈的，只是一些懈怠大意的军队，羸弱疲惫的军队，君臣上下之间涣散而离心离德的军队。所以用桀欺骗桀，还由于巧拙不同而有侥幸获胜的；用桀欺骗尧，拿它打个比方，就好像用鸡蛋掷石头、用手指搅开水，就好像投身水火、一进去就会被烧焦淹没的啊。仁德之人上下之间，各位将领齐心一致，三军共同努力，臣子对君主，下级对上级，就像儿子侍奉父亲、弟弟侍奉兄长一样，就像手臂捍卫脑袋眼睛、庇护胸部腹部一样；所以用欺诈的办法袭击他

与先惊动他之后再攻击他，那结果是一样的。况且仁德之人治理方圆十里的国家，就会了解到方圆百里的情况；治理方圆百里的国家，就会了解到方圆千里的情况；治理方圆千里的国家，就会了解到天下的情况；他的军队一定是耳聪目明，警惕戒备，协调团结而齐心一致。所以仁德之人的军队，集合起来就成为有组织的队伍；分散开来便成为整齐的行列；伸展开来就像莫邪宝剑那长长的刃口，碰到它的就会被截断；向前冲刺就像莫邪宝剑那锐利的锋芒，阻挡它的就会被击溃；摆成圆形的阵势停留或排成方形的队列站住，就像磐石一样岿然不动，触犯它的就会头破血流，就会稀里哗啦地败退下来。再说那些强暴之国的君主，将和谁一起来攻打我们呢？从他那边来看，和他一起来的，一定是他统治下的民众；而他的民众亲爱我们就像喜欢父母一样，

他们热爱我们就像酷爱芳香的椒、兰一样，而他们回头看到他们的国君，却像看到了烧烤皮肤、刺脸涂墨一样害怕，就像看到了仇人一样愤怒；他们这些人的情性即使像夏桀、盗跖那样残暴贪婪，但哪有肯为他所憎恶的君主去残害他所喜爱的君主的人呢？这就好像让别人的子孙亲自去杀害他们的父母一样，他们一定会来告诉我们，那么我们又怎么可以被欺诈呢？所以仁德之人当政，国家日益昌盛，诸侯先去归顺的就会安宁，迟去归顺的就会危险，想和他作对的就会削弱，背叛他的就会灭亡。《诗》云：‘商汤头上旗飘舞，威严恭敬握大斧；就像熊熊的大火，没有人敢阻挡我。’说的就是这种情况啊。”

孝成王、临武君说：说得好！

陈嚣问孙卿子曰：先生议兵，常以仁义为本；仁者爱人，义者循理，然则又何以兵为？凡所为有兵者，为争夺也。

孙卿子曰：非汝所知也！彼仁者爱人，爱人故恶人之害之也；义者循理，循理故恶人之乱之也。彼兵者，所以禁暴除害也，非争夺也。故仁者之兵，所存者神，所过者化，若时雨之降，莫不说喜。是以尧伐驩兜，舜伐有苗，禹伐共工，汤伐有夏，文王伐崇，武王伐纣，此四帝两王，皆以仁义之兵，行于天下也。故近者亲其善，远方慕其德，兵不血刃，远迩来服，德盛于此，施及四极。诗曰：“淑人君子，其仪不忒，其仪不忒。”此之谓也。

【译文】陈嚣问荀卿说：“先生议论用兵，经常把仁义作为根本。仁者爱人，义者遵循道理，既然这样，那么又为什么要用兵呢？大凡用兵的原因，是为了争夺啊。”

荀卿说：“这道理不是你所知道的。那仁者爱人，正因为爱人，所以就憎恶别人危害他们；义者遵循道理，正因为遵循道理，所以就憎恶别人搞乱它。那用兵，是为了禁止横暴、消除危害，并不是争夺啊。所以仁人的军队，他们停留的地方会得到全面治理，他们

经过的地方会受到教育感化，就像及时雨的降落，没有人不欢喜。因此尧讨伐驩兜，舜讨伐三苗，禹讨伐共工，汤讨伐夏桀，周文王讨伐崇国，周武王讨伐商纣，这两帝、四王都是使用仁义的军队驰骋于天下的。所以近处喜爱他们的善良，远方仰慕他们的道义；兵器的刀口上还没有沾上鲜血，远近的人就来归附了；德行伟大到这种地步，就会影响到四方极远的地方。《诗》云：'善人君子忠于仁，坚持道义不变更，他的道义不变更。'说的就是这种情况啊。"

李斯问孙卿子曰：秦四世有胜，兵强海内，威行诸侯，非以仁义为之也，以便从事而已。

孙卿子曰：非汝所知也！汝所谓便者，不便之便也；吾所谓仁义者，大便之便也。彼仁义者，所以修政者也；政修，则民亲其上，乐其君，而轻为之死。故曰：凡在于军将率末事也。秦四世有胜，諰諰然常恐天下之一合而轧己也，此所谓末世之兵，未有本统也。故汤之放桀也，非其逐之鸣条之时也；武王之诛纣也，非以甲子之朝而后胜之也，皆前行素修也，此所谓仁义之兵也。今女不求之于本，而索之于末，此世之所以乱也。

【译文】李斯问荀卿说："秦国四代都有胜利的战果，在四海之内兵力最强，威力扩展到诸侯各国，但他们并不是依靠仁义去从事战争，而只是根据便利的原则去做罢了。"

荀卿说："这道理不是你所知道的。你所说的便利，是一种并不便利的便利。我所说的仁义，才是极其便利的便利。那仁义，是用来搞好政治的工具；政治搞好了，那么民众就会亲近他们的君主，喜爱他们的君主，而不在乎为君主去牺牲。所以说：'一切都在于君主，将帅是次要的事。'秦国四代都有胜利，却还是提心吊胆地经常怕天下各国团结一致来蹂躏自己，这就是人们所说的衰落时代的军队，还没有抓住根本的纲领。从前商汤流放夏桀，并不只是在鸣条追击的时候；武王诛杀商纣，并不是甲子日早晨之后才战胜他的；而都是靠了以前的措施与平时的治理，这就是我所说的仁义的军队。现在你不从根本上去寻找原因而只是从枝节上去探索缘由，这就是社会混乱的原因。"

天论

天行有常，不为尧存，不为桀亡。应之以治则吉，应之以乱则凶。强本而节用，则天不能贫；养备而动时，则天不能病；修道而不贰，则天不能祸。故水旱不能使之饥，寒暑不能使之疾，袄怪不能使之凶。本荒而用侈，则天不能使之富；养略而动罕，则天不能使之全；倍道而妄行，则天不能使之吉。故水旱未至而饥，寒暑未薄而疾，袄怪未至而凶。受时与治世同，而殃祸与治世异，不可以怨天，其道然也。故明于天人之分，则可谓至人矣。不为而成，不求而得，夫是之谓天职。如是者，虽深，其人不加虑焉；虽大，不加能焉；虽精，不加察焉，夫是之谓不与天争职。天有其时，地有其财，人有其治，夫是之谓能参。舍其所以参，而愿其所参，则惑矣。列星随旋，日月递照，四时代御，阴阳大化，风雨博施，万物各得其和以生，各得其养以成，不见其事，而见其功，夫是之谓神。皆知其所以成，莫知其无形，夫是之谓天功。唯圣人为不求知天。

【译文】大自然的规律永恒不变，它不为尧而存在，不为桀而灭亡。用导致安定的措施去适应它就吉利，用导致混乱的措施去适应它就凶险。加强农业这个根本而节约费用，那么天就不能使他贫穷；衣食给养齐备而活动适时，那么天就不能使他生病；遵循规律而不出差错，那么天就不能使他遭殃。所以水涝旱灾不能使他挨饿，严寒酷暑不能使他生病，自然界的反常变异不能使他遭殃。农业这个根本荒废而用度奢侈，那么天就不能使他富裕；衣食给养不足而活动又少，那么天就不能使他保全健康；违背规律而恣意妄为，那么天就不能使他吉利。所以水涝旱灾还没有来到他就挨饿了，严寒酷暑还没有迫近他就生病了，自然界的反常变异还没有出现他就遭殃了。他遇到的天时和社会安定时期相同，而灾祸却与社会安定时期不同，这不可以埋怨上天，这是他所采取的措施造成的。所以明白了大自然与人类社会的区分，就可以称作是思想修养达到了最高境界的人了。布列于天空的恒星互相伴随着旋转，太阳月亮交替照耀，四季轮流控制着节气，阴阳二气大量地化生万物，风雨普遍地施加于万物。万物各自得到了阴阳形成的和气而产生，各自得到了风雨的滋养而成长。看不见阴阳化生万物的工作过程而只见到它化生万物的成果，这就叫做神妙。人们都知道阴阳已经生成的万物，却没有人知道它那无形无踪的生成过程，这就叫做天。只有圣人是不致力于了解天的。

天职既立，天功既成，形具而神生，好恶喜怒哀乐臧焉，夫是之谓天情。耳目鼻口形能各有接而不相能也，夫是之谓天官。心居中虚，以治五官，夫是之谓天君。财非其类，以养其类，夫是之谓天养。顺其类者谓之福，逆其类者谓之祸，夫是之谓天政。暗其天君，乱其天官，弃其天养，逆其天政，背其天情，以丧天功，夫是之谓大凶。圣人清其天君，正其天官，备其天养，顺其天政，养其天情，以全其天功。如是则知其所为，知其所不为矣；则天地官而万物役矣。其行曲治，其养曲适，其生不伤，夫是之谓知天。故大巧在所不为，大智在所不虑。所志于天者，已其见象之可以期者矣；所志于地者，已其见宜之可以息者矣：所志于四时者，已其见数之可以事者矣；所志于阴阳者，已其见和之可以治者矣。官人守天，而自为守道也。

【译文】自然的职能已经确立，天生的功绩已经成就，人的形体也就具备而精神也就产生了，爱好与厌恶、高兴与愤怒、悲哀与欢乐等蕴藏在人的形体和精神里面，这些叫做天生的情感。耳朵、眼睛、鼻子、嘴巴、身体，就其功能来说，它们各有自己的感受对象而不能互相替代，这些叫做天生的感官。心处于身体中部空虚的胸腔内，用来管理这五种感官，这叫做天生的主宰。人类能够控制安排好与自己不是同类的万物，用它们来供养自己的同类，这叫做天然的供养。能使自己的同类顺从自己叫做福，使自己的同类反对自己叫做祸，这叫做天然的政治原则。搞昏了那天生的主宰，扰乱了那天生的感官，抛弃了那天然的供养，违反了那天然的政治原则，背离了那天生的情感，以致丧失了天生的功绩，这叫做大凶。圣人清醒自己那天生的主宰，管理好自己那天生的感官，完备那天然的供养，顺应那天然的政治原则，保养那天生的情感，从而成全了天生的功绩。像这样，就是明白了自己应该做的事了、明白了自己不应该做的事了，天地就能被利用而万物就能被操纵了，他的行动就能处处有条理，他的保养就能处处恰当，他的生命就能不受伤害，这就叫做了解了天。所以最大的技巧在于有些事情不去做，最大的智慧在于有些事情不去考虑。对于上天所要了解的，不过是它所显现的天象中那些可以测定气候变化的天文资料罢了；对于大地所要了解的，不过是它所显现的适宜条件中那些可以便利种植庄稼的地文资料罢了；对于四季所要了解的，不过是它们所显现的规律中可以安排农业生产的节气罢了；对于阴阳所要了解的，不过是它们所显现的和气中可以治理事物的因素罢了。圣人任用别人来掌握这些自然现象而自己所做的只是去掌握治理国家的原则。

治乱天邪？曰：日月星辰瑞历，是禹桀之所同也，禹以治，桀以乱；治乱非天也。时邪？曰：繁启蕃长于春夏，畜积收臧于秋冬，是又禹桀之所同也，禹以治，桀以乱；治乱非时也。地邪？曰：得地则生，失地则死，是又禹桀之所同也，禹以治，桀以乱；治乱非地也。诗曰：“天作高山，大王荒之。彼作矣，文王康之。”此之谓也。

【译文】社会的安定或混乱，是由上天决定的吗？回答说：太阳月亮、行星恒星、祥瑞的历书，这在禹与桀是相同的；禹使天下安定，桀使天下混乱；可见社会的安定或混乱并不是由上天决定的。那么，是季节造成的吗？回答说：庄稼在春季、夏季纷纷发芽、茂盛地生长，在秋季、冬季积蓄、收藏，这在禹与桀又是相同的；禹使天下安定，桀使天下混乱；可见社会的安定或混乱并不是季节造成的。那么，是大地造成的吗？回答说：庄稼得到了大地就生长，失去了大地就死亡，这在禹与桀又是相同的；禹使天下安定，桀使天下混乱；可见社会的安定或混乱并不是大地造成的。《诗》云：“天生高大的岐山，太王使它大发展；太王已经造此都，文王使它长平安。”说的就是这个道理。

天不为人之恶寒也辍冬，地不为人之恶辽远也辍广，君子不为小人之匈匈也辍行。天有常道矣，地有常数矣，君子有常体矣。君子道其常，而小人计其功。诗曰：“何恤人之言兮！”此之谓也。

【译文】上天并不因为人们厌恶寒冷就取消冬季，大地并不因为人们厌恶辽远就废除宽广，君子并不因为小人的叽里呱啦就中止行动。上天有经久不变的规律，大地有经久不变的法则，君子有经久不变的规矩。君子遵行那常规，而小人计较那功利。《诗》云：“何必担忧人说长道短？”说的就是这个道理。

楚王后车千乘，非知也；君子啜菽饮水，非愚也；是节然也。若夫志意修，德行厚，知虑明，生于今而志乎古，则是其在我者也。故君子敬其在己者，而不慕其在天者；小人错其在己者，而慕其在天者。君子敬其在己者，而不慕其在天者，是以日进也；小人错其在己者，而慕其在天者，是以日退也。故君子之所以日进，与小人之所以日退，一也。君子小人之所以相悬者，在此耳。

【译文】楚王外出时随从的车子有上千辆，并不是因为他聪明；君子吃豆叶、喝白水，并不是因为他愚蠢；这种情况是时势命运的制约造成的。至于思想美好，德行敦厚，谋虑精明，生在今天而能知道古代，这些就是那取决于我们自己的事情了。所以，君子慎重地对待那些取决于自己的事情，而不去羡慕那些取决于上天的东西；小人丢下那些取决于自己的事情，而指望那些取决于上天的东西。君子慎重对待那些取决于自己的事情，而不去羡慕那些取决于上天的东西，因此天天进步；小人丢下那些取决于自己。的事情，而指望那些取决于上天的东西，因此天天退步。所以君子天天进步的原因与小人天天退步的原因，道理是一样的。君子、小人相差悬殊的原因，就在这里。

万物为道一偏，一物为万物一偏。愚者为一物一偏，而自以为知道，无知也。慎子有见于后，无见于先。老子有见于诎，无见于信。墨子有见于齐，无见于畸。宋子有见于少，无见于多。有后而无先，则群众无门。有诎而无信，则贵贱不分。有齐而无畸，则政令不施。有少而无多，则群众不化。书曰：“无有作好，遵王之道；无有作恶，遵王之路。”此之谓也。

【译文】万事万物只体现了自然规律的一部分，某一种事物只是万事万物的一部分，愚昧的人只认识了某一种事物的一个方面，就自以为知道了自然规律，实在是无知。慎子对在后服从的一面有所认识，但对在前引导的一面却毫无认识；老子对委曲忍让的一面有所认识，但对积极进取的一面却毫无认识；墨子对齐同平等的一面有所认识，但对等级差别的一面却毫无认识；宋子对寡欲的一面有所认识，但对多欲的一面却毫无认识。只在后服从而不在前引导，那么群众就没有继续前进的门径；只委曲忍让而不积极进取，那么高贵和卑贱就不会有分别；只有齐同平等而没有等级差别，那么政策法令就不能贯彻实施；只求寡欲而不见多欲，那么群众就不易被感化。《尚书》上说："不要任凭个人的爱好，要遵循君主确定的正道；不要任凭个人的厌恶，要遵循君主确定的正路。"说的就是这个。

正论

子宋子曰：明见侮之不辱，使人不斗。人皆以见侮为辱，故斗于也；知见侮之为不辱，则不斗矣。

应之曰：然则以人之情为不恶侮乎？

曰：恶而不辱也。

曰：若是，则必不得所求焉。凡人之斗也，必以其恶之为说，非以其辱之为故也。今俳优、侏儒、狎徒，詈侮而不斗者，是岂钜知见侮之为不辱哉。然而不斗者，不恶故也。今人或入其央渎，窃其猪彘，则援剑戟而逐之，不避死伤。是岂以丧猪为辱也哉！然而不惮斗者，恶之故也。虽以见侮为辱也，不恶则不斗；虽知见侮为不辱，恶之则必斗。然则斗与不斗邪，亡于辱之与不辱也，乃在于恶之与不恶也。夫今子宋子不能解人之恶侮，而务说人以勿辱也，岂不过甚矣哉！金舌弊口，犹将无益也。不知其无益则不知；知其无益也，直以欺人则不仁。不仁不知，辱莫大焉。将以为有益于人，则与无益于人，则得大辱而退耳！说莫病是矣。

【译文】宋钘先生说："宣明了被人侮辱而不以为耻辱，就能使人们不争斗。人们都把被侮辱当作为耻辱，所以会争斗；如果懂得了被侮辱算不上是一种耻辱，就不会争斗了。"

回复他说："这样的话，那么先生也以为人之常情是不憎恶被人侮辱的吗？"

他说："虽然憎恶被人侮辱，但并不把被侮辱当作是耻辱。"

回复他说："像这样，那就一定达不到先生所追求的目标了。大凡人们的争斗，一定是把自己憎恶受侮辱当作辩解，而不是把自己感到耻辱作为理由。现在那些滑稽演员和唱戏的优伶、供人取乐的矮子、被人戏弄的奴仆，受到辱骂欺侮却不争斗，这哪里是因为他们懂得了被人侮辱算不上是一种耻辱的道理呢？然而他们不争斗，是因为他们不憎恶被人侮辱的缘故啊。现在如果有人进入人家的沟中，偷了人家的猪，那么失主就会拿起剑戟去追赶窃贼，甚至不避死伤，这哪里是因为他把丢失猪看作为耻辱呢？然而他不怕争斗，是因为憎恶窃贼啊。所以，即使把被侮辱看作为一种耻辱，但如果不憎恶它，就不会争斗；即使懂得了被侮辱算不上是一种耻辱的道理，但如果憎恶它，就一定会争斗。这样看来，争斗不争斗，不在于感到耻辱还是不感到耻辱，而在于憎恶还是不憎恶。现在宋先生不能消除人们对被人侮辱的憎恶，而致力于劝说人们别把受侮辱看作为耻辱，岂不是错得很厉害了吗？即使是能言善辩的铁嘴巴把嘴皮都磨破了，仍将毫无裨益。不懂得这种劝说毫无裨益，那就是不明智；知道它毫无裨益，却故意要用它来骗人，那就是不仁慈。不仁慈不明智，耻辱没有比这更大的了。要认为宋先生的说法有益于人吗？但全都无益于人，只落得个极大的耻辱而退场罢了！学说没有比这更糟的了。”

子宋子曰：见侮不辱。

应之曰：凡议必将立隆正，然后可也。无隆正则是非不分，而辨讼不决，故所闻曰：“天下之大隆，是非之封界，分职名象之所起，王制是也。”故凡言议期命，是非以圣王为师。而圣王之分，荣辱是也。是有两端矣。有义荣者，有执荣者；有义辱者，有执辱者。志意修，德行厚，知虑明，是荣之由中出者也，夫是之谓义荣。爵列尊，贡禄厚，形执胜，上为天子诸侯，下为卿相士大夫，是荣之从外至者也，夫是之谓执荣。流淫、污僈、犯分、乱理、骄暴、贪利，是辱之由中出者也，夫是之谓义辱。詈侮、捽搏、捶笞、膑脚，斩、断、枯、磔，藉、靡、舌，是辱之由外至者也，夫是之谓执辱。是荣辱之两端也。故君子可以有执辱，而不可以有义辱；小人可以有执荣，而不可以有义荣。有执辱无害为尧，有执荣无害为桀。义荣执荣，唯君子然后兼有之；义辱执辱，唯小人然后兼有之。是荣辱之分也。圣王以为法，士大夫以为道，官人以为守，百姓以成俗，万世不能易也。今子宋子则不然，独诎容为己，虑一朝而改之，说必不行矣。譬之是犹以塼涂塞江海也，以焦侥而戴太山也，蹎跌碎折，不待顷矣。二三子之善于子宋子者，殆不若止之，将恐得伤其体也。

【译文】宋钘先生说：“被侮辱而不以为耻辱。”

回复他说：“凡是议论，一定要树立一个最高的准则才行，没有一个最高准则，那么是非就不能区分而争辩也无法解决。我过去听到的话说：‘天下最大最高的准则，判断是非的界线，分掌职务、名物制度的起源，就是古代圣王的制度。’所以，凡是发言立论或约定事物的名称，它们的是非标准都要以圣王作为榜样；而圣王的道德原则，是看重光荣耻辱的。这光荣耻辱各有两个方面，有道义方面的光荣，有势位方面的光荣，有道义方面的耻辱，有势位方面的耻辱，志向美好，德行淳厚，智虑精明，这是从内心产生出来的光荣，这叫做道义方面的光荣。爵位尊贵，贡品俸禄优厚，权势地位优越，高一点的做了天子诸侯，低一点的做了卿相士大夫，这是从外部得到的光荣，这叫做势位方面的光荣。行为放荡、丑恶，违犯道义、扰乱伦理，骄横凶暴、唯利是图，这是从内心产生出来的耻辱，这叫做道义方面的耻辱。受人责骂侮辱、被揪住头发挨打，受杖刑被鞭打、受膑刑被剔去膝盖骨，被砍头断手、五马分尸并弃市，被五花大绑、被反绑吊起，这是从外部得到的耻辱，这叫做势位方面的耻辱。这些就是光荣耻辱的两个方面。所以君子可能有势位方面的耻辱而不可能有道义方面的耻辱，小人可能有势位方面的光荣却不可能有道义方面的光荣。有势位方面的耻辱不妨碍他成为尧，有势位方面的光荣不妨碍他成为桀。道义方面的光荣、势位方面的光荣，只有君子才能同时拥有它们；道义方面的耻辱、势位方面的耻辱，只有小人才会同时占有它们。这就是光荣和耻辱方面的道理。圣王把它当作法度，士大夫把它当作原则，一般官吏把它当作守则，老百姓根据它形成习俗，这是千秋万代也不会改变的。现在宋先生却不是这样，他独自用委曲容忍来整饬自己，想一个早晨改变历来的道德原则，他的学说一定行不通。拿它打个比方，这就好像是用捏成团的泥巴去填塞江海，让三尺长的矮人去驮泰山，跌倒在地粉身碎骨也就用不着等待片刻了。诸位中与宋先生相好的，恐怕还不如去制止他，否则，将来恐怕会伤害自己身体的。”

子宋子曰：人之情，欲寡，而皆以己之情，为欲多，是过也。故率其群徒，辨其谈说，明其譬称，将使人知情之欲寡也。

应之曰：然则亦以人之情为目不欲綦色，耳不欲綦声，口不欲綦味，鼻不欲綦臭，形不欲綦佚。此五綦者，亦以人之情为不欲乎？

曰："人之情，欲是已。"

曰：若是，则说必不行矣。以人之情为欲，此五綦者而不欲多，譬之是犹以人之情为欲富贵而不欲货也，好美而恶西施也。古之人为之不然。以人之情为欲多而不欲寡，故赏以富厚，而罚以杀损也。是百王之所同也。故上贤禄天下，次贤禄一国，下贤禄田邑，愿悫之民完衣食。今子宋子以是之情为欲寡而不欲多，然则先王以人之所不欲者赏，而以人之欲者罚邪？乱莫大焉。今子宋子严然而好说，聚人徒，立师学，成文曲，然而说不免于以至治为至乱也，岂不过甚矣哉！

【译文】宋钘先生说："人的本性，要得很少，但现在的人却都认为自己的本性是想要很多，这是错误的。"所以他率领他的弟子们，把他的言论学说说得动听有理，把他的比喻称引说得明白清楚，想要使人们懂得人的本性是要求很少。

回复他说："这样的话，那么先生也认为人的本性是眼睛不想看最美丽的颜色、耳朵不想听最悦耳的音乐、嘴巴不想吃最好的美味佳肴、鼻子不想闻最好的气味、身体不想追求最大的安逸？这五种极好的享受，先生也认为人们的本性是不想要的吗？"

他说："人的本性，是想要这些享受的。"

回复他说："如果这样，那么先生的说法就一定行不通了。认为人的本性是想要这五种极好的享受而又并不想要很多，拿它打个比方，这就好像认为人的本性是想富贵的但又不要钱财、是喜爱美色的但又讨厌西施一样。"古代的人做事就不是这样。他们认为人的本性是想要多而不希望少，所以用财富来奖赏，用减少财富来处罚，这是各代帝王所相同的。所以上等的贤才以天下的税收作为俸禄，次一等的贤才以一国的税收作为俸禄，下等的贤才以封地内的税收作为俸禄，忠厚老实的百姓能保全穿的吃的。现在如果宋先生认为古代这些人的本性也是想要少而不想要多，那么古代的圣王是用人们所不想要的东西来奖赏而用人们想要的东西来处罚吗？混乱没有比这更大的了。现在宋先生一本正经地珍爱自己的学说，聚集门徒，建立了师生教学关系，写成了文章，但是他的学说不免把治理得最好的情况看成是最混乱的情况，岂不是错得很厉害了吗？"

礼论

礼起于何也？曰：人生而有欲，欲而不得，则不能无求。求而无度量分界，则不能不争；争则乱，乱则穷。先王恶其乱也，故制礼义以分之，以养人之欲，给人之求。使欲必不穷乎物，物必不屈于欲。两者相持而长，是礼之所起也。故礼者养也。刍豢稻粱，五味调香，所以养口也；椒兰芬苾，所以养鼻也；雕琢、刻镂、黼黻、文章，所以养目也；钟鼓、管磬、琴瑟、竽笙，所以养耳也；疏房、檖貌、越席、床笫、几筵，所以养体也。故礼者，养也。

【译文】礼是在什么情况下产生的呢？回答说："人生来就有欲望；如果想要什么而不能得到，就不能没有追求；如果一味追求而没有个标准限度，就不能不发生争夺；一发生争夺就会有祸乱，一有祸乱就会陷入困境。古代的圣王厌恶那祸乱，所以制定了礼义来确定人们的名分，以此来调养人们的欲望、满足人们的要求，使人们的欲望决不会由于物资的原因而不得满足，物资决不会因为人们的欲望而枯竭，使物资和欲望两者在互相制约中增长。这就是礼的起源。所以礼这种东西，是调养人们欲望的。牛羊猪狗等肉食和稻米谷子等细粮，五味调和的佳肴，是用来调养嘴巴的；椒树兰草香气芬芳，是用来调养鼻子的；在器具上雕图案，在礼服上绘彩色花纹，是用来调养眼睛的；钟、鼓、管、磬、琴、瑟、竽、笙等乐器，是用来调养耳朵的；窗户通明的房间、深邃的朝堂、柔软的蒲席、床上的竹铺、矮桌与垫席，是用来调养躯体的。所以礼这种东西，是调养人们欲望的。”

君子既得其养，又好其别。曷谓别？曰：贵贱有等，长幼有差，贫富轻重皆有称者也。故天子大路越席，所以养体也；侧载睪芷，所以养鼻也；前有错衡，所以养目也；和鸾之声，步中武象，趋中韶护，所以养耳也；龙旗九斿，所以养信也；寝兕、持虎、蛟韅、丝末、弥龙，所以养威也；故大路之马，必倍教顺，然后乘之，所以养安也。孰知夫出死要节之所以养生也！孰知夫出费用之所以养财也！孰知夫恭敬辞让之所以养安也！孰知夫礼义文理之所以养情也！故人苟生之为见，若者必死；苟利之为见，若者必害；苟怠惰偷儒之为安，若者必危；苟情说之为乐，若者必灭。故人一之于礼义，则两得之矣；一之于情性，则两丧之矣。

【译文】君子已经得到了礼的调养，又喜爱礼的区别。什么叫做区别？回答说：“就是高贵的和卑贱的有不同的等级，年长的和年幼的有一定的差别，贫穷的和富裕的、权轻势微的和权重势大的都各有相宜的规定。所以天子乘坐那宽阔的大车、铺垫那柔软的蒲席，是用来保养身体的；旁边放置湖岸上生长的香草，是用来调养鼻子的；车前有画着交错花纹的横木，是用来调养眼睛的；车铃的声音，在车子慢行时合乎《武》《象》的节奏，在车子奔驰时合乎《韶》《护》的节奏，这是用来调养耳朵的；画着龙的旗帜下边有九条飘带，是用来保养身份信号的；车子上画着横卧的犀牛和蹲着的老虎、马系着用沙鱼皮制成的腹带、车前挂着丝织的车帘、车耳刻成龙形，这是用来保养威严的；天子的大车上所用的马，一定要真正训练得十分顺服，然后才用它拉车，这是用来保持安全的。谁懂得那献出生命坚守节操是用来保养生命的呢？谁懂得那花费钱财是用来保养钱财的呢？谁懂得那恭敬谦让是用来保住安逸的呢？谁懂得那礼义仪式是用来调养情操的呢？所以人如果只看见生，这样的人就一定会死；如果只看见利，这样的人就一定会受到损害；如果只是喜欢懈怠懒惰苟且偷安，这样的人就一定会遇到危难；如果只是喜欢纵情作乐，这样的人就一定会灭亡。所以人如果专门把心思放在讲究礼义上，那么礼义情性两方面就都能保全了；如果专门把心思放在满足情性上，那么礼义性情两方面就都保不住了。儒家要使人们双双保全它们，墨家要使人们双双丧失它们，这就是儒家和墨家的区别。”

礼者，谨于治生死者也。生，人之始也；死，人之终也。终始俱善，人道毕矣。故君子敬始而慎终，终始如一，是君子之道，礼义之文也。夫厚其生而薄其死，是敬其有知，而慢其无知也，是奸人之道而倍叛之心也。君子以倍叛之心接臧谷，犹且羞之，而况以事其所隆亲乎！故死之为道也，一而不可得再复也，臣之所以致重其君，子之所以致重其亲，于是尽矣。故事生不忠厚，不敬文谓之野；送死不忠厚不敬文，谓之瘠。君子贱野而羞瘠。

【译文】礼，是严谨地处理生与死的。生，是人生的开始；死，是人生的终结。这终结和开始都处理得好，那么为人之道也就完备了。所以君子严肃地对待人生的开始而慎重地对待人生的终结。对待这终结与开始就像对待同一件事一样，这是君子的原则，是礼义的具体规定。看重人活着的时候而看轻人的死亡，这是敬重活人的有知觉而怠慢死人的没有知觉，这是邪恶之人的原则，是一种背叛别人的心肠。君子拿背叛别人的心肠去对待奴仆、儿童，尚且感到羞耻，更何况是用这种心肠来事奉自己所尊重的君主和亲爱的父母呢！再说死亡有一条规律，就是每人只死一次而不可能再重复一次，所以臣子要表达对君主的敬重，子女要表达对父母的敬重，在这个时候也就到头了。所以侍奉生者不忠诚笃厚、不恭敬有礼，就称之为粗野；葬送死者不忠诚笃厚、不恭敬有礼，就称之为薄待。君子鄙视粗野而把薄待看作为羞耻。

乐论

夫乐者、乐也，人情之所必不免也。故人不能无乐，乐则必发于声音，形于动静；而人之道声音动静性术之变尽是矣。故人不能不乐，乐则不能无形，形而不为道，则不能无乱。先王恶其乱也，故制雅颂之声以道之，使其声足以乐而不流，使其文足以辨而不諰，使其曲直、繁省、廉肉、节奏，足以感动人之善心，使夫邪污之气无由得接焉。是先王立乐之方也，而墨子非之，奈何？故乐在宗庙之中，君臣上下同听之，则莫不和敬；闺门之内，父子兄弟同听之，则莫不和亲；乡里族长之中，长少同听之，则莫不和顺。故乐者审一以定和者也，比物以饰节者也，合奏以成文者也；足以率一道，足以治万变。是先王立乐之术也，而墨子非之，奈何？

【译文】音乐，就是欢乐的意思，它是人的情感绝对不能缺少的东西。人不可能没有欢乐；欢乐了就一定会在歌唱吟咏的声音中表现出来，在手舞足蹈的举止中体现出来；可见人的所作所为，包括声音、举止、性情及其表现方式的变化，就全都体现在这音乐之中了。所以，人不可能不快乐，快乐了就不可能不表现出来，但这种表现如果不进行引导，就不可能没有祸乱。古代的圣王憎恶那祸乱，所以创作了《雅》《颂》的音乐来引导他们，使那歌声足够用来表达快乐而不淫荡，使那歌词足够用来阐明正确的道理而不流于花巧，使那音律的宛转或舒扬、繁复或简单、清脆利落或圆润丰满、节制停顿或推进加快，都足够用来感动人的行善之心，使那些邪恶肮脏的风气没有途径能和民众接触。这就是古代圣王设置音乐的原则啊。但是墨子却反对音乐，又能怎么样呢？所以音乐在祖庙之中，君臣上下一起听了它，就再也没有人不和谐恭敬的了；在家门之内，父子兄弟一起听了它，就再也没有人不和睦相亲的了；在乡村里弄之中，年长的和年少的一起听了它，就再也没有人不和协顺从的了。音乐，是审定一个主音来确定其他和音的，是配上各种乐器来调整节奏的，是一起演奏来组成众音和谐的乐曲的；它足能用来率领统一的原则，足能用来整治各种变化。这就是古代圣王设置音乐的方法啊。可是墨子却反对音乐，又能怎么样呢？

故听其雅颂之声，而志意得广焉；执其干戚，习其俯仰屈伸，而容貌得庄焉；行其缀兆，要其节奏，而行列得正焉，进退得齐焉。故乐者，出所以征诛也，入所以揖让也；征诛揖让，其义一也。出所以征诛，则莫不听从；入所以揖让，则莫不从服。故乐者，天下之大齐也，中和之纪也，人情之所必不免也。是先王立乐之术也，而墨子非之奈何！且乐者，先王之所以饰喜也；军旅鈇钺者，先王之所以饰怒也。先王喜怒皆得其齐焉。是故喜而天下和之，怒而暴乱畏之。先王之道，礼乐正其盛者也。而墨子非之。故曰：墨子之于道也，犹瞽之于白黑也，犹聋之于清浊也，犹欲之楚而北求之也。

【译文】所以，人们听那《雅》《颂》的音乐，志向心胸就能宽广了；拿起那盾牌斧头等舞具，练习那低头抬头弯曲伸展等舞蹈动作，容貌就能庄重了行动在那舞蹈的行列位置上，迎合那舞曲的节奏，队列就能不偏不斜了，进退就能整齐一致了。所以音乐，对外可用来征伐，对内可用来行礼让。对于征伐与礼让，音乐的作用是一样的。对外用音乐作为征伐的工具，那就没有人不听从；对内用音乐作为礼让的手段，那就没有人不服从。所以音乐是齐一天下的工具，是中正和平的要领，是人的情感绝对不能脱离的东西。这就是古代圣王设置音乐的策略。可是墨子却反对音乐，又能怎么样呢？况且音乐，是古代的圣王用来表现喜悦的；军队和刑具，是古代的圣王用来表现愤怒的。古代圣王的喜悦和愤怒都能通过音乐与军队刑具而表达得恰如其分。所以，圣王喜悦了，天下人就附和他；圣人愤怒了，凶暴作乱的人就害怕他。古代圣王的政治原则中，礼制和音乐正是其中的大事，但墨子却反对它们。所以说：墨子对于正确的政治原则，就好像是瞎子对于白色和黑色不能分辨一样，就好像是聋子对于音质的清浊不能区别一样，就好像是想到南方的楚国却到北方去寻找它一样。

解蔽

故为蔽：欲为蔽，恶为蔽，始为蔽，终为蔽，远为蔽，近为蔽，博为蔽，浅为蔽，古为蔽，今为蔽。凡万物异则莫不相为蔽，此心术之公患也。

【译文】以下几种情况造成认识上的局限：只看到欲的一面会造成认识上的局限，只看到恶的一面会造成认识上的局限；只看到起始的一面会造成认识上的局限，只看到终结的一面会造成认识上的局限；只看到远的一面会造成认识上的局限，只看到近的一面会造成认识上的局限；只看到广博的一面会造成认识上的局限；只看到肤浅的一面会造成认识上的局限；只看到古代的一面会造成认识上的局限；只看到现在的一面也会造成认识上的局限。一切事物都有差异，只看到事物的一个方面，就会造成认识上的局限，这是思想方法上的通病。

墨子蔽于用而不知文。宋子蔽于欲而不知得。慎子蔽于法而不知贤。申子蔽于执而不知知。惠子蔽于辞而不知实。庄子蔽于天而不知人。故由用谓之道，尽利矣。由欲谓之道，尽嗛矣。由法谓之道，尽数矣。由埶谓之道，尽便矣。由辞谓之道，尽论矣。由天谓之道，尽因矣。此数具者，皆道之一隅也。夫道者体常而尽变，一隅不足以举之。曲知之人，观于道之一隅，而未之能识也。故以为足而饰之，内以自乱，外以惑人，上以蔽下，下以蔽上，此蔽塞之祸也。孔子仁知且不蔽，故学乱术足以为先王者也。一家得周道，举而用之，不蔽于成积也。故德与周公齐，名与三王并，此不蔽之福也。

【译文】墨子只看到实用的一面而不懂得礼文制度，宋子没有真正了解欲而提出“寡欲”却不知道如何使人正确地得到所欲，慎子只看到法制重要的一面却不了解贤人的作用，申子只看到权势的重要却不了解才智的作用，惠子只看到逻辑命题、判断的重要却不了解事物的实际，庄子只看到自然界的重要却不了解人的力量。所以，把实用叫做“道”，人们就都去追求功利了；把寡欲叫做“道”，人们就都去满足欲望了；把法制叫做“道”，人们就只知道法律条文了；把逻辑命题、判断叫做“道”，人们就只会强辞夺理地辩论了；把自然界叫做“道”，人们就都只会听天由命了。这几方一面，都只是“道”的一个方面。“道”本身是不变的，却能穷尽事物的一切变化，一个方面是无法概括这些变化的，认识片面的人，只看到“道”的一个方面而没有能够全面地认识道，所以，他们还自以为满足并加以炫耀。对内扰乱了自身，对外迷惑了别人，在上的蒙蔽下面的，在下的蒙蔽上面的，这就是认识片面的灾祸。孔子仁爱智慧而且认识上没有片面性，所以他学到了怡乱之术，足以辅助先王。孔子掌握了全面博大的“道”，便按照“道”去做，而不被已有知识所局限。所以，他的德行与周公相等，名声与三代之王并重，这就是认识上没有片面性的幸福。

圣人知心术之患，见蔽塞之祸，故无欲、无恶、无始、无终、无近、无远、无博、无浅、无古、无今，兼陈万物而中县衡焉。是故众异不得相蔽以乱其伦也。何谓衡？曰：道。故心不可以不知道；心不知道，则不可道而可非道。人孰欲得恣而守其所不可，以禁其所可？以其不可道之心取人，则必合于不道人，而不合于道人。以其不可道之心与不道人论道人，乱之本也。夫何以知？曰：心知道然后可道；可道然后守道以禁非道。以其可道之心取人，则必合于不道人，而不合于不道之人矣。以其可道之心，与道人论非道，治之要也。何患不知？故治之要在于知道。

【译文】圣人深知思想方法的问题，也看到认识片面的危害，所以，不只看到欲的一面，也不只看到恶的一面；不只看到开始的一面，也不只看到终结的一面；不只看到近的一面，也不只看到远的一面；不只看到广博的一面，也不只看到浅近的一面；不只看到古代的一面，也不只看到当今的一面。而是把所有的情况全部罗列出来，在心中建立一个衡量是非的标准。于是，众多的有差异的事物就不会相互局限而乱了它们的等类。什么是衡量是非的标准呢？回答说：“道”。所以，一个人的思想不能不懂得“道”。思想上不懂得道，就不会肯定道，而会去肯定邪道。人们在随心所欲的情况下，谁会愿意固守自已所不赞同肯定的事，而不去做自己所赞同肯定的事呢？用他否定道的心意去选取人，一那么符合他心意的只能是不守道的人，而不会是守道的人。用他否定道的心意与不守道的人去谈论守道的人，这是社会混乱的根本原因。怎样才能明智？回答说：思想懂得了“道”然后就会肯定“道”；肯定“道”然后就能守住“道”而禁止邪道。用他肯定道的心意来选取人，那么合符他心意的肯定是守道的人而不会是不守道的人。用他肯定道的心意去与人讨论“邪道”，这是社会平治的关键，这样还怕不明智吗？所以治的关键是在于懂得“道”。人怎样懂得“道”呢？回答说：用心。

人何以知道？曰：心。心何以知？曰：虚一而静。心未尝不臧也，然而有所谓虚；心未尝不满也，然而有所谓一；心未尝不动也，然而有所谓静。人生而有知，知而有志；志也者，臧也；然而有所谓虚；不以所已臧害所将受谓之虚。心生而有知，知而有异；异也者，同时兼知之；同时兼知之，两也；然而有所谓一；不以夫一害此一谓之壹。心卧则梦，偷则自行，使之则谋；故心未尝不动也；然而有所谓静；不以梦剧乱知谓之静。

【译文】心怎样懂得“道”呢？回答说：“虚心专一而宁静。”心里未尝没有贮藏许多东西，但是它也有人所说的虚旷的功能；心未尝没有活动，但它也有人们所说的宁静的功能。人生下来就有认识能力，有认识能力就有记忆，记忆，就是贮藏，而仍有人们所说的“虚”，就是不因为已有的贮藏而妨碍它将要接受的新的东西，这就是“虚”。人的思想生下来就有认识能力，认识能力就有差异。差异，就是同时了解不同的事物。同时了解不同的事物，就是心的两用，但仍有人们所说的“一”，不因为对那一事物的认识而妨碍对这一事物的认识，这就是“壹”。人睡觉了心就会做梦，苟且偷安就会放任自流地想，使用它就能思考谋划，所以人心从来不是不活动的，但仍有人们所说的“静”，不因为梦幻想像与胡思乱想而扰乱智慧，就叫做“静”。

心者，形之君也，而神明之主也，出令而无所受令。自禁也，自使也，自夺也，自取也，自行也，自止也。故口可劫而使墨云，形可劫而使诎申，心不可劫而使易意，是之则受，非之则辞。故曰：心容其择也无禁，必自现，其物也杂博，其情之至也不贰。诗云：“采采卷耳，不盈倾筐。嗟我怀人，寘彼周行。”倾筐易满也，卷耳易得也，然而不可以贰周行。故曰：心枝则无知，倾则不精，贰则疑惑。以赞稽之，万物可兼知也。身尽其故则美。类不可两也，故知者择一而壹焉。

【译文】心，是形体的统帅，是精神的主宰，它向身体发出命令却从不接受身体的命令。它自我约束，自我驱使，自我裁夺，自我求取，自我行动，自我休止。所以，嘴巴可以被强制着沉默或说话，身体可以被强制着弯曲或舒展，心却不能被强制着改变意念。它认为对的就接受，它认为错的就拒绝。所以说，心的容态是：它对事物的选择不受限制，必定自主地显现出来，它对事物的认识是繁多的，当它十分专心时，这种认识就是纯一不二的。《诗经·周南·卷耳》说：“采啊采卷耳，总难装满浅浅的筐，可叹我深深地怀念着人，只好把浅筐放在路拐上”浅筐是很容易装满的，卷耳也是很容易采到的，但是人不能三心二意地站在路拐上。所以说：心绪分散，就会无知无识；心思不专一，认识就不会精深；三心二意，就可能发生疑惑；专一于“道”，并借助它来考察万物，万物全都可以被认识。一个人如果能够完全按上述的道理去做，就尽善尽美了。对任何事物的认识，都不能三心二意，所以，聪明的人总是选择好一件事，然后专心一致地加以研究。

凡观物有疑，中心不定，则外物不清。吾虑不清，未可定然否也。冥冥而行者，见寝石以为伏虎也，见植林以为后人也：冥冥蔽其明也。醉者越百步之沟，以为蹞步之浍也；俯而出城门，以为小之闺也：酒乱其神也。厌目而视者，视一为两；掩耳而听者，听漠漠而以为讻讻：執乱其官也。故从山上望牛者若羊，而求羊者不下牵也：远蔽其大也。从山下望木者，十仞之木若箸，而求箸者不上折也：高蔽其长也。水动而影摇，人不以定美恶：水势玄也。瞽者仰视而不见星，人不以定有无：用精惑也。有人焉以此时定物，则世之愚者也。彼愚者之定物，以疑决疑，决必不当。夫苟不当，安能无过乎？

【译文】一般说来，观察事物有疑惑，心中捉摸不定，那么对外界事物就认识不清，我们思虑不清，就无法判断是非。在昏暗中行走，看见横卧的石头，会以为是伏着的猛虎，看见直立的林木，会以为是站着的人，这是昏暗蒙蔽了他的视觉。醉酒的人，跨越百步宽的沟渠，还以为只是半步宽的小水沟，低着头走出高大的城门，还以为是道上上圆下方的小门，这是酒迷乱了他的神志。按着眼睛看东西的人，把一件东西看成两件；捂着耳朵听声的人，把寂静无声听成喧嚣之声，这是外力扰乱了他的感官。所以，从山上遥望牛，仿佛是羊，但寻找羊的人并不下山去牵牛，因为那只是距离的遥远遮掩了牛的壮大。从山下远望树木，十来丈高的树，如同筷子，但找筷子的人并不上山去折树木，因为那只是地势的高遮掩了树的高长。水一动荡，人影就摇动，人们不会用在水中摇动的影子来判断人的美丑，因为水势是动荡不定的。瞎眼的人抬头看不见星辰，人们不会以他来判断星辰的有无，因为瞎子是看不清东西的。有的人却根据这些情况来判断事物，这是世上最愚蠢的人。那些愚蠢的人对事物的判断。是凭疑惑的感觉来判断尚存疑惑的事物，这种判断肯定是不恰当的，如果判断不当，又怎么能没有错误呢？

夏首之南有人焉；曰涓蜀梁。其为人也，愚而善畏。明月而宵行，俯见其影，以为伏鬼也；仰视其发，以为立魅也。背而走，比至其家，失气而死。岂不哀哉！凡人之有鬼也，必以其感忽之间，疑玄之时正之。此人之所以无有而有无之时也，而已以正事。故伤于湿而痹，痹而击鼓烹豚，则必有敝鼓丧豚之费矣，而未有俞疾之福也。故虽不在夏首之南，则无以异矣。

【译文】夏水口的南边，有这样一个人，叫做涓蜀梁，他为人愚笨而极其胆小，他在明亮的月光下走夜路，低头见到自己的影子，还以为地上趴着一个恶鬼，抬头见到自己的头发，还以为是站着的J怪物，回头便跑，等他跑到家便断气而亡，岂不是太可悲了吗？一般人认为有鬼，必定是在他精神恍惚、神志不清时作出的判断，也正是人们之所以把无当成有，把有当成无的时候，但自己却还要在这种时候去判断事物。所以有人受到湿气而得了风湿病，得了风湿病就去击鼓驱鬼、宰猪祭神，那必定只有鼓破猪失的花费，而没有治好病的福气。所以，这种人，虽然没有住在夏水口的南边，但也与住在夏水口南边的涓蜀梁没有什么两样。

凡以知，人之性也；可以知，物之理也。以可以知人之性，求可以知物之理，而无所疑止之，则没世穷年不能偏也。其所以贯理焉，虽亿万已不足浃万物之变，与愚者若一。学、老身长子，而与愚者若一，犹不知错，夫是之谓妄人。故学也者，固学止之也。恶乎止之？曰：止诸至足。曷谓至足？曰：圣王。圣也者，尽伦者也；王也者，尽制者也；两尽者足以为天下极矣。

【译文】一般说来，认识能力，是人的本性；可以被认识，是事物的规律。用属于人本性的认识能力，去探求可以被认识的事物的规律，如果没有一定的限度，即使一生一世也不可能穷尽对万物的认识，人们学习的道理虽然很多很多，但最终还是不能完全应付万物的变化，这一来，与那些蠢人没有什么两样。一个人，不断地学到自己老了，儿子长大了，仍然与蠢人一样，还不知道放弃这样的学习，这种人就叫做“妄人”。所以，学习，本来就是有一定的限度与目的。什么是学习的限度与目的呢？回答说：就是要达到“至足”。什么叫做“至足”呢？回答说：就是“圣王”。所谓圣，就是完全精通事物的道理的人；所谓王，就是完全精通治国的制度的人；两方面都精通的，就是天下的表率。

正名

后王之成名：刑名从商，爵名从周，文名从礼，散名之加于万物者，则从诸夏之成俗曲期远方异俗之乡，则因之而为通。散名之在人者：生之所以然者谓之性；性之和所生，精合感应，不事而自然谓之性。性之好、恶、喜、怒、哀、乐谓之情。情然而心为之择谓之虑。心虑而能为之动谓之伪；虑积焉能习焉而后成谓之伪。正利而为谓之事。正义而为谓之行。所以知之在人者谓之知；知有所合谓之智。智所以能之在人者谓之能；能有所合谓之能。性伤谓之病。节遇谓之命。是散名之在人者也，是后王之成名也。

【译文】现代圣王确定名称：刑法的名称依从商朝的，爵位的名称依从周朝的，礼仪制度的名称依从《礼经》，赋予万物的各种具体名称则依从中原地区华夏各诸侯国已经形成的习俗与各方面的共同约定。远方不同习俗的地区，就依靠这些名称来进行交流。在人事方面的各种具体名称：人生下来之所以这样叫做天性。天性的和气所产生的、精神接触外物感受的反应、不经人为努力而自然形成的东西叫做本性。本性中的爱好、厌恶、喜悦、愤怒、悲哀、快乐叫做感情。感情是这样，而心灵给它进行选择，叫做思虑。心灵思虑后，官能为之而行动，叫做人为。思虑不断积累，官能反复练习，而后形成一种常规，也叫做人为。为了功利去做叫做事业。为了道义去做叫做德行。在人身上所具有的用来认识事物的能力叫做知觉。知觉和所认识的事物有所符合叫做智慧。在人身上所具有的用来处置事物的能力叫做本能。本能和处置的事物相适合叫做才能。天性受到伤害叫做疾病。制约人生的遭遇叫做命运。这些就是在人事方面的各种具体名称，这些就是现代圣王确定的名称。

故王者之制名，名定而实辨，道行而志通，则慎率民而一焉。故析辞擅作名，以乱正名，使民疑惑，人多辨讼，则谓之大奸。其罪犹为符节、度量之罪也。故其民莫敢托为奇辞以乱正名，故其民悫；悫则易使，易使则公。其民莫敢托为奇辞以乱正名，故壹于道法而谨于循令矣。如是则其迹长矣。迹长功成，治之极也。是谨于守名约之功也。今圣王没，名守慢，奇辞起，名实乱，是非之形不明，则虽守法之吏，诵数之儒，亦皆乱也。若有王者起，必将有循于旧名，有作于新名。然则所为有名，与所缘以同异，与制名之枢要，不可不察也。异形离心，交喻异物，名实玄纽，贵贱不明，同异不别；如是则志必有不喻之患，而事必有困废之祸。故知者为之分别，制名以指实，上以明贵贱，下以辨同异。贵贱明，同异别，如是则志无不喻之患，事无困废之祸，此所为有名也。

【译文】王者制定事物的名称，名称一旦确定，那么实际事物就能分辨了；制定名称的原则一旦实行，那么思想就能沟通了；于是就慎重地率领民众统一到这些名称上来。所以，支解词句、擅自创造名称来扰乱正确的名称，使民众疑惑不定，使人们增加争辩，那就要称之为罪大恶极的坏人，他的罪和伪造信符与度量衡的罪一样。所以圣王统治下的民众没有谁敢依靠制造怪僻的词句来扰乱正确的名称，因此他的民众就很朴实。朴实就容易使唤，容易使唤就能成就功业。他的民众没有谁敢依靠制造怪僻的词句来扰乱正确的名称，所以就专心于遵行法度而谨慎地遵守政令了。像这样，那么他的统治就长久了。统治长久而功业建成，是政治的最高境界啊。这是严谨地坚持用名称来约束民众的功效啊。现在圣明的帝王去世了，名称的管理松懈了，怪僻的词句产生了，名称和实际事物的对应关系很混乱，正确和错误的轮廓不清楚，那么即使是掌管法度的官吏、讲述礼制的儒生，也都昏乱不清。如果再有王者出现，一定会对旧的名称有所沿用，并创制一些新的名称。这样的话，那么对于为什么要有名称、使事物的名称有同有异的根据、以及制定名称的关键等问题，就不能不搞清楚了。不同的人如果用不同的意念来互相晓喻，不同的事物如果让名称和实际内容混乱地缠结在一起，那么社会地位的高贵和卑贱就不能彰明，事物的相同和相异就不能分别。像这样，那么意思就一定会有不能被了解的忧患，而事情就一定会有陷入困境而被废弃的灾祸。所以明智的圣王给万事万物分别制定名称来指明实际事物，上用来彰明高贵和卑贱，下用来分辨相同和相异。高贵和卑贱彰明了，相同和相异区别了，像这样，那么意思就不会有不能被了解的忧患，事情就不会有陷入困境而被废弃的灾祸。这就是为什么要有名称的原因。

然则何缘而以同异？曰：缘天官。凡同类同情者，其天官之意物也同。故比方之疑似而通，是所以共其约名以相期也。形、体、色理以目异；声音清浊、调竽奇声以耳异；甘、苦、咸、淡、辛、酸、奇味以口异；香、臭、芬、郁、腥、臊、洒（当为辛，洒从水，西声，古音与辛同）酸、奇臭以鼻异；疾、养（与痒同）、凔、热、滑、铍、轻、重以形体异；说、故、喜、怒、哀、乐、爱、恶、欲以心异（说读为脱，误也，脱故犹律文故误。）。心有征知。征知则缘耳而知声可也，缘目而知形可也。然而征知必将待天官之当簿其类然后可也。五官簿之而不知，心征知而无说，则人莫不然谓之不知。此所缘而以同异也。

【译文】那么，根据什么而要使事物的名称有同有异呢？回答说：根据天生的感官。凡是同一个民族、具有相同情感的人，他们的天生感官对事物的体会是相同的，所以对事物的描摹只要模拟得大体相似就能使别人通晓了，这就是人们能共同使用那些概括的名称来互相交际的原因。形体、颜色、纹理，因为眼睛的感觉而显得不同；单声与和音、清音与浊音、协调乐器的竽声、奇异的声音，因为耳朵的感觉而显得不同；甜、苦、咸、淡、辣、酸以及奇异的味道，因为嘴巴的感觉而显得不同；香、臭、花的香气、鸟的腐臭、猪腥气、狗臊气、马膻气、牛膻气以及奇异的气味，因为鼻子的感觉而显得不同；痛、痒、冷、热、滑爽、滞涩、轻、重，因为身体的感觉而显得不同；愉快、烦闷、欣喜、愤怒、悲哀、快乐、爱好、厌恶以及各种欲望，因为心灵的感觉而显得不同。心灵能够验知外界事物。既然心灵能够验知外界事物，那么就可以依靠耳朵来了解声音了，就可以依靠眼睛来了解形状了，但是心灵之验知外物，却又一定要等到感官接触事物的性状之后才行。如果五官接触了外界事物而不能认知，心灵验知外物而不能说出来，那么，说他无知，人们是不会不同意的。这些就是事物的名称之所以有同有异的根据。

然后随而命之，同则同之，异则异之。单足以喻则单，单不足以喻则兼；单与兼无所相避则共；虽共不为害矣。知异实者之异名也，故使异实者莫不异名也，不可乱也，犹使同实者莫不同名也。故万物虽众，有时而欲无举之，故谓之物；物也者，大共名也。推而共之，共则有共，至于无共然后止。有时而欲偏举之，故谓之鸟兽。鸟兽也者，大别名也。推而别之，别则有别，至于无别然后止。名无固宜，约之以命，约定俗成谓之宜，异于约则谓之不宜。名无固实，约之以命实，约定俗成，谓之实名。名有固善，径易而不拂，谓之善名。物有同状而异所者，有异状而同所者，可别也。状同而为异所者，虽可合，谓之二实。状变而实无别而为异者，谓之化。有化而无别，谓之一实。此事之所以稽实定数也。此制名之枢要也。后王之成名，不可不察也。

【译文】这些道理明确后，就依照它来给事物命名：相同的事物就给它们相同的名称，不同的事物就给它们不同的名称；单音节的名称足以使人明白的就用单音节的名称；单音节的名称不能用来使人明白的就用多音节的名称；单音节的名称和多音节的名称如果没有互相回避的必要就共同使用一个名称，虽然共同使用一个名称，也不会造成什么害处。知道实质不同的事物要用不同的名称，所以使实质不同的事物无不具有不同的名称，这是不可错乱的，就像使实质相同的事物无不具有相同的名称一样。万物虽然众多，有时候却要把它们全面地举出来，所以把它们叫做“物”。“物”这个名称，是个最大的共用名称。依此推求而给事物制定共用的名称，那么共用的名称之中又有共用的名称，直到不再有共用的名称，然后才终止。有时候想要把它们部分地举出来，所以把它们叫做“鸟”、“兽”。“鸟”、“兽”这种名称，是一种最大的区别性名称。依此推求而给事物制定区别性的名称，那么区别性的名称之中又有区别性的名称，直到不再有区别性的名称，然后才终止。名称并没有本来就合宜的，而是人们相约命名的，约定俗成了就可以说它是合宜的，和约定的名称不同就叫做不合宜。名称并没有固有的表示对象，而是人们相约给实际事物命名的，约定俗成了就把它称为某一实际事物的名称。名称有本来就起得好的，直接平易而不违背事理，就叫做好的名称。事物有形状相同而实体不同的，有形状不同而实体相同的，这是可以区别的。形状相同却是不同的实体的，虽然可以合用一个名称，也应该说它们是两个实物。形状变了，但实质并没有区别而成为异物的，叫做变化；有了变化而实质没有区别的，应该说它是一个实物。这是对事物考察实质确定数目的方法。这些就是制定名称的关键。现代圣王确定名称，是不能不弄清楚的。

“见侮不辱”，“圣人不爱己”，“杀盗非杀人也”，此惑于用名以乱名者也。验之所为有名，而观其孰行，则能禁之矣。“山渊平”，“情欲寡”，“刍豢不加甘，大钟不加乐”，此惑于用实，以乱名者也。验之所缘，无以同异，而观其孰调，则能禁之矣。“非而谒楹”，“有牛马非马也”，此惑于用名以乱实者也。验之名约，以其所受，悖其所辞，则能禁之矣。凡邪说辟言之离正道而擅作者，无不类于三惑者矣。故明君知其分而不与辨也。

【译文】“被侮辱而不以为耻辱”，“圣人不爱惜自己”，“杀死盗贼不是杀人”，这些是在使用名称方面迷惑了以致搞乱了名称的说法。用为什么要有名称的道理去检验它们，并观察它们有哪一种能行得通，那就能禁止这些说法了。“高山和深渊一样平”，“人的本性是欲望很少”，“牛羊猪狗等肉食并不比一般食物更加香甜，大钟的声音并不比一般的声音更加悦耳”，这些是在措置事实方面迷惑了以致搞乱了名称的说法。用为什么要使事物的名称有同有异的根据去检验它们，并观察它们有哪一种能协调，那就能禁止这些说法了。“飞箭经过柱子可以说明停止”，“有牛马，但它不是马”，这是在使用名称方面迷惑了以致搞乱了事实的说法。用名称约定的原则去检验它们，用这些人所能接受的观点去反驳他们所拒绝的观点，那就能禁止这些说法了。凡是背离了正确的原则而擅自炮制的邪说谬论，无不与这三种惑乱的说法类似。英明的君主知道它们与正确学说的区别而不和他们争辩。

夫民易一以道，而不可与共故。故明君临之以埶，道之以道，申之以命，章之以论，禁之以刑。故民之化道也如神，辨说恶用矣哉！今圣王没，天下乱，奸言起，君子无执以临之，无刑以禁之，故辨说也。实不喻，然后命，命不喻，然后期，期不喻，然后说，说不喻，然后辨。故期命辨说也者，用之大文也，而王业之始也。名闻而实喻，名之用也。累而成文，名之丽也。用丽俱得，谓之知名。名也者，所以期累实也。辞也者，兼异实之名以论一意也。辨说也者，不异实名，以喻动静之道也。期命也者，辨说之用也。辨说也者，心之象道也。心也者，道之工宰也。道也者，治之经理也。心合于道，说合于心，辞合于说。正名而期，质请而喻，辨异而不过，推类而不悖。听则合文，辨则尽故。以正道而辨奸，犹引绳以持曲直。是故邪说不能乱，百家无所窜。有兼听之明，而无矜奋之容；有兼覆之厚，而无伐德之色。说行则天下正，说不行则白道而冥穷。是圣人之辨说也。诗曰：“颙颙卬卬，如圭如璋，令闻令望，岂弟君子，四方为纲。”此之谓也。

【译文】民众容易用正道来统一却不可以和他们共同知道那缘由，所以英明的君主用权势来统治他们，用正道来引导他们，用命令来告诫他们，用理论来晓喻他们，用刑法来禁止他们。所以他统治下的民众融化于正道就像被神仙支配了一样，哪里还用得着辩说那所以然呢？现在圣明的帝王死了，天下混乱，奸诈邪恶的言论产生了，君子没有权势去统治他们，没有刑法去禁止他们，所以要辩论解说。实际事物不能让人明白就给它们命名，命名了还不能使人了解就会合众人来约定，约定了还不能使人明白就解说，解说了还不能使人明白就辩论。所以，约定、命名、辩论、解说，是名称使用方面最重要的修饰，也是帝王大业的起点。名称一被听到，它所表示的实际事物就能被了解，这是名称的使用。积累名称而形成文章，这是名称的配合。名称的使用、配合都符合要求，就叫做精通名称。名称，是用来互相约定从而联系实际事物的。言语，是并用不同事物的名称来阐述一个意思的。辩论与解说，是不使名实相乱来阐明是非的道理。约定与命名，是供辩论与解说时使用的。辩论与解说，是心灵对道的认识的一种表象。心灵，是道的主宰。道，是政治的永恒法则。心意符合于道，解说符合于心意，言语符合于解说；使名称正确无误并互相约定，使名称的内涵质朴直观而使人明白；辨别不同的事物而不失误，推论类似的事物而不违背情理；这样，听取意见时就能合于礼法，辩论起来就能彻底揭示其所以然。用正确的原则来辨别奸邪，就像拉出墨线来判别曲直一样，所以奸邪的学说就不能混淆视听，各家的谬论也无处躲藏。有同时听取各方意见的明智，而没有趾高气扬、骄傲自大的容貌；有兼容并包的宽宏大量，而没有自夸美德的神色。自己的学说得到实行，那么天下就能治理好；自己的学说不能实行，那就彰明正道而让自己默默无闻。这就是圣人的辩论与解说。《诗》云："体貌温顺志高昂，品德如珪又如璋，美妙声誉好名望。和乐平易的君子，天下拿他作榜样。"说的就是这种情况啊。

性 恶

人之性恶，其善者伪也。今人之性，生而有好利焉，顺是，故争夺生而辞让亡焉；生而有疾恶焉，顺是，故残贼生而忠信亡焉；生而有耳目之欲，有好声色焉，顺是，故淫乱生而礼义文理亡焉。然则从人之性，顺人之情，必出于争夺，合于犯分乱理，而归于暴。故必将有师法之化，礼义之道，然后出于辞让，合于文理，而归于治。用此观之，然人之性恶明矣，其善者伪也。故枸木必将待檃栝、烝、矫然后直；钝金必将待砻、厉然后利；今人之性恶，必将待师法然后正，得礼义然后治。今人无师法，则偏险而不正；无礼义，则悖乱而不治。古者圣王以人性恶，以为偏险而不正，悖乱而不治，是以为之起礼义，制法度，以矫饰人之情性而正之，以扰化人之情性而导之也，使皆出于治，合于道者也。今人之化师法，积文学，道礼义者为君子；纵性情，安恣睢，而违礼义者为小人。用此观之，然则人之性恶明矣，其善者伪也。

【译文】人的本性，一生下来就有喜欢财利之心，依顺这种人性，所以争抢掠夺就产生而推辞谦让就消失了；一生下来就有妒忌憎恨的心理，依顺这种人性，所以残杀陷害就产生而忠诚守信就消失了；一生下来就有耳朵、眼睛的贪欲，有喜欢音乐、美色的本能，依顺这种人性，所以淫荡混乱就产生而礼义法度就消失了。这样看来，放纵人的本性，依顺人的情欲，就一定会出现争抢掠夺，一定会和违犯等级名分、扰乱礼义法度的行为合流，而最终趋向于暴乱。所以一定要有了师长和法度的教化、礼义的引导，然后人们才会从推辞谦让出发，遵守礼法，而最终趋向于安定太平。由此看来，人的本性是邪恶的就很明显了，他们那些善良的行为则是人为的。所以弯曲的木料一定要依靠整形器进行薰蒸、矫正，然后才能挺直；不锋利的金属器具一定要依靠磨砺，然后才能锋利。人的本性邪恶，一定要依靠师长和法度的教化才能端正，要得到礼义的引导才能治理好。人们没有师长和法度，就会偏邪险恶而不端正；没有礼义，就会叛逆作乱而不守秩序。古代圣明的君王认为人的本性是邪恶的，认为人们是偏邪险恶而不端正、叛逆作乱而不守秩序的，因此给他们建立了礼义、制定了法度，用来强制整治人们的性情而端正他们，用来驯服感化人们的性情而引导他们。使他们都能从遵守秩序出发、合乎正确的道德原则。现在的人，能够被师长和法度所感化，积累文献经典方面的知识、遵行礼义的，就是君子；纵情任性、习惯于恣肆放荡而违反礼义的，就是小人。由此看来，那么人的本性是邪恶的就很明显了，他们那些善良的行为则是人为的。

孟子曰："人之学者其性善。"

曰：是不然。是不及知人之性，而不察乎人之性伪之分者也。凡性者，天之就也，不可学，不可事。礼义者，圣人之所生也，人之所学而能，所事而成者也。不可学不可事而在人者谓之性；可学而能可事而成之在人者谓之伪。是性伪之分也。今人之性，目可以见，耳可以听；夫可以见之明不离目，可以听之聪不离耳，目明而耳聪，不可学明矣。

【译文】孟子说："人们要学习的，是那本性的善良。"

荀子说："这是不对的。这是还没有能够了解人的本性，而且也不明白人的先天本性和后天人为之间的区别的一种说法。大凡本性，是天然造就的，是不可能学到的，是不可能人为造作的。礼义，才是圣人创建的，是人们学了才会、努力从事才能做到的。人身上不可能学到、不可能人为造作的东西，叫做本性；人身上可以学会、可以通过努力从事而做到的，叫做人为；这就是先天本性和后天人为的区别。那人的本性，眼睛可以用来看，耳朵可以用来听。那可以用来看东西的视力离不开眼睛，可以用来听声音的听力离不开耳朵。眼睛的视力和耳朵的听力不可能学到是很清楚的了。"

问者曰："人之性恶，则礼义恶生？"

应之曰：凡礼义者，是生于圣人之伪，非故生于人之性也。故陶人埏埴而为器，然则器生于陶人之伪，非故生于人之性也。故工人斲木而成器，然则器生于工人之伪，非故生于人之性也。圣人积思虑，习伪故，以生礼义而起法度，然则礼义法度者，是生于圣人之伪，非故生于人之性也。若夫目好色，耳好听，口好味，心好利，骨体肤理好愉佚，是皆生于人之情性者也；感而自然，不待事而后生之者也。夫感而不能然，必且待事而后然者，谓之生于伪。是性伪之所生，其不同之征也。故圣人化性而起伪，伪起而生礼义，礼义生而制法度；然则礼义法度者，是圣人之所生也。故圣人之所以同于众，其不异于众者，性也；所以异而过众者，伪也。夫好利而欲得者，此人之情性也。假之有弟兄资财而分者，且顺情性，好利而欲得，若是则兄弟相拂夺矣；且化礼义之文理，若是则让乎国人矣。故顺情性则弟兄争矣，化礼义则让乎国人矣。

【译文】有人问："人的本性是邪恶的，那么礼义是从哪里产生出来的呢？"

我回答他说："所有的礼义，都产生于圣人的人为努力，而不是原先产生于人的本性。制作陶器的人搅拌揉打粘土而制成陶器，那么陶器产生于陶器工人的人为努力，而不是原先产生于人的本性。木工砍削木材而制成木器，那么木器产生于工人的人为努力，而不是原先产生于人的本性。圣人深思熟虑、熟悉人为的事情，从而使礼义产生了、使法度建立起来了，那么礼义法度便是产生于圣人的人为努力，而不是原先产生于人的本性。至于那眼睛爱看美色，耳朵爱听音乐，嘴巴爱吃美味，内心爱好财利，身体喜欢舒适安逸，这些才都是产生于人的本性的东西，是一有感觉就自然形成、不依赖于人为的努力就会产生出来的东西。那些并不由感觉形成、一定要依靠努力从事然后才能形成的东西，便叫做产生于人为。这便是先天本性和后天人为所产生的东西及其不同的特征。圣人改变了邪恶的本性而作出了人为的努力，人为的努力作出后就产生了礼义，礼义产生后就制定了法度。那么礼义法度这些东西，便是圣人所创制的了。圣人和众人相同而跟众人没有什么不同的地方，是先天的本性；圣人和众人不同而又超过众人的地方，是后天的人为努力。那爱好财利而希望得到，这是人的本性。假如有人弟兄之间要分财产而依顺爱好财利而希望得到的本性，那么兄弟之间也会反目为仇、互相争夺了；如果受到礼义规范的教化，那就会推让给国内所有的人了。所以依顺本性，那就兄弟相争；受到礼义教化，那就会推让给国内所有的人了。"

凡人之欲为善者，为性恶也。夫薄愿厚，恶愿美，狭愿广，贫愿富，贱愿贵，苟无之中者，必求于外。故富而不愿财，贵而不愿埶，苟有之中者，必不及于外。用此观之，人之欲为善者，为性恶也。今人之性，固无礼义，故强学而求有之也；性不知礼义，故思虑而求知之也。然则性而已，则人无礼义，不知礼义。人无礼义则乱，不知礼义则悖。然则性而已，则悖乱在己。用此观之，人之性恶明矣，其善者伪也。

【译文】一般地说，人们想行善，正是因为其本性邪恶的缘故。那微薄的希望丰厚，丑陋的希望美丽，狭窄的希望宽广，贫穷的希望富裕，卑贱的希望高贵，如果本身没有它，就一定要向外去追求；所以富裕了就不羡慕钱财，显贵了就不羡慕权势，如果本身有了它，就一定不会向外去追求了。由此看来，人们想行善，实是因为其本性邪恶的缘故。人的本性，本来是没有什么礼义观念的，所以才努力学习而力求掌握它；本性是不懂礼义的，所以才开动脑筋而力求了解它。那么如果只有本性，人就不会有礼义，就不会懂得礼义。人没有礼义就会混乱无序，不懂礼义就会悖逆不道。那么如果人只有本性，在他身上就只有逆乱了。由此看来，人的本性是邪恶的就很明显了，他们那些善良的行为则是人为的。

“‘涂之人可以为禹。’曷谓也？”

曰：凡禹之所以为禹者，以其为仁义法正也。然则仁义法正，有可知可能之理。然而涂之人也，皆有可以知仁义法正之质，皆有可以能仁义法正之具，然则其可以为禹明矣。今以仁义法正为固无可知可能之理邪？然则唯禹不知仁义法正，不能仁义法正也。将使涂之人固无可以知仁义法正之质，而固无可以能仁义法正之具邪？然则涂之人也，且内不可以知父子之义，外不可以知君臣之正。不然，今涂之人者，皆内可以知父子之义，外可以知君臣之正，然则其可以知之质，可以能之具，其在涂之人明矣。今使涂之人者，以其可以知之质，可以能之具，本夫仁义法正之可知之理，可能之具，然则其可以为禹明矣。今使涂之人，伏术为学，专心一志，思索孰察，加日县久，积善而不息，则通于神明，参于天地矣。故圣人者，人之所积而致也。

【译文】“路上的普通人可以成为禹。这话怎么解释呢？”

回答说：“一般说来，禹之所以成为禹，是因为他能实行仁义法度。既然这样，仁义法度就具有可以了解、可以做到的性质，而路上的普通人，也都具有可以了解仁义法度的资质，都具有可以做到仁义法度的才具；既然这样，他们可以成为禹也就很明显了。如果认为仁义法度本来就没有可以了解、可以做到的性质，那么，即使是禹也不能了解仁义法度、不能实行仁义法度了。假如路上的人本来就没有可以了解仁义法度的资质，本来就没有可以做到仁义法度的才具吧，那么，路上的人将内不可能懂得父子之间的礼义，外不可能懂得君臣之间的准则了。实际上不是这样。现在路上的人都是内能懂得父子之间的礼义，外能懂得君臣之间的准则，那么，那些可以了解仁义法度的资质、可以做到仁义法度的才具，存在于路上的人身上也就很明显的了。现在如果使路上的人用他们可以了解仁义的资质、可以做到仁义的才具，去掌握那具有可以了解、可以做到的性质的仁义，那么，他们可以成为禹也就很明显的了。现在如果使路上的人信服道术进行学习，专心致志，思考探索仔细审察，日复一日持之以恒，积累善行而永不停息，那就能通于神明，与天地相并列了。所以圣人，是一般的人积累善行而达到的。”

曰：“圣可积而致，然而皆不可积，何也？”

曰：可以而不可使也。故小人可以为君子，而不肯为君子；君子可以为小人，而不肯为小人。小人君子者，未尝不可以相为也，然而不相为者，可以而不可使也。故涂之人可以为禹，则然；涂之人能为禹，则未必然也。虽不能为禹，无害可以为禹。足可以遍行天下，然而未尝有遍行天下者也。夫工匠农贾，未尝不可以相为事也，然而未尝能相为事也。用此观之，然则可以为，未必能也；虽不能，无害可以为。然则能不能之与可不可，其不同远矣，其不可以相为明矣。

【译文】有人说："圣人可以通过积累善行而达到，但是一般人都不能积累善行，为什么呢？"

回答说："可以做到，却不可强使他们做到。小人可以成为君子而不肯做君子，君子可以成为小人而不肯做小人。小人和君子，未尝不可以互相对调着做，但是他们没有互相对调着做，是因为可以做到却不可强使他们做到啊。所以，路上的普通人可以成为禹，那是对的；路上的人都能成为禹，就不一定对了。虽然没有能成为禹，但并不妨害可以成为禹。脚可以走遍天下，但是还没有能走遍天下的人。工匠、农夫、商人，未尝不可以互相调换着做事，但是没有能互相调换着做事。由此看来，可以做到，不一定就能做到；即使不能做到，也不妨害可以做到。那么，能够不能够与可以不可以，它们的差别是很大的了，他们不可以互相对调也是很清楚的了。"

董仲舒

春秋繁露

汉董仲舒撰。仲舒，广川人，武帝时对策，“请诸不在六艺之科、孔子之术者，皆绝其道，勿使并进”。其为学之严正如此。是书以《春秋》为名，实不尽关《春秋》。其言《春秋》之旨，则多主公羊氏而往往及阴阳五行，亦非儒者之要义。惟《汉书》本传所载贤良三策，名言奥义，往往而存，最足以见其学术之精粹，故今附载于后，俾学者合而考览焉。

【译文】汉代董仲舒著。仲舒，广川县人。汉武帝时，回答皇帝的问话，提出“凡是不属于六艺的科目和孔子学术的学说都一律禁止，不许它们同样发展”。这就是他治学严肃公正的态度。此书虽然以《春秋》为名，实际上不尽都是关于春秋的。他阐发《春秋》一书思想主旨，多采用公羊氏的观点，并往往用阴阳五行思想阐释，也不是儒家的主要思想。只有在《汉书·董仲舒传》中记载了汉武帝与董仲舒的三次关于治国的对话，阐述了其精深的义理思想，随处可见，最能体现其学术思想的精致，所以这次将其附在后面，以使学者们考察阅读。

仁义法

《春秋》之所治，人与我也。所以治人与我者，仁与义也；以仁安人，以义正我；故仁之为言人也，义之为言我也，言名以别矣。仁之于人，义之于我者，不可不察也，众人不察，乃反以仁自裕，而以义设人，诡其处而逆其理，鲜不乱矣。是故人莫欲乱，而大抵常乱，凡以闇于人我之分，而不省仁义之所在也。是故《春秋》为仁义法，仁之法在爱人，不在爱我；义之法在正我，不在正人；我不自正，虽能正人，弗予为义；人不被其爱，虽厚自爱，不予为仁。昔者晋灵公，杀膳宰以淑饮食，弹大夫以娱其意，非不厚自爱也，然而不得为淑人者，不爱人也。质于爱民以下，至于鸟兽昆虫莫不爱，不爱奚足谓仁？仁者，爱人之名也。嶲，《传》无大之之辞，自为追（案当有“也”字。僖廿六年，齐人侵我西鄙，公追齐师至嶲，弗及，《传》曰侈也。庄十八年，公追戎于济西，《传》曰大其为中国追也，又曰，大其未至而豫御之也。今案此亦当有“公追戎于济西”六字，方可接下文，又嶲旧本作酅，与左氏同，今从公羊去邑。），则善其所恤远也。兵已加焉，乃往救之，则弗美；未至，豫备之，则美之（两“美”字俱当作“大”），善其救害之先也。夫救蚤而先之，则害无由起，而天下无害矣。

【译文】《春秋》所研究的，是人和我。用来规范人和我的，是根据仁和义。用仁安定人，用义规范自我，因此“仁”作为语言中的词，是人的意思，“义”作为语言中的词是我的意思，词的写法已经有区别了。仁对于人，义对于我的关系，不可不明察。普通人不明察，竟然反过来用仁宽待自己，用义要求别人。违背自己的处境并违逆事理，很少能不混乱。所以人没有希望混乱的，可是又大多经常混乱。一般是因对人和我的区别不清楚，导致不明缭仁义所在之处。所以《春秋》制定了仁义的原则。仁的原则是爱人，不在爱护自己，义的原则是匡正自己，不在纠正别人。自己不匡正自己，即使能纠正别人，也不能算做义。别人没能接受你的爱，即使自爱有加，也不算做仁。从前晋灵公杀厨师而使饮食美好，用弹弓弹射大夫来使自己心情愉悦，不是不特别爱自己，可是却不能算作美善之人，是因为他不爱别人。由此看来，不能成为美善之人的原因，是不能爱别人。真心实意爱别人，往下直到对鸟兽昆虫没有不爱的。不爱，怎么可以说是仁呢？仁，是爱别人的说法。关于嶲地的记载，《公羊传》上并没有夸大的说法。自己去追赶就好，鲁僖公他所体恤的很遥远。军队已经攻打人家，还要前往救援他们，就不美好了。战争尚未发生预先去予防战争，就美好，这是把他能在灾害发生之先去救援当作善事。制止祸害并在它发生之前制止，那么祸害就没有地方可发生，天下就没有祸害了。

然则观物之动，而先觉其萌，绝乱塞害于将然而未形之时，《春秋》之志也，其明至矣。非尧舜之智，知礼之本，庸能当此？故救害而先知之，明也。公之所恤远，如《春秋》美之（如与而同），详其美恤远之意，则天地之间，然后快其仁矣，非三王之德，选贤之精，孰能如此。是以知明先，以仁厚远，远而愈贤，近而愈不肖者，爱也，故王者爱及四夷，霸者爱及诸侯，安者爱及封内，危者爱及旁侧，亡者爱及独身，独身者，虽立天子诸侯之位，一夫之人耳，无臣民之用矣，如此者，莫之亡而自亡也。春秋不言伐梁者，而言梁亡，盖爱独及其身者也，故曰：仁者爱人，不在爱我，此其法也。义云者，非谓正人，谓正我，虽有乱世枉上，莫不欲正人，奚谓义？

【译文】由此可知，观察事物的变化，在事情发生之前就察觉出苗头，断绝动乱，堵塞祸害在没有形成之时，是《春秋》的本意，这是非常明确的了。不是尧舜的智慧，知晓礼的根本，谁能知道这一道理？所以制止祸害发生，并能预先知道祸害要发生，这是思想明智。你所体恤的长远，《春秋》赞美这种体恤。周详全面地称赞体恤长远的想法，天地之间的人就对仁感到快慰。不是三王的德行，选拔贤才中的精英，谁能做到这些？所以知晓事发之先，是因为仁德深厚长远。对仁爱影响到越远的地方，就越贤，对人之爱越是影响得近就越不贤。所以称王者的爱达到四夷，称霸者的爱达到诸侯，安于现状的爱达到国境之内，危害国家的爱能达到左右身边的人，亡国者的爱只能达到自身。只身一人不顾旁人的人，虽然在天子诸侯的位置，也只是一个人罢了，没有臣民可使用。像这样的人，没有人灭亡他他会自己灭亡。《春秋》不记载攻打梁国，却记载梁国灭亡，大概是因为它的爱只达到自身。所以说仁者爱人，不在于爱自我，这就是原则。义，不是说匡正别人，是说匡正自己。即使有扰乱社会欺枉君上的，也没有不想匡正别人的。怎么能说是义？

昔者，楚灵王讨陈蔡之贼，齐桓公执袁涛涂之罪，非不能正人也，然而春秋弗予，不得为义者，我不正也；阖庐能正楚蔡之难矣，而春秋夺之义辞，以其身不正也；潞子之于诸侯，无所能正，春秋予之有义，其身正也，趋而利也。故曰：义在正我，不在正人，此其法也。夫我无之而求诸人，我有之而诽诸人（“诽”本亦作“非”，下同），人之所不能受也，其理逆矣，何可谓义？义者，谓宜在我者。宜在我者，而后可以称义。故言义者，合我与宜以为一言。以此操之，义之为言我也。故曰：有为而得义者，谓之自得；有为而失义者，谓之自失。人好义者，谓之自好；人不好义者，谓之不自好。以此参之，义我也明矣。是义与仁殊，仁谓往，义谓来；仁大远，义大近。爱在人谓之仁，义在我谓之义。仁主人，义主我也。故曰仁者人也，义者我也，此之谓也。君子求仁义之别，以纪人我之间，然后辨乎内外之分，而著于顺逆之处也。是故内治反理以正身，据礼以劝福，外治推恩以广施，宽制以容众。

【译文】从前楚灵王攻打陈、蔡两国的贼寇，齐桓公拘捕袁涛涂的罪过，不是不能纠正别人，然而《春秋》不赞许，不能叫做义，因为自己不正。阖庐能匡正楚国、蔡国的危难，可是《春秋》却夺去了他义的名声，因为他自己不端正，只是追求利益而已。璐子在诸侯当中，没有能匡正的对象，但《春秋》授予他有义的称号，因为他自身端正，(奔向利益而已)。所以说义在于匡正自己，不在于匡正别人，这就是原则。我没有的就向别人要求，我有的就向别人提出非难，这是别人所不能接受的。这因为它的道理违逆，怎么可以说是义呢？义，是说在自己做应该做的事。在我这里做合适的事，之后才可以谈论义。所以说义，是将自我与做合适的事符合为一个词。用这个原则操持事物，义作为一个词就等于自我。所以说有的人做事情就可得到义，这叫做自动获得；有的人做事就失去义，这叫做自动失去。人有的喜好义，这叫做自我喜好；人有的不喜好义，这叫做自己不喜好。用这个标准验证，义，就是我，这是很明确的。这种义和仁不同。仁是往，义是来，仁是大而又远，义是大而又近。爱心在别人身上叫做仁，合适在自我身上叫做义。仁是以别人为主，义是以自我为主。所以说仁就是别人，义就是自己，说的是这个道理。君子寻求仁义的差别，以便节制别人与自我之间的关系，然后辨别内外的分别，而表现在顺畅与违逆之处。因此对内做事要返归义理以便匡正自身，用礼帮助完成。对外做事推广恩德并扩展广大，用宽容的原则处事而容纳众人。

孔子谓冉子曰：治民者，先富之而后加教。语樊迟曰：治身者，先难后获。以此之谓治身之与治民所先后者不同焉矣。诗曰："饮之食之，教之诲之。"先饮食而后教诲，谓治人也；又曰："坎坎伐辐，彼君子兮，不素餐兮！"先其事，后其食，谓治身也。春秋刺上之过，而矜下之苦；小恶在外弗举，在我书而诽之。凡此六者，以仁治人。义治我，躬自厚而薄责于外，此之谓也。且《论》已见之，而人不察，曰：君子攻其恶，不攻人之恶。不攻人之恶，非仁之宽与？自攻其恶，非义之全与？此谓之仁造人，义造我，何以异乎？故自称其恶谓之情，称人之恶谓之贼；求诸己谓之厚，求诸人谓之薄；自责以备谓之明，责人以备谓之惑。是故以自治之节治人，是居上不宽也；以治人之度自治，是为礼不敬也。为礼不敬，则伤行而民弗尊；居上不宽，则伤厚而民弗亲。弗亲则弗信，弗尊则弗敬。二端之政诡于上，而僻行之则诽于下（"而僻行"以下八字赵疑当作"则非僻之行日于下"）；仁义之处可无论乎？夫目不视弗见；心弗论不得。虽有天下之至味，弗嚼弗知其旨也；虽有圣人之至道，弗论不知其义也。

【译文】孔子对冉有说："统治百姓的人宁愿先使百姓富有，然后再施以教化。"对樊迟说："管理自己的，要先经历困难后获得。"用这样的话说明管理自己和管理百姓，要先做的事和后做的事不同。《诗经》说："让他们有吃的有喝的，然后再教诲他们。"先有吃喝然后再教诲，这就是统治人的原则。又说："坎坎伐木制造车辐，那个君子啊，不是白吃饭的。"先做事，然后再谈吃喝，这就是管理自己的原则。《春秋》指责在上位者的过错，而怜悯在下者的苦难，小的丑恶在外面不举发，在我这里却要指责它。所有这些，都是用仁管理人。用义治理自我，对自己要求要多而对外人要求要少，说的就是这个道理。况且《论语》已经表达过这种观点，可是人们却没有察觉，说君子攻击自己的丑恶，不攻击别人的丑恶。不攻击别人的丑恶，不是讲求仁的宽容吗？自己攻击自己的丑恶，不是义的全面吗？这就叫做仁成就人，义塑造自我，为什么要区别开呢？所以自己举发自己的丑恶叫做实，称举别人的丑恶叫做贼；对自己要求严格叫做厚，对别人要求严格叫做薄；对自己责求的周全详备叫做明，对别人责求周全详备叫做惑。因此用管理自己的方法管理别人，这是居上位又不宽容；用管理别人的原则对待自己，这是对礼不严肃。对礼不严肃，妨害行动而百姓不尊重；居上位又不宽容，就要伤害厚而百姓不亲近。不亲近就不能诚信，不尊重就不会恭敬。这两种政令在上面欺诈，违礼邪行就会在下面流行，对待仁义可以不注重吗？眼睛不看就看不见，思想不研究就不会知晓中心内容。即使有天下最好吃的美味，不咀嚼不会知道它的味道；即使有圣人的最高级的理论，不研究也不会知道它的意思。

必仁且知

莫近于仁，莫急于智。不仁而有勇力材能，则狂而操利兵也；不智而辩慧獧给，则迷而乘良马也。故不仁不智而有材能，将以其材能以辅其邪狂之心，而赞其僻违之行（次以字衍，邪狂疑当作邪枉。），适足以大其非而甚其恶耳。其强足以覆过，其御足以犯诈，其慧足以惑愚，其辨足以饰非，其坚足以断辟，其严足以拒谏。此非无材能也，其施之不当而处之不义也。有否心者不可借便势，其质愚者不与利器。《论》之所谓不知人也者，恐不知别此等也。仁而不智，则爱而不别也；智而不仁，则知而不为也。故仁者所爱人类也，智者所以除其害也。

【译文】没有什么比仁更接近，没有什么比取得智慧更急切。不仁却有勇气、力量、才能，就会没有约束并操持起锋利的兵；不智却能诡辩而急切，就如同迷失方向而乘骑好马。所以不仁不智而有才能，就将用自己的才能来辅助他的邪狂的思想，而帮助他的违礼的不正当行为，这些正好可以扩大他的错误而又加重他的罪恶。他的强盛足可以掩盖过错，他的强暴足可以触犯伪诈，他的智慧足可以迷惑迟钝者，他的辩才足可以粉饰过错，他的坚定足可以破坏法纪，他的严厉足可以拒绝进谏。这些人不是没有才能，是他的做法不恰当使他处于不义之地。有邪恶之心的，不可以借给他便利的形势，本质愚笨的，不可以给他锋利的用具。《论语》所说的不了解别人的，恐怕就不了解这些区别。仁但不智慧，就会只知爱却不能区别是非；智但不仁爱，就会只知善恶却不愿去做。所以仁者是爱护人类的，智者是除去祸害的。

何谓仁？仁者，憯怛爱人，谨翕不争，好恶敦伦，无伤恶之心，无隐忌之志，无嫉妒之气，无感愁之欲，无险诐之事，无辟违之行，故其心舒，其志平，其气和，其欲节，其事易，其行道，故能平易和理而无争也。如此者谓之仁。

【译文】什么叫做仁？仁爱者要诚恳地爱护别人，恭谨和谐与人无争，喜好、厌恶都敦实有序，没有伤害别人的坏想法，没有隐瞒忌讳的思想，没有嫉妒的精神，没有因感而愁的欲念，没有阴险不正当的事，没有违背法纪的行为。所以他的心情舒展，精神平和，性情温顺，他的欲望有节制，他的事情容易处理，他的行为符合正道，所以能平和简易和谐有条理而没有争斗。像这样的人就叫做仁。

何谓之智？先言而后当。凡人欲舍行为，皆以其智先规而后为之。其规是者，其所为得，其所事当，其行遂，其名荣，其身故利而无患，福及子孙，德加万民，汤武是也。其规非者，其所为不得，其所事不当，其行不遂，其名辱，害及其身，绝世无复残类，灭宗亡国是也。故曰：莫急于智。智者见祸福远，其知利害蚤，物动而知其化，事兴而知其归，见始而知其终，言之而无敢哗，立之而不可废，取之而不可舍，前后不相悖，终始有类，思之而有复，及之而不可厌，其言寡而足，约而喻，简而达，省而具，少而不可益，多而不可损，其动中伦，其言当务，如是者，谓之智。

【译文】什么叫做智？先说话而后面对现实。凡是要停止行动做为，全依据智慧先规划然后才去做。其中规划对的，他的做为就有好结果，他所从事的就恰当，他的行为能够进行，他的名声就显荣，他自己本来就有利而没有祸害，福延续到子孙，德影响到百姓，一商汤、周武就是这类人。其中规划得不对的，他的做为就没有好结果，他所从事的就不恰当，他的行为就不会有结果，他的名声就受到羞辱，祸害就要危及自身，断绝了宗嗣没有后人，残害同类灭绝同宗失掉国家，夏桀、商纣就是这类人。所以说对用智不要急燥。智慧者能发现祸害、幸福、目光长远，他知晓利害就早，事物一出现就知道它如何变化，事情一发生就知道它的归宿，见到开始就知晓它的结果，谈说起来并不敢哗众取宠，确立肯定了的道理就不可废除，取得的结果就不能舍弃，前后不相违背，从结束到开始都有条理，思考起来可以有回复，赶到他身边却又不生厌恶。他的话说得少但已经足够，简略却通晓，简单却通达。节省却完备，少到不可再增多，多到不可再减少。他的动作行为符合原则，他的言论正符合要害。如同这样的，就是智。

深察名号（节录）

治天下之端，在审辨大。辨大之端，在深察名号。名者大理之首章也。录其首章之意，以窥其中之事，则是非可知，逆顺自著，其几通于天地矣。是非之正，取之逆顺；逆顺之正，取之名号；名号之正，取之天地，天地为名号之大义也。古之圣人，謞而效天地谓之号，鸣而施命谓之名。名之为言，鸣与命也，号之为言，謞而效也。謞而效天地者为号，鸣而命者为名。名号异声而同本，皆鸣号而达天意者也（鸣号之号平声，亦本是謞字）。天不言，使人发其意；弗为，使人行其中。名则圣人所发天意，不可不深观也。受命之君，天意之所予也。故号为天子者，宜视天如父，事天以孝道也。号为诸侯者，宜谨视所候奉之天子也。号为大夫者，宜厚其忠信，敦其礼义，使善大于匹夫之义，足以化也。

【译文】治理天下的开始，在于周密地区分大的方面。辨别大的方面的开始，在于深入分析名称叫法。名称是重要观点的核心部分。记录文章核心思想，来察看其中的事务的道理，是非对错就可以知晓，正误自己就显现清楚，几乎可以与天地相沟通了。是非的端正澄清，它的标准由正误而来，正误的端正澄清，是由名称而来，名号的端正澄清，是由天地而来，天地是名称产生的最大理由根据。古代的圣人，呼喊并仿效天地叫做号，鸣叫并授予意义的称作名。名称作为词汇，是通过鸣叫赋予意义的意思，称号作为词汇，是呼叫仿效。呼叫并仿效天地的叫做称号，鸣叫并有意义的叫做名称。名、号有不同的声音却有共同的来源，全是鸣叫呼喊而通达上天的意思。上天不说话，让人们自己发现上天的想法；不做，让人们行动在它规定的行为当中。名称是圣人所发现的上天的想法，不能不深入观察。秉受天命的国君，是上天想法授予的对象。所以叫做天子的人，应该将上天看做父亲，用孝道侍奉上天。叫做诸侯的，应该恭谨地看待所顺奉的天子。叫做大夫的，应该使自己的忠诚宽厚，使自己的礼义厚实，使美善比普通人的义还要大，足可以改变教化。

士者，事也，民者，瞑也。士不及化，可使守事从上而已。五号自讃，各有分。分中委曲，曲有名。名众于号，号其大全。名也者，名其别离分散也，号凡而略，名详而目。目者，偏辨其事也；凡者，独举其大也。享鬼神者号，一曰祭。祭之散名，春曰祠，夏曰礿，秋曰尝，冬曰烝。猎禽兽者号，一曰田；田之散名：春苗，秋蒐，冬狩，夏猕。无有不皆中天意者。物莫不有凡号，号莫不有散名如是。是故事各顺于名，名各顺于天。天人之际，合而为一。同而通理，动而相益，顺而相受，谓之德道。诗曰："维号斯言，有伦有迹。"此之谓也。（今诗作"有伦有脊"）

【译文】士，就是服侍；民，就是昏瞑不清。士没有达到改变教化的程度，可以让他静守公家事务并听从在上位的人做事而已。君、卿、大夫、士、民五种名号自己都可称叫，各自都有分别。分别中各有细微缘由，各自都有不同称名。名比号多，称呼事物的大范畴。名，称叫事物的各自的特殊差别。号表示的普通而又简略，名表示的周详而有条目。条目，是对事物普遍全面地分辨；大略，只举事物区别大的方面。祭享鬼神之称呼，笼统的是祭。祭的分别详细的名称，春季叫祠，夏祭叫礿，秋祭叫尝，冬祭叫烝。狩猎野兽的称呼，一般叫法是田。田的分别详细的名称，春天狩猎叫苗，秋天狩猎叫蒐，冬天狩猎叫狩，夏天狩猎叫狝。没有不符合上天的想法的。事物没有什么没有笼统的称号，称号中没有什么没有详细的名称，就如同这样。所以事物各自随顺自己的名称，名称各自随顺上天的意愿。上天和人类之间，合而为一。彼此相同并道理相通，动作起来互相补益，随顺起来互相都得到帮助，称这种情况为道德。《诗经》说："只有号这种语言词汇，即有道理又有次序。"说的就是这个道理。

名生于真，非其真，弗以为名。名者，圣人之所以真物也。名之为言真也。故凡百讥有黮黮者，各反其真，则黮黮者还昭昭耳。欲审曲直，莫如引绳；欲审是非，莫如引名。名之审于是非也，犹绳之审于曲直也。诘其名实，观其离合，则是非之情，不可以相谰已。今世闇于性，言之者不同，胡不试反性之名。性之名非生与？如其生之自然之资谓之性。性者质也。诘性之质，于善之名能中之与？既不能中矣，而尚谓之质善，何哉？性之名不得离质。离质如毛，则非性已，不可不察也。《春秋》辨物之理，以正其名。名物如其真，不失秋毫之末，故名霣石，则后其五，言退鹢，则先其六。圣人之谨于正名如此。君子于其言，无所苟而已，五石、六鹢之辞是也。栣众恶于内，弗使得发于外者，心也。故心之为名栣也。人之受气，苟无恶者，心何栣哉？吾以心之名，得人之诚。人之诚有贪有仁。仁贪之气，两在于身。身之名取诸天。天两有阴阳之施，身亦两有贪仁之性。天有阴阳禁，身有情欲栣，与天道一也。是以阴之行不得干春夏，而月之魄常厌于日光。乍全乍伤，天之禁阴如此，安得不损其欲而辍其情以应天。天所禁而身禁之，故曰身犹天也。禁天所禁，非禁天也。必知天性不乘于教，终不能栣。察实以为名，无教之时，性何遽若是。

【译文】名称从真实产生，不是真实的，不用作名称。名称，是圣人用来确，认万物的。名称作为词汇是真实的。所以各种指责又昏噩不清的事物，各自返回真相，那么昏乱的事物可以复原到昭然清楚。要想辨别弯曲笔直，不如拉来墨绳测量；要想辨别是非对错，不如援引名称衡量。名称对是非仔细分析，如同墨绳对曲直的辨别。诘问事物的名称和实际，观察事物分离与会合，是非的情由就不可以用恶语相加了。如今有的对本性不清，说法也不一致，为什么不试验用与本性相反的名称？反映本性的名称不是本性吗？如同生来俱有的资质叫做本性。本性就是本质。诘问生来俱有的资质对美善的名称，能符合吗？既然不能符合，还要叫做本质美善，为什么？本性的名称不能离开本质。离开了本质就如同毛发离开皮革一般，就不是本性了，对此不可不辨别清楚。《春秋》辨别事物的条理，以便使其名称端正。名称和事物如同真实一样，不失一点点误差。所以先说陨石，后记陨石计五块，说有退行的鹢鸟，先记鹢鸟有六只。圣人对正名一事审慎到了这种程度。君子对自己所说的话，没有不认真对待的，五块陨石，六只鹢鸟之类的记载就是证明。软弱的众多的丑恶留在内心，不让它表现出来，是思想的原因。所以心作为名称是软弱。人在接受自然之气的时候如果没有恶气，心为什么软弱呢？我用心的名称，得到别人的实质。人的实质，有贪婪有仁爱。仁爱、贪婪的实质，双双在一人身上。身的名称，是从上天取法来的。上天同时有阴阳二气施放，身也同时有贪婪、仁爱的本性。上天有阴、阳二气互不干犯，身体有使本性欲望减弱，和上天的规律一致。所以阴气运行不能干扰春夏，月光常被日光掩盖。忽然完全忽然损伤，上天像这样禁止阴气，人类怎么能不减损自己的欲望而停止自己的追求来回应上天？上天所禁止的自身就禁止它，所以说自身如同上天。禁止上天所禁止的事物，不是禁止上天。一定要知道本性的欲望如不加以教化，到最终也不能减弱。审察实际而制定称名，没有教化的时候，本性为什么突然间像这样了？

故性比于禾，善比于米。米出禾中，而禾未可全为米也；善出性中，而性未可全为善也。善与米人之所继天而成于外，非在天所为之内也。天之所为，有所至而止，止之内谓之天性，止之外谓人事。事在性外，而性不得不成德。民之号，取之瞑也。使性而已善，则何故以瞑为号？以賓者言，弗扶将，则颠陷猖狂，安能善？性有似目，目卧幽而瞑，待觉而后见。当其未觉，可谓有见质，而不可谓见。今万民之性，有其质而未能觉，譬如瞑者，待觉教之然后善。当其未觉，可谓有善质，而未可谓善，与目之瞑而觉，一概之比也。静心徐察之，其言可见矣。性而瞑之未觉，天所为也；效天所为，为之起号，故谓之民。民之为言，固犹瞑也，随其名号以入其理，则得之矣。是正名号者于天地，天地之所生，谓之性情。性情相与为一瞑。情亦性也，谓性已善，奈其情何？故圣人莫谓性善，累其名也。身之有性情也，若天之有阴阳也。言人之质而无其情，犹言天之阳而无其阴也。穷论者无时受也。名性，不以上，不以下，以其中名之。性如茧如卵。卵待覆而成雏，茧待缫而为丝，性待教而为善。此之谓真天。天生民性有善质，而未能善，于是为之立王以善之，此天意也。民受未能善之性于天，而退受成性之教于王。王承天意，以成民之性为任者也。

【译文】所以本性和禾苗相类似，善良和米相类似。米从禾苗中产生，但是禾苗不可能全转化为米。善良是由本性中产生，但本性不能全转化为善良。善良与米，是人继承上天的启示之外完成的，不是在上天的做为之内完成的。上天的做为，有时到达目标就停止下来。停止到内部叫做天性，停止到外部就叫做人的政教。政教在本性之外，而本性不能不成就德行。民的称呼，由冥暗不明取来。假使本性已经是善的，为什么用昏冥做为称呼？用冥称呼，是说如果不扶待，就要仆倒、放纵无拘束，怎么能做到善？本性又像眼目，眼睛幽闭而眠，等到睡醒之后才能看见。当它没有睡醒时，可以说有看见东西的本能，但不能说看见。如今普通百姓的本性，有他们的本质，但不能觉醒，如同睡眠的等待醒来，教化他们然后才能做到善。当他们没睡醒，可以说有善良的本质，却不能说已经有了善，和眼睛睡觉而觉醒，是一样的比方。静下心来慢慢考察，这种看法是可以见到的。本性昏冥如同没有睡醒，是上天的安排。效信上天的安排，给他们起名号，所以就叫做民。民作为词汇，本来就如同昏冥，随顺着它的名号来深入它的这种称名的规律，就可以得到命名的道理了。这就是依照天地端正名号，由天地产生出来的，叫做本性和情感。本性和情感互相一致得深入到善。情也是性。若说性已经善，那么对情又怎么样？所以圣人不讲性善，牵累自己的名声。人身有本性情感，如同上天有阴、阳。如果说人有本质却没有情感，好像说上天有阳而没有阴。就此结束论述，没有时间受到驳难。名称的本性，不就上，不就下，就其中间状况给他命名。本性如同蚕茧和鸟卵。鸟卵经过孵化就可成为小鸟，蚕茧如经过抽丝就可以成为丝，本性经过教化就可以成为善。这就叫做真合上天之意。上天生百姓的本性有善的本质，却没有成为善，于是确立一名天子而使他善，这是上天的想法。百姓从上天接受到没有实现善的本性，退一步从天子那里接受实现本性的教化。天子秉承上天的意思，以成就百姓善的本性为己任。

今案其真质，而谓民性已善者，是失天意而去王任也。万民之性苟已善，则王者受命尚何任也？其设名不正，故弃重任而违大命，非法言也。《春秋》之辞，内事之待外者，从外言之。今万民之性，待外教然后能善，善当与教，不当与性。与性，则多累而不精，自成功而无贤圣，此世长者之所误出也，非《春秋》为辞之术也。不法之言无验之说，君子之所外，何以为哉？或曰：性有善端，心有善质，尚安非善？应之曰：非也。茧有丝，而茧非丝也；卵有雏而卵非雏也。比类率然，有何疑焉？天生民有六经，言性者不当异。然其或曰性也善，或曰性未善，则所谓善者，各异意也。性有善端，动之爱父母，善于禽兽，则谓之善。此孟子之善。循三纲五纪，通八端之理，忠信而博爱，敦厚而好礼，乃可谓善。此圣人之善也。是故孔子曰：善人吾不得而见之，得见有常者斯可矣。

【译文】现在依据百姓真正原有的本性，就说百姓的本性已经是善的了，这是丢失了上天的本意而抛弃了天子的责任。所有百姓的本性如果已经成为善，天子承受天命还有什么要做的呢？因为设置名份不端正，所以抛弃重大的责任而违背上天的使命，不是符合记事方法的言论。《春秋》的记载，内部有事情依靠外部条件实现的，从外部说起。如今所有百姓的本性，需待外部教化然后才能从善，所以善和教化相当，不和本性相对等。和本性相对等，就会多而又多，不精粹、自我完成修养却没有贤人圣人出现，这是社会上的年长者错误总结出的结论，不是《春秋》用词记事的方法。不符合记事方法的言论、没有证明的理论，是君子所排斥的，为什么要说呢？有人说：‘本性有善的开端，内心有善的本质，还怎么能不善呢？’回答说：‘不对。蚕茧有丝但蚕茧不是丝，鸟卵一中有鸟雏但鸟卵不是鸟雏。和这些相比较很容易理解，又有什么疑惑呢？上天生百姓有大的原则，谈论本性的人不应当与之有不同。然而有的人说本性已经是善的，有的人说本性不是善的，那么所说的善，各有不同的标准。本性有善的开端，所以孩童就爱自己的父母，对禽兽善良，就称之为善。这是孟子的善。依照三纲五纪，沟通八端的理论，忠诚信实而博爱，教厚朴实而好礼，才可说是善。这是圣人的善。所以孔子说：‘善人我不能得到并见封他，能够见到从善经常的人就可以了。’”

由是观之，圣人之所谓善，未易当也，非善于禽兽则谓之善也。使动其端善于禽兽，则可谓之善，善奚为弗见也？夫善于禽兽之未得为善也，犹知于草木而不得名知。万民之性善于禽兽，而不得名善，知之名乃取之圣。圣人之所命，天下以为正。正朝夕者视北辰，正嫌疑者视圣人，圣人以为无王之世，不教之民，莫能当善。善之难当如此，而谓万民之性皆能当之，过矣。质于禽兽之性，则万民之性善矣；质于人道之善，则民性弗及也。万民之性善于禽兽者许之，圣人之所谓善者弗许。吾质之命性者异孟子。孟子下质于禽兽之所为，故曰性已善；吾上质于圣人之所为，故谓性未善。善过性，圣人过善。《春秋》大元，故谨于正名。名非所始，如之何谓未善已善也。

【译文】由此看来，圣人所说的善，不容易与之相对当，不是对禽兽善就叫做善。假使做到对禽兽为善的开端就可以说是善，善为什么见不到呢？对禽兽友善不能算作善，如同对草木有智慧却不能叫做有知识。所有百姓的本性对禽兽友善而不能叫做善，善的称呼由圣人那里取得，圣人所认定的东西，天下人就以为正确，匡正早晚时间就观察北斗星，纠正有嫌疑的人就让他观察圣人。圣人认为没有天子的社会，不经教化的百姓，没有谁能与善相对等。善难以与之对等的程度就是如此，而认为百姓的本性全能与善相对等，是错误的。以对禽兽的善性为基础，百姓的本性就可称为善了；以对人类活动的善良为基础，百姓的本性就达不到善的程度了。百姓的本性对禽兽善的可以赞同，对圣人所说的善不能赞同。我从本质上认为本性不同于孟子。孟子降低标准以对禽兽所施行的善为基础，所以说本性已经善良；我提高标准以圣人所提倡的善作为基础，所以说本性还没有善。善超越本性，圣人超越善。《春秋》以元始为大，所以对正名一事十分谨慎。名称不是事物的元始，为什么讲尚未到达善的程度就已经是善了呢？

同类相动

今平地注水，去燥就湿，均薪施火，去湿就燥。百物去其所与异，而从其所与同。故气同则会，声比则应，其验皦然也。试调琴瑟而错之，鼓其宫则他宫应之，鼓其商而他商应之，五音比而自鸣，非有神，其数然也。美事召美类，恶事召恶类，类之相应而起也。如马鸣则马应之，牛鸣则牛应之。帝王之将兴也，其美祥亦先见；其将亡也，妖孽亦先见。物故以类相召也，故以龙致雨，以扇逐暑，军之所处以棘楚。美恶皆有从来，以为命，莫知其处所。天将阴雨，人之病故为之先动，是阴相应而起也。天将欲阴雨，又使人欲睡卧者，阴气也。有忧亦使人卧者，是阴相求也；有喜者，使人不欲卧者，是阳相索也。水得夜益长数分，东风而酒湛溢；病者至夜而疾益甚；鸡至几明，皆鸣而相薄。其气益精；故阳益阳而阴益阴，阴阳之气因可以类相益损也。

【译文】如今在平地上浇注水，水离开干燥之地而走向潮湿的地方，把烧柴铺陈均匀然后点上火，火远离潮湿之地而走向一干燥的地方。万物都会远离和自己不同类的地方，跟从和自己相同类的地方，所以气相同就要会合，声音相比邻就会有回应，这个效果是很明显的。调试好琴瑟并处置好，弹奏宫调，其它别的宫调就应和，弹奏商调，别的商调就应和，五音邻近便可以自己鸣奏，不是不神灵，它的规律就是如此。美好的事招致美好的同类，丑恶的事招致丑恶的同类，同类间的互相呼应就出现了。如马鸣叫就有马呼应，牛鸣叫就有牛呼应。帝王将要出现，他的美好的祥瑞也会先出现；帝王将要死去，妖孽等怪异也会先出现。万物本来是按类相互招应，所以因有龙而招致下雨，因有扇子扇风而驱逐暑热，军队所驻扎的地方，一定生长荆棘。美好、丑恶全有跟从而出现的，只是认为是天命，不知它的处所。上天将出现阴天下雨，人类因病而死去都为之先有活动，这样阴气就相应而出现。上天将要阴天下雨，又让人要躺下睡觉的，是阴气。有忧虑又让人卧床的，是阴气相互寻求；有喜悦，又让人不想卧床的，是阳气相互寻找。水在夜间能增溢几分，东风到来清酒就溢满。有病的人到夜晚，疾病会越来越重，公鸡到天将要亮时，全都鸣叫并相接近。阴阳之气越来越精，所以阳气仍增益阳气，阴气仍增益阴气，阳气阴气，本可以因同类而互相增益或减损。

天有阴阳，人亦有阴阳。天地之阴气起，而人之阴气应之而起，人之阴气起，天地之阴气亦宜应之而起，其道一也。明于此者，欲致雨则动阴以起阴，欲止雨则动阳以起阳，故致雨非神也。而疑于神者，其理微妙也。非独阴阳之气可以类进退也，虽不祥祸福所从生，亦由是也。无非已先起之，而物以类应之而动者也，故聪明圣神，内视反听，言为明圣，内视反听，故独明圣者，知其本心皆在此耳。故琴瑟报弹其宫，他宫自鸣而应之，此物之以类动者也。其动以声而无形，人不见其动之形，则谓之自鸣也。又相动无形，则谓之自然，其实非自然也，有使之然者矣。

【译文】上天有阴阳，人也有阴阳。天地的阴气出现，人的阴气呼应着也出现，人的阴气出现，天地的阴气也呼应着出现，道理是一样的。对这道理明缭的人，想要下雨就发动阴气便出现阴气，想要让雨停下来就发动阳气便出现阳气，所以让雨下来并不是神灵。对神灵持怀疑的人，他的思想非常精细。不但阴阳之气可以根据类别前进或后退，即使不善与善、灾祸与福所产生的由来，也是这样。无非是上天自己先出现，万物便按类呼应并出现。所以耳聪目明的神灵，可以内视，可以反听，言论明白事理通达，可内视，可反听，所以只有明白、通达事理的人知道自己的思想的原因全在这里而已。因此一个琴瑟弹奏宫调，别的宫调自动鸣响来应和它，这是万物按类动作。这种动作用声音却没有形影，人们看不到动作的形影，就称之为自鸣。又因互相影响没有形影，就称之为自然现象，其实并不是自然现象，有让它出现这种动作的原因。

附录（《汉书·董仲舒传》）

董仲舒，广川人也。少治《春秋》，孝景时为博士。下帷讲诵，弟子传以久次相授业，或莫见其面。盖三年不窥园，其精如此。进退容止，非礼不行，学士皆师尊之。武帝即位，举贤良文学之士前后百数，而仲舒以贤良对策焉。制曰："朕获承至尊休德，传之亡穷，而施之罔极，任大而守重，是以夙夜不皇康宁，永惟万事之统，犹惧有阙。故广延四方之豪俊，郡国诸侯，公选贤良修洁博习之士，欲闻大道之要，至论之极。今子大夫褎然为举首，朕甚嘉之。子大夫其精心致思，朕垂听而问焉。

【译文】董仲舒，广川人。年轻时研究《春秋》，汉景帝时为博士。他在室内挂上帷幕，坐在帷幕后面讲学，弟子们先入学的对后入学的传授学业，有的学生竟然没有见过他。董仲舒三年不看园圃，精心钻研学问到如此的程度。他的进退仪容举止，不符合礼仪的不做，学士们都尊他为老师。汉武帝继承帝位以后，下令荐举有德行才能的人先后一百多位，董仲舒作为其代表回答皇帝的问话。

汉武帝问道：“我继承了先帝最崇高的地位和最美好的德行，要永久传下去，延续到无穷尽的未来，来，这项任务巨大而且职守重要，所以我从早到晚都没有时间来享受安宁，长久地思考一切事情的纲纪，惟恐有过错。因此广泛地邀请各地的豪杰俊才，郡守、诸侯公正地推选出来德行高尚纯洁、又学问广博的才士们，我想知道治国大道的纲要，安民理论的最高原则。现在大夫们推荐你为有德行人之领袖，我很高兴。大夫们要精心思考，我很想知道和要问的如下。”

盖闻五帝三王之道，改制作乐，而天下洽和，百王同之。当虞氏之乐，莫盛于《韶》，于周莫盛于《勺》。圣王已没，钟鼓管弦之声未衰，而大道微缺，陵夷至乎桀、纣之行，王道大坏矣。夫五百年之间，守文之君，当涂之士，欲则先王之法，以戴翼其世者甚众，然犹不能反，日以仆灭，至后王而后止，岂其所持操或缪而失其统与？固天降命不查复反，必推之于大衰而后息与？乌乎！凡所为屑屑，夙兴夜寐，务法上古者，又将无补与？三代受命，其符安在？灾异之变，何缘而起？性命之情，或夭或寿，或仁或鄙，习闻其号，未烛厥理。伊欲风流而令行，刑轻而奸改，百姓和乐，政事宣昭，何修何饬，而膏露降，百谷登，德润四海，泽臻草木，三光全，寒暑平，受天之祜，享鬼神之灵，德泽洋溢，施乎方外，延及群生？

【译文】听说五帝三王治理国家之道，是改革制度，创作乐章，因而天下安定，后来的百位君王也都同样这么作。虞舜的乐以《韶》乐最美好，周朝的乐以《勺》最优美。圣明的君王死后，钟鼓管弦的声音依然存在，可是大道衰微，逐渐变坏到桀纣那样的所作所为，王道大大地败坏了。这五百年中间，遵守旧制度的君王和当权的士人，想学习先王的法制来辅助当时政治的很多，可是都没有扭转过来，而且王道还一天天走向灭亡，一直到后来的王兴起了，这种没落的趋势才得到制止。难道是他们所信奉的有错误，而失掉了道的传统吗？还是天命就是这样，不是人力所能扭转的，一定要衍变到国家危亡以后才停止呢？唉！所作的一切日夜勤劳，力求效法遥远的古代，难道都没有作用吗？那么，夏、商、周三代的君主承受天命，他们的依据在什么地方？灾异变故，又是因为什么而发生的呢？性命的实际，或者夭亡，或者长寿，或者仁德，或者鄙陋，常常听到这些名称，可是没能透彻地明晓其中的道理。想用风俗教化的力量使命令推行；使刑罚减轻，奸邪改变；使百姓和睦安乐，政治开明. 应该怎样整顿政治才能使甘露普降，百谷丰收，使四海之内的人民都受到德泽，连草木也得到滋润？怎样才能使日、月、星三光完全不发生亏蚀，寒暑季节正常，能够得到天的福佑，为鬼神所歆享？使德泽洋溢，扩大到国外，普及到所有的生命呢？

子大夫明先圣之业，习俗化之变，终始之序，讲闻高谊之日久矣，其明以谕朕。科别其条，勿猥勿并，取之于术，慎其所出。乃其不正不直，不忠不极，枉于执事，书之不泄，兴于朕躬，毋悼后害。子大夫其尽心，靡有所隐，朕将亲览焉。

仲舒对曰：陛下发德音，下明诏，求天命与情性，皆非愚臣之所能及也。臣谨案《春秋》之中，视前世已行之事，以观天人相与之际，甚可畏也。国家将有失道之败，而天乃先出灾害以谴告之，不知自省，又出怪异以警惧之，尚不知变，而伤败乃至。以此见天心之仁爱人，君而欲止其乱也。自非大亡道之世者，天尽欲扶持而全安之，事在强勉而已矣。强勉学问，则闻见博而知益明；强勉行道，则德日起而大有功：此皆可使还至而有效者也。《诗》曰“夙夜匪解”，《书》云“茂哉茂哉！”皆强勉之谓也。

【译文】大夫们通晓先代圣王的事业，熟悉风俗变化的道理，了解事物从发生、发展到结束的次序，而且你们研究高深道理的时间也很久了，希望把研究的成果明白地告诉我！要分清条理，不要笼统，不要混乱，提出的方案，也应慎密考虑。要是有不正直、不忠实、邪曲不守中道的官吏，你们大胆告诉我，决不会泄露出去，我亲自拆看，希望你们不要有后顾之忧。大夫们尽管说出所知道的一切，不要隐瞒，我要亲自看的啊！

董仲舒的对策说：“陛下发出有德的声音和英明的诏书，寻求天命和情性的解答，这两个问题都不是愚臣所能答复的。我谨慎地按照《春秋》中的记载，考察前代已经做过的事情，来研究天和人相互作用的关系，情况是很可怕的呀！国家将要发生违背道德的败坏事情，那么天就降下灾害来谴责和提醒它；如果不知道醒悟，天又生出一些怪异的事来警告和恐吓它；还不知道悔改，那么伤害和败亡就会降临。由此可以看出，天对人君是仁爱的，希望帮助人君消弥祸乱。如果不是非常无道的世代，天总是都想扶持和保全他，事情在于君主发奋努力罢了。发奋努力钻研学问，就会见闻广博使才智更加聪明；奋发努力行道，德行就会日见崇高，而且越发成功，这些都是可以很快得到，并且是可以很快就有成效的。《诗经》上说：‘从早到晚，不敢懈怠。’《尚书》中说：‘努力呀！努力呀！’都是奋勉努力的意思。”

道者，所繇适于治之路也，仁义礼乐皆其具也。故圣王已没，而子孙长久安宁数百岁，此皆礼乐教化之功也。王者未作乐之时，乃用先王之乐宜于世者，而以深入教化于民。教化之情不得，雅颂之乐不成，故王者功成作乐，乐其德也。乐者，所以变民风，化民俗也；其变民也易，其化人也著。故声发于和而本于情，接于肌肤，臧于骨髓。故王道虽微缺，而管弦之声未衰也。夫虞氏之不为政久矣，然而乐颂遗风犹有存者，是以孔子在齐而闻《韶》也。夫人君莫不欲安存而恶危亡，然而政乱国危者甚众，所任者非其人，而所繇者非其道，是以政日以仆灭也。夫周道衰于幽、厉，非道亡也，幽、厉不繇也。至于宣王，思昔先王之德，兴滞补弊，明文、武之功业，周道粲然复兴，诗人美之而作上天祐之，为生贤佐，后世称诵，至今不绝。此夙夜不解行善之所致也。孔子曰：人能弘道，非道弘人也。故治乱废兴在于己，非天降命不得可反，其所操持誖谬失其统也。

【译文】“道”就是由此达到治理国家的道路，仁、义、礼、乐都是治理国家的工具。所以虽然圣明的君王死了，可是他的子孙还能长久统治，安宁数百年，这都是礼乐教化的功效啊。君王在自己没有制作乐章的时候，就选用先代君王乐章中能适合当时社会的，用它来深入教化人民。得不到教化的实效，典雅、歌颂的乐也就做不成，所以君王功成名就以后才作乐，用乐来歌颂他的功德。乐是用来改变民风，感化民俗的；乐改变民风容易，感化人民也有显著的功效。所以，乐的声音是从和谐的气氛中发出，依据于感情，接触到肌肤，深入到骨髓。因此王道虽然衰微了，管弦之声却依然流传。虞舜的政治已经很久都没有了，可是流传下来的乐颂还依旧存在，所以孔子在齐国能听到《韶》乐。人君没有不希望国家安宁而憎恶危亡的，然而政治混乱、国家危亡的很多，这是由于任用的人不得当，言行举止不符合治理国家的“道”，所以政事一天天衰败下去。周代的“道”到了周厉王、周幽王时衰落了，不是“道”亡了，而是厉王和幽王不遵循这个“道”走。周宣王思念先代圣君的德行，复兴久已停滞的事业，补救时弊，发扬周文王、周武王开创的功业，周代的“道”又灿烂复兴起来。诗人赞美他，为他作诗，认为上天保佑他，为他出生贤良的辅佐，后世称颂周宣王，至今不绝。这是周宣王日夜不懈地做好事得来的。孔子说“人能光大‘道，不是‘道’光大人”。所以治和乱、废和兴，都在于自己。世遭衰乱并不是天命不可挽回，而是由于人君的行为荒谬，失掉了先王优良的传统啊。

臣闻天之所大奉使之王者，必有非人力所能致而自至者，此受命之符也。天下之人，同心归之，若归父母，故天瑞应诚而至。《书》曰“白鱼入于王舟，有火复于王屋，流为乌”，此盖受命之符也。周公曰“复哉复哉”，孔子曰“德不孤，必有邻”，皆积善累德之效也。及至后世，淫佚衰微，不能统理群生，诸侯背畔，残贼良民，以争壤土，废德教而任刑罚。刑罚不中，则生邪气；邪气积于下，怨恶畜于上。上下不和，则阴阳缪戾而娇孽生矣。此灾异所缘而起也。

【译文】臣听说受到天的尊重，天使他得到天下而成为王的人，必定有人力做不到而自然达到的事情，这就是王者承受天命的凭证。天下的人都同心归顺他，就像归顺父母一样，所以天感应到诚意，祥瑞就出现了。《尚书》中说：“白鱼跳进王乘坐的船里，有火覆盖着王屋，变成了乌鸦。”这就是承受天命的凭证啊。周公说：“应得善报呀!应得善报呀!”孔子说：“有德的人决不会孤立，一定会得到帮助。”这都是积善累德的效果啊。可是到了后世，君主淫逸奢侈，道德衰微，不能治理人民，诸侯背叛他，杀害良民，争夺土地，废弃道德教化，滥用刑罚。刑罚使用不适当，就产生了邪气；邪气聚积在下面，怨恶聚集在上面，上下不和，就会阴阳错乱，妖孽滋生。造就是灾害怪异发生的原因。

臣闻命者天之令也，性者生之质也，情者人之欲也。或夭或寿，或仁或鄙，陶冶而成之，不能粹美，有治乱之所生，故不齐也。孔子曰："君子之德风，小人之德草，草上之风必偃。"故尧、舜行德则民仁寿，桀、纣行暴，则民鄙夭。未上之化下，下之从上，犹泥之在钧，唯甄者之所为，犹金之在熔，唯冶者之所铸。"绥之斯来，动之斯和"，此之谓也。

【译文】臣听说，命就是天的命令，性就是生来的本质，情就是人的欲望。有的人夭折，有的人长寿，有的人仁慈，有的人卑鄙，好比造瓦铸金，不可能都是纯粹美好的。由于社会治、乱的影响，所以人的寿命、品行是不一致的。孔子说："君子的德行像风，小人的德行像草，风向哪边吹，草就向哪边倒。"所以尧、舜实行德政，人民就仁慈长寿；桀纣肆行暴虐，人民就贪鄙夭亡。在上的人君教化在下的人民，下面的人民服从在上的人君，好像泥土放在模型里，听凭陶匠的加工；也好像金属放在容器里，听凭冶匠的铸造。《论语》中说："使人民安定，人民就来归顺，使人民得到鼓舞，人民就会同心协力。"说的就是这样的意思。

臣谨案《春秋》之文，求王道之端，得之于正。正次王，王次春。春者，天之所为也；正者，王之所为也。其意曰，上承天之所为，而下以正其所为，正王道之端云尔。然则王者欲有所为，宜求其端于天。天道之大者在阴阳。阳为德，阴为刑；刑主杀而德主生。是故阳常居大夏，而以生育养长为事；阴常居大冬，而积于空虚不用之处。以此见天之任德不任刑也。天使阳出布施于上，而主岁功，使阴入伏于下，而时出佐阳；阳不得阴之助，亦不能独成岁终，阳以成岁为名，此天意也。王者承天意以从事，故任德教而不任刑。刑者不可任以治世，犹阴之不可任以成岁也。为政而任刑，不顺于天，故先王莫之肯为也。今废先王德教之官，而独任执法之吏治民，毋乃任刑之意与！孔子曰："不教而诛谓之虐。"虐政用于下，而欲德教之被四海，故难成也。

【译文】臣仔细考察《春秋》里"春王正月"的意思，寻求王道的开端，得到了"正"。"正"次于"王"，"王"次于"春"。春是天的作为。正是王的作为。它的意思是说，君主上面奉承天的作为，下面用来端正自己的行为，"正"是王道的开端啊。可是，王者想有所作为，应该向天去求到这个开端。天道最大的就是阴阳，阳作为德，阴作为刑，刑主杀，德主生。所以阳常常处在盛夏，把生育养长作为自己的事；阴经常处在严冬，积聚在空虚不起作用的地方。由此可以看出，天是任用德教，不任用刑罚的。天使阳出现，在上面布施，主管一年的收成；使阴入内，在下面藏伏，时常出来帮助阳；阳没有阴的帮助，也不能使年岁独自完成。从始至终阳是以完成年岁为名的，这是天意啊。王者秉承天意来做事，所以任用德教而不任用刑罚。刑不能任用来治理社会，就像阴不能用来完成年岁一样。执政而任用刑罚，是不顺从天意，所以先王没有肯这样做的。现在废除了先王掌管德教的官员，只任用执法官吏来治理人民，这难道是先王任用刑罚的本意吗？孔子说："不进行教育就杀人，叫做暴虐。"暴虐的政治施用到下面，却想使德教普及到四海，这是难以办到的啊。

臣谨案《春秋》谓一元之意，一者万物之所从始也，元者辞之所谓大也。谓一为元者，视大始而欲正本也。《春秋》深探其本，而反自贵者始。故为人君者，正心以正朝廷，正朝廷以正百官，正百官以正万民，正万民以正四方。四方正，远近莫敢不壹于正，而亡有邪气奸其间者。是以阴阳调而风雨时，群生和而万民殖，五谷孰而草木茂，天地之间，被润泽而大丰美，四海之内，闻盛德而皆来臣，诸福之物，可致之祥，莫不毕至，而王道终矣。

【译文】臣认真考察《春秋》讲的"一元"的意义，"一"就是万物的开始，"元"就是辞语中所说的"大"。说"一"是"元"，显示了大的开始并且想正其根本。《春秋》深深地探究它的本源，原来却要从尊贵的人开始。所以做君主的，先正心才能正朝廷，正朝廷才能正百官，正百官才能正万民，正万民才能正四方。四方正了，远近就没有敢不趋向于正的，而且没有邪气掺杂在里面。所以阴阳调和而风雨及时，万物和谐而人民长育，五谷丰收而草木茂盛，天地间都受到恩泽，并呈现出非常丰富美好的景象，四海之内听到君主的盛德都来称臣，一切幸福的东西，可以得到的祥瑞，无不毕至，这就是王道完成了。

孔子曰："凤鸟不至，河不出图，吾已矣夫！"自悲可致此物，而身卑贱不得致也。今陛下贵为天子，富有四海，居得致之位，操可致之势，又有能致之资，行高而恩厚，知明而意美，爱民而好士，可谓谊主矣。然而天地未应而美祥莫至者，何也？凡以教化不立，而万民不正也。夫万民之从利也，如水之走下，不以教化堤防之，不能止也。是故教化立而奸邪皆止者，其堤防完也；教化废而奸邪并出，刑罚不能胜者，其堤防坏也。古之王者明于此，是故南面而治天下，莫不以教化为大务。立太学以教于国，设庠序以化于邑，渐民以仁，摩民以谊，节民以礼，故其刑罚甚轻，而禁不犯者，教化行而习俗美也。

【译文】孔子说："凤鸟不来到，'河图'不出现，我恐怕要完了吧！"这是他悲伤自己的德行可以招致这些祥瑞，却因为自己地位卑贱而不能招来。现在陛下贵为天子，富有四海，处在可以招致祥瑞的地位，掌握了可以招致祥瑞的形势，又有能招致祥瑞的资质，行为高尚而恩德广厚，才智聪明而意向美好，爱护人民而喜欢文士，可以说是有道义的君主了。然而天地没有感应，美好的祥瑞没有到来，这是什么原因呢？大概是教化没有建立，没有把人民纳入正道吧。万民追逐利益，就好像水向下流一样，不拿教化作他们的堤防，就不能制止。所以教化建立而奸邪停止，是因为它的堤防完好；教化废止而奸邪并出，用刑罚也不能制止，这是它的堤防坏了。古代的王者明白这个道理，所以坐朝治理天下，没有不把教化当作主要任务的。在国都设立太学进行教育，在县邑设立县学、乡学实施教化，用仁来教育人民，用义来感化人民，用礼来节制人民，所以，虽然刑罚很轻，却没人违犯禁令，这是教化施行，习俗美好的缘故啊。

圣王之继乱世也，扫除其迹而悉去之，复修教化而崇起之。教化已明，习俗已成，子孙循之，行五六百岁，尚未败也。至周之末世，大为亡道，以失天下。秦继其后，独不能改，又益甚之，重禁文学，不得挟书，弃捐礼谊，而恶闻之，其心欲尽灭先圣之道，而颛为自恣苟简之治，故立为天子十四岁，而国破亡矣。自古以来，未尝有以乱济乱，大败天下之民如秦者也。其遗毒余烈，至今未灭，使习俗薄恶，人民嚚顽，抵冒殊扞，孰烂如此之甚者也。孔子曰："腐朽之木不可雕也，粪土之墙不可圬也。"今汉继秦之后，如朽木、粪墙矣，虽欲善治之，亡可奈何。法出而奸生，令下而诈起，如以汤止沸，抱薪救火，愈甚亡益也。窃譬之，琴瑟不调，甚者必解而更张之，乃可鼓也；为政而不行，甚者必变而更化之，乃可理也。当更张而不更张，虽有良工不能善调也：当更化而不更化，虽有大贤不能善治也。故汉得天下以来，常欲善治而至今不可善治者，失之于当更化而不更化也。古人有言曰："临渊羡鱼，不如退而结网。"今临政而愿治，七十余岁矣，不如退而更化；更化则可善治，善治则灾害日去，福禄日来。《诗》云："宜民宜人，受禄于人。"为政而宜于民者，固当受禄于天。夫仁、谊、礼、知、信五常之道，王者所当修饬也；五者修饬，故受天之祐，而享鬼神之灵，德施于方外，延及群生也。

【译文】圣明的君王承继乱世，他把乱世所遗留的一切痕迹都扫除掉，恢复教化，并且给以特别推崇. 到了教化已经明了，习俗已经养成，子孙遵循推行下去，遇五、六百年仍然不会衰败。到周朝末世，君主非常无道，以致失去了天下。秦朝承继周朝以后，不但没有更改，反而比周朝末年更加无道，严禁文学，不许私自藏书，摒弃礼义，甚至厌恶听到礼义的话，他想把先王的道义完全毁灭掉，专门用自己放肆、苟且、简陋的一套办法来治理国家，所以做天子才十四年，国家就灭亡了。自古以来，还没有像秦朝这样用乱救乱，严重危害天下人民的。秦朝遗留下来的毒素像残余的火焰，到现在还没有熄灭，它使习俗薄恶，人民欺诈顽劣，抵触抗拒，犯法乱德，腐败达到如此严重的地步。孔子说："腐朽的木头，不能雕饰啊；泥糊的墙，不能粉饰啊。"现在汉朝继承秦朝之后，社会状况就像朽木和泥墙，虽然想很好地治理它，却没有好办法。法令一颁布，奸邪接着就发生，命令一下达，欺骗跟着就兴起，好像用热水去制止沸腾，抱着木柴去救火，只会越来越糟，没有任何益处。譬如琴瑟的音不协调，严重的必须把弦折下来重新安装，才能弹奏；处理政事不行，坏得厉害的，必须破旧立新，才能治理。应当重新张设琴弦而不改弦更张的，虽然有优秀技工也不能调理好；应当改革而不改革的，虽然有大贤人也不能整治好。所以汉朝得天下以来，常想好好治理，可是到现在还没治理好，问题就在于应当改革而没有改革. 古人证过："站在潭边羡慕别人捕到了鱼，不如自己回去编织鱼网。"汉朝临政并且想把政事治理好，到现在已经七十多年了，不如回头来进行改革，改革了就能好好治理，国家治理好了，灾害就会一天天消除，福禄也就会一天天到来。《诗经》上说："适合于民，适合于人，接受天给予的福禄。"执政能适合人民，自然会得到天给予的福禄。仁、义、礼、智、信是五种恒久不变的道，这是王者应培养整饬的。这五种道能培养整饬好，就能得到天的保佑，鬼神也来赞助他接受祭祀，恩德就会普及到国外，扩大到一切生命。

天子览其对而异焉，乃复册之曰：

制曰：盖闻虞舜之时，游于岩郎之上，垂拱无为，而天下太平。周文王至于日昃不暇食，而宇内亦治。夫帝王之道，岂不同条共贯与？何逸劳之殊也？盖俭者不造玄黄旌旗之饰。及至周室，设两观，乘大路，硃干玉戚，八佾陈于庭，而颂声兴。夫帝王之道，岂异指哉？或曰良玉不瑑，又云，非文亡以辅德，二端异焉。殷人执五刑以督奸，伤肌肤以惩恶。成康不式，四十余年天下不犯，囹圄空虚。秦国用之，死者甚众，刑者相望，秏矣哀哉！

乌乎！朕夙寤晨兴，惟前帝王之宪，永思所以奉至尊，章洪业，皆在力本任贤。今朕亲耕藉田，以为农先，劝孝弟，崇有德，使者冠盖相望，问勤劳，恤孤独，尽思极神，功烈休德未始云获也。今阴阳错缪，氛气充塞，群生寡遂，黎民未济，廉耻贸乱，贤不肖浑淆，未得其真，故详延特起之士，庶几乎！今子大夫待诏百有余人，或道世务而未济，稽诸上古之不同，考之于今而难行，毋乃牵于文系，而不得骋与？将所繇异术，所闻殊方与？各悉对，著于篇，毋讳有司。明其指略，切磋究之。以称朕意。

【译文】汉武帝看了董仲舒的对策认为很不寻常，于是又策问大夫们说："策问说：'听说虞舜的时候，虞舜常常在宫殿的走廊里散步，没有什么作为，可是天下太平。周文王整天忙到日头偏西，连吃饭的空儿都没有，天下也很太平。'帝王治理天下的道，难道没有共同的条理，一贯的主张吗？为什么安逸和劳苦有这样大的差别呢？那些勤俭的帝王连黑色、黄色的旌旗也不制作。可是到了周朝，在宫门外筑了两座观望的台，乘坐用玉装饰的车，制造红色的盾和玉石做的斧柄，朝廷里排列着六十四人的舞蹈，到处响起歌颂的声音。帝王的道，难道意旨不一样吗？有人说：'良玉不需要雕琢'，有人说'没有文采就不能辅助德行'，两种说法是不同的。殷朝人制定五种刑法来防止奸诈，用毁伤身体的办法来惩戒邪恶。可是周成王和周康王放弃这些刑法四十多年，天下也没有犯法的。监狱空荡无人。秦国使用这些刑法，杀死的人很多，受刑的人接连不断，天下空虚，人口减少，真可哀呀!唉!我晚睡早起，考虑先代帝王的法典，久久地思虑用什么来适合至尊的地位，光大祖宗的事业，我认为关键在于努力搞好农业，任用贤人。现在我亲自耕种田为农民做榜样，鼓励百姓孝敬父母，友爱兄弟，尊敬有德行的人，并且派出很多使者，络绎不绝地去慰问劳苦人家，救济没有父母、没有子女的孤独的人，一切办法都想到了，但并没有收到大的成效和美好的德行。现在阴阳错乱，天地间充满了恶劣的气氛，许多生物得不到生长，人民陷在贫困的境地，廉洁的人和无耻的人混淆在一起，好人和坏人也分不清楚，得不到真实的情况，所以我广泛地邀请了特别杰出的士人来请教，目的也许可以达到吧!现在大夫们等待诏命的有一百多人，有的谈论当今的事情却不切实际，用古代历史来印证不相符合，用现在的情况来考察又难于实行，难道是因为受到文吏法令的牵累而不能任意发挥吗?还是因为学术的来源不同，所得的见解各异呢?每个人都可以尽意对答，写在篇上，不要害怕主管官吏，阐明你们的意旨和方略，进行切磋研究，以符合我的心意。”

仲舒对曰：臣闻尧受命，以天下为忧，而未以位为乐也，故诛逐乱臣，务求贤圣，是以得舜、禹、稷、卨咎繇。众圣辅德，贤能佐职，教化大行，天下和洽，万民皆安仁乐谊，各得其宜，动作应礼，从容中道。故孔子曰：“如有王者，必世而后仁”，此之谓也。尧在位七十载，乃逊于位以禅虞舜。尧崩，天下不归尧子丹硃而归舜。舜知不可辟，乃即天子之位，以禹为相，因尧之辅佐，继其统业，是以垂拱无为而天下治。孔子曰“《韶》尽美矣，又尽善矣”，此之谓也。至于殷纣，逆天暴物，杀戮贤知，残贼百姓。伯夷、太公皆当世贤者，隐处而不为臣。守职之人，皆奔走逃亡，入于河海。天下秏乱，万民不安，故天下去殷而从周。文王顺天理物，师用贤圣，是以闳夭、大颠、散宜生等，亦聚于朝廷。爱施兆民，天下归之，故太公起海滨而即三公也。当此之时，纣尚在上，尊卑昏乱，百姓散亡，故文王悼痛而欲安之，是以日昃而不暇食民。孔子作《春秋》，先正王而系万事，见素王之文焉。由此观之，帝王之条贯同，然而劳逸异者，所遇之时异也。孔子曰“《武》尽美矣，未尽善也”，此之谓也。

【译文】董仲舒对策说：“臣听说尧承受了天命，担忧天下不容易治理，没有拿处在天子的尊位作为欢乐，他诛杀、放逐扰乱国家的大臣，努力寻求贤圣的人，所以得到舜、禹、后稷、高、咎繇。有众多圣明的人来帮助他提高德行，有许多贤能的人来辅助他恪尽职守，于是教化大行，天下太平，人民都安于行仁，乐于行义，各得其所，行动合乎礼义，从从容容地在正确的道路上前进。所以孔子说：‘假如有王者，必须经过三十年，才能实现仁政’，就是指这说的啊。尧在位七十年，就让位给虞舜。尧死后，天下人民没有归心于尧的儿子丹朱，却归心于舜。舜知道不可逃避，于是即位做了天子，用禹做宰相，继续任用尧所任用的人，继承了尧的传统和事业，所以垂衣拱手没有作为，就使天下太平。孔子说：‘《韶》乐十分美，又十分善啊’，就是这个意思。至于商纣，违背天意，残毁万物，杀害贤良聪慧的人，残害百姓。伯夷、姜太公都是当时的贤人，他们隐藏起来，不愿出来做官。在职为官的人，都逃亡到河边、海滨。天下黑暗混乱，人民不得安宁，所以天下的老百姓都背弃殷纣王，拥护周文王。周文王顺从天意治理万物，以贤良有德的人为教师并且起用他们，所以闳夭、大颠、散宜生等贤士都聚集在周的朝廷。仁爱施于人民，天下人都归顺他，所以姜太公从偏僻的海滨来投奔，后来做了周朝的三公。这时候，商纣王还在做天子，尊卑的次序混乱，百姓四散逃亡，周文王非常痛心，想让人民过上安定的生活，所以他整天忙得日头偏西还没时间吃饭。孔子写《春秋》，先写王作为正，然后记载各种事情，这表现了在下位而有德行的所谓素王的文章。这样看来，帝王的条理系统是一致的，但是勤劳和安逸不相同，是因为所遭逢的时代不一样。孔子说‘《武》乐十分美，不够十分善啊’，就是这个意思。”

臣闻制度文采，玄黄之饰，所以明尊卑，异贵贱，而劝有德也。故《春秋》受命，所先制者，改正朔，易服色，所以应天也。然则官至旌旗之制，有法而然者也。故孔子曰：“奢则不逊，俭则固。”俭非圣人之中制也。臣闻良玉不瑑，资质润美，不待刻瑑，此亡异于达巷党人不学而自知也。然则常玉不瑑，不成文章；君子不学，不成其德。

臣闻圣王之治天下也，少则习之学，长则材诸位，爵禄以养其德，刑罚以威其恶，故民晓于礼谊，而耻犯其上。武王行大谊，平残贼，周公作礼乐以文之，至于成康之隆，囹圄空虚，四十余年，此亦教化之渐，而仁谊之流，非独伤肌肤之效也。至秦则不然。师申商之法，行韩非之说，憎帝王之道，以贪狼为俗，非有文德以教训于下也。诛名而不察实，为善者不必免，而犯恶者未必刑也。是以百官皆饰空言，辞而不顾实，外有事君之礼，内有背上之心；造伪饰诈，趣利无耻；又好用酷之吏，赋敛亡度，竭民财力，百姓散亡，不得从耕织之业，群盗并起。是以刑者甚众，死者相望，而奸不息，俗化使然也。故孔子曰“导之以政，齐之以刑，民免而无耻”，此之谓也。

【译文】臣听说制度文采和黑色、黄色的装饰，都是用来分别尊卑、区分贵贱和劝勉人们要有德行的。《春秋》是承受天命著述的，所以它首先制定的，就是改变历法和衣服的颜色，用这来顺应天。那么，宫室和旌旗的制度是有效法才那样的。所以孔子说：“奢侈了就不够谦逊，节俭了便简陋。”节俭并不是圣人适中的制度。臣听说好玉不雕琢，是因为它的质地本来就滑润美好，不需要再加以雕饰，这就好像项橐没有学习就能自己知道一样. 可是普通的玉要是不雕刻，就不能成就美丽的花纹；君子不学习，就不能成就美德。

臣听说圣明的君王治理天下，对年轻的就教他们养成学习的好习惯，对年长的就授给职位察看他们的才能。用职位和俸禄来培养他们的德行，用刑罚来禁止他们作恶，所以人民都懂得礼义而耻于触犯他们的上级。周武王施行大义，平定残贼，周公作礼乐来加以文治，直到周成王和周康王时的盛世，牢狱空虚了四十多年。这也是教化的感染和仁义的影响，不仅仅是毁伤身体的刑剖的功效。到了秦朝就不是这样，效法申不害、商鞅的办法，实行韩非的学说，憎恶古代帝王治理天下的道理，贪污成风，并不是用礼义来教化天下。秦只求名而不察实，行善的好人不一定能免罪，犯法的坏人也不一定就受到惩罚。所以百官都谎言欺诈，不务实际，表面上都表现出尊敬君上的礼貌，内心却怀着背叛君上的打算，弄虚作假来掩饰狡诈，追逐私利，没有羞耻；又总喜欢使用残忍刻毒的官吏，无限制地征收赋税，榨尽人民的财力，百姓四处逃亡，不能从事耕田和纺织工作，于是强盗到处起事。所以受刑的人很多，死的人一个接一个，但是做坏事的并没有停止，这是风俗教化所造成的。所以孔子说："用政法来教导人民，用刑罚来制裁人民，人民苟且地要求免受惩罚却不知道羞耻。"就是这个意思。

今陛下并有天下，海内莫不率服，广览兼听，极群下之知，尽天下之美，至德昭然，施于方外。夜郎、康居，殊方万里，说德归谊，此太平之致也。然而功不加于百姓者，殆王心来加焉。曾子曰："尊其所闻，则高明矣；行其所知，则光大矣。高明光大，不在于它，在乎加之意而已。"愿陛下因用所闻，设诚于内而致行之，则三王何异哉！

陛下亲耕藉田，以为农先，夙寤晨兴，忧劳万民，思维往古，而务以求贤，此亦尧、舜之用心也，然而未云获者，士素不厉也。夫不素养士而欲求贤，譬犹不琢玉而求文采也。故养士之大者，莫大乎太学；太学者，贤士之所关也，教化之本原也。今以一郡一国之众，对亡应书者，是王道往往而绝也。臣愿陛下兴太学，置明师，以养天下之士，数考问以尽其材，则英俊宜可得矣。今之郡守、县令，民之师帅，所使承流而宣化也；故师帅不贤，则主德不宣，恩泽不流。今吏既亡教训于下，或不承用主上之法，暴虐百姓，与奸为市，贫穷孤弱，冤苦失职，甚不称陛下之意。是以阴阳错缪，氛气弃塞，群生寡遂，黎民未济，皆长吏不明，使至于此也。

【译文】现在陛下统一了天下，四海之内没有不顺服的。陛下广泛地观察，多方面听取，尽可能地吸取群下的智慧，具备了天下的美德，崇高的德行显耀普照，扩大到国外。远达万里的夜郎和康居悦服归心，就真是太平到来的景象啊。但是恩德并没有施加到普通百姓身上，大概是您还没有注意到这个问题吧。曾子说："尊崇自己所听到的道理，就高明了；实践自己所知道的道理，就光大了。高明光大，不在于别的，在于对这些注意罢了。"希望陛下采用所听到的道理，诚心诚意按那些道理去做，那么，跟三王又有什么不同呢？

陛下亲自耕种田来倡导农业，早起晚睡，为人民担忧，思念古代治世，用心寻求贤人，这也是尧舜的用心啊，可是没有得到贤人，这是因为平时对于士人没有鼓励劝勉的缘故。平时不培养人才却想寻求贤人，就好比不雕刻玉却要求玉有文采一样。所以培养人才没有比办好太学更重要的了，太学是产生贤士的地方，是教化的本源，现在各郡国的人都很多，可是有些郡国还没有应举贤良文学策问、作对策的人，造就是因为王道在那里经常断绝。臣希望陛下兴办太学。聘请高明的教师来教育培养天下的士人，经常考问他们而使他们充分发挥自己的才能，那么英俊的人才就可以得到了。现在的郡守、县令，就是百姓的老师和表率，是委派他们禀承君主的恩泽去宣扬教化的，师表不贤良，君主的仁德就得不到宣扬，恩泽就传布不到下面。现在官吏既然没有教育人民，或者不实行君主的法令，暴虐百姓，和坏人狼狈为奸，谋取私利，致使贫穷孤弱的人含冤受苦，流离失所，很不符合陛下的意愿。所以阴阳错乱，怨气充满，人民无法生活，在苦难中得不到救助，这都是郡守县令们不贤明，才造成这样的现象啊。

夫长吏多出于郎中、中郎，吏二千石子弟选郎吏，又以富訾，未必贤也。且古所谓功者，以任官称职为差，非谓积日累久也。故小材虽累日，不离于小官；贤材虽未久，不害为辅佐。是以有司竭力尽知，务治其业，而以赴功。今则不然。累日以取贵，积久以致官，是以廉耻贸乱，贤不肖浑淆，未得其真。臣愚以为使诸列侯、郡守、二千石，各择其吏民之贤者，岁贡各二人以给宿卫，且以观大臣之能；所贡贤者有赏，所贡不肖者有罚。夫如是，诸侯、吏二千石皆尽心于求贤，天下之士可得而官使也。遍得天下之贤人，则三王之盛易为，而尧、舜之名可及也。毋以日月为功，实试贤能为上，量材而授官，录德而定位，则廉耻殊路，贤不肖异处矣。陛下加惠，宽臣之罪，令勿牵制于文，使得切磋究之，臣敢不尽愚！

【译文】郡守、县令多数是出身于郎中、中郎，年俸二千石的大官的子弟选任郎官，又仗着有钱财，不一定贤明。而且古时候考核官吏的功劳，是按照做官是否称职来区分的，不以在任时间的长短为标准。所以才能小的人，虽然任职时间很长，还是小吏；有才能的人，虽然任职不久，并不妨碍他升迁为辅佐大臣。所以有职守的官吏，都竭尽自己的才能和智慧，努力做好工作，争取立功。现在却不是这样，官吏们积累时间就可以得到高位，日子一久，就可以升官，所以廉洁和无耻混淆，好人和坏人不分，真正的贤才就无法得到。臣愚蠢地认为让各位诸侯、郡守、二千石各自选择他们管辖下的官吏和百姓中的贤才，每年荐举两人，用他们在皇宫中值宿守卫，而且还可以拿这件事来观察大臣的能力，如果荐举的人贤能，就给予奖赏；要是荐举的人不好，就加以惩罚。如果像这样，诸侯、二千石官都尽心寻求贤才，天下有才能的人就可以得到，授给他们官职加以任用了。遍得天下的贤人，那么三王的盛世也就容易做到，尧舜的声名也就可以赶上了，千万不要用做官时间的长短来计算功劳，实际考察官吏的贤能是上策，衡量了才能以后再授给官职，考察了德行以后再确定职位，那样，廉洁和无耻待遇不同，好人和坏人就能够区别了。陛下给臣恩惠，宽恕臣的罪过，教臣不要害怕主管官吏，使臣能够切磋研究，臣不敢不倾吐自己肤浅的见解。

于是天子复册之。

制曰：盖闻“善言天者必有征于人，善言古者必有验于今”。故朕垂问乎天人之应，上嘉唐虞，下悼桀、纣，浸微浸灭浸明浸昌之道，虚心以改。今子大夫明于阴阳所以造化，习于先圣之道业，然而文采未极，岂惑乎当世之务哉？条贯靡竟，统纪未终，意朕之不明与？听若眩与？夫三王之教，所祖不同，而皆有失，或谓久而不易者道也，意岂异哉？今子大夫既已著大道之极，陈治乱之端矣，其悉之究之，孰之复之。《诗》不云乎，“嗟尔君子，毋常安息，神之听之，介尔景福”。朕将亲览焉，子大夫其茂明之。

仲舒复对曰：臣闻《论语》曰：有始有卒者，其唯圣人乎！今陛下幸加惠，留听于承学之臣，复下明册，以切其意，而究尽圣德，非愚臣之所能具也。前所上对，条贯靡竟，统纪不终，辞不别白，指不分明，此臣浅陋之罪也。

【译文】于是天子又提出策问。汉武帝策问：听说“善言天的，一定能找到人事来印证，善说古的，一定能在现实中得到证明”，所以我问你们天人感应的关系，往上赞美唐尧虞舜，往下哀悼夏桀商纣，看到这些渐渐灭亡和逐步昌盛的道理，我要虚心改正错误。大夫们明晓阴阳的变化和作用，熟悉先代圣王的道术和事业，可是你们的文章并没有把这些充分表达出来，难道是你们对当代的政务有什么疑惑吗？有些道理没有系统整理和完整表达，大概是由于我不聪明，或是听话会迷惑吧？三王的教化，最初各不相同，却都有不足，有人说道是恒久不变的，这两种说法意思难道有什么不同吗？现在大夫们既然已经写出了大道的最高原则，陈述了治理乱世的方法，希望你们再说详细些、深刻些、周到些。《诗经》上不是说：“君子呀，不要苟且安息，神是听着你的，帮助你获得大福。”我要亲自看你们的对策，大夫们要努力阐明你们的见解。

臣听《论语》上说：“有始有终的，只有圣人啊！”很荣幸地承蒙陛下的恩惠，留心听取我们这些接受过传统学问的臣子的意见，又颁下高明的册书，切合其中的意义，并且彻底地研究圣德，这不是愚臣的能力所能详细陈述的。先前臣所上的对策，有些道理缺乏系统整理和完整的表达，辞句不清晰，意旨不明了，这都是我浅陋的罪过。

册曰：“善言天者必有征于人，善言古者，必有验于今。”臣闻天者，群物之祖也。故遍覆包函，而无所殊，建日月风雨以和之，经阴阳寒暑以成之。故圣人法天而立道，亦博爱而亡私，布德施仁以厚之，设谊立礼以导之。春者天之所以生也，仁者君之所以爱也；夏者天之所以长也，德者君之所以养也；霜者天之所以杀也，刑者君之所以罚也。繇此言之，天人之征，古今之道也。孔子作《春秋》，上揆之天道，下质诸人情，参之于古，考之于今。故《春秋》之所讥，灾害之所加也；《春秋》之所恶，怪异之所施也。书邦家之过，兼灾异之变；以此见人之所为，其美恶之极，乃与天地流通，而往来相应，此亦言天之一端也。古者修教训之官，务以德善化民，民已大化之后，天下常亡一人之狱矣。今世废而不修，亡以化民，民以故弃行谊而死财利，是以犯法而罪多，一岁之狱，以万千数。以此见古之不可不用也，故《春秋》变古则讥之。天令之谓命，命非圣人不行；质朴之谓性，性非教化不成；人欲之谓情，情非度制不节。是故王者上谨于承天意，以顺命也；下务明教化民，以成性也；正法度之宜，别上下之序，以防欲也；修此三者，而大本举矣。人受命于天，固超然异于群生，入有父子兄弟之亲，出有君臣上下之谊，会聚相遇，则有耆老长幼之施，粲然有文以相接，欢然有恩以相爱，此人之所以贵也。生五谷以食之，桑麻以衣之，六畜以养之，服牛乘马，圈豹槛虎，是其得天之灵，贵于物也。故孔子曰："天地之性人为贵。"明于天性，知自贵于物；知自贵于物，然后知仁谊；知仁谊，然后重礼节；重礼节，然后安处善；安处善，然后乐循理；乐循理，然后谓之君之。故孔子曰"不知命，亡以为君子"，此之谓也。

【译文】策问中说："善言天的，一定能找到人事来印证；善说古的，一定能得到现实的证明。"臣听说，天是万物之祖，所以天对万物普遍地覆盖着、包含着，没有偏颇。天造作日、月、风、雨来调和万物，通过阴、阳、寒、暑来生育万物。所以圣人效法天建立道，也是广施仁爱而没有一点私心，布施恩德和仁爱来厚待百姓，设立义理和礼制去引导人民。春季是天用来生育万物的，仁是人君用来爱护百姓的；夏季是天用来滋长万物的，德是人君用来养育人民的；秋霜是天用来诛杀万物的，刑法是人君用来惩罚罪犯的。由此说来，天和人的验证，是从古至今的道理。孔子作《春秋》，上度量天道，下验证人情，参看于古代，考察于今时。所以《春秋》所讥讽的，就是灾害所侵犯的；《春秋》所憎恶的，就是怪异所触及的。孔子写出了国家的过失和灾异的变化，从这里可以看出人们行为的好和坏，是和天地相通并且互相感应的，这也是谈天道的一种看法。古时候设立掌管教导训化的官，职责是用德和善来教化人民，人民大受感化以后，天下常常没有一个人在监狱里。现代废弃这种制度，没法教化人民，因此人民都不知道行义而死于追逐财利，所以违法犯罪的人就多了，一年之内，坐牢和诉讼的人竟有成千上万。由此可见，古时候的法度是不能不采用的，所以《春秋》遇到改变古代制度的事情就加以讥讽。天的命令叫做命，这个命不是圣人不能照着去做；生来的本性叫做性，这种性不是教化不能完成；人的欲望叫做情，这种情不用法度不能加以节制。所以做君王的，上面很谨慎地奉承天意来顺从天命；下面必须教化人民，使人民能够完成他们的性；建立应该遵循的法度，分清上下尊卑的次序，来防止贪欲；做好这三件事，国家的根本就奠定了。人承受了天命，本来是超群的，和其他生物不同。在家裏有父子兄弟之亲，在外面有君臣上下的名分，大家聚会相遇，就有尊敬老人和分别长幼的规范，有明确的礼节相互接待，欢欣地有恩德地互相亲爱，造就是人可贵的地方。种植五谷作为食物，播种桑麻用来做衣，饲养六畜，驾牛骑马，圈豹槛虎，造就是人得到天的灵气，比万物可贵的表现。所以孔子说："天地所生，人是最可贵的。"人们明白了天性，就知道自己比万物可贵；知道自己比万物可贵然后知道礼义；知道礼义，然后注重礼节；注重礼节，然后安心处于善道；安心处于善道，然后乐于遵循道理做事；乐于遵循道理，然后叫做君子。所以孔子说“不知道命，不可以做君子”，就是这个意思啊。

册曰：“上嘉唐、虞，下悼桀、纣，浸微浸灭浸明浸昌之道，虚心以改。”臣闻众少成多，积小致巨，故圣人莫不以晻致明，以微致显。是以尧发于诸侯，舜兴乎深山，非一日而显也，盖有渐以致之矣。言出于己，不可塞也；行发于身，不可掩也。言行治之大者，君子之所以动天地也。故尽小者大，慎微者著。《诗》云：“惟此文王，小心翼翼。”故尧兢兢日行其道，而舜业业日致其孝，善积而名显，德章而身尊，以其浸明浸昌之道也。积善在身，犹长日加益，而人不知也；积恶在身，犹火之销膏，而人不见也。非明乎情性，察乎流俗者，孰能知之？此唐、虞之所以得令名，而桀、纣之可为悼惧者也。夫善恶之相从，如景乡之应形声也。故桀、纣暴谩，谗贼并进，贤知隐伏，恶日显，国日乱，晏然自以如日在天，终陵夷而大坏。夫暴逆不仁者，非一日而亡也，亦以渐至，故桀、纣虽亡道，然犹享国十余年，此其浸微浸灭之道也。

【译文】策问说：“往上赞美唐尧、虞舜，往下悲悼夏桀、商纣。看到这些渐渐灭亡和渐渐昌盛的道理，我要虚心改正错误。”臣听说积少就能成多，积小就能成大，因此圣人无不是积累暗淡的微明而达到光明，从微贱的地位一步步地达到显贵的。所以尧由诸侯而升为天子，舜从在深山中耕种兴起，都不是一天而尊显的，是逐渐达到的。话由自己说出，就不能再去堵塞；行为由自己做出，也无法再来掩盖。言和行是治理国家最重大的条件，君子之所以能感动天地的也是言行。所以积小成大，谨慎注意细微的行为就会显著。《诗经》上说：“这文王啊，小心翼翼。”所以尧战战兢兢地每天实行他的治国之道，舜小心恐惧地每天尽他的孝道，做的好事积累多了，自然名声显达，德行彰著，自身也受人尊重，这就是渐渐昌盛的道理。积善在自己身上，就好像人日渐长大而自己不觉察；积恶在自己身上，好像灯火消耗油一样，人也不容易看出来。不是明晓情性和洞察世俗情况的人，谁能够懂得这种道理呢？这就是唐尧、虞舜得到美名，夏桀、商纣却使人伤痛恐惧的原因。善或恶的行为所得到的结果，好像影子跟随着人形，回响跟随着声音。所以桀、纣暴虐怠慢，谗恶的人都受到进用，贤良智慧的人都隐藏起来，于是桀、纣的罪恶一天比一天显著，国家也一天比一天混乱，可是他们却依旧安然怡得，自以为如太阳在天空一样，终于逐渐败坏以至于毁灭。那些残暴不仁的君主，并不是一下子就灭亡的，也是慢慢造成的。所以桀、纣虽然无道，都还在位十多年，造就是慢慢地衰微以至灭亡的道理啊。

册曰：“三王之教，所祖不同，而皆有失，或谓久而不易者道也，意岂异哉？”臣闻夫乐而不乱，复而不厌者谓之道；道者万世亡弊，弊者道之失也。先王之道，必有偏而不起之处，故政有眊而不行，举其偏者，以补其弊而已矣。三王之道，所祖不同，非其相反，将以救溢扶衰，所遭之变然也。故孔子曰："亡为而治者，其舜乎！"改正朔，易服色，以顺天命而已；其余尽循尧道，何更为哉！故王者有改制之名，亡变道之实。然夏上忠，殷上敬，周上文者，所继之救，当用此也。孔子曰："殷因于夏礼，所损益可知也；周因于殷礼，所损益可知也；其或继周者，虽百世可知也。"此言百王之用，以此三者矣。夏因于虞，而独不言所损益者，其道如一，而所上同也。道之大原出于天，天不变，道亦不变，是以禹继舜，舜继尧，三圣相受，而守一道，亡救弊之政也，故不言其所损益也。繇是观之，继治世者其道同，继乱世者其道变。今汉继大乱之后，若宜少损周之文，致用夏之忠者。

【译文】策问说："三王的教化，效法的各不相同，而且都有不足，有人说道是永久不变的，这两种说法用意有什么不同吗？"臣听说享乐而不至于淫乱，反复实行而不厌倦的叫做道；道是万世都没有弊端的，出现弊端是由于违背了道。先王的道一定有偏颇不能实行的地方，所以在政治上也时有昏暗而行不通的，举出它的偏向，补救它的弊病就行了。三王的道虽然效法不同，可并不是相反的，都是为了补救过失，扶助衰败，之所以有所不同，是因为遇到的环境发生了变化。所以孔子说："无所作为而能治理国家的，就是舜呀!"舜仅仅改变了历法，改换了车马、祭牲、服装的颜色，来顺承天命罢了，其他完全遵循尧的治国之道，为什么要改变呢!所以王者只改变制度的名称，没有改变道的实质。可是夏代注重忠，殷代崇尚敬，周朝尊崇文的原因，是因为朝代更替时，前代有过失存在，为了补救，应当这样做. 孔子说："殷朝根据夏代的礼制，有所增减，这是可以知道的；周朝根据殷朝的礼制，有所增减，也是可以知道的；其他承继周朝兴起的，虽然经历了百世，这也是可以知道的。"这就是说，百王所用的就是忠、敬、文这三者。夏朝沿袭虞舜，却独独不说增减，是因为夏朝和虞舜的道是一样的；夏崇尚的忠和虞舜是相同的。道的根本来自于天，天不变，道也不变，所以禹继承了舜的道，舜继承了尧的道，三位圣人互相传授，遵守一个道，没有救弊的措施，所以不说他们对道的增减。由此看来，继承治世的，他们的道是相同的；继承乱世的，他们的道是要改变的。现在汉朝承继大乱之后，应当减少周朝的文而用夏朝的忠。

陛下有明德嘉道，愍世欲之靡薄，悼王道之不昭，故举贤良方正之士，论议考问，将欲兴仁谊之休德，明帝王之法制，建太平之道也。臣愚不肖，述所闻，诵所学，道师之言，厪能勿失耳。若乃论政事之得失，察天下之息耗，此大臣辅佐之职，三公九卿之任，非臣仲舒所能及也，然而臣窃有怪者。夫古之天下，亦今之天下，今之天下，亦古之天下，共是天下，古以大治，上下和睦，习俗美盛，不令而行，不禁而止，吏亡奸邪，民亡盗贼，囹圄空虚，德润草木，泽被四海，凤皇来集，麒麟来游，以古准今，壹何不相逮之远也！

安所缪盭而陵夷若是？意者，有所失于古之道与？有所诡于天之理与？试迹之于古，返之于天，党可得见乎。

【译文】陛下有圣明的德和美好的道，痛心世俗的衰薄，悲伤王道的不明，所以选举贤良方正的士人，议论考问，打算兴起仁义的美德，阐明帝王的法制，建立太平的治国之道。臣愚昧不肖，叙述曾听到的，背诵曾学过的，说的是老师教的道理，仅仅能够不忘记罢了。至于议论政事的得失，研究社会的兴盛和贫弱，这是大臣辅佐的职事，三公九卿的责任，不是臣下仲舒所能知道的。但是臣私下有感到奇怪的问题。古时候的天下也就是现在的天下，现在的天下也就是古时候的天下，同是一样的天下，古时候天下太平，上下和睦，习俗美好，不令而行，不禁而止，官吏没有奸邪，民间没有盗贼，牢狱空空，没有犯人，人主的恩德滋润了草木，普及到四海，凤凰飞来了，麒麟出现了，拿古时候的情况来衡量现在，怎么相差那么远呢？有什么错误致使衰落达到这样的地步？我想也许是违背了古代的治国之道吧？也许是违背了天理吧？尝试考察过去的事情，追溯到天理，或许可以看出一些问题吧！

夫天亦有所分予，予之齿者去其角，傅其翼者两其足，是所受大者，不得取小也。古之所予禄者，不食于力，不动于末，是亦受大者不得取小，与天同意者也。夫已受大，又取小，天不能足，而况人乎！此民之所以嚣嚣苦不足也。身宠而载高位，家温而食厚禄，因乘富贵之资力，以与民争利于下，民安能如之哉！是故众其奴婢，多其牛羊，广其田宅，博其产业，畜其积委，务此而亡已，以迫蹴民，民日削月朘，浸以大穷。富者奢侈羡溢，贫者穷急愁苦；穷急愁苦而不上救，则民不乐生；民不乐生，尚不避死，安能避罪！此刑罚之所以蕃，而奸邪不可胜者也。故受禄之家，食禄而已，不与民争业，然后利可均布，而民可家足。此上天之理，而亦太古之道，天子之所宜法以为制，大夫之所当循以为行也。故公仪子相鲁，之其家，见织帛，怒而出其妻，食于舍而茹葵，愠而拔其葵，曰："吾已食禄，又夺园夫红女利乎！"古之贤人君子在列位者皆如是，是故下高其行而从其教，民化其廉而不贪鄙。及至周室之衰，其卿大夫缓于谊而急于利，亡推让之风而有争田之讼。故诗人疾而刺之，曰："节彼南山，惟石岩岩，赫赫师尹，民具尔瞻。"尔好谊，则民乡仁而俗善；尔好利，则民好邪而俗败。由是观之，天子大夫者，下民之所视效，远方之所四面而内望也。近者视而放之，远者望而效之，岂可以居贤人之位，而为庶人行哉！夫皇皇求财利，常恐乏匮者，庶人之意也；皇求仁义，常恐不能化民者，大夫之意也。《易》曰："负且乘，致寇至。"乘车者，君子之位也，负担者，小人之事也，此言居君子之位，而为庶人之行者，其患祸必至也。若居君子之位，当君子之行，则舍公仪休之相鲁，亡可为者矣。

【译文】天对生物是分别给予的，给予利齿的就不再给角，给予翅膀的就只给两只脚，也就是接受了大的，就不能再取小的。古时候领取俸禄的，就不靠体力劳动来吃饭，也不谋取工商之利，这也是接受了大的，不能再取小的，和天意是相同的。假如已经得到了大的，又去取小的，天还不能那样给予，何况是人呢？造就是人民纷纷愁苦衣食不足的原因啊。那些受君主宠爱身居高位的人，家中衣食饱暖并且享有优厚的俸禄，依仗富厚的资产和势力，在下面和百姓争利，老百姓怎么能和他们比呢？所以那些人使用众多的奴婢，拥有众多的牛羊，扩大他们的田地住宅，扩充他们的产业，增加他们的积蓄，致力于这些而且没有止境，压迫百姓，使百姓感到惊惧，百姓天天受到剥削，渐渐走向穷困。富人奢侈浪费，穷人穷急愁苦；穷人穷急愁苦而处在上位的人却不救济，就会民不聊生；民不聊生，百姓就会连死都不怕，又怎会害怕犯罪！这就是刑罚繁多，奸邪却不能禁止的原因啊。所以享受俸禄的人家，应该只食俸禄就算了，不应当和百姓争夺谋利的产业，这样利益就可以平均分配，百姓也可以家用充足。这是上天的理，也是古代的道，天子应当效法定为制度，大夫应该遵守实行。所以公仪子在鲁国做宰相时，回到家里看见妻子织帛，非常生气，赶走了他的妻子；在家里吃饭，吃到自家园里种的葵菜，气愤地把园里的葵菜拔了，说：“我已经有了俸禄，还要夺种菜人和织布女的利益吗？”古时候的贤人君子做官的都是这样，因此人民都尊敬他们的德行，听从他们的教化，人民受到他们廉洁的感化，就没有贪婪卑鄙的行为。到了周朝末年，卿大夫就不大讲求礼义而急于求利，失掉了谦让的风气而有争田的讼事。所以诗人憎恶、讽刺他们说：“高高的那座南山啊，山石是那样叠积；赫赫有名的师尹啊，人民都在瞻望着您！”做官的人心向仁义，人民自然就爱好仁义，风俗也就善良；做官的人好利，人民也就不正直，风俗就会败坏。由此看来，天子和大夫，是人民仰望、效法的榜样，是远方的人遥望着模仿他们，怎么能够处在贤人的地位却去做出平民的行为呢？那些忙着谋取财利，常常担心穷困的想法，是平民的意向；忙着寻求仁义，时常忧虑不能教化人民的打算，是大夫的思想。《周易》上说：“背着东西又坐车，招致强盗的到来。”乘车是说处在君子的地位，负担东西是小人的事情，这就是说，处在君子的地位却做出庶人的行为，他的祸患一定会到来。如果处在君子的地位，做君子应当做的事，那么，除了像公仪休在鲁国做宰相那样，就没有别的可以做的了。

《春秋》大一统者，天地之常经，古今之通谊也。今师异道，人异论，百家殊方，指意不同，是以上亡以持一统；法制数变，下不知所守。臣愚以为诸不在六艺之科，孔子之术者，皆绝其道，勿使并进。邪辟之说灭息，然后统纪可一，而法度可明，民知所从矣。

对既毕，天子以仲舒为江都相，事易王。易王，帝兄，素骄，好勇。仲舒以礼谊匡正，王敬重焉。久之，王问仲舒曰：“越王勾践，与大夫泄庸、种、蠡谋伐吴，遂灭之。孔子称殷有三仁，寡人亦以为越有三仁。桓公决疑于管仲，寡人决疑于君。”仲舒对曰：“臣愚不足以奉大对。闻昔者鲁君问柳下惠：‘吾欲伐齐，何如？’柳下惠曰：‘不可。’归而有忧色，曰：‘吾闻伐国不问仁人，此言何为至于我哉！’徒见问耳，且犹羞之，况设诈以伐吴乎？由此言之，越本无一仁。夫仁人者，正其谊不谋其利，明其道不计其功。是以仲尼之门，五尺之童羞称五伯，为其先诈力而后仁谊也。苟为诈而已，故不足称于大君子之门也。五伯比于他诸侯为贤，其比三王，犹武夫之与美玉也。”王曰：“善。”

【译文】《春秋》推重统一，这是天地永恒的原则，是古今共通的道理。如今老师所述的道理彼此不同，人们的议论也彼此各异，诸子百家研究的方向不同，意旨也不一样，所以处在上位的人君不能掌握统一的标准，法令制度多次改变，在下的百姓不知道应当怎样遵守。臣认为凡是不属于六艺的科目和孔子学术的学说都一律禁止，不许它们同样发展。邪僻的学说消失，然后学术的系统可以统一，法令制度就可以明白，人民也知道服从的对象了。对策结束后，汉武帝任命董仲舒为江都相，辅助易王。易王刘非，是汉武帝的哥哥，平素很骄横，喜欢勇武。董仲舒用礼义扶正易王，易王很敬重他。过了一段时间，易王问董仲舒说：“越王勾践和大夫泄庸、文种、范蠡密谋攻打吴国，后来终于灭了吴国。孔子说殷纣王有三位仁人，我认为越王勾践也有三位仁人。春秋时的齐桓公有疑难的事让管仲解答，我有疑问请您解说。”董仲舒回答说：“臣愚昧不能解答您提出的问题。我听说春秋时鲁国国君鲁僖公问鲁国大夫柳下惠：‘我想攻打齐国，怎么样？’柳下惠说：‘不行。’他回家后面有忧色，说：‘我听说攻伐别的国家不问有仁德的人，国君想攻打齐国为什么问我呢？柳下惠只不过被询问罢了，尚且感到羞愧，何况是设谋诈降来攻打吴国呢？由此说来，越国根本没有一位仁人。仁人端正他的义却不谋取私利，阐明他的道却不计较自己的功劳，所以在孔子的门徒里，即使是尚未成年的儿童也羞于谈论五霸，因为五霸推崇欺诈武力不注重仁义。越王君臣不过是实行不正当的诈术罢了，所以不值得孔子的门徒谈论。五霸比其他诸侯贤明，可是和三王相比，就好像似玉的石块和美玉相比一样啊。”易王说：“讲得好。”

仲舒治国，以《春秋》灾异之变，推阴阳所以错行，故求雨，闭诸阳，纵诸阴，其止雨反是；行之一国，未尝不得所欲。中废为中大夫。先是辽东高庙、长陵高园殿灾，仲舒居家，推说其意，草稿未上，主父偃候仲舒，私见，嫉之，窃其书而奏焉。上召视诸儒，仲舒弟子吕步舒不知其师书，以为大愚。于是下仲舒吏，当死，诏赦之，仲舒遂不敢复言灾异。

【译文】董仲舒治理国家，是用《春秋》记载的灾异变化来推究阴阳错行的原因，所以求雨时，闭阳纵阴，他止雨时就闭阴纵阳。这种祈雨止涝的方法推行到江都全国，没有不随心所欲的。后来，董仲舒被废为中大夫。在这之前，辽东郡祭祀汉高祖的高庙和汉朝皇帝祭祖的地方长陵高园殿先后发生火灾，董仲舒在家里推论天降火灾和人世的关系，奏章草稿写好了没有上呈。主父偃来探望董仲舒，私自看了奏章草稿，他平素就嫉妒董仲舒，便把奏章草稿偷走，上交给汉武帝. 汉武帝召集了很多儒生，让他们看董仲舒的奏章草稿。董仲舒的学生吕步舒不知道这个奏章草稿是他老师写的，认为非常愚昧。于是汉武帝把董仲舒交官问罪，判处死刑，后来汉武帝下诏赦免了他。董仲舒从此便不敢再谈论灾异变化。

仲舒为人廉直。是时方外攘四夷，公孙弘治《春秋》不如仲舒，而弘希世用事，位至公卿。仲舒以弘为从谀，弘嫉之。胶西王亦上兄也，尤纵恣，数害吏二千石。弘乃言于上曰："独董仲舒可使相胶西王。"胶西王闻仲舒大儒，善待之。仲舒恐久获辜，病免。凡相两国，辄事骄王，正身以率下，数上疏谏争，教令国中，所居而治。及去位归居，终不问家产业，以修学著书为事。

【译文】董仲舒为人廉洁正直。当时汉朝正用兵周边少数民族，公孙弘研究《公羊春秋》的水平不如董仲舒，可是公孙弘迎合世俗，掌握大权，位至公卿。董仲舒认为公孙弘奉承谄媚，公孙弘嫉恨董仲舒。胶西王刘端也是汉武帝的哥哥，为人特别放纵，凶残蛮横，多次谋杀朝廷派去的二千石官。公孙弘就跟汉武帝说："只有董仲舒可以担任胶西王相。"胶西王刘端听说董仲舒是有名的儒家大师，待他还比较尊重。董仲舒害怕时间长了会遭到不测之罪，就以年老有病为由辞职回家了。董仲舒共计做过江都、胶西两国的相，都是辅佐骄横的诸侯王，他以身作则为下属做表率，多次上疏直言规谏，制定教令颁行国中，他所在的江都、胶西两国国都均治理得很好。到了去官归家后，他根本不管家庭产业，只是埋头诵读，专心著书。

仲舒在家，朝廷如有大议，使使者及廷尉张汤就其家而问之，其对皆有明法。自武帝初立，魏其、武安侯为相而隆儒矣。及仲舒对册，推明孔氏，抑黜百家。立学校之官，州郡举茂材孝廉，皆自仲舒发之。年老，以寿终于家，家徙茂陵，子及孙皆以学至大官。

仲舒所著，皆明经术之意，及上疏条教，凡百二十三篇。而说《春秋》事得失，《闻举》《玉杯》《蕃露》《清明》《竹林》之属，复数十篇，十余万言，皆传于后世。掇其切当世施朝廷者著于篇。

【译文】董仲舒养病在家，朝廷如果讨论重大问题，就派使者和廷尉张汤到他家征询他的意见，董仲舒的解答都有根有据。从汉武帝初即位，魏其侯窦婴和武安侯田蚡先后做丞相，开始推崇儒学，到董仲舒对策，推尊宣扬孔子，抑黜百家。设立管理学校的官吏，州郡举荐茂材孝廉，都是从董仲舒开始的。董仲舒老年在家里寿终。后来他家迁往茂陵县，他的儿子和孙子都凭学问做了大官。

董仲舒的著作，都是阐明儒家经学意旨的，加上奏疏教令，总共一百二十二篇。解说《春秋》记事的得失，及《闻举》《玉杯》《蕃露》《清明》和《竹林》之类的文章，还有几十篇，十多万字，都流传到了后世。我挑选其中切合当今社会和朝廷的内容写在文章里。

赞曰：刘向称："董仲舒有王佐之材，虽伊、吕亡以加，管、晏之属，伯者之佐，殆不及也。"至向子歆以为："伊、吕乃圣人之耦，王者不得则不兴。故颜渊死，孔子曰'噫！天丧余。'唯此一人为能当之，自宰我、子赣、子游、子夏不与焉。仲舒遭汉承秦灭学之后，《六经》离析，下帷发愤，潜心大业，令后学者有所统壹，为群儒首。然考其师友渊源所渐，犹未及乎游、夏，而曰管、晏弗及，伊、吕不加，过矣。"至向曾孙龚，笃论君子也，以歆之言为然。

【译文】赞曰：刘向称赞："董仲舒有做君王辅佐的才干，即使是伊尹、吕望也不能超过他，管仲、晏婴之辈，是霸主的辅佐，怕是不如他吧。"刘向的儿子刘歆认为"伊尹、吕望是圣人的伴偶，王者得不到他们就不能兴起。所以颜渊死了，孔子说'噫！天灭亡我。只有颜渊一人能和伊尹、吕望相比，至于宰我、子贡、子游、子夏等人就不能列入圣人之偶的行列了。董仲舒遭逢西汉承接秦朝焚灭学术之后，《六经》分崩离析，于是他下帷发愤钻研，潜心经学大业，使后来的学者对儒家学说有了系统一致的认识，成为群儒的首领。可是考察他的师友渊源，看他们彼此间的影响，董仲舒还赶不上子游、子夏，却说管仲、晏婴不如他，伊尹、吕望超不过他，这种看法是不对的。"刘向的曾孙刘龚则是善于确当评论人物的君子，他认为刘歆对董仲舒的评价是恰当的。

法 言

汉扬雄撰。雄，成都人，字子云。成帝时，召对承明殿，奏《甘泉》《长杨》等赋，遂以为郎，给事黄门，王莽时卒。雄为人笃志嗜学，尤好儒家言，尝著《太玄》以拟《易》，著此书以拟《论语》。虽学者多讥其徒为貌似，不能恢张儒学；然详观其书，大抵尊孔子，谈王道，折衷百家之说，亦颇有善言，于儒家不为无功。厥后唐韩愈、宋司马光先后为一代大儒，皆推崇其书，而《法言》则尤有名，固不能尽疑其若侯芭之私阿所好也。

【译文】汉代扬雄著。扬雄，四川成都人，字子云。汉成帝时，在承明殿被召见，上奏了《甘泉》《长扬》等赋，于是被任命为皇帝的侍从，任给事黄门，王莽统治时期去世。扬雄为人专心好学，尤其喜好儒家学说，曾经仿照《易》著《太玄》，仿照《论语》著了此书。虽然有的学者讥讽他的著作只是貌似儒家，不能恢复、弘扬儒家思想；但是仔细的看他的书，总体来说是尊崇孔子，谈王道的，折衷了百家诸子的思想，也有很多好的言论，对于儒家学说也不是完全没有功劳的。其他的如后来唐代韩愈、宋代司马光都是一代大儒，都推崇他的书，其中《法言》最有名。所以不能尽怀疑他就像侯芭因私心尽偏袒扬雄的思想。

学 行

学，行之，上也；言之，次也；教人，又其次也。咸无焉，为众人。

【译文】治学力行修身最为上，著书立说是其次，说经教人又其次，什么都没有是凡人。

或曰：人羡久生，将以学也，可谓好学已乎？曰：未之好也，学不羡。

【译文】有的人问："有人贪欲长命长生，将用来学习，能够说他好学吗？"回答是："不算好学，因为真正的好学无所贪欲。"

天之道，不在仲尼乎？仲尼驾说者也，不在兹儒乎？如将复驾其所说，则莫若使诸儒金口而木舌。

【译文】天道不是由仲尼传达的吗？仲尼去逝了，不是落在当今诸儒身上吗？如果重新操持孔子抛舍下的大业，没有比使诸儒出仕在位，以行其道更好的了。

或曰：学无益也，如质何？曰：未之思矣。夫有刀者礲诸，有玉者错诸，不礲不错，焉攸用？礲而错诸，质在其中矣。否则辍。

【译文】有的人说："学习没有好处，对于一个人的本质，学习又能怎么样呢？"回答是："这么讲是因为没有深思的缘故。有刀的要磨砺它，有玉的要修治它。不磨砺，不修治，哪里能用得上它们呢？磨砺它，修治它，本质依旧在它们的里面未加改变，(而增加了它的用途。)不这样，就只止于本质本性而无所用。"

螟蛉之子殪而逢，蜾蠃祝之曰：类我，类我。久则肖之矣。速哉七十子之肖仲尼也。

【译文】螟蛉的幼虫静止不动，蜾蠃遇到了它，对着它祝祷说："像我吧！像我吧！"祝祷的时间长了就像它。七十弟子像仲尼，比这个还要快啊！

学以治之，思以精之，朋友以磨之，名誉以崇之，不倦以终之，可谓好学也已矣。

【译文】博学来修身治性，深思来抉择是非，广交朋友互相切磋，把学习当作事关名誉的大事来崇尚它，终生不倦，可称得上好学了。

孔子习周公者也，颜渊习孔子者也，羿、逄蒙分其弓，良舍其策，般投其斧而习诸，孰曰非也？或曰：此名也，彼名也，处一焉而已矣。曰：川有渎，山有岳，高而且大者，众人所能逾也。

【译文】孔子是学习周公的人，颜渊是学习孔子的人，羿、逄蒙解散他们的射弓，王良仍掉他的鞭子，鲁般抛弃他的斧子，而学习儒道，谁说不对呢？有的人说："这也是名誉，那也是名誉，(无论是射箭、御车、做木工还是修儒道)都各处一名罢了"。回答是："河川中有渎，山丘中有岳。同是河川山丘却有大小高低的不同。儒学高深而且广大，岂是众人所能超越的!”

或问：世言铸金，金可铸与？曰：吾闻觌君子者，问铸人，不问铸金。或曰：人可铸与？曰：孔子铸颜渊矣。或人踧尔曰：旨哉！问铸金，得铸人。

【译文】有的人问：“世人说能销石铸金，黄金可以铸化出来吗？”回答说：“我听说访问君子的人，询问怎样铸造人却不问怎样铸化黄金。”那个人问：“人也可以铸造吗？”回答说：“孔子铸造了颜渊。”那人惊叹地说：“好啊!问怎样铸化黄金却得到了铸造人的道理。”

学者，所以修性也。视、听、言、貌、思，性所有也。学则正，否则邪。

【译文】学习，是用来修治心性的。视、听、言、貌、思，都是本性中所有的。学习就能使他们端正，不学习就会使他们邪僻。

师哉！师哉！桐子之命也。务学不如务求师。师者，人之模范也。模不模，范不范，为不少矣。

【译文】老师啊老师，是影响改变昏昧无知之人的本性的人啊!致力学习不如致力于寻访明师。老师是人们的模范。模不像个模，范不像个范(老师不像个老师)的，为数不少啊!

一閧之市，不胜异意焉；一卷之书，不胜异说焉。一閧之市，必立之平；一卷之书，必立之师。

【译文】一条胡同的小市，不堪意见分歧；一卷书，不堪异说纷纭。一条胡同的小市，也必需制定统一的物价；一卷书，也必须置立博士经师。

习乎习！以习非之胜是，况习是之胜非乎？于戏！学者审其是而已矣。或曰：焉知是而习之？曰：视日月而知众星之蔑也，仰圣人而知众说之小也。

【译文】习惯啊习惯!凭不正确的习惯也能战胜正确的东西，何况是用正确的习惯战胜错误的东西。乌乎!修学的人明察那些正确的(并遂渐习惯它)就可以了。有的人问：“怎么才能知道哪些是正确的，并进而习惯它呢？”回答是：“仰视日月的光明就知道众星的渺小晦暗了；仰视圣人之道就知道众说的琐屑浅显了。”

学之为王者事，其已久矣。尧、舜、禹、汤、文、武汲汲，仲尼皇皇，其已久矣。

【译文】学习是做王的人的大事，那也是很久远的事了。尧、舜、夏禹、商汤、周文王、周武王都急急忙忙致力于学，仲尼也是一生极极于学，那已是很久远的了。

或问：进。曰：水。或曰：为其不舍昼夜与？曰：有是哉！满而后渐者，其水乎？

【译文】有的人问仕进之道。回答道：“水”。那人说：“是因为它昼夜不息地流淌吗？”回答道：“竟有这样的道理吗？自身盈满然后才求进的，那才是水呢？”

或问：鸿渐。曰：非其往不往，非其居不居，渐犹水乎！请问：木渐。曰：止于下而渐于上者，其木也哉！亦犹水而已矣。

【译文】有人问什么是“鸿渐”。回答是：“大雁不是它该去的地方不去，不是它该停留的地方不停留。雁的进也象水进的道理一样！”“请问什么是‘木渐’？”答云：“树木的根本深固在地下，枝条才长进向上，这就是树木！也象水进的道理一样啊！”

吾未见斧藻其德若斧藻其楶者也。

【译文】我不就曾见到喜好修益他的德性就好像喜好纹饰他的斗拱一样。

鸟兽触其情者也，众人则异乎！贤人则异众人矣，圣人则异贤人矣。礼义之作，有以矣夫。人而不学，虽无忧，如禽何？

【译文】鸟兽是发情纵欲的动物，凡人与动物有所不同。贤人与凡人又有所不同，圣人与贤人又有所不同。礼义的兴作是有其必然原因的。作为人却不学习，即使没有什么忧患，与禽兽又有什么区别呢？

学者，所以求为君子也。求而不得者有矣，夫未有不求而得之者也。

【译文】学习，是追求成为君子的途径，追求努力却不能如愿的人是有的，却没有不追求努力却能如愿的。

睎骥之马，亦骥之乘也。睎颜之人，亦颜之徒也。或曰：颜徒易乎？曰：睎之则是。曰：昔颜尝睎夫子矣，正考甫尝睎尹吉甫矣，公子奚斯尝睎尹吉甫矣。如不欲睎则已矣，如欲睎，孰御焉？

【译文】希望自己成为骐骥一样的马，也就是骐骥的同伴了。希望自己成为颜渊一样的人，也就成为颜渊的同类了。有人问："成为颜渊的同类容易吗？"回答说："向他看齐就是了。"接着说道："过去颜渊曾经向孔夫子看齐，正考甫曾经向尹吉甫看齐，公子奚斯曾经向正考甫看齐。不想向别人看齐就罢了，如果想向别人看齐，谁能禁止得了呢？"

或曰：书与经同，而世不尚，治之可乎？曰：可。或人哑尔笑曰：须以发策决科。曰：大人之学也，为道；小人之学也，为利。子为道乎？为利乎？或曰：耕不获，猎不飨，耕猎乎？曰：耕道而得道，猎德而得德，是获飨已，吾不睹参、辰之相比也。是以君子贵迁善。迁善也者，圣人之徒与！百川学海，而至于海；丘陵学山，不至于山，是故恶夫画也。

【译文】有的人问："一般的书籍与经书的价值等同，但世人不重视，研究修习它可以吗？"回答说："可以。"那人哑然笑着说："等着凭借它应试选官？"对答道："贤人学习是为了道义，小人学习是为了利益。您是为了道义而学呢，还是为了利益而学？"那人接着问："假如耕种却没有收获，打猎却没有猎获可以奉献鬼神，那还会耕种和打猎吗？"对答道："耕种的是道而获得了道，猎取的是德而得到的是德，这就是收获了。我没有见过参和辰并列而出，(道和利也不可兼得。)所以有德之人重视去恶从善。去恶从善，大概就是圣人的徒弟了吧！百川学习大海、奔流不息而到达大海；丘陵羡慕高山，(因停止不动)而到不了高山，所以说厌恶顽固自守，停止不动啊！"

频频之党，甚于斯，亦贼夫粮食而已矣。朋而不心，面朋也；友而不心，面友也。

【译文】互相勾结结成朋党，比斯的害处还大，也是一群蠹害粮食的害虫。是同学却不诚心相待，只是表面上的同学，是同志却不能互相推心置腹，也仅是表面上的同志。

或谓子之治产，不如丹圭之富。曰：吾闻先生相与言，则以仁与义；市井相与言，则以财与利。如其富！如其富！或曰：先生生无以养也，死无以葬也，如之何？曰：以其所以养，养之至也；以其所以葬，葬之至也。

【译文】有人说："你治理产业比不上丹圭的富有。"回答是："我听说有德的先生们相互谈论的是仁与义，市井中的商人们相互谈论的是财与利。仁与义，那才是他的财富!那才是他的财富!"那人问："先生活着没有养身的东西，死后没有葬身的财物，该怎么办?"回答道："用礼义养身，那是'养'的极至，用礼义葬身，那是最好的'葬'。"

或曰：猗顿之富以孝，不亦至乎？颜其馁矣！曰：彼以其粗，颜以其精；彼以其回，颜以其贞。颜其劣乎？颜其劣乎？

【译文】有人说："有倚顿的财富用来尽孝不是更好吗!颜渊虽然孝，但却不能免除他亲人的饥饿啊!"回答道："那些人只能用衣食这些物质养其肉体，颜渊却用礼义悦其精神；那些人只能用奸诈歪邪而颜渊却用的是高节正直。颜渊难道就劣弱吗?颜渊难道就劣弱吗?"

或曰：使我纡朱怀金，其乐可量也。曰：纡朱怀金者之乐，不如颜氏子之乐。颜氏子之乐也，内；纡朱怀金者之乐也，外。或曰：请问屡空之内。曰：颜不孔，虽得天下不足以为乐。"然亦有苦乎？"曰：颜苦孔之卓之至也。或人瞿然曰：兹苦也，祇其所以为乐也与！

【译文】有人说："能让我身佩朱绶，怀藏金印，那样的快乐不可估量啊!"回答说："身佩朱纡，怀藏金印的快乐，不如颜渊的快乐。颜渊的快乐是内在的，身佩朱纡，怀藏金印的快乐是外在的。"那人发问："请问你所说的那种穷困不堪的内在之乐是什么呢?"回答道："颜渊如果不能遇到孔子师事他以修道，即使得到天下也不值得乐!""那颜渊也有苦吗?"回答是："颜渊苦的是孔子卓然独立，自己永远无法达到那一境界。"那人大悟惊喜地说："这种苦，恰恰是他所乐啊!"

曰：有教立道，无止仲尼；有学术业，无止颜渊。或曰：立道，仲尼不可为思矣。术业，颜渊不可为力矣。曰：未之思也，孰御焉？

【译文】可以说：有教则立道，不要拘止于孔子之学，有学则述业，不要拘止于颜渊之业。有人说："立道创学，孔子已至其极，别人不能再想了；承学述业，颜渊已是最好，后人再努力也无用了!"回答是："这是没有思考的谬说。学无止境，谁能禁止使它停滞不前呢!"

修 身

修身以为弓，矫思以为矢，立义以为的，奠而后发，发必中矣。

【译文】以修养自身为弓，以矫正思想为箭，以树立正义为箭靶子。定神凝思然后射击，射击就一定能射中。

人之性也，善恶混。修其善则为善人，修其恶则为恶人。气也者，所以适善恶之马也与？

【译文】人的性，善恶混杂，修养善的一面就是善人，修养恶的一面就是恶人。充溢体内的气，是乘着它走向善或走向恶的马吧！

或曰：孔子之事多矣，不用，则亦勤且忧乎？曰：圣人乐天知命，乐天则不勤，知命则不忧。

【译文】有人问："孔子能作的事情很多，不被任用，也该有所忧愁吧！"回答道："圣人能乐天知命。乐天就不会忧愁，知命也不会忧愁。"

或问：铭。曰：铭哉！铭哉！有意于慎也。

【译文】有人问铭文的作用，回答是："铭文啊！铭文啊！用意是告戒提醒自身要谨慎啊！"

圣人之辞，可为也；使人信之，所不可为也。是以君子强学而力行。

【译文】圣人的言辞，可以依照行事的，使人相信它；不能依照行事的，使人敬畏它。因此，君子要勉力学习，尽力实行。

珍其货而后市，修其身而后交，善其谋而后动成道也。

【译文】把自己的货物弄好然后去交易，提高自身修养然后去交友，把谋略制定好然后再行动，这是成功之道。

君子之所慎，言礼书。

【译文】君子所谨慎的是言辞，礼仪和著书。

上交不谄，下交不骄，则可以有为矣。或曰：君子自守，奚其交？曰：天地交，万物生；人道交，功勋成，奚其守？

【译文】与地位高的人交往不谄媚，与地位低的人交往不傲慢，就可以有所作为了。有人问："君子应当自守，为什么要交往呢！"回答道："天地交合，生成万物，人与人以道相交，成就功勋，为什么要自守呢？"

好大而不为，大不大矣；好高而不为，高不高矣。

【译文】喜欢大却不去做，大就不能成其大了；喜欢高却不力行，高就不成其高了。

仰天庭而知天下之居卑也哉！

【译文】仰望天庭就知道天底下人的居所低小了。

公仪子、董仲舒之才之邵也，使见善不明，用心不刚，俦克尔？

【译文】公仪休和董仲舒二人的材略很俊美。假使见善却不明，用心却不刚毅，谁能像他们那样呢？

或问：仁、义、礼、智、信之用。曰：仁，宅也。义，路也。礼，服也。智，烛也。信，符也。处宅，由路，正服，明烛，执符，君子不动，动斯得矣。

【译文】有人问仁、义、礼、智、信的用处。回答道："仁如住宅，义如道路，礼如衣服，智如灯烛，信如符契。处身宅里，行在路上，端正衣服，点明灯烛，手持符契。君子不动，动就能成。”

有意哉！孟子曰：夫有意而不至者有矣，未有无意而至者也。

【译文】有味道啊！孟子的话：立志去做却做不到的时候是有的，却没有无意去作而做到的。

或问：治己。曰：治己以仲尼。或曰：治己以仲尼，仲尼奚寡也！曰：率马以骥，不亦可乎？

【译文】有人问如何要求自己。回答是：“以孔子为榜样要求自己。”反问道：“都以孔子为榜样要求自己，为什么像孔子一样的人那么少？”回答道：“用骐骥作众马的先导，不也可以吗？”

或曰：田圃田者，莠乔乔；思远人者，心忉忉。曰：日有光，月有明。三年不目日，视必盲；三年不目月，精必蒙。荧魂旷枯，糟莩旷沈，擿埴索涂，冥行而已矣。”

【译文】有人说：“耕种大田，莠草高高，思念远方之人，心神忧劳。”回答说：“太阳有光，月亮有明，三年不看太阳眼睛必瞎，三年不看月亮，眼睛的精光必失。眼睛光亮的神气长久不视就会枯槁，眼睛炯炯的神采长久不用就会沉没。(不仰视孔子之学)就像瞎子以手杖点击寻路，黑暗中行走一样罢了。”

或问：何如斯谓之人？曰：取四重，去四轻，则可谓之人。曰：何谓四重？曰：重言，重行，重貌，重好。言重则有法，行重则有德，貌重则有威，好重则有观。敢问：四轻。曰：言轻则招忧，行轻则招辜，貌轻则招辱，好轻则招淫。

【译文】有人问：“怎么样就可称为人了？”回答是：“取四重、弃四轻就可以称作人了。”又问：“什么是四重？”回答是：“出语庄重，行为庄重，仪貌庄重，嗜好庄重。出言庄重就可效法，行为庄重就有德行，形貌庄重就有威仪，嗜好庄重就有可观。”“敢问四轻是什么？”说道：“出言轻佻就会招来忧患，行为轻桃就会招来罪罚，仪貌轻桃就会招来羞辱，嗜好轻浮就会招致淫邪。”

《礼》多仪。或曰：日昃不食肉，肉必干；日昃不饮酒，酒必酸。宾主百拜而酒三行，不已华乎？曰：实无华则野，华无实则贾，华实副则礼。

【译文】《礼经》记载了很多的礼仪。有人问："太阳西斜了还忙着行礼，不吃祭肉，肉一定都干了；太阳西斜了还不喝酒，酒一定都酸了。宾客与主人没完没了地互行拜礼，饮酒时又要多次彼此酬酢，这不是太讲究礼的形式了吗？"回答说："有内容而没有华美的形式就粗野不文雅，没有内容只重形式就虚伪不实在。内容与形式相符才是礼。"

山雌之肥，其意得乎？或曰：回之箪瓢，臞如之何？曰：明明在上，百官牛羊，亦山雌也；闇闇在上，箪瓢捽茹，亦山雌也，何其臞？千钧之轻，乌获力也；箪瓢之乐，颜氏德也。

【译文】雌雉隐处山梁，该是很适意的吧！有人说："颜回箪食瓢饮，穷困潦倒，多么的贫瘠啊！"回答道："明君在上，君子享用百官的奉侍、馈赠的牛羊，也如山梁上的雌雉一样。昏君在上，君子箪食瓢饮，也象山梁雌雏一样，哪有什么贫瘠？以千钧当轻，那是乌获的力量，以箪食瓢饮为乐，那是颜回的品德。"

或问：犁牛之鞹与玄骍之鞹，有以异乎？曰：同。然则何以不犁也？曰：将致孝乎鬼神，不敢以其犁也。如刲羊刺豕，罢宾犒师，恶在犁不犁也！

【译文】有人问："杂纹的牛皮去了毛和纯黑纯赤的牛皮去了毛有区别吗？"回答道："一样。""既然这样，那么为什么祭祀时不用杂纹的牛呢？"回答道："将用它向鬼神致敬致孝，不敢用那些杂纹的。如果杀羊宰猪，慰问宾客、犒劳军队，哪管杂纹不杂纹呢？"

有德者好问圣人。或曰：鲁人鲜德，奚其好问仲尼也？曰：鲁未能好问仲尼故也。如好问仲尼，则鲁作东周矣。

【译文】有德的人喜欢请教圣人。有人反问："鲁国人少德，为什么也喜欢问孔子呢？"回答道："那是因为鲁不能真心喜欢请教孔子的缘故，如果真喜欢请教孔子，那么，鲁在东方如西周一样兴起强大了。"

天下有三检：众人用家检，贤人用国检，圣人用天下检。天下有三门：由于情欲，入自禽门；由于礼义，入自人门；由于独智，入自圣门。

【译文】天下有三种察验：众人用家的贫富，察验自己；贤人用国的强弱，察验自己，圣人用天下的治乱，察验自己。天下有三个门：经由情欲只能进入禽兽之门，经由礼仪进入人门，经由超凡越时之智的进入圣人之门。

或问：士何如斯可以禔身？曰：其为中也弘深，其为外也肃括，则可以禔身矣。

【译文】有人问：“士怎样就可以安身了？”回答说：“内里的志向宏大而深刻，外在的表现敬肃威严而又律己有法就可以安身了。”

君子微慎厥德，悔吝不至，何元憞之有？

【译文】君子防微杜渐、谨慎其德，小过失都不能有，哪会有大罪恶呢？

上士之耳训乎德，下士之耳顺乎己。

【译文】上士的耳朵闻德言就顺从，下士的耳朵闻谈己之言就高兴。

言不惭、行不耻者，孔子惮焉。

【译文】出言而能不惭愧，行动而能不羞耻，言行都能心安理得，孔子也以为难能。

问 道

或问：道。曰：道也者，通也，无不通也。或曰：可以适它与？曰：适尧、舜、文王者为正道，非尧、舜、文王者为它道，君子正而不它。

【译文】有人问“什么是道？”回答：“道就是通，没有不能通达的。”问：“可以通到儒家以外的异端那里去吗？”又回答说：“通到尧、舜、文王那里的是正道，不是尧、舜、文王那里的是异途。君子行正道而不走异途。”

或问：道。曰：道若涂若川，车航混混，不舍昼夜。或曰：焉得直道而由诸？曰：涂虽曲而通诸夏则由诸，川虽曲而通诸海则由诸。或曰：事虽曲而通诸圣则由诸乎？

【译文】有人问："什么是道？"回答道："道就像道路与河道一样。车在道路上，船在河道上混混往来，昼夜不息。"有人又问："怎样才能得到一条捷径直道，径由它前往呢？"回答道："道路虽然曲折，但是通往华夏就径由它，河流虽然弯曲，但是通往大海就径由它。"那人若有所悟地说："事情虽然曲折，但是它通往圣域也就径由它吧！"

道、德、仁、义、礼，譬诸身乎？夫道以导之，德以得之，仁以人之，义以宜之，礼以体之，天也。合则浑，离则散，一人而兼统四体者，其身全乎！

【译文】道、德、仁、义、礼，用人体比喻就像人的一个整体一样，(不可分割、缺一不可。)道，引导他前进；德，使他修养有所得；仁，使他具有人意而成为异于禽兽的人；义，使他有了判断是非的标准而行事合宜；礼，使他行为规范而合乎事体。这都是天性。五者相合就成浑然一体，分离则散残不全。一人兼备头、身、手、足的才算完整的人，(兼备道、德、仁、义、礼的人才叫全性之人。)

或问：德表。曰：莫知作，上作下。请问：礼莫知。曰：行礼于彼，而民得于此，奚其知！或曰："孰若无礼而德？曰：礼，体也。人而无礼，焉以为德？

【译文】有人问："德的外在表现形式是怎样的？"回答说："不知它是怎样起作用的。上层用以兴化下民。"请问："德表为礼，为什么说不知道呢？"回答说："上层在那里行礼，而下民在这里得以受教，怎么能说是知道呢？"又问："比得上不求外在的礼仪形式而专求内在修养的德吗？"回答道："礼，就像身体一样，人如果没有了身体，又用什么去养德呢？"

或问：天。曰：吾于天与，见无为之为矣！或问：雕刻众形者匪天与？曰：以其不雕刻也。如物刻而雕之，焉得力而给诸？

【译文】有人问："什么是天？"回答说："我对于天，见到的是它无所为而万物成。"又问："难道庄子所说的那种'雕刻众形'的天就不是天吗？"回答说："因为天从来就不'雕刻'。假如对万物又刻又雕，哪里有这么多的力量供给它呢？"

老子之言道德，吾有取焉耳。及搥提仁义，绝灭礼学，吾无取焉耳。

【译文】老子关于道及德的一些学说，我是有所吸取的，至于他那些抛弃仁、义，灭绝礼、学的主张，我就不吸取了。

吾焉开明哉？惟圣人为可以开明，它则苓。大哉，圣人言之至也！开之，廓然见四海；闭之，閛然不睹墙之里。圣人之言，似于水火。或问：水火。曰：水，测之而益深，穷之而益远；火，用之而弥明，宿之而弥壮。

【译文】我哪里能开明呢？只有圣人才可以开明，其它就只能像车前的转孔一样。伟大啊!圣人言论至广至深。学者如能用圣言开其明，就能豁然明朗，广见四海;学者如果不能用圣言，呼然闭其明，就连墙里至近至小的范围也看不清。圣人的言论就像水火一样。”有人又问：“为什么说像水火？”回答道：“水，探测它却越探越深，想穷极其源却越追越远；火，用它却更加明亮，积蓄它却更加旺盛。”

允治天下，不待礼文与五教，则吾以黄帝、尧、舜为疣赘。或曰：太上无法而治，法非所以为治也。曰：鸿荒之世，圣人恶之，是以法始乎伏牺，而成乎尧。匪伏匪尧，礼义哨哨，圣人不取也。

【译文】诚能治好天下却不需要礼仪文法及五教，那么我就把黄帝、尧、舜当作无用的疣赘。有人说：“太古之时没有法而天下大治，可见法就不是治天下所必需的。”回答说：“鸿荒的远古，(民无法也没有礼义廉耻，)所以圣人厌恶这种状况。因此，法创始于伏牺，成熟在尧。如果不是伏牺不是尧创立的法，虽然礼义杂出，圣人也弃而不取。”

或问：八荒之礼，礼也，乐也，孰是？曰：殷之以中国。或曰：孰为中国？曰：五政之所加，七赋之所养，中于天地者，为中国。过此而往者，人也哉。圣人之治天下也，碍诸以礼乐。无则禽，异则貉。吾见诸子之小礼乐也，不见圣人之小礼乐也。孰有书不由笔，言不由舌？吾见天常为帝王之笔、舌也。

【译文】有人问：“海外异域的礼和乐，哪些是适当的？”回答说：“用中国的制度规范他们就行了。”又问：“什么是中国？”回答道：“用五政治理，用七赋养育，成为天地中心的就是中国，超过这个范围以外的，仅能算是人而已。圣人治理天下，用礼乐防止人们的淫思僻行。没有礼乐，与禽兽无异;虽有礼乐却异于中国的，也仅是蛮夷之礼罢了。我见过诸子们蔑视礼乐的，不曾见过圣人蔑视礼乐的。谁能够书写却不用笔，说话却不用舌呢？我以为礼乐就是帝王们的笔舌。”

智也者，知也。夫智用不用，益不益，则不赘亏矣。深知器械、舟车、宫室之为，则礼由已。

【译文】所谓智就是知。对于智来说，用其不当用，增其不当增，岂不就或亏损或累赘了吗？深刻地知道器械、舟车，宫室的制作之意，那么礼就可以通行了。

或问：大声。曰：非雷非霆，隐隐聆聆，久而愈盈，尸诸圣。

【译文】有人问："什么是大声？"回答说："不是雷也不是霆的那种隐隐耻耻之声，而是时间越久却越能震聋发聩的圣人的言论。

或问：道有因无因乎？曰：可则因，否则革。

【译文】有人问："道是因循呢，还是不因循呢？"回答是："正确可行的就因循，否则就改革。"

或问：无为。曰：奚为哉？在昔虞、夏袭尧之爵，行尧之道，法度彰，礼乐著，垂拱而视天下民之阜也，无为矣。绍桀之后，纂纣之余，法度废，礼乐亏，安坐而视天下民之死，无为乎？

【译文】有人问"无为是怎么回事？"回答说："为什么有所为呢？在过去，虞舜、夏禹继承尧的帝位，奉行尧的圣道，法度彰明，礼乐昌盛，垂拱无为而见到天下民众的丰厚富有，那是可以无为的。继位于夏桀乱世之后，承续于商纣王暴政之余，法度废坏，礼乐亏损，怎么能坐看天下民众的死亡而无所作为呢？"

或问：太古涂民耳目，惟其见也闻也。见则难蔽，闻则难塞。曰："天之肇降生民，使其目见耳闻，是以视之礼，听之乐。如视不礼，听不乐，虽有民，焉得而涂诸？

【译文】有人问："远古的时候堵塞民众的耳朵和眼睛，不让他们有所见闻。只要他们有所见有所闻了，见了就难以再蒙住他们的眼睛，听了就难再堵住他们的耳朵。"回答说："上天最初降生下民，使他们目能有所见，耳能有所闻，因此让他们看的是礼，听的是乐。假如看的不是礼，听的不是乐，天下不治，民众离散，即使有民众，又怎么能把他们组织在一起而去堵塞他们的耳目呢？"

或问：新敝。曰：新则袭之，敝则益损之。

【译文】有人问如何对待新兴和敝败。回答说："新兴的就继承，敝败的就变革。"

或问：太古德怀不礼怀，婴儿慕，驹犊从，焉以礼？曰：婴、犊乎！婴、犊母怀不父怀。母怀，爱也；父怀，敬也。独母而不父，未若父母之懿也。

【译文】有人问："远一古时人们只出于本性去爱而不人为的依据礼的要求去爱，婴儿爱慕自己的母亲，小驹小犊随从在母亲之后，哪里用得上礼呢？"回答说："婴儿和牛犊吗？婴儿和牛犊只知依恋母亲却不知爱慕父亲。对母亲的依恋是出于天性的爱，对于父亲的依恋，是出于礼所要求的敬。只知道依恋母亲却不知道依恋父亲，不如既爱父亲又爱母亲好。"

狙诈之家曰：狙诈之计，不战而屈人兵，尧、舜也。曰：不战而屈人兵，尧、舜也。沾项渐襟，尧、舜乎？衒玉而贾石者，其狙诈乎！或问：狙诈与亡孰愈？曰：亡愈。或曰：子将六师，则谁使？曰：御得其道，则天下狙诈咸作使；御失其道，则天下狙诈咸作敌。故有天下者，审其御而已矣。或问：威震诸侯，须于征与狙诈之力也，如其亡？曰：威震诸侯须于狙诈，可也。未若威震诸侯而不须狙诈也。或曰：无狙诈，将何以征乎？曰：纵不得不征，不有司马法乎？何必狙诈乎！

【译文】兵权谋家说："用权谋之计，不用战斗就能使敌人之兵屈服，尧、舜都是这样吧!"回答说："不用打仗就能使敌军屈服的是尧、舜，那么(用权谋之计)而使人血溅颈项，红染衣襟的也是尧、舜吗？吆喝着卖玉而实际上卖的是石头，也是权谋吗？"有人问："用权谋可以生存，不用权谋就灭亡，用权谋与灭亡哪个好呢？"回答说："灭亡更好。"有人又问："您如果率领军队，使用什么样的人呢？"回答道："以正义去统领，那么天下的权谋都可以使用，不以正义去统领，那么天下的权谋都成为对敌。所以拥有天下的人，谨慎他的统治方式就行了。"有人又问："想要威震诸侯，就得有待征伐和权谋之力，比起不用权谋而败亡岂不更好？"回答说："威震诸侯却有待于权谋，不能说不行，但不如威震诸侯却不用权谋。"有人问："不用权谋，将用什么出征打仗呢？"回答说："即使不得不出征打仗，不是可以用《司马法》吗？为什么一定要用权谋呢？"

申、韩之术，不仁之至矣，若何牛羊之用人也？若牛羊用人，则狐狸、蝼螾不膢腊也与？或曰：刀不利，笔不铦，而独加诸砥，不亦可乎？曰：人砥，则秦尚矣。或曰：刑名非道邪？何自然也？曰：何必刑名？围棋、击剑、反目、眩形，亦皆自然也。由其大也，作正道；由其小者，作奸道。或曰：申、韩之法非法与？曰：法者，谓唐、虞、成周之法也。如申、韩！如申、韩！

【译文】申不害、韩非的刑名法术，不仁至极了，怎么能像以刀杀戮牛羊一样以酷法对待人呢？如果像以刀杀牛羊一样用酷法治民众，那么狐狸、蝼蛄、蚯蚓等这些食肉或食腐动物岂不像人们在膢祭、腊祭时有肉可以饱食一样有人肉供它们享用了？有人发问：“削刀不锋利，笔锋不尖锐时可以用磨石磨砺(或削刮)它们，人们如不堪用，就用严刑酷法治理他们，不也可以吗？”回答说：“把人用酷法整制就像把刀用磨石磨砺，秦做得最好了，(但秦不也正是因暴虐而灭亡了吗？)”有人说：“刑名之学难道就不是道吗？多么的自然啊？”回答说：“何必只是刑名之学自然？围棋、击剑、杂技、魔术，也都是自然的。但用那些宏大的(如礼乐)，就是端正之道，用那些琐屑的，就是奸邪之道。”有人又问：“申不害，韩非的法就不是法了吗？”回答说：“法，说的只是唐尧、虞舜、成汤和周王的法。哪里说得是申、韩之法!哪里说得是申韩之法!”

庄周、申、韩不乖寡圣人而渐诸篇，则颜氏之子、闵氏之孙其如台。或曰：庄周有取乎？曰：少欲。邹衍有取乎？曰：自持。至周罔君臣之义，衍无知于天地之间，虽邻不觌也。

【译文】庄周、申不害、韩非等人如果不违逆圣人而又能用六艺篇籍习染侵润他们，那么，颜氏的儿子，闵氏的孙子这些孔门后学又能比他们怎样呢？有人问：“庄周的学说有可取之处吗？”回答说：“是少欲。”又问：“邹衍的阴阳家学说有可取之处吗？”回答说：“是自我节持。”至于庄周不讲君臣大义，邹衍对天地之间无知却胡说，既使他们与我为邻也不与他们相见谈论这样的话题。”

问明

或问：命。曰：命者，天之命也，非人为也，人为不为命。请问：人为。曰：可以存亡，可以死生，非命也。命不可避也。或曰：颜氏之子，冉氏之孙。曰：以其无避也，若立岩墙之下，动而征病，行而招死，命乎！命乎！

【译文】有人问："什么是命？"回答说："所谓命是指上天安排的命运，不是人为的结果。人为的结果不叫'命'。""请问什么叫'人为'？"回答说："因人为的原因而可以使存者亡，可以使死者活，这就不是命。命是人自身无可逃避的。"那人又问："颜渊修德却早死，冉伯牛有德却患恶疾，天命就这样吗？"回答说："因为那些遭遇是无法逃避的。如果像身立危墙之下不避危险，行动不当而致病，行为不当而招死，那岂能是命？岂能是命？"

吉人凶其吉，凶人吉其凶。

【译文】吉祥之人以吉为凶，凶恶之人以凶为吉。

辰乎，辰！曷来之迟，去之速也，君子竞诸。

【译文】时机啊时机，为什么到来是那样迟缓而逝去是那样的迅速！君子就得争取时间抓住时机。

譊言败俗，譊好败则，姑息败德。君子谨于言，慎于好，亟于时。

【译文】胡乱之言败坏风俗，荒诞的喜好败坏法则，暂且苟安败坏人的品德。君子小心出言，谨慎自己的嗜好，珍惜时间。

吾不见震风之能动聋聩也。

【译文】我没见到过大风能够震动耳聋之人。

或问：尧将让天下于许由，由耻，有诸？曰：好大者为之也。顾由无求于世而已矣。允喆尧儃舜之重，则不轻于由矣。好大累克，巢父洒耳，不亦宜乎？灵场之威，宜夜矣乎！

【译文】有人问："尧准备把天下禅让给许由，许由觉得可耻，有这样的事吗？"回答说："是喜好夸大其辞的人编造的。许由不过是于世无求罢了。诚能知道尧禅让舜时的慎重，就能明白不会轻率地禅让给许由了。喜好夸大其辞的人争相夸大以相胜，继而又造出巢父洗耳的故事，也就是自然的事了。祭祀坛场上鬼神的威赫，只适宜在夜间昏暗之时，(这些荒诞之说也只能在庸俗之人那里才被相信。)

朱鸟翾翾，归其肆矣。或曰：奚取于朱鸟哉？曰：时来则来，时往则往，能来能往者，朱鸟之谓与？

【译文】燕子翩翩而飞，自由自在回到南方去了！有人问："燕子有什么可取的？"回答说："时候宜来就来了，时候宜去就去了。能来能往的，不就是燕子吗？"

或问：韩非作《说难》之书，而卒死乎说难，敢问何反也？曰：说难盖其所以死乎？曰：何也？曰：君子以礼动，以义止，合则进，否则退，确乎不忧其不合也。夫说人而忧其不合，则亦无所不至矣。或曰：说之不合，非忧邪？曰：说不由道，忧也；由道而不合，非忧也。

【译文】有人问："韩非创作了《说难》之书，而最终死于游说秦王，为什么深知说难而不能自脱呢？"回答说："他认为游说艰难大概就是他致死的原因吧！"那人问："为什么呢？"回答说："君子依礼行动，循义停止。对方与自己相合就进而劝说，不合就退而修德。守正不移，从不担心对方与自己不合。如果游说他人却担心对方与自己不合，那么不循礼义的谗佞邪媚就无所不至了。"那人又问："游说却不能投合，难道就不担忧吗？"回答说："游说却不用正道，这是所担忧的；用正道游说却不能投合，这不是所忧虑的。"

或问：哲。曰：旁明厥思。问：行。曰：旁通厥德。

【译文】有人问："怎样才算睿哲？"回答说："广学博问，使自己的思想明晰有理。"又问："怎样才算有品行？"回答说："广学博问，使自己的品德通达无碍。"

先知（节录）

为政日新。或人：敢问日新。曰：使之利其仁，乐其义。厉之以名，引之以美，使之陶陶然，之谓日新。

【译文】为政要日日有新。或人说："请问什么是日日有新？"回答说："使众下以仁为利益，以义为快乐。用名誉激励他们，用表彰诱导他们，使他们陶陶而乐，这就是所说的日日有新。”

或问：民所勤。曰：民有三勤。曰：何哉所谓三勤？曰：政善而吏恶，一勤也；吏善而政恶，二勤也；政、吏骈恶，三勤也。禽兽食人之食，土木衣人之帛，谷人不足于昼，丝人不足于夜之谓恶政。

【译文】有人问：“老百姓忧劳的事情是什么？”回答说：“老百姓有三大忧劳。”问：“是什么呢？”回答说：“政策虽好，行政的官吏腐败暴戾，这是一大忧苦；官吏虽然好，政策却不好，这是一大忧苦；政策、官吏都坏，这又是一大忧苦。禽兽侵食人的粮食，建筑物上饰挂着人穿的丝帛，生产粮食的成天到晚尽力于田野还干不完，生产织物的整宿整夜地织作也难维护生计，这就是所说的恶政。”

或曰：人君不可不学《律》《令》。曰：君子为国，张其纲纪，谨其教化。导之以仁，则下不相贼；莅之以廉，则下不相盗；临之以正，则下不相诈；修之以礼义，则下多德让。此君子所当学也。如有犯法，则司狱在。

【译文】有人说：“人君不能不学习法律。”回答说：“君子治理国家，布施他的治国大纲，谨行教化，用仁义引导他们，下民就不会互相残杀；用廉洁来督察他们，下民就不会偷盗；用正道治理他们，下民就不会欺诈；用礼义修养他们，下民就多美德能礼让。这些是君子所应当学习的。如果有谁犯了法，那么有主管司法的官吏在。”

或苦乱。曰：纲纪。曰：恶在于纲纪？曰：大作纲，小作纪。如纲不纲，纪不纪，虽有罗网，恶得一目而正诸？

【译文】有人苦于为政的纷乱。回答说：“纲、纪！”问：“为什么在于纲纪？”回答说：“大的作为纲，小的作为纪。如果该作纲的不作纲，该作纪的不作纪，即使有罗网，又怎么能使一个网眼理得顺呢？”

或曰：齐得夷吾而霸，仲尼曰小器。请问大器。曰：大器其犹规矩准绳乎？先自治而后治人之谓大器。或曰：正国何先？曰：躬工人绩。

【译文】有人说：“齐桓公得到管仲而称霸天下，孔子还说他是‘小器’。请问什么是‘大器’？”回答说：“大器就像圆规、方矩、水准、墨绳一样吧，先把自身治好然后再治理他人就是所说的‘大器’。”有人问：“治理国家以什么为先？”回答说，“先正自身以临百官，其次乃考察其人，考其勋绩也。

或曰：为政先杀后教。曰：呜呼！天先秋而后春乎？将先春而后秋乎？吾见玄驹之步，雉之晨雊也，化其可以已矣哉！

【译文】有人问：“为政先行刑法，后施教化。”回答说：“可叹!天是先有秋后有春呢？还是先有春后有秋呢？我看到蚂蚁爬行，雄雉晨鸣(他们都是感春光之化)，这种感化难道可以停止吗？”

民可使觌德，不可使觌刑，觌德则纯，觌刑则乱。

【译文】下民可让他们经常受正面美德的熏染，不能让他们总是看到犯法的事情。经常看到的是美德，下民就纯朴敦厚，经常看到的是作奸犯科的事情，下民就悖乱无常。

君子

或问：君子言则成文，动则成德，何以也？曰：以其弸中而彪外也。般之挥斤，羿之激矢，君子不言，言必有中也；不行，行必有称也。或问：君子之柔刚。曰：君子于仁也柔，于义也刚。

【译文】有人问：“君子出言就能成文章，行动就能成美德，这是因为什么？”回答说：“因为他美德充满内里，文彩流溢外发。就像公输盘挥斧，后羿射箭一样，君子不轻易地说，说就一定中肯;不轻易去做，做就一定合宜。”有人问：“君子怎样对待柔、刚？”回答说：“君子仁心爱人就柔，大义果行就刚。”

或问：航不浆，冲不荠，有诸？曰：有之。或曰：大器固不周于小乎？曰：斯械也，君子不械。

【译文】有人问：“楼船不能盛酒浆，冲车不能装碎芥。有这么个说法吗？”回答说：“有的。”又问：“庞大的器物本来不能顾及小的用途吗？”回答说：“这是对器械而言，君子不是器械。”

或问：孟子知言之要，知德之奥。曰：非苟知之，亦允蹈之。或曰：子小诸子，孟子非诸子乎？曰：诸子者，以其知异于孔子也。孟子异乎？不异。

【译文】有人问：“孟子知道言论的关键，也知道为德的奥妙，是这样吗？”回答说：“不仅仅是知道它，也确实能实行它。”问：“您一向轻视诸子，孟子难道不是诸子吗？”回答说：“所轻视的诸子，是因为他们的学说与孔子的不同。孟子的和孔子的有所不同吗？没什么不同。”

或曰：孙卿非数家之书，侻也；至于子思、孟轲，诡哉！曰：吾于孙卿，与见同门而异户也，惟圣人为不异。牛玄骍白，睟而角，其升诸庙乎？是以君子全其德。

【译文】有人说：“荀子非难数家的著述，是很合适的，但至于非难子思，孟柯，就有些怪异了。”回答说：“问我对于荀子的看法吗？我所看到的荀子与子思、孟轲都同出一门而流派各异。只有圣人才能完全而不分别离异。牛或黑色、或红色、或白色，只要毛色纯粹、其角合宜，大概就会用于庙堂祭祀吧！所以说君子要保全其德使不离异。”

或问：君子似玉。曰：纯沦温润，柔而坚，玩而廉，队乎其不可形也。

【译文】有人问：“君子象玉一样，是这样吗？”回答说：“纯净有纹理而又温和润泽，色泽柔和，质地坚硬，宁折不曲，非常廉洁，深邃异常而无法形容。”

或曰：仲尼之术，周而不泰，大而不小，用之犹牛鼠也。曰：仲尼之道，犹四渎也，经营中国，终入大海。它人之道者，西北之流也，纲纪夷貉，或入于沱，或沦于汉。

【译文】有人说：“孔子的学术，宏阔而有所不能通，博大而不切实用。它的学术之大与用途之小就像牛和老鼠一样相差很远。”回答说：“孔子的大道，就像江、河、淮、济四条大河一样，滋润着华夏大地，最终浩浩流入大海。他人的小道，就像西北的小流，只能滋润一些少数民族，有的流入沱江，有的汇入汉水。”

淮南说之用，不如太史公之用也。太史公，圣人将有取焉；淮南，鲜取焉尔。必也，儒乎！乍出乍入，淮南也；文丽用寡，长卿也；多爱不忍，子长也。仲尼多爱，爱义也；子长多爱，爱奇也。

【译文】《淮南子》杂说的用处不如太史公《史记》的用处大。太史公的《史记》，圣人假如复起，也会从中有所取的。《淮南子》就很少有可取的。一定要论列诸家是非的话，就得以是否合于儒家学说为标准。或出或入，驳杂不纯，那是《淮南子》；文辞华丽但用处很少，那是司马相如的辞赋；多所爱惜不忍割舍，那是司马迁的《史记》。孔子多所爱惜，爱惜的是大义；司马迁多所爱惜，爱惜的是奇异。”

或曰：甚矣！传书之不果也。曰：不果则不果矣，又以巫鼓。

【译文】有人说：“解释经典的那些注释之作远离经义，不得实情，这种情况也太严重了。”回答说：“不得实情就不得实情吧，有人竟然有意胡说，鼓吹扇动！”

或问：圣人之言，炳若丹青，有诸？曰：吁！是何言与？丹青初则炳，久则渝。渝乎哉？”

【译文】有人问：“圣人的言论，就像用丹青所作的画一样光明，有这样的事吗？”回答说：“什么！这是什么话？丹青所作的画开始时很有光彩，时间一长就褪色了。圣人言论的光明难道会变吗？”

或曰：圣人之道若天，天则有常矣，奚圣人之多变也？曰：圣人固多变。子游、子夏得其书矣，未得其所以书也；宰我、子贡得其言矣，未得其所以言也；颜渊、闵子骞得其行矣，未得其所以行也。圣人之书、言、行，天也。天其少变乎？

【译文】有人问：“圣人的大道就像天一样，天有常规，为什么圣人之道却变化多端？”回答说：“圣人本来就变化多端。子游、子夏得到圣人著书立说的精要，但还没能得知孔子为什么能那样著述；宰我，子贡得到孔子设辞对答的精要，也还没能知道孔子为什么能那样设辞对答；颜渊、闵子寄得修孔子之行，但也还没能知道孔子是如何有那么高德行的，圣人的著述、言辞、德行就像天一样，(是他的几个方面的变化)。天难道就少变化吗？(阴、晴、风、雨，春、夏、秋、冬不也是天的变化吗？)”

或曰：圣人自恣与？何言之多端也！曰：“子未睹禹之行水与？一东一北，行之无碍也。君子之行，独无碍乎？如何直往也！水避碍则通于海，君子避碍则通于理。

【译文】有人问："圣人任意自由吗？为什么言论措辞那样多端不一呢？"回答说："您难道没见大禹疏导洪水吗？把水或引向东或通向北，使它通行无阻。君子所为，难道就没有阻碍吗？怎么能够千篇一律，直往向前呢？水避开阻碍就能通向大海，君子避开阻碍就能通向大道明理。"

君子好人之好，而忘己之好；小人好己之好，而忘人之好。

【译文】君子喜欢别人的好处却忘记自己的好处;小人喜欢自己的好处却忘记别人的好处。

或曰：子于天下则谁与？曰：与夫进者乎！或曰：贪夫位也，慕夫禄也，何其与？曰：此贪也，非进也。夫进也者，进于道，慕于德，殷之以仁义，进而进，退而退，日孳孳而不自知倦者也。或曰：进进则闻命矣，请问退进。曰：昔乎颜渊，以退为进，天下鲜俪焉。或曰：若此则何少于必退也？曰：必进易俪，必退易俪也。进以礼，退以义，难俪也。

【译文】有人说："您对于天下的哪类人赞许？"回答说："赞许那些求上进的人。"或人说："贪求名位，羡慕利禄，怎么能赞许这样的人？"回答说："你所说的只能叫贪婪，而不能称为上进。所谓的上进，是指对于道求进不已，对于德欣慕不已。以仁义规范自己，可进就进，需退就退，每日孽孽好学而不知疲倦。"或人又问："以进为进的'进'已经听您说过了，请问什么是以退为进的'进'？"回答说："往昔的颜渊，就是以退为进，天下少有第二个。"或人问："既然这样那为什么轻视只是求退的学说呢？"回答说："一味求进易有同类，一味求退也易有同类。依礼求进，依义而退，这样的人难有第二。"

或曰：人有齐死生，同贫富，等贵贱，何如？曰：作此者其有惧乎？信死生齐，贫富同，贵贱等，则吾以圣人为嚣嚣。

【译文】有人问："有人把死与生看作相同，把贫与富看作一样，把贵与贱看作等同，这种观点怎样？"回答说："作此言论的人大概是对礼义有所畏惧吧！真要是死生齐同，贫富一样，贵贱相等，我们岂不得把圣人的制礼作乐、垂典后人当作毫无意义的废话了吗？"

通天、地、人曰儒，通天、地而不通人曰伎。

【译文】能够贯通天、地、人的就叫作"儒"，通天地而不能通人的只能叫"技'。

人必先作，然后人名之，先求，然后人与之。人必其自爱也，而后人爱诸；人必其自敬也，而后人敬诸。自爱，仁之至也；自敬，礼之至也。未有不自爱敬，而人爱敬之者也。

【译文】每个人必定是先有自己的所作所为，然后别人根据其所作所为给以善或恶的名;先有自己的努力追求，然后别人根据其追求或施以福，或予以祸。每个人必须先自爱，然后别人才能爱他，每个人必须先自敬，然后别人才能敬他。自爱，是仁的极至;自敬，是礼的极至。没有不自爱自敬，别人却能爱敬他的。

或问：龙、龟、鸿、鹄不亦寿乎？曰：寿。曰：人可寿乎？曰：物以其性，人以其仁。

【译文】有人问："龙、龟、大雁，鹄不是很长寿的吗？"回答说："确实长寿。""人也可以长寿吗？"回答说："动物因其自然本性而长寿，人因其仁德而名垂千古。"

或问：人言仙者，有诸乎？吁！吾闻虙羲、神农殁，黄帝、尧、舜殂落而死。文王，毕；孔子，鲁城之北。独子爱其死乎？非人之所及也。仙亦无益子之汇矣！或曰：圣人不师仙，厥术异也。圣人之于天下，耻一物之不知；仙人之于天下，耻一日之不生。曰：生乎！生乎！名生而实死也。或曰：世无仙，则焉得斯语？曰：语乎者，非嚣嚣也与？惟嚣嚣为能使无为有。或问：仙之实。曰：无以为也。有与无，非问也。问也者，忠孝之问也。忠臣孝子，偟乎不偟。

【译文】有人问："人们传说有仙人，真的有吗？""唉!我听说伏羲、神农死了，黄帝、尧、舜也都死了。周文王死后葬在毕，孔子死后葬在鲁国的城北。(连这样的圣人们都死了)惟独您吝惜生命吗？长生不死不是人所能企及的;假如真有仙那也不是人，对您所属的人类也没有什么好处。"或人说："圣人不师法仙人，是他们各自的道术不一样，圣人对于天下的追求，是以一物不知为可耻的;仙人对于天下的追求，是以一天不能多活为可耻的。"回答说："长生啊长生;名义上是长生，但谁也没看见，和实际上死了没有什么区别。"或人问："世人既然没有他，那从哪里出来关于仙的言谈？"回答说："所谓的言谈，不常常是妄说荒诞的吗？只有那些荒诞的妄说能使本不存在的变成有。"有人问："仙的实情到底是怎么回事？"回答说："不要问这样的事吧!仙人的有和无，不是应该问的。所谓的问，应该是问忠和孝。忠臣和孝子忙于尽忠尽孝，有闲暇问关于仙的事吗？没那闲暇!"

或问：寿可益乎？曰：德。曰：回、牛之行德矣，曷寿之不益也？"曰：德，故尔。如回之残，牛之贼也，焉得尔？曰：残、贼或寿。曰：彼妄也，君子不妄。

【译文】有人问："寿命可以延长吗？"回答说："用德可以延长。"问："颜回、冉伯牛的行为可以称得上德了，为什么寿命不能延长？''回答说："因为他们有德，所以才这么有名声，假如颜回残害仁、伯牛残害义，怎么能够这样被后人尊敬呢？"说："残害仁义的人也有长寿的！"回答说："那是妄生之人，君子不妄生。"

有生者必有死，有始者必有终，自然之道也。

【译文】有生就必然有死，有始就必然有终，这是自然之道。

君子忠人，况己乎？小人欺己，况人乎？

【译文】君子对别人都忠心，何况对自己呢？小人连自己都欺骗，何况对于别人呢！

中说

旧本题隋王通撰。通，龙门人，字仲淹，尝西游长安，奏《太平十二策》，知谋不用，退居河汾教授，屡征不至，卒年仅三十五，著有《礼论》《乐论》《续书》《续诗》《元经》《赞易》等书，以拟六经。此书则刻画《论语》，较扬雄《法言》尤为酷似，师弟更互相标榜，自比孔颜，故论者多斥其僭妄已甚。然考其书中所言大要，纯正通达，宋明理学大儒如朱子、王阳明皆推许之，略名存实，与扬雄《法言》，当不相上下。或曰：案此书本末，证以通师弟及同时人事实，多相牴牾，盖为其子福郊福畤所作，而托名于通者。此言信者甚众，学者当加考辨，庶不为古人之所欺矣。

【译文】旧本题隋代王通著。王通，龙门人，字仲淹，曾经西游到长安，上奏《太平十二策》，但他的思想没有被采用，于是退居到黄河、汾河一带专门教书，后来皇帝多次召他，他都不去任官，去世时年仅三十五岁，著有《礼论》《乐论》《续书》《续诗》《元经》《赞易》等书，这些都是仿照《六经》作的。此书是仿照《论语》而作的，与扬雄的《法言》相比，尤为相似，老师与弟子们更是互相吹嘘，自比为孔子与其弟子颜渊。所以，评论者多贬斥其是严重超越本分、太过狂妄。但考究此书，其主要思想还是很纯正、通达的，宋明理学大家如朱熹、王阳明都很推崇他。历史上虽很少关于他的记载，但实际上是保存了他的思想，与扬雄的《法言》，不相上下。有的说，此书整体都是向王通的弟子们及其与其同时代的人说明事实，有很多有矛盾的地方，大概是王通的儿子福郊、福畤所作，而假托于王通。这些言论相信的人很多，学者应深入考辨，希望不要被古代人欺骗。

王道

子在长安，杨素、苏夔、李德林皆请见。子与之言，归而有忧色。门人问子，子曰：素与吾言终日，言政而不及化。夔与吾言终日，言声而不及雅。德林与吾言终日，言文而不及理。门人曰：然则何忧？子曰：非尔所知也。二三子皆朝之预议者也，今言政而不及化，是天下无礼也；言声而不及雅；是天下无乐也；言文而不及理，是天下无文也。王道从何而兴乎？吾所以忧也。门人退。子援琴鼓《荡之什》，门人皆沾襟焉。

【译文】文中子在长安时，杨素、苏夔、李德林都请求接见，文中子与他们交谈后，回来面带忧色，门人问他是何缘故？文中子说："杨素与我交谈，终日为上正下之政，而不涉及下从上之化；苏夔与我交谈，终日为知音之声，而不涉及知德之雅；李德林与我交谈，终日为修词之文，而不涉及明道之理。"门人问："那又有什么忧虑的呢？"文中子说："不是你所能知道的，此三人都是可以左右朝政者。今日谈上正下而不及下从上，则天下无礼制。谈知音之声而不及知德之雅乐，则天下无纯正之音乐。言文辞而不及道理，则天下无真正的文章。至此，王道从哪里兴盛呢？我因此而担忧。"门人告退。文中子弹琴唱《荡之什》，门人闻之皆落泪。

子曰：封禅之费，非古也，徒以夸天下，其秦、汉之侈心乎？

【译文】文中子说："封泰山禅梁父这项耗费，并非由来以久，只不过是向天下夸耀，是秦、汉两朝的自大而已，并没有什么实际用处。"

子曰：易乐者必多哀，轻施者必好夺。

【译文】文中子说："易欢乐的人往往容易悲哀，随便施舍的人往往喜欢抢夺。"

子曰：无赦之国，其刑必平；多敛之国，其财必削。

【译文】文中子说："无赦免之国，其刑法必公正。多暴敛之国，其财政必益耗。"

子曰：廉者常乐无求，贪者常忧不足。

【译文】文中子说："清廉的人无所求而常感欢乐，贪心的人不知足而多忧虑。"

裴晞问曰：卫玠称人有不及，可以情恕，非意相干，可以理遣。何如？子曰：宽矣。曰：仁乎？子曰：不知也。阮嗣宗与人谈，则及玄远，未尝臧否人物，何如？子曰：慎矣。曰：仁乎？子曰：不知也。

【译文】裴晞问："卫玠说人行事有不当的地方，可依情理宽恕他，不要执意相加干涉，可依道理来原谅他。此话如何？”文中子说：“这就是量宽。”裴晞问：“是仁吗？”文中子说：“仁不仅是量宽。”裴稀又问：“阮嗣宗与人谈玄，从未品评人物，此种行为怎样？”文中子说：“这是出言谨慎。”裴稀问：“是仁吗？”文中子说：“仁不仅是言慎。”

天地

李靖问任智如何。子曰：仁以为己任。小人任智而背仁为贼，君子任智而背仁为乱。

【译文】李靖问：“用机智怎样？”文中子说：“应把仁作为自己的责任。小人凭机智背弃仁义是贼，君子凭机智背弃仁义为作乱。”

贾琼问君子之道。子曰：必先恕乎？曰：敢问恕之说。子曰：为人子者，以其父之心为心；为人弟者，以其兄之心为心。推而达之于天下，斯可矣。

【译文】贾琼问成为君子的方法。文中子说：“必先宽容啊！”又问：“宽容又作何解？”文中子说：“作为父亲的儿子，应以父亲的心愿为自己的心愿；作为兄之弟，应以长兄的心愿为自己的心愿，推此理至天下，则可以了。”

子躬耕。或问曰：不亦劳乎？子曰：一夫不耕，或受其饥，且庶人之职也。亡职者，罪无所逃天地之间，吾得逃乎？

【译文】文中子亲治农事，有人问：“不是很辛苦吗？”文中子说：“人不耕种，要挨饿的，而且这是庶人的职责，逃避责任的人罪不可脱，苍茫天地之间，我能逃吗？”

子燕居，董常、窦威侍。子曰：吾视千载已上，圣人在上者，未有若周公焉。其道则一，而经制大备，后之为政，有所持循。吾视千载而下，未有若仲尼焉，其道则一，而述作大明，后之修文者，有所折中矣。千载而下，有申周公之事者，吾不得而见也。千载而下，有绍宣尼之业者，吾不得而让也。

【译文】文中子闲居，董常、窦威侍立其旁，文中子说：“我看千年之前，在上之圣贤，没有像周公那样的人，他与尧舜汤武同归于道，设官分职制礼作乐使经制完备，使后世为政者有所遵循。我看千年以降，没有像仲尼那样的人，归一尧舜之道述《诗经》《尚书》，作《春秋》，使道昌明于天下，使后代修史习文之人，有所比较参照。千年而下，伸张周公仁义的人，我未能见到；千年而下，宣扬仲尼学说的人，我则当仁不让。”

事君

房玄龄问事君之道。子曰：无私。问：使人之道。曰：无偏。曰：敢问化人之道。子曰：正其心。问礼乐。子曰：王道盛则礼乐从而兴焉，非尔所及也。

【译文】房玄龄问侍奉君王的方法。文中子说：“无私欲。”问用人方法。文中子说：“不偏向”。房玄龄说：“请问感化人的方法？”中子说：“以诚心相待。”问礼乐。文中子说：“先王所行之正道盛，则礼乐会随之而兴盛，不是你的能力所能办到的。”

杨素使谓子曰：盍仕乎？子曰：疏属之南，汾水之曲，有先人之敝庐在，可以避风雨，有田可以具饘粥，弹琴著书、讲道劝义，自乐也。愿君侯正身以统天下。时和岁丰则通也。受赐多矣，不愿仕也。

【译文】杨素使人对文中子说：“何不作官呢？”文中子说：“在疏属山之南，汾水的转弯处，有先人的居室在，可以避风遮雨，有田地在可以种黍煮粥，弹琴写书，讲天道鼓励仁义，自娱自乐，悠闲自在。愿君侯能严以律己统治天下，天时利五谷丰登则万事顺通。我受到上天的恩赐已经许多了，不愿当官。”

子曰：古之为政者，先德而后刑，故其人悦以恕；今之为政者，任刑而弃德，故其人怨以诈。

【译文】文中子说：“古人施政办事，先以德化后以刑治，所以百姓喜悦而宽厚。今日施政者，任意用刑法而放弃德育，所以百姓怨恨而狡诈。”

子曰：古之从仕者养人，今之从仕者养己。

【译文】文中子说："古时官员体恤百性，今日官员关爱自己。"

子曰：婚娶而论财，夷虏之道也，君子不入其乡。古者男女之族，各择德焉，不以财为礼。子之族，婚嫁必具六礼。曰：斯道也，今亡矣。三纲③之首不可废，吾从古。

【译文】文中子说："结婚嫁娶讨论钱财，这是野蛮人的作为，君子不进入这样的乡里。古时男女各族，以德来选择，不以财产为标准。"夫子之家族婚嫁，必备纳采、问名、纳吉、纳征、请期、亲迎六礼，说："这是'道'，今日不能推行，但是三纲之首不可废除，我依此古礼。"

子曰："恶衣薄食，少思寡欲，今人以为诈，我则好诈焉。不为夸衒①，若愚似鄙②，今人以为耻，我则不耻也。"

【译文】文中子说："衣着俭朴食物简单，思谋简单所求不多，今人视为假装，我却好此假装。不炫耀、自夸，好像愚笨、浅薄，今视为耻辱，我却不觉得可耻。"

周公

子谓：史谈善述九流。知其不可废，而知其各有弊也，安得长者之言哉？

【译文】文中子说："司马谈善于述叙九流，知道它们都不可偏废也知道它们各有弊端，怎么能说谁强于谁的话呢？"

子曰：通其变，天下无弊法；执其方，天下无善教。故曰：存乎其人。

【译文】文中子说："通晓事物发展变化的规律，则天下没有弊漏之'法'；偏执于一隅，则天下没有善于教化者。所以说存废全在人的掌握之中。"

刘炫见子，谈《六经》。唱其端，终日不竭。子曰：何其多也。炫曰：先儒异同，不可不述也。子曰：一以贯之可矣。尔以尼父为多学而识之耶？炫退，子谓门人曰：荣华其言，小成其道，难矣哉！

【译文】刘炫见文中子谈论《六经》，陈述《六经》之发端，终日不断。文中子问："为什么如此之多？"刘炫答："先儒学说的异同不可以不述叙。"文中子说："以思想为中心一而贯之即可。你以为仲尼为多学博识之士吗？"刘炫告退，文中子对门人说："其言语华丽是小成，在思想方面则难有所成啊！"

子曰：《诗》《书》盛而秦世灭，非仲尼之罪也；虚玄长而晋室乱，非老、庄之罪也；斋戒修而梁国亡，非释迦之罪也。《易》不云乎：苟非其人，道不虚行。

【译文】文中子说："《诗》《书》盛行于世而秦朝灭亡，并非仲尼的罪过。太虚之玄繁长而晋室败乱，并非是老子、庄子的罪过。静斋修戒而梁国灭亡，并非释迦佛的罪过。《易》中不是说过，如果不是所需之人，'道'是不虚行的。"

或问佛。子曰：圣人也。曰：其教何如？曰：西方之教也，中国则泥。轩车不可以适越，冠冕不可以之胡，古之道也。

【译文】有人问佛，文中子说："是圣人。"问："其教义怎样？"文中子说："它是西方之宗教，不适于中原之国，正如轩车不可畅行于越地，冠冕不能用于胡地一样，这是古之常理。"

杨素谓子曰：甚矣，古之为衣冠裳履，何朴而非便也。子曰：先王法服，不其深乎？为冠所以庄其首也，为履所以重其足也。衣裳襜如，剑佩锵如，皆所以防其躁也。故曰俨然人望而畏之。以此防民，犹有疾驱于道者。今舍之曰不便，是投鱼于渊，置猿于木也。天下庸得不驰骋而狂乎？引之者非其道也。

【译文】杨素对文中子说："上古时的衣冠裳履过于朴素又不便行走了。"文中子说："先王规定穿着是有深旨的？冠是用来使头部庄重，鞋是用来使足部稳健，衣裳摇摆，剑佩锵锵有声，是为了防止急躁。所以说：'威严的样子使人望而生畏。'以这种礼法来防民，还有未步入正道的人。今日因为不方便而舍弃，正如'投鱼于渊''置猿于木'，天下怎能不驰骋、狂乱？都是引导者没有将人民带上正道。"

问易

魏徵曰：圣人有忧乎？子曰：天下皆忧，吾独得不忧乎？问：疑。子曰：天下皆疑，吾独得不疑乎？徵退，子谓董常曰：乐天知命，吾何忧？穷理尽性，吾何疑？常：非告徵也，子亦二言乎？子曰：徵所问者迹也，吾告汝者心也。心迹之判久矣，吾独得不二言乎？常曰：心迹固殊乎？子曰：自汝观之则殊也，而适造者不知其殊也，各云当而已矣。则夫二未违一也。李播闻而叹曰：大哉乎一也！天下皆归焉，而不觉也。

【译文】魏征问："夫子您忧虑吗？"文中子说："天下之人都忧虑，我又怎能不忧虑呢？"魏征又问疑惑。文中子说："天下人都疑惑，我又怎能不疑惑呢？"魏征告退。文中子对董常说："知晓天命，我有何忧虑？深究事物的义理、人的本性，我有何疑惑？"董常说："您不是这样告诉魏征的，夫子您也当面一套，背后一套吗？"文中子说："魏征所问是行动上的忧虑与疑惑。我告诉你的是思想。思想与行动上判若二人已经许久了，我怎能独自一人不出二言呢？"董常问："思想，行动一定是不同的吗？"文中子说："自从我观察它们时已经不同了，只是常人不知这种不同罢了。无论思想还是行动只要适当不违背天道就可以了。"李播听到这段话感叹道："伟大啊，'一'。天下皆归结于此却各不知晓。"

贾琼问：何以息谤？子曰：无辩。曰：何以止怨？曰：无争。

【译文】贾琼问："怎样能使诽谤止息？"文中子说："不与他人争辩。"问："怎样能使怨恨消亡？"文中子说："不与他人争夺。"

礼乐

贾琼问群居之道。子曰：同不害正，异不伤物。曰：可终身而行乎？子曰：乌乎而不可也？古之有道者，内不失真，而外不殊俗，夫如此故全也。

【译文】贾琼问与众人相处的方法。文中子："赞同要不违背公正，反对却不伤及外物。"问："可以终身以此原则行事吗？"文中子说："唉，不行啊！古时有修养的人，内心不失其率真的本性，对外又不与习俗有异，只有如此才能周全。"

或曰：君子仁而已矣，何用礼为？子曰：不可行也。或曰：礼岂为我辈设哉？子不答，既而谓薛收曰：斯人也，旁行而不流矣，安知教意哉？有若谓先王之道，斯为美也。

【译文】有人说："君子'仁'已足够，又用'礼'干什么？"文中子说："你这种说法不可行。"有人说："'礼'岂是为我们这类人设置的？"文中子没回答。不久对薛收说："这个人旁行一隅不知流通之便，又怎么能知道教化的深义呢？孔子弟子有若说先王正道，才是善者。"

程元问：六经之致。子曰：吾续《书》以存汉、晋之实，续《诗》以辩六代之俗，修《元经》以断南北之疑，赞《易》道以申先师之旨，正《礼》《乐》以旌后王之失。如斯而已矣。

【译文】程元问："《续六经》有何用处。"文中子说："我续《书》是为了记汉、晋的史实，续《诗》是为了辨明六代的风俗，修纂《元经》为了决断南北的疑惑，赞《易》道是为了申张先代师圣的义旨，匡正《礼》《乐》用来表彰后代君王的得、指责他们的过失，如此而已。"

程元曰：作者之谓圣，述者之谓明，夫子何处乎？子曰：吾于道，屡伸而已。其好而能乐，勤而不厌者乎？圣与明吾安敢处？

【译文】程元说："创作之人被称为'圣'，述叙之人被称为'明'，夫子您是'圣'还是'明'？"文中子说："我只是再三伸明道义，好学并以之为乐，勤奋又不满足罢了，'圣'与'明'，我怎么敢与之相比。"

子曰：君子可招而不可诱，可弃而不可慢。轻誉苟毁，好憎尚怒，小人哉！

【译文】文中子说："君子可以用礼招安，不可用利相诱惑用，可以弃而不用但不可以慢待；随意表扬与抵毁，好憎恨易愤怒。是小人的作为。"

子曰：以势交者，势倾则绝；以利交者，利穷则散。故君子不与也。

【译文】文中子说："因为权势结交的人，权势倾绝交情就会了断；因为利益结交的人，利益穷尽就会一拍而散，所以君子不赞成这种交往。"

或问长生神仙之道。子曰：仁义不修，孝悌不立，奚为长生？甚矣，人之无厌也！

【译文】有人问长生不死，成仙成神的方法。文中子说："不修仁义，不树立孝敬之风，长生又为何？人的贪得无厌，太严重了。"

述史

温大雅问：如之何可使为政。子曰：仁以行之，宽以居之，深识礼乐之情。敢问其次。子曰：言必忠，行必恕，鼓之以利害不动。又问其次。子曰：谨而固，廉而虑，龊龊焉自保，不足以发也。子曰：降此则穿窬之人尔，何足及政？抑可使备员矣。

【译文】温大雅问："怎样做才可以从政？"文中子说："用仁义行事，待人宽容厚道，深晓礼乐情素。""请问其次是什么？"文中子说："言语必定由衷而出，行动必定宽恕为本，不受利益蛊惑。"又问其次。文中子说："严谨又稳固，廉正又多虑，不足时但求自保决不进攻。"文中子说："再此之下就是过于琐碎、缩手缩脚之人，不足以从政，或许可以作后备之员。"

贾琼请绝人事。子曰：不可。请接人事。子曰：不可。琼曰：然则奚若？子曰：庄以待之，信以从之。去者不追，来者不拒，泛如也。斯可矣。

【译文】贾琼询问可否拒绝赠送的礼品或是说情。文中子说："不可以。"贾琼又问那么是接受它们。文中子说："不可以。"贾琼说："那么应该怎么办？"文中子说："庄重地对待它，信任地跟随它，离去不追逐，前来不拒绝，如此这般才可以。"

魏 相

文中子曰：闻谤而怒者，谗之由也；见誉而喜者，佞之媒也。绝由去媒，谗佞远矣。

【译文】文中子说："听到诽谤就愤怒，这是谗言的缘由。看见赞誉就喜悦，这是奸佞的媒介。断决此种缘由离开此种媒介，谗言，奸佞就会与你远离。"

房玄龄问正主庇民之道。子曰：先遗其身。曰：请究其说。子曰：夫能遗其身，然后能无私，无私然后能至公，至公然后以天下为心矣，道可行矣。玄龄曰：如主何？子曰：通也不可究其说，萧张其犹病诸？噫！非子所及，姑守尔恭，执尔慎，庶可以事人也。

【译文】房玄龄问正主位庇护黎民的方法。文中子说："先忘记自身。"房玄龄说："请您详细说来。"文中子说："能够忘记自身，然后才能做到无私心；无私心，才能做到为公众；为公众，之后才能以天下为己任，这样正主位庇护黎民的想法也就可行了。"玄龄问："如何正主位呢？"文中子说："我呀，也说不清楚，萧何、张良尚且未做到。啊!不是你所能完成的事，姑且坚守你的恭敬，执着你的谨慎，也就可以侍奉他人了。"

子曰："早婚少娉，教人以偷；妾媵无数，教人以乱。且贵贱有等，一夫一妇，庶人之职也。"

【译文】文中子说："少时结婚又缺少订婚仪式，教人得过且过；妾及随嫁人多及无数，教人乱常道；并且贵贱有等级差别，一夫一妇是庶人的职责。"

子曰：吾不仕，故成业；不动，故无悔；不广求，故得；不杂学，故明。

【译文】文中子说："我不作官所以成就大业；我不妄动所以无悔过；我不广求所以自得其乐；我不杂学旁技所以明道。"

立命

子曰：治乱，运也，有乘之者，有革之者。穷达，时也，有行之者，有遇之者。吉凶，命也，有作之者，有偶之者。一来一往，各以数至，岂徒云哉？

【译文】文中子说："国家的太平与混乱，是命运，有形势造成的，有变革行为造成的；仕途的困苦与发达，是时运，有经个人努力达到的，也有偶然机会遇上的；吉凶祸福，是天命，有个人行为造成的，也有偶然遭遇的。一来一往，各自有其'天数'决定，又怎会无故发生？"

贾琼问富而教之，何谓也？子曰：仁生于歉，义生于丰。故富而教之，斯易也。古者圣王在上，田里相距，鸡犬相闻，人至老死不相往来，盖自足也。是以至治之代，五典潜，五礼措，五服不章。人知饮食，不知盖藏；人知群居，不知爱敬。上如标枝，下如野鹿。何哉？盖上无为下自足故也。贾琼曰：淳漓朴散，其可归乎？子曰：人能弘道，苟得其行，如反掌尔。昔舜、禹继轨而天下朴，夏桀承之而天下诈，成汤放桀而天下平，殷纣承之而天下陂，文、武治而幽、厉散，文、景宁而桓、灵失。斯则治乱相易，浇淳有由。兴衰资乎人，得失在乎教。其曰太古不可复，是未知先王之有化也。《诗》《书》《礼》《乐》，复何为哉？董常闻之，谓贾琼曰：孔、孟云亡，夫子之道行，则所谓绥之斯来，动之斯和乎？孰云淳朴不可归哉？

【译文】贾琼问："富裕后行教化，何义？"文中子说："仁德生于歉让，大义生于丰盈，所以富裕后教化，容易实现。古时圣王在上，田地邻里相近，鸡犬之声相闻，人至老年去世也不相来往，是因自给自足。正是这样三皇治世，五典隐藏，五礼废弃，五服不彰明，人们知道饮食，而不知藏隐，人们知道群居，而不知爱护敬仰，上有树梢可居，下有野鹿可食，为什么如此安宁呢？是因为上无所作为下自足自给的缘故。"贾琼问："淳朴之风已离散，它可归复吗？"文中子说："人能弘扬道法，如果得以推行，归复将易如反掌。昔日舜、禹继承先道使天下淳朴，夏桀承接却使天下欺诈，成汤放逐梁后天下太平，殷纣承接又使天下倾覆，文武治世幽王、厉王散国，文帝、景帝安宁天下而桓帝、灵帝却失掉天下，如此便是治乱相更替，薄淳有缘由，兴衰在于人，得失在于教化。有人说：太古之世不可回复，是不了解先王的教化，《诗》《书》《礼》《乐》是干什么用的？”董常听到后，对贾琼说：“孔子、孟子说其亡废，夫子的学说认为可行，正所谓安抚之则前来，行动则融和啊！谁说淳朴之风不可回归？”

关朗

子曰：罪莫大于好进，祸莫大于多言，痛莫大于不闻过，辱莫大于不知耻。

【译文】文中子说：“没有比好强逞胜更容易犯错，没有比多言多语更容易招致灾祸，没有比不虚心倾听他人的意见更令人痛心，没有比不羞耻更大的耻辱。”

文中子曰：仲尼之述，广大悉备，历千载而不用，悲夫！仇璋进曰：然夫子今何勤勤于述也？子曰：先师之职也，不敢废。焉知后之不能用也？是藨是蓘，则有丰年。

【译文】文中子说：“仲尼的著述，宽广浩大无所不备，经历千年却不被利用，可悲啊！”仇璋进言：“那么夫子为何仍刻苦著述呢？”文中子说：“先师的职责不敢偏废，又怎知后世不会利用它呢？除草培土，然后有丰年。”

门人窦威、贾琼、姚义受《礼》，温彦博、杜如晦、陈叔达受《乐》，杜淹、房乔、魏徵受《书》，李靖、薛方士、裴晞、王珪受《诗》，叔恬受《元经》，董常、仇璋、薛收、程元备闻《六经》之义。

【译文】文中子门人窦威、贾琼、姚义学习的是《礼》，温彦博，杜如晦、陈叔达学习的是《乐》，杜淹、房乔、魏征学习的是《书》，李靖、薛方士、裴晞、王珪学习的是《诗》，叔恬学习的是《元经》，董常、仇璋、薛收、程元诸人通闻《六经》之义。

右儒书四种

儒之本义许君解为术士,《周官》有联师儒之文,《礼记》有《儒行》之篇,皆可以得其梗概,后世所谓儒者,则仅祖述仲尼之言耳。汉志儒家首列晏子,清四库改隶史部传记类(其说曰:书中所述婴遗事,实魏征谏录,李绛论事集之类,与著书立说者迥别。),改之诚是也。又有曾子书,其文多见今大戴记,孟子书亦列入经部,故皆不录。于周录荀卿氏为首,与汉录董扬二子;贾生《新书》篇章割裂,已非原本,其议论亦不纯为儒家言;王氏《中说》,虽未免后世拟僭模仿之病,而立说之精至,实自有其不可磨灭者,故今取以为殿焉。

【译文】儒的本义,汉代许慎解为"术士",《周官》有关于学习儒士的文章,《礼记》有《儒行》篇,从这些著作中都可以对儒家有个大致的了解,但后代所谓的儒者,则仅仅是阐发孔子的言论。《汉书·艺文志》中儒家一类首列的是晏子,清代《四库全书》将其归入史部传记类(其说:"书中所阐述的都是围绕前辈遗留下来的事迹,实际是魏征谏议的记录与李绛论事集一类,与著书立说的完全不一样。),这样改的确是对的。又有曾子的书《大学》《孝经》等,多见于今天的《大戴礼记》,孟子的著作《孟子》七篇也列入了经部,所以这些书都没有录入本书的诸子类。周代的选录了荀子作为第一个,汉代选录了董仲舒与扬雄二人。贾谊的《新书》篇章已经被割裂,不是原本,并且其思想内容也不纯为儒家言论。王通的《中说》,虽然未免被后世批评,有越其本分过度模仿《论语》的缺点,但其立说很精致,实际有不可磨灭的地方,所以这次将其作为最后录入。

老子

一名《道德经》，周李耳撰。耳，楚苦县人，字聃或曰一字老，或曰姓老氏李，故名其书曰《老子》。（旧说以其年老，又说李耳生而皓首故曰老子。）为道家之始祖。近人复有言百家之学，皆出自道家者，则《老子》一书，又不啻为诸子学说之根源矣。书凡五千余言，旧分上下二篇，八十一章，其文辞简质，多偶句，而时协韵，最便讽读，故全录焉。（案《老子》注本甚多，各家分章亦不一，此编盖据华亭张氏之王注原本，录其全经正文。惟于每章之下，皆附题河上公注本之章名，以资考览。）

【译文】又名《道德经》，周代李耳著。李耳，楚国苦县人，字聃，有的说又字"老"；有的说是姓老氏李，所以其书名叫《老子》。（旧说因为他年老，又说李耳天生头发是白的，所以叫老子。）他是道家的始祖，近来又有人说百家学术都出自道家，这样《老子》一书，又如同是诸子学说的根源了。《道德经》共五千多言，旧分为上下两篇，八十一章，它的文辞简练质朴，多偶句，并且多押韵，最便于诵读，所以此书全录了。（案：《老子》注本很多，各家的分章也不一样，本书所用是根据华亭张氏王弼注本，录了全经的正文，在每章章名下都附题了河上公注本的章名，以备考察阅读。）

一章体道

道可道，非常道；名可名，非常名。无名，天地之始；有名，万物之母。故常无欲，以观其妙；常有欲，以观其徼。此两者同出而异名，同谓之元，元之又元，众妙之门。

【译文】可以用言词表达的道，就不是常道；可以用文字表述的名，就不是常名。无名，是天地的原始；有名，是万物的根本。所以，经常从无形象处认识"道"（无名）的微妙，经常从有形象处来认识万物（有名）的终极。这两者（有形和无形）讲的一回事，而有不同的名称。它们都可以说是深远的，极远极深，它是一切微妙的总门。

二章 养身

天下皆知美之为美，斯恶已；皆知善之为善，斯不善已。故有无相生，难易相成，长短相较，高下相倾，音声相和，前后相随。是以圣人处无为之事，行不言之教；万物作焉而不辞，生而不有，为而不恃，功成而弗居。夫唯弗居，是以不去。

【译文】天下都知道美之所以为美，丑的观念也就产生了；都知道善之所以为善，不善的观念也就产生了。有和无互相生成，难和易互相促就，长和短互为显示，高和下互为呈现，音和声彼此应和，前和后连接相随。所以有道的人以无为的态度来处理世事，实行“不言”的教导；万物兴起而不加干涉；生养万物而不据为己有：作育万物而不自恃己能；功业成就而不自我夸耀。正因他不自我夸耀，所以他的功绩不会泯没。

三章 安民

不尚贤，使民不争；不贵难得之货，使民不为盗；不见可欲，使民心不乱。是以圣人之治，虚其心，实其腹，弱其志，强其骨。常使民无知无欲。使夫智者不敢为也。为无为，则无不治。

【译文】不标榜贤明，使民众不起争心；不珍贵难得的财货，使民众不起盗心；不显耀可贪的事物，使民众不被惑乱。所以有道的人治理政事，要使人心灵开阔，生活安饱，意志柔韧，体魄强健。常使民众没有（伪诈的）心智、没有（争盗的）欲念。使一些自作聪明的人不敢妄为。依照无为的原则去处理世务，就没有不成功的。

四章 无源

道冲而用之或不盈。渊兮似万物之宗；挫其锐，解其纷，和其光，同其尘，湛兮似或存。吾不知谁之子，象帝之先。

【译文】道体是虚空的，然而作用却不穷竭。渊深啊！它好像是万物的宗主；（它）不露锋芒，超脱纠纷，含蓄着光耀，混同着垢尘。幽隐啊！似亡而又实存。我不知道它是从哪里产生的，好像是天帝的宗祖。

五章 虚用

天地不仁，以万物为刍狗；圣人不仁，以百姓为刍狗。天地之间，其犹橐龠乎？虚而不屈，动而愈出。多言数穷，不如守中。

【译文】天地无所偏爱，任凭万物自然生长；圣人无所偏爱，任凭百姓自己发展。天地之间，岂不像个风箱吗？空虚但不会穷竭，发动起来而生生不息。政令烦苛反而加速败亡，不如持守虚静。

六章 成象

谷神不死，是谓玄牝。玄牝之门，是谓天地根。绵绵若存，用之不勤。

【译文】虚空的变化是永不停竭的，这就是“玄牝”。“玄牝”之门，是天地的根源。它连绵不绝地永存着，作用无穷无尽。

七章 韬光

天长地久。天地所以能长且久者，以其不自生，故能长生。是以圣人后其身而身先；外其身而身存。非以其无私邪，故能成其私。

【译文】天地长久。天地所以能够长久，乃是因为它们的一切运作都不为自己，所以能够长久。所以有道的人把自己退在后面，反而能赢得爱戴；把自己置于度外，反而能保全生命。不正是由于他不自私吗？反而能成就自己。

八章易性

上善若水。水善利万物而不争，处众人之所恶，故几于道。居善地，心善渊，与善仁，言善信，正善治，事善能，动善时。夫唯不争，故无尤。

【译文】上善的人好像水一样。水善于滋润万物而不和万物相争，停留在大家所厌恶的地方，所以最接近于道。居处善于选择地方，心胸善于保持沉静，待人善于真诚相爱，说话善于遵守信用，为政善于精简处理，处事善于发挥所长，行动善于掌握时机。只因为有不争的美德，所以没有怨咎。

九章运夷

持而盈之，不如其已；揣而棁之，不可长保。金玉满堂，莫之能守；富贵而骄，自遗其咎。功遂身退，天之道也。

【译文】执持盈满，不如适时停止；显露锋芒，锐势难保长久。金玉满堂，无法守藏；富贵而骄，自取祸患。功业完成，含藏收敛，是合于自然的道理。

十章能为

载营魄抱一，能无离乎？专气致柔，能婴儿乎？涤除元览，能无疵乎？爱民治国，能无知乎？天门开阖，能无雌乎？明白四达，能无为乎？生之畜之。生而不有，为而不恃，长而不宰，是谓元德。

【译文】精神和形体合一，能不分离吗？结聚精气以致柔顺，能像婴儿的状态吗？洗清杂念而深入观照，能没有瑕疵吗？爱民治国，能自然无为吗？感官和外界接触，能守静吗？通晓四方，能不用心机吗？（生长万物，养育万物。生长而不占有，畜养而不依恃，导引而不主宰，这就是最深的“德”。）

十一章 无用

三十辐共一毂，当其无，有车之用。埏埴以为器，当其无，有器之用。凿户牖以为室，当其无，有室之用。故有之以为利，无之以为用。

【译文】三十根辐条汇集到一个毂当中，有了车毂中空的地方，才有车的作用。揉合陶土做成器具，有了器皿中空的地方，才有器皿的作用。

十二章 检欲

五色令人目盲，五音令人耳聋，五味令人口爽，驰骋畋猎，令人心发狂，难得之货，令人行妨。是以圣人为腹不为目，故去彼取此。

【译文】缤纷的色彩使人眼花缭乱；纷杂的音调使人听觉不敏；饮食餍饫会使人舌不知味；纵情狩猎，使人心放荡；稀有货品，使人行为不轨。因此圣人但求安饱而不逐声色之娱，所以摒弃物欲的诱惑而保持安足的生活。

十三章 厌耻

宠辱若惊，贵大患若身。何谓宠辱若惊？宠为下，得之若惊，失之若惊，是谓宠辱若惊。何谓贵大患若身？吾所以有大患者，为吾有身，及吾无身，吾有何患？故贵以身为天下，若可寄天下；爱以身为天下，若可托天下。

【译文】得宠和受辱都感到惊慌失措，重视身体好像重视大患一样。什么叫做得宠和受辱都感到惊慌失措？得宠仍是下等的，得到恩惠感到心惊不安，失去恩惠也觉惊恐慌乱，这就叫做得宠和受辱都感到惊慌失措。什么叫做重视身体像重视大患一样？我所以有大患，乃是因为我有这个身体，如果没有这个身体，我会有什么大患呢？所以能够以贵身的态度去为天下，才可以把天下寄托给他；以爱身的态度去为天下，才可以把天下委托给他。

十四章 赞元

视之不见名曰夷，听之不闻名曰希，搏之不得名曰微。此三者不可致诘，故混而为一。其上不皦，其下不昧。绳绳不可名，复归于无物。是谓无状之状，无物之象，是谓惚恍。迎之不见其首，随之不见其后。执古之道，以御今之有。能知古始，是谓道纪。

【译文】看它看不见，名叫“夷”；听它听不到，名叫“希”；摸它摸不着，名叫“微”。这三者的形象无从究诘，它是浑沦一体的。它上面不显得光亮，它下面也不显得阴暗，它绵绵不绝而不可名状，一切的运动都会还回到不见物体的状态。这是没有形状的形状，不见物体的形象，叫它做“惚恍”。迎着它，看不见它的前头；随着它却看不见它的后面。把握着早已存在的道，来驾驭现在的具体事物。能够了解宇宙的原始，叫做道的规律。

十五章 显德

古之善为士者，微妙玄通，深不可识。夫唯不可识，故强为之容：豫兮若冬涉川，犹兮若畏四邻，俨兮其若容，涣兮若冰之将释，敦兮其若朴，旷兮其若谷，混兮其若浊。孰能浊以静之，徐清？孰能安以久动之，徐生？保此道者不欲盈，夫唯不盈，故能蔽不新成。

【译文】古时善于行道之士，精妙通达，深刻而难以认识。正因为难以认识，所以勉强来形容他：小心审慎啊，像冬天涉足江河；警觉戒惕啊，像提防四周的围攻；拘谨严肃啊，像做宾客；融和可亲啊，像冰柱消融；淳厚朴质啊，像未经雕琢的素材；空豁开广啊，像深山的幽谷；浑朴纯厚啊，像浊水一样；谁能在动荡中安静下来，而慢慢的澄清？谁能在安定中变动起来，而慢慢的趋进？保持这些道理的人，不肯自满。只因他不自满，所以能去故更新。

十六章 归根

致虚极，守静笃。万物并作，吾以观复。夫物芸芸，各复归其根。归根曰静，是谓复命。复命曰常，知常曰明。不知常，妄作凶。知常容，容乃公，公乃王，王乃天，天乃道，道乃久，没身不殆。

【译文】致虚和守静的工夫，做到极笃的境地。万物蓬勃生长，我看出往复循环的道理。万物纷纷芸芸，各自返回到它的本根。返回本根叫做静，静叫做回归本原。回归本原是永恒的规律，认识永恒的规律叫做明。不认识永恒的规律，轻举妄动就会出乱子。认识常道的人是能包容一切的，无所不包容就能坦然大公，坦然大公才能无不周遍，无不周遍才能符合自然，符合自然才能符合于道，体道而行才能长.久，终身可免于危殆。

十七章 淳风

太上，下知有之；其次，亲而誉之；其次，畏之；其次，侮之。信不足焉，有不信焉。悠兮其贵言，功成事遂，百姓皆谓我自然。

【译文】最好的世代，人民只是感觉到统治者的存在；其次，人民亲近他而赞美他；再其次的，人民畏惧他；更其次的，人民轻侮他。统治者的诚信不足，人民自然不相信他。（最好的统治者）悠然而不轻于发号施令。事情办成功了，百姓都说："我们本来是这样的。"

十八章俗薄

大道废，有仁义；智慧出，有大伪；六亲不和，有孝慈；国家昏乱，有忠臣。

【译文】大道废弛，仁义才显现；家庭不和，孝慈才彰显；国政昏乱，忠臣才见出。

十九章还淳

绝圣弃智，民利百倍；绝仁弃义，民复孝慈；绝巧弃利，盗贼无有。此三者以为文不足。故令有所属：见素抱朴，少私寡欲。

【译文】抛弃巧辩，人民可以得到百倍的好处；弃绝伪诈，人民可以恢复孝慈的天性；抛弃巧诈和货利，盗贼就自然会消失。（智辩、伪诈、巧利）这三者全是巧饰的，不足以治理天下。所以要使人有所归属：保持朴质，减少私欲。

二十章异俗

绝学无忧。唯之与阿，相去几何？善之与恶，相去若何？人之所畏，不可不畏。荒兮其未央哉！众人熙熙，如享太牢，如春登台。我独泊兮其未兆，如婴儿之未孩；儽儽兮若无所归。众人皆有余，而我独若遗。我愚人之心也哉！沌沌兮，俗人昭昭，我独昏昏。俗人察察，我独闷闷。澹兮其若海，恍兮若无止。众人皆有以，而我独顽似鄙。我独异于人，而贵食母。

【译文】弃绝异化之学可无搅扰。应诺和呵声，相差好多？美好和丑恶相差好多？众人所畏惧的，我也不能不有所畏惧。精神领域开阔啊，好像没有尽头的样子！众人都兴高采烈，好像参加丰盛的筵席，又像春天登台眺望景色。我却独个儿淡泊宁静啊，没有形迹，好像不知嘻笑的婴儿；落落不群啊，好像无家可归。众人都有多余，唯独我好像不足的样子。我真是“愚人”的心肠啊!浑浑沌沌啊!世人都光耀自炫，唯独我暗暗昧昧的样子。世人都精明灵巧，唯独我无所识别的样子。沉静的样子，好像湛深的大海；飘逸的样子，好像无有止境。众人都有所施展，唯独我愚顽而拙讷。我和世人不同，而重视进道的生活。

二十一章虚心

孔德之容，惟道是从。道之为物，惟恍惟惚。惚兮恍兮，其中有象；恍兮惚兮，其中有物。窈（yǎo）兮冥兮，其中有精；其精甚真，其中有信。自今及古，其名不去，以阅众甫。吾何以知众甫之状哉？以此。

【译文】大德的样态，随着道为转移。道这个东西，是恍恍惚惚的。那样的惚惚恍恍，其中却有迹象；那样的恍恍惚惚，其中却有实物；那样的深远暗昧，其中却有精质；那样的暗昧深远，其中却是可信验的。从当今上溯到古代，它的名字永远不能消去，依据它才能认识万物的本始。我怎么知道万物本始的情形呢!从“道”认识的。

二十二章益谦

曲则全，枉则直，洼则盈，敝则新，少则得，多则惑。是以圣人抱一，为天下式。不自见故明，不自是故彰，不自伐故有功，不自矜故长。夫唯不争，故天下莫能与之争。古之所谓曲则全者，岂虚言哉！诚全而归之。

【译文】委曲反能保全，屈就反能伸展，低洼反能充盈，敝旧反能生新，少取反能多得，贪多反而迷惑。所以有道的人坚守这一原则作为天下事理的范式。不自我表扬，反能显明；不自以为是，反能彰显；不自己夸耀，反能见功；不自我矜恃，反能长久。正因为不跟人争，所以天下没有人和他争。古人所说的“委曲可以保全”等话，怎么会是空话呢!它实实在在能够达到的。

二十三章 虚无

希言自然。故飘风不终朝，骤雨不终日。孰为此者天地。天地尚不能久，而况于人乎？故从事于道者，同于道，德者同于德，失者同于失。同于道者，道亦乐得之；同于德者，德亦乐得之；同于失者，失亦乐得之。信不足焉，有不信焉。

【译文】少发教令是合于自然的。所以狂风刮不到一早晨，暴雨下不了一整天。谁使它这样的？是天地。天地的狂暴都不能持久，何况人呢？所以从事于道的人，就合于道；从事于德的人，就合于德；表现失道失德的人，就会丧失所有。同于德的行为，道会得到他；行为失德的，道也会抛弃他。统治者的诚信不足，人民自然不相信他。

二十四章 苦恩

企者不立，跨者不行，自见者不明，自是者不彰，自伐者无功，自矜者不长。其在道也，曰余食赘行。物或恶之，故有道者不处。

【译文】踮起脚跟，是站不牢的；跨步前进，是走不远的；自逞己见的，反而不得自明；自以为是的，反而判断不清；自己夸耀的，反而不得见功；自高自大的，反而不得为领导。从道的观点来看，这些急躁炫耀的行为，可说都是剩饭赘瘤，惹人厌恶。所以有道的人不这样做。

二十五章 象元

有物混成，先天地生。寂兮寥兮，独立而不改，周行而不殆，可以为天下母。吾不知其名，字之曰道，强为之名曰大。大曰逝，逝曰远，远曰反。故道大，天大，地大，人亦大。域中有四大，而人居其一焉。人法地，地法天，天法道，道法自然。

【译文】有一个浑然一体的东西，在天地形成以前就存在。听不见它的声音也看不着它的形体，它独立长存而永不休止，循环运行而生生不息，可以为天地万物的根源。我不知道它的名字，勉强叫它作“道”，再勉强给它起个名字叫做“大”。它广大无边而周流不息，周流不息而伸展遥远，伸展遥远而返回本原。所以说：道大，天大，地大，人也大。宇宙间有四大，而人是四大之一。人取法地，地取法天，天取法道，道纯任自然。

二十六章 重德

重为轻根，静为躁君。是以圣人终日行，不离辎重。虽有荣观，燕处超然。奈何万乘之主，而以身轻天下？轻则失本，躁则失君。

【译文】厚重是轻率的根本，静定是躁动的主帅。因此君子整天行走不离开载重的车辆。虽然有华丽的生活，却安居泰然。为什么身为大国的君主，还轻率躁动以治天下呢？轻率就失去了根本，躁动就失去了主体。

二十七章 巧用

善行无辙迹；善言无瑕谪；善数不用筹策；善闭无关楗，而不可开；善结无绳约，而不可解。是以圣人常善救人，故无弃人；常善救物，故无弃物，是谓袭明。故善人者，不善人之师；不善人者，善人之资。不贵其师，不爱其资，虽智大迷，是谓要妙。

【译文】善于行走的，不留痕迹；善于言谈的，没有过失；善于计算的，不用筹码；善于关闭的，不用栓梢却使人不能开；善于捆缚的，不用绳索却使人不能解。因此，有道的人经常善于做到人尽其才，所以没有被遗弃的人；经常善于做到物尽其用，所以没有被废弃的物。这就叫做保持明境。所以善人可以作为不善人的老师，不善人可以做为善人的借鉴。不尊重他的老师，不珍惜他的借鉴，虽然自以为聪明，其实是大迷糊。它真是个精要深奥的道理。

二十八章 反朴

知其雄，守其雌，为天下谿。为天下谿，常德不离，复归于婴儿。知其白，（守其黑，为天下式。为天下式，常德不忒，复归于无极。知其荣，）守其辱，为天下谷。为天下谷，常德乃足，复归于朴。朴散则为器，圣人用之，则为官长，故大制不割。

【译文】深知雄强，却安于雌柔，作为天下所遵循的蹊径。作为天下所遵循的蹊径，常德就不会离失，而回复到婴儿的状态。深知明亮，却安于暗昧，作为天下的川谷。作为天下的川谷，常德才可以充足，而回复到真朴的状态。真朴的道分散成万物，有道的人沿用真朴，则为百官的首长。所以完善的政治是不割裂的。

二十九章 无为

将欲取天下而为之，吾见其不得已。天下神器，不可为也。为者败之，执者失之。故物或行或随，或歔或吹。或强或羸，或挫或隳。是以圣人去甚，去奢，去泰。

【译文】想要治理天下却用强力去做，我看他是不能达到目的了。“天下”是神圣的东西，不能出于强力，不能加以把持。出于强力的，一定会失败；加以把持的，一定会失去。世人情性不一，有的行前，有的随后；有的性缓，有的性急；有的强健，有的羸弱；有的自爱，有的自毁。所以圣人要去除极端的、奢侈的、过度的措施。

三十章 俭武

以道佐人主者，不以兵强天下。其事好还。师之所处，荆棘生焉。大军之后，必有凶年。善者果而已，不以取强。果而勿矜，果而勿伐，果而勿骄，果而不得已，果而勿强。物壮则老，是谓不道，不道早已。

【译文】用道辅助君主的人，不靠兵力逞强于天下。用兵这件事一定会得到还报。军队所到的地方，荆棘就长满了。大战过后，一定会变成荒年。善用兵的只求达到救济危难的目的就是了，不借用兵力来逞强。达到目的却不自大，达到目的却不自夸，达到目的却不骄傲，达到目的却出于不得已，达到目的却不逞强。凡是气势壮盛的就会趋于衰败，这是不合于道的，不合于道很快就会消逝。

三十一章 偃武

夫佳兵者，不祥之器，物或恶之，故有道者不处。君子居则贵左，用兵则贵右。兵者，不祥之器，非君子之器，不得已而用之，恬淡为上。胜而不美，而美之者，是乐杀人。夫乐杀人者，则不可以得志于天下矣。吉事尚左，凶事尚右。偏将军居左，上将军居右，言以丧礼处之。杀人之众，以哀悲泣之，战胜，以丧礼处之。

【译文】兵革是不祥的东西，大家都怨恶它，所以有道的人不使用它。君子平时以左方为贵，用兵时以右方为贵。兵革是不祥的东西，是君子所使用的东西。万不得已而使用它，最好要淡然处之。胜利了也不要得意洋洋，如果得意洋洋，就是喜欢杀人。喜欢杀人的，就不能在天下得到成功。吉庆的事情以左方为上，凶丧的事情以右方为土。偏将军在左边，上将军在右边，这是说出兵打仗用丧礼的仪式来处理。杀人众多，带着哀痛的心情去对待，打了胜战要用丧礼的仪式去处理。

三十二章 圣德

道常无名，朴虽小，天下莫能臣也。侯王若能守之，万物将自宾。天地相合，以降甘露，民莫之令而自均。始制有名，名亦既有，夫亦将知止，知止所以不殆。譬道之在天下，犹川谷之于江海。

【译文】道永远是无名而朴质状态的。虽然幽微不可见，天下却没有人能臣服它。侯王如果能守住它，万物将会自然地归从。天地间阴阳之气相合，就降下甘露，人们不须指使它而自然润泽均匀。万物兴作就产生了各种名称，各种名称已经制定了，就知道有个限度，知道有所限度，就可以避免危险。道存在于天下，有如江海为河川所流注一样。

三十三章 辨德

知人者智，自知者明。胜人者有力，自胜者强。知足者富。强行者有志。不失其所者久。死而不亡者寿。

【译文】认识别人的是“智”，了解自己的才算“明”。战胜别人的是有力，克服自己的才算坚强。知道满足的就是富有。努力不懈的就是有志。不离失根基的就能长久。身死而不朽的才是长寿。

三十四章 任成

大道氾兮，其可左右。万物恃之而生，而不辞，功成不名有。衣养万物而不为主，常无欲，可名于小；万物归焉而不为主，可名为大。以其终不自为大，故能成其大。

【译文】大道广泛流行，无所不到。万物依赖它生长而不推辞，有所成就而不自以为有功。养育万物而不自以为主，可以称它为“小”；万物归附而不自以为主宰，可以称它为“大”。由于它不自以为伟大，所以才能成就它的伟大。

三十五章 仁德

执大象，天下往。往而不害，安平太。乐与饵，过客止。道之出口，淡乎其无味，视之不足见，听之不足闻，用之不可既。

【译文】执守大“道”，天下人都来归往。归往而不互相伤害，于是大家都平和安泰。

音乐和美食，能使过路的人停步。而“道”的表述，却淡得没有味道，看它却看不见，听它却听不着，用它却用不完。

三十六章 微明

将欲歙之，必固张之；将欲弱之，必固强之；将欲废之，必固兴之；将欲夺之，必固与之。是谓微明。柔弱胜刚强。鱼不可脱于渊，国之利器，不可以示人。

【译文】将要收合的，必先张开；将要削弱的，必先强盛；将要废弃的，必先兴举；将要取去的，必先给与。这就是几先的征兆。柔弱胜过刚强。鱼不能离开深渊，国家的利器不可以随便耀示于人。

三十七章 为政

道常无为，而无不为。侯王若能守之，万物将自化。化而欲作，吾将镇之以无名之朴。无名之朴，夫亦将无欲。不欲以静，天下将自定。

【译文】道永远是顺任自然的，然而没有一件事不是它所为。侯王如果能持守它，万物就会自生自长。自生自长而至贪欲萌作时，我就用道的真朴来安定它。用道的真朴来安定它，就会不起贪欲。不起贪欲而趋于宁静，天下便良然复归于安定。

德经

三十八章 论德

上德不德，是以有德；下德不失德，是以无德。上德无为而无以为；下德为之而有以为。上仁为之而无以为；上义为之而有以为。上礼为之而莫之应，则攘臂而扔之。故失道而后德，失德而后仁，失仁而后义，失义而后礼。夫礼者，忠信之薄，而乱之首。前识者，道之华，而愚之始。是以大丈夫处其厚，不居其薄；处其实，不居其华。故去彼取此。

【译文】上德的人不自恃有德，所以实是有德；下德的人刻意求德，所以没有达到德的境界。上德的人顺任自然而无心作为；上仁的人有所作为却出于无意；上义的人有所作为且出于有意。上礼的人有所作为而得不到回应，于是就扬着胳臂使人强从。所以丧失道就会失去德，失了德就会失去仁，丧失了仁就会失去义，失了义就会失去礼。礼，标志着忠信的不足，而祸乱的开端。预设的种种规范，不过是道的虚华，是愚昧的开始。因此大丈夫立身敦厚，而不居于浇薄；存心笃实，而不居于虚华。所以舍弃薄华而采取厚实。

三十九章 法本

昔之得一者，天得一以清，地得一以宁，神得一以灵，谷得一以盈，万物得一以生，侯王得一以为天下贞。其致之，天无以清将恐裂，地无以宁将恐发，神无以灵将恐歇，谷无以盈将恐竭，万物无以生，将恐灭，侯王无以贵高，将恐蹶。故贵以贱为本，高以下为基。是以侯王自称孤、寡、不谷。此非以贱为本邪？非乎？故致数舆无舆，不欲琭琭如玉，珞珞如石。

【译文】从来凡是得到“一”（道）的：天得到“一”而清明；地得到“一”而宁静；神得到“一”而灵妙；河谷得到“一”而充盈；万物得到“一”而生长；侯王得到“一”而使得天下安定。推而言之，天不能保持清明，难免要崩裂；地不能保持宁静，难免要震溃；神不能保持灵妙，难免要消失；河谷不能保持充盈，难免要涸竭；万物不能保持生长，难免要绝灭；侯王不能保持清静，难免要颠覆。所以贵以贱为根本，高以下为基础。因此侯王自称为“孤”、“寡”、“不谷”。这不是把低贱当作根本吗？岂不是吗？所以最高的称誉是无须夸誉的。因此不愿像玉的华丽，宁可如石块般的坚实。

四十章 去用

反者道之动，弱者道之用。天下万物生于有，有生于无。

【译文】道的运动是循环的；道的作用是柔弱的。天下万物生于有，有生于无。

四十一章 同异

上士闻道，勤而行之；中士闻道，若存若亡；下士闻道，大笑之。不笑，不足以为道。故建言有之，明道若昧，进道若退，夷道若纇，上德若谷，大白若辱，广德若不足，建德若偷，质真若渝，大方无隅，大器晚成，大音希声，大象无形，道隐无名。夫唯道，善贷且成。

【译文】上士听了道，努力去实行；中士听了道，将信将疑；下士听了道，哈哈大笑。不被嘲笑，那就不足以成为道！所以古时候立言的人说过这样的话：光明的道好似暗昧；前进的道好似后退；平坦的道好似崎岖；崇高的德好似低下的川谷；最纯洁的心灵好似含垢的样子；广大的德好似不足；刚健的德好似儒弱的样子；质性纯真好似随物变化的样子；最方正的好似没有棱角；贵重的器物总是最后完成；最大的乐声反而听来无音响；最大的形象反而看不见形迹；道幽隐而没有名称。只有道，善于辅助万物并使它完成。

四十二章 道化

道生一，一生二，二生三，三生万物。万物负阴而抱阳，冲气以为和。人之所恶，唯孤、寡、不谷，而王公以为称。故物或损之而益，或益之而损。人之所教，我亦教之。强梁者不得其死，吾将以为教父。

【译文】道是独立无偶的，浑沌未分的统一体产生天地，天地产生阴阳之气，阴阳两气相交而形成各种新生体。万物背阴而向阳，阴阳两气互相激荡而成新的和谐体。人所厌恶的就是“孤”、“寡”、“不谷”，但是王公却用来称呼自己。所以一切事物，减损它有时反而得到增加，增加它有时反而受到减损。别人教导我的，我也用来教导人。强暴的人不得好死，我把它当作施教的张本。

四十三章 偏用

天下之至柔，驰骋天下之至坚。无有入无间，吾是以知无为之有益。不言之教，无为之益，天下希及之。

【译文】天下最柔软的东西，能驾御天下最坚硬的东西。无形的力量能穿透没有间隙的东西，我因此知道无为的益处。不言的教导，无为的益处，天下很少能够做得到的。

四十四章 立戒

名与身孰亲？身与货孰多？得与亡孰病？是故甚爱必大费，多藏必厚亡，知足不辱，知止不殆，可以长久。

【译文】声名和生命比起来哪一样亲切？生命和货利比起来哪一样贵重？得到名利和

丧失生命哪一样为害？过分的爱名就必定要付出重大的耗费；过多的藏货就必定会招致惨重的损失。所以知道满足就不会受到屈辱，知道适可而止就不会带来危险，这样才可以保持长久。

四十五章 洪德

大成若缺，其用不弊。大盈若冲，其用不穷。大直若屈，大巧若拙，大辩若讷。躁胜寒，静胜热。清静为天下正。

【译文】最完满的东西好像有欠缺一样，但是它的作用是不会衰竭的。最充盈的东西好像是空虚一样，但是它的作用是不会穷尽的。最正直的东西好像是弯曲一样，最灵巧的东西好像是笨拙一样，最卓越的辩才好像是口讷一样。疾动可以御寒，安静可以耐热。清静无为可以做人民的模范。

四十六章 俭欲

天下有道，却走马以粪。天下无道，戎马生于郊。祸莫大于不知足，咎莫大于欲得。故知足之足，常足矣。

【译文】国家政治上轨道，把运载的战马还给农夫用来耕种。国家政治不上轨道，便大兴戎马于郊野而发动征战。祸患没有过于不知足的了；罪过没有过于贪得无厌的了。所以懂得满足的这种满足，将是永远的满足。

四十七章 鉴远

不出户，知天下；不窥牖，见天道。其出弥远，其知弥少。是以圣人不行而知，不见而名，不为而成。

【译文】不出门外，能够推知天下的事理；不望窗外，能够了解自然的法则。越向外奔逐，对道的认识也越少。所以圣人不出行却能感知，不察看却能明晓，无为而能成功。

四十八章 忘知

为学日益，为道日损，损之又损，以至于无为，无为而无不为。取天下常以无事，及其有事，不足以取天下。

【译文】求学一天比一天增加（知见），求道一天比一天减少（智巧）。减少又减少，一直到“无为”的境地。如能无为那就没有什么事情做不成的了。治理国家要常清静不扰攘，至于政举繁苛，就不配治理国家了。

四十九章 任德

圣人无常心，以百姓心为心。善者吾善之，不善者吾亦善之，德善。信者吾信之，不信者吾亦信之，德信。圣人在天下歙歙，为天下浑其心，百姓皆注其耳目，圣人皆孩之。

【译文】圣人没有主观成见，以百姓的心为心。善良的人，我善待他；不善良的人，我也善待他；这样可使人人向善。守信的人，我信任他；不守信的人，我也信任他；这样可使人人守信。圣人在位，收敛自己的主观成见与意欲，使人心思化归于浑朴，百姓都投注他们自己的耳目，圣人却孩童般看待他们。

五十章 贵生

出生入死。生之徒十有三；死之徒十有三；人之生动之死地，亦十有三。夫何故？以其生生之厚。盖闻善摄生者，陆行不遇兕虎，入军不被甲兵；兕无所投其角，虎无所措其爪，兵无所容其刃。夫何故？以其无死地。

【译文】人出世为生，人地为死。属于长寿的，占十分之三；属于短命的，占十分之三；人的过分地奉养生命，妄为而走向死路的，也占了十分之三。为什么呢？因为奉养太过度了。听说善于养护生命的人，在陆地上行走不会遇到犀牛和老虎，在战争中不会受到杀伤；犀牛用不上它的角，老虎用不上它的爪，兵器用不上它的刃。为什么呢？因为他没有进人死亡的范围。

五十一章 养德

道生之，德畜之，物形之，势成之。是以万物莫不尊道而贵德。道之尊，德之贵，夫莫之命，而常自然。故道生之，德畜之。长之育之，亭之毒之，养之覆之。生而不有，为而不恃，长而不宰。是谓元德。

【译文】道生成万物，德畜养万物，万物呈现各种形态，环境使各物成长。所以万物没有不尊祟道而珍贵德的。道所以受尊崇，德所以被珍贵，就在于它不加干涉，而顺任自然。所以道生成万物，德畜养万物；使万物成长作育；使万物安宁心性；使万物爱养调护。生长万物却不据为己有，兴作万物却不自恃己能，长养万物却不为主宰，这就是最深的德。

五十二章 归元

天下有始，以为天下母。既得其母，以知其子；既知其子，复守其母，没身不殆。塞其兑，闭其门，终身不勤；开其兑，济其事，终身不救。见小曰明，守柔曰强。用其光，复归其明，无遗身殃，是为习常。

【译文】天地万物都有本始，作为天地万物的根源。如果得知根源，就能认识万物；如果认识万物，又持守着万物的根源，终身都没有危险。塞住嗜欲的孔窍，闭起嗜欲的门径，终身都没有劳扰的事。打开嗜欲的孔窍，增添纷杂的事件，终身都不可救治。能察见细微的叫做“明”，能持守柔弱的叫做“强”。运用智慧的光，返照内在的明，不给自己带来灾殃；这叫做永续不绝的常道。

五十三章 益证

使我介然有知，行于大道，唯施是畏。大道甚夷，而民好径。朝甚除，田甚芜，仓甚虚；服文彩，带利剑，厌饮食，财货有余。是为盗夸。非道也哉！

【译文】假使我稍微有些认识，在大道上行走，担心惟恐走入了邪路。大道很平坦，但是人君却喜欢走斜径。朝政腐败极了，弄得农田非常荒芜，仓库十分空虚；还穿着锦绣的衣服，佩带锋利的宝剑，饱足精美的饮食，搜刮足余的财货；这就叫做强盗头子。多么的无道呀！

五十四章 修观

善建者不拔，善抱者不脱，子孙以祭祀不辍。修之于身，其德乃真；修之于家，其德乃余；修之于乡，其德乃长；修之于国，其德乃丰；修之于天下，其德乃普。故以身观身，以家观家，以乡观乡，以国观国，以天下观天下。吾何以知天下然哉？以此。

【译文】善于建树的不可拔除，善于抱持的不会脱落，如果子孙能遵行这个道理则世世代代的祭祀不会断绝。拿这个道理贯彻到个人，他的德会是真实的；贯彻到一家，他的德可以有余；贯彻到一乡，他的德能受尊崇；贯彻到一国，他的德就会丰盛；贯彻到天下，他的德就会普遍。所以要从（我）个人观照（其他的）个人，从（我）家观照（其他人的）家，从（我的）乡观照（其他的垂乡，从（我的）国观照（其他的国，从（我的）天下观照（其他的）天下。我怎么知道天下的情况呢？就是用这种道理。

五十五章 元符

含德之厚，比于赤子。蜂虿（chài）虺（huī）蛇不螫（shì），猛兽不据，攫（jué）鸟不搏。骨弱筋柔而握固。未知牝牡之合而全作，精之至也。终日号而不嗄，和之至也。知和曰常，知常曰明，益生曰祥，心使气曰强。物壮则老，谓之不道，不道早已。

【译文】含德深厚的人，比得上初生的婴儿。蜂蝎毒蛇不咬伤他，凶鸟猛兽不搏击他。他筋骨柔弱拳头却握得很牢固。他还不知道男女交合但小生殖器却自动勃起，这是精气充足的缘故。他整天嚎哭，但是他的喉咙却不会沙哑，这是元气淳和的缘故。认识淳和的道理叫做“常”，认识常叫做“明”。贪生纵欲就会有灾殃，心机主使和气就是逞强。过分的强壮就趋于衰老，这叫做不合于道，不合于道很快就会死亡。

五十六章 元德

知者不言，言者不知。塞其兑，闭其门，挫其锐，解其纷，和其光，同其尘，是谓元同。故不可得而亲，不可得而疏；不可得而利，不可得而害；不可得而贵，不可得而贱。故为天下贵。

【译文】有智慧的人是不多言说的，多话的就不是智者。塞住嗜欲的孔窍，闭起嗜欲的门径，不露锋芒，消解纷扰，含敛光耀，混同尘世，这就是玄妙齐同的境界。这样就不分亲，不分疏；不分利，不分害；不分贵，不分贱。所以为天下所尊贵。

五十七章 淳风

以正治国，以奇用兵，以无事取天下。吾何以知其然哉？以此。天下多忌讳，而民弥贫；民多利器，国家滋昏；人多技巧，奇物滋起；法令滋彰，盗贼多有。故圣人云：我无为而民自化，我好静而民自正，我无事而民自富，我无欲而民自朴。

【译文】以清静之道治国，以诡奇的方法用兵。以不搅扰人民来治理天下。我怎么知道是这样的？从下面这些事端上可以看出：天下的禁忌越多，人民越陷于贫困；人间的利器越多，国家越陷于昏乱；人们的技巧越多，邪恶的事情就连连发生；法令越森严，盗贼反而不断地增加。所以有道的人说：“我无为，人民就自我化育；我好静，人民就自然上轨道；我不搅扰，人民就自然富足；我没有贪欲，人民就自然朴实。”

五十八章 顺化

其政闷闷，其民淳淳；其政察察，其民缺缺。祸兮福之所倚，福兮祸之所伏。孰知其极？其无正，正复为奇，善复为妖，人之迷，其日固久。是以圣人方而不割，廉而不刿，直而不肆，光而不燿。

【译文】政治宽厚，人民就淳朴；政治严苛，人民就狡黠。灾祸啊，幸福倚傍在它里面；幸福啊，灾祸藏伏在它之中。谁知道它们的究竟？它们并没有一个定准!正忽而转变为邪，善忽而转变为恶。人们的迷惑，已经有长久的时日了。因而有道的人方正而不割人，锐利而不伤人，直率而不放肆，光亮而不刺耀。

五十九章 守道

治人事天，莫若啬。夫唯啬，是谓早服；早服谓之重积德；重积德则无不克，无不克则莫知其极；莫知其极，可以有国；有国之母，可以长久。是谓深根固柢，长生久视之道。

【译文】治理国家、养护身心，没有比爱惜精力更重要。爱惜精力，乃是早作准备；早作准备就是不断的积德；不断的积德就没有什么不能胜任的；没有什么不能胜任就无法估计他的力量；无法估计他的力量，就可以担负保护国家的责任；掌握治理国家的道理，就可以长久维持；这就是根深抵固、长生久视的道理。

六十章 居位

治大国若烹小鲜。以道莅天下，其鬼不神；非其鬼不神，其神不伤人；非其神不伤人，圣人亦不伤人。夫两不相伤，故德交归焉。

【译文】治理大国好像煎小鱼。用道治理天下，鬼怪起不了作用；不但鬼怪起不了作用，神祇也不侵越人；不但神祇不侵越人，圣人也不侵越人。鬼神和有道者都不侵越人，所以德归会于民。

六十一章谦德

大国者下流，天下之交，天下之牝，牝常以静胜牡，以静为下。故大国以下小国，则取小国；小国以下大国，则取大国。故或下以取，或下而取。大国不过欲兼畜人，小国不过欲入事人。夫两者各得其所欲，大者宜为下。

【译文】大国要像居于江河的下流，处在天下雌柔的位置，是天下交汇的地方。雌柔常以静定而胜过雄强，因为静定而又能处下的缘故。所以大国对小国谦下，可以会聚小国；小国对大国谦下，就可以见容于大国。所以有时大国谦下以会聚小国，有时小国谦下而见容大国。大国不过要聚养小国，小国不过要求容于大国。这样大国小国都可以达到愿望。大国尤其应该谦下。

六十二章为道

道者，万物之奥，善人之宝，不善人之所保。美言可以市，尊行可以加人。人之不善，何弃之有？故立天子，置三公。虽有拱璧，以先驷马，不如坐进此道。古之所以贵此道者何？不曰以求得，有罪以免邪？故为天下贵。

【译文】道是万物的庇荫。善人珍贵它，不善的人也处处保住它。嘉美的言词可以用作社交，可贵的行为可以见重于人。不善的人，怎能把道舍弃呢？所以立位天子，设置三公，虽然进奉拱璧在先、驷马在后的礼仪，还不如用道来作为献礼。古时候重视道的原因是什么呢？岂不是说有求的就可以得到，有罪的就可以免除吗？所以被天下人所贵重。

六十三章 恩始

为无为，事无事，味无味。大小多少，报怨以德。图难于其易，为大于其细；天下难事必作于易，天下大事必作于细。是以圣人终不为大，故能成其大。夫轻诺必寡信，多易必多难。是以圣人犹难之，故终无难矣。

【译文】以无为的态度去作为，以不搅扰的方式去作事，以恬淡无味当作味。大生于小，多起于少，(用德来报答怨恨户处理困难要从容易的入手，实现远大要从细微的入手；天下的难事，必定从容易的做起；天下的大事，必定从细微的做起。所以有道的人始终不自以为大，因此能成就大的事情。轻易允诺的一定会失信：把事情看得太容易一定会遭遇更多的困难。所以圣人总把事情看得艰难，因此终究没有困难。

六十四章 守微

其安易持，其未兆易谋。其脆易泮，其微易散。为之于未有，治之于未乱。合抱之木，生于毫末；九层之台，起于累土；千里之行，始于足下。为者败之，执者失之。是以圣人无为故无败，无执故无失。民之从事，常于几成而败之。慎终如始，则无败事。是以圣人欲不欲，不贵难得之货；学不学，复众人之所过。以辅万物之自然，而不敢为。

【译文】局面安稳时容易持守，事变没有迹象时容易图谋。事物脆弱时容易破开，事物微细时容易散失。要在事情没有发生以前就早作准备，要在祸乱没有产生以前就处理妥当。合抱的大木，是从细小的萌芽生长起来的；九层的高台，是从一筐筐泥土建筑起来的；千里的远行，是从脚举步走出来的。人们做事情，常常在快要成功的时候就失败了。事情要完成的时候也能像开始的时候一样的谨慎，那就不会败事了。强作妄为就会败事，执意把持就会失去。所以圣人不妄为因此不会败事，不把持就不会丧失。一般人做事，常在快要成功时遭致失败。审慎面对事情的终结，一如开始时那样慎重，那就不会失败。所以圣人求人所不欲求的，不珍贵难得的货品；学人所不学的，补救众人的过错，以辅助万物的欣然变化而不加以干预。

六十五章 淳德

古之善为道者，非以明民，将以愚之。民之难治，以其智多。故以智治国，国之贼；不以智治国，国之福。知此两者亦稽式。常知稽式，是谓元德。元德深矣，远矣，与物反矣，然后乃至大顺。

【译文】从前善于行道的人，不是教人民精巧，而是使人民淳朴。人民所以难治，乃是因为他们使用太多的智巧心机。所以用智巧去治理国家，是国家的灾祸；不用智巧去治理国家，是国家的幸福。认识这两种差别，就是治国的法则。常守住这个法则，就是“玄德”，“玄德”好深好远啊!和事物复归到真朴，然后才能达到最大的和顺。

六十六章 后己

江海所以能为百谷王者，以其善下之，故能为百谷王。是以欲上民，必以言下之。欲先民，必以身后之。是以圣人处上而民不重，处前而民不害。是以天下乐推而不厌，以其不争，故天下莫能与之争。

【译文】江海所以能成为许多河流所汇往的地方，因为它善于处在低下的地位，所以能成为许多河流所汇往。所以圣人要为人民的领导，必须心日一致的对他们谦下；要为人民的表率，必须把自己的利益放在他们的后面。所以圣人居于上位而人民不感到负累；居于前面而人民不感到受害。所以天下人民乐于推戴而不厌弃。因为他不跟人争，所以天下没有人能和他争。

六十七章 三宝

天下皆谓我道大，似不肖。夫唯大，故似不肖。若肖，久矣其细也夫！我有三宝，持而保之。一曰慈，二曰俭，三曰不敢为天下先。慈故能勇；俭故能广；不敢为天下先，故能成器长。今舍慈且勇，舍俭且广，舍后且先，死矣。夫慈以战则胜，以守则固。天将救之，以慈卫之。

【译文】天下人都对我说："'道'广大，却不像任何具体的东西。正因为它的广大，所以不像任何具体的东西。如果它像的话，早就渺小了！"我有三种宝贝，持守而保全着。第一种叫做慈爱，第二种叫做俭啬，第三种叫做不敢居于天下人的前面。慈爱所以能勇武；俭啬所以能厚广；不敢居于天下人的前面，所以能成为万物的首长。现在舍弃慈爱而求取勇武，舍弃俭啬而求取宽广；舍弃退让而求取争先，是走向死路！慈爱，用来征战就能胜利，用来守卫就能巩固。天要救助谁，就用慈爱来卫护他。

六十八章 配 天

善为士者不武，善战者不怒，善胜敌者不与，善用人者为之下，是谓不争之德，是谓用人之力，是谓配天，古之极。

【译文】善做将帅的，不逞勇武；善于作战的，不轻易激怒；善于战胜敌人的，不用对斗；善于用人的，对人谦下。这叫做不争的品德，这叫做善于用人，这叫做合于天道，这是自古以来的最高准则。

六十九章 元 用

用兵有言：吾不敢为主而为客，不敢进寸而退尺。是谓行无行，攘无臂，扔无敌，执无兵。祸莫大于轻敌，轻敌几丧吾宝。故抗兵相加，哀者胜矣。

【译文】用兵的曾说："我不敢进犯，而采取守势；不敢前进一寸，而要后退一尺。"这就是说：虽然有阵势，却像没有阵势可摆；虽然要奋臂，却像没有臂膀可举；虽然面临敌人，却像没有敌人可赴；虽然有兵器，却像没有兵器可持。祸患没有再比轻敌更大的了，轻敌几乎丧失了我的"三宝"。所以，两军相当的时候，慈悲的一方可获得胜利。

七十章 知难

吾言甚易知，甚易行。天下莫能知，莫能行。言有宗，事有君。夫唯无知，是以不我知。知我者希，则我者贵。是以圣人披褐而怀玉。

【译文】我的话很容易了解，很容易实行。大家却不能明白不能实行。言论有主旨，行事有根据。正由于不了解这个道理，所以不了解我。了解我的人越少，取法我的就很难得了。因而有道的圣人穿着粗衣而内怀美玉。

七十一章 知病

知不知，上；不知知，病。夫唯病病，是以不病。圣人不病，以其病病，是以不病。

【译文】知道自己有所不知道，最好；不知道却自以为知道，这是缺点。有道的人没有缺点，因为他把缺点当做缺点。正因为他把缺点当做缺点，所以他是没有缺点的。

七十二章 爱己

民不畏威，则大威至。无狎其所居，无厌其所生。夫唯无厌，是以不厌。是以圣人自知不自见，自爱不自贵。故去彼取此。

【译文】人民不畏惧统治者的威压，则更大的祸乱就要发生了。不要逼迫人民的居处，不要压榨人民的生活。只有不压榨人民，人民才不厌恶统治者。因此，有道的人但求自知而不自我表扬；但求自爱而不自显高贵。所以舍去后者而取前者。

七十三章 任为

勇于敢则杀，勇于不敢则活，此两者或利或害。天之所恶，孰知其故？是以圣人犹难之。天之道，不争而善胜，不言而善应，不召而自来，繟然而善谋。天网恢恢，疏而不失。

【译文】勇于坚强就会死，勇于柔弱就可活。这两种勇的结果，有的得利，有的遭害。天道所厌恶的，谁知道是什么原故？自然的规律，是不争攘而善于得胜，不说话而善于回应，不召唤而自动来到，宽缓而善于筹策。自然的范围广大无边，希疏而不会有一点漏失。

七十四章 制惑

民不畏死，奈何以死惧之？若使民常畏死，而为奇者，吾得执而杀之。孰敢？常有司杀者杀，夫代司杀者杀，是谓代大匠斫，夫代大匠斫者，希有不伤其手矣。

【译文】人民不畏惧死亡，为什么用死亡来恐吓他？如果使人民真的畏惧死亡，对于为邪作恶的人，我们就可以把他抓来杀掉，谁还敢为非作歹？经常有专管杀人的去执行杀的任务。那代替专管杀人的去执行杀的任务，这就如同代替木匠去砍木头一样。那代替木匠砍木头，很少有不砍伤自己的手的。

七十五章 贪损

民之饥，以其上食税之多，是以饥。民之难治，以其上之有为，是以难治。民之轻死，以其求生之厚，是以轻死。夫唯无以生为者，是贤于贵生。

【译文】人民所以饥饿，就是由于统治者吞吃税赋太多，因此陷于饥饿。人民所以难治，就是由于统治者强作妄为，因此难以管治。人民所以轻死，就是由于统治者奉养奢厚，因此轻于犯死。只有清静恬淡的人，才胜于奉养奢厚的人。

七十六章 戒强

人之生也柔弱，其死也坚强。万物草木之生也柔脆，其死也枯槁。故坚强者死之徒，柔弱者生之徒。是以兵强则不胜，木强则兵。强大处下，柔弱处上。

【译文】人活着的时候身体是柔软的，死了的时候就变成僵硬了。草木生长的时候形质是柔脆的，死了的时候就变成干枯了。所以坚强的东西属于死亡的一类，柔弱的东西属于生存的一类。因此用兵逞强就会遭受灭亡，树木强大就会遭受砍伐。凡是强大的，反而居于下位，凡是柔弱的，反而占在上面。

七十七章 天道

天之道，其犹张弓与？高者抑之，下者举之；有余者损之，不足者补之。天之道，损有余而补不足。人之道则不然，损不足以奉有余。孰能有余以奉天下？唯有道者。是以圣人为而不恃，功成而不处，其不欲见贤。

【译文】自然的规律，岂不就像拉开弓弦一样吗？弦位高了，就把它压低，弦位低了就把它升高；有余的加以减少，不足的加以补充。自然的规律，减少有余，用来补充不足。人世的行径，就不是这样，却要剥夺不足，而用来供奉有余的人。谁能够把有余的拿来供给天下不足的？这只有有道的人才能做到。因此有道的人作育万物而不自恃己能；有所成就而不以功自居，他不想表现自己的聪明才智。

七十八章 任信

天下莫柔弱于水，而攻坚强者莫之能胜，其无以易之。弱之胜强，柔之胜刚，天下莫不知，莫能行。是以圣人云：受国之垢，是谓社稷主；受国不祥，是为天下王。正言若反。

【译文】世间没有比水更柔弱的，冲激坚强的东西没有能胜过它，因为没有什么能代替它。弱胜过强，柔胜过刚，天下没有人不知道，但是没有人能实行。因此有道的人说："承担全国的屈辱，才配称国家的君主；承担全国的祸难，才配做天下的君王。"正道说出来就好像是相反的一样。

七十九章 任契

和大怨，必有余怨，安可以为善？是以圣人执左契，而不责于人。有德司契，无德司徹。天道无亲，常与善人。

【译文】调解深重的怨恨，必然还有余留的怨恨；这怎能算是妥善的办法呢？因此圣人保存借据的存根，但是并不向人索取偿还。有德的人就像持有借据的人那样宽裕，无德的人就像掌管税收的人那样苛取。自然的规律是没有偏爱的，经常和善人一起。

八十章 独立

小国寡民，使有什伯之器而不用，使民重死而不远徙。虽有舟舆，无所乘之；虽有甲兵，无所陈之。使人复结绳而用之，甘其食，美其服，安其居，乐其俗。邻国相望，鸡犬之声相闻，民至老死，不相往来。

【译文】国土狭小人民稀少。即使有十倍百倍人工的器械却并不使用；使人民重视死亡而不向远方迁移。虽然有船只车辆，却没有必要去乘坐；虽然有恺甲武器，却没有机会去陈列。使人民回复到结绳记事的状况。人民有甜美的饮食，美观的衣服，安适的居所，欢乐的习俗。邻国之间可以互相看得见，鸡鸣狗吠的声音可以互相听得着，人民从生到死，互相不往来。

八十一章显质

信言不美，美言不信。善者不辩，辩者不善。知者不博，博者不知。圣人不积，既以为人，己愈有；既以与人，己愈多。天之道，利而不害；圣人之道，为而不争。

【译文】真实的言词不华美，华美的言词不真实。行为良善的人不巧辩，巧辩的人不良善。真正了解的人不广博，广博的人不能深入了解。有道的圣人不私自积藏，他尽量帮助别人，自己反而更充足；他尽量给与别人，自己反而更丰富。自然的规律，利物而无害；人间的行事，施为而不争夺。

以上下篇

列 子

一名《冲虚至德经》，旧本题周列御寇撰。御寇，郑人，先庄子。书中多称“子列子曰”，必为传其学者所追记。或曰：《列子》原本久亡，此本盖魏晋间王弼、张湛之徒所伪作；而书中《杨朱》一篇或本为杨朱之书，而为后人所误收入《列子》书者，自是即不复分出。然考诸子之学术者，故当别白而观之，庶不致汗漫无纪，而失各家之真面目耳。

【译文】又名《冲虚至德经》，旧本题为周代列御寇著。列御寇，郑国人，生活的时代比庄子早。此书中多有称“子列子曰”，所以一定是继承其学术的学者所追记的。有的说：“列子原书早已亡失，此本大概是魏晋时期王弼、张湛的徒弟所伪造列子之名而作的；并且书中的《杨朱》篇可能本来是杨朱的著作，但被后人误收入了《列子》书中，从此不再将其分出来。”但考究诸子的学术思想，应该先辨别明白再看，这样不至于会漫无标准、不着边际，而背离了各家思想的真面目。

天 瑞

（节录 以下各篇并同）

子列子曰：“昔者圣人因阴阳以统天地。夫有形者生于无形，则天地安从生？故曰：有太易，有太初，有太始，有太素。太易者，未见气也；太初者，气之始也；太始者，形之始也；太素者，质之始也。气形质具而未相离，故曰浑沦。浑沦者，言万物相浑沦而未相离也。视之不见，听之不闻，循之不得，故曰易也。易无形埒，易变而为一，一变而为七，七变而为九。九变者究也，乃复变而为一。一者，形变之始也，清轻者上为天，浊重者下为地，冲和气者为人；故天地含精，万物化生。”

【译文】列子说："过去圣人凭借阴阳二气来统御天地万物。有形的事物是从无形的事物产生出来的，那么有形的天地万物是从哪里产生的呢？所以说：天地万物的产生过程有大易阶段，有太初阶段，有太始阶段，有太素阶段。所谓太易，是指没有出现元气时的状态；所谓太初，是指元气开始出现时的状态；所谓大始，是指形状开始出现时的状态；所谓太素，是指质量开始出现时的状态。元气、形状、质量具备但却没有分离开来，所以叫做浑沦。所谓浑沦，说的是万物浑然一片而没有分离开来的状态。看它看不见，听它听不到，摸它摸不着，所以叫做易。易没有形状，易变化而成为一，一变化而成为七，七变化而成为九。九是变化的终极，于是反过来又变化而成为一。一是形状变化的开始，清轻之气上浮成为天，浊重之气下沉成为地，中和之气便成为人，所以天地蕴含着精气，万物由此变化而生。"

子列子曰："天地无全功，圣人无全能，万物无全用。故天职生覆，地职形载，圣职教化，物职所宜。然则天有所短，地有所长，圣有所否，物有所通。何则？生覆者不能形载，形载者不能教化，教化者不能违所宜，宜定者不出所位。故天地之道，非阴则阳；圣人之教，非仁则义；万物之宜，非柔则刚；此皆随所宜而不能出所位者也。故有生者，有生生者；有形者，有形形者；有声者，有声声者；有色者，有色色者；有味者，有味味者。生之所生者死矣，而生生者未尝终；形之所形者实矣，而形形者未尝有；声之所声者闻矣，而声声者未尝发；色之所色者彰矣，而色色者未尝显；味之所味者尝矣，而味味者未尝呈：皆无为之职也。能阴能阳，能柔能刚，能短能长，能员能方，能生能死，能暑能凉，能浮能沈，能宫能商，能出能没，能玄能黄，能甘能苦。能羶能香。无知也，无能也，而无不知也，而无不能也。"

【译文】列子说："天地没有完备的功效，圣人没有完备的能力，万物没有完备的用途。所以天的职责在于覆育生灵，地的职责在于成形载物，圣人的职责在于教育感化，器物的职责在于适合人们使用。这样看来，天有短缺之功，地有擅长之事，圣人有淤塞之时，器物有通达之用。为什么呢？这是因为生长覆育的不能成形负载，成形负载的不能教育感化，教育感化的不能违背它的适当用途，事物适宜的功用已经确定了的，便不能再超出它所担负的职责。所以天地的运行，不是阴便是阳；圣人的教讹，不是仁便是义；万物的本质不是柔便是刚；这些都是按照它所适宜的功用而不能超出它所担负的职责的。所以有有生死的事物，有使有生之物产生的事物；有有形状的事物，有使有形之物成形的事物；有有声音的事物，有使有声之物发出声音的事物；有有颜色的事物，有使有色之物表现出颜色的事物；有有滋味的事物，有使有味之物呈现出滋味的事物。有生死的事物所呈现出的生命死亡了，但使有生之物产生的事物却没有终止；有形状的事物所呈现出的形状成就了，但使有形之物成形的事物却没有出现；有声音的事物所呈现出的声音已经被听到了，但使有声之物发声的事物却没有发声；有颜色的事物所呈现出的颜色显明了，但使有色之物出色的事物却没有显露；有滋味的事物所呈现出的滋味已经被尝到了，但使有味之物出味的事物却没有呈现：这些都是顺应自然“道”的作用啊！“道”，能使事物可以表现出阴的特性，也可以表现出阳的特性；可以表现出柔的特性，也可以表现出刚的特性；可以缩短，也可以延长；可以呈现圆的形状，也可以呈现方的形状；可以产生，也可以死亡；可以暑热，也可以凉爽；可以上浮，也可以下沉；可以发出宫声，也可以发出商声；可以呈现，也可以隐没；可以表现出黑的颜色，也可以表现出黄的颜色；可以呈现出甜的滋味，也可以呈现出苦的滋味；可以发出羶的气味，也可以发出香的气味。它没有知觉，没有能力，却又无所不知，无所不能。”

子列子适卫，食于道，从者见百岁髑髅，攓蓬而指，顾谓弟子百丰曰：唯予与彼知而未尝生未尝死也。此过养乎？此过欢乎？种有几：若为鶉，得水为㡭。得水土之际，则为蠙之衣。生于陵屯，则为陵舄。陵舄得郁栖，则为乌足。乌足之根为蛴螬，其叶为胡蝶。胡蝶胥也，化而为虫，生灶下，其状若脱，其名曰鸲掇。鸲掇千日，化而为鸟，其名日乾余骨。乾余骨之沫为斯弥，斯弥为食醯颐辂。食醯颐辂生乎食醯黄軦，食醯黄軦生乎九猷，九猷生乎瞀芮，瞀芮生乎首腐蠸。羊肝化为地皋，马血之为转邻也，人血之为野火也。鹞之为鹯，鹯之为布谷，布谷久复为鹞也。燕之为蛤也，田鼠之为鹑也，朽瓜之为鱼也，老韭之为苋也，老羭之为猨也，鱼卵之为虫。亶爰之兽自孕而生曰类，河泽之鸟视而生曰䴕。纯雌其名大腰，纯雄其名稚蜂。思士不妻而感，思女不夫而孕。后稷生乎巨迹，伊尹生乎空桑。厥昭生乎湿，醯鸡生乎酒。羊奚比乎不箰，久竹生青宁，青宁生程，程生马，马生人，人久入于机。万物皆出于机，皆入于机。（《庄子·至乐》篇末一节，与此节大同小异，今附录于此，其文曰：列子行食于道从，见百岁髑髅，攓蓬而指之曰：唯予与汝知而未尝死，未尝生也。若果养乎？予果欢乎？种有几：得水则为，得水土之际则为鼃（wā，同“蛙”）蠙之衣，生于陵屯则为陵舄，陵舄得郁栖则为乌足，乌足之根为蛴螬，其叶为胡蝶。胡蝶胥也，化而为虫，生于灶下，其状若脱，其名为鸲掇。鸲掇千日为鸟，其名为乾余骨。乾余骨之沫为斯弥，斯弥为食醯。颐辂生乎食醯，黄軦生乎九猷，瞀芮生乎腐蠸。羊奚比乎不笋，久竹生青宁，青宁生程，程生马，马生人，人又反入于机。万物皆出于机，皆入于机。）

【译文】列子到卫国去，在路边吃饭，看见道旁已有百年的死人头骨。列子拔起一根飞蓬草指着它，回头对他的学生百丰说：“只有我和他懂得万物既没有生，也没有死的道理。生死果真使人忧愁吗？生死果真使人欢喜吗？物种都有出生与复归的机关：就像青蛙变为鹌鹑，得到水又继续变化。到了水土交会之处，便成为青苔。生长在高土堆上，便成为车前草。车前草得到了粪土，又变为乌足草。乌足草的根变为土蚕，它的叶子则变为蝴蝶。蝴蝶很快就又变为虫子，如果生长在炉灶下，它的形状就会像蜕了皮一样，它的名字叫鸲掇。鸲掇过了一千天，又变化成为鸟，它的名字叫乾余骨。乾余骨和唾沫变成为斯弥虫，斯弥虫又变成为酒醋上的颐辂虫。酒醋上的颐辂虫生出了酒醋上的黄軦虫，酒醋上的黄軦虫又生出了九猷虫，九猷虫生出了瞀芮虫，瞀芮虫又生出了萤火虫。羊肝变化为附在地面上的白气，马血变成为能转动的磷火，人血变成为在野外流窜的鬼火。鹞鸟变成为晨风鸟，晨风鸟变成为布谷鸟，布谷鸟时间长了又反过来变为鹞鸟。燕子变成为蛤蜊，田鼠变成为鹌鹑，腐朽的瓜变成为鱼，老韭菜变成为苋菜，老母羊变成为猿猴，鱼的卵又变成为虫子。亶爰山上的兽自己怀孕而生崽叫做类，河泽中的鸟互相看着而生子叫做鶂。全是母的动物的名字叫大腰，全是公的动物的名字叫稚蜂。单相思的男士不娶妻子而受胎，单相思的女子不嫁丈夫而怀孕。后稷生于巨人的脚印，伊尹生于空旷的桑林。蠓蚋生在潮湿之处，蠛蠓生在酒醋之中。羊奚草与不长笋子的老竹相比美，不长笋子的老竹生出了青宁虫，青宁虫生出了豹子，豹子生出了马，马生出了人，人活久了又复归于像阴户那样的机关。万物都从这个机关生出，又都复于这个机关。

杞国有人，忧天地崩坠，身亡所寄，废寝食者。又有忧彼之所忧者，因往晓之，曰："天，积气耳，亡处亡气。若屈伸呼吸，终日在天中行止，奈何忧崩坠乎？"其人曰："天果积气，日月星宿，不当坠耶？"晓之者曰："日月星宿，亦积气中之有光耀者，只使坠，亦不能有所中伤。"其人曰："奈地坏何？"晓者曰："地积块耳，充塞四虚，亡处亡块。若躇步跐蹈，终日在地上行止，奈何忧其坏？"其人舍然大喜，晓之者亦舍然大喜。长庐子闻而笑之曰："虹蜺也，云雾也，风雨也，四时也，此积气之成乎天者也。山岳也，河海也，金石也，火木也，此积形之成乎地者也。知积气也，知积块也，奚谓不坏？夫天地空中之一细物，有中之最巨者。难终难穷，此固然矣；难测难识，此固然矣。忧其坏者，诚为大远；言其不坏者，亦为未是。天地不得不坏，则会归于坏。遇其坏时，奚为不忧哉？"子列子闻而笑曰："言天地坏者亦谬，言天地不坏者亦谬。坏与不坏，吾所不能知也。虽然，彼一也，此一也，故生不知死，死不知生；来不知去，去不知来。坏与不坏，吾何容心哉？"

【译文】杞国有个人，担忧天会塌下来，地会陷下去，自己的身体无处可藏，因而睡不着觉，吃不下饭。又有一个担忧那个怕天塌地陷之人的人，于是前去向他解释，说："天是气的积聚，无处没有气。就像你弯腰挺身、呼气吸气，整天在天空中生活，为什么要担忧它崩塌下来呢？"那人说："天果真是气的积聚，那日月星辰不会掉下来吗？"向他解释的人说："日月星辰，也是积聚起来的气中有光辉的物体，即使掉下来，也不会伤害什么。"那人说："地陷下去怎么办呢？"解释的人说："地是土块的积聚，充满了四方空间，无处没有土块。就像你停走踩踏，整天在地上生活，为什么要担忧它陷裂下去呢？"那人放下心来，十分高兴；那个为他担心的人也放下心来。长庐子听说后笑着说："虹霓呀，云雾呀，风雨呀，四季呀，这些是气在天上积聚而形成的。山岳呀，河海呀，金石呀，火木呀，这些是有形之物在地上积聚而形成的。知道它们是气的积聚，是土块的积聚，为什么说它不会毁坏呢？天地是宇宙中的一个小物体，但却是有形之物中最巨大的东西。难以终结，难以穷究，这是必然的；难以观测，难以认识，也是必然的。担忧它会崩陷，确实离正确的认识太远；说它不会崩陷，也是不正确的。天地不可能不毁坏，最终总会毁坏的。遇到它毁坏时，怎么能不担忧呢？"列子听到后，笑着说："说天地会毁坏的意见是荒谬的，说天地不会毁坏的意见也是荒谬的。毁坏与不毁坏，是我们不可能知道的事情。即使这样，毁坏是一种可能，不毁坏也是一种可能，所以出生不知道死亡，死亡不知道出生；来不知道去，去不知道来。毁坏与不毁坏，我为什么要放在心上呢？"

黄帝

黄帝即位十有五年，喜天下戴己，养正命，娱耳目，供鼻口，焦然肤色奸黣，昏然五情爽惑。又十有五年，忧天下之不治，竭聪明，进智力，营百姓，焦然肌色皯黣，昏然五情爽惑。黄帝乃喟然赞曰："朕之过淫矣。养一已其患如此，治万物其患如此。"于是放万机，舍宫寝，去直侍，彻钟悬，减厨膳，退而间居大庭之馆，斋心服形，三月不亲政事。昼寝而梦，游于华胥氏之国。华胥氏之国，在弇州之西，台州之北，不知斯齐国几千万里，盖非舟车足力之所及，神游而已。其国无师长，自然而已。其民无嗜欲，自然而已。不知乐生，不知恶死，故无夭殇；不知亲己，不知疏物，故无爱憎；不知背逆，不知向顺，故无利害。都无所爱惜，都无所畏忌。入水不溺，入火不热。斫挞无伤痛，指擿无痟痒。乘空如履实，寝虚若处床。云雾不硋其视，雷霆不乱其听，美恶不滑其心，山谷不踬其步，神行而已。黄帝既寤，怡然自得，召天老、力牧、太山稽，告之曰："朕闲居三月，斋心服形，思有以养身治物之道，弗获其术。疲而睡，所梦若此。今知至道不可以情求矣。朕知之矣！朕得之矣！而不能以告若矣。"又二十有八年，天下大治，几若华胥氏之国，而帝登假。百姓号之，二百余年不辍。

【译文】黄帝即天子位的第十五年，因天下百姓拥戴自己而十分高兴，于是就保养身体，兴歌舞娱悦耳目，调美味温饱鼻口，然而却弄得肌肤枯焦，面色霉黑，头脑昏乱，心绪恍惚。又过了十五年，因忧虑天下得不到治理，于是竭尽全部精力，增进智慧和体力，去治理百姓，然而同样是肌肤枯焦，面色霉黑，头脑昏乱，心绪恍惚。黄帝长叹道："我的错误真是太深了。保养自己的毛病是这样，治理万物的毛病也是这样。"于是他放下了纷繁的日常事务，离开了宫殿寝室，取消了值班侍卫，撤掉了钟磬乐器，削减了厨师膳食，退出来安闲地居住在宫外的大庭之馆，清除心中杂念，降服形体欲望，三个月不过问政治事务。有一天，他白天睡觉时做梦，游历到了华胥氏之国。华胥氏之国在弇州的西方，台州的北方，不知离中国有几千万里，并不是乘船、坐车和步行所能到达的，只不过是精神游历而已。那个国家没有老师和官长，一切听其自然罢了。那里的百姓没有嗜好和欲望，一切顺其自然罢了。他们不懂得以生存为快乐，也不懂得以死亡为可恶，因而没有幼年死亡的人；不懂得私爱自身，也不懂得疏远外物，因而没有可爱与可憎的东西；不懂得反对与叛逆，也不懂得赞成与顺从，因而没有有利与有害的事情。没有什么值得偏爱与吝惜的，也没有什么值得畏惧与忌讳的。他们到水中淹不死，到火里烧不坏。刀砍鞭打没有伤痛，指甲抓搔也不觉酸痒。乘云升空就像脚踏实地，寝卧虚气就像安睡木床。云雾不能妨碍他们的视觉，雷霆不能捣乱他们的听觉，美丑不能干扰他们的心情，山谷不能阻挡他们的脚步，一切都凭精神运行而已。黄帝醒来后，觉得十分愉快而满足，于是把大臣天老、力牧和太山稽叫来，告诉他们说："我安闲地在家中住了三个月，清除了心中的杂念，降服了形体的欲望，专心考虑能够保养身心和治理外物的方法，却仍然得不到这种方法。后来我因疲倦而睡觉，做了一个这样的梦。现在我才懂得最高的'道'是不能用主观的欲望去追求的。我明白了！我得到了！但却不能用语言来告诉你们。"又过了二十八年，天下大治，几乎和华胥氏之国一样，而黄帝却升天了，老百姓悲痛大哭，二百多年也不曾中断过。

列子师老商氏，友伯高子，进二子之道，乘风而归。尹生闻之，从列子居，数月不省舍。因间请蕲其术者，十反而十不告。尹生怼而请辞，列子又不命。尹生退。数月意不已，又往从之。列子曰："汝何去来之频？"尹生曰："曩章戴有请于子，子不我告，固有憾于子。今复脱然，是以又来。"列子曰："曩吾以汝为达，今汝之鄙至此乎？姬！将告汝所学于夫子者矣。自吾之事夫子友若人也，三年之后，心不敢念是非，口不敢言利害，始得夫子一眄而已。五年之后，心庚念是非，口庚言利害，夫子始一解颜而笑。七年之后，从心之所念，庚无是非；从口之所言，庚无利害，夫子始一引吾并席而坐。九年之后，横心之所念，横口之所言，亦不知我之是非利害欤，亦不知彼之是非利害欤；亦不知夫子之为我师，若人之为我友：内外进矣。而后眼如耳，耳如鼻，鼻如口，无不同也。心凝形释，骨肉都融；不觉形之所倚，足之所履，随风东西，犹木叶干壳。竟不知风乘我邪？我乘风乎？今女居先生之门，曾未浃时，而怼憾者再三。女之片体，将气所不受，汝之一节，将地所不载。履虚乘风，其可几乎？"尹生甚怍，屏息良久，不敢复言。

【译文】列子拜老商氏为师，以伯高子为友，把两人的所有本领部学到了手，然后乘风而归。尹生听说了，便来跟列子学习，并和列子住到一起，好几个门都下回去看望家人。他趁列子闲暇时，请求学习他的法术，往返十次，列子十次都没有告诉他。尹生有些生气，请求离开，列子也不表态。尹生回家了。几个月后，尹生心不死，又去跟列子学习。列子问："你为什么来去这么频繁呢？"尹生说："以前我向您请教，您不告诉我，本来有些怨恨您。现在又不恨您了，所以又来了。"列子说："过去我以为你通达事理，现在你的无知竟到了如此程度吗？坐下！我打算把我在老师那里学习的情况告诉你。自从我拜老商氏为师、以伯高子为友，三年之内，心中不敢计较是与非，嘴上不敢谈论利与害，然后才得到老师斜着眼睛看我一下罢了。又在两年之内，心中（比学道前）更多地计较是与非，嘴上更多地谈论利与害，然后老师才开始放松脸面对我笑了笑。又在两年之内，我顺从心灵去计较，反而觉得没有什么是与非；顺从口舌去谈论，反而觉得没有什么利与害；老师这才叫我和他坐在一块席子上。又在两年之内，我放纵心灵去计较，放纵口舌去谈论，但所计较与谈论的也不知道是我的是非利害呢，也不知道是别人的是非利害呢；并且也不知道老商氏是我的老师，伯高子是我的朋友；这时身内身外都忘得一干二净了。从此以后，眼睛就像耳朵一样，耳朵就像鼻子一样，鼻子就像嘴一样，没有什么区别了。心灵凝聚，形体消失，骨肉全部融化了；感觉不到身体依靠着什么，两脚踩着什么，随风飘游四方，就像树叶与干燥的皮壳一样。竟然不知道是风驾驭着我呢，还是我驾驭着风啊！现在你在老师的门下，还不到一个时辰，便怨恨了好几次。你的一片肤体也不会被元气所接受，你的一根肢节也不会被大地所容纳。脚踏虚空，驾驭风云，又怎么能办得到呢？"尹生非常惭愧，好长时间不敢大声出气，也不敢再说什么。

列子问关尹曰："至人潜行不空，蹈火不热，行乎万物之上而不慄。请问何以至于此？"关尹曰："是纯气之守也，非智巧果敢之列。姬！鱼语女。凡有貌像声色者，皆物也。物与物何以相远也？夫奚足以至乎先？是色而已。则物之造乎不形，而止乎无所化，夫得是而穷之者，焉得而正焉？彼将处乎不深之度，而藏乎无端之纪，游乎万物之所终始。壹其性，养其气，含其德，以通乎物之所造。夫若是者，其天守全，其神无郤，物奚自入焉？夫醉者之坠于车也，虽疾不死。骨节与人同，而犯害与人异，其神全也。乘亦弗知也，坠亦弗知也，死生惊惧不入乎其胸，是故遻物而不慴。彼得全于酒而犹若是，而况得全于天乎？圣人藏于天，故物莫之能伤也。

【译文】列子问关尹说："道术最高的人在深水中游泳不会窒息，站在火中不感到炽热，在最高的地方行走不至于战栗。请问他们为什么会这样呢？"关尹说："这是积聚了纯真之气的结果，而不是聪明、技巧和果敢所能办到的。坐下！我给你讲。凡是有相貌、形状、声音和颜色的，都是物。物与物为什么会差别很大呢？是什么使某些物比其它物高出一头呢？不过是形貌与声色罢了。而那些高级的物可以达到没有声色形貌的程度，以圭于达到没有变化的程度，到了这种程度时你要想考察个透彻，又怎么能获得完全正确的认识呢？这种物将表现出平常的的状态，隐藏于无头无尾的循环之中，运动在万事万物的始终。完善你的性，培养你的气，深藏你的德，与最高级的物相贯通。如果能这样，你的天赋的纯真之气就会积聚完整，你的精神就不会有空缺，那外物又怎么能侵入并影响你呢？喝醉酒的人从车上跌落下来，虽然有伤却不会死亡。骨骼与别人相同，而损伤却比别人轻，就是因为他的精神完整。坐车没有知觉，跌落也没有知觉，死亡、生存、惊恐、惧怕等观念都侵入不到他的心中，因而遇到任何事情都不害怕。他因为醉酒而使精神完整尚且如此，又何况积聚了完整的天赋纯真之气呢？圣人把自己隐藏在天赋的纯真之气中，所以没有任何外物能伤害他。”

力命

力谓命曰：“若之功奚若我哉？”命曰：“汝奚功于物而欲比朕？”力曰：“寿夭、穷达、贵贱、贫富，我力之所能也。”命曰：“彭祖之智，不出尧舜之上，而寿八百；颜渊之才，不出众人之下，而寿四八。仲尼之德，不出诸侯之下，而困于陈蔡；殷纣之行不出三仁之上，而居君位。季札无爵于吴，田恒专有齐国。夷齐饿于首阳，季氏富于展禽。若是汝力之所能，奈何寿彼而夭此，穷圣而达逆，贱贤而贵愚，贫善而富恶邪？”力曰：“若如若言，我固无功于物，而物若此邪，此则若之所制邪？”命曰：“既谓之命，奈何有制之者邪？朕直而推之，曲而任之。自寿自夭，自穷自达，自贵自贱，自富自贫，朕岂能识之哉？朕岂能识之哉？”

【译文】力量对命运说：“你的功劳怎么能和我相比呢？”命运说：“你对事物有什么功劳而要和我相比？”力量说：“长寿与早夭，穷困与显达，尊重与下贱，贫苦与富裕，都是我的力量所能做到的。”命运说：“彭祖的智慧不在尧之上，而活到了八百岁；颜渊的才能不在一般人之下，而活到了四十八岁。仲尼的仁德不在各国诸侯之下，而被围困在陈国与蔡国之间；殷纣王的行为不在微子、箕子、比干之上，却位为天子。季札在吴国没有官爵，田恒却在齐国专权。伯夷和叔齐在首阳山挨饿，季氏却比柳下惠富有得多。如果是你的力量所能做到的，为什么要使坏人长寿而使好人早夭，使圣人穷困而使贼人显达，使贤人低贱而使愚人尊贵，使善人贫苦而使恶人富有呢？”力量说：“如果像你所说的那样，我原来对事物没有功劳，而事物的实际状况如此，这难道是你控制的结果吗？”命运说：“既然叫做命运，为什么要有控制的人呢？我只不过是对顺利的事情推动一下，对曲折的事情听之任之罢了。一切人和事物都是自己长春自己早夭，自己穷困自己显达，自己尊贵自己低贱，自己富有自己贫苦，我怎么能知道呢？我怎么能知道呢？”

北宫子谓西门子曰：“朕与子并世也，而人子达；并族也，而人子敬；并貌也，而人子爱；并言也，而人子庸；并行也，而人子诚；并仕也，而人子贵；并农也，而人子富；并商也，而人子利。朕衣则裋褐，食则粢粝，居则蓬室，出则徒行。子衣则文锦，食则粱肉，居则连欐，出则结驷。在家熙然有弃朕之心，在朝谔然有敖朕之色。请谒不及相，遨游不同行，固有年矣。子自以德过朕邪？”

西门子曰：“予无以知其实。汝造事而穷，予造事而达，此厚薄之验欤？而皆谓与予并，汝之颜厚矣。”北宫子无以应，自失而归。

中途遇东郭先生，先生曰：“汝奚往而反，偊偊而步，有深愧之色邪？”北宫子言其状。东郭先生曰：“吾将舍汝之愧，与汝更之西门氏而问之。”曰：“汝奚辱北宫子之深乎？固且言之。”

西门子曰：“北宫子言世族、年貌、言行与予并，而贱贵、贫富与予异。予语之曰：予无以知其实。汝造事而穷，予造事而达，此将厚薄之验欤？而皆谓与予并，汝之颜厚矣。”

东郭先生曰：“汝之言厚薄，不过言才德之差，吾之言厚薄异于是矣。夫北宫子厚于德，薄于命，汝厚于命，薄于德。汝之达，非智得也；北宫子之穷，非愚失也。皆天也，非人也。而汝以命厚自矜，北宫子以德厚自愧，皆不识夫固然之理矣。”

西门子曰：“先生止矣。予不敢复言。”

北宫子既归，衣其裋褐，有狐貉之温；进其茙菽，有稻粱之味；庇其蓬室，若广厦之荫；乘其筚辂，若文轩之饰。终身逌然，不知荣辱之在彼也，在我也。东郭先生闻之曰：“北宫子之寐久矣，一言而能寤，易悟也哉！”

【译文】北宫子对西门子说：“我和你生活在同一个时代，而别人却使你显达；一样的世家大族，而别人却尊敬你；相貌也差不多，而别人却喜欢你；一样地说话，而别人却采纳你的意见；一样的做事，而别人却信任你；一样的做官，而别人却重用你；一样的种田，而别人却使你富裕；一样的经商，而别人却使你发财。我穿的是粗布衣服，吃的是粗糙的饭菜，住的是茅草屋，外出便步行。你穿的是绣着花纹的丝绸衣服，吃的是精美的饭菜，住的是高大华丽的房屋，外出则车马成群。在家庭中，你嬉戏欢笑有不理我的念头；在朝廷上，你夸夸其谈有轻视我的脸色。请客问候没有我的份，外出游玩不和我同行；已经有好多年了。你自以为仁德超过了我吗？”

西门子说：“我无法知道真实原因。你做事老碰钉子，我做事总是顺利，这不就是厚薄不同的证明吗？你却说和我都一样，你的脸皮也太厚了。”北宫子无法回答，失魂落魄地回去了。

半路上碰到了东郭先生。东郭先生问：“你是从哪里回来，独自行走，且面带深深的惭愧脸色呢？”北宫子说了上述情况。东郭先生说：“我可以消除你的惭愧，和你再到西门氏家去问问他。”东郭先生问西门子说：“你为什么要那么厉害地侮辱北宫子呢？姑且说说原因吧。”

西门子说：“北宫子讲他的时代、家族、年龄、相貌、言论、做事都与我相同，而低贱与尊贵、贫苦与富有却与我不一样。我对他说：我无法知道真实原因。你做事老碰钉子，我做事总是顺利，这恐怕是厚薄不同的证明吧？你却说你跟我都一样，你的脸皮也太厚了。”

东郭先生说：“你所讲的厚薄不过是说才能和仁德的差别，我所讲的厚薄与此不同。北宫子的仁德厚，命运薄，你的命运厚，仁德薄。你的显达，不是凭智慧得到的；北宫子的穷困，不是冒昧的过失。都是天命，而不是人力。而你却以德薄命厚自以为了不起，北宫子又以德厚命薄自觉惭愧，都不懂得本来的道理。”

西门子说：“先生不要讲了。我不敢再说了。”

北宫子回去以后，穿他的粗布衣服，觉得有狐貉裘毛那样的温暖；吃他的粗粮大豆，觉得有精美饭菜的味道；住他的茅草屋，像是住在宽广的大厦中；乘坐他的柴车，像是有华丽雕饰的高大车马。终身舒适自得，不知道荣辱在他们那里还是在自己这里。东郭先生听到后说：“北宫子已经糊涂很久了，一句话便能醒悟，也是容易醒悟啊！”

杨朱

杨朱曰：“百年，寿之大齐。得百年者千无一焉。设有一者，孩抱以逮昏老，几居其半矣。夜眠之所弭，昼觉之所遗，又几居其半矣。痛疾哀苦，亡失忧惧，又几居其半矣。量十数年之中，逌然而自得，亡介焉之虑者，亦亡一时之中尔。则人之生也奚为哉？奚乐哉？为美厚尔，为声色尔，而美厚复不可常厌足，声色不可常玩闻。乃复为刑赏之所禁劝，名法之所进退，遑遑尔竞一时之虚誉，规死后之余荣，偊偊尔顺耳目之观听，惜身意之是非，徒失当年之至乐，不能自肆于一时，重囚累梏，何以异哉？太古之人知生之暂来，知死之暂住，故从心而动，不违自然所好，当身之娱非所去也，故不为名所劝；从性而游，不逆万物所好，死后之名，非所取也，故不为刑所及。名誉先后，年命多少，非所量也。”

【译文】杨朱说：“一百岁，是寿命的极限。能活到一百岁的，一千人中难有一人。即使有一人，他在孩童与衰老糊涂的时间，几乎占去了一半时间。再去掉夜间睡眠的时间，去掉白天休息的时间，又几乎占去了一半。加上疾病痛苦、失意优愁，又几乎占去了一半。估计剩下的十多年中，舒适自得，没有丝毫顾虑的时间，也没有其中的一半。那么人生在世又为了什么呢？有什么快乐呢？为了味美丰富的食物吧，为了悦耳的音乐与悦目的女色吧，可是味美丰富的食物并不能经常得到满足，悦耳的音乐与悦目的女色也不能经常听得到与玩得到。再加上要被刑罚所禁止，被赏赐所规劝，被名誉所推进，被法网所阻遏，惶恐不安地去竞争一时的虚伪声誉，以图死后所留下的荣耀，孤独谨慎地去选择耳朵可以听的东西与眼睛可以看的东西，爱惜身体与意念的是与非，白白地丧失了当时最高的快乐，不能自由自在地活一段时间，这与罪恶深重的囚犯所关押的一层又一层的牢笼又有什么区别呢？上古的人懂得出生是暂时的到来，懂得死亡是暂时的离去，因而随心所欲地行动，不违背自然的喜好，不减少今生的娱乐，所以不被名誉所规劝，顺从自然本性去游玩，不违背万物的喜好，不博取死后的名誉，所以不被刑罚所牵连。名誉的先后，寿命的长短，都不是他们所考虑的。”

杨朱曰：“万物所异者生也，所同者死也。生则有贤愚、贵贱，是所异也；死则有臭腐、消灭，是所同也。虽然，贤愚、贵贱非所能也，臭腐消灭，亦非所能也。故生非所生，死非所死，贤非所贤，愚非所愚，贵非所贵，贱非所贱。然而万物齐生齐死，齐贤齐愚，齐贵齐贱。十年亦死，百年亦死，仁圣亦死，凶愚亦死。生则尧舜，死则腐骨；生则桀纣，死则腐骨。腐骨一矣，孰知其异？且趣当生，奚遑死后？”

【译文】杨朱说：“万物所不同的是生存，所相同的是死亡。生存就有贤有愚、有贵有贱，这是不同的；死亡就有腐烂发臭、消失灭亡，这是相同的。即使是这样，贤愚与贵贱也不是人所能办到的，腐臭、消灭也不是人所能办到的。所以生不是人所能生，死不是人所能死，贤不是人所能贤，愚不是人所能愚，贵不是人所能贵，贱也不是人所能贱，然而万物的生与死是一样的，贤与愚是一样的，贵与贱也是一样的。活十年也是死，活百年也是死。仁人圣人也是死，凶人愚人也是死。活着是尧舜，死了便是腐骨；活着是桀纣，死了也是腐骨。腐骨是一样的，谁知道它们的差异呢？姑且追求今生，哪有工夫顾及死后？”

杨朱曰：“伯夷非亡欲，矜清之邮，以放饿死。展季非亡情，矜贞之邮，以放寡宗。清贞之误善之若此。”

【译文】杨朱说："伯夷不是没有欲望，但过于顾惜清白的名声，以至于饿死了。展季不是没有人情，但过于顾惜正直的名声，以至于宗人稀少。清白与正直的失误就像他们两人这样。"

杨朱曰："原宪窭于鲁，子贡殖于卫。原宪之窭损生，子贡之殖累身。""然则窭亦不可，殖亦不可，其可焉在？"曰："可在乐生，可在逸身。故善乐生者不窭，善逸身者不殖。"

【译文】杨朱说："原宪在鲁国十分贫穷，子贡在卫国经商挣钱。原宪的贫穷损害了生命，子贡的经商累坏了身体。""那么贫穷也不行，经商也不行，怎样才行呢？"答："正确的办法在于使生活快乐，正确的办法在于使身体安逸。所以善于使生活快乐的人不会贫穷，善于使身体安逸的人不去经商。"

杨朱曰："古语有之，'生相怜，死相捐。'此语至矣。相怜之道，非难情也，勤能使逸，饥能使饱，寒能使温，穷能使达也。相捐之道，非不相哀也，不含珠玉，不服文锦，不陈牺牲，不设明器也。"

【译文】杨朱说："古代有句话说：'活着的时候互相怜爱，死了便互相抛弃。'这句话说到底了。互相怜爱的方法，不仅仅在于感情，过于勤苦的，能使他安逸，饥饿了能使他吃饱，寒冷了能使他温暖，穷困了能使他顺利。互相抛弃的方法，并不是不互相悲哀，而是口中不含珍珠美玉，身上不穿文彩绣衣，祭奠不设牺牲食品，埋葬不摆冥间器具。"

孟孙阳问杨朱曰："有人于此，贵生爱身，以蕲不死，可乎？"曰："理无不死。""以蕲久生，可乎？"曰："理无久生，生非贵之所能存，身非爱之所能厚。且久生奚为？五情好恶，古犹今也；四体安危，古犹今也；世事苦乐，古犹今也；变易治乱，古犹今也。既闻之矣，既见之矣，既更之矣，百年犹厌其多，况久生之苦也乎？"孟孙阳曰："若然，速亡愈于久生，则践锋刃，入汤火，得所志矣。"杨子曰："不然。既生，则废而任之，究其所欲，以俟于死。将死，则废而任之，究其所之，以放于尽。无不废，无不任，何遽迟速于其间乎？"

【译文】孟孙阳问杨朱说："这里有个人，尊贵生命，爱惜身体，以求不死，可以吗？"杨朱说："没有不死的道理。"孟孙阳又问："以求长寿，可以吗？"杨朱说："没有长寿的道理。生命并不因为尊贵它就能存在，身体并不因为爱惜它就能壮实。而且长久活着干什么呢？人的情欲好恶，古代与现在一样；身体四肢的安危，古代与现在一样；人间杂事的苦乐，古代与现代一样；朝代的变迁治乱，古代与现在一样。已经听到了，已经看到了，已经经历了，活一百年还嫌太多，又何况长久活着的苦恼呢？”孟孙阳说：“如果是这样的话，早点死亡就比长久活着更好，那么踩剑锋刀刃，入沸水大火，就是满足愿望了。”杨子说：“不是这样的。已经出生了，就应当听之任之，心念想干什么就干什么，一直到死亡。将要死亡了，就应当听之任之，尸体该放到哪里就到哪里，一直到消失。一切都放弃努力，一切都听之任之，何必在人间考虑早死与晚死呢？”

杨朱曰：“伯成子高不以一毫利物，舍国而隐耕。大禹不以一身自利，一体偏枯。古之人损一毫利天下不与也，悉天下奉一身不取也。人人不损一毫，人人不利天下，天下治矣。”禽子问杨朱曰：“去子体之一毛以济一世，汝为之乎？”杨子曰：“世固非一毛之所济。”禽子曰：“假济，为之乎？”杨子弗应。禽子出语孟孙阳。孟孙阳曰：“子不达夫子之心，吾请言之。有侵若肌肤获万金者，若为之乎？”曰：“为之。”孟孙阳曰：“有断若一节得一国，子为之乎？”禽子默然有间，孟孙阳曰：“一毛微于肌肤，肌肤微于一节，省矣。然则积一毛以成肌肤，积肌肤以成一节。一毛固一体万分中之一物，奈何轻之乎？”禽子曰：“吾不能所以答子。然则以子之言问老聃、关尹，则子言当矣；以吾言问大禹、墨翟，则吾言当矣。”孟孙阳因顾与其徒说他事。

【译文】杨朱说：“伯成子高不肯用一根毫毛去为他人谋利益，抛弃了国家，隐居种田去了。大禹不愿意以自己的身体为自己谋利益，结果全身残疾。古时候的人要损害一根毫毛去为天下谋利益，他不肯给；把天下的财物都用来奉养自己的身体，他也不愿要。人人都不损害自己的一根毫毛，入人都不为天下人谋利益，天下就太平了。”禽子问杨朱说：“取你身上一根汗毛以救济天下，你干吗？”杨子说：“天下本来不是一根汗毛所能救济的。”禽子说：“假使能救济的话，干吗？”杨子不吭声。禽子出来告诉了孟孙阳。孟孙阳说：“你不明白先生的心，请让我来说说吧。有人侵犯你的肌肉皮肤便可得到一万金，你干吗？”禽子说：“干。”孟孙阳说：“有人砍断你的一节身体便可得到一个国家，你干吗？”禽子沉默了很久。孟孙阳说：“一根汗毛比肌肉皮肤小得多，肌肉皮肤比一节身体小得多，这十分明白。然而把一根根汗毛积累起来便成为肌肉皮肤，把一块块肌肉皮肤积累起来便成为一节身体。一根汗毛本是整个身体中的万分之一部分，为什么要轻视它呢？”禽子说：“我不能用更多的道理来说服你。但是用你的话去问老聃、关尹，那你的话就是对的了；用我话去问大禹、墨翟，那我的话就是对的了。”孟孙阳于是回头同他的学生说别的事去了。

杨朱曰：“天下之美，归之舜、禹、周、孔，天下之恶归之桀、纣。然而舜耕于河阳，陶于雷泽，四体不得暂安，口腹不得美厚，父母之所不安，弟妹之所不亲。行年三十，不告而娶。及受尧之禅，年已长，智已衰。商钧不才，禅位于禹，戚戚然以至于死。此天人之穷毒者也。鲧治水土，绩用不就，殛诸羽山。禹纂业事仇，惟荒土功，子产不字，过门不入，身体偏枯，手足胼胝。及受舜禅，卑宫室，美绂冕，戚戚然以至于死。此天人之忧苦者也。武王既终，成王幼弱，周公摄天子之政。邵公不悦，四国流言。居东三年，诛兄放弟，仅免其身，戚戚然以至于死。此天人之危惧者也。孔子明帝王之道，应时君之聘，伐树于宋，削迹于卫，穷于商周，围于陈蔡，受屈于季氏，见辱于阳虎，戚戚然以至于死。此天民之遑遽者也。凡彼四圣者，生无一日之欢，死有万世之名。名者，固非实之所取也。虽称之弗知，虽赏之弗知，与株块无以异矣。桀藉累世之资，居南面之尊，智足以距群下，威足以震海内；恣耳目之所娱，穷意虑之所为。熙熙然以至于死。此天民之逸荡者也。纣亦藉累世之资，居南面之尊，威无不行，志无不从，肆情于倾宫，纵欲于长夜，不以礼义自苦，熙熙然以至于诛。此天民之放纵者也。彼二凶也，生有从欲之欢，死被愚暴之名。实者，固非名之所与也，虽毁之不知，虽称之弗知，此与株块奚以异矣？彼四圣虽美之所归，苦以至终，同归于死矣。彼二凶虽恶之所归，乐以至终，亦同归于死矣。”

【译文】杨朱说：“天的美名归于舜、禹、周公、孔子，天下的恶名归于夏桀、商纣。但是舜在河阳种庄稼，在雷泽烧陶器，四肢得不到片刻休息，口腹得不到美味饭菜，父母不喜欢他，弟妹不亲近他，年龄到了三十岁，才不得不先报告父母就娶妻。等到接受尧的禅让时，年龄已经太大了，智力也衰弱了。儿子商钧又无能，只好把帝位让给禹，忧郁地一直到死。这是天子中穷困苦毒的人。鲧治理水土，没有取得成绩，被杀死在羽山。禹继承他的事业，给杀父的仇人做事，只怕荒废了治理水土的时间，儿子出生后没有时间给他起名字，路过家门也不能进去，身体憔悴，手脚都生了茧子。等到他接受舜让给他的帝位时，把宫室盖得十分简陋，却把祭祀的礼眼做得很讲究，忧愁地一直到死。这是天子中忧愁辛苦的人。武王已经去世，成王还很年幼，周公行使天子的权力。邵公不高兴，几个国家流传着谣言。周公到东方居住了三年，杀死了哥哥，流放了弟弟，自己才保住了生命，忧愁地一直到死。这是天子中危险恐惧的人。孔子懂得帝王治国的方法，接受当时各国国君的邀请，在宋国时曾休息过的大树被人砍伐，在卫国时一度做官却又被冷落，在商周时被拘留监禁，在陈国与蔡国之间被包围绝粮，又被季氏轻视，被阳虎侮辱，忧愁地一直到死。这是有道贤人中惊惧慌张的人。所有这四位圣人，活着的时候没有享受一天的欢乐，死了后却有流传万代的名声。死后的名声本来不是实际生活所需要的，即使称赞自己也不知道，即使奖赏自己也不知道，与树桩土块没有什么差别了。夏梁凭借历代祖先的资本，占据着天子的尊贵地位，智慧足以抗拒众臣，威势足以震动海内；放纵耳国所想要的娱乐，做尽意念想做的事情，高高兴兴地一直到死。这是天子中安逸放荡的人。商纣也凭借历代祖先的资本，占据着天子的尊贵地位，威势没有任何地方行不通，意志没有任何人不服从，在所有的宫殿中肆意淫乱，在整个黑夜里放纵情欲，不用礼义来使自己困苦，高高兴兴地一直到被杀。这是天子中放肆纵欲的人。这二个凶恶的人，活着时有放纵欲望的欢乐，死了后蒙上了愚顽暴虐的坏名声。实际生活本来不是死后的名声所能相比的，即使毁谤他也不知道，即使惩罚他也不知道，这与树桩土块有什么不同呢？那四位圣人虽然都得到了美名，但辛辛苦苦一直到最后，都归于死亡了。那两个凶恶的人虽然都得到了恶名，但高高兴兴一直到最后，也都归于死亡了。”

杨朱曰：“太古之事灭矣，孰志之哉？三皇之事若存若亡，五帝之事若觉若梦，三王之事，或隐或显，亿不识一。当身之事，或闻或见，万不识一。目前之事，或存或废，千不识一。太古至于今日，年数固不可胜纪，但伏羲已来，三十余万岁，贤愚、好丑、成败、是非，无不消灭，但迟速之间耳。矜一时之毁誉，以焦苦其神形，要死后数百年中余名，岂足润枯骨？何生之乐哉？”

【译文】杨朱说：“太古的事情已经完全消灭了，谁把它记载下来的呢？三皇的事迹好像有，又好像没有；五帝的事迹好像明白，又好像在梦中；三王的事迹有的隐藏了，有的显示出来，一忆件事中未必知道一件。当世的事情有的听说了，有的看见了，一万件中未必明了一件。眼前的事情有的存在着，有的过去了，一千件中未必明了一件。从太古直到今天，年数固然计算不清，但自伏羲以来三十多万年，贤人与愚人，好人与坏人，成功的事情与失败的事情，对的事情与错的事情，没有不消灭的，只是早晚快慢不同罢了。顾惜一时的毁谤与赞誉，使自己的精神与形体焦的痛苦，求得死后几百年中留下的名声，怎么能润泽枯槁的尸骨？这样活着又有什么乐趣呢？”

杨朱曰：“人肖天地之类，怀五常之性，有生之最灵者也。人者，爪牙不足以供守卫，肌肤不足以自捍御，趋走不足以从利逃害，无毛羽以御寒暑，必将资物以为养性，任智而不恃力。故智之所贵，存我为贵；力之所贱，侵物为贱。然身非我有也，既生不得不全之；物非我有也，既有不得而去之。身固生之主，物亦养之主。虽全身，不可有其身；虽不去物，不可有其物。有其物，有其身，是横私天下之身，横私天下之物。不横私天下之身，不横私天下之物者，其唯圣人乎！公天下之身，公天下之物，其唯至人矣！此之谓至至者也。”

【译文】杨朱说：“人与天地近似一类，怀有木火土金水五行的本性，是生物中最有灵性的。但是人啊，指甲牙齿不能很好地守卫自己，肌肉皮肤不能很好地捍御自己，快步奔跑不能很好地得到利益与逃避祸害，没有羽毛来抵抗寒冷与暑热，一定要利用外物来养活自己，运用智慧而不依仗力量，所以智慧之所以可贵，以能保存自己为贵；力量之所以低贱，以能侵害外物为贱。然而身体不是我所有的，既然出生了，便不能不保全它；外物也不是我所有的，既然存在着，便不能抛弃它。身体固然是生命的主要因素，但外物也是保养身体的主要因素。虽然要保全生命，却不可以占有自己的身体；虽然不能抛弃外物，却不可以占有那些外物。占有那些外物，占有自己的身体，就是蛮横地把天下的身体属于己有，蛮横地把天下之物属于己有。不蛮横地把天下的身体属于己有，不蛮横地把天下之物属于己有的，大概只有圣人吧！把天下的身体归公共所有，把天下的外物归公共所有，大概只有至人吧！这就叫做最崇高最伟大的人。"

杨朱曰："生民之不得休息为四事故：一为寿，二为名，三为位，四为货。有此四者，畏鬼，畏人，畏威，畏刑，此谓之遁民也。可杀可活，制命在外。不逆命，何羡寿？不矜贵，何羡名？不要势，何羡位？不贪富，何羡货？此之谓顺民也。天下无对，制命在内。故语有之曰：'人不婚宦，情欲失半；人不衣食，君臣道息。'周谚曰：'田父可坐杀。'晨出夜入，自以性之恒；啜菽茹藿，自以味之极；肌肉粗厚，筋节腃急，一朝处以柔毛绨幕，荐以粱肉兰橘，心体烦，内热生病矣。商鲁之君，与田父侔地，则亦不盈一时而惫矣。故野人之所安，野人之所美，谓天下无过者，昔者宋国有田夫，常衣缊黂，仅以过冬。暨春东作，自曝于日，不知天下之有广厦隩室，绵纩狐貉。顾谓其妻曰：'负日之暄，人莫知者，以献吾君，将有重赏。'里之富室告之曰：'昔人有美戎菽、甘枲茎芹萍子者，对乡豪称之。乡豪取而尝之，蜇于口，惨于腹，众哂而怨之，其人大惭。子，此类也。'"

【译文】杨朱说："百姓们得不到休息，是为了四件事的缘故：一是为了长寿，二是为了名声，三是为了地位，四是为了财货。有了这四件事，便害怕鬼神，害怕别人，害怕威势，害怕刑罚，这叫做逃避自然的人。这种人可以被杀死，可以活下去，控制生命的力量在自身之外。不违背天命，为什么要羡慕长寿？不重视尊贵，为什么要羡慕名声？不求取权势，为什么要羡慕地位？不贪求富裕，为什么要羡慕财货？这叫做顺应自然的人。这种人天下没有敌手，控制生命的力量在自身之内。所以俗话说：'人不结婚做官，情欲便丢掉一半；人不穿衣吃饭，君臣之道便会消失。'周都的谚语说：'老农可以叫做坐在那里死去。'早晨外出，夜晚回家，自己认为这是正常的本性；喝豆汁吃豆叶，自己认为这是最好的饮食；肌肉又粗又壮，筋骨关节紧缩弯曲，一旦让他穿上柔软的毛裘和光润的绸绨，吃上细粮鱼肉与香美的水果，就会心忧体烦，内热生病了。如果宋国和鲁国的国君与老农同样种地，那不到一会儿也就疲惫了。所以田野里的人觉得安逸的，田野里的人觉得香美的，便说是天下没有比这更好的了。过去宋国有个农夫，经常穿乱麻絮的衣服，并只用它来过冬。到了春天耕种的时候，自己在太阳下曝晒，不知道天下还有大厦深宫，丝棉与狐貉皮裘。回头对他的妻子说：'晒太阳的暖和，准也不知道，把它告诉我的国君，一定会得到重赏。'乡里的富人告诉他说：'过去有以胡豆、麻杆、水芹与蒿子为甘美食物的人，对本乡富豪称赞它们，本乡富豪拿来尝了尝，就像毒虫叮刺了嘴巴，肚子也疼痛起来，大家都讥笑并埋怨那个人，那人也大为惭愧。你呀，就是这样一类人。'"

杨朱曰："丰屋，美服，厚味，姣色，有此四者，何求于外？有此而求外者，无厌之性。无厌之性，阴阳之蠹也。忠不足以安君，适足以危身；义不足以利物，适足以害生。安上不由于忠，而忠名灭焉；利物不由于义，而义名绝焉。君臣皆安，物我兼利，古之道也。鬻子曰：'去名者无忧。'老子曰：'名者实之宾'。而悠悠者趋名不已。名固不可去，名固不可宾邪？今有名则尊荣，亡名则卑辱。尊荣则逸乐，卑辱则忧苦。忧苦，犯性者也；逸乐，顺性者也。斯实之所系矣。名胡可去？名胡可宾？但恶夫守名而累实。守名而累实，将恤危亡之不救，岂徒逸乐忧苦之间哉？"

【译文】杨朱说："高大的房屋，华丽的衣服，甘美的食物，漂亮的女子，有了这四样，又何必再追求另外的东西？有了这些还要另外追求的，是贪得无厌的人性。贪得无厌的人性，是阴阳之气的蛀虫。忠并不能使君主安逸，恰恰能使他的身体遭受危险；义并不能使别人得到利益，恰恰能使他的生命遭到损害。使君上安逸不来源于忠，那么忠的概念就消失了；使别人得利不来源于义，那么义的概念就断绝了。君主与臣下都十分安逸，别人与自己都得到利益，这是古代的行为准则。鬻子说：'不要名声的人没有忧愁。'老子说：'名声是实际的宾客。'但那些忧愁的人总是追求名声而不曾停止，难道名声本来就不能不要，名声本来就不能作宾客吗？现在有名声的人就尊贵荣耀，没有名声的人就卑贱屈辱。尊贵荣耀便安逸快乐，卑贱屈辱便忧愁苦恼。忧愁苦恼是违反本性的，安逸快乐是顺应本性的。这些与实际又紧密相关。名声怎么能不要？名声怎么能作宾客？只是担心为了坚守名声而损害了实际啊！坚守名声而损害了实际，所担忧的是连危险灭亡都挽救不了，难道仅仅是在安逸快乐与优愁苦恼这二者之间吗？"

说 符

宋人有为其君以玉为楮叶者，三年而成。锋杀茎柯，毫芒繁泽，乱之楮叶中而不可别也。此人遂以巧食宋国。子列子闻之，曰："使天地之生物，三年而成一叶，则物之有叶者寡矣。故圣人恃道化而不恃智巧。"

【译文】宋国有个人给他的国君用玉做成楮树叶子，三年做成了。叶子的肥瘦、叶茎和树枝、毫毛与小刺、颜色与光泽，乱放在真的楮树叶子中便分辨不出来。这个人于是凭着他的技巧在宋国生活。列子听说这事，说："假使天地间生长的万物，三年才长成一片叶子，那树木有枝叶的就太少了。所以圣人依靠自然的生化而不依靠智慧技巧。"

杨子之邻人亡羊，既率其党，又请杨子之竖追之。杨子曰："嘻！亡一羊何追者之众？"邻人曰："多歧路。"既反，问："获羊乎？"曰："亡之矣。"曰："奚亡之？"曰："歧路之中，又有歧焉，吾不知所之，所以反也。"杨子戚然变容，不言者移时，不笑者竟日。门人怪之，请曰："羊贱畜，又非夫子之有，而损言笑者，何哉？"杨子不答，门人不获所命。弟子孟孙阳出以告心都子。心都子他日与孟孙阳偕入，而问曰："昔有昆弟三人，游齐鲁之间，同师而学，进仁义之道而归。其父曰：'仁义之道若何？'伯曰：'仁义使我爱身而后名。'仲曰：'仁义使我杀身以成名。'叔曰：'仁义使我身名并全。'彼三术相反，而同出于儒，孰是孰非邪？"杨子曰："人有滨河而居者，习于水，勇于泅，操舟鬻渡，利供百口。裹粮就学者成徒，而溺死者几半。本学泅，不学溺，而利害如此。若以为孰是孰非？"心都子嘿然而出。孟孙阳让之曰："何吾子问之迂，夫子答之僻？吾惑愈甚。"心都子曰："大道以多歧亡羊，学者以多方丧生。学非本不同，非本不一，而末异若是。唯归同反一，为亡得丧。子长先生之门，习先生之道，而不达先生之况也，哀哉！"

【译文】杨朱的邻居走失一只羊，邻居既率领他一家人去追，又请杨朱的仆人去追。杨子说："唉！走失一只羊，为什么要那么多人去追呢？"邻居说："岔路太多。"追羊的人回来以后，杨朱问："找到羊了吗？"回答说："跑掉了。"杨朱问："为什么跑掉了？"回答说："岔路之中又有岔路，我们不知道往哪里去追，所以回来了。"杨子忧愁地变了脸色，好久不说话，整天也不笑。门人觉得奇怪，请问说："羊是不值钱的牲畜，又不是先生所有，您却不言不笑，为什么呢？"杨子不回答，门人没有得到老师的答复。弟子孟孙阳出来告诉了心都子。心都子于几天后与孟孙阳一道进去，问道："从前有兄弟三人，在齐国与鲁国之间游历，同向一位老师求学，把仁义之道全部学到了才回去。他们的父亲问：'仁义之道怎么样？'老大说：'仁义使我爱惜身体而把名誉放在后面。'老二说：'仁义使我不惜牺牲性命去获取名誉。'老三说：'仁义使我的身体与名誉两全其美。'他们三个人所说的仁义之道恰恰相反，但都是从儒学中来的，哪一个对，哪一个不对呢？"杨子说："有个住在河边的人，熟习水性，泅水勇敢，划船摆渡，获利可以供养百人。背着粮食前来学习的人一批又一批，而被水淹死的人几乎达到了一半。本来是学习泅水而不是学习淹死的，但利与害却成了这个样子。你认为哪一种对，哪一种不对呢？"心都子不声不响地走了出来。孟孙阳责备他说："为什么您问得那么迂腐，先生回答得那么隐僻？我迷惑得更厉害了。"心都子说："大路因为岔道多而走失了羊，学习的人因为方法多而丧失了性命。学习并不是根源不同，不是根源不一样，而结果的差异却像这样大。只有回归到相同，返回到一致，才没有得与失。你在先生的弟子中是位长者，学习先生的学说，却不懂得先生的譬喻，可悲啊！”

齐田氏祖于庭，食客千人。中坐有献鱼雁者，田氏视之，乃叹曰：“天之于民厚矣。殖五谷，生鱼鸟，以为之用。”众客和之如响。鲍氏之子年十二，预于次，进曰：“不如君言。天地万物与我并生，类也。类无贵贱，徒以小大智力而相制，迭相食，非相为而生之。人取可食者而食之，岂天本为人生之？且蚊蚋噆肤，虎狼食肉，非天本为蚊蚋生人、虎狼生肉者哉？”

【译文】齐国的田氏在厅堂中为人饯行，来吃饭的客人有千把人。座位中有人献上鱼和鹅，田氏看着这些菜，便叹道：“天对于人类太丰厚了，生殖五谷，又生出鱼类和鸟类供人食用。”客人们像回声一样附和他，鲍氏的儿子只有十二岁，也在座位中，走上前说：“事实并不像你所说的那样。天地万物与人共同生存，都是同类的生物。同类中没有贵贱之分，仅仅以身体的大小、智慧和力量互相宰制，依次互相吞食，并不是谁为谁而生存。人类获取可以吃的东西去吃它，难道是上天本来为人而生的？而且蚊子蚋虫叮咬人的皮肤，老虎豺狼吃食人的骨肉，难道是上天本来为蚊子蚋虫而生人、为老虎豺狼而生肉的吗？

庄子

一名《南华经》，周庄周撰。周，楚蒙人。是书分内篇、外篇、杂篇，今存者共三十三篇。其学出于老子，而独好为无端崖之辞，不屑与世俗处。盖道家之有庄子，犹儒家之有孟子；虽皆祖述孔老，孔老之学得是而益光大。然其议论之博辨，文辞之豪放，实有不为孔老所束缚者。书末《天下》篇，历述诸子学说源流，粲然在目，尤可以知其所自处矣。

【译文】又名《南华经》。周代庄周著。庄周，楚国蒙人。此书分为内、外、杂篇，今存的共三十三篇。他的学术思想师从老子，但又唯独喜好没有边际的言辞，不屑与跟世俗相处。道家有庄子，正如儒家有孟子；虽然都是阐发孔子、老子思想，但孔子、老子的学术思想正因为他们而更加发扬光大。他们阐述时善于从多方面辩说，文辞豪放，实是不被孔老思想所束缚。书最后的《天下》篇，历述了春秋战国时期诸子学术的源流，清晰可见，更可以从中了解到他独处的思想。

逍遥游

北冥有鱼，其名为鲲。鲲之大，不知其几千里也；化而为鸟，其名为鹏。鹏之背，不知其几千里也；怒而飞，其翼若垂天之云。是鸟也，海运则将徙于南冥。南冥者，天池也。

【译文】北方的大海里有一条鱼，它的名字叫做鲲。鲲的体积，真不知道大到几千里；变化成为鸟，它的名字就叫鹏。鹏的脊背，真不知道长到几千里；当它奋起而飞的时候，那展开的双翅就像天边的云。这只鹏鸟呀，随着海上汹涌的波涛迁徙到南方的大海。南方的大海是个天然的大池。

《齐谐》者，志怪者也。《谐》之言曰：“鹏之徙于南冥也，水击三千里，抟扶摇而上者九万里，去以六月息者也。”野马也，尘埃也，生物之以息相吹也。天之苍苍，其正色邪？其远而无所至极邪？其视下也，亦若是则已矣。

【译文】《齐谐》是一部专门记载怪异事情的书，这本书上记载说：“鹏鸟迁徙到南方的大海，翅膀拍击水面激起三千里的波涛，海面上急骤的狂风盘旋而上直冲九万里高空，离开北方的大海用了六个月的时间方才停歇下来”。春日林泽原野上蒸腾浮动犹如奔马的雾气，低空里沸沸扬扬的尘埃，都是大自然里各种生物的气息吹拂所致。天空是那么湛蓝湛蓝的，难道这就是它真正的颜色吗？抑或是高旷辽远没法看到它的尽头呢？鹏鸟在高空往下看，不过也就像这个样子罢了。

且夫水之积也不厚，则其负大舟也无力。覆杯水于坳堂之上，则芥为之舟；置杯焉则胶，水浅而舟大也。风之积也不厚，则其负大翼也无力，故九万里，则风斯在下矣。而后乃今培风，背负青天而莫之夭阏者，而后乃今将图南。

【译文】水汇积不深，它浮载大船就没有力量。倒杯水在庭堂的低洼处，那么小小的芥草也可以给它当作船；而搁置杯子就粘住不动了，因为水太浅而船太大了。风聚积的力量不雄厚，它托负巨大的翅膀便力量不够。所以，鹏鸟高飞九万里，狂风就在它的身下，然后方才凭借风力飞行，背负青天而没有什么力量能够阻遏它了，然后才像现在这样飞到南方去。

蜩与学鸠笑之曰：“我决起而飞抢榆枋，时则不至，而控于地而已矣；奚以之九万里而南为？”适莽苍者三飡而反，腹犹果然；适百里者，宿舂粮；适千里者三月聚粮。之二虫又何知？

【译文】寒蝉与小灰雀讥笑它说：“我从地面急速起飞，碰着榆树和檀树的树枝，常常飞不到而落在地上，为什么要到九万里的高空而向南飞呢？”到迷茫的郊野去，带上三餐就可以往返，肚子还是饱饱的；到百里之外去，要用一整夜时间准备干粮；到千里之外去，三个月以前就要准备粮食。寒蝉和灰雀这两个小东西懂得什么！

小知不及大知，小年不及大年。奚以知其然也？朝菌不知晦朔，蟪蛄不知春秋，此小年也。楚之南有冥灵者，以五百岁为春，五百岁为秋；上古有大椿者，以八千岁为春，八千岁为秋。而彭祖乃今以久特闻，众人匹之，不亦悲乎？

【译文】小聪明赶不上大智慧，寿命短比不上寿命长。怎么知道是这样的呢？清晨的菌类不会懂得什么是晦朔，寒蝉也不会懂得什么是春秋，这就是短寿。楚国南边有叫冥灵的大龟，它把五百年当作春，把五百年当作秋；上古有叫大椿的古树，它把八千年当作春，把八千年当作秋，这就是长寿。可是彭祖到如今还是以年寿长久而闻名于世，人们与他攀比，岂不可悲可叹吗？

汤之问棘也是已：“穷发之北，有冥海者，天池也。有鱼焉，其广数千里，未有知其修者，其名曰鲲。有鸟焉，其名为鹏，背若太山，翼若垂天之云；抟扶摇、羊角而上者九万里，绝云气，负青天，然后图南，且适南冥也。斥鴳笑之曰：‘彼且奚适也？我腾跃而上，不过数仞而下，翱翔蓬蒿之间，此亦飞之至也。而彼且奚适也？’”此小大之辩也。

【译文】商汤询问棘的话是这样的：“在那草木不生的北方，有一个很深的大海，那就是‘天池’。那里有一种鱼，它的脊背有好几千里，没有人能够知道它有多长，它的名字叫做鲲，有一种鸟，它的名字叫鹏，它的脊背像座大山，展开双翅就像天边的云。鹏鸟奋起而飞，翅膀拍击急速旋转向上的气流直冲九万里高空，穿过云气，背负青天，这才向南飞去，打算飞到南方的大海。斥鴳讥笑它说：‘它打算飞到哪儿去？我奋力跳起来往上飞，不过几丈高就落了下来，盘旋于蓬蒿丛中，这也是我飞翔的极限了。而它打算飞到什么地方去呢？’”这就是小与大的不同了。

故夫知效一官，行比一乡，德合一君，而徵一国者，其自视也，亦若此矣。而宋荣子犹然笑之。且举世而誉之而不加劝，举世而非之而不加沮，定乎内外之分，辩乎荣辱之竟，斯已矣。彼其于世，未数数然也。虽然，犹有未树也。

【译文】所以，那些才智足以胜任一个官职，品行合乎一乡人心愿，道德能使国君感到满意，能力足以取信一国之人的人，他们看待自己也像是这样哩。而宋荣子却讥笑他们。世上的人们都赞誉他，他不会因此越发努力，世上的人们都非难他，他也不会因此而更加沮丧。他清楚地划定自身与物外的区别，辩别荣誉与耻辱的界限，不过如此而已呀！宋荣子他对于整个社会，从来不急急忙忙地去追求什么。虽然如此，他还是未能达到最高的境界。

夫列子御风而行，泠然善也，旬有五日而后反。彼于致福者未数数然也。此虽免乎行，犹有所待者也。若夫乘天地之正，而御六气之辩，以游无穷者，彼且恶乎待哉？故曰：至人无己，神人无功，圣人无名。

【译文】列子能驾风行走，那样子实在轻盈美好，而且十五天后方才返回。列子对于寻求幸福，从来没有急急忙忙的样子。他这样做虽然免除了行走的劳苦，可还是有所依凭呀。至于遵循宇宙万物的规律，把握“六气”的变化，遨游于无穷无尽的境域，他还仰赖什么呢！因此说，道德修养高尚的“至人”能够达到忘我的境界，精神世界完全超脱物外的“神人”心目中没有功名和事业，思想修养臻于完美的“圣人”从不去追求名誉和地位。

尧让天下于许由，曰：“日月出矣，而爝火不息，其于光也，不亦难乎？时雨降矣，而犹浸灌，其于泽也，不亦劳乎？夫子立而天下治，而我犹尸之；吾自视缺然，请致天下。”许由曰：“子治天下，天下既已治也；而我犹代子，吾将为名乎？名者，实之宾也；吾将为宾乎？鹪鹩巢于深林，不过一枝；偃鼠饮河，不过满腹。归休乎君，予无所用天下为！庖人虽不治庖，尸祝不越樽俎而代之矣！”

【译文】尧打算把天下让给许由，说：“太阳和月亮都已升起来了，可是小小的炬火还在燃烧不熄；它要跟太阳和月亮的光亮相比，不是很难吗？季雨及时降落了，可是还在不停地浇水灌地；如此费力的人工灌溉对于整个大地的润泽，不显得徒劳吗？先生如能居于国君之位天下一定会获得大治，可是我还空居其位；我自己越看越觉得能力不够，请允许我把天下交给你。”许由回答说：“你治理天下，天下已经获得了大治，而我却还要去替代你，我将为了名声吗？‘名’是‘实’所派生出来的次要东西，我将去追求这次要的东西吗？鹪鹩在森林中筑巢，不过占用一棵树枝；鼹鼠到大河边饮水，不过喝满肚子。你还是打消念头回去吧，天下对于我来说没有什么用处啊！厨师即使不下厨，祭祀主持人也不会越俎代庖的！”

肩吾问于连叔曰：“吾闻言于接舆，大而无当，往而不反。吾惊怖其言。犹河汉而无极也；大有迳庭，不近人情焉。”连叔曰：“其言谓何哉？”曰：“藐姑射之山，有神人居焉。肌肤若冰雪，淖约若处子，不食五谷，吸风饮露，乘云气，御飞龙，而游乎四海之外；其神凝，使物不疵疠，而年谷熟。吾以是狂而不信也。”连叔曰：“然。瞽者无以与乎文章之观，聋者无以与乎钟鼓之声。岂唯形骸有聋盲哉？夫知亦有之！是其言也，犹时女也。之人也，之德也，将旁礴万物，以为一，世蕲乎乱，孰弊弊焉以天下为事！之人也，物莫之伤：大浸稽天而不溺，大旱金石流，土山焦而不热。是其尘垢秕糠，将犹陶铸尧舜者也，孰肯以物为事？”

【译文】肩吾向连叔求教：“我从接舆那里听到谈话，大话连篇没有边际，一说下去就回不到原来的话题上。我十分惊恐他的言谈，就好像天上的银河没有边际，跟一般人的言谈差异甚远，确实是太不近情理了。”连叔问：“他说的是些什么呢？”肩吾转述道：“在遥远的姑射山上，住着一位神人，皮肤润白像冰雪，体态柔美如处女，不食五谷，吸清风饮甘露，乘云气驾飞龙，遨游于四海之外。他的神情那么专注，使得世间万物不受病害，年年五谷丰登。我认为这全是虚妄之言，一点也不可信。”连叔听后说：“是呀！对于瞎子没法同他们欣赏花纹和色彩，对于聋子没法同他们聆听钟鼓的乐声。难道只是形骸上有聋与瞎吗？思想上也有聋和瞎啊！这话似乎就是说你肩吾的呀。那位神人，他的德行，与万事万物混同一起，以此求得整个天下的治理，谁还会忙忙碌碌把管理天下当成回事！那样的人呀，外物没有什么能伤害他，滔天的大水不能淹没他，天下大旱使金石熔化、土山焦裂，他也不感到灼热。他所留下的尘埃以及瘪谷糠麸之类的废物，也可造就出尧舜那样的圣贤人君来，他怎么会把忙着管理万物当作己任呢！”

宋人资章甫而适诸越，越人断发文身，无所用之。尧治天下之民，平海内之政，往见四子藐姑射之山，汾水之阳，窅然丧其天下焉。

【译文】北方的宋国有人贩卖帽子到南方的越国，越国人不蓄头发满身刺着花纹，没什么地方用得着帽子。尧治理好天下的百姓，安定了海内的政局，到姑射山上、汾水北面，去拜见四位得道的高士，不禁怅然若失，忘记了自己居于治理天下的地位。

惠子谓庄子曰：“魏王贻我大瓠之种，我树之成，而实五石。以盛水浆，其坚不能自举也。剖之以为瓢，则瓠落无所容。非不呺然大也，吾为其无用而掊之。”庄子曰：“夫子固拙于用大矣！宋人有善为不龟手之药者，世世以洴澼絖为事。客闻之，请买其方百金。聚族而谋曰：‘我世世为洴澼絖，不过数金；今一朝而鬻技百金，请与之。’客得之，以说吴王。越有难，吴王使之将，冬与越人水战，大败越人，裂地而封之。能不龟手一也，或以封，或不免于洴澼絖，则所用之异也。今子有五石之瓠，何不虑以为大樽，而浮于江湖，而忧其瓠落无所容？则夫子犹有蓬之心也夫！”

【译文】惠子对庄子说：“魏王送我大葫芦种子，我将它培植起来后，结出的果实有五石容积。用大葫芦去盛水浆，可是它的坚固程度承受不了水的压力。把它剖开做瓢也太大了，没有什么地方可以放得下。这个葫芦不是不大呀，我因为它没有什么用处而砸烂了它。”庄子说：“先生实在是不善于使用大东西啊！宋国有一善于调制不皲手药物的人家，世世代代以漂洗丝絮为职业。有个游客听说了这件事，愿意用百金的高价收买他的药方。全家人聚集在一起商量：‘我们世世代代在河水里漂洗丝絮，所得不过数金，如今一下子就可卖得百金。还是把药方卖给他吧。’游客得到药方，来游说吴王。正巧越国发难，吴王派他统率部队，冬天跟越军在水上交战，大败越军，吴王划割土地封赏他。能使手不皲裂，药方是同样的，有的人用它来获得封赏，有的人却只能靠它在水中漂洗丝絮，这是使用的方法不同。如今你有五石容积的大葫芦，怎么不考虑用它来制成腰舟，而浮游于江湖之上，却担忧葫芦太大无处可容？看来先生你还是心窍不通啊！”

惠子谓庄子曰：“吾有大树，人谓之樗。其大本拥肿而不中绳墨，其小枝卷曲而不中规矩，立之涂，匠人不顾。今子之言大而无用，众所同去也。”庄子曰：“子独不见狸狌乎？卑身而伏，以候敖者；东西跳梁，不辟高下；中于机辟，死于罔罟。今夫斄牛，其大若垂天之云。此能为大矣，而不能执鼠。今子有大树，患其无用，何不树之于无何有之乡，广莫之野，彷徨乎无为其侧，逍遥乎寝卧其下。不夭斤斧，物无害者，无所可用，安所困苦哉！”

【译文】惠子又对庄子说：“我有棵大树，人们都叫它‘樗’。它的树干却疙里疙瘩，不符合绳墨取直的要求，它的树枝弯弯扭扭，也不适应圆规和角尺取材的需要。虽然生长在道路旁，木匠连看也不看。现今你的言谈，大而无用，大家都会鄙弃它的。”庄子说：“先生你没看见过野猫和黄鼠狼吗？低着身子匍伏于地，等待那些出洞觅食或游乐的小动物。一会儿东，一会儿西，跳来跳去，一会儿高，一会儿低，上下窜越，不曾想到落入猎人设下的机关，死于猎网之中。再有那斄牛，庞大的身体就像天边的云；它的本事可大了，不过不能捕捉老鼠。如今你有这么大一棵树，却担忧它没有什么用处，怎么不把它栽种在什么也没有生长的地方，栽种在无边无际的旷野里，悠然自得地徘徊于树旁，优游自在地躺卧于树下。大树不会遭到刀斧砍伐，也没有什么东西会去伤害它。虽然没有派上什么用场，可是哪里又会有什么困苦呢？”

齐物论

南郭子綦隐机而坐，仰天而嘘，荅焉似丧其耦。颜成子游立侍乎前，曰：“何居乎？形固可使如槁木，而心固可使如死灰乎？今之隐机者，非昔之隐机者也。”子綦曰：“偃，不亦善乎，而问之也？今者吾丧我，汝知之乎？女闻人籁，而未闻地籁，女闻地籁而未闻天籁夫！”子游曰：“敢问其方。”

【译文】南郭子綦靠着几案而坐，仰首向天缓缓地吐着气，那离神去智的样子真好像精神脱出了躯体。他的学生颜成子游陪站在跟前说道："这是怎么啦？形体诚然可以使它像干枯的树木，精神和思想难道也可以使它像死灰那样吗？你今天凭几而坐，跟往昔凭几而坐的情景大不一样呢。"子綦回答说："偃，你这个问题不是问得很好吗？今天我忘掉了自己，你知道吗？你听见过'人籁'却没有听见过'地籁'，你即使听见过'地籁'却没有听见过'天籁'啊！"子游问："我冒昧地请教它们的真实含意。"

子綦曰："夫大块噫气，其名为风，是唯无作，作则万窍怒呺，而独不闻之翏翏乎？山林之畏佳，大木百围之窍穴，似鼻，似口，似耳，似枅，似圈，似臼，似洼者，似污者。激者，謞者，叱者，吸者，叫者，譹者，宎者，咬者，前者唱于而随者唱喁。泠风则小和，飘风则大和，厉风济则众窍为虚。而独不见之调调之刁刁乎？"子游曰："地籁则众窍是已，人籁则比竹是已，敢问天籁。"子綦曰："夫吹万不同，而使其自己也，咸其自取，怒者其谁邪？"

【译文】子綦说："大地吐出的气，名字叫风。风不发作则已，一旦发作整个大地上数不清的窍孔都怒吼起来。你独独没有听过那呼呼的风声吗？山陵上陡峭峥嵘的各种去处，百围大树上无数的窍孔，有的像鼻子，有的像嘴巴，有的像耳朵，有的像圆柱上插入横木的方孔，有的像圈围的栅栏，有的像舂米的臼窝，有的像深池，有的像浅池。它们发出的声音，像湍急的流水声，像迅疾的箭镞声，像大声的呵叱声，像细细的呼吸声，像放声叫喊，像嚎啕大哭，像在山谷里深沉回荡，像鸟儿鸣叫叽喳，真好像前面在呜呜唱导，后面在呼呼随和。清风徐徐就有小小的和声，长风呼呼便有大的反响，迅猛的暴风突然停歇，万般窍穴也就寂然无声。你难道不曾看见风儿过处万物随风摇曳晃动的样子吗？"子游说："地籁是从万种窍穴里发出的风声，人籁是从比并的各种不同的竹管里发出的声音。我再冒昧地向你请教什么是天籁。"子綦说："天籁虽然有万般不同，但使它们发生和停息的都是出于自身，发动者还有谁呢？"

大知闲闲，小知閒閒；大言炎炎，小言詹詹。其寐也魂交，其觉也形开；与接为构，日以心斗：缦者，窖者，密者。小恐惴惴，大恐缦缦。其发若机栝，其司是非之谓也；其留如诅盟，其守胜之谓也。其杀若秋冬，以言其日消也；其溺之所为之，不可使复之也；其厌也如缄，以言其老洫也；近死之心，莫使复阳也。喜怒哀乐，虑叹变慹，姚佚启态。乐出虚，蒸成菌。日夜相代乎前，而莫知其所萌。已乎，已乎！旦暮得此，其所由以生乎！

【译文】才智超群的人广博豁达，只有点小聪明的人则乐于细察、斤斤计较；合于大道的言论就像猛火烈焰一样气焰凌人，拘于智巧的言论则琐细无方、没完没了。他们睡眠时神魂交构，醒来后身形开朗；跟外界交接相应，整日里勾心斗角。有的疏怠迟缓，有的高深莫测，有的辞慎语谨。小的惧怕惴惴不安，大的惊恐失魂落魄。他们说话就好像利箭发自弩机快疾而又尖刻，那就是说是与非都由此而产生；他们将心思存留心底就好像盟约誓言坚守不渝，那就是说持守胸臆坐待胜机。他们衰败犹如秋冬的草木，这说明他们日益消毁；他们沉缅于所从事的各种事情，致使他们不可能再恢复到原有的情状；他们心灵闭塞好像被绳索缚住，这说明他们衰老颓败，没法使他们恢复生气。他们欣喜、愤怒、悲哀、欢乐，他们忧思、叹惋、反复、恐惧，他们躁动轻浮、奢华放纵、情张欲狂、造姿作态。好像乐声从中空的乐管中发出，又像菌类由地气蒸腾而成。这种种情态日夜在面前相互对应地更换与替代，却不知道是怎么萌生的。算了吧，算了吧！一旦懂得这一切发生的道理，不就明白了这种种情态发生、形成的原因？

非彼无我，非我无所取。是亦近矣，而不知其所为使。若有真宰，而特不得其眹，可行已信，而不见其形，有情而无形。百骸、九窍、六藏，赅而存焉，吾谁与为亲？汝皆说之乎？其有私焉？如是皆有为臣妾乎？其臣妾不足以相治也？其递相为君臣乎？其有真君存焉？如求得其情与不得，无益损乎其真。一受其成形，不亡以待尽。与物相刃相靡，其行尽如驰，而莫之能止，不亦悲乎！终身役役而不见其成功，苶然疲役而不知其所归，可不哀邪！人谓之不死，奚益！其形化，其心与之然，可不谓大哀乎？人之生也，固若是芒乎？其我独芒，而人亦有不芒者乎？

【译文】没有我的对应面就没有我本身，没有我本身就没法呈现我的对应面。这样的认识也就接近于事物的本质，然而却不知道这一切受什么所驱使。仿佛有“真宰”，却又寻不到它的端倪。可以去实践并得到验证，然而却看不见它的形体，真实的存在而又没有反映它的具体形态。众多的骨节，眼耳口鼻等九个孔窍和心肺肝肾等六脏，全都齐备地存在于我的身体，我跟它们哪一部分最为亲近呢？你对它们都同样喜欢吗？还是对其中某一部分格外偏爱呢？这样，每一部分都只会成为臣妾似的仆属吗？难道臣妾似的仆属就不足以相互支配了吗？还是轮流做为君臣呢？难道又果真有什么“真君”存在其间？无论寻求到它的究竟与否，那都不会对它的真实存在有什么增益和损坏。人一旦禀承天地之气而形成形体，就不能忘掉自身而等待最后的消亡。他们跟外界环境或相互对立、或相互顺应，他们的行动全都像快马奔驰，没有什么力量能使他们止步，这不是很可悲吗！他们终身承受役使却看不到自己的成功，一辈子困顿疲劳却不知道自己的归宿，这能不悲哀吗！人们说这种人不会死亡，这又有什么益处！人的形骸逐渐衰竭，人的精神和感情也跟着一块儿衰竭，这能不算是最大的悲哀吗？人生在世，本来就像这样迷昧无知吗？难道只有我才这么迷昧无知，而世人也有不迷昧无知的吗！

夫随其成心而师之，谁独且无师乎？奚必知代而心自取者有之？愚者与有焉。未成乎心而有是非，是今日适越而昔至也。是以无有为有。无有为有，虽有神禹且不能知，吾独且奈何哉!

【译文】追随业已形成的偏执己见并把它当作老师，那么谁会没有老师呢？为什么必须通晓事物的更替并从自己的精神世界里找到资证的人才有老师呢？愚昧的人也会跟他们一样有老师哩。还没有在思想上形成定见就有是与非的观念，这就像今天到越国去而昨天就已经到达。这就是把没有当作有。没有就是有，即使圣明的大禹尚且不可能通晓其中的奥妙，我偏偏又能怎么样呢？

齧缺曰：“子不知利害，则至人固不知利害乎？”王倪曰：“至人神矣！大泽焚而不能热，河汉沍而不能寒，疾雷破山飘风振海而不能惊。若然者，乘云气，骑日月，而游乎四海之外。死生无变于己，而况利害之端乎！”

【译文】齧缺说：“你不了解利与害，道德修养高尚的至人难道也不知晓利与害吗？”王倪说：“进入物我两忘境界的至人实在是神妙不测啊！林泽焚烧不能使他感到热，黄河、汉水封冻了不能使他感到冷，迅疾的雷霆劈山破岩、狂风翻江倒海不能使他感到震惊。假如这样，便可驾驭云气，骑乘日月，在四海之外遨游，死和生对于他自身都没有变化，何况利与害这些微不足道的端绪呢！”

瞿鹊子问乎长梧子曰：“吾闻诸夫子，圣人不从事于务，不就利，不违害，不喜求，不缘道；无谓有谓，有谓无谓，而游乎尘垢之外。夫子以为孟浪之言，而我以为妙道之行也。吾子以为奚若？”

长梧子曰：“是黄帝之所听荧也，而丘也何足以知之！且女亦大早计，见卵而求时夜，见弹而求鸮炙。予尝为女妄言之，女以妄听之。奚旁日月，挟宇宙？为其脗合，置其滑涽，以隶相尊。众人役役，圣人愚芚，参万岁而一成纯。万物尽然，而以是相蕴。

【译文】瞿鹊子向长梧子问道：“我从孔夫子那里听到这样的谈论：圣人不从事琐细的事务，不追逐私利，不回避灾害，不喜好贪求，不因循成规；没说什么又好像说了些什么，说了些什么又好像什么也没有说，因而遨游于世俗之外。孔夫子认为这些都是轻率不当的言论，而我却认为是精妙之道的实践和体现。先生你认为怎么样呢？”

长梧子说：“这些话黄帝也会疑惑不解的，而孔丘怎么能够知晓呢！而且你也谋虑得太早，就好像见到鸡蛋便想立即得到报晓的公鸡，见到弹子便想立即获取烤熟的斑鸠肉。我姑且给你胡乱说一说，你也就胡乱听一听。怎么不依傍日月，怀藏宇宙？跟万物吻合为一体，置各种混乱纷争于不顾，把卑贱与尊贵都等同起来。人们总是一心忙于去争辩是非，圣人却好像十分愚昧无所觉察，糅合古往今来多少变异、沉浮，自身却浑成一体不为纷杂错异所困扰。万物全都是这样，而且因为这个缘故相互蕴积于浑朴而又精纯的状态之中。

“予恶乎知说生之非惑邪！予恶乎知恶死之非弱丧而不知归者邪！丽之姬，艾封人之子也。晋国之始得之也，涕泣沾襟，及其至于王所，与王同筐床，食刍豢，而后悔其泣也。予恶乎知夫死者不悔其始之蕲生乎！梦饮酒者，旦而哭泣；梦哭泣者，旦而田猎。方其梦也，不知其梦也。梦之中又占其梦焉，觉而后知其梦也。且有大觉而后知此其大梦也，而愚者自以为觉，窃窃然知之。君乎、牧乎，固哉！丘也与女，皆梦也；予谓女梦，亦梦也。是其言也，其名为吊诡。万世之后而一遇大圣，知其解者，是旦暮遇之也！

【译文】“我怎么知道贪恋活在世上不是困惑呢？我又怎么知道厌恶死亡不是年幼流落他乡而老大还不知回归呢？丽姬是艾地封疆守土之人的女儿，晋国征伐丽戎时俘获了她，她当时哭得泪水浸透了衣襟；等她到晋国进入王宫，跟晋侯同睡一床而宠为夫人，吃上美味珍馐，也就后悔当初不该那么伤心地哭泣了。我又怎么知道那些死去的人不会后悔当初的求生呢？睡梦里饮酒作乐的人，天亮醒来后很可能痛哭饮泣；睡梦中痛哭饮泣的人，天亮醒来后又可能在欢快地逐围打猎。正当他在做梦的时候，他并不知道自己是在做梦。睡梦中还会卜问所做之梦的吉凶，醒来以后方知是在做梦。人在最为清醒的时候方才知道他自身也是一场大梦，而愚昧的人则自以为清醒，好像什么都知晓什么都明了。君尊牧卑，这种看法实在是浅薄鄙陋呀！孔丘和你都是在做梦，我说你们在做梦，其实我也在做梦。上面讲的这番话，它的名字可以叫作奇特和怪异。万世之后假若一朝遇上一位大圣人，悟出上述一番话的道理，这恐怕也是偶而遇上的吧！

昔者庄周梦为胡蝶，栩栩然胡蝶也，自喻适志与！不知周也。俄然觉，则蘧蘧然周也。不知周之梦为胡蝶与，胡蝶之梦为周与？周与胡蝶，则必有分矣。此之谓物化。

【译文】过去庄周梦见自己变成蝴蝶，欣然自得地飞舞着的一只蝴蝶，感到多么愉快和惬意啊！不知道自己原本是庄周。突然间醒起来，惊惶不定之间方知原来是我庄周。不知是庄周梦中变成蝴蝶呢，还是蝴蝶梦见自己变成庄周呢？庄周与蝴蝶那必定是有区别的。这就可叫做物、我的交合与变化。

养生主

吾生也有涯，而知也无涯。以有涯随无涯，殆已；已而为知者，殆而已矣！为善无近名，为恶无近刑。缘督以为经，可以保身，可以全生，可以养亲，可以尽年。

【译文】人们的生命是有限的，而知识却是无限的。以有限的生命去追求无限的知识，势必体乏神伤，既然如此还在不停地追求知识，那可真是十分危险的了！做了世人所谓的善事却不去贪图名声，做了世人所谓的恶事却不至于面对刑戮的屈辱。遵从自然的中正之路并把它作为顺应事物的常法，这就可以护卫自身，就可以保全天性，就可以不给父母留下忧患，就可以终享天年。

庖丁为文惠君解牛，手之所触，肩之所倚，足之所履，膝之所踦，砉然向然，奏刀騞然，莫不中音，合于桑林之舞，乃中经首之会。

文惠君日："嘻，善哉！技蓋至此乎？"

庖丁释刀对曰："臣之所好者道也，进乎技矣。始臣之解牛之时，所见无非全牛者。三年之后，未尝见全牛也。方今之时，臣以神遇，而不以目视，官知止而神欲行。依乎天理，批大郤，导大窾，因其固然；技经肯綮之未尝，而况大軱乎！良庖岁更刀，割也；族庖月更刀，折也。今臣之刀十九年矣，所解数千牛矣，而刀刃若新发于硎。彼节者有閒，而刀刃者无厚。以无厚入有閒，恢恢乎其于游刃必有余地矣，是以十九年而刀刃若新发于硎。虽然，每至于族，吾见其难为，怵然为戒，视为止，行为迟，动刀甚微。謋然已解，如土委地。提刀而立，为之四顾，为之踌躇满志，善刀而藏之。

文惠君曰："善哉！吾闻庖丁之言，得养生焉。"

【译文】厨师给文惠君宰杀牛牲，分解牛体时手接触的地方，肩靠着的地方，脚踩踏的地方，膝抵住的地方，都发出砉砉的声响，快速进刀时刷刷的声音，无不像美妙的音乐旋律，符合桑林舞曲的节奏，又合于经首乐曲的乐律。

文惠君说："嘻，妙呀！技术怎么达到如此高超的地步呢？"

厨师放下刀回答说："我所喜好的是摸索事物的规律，比起一般的技术、技巧又进了一层。我开始分解牛体的时候，所看见的没有不是一头整牛的。几年之后，就不曾再看到整体的牛了。现在，我只用心神去接触而不必用眼睛去观察，眼睛的官能似乎停了下来而精神世界还在不停地运行。依照牛体自然的生理结构，劈击肌肉骨骼间大的缝隙，把刀导向那些骨节间大的空处，顺着牛体的天然结构去解剖；从不曾碰撞过经络结聚的部位和骨肉紧密连接的地方，何况那些大骨头呢！优秀的厨师一年更换一把刀，因为他们是在用刀割肉；普通的厨师一个月就更换一把刀，因为他们是在用刀砍骨头。如今我使用的这把刀已经十九年了，所宰杀的牛牲上千头了，而刀刃锋利就像刚从磨刀石上磨过一样。牛的骨节乃至各个组合部位之间是有空隙的，而刀刃几乎没有什么厚度，用薄薄的刀刃插入有空隙的骨节和组合部位间，对于刀刃的运转和回旋来说那是多么宽绰而有余地呀。所以我的刀使用了十九年刀锋仍像刚从磨刀石上磨过一样。虽然这样，每当遇上筋腱、骨节聚结交错的地方，我看到难于下刀，为此而格外谨慎不敢大意，目光专注，动作迟缓，动刀十分轻微。牛体霍霍地全部分解开来，就像是一堆泥土堆放在地上。我于是提着刀站在那儿，为此而环顾四周，为此而踌躇满志，这才擦拭好刀收藏起来。”

文惠君说：“妙啊，我听了厨师这一番话，从中得到养生的道理了。”

公文轩见右师而惊曰：“是何人也？恶乎介也？天与，其人与？”曰：“天也，非人也。天之生是使独也，人之貌有与也。以是知其天也，非人也”。

泽雉十步一啄，百步一饮，不蕲畜乎樊中。神虽王，不善也。

【译文】公文轩见到右师大吃一惊，说：“这是什么人？怎么只有一只脚呢？是天生只有一只脚，还是人为地失去一只脚呢？”右师说：“天生成的，不是人为的。老天爷生就了我这样一付形体让我只有一只脚，人的外观完全是上天所赋与的。所以知道是天生的，不是人为的。”

沼泽边的野鸡走上十步才能啄到一口食物，走上百步才能喝到一口水，可是它丝毫也不会祈求畜养在笼子里。生活在樊笼里虽然不必费力寻食，但精力即使十分旺盛，那也是很不快意的。

老聃死，秦失吊之，三号而出。弟子曰：“非夫子之友邪？”曰：“然”。“然则吊焉若此，可乎？”曰：“然。始也吾以为其人也，而今非也。向吾入而吊焉，有老者哭之，如哭其子；少者哭之，如哭其母。彼其所以会之，必有不蕲言而言，不蕲哭而哭者。是遁天倍情，忘其所受，古者谓之遁天之刑。适来，夫子时也；适去，夫子顺也。安时而处顺，哀乐不能入也，古者谓是帝之县解。”

指穷于为薪，火传也，不知其尽也。

【译文】老聃死了，他的朋友秦失去吊丧，大哭几声便离开了。老聃的弟子问道：“你不是我们老师的朋友吗？”秦失说：“是的。”弟子们又问：“那么吊唁朋友像这样，行吗？”秦失说：“行。原来我认为你们跟随老师多年都是超脱物外的人了，现在看来并不是这样的。刚才我进入灵房去吊唁，有老年人在哭他，像做父母的哭自己的孩子；有年轻人在哭他，像做孩子的哭自己的父母。他们之所以会聚在这里，一定有人本不想说什么却情不自禁地诉说了什么，本不想哭泣却情不自禁地痛哭起来。如此喜生恶死是违反常理、背弃真情的，他们都忘掉了人是禀承于自然、受命于天的道理，古时候人们称这种作法就叫做背离自然的过失。偶然来到世上，你们的老师他应时而生；偶然离开人世，你们的老师他顺依而死。安于天理和常分，顺从自然和变化，哀伤和欢乐便都不能进入心怀，古时候人们称这样做就叫做自然的解脱，好像解除倒悬之苦似的。”

取光照物的烛薪终会燃尽，而火种却传续下来，永远不会熄灭。

大宗师（节录）

子祀、子舆、子犁、子来四人相与语曰：“孰能以无为首，以生为脊，以死为尻，孰知死生存亡之一体者，吾与之友矣。”四人相视而笑，莫逆于心，遂相与为友。

俄而子舆有病，子祀往问之。曰：“伟哉！夫造物者，将以予为此拘拘也！曲偻发背，上有五管，颐隐于齐，肩高于顶，句赘指天。”阴阳之气有沴，其心闲而无事，跰(足鲜)而鑑于井，曰：“嗟乎！夫造物者，又将以予为此拘拘也！”

子祀曰：“女恶之乎？”曰：“亡，予何恶！浸假而化予之左臂以为鸡，予因以求时夜；浸假而化予之右臂以为弹，予因以求鸮炙。浸假而化予之尻以为轮，以神为马，予因以乘之，岂更驾哉！且夫得者，时也，失者，顺也；安时而处顺，哀乐不能入也。此古之所谓县解也，而不能自解者，物有结之。且夫物不胜天久矣，吾又何恶焉？”

【**译文**】子祀、子舆、子犁、子来四个人在一块摆谈说：“谁能够把无当作头，把生当作脊柱，把死当作尻尾，谁能够通晓生死存亡浑为一体的道理，我们就可以跟他交朋友。”四个人都会心地相视而笑，心心相契却不说话，于是相互交往成为朋友。

不久子舆生了病，子祀前去探望他。子舆说：“伟大啊，造物者！把我变成如此曲屈不伸的样子！腰弯背驼，五脏穴口朝上，下巴隐藏在肚脐之下，肩部高过头顶，弯曲的颈椎形如赘瘤朝天隆起”。阴阳二气不和酿成如此灾害，可是子舆的心里却十分闲逸好像没有生病似的，蹒跚地来到井边对着井水照看自己，说：“哎呀，造物者竟把我变成如此曲屈不伸！”

子祀说：“你讨厌这曲屈不伸的样子吗？”子舆回答：“没有，我怎么会讨厌这副样子！假令造物者逐渐把我的左臂变成公鸡，我便用它来报晓；假令造物者逐渐把我的右臂变成弹弓，我便用它来打斑鸠烤熟了吃。假令造物者把我的臀部变化成为车轮，把我的精神变化成骏马，我就用来乘坐，难道还要更换别的车马吗？至于生命的获得，是因为适时，生命的丧失，是因为顺应；安于适时而处之顺应，悲哀和欢乐都不会侵入心房。这就是古人所说的解脱了倒悬之苦，然而不能自我解脱的原因，则是受到了外物的束缚。况且事物的变化不能超越自然的力量已经很久很久，我又怎么能厌恶自己现在的变化呢？”

俄而子来有病，喘喘然将死，其妻子环而泣之。子犁往问之，曰：“叱！避！无怛化！”倚其户与之语曰：“伟哉造化！又将奚以汝为，将奚以汝适？以汝为鼠肝乎？以汝为虫臂乎？”

子来曰：“父母于子，东西南北，唯命之从。阴阳于人，不翅于父母；彼近吾死，而我不听，我则悍矣，彼何罪焉！夫大块载我以形，劳我以生，佚我以老，息我以死。故善吾生者，乃所以善吾死也。今之大冶铸金，金踊跃曰‘我且必为镆铘’，大冶必以为不祥之金。今一犯人之形，而曰‘人耳人耳’，夫造化者必以为不祥之人。今一以天地为大炉，以造化为大冶，恶乎往而不可哉！”成然寐，蘧然觉。

【译文】不久子来也生了病，气息急促将要死去，他的妻子儿女围在床前哭泣。子犁前往探望，说：“嘿，走开！不要惊扰他由生而死的变化！”子犁靠着门跟子来说话：“伟大啊，造物者！又将把你变成什么，把你送到何方？把你变化成老鼠的肝脏吗？把你变化成虫蚁的臂膀吗？”

子来说：“父母对于子女，无论东西南北，他们都只能听从吩咐调遣。自然的变化对于人，则不啻于父母；它使我靠拢死亡而我却不听从，那么我就太蛮横了，而它有什么过错呢！大地把我的形体托载，用生存来劳苦我，用衰老来闲适我，用死亡来安息我。所以把我的存在看作是好事，也因此可以把我的死亡看作是好事。现在如果有一个高超的冶炼工匠铸造金属器皿，金属熔解后跃起说‘我将必须成为良剑莫邪’，冶炼工匠必定认为这是不吉祥的金属。如今人一旦承受了人的外形，便说‘成人了成人了’，造物者一定会认为这是不吉祥的人。如今把整个浑一的天地当作大熔炉，把造物者当作高超的冶炼工匠，用什么方法来驱遣我而不可以呢？”于是安闲熟睡似的离开人世，又好像惊喜地醒过来而回到人间。

子桑户、孟子反、子琴张三人，相与友，曰：“孰能相与于无相与，相为于无相为？孰能登天游雾，挠挑无极，相忘以生，无所终穷？”三人相视而笑，莫逆于心，遂相与为友。

莫然有间，而子桑户死，未葬。孔子闻之，使子贡往侍事焉。或编曲，或鼓琴，相和而歌曰："嗟来桑户乎！嗟来桑户乎！而已反其真，而我犹为人猗！"子贡趋而进曰："敢问临尸而歌，礼乎？"二人相视而笑曰："是恶知礼意！"

子贡反以告孔子，曰："彼何人者邪？修行无有，而外其形骸，临尸而歌；颜色不变，无以命之。彼何人者邪？"

【译文】子桑户、孟子反、子琴张三人在一起谈话："谁能够相互交往于无心交往之中，相互有所帮助却像没有帮助一样？谁能登上高天巡游雾里，循环升登于无穷的太空，忘掉自己的存在，而永远没有终结和穷尽？"三人会心地相视而笑，心心相印于是相互结成好友。过不多久子桑户死了，还没有下葬。孔子知道了，派弟子子贡前去帮助料理丧事。孟子反和子琴张却一个在编曲，一个在弹琴，相互应和着唱歌："哎呀，子桑户啊！哎呀，子桑户啊！你已经返归本真，可是我们还成为活着的人而托载形骸呀！"子贡听了快步走到他们近前，说："我冒昧地请教，对着死人的尸体唱歌，这合乎礼仪吗？"二人相视笑了笑，不屑地说："这种人怎么会懂得'礼'的真实含意！"

子贡回来后把见到的情况告诉给孔子，说："他们都是些什么样的人呢？不看重德行的培养而无有礼仪，把自身的形骸置于度外，面对着死尸还要唱歌，容颜和脸色一点也不改变，没有什么办法可以用来称述他们。他们究竟是些什么样的人呢？"

孔子曰："彼，游方之外者也；而丘，游方之内者也。外内不相及，而丘使女往吊之，丘则陋矣。彼方且与造物者为人，而游乎天地之一气。彼以生为附赘县疣，以死为决肒溃痈，夫若然者，又恶知死生先后之所在！假于异物，托于同体；忘其肝胆，遗其耳目；反覆终始，不知端倪；芒然彷徨乎尘垢之外，逍遥乎无为之业。彼又恶能愦愦然为世俗之礼，以观众人之耳目哉！"

子贡曰："然则夫子何方之依？"孔子曰："丘，天之戮民也。虽然，吾与汝共之。"子贡曰："敢问其方。"孔子曰："鱼相造乎水，人相造乎道。相造乎水者，穿池而养给；相造乎道者，无事而生定。故曰，鱼相忘乎江湖，人相忘乎道术。"

【译文】孔子说："他们都是些摆脱礼仪约束而逍遥于人世之外的人，我却是生活在具体的世俗环境中的人。人世之外和人世之内彼此不相干涉，可是我却让你前去吊唁，我实在是浅薄呀！他们正跟造物者结为伴侣，而逍遥于天地浑一的元气之中。他们把人的生命看作像赘瘤一样多余，他们把人的死亡看作是毒痈化脓后的溃破，像这样的人，又怎么会顾及死生优劣的存在！凭借于各各不同的物类，但最终寄托于同一的整体；忘掉了体内的肝胆，也忘掉了体外的耳目；无尽地反复着终结和开始，但从不知道它们的头绪；茫茫然彷徨于人世之外，逍遥自在地生活在无所作为的环境中。他们又怎么会烦乱地去炮制世俗的礼仪，而故意炫耀于众人的耳目之前呢！”

子贡说：“如此，那么先生将遵循什么准则呢？”孔子说：“我孔丘，乃是苍天所惩罚的罪人。即使这样，我仍将跟你们一道去竭力追求至高无尚的‘道’。子贡问：“请问追求‘道’的方法。”孔子回答：“鱼争相投水，人争相求道。争相投水的鱼，掘地成池便给养充裕；争相求道的人，漠然无所作为便心性平适。所以说，鱼相忘于江湖里，人相忘于道术中”。子贡说：“再冒昧地请教‘畸人’的问题”。孔子回答：“所谓‘畸人’，就是不同于世俗而又等同于自然的人。所以说，自然的小人就是人世间的君子；人世间的君子就是自然的小人。”

马蹄

马蹄可以践霜雪，毛可以御风寒，龁草饮水，翘足而陆，此马之真性也。虽有義台路寝，无所用之。及至伯乐，曰：“我善治马。”烧之，剔之，刻之，雒之，连之以羁馽，编之以皁栈，马之死者十二三矣。饥之，渴之，驰之，骤之，整之，齐之，前有橛饰之患，而后有鞭策之威，而马之死者已过半矣。陶者曰：“我善治埴，圆者中规，方者中矩。”匠人曰：“我善治木，曲者中钩，直者应绳。”夫埴木之性，岂欲中规矩钩绳哉？然且世世称之曰“伯乐善治马，而陶匠善治埴木”，此亦治天下者之过也。

【译文】马蹄可以用来践踏霜雪，毛可以用来抵御风寒，饿了吃草，渴了喝水，性起时扬起蹄脚奋力跳跃，这就是马的天性。即使有高台正殿，对马来说没有什么用处。等到世上出了伯乐，说：“我善于管理马。”于是用烧红的铁器灼炙马毛，用剪刀修剔马鬃，凿削马蹄甲，烙制马印记，用络头和绊绳来拴连它们，用马槽和马床来编排它们，这样一来马便死掉十分之二三了。饿了不给吃，渴了不给喝，让它们快速驱驰，让它们急骤奔跑，让它们步伐整齐，让它们行动划一，前有马口横木和马络装饰的限制，后有皮鞭和竹条的威逼，这样一来马就死过半数了。制陶工匠说：“我最善于整治粘土，我用粘土制成的器皿，圆的合乎圆规，方的应于角尺。”木匠说：“我最善于整治木材，我用木材制成的器皿，能使弯曲的合于钩弧的要求，笔直的跟墨线吻合。”粘土和木材的本性难道就是希望去迎合圆规、角尺、钩弧、墨线吗？然而还世世代代地称赞他们说，“伯乐善于管理马”而“陶匠、木匠善于整治粘土和木材”，这也就是治理天下的人的过错啊！

吾意善治天下者不然。彼民有常性，织而衣，耕而食，是谓同德；一而不党，命曰天放，故至德之世，其行填填，其视颠颠。当是时也，山无蹊隧，泽无舟梁，万物群生，连属其乡，禽兽成群，草木遂长。是故禽兽可系羁而游，乌鹊之巢可攀援而窥。夫至德之世，同与禽兽居，族与万物并，恶乎知君子小人哉，同乎无知，其德不离；同乎无欲，是谓素朴。素朴而民性得矣。

及至圣人，蹩躠为仁，踶跂为义，而天下始疑矣，澶漫为乐，摘僻为礼，而天下始分矣。故纯朴不残，孰为牺尊！白玉不毁，孰为珪璋！道德不废，安取仁义！性情不离，安用礼乐！五色不乱，孰为文采！五声不乱，孰应六律！夫残朴以为器，工匠之罪也；毁道德以为仁义，圣人之过也！

【译文】我认为善于治理天下的人就不是这样。黎民百姓有他们固有不变的本能和天性，织布而后穿衣，耕种而后吃饭，这就是人类共有的德行和本能。人们的思想和行为浑然一体没有一点儿偏私，这就叫做任其自然。所以上古人类天性保留最完善的时代，人们的行动总是那么持重自然，人们的目光又是那么专一而无所顾盼。正是在这个年代里，山野里没有路径和隧道，水面上没有船只和桥梁，各种物类共同生活，人类的居所相通相连而没有什么乡、县差别，禽兽成群结队，草木遂心地生长。因此禽兽可以用绳子牵引着游玩，乌鹊的巢窠可以攀登上去探望。在那人类天性保留最完善的年代，人类跟禽兽同样居住，跟各种物类相互聚合并存，哪里知道什么君子、小人呢！人人都蠢笨而无智慧，人类的本能和天性也就不会丧失；人人都愚昧而无私欲，这就叫做“素”和“朴”。能够像生绢和原木那样保持其自然的本色，人类的本能和天性就会完整地留传下来。

等到世上出了圣人，勉为其难地去倡导所谓仁，竭心尽力地去追求所谓义，于是天下开始出现迷惑与猜疑。放纵无度地追求逸乐的曲章，繁杂琐碎地制定礼仪和法度，于是天下开始分离了。所以说，原本没被分割，谁还能用它雕刻为酒器！一块白玉没被破裂，谁还能用它雕刻出玉器！人类原始的自然本性不被废弃，哪里用得着仁义！人类固有的天性和真情不被背离，哪里用得着礼乐！五色不被错乱，谁能够调出文彩！五声不被搭配，谁能够应和六律！分解原木做成各种器皿，这是木工的罪过，毁弃人的自然本性以推行所谓仁义，这就是圣人的罪过！

夫马，陆居则食草饮水，喜则交颈相靡，怒则分背相踶。马知已此矣。夫加之以衡扼，齐之以月题，而马知介倪、闉扼、鸷曼、诡衔、窃辔。故马之知而态至盗者，伯乐之罪也。夫赫胥氏之时，民居不知所为，行不知所之，含哺而熙，鼓腹而游，民能以此矣。及至圣人，屈折礼乐以匡天下之形，县跂仁义以慰天下之心，而民乃始踶跂好知，争归于利，不可止也。此亦圣人之过也。

【译文】再说马，生活在陆地上，吃草饮水，高兴时颈交颈相互摩擦，生气时背对背相互踢撞，马的智巧就只是这样了。等到后来把车衡和颈轭加在它身上，把配着月牙形佩饰的辔头戴在它头上，那么马就会侧目怒视，僵着脖子抗拒轭木，暴戾不驯，或诡谲地吐出嘴里的勒口，或偷偷地脱掉头上的马辔。所以，马的智巧竟能做出与人对抗的态度，这完全是伯乐的罪过。上古赫胥氏的时代，黎民百姓居处不知道做些什么，走动也知道去哪里，口里含着食物嬉戏，鼓着吃饱的肚子游玩，人们所能做的就只是这样了。等到圣人出现，矫造礼乐来匡正天下百姓的形象，标榜不可企及的仁义来慰藉天下百姓的心，于是人们便开始千方百计地去寻求智巧，争先恐后地去竞逐私利，而不能终止。这也是圣人的罪过啊！

胠箧

将为胠箧、探囊、发匮之盗而为守备，则必摄缄縢、固扃鐍；此世俗之所谓知也。然而巨盗至，则负匮、揭箧、担囊而趋；唯恐缄縢、扃鐍之不固也。然则乡之所谓知者，不乃为大盗积者也？故尝试论之，世俗之所谓知者，有不为大盗积者乎？所谓圣者，有不为大盗守者乎？

何以知其然邪？昔者齐国，邻邑相望，鸡狗之音相闻，罔罟之所布，耒耨之所刺，方二千余里。阖四竟之内，所以立宗庙社稷，治邑屋州闾乡曲者，曷尝不法圣人哉？然而田成子一旦杀齐君而盗其国，所盗者岂独其国邪？并与其圣知之法而盗之。故田成子有乎盗贼之名，而身处尧舜之安，小国不敢非，大国不敢诛，十二世有齐国。则是不乃窃齐国并与其圣知之法，以守其盗贼之身乎？尝试论之，世俗之所谓至知者，有不为大盗积者乎？

【译文】为了对付撬箱子、掏口袋、开柜子的小偷而做防范准备，必定要收紧绳结、加固插闩和锁钥，这就是一般人所说的聪明作法。可是一旦大强盗来了，就背着柜子、扛着箱子、挑着口袋快步跑了，唯恐绳结、插闩与锁钥不够牢固哩。既然是这样，那么先前所谓的聪明作法，不就是给大盗作好了积聚和储备吗？所以我曾试图讨论这种情况，世俗所谓的聪明人，有不替大盗积聚财物的吗？所谓的圣人，有不替不盗守卫财物的吗？

怎么知道是这样的呢？当年的齐国，邻近的村邑遥遥相望，鸡狗之声相互听闻，鱼网所撒布的水面，犁锄所耕作的土地，方圆两千多里。整个国境之内，所有用来设立宗庙、社稷的地方，所有用来建置邑、屋、州、闾、乡、里各级行政机构的地方，何尝不是在效法古代圣人的作法！然而田成子一下子杀了齐国的国君也就窃据了整个齐国。他所盗窃夺取的难道又仅仅只是那样一个齐国吗？连同那里各种圣明的法规与制度也一块儿劫夺去了。而田成子虽然有盗贼的名声，却仍处于尧舜那样安稳的地位，小的国家不敢非议他，大的国家不敢讨伐他，世世代代窃据齐国。那么，这不就是盗窃了齐国并连同那里圣明的法规和制度，从而用来守卫他盗贼之身吗？所以我曾试图讨论这种情况，世俗的所谓聪明人，有不替大盗积聚财物的吗？所谓的圣人，有不替大盗防守财物的吗？

何以知其然邪？昔者龙逢斩，比干剖，苌弘胣，子胥靡。故四子之贤而身不免乎戮。故跖之徒问于跖曰："盗亦有道乎？"跖曰："何适而无有道邪？"夫妄意室中之藏，圣也；入先，勇也；出后，义也；知可否，知也；分均，仁也。五者不备而能成大盗者，天下未之有也。"由是观之，善人不得圣人之道不立，跖不得圣人之道不行；天下之善不少，而不善人多，则圣人之利天下也少，而害天下也多。故曰：唇竭而齿寒，鲁酒薄而邯郸围，圣人生而大道起。掊击圣人，纵舍盗贼，而天下始治矣！

【译文】怎么知道是这样的呢？从前龙逢被斩首，比干被剖胸，苌弘被掏肚，子胥被抛尸江中任其腐烂。即使象上面四个人那样的贤能之士，仍不能免于遭到杀戮。因而盗跖的门徒向盗跖问道："做强盗也有规矩和准绳吗？"盗跖回答说："到什么地方会没有规矩和准绳呢？凭空推测屋里储藏着什么财物，这就是圣明；率先进到屋里，这就是勇敢；最后退出屋子，这就是义气；能知道可否采取行动，这就是智慧；事后分配公平，这就是仁爱。以上五样不能具备，却能成为大盗的人，天下是没有的。"从这一点来看，善人不能通晓圣人之道便不能立业，盗跖不能通晓圣人之道便不能行窃；天下的善人少，而不善的人多，那么圣人给天下带来好处也就少，而给天下带来祸患也就多。所以说：嘴唇向外翻开牙齿就会外露受寒，鲁侯奉献的酒味道淡薄致使赵国都城邯郸遭到围困，圣人出现了因而大盗也就兴起了。抨击圣人，释放盗贼，天下方才能太平无事。

夫川竭而谷虚，丘夷而渊实。圣人已死，则大盗不起，天下平而无故矣。圣人不死，大盗不止。虽重圣人而治天下，则是重利盗跖也。为之斗斛以量之，则并与斗斛而窃之；为之权衡以称之，则并与权衡而窃之；为之符玺以信之，则并与符玺而窃之；为之仁义以矫之，则并与仁义而窃之。何以知其然邪？彼窃钩者诛，窃国者为诸侯，诸侯之门而仁义存焉。则是非窃仁义圣知邪？故逐于大盗、揭诸侯、窃仁义并斗斛权衡符玺之利者，虽有轩冕之赏弗能劝，斧钺之威弗能禁。此重利盗跖而使不可禁者，是乃圣人之过也。故曰：鱼不可脱于渊，国之利器不可以示人。彼圣人者，天下之利器也，非所以明天下也。

【译文】溪水干涸山谷显得格外空旷，山丘夷平深潭显得格外充实。圣人死了，那么大盗也就不会再兴起，天下就太平而没有变故了。圣人不死，大盗也就不会中止。即使让整个社会都重用圣人治理天下，那么这也是让盗跖获得最大的好处。给天下人制定斗、斛来计量物品的多少，那么就连同斗斛一道盗窃走了；给天下人制定秤锤、秤杆来计量物品的轻重，那么就连同秤锤、秤杆一道盗窃走了；给天下人制定符、玺来取信于人，那么就连同符、玺一道盗窃走了；给天下人制定仁义来规范人们的道德和行为，那么就连同仁义一道盗窃走了。怎么知道是这样的呢？那些偷窃腰带环钩之类小东西的人受到刑戮和杀害，而窃夺了整个国家的人却成为诸侯；诸侯之门方才存在仁义。这不就是盗窃了仁义和圣智吗？所以，那些追随大盗、高居诸侯之位、窃夺了仁义以及斗斛、秤具、符玺之利的人，即使有高官厚禄的赏赐不可能劝勉，即使有行刑杀戮的威严不可能禁止。这些大大有利于盗跖而不能使他们禁止的情况，都是圣人的过错。因此说，鱼儿不能脱离深潭，治国的利器不能随便拿给人看。那些所谓的圣人，就是治理天下的利器，是不可以用来明示天下的。

故绝圣弃知，大盗乃止；擿玉毁珠，小盗不起；焚符破玺，而民朴鄙；掊斗折衡，而民不争；殚残天下之圣法，而民始可与论议。擢乱六律，铄绝竽瑟，塞瞽旷之耳，而天下始人含其聪矣；灭文章，散五采，胶离朱之目，而天下始人含其明矣。毁绝鉤绳而弃规矩，攦工倕之指，而天下始人有其巧矣。故曰：大巧若拙。削曾史之行，钳杨墨之口，攘弃仁义，而天下之德始玄同矣。彼人含其明，则天下不铄矣；人含其聪，则天下不累矣；人含其知，则天下不惑矣；人含其德，则天下不僻矣。彼曾、史、杨、墨、师旷、工倕、离朱、皆外立其德，而以爚乱天下者也，法之所无用也。

【译文】所以，断绝圣人摒弃智慧，大盗就能中止；弃掷玉器毁坏珠宝，小的盗贼就会消失；焚烧符记破毁玺印，百姓就会朴实浑厚；打破斗斛折断秤杆，百姓就会没有争斗；尽毁天下的圣人之法，百姓方才可以谈论是非和曲直。搅乱六律，毁折各种乐器，并且堵住师旷的耳朵，天下人方能保全他们原本的听觉；消除纹饰，离散五彩，粘住离朱的眼睛，天下人方才能保全他们原本的视觉；毁坏钩弧和墨线，抛弃圆规和角尺，弄断工倕的手指，天下人方才能保有他们原本的智巧。因此说："最大的智巧就好像是笨拙一样。"削除曾参、史鳝的忠孝，钳住杨朱、墨翟善辩的嘴巴，摒弃仁义，天下人的德行方才能混同而齐一。人人都保有原本的视觉，那么天下就不会出现毁坏；人人都保有原本的听觉，那么天下就不会出现忧患；人人都保有原本的智巧，那么天下就不会出现迷惑；人人都保有原本的秉性，那么天下就不会出现邪恶。那曾参、史鳝、杨朱、墨翟、师旷、工倕和离朱，都外露并炫耀自己的德行，而且用来迷乱天下之人，这就是圣治之法没有用处的原因。

子独不知至德之世乎？昔者容成氏、大庭氏、伯皇氏、中央氏、栗陆氏、骊畜氏、轩辕氏、赫胥氏、尊卢氏、祝融氏、伏牺氏、神农氏，当是时也，民结绳而用之，甘其食，美其服，乐其俗，安其居，邻国相望，鸡狗之音相闻，民至老死而不相往来。若此之时，则至治已。今遂至使民延颈举踵，曰："某所有贤者，"赢粮而趣之，则内弃其亲，而外弃其主之事；足迹接乎诸侯之境，车轨结乎千里之外，则是上好知之过也。上诚好知而无道，则天下大乱矣！

何以知其然邪？夫弓、弩、毕、弋、机变之知多，则鸟乱于上矣；钩饵、罔罟、罾笱之知多，则鱼乱于水矣；削格、罗落、罝罘之知多，则兽乱于泽矣；知诈渐毒、颉滑坚白、解垢同异之变多，则俗惑于辩矣。故天下每每大乱，罪在于好知。故天下皆知求其所不知，而莫知求其所已知者；皆知非其所不善，而莫知非其所已善者，是以大乱。故上悖日月之明，下烁山川之精，中堕四时之施，惴耎之虫，肖翘之物，莫不失其性。甚矣，夫好知之乱天下也！自三代以下者是已，舍夫种种之民，而悦夫役役之佞，释夫恬淡无为，而悦夫啍啍之意，啍啍已乱天下矣！

【译文】你唯独不知道那盛德的时代吗？从前容成氏、大庭氏、伯皇氏、中央氏、栗陆氏、骊畜氏、轩辕氏、赫胥氏、尊卢氏、祝融氏、伏牺氏、神农氏，在那个时代，人民靠结绳的办法记事，把粗疏的饭菜认作美味，把朴素的衣衫认作美服，把纯厚的风俗认作欢乐，把简陋的居所认作安适，邻近的国家相互观望，鸡狗之声相互听闻，百姓直至老死也互不往来。像这样的时代，就可说是真正的太平治世了。可是当今竟然达到使百姓伸长脖颈踮起脚跟说，"某个地方出了圣人"，于是带着干粮急趋而去，家里抛弃了双亲，外边离开了主上的事业，足迹交接于诸侯的国境，车轮印迹往来交错于千里之外，而这就是统治者追求圣智的过错。统治者一心追求圣智而不遵从大道，那么天下必定会大乱啊！

怎么知道是这样的呢？弓弩、鸟网、弋箭、机关之类的智巧多了，那么鸟儿就只会在空中扰飞；钩饵、鱼网、鱼笼之类的智巧多了，那么鱼儿就只会在水里乱游；木栅、兽栏、兽网之类的智巧多了，那么野兽就只会在草泽里乱窜；伪骗欺诈、奸黠狡猾、言词诡曲、坚白之辩、同异之谈等等权变多了，那么世俗的人就只会被诡辩所迷惑。所以天下昏昏大乱，罪过就在于喜好智巧。所以天下人都只知道追求他所不知道的，却不知道探索他所已经知道的；都知道非难他所认为不好的，却不知道否定他所已经赞同的，因此天下大乱。所以对上而言遮掩了日月的光辉，对下而言销解了山川的精华，居中而言损毁了四时的交替，就连附生地上蠕动的小虫，飞在空中的蛾蝶，没有不丧失原有真性的。追求智巧扰乱天下，竟然达到如此地步！自夏、商、周三代以来的情况就是这样啊，抛弃那众多淳朴的百姓，而喜好那钻营狡诈的谄佞小人；废置那恬淡无为的自然风尚，喜好那喋喋不休的说教。喋喋不休的说教已经搞乱了天下啊！

秋水

秋水时至，百川灌河；泾流之大，两涘渚崖之间，不辨牛马。于是焉河伯欣然自喜，以天下之美，为尽在己。顺流而东行，至于北海，东面而视，不见水端。于是焉河伯始旋其面目，望洋向若而叹曰："野语有之曰，'闻道百，以为莫己若'者，我之谓也。且夫我尝闻少仲尼之闻，而轻伯夷之义者，始吾弗信；今我睹子之难穷也，吾非至于子之门，则殆矣，吾长见笑于大方之家。"

【译文】秋天里山洪按照时令汹涌而至，众多大川的水流汇入黄河，河面宽阔波涛汹涌，两岸和水中沙洲之间连牛马都不能分辨。于是河神欣然自喜，认为天下一切美好的东西全都聚集在自己这里。河神顺着水流向东而去，来到北海边，面朝东边一望，看不见大海的尽头。于是河神方才改变先前洋洋自得的面孔，面对着海神仰首慨叹道："俗语有这样的说法，'听到了上百条道理，便认为天下再没有谁能比得上自己'的，说的就是我这样的人了。而且我还曾听说过孔丘懂得的东西太少、伯夷的高义不值得看重的话语，开始我不敢相信；如今我亲眼看到了你是这样的浩淼博大、无边无际，我要不是因为来到你的门前，真可就危险了，我必定会永远受到修养极高的人的耻笑。"

北海若曰："井鼃不可以语于海者，拘于虚也；夏虫不可以语于冰者，笃于时也；曲士不可以语于道者，束于教也。今尔出于崖涘，观于大海，乃知尔丑，尔将可与语大理矣。天下之水，莫大于海，万川归之，不知何时止而不盈；尾闾泄之，不知何时已而不虚；春秋不变，水旱不知。此其过江河之流，不可为量数。而吾未尝以此自多者，自以比形于天地而受气于阴阳，吾在于天地之间，犹小石小木之在大山也。方存乎见少，又奚以自多！计四海之在天地之间也，不似礨空之在大泽乎？计中国之在海内，不似稊米之在大仓乎？号物之数谓之万，人处一焉；人卒九州，谷食之所生，舟车之所通，人处一焉；此其比万物也，不似豪末之在于马体乎？五帝之所连，三王之所争，仁人之所忧，任士之所劳，尽此矣！伯夷辞之以为名，仲尼语之以为博，此其自多也；不似尔向之自多于水乎？”

【译文】海神说：“井里的青蛙，不可能跟它们谈论大海，是因为受到生活空间的限制；夏天的虫子，不可能跟它们谈论冰冻，是因为受到生活时间的限制；乡曲之士，不可能跟他们谈论大道，是因为教养的束缚。如今你从河岸边出来，看到了大海，方才知道自己的鄙陋，你将可以参与谈论大道了。天下的水面，没有什么比海更大的，千万条河川流归大海，不知道什么时候才会停歇而大海却从不会满溢；海底的尾闾泄漏海水，不知道什么时候才会停止而海水却从不曾减少；无论春天还是秋天不见有变化，无论水涝还是干旱不会有知觉。这说明大海远远超过了江河的水流，不能够用数量来计算。可是我从不曾因此而自满，自认为从天地那里承受到形体并且从阴和阳那里禀承到元气，我存在于天地之间，就好像一小块石子、一小块木屑存在于大山之中。我正以为自身的存在实在渺小，又哪里会自以为满足而自负呢？想一想，四海存在于天地之间，不就像小小的石间孔隙存在于大泽之中吗？再想一想，中原大地存在于四海之内，不就像细碎和米粒存在于大粮仓里吗？号称事物的数字叫做万，人类只是万物中的一种；人们聚集于九州，粮食在这里生长，舟车在这里通行，而每个人只是众多人群中的一员；一个人他比起万物，不就像是毫毛之末存在于整个马体吗？五帝所续连的，三王所争夺的，仁人所忧患的，贤才所操劳的，全在于这毫末般的天下呢！伯夷辞让它而博取名声，孔丘谈论它而显示渊博，这大概就是他们的自满与自傲；不就像你先前在河水暴涨时的洋洋自得吗？”

河伯曰：“然则吾大天地而小豪末可乎？”

北海若曰：“否。夫物量无穷，时无止，分无常，终始无故。是故大知观于远近，故小而不寡，大而不多，知量无穷，证曏今故，故遥而不闷，掇而不跂，知时无止；察乎盈虚，故得而不喜，失而不忧，知分之无常也；明乎坦途，故生而不说，死而不祸，知终始之不可故也。计人之所知，不若其所不知；其生之时，不若未生之时；以其至小，求穷其至大之域，是故迷乱而不能自得也。由此观之，又何以知豪末之足以定至细之倪？又何以知天地之足以穷至大之域？”

【译文】河神说：“这样，那么我把天地看作是最大把毫毛之末看作是最小，可以吗？”

海神回答：“不可以。万物的量是不可穷尽的，时间的推移是没有止境的，得与失的禀分没有不变的常规，事物的终结和起始也没有定因。所以具有大智的人观察事物从不局限于一隅，因而体积小却不看作就是少，体积大却不看作就是多，这是因为知道事物的量是不可穷尽的；证验并明察古往今来的各种情况，因而寿命久远却不感到厌倦，生命只在近前却不会企求寿延，这是因为知道时间的推移是没有止境的；洞悉事物有盈有虚的规律，因而有所得却不欢欣喜悦，有所失也不悔恨忧愁，这是因为知道得与失的禀分是没有定规的；明了生与死之间犹如一条没有阻隔的平坦大道，因而生于世间不会倍加欢喜，死离人世不觉祸患加身，这是因为知道终了和起始是不会一成不变的。算算人所懂得的知识，远远不如他所不知道的东西多，他生存的时间，也远远不如他不在人世的时间长；用极为有限的智慧去探究没有穷尽的境域，所以内心迷乱而必然不能有所得！由此看来，又怎么知道毫毛的末端就可以判定是最为细小的限度呢？又怎么知道天与地就可以看作是最大的境域呢？”

河伯曰：“世之议者，皆曰至精无形，至大不可围。’是信情乎？”

北海若曰：“夫自细视大者不尽，自大视细者不明。夫精小之微也；垺，大之殷也；故异便。此势之有也。夫精粗者，期于有形者也；无形者，数之所不能分也；不可围者，数之所不能穷也。可以言论者，物之粗也；可以致意者，物之精也。言之所不能论，意之所不能察致者，不期精粗焉。

【译文】河神说：“世间议论的人们总是说：‘最细小的东西没有形体可寻，最巨大的东西不可限定范围’。这样的话是真实可信的吗？”

海神回答：“从细小的角度看庞大的东西不可能全面，从巨大的角度看细小的东西不可能真切。精细，是小中之小；庞大，是大中之大；不过大小虽有不同却各有各的合宜之处。这就是事物固有的态势。所谓精细与粗大，仅限于有形的东西，至于没有形体的事物，是不能用计算数量的办法来加以剖解的；而不可限定范围的东西，更不是用数量能够精确计算的。可以用言语来谈论的东西，是事物粗浅的外在表象；可以用心意来传告的东西，则是事物精细的内在实质。言语所不能谈论的，心意所不能传告的，也就不限于精细和粗浅的范围了。

是故大人之行，不出乎害人，不多仁恩；动不为利，不贱门隶；货财弗争，不多辞让；事焉不借人，不多食乎力，不贱贪污；行殊乎俗，不多辟异；为在从众，不贱佞谄，世之爵禄不足以为劝，戮耻不足以为辱；知是非之不可为分，细大之不可为倪。闻曰：‘道人不闻，至德不得，大人无已’。约分之至也。”

【译文】所以修养高尚者的行动，不会出于对人的伤害，也不会赞赏给人以仁慈和恩惠；无论干什么都不是为了私利，也不会轻视从事守门差役之类的人。无论什么财物都不去争夺，也不推重谦和与辞让；凡事从不借助他人的力气，但也不提倡自食其力，同时也不鄙夷贪婪与污秽；行动与世俗不同，但不主张邪僻乖异；行为追随一般的人，也不以奉承和谄媚为卑贱；人世间的所谓高官厚禄不足以作为劝勉，刑戮和侮辱不足以看作是羞耻；知道是与非的界线不能清楚地划分，也懂得细小和巨大不可能确定清晰的界限。听人说：'能体察大道的人不求闻达于世，修养高尚的人不会计较得失，清虚宁寂的人能够忘却自己'。这就是约束自己而达到适得其分的境界。"

河伯曰："若物之外，若物之内，恶至而倪贵贱？恶至而倪大小？"

北海若曰："以道观之，物无贵贱。以物观之，自贵而相贱。以俗观之，贵贱不在己。以差观之，因其所大而大之，则万物莫不大；因其所小而小之，则万物莫不小；知天地之为稊米也，知豪末之为丘山也，则差数覩矣。以功观之，因其所有而有之，则万物莫不有；因其所无而无之，则万物莫不无；知东西之相反，而不可以相无，则功分定矣。以趣观之，因其所然而然之，则万物莫不然；因其所非而非之，则万物莫不非；知尧、桀之自然而相非，则趣操覩矣。昔者尧、舜让而帝，之、哙让而绝，汤、武争而王，白公争而灭。由此观之，争让之礼，尧、桀之行，贵贱有时，未可以为常也。梁丽可以冲城，而不可以窒穴，言殊器也。骐骥骅骝，一日而驰千里，捕鼠不如狸狌，言殊技也。鸱鸺夜撮蚤，察豪末，昼出瞋目而不见丘山，言殊性也。故曰，盖师是而无非、师治而无乱乎？是未明天地之理、万物之情者也。是犹师天而无地，师阴而无阳，其不可行明矣。然且语而不舍，非愚则诬也！帝王殊禅，三代殊继。差其时逆其俗者，谓之篡夫；当其时顺其俗者谓之义之徒。默默乎河伯！女恶知贵贱之门、小大之家！"

【译文】河神说："如此事物的外表，如此事物的内在，从何处来区分它们的贵贱？又怎么来区别它们的大小？"

海神回答："用自然的常理来看，万物本没有贵贱的区别。从万物自身来看，各自为贵而又以他物为贱。拿世俗的观点来看，贵贱不在于事物自身。按照物与物之间的差别来看，顺着各种物体大的一面去观察便会认为物体是大的，那么万物就没有什么不是大的；顺着各种物体小的一面去观察便会认为物体是小的，那么万物没有什么不是小的；知晓天地虽大比起更大的东西来也如小小的米粒，知晓毫毛之末虽小比起更小的东西来也如高大的山丘，而万物的差别和数量也就看得很清楚了。依照事物的功用来看，顺着物体所具有的一面去观察便会认为具有了这样的功能，那么万物就没有什么不具有这样的功能；顺着物体所不具有的一面去观察便会认为不具有这样的功能，那么万物就没有什么具有了这样的功能；可知东与西的方向对立相反却又不可以相互缺少，而事物的功用与本分便得以确定。从人们对事物的趋向来看，顺着各种事物肯定的一面去观察便会认为是对的，那么万物没有什么不是对的；顺着各种事物否定的一面去观察便会认为是不对的，那么万物没有什么不是错的；知晓唐尧和夏桀都自以为正确又相互否定对方，而人们的趋向与持守也就看得很清楚了。当年唐尧、虞舜禅让而称帝，宰相子之与燕王哙禅让而燕国几乎灭亡；商汤、周武王都争夺天下而成为帝王，白公胜争夺王位却遭致杀身。由此看来，争斗与禅让的礼制，唐尧与夏桀的作法，让可还是鄙夷都会因时而异，不可以把它们看作是不变的规律。栋梁之材可以用来冲击敌城，却不可以用来堵塞洞穴，说的是器物的用处不一样。骏马良驹一天奔驰上千里，捕捉老鼠却不如野猫与黄鼠狼，说的是技能不一样。猫头鹰夜里能抓取小小的跳蚤，细察毫毛之末，可是大白天睁大眼睛也看不见高大的山丘，说的是禀性不一样。所以说：怎么只看重对的一面而忽略不对的一面、看重治而忽略乱呢？这是因为不明了自然存在的道理和万物自身的实情。这就像是重视天而轻视地、重视阴而轻视阳，那不可行是十分明白的了。然而还是要谈论不休，不是愚昧便是欺骗！远古帝王的禅让各不相同，夏、商、周三代的继承也各不一样。不合时代、背逆世俗的人，称他叫篡逆之徒；合于时代、顺应世俗的人，称他叫高义之士。沉默下来吧，河神！你怎么会懂得万物间贵贱的门庭和大小的流别！”

河伯曰：“然则我何为乎？何不为乎？吾辞受趣舍，吾终奈何？”

北海若曰：“以道观之，何贵何贱，是谓反衍；无拘而志，与道大蹇。何少何多，是谓谢施；无一而行，与道参差。严乎若国之有君，其无私德，繇繇乎若祭之有社，其无私福；泛泛乎其若四方之无穷，其无所畛域。兼怀万物，其孰承翼？是谓无方。万物一齐，孰短孰长？道无终始，物有死生，不恃其成；一虚一满，不位乎其形。年不可举，时不可止；消息盈虚，终则有始。是所以语大义之方，论万物之理也。物之生也，若骤若驰，无动而不变，无时而不移。何为乎？何不为乎？夫固将自化”。

【译文】河神说：“既然这样，那么我应该做些什么呢？又应该不做什么呢？我将怎样推辞或接纳、趋就或舍弃，我终究将怎么办？”

海神回答：“用道的观点来观察，什么是贵什么是贱，这可称之为循环往复；不必束缚你的心志，而跟大道相违碍。什么是少什么是多，这可称之为更替续延；不要偏执于事物的某一方面行事，而跟大道不相一致。端庄、威严的样子像是一国的国君，确实没有一点儿偏私的恩惠；优游自得的样子像是祭祀中的土地神，确实没有任何偏私的赐福；浩瀚周遍的样子像是通达四方而又旷远无穷，确实没有什么区分界限；兼蓄并且包藏万物，难道谁专门有所承受或者有所庇护？这就称作不偏执于事物的任何一个方面。宇宙万物本是浑同齐一的，谁优谁劣呢？大道没有终结和起始，万物却都有死有生，因而不可能依仗一时的成功。时而空虚时而充实，万物从不固守于某一不变的形态。岁月不可以挽留，时间从不会停息，消退、生长、充实、空虚，宇宙万物终结便又有了开始。这样也就可以谈论大道的准则，评说万物的道理了。万物的生长，像是马儿飞奔像是马车疾行，没有什么举动不在变化，没有什么时刻不在迁移。应该做些什么呢？又应该不做什么呢？一切必定都将自然地变化！”

河伯曰："然则何贵于道邪？"

北海若曰："知道者必达于理，达于理者，必明于权，明于权者，不以物害己。至德者，火弗能热，水弗能溺，寒暑弗能害，禽兽弗能贼。非谓其薄之也，言察乎安危，宁于祸福，谨于去就，莫之能害也。故曰：天在内，人在外，德在乎天。知天人之行，本乎天，位乎得；蹢躅而屈伸，反要而语极。"

【译文】河神说："既然如此，那么为什么还要那么看重大道呢？"

海神回答："懂得大道的人必定通达事理，通达事理的人必定明白应变，明白应变的人定然不会因为外物而损伤自己。道德修养高尚的人烈焰不能烧灼他们，洪水不能沉溺他们，严寒酷暑不能侵扰他们，飞禽走兽不能伤害他们。不是说他们逼近水火、寒暑的侵扰和禽兽的伤害而能幸免，而是说他们明察安危，安于祸福，慎处离弃与追求，因而没有什么东西能够伤害他们。所以说："天然蕴含于内里，人为显露于外在，高尚的修养则顺应自然。懂得人的行止，立足于自然的规律，居处于自得的环境，徘徊不定，屈伸无常，也就返归大道的要冲而可谈论至极的道理。"

曰："何谓天？何谓人？"

北海若曰："牛马四足是谓天；落马首，穿牛鼻，是谓人。故曰：无以人灭天，无以故灭命，无以得殉名。谨守而勿失，是谓反其真。"

【译文】河神说："什么是天然？什么又是人为？"

海神回答："牛马生就四只脚，这就叫天然；用马络套住马头，用牛鼻绾穿过牛鼻，这就叫人为。所以说，不要用人为去毁灭天然，不要用有意的作为去毁灭自然的禀性，不要为获取虚名而不遗余力。谨慎地持守自然的禀性而不丧失，这就叫返归本真。"

夔怜蚿，蚿怜蛇，蛇怜风，风怜目，目怜心。

夔谓蚿曰："吾以一足跉踔而行，予无如矣！今子之使万足，独奈何？"蚿曰："不然。予不见乎唾者乎？喷则大者如珠，小者如雾，杂而下者不可胜数也。今予动吾天机，而不知其所以然。"

蚿谓蛇曰："吾以众足行，而不及子之无足，何也？"蛇曰："夫天机之所动，何可易邪？吾安用足哉！"

蛇谓风曰："予动吾脊胁而行，则有似也。今子蓬蓬然起于北海，蓬蓬然入于南海，而似无有，何也？"风曰："然。予蓬蓬然起于北海，而入于南海也，然而指我则胜我，鳝我亦胜我。虽然，夫折大木、蜚大屋者，唯我能也，故以众小不胜为大胜也。为大胜者，唯圣人能之"。

【译文】独脚的夔羡慕多脚的蚿，多脚的蚿羡慕无脚的蛇，无脚的蛇羡慕无形的风，无形的风羡慕明察外物的眼睛，明察外物的眼睛羡慕内在的心灵。

夔对蚿说："我依靠一只脚跳跃而行，没有谁再比我简便的了。现在你使用上万只脚行走，竟是怎么样的呢？"蚿说："不对哩。你没有看见那吐唾沫的情形吗？喷出唾沫大的像珠子，小的像雾滴，混杂着吐落而下的不可以数计。如今我启动我天生的机能而行走，不过我也并不知道自己为什么能够这样。"

蚿对蛇说："我用众多的脚行走反倒不如你没有脚，这是为什么呢？"蛇说："仰赖天生的机能而行动，怎么可以改变呢？我哪里用得着脚呢！"

蛇对风说："我启动我的脊柱和腰胁而行走，还是像有足而行的样子。如今你呼呼地从北海掀起，又呼呼地驾临南海，却没有留下有足而行的形迹，这是为什么呢？"风说："是的，我呼呼地从北海来到南海。可是人们用手来阻挡我而我并不能吹断手指，人们用腿脚来踢踏我而我也不能吹断腿脚。即使这样，折断大树、掀翻高大的房屋，却又只有我能够做到，而这就是细小的方面不求胜利而求获得大的胜利。获取大的胜利，只有圣人才能做到。"

孔子游于匡，宋人围之数匝，而弦歌不辍。子路入见曰："何夫子之娱也？"孔子曰："来，吾语女！我讳穷久矣，而不免，命也；求通久矣，而不得，时也。当尧、舜而天下无穷人，非知得也；当桀、纣而天下无通人，非知失也。时势适然。夫水行不避蛟龙者，渔人之勇也。陆行不避兕虎者，猎夫之勇也。白刃交于前，视死若生者，烈士之勇也。知穷之有命，知通之有时，临大难而不惧者，圣人之勇也。由处矣！吾命有所制矣！"

无几何，将甲者进，辞曰："以为阳虎也，故围之；今非也，请辞而退。"

【译文】孔子周游到匡地，卫国人一层又一层地包围了他，可是孔子仍在不停地弹琴诵读。子路入内见孔子说："先生如此欢心是为什么呢？"孔子说："来，我告诉你！我违忌困窘蔽塞已经很久很久了，可是始终不能免除，这是命运啊。我寻求通达也已经很久很久了，可是始终未能达到，这是时运啊。当尧、舜的时代，天下没有一个困顿潦倒的人，并非因为他们都才智超人；当桀、纣的时代，天下没有一个通达的人，并非因为他们都才智低下。这都是时运所造成的。在水里活动而不躲避蛟龙的，乃是渔夫的勇敢；在陆上活动而不躲避犀牛老虎的，乃是猎人的勇敢；刀剑交错地横于眼前，看待死亡犹如生还的，乃是壮烈之士的勇敢。懂得困厄潦倒乃是命中注定，知道顺利通达乃是时运造成，面临大难而不畏惧的，这就是圣人的勇敢。仲由啊，你还是安然处之吧！我命中注定要受制啊！"

没有过多久，统带士卒的将官走了进来，深表歉意地说："大家把你看作是阳虎，所以包围了你；现在知道了你不是阳虎，请让我向你表示歉意并且撤离部队。"

公孙龙问于魏牟曰："龙少学先王之道，长而明仁义之行；合同异，离坚白；然不然，可不可；困百家之知，穷众口之辩；吾自以为至达已。今吾闻庄子之言，汒焉异之。不知论之不及与？知之弗若与？今吾无所开吾喙，敢问其方"。

【译文】公孙龙向魏牟问道："我年少的时候学习古代圣王的主张，长大以后懂得了仁义的行为；能够把事物的不同与相同合而为一，把一个物体的质地坚硬与颜色洁白分离开来；能够把不对的说成是对的，把不应认可的看作是合宜的；能够使百家智士困惑不解，能够使众多善辩之口理屈辞穷：我自以为是最为通达的了。如今我听了庄子的言谈，感到十分茫然。不知是我的论辩比不上他呢，还是我的知识不如他呢？现在我已经没有办法再开口了，冒昧地向你请教其中的道理。"

公子牟隐机大息，仰天而笑曰："子独不闻夫埳井之鼃乎？谓东海之鳖曰：'吾乐与！出跳梁乎井幹之上，入休乎缺甃之崖；赴水则接腋持颐，蹶泥则没足灭跗；还视虷、蟹与科斗，莫吾能若也！且夫擅一壑之水，而跨跱埳井之乐，此亦至矣。夫子奚不时来入观乎？'东海之鳖，左足未入，而右膝已絷矣，于是逡巡而却，告之海曰：'夫千里之远，不足以举其大；千仞之高，不足以极其深。禹之时，十年九潦，而水弗为加益；汤之时，八年七旱，而崖不为加损。夫不为顷久推移，不以多少进退者，此亦东海之大乐也。'于是埳井之鼃闻之，适适然惊，规规然自失也。且夫知不知是非之竟，而犹欲观于庄子之言，是犹使蚊负山，商蚷驰河也，必不胜任矣！且夫知不知论极妙之言，而自适一时之利者，是非埳井之鼃与？且彼方跐黄泉而登大皇，无南无北，奭然四解，沦于不测；无东无西，始于玄冥，反于大通。子乃规规然而求之以察，索之以辩，是直用管窥天，用锥指地也，不亦小乎？子往矣！且子独不闻夫寿陵余子之学行于邯郸与？未得国能，又失其故行矣，直匍匐而归耳。今子不去，将忘子之故，失子之业。"

公孙龙口呿而不合，舌举而不下，乃逸而走。

【译文】魏牟靠着几案深深地叹了口气，然后又仰头朝天笑着说："你不曾听说过那浅井里的青蛙吗？井蛙对东海里的鳖说：'我实在快乐啊！我跳跃玩耍于井口栏杆之上，进到井里便在井壁砖块破损之处休息。跳入水中井水漫入腋下并且托起我的下巴，踏入泥里泥水就盖住了我的脚背，回过头来看看水中的那些赤虫、小蟹和蝌蚪，没有谁能像我这样的快乐！再说我独占一坑之水、盘踞一口浅井的快乐，这也是极其称心如意的了。你怎么不随时来井里看看呢？'东海之鳖左脚还未能跨入浅井，右膝就已经被绊住。于是迟疑了一阵子之后又把脚退了出来，把大海的情况告诉给浅井的青蛙，说：'千里的遥远，不足以称述它的大；千仞的高旷，不足于探究它的深。夏禹时代十年里有九年水涝，而海水不会因此增多；商汤的时代八年里有七年大旱，而岸边的水位不会因此下降。不因为时间的短暂与长久而有所改变，不因为雨量的多少而有所增减，这就是东海最大的快乐。’浅井之蛙听了这一席话，惊惶不安，茫然不知所措。再说你公孙龙的才智还不足以知晓是与非的境界，却还想去察悉庄子的言谈，这就像驱使蚊虫去背负大山，驱使马蚿虫到河水里去奔跑，必定是不能胜任的。而你的才智不足以通晓极其玄妙的言论，竟自去迎合那些一时的胜利，这不就像是浅井里的青蛙吗？况且庄子的思想主张正俯极黄泉登临苍天，不论南北，释然四散通达无阻，深幽沉寂不可探测；不论东西，起于幽深玄妙之境，返归广阔通达之域。你竟拘泥浅陋地用察视的办法去探寻它的奥妙，用论辨的言辞去索求它的真谛，这只不过是用竹管去窥视高远的苍天，用锥子去测量浑厚的大地，不是太渺小了吗！你还是走吧！而且你就不曾听说过那燕国寿陵的小子到赵国的邯郸去学习走步之事吗？未能学会赵国的本事，又丢掉了他原来的本领，最后只得爬着回去了。现在你还不尽快离开我这里，必将忘掉你原有的本领，而且也必将失去你原有的学业。”

公孙龙听了这一番话张大着口而不能合拢，舌头高高抬起而不能放下，于是快速地逃走了。

庄子钓于濮水，楚王使大夫二人往先焉，曰：“愿以境内累矣！”

庄子持竿不顾，曰：“吾闻楚有神龟，死已三千岁矣，王巾笥而藏之庙堂之上。此龟者，宁其死为留骨而贵乎？宁其生而曳尾于涂中乎？”二大夫曰：“宁生而曳尾涂中。”庄子曰：“往矣，吾将曳尾于涂中。”

【译文】庄子在濮水边垂钓，楚王派遣两位大臣先行前往致意，说：“楚王愿将国内政事委托给你而劳累你了。”

庄子手把钓竿头也不回地说：“我听说楚国有一神龟，已经死了三千年了，楚王用竹箱装着它，用巾饰覆盖着它，珍藏在宗庙里。这只神龟，是宁愿死去为了留下骨骸而显示尊贵呢，还是宁愿活着在泥水里拖着尾巴呢？”两位大臣说：“宁愿拖着尾巴活在泥水里。”庄子说：“你们走吧！我仍将拖着尾巴生活在泥水里。”

惠子相梁，庄子往见之。或谓惠子曰：“庄子来，欲代之相。”于是惠子恐，搜于国中，三日三夜。

庄子往见之，曰：“南方有鸟，其名为鹓鸰，子知之乎？夫鹓鸰，发于南海而飞于北海；非梧桐不止，非练实不食，非醴泉不饮。于是鸱得腐鼠，鹓鸰过之，仰而视之曰：‘嚇’！今子欲以子之梁国而嚇我邪？”

【译文】惠子在梁国做宰相，庄子前往看望他。有人对惠子说：“庄子来梁国，是想取代你做宰相。”于是惠子恐慌起来，在都城内搜寻庄子，整整三天三夜。

庄子前往看望惠子，说：“南方有一种鸟，它的名字叫鹓鶵，你知道吗？鹓鶵从南海出发飞到北海，不是梧桐树它不会停息，不是竹子的果实它不会进食，不是甘美的泉水它不会饮用。正在这时一只鸱鹰寻觅到一只腐烂了的老鼠，鹓鶵刚巧从空中飞过，鸱鹰抬头看着鹓鶵，发出一声怒气：‘嚇’！如今你也想用你的梁国来怒叱我吗？”

庄子与惠子游于濠梁之上。庄子曰：“儵鱼出游从容，是鱼之乐也？”惠子曰：“子非鱼，安知鱼之乐？”庄子曰：“子非我，安知我不知鱼之乐？”惠子曰：“我非子，固不知子矣；子固非鱼也，子之不知鱼之乐全矣。”庄子曰：“请循其本。子曰‘汝安知鱼乐’云者，既已知吾知之而问我。我知之濠上也。”

【译文】庄子和惠子一道在濠水的桥上游玩。庄子说：“白儵鱼游得多么悠闲自在，这就是鱼儿的快乐。”惠子说：“你不是鱼，怎么知道鱼的快乐？”庄子说：“你不是我，怎么知道我不知道鱼儿的快乐？”惠子说：“我不是你，固然不知道你；你也不是鱼，你不知道鱼的快乐，也是完全可以肯定的。”庄子说：“还是让我们顺着先前的话来说。你刚才所说的‘你怎么知道鱼的快乐’的话，就是已经知道了我知道鱼儿的快乐而问我，而我则是在濠水的桥上知道鱼儿快乐的。”

天　下

天下之治方术者多矣，皆以其有为不可加矣。古之所谓道术者，果恶乎在？曰：“无乎不在。”曰：“神何由降？明何由出？”“圣有所生，王有所成，皆原于一。”

不离于宗，谓之天人。不离于精，谓之神人。不离于真，谓之至人。以天为宗，以德为本，以道为门，兆于变化，谓之圣人。以仁为恩，以义为理，以礼为行，以乐为和，薰然慈仁，谓之君子。以法为分，以名为表，以操为验，以稽为决，其数一二三四是也，百官以此相齿；以事为常，以衣食为主，蕃息畜藏，老弱孤寡为意，皆有以养，民之理也。

【译文】天下研究学术的人很多很多，都认为自己掌握了真理而且达到了无以复加、登峰造极的境界。那么，古时候所说的有关天道的规律，果真又存在哪里呢？回答是：“无处不在。”如果再问：“自然赋予的灵妙从何处降临？人们所拥有的睿智又从哪里产生？”

回答是“玄圣有他诞生的原因，圣王也有他出现的根由，因为他们全都源于宇宙万物本体混一的道。”

不违背道的宗本，称他叫天人。不违背道的精粹，称他叫神人。不违背道的真谛，称他叫至人，把自然视为本原，把禀赋视为根本，把规律视为途径，从而预知事物的各种变化，称他叫圣人。用仁慈来布施恩惠，用道义来分清事理，用礼义来规范行为，用音乐来调理性情，温和而又慈祥，称他叫君子。依照法规确定职分，遵从名分确立标准，反复比较求得验证，凭借查考作出决策，就象点数一二三四一样历历分别，各种官吏都以此相互就位；把各种职业固定下来，把农桑事务摆上重要位置，注意繁衍生息和蓄积储藏，老弱孤寡经心照料，全都有所安养，这又是安定民心、治理百姓的规律。

古之人其备乎！配神明，醇天地，育万物，和天下，泽及百姓，明于本数，系于末度，六通四辟，小大精粗，其运无乎不在。其明而在数度者，旧法世传之史，尚多有之。其在于《诗》《书》《礼》《乐》者，邹鲁之士、搢绅先生，多能明之。《诗》以道志，《书》以道事，《礼》以道行，《乐》以道和，《易》以道阴阳，《春秋》以道名分。其数散于天下，而设于中国者，百家之学，时或称而道之。

天下大乱，贤圣不明，道德不一，天下多得一察焉以自好。譬如耳目鼻口，皆有所明，不能相通。犹百家众技也，皆有所长，时有所用。虽然，不该不遍，一曲之士也。判天地之美，析万物之理，察古人之全；寡能备于天地之美，称神明之容。是故内圣外王之道，暗而不明，郁而不发，天下之人，各为其所欲焉，以自为方。悲夫，百家往而不反，必不合矣！后世之学者，不幸不见天地之纯，古人之大体，道术将为天下裂。

【译文】古代圣哲的人实在是完备啊！他们配合灵妙之理、圣明之智，效法天地的自然规律，哺育万物，使天下均衡和谐，把恩泽施及百姓，通晓根本的典规，又能贯穿细枝末节的法度，六合通达四时顺畅，无论大小精粗的各种事物，其运动变化真是无所不在。他们的观点显明而又表露在各项典规法度的，旧有的法规和世代相传的史记里还是多有记载，那些存在于《诗》《书》《礼》《乐》中的，邹地和鲁国的学者以及身着儒服的士绅先生们，大多能够明了内中的道理。《诗》用来表达思想感情，《书》用来记述政事，《礼》用来表述行为规范，《乐》用来传递和谐的音律，《易》用来阐明阴阳变化的奥秘，《春秋》用来讲述名分的尊卑与序列。内中的看法和主张散布天下并施行于中原各国的，各家的学说时时有人称述和介绍。

天下大乱之时，贤圣的学术主张不能彰显于世，道德的标准也不能求得划一，天下人大多凭借一孔之见就自以为是炫耀于人。譬如眼、耳、口、鼻，各有各的官能和作用，不可能相互交替通用。又好像各种各样的技艺，各有各的长处，适用时就能派上用处。虽然如此，不能赅全周遍，只能是一些偏执于一端的人。他们分割了天地淳和之美，离析了万物相通之理，肢解了古人的道术，很少能够真正合于纯真的自然之美，匹配灵妙和睿智的容状。所以内圣、外王的主张，晦暗不明，阻滞不通，天下人多自追求其所好并把偏执的看法当作完美的方术。可悲啊！诸家学派越走越远不能返归正道，必然不能合于古人的道术！后代的学者，实在是不幸不能见到自然纯真之美和古人道术的全貌，道术也就势必受到诸家学派的分割与破坏。

不侈于后世，不靡于万物，不晖于数度，以绳墨自矫，而备世之急，古之道术，有在于是者，墨翟、禽滑釐闻其风而说之。为之大过，已之大循。作为《非乐》，命之曰：《节用》；生不歌，死无服。墨子泛爱兼利而非斗，其道不怒；又好学而博不异，不与先王同。

毁古之礼乐。黄帝有《咸池》，尧有《大章》，舜有《大韶》，禹有《大夏》，汤有《大濩》，文王有《辟雍》之乐，武王、周公作《武》。古之丧礼，贵贱有仪，上下有等，天子棺椁七重，诸侯五重，大夫三重，士再重。今墨子独生不歌，死不服，桐棺三寸而无椁，以为法式。以此教人，恐不爱人；以此自行，固不爱己。未败墨子道，虽然，歌而非歌，哭而非哭，乐而非乐，是果类乎？其生也勤，其死也薄，其道大觳；使人忧，使人悲，其行难为也，恐其不可以为圣人之道，反天下之心，天下不堪。墨子虽独能任，奈天下何！离于天下，其去王也远矣。

【译文】让后世不奢侈，使万物不浪费，不使各种等级差别突出显明，而且用各种严厉的规矩约束自己以适应社会的急需。古时的道术确实包含上述方面的内容，墨翟、禽滑釐之流听闻这样的遗风并且热衷于这方面的活动。不过他们所主张和推行的又过于激烈，他们所反对、所节止的又过于苛严。他们倡导“非乐”，要求人们“节用”，生前不唱歌，死时不厚葬。墨家主张“泛爱”、“兼利”和“非斗”，他们的学说是非暴力的，而且墨家又好学博览，不随意标新立异，也不与前代帝王苟同。

墨家反对古代的礼乐制度。古代的乐章黄帝时有《咸池》，唐尧时有《大章》，虞舜时有《大韶》，夏禹时有《大夏》，商汤时有《大濩》，此外周文王时有《辟雍》之乐，武王和周公还作过《武》乐。古代的丧礼，贵贱有严格的规矩，上下有不同的等别，天子的内棺和外椁共有七层，诸侯是五层，大夫是三层，士是两层。如今墨家却独自主张生前不唱歌，死时不厚葬，桐木棺材厚三寸而且不用外棺，并把这些作为法度和定规。用这样的主张来教育人，恐怕不是真正的爱护人；用这样的要求来约束自己，当然不是对自己真正的爱惜。这样的评论并非有意要诋毁墨家的学说，虽然如此，不过情感表达需要歌唱却一味反对唱歌，情感表达需要哭泣却一味反对哭泣，情感表达需要欢乐却一味反对欢乐，这样做果真跟人的真情实感相吻合吗？他们主张人活在世上要勤劳，死的时候要淡薄，墨家的学说太苛刻了；使人忧虑，使人悲悯，而做起来也难以办到，恐怕不能够算是圣人之道，违反了天下人的心愿，天下之人也就不能忍受。墨子即使能够独自实行，又能拿天下人怎么样？背离了天下人的心愿，距离天下百姓一心归往的境界也就很远很远了。

墨子称道曰：“昔者禹之湮洪水，决江河而通四夷九州也，名山三百，支川三千，小者无数。禹亲自操橐耜，而九杂天下之川，腓无胈，胫无毛，沐甚雨，栉疾风，置万国。禹大圣也，而形劳天下也如此。”使后世之墨者，多以裘褐为衣，以跂蹻为服，日夜不休，以自苦为极，曰：“不能如此，非禹之道也，不足谓墨。”

【译文】墨子称赞说：“从前大禹治水时堵塞洪道，疏通长江黄河并使四夷九州沟通起来，整治的大河三百条，分支河道三千条，水渠溪流不可计数。大禹亲自抬筐挥铲，终于汇聚地面的水而使它归入大江河。劳苦奔波累得腿肚子消瘦，小腿上无毛，淋着暴雨，冒着狂风，安顿下万家城邑。禹是大圣，仍亲自为天下事务如此操劳。”因此，要让后世的墨家，多用羊皮、粗布做衣服，用木鞋、草鞋作服饰，日夜不停地操劳，把自身清苦看作是行为准则。并且还说：“不这样做，就不符合夏禹的主张，也就不配称作墨家。”

相里勤之弟子，五侯之徒，南方之墨者，苦获、已齿、邓陵子之属，俱诵《墨经》，而倍谲不同，相谓别墨；以坚白同异之辩相訾，以觭偶不仵之辞相应；以巨子为圣人，皆愿为之尸，冀得为其后世，至今不决。

墨翟、禽滑釐之意则是，其行则非也。将使后世之墨者，必自苦以腓无胈、胫无毛，相进而已矣。乱之上也，治之下也。虽然，墨子真天下之好也，将求之不得也，虽枯槁不舍也，才士也夫！

【译文】后世墨家学人相里勤和他的弟子五侯之流，南方的墨家苦获与已齿，还有邓陵子一类的人，都口诵《墨经》，却违背了墨家的宗旨，相互指责对方不是正统的墨家。他们用“坚白”、“同异”等话题彼此争辩相互诋毁，用奇数偶数不会一致的言辞相互应答，把一时推举出来的首领看作是圣人，全都乐意敬重他为领袖，希望能成为墨家学派的后继人，而且至今各派之间仍争论不休。

墨翟和禽滑釐他们的意愿应当说是好的，但他们的作法却不可取。这将使后世的墨家学人，必定是励行劳苦，争先恐后地弄得腿肚子消瘦、小腿上无毛罢了。墨家的学说算得上是乱世的良方，却又只能是治世的下策。即使这样，墨子还是真正热爱天下的人民，一心追求的目标不能实现，就是弄得形容枯槁面颜憔悴也不会放弃自己的主张，真可算是有才之士啊！

不累于俗，不饰于物，不苟于人，不忮于众。愿天下之安宁，以活民命，人我之养毕足而止，以此白心。古之道术，有在于是者，宋钘、尹文闻其风而悦之。作为华山之冠以自表，接万物以别宥为始；语心之容，命之曰心之行。以聏合欢，以调海内，请欲置之以为主。见侮不辱，救民之斗。禁攻寝兵，救世之战。以此周行天下，上说下教，虽天下不取，强聒而不舍者也，故曰上下见厌而强见也。

虽然，其为人太多，其自为太少，曰："请欲固置五升之饭足矣！"先生恐不得饱，弟子虽饥，不忘天下。日夜不休曰："我必得活哉！"图傲乎救世之士哉！曰："君子不为苛察，不以身假物。"以为无益于天下者，明之不如已也。以禁攻寝兵为外，以情欲寡浅为内，其小大精粗，其行适至是而止。

【译文】不受流俗所牵累，不因外物而矫饰，不对人提出苛严的的要求，不背违众人的心情，但愿天下太平无事人人都能糊口养生，自己和他人生存条件能够得到保证也就心满意足，并且以此来剖白自己的心迹。古时候的道术确实包含上述方面的内容。宋钘、尹文听闻这方面的遗风并且热衷于这方面的活动。他们戴着特制的华山之形的帽子来表白上下均平的信念，应接外物总是先清除掉各式各样的界说和成见；他们竭力讨论人的思想活动，取个名字叫做内心的行为。他们用和顺柔韧的态度迎合人们的欢心，并调谐整个天下，而把抑制个人的情感和欲念看作主旨。他们受到侮辱却不以为是耻辱，一心解救人们之间的争斗；他们主张禁绝攻伐停止暴力行动，一心想平息世上的各类战争。用这样的学说周游天下，对上劝谏诸侯对下教导百姓，即使天下人都不采纳，他们也絮絮不休地说个没完。所以说，上上下下都受人嫌弃却仍然不遗余力地反复陈述。

即使这样，他们还是为别人考虑很多很多，为自己考虑很少很少。他们常说："只希望准备五升米的饭食就完全足够了！"他们中的师长恐怕都不能吃饱，弟子们就是忍饥挨饿，也不忘怀天下的事务。他们无日无夜地为世人奔波，说："我们大家都得生存下去啊！"那高大的样子确实是救世的人啊！他们还说："君子不事事计较而苛求于人，也不会让自身为外物所役使。"他们认为对天下无益的事，与其竭力申辩倒不如停止不干。他们把禁绝攻伐平息暴力行动看作是主要的社会活动，把抑制个人的情感和欲念看作是对自身的主要要求，无论哪一个方面，他们的所作所为只不过达到这样的境界而已。

公而不当，易而无私，决然无主，趣物而不两，不顾于虑，不谋于知，于物无择，与之俱往。古之道术有在于是者，彭蒙、田骈、慎到闻其风而悦之。齐万物以为首，曰："天能覆之，而不能载之，地能载之，而不能覆之，大道能包之，而不能辩之。"知万物皆有所可，有所不可，故曰："选而不遍，教则不至，道则无遗者矣。"

是故慎到弃知去已，而缘不得已，泠汰于物以为道理，曰："知不知，将薄知而后邻伤之者也。"謑髁无任，而笑天下之尚贤也，纵脱无行，而非天下之大圣。椎拍輐断，与物宛转，舍是与非，苟可以免。不师知虑，不知前后，魏然而已矣。推而后行，曳而后往，若飘风之还，若羽之旋，若磨石之隧，全而无非，动静无过，未尝有罪。是何故？夫无知之物，无建己之患，无用知之累，动静不离于理，是以终身无誉。故曰："至于若无知之物而已，无用贤圣，夫块不失道。"豪桀相与笑之曰："慎到之道，非生人之行，而至死人之理，适得怪焉。"

田骈亦然，学于彭蒙，得不教焉。彭蒙之师曰："古之道人，至于莫之，是莫之非而已矣。其风窢然，恶可而言？"常反人，不见观，而不免于魭断。其所谓道，非道，而所言之韪不免于非。彭蒙、田骈、慎到不知道。虽然，概乎皆尝有闻者也。

【译文】公正而不结党，平易而不偏私，断然依理不存主见，随物趋进一视同仁；不瞻前顾后，不谋求智巧，对于外物无所选择，随顺自然与物一同变化。古时候的道术确实包含上述方面的内容，彭蒙、田骈、慎到听闻这方面的遗风并且热衷于这方面的活动。他们把平等地对待外在事物放在首要地位，说："苍天能够覆盖万物却不能托载万物，大地能够托载万物却不能覆盖万物，大道能够包容万物却不能区别万物。"他们懂得万物都有它们可以认可的一面，万物也有它们不可以认可的一面，所以说："有所挑选就必然不会周遍，有教育就会出现教育不到的方面，一视同仁的规范与齐同划一的尺度才能没有遗漏。"

因此慎到弃置智巧，去除自我而顺应事物的必然，把听任外物的变化规律作为疏导一切事物的方术。他说："明知不可知，却不能顺应而急迫地力求知道，势必再次使自己受到伤害。"自身怠惰不正无以为能却讥笑他人崇尚贤能，自身纵放不羁无有德行却讥笑他人尊重圣哲。或是击拍或是削截，只求随物婉曲变化，舍弃心中是非之见，希求能够免于各种牵累。不用智巧与谋虑，不究前因与后果，巍然自立而已。推一推然后行进，曳一曳然后前往，像旋风一样回旋，像飞羽一样飘忽，像磨石一样转圈，保全自己不受责难，动静合宜全无过失，不曾有过祸殃。这是为什么呢？大凡没有感知的物类，就不会有建树个人的忧患，就不会留下使用心计的牵累，或动或静不背离客观事理，因此终身无所谓荣誉。所以说："达到像没有感知的东西那样罢了，无须贤人圣人，譬如土块就不会失去规范。"那些才华出众的人常在一起讥笑说："慎到的学说，不是活人所能实行，而是死人的道理，理所当然地被人们看作是怪异的主张。"

田骈也是这样，向彭蒙学习，受到会心的传授。彭蒙的老师说："古时候得道的人，达到了什么也不肯定又什么也不否定的境界而已。犹如迅急而过的风声不留一点踪迹，怎么可以加以言说？"他们总是背违人们的意愿，不能引起人们的关注，因而始终不能免于随物变化，他们所说的齐同划一的规范并不是真正的道，因而所说的正确也终不免于谬误。彭蒙、田骈与慎到均不真正懂得道。虽然如此，他们恐怕还是都听说过有关大道的概略。

以本为精，以物为粗，以有积为不足，澹然独与神明居。古之道术，有在于是者，关尹、老聃闻其风而悦之。建之以常无有，主之以太一，以濡弱谦下为表，以空虚不毁万物为实。关尹曰："在己无居，形物自著。其动若水，其静若镜，其应若响。芴乎若亡，寂乎若清。同焉者和，得焉者失。未尝先人而常随人。"

老聃曰："知其雄，守其雌，为天下谿；知其白，守其辱，为天下谷。"人皆取先，己独取后，曰受天下之垢。人皆取实，己独取虚，无藏也故有余；岿然而有余。其行身也，徐而不费，无为也而笑巧。人皆求福，己独曲全，曰，苟免于咎。以深为根，以约为纪，曰，坚则毁矣，锐则挫矣。常宽容于物，不削于人，可谓至极。

关尹，老聃乎！古之博大真人哉！

【译文】把主宰万物的道视为精髓，把各具外形的物类视为粗杂，认为有所积蓄反生不易满足的贪欲，心境恬淡闲适只跟神明为伍。古时候的道术确实包含上述方面的内容，关尹、老聃听闻这方面的遗风并且热衷于这方面的活动。他们树立起"常无"、"常有"的观点，并把"太一"视为他们学说的核心，而且还以柔弱谦下的态度为外表，以空虚宁寂、不毁弃万物的心境为内质。

关尹说："内心世界不存己见，外在有形之物便各各自然显露。有所动作像流水一样因势随顺，静止下来犹如明镜显迹无所敛藏，感应外物则像回声那样自然应答。恍恍惚惚仿佛什么也不存在，沉寂宁静如同虚空湛清。混同于万物必能谐和顺达，驰逐外物而有所得内心也就必有所失，从不曾抢在人先，而是常随人后。"

老聃说："认识事物刚强的一面，却持守事物柔弱的一面，愿做天下可以汇聚潺潺细流的小溪；知道事物显著明亮的一面，却持守事物污浊晦暗的一面，愿做天下可以容受他物的虚空的山谷。"人人都争先恐后，自己却偏偏留在后边，说是承受天下的污辱。人人都求取实惠，自己却偏偏持守虚空，无心积蓄因而处处显得有余；是那么高大、充实而有余。他们立身行事，从容闲适而不耗费精神，无所作为而又耻笑智巧。人人都在追求福禄，自己却偏偏委曲求全，说是只求避免灾祸。以怀藏深邃奥妙的道为根本，以节约俭省的生活态度为大要，说是坚硬的容易毁坏，锐利的容易折损。对物常常宽容，对人无所削夺，就可算是最高的思想境界了。

关尹和老聃，真是自古以来最为博大的真人啊！

芴漠无形，变化无常，死与生与，天地并与，神明往与！芒乎何之，忽乎何适，万物毕罗，莫足以归，古之道术，有在于是者，庄周闻其风而悦之。以谬悠之说，荒唐之言，无端崖之辞，时恣纵而不傥，不以觭见之也，以天下为沈浊，不可与庄语，以卮言为曼衍，以重言为真，以寓言为广。独与天地精神往来，而不敖倪于万物，不谴是非，以与世俗处。其书虽瑰玮，而连犿无伤也。其辞虽参差，而諔诡可观。彼其充实不可以已，上与造物者游，而下与外死生、无终始者为友。其于本也，弘大而辟，深闳而肆；其于宗也，可谓稠适而上遂矣。虽然，其应于化而解于物也，其理不竭，其来不蜕，芒乎昧乎，未之尽者。

【译文】虚空宁寂没有形迹，变化万千没有定规，无所谓死无所谓生啊，跟天地共存啊，跟神明交往啊！恍恍惚惚往什么地方而去，又惚惚恍恍从什么地方而来，万物全都囊括于内，却没有什么去处足以作为最后的归宿。古时候的道术确实包含上述方面的内容，庄周听闻这方面的内容并且热衷于这方面的活动。他用虚空悠远的话语，扩大夸张的谈论，没有边际的言辞，时时纵任发挥却不偏执拘滞，从不靠标榜异端来显示自己的观点。他认为天下人沉湎于物欲而不知觉醒，不能够跟他们端庄不苟地讨论问题，因而用随顺无心的言辞不受拘束地随意铺陈，用先辈圣哲的话语让人信以为真，用婉曲的寄寓的文辞来拓展自己的胸臆。他独自跟博大的天地和玄妙的精神来往却又不傲视于万物，不追问是非曲折，而是与世俗相处。他的著述虽然雄奇伟异却宛转连缀不失宏旨，他的言辞虽然变化不定却妙趣横生引人入胜。他内心充实因而行文不能自已，上与天地结伴而游，下跟弃置死生，不知终始的得道之人交为朋友。他对于道的阐释，宏大而又通达，深远而又纵放；他对于道的探讨，可以说是谐和适宜而且达到了最高的境界。即使如此，在顺应事物的变化和分解事物的实情方面，他所阐述的道理是那么无穷无尽，他所建立的学说宗于本源脉络清楚，多么窈冥深邃啊，不可能完全洞悉其中的奥妙。

惠施多方，其书五车，其道舛驳，其言也不中。历物之意，曰："至大无外，谓之大一；至小无内，谓之小一。无厚不可积也，其大千里。天与地卑，山与泽平。日方中方睨，物方生方死。大同而与小同异，此之谓小同异；万物毕同毕异，此之谓大同异。南方无穷而有穷，今日适越而昔来。连环可解也。我知天下之中央，燕之北越之南，是也。泛爱万物，天地一体也。"

惠施以此为大观于天下，而晓辩者，天下之辩者，相与乐之：卵有毛；鸡三足；郢有天下；犬可以为羊；马有卵；丁子有尾；火不热；山出口，轮不蹍地；目不见；指不至，至不绝；龟长于蛇；矩不方，规不可以为圆；凿不围枘；飞鸟之景，未尝动也；镞矢之疾，而有不行不止之时；狗非犬；黄马骊牛三；白狗黑；孤驹未尝有母；一尺之捶，日取其半，万世不竭。辩者以此与惠施相应，终身无穷。

桓团、公孙龙辩者之徒，饰人之心，易人之意，能胜人之口，不能服人之心，辩者之囿也。惠施日以其知，与人之辩，特与天下之辩者为怪，此其柢也。

然惠施之口谈，自以为最贤，曰："天地其壮乎！"施存雄而无术。南方有倚人焉，曰黄缭，问天地所以不坠不陷，风雨雷霆之故。惠施不辞而应，不虑而对，遍为万物说，说而不休，多而无已，犹以为寡，益之以怪。以反人为，实而欲以胜人为名，是以与众不适也。弱于德，强于物，其塗隩矣。由天地之道，观惠施之能，其犹一蚊一虻之劳者也。其于物也何庸！夫充一尚可曰愈贵道几矣！惠施不能以此自宁，散于万物而不厌，卒以善辩为名。惜乎！惠施之才骀荡而不得，逐万物而不反；是穷响以声，形与影竞走也，悲夫！

【译文】惠施懂得许多方面的学问，他的著述多达五车，但他的学说却乖背杂乱，他的言谈也多偏颇不当。他观察分析事物的要理，说："大到极点的东西已无外围可言，称之为'大一'；小到极点的东西已无所包容，称之为'小一'。没有厚度的平面，不可能累积而成体积，但却可以无限扩展以至很远很远。从整个宇宙的角度看天与地都是低的，山峰与湖泽都是平的。太阳刚刚正中就同时开始偏斜，各种物类刚刚产生就同时意味着走向死亡。万物有类别的共同点和种属的共同点的差异，这叫做'小同异'；万物有完全相同的共性和个别事物完全不同的特点的差异，这叫做'大同异'。南方可以是无穷尽的但南方也可能是有尽头的，今天到越国去又可以说成是昨天来到了越国。连环本不可解但又可说是无时无刻不在销解。我知道天下的中心部位，可以说是在燕国的北边也可说是在越国的南方。广泛地爱护各种物类，因为天地间本来就是没有区别的整体。"

惠施认为上述看法是最为博大的了，游观天下并晓谕各处善辩的人，天下一切喜好争辩的人无不相互津津乐道：卵里面可以说是存在着毛；鸡的脚可以数出三只；郢都内就存在着天下；狗也可命名为羊，马能够说是卵生的；蝦蟆可以说是长有尾巴；火本身并没有热感；山中的回音证明大山也生出了口；车轮永远不会着地；眼睛也可说缺乏看视的能力；指认外物永远达不到事物的实际，即使达到实际也会无穷无尽；乌龟可能比蛇还长；角尺不能画出方形，圆规也不能用来画圆；具体的榫眼与榫头不会完全地吻合；飞鸟的身影也可说不曾有过移动；飞逝而去的箭头有停留、也有不曾停歇的时刻；小狗可以不是狗；黄马、黑牛的称谓可以数落出三个；白狗也可以叫它黑狗；称作孤驹应该说它不曾有过母亲；一尺长的棍棒，每天截取一半，一万年也分截不完。喜好争辩的人们用上述命题跟惠施相互辩论，一辈子没完没了。

桓团、公孙龙等善辩之流，蒙蔽人们的思想，改变人们的心意，能够堵住别人的嘴，却不能折服人心，这就是辩者的局限。惠施每天用其心智跟人辩论，独自跟天下的辩者制造出这么多奇谈怪论，而上述就是他们论争的大体情况。

不过惠施的口总是说个没完，自以为最有才气，说："天地伟大啊！"他实在是心存压倒他人的雄心而又不真正懂得道术。南方有个奇异的人名叫黄缭，向他询问天为什么不会坠落、地为什么不会塌陷，询问风雨雷霆形成的原因。惠施一点也不谦逊立即回应，不加思索地就作出答复，广泛阐述事物的规律与原理，说起来絮絮不绝，话多而无休止，还认为说得太少，把许多奇异的东西也添加进去。他处处违反人的实情，却一心求取超人的名声，因此他总是跟众人不合适宜。他内心修养十分薄弱，而追逐外物的欲念却又十分强烈，他所走的道路真是弯曲狭窄的哩。用阴阳交构化育万物的道术来考察惠施的能耐，不过就像是一只蚊虻在徒劳地嗡嗡作响。他的言论对于万物有什么用处！不过充分了解事理的某一部分还是可以说十分突出的，如果能够尊崇于道也就接近于道术了！惠施不能够在这方面安下心来认真下点功夫，离散心神于外界事物又从不知道倦怠，最终只不过得到善辩的美称。可惜啊！惠施的才气，放荡不羁而无所获，驰逐于外物而不知返归本真，这就像用声音来遏止回声，又像是为了使身形摆脱影子而拼命地奔跑，实在是可悲啊！

右道家书三种

为道家之学者，多称黄老，黄帝之为依托，固不待说。即汉志所列伊尹、太公、辛甲、鬻子之书，今残亡无几；案以事实，皆难凭信，惟老庄二子，允为道家不祧之宗。《关尹子》《鹖冠子》等书，大率后人伪撰，其言甚浅薄。《列子》八篇，近人断为魏晋人依托，然其书颇有名理，犹《尚书》之有古文本，为历代讲学者所不能废，故仍与老庄之书并录，藉资考论也。（后世神怪之迹、修炼之术，多附于道家，而实非老庄之本旨，其书虽多，无当于学术，今一切从略。）

【译文】道家的学人多称“黄老”，以“黄帝”为依托，这暂且不说。即《汉书·艺文志》中所列的伊尹、太公、辛甲、鬻子的书，现在或残缺、或遗失，都几乎没有了。如果从真实角度来说，这些书都很难相信，惟有老庄是被认为道家思想的宗主，《关尹子》《鹖冠子》等书，大都后人伪造的，其言论很浅薄、鄙陋。《列子》八篇，近人断定为是魏晋时期人依托其名伪著的，但这本书论述的很有深理，犹如《尚书》有《古文尚书》，是历代讲学所不能弃的，所以与老庄的书一并录入，以备考究。（后世所讲的神、妖怪之类的事，以及修炼术大多是依附于道家，实际上这些思想并不是老庄思想本身。这些书虽然多，但从学术角度来说，无用，所以都省略。）

管 子

旧本题为周管仲撰。仲，颍上人，字夷吾，相齐桓公成霸业。是书标题有经言、外言、内言、短言、区言、杂篇、管子解、管子轻重诸名，今传本凡七十六篇。书中多言仲身后事，又间有儒家道家之说，大抵为传其学者所附益，诸子中此类甚多，故谓全书为仲所作者不可，谓其书尽出依托，非管子之学，亦不可也。

【译文】旧本题是周代管仲著。管仲，颍上人，字夷吾，辅佐齐桓公成就霸业。《管子》一书分为经言、外言、内言、短言、区言、杂篇、管子解、管子轻重等类，今流传的本子共七十六篇。书中有很多论述管子生活年代之后的事，又间有儒家、道家的言论，大概是后来传播其思想的人所附加的，诸子书中这类很多，所以，认为《管子》一书是管仲所作是不可以的；或认为《管子》一书都是后人依托其名而伪著的，不是管子的思想，也是不可以的。

牧 民

凡有地牧民者，务在四时，守在仓廪。国多财则远者来；地辟举则民留处；仓廪实则知礼节；衣食足则知荣辱；上服度则六亲固；四维张，则君令行。故省刑之要，在禁文巧；守国之度，在饰四维；顺民之经，在明鬼神、只山川、敬宗庙、恭祖旧。不务天时，则财不生；不务地利，则仓廪不盈。野芜旷，则民乃营；上无量，则民乃妄。文巧不禁，则民乃淫；不璋两原，则刑乃繁。不明鬼神，则陋民不悟；不只山川，则威令不闻；不敬宗庙，则民乃上校；不恭祖旧，则孝悌不备。四维不张，国乃灭亡。（国颂）

【译文】凡是一个国家的君主，必须致力于四时农事，确保粮食贮备。国家财力充足，远方的人们就能自动迁来，荒地开发得好，本国的人民就能安心留住。粮食富裕，人们就知道礼节；衣食丰足，人们就懂得荣辱。君主的服用合乎法度，六亲就可以相安无事；四维发扬，君令就可以贯彻推行。因此，减少刑罚的关键，在于禁止奢侈；巩固国家的准则，在于整饰四维；教训人民的根本办法，则在于：尊敬鬼神、祭祀山川、敬重祖宗和宗亲故旧。不注意天时，财富就不能增长；不注意地利，粮食就不会充足。田野荒芜废弃，人民也将由此而惰怠；君主挥霍无度，则人民胡作妄为；不注意禁止奢侈，则人民放纵淫荡；不堵塞这两个根源；犯罪者就会大量增多。不尊鬼神，小民就不能感悟；不祭山川，威令就不能远播；不敬祖宗，老百姓就会犯上；不尊重宗亲故旧，孝悌就不完备。四维不发扬，国家就会灭亡。（以上为“国颂”的内容。）

国有四维，一维绝则倾，二维绝则危，三维绝则覆，四维绝则灭。倾可正也，危可安也，覆可起也，灭不可复错也。何谓四维？一曰礼，二曰义，三曰廉，四曰耻。礼不逾节，义不自进，廉不蔽恶，耻不从枉。故不逾节则上位安；不自进则民无巧诈；不蔽恶则行自全；不从枉则邪事不生。（四维）

【译文】维系国家的存在，有四大纲领。失去一条，国家倾斜；失去两条，国家危险；失去三条，国家颠覆；四条全无，必然灭亡。倾斜尚可纠正，危险尚可安定，颠覆尚可恢复，到了灭亡的地步，就不能挽回。什么叫四维？第一是礼，第二是义，第三是廉，第四是耻。人有礼，就不会超越节度；有义，就不会妄自求进；有廉，就不隐瞒过恶；有耻，就不与邪恶同流合污。所以，只要百姓安分守己，君主地位就太平无事；不妄自求进，就不会滋生浮巧奸诈；不隐瞒罪恶，行为必然完美保全；不同流合污，就不会有邪恶的事发生。（以上是“四维”的内容。）

政之所兴，在顺民心；政之所废，在逆民心。民恶忧劳，我佚乐之；民恶贫贱，我富贵之；民恶危坠，我存安之；民恶灭绝，我生育之。能佚乐之，则民为之忧劳；能富贵之，则民为之贫贱；能存安之，则民为之危坠；能生育之，则民为之灭绝。故刑罚不足以畏其意，杀戮不足以服其心。故刑罚繁而意不恐，则令不行矣；杀戮众而心不服，则上位危矣。故从其四欲，则远者自亲；行其四恶，则近者叛之。故知予之为取者，政之宝也。（四顺）

【译文】政治兴盛，在顺应民心；政治衰颓，在忤逆民心。百姓厌恶忧劳，君主可以让他们感到安乐；百姓憎恶贫贱，君主可以使他们富贵；百姓担心灾祸降临，君主可以让他们得到保全和安顿；百姓害怕家族灭绝，君主可以使他们生殖繁育。能让百姓安乐的人，百姓必然愿为他忧劳；能够让百姓富贵的人，百姓必定愿为他忍受贫贱；能够保全安顿百姓的人，百姓也愿为他赴汤蹈火；能使百姓生养的人，百姓也愿为他赴死。所以，仅靠刑罚是不能让百姓感到畏惧的，杀戮也不足以使他们服帖。刑罚太滥百姓反而不害怕，法令就更难以推行；杀人太多而民心不服，君主地位就危险了！所以，顺从了百姓上述四种欲望，疏远的人会自动变得亲近；如果忤逆民意，亲近的人也会背叛国家。所以，懂得给与百姓正是为了向他们索取，才是掌握了国家政治的法宝。（以上为“四顺”的内容。）

错国于不倾之地，积于不涸之仓，藏于不竭之府，下令于流水之原，使民于不争之官，明必死之路，开必得之门。不为不可成，不求不可得，不处不可久，不行不可复。错国于不倾之地者，授有德也；积于不涸之仓者，务五谷也；藏于不竭之府者，养桑麻育，六畜也；下令于流水之原者，令顺民心也；使民于不争之官者，使各为其所长也；明必死之路者，严刑罚也；开必得之门者，信庆赏也；不为不可成者，量民力也；不求不可得者，不强民以其所恶也；不处不可久者，不偷取一世也；不行不可复者，不欺其民也。故授有德则国安；务五谷则食足；养桑麻、育六畜则民富；令顺民心则威令行；使民各为其所长则用备；严刑罚则民远邪；信庆赏则民轻难；量民力则事无不成；不强民以其所恶，则诈伪不生；不偷取一世，则民无怨心；不欺其民，则下亲其上。（士经）

【译文】将国家安放在不倾斜的地基上，将国家粮食存放在取之尽的仓里，将国家的财物贮藏在用之不竭的库中。政令的下达永远像源畅流通的水流，使用百姓都处在没有争执的岗位上，向百姓指明什么是必死的路途，什么是必有所得的大门，不做不可能成功的事情，不追求不应该得到的东西，不留在不可久停的地方，不要干那些欺骗民众一锤子买卖的事。所谓把国家建立在稳固的地基上，是指把政权交给有德才的人；所谓把粮食存放在取之不尽的仓里，是指大力发展五谷生产；所谓把财物贮藏在用之不竭的库中，是指普遍种植桑麻、饲养六畜；所谓政令下达如源畅流通的水流，是说使国家政策顺应民心；所谓把百姓使用在没有争执的岗位，是说让他们各尽其长；所谓向人们指明必死的路途，是说要申明刑罚；所谓敞开必得的大门，是说要做到奖赏信实；所谓不做不可能成功的事情，是说要考虑百姓的承受能力；所谓不追求不应该得到的东西，是说不强迫百姓做他们不乐意的事情；所谓不留在不可久停的地方，是说不贪图一时的侥幸；所谓不干那些不可重复的事，是说不欺骗自己的百姓。把政权交给有德才的人，国家就安定；大力生产五谷，食物就充足；广种桑麻、饲养六畜，百姓就富裕；政令顺应民心，君主威信和命令就能得到执行；让人民各尽所长，各种用度就齐备；刑罚严明，百姓就不生邪念；奖赏诚信，百姓就不怕为国死难；考虑百姓的承受力，就事无不成；不强迫百姓做他们不乐意的事，欺诈虚伪的行为就不会产生；不贪图一时侥幸，百姓就没有怨恨；不欺诈百姓，百姓就会亲近君上。（以上是“十一经”的内容。）

以家为乡，乡不可为也；以乡为国，国不可为也；以国为天下，天下不可为也。以家为家，以乡为乡，以国为国，以天下为天下。毋曰不同生，远者不听；毋曰不同乡，远者不行；毋曰不同国，远者不从。如地如天，何私何亲？如月如日，唯君之节！御民之辔，在上之所贵；道民之门，在上之所先；召民之路，在上之所好恶。故君求之，则臣得之；君嗜之则臣食之；君好之则臣服之；君恶之则臣匿之。毋蔽汝恶，毋异汝度，贤者将不汝助。言室满室，言堂满堂，是谓圣王。城郭沟渠，不足以固守；兵甲强力，不足以应敌；博地多财，不足以有众。惟有道者，能备患于未形也，故祸不萌。天下不患无臣，患无君以使之；天下不患无财，患无人以分之。故知时者可立以为长；无私者可置以为政；审于时而察于用，而能备官者，可奉以为君也。缓者后于事；吝于财者失所亲；信小人者失士。（六亲五法）

【译文】照着治理家族的格局治理乡里，乡里是治理不好的；照着治理乡里的格局治理国家，国家是治理不好的；照着治理国家的格局治理天下，天下是治理不好的。正确的办法是，以家的格局治家，以乡的格局治乡。以国的格局治国，以天下的格局治天下。不要把别人当外姓，那样人家就不听从你了；不要把人家当不同乡，那样人家就不遵从你了；不要把不同国当外国，那样远方的人就不追随你了。要像天地对待万物，有什么好偏私？有什么好偏爱？像日月普照大地，这才是君主该有的气度。驾驭百姓的缰绳，在于君主重视什么；引导百姓的法门，在于君主提倡什么；号召百姓的路途，在于君主喜好、憎恶什么。君主想追求的，一定是臣尽力得到的；君主爱吃的，一定成为臣下的美食；君主喜欢的，臣下都愿意实施；君主厌恶的，臣下都想隐藏掉。所以，作为君主，不掩藏你的过失，不要擅改你的法度，否则贤能的人将无法帮助你。在室内讲话，就让全室的人都听到；在堂上讲话，就让满堂人都听清，开诚布公才是圣明君主。护城的沟渠，不足以坚守国家；强大的武力装备，不足以应付敌人；地多财博，不一定能得到群众拥护。惟有有道的君主，才能防患于未然，祸害不生。天下不怕没有贤臣，就怕没有君主任用他们；天下不怕没有财富，就怕无人使之得到公平分配。所以，通晓天时的人，可以任用为长官；没有私心的人，可以令其处理政务；通晓天时精于地利并能知人善任的人，可以拥戴他为君主。做事迟钝的人总是落后于形势，吝啬钱财的人一定失去亲近者，偏信小人的人一定失去贤士。（以上是“六亲五法”的内容。）

权修

万乘之国，兵不可以无主；土地博大，野不可以无吏；百姓殷众，官不可以无长；操民之命，朝不可以无政。地博而国贫者，野不辟也；民众而兵弱者，民无取也。故末产不禁，则野不辟；赏罚不信，则民无取。野不辟，民无取，外不可以应敌，内不可以固守。故曰：有万乘之号，而无千乘之用，而求权之无轻，不可得也。

【译文】有万辆战车的大国军队不能没有统帅；国土辽阔，地方治理不能没有官吏；人口众多，官府不能没有政长。掌握民众的命运，朝廷不能没有政令。土地广博而国家贫困的，是因为田野没有得到开垦；百姓众多而军力虚弱的，是因为人民无所取法，不知道怎样行事。所以，不抑制工商业，田野就得不到开垦。赏罚不诚信，百姓就不知道怎么做。田野没有开垦，人民没有准则。对外就不能抵御敌人，对内就不能固守。所以说，虽有万辆战车的虚名，却没有千乘战车的费用，要求得国家权力的不虚弱，那是不可能的。

地辟而国贫者，舟舆饰、台榭广也；赏罚信而兵弱者，轻用众、使民劳也。舟车饰、台榭广，则赋敛厚矣；轻用众、使民劳，则民力竭矣。赋敛厚则下怨上矣；民力竭则令不行矣。下怨上，令不行，而求敌之勿谋己，不可得也。

【译文】田野开垦了而国家依然贫穷，是因为君主的车船装饰太华美，亭台楼阁太多太高大。赏罚诚信而兵力仍薄弱，是因为轻易兴师动众，使百姓太苦劳。车船华丽，楼台众多，赋税就一定繁重了；轻易兴师动众，劳苦百姓，民力就衰竭了。赋税繁重，百姓就要怨恨君上了；民力衰竭，国家政令就无法实行了。人民怨恨君上，政令无法实行，想要敌国不谋划侵害自己，是不可能的。

欲为天下者，必重用其国；欲为其国者，必重用其民；欲为其民者，必重尽其民力。无以畜之，则往而不可止也；无以牧之，则处而不可使也。远人至而不去，则有以畜之也；民众而可一，则有以牧之也。见其可也，喜之有徵；见其不可也，恶之有刑。赏罚信于其所见，虽其所不见，其敢为之乎？见其可也，喜之无徵；见其不可也，恶之无刑。赏罚不信于其所见，而求其所不见之为之化，不可得也。厚爱利，足以亲之，明智礼，足以教之，上身服以先之，审度量以闲之，乡置师以说道之。然后申之以宪令，劝之以庆赏，振之以刑罚。故百姓皆说为善，则暴乱之行无由至矣。

【译文】想要夺取天下，必须珍惜国力；想要治好国家，必须慎重用民；想要治好国民，必须爱惜他们的财力和劳力。君主不能养活国民，国民的离去就不可制止；不能统治国民，他们留下来也无法使其听从政令，远方人民来投奔而不离去，是因为君主有办法养活他们；人口众多而能齐心协力，是因为治理有方。国家见到人民做自己喜欢的事情，表达高兴应有实际的奖赏；见到做不喜欢的事，表达厌恶就应该有实际的惩罚。对见到的好事坏事，奖惩严明可信，那些见不到的坏事，人们还敢去做吗？见到有人做应做的事，喜爱却没有奖赏；见人做不好的事，厌恶却不能惩罚；对看到的好坏事不能真正做到奖惩分明，想要使人在不被看到的情况下去恶从善，是不可能的。君主付出厚爱厚利，就足以使人民亲近；申明知识和礼节，就足以教育人民。在上位的能以身作则起表率作用，审定制度来防范社会的不良现象，乡里设立教师教导人民。有了这样的基础，再向他们申明法度，用奖赏来鼓励他们，用刑法来威慑他们，百姓就都乐于行善，暴乱的事情就没有机会出现了。

地之生财有时，民之用力有倦，而人君之欲无穷。以有时与有倦，养无穷之君，而度量不生于其间，则上下相疾也。是以臣有杀其君，子有杀其父者矣。故取于民有度，用之有止，国虽小，必安；取于民无度，用之不止，国虽大，必危。

【译文】土地生产财富，受时令的限制；人民花费劳力，有疲倦的时候；但是人君的欲望则是无止境的。以“生财有时”的土地和“用力有倦”的人民来供养欲望无穷的君主，这中间若没有一个合理的限度，上下之间就会互相怨恨，于是臣杀其君、子杀其父的现象产生了。因此，对人民征收有度，耗费又有节制的，国家虽小也一定安宁；对人民征收无度，耗费没有节制的，国家虽大也一定危亡。

地之不辟者，非吾地也；民之不牧者，非吾民也。凡牧民者，以其所积者食之，不可不审也。其积多者其食多，其积寡者其食寡，无积者不食。或有积而不食者，则民离上；有积多而食寡者，则民不力；有积寡而食多者，则民多诈；有无积而徒食者，则民偷幸；故离上、不力、多诈、偷幸，举事不成，应敌不用。故曰：察能授官，班禄赐予，使民之机也。

【译文】土地没有开垦，就等于不是自己的土地。人民没有治理，就等于不是自己的人民。凡对待行政官员，据其政绩颁给奖赏，这一点不可不认真从事。功绩大的俸禄多，功绩小的俸禄少，无功绩的不给俸禄。如果有功绩的不给禄赏，那么人们就会离心背德；如果功绩大而奖赏少，人们就不尽心尽力；功绩小而俸禄多，人们就弄虚作假；没有劳绩而白得禄赏，人们就会苟且侥幸。离心背德、不尽心尽力、弄虚作假、苟且侥幸，有了这几种情况，做事不会成功，抵御敌人也将失败。所以说，考察一个人的才能然后授予官职，根据他的功绩赐予不同的赏赐，这才是驾驭臣民的关键。

野与市争民，家与府争货，金与粟争贵，乡与朝争治。故野不积草，农事先也；府不积货，藏于民也；市不成肆，家用足也；朝不合众，乡分治也。故野不积草，府不积货，市不成肆，朝不合众，治之至也。人情不二，故民情可得而御也。审其所好恶，则其长短可知也；观其交游，则其贤不肖可察也；二者不失，则民能可得而官也。

【译文】农业与工商业会形成争夺民众的现象，私人富家与官府会形成争夺财货的现象，货币会与粮食形成互争贵重的现象，地方和朝廷会形成争执权利的现象。由此可以说，田野不积满杂草，是农业占先的表现；官府不积累大量的财货，是私人积累占先的表现；街市上没有店铺林立，是私家用度自给自足的表现；朝廷上不聚众做事，是乡里分权治理有效的表现。土地不长草，官府不积货，市场不设铺，朝廷不聚众，是国家大治的最高境界！人性没有什么不同，所以民众的真实情况是可以把握的。了解他喜欢什么，厌恶什么，就可以知道他的长处和短处；观察人们与什么人交往，就可以明白他贤能与否。懂得了这两点，就可以对臣民进行有效管制了。

凡将立事，正彼天植，风雨无违，远近高下，各得其嗣。三经既饬，君乃有国。喜无以赏，怒无以杀。喜以赏，怒以杀，怨乃起，令乃废。骤令不行，民心乃外；外之有徒，祸乃始牙。众之所忿，置不能图。举所美，必观其所终；废所恶、必计其所穷。庆勉敦敬以显之，富禄有功以劝之，爵贵有名以休之。兼爱无遗，是谓君心。必先顺教，万民乡风；旦暮利之，众乃胜任。

【译文】凡君主欲建立一番事业，首先要端正心志，其次是不违背风雨天时，第三是使远近高下的人们都得到治理。这三个方面都整饬完善以后，君主才能够保有其国家。不能因个人喜欢而行赏，不可因个人恼怒而杀戮。因喜而赏，因怒而杀，人民就会心生怨恨，政令就会废弛。政令不通的次数多了，人心就向外；有外心的人向外结党，祸乱就开始产生。众怒之下，少数人难以图谋应对的。兴办喜欢的事，一定要预计到事情的结局；废止厌恶的事，一定要考虑到事情的后果。赏赐敦厚之人以示表彰，把俸禄颁给有功的人以表鼓励，把爵位授予有名望的人以乐美誉。兼爱而没有遗漏，这才是君主的胸怀。要先严格教诲，民众才趋从风化。经常给予利益，民众才会恪尽职守。

取人以己，成事以质。审用财，慎施报，察称量。故用财不可以啬，用力不可以苦。用财啬则费，用力苦则劳。民不足，令乃辱；民苦殃，令不行。施报不得，祸乃始昌；祸昌不寤，民乃自图。正法直度，罪杀不赦；杀僇必信，民畏而惧。武威既明，令不再行。顿卒怠倦以辱之，罚罪宥过以惩之，杀僇犯禁以振之。植固不动，倚邪乃恐。倚革邪化，令往民移，法天合德，象法无亲，参于日月，佐于四时。悦在施，有众在废私，召远在修近，闭祸在除怨。修长在乎任贤，高安在乎同利。

【译文】用人要比照一下自己，办事要根据实力。要详细审察各种用度，慎重处理施予和报酬，明察事物的限度。所以，用财于民不能太吝啬，征用民力不能太过头。用财吝啬则事情难办，用民力过头则民众疲劳。民众贫困，政令即使繁缛也没有功效；民众苦于劳役之灾，政令就无法贯彻。施予酬报不当，祸乱就开始萌发；祸乱萌发而人君还不觉悟，民众就自图造反了。法律公正，制度明确，有罪而杀，绝不宽赦；诚信执行杀戳，民众就会畏惧。权威明示于众，法令就不必一再重申。训斥懈怠的人使之感到羞辱，处罚有罪过之人予以惩戒，杀戮犯罪之人以示震慑。君主执法之心坚定而不动摇，怪僻邪恶之人就会恐惧。怪僻邪恶的行为都有了改正，法令颁布下去，民众才能依法行事。君主应该取法于天，普遍施德；模仿地，对万物没有私亲；要与日月参齐，与四时并列。要取悦众人就要善于施予，要得民众拥护就要扫除私心；要招徕远方的人们，就要修好附近之人；要避免祸乱的发生，就要消除人怨。长远大计在于任用贤人，巩固高位在于与民同利。

法禁

法制不议，则民不相私；刑杀毋赦，则民不偷于为善；爵禄毋假，则下不乱其上。三者藏于官则为法，施于国则成俗，其余不强而治矣。君一置其仪，则百官守其法；上明陈其制，则下皆会其度矣。君之置其仪也不一，则下之倍法而立私理者必多矣。是以人用其私，废上之制，而道其所闻。故下与官列法，而上与君分威，国家之危，必自此始矣。昔者圣王之治其民也不然，废上之法制者，必负以耻；财厚博惠以私亲于民者，正经而自正矣。乱国之道，易国之常，赐赏恣于己者，圣王之禁也。圣王既殁，受之者衰。君人而不能知立君之道，以为国本，则大臣之赘下而射人心者必多矣。君不能审立其法，以为下制，则百姓之立私理而径干利者必众矣。

【译文】法制不容疑议，民众就不敢相互营私；刑杀不容宽赦，民众就不敢苟且为善；爵禄的授予不假于人，臣下就不会作乱犯上。这三者如果实施于官府而成为法律，推行到全国民众而成为风俗，其他事情不用太费力就可以治理国家了。君主统一立法，百官就遵纪守法；君上公开表明制度，臣下就能领会其分寸。如果君主立法不能统一，臣下违反法律而询私的行为就会多起来。从而人人都行其私心，废弃君上的法制而宣扬道听途说的东西。所以，百姓与官方各有法律，大臣与君主争权，国家的危机必然自此产生了。从前，圣王治理民众不是这样，对于废弃君上法制的，一定让他蒙受耻辱(给予惩处)；这样也就纠正了那种用丰厚钱财和较大的恩惠来收揽民心的行为。圣王既死，后代君主就差多了。作为统治者却不懂得为君之道，不懂得以此作为立国的根本，所以大臣们拉拢下级、收买人心的现象就多了。作为君主不能审定立法的，并以此为臣下的示范，所以百姓自立私理而追求私利的自然就多了。

昔者圣王之治人也，不贵其人博学也，欲其人之和同以听令也。《泰誓》曰："纣有臣亿万人，亦有亿万之心；武王有臣三千而一心。"故纣以亿万之心亡，武王以一心存。故有国之君，苟不能同人心，一国威，齐士义，通上之治，以为下法，则虽有广地众民，犹不能以为安也，君失其道，则大臣比权重以相举于国，小臣必循利以相就也。故举国之士以为亡党，行公道以为私惠，进则相推于君，退则相誉于民，各便其身，而忘社稷，以广其居；聚徒威群，上以蔽君，下以索民，此皆弱君乱国之道也。故国之危也。

【译文】以前圣王管理人材，不看重人是否学识渊博，而是希望其能听从君令而与君主保持一致。《泰誓》说："商封王有亿万臣子，也就有亿万条心；周武王有臣三千人，却只有一条心。"所以，封王因亿万心而亡，武王因一心而存。因此一国之君，如果不能合同人心，统一国威，整齐士人意志，将君上的治理措施贯彻为臣下的行为之法，那么即使拥有广大的国土，众多的民众。也不会安宁。君主如果统治失道，国中大臣们就会勾结权势互相抬举，小臣们也必然为追逐私利而相互屈从。所以全国的士人就会兴起朋党，利用公法谋取私利，在朝就互相夸赞于君主之前，退朝就互相吹捧于民众之间；各图己便，忘掉国家，以扩大势力；结党成群，上以蒙骗君主，下以勒索百姓。这些都是削弱君主权力、破坏国家的做法，所以是国家的危险所在。

擅国权以深索于民者，圣王之禁也。其身毋任于上者，圣王之禁也。进则受禄于君，退则藏禄于室，毋事治职，但力事属，私王官，私君事，去非其人而人私行者，圣王之禁也。修行则不以亲为本，治事则不以官为主，举毋能、进毋功者，圣王之禁也。交人则以为己赐，举人则以为己劳，仕人则与分其禄者，圣王之禁也。交于利通而获于贫穷，轻取于其民，而重致于其君，削上以附下，枉法以求于民者，圣王之禁也。用不称其人，家富于其列，其禄甚寡，而资财甚多者，圣王之禁也。拂世以为行，非上以为名。常反上之法制，以成群于国者，圣王之禁也。饰于贫穷，而发于勤劳、权于贫贱，身无职事，家无常姓，列上下之间，议言为民者，圣王之禁也。壶士以为亡资，修田以为亡本，则生之养私不死，然后失矫以深与上为市者，圣王之禁也。审饰小节以示民，时言大事以动上，远交以逾群，假爵以临朝者，圣王之禁也。卑身杂处，隐行辟倚，侧入迎远，遁上而遁民者，圣王之禁也。诡俗异礼，大言法行，难其所为，而高自错者，圣王之禁也。守委闲居，博分以致众，勤身遂行，说人以货财，济人以买誉，其身甚静，而使人求者，圣王之禁也。行辟而坚，言诡而辩，术非而博，顺恶而泽者，圣王之禁也。以朋党为友，以蔽恶为仁，以数变为智，以重敛为忠，以遂忿为勇者，圣王之禁也。固国之本，其身务往于上，深附于诸侯者，圣王之禁也。

【译文】专擅国家大权以严厉搜刮人民，是圣王所要禁止的。自身不肯为朝廷任职做事，是圣王所要禁止的。在朝廷从君上那里领受俸禄，退朝就把俸禄藏于私室，不干自己职责内的事，却一心扶植僚属，私用国家官员，私决君主政事，排斥异己而私自行事，是圣王所要禁止的。进修德业不以事亲为根本，办事不以奉公为主旨，所举用的没有贤能之人，所推荐的乃无功之辈，是圣王所要禁止的。结交别人就以为是自己的恩赐，推荐人材就以为是自己的功劳，任用人材又从中分取俸禄，是圣王所要禁止的。既巴结权势又收买穷人，轻取于民而重求于君，削弱上层趋就下层，枉法收买民心，是圣王所要禁止的。既巴结权势又收买穷人，财用与其身份不相称，家产多于其所处的爵位，俸禄很少而资财很多，是圣王所要禁止的。所作所为违背世情，以非议君上猎取名声，经常反对朝廷的法制，并以此聚结朋党于国内，是圣王所要禁止的。装扮成贫穷的样子，却不肯辛勤劳动，苟安于贫贱的处境，自身没有固定职业，自家没有常久的资产，处于上下之间而声称是为了民众，是圣王所要禁止的。供养游士作为自己的力量，修治武器作为自己的凭借，豢养贼臣，私藏亡命之徒，然后强直不让，顽固不化，与君主讨价争权，是圣王所要禁止的。文饰小节以显耀于人民，时常谈论大事以打动国君，广泛结交以凌驾群臣，凭借权势以控制朝政，是圣王所要禁止的。委屈自己杂处于人群之中，偷偷地做不正之事，叛逃别国或接纳外奸，欺瞒君主，欺瞒民众，是圣王所要禁止的。实行奇怪的风俗和反常的礼节，夸夸其谈，行为矜傲，夸大自己所做过的事的难度，借此以抬高自己，是圣王所要禁止的。守着积蓄而生活安逸，广施财物给民众，殷勤办事，顺从人意，用财货收买人心，以救济为手段沽名钓誉，行为闲静而使人主动拥护，是圣王所要禁止的。行为邪僻而顽固不化，言谈诡谲而博辩，办法虽错却有很多，支持邪恶而善于辩解，是圣王所要禁止的。以聚结朋党为友爱，以包庇罪恶为仁慈，以投机善变为智慧，以横征暴敛为忠君，以发泄私忿为勇敢，是圣王所要禁止的。闭塞国家根本，既蒙骗君主，又密切勾结敌国，是圣王所要禁止的。

圣王之身，治世之时，德行必有所是，道义必有所明，故士莫敢诡俗异礼，以自见于国；莫敢布惠缓行，修上下之交，以和亲于民；故莫敢超等逾官，渔利苏功，以取顺其君。圣王之治民也，进则使无由得其所利，退则使无由避其所害，必使反乎安其位，乐其群，务其职，荣其名，而后止矣。故逾其官而离其群者，必使有害；不能其事而失其职者，必使有耻。是故圣王之教民也，以仁错之，以耻使之，修其能、致其所成而止。故曰：绝而定，静而治，安而尊，举错而不变者，圣王之道也。

【译文】作为圣王，处在治世的时候，讲德行必须立下正确标准，讲道义也必须有个明确准则。所以士人们不敢推行怪异的风俗和反常的礼节在国内自我表现；也不敢布施小惠，缓行公法和修好上下以收揽民心；也不敢越级僭职，谋取功利以讨好于国君。圣王的治理人民，向上爬的总是要使他无法得利，推卸责任的总是要使他无法逃避惩罚。必须使人们回到安其职位、乐其同人、努力于职务、珍惜其名声的轨道上来，才算达到目的。所以，对于超越职权而脱离同事的人，应当使之受害；对于不胜任而失职的，必须使之受辱。因此，圣王的教育人民，就是用仁爱来保护，用惩罚来驱使，并提高他们的能力使之有所成就而后止。所以说：坚决而镇定，稳定而图治，安国而尊君，有所举措而不朝令夕改，这都是圣王的治世之道。

法法（节录）

不法法则事毋常；法不法则令不行。令而不行，则令不法也；法而不行，则修令者不审也；审而不行，则赏罚轻也；重而不行，则赏罚不信也；信而不行，则不以身先之也。故曰：禁胜于身，则令行于民矣。

【译文】不依法推行法度，国事就没有常规；法度不依法推行，政令就不能施行。法令发布却得不到贯彻，是因为政令还没有成为法律；成为法律而不能贯彻，是因为政令的制定不够慎重；法令慎重制定而得不到贯彻，是因为赏罚太轻；赏罚重而法令得不到贯彻，是因为赏罚还不信实；赏罚信实而法令还得不到贯彻，是因为君上不以身作则。所以说：禁律能够管束君主自身，那么政令就可以行于民众。

闻贤而不举，殆；闻善而不索，殆；见能而不使，殆；亲人而不固，殆；同谋而离，殆；危人而不能，殆；废人而复起，殆；可而不为，殆；足而不施，殆；几而不密，殆。人主不周密，则正言直行之士危；正言直行之士危，则人主孤而毋内；人主孤而毋内，则人臣党而成群。使人主孤而毋内、人臣党而成群者，此非人臣之罪也，人主之过也。

【译文】知道有贤才而不举用，就危殆了；听到有好事而不索找(以表彰)，就危殆了；见到能干的人而不任用，就危殆了；亲信于人而不坚定，就危殆了；共同谋事而有离心，就危殆了；想害人而不能办到，就危殆了；已废黜的人而再起用，就危殆了；事可为而不为，就危殆了；自己富足而不施与，就危殆了；机要而不能保密，也危殆了。君主行事不周密，正言直行的人就危险了；正言直行的人有危险，君主就孤立无援；君主孤立无援，臣下就会结党成群。君主之所以孤立无援，人臣之所以结党成群的原因不在人臣，而是君主自身的错误。

民毋重罪，过不大也，民毋大过，上毋赦也。上赦小过，则民多重罪，积之所生也。故曰：赦出则民不敬，惠行则过日益。惠赦加于民，而囹圄虽实，杀戮虽繁，奸不胜矣。故曰：邪莫如蚤禁之。赦过遗善，则民不励。有过不赦，有善不遗，励民之道，于此乎用之矣。故曰：明君者，事断者也。

【译文】不处重罪于民，是因为他们过失不大；民众不犯大过，是因为君主不会轻易赦免。君主赦免小过，则民众触犯重罪的就多了，这是逐渐积累所造成的。所以说赦免的命令发布了，民众就不加警惕；恩惠太多过失也就随之增多。如果对民众施加了过多的恩惠和宽赦，那么即使监狱人满，杀戮繁多，奸邪也难以制止。所以说，奸邪的行为最好早早加以禁止。赦免有过之人而遗忘善人，就无法勉励民众。有过错就要追究，有善行不会遗忘，这才是勉励民众的办法。所以说英明君主是掌握裁决之权的人。

君有三欲于民，三欲不节，则上位危。三欲者何也？一曰求，二曰禁，三曰令。求必欲得，禁必欲止，令必欲行。求多者其得寡；禁多者其止寡；令多者其行寡。求而不得则威日损；禁而不止则刑罚侮；令而不行则下凌上。故未有能多求而多得者也，未有能多禁而多止者也，未有能多令而多行者也。故曰上苛则下不听，下不听而强以刑罚，则为人上者众谋矣。为人上而众谋之，虽欲毋危，不可得也。号令已出又易之，礼义已行又止之；度量已制又迁之，刑法已错又移之。如是则庆赏虽重，民不劝也；杀戮虽繁，民不畏也。故曰上无固植，下有疑心。国无常经，民力必竭，数也。

【译文】君主对民众有三项欲求，这三项要求不节制，君位就危险。这三项欲求是什么呢？一是索取，二是禁止，三是命令。索取希望能获得禁止希望能阻止，命令希望能施行。但是索取太多，得到的反而少；禁止太多，停止的反而少；命令太多，得到施行的反而少。索取而不得，威信就日益降低；禁而不止，刑罚就会受到轻视；命令得不到施行，臣下就欺凌君上。所以从来没有人能多求而多得，多禁而多止，多令而多行的。所以说，上而过于苛刻，下面就不听从；下不听命而强加以刑罚，君主就会被众人谋算。君主被众人谋算，虽想没有危险也不可能了，号令已经发布又改变，礼仪已施行又废止，度量已制定又变换，刑法已实行又动摇。如果这样的话，赏赐虽多，民众也不会得到勉励；杀戮虽多，民众也不会畏惧了。所以说，君上意志不坚定，臣下就有疑心。国家没有常法，民众就不肯竭尽全力，这都是规则定数。

明君在上位，民毋敢立私议自贵者，国毋怪严，毋杂俗，毋异礼，士毋私议。倨傲易令，错仪画制，作议者尽诛。故强者折，锐者挫，坚者破。引之以绳墨，绳之以诛僇，故万民之心皆服而从上，推之而往，引之而来。彼下有立其私议自贵，分争而退者，则令自此不行矣。故曰：私议立则主道卑矣。况主倨傲易令，错仪画制，变易风俗，诡服殊说犹立。上不行君令，下不合于乡里，变更自为，易国之成俗者，命之曰不牧之民。不牧之民，绳之外也；绳之外诛。使贤者食于能，斗士食于功。贤者食于能，则上尊而民从；斗士食于功，则卒轻患而傲敌。上尊而民从，卒轻患而傲敌。二者设于国，则天下治而主安矣。（以上二篇旧题为外言。）

【译文】英明的君主在上，人民自然不敢有私立异说而妄自尊大的，国家没有荒诞的事情、杂乱的风俗、怪异的礼节，士人也没有私立异说的。对于傲慢不恭、改变法令、自己立法定制、制造异说的都加以诛罚，那么，强硬的屈服，冒尖的受挫折，顽固的也可以攻破。再用法度来引导，用杀戮来管制，因而，万民之心都会服从上面，推之而往，引之而来。如果，下面有私立异说，妄自尊大，纷争而不负责任的，君令就再也无法实行。所以说，私立异说一立，君主威信就低，何况还有傲慢不恭、改变法令、自行立法定制、改风俗、变服装、奇谈怪论的存在呢？那种上不行君令，下不合乡里，随意独行，改变一国既成风俗的，叫作"不服治理的人"。不服治理的人是跑到法度以外了。法度以外的人，应该杀。应当使贤者靠能力用事，斗士靠战功用事。贤者靠能力用事，则君主尊严而人民顺从；斗士靠战功用事，则士卒不怕患难而蔑视敌人。君主尊严而人民服从；士卒不怕患难而蔑视敌人，两者树立于国内，则天下得治君主得安了。

任 法（节录）

圣君任法而不任智，任数而不任说，任公而不任私，任大道而不任小物，然后身佚而天下治。失君则不然，合法而任智，故民舍事而好誉；舍数而任说，故民舍实而好言；舍公而好私，故民离法而妄行；舍大道而任小物，故上劳烦，百姓迷惑，而国家不治。圣君则不然，守道要，处佚乐，驰骋弋猎，钟鼓竽瑟，宫中之乐，无禁圉也。不思不虑，不忧不图，利身体，便形躯，养寿命，垂拱而天下治。是故人主有能用其道者，不事心，不劳意，不动力，而土地自辟，囷仓自实，蓄积自多，甲兵自强，群臣无诈伪，百官无奸邪，奇术技艺之人，莫敢高言孟行，以过其情、以遇其主矣。

【译文】圣明君主依靠法度而不依靠智谋，依靠政策而不依靠议论，依靠公而不依靠私，依靠大道而不依靠小事，结果是自身安闲而天下太平。失国之君就不是如此，弃法度而依靠智谋，所以百姓也就丢开生产而追逐虚名；弃政策而依靠议论，所以百姓也就丢开实际而好说空话；弃公而依靠私，所以百姓也就背离法度而胡作妄为；弃大道而依靠小事，所以君主劳烦忙乱，人民迷惑不清，而国家不得安定。圣明的君主就不是这样，只掌握国家的主要原则，而过着安闲快乐的生活，跑马打猎，鸣钟击鼓，吹竽奏瑟，宫中的娱乐没有什么拘束。他不思不虑，不忧不谋，利其身体，适其形躯，保养其寿命，垂衣拱手安坐而天下太平。所以，君主能够运用这个原则的，就不操心，不劳神，不费力，而土地自然开辟了，仓廪自然充实了，积蓄自然丰富了，兵力自然强大了，群臣没有诈伪的，百官没有奸邪的，有特殊技艺的人也都不敢用浮夸的语言、粗莽的行为来夸大个人，对待君主了。

昔者尧之治天下也，犹埴之在埏也，唯陶之所以为；犹金之在垆；恣冶之所以铸。其民引之而来，推之而往，使之而成，禁之而止。故尧之治也，善明法禁之令而已矣。黄帝之治天下也，其民不引而来，不推而往，不使而成，不禁而止。故黄帝之治也，置法而不变，使民安其法者也。所谓仁义礼乐者，皆出于法。此先圣之所以一民者也。

【译文】从前尧治理天下，人民象是粘土在模具里一样，任凭陶工去随意制作；又象金属在炼炉里一样，任凭冶工去随意铸造。那人民真是招之就来，推之即去，使役他们就能够完成任务，禁戒他们就能够及时制止。尧的治理方法，不过是善于明确地发布该怎么办和不要怎么办的法令罢了。黄帝的治理天下，人民不用招引就来，不用推动就去，不用役使就能够自成其事，不用禁戒就能够自行停止。黄帝的治理方法，那就是定了法就不改变，让人民习惯于依法行事。

明法（节录）

所谓治国者，主道明也，所谓乱国者，臣术胜也。夫尊君卑臣，非计亲也，以势胜也；百官识非惠也，刑罚必也。故君臣共道则乱，专授则失。夫国有四亡：令求不出谓之灭，出而道留谓之拥，下情求不上通谓之塞，下情上而道止谓之侵。故夫灭、侵、塞、拥之所生，从法之不立也。是故先王之治国也，不淫意于法之外，不为惠于法之内也。动无非法者，所以禁过而外私也。威不两错，政不二门。以法治国，则举错而已。是故有法度之制者，不可巧以诈伪；有权衡之称者，不可欺以轻重；有寻丈之数者，不可差以长短。今主释法以誉进能，则臣离上而下比周矣；以党举官，则民务交而不求用矣。是故官之失其治也，是主以誉为赏，以毁为罚也。然则喜赏恶罚之人，离公道而行私术矣。比周以相为匿，是忘主死交，以进其誉。故交众者誉多，外内朋党，虽有大奸，其蔽主多矣。是以忠臣死于非罪，而邪臣起于非功。所死者非罪，所起者非功也，然则为人臣者重私而轻公矣。

【译文】所谓治理得好的国家，是因为君道强明；所谓混乱的国家，是因为臣下的“私术”太盛。君尊臣卑，不是由于臣对君的亲爱，而是君主通过权势压服的；百官尽职，不是由于君对臣的恩惠，而是刑罚坚决的结果。所以，君道与臣道混淆不分，国家就要混乱；把国权专授于人，君主就会失园。国家有四种危亡的表现：法令一开始就发不出去，叫作“灭”；发出而中道停留，叫做“壅”；下情一开始就不能上达，叫作“塞”；上达而中道停止，叫作“侵”。灭、侵、塞、壅现象的产生，都是由于法度没有确立造成的。所以先王治国。不在法度外浪费心机，也不在法度内私行小惠。所谓任何行动都不离开法度，就正是为了禁止过错而排除行私的。君权不能由两家占有，政令不能由两家制定。以法治国不过是一切都按法度来处理而已。因此，有了法度的裁断，人们就不能通过伪诈来取巧；有了权衡的称量，人们就不能利用轻重搞欺骗；有了寻丈的计算，人们就都能利用长短搞差错。君主若放弃法度，按照虚名用人，群臣就背离君主而在下结党营私；君主若听信朋党任官，人民就专务结交而不求工作实效。因此，官吏的治理不好，正是君主按照虚名行赏，根据诽谤行罚的结果。而这样下去，那些喜赏恶罚的人们就要背离公法而推行私术，也就是朋比为奸共同做伪。于是他们忘记君主，拼命结交，而进用同党；所以交人多同党也多，朝廷内外都成朋党，虽有大的奸恶，也是多半能把君主蒙蔽过去的。因此忠臣往往无罪而遭死，邪臣往往无功而发迹。由于无罪遭死和无功发迹，那么，为人臣的就自然重私轻公了。

治 国

凡治国之道，必先富民。民富则易治也，民贫则难治也。奚以知其然也？民富则安乡重家，安乡重家则敬上畏罪，敬上畏罪则易治也。民贫则危乡轻家，危乡轻家则敢陵上犯禁，凌上犯禁则难治也。故治国常富，而乱国常贫。是以善为国者，必先富民，然后治之。

【译文】大凡治国之道，一定要先使百姓富裕起来。民众富裕了，就容易治理，民众穷困了，就难以治理。为什么这样看呢？民众富裕就安于乡里，不愿意离开家园，安乡重家，那么就恭敬君主而畏惧刑罪，敬上畏罪也就容易治理了。民众贫困就不安于乡居而轻视家园，不安于乡居而轻家，就敢于铤而走险、抗上犯禁了，抗上犯禁就难以治理了。所以治国往往是富裕的，乱国往往是贫穷的。所以善于国政的君主，一定要先使百姓富起来，然后再加以治理。

昔者七十九代之君，法制不一，号令不同，然俱王天下者，何也？必国富而粟多也。夫富国多粟生于农，故先王贵之。凡为国之急者，必先禁末作文巧，末作文巧禁，则民无所游食，民无所游食，则必农。民事农则田垦，田垦则粟多，粟多则国富。国富者兵强，兵强者战胜，战胜者地广。是以先王知众民、强兵、广地、富国之必生于粟也，故禁末作，止奇巧，而利农事。今为末作奇巧者，一日作而五日食。农夫终岁之作，不足以自食也。然则民舍本事而事末作。舍本事而事末作，则田荒而国贫矣。

【译文】从前，历代的君主，法度不一，号令不同，然而都能统一天下，这是什么原因呢？必定是国富而粮多的缘故。国富粮多来源于农业，所以先代圣王都是重视农业的。凡属于治国之急务，一定要先禁止奢侈性的工商业和奢侈品的制造，禁止了这些，人民便无法游荡求食，人民无法游荡求食，就只好从事农业。人民从事农业则土地得到开垦，土地开垦则粮食增加，粮食增加则国家富裕，国富则兵力可以强大，兵强则战争可以取胜，战胜则土地也就广阔了。因此，先代圣王懂得人口多、兵力强、国土广和国家富都一定来源于粮食，因而都禁止奢侈性的工商业和奢侈品的制作，以利于发展农业。现今从事奢侈性的工商业和奢侈品制作的人们，干一天可以吃用五天。农民终年劳动，却不能维持自家生活。这样，人民就放弃农业而从事奢侈性的工商业。弃农而从事奢侈性的工商业，那土地也就荒芜而国家贫穷了。

凡农者，月不足而岁有余者也，而上征暴急无时，则民倍贷以给上之征矣。耕耨者有时，而泽不必足，则民倍贷以取庸矣。秋籴以五，春粜以束，是又倍贷也。故以上之证而倍取于民者四，关市之租，府库之征，粟十一，厮舆之事，此四时亦当一倍贷矣。夫以一民养四主，故逃徙者刑，而上不能止者，粟少而民无积也。

【译文】凡是农业，其收入的特点是按月算往往不足，按年算才可能有余。然而，官府征税却急如星火，没有定时，农民只好借“一还二”的高利贷来应付上面征课。耕田锄草都有季节限制，但雨水不一定及时够用，农民又只好借“一还二”的高利贷来雇人浇地。商人秋天买粮的粮价是“五”，春天卖粮的粮价是“十”，这又是一项“一还二”的高利贷。所以，把上面的征索算进来，成倍索取农民的地方就达到四项，因为关市的租税、府库的征收、十分之一的征粮和各种劳役放在一起。一年四季加起来，也等于一项“一还二”的高利贷了。一个农民要养四个债主，所以对于外逃者处刑，国君也能制止农民外流，这乃是粮少而农民没有积蓄的缘故。

常山之东，河汝之间，蚤生而晚杀，五谷之所蕃孰也，四种而五获。中年亩二石，一夫为粟二百石。今也仓廪虚而民无积，农夫以粥子者，上无术以均之也。故先王使农、士、商、工四民，交能易作，终岁之利，无道相过也。是以民作一而得均。民作一则田垦，奸巧不生。田垦则粟多，粟多则国富。奸巧不生则民治。富而治，此王之道也。

【译文】从常山东麓到黄河、汝水之间。作物生长期早，凋落期迟，是粮食增产的好地方。四季皆种而五谷皆收。中等年成亩产两石粮食。一个劳力可以耕百亩收二百石。如今国家粮仓空虚而百姓没有积存。农民卖儿卖女，其原因就在于君主没有办法均衡人们的收入。所以先代圣王总是注意让农、士、商、工四民即使互换其行业，他们每年的收入也无法互相超过。这样，农民专一务农而收入可以与其他各业均衡。农民专一务农田野就得到开垦，奸巧之事也不会发生。田野开垦则粮食增多，粮食多则国家富裕。没有奸巧之事人民又会安定。富裕而安定，这正是成就王业的道路。

不生粟之国亡，粟生而死者霸，粟生而不死者王。粟也者，民之所归也；粟也者，财之所归也；粟也者，地之所归也。粟多则天下之物尽至矣。故舜一徙成邑，二徙成都，参徙成国。舜非严刑罚重禁令，而民归之矣，去者必害，从者必利也。先王者善为民除害兴利，故天下之民归之。所谓兴利者，利农事也；所谓除害者，禁害农事也。农事胜则入粟多，入粟多则国富，国富则安乡重家，安乡重家则虽变俗易习、欧众移民，至于杀之，而民不恶也。此务粟之功也。上不利农则粟少，粟少则人贫，人贫则轻家，轻家则易去，易去则上令不能必行，上令不能必行，则禁不能必止，禁不能必止，则战不必胜，守不必固矣。夫令不必行，禁不必止，战不必胜，守不必固，命之曰寄生之君。此由不利农少粟之害也。粟者王之本事也，人主之大务，有人之涂，治国之道也。

【译文】不生产粮食的国家要灭亡，生产粮食而吃光用尽的国家仅能称霸，生产粮食而又能食用不尽的国家才可以成其王业。粮食，能吸引人民；粮食，能招引财富；粮食，也能使领土开拓。粮食一多，则天下的物产都来了。所以，舜第一次率民迁安发展农耕建成“邑”，第二次迁徙建成“都”，第三次迁徙建成“国”。舜没有采用严重的刑罚和禁令，而人民都跟定他了。因为离开他必然受害，跟着他必然有利。先代圣王，正是善于为人民除害兴利，所以天下人民都归附他。所谓兴利，就是有利于农业。所谓除害，就是禁害于农业。农业发展则粮食收入增多，粮食收入增多则国富，国富则人民安于乡居而爱惜家园，安乡爱家则虽改变他们的风俗和习惯，对他们驱使和调遣，以至于有所杀戮，人民都是不憎恶的。这都是致力于粮食生产的功效。人君不发展农业则粮食必少，粮少则人民贫困，贫困则轻视家园，轻家则容易外逃，人民轻易外逃则君令不能做到“必行”，君令不能行则禁律也不能做到“必止”，禁律不能必止则战争不能做到必胜，防守也不能做到必固了。法令不能必行。禁律不能必止，出战不能必胜，防守不能必固，这叫作寄生的君主。这都是不发展农业缺少粮食的危害。所以增产粮食乃是成王业的根本大事，是人君的重大任务，是招引民众的途径和治国的道路。

立政九败解（此篇原题为《管子解》）

人君唯毋听寝兵，则群臣宾客莫敢言兵。然则内之不知国之治乱，外之不知诸侯强弱，如是则城郭毁坏，莫之筑补；甲弊兵彫，莫之修缮。如是则守圉之备毁矣，辽远之地谋，边竟之士修，百姓无圉敌之心。故曰：“寝兵之说胜，则险阻不守。”

【译文】人君只要听信废止军备的议论，群臣宾客便不敢讲求军事。那么，既不知国内的情况是太平还是动乱，又不知国外的诸侯是强大还是虚弱。这样城郭就毁坏，无人筑补；盔甲、兵器就破败，无人修缮了。这样也就使国防的设备归于毁灭了。远方的国土失落，边境的战士偷惰，百姓也将丧失御敌的斗志。所以说：“寝兵之说胜，则险阻不守。”

人君唯毋听兼爱之说，则视天下之民如其民，视国如吾国。如是则无并兼攘夺之心，无覆军败将之事。然则射御勇力之士不厚禄，覆军杀将之臣不贵爵，如是则射御勇力之士出在外矣。我能毋攻人可也，不能令人毋攻我。彼求地而予之，非吾所欲也，不予而与战，必不胜也。彼以教士，我以驱众；彼以良将，我以无能，其败必覆军杀将。故曰：“兼爱之说胜，则士卒不战。”

【译文】人君只要听信泛爱人类的议论，就会把天下的民众都看成他自己的人，把别的国家都看成自己的国。这样就没有兼并争夺别国的心机，也没有战败敌军敌将的事迹。那么，射敌和车战的勇士没有厚禄，消灭敌军敌将的功臣没有贵爵，这些射敌和车战的勇士就要投奔外国去了。自己不攻打别人是可以做得到的、但不能管住人家不攻打自己。敌国要求割地给他们，自然不是我们所满意的，不割地而与之战斗，又一定打不赢。人家用经过训练的士兵，我们用临时征集的乌合之众；人家用良将，我们用无能之辈。其败局一定是军士覆亡而将领被杀。所以说："兼爱之说胜，则士卒不战。"

人君唯无好全生，则群臣皆全其生，而生又养。生养何也？曰：滋味也，声色也，然后为养生。然则从欲妄行，男女无别，反于禽兽。然则礼义廉耻不立，人君无以自守也。故曰："全生之说胜，则廉耻不立。"

【译文】人君只要专好全生保命，群臣也就都来全生保命，而大讲养生之道。什么叫做养生呢？回答说：饮食滋味，声色享受，然后归结为保养生命就是了。那么，纵欲妄行，男女无别，就要返回到禽兽状态。那么，礼义廉耻就立不起来，人君就不肯自我约束了。所以说："全生之说胜，则廉耻不立。"

人君唯无听私议自贵，则民退静，隐伏窟穴就山，非世间，上轻爵禄而贱有司。然则令不行，禁不止。故曰："私议自贵之说胜，则上令不行。"

【译文】人君只要听信私立异说清高自贵的议论，人们就将要退身静处而隐匿行踪，窟居洞府而远就深山，反对世俗而对抗君上，看轻爵禄而无视官吏了。那么，君主对于他们简直是令不能行而禁不能止。所以说："私议自贵之说胜，则上令不行。"

人君唯无好金玉货财，必欲得其所好，然则必有以易之。所以易之者何也？大官尊位，不然，则尊爵重禄也。如是则不肖者在上位矣。然则贤者不为下，智者不为谋，信者不为约，勇者不为死。如是则驱国而捐之也。故曰："金玉货财之说胜，则爵服下流。"

【译文】人君只要喜好金玉财货，而且一定要得到它们，那么就必须有条件同它们交换。用什么来换取呢？只好用大官尊位，不然就是用高爵重禄。这样，不贤之辈就要在上面掌权了。那么，贤者将不肯甘为属下，智者将不肯设谋献策，信实的人将不肯相约办事，勇敢的人将不来效死。这样就等于把国家拿出来抛弃掉了。所以说："金玉货财之说胜，则爵服下流。"

人君唯毋听群徒比周，则群臣朋党，蔽美扬恶。然则国之情伪，不见于上。如是则朋党者处前，寡党者处后。夫朋党者处前，贤、不肖不分，则争夺之乱起，而君在危殆之中矣。故曰：“群徒比周之说胜，则贤、不肖不分。”

【译文】人君只听信结交朋党的议论，群臣就要搞朋党活动，讲话蔽美扬恶，那么，君主就无法了解情况的真假。这样就形成有朋党的活跃在台前，党羽少的被挤到台后。有朋党的人们在台前活动，贤者与不贤者就将无法分清，争夺的祸乱就要发生，而君主就将处在危险境地。所以说：“群徒比周之说胜，则贤、不肖不分。”

人君唯毋听观乐玩好，则败。凡观乐者，宫室、台池，珠玉、声乐也。此皆费财尽力，伤国之道也。而以此事君者，皆奸人也。而人君听之，焉得毋败？然则府仓虚，蓄积竭；且奸人在上，则壅遏贤者而不进也。然则国适有患，则优倡侏儒起而议国事矣。是驱国而捐之也。故曰：“观乐玩好之说胜，则奸人在上位。”

【译文】人君只要听信观乐玩好的议论，就会导致失败。凡观乐之事，不外是宫室、台池、珠玉与声乐之类。这都是浪费钱财、消耗民力、伤害国家的事情。而用这些东西事奉君主的都是奸臣。君主若是听信他们。怎么能够不败亡？那么，府库空虚了，积畜枯竭了，而且奸臣掌权，阻碍着贤者不得进用了。那么，一旦国家有难，优伶丑角之流就都起来议决国事了。这也就等于把整个国家拿出来抛弃掉了。所以说：“观乐玩好之说胜，则奸臣在上位。”

人君唯毋听请谒任誉，则群臣皆相为请。然则请谒得于上，党与成于乡。如是则货财行于国，法制毁于官，群臣务佼而不求用，然则无爵而贵，无禄而富。故曰：“请谒任举之说胜，则绳墨不正。”

【译文】人君只要听信请托保举的议论，群臣就都来互相拉拢请托。那么，请托之风在上面发展，结党之事也就在乡中完成。这样，财货礼物在国内到处通行，法律制度也就在官府遭到破坏。群臣都努力发展私交而不求为国效力；那么，无爵位也可以成为贵者，无俸禄也可以发财致富。所以说：“请谒任举之说胜，则绳墨不正。”

人君唯无听谄谀饰过之言，则败。奚以知其然也？夫谄臣者，常使其主不悔其过，不更其失者也，故主惑而不自知也，如是则谋臣死而谄臣尊矣。故曰：“谄谗饰过之说胜，则巧佞者用。”

【译文】人君只要听信阿谀奉承、掩饰过错的议论，就会导致失败。为什么是这样呢？谄媚之臣是常常使君主不知悔过又不知改过的，所以君主受迷惑而自己尚不觉察。这样，就导致谋臣死亡而谄臣高升了。所以说："谄谗饰过之说胜，则巧佞者用。"

商子

一名《商君书》，旧本题周商鞅撰。鞅，卫人，相秦孝公，变法图强。是书通考引周氏涉笔，以为附会后事，非鞅自著，惟其词峻厉深刻，必其徒传述，非秦以后人所能为也。

【译文】又名《商君书》，旧本题为周代商鞅著。商鞅，卫国人，辅佐秦孝公，实施变法，使秦国强大。通考《商子》一书，其动笔引周代贵族，认为是贯通于商鞅之后的事，不是商鞅自著，但其词严厉、深刻，一定是其徒弟所作，不是秦以后的人所能作的。

农战(节録)

凡人主之所以劝民者，官爵也；国之所以兴者，农战也。今民求官爵，皆不以农战，而以巧言虚道，此谓劳民。劳民者其国必无力；无力者其国必削。

【译文】平常国君用来勉励民众的是官职和爵位。可是国家得以兴旺的根本却是农耕和作战。现在民众用来求取官职和爵位的方法都不是农耕和作战，而是靠花言巧语和空洞无物的说教，这就让民众学习奸诈巧舌，不但不能兴国，反而误导了民众。误导了民众，这个国家就一定会没有实力；国家没有实力，这个国家的力量就会被削弱。

善为国者，其教民也，皆作壹而得官爵，是故不官无爵。国去言则民朴；民朴则不淫。民见上利之从壹空出也，则作壹；作壹，则民不偷营；民不偷营，则多力；多力，则国强。今境内之民，皆曰："农战可避而官爵可得也。"是故豪杰皆可变业，务学《诗》《书》，随从外权，上可以得显，下可以求官爵；要靡事，商贾为技艺，皆以避农战具备。国之危也。民以此为教者，其国必削。

【译文】善于治理国家的君主，他教化民众都是要求通过专心务农来得到官职和爵位。如果不这样做就不会得到官职也没有爵位。国家废除空谈，民众朴实而且不放荡，民众看见国家给人们的好处都是从农耕与作战这一途径发出，那么便会专心从事农耕和作战。民众专心从事农耕和作战，就不会苟且谋求其它事。民众不苟且谋求其它事，国家的实力就会雄厚，实力雄厚，国家就会强大。现在国境内的民众都说："农耕和作战可以逃避，而官职和爵位同样可以得到。"所以那些有才华的豪杰都要改变自己的职业，而专研学习《诗》《书》，追随其它诸侯国的权势，最好的可以得到高官厚禄，次一点也能得到一个官职；那些社会地位低微的平庸人便去经商，搞手工业，凭借这种方式来逃避农耕和作战。以上情况都出现，国家就要危险了，国君用以上两种人来教育民众，这个国家的实力就一定会削弱。

善为国者，仓廪虽满，不偷于农；国大民众，不淫于言。则民朴壹。民朴壹，则官爵不可巧而取也。不可巧取，则奸不生。奸不生，则主不惑。今境内之民及处官爵者，见朝廷之可以巧言辩说取官爵也，故官爵不可得而常也。是故进则曲主，退则虑私，所以实其私，然则下卖权矣。夫曲主虑私，非国利也，而为之者，以其爵禄也；下卖权，非忠臣也，而为之者，以末货也。然则下官之冀迁者，皆曰："多货，则上官可得而欲也。"曰："我不以货事上而求迁者，则如以狸饵鼠尔，必不冀矣；若以情事上而求迁者，则如引诸绝绳而求乘枉木也，愈不冀矣。二者不可以得迁，则我焉得无下动众取货以事上，而以求迁乎？"百姓曰我疾农，先实公仓，收余以食亲；为上忘生而战，以尊主安国也。仓虚主卑家贫。然则不如索官。"亲戚交游合则更虑矣。豪杰务学《诗》《书》，随从外权；要靡事商贾，为技艺，皆以避农战。民以此为教，则粟焉得无少，而兵焉得无弱也？

【译文】善于治理国家的君主，粮仓虽然满了也不放松农耕；国家的土地广大，人口众多，也不能让空洞无物的言论泛滥，那么民众就会淳朴专一。民众淳朴专一，那官职和爵位就不能靠花言巧语来取得。不能靠花言巧语来取得官职和爵位，那么奸猾的人就不会产生。奸民不产生，君主就不会受迷惑。现在国内的民众以及据有官职和爵位的人看见朝廷中能靠巧妙的空谈，诡辩的说教来获得官职和爵位，所以官职和爵位就不可能靠国家的法规获得。因此这些人进入朝堂便曲意逢迎君主，下朝回家便图谋自己的私利，用来满足自己的野心。如果这样的话，他们就会在下面卖弄权势，谋取私欲。曲意逢迎君主图谋自己的私利，就不会对国家有利，他们这样做的目的是为了得到爵位和厚禄；私下出卖国家权力就不是忠臣；他们这么做的原因，就是为追求金钱和财利。如果这样的话，希望升官的下级便说："财产多了，那么就能得到高官亲安处之。"并且还说："我不用上金钱财物待奉上级来取得升迁，那么就会像用猫做食饵引老鼠上钩一样，一定不会有什么希望。假如用情感待奉上级来求得升迁，那么就像手牵着已经断了的墨线想校正弯曲的木材，更加没有希望了。因为这两种办法都不能得到升迁，那我怎能不到下面去役使民众，到处搜刮钱财来待俸上级而谋求升官呢？”百姓说：“我积极务农，先装满国家的粮仓，收取剩下的粮食供养亲人，替君主舍生忘死去作战，来使君主尊贵，使国家安定。如果国家的粮仓空虚，国君地位就会卑微，家庭就会贫穷，假如这样还不如谋取个官做。”亲戚朋友在交往相聚中，就会考虑不再从事农业生产。有才华的杰出人士会专心学习《诗》《书》，追随外国的权势；普通人会去经商，搞手工业，都靠这些来逃避农耕和作战。君主用这种思想教化民众，那么国库的粮食怎能不减少，而兵力怎能不被削弱呢？

善为国者，官法明，故不任知虑。上作壹，故民不俭营，则国力博。国力博者强，国好言谈者削。故曰：农战之民千人，而有《诗》《书》辩慧者一人焉，千人者皆怠于农战矣。农战之民百人，而有技艺者一人焉，百人者皆怠于农战矣。国待农战而安，主待农战而尊。夫民之不农战也，上好言而官失常也。常官则国治，壹务则国富。国富而治，王之道也。

【译文】善于治理国家的君主，任命官吏的法规严明，所以不任用那些喜欢卖弄，图谋不轨的人。君主专心于农耕和作战，所以民众就不会苟且经营农耕作战以外的行业，那么国家的力量就集中到农耕作战上。国家的力量集中就会强大，国家崇尚空谈就会被削弱，所以说，从事农耕和作战的民众有一千人，而出现一个学《诗》《书》和巧言善辩的人，那么一千人都会对从事农耕作战松懈了。从事农耕作战的民众有一百人，出现一个人搞手工业，那这一百人就都会放松了农耕和作战。国家依赖农耕和作战而安全，君主依靠农耕和作战才能尊贵。民众不从事农耕和作战，那是因为君主喜欢虚伪的空谈而选用官吏失去了法规。依法选用官吏，国家就能做到社会安定；专心务农，国家就会富强。国家富强而又政治清明，这是称王天下的道路。

开塞

天地设而民生之。当此之时也，民知其母而不知其父，其道亲亲而爱私。亲亲则别，爱私则险。民众而以别险为务，则民乱。当此时也，民务胜而力征。务胜则争，力征则讼，讼而无正，则莫得其性也。故贤者立中正，设无私，而民说仁。当此时也，亲亲废，上贤立矣。凡仁者以爱利为务，而贤者以相出为道。民众而无制，久而相出为道，则有乱。故圣人承之，作为土地、货财、男女之分。分定而无制，不可，故立禁；禁立而莫之司不可，故立官；官设而莫之一不可，故立君。既立君，则上贤废而贵贵立矣。然则上世亲亲而爱私，中世上贤而说仁，下世贵贵而尊官。上贤者以道相出也，而立君者使贤无用也。亲亲者以私为道也，而中正者使私无行也。此三者非事相反也，民道弊而所重易也，世事变而行道异也。

【译文】开天辟地之后人类诞生了。在这个时候，人们只知道自己的母亲却不知道自己的父亲，他们处世的原则是爱自己的亲人，喜欢私利。爱自己的亲人，就会区别亲疏，喜欢谋求私利，就会心存邪恶。人多，又都区别亲疏，心存邪恶为自己，那人类就会混乱。这个时期民众都尽力制服对方来竭力争夺财物，这样就发生的争斗。发生了争斗又没有一个正确的准则来解决，那人们就没有办法过正常生活。所以有道德的贤人确立了不偏不倚的正确标准，主张无私，因此人们喜欢仁爱这一准则。此时只爱自己亲人的狭隘思想被废除了，崇尚有才德之人的思想被确立了。凡是讲仁爱的人，都把爱护、方便别人当作自己的事务，而贤德的人把推举贤人当作自己的处世原则。人口众多，而没有制度，长期把推举贤人作为治理准则，就会发生混乱。所以，圣人顺应当时社会的发展形势，制定了关于土地、财货、男女等的归属权。名分确定了而没有制度不行，因此设立了法令；法令确立了而没有人来管理也不可，因此又设立了官职；官吏有了而没有人统一领导不行，所以设立了君主。君主确立了崇尚贤德的思想就废除了，而尊重显贵的思想又树立了起来。如此看来，远古时代人们爱自己的亲人而喜欢私利，中古时代人们推崇贤人而喜欢仁爱，近世人们的思想是推崇权贵而尊重官吏。崇尚贤德的人，所遵循的原则是推举贤人，可是设立了君主的地位，使崇尚贤人的准则没有用了。亲近亲人，是以自私自利为原则，而奉行不偏不倚的公正之道，使自私自利行不通了。这三个不同时代，不是做的事互相违背，而是人们原来遵循的规则有问题，所以人们原来重视的东西更改了，这是因为社会形势变了，而人们所要施行的标准也就不一样了。

故曰：王道有绳。夫王道一端，而臣道亦一端，所道则异，而所绳则一也。故曰：民愚则知可以王；世知则力可以王。民愚则力有余而知不足；世智则巧有余而力不足。民之生，不智则学，力尽则服。故神农教耕而王天下，师其知也；汤、武致强而征诸侯，服其力也。夫民愚，不怀智而问；世智无余力而服。故以王天下者并刑，力征诸侯者退德。

【译文】所以说：统治天下的原则是有规律的。君主统治天下的标准是一个方面，而大臣辅助君主治理天下的标准又是一个方面，他们所奉行的的原则不同，而他们所遵行的准则却只有一个。所以说民众愚笨，那么智慧就能称王天下；世上的人聪明，那么雄厚的实力就可称王天下。民众愚笨就会力量有余而智慧不足；世上的人聪慧，就智七有余有实力不足。人的本性：不懂就要学，力量用尽了就会服输。所以神农教会人们从事农业生产而称王天下，这是因为人们要学习他的智慧；商汤和周武王创造了强大的实力而征服了诸侯，这是屈服他的实力。民众愚笨，心中没有知识，就要向别人请教；贡人聪明，可是当用尽力量时就会屈服。所以靠智慧称王天下的就会抛弃刑罚，用实力来征服诸侯的人就不用德政教化民众。

圣人不法古，不修今。法古则后于时，修今则塞于势。周不法商，夏不法虞，三代异势，而皆可以王。故兴王有道，而持之异理。武王逆取而贵顺，争天下而上让。其取之以力，持之以义。今世强国事兼并，弱国务力守，上不及虞、夏之时，而下不修汤、武。汤、武塞，故万乘莫不战，千乘莫不守。此道之塞久矣，而世主莫之能废也，故三代不四。非明主莫有能听也，今日愿启之以效。

【译文】圣人不效法古代，也不局限于现状。效法古代就会落后于时代，局限于现状就会阻碍社会民发展。周朝不效法商朝，夏朝不效法虞舜时代。三代统治方式不同，却都能够称王天下。所以建立王业有一定原则，而守住王业的办法却不相同。周武王靠叛逆的方法夺取政权，却又顺从君主的原则来治理国家，用武力夺取天下，又崇尚谦让的仁德思想；周武王夺取天下靠的是暴力，守业靠的却是礼制。现在强国致力于用武力兼并别国，弱国所做的事是尽力防守，从远古来说赶不上虞、夏两个时代，而近古时代不遵循商汤、周武王的治国原则。像商汤、周武王那样统一天的方法补被抛弃了，所以有一万辆兵车的国家没有不打仗的，有一千辆兵车的国家没有不防守的。商汤、周武王统一天下的方法已经被塞堵很久了，可现在的君主没有谁能开启这些方法，因此，没有出现第四个像夏、商、周三代那样的朝代。不是英明的君主不能听进去我的这番话，今天我愿意用实际效果来说明这个道理。

古之民朴以厚，今之民巧以伪。故效于古者，先德而治；效于今者，前刑而法。此俗之所惑也。今世之所谓义者，将立民之所好，而废其所恶；此其所谓不义者，将立民之所恶，而废其所乐也。二者名贸实易，不可不察也。立民之所乐，则民伤其所恶；立民之所恶，则民安其所乐。何以知其然也？夫民忧则思，思则出度；乐则淫，淫则生佚。故以刑治则民威，民威则无奸，无奸则民安其所乐。以义教则民纵，民纵则乱，乱则民伤其所恶。吾所谓利者，义之本也；而世所谓义者，暴之道也。夫正民者，以其所恶，必终其所好；以其所好，必败其所恶。

【译文】古代的民众淳朴又宽厚，现在的民众乖巧而虚伪。所以在古代有效的方法就是把用道德教化民众放在首位；现在治理国家有效的方法就是把法治放在前面而使用刑罚。这个古今不同的治理方法世俗之人是不能理解的。现在社会上所说的不义，就是要确定民众所讨厌的，废除民众的所喜欢的。现在二者名实皆不同，不可以不弄明白。确立民众所喜欢的，那么民众就会被他们所讨厌的东西伤害；确立民众所讨厌的，那民众就会享受他所喜欢的东西。凭什么知道是这样呢？人忧虑就思考，思考了做事就能合乎法度；人快乐就放荡，放荡了就会产生喜欢安逸的懒惰思想。因此用刑罚治理民众就会畏惧，就不会有邪恶的事发生，没有邪恶的事发生，民众就可以享受他们的快乐了。用道义来教化就会放纵自己，民众放纵自己就会作乱，民众作乱就会被民众所讨厌的东西伤害。我所说的刑罚，就是实施道义的根本；而现在所说的义是暴乱的原因。治理民众的人，如果用他们所讨厌的东西去治理，最终民众一定能得到他们的喜欢的；如果用他们所喜欢的来治理，民众一定受害于他们讨厌的东西。

治国刑多而赏少，故王者刑九而赏一，削国赏九而刑一。夫过有厚薄，则刑有轻重；善有大小，则赏有多少。此二者，世之常用也。刑加于罪，所终则奸不去；赏施于民，上义，则过不止。刑不能去奸，而赏不能止过者，必乱。故王者刑用于将过，则大邪不生；赏施于告奸，则细过不失。治民能使大邪不生、细过不失，则国治。国治必强。一国行之，境内独治。二国行之，兵则少寝。天下行之，至德复立。此吾以杀刑之反于德而义合于暴也。

【译文】政治修明的国家，刑罚多而赏赐少。政治混乱的国家，赏赐多而刑罚少。所以成就王业的国家，刑罚有九分，赏赐有一分。削弱的国家，赏赐有九分，刑罚有一分。人的罪过有厚有薄，所以朝廷的刑罚有重有轻；人的善行有大有小，所以朝廷的赏赐有多有少。这两项是世人常用的法则。但是刑罚加在人民已经犯了罪的时候，奸邪就不会断绝。赏赐用在人民所认为“义”的上面，那么犯罪的事就不能去掉。刑罚不能除去奸邪，赏赐不能遏止罪过，国家必乱。因此，成就王业的国君，把刑罚用在人民将要犯罪的时候，所以大的奸邪才不产生；把赏赐用在告发犯罪方面，所以小的罪过也不致漏网，治理人民能够使大的奸邪不产生，使小的罪过不漏网，国家就治理好了。国家治，就必定强。一国这样做，他的国家就可以单独治安。两国这样做，战争就可以稍微停止。天下都这样做，最高的道德就会重新建立起来。所以我认为杀戮、刑罚能够归于道德，而“义”反倒合于残暴。

古者民藂生而群处乱，故求有上也。然则天下之乐有上也，将以为治也。今有主而无法，其害与无主同；有法不胜其乱，与无法同。天下不安无君，而乐胜其法，则举世以为惑也。夫利天下之民者，莫大于治，而治莫康于立君，立君之道，莫广于胜法，胜法之务，莫急于去奸，去奸之本，莫深于严刑。故王者以赏禁，以刑劝；求过不求善，藉刑以去刑。

【译文】古代人们聚集在一起群居，秩序混乱，所以要求有首领。如此看来，天下的人之所以愿意有首领，是为了追求天下安定。现在有君主而没有法规，它的危害程度与没有君主相同；有了法规而不能制止混乱和没有法规相同。天下的人都不希望没有国君，却又喜欢超越他的法律约束，那么天下的人就都会感到不明白。对天下民众来说没有比国家安全的益处大的事，而治理国家没有比确立君主的统治地位大的事。确立君主的原则没有比施行法治的意义大的；实施法治的任务，没有比除掉邪恶急需的了；去掉邪恶的根本没有比严厉刑罚更厉害的了。所以称王天下的君主用刑罚归劝民众；追究民众的过错，不理会民众的善举，用刑罚除掉刑罚。

修权

国之所以治者三：一曰法，二曰信，三曰权。法者，君臣之所共操也；信者，君臣之所共立也；权者，君之所独制也，人主失守则危。君臣释法任私必乱。故立法明分，而不以私害法则治。权制独断于君则威。民信其赏则事功成；信其刑则奸无端。唯明主爱权重信，而不以私害法。故上多惠言而不克其赏，则下不用；数加严令而不致其刑，则民傲死。凡赏者文也；刑者武也。文武者法之约也。故明主任法。明主不蔽之谓明，不欺之谓察。故赏厚而利，刑重而必；不失疏远，不违亲近，故臣不蔽主，而下不欺上。

【译文】国家的安定有三个因素：一是法度，二是信用，三是权力。法度是君臣共同执掌的；信用是君臣共同树立的；权力是君主独自控制的。君主失去掌握的权力则国家会陷入危机，君臣抛弃法度只顾私利国家必然混乱。所以确立法度明确公私的界线，并且不因为私利而损害法度，则国家会安定。君主独掌权力控制人民就树立了威信。人民相信君主的赏赐事业就会办成，相信君主的惩罚犯罪就不会发生。只有贤明的君主才珍惜权力看重信用，不会因为私利而损害法度。所以君主许下很多施予恩惠的空话而不能实现，臣下就不会愿意效力；屡次颁布严厉的法令而从不执行，民众就会轻视死刑。所有的奖赏都是文治，而惩罚是武治，赏罚是法度的纲要，所以贤明的君主是看重法制的。贤明的君主不被蒙蔽叫贤明，不被欺骗叫明察。所以重赏之下树立了信用，而重罚也是必然的。（重赏）不忘关系疏远的人，（重罚）不回避关系亲近的人。这样臣子就不会蒙蔽君主，百姓就不会欺骗统治者。

世之为治者，多释法而任私议，此国之所以乱也。先王县权衡，立尺寸，而至今法之，其分明也。夫释权衡而断轻重，废尺寸而意长短，虽察商贾不用，为其不必也。夫倍法度而任私议，皆不知类者也。不以法论知、能、贤、不肖者，唯尧；而世不尽为尧。是故先王知自议誉私之不可任也，故立法明分，中程者赏之，毁公者诛之。赏诛之法，不失其议，故民不争。不以其劳，则忠臣不进；行赏赋禄不称其功，则战士不用。

【译文】世上的统治者大多数都抛弃了法度而任由私人意见来统治国家，这是国家为什么混乱的原因。先王制定秤砣和秤杆，确立尺寸的标准，作为标准沿用至今，是因为制定的各种量制的界限明了。如果抛弃了权衡而判断轻重，废除尺寸而估计长短，即使估计的很准，商人也不会用这种办法，因为这样的结果不是完全肯定的。违背法度而靠个人意见，都是不知类推事理的。不用法度就可断定人是智慧还是愚笨，贤明还是无能的就只有尧了，但世上不是人人都是尧。所以先王知道不可以任由私议和称誉个人来治理国家，必须规定法律明确标准，符合法律的就奖励他，危害国家的就要惩罚。赏罚的法度不失标准，民众就不会有争议。（如果）不按功劳来授予官爵，忠臣就不会尽力办事；不按军功行赏赋禄，战士就不会打仗。

凡人臣之事君也，多以主所好事君。君好法，则臣以法事君；君好言，则臣以言事君。君好法，则端直之士在前；君好言，则毁誉之臣在侧。公私之分明，则小人不疾贤，而不肖者不妒功。故尧、舜之位天下也，非私天下之利也，为天下位天下也；论贤举能而传焉，非疏父子亲越人也，明于治乱之道也。故三王以义亲，五伯以法正诸侯，皆非私天下之利也，为天下治天下。是故擅其名而有其功，天下乐其政，而莫之能伤也。今乱世之君、臣，区区然皆擅一国之利，而管一官之重，以便其私，此国之所以危也。故公私之交，存亡之本也。

【译文】大臣侍奉君主，多数投君主所好。君主好法度大臣就以法律奉君，君主爱听好话大臣就以谗言奉君。君主好法度身边就会聚集正直之士，君主好谗言身边就都是奸臣。公私界限分明，平庸的人就不会忌妒有才干的人，无能的也不会忌妒功臣。所以尧舜统治天下，不是从天下获取私利，是为天下而治理天下；选择能人而传位给他，不是疏远亲生儿子而亲近无血缘关系的人，而是明白治理国家的道理。所以三王靠仁义得天下，五霸靠法律控制诸侯，都不是从天下掠取私利的，而是为天下治理天下。所以有功名的君主，天下的人都满意他的统治，没有谁能动摇他的统治。如今乱世的君臣都渺小得只重一国的利益和掌管自己官府的权力，这也是国家陷于危机的原因。所以是否公私分明是国家存亡的根本。

夫废法度而好私议，则奸臣鬻权以约禄，秩官之吏，隐下而渔民。谚曰“蠹众而木折，隙大而墙坏。”故大臣争于私，而不顾其民，则下离上。下离上者，国之隙也。秩官之吏隐下以渔百姓，此民之蠹也。故有隙、蠹而不亡者，天下鲜矣。是故明王任法去私，而国无隙蠹矣。

【译文】废除法度喜欢私议，那么奸臣就会买官来求得俸禄，一般官吏就会隐瞒民情而鱼肉百姓，这就是人民的蠹虫。谚语说：“蛀虫多了，而树会折断，缝隙大了，而墙会坏。”如果大臣争相谋取私利而不顾及百姓，那民众就会远离君主，这是国家是“缝隙”。国家常设官吏隐瞒下情，侵犯民众的利益，这就是民众的“蛀虫”。而国家有了“蛀虫”、“缝隙”而不灭亡的，天下少有。所以贤明的君主确定法律摒去私利，国家就不会有“蛀虫”、“缝隙”了。

外内

民之外事，莫难于战，故轻法不可以使之。奚谓轻法？其赏少而威薄、淫道不塞之谓也。奚谓淫道？为辩知者贵、游宦者任、文学私名显之谓也。三者不塞，则民不战而事失矣。故其赏少，则听者无利也；威薄，则犯者无害也。故开淫道以诱之，而以轻法战之，是谓设鼠而饵以狸也，亦不几乎！故欲战其民者，必以重法。赏则必多，威则必严，淫道必塞，为辩知者不贵，游宦者不任，文学私名不显。赏多威严，民见战赏之多则忘死，见不战之辱则苦生。赏使之忘死，而威使之苦生，而淫道又塞，以此遇敌，是以百石之弩射飘叶也，何不陷之有哉？

【译文】人民的境外之事，没有比战争更危险的了。所以朝廷用轻法就不能驱使他们去作战。什么叫轻法呢？即奖赏不多、刑罚不重，淫逸的路没有堵住。什么淫逸的道路呢？即是能言善道之人得到尊贵，不守本业、游散求官的人得到任用，各种思想得到显扬。这三种途径若是不堵住，那么人民不肯出战，国家的战事就会失败。因为朝廷赏赐少，听从法令的人得不到好处；刑罚轻，违反法令的人没有什么妨害。所以开淫逸之途来引诱百姓，用轻法驱使百姓去参战，是同诱捕老鼠而用狸猫作饵一样，是很危险的。因此要想让人民出战，必须用重法。赏赐必须多，刑法必须严，淫逸的道路必须堵住。让能言善道之人得不到尊贵，游走求官之人得不到任用，各种思想不得显扬。赏赐多而刑罚严，人民见到战争的赏赐多就忘了死的危险；见到不参加战争受到的侮辱就害怕那样地活着。重赏使他们忘记死的危险，严刑使他们害怕被人侮辱的活着，淫逸之路又被阻塞，用这样的政策对待敌人，好比用百石的强弩射飘摇的树叶，还有射不透的吗？

民之内事，莫善于农，故轻治不可以使之。奚谓轻治？其农贫而商富，则技巧之人利，而游食者众之谓也。故农之用力最苦，而赢利少，不如商贾、技巧之人。苟能令商贾技巧之人无繁，则欲国之无富，不可得也。故曰：欲农富其国者境内之食必贵，而不农之征必多，市利之租必重。则民不得无田，田不得不易其食。食贵则田者利，田者利则事者众。食贵籴食不利，而又加重征，则民不得无去其商贾、技巧而事地利矣。故民之力，尽在于地利矣。

【译文】人民的境内之事，没有比农事更苦的了。所以轻治不能役使他们。什么叫轻治？即农民穷而商人富。那么手工业者获利，而游荡求食的人也增多。因此，农民用力最为辛苦，而获利最少，不如商业和手工业者。如果能使商人和手工业者不那么多，而国家想要不富都是不可能的。所以，想发展农业来富国，国内的粮价必贵，而不从事农业生产的赋敛必须增多，贸易的利税必须加重。那么，百姓不得不去种田，不种田就不得不买粮，粮价高农民就获利。种田获利，从事此业的人就会多。粮食贵，买粮就不合适，而又加重赋敛，那么，百姓就不得不放弃经商、手工业，而赚取田利。所以百姓的力量都集中到农业上了。

故为国者，边利尽归于兵，市利尽归于农。边利归于兵者强，市利归于农者富。故出战而强、入休而富者，王也。（富商下。一本有故其食贱者钱重，食贱则农贫，钱重则商富，末事不禁，则技巧云。）

【译文】所以，治国的人要把守卫边境的好处都给士兵，贸易的好处都给农民。边境的好处给士兵，就强大；贸易的好处给农民，就富庶。所以在外征战兵力强、在内国家富的，就成就王业了。

定 分

公问于公孙鞅曰："法令以当时立之者，明旦欲使天下之吏民，皆明知而用之，如一而无私，奈何？"

公孙鞅曰："为法令，置官吏，朴足以知法令之谓者，以为天下正，则奏天子。天子则各主法令之，皆降受命发官。各主法令之民，敢忘行主法令之所谓之名，各以其所忘之法令名罪之。主法令之吏有迁徙物故，辄使学读法令，所谓为之程式，使日数而知，法令之所谓不中程，为法令以罪之。有敢剟定法令、损益一字以上，罪死不赦。诸官吏及民，有问法令之所谓也，于主法令之吏，皆各以其故所欲问之法令明告之。各为尺六寸之符，明书年、月、日、时、所问法令之名，以告吏民。主法令之吏不告及之罪，而法令之所谓也，皆以吏民之所问法令之罪，各罪主法令之吏。即以左券予吏之问法令者，主法令之吏，谨藏其右券木柙；以室藏之，封以法令之长印。即后有物故，以券书从事。"

【译文】秦孝公问公孙鞅说："今天制定的法令，明天清晨就想让全国的官吏和百姓都明确了解并奉行，一致而没有奸私，应怎么办？"

公孙鞅说："制定法令，设置朴实厚重以使百姓知道法令的具体内容的人作官吏，把他作为主管法令的官吏。推荐给天子，天子应允，就命令他们主管法令。都诏令受命上任。各自主管各地的法令，百姓胆敢忘记遵守他主管的法令的名目，就用他所忘记的法令的名目惩罚他。主管法令的官吏，若有变更或死去，立刻就命人学习阅读理解法令的内容，为他指出准则，让他几日内便通晓法令内容，不能合乎法令准则的就用法令惩罚他。若有胆敢刊定法令而增减一个字以上的，就是死罪而不会得到赦免。众官吏和百姓若向主管法令的官吏询问法令的具体内容，主管法令的官吏必须根据他们的问题明确答复他们。而且要制一个长一尺六寸的符券，符券上写明年、月、日、时间、所问法令的内容。主管法令的官吏不告诉，等到他们犯了罪，正是他们所询问的那一条，那就按他们所询问的那条罪状来惩罚主管法令的官吏。在询问时，就要把符券的左片给询问法令的人，主管法令的官吏则小心将右片装入木匣，藏在一个屋子中，用法令长官的印封上，即使以后当事人死了，也依照符券办事。"

法令皆副置一副天子之殿中，为法令为禁室，有铤钥为禁而以封之，内藏法令一副禁室中，封以禁印。有擅发禁室印，及入禁室视禁法令，及禁剟一字以上，罪皆死不赦。一岁受法令以禁令。

【译文】法令复制一份放在天子的殿中，殿中给法令建一个禁室，有锁钥，用封条把它封起来，把法令的副本藏入其中，用禁印封上。有擅自启开禁室的印封，和进入禁室偷看禁室的法令以及删改禁室法令一个字以上的，都是不可赦免的死罪。每年一次，将禁室所藏法令颁发给主管法令的官吏。

天子置三法官；殿中置一法官；御史置一法官及吏；丞相置一法官。诸侯、郡、县皆各为置一法官及吏，皆此秦一法官。郡、县、诸侯，一受宝来之法令学问，并所谓吏民知法令者，皆问法官。故天下之吏民，无不知法者，吏明知民知法令也。故吏不敢以非法遇民，民不敢犯法，以干法官也。遇民不修法，则问法官，法官即以法之罪告之民，即以法官之言正告之吏。吏知其如此，故吏不敢以非法遇民，民又不敢犯法。如此天下之吏民，虽有贤良辩慧，不能开一言以枉法；虽有千金，不能以用一铢。故知诈贤能者，皆作而为善，皆务自治奉公。民愚则易治也，此所生于法，明白易知而必行。

【译文】天子设置三个法官，宫殿中设置一个，御史设置一个，丞相设置一个。诸侯和郡县也为他们各设置一个法官和法吏，全都比照秦都的法官。诸侯郡县一旦接受禁室的法令，就如同学习询问法令的内容。官吏和百姓想知晓法令的，都询问法官，所以天下百姓、官吏没有不知晓法令的人。官吏明知百姓知道法令，所以官吏不敢以非法手段对待百姓，百姓了不敢犯法来触犯法官。对待百姓不遵守法令，人民就可以向法官询问，法官就将法令所规定的罪名告诉他们，百姓就将法官的话警告官吏。官吏知道事情这样，就不敢用非法手段对待人民，人民也不敢犯法。像这样，国内官吏和百姓即使有贤良、善辩和狡猾的人，也不可说一句违法的话，即使有千金之一富，也不能使用一铢违法的钱。于是巧诈贤能的人都改变去作好事，都努力自治，服从国家的法令。人民敦厚就统治，这是由于法令明白易懂而一定要遵从。

法令者，民之命也，为治之本也，所以备民也。为治而去法令，犹欲无饥而去食也，欲无寒而去衣也，欲东而西行也，其不几亦明矣。一兔走，百人逐之，非以兔为可分以为百，夫卖兔者满市，而盗不敢取，由名分已定也。故名分未定，尧、舜、禹、汤，且皆如骛焉而逐之；名分已定，贪盗不取。今法令不明，其名不定，天下之人得议之。其议，人异而无定。人主为法于上，下民议之于下，是法令不定，以下为上也。此所谓名分之不定也。夫名分不定，尧、舜犹将皆折而奸之，而况众人乎？此令奸恶大起、人主夺威势、亡国灭社稷也道也。今先圣人为书而传之，后世必师受之，乃知所谓之名；不师受之，而人以其心意议之，至死不能知其名与其意。故圣人必为法令置官也，置吏也，为天下师，所以定名分也，名分定，则大诈贞信，巨盗愿悫，而各自治也。故夫名分定，势治之道也；名分不定，势乱之道也。故势治者不可乱，世乱者不可治。夫世乱而治之，愈乱；势治而治之则治。故圣王治治不治乱。

【译文】法令就是人民的生命，治国的根本，是用来防备人民的。为治国而抛弃法令，好比希望不挨饿而抛弃粮食，希望不受冻而抛弃衣服，希望到东方而向西走一样，其相去甚远是很明显的。一只兔子跑了，一百个人乱哄哄蜂拥而上，要逮住他，并不是捉到兔子后每个人都能分到兔子的百分之一，而市场上有好多兔子在卖，盗贼都不敢去偷，这是因为市场上兔子的所有权是明确的。所以，当事物的名分没有确定以前，尧、舜、禹、汤也像奔马似地追逐，而名分确定后，贪婪的盗贼也不敢夺取。如法令不明确，其条目不确定，天下百姓都会评议，其评议因人而异没有定说。人君在上制定法令，百姓在下议论纷纷，这是法令不定，以下代上，这就是所说的名分不定。名分不定尧、舜尚且都会违法，何况普通百姓。这样就使奸恶大兴，人君失掉权威，这是国家灭亡的根本。好比古代圣人着书，流传于后世，必须由教师教授，才能知道其具体内容，如不同教师传授，人人都以自己的想法来评议，到死时也不能知道书文字的它的具体意义。所以，圣人一定给法令设置法官。设置法官做天下人的老师，就是为了定名分。名分确定了，奸诈之人可以变得正直诚实，人民都谨慎忠诚，而且都能自治。所以确定名分是势所必治的办法，不确定名分是势所必乱的办法。势所必治就不会乱；势所必乱就不会治。势所必乱再加治理，就会更乱；势所必治再加治理，才会更治。圣王在势所必治的情况下来治国，不是在势所必乱的情况下来治国。

夫微妙意志之言，上知之所难也。夫不待法令，绳墨而无不正者，千万之一也。故圣人以千万治天下，故夫知者而后能知之，不可以为法，民不尽智；贤者而后知之，不可以为法，民不尽贤。故圣人为法，必使之明白易知，名正，愚知徧能知之；为置法官，置主法之吏，以为天下师，令万民无陷于险危。故圣人立天下而无刑死者，非不刑杀也，行法令明白易知，为置法官吏，为之师以道之，知万民皆知所避就，避祸就福，而皆以自治也。故明主因治而终治之，故天下大治也。

【译文】微妙深奥的言论上等才智的人也不易理解，不需要法令作准则而行为都是正确的，在千万人中只有一个。圣人是针对千万人来治理天下，所以只有智者才理解的东西不能用来作为法令，因为百姓不是人人都是智者。只有贤能的人能理解的东西，不能用来作法令，因为百姓不是人人都贤能。所以圣人制定法令一定使它明白易懂，愚人智者都能懂得。为百姓设置法官，设置法吏，作为百姓的老师，使万民不致陷入危险的境地。所以圣人掌握政权，天下没有受刑被杀的人，并不是他不用刑，不杀人，而是圣人推行的法令更明白易懂，又给人民法官、法吏，作他们的老师，教他们懂得法令。从而万民都知道应躲避什么、亲近什么。怎样躲开祸患，接近幸福，而且都能自治。明君在人民自治的基础上来从事国家的治理，天下就大治了。

韩 子

一名《韩非子》，周韩非撰。非，韩之诸公子，与李斯并师荀卿，斯自以为不如。非又博涉诸家之说，悯宗国衰弱，不得行其志，乃托愤慨于著作，大旨在《五蠹》《显学》诸篇，为法家特出之书。惟今本首篇，实张仪见秦王之文，而后人误收入书中，则知其书之他篇，亦或有后人所附益者，特较少耳。

【译文】又名《韩非子》，周代韩非著。韩非，韩国的贵族公子，与李斯都师从于荀子，李斯自以为不如韩非。他广泛涉及各家学说，对韩国的衰弱倍感悲痛，但其志又得不到实行，于是将其心中的愤慨寄托于著作，思想主旨主要体现在《五蠹》《显学》等篇，在法家中格外突出。只是今本的第一篇，实际是张仪见秦王的文章，后人将其误收入了此书中，那么由此可知，书中的其他篇目，也或者有后人所附加进去的，只是比较少而已。

二 柄

明主之所导制其臣者，二柄而已矣。二柄者，刑、德也。何谓刑、德？曰：杀戮之谓刑，庆赏之谓德。为人臣者，畏诛罚而利庆赏，故人主自用其刑德，则群臣畏其威而归其利矣。故世之奸臣则不然，所恶，则能得之其主而罪之；所爱，则能得之其主而赏之。今人主非使赏罚之威利出于己也，听其臣而行其赏罚，则一国之人，皆畏其臣而易其君、归其臣而去其君矣。此人主失刑德之患也。夫虎之所以能服狗者，爪牙也，使虎释其爪牙而使狗用之，则虎反服于狗矣。人主者，以刑德制臣者也。今君人者，释其刑德使臣用之，则君反制于臣矣。故田常上请爵禄，而行之群臣，下大斗斛而施于百姓，此简公失德，而田常用之也，故简公见弑。子罕谓宋君曰："夫庆赏赐予者，民之所喜也，君自行之，杀戮刑罚者，民之所恶也，臣请当之。"于是宋君失刑，而子罕用之，故宋君见劫。田常徒用德，而简公弑，子罕徒用刑，而宋君劫。故今世为人臣者，兼刑德而用之，则是世主之危，甚于简公、宋君也，故劫杀拥蔽之主，非失刑德而使臣用之，而不危亡者，则未尝有也。

【译文】明智的领导人领导和控制他臣下的办法，不过是两种权柄而已。所谓的两种权柄，就是刑罚和庆赏。什么叫做刑罚和庆赏呢？回答说：杀戮就叫刑罚，庆赏就叫德。作为臣子的害怕诛杀惩罚而喜欢庆功奖赏，所以领导人亲自使用刑罚和庆赏，那么群臣就害怕用刑罚而归向有利的了。但当代奸臣却不是这样，他对所厌恶的，就能在君主那里得到大权来判其有罪；所喜爱的，就能在君主那里得到大权来进行奖赏。如今的领导人并不是使赏罚的威势出自于自己，而是听任臣下去行使赏罚大权，那么一国的民众都害怕他的臣子而轻视他们的君主、都去归向他的臣子而离开他们的君主。这就是领导人失去刑赏大权的祸害呀。那老虎之所以能制服狗，是因为它有爪牙，如果使虎解除爪牙而使狗用上爪牙，那么老虎就会被狗制服。所谓领导人民的人，是以刑罚和庆赏来制服臣下的。如今领导人解除刑罚和庆赏来使臣下使用，那么君主就反被臣下制服了。所以田常向君主请得爵禄而送给群臣，加大斗斛把粮食施给百姓，这就是齐简公失去庆赏大权而田常使用了它，所以齐简公就被杀掉了。子罕对宋桓侯说："那奖赏恩赐这种事情，是民众所喜欢的，您就亲自施行吧，杀戮刑罚这种事情，是民众所厌恶的，请让我来承当吧。"于是宋君失去了刑罚大权而子罕得用，所以最后宋桓侯被劫持了。田常仅仅用了庆赏而齐简公就被杀，子罕仅仅用了刑罚而宋桓侯就被劫持。所以如今世上为臣子的人同时兼用刑罚和庆赏来使用它们，那么当今世上的领导人比齐简公、宋桓侯还要危险，所以现在劫持和杀害手段就藏在臣子们那里。领导人不失去刑罚和庆赏大权而让臣子们使用的，而又不危险灭亡的，那是从来没有的事啊。

人主将欲禁奸，则审合刑名者，言异事也。为人臣者陈而言，君以其言授之事，专以其事责其功。功当其事，事当其言，则赏；功不当其事，事不当其言，则罚。故群臣其言大而功小者则罚，非罚小功也，罚功不当名也。群臣其言小而功大者亦罚，非不说于大功也，以为不当名之害甚于有大功，故罚。昔者韩昭侯醉而寝，典冠者见君之寒也，故加衣于君之上。觉寝而说，问左右曰："谁加衣者？"左右对曰："典冠。"君因兼罪典衣，杀典冠。其罪典衣，以为失其事也；其罪典冠，以为越其职也。非不恶寒也，以为侵官之害甚于寒。故明主之畜臣，臣不得越官而有功，不得陈言而不当。越官则死，不当则罪。守业其官所言者，贞也，则群臣不得朋党相为矣。

【译文】领导人要想禁止奸邪，那么就必需要审核形与名是否相合，言论是否有别于所干的事。做臣子的陈述了意见，君主以其言论交给他们这个事，然后专门根据这个事来责求功效。功效和这个事相当，这个事和他的言论相当，就奖赏。功效与这个事不相当，这个事与其言论不相当，就惩罚。所以群臣中说话过大而功绩小的就要惩罚，并不是罚他功绩小，而是惩罚他取得的功绩与言论不相符；群臣中说话小了而功绩大的也要惩罚，这并不是不喜欢大的功绩，而是认为功绩与言论不相当的危害超过了他所取得的大功，所以要惩罚。从前韩昭侯喝酒醉了睡觉，掌管君主帽子的侍从看见君主受了寒，就拿衣服给君主盖上。韩昭侯睡醒后很高兴，就问身边的侍从："盖衣服的是谁？"身边的侍从回答说："是掌管帽子的侍从。"韩昭侯因而同时惩处了掌管衣服的侍从和掌管帽子的侍从。他惩处掌管衣服的侍从，是认为他没有尽到职责；惩处掌管帽子的侍从，是认为他超越了他的职责范围。韩昭侯并不是不怕着凉，而是认为侵犯他人职权的危害比着凉更厉害。所以明智的君主之蓄养臣下，臣下不得超越职权去立功，也不可以说了话而不做事。超越了职权就处死，言行不一致就治罪。敬守自己职业的官员所说的话很真诚，那么所有的臣子就不能结党营私、狼狈为奸了。

人主有二患：任贤则臣将乘于贤以劫其君；妄举则事沮不胜。故人主好贤，则群臣饰行以要君欲，则是群臣之情不效；群臣之情不效，则人主无以异其臣矣。故越王好勇，而民多轻死；楚灵王好细腰，而国中多饿人；齐桓公妒外而好内，故竖刁自宫以治内；桓公好味，易牙蒸其子首而进之；燕子哙好贤，故子之明不受国。故君见恶，则群臣匿端；君见好则群臣诬能。人主欲见，则群臣之态得其资矣。故子之托于贤以夺其君者也；竖刁易牙因君之欲以侵其君者也。其卒子哙以乱死，桓公虫流出户而不葬。此其故何也？人君以情借臣之患也。人臣之情，非必能爱其君也，为重利之故也。今人主不掩其情，不匿其端，而使人臣有缘以侵其主，则群臣为子之田常不难矣。故曰："去好去恶，群臣见素。"群臣见素，则大君不蔽矣。

【译文】领导人有两种忧患：任用贤能的人，那么臣下将会凭借自己的贤能才干来劫持他的君主；胡乱提拔官吏，那么事情就会败坏得使人不可承受。所以人们的领导人喜好贤能，那么群臣就要粉饰自己的行为邀合君主的欲望，那么群臣的真情就不会显露出来；群臣的真情显露不出来，那么领导人就无法区别群臣的真假好坏了。所以越王勾践喜好勇敢而很多人们就轻视死亡，楚灵王喜好细腰女人而国内就有饿肚子使自己瘦的女人，齐桓公忌妒外朝的卿大夫而爱好后宫女色，所以竖刁就自己割掉睾丸以进后宫得以治理后宫；齐桓公喜好美味食物，易牙就蒸了自己儿子的头献给齐桓公；燕王子哙喜好贤名，所以子之表面上不肯接受王位。所以君主对事流露出厌恶，那么群臣就会把这方面的事隐瞒起来；君主流露出喜好，那么群臣就会冒充有这方面的才能。领导人的欲望表现出来，那么群臣在表现自己的情态时就有了资本。所以子之，是依靠了子哙喜好贤名来篡夺君位的；竖刁、易牙，是因为君主的欲望来侵害君主的。他们的结果，子哙因战乱而死，齐桓公的尸体上爬满蛆虫也得不到安葬。这是什么缘故呢？是君主把自己的内情给了臣子而招致的祸害。臣子的内心，不一定会爱他的君主，而是因为看重了利益的缘故。如今领导人不掩饰自己的真情，不藏匿自己的念头，而使臣下有缘由来侵害君主，那么群臣成为子之、田常那样的人就容易了。所以说："抛弃喜好抛弃厌恶，群臣就会显露出真情。"群臣流露出真情，那么大的领导人就不会被蒙蔽了。

八奸（节录）

凡人臣之所道成奸者有八术：一曰在"同床"。何谓"同床"？曰：贵夫人，爱孺子，便僻好色，此人主之所惑也。托于燕处之虞，乘醉饱之时，而求其所欲，此必听之术也。为人臣者，内事之以金玉，使惑其主，此之谓"同床"。二曰"在旁"。何谓"在旁"？曰：优笑侏儒，左右近习，此人主未命而唯唯、未使而诺诺、先意承旨、观貌察色，以先主心者也。此皆俱进俱退、皆应皆对、一辞同轨，以移主心者也。为人臣者，内事之以金玉玩好，外为之行不法，使之化其主，此之谓"在旁"。三曰"父兄"。何谓"父兄"？曰：侧室公子，人主之所亲爱也；大臣廷吏，人主之所与度计也。此皆尽力毕议、人主之所必听也。为人臣者，事公子侧室以音声子女，收大臣廷吏以辞言，处约言事，事成则进爵益禄，以劝其心，使犯其主，此之谓"父兄"。四曰"养殃"。何谓"养殃"。曰：人主乐美宫室台池，好饰子女狗马，以娱其心，此人主之殃也。为人臣者，尽民力，以美宫室台池，重赋敛以饰子女狗马，以娱其主而乱其心。从其所欲，而树私利其间，此谓"养殃"。五曰"民萌"。何谓"民萌"？曰：为人臣者，散公财以说民人，行小惠以取百姓，使朝廷市井，皆劝誉己，以塞其主，而成其所欲，此之谓"民萌"。六曰"流行"。何谓"流行"？曰：人主者，固壅其言谈，希于听论议，易移以辩说。为人臣者求诸侯之辩士，养国中之能说者，使之以语其私，为巧文之言、流行之辞，示之以利势，惧之以患害，施属虚辞，以坏其主，此之谓"流行"。七曰"威强"。何谓"威强"？曰：君人者，以群臣百姓为威强者也。群臣百姓之所善，则君善之；非群臣百姓之所善，则君不善之。为人臣者，聚带剑之客，养必死之士，以彰其威，明为己者必利，不为己者必死，以恐其群臣百姓，而行其私，此之谓"威强"。八曰"四方"。何谓"四方"？曰：君人者，国小则事大国，兵弱则畏强兵。大国之所索，小国必听；强兵之所加，弱兵必服。为人臣者，重赋敛，尽府库，虚其国以事大国，而用其威求诱其君；甚者举兵以聚边境，而制敛于内，薄者数内大使以震其君，使之恐惧，此之谓"四方"。凡此八者，人臣之所以道成奸，世主所以壅劫，失其所有也，不可不察焉。

【译文】大凡为人臣属之所以成奸道者有八种手段：第一种叫“同床”。什么叫“同床”呢？回答是：重视夫人，溺爱姬妾，善于宠爱好色，这是君主经常被迷惑的。寄希望于君主安闲欢娱之时，趁君主酒醉饭饱之时，来求取他们所想要的，这是使君主一定能听从的手段。作为人之臣属内中用金银财宝来奉承贿赂，使她们去蛊惑君主，这就称之为“同床”。第二种叫“在旁”。什么叫“在旁”呢？回答是：艺人滑稽人和矮人，左右侍卫亲信，这是君主还没有下令就说是是是、还没有使唤就说好好好、在君主的意思还没有表达出来就能奉承君主的意图、能察言观色事先摸到君主心意的人啊。这些都是一同进退、共同应诺回答、统一口径统一行为来改变君主心意的人啊。作为人之臣属内中用金银财宝珍贵玩物，在外面干非法的事，然后让他们教化其主上，这就称之为“在旁”。第三种叫“父兄”。什么叫“父兄”呢？回答是：君主的叔伯兄弟，是君主亲近宠爱的人；权贵大臣及朝廷官吏，是君主必须要与之谋划计度事情的人。这些都是竭尽全力和君主一起议论、而君主一定能听从的人。作为人之臣属侍奉君主的叔伯兄弟以美乐和美女，用花言巧语来笼络收买权贵大臣及朝廷官吏，与之订盟约谈事情，事成之后就给他们进级加薪，用这些来劝诱他们的心，使他们去侵犯君主的权益，这就称之为“父兄”。第四种叫“养殃”。什么叫“养殃”呢？回答是：君主喜好美丽的宫殿和亭台池榭，喜好打扮子女及狗马来愉快自己的心情，这就是君主的灾殃。作为人之臣属竭尽民众力量来修建美化宫殿和亭台池榭，收取重税来为君主打扮子女及狗马，以讨好君主而迷惑君主的心意，顺从君主的欲望，而将自己的私利夹杂在其中，这就称之为“养殃”。第五种叫“民盟”。什么叫“民盟”呢？回答是：作为人之臣属挥霍公家的财物来取悦于民众，施行小恩小惠来讨好百姓，使朝廷内外城郊上下的人都来称赞自己，用这种办法来壅塞君主而成就自己的欲望，这就称之为“民盟”。第六种叫“流行”。什么叫“流行”呢？回答是：做君主的，本来就壅塞于言论，很少听到别人的议论，所以很容易被动听的言说打动而改变主意。作为人之臣属到处寻求各诸侯国的能言善辩之人，供养一些国内的说客，派他们为自己的私利去进说，用巧妙文饰的语言、用社会上流行的言词，表现出各种利害关系，使人害怕祸患，杜撰虚假的言辞来损害君主，这就称之为“流行”。第七种叫“威强”。什么叫“威强”呢？回答是：领导人民的人，是靠群臣百姓来形成强大的威势。群臣百姓认为是好的，那么君主也认为它好；不是群臣百姓认为好的，那么君主也认为不好。作为人之臣属，聚集携带刀剑的侠客，豢养亡命之徒，来显示自己的威势，彰明为自己服务有好处，不为自己服务就要被杀死，用这些来恐吓群臣百姓而谋求自己的私利，这就称之为“威强”。第八种叫“四方”。什么叫“四方”呢？回答是：领导人民的人，自己国家小就要侍奉大国，兵力弱小就要害怕强大的军队。大国所索要的东西，小国一定要听从；强大的军队压境，弱小的军队一定要服从。作为人之臣属，加重税收，耗尽国库，挖空自己的国家去侍奉大国，而且利用大国的威势来诱惑自己的君主；厉害的还发动大国的军队聚集在边境来制约国内，稍轻点的便屡次招引大国的使者来恐吓自己的君主，使君主害怕，这就称之为“四方”。大凡这八种手段，是人之臣属之所以成奸道，当代君主之所以被蒙蔽胁迫，以致丧失所有的原因，不可不仔细审察呀。

明君之于内也，娱其色而不行其谒，不使私请。其于左右也，使其身必责其言，不使益辞。其于父兄大臣也，听其言也，必使以罚任于后，不令妄举。其于观乐玩好也，必令之有所出，不使擅进、不使擅退、群臣虞其意。其于德施也，纵禁财、发坟仓、利于民者必出于君，不使人臣私其德。其于说议也，称誉者所善，毁疵者所恶，必实其能，察其过，不使群臣相为语。其于勇力之士也，军旅之功无逾赏，邑斗之勇无赦罚，不使群臣行私财。其于诸侯之求索也，法则听之，不法则距之。

【译文】明智的君主对于内宫妻妾姬妃，欢娱其美色而不行为于她们的请谒，不允许她们的私自请求。他对于身边左右侍从亲信，使用他们之身必严格他们的言论，不让他们夸大其词。他对于叔伯兄弟及权贵大臣，听取意见后也必然使他们承担法律责任，不会让他们轻举妄动。他对于观赏娱乐珍贵玩物，一定让它们有正当的出处，不会使人擅自进献、擅自裁减、不会让群臣拿来讨自己欢心。他对于品德的施行，比如发放和禁止发放财物，打开大的粮仓，有利于民众的，必然是出于君主，不会使为人臣者作为私人的恩德来施行。他对于各种言论，不论是称赞者所喜好，或者是诋毁者所厌恶的，必然会核实其才能，审查其过错，不会让群臣在下面相互议论。他对于勇敢的斗士，即使他在军队中立了功也不格外奖赏，但他在乡间里私自斗殴也不会赦免处罚，不会让群臣私下使用财物来求情。他对于各诸侯国的要求与勒索，合法的就听从，不合法的就拒绝抵制。

定法

问者曰：“申不害、公孙鞅，此二家之言，孰急于国？”

应之曰：“是不可程也。人不食，十日则死；大寒之隆，不衣亦死。谓之衣食孰急于人，则是不可一无也，皆养生之具也。今申不害言术，而公孙鞅为法。术者，因任而授官，循名而责实，操杀生之柄，课群臣之能者也。此人主之所执也。法者，宪令著于官府，刑罚必于民心，赏存乎慎法，而罚加乎奸令者也。此臣之所师也。君无术则弊于上，臣无法则乱于下，此不可一无，皆帝主之具也。”

【译文】发问的人说："申不害、公孙鞅，这两家的学说哪个是国家最急需的？"

回答说："这是不可以衡量比较的。人不吃东西，十天就饿死了；大寒冷到极点，不穿衣也会冻死。要说穿衣吃饭哪样对人更急需，那么应当是缺一不可的，它们都是维持生命必须具备的。如今申不害主张术治而公孙鞅主张法治。所谓的术治，就是根据各人的能力来授予官职，根据官名来责求实际功效，掌握住生杀大权，考核各级官吏的才能的办法。这是君主所掌握的。所谓的法治，就是法令明确记录在官府中，刑罚制度一定要贯彻到民众心里，奖赏一定要有而且要按照法令，而惩罚要使用在歪曲法令者身上的一套制度。这是我效法和学习的。君主不掌握术治就会在上面被蒙蔽，臣子没有法治那么就会在下面出乱子，这不可或缺，都是帝王所应该具备的。"

问者曰："徒术而无法，徒法而无术，其不可何哉？"

对曰："申不害，韩昭侯之佐也。韩者，晋之别国也。晋之故法未息，而韩之新法又生；先君之令未收，而后君之令又下。申不害不擅其法，不一其宪令，则奸多。故利在故法前令则道之，利在新法后令则道之，利在故新相反，前后相勃，则申不害虽十使昭侯用术，而奸臣犹有所谲其辞矣。故托万乘之劲韩，七十年而不至于霸王者，虽用术于上，法不勤饰于官之患也。公孙鞅之治秦也，设告相坐而责其实，连什伍而同其罪，赏厚而信，刑重而必。是以其民用力劳而不休，逐敌危而不却，故其国富而兵强；然而无术以知奸，则以其富强也，资人臣而已矣。及孝公、商君死，惠王即位，秦法未败也，而张仪以秦殉韩、魏。惠王死，武王即位，甘茂以秦殉周。武王死，昭襄王即位，穰侯越韩、魏而东攻齐，五年而秦不益尺土之地，乃城其陶邑之封。应侯攻韩，八年成其汝南之封。自是以来，诸用秦者，皆应、穰之类也。故战胜，则大臣尊；益地则私封立：主无术以知奸也。商君虽十饰其法，人臣反用其资。故乘强秦之资，数十年而不至于帝王者，法不勤饰于官，主无术于上之患也。"

【译文】发问的人说："只有术治而没有法治，只有法治而没有术治，为什么不可以治理国家呢？"回答说："申不害，是韩昭侯的辅佐大臣。韩国，是晋国分出来的一个国家。晋国原有的法律还没有完全废除，而韩国的新法律又产生了；前代君主的政令还没有收回，而后代君主的政令又下达了。申不害不去统一那旧法和新法，也不去统一新旧政令，那么奸邪之事就多了。所以人们看到利益存在于原有的法律和从前的政令中就按原来的办，看到利益存在于新法律和新政令中就按现在的办，如果利益在旧法与新法中相互对立，前后违背，那么申不害虽然以十倍的努力让韩昭侯运用术治，而奸臣们仍然有办法用言辞来进行诡辩。所以韩国的君主依靠了有万乘兵车的强大韩国，经过七十年还没有成为霸主，虽然是在上面运用了术治，但这是没有用法治对官吏进行整顿所造成的祸患。公孙鞅治理秦国，设立了告发奸邪株连定罪的制度而求得犯法的真实情况，将株连什伍的人定同样的罪，奖赏丰厚而且信守承诺，刑罚很重而且一定执行。因此他治理下的民众努力劳作而不休息，追击敌人很危险而不退却，所以他的国家富裕而且兵力强盛；然而他没有运用术治来识别奸邪，那就只能把富强资助给臣下了。等到秦孝公、商鞅死后，秦惠王即位，秦国的法治还没有完全败坏，而张仪已经把秦国的力量牺牲在对韩国、魏国敌对上了。秦惠王死后，秦武王即位，甘茂就把秦国的力量牺牲在进军周国的战争上了。秦武王死后，秦昭襄王即位，穰侯魏冉越过韩国、魏国向东去攻打齐国，经过五年而秦国没有增加一尺土地，但他自己却扩大了他的陶邑的封地。应侯范雎攻打韩国八年，也成就了他那汝水南面的封地。从此以后，凡是在秦国执政的人，都是魏冉、范雎之类的人了。所以打仗赢了，那么大臣就尊贵；扩充了土地，那么臣子的封地也就建立起来了；这是因为君主没有运用术治知道奸邪啊。商鞅虽然以十倍的努力施行法治，臣子们却反过来利用他提供的资本为自己谋得利益。所以秦国的君主依靠强大的秦国几十年还没有达到称帝称王的地步，这是因为法治没有用来整顿官吏，君主没有在上面运用术治的祸患。”

问者曰：“主用申子之术，而官行商君之法，可乎？”

对曰：“申子未尽于术，商君亦未尽于法也。申子言：‘治不逾官，虽知弗言’。治不逾官，谓之守职可也，知而弗言，是不谓过也。人主以一国目视，故视莫明焉；以一国耳听，故听莫聪焉。今知而弗言，则人主尚安假借矣？商君之法曰：‘斩一首者爵一级，欲为官者为五十石之官；斩二首者爵二级，欲为官者为百石之官。’官爵之迁，与斩首之功相称也。今有法曰：‘斩首者令为医、匠。’则屋不成而病不已。夫匠者手巧也，而医者齐药也，而以斩首之功为之，则不当其能。今治官者，智能也；今斩首者，勇力之所加也。以勇力之所加，而治者智能之官，是以斩首之功为医、匠也。故曰：二子之于法术，皆未尽善也。”

【译文】发问的人说：“让君主运用申不害的术治，而让官吏实行商鞅的法治，这样可以吗？”

回答说：“申子的术治思想并不完备，商君关于法制的思想也不完备。申先生说：‘办事不要超越官职，虽然知道也不要说出来。’办事不超越官职，就称之为谨守职责是可以的；知道了而不要说出来，也不能称之为过错。君主一个人看全国，所以看得不是很明白；一个人听全国，所以听得不是很清楚。如今知道了也不说出来，那么君主还能凭借什么去了解情况呢？商鞅的法令说：‘砍掉一个敌人的头爵位就升一级，想当官的人就封个收入有五十石的官职；砍掉两个敌人的头爵位就升两级，想当官的人就封个收入有一百石的官职。’官职爵位的升迁和砍掉敌人的头的数量是相称的。如今如果有法令说：‘砍掉敌人的头就让他当医生、工匠。’那么房屋盖不成而疾病也治不好。那工匠靠的是手巧，而医生靠的是配药，而以砍掉敌人的头来任命，那么就与才能不相适应了。如今治理官吏的，是智慧才能；如今砍掉敌人脑袋的，是勇敢和力气。用勇敢和力气而立功的人来担任需要智慧和才能来治理的官员，就是让砍掉敌人脑袋而立功的人来做医生、工匠。所以说：这两位先生对于法治和术治，都还没有完善。”

五蠹

上古之世，人民少而禽兽众，人民不胜禽兽虫蛇。有圣人作，构木为巢，以避群害，而民悦之，使王天下，号曰有巢氏。民食果蓏蚌蛤，腥臊恶臭而伤害腹胃，民多疾病。有圣人作，钻燧取火，以化腥臊，而民说之，使王天下，号之曰燧人氏。中古之世，天下大水，而鲧、禹决渎。近古之世，桀、纣暴乱，而汤、武征伐。今有构木钻燧于夏后氏之世者，必为鲧、禹笑矣；有决渎于殷、周之世者，必为汤、武笑矣。然则今有美尧、舜、汤、武、禹之道于当今之世者，必为新圣笑矣。是以圣人不期修古，不法常可，论世之事，因为之备。宋有人耕田者，田中有株，兔走触株，折颈而死，因释其耒而守株，冀复得兔。兔不可复得，而身为宋国笑。今欲以先王之政，治当世之民，皆守株之类也。

【译文】在远古时代，人口稀少而禽兽众多，人们敌不过禽兽蛇虫等野生动物。这时圣人出现了，他教人们架起木头搭成像鸟巢一样的住处来避免各种禽兽的伤害，而人民就高兴了，让他统治天下，称他为有巢氏。人民食用瓜果河蚌蛤蜊等动植物，腥臭难闻而且伤害肠胃，人民因此经常生病。这时圣人出现了，用钻擦木燧的方法取得火种烧熟食物来除去腥臭臊气，而人民就高兴了，让他统治天下，称他为燧人氏。在中古时代，天下洪水泛滥，而鲧、禹疏通河道。在近古时代，夏桀、商纣残暴昏乱，而商汤、周武王征伐了他们。如今如果还有架木搭巢钻木取火在夏王朝之后的时代里，那必然就要被鲧、禹耻笑；如果还有人整天疏通河道在商、周之后的时代里，那就必然要被商汤、周武王所耻笑了。然而如今还有人赞美尧、舜、商汤、周武、夏禹的政治措施可以用在当今之世，必然就要被新时代的圣人所耻笑了。因此圣人不指望学习照搬古代的那一套，不效法常规的那一套，而是根据时代论事，制定相应措施。宋国有个耕地的人，田里有一棵树，兔子在奔跑时撞树，颈部撞断死了，于是他放下木锹而守在树旁，希望再捡到撞树而死的兔子，兔子是不可能再得到了，而自己却被宋国人取笑。如今想要用古代帝王的政治措施，来治理当代的民众，这就是守株待兔之类的笑话了。

古者丈夫不耕，草木之实足食也；妇人不织，禽兽之皮足衣也。不事力而养足，人民少而财有余，故民不争。是以厚赏不行，重罚不用，而民自治。今人有五子不为多，子又有五子，大父未死，而有二十五孙。是以人民众而货财寡，事力劳而供养薄，故民争，虽倍赏累罚而不免于乱。

【译文】古时候成年男子不耕种庄稼，野草树木的果实足够吃了；妇女不纺织，禽兽的皮足够穿了。不从事耕种纺织等体力劳动而给养充足，人口稀少而财物有余，所以民众不互相争夺。因此优厚的奖赏不必推行，严重的惩罚不必使用。如今的人有五个儿子不算多，每个儿子又有五个儿子，祖父还没有死就有了二十五个孙子。因此人民众多而财物缺少，从事劳动很辛苦而给养却很微薄，所以民众就互相争夺，虽然加倍奖赏屡次处罚而仍然不能避免祸乱发生。

尧之王天下也，茅茨不翦，采椽不斫；粝粢之食，藜藿之羹；冬日麑裘，夏日葛衣；虽监门之服养，不亏于此矣。禹之王天下也，身执耒臿，以为民先，股无肢，胫不生毛，虽臣虏之劳，不苦于此矣。以是言之，夫古之让天子者，是去监门之养，而离臣虏之劳也，古传天下而不足多也。今之县令，一日身死，子孙累世絜驾，故人重之。是以人之于让也，轻辞古之天子，难去今之县令者，薄厚之实异也。夫山居而谷汲者，𦞦腊而相遗以水；泽居苦水者，买庸而决窦。故饥岁之春，幼弟不饷；穰岁之秋，疏客必食。非疏骨肉爱过客也，多少之实异也。是以古之易财，非仁也，财多也；今之争夺，非鄙也，财寡也。轻辞天子，非高也，势薄也；争士橐，非下也，权重也。故圣人议多少、论薄厚为之政。故罚薄不为慈，诛严不为戾，称俗而行也。故事因于世，而备适于事。

【译文】尧统治天下的时候，茅草盖的屋顶也不加修剪，采集来的椽木也不砍削；吃的是粗糙的饭食，野菜豆叶的羹汁；冬天穿小鹿皮衣，夏天穿葛布的衣衫，虽然现在看门人的衣物给养，也不会比这更少了。大禹统治天下的时候，亲自拿着木锹铲把自己作为民众的带头人，累得大腿上没有肥肉，小腿上不长汗毛，虽然是奴隶们的劳动，也不至于这样苦。根据这种情况来说，古代谦让位天子之位的事，是去掉看门人的给养，而脱离了奴隶般的劳役，所以把天子位传给别人并不值得称赞。如今的县令，一旦自己死了，他的子孙接连几代都享受出门乘车的特殊待遇，所以人们才看重这个官职。因此人们对于辞让职位这件事，可以轻易辞去古代的天子，却难以舍弃如今的县令，这是因为待遇上的微薄与优厚不一样。那在山上居住而从山谷中取水的人们，每逢腊祭就把水作为礼物互相馈赠；在洼地居住而被水涝害苦的人们，却要雇佣劳力来开沟排水。所以在荒年的春天，就是幼小的弟弟也不给他饭吃；在丰年的秋天，即使是关系疏远的过客也要请他吃饭。这并不是要疏远自己的骨肉之亲而偏爱过路的客人，而是因为粮食的多少不一样。因此古代人看轻钱财，并不是心地仁慈，而是财物多多；如今的人争夺财物，并不是因为卑鄙无耻，而是因为财物很少。轻易地辞去天子，并不是因为品德高尚，而是因为天子的权势很小；如今争着当官或依附权势，并不是因为身处下位，而是因为权势重要。所以圣人计议社会财富的多才、考查权势的厚薄来为政。所以处罚轻微并不是因为仁慈，惩办严厉也不是因为残暴，而是适应社会习俗来办事而已。所以政事要随着时代的变化，而政治就应该适应变化的社会。

古者文王处丰、镐之间，地方百里，行仁义而怀西戎，遂王天下。徐偃王处汉东，地方五百里，行仁义，割地而朝者三十有六国。荆文王恐其害己也，举兵伐徐，遂灭之。故文王行仁义而王天下，偃王行仁义而丧其国，是仁义用于古，不用于今也。故曰：世异则事异。当舜之时，有苗不服，禹将伐之。舜曰："不可。上德不厚而行武，非道也。"乃修教三年，执干戚舞，有苗乃服。共工之战，铁铦矩者及乎敌，铠甲不坚者伤乎体。是干戚用于古，不用于今也。故曰：事异则备变。上古竞于道德，中世逐于智谋，当今争于气力。齐将攻鲁，鲁使子贡说之。齐人曰："子言非不辩也，吾所欲者土地也，非斯言所谓也。"遂举兵伐鲁，去门十里以为界。故偃王仁义而徐亡，子贡辩智而鲁削。以是言之，夫仁义辩智，非所以持国也。去偃王之仁，息子贡之智，循徐、鲁之力使敌万乘，则齐、荆之欲，不得行于二国矣。

【译文】古时候周文王住在丰、镐之间，领土才方圆百里，他行为于仁义而感化了西边的戎族，随后就统治了天下。徐偃王统治了汉水以东的地区，土地方圆五百里，行为于仁义，割地给他向他朝拜的国家就有三十六国。楚文王怕他会危害到自己，便举兵攻打徐国，随后把徐国消灭了。所以周文王行仁义而统治天下，徐偃王行仁义而丢失了国家，这说明推行仁义适合古代而不能用于现在。所以说：时代不一样了事情也就不一样了。在舜统治天下时，有苗族不肯服从，禹就准备征伐他们。舜说："不可以。君主德行不深厚而使用武力，不是正确的道路。"于是修整教化三年，拿着盾牌大斧跳舞，有苗族于是服从了。到共工打仗时，铁铲巨大打倒敌人，铠甲不坚固就伤到自己身体。这说明盾牌大斧适用于古代而不适用于现代。所以说：事情不一样了那么装备也就不一样了。上古时代的人们在道德上竞高低，中古时代的人们在智谋上争优劣，如今的人们在力气上争强弱。齐国将要攻打鲁国时，鲁国派子贡去游说齐国。齐国人说："您讲的话不是没有道理，但我们想要的是土地，而不是这些话中的道理。"随后举兵攻打鲁国，把距离鲁国都门十里的地方作为国界。所以徐偃王推行仁义而徐国灭亡，子贡有口才智慧而鲁国削减领土。这样说来，那仁义辩智，都不是用来掌握国家的办法。去掉徐偃王的仁爱，停息子贡的智慧，依靠徐国、鲁国自身的力量来抵抗万乘之多的敌人，那么齐国、楚国的欲望也就不能在徐、鲁两国得逞了。

夫古今异俗，新故异备。如欲以宽缓之政，治急世之民，犹无辔策而御駻马，此不知之患也。今儒、墨皆称先王，兼爱天下，则视民如父母之爱其子。何以明其然也？曰："司寇行刑，君为之不举乐；闻死刑之报，君为流涕。"此所举先王也。夫以君臣为如父子则必治，推是言之，是无乱父子也。人之情性，莫先于父母，皆见爱而未必治也，虽厚爱矣，奚遽不乱？今先王之爱民，不过父母之爱子，子未必不乱也，则民奚遽治哉？且夫以法行刑，而君为之流涕，此以效仁，非以为治也。夫垂泣不欲刑者，仁也；然而不可不刑者，法也。先王胜其法，不听其泣，则仁之不可以为治亦明矣。

【译文】古代和现在的社会习俗不一样，所以新旧时代的政治措施也不一样。如果想用宽松和缓的政治措施，来治理急剧变动时代的人民，就好像是没有缰绳和马鞭去驾驭凶悍的马，这是不明智造成的祸患。如今儒家、墨家都声称先前的君王同时爱普天之下的民众，而且对待人民就像父母爱自己的孩子一样。用什么来说明呢？他们说："司寇执行刑罚时，君主因此不演奏音乐；听说死刑判决后，君主流出了眼泪。"这就是他们所推崇的先王。他们以为君臣关系像父子关系一样那么国家就必然治理，由此推论，那就没有关系不和睦的父子了。人的感情没有超过父母对待子女的，但父母都付出了爱而家庭未必就是和睦的，虽然爱得深厚，怎么就不发生纠纷呢？如今先王的爱民，不会超过父母对子女的爱，做子女的未必就不混乱，那么民众怎么样治理呢？再说按照法令执行刑罚时，而君主为之流泪，以此来表现仁爱，这并不是因为治理。那挂着眼泪不想执行刑罚的，是仁爱的表现；然而不可以不执行刑罚，是法制的需要。先王统治国家优先实行法制，不听从哭泣，那么仁爱不可以用来作为治国的办法也就很明白了。

且民者固服于势，寡能怀于义。仲尼，天下圣人也，修行明道，以游海内，海内说其仁、美其义，而为服役者七十人。盖贵仁者寡，能义者难也。故以天下之大，而为服役者七十人，而仁义者一人。鲁哀公，下主也，南面君国，境内之民，莫敢不臣。民者固服于势，诚易以服人，故仲尼反为臣，而哀公顾为君。仲尼非怀其义，服其势也。故以义则仲尼不服于哀公，乘势则哀公臣仲尼。今学者之说人主也，不乘必胜之势，而务行仁义则可以王，是求人主之必及仲尼，而以世之凡民皆如列徒，此必不得之数也。

【译文】况且民众本来就屈服于权势，很少能心怀仁义。孔子，是天下的圣人，他修养明智的道路而周游天下，可是天下喜欢他的仁、赞美他的义的学说而给他效劳的人才七十人。可见崇尚仁爱的人少，能行为于义的人很难。所以天下很大，而为孔子效劳的才七十人，而奉行仁义的只有孔子一人。鲁哀公，是个才智低下的君主，他面向南就统治一个国家，国境内的民众没有哪个敢不臣服。民众本来就屈服于权势，而权势的确可以用来制服人，所以孔子虽然是圣人却只能做臣子而鲁哀公反而做了君主。孔子并不是心怀仁义，而服从权势。因此按仁义来讲那么孔子不会屈服于鲁哀公，但凭借权势那么鲁哀公就可以使孔子称臣服从。如今的学者去游说君主，不劝君主去凭借必然可以制服人的权势，而致力于推行仁义那么就可以称王天下，这是要求君主要赶得上孔子，而以为世上的普通老百姓都会像孔子的门徒一样，这必然是不能实现的道理。

今有不才之子，父母怒之弗为改，乡人谯之弗为动，师长教之弗为变。夫以父母之爱、乡人之行、师长之智，三美加焉，而终不动其胫毛，不改毫发。州部之吏，操官兵，推公法，而求索奸人，然后恐惧，变其节，易其行矣。故父母之爱，不足以教子，必待州部之严刑者，民固骄于爱、听于威矣。故十仞之城，楼季弗能逾者，峭也；千仞之山，跛牂牧者，夷也。故明王峭其法而严其刑也。布帛寻常，庸人不释；铄金百溢，盗跖不掇。不必害，则不释寻常；必害手，则不掇百溢。故明主必其诛也。是以赏莫如厚而信，使民利之；罚莫如重而必，使民畏之；法莫如一而固，使民知之。故主施赏不迁，行诛无赦，誉辅其赏，毁随其罚，则贤不肖俱尽其力矣。

【译文】有一个不成器的小子，父母愤怒地斥责也不能让他悔改，乡亲们责备他也不因此动心，老师教育他也不因此而转变。用父母亲的疼爱、乡亲们的行为、老师的智慧，这三样美好的东西加到他身上，而始终无动于衷，连他小腿上的一根汗毛也没有改变。然而当地方衙门的差役，带着官兵，执行国家法令，而追查奸邪的人时，他就恐惧了，改变了节操，改变了过去的行为。所以父母亲的爱不能够用来教育子女，必须等待地方衙门的严厉惩罚，这是因为人们本来就是受到宠爱便会骄横放纵、见了威势就会俯首听从的缘故。所以十丈高的城墙，就是善于登高的楼季也不能逾越，是因为它陡峭；千丈高的山峰，就是跛足者也容易登上，所以明白的君王严峻地制定法律而严格地执行惩罚。布帛只有一二丈，庸俗的人舍不得放手；熔化的金子有百斤，盗跖也不敢去拾取。不必然地被伤害，那么一二丈布帛也不放手；必然要被伤害，那么百金也不敢拾取。所以明白的君主必然要执行惩罚。因此奖赏不如丰厚而且讲信用，使人们能得到利益；惩罚不如加重而且必然执行，使人们害怕；法律不如统一而且固定，使人们知道。所以君主施行奖赏不随意变动，执行惩罚没有赦免，再用赞誉来辅助奖赏，用诋毁来跟随惩罚，那么贤能与不肖之徒都会竭尽全力为国了。

今则不然。其有功也爵之，而卑其士官也；以其耕作也赏之，而少其家业也；以其不收也外之，而高其轻世也；以其犯禁罪之，而多其有勇也。毁誉、赏罚之所加者，相与悖缪也，故法禁坏而民愈乱。今兄弟被侵必攻者，廉也；知友辱随仇者，贞也。廉贞之行成，而君上之法犯矣。人主尊贞廉之行，而忘犯禁之罪，故民程于勇，而吏不能胜也。不事力而衣食，谓之能；不战功而尊，则谓之贤。贤能之行成，而兵弱而地荒矣。人主说贤能之行，而忘兵弱地荒之祸，则私行立而公利灭矣。

【译文】如今却不是这样。因为某人有功劳也授给官爵，而又鄙视他做官；因为某人努力耕作也奖赏他，而又要限制他的家业；因为某人不接受爵位俸禄也要疏远他，而又要推崇他轻视世俗名利；因为某人触犯禁令而惩罚他，而又要赞美他有勇气。诋毁赞誉、奖赏惩罚所施加的对象是这样互相矛盾错乱，所以法律禁令被破坏而民众越来越混乱。如今兄弟遭到侵犯，必然帮助兄弟反击的，被认为是正直；知道朋友受侮辱，跟着也随从朋友仇恨的，被认为是忠贞。这种正直和忠贞的德行养成了，而君主上级的法令也就违犯了。君主尊崇正直和忠贞的行为，而忘记了违犯禁令的罪过，所以民众衡量于勇力，而官府就不能制服他们了。不从事耕作等体力劳动而有吃有穿，就称之为有本事；不作战立功而能取得尊贵地位，则称之为贤能。这种贤能养成了，而国家兵力就衰弱土地就荒芜了。君主喜爱这种贤能的行为，而忘记兵力衰弱土地荒芜的祸患，那么谋取私利的行为就站得住脚而国家的利益也就丧失了。

儒以文乱法，侠以武犯禁，而人主兼礼之，此所以乱也。夫离法者罪，而诸先生以文学取；犯禁者诛，而群侠以私剑养。故法之所非，君之所取；吏之所诛，上之所养也。法、趣、上、下，四相反也，而无所定，虽有十黄帝，不能治也。故行仁义者非所誉，誉之则害功；文学者非所用，用之则乱法。楚之有直躬，其父窃羊而谒之吏。令尹曰：“杀之！”以为直于君而曲于父，报而罪之。以是观之，夫君之直臣，父子暴子也。鲁人从君战，三战三北。仲尼问其故，对曰：“吾有老父，身死莫之养也。”仲尼以为孝，举而上之。以是观之，夫父之孝子，君之背臣也。故令尹诛而楚奸不上闻，仲尼赏而鲁民易降北。上下之利，若是其异也，而人主兼举匹夫之行，而求致社稷之福，必不几矣。

【译文】儒家用文献典籍来扰乱法治，侠客用武力来违犯禁令，而君主对这两种人都以礼待之，这就是国家混乱的原因。那违反法令的就应该加以治罪，而儒生们却靠研究文献典籍被录取任用；违犯禁令的应该被惩处，而成群的侠客却因为私利去行刺被供养。所以法律所否定的，却是君主所录用的；官吏所要惩罚的，却是君主所供养的。法律所否定的、君主所录取的、官吏所惩处的、君主所供养的这四种情况互相矛盾，没有明确的是非标准，虽然有十个黄帝也不能把国家治理好。所以行为于仁义的人并不是应该称赞的，称赞了他们那么就有害于功劳；研究文献典籍的人并不是应当任用的，任用了他们那么就会扰乱法治。楚国有个人叫直躬，他的父亲偷了羊，他便把这事报告给官吏。令尹说：“杀掉他！”人们都认为他对君主正直忠诚而对父亲大逆不道，所以报告官府把他惩处了。由此看来，那君主的正直忠诚之臣，就是父亲的逆子。鲁国有个人跟随君主去打仗，三次交战他三次败退逃跑。孔子询问他原因，他回答说：“我家里有老父亲，我死了就没有人赡养他了。”孔子认为这个人很有孝道，就推举他让他当了官。由此看来，那父亲的孝子，就是君主的叛臣。所以令尹杀了告发父亲的直躬，楚国的坏人坏事就不再有人向上告发了，孔子奖赏了逃兵而鲁国民众就容易临阵败逃了。君主和臣民的上下利益，它们的不同就像这样，而君主在推崇平民百姓为个人利益的行为时，又想求得社稷的平安幸福，必然是没有机会的。

古者苍颉之作书也，自环者谓之私，背私谓之公，公私之相背也，乃苍颉固以知之矣。今以为同利者，不察之患也，然则为匹夫计者，莫如修行义而习文学。行义修则见信，见信则受事；文学习则为明师，为明师则显荣：此匹夫之美也。然则无功而受事，无爵而显荣，为有政如此，则国必乱，主必危矣。故不相容之事，不两立也。斩敌者受赏，而高慈惠之行；拔城者受爵禄，而信廉爱之说；坚甲厉兵以备难，而美荐绅之饰；富国以农，距敌恃卒，而贵文学之士；废敬上畏法之民，而养游侠私剑之属。举行如此，治强不可得也。国平养儒侠难至用介士，所利非所用，所用非所利。是故服事者简其业，而于游学者日众，是世之所以乱也。

【译文】古时候苍颉创造文字，把自己围绕着自己转的厶字形叫做私，把与厶相背的字形叫做公，公与私是互相背离的，这是苍颉本来就知道的事情。如今认为公与私的利益是相同的人，是不考察的错误，然而为平民百姓考虑，不如修养品行及行为方式而学习文献典籍。行为方式修养了那么就能表现出诚信，表现出诚信那么就能接受办事；文献典籍学了那么就能成为明白的老师，成为明白的老师那么就能显赫荣耀；这是平民百姓的美事。然而没有建立功劳就接受办事，没有获得爵位就表现出荣耀，这样为政，那么国家必然会混乱，君主必然会危险。所以那互不相容的事情，是不能并存的。勇猛杀敌的人接受奖赏，却又推崇慈爱仁惠的行为，攻克城池的人接受爵位俸禄，而又要相信正直仁爱的学说；加固铠甲磨快兵器来防备战争，而又赞美儒服的宽袍大袖；使国家富裕要靠农民，抵抗敌人要靠战士，而又要重视搞文化的读书人；废除那些尊敬上级敬畏法律的民众，而又要供养游侠剑客之流。君主的行为像这样，把国家治理成强国是不可能得到的。国家太平时供养儒生侠士，战争来了就要用独特的战士，得到利益的人不是被使用的人，被使用的人不是得到利益的人。因此从事农耕作战的人荒废了事业，而游侠儒生日益增多，这就是社会之所以混乱的原因。

且世之所谓贤者，贞信之行也；所谓智者，微妙之言也。微妙之言，上智之所难知也。今为众人法，而以上智之所难知，则民无从识之矣。故糟糠不饱者，不务粱肉，短褐不完者，不待文绣。夫治世之事，急者不得，则缓者非所务也。今所治之政，民间之事，夫妇所明知者不用，而慕上知之论，则其于治反矣。故微妙之言，非民务也。若夫贤良贞信之行者，必将贵不欺之士；不欺之士者，亦无不欺之术也。布衣相与交，无富厚以相利，无威势以相惧也，故求不欺之士。今人主处制人之势，有一国之厚，重赏严诛，得操其柄，以修明术之所烛，虽有田常、子罕之臣，不敢欺也，奚待于不欺之士？今贞信之士不盈于十，而境内之官以百数，必任贞信之士，则人不足官。人不足官，则治者寡而乱者众矣。故明主之道，一法而不求智，固术而不慕信，故法不败而群官无奸诈矣。

【译文】况且社会上所谓的贤能，是指一些忠贞诚信的行为；所谓的有智慧，是指说一些深奥玄妙的话，深奥玄妙的话，是君主上级所难以理解的。如今制定民众所遵守的法规，而使用君主上级所难以理解的言论，那么民众就更没有办法了解了。所以连酒糟稻糠都吃不饱的人是不会去致力于米饭和鱼肉的，穿粗布短衣都还不完整的人是不会去期望绣花衣服的。那治理社会的事情，紧急的事还没有得到解决，那么不紧迫的事就不要去做了。如今治理国家的政治措施，凡是民间的事，一般夫妇都能明白的都不采用，而去追求那些连君主上级都难以理解的事，那么对于治理国家来说就是背道而驰了。所以深奥玄妙的言论，不是民众所追求的。至于贤良忠贞诚信的行为，必然是重视不搞欺骗的人；不搞欺骗的人，也没有不被欺骗的办法。平民百姓的互相交往，没有丰厚的财富来给对方利益，没有威势来使对方害怕自己，所以要寻求不搞欺骗的人。如今君主有制服民众的权势，有一个国家的丰厚的财富，对于重赏和严厉惩罚，能够掌握权柄，可以用来修整用明白的办法所洞察到的事情，虽然有田常、子罕似的臣子，也不敢来欺骗，哪里还要依靠不搞欺骗的人呢？如今忠贞诚信的人还不满十个，而国内能做官的人却数以百计，必然要任用忠贞诚信的人的话，那么合格的人才不够用来应付官职的需要。能做官的人不够用来应付官职的需要，那么能参与治理的官员就少而混乱的人就多了。所以明白的君主的道路，就是掌握法律而不追求所谓的智慧，巩固统治办法而不去仰慕所谓的诚信，所以法治不会被破坏，而官吏们也就没有奸邪的了。

今人主之于言也，说其辩而不求其当焉；其用于行也，美其声而不责其功。是以天下之众，其谈言者务为辨，而不周于用，故举先王言仁义者盈廷，而政不免于乱；行身者竞于为，高而不合于功，故智士退处岩穴，归禄不受，而兵不免于弱，政不免于乱，此其故何也？民之所誉，上之所礼，乱国之术也。今境内之民皆言治，藏商、管之法者家有之，而国愈贫，言耕者众，执耒者寡也；境内皆言兵，藏孙、吴之书者家有之，而兵愈弱，言战者多，被甲者少也。故明主用其力，不听其言；赏其功，伐禁无用。故民尽死力以从其上。夫耕之用力也劳，而民为之者，曰：可得以富也。战之事也危，而民为之者，曰：可得以贵也。今修文学，习言谈，则无耕之劳，而有富之实，无战之危，而有贵之尊，则人孰不为也？是以百人事智，而一人用力。事智者众则法败；用力者寡则国贫：此世之所以乱也。

【译文】如今君主对于臣民的言谈，喜欢它的诡辩而不去责求与事实是否相符；只欣赏它的悦耳动听而不去责求是否有功效。因此天下的人们，其游说的人致力于诡辩而不切合实用，所以赞扬先王大谈仁义的人挤满了朝廷，而国家政事仍不免于混乱；修身的人竞相清高而不去做实际工作，所以有智慧的人隐居到深山岩洞里，赠送的财禄也不接受，而国家的兵力不能免于削弱，政事不能免于混乱，这是什么原因呢？民众所赞誉的，君主上级所尊重的，都是使国家混乱的办法。如今国内的民众都在谈论治理国家的事情，家家藏有商鞅、管子的论法著作，而国家却越来越贫穷，这是因为谈论农耕之事的人多，拿着农具去种地的人却很少；国内的人都在谈论打仗的事，家家藏有孙子、吴起的军事著作，而国家的兵力却越来越弱；这是因为空谈战争的人多，而披着铠甲去打仗的人却很少；所以明白的君主使用臣民的力气，不听从臣民的言谈；奖赏臣民的功绩，坚决禁止没有效用的行为。所以民众都拼死尽力来跟从君主上级。那耕田种地要使用力气是很劳苦的，而民众之所以去做这些事，是认为：可以得到富裕。打仗的事也很危险，而民众之所以去做这些事，是认为：可以得到富贵。如今研究文献典籍的人，学习言谈辩论，那么就没有耕种的劳苦而有了富贵的事实，没有战争的危险而有了高贵的尊崇，那么人们为什么不愿干呢？因此百人从事智力而只有一人使用力气。从事智力的人多，那么法制就会败坏；使用力气的人少，那么国家就会贫穷；这就是社会之所以混乱的原因。

故明主之国，无书简之文，以法为教；无先王之语，以吏为师；无私剑之捍，以斩首为勇。是境内之民，其言谈者必轨于法，动作者归之于功，为勇者尽之于军。是故无事则国富，有事则兵强，此之谓王资。既畜王资而承敌国之舋，超五帝侔三王者，必此法也。

【译文】所以在明白的君主统治的国家里，没有文献典籍等方面的文章，而是用法律来教育人民；没有先王的语录，而是用执法的官吏来当老师；没有私自供养剑客来保卫私有财产，而是以上阵杀敌为勇敢。因此国境内的民众，所言谈的都是遵循法制，所动作的都是要取得功效，致力于勇敢的都从军上阵。因此没有什么战事那么国家就能富裕，有了战事那么兵力就强盛，这就是称王天下的资本。既然拥有称王天下的资本，又善于利用敌国的弱点；建立赶超五帝、赶上三王的功业，一定要采纳这种办法。

今则不然，士民纵恣于内，言谈者为势于外，外内称恶，以待强敌，不亦殆乎！故群臣之言外事者，非有分于从衡之党，则有仇雠之忠，而借力于国也。从者合众弱以攻一强也；而衡者事一强以攻众弱也：皆非所以持国也。今人臣之言衡者，皆曰："不事大，则遇敌受祸矣。"事大未必有实，则举图而委地，效玺而请兵矣。献图则地削，效玺则名卑，地削则国削，名卑则政乱矣。事大为衡，未见其利也，而亡地乱政矣。人臣之言从者，皆曰："不救小而伐大，则失天下，失天下则国危，国危而主卑。"救小未必有实，则起兵而敌大矣。救小未必能存，而交大未必不有疏，有疏则为强国制矣。出兵则军败，退守则城拔。救小为从，未见其利，而亡地败军矣。是故事强，则以外权士官于内；救小，则以内重求利于外。国利未立，封土厚禄至矣；主上虽卑，人臣尊矣；国地虽削，私家富矣。事成则以权长重；事败则以富退处。人主之于其听说也于其臣，事未成，则爵禄已尊矣；事败而弗诛，则游说之士，孰不为用矰缴之说而侥幸其后？故破国亡主，以听言谈者之浮说。此其故何也？是人君不明乎公私之利，不察当否之言，而诛罚不必其后也。皆曰："外事大可以王，小可以安。"夫王者能攻人者也；而安则不可攻也。强则能攻人者也；治则不可攻也。治强不可责于外，内政之有也。今不行法术于内，而事智于外，则不至于治强矣。

【译文】如今就不是这样，儒生民众在国内放纵恣肆，游说者纵横家在国外造就自己的势力，他们内外作恶，以等待强大的敌国，这难道不危险吗！所以群臣中谈论外交事务的，不是与合纵或连横的朋党有关系，就是有报仇的心思而想借用国家的力量。所谓合纵，就是联合许多弱小的国家去攻打一个强大的国家；而所谓的连横，就是侍奉一个强国去攻打众多弱小的国家；这些都不是保全国家的办法。如今臣子中那些主张连横的人，都说："不侍奉大国，那么一碰上敌人就会遭受灾祸了。"侍奉大国不一定有什么实际效果，而且还要拿国家地图去交给大国，献出君主印章才能请求军事援助。献上地图那么土地就会被削减，献出印章那么名声就会降低，土地被削减那么就等于是国家被削弱，名声被降低那就等于是政事混乱了。侍奉大国搞连横，还没有见到好处，而土地就丧失政事就混乱了。臣子中那些谈论合纵的人，都说："不去救援小国而去攻打大国，那么就会失去天下，失去天下那么国家就危险了，国家危险了那么君主就会卑贱。"救援小国未必有什么实际好处，却首先要起兵与大国敌对。救援小国不一定就能保存它，而与大国交战不一定就没有疏漏之处，有疏漏之处那么就会被强国所制约。如果出兵进攻那么军队就会被打败，如果退守那么城池就会被攻克。救援小国搞合纵，还没有看到好处，而土地已丧失军队就溃败了。因此侍奉强国，就让那些主张连横的人依靠外国权势在国内做官；救援小国，就让那些主张合纵的人依靠国内权势到国外谋取私利。国家利益还没有成就，搞合纵连横的人却得到了土地分封和高官厚禄；君主地位降低了，臣子的地位却尊贵了；国家土地削弱了，臣子家庭却富裕了。事情如果办成，那么这些纵横家就会凭借权势长期被重用；事情如果失败，那么这些纵横家就会依靠获得的财富隐居退让。君主听信这些搞合纵连横的臣子的说法，事情没有办成但爵位俸禄他们已经得到了；事情失败了而不会受到惩处，那么这些游说的人哪一个不心存侥幸去干这种有得无失的事呢？因此国家破灭君主死亡就是听信了这些纵横家的空谈。这是什么缘故呢？这是因为君主不能明辨公与私的利益所在，不能审察是与非的言论，而惩罚也不能随后坚决执行。都说："外交事务，收效大的可以称王天下，收效小的可以安定国家。"那称王天下的，是指能进攻别人；而国家安定，那么就不可能被进攻。强大，那么就能进攻别人；治理，那么就不可能被进攻。国家的安定强大不可以求助于外交，这是国内本身就有的。如今不在国内实行法制办法，而要在外交上费尽心机，那么就不可能达到国治兵强的目的。

鄙谚曰："长袖善舞，多钱善贾。"此言多资之易为工也。故治强易为谋，弱乱难为计。故用于秦者，十变而谋希失；用于燕者，一变而计希得。非用于秦者必智，用于燕者必愚也，盖治乱之资异也。故周去秦为从，期年而举；卫离魏为衡，半岁而亡。是周灭于从，卫亡于衡也。使周、卫缓其从衡之计，而严其境内之治，明其法禁，必其赏罚，尽其地力，以多其积，致其民死，以坚其城守，天下得其地则其利少，攻其国则其伤大，万乘之国，莫敢自顿于坚城之下，而使强敌裁其弊也，此必不亡之术也。舍必不亡之术，而道必灭之事，治国者之过也。智困于内，而政乱于外，则亡不可振也。

【译文】俗话说："袖长善于舞，本钱多就善于经商。"这是说凭借优越条件就容易把事情做好。所以治理得强大的国家容易谋划，弱小混乱的国家很难计划。所以被秦国任用的人，即使情况世事发生十次变化而计谋也很少失败；被燕国任用的人，情况世事发生一次变化而计谋就很少能成功。这并不是被秦国任用的人就必然有智慧，也不是被燕国任用的人必然很愚蠢，这是因为治理混乱的条件不一样。所以周国背离秦国搞合纵，一年就被攻克了；卫国背离魏国搞连横，半年就灭亡了。这就是周国搞合纵而亡了国，卫国搞连横而亡了国。假使周国、卫国慢一点实施他们的合纵连横计划，而严格国内的治理，彰明他们的法律禁令，坚决执行赏罚，充分发扬土地的生产能力来增加他们的积蓄，引导他们的民众甘愿拼死来加强城池的守卫，那么其他诸侯国想要夺取土地而利益将会很少，攻占他们的国家那么伤亡将会很大，即使是拥有万乘兵车的大国也不敢在这种坚固的城防下屯兵而拖垮，从而使强大的敌人抓住自己的疲乏机会来制裁自己，这就是不使自己的国家灭亡的办法。舍弃这种不使自己灭亡的办法而去走必然灭亡的道路，就是治国者的过错。费尽心机困于内部而政事在外部混乱，那么就灭亡而不可挽救了。

民之政计，皆就安利，如辟危穷。今为之攻战，进则死于敌，退则死于诛，则危矣。弃私家之事，而必汗马之劳，家困而上弗论，则穷矣。穷危之所在也，民安得勿避？故事私门而完解舍，解舍完则远战，远战则安。行货赂而袭当涂者则求得，求得则私安，私安则利之所在，安得勿就？是以公民少而私人众矣。

【译文】民众正常的生活的计划，都是追求安全和利益而避开危险和穷困。如今让他们去打仗，前进就会死在敌人手中，后退就会被惩罚，那么就很危险。抛弃自己的家业而去效汗马功劳，使家里贫困而君主上级又不加过问，那么就很穷困。穷困危险的地方，民众怎么能不逃避呢？所以侍奉权贵大臣而能得到修缮房屋，房屋修缮完了那么就能远离战争，远离战争也就安全了。进行贿赂去追随当权者那么就能得到所想要的，所想要的能够求得那么个人就能安逸了，个人得到安逸那么就是有利的事，人们怎么能不追求呢？因此为国家出力的民众少而为私人服务的人就多了。

夫明王治国之政，使其商工游食之民少而名卑，以寡趣本务而趋末作。今世近习之请行，则官爵可买；官爵可买，则商工不卑也矣。奸财货贾得用于市，则商人不少矣。聚敛倍农，而致尊过耕战之士，则耿介之士寡而商贾之民多矣。

【译文】那明白的君王治理国家的政事，是要使国内的商人工匠和无业游民减少而且使他们的名声卑微，这是因为人们很少去从事务本的农耕而都趋向工商业。如今社会上亲信的请求能行得通，那么官位爵位就可以花钱买到；官位爵位可以花钱买到，那么从事工商业的人就不卑微了。不义之财的投机买卖能在市场上通行，那么经商的人就不会少了。聚敛钱财几倍于农民而且尊贵地位又超过种地打仗的人，那么光明正大的人就少而非法牟利的人就多了。

是故乱国之俗：其学者，则称先王之道以籍仁义，盛容服而饰辩说，以疑当世之法，而贰人主之心。其言古谈者，为设诈称，借于外力，以成其私，而遗社稷之利。其带剑者，聚徒属，立节操，以显其名，而犯五官之禁。其患御者，积于私门，尽货赂而用重人之谒，退汗马之劳。其商工之民，修治苦窳之器，聚弗靡之财，蓄积待时，而侔农夫之利。此五者邦之蠹也。人主不除此五蠹之民，不养耿介之士，则海内虽有破亡之国，削灭之朝，亦勿怪矣。

【译文】所以扰乱国家风俗习惯的是：那些学习文献典籍的人，动不动就称颂先王之道以凭借仁义，讲究仪表服饰并修饰言词高谈阔论，用这种方法来质疑当今的法制，而转移君主的思想。他们言必谈古，捏造事实编造谎言，借助于外部势力，以成就自己的私利，而丢掉了国家利益。他们中的带剑习武之人，聚集徒众，标榜气节，以此显扬自己的名声，而肆意触犯五大部门的禁令。那些担心去打仗的人，聚集在权贵门下，用尽财货进行贿赂，利用大臣的说情请托，来逃避作战的劳苦。那些从事工商业的人，制造粗劣的器具，聚集供人挥霍浪费的财物，囤积居奇，而牟取农民的利益。这五种人，是国家的蛀虫。君主不去除这五种蛀虫似的民众，不培养光明正大的读书人，那么天下即使有残破沦亡的国家，有削弱覆灭的朝廷，也不必奇怪了。

显学

世之显学，儒、墨也。儒之所至，孔丘也。墨之所至，墨翟也。自孔子之死也，有子张之儒，有子思之儒，有颜氏之儒，有孟氏之儒，有漆雕氏之儒，有仲良氏之儒，有孙氏之儒，有乐正氏之儒。自墨子之死也，有相里氏之墨，有相夫氏之墨，有邓陵氏之墨。故孔、墨之后，儒分为八，墨离为三，取舍相反不同，而皆自谓真孔、墨，孔、墨不可复生，将谁使定世之学乎？孔子、墨子，俱道尧、舜，而取舍不同，皆自谓真尧、舜，尧、舜不复生，将谁使定儒、墨之诚乎？殷、周七百余岁，虞、夏二千余岁，而不能定儒、墨之真；今乃欲审尧、舜之道于三千岁之前，意者其不可必乎！无参验而必之者，愚也；弗能必而据之者，诬也。故明据先王，必定尧、舜者，非愚则诬也。愚诬之学，杂反之行，明主弗受也。

【译文】社会上名声显赫的学派，是儒家、墨家。儒家造诣最高的，是孔子。墨家造诣最高的，是墨翟。自从孔子死后，有子张一派的儒家，有子思一派的儒家，有颜回一派的儒家，有孟子一派的儒家，有漆雕启一派的儒家，有仲良子一派的儒家，有公孙尼子一派的儒家，有乐正子一派的儒家。自从墨子死后，有相里勤一派的墨家，有相夫子一派的墨家，有邓陵子一派的墨家。所以在孔子、墨子死后，儒家分成八派，墨家分为三派，他们的学问所取舍的各不相同，都自称为是真正的孔家、墨家思想，孔子、墨子不可能再复生，那将让谁来判定当代的这些学派是不是得了孔、墨的真传呢？孔子、墨子都称道尧、舜，而取舍亦不同，却也都说自己的主张是真正的尧、舜的思想，尧、舜不可能再复生，那将让谁来确定儒家、墨家究竟哪一家的说法是真的呢？殷商朝、周朝各自都有七百余年的历史，虞、夏到现在有两千多年了，而不能断定儒家、墨家的真假；如今想要审察三千年以前的尧、舜，想来是不可能确定的吧！不用事实验证就对事物作出决断，是愚蠢的；不能确定事物的真假就作为依据，是一种欺骗。所以明显地说根据先王，肯定尧、舜的事迹，不是愚蠢就是欺骗。愚蠢骗人的学说，杂乱矛盾的行为，明白的君主是不会接受的。

墨者之葬也，冬日冬服，夏日夏服，桐棺三寸，服丧三月，世以为俭而礼之。儒者破家而葬，服丧三年，大毁扶杖，世主以为孝而礼之。夫是墨子之俭，将非孔子之侈也；是孔子之孝，将非墨子之戾也。今孝、戾、侈、俭，俱在儒、墨，而上兼礼之。漆雕之议，不色挠，不目逃，行曲则违于臧获，行直则怒于诸侯，世主以为廉而礼之。宋荣子之议，设不斗争，取不随仇，不羞囹圄，见侮不辱，世主以为宽而礼之。夫是漆雕之廉，将非宋荣之恕也；是宋荣之宽，将非漆雕之暴也。今宽、廉、恕、暴俱在二子，人主兼而礼之。自愚诬之学、杂反之辞争，而人主俱听之，故海内之士，言无定术，行无常议。夫冰炭不同器而久，寒暑不兼时而至，杂反之学不两立而治。今兼听杂学缪行同异之辞，安得无乱乎？听行如此，其于治人，又必然矣。

【译文】墨家主张的丧葬是，人死在冬天就穿冬季的服装下葬，死在夏天就穿夏天的服装下葬，桐木做的棺材只能要三寸厚，要为死者服丧三个月，社会上都认为这很节俭而作为行为规范。儒家主张倾家荡产来安葬死者，要服丧三年，而且要毁坏自己的身体靠拐杖才能站起来，当世的君主认为这是孝而作为行为规范。如果肯定墨家的节俭，就将会否定孔子的奢侈浪费；如果要肯定孔子的孝，就将会否定墨家的违逆。如今孝、违逆、奢侈、节俭都包含在儒、墨两家的主张之中，而君主上级同时都作为行为规范。漆雕子的主张是，不在脸色上表现出屈服，不在眼神中表现出逃避，行为不正那么连奴隶也要避开，行为正直那么就敢于怒斥诸侯，当世君主认为方刚正直而作为行为规范。宋荣子的主张是，对所设置的不斗争，对所取得的不立仇，不把坐牢当羞耻，被欺侮也不以为耻辱，当世的君主认为宽宏大度而作为行为规范。如果肯定漆雕子的刚正，就将会否定宋荣子的宽恕；如果肯定宋荣子的宽恕，就将会否定漆雕子的凶暴。如今大度、刚正、宽恕、凶暴都包含在他们二人的主张中，君主却同时作为行为规范。自从愚蠢骗人的学说，杂乱矛盾的说法互相争辩以来，君主同时都听从，所以天下的读书人，说话没有明确的思想原则，行为没有固定的道德原则。冰块和火炭放在同一个容器里不可能持久，严寒和炎热不可能在一个季节同时到来，杂乱矛盾的学说不可能同时并存而使国家得到治理。如今同时听从杂乱的学说和荒谬的行为互相矛盾的言论，国家哪能不混乱呢？君主听言行事像这样，对于治理民众方面必然也是这样了。

今世之学士语治者，多曰："与贫穷地以实无资。"今夫与人相若也，无丰年旁入之利，而独以完给者，非力则俭也。与人相若也，无饥馑、疾疢、祸罪之殃，独以贫穷者，非侈则堕也。侈而堕者贫，而力而俭者富。今上征敛于富人，以布施于贫家，是夺力俭而与侈堕也，而欲索民之疾作而节用，不可得也。

【译文】如今社会上的学者谈论治理国家的，很多都说："把土地分给贫穷的人以充实他们的财富。"如今那些与别人条件一样，没有丰收的年成和额外收入而唯独能自给自足的人，不是因为勤劳就是因为节俭。和别人条件相似，没有遭受饥荒、疾病、灾祸、刑罚的残害而偏偏贫穷的人，不是因为奢侈就是因为懒惰。奢侈而又懒惰的人贫穷，而勤劳而又节俭的人富裕。如今君主上级向富人征收财物来施舍给贫穷的人，是在掠夺勤劳节俭的人而赏赐奢侈懒惰的人，而这样想求得民众勤快耕作和省吃俭用，是不可能的。

今有人于此，义不入危城，不处军旅，不以天下大利易其胫一毛，世主必从而礼之，贵其智而高其行，以为轻物重生之士也。夫上所以陈良田大宅，设爵禄，所以易民死命也。今上尊贵轻物重生之士，而索民之出死而重殉上事，不可得也。藏书策，习谈论，聚徒役，服文学而议说，世主必从而礼之，曰："敬贤士，先王之道也。"夫吏之所税，耕者也；而上之所养，学士也。耕者则重税，学士则多赏，而索民之疾作而少言谈，不可得也。立节参明，执操不侵，怨言过于耳，必随之以剑，世主必从而礼之，以为自好之士。夫斩首之劳不赏，而家斗之勇尊显，而索民之疾战距敌而无私斗，不可得也。国平则养儒侠，难至则用介士。所养者非所用，所用者非所养，此所以乱也。且夫人主于听学也，若是其言，宜布之官而用其身；若非其言，宜去其身而息其端。今以为是也，而弗布于官；以为非也，而不息其端。是而不用，非而不息，乱亡之道也。

【译文】如今有人在这里，行为方式是不进入危险的城市，不呆在军队里，不拿天下的大利益来换取自己腿上的一根汗毛，当代的君主必然跟随而且礼拜他，重视他的智慧而推崇他的行为，认为他是轻视物质利益重视生命的读书人。君主之所以准备良田豪宅，设置爵位俸禄，是为了用它来换取民众为自己卖命的。如今君主上级尊敬重视轻视物质利益重视生命的读书人，而要求民众出生入死为君主的事业献身，是不可能的。收藏图书典籍，学习言谈辩论，聚集徒弟门生，研究文献典籍来高谈阔论进行游说，当代的君主必然跟随而且礼拜他，还说："尊敬贤能的读书人，是先前的君主的道路。"官吏所征税的对象，是种地的农民，而君主上级所供养的，是学习的读书人。对耕地的人加重赋税，对学习的读书人则多有赏赐，而要求民众勤快耕作而少去论事辩说，是不可能的。标榜气节参究显明，坚持操守不容侵犯，但怨言一旦经过他的耳时，他必然随即拿起剑来一博，当代的君主必然跟随而且礼拜他，认为这是爱惜自己声誉的读书人。那为国杀敌的功劳得不到奖赏，而为私家争斗的勇敢之人却尊贵显赫，而要求民众奋勇作战抗拒敌人而不为私斗，是不可能的。国家太平时那么供养儒生侠士，国家有难时那么就使用有独特才能的人。所供养的人不是所使用的人，所使用的人不是所供养的人，这就是混乱的原因。再说君主在听取各种学说时，如果认为那言论是对的，就应该公布这些言论并任用他；如果不认同这些言论，就应该开除这个人而且要平息这些言论。如今认为是对的，也不在官府中公布；认为是不对的，也不消灭它的根源。认为对的不采用，认为错的不消灭，是混乱灭亡的道路。

澹台子羽，君子之容也，仲尼几而取之，与处久，而行不称其貌。宰予之辞，雅而文也，仲尼几而取之，与处久，而智不充其辩。故孔子曰："以容取人乎，失之子羽；以言取人乎，失之宰予。"故以仲尼之智，而有失实之声。今之新辩，滥乎宰予，而世主之听，眩乎仲尼，为悦其言，因任其身，则焉得无失乎？是以魏任孟卯之辩，而有华下之患；赵任马服之辩，而有长平之祸。此二者任辩之失也。夫视锻锡而察青黄，区冶不能以必剑；水击鹄雁，陆断驹马，则臧获不疑钝利。发齿吻形容，伯乐不能以必马；授车就驾，而观其末涂，则臧获不疑驽良。观容服，听辞言，仲尼不能以必士；试之官职，课其功伐，则庸人不疑于愚智。故明主之吏，宰相必起于州部，猛将必发于卒伍。夫有功者必赏，则爵禄厚而愈劝；迁官袭级，则官职大而愈治。夫爵禄大而官职治，王之道也。

【译文】澹台子羽，有君子的仪表，孔子查问后就收取他当学生，和他相处久了发现他的行为与仪表不相称。宰予的言谈，高雅而有文彩，孔子查问后就收取他当学生，和他相处久了发现他的智慧不及他的口才。所以孔子说："凭仪表来取人，我在子羽身上出了差错；凭言谈来取人，我在宰予身上出了差错。"所以凭孔子的智慧也有看人不能符合实际的感叹声。如今新出现的辩说比宰予的措辞更加浮夸动听，而当代的君主听起话来比孔子还要糊涂，因为喜欢他们的言论，就去任用他们本人，那怎么能没有过错呢？因此魏国因为孟卯的能说会道而任用了他，结果造成了华阳城下的祸患；赵国因为马服君赵括的能说会道而任用了他，结果造成长平城的灾祸。这两件事，都是任用辩才的过失。那仔细察看冶炼时掺入锡的火色是青是黄，区冶也不能凭此来铸成宝剑；在水面上击杀天鹅和大雁，在陆地上击杀大小马匹，那么就是奴仆也分得清剑的利钝。掰开马嘴看牙齿端详形体容貌，就是善于相马的伯乐也不能凭此肯定马的优劣；拿车子给马套上让马拉着车跑，然后看它所到达的道路的终点，那么就是奴仆也分得清马的好坏。观察容貌服装，听取辞谈言说，孔子不能必然断定这就是读书人；用官职来试验他，考核他的工作成绩，那么就是平常的人也分得清这是愚蠢还是聪明。所以明白的君主的官吏，宰相一定是从州部等基层中提拔上来的，勇猛的将军必然是从士兵队伍中提拔上来的。有功劳的必然给予奖赏，那么爵位俸禄丰厚而且会愈加勤勉；提升官位承袭官级，那么官职越大就越会治理。那爵位俸禄丰厚而官职能治理，就是称王天下的道路。

磐石千里，不可谓富；象人百万，不可谓强。石非不大，数非不众也，而不可谓富强者，磐不生粟，象人不可使距敌也。今商官技艺之士，亦不垦而食，是地不垦，与磐石一贯也。儒侠毋军劳显而荣者，则民不使，与象人同事也。夫祸知磐石象人，而不知祸商官儒侠，为不垦之地、不使之民，不知事类者也。

【译文】拥有千里方圆的大石头，不可以称为富裕；拥有上百万的俑人，不可以称为强大。石头并非不大，俑人并非不多，而不可以称为富强，是因为大石头上不能生产粮食，俑人不能派去抵抗敌人。如今那些商人官僚以及有技艺的人士都是不耕种而有粮食吃，就象不开垦土地，与不生产粮食的大石头一样。儒生侠士没有战功，却显贵而荣耀，那么民众就不听役使，与俑人俱有同样的使用价值。只知道大石与俑人是灾祸，而不知道商人与官僚及儒生侠士也象不能开垦的大石、不听役使的民众也是灾祸，这就是不懂得事物类似的人。

故敌国之君王，虽说吾义，吾弗入贡而臣；关内之侯，虽非吾行，吾必使执禽而朝。是故力多则人朝，力寡则朝于人，故明君务力。夫严家无悍虏，而慈母有败子。吾以此知威势之可以禁暴，而德厚之不足以止乱也。

【译文】所以和自己势均力敌的诸侯君主，即使喜悦我的行为方式，我也不能使他们进献贡品俯首称臣；边关内的封侯虽然反对我的德行，我必然能使他们拿着禽类的礼物来朝拜我。因此力量大而多那么就有人朝拜，力量少而小就只好去朝拜别人，所以明白的君主致力于扩大力量。在管教严厉的家庭没有强横的奴仆，而慈母下面反而有败家子。我因此知道威严的权势可以禁止暴行，而德行的深厚不能够用来制止混乱。

夫圣人之治国，不恃人之为吾善也，而用其不得为非也。恃人之为吾善也，境内不什数；用人不得为非，一国可使齐。为治者，用众而舍寡，故不务德而务法。夫必恃自直之箭，百世无矢；恃自圜之木，千世无轮矣。自直之箭，自圜之木，百世无有一，然而世皆乘车射禽者，何也？隐栝之道用也。虽有不恃隐括而有自直之箭、自圜之术，良工弗贵也。何则？乘者非一人，射者非一发也。不恃赏罚，而恃自善之民，明主弗贵也。何则？国法不可失，而所治非一人也。故有术之君，不随适然之善，而行必然之道。

【译文】那圣人治理国家，不依靠人们自觉地为自己做好事，而是使他们不为非作歹。依靠人们自觉地为自己做好事，一个国家也难有十人；使人们不为非作歹，一个国家的人就可以一致。行为于治理的人使用众人的力量而舍弃少数人的力量，所以不致力于恩德而致力于法度。如果要依靠生来就笔直的竹竿做箭，那么上千年也不会有箭；如果要依靠生来就圆的树木做车轮，那么万年内也不会有车轮了。生来就笔直的箭杆，生来就很圆的树木，上千年也不会有一根，然而人们世世代代都乘车射箭的原因是什么呢？是因为矫正木材弯曲的器具的办法被使用了。虽然也有不需要矫正木材的器具来矫正的生来就很直的箭杆、生来就很圆的树木，手艺高超的工匠也不会重视它。为什么呢？因为乘车的不只是一个人，射的不只是一支箭。不依靠赏罚而只依靠自己自觉做好事的人民，明白的君主也是不重视的。为什么呢？国家法律不可以丢掉，而所要治理的不只是一个人。所以有办法的君主，不随从自然的善行，而采用必然生效的办法。

今或谓人曰："使子必智而寿"，则世必以为狂。夫智，性也；寿，命也。性命者，非所学于人也，而以人之所不能为说人，此世之所以谓之为狂也。谓之不能然，则是谕也，夫谕性也。以仁义教人，是以智与寿说也，有度之主弗受也。故善毛嗇、西施之美，无益吾面；用脂泽粉黛，则倍其初。言先王之仁义，无益于治；明吾法度，必吾赏罚者，亦国之脂泽粉黛也。故明主急其助而缓其颂，故不道仁义。

【译文】如今有人对别人说："我一定使您又聪明又长寿"，那么人们必然会认为他疯了。那智慧，是本性；寿限，是命运。本性和命运，不是学得来的，而拿人力不可能做到的事情去取悦人家，这就是社会上人们都认为是疯狂的原因。说了而又不能做到，那么就只是告诉，那告诉只是本性。用仁义来教导别人，是用智慧和寿限来取悦人，掌握了法度的君主是不接受的。所以赞美毛嗇、西施的美丽，对自己的容貌毫无益处；用胭脂发油白粉青黛来化妆一下，那么就能使自己的容颜比原来加倍美丽。谈论先王的仁义，对治理国家毫无益处；彰明自己的法度，坚决执行自己的赏罚，也就是国家自己粉黛化妆。所以明白的君主着急于对国家的帮助而延缓对国家的歌颂，所以不空谈仁义。

今巫祝之祝人曰："使若千秋万岁。"千秋万岁之声括耳，而一日之寿无征于人，此人所以简巫祝也。今世儒者之说人主，不善今之所以为治，而语已治之功；不审官法之事，不察奸邪之情，而皆道上古之传誉、先王之成功。儒者饰辞曰："听吾言则可以霸王。"此说者之巫祝，有度之主不受也。故明主举实事，去无用，不道仁义者故，不听学者之言。

【译文】如今巫祝官员祝福人们说："使您长生千秋万年。"这种千秋万年的祝福声虽然喧闹震耳，而人们想延长一天的寿命也不可能，这就是人们怠慢巫祝官员的原因。如今社会上那些儒者去游说君主，不赞美现在可以用来治理国家的办法，而是大谈过去的治理国家的功绩；不审察官府法制的事情，不明察奸邪的情况，而都去说上古时代的传闻、谈论先王的成功。儒者还粉饰自己说："听我们的话，那么就可以称王称霸。"这种说法就是巫祝的说法，掌握了法度的君主是不会接受的。所以明白的君主推崇实际事务，抛弃无用的空谈，不言说仁义的缘故，不听从学者的言论。

今不知治者必曰："得民之心。"欲得民之心而可以为治，则是伊尹、管仲无所用也，将听民而已矣。民智之不可用，犹婴儿之心也。夫婴儿不剔首则腹痛，不揊痤则寖益。剔首、痤，必一人抱之，慈母治之，然犹啼呼不止，婴儿子不知犯其所小苦，致其所大利也。今上急耕田垦草，以厚民产也，而以上为酷；修刑重罚，以为禁邪也，而以上为严；征赋钱粟以实仓库，且以救饥馑、备军旅也，而以上为贪；境内教战陈阅士卒，并力疾斗，所以禽虏也，而以上为暴。此四者所以治安也，而民不知悦也。夫求圣通之士者，为民知之不足师用。昔禹决江浚河，而民聚瓦石；子产开亩树桑，郑人谤訾。禹利天下，子产存郑人，皆以受谤，夫民智之不足用亦明矣。故举士而求贤智，为政而期适民，皆乱之端，未可与为治也。

【译文】如今不懂得治国方法的人必然是说："要得到民心。"想要得到民心而以为就可以治国，那么伊尹、管仲也就没有用了，只要听取民心就行了。民众的智慧不可以采用，就象婴儿的想法不可采用一样。那婴儿如果不用针砭挑刺他头部的穴位那么就不能制止他的腹痛，不挑破他的肿疮那么疾病就不会停止。挑刺头部、割治肿疮，必须要有一个人抱住他，由仁慈的母亲给他医治，然而他仍然哭泣不止，这是因为婴儿不懂得使他受一点点小的痛苦能使他得到很大的好处。如今君主上级急于让农民耕田开荒来增加民众的产业，而民众却认为君主残酷；整治刑罚加重惩罚用来禁止邪恶，而民众却认为君主严厉；征收赋税钱粮来充实国库，将用它来救济灾荒准备战争，而民众却认为君主贪婪；君主在境内指导作战，检阅部队，要求士兵必须同心协力奋勇作战，为的是擒获俘虏敌人，而民众却认为君主残暴。这四种情况，是用来使国家长治久安的，而民众却不懂得喜欢它们。之所以要寻求圣明通达的人才，是因为民众的知识不值得效法和采用。从前大禹开江挖河，而民众却堆积了瓦片石块来打他；子产开垦田地种桑养蚕，而郑国人却咒骂指责他。大禹的行为利于天下，子产的措施保存了郑国人，但都因此遭到诽谤，民众的智慧显然不足是很明显的了。所以选拔人才而寻求贤能智慧的人，以期处理政事时能适应民众，其实都是混乱的祸根，是不可以用来治国的。

右法家书三种

吾国古代法家之说，言法理法治之意者居半，言行政经邦之事者亦居半，近人或据其后半，以为属于政治，遂创言古无法家，不亦诬乎。管、商二子，事业本显，说亦彪炳，书中间有言及身后事者，大抵为后学所追录附益，不能即断其全书为依托也。韩非述二子之志，兼涉及儒道之学，著书自见，其持论综核博辨，过于二子，其书中亦少依托，乃法家之大宗，不仅李斯自以为弗如也。

【译文】我国古代法家，谈论法的义理、法治方面的人物占据一半，谈论行政、治国的人物也占据一半，近代人依据后者，认为其属于政治，于是认为古代没有法家，这不是胡说么。管仲、商鞅，他们在事业成绩显著，学说思想也很突出，书中有涉及他们死后的事情，大概是其后学所追录附加的，不能就此断定其全书也都是后人依托的。韩非，阐述管仲、商鞅的思想，也涉及儒道方面，著书有自己的见解，综合考察其所持的观点，很善于雄辩，远超过管仲、商鞅，并且其书也很少有依托的，乃是法家的大宗，不止是李斯自以为不如。

公孙龙子

周公孙龙撰。龙，赵人，为平原君客，好为“坚白”、“同异”之辩，所著《汉志》载十四篇，今存六篇，大旨与《墨子·小取》诸篇相发明，而诙诡其说，务以求胜，孔穿斥为词胜于理者，然其议论纵横，穷极至微，可喜可观者，亦时有之，是在学者之自择耳。

【译文】周代公孙龙著。公孙龙，赵国人，是平原君的门客，喜好关于坚白、同异的辩论，《汉书·艺文志》中记载其书共十四篇，现在只存六篇，思想主旨与《墨子·小取》等篇相互印证，其说荒诞怪异，想以此求胜，孔穿指责其是言辞胜于道理，但其关于纵横的论述，极尽细致，也有些是值得看的，这些都在于学者自己选择。

迹府

公孙龙，六国时辩士也。疾名实之散乱，因资材之所长，为“守白”之论。假物取譬，以“守白”辩，谓白马为非马也。白马为非马者，言白所以名色，言马所以名形也；色非形，形非色也。夫言色则形不当与，言形则色不宜从，今合以为物，非也。如求白马于厩中，无有，而有骊色之马，然不可以应有白马也。不可以应有白马，则所求之马亡矣；亡则白马竟非马。欲推是辩，以正名实而化天下焉。

【译文】公孙龙是战国时期一位能言善辩的人物。他厌恶“名”与“实”关系混乱，凭着自己的论辩才能，提出“守白”的学说，他借用事物作比喻，用“守白”的观点来论证，说白马不是马。白马不是马的意思，是认为“白”是用来称呼颜色的，“马”用来称呼形体的。而“白马”则是把颜色和形体合在一起，不是单纯的形，也不是单纯的色。谈颜色，不应加上形体；谈形体，也一不能带上颜色。如今合起来成为一个物体，是不对的。比如在马圈中找白马，里面没有，只有黑马，就不能回答有白马。不能说有白马，那么要找的马就没有了。既然没有，白马也就不是马了。公孙龙想推行这类论辩来矫正名、实关系，使天下得到教化。

龙与孔穿会赵平原君家。穿曰：“素闻先生高谊，愿为弟子久，但不取先生以白马为非马耳！情去此术，则穿请为弟子。”

龙曰：“先生之言悖。龙之所以为名者，乃以白马之论尔！今使龙去之，则无以教焉。且欲师之者，以智与学不如也。今使龙去之，此先教而后师也；先教而后师之者，悖。”

“且白马非马，乃仲尼之所取。龙闻楚王张繁弱之弓，载亡归之矢，以射蛟兕于云梦之圃，而丧其弓。左右请求之。王曰：‘止。楚人遗弓，楚人得之，又何求乎？’仲尼闻之曰：‘楚王仁义而未遂也。亦曰人亡弓人得之而已，何必楚？’若此，仲尼异‘楚人’与所谓‘人’。夫是仲尼异‘楚人’与所谓‘人’，而非龙‘白马’于所谓‘马’，悖。”

“先生修儒术而非仲尼之所取，欲学而使龙去所教，则虽百龙，固不能当前矣。”孔穿无以应焉。

【译文】公孙龙与孔穿相会于赵川平原君家。孔穿说：“常常听人谈到先生道义高尚，早就想来做您的学生；只是不赞同先生“白马不是马”的说法。请先生放弃这个说法，我求您收我做学生。”公孙龙说：“先生的话错了。我之所以出名，正是凭着白马不是马的学说；现在你要我放弃它，也就没有什么可以教给你了。况且，要拜别人为老师，总是因为智能和学识不如别人吧！如今你让我放弃白马不是马的学说，这是先教导我，然后再让我当老师。先教导，然后让我当老师，这是不含情理的。”

“再说，白马不是马的说法，也是孔子所赞同的。我曾听说，当年楚王带上良弓和好箭，在云梦泽的狩猎场打猎，把弓弄丢了。随从们要找回来。楚王说：‘算了！楚国人弄丢了弓，也是楚国人拾去，何必去找呢！’孔子听到这件事后，说：‘楚王的仁义还不彻底啊，应该说：‘人丢了弓，也是人拾去，何必一定是楚国人？’如此看来，孔子把“楚人”和“人”区别开来。而您把孔子将楚人和人区别开来，看成是不言而喻的，却反对我把白马和马区别开，这是说不通的。

“先生学习儒家学说，却反对孔子所赞同的说法；要跟我学习却要我放弃所能教给您的东西，即使有一百个公孙龙，也做不到啊！”孔穿无话可答。

公孙龙，赵平原君之客也；孔穿，孔子之叶也。穿与龙会。穿谓龙曰：“臣居鲁，侧闻下风，高先生之智，说先生之行，愿受益之日久矣，乃今得见。然所不取先生者，独不取先生之以白马为非马耳。请去白马非马之学，穿请为弟子。”

公孙龙曰：“先生之言悖。龙之学，以白马为非马者也。使龙去之，则龙无以教；无以教而乃学于龙也者，悖。且夫欲学于龙者，以智与学焉为不逮也。今教龙去白马非马，是先教而后师之也；先教而后师之，不可。”

“先生之所以教龙者，似齐王之谓尹文也。齐王之谓尹文曰：‘寡人甚好士，以齐国无士，何也？’尹文曰：‘愿闻大王之所谓士者。’齐王无以应。尹文曰：‘今有人于此，事君则忠，事亲则孝，交友则信，处乡则顺，有此四行，可谓士乎？’齐王曰：‘善！此真吾所谓士也。’尹文曰：‘王得此人，肯以为臣乎？’王曰：‘所愿而不可得也。’”

“是时齐王好勇。于是尹文曰：‘使此人广众大庭之中，见侵侮而终不敢斗，王将以为臣乎？’王曰：‘钜士也？见侮而不斗，辱也！辱则寡人不以为臣矣。’尹文曰：‘唯见侮而不斗，未失其四行也。是人失其四行，其所以为士也，然而王一以为臣，一不以为臣，则向之所谓士者，乃非士乎？’齐王无以应。”

“尹文曰：‘今有人君，将理其国，人有非则非之，无非则亦非之；有功则赏之，无功则亦赏之，而怨人之不理也，可乎？’齐王曰：‘不可。’尹文曰：‘臣口观下吏之理齐，齐方若此矣。’王曰：‘寡人理国，信若先生之言，人虽不理，寡人不敢怨也。意未至然与？’”

“尹文曰：‘言之敢无说乎？王之令曰：‘杀人者死，伤人者刑。’人有畏王之令者，见侮而终不敢斗，是全王之令也。而王曰：‘见侮而不斗者，辱也。’谓之辱，非之也。无非而王辱之，故因除其籍，不以为臣也。不以为臣者，罚之也。此无而王罚之也。且王辱不敢斗者，必荣敢斗者也；荣敢斗者，是而王是之，必以为臣矣。必以为臣者，赏之也。彼无功而王赏之。王之所赏，吏之所诛也；上之所是，而法之所非也。赏罚是非，相与四谬，虽十黄帝，不能理也。’齐王无以应焉。”

“故龙以子之言有似齐王。子知难白马之非马，不知所以难之说，以此犹好士之名，而不知察士之类。”

【译文】公孙龙是赵国平原君的门客，孔穿是孔子的后代。孔穿与公孙龙相会，对公孙龙说：“我在各国居住时，已听到先生的名声，仰慕先生的才智，钦佩先生的德行，早就有接受先生教导的愿望。今天才见到先生。然而也有不赞同先生的地方，就是先生白马不是马的说法。请您放弃这一说法，望先生收我做弟子。”

公孙龙说：“先生的话说得不对。我的学说就在于说白马不是马，让我放弃它，就没有什么可以教给您了；没有什么可以教给您，还来向我学，这岂不荒唐！况且，先生之所以要跟我学习，是因智能和学识不及我吧！现在，先生却叫我放弃白马不是马的学说，这是先生先教导我，然后才让我当老师；先教导我然后让我当老师，这是说不通的。

“先生用来教导我的这一席话，和齐王对尹文说的很相似，齐王对尹文说：‘我很喜欢贤能的人士，可惜齐国没有这样的人，这是为什么？’尹文说：‘请大王谈谈贤士应是什么样的人？’齐王说不出来。尹文说：‘假如现在有一个人，侍奉君王忠诚，对待父母孝敬，与朋友相交讲信用，同乡邻居处和顺。有这四种德行，能称为贤士吗？’齐王说：‘对啊！这正是我说的贤士呀！’尹文问：‘大一王得到这个人，肯任用他吗？’齐王回答说：‘非常愿意，可惜找不到呀！’”

“当时，齐王提倡勇武。于是，尹文说道：‘假使这个人在大庭广众面前被人欺侮。始终不敢仁前格斗，大王还愿意任用他吗了’齐工说：‘这哪里是贤士！受人欺侮不敢格斗是耻辱。对这种忍受耻辱的人，我不任用他：’尹文说：‘虽然这个人受欺侮不出来格斗，但他并没有失去那四种德行呀！没有夫去四种德行，作为贤士的条件并没有丧失。然而大王前面说要任用他，现在又说不任用他，如此说来，前面所说的贤士，不就成了非贤士吗？’”齐王无言可答。

“尹文接着又说：‘现在有一个国君，打算治理好自己的国家，他对犯了错误的人给予责罚，对没有犯错误的人也给予责罚；对有功绩的人给予奖常，对没有功绩的也给予奖赏。这样做了，还报怨人民不好治理，这对吗？’齐王说：‘不对。’尹文说：‘我观察你的官吏治理齐国，所用的方法就是这个样子。’齐王说：‘我治理齐国如果真像先生所说，即使人民没有治理好，我也不能有所抱怨。想必不至于到这种地步吧？’”

“尹文答道：‘我这样说哪能没有根据呢！大王下令：‘杀人的处死，伤人的判刑。’畏惧大王法令的人，虽然受到欺侮始终不敢起来格斗，这是在顾全大王的法令啊！而大王却说，受到欺侮不起来格斗是耻辱。把不格斗看成耻辱，也就于把它当成了错误。本来并不错，而大王认为是错的，因此撤了他的官职，不再任用他。不任用他，是对他的惩罚，这是无罪而被大王惩罚。再有，大王既然认为不格斗的人耻辱，必然认为上前格斗的人光荣；认为格牛的人光荣，这是把不该赞许的赞许了，因此也一定会任用这个人。任用这个人，一是对他的奖赏，这就是无功绩而受到大王的奖赏。大王所奖赏的，正是官吏们应该惩罚的；大王所赞许的，正是法令应该反对的。奖赏、惩罚，赞许、反对，四者相互颠倒，纵然有一百个黄帝在世，也不能治理好国家啊！’齐王不再言语。”

“所以我认为您的话类似齐王的话。您指责我白马不是马的说法，却不知道用了什么道理指责它。就像齐王喜欢‘贤士’这个名称，却不知道分辨什么样的人是贤士一样。”

白马论

“白马非马，可乎？”

曰：“可。”

曰：“何哉？”

曰：“马者，所以命形也；白者，所以命色也。命色者非名形也。故曰：白马非马。”

曰：“有白马，不可谓无马也。不可谓无马者，非马也？有白马，为有马，白马非马，何也？”

曰：“求马，黄、黑马皆可致；求白马，黄、黑马不可致。使白马乃马也，是所求一也。所求一者，白者不异马也，所求不异，如黄、黑马有可有不可，何也？可与不可，其相非明。如黄、黑马一也，而可以应有马，而不可以应有白马，是白马之非马，审矣！”

【译文】“说‘白马不是马’，可以吗？”

“可以。”

“为什么？”

“马这个名称，是用来称呼形体的；白这个名称，是用来称呼颜色的，称呼颜色和形体的不等于单称呼形体的。所以白马不是马。”

“有白马，不可以说没有马。不可能说没有马，这难道不是有马吗？有白马，就是有马，为什么说白马不是马呢？”

“要找马时，黄马、黑马都可以满足要求；要找白马时，黄马、黑马都不可以满足要求。假如白马是马，所要找的就是相同的；所要找的都相同，白马和马就没有差别；所要找的既然没有差别，为什么黄马和黑马一方面可以满足要求，另一方面又不可以满足要求呢？‘可以’和‘不可以’，相互对立是分明的；而黄马和黑马是同一的，它们可以满足要马的要求，不可以满足要白马的要求。白马不是马，就很明显了。”

曰：“以马之有色为非马，天下非有无色之马也。天下无马，可乎？”

曰：“马固有色，故有白马。使马无色，有马如已耳，安取白马？故白者，非马也。白马者，马与白也。马与白马也。故曰，白马非马也。”

曰：“马未与白为马，白未与马为白。合马与白，复名白马。是相与以不相与为名，未可。故曰白马非马未可。"

曰："以'有白马为有马'，谓有白马为有黄马，可乎？"

曰："未可。"

曰："以'有马为异有黄马'，是异黄马与马也；异黄马与马，是以黄为非马。以黄马为非马，而以白马为有马，此飞者入池，而棺椁异处，此天下之悖言辞也。"

【译文】"马有了颜色就不是马，而天下并没有无颜色的马，是否可以认为天下没有马呢？"

"马当然有颜色，所以才有白马。假使马没有颜色，就只有马的形体了，哪里还会有白马？然而，白颜色毕竟不是马，所谓白马，是白色和马的结合，或马和白色的结合。所以说，白马不是马。"

"马在没有和白色结合时是马，白色在没有和马结合时是白色，白色和马结合为一体，用复合的名字叫它"白马"。这是把结合为一体的白马，用不能结合为一体的"白"和"马"两个名称来称谓它，才有白马不是马的说法。这是不可以的。因此，说白马不是马，不可以。"

"如果认为有白马就是有马；那么，有马，可以说有黄马吗？"

"不可以。"

"有马并不等于有黄马，这是把黄马和马区别开来；区别开黄马和马，就是认为黄马不是马；认为黄马不是马，而又认为白马是马，这无异于让鸟飞向水池中，内棺、外椁各放一处，这是天下违背常理的混乱言辞。"

曰："以'有白马不可谓无马'者，离白之谓也；不离者有白马，不可谓有马也。故所以为有马者，独以马为有马耳，非以白马为有马耳。故其为有马也，不可以谓'马马'也。"

曰："白者，不定所白，忘之而可也。白马者，言白定所白也，定所白者，非白也。马者，无去取于色，故黄、黑皆所以应；白马者，有去取于色，黄、黑马皆所以色去，故唯白马独可以应耳。无去者非有去也，故曰：'白马非马'。"

【译文】"之所以'有白马不可以说没有马'，是因为白颜色可以分离；不分离，有白马就不能说有马。说有马的意思，是单就马的形体而言，并非是白色和马的形体合并，白颜色不是马，所以，如果白马算有马，岂不可以叫做'马马'。"

"白颜色并不特定存在于某个物体上，可以不必记起它。当谈到白马时，就是特定物体上的白色了，特定于物体上的白色，不再是本来的白色。只谈马时，不会因颜色不同而有所选取或去掉；所以黄马、黑马都可以满足要求。而谈到白马时，就会因颜色的不同被去掉或选取了，黄马、黑马都会因此而被舍去，只有白马才合符要求。不对颜色作要求的，不等于要对颜色作要求的，因此白马不是马。”

坚白论

“坚白石三，可乎？”

曰：“不可。”

曰：“二，可乎？”

曰：“可。”

曰：“何哉？”

曰：“无坚得白，其举也二；无白得坚，其举也二。”

曰：“得其所白，不可谓无白；得其所坚，不可谓无坚。而之石也之于然也，非三也？”

曰：“视不得其所坚，而得其所白者，无坚也；拊不得其所白，而得其所坚者，无白也。”

曰：“天下无白，不可以视石；天下无坚，不可以谓石。坚、白、石不相外，藏三可乎？”

曰：“有自藏也，非藏而藏也。”

曰：“其白也，其坚也，而石必得以相盈，其自藏奈何？”

曰：“得其白，得其坚，见与不见离。不见离，一一不相盈，故离。离也者，藏也。”

【译文】“坚硬性、白颜色、石头看成是三样东西，可以吗？”

“不可以。”

“看为两样，可以吗？”

“可以。”

“这是为什么？”

“感觉不到坚硬性，只看到白颜色；白颜色和石头只是两样。看不到白颜色，只感觉到坚硬性；坚硬性和石头也只是两样。”

“看到了石头的白颜色，不能说没有白颜色；感觉到石头的坚硬性，不能说没有坚硬性，这块石头因此才成为石头。这岂不是三样吗？”

“在看石头时，看不到石头的坚硬性，只能看到白颜色，也就是没有坚硬性；在抚摩石头时，抚摩不到白颜色，只能感觉到坚硬性，也就是没有白颜色。”

“天下没有白颜色，无法看到白色的石头；天下没有坚硬性，无法感觉到坚硬的石头。坚硬、白色、石头这三样，并不相互排斥，怎么能把其中之一掩藏起来呢？”

“那是它们自己掩藏自己，不是谁特意掩藏它们。”

“石头的白颜色，石头的坚硬性，在石头上总是相互包容的，为什么会自己掩藏自己？”

“看石头时，看到白色；抚摩石头时，感觉到坚硬；一个出现，另一个就不出现，这称为相互“分离”；而石头只是“一”，白颜色和坚硬性却是‘二’；在一块石头上不能同时容纳两样东西，所以才有相分离的情况。所谓‘分离’，就是相互掩藏。”

曰：“石之白，石之坚，见与不见，二与三。若广修而相盈也，其非举乎？”

曰：“物白焉不定其所白；物坚焉不定其所坚。不定者兼，恶乎其石也？”

曰：“循石非彼无石；非石无所取乎白石。不相离者，固乎然其无已！”

曰：“于石一也；坚白，二也，而在于石。故有知焉，有不知焉；有见焉，有不见焉。故知与不知相与离，见与不见相与藏。藏故，孰谓之不离？”

曰：“目不能坚，手不能白，不可谓无坚，不可谓无白，其异任也，其无以代也。坚白域于石，恶乎离？”

曰：“坚未与石为坚而物兼，未与为坚而坚必坚。其不坚石物而坚，天下未有若坚，而坚藏。白固不能自白，恶能白石物乎？若白者必白，则不白石物而白焉。黄、黑与之然。石其无有，恶取坚白石乎？故离也。离也者，因是。力与知果，不若因是。且犹白以目，以火见而火不见，则火与目不见而神见。神不见而见离。坚以手而手以捶；是捶与手知而不知，而神与不知。神乎？！是之谓离焉。离也者天下，故独而正。”

【译文】“石头的白颜色，石头的坚硬性，一个出现，一个不出现。这使我们产生了是‘两样’还是‘三样’的不同看法。那么像一个物体的宽度和长度相互包容，这难道不是一个有力的例证吗？”

“物体的白颜色，并不特定附着在某个物体上；物体的坚硬性，也并不特定为某个物体才具有，不特定于某一物体，则可以存在于众多物体。哪能仅限于石头。”

“抚摩石头时，如果感觉不到坚硬性，这就不是石头。不是石头，也就谈不上白色的石头。由此看来，坚硬性、白颜色、石头是互不分离的，这是它们的本性，并且将永远如此。”

“石头只是‘一’，坚硬性和白颜色则是‘二’，都存在于石头上，因此就有感知到的时候，也有感知不到的时候；有表现出来的时候，也有不表现出来的时候。感知到和感知不到，就是相分离；表现出来和不表现出来，就是相掩藏。既然它们相互掩藏，谁能说这不是分离呢？”

“眼睛看不到坚硬性，手抚摩不到白颜色，总不能说石头没有坚硬性，没有白颜色吧！眼睛和手功用不同，不能相互替代。坚硬性和白颜色共同存在于石头中，怎么能分离？”

“当坚硬性没有和石头相结合时，它可以存在于众多物体上，而当坚硬性没有和任何物体结合时，坚硬性本身就是坚硬的。天下之所以见不到这种“坚硬性”，是因为它掩藏起来了。白颜色如果本来就不能使自己成为白的，又怎么能使石头和其它物体成为白色的呢？如果白颜色能使自身成为白的，那么它就不必使物体和石头成为白色来显示自身是白的了。黄颜色、黑颜色和这个道理相同。如果没有石头，哪里能得到具有坚硬性、白颜色的石头？所以它们都是可以相分离的。之所以相分离的原因，就是如此。与其完全通过感官能力和理智判断，去寻求解释，不如接受上述“相分离”的说明。再有，白颜色是凭着眼睛通过光亮看见的，如果没有光亮，那么眼睛也就不能通过光亮来看了，可是还有精神能把握它。如果精神也没有把握到，白颜色也就分离开而不能显现了。坚硬性凭手来感觉，手又通过抚摩实现这种感觉，当手不能通丈抚摩感觉到坚硬性而精神也不能把握时，坚硬性也就分离出去。精神是判明分离的根据。分离的情况遍及天下，一切都将成为正当的实体。”

右名家书一种

近人谓名者乃诸子治学共有之事，不宜自为一家，然考《庄子·天下》篇称述各家渊源，固以惠施、桓团、公孙龙辈相聚为言，《七略》因之而立“名家”一流，则“名家”之称由来已古，非他家所能包容也。第自汉以还，名家之书，大半散亡，所余《公孙龙子（一卷）》，较为完整，而亦不能尽解，今姑录之，以备一家之说而已。（名家之学除《公孙龙子》外，若《墨子》大小取经、《经说》（上、下）诸篇，《荀子·正名篇》，及《庄子·天下》篇等其书，虽不隶于名家，然或为名家之遗说，或为关于名学之论著，本编已采录，分见各家原著之中，学者试取而合参之，其精邃处盖不少有过于龙书者。）

【译文】近人认为关于“名”的讨论是诸子治学共有的一个方面，不应专门设为一家，但是考察《庄子·天下》篇，其中称述各家的学术渊源时，把惠施、桓团、公孙龙等一起论说，《七略》因此而专门列出“名家”作为一流，那么可知“名家”这个称谓从古而来，不是其他家所能包括的。但自汉代以后，名家的书大半都已散失，仅所余的《公孙龙子（一卷）》比较完整，但也不能全解，今暂且将其录入，作为一家的学说。（名家学说，除了《公孙龙子》外，像《墨子》中《大取》《小取》《经说》（上、下）等篇，以及《荀子·正名》《庄子·天下》等，他们虽不属于名家，但或者可能为名家遗留下来的学说思想，或是关于名学的论著，这些在这一卷中大多已录入，在各家的原著中都可以找到，学者可以把他们合在一起参考，他们的精华、深邃处大概有不少地方都超过了公孙龙的书。）

墨 子

旧本题周墨翟撰。翟，宋人，一说鲁人。书中多称“子墨子曰”，当为其门人所记。其书大略可分为三类：第一类为《兼爱》《节用》《贵义》《公孟》等篇，乃墨家学说宗旨；第二类为《大取》《小取》《经》《经说》（上、下）数篇，乃名家议论，或谓即《庄子·天下》篇所称“别墨”所作；第三类为《备城门》以下诸篇，皆兵家言，盖史言墨子“善守”，故相传以为墨家遗说。本编所录，以第一类为主，第三类不录，第二类仅选《小取》一篇，若《经》与《经说》（上、下）虽富有名理，惜多残缺，近人始有为之校释者，可取以参阅，今难备录。

【译文】旧本题为周代墨翟著。墨翟，宋国人，一说鲁国人。书中多言“子墨子曰”，应该是他的门人所记录的。此书大致可以分为三类：第一类是《兼爱》《节用》《贵义》《公孟》等篇，这是墨家学说思想的主体；第二类是《大取》《小取》《经》（上、下）、《经说》（上、下）等篇，这是关于“名”的论述，可能是《庄子·天下》篇所称的“别墨”所作的；第三类是《备城门》以下等篇，这都是兵家的言论，历史上说墨子善于守，所以这些篇目相传是墨家的遗说。本书所录，以第一类为主，第三类没有录，第二类仅选录了《小取》一篇，像《大取》《小取》《经》（上、下）、《经说》（上、下）虽然对“名”的讨论很有哲理，但多数都已残缺，近人开始有为其作校释的，可以拿来作为参考，今不好备录。

法 仪

子墨子曰：“天下从事者，不可以无法仪；无法仪而其事能成者无有也。虽至士之为将相者皆有法。虽至百工从事者亦皆有法。百工为方以矩，为圆以规，直以绳，正以县。无巧工、不巧工，皆以此五者为法。巧者能中之，不巧者虽不能中，放依以从事，犹逾已。故百工从事，皆有法所度。今大者治天下，其次治大国，而无法所度，此不若百工辩也。”

【译文】墨子说：“天底下办事的人，不能没有法则；没有法则而能把事情做好，是从来没有的事。即使士人作了将相，他也必须有法度。即使从事于各种行业的工匠，也都有法度。工匠们用矩划成方形，用圆规划圆形，用绳墨划成直线，用悬锤定好偏正，（用水平器制好平面）。不论是巧匠还是一般工匠，都要以这五者为法则。巧匠能切合五者的标准，一般工匠虽做不到这样水平，但仿效五者去做，还是要胜过自身的能力。所以工匠们制造物件时，都有法则可循。现在大的如治天下，其次如治大国，却没有法则，这是不如工匠们能明辨事理。”

然则奚以为治法而可？当皆法其父母奚若？天下之为父母者众，而仁者寡。若皆法其父母，此法不仁也。法不仁，不可以为法。当皆法其学奚若？天下之为学者众，而仁者寡。若皆法其学，此法不仁也。法不仁，不可以为法。当皆法其君，奚若？天下之为君者众，而仁者寡。若皆法其君，此法不仁也。法不仁，不可以为法。故父母、学、君三者，莫可以为治法。

【译文】那么，用什么作为治理国家的法则才行呢？假若以自己的父母为法则何如？天下做父母的很多，但仁爱的少。倘若人人都以自己的父母为法则，这实为效法不仁。效法不仁，这自然是不可以的。假若以自己从学的师长为法何如？天下做师长的很多，但仁爱的少。倘若人人都以自己的师长为法则，这实为效法不仁。效法不仁，这自然是不可以的。假若以自己的国君为法则何如？天下做国君的很多，但仁爱的少。倘若人人都以自己的国君为法则，这实为效法不仁。效法不仁，这自然是不可以的。所以父母、师长和国君三者，都不可以作为治理国家的法则。

然则奚以为治法而可？故曰：莫若法天。天之行广而无私，其施厚而不德，其明久而不衰，故圣王法之。既以天为法，动作有为，必度于天。天之所欲则为之，天所不欲则止。然而天何欲何恶者也？天必欲人之相爱相利，而不欲人之相恶相贼也。奚以知天之欲人之相爱相利，而不欲人之相恶相贼也？以其兼而爱之，兼而利之也。奚以知天兼而爱之、兼而利之也？以其兼而有之、兼而食之也。

【译文】那么用什么作为治理国家的法则才行呢？最好是以天为法则。天的运行广大无私，它的恩施深厚而不自居，它的光耀永远不衰，所以圣王以它为法则。既然以天为法则，行动作事就必须依天而行。天所希望的就去做，天所不希望的就应停止。那么天希望什么不希望什么呢？天肯定希望人相爱相利，而不希望人相互厌恶和残害。怎么知道天希望人相爱相利，而不希望人相互厌恶和残害呢？这是因为天对人是全爱和全利的缘故。怎么知道天对人是全爱和全利呢？因为人类都为天所有，天全部供给他们吃的。

今天下无大小国，皆天之邑也。人无幼长贵贱，皆天之臣也。此以莫不犓羊、豢犬猪，絜为酒醴粢盛，以敬事天。此不为兼而有之、兼而食之邪？天苟兼而有食之，夫奚说以不欲人之相爱相利也？故曰：爱人利人者，天必福之；恶人贼人者，天必祸之。曰：杀不辜者，得不祥焉。夫奚说人为其相杀而天与祸乎？是以知天欲人相爱相利，而不欲人相恶相贼也。

【译文】现在天下不论大国小国，都是天的国家。人不论长幼贵贱，都是天的臣民。因此人无不喂牛羊、养猪狗，洁净地准备好酒食祭品，用来诚敬事天。这难道不是全部地拥有和供给人食物？天既然全部地拥有和供给人食物，为何能说天不要人相爱相利呢？所以说："爱人利人的人，天必定给他降福；相互厌恶和残害人的人，天必定给他降祸。所以说：杀害无辜的人，会得到不祥后果。为何说人若相互残杀，天就降祸于他呢？这是因为知道天希望人相爱相利，而不希望人相互厌恶和残害。

昔之圣王禹汤文武，兼爱天下之百姓，率以尊天事鬼。其利人多，故天福之，使立为天子，天下诸侯，皆宾事之。暴王桀纣幽厉，兼恶天下之百姓，率以诟天侮鬼。其贼人多，故天祸之，使遂失其国家，身死为僇于天下。后世子孙毁之，至今不息。故为不善以得祸者，桀纣幽厉是也。爱人利人以得福者，禹汤文武是也。爱人利人以得福者有矣！恶人贼人以得祸者亦有矣！

【译文】以前的圣王禹、汤、周文王、周武王，对天下百姓全都爱护，带领他们崇敬上天，侍奉鬼神。他们给人带来的利益多，所以天降福给他们，使他们立为天子。天下的诸侯，都恭敬地服事他们。暴虐的君王桀、纣、周幽王、周厉王，对于天下的百姓全部厌恶、憎恨，带领他们咒骂上天，侮辱鬼神。他们残害的人多，所以天降祸给他们，使他们丧失了国家，身死还要受辱于天下。后代子孙责骂他们，至今不休。所以做坏事而得祸的，桀、纣、周幽王、周厉王即是这类；爱人利人而得福的，禹、汤、周文王、周武王即是这类。爱人利人而得福的是有的，厌恶人残害人而得祸的，也是有的！

辞过

子墨子曰：古之民未知为宫室时，就陵阜而居，穴而处下，润湿伤民，故圣王作为宫室。为宫室之法，曰室高足以辟润湿，边足以圉风寒，上足以待雪霜雨露，宫墙之高，足以别男女之礼，谨此则止。凡费财劳力，不加利者，不为也。以其常役，修其城郭，则民劳而不伤，以其常正，收其租税，则民费而不病。民所苦者非此也，苦于厚作，敛于百姓。是故圣王作为宫室，便于生，不以为观乐也；作为衣服带履，便于身，不以为辟怪也。故节于身，诲于民，是以天下之民可得而治，财用可得而足。当今之主，其为宫室则与此异矣。必厚作敛于百姓，暴夺民衣食之财，以为宫室，台榭曲直之望，青黄刻镂之饰。为宫室若此，故左右皆法象之，是以其财不足以待凶饥、振孤寡，故国贫而民难治也。君欲实天下之治而恶其乱也，当为宫室不可不节。

【译文】墨子说："上古的人民不知道作宫室之时，靠近山陵居住，住在洞穴里，地下潮湿，伤害人民，所以圣王开始营造宫室。营造宫室的法则是：地基的高度足以避湿润，四边足以御风寒，屋顶足以防备霜雪雨露，宫墙的高度足以分隔内外，使男女有别，仅此而已。凡属劳民伤财而不增加益处的事，是不会做的。（照常规）分派劳役，修治城郭，那么民众就虽劳苦而不至伤害；照常规征收租税，那么民众虽破费而不至困苦。因为民众所疾苦并不是这些，而是苦于对老百姓横征暴敛。所以圣王开始制造宫室，只为方便生活，并不是为了观赏之乐；开始创制衣服带履，只为便利身体，而不是为了奇怪的装束。所以，（圣王）自身节俭，（以身作则地）教导百姓，因而天下的民众得以治理，财用得以充足。现在的君主，修造宫室却与此不同：他们必定要向百姓横征暴敛，强夺民众的衣食之资用来营造宫室，（在宫室上）修造台榭曲折的景观，讲究颜色雕刻的装饰。营造宫室如此（铺张），身边的人都效法这种做法，因此财用（被浪费）而不能应付凶年饥馑，振恤孤寡之人，所以国家穷困而人民无法治理。国君若是真希望天下得到治理，而不愿其混乱，那么，营造宫室就不可不节俭。

古之民未知为衣服时，衣皮带茭，冬则不轻而温，夏则不轻而清。圣王以为不中人之情，故作诲妇人，治丝麻，梱布绢，以为民衣。为衣服之法，冬则练帛之中，足以为轻且暖；夏则絺绤之中，足以为轻且清，谨此则止。故圣人之为衣服，适身体，和肌肤，而足矣。非荣耳目而观愚民也。当是之时，坚车良马，不知贵也，刻镂文采，不知喜也，何则？其所道之然。故民衣食之财，家足以待旱水凶饥者，何也？得其所以自养之情，而不感于外也，是以其民俭而易治，其君用财节而易赡也。府库实满，足以待不然；兵革不顿，士民不劳，足以征不服。故霸王之业，可行于天下矣。

【译文】上古的人民不知道做衣服的时候，穿着兽皮，围着草索，冬天不轻便又不温暖，夏天不轻便又不凉爽。圣王认为这样不符合人情，所以开始教女子治丝麻、织布匹，以它作人的衣服。制造衣服的法则是：冬天穿生丝麻制的中衣，只求其轻便而温暖，夏天穿葛制的中衣，只求其轻便而凉爽，仅此而已。所以圣人制作衣服只图身体合适、肌肤舒适就够了，并不是夸耀耳目、炫动愚民。当这时候，坚车良马没有人知道贵重，雕刻文采没有人知道欣赏，为什么呢？这是（君主）教导的结果。所以民众的衣服之财，家家都足以防患水旱凶饥，为什么呢？因为他们懂得自我供养的情实，不被外界所诱惑，所以民众俭朴而容易治理，国君用财有节制而容易富足。国库充实，足以应付非常的变故：兵甲和士民不劳，足以征伐不顺之臣，所以可实现霸王事业于天下。

当今之主，其为衣服，则与此异矣，冬则轻煗，夏则轻清，皆已具矣，必厚作敛于百姓，暴夺民衣食之财，以为锦绣文采靡曼之衣，铸金以为钩，珠玉以为珮。女工作文采，男工作刻镂，以为身服，此非云益煗之情也。单财劳力，毕归之于无用也，以此观之，其为衣服，非为身体，皆为观好，是以其民淫僻而难治，其君奢侈而难谏也，夫以奢侈之君，御好淫僻之民，欲国无乱，不可得也。君实欲天下之治而恶其乱，当为衣服不可不节。

【译文】现在的君主，他们制造衣服却与此不同：冬天（的衣服）轻便而暖和，夏天（的衣服）轻便而凉爽，这都已经具备了，他们还一定要向百姓横征暴敛，强夺民众的衣食之资，用来做锦绣文彩华丽的衣服，拿黄金作成衣带钩，拿珠玉作成佩饰，女工作文采，男工作雕刻，用来穿在身上。这并非真的为了温暖。耗尽钱财费了民力，都是为了无用之事，由此看来，他们作衣服，不是为身体，而是为好看。因此民众邪僻而难以治理，国君奢侈而难以进谏。以奢侈的国君统治邪僻的民众，希望国家不乱，是不可能的。国君若真希望天下治理好而厌恶混乱，作衣服时就不可不节俭。

古之民未知为饮食时，素食而分处，故圣人作诲男耕稼树艺，以为民食。其为食也，足以增气充虚，强体养腹而已矣。故其用财节，其自养俭，民富国治。今则不然，厚作敛于百姓，以为美食刍豢蒸炙鱼鳖，大国累百器，小国累十器，前方丈，目不能遍视，手不能遍操，口不能遍味，冬则冻冰，夏则饰饐，人君为饮食如此，故左右象之，是以富贵者奢侈，孤寡者冻馁，虽欲无乱，不可得也。君实欲天下治而恶其乱，当为食饮不可不节。

【译文】上古的人民不知道制作饮食时，只吃素食而各自分居，所以圣人起来教勇子耕稼栽种，以供人作粮食。作饮食的原则是，只求补气益虚、强身饱腹就够了。所以他们用财节省，自养俭朴，（因而）民众富足，国家安定。现在却不是这样，向老百姓厚敛钱财，用来享受美味牛羊，蒸烤鱼鳖，大国之君集有上百样的菜，小国之君也有上十样的菜，摆在前面一丈见方，眼不能全看到，手不能全捡取到，嘴也不能全尝到，冬天结冻，夏天臭烂，国君这样讲究饮食，左右大臣都效法他。因此富贵的人奢侈，孤寡的人冻饿。这样一来，即使不希望国家混乱，也是不可能的。国君若真希望天下治理好而厌恶其混乱，饮食就不可不节省。

古之民未知为舟车时，重任不移，远道不至，故圣王作为舟车，不便民之事。其为舟车也，全固轻利，可以任重致远，其为用财少而为利多，是以民乐而利之。故法令不急而行，民不劳而上足用，故民归之。当今之主，其为舟车，与此异矣，全固轻利皆已具，必厚作敛于百姓，以饰舟车。饰车以文采，饰舟以刻镂。女子废其纺织而修文采，故民寒；男子离其耕稼而修刻镂，故民饥。人君为舟车若此，故左右象之，是以其民饥寒并至，故为奸邪。奸邪多则刑罚深，刑罚深则国乱。君实欲天下之治而恶其乱，当为舟车不可不节。

【译文】上古的人民不知道制造舟车时，重的东西搬不动，远的地方去不了，所以圣王开始制造舟车，用以便利民事。他们作舟车只求坚固轻便，可以运重物、行远路，费用花的少，而利益很大，所以民众乐于使用。所以法令不用催促而可行使，民众不用劳苦而财用充足，所以民众归顺他了。现在的君主制造舟车则与此不同。舟车已经坚固轻利了，他们还要向百姓横征暴敛，用以装饰舟车。在车上画以文彩，在舟上加以雕刻。女子废弃纺织而去描绘文彩，所以民众受寒；男子脱离耕稼而去从事雕刻，所以民众挨饿。国君这样制造舟车，左右大臣跟着仿效，所以民众饥寒交迫，不得已而作奸邪之事。奸邪之事一多，刑罚必然繁重。刑罚一繁重，国家就乱了。国君如果真的希望天下治理好而厌恶混乱，制造舟车就不可不节省。

凡回于天地之间，包于四海之内，天壤之情，阴阳之和，莫不有也，虽至圣不能更也。何以知其然？圣人有传：天地也则曰上下；四时也则曰阴阳；人情也则曰男女；禽兽也则曰牝牡雌雄也。真天壤之情，虽有先王不能更也。虽上世至圣必蓄私，不以伤行，故民无怨。宫无拘女，故天下无寡夫。内无拘女，外无寡夫，故天下之民众。当今之君，其蓄私也，大国拘女累千，小国累百，是以天下之男多寡无妻，女多拘无夫，男女失时，故民少。君实欲民之众而恶其寡，当蓄私不可不节。

【译文】凡周回于天地之间，包裹于四海之内的，天地之情，阴阳之和，一切都具备了，即使至圣也不能更动。何以知道这样呢？圣人传下的书说：天地称作上下，四时称作阴阳，人类分为男女，禽兽分为牝牡雌雄。这是真正的天地之情，即使有先世贤王也不能更动。即使上代至圣，一定都养有私人侍妾，但不伤害品行，所以民众无怨。宫中没有拘禁的女子，所以天下没有鳏夫。内无拘禁之妇，外无鳏夫，因而天下人民众多。现在的国君养侍妾，大国拘禁女子数千，小国数百，所以天下男子大多没有妻子，女子多遭拘禁而没有丈夫。男女婚姻失时，所以百姓减少。国君如果真想人民增多而厌恶减少，养侍妾就不可不节制。

凡此五者，圣人之所俭节也，小人之所淫佚也。俭节则昌，淫佚则亡，此五者不可不节。夫妇节而天地和，风雨节而五谷熟，衣服节而肌肤和。

【译文】以上所说的五者，都是圣人所节俭而小人所奢侈淫佚的。节俭的就昌盛，淫佚的就灭亡，这五者不可不节制。夫妇之事有节制，天地就和顺；风雨调节，五谷就丰收；衣服有节制，身体肌肤就安适。

兼爱上

圣人以治天下为事者也，必知乱之所自起，焉能治之；不知乱之所自起，则不能治。譬之如医之攻人之疾者然：必知疾之所自起，焉能攻之；不知疾之所自起，则弗能攻。治乱者何独不然？必知乱之所自起，焉能治之；不知乱之所自起，则弗能治。圣人以治天下为事者也，不可不察乱之所自起。

【译文】圣人是以治理天下为职业的人，必须知道混乱从哪里产生，才能对它进行治理。如果不知道混乱从哪里产生，就不能进行治理。这就好像医生给人治病一样，必须知道疾病产生的根源，才能进行医治。如果不知道疾病产生的根源，就不能医治。治理混乱又何尝不是这样，必须知道混乱产生的根源，才能进行治理。如果不知道混乱产生的根源，就不能治理。圣人是以治理天下为职业的人，不可不考察混乱产生的根源。

当察乱何自起？起不相爱。臣子之不孝君父，所谓乱也。子自爱不爱父，故亏父而自利；弟自爱不爱兄，故亏兄而自利；臣自爱不爱君，故亏君而自利，此所谓乱也。虽父之不慈子，兄之不慈弟，君之不慈臣，此亦天下之所谓乱也。父自爱也不爱子，故亏子而自利；兄自爱也不爱弟，故亏弟而自利；君自爱也不爱臣，故亏臣而自利。是何也？皆起不相爱。

【译文】试考察混乱从哪里产生呢？起于人与人不相爱。臣与子不孝敬君和父，就是所谓乱。儿子爱自己而不爱父亲，因而损害父亲以自利；弟弟爱自己而不爱兄长，因而损害兄长以自利；臣下爱自己而不爱君上，因而损害君上以自利，这就是所谓混乱。反过来，即使父亲不慈爱儿子，兄长不慈爱弟弟，君上不慈爱臣下，这也是天下的所谓混乱。父亲爱自己而不爱儿子，所以损害儿子以自利；兄长爱自己而不爱弟弟，所以损害弟弟以自利；君上爱自己而不爱臣下，所以损害臣下以自利。这是为什么呢？都是起于不相爱。

虽至天下之为盗贼者亦然。盗爱其室，不爱其异室，故窃异室以利其室；贼爱其身，不爱人，故贼人以利其身。此何也？皆起不相爱。虽至大夫之相乱家，诸侯之相攻国者亦然：大夫各爱其家，不爱异家，故乱异家以利其家。诸侯各爱其国，不爱异国，故攻异国以利其国。天下之乱物，具此而已矣。察此何自起？皆起不相爱。

【译文】即使在天底下做盗贼的人，也是这样。盗贼只爱自己的家，不爱别人的家，所以盗窃别人的家以利自己的家；盗贼只爱自身，不爱别人，所以残害别人以利自己。这是什么原因呢？都起于不相爱。即使大夫相互侵扰家族，诸侯相互攻伐封国，也是这样。大夫各自爱他自己的家族，不爱别人的家族，所以侵扰别人的家族以利他自己的家族；诸侯各自爱他自己的国家，不爱别人的国家，所以攻伐别人的国家以利他自己的国家。天下的乱事，全部都具备在这里了。细察它从哪里产生呢？都起于不相爱。

若使天下兼相爱，爱人若爱其身，犹有不孝者乎？视父兄与君若其身，恶施不孝？犹有不慈者乎？视弟子与臣若其身，恶施不慈？故不孝不慈亡有。犹有盗贼乎？故视人之室若其室，谁窃？视人身若其身，谁贼？故盗贼亡有。犹有大夫之相乱家，诸侯之相攻国者乎？视人家若其家，谁乱？视人国若其国，谁攻？故大夫之相乱家，诸侯之相攻国者亡有。若使天下兼相爱，国与国不相攻，家与家不相乱，盗贼无有，君臣父子皆能孝慈，若此则天下治。故圣人以治天下为事者，恶得不禁恶而劝爱？故天下兼相爱则治，交相恶则乱。故子墨子曰："不可以不劝爱人者此也。"

【译文】假若天下都能相亲相爱，爱别人就象爱自己，还能有不孝的吗？看待父亲、兄弟和君上象自己一样，怎么会做出不孝的事呢？还会有不慈爱的吗？看待弟弟、儿子与臣下象自己一样，怎么会做出不慈的事呢？所以不孝不慈都没有了。还有盗贼吗？看待别人的家象自己的家一样，谁会盗窃？看待别人就象自己一样，谁会害人？所以盗贼没有了。还有大夫相互侵扰家族，诸侯相互攻伐封国吗？看待别人的家族就象自己的家族，谁会侵犯？看待别人的封国就象自己的封国，谁会攻伐？所以大夫相互侵扰家族，诸侯相互攻伐封国，都没有了。假若天下的人都相亲相爱，国家与国家不相互攻伐，家族与家族不相互侵扰，盗贼没有了，君臣父子间都能孝敬慈爱，象这样，天下也就治理了。所以圣人既然是以治理天下为职业的人，怎么能不禁止相互仇恨而鼓励相爱呢？因此天下的人相亲相爱就会治理好，相互憎恶则会混乱。所以墨子说："不能不鼓励爱别人，道理就在此。"

非攻上

今有一人，入人园圃，窃其桃李，众闻则非之，上为政者得则罚之。此何也？以亏人自利也。至攘人犬豕鸡豚者，其不义又甚入人园圃窃桃李。是何故也？以亏人愈多，其不仁兹甚，罪益厚。至入人栏厩、取人牛马者，其不仁义，又甚攘人犬豕鸡豚。此何故也？以其亏人愈多。苟亏人愈多，其不仁兹甚，罪益厚。至杀不辜人也，拖其衣裘、取戈剑者，其不义又甚入人栏厩，取人牛马。此何故也？以其亏人愈多。苟亏人愈多，其不仁兹甚矣！罪益厚。当此天下之君子，皆知而非之，谓之不义。今至大为攻国，则弗知非，从而誉之，谓之义。此可谓知义与不义之别乎？

【译文】现在假如有一个人，进入别人的园圃，偷窃他家的桃子、李子。众人听说后就指责他，上边执政的人抓到后就要处罚他。这是为什么呢？因为他损人利己。至于盗窃别人的鸡犬、牲猪，他的不义又超过到别人的园圃里去偷桃李。这是什么缘故呢？因为他损人更大，他的不仁也更突出，罪过也更深重。至于进入别人的牛栏马厩内，偷取别人的牛马，他的不仁不义，又比盗窃别人鸡犬、牲猪的更甚。这是什么缘故呢？因为他损人更大。一旦损人更大，他的不仁也更突出，罪过也更深重。至于妄杀无辜之人，夺取他的皮衣戈剑，则这人的不义又甚于进入别人的牛栏马厩盗取别人牛马的。这是什么缘故呢？因为他损人更大。一旦损人更大，那么他的不仁也更突出，罪过也更深重。对此，天下的君子都知道指责他，称他为不义。现在至于大规模地攻伐别人的国家，却不知指责其错误，反而跟着去赞誉他，称之为义。这可以算是明白义与不义的区别吗？

杀一人谓之不义，必有一死罪矣。若以此说往，杀十人，十重不义，必有十死罪矣；杀百人，百重不义，必有百死罪矣。当此天下之君子，皆知而非之，谓之不义。今至大为不义攻国，则弗知非，从而誉之，谓之义。情不知其不义也，故书其言以遗后世；若知其不义也，夫奚说书其不义以遗后世哉？

【译文】杀掉一个人，叫做不义，必定有一项死罪。假如按照这种说法类推，杀掉十个人，有十倍不义，则必然有十重死罪了；杀掉百个人，有百倍不义，则必然有百重死罪了。对这种（罪行），天下的君子都知道指责它，称它不义。现在至于攻伐别人的国家这种大为不义之事，却不知道指责其错误，反而跟着称赞它为义举。他们确实不懂得那是不义的，所以记载那些称赞攻国的话遗留给后代。倘若他们知道那是不义的，又有什么理由解释记载这些不义之事，用来遗留给后代呢？

今有人于此，少见黑曰黑，多见黑曰白，则以此人不知白黑之辩矣；少尝苦曰苦，多尝苦曰甘，则必以此人为不知甘苦之辩矣。今小为非，则知而非之；大为非攻国，则不知非，从而誉之谓之义。此可谓知义与不义之辩乎？是以知天下之君子也，辩义与不义之乱也。

【译文】假如现在这里有一个人，看见少许黑色就说是黑的，看见很多黑色却说是白的，那么人们就会认为这个人不懂得白和黑的区别。少尝一点苦味就说是苦的，多尝些苦味却说是甜的，那么人们就会认为这个人不懂得苦和甜的区别。现在小范围内做不对的事，人们就都知道指责其错误；大范围内做，却不知道指责其错误，反而跟着称赞他为义举。这可以算是懂得义与不义的区别吗？所以我由此知道天下的君子，把义与不义的区别弄得很混乱了。

非命上（节录）

子墨子言曰：古者王公大人为政国家者，皆欲国家之富，人民之众，刑政之治。然而不得富而得贫，不得众而得寡，不得治而得乱，则是本失其所欲，得其所恶，是故何也？子墨子言曰：执有命者以杂于民间者众，执有命者之言曰：命富则富，命贫则贫；命众则众，命寡则寡；命治则治，命乱则乱；命寿则寿，命夭则夭；命，虽强劲，何益哉？以上说王公大人，下以驵百姓之从事，故执有命者不仁。故当执有命者之言，不可不明辨。

【译文】墨子说过："古时候治理国家的王公大人，都想使国家富裕，人民众多，法律政事有条理；然而求富不得反而贫困，求人口众多不得反而使人口减少，求治理不得反而得到混乱，则是从根本上失去了所想的，得到了所憎恶的，这是什么原因呢？"墨子说过："主张'有命'的人，杂处于民间太多了。主张"有命"的人说：'命里富裕则富裕，命里贫困则贫困，命里人口众多则人口众多；命里人口少则人口少，命里治理得好则治理得好；命里混乱则混乱；命里长寿则长寿，命里短命则短命，虽然使出很强的力气，有什么用呢？'用这话对上游说王公大人，对下阻碍百姓的生产。所以主张"有命"的人是不仁义的。所以对主张"有命"的人的话，不能不明加辨析。"

然则明辨此之说，将奈何哉？子墨子言曰：必立仪。言而毋仪，譬犹运钧之上，而立朝夕者也，是非利害之辨，不可得而明知也。故言必有三表，何谓三表？子墨子言曰：有本之者，有原之者，有用之者。于何本之？上本之于古者圣王之事；于何原之？下原察百姓耳目之实；于何用之？废以为刑政，观其中国家百姓人民之利。此所谓言有三表也。

【译文】然而如何去明加辨析这些话呢？墨子说道："必须订立准则。说话没有准则，好比在陶轮之上，放立测量时间的仪器，就不可能弄明白是非利害之分了。所以言论有三条标准。"哪三条标准呢？墨子说："有本原的，有推究的，有实践的。如何考察本原？要向上本原于古时圣王事迹。如何推究呢？要向下考察百姓的日常事实。如何实践呢？把它用作刑法政令，从中看看国家百姓人民的利益。这就是言论有三条标准的说法。"

然而今天下之士君子，或以命为有，盖尝尚观于圣王之事？古者桀之所乱，汤受而治之；纣之所乱，武王受而治之。此世未易，民未渝，在于桀、纣，则天下乱；在于汤、武，则天下治。岂可谓有命哉！

然而今天下之士君子，或以命为有，盖尝尚观于先王之书？先王之书，所以出国家、布施百姓者，宪也；先王之宪亦尝有曰："福不可请，而祸不可讳，敬无益、暴无伤者乎？"所以听狱制罪者，刑也；先王之刑，亦尝有曰："福不可请，祸不可讳，敬无益、暴无伤者乎？"所以整设师旅、进退师徒者，誓也；先王之誓，亦尝有曰："福不可请，祸不可讳，敬无益、暴无伤者乎？"

【译文】然而现在天下的士人君子，有的认为有命。为什么不朝上看看圣王的事迹呢？古时候，夏桀乱国，商汤接过国家并治理它；商纣乱国，周武王接过国家并治理它。社会没有改变，人民没有变化，桀纣时则天下混乱，汤武时则天下得到治理，它能说是有命吗？然而现在天下的士人君子，有人认为有命。为何不向上看看先代君王的书呢？先代君王的书籍中，用来治理国家、颁布给百姓的，是宪法。先代君王的宪法也曾说过"福不是请求来的，祸是不可避免的；恭敬没有好处，凶暴没有坏处"这样的话吗？所用来整治军队、指挥官兵的，是誓言。先代君王的誓言里也曾说过"福不是请求来的，祸是不可避免的；恭敬没有好处，凶暴没有坏处"这样的话吗？

昔上世之穷民，贪于饮食，惰于从事，是以衣食之财不足，而饥寒冻馁之忧至；不知曰我罢不肖，从事不疾，必曰我命固且贫。昔上世暴王，不忍其耳目之淫，心涂之辟，不顺其亲戚，遂以亡失国家，倾覆社稷；不知曰我罢不肖，为政不善，必曰吾命固失之。于《仲虺之告》曰：我闻于夏人矫天命，布命于下。帝式是恶，龚丧厥师。此言汤之所以非桀之执有命也。于《太誓》曰：纣夷处，不肯事上帝鬼神，祸厥先，神禔不祀，乃曰吾民有命。无僇其务，天亦纵弃之而弗葆。此言武王所以非纣执有命也。

【译文】古时候的穷民，对饮食很贪婪，而懒于劳动，因此衣食财物不足，而饥寒冻饿的忧虑就来了。不知道要说："我疲惫无力，劳动不快疾。"一定要说："我命里本来就要贫穷。"古时的暴君，不能忍住耳目的贪婪，心里的邪僻，不听从他的双亲，以至于国家灭亡，社稷绝灭。不知道要说："我疲惫无力，管理不善。"一定要说："我命里本来要亡国。"《仲虺之告》中说："我听说夏朝的人伪托天命，对下面的人传播天命说：上帝讨伐罪恶，因而消灭了他的军队。"这是说汤反对桀主张"有命"。《泰誓》中说："纣的夷灭之法非常酷虐，不肯侍奉上帝鬼神，毁坏他的先人的神位、地祇而不祭祀。并说："我有天命！"不努力防备，天帝也就抛弃了他而不予保佑。这是说武王所以反对纣主张"有命"的原因。

今用执有命者之言，则上不听治，下不从事。上不听治，则刑政乱；下不从事，则财用不足；上无以供粢盛酒醴祭祀上帝鬼神，下无以降绥天下贤可之士，外无以应待诸侯之宾客，内无以食饥衣寒，持养老弱。故命上不利于天，中不利于鬼，下不利于人。而强执此者，此特凶言之所自生，而暴人之道也！

【译文】现在要听用主张"有命"的人的话，则在上位的人不听狱治国，下面的人不劳作。在上位的人不听狱治国则法律政事就要混乱，下面的人不劳作则财物日用不足。对上没有粢、酒来供奉上帝鬼神，对下没有东西可以安抚天下贤人士子；对外没有东西可以接待诸侯的宾客；对内则不能给饥者以食，给寒者以衣，抚养老弱。所以" 命 "，上对天帝不利，中对鬼神不利，下对人不利。而顽固坚持它，则简直是坏话的根源，凶暴人的道理。

是故子墨子言曰：今天下之士君子，中实欲天下之富而恶其贫，欲天下之治而恶其乱，执有命者之言，不可不非。此天下之大害也。

【译文】所以墨子说："现在天下的士人君子，内心想使天下富裕而怕它贫困，想使天下得到治理而怕它混乱，主张'有命'的人的话，不能不反对。这是天下的大害啊！"

小 取

夫辩者，将以明是非之分，审治乱之纪，明同异之处，察名实之理，处利害，决嫌疑。焉摹略万物之然，论求群言之比。以名举实，以辞抒意，以说出故。以类取，以类予。有诸己不非诸人，无诸己不求诸人。或也者，不尽也。假者，今不然也。效者，为之法也，所效者，所以为之法也。故中效，则是也；不中效，则非也。此效也。辟也者，举也物而以明之也。侔也者，比辞而俱行也。援也者，曰：子然，我奚独不可以然也？推也者，以其所不取之同于其所取者，予之也。"是犹谓"也者，同也。"吾岂谓"也者，异也。

【译文】辩论的目的，是要分清是非的区别，审察治乱的规律，搞清同异的地方，考察名实的道理，断决利害，解决疑惑。于是要探求万事万物本来的样子，分析、比较各种不同的言论。用名称反映事物，用言词表达思想，用推论揭示原因。按类别归纳，按类别推论。自己赞同某些论点，不反对别人赞同，自己不赞同某些观点，也不要求别人。有疑惑，是没有全懂。假设，是现在不如此。榜样，是为事物立个标准，用它来作为评判是非的标准。符合标准，就是对的；不符合标准，就是错的。这就是效。比喻，是举别的事物来说明这一事物。相等，是两个词义相同的命题可以由此推彼。引用，是说"你正确，我为什么偏不可以正确呢？"类推，是用还没有推求出的部分，等同于已经推求出的部分，把他判断出来。"这好比说"是相同含义的命题可以类推。"我岂是那么说得"，是不同意义的命题不可以类推。

夫物有以同而不率遂同。辞之侔也，有所至而正。其然也，有所以然也；其然也同，其所以然不必同。其取之也，有所以取之；其取之也同，其所以取之不必同。是故辟、侔、援、推之辞，行而异，转而危，远而失，流而离本，则不可不审也，不可常用也。故言多方，殊类，异故，则不可偏观也。

【译文】各种事物有相同之处，但不是完全相同。辞义的相等，到一定的限度就会停止，某种事物成为这样，有它成为这样的原因，事物的样子相同，但是它们之所以成为这个样子的原因不一定相同。选取这个事物作论据，有选取的理由，选取论据相同，选取它们的原因不一定相同。所以比喻、相等、引用、类推这些方法，实行时有差异，辗转引证会导致诡辩，离题远了会失去原意，流失原意就离谱，故不能不审慎，是不能经常使用的。所以人们说话有各方面意义，不同的类别有不同的依据，不能等同视之。

夫物或乃是而然，或是而不然，或一周而不一周，或一是而一不是也。不可常用也，故言多方殊类异故，则不可偏观也，非也。白马，马也；乘白马，乘马也。骊马，马也；乘骊马，乘马也。获，人也；爱获，爱人也。臧，人也；爱臧，爱人也。此乃是而然者也。获之亲，人也；获事其亲，非事人也。其弟，美人也；爱弟，非爱美人也。车，木也；乘车，非乘木也。船，木也；人船，非人木也。盗人人也；多盗，非多人也；无盗，非无人也。奚以明之？恶多盗，非恶多人也；欲无盗，非欲无人也。世相与共是之。若若是，则虽盗人人也；爱盗非爱人也；不爱盗，非不爱人也；杀盗人非杀人也，无难盗无难矣。此与彼同类，世有彼而不自非也，墨者有此而非之，无也故焉，所谓内胶外闭与心毋空乎？内胶而不解也。此乃是而不然者也。

【译文】对于事物，有的前提肯定，结论也肯定，有的前提肯定，而结论却是否定。有的在某一方面有普遍性，而在另一方面却没有普遍性。有的在一方面正确，而在另一方面却错误。这是不能经常使用的。所以人的言语有多方面的意义，不同的类别有不同的依据，不能混同看待。白马是马，骑白马就是骑马。黑马是马，骑黑马也是骑马。女婢是人，爱女婢就是爱人。男仆是人，爱男仆也是爱人。这些就是前提是肯定的，结论也是肯定的例子。女婢的父母是人，女婢孝顺她的父母，不能说是孝顺人。女婢的弟弟是美貌的人，女婢爱她的弟弟，不能说是爱美貌的人。车是木头做的，乘车不能说是乘木头。船是木头做的，坐进船里，不能说是坐进木头里。强盗是人，强盗多不能说是人多；没有强盗，不能说是没有人。怎么说明这一点呢？恨强盗多，并不是恨人多；希望没有强盗，不是希望没有人。（这些推断），世人一般都承认是正确的。如果这样说是对的，那么，虽然强盗是人，爱强盗不能说是爱人，不爱强盗不能说是不爱人，杀死强盗也不能说是杀人。这段话就不难成立了。这和前面说的是同一类型的命题，一般人都承认前者没有错误，但对于墨家的这种主张却认为是错误，这没有别的原因，是所谓的“对内固执，对外闭塞，心中不开窍，内心顽固不化”。这些就是前提肯定而结论却是否定的例子。

且夫读书，非好书也。且斗鸡，非鸡也；好斗鸡，好鸡也。且入井，非入井也；止且入井，止入井也。且出门，非出门也；止且出门，止出门也。若若是，且夭，非夭也，寿夭也。有命，非命也。非执有命，非命也，无难矣。此与彼同类。世有彼而不自非也，墨者有此而罪非之，无也故焉，所谓内胶外闭与心毋空乎？内胶而不解也。此乃是而不然者也。爱人，待周爱人而后为爱人。不爱人，不待周不爱人；不周爱，因为不爱人矣。乘马，不待周乘马然后为乘马也；有乘于马，因为乘马矣。逮至不乘马，待周不乘马而后不乘马。此一周而一不周者也。

【译文】将要读书，不能说是读书，（爱好读书，就是爱好书。）将要斗鸡，不能说是斗鸡，爱好斗鸡，就是爱好鸡。将要跳井，不能说是跳井，阻止别人将要跳井，就是阻止跳井。将要出门，不能说是出门，阻止别人将要出门，就是阻止出门。如果这样说是对的，那么，将要夭折，不能说是夭折，反而可说是长寿。有命运，不能说是命运。反对有命运，就是没有命运。这段话就不难成立了。这和前者是同一类型的命题，一般人都承认前者没有错误，但对于墨家的这种主张却认为是错误，这没有别的原因，是所谓的“对内固执，对外闭塞，心中不开窍、内心顽固不化”。这些就是前提肯定而结论却是否定的例子。说到爱人，必须要普遍地爱所有的人，才算是爱人。说不爱人，却不一定要所有的人都不爱，才算是不爱人。不普遍地爱所有的人，因而就是不爱人了。骑马，不一定要普遍地骑所有的马，然后才算是骑马。骑上了一匹马，因而算是骑了马。至于说不骑马，必须要普遍地不骑所有的马，而后才叫做不骑马。这些是一方面具有普遍性而另一方面不具有普遍性的例子。

居于国，则为居国；有一宅于国，而不为有国。桃之实，桃也；棘之实，非棘也。问人之病，问人也；恶人之病，非恶人也。人之鬼，非人也；兄之鬼，兄也。祭人之鬼，非祭人也；祭兄之鬼，乃祭兄也。之马之目盼，则为之马盼；之马之目大，而不谓之马大。之牛之毛黄，则谓之中黄；之牛之毛众，而不谓之牛众。一马，马也；二马，马也。马四足者，一马而四足也，非两马而四足也。一马马也。马或白者，二马而或白也，非一马而或白。此乃一是而一非者也。

【译文】住在某一国，就叫住在某一国，有一所住宅在某一国，却不能说有了某一国。桃树的果子叫桃。棘树的果子，却不叫棘。问候人家的病，叫做问候人；讨厌人家的病，却不叫讨厌人。别人变成了鬼，不是人；哥哥变成了鬼，却仍然是哥哥。祭别人的鬼，不是祭人；祭哥哥的鬼，就是祭哥哥。这匹马眼睛瞎，叫做这匹马瞎；那匹马眼睛大，却不能说马大。这头牛的毛黄，就叫做牛黄；那头牛毛多，却不能说牛多。一匹马，是马；两匹马，也是马。马有四条腿，是说一匹马有四条腿，并不是说两匹马有四条腿。说马中有白马，是说两匹马中有一匹是白的，并不是说一匹马有的白。这些就是在一方面对，在另一方面错的例子。

耕柱（节录）

治徒娱县子硕问于子墨子曰："为义孰为大务？"子墨子曰："譬若筑墙然，能筑者筑，能实壤者实壤，能欣者欣，然后墙成也。为义犹是也，能谈辩者谈辩，能说书者说书，能从事者从事，然后义事成也。"巫马子谓子墨子曰："子兼爱天下，未云利也；我不爱天下，未云贼也。功皆未至，子何独自是而非我哉？"子墨子曰："今有燎者于此，一人奉水将灌之，一人掺火将益之，功皆未至，子何贵于二人？"巫马子曰："我是彼奉水者之意，而非夫掺火者之意。"子墨子曰："吾亦是吾意，而非子之意也。"

【译文】治徒娱和县子硕二人问墨子："如果要行义，什么是最重要的方面？"墨子说："譬如筑墙，能筑的筑，能挑土的挑土，能测量的测量，然后墙就筑成了。行义也是如此。能谈辩的谈辩，能说书的说书，能做事的就做事，然后义事就成了。"巫马子对墨子说："您兼爱天下，也没有什么利，我不爱天下，也没有什么害。都还没有结果，您为何偏偏自以为是而认为我不对呢？"墨子说："现在假使有人在此放火，有一个人要拿水去灭火，另一个要拿火去加燃火，都还没有结果，对这两个人你赞成哪一个？"巫马子说："我觉得那个拿水的人用心是对的、而拿火的人用心是不对的。"墨子说："我也认为我的用心是对的，而认为你的用心是不对的。"

巫马子谓子墨子曰："子之为义也，人不见而耶，鬼而不见而富，而子为之，有狂疾。"子墨子曰："今使子有二臣于此，其一人者见子从事，不见子则不从事；其一人者见子亦从事，不见子亦从事，子谁贵于此二人？"巫马子曰："我贵其见我亦从事，不见我亦从事者。"子墨子曰："然则是子亦贵有狂疾也。"

【译文】巫马子对墨子说："你行义，不见人们服你，也不见鬼神赐福给你，而你还要行义，你大概有狂病吧！"墨子说："现在假使此地有你的两个家臣，其中一人看见你，他做事，不看见你他不做事；另一人看见你他做事，不看见你他也做事，那么对这两个人你赞赏哪一个？”巫马子说：“我赞赏那见我做事，不见我也做事的人。”墨子说：“这样看来，你也赞赏有狂病的了。”

叶公子高问政于仲尼曰：“善为政者若之何？”仲尼对曰：“善为政者，远者近之，而旧者新之。”子墨子闻之曰：“叶公子高未得其问也，仲尼亦未得其所以对也。叶公子高岂不知善为政者之远者近也，而旧者新是哉？问所以为之若之何也。不以人之所不智告人，以所智告之，故叶公子高未得其问也，仲尼亦未得其所以对也。”

【译文】叶公子高向孔子问施政的道理，说：“善于施政的人该怎样呢？”孔子回答道：“善于治政的人，对于处在远方的，要亲近他们，对于故旧，要如同新交一样，不厌弃他们。”墨子听到了，说：“叶公子高没能得到需要的解答，孔子也不能正确地回答。叶公子高难道会不知道，善于施政的人，对于处在远方的，要亲近他们，对于故旧，要如同新交一样，不厌弃他们。他是问怎么样去做。不以人家所不懂的告诉人家，而以人家已经知道了的去告诉人家。所以说，叶公子高没能得到需要的解答，孔子也不能正确地回答。”

贵 义

子墨子曰：“万事莫贵于义。今谓人曰：‘予子冠履，而断子之手足，子为之乎？’必不为。何故？则冠履不若手足之贵也。又曰：‘予子天下，而杀子之身，子为之乎？’必不为。何故？则天下不若身之贵也。争一言以相杀，是贵义于其身也。故曰：万事莫贵于义也。”

【译文】墨子说：“万事没有什么比义更可贵的了。假使现在对一个人说：‘给你帽子和鞋子，而砍断你的手和脚，你肯做这样的事吗？’这人一定不肯，什么缘故呢？因为鞋帽不如手脚贵重。然后又对这人说：‘给你天下而杀你的身子，你肯做这样的事吗？’这人一定不肯，什么缘故呢？因为天下不如自己的身子贵重。人们为争一言而相拼杀，这是因为道义比身体更为可贵。所以说，万事没有比义更可贵的了。”

子墨子自鲁即齐，过故人，谓子墨子曰：“今天下莫为义，子独自苦而为义，子不若已。”子墨子曰：“今有人于此，有子十人，一人耕而九人处，则耕者不可以不益急矣。何故？则食者众而耕者寡也。今天下莫为义，则子如劝我者也，何故止我？”

【译文】墨子从鲁国到齐国去探望一位老友。这个老友对墨子说：“现在天下没有谁行义，你却独自苦苦去行义，你不如停止吧。”墨子说：“假使现在此地有一个人，他有十个儿子，其中只有一个儿子耕田，其余九个闲着，那么耕田的人不能不更加努力，什么缘故呢？因为吃的人多而耕田的人少。如今天下没有谁行义，你应该鼓励我去行义，为什么还阻止我呢？”

子墨子曰：“凡言凡动，利于天、鬼、百姓者为之；凡言凡动，害于天、鬼、百姓者舍之。凡言凡动，合于三代圣王尧、舜、禹、汤、文、武者为之；凡言凡动，合于三代暴王桀、纣、幽、厉者舍之。”

【译文】墨子说：“凡言语、行动，有利于天神百姓的就去做；凡言语、行动，有害于天神百姓的要舍弃；凡言语、行动，与三代圣王尧、舜、禹、商汤、周文王、周武王相合的就去做，凡言语、行动，与三代暴王夏桀、商纣、周幽王、周厉王相合的要舍弃。”

子墨子曰：“世之君子，使之为一犬一彘之宰，不能则辞之；使为一国之相，不能而为之。岂不悖哉！”

【译文】墨子说：“当代的君子，如果让他们去杀狗杀猪，他不会做就会推辞；如果让他们去当一国的宰相，虽然他无能力却还要去当，这不是很荒谬吗？”

子墨子曰：“今瞽曰：‘钜者白也，黔者黑也。’虽明目者无以易之。兼白黑，使瞽取焉，不能知也。故我曰瞽不知白黑者，非以其名也，以其取也。今天下之君子之名仁也，虽禹、汤无以易之。兼仁与不仁，而使天下之君子取焉，不能知也。故我曰天下之君子不知仁者，非以其名也，亦以其取也。”

【译文】墨子说：“现在有一个瞎子说：‘皑是白的；黔是黑的。’即使眼睛好的人，也没法改变他的看法。如果把黑白混在一起，叫瞎子去分辨，他就不能知道哪是白哪是黑了。所以我说瞎子不知黑白，不是因为他不能叫出黑与白这些名称，而是因为他分辨不出来。现在天下的君子称仁，即使大禹商汤也不能改变他。如果把仁与不仁混在一起，叫天下的君子去辨别，他们就不知仁与不仁的界线，所以我说天下的君子不知道仁，并不是因为他们不能称呼仁，而是因为他们不能分辨仁与不仁。”

子墨子曰：“古之圣王，欲传其道于后世，是故书之竹帛，镂之金石，传遗后世子孙，欲后世子孙法之也。今闻先王之遗而不为，是废先王之传也。”

【译文】墨子说：“古代圣王想将他们的道传给后代，因此才写在竹帛史书上，刻在金石上，留传给后代子孙，希望后代子孙效法他们。如今听了先王之道而不去做，这是废除先王传下来的道啊。”

子墨子南游使卫，关中载书甚多，弦唐子见而怪之，曰：“吾夫子教公尚过曰：‘揣曲直而已。’今夫子载书甚多，何有也？”子墨子曰：“昔者周公旦朝读书百篇，夕见漆十士，故周公旦佐相天子，其修至于今。翟上无君上之事，下无耕农之难，吾安敢废此？翟闻之：‘同归之物，信有误者。’然而民听不钧，是以书多也。今若过之心者，数逆于精微。同归之物，既已知其要矣，是以不教以书也。而子何怪焉？”

【译文】墨子南游出使卫国，车厢里载了许多书，弦唐子见了觉得奇怪，问道：“夫子曾教导公尚过说：‘能衡量曲直就行了。’如今夫子载那么多书，有什么用呢？”墨子说：“从前周公旦早上读一百篇书，晚上接见七十个士。故周公旦辅佐天子的故事，能长久流传至今。我墨翟上无辅君之事，下无农耕的困难，我怎敢荒废读书呢？我听说：‘万物殊途而同归，确有失误之处’，老百姓听到的东西往往不一致，因此书就多了。现在若通过内心思考，理解上已达到精微的程度，万物同归的道理已经知其要领，所以就不用拿书来教他了，你为什么感到奇怪呢？”

公孟（节录）

公孟子谓子墨子曰：“实为善人，孰不知？譬若良玉，处而不出有馀糈。譬若美女，处而不出，人争求之；行而自衒，人莫之取也。今子遍从人而说之，何其劳也！”子墨子曰：“今夫世乱，求美女者众，美女虽不出，人多求之；今求善者寡，不强说人，人莫之知也。且有二生于此，善筮，一行为人筮者，一处而不出者，行为人筮者，与处而不出者，其糈孰多？”公孟子曰：“行为人筮者，其糈多。”子墨子曰：“仁义钧，行说人者，其功善亦多。何故不行说人也。”

【译文】公孟子对墨子说：“真正行善的人，谁不知道？譬如一个良巫，在家里不外出，仍有人登门求卜而得很多粮食。譬如美女，躲在家里不出门，人们还是争着去求亲。如果她出门来自我炫耀，就没有谁敢娶她了。现在你到处游说，不是太劳苦了吗？”墨子说：“当今世道混乱，求美女的多，所以美女虽不出门，求的人却多；而今求善的人少，如果不努力去劝说，人们不会了解。假定有两个人，都善于卜筮，一个出外给人卜筮。一个在家不出门。出外给人卜筮的与住家中不出去的，谁得到的粮食多呢？”公孟子说：“出去卜筮的得粮食多。”墨子说：“仁义也和这个一样，出外劝说别人，其功善也多，为什么不能出去劝说别人呢？”

公孟子戴章甫，搢忽，儒服，而以见子墨子，曰：“君子服然后行乎？其行然后服乎？”子墨子曰：“行不在服。”公孟子曰：“何以知其然也？”子墨子曰：“昔者齐桓公高冠博带，金剑木盾，以治其国，其国治。昔者晋文公大布之衣，牂羊之裘，韦以带剑，以治其国，其国治。昔者楚庄王鲜冠组缨，绛衣博袍，以治其国，其国治。昔者越王勾践剪发文身，以治其国，其国治。此四君者，其服不同，其行犹一也。翟以是知行之不在服也。”公孟子曰：“善！吾闻之曰：宿善者不祥。请舍忽，易章甫，复见夫子，可乎？”子墨子曰：“请因以相见也。若必将舍忽、易章甫，而后相见，然则行果在服也。”

【译文】公孟子头戴礼帽，插上笏板，穿上儒服，前来见墨子，问道：“君子要穿戴一定的服饰然后才能有所作为呢，还是先有所作为然后才穿戴一定的服饰呢？”墨子说：“有所作为不在乎服饰。”公孟子问：“凭什么这样说？墨子说：“从前齐桓公戴着高帽子，腰上系着大带子，佩挂金剑，这样来治理他的国家，把国家治理好了。晋文公穿粗布衣服，羊皮裘装，牛皮袋子上插剑，这样来治理他的国家，同样把国家治理好了。楚庄王头戴鲜冠，冠上系着丝带，穿着大衣大袍，这样来治理他的国家，也把国家治理好了。越王勾践剪掉头发，身上刺字，就这样来治理他的国家，也把国家治理好了。这四位国君，他们的服饰不同，但他们都有所作为。我由此知道有所作为不在乎服饰。”公孟子说：“好吧，我听说：‘停止做善事的人不吉祥’，请让我放下笏板，换了帽子再来见您行吗？”墨子说：“就这样相见吧。如果一定要放下笏板、换了帽子然后才相见，就说明有所作为果然在乎服饰了。”

公孟子曰：“君子必古言服，然后仁。”子墨子曰：“昔者商王纣、卿士费仲，为天下之暴人；箕子、微子，为天下之圣人。此同言，而或仁不仁也。周公旦为天下之圣人，关叔为天下之暴人，此同服，或仁或不仁。然则不在古服与古言矣。且子法周而未法夏也，子之古，非古也。”

【译文】公孟子说：“君子一定要说古言、穿古服，然后才称得上仁。”墨子说：“从前，商纣王及其卿士费仲，被称为天下的暴人；箕子、微子被称为天下的圣人，这些人言语相同，但有的仁有的不仁。周公旦是天下的圣人，其弟管叔是天下的暴人，这两人服饰相同，但有的仁有的不仁。这样看来，仁与不仁并不在穿古服说古言。况且你是效法周代而不是效法夏代，你所说的古还不是最古的呢。”

公孟子曰：“贫富寿夭，齰然在天，不可损益。”又曰：“君子必学。”子墨子曰：“教人学而执有命，是犹命人葆而去其冠也。”

【译文】公孟子说：“贫穷富有，长寿短寿，都是由上天安排的，不能减少也不能增多。”又说：“君子一定要学习。”墨子说：“教人家学习却又主张有命，这好比叫人家包头戴帽却又撤掉他的帽子一样，自相矛盾啊。”

公孟子谓子墨子曰：“有义不义，无祥不祥。”子墨子曰：“古圣王皆以鬼神为神明，而为祸福，执有祥不祥，是以政治而国安也。自桀、纣以下，皆以鬼神为不神明，不能为祸福，执无祥不祥，是以政乱而国危也。

【译文】公孟子对墨子说：“人有义与不义之分，但不因为义而得福，不因为不义而得祸。”墨子说：“古代的圣王都把鬼神看成神明，它能给人带来祸福。认为人有义与不义之分，也因此会得福或得祸，所以刑政治理得好，国家安定。自夏桀、商纣以来的暴王，都认为鬼神不能明察，不会给人带来祸福，主张无所谓祸无所谓福，所以刑政混乱，国家艰危。”

子墨子谓公孟子曰：“丧礼，君与父母、妻、后子死，三年丧服；伯父、叔父、兄弟期；族人五月；姑、姊、舅、甥皆有数月之丧。或以不丧之间，诵《诗》三百，弦《诗》三百，歌《诗》三百，舞《诗》三百。若用子之言，则君子何日以听治？庶人何日以从事？”公孟子曰：“国乱则治之，国治则为礼乐；国治则从事，国富则为礼乐。”子墨子曰：“国之治，治之废，则国之治亦废。国之富也，从事故富也；从事废，则国之富亦废。故虽治国，劝之无餍，然后可也。今子曰：‘国治则为礼乐，乱则治之，是譬犹噎而穿井也，死而求医也。古者三代暴王桀、纣、幽、厉，薾为声乐，不顾其民，是以身为刑僇，国为戾虚者，皆从此道也。”公孟子曰：“无鬼神。”又曰：“君子必学祭祀。”子墨子曰：“执无鬼而学祭礼，是犹无客而学客礼也，是犹无鱼而为鱼罟也。”

【译文】墨子对公孟子说："丧礼规定：国君与父母、妻、嫡长子死，要服丧三年；伯父、叔父、兄弟死，服丧一年；族人死，服丧五个月；姑、姊、舅、甥死，也要服丧几个月。在不办丧事的时候，要朗诵《诗经》三百篇，用弦乐配乐歌唱，还要伴以舞蹈。如果按照你们的这一套去做，那么君子拿什么时间听政，老百姓用什么时间从事生产？"公孟子说："国家混乱就治理国家，国家太平就从事礼乐。国家贫穷就从事生产，国家富裕就从事礼乐。"墨子说："君子必须努力于政务，国家才治理得好，君子不努力治政，政事就会荒废。国家富，要做事才能富，不做事国家不会富。所以治理国家，必须勤勉不止。现在你却说：'国家太平，就从一事礼乐，国家乱才去治'，这就好比口渴了才去打井，人死了才去求医。古代的暴王夏桀、商纣、周幽王、周厉王，他们大搞声乐，不顾百姓死活，最终身遭刑戮，国破家亡，就是这个道理。"

公孟子谓子墨子曰："子以三年之丧为非，子之三日之丧亦非也。"子墨子曰："子以三年之丧非三日之丧，是犹倮谓撅者不恭也。"

【译文】公孟子对墨子说："你认为服丧三年是不对的，那么你主张服丧三月也是不对的。"墨子说："你拿服丧三年来非难服丧三月，这好比赤身裸体的人说掀开衣服露出身体的人不恭敬一样。"

子墨子曰问于儒者："何故为乐？"曰："乐以为乐也。"子墨子曰："子未我应也。今我问曰：'何故为室？'曰：'冬避寒焉，夏避暑焉，室以为男女之别也。'则子告我为室之故矣。今我问曰：'何故为乐？'曰：'乐以为乐也。'是犹曰：'何故为室？'曰：'室以为室也。'"

【译文】墨子问儒者："为什么从事音乐？"儒者回答说："为了音乐而从事音乐。"墨子说："你没有回答我的问题。假如现在我问：'为什么修建房子？'回答说：'是为了冬避风寒，夏避暑热，是为了使男女居住分开。'那么你就把建房的原因告诉我了。现在我问：'为什么从事音乐？'你却回答：'为了音乐从事音乐。'这好比问'为什么建房？'回答说：'为了建房而建房。"

子墨子谓程子曰："儒之道足以丧天下者四政焉。儒以天为不明，以鬼为不神，天、鬼不说，此足以丧天下。又厚葬久丧，重为棺椁，多为衣衾，送死若徙，三年哭泣，扶后起，杖后行，耳无闻，目无见，此足以丧天下。又弦歌鼓舞，习为声乐，此足以丧天下。又以命为有，贫富寿夭、治乱安危有极矣，不可损益也。为上者行之，必不听治矣；为下者行之，必不从事矣。此足以丧天下。”程子曰：“甚矣，先生之毁儒也！”子墨子曰：“儒固无此若四政者，而我言之，则是毁也。今儒固有此四政者，而我言之，则非毁也，告闻也。”程子无辞而出。

子墨子曰：“迷之！”反，后坐，进复曰：“乡者先生之言有可闻者焉。若先生之言，则是不誉禹，不毁桀、纣也。”子墨子曰：“不然。夫应孰辞，称议而为之，敏也。厚攻则厚吾，薄攻则薄吾。应孰辞而称议，是犹荷辕而击蛾也。”

【译文】墨子对程繁说：“儒家的学说，有四种教义足以亡天下。儒家认为上天不明察事理，认为鬼神没有灵验，惹得天鬼不高兴，此两项足以亡天下。儒家提倡厚葬久丧，几层棺木，多制衣被，送葬如同搬家，守孝哭泣三年，把人折磨得要人扶着才能站起，拄着手杖才能走路，耳听不清，眼看不明，此一项就足以亡天下。又认为有命运，贫富寿夭，治乱安危都由命中注定，不能减少也不能增加。在上位的王公大人照他们的话去做，必定不努力治政；在下位的百姓照他们的话去做，必定不努力生产，这一项也足以亡天下。”程繁说：“太过分了!先生怎么这样诽谤儒者啊。”墨子说：“儒家如果本无这四种教义，而我说它，那是诽谤。儒家本来有这四种教义，我这样说它，并非诽谤而是把我所知道的告诉你。”程繁不辞而出。墨子说：“你回来!”程繁返回，再坐下，进而又说道：“刚才先生的话有可指责之处，照先生这样说，那就不存在既不赞誉大禹、商汤，也不诋毁夏桀、商纣了。”墨子说：“不对，以平常的言辞回答别人而又切合事理，见其敏捷。但如果对方严词相攻，那我也必严词相抵；如果对方缓言诘问，那我也必缓言相对，如果应付普通的言辞也要去辩论，那就好象背着车辕去敲击蛾子，不对劲了。”

子墨子与程子辩，称于孔子。程子曰：“非儒，何故称于孔子也？”子墨子曰：“是亦当而不可易者也。今鸟闻热旱之忧则高，鱼闻热旱之忧则下，当此，虽禹、汤为之谋，必不能易矣。鸟鱼可谓愚矣，禹、汤犹云因焉。今翟曾无称于孔子乎？”

【译文】墨子与程繁辩论，称赞孔子。程繁问：“你不是反对儒家吗，为什么又称赞孔子呢？”墨子说：“是因为孔子有合理而不能改变的地方。鸟假如感觉有热旱之忧就会往高处飞，鱼感觉有热旱之忧就会往水下游，这个时候即使大禹、商汤这样的圣人来替它们谋划，也不能改变它们的本性。鸟鱼可算是最愚笨的了，大禹商汤也还得顺其自然，现在我为什么不能称赞孔子呢？”

有游于子墨子之门者，身体强良，思虑徇通，欲使随而学。子墨子曰：“姑学乎，吾将仕子。”劝于善言而学。其年，而责仕于子墨子。子墨子曰：“不仕子。子亦闻夫鲁语乎？鲁有昆弟五人者，其父死，其长子嗜酒而不葬，其四弟曰：‘子与我葬，当为子沽酒。’劝于善言而葬。已葬而责酒于其四弟。四弟曰：“吾未予子酒矣。子葬子父，我葬吾父，岂独吾父哉？子不葬，则人将笑子，故劝子葬也。’今子为义，我亦为义，岂独我义也哉？子不学则人将笑子，故劝子于学。”

【译文】有一个人来到墨子门下求学，这人身体强壮，思想敏捷，墨子想让他跟随自己学习。墨子说：“暂且学吧，我将使你出仕。”学了一年以后，这人向墨子要求出仕，墨子说：“不能让你出仕。你曾听说过鲁国的故事吗？鲁国有一家五兄弟，他们的父亲死了，长子只知嗜酒而不埋葬父亲，他的四个弟弟对他说：‘你和我们一道把父亲埋了，我们将为你买酒喝。’用好话劝说终于把父亲埋了。安葬完毕，长子向四个弟弟要酒。四个弟弟说：‘我们不给你买酒了，你埋你的父亲，我们埋我们的父亲，难道只是我们的父亲吗？你不葬父，别人将笑话你，所以劝你把父埋了。’现在你从事义，我也从事义，岂是我一个人的义呢？你不学习，别人将笑话你，所以鼓励你学习。”

有游于子墨子之门者，子墨子曰：“盍学乎？”对曰：“吾族人无学者。”子墨子曰：“不然。未好美者，岂曰吾族人莫之好，故不好哉？夫欲富贵者，岂曰我族人莫之欲，故不欲哉？好美、欲富贵者，不视人犹强为之，夫义，天下之大器也，何以视人必强为之？”

【译文】有一个人来到墨子门下，墨子问他：“为什么不学习呢？”回答说：“我的族人都不学习。”墨子说：“不对。爱美的人，难道会说因为我的族人没有谁爱美，所以我也不爱美吗？想富贵的人，难道会说因为我的族人没有谁想富贵，所以我也不想富贵吗？爱美的人，想富贵的人，用不着看别人行事，仍然追求自己所想要的。义，是天下最可宝贵的东西，为什么一定要看他人行事呢？”

子墨子有疾，跌鼻进而问曰：“先生以鬼神为明，能为祸福，为善者赏之，为不善者罚之。今先生圣人也，何故有疾？意者先生之言有不善乎？鬼神不明知乎？”子墨子曰：“虽使我有病，何遽不明？人之所得于病者多方，有得之寒暑，有得之劳苦。百门而闭一门焉，则盗何遽无从入？”

【译文】墨子有病，跌鼻进来问道：“先生认为鬼神能明察，能给人祸福，为善的将得到奖赏，为恶的将遭到惩罚。先生现在是圣人，为什么会生病呢？或许先生的话有不对的地方吧？也许鬼神不能明察吧？”墨子回答说：“虽然我有病，为什么说鬼神就不明察呢？人得病有多方面的原因，有因为寒暑不适而得病的，有因为劳苦而得病的，好比一百道门你只关了一道，盗贼为何不可以从其它的门进来呢？”

鲁问（节录）

子墨子谓鲁阳文君曰：“攻其邻国，杀其民人，取其牛马、粟米、货财，则书之于竹帛，镂之于金石，以为铭于钟鼎，传遗后世子孙，曰：‘莫若我多！’今贱人也，亦攻其邻家，杀其人民，取其狗豕、食粮、衣裘，亦书之竹帛，以为铭于席豆，以遗后世子孙，曰：‘莫若我多！’其可乎？”鲁阳文君曰：“然。吾以子之言观之，则天下之所谓可者，未必然也。”子墨子为鲁阳文君曰：“世俗之君子，皆知小物，而不知大物。今有人于此，窃一犬一彘，则谓之不仁，窃一国一都，则以为义。譬犹小视白谓之白，大视白则谓之黑。是故世俗之君子，知小物而不知大物者，此若言之谓也。”

【译文】墨子对鲁阳文君说：“攻打邻国，杀害该国的人民，夺取该国的牛马粮食、钱财，还要记在竹简帛书中。刻在金石上面，写成铭文铸刻于钟鼎之上，传给后代子孙说：‘没有谁比我的战功多’。假使现在一个平民，也去攻打他的邻居，杀死邻人，夺取邻人的猪狗、粮食、衣物，也记在竹简帛书中，写成铭文刻在几席、食器之上，把它传给后代子孙，说：‘没有谁比我多’。这可以吗？”鲁阳文君说：“是的，照你的话看来，天下认为对的事，未必是对的啊。”墨子说：“世俗的君子，都只知小事而不知大事。现在这里有一个人，偷了人家一条狗或一只猪，就说他不仁。但是有人窃取一国一都，反而认为他合乎义。这就好比少看到白叫做白，多看到白反而叫做黑。所以说世俗的君子，只知道小事而不知道大事，就是这个道理。”

鲁人有因子墨子而学其子者，其子战而死，其父让子墨子。子墨子曰：“子欲学子之子，今学成矣，战而死，而子愠，而犹欲粜籴，雠则愠也。岂不费哉！”

【译文】鲁国有一个人让儿子向墨子学习，后来儿子战死了，他却来责怪墨子。墨子说：“你让儿子跟我学，如今学成了，作战死了，而你却怨恨我，这就好比卖粮食，按你的意思卖出去了，而你反而发怒，这不是违背常理吗？”

鲁之南鄙人有吴虑者，冬陶夏耕，自比于舜。子墨子闻而见之。吴虑谓子墨子：“义耳义耳，焉用言之哉？”子墨子曰：“子之所谓义者，亦有力以劳人，有财以分人乎？”吴虑曰："有。"子墨子曰："翟尝计之矣。翟虑耕而食天下之人矣。盛，然后当一农之耕，分诸天下，不能人得一升粟。籍而以为得一升粟，其不能饱天下之饥者，既可睹矣。翟虑织而衣天下之人矣，盛，然后当一妇人之织，分诸天下，不能人得尺布。籍而以为得尺布，其不能暖天下之寒者，既可睹矣。翟虑被坚执锐，救诸侯之患，盛，然后当一夫之战，一夫之战，其不御三军，既可睹矣。翟以为不若诵先王之道，而求其说，通圣人之言，而察其辞，上说王公大人，次匹夫徒步之士。王公大人用吾言，国必治；匹夫徒步之士用吾言，行必修。故翟以为虽不耕而食饥，不织而衣寒，功贤于耕而食之、织而衣之者也。故翟以为虽不耕织乎，而功贤于耕织也。"吴虑谓子墨子曰："义耳义耳，焉用言之哉？"子墨子曰："籍设而天下不知耕，教人耕，与不教人耕而独耕者，其功孰多？"吴虑曰："教人耕者，其功多。"子墨子曰："籍设而攻不义之国，鼓而使众进战，与不鼓而使众进战而独进战者，其功孰多？"吴虑曰："鼓而进众者，其功多。"子墨子曰："天下匹夫徒步之士少知义，而教天下以义者，功亦多，何故弗言也？若得鼓而进于义，则吾义岂不益进哉！"

【译文】鲁国的南部有一个山民，名叫吴虑，冬天制陶夏天耕耘，将自己比作舜。墨子听说后来见他。吴虑对墨子说："义啊，义啊，何必用言语来说它呢？"墨子说："你所谓的义，是用力量帮助人，用钱财分给人吗？"吴虑说："是的"。墨子说："我曾计算过，我如果耕田来供给天下人吃，顶多也不过相当于一个农夫的劳动，把收获的粮食分给天下人，每人还得不到一升粟。即使每人得到一升粟，也不能使天下的饥者得食，这是显而易见的事。我曾想到过织布给天下人穿，但顶多也不过相当于一个妇女的纺织，把织的布分给天下人，每人还得不到一尺布，即使每人分得一尺布，而不能使天下寒者得暖，这是显，而易见的事。我曾想到披着坚固的恺甲拿着锐利的武器，去拯救诸侯的困难，但顶多也不过相当于一个士兵的作用，一个士兵作战哪能抵御三军，这也是显而易见的事。伐以为不如诵习先王之道，探求其学说，通晓圣人的言语，考察圣人的文辞，对上游说王公大人，对下劝说士人百姓。王公大人采用我的意见，国家必定得治；士人百姓若用我言，品行必定有修养。所以，我认为虽不去耕田给饥者吃，不去织布给寒者穿，其功效超过拼田给饥者吃，织布给寒者穿。我认为虽然不去耕织，而功效已超过拼织了。"吴虑对墨子说："义啊义阿，何必用言语去说它呢。"墨子说："假使天下人不懂得耕作，教人耕作的人与不教人耕作自己单独耕作的人，哪一个的功效大？"吴虑回答说："教人耕作的功效大。墨子说："假使去攻打不义的国家，击鼓令众人前进的，与不击鼓令众人前进而自己独自作战的，谁的功效大？"吴虑说："击鼓令众人前进的功.效大。"墨子说："天下士人百姓，很少有人知道义，用义来教天下人，功效如此之大，为何不能说呢？如果像击鼓一样令众人学义，那么我的义岂不是更前进了吗？"

子墨子游公尚过于越。公尚过说越王，越王大说，谓公尚过曰：“先生苟能使子墨子于越而教寡人，请裂故吴之地，方五百里，以封子墨子。”公尚过许诺。遂为公尚过束车五十乘，以迎子墨子于鲁。曰：“吾以夫子之道说越王，越王大说，谓过曰：‘苟能使子墨子至于越而教寡人，请裂故吴之地，方五百里，以封子。’”子墨子谓公尚过曰：‘子观越王之志何若？意越王将听吾言，用吾道，则翟将往，量腹而食，度身而衣，自比于群臣，奚能以封为哉！抑越不听吾言，不用吾道，而吾往焉，则是我以义粜也。钧之粜，亦于中国耳，何必于越哉！”

【译文】墨子推荐公尚过到越国做官。公尚过游说越王，越王大喜，对公尚过说：“先生如果能使墨子到越国来教导寡人，愿割原吴国的土地五百里封他。”公尚过答应。于是越王为公尚过套车五十辆，到鲁国去迎接墨子。公尚过对墨子说：“我用先生的道理去游说越王，越王大喜，对我说：‘如果能使墨子到越来教导寡人，愿割原来吴国的土地五百里封他。’”墨子对公尚过说：“你看越王的意思如何？或许越王听我的话，用我的道，那我就往越国去，量腹吃饭，量体穿衣，自己与群臣一样，又何必以封地为条件呢？也许越王不听我的话，不用我的道，而我往越国去，那是拿义来出卖啊。同样是出卖，在中原地区就行了，又何必到越国去呢？”

子墨子游，魏越曰：“既得见四方之君，子则将先语？”子墨子曰：“凡入国，必择务而从事焉。国家昏乱，则语之尚贤、尚同；国家贫，则语之节用、节葬；国家憙音湛湎，则语之非乐、非命；国家淫僻无礼，则语之尊天事鬼；国家务夺侵凌，即语之兼爱、非攻。故曰：择务而从事焉。”

【译文】墨子出游，弟子魏越问：“见到四方的君主时，你先说什么呢？”墨子说：“凡到一个国家，必择最重要的事去做。国家昏乱，就教他尚贤、尚同；国家贫穷，就教他节用、节葬；国家喜好声乐沉迷酒色，就教他非乐、非命；国家淫僻无礼，就教他尊天、事鬼；国家从事侵夺欺凌，就教他兼爱、非攻。所以要选择重要的事去做。”

彭轻生子曰：“往者可知，来者不可知。”子墨子曰：“籍设而亲在百里之外，则遇难焉，期以一日也，及之则生，不及则死。今有固车良马于此，又有奴马四隅之轮于此，使子择焉，子将何乘？”对曰：“乘良马固车，可以速至。”子墨子曰：“焉在不知来！”

【译文】彭轻生子说：“以往的事可以知道，将来的事不可知道。”墨子说：“假设你的父母在百里之外将要遇难，只有一天的限期，赶得到就能活，赶不到就会死，现在这里有坚车和良马，又有劣马和四轮的破车，叫你来选择，你将乘哪一种车呢？”彭轻生子回答说："当然是乘良马坚车，可以快速到达。"墨子说："怎么不可以预知将来呢？"

公输

公输盘为楚造云梯之械成，将以攻宋。子墨子闻之，起于齐，行十日十夜而至于郢，见公输盘。公输盘曰："夫子何命焉为？"子墨子曰："北方有侮臣者，愿借子杀之。"公输盘不说。子墨子曰："请献十金。"公输盘曰："吾义固不杀人。"子墨子起，再拜曰："请说之。吾从北方闻子为梯，将以攻宋。宋何罪之有？荆国有余于地，而不足于民，杀所不足，而争所有余，不可谓智。宋无罪而攻之，不可谓仁。知而不争，不可谓忠。争而不得，不可谓强。义不杀少而杀众，不可谓知类。"公输盘服。子墨子曰："然乎不已乎？"公输盘曰："不可，吾既已言之王矣。"子墨子曰："胡不见我于王？"公输盘曰："诺。"

【译文】公输盘为楚国制攻城的云梯，云梯造成，准备攻打宋国。墨子听到这个消息，立即从齐国动身，走了十天十夜到达楚都郢城，来见公输盘。公输盘问道："先生有何见教？"墨子说："北方有人欺侮我，想借你的力量杀他。"公输盘听了不高兴。墨子说："让我献十金作为报酬。"公输盘说："我依据道义从来不乱杀人。"墨子站起身，拜了两拜，说道："请让我谈谈不杀人这个问题。我从北方听说你制造云梯，准备用来攻打宋国。宋国有什么罪过？楚国土地有余而人民不足，杀不足的百姓而去争夺有余的土地，不能说是聪明。宋国没有罪过而要去攻打它，不能说是仁德。明知不智不仁而不去谏阻，不能说是忠君。谏阻而没有结果，不能说坚强。依据道义不杀少数而杀多数，不能说懂得类推的道理。"公输盘认为墨子说的对。墨子说："即然如此，为什么不停止攻宋呢？"公输盘说："不行，我已经答应楚王了。"墨子说："为什么不引荐我去见楚王呢？"公输盘说："可以。"

子墨子见王，曰："今有人于此，舍其文轩，邻有敝舆，而欲窃之；舍其锦绣，邻有短褐，而欲窃之；舍其粱肉，邻有糠糟，而欲窃之。此为何若人？"王曰："必为窃疾矣。"子墨子曰："荆之地，方五千里，宋之地，方五百里，此犹文轩之与敝舆也；荆有云梦，犀兕麋鹿满之，江汉之鱼鳖鼋鼍为天下富，宋所为无雉兔狐狸者也，此犹粱肉之与糠糟也；荆有长松、文梓、楩、枬、楠、豫章，宋无长木，此犹锦绣之与短褐也。臣以三事之攻宋也，为与此同类。臣见大王之必伤义而不得。”王曰：“善哉！虽然，公输盘为我为云梯，必取宋。”

【译文】墨子见楚王，说道：“现在有这样一个人，舍弃他饰有文采的车不坐，邻居有辆破车他却想把它偷来；舍弃他锦绣衣服不穿，邻居有件粗麻布短衣他却想把它偷来；舍弃他精美的饭菜不吃，邻居有糟糠他却想把它偷来，这是个怎样的人呢？”楚王说：“这人一定患有偷窃病。”墨子说：“楚国的土地，方圆五千里，宋国的土地，方圆五百里，这好比彩车与破车相比；楚国有云梦这样的大湖泽，犀牛、麋鹿布满其间，长江、汉水的鱼鳖鼋鼍，是天下闻名的财富，宋国，是所谓连野鸡、兔子、鲫鱼也没有的地方，这好比美食与糟糠相比；楚国有高大的松木、纹理细密的梓木，还有黄楩木、楠木、樟木，而宋国却没有大树，这又好比锦缎衣服与粗麻衣服相比。我认为楚王去攻打宋国，与这个人犯同样的毛病，我预料大王必定损害道义而不得好结果。”楚王说：“你讲得很好！虽然如此，公输盘已替我造好了云梯，我一定要攻打宋国。”

于是见公输盘。子墨子解带为城，以牒为械，公输盘九设攻城之机变，子墨子九距之。公输盘之攻械尽，子墨子之守圉有余。公输盘诎，而曰：“吾知所以距子矣，吾不言。”子墨子亦曰：“吾知子之所以距我，吾不言。”楚王问其故，子墨子曰：“公输子之意，不过欲杀臣，杀臣，宋莫能守，可攻也。然臣之弟子禽滑厘等三百人，已持臣守圉之器，在宋城上而待楚寇矣。虽杀臣，不能绝也。”楚王曰：“善哉！吾请无攻宋矣。”

子墨子归，过宋。天雨，庇其闾中，守闾者不内也。故曰：“治于神者，众人不知其功；争于明者，众人知之。”

【译文】于是楚王召公输盘。墨子解下衣带当作城墙，用木片当作守城的器械，公输盘多次设下攻城的机变，墨子多次阻挡了他的进攻。公输盘攻城的器械用尽，墨子的守御措施绰绰有余，公输盘无计可施，他说：“我知道用什么办法对付你了，我不说。”墨子也说：“我知道你用什么办法对付我了，我不说。”楚王问他们缘故。墨子说：”公输先生的意思，不过想杀掉我。杀掉我，宋国没有人能够防守了，就可以攻打它了。然而我的弟子禽滑鳌等三百人，已经拿着我的守城器械，在宋城上等待楚国的入侵。即使杀了我，也不能阻止他们的抵抗。”楚王说：“好吧，我不再攻打宋国了。”

墨子回齐，经过宋国，天下雨，他到里门去避雨，守门人不放他进去。故墨子感叹地说道：“我救了宋国，只有神知道，众人不知道我的功劳，争在明处的，众人都知道。”

右墨家书一种

墨道坚苦而难为继，又其说为孟子所辟，后人尊孟子，遂不敢复承其名，故史志著录最少。輓近风气一变，好治墨子者渐多，而或用以诋诽儒家，则又过矣。韩退之曰：“孔墨必相为用，不相用不足为孔墨”，通人皆许为知言。

【译文】墨家学术思想坚持“苦（己）”，难以被继承，并且其学说又被孟子所驳斥，后人尊崇孟子，于是不敢再继续说他，所以史书里关于墨子著录的最少。近来突然风气变了，喜好研究墨子思想的逐渐增多，其可能是为了诋毁儒家思想，这又过分了。韩退之说孔墨两家必定是相互为用，不相互为用那么就不能称之为孔墨。对孔墨两家思想都通的人赞许这种说法，认为这才是明智的。

鬼谷子

旧本题鬼谷子撰。鬼谷子，周人，其乡里姓名无考，因其所居，号曰鬼谷先生，苏秦、张仪皆师事之。是书之名，始载于隋志，为纵横家之祖，唐志则题苏秦撰。案汉志无鬼谷子而有苏子，或此书本苏秦述其师说而成，故题名虽殊，其实一也。

【译文】旧本题是鬼谷子著。鬼谷子，周代人，他的出生地、姓名不可考，因为他曾隐居于鬼谷，所以号称鬼谷先生，苏秦、张仪都是师从于他。这本书，最早的记载见于《隋书·经籍志》，是纵横家的始祖；《唐书·经籍志》记载其为苏秦所著。案：《汉书·艺文志》中没有《鬼谷子》，但有《苏子》，这本书可能就是苏秦记录他的老师鬼谷先生思想而成的，所以虽然书名不同，其实内容是一样的，是一本书。

捭阖

（节录，以下各篇并同）

粤若稽古，圣人之在天地间也，为众生之先。观阴阳之开阖以命物。知存亡之门户，筹策万类之终始，达人心之理，见变化之朕焉，而守司其门户。故圣人之在天下也，自古至今，其道一也。变化无穷，各有所归。

【译文】纵观古今历史，可知圣人生活在世界上，就是要成为众人的先导。通过观察阴阳两类现象的变化来对事物作出判断，并进一步了解事物生存和死亡的途径。计算和预测事物的发展过程，通晓人们思想变化的规律，揭示事物变化的征兆，从而把握事物发展变化的关键。所以，圣人在世界上的作用始终是一样的。事物的变化是无穷无尽的，然而都各有自己的归宿。

捭阖者，道之大化，说之变也；必预审其变化，吉凶大命系焉。口者，心之门户也，心者，神之主也。志意、喜欲、思虑、智谋，此皆由门户出入，故关之以捭阖，制之以出入。捭之者，开也、言也、阳也；阖之者，闭也、默也、阴也。阴阳其和，终始其义。故言长生、安乐、富贵、尊荣、显名、爱好、财利、得意、喜欲为阳，曰“始”。故言死亡、忧患、贫贱、苦辱、弃损、亡利、失意、有害、刑戮、诛罚为阴，曰“终”。诸言法阳之类者，皆曰“始”，言善以始其事；诸言法阴之类者，皆曰“终”，言恶以终其谋。

【译文】开放和封闭是万物运行规律的一种体现，是游说活动的一种形态。人们必须首先慎重地考察这些变化，事情的吉凶，人们的命运都系于此。口是心灵的门面和窗户，心灵是精神的主宰。意志、情欲、思想和智谋都要由这个门窗出入。因此，用开放和封闭来把守这个关口，以控制出入。所谓“捭之”，就是开放、发言、公开；所谓“阖之”，就是封闭、缄默、隐匿。阴阳两方相谐调，开放与封闭才能有节度，才能善始善终。所以说长生、安乐、富贵、尊荣、显名、嗜好、财货、得意、情欲等，属于“阳”的一类事物，叫做“开始”。而死亡、忧患、贫贱、羞辱、毁弃、损伤、失意、灾害、刑戮、诛罚等，属于“阴”的一类事物，叫作“终止”。凡是那些遵循“阳道”的一派，都可以称为“新生派”，他们以谈论“善”来开始游说；凡是那些遵循“阴道”的一派，都可以称为“没落派”，他们以谈论“恶”来终止施展计谋。

捭阖之道，以阴阳试之，故与阳言者依崇高，与阴言者依卑小。以下求小，以高求大。由此言之，无所不出，无所不入，无所不言可。阴阳之理尽，小大之情得，故出入皆可，何所不可乎。

【译文】关于开放和封闭的规律都要从阴阳两方面来试验。因此，给从阳的方面来游说的人以崇高的待遇，而给从阴的方面来游说的人以卑下的待遇。用卑下来求索微小，以崇高来求索博大。由此看来，没有什么不能出去，没有什么不能进来，没有什么办不成的。把阴阳的道理运用于各个方面，就会得到真实的微小与博大，出去进来都可以，哪有什么不可的？

揣篇

古之善用天下者，必量天下之权，而揣诸侯之情。量权不审，不知强弱轻重之称；揣情不审，不知隐匿变化之动静。何谓量权？曰："度于大小，谋于众寡。称货财之有无，料人民多少、饶乏，有余不足几何？辨地形之险易孰利、孰害？谋虑孰长、孰短？君臣之亲疏，孰贤、孰否？与宾客之智睿孰少、孰多？观天时之祸福孰吉、孰凶？诸侯之亲孰用、孰不用？百姓之心去就变化，孰安、孰危？孰好、孰憎？反侧孰便、孰知？"如此者，是谓量权。

【译文】古代善于统治天下的人，必然首先衡量天下各种力量的轻重，揣摩诸侯的实情。如果对权势分析不全面，就不可能了解诸侯力量的强弱虚实；如果揣诸侯的实情不够全面，就不可能掌握事物暗中变化的征兆。什么是"量权"呢？答案是："测量尺寸大小；谋划数量多少；称验财货有无；估量人口多少、贫富，什么有余、什么不足，以及达到了什么样的程度；分辨地形险易，哪里有利，哪里有害；判断各方的谋虑谁长、谁短；分析君臣亲疏关系，谁贤、谁不肖；考核谋士的智慧，谁多、谁少；观察天时祸福，什么时候吉、什么时候凶；比较与诸侯的联系，哪个可以利用、哪个不可以利用；测验民心离叛或亲附的变化，那里安定、哪里危险，爱好什么憎恶什么；预测反叛事，在哪里更容易发生，哪些人能知道内情。"如此这些，就是所谓的"量权"。

揣情者，必以其甚喜之时，往而极其欲也，其有欲也，不能隐其情；必以其甚惧之时，往而极其恶也，其有恶也，不能隐其情，情欲必失其变。感动而不知其变者，乃且错其人勿与语，而更问所亲，知其所安。夫情变于内者，形见于外。故常必以其见者，而知其隐者。此所谓测深揣情。

【译文】所谓揣情，就是必须在对方最高兴的时候，去加大他们的欲望，他们既然有欲望，就无法按捺住实情；又必须在对方最恐惧的时候，去加重他们的恐惧，他们既然有害怕的心理，就不能隐瞒住实情。情欲必然要随着事态的发展变化流露出来。对那些已经受到感动之后，仍不见有异常变化的人，就要改变游说对象，不要再对他说什么了，而应改向他所亲近的人去游说，这样就可以知道他安然不为所动的原因。那些感情从内部发生变化的人，必然要通过形态显现于外表。所以我们常常要通过显露出来的表面现象，来了解那些隐藏在内部的真情。这就是所说的“测深揣情”。

故计国事者，则当审量权；说人主，则当审揣情，避所短，从所长。谋虑情欲必出于此。乃可贵，乃可贱，乃可重，乃可轻，乃可利，乃可害，乃可成，乃可败，其数一也。故虽有先王之道、圣智之谋，非揣情、隐匿，无所索之。此谋之本也，而说之法也。

【译文】所以谋划国家大事的人，就应当详细衡量本国的各方面力量；游说他国君主的人，则应当全面揣测别国君主的想法，避其所短，从其所长。所有的谋划、想法、情绪及欲望都必须以这里为出发点。只有这样做了，才能得心应手地处置各种问题和对付各色人物。可以尊敬，也可以轻视；可以施利，也可以行害；可以成全，也可以败坏，其使用的办法都是一致的。所以，虽然有古代先王的德行，有圣人高超的智谋，不揣度透彻所有隐蔽的和深藏的实情，将什么也追求不到。这是智谋的基础和游说的通用法则。

摩 篇

古之善摩者，如操钓而临深渊，饵而投之，必得鱼焉。故曰：“主事日成而人不知，主兵日胜而人不畏也。”圣人谋之于阴，故曰“神”；成之于阳，故曰“明”。所谓“主事日成”者，积德也，而民安之，不知其所以利；积善也，而民道之，不知其所以然；而天下比之神明也。“主兵日胜”者，常战于不争、不费，而民不知所以服，不知所以畏，而天下比之神明。

【译文】古代善于“摩意”的人，就像拿着钓钩到水潭边上去钓鱼一样。只要把带着饵食的钩投入水中，不必声张，悄悄等待，就可以钓到鱼。所以说：主办的事情一天天成功，却没有察觉；主持的军队日益压倒敌军，却没人感到恐惧，只有做到这样才是高明的。那些有很高修养和智慧的人谋划什么行动总是在暗中进行的，所以被称为“神”，而这些行动的成功都显现在光天化日之下，所以被称为“明”。所谓“主事日成”的人是暗中积累德行，老百姓安居乐业，却不知道为什么会享受到这些利益，他们还在暗中积累善行，老百姓生活在善政中却不知道为什么会有这样的局面。普天下的人们都把这样的“谋之于阴、成之于阳”的政治策略称为“神明”。那些主持军队而日益压倒敌人的统帅，坚持不懈地与敌军对抗，却不去争城夺地，不消耗人力物力，因此老百姓不知道为何邦国臣服，不知道什么是恐惧。为此，普天之下都称这种“谋之于阴、成之于阳”的军事策略为：“神明”。

其摩者，有以平，有以正，有以喜，有以怒，有以名，有以行，有以廉，有以信，有以利，有以卑。平者，静也；正者，直也；喜者，悦也，怒者，动也；名者，发也；行者，成也；廉者，洁也；信者，明也；利者，求也；卑者，谄也。故圣人所独用者，众人皆有之，然无成功者，其用之非也。

【译文】在实施“摩意”时，有用和平进攻的，有用正义责难的，有用娱乐讨好的，有用愤怒激励的，有用名望威吓的，有用行为逼迫的，有用廉洁感化的，有用信誉说服的，有用利益诱惑的，有用谦卑夺取的。和平就是安静，正义就是刚直，娱乐就是喜悦，愤怒就是激动，名望就是声誉，行为就是实施，廉洁就是清明，利益就是需求，谦卑就是委曲。所以，圣人所独用的“摩意”之术，平常人也都可以具有。然而没有能运用成功的，那是因为他们用错了。

权 篇

佞言者，谄而干忠；谀言者，博而干智；平言者，决而干勇；戚言者，权而干言；静言者，反而干胜。先意承欲者，谄也；繁称文辞者，博也；策选进谋者，权也。纵舍不疑者，决也；先分不足而窒非者，反也。

【译文】说奸佞话的人，由于会谄媚，反而变成“忠厚”；说阿谀话的人，由于会吹嘘，反而变成“智慧”；说平庸话的人，由于果决，反而变成了“勇敢”；说忧伤话的人，由于善权衡，反而变成“守信”；说平静话的人，由于习惯逆向思维，反而变成“胜利”。为实现自己的意图而应和他人欲望的，就是谄媚；用很多美丽的词语去奉承他人，就是吹嘘；根据他人喜好而进献计谋的人，就是玩权术；即使有所牺牲也不动摇的，就是有决心；能揭示缺陷，敢于责难过失的就是敢反抗。

故口者，机关也，所以关闭情意也。耳目者，心之佐助也，所以窥间奸邪。故曰：“参调而应，利道而动。”故繁言而不乱，翱翔而不迷，变易而不危者，观要得理。故无目者不可示以五色。无耳者，不可告以五音。故不可以往者，无所开之也；不可以来者，无所受之也。物有不通者，故不事也。古人有言曰：“口可以食，不可以言。”言有讳忌也；“众口烁金”，言有曲故也。人之情，出言则欲听，举事则欲成。是故智者不用其所短，而用愚人之所长；不用其所拙，而用愚人之所巧，故不困也。言其有利者，从其所长也；言其有害者，避其所短也。故介虫之捍也，必以坚厚。螫虫之动也，必以毒螫。故禽兽知用其所长，而谈者知用其用也。

【译文】人的嘴是关键，是用来打开和关闭感情和心意的。耳朵和眼睛是心灵的辅佐和助手，是用来侦察奸邪的器官。只要心、眼、耳三者协调呼应，就能沿着有利的轨道运动。使用一些烦琐的语言也不会发生混乱；自由驰骋地议论也不会迷失方向；改变议论主题也不会发生失利的危险。这就是因为看清了事物的要领。把握了事物的规律。没有视力的人，没有办法向他展示五彩颜色；没有听力的人，没有办法跟他讲音乐上的感受。不该去的地方，是那里没有可以开导的对象；不该来的地方，是因为这里没有能接受你游说的人。有些事情是行不通的，所以不要做这种事。古人有这样的说法：“口可以用来吃饭，但不能用它讲话”。因为说话容易犯忌。“众人的口可以熔化金属”，这是说凡是言论都有复杂的背景和原因。一般人的常情是，说出话就希望别人听从，做事情就希望成功。所以聪明的人不用自己的短处，而宁可用愚人的长处；不用自己笨拙，而宁可用愚人的技巧，因此才不至陷于困境。说到别人有利的地方，就要顺从其所长，说到别人的短处，就要避其所短。甲虫自卫时，一定是依靠坚硬和厚实的甲壳；螫虫的攻击，一定会用它的毒针去螫对手。所以说，连禽兽都知道用其所长，游说者也应该知道运用其所该运用的一切手段。

故曰：“辞言五，曰病、曰恐、曰忧、曰怒、曰喜。”病者，感衰气而不神也；恐者，肠绝而无主也；忧者，闭塞而不泄也；怒者，妄动而不治也；喜者，宣散而无要也。此五者，精则用之，利则行之。故与智者言，依于博；与博者言；依于辨，与辨者言，依于要；与贵者言，依于势；与富者言，依于豪；与贫者言，依于利；与贱者言，依于谦；与勇者言，依于敢；与愚者言，依于锐。此其术也，而人常反之。是故与智者言，将此以明之；与不智者言，将此以教之；而甚难为也。

【译文】因此，游说辞令有五种，即病、怨、忧、怒、喜。病，是指底气不足，没有精神；怨，是指极度伤心，没有主意；忧，是指闭塞压抑，无法渲泄；怒，是指狂燥妄动，不能自制；喜，是指任意发挥，没有重点。以上五种游说辞令，精通之后就可以运用，对自己有利时就可以实行。因此与聪明的人谈话，就要依靠广博的知识；与知识广博的人谈话，就要依靠善于雄辩；与善辩的人谈话要依靠简明扼要；与地位显赫的人谈话，就要依靠宏大的气势；与富有的人谈话，就要依靠高屋建瓴；与贫穷的人谈话，就要以利益相诱惑；与卑贱的人谈话，要依靠谦敬；与勇猛的人谈话，要依靠果敢；与愚昧的人谈话，要依靠敏锐。所有这些都是游说的方法，而人们的作为经常与此相反。与聪明的人谈话就要让他明白这些方法，与不聪明的人谈话，就要把这些方法教给他，而这样做是很困难的。

谋篇

为人凡谋有道，必得其所因，以求其情。审得其情，乃立三仪。三仪者曰上、曰中、曰下，参以立焉，以生奇。奇不知其所拥，始于古之所从。故郑人之取玉也，必载司南之车，为其不惑也。夫度材、量能、揣情者，亦事之司南也。故同情而俱相亲者，其俱成者也。同欲而相疏者，其偏成者也；同恶而相亲者，其俱害者也；同恶而相疏者，其偏害者也。故相益则亲，相损则疏，其数行也；此所以察同异之分，其类一也。故墙坏于其隙，木毁于其节，斯盖其分也。故变生事，事生谋、谋生计、计生议、议生说、说生进、进生退、退生制，因以制于事。故百事一道，而百度一数也。

【译文】对于一个人来说，凡是筹划计谋都要遵循一定的法则，一定要弄清原由，以便研究实情。根据研究，来确定“三仪”。“三仪”就是上、中、下。三者互相渗透，就可以谋划出奇计，而奇计是所向无敌的，从古到今都是如此。所以郑国人入山采玉时，都要带上指南针，是为了不迷失方向。忖度才干、估量能力、揣度情理，也类似作事时使用指南针一样。所以凡是感情相同而又互相亲密的人，大家都可成功；凡是欲望相同而关系疏远的，事后只能有部分人得利；凡是恶习相同而关系又密切的，必然一同受害；凡是恶习相同而关系疏远的，一定是部分人先受到损害。所以，如果能互相带来利益，就要密切关系，如果相互牵连地造成损害，就要疏远关系。这都是有定数的事情，也是所以要考察异同的原因，凡是这类事情都是一样的道理。所以，墙壁通常因为有裂缝才倒塌，树木通常因为有节疤而折毁，这都是理所当然的。因此，事情的突变都由于事物自身的渐变引起的，而事物又生于谋略，谋略生于计划，计划生于议论，议论生于游说，游说生于进取，进取生于退却，退却生于控制，事物由此得以控制。可见各种事物的道理是一致的，不论反复多少次也都是有定数的。

夫仁人轻货，不可诱以利，可使出费；勇士轻难，不可惧以患，可使据危；智者达于数、明于理，不可欺以诚，可示以道理，可使立功；是三才也。故愚者易蔽也，不肖者易惧也，贪者易诱也，是因事而裁。故为强者，积于弱也；为直者，积于曲；有余者，积于不足也；此其道术行也。

【译文】那些仁人君子必然轻视财货，所以不能用金钱来诱惑他们，反而可以让他们捐出资财；勇敢的壮士自然会轻视危难，所以不能用祸患来恐吓他们，反而可以让他们镇守危地；一个有智慧的人，通达礼教，明于事理，不可假装诚信去欺骗他们，反而可以给他们讲清事理，让他们建功立业。这就是所谓仁人、勇士、智者的“三才”。因此说，愚蠢的人容易被蒙蔽，一个不肖之徒容易被恐吓，贪图便宜的人容易被引诱，所有这些都要根据具体情况作出判断。所以强大是由微弱积累而成；直壮是由弯曲积累而成；有余是由于不足积累而成。这就是因为“道数”得到了实行。

故外亲而内疏者说内，内亲而外疏者说外。故因其疑以变之，因其见以然之，因其说以要之，因其势以成之，因其恶以权之，因其患以斥之。摩而恐之，高而动之，微而证之，符而应之，拥而塞之，乱而惑之，是谓计谋。计谋之用，公不如私，私不如结；结而无隙者也。正不如奇，奇流而不止者也。故说人主者，必与之言奇；说人臣者，必与之言私。其身内、其言外者疏；其身外、其言深者危。无以人之所不欲，而强之于人；无以人之所不知，而教之于人。人之有好也，学而顺之；人之有恶也，避而讳之，故阴道而阳取之也。故去之者从之，从之者乘之。貌者不美，又不恶，故至情托焉。可知者，可用也；不可知者，谋者所不用也，故曰：“事贵制人，而不贵见制于人。”制人者握权也，见制于人者制命也。故圣人之道阴，愚人之道阳。智者事易，而不智者事难。

【译文】所以，对那些外表亲善而内心疏远的要从内心入手进行游说；对那些内心亲善而外表疏远的要从表面入手进行游说。因此，要根据对方的疑问所在来改变自己游说的内容；要根据对方的表现来判断游说是否得法；要根据对方的言辞来归纳出游说的要点；要根据情势的变化适时征服对方；要根据对方可能造成的危害来权衡利弊；要根据对方可能造成的祸患来设法防范。揣摩之后加以威胁；抬高之后加以策动；削弱之后加以扶正；符验之后加以响应；拥堵之后加以阻塞；搅乱之后加以迷惑。这就叫做“计谋”。至于计谋的运用，公开不如保密，保密不如结党，结成的党内是没有裂痕的。正规策略不如奇策，奇策实行起来可以无往不胜。所以向人君进行游说时，必须与他谈论奇策。同样道理，向人臣进行游说时，必须与他谈论私情。虽然是自己人，却说有利于外人的话，就要被疏远。如果是外人，却知道内情太多，就要有危险。不要拿别人不想要的东西，来强迫人家接受，不要拿别人不了解的事去说教别人。如果对方有某种嗜好，就要仿效以迎合他的兴趣；如果对方厌恶什么，就要加以避讳，以免引起反感。所以，要进行隐密的谋划和公开的夺取。想要除掉的人，就放纵他，任其胡为，待其留下把柄时就乘机一举除掉他。无论遇到什么事情既不喜形于色也不怒目相待的人，是感情深沉的人，可以托之以机密大事。对于了解透彻的人，可以重用；对那些还没了解透彻的人，有智慧的人是不会重用他们的。所以说，从事政治活动最重要的是掌握人，绝对不要被人家控制。控制人的人是掌握大权的统治者；被人家控制的人，是唯命是从的被统治者。所以圣人运用谋略的原则是隐而不露，而愚人运用谋略的原则是大肆张扬。有智慧的人成事容易，没有智慧的人成事困难。

右纵横家一种

战国争强，互相虞诈，于是纵横家起而应之，虽其设心之公私，与操术之仁忍，人各不同，而其说之精者，洞澈时势，委屈人情，亦多足开人神悟，益人智慧。自刘汉统一，其说乃渐衰灭，而说者谓诵诗专对，本行人之事，盖词赋派实承其流也；然其事究当别论，故亦不复泛及焉。

【译文】战国时期，诸侯国之间相互争强，互相欺诈，于是纵横家渐渐兴起以应对这种现象，虽然他预设了人心的公与私，战术手段的仁爱与容忍，人都不同，但他们学说精辟，对时势认识清楚，迁就人情，有很多思想有益于提高人的悟性，增益人的智慧。自从汉代统一天下后，其学说思想渐渐衰退以至于灭绝。但游说者的在诵诗方面有专长，大概词赋派继承了其思想。即便如此，这些应该另外论述，所以不再广泛涉及。

吕氏春秋

一名《吕览》，旧本题秦吕不韦撰。不韦，阳翟人，为大贾，后为秦相。此书盖其宾客所集，凡分十二纪八览六论，其中又各分子目，共一百六十篇。不韦人不足道，而此书裒合群言，舍短取长，大抵据儒书者居半，参以道墨名法兵农各家之说者亦居半。其体例殆似后世之类书，故先秦诸子之学术，遭秦火而已佚者，往往赖此书以保存焉。

【译文】又名《吕览》，旧本题为秦代吕不韦著。吕不韦，阳翟人，曾是大商人，后来作了秦国的相。此书大概是他的宾客所收集的，共分为十二纪、八览、六论三类，其中每类里又有子分目，共一百六十篇。不说吕不韦这个人，这本书聚集了众多思想，去短取长，大体上依据儒家著作的占一半，参合道家、墨家、名家、法家、兵家、农家各派学说的占一半，其体例类似后代的类书，所以先秦时期诸子的学术著作因遭受秦代焚烧已佚失的，往往依靠此书而保存下来。

贵公

昔先圣王之治天下也，必先公，公则天下平矣。平得于公。尝试观于上志，有得天下者众矣，其得之以公，其失之必以偏。凡主之立也，生于公。故《鸿范》曰："无偏无党，王道荡荡；无偏无颇，遵王之义；无或作好，遵王之道；无或作恶，遵王之路。"

【译文】从前先圣王治理天下，必定首先出于公正，公正那么天下就安宁太平。安宁太平是由于公正。试看看上古时的记载，得到天下的人是很多的，他们得到天下是由于公正，他们失掉天下必定是由于偏私不公。大凡君主的确立，都是出于公正。所以《尚书·周书》中《洪范》说："不偏私，不结党，王道就平坦宽广；不偏私，不偏颇，遵从先王的法则；不要有私好，遵从先王之正道；不要有恶习，遵从先王之正路。"

天下非一人之天下也，天下之天下也。阴阳之和，不长一类；甘露时雨，不私一物；万民之主，不阿一人。伯禽将行，请所以治鲁，周公曰：“利而勿利也。”荆人有遗弓者，而不肯索，曰：“荆人遗之，荆人得之，又何索焉？”孔子闻之曰：“去其‘荆’而可矣。”老聃闻之曰：“去其‘人’而可矣。”故老聃则至公矣。天地大矣，生而弗子，成而弗有，万物皆被其泽、得其利，而莫知其所由始，此三皇、五帝之德也。

【译文】天下，不是一人的天下，而是天下人的天下。阴阳调和，不仅仅养育一种东西；甘露时雨，不仅仅偏私于一物；万民的君主，更不应偏私于一人。伯禽行将去鲁，请问治鲁的方法，他父亲周公回答说：“务在利于民，而不要自利。”荆人有遗失弓的，而不肯去寻找，并且说：“荆人遗失了弓，荆人得到了弓，又何必去寻找呢？”孔子听到了这件事后说：“去掉那个‘荆’字就很好了。”老聃听到这件事后说：“去掉那个‘人’字就可以了。”所以说，老聃才是最公的。天地是很广大的，生育了人民而不以为己子，成就了万物而不以为己有，万物都承受天地的恩泽，得到它的厚利，并不知道这是从哪里来的，这正是三皇五帝具有的品德啊。

管仲有病，桓公往问之，曰：“仲父之病矣，渍甚，国人弗讳，寡人将谁属国？”管仲对曰：“昔者臣尽力竭智，犹未足以知之也，今病在于朝夕之中，臣奚能言？”桓公曰：“此大事也，愿仲父之教寡人也。”管仲敬诺，曰：“公谁欲相？”公曰：“鲍叔牙可乎？”管仲对曰：“不可。夷吾善鲍叔牙，鲍叔牙之为人也，清廉洁直，视不已若者，不比于人；一闻人之过，终身不忘。”“勿已，则隰朋其可乎？”“隰朋之为人也，上志而下求，丑不若黄帝，而哀不已若者；其于国也，有不闻也；其于物也，有不知也；其于人也，有不见也。勿已乎，则隰朋可也。”夫相，大官也。处大官者，不欲小察，不欲小智，故曰：大匠不斫，大庖不豆，大勇不斗，大兵不寇。桓公行公去私恶，用管子而为五伯长，行私阿所爱，用竖刁而虫出于户。

【译文】管仲有病，齐桓公去探问他，说：“你的病很重，病得很厉害，国人不避讳地讲到你要死的事，我将把国家托付给谁呢？”管仲回答道：“从前，我曾用尽力量，用尽心智去了解人，还没有了解到有这样的人呢，现在病重，在旦夕之中就可能有生命危险，我哪里还能谈这件事？”桓公说：“这件事是国家大事，希望你告诉我。”管仲恭敬地应诺，说：“你打算用谁为相？”桓公说：“鲍叔牙可以吗？”管仲回答道：“不可以。我了解鲍叔牙，他的为人是：清明廉洁正直，见了不如自己的人，就不能平等看待；一旦知道别人的过失，就终身不会忘记。”桓公说：“不得已，那么隰朋可以吗？”管仲回答说：“隰朋的为人是：他记识上世贤人，且能效法他们，又能不耻下问，自愧不如黄帝，又哀怜不如自己的人；他对于国家大事，有些不该管的，他就不管，不包揽一切；他对于事情，有些不该知道的，他就不去了解；他对于人臣，有不该看见的，就装着看不见，能宽厚待人。不得已，那么隰朋是可以的。”国相是很大的官。身处大官的地位，不应该在小的地方去苛求，不要耍小聪明，所以说：“技艺高超的木匠，不去亲自砍斫，善于烹调的厨师，不会亲自去摆设祭祀物品，有过硬本领的兵士，不去侵害别人。”桓公行公正，去私恶，重用管仲而使自己成为春秋五霸的首领；当他行偏私，讲私爱，重用竖刁，死后九个月过去了也无人来安葬，致使尸虫流出户外。

人之少也愚，其长也智，故智而用私，不若愚而用公。日醉而饰服，私利而立公，贪戾而求王，舜弗能为。

【译文】人在少年时是愚昧的，长成人后就聪明了。所以聪明的人而用私，还不如愚昧而用公。白天饮酒至酩酊大醉而又要整饰衣服，必不能体现出庄严之态，既为私利而又想建立公正，既贪得无厌而又想称王天下，即使是虞舜这样的首领也是办不到的。

去 私

天无私覆也，地无私载也，日月无私烛也，四时无私行也，行其德而万物得遂长焉。

【译文】天遮盖万物不偏私，地承受万物不偏私，太阳、月亮照明万物不偏私，春夏秋冬四时运行不偏私，它们全都施恩德于万物，万物因此得以成长。

黄帝言曰：“声禁重，色禁重，衣禁重，香禁重，味禁重，室禁重。”

【译文】黄帝说道：“声音禁止过甚，色彩禁止过甚，衣服禁止过甚，香料禁止过甚，食物禁止过甚，宫室禁止过甚。”

尧有子十人，不与其子而授舜；舜有子九人，不与其子而授禹，至公也。

【译文】尧有十个儿子，但他没有把权位传授其子，而是禅让给舜；舜有九个儿子，他也没有把权位传授其子而是禅让给禹；这是最大的公呀。

晋平公问于祁黄羊曰：“南阳无令，其谁可而为之？”祁黄羊对曰：“解狐可。”平公曰：“解狐非子之仇邪？”对曰：“君问可，非问臣之仇也。”平公曰：“善。”遂用之。国人称善焉。居有间，平公又问祁黄羊口：“国无尉，其谁可而为之？”对曰：“午可。”平公曰：“午非子之子邪？”对曰：“君问可，非问臣之子也。”平公曰：“善。”又遂用之。国人称善焉。孔子闻之曰：“善哉！祁黄羊之论也，外举不避仇，内举不避子。”祁黄羊可谓公矣。

【译文】晋平公问祁黄羊说：“南阳没有县令，谁可以担任？”祁黄羊回答道：“解狐可以。”晋平公说：“解狐不是你的仇人吗？”祁黄羊回答道：“君王只问谁可以当县令，不是问谁是臣下的仇人。”平公说：“很好。”于是就用解狐为南阳县令。国内人民都称赞这件事。过了不多时，平公又问祁黄羊说：“国家缺少个军尉，谁可以担任？”祁黄羊回答道：“祁午可以。”平公说：“祁午不是你儿子吗？”祁黄羊回答道：“君王只问谁可以当军尉，不是问谁是臣下的儿子。”平公说：“很好。”于是就用祁午为军尉。国内人民都称赞这件事。孔子听到这事后说：“好啊！祁黄羊的主张，推举外人不回避仇人，推举自己人不回避儿子。”祁黄羊可以说是最公正无私的。

墨者有巨子腹䵍，居秦，其子杀人，秦惠王曰：“先生之年长矣，非有它子也，寡人已令吏弗诛矣，先生之以此听寡人也。”腹䵍对曰；“墨者之法曰：‘杀人者死，伤人者刑’，此所以禁杀伤人也。夫禁杀伤人者，天下之大义也，王虽为之赐，而令吏弗诛，腹䵍不可不行墨者之法。”不许惠王，而遂杀之。子，人之所私也，忍所私以行大义，巨子可谓公矣。

【译文】墨家学派中有一个很有成就的人叫腹䵍，居住在秦国，他的儿子杀了人，秦惠王说：“你年纪大了，又没有其他儿子，我已经命令官吏不要诛杀他。你在这件事情上就听从我的意见吧。”腹䵍回答道：“墨家的法律规定：‘杀人的人处死，伤了别人的人要受刑。’这样做是用来禁止杀人、伤人。禁止杀人、伤人，是天下的公义。君王虽然赐恩照顾而命令官吏不要诛杀他，但我不可以不执行墨家的法律。”他不同意秦惠王的意见，于是惠王就命令官吏把他儿子杀了。儿子，是人人所偏爱的，忍心杀掉自己偏爱的人以执行正义，这位有成就的墨家人物可以说是最公正无私的了。

庖人调和而弗敢食，故可以为庖。若使庖人调和而食之，则不可以为庖矣。王伯之君亦然，诛暴而不私，以封天下之贤者，故可以为王伯；若使王伯之君，诛暴而私之，则亦不可为王伯矣。

【译文】厨师调好了五味而不敢私自偷食，所以可以当厨师。假如让厨师调好了五味就自己偷吃，那是不可以当厨师的。称王称霸的君主也是这样，诛杀残暴的诸侯而不私自占有他的土地，并用其地来封给天下贤能之士，所以可以称王称霸；假如称王称霸的君主诛杀残暴的诸侯而私自占有了他的土地，那就不可能称王称霸了。

贵 生

圣人深虑天下，莫贵于生。夫耳目鼻口，生之役也。耳虽欲声，目虽欲色，鼻虽欲芬香，口虽欲滋味，害于生则止。在四官者，不欲利于生者则弗为。由此观之，耳目鼻口不得擅行，必有所制。譬之若官职，不得擅为，必有所制。此贵生之术也。

【译文】圣人深思熟虑天下大事，认为没有比生命更为贵重的。耳目鼻口，是生命的仆役，要为生命而受役使。耳朵虽然想听美妙的声音，眼睛虽然想看美好的颜色，鼻子虽然想嗅美好的气味，嘴巴虽然想吃美味的食物，但如所听、所看、所嗅，所吃对生命是有害的，那么就应该被禁止。对于耳目鼻口四官，对于生命不利，就不应该去做。由此看来，一个人的耳目鼻口，是不许擅自行动的，必定要有所制约。比如设立各种官职，也不能擅自行动，必须有所制约。这就是贵生的方法。

尧以天下让于子州支父，子州支父对曰："以我为天子，犹可也。虽然，我适有幽忧之病，方将治之，未暇在天下也。"天下，重物也，而不以害其生，又况于他物乎？惟不以天下害其生者也，可以托天下。

【译文】尧把天下让给子州支父。子州支父回答说："以我作天子还是可以的。即使如此，我正患有深重的病，现将要治疗它，没有时间顾及天下事。"治理天下，是极为重大的事，贤人却不因它而危害自己的生命，又何况比天下轻的其他事呢？只有那些不因统治天下而危害自己生命的人，才可以把天下托付给他。

越人三世杀其君，王子搜患之，逃乎丹穴。越国无君，求王子搜而不得，从之丹穴。王子搜不肯出。越人薰之以艾，乘之以王舆。王子搜援绥登车，仰天而呼曰：“君乎！独不可以舍我乎？”王子搜非恶为君也，恶为君之患也。若王子搜者，可谓不以国伤其生矣。此固越人之所欲得而为君也。

【译文】越国人三代都杀了他们的君主，王子搜害怕又被杀，就逃到山洞中去。越国人没有了国君，求找王子搜又找不到，于是跟从他的踪迹到了山洞。王子搜又不肯出来，越人用艾叶薰烧使他出来，用君王专车给他乘坐。他在牵拉车绳上车时，仰天大呼道：“国君啊，为什么独独不可以舍弃我啊！”王子搜并不是厌恶做国君，而是厌恶做了国君所可能带来被害的祸患。像王子搜这样的人，可以说是不因为做国君而伤害自己生命的人，这本来就是越国人所希望得到来做国君的人啊。

鲁君闻颜阖得道之人也，使人以币先焉。颜阖守闾，鹿布之衣，而自饭牛。鲁君之使者至，颜阖自对之。使者曰：“此颜阖之家邪？”颜阖对曰：“此阖之家也。”使者致币，颜阖对曰：“恐听缪而遗使者罪，不若审之。”使者还反审之，复来求之，则不得已。故若颜阖者，非恶富贵也，由重生恶之也。世之人主多，以富贵骄得道之人，其不相知，岂不悲哉？

【译文】鲁国君主听说颜阖是一个有道德修养的人，就派人先用币帛去聘请他。颜阖看守着闾门，穿着粗布衣服在喂牛。鲁君使者来到，颜阖亲自接待他。使者问：“这是颜阖的家吗？”颜阖回答道：“这是颜阖的家。”使者送上币帛，颜阖对他说：“恐怕听错了而使你受到罪过，不如审问清楚了再来。”使者返回去问清楚了又来找颜阖，已经找不到了。所以说，像颜阖这样的人不是讨厌富贵，而是因为重视生才讨厌富贵啊。可是世上的国君，大多用富贵来骄慢那些有道德修养的人，互相不了解，难道不悲痛吗！

故曰：道之真，以持身；其绪馀，以为国家；其土苴，以治天下。由此观之，帝王之功，圣人之馀事也，非所以完身养生之道也。今世俗之君子，危身弃生以徇物，彼且奚以此之也？彼且奚以此为也？

【译文】所以说：道的实质，是用来保全身体的；余剩下的，才用来治理国家；残留的不足之物，才用来治理天下。由此看出，帝王的功业，是圣人有余力做的事，并不是用来保全身体、修养生命的方法。现在社会上的一般君子们，危害身体、抛弃生命以追求身外之物，他将要把自身引向何方？他将要拿那些身外之物干什么呢？

凡圣人之动作也，必察其所以之，与其所以为。今有人于此，以随侯之珠，弹千仞之雀，世必笑之。是何也？所用重，所要轻也。夫生，岂特随侯珠之重也哉！

【译文】大凡圣人的一举一动，一定要明确所以这样做的目的和所以这样做的理由。现在有一个人在这儿，他用隋侯之珠来弹射千仞远的雀鸟，世上人必定要取笑他，这是为什么呢？因为他所用以弹射的隋侯珠太贵重了，而他所取得的雀鸟太轻了。对于生命来说，难道只是隋侯珠那样贵重吗？

子华子曰："全生为上，亏生次之，死次之，迫生为下。"故所谓尊生者，全生之谓；所谓全生者，六欲皆得其宜也。所谓亏生者，六欲分得其宜也。亏生则于其尊之者薄矣。其亏弥甚者也，其尊弥薄。所谓死者，无有所以知，复其未生也。所谓迫生者，六欲莫得其宜也，皆获其所甚恶者。服是也，辱是也。辱莫大于不义，故不义，迫生也。而迫生非独不义也，故曰迫生不若死。奚以知其然也？耳闻所恶，不若无闻；目见所恶，不若无见。故雷则掩耳，电则掩目，此其比也。凡六欲者，皆知其所甚恶，而必不得免，不若无有所以知。无有所以知者，死之谓也，故迫生不若死。嗜肉者，非腐鼠之谓也；嗜酒者，非败酒之谓也；尊生者，非迫生之谓也。

【译文】子华子说："保全生命，让其自然发展是最上等的，对生命的自然发展有所亏损是次一等的，为了某种目的而舍生去死，就更次一等，在屈辱下苟且偷生是最下等的。"因此，所讲的尊生，就是全生的意思。所说的全生，就是人的六欲都能得到适当的满足。所说的亏生，就是人的六欲只有部分得到满足。亏损生命，那么对于保全生命来说就显得淡薄。那些亏损生命厉害的人，对其所尊贵的生命就更加显得淡薄。所说的为某种目的而死的人，就没有知觉，等于恢复到未生以前的状态。所说的苟且偷生，人的六欲就得不到适当的满足，它得到的，全是它所讨厌的，屈服就是它所讨厌的，屈辱也是它所讨厌的。屈辱又没有比不义更大的了，所以说，不义就是苟且偷生，而苟且偷生不仅仅是不义，所以说，苟且偷生还不如死。何以知道是这样呢？耳朵听到的是它所讨厌的，还不如不听，眼睛看到的是它所讨厌的，还不如不看。所以打雷时就掩着耳朵，闪电时就掩着眼睛，苟且偷生不如死，就与打雷掩着耳、闪电掩着眼一样。凡是六欲，都知道它们所最讨厌的是什么，如果不能避免这些最讨厌的东西，还不如让六欲什么也不知，六欲什么也不知，就指的是死，所以说，苟且偷生还不如死。嗜好吃肉的，不是说腐烂的死老鼠也吃；嗜好喝酒的，不是说变质败坏的酒也喝；保全生命，不是讲的苟且偷生啊。

尊师

神农师悉诸，黄帝师大挠，帝颛顼师伯夷父，帝喾师伯招，帝尧师子州支父，帝舜师许由，禹师大成贽，汤师小臣，文王、武王师吕望、周公旦，齐桓公师管夷吾，晋文公师咎犯、随会，秦穆公师百里奚、公孙枝，楚庄王师孙叔敖、沈尹巫，吴王阖闾师伍子胥、文之仪，越王勾践师范蠡、大夫种。此十圣人、六贤者未有不尊师者也。今尊不至于帝，智不至于圣，而欲无尊师，奚由至哉？此五帝之所以绝，三王之所以灭。

【译文】神农以悉诸为师，黄帝以大挠为师，颛顼以伯夷父为师，帝喾以伯招为师，尧以子州支父为师，舜以许由为师，禹以大成贽为师，汤以小臣为师，文王、武王以吕望、周公为师，齐桓公以管夷吾为师，晋文公以咎犯、随会为师，秦穆公以百里奚、公孙枝为师，楚庄王以孙叔敖、沈尹巫为师，吴王阖闾以伍子胥、文之仪为师，越王勾践以范蠡、大夫种为师。这十个圣人及六个贤人，没有一个是不尊敬老师的。现在的人们，讲尊贵，不如帝王尊贵，讲智慧，不如圣人智慧，却不尊师，这如何能达到帝王和圣人的境地呢？这正是五帝三王之后不再尊师乃至灭绝的原因。

且天生人也，而使其耳可以闻，不学，其闻不若聋；使其目可以见，不学，其见不若盲；使其口可以言，不学，其言不若爽；使其心可以知，不学，其知不若狂。故凡学，非能益也，达天性也。能全天之所生而勿败之，是谓善学。子张，鲁之鄙家也；颜涿聚，梁父之大盗也；学于孔子。段干木，晋国之大驵也，学于子夏。高何、县子石，齐国之暴者也，指于乡曲，学于子墨子。索卢参，东方之钜狡也，学于禽滑黎。此六人者，刑戮死辱之人也。今非徒免于刑戮死辱也，由此为天下名士显人，以终其寿，王公大人从而礼之，此得之于学也。

【译文】而且，天生人，使其耳朵可以听见，不学习，耳有所闻还不如听不见的聋子；使其眼睛可以看见，不学习，眼睛有所见还不如看不见的瞎子；使其口可以讲话，不学习，他口有所言，还不如口受伤害不能讲话的哑巴；使其心可以知道事理，不学习，还不如精神失常的狂人。所以说，凡是学习，并非能够给人另增加什么，而是使人通达原具有的天性。能够保全天赋予人的本性而不要使它受到伤害，这就叫做善于学习。子张是鲁国鄙陋的小人，颜涿聚是梁父山的大盗；他们二人都求学于孔子。段干木是晋国的大经纪人，求学于子夏。高何，县子石是齐国专事行劫的大盗。他们的暴虐行为受到乡里人的指斥，求学于墨子。索卢参是东方的大骗子，求学于禽滑黎。这六个人，本应该是受刑罚、杀戮、受耻辱的人，如今不仅免于刑罚、杀戮和蒙受耻辱，而且因为学习，成为天下知名之人和显达之士，得以终其天年，王公大人因此以礼相待，这些都是得之于学习啊。

凡学，必务进业，心则无营。疾讽诵，谨司闻，观欢愉，问书意，顺耳目，不逆志，退思虑，求所谓，时辨说，以论道，不苟辨，必中法，得之无矜，失之无惭，必反其本。

【译文】凡是学习，一定要务求增进学业，这样心中就不会迷惑，努力地背诵朗读，小心谨慎地注意倾听，看到老师高兴悦愉时，就请问书中的意义，要顺适老师的耳目，不要违背老师的心志，退回来要思考，要探求老师所说的道理，时常辩说以明白老师所说的道理，不苟且巧辩，一定要合于强度，有所得不要矜夸，有所失不要惭愧，一定要反回到自己的本性上来。

生则谨养，谨养之道，养心为贵；死则敬祭，敬祭之术，时节为务。此所以尊师也。治唐圃，疾灌寖，务种树；织葩屦，结罝网，捆蒲苇；之田野，力耕耘，事五谷；如山林，入川泽，取鱼鳖，求鸟兽。此所以尊师也。视舆马，慎驾御；适衣服，务轻暖；临饮食，必蠲絜；善调和，务甘肥；必恭敬，和颜色，审辞令；疾趋翔，必严肃。此所以尊师也。

【译文】老师活着时要小心奉养，小心奉养的方法，是使老师心情愉快为贵；老师死了，要恭敬地祭祀，恭敬祭祀的方法，使合于四时之节为要务：这就是所说的尊师。为老师整理种植蔬菜果树的圃，要努力浸灌，务必种好树木；编织麻鞋，编织捕兽网，编织蒲苇，要打它使之牢实；到田野，要努力耕耘，种好五谷；到山林，入川泽，捕取鱼鳖，猎取鸟兽；这就是所说的尊师。为老师看管好车马，要谨慎驾驭，使衣服穿着适宜，务需轻暖；治办饮食，一定要清洁；要调好五味，务需甘甜肥美；问候老师起居，一定要恭恭敬敬，对待老师要和颜悦色，言辞谨慎；疾行要有节奏，一定要恭敬严肃；这就是所说的尊师。

君子之学也，说义必称师以论道，听从必尽力以光明。听从不尽力，命之曰背；说义不称师，命之曰叛。背叛之人，贤主弗内之于朝，君子不与交友。故教也者，义之大者也；学也者，知之盛者也。义之大者，莫大于利人，利人莫大于教；知之盛者，莫大于成身，成身莫大于学。身成则为人子弗使而孝矣，为人臣弗令而忠矣，为人君弗强而平矣，有大势可以为天下正矣。故子贡问孔子曰："后世将何以称夫子？"孔子曰："吾何足以称哉？勿已者，则好学而不厌，好教而不倦，其惟此邪！"天子入太学祭先圣，则齿尝为师者弗臣，所以见敬学与尊师也。

【译文】君子学习，议论问题时一定要称引老师的话来阐明道理，听老师的话，照他的话去行动，并尽力发扬光大。如听从老师的话，行动时不尽力，这就叫做背叛；议论问题时不称引老师的教导，这也叫做背叛；有背叛行为的人，贤明的君主是不接纳他在朝廷为官的，君子也不跟他交朋友。所以说，教育，其意义是非常了不起的；学习，能使你知道更多的东西。意义最大的，没有比利于人更大的了，而要利于人，又没有比教育更大的了。知道更多的东西，又没有比修身更大的了。而使修身得以完成，又没有比学习更大的了。修身得以完成，那么，为人子的，不用支使他，他也会孝顺，为人臣的，不用命令他，他也会忠诚，为人君的，不用勉强他，他也会公平，有极大权势的，就可以成为天下的君主。所以子贡问孔子说："后代将用什么话来称道你呢？"孔子回答说："我哪里值得称道呢？一定要称道的话，那就是喜好学习而不知道满足，勤于教诲而不知道疲倦，大概就是这些吧！"天子进入明堂，祭祀先代圣人，就与曾经为自己老师的人并列，不把老师当臣子看待，这就是用来显示尊重学习和尊敬老师啊。

荡兵（一作用兵）

古圣王有义兵而无有偃兵。兵之所自来者上矣，与始有民俱。凡兵也者，威也；威也者，力也。民之有威力，性也。性者，所受于天也，非人之所能为也。武者不能革，而工者不能移。兵所自来者久矣。黄、炎故用水火矣，共工氏固次作难矣，五帝固相与争矣。递兴废，胜者用事。人曰"蚩尤作兵"，蚩尤非作兵也，利其械矣。未有蚩尤之时，民固剥林木以战矣，胜者为长。长则犹不足治之，故立君。君又不足以治之，故立天子。天子之立也出于君，君之立也出于长，长之立也出于争。争斗之所自来者久矣，不可禁，不可止。故古之贤王有义兵而无有偃兵。

【译文】古代圣王主张正义的战争，而没有废止过战争。战争的由来已经很久了，它和人类的起始是一同产生的。凡战争，靠的是威势；威势又是靠武力。人民之所以具有威势武力，是本性。而这种本性又是受天而得的，不是人力所能造成的，武勇的人不能革除这种天性，有智慧的人也不能变易这种天性。战争的由来已经很久了，炎帝和黄帝争战时已经用水火来作战了，共工氏已经恣意地发动战争，五帝之间也相互展开争斗。兴废更替，谁胜谁统治天下。人们说："蚩尤制造了兵器"，蚩尤并不是制造兵器，他只不过使兵器更锋利罢了。还没有蚩尤时，人民已经砍伐林木作武器进行战争了，谁胜谁为首领。首领还不能治理好人民，所以设立君主。君主又不能治理好人民，所以设立天子。天子之所以设立，是在君主的基础上产生的，君主的设立，是在首领的基础上产生的，首领的设立，是在战争的基础上产生的。战争的由来已经很久了，是不可以禁止的，是不可以止息的，所以古代圣王主张正义的战争，而从不废止战争。

家无怒笞，则竖子、婴儿之有过也立见；国无刑罚，则百姓之悟相侵也立见；天下无诛伐，则诸侯之相暴也立见。故怒笞不可偃于家，刑罚不可偃于国，诛伐不可偃于天下，有巧有拙而已矣。故古之圣王有义兵而无有偃兵。

【译文】家中没有谴责、鞭笞，僮仆、小孩犯过错也就立刻出现；国家没有刑罚，百姓忤逆相侵之事也就立刻出现；天下没有诛伐，诸侯相互侵凌之事也就立刻出现。所以谴责、鞭笞不能在家中废止，刑罚不能在国中废止，诛伐不可在天下废止，只不过有巧有拙罢了。所以古代圣王主张正义的战争，从不废止战争。

夫有以饐死者，欲禁天下之食，悖；有以乘舟死者，欲禁天下之船，悖；有以用兵丧其国者，欲偃天下之兵，悖。夫兵不可偃也，譬之若水火然，善用之则为福，不能用之则为祸；若用药者然，得良药则活人，得恶药则杀人。义兵之为天下良药也亦大矣。

【译文】如果有因为吃饭堵住喉咙噎死的人，就想要禁止天下人吃饭，那是荒谬的；如果有因为乘船淹死的人，就想要废止天下的船只，那是荒谬的；如果有因为参与战争而亡国的，就想要废止天下的战争，那是荒谬的。战争不可废止，就像有水和火一样，善于利用水和火的则可得到幸福，不善于利用水和火的则遭受祸害；又像服用药一样，得到良药就可以救活人，得到毒药就可以杀死人。正义的战争正是天下最好的良药啊。

且兵之所自来者远矣，未尝少选不用。贵贱、长少、贤者不肖相与同，有巨有微而已矣。察兵之微：在心而未发，兵也；疾视，兵也；作色，兵也；傲言，兵也；援推，兵也；连反，兵也；侈斗，兵也；三军攻战，兵也。此八者皆兵也，微巨之争也。今世之以偃兵疾说者，终身用兵而不自知悖，故说虽强，谈虽辨，文学虽博，犹不见听。故古之圣王有义兵而无有偃兵。兵诚义，以诛暴君而振苦民，民之说也，若孝子之见慈亲也，若饥者之见美食也；民之号呼而走之，若强弩之射于深谿也，若积大水而失其壅堤也。中主犹若不能有其民，而况于暴君乎？

【译文】而且，战争的由来很久远了，没有一刻不用，贵与贱、长与少、贤与不肖者在利用战争这一点上是相同的，只不过有大和小的区别罢了。考察战争细微之处：在内心相斗而没有表露出来，是战争，怒目而视，是战争；在脸部表现出愤怒的颜色，是战争；使用傲慢的言辞，是战争；相互牵制，是战争；相互摔跤，是战争；群众相斗，是战争；三军相互攻战，是战争。这八种都是战争，只不过有大与小的不同罢了。现在那些极力宣传废止战争的人，终身都在利用战争，而自己不知道言行相悖，所以游说虽然强有力，谈说虽然很雄辩，才学虽然很广博，还是不被听众采纳，所以古代圣王主张正义的战争而不废止战争。战争如果的确是正义的，是用来诛伐暴君而拯救人民，人民是高兴的，这种正义战争，就像孝子看到慈爱的双亲，也像饥饿者看到美味佳肴；人民呼号着奔向它，像强弓射向深谷，像积水冲垮堤坝。一般君主尚且不能保有他的人民，又何况是残暴的君主呢？

节丧

审知生，圣人之要也；审知死，圣人之极也。知生也者，不以害生，养生之谓也；知死也者，不以害死，安死之谓也。此二者，圣人之所独决也。

【译文】审明了解人的生，是圣人的要务；审明了解人的死，也是圣人的急务。知道生存的道理，就不会危害生存，这就叫做养生；知道死的道理，就会安于死亡，这就叫安死。这二种情况，只有圣人才能知道。

凡生于天地之间，其必有死，所不免也。孝子之重其亲也，慈亲之爱其子也，痛于肌骨，性也。所重所爱，死而弃之沟壑，人之情不忍为也，故有葬死之义。葬也者，藏也，慈亲孝子之所慎也。慎之者，以生人之心虑。以生人之心为死者虑也，莫如无动，莫如无发。无发无动，莫如无有可利，此之谓重闭。

【译文】凡生于天地间的事物，必定都会死亡。这是不能避免的。孝子尊重自己的父母，父母爱护自己的子女，甚于肌骨之痛，这是本性。所尊重的父母，所爱护的子女，如果死了就抛弃在深沟涧壑之中，于人情而言是不忍心的，所以才有了丧葬的意义。所谓葬，就是收藏，这是慈亲孝子都应慎重对待的。所说的慎重，是指活着人的思虑。如果用活着人的思虑去为死者考虑，就最好不要移动，不要发掘。不移动，不发掘，还不如掩埋时，不使人有利可图，这就叫永远的埋藏。

古之人有藏于广野深山而安者矣，非珠玉国宝之谓也，葬不可不藏也。葬浅则狐狸扣之，深则及于水泉。故凡葬必于高陵之上，以避狐狸之患、水泉之湿。此则善矣，而忘奸邪、盗贼、寇乱之难，岂不惑哉？譬之若瞽师之避柱也，避柱而疾触杙也。狐狸、水泉、奸邪、盗贼、寇乱之患，此杙之大者也。慈亲孝子避之者，得葬之情矣。善棺椁，所以避蝼蚁蛇虫也。今世俗大乱之主，愈侈其葬，则心非为乎死者虑也，生者以相矜尚也。侈靡者以为荣，节俭者以为陋，不以便死为故，而徒以生者之诽誉为务。此非慈亲孝子之心也。父虽死，孝子之重之不怠；子虽死，慈亲之爱之不懈。夫葬所爱所重，而以生者之所甚欲，其以安之也，若之何哉？

【译文】古代的人死后有的葬于旷野深山之中而平安至今者，并不是随葬了珠玉国宝，埋葬不可以不隐蔽埋藏。埋藏浅了，狐狸会来挖掘，埋葬深了，又要碰到地下水。所以埋葬一定葬于高岗之上，用以避狐狸的挖掘和地下水的浸湿。这样倒是很好了，却又忘掉了奸邪坏人强贼盗寇盗掘的灾难，这难道不是糊涂迷惑吗？比如盲人为了躲避大柱子，而躲避大柱却猛力碰上了尖的木桩。奸邪坏人强贼盗寇盗掘的祸患，就是大的尖木桩。父母和孝子埋葬死者能够避开这些，就懂得了埋葬的实情。好的棺椁，是为了避免蝼蚁蛇虫。现在社会混乱，人君埋葬越来越奢侈，他们的奢葬并非是为死者考虑，而是活着的人用以相互夸耀。主张奢侈浪费的人以为这样做是一种荣耀，主张节俭省约的人则以为这样做是一种羞辱，不以利于死者为一回事，而仅仅考虑活着人的非议和赞誉，这绝不是父母和孝子的本心啊。父亲虽然死了，孝子尊重父亲的心并不怠慢；儿子虽然死了，慈亲爱子之心并不懈怠。埋葬所喜爱所尊重的人，而以活着的人的过分欲望为原则，用这样来使死者安息，又怎么行呢？

民之于利也，犯流矢，蹈白刃，涉血盩肝以求之。野人之无闻者，忍亲戚、兄弟、知交以求利。今无此之危，无此之丑，其为利甚厚，乘车食肉，泽及子孙。虽圣人犹不能禁，而况于乱？国弥大，家弥富，葬弥厚。含珠鳞施，玩好货宝，钟鼎壶鑑，舆马衣被戈剑，不可胜其数。诸养生之具，无不从者。题凑之室，棺椁数袭，积石积炭，以环其外。奸人闻之，传以相告。上虽以严威重罪禁之，犹不可止。且死者弥久，生者弥疏；生者弥疏，则守者弥怠；守者弥怠而葬器如故，其势固不安矣。世俗之行丧，载之以大輴，羽旄旌旗如云偻，翣以督之，珠玉以佩之，黼黻文章以饬之，引绋者左右万人以行之，以军制立之然后可。以此观世，则美矣，侈矣；以此为死，则不可也。苟便于死，则虽贫国劳民，若慈亲孝子者之所不辞为也。

【译文】人民对于利益，那怕冒犯流矢飞箭，赴汤蹈火，流血破肝也要追求它。乡野之人不知礼义，残忍地用父母、兄弟、知交好友来求利。现在没有这种危险，没有这种耻辱，而获利又厚重，可以乘车吃肉，恩泽及于子孙，即使在圣人治平之世也不能禁止这种风气，又何况在乱世呢？国越大，家越富，埋葬就越丰富。死者口含着珍珠，戴着玉器，供玩赏的奇珍异宝，财货宝物，各种铜器浴盆，车马衣被，戈矛刀剑，数也数不清。各种养生的器物，没有不随着埋葬的。椁室用厚木累积而成，棺椁数层，四周堆积着石头木炭。坏人知道后，相互传告。君上虽用严刑威力禁止，仍无法禁止。而且死后时间越久，活着的人越是疏远；活着的人越疏远，守墓的人也越懈怠；守墓的人越懈怠，而随葬品仍与从前一样，这种被盗的形势就更为不安了。世俗人举行丧葬，用大车载着棺柩，插着羽毛旄牛尾的旗帜，用画着云气的灵车来督导，灵柩上佩饰着珠玉，画着各种花纹，左右上万的人拉着灵柩大绳前行，还用军法来统领这支队伍，然后才发丧前进。由这个热闹场面来看，的确很华美很奢侈；如果认为这样做是为了死者，那是绝对不可以的。假如真是为了有利死者，那么，即使这样做会使国贫民劳，慈亲和侍亲尽孝的孝子也是不敢拒绝而要去做的。

当务

辨而不当论，信而不当理，勇而不当义，法而不当务，惑而乘骥也，狂而操吴干将也，大乱天下者，必此四者也。所贵辨者，为其由所论也；所贵信者，为其遵所理也；所贵勇者，为其行义也；所贵法者，为其当务也。

【译文】辩论而不合条理，真实而不合道理，勇敢而不合仁义，执法而不合事理，如同迷了路而骑着良马奔驰，颠狂了而拿着干将宝剑乱砍，使天下大乱的，一定是这四种情况。辩论之所贵，是因其合于条理；真实之所贵，是因其遵从道理；勇敢之所贵，是因其实行仁义；执法之所贵，是因其合于事理。

跖之徒问于跖曰："盗有道乎？"跖曰："奚啻其有道也？夫妄意关内，中藏，圣也；入先，勇也；出后，义也；知时，智也；分均，仁也。不通此五者而能成大盗者，天下无有。"备说非六王、五伯，以为尧有不慈之名，舜有不孝之行，禹有淫湎之意，汤、武有放杀之事，五伯有暴乱之谋。世皆誉之，人皆讳之，惑也。故死而操金椎以葬，曰：“下见六王、五伯，将敲其头矣！”辨若此，不如无辨。

【译文】跖的生徒问他说：“盗有道义吗？”跖回答说：“何只有道义？那臆测门内的财物，臆测中的就是圣人；带头进人门内的就是勇敢；最后撤出的就是讲义气；把握行窃的时机就是智慧；分财均匀就是仁义。不了解这五点而能成大盗的，天下没有。”跖又非难六王、五伯，认为“尧有不仁慈之名，舜有不孝顺之行，禹有沉迷酒色之意，汤、武有放杀之事，五伯有暴乱相杀之谋。而世人都赞誉他们，人人都为他们避讳，很是糊涂”。所以跖说自己死后，要用金椎陪葬，又说：“死后下到黄泉见到六王、五伯，将用金椎敲击他们的头。”辩论像这样，还不如不辩论。

楚有直躬者，其父窃羊而谒之上。上执而将诛之。直躬者请代之。将诛矣，告吏曰：“父窃羊而谒之，不亦信乎？父诛而代之，不亦孝乎？信且孝而诛之，国将有不诛者乎？”荆王闻之，乃不诛也。孔子闻之曰：“异哉直躬之为信也。一父而载取名焉。”故直躬之信不若无信。

【译文】楚国有一个叫直躬的人，他的父亲盗窃他人的羊，他向上级官府告发了，官府派人抓住他父亲将要杀掉。直躬请求允许他以身代父罪。将要诛杀时，他告诉官吏说：“父亲盗窃羊而告发他，不是很诚实吗？父亲被诛杀请求代替他，不是孝子吗？诚实又是孝子反而受到诛杀，国家还有该不被杀的人吗？”楚王听说后，就不杀他了。孔子听到后说：“奇怪啊，直躬的所谓诚实，他利用自己的父亲而两次为自己捞取好名声。”所以说，直躬的诚实，还不如不诚实。

齐之好勇者，其一人居东郭，其一人居西郭。卒然相遇于涂，曰：“姑相饮乎？”觞数行，曰：“姑求肉乎？”一人曰：“子，肉也；我，肉也；尚胡革求肉而为？于是具染而已。”因抽刀而相啖，至死而止。勇若此不若无勇。

【译文】齐国有好夸耀勇敢的人，一个住在东城外，一个住在西城外，突然在路上相遇，说：“姑且一起饮酒吧？”举杯饮酒几遍后，说：“姑且去找一点肉来吧？”一人说：“你的肉呢？我的肉呢？又何必另求其他肉呢？在这儿准备一点豉酱便行了。”于是抽刀互相割下身上的肉来吃，一直吃到死。勇敢像这样还不如不勇敢。

纣之同母三人，其长曰微子启，其次曰中衍，其次曰受德。受德乃纣也，甚少矣。纣母之生微子启与中衍也，尚为妾，已而为妻而生纣。纣之父、纣之母欲置微子启以为太子，太史据法而争之曰："有妻之子，而不可置妾之子。"纣故为后。用法若此，不若无法。

【译文】纣的同母兄弟三人，其长叫微子启，其次叫中衍，再次叫受德。受德就是纣，年纪很小。纣的母亲生微子启与中衍时还是妾，不久成了妻才生下纣。纣的父亲、母亲打算立微子启作太子，太史依据法典争辩说："有妻之子就不能立妾的儿子。"所以纣被立为王位继承人。像这样用法典还不如没有法典。

顺说

善说者若巧士，因人之力以自为力，因其来而与来，因其往而与往，不设形象，与生与长，而言之与响，与盛与衰，以之所归。力虽多，材虽劲，以制其命。顺风而呼，声不加疾也；际高而望，目不加明也。所因便也。

【译文】善于劝说的人像灵巧的人一样，能借别人的力量成为自己的力量；顺其来势加以引导，顺其去势加以推动；没露形象，与被劝说的人的意思一齐生一齐长；如语言和回响那样；与被劝说者的意思一齐盛一齐衰，使之思念不忘；力虽多，才虽强，不能控制被说者的意旨。顺风而呼，声音并没有加大，可从远处听得到；登高而望、目光并没有加亮，但可看得远；因为凭借了便利的条件。

惠盎见宋康王，康王蹀足謦欬，疾言曰："寡人之所说者，勇有力也，不说为仁义者。客将何以教寡人？"惠盎对曰："臣有道于此；使人虽勇，刺之不入；虽有力，击之弗中。大王独无意邪？"王曰："善！此寡人所欲闻也。"惠盎曰："夫刺之不入，击之不中，此犹辱也。臣有道于此：使人虽有勇，弗敢刺，虽有力，弗敢击。大王独无意邪？"王曰："善！此寡人之所欲知也。"惠盎曰："夫不敢刺，不敢击，非无其志也。臣有道于此：使人本无其志也。大王独无意邪？"王曰："善！此寡人之所愿也。"惠盎曰："夫无其志也，未有爱利之心也。臣有道于此：使天下丈夫女子莫不欢然皆欲爱利之。此其贤于勇有力也，居四累之上。大王独无意邪？"王曰："此寡人之所欲得。"惠盎对曰："孔、墨是也。孔丘、墨翟，无地为君，无官为长。天下丈夫女子莫不延颈举踵，而愿安利之。今大王，万乘之主也，诚有其志，则四境之内，皆得其利矣，其贤于孔、墨也远矣。”宋王无以应。惠盎趋而出，宋王谓左右曰：“辨矣！客之以说服寡人也。”宋王，俗主也，而心犹可服，因矣。因则贫贱可以胜富贵矣，小弱可以制强大矣。

【译文】惠盎去见宋康王。康王顿足咳嗽，大声说：“我喜欢的是有勇有力的人而不喜欢行仁义的人。您将用什么来教导我？”惠盎回答说：“我有一种办法，使人虽然勇武，但刺不进去；虽然有力，但击之不中。您难道无意听听吗？”王说：“好!这是我所想要听的。”惠盎说：“刺不进去，击而不中，但这样已受辱了。我还有一种办法，使人虽然勇武却不敢刺，虽然有力却不敢击。您难道无意听听吗？”王说：“好!这是我所想要知道的。”惠盎说：“不敢刺、不敢击，不是没有刺和击的想法啊。我还有一个办法，使人根本就没有这样的想法。您难道无意听听吗？”王说：“好!这是我所希望的。”惠盎说：“虽然没有刺和击的想法，但也还没有爱您使您有利的心。我还有一个办法，使天下成年男子和女子没有不欢快地爱您使您有利，这就胜过勇武有力了，这才是四种行为中最上的一种。您难道无意听听吗？”王说：“这是我所希望得到的。”惠盎回答说：“孔子、墨子就是能胜过勇武和有力的人。孔丘、墨翟，没有领土却能像君主那样被人尊敬，没有官位，却能像长官那样被尊敬，天下成年男子和女子没有不延颈举踵亟切祝愿他们平安顺利的。现在，您是拥有万辆兵车的大国君主，如果真有这样的志向，那么四境之内都会得其利益，您这样做又远远胜过孔子、墨子了。”宋王无法回答。惠盎快步走了出去，宋王对身边人说：“惠盎很善辩。他已经说服我了。”宋王是一个平庸的君主，可他的心还是可以说服的，这是惠盎能因势利导的结果。能因势利导，那么贫贱的可以使其胜过富贵的，弱小的可以使其控制强大的。

田赞衣补衣而见荆王，荆王曰：“先生之衣，何其恶也！”田赞对曰：“衣又有恶于此者也。”荆王曰：“可得而闻乎？”对曰：“甲恶于此。”王曰：“何谓也？”对曰：“冬日则寒，夏日则暑，衣无恶乎甲者。赞也贫，故衣恶也。今大王，万乘之主也，富贵无敌，而好衣民以甲，臣弗得也。意者为其义邪？甲之事，兵之事也，刈人之颈，刳人之腹，隳人之城郭，刑人之父子也。其名又甚不荣。意者为其实邪？苟虑害人，人亦必虑害之；苟虑危人，人亦必虑危之。其实人则甚不安之，二者臣为大王无取焉。”荆王无以应。说虽未大行，田赞可谓能立其方矣。若夫偃息之义，则未之识也。

【译文】田赞穿着破旧的衣服去拜见楚王。楚王说：“您的衣服怎么这样破旧呢？”田赞回答说：“衣服还有比我穿的这个更差的。”楚王说：“可以让我听听吗？”田赞回答说：“铠甲就比这个更差。楚王说：“怎么讲？”田赞回答说：“冬天冷，夏天热，衣服没有比铠甲更差的。我贫穷，所以衣服破旧。如今您是拥有万辆兵车的君主，富贵无比，而您却喜欢拿铠甲给人民穿，我是不赞成的。抑或是为了仁义吧？铠甲的事，就是战争的事，砍断人的脖子，剖开人的肚腹，毁掉人的城池，杀害人的父母，那名声又更加不光彩。抑或是为了实利么？如果思虑去害人，人也必然想着害你；如果思虑给人危难，人也必然想着给你危难。其实那人就更不安宁。这两种情况，我认为您是不赞成的。”楚王无话回答。田赞的劝说虽没有大大地施行，但他可以说是树立自己的主张了。至于偃兵息民的意义，我还没有见识过。

管子得于鲁，鲁束缚而槛之，使役人载而送之齐，皆讴歌而引车。管子恐鲁之止而杀己也，欲速至齐，因谓役人曰：“我为汝唱，汝为我和。”其所唱适宜走，役人不倦，而取道甚速。管子可谓能因矣。役人得其所欲，己亦得其所欲，以此术也。是用万乘之国，其霸犹少，桓公则难与往也。

【译文】管仲被鲁国捉住，鲁人将他捆绑关在囚笼里，派差役用车载着他送回齐国，差役都唱着歌拉车。管仲担心鲁国把他截住并杀掉他，希望尽快回到齐国，于是对差役说：“我为你们唱歌，你们为我应和。”管仲所唱的歌其节拍适宜快走，差役又不感到疲倦，因而走路走得很快，管仲可以说是能顺势的人。差役得到了他们所希望的，即借唱歌而不疲倦地前进，管仲也达到了尽快回齐的目的。这是因为用了这个办法，如果将这个办法用在拥有万辆兵车的大国，不仅可以成就霸业，可惜桓公难与管仲配合前进。

察今

上胡不法先王之法？非不贤也，为其不可得而法。先王之法，经乎上世而来者也，人或益之，人或损之，胡可得而法？虽人弗损益，犹若不可得而法。东夏之命，古今之法，言异而典殊。故古之命多不通乎今之言者，今之法多不合乎古之法者。殊俗之民，有似于此。其所为欲同，其所为异。口惛之命不愉，若舟车衣冠滋味声色之不同。人以自是，反以相诽。天下之学者多辩言利辞，倒不求其实，务以相毁，以胜为故。先王之法，胡可得而法？虽可得，犹若不可法。凡先王之法，有要于时也。时不与法俱至，法虽今而至，犹若不可法。故择先王之成法，而法其所以为法。先王之所以为法者，何也？先王之所以为法者，人也，而己亦人也。故察己则可以知人，察今则可以知古。古今一也，人与我同耳。有道之士，贵以近知远，以今知古，以益所见知所不见。故审堂下之阴，而知日月之行，阴阳之变；见瓶水之冰，而知天下之寒，鱼鳖之藏也；尝一脟肉，而知一镬之味，一鼎之调。

【译文】君主为什么不效法先王的法令制度呢？并非先王的法令制度不好，是因为不可能效法。先王的法令制度，经过前代流传下来，人或者增益它，或者减少它，怎么可以效法？即使人们不增益减少，仍然不可以效法。东方少数民族与华夏各民族对事物的名称，古代和现代的法令制度，言辞不同而法典也不同，所以古时的名称大多不合今天的叫法，现在的法令制度大多不合古代的法令制度。不同风俗的人民，与此情况相似。他们所做的事和欲望是相同的，但他们所做的事和欲望却与中原的不同。各地的方言口音是不改变的，像船、车、衣、帽、口味、声、色不同一样，人们认为自己的对，反过来互相非难。天下有学识的人大多善辩，巧言利辞，不求实际，只求相互诋毁，以压倒对方为能事。先王的法令制度，怎么可能效法？即使可以得到，仍然不可以效法。大凡先王的法令制度，都合于当时的实际情况，可是，时代是不能与其法令制度流传下来的。古时的法令制度虽然流传至今，仍然不可效法。所以扬弃先王的旧法，而效法他们用来制定法令制度的依据。先王制定法令的依据是什么呢？先王用以制定法令的依据是人。而自己也是人啊，所以明察自己就可以知道别人，明察现在就可以知道古代，古和今是一样的，人和我是相同的。明白事理的人，他们可贵之处在于由近的推知远的，由现在的推知古代的，以所见的，推知所未见的。所以察看堂屋下的阴影，就可知道日月的运行以及寒暑的变化；看到瓶中水结成冰，就知天下已经寒冷、鱼鳖等水族已经潜藏了；尝一块肉，就知道一锅肉的味道、知道锅中调味的情况。

荆人欲袭宋，使人先表澭水。澭水暴益，荆人弗知，循表而夜涉，溺死者千有馀人，军惊而坏都舍。向其先表之时可导也，今水已变而益多矣，荆人尚犹循表而导之，此其所以败也。今世之主法先王之法也，有似于此。其时已与先王之法亏矣，而曰此先王之法也，而法之以为治，岂不悲哉？故治国无法则乱，守法而弗变则悖，悖乱不可以持国。世易时移，变法宜矣。譬之若良医，病万变，药亦万变。病变而药不变，向之寿民，今为殇子矣。故凡举事必循法以动，变法者因时而化，若此论则无过务矣。

【译文】楚人要攻击宋国，派人事先在澭水中用木设置标记。澭水突然暴涨，楚人不知，仍顺着标记而在黑夜渡河，被水淹死的有一千多人，军队惊恐如都市房舍崩塌。以前用木作标记时是可以引导人渡河的，现今水位已改变上涨了许多，楚人仍然顺着先前的标记渡河，这就是失败的原因。现在的君主，效法先王的法令制度，有点类似这个情况。现在的时代与先王的法令制度是不相适应的，还说“这就是先王的法令制度”，而且效法它，用它来治理国家，难道不悲哀吗？所以，治理国家没有法制就混乱，固守成法不变就谬误，谬误和混乱是不可以安定国家的。社会改变了，时代发展了，变法是应该的。这就像良医一样，病是千变万化的，药也应随之千变万化。病变了而药不变，从前长寿的人，现在也要变为短命的人。所以，凡做事必须遵循法令而作，变法必须随着时代的变化而变化。若像这样就不会有失误的事了。

夫不敢议法者，众庶也；以死守者，有司也；因时变法者，贤主也。是故有天下七十一圣，其法皆不同。非务相反也，时势异也。故曰良剑期乎断，不期乎镆琊；良马期乎千里，不期乎骥骜。夫成功名者，此先王之千里也。楚人有涉江者，其剑自舟中坠于水，遽契其舟，曰："是吾剑之所从坠。"舟止，从其所契者入水求之。舟已行矣，而剑不行，求剑若此，不亦惑乎？以此故法为其国，与此同。时已徙矣，而法不徙，以此为治，岂不难哉？有过于江上者，见人方引婴儿而欲投之江中，婴儿啼。人问其故，曰："此其父善游。"其父虽善游，其子岂遽善游哉？此任物，亦必悖矣。荆国之为政，有似于此。

【译文】不敢议论法令的，是百姓；死守成法的，是官吏；随着时代而变法的，是贤主。因此天下有七十一圣贤君主，他们的法令都不相同，并非故意要相反，是时势不同的缘故。所以，良剑希望能砍断东西，不在于要莫邪之名；良马希望能日行千里，不在于要骥骜之名。成就功名的人，就是先王的千里马。楚国有一个乘船过江的人，他的剑从船上掉到了河中，他立即在船上刻上记号说："这是我的剑掉下去的地方。"船停止后，他从所刻记号处下水去寻求剑。他不知船已前行了，而剑并没有前行，寻求失落的剑像这样，不是糊涂吗？用旧的法令来治理国家与寻剑人一样。时代已变化了，而法令不变化，用这种办法来治理国家，难道不是很难吗？有一个过江的人，看见有人正要把一个婴儿投人江中。婴儿啼哭，人们问他为什么这样，他说："这小孩的父亲擅长游泳。"他的父亲虽然擅长游泳，他的儿子难道能立即擅长游泳吗？用这种方法去处理事物必然谬误。楚国处理政事，与此相似。

离谓

言者以谕意也。言意相离，凶也。乱国之俗，甚多流言，而不顾其实，务以相毁，务以相誉，毁誉成党，众口熏天，贤不肖不分。以此治国，贤主犹惑之也，又况乎不肖者乎？惑者之患，不自以为惑，故惑。惑之中有晓焉，冥冥之中有昭焉。亡国之主，不自以为惑，故与桀、纣、幽、厉皆也。然有亡者国，无二道矣。

【译文】说话，是用以表达意思的。说话与意思相分离，就凶危了。乱国的习俗，是流言很多，且不顾事实，拼命用语言相互诋毁，或用语言相互恭维，诋毁的和恭维的各自结成朋党，众口喧嚣，气势冲天，贤的与不肖的混杂不分，这样来治理国家，贤明的君主尚且迷惑，又何况是不肖的君主呢？迷惑人的祸患是，自己不感到迷惑，所以在迷惑中自认为清醒，在昏昧中自认为明白。亡国的君主，不认为自己迷惑，所以桀、纣、幽、厉是相同的。这样，灭亡了的国家，是没有其他道路可走的。

郑国多相县以书者，子产令无县书，邓析致之。子产令无致书，邓析倚之。令无穷，则邓析应之亦无穷矣。是可不可无辩也。可不可无辩，而以赏罚，其罚愈疾，其乱愈疾。此为国之禁也。故辩而不当理则伪，知而不当理则诈。诈伪之民，先王之所诛也。理也者，是非之宗也。

【译文】郑国有许多人相互以书信辩答。子产下令不许用书信辩答，邓析就文饰法律。子产下令不许文饰法律，邓析就曲解法律。法令无穷无尽，邓析应付的办法也无穷无尽。这样，可以的与不可以的就无法辨别了。可以的与不可以的无法辨别，却用来施加赏罚，那么赏罚越厉害，其混乱就越严重，这是治理国家的禁忌。所以，辩而不合理就是巧伪，智而不合理就是狡诈，巧伪狡诈的人，是先王所要诛罚的。事理，是判断是非的根本啊。

洧水甚大，郑之富人有溺者，人得其死者。富人请赎之，其人求金甚多。以告邓析，邓析曰："安之。人必莫之卖矣。"得死者患之，以告邓析，邓析又答之曰："安之。此必无所更买矣。"夫伤忠臣者有似于此也。夫无功不得民，则以其无功不得民伤之；有功得民，则又以其有功得民伤之。人主之无度者，无以知此，岂不悲哉？比干、苌弘以此死，箕子、商容以此穷，周公、召公以此疑，范蠡、子胥以此流，死生存亡安危，从此生矣。

【译文】洧水很大，郑国有个富人溺水淹死。有人得到富人的尸体。富人家属请允许拿钱来赎回尸体，得尸体的人要许多金子，富人家属将此事告诉邓析。邓析说："你放心。那得到尸体的人绝对没有卖处。"得尸体的人担忧死者家属不来赎尸，将此事告诉邓析。邓析又回答他说："你放心。那死者家属绝对没有别的买处。"那些诋毁忠臣的人，与此相似。忠臣没有功劳得不到民心，中伤者就用他没有功劳得不到民心来中伤他；有功劳得民心，又用他有功劳得民心来中伤他。国君没有原则的，无法知道这种情况，难道不可悲吗？比干、苌弘正是因此而惨死，箕子、商容因此而受到猜疑，周公、召公因此而受怀疑，范蠡、伍子胥因此或泛舟五湖，或流尸于江，生死、存亡、安危都从这里产生了。

子产治郑，邓析务难之，与民之有狱者约：大狱一衣，小狱襦袴。民之献衣襦袴而学讼者，不可胜数。以非为是，以是为非，是非无度，而可与不可日变。所欲胜因胜，所欲罪因罪。郑国大乱，民口喧哗。子产患之，于是杀邓析而戮之，民心乃服，是非乃定，法律乃行。今世之人，多欲治其国，而莫之诛邓析之类，此所以欲治而愈乱也。

【译文】子产治理郑国，邓析务必刁难他，与有官司的人约定，打大的官司要送一套长袍，打小的官司要送一套短衣裤，人民送衣送裤来学打官司的，数也数不清。把错的讲为对，把对的讲为错，对错没有标准，可以与不可以的标准天天在变。希望狱讼胜的，就让他取胜，希望人获罪的，就让他获罪，郑国因此大乱，人民一片哗然。子产很担忧，于是杀掉邓析，这样，民心才服，是非才定，法律才能施行。现在的人，大多都希望治理国家，但又不诛杀像邓析一类的人，这正是希望大治而更加混乱的原因。

齐有事人者，所事有难而弗死也。遇故人于涂，故人曰："固不死乎？"对曰："然。凡事人，以为利也。死不利，故不死。"故人曰："子尚可以见人乎？"对曰："子以死为顾可以见人乎？"是者数传。不死于其君长，大不义也，其辞犹不可服，辞之不足以断事也明矣。夫辞者，意之表也。鉴其表而弃其意，悖。故古之人，得其意则舍其言矣。听言者以言观意也，听言而意不可知，其与桥言无择。

【译文】齐国有一个服侍人的人，所服侍的主人遇难了他却不去殉死，在路上遇到了熟人。熟人说："你坚持不殉死吗？"这个人回答说："是的。凡是服侍人的人是为了谋利。殉死不利，所以不殉死。"熟人说："您还可以见人吗？"回答说："您认为殉死后反而可以见人吗？"这样的话他多次传述。不为自己的国君和上司殉死，是很不义的，他的言辞更不可叫人信服，可见言辞不能判断事情的是非是很明确的。言辞，是表达意思的。欣赏言辞这种外表而抛弃其实意，这是惑乱。所以古人明白实意后就抛弃了言辞。听别人讲话，要通过言辞来观察讲话的实意。听了别人的话而不明白他的意思.这样的话与乖决的话是没有区别的。

齐人有淳于髡者，以从说魏王。魏王辨之，约车十乘，将使之荆。辞而行，又以横说魏王，魏王乃止其行。失从之意，又失横之事，夫其多能不若寡能，其有辩不若无辩。周鼎著倕而龁其指，先王有以见大巧之不可为也。

【译文】齐国有一个叫淳于髡的人，用合纵劝说魏惠王。魏王认为他说得很好，套了十辆车，将派他出使荆国。当他告辞起行时，又用连横来劝说魏惠王，魏王于是就停止了这次出行。既失去了合纵的意图，又失去了连横的落实。这样，他才能多不如才能少，他有辩才不如没有辩才。周鼎上铸刻着巧匠倕的图像却让他咬断自己的手指。先王以此来表明太大的智巧是不可取的。

为欲

使民无欲，上虽贤，犹不能用。夫无欲者，其视为天子也，与为舆隶同；其视有天下也，与无立锥之地同；其视为彭祖也，与为殇子同。天子，至贵也；天下，至富也；彭祖，至寿也。诚无欲，则是三者不足以劝。舆隶，至贱也；无立锥之地，至贫也；殇子，至夭也。诚无欲，则是三者不足以禁。会有一欲，则北至大夏，南至北户，西至三危，东至扶木，不敢乱矣；犯白刃，冒流矢，趣水火，不敢却也；晨寤兴，务耕疾庸，𢙢为烦辱，不敢休矣。故人之欲多者，其可得用亦多；人之欲少者，其得用亦少；无欲者，不可得用也；人之欲虽多，而上无以令之，人虽得其欲，人犹不可用也。令人得欲之道，不可不审矣。

【译文】假使人民没有欲望，君主即使贤明，还是不能役使他们。没有欲望的人，他们把当天子和做奴仆视为相同，他们把拥有天下和无立锥之地看为相同，他们把长寿的彭祖和短命的人看为相同。当天子是最尊贵的，拥有天下是最富有的，彭祖是最长寿的，如果没有欲望，那么这三样都不足以勉励他们了。当奴仆是最贱的，无立锥之地是最贫的，夭亡是最短命的，如果没有欲望，那么这三样都不足以禁止他们。正好有一种欲望，那么北到大夏，南到北户，西到三危，东到扶木，都不敢胡作非为了；迎着闪亮的刀刃，冒着飞来的乱箭，赴汤蹈火，人们也不敢退却了；早晨醒来就起床，勤于耕作，受人雇用，耕作非常繁杂，人们也不敢休息。所以人们欲望多的，可以得到役使的地方就多；人们欲望少的，可以得到役使的地方就少；没有欲望的，不可得到役使啊。人们欲望即使很多，而君主没有正确的方法役使他们，人们即使满足了自己的欲望，还是不可以役使。让人们满足欲望的途径，不可以不详加审察啊。

善为上者，能令人得欲无穷，故人之可得用亦无穷也。蛮夷反舌殊俗异习之国，其衣服冠带、宫室居处、舟车器械、声色滋味皆异，其为欲使一也。三王不能革，不能革而功成者，顺其天也；桀、纣不能离。不能离而国亡者，逆其天也。逆而不知其逆也，湛于俗也。久湛而不去则若性。性异非性，不可不熟。不闻道者，何以去非性哉？无以去非性，则欲未尝正矣。欲不正，以治身则夭，以治国则亡。故古之圣王，审顺其天而以行欲，则民无不令矣，功无不立矣。圣王执一，四夷皆至者，其此之谓也！

【译文】善于当君主的，能够让人们不断地满足欲望，所以人们可以无止境地役使他们。蛮夷的语言、风俗、习惯都与华夏相异，他们的衣服、帽子、衣带、宫室住处、车船、器物、声音、颜色、饮食滋味也与华夏不同，而他们的欲望则与华夏是一样的。三王不能改变这种情况，不能改变又能成就功业，是因为顺应了人们的天性；桀、纣不能背离这种情况，不能背离而国家遭到灭亡，是因为背逆了人们的天性。背逆了天性而不知道，这是因为过分沉溺于习俗之中。长久地沉溺于习俗中而不能自拔，那么就变成一种习性了。本性与非本性是不同的，这是不可以不认真弄清楚的。不闻知大道的人，用什么来去掉非本性的东西呢？没有办法去掉非本性的东西，那么欲望就不正当了。欲望不正当，用来治身就会夭折，用来治国就会灭亡。所以古代圣明的君王，审察顺应人们的天性，以满足他们的欲望，那么，人们就没有不听从命令的了。功业就没有不建立的了，圣明的君王抓住根本，四夷都来归附，大概说的就是这种情况吧。

执一者至贵也，至贵者无敌。圣王托于无敌，故民命敌焉。群狗相与居，皆静无争。投以炙鸡，则相与争矣。或折其骨，或绝其筋，争术存也。争术存，因争；不争之术存，因不争。取争之术而相与争，万国无一。

【译文】能抓住根本的人是最尊贵的。最尊贵的人没有对手。圣明的君王托身于没有对手的境地，所以人民都把命运交给他。一群狗呆在一起，都安静而不争斗，如果投出烧烤的鸡，那么就相与争夺起来了，有的被咬折了骨，有的被咬断了筋，这是因为存在着争夺的条件。争夺的条件存在因而相互争夺，不相争的条件没有了就不相争了。争夺的条件存在而不相互争夺，天下没有一个国家有这样的事。

凡治国，令其民争行义也；乱国，令其民争为不义也。强国，令其民争乐用也；弱国，令其民争竞不用也。夫争行义乐用与争为不义竞不用，此其为祸福也，天不能覆，地不能载。晋文公伐原，与士期七日。七日而原不下，命去之。谋士言曰："原将下矣。"师吏请待之，公曰："信，国之宝也。得原失宝，吾不为也。"遂去之。明年，复伐之，与士期必得原然后反。原人闻之，乃下。卫人闻之，以文公之信为至矣，乃归文公。故曰"攻原得卫"者，此之谓也。文公非不欲得原也，以不信得原，不若勿得也。必诚信以得之。归之者非独卫也。文公可谓知求欲矣。

【译文】凡是治理得好的国家，都让人民争着行道义的事，治理混乱的国家，都让人民争着为不道义的事；强大的国家都让人民争着乐于为君主所使用，弱小的国家都让人民争着不为君主所使用。争行道义，争着为君主所用与争着为不义的事，争着不为君主所用，这样带来的祸和福，天不能覆盖得住，地也承载不起。晋文公攻打原国，与士兵约期为七天，七天过去了，原国仍未攻下，文公就命令退兵。谋士说道："原国将要攻下了。"军官们也请求等待一下。文公说："信用，是国家的珍宝。攻下原国失去珍宝，我不做这样的事。"于是命令部队离开原国。第二年又攻打原国，与士约期为攻下原国后才能回国，原国人听说后就投降了。卫国人听说后，认为文公的信用已到了极点，于是就归附文公。所以说"攻原而得到卫"，讲的就是这个。文公并不是不想得到原，用不信的手段而得到原，还不如没有得到好，靠诚信得到，归附晋国的又哪里仅仅是卫国呢？文公可以说是懂得实现自己欲望的人了。

恃君

凡人之性，爪牙不足以自守卫，肌肤不足以扞寒暑，筋骨不足以从利辟害，勇敢不足以却猛禁悍。然且犹裁万物，制禽兽，服狡虫，寒暑燥湿弗能害，不唯先有其备，而以群聚邪！群之可聚也，相与利之也。利之出于群也，君道立也。故君道立则利出于群，而人备可完矣。

【译文】凡人所具有的本能，爪牙不足以保卫自己，肌肤不足以抵御寒暑，筋骨不足以趋利避害，勇敢不足以击退和禁止凶猛强悍之物，然而人还是能主宰万物，控制禽兽，降服凶害之毒虫，寒暑燥湿不能为害，这不仅仅是人们先有准备，还因人们群居在一起。群众聚集在一起，对互相之间都有利。利益能从群众中产生，君道就建立了。所以，君道一旦建立，利益就会从群众中产生出来，这样人们防备的措施就完善了。

昔太古尝无君矣，其民聚生群处，知母不知父，无亲戚兄弟夫妻男女之别，无上下长幼之道，无进退揖让之礼，无衣服履带宫室畜积之便，无器械舟车城郭险阻之备。此无君之患。故君臣之义，不可不明也。自上世以来，天下亡国多矣，而君道不废者，天下之利也。故废其非君，而立其行君道者。君道何如？利而物利章。

【译文】从前，远古之时曾经没有君主，那时的人民群居生活，知母不知其父，没有父母、兄弟、夫妻、男女之别，没有上下、长幼的准则，没有进退揖让的礼节，没有衣服、鞋、带、宫室、积蓄这些方便人的东西，没有器械、车船、城郭、险阻的设备，这就是没有君主的害处。所以，君臣之间的原则，不可不明察。从上古以来，天下灭亡的国家很多了，而君主的原则不被废弃，是因为对天下有利啊。所以，只废弃那不按君主原则行事的人，而拥立那些奉行君主原则的人。君主的原则是什么呢？就是为人民谋利而自己不取私利。

非滨之东，夷秽之乡，大解、陵鱼、其、鹿野、摇山、扬岛、大人之居，多无君；扬、汉之南，百越之际，敝凯诸、夫风、馀靡之地，缚娄、阳禺、驩兜之国，多无君；氐、羌、呼唐、离水之西，僰人、野人、篇笮之川，舟人、送龙、突人之乡，多无君；雁门之北，鹰隼、所鸷、须窥之国，饕餮、穷奇之地，叔逆之所，儋耳之居，多无君。此四方之无君者也。其民麋鹿禽兽，少者使长，长者畏壮，有力者贤，暴傲者尊，日夜相残，无时休息，以尽其类。圣人深见此患也，故为天下长虑，莫如置天子也；为一国长虑，莫如置君也。置君非以阿君也，置天子非以阿天子也，置官长非以阿官长也。德衰世乱，然后天子利天下，国君利国，官长利官。此国所以递兴递废也，乱难之所以时作也。故忠臣廉士，内之则谏其君之过也，外之则死人臣之义也。

【译文】渭滨的东边，夷人居住的秽国，大解、陵鱼、其、鹿野、摇山、扬岛、大人之居，大多没有君主；扬、汉之南，百越之际，敝凯诸、夫风、余靡之地，缚娄、阳禺、驩兜之国，大多没有君主；氐、羌、呼唐、离水之西，僰人、野人、篇笮之川，舟人、送龙、突人之乡，大多没有君主；雁门之北，鹰隼、所鸷、须窥之国，饕餮、穷奇之地，叔逆之所，儋耳之居，大多没有君主；这四方没有君主的部族或国家，他们的人民有如麋鹿禽兽，年青的役使年老的，年老的畏惧强壮的，有力的人被认为是贤德之人，残暴傲慢的人受到尊敬，日夜相互残杀，没有停息之时，以此来灭绝自己的同类。圣人深深懂得这样带来的祸患，所以替天下做长远的考虑，没有比设置天子更好的了；替一个国家做长远的考虑，没有比设置君主更好的了。设置君主不是为了君主谋取私利，设置天子不是为了天子谋取私利，设置官长不是为了官长谋取私利。道德衰微、社会混乱，然后天子以天下来谋私利，国君以国家来谋取私利，官长以官职来谋取私利，这就是国家交替兴衰的原因，这正是混乱和苦难不时发生的原因。所以忠贞之臣、廉洁之士，对内要敢于劝谏君主的过失，对外要能为了人臣的大义而死。

豫让欲杀赵襄子，灭须去眉，自刑以变其容，为乞人而往乞于其妻之所。其妻曰：“状貌无似吾夫者，其音何类吾夫之甚也？”又吞炭以变其音。其友谓之曰：“子之所道甚难而无功。谓子有志则然矣，谓子智则不然。以子之材而索事襄子，襄子必近子。子得近而行所欲，此甚易而功必成。”豫让笑而应之曰：“是先知报后知也，为故君贼新君矣，大乱君臣之义者无此，失吾所为为之矣。凡吾所为为此者，所以明君臣之义也，非从易也。”

【译文】豫让想刺杀赵襄子，就剃掉胡须和眉毛，自己毁伤改变容貌，装扮成乞丐到自己妻子住所那儿去乞讨。他的妻子说：“从相貌看，没有像我丈夫的地方，你的声音为何这样像我丈夫的声音呢？”豫让又吞炭使嗓声嘶哑以改变原来的嗓音。他的朋友对他说：“您选择刺杀赵襄子的途径太难而且没有功效。说您有志向那是对的，说您有智慧那就不对了。凭您的才能去请求侍奉赵襄子，赵襄子定会亲近您，您有机会接近他从而达到您所希望的目的，这样很容易而且必定成功。”豫让笑着回答说：“照您的计划，一是要我为先知遇我的智氏去报复后知遇我的襄子，是为了过去的主人去杀害新的主人，使君臣之间准则受到破坏的事，没有比这更大的了，那就丧失了我之所以要刺杀襄子的目的。我之所以要这样做，是为了阐明君臣之间的大义，不是为了求得容易。”

柱厉叔事莒敖公，自以为不知，而去居于海上。夏日则食菱芡，冬日则食橡栗。莒敖公有难，柱厉叔辞其友而往死之。其友曰：“‘子自以为不知故去’今又往死之，是知与不知无异别也。”柱厉叔曰：“不然。自以为不知故去，今死而弗往死，是果知我也。吾将死之，以丑后世人主之不知其臣者也，所以激君人者之行，而厉人主之节也。行激节厉，忠臣幸于得察。忠臣察则君道固矣。”

【译文】柱厉叔侍奉莒敖公，自己认为不被敖公知遇，便离开敖公到海边居住，夏天就吃菱角芡实，冬天就吃橡树果实。莒敖公遇难，柱厉叔告辞其友而去为敖公殉死。他的朋友说：“您自己认为不被知遇所以离去，现在又要去为他殉死，这样，被知遇与不被知遇就没有什么区别了。”柱厉叔说：“不是这样。自己认为不被知遇所以离去。现在敖公死了而不去为他殉死，这就表明他果真知我是个不忠不义的臣子。我将为他而死，以此来羞辱后世那些不知遇大臣的君主，用来激励君主的品行，磨砺君主的节操。品行受到激励，节操得到磨砺，忠臣就有幸被君主了解，忠臣被了解，为君之道就巩固了。”

上农

古先圣王之所以导其民者，先务于农。民农非徒为地利也，贵其志也。民农则朴，朴则易用，易用则边境安，主位尊。民农则重，重则少私义，少私义则公法立，力专一。民农则其产复，其产复则重徙，重徙则死其处而无二虑。民舍本而事末则不令，不令则不可以守，不可以战。民舍本而事末则其产约，其产约而轻迁徙，轻迁徙则国家有患皆有远志，无有居心。民舍本而事末则好智，好智则多诈，多诈则巧法令，以是为非，以非为是。

【译文】上古圣王用来引导人民的，首先在于从事农业。人民从事农业并非仅仅是为了获得地利，而是以培养心志为贵。人民从事农业就会淳朴，人民淳朴就易于使用，易于使用边境就会平安，君主地位就会尊崇。人民从事农业就会稳重，稳重就会减少私人的交谊，私人的交谊减少，那公法就易于建立，大家就会专力从事农业。人民从事农业，那么他们的产业就丰厚，产业丰厚就以迁徙为困难，以迁徙为困难就老死居住地而没有其他考虑。如果舍弃农业这一根本而从事他业，则不受命令，不受命令，则不可以用以守位，不可以用于战斗。如果舍弃农业这一根本而从事他业，那他们的产业就会减少，其产业减少就易于迁徙，易于迁徙，当国家有灾难，大家都有远离灾难的打算，不会有安居乐业之心。人民舍弃农业这一根本而从事他业，那就喜好斗智，喜好斗智就会表现更多的奸诈，奸诈多，那就会钻法令的空子，把是的看为非的，把非的看为是的。

后稷曰：“所以务耕织者，以为本教也。”是故天子亲率诸侯耕帝藉田，大夫士皆有功业。是故当时之务，农不见于国，以教民尊地产也，后妃率九嫔蚕于郊，桑于公田，是以春秋冬夏皆有麻枲丝茧之功，以力妇教也。是故丈夫不织而衣，妇人不耕而食，男女贸功以长生，此圣人之制也。故敬时爱日，非老不休，非疾不息，非死不舍。

【译文】后稷说：“之所以要致力于耕织，是用以作为教化的根本。”所以天子亲自率领诸侯耕种帝王的籍田，大夫、士子都要完成自己的职事。所以当农忙之时，农民不在国都里出现，以此来教育农民重视田地的生产。后妃也亲自率领九嫔到郊外养蚕，到公田里采桑。因此春秋冬夏四季都有绩麻缀丝等事要做，以此来致力于妇女的教化。因此，男人不纺织而有衣穿，女人不耕种而有饭吃，男女相互交换他们劳动成果，用以维持生活，延长生命，这就是圣人的法度。所以要慎守农时，爱惜时光，不到老不停止劳动，不是生病不去休息，不到死就不放弃农事。

上田，夫食九人。下田，夫食五人。可以益，不可以损。一人治之，十人食之，六畜皆在其中矣。此大任地之道也。

【译文】上等的田地，一个农夫耕种可供养九个人。下等的田地，一个农夫耕种可供养五个人。供养的人数只可以增加，不可以减少。一个农夫耕种，可以养活十个人，而且六畜的饲料也包含在这一农夫的劳动中。这就是最大限度地任用土地从事生产的办法。

故当时之务，不兴土功，不作师徒，庶人不冠弁、娶妻、嫁女、享祀，不酒醴聚众；农不上闻，不敢私藉于庸。为害于时也。然后制野禁。苟非同姓，农不出御，女不外嫁，以安农也。

【译文】所以当农忙之时，不许兴土木修建之事，不许兴师侵伐，庶人不举行加冠礼，不娶妻，不嫁女，不享祭，不聚众饮宴，农民不向上请示，不许私自雇工代己耕作，因为这些都有害于农时。然后订制乡野的禁令。如果不是因为同一个地方都是同姓的人，男人不在外地娶妻，女人也不许嫁到外地去，以此来安定农民。

野禁有五：地未辟易，不操麻，不出粪；齿年未长，不敢为园囿；量力不足，不敢渠地而耕；农不敢行贾；不敢为异事。为害于时也。然后制四时之禁：山不敢伐材下木，泽人不敢灰僇，缳网罝罦不敢出于门，罛罟不敢入于渊，泽非舟虞不敢缘名。为害其时也。

【译文】这些有关乡野的禁令有五个方面：土地没有解冻时，不得绩麻，不得出粪除秽；年纪不大的儿童，不许从事种树养禽等危险的劳动；估计力量不足时，不敢开凿沟渠灌溉耕田，农民不许弃农经商；不许去做非农业的其他事。因为这些都有害农时。然后制订四季的禁令：不是适当的季节，不许在山上砍伐木材，不许在水泽烧草木灰和灌水除草，捕兽取鸟的网罗不许带出门，各种鱼网不许下水，不是主管舟船的官吏，不许绕水边横渡。因为这些有害于农时。

若民不力田，墨乃家畜。国家难治，三疑乃极。是谓背本反则，失毁其国。凡民自七尺以上，属诸三官：农攻粟，工攻器，贾攻货。时事不共，是谓大凶。夺之以土功，是谓稽，不绝忧唯，必丧其秕；夺之以水事，是谓籥，丧以继乐，四邻来虚；夺之以兵事，是谓厉，祸因胥岁，不举铚艾。数夺民时，大饥乃来。野有寝耒，或谈或歌，旦则有昏，丧粟甚多。皆知其末，莫知其本真。

【译文】如果人民不努力从事农耕，当会减灭其家畜，使国家难以治理，农工商三官相互仿效到极点，这就叫做背弃农业这一根本而违反法则，国家一定会毁灭。凡人民二十岁成年以后，都要分别归属于农工商三官。农治粟米，工治器物，商治货物。农时与农事不合一，这就是国家最大的凶害。如果以土木修建之事侵夺农时，这就会稽延农业生产，使农民忧思不绝，其结果是谷米不收。如果以治水利之事而侵夺农时，这就叫冒进，本来是一件丧悲之事，继之以欢乐，这样，四邻就会来肆虐。如果以战争来侵夺农时，这就叫肆虐，祸害的形成，则是荒废岁月，不用田器耕种所致。屡屡侵占农时，大的饥荒就会来临。农器无人使用而闲置郊野，君主反而谈笑歌舞，日以继夜，殊不知田野中已丧失粮食很多了。人们都了解事物的末节，却没有谁了解农业这个根本。

淮南子

一名《淮南鸿烈》，汉淮南王刘安撰。安，高帝第六子长之子，好聚书，招致宾客方术之士，作《内书》二十一篇，即此书，《外书》甚众，《中书》八篇，言神仙黄白之事，今皆不传。此书大旨原本道德而纵横曼延，多所旁涉。盖安生当盛汉，多见古书，加以精心纂述，故能上抗吕览，并垂至今；惟每篇文字，动辄数千，犹不及吕书之简洁而便于讽诵耳。

【译文】又名《淮南鸿烈》，汉代淮南王刘安著。刘安，是汉高祖刘邦的第六子刘长的长子，喜好收集书，于是招揽宾客、方士著书，作《内书》二十一篇，即此书；《外书》很多，《中书》八篇，二者都是关于神仙、炼丹方术等，都没有传下来的。此书主要以“道德”为本而纵横延伸，有很多涉及其他思想的。这大概是因为刘安生于汉代鼎盛时期，能见到很多古书，又加以精心的纂述，所以上能于《吕览》相匹敌，都流传至今；只是每篇文字，常常是千字以上，不如吕书简洁而便于朗诵。

原道训

昔者夏鲧作三仞之城，诸侯背之，海外有狡心。禹知天下之叛也，乃坏城平池，散财物，焚甲兵，施之以德，海外宾伏，四夷纳职，合诸侯于涂山，执玉帛者万国。故机械之心藏于胸中，则纯白不粹，神德不全。在身者不知，何远之所能怀？是故革坚则兵利，城成则冲生。若以汤沃沸，乱乃逾甚。是故鞭噬狗，策蹄马，而欲教之，虽伊尹、造父弗能化。欲害之心亡于中，则饥虎可尾，何况狗马之类乎？故体道者逸而不穷，任数者劳而无功。

【译文】从前夏鲧修建三仞高城来防范，结果诸侯背叛，海外的人都产生狡诈之心。

禹看到天下背叛作乱，就拆毁城墙，填平护城河，散发财物，烧毁甲杖器械，布施给人们恩德，因此四海臣服，四夷纳贡，禹在涂山大会诸侯，带着玉器丝帛朝会的诸侯成千上万。所以巧诈的心藏在胸中，那么纯白的道就不纯粹了，精神专一的德就不完美了，连自己身边的人都不知心，还感化什么远方的人呢？所以皮制铠甲坚硬，兵器随着更加锋利，城墙一旦修起，攻城的冲车便应运而生，如同用开水浇进滚沸的水中，不但不能止住沸腾，反而使水沸腾得更厉害。因此鞭打咬人的狗，鞭打踏人的马，而想调教好它们，即使是尹儒、造父那样优秀的御手，也没法达到目的。假如心中不存贪欲和害人的邪念，那么就是饿虎也可以尾随，何况是狗马之类家畜呢？所以依靠道的人，安安逸逸而没有行不通的事；玩弄小技的人，辛辛苦苦却一事无成。

夫峭法刻诛者，非霸王之业也；箠策繁用者，非致远之术也。离朱之明，察箴末于百步之外，不能见渊中之鱼；师旷之聪，合八风之调，而不能听十里之外。故任一人之能，不足以治三亩之宅也。修道理之数，因天地之自然，则六合不足均也。是故禹之决渎也，因水以为师；神农之播谷也，因苗以为教。夫萍树根于水，木树根于土，鸟排虚而飞，兽蹠实而走，蛟龙水居，虎豹山处，天地之性也。两木相摩而然，金火相守而流，员者常转，窾者主浮，自然之势也。是故春风至则甘雨降，生育万物，羽者妪伏，毛者孕育，草木荣华，鸟兽卵胎；莫见其为者，而功既成矣。秋风下霜，倒生挫伤，鹰雕搏鸷，昆虫蛰藏，草木注根，鱼鳖凑渊；莫见其为者，灭而无形。木处榛巢，水居窟穴，禽兽有艽，人民有室，陆处宜牛马，舟行宜多水，匈奴出秽裘，于、越生葛絺。各生所急，以备燥湿；各因所处，以御寒暑；并得其宜，物便其所。由此观之，万物固以自然，圣人又何事焉？

【译文】用严刑峻法、苛酷的诛罚治理国家，不是成就霸王大业的人应该做的事；没完没了地用棰子、鞭子鞭打坐骑，不是到达远方的办法。离朱的眼力，能在百步以外看清针尖儿，可是他看不见深渊中的鱼；师旷耳朵很灵，能辨别各种各样的乐调，可是他听不到十里以外的声响。所以单凭孤家寡人的一点能耐，不足以管好家务；依循符合道的规律的术数，顺应天地的自然之势，那么整个天下也治平有余。所以夏禹治水，采用疏通河道的办法，顺应水往低处流的趋势加以疏导，他的作法成为后世的表率；神农氏播种百谷，顺应禾苗生长的趋势来培育，他的作法成为后人的规范。浮萍在水面生根，树木在土中扎根；鸟扇动空气飞翔，兽在地上奔走；蛟龙生活在水里，虎豹生活在山林：这都是天生地设的本性。两根木头互相摩擦就燃烧起来，金属和烈火厮守就熔化成液态；圆形物经常转动，空心物容易飘浮：这都是自然之势。所以当春风吹拂，甘雨便降临，万物便生长起来，生羽翼的开始孵卵，长毛的开始怀胎，草木开花，鸟类孵卵，兽类胎生：并未发现春天在干什么，可是它的化育之功却悄悄地告成；秋风乍起，霜铺大地，草木便开始凋零，鹰雕猛击猎物，昆虫纷纷伏藏，草木忙着往根部储存营养，鱼鳖都凑集到深水之中：并未看到秋天在干什么，可是各种生物都因为它而不见了踪影。居住在树上的筑巢案，居住在水中的靠洞窟；兽类卧草蓐，人类住房屋；在陆地行走适用牛马，在水中航行适宜水深；匈奴生产粗糙的皮衣，吴越生产透汗的夏布：各自获取急需的来防备燥湿，顺应所处的环境来抵御寒暑，万物都各得其所。由此看来，万物本来就按照自然规律生存发展着，圣人又何必去干预呢！

九疑之南，陆事寡而水事众，于是民人被发文身，以像鳞虫；短绻不绔，以便涉游；短袂攘卷，以便刺舟；因之也。雁门之北，狄不谷食，贱长贵壮，俗尚气力；人不驰弓，马不解勒；便之也。故禹之裸国，解衣而入，衣带而出；因之也。今夫徙树者，失其阴阳之性，则莫不枯槁。故橘树之江北，则化而为枳；鸲鹆不过济；貉渡汶而死；形性不可易，势居不可移也。

【译文】九疑山以南，在陆地上活动的事少，在水上活动的事多，因此那里的人民剪短发，在身上刻刺花纹，模仿鱼龙类动物的形象；只着围裙不穿长裤，以方便涉水游渡；着短袖衣或捋起袖子，以方便撑船：这是适应水上生活的特点。雁门以北地区，狄人不以谷类为主食；轻视老年人，看重青壮年。习俗崇尚气力；人们不放下弓箭，不解下带嚼子的马笼头：这是为了方便草原上的游牧生活。所以禹到南方的裸国去，脱掉衣服入境，出境以后再穿上衣裳：这是遵从当地的风俗。移植树木的人，如果不顾树木对寒暖的适应性，那么没有不让树木枯死的。所以橘树移到长江以北就蜕化成枳，鸲鹆不能过济水，狗獾过了汉水便会死去：它们的生活习性是不能改变的，生活环境是不能转移的。

是故达于道者，反于清洁；究于物者，终于无为。以恬养性，以漠处神，则入于天门。所谓天者，纯粹朴素，质直皓白，未始有与杂糅者也。所谓人者，偶差智故，曲巧诈伪，所以俯仰于世人而与俗交者也。故牛岐蹄而戴角，马被髦而全足者，天也；络马之口，穿牛之鼻者，人也。循天者，与道游者也；随人者，与俗交者也。夫井鱼不可与语大，拘于隘也；夏虫不可与语寒，笃于时也；曲士不可与语至道，拘于俗、束于教也。故圣人不以人滑天，不以欲乱情，不谋而当，不言而信，不虑而得，不为而成，精通于灵府，与造化者为人。

【译文】所以通达道的人，返回到清净的天性；深究事物规律的人，归依到顺应天然。用恬静作标准修身养性，用淡漠为尺度修炼精神，就能进入天然的境界了。所谓“天然”，是指纯粹朴素，质直洁白，不曾有杂质混杂；所谓“人为”，是指邪曲不正、巧诈虚伪，用这种态度来曲意逢迎、随波逐流，与世俗周旋。牛蹄分趾，头上长角，马蹄完整，颈上生鬃毛，这便是天然；络住马的嘴，穿上牛的鼻，这就是人为。遵循天然，就是要和道在一块儿;随顺人为,就是与世俗打交道。那井中的小鱼,没法同它谈论大海,是因为它受狭隘环境的局限;生活在夏季的虫,没法同它淡论寒冷,是因为它受季节的限制;孤陋寡闻的乡下书生,没法同他谈论大道,是因为他受着世俗和教养的束缚。所以圣人不拿人为的事去扰乱天然,不因为欲念而惑乱本性;不用谋划就能办得恰如其分,不必信誓旦旦就能显出诚实可信,不加思虑就能得心应手,不抬脚动手就能大功告成;他的精气畅通于心室,和大道相伴相亲。

夫善游者溺,善骑者堕,各以其所好,反自为祸。是故好事者未尝不中,争利者未尝不穷也。昔共工之力,触不周之山,使地东南倾。与高辛争为帝,遂潜于渊,宗族残灭,继嗣绝祀。越王翳逃山穴,越人熏而出之,遂不得已。由此观之,得在时,不在争;治在道,不在圣。土处下,不争高,故安而不危;水下流,不争先,故疾而不迟。昔舜耕于历山,期年而田者争处墝埆,以封壤肥饶相让;钓于河滨,期年而渔者争处湍濑,以曲隈深潭相予。当此之时,口不设言,手不指麾,执玄德于心,而化驰若神。使舜无其志,虽口辩而户说之,不能化一人。

【译文】善于游泳的人容易淹死,善于骑马的人常常落马摔伤,他们各自因为自己的爱好特长反而造成祸殃,因此放纵情欲的人没有不伤损身体的,争利的人没有不走上绝路的。从前共工力大无比,他一怒之下头撞不周山,折断了擎天柱和系地绳,使大地向东南方倾斜,起因是同高辛氏争夺帝位,结局是化成异物潜藏到深渊中,他的宗族灭尽。没有了后继人。越王翳做太子时,不肯继承王位,逃避到山洞里,越国人将他熏出来,终于被迫为王。由此看来,有所得取决于时势,而不取决于争夺;治好天下取决于合道,而不取决于圣明。土在低处,不争着到高处,所以安稳没有崩塌的危险;水朝下流不争先恐后,所以流得疾速永不停留。从前舜在历山亲自挑种,满一年,那里的种田人都争着去耕种贫脊的土地,而把自己原有的肥饶土壤让给他人;舜在河边垂钓,满一年,那里的渔民抢着水浅流急的地方去捕鱼,而把河湾、深潭让给别人。那时,舜既不喋喋不休地说教,也不指手划脚地干预,他只是坚持着自然无为的信念,而教化人民无比神速。假如舜帝没有这种坚定的信念,即使他能言善辩,挨家挨户地劝说,也不能感化一个人。

是故不道之道,莽乎大哉!夫能理三苗,朝羽民,徒裸国,纳肃慎,未发号施令而移风易俗者,其唯心行者乎?法度刑罚,何足以致之也!是故圣人内修其本,而不外饰其末,保其精神,偃其智故。漠然无为,而无不为也;澹然无治也,而无不治也。所谓无为者,不先物为也;所谓无不为者,因物之所为。所谓无治者,不易自然也;所谓无不治者,因物之相然也。万物有所生,而独知守其根;百事有所出,而独知守其门。故穷无穷,极无极,照物而不眩,响应而不乏。此之谓天解。

【译文】因此，不言说得道，才是浩大无边啊！舜帝能够治理三苗之乱，使羽国百姓都来朝服，改变裸国的陋习，接纳肃慎人，不曾发号施令便能移风易俗，大约他只是凭着自然无为的信念行事吧!靠法度刑罚.，哪能收到这样的功效呢？所以圣人只注重修养内在的本性，而不修饰外表的末节，保守自己的精神，息灭机诈的邪心，静静地依照自然规律办事，因而没有什么事办不成，安逸地不去治理什么而没有什么治理不好。所谓依照自然规律办事，是说不超越事物的进程人为地去做;所谓没有什么事办不成，是说顺应了事物本身的发展变化。所谓不去治理：是说不改变事物的自然属性;所谓没有什么治理不好，是说顺应了事物适宜的条件。万事万物都有其产生和出现的各种具体因素，圣人只管牢牢抓住各种因素中最根本、最关键的东西。所以圣人能够穷究无穷无尽的事物，照临事物而不会眩惑，应和随顺而不会困乏。这就叫透彻理解了“天然”的含义。

本经训

古之人同气于天地，与一世而优游。当此之时，无庆贺之利，刑罚之威，礼义廉耻不设，毁誉仁鄙不立，而万民莫相侵欺暴虐，犹在于混冥之中。逮至衰世，人众财寡，事力劳而养不足，于是忿争生，是以贵仁。仁鄙不齐，比周朋党，设诈谞，怀机械巧故之心，而性失矣，是以贵义。阴阳之情，莫不有血气之感，男女群居杂处而无别，是以贵礼。性命之情，淫而相胁，以不得已则不和，是以贵乐。是故仁义礼乐者，可以救败，而非通治之至也。夫仁者，所以救争也；义者，所以救失也；礼者，所以救淫也；乐者，所以救忧也。神明定于天下，而心反其初；心反其初，而民性善；民性善而天地阴阳从而包之，则财足而人瞻矣；贪鄙忿争不得生焉。由此观之，则仁义不用矣。道德定于天下而民纯朴，则目不营于色，耳不淫于声，坐俳而歌谣，被发而浮游，虽有毛嫱、西施之色，不知说也。《掉羽》《武象》，不知乐也，淫泆无别，不得生焉。由此观之，礼乐不用也。是故德衰然后仁生，行沮然后义立，和失然后声调，礼淫然后容饰。是故知神明然后知道德之不足为也，知道德然后知仁义之不足行也。知仁义然后知礼乐之不足修也。今背其本而求其末，择其要而索之于详，未可与言至也。

【译文】所以圣明的人能从身边的事推知遥远的事，将万物视为一、千差万别视为无差别，他正气通天地，与整个宇宙世界一起悠闲遨游。在这样一个圣人神明治理的年代，既没有庆功奖赏的诱惑，也没有刑法惩处的威逼，更不必设置礼义廉耻，也无诽恶誉善的事情，百姓们互不侵犯欺凌残害，就像生活在混沌社会之中。而到了社会道德衰败的时代，人多物少，人们付出的多、获得的少，于是心生怨恨，为生活而你争我夺，这时便要借助于“仁”这道德来制止纷争。同时，社会中有人仁厚，有人则不仁，不仁之人还结党营私、心怀机巧奸诈，失去原纯朴天性，这时便要借助“义”来制止这种情况。还有社会中男女都有情欲，且异性相吸引起情感冲动，这样男女混杂不加分隔就会引起淫乱，这时便要借助“礼”来限制男女交往。以及人的性情如果过分放纵宣泄就会威胁生命，心性不得平和之时，就必须借助“乐”来加以调节疏通，所以这时就产生了“礼”。所以，仁、义、礼、乐这些东西，均是用来防范、制止某些方面的道德品行的衰败的，但不能说是修身养性的最佳方法。社会提倡“仁”，是用来防范纷争的；提倡“义”，是用来纠正狡诈不讲信用的；提倡“礼”，是用来规范淫乱的；提倡“乐”，是用来疏通忧愁的。依靠道体神明来安宁天下，这样人心就会返回到人类初始的那种清静无欲的质朴境界；人心一旦返回到这种境界，社会民性就会变善；民性善良就会和天地自然阴阳融会一致，这样四时阴阳和谐有序、万物繁茂、财物充裕，百姓需求一旦满足，贪婪鄙陋、怨恨争斗也就不易滋生。由此看来，以“道体”治理天下，这“仁义”就无须实施。用“道”、用“德”来安定天下，百姓就会纯真朴实，这样百姓眼睛就不易受美色迷惑、耳朵就不会沉溺于淫声；人们就有可能安闲地坐着歌唱，或悠闲地走着吟唱，或飘散着长发而游荡，眼前即使有毛嫱、西施这样的美女，也引不起他们的兴趣，演奏《掉羽》《武象》这样动人的乐曲，也引不起他们的快乐，这样，荒淫放荡、男女混杂的事情就根本不可能在这当中发生。由此看来，用“道”、用“德”安定天下，净化人心，这“礼乐”就无需实施。所以可以这样说，“德”衰以后才有“仁”产生，品行败坏后才有“义”出现，性情失去平和才会用音乐来调节，淫荡风气盛行才会有法度的整治。因此，知道用“道体”来治理天下，这“德”就不值得提倡，明白“德”能净化人心，这“仁义”就不值得实施，懂得“仁义”有救败的作用，这“礼乐”就不值得修订。但如今却是相反：背弃了“道体”根本而去追求仁义礼乐这些末枝，放弃了简要的东西而去用繁琐的东西，这样的人是不能和他谈论高深的道理的。

凡人之性，心和欲得则乐，乐斯动，动斯蹈，蹈斯荡，荡斯歌，歌斯舞，歌舞节则禽兽跳矣。人之性，心有忧丧则悲，悲则哀，哀斯愤，愤斯怒，怒斯动，动则手足不静。人之性有侵犯则怒，怒则血充，血充则气激，气激则发怒，发怒则有所释憾矣。故钟鼓管箫，干鏚羽旄，所以饰喜也；衰绖苴杖，哭踊有节，所以饰哀也；兵革羽旄，金鼓斧钺，所以饰怒也。必有其质，乃为之文。

【译文】大凡人的性情，不喜不怒不违背性情就能感到快乐，快乐就要冲动，冲动就要顿足动手，顿足就要全身动荡，动荡就要唱歌，唱歌就要舞蹈，有歌有舞符合节拍就全使禽兽跳跃起来。大凡人的性情，心中有忧虑、懊丧就要悲痛，悲痛就要伤心，伤心就要悲愤，悲愤就要发怒，发怒就要发生动作，动作就使手脚不得安宁。大凡人的性情，被人侵凌冒犯就会动怒，动怒则血液上充，上充则脾气激动，脾气激动则有怒火，怒火爆发愤恨就消释了。钟鼓、管箫、干戚、羽旄，是用来文饰喜悦之情的；衰旸、苴杖，丧礼的仪节，是用来文饰悲哀之情的；兵革、羽旄斧钺，金鼓是用来文饰愤怒之情的。只有他的朴实之性存在，才有可能对它进行文饰。

古者圣人在上，政教平，仁爱洽，上下同心，君臣辑睦，衣食有余，家给人足，父慈子孝，兄良弟顺，生者不怨，死者不憾，天下和洽，人得其愿。夫人相乐，无所发贶，故圣人为之作乐以和节之。末世之政，田渔重税，关市急征，泽梁毕禁，网罟无所布，耒耜无所设，民力竭于徭役，财用殚于会赋，居者无食，行者无粮，老者不养，死者不葬，赘妻鬻子，以给上求，犹弗能瞻，愚夫蠢妇皆有流连之心，凄怆之志，乃使始为之撞大钟，击鸣鼓，吹竽笙，弹琴瑟，失乐之本矣。古者上求薄而民用给，君施其德，臣尽其忠，父行其慈，子竭其孝，各致其爱而无憾恨其间。夫三年之丧，非强而致之，听乐不乐，食旨不甘，思慕之心，未能绝也。晚世风流俗败，嗜欲多，礼义废，君臣相欺，父子相疑，怨尤充胸，思心尽亡，被衰戴绖，戏笑其中，虽致之三年，失丧之本也。

【译文】古时候圣人在位，政治教化清平，对天下人民广施仁爱，上下同心协力，君臣之间和睦共事，衣食丰足，家有饶余，父亲慈爱，儿子孝敬，兄长善良，幼弟和顺，生活着的人没有怨恨，死去的人也没有遗憾，天下和谐，人们能够实现自己的愿望。众人心中快乐，但不会产生有人恩赐之情。因此圣人替他们制订乐律来加以协调节制。末世的政治，种田打渔的人被取以重税，关卡集市紧急征收赋税，水泽、山梁全部禁止捕捉和采摘，鱼网没有办法撒下，农具没有办法放置，百姓的力量消耗在繁重的徭役上，财富被赋税征收干净，居家的人没有食粮，奔走在外的人饿着肚子，年老的人无力奉养，死去的人无法安葬，抵押妻子，卖掉儿子，用来供给国君的需求，还不能够满足。即使是愚蠢至极的男女，都有离散的痛苦和悲感的心情，却竟然给他们击起大钟、敲起鸣鼓，吹奏竽笙，弹起琴瑟，已经失去了作乐的根本了。古时候国君需求少，而百姓给用充足。国君施行他的德泽，而臣下尽献他的忠心，父亲施予他的仁慈之爱，儿子竭尽他的孝道，各人表达自己的爱抚之情，而没有怨恨、遗憾在其中了。那种实行的三年之丧，不是强迫致使别人去做。三年服丧之时，听音乐不感到快乐，吃美味不觉得甘甜，是因为思慕悲哀之心，没有断绝。晚世风气习俗败坏，嗜好欲望多，礼义遭到废除，君臣之间互相欺骗，父子之间互相怀疑，怨恨充满胸中，父子之间的思慕之心，全部丧失。披着丧服戴着孝，却在其中戏耍玩笑。即使让他们服丧三年，也失去了服丧的根本目的了。

古者天子一畿，诸侯一同，各守其分，不得相侵，有不行王道者，暴虐万民，争地侵壤，乱政犯禁，召之不至，令之不行，禁之不止，诲之不变，乃举兵而伐之，戮其君，易其党，封其墓，类其社，卜其子孙以代之。晚世务广地侵壤，并兼无已，举不义之兵，伐无罪之国，杀不辜之民，绝先圣之后，大国出攻，小国城守，驱人之牛马，傒人之子女，毁人之宗庙，迁人之重宝，血流千里，暴骸满野，以赡贪主之欲，非兵之所为生也。故兵者，所以讨暴，非所以为暴也；乐者，所以致和，非所以为淫也；丧者，所以尽哀，非所以为伪也。故事亲有道矣，而爱为务；朝廷有容矣，而敬为上；处丧有礼矣，而哀为主；用兵有术矣，而义为本。本立而道行，本伤而道废。

【译文】古时候天子封地方圆千里，诸侯方圆百里，各自守护自己的边界，不能相互侵扰。有不推行天子政令，残害万民，争夺土地，触犯破坏禁令的，召见他不来到，命令他不实行，禁令他不停止，教诲他不改过的人，便举兵来讨伐他，杀掉它的国君，更换他们的党羽，封掉他的墓穴，祭祀他的社神，经占卜选择他们子孙中有贤德者来取代他。晚世务求侵占他国，扩张土地，兼并不能停止。发动不正义的战争，讨伐没有罪过的国家，杀死无辜的人民，绝灭先圣的后代。大的国家出兵对抗，小的国家保守城池。驱逐别人的牛马，拘系他人的子女，毁坏别国的宗庙，搬走它国的珍宝，以致流血千里，横尸遍野。以此来满足贪婪的国君的欲望。这不是发动战争的目的。因此军队是用来讨平暴乱的，不是用来进行暴力活动的；行乐是用来陶冶情性的，不是用来进行淫乱活动的；服丧是用来表达悲哀之情的，不是用来作假的。所以奉事亲人是有规定的，而要把“爱”作为致力的目的；君臣朝见是有固定礼容的，而要以恭敬为要求；处理丧事是有礼节的，而要以悲哀为主要目的；用兵是有战略规定的，要以讲求道义为根本。根本确立了，而大道就可以行得通，根本破坏了，而大道就会被破坏。

齐俗训

广厦阔屋，连闼通房，人之所安也；鸟入之而忧。高山险阻，深林丛薄，虎豹之所乐也；人入之而畏。川谷通原，积水重泉，鼋鼍之所便也；人入之而死。《咸池》《承云》，《九韶》《六英》，人之所乐也；鸟兽闻之而惊。深溪峭岸，峻木寻枝，猿狖之所乐也；人上之而栗。形殊性诡，所以为乐者，乃所以为哀；所以为安者，乃所以为危也。乃至天地之所覆载，日月之所照認，使各便其性，安其居，处其宜，为其能。故愚者有所修，智者有所不足。柱不可以摘齿，筐不可以持屋，马不可以服重，牛不可以追速，铅不可以为刀，铜不可以为弩，铁不可以为舟，木不可以为釜。各用之于其所适，施之于其所宜，即万物一齐，而无由相过。夫明镜便于照形，其于以函食，不如箪；牺牛粹毛，宜于庙牲，其于以致雨，不若黑蜧。由此观之，物无贵贱。因其所贵而贵之，物无不贵也；因其所贱而贱之，物无不贱也。

【译文】高大的大厦、开阔的房屋、相通相连的房，这是人们安居的地方，但鸟儿飞入以后，就会感到忧虑不安；高山、险阻、深林、草丛，这是虎和豹的乐园，但人进入以后，就会产生畏惧；山涧湖泊、渊潭重泉，这是鼋鼍自由翔游的地方，但人一旦跌入其中就会淹死；《咸池》《承云》《九韶》《六英》，这是人喜欢的乐曲，但鸟兽闻之就会受到惊吓而逃跑；深溪峭岸、大树长枝，这是猿猴喜欢的地方，但人一旦攀登上去就会感到心惊肉跳。这正是形殊性异，人类引以为快乐的，鸟兽则以为是哀悲的，鸟兽以为安全的，人类则认为是危险的。好在上天覆盖、大地承载、日月照亮，才使万物各便其性、各安其居、各处其宜、各为其能。所以，愚者也有他的长处，智者也有他的不足；木柱是不可以用来剔牙的，发簪是不可以用来撑屋的；马是不宜驭物的，牛是难以追速的；铅不能用来铸刀，铜不能用来制弩；铁不能用来造船，木不能用来制锅。这正好说明事物各有它所适宜的范围，只有将它们放在适宜的地方，才能发挥它们的有用性，而在它们的有用性这点上来看，它们又是一致的。所以对物不能说长道短、厚此薄彼。明镜用来照人是再好也不过的，但将它放在甑里用以蒸食物，其功效就不如炊箅；牺牛毛色纯一，用来作为祭祀的牺牲是再合适不过了，但用它来求雨，就不如神蛇了。由此看来，事物无所谓贵贱，如从它们的有用性、可珍贵这一点来断定它们的贵重，那么就没有什么东西不是贵重的；如抓着它们的无用性、低贱性来判断它们的低贱，那么就没有什么不是低贱的。

夫玉璞不厌厚，角觽不厌薄，漆不厌黑，粉不厌白。此四者相反也，所急则均，其用一也。今之裘与蓑，孰急？见雨则裘不用，升堂则蓑不御，此代为常者也。譬若舟、车、楯、肆、穷庐，故有所宜也。故老子曰“不上贤”者，言不致鱼于木，沉鸟于渊。故尧之治天下也，舜为司徒，契为司马，禹为司空，后稷为大田师，奚仲为工。其导万民也，水处者渔，山处者木，谷处者牧，陆处者农。地宜其事，事宜其械，械宜其用，用宜其人，泽皋织网，陵阪耕田，得以所有易所无，以所工易所拙。是故离叛者寡，而听从者众。譬若播棋丸于地，员者走泽，方者处高，各从其所安，夫有何上下焉？若风之遇箫，忽然感之，各以清浊应矣。夫猿狖得茂木，不舍而穴，狟狢得埵防，弗去而缘。物莫避其所利，而就其所害。是故邻国相望，鸡狗之音相闻，而足迹不接诸侯之境，车轨不结千里之外者，皆各得其所安。

【译文】对于玉璞，人们希望它越厚越好，对于角，人们希望它越薄越好；同样，对于漆，人们不会嫌它黑；对于粉，人们不会嫌它白。这四样东西，人们对它们的要求完全相反，但当人们急需用到它们时，就有用性来说又是一致、一样的。这就好比裘和蓑，对人来说哪一件更急需？这要看情形而定，下雨了就用不上裘衣，而一进屋室就用不到蓑衣。这是因为特殊的环境决定了它们的更替使用。这也就像船、车、楯、肆、穷庐本来就有它们所适宜的地方一样。所以《老子》说“不要崇尚贤能（即不要有意识创导某种东西）”的意思是说不要将鱼赶到树上、把鸟沉到深渊。所以尧帝治理天下，是任命舜为司徒，主管教化；任命契为司马，主管军务；任命禹为司空，主管工程建筑；任命后稷为大田，主管农业；任命奚仲为工师，掌管百工。尧帝就是这样，特殊情况特殊处理，让住水边的从事渔业，让住山林的从事林业伐木，让住川谷的从事牧业，让住平原的从事农业。各种地方均有适合它的行业，各种行业又有适合它的器械工具，各种器械工具又均有它的适当用途，各种用途又有适合使用器械的人。湖泽地区的人编织鱼网，捕鱼捉虾；丘陵地带的人耕种田地，生产衣食。这样就能用自己所有的物品去换回自己所没有的物品，用自己能够生产的物品去换回自己不会生产的物品。因此，离叛的人少而听从的人多。这就好像将棋子和弹丸倒撒在地上，圆形的滚入低洼处，方形的停留在高处，它们各自有了自己的适宜安稳归宿，在这个意义上说，它们有什么高低贵贱之分？如同疾风吹过箫管，忽然振动空气，使长短不一的竹管发出高低、清浊不同的乐音。那猿猴得到一片茂密的树林，就不愿舍弃而去打洞；貉与豪猪有了在堤防上挖的洞穴，就不愿离开再去攀援树木筑巢建窝。万物都不会避开对自己有利的、而去接受对自己有害的东西。所以会有邻国居民互相张望、鸡犬之声相闻、足迹无须踏进邻国、车辆不必达到千里、人民各自按本性舒适生活的状况。

故乱国若盛，治国若虚，亡国若不足，存国若有余。虚者，非无人也，皆守其职也；盛者，非多人也，皆徼于末也；有余者，非多财也，欲节事寡也；不足者，非无货也，民躁而费多也。故先王之法籍，非所作也，其所因也。其禁诛，非所为也，其所守也。

【译文】所以混乱的国家好像很兴盛，政治安宁的国家好像很空荡；将灭亡的国家总感不足，长存的国家总觉得有余。空空荡荡，并不是人烟稀少，而是人们都在各自持守着他们的本职；兴盛热闹，并不是人丁兴旺，而是人们都在离开本职追求末业。觉得有余，并不是财富特别多，而是人们的欲望相当有限和节制，浪费的事也很少发生；感到不足，并不是说国家财物匮乏，而是人们的欲望相当大且无法控制，浪费的事也经常发生。所以先王的法典，并不是他们凭主观创造出来的，而是他们因循事物的规律制定出来的；他们的禁止、惩罚的措施，也不是任意编造的，而是在严格遵守某种客观实际而设定的。

氾论训

古者有鍪而绻领，以王天下者矣。其德生而不辱，予而不夺，天下不非其服，同怀其德。当此之时，阴阳和平，风雨时节，万物蕃息。乌雀之巢可俯而探也，禽兽可羁而从也。岂必褒衣博带，句襟委章甫哉？

古者民泽处复穴，冬日则不胜霜雪雾露，夏日则不胜暑热蚊虻。圣人乃作，为之筑土构木，以为宫室，上栋下宇，以蔽风雨，以避寒暑，而百姓安之。伯余之初作衣也，緂麻索缕，手经指挂，其成犹网罗。后世为之机杼胜复，以便其用，而民得以掩形御寒。

【译文】远古时代，君王尽管衣冠不整齐，但却能治理好天下，他的德政使百姓生活得好且有尊严，他给予百姓财富而不聚敛民财，所以天下也无人来讥笑非议他的服饰，而纷纷被他的恩德所感化而归服。在那时候，阴阳二气平和，风调雨顺，万物繁衍生息，乌鸦雀鸟低处筑巢也不会有人去掏窝伤害它们，禽兽驯服得只须用绳系着就可牵走，那时候的人哪需要袍衣宽带，穿曲襟衣、戴章甫帽！

古时候人住在水乡泽国，于堤岸山崖上打洞栖身，冬天难以忍受霜雪雾露的侵袭，夏天难以忍受暑热和蚊虫的叮咬。于是圣人就为百姓筑土构木建成房舍，这样上有瓦梁，下有屋檐可以用来遮风挡雨、躲避寒暑，百姓从此得以安定。伯余开始制作衣服、搓麻绳、捻麻线，手缠指绕编结成像罗网那样粗糙的衣服；后来又发明了织布机，这样就方便人纺织布帛，使百姓得以遮体御寒。

古者剡耜而耕，摩蜃而耨，木钩而樵，抱甀而汲，民劳而利薄。后世为之耒耜櫌鉏，斧柯而樵，桔槔而汲，民逸而利多焉。

古者大川名谷，冲绝道路，不通往来也；乃为窬木方版，以为舟航。故地势有无，得相委输。乃为靻蹻而超千里，肩荷负儋之勤也，而作为之楺轮建舆，驾马服牛，民以致远而不劳。为鸷禽猛兽之害伤人，而无以禁御也；而作为之铸金锻铁以为兵刃，猛兽不能为害。故民迫其难，则求其便；困其患，则造其备。人各以其所知，去其所害，就其所利。常故不可循，器械不可因也，则先王之法度，有移易者矣。

【译文】古时候人们磨利石头当犁来耕地，又磨快蛤蜊当锄头来除草，用木钩刀来砍柴，抱着瓦瓮来汲水，这时的人既劳累辛苦又获利微薄；后来发明了耒耜锄头来耕翻土地播种，又制造出斧头砍柴，利用桔皋来汲水，人既轻松又获利丰厚。

古时候河流深谷阻绝交通道路，人们交往不方便，于是人们挖空树木，拼合木板做成舟船，使各地的人和物产得以运输，互通有无。又因为人们到千里之外全靠徒步行走，肩挑背驮非常劳累，于是发明了车子，用马牛拉拖，这样人坐车到远方也不显得劳累；还因为猛兽凶禽伤害人，无法防御抵抗，于是人就熔铸金铁，铸成兵器、刀具，这样凶猛的禽兽就不再危害百姓了。所以人是被迫逼艰难就会寻找合适的解决方法，被祸害困扰就会发明防备的器具，人们是各以自己的聪明才智，去避开有害的东西，趋于有益的东西。既然常规不可遵循，器械不能因袭，那么先王留下的法度也不是不能改变的。

古之制，婚礼不称主人，舜不告而娶，非礼也。立子以长，文王舍伯邑考而用武王，非制也。礼三十而娶，文王十五而生武王，非法也。夏后氏殡于阼阶之上，殷人殡于两楹之间，周人殡于西阶之上，此礼之不同者也。有虞氏用瓦棺，夏后氏堲周，殷人用椁，周人墙置翣，此葬之不同者也。夏后氏祭于暗，殷人祭于阳，周人祭于日出以朝，此祭之不同者也。尧《大章》，舜《九韶》，禹《大夏》，汤《大濩》，周《武象》，此乐之不同者也。故五帝异道，而德覆天下；三王殊事，而名施后世。此皆因时变而制礼乐者。譬犹师旷之施瑟柱也，所推移上下者，无寸尺之度，而靡不中音，故通于礼乐之情者能作音，有本主于中，而以知榘矱之所周者也。

鲁昭公有慈母而爱之，死，为之练冠，故有慈母之服。阳侯杀蓼侯而窃其夫人，故大飨废夫人之礼。先王之制，不宜则废之。末世之事，善则著之，是故礼乐未始有常也。

【译文】按照古代的各种礼制，子女婚姻是由父母作主、媒人牵合，虞舜不禀报父母就娶了娥皇和女英，这是不符合古礼的；确立嗣子要立长子的制度，文王不立长子伯邑考而立伯邑考的弟弟武王为嗣子，这是不符合古制的；同样，古代规定男子三十岁才能娶妻，文王十五岁就生下了武王，这是不符合古法的。夏后氏时代的人死后将灵柩停放在堂屋的东阶上，而殷朝人死后将灵柩停放在厅堂的楹柱之间，周朝人死后则将灵柩停放在西阶上，这些都是殡礼不同的地方；有虞氏时人死后用瓦棺，夏后氏时代人死后用土棺，而殷朝人死后用椁，周朝人死后用的灵柩还需用布帐装饰成扇的形状，这些都是葬礼不同的地方；夏后氏时代人在黄昏祭祀，殷朝人在中午祭祀，而周朝人则在早晨祭祀，这些都是祭祀习俗的不同。尧帝时用《大章》，舜帝时用《九韶》，夏禹时用《大夏》，商汤时用《大濩》，武王时用《武象》，这些都是音乐舞曲上的不同。所以五帝治理天下的方法、制度各异，但他们的德泽都能遍及天下，三王治理政事的方法、制度各异，但他们都能名扬四海流传百世，这些都是因为他们能够根据时势的变化而来制定礼乐，就好像师旷调整瑟柱、上下移动时没有尺度来衡量，却无不符合音律。所以能通达礼乐情理的人制作出恰当的礼乐，这是说他内心世界有一个谱作主宰，因而能对规矩法度掌握得非常恰当合适。

鲁昭公有位奶妈，昭公十分敬爱她，奶妈去世以后，昭公破例为她守孝，所以就有了为奶妈守孝的礼节。阳陵国侯杀死了蓼侯，并抢走了蓼侯的夫人，所以从此以后举行大飨祭典时废除了由夫人执豆的礼仪。由此看来，先王的制度，不适宜的就废除它；而近代的处事方法，如果是好的，就加以继承发扬。所以礼乐从来就不是一成不变的。

故圣人制礼乐，而不制于礼乐。治国有常，而利民为本；政教有经，而令行为上。苟利于民，不必法古；苟周于事，不必循旧。夫夏、商之衰也，不变法而亡；三代之起也，不相袭而王。故圣人法与时变，礼与俗化。衣服器械，各便其用；法度制令，各因其宜。故变古未可非，而循俗未足多也。

【译文】所以礼乐是圣人制定的，并不是圣人受礼乐限制的；治理国家虽有常规，但必须以便利民众为根本；政令教化虽有常法，但必须以切实有效为最好。如果对民众有利，就不必非要效法古制；如果适合实际情况，就不必一定要遵循旧法。夏朝、商朝到了末世，桀纣不改变陈法导致了灭亡；夏禹、商汤、周武王不因袭旧法却兴旺发达而称王。所以圣人的法度是随时势的变化而变化，礼节随着习俗的不同而改变；衣服、器械各自方便其使用，法令、制度各自适合时宜。所以改变古法无可非议，因循守旧不值得赞美。

泰族训

天地四时，非生万物也，神明接，阴阳和，而万物生之。圣人之治天下，非易民性也，拊循其所有而涤荡之，故因则大，化则细矣。禹凿龙门，辟伊阙，决江濬河，东注之海，因水之流也。后稷垦草发菑，粪土树谷，使五种各得其宜，因地之势也。汤、武革车三百乘，甲卒三千人，讨暴乱，制夏、商，因民之欲也。故能因，则无敌于天下矣。夫物有以自然，而后人事有治也。故良匠不能斫金，巧冶不能铄木，金之势不可斫；而木性不可铄也。埏埴而为器，窬木而为舟，铄铁而为刃，铸金而为钟，因其可也。驾马服牛，令鸡司夜，令狗守门，因其然也。民有好色之性，故有大婚之礼；有饮食之性，故有大飨之谊；有喜乐之性，故有钟鼓管弦之音；有悲哀之性，故有衰绖哭踊之节。故先王之制法也，因民之所好而为之节文者也。因其好色而制婚姻之礼，故男女有别；因其喜音而正《雅》《颂》之声，故风俗不流；因其宁家室、乐妻子，教之以顺，故父子有亲；因其喜朋友而教之以悌，故长幼有序。然后修朝聘以明贵贱，飨饮习射以明长幼，时搜振旅以习用兵也，入学庠序以修人伦。此皆人之所有于性，而圣人之所匠成也。

【译文】天地四时，并不能直接产生万物，神明接交阴阳融合而使万物产生；圣人治理天下，并不是要强行改变人民的品性，而是依从人民已经所具有的品性，涤荡其中的污浊部分，引导他们向好的素质转化。所以因循规律办事，效果就显著；人为操作，不按循规律，收效就细微。夏禹开凿龙门，辟开伊阙，疏导长江黄河，使它们向东流入东海，这是依循水从高处向低处流的水性。后稷开垦荒地，改良土壤，施肥种谷，让五谷各自得到适宜生长的环境，这是按照土地的地形、肥瘠的特性来做的。商汤、周武王率领兵车三百辆、甲兵三千人，讨伐暴乱，分别制服了夏桀和商纣。这是顺应了人民的愿望来完成的。所以能够遵循自然规律，就能无敌于天下。万物都有其自然规律，人只有按客观规律，才能从事治理。所以优秀的木匠是不能砍斫金属物的，灵巧的冶工是不能熔毁木材的，这是因为金属的特点决定了不能砍斫，木材的特性决定了不能熔毁。调和泥土制成陶器、挖空木头做成舟船、熔化金属铸造刀剑、熔铸金属造成钟，这都是依循它们的各自特性而做成的；驾驭牛马拉车、让公鸡报晓、让狗守门护宅，这都是顺应了它们的本能特性。人有情欲的本性，所以制定隆重的婚姻礼节；人有食欲的本性，所以规定了宴请的礼仪；人有喜乐的特性，所以有钟鼓管弦的乐器和音乐；人有悲哀的本性，所以制定服孝哭丧的礼节。所以先王制定法令、礼仪，都是根据人的爱好来节制修饰的。根据人有情欲的本性，制定了婚礼，因而界定男女有别；根据人有喜乐的特性，制定了雅颂之音，因而风俗不至于放荡；根据人民珍惜家室安宁、妻儿快乐的愿望特点，教导人们和睦孝顺，因而父子间有亲情；根据人有喜交朋友的特点，教导人们敬重长者，因而长幼有序。在做到上述这些以后，再制定朝见天子聘礼诸侯的礼节，用以分别贵贱；规定宴酒习射的礼节，用以明确长幼次序；定时检阅车马、整顿军队，来学习军事；让子弟进学堂学习，来提高人伦道德修养。这些做法全都是依循人的特性来制定的，然后再由圣人来加以教导培养，使人能成才。

故无其性，不可教训；有其性，无其养，不能遵道。茧之性为丝，然非得工女煮以热汤而抽其统纪，则不能成丝；卵之化为雏，非慈雌呕暖覆伏，累日积久，则不能为雏；人之性有仁义之资，非圣人为之法度而教导之，则不可使向方。故先王之教也，因其所喜以劝善，因其所恶以禁奸。故刑罚不用，而威行如流；政令约省，而化耀如神。故因其性则天下听从，拂其性则法县而不用。

【译文】所以如果人没有这方面的本性，就难以加以教导；而人有了这方面的本性而没有对此加以教养引导，也不能使人走上正道。这就好像蚕茧有抽丝的特性，但不经过女工的煮熬、牵丝，就不能成为丝线；这也好像禽卵孵化成雏，如不经过雌禽长时间的孵抱温暖，就不能变成雏。这就说明人具有仁义的天性，就非得要经过圣人立出法度来加以教导，否则就不能使他们归入正道。所以先王进行教化，是依循人们喜善的特点来引导勉励人们向善行善；是依循人们厌恶的特点来禁绝奸邪；因此刑罚不动用，威势就能畅行如流水；政令简约，感化照耀如神灵。所以，依循人的天性则天下人就听从；违逆人的本性则法令公布都无济于事。

黄帝曰："芒芒昧昧，因天之威，与元同气。"故同气者帝，同义者王，同力者霸，无一焉者亡。故人主有伐国之志，邑犬群嗥，雄鸡夜鸣，库兵动而戎马惊。今日解怨偃兵，家老甘卧，巷无聚人，妖菑不生，非法之应也，精气之动也。故不言而信，不施而仁，怒而不威；是以天心动化者也。施而仁，言而信，怒而威；是以精诚感之者也。施而不仁，言而不信，怒而不威，是以外貌为之者也。故有道以统之，法虽少，足以化矣；无道以行之，法虽众，足以乱矣。

【译文】黄帝说："茫茫昧昧，凭借着上天的神威，与天地元气相通。"所以与元气同一相通者可以称帝、与道义同一者可以称王、与强力同一者可以称霸，这三方面都不具备的，就只能灭亡。所以国君如有侵犯征伐别国之心，邑城里的狗便会成群吠叫，雄鸡就会半夜啼鸣，兵库里的器械就会响动，战马就会躁动震惊。一旦和敌国消除仇怨，停止战争，家中的父老乡亲就能睡得香甜，巷里就没有聚集的人群议论纷纷，妖害就不会产生：这不是法令施行的效果，而是精诚之气感化的结果。所以不用言说便显示诚信、不施恩惠就显示仁慈、不必动怒就显示威严，这是以天之心来感动变化的；施舍恩惠才体现仁慈、言说以后才显示诚信、发怒了才显示威严，这是用人之精诚来感化的；施舍了恩惠还不显仁慈、信誓旦旦还不显诚信、大发雷霆还无威严，这是做表面文章造成的。所以用"道"来统帅，法令即使很少，也足以感化民众；没有以"道"来统帅，法令即使很多，也不足以安定民众，反而不断地出乱子。

治身，太上养神，其次养形；治国，太上养化，其次正法。神清志平，百节皆宁，养性之本也；肥肌肤，充肠腹，供嗜欲，养生之末也。民交让争处卑，委利争受寡，力事争就劳，日化上迁善而不知其所以然，此治之上也。利赏而劝善，畏刑而不为非，法令正于上而百姓服于下，此治之末也。上世养本，而下世事末，此太平之所以不起也。夫欲治之主不世出，而可与兴治之臣不万一，以万一求不世出，此所以千岁不一会也。

【译文】修身，最重要的是修养精神，其次才是修养形体；治理国家，最重要的是形成感化，其次才是严明法令。精神清明，心志平和，全身血脉都安顺，这才是养性的根本；养得肌肤肥胖、脂膏满腹还嗜欲不断，这是养生的末节。人民互相谦让、争处卑下地位、分配利益时争着拿少的一份，并努力工作争着做辛苦的事，每天向善上进却不知怎么变化的，这才是上等的统治；用物质利益来激励人，并经常宣传说教劝人向善，使百姓畏惧刑法而不敢妄为，上面执法严明，下面百姓服服帖帖，这是下等的统治术。上古时代注重养性根本，而末世则注重枝末细节，这就是太平世道难以重现的根本原因。想治理好社会的圣主并不是每个世代都会出现的，而那些能够辅佐圣主治理社会的贤臣也是万人中难觅一个；万人中难觅一个的贤臣要想碰上不是每世代都出现的圣主，那就更困难了，所以说贤臣和圣主的结合真的是千载难逢。

水之性，淖以清，穷谷之污，生以青苔，不治其性也。掘其所流而深之，茨其所决而高之，使得循势而行，乘衰而流，虽有腐髊流渐，弗能污也。其性非异也，通之与不通也。风俗犹此也。诚决其善志，防其邪心，启其善道，塞其奸路，与同出一道，则民性可善，而风俗可美也。所以贵扁鹊者，非贵其随病而调药，贵其擪息脉血，知病之所从生也。所以贵圣人者，非贵随罪而鉴刑也，贵其知乱之所由起也。若不修其风俗，而纵之淫辟，乃随之以刑，绳之以法，法虽残贼，天下弗能禁也。禹以夏王，桀以夏亡；汤以殷王，纣以殷亡。非法度不存也，纪纲不张，风俗坏也。

【译文】水性柔和而清澈，那些幽谷中不流动的积水会长满青苔，这是因为没有疏理水的本性而造成的。如果挖深谷口水道，使之通畅，并用土堵塞不必要的水潭，使之不让积水，这样，谷水就能顺高势向下流动，这样即使有杂物和腐骨浸泡，也不会使水质污染。水的本性没有改变，这水的混浊变质和水的清澈甘甜，其原因在于这水是流通还是不流通。社会风俗也是如此。如果开导疏通民众的善良天性，堵塞人们萌生邪恶的念头，开启他们向善从善的正道，堵塞其邪道，使之朝着一条正道上发展前进，这民性就会善良，社会风气就美好。因此人们之所以看重扁鹊，不是看重扁鹊根据病情调配药方，而是看重扁鹊他的切脉息而了解病因知道病根。同样，人们之所以看重圣人，不是看重圣人根据罪行来量刑，而是看重圣人了解这产生动乱祸害的缘由这一点。如果不治理社会风气培养良好风尚，放纵邪恶泛滥，而到了邪恶泛滥之时再动用所谓的刑法去惩治，这刑法即使能铲除奸贼邪恶，但仍无法从根子上禁绝邪恶。禹用了夏朝的法度，称王天下；桀也是用了夏朝的法度，却遭灭亡；汤用了殷代的法度，称王天下；纣王也用了殷代的法度，却遭灭亡：这不是因为法度有还是没有的原因，而是纪纲没有得以伸张，社会风俗已经败坏的原因。

三代之法不亡，而世不治者，无三代之智也；六律具存，而莫能听者，无师旷之耳也。故法虽在，必待圣而后治；律虽具，必待耳而后听。故国之所以存者，非以有法也，以有贤人也；其所以亡者，非以无法也，以无贤人也。晋献公欲伐虞，宫之奇存焉，为之寝不安席，食不甘味，而不敢加兵焉。赂以宝玉骏马，宫之奇谏而不听，言而不用，越疆而去，荀息伐之，兵不血刃，抱宝牵马而去。故守不待渠堑而固，攻不待冲降而拔，得贤之与失贤也。故臧武仲以其智存鲁，而天下莫能亡也；璩伯玉以其仁宁卫，而天下莫能危也。《易》曰："丰其屋，蔀其家，窥其户，阒其无人。"无人者，非无众庶也，言无圣人以统理之也。

【译文】夏、商、周三代的法度并没有亡佚，但后来的世道却不能治理好，这是因为以后没有三代圣王那样的智慧；音乐中的六律仍然存在，但没人能够听得懂，这是因为没有师旷那样的耳朵。所以，法度虽然存在，但一定得等到圣人出现以后才能治理好天下；音律虽然没有变，但一定得由名乐师去辨别它。所以国家之所以存在，并不是没有法，而是社会中有了贤人；国家之所以灭亡，也并不是没有法，而是社会中没有贤人。晋献公想讨伐虞国，但宫之奇在那里，晋献公为此寝食不安，因而不敢轻易派兵攻打虞国。后来晋献公用宝玉和骏马来贿赂虞国国君，向虞国借路讨伐虢，宫之奇知道其中有诈，劝谏虞君，虞君贪宝玉和骏马不听宫之奇的劝谏。宫之奇见自己的劝阻无效，就越出国境逃走了。荀息在灭掉了虢国以后顺路又将虞国灭掉了，这样兵不血刃又将宝玉和骏马带回晋国。所以防守不仅仅依靠壕堑的坚固，攻城不单单凭借冲车的高大，而是取决于是否得到贤人来辅佐。因此，臧武仲用他的智慧保住了鲁国，使天下诸侯无法灭掉鲁国；蘧伯玉用他的仁爱安宁了卫国，使天下诸侯无法危害卫国。《易经》说："空旷一间屋，草席盖顶，从门缝往里看，空寂无人。"所谓"无人"，并不是说没有普通百姓，而是说没有圣人统理。

民无廉耻，不可治也；非修礼义，廉耻不立。民不知礼义，法弗能正也；非崇善废丑，不向礼义。无法不可以为治也；不知礼义，不可以行法。法能杀不孝者，而不能使人为孔、曾之行；法能刑窃盗者，而不能使人为伯夷之廉。孔子弟子七十，养徒三千人，皆入孝出悌，言为文章，行为仪表，教之所成也。墨子服役者百八十人，皆可使赴火蹈刃，死不还踵，化之所致也。夫刻肌肤，镵皮革，被创流血，至难也；然越为之，以求荣也。圣王在上，明好恶以示之，经诽誉以导之，亲贤而进之，贱不肖而退之，无被创流血之苦，而有高世尊显之名，民孰不从！古者设法而不犯，刑错而不用，非可刑而不刑也；百工维时，庶绩咸熙，礼义修而任贤得也。

【译文】民众如果没有廉耻之心，就无法治理他们；如果不修治礼义，廉耻之心就无法树立起来。民众不知礼义，法令也无法使他们走正道。不推崇好的风尚，废除丑恶现象，民众就不会遵循礼义。没有法当然难以治理国家，但民众不懂礼义，这法也无法推行实施。刑法能杀掉不孝之人，但却不能使人像孔子、曾子那样讲孝道；刑法能惩治偷盗者，但却不能使人做得像伯夷那样廉洁。孔子的弟子中有贤人七十人，学生有三千人，这些人都是在家讲孝道、出门讲敬爱的，言辞都符合礼义法度，行为都规规矩矩可作表率的，这些都是教育形成的。墨子有门徒一百八十人，都能够为义赴火蹈刃，义无反顾，这些都是教化造成的。刻肌肤、刺皮肉、受伤流血，是最难做到的，可是越人就以刻字文身来求得荣耀。圣王处君位，明确好恶的是非标准并公布于众，规定诽誉的标准并加以引导，亲近贤才并举用他们，轻视不贤者并黜退他们，人们没有受伤流血的痛苦，而有出人头地、尊贵显达的名声，这谁不想听从呢？古时候法令颁布，却无人去触犯它，刑罚设置，却无人去使用它，这不是本该用刑而不去用刑，而是因为百官都想着做好自己的本职工作，使各项工作都兴盛成功，礼得以建立并任用贤能有德之士，使刑法没有可用之处。

要略训

文王之时，纣为天子，赋敛无度，戮杀无止，康梁沉湎，宫中成市，作为炮烙之刑，刳谏者，剔孕妇，天下同心而苦之。文王四世累善，修德行义，处岐周之间，地方不过百里，天下二垂归之。文王欲以卑弱制强暴，以为天下去残除贼而成王道，故太公之谋生焉。

【译文】周文王的时候，商纣王是天子，搜刮民赋没有限度，杀戮无辜不能停止，沉溺于淫乐美酒之中，宫廷之中竟象市场一样；制造了炮烙之刑，挖掉劝谏的贤人之心，剖开孕妇的肚子，天下一心而痛恨他，周文王四代积累善事，修治德行，推行大义。处在岐周之地。土地方圆不过百里，但是天下三分之二的诸侯归向了他，周文王要以卑下弱小的地位战胜强暴的纣王，而为天下人民除去凶残之君，以便成就王道，因此姜太公的兵谋便产生了。

文王业之而不卒，武王继文王之业，用太公之谋，悉索薄赋，躬擐甲胄，以伐无道而讨不义，誓师牧野，以践天子之位。天下未定，海内未辑，武王欲昭文王之令德，使夷狄各以其贿来贡，辽远未能至，故治三年之丧，殡文王于两楹之间，以俟远方。武王立三年而崩，成王在褓襁之中，未能用事，蔡叔、管叔，辅公子禄父而欲为乱，周公继文王之业，持天子之政，以股肱周室，辅翼成王，惧争道之不塞，臣下之危上也，故纵马华山，放牛桃林，败鼓折枹，搢笏而朝，以宁静王室，镇抚诸侯。成王既壮，能从政事，周公受封于鲁，以此移风易俗。孔子修成、康之道，述周公之训，以教七十子，使服其衣冠，修其篇籍，故儒者之学生焉。

【译文】周文王从事伐纣的事业，刚开始便去世了，周武王继承周文王的大业，采用太公的谋略，倾注全国的兵力，亲自穿上甲胄，来讨伐无道不义之君。在牧野会合天下诸侯，誓师伐纣，终于踏上了天子之位。天下没有平定，海内没有安宁，武王打算使文王的美德昭明天下，使夷狄各自带着他们的财物前来进献；道路遥远的地方不能按时到达，于是便治理三年之丧，把文王尸体大殓在两个楹柱之间，用来等待远方之人。周武于立国三年而驾崩，周成王还在襁褓之中，不能执政。蔡叔、管叔辅助约王公子禄父，想要举行叛乱。周公旦继承父兄文王、武王的事业，掌握了天子的权力，用来安定周王室，而辅佐成王，平定天下大叛乱。周公担心争斗不停止，臣下危及天子，因此便把军马释放到华山，把牛散放到桃林；把战鼓打破，鼓槌折断，身插笏板而朝见，以便安定周王室，镇压安抚天下诸侯。成王已经长大，能够处理政事，周公便到鲁国受封，用这个办法转移风气改变习俗。孔子修治成、康的主张，祖述周公的教训，用来教导七十个学生，使他们穿戴起周王朝的衣冠，研究遗留下来的典籍，于是儒学便产生了。

墨子学儒者之业，受孔子之术，以为其礼烦扰而不悦，厚葬靡财而贫民，久服伤生而害事，故背周道而用夏政。禹之时，天下大水，禹身执虆垂，以为民先，剔河而道九岐，凿江而通九路，辟五湖而定东海，当此之时，烧不暇撌，濡不给扢，死陵者葬陵，死泽者葬泽，故节财、薄葬、闲服生焉。

【译文】墨子学习儒家的学说，接受孔子的思想，认为他的礼节烦琐而使百姓不悦；丰厚的葬礼，耗费了资财，而使百姓贫困；长久服丧，伤害生命而妨碍政事。因此背离周朝的法规而使用夏朝的法令。夏禹的时候，天下发了大水，禹亲自拿着畚箕和木锹，而给百姓作出表率。疏通黄河而分成九个支流，凿通江而沟沟众多的河流，开通五湖而注入东海。在这个时候，烧火的余烬来不及排除，衣服沾湿了来不及擦拭，死在山陵葬在山陵，死在湖泽葬在湖泽，因此节省财物而简易的葬礼，简单的服饰便产生了。

齐桓公之时，天子卑弱，诸侯力征，南夷北狄，交伐中国，中国之不绝如线。齐国之地，东负海而北障河，地狭田少，而民多智巧，桓公忧中国之患，苦夷狄之乱，欲以存亡继绝，崇天子之位，广文、武之业，故《管子》之书生焉。齐景公内好声色，外好狗马，猎射亡归，好色无辨。作为路寝之台，族铸大钟，撞之庭下，郊雉皆呴，一朝用三千钟赣，梁丘据、子家哙导于左右，故晏子之谏生焉。

【译文】齐桓公的时候，天子的地位卑下，势力弱小，诸侯用武力互相征伐。南夷北狄，交互侵伐中国，中国没有断绝，但仅象细丝一样，十分危急。齐国之地，东边背靠大海，北面有黄河作阻塞，地盘狭小，田地很少，而百姓多有智术和巧诈，桓公忧虑中国的祸患，苦于夷狄的战乱，想来保存灭亡的国家，继续绝嗣的宗族，使天子的地位尊崇起来，增广文、武的事业，因此管子的著作便产生了。齐景公在宫廷内贪恋音乐美色，在外爱好走狗、骏马，射箭打猎便忘掉归来，喜欢贤人但是常常不能辨别。建起豪华的路寝之台，聚集铜铁铸起了大钟，在庭下值击之后，引起远郊的野鸡鸣叫。一个朝上便赐给群臣三万斛粮食。梁邱据、子家哙在左右引诱景公。因此晏子的讽谏便产生了。

晚世之时，六国诸侯，溪异谷别，水绝山隔，各自治其境内，守其分地，握其权柄，擅其政令。下无方伯，上无天子，力征争权，胜者为右，恃连与国，约重致，剖信符，结远援，以守其国家，持其社稷，故纵横修短生焉。

申子者，朝昭厘之佐，韩、晋别国也。地墽民险，而介于大国之间，晋国之故礼未灭，韩国之新法重出，先君之令未收，后君之令又下，新故相反，前后相缪，百官背乱，不知所用。故刑名之书生焉。

秦国之俗，贪狼强力，寡义而趋利。可威以刑，而不可化以善；可劝以赏，而不可厉以名。被险而带河，四塞以为固，地利形便，畜积殷富。孝公欲以虎狼之势而吞诸侯，故商鞅之法生焉。

【译文】战国的时候，六国诸侯地域各不相同，大水阻碍，高山隔绝，各自治理自己的境内，守卫着分割的土地，掌握着他们的大权，擅自发布政令，下面没有诸侯之长，上面没有天子统治。用武力争夺权力，胜利的为尊。他们依仗联合之国，约定能够招致的重兵，剖开符契，连结远方的援兵，用来防守他们的国家，护卫他们的社稷。因此纵横、长短之术产生了。

申不害，是韩昭王的辅佐。韩国原是由晋分割而建立的。土地贫瘠，而百姓险恶，又介于大国之间。晋国原来的礼仪没有废止，韩国的新法又重新出现；先君的命令没有收回，后君的命令又接着而下。新、旧相反，前后相抵触，百官相背而混乱，不知如何使用。因此刑名之学便产生了。

秦国的习俗，贪狠如狼，竭尽武力，缺少大义，而趋向利益。可以用刑法来施行威严，而不可以用教化让他们行善；可以用奖励来勉励他们，而不能用名声来使他们严肃。覆盖险阻而以黄河为带，四周有险关堵塞，地理形势对它极为有利方便，积蓄充足。秦孝公想以处于虎、狼之优势，而吞并天下诸侯。因此商鞅的法家思想便产生了。

若刘氏之书，观天地之象，通古今之事，权事而立制，度形而施宜，原道之心，合三王之风，以储与扈冶。玄眇之中，精摇靡览，弃其畛挈，斟其淑静，以统天下，理万物，应变化，通殊类，非循一迹之路，守一隅之指，拘系牵连于物，而不与世推移也。故置之寻常而不塞，布之天下而不窕。

【译文】于象刘氏的著述，观察天地的形象，通达古今的事理，权衡事理而建立法规，度量形体而施予合宜的措施，探索人们的道德规范，使之符合三王的风气，以便扩大道旨。在幽深微妙之中，探索精妙美好的东西；抛弃了它的混浊，斟取它的精髓。而用来统一天下，治理万物，适应变化，通达不同的方面。不是依循一个车轨形成的路子，恪守一个角落的偏见，拘泥于有联系的事物，而不随世道的变迁而转移，因此放置到寻常之处而不会阻塞，布散到天下而不会有空隙。

论　衡

后汉王充撰。充，上虞人，字仲任，师事班彪，好博览，不守章句，仕为郡功曹，以数谏争不合去。此书凡八十余篇，大旨详于《自纪》中，盖内伤时命之坎坷，外嫉世俗之虚伪，发愤著书，其言不免少激，然贬讹订俗，无徵不信，最富有学者自得之风，蔡邕尝欢此书卓越诸子，固不独以其议论之新颖可资谈助已也。

【译文】后汉王充著。王充，上虞人，字仲任，师从班彪，喜好博览群书，不被章句所限制，曾任职为郡功曹，因数次劝谏君主，意见不合而离职。此书共八十多篇，思想主旨主要见于《自纪》一篇，大概一方面是内部感慨自己命运的坎坷，一方面是嫉恨外面世俗的虚伪，于是发愤著书，其言论不免有过激的地方，但是其批判、评议世俗，无证据则不信的学术态度，最富有学者自得的风格，蔡邕曾喜欢此书，认为他超越了其他诸子，所以不止是因为他的议论新颖而有助于谈论。

物　势（节录）

儒者论曰："天地故生人。"此言妄也。夫天地合气，人偶自生也；犹夫妇合气，子则自生也。夫妇合气，非当时欲得生子；情欲动而合，合而生子矣。且夫妇不故生子，以知天地不故生人也。然则人生于天地也，犹鱼之于渊，虮虱之于人也。因气而生，种类相产，万物生天地之间，皆一实也。

【译文】儒者评论说："天地有意识地创造了人。"这话荒诞不实。认为天上与地上的气相结合，人就偶然地自己产生了，如同丈夫与妻子的气相结合，孩子就自己出生一样。其实，丈夫与妻子的气相结合，并不是当时想生孩子，而是情欲冲动在一起，在一起就生下了孩子。夫妻尚且不有意识地生孩子，由此可知天地也不会有意识地创造人。这样说来，人生在天地之间，就像鱼生在深水里，虱子下蛋长在人身上一样，是凭借气而出生，是同种类东西相繁殖。万物产生于天地之间，都是同样的情况。

传曰：“天地不故生人，人偶自生。若此，论事者何故云‘天地为炉，万物为铜，阴阳为火，造化为工’乎？案陶冶者之用烁铜燔器，故为之也。而云天地不故生人，人偶自生耳，可谓陶冶者不故为器而器偶自成乎？夫比不应事，未可谓喻；文不称实，未可谓是也。”

曰：“是喻人禀气不能纯一，若烁铜之下形，燔器之得火也，非谓天地生人与陶冶同也。兴喻人皆引人事。人事有体，不可断绝。以目视头，头不得不动；以手相足，足不得不摇。目与头同形，手与足同体。今夫陶冶者，初埏埴作器，必模范为形，故作之也；燃炭生火，必调和炉灶，故为之也。及铜烁不能皆成器，燔不能尽善，不能故生也。夫天不能故生人，则其生万物，亦不能故也。天地合气，物偶自生矣。夫耕耘播种，故为之也；及其成与不熟，偶自然也。何以验之？如天故生万物，当令其相亲爱，不当令之相贼害也。”

【译文】有人说：“天地不是有意识地创造人，而是人偶然自己产生的。若是这样，议论这类事情的人为什么说：‘天地像熔炉，万物像炼出来的铜，阴阳二气像炭火，自然变化像冶炼工人’呢？考察一下制陶和冶炼工人，他们是用火冶炼锻烧器物，器物是有意做成的。现在却说天地不是有意识地创造人，而是人偶然自己产生的，难道说制陶和冶炼工人不有意做器物，器物会偶然自己形成吗？可见，打比方与事实不相应，不能算讲清楚了；写文章与事实不符合，也不能说是正确的。”

我以为：“上面这些比喻只能说明人承受自然之气是不可能完全一样，就像熔化的铜注进模子，烧制的陶器所得到的火一样，各不相同，而并不是说天地创造人跟制陶器和冶炼铜一样是有意识的。打比方，人们都是引用人和事作比喻。每个人、每件事，都是一个整体，不能把它们截然分开来作片面理解。用眼睛看头顶的东西，头不能不动；用手量脚底的长短，脚不能不动。因为眼睛跟头同在一个身体上，手与脚也同在一个身体上都是相互关联的。现今制陶和冶炼工人最初用水搅拌粘土作器物，一定要把坯子或模子做成器形，这是有意作的；然后烧炭生火，一定要管好炉灶，掌握好火候，这也是有意识做的。至于铜器冶炼不能都成功，陶器烧制不能都精美，这是因为它们不能都完全由人有意识地生产出来。天不能有意识地创造出人，那么它创造万物，也不可能是有意识的。天上与地上的气相互结合，万物便偶然地自己产生了。翻土，除草，播种，是有意识这样做的，至于庄稼成熟不成熟，则是偶然由自然决定的。拿什么来证明？如果天是有意识地创造万物，应当叫它们相亲相爱，不应当让它们相互残害。”

或曰："五行之气，天生万物。以万物含五行之气，五行之气更相贼害。"曰："天自当以一行之气生万物，令之相亲爱，不当令五行之气反使相贼害也。"

【译文】有人说："金、木、水、火、土五种气体，是天用来创造万物的。因此万物中包含了这五种气体，这五种气体相互循环克制，所以万物间也相互残害。"我以为："如果天能有意识地创造万物，天就应当只用一种气体造就万物，叫它们之间相亲相爱，不应当让五种气体，反复使之相互克制伤害。"

或曰："欲为之用，故令相贼害；贼害相成也。故天用五行之气生万物，人用万物作万事。不能相制，不能相使，不相贼害，不成为用。金不贼木，木不成用。火不烁金，金不成器。故诸物相贼相利，含血之虫相胜服、相啮噬、相啖食者，皆五行气使之然也。"曰："天生万物欲令相为用，不得不相贼害也。则生虎狼蝮蛇及蜂虿之虫，皆贼害人，天又欲使人为之用邪？""凡万物相刻贼，含血之虫则相服，至于相啖食者，自以齿牙顿利，筋力优劣，动作巧便，气势勇桀。若人之在世，势不与适，力不均等，自相胜服。以力相服，则以刃相贼矣。夫人以刃相贼，犹物以齿角爪牙相触刺也。力强角利，势烈牙长，则能胜；气微爪短，诛胆小距顿，则服畏也。人有勇怯，故战有胜负，胜者未必受金气，负者未必得木精也。孔子畏阳虎，却行流汗，阳虎未必色白，孔子未必面青也。鹰之击鸠雀，鸮之啄鹄雁，未必鹰鸮、生于南方，而鸠雀鹄雁产于西方也，自是筋力勇怯相胜服也。"

【译文】有人说："天想使万物成为可用的东西，所以才让它们互相残害。使万物互相残害，正是为了让它们相互依存。因此天用五行之气造就万物，人又用万物做成各种各样的事。可见不能互相制约，就不能互相有用；不能相互残害，就不能各自成为有用的东西。金不伤害木，木不能成为有用之物；火不冶炼金，金不会成为器皿。所以各种物体相互残害才相互产生有利效果。有血的动物，互相取胜，制服对方，互相对咬，互相吞食，这都是五行之气使它们如此的。"我要问："天造就万物想使它们相互成为有用的东西，不能不互相残害，于是就产生虎、狼、蝮蛇以及蜂、虿之类动物，全都来残害人，那么天是不是又想让人成为它们享用之物呢？""凡是万物都互相克制残害，有血动物则相互争斗取胜，至于它们互相吞食，是由于因牙齿的锋利与不锋利，体力的强弱，动作的灵巧敏捷，气焰声势勇猛凶暴的缘故。像人在社会上，势力不相等，力量不平均，自然要互相争斗取胜，互相制服。以力量相互制服，于是用刀相互残害。人用刀相互残害，就像动物用齿、角、爪、牙互相争斗刺杀一样。那力量强大犄角锋利，气势猛烈牙齿很长的，就能取胜；气势弱小脚爪很短，胆量小的脚爪不锋利的，就只好屈服，恐惧。人有勇敢的有怯懦的，所以打仗有胜利的有失败的，胜利的不一定享受过金气，失败的不一定承受了木气。孔子害怕阳虎，据说见了他汗流侠背要向后退着走，阳虎未必脸白属金，孔子也未必面青属木。鹰隼之攻击斑鸠麻雀，鸮之啄食天鹅大雁，未必鹰隼、鸮生在南方属火而斑鸠、麻雀、天鹅、大雁产在西方属金，而是由于这些飞禽体力凶猛与怯弱相互争斗取胜，制服的结果。”

一堂之上，必有论者；一乡之中，必有讼者。讼必有曲直，论必有是非，非而曲者为负，是而直者为胜。亦或辩口利舌，辞喻横出为胜；或诎弱缀跲，蹥蹇不比者为负。以舌论讼，犹以剑戟斗也。利剑长戟，手足健疾者胜；顿刀短矛，手足缓留者负。夫物之相胜，或以筋力，或以气势，或以巧便。小有气势，口足有便，则能以小而制大；大无骨力，角翼不劲，则以大而服小。鹊食蝟皮，博劳食蛇，蝟、蛇不便也。蚊虻之力，不如牛马，牛马困于蚊虻，蚊虻乃有势也。鹿之角，足以触犬，猕猴之手，足以博鼠，然而鹿制于犬，猕猴服于鼠，角爪不利也。故十年之牛，为牧竖所驱；长仞之象，为越僮所钩，无便故也。故夫得其便也，则以小能胜大；无其便也，则以强服于羸也。

【译文】在一间堂屋里，必定有争论的人。在一乡之中，必定有打官司的人。打官司肯定有曲直，争论一定有是非。错误的理亏的算失败，正确的有道理的算胜利。也可能有的以口才好，擅长辩论，言辞清楚、流畅而取胜；有的则因言辞无力、表达迟钝，口吃、语言不连贯而遭失败。以口舌争论、打官司，就像用剑戟争斗一样。锋利的剑长柄的戟，加上手脚有力敏捷肯定取胜；钝刀短矛，加之手脚缓慢迟钝肯定要失败。万物相互争斗取胜，有的靠身体力量，有的靠气焰声势，有的靠动作灵巧敏捷。动物小而有气势，口脚又敏捷，就能以小而制大；动物大而没有骨力，犄角、翅膀又没有力量，就只好以大而顺服小。喜鹊能吃刺猬的皮，博劳能吃掉蛇，是因为刺猬和蛇的行动不敏捷。蚊虻的力量不如牛马，牛马反而被蚊虻困住，是因为蚊虻如此有气势。鹿的犄角，足够用来触伤狗；猕猴的手，足够用来捕捉鼠。然而鹿却被狗制服，猕猴却被鼠制服，是由于它们的角和爪不锐利的缘故。所以十围大的牛，被牧童所驱使；几仞长的象，被越族儿童所管束，都是因为它们身体不灵活的缘故。因此身体能灵便，就可以以小胜大；不灵便，就会以强壮被瘦弱制服。

书虚（节录）

世信虚妄之书，以为载于竹帛上者，皆贤圣所传，无不然之事，故信而是之，讽而读之；睹真是之传，与虚妄之书相违，则并谓短书不可信用。夫幽冥之实尚可知，沈隐之情尚可定，显文露书，是非易见，笼总并传，非实事，用精不专，无思于事也。

【译文】社会上一般人相信无根据胡说八道的书，认为竹简和丝织品上记载的，都是贤圣传下来的，没有不对的事，所以相信它，认为它是对的，并且读它、背诵它。看见真实正确的一般书与他们所相信的那些毫无根据胡说八道的书不一致，就一起说前面的书是价值不大的短书，不能相信。其实，背地里的事情尚且能知道，深沉隐晦的实情尚且可以判定，何况明明白白的文字，清清楚楚的记载，是非对错显而易见，却要笼统地一致传说它们不符合事实，这是因为用心不专一，对事情没有认真思考的缘故。

夫世间传书诸子之语，多欲立奇造异，作惊目之论，以骇世俗之人；为谲诡之书，以著殊异之名。传书言：延陵季子出游，见路有遗金。当夏五月，有披裘而薪者，季子呼薪者曰："取彼地金来。"薪者投镰于地，瞋目拂手而言曰："何子居之高，视之下，仪貌之壮，语言之野也！吾当夏五月，披裘而薪，岂取金者哉？"季子谢之，请问姓字。薪者曰："子皮相之士也！何足语姓字！"遂去不顾。世以为然，殆虚言也。

【译文】社会上传书解释先秦到汉诸子的话，大多想标新立异，作惊人之论，用来吓唬社会上一般人，作为希奇古怪的书，以标榜特殊奇异而闻名。传书上说：延陵季子出去游玩，看见路上有丢失的金子。正当夏天五月，有个穿皮衣砍柴的人。季子喊砍柴的："把地上的金子拿过来！"砍柴的把镰刀往地上一扔，瞪着眼睛将手一甩，说："为什么你处在高位，眼光短浅，仪表相貌堂堂，说话却如此粗野？我正当夏天五月穿着皮衣来砍柴，难道是为你来拣丢失的金子！"季子向他道了歉，请问他姓名。砍柴的说："你是个以貌取人的人，怎么值得我把姓名告诉你。"于是走开不理睬季子。社会上的一般人认为果真是如此，依我看恐怕这是句假话。

夫季子耻吴之乱，吴欲共立以为主，终不肯受，去之延陵，终身不还，廉让之行，终始若一。许由让天下，不嫌贪封侯。伯夷委国饥死，不嫌贪刀钩。廉让之行，大可以况小，小难以况大。季子能让吴位，何嫌贪地遗金？季子使于上国，道过徐。徐君好其宝剑，未之即予。还而徐君死，解剑带冢树而去。廉让之心，耻负其前志也。季子不负死者，弃其宝剑，何嫌一叱生人取金于地？季子未去吴乎？公子也；已去吴乎，延陵君也。公子与君出，有前后车，有附从，不能空行于涂，明矣。既不耻取金，何难使左右？而烦披裘者？世称柳下惠之行，言其能以幽冥自修洁也。贤者同操，故千岁交志。置季子于冥昧之处，尚不取金，况以白日，前后备具，取金于路，非季子之操也。或时季子实见遗金，怜披裘薪者，欲以益之；或时言取彼地金，欲以予薪者，不自取也。世俗传言，则言季子取遗金也。

【译文】因为季子以吴国君王争权夺利的“吴之乱”为可耻，所以吴公子们想立他作为君主，他始终不肯接受，便离开京都去延陵，终身不回，廉洁谦让的操行始终如一。许由谦让君位，因此不被嫌疑贪图封侯。伯夷放弃君位饥饿而死，因此不被嫌疑贪图小便宜。廉洁谦让的操行，大事可能说明小事，小事却难得比喻大事。季子能谦让吴国的君位，怎么能怀疑他贪图地上丢失的金子呢？季子出使中原各国，路过徐国。徐国君主喜欢他的宝剑，他没有立即送给徐君。等回来的时候，这位徐国的君主已经死了，他解下宝剑挂在其墓旁的树上才离去。那高尚廉洁谦让的心，使他认为背弃自己以前许下的心愿是可耻的。季子不背弃死者，能舍弃自己的宝剑，怎么要被怀疑呵叱一个陌生人，为他在地上去拣丢失的金子呢？季子没有离开吴国时，是个公子；已经离开吴国，也是延陵的统治者。公子与地方统治者，外出时前后都有护卫，车的前后还有随从的车，不会仅仅一辆车在路上走，这是明摆着的。既然不以得到别人丢失的金子为耻辱，派左右随从去拣有什么困难，而偏要烦劳那个穿皮衣的人呢？世人都称颂柳下惠的操行，说他能够在暗地里自己修身保持清白。贤良的人都具有相同的操行，所以虽隔千年其心意是相通的。即使把季子放在暗处，尚且不会拣取丢失的金子，何况是在大白天，前前后后都具备随从的人。拣取路上丢失的金子，这不是季子的操行。关于这件事，或许是季子果真见到丢失的金子，可怜穿皮衣的砍柴人，想使他从中得到好处；或许是说要拣取那地上丢失的金子，想给砍柴的，又不愿意亲自去拾取。这样社会上传言，就说季子要拾取别人丢失在地上的金子。

变虚（节录）

传书曰：“宋景公之时，荧惑守心，公惧，召子韦而问之曰：‘荧惑在心，何也？’子韦曰：‘荧惑，天罚也，心，宋分野也，祸当君。虽然，可移于宰相。’公曰：‘宰相所使治国家也，而移死焉，不祥。’子韦曰：‘可移于民。’公曰：‘民死，寡人将谁为也？宁独死耳。’子韦曰：‘可移于岁。’公曰：‘民饥，必死。为人君而欲杀其民以自活也，其谁以我为君者乎？是寡人命固尽也，子毋复言。’子韦退走，北面再拜曰：‘臣敢贺君。天之处高而听卑，君有君人之言三，天必三赏君。今夕星必徙三舍，君延命二十一年。’公曰：‘奚知之？’对曰：‘君有三善，故有三赏，星必三徙。三徙行七星，星当一年，三七二十一，故君命延二十一岁。臣请伏于殿下以伺之，星必不徙，臣请死耳。’是夕也，火星果徙三舍。”如子韦之言，则延年审得二十一岁矣。星徙审则延命，延命明则景公为善，天佑之也。则夫世间人能为景公之行者，则必得景公佑矣。此言虚也。何则？皇天迁怒，使荧惑本景公身有恶而守心，则虽听子韦言，犹无益也。使其不为景公，则虽不听子韦之言，亦无损也。

【译文】传书上说：“宋景公的时候，火星在心宿附近，宋景公感到害怕，召子韦来问他：‘火星快要处在心宿的位置上，这是为什么？’子韦回答：‘火星的出现，预示着上天的惩罚，心宿是宋国的分野，灾祸正当在君主。但是，可以把它转嫁给宰相。’景公说：‘宰相是我任命治理国家的人，却把死转嫁给他，不吉祥。’子韦又说：‘可以转嫁给老百姓。’景公回答：‘老百姓死光了，我将去做谁的国君呢？宁可我一个人死。’子韦再建议：‘可以转嫁到年成上去。’景公则回答：‘老百姓饥饿，一定会死去。做君主的却要杀他的百姓来求得自己活下去，那谁还肯把我当做君主呢？看来，这是我的寿命本来已经到头，你不要再说了。’之后，子韦又返回来，朝着北面再向景公叩拜说：‘臣冒昧地向君王恭贺。天虽处在很高的地方，但它能听见地上的话，君王说了三句作为君主该说的话，上天必定要三次奖赏君王。今天晚上火星肯定要移动三个地方，这样君王就会延长寿命二十一年。’景公问道：‘你怎么知道呢？’子韦回答：‘君王说了三句作为君主该说的话，所以要受到三次奖励，火星肯定会移动三个地方。移动一个地方要经过七颗星，一颗星相当于一年，三七二十一，所以君王的寿命会延长二十一年。臣请求匍匐在宫殿的台阶下面观察，火星如果不移动，臣请求处死。’这天晚上，火星果然移动了三个地方。”像子韦说的那样，景公确实得到延长寿命二十一年。火星果真移动，景公就延长了寿命，寿命确实延长，那么景公行善，这是上天保佑了他。这样看来，世上能做到景公善行的人，就必然会得到景公那样的上天保佑。这话不确实。为什么呢？因为按照上天会降怒的说法，假使火星本来是由于景公自身有恶行而迫近心宿，那即使听了子韦的话，也没有什么用处。如果火星不是为了景公的恶行而迫近心宿，那即使不听子韦的话，也不会有什么害处。

感虚（节录）

传书言：“汤遭七年旱，以身祷于桑林，自责以六过，天乃雨”。或言：“五年。祷辞曰：‘余一人有罪，无及万夫。万夫有罪，在余一人。天以一人之不敏，使上帝鬼神伤民之命’。于是剪其发，丽其手，自以为牲，用祈福于上帝。上帝甚说，时雨乃至。”言汤以身祷于桑林自责，若言剪发丽手，自以为牲，用祈福于帝者，实也。言雨至为汤自责以身祷之故，殆虚言也。孔子疾病，子路请祷。孔子曰："有诸？"子路曰："有之；《诔》曰：'祷尔于上下神祇。'"孔子曰："丘之祷，久矣。"圣人修身正行，素祷之日久，天地鬼神知其无罪，故曰祷久矣。《易》曰："大人与天地合其德，与日月合其明，与四时合其叙，与鬼神合其吉凶。"此言圣人与天地、鬼神同德行也。即须祷以得福，是不同也。汤与孔子俱圣人也，皆素祷之日久。孔子不使子路祷以治病，汤何能以祷得雨？孔子素祷，身犹疾病。汤亦素祷，岁犹大旱。然则天地之有水旱，犹人之有疾病也。疾病不可以自责除，水旱不可以祷谢去，明矣。汤之致旱，以过乎？是不与天地同德也。今不以过致旱乎？自责祷谢，亦无益也。人形长七尺，形中有五常，有瘅热之病，深自克责，犹不能愈，况以广大之天，自有水旱之变。汤用七尺之形，形中之诚，自责祷谢，安能得雨邪？人在层台之上，人从层台下叩头，求请台上之物。台上之人闻其言，则怜而与之；如不闻其言，虽至诚区区，终无得也。夫天去人，非徒层台之高也，汤虽自责，天安能闻知而与之雨乎？夫旱，火变也；湛，水异也。尧遭洪水，可谓湛矣。尧不自责以身祷祈，必舜、禹治之，知水变必须治也。除湛不以祷祈，除旱亦宜如之。由此言之，汤之祷祈，不能得雨。或时旱久，时当自雨；汤以旱久，亦适自责。世人见雨之下，随汤自责而至，则谓汤以祷祈得雨矣。

【译文】传书上说："汤遇上七年大旱，用自己做牺牲在桑山的树林里祷告，列举六项过失责备自己，天才下雨。"有人说："大旱是五年。祷告说：'我一个人有罪，不要涉及万民。万民有罪，罪在我一个人；不要因为我一个人的昏庸，就让上帝、鬼神伤害万民的生命。'于是剪自己的头发，捆自己的手，把自己作为牺牲，以此向上帝请求降福。上帝很高兴，当时就下了雨。"说汤把自己当做牺牲在桑林祷告责备自己，以及说剪头发捆手，把自己当作牺牲，以此向上帝请求降福，这是事实。至于说天下雨，是因为汤责备自己，把自己当做牺牲向.上帝祷告的缘故，大概是不符合事实的说法。孔子得病，子路请求为他祷告。孔子说："有这样的事吗？"子路说："有的。祷词上有："为你向天上的神和地下的神祈祷。'"孔子说："我祈祷已经很久了。"圣人修养身心，端正操行，平常祷告的时间已经很久了，天地鬼神都知道他们没有罪过，所以说"祷告很久了"。《周易·乾卦·文言》上说："圣人与天地同德行，与日月同光明，与春、夏、秋、冬四时变化同顺序，与鬼神同吉凶。"这是说圣人跟天地鬼神同德行。如果圣人一定要祈祷才能得福，这就是说他跟天地鬼神不同德行了。商汤和孔子都是圣人，平素祈祷的时间都很久。孔子不让子路祷告为他治病，商汤为什么要用祷告来得到雨水呢？孔子一向祈祷，身体尚还生病。商汤也一向祈祷，整年还是大旱。既然如此，那么天地有水灾旱灾，就像人会生病一样。生病不可能因为责备自己而消除，水灾旱灾同样不可能因为祈祷而自动免除，这是明摆着的。商汤遭到旱灾，是因为犯了过错吗？这就是他不与天地同德行了。如果不是由于他的过错招致来的大旱，那么，责备自己向上天祷告谢罪，也没有什么用处。人的形体长七尺，身体中有五脏，会得疟疾，狠狠地责备自己，尚且不能痊愈。何况广阔的天，本来就有水灾和旱灾，汤用七尺长的身体，心中的诚挚，责备自己祷告谢罪，怎么能得到雨水呢？要是人在高台上，有人从高台下叩头，请求得到台上的东西。台上的人听见他的话，就会怜悯给他；如果听不见他的话，即使他诚恳到极点，最终还是得不到。天离人，不只高台那祥高，商汤即使责备自己，天怎么能听见而给他雨水呢？那干旱，是火气造成的灾害，久雨，是水造成的灾异。尧遇到的洪水，可以说是大得很。尧并没有责备自己，用自己作牺牲来向上天祈祷，而是一定要舜、禹去治理它，因为他知道水灾必须靠治理才会消除。消除水患不能靠祈祷，消除旱灾也应该像这样。由此说来，商汤的祈祷不可能得到雨水。也许是干旱得太久了，该当是行雨的时候，商汤由于久旱，碰巧在责备自己，世人看雨下来，是随着汤责备自己而来的，就说汤是靠祈祷得到雨水的。

福虚（节录）

世论行善者福至，为恶者祸来。福祸之应，皆天也，人为之，天应之。阳恩，人君赏其行；阴惠，天地报其德。无贵贱贤愚，莫谓不然。徒见行事有其文传，又见善人时遇福，故遂信之，谓之实然。斯言或时贤圣欲劝人为善，著必然之语，以明德报；或福时适遇者以为然。如实论之，安得福佑乎？

【译文】世人议论做好事的福至，干坏事的祸来。福与祸的报应，都由天定。人做出来，由天报应、公开做了好事，君主会奖励他的操行；暗中做好事，天地会报应他的德行。不论贵、贱、贤、愚的人，没有认为不是这祥的。由于他们不仅看见过去的事例有文字记载，又看见做好事的人时常得福，所以就相信了，认为确实是这样。这话或许是圣贤想规劝人们做好事，用一定会行善得福，为恶遭祸的说法，来表明有德必得好报；或许是做好事的人当时碰巧得福，遇见这种情况的人就认为行善得天好报这种情况是确实的。如果按照实际情况来判断，怎么会有上天赐福保佑的事呢？

禁惠王食寒菹而得蛭，因遂吞之，腹有疾而不能食。令尹问：“王安得此疾也？”王曰：“我食寒菹而得蛭，念谴之而不行其罪乎？是废法而威不立也，非所以使国人闻之也；谴而行诛乎？则庖厨监食者法皆当死，心又不忍也。吾恐左右见之也，因遂吞之。”令尹避席再拜而贺曰：“臣闻天道无亲，唯德是辅。王有仁德，天之所奉也，病不为伤。”是夕也，惠王之后而蛭出，及久患心腹之积皆愈。故天之亲德也，可谓不察乎！曰：此虚言也。案惠王之吞蛭，不肖之主也。有不肖之行，天不佑也。何则？惠王不忍谴蛭，恐庖厨监食法皆诛也。一国之君，专擅赏罚；而赦，人君所为也。惠王通谴菹中何故有蛭，庖厨监食皆当伏法。然能终不以饮食行诛于人，赦而不罪，惠莫大焉。庖厨罪觉而不诛，自新而改后。惠王赦细而活微，身安不病。今则不然，强食害己之物，使监食之臣不闻其过，失御下之威，无御非之心，不肖一也。使庖厨监食失甘苦之和，若尘土落于菹中，大如虮虱，非意所能览，非目所能见，原心定罪，不明其过，可谓惠矣。今蛭广有分数，长有寸度，在寒菹中，眇目之人犹将见之，臣不畏敬，择濯不谨，罪过至重。惠王不谴，不肖二也。菹中不当有蛭，不食投地；如恐左右之见，怀屏隐匿之处，足以使蛭不见，何必食之？如不可食之物，误在菹中，可复隐匿而强食之，不肖三也。有不肖之行，而天佑之，是天报佑不肖人也。

【译文】楚惠王吃凉酸菜发现有蚂蟥，于是就吞食了，之后腹部得病不能吃东西。令尹问安道：“君王怎么得这病的？”惠王回答说：“我吃凉酸菜发现有蚂蟥，想如果责备厨师而不治他们的罪呢，这是破坏法令而使自己威严建立不起来的做法，我没有这样做的原因是怕百姓知道。要责备并给予他们惩罚呢？那厨师和管膳食的人按法律都该处死，心又不忍。我害怕左右的人看见，于是就吞食了。”令尹离开自己的座位再次叩拜并恭贺说：“我听说天道是没有亲疏的，只帮助有德行的人。君王具有仁德，靠天的帮助，病不会造成伤害。”这天晚上，惠王去后宫厕所排出了蚂蟥，同时病了很久的心腹积块也全都痊愈了。所以上天是爱护有德行的人的，这还能说不清楚吗？我说，这是句假话。考察惠王吞吃蚂蟥，可以看出他是不贤明的君主。有不贤明的德行，上天不会保佑。为什么呢？惠王不忍心责备冷酸菜中有蚂蟥的事，恐怕厨师和管膳食的人按照法律都被杀掉。一国的君主，独断全国的奖励与惩罚；而赦免罪人的权力，也是君主所掌握。惠王用通常责备酸菜中为什么会有蚂蟥的作法，厨师和管膳食的人都该被依法处死，然而最终能不因饮食问题把人处死，并赦免，不判罪，其恩惠没有比这更大的了。厨师的罪过被发觉而没有杀他，自然会自新，改过以后不再犯。惠王宽恕小罪，使地位低微的人保全性命，自身也会平安而不生病。现在则不是这样，惠王硬吃下有害自己的东西，让管理膳食的臣子不知道自己的过错，失去了统治臣民的威严，可见没有制止错误的意思，这是不贤明之一。即使厨师和管膳食的人调味不当，或把尘土落在酸菜中，大小如虱子的卵，不是一般注意力所能察觉，不是眼睛所能看见，在推究动机定罪时，没有揭发他的过错，就可以说是极大的恩惠了。现今蚂蟥体宽可以用分来计算，身长可以用寸来衡量，掉在凉酸菜中，就是瞎了一只眼也还能看见，臣子对君王没有怕惧，又不恭敬，挑选洗涤不小心，罪过极大。而惠王却不责备，这是不贤明之二。酸菜中不该有蚂蟥，不能吃就应扔在地上；如果怕左右侍臣看见，可以把它揣在怀里，然后丢在隐蔽的地方，完全可以使蚂蟥不被人看见，又何必吃下去呢了？如果不能吃的东西误落在酸菜中，难道能再悄悄地硬吃下去吗？这是不贤明之三。有不贤明的德行，而上天保佑他，这是上天善报保佑不贤明的人。

不忍谴蛭，世谓之贤。贤者操行，多若吞蛭之类。吞蛭天除其病，是则贤者常无病也。贤者德薄，未足以言。圣人纯道，操行少非，为推不忍之行，以容人之过。必众多矣。然而武王不豫，孔子疾病，天之佑人，何不实也？或时惠王吞蛭，蛭偶自出。食生物者无有不死，腹中热也。初吞蛭时，未死，而腹中热，蛭动作，故腹中痛。须臾，蛭死腹中，痛亦止。蛭之性食血，惠王心腹之积，殆积血也。故食血之虫死，而积血之病愈。犹狸之性食鼠，人有鼠病，吞狸自愈。物类相胜，方药相使也。食蛭虫而病愈，安得怪乎？食生物无不死，死无不出，之后蛭出，安得佑乎？令尹见惠王有不忍之德，知蛭入腹中必当死出，臣因再拜，贺病不为伤。著已知来之德，以喜惠王之心，是与子韦之言星徙、太卜之言地动无以异也。

【译文】不忍心责备厨师和管膳食的人就吞食蚂蟥，世人于是认为贤明。贤者的操行，大多像吞食蚂蟥之类，吞下蚂蟥，天就解除他的病，这样贤者永远不会生病。像这样的贤者品德太差，不足以称道。圣人的道德纯厚，操行很少有不对的地方，做出怜悯人的德行，以宽容人过失的事，一定很多。然而周武王有病，孔子生病，天保佑人，为什么与实际情况不相符合呢!或许是惠王吞下蚂蟥，蚂蟥正好自然被排出。人吃了活的东西在肚子里没有不死的，因为腹中是热的。刚吞下的时候，蚂蟥没有死，由于腹中热，蚂蟥翻动起来，所以腹中感觉疼痛。一会儿蚂蟥死了，腹痛也就停止。蚂蟥的本性吸血，惠王心腹的积块，大概是淤血。所以吸血的虫死了，淤血的病也就痊愈了。就像野猫本性吃老鼠，人得了鼠病，吞吃野猫就会自动痊愈一样。物类相互克制，开方配药正是利用它们相克的特点。吃下蚂蟥病痊愈了，这有什么值得奇怪的!人吃了活的东西在肚子里没有不死的，死后没有不被排出的。死后蚂蟥被排出，怎么能是天保佑呢？令尹看见惠王有怜悯人的品德，知道蚂蟥进入人腹中肯定要死，然后被排出体外，才是又叩拜又恭贺惠王的病不会造成伤害，是要显示自己知道未来的客观规律，以讨惠王的心欢喜，这跟子韦说宋景公说了三句怜惜人的话火星就会移动离开心宿，太卜在齐景公面前吹嘘自己能使地震动，没有两样。

祸虚（节录）

世谓受福佑者，既以为行善所致；又谓被祸害者，为恶所得。以为有沉恶伏过，天地罚之，鬼神报之。天地所罚，小大犹发；鬼神所报，远近犹至。

【译文】社会上认为受上天赐福保佑，完全因为是做好事招致的；又认为遭受祸害，是作恶得来的。以为有掩藏罪恶隐瞒过错的，天地会惩罚他，鬼神会报应他。而且凡是天地要惩罚的，不管罪恶大小还是要被发现；凡是鬼神要报应的，不管远近仍然可以达到。

传曰："子夏丧其子而丧其明，曾子吊之，哭。子夏曰：'天乎！予之无罪也！'曾子怒曰：'商，汝何无罪也？吾与汝事夫子于洙、泗之间，退而老于西河之上，使西河之民疑汝于夫子，尔罪一也；丧尔亲，使民未有异闻，尔罪二也；丧尔子，丧尔明，尔罪三也。而曰汝无罪，何欤？'子夏投其杖而拜，曰：'吾过矣，吾过矣！吾离群而索居，亦以久矣！'"夫子夏丧其明，曾子责以罪，子夏投杖拜曾子之言，盖以天实罚过，故目失其明，已实有之，故拜受其过。始闻暂见，皆以为然；熟考论之，虚妄言也。

【译文】传书上说："子夏失掉了儿子又眼睛失明，曾子去安慰他，于是大哭起来。子夏呼喊道：'天哪，我没有罪。'曾子生气地说：'商，你没有什么罪？我与你在洙水与泗水之间侍奉孔夫子，隐退，养老在西河上，你让西河的百姓拿孔夫子来比你，这是你的罪之一。你死了双亲，没有让百姓听到你有特殊的悲哀，这是你的罪之二。你死了儿子，又哭瞎了眼睛，这是你的罪之三。你说，你怎么没有罪呢？'子夏立即去掉拐杖赶快下拜，说：'我有过错，我有过错：我离开大家独居，已经太久了！"子夏丧失了视力，曾子以有罪责备他，子夏便丢掉拐杖下拜，恭敬地接受曾子的指责，大概以为上天确实在惩罚有过的人，所以自己眼睛失明，而且自己确实有曾子指汁}的那些过错，因此下拜恭敬地接受刘他过错的指责。刚一听，猛一看，都以为是这样。但仔细分析评论它，是虚假的说法。

夫失明犹失听也。失明则盲，失听则聋。病聋不谓之有过，失明谓之有罪，惑也。盖耳目之病，犹心腹之有病也。耳目失明听，谓之有罪，心腹有病，可谓有过乎？伯牛有疾，孔子自牖执其手，曰：“亡之，命矣夫！斯人也而有斯疾也！”原孔子言，谓伯牛不幸，故伤之也。如伯牛以过致疾，天报以恶与子夏同，孔子宜陈其过，若曾子谓子夏之状。今乃言命，命非过也。且天之罚人，犹人君罪下也。所罚服罪，人君赦之。子夏服过，拜以自悔，天德至明，宜愈其盲。如非天罪，子夏失明，亦无三罪。且丧明之病，孰与被厉之病？丧明有三罪，被厉有十过乎？颜渊早夭，子路菹醢。早死、菹醢，极祸也。以丧明言之，颜渊、子路有百罪也。由此言之，曾子之言误矣。然子夏之丧明，丧其子也。子者人情所通，亲者人所力报也。丧亲民无闻，丧子失其明，此恩损于亲而爱增于子也。增则哭泣无数，数哭中风，目失明矣。曾子因俗之议，以著子夏三罪。子夏亦缘俗议，因以失明，故拜受其过。曾子、子夏未离于俗，故孔子门叙行，未在上第也。

【译文】丧失视力就像丧失听力一样。丧失视力就眼瞎，丧失听力就耳聋。生病耳聋不能说是有过失，丧失视力却说有罪，真使人迷惑。耳朵眼睛生病，就像心腹有病一样。耳朵眼睛丧失视力听力，认为是有罪，那么心腹有病，不就可以认为是有过错了吗？伯牛有病，孔子从窗外握着他的手，说：“没命啦!这样的人却会得这个病!”推究孔子的话，是说伯牛不幸运，因而为他悲伤。如果伯牛因为过错而招致生病，天以疾病报应就应该跟子夏一样，孔子应该陈述他的过错，像曾子说子夏的罪状一样。如今孔子却说是命，命并非是过错。天惩罚人，就像君主惩处臣下一样。被惩罚的人服了罪。君主就该赦免他。子夏已经心服其过错，下拜而表示自愿悔过，天的圣德已表明。就应该使他的瞎眼痊愈。如果不是天的惩罚，子夏眼瞎，也就不是三条罪过造成的。况且失明的病哪里比得上身上长癞呢？失明有三条罪，那长癞不有十条过错了吗？颜渊早死，子路被剁成肉酱。早死、剁成肉酱，是天下最大灾祸。用子夏失明是天惩罚的说法来推论，那么颜渊、子路就有一百条罪状。由此说来，曾子的说法是错误的。

道虚（节录）

儒书言：“淮南王学道，招会天下有道之人，倾一国之尊，下道术之士。是以道术之士，并会淮南，奇方异术，莫不争出。王遂得道，举家升天。畜产皆仙，犬吠于天上，鸡鸣于云中。此言仙药有余，犬鸡食之，并随王而升天也。”好道学仙之人，皆谓之然。此虚言也。夫人，物也，虽贵为王侯，性不异于物。物无不死，人安能仙？鸟有毛羽，能飞，不能升天。人无毛羽，何用飞升？使有毛羽，不过与鸟同；况其无有，升天如何？案能飞升之物，生有毛羽之兆；能驰走之物，生有蹄足之形。驰走不能飞升，飞升不能驰走。禀性受气，形体殊别也。今人禀驰走之性，故生无毛羽之兆，长大至老，终无奇怪。好道学仙，中生毛羽，终以飞升。使物性可变，金木水火可革更也。虾蟆化为鹑，雀入水为蜃蛤，禀自然之性，非学道所能为也。好道之人，恐其或若等之类，故谓人能生毛羽，毛羽备具，能升天也。且夫物之生长，无卒成暴起，皆有浸渐。为道学仙之人，能先生数寸之毛羽，从地自奋，升楼台之陛，乃可谓升天。今无小升之兆，卒有大飞之验，何方术之学成无浸渐也？

【译文】儒者的书上说："淮南王学道，招集天下有道的人，屈国君的尊严，接待有道术的人士。因此有道术的人，一起会聚淮南王，奇异的方术，没有不争先献出的。淮南王终于得道成仙，全家升天，连家中的禽兽都成了仙，狗会在天上叫，鸡会在云中啼。"这是说淮南王的仙药有多余，狗、鸡吃了，都一起随他升天。喜欢求道学仙的人，都说是真的。这话不确实。因为人是动物。即使尊贵做了王侯，本性跟动物没有区别。动物没有不死的，人又怎么能为仙人不死呢？鸟有羽毛，会飞不能升天。人没有羽毛，用什么来飞，来升天呢？假使有利毛，不过跟鸟一样，何况没有，怎么能升天呢？考察能飞能升天的动物，生来就有羽毛的形状；能奔跑的动物，生来就有蹄子的形状。动物能奔跑的不会飞，不会升天，会飞能升天的又不能奔跑，这是因为它们承受的特性和气各不相同，所以形体也不一样的缘故。如今人承受了能奔跑的特性，所以生来就没有羽毛的形状，从长大到老，始终没有异常的变化。据说好道学仙的人，能中途长出羽毛，终于会飞能升天。即使物体的特性可以改变，金木水火，也可以改变。虾蟆能变成鹌鹑，麻雀到水里能变成大蛤蜊，这都是承受气而自然形成的特性，并不是学道能做到的。喜欢道的人，恐怕他们也许就像这一类东西，所以他们说人能长羽毛，等到羽毛具备了，就能升天。再说，动物的生长，没有突然长成，猛然产生的，都有渐变的过程。为道学仙的人，假使能先长出几寸长的羽毛，从地上自己奋起，飞到楼台的台阶上，然后才说得上能升天。如今没有一点能飞升的样子，怎么会突然有直飞上天的效验，是什么道术的成功没有渐变的过程呢？

毛羽大效，难以观实。且以人髯发物色少老验之。物生也色青，其熟也色黄。人之少也发黑，其老也发白。黄为物熟验，白为人老效。物黄，人虽灌溉壅养，终不能青；发白，虽吞药养性，终不能黑。黑青不可复还，老衰安可复却？黄之与白，犹肉腥炙之燋，鱼鲜煮之熟也。燋不可复令腥，熟不可复令鲜。鲜腥犹少壮，燋熟犹衰老也。天养物，能使物畅至秋，不得延之至春；吞药养性，能令人无病，不能寿之为仙。为仙体轻气强，犹未能升天，令见轻强之验，亦无毛羽之效，何用升天？天之与地，皆体也。地无下，则天无上矣。天无上升之路，何如？穿天之体？人力不能入。如天之门在西北，升天之人，宜从昆仑上。淮南之国，在地东南。如审升天，宜举家先从昆仑，乃得其阶。如鼓翼邪飞，趋西北之隅，是则淮南王有羽翼也。今不言其从之昆仑，亦不言其身生羽翼，空言升天，竟虚非实也。

【译文】人生毛羽的功效，很难具体观察到。用人的头发、植物的颜色初生与衰老的情况来验证。植物生长初期颜色青，到它成熟时颜色变黄；人年少时头发颜色黑，到他年老时头发变白。颜色变黄是植物成熟的证明，头发变白是人年老的证明。植物变黄，人即使灌溉培土施肥培植它，始终不能变青；头发白了，即使吃药保养身体，始终不会变黑。黑色青色不能再还原，年老体衰怎么可以重新退回到年轻的时候去呢？黄色与白色，就像把生肉烤煳，把生鱼煮熟一样。烤煳的不能又叫它成为生肉，煮熟的不能再使它成为生鱼。生肉生鱼就像人年轻体壮一样，烤煳的肉、煮熟的鱼就像人体衰年老一样。天供养植物，能使植物顺利地生长到秋天，但不能使它延长到来年春天。吃药能保养身体，能使人不生病，但不能延寿成仙人不死。成为仙人体轻气足，尚且不能升天，即令有明显的体轻气足的证明，也没有长羽毛的证明，用什么来升天呢？天和地都是实体，没有比地更低的地方，那么也没有比天更高的地方，没有升天的路，怎么办呢？要穿透天体，人力是不能进入的，如果天的门在西北，升天的人应该从昆仑山，淮南国，在地的东南。如果确实要升天，南王应该全家迁移到昆仑山，才能得到上天的阶梯，如果能展翅向西北角飞，这就是说他有翅膀了。现在不说他迁移到昆仑山，也不说他身上长有翅膀，而是凭空说他升天，可见是虚假不真实的。

案淮南王刘安，孝武皇帝之时也。父长，以罪迁蜀严道，至雍道死。安嗣为王，恨父徙死，怀反逆之心，招会术人，欲为大事。伍被之属充满殿堂，作道术之书，发怪奇之文，合景乱首。八公之传欲示神奇，若得道之状，道终不成，效验不立，乃与伍被谋为反事，事觉自杀，或言诛死。诛死、自杀，同一实也。世见其书，深冥奇怪，又观八公之传似若有效，则传称淮南王仙而升天，失其实也。

【译文】考察淮南王刘安是孝武皇帝时人。他父亲刘长，因为获罪被流放蜀郡严道，在去雍县路上死了。刘安继承做了淮南王，怀恨他父亲被流放而死，怀有叛逆之心，于是招聚有道术的人，想为谋反作准备。这样伍被之类，充满大殿，写作道术的书，发表稀奇古怪的文章，与作乱的首领形影不离。八公之类的人想显示自己的神奇，装作好像修仙得道的样子。修道终究没有成功，没有效果，于是跟伍被策划谋反的事，事情被发觉而自杀。有人说是被处死。被处死与自杀，同是一回事。世人看见他们写的书深奥莫测罕见怪异，又看见八公之类好像有成效的样子，就流传说淮南王成仙而且升天，这就失掉了它的真实性。

道家或以导气养性，度世而不死，以为血脉在形体之中，不动摇屈伸，则闭塞不通。不通积聚，则为病而死。此又虚也。夫人之形，犹草木之体也。草木在高山之巅，当疾风之冲，昼夜动摇者，能复胜彼隐在山谷间，鄣于疾风者乎？案草木之生，动摇者伤而不畅，人之导引动摇形体者，何故寿而不死？夫血脉之藏于身也，犹江河之流地。江河之流，浊而不清，血脉之动，亦扰不安。不安，则犹人勤苦无聊也，安能得久生乎？

【译文】道家或者用练气功来保养生命，成仙不死，认为血脉在身体中，如果不活动，不弯曲舒展，就会闭塞不通。血脉积聚不通，就会生病而死亡。这话不真实。因为人的身体，就像草木的形体一样。草木在高山顶，正当大风冲击，昼夜摇动，它们能更胜过那些隐蔽在山谷里免受大风吹动的草木吗？我们观察到草木刚发芽，被摇动的，要受到损伤而不能正常生长，那么人导气，屈伸筋骨，活动身体的，又怎么能长寿而不死呢？血脉隐藏在人的身体中，就像江河在地上流淌一样。江河奔流，水浑浊不清；血脉流动，也会被搅动得不安宁。血脉不得安宁，就像人勤苦而不愉快一样，怎么能够长生不老呢？

道家或以服食药物，轻身益气，延年度世。此又虚也。夫服食药物，轻身益气，颇有其验。若夫延年度世，世无其效。百药愈病，病愈而气复，气复而身轻矣。凡人禀性，身本自轻，气本自长，中于风湿，百病伤之，故身重气劣也。服食良药，身气复故，非本气少身重，得药而乃气长身更轻也，禀受之时，本自有之矣。故夫服食药物除百病，令身轻气长，复其本性，安能延年至于度世？有血脉之类，无有不生，生无不死。以其生，故知其死也。天地不生，故不死；阴阳不生，故不死。死者，生之效；生者，死之验也。夫有始者必有终，有终者必有始。唯无终始者，乃长生不死。人之生，其犹〔冰〕也。水凝而为冰，气积而为人。冰极一冬而释，人竟百岁而死。人可令不死，冰可令不释乎？诸学仙术，为不死之方，其必不成，犹不能使冰终不释也。

【译文】道家有的由于吞吃了药物，身子变轻体气增加，于是延年益寿成了仙人。这话又错了。因为吞吃药物，身子变轻体气增加，略有证明。至于增加寿命成仙人的，世上还没有效验。各种药物能治好疾病至于延年益寿，病治好了能使气恢复，气恢复才能使身子变轻。凡人从天禀受特性，身体本来开始就轻，气本来开始就壮，由于受到风湿的侵击，各种各样的疾病都来伤害它，于是身体感到沉重，气感到短促。吃了良药，身体和气又还原了，并非本来气短少身体沉重，吃了药才能气壮身轻的，而是在天禀受的时候，本来一开始就有的。所以吃药物能除百病，即令身体轻了气壮了，恢复了他原来的特性，又怎么能延年益寿甚至于成仙呢？有血脉之类的动物，没有谁不是生下来的，生下来的没有谁不死。由于他生下来，所以知道他会死。天地不是生下来的。所以它们不死；阴气和阳气不是生下来的，所以也不死。死，是活着的证明，活着，又是死的证明。有开始就一定有结束，有结束就必定有开始。只有没有开始与结束的，才会长生不死。人的一生就像冰一样。水凝固就成冰，气聚积而成人。冰过一冬而融化，人到百岁就会死。要是人可以使自己不死，那么冰可以让其不融化吗？凡以学仙术作不死方术的，肯定不会成功，就像不可能让冰始终不融化一样。

齐世

语称上世之人，侗长佼好，坚强老寿，百岁左右；下世之人短小陋丑，夭折早死。何则？上世和气纯渥，婚姻以时，人民禀善气而生，生又不伤，骨节坚定，故长大老寿，状貌美好。下世反此，故短小夭折，形面丑恶。此言妄也。夫上世治者，圣人也；下世治者，亦圣人也。圣人之德，前后不殊，则其治世，古今不异。上世之天，下世之天也。天不变易，气不改更。上世之民，下世之民也，俱禀元气。元气纯和，古今不异，则禀以为形体者，何故不同？夫禀气等则怀性均，怀性均，则形体同；形体同，则丑好齐；丑好齐，则夭寿适。一天一地，并生万物。万物之生，俱得一气。气之薄渥，万世若一。帝王治世，百代同道。人民嫁娶，同时共礼。虽言男三十而娶，女二十而嫁，法制张设，未必奉行。何以效之？以今不奉行也。礼乐之制，存见于今，今之人民，肯行之乎？今人不肯行，古人亦不肯举。以今之人民，知古之人民也。

【译文】一般的说法认为古代的人，身材高大面目姣美，身体强健，寿命很长，能活百岁左右；后代的人，身材矮小面目丑陋，短命早死。为什么呢？因为古代和气纯厚，婚姻按照适当的婚龄，人民承受上天的和气而出生，生下来以后又没有受到伤害，骨节坚强稳定，所以身材高大而长寿，体形相貌美好。后代与此相反，所以身材矮小短命早死，体形面貌丑恶。这种说法太荒谬了。古代的统治者是圣人，后代的统治者也是圣人。圣人的功德，前后没有什么差异，那么他们所治理的社会，古今也没有什么不同。古代的天，就是后代的天，天没有变化，气也没有变化。古代的老百姓，和后代的老百姓一样，同样承受天的元气。元气纯厚和谐，古今没有差别，那么承受这种元气形成形体的人，为什么会不相同呢？承受元气相等，具有的本性就相同；具有的本性相同，那么形体也应相同；形体相同，那么美丑就一样；美丑一样，那么夭折长寿也应该相等。古今是同一个天同一个地，同样地生育万物。万物的产生，都是承受同样的气。气的厚薄，千万年都是一个样。帝王治理天下，千百代同用一个道理。老百姓的嫁娶，都在同样的年龄举行相同的礼仪。虽然说“男子三十岁才结婚，女子二十才出嫁”，只是法令礼制上的规定，老百姓未必遵照执行。用什么来证明这一点呢？用今天不奉行法令礼制的规定就可以证明了。礼乐的制度，在今天仍然存在，今天的老百姓肯执行它吗？今天的老百姓不肯执行，古代的老百姓也不肯执行。根据今天老百姓的情况，就可以知道古代老百姓是怎样的了。

物，亦物也。人生一世，寿至一百岁。生为十岁儿时，所见地上之物，生死改易者多。至于百岁，临且死时，所见诸物，与年十岁时所见，无以异也。使上世下世，民人无有异，则百岁之间，足以卜筮。六畜长短，五谷大小，昆虫草木，金石珠玉，蜎蜚蠕动，跂行喙息，无有异者，此形不异也。古之水火，今之水火也。今气为水火也，使气有异，则古之水清火热，而今水浊火寒乎？人生长六七尺，大三四围，面有五色，寿至于百，万世不异。如以上世人民侗长佼好，坚强老寿，下世反此；则天地初立，始为人时，长可如防风之君，色如宋朝，寿如彭祖乎？从当今至千世之后，人可长如荚英，色如嫫母，寿如朝生乎？王莽之时，长人生长一丈，名曰霸。出建武年中，颍川张仲师长一丈二寸，张汤八尺有余，其父不满五尺，俱在今世，或长或短。儒者之言，竟〔大〕误也。语称上世使民以宜，伛者抱关，侏儒俳优。如皆侗长佼好，安得伛、侏之人乎？

【译文】人，属于物；物，也属于物。人生的一辈子，活到一百岁。长到十岁的儿童时期，所看到的地上的各种东西，生死变化的现象很多。活到一百岁，临到将要死的时候，所见到的各种东西，与十岁年纪时所见到的，实际上没有什么不同。如果古代和后代的人没有什么差别，那么人生一辈子的情况就完全可以推断出来了。六畜的长短，五谷的大小，昆虫草木，金石珠玉，飞禽爬虫，以及用脚行走用嘴呼吸的各种动物，没有什么差异的原因，这是由于它们的外形没有什么不同。古代的水与火，和现在的水与火一样。现在是气构成了水与火，假使认为古今的气不相同，那么古代的水是清的，火是热的，而现在的水是浊的，火则是冷的吗？人可以生长到六七尺高，胸围有三四围，面部有五种不同的气色，寿命可达到一百岁，这是万代也不会变化的。如果认为古代的人，身材高大面貌美好，强健长寿，后代的人与此相反，那么天地最初创立，刚刚形成人类的时候，就可以让人像防风氏的君王那样高大，面色像宋国的公子朝那样美好，寿命像彭祖那样长吗？从现在到千年以后，人可能只像荚英那样高，像嫫母那样丑，像朝生那样短命吗了，王莽的时候，有个高大的人，身长一丈，名叫霸。建武年间，颍川的张仲师只高二尺几寸。张汤身高八尺有余，他的父亲却身高不足五尺。这些人都在当今世上，有的高有的矮，俗儒的说法，归根到底是错误的。一般还讲到古代根据人的生理特点合理地使用老百姓，驼背的让他去守门，是侏儒就让他当徘优，如果都高大貌美，怎么会有驼背、侏儒这样的人呢？

语称上世之人，质朴易化；下世之人，文薄难治。故《易》曰：“上古之时，结绳以治，后世易之以书契。”先结绳，易化之故；后书契，难治之验也。故夫宓牺之前，人民至质朴，卧者居居，坐者于于，群居聚处，知其母不识其父。至宓牺时，人民颇文，知欲诈愚，勇欲恐怯，强欲凌弱，众欲暴寡，故宓牺作八卦以治之。至周之时，人民文薄，八卦难复因袭，故文王衍为六十四首，极其变，使民不倦。至周之时，人民〔文〕薄，故孔子作《春秋》，采毫毛之善，贬纤介之恶，称曰：“周监于二代，郁郁乎文哉！吾从周。”孔子知世浸弊，文薄难治，故加密致之罔，设纤微之禁，检狎守持，备具悉极。此言妄也。

【译文】一般说法还讲古代的人，单纯朴实容易接受教化，后代的人，浮华轻薄，难于治理。所以《周易》说：“上古时代，结绳记事，后代用书契取代了这种记事方法。”早先结绳记事，是古人容易接受教化的证明；后来使用书契，是后代人难于治理的证明。所以在伏羲氏之前，老百姓极其单纯朴实，躺着的悠然自得，坐着的也悠然自得，一群群聚集居住在一起，只知他们的母亲而不知道他们的父亲。到了伏羲氏的时代，老百姓有点浮华了，聪明的想欺诈愚笨的，勇敢的想恐吓怯懦的，强健的想欺凌弱小的，人多的想强暴人少的，所以伏羲制作了八卦用来治理老百姓。到了周国时，老百姓浮华轻薄，八卦很难再使用下去，因此周文王发展为六十四卦，充分发挥了八卦的一切变化，使老百姓不再懈怠。到了春秋时期，老百姓轻浮很久了，因此孔子编写《春秋》，表彰极细小的善行，贬斥极细微的恶举，并称赞说：“周朝的礼制是依据夏、商两代的礼制制定的，多么丰富多彩呀!我拥护周朝的礼制。”孔子知道社会在逐渐衰败，老百姓浮华轻薄难于治理，因此提出周密的礼法制度，设置了很细微的各种禁令，纠正什么维护什么，规定得极为完备详尽。这种说法太荒谬了。

上世之人，所怀五常也；下世之人，亦所怀五常也。俱怀五常之道，共禀一气而生，上世何以质朴？下世何以文薄？彼见上世之民饮血茹毛，无五谷之食，后世穿地为井，耕土种谷，饮井食粟，有水火之调；又见上古岩居穴处，衣禽兽之皮，后世穿以宫室，有布帛之饰，则谓上世质朴，下世文薄矣。夫器业变易，性行不异。然而有质朴文薄之语者，世有盛衰，衰极久有弊也。譬犹衣食之于人也，初成鲜完，始熟香洁，少久穿败，连日臭茹矣。文质之法，古今所共。一质一文，一衰一盛，古而有之，非独今也。何以效之？传曰：“夏后氏之王教以忠。上教以忠，君子忠，其失也，小人野。救野莫如敬，殷〔之〕王教以敬。上教用敬，君子敬，其失也，小人鬼。救鬼莫如文，故周之王教以文。上教以文，君子文，其失也，小人薄。救薄莫如忠，承周而王者，当教以忠。”夏所承唐、虞之教薄，故教以忠。唐、虞以文教，则其所承有鬼失矣。世人见当今之文薄也，狎侮非之，则谓上世朴质，下世文薄。犹家人子弟不谨，则谓他家子弟谨良矣。

【译文】古代的人心中怀有五常道德，后代的人也怀有五常道德。同样都怀有五常道德，都是受了同样的气而产生出来的人，古代的为什么单纯朴实？后代的为什么浮华轻薄呢？那些见到古代的老百姓喝禽兽的生血吃带毛生肉，没有五谷之类的食物，后代挖地造井，耕作土地播种谷物，饮用井水吃谷物粮食，懂得用水火来烹调食物；又见到上古的人居住在岩洞里，穿的是禽兽的皮，后代的人用宫室取代岩洞，懂得用布帛来打扮自己的人，就说上古的人单纯朴实，后代的人浮华轻薄。器物职业会发生变化，人的本性与操行不会产生变化，然而出现了古人"质朴"，今人"文薄"这种说法的原因，是由于国家和社今注定有盛有衰，衰败太久就会出现弊病。比如衣食对于人，衣服刚做成时漂亮完整，食物刚熟时清香洁净，衣服稍穿久一点就破旧了，食物经过几天就腐臭了。典章制度与质朴诚信的法则，古今是一样的。有时侧重于"文"，有时侧重于"质"，社会有时衰败，有时兴盛，自古以来就是如此，不独今天是这样。用什么来证明这一点呢？传上说："夏后氏的君王倡导忠厚。君王倡导忠厚，君子都忠厚，它的弊病是导致小人粗野。纠正粗野什么也比不上用敬奉天神和祖先的办法。殷代的君王倡导敬奉天神和祖先，君子都敬奉天神和祖先，它的弊病是导致小人迷信鬼神。纠正迷信鬼神的做法莫过于提倡典章制度，所以周代的君王倡导典章制度。君王倡导典章制度，君子都遵循典章制度，它的弊病是导致小人浮华轻薄。纠正浮华轻薄的做法莫过于提倡忠厚。继承周代而统治天下的君王，就应当倡导忠厚。夏代所继承的尧、舜时代的教化产生了浮华轻薄的弊病，所以才倡导忠厚；尧、舜倡导典章制度，那么他们所承袭的一前一代的教化，肯定存在着迷信鬼神的弊病。世俗之人见到当今的浮华轻薄现象，轻视它反对它，就说古代朴实单纯，后代浮华轻薄，好比自家的子弟不规矩，就认为别人家的子弟规矩忠厚了。

语称上世之人重义轻身，遭忠义之事，得已所当赴死之分明也，则必赴汤趋锋，死不顾恨。故弘演之节，陈不占之义，行事比类，书籍所载，亡命捐身，众多非一。今世趋利苟生，弃义妄得，不相勉以义，不相激以行，义废身不以为累，行隳事不以相畏。此言妄也。夫上世之士，今世之士也，俱含仁义之性，则其遭事并有奋身之节。古有无义之人，今有建节之士。善恶杂厕，何世无有。述事者好高古而下今，贵所闻而贱所见。辨士则谈其久者，文人则著其远者。近有奇而辨不称，今有异而笔不记。若夫琅邪兒子明，岁败之时，兄为饥人所食，自缚叩头，代兄为食，饿人美其义，两舍不食。兄死，收养其孤，爱不异于己之子，岁败谷尽，不能两活，饿杀其子，活兄之子。临淮许君叔亦养兄孤子，岁仓卒之时，饿其亲子，活兄之子，与子明同义。会稽孟章父英为郡决曹掾，郡将挝杀非辜，事至覆考，英引罪自予，卒代将死。章后复为郡功曹，从役攻贼，兵卒北败，为贼所射，以身代将，卒死不去。此弘演之节，陈不占之义何以异？当今著文书者，肯引以为比喻乎？比喻之证，上则求虞、夏，下则索殷、周。秦、汉之际，功奇行殊，犹以为后。又况当今在百代下，言事者目亲见之乎？

【译文】一般说到古代的人，重视礼义而轻视生命，清楚地认识到自己应当承担并牺牲生命的事，必然会赴汤蹈锋，死也不会顾惜悔恨。所以弘演的节操，陈不占的忠义，这样类似的人和事中，书籍中所记载的丧失性命抛弃身体的人很多，不只一个。如今社会上的人，贪求私利，苟且偷生，抛弃礼义，追求非分利益，不用道义互相劝勉，不在行为方面互相激励，废弃了道义不以为有害，行事败坏了自己的操行也不感到可怕，这些说法是荒谬的。古代的士和今天的士一样，都具有仁义的本性，那么他们遇上应当效忠尽义的事情都会有奋不顾身的节操。古代有无义的人，当代有树立节操的人，善与恶混杂在一起，哪一代没有这样的事情呢？记载历史的人好推崇古代而贬低现代，重视所听到的古代传说而轻视所看到的现实。善辩的人则谈论那些古老的事情，写文章的人则写那些时代久远的事情，眼前存在突出的事迹而善辩的人不说它，现实存在异常的事而写文章的人不记录它。如同那位琅邪郡的倪子明，灾荒发生的时候，哥哥将被饥饿的人吃掉，他捆上自己向饥饿的人叩头，请求代替哥哥被吃掉，饥饿的人赞美他的义气，把他们哥弟俩都放掉不吃他们。哥哥死后，他收养了哥哥的遗孤，对孤儿的爱与自己的孩子没有丝毫差别。灾荒年谷物吃完了，不能同时养活两个孩子，饿死的是他的孩子，而让哥哥的孩子活了下来。临淮郡的许君叔也收养了哥哥的孤儿，岁月荒乱的时候，饿死了他的亲生的孩子，而让他哥哥的孩子活了下来，这与倪子明是同样的义气。会稽郡孟章的父亲孟英任郡的决曹掾，郡中官吏拷打杀害无罪的人，这件案子到朝廷复查的时候，孟英把罪过归于自己，终于代替长官被处死。孟章后来又当了郡的功曹，投入战斗攻击贼人，兵卒连吃败仗，被贼人用箭所射，孟章用身体掩护郡将，一直到死也不离开。这与弘演的节操、陈不占的忠义有什么区别呢？当今撰文写书的人，肯引孟章的事迹来比喻吗？比喻用的材料，往上则寻求至虞、夏时代，往下则寻求殷、周时代，秦、汉时期，有功德奇特操行特殊的人，尚且认为时代太近，又何况当今社会在百代之后，叙述历史的人亲眼见到的事呢？

画工好画上代之人，秦、汉之士，功行谲奇，不肯图今世之士者，尊古卑今也。贵鹄贱鸡，鹄远而鸡近也。使当今说道深于孔、墨，名不得与之同；立行崇于曾、颜，声不得与之钧。何则？世俗之性，贱所见，贵所闻也。有人于此，立义建节，实核其操，古无以过。为文书者，肯载于篇籍，表以为行事乎？作奇论，造新文，不损于前人，好事者肯舍久远之书，而垂意观读之乎？扬子云作《太玄》，造《法言》，张伯松不肯壹观，与之并肩，故贱其言。使子云在伯松前，伯松以为金匮矣！

【译文】画工好画古代的人，秦汉时期的人，即使功绩操行很突出，画工也不肯画他们。不肯画当世的人，是因为画工尊古卑今的缘故。贵重天鹅而轻贱鸡，因为天鹅离得远而鸡挨得近的缘故。即使现在有人所讲的道理比孔子、墨子还精深，名望也不可能与他们相等；表现出来的操行高过曾参、颜回，声誉也不可能跟他们一样。为什么呢？因为世俗的本性是轻视所见的事实而重视所听来的传闻。有人在这里，树立起忠义节操，考核他的操行，古人没有能超过他的，撰文写书的人，愿意他的事迹记载在书籍里，把他当作和以往的事例一样来表彰吗？他们提出奇特的论点，写出新的文章，不比古人逊色，好事的人肯舍弃时代久远的书，而留心阅读这些东西吗？扬子云写《太玄》，著《法言》，张伯松不愿意读一读，因为他与杨子云生活在同一时代，所以就轻视杨子云的言论。假如杨子云的时代在张伯松之前，张伯松就会把他的书当作珍贵文献了。

语称上世之时，圣人德优，而功治有奇。故孔子曰："大哉，尧之为君也！唯天为大，唯尧则之。荡荡乎民无能名焉！巍巍乎其有成功也！焕乎其有文章也！"舜承尧不堕洪业，禹袭舜不亏大功。其后至汤，举兵伐桀，武王把钺讨纣，无巍巍荡荡之文，而有动兵讨伐之言。盖其德劣而兵试，武用而化薄。化薄，不能相逮之明验也。及至秦、汉，兵革云扰，战力角势，秦以得天下。既得在下，无嘉瑞之美，若"叶和万国"、"凤凰来仪"之类，非德劣不及，功薄不若之徵乎？此言妄也。

【译文】一般说法讲到上古时代，圣人道德高尚，而治理国家又有卓越的功绩，所以孔子说："真伟大啊，尧这样的君王！唯有天最为高大，只有尧能够效法它。他的德行浩大无际，老百姓都不知道要怎样称颂他才好！他的功业太崇高了！他的礼乐制度多么光辉灿烂呀！"舜继承尧的德行，没有败坏大业；禹承袭舜的德行，没有损害大功。这以后到了商汤，发兵讨伐夏桀。周武王高举大钺讨伐殷纣王，人们对他们不再用"巍巍"、"荡荡"这种歌颂的言辞了，却用了动用军队讨伐的言辞。这是因为他们的道德比尧舜差，所以才使用武力，使用了武力教化就薄弱了。教化薄弱，就是商汤、周武王下及尧、舜的明证。到了秦汉代，战争频繁各国以武力相斗，较量国势的强弱，秦国以武力统一了天下。即使统一了天下，也没有出现吉祥的征兆，如"使所有的诸侯国和睦相处"、"凤凰来朝"这类吉兆，不正是道德差赶不上、功业小比不上尧舜的证明吗？这种说法太荒谬了。

夫天地气和，即生圣人。圣人之治，即立大功。和气不独在古先，则圣人何故独优！世俗之性，好褒古而毁今，少所见而多所闻。又见经传增贤圣之美，孔子尤大尧、舜之功。又闻尧、舜禅而相让，汤、武伐而相夺。则谓古圣优于今，功化渥于后矣。夫经有褒增之文，世有空加之言，读经览书者所共见也。孔子曰："纣之不善，不若是之甚也。是以君子恶居下流，天下之恶皆归焉。"世常以桀、纣与尧、舜相反，称美则说尧、舜，言恶则举纣、桀。孔子曰"纣之不善，不若是之甚也"，则知尧、舜之德，不若是其盛也。尧、舜之禅，汤、武之诛，皆有天命，非优劣所能为，人事所能成也。使汤、武在唐、虞，亦禅而不伐；尧、舜在殷、周，亦诛而不让。盖有天命之实，而世空生优劣之语。经言"叶和万国"，时亦有丹朱；"凤凰来仪"，时亦有有苗；兵皆动而并用，则知德亦何优劣而小大也？

【译文】天施放的阳气和地施放的阴气协调和谐就产生了圣人，圣人治理好天下就立了大功，和气不只是古代才存在，那以为什么只有古代的圣人才特别好呢？世俗的本性，喜好推崇古代而毁谤现代，轻视所见到的事实而重视听到的传闻，又见经传上夸张贤圣的美德，孔子特别夸大了尧和舜的功德，又听说尧禅让帝位给舜，商汤、周武王讨伐而与桀、纣相争夺，就说古代的圣人比现在的圣人好，功业教化比后代纯厚了。经书上有赞扬增美的文辞，世间上有凭空夸张的言论，这是读经览书的人都共同见到的。孔子说："殷纣王的坏，不像传说中的那么厉害。所以君子很厌恶自己处于众恶所归的地位，因为天下的坏事都会归到处于下流地位的人身上。"世人经常把桀、纣与尧、舜看成是相反的人物，称美谁就以尧、舜为例，贬斥谁就举桀、纣为例。孔子说过"殷纣王的坏，不像传说中的那么厉害"的话，那么就可知尧、舜的功德，也不像传说中的那样盛大。尧、舜的禅让，商汤、周武王的诛伐，都是由天命注定的，不是道德的好坏所能决定的，也不是人力所能做到的。假如商汤、周武王生活在尧、舜那个时代，也会禅让而不用讨伐；尧、舜生活在殷、周时代，同样也会诛讨而不禅让，既有天命注定的事实，而世人却凭空捏造出所谓道德好坏的说法，经书上说尧"使所有的诸侯国和睦相处"，当时也有发生在丹水的战争；舜时"凤凰来朝"，当时也发生了与有苗的战争。既然古今帝王都用兵动武，就可以知道他们的道德也没有什么好坏的差别，而功业也没有什么大小的不同。

世论桀、纣之恶，甚于亡秦。实事者谓亡秦恶甚于桀、纣。秦、汉善恶相反，犹尧、舜、桀、纣相违也。亡秦与汉皆在后世，亡秦恶甚于桀、纣，则亦知大汉之德不劣于唐、虞也。唐之"万国"，固增而非实者也。有虞之"凤凰"，宣帝以五致之矣。孝明帝符瑞并至。夫德优故有瑞，瑞钧则功不相下。宣帝、孝明如劣，不及尧、舜，何以能致尧、舜之瑞？光武皇帝龙兴凤举，取天下若拾遗，何以不及殷汤、周武？世称周之成、康不亏文王之隆，舜巍不亏尧之盛功也。方今圣明，承光武，袭孝明，有浸酆溢美之化，无细小毫发之亏，上何以不逮舜、禹？下何以不若成、康？世见五帝、三王事在经传之上，而汉之记故尚为文书，则谓古圣优而功大，后世劣而化薄矣。

【译文】世人认为桀、纣的罪恶超过了秦王朝，实事求是的人认为秦王朝的罪恶超过了桀、纣。秦王朝与汉王朝的善与恶相反，如同尧、舜与桀、纣的善与恶相反一样。秦王朝与汉王朝都在后世，秦王朝的罪恶超过桀、纣，也就可以知道大汉王朝的功德不比尧、舜的功德差。唐尧的"协和万国"，本来是夸大而不符合实际的。虞舜的"凤凰来仪"，汉宣帝时已经五次招来了凤凰。汉明帝时祥瑞一齐出现。道德高尚所以有祥瑞出现，既然祥瑞一样多，那么功业就不相上下。汉宣帝、汉明帝如果道德不好，赶不上尧舜的话，为什么能招来与尧、舜同样的祥瑞呢？光武皇帝好比龙兴凤举，夺取天下就像捡起遗物一般的容易，为什么功德比不上殷汤和周武王呢？世人讲到周代的周成王和周康王没有损害周文王的盛大功业，舜的品德崇高没有损害尧的盛大功业。当今汉章帝，继承了光武帝、汉明帝的事业，具有更加兴盛、非常美好的教化，没有细小如毫发的缺点，往上追溯，为什么不及舜、禹呢？往下为什么不如周成王、周康王呢？世人见到五帝、三王的事迹记载在经传上，而汉朝对过去发生的事情的记载，还是档案文书，就说古代的圣人道德高功业大，后代的道德不好而教化又差了。

论 死（节录）

天地开辟，人皇以来，随寿而死。若中年夭亡，以亿万数计。今人之数不若死者多，如人死辄为鬼，则道路之上，一步一鬼也。人且死见鬼，宜见数百千万，满堂盈廷，填塞巷路，不宜徒见一两人也。人之兵死也，世言其血为磷。血者，生时之精气也。人夜行见磷，不象人形，浑沌积聚，若火光之状。磷，死人之血也，其形不类生人之形也，其形不类生人之形。精气去人，何故象人之体？人见鬼也，皆象死人之形，则可疑死人为鬼，或反象生人之形。病者见鬼，云甲来。甲时不死，气象甲形。如死人为鬼，病者何故见生人之体乎？

【译文】天地开辟之后，自从人皇以来，人通常能活到百岁寿限而死，如果加上中年早死的，有亿万人之多。计算一下现在活着的人数，不如自古以来死去的人多。如果人死了就变成鬼，那么在道路上，就会一步一个鬼了。人将要死的时候会见到鬼，就应当见到千百万个鬼，满厅堂满院子全是鬼，巷中路上也塞满了鬼，不应当只是见到一两个人变成的鬼啊。人被兵器杀死，世人说他的血变成为磷。血，是人活着时候的精气。人们夜间行走看见磷，不像人的形状，模模糊糊地聚积在一起，像火光的形状。磷，是死人的血，它的形状不同于活人的形体。它的形状不像活人的形体，那么精气离开了人体后，为什么会像活人的形体呢？如果人们看到的鬼都像死人的样子，那还可以怀疑是死人变成了鬼，然而有人看到的鬼都像活人的形状。病人见到鬼，就说某甲来了，可是当时某甲并没有死，而是阳气构成的像某甲的形状。如果死人会变成鬼，病人为什么见到是活人的形体呢？

天地之性，能更生火，不能使灭火复燃；能更生人，不能令死人复见。能使灭灰更为燃火，吾乃颇疑死人能复为形。案火灭不能复燃以况之，死人不能复为鬼，明矣。夫为鬼者，人谓死人之精神。如审鬼者死人之精神，则人见之宜徒见裸袒之形，无为见衣带被服也。何则？衣服无精神，人死，与形体俱朽，何以得贯穿之乎？精神本以血气为主，血气常附形体。形体虽朽，精神尚在，能为鬼可也。今衣服，丝絮布帛也，生时血气不附着，而亦自无血气，败朽遂已，与形体等，安能自若为衣服之形？由此言之，见鬼衣服象之，则形体亦象之矣。象之，则知非死人之精神也。

【译文】自然界的本性，能够重新产生火，不能使熄灭了的火又燃起来；能够重新产生人，不能使死人重新出现。不能使死灰复燃，我才很怀疑死人能再变成活着时候的样子。根据火熄灭了不能复燃的情况来对照它，死人不能又变成鬼，是很明白的了。会变成鬼的，人们认为是死人的精神。如果确实鬼是死人的精神变的，那么人见到鬼，应当只见到赤身裸体的形状，不应该见到系带穿衣的鬼。为什么呢？衣服没有精神，人死后衣服与人的形体一起腐朽，怎么能得以系带穿衣呢？精神本来是以血气为主的，血气经常附在形体之上，形体即使腐朽了，精神仍然存在，能成为鬼是可以的。衣服，是丝絮布帛做的，人活的时候血气并不依附在衣服上，而衣服本身又没有血气.，腐烂了也就完了，和死人的形体一样，怎么能照旧为衣服的形状呢？由此说来，见到鬼穿的衣服像死人原来的衣服，那么形体也就不过是像死人原来的形体了。像死人原来的形体，就知道鬼不是死人的精神了。

夫死人不能为鬼，则亦无所知矣。何以验之？以未生之时无所知也。人未生，在元气之中；既死，复归元气。元气荒忽，人气在其中。人未生无所知，其死归无知之本，何能有知乎？人之所以聪明智慧者，以含五常之气也；五常之气所以在人者，以五藏在形中也。五藏不伤，则人智慧；五藏有病，则人荒忽。荒忽则愚痴矣。人死，五藏腐朽，腐朽则五常无所托矣，所用藏智者已败矣，所用为智者已去矣。形须气而成，气须形而知。天下无独燃之火，世间安得有无体独知之精？

【译文】死人不能变成鬼，那么也就没有什么知觉。用什么来验证它呢？人还没有出生时，在元气之中；人死了以后，又回归到元气之中去。元气恍惚不清，构成人的气存在其中。人还没有出生时没有什么知觉，人死了又回复到没有知觉的原始状态，怎么会有知觉呢？人之所以聪明智慧，是由于含有五常之气；五常之气之所以能够存在于人体，是由于五脏在人体之中的缘故。五脏没有受到伤害人就有智慧，五脏有病人就神志不清，神志不清就愚昧痴呆。人死了五脏就会腐朽，五脏腐朽了那么五常之气就没有寄托之处了。用来蕴藏智慧的器官已经腐朽了，用来产生智慧的五常之气已经离开人体了。形体要靠气才能生成，气要靠形体才能产生知觉。天下没有离开物体而独自燃烧的火，世间怎么能有脱离形体而独自产生知觉的精气呢？

人之死也，其犹梦也。梦者，殄之次也；殄者，死之比也。人殄不悟则死矣。案人殄复悟，死从来者，与梦相似，然则梦、殄、死，一实也。人梦不能知觉时所作，犹死不能识生时所为矣。人言谈有所作于卧人之旁，卧人不能知，犹对死人之棺，为善恶之事，死人不能复知也。夫卧，精气尚在，形体尚全，犹无所知，况死人精神消亡，形体朽败乎？

【译文】人的死亡，就好比睡着了一样。睡着了和昏迷差不多；昏迷和死亡相近。人昏迷不醒就死了。考察一下人昏迷后又醒过来，死去又复活过来的这种情况，与睡着了又醒来是相似的，既然这样，睡着、昏迷、死亡，是同一回事。人睡着的时候不能够知道醒时所做的事情，就像是死了以后不能够记得活的时候所做的事情一样。人们在睡着的人旁边说话做事，睡着的人不能够知道，就像对着死人的棺材做或善或恶的事情，死人不能再知道一样。睡着，精气还存在于人体，人的形体依然完整，仍然无所知觉，何况死人的精气已经消失，形体已经朽烂了呢？

人之未死也，智慧精神定矣，病则惛乱，精神扰也。夫死，病之甚者也。病，死之微，犹惛乱，况其甚乎！精神扰，自无所知，况其散也！人之死，犹火之灭也。火灭而耀不照，人死而知不慧，二者宜同一实。论者犹谓死有知，惑也。人病且死，与火之且灭何以异？火灭光消而烛在，人死精亡而形存，谓人死有知，是谓火灭复有光也。隆冬之月，寒气用事，水凝为冰，逾春气温，冰释为水。人生于天地之间，其犹冰也。阴阳之气，凝而为人，年终寿尽，死还为气。夫春水不能复为冰，死魂安能复为形？

【译文】人没有生病的时候，智慧精神是安定的，生病了，就会头脑昏厥，精神错乱。死亡，是疾病的最终现象。疾病，只是死亡的略微表现，尚且神志昏乱，何况病危的时候呢！精神错乱，尚且没有知觉，何况人死后精气散失了呢！人的死亡，好比火的熄灭。火熄灭了光就不照耀了，人死了知觉也就失灵了，二者实质上是同一个道理，议论者还认为死去的人有知觉，太糊涂了。人病得将要死的时候，与火将要熄灭的时候有什么差别呢？火熄灭了光消失了而烛还存在，人死后精气消失而形体还存在。说人死了还有知觉，这就如同说火熄灭了又还有光亮出现一样。隆冬季节，寒气主宰一切，水凝结成冰。越过春季天气温暖，冰融化成水。人生在天地之间，他们就好比是冰。阴阳之气，凝聚成人，年岁到了尽头，死了又还原为气。春水不能再结成冰，死人的魂怎么能再现形呢？

订鬼（节录）

凡天地之间有鬼，非人死精神为之也，皆人思念存想之所致也。致之何由？由于疾病。人病则忧惧，忧惧见鬼出。凡人不病则不畏惧。故得病寝衽，畏惧鬼至；畏惧则存想，存想则目虚见。何以效之？传曰：“伯乐学相马，顾玩所见，无非马者。宋之庖丁学解牛，三年不见生牛，所见皆死牛也。”二者用精至矣。思念存想，自见异物也。人病见鬼，犹伯乐之见马，庖丁之见牛也。伯乐、庖丁所见非马与牛，则亦知夫病者所见非鬼也。病者困剧身体痛，则谓鬼持棰杖殴击之，若见鬼把椎锁绳纆立守其旁，病痛恐惧，妄见之也。初疾畏惊，见鬼之来；疾困恐死，见鬼之怒；身自疾痛，见鬼之击，皆存想虚致，未必有其实也。夫精念存想，或泄于目，或泄于口，或泄于耳。泄于目，目见其形；泄于耳，耳闻其声；泄于口，口言其事。昼日则鬼见，暮卧则梦闻。独卧空室之中，若有所畏惧，则梦见夫人据案其身哭矣。觉见卧闻，俱用精神；畏惧存想，同一实也。

【译文】凡是天地之间有鬼，不是人死后精神变成的，都是人思念过于专心引来的。怎么会引来鬼呢？由于人有疾病。人病了就忧惧，忧惧鬼就出现。大凡人不病就不会畏惧。所以得病躺在席子上，畏惧鬼会来，畏惧就呆呆的去想，呆想就会虚幻地看见鬼。用什么来证明这一点呢？传上说：“伯乐学习鉴别马，察看琢磨他所见到的东西，没有一样不是马。宋国的厨师学习解剖牛，三年不见一头活牛，所见到的全是死牛。”伯乐和厨师精神过于集中，思念过于专心，所以虚幻地看到了这些东西。人病了看见鬼，如同伯乐看见马，厨师看见牛一样。伯乐、厨师所看见的不是马和牛，那么也就知道病人所看见的不是鬼了。病人病得厉害身体疼痛，就认为是鬼拿鞭子棍棒殴打他，或者是见鬼拿槌子锁链绳索站立守候在他的身旁，病痛中恐惧，虚妄地看见了鬼。刚病时畏惧惊慌，看见鬼来了，病得厉害时恐怕死去，看见鬼发怒；病人身体自己疼痛，看见鬼在殴打，都是忧虑过度遭致的虚幻，不一定有真实的鬼。精心思虑，或发泄于目，或发泄于口，或发泄于耳。发泄于目，眼睛就看见鬼的形状；发泄于耳，耳朵就听见鬼的声音；发泄于口，嘴里就说鬼的事。白天就见鬼出现，晚上睡觉就梦见鬼。一个人睡在空空的卧室之中，如果心里有所畏惧，就会梦见有妖压在自己的身上哭。醒时见鬼、睡着梦鬼，都是由于精神在起作用；心里畏惧和专心思虑，实际上同是一回事。

右杂家书三种

杂家之书，其善者集录众长，多所融通，如《吕氏春秋》、刘氏《鸿烈》；虽出于众乎，而观其文章条达不党不偏，固亦卓踪之才也。后世家学陵夷，名墨等书，皆无赓录，惟杂家之作，收罗特广，清四库书目于杂家分为杂学、杂考、杂说三类，一切漫录琐记，均得托名宇下，不太滥乎。独杂说中之王充《论衡》，其书非儒非墨而贬讹订俗，议论透辟，时亦近古不愧与吕刘二书并为鼎足，其余则等之自郐以下无讥焉矣。

【译文】杂家的书，优势在于他集录了众多学派的优点，多融通了众多思想，比如《吕氏春秋》、刘安的《淮南鸿烈》。虽然他们出于众多的人，但是考察其文章，条理通达，不偏不倚，都是出自出众的人之手。后世的家学衰落，名家、墨家等书都无续录，只有杂家收罗的最广，清代《四库全书·总目》将杂家分为杂学、杂考、杂说三类，一切散漫、琐碎的记录都托于它的名下，不是很泛滥。只有杂说中王充的《论衡》一书，既不是儒家，也不是墨家，评议世俗，有所针砭，议论透彻而精辟，是近代与吕刘二者的书相抗而无愧的，可以并列的，其余的则不足称道。

孙 子

周孙武撰。武，齐人，为吴名将，著书甚多，今存十三篇，《汉志》于兵书分权谋、形势、阴阳、技巧四类，此书列于权谋类，为兵书中最古而最可信之书，自来言兵法者皆宗之。

【译文】周代孙武著。孙武，齐人，为吴国名将，著书很多，今存有十三篇，《汉书·艺文志》将兵书分为权谋、形势、阴阳、技巧四类，此书列入了权谋类，是兵书中最古且最可相信的，自古谈兵法的都以其为本。

计 篇

孙子曰：兵者，国之大事，死生之地，存亡之道，不可不察也。故经之以五，校之计，而索其情：一曰道，二曰天，三曰地，四曰将，五曰法。

【译文】孙子说："战争是国家的大事，它关系着人民的生死和宗庙社稷的存亡，是不可不认真考察了解的。所以，要以如下五个根本方面的因素为基础，去对敌我双方的情况进行比较分析和评估，从而探索战争胜负的情势。这五个根本方面即：一是道义，二是天时，三是地形，四是将领，五是法度。"

道者，令民于上同意，也可与之死，可与之生，而民不畏危；天者，阴阳、寒暑、时制也；地者，远近、险易、广狭、死生也；将者，智、信、仁、勇、严也；法者，曲制、官道、主用也。凡此五者，将莫不闻，知之者胜，不知者不胜。

【译文】所谓"道"，就是要使民众与君主同心同德，可与君主死生与共而无违逆之心。所谓“天”，就是指昼夜、寒暑与四时节令的变化。所谓“地”，就是指道路的远近、地势之险厄平易、开阔狭窄与高低向背等地理条件。所谓“将”，就是要求将帅要具备智谋、信实、仁爱、勇敢和严明等五种品格。所谓“法”，就是指军队的组织编制、将吏的职分管理与军需物资的掌管使用。凡属上述五个方面的事，身为将帅，都不能不过问。了解这些情况，就能打胜仗；不了解这些情况，就不能打胜仗。

故校之以计，而索其情，曰：主孰有道？将孰有能？天地孰得？法令孰行？兵众孰强？士卒孰练？赏罚孰明？吾以此知胜负矣。

【译文】所以要对敌我双方的情况进行比较分析，从而探索战争胜负的情势：哪一方的君主开明？哪一方的将帅贤能？哪一方占有天时、地利？哪一方的军纪严明？哪一方的士卒训练有素？哪一方的赏罚公正严明？我们根据上述情况，就可预知谁胜谁负了。

将听吾计，用之必胜，留之；将不听吾计，用之必败，去之。

【译文】将帅如能听从我的谋划，用他指挥作战，必然取胜，就把他留下；如不听从我的谋划，用他指挥作战，必然失败，就把他辞去。

计利以听，乃为之势，以佐其外。势者，因利而制权也。兵者，诡道也。故能而示之不能，用而示之不用，近而示之远，远而示之近。利而诱之，乱而取之，实而备之，强而避之，怒而挠之，卑而骄之，佚而劳之，亲而离之，攻其无备，出其不意。此兵家之胜，不可先传也。

【译文】谋划之策既为有利且被采纳，于是就再造成一种客观态势，以为外在的辅助条件。所谓态势，就是要根据利的原则而采取应变措施以保持战略主动之谓。战争是以运用诈谋奇计以克敌制胜为最高原则的。所以，实际能打，反而示敌以不能打；准备怎么打，反而示敌以不怎么打；拟取近道，反而示敌以走远路；拟走远路，反而示敌要取近道。敌若贪利，就以利去诱惑它；敌若乱而不整，就乘机去袭取它；敌若力量充实，就要防备它；敌若兵强卒锐，就暂时避开它；敌若气势汹汹，乘怒而来，就设法使之屈挠；敌若词卑行敛，就设法使之骄惰；敌若休整良好，就设法使之劳顿；敌若亲和团结，就设法离间它。要进攻敌没有防备之处，要出击在敌意料不到之时。这是军事指挥家的奥秘所在，是不可事先泄露出去的。

夫未战而庙算胜者，得算多也；未战而庙算不胜者，得算少也。多算胜，少算不胜，而况于无算乎！吾以此观之，胜负见矣。

【译文】开战之前，凡是“庙算”获胜的，是由于所得算筹较多的缘故；开战之前“庙算”不胜的，则是由于所得算筹较少的缘故。所得算筹多的就胜利，少的就不能胜利，何况得不到算筹呢。我们根据这种情况来进行考察，谁胜谁负就显而易见了。

作战篇

孙子曰：凡用兵之法，驰车千驷，革车千乘，带甲十万，千里馈粮。则内外之费，宾客之用，胶漆之材，车甲之奉，日费千金，然后十万之师举矣。

【译文】孙子说：大凡用兵作战，其一般规律是：要动员轻重战车千百辆和全副武装的十万大军，还要不远千里去远送粮草。这样，里里外外的开支，包括接待诸侯客使所需花销，维修保养各种战具所需胶漆等器材，以及供应补给车甲装备的费用，每天耗资都会有千金之巨。然后，十万大军才能出动。

其用战也，胜久则钝兵挫锐，攻城则力屈，久暴师则国用不足。夫钝兵挫锐，屈力殚货，则诸侯乘其弊而起，虽有智者不能善其后矣。故兵闻拙速，未睹巧之久也。夫兵久而国利者，未之有也。故不尽知用兵之害者，则不能尽知用兵之利也。

【译文】用兵打仗，若靠旷日持久去取得胜利，那就会使军队疲惫，锐气挫伤。强攻城邑，又必致兵力大量损耗。军队长期在外作战，就会使国家财力匮乏。军队疲惫、锐气挫伤，军力损折、财货耗尽，列国诸侯就会乘此危机而发起进攻，到那时，即使有足智多谋的人，也无法挽回危局了。所以，在军事斗争中，若能速胜，即使拙于智计，吾亦取之；但若使战争旷日持久，则纵巧于指挥，吾宁舍之。战争久拖不决而对国家有利的情况，是从来就不曾有过的。所以，不完全了解用兵之害的人，也就不能完全了解用兵之利。

善用兵者，役不再籍，粮不三载，取用于国，因粮于敌，故军食可足也。

【译文】善于用兵打仗的人，兵员不再次向国人征集，粮秣也不多次转运；向国内征取一次之后，就要从敌人那里求得补给。所以，军队的粮秣供应就充足了。

国之贫于师者远输，远输则百姓贫；近师者贵卖，贵卖则百姓财竭，财竭则急于丘役。力屈财殚，中原内虚于家，百姓之费，十去其七；公家之费，破军罢马，甲胄矢弓，戟楯蔽橹，丘牛大车，十去其六。

【译文】国家由于用兵而导致贫困的原因有二：一是军队去国远征，去国远征就需远道运输，而远道运输就会使百姓弊于道路而日益贫困。二是靠近驻军，而靠近驻军，就会使军市物价飞涨，物价飞涨就会使军中财力枯竭。军中财力枯竭，国家就会急于加重赋役征发。兵力损耗于外，家庭经济也因受破坏而陷于空虚。百姓的财费损耗过半；公家的财费也会因车马疲弊、甲胄矢弩与戟盾矛橹等武器装备的消耗，以及丘牛大车的征用，而损耗过半。

故智将务食于敌，食敌一钟，当吾二十钟；萁秆一石，当吾二十石。

【译文】所以，明智的将帅都力求取食于敌。食敌一钟粮食，就相当从本国运输二十钟；消耗敌人一石草料，就相当从本国运输二十石。

故杀敌者，怒也；取敌之利者，货也。车战得车十乘以上，赏其先得者而更其旌旗。车杂而乘之，卒善而养之，是谓胜敌而益强。

【译文】部众奋勇杀敌，是由于他们有同仇敌忾之心；勇于夺取敌利，是由于有财货之赏。所以，在车战中，凡缴获战车十辆以上的，就奖赏首先缴获战车的人，并且换上我军的旗帜，再将所获战车混合编入我军行列，而对所俘敌众，要妥于收养，不要杀害他们。这就是所谓既战胜了敌人而又增强了自己的力量。

故兵贵胜，不贵久。故知兵之将，民之司命。国家安危之主也。

【译文】所以，用兵打仗贵在速战速决，而不要旷日持久。所以，深谙用兵之道的将帅，是民众生死的掌握者，国家安危的主宰者。

谋攻篇

孙子曰：夫用兵之法，全国为上，破国次之；全军为上，破军次之；全旅为上，破旅次之；全卒为上，破卒次之；全伍为上，破伍次之。是故百战百胜，非善之善者也；不战而屈人之兵，善之善者也。

【译文】大凡用兵打仗，其指导原则应是：迫使敌人举国降服的为上策；通过交兵接仗而攻破敌国的次之；能使敌人举军降服的为上策，攻破敌军的次之；能使敌人整卒降服的为上策，攻破敌卒的次之。所以，百战百胜，还算不上高明的，不经交战就能使敌人屈服，才是高明中最高明的。

故上兵伐谋，其次伐交，其次伐兵，其下攻城。攻城之法，为不得已。修橹轒辒，具器械，三月而后成；距闉，又三月而后已。将不胜其忿而蚁附之，杀士卒三分之一，而城不拔者，此攻之灾。

【译文】所以，用兵打仗，其策之上者，是在未战之前就挫败敌人的计谋；其次是从外交上挫败它，使它孤立无援；再次就是在战阵间打败它，最下策就是攻打敌人的城池了。攻城的办法，是不得已而为之的。修造用以攻城的楼橹，和准备如飞楼云梯之类的攻城器械，需要数月的时间才能完成；构筑攻城的土山，又要花费数月的时间才能竣工。将帅控制不住自己的忿怒情绪，而下令缘梯而上，蚁附乱进。结果，士卒伤亡三分之一，而城邑仍未攻破，这就是强攻城池所招致的灾难。

故善用兵者，屈人之兵而非战也，拔人之城而非攻也，毁人之国而非久也，必以全争于天下，故兵不顿而利可全，此谋攻之法也。

【译文】所以，善于用兵打仗的人，能使敌人屈服而不依靠对垒交兵，拔取敌人的城邑而不依靠强攻，毁灭敌人的国家而不必旷日持久。一定要用全胜之策去与列国诸侯争胜于天下。只有这样，才能既使兵力不受顿挫而又可使胜利圆满取得。这就是以谋略攻敌的法则。

故用兵之法，十则围之，五则攻之，倍则分之，敌则能战之，少则能逃之，不若则能避之。故小敌之坚，大敌之擒也。

【译文】所以，用兵打仗的一般法则是：我若十倍于敌，就围而歼之；五倍于敌，则攻而取之；两倍于敌，亦可分割消灭敌人；若与对方势均力敌，就可以抗击，使之处于劣势；若兵力少于敌人，就摆脱敌人；若实力弱于敌人，就避免与之决战。所以，弱小的军队，若不自量力而与敌硬拼，那就必然成为强大敌人的俘虏。

夫将者，国之辅也。辅周则国必强，辅隙则国必弱。

【译文】将帅是国家的辅佐，辅佐得周密，国家就必然会强盛；辅佐得有缺陷，国家就必然会衰弱。

故君之所以患于军者三：不知军之不可以进而谓之进，不知军之不可以退而谓之退，是谓縻军；不知三军之事而同三军之政，则军士惑矣；不知三军之权而同三军之任，则军士疑矣。三军既惑且疑，则诸侯之难至矣。是谓乱军引胜。

【译文】国君贻害于军队的情况大体有三种：不了解军队不可以前进而强令其前进；不了解军队不可以退却而强令其退却，这是牵制军队行动的所谓“縻军”。不了解军队的事务而插手军队的管理，将士就会感到迷惑而无所适从；不懂军队的权变之道而干预军队的指挥，将士就会产生疑虑。三军将士既惑且疑，他国诸侯乘机来犯的灾难就会降临。这就叫做自乱其军和自取其败。

故知胜有五：知可以与战不可以与战者胜，识众寡之用者胜，上下同欲者胜，以虞待不虞者胜，将能而君不御者胜。此五者，知胜之道也。

【译文】预知胜利，可有如下五条：知道自己可以打和不可以打的胜；懂得根据兵力多寡而恰当配备使用的胜；全军上下同心同德的胜；以有备之师而对疏懈之敌的胜；将帅有指挥才能而君主不加干预的胜。这五条就是预知胜利的方法途径。

故曰：知彼知己，百战不殆；不知彼而知己，一胜一负；不知彼不知己，每战必败。

【译文】所以说，既了解敌人，又了解自己，那就常胜不败；不了解敌人，而只了解自己，那就胜负各半，没有全胜把握；既不了解敌人，又不了解自己，那就每战必危了。

右兵家书一种

汉志兵书自为一略，自隋志四部之名立，乃併之如子部。说者谓汉廷校书，必选专家，故兵书、术数、方技，各有所使，遂分三略，然持校诸子，学实同条，后世之合，盖变而通之意，未可非也。故今亦从之，附于编末。

【译文】《汉书·艺文志》将兵书单独列为一略，从《隋书·经籍志》开始，将书分为经史子集四部，于是将兵书并入了子部。认为，汉代官方校书，必须选专于某方面的人，所以兵书、术数、方技因其各有所长，遂分为三略；到隋代校释诸子书籍，认为他们实际上都是一类，于是将他们合并，这大概是基于将其变通的意思，无可非议。所以今采取这种方法，将兵书附于编末。

诸子治要卷二

诸子四十五种

隋唐以前诸子论学名著

古人论文，有“大家”，有“名家”，“大家”所造者深，所就者博，“名家”或具此而缺彼，然观其成也，语不必多少，篇各无定体，而神理独至，历久不磨。吾谓子之为学，盖亦如是，所云“大家”，即前所录诸子十七种是也，所云“名家”，今独可无类次乎，试申言之。吾国开明最古，数千年来，贤哲崛起，上多以古文为治，下好以立言自期，虽不无庸妄者流，滥列期间，然大率皆殚精竭虑，各有专著，略举其所极，或独究一义，或兼明众说，或因时救弊，或推陈出新，若此者并足以补苴罅漏，参证源流，不愧于名家之称。今之所录，即本此旨，而广为搜辑，严定取去，不限于一家之学，亦不必各家求备，上起周初，下终晚唐，并以作者时代为次，俾渊源流变迁之迹，易于寻讨，卷末附录史记之诸子列传等篇，虽与学说无关，而可为知人论世之资，亦不宜略，惟唐之韩柳二家，论学之作，诚多名贵，因其以文为主，已别具古文专编，兹不重录，都计得篇若干，学者熟读乎此，互相考校，当可粗窥历代诸子之深博，而后知名家之作亦未易多求也。

【译文】古人评论文章分为两类，有“大家”，有“名家”。“大家”的文章造诣既深又博，“名家”则具备一方面但缺另一方面，但考察其所成的文章，语言文字没有定数，篇目也没有固定的体例，奥秘的道理却深含其中，历经久远都没有磨损。我认为诸子的学术思想，也是如此，所说的“大家”，即前面所录的十七种，所说的“名家”，现在还没有类似的目次，尝试进一步说明。我国文明起源最早，几千年来，出现的贤哲不断，一方面治学于古文，另一方面喜好立言以自许，虽然也有庸人、妄人，参杂其中，但大多数是殚精竭虑，各自有专著，主旨集中于某方面，或独自推究一理，或兼而阐明众家学说，或针对当时的时势，救治当时的弊端，或推陈出新，提出新的思想，这些都足以弥补思想的缺漏，参考及证明思想源流，不愧于“名家”的称号。今所录的，即以这个主旨为本，广泛搜集，严格确定去留，不局限于一家之学，也不求各家都具备，上始于周代初期，下终于晚唐，并且以作者的时代为次序，使便于寻找、探讨思想源流变迁，卷末附录了《史记》中诸子列传等篇目，虽然与学说思想无关，但有助于了解人物、评论世事，也不应省略，只是唐代韩愈与柳宗元二家的学术著作，的确有很多著名的思想，因为其以古文为主，已列入了古文一编中，这里不再重录，都计入的有若干篇，学者熟读这些，互相考察校释，则可以粗略的了解到历代诸子思想的深厚与广博，这样就会明白名家的著作也不易多求。

鬻 熊

楚之先祖，年九十，始见文王，文王以下皆问焉，汉志道家有《鬻子》，小说家有《鬻子说》，皆题为鬻熊撰，大率由后人传述，附益成书。今存鬻子，视汉志又残缺矣，清四库列于杂家，梁刘勰曰：“鬻熊知道而文王咨谋，诸子肇兴，莫先于斯。”故今取冠诸子。

【译文】楚国的先祖，九十岁时才见到周文王，文王及其之后武王、成王都向他询问，《汉书·艺文志》中道家列有《鬻子》，小说家列有《鬻子说》，都题为鬻熊著，这些大都是由后人传述，附会成书的。今存的《鬻子》，参照《汉书·艺文志》的记载，又有残缺，清代《四库全书》将其列入杂家，梁代刘勰说：“鬻熊知道‘道’，文王向他咨询谋划，诸子才兴盛，没有比这更早的。”所以今将其列于诸子之首。

撰吏五帝三王传政

帝王所以安国家，行政教，其在良吏乎，言必博广以取也。

【译文】帝王之所以能使国家安定，政治教化实行，在于有好的官吏，所言的关于五帝三王的政道必须广博才能选取。

政曰：民者，贤、不肖之杖也；贤、不肖皆具焉。故贤人得焉，不肖人休焉。杖能侧焉，忠信饰焉。民者，积愚也，虽愚，明主撰吏焉，必使民兴焉。士，民与之，明上举之；士，民苦之，明上去之。故王者取吏不忘必使，民唱然后和。民者吏之程焉，察吏于民然后随。

【译文】所以说："百姓，是贤者与不肖者所，贤者与不肖者都有。所以贤人得到君王的器重，不肖者则被废弃。有所依赖则不平衡，以忠信作为修身装饰。百姓，冥然无知，虽然其无知，英明的君主还是会选取官吏，这样必定使百姓兴盛。官吏，百姓赞美他，明主则重用他；百姓叫苦，明主则弃用。所以明主选择官吏，一定会考察民风，百姓都高兴国家才能安定。百姓，是官吏的法式，从百姓那里考察官吏，与百姓相随。

政曰：民者至卑也，而使之取吏焉，必取所爱。故十人爱之，则十人之吏也；百人爱之，则百人之吏也；千人爱之，则千人之吏也；万人爱之，则万人之吏也。故万人之吏撰卿相矣。卿相者，诸侯之丞也，故封侯之土秩出焉。卿相，君侯之本也。

【译文】百姓的地位最低下，如果让他们选取官吏，必定会选取他们他们所喜爱的。因此，十人喜爱他，他就是这十人的官吏；百人喜爱他，他就是这百人的官吏；千人喜爱他，他就是这千人的官吏；万人喜爱他，他就是这万人的官吏。所以万人的官吏担任卿相。卿相，辅佐诸侯的，所以分封给诸侯的土地再分给卿相作为俸禄。卿相，是君王、诸侯的根本。

道符五帝三王传政

夫君子将入其职，旭旭然如日初出；入，昭昭然，人保其福；既去，暗暗然，人失其教，此得政典符合之谓也。

【译文】君子将去任职，像太阳初升，旭旭然；已去任职，如太阳之明亮，百姓都受其福佑；即将离职，如太阳之暗淡，百姓失去了其教化，这样才是与政典相符合。

夫国者，卿相世贤者有之，有国无国智者治之，智者非一日之志，治者非一日之谋，治志治谋，在于帝王，然后民知所保，而知所避。发教施令为天下福者谓之道，上下相亲谓之和，民不求而得所欲谓之信，除去天下之害谓之仁。仁与信，和与道，帝王之器。凡万物皆有器。故欲有为不行其器者，虽欲有为不成。诸侯之欲王者亦然，不用帝王之器者不成。

【译文】诸侯国，世世代代有贤明的卿相。国家存无在于有没有智者的治理。智者治理不是只有一天的志向，治理国家不是一天就可以谋划好的，知道所应该防止的。实行政教，发布施令，为天下百姓造福者，称为“道”。君王百姓上下相互关爱，称为“和”。百姓没有追求却得到所想要的，称为“信”，除去天下的害，称为“仁”。“仁”、“信”“和”与“道”是帝王统治的器具。凡是万物都有功用，所以想要有所作为但却不尽其用，这样虽然有所作为也不会成功。诸侯国想称王也是如此，不用帝王的器具是不能成功的。

吕尚

东海人。初钓于渭滨，文王出猎，遇之，载之归，曰："吾太公望子久矣"，故号曰太公望，后辅武王伐纣有功，封于齐，为始祖。汉志道家载《太公书》二百余篇，内分谋、言、兵三类，今所传《六韬》，清四库载于兵家，盖即二百余篇中兵类之文，其书真伪之说则略同前述之鬻子。

【译文】东海人。有次在渭滨一带钓鱼时，周文王出去打猎，遇到他，把他带回了周国，他对文王说："我盼望你很久了"，所以号太公望，后来辅佐武王讨伐商纣王，有功，被封于齐地，被称为齐国的始祖。《汉书·艺文志》中道家部分记载太公书有二百多篇，内分为谋、言、兵三类，今天所流传的《六韬》，清代《四库全书》将其录入了兵家，大概就是二百多篇中兵类的文章，这本书的真伪跟前面所说的鬻子的情况大致相同。

论将（《六韬》）

武王问太公曰："论将之道奈何？"

太公曰："将有五材十过。"

武王曰："敢问其目？"

太公曰："所谓五材者：勇、智、仁、信、忠也。勇则不可犯，智则不可乱，仁则爱人，信则不欺，忠则无二心。所谓十过者：有勇而轻死者；有急而心速者；有贪而好利者；有仁而不忍人者；有智而心怯者；有信而喜信人者；有廉洁而不爱人者；有智而心缓者；有刚毅而自用者；有懦而喜任人者。勇而轻死者，可暴也。急而心速者，可久也。贪而好利者，可赂也。仁而不忍人者，可劳也。智而心怯者，可窘也。信而喜信人者，可诳也。廉洁而不爱人者，可侮也。智而心缓者，可袭也。刚毅而自用者，可事也。懦而喜任人者，可欺也。故兵者，国之大事，存亡之道，命在于将。将者，国之辅，先王之所重也。故置将不可不察也。故曰：兵不两胜，亦不两败。兵出逾境，期不十日，不有亡国，必有破军杀将。”

武王曰：“善哉！”

【译文】武王问太公说：“评议将领的原则有哪些呢？”

太公说：“将帅应该具有五种道德，应该谨防十种偏误.”

武王说：“请问这些具体怎么讲呢？”

太公说：“所谓五种品德就是指：勇、智、仁、信、忠;具备了勇敢，就不可被战胜，具备了智慧，就不会被惑乱;具备了仁德，就会爱护他人；具备了诚信，就不会被欺编；具备了忠诚，就不会对君主有二心。所谓十种偏误是指：有勇力而轻于赴死，性情急躁而又急于求成，秉性贪婪而又嗜好利益，仁慈而流于姑息，智谋过人却心中怯懦，诚信却轻信他人，廉洁却不会爱护别人，多智却顾虑过多举棋不定，刚毅却自大妄为，懦弱却毫无主张。对于有勇而轻于赴死的，容易被敌人激怒。对于性格急躁而急于求成的，容易用持久拖延的方法制服。对于贪婪而好利益的，容易用财物收买。对于有仁爱之心而流于姑息的容易被困扰疲惫。对于有聪明才智而胆怯的，容易使他陷入窘迫之地。对于诚信而又轻易相信别人的，容易用计谋蒙骗。对于廉洁而没有仁爱之心的，容易受侮辱而失去民心。对于有智谋却思虑过多举棋不定的，容易用突然袭击的办法打败。对于刚愎自用的，容易被利用。对于懦弱而毫无主张的，容易受欺凌。所以用兵作战，是国家的大事，是国家存亡的因由，命运掌握在将帅的手中。将帅，是国家的辅弼，也是先王最重视的。所以设置将帅一定要认真审察。所以说，两军交战没有双方都胜利的，也没有双方都失败的。军队出征越境，为期不超过十天，不是攻陷敌国就是我方兵败将亡。”

武王说：“您的话真是太好了！”

司马穰苴

齐景公时之名将，本姓田，为大司马，故曰司马穰苴。隋志载有《司马兵法》一书，题曰周司马穰苴撰，清四库因之，考之以《史记》，实齐威王时使诸臣追论古者司马兵法，而附穰苴所作于其中，究之书中诸篇，孰为穰苴所作，今已不可辨矣。

【译文】齐景公时的名将，本姓田，任大司马，所以称司马穰苴，隋书经籍志记载有《司马兵法》一书，题为周代司马穰苴著，清代四库全书也采用了这种说法。但考察《史记》，实际上是齐威王时，使其臣子追加论述古代司马兵法，而其中附有有司马穰苴所作，考究书中各篇，究竟那些篇目是司马穰苴所作，现已不可考辨。

仁 本

古者，以仁为本，以义治之之谓正，正不获意则权。权出于战，不出于中人。是故，杀人安人，杀之可也；攻其国，爱其民，攻之可也；以战止战，虽战可也。故仁见亲，义见说，智见恃，勇见方，信见信。内得爱焉，所以守也；外得威焉，所以战也。

【译文】古人以仁爱为根本，以正义的方法处理国家大事，这就叫做政治。政治达不到目的时，就要使用权势。权势总是出于战争，而不是出于中和与仁爱。因而，杀掉坏人而使大众得到安宁，杀人是可以的，进攻别的国家，出发于爱护它的民众，进攻是可以的，用战争制止战争，即使进行战争，也是可以的。因此，君主应该以仁爱为民众所亲近；以正义为民众所喜爱；以智慧为民众所倚重；以勇敢为民众所效法；以诚实为民众所信任。这样，对内就能得到民众的爱戴，借以守土卫国；对外就能具有威慑力量，借以战胜敌人。

战道：不违时，不历民病，所以爱吾民也；不加丧，不因凶，所以爱乎其民也；冬夏不兴师，所以兼爱民也。故国虽大，好战必亡；天下虽安，忘战必危。天下既平，天子大恺。春蒐秋狝，诸侯春振旅，秋治兵，所以不忘战也。

【译文】作战的原则是：不违背农时，不在疾病流行时兴兵作战，为的是爱护自己的民众；不乘敌人国丧时去进攻它，也不趁敌国灾荒时去进攻它，为的是爱护敌国的民众；不在冬夏两季兴师，为的是爱护双方的民众。所以国家虽然强大，好战必定灭亡；天下虽然太平，忘掉战争准备，必定危险。即使天下已经平定，全国欢腾，每年春秋两季还是要用打猎来进行军事演习，各国诸侯也要在春天整顿军队，秋天训练军队，这都是为了不忘战争准备。

古者，逐奔不过百步，纵绥不过三舍，是以明其理也；不穷其能而哀怜伤病，是以明其仁也；成列而鼓，是以明其信也；争义不争利，是以明其义也；又能舍服，是以明其勇也；知终知始，是以明其智也。六德以时合教，以为民纪之道也，自古之政也。

【译文】古时候（西周以前），追击遗逃的敌人不超过一百步，追踪主动退却的敌人不超过九十里，这是为了表示礼让。不残杀丧失战斗力的敌人并哀怜它的伤病人员，这是为了表示仁爱。等敌人布阵完毕再发起进攻，这是为了表示诚信。争大义而不争小利，这是为了表示战争的正义性。赦免降服的敌人，这是表明军队的勇敢。能够预见战争开始和结局，这是表示统帅的智慧，根据“礼、仁、信、义、勇、智”六德按时集合民众进行教育，作为管理民众的准则，这是从古以来治军作战的方法。

先王之治，顺天之道，设地之宜，官民之德，而正名治物。立国辨职，以爵分禄，诸侯悦怀，海外来服，狱弭而兵寝，圣德之治也。其次，贤王制礼乐法度，乃作五刑，兴甲兵以讨不义。巡守省方，会诸侯，考不同。其有失命、乱常、背德、逆天之时，而危有功之君，遍告于诸侯，彰明有罪。乃告于皇天上帝日月星辰，祷于后土四海神祇山川冢社，乃造于先王。然后冢宰征师于诸侯曰：“某国为不道，征之。以某年月日师至于某国，会天子正刑。”冢宰与百官布令于军曰：“入罪人之地，无暴神祇，无行田猎，无毁土功，无燔墙屋，无伐林木，无取六畜禾黍器械；见其老幼，奉归勿伤；虽遇壮者，不校勿敌；敌若伤之，医药归之。”既诛有罪，王及诸侯修正其国，举贤立明，正复厥职。

【译文】从前的君王治理天下，顺应自然规律，适合地理条件，任用贤德的人，设官分职，各司其事，分封诸侯，区分等级，按照爵位高低给以不同的俸禄。这样，使诸侯都心悦诚服，外国也向往归附，诉讼和战争也都没有了，这就是圣王用仁德治理的天下。其次，贤王制定礼乐法度，设置五刑来治理国家，使用军队讨伐不义。亲自巡视各诸侯的领地，访察地方，会见诸侯，考核他们是否遵守“礼乐法度”。对那些玩忽命令、触犯法纪、败坏道德、逆天行事和迫害功臣的国君，便通令各国诸侯，公布他的罪行，并上告于天地神灵和祖先。然后由冢宰向诸侯征调军队，发布命令说：“某国无道，应出兵征伐他。各诸侯的军队应于某年某月某日到达某国，会同天子惩治罪犯。”冢宰又使百官向军队宣布命令说：“进入该国的地区，不准亵渎神位，不准打猎，不准破坏水利工程，不准烧毁房屋建筑，不准砍伐树木，不准擅取家畜、粮食和用具。见到老人和儿童，要护送他们回家，不准伤害。即使遇到少壮的人，只要他们不抵抗就不以敌人对待。对于受伤的敌人，给予治疗，而后放他们回去。”惩办了首恶后，天子和诸侯们还要帮助整顿好那个国家，选用贤能，另立明君，调整、恢复其各级官职。

王霸之所以治诸候者六：以土地形诸侯，以政令平诸侯，以礼信亲诸侯，以材力悦诸侯，以谋人维诸侯，以兵革服诸侯。同患同利以合诸侯，比小事大以和诸侯。会之以发禁者九：凭弱犯寡则眚之，贼贤害民则伐之，暴内陵外则擅之，野荒民散则削之，负固不服则侵之，贼杀其亲则正之，放弑其君则残之，犯令陵政则杜之，外内乱，禽兽行则灭之。

【译文】王霸治理诸侯的办法有六种：用调整封地的大小来控制诸侯，用政策法令约束诸侯；用礼仪威信亲近诸侯，用馈赠财物悦服诸侯，用有智谋的人去扶持诸侯，用强大的军队慑服诸侯。还要以共同的利害来使诸侯联合起来，大国亲近小国，小国尊敬大国，和睦相处。会合诸侯颁发九项禁令。凡是恃强欺弱以大侵小的，就削弱他。虐杀贤良残害民众的，就讨伐他。对内暴虐对外欺凌的，就废除他。使田野荒芜民众逃散的，就削减封地。仗恃险固而不服从的，就兵临其境警告他。残杀骨肉至亲的，就按法律惩办他。驱逐或杀害君主的，就诛灭他的同党，毁灭他的家园。违犯禁令不守法度的，就孤立制裁他。内外淫乱，行同禽兽的，就灭掉他的国家。

邓 析

郑人，与子产同时，荀子诋其治怪说，玩琦辞，与惠施为类。《汉志》名家有其书，《隋志》同清《四库·子部》删名家，改入杂家。《提要》谓其说在申韩、黄老之间，大旨谓势统于尊，事核于实。书凡二篇。

【译文】郑国人，与子产同时代，荀子诋毁其治怪诞学说，玩弄奇异的言辞，与惠施是一派。《汉书·艺文志》中名家部分记载有其书，《隋书·经籍志》、清代《四库全书·子部》都删了名家，改入了杂家，《四库提要》说他的学说介于申韩、黄老之间，思想主旨是权势统一于尊位，事物要核查于实际。书共二篇。

无厚（节录）

天于人无厚也，君于民无厚也，父于子无厚也，兄于弟无厚也。何以言之？天不能屏勃厉之气，全夭折之人，使为善之民必寿，此于民无厚也。凡民有穿窬为盗者，有诈伪相迷者，皆生于不足，起于贫穷，而君必执法诛之，此于民无厚也。尧舜位为天子，而丹朱、商均为布衣，此于子无厚也。周公诛管蔡，此于弟无厚也。推此言之，何厚之有？

【译文】上天对于人，没有优待。君王对老百姓，没有优待。父亲对子女，没有优待。兄长对弟弟，没有优待。为什么这么说呢？上天不能阻蔽悖戾邪气，令夭折之人复生，让行善的百姓必定长寿，这是对老百姓没有优待。大凡百姓有穿墙爬墙行窃做贼的，有欺诈迷惑人心的，这都是衍生于不富足，起始于贫穷，而君王却一定会执行法令诛杀他们，这就是对老百姓没有优待。尧、舜坐天子大位，而其子弟丹朱、商均都是平头百姓，这是父亲对子女没有优待。周公杀了管蔡，这是兄长对弟弟没有优待。这样推论来讲，到底有什么是优待的呢？

循名责实，君之事也；奉法宣令，臣之职也。下不得自擅，上操其柄而不理者，未之有也。君有三累，臣有四责。何谓三累？惟亲所信，一累；以名取士，二累；近故亲疏，三累。何谓四责？受重赏而无功，一责；居大位而不治，二责；理官而不平，三责；御军阵而奔北，四责。君无三累，臣无四责，可以安国。

【译文】按其名而求其实，是君主的事情；按法制传达皇帝的命令，这是臣子的职责。臣子不得擅自行动，君王掌握着他的权柄而不作回应，还没有这样的事情。君王有三害，臣子有四个过失。什么是三害？只信任亲近的人，这是第一害；按名誉录取官员，这是第二害；亲近故人、疏远亲人，这是第三害。什么是四个过失？受到重赏却没有功劳，这是第一；居高位但无所作为，这是第二；管理官员却不公平，这是第三；外出率军打战却大败而逃，这是第四。君王没有三害，臣子没有四个过失，国家可以安定。

势者君之舆，威者君之策，臣者君之马，民者君之轮。势固则舆安，威定则策劲，臣顺则马良，民和则轮利。为国失此，必有覆车奔马折轮败载之患，安得不危！

【译文】权势，如同是君王的车；威仪，如同是君王的马鞭；臣下，如同是君王的马；百姓，如同是君王的车轮。权势稳固了车就安稳，威仪确立了马鞭就强劲，臣下依顺了马儿就优良，百姓和睦了车轮就敏捷。治理国家如果失去了这些，就会有翻车、跑马、车轮折断、车骑损毁的忧虑。怎么能不危险啊！

异同之不可别，是非之不可定，白黑之不可分，清浊之不可理，久矣！诚听能闻于无声，视能见于无形，计能规于未兆，虑能防于未然，斯无他也。不以耳听，则通于无声矣！不以目视，则照于无形矣！不以心计，则达于无兆矣！不以知虑，则合于未然矣！君者，藏形匿影，群下无私，掩目塞耳，万民恐震。

【译文】异和同的不可鉴别，是与非的不可确定，白与黑的不可区分，清与浊的不可梳理，已经很久了呀!的确，听，能从无声之中听到动静；看，能从无形之中看到端倪；计谋，能从毫无征兆之时就开始规划；忧虑，能从未发生时就得到防备。这并没有什么。不用耳朵听，就会与“无声”沟通；不用眼睛看，就会知晓“无形”；不用心来计谋，就会与“无兆”畅达；不用智慧来忧虑，就会与“未然”相合了。君王藏匿身影，臣下没有私心，掩上眼睛塞上耳朵。普天之下的百姓就会惊恐震颤。

治世位不可越，职不可乱，百官有司，各务其形。上循名以督实，下奉教而不违。所美观其所终，所恶计其所穷。喜不以赏，怒不以罚，可谓治世。

【译文】治理有方的盛世，名位不可僭越，职责不能混乱。文武百官各有职位来行使他的责任。君王依循“名”来督察其实，臣下信奉教义而不违抗。有所欣赏的人要观察他的一贯的表现，有所厌恶的人要揣度他坏到什么程度。不必高兴了才奖赏，不必发怒了就惩罚。这就可以叫做治理有方的盛世了。

游而不见敬，不恭也；居而不见爱，不仁也；言而不见用，不信也；求而不能得，无始也；谋而不见喜，无理也；计而不见从；遗道也。因势而发誉，则行等而名殊；人齐而得时，则力敌而功倍。

【译文】出外游走而不见孝敬，是不恭谨。在家居住而不见爱惜，是不仁义。献言献策而不被采纳，是不信任。求取而不能得到，是没有规划。预谋而得不到好的结果，是没有道理。算计而无人依从，是失去方法。根据形势需要颁发名誉，那么行为是一样的而名号不同。人心齐同时又占了天时，那么杀敌就有事半功倍的效果。

死生自命，贫富自时。怨夭折者，不知命也；怨贫贱者，不知时也。故临难不惧，知天命也；贫穷无慑，达时序也。凶饥之岁，父死于室，子死于户，而不相怨者，无所顾也。同舟渡海，中流遇风，救患若一，所忧同也。张罗而畋，唱和不差者，其利等也。故体痛者，口不能不呼；心悦者，颜不能不笑；责疲者以举千钧；责兀者以及走兔；驱逸足于庭，求猨捷于槛。斯逆理而求之，犹倒裳而索领。

【译文】死与生是自己的天命，贫与富是自己的天时。抱怨夭折而亡的人，是不知命；抱怨自己贫贱的人，是不知天时啊。所以面临危难而不恐惧，是知道天命；不害怕贫穷，是知晓天时有序。凶年饥岁，父亲死在屋里，儿子死在门旁，之所以不互相抱怨，是因为没有什么好眷念的了。坐在同一条船上横渡大海，遭遇巨浪滔风，救助的想法是一致的，因为担忧的事情是一样的。张网捕猎，一唱一和喊号子没有差别，因为利益是相同的。所以身体疼痛就会张口呼叫，心里高兴脸上就不会没有笑意。责令疲惫的人举千斤重担，责令站不稳的人去抓跑来跑去的兔子，让骏马在庭院里跑，让猿猴在门槛敏捷自如，这都是违逆事理的要求，犹如把衣裳倒置来找领子。

夫水浊则无掉尾之鱼，政苛则无逸乐之士。故令烦则民诈，政扰则民不定。不治其本而务其末，譬如拯溺锤之以石，救火投之以薪。

【译文】水浑浊就没有调转尾巴再游回的鱼，政治苛酷就没有安闲快乐的人。所以政令繁琐百姓就不会说实话，政治混乱，百姓就不会安定。治国要是不治其根本，而专治其细微末节，就像拯救落水的人又给他压上一块石头，又像救火时再往里扔进干柴一样。

夫达道者，无知之道也，无能之道也。是知大道，不知而中，不能而成，无有而足。守虚责实，而万事毕。忠言于不忠，义生于不义。音而不收谓之放；言出而不督谓之暗。故见其象，致其形；循其理，正其名；得其端，知其情。若此，何往不复，何事不成。有物者意也，无外者德也，有人者行也，无人者道也。故德非所覆、处非所处，则失道；非其道不道，则諂。意无贤，虑无忠，行无道。言虚如受实，万事毕。

【译文】所谓普天通达的道，是没有知觉的，没有形状的道。所以掌握了大道，没有知觉也能恰好合上，没有形状也能成就事物，什么都没有也足够了。固守虚象责求其实，所有的事情就都能办成了。忠是从不忠中讲出来的，义是从不义中衍生出来的。声音不辩知收敛就叫做放纵。话说出来不知检点就叫做昏庸了。所以说，看见其物象，弄清其形态；依照其事理，确定其名称；抓住其由头，知晓其情状。如果能这样，到哪里怎能行不通。做什么事怎能不成功呢!事物在那里，自有其仪态；而没有任何外在表现的，是德行；有人在那里，自有其举止；而没有了人，呈现的就是大道了。所以说，不践行道德，做不该自己做的事情，就失去大道了；言谈行事违背道行就会产生混乱。肆意妄为就不会贤明。私虑重重就不会忠心，举止行为不走正道。只要在谈抽象事理的时候能做到客观如实，什么事情也就好办了。

夫木击折轊，水戾破舟，不怨木石，而罪巧拙，故不载焉。故有知则惑，有心则崄，有目则眩。是以规矩一而不易，不为秦楚缓节，不为胡越改容。一而不邪，方行而不流，一日形之，万世传之，无为为之也。

【译文】木头击打折断了车轴，水撞击破坏了船体。不能埋怨木头和石头，而是要归罪于人的巧诈笨拙。这样才使船、车失去功用。所以说，有了知识也就有了疑惑；有了意愿也就有了危险；有了眼睛也就有了迷乱。所以规矩确立了就不能改变，不因为秦国、楚国放松礼度。不因为胡国、越国改变仪表。专一而不偏斜，直行而不起伏。一天形成了，万世流传，这就是无为的做法啊。

转 辞（节录）

夫任臣之法，暗则不任也，慧则不从也，仁则不亲也，勇则不近也，信则不信也。不以人用人，故谓之神。怒出于不怒，为出于不为。视于无有，则得其所见，听于无声，则得其所闻。故无形者有形之本，无声者有声之母。循名责实，实之极也；按实定名，名之极也。参以相平，转而相成，故得之形名。

【译文】任用臣下的方法：不明事理的不用，聪慧的人不听从，仁爱的人不宠信，勇敢的人不接近，诚信的人不信任。不是简单地按某一方面的品德才干来用人。所以称之为神。愤怒来自于不愤怒，有作为来自于不作为。从无中看到有，才是真正的有所见；从无声中听到声音，才是真正的有所闻。所以说，无形是有形的根本，无声是有声的母体。依循名号来责求其实，才是真正的实。按照实体来确定名号，才是真正的名。一个事物，名和实经过相互验证是符合的。形势变化了也都相辅相成。就能确定它的“形、名”了。

夫治之法，莫大于私不行；功，莫大于使民不争。今也立法而行，私与法争，其乱也甚于无法。立君而争，愚与君争，其乱也甚于无君。故有道之国，则私善不行，君立而贤者不尊。民一于君，事断于法。此国之道也。明君之督大臣，缘身而责名，缘名而责形，缘形而责实。臣惧其重诛之至，于是不敢行其私矣。

【译文】治国的方法，最重要的就是不能让私利横生。君王的功德。最重要的就是使百姓不产生纷争。而现在，订立法令却又纵容私利，这是私利与法令争拗。造成的混乱，比没有法令还严重。立了君王却又推崇贤德之人，这是君王与贤人相争。造成的混乱，比没有君王还严重。所以有原则的国家，法令一旦确立就不允许徇私；君王一旦确立就不推崇贤德之人。百姓只对君王专一，凡事都让法令来决断。这就是治理国家的方法。明君督察臣下，根据他的品行责求其名位，根据他的名位责求他的表现，根据他的表现责求他的实绩。臣下害怕君王的苛峻刑罚落到自己身上，于是就不敢徇私枉法了。

心欲安静，虑欲深远。心安静则心策生，虑深远则计谋成。心不欲躁，虑不欲浅。心躁则精神滑，虑浅则百事倾。

【译文】内心需要安静，思虑需要深远。内心安静就能有神机妙策，思虑深远就能使计谋实现。内心不要焦躁，思虑不要浅显。内心焦躁精气神就混乱，思虑浅显什么事就都干不成了。

治世之礼，简而易行；乱世之礼，烦而难遵。上古之乐，质而不悲；当今之乐，邪而为淫。上古之民，质而敦朴；今世之民，诈而多行。

【译文】清明盛世的礼仪，简单而且容易执行；动荡乱世的礼仪。烦杂而且难以遵守。上古时期的礼乐，质朴而且不悲怆。现在的礼乐，奸邪而且放纵。上古时期的百姓，质朴而且厚道；现在的百姓，巧诈而且多变。

明君之御民，若御奔而无辔，履冰而负重。亲而疏之，疏而亲之。故畏俭则福生，骄奢则祸起。圣人逍遥一世，罕匹万物之形。寂然无鞭朴之罚，莫然无叱吒之声，而家给人足，天下太平。视昭昭，知冥冥，推未运，睹未然。故神而不可见，幽而不可见，此之谓也。

【译文】明君治理百姓，就像乘坐没有缰绳的马车，背负重物走在冰面上。亲近的人要能疏远，疏远的人要能亲近。所以敬畏俭朴就能得福，骄狂奢靡就会得祸。圣人一辈子悠闲自得，管理天下万事万物。清清静静没有鞭打的刑罚，淡淡漠漠没有呼喝之声。而国家给养丰盛百姓富足，天下太平安定。看得清楚明白，知道深奥的道理，推知未来的运势，预见未发生的情况。所以神妙到不可看见。深奥到不可看见。就是这个意思啊。

君人者不能自专而好任下，则智日困而数日穷。迫于下则不能申，行随于国则不能持。知不足以为治，威不足以行诛，无以与下交矣。故喜而使赏，不必当功；怒而使诛，不必值罪。不慎喜怒，诛赏从其意，而欲委任臣下，故亡国相继，杀君不绝。古人有言，众口铄金，三人成虎，不可不察也。

【译文】统治者不能自己专断，却凡事喜好任由臣下来做，那才智会就一天天困顿，国运也就一天天的穷苦了。受臣下牵制就不能伸展治国才华，行动跟在他国后面就不能长久执政了。知识不够用来治国，威权不够用来执行赏罚，就没办法来和臣下交往了。所以说高兴了就奖赏，不一定有那样的功劳；生气了就诛杀，不一定有那样的罪过。喜怒不慎重掌握，杀人和奖赏随意滥用，还要把权力交给臣下，所以亡国之事接连发生，杀君事件屡屡不绝。古人说："众口铄金"、"三人成虎"，不能不认真体察啊。

忠生于官成，病始于少瘳，祸生于懈慢，孝衰于妻子。此四者，慎终如始也。富必给贫，壮必给老。快情恣欲，必多侈侮。故曰：尊贵无以高人，聪明无以笼人，资给无以先人，刚勇无以胜人。能履行此，可以为天下君。

【译文】忠心懈怠是由于当了官，病重是从稍有好转时开始的，灾祸的发生是由于放松了警惕，孝心减退是因为有了妻子儿女。这四个方面，一定要做到有始有终啊。富裕的一定要帮助贫苦的，壮年的一定要帮助老人。纵情肆欲，一定多会奢侈轻慢。所以说：不要用自己的尊贵来骄人，不要用自己的聪明来掩盖别人，不要用自己的财富来压人，不要用自己的勇猛来欺负人。能做到这样的，就可以做天下的君王。

夫谋莫难于必听，事莫难于必成。成必合于数，听必合于情。故抱薪加火，烁者必先燃；平地注水，湿者必先濡。故曰：动之以其类，安有不应者，独行之术也。

【译文】谋略最难的是让人一定要听信，事情最难的是一定要办成。事情要成功必定合乎规律，让人听信必定合乎情理。所以给火添加木柴，先有火星的必定先烧着；往平地里倒水，先潮润的地方必定先沾湿。所以说，要按事物不同类别的规律办事，怎么能有不响应的呢？这就是唯一可行的办法啊。

目贵明，耳贵聪，心贵公。以天下之目视，则无不见；以天下之耳听，则无不闻；以天下之智虑，则无不知。得此三术，则存于不为也。

【译文】眼睛贵在看得清楚，耳朵贵在听得真切，心贵在公平正直。用天下的眼睛来看，那就没有看不清的；用天下人的耳朵去听，就没有什么听不真的；用天下的心智来谋虑，就没有什么不知晓的了。掌握了这三种方法，就具备了无为而治的条件了。

尹喜

周人，字公度，为关令，老子西游，授以《道德经》，从之而去。《汉志》道家载有其书，《隋唐志》不载，清四库则有之，或以为出于宋人所依托。

【译文】周代人，字公度，是函谷关的关令，老子西去时，向其传授了《道德经》一书，他随老子一同离开。《汉书·艺文志》道家部分记载有他的著作，隋代、唐代的《经籍志》没有记载，清代四库全书则有其著作，有的以为此书是出于宋代人依托。

三极

（极者，尊圣人也。）

圣人之治天下，不我贤愚，故因人之贤而贤之，因人之愚而愚之。不我是非，故因事之是而是之，因事之非而非之。知古今之大同，故或先古，或先今。知内外之大同，故或先内或先外。天下之物，无得以累之，故本之以谦；天下之物，无得以外之，故含之以虚；天下之物，无得以难之，故行之以易；天下之物，无得以窒之，故变之以权。以此中天下，可以制礼；以此和天下，可以作乐；以此公天下，可以理财；以此周天下，可以御侮；以此因天下，可以立法；以此观天下，可以制器。圣人不以一己治天下，而以天下治天下。天下归功于圣人，圣人任功于天下。所以尧舜禹汤之治天下，天下皆曰自然。

【译文】圣人治理国家，不以自己主观的意思来治理国家，所以，聪明能干的人就把他放在需要聪明能干人的位置上，愚蠢无能的人就把他放在他能胜任的位置上。不以自己的是非标准来处理事情，而是按客观上的规律来处理。圣人知晓古今是一回事，所以有时，以古代的历史来认识事物，有时以现在的事实来认识事物。圣人知晓内外是一回事，所以有时以事物的本质来认识事物，有时以事物的现象来认识事物。世界上的万事万物，不会积累在道中，所以道本来就是什么都没有；世界上的万事万物，不会在道的外面，所以万物都在道的包涵中，世界上的万事万物，从道的角度来讲都是简简单单的，根本没有任何难事；世界上的万事万物，从道的角度来讲都是相通相融的，所以采取一些方法，可以万物可以互相转变。知晓世界是中庸的，以此可以创立社会的礼节；知晓世界是和谐的，以此可以享受生命的快乐；知晓世界是大公无私的，以此可以分配社会上的财产；知晓世界是周而复始的，以此可以抵制侮辱；知晓世界的任何事物，都是有前因后果的，以此可以创立法律；知晓世界上的万事万物都是元气聚积、散开、分布，以此来观察、研究事物，可以制造出各种各样的东西。圣人不会以自己立场、角度来治理国家，而是以社会上各种人的立场、角度来治理国家，人们都把功劳归功于圣人，圣人把功劳归功于社会大众。所以尧、舜、禹、汤这几位皇帝，治理国家，人们都说这是自然。

天无不覆，有生有杀，而天无爱恶。日无不照，有妍有丑，而日无厚薄。圣人之道天命，非圣人能自道；圣人之德时符，非圣人能自德；圣人之事人为，非圣人能自事。是以圣人不有道，不有德，不有事。

【译文】老天覆盖着所有东西，有生机勃勃活着的，有被杀害而灭亡的，这并不是老天喜欢谁不喜欢谁；太阳照射着所有东西，有的生长得漂亮，有的生长得丑陋，这并不是太阳对谁厚爱对谁薄情。圣人的行为、方法，完全符合道，并不是圣人自己有意要这样，圣人的高尚品格、高尚行为，是因为圣人完全符合了天意（天的自然规律）而反映出来的，并不是圣人主观上想做一个高尚的人，才有高尚的品格行为；圣人处理社会上的事情、人与人的关系是以人的本性来处理的，并不以圣人自己的主观意志来处理。所以圣人不以道为私有，不以德为私有，不有意而为事。

圣人知我无我，故同之以仁；知事无我，故权之以义；知心无我，故戒之以礼；知识无我，故照之以智；知言无我，故守之以信。圣人之道，或以仁为仁，或以义为仁，或以礼以智以信为仁。仁义礼智信，各兼五者，圣人一之不胶，天下名之不得。

【译文】圣人知晓“我”，其实没有一个真正的我，我和别人、万物都是相同相通的，所以和别人没有任何隔阂，表现出来就是仁；圣人知晓事情，没有你的事情我的事情，所以在处理事情时，所用的方法，表现出来就是义；圣人知晓立场、观念、情欲是变化无常的，没有个固定的状态，所以用戒律来规范它们，表现出来就是礼；圣人知晓思想、认识、念头是变化无常的，没有个固定的状态，所以用心灵深处的大智慧来观照它们；圣人知晓语言、文字是变化无常的，一会这样说这样写，一会又那样说那样写，没有个固定的状态，所以向别人许诺的话，不再改变，一一照办，表现出来就是信。圣人知晓“我”，其实没有一个真正的我，所以没有“私”的概念，表现出来就是仁义礼智信的言行、处事方法，其实仁义礼智信，对得道的圣人来讲，是一回事，在他们的心中，根本就没有仁义礼智信这样的名词、概念的。

勿以行观圣人，道无迹；勿以言观圣人，道无言；勿以能观圣人，道无为；勿以貌观圣人，道无形。行虽至卓，不离高下；言虽至工，不离是非。能虽至神，不离巧拙；貌虽至殊，不离妍丑。圣人假此，以示天下，天下宜此，乃见圣人。

【译文】不要根据得道圣人的行为来观察、认识道，道是没有任何痕迹的；不要根据得道圣人的言语、文字来观察、认识道，道是说不出、也写不出不的；不要根据得道圣人的才能来观察、认识道，道是没有任何作为的；不要根据得道圣人的容貌来观察、认识道，道是没有形象的。行为再高尚，也没有跳出高下的范畴；言语、文字再工巧，也没有跳出是非的范畴；才能再出神入化，也没有跳出刁滑、笨拙的范畴；容貌再特殊，也没有跳出美丑的范畴。得道圣人凭借自己的行为、语言、文字、才能、容貌，成为人们敬仰的圣人，但不知真正要认识圣人们，却不能从他们的行为、语言、文字、才能、容貌来认识他们，只有抛开他们的行为、语言、文字、才能、容貌，才能真正的知晓圣人是怎么回事。

圣人师蜂立君臣，师蜘蛛立网罟，师拱鼠制礼，师战蚁置兵。众人师贤人，贤人师圣人，圣人师万物。惟圣人同物，所以无我。

【译文】圣人学习蜜蜂的组织形式，创立了君臣制度；圣人学习蜘蛛的结网形式，创立了国家管理制度；圣人学习拱鼠的社会形式，创立了礼节、风尚；圣人学习蚂蚁的战术方法，创立了军队制度。众人向贤人学习，贤人向圣人学习，圣人向万物学习。只有圣人和万物相同，只有圣人的心意和自然规律相投相通，不分彼此，所以圣人没有“我”的概念，没有“私”的概念。

圣人曰道，观天地人物皆吾道，倡和之，始终之，青黄之，卵翼之，不爱道不弃物，不尊君子，不贱小人。贤人曰物，物物不同，旦旦去之，旦旦与之，短之长之，直之方之，是为物易者也。殊不知圣人鄙杂厕别分居，所以为人，不以此为己。

【译文】圣人观察全宇宙中所有的一切全是道，盛旺衰败如一，相熔相离如一，始终如一，青色黄色如一，天上飞的地上跑的如一，圣人不爱恋道，也不厌弃物，不尊敬君子，也不贱弃小人。贤人认为宇宙中的万事万物，各不相同，来了去了，生了灭了，有的好有的不好，直的方的，认为是事物变化不居。贤人却不知晓圣人鄙视分别、混杂，一切都是为了他人，而不是自己。

圣人之于众人，饮食衣服同也，屋宇舟车同也，贵贱贫富同也。众人每同圣人，圣人每同众人。彼仰其高侈其大者，其然乎，其不然乎？

【译文】圣人和众人相比较，饮食衣服相同，住的房子、坐的车船相同，富贵贫贱相同，每个圣人都和众人相同，每个众人也和圣人相同，人们敬仰圣人的万能、伟大、高尚，好象这些就是圣人的品质，又好象这些不是圣人的品质。

鱼欲异群鱼，舍水跃岸即死；虎欲异群虎，舍山入市即擒。圣人不异众人，特物不能拘尔。

【译文】一个鱼儿想异于其它鱼，离开水跃到岸上就死了；一个老虎想异于其它虎，离开大山，进入城区，就被人擒拿了。圣人和众人没有什么不相同的，只不过，圣人不被任何事物、观念、思想、风俗、经验所束缚。

道无作，以道应世者，是事非道。道无方，以道寓物者，是物非道。圣人竟不能出道以示人。

【译文】道没有任何作为，那些世上所谓称做道的，其实不是道，都是事；道没有形体、范围，世界上所有的东西，都是物质和精细的物质（精神），不是道。得道圣人竟然不能向人们展现出自己的道。

如钟钟然，如钟鼓然，圣人之言则然。如车车然，如车舟然，圣人之行则然。惟莫能名，所以退天下之言；惟莫能知，所以夺天下之智。

【译文】圣人所讲的语言、写的文字的含义，就如同没有敲钟时，钟的声音；圣人的行为，就如同车子走过的影子、船走过的水痕。圣人知晓道，用什么名字都无法称呼、用什么语言都无法讲清，道退出了生命中所有的语言；圣人知晓道，用什么聪明才智都无法明白，道超越了宇宙中所有的智慧。

蝍蛆食蛇，蛇食蛙，蛙食蝍蛆，互相食也。圣人之言亦然，言有无之弊，又言非有非无之弊，又言去非有非无之弊。言之如引锯然，惟善圣者不留一言。

【译文】蜈蚣吃蛇，蛇吃蛙，蛙吃蜈蚣，互相吃，圣人讲关于道的语言、文字也是如此，言语、文字总是存在着有和无的弊端，刚刚说了有无，就把人们拘禁在有无中了，为了让人们冲出有无的束缚，再讲不是有、不是无，这样又把人们拘禁在非有非无中了，为了让人们冲出非有非无的束缚，又再讲去非有去非无，随之去非有去非无，又产生了弊端，言语、文字就好象用钢锯锯木销一样，所以得道的圣人，不给人们留下一言一语。

若龙若蛟，若蛇若龟，若鱼若蛤，龙皆能之。蛟，蛟而已，不能为龙，亦不能为蛇为龟为鱼为蛤。圣人龙之，贤人蛟之。

【译文】如同龙如同蛟，如同蛇如同龟，如同鱼如同蛤，龙千变万化，可以化成蛟、蛇、龟、鱼、蛤。蛟，只不过，就是蛟，不能变化成龙，也不能变化成蛇、龟、鱼、蛤。圣人就是龙，贤人就是蛟。

在己无居，形物自着，其动若水，其静若镜，其应若响，芒乎若亡，寂乎若清。同焉者和，得焉者失，未尝先人，而尝随人。

【译文】得道圣人的心念不会居住在任何境界中，所以，圣人的形象千变万化，圣人行动起来，象水的形状一样；圣人静下来，象镜子一样；圣人对客观存在的反应，象敲击的声音一样，敲一下，响一下，自己不会响；圣人就象死尸一样，不会为自己去挣去争去斗；圣人寂静的象静静的清水一样，没有杂质，没有波动。圣人与万事万物一接触，就相融相和了，圣人得到什么，就好象失去什么一样，圣人不会成为人们的榜样，也不会追随别人的足迹。

浑乎洋乎游太初乎，时金已，时玉已，时粪已，时土已，时翔物，时逐物，时山物，时渊物，端乎权乎狂乎愚乎。

【译文】圣人混浑，什么都没有，什么都不是，所以他可以自由自在的在宇宙中，各个空间畅游，他有时是金，有时是玉，有时是粪，有时是土，有时是鸟，有时是兽，有时是山上的物质，有时是深海里的物质，有时是权达贵人，有时是狂妄之徒，有时是愚蠢小人。

人之善琴者，有悲心，则声凄凄然，有思心，则声迟迟然，有怨心，则声回回然，有慕心，则声奕奕然。所以悲思怨慕者，非手非竹非丝非桐。得之心，符之手；得之手，符之物。人之有道者，莫不中道。

【译文】会弹琴的人，弹琴时有悲伤的心，人们可以从他的琴声中，感受到凄凉的气氛；弹琴时有思念的心，人们就可以从他的琴声中，感受到眷恋、等待的气氛；弹琴时有怨恨的心，人们就可以从他的琴声中，感受到环绕不散的气氛；弹琴时有仰慕的心，人们就可以从他的琴声中，感受到心花怒放的气氛。所以悲伤、思念、怨恨、仰慕，不是手，不是琴，不是丝，不是桐。悲伤、思念、怨恨、仰慕，从弹琴者的心中产生，传递到手上，再从弹琴者的手上产生，传递到琴上。得道的人没有不符合道的。

圣人以有言有为有思者，所以同乎人；未尝言未尝为未尝思者，所以异乎人。

【译文】从圣人能表现出来的言行、思想中，可以知晓圣人和一般人没有什么区别；圣人不言、不为、不思，所以圣人和一般人不一样。

利害心愈明，则亲不睦；贤愚心愈明，则友不交；是非心愈明，则事不成，好丑心愈明，则物不契。是以圣人浑之。

【译文】利害心越明白，与亲人之间不会和睦相处；聪明愚蠢的心越明白，就交不到朋友；好坏是非心越明白，就办不成事情；爱美厌丑心越明白，就不能和人、物相融合，所以圣人浑然一体，没有分别。

心之愚拙者，妄援圣人之愚拙自解。殊不知圣人时愚时明，时巧时拙。

【译文】世上的人愚蠢、笨拙，是自己的妄想得到别人的帮助；圣人的愚蠢、笨拙，是自己解决。其实，人们不知晓，圣人有时愚蠢，有时聪明，有时巧妙，有时笨拙。

以圣师圣者，贤人；以贤师圣者，圣人。盖以圣师圣者，徇迹而忘道；以贤师圣者，反迹而合道。

【译文】为了自己也成为一个得道圣人，向圣人学习者，是贤人；为了自己成为一个普普通通的好人，向圣人学习者，是圣人。为了自己也成为一个得道圣人，象圣人学习者，追寻着圣人的足迹，因自己的求道之心，将自己禁锢在这个心中，反而离道越来越远；只是为了自己成为一个普普通通的好人，没有追寻圣人的足迹，反而与道相和相契。

贤人趋上而不见下，众人趋下而不见上，圣人通乎上下，惟其宜之，岂曰离贤人众人，别有圣人也哉。

【译文】贤人要求上进，追求高尚的品格、伟大的事业、宇宙的真理，厌弃卑鄙、没有志向、不懂道理；一般人，不求上进，言行庸俗，胸无大志，不明事理；圣人通达上下，与道相适宜，哪有离开贤人、众人，而另外有圣人呢？

天下之理，夫者唱，妇者随，牡者驰，牝者逐，雄者鸣，雌者应。是以圣人制言行，而贤人拘之。

【译文】天下之理，男人倡导，女人跟随，牡的在前面跑，牝的在后面追，雄的鸣叫，雌的回应，圣人根据这些，创建了人类社会的礼节、律法，贤人将人们的言行、思想禁锢在这些礼节、律法中。

圣人道虽虎变，事则鳖行，道虽丝分，事则棋布。

【译文】圣人的道，虽能因时制宜，斐然可观，但表现成贤人的言行时，却很缓慢；圣人的道，虽然比宇宙中最细微的东西，还要细微，但表现成贤人的做事方法时，却象棋子棋局一样有形象有气势。

所谓圣人之道者，胡然孑孑尔，胡然彻彻尔，胡然堂堂尔，胡然臧臧尔。惟其能遍偶万物，而无一物能偶之，故能贵万物。

【译文】称做圣人的所得到的道，给人们的感觉，一会儿好象茕然独立，一会儿好象通彻万事万物，一会儿好象堂堂磊磊，一会儿好象隐藏的极其深奥，根本就发现不了。因为他能遍及万物，而没有一物是可以于其相对等的，所以道高贵于万事万物。

云之卷舒，禽之飞翔，皆在虚空中，所以变化不穷，圣人之道则然。

【译文】云彩的卷舒，小鸟的飞翔都在虚空中，所以云彩才能变化莫测、小鸟才能自由飞翔，圣人之道，也是如此。

文子

佚其名字，老子弟子，汉志道家有其书，唐柳宗元谓其书多窃取他书以成之，清四库仍列于道家。

【译文】其名字已佚，不可考，是老子弟子，《汉书·艺文志》中道家部分列有其书，唐代柳宗元认为此书有很多是窃取他人的书著成的，清代《四库全书》仍然将其列入道家。

十守（节录）

守无

老子曰：轻天下即神无累，细万物即心不惑，齐生死则意不慑，同变化则明不眩。夫至人倚不桡之柱，行无关之途，禀不竭之府，学不死之师，无往而不遂，无之而不通，屈伸俯仰，抱命不惑而宛转，祸福利害，不足以患心。夫为义者可迫以仁，而不可劫以兵，可正以义，不可悬以利，君子死义，不可以富贵留也，为义者不可以死亡恐也，又况于无为者乎！无为者即无累，无累之人，以天下为影柱，上观至人之伦，深原道德之意，下考世俗之行，乃足以羞也，夫无以天下为者，学之建鼓也。

【译文】老子说：“鄙薄天下万物使神不为万物所累，藐视天下万物使心不被万物所惑，把生与死都等同起来，不以生为喜，不以死为恨，内心守住虚无，保持道的纯洁，就会不为死所惧，精神可以脱离肉体而独存，肉体可以消逝，精神则可永存，守无即守道。守道即可齐生死而不惧，随同自然的变化而变化明就不会迷乱。体道之人依靠不桡之柱，也即依靠道，行进在不可关闭的路途之上，禀承永不竭尽之府库。推崇道的本源，事事可成，无往而不胜，处处可通，无往而不前。屈伸俯仰，抱命不惑，而变化祸福，利与害都不足以使心患惑。为义而奋斗的人可迫近以仁，而不可胁迫以兵；可正以义，而不可悬以利。君子为义而死，不可以因为富贵就留身于世。为义奋斗的人不可以死亡为恐怖，又何况无为的人呢！无为的人就是无累，无累的人，把天下的富贵名利看成是虚设的影像，上观体道之人的高论，深入推究道德之意义，下考世俗之人的行动，乃足以感到羞耻啊。不以天下有所作为之人，非是他无为，即揭仁义以移之于道德之乡的人，其欲学之守无，如同击鼓而求逃亡者，鼓声愈大而逃亡者愈远，仁义彰而道德废也。”

守平

老子曰：尊势厚利，人之所贪，比之身则贱，故圣人食足以充虚接气，衣足以盖形御寒，适情辞余，不贪得，不多积，清目不视，静耳不听，闭口不言，委心不虑，弃聪明，反太素，休精神，去知故，无好无憎，是谓大通，除秽去累，莫若未始出其宗，何为而不成。知养生之和者，即不可悬以利，通内外之符者，不可诱以势，无外之外，至大，无内之内，至贵，能知大贵，何往不遂。

【译文】老子说：“权势利禄，是民俗所追求的东西，如把它同全身保真等同起来，就显得不足为贵了。所以圣人足食以充实其腹接续其气，穿衣以遮掩形体抵御风寒，适可而止，养生适度，不贪得，不多积。清目不视，静耳不听，闭口不言，委心不虑，抛弃聪明，返归朴素，休养精神，去除巧诈，无好无恶，这就是大通。除掉不洁净断绝外物之诱惑，不如不始出清静，没有什么理由而不成事。懂得养生之适度的人，即不可以利相诱；通达内外之符验的人，不可以势相惑。道是无所不在的，有了道才有了万物，它服侍了万物，可以说它是卑小的，万物又归从于它，可以说它又是伟大的，道在天地之间，其大无边，其小无内，无外之外是至大，无内之内是至贵。能知道至大至贵，则做什么事情都能成功。”

守易

老子曰：古之为道者，理情性，治心术，养以和，持以适，乐道而忘贱，安德而忘贫。性有不欲，无欲而不得，心有不乐，无乐而不为，无益于性者不以累德，不便于生者不以滑和。不纵身肆意而制度，可以为天下仪，量腹而食，制形而衣，容身而居，适情而行，余天下而不有，委万物而不利，岂为贫富贵贱失其性命哉！夫若然者，可谓能体道矣。

【译文】老子说："古代修道之人，治理自己的本性，治理自己的心木，养护恬愉的心境，并保持以适度，乐道而忘贱，安德而忘贫。性情没有欲望，则什么欲望都可获得满足；心里没有欢乐，则什么欢乐都可获得享受。无益于养性的东西，不要因为它而牵累了德行；无益于生命的东西，不要因为它而滑乱了恬愉。不放纵身体，不肆意而为，并节制适度，则可以成为天下的楷模。根据饭量的大小而进食，根据身体的高矮而穿衣，容身便可居住，适情便可行动，守易知足。余天下不为己有，弃万物不为己利，怎么能够因为贫富贵贱的欲念就失去自己的性命呢！如果一个人能够做到了这些，那么毫无疑问他就是一位体道之人了。"

守 清

老子曰：人受气于天者，耳目之于声色也，鼻口之于芳臭也，肌肤之于寒温也，其情一也，或以死，或以生，或为君子，或为小人，所以为制者异。神者智之渊也，神清则智明，智者心之府也，智公则心平，人莫鉴于流潦而鉴于澄水，以其清且静也，故神清意平乃能形物之情，故用之者必假于不用者。夫鉴明者则尘垢不污也，神清者嗜欲不误也，故心有所至，则神慨然在之，反之于虚，则消躁藏息矣，此圣人之游也。故治天下者，必达性命之情而后可也。

【译文】老子说："人是禀赋于气而受命于天的，耳目对于声色，鼻口对于芳臭，肌肤对于寒温，其感情都是一样的。人之情是同一的，所好相同，但各自的所得却差别很大，这是受客观事物所制约的结果，所以有的人因之而死，有的人因之而生，有的成为君子，有的成为小人。神，是智的渊源，故神清则智明。智，是心的府库，故智公则心平。人不能以流水为镜，而必须以澄水为镜，这是因为澄水既静又清的缘故。所以，神清意平才能体现出事物的实情，故有作为的必须要借助于无为。所以治理天下的人，必须要达到神存，返归于虚静，有为之心全部寂灭，虚静守中，无为守清，内心不为外物所惑，这样才可达到性命之情，才能治理好天下啊。以明为镜则尘垢不污，以清为神则嗜欲不为外物所惑。故心有所想所欲，则神早就痛快地到了那里；返归于虚静，则消除躁动敛藏生息。这才是圣人的行迹啊。"因此治理天下的人，要对性命之情有所通达才可以。

守真

老子曰：夫所谓圣人者，适情而已，量腹而食，度形而衣，节乎己，而贪污之心无由生也，故能有天下者，必无以天下为也，能有名誉者，必不以越行求之，诚达性命之情，仁义因附也。若夫神无所掩，心无所载，通洞条达，澹然无事，势利不能诱，声色不能淫，辩者不能说，智者不能动，勇者不能恐，此真人之游也。夫生生者不生，化化者不化，不达此道者，虽知统天地，明照日月，辩解连环，辞润金石，犹无益于治天下也，故圣人不失所守。

【译文】老子说："所谓的圣人，只不过使情适度罢了，根据饭量的大小而进食，根据身体的情况而穿衣，满足于一般的生活所需即可，不多求，不多贪，量食周身而足，这样，贪得污秽之心便无法产生了。不生污秽之心，便可守真，守真即是守身，所以能据有天下的人，必须要首先无为；能具有名誉的人，必须要不超越标准的行为，精诚才能通达性命之情，仁义因之而依从也。如果让神无所掩遮，内心不存在任何嗜欲之念，条理通达明澈，淡泊寂静无事可为，势利不能诱惑，声色不能淫迷，辨者不能说服，智者不能动摇，勇者不能恐吓，这才是真人的品行啊。产生事物的道不生，杀灭事物的道不化，不知道这些的，虽然其才智可以总领天地，明照日月，能解开连坏，言辞动听胜于金石之音，也无益于其治理好天下啊，所以圣人永远都坚守道，而不让其失去。"

守静

老子曰：静漠恬惔，所以养生也，和愉虚无，所以据德也，外不乱内即性得其宜，静不动和即德安其位，养生以经世，抱德以终年，可谓能体道矣。若然者，血脉无郁滞，五藏无积气，祸福不能矫滑，非誉不能尘垢，非有其世，孰能济焉，有其才不遇其时，身犹不能脱，又况无道乎。夫目察秋毫之末者，耳不闻雷霆之声，耳调金玉之音者，目不见太山之形，故小有所志，则大有所忘。今万物之来，擢拔吾生，攓取吾精，若泉原也，虽欲勿禀，其可得乎？今盆水若清之经日，乃能见眉睫，浊之不过一挠，即不能见方圆也，人之精神难清而易浊，犹盆水也。

【译文】老子说："静漠恬淡，是用以养性的；和愉虚无，是用以据德的。静漠恬淡之性，不为外物所乱，则可使性全；和愉虚无之德，不累于外物，则可安其位。养性以治世，抱德以终年，可以说这就是能体道了。如果这样的话，血脉就不会闭结不通，五脏没有郁结之气，祸福不能举乱，毁誉不能蒙垢。但没有这样的世道，谁能够成就这些呢？有这样的才能，但生不逢时，有道之人想脱离乱世尚且不能，又何况那些没有体道之人呢？目可察秋毫之末的人，耳不闻雷霆之声音；耳可辨金玉之音的人，目不见泰山之形状。所以说在小处有所记载，有所收获，则在大处却有所失。现在万物的出现，拔取我的性，拔取我的精，身外之物源源不断地前来拔性夺神，想要不为之所动，难道是可能的吗？现今盆水经过很长时间的澄清，乃能看清人的影像来，要想使其混浊仅挠动一下，就马上混浊而不清了，人的精神难以清静而容易混浊，就像盆水一样啊。"

守 法

老子曰：上圣法天，其次尚贤，其下任臣，任臣者危亡之道也，尚贤者痴惑之原也，法天者治天地之道也，虚静为王，虚无不受，静无不持，知虚静之道，乃能终始，故圣人以静为治，以动为乱，故曰勿挠勿缨，万物将自清，勿惊勿骇，万物将自理，是谓天道也。

【译文】老子说："上等的圣贤遵循天道，其次遵循贤者，再下等的任用臣下，任用臣下是生死存亡之道，遵循贤者是痴惑的缘由，遵循天道的人根据天地的道理来治理，虚无安静为王，虚无则不受影响，安静则心无所动，知道虚静的道理，才能有始有终，是故圣人以静为好的治理，以妄动为现象，所以说不用去挠动缠缚，各种事物都将自行恢复清净，不用去惊扰恐惧，各种事物都将自行理顺，这是天道。

守 虚

老子曰：所谓圣人者，因时而安其位，当世而乐其业。夫哀乐者德之邪，好憎者心之累，喜怒者道之过，故其生也天行，其死也物化，静即与阴合德，动即与阳同波，故心者形之主也，神者心之宝也，形劳而不休即蹶，精用而不已则竭，是以圣人遵之不敢越也。以无应有，必究其理，以虚受实，必穷其节，恬愉虚静，以终其命，无所疏，无所亲，抱德炀和，以顺于天，与道为际，与德为邻，不为福始，不为祸先，死生无变于己，故曰至神。神则以求无不得也，以为无不成也。

【译文】老子说："所谓的圣人，随时而安心其位置，不以富贵荣华、声色欲望为欢乐，凭借着自己所处的时代，以自己所从事的事业为欢乐。哀乐之情会使德乱，好憎之情会使心累，喜怒之情会使道错。所以，人的出生是自然的变化，人的死亡是物质的变化，凝神虚静与大阴同其盛德，应感而动与阳气同其波澜，动静顺时，以无心待之。所以心是形的主宰，神是心的宝藏，形体辛劳而不停人就会倒下，精神劳损而不止就会枯竭，因此圣人看重它而不使其散失。以虚无应对万物，必须要探究事物之理；以虚无感受实际，必须要穷尽事物枝节。恬愉虚静，即可以终其天年。无所疏远，无所亲近，抱德并与之融合，以顺达于天。夫道之界，与德为邻，不为福始，不为祸先，不为死生的变化，所以叫至神。至神能与天地同道，与阴阳合德，所以求之无不得，以其来做事则没有不成功的。"

尸佼

鲁人，商鞅师，或曰，晋人，商鞅客，《汉志》杂家有其书，至宋书亡，今传世者，乃后人辑本。

【译文】鲁国人，商鞅的老师，有的说，是晋国人，商鞅的宾客。《汉书·艺文志》中杂家部分记载有其书，到宋代时亡失，今天所在世流传的是后人搜辑而成的本子。

治天下

治天下有四术，一曰忠爱，二曰无私，三曰用贤，四曰度量。度量通则财足矣，用贤则多功矣，无私百智之宗也，忠爱父母之行也。奚以知其然？父母之所畜子者，非贤强也，非聪明也，非俊智也，爱之忧之，欲其贤己也，人利之与我利之无择也，欲其贤己也，人利之与我利之无择也，此父母所以畜子也。然则爱天下，欲其贤己也，人利之与我利之无择也，则天下之畜亦然矣，此尧之所以畜天下也。有虞氏盛德，见人有善，如己有善；见人有过，如己有过。天无私于物，地无私于物，袭此行者，谓之天子。诚爱天下者，得贤。奚以知其然也？弱子有疾，慈母之见秦医也不争礼貌；在囹圄，其走大吏也不爱资财。视天下若子，是故其见医者不争礼貌，其奉养也不爱资财。故文王之见太公望也，一日五反；桓公之奉管仲也，列城有数。此所以其僻小，身至秽污而为正于天下也。郑简公谓子产曰："饮酒之不乐，钟鼓之不鸣，寡人之任也；国家之不乂，朝廷之不治，与诸侯交之不得志，子之任也。子无入寡人之乐，寡人无入子之朝。"自是以来，子产治郑，城门不闭，国无盗贼，道无饿人。孔子曰："若郑简公之好乐，虽抱钟而朝可也。"夫用贤，身乐而名附，事少而功多，国治而能逸。凡治之道，莫如因智；智之道，莫如因贤。譬之犹相马而借伯乐也，相玉而借猗顿也，亦必不过矣。今有人于此，尽力以为舟，济大水而不用也；尽力以为车，行远而不乘也，则人必以为无慧。今人尽力以学，谋事则不借智，处行则不因贤，舍其学不用也。此其无慧也，有甚于舍舟而涉、舍车而走者矣。

【译文】治理天下有四个道术：一是忠诚仁爱，二是公而无私，三是任用贤能，四是确立法度。法度通行就能财用富足，任用贤能就能多有成功，公而无私是汇聚百智为己所用的根本，忠诚仁爱是为人父母必须具备的品行。根据什么明白是这样的？父母养育孩子，孩子不贤能强勇，也不耳聪目明，也不英俊睿智，但却爱他忧他，渴望他比自己强。（希望他成为对大家有用的人）。他对别人有用与对自己有用，无所区别。那么天子爱天下也是希望天下的贤才比自己强，对众人有利与对自己有利不加区别，天下的治理也是这样的（与养育孩子是一样无私）。尧就是这样治理天下的，虞舜有盛德，见到别人有善处就像自己有善处，见到别人有过错就像自己有过错。天不偏爱众物，地也不偏爱众物，能够沿袭天地无私之行的就是天子。真正爱天下的人，就能得到贤能的人，为什么呢？羸弱的孩子有了疾病，慈母急着求见良医，顾不上去争礼仪的尊卑；爱子身在监狱，父母奔走在官吏之间，设法营救，不吝惜钱财。所以拜见医生的人不去争礼仪的尊卑，需要奉养官吏救孩子时也不吝啬钱财。所以周文王拜见太公望，一日往返五次；齐桓公尊奉管仲，列城数座。这就是文王虽然封国僻远狭小，桓公行为不洁但能够施政天下的原因。郑简公对子产说："饮酒不能尽兴，钟鼓不能长鸣，这是我的责任；国家不能治，朝廷不能理，与诸侯交往不能得志如意，这是你的责任。你不要干预我为君的快乐，我也不干预你的朝政。"自从这样以后，子产治理郑国，城门不用关闭，国内没有盗贼，道路上没有饥饿的人。孔子说："像郑简公那么爱好音乐，即使是抱着钟听理朝政都可以。"能够任用贤能，自身快乐，与为君的名分相符合，自己需要做的事情少但成就多，国家能治理好而自身却能得到安逸。凡治理的道术，没有什么比运用他人的智慧更好；运用他人智慧没有什么比任用贤能更好的。比个例子，就像察看马的好坏要借用伯乐，察看玉的好坏要借用猗顿，只要这样，也就一定不会有什么过失了。如果有人在这里，全力以赴地制造船，渡大水时却不使用；全力以赴去制造车，走远路时却不乘坐，那么人们一定会认为这个人不聪明。如果有人倾心竭力地学习，但谋划却不用已有的智慧，办事却不任用贤能，舍弃自己的所学而不用，这样的不聪明比舍船渡水，舍车行远还要厉害。

申不害

京人，相韩昭侯，为刑名之学，后人与韩非并称，《汉志》法家载有其书，今亡，有辑本。

【译文】京人，曾做韩昭侯的相，主要是研究刑名之学，后人将其韩非并称为“申韩”。《汉书·艺文志》记载有其书，今已亡失，后代有辑本。

大体

夫一妇擅夫，众妇皆乱；一臣专君，群臣皆蔽。故妒妻不难破家也，而乱臣不难破国也。是以明君使其臣，并进辐凑，莫得专君。今人君之所以高为城郭而谨门闾之闭者，为寇戎盗贼之至也。今夫弑君而取国者，非必逾城郭之险而犯门闾之闭也。蔽君之明，塞君之所，夺之政而专其令，有其民而取其国矣。

【译文】一个妻子独占丈夫的宠爱，其他的妻妾就都会混乱不安；一位大臣独占君主的宠信而擅权，群臣就都会被埋没。所以，心怀妒忌的妻妾容易使家庭破灭，作乱之臣容易使国家破亡。因此，英明的君主任用他的臣下，让他们能团结并进，而不能独占君主的宠信。现今君主之所以修筑高大的城墙，并谨慎地关闭大小门户，是因为怕敌军、盗贼的到来。但如今杀害君主而夺取国家的人，并不一定要逾越城墙的险阻，侵犯紧闭着的大小门户。他们只要蒙蔽君王的眼睛，堵塞君王的耳朵，拿取君主的权力，擅自发布君令，就能占有他的百姓、夺取他的国家。

今使乌获、彭祖负千钧之重，而怀琬琰之美；令孟贲、成荆带干将之剑卫之，行乎幽道，则盗犹偷之矣。今人君之力，非贤乎乌获、彭祖，而勇非贤乎孟贲、成荆也。其所守者，非恃琬琰之美，千金之重也而欲勿失，其可得耶？

【译文】现在，假如让乌获、彭祖背着千钧重的宝物，怀揣琬圭、琰圭那样的美玉，让孟贲、成荆带著干将宝剑来保卫他们，行走于隐蔽的道路，盗绒还是能够偷走宝物。现在君主的力量比不上乌获、彭祖，而勇猛又不能胜过孟贲、成荆，但君主所守卫的东西，并非仅是琬琰的珍美和千金的贵重，却想不失窃，这能做得到吗？

明君如身，臣如手；君若号，臣如响。君设其本，臣操其末；君治其要，臣行其详；君操其柄，臣事其常。为人臣者，操契以责其名。名者，天地之纲，圣人之符，张天地之纲，用圣人之符，则万物之情，无所逃之矣。

【译文】英明的君主好比是身体，臣下就如同手臂；君主好比是军号，臣下就如同号声。君主谋划根本大计，臣下操办具体细节；君主治理关键问题，臣下实施详细措施；君主掌握国家权柄，臣下从事日常事务。作为臣子，手握符契（任职凭证），就要以此要求自己名实相符。名，是天地的纲纪，是圣人（做事）的符筋。伸张天地的纲纪，使用圣人的符节，那么万事万物的情况，就无所隐瞒了。

故善为主者，倚于愚，立于不盈，设于不敢，藏于无事，竄端匿疏，示天下无为，是以近者亲之，远者怀之。示人有余者，人夺之；示人不足者，人与之。刚者折，危者覆，动者摇，静者安。名自正也，事自定也。是以有道者，自名而正之，随事而定之也。鼓不与于五音，而为五音主；有道者不为五官之事，而为治主。君知其道也。官人知其事也。十言十当，百为百当者，人臣之事，非君人之道也。

【译文】所以善于做君主的人，（往往表现出）偏近于愚钝，立足于不自满，置其身于胆小畏惧，藏其志于无所事事，隐藏事情的头绪，向天下人展示其顺应自然、无为而治的姿态。因此，身边的人亲近他，远方的人归向他。向别人显示有富余的人，人们就会夺取他；向别人显示不足的人，人们就给予他。坚硬的容易折断，高耸的容易倾覆，移动的容易摇晃，平静的容易安稳。这样，名分自然会端正，事情也自然能确定。因此，有道德的君主，从名分下来端正（纲纪），随顺相应的事物来决定（对策）。鼓声不在五音的范围之内，却是五音的主导者；有道德的君主，不从事五官的事务，却是治理国家的主宰。君主要懂得他的为君之道，臣下要知道各自所应做的事务。说十句话十句话都能恰当、做百件事百件事都会妥当，这是为人臣的事情，而不是做国君的方法。

昔者尧之治天下也，以名。其名正，则天下治。桀之治天下也，亦以名。其名倚，而天下乱。是以圣人贵名之正也。主处其大，臣处其细。以其名听之，以其名视之，以其名命之。镜设精，无为而美恶自备；衡设平，无为而轻重自得。凡因之道，身与公无事，无事而天下自极也。

【译文】从前尧帝治理天下用的就是“名”，其名分端正，那么天下就安定；夏桀治理天下用的也是“名”，其名分不正，于是天下大乱。因此，圣人重视名分的端正。君主居于上位，臣子属于下位，各自依照其名分来听事，依照其名分来处理事务，依照其名分下达命令。镜子假如明亮，虽然别无所为而美丑自会显现；秤假如公平，虽别无所为而轻重自可得知。凡是遵循这一法则，自身与国家都会平安无事。平安无事，那么天下自然会得到最佳的治理。

孟轲

《孟子》七篇，序本言不录，今录其与许行辩论之言一章。许行之说，盖即《汉志》所谓农家者流之蔽者，与专论耕植之法者迥别，故特著之于此。

【译文】著有《孟子》七篇，序里本来不录，今录其跟许行辩论的一章。许行的学说，是属于《汉书·艺文志》中所列的农家中末流的思想，跟专门论述耕田种植的方法的人完全不一样，所以在这里特别著录一章。

难许行

有为神农之言者许行，自楚之滕，踵门而告文公曰："远方之人闻君行仁政，愿受一廛而为氓。"文公与之处。其徒数十人，皆衣褐，捆屦、织席以为食。

陈良之徒陈相与其弟辛，负耒耜而自宋之滕，曰："闻君行圣人之政，是亦圣人也，愿为圣人氓。"陈相见许行而大悦，尽弃其学而学焉。

【译文】有一个奉行神农氏学说，名叫许行的人从楚国到滕国进见滕文公说："我这个从远方来的人听说您施行仁政，希望得到一所住处，成为您的百姓。"滕文公给了他住处。许行的门徒有几十个人，都穿着粗麻衣服，靠打草鞋织席子谋生。

陈良的门徒陈相和他弟弟陈辛背着农具从宋国来到滕国，也进见滕文公说：听说您施行圣人的政治，那么，您也是圣人了，我们都愿意做圣人的百姓。"陈相见到许行后非常高兴，完全抛弃了自己以前所学的而改学许行的学说。

陈相见孟子，道许行之言曰："滕君则诚贤君也，虽然，未闻道也。贤者与民并耕而食，饔飧而治。今也滕有仓廪府库，则是厉民而以自养也，恶得贤？"

孟子曰："许子必种粟而后食乎？"曰："然。"

"许子必织布而后衣乎？"曰："否！许子衣褐。"

"许子冠乎？"曰："冠。"

曰："奚冠？"曰："冠素。"

曰："自织之与？"曰："否，以粟易之。"

曰："许子奚为不自织？"曰："害于耕。"

曰："许子以釜甑爨，以铁耕乎？"曰："然。""自为之与？"曰："否！以粟易之。"

"以粟易械器者，不为厉陶冶；陶冶亦以其械器易粟者，岂为厉农夫哉？且许子何不为陶冶，舍皆取诸其宫中而用之？何为纷纷然与百工交易？何许子之不惮烦？"曰："百工之事固不可耕且为也。"

"然则治天下独可耕且为与？有大人之事，有小人之事。且一人之身，而百工之所为备，如必自为而后用之，是率天下而路也。故曰，或劳心，或劳力；劳心者治人，劳力者治于人；治于人者食人，治人者食于人，天下之通义也。"

【译文】陈相有一天去拜访孟子，转述许行的话说："滕君的确是个贤明的君主，不过，他还没有掌握真正的治国之道。贤人治国应该和老百姓一道耕种而食，一道亲自做饭。现在滕国却有储藏粮食的仓库，存放财物的仓库，这是损害老百姓来奉养自己，怎么能够叫做贤明呢？"

孟子说："许先生一定要自己种庄稼才吃饭吗？"

陈相回答说："对。"

"许先生一定要自己织布然后才穿衣吗？"

回答说："不，许先生只穿粗麻衣服。"

"许先生戴帽子吗？"

回答说："戴。"

孟子问："戴什么帽子呢？"

回答说："戴白帽子。"

孟子问："他自己织的吗？"

回答说："不是，是用粮食换来的。"

孟子问："许先生为什么不自己织呢？"

回答说："因为怕误了农活。"

孟子问："许先生用锅和甑子做饭，用铁器耕种吗？"

回答说："是的。"

"他自己做的吗？"

回答说："不是，是用粮食换的。"

孟子于是说："农夫用粮食换取锅、瓶和农具，不能说是损害了瓦匠铁匠。那么，瓦匠和铁匠用锅、瓶和农具换取粮食，难道就能够说是损害了农夫吗？而且，许先生为什么不自己烧窑冶铁做成锅、甑和各种农具，什么东西都放在家里随时取用呢？为什么要一件一件地去和各种工匠交换呢？为什么许先生这样不怕麻烦呢？"

陈相回答说："各种工匠的事情当然不是可以一边耕种一边同时干得了的。"

"那么治理国家就偏偏可以一边耕种一边治理了吗？官吏有官吏的事，百姓有百姓的事。况且，每一个人所需要的生活资料都要靠各种工匠的产品才能齐备，如果都一定要自己亲手做成才能使用，那就是率领天下的人疲于奔命。所以说，有的人脑力劳动，有的人体力劳动；脑力劳动者统治人，体力劳动者被人统治；被统治者养活别人，统治者靠别人养活：这是通行天下的原则。"

"当尧之时，天下犹未平，洪水横流，泛滥于天下，草木畅茂，禽兽繁殖，五谷不登，禽兽逼人，兽蹄鸟迹之道交于中国。尧独忧之，举舜而敷治焉。舜使益掌火，益烈山泽而焚之，禽兽逃匿。禹疏九河，瀹济漯而注诸海，决汝汉，排淮泗而注之江，然后中国可得而食也。当是时也，禹八年于外，三过其门而不入，虽欲耕，得乎？

【译文】"在尧那个时代，天下还未太平，洪水成灾，四处泛滥；草木无限制生长，禽兽大量繁殖，谷物没有收成，飞禽走兽危害人类，到处都是它们的踪迹。尧为此而非常担忧，选拔舜出来全面治理。舜派益掌管用火烧，益便用烈火焚烧山野沼泽的草木，飞禽走兽于是四散而逃。大禹疏通九条河道，治理济水、源水，引流入海；挖掘汝水、汉水，疏通淮水、泗水，引流进入长江。这样中国才可以进行农业耕种。当时，禹八年在外，三次经过自己的家门前都不进去，即便他想亲自种地，行吗？"

"后稷教民稼穑，树艺五谷；五谷熟而民人育。人之有道也。饱食、暖衣、逸居而无教，则近于禽兽。圣人有忧之，使契为司徒，教以人伦，父子有亲，君臣有义，夫妇有别，长幼有序，朋友有信。放勋曰：'劳之来之，匡之直之，辅之翼之，使自得之，又从而振德之。'圣人之忧民如此，而暇耕乎？"

【译文】"后稷教老百姓耕种收获，栽培五谷，五谷成熟了才能够养育百姓。人之所以为人，吃饱了，穿暖了，住得安逸了，如果没有教养，那就和禽兽差不多。圣人又为此而担忧，派契做司徒，用人与人之间应有的伦常关系和道理来教育百姓——父子之间有骨肉之亲，君臣之间有礼义之道，夫妻之间有内外之别，老少之间有尊卑之序，朋友之间有诚信之德。尧说道：'慰劳他们，安抚他们，开导他们，纠正他们，辅助他们，保护他们，使他们各有所得，再进一步提高他们的品德。'圣人为老百姓考虑得如此周全难道还有时间来亲自耕种吗？”

“尧以不得舜为己忧，舜以不得禹、皋陶为己忧。夫以百亩之不易为己忧者，农夫也。分人以财谓之惠，教人以善谓之忠，为天下得人者谓之仁。是故以天下与人易，为天下得人难，孔子曰：‘大哉尧之为君！惟天为大，惟尧则之，荡荡乎民无能名焉！君哉舜也！巍巍乎有天下而不与焉！’尧舜之治天下，岂无所用其心哉？亦不用于耕耳。”

“吾闻用夏变夷者，未闻变于夷者也。陈良，楚产也，悦周公、仲尼之道，北学于中国。北方之学者，未能或之先也。彼所谓豪杰之士也。子之兄弟事之数十年，师死而遂倍之！昔者孔子没，三年之外，门人治任将归，入揖于子贡，相向而哭，皆失声，然后归。子贡反，筑室于场，独居三年，然后归。他日，子夏、子张、子游以有若似圣人，欲以所事孔子事之，强曾子。曾子曰：‘不可；江汉以濯之，秋阳以暴之，皜皜乎不可尚已。’今也南蛮鴃舌之人，非先王之道，子倍子之师而学之，亦异于曾子矣。吾闻出于幽谷迁于乔木者，未闻下乔木而入于幽谷者。《鲁颂》曰：‘戎狄是膺，荆舒是惩。’周公方且膺之，子是之学，亦为不善变矣。”

【译文】“尧把得不到舜这样的人作为自己的忧虑，舜把得不到禹和陶这样的人作为自己的忧虑。那些把耕种不好田地作为自己忧虑的，是农夫。把钱财分给别人叫做惠，把好的道理教给别人叫做忠，为天下发现人才叫做仁。所以把天下让给人容易，为天下发现人才却很难。孔子说：‘尧做天子真是伟大！只有天最伟大，只有尧能够效法天，他的圣德无边无际，老百姓找不到恰当的词语来赞美他！舜也是了不得的天子！虽然有了这样广阔的天下，自己却并不占有它！’尧和舜治理天下，难道不用心思吗？只不过用在耕田种地上罢了。”

“我只听说过用中原的一切来改变边远落后地区的，没有听说过用边远落后地区的一切来改变中原的。陈良本来是楚国的人，喜爱周公、孔子的学说，由南而北来到中原学习。北方的学者还没有人能够超过他。他可以称得上是豪杰之士了。你们兄弟跟随他学习几十年，他一死，你们就背叛了他！以前孔子死的时候，门徒们都为他守孝三年，三年以后，大家才收拾行李准备回家。临走的时候，都去向子贡行礼告别，相对而哭，泣不成声，然后才离开。子贡又回到孔子的墓地重新筑屋，独自守墓三年，然后才离开。后来，子夏、子张、子游认为有若有点像孔子，便想用尊敬孔子的礼来尊敬他，他们希望曾子也同意。曾子说：‘不可以。就像曾经用江汉的水清洗过，又在夏天的太阳下曝晒过，洁白无暇。我们的老师是没有谁还能够相比的。’如今这个怪腔怪调的南方蛮人，说话诽谤先王的圣贤之道，你们却背叛自己的老师而向他学习，这和曾子的态度恰恰相反。我只听说过从幽暗的山沟飞出来迁往高大的树木的，从没听说过从高大的树木飞下来迁往幽暗的山沟的。《鲁颂》说：‘攻击北方的戎狄，惩罚南方的荆舒。’周公尚且要攻击楚国这样的南方蛮人，你们却去向他学习，这简直是越变越坏了啊。”

“从许子之道，则市贾不贰，国中无伪，虽使五尺之童适市，莫之或欺。布帛长短同，则贾相若；麻缕丝絮轻重同，则贾相若；五谷多寡同，则贾相若；屦大小同，则贾相若。”

曰：“夫物之不齐，物之情也；或相倍蓰，或相什百，或相千万。子比而同之，是乱天下也。巨屦小屦同贾，人岂为之哉？从许子之道，相率而为伪者也，恶能治国家？”

【译文】陈相说：“如果听从许先生的学说，市场价格就会统一，人人没有欺诈，就是打发一个小孩子去市场，也不会被欺骗。布匹丝”绸的长短一样，价格也就一样；麻线丝绵的轻重一样，价格也就一样；五谷的多少一样，价格也就一样；鞋子的大小一样，价格也就一样。”

孟子说：“各种东西的质量和价格不一样，这是很自然的，有的相差一倍五倍，有的相差十倍百倍，有的甚至相差千倍万倍。您想让它们完全一样，只是搞乱天下罢了。大鞋与小鞋的价格完全一样，人们难道会同意吗？听从许先生的学说，是率领大家走向虚伪，怎么能够治理好国家呢？”

尹 文

不知何国人,《汉志》名家载有其书,注谓“说齐宣王,先公孙龙”,清四库改入杂家,谓其大旨指陈治道,欲自处于虚静,而万事万物,则一一综覆其实,故立说在黄老申韩之前。

【译文】不知是哪个诸侯国的,《汉书·艺文志》在名家中记载有其书,其中“注”说曾说服齐宣王,比公孙龙早,清代《四库全书》将其改入了杂家,说其思想主旨在于“治道”,想自身处于虚静之境界,而万事万物都处于其真实状态,所以其思想学说应是在黄老、申韩之前。

大道上(节录)

大道无形,称器有名。名也者,正形者也。形正由名,则名不可差。故仲尼云“必也正名乎!名不正,则言不顺”也。大道不称,众必有名。生于不称,则群形自得其方圆。名生于方圆,则众名得其所称也。大道治者,则名、法、儒、墨自废。以名、法、儒、墨治者,则不得离道。老子曰:“道者万物之奥,善人之宝,不善人之所宝。”是道治者,谓之善人;藉名、法、儒、墨者,谓之不善人。善人之与不善人,名分日离,不待审察而得也。

【译文】大道没有具体的形状,有形状的事物都有相应的名称。名称是判定客观事物的依据。正因为判定客观事物的依据取决于名称. 那么名称是不能有差错的。所以孔子说:“一定要纠正不恰当的名分。名分不正,说起话来就不顺当。”大道没有相应的名称,万物一定有相应的名称。从没有名称的大道中产生出来的万物,都具备各自的形状特征。由于名称产生于各种形状的事物中,那么众多的名称应当与各种具体事物相对应。用大道治理国家,那么名家、法家、儒家、墨家的学说自然就会被废弃。而用名家、法家、儒家、墨家的学说治理国家，也不能离开大道。老子说：“道是万物的根本。它是善人的法宝，也是不善人所要保持的。”用大道治理国家的人，被称为善人；凭借名家、法家、儒家、墨家学说治理国家的人，被称为是不善人。善人与不善人，名位和职分日益相区别，相分离，不用考察也可以分别开来。

道不足以治则用法，法不足以治则用术，术不足以治则用权，权不足以治则用势。势用则反权，权用则反术，术用则反法，法用则反道，道用则无为而自治。故穷则徼终，徼终则反始。始终相袭，无穷极也。

【译文】用道治理国家感到不足时就用法制，用法制治理国家感到不足时就用权术，用权术治理国家感到不足时就用权力，用权力治理国家感到不足时就用权势。权势用尽了再反过来用权力，权力用尽了再反过来用权术，权术用尽了再反过来用法治，法治用尽了再反过来用大道，用大道治理国家，就会达到君主无所作为而天下大治的效果。所以说事物陷入穷尽就发展到了终点，发展到终点就会返回到开始的地方，这样开始和终点互相循环因袭，永远没有穷尽。

有形者必有名，有名者未必有形。形而不名，未必失其方圆白黑之实。名而不可不寻名以检其差。故亦有名以检形，形以定名，名以定事，事以检名。察其所以然，则形名之与事物，无所隐其理矣。

【译文】有形状的事物必定有名称，有名称的事物不一定有形状。有形状而没有名称的事物，不一定会失去它的形状、颜色等特征。有名称而没有具体形状的事物，不根据名称去检验具体的事物，则往往出现差误。所以，有时用事物的名称来检验事物的形状，有时根据事物的形状来确定事物的名称，有时用事物的名称来规定事物的种类，有时根据事物的种类来检验事物的名称。弄明白了事物的形状与名称之间的关系，那么事物的形名关系与事物之间的道理，就无法隐瞒了。

名有三科，法有四呈。一曰命物之名，方圆白黑是也；二曰毁誉之名，善恶贵贱是也；三曰况谓之名，贤愚爱憎是也。一曰不变之法，君臣上下是也；二曰齐俗之法，能鄙同异是也；三曰治众之法，庆赏刑罚是也；四曰平准之法，律度权量是也。

【译文】名有三种类型，法有四种表现。名的三种类型：第一种是事物的名称，如事物的方、圆、白、黑等；第二种是诋毁、赞誉的名称，如善、恶、贵、贱等；第三种是形容的名称，如贤能、愚蠢、爱慕、憎恶等。法的四种表现：其中第一种是永恒不变之法，如君臣关系、上下关系等；第二种是教化之法，如道德品行修养得好与坏、风俗习惯的同与异等；第三种是治理民众之法，如奖赏有功的、惩罚犯罪的等；第四种是平准之法，如制定法规、统一度量衡等。

术者，人君之所密用，群下不可妄窥；势者，制法之利器，群下不可妄为。人君有术而使群下得窥，非术之奥者；有势而使群下得为，非势之重者。大要在乎先正名分，使不相侵杂。然后术可秘，势可专。

【译文】权术是君主所秘密使用的法宝，臣下不能随便窥测。权势是制定法令的有力武器，臣下不能随便利用。君主所采用的权术，如果让臣下窥测到，这种权术便不是深奥莫测的了。君主所利用的权势，如果被臣下随便利用，这种权势就没有份量了。总的要求是首先纠正有偏差的名分，让它们不互相侵扰混杂，然后君主的权术就可以保密，君主的权势就可以专用。

名者，名形者也；形者，应名者也。然形非正名也，名非正形也。则形之与名居然别矣。不可相乱，亦不可相无。无名，故大道无称；有名，故名以正形。今万物具存，不以名正之，则乱；万名具列，不以形应之，则乖。故形名者，不可不正也。

【译文】名称是用来命名事物形状的，事物的形状是与名称相对应的。但是，事物的形并不是专门用来纠正名的，名也不是专门用来纠正形的。那么形与名二者判然有别，不能互相混淆，也不能互相缺少。没有名称，大道就无法以名相称；有了名称，能用名来匡正各种事物的形。现在世上万物都是客观存在，如果不用名来区分它们，就会发生混乱；世上各种名称都摆在那里，如果不用形来与它们对应，就会出现偏差。所以，形与名的关系，不能不认真加以辩证。

善名命善，恶名命恶。故善有善名，恶有恶名。圣贤仁智，命善者也；顽嚚凶愚，命恶者也。今即圣贤仁智之名，以求圣贤仁智之实，未之或尽也。即顽嚚凶愚之名，以求顽嚚凶愚之实，亦未或尽也。使善恶尽然有分，虽未能尽物之实，犹不患其差也。故曰：名不可不辨也。

【译文】用好名称命名好的东西，用坏名称命名坏的东西，所以好的东西有好名称，坏的东西有坏名称。圣贤仁智，是用来命名好人的；顽嚚凶愚，是用来命名坏人的。现在如果用圣贤仁智之名，去寻求圣贤仁智之实，未必能使名完全符合实；如果用顽嚚凶愚之名，去寻求顽嚚凶愚之实，也未必能使名完全符合事实。如果能把好名、坏名完全区分开来，即使不能完全反映事物的实际情况，但不必担心出现大的差错，所以说，对名不能不辩证清楚。

名称者，何彼此而检虚实者也。自古至今，莫不用此而得，用彼而失。失者，由名分混；得者，由名分察。今亲贤而疏不肖，赏善而罚恶。贤不肖善恶之名宜在彼，亲疏赏罚之称宜属我。我之与彼，又复一名，名之察者也。名贤不肖为亲疏，名善恶为赏罚，合彼我之一称而不别之，名之混者也。故曰：名称者，不可不察也。语曰“好牛”，又曰，不可不察也。好则物之通称，牛则物之定形，以通称随定形，不可穷极者也。设复言“好马”，则复连于马矣，则好所通无方也。设复言“好人”，则彼属于人矣。则“好”非“人”，“人”非“好”也。则“好牛”、“好马”、“好人”之名自离矣。故曰：名分不可相乱也。

【译文】名称是用来区别不同事物、检查形名关系的。从古到今，没有不是运用得当就能成功、运用不当就要失败的。失败是因为名分混淆不清，成功是因为名分明察清晰。现在人们亲近贤能之人，疏远不肖之徒，奖赏道德品行好的人，惩罚犯罪的人。贤能之人、不肖之徒、品行好的、犯罪的，这都是客观存在的名称；亲近、疏远、奖赏、惩罚，这都是人们所采取的主观态度。人们的主观态度与客观存在的事实，这是两种根本不同的名称，这就把两种名称区分清楚了。如果把客观存在的贤能之人、不肖之徒与人们所采取的亲近、疏远的态度混为一谈，把品行好、犯罪与奖赏、惩罚混为一谈，把客观存在的事实与人的主观态度不加区别，这就把名称搞混乱了。所以说，对名称是不能不审察清楚的。人们常说“好牛”，这个名分不能不辨察清楚。“好”是事物的通称，“牛”是事物的形体，用事物的通称来修饰事物的形体，永远没有穷尽。比如再说“好马”，通称的“好”又与形体的“马”相连在一起，那么“好”所通用的范围就没有什么限定了。比如再说“好人”，那“好”的名又归属到形体的“人”了。然而“好”的概念不是“人”的概念，“人”的概念也不是“好”的概念。那么“好牛”、“好马”、“好人”的名分就自然区分开来了，所以说名分是不能互相混乱的。

五色、五声、五臭、五味，凡四类，自然存焉天地之间，而不期为人用。人必用之，终身各有好恶，而不能辨其名分。名宜属彼，分宜属我。我爱白而憎黑，韵商而舍徵，好膻而恶焦，嗜甘而逆苦。白黑、商徵、膻焦、甘苦，彼之名也；爱憎、韵舍、好恶、嗜逆，我之分也。定此名分，则万事不乱也。故人以“度”审长短，以“量”受少多，以“衡”平轻重，以“律”均清浊，以“名”稽虚实，以“法”定治乱，以简治烦惑，以易御险难。万事皆归于一，百度皆准于法。归一者，简之至；准法者，易之极。如此顽嚚聋瞽，可与察慧聪明同其治也。

【译文】五种颜色、五种声音、五种气味、五种味道这四类物质，都自然地存在于天地之间，它们并不期望被人们利用，但人们却一定要应用它们，终身不改变对它们的好恶，且不能分辨它们之间的名分。事物的名称应该是自然存在的事物本身，对事物的分辨则是人们的主观因素。我喜欢白色而讨厌黑色，喜欢商声而讨厌徵音，喜爱膻气而厌恶焦气，喜欢甜味而厌恶苦味。白黑颜色、商徵声音、膻焦气味、甜苦味道，这都是客观存在的事物名称。而喜爱憎恶、爱听不爱听、喜欢讨厌、爱吃不爱吃，这却是人们的主观态度。能够确定这些客观的和主观的名分，那么万事万物就不会出现混乱。所以人们用尺度来计算物体的长短，用量器来测量东西的多少，用秤具来称量物体的轻重，用律吕来辨别音乐的声音，用名分来考查事物的虚实，用法制来规定国家的治乱，用简明来治理烦琐疑惑，用变易来排除危险和困难。把万事万物都归结为一个道理，各种准则都用法律作准绳。万事万物都归为一个道理，这是最简要的方法；用法律作准绳，这是最便易的措施。如果能做到这样，那么顽固、愚蠢、耳聋、眼瞎的人就可以与开明、智慧、耳聪、目明的人一样，共同治理国家。

天下万事，不可备能，责其备能于一人，则贤圣其犹病诸。设一人能备天下之事，能左右前后之宜、远近迟疾之间，必有不兼者焉。苟有不兼，于治阙矣。全治而无阙者，大小、多少，各当其分；农商工仕，不易其业。老农、长商、习工、旧仕，莫不存焉，则处上者何事哉？故有理而无益于治者，君子弗言；有能而无益于事者，君子弗为。君子非乐有言，有益于治，不得不言。君子非乐有为，有益于事，不得不为。故所言者不出于名法权术，所为者不出于农稼军阵，周务而已，故明主不为。治外之理，小人必言事外之能。小人亦知言损于治，而不能不言；小人亦知能损于事，而不能不为。故所言者极于儒墨是非之辨，所为者极于坚伪偏抗之行，求名而已，故明主诛之。

【译文】天下的事情各种各样千差万别，不能要求一个人什么都会做。如果要求一个人什么都会做，即使是圣贤之人也办不到。假设一个人能做天下所有的事，但在他做事的前后左右、远近缓急方面，必定有不能兼顾到的。如果有不能兼顾到的，对于治理国家就会有所欠缺。如果要使国家得到全面的治理而没有欠缺，就应使事情的大小多少方面都恰如其分，农民、商人、工人、官吏，都各守其业。如果有经验的老农和擅长经商的商人，熟练的工匠和老练的官吏，都发挥自己的专长，那么处在上层的统治者还有什么事情需要亲自做呢？因此，有些话虽然有道理，但对治理国家没有好处，君子绝对不说；虽然有能力，但对成就事业没有好处，君子绝对不做。君子不是乐于好说，而是因为对治理国家有好处，不得不说；君子不是乐于好做，而是因为对成就事业有好处，不得不做。君子所说的话，不外乎名、法、权、术方面的内容；君子所做的事，不外乎农业生产、战争打仗方面的事情，努力做好自己的本职工作而已。所以，贤明的君主不说对治国无益的话，小人总爱说对国家没有用处的事。小人也知道这些话对治国有损害，却不能不说；小人也知道这些才能有损于治国的大事，却不能不做。所以，他们所说的，都是儒家、墨家的是非争辩；所做的，都有虚伪偏执的倾向。他们这样做的目的都是为了求取功名罢了，所以贤明的君主要诛杀他们。

故古语曰："不知无害于君子，知之无损于小人。工匠不能，无害于巧；君子不知，无害于治。"此信矣。为善使人不能得从，此独善也；为巧使人不能得从，此独巧也；未尽善巧之理。为善与众行之，为巧与众能之，此善之善者，巧之巧者也。所贵圣人之治，不贵其独治，贵其能与众共治；贵工倕之巧，不贵其独巧，贵其能与众共巧也。

【译文】古话说："不知道并不能妨碍一个人成为君子，知道也不能阻碍一个人不是小人。工匠不能做别的事情，并不妨碍他是能工巧匠；君子不知道其它事情，也不妨碍他能治理好国家。"这话的确是可信的。自己做善事使人不能跟从，这叫独善；自己做事精巧让人不能跟着学，这叫独巧。这两者都没有穷尽善与巧的道理。自己行善也能使众人跟着行善，自己做事精巧也能让众人做到精巧，这才是善中之善、巧中之巧。所以圣人治理国家的可贵之处，不在圣人能独立治理国家，而在圣人能与众人共同治理国家。能工巧匠倕的可贵之处，不在他个人做事精巧，而在他能与众人共同做事精巧。

今世之人，行欲独贤，事欲独能，辩欲出群，勇欲绝众。独行之贤，不足以成化；独能之事，不足以周务；出群之辩，不可为户说；绝众之勇，不可与征阵。凡此四者，乱之所由生。是以圣人任道以通其险，立法以理其差。使贤愚不相弃，能鄙不相遗。能鄙不相遗，则能鄙齐功；贤愚不相弃，则贤愚等虑。此至治之术也。

【译文】现在的人们，行为总想表现出自己特别贤惠，做事总想表现出自己特有能力，论辩总想表现自己才能超群，勇敢总想表现自己无人相比。行为独贤，不足以教化万民；做事独能，不足以完成各项工作；论辩超群，不可能做到家喻户晓；勇敢无比，不可能上阵与众敌应战。大凡这四种情况，是国家产生混乱的根本原因。所以圣人用道来克服各种艰难险阻，确定法律来处理各种差异。使贤人和愚人不互相抛弃，使能人与庸人不互相舍弃。能人与庸人不互相舍弃，那么能人与庸人就会同样取得成功；贤人与愚人不互相抛弃，那么贤人与愚人就会共同考虑国家大事，这是最佳的治国权术。

名定则物不竞，分明则私不行。物不竞，非无心；由名定，故无所措其心。私不行，非无欲；由分明，故无所措其欲。然则心欲人人有之，而得同于无心无欲者，制之有道也。田骈曰：天下之士，莫肯处其门庭、臣其妻子，必游宦诸侯之朝者，利引之也。游于诸侯之朝，皆志为卿大夫而不拟于诸侯，名限之也。彭蒙曰：“雉、兔在野，众人逐之，分未定也；鸡豕满市，莫有志者，分定故也。物奢则仁智相屈，分定则贪鄙不争。”

【译文】名义确定后，人们对事物就不会争夺；分属明确后，人们的私欲就不会盛行。人们对事物不争夺，并不是人们没有争夺之心，而是因为名义确定之后，人们就无法实施争夺之心；人们的私欲不能盛行，并不是人们没有私欲，而是因为分属已经明确，人们就无法实施自己的私欲。然而私心、私欲人人都有，却能使人们做到没有私心、没有私欲一样，是因为制止私心、私欲的方法得当。田骈说：“天下有志的男士，没有谁肯老呆在自己的家里，伺候自己的妻子儿女，他们必定要到各诸侯国的朝廷去游说，求得一官半职，这是受利禄的引诱所致。他们到各诸侯国朝廷游说的目的，都想成为卿大夫，而没有想成为诸侯国的君主，这是因为名分限定了他们。”彭蒙说：“野鸡和兔子在野地时，众人都会追逐它们，这是因为分属还没有确定的缘故。鸡和猪充满集市，没有人企图抢夺占为己有，这是因为分属已经确定的缘故。财物丰富之后而分属未定，即使是仁智之人也会争夺；分属确定之后，就是贪得无厌的人也不敢乱抢。”

圆者之转，非能转而转，不得不转也；方者之止，非能止而止，不得不止也。因圆之自转，使不得止；因方之自止，使不得转。何苦物之失分？故因贤者之有用，使不得不用；因愚者之无用，使不得用。用与不用，皆非我用。因彼所用与不可用而自得其用。奚患物之乱乎？

【译文】圆的东西之所以会转动，并不是因为它本身会转动而转动，而是因为它具备转动的条件而不得不转动；方的东西之所以会静止，并不是因为它本身会静止而静止，而是因为它具备静止的条件而不得不静止。顺应圆的东西能自己转动的特性，使它不得静止；顺应方的东西能自己静止的特性，使它不得转动，何必担心事物失去本性呢？所以，利用贤能之人对治理国家有用的特征，使他们不得不为国家所用；顺应愚昧之人对治理国家无用的特征，使他们不得为国家所用。国家用与不用，都不是由我个人的主观愿望所决定，而是顺应他们可用与不可用的特征，使他们各得其所，为什么担心事物会发生混乱呢？

庆赏刑罚，君事也；守职效能，臣业也。君料功黜陟，故有庆赏刑罚；臣各慎所任，故有守职效能。君不可与臣业，臣不可侵君事。上下不相侵与，谓之名正。名正而法顺也。接万物使分，别海内使不杂。见侮不辱，见推不矜，禁暴息兵，救世之斗。此仁君之德，可以为主矣。守职分使不乱，慎所任而无私。饥饱一心，毁誉同虑，赏亦不忘，罚亦不怨。此居下之节，可为人矣。

【译文】奖赏有功，惩罚犯罪，这是君主的事；严守职责，尽心竭力，这是臣子的职能。君主对臣子论功升一迁，据过贬黜，所以有庆赏刑罚；臣子各自慎守职责，所以有守职效能。君主不能参与臣子的职业，臣子也不能侵犯君主的权限，上下互不混淆侵犯，这就叫作名正。名正就能使国家的法律秩序顺畅。承接万物使它们互相区别，条理国内大事使它们不相混杂，受到欺侮而不觉得耻辱，得到推举而不骄傲自满，禁止暴力，平息战争，解救世上的争斗，这就是仁义君主的德行。能做到这些就可以成为一国之主。严守职责名分不使其混乱，慎重地做好本职工作而没有私心，遇到富足时与遭到灾荒时都不变心，受到批评或表扬时都能正确对待，得到奖赏时不得意忘形，受到责罚时也不怨天尤人，这就是作臣子的节操。能做到这些就可以成为合格的人臣了。

世有因名以得实，亦有因名以失实。宣王好射，说人之谓己能用强也，其实所用不过三石。以示左右，左右皆引试之，中阙而止。皆曰："不下九石，非大王孰能用是？"宣王说之。然则宣王用不过三石，而终身自以为九石。三石，实也，九石，名也，宣王悦其名而丧其实。

【译文】世上有因名而得到实的，也有因名而失掉实的。齐宣王爱好射箭，喜欢听别人说自己能用很强硬的弓，其实他所用弓的拉力不过只有三石，并拿来让左右侍从看，左右侍从都试着拉弓，拉到三石的一半便停了下来，都说："这张弓的弓力不低于九石，不是大王谁能用这么硬的弓？"齐宣王非常高兴。然而齐宣王所用弓的弓力不过三石，但他终身都认为自己拉的是九石的硬弓。三石是此弓的实际弓力，九石是此弓的虚假名声，齐宣王由于喜欢虚名而丧失了实际。

齐有黄公者，好谦卑。有二女，皆国色。以其美也，常谦辞毁之，以为丑恶，丑恶之名远布，年过而一国无聘者。卫有鳏夫，时冒娶之，果国色。然后曰："黄公好谦，故毁其子不姝美。"于是争礼之，亦国色也。国色，实也；丑恶，名也。此违名而得实矣。

【译文】齐国有个姓黄的男士，喜好谦虚自卑。他有两个女儿，都是国内极其漂亮的美女。因为她们都很漂亮，黄公便常用谦辞贬低她们，说她们容貌丑陋，结果丑陋的名声传播很远，超过了正常结婚年龄也没有人来聘娶她们。卫国有个上了年岁的单身汉，当时冒然取了其中一个，发现果然是国内漂亮绝顶的美女。然后便说："黄公喜好自谦，所以丑化他女儿不漂亮。"消息传出后，人们争相聘娶黄公的另一个女儿，果然也是国内漂亮绝顶的美女。漂亮绝顶是内在的事实，丑陋是外在的名声，这是违背外在丑陋的名声而存有内在漂亮的事实。

楚人担山雉者，路人问：“何鸟也？”担雉者欺之曰：“凤凰也。”路人曰：“我闻有凤凰，今直见之，汝贩之乎？”请买十金，弗与。请加倍，乃与之。将欲献楚王，经宿而鸟死。路人不遑惜金，惟恨不得以献楚王。国人传之，咸以为真凤凰，贵，欲以献之。遂闻楚王，感其欲献于己，召而厚赐之，过于买鸟之金十倍。

【译文】楚国有个人挑着野鸡走路，路上有人问他：“这是什么鸟？”挑野鸡的人欺骗他说：“这是凤凰。”路人说：“过去我只听说过有一种鸟叫凤凰，今天才算见到它，你现在卖吗？”回答说：“卖。”路人用十金来买，挑野鸡的人不卖。路人愿意增加一倍钱，才卖给了他。路人准备把野鸡献给楚国国王，但过了一夜野鸡便死了。路人来不及心痛金钱购买野鸡，只遗憾不能把它献给楚国国王。人们纷纷传说这件事，都认为这是真凤凰，路人感到凤凰非常珍贵，还是想把它献给楚王。这件事终于传到楚王那里，楚王非常感激这个人把珍贵的凤凰献给自己，便把他召来重重地奖赏了他，他得到的赏金超过了购买野鸡的十倍。

魏田父有耕于野者，得宝玉径尺，弗知其玉也，以告邻人。邻人阴欲图之，谓之曰：“此怪石也，畜之弗利其家，弗如复之。”田父虽疑，犹录以归，置于庑下。其夜玉明光照一室，田父称家大怖，复以告邻人。曰：“此怪之征，遄弃，殃可销。”于是遽而弃于远野。邻人无何盗之以献魏王。魏王召玉工相之，玉工望之再拜而立：“敢贺王，王得此天下之宝，臣未尝见。”王问其价，玉工曰：“此无价以当之，五城之都，仅可一观。”魏王立赐献玉者千金，长食上大夫禄。

【译文】魏国有个农夫在田野里耕地，捡到一块直径达一尺左右的宝玉，但他不知道是宝玉，便把这件事告诉了邻居。邻居私下想图谋得到这块宝玉，就对农夫说：“这是一块怪石，留着它对你家不利，不如把它扔到原来的地方。”农夫心里虽然有些忧虑。最终还是把它带回了家，放在厅堂外的屋檐一下。当晚宝玉便散发出亮光，照得屋里通明，农夫全家大为恐慌，又把这件事告诉了邻居。邻居说：“这是怪异的征兆，赶快把它扔掉，祸映才能够消除。”农夫赶快把这块宝玉扔到很远的野地。邻居不久就把这块宝玉偷偷捡回，把它献给了魏国国王。魏国国王召集治玉工匠鉴定这块宝玉，玉工远远地望见这块宝玉，便拜了两拜，站起来向魏国国王祝贺说：“祝贺国王得到这块天下少有的宝玉，臣子从来没有见过这么大的宝玉。”魏国国王向玉匠询问这块宝王的价值。玉匠说：“这块宝玉没有什么贵重东西的价位可以与它相比，用五座都城的代价，只能看它一眼。”魏国国王立即赏赐给献玉的人千金，并让他永远享有上大夫的俸禄。

凡天下万里，皆有是非，吾所不敢诬。是者常是，非者常非，亦吾所信。然是虽常是，有时而不用；非虽常非，有时而必行。故用是而失，有矣；行非而得，有矣。是非之理不同，而更兴废，翻为我用，则是非焉在哉？

【译文】大凡天下纵横万里，各种事情都有个是非标准，我不敢欺骗隐瞒。正确的东西总是正确的，错误的东西总是错误的，这我也深信不疑。然而正确的东西尽管总是正确的，但有时却不被采用；错误的东西尽管总是错误的，但有时却必须实行。所以说有时采用正确的作法却遭到失败，有时实行错误的作法反而会获得成功。正确与错误虽然道理不同，而社会兴旺衰败的更替变换，翻来覆去为我所用，那么是非的标准又在哪里呢？观察唐尧、虞舜、商汤、周武王成功的经验，不论他们是采用受禅的作法或是采用夺权的作法，只要顺应了时代发展趋势的需要就昌盛；观察夏桀、商纣、周幽王、周厉王失败的教训，不论他们是采用正确的作法或是采用错误的作法，只要违背了时代发展趋势的要求就失败。春秋五霸的兴衰也同样是这个道理。

大道下（节录）

凡国之存亡有六征：有衰国，有亡国，有昌国，有强国，有治国，有乱国。所谓乱亡之国者，凶虐残暴不与焉；所谓强治之国者，威力仁义不与焉。君年长，多媵妾，少子孙，疏宗强，衰国也；君宠臣，臣爱君，公法废，私欲行，乱国也；国贫小，家富大，君权轻，臣势重，亡国也。凡此三征，不待凶虐残暴而后弱，虽曰见存，吾必谓之亡者也。内无专宠，外无近习，支庶繁字，长幼不乱，昌国也；农桑以时，仓廪充实，兵甲劲利，封疆修理，强国也；上不胜其下，下能不犯其上，上下不相胜犯，故禁令行，人人无私，虽经险易而国不可侵，治国也。凡此三征，不待威力仁义而后强，虽曰见弱，吾必谓之存者也。

【译文】大凡国家的存亡有六种征兆：有衰败之国，有灭亡之国，有昌盛之国，有强大之国，有太平之国，有混乱之国。所谓混乱和灭亡的国家，与统治者的凶残暴虐没有必然的联系；所谓强大和太平的国家，与统治者实行威力和仁义没有必然的联系。君主年岁大，妻妾成群，子孙匮乏，宗族疏远，这是衰败的国家。君主宠信大臣，大臣奉承君主，国家的法律遭到废弃，个人的私欲横行，这是混乱的国家。国家贫穷弱小，个人富足强大，君主的权力太轻，大臣的权势太重，这是灭亡的国家。凡具备这三种征兆的国家，不必等待君主凶恶残暴就会衰弱。尽管这样的国家暂时还存在着，我敢断言它必定会灭亡。宫内没有独宠之人，朝廷没有亲近之臣，子孙繁茂，长幼有序，这是昌盛的国家。农桑不违时令，国库粮食充足，军队强盛，边防巩固，这是强大的国家。在上位的人不敢欺压在下位的人，在下位的人也不敢冒犯在上位的人，上下各不侵犯，所以国家能做到令行禁止，人人都没有私心，国家虽然遭到危险，但也不能受到侵犯，这是太平的国家。凡具备这三种征兆的国家，不必依靠威力仁义也会强盛。尽管这样的国家目前还比较软弱，我敢断言它必定会长久存在下去。

治王之兴，必有所先诛。先诛者，非谓盗，非谓奸。此二恶者，一时之大害，非乱政之本也。乱政之本下侵上之权，臣用君之术，心不畏时之禁，行不轨时之法，此大乱之道也。

【译文】治理国家的君主在施政开始时，必定要先诛杀一些人。先诛杀的这些人，不是盗贼，也不是奸诈之人，这两种罪恶之人，尽管是国家一时的大祸害，却不是造成国家混乱的根本原因。造成国家混乱的根本原因，是在下位的人侵夺在上位人的权力，臣子窃用君主的统治手段，内心不畏惧当时的禁令，行为不遵守当时的法规，这才是造成国家混乱的祸根。

《老子》曰："以政治国，以奇用兵，以无事取天下。"政者，名法是也。以名法治国，万物所不能乱。奇者，权术是也。以权术用兵，万物所不能敌。凡能用名法权术而矫抑残暴之情，则己无事焉。己无事则得天下矣。故失治则任法，失法则任兵，以求无事，不以取强。取强，则柔者反能服之。

【译文】老子说："用清明的政治治理国家，用权变的奇术指挥打仗，用不搅扰人民的作法夺取天下。"所谓清明的政治，就是指确定名分和实行法治。用名分和法制治理国家，万事万物就不会发生混乱。所谓权变的奇术，就是随机应变的战术。用随机应变的战术指挥打仗，任何敌人都无法抵御。如果能用名分、法制、权术来纠正、抑制人们的残暴心理，那么在人民之中就不会发生什么坏事。人民之中不会发生坏事，那么就能取得天下。国家得不到治理就使用法制，法制不灵就采用武力。虽可求得国家无事，但不能用来征服逞强之人。如果能征服了逞强之人，那么软弱之人反而能够制服逞强之人。

《老子》曰："民不畏死，如何以死惧之。"凡民之不畏死，由刑罚过。刑罚过，则民不赖其生。生无所赖，视君之威末如也。刑罚中则民畏死，畏死，由生之可乐也。知生之可乐，故可以死惧之。此人君之所宜执，臣下之所宜慎。

【译文】老子说："老百姓不害怕死亡，怎么能用死亡来威胁他们？"大凡老百姓不害怕死，是因为刑罚用得太滥。刑罚用得太滥，那么老百姓的生存就没有保障。老百姓的生存没有保障，就会把君主的权威看作像草芥一样。如果刑罚适当，老百姓就会怕死。老百姓怕死，是因为老百姓知道活着是件快乐的事。老百姓知道活着是件快乐的事，君主就可以用刑罚处死来恐吓他们。这是君主应当掌握的治国方法，也是臣子应该慎重对待的大事。

田子读书，曰："尧时太平。"宋子曰："圣人之治，以致此乎？"彭蒙在侧，越次答曰："圣法之治以至此，非圣人之治也。"宋子曰："圣人与圣法何以异？"彭蒙曰："子之乱名甚矣。圣人者，自己出也；圣法者，自理出也。理出于己，己非理也；己能出理，理非己也。故圣人之治，独治者也。圣法之治，则无不治矣。此万世之利，惟圣人能该之。"宋子犹惑。质于田子。田子曰："蒙之言然。"

【译文】田骈读着书，说："唐尧时代真是太平盛世。"宋钘说："圣人治理国家，都能达到这样的程度吗？"彭蒙在一旁抢着回答说："这是圣法治理国家的结果，并不是圣人治理的结果。"宋钘说："圣人与圣法治理国家有什么区别？"彭蒙说："先生把名搞得太混乱啦。圣人是从个人的角度着眼，圣法是从事理的角度着眼。事理虽然出自个人之手，但个人之见并不等于事理；个人之见尽管能反映出事理，但事理并不等于个人之见。所以，圣人治理国家，是个人独自治理国家；用圣法治理国家，那么国家没有不被治理好的。这对万事万物都有利的圣法，只有圣人才能制定它，完善它。"宋钘听后仍然迷惑不解，就质问田骈。田骈说："彭蒙说得很对。"

庄里丈人，字长子曰"盗"，少子曰"殴"。盗出行，其父在后追，呼之曰"盗，盗"。吏闻因缚之。其父呼"殴"喻吏，遽而声不转，但言"殴，殴"，吏因殴之，几殪。

【译文】有个乡村的老人，给大儿子起名叫盗，给小儿子起名叫殴。一天盗出门远行，他父亲在后面追着喊他："盗！盗！"官吏听到后，就把盗给捆绑起来。他父亲让小儿子殴来向官吏解释清楚，但着急之中说话不会表达，直叫"殴"、"殴"，官吏因此就打起名叫殴的人，几乎把他打死。

康衢长者，字僮曰善搏，字犬曰善噬，宾客不过其门者三年。长者怪而问之，乃实对。于是改之，宾客复往。

【译文】康衢有个年长的人，给他的仆人起名叫善搏，给他的狗起名叫善噬，结果宾客有三年不敢到他家登门拜访。长者觉得很奇怪，便询问周围的人，周围的人就把实情告诉了他。他便把仆人和狗都改了名字，宾客又与他恢复了往来。

郑人谓玉未理者为璞，周人谓鼠未腊者为璞，周人怀璞谓郑贾曰："欲买璞乎？"郑贾曰："欲之。"出其璞，视之，乃鼠也。因谢不取。

【译文】郑国人把没有雕琢加工的玉叫作璞，周地人把没有晒干的老鼠叫作璞。一次周地人怀里揣着未晒干的老鼠，对郑国商人说："想买璞吗？"郑国商人说："想买。"周地人拿出璞让郑国商人看，原来是未晒干的老鼠。郑国商人便道歉说不想买啦。

父之于子也，令有必行者，有必不行者。"去贵妻，卖爱妾"，此令必行者也。因曰："汝无敢恨，汝无敢思。"令必不行者也。故为人上者，必慎所令。

【译文】父亲对儿子下的命令。有些一定要施行，有些一定不能施行。休去贵妻，卖掉爱妾，这样的命令儿子一定要遵从。由此再命令说：你心里不能有怨恨之情，不能有思念之情，这样的命令一定不能遵从。作为上层的统治者。一定要慎重对待自己所颁布的命令。

凡人富则不羡爵禄，贫则不畏刑罚。不羡爵禄者，自足于己也；不畏刑罚者，不赖存身也。二者为国之所甚而不知防之之术，故令不行而禁不止。若使令不行而禁不止，则无以为治。无以为治，是人君虚临其国，徒君其民，危乱可立而待矣。今使由爵禄而后富，则人争尽力于其君矣；由刑罚而后贫，则人咸畏罪而从善矣。故古之为国者，无使民自贫富，贫富皆由于君，则君专所制，民知所归矣。

【译文】大凡人们富裕了就不会羡慕官爵、俸禄，贫穷了就不会畏惧刑罚。不羡慕官爵、俸禄的人，是因为自己已经有了足够的钱财；不畏惧刑罚的人，是因为他们没有依赖保存自身的基本生活条件。这两种人都会给国家造成极大的危害，由于不知道防范这两种人的方法，所以有令不行，有禁不止，那么君主就没有办法治理国家。君主如果没法治理国家，那么君主的统治地位就是虚假的，驾驭臣民也是徒有虚名，国家的危难与混乱就会马上降临。现在让人们追求爵位、俸禄然后才能富裕，那么人们一定会争着为君主竭尽效力；人们由于犯罪受到刑罚而后贫穷，那么人们都会畏惧犯罪而改恶从善。所以古代治理国家的君主，不让人民自然而然地贫穷与富足。人民的贫穷与富足都由君主赐给，那么君主就会独自掌握国家大权，人民就会知道如何归顺君主了。

慎到

赵人，《汉志》法家有其书，至宋书已亡八九，清四库改入杂家，略谓大旨欲因物理之当然，各定一法以守之，不求于法之外，亦不宽于法之中，则上下相安，可以清静而治，然法有不行，势不能不以刑齐之。黄老之为申韩，此其转关矣。近人辑本，以江阴缪氏蕴香簃写本最为完善，今据而摘录之。

【译文】赵国人，《汉书·艺文志》中法家部分记载有其书，到宋代时书已亡失了十分之八九，清代《四库全书》将其改编入杂家，其思想主旨在于顺因万物的自然规律，各制定一定的法以遵守它，不要求超越于法律之外，也不能宽于法律，这样君臣、君民上下相安，可以以清静无为而天下安定，但是法有时会行不通，这样必须实行刑罚，以与法相互辅助。慎到的思想是从黄老学派转化为申韩思想的转折点。近人的辑本，江阴缪氏蕴香簃写本最完善，所以今据此本而录。

内篇（节录）

古者，工不兼事，士不兼官。工不兼事，则事省；事省，则易胜。士不兼官，则职寡；职寡，则易守。故士位可世，工事可常。百工之子不学而能者，非生巧也，言有常事也。今也国无常道，官无常法，是以国家日缪。教虽成，官不足；官不足，则道理匮。道理匮，则慕贤智；慕贤智，则国家之政要在一人之心矣。

【译文】古时候，工匠不兼做其它事情，士人不兼任其他官职。工匠不兼做其它事情，事情就不多，事情不多就容易做好。士人不兼任其他官职，职责就少，职责少就容易胜任。所以士人的职位可以世代相继，工匠的职业可以长期不变。各种工匠的子弟不用学习就能做工，这不是他们生来就心灵手巧，而是说他们能经常看到做工的缘故。现在国家没有长期稳定的政策，官吏没有常久实行的法令，因此国家政治日趋谬误。实行教化虽然很有成效，但各级官吏缺乏且多数不称职；官吏缺乏又不称职，治理国家的方法就匮竭；治理国家的方法匮竭，就会仰慕渴求贤能智慧的人；仰慕渴求贤能智慧的人，那么国家政治的关键就完全操纵在一个人的手中。

古者立天子而贵之者，非以利一人也。曰：天下无一贵，则理无由通，通理以为天下也。故立天子以为天下，非立天下以为天子也；立国君以为国，非立国以为君也；立官长以为官，非立官以为长也。法虽不善，犹愈于无法，所以一人心也。

【译文】古时候，拥立天子而使他尊贵，并不是让天子一个人得到利益。这是说：天下没有一位尊贵的君主，那么国家的法令就行不通，让法令行得通是为了治理好天下。所以拥立天子是为了治理好天下，并不是设置天下来为天子一个人服务；拥立国君是为了治理好国家，并不是建立国家来为国君一个人服务；设置官职是为了更好地履行职责，并不是设置官职来为长官个人享乐。国家的法制虽然还不完善，但还是胜过没有法制，法制可以用来统一人心。

夫投钩以分财，投策以分马，非钩、策为均也。使得美者，不知所以德；使得恶者，不知所以怨。此所以塞愿望也。故蓍龟，所以立公识也；权衡，所以立公正也；书契，所以立公信也；法制，所以立公义也。凡立公，所以弃私也。

【译文】用拈阄来分配财物，用抽签来分配马匹，不是说拈阄、抽签是最均平的，而是借用这种公正的方式方法，让那些分得好东西的人不知道对谁感恩戴德，让那些分得坏东西的人不知道对谁抱怨怀恨，这样来堵塞人们的各种欲望。所以用蓍龟占卜吉凶祸福来确立公正的认识，用秤称量物体轻重来确立公正的标准，用文书契约来确立公正的信誉，用度量丈量物体的长短来确立公正的审查准则，用法令制度、礼仪典章来确立公正的道义。凡是确立公正的准则，都是为了摒弃私心。

明君动事分理必由慧，定赏分财必由法，行德制中必由礼。故欲不得干时，爱不得犯法；贵不得逾亲，禄不得逾位；士不得兼官，工不得兼事。以能受事，以事受利。若是者，上无羡赏，下无羡财。

【译文】圣明的君主做事论功，一定要凭借聪明才智；确定奖赏和分配财物，一定要遵循国家制定的统一法规；施行德政要做到恰到好处，一定要符合礼仪规范。所以君主的欲望不能错过时机，爱好不能违犯法制，尊贵贤人不能超过亲族辈分，赏赐俸禄不能超过官职爵位。士人不得兼任其它官职，工匠不得兼做其它事务，根据才能的大小分配合适的工作，根据工作中的贡献赏给相应的报酬。如果能做到这样，君主和官吏就不会滥用赏赐，臣下和百姓就不会贪收财物。

立天子者，不使诸侯疑焉；立诸侯者，不使大夫疑焉；立正妻者，不使嬖妾疑焉；立嫡子者，不使庶孽疑焉。疑则动，两则争，杂则相伤，害在有与，不在独也，故臣有两位者，国必乱。臣两位而国不乱者，君在也，恃君不乱矣，失君必乱。子有两位者，家必乱，子两位而家不乱者，父在也，恃父不乱矣，失父必乱。臣疑其君，无不危之国；孽疑其宗，无不危之家。

【译文】确立天子的地位，不能使诸侯产生怀疑；确立诸侯的地位，不能使大夫产生怀疑；确立正妻的地位，不能使嬖妾产生怀疑；确立嫡子的地位，不能使庶子产生怀疑。互相怀疑就不会安宁，有了对立的双方就容易产生争斗，互相争斗的结果就是互相残害，危害就产生在这种双方的争斗中，而不会产生在只有单独的一方。所以，大臣中有两个官位相同的，国家必定发生混乱。两个大臣官位相同而国家却没有发生混乱的，是因为仗着君主还在位的缘故。正因为依赖君主在位才使国家没有出现混乱的局面，如果君主失位，国家就必然出现混乱。家中如果确立两个地位相同的嫡子，家庭就必然出现混乱。如果家中确立了两个地位相同的嫡子而没有出现混乱，是因为仗着父亲还健在的缘故。正因为依赖父亲的健在才使家庭没有发生混乱，如果父亲去世，家庭就必然出现混乱。因此，臣子如果怀疑君主的，国家没有不发生危险的；庶子如果怀疑嫡子的，家庭没有不发生危机的。

今一兔走，百人逐之，非一兔足为百人分也，由未定也。由未定，尧且屈力，而况众人乎。积兔在市，行者不顾，非不欲兔也，分已定矣。分已定，人虽鄙不争，故治天下及国，在乎定分而已矣。

【译文】假如现在有一个兔子跑了，有一百人追，不是因为一个兔子能够一百人平分，是由于不确定兔子是谁的。由于归属不确定，尧尚且还屈从于力，何况众人呢？市场上有很多兔子，路过的行人看都不看，不是不想要，而是归属已经确定了。确定归属了，人们虽然都粗俗，但也都不争，所以治天下国家也是如此，关键在于确定名分。

君人者，舍法而以身治，则诛赏予夺，从君心出矣。然则受赏者虽当，望多无穷；受罚者虽当，望轻无已。君舍法，而以心裁轻重，则同功殊赏，同罪殊罚矣。怨之所由生也。是以分马者之用策，分田者之用钩，非以钩策为过于人智也。所以去私塞怨也。故曰：大君任法而弗躬，则事断于法矣。法之所加，各以其分，蒙其赏罚而无望于君也。是以怨不生而上下和矣。

【译文】君主治理国家，如果舍弃法制而实行人治，那么诛杀、奖赏、任用、罢免都会由君主个人的喜怒爱好来决定。这样受到的奖赏即使恰当，但受到奖赏的人欲望是没有穷尽的；受到惩罚即使也得当，但受惩罚的人都期望无休止地减轻罪行。君主如果舍弃法制而以私人的意愿来裁定赏罚的轻重，那么就会造成相同的功劳而受到不同的奖赏，相同的罪过却受到不同的惩罚，这样怨恨就由此产生了。因此，分马用抽签的办法，分田用抓阄的办法，并不是说用抽签、抓阄的办法比人的智慧高明多少，是因为这样做可以排除私心杂念，堵塞怨恨。所以说，君主治理国家要任用法制，而不要仅凭个人的主观意愿去做，那么一切事情都依着法制来决断。君主依法治理国家，每个人都根据自己的所作所为受到相应的奖赏和处罚，而不把幻想寄托在君主的私人爱好上，因此人们心里就不会产生怨恨，全国上下就会和睦相处。

飞龙乘云，腾蛇游雾，云罢雾霁，而龙蛇与螾螘同矣，则失其所乘也。故贤人而屈于不肖者，则权轻位卑也；不肖而服于贤，则权重而位尊也。尧为匹夫，不能治三人，而桀为天子，能乱天下。吾以此知势位之足恃，而贤智之不足慕也。夫弩弱而势高者，激于风也，身不肖而令行者，得助于众也。尧教于隶属，而民不听，至于南面而王天下，令则行禁则止。由此观之，贤智未足以服众，而势位足以屈贤者也。

【译文】飞龙乘云往来，腾蛇乘雾游行，如果云消雾散了，则飞龙、腾蛇与蚯蚓一样了，这是因为他们失去了所凭借的。所以，贤人之所以屈服于不肖者，是因为贤人的权势轻地位卑；不肖者能服从于贤人，是因为贤人的权势重地位尊贵。当尧为匹夫时，不能管三人，但桀为天子时，能使天下不得安定。我根据此知道权势地位是能够依靠的，而贤德与智慧是不能羡慕的。箭弱但地势高，是借助风的力量，人品德不贤但能命令行动，是因为得到了众心。尧教化他的下属，但百姓却不听从，得到坐北朝南做王时，他的命令能禁止行为。由此来看，贤德不能使大众服从，但权势地位却可以使贤人屈从。

爱多者则法不立，威寡者则下侵上。法之功，莫大使私不行；君之功，莫大使民不争。今立法而行私，是私与法争，其乱甚于无法；立君而尊贤，是贤与君争，其乱甚于无君。故有道之国，法立则私议不行，君立则贤者不尊，民一于君，事断于法，是国之大道也。

【译文】偏爱大众的则君主的威信不能立，威胁到君主的则下就会侵上。法制的最大功效，莫过于使私欲行不通；君主的最大功劳，莫过于使人民不发生争斗。现在确立法制却又盛行私欲，这是私欲与法制在争斗，这样造成的祸乱比没有法制还厉害；树立君主又尊崇贤人，是贤人与君主在相争，这样造成的祸乱比没有君主还厉害。所以，政治清明的国家，法制确立后私欲就行不通，君主树立后贤人就不能再受尊崇。人民都统一服从君主，一切事务都依法进行决断，这是治理国家的根本原则。

虙戏、神农教而不诛，黄帝、尧舜诛而不怒，及至三王，随时制法，各适其用。故治国无其法则乱，守法而不变则衰，有法而行私，谓之不法，以力役法者百姓也，以死守法者有司也，以道变法者君长也。

【译文】伏羲、神农实行教化而不诛杀，黄帝、尧舜诛杀但不发怒，等到三王时，随时制定法律，都有其适当的用处。所以，治理国家没有法律就要出现混乱，死守法律而不根据情况进行变革，国家就要衰败。有了法律而不遵守，还要擅行私意，这就叫作违犯法律。用自身的行为遵守法纪，是普通老百姓的事；用毕生精力捍卫法律的尊严，是各级官吏的事；根据形势变化来不断变革法律，是国君的事。

措钧石使禹察之，锱铢则不识也，悬于权衡，则厘发之不可差。

【译文】现在放置几十斤或上百斤的物件，让夏禹这样的圣贤去计算它有几斤、几两、几钱，那么他一定不会识别出来。如果使用一杆秤来称量，就是毫发之间的差错也不会有。这样不必等待夏禹的聪明才智，即使一般中等人的智力，没有不能识别清楚的。

圣君任法而不任智，任公而不任私，任大道而不任小物，然后身佚而天下治。

【译文】圣君用法而不用巧智，强调公而不任私，随大道而不由小物，这样不以主观意志而行动，则天下安定。

许犯问于子慎子曰：“法安所生？”子慎子曰：“法，非从天生，非从地出，发于人间，合乎人心而已。治水者，茨防决塞，虽在夷狄，相似如一。学之于水，不学之于禹也。”

【译文】许犯问慎子：“法是根据什么制定的？”慎子说：“法，不是从天上掉下来的，也不是从地上冒出来的，而是来源于人间。合乎人心的。整治河流的人，疏通淤塞，即使是在夷狄等偏远地区，也是如此。所以向水学习，而不是向禹学习。

外篇（节录）

法者，所以齐天下之动，至公大定之制也。故智者不得越法而肆谋，辨者不得越法而肆议，士不得背法而有名，臣不得背法而有功。我喜可抑，可忿可窒，我法不可离也；骨肉可刑，亲戚可灭，至法不可阙也。

【译文】法律是用来统一天下人的行动，是最公正、最稳定的制度。所以，聪明的人不能超越法律而擅谋私利，善辩的人不能超越法律而枉议是非，士人不能违背法律而捞取名声，臣子不能背叛法律而擅谋功绩。我喜欢的可以得到抑制，我忿恨的可以得到制止，而国家的法律却一刻也不能离弃。骨肉兄弟违法可以施行刑罚，亲戚朋友犯法可以诛杀，国家大法永远不能缺少。

善为国者，移谋身之心而谋国，移富国之术而富民，移保子孙之志而保治，移求爵禄之意而求义，则不劳而化理成矣。

【译文】善于治理国家的人，把谋取自身利益的心思转移到谋取国家利益方面，把富足国家的办法转移到富足民众方面，把谋求官禄爵位的信念转移到追求仁义方面，这样他们不用劳作就会把大道理贯彻到每个人的行动中，并取得成功。

田系问曰：“仲尼曰：‘志士仁人，无求生以害仁，有杀身以成仁。’何也？”子慎子曰：“始吾未生之时，焉知生之为乐也？今吾未死，又焉知死之不乐也？故生不足以使之，利何足以动之？死不足以禁之，害何足以恐之？明于死生之分，达于利害之变，是以目观玉辂、琬象之状，耳听《白雪》《清角》之声，不能以乱其神；登千仞之溪，临蝯眩之岸，不足滑其和。夫如是，身可以杀，生可以无，仁可以成。”

【译文】田系问慎子：“孔子说：‘有志之士，有仁爱的人，不会为了求生而害仁德，有舍弃生命以成就仁德的。’这怎么理解？”慎子说：“当初，在我还没有出生之前，怎么能知道生存的快乐呢？现在，我还没有死去，又怎么能知道死去是不快乐呢？因此，生存不足以驱使我们去拼搏，一点儿小利怎么能打动我们的心？死亡不能禁止，祸害又有什么可怕的呢？明白了死亡和生存的含义，通晓了利益和祸害的变化规律，所以即使用眼睛观看雕琢精美的玉器，用耳朵聆听高雅美妙的音乐，也不能扰乱我们的神志。即使登上万仞的高山，面临险峻陡峭的悬崖，也不能够搅扰我们的智慧。如果能做到这样，身体可以为此捐躯，生命可以置之度外，仁义的思想境界就可以达到。”

鹖冠子

楚人，佚其名氏，以鹖鸟羽为冠，世称鹖冠子。《汉志》道家有其书，清四库改入杂家，其说颇杂刑名，而大旨原本道德，唐韩愈尝推称之，柳宗元则以为后人伪作，尽鄙浅言也。

【译文】楚国人，其姓名已亡失，以鹖鸟的羽毛作帽子，世称其为鹖冠子。《汉书·艺文志》中道家部分记载有其书，清代《四库全书》将其改入杂家。他的学说参杂有刑名思想，思想主旨以“道德”为本，唐代韩愈曾推崇此书，柳宗元则认为此书是后人伪作的，尽是鄙陋浅薄的言论。

博选

王鈇非一世之器者，厚德隆俊也。道凡四稽：一曰天，二曰地，三曰人，四曰命。权人有五至：一曰伯己，二曰什己，三曰若己，四曰厮役，五曰徒隶。所谓天者，物理情者也；所谓地者，常弗去者也；所谓人者，恶死乐生者也；所谓命者，靡不在君者也。君也者，端神明者也；神明者，以人为本者也；人者，以贤圣为本者也；贤圣者，以博选为本者也；博选者，以五至为本者也。故北面而事之，则伯己者至；先趋而后息，先问而后默，则什己者至，人趋己趋，则若己者至；凭几据杖，指挥而使，则厮役者至；乐嗟苦咄，则徒隶之人至矣。故帝者与师处，王者与友处，亡主与徒处。故德万人者谓之隽，德千人者谓之豪，德百人者谓之英。德音者，所谓声也，未闻音出而响过其声者也。贵者有知，富者有财，贫者有身。信符不合，事举不成。不死不生，不断不成。计功而偿，权德而言，王鈇在此，孰能使营。

【译文】帝王的法制不是一世的工具，是通过对人的道德水平依次考核排序来选用优秀人才。对人才需要从四个方面来考核：一是能知天道，二是能尽地宜，三是能通人情，四是能守臣职。根据标准，把人分为五个等级：一是百倍于己的，二是十倍于己的，三是与己相当的，四是适宜于供驱使、服杂役的，五是只能做苦力、当奴隶的犯人。所谓“天”，就是能统理万物的真实；所谓“地”，就是做事从不背离纲常的；所谓“人”，就是厌恶死而乐于生；所谓“命”，就是一切都取决于君主。君主是端正万民精神的人。人的精神，以人的品行为根本；人的品行，以圣智为根据；是否圣智，以博选为根据；博选，以人的德行才智所能达到的五个层次为根据。屈身面北，以尊师之礼待人，那么，才德百倍于己者会前来效力；开始恭敬而随后又停止，此前已探访而后又默无声息，那么才德十倍于己者会前来效力；别人恭敬，我才跟着恭敬，那么于己想当的人前来效力；靠着矮桌、拿着拐杖来指挥、差遣，那么，适宜供驱使、服杂役者会前来效力；随意呼唤呵斥，那么，只有服劳役、当奴隶的犯人会前来效力。所以，能成为天下之帝者，常与自己的老师相处；能成为封国之君者，常与自己的朋友相处；导致国家灭亡的君主，常与自己的仆役相处。所以，能得到万人之心的，称为“隽”；能得千人之心的，称为“豪”；能得百人之心的，称为“英”。能得音的，才是声；没有听到音发出而回声已高过其声。贵者有智慧；富者有财富；贫者有人身。不讲信用，则办事不能成功；没有死则没有生；不中断则不能成；根据功劳而实施奖赏。就选举有德人才而言，这就是帝王的法制，没有什么能使君子迷惑。

孔 鲋

孔子六世孙，字子鱼，初仕秦，李斯议焚书，鲋乃收其家《论语》《尚书》《孝经》等书，藏于旧宅壁中。陈胜起兵，征为博士，尝搜集仲尼而下至其父之言行，为一书，至汉武帝时，其曾孙臧复以所著附焉，题曰《孔丛子》。隋志载于儒家，清四库用之，而提要则以为皆依托也。

【译文】孔子的六世孙，字子鱼，刚开始在秦国做官，听到李斯议论焚书一事，孔鲋于是把他们家的《论语》《尚书》《孝经》等书都搜起来，藏在旧房子的壁中，陈胜起义时，被征用为博士，于是试着搜集从孔子到其儿子、孙子的言行，辑为一本书，到汉武帝时，其曾孙收藏、恢复了以前所著的书，题名为《孔丛子》，《隋书·经籍志》将其归入儒家，清代《四库全书》采用了这种说法，但提要认为此书都是依托而成的。

公孙龙

公孙龙者，平原君之客也，好刑名，以白马为非马。或谓子高曰："此人小辨而毁大道，子盍往正诸？"子高曰："大道之悖，天下之校枉也，吾何病焉？"或曰："虽然，子为天下故，往也。"

【译文】公孙龙，是平原君的门客，喜好形名之学，倡说"白马不是（白）马"的命题。有人对子高说："公孙龙善于在细枝末节上狡辩，但毁坏大道，先生您何不前往赵国纠正他呢？"子高说："如果大道被毁坏，天下的人都会前往（纠正），我有什么好担忧的呢？"有人说："虽然如此，但先生您为了天下的缘故，还是去吧。"

子高适赵，与龙会平原君家，谓之曰："仆居鲁，遂闻下风，而高先生之行也，愿受业之日久矣。然所不取于先生者，独不取先生以白马为非马尔，诚去非白马之学，则穿请为弟子。”

公孙龙曰：“先生之言悖也，龙之学，正以白马非马者也。今使龙去之，则龙无以教矣。今龙为无以教，而乃学于龙，不亦悖乎？且夫学于龙者，以智与学不逮也。今教龙去白马非马，是先教也，而后师之，不可也。”

“先生之所教龙者，似齐王之问尹文也，齐王曰：‘寡人甚好士而齐国无士。’尹文曰：‘今有人于此，事君则忠，事亲则孝，交友则信，处乡则顺，有此四行者，可谓士乎？”王曰：‘善，是真吾所谓士者也。’尹文曰：‘王得此人，肯以为臣乎？’王曰：‘所愿不可得也。’尹文曰：‘使此人于广庭大众之中，见侮而不敢斗，王将以为臣乎？’王曰：‘夫士也见侮而不斗，是辱，则寡人不以为臣矣。’尹文曰：‘虽见侮而不斗，是未失所以为士也，然而王不以为臣，则乡所谓士者，乃非士乎？夫王之令，杀人者死，伤人者刑。民有畏王令，故见侮终不敢斗，是全王之法也，而王不以为臣，是罚之也。且王以不敢斗为辱，必以敢斗为荣，是王之所赏，吏之所罚也；上之所是，法之所非也。赏罚是非相与曲谬，虽十黄帝固所不能治也。’齐王无以应。”

【译文】子高到了赵国，和公孙龙相会于平原君家。对公孙龙说：“我身居鲁国，久闻先生大名，非常推崇先生的行谊，希望能拜您为师已经很久了。但我不赞同先生的，就只有您的‘白马不是（白）马’这一观点。如果您能够抛弃‘非白马’的学说，那么我孔穿愿意做您的弟子。

公孙龙说：“先生您的话不对啊。我的学说，正是以‘白马非（白）马’为核心。现在您让我抛弃这一点，那么我就没有可以教您的了。如果我没有可以教的但又要向我学，先生的话不是很荒谬吗？况且凡是向我学习的人，都是因为智力与学识不如我啊，现在让我把‘白马非白马’的观点抛弃，是让我失掉了教授的资格，失去了教的资格而又拜我为师，是不可以的。”

“您这样教我的，正像齐王问尹文的故事。齐王说：‘寡人非常喜欢士，可是齐国没有士。’尹文说：‘如果现在这里有个人，侍奉君主十分忠诚，侍奉父母十分孝敬，和朋友相交往十分诚信，与乡里人交往十分恭顺，有这四种德行，能够算是士吗？’齐王说：‘好啊，真是我所谓的士啊。’尹文说：‘大王得到这样的人，会用他做臣子吗？’齐王说：‘我这个愿望可惜不能实现啊。’尹文说：‘假使这个人在大庭广众之下被侮辱但不敢与之决斗，大王还会用他做臣子吗？’齐王说：‘士，受到侮辱而不敢与之决斗，是耻辱，寡人不会用这样的人做臣子。’尹文说：‘尽管受到侮辱而不敢与之决斗，并没有失掉做士的根本，但是大王却不用他做臣子，那么您原先所谓的士，不是士吧？大王有法令：杀人的人要处死，伤人的人要判刑。百姓因为害怕大王的命令，因此受到侮辱时才不敢与之决斗，这是成全大王的法令啊，可是您却不用他做臣子，这是处罚他啊。而且，大王认为不敢决斗反抗是耻辱，必定认为敢于决斗反抗是光荣，可见大王所奖赏的，是官吏所要惩罚的。大王所认为正确的，是法律所认为不对的。奖赏处罚、正确错误互相错谬，即使十个黄帝也不能治理啊。’齐王无言以对。”

“且白马非马者，乃子先君仲尼之所取也。龙闻楚王张繁弱之弓，载忘归之矢，以射蛟兕于云梦之囿，反而丧其弓，左右请求之。王曰：‘止也。楚人遗弓，楚人得之，又何求乎。’仲尼闻之，曰：‘楚王仁义而未遂，亦曰人得之而已矣，何必楚乎？’若是者，仲尼异楚人于所谓人也。夫是仲尼之异楚人于所谓人，而非龙之异白马于谓马，悖也。先生好儒术而非仲尼之所取也。欲学而使龙去所以教，虽百龙之智固不能当前也。”

子高莫之应。退而告人曰：“言非而博、巧而不理，此固无所不答也。”

【译文】“况且，白马非马这一说法，也是您的先祖孔子所赞同的。我听说当年楚王拿着繁弱之弓，带着忘归之箭，到云梦的苑囿去射猎蛟兕。回来时把弓丢失了，伴随左右的随从请求去寻找。楚王说：‘算了，楚国人丢了弓，楚国人拾到，又何必去寻找呢？’孔子听说后说道：‘楚王对仁义的理解还不够透彻，应当说“人得到了”，何必非得是“楚国人”呢？’如果是这样，孔子把楚人和人区别开来了。您这样肯定孔子将楚人和人区别的说法，而否定我将白马与马区别的说法，这是悖谬的啊。先生喜好儒学，但否定孔子所赞同的。打算向我学习却让我抛弃我所能教授的，即使给我增加百倍的智力，也一定无法满足你的要求啊。”

子高没有回答他。子高退出来，对人说：“言论错谬但十分渊博，辩论机巧但不合道理，这就是我之所以不回答他的原因啊。”

异日，平原君会众宾而延子高。平原君曰：“先生，圣人之后也，不远千里来顾临之，欲去夫公孙子白马之学，今是非未分，而先生翻然欲高逝，可乎？”子高曰：“理之至精者，则自明之。岂在穿之退哉？”

平原君曰：“至精之说，可得闻乎？”答曰：“其说皆取之经传，不敢以意。《春秋》记六鹢退飞，睹之则六，察之则鹢。鹢犹马也，六犹白也。睹之得见其白，察之则知其马，色以名别，内由外显，谓之白马，名实当矣。若以丝麻加之女工为缁素青黄，色名虽殊，其质则一。是以《诗》有素丝，不曰丝素；《礼》有缁布，不曰布缁。牺牛玄武，此类甚众。先举其色，后名其质，万物之所同，圣贤之所常也。”

【译文】过了几天，平原君会见众宾客，邀请了子高参加。平原君说：“先生，您是圣人的后代，不远千里惠顾此地，打算让公孙龙抛弃白马之学。现在是非没有明晓，可是先生又忽然要远走高飞，怎么可以呢？”子高说：“最为精审的道理，是不言自明的，怎么会和我离开不离开有关呢？”

平原君说：“最为精审的道理，可以听您说说吗？”子高回答：“这些说法都来自于经传，我是不敢私意揣度的。《春秋》记载‘六鹢退飞’，先看到的是六个，仔细观察才知是鹢鸟。鹢鸟就像公孙龙所说的马，六个就像公孙龙所说的白色。初看会先看到白色，仔细观察后才知道是马，颜色以名称来区别，本质由外形来显示，说‘白马’是名实相合的。就像用丝麻等材料，让妇女予以加工，做成黑白青黄等颜色，颜色虽然不同，但本质必定是一样的。因此《诗经》说素丝，不说丝素；《礼经》说细布，不说布细。像牛、玄武之类的说法，是很多的。都是先举称其颜色，然后说出其本质，这是世间万物都相同的，圣贤所一贯言说的。”

“君子之谓，贵当物理，不贵繁辞。若尹文之折齐王之所言，与其法错故也。穿之所说于公孙子，高其智悦其行也。去白马之说，智行固存，是则穿未失其所师者也，称此云云，没其理矣。是楚王之言，楚人忘弓，楚人得之。先君夫子探其本意，欲以示广，其实狭之，故曰：‘不如亦曰：“人得之而已也。”’是则异楚王之所谓楚，非异楚王之所谓人也，以此为喻，乃相击切矣。凡言人者。总谓人也，亦犹言马者总谓马也。楚自国也；白自色也。欲广其人，宜在去楚；欲正名色，不宜去白。忱察此理，则公孙之辨破矣。”

平原君曰：“先生言于理善矣。”因顾谓众宾曰：“公孙子能答此乎？”燕客史由对曰：“辞则有焉，理则否矣。”

【译文】“君子的议论，所贵者在于其合乎万物之理，不在于繁锁的言辞。像尹文之所以折伏齐王的说法，是因为齐王的说法和他的法令不相符合。我所推崇公孙先生的，在于敬佩其智慧，推崇其行谊。让其去除白马非马之说，他的智慧与行谊都依然存在，因此我并没有失去我所要师法的。公孙先生所说的那些，确实是掩盖了事物的道理。再说楚王所说的话，意思是楚国人丢了弓，楚国人得到了。我先祖孔子探究了楚王的本意，意思是要扩大其范围，因为楚王的说法很狭隘，因此说：‘不如也说：“人得到罢了。”’这是不同于楚王所说的‘楚国’，并非不同于楚王所说的‘人’。公孙龙用这个例子来比喻，是因为他想反击我的心情过于急切。凡是说人怎么怎么的，是统称人这一类的，正像说马怎么怎么的，是统指马这一类而言的。楚，是国名；白，是颜色。想要扩大人的外延，就应去掉‘楚国’；要想正确地表示其颜色，就不应当去掉‘白色’。如果真能明察这个道理，那么公孙龙的说法就不攻自破了。”

平原君说：“先生的话真是言之有理啊！”于是转头对众宾客说：“公孙先生能应对这个说法吗？”燕国的一个门客史由说：“言辞肯定会有，但不会合乎道理。”

公孙龙又与子高记论于平原君所，辨理至于“臧三耳”。公孙龙言臧之二耳，甚辨析。子高弗应，俄而辞出。明日复见，平原君曰：“畴昔公孙之言，信辨也，先生实以为何如？”答曰：“然，几能臧三耳矣。虽然，实难。仆愿得又问于君，今为臧三耳甚难而实非也，谓臧两耳甚易而实是也，不知君将从易而是者乎，亦从难而非者乎？”平原君弗能应。明日，谓公孙龙曰：“公无复与孔子高辨事也，其人理胜于辞，公辞胜于理。辞胜于理，终必受诎。”

【译文】公孙龙又和子高在平原君家广泛地辩论，辩论析理说到了“臧三耳”。公孙龙谈论“臧有三耳”，条理十分清晰。子高没有回应，不一会告辞出来了。第二天又相见，平原君说：“先前公孙先生的话，我认为相当雄辩，先生您以为怎样？”子高回答说：“是啊。公孙龙几乎真的使臧获长有三个耳朵了。尽管如此，他的说法其实是很难成立的。我想再问一下您，如果说臧三耳很难成立实际上也是不对的，说臧两耳非常容易成立但却是对的。不知道阁下将会信从简单而对的呢？还是信从难以成立但不对的呢？”平原君不能回答。第二天，平原君对公孙龙说：“先生不要再与孔子高辩论了，这个人道理胜过言辞，您言辞胜过道理。言辞胜过道理，最终会被说服的。”

陆 贾

汉楚人，以客从高祖定天下。高祖不好诗书，而贾独时时称说于前，高祖乃令著奏秦汉所以兴亡之故，凡十二篇，号曰“新语”，其言多纯正。汉志儒家载有陆贾二十三篇，当有《新语》在内，清四库亦载于儒家。

【译文】汉代楚人，作为说客随从汉高祖平定天下。高祖不喜好诗书，但陆贾唯独又常常在其面前言说，于是高祖令其著书分析秦代灭亡的原因和汉代兴盛的原因，著作共十二篇，命名为《新语》，他的言辞大多纯正。《汉书·艺文志》儒家部分中记载有“陆贾二十三篇”，应该包括《新语》在内，清代《四库全书》也将其归入儒家。

无 为（《新语》）

道莫大于无为，行莫大于谨敬。何以言之？昔虞舜治天下，弹五弦之琴，歌南风之诗，寂若无治国之意，漠若无忧民之心，然而天下治。周公制作礼乐，郊天地，望山川，师旅不设，刑格法悬，而四海之内，奉供来臻，越裳之君，重译来朝。故无为也（有误），乃无为也。秦始皇设，为车裂之诛，以敛奸邪，筑长城于戎境，以备胡、越，征大吞小，威震天下，将帅横行，以服外国，蒙恬讨乱于外，李斯治法于内，事逾烦天下逾乱，法逾滋而奸逾炽，兵马益设而敌人逾多。秦非不欲为治，然失之者，乃举措暴众、而用刑太极故也。

【译文】道没有比无为而为更大的，行为没有比谨慎恭敬更得当的。为什么这么说呢？从前，舜帝治理天下，弹奏着五弦琴，歌诵着《南风》诗，安详闲静得好像没有治国之意，清静淡泊好像没有担忧天下的心。然而天下却特别安定。周公制作礼乐，郊祭天地，拜祭山川，不设军队，不用刑法，但四海之内，都来朝贡，南方越裳的国君、重译的国君也都来朝拜，原因在于实行“无为”。秦始皇设立了车裂之刑，以约束奸邪之事，在边境修筑长城，以防备胡越等民族，征伐大国，吞并小国，威震天下，将领横行，使外国服从，蒙恬在外讨伐乱国，李斯在国内制定法律。治事越繁复，天下越混乱。法令越多，罪犯越猖獗。兵马越多，敌人越多。秦朝不是不想治理好国家，但其失策就在于实施措施太多，刑罚太严酷了。

是以君子尚宽舒以苞身，行身中和以统远；民畏其威而从其化，怀其德而归其境，美其治而不敢违其政。民不罚而畏罪，不赏而劝欢悦，渐渍于道德，而被服于中和之所致也。

【译文】因此君主重视宽厚平和以使自身广大，立身处世中正平和，所以能招致远方的人民前来归附。百姓敬服君子的威严而听从他的教化，怀爱他的德行而归顺他的管治，赞叹他的治理而不违背他的政令。老百姓不用刑罚就心存敬畏，不用奖赏就会得到鼓励，这是因为逐渐受到道德的熏陶，被君主的中正平和影响所致。

夫法令者所以诛恶也，非所以劝善。故曾、闵之孝，夷、齐之廉，岂畏死而为之哉？教化之所致也，故曰尧、舜之民，可比屋而封，桀、纣之民，可比屋而诛者？教化使然也。故近河之地湿，近山之土燥，以类相及也。故山川出云雨，丘阜生（缺一字）气，四渎东流，百川无不从，小者从大而少者从多。

【译文】法令是拿来惩罚强暴凶恶的。所以说，曾参和闵子骞的孝顺，伯夷和叔齐的廉洁，难道是因为畏惧法令、政教才这样的吗？从前，尧舜时期的人民，家家都有德行，可以挨户受到封赏。桀纣时期的百姓，却因失去教化而家家无德，可以逐家受诛。为什么呢？这是教化不同的必然结果啊！所以靠近河边的地方潮湿，靠近山丘的地方树木高大，是同类相互关联所影响的啊。高山生云，丘陵生雾，长江、淮河、黄河、济水四条大河向东流去，众多河流没有向西倒流的。这就是万物中小的要效仿大的，少数的要随多数的缘故啊。

夫王者之都，南面之君，乃百姓之所取法则者也，举措动作，不可以失法则也。昔者，周襄王不能事后母，出居于郑，而下多叛其亲。秦始皇骄奢靡丽，好作高台榭，广宫室，则天下豪富制屋宅者，莫不仿之，设房闼，备厩库，缮雕琢刻画之好，博玄黄琦玮之色，以乱制度。齐桓公好妇人之色，妻姑姊妹，而国中多淫于骨肉。楚平王奢侈纵恣，不能制下，检民以德，增驾百马而行，欲令天下人饶财富利，明不可及，于是楚国逾奢，君臣无别。故上之化下，犹风之靡草也。王者尚武于朝，农夫缮甲兵于田。故君之御下民，奢侈者则应之以俭，骄淫者则统之以理；未有上仁而下残，上义而下争者也。孔子曰："移风易俗。"岂家至之哉？先之于身而已矣。

【译文】君王及其都城，是百姓效法的对象，举动行为，不可以失去法度。过去，周襄王不能侍奉其后母，居于郑国，而下面百姓多背叛其父母；秦始皇骄奢，沉迷于浮华，好建亭台楼阁，广建宫室，则天下的富豪建房屋，没有不模仿他的，设宫闱，备厩库，都喜好雕琢刻画，浮华绚丽的颜色，以扰乱制度。齐桓公喜好美色，妻妾众多，而国家中多淫乱之事。楚平王奢侈放纵，不能以德统治、教化百姓，驾驶百马而行，想使天下人都财富富裕，使天下光明的不可企及，于是楚国越发奢侈，君臣则无上下之别。所以，在上位的（君主）教化在下位的（百姓），就像风吹草伏一样。君王在朝廷崇尚武力，农夫就会在田间整治武器装备。所以君王治理百姓，民风奢侈了，就要提倡勤俭；民众骄纵放荡，就要提倡伦理道德的教化。没有上行仁义而下行暴虐的，上让路而下争路的。所以孔子说："移风易俗。"难道是要一家家地去查看吗？其实不过是要求君王以身作则罢了。

贾 谊

洛阳人，年十八，以能诵诗书属文称于郡中，文帝时，上《治安策》数千言。《汉志》儒家载其书五十八篇，《新唐书》始题“新书”之名，书中各篇，多取汉书谊本传之文，割裂章段，颠倒次序，而加以标题，当非谊之原书，其中《道术》等篇，为本传所未载。虽与诸子之立说少异，而文义渊雅，近人谓正是训故之学，有得于正名为学者，亦可观也。

【译文】洛阳人，十八岁时，在郡中以能诵读诗书、撰写文章而闻名，汉文帝时，上奏了《治安策》等几千文字，《汉书·艺文志》儒家部分记载有其书五十八篇，新唐书时开始以《新书》为书名，书中各篇，大多都取自《汉书·贾谊传》中的文章，割裂了章节、段落，颠倒了次序，又附加了标题，应该不是贾谊的原书，其中《道术》等篇目，《贾谊本传》没有记载。其思想虽然与诸子的言论稍微不一样，但文义深厚，合乎规范，近人认为正是训诂学，可称得上是为学者正名，也是值得看的。

道 术（《新书》）

曰：“数闻道之名矣，而未知其实也。请问道者何谓也？”对曰：“道者，所从接物也。其本者谓之虚，其末者谓之术。虚者，言其精微也，平素而无设施也。术也者，所从制物也，动静之数也。凡此皆道也。”

【译文】问说：“多次听说过‘道’这个名字，而不知道它的实际，请问‘道’说的是什么？”回答说：“‘道’是用来接触处理外物的，它的最根本叫做虚无，它的细微末节叫做术。虚是说它精细隐微，平时没有措置之处;术是用来制约外物的，表示的是动和静的规律和理据。所有这些都是道的内容。”

曰："请问虚之接物，何如？"对曰："镜仪而居，无执不臧，美恶毕至，各得其当。衡虚无私，平静而处，轻重毕悬，各得其所。明主者，南面而正，清虚而静，令名自宣，命物自定，如鉴之应，如衡之称，有舋和之，有端随之，物鞠其极，而以当施之。此虚之接物也。"

【译文】问说："请问道虚接触外物的情形怎样？"回答说："平常处事要有严格公正的规度和准则，什么也不偏私、不隐匿，美的和不美的都让它显现出来，它们各自处于相应的位置。处理事情时要像秤称物公平而不拘私情，处事平静，则轻者重者都悬起来，各得其所。圣明君主面向南端正一切，清静虚无，好的声名自然取得，好的事物的实际自然确定，就如同镜子中影和物，如同称的秤和所称量东西一样。事物有裂隙要弥合之，有了正确行为就要按样子去做，对于外物要推究到它的本源，还要广行公平允当。这就是道虚之接触处理外物。"

曰："请问术之接物何如？"对曰："人主仁而境内和矣，故其士民莫弗亲也；人主义而境内理矣，故其士民莫弗顺也；人主有礼而境内肃矣，故其士民莫弗敬也；人主有信而境内贞矣，故其士民莫弗信也；人主公而境内服矣，故其士民莫弗戴也；人主法而境内轨矣，故其士民莫弗辅也。举贤则民化善，使能则官职治，英俊在位则主尊，羽翼胜任则民显，操德而固则威立，教顺而必则令行。周听则不蔽，稽验则不惶，明好恶则民心化，密事端则人主神。术者，接物之队。凡权重者必谨于事，令行者必谨于言，则过败鲜矣。此术之接物之道也。其为原无屈，其应变无极，故圣人尊之。夫道之详，不可胜述也。"

【译文】问说："请问道术接触处理外物怎么样？"回答说："人主仁爱而国内和谐，所以国之士民没有不相亲爱的;人主如果做事合于义，国家就治理得好，所以国之士民则没有不驯顺的;人主如果有礼仪，国内民众就恭谨，所以国之士民就没有不相敬重的;人主如果有诚信，国内民众就坚持操守讲信誉，所以国内士民就没有不忠诚的;人主如果公正，则国之民众顺服，所以国内士民就没有不拥戴的;人主若依法行事，国内人民就有规矩，所以士民没有不为其辅助者。如果推举贤者任职，那么人民就会变得向善，任用有才能之人，政事就治理得好，英才俊士居于官位，那么人主地位就受尊崇，辅助者胜任其职，百姓也会地位上升，操行品德建立，君主威望就会得以建立，教化实行有诺必践，国家命令就会得以推行，广泛听取意见则不被蒙蔽，全面考察检验则不被欺瞒，在上者明白人们之好恶，则民心易接受教化，做事机密则人主神秘。道术是接交外物的原则和方式。凡掌握重要权柄之人做事一定谨慎，推行政令之人一定出言谨慎，这样一来，就很少有过错了。这些便是道术处理外物的根本原则。它作为本源则没有穷尽的时候，它应对变化则运用自如没有理穷之处，所以圣人尊奉它。那道术精深广博，不能详述。”

曰：“请问品善之体何如？”对曰：“亲爱利子谓之慈，反慈为嚚；子爱利亲谓之孝，反孝为孽。爱利出中谓之忠，反忠为倍。心存恤人谓之惠；反惠为仇。兄敬爱弟谓之友，反友为虐。弟敬爱兄谓之悌，反悌为敖。接遇慎容谓之恭，反恭为媟。接遇肃正谓之敬，反敬为嫚。言行抱一谓之贞，反贞为伪。期果言当谓之信，反信为慢。衷理不辟谓之端，反端为趽。据当不倾谓之平，反平为险。行善决衷谓之清，反清为浊。辞利刻谦谓之廉，反廉为贪。兼覆无私谓之公，反公为私。方直不曲谓之正，反正为邪。以人自观谓之度，反度为妄。以己量人谓之恕，反恕为荒。恻隐怜人谓之慈，反慈为忍。厚志隐行谓之洁，反洁为汰。”

【译文】问道：“鉴定各种善的标准怎样？”回答说：“对子女亲爱并做对他们有利的事叫做慈爱，跟慈爱相反叫做凶顽。子女对双亲亲爱做事对双亲有利叫做孝，跟孝相反的情况叫悖逆。对人亲爱又利人是由内心发出的叫做忠，与忠相反者叫做背。省视和体恤别人叫做惠，跟惠相反者叫刻薄寡恩。兄长敬爱弟弟叫做友善，与友善相反者叫做虐，弟弟敬爱兄长叫做悌，与悌相反者叫做简慢无礼。待人接物表面端庄叫作恭，与恭相反者叫做亲昵不庄重。待人接物内心虔诚庄严叫做敬，与敬相反者叫做简慢。言行守法不二叫做贞，与贞相反者叫做动摇不定。言语所承诺的能够实现叫做信，与信相反者叫做变易。内心不邪辟叫做端正，与端正相反者叫做邪曲。正当不斜叫做平，与平相反者叫做倾斜。行为善良且内心没有淤阻叫做清，与清相反者叫做浊。对于利益自动拒绝刻意谦让叫做廉，与廉相反者叫做贪。广泛地兼顾而不贪求一己私利叫做公，与公相反者叫做私。正直不邪曲叫做正，与正相反者叫做邪枉。用他人的言行来审视和要求自我叫做度，与度相反者叫做妄。用自己的想法推想别人叫做恕，与恕相反者叫刻求于人。对人恻隐怜悯叫做慈，跟慈相反者叫残忍。志向高远隐居不仕叫做高洁，与高洁相反者叫做污浊。”

“施行得理谓之德，反德为怨。放理洁静谓之行，反行为污。功遂自却谓之退，反退为伐。厚人自薄谓之让，反让为冒。心兼爱人谓之仁，反仁为疾。行克其宜谓之义，反义为懵。刚柔得适谓之和，反和为乖。合得密周谓之调，反调为戾。优贤不逮谓之宽，反宽为阨。包众容易谓之裕，反裕为褊。欣熏可安谓之煴，反煴为鷙。安柔不苛谓之良，反良为啮。缘法循理谓之轨，反轨为易。袭常缘道谓之道，反道为辟。广较自敛谓之俭，反俭为侈。费弗过适谓之节，反节为靡。僶勉就善谓之慎，反慎为怠。思恶勿道谓之戒，反戒为傲。深知祸福谓之知，反知为愚。亟见窕察谓之慧，反慧为童。”

【译文】“行为合于理叫做德，与德相反者叫做怨。按公德情理行事行为高洁叫做善行，与善行相反者叫做污行。功成主动激流归隐叫做退，与退相反者叫做居功自傲。对人宽厚对己严厉叫做谦让，与谦让相反叫做贪昧。广泛地爱人叫做仁德，与仁德相反者叫做暴戾。行为适当叫做义，与义相反者叫做昏聩不明。刚柔适当叫做和，与和相反者叫做乖戾。合和得周密严谨叫做调，和调相反者叫做相背离。优待贤者惟恐不及叫做宽泛，和宽泛相反者叫做狭隘。包含容纳万事万物叫做宽裕，与宽裕相反叫做褊狭。和乐能安定外物叫做合和，同合和相反者叫做顽凶不群。安乐和柔不苛刻，叫做良，与良相反者叫做刻薄。遵行法理叫做循规蹈矩，同循规蹈矩相反者叫做不遵规矩。遵守常规叫做行正道，与行正道相反者叫做不合于道。广博地纠正自己的奢侈行为叫做俭，与俭相反者叫做奢侈。用度不过当叫做节省，与节省相反者叫做浪费。勤勉为善叫做自励，与自励相反者叫做怠惰。担心有恶行而不行恶叫做戒惧，与戒惧相反者叫做放纵。深深地知道什么是祸什么是福叫做智，与智相反者叫做愚。能及时预见和详察叫做慧，同慧相反者叫做浅陋无知。”

“动有文体谓之礼，反礼为滥。容服有义谓之仪，反仪为诡。行归而适谓之顺，反顺为逆。动静摄次谓之比，反比为错。容志审道谓之僩，反僩为野。辞令就得谓之雅，反雅为陋。论物明辩谓之辩，反辩为讷。纤微皆审谓之察，反察为旄。诚动可畏谓之威，反威为圂。临制不犯谓之严，反严为轜。仁义修立谓之任，反任为欺。伏义诚心谓之节，反节为罢。持节不恐谓之勇，反勇为怯。信理遂惔谓之敢，反敢为揜。志操精果谓之诚，反诚为殆。克行遂节谓之必，反必为怛。凡此品也，善之体也，所谓道也。故守道者谓之士，乐道者谓之君子，知道者谓之明，行道者谓之贤。且明且贤，此谓圣人。”

【译文】“行为有规章可循叫做礼，与礼相反者叫做无节度。仪态服饰有规度叫做仪，和仪相反者叫做随意无规度。举止行为合理适当叫做顺，与顺相反者叫做悖逆。动和静有节律次序叫做齐整，与齐整相反者叫做错乱。仪态和心志都合于道叫做娴雅，与娴雅相反叫做粗野。辞令适宜叫做典雅，与典雅相反叫做鄙陋。议论事物善于雄辩叫做善辩，与善辩相反者叫做木讷。细小的东西都看得清叫做善于辨察，与善于辨察相反者叫做昏惑不明。行为果决可怕叫做有威势，与有威势相反者叫做窝囊。处理国政时不可犯颜叫做恩信，与恩信相反者叫做软弱。仁义树立起来叫做恩信，与恩信相反者叫做欺枉。仁义确立后一定实行叫做有节操，与有节操相反者叫做无节操。持节出使不害怕叫做勇，同勇相反者叫做怯。坚信正义便行事果决叫做敢，与敢相反就是畏缩不前。对心志操行坚信不疑的叫做诚信，与诚信相反者叫做疑虑不诚。能实行地就实行以实现节操叫做果决，与果决相反者优柔寡断。所有这些都是善的本体，是所谓的道。所以能坚守道的叫做士，爱好道的叫做君子，深切地了解道的叫做明智者，遵行道的人叫做贤者，既明又贤的人，这便是圣人。”

桓 宽

汉汝南人，字次公，昭帝始元六年，郡国所举贤良文学，与御史大夫桑弘羊等论盐铁榷酤事，往复辨诘，宽因推衍其意，作《盐铁论》载于儒家，清四库因之。

【译文】汉代汝南人，字次公，汉昭帝始元六年，全国要求推举贤人，与御史大夫桑弘羊等讨论盐铁专营、酒类专卖等事情，来回的辩难诘问，桓宽因推论衍绎其思想，作了《盐铁论》，归于儒家，清代《四库全书》采用了这种分法。

杂论（《盐铁论》）

客曰："余睹盐、铁之义，观乎公卿、文学、贤良之论，意旨殊路，各有所出，或上仁义，或务权利。异哉吾所闻。周、秦粲然，皆有天下而南面焉，然安危长久殊世。始汝南朱子伯为予言：当此之时，豪俊并进，四方辐辏。贤良茂陵唐生、文学鲁万生之伦，六十余人，咸聚阙庭，舒《六艺》之讽，论太平之原。智者赞其虑，仁者明其施，勇者见其断，辩者陈其词。訚訚焉，侃侃焉，虽未能详备，斯可略观矣。然蔽于云雾，终废而不行，悲夫！公卿知任武可以辟地，而不知德广可以附远；知权利可以广用，而不知稼穑可以富国也。近者亲附，远者说德，则何为而不成，何求而不得？不出于斯路，而务畜利长威，岂不谬哉！中山刘子雍言王道，矫当世，复诸正，务在乎反本。直而不徼，切而不索，斌斌然斯可谓弘博君子矣。九江祝生、奋由路之意，推史鱼之节，发愤懑，刺讥公卿，介然直而不挠，可谓不畏强御矣。"

【译文】本书编者桓宽说："我看了关于盐、铁问题的讨论，看到了公卿、文学、贤良的议论之词，主张截然不同，各自都有自己的见解。有的崇尚仁义，有的注重权势财利。这些都是我从未听到的。周、秦曾经很兴盛，都统治过天下而称王，但是安危长久却各代不同。最初，汝南的朱子伯曾经告诉我，在召开盐、铁会议时，贤良、文学一起进京，从四面八方聚集在一起。茂陵的贤良唐生、鲁地的文学万生等六十余人，都聚集到朝廷，叙谈六经的内容，议论使天下太平的根本办法。聪明人表达了自己的谋略，仁厚的人表明了他们的措施，勇敢的人显示了自己的果断，善于辩论的人陈述了他们的言辞。一个个争辩得理直气壮，虽然没能谈得面面俱到，但我认为这也很可观了。然而他们的办法却被云雾遮住(被公卿所阻格)，终于被放弃而未能付诸实行，真令人痛心啊！公卿(指桑弘羊等人)只知道用武力可以扩大地盘，却不知道广施仁德可以使远方归附；只知道权力可以多方使用，而不知道农业可以使国家富强。如果近处的人都归附，远方的人受到恩德而心悦诚服，这样，还有什么事情做不到，什么要求达不到呢？不从这条路去考虑问题，却注重贮存钱财，崇尚武力，岂不是荒谬吗？中山的刘子雍讲到王道，认为矫正当今的错误，回到正确的轨道，关键在于恢复礼义。他直言不讳，恳切而不空洞，文质彬彬，可以算是个知识渊博的君子了。九江的祝生继承了子路的意志，发扬了史鱼的义节，发泄了内心的愤慨，讽刺、挖苦公卿，耿直不曲，可以说是不怕强权了。”

“桑大夫据当世，合时变，推道术，尚权利，辟略小辩，虽非正法，然巨儒宿学，恶然大能自解，可谓博物通士矣。然摄卿相之位，不引准绳，以道化下，放于利末，不师始古。《易》曰：‘焚如弃如。’处非其位，行非其道，果陨其性，以及厥宗。车丞相即周、鲁之列，当轴处中，括囊不言，容身而去，彼哉！彼哉！若夫群丞相、御史，不能正议，以辅宰相，成同类，长同行，阿意苟念，以说其上，斗筲之人，道谀之徒，何足算哉。”

【译文】“桑弘羊根据当时的情况，顺应潮流的变化，推行治国方法，崇尚权势财利，略施小小的辩才，虽然谈的不是正道，然而却使像贤良、文学这样积学之士的大儒生感到惭愧，不能自行解脱，桑大夫可算是通今博古、知识渊博的人了。然而他处在卿相这样的高位，不遵照礼义，不用道德教化百姓，却追逐工商业的发展，而不效法古代的治国方法。《易经》上说：‘不得好死，众所不容。’他处在不相称的地位，行动离经叛道，结果终于丧失性命，连累宗族。车千秋丞相处于周公、吕望的地位，在会议中像车轴一样处在中间，闭口不言，保全自身，他呀！他呀！至于丞相史、御史们，不能以正确的治国之道辅佐上司，而为桑弘羊帮腔助势，奉承迎合，以使上司高兴。这些人气量狭小，谄媚拍马，哪里还值得一谈！”

刘 向

汉楚元王四世孙，字子政。成帝时，领校中秘群书，尝采集春秋至汉初故事，可谓法戒者论述之，为《新序》《说苑》《列女传》等书，《汉志》儒家载其所序六十七篇，称曰："所序者，盖犹今之丛书也"，清四库儒家著录有《新序》《说苑》二种，其《列女传》则归于史部传记类矣。

【译文】汉代楚元王的四十孙，字子政，汉成帝时，以其为首，校证宫廷所藏的图书，曾搜集春秋到汉代初期的故事，选择其中可以作为法以起到告诫作用的加以论述，编为《新序》《说苑》《列女传》等书。《汉书·艺文志》的诸子略中儒家部分记载了其所著的六七十篇，说其所著的犹如今天的丛书，清代《四库全书》中儒家部分著录了《新序》《说苑》两种，《列女传》则归入了史部传记类。

建 本（节录《说苑》）

孔子曰："行身有六本，本立焉然后为君子。立体有义矣，而孝为本；处丧有礼矣，而哀为本；战阵有队矣，而勇为本；治政有理矣，而能为本；居国有礼矣，而嗣为本；生才有时矣，而力为本。置本不固，无务丰末；亲戚不悦，无务外交；事无终始，无务多业；闻记不言，无务多谈；比近不说，无务修远。是以反本修迩，君子之道也。"

【译文】孔子说："人立身处世有六件根本大事，根本树立了然后才能成为品德高尚的人。立身要有行为准则，以行孝为根本；遇到丧事要遵守礼仪，以尽哀为根本；参战临阵要有队列，以勇敢为根本；治理政事要有条理，以农业为根本；管理国家要依礼制，以立嗣为根本；生财要掌握时机，以尽力为根本。建立的根本不牢固，就不可能使枝叶繁茂；自己的亲戚都不喜欢，就不必去结交外人；做事有始无终的，就不必什么都去干；博闻强记却不能表达，就不必与人多交谈；近邻都不友善，就不必去招致远客。因此回到根本并做好身边的事，才是君子应采取的原则和方法。”

天之所生，地之所养，莫贵乎人。人之道，莫大乎父子之亲，君臣之义。父道圣，子道仁，君道义，臣道忠。贤父之于子也，慈惠以生之，教诲以成之，养其谊，藏其伪，时其节，慎其施。子年七岁以上，父为之择明师，选良友，勿使见恶，少渐之以善，使之早化。故贤子之事亲，发言陈辞，应对不悖乎耳；趣走进退，容貌不悖乎目；卑体贱身，不悖乎心。君子之事亲，以积德。子者，亲之本也，无所推而不从命，推而不从命者，惟害亲者也。故亲之所安，子皆供之。贤臣之事君也，受官之日，以主为父，以国为家，以士人为兄弟。故苟有可以安国家，利民人者不避其难，不惮其劳，以成其义。故其君亦有助之，以遂其德。夫君臣之与百姓，转相为本，如循环无端，夫子亦云：“人之行莫大于孝。”孝行成于内，而嘉号布于外，是谓建之于本，而荣华自茂矣。君以臣为本，臣以君为本，父以子为本，子以父为本，弃其本，荣华槁矣。

【译文】上天所生，大地所养，没有比人更宝贵的了。做人的道理没有比父子之亲、君臣之义更大的了。做父亲的道理是神圣，做儿子的道理是仁孝，做君王的道理是有原则，做臣子的道理是忠心。贤明的父亲对于儿子，是用慈爱恩惠来生育他，用教诲使他成人，培养他的行为合乎规矩，积蓄他后天的才能，对他的节操适时培养，使他的作为小心谨慎。儿子年龄在七岁以上，父亲就为他选择高明的老师，选择品德优良的朋友，不让他接触邪恶，从小用好品德来熏染他，使他早受感化。贤惠的儿子侍奉父母亲，发言吐辞，回答问题不能使双亲感到难听，趋走进退，容色行为不能使双亲看着不顺眼，宁使自己身受屈辱，也不能使双亲心里不高兴。品德高尚的人侍奉双亲，可以借此加强品德修养。做儿子的，是双亲的根本，没有什么理由可以推托而不遵从双亲的命令，推托而不遵从命令的，只能是危害双亲的人。因此双亲安居所需要的一切，做儿子的都应满足他们。贤明的臣子事奉君王，从接受官职的那天起，就要把君主当作自己的父亲，把国当成家，把同僚当成兄弟。因此如果有可以使国家安宁、使人民得利的事，一定不避困难，不怕劳苦去做好它，来成就他的道义。那么君王也会帮助他，来实现他的德行。那君臣与老百姓，能够彼此转化，互为根本，好像围绕圆周运行，无始无终。孔子说过：“人的行为没有什么比尽孝更大的。”尽孝的行为在内心养成，但它的美名却能传布在外，这好比草木，如果枝干生长在根本上，那花朵就自然会繁茂。君王把臣子当做根本，臣子以君王为根本，父亲把儿子当作根本，儿子以父亲为根本，如果抛弃根本，那花朵就会枯槁。

子路曰：“负重道远者，不择地而休；家贫亲老者，不择禄而仕。昔者由事二亲之时，常食藜藿之实而为亲负米百里之外，亲没之后，南游于楚，从车百乘，积粟万钟，累茵而坐，列鼎而食，愿食藜藿负米之时不可复得也；枯鱼衔索，几何不蠹，二亲之寿，忽如过隙，草木欲长，霜露不使，贤者欲养，二亲不待，故曰：家贫亲老不择禄而仕也。”

【译文】子路说：“背着很重的东西又走远路的人，不会选择好地方才休息；家中父母年迈而又贫穷的人，不会选择高俸禄才去当官。从前，我侍奉双亲的时候，经常吃藜、藿菜汤，还要到百里以外的地方去为双亲背米。双亲去世后，我向南游宦到了楚国，有随从车辆百乘，积蓄的粮食万担，坐垫有好几层，排列着大鼎锅开饭，想要回到吃野菜为双亲背米的日子再也不可能了。干鱼串在绳索上，还有多少时间不被虫蛀呢？双亲的寿命，快得像骏马穿过缝隙一样；草木想要生长，严霜寒露却不让，贤德的人想要赡养老人，双亲却不能等待！所以说：家境贫穷父母年老，作官就不必选择俸禄的多少。”

曾子芸瓜而误斩其根，曾皙怒，援大杖击之。曾子仆地，有顷苏，蹶然而起，进曰：“曩者参得罪于大人，大人用力教参，得无疾乎！”退屏鼓琴而歌，欲令曾皙听其歌声，令知其平也。孔子闻之，告门人曰：“参来勿内也！”曾子自以无罪，使人谢孔子，孔子曰：“汝闻瞽叟有子名曰舜，舜之事父也，索而使之，未尝不在侧，求而杀之，未尝可得；小箠则待，大箠则走，以逃暴怒也。今子委身以待暴怒，立体而不去，杀身以陷父不义，不孝孰是大乎？汝非天子之民邪？杀天子之民罪奚如？”以曾子之材，又居孔子之门，有罪不自知，处义难乎！

【译文】曾参在瓜田锄草，不小心误断了瓜的根。他的父亲曾皙很生气，举起大棒打他。曾参扑倒在地，过了一会才苏醒，他很快爬起来，上前说：“刚才我得罪了父亲大人，大人用力教训我，该不会伤着了吧？”于是他退下后便弹琴唱歌，想使父亲曾哲听到他的歌声，知道他身体平安无恙。孔子知道了这件事，告诉他的弟子说：“曾参来了，不要让他进来。”曾参自认为没有什么罪过，便托人向孔子认错。孔子说：“你没有听说瞽叟有个儿子名叫舜吗？舜侍奉父亲，凡是想找他来使唤的时候，从来没有不在身边的；但是他父亲想找他来杀掉，从来没有找到过。小的杖刑他就等着挨，大的杖刑他就跑掉，以逃避他父亲的暴怒。现在你却把身子给父亲等待他暴怒，站在那里不躲开，以自己的死来使你父亲陷入不义，哪样的不孝比这更大呢？你难道不是天子的百姓吗？杀死天子的百姓，那罪过该是什么？”凭着曾子这样的人材，又是孔门的弟子，有了罪过自己还不知道，一举一动都要合乎规矩，实在很难啊！

伯俞有过，其母笞之，泣。其母曰：“他日笞子，未尝见泣，今泣何也？”对曰：“他日俞得罪笞尝痛，今母之力不能使痛，是以泣。”故曰：父母怒之，不作于意，不见于色，深受其罪，使可哀怜，上也；父母怒之，不作于意，不见其色，其次也；父母怒之，作于意，见于色，下也。

【译文】韩伯俞有了过错，他的母亲鞭打他，他无声地流泪。他的母亲问："以前打你的时候，没有看见你流过泪，现在你流泪是为什么呢？"伯俞回答说："以前我有了罪过，挨打时都感觉到疼痛，现在母亲年老力衰，打起来不感到疼痛，因此流泪。"所以说，父母对你生气，你不要记挂在心上，不要流露出不满的神色，深刻地承认自己的罪过，使父母哀怜你，这是最好的态度；父母对你生气，你不记挂在心上，不流露出怨恨的神色，这也是较好的态度；父母对你生气，你记挂在心上，显现出怨恨的神色，这就是最不好的态度。

成人有德，小子有造。大学之教也，时禁于其未发之曰预，因其可之曰时，相观于善之曰磨，学不陵节而施之曰驯。发然后禁，则扞格而不胜；时过然后学，则勤苦而难成；杂施而不逊，则坏乱而不治；独学而无友，则孤陋而寡闻。故曰：有昭辟雍，有贤泮宫，田里周行，济济锵锵，而相从执质，有族以文。

【译文】成年人有德行，小子们就有造就。太学教育学生，在坏事情未发生之前及时禁止叫做预防，当其可以教育时进行教育叫做适时，在好的方面互相观摩叫做磨砺，学习不超越等级逐步施行叫做有顺序。事情发生了才去禁止，就会格格不入而难以奏效；错过了时机才开始学习，就是很勤苦也难有所成就；杂乱无章地施行教育而不循序渐进，就会造成失败，引起混乱而无法治理；独自一人求学而没有学友，就会学识短浅、见闻不广。所以说：明亮的天子学宫，美好的诸侯学宫，道路像田野一样宽广，学子众多而步履整齐，他们拿着礼物，一个跟着一个，走得很有节奏而又文质彬彬。

周召公年十九，见正而冠，冠则可以为方伯诸侯矣。人之幼稚童蒙之时，非求师正本，无以立身全性。夫幼者必愚，愚者妄行；愚者妄行，不能保身，孟子曰：人皆知以食愈饥，莫知以学愈愚，故善材之幼者必勤于学问以修其性。今人诚能砥砺其材，自诚其神明，睹物之应，通道之要，观始卒之端，览无外之境，逍遥乎无方之内，彷徉乎尘埃之外，卓然独立，超然绝世，此上圣之所游神也。然晚世之人，莫能闲居心思，鼓琴读书，追观上古，友贤大夫；学问讲辩日以自虞，疏远世事分明利害，筹策得失，以观祸福，设义立度，以为法式；穷追本末，究事之情，死有遗业，生有荣名；此皆人材之所能建也，然莫能为者，偷慢懈堕，多暇日之故也，是以失本而无名。

【译文】周召公十九岁时，显示出他志趣已经纯正，就举行了加冠礼，加冠后就能够成为侯国的国君或一方诸侯的领袖了。人在幼稚知识未开的时候，除非拜师学习以正根本，是不能立身处世保全天性的。幼小的人当然很愚昧，愚昧的人就会有荒诞的行为，愚昧的人荒唐行事，就不能保全自身。孟子说："人们都知道用食物来疗饥，却不知道用学习来医治愚昧。"所以优秀的人材在幼小的时候，一定要勤奋地学习和请教，以此来培养自己的本性。现在人们如果能够磨炼自己的才能，使自己精神集中，细察事物的变化，通晓大道的要领，了解事物从始至终的究竟，游览广阔的境界，在无边无际的宇宙中逍遥自在，在尘世之外任意往来，高高地独自屹立，远远地超凡出世，这就是德才最高超的人心神得以自由驰骋的缘故。但是后世的人做不到这一步。避人独居，安静地思索，弹琴读书，追溯远古，结交贤德的大夫，学习、请教、讲解、辩难，每天以此自得其乐；还探寻引证世事，分别辨明利害，筹划得失，观察祸福，设立法度，制定法则，追本穷源，研究事物的真象，死后有留传的事业，生前也有显荣的名声，这些都是人的才能所能达到的。但是也有不能做到这些的，那是因为偷懒懈怠，空闲日子太多又无所事事的缘故，因此会丢掉根本而丧失名声。

夫学者，崇名立身之本也，仪状齐等而饰貌者好，质性同伦而学问者智。是故砥砺琢磨非金也，而可以利金；诗书僻立，非我也，而可以厉心。夫问讯之士，日夜兴起，厉中益知，以分别理，是故处身则全，立身不殆，士苟欲深明博察，以垂荣名，而不好问讯之道，则是伐智本而塞智原也，何以立躯也？骐骥虽疾，不遇伯乐，不致千里；干将虽利，非人力不能自断焉；乌号之弓虽良，不得排檠，不能自任；人才虽高，不务学问，不能致圣。水积成川，则蛟龙生焉；土积成山，则豫樟生焉；学积成圣，则富贵尊显至焉。千金之裘，非一狐之皮；台庙之榱，非一木之枝；先王之法，非一士之智也。故曰：讯问者智之本，思虑者智之道也。《中庸》曰："好问近乎智，力行近乎仁，知耻近乎勇。"积小之能大者，其惟仲尼乎！学者所以反情治性尽才者也，亲贤学问，所以长德也；论交合友，所以相致也。诗云："如切如磋，如琢如磨"，此之谓也。

【译文】学习是提高名声立身处世的根本。仪表形状完全相同，但能修饰容貌的人会更加美好；天资禀性属同一等级，但好学善问的人会更加聪明；因此用作打磨的磨石、玉石并不是金属，却可以使金属锋利；诗、书上众多的言语并不是我所写的，却可以激励心志。那虚心提问请教的读书人，早起晚睡，磨励精神，增长见识，以辨别不同的道理，所以立身处世就安全而不危险。读书人如果想要看得深见得广，留下显荣的名声，却又不喜欢提问请教的方法，那就是毁坏智慧的根本又堵塞智慧的本源，又凭什么来立身呢？骐骥虽然跑得很快，但不遇上伯乐是不能达到千里的；干将虽然锋利，没有人的力量是不能自己斩断东西的；乌号虽然是良弓，没有排檠，是不能自行校正的；人的才华虽然很高，但不致力于学问，是不能成为圣人的。水积在一起变成河流，就有蛟龙在那里生长；泥土积在一起变成山丘，就有豫樟在那里生长；学问积累多了成为圣人，那么富贵尊荣就会得到了。价值千金的皮衣，不是一只狐狸的毛皮可以制成的；廊庙的椽子，也不是一棵树的枝干就够用的；先王的法则，也不是出于一个人的智慧。所以说互相提问请教是智慧本原，深思熟虑是智慧的途。《中庸》上说："好请教就接近于有智慧，努力实践就接近于仁爱，懂得耻辱就接近于勇敢。”积累细小的好品行能成为伟大的人，那只有孔子吧！学习是靠它恢复人情，修养本性，竭尽才能的手段，亲近德才兼备的人并向他学习请教，可以增进自己的品德；选择交游，聚会朋友，可以收到互相帮助的效果。《诗经》上说：“好像牛骨象牙经过切磋，好像美玉宝石经过了琢磨。”说的就是这种情况。

孟子曰：“人知粪其田，莫知粪其心；粪田莫过利苗得粟，粪心易行而得其所欲。何谓粪心？博学多闻。何谓易行？一性止淫也。”

【译文】孟轲说：“人们知道施肥养田，却不知道养自己的心。养田不过有利禾苗得到粮食，养心改变行为，却能实现自己的愿望。什么叫做养心？广泛学习多长见识。什么叫做改变行为？保全本性禁止邪恶。”

子思曰：“学所以益才也，砺所以致刃也，吾尝幽处而深思，不若学之速；吾尝跂而望，不若登高之博见。故顺风而呼，声不加疾而闻者众；登丘而招，臂不加长而见者远。故鱼乘于水，鸟乘于风，草木乘于时。”

【译文】孔伋说：“学习是为了增长才干，磨刀是为了使刀刃锋利。我曾经独居并认真思考，却不如学习收效快；我曾经踮起脚来眺望，却不如登高见得广。顺着风向呼喊，声音并没有加大，但很多人能听见；登上山丘招手，手臂并没有增长，但很远的人都能看见。因此鱼儿利用的是水，鸟儿利用的是风，草木生长利用的是时机。”

孔子曰：“可以与人终日而不倦者，其惟学乎！其身体不足观也，其勇力不足惮也，其先祖不足称也，其族姓不足道也；然而可以闻四方而昭于诸侯者，其惟学乎！诗曰：‘不僭不亡，率由旧章’，夫学之谓也。”

【译文】孔子说：“能够使人整天都不会厌倦的，那大概只有学习吧！身体健美不值得夸示于人；勇敢有力不一定使人畏惧；先祖的功业不值得在人前称誉；高贵的种族姓氏也不必向人称道；但是能够闻名四方而又显示于诸侯的，那只有学问吧！《诗》上说：‘不出错不遗忘，一切遵从先王的典章。’讲的就是学习啊。”

晋平公问于师旷曰：“吾年七十，欲学。恐已暮矣。”师旷曰：“何不炳烛乎？”平公曰：“安有为人臣而戏其君乎？”师旷曰：“盲臣安敢戏其君乎？臣闻之，少而好学，如日出之阳；壮而好学，如日中之光；老而好学，如炳烛之明。炳烛之明，孰与昧行乎？”平公曰：“善哉！”

【译文】晋平公向师旷问道："我年纪已七十岁了，想要学习，恐怕已晚了。"师旷说："晚了为什么不点燃蜡烛呢？"平公说："哪有做臣子反而戏弄自己君王的呢？"师旷说："我怎么敢戏弄自己的国君呢？我听说：少年时好学，好像那初升时的太阳光；壮年时好学，好像那正午的太阳光；老年时好学，好像点燃蜡烛发出的光亮。点燃蜡烛发出光亮，与在昏暗中行走相比，哪一个更强呢了"晋平公说："讲得好啊"

宁越，中牟鄙人也，苦耕之劳，谓其友曰："何为而可以免此苦哉？"友曰："莫如学，学二十年则可以达矣。"宁越曰："请十五岁，人将休，吾将不休；人将卧，吾不敢卧。"十三岁学而周威公师之。夫走者之速也，而过二里止；步者之迟也，而百里不止。今宁越之材而久不止，其为诸侯师，岂不宜哉！

【译文】宁越是河南中牟郊野的农民，他认为耕作太劳苦，便对他的朋友说："做什么可以避免这种劳苦呢？"他的朋友说："不如求学。求学二十年，就可以显贵了。"宁越说："让我用十五年；别人将要休息时，我不休息；别人将要睡觉时，我不能睡。"他学了十三年便学成了，周威公便拜他为师。奔跑的人速度很快，但不过两里路就停止了；步行的人虽然很慢，但能至百里而不停止。现在凭着宁越的才能，能持久学习而不停止，他能成为国君的老师，难道不恰当吗？

孔子谓子路曰："汝何好？"子路曰："好长剑。"孔子曰："非此之问也，请以汝之所能，加之以学，岂可及哉！"子路曰："学亦有益乎？"孔子曰："夫人君无谏臣则失政；士无教交，则失德；狂马不释其策，操弓不返于檠；木受绳则直，人受谏则圣；受学重问，孰不顺成；毁仁恶士，且近于刑。君子不可以不学。"子路曰："南山有竹，弗揉自直，斩而射之，通于犀革，又何学为乎？"孔子曰："括而羽之，镞而砥砺之，其入不益深乎？"子路拜曰："敬受教哉！"

【译文】孔子对子路说："你爱好什么？"子路说："爱好长剑。"孔子说："不是问的这个。说的是凭着你的才能，再进一步学习，岂是别人能赶上的？"子路问："学习也有好处吗？"孔子说："国君没有直言规劝的臣子，政治上就会有缺失；读书人没有能获得教益的朋友，德行就有缺失。狂奔的马不能放开马鞭，使用弓弩不能离开校正器。木料经墨线一弹就能取直，人接受规劝就能圣明。接受教育注重请教，哪有不顺利成功的呢？诋毁仁义，厌恶读书人，就将濒于刑罚的边缘。君子不能不学习。"子路说："南山有竹子，不用揉制自然端直，砍伐下来做成箭射出去，能穿透犀牛皮，又为什么要学习呢？"孔子说："在箭的尾部装上羽毛，将箭头磨得十分锋利，那它射得不更深吗？"子路弯腰拱手说：

“恭敬地接受您的教诲！”

子路问于孔子曰：“请释古之学而行由之意，可乎？”孔子曰：“不可，昔者东夷慕诸夏之义，有女，其夫死，为之内私婿，终身不嫁，不嫁则不嫁矣，然非贞节之义也；苍梧之弟，娶妻而美好，请与兄易，忠则忠矣，然非礼也。今子欲释古之学而行子之意，庸知子用非为是，用是为非乎！不顺其初，虽欲悔之，难哉！”

【译文】子路向孔子问道：“请求放弃古代的学问而随我的心意行动，行吗？”孔子说：“不行。从前，东夷人仰慕中原的礼义，有女人死了丈夫，就为她接纳一个未正式结婚的丈夫，终身不出嫁。不嫁虽说是不嫁，但已经不是贞节的本义了。苍梧有个弟弟，娶的妻子美貌娇好，请求换给他的哥哥。忠诚虽说是忠诚，但不符合礼仪。现在你想要放弃古代的学问而随自己的心意行动，谁能知道你会不会把错误的当成正确的，把正确的当成错误的呢？做一件事情开头不谨慎，以后即使要悔改，那将是很难的啊！”

班 固

后汉安陵人，字孟坚，著《汉书》百卷，详《史书治要》中。章帝时，诏群儒考定五经异同于北宫白虎观，裒其奏议，为《白虎通德论》，后诏固撰集成书，题名曰“白虎通义”，《隋志》省名“白虎通”，列于五经总义中，清四库改入杂家杂考之属。其书虽兼涉谶纬而多传古义，《三纲六纪》一篇，持论明通，尤为后世言论理学者之根据也。

【译文】后汉安陵人，字孟坚，著有《汉书》百卷，详细见《史书治要》。汉章帝时，在北宫白虎观召集群儒考订五经的异同之处，搜集他们的议论，编为了《白虎通德论》，后来让班固撰集成书，题名为“白虎通义”，《隋书·经籍志》省略名称，命名为“白虎通”，列入了“五经总义”中，清代《四库全书》将其改入了杂家杂考类。这本书虽然涉及到谶纬思想，但很多是继承了古义，《三纲六纪》这篇，论点通明，尤其被称为后代谈论理学的根据。

三纲六纪（《白虎通义》）

三纲者何谓也？谓君臣、父子、夫妇也。六纪者，谓诸父、兄弟、族人、诸舅、师长、朋友也。故君为臣纲，父为子纲，夫为妻纲。又曰：“敬诸父兄，六纪道行，诸舅有义，族人有序，昆弟有亲，师长有尊，朋友有旧。”何谓纲纪？纲者，张也；纪者，理也。大者为纲，小者为纪，所以疆理上下，整齐人道也。人皆怀五常之性，有亲爱之心，是以纪纲为化，若罗纲之有纪纲而万目张也。《诗》云：“亹亹我王，纲纪四方。”

【译文】三纲是指什么呢？就是君臣、父子、夫妇。六纪，就是指叔伯父、兄弟、族人、舅父们、师长、朋友。君为臣纲，父为子纲，夫为妻纲。又说：“尊敬伯父叔父和兄长，实行六纪之道。对舅父们要有恩有义，对族人要讲究辈分，对兄弟要亲爱，对师长要尊敬，对朋友要念旧。”什么叫纲纪呢？纲是张开的意思，纪是治理的意思。大的是纲，小的是纪，用来张开上面、提理下面，整顿统一人伦。人人都具有“五常”的本性，都有相亲相爱的心，所以用纲纪来教化，就好像罗网有了提纲的总绳，一提起大绳子，所有的网眼都张开了。《诗经》说：“勤勤恳恳的文王，以纲纪治理天下。”

君臣，父子，夫妇，六人也，所以称三纲何？一阴一阳谓之道。阳得阴而成，阴得阳而序，刚柔相配，故六人为三纲。

【译文】君和臣，父和子，夫和妇，一共有六种人，为什么叫做三纲呢？

“一阴一阳相互配合，就叫做道。”阳必须有阴的配合才能成功，阴必须有阳的合作才有顺序。刚柔必须相互配合，所以把六种人合称为三纲。

三纲法天、地、人，六纪法六合。君臣法天，取象日月屈信归功天也。父子法地，取象五行转相生也。夫妇法人，取象人合阴阳有施化端也。六纪为三纲之纪者也。师长君臣之纪也，以其皆成己也；诸父兄弟父子之纪也，以其有亲恩连也；诸舅朋友夫妇之纪也，以其皆有同志为纪助也。

【译文】三纲是效法于天、地、人；六纪是效法于上、下、东、西、南、北。君和臣的关系仿效于天，取象于日月而将其升降归功于天；父子的关系仿效于地，取象于五行相生；夫妇的关系仿效于人，取象于阴阳结合而产生变化。六纪，是作为三纲的“纪”的。师长是君臣这一纲上面的纪，因为他们都是为了帮助成就自己的；伯叔父和兄弟是父子这一纲上的纪，因为他们都是由亲情相连结的；舅父们和朋友是夫妇这一纲上面的纪，因为他们都有相同的志向，能够相互帮助。

君臣者，何谓也？君，群也，下之所归心；臣者，繵坚也，属志自坚固。《春秋传》曰：“君处此，臣请归也。”父子者，何谓也？父者，矩也，以法度教子；子者，孳孳无已也。故《孝经》曰：“父有争子，则身不陷于不义。”夫妇者，何谓也？夫者，扶也，以道扶接也；妇者，服也，以礼屈服。《昏礼》曰：“夫亲脱妇之缨。”《传》曰：“夫妇判合也。”朋友者，何谓也？朋者，党也；友者，有也。《礼记》曰：“同门曰朋，同志曰友。”朋友之交，近则谤其言，远则不相讪。一人有善，其心好之；一人有恶，其心痛之。货则通而不计，共忧患而相救。生不属，死不托。故《论语》曰：“子路云：‘愿车马衣轻裘，与朋友共敝之。’”又曰：“朋友无所归，生于我乎馆，死于我乎殡。”朋友之道，亲存不得行者二：不得许友以其身，不得专通财之恩。友饥则白之于父兄，父兄许之，乃称父兄与之，不听即止。故曰：友饥为之减餐，大寒为之不重裘。故《论语》曰：“有父兄在，如之何其闻斯行之也！”

【译文】君臣意味着什么？君是群的意思，群众都归向他；臣是修缮和坚强的意思，要锻炼意志使自己坚强。《春秋公羊传》上面说：“请君王留在这里，让微臣回去吧。”父子意味着什么？父是规矩的意思，是用法规来教导儿子的；子是孳生的意思，是持续不断地繁衍的。所以，《孝经》说：“父亲如果有了敢于谏诤的儿子，那么就不至陷身于不义。”夫妇意味着什么呢？夫是扶助的意思，是指用道义来扶助妻子，妇是服从的意思，要按礼节屈服于丈夫之下。《仪礼·士昏礼》说：“丈夫亲自摘掉妻子头上系的缨绳。”《仪礼·丧服传》又说：“夫妇本来各半，合起来才成个人。”朋友是什么意思呢？朋是帮助的意思，友是保佑的意思。《礼记》说：“同在一个老师门下叫做朋，有同一个志向叫做友。”朋友之间的交往，当面要批评他的言论，背后则不能讲他的坏话；一个人有了长处，心中就为他高兴；一个人有了缺点，内心就为他伤痛；钱财要均着用而不计较，朋友有难要相互援救；主动帮助朋友，在他活着时不用嘱咐，在他死后不用请托。所以《论语》里面记载：“子路说：‘我愿意将自己的车马和轻暖的皮袍，和朋友共同使用直到烂掉。”《礼记》里面又说：“朋友无家可归，活着的时候住在我家，死了之后由我安葬。”朋友之间的交道，当自己父母还在世时，有两件事不能做：一是不能为朋友而以性命相许；二是帮助朋友钱财不能自作主张。朋友没有饭吃，就告诉父兄，父兄答应了，就说是奉父兄之命给他的，父兄不同意就不能给他。所以说：朋友没有饭吃，自己就要节食；朋友挨冻，自己不能穿两件以上的皮衣。所以《论语》说：“有父兄在世，怎么能一听到朋友有难就自作主张呢？”

男称兄弟，女称姊妹何？男女异姓，故别其称也。何以言之？《礼亲属记》曰：“男子先生称兄，后生称弟；女子先生为姊，后生为妹。”父之昆弟不俱谓之世叔，父之女昆弟俱谓之姑，何也？以为诸父曰内亲也，故别称之也；姑当外适人，疏，故总言之也。至姊妹亦当外适人，所以别诸姊妹何？以为事诸姑礼等，可以外出又同，故称略也；至姊妹虽欲有略之，姊尊妹卑，其礼异也。《诗》云：“问我诸姑，遂及伯姊。”谓之舅姑何？舅者，旧也；姑者，故也。旧、故之者，老人之称也。谓之姊妹何？姊者，恣也；妹者，末也。谓之兄弟何？兄者，况也；况父法也；弟者，悌也，心顺行笃也。称夫之父母谓之舅姑何？尊如父而非父者，舅也；亲如母而非母者，姑也。故称夫之父母为舅姑也。

【译文】男的称为兄弟，女的叫做姊妹，为什么呢？因为女的将来要嫁给异姓的人，所以男女要分别称呼。为什么这么说呢？《礼亲属记》说：“男子先出生的称为兄，后出生的称为弟；女子先出生的称为姊，后出生的称为妹。”父亲的兄弟并不全都称作世父，而父亲的姊妹则全都称作姑母，为什么呢？因为叔伯父们在一家之中，关系亲密些，所以要分别来称呼。姑母则要嫁给外人，关系疏远一些，用总称呼就行了。至于姊妹也会嫁给外人，为什么要分别姊与妹的称呼呢？因为对于姑母们的礼节大致一样，在外面也可以相同，所以称呼可以简略。至于姊妹的称呼虽然也可以简略，但姊妹有长幼尊卑的分别，对他们的礼节不能相同。所以《诗经》里面说："问候我的姑母们，连带问候大姊。"为什么称作舅姑呢？舅是"旧"的意思，姑是"故"的意思，"旧"与"故"都是对老人的称呼。为什么称作姊妹呢？姊是"咨询"的意思，妹是"末了"的意思。为什么称作兄弟呢？兄是"况"的意思，指可与父亲的规矩相比况，弟是"悌"的意思，做弟弟的要呵心和顺，行事笃实。为什么称丈夫的父母为舅姑呢？因为"舅"同父亲一样受尊敬，却不是自己的父亲，"姑"同母亲一样亲近，却并不是自己的母亲：所以要称呼丈夫的父母为舅姑。

班 昭

固女弟，字惠姬，适扶风曹世叔，夫亡，和帝诏入宫，令皇后贵人师事之，号曹大家，作《女诫》七篇，为女子著述之最有名者，隋志列于儒家，其妹曹丰生亦有才名，常为书以难之，书今不传。

【译文】班固的妹妹，字惠姬，嫁给了曹世叔，丈夫去世后，汉和帝诏其入宫，让皇后、贵人拜她为师，封为“曹大家”，作了《女诫》七篇，这是女子著述中最有名的，《隋书·经籍志》将其列入儒家，她的小姑曹丰生也很有才，常著书以难她，但书没有流传下来。

女诫七篇（并序）

序

鄙人愚暗，受性不敏，蒙先君之余宠，赖母师之典训。年十有四，执箕帚于曹氏，于今四十余载矣。战战兢兢，常惧黜辱，以增父母之羞，以益中外之累。是以夙夜劬心，勤不告劳，而今而后，乃知免耳。

【译文】我愚昧不明，生来本性就不聪明，完全蒙受祖先遗下的荣宠，依赖傅母和女师的教训，十四岁时，我做了曹家的媳妇，到如今四十年了，战战兢兢，常常害怕受到被离弃的侮辱，而增加父母的羞耻和家庭内外的牵累。我白天黑夜地劳心，虽然辛勤但从不向别人诉告，从今以后，才知道可以免除劳累了。

吾性疏愚，教导无素，恒恐子穀负辱清朝。圣恩横加，猥赐金紫，实非鄙人庶几所望也。男能自谋矣，吾不复以为忧。但伤诸女方当适人，而不渐加训诲，不闻妇礼，惧失容它门，取耻宗族。吾今疾在沈滞，性命无常，念汝曹如此，每用惆怅。因作《女诫》七篇，愿诸女各写一通，庶有补益，裨助汝身。去矣，其勖勉之！

【译文】我本性粗疏愚笨，教子之道无素养，常常担忧子榖负辱这清平的朝代。圣恩广加，赐给我金印紫绶，这实在不是我所企望的。儿子能自己谋生了，我不再为他担忧了，只担忧几个女儿正当嫁人，但没有接受训诲，没有听说过妇礼，害怕她们不被别家收容，再给同宗同族之人带来耻辱。我如今病已深重，生命恐怕不会太长，想到你们几个这样，总感到惆怅。清闲时写作了《女诫》七章，叫几个女儿各自抄写一份，希望有所补益，能够帮助你们自身，从今以后，你们自己努力吧！

古者生女三日，卧之床下，弄之瓦砖，而斋告焉。卧之床下，明其卑弱，主下人也。弄之瓦砖，明其习劳，主执勤也。斋告先君，明当主继祭祀也。三者盖女人之常道，礼法之典教矣。谦让恭敬，先人后己，有善莫名，有恶莫辞，忍辱含垢，常若畏惧，卑弱下人也。晚寝早作，不惮夙夜，执务私事，不辞剧易，所作必成，手迹整理，是谓执勤也。正色端操，以事夫主，清静自守，无好戏笑，洁齐酒食，以供祖宗，是谓继祭祀也。三者苟备，而患名称之不闻，黜辱之在身，未之见也。三者苟失之，何名称之可闻，黜辱之可免哉！（卑弱第一。）

【译文】古时候生下女孩子三天，让她睡在床下，给她纺锤玩弄，并且要举行斋告。让她睡在床下，表明她本性卑弱，要居于人下；给她纺锤玩弄，表明她熟习劳作，将来主掌家政勤务；斋告祖先，表明应当主掌继承祭祀。这三方面是女人的根本，礼法的典教、谦让恭敬，先人后已，有善行不夸耀，有险恶不推辞，含辱忍垢，常常好像很畏惧的样子，这就叫做卑弱低下的人。晚睡早起，不管太早太晚，执务私事，不推辞艰难，所做的事一定要做好，亲手所做的事整齐有条理，这就叫做执勤。端正脸色和行为，细心侍奉丈夫，能清静自守，不喜好戏弄和玩笑，清洁齐备佳酒美食，忠心供奉祖宗，这就叫做继承祭祀。这三方面如果能够完备，却担忧名称不被传闻，自身遭受到被离弃的耻辱，这样的事还没有见到过。这三方面如果失去，哪来的名称可以被传闻？自身怎么可以远离被离弃的耻辱呢？（卑弱第一）

夫妇之道，参配阴阳，通达神明，信天地之弘义，人伦之大节也。是以《礼》贵男女之际，《诗》著《关雎》之义。由斯言之，不可不重也。夫不贤，则无以御妇；妇不贤，则无以事夫。夫不御妇，则威仪废缺；妇不事夫，则义理堕阙。方斯二事，其用一也。察今之君子，徒知妻妇之不可不御，威仪之不可不整，故训其男，检以书传。殊不知夫主之不可不事，礼义之不可不存也。但教男而不教女，不亦蔽于彼此之数乎！《礼》，八岁始教之书，十五而至于学矣。独不可以此为则哉！（夫妇第二。）

【译文】夫妇之道，能参配阴阳，通达神祇，的确是天地间的大义，人伦的大节、因此《礼记》看重男女间的关系，《诗经》显明《关雎》的道理。从这方面来说，不可以不看重男女之间的关系啊。丈夫不贤明，就没有办法管好妻子；妻子不贤惠，就没有办法侍奉丈夫、丈夫不能管好妻子，就丧失了他庄严的容止；妻子不能侍奉丈夫，理义也就被毁坏而残缺。这两件事情，它们的作用是一样的，观察如今的君子，只知道妻子不能够不治理，自己庄严的容止不能够不严整，因此教育他们的儿子，用书传来约束他们。却不知道丈夫不可以不侍奉，礼义不可以不保存。只教育儿子却不教育女儿，不也是不明于子女教育不能厚此薄彼的道理吗？《礼记》记载说，八岁就要开始教育子女读书，十五岁就接触学问了。难道不可以用这来作为准则吗！（夫妇第二）

阴阳殊性，男女异行。阳以刚为德，阴以柔为用，男以强为贵，女以弱为美。故鄙谚有云："生男如狼，犹恐其尪；生女如鼠，犹恐其虎。"然则修身莫敬，避强莫若顺。故曰：敬顺之道，为妇之大礼也。夫敬非它，持久之谓也；夫顺非它，宽裕之谓也。持久者，知止足也；宽裕者，尚恭下也。夫妇之好，终身不离。房室周旋，遂生媟黩。媟黩既生，语言过矣。语言既过，纵恣必作。纵恣既作，则侮夫之心生矣。此由于不知止足者也。夫事有曲直，言有是非。直者不能不争，曲者不能不讼。讼争既施，则有忿怒之事矣。此由于不尚恭下者也。侮夫不节，谴呵从之；忿怒不止，楚挞从之。夫为夫妇者，义以和亲，恩以好合，楚挞既行，何义之存？谴呵既宣，何恩之有？恩义俱废，夫妇离行。（敬服第三。）

【译文】阴阳的性质不同，男女的本性也各异。阳以刚为德，阴以柔为用，男以强为贵，女以弱为美、因此俗谚说："生的男孩健壮如狼，还恐怕他体弱；生下女孩胆小如鼠，还恐怕她凶猛如虎。"既然如此，那么修身没有比得上敬慎的，避强没有比得上柔顺的。所以说敬顺之道，是妇人的大礼，敬顺不是别的意思，就是说的能持久。柔顺不是别的意思，就是说的能宽裕，持久就是知道止足，宽裕就是懂得谦恭下人，夫妇的友好，终身都离不开敬慎和柔顺。夫妇在家里接应、交际，就产生一些亲昵，乃至放荡的行为。亲昵放荡的行为已经产生，说的话就会过分。说的话已经过分，放纵的行为就会产生，放纵的行为已经产生，那么侮弄丈夫的心就产生了。这是由于不知道止足的原因。事情有曲直，言语有是非、直的不能不力争，曲的不能不分辨，争论是非曲直的事情已经发生，就会伴随有忿怒的事情了。这是由于不懂得谦恭下人的缘故，侮弄丈夫的行为不加以节制，谴责呵斥就跟随而来，忿怒的行为不停止，鞭抽棒打的动作也就跟随而来。夫妇二人，靠情谊来谐和亲热，靠情义来友爱相处，鞭抽棒打的行为已经施行，又还存有什么情谊？谴责

呵斥的行为已经宣泄，又还有什么恩爱？恩爱和情谊都废弃，夫妇也就不和谐了。（敬慎第三）

女有四行，一曰妇德，二曰妇言，三曰妇容，四曰妇功。夫云妇德，不必才明绝异也；妇言，不必辩口利辞也；妇容，不必颜色美丽也；妇功，不必技巧过人也。幽闲贞静，守节整齐，行己有耻，动静有法，是谓妇德。择辞而说，不道恶语，时然后言，不厌于人，是谓妇言。盥浣尘秽，服饰鲜洁，沐浴以时，身不垢辱，是谓妇容。专心纺绩，不好戏笑，洁齐酒食，以供宾客，是谓妇功。此四者，女人之大节，而不可乏无者也。然为之甚易，唯在存心耳。古人有言：“仁远乎哉？我欲仁，而仁斯至矣。”此之谓也。（妇行第四。）

【译文】妇女有四种品行，一是妇德，二是妇言，三是妇容，四是妇功。所谓妇德，不一定要才能贤明，特别突出；妇言，不一定要能说会道，口才敏捷；妇容，不一定要容貌漂亮；妇功，不一定要做女工巧妙超过他人。性情淑静，节操坚贞，行为有廉耻，举动有规范，这就叫妇德；说话时选择言词，不信口开河，不说恶言痞语，到该说话时才开口，不被人厌恶，这就叫妇言；洗濯灰尘污秽，服饰鲜美洁净，按时洗澡沐浴，身体不肮脏污浊，这就叫妇容；专心纺纱绩线，不爱好逗趣玩笑，清洁地备办酒食，来侍奉宾客，这就叫妇功。这四种品行，是女人的大德，是不可缺少的东西、做起来其实并不难，只在有心罢了，古人说：“仁离我远吗？我想做到仁，仁就来到我这里了。”说的就是这个道理。（妇行第四）

《礼》，夫有再娶之义，妇无二适之文，故曰：夫者天也。天固不可违，夫故不可离也。行违神祇，天则罚之；礼义有愆，夫则薄之。故《女宪》曰：“得意一人，是谓永毕；失意一人，是谓永讫。”由斯言之，夫不可不求其心。然所求者，亦非谓佞媚苟亲也，固莫若专心正色。礼义居洁，耳无妄听，目无邪视，出无冶容，入无废饰，无聚会群辈，无看视门户，此则谓专心正色矣。若夫动静轻脱，视听邪偷，入则乱发坏形，出则窈窕作态，说所不当道，观所不当视，此谓不能专心正色矣。（专心第五。）

【译文】《仪礼》上记载，丈夫有第二次娶妻的道理，女人没有第二次嫁人的理由，因此说丈夫是妻子的天。天本来就是不可以违背的，丈夫本来也就是不可以离开的，行为违背了神祇的意旨，天就要处罚她；礼义有过失，丈夫就鄙薄她。因此《女宪》上说：“得意于一个人，这就叫一辈子有好处；失意于一个人，这就叫一辈子都完了。”这样说来，妻子不可以不探求丈夫的心思。但是这种探求，不是说的用花言巧语去谄媚丈夫，和丈夫苟且亲近。探求丈夫的心思，没有比得上专心正色的了。平时常修整礼义，耳朵不听没有根据的传闻，眼睛不斜视，出门不打扮得妖艳，在家不废弃当穿的服饰，不和很多人聚会，不看视家门口，这就叫做专心正色。至于举动轻浮，视听不定，在家就蓬头乱发，形容败坏，出门就打扮妖冶，弄姿作态，说不当说的，看不该看的，这就叫不能专心正色。（专心第五）

夫“得意一人，是谓永华；失意一人，是谓永讫”，欲人定志专心之言也。舅姑之心，岂当可失哉？物有以恩自离者，亦有以义自破者也。夫虽云爱，舅姑云非，此所谓以义自破者也。然则舅姑之心奈何？故莫尚于曲从矣。姑云不尔而是，固宜从令；姑云是尔而非，犹宜顺命。勿得违戾是非，争分曲直。此则所谓曲从矣。故《女宪》曰：“妇如影响，焉不可赏！”（曲从第六。）

【译文】“得意于一人，一辈子都有好处；失意于一人，一辈子就都完了”，这是希望人能定志专心的话。公婆的心思，难道可以失去吗？事物有因为恩爱而自己消散的，也有因为情谊而自己破灭的，丈夫说爱，公婆说不爱，这就是所说的因为情谊而自己破灭的情况。那么对于公婆的心思又怎样探求呢？当然没有超过曲从的了。婆婆说不是这样，但事实是这样的，当然应当听从；婆婆说是这样而事实不是这样的，尤其应当顺从、不要违反婆婆说的对与不对，分辨曲直。这就是所说的曲从。所以《女宪》上说：“妻子就如影附形，如响应声，是不可以称扬的。”（曲从第六）

妇人之得意于夫主，由舅姑之爱己也；舅姑之爱己，由叔妹之誉己也。由此言之，我之臧否誉毁，一由叔妹，叔妹之心，不可失也。人皆莫知叔妹之不可失，而不能和之以求亲，其蔽也哉！自非圣人，鲜能无过！故颜子贵于能改，仲尼嘉其不贰，而况于妇人者也！虽以贤女之行，聪哲之性，其能备乎！故室人和则谤掩，内外离则过扬。此必然之势也。《易》曰：“二人同心，其利断金。同心之言，其臭如兰。”此之谓也。夫叔妹者，体敌而分尊，恩疏而义亲。若淑媛谦顺之人，则能依义以笃好，崇恩以结援，使徽美显彰，而瑕过隐塞，舅姑矜善，而夫主嘉美，声誉曜于邑邻，休光延于父母。若夫愚蠢之人，于叔则托名以自高，于妹则因宠以骄盈。骄盈既施，何和之有！恩义既乖，何誉之臻！是以美隐而过宣，姑忿而夫愠，毁訾布于中外，耻辱集于厥身，进增父母之羞，退益君子之累。斯乃荣辱之本，而显否之基也。可不慎与！然则求叔妹之心，固莫尚于谦顺矣。谦则德之柄，顺则妇之行。知斯二者，足以和矣。《诗》云：“在彼无恶，在此无射。”此之谓也。（和叔妹第七。）

【译文】妻子得宠于丈夫，往往由于公婆喜爱的缘故，而公婆之所以喜欢媳妇，是因为小叔小姑对媳妇有好感。由此看来，媳妇的褒贬毁誉，关键在于小叔小姑。所以一定要与小叔小姑搞好关系。人们往往不懂得这个道理。媳妇又不是圣人，怎能没有过失？所以颜回可贵之处在于能改过，而孔子之所以赞扬他，也正是因为他不重犯过失，何况媳妇能没有过失吗？尽管媳妇非常贤淑，聪敏过人也难免出错。如果与亲朋和睦，关系融洽，就能制止别人的诽谤；如果关系紧张，稍有过失，就会张扬出去。《周易》上说："二人同心，其利断金。同心之言，其臭如兰。"就是这个意思。如小叔小姑是谦和之人，就用道义与之建立感情，他们便会帮你掩饰过失，张扬优点美德。公婆赞誉你，丈夫赞美你，你的名声就会在乡里传开来，一直传到父母的耳朵里。如是愚蠢的媳妇，在小叔子面前自命清高，在妹妹面前骄横无比，怎能和睦呢？恩义既失，名声怎么会好呢？于是你的美德优点被隐没起来，你的过失到处张扬开去，婆婆气恼而丈夫又不满，这难道可以不谨慎处理吗？可见要获得叔姑的信赖，最根本的是谦顺。谦逊是德行的表现，顺从是妇女的品行，懂得了这两点，亲朋关系自然和睦。（和叔妹第七。）

附录 陈宏谋《教女遗规序》

天下无不可教之人，亦无可以不教之人，而岂独遗于女子也？

当其甫离襁褓，养护深闺，非若男子出就外傅，有师友之切磋，诗书之浸灌也。父母虽甚爱之，亦不过于起居服食之间，加意体恤，及其长也，为之教针黹，备装匳而已。至于性情嗜好之偏正，言动之，合古谊与否，则鲜有及焉。是视女子为不必教，皆若有固然者。幸而爱敬之良，性所同具，犹不尽至于背理而伤道。且有克敦大义，足以扶持伦纪者。倘平时更以格言、至论，可法可戒之事，日陈于前，使之观感而效法，以为德性之助，岂浅鲜哉？余故于《养正遗规》之后，復采古今教女之书，及凡有关于女德者，裒集成编。事取其平易而近人，理取其显浅而易晓，盖欲世人之有以教其子，而更有以教其女也。夫在家为女，出嫁为妇，生子为母。有贤女然后有贤妇，有贤妇然后有贤母，有贤母然后有贤子孙。王化始于闺门，家人利在女贞。女教之所系，盖綦重矣。或者疑女子知书者少，非文字之所能教，而弄笔墨工文词者，有时反为女德之累，不知女子具有性慧，纵不能经史贯通，间亦粗知文义。即至村姑里妇，未尽识字，而一门之内，父子兄弟，为之陈述故事，讲说遗文，亦必有心领神会，随事感发之处。一家如此，推而一乡一邑，孰非教之所可及乎？彼专工文墨，不明大义，则所以教之者之过，而非尽女子之过也。抑余又见夫世之妇女，守其一知半解，或习闻片词只义，往往笃信固守，奉以终身，且转相傳述，交相劝戒，曾不若口读诗书，而所行悉与倍焉者。意者女子之性专一笃至，其为教尤有易入者乎。是在有闲家之责者，加之意而已。

【译文】天下没有不可以教化的人，也没有可以不用教的人，不是只教化女子。女子从离开襁褓开始，养护在深闺中，不像男子可以出外向老师求学，有师友之间的相互切磋，渐渐的灌输诗、书。父母虽然很爱女儿，也只不过是操心她的衣食起居，更加用心的照顾。等她再长大一些，教他针线、缝衣之事，准备镜匣等嫁资。至于性格、爱好方面有偏正，用言语劝说，看其是否符合古代典籍，很少有这样做的，这是因为他们认为女子是不需要教的，都是天生就有的，本来如此。幸好有仁爱、尊敬之心，这是性情所共有的，尚且不至于违背、伤害道义，并且有敦厚的正道，足以能够有助于伦常纲纪，如果平时在其面前附教以格言、至论，可以效法、引以为戒的事情，使她能够看到、感受到并效法他们，这是有助于德性的，哪里还会很浅薄？所以我在《养正遗规》之后，又收集古今教化女子的书籍，凡是有关于女德的都收集成编，摘取平易近人的事情，采纳浅显而容易通晓的道理，想让世人在用来教导其儿子的时候，也用来教化女子。在家是女子，出嫁了为人妇，生子了为人母。有贤惠的女子然后有贤惠的妻子，有贤惠的妻子然后有贤母，有贤母然后有贤惠的子孙。用王道教化从闺门开始，家庭利于女人的坚守。教化女子关系重大。有的怀疑女子懂典籍的很少，不是文字所能教化的，而学习笔墨、诗词有时反而是女德的累赘。这是因为不知道女子天性聪慧，纵然不能贯通经史，但也粗略的了解文章之义。即使是村姑、村妇，不是都识字，但在家里，父亲、兄弟等给他们讲述故事、古代文籍，也一定能心领神会，因事而心有所感。一家这样，推而广之，一乡一邑，不是教化就可以的了吗？那些专门学习文墨，却不明大义，这是教的人的过错，不都是女子的错。我还见社会上的妇女，守着他们所一知半解的知识、所听到的只言片语，往往坚信固守，终身不变，并且相互传述，劝诫，会不如读诗书，但其行为却都相反的么。所以我想女子性情专一、很容易被教化。不教化是治家闲逸的责任，应用心去做。

王符

后汉安定临泾人，字节信，性耿介忤时，不仕，乃隐居著书，名“潜夫论”，列于儒家，清《四库提要》曰：“范氏以符与王充、仲长统同传，韩愈因作《三贤赞》”。今以三家之书相较，符书洞悉政体似《昌言》，而明切过之，辨别是非似《论衡》，而醇正过之，书凡三十六篇。

【译文】后汉安定临泾人，字节信，性格正直，与当时的社会相冲突，不愿做官，于是隐居著书，命名为“潜夫论”，列入了儒家，清代《四库提要》说：范氏给王符、王充和仲长统都作传，韩愈因此著了《三贤赞》，今天将三家的书相比较，王符的书对政体分析的透彻明白，与《昌言》相似，但明言切谏却超过了他，辨别是非与《论衡》相似，但比他醇正，书共三十六篇。

赞学（《潜夫论》）

天地之所贵者人也，圣人之所尚者义也，德义之所成者智也，明智之所求者学问也。虽有至圣，不生而智；虽有至材，不生而能。故志曰：黄帝师风后，颛顼师老彭，帝喾师祝融，尧师务成，舜师纪后，禹师墨如，汤师伊尹，文、武师姜尚，周公师庶秀，孔子师老聃。若此言之而信，则人不可以不就师矣。夫此十一君者，皆上圣也，犹待学问，其智乃博，其德乃硕，而况于凡人乎？

【译文】天地之间宝贵的是人，圣人所崇尚的是道义，用来成就德行道义的是智慧，用来取得聪明智慧的是学习请教。虽然世上有极其圣明的人，也不是生下来就有了知识；虽然存在极有才能的人，也不是生下来就有了能力。古代的记载说：黄帝以风后为师，颛项以老彭为师，帝喾以祝融为师，唐尧以务成为师，虞舜以尹寿为师，夏禹以墨如为师，商汤以伊尹为师，周文王、周武王以姜尚为师，周公旦以庶秀为师，孔子以老聃为师。如果这些话可信，那么作为一个人就不能不去从师学习了。以上这十一位君子，都是极其圣明的人，尚且要等到学习请教以后，他们的智慧才渊博，他们的德行才伟大，又何况是平常的人呢？

是故工欲善其事，必先利其器；士欲宣其义，必先读其智。易曰："君子以多志前言往行以畜其德。"是以人之有学也，犹物之有治也。故夏后之璜，楚和之璧，虽有玉璞卞和之资，不琢不错，不离砾石。夫瑚簋之器，朝祭之服，其始也，乃山野之木、蚕茧之丝耳。使巧倕加绳墨而制之以斤斧，女工加五色而制之以机杼，则皆成宗庙之器，黼黻之章，可著于鬼神，可御于王公。而况君子敦贞之质，察敏之才，摄之以良朋，教之以明师，文之以《礼》《乐》，导之以《诗》《书》，赞之以《周易》，明之以《春秋》，其不有济乎？

【译文】所以工匠要做好他的工作，必须首先磨利自己的工具；帝王要发扬他的道义，必须首先增进自己的智慧。《周易》说："君子依靠它多记住从前的言论和以往的行事来增进自己的德行。"因此人需要学习，就像东西需要加工一样。夏朝帝王的玉璜，楚国和氏的玉璧，虽然有了宝玉的资质以及卞和的呈献，但如果不雕琢不磨光，就和小石头没有什么差别。瑚簋之类的祭祀器皿，上朝以及祭祀时穿的礼服，它们开始时，不过是深山野林中的树木和蚕茧的丝罢了，让技术高明的倕弹上墨线并用斧头来砍削加工它，让女工们加上五种色彩并用织布机来制作它，就都成了祖庙中的礼器和带有花纹的礼服，可以用来供奉鬼神，可以穿在天子诸侯的身上。更何况君子具有敦厚坚贞的资质，具有明察机敏的才干，又由品德优良的朋友来帮助他，由通晓学术的老师来教育他，用《仪礼》《乐经》来修养他，用《诗经》《尚书》来开导他，用《周易》来辅助他，用《春秋》来使他明智，哪有不成功的呢？

诗云："题彼鹡鸰，载飞载鸣。我日斯迈，而月斯征。夙兴夜寐，无忝尔所生。"是以君子终日乾乾进德修业者，非直为博己而已也，盖乃思述祖考之令问，而以显父母也。

【译文】《诗经》上说："请你看看那鹡鸰，一边飞来一边鸣。我是天天在奔走，也是月月在远行。清早起来深夜睡，没有玷辱你双亲。"因此，君子整天孜孜不倦地提高品德、搞好事业，不是只为了扩大自己的影响而已，而是想继承祖先的美好声誉，依靠它使父母声誉著称。

孔子曰："吾尝终日不食，终夜不寝，以思，无益，不如学也。""耕也，馁在其中；学也，禄在其中矣。君子忧道不忧贫。"箕子陈六极，国风歌北门。故所谓不忧贫也，岂好贫而弗之忧邪？盖志有所专，昭其重也。是故君子之求丰厚也，非为嘉馔、美服、淫乐、声色也，乃将以底其道而迈其德也。

【译文】孔子说："我曾经整天不吃，整夜不睡，用这些时间去思考，无裨益，不如去学习。""去耕作嘛，也要挨饿了；去学习嘛，就得到俸禄了。君子挂在心上的是正确的思想学说，而不去担忧穷。"然而箕子陈说六种使人穷困的事，《国风》中吟唱那《北门》的诗篇，所以孔子所说的不担忧贫穷，哪里是喜欢贫穷而不为它担忧呢？大概是因为孔子的志向有所专注，要彰明他看重的东西吧。所以君子追求丰足富裕，并不是为了美味佳肴、漂亮衣服、放纵作乐、音乐美色，而是要用它来获得正确的思想学说、努力奉行那美好的道德啊。

夫道成于学而藏于书，学进于振而废于穷。是故董仲舒终身不问家事，景君明经年不出户庭，得锐精其学而显昭其业者，家富也；富佚若彼，而能勤精若此者，材子也。倪宽卖力于都巷，匡衡自鬻于保徒者，身贫也；贫阨若彼，而能进学若此者，秀士也。当世学士恒以万计，而究涂者无数十焉，其故何也？其富者则以贿玷精，贫者则以乏易计，或以丧乱期其年岁，此其所以逮初丧功而反其童蒙也。是故无董、景之才，倪、匡之志，而欲强捐家出身旷日师门者，是必无几矣。夫此四子者，耳目聪明，忠信廉勇，未必无俦也，而及其成名立绩，德音令闻不已，而有所以然，夫何故哉？徒以其能自托于先圣之典经，结心于夫子之遗训也。

【译文】那正确的思想学说靠学习来成就而储存在书本中，学习由于勤奋而长进，因为固步自封而荒废。所以董仲舒一辈子不过问家业，京房常年不出家门，从而能使自己的学问冒尖而精到、使自己的事业显赫而昭著，这是因为他们家境富裕。富裕安乐到那种程度而能使自己勤奋精心到这种程度的人，是德才兼备的人啊。倪宽出卖劳力做炊事员，匡衡把自己卖给人家做佣工，是因为他们本身贫穷。贫穷困厄到那种程度而使自己的学业长进到这种程度的人，是德才优秀的人啊。当代的学者常常数以万计，而走完那学习路程的没有几十个。那原因是什么呢？那些富裕的人往往因为财物玷污了自己的精神，贫穷的人往往因为缺吃少穿而改变了计划，也有人因为死丧祸乱而过完了他们的岁月，这就是人们抓住了学习的开始阶段、接着又前功尽弃而只能处于那种幼稚愚昧状态的原因吧。所以，没有董仲舒、京房般的资质和倪宽、匡衡般的志向而要强迫他们抛弃家庭献出自己、在老师门下长久地耗费时间，一定是没有什么指望了。这四位先生，耳聪目明、忠诚老实、廉正勇敢，社会上不一定就没有相类似的人。但直到他们才成就了名声、建立了业绩，美好的声誉流传个没完。这里面是有原因的。那是什么缘故呢？不过是因为他们能够献身于从前的圣人所作的经典，把心思凝聚在孔夫子留下的教导上罢了。

是故造父疾趋，百步而废，而托乘舆，坐致千里；水师泛轴，解维则溺，自托舟楫，坐济江河。是故君子者，性非绝世，善自托于物也。人之情性，未能相百，而其明智有相万也。此非其真性之材也，必有假以致之也。君子之性，未必尽照，及学也，聪明无蔽，心智无滞，前纪帝王，顾定百世。此则道之明也，而君子能假之以自彰尔。

【译文】所以，造父快速地奔走，上百步就垮了，但是依靠车马，坐着就能到达千里之外；水兵乘在成排的拖船上可以任其漂荡，解开那系船的大绳子就会落水淹死，但如果各自依靠船和桨，坐着也能渡过江河。所以君子这种人，他们的天性并非在世间独特无比，只是善于使自己依靠外物罢了。人们的天性，从来没有能相差上百倍的；而他们的聪明智慧，却有相差上万倍的。这其实并不是他们天生的才能，一定是有所凭借才造成的。君子的天性，未必能洞察一切，等到一学习，听力视力就没有蔽塞了，心灵智慧就没有凝滞了，向前能够审理帝王的得失，回头能够确定上百代的是非。这其实是正确的思想学说的明察啊，而君子只是能够凭借它来使自己变得聪明罢了。

夫是故道之于心也，犹火之于人目也。中阱深室，幽黑无见，及设盛烛，则百物彰矣。此则火之耀也，非目之光也，而目假之，则为明矣。天地之道，神明之为，不可见也。学问圣典，心思道术，则皆来观矣。此则道之材也，非心之明也，而人假之，则为己知矣。

【译文】所以，道对于心，正如火对于人的眼睛。进入到深井、深室中，幽暗的什么都看不见，等点燃蜡烛，则百物自己彰显出来，这是因为火的照耀，不是眼睛的光，但眼睛借它则能看到光明。天地间的道理，神明的行为，是看不见的，古代的学术典籍，心里思考的道术，都来观照，这是道的才能，不是人心自然明亮，但人借助它，则可以增长智慧。

是故索物于夜室者，莫良于火；索道于当世者，莫良于典。典者，经也。先圣之所制；先圣得道之精者以行其身，欲贤人自勉以入于道。故圣人之制经以遗后贤也，譬犹巧倕之为规矩准绳以遗后工也。

【译文】所以，在深夜的房间里找东西，没有什么比火光更好的了；在当代寻求正确的思想原则，设有什么比典籍更好的了。所谓典籍，是指经书，它是从前的圣人制作的。从前的圣人发现了思想原则中的精华，用它们来立身行事；同时也希望贤能的人能够勉励自己，把自己纳入这种思想原则的指导之中。所以圣人制作经典来留给后代的贤人，打个比方，就像技术高超的唾制作圆规、曲尺、水准仪、墨线来留给后代的工匠一样。

昔倕之巧，目茂圆方，心定平直，又造规绳矩墨以诲后人。试使奚仲、公班之徒，释此四度，而效倕自制，必不能也；凡工妄匠，执规秉矩，错准引绳，则巧同于倕也。是故倕以心来制规矩，往合倕心也，故度之工，几于倕矣。

【译文】从前倕是这样的技艺高超，眼睛能审察圆形与方形，心灵能判定水平与曲直，又制造了圆规、曲尺、水准仪、墨线来指教后人。如果让奚仲、鲁班这样的能工巧匠抛弃这四种测量工具而模仿倕那样自己去判定圆方平直，一定不行。平庸的工匠，手执圆规、拿着曲尺、放置水准仪、拉出墨线来判定圆方平直，那技艺的高超就和倕相同了。所以，倕凭主观意念来制作圆规、曲尺，而后代的工匠用圆规曲尺去迎合倕的主观意念，所以，利用这些工具来测量圆方平直的工匠，就和倕差不多了。

先圣之智，心达神明，性直道德，又造经典以遗后人。试使贤人君子，释于学问，抱质而行，必弗具也；及使从师就学，按经而行，聪达之明，德义之理，亦庶矣。是故圣人以其心来就经典，往合圣心，故修经之贤，德近于圣矣。

【译文】前代圣人是这样的聪明，心灵能和天神地祇相通，天性能与道德相合，又制作了经典来留给后人。如果让贤人君子舍弃了学问，守着自己的天性去行事，就一定不会具备德才了。等到让他们跟从老师前去学习，按照经典来行动，那么聪颖通达的明智、仁德道义的言行也就差不多和从前的圣人一样了。所以圣人凭他的主观意念来制作经典，而后代的贤人君子通过经典去迎合圣人的主观意念，所以，学习研究经典的贤人，德行也就接近圣人了。

诗云："高山仰止，景行行止。""日就月将，学有缉熙于光明。"是故凡欲显勋绩扬光烈者，莫良于学矣。

【译文】《诗经》上说："道德像高山人人敬仰，行为像大路人人遵行。""天天追求月月遵行，学习就能积累明智到圣明。"所以，凡是想建立丰功伟绩、使自己的光辉与功业传扬于世，没有什么比学习更好的了。

浮侈（《潜夫论》）

王者以四海为一家，以兆民为通计。一夫不耕，天下必受其饥者；一妇不织，天下必受其寒者。今举世舍农桑，趋商贾，牛马车舆，填塞道路，游手为功，充盈都邑，治本者少，浮食者众。“商邑翼翼，四方是极。”今察洛阳，浮末者什于农夫，虚伪游手者什于浮末。是则一夫耕，百人食之，一妇桑，百人衣之，以一奉百，孰能供之？天下百郡千县，市邑万数，类皆如此，本末何足相供？则民安得不饥寒？饥寒并至，则安能不为非？为非则奸宄，奸宄繁多，则吏安能无严酷？严酷数加，则下安能无愁怨？愁怨者多，则咎征并臻，下民无聊，而上天降灾，则国危矣。

【译文】圣王把天下当作一个家，将亿万人民作通盘考虑。一个男子不耕作，天下一定有因此而挨饿的人；一个妇女不纺织，天下一定有因此而受冻的人。现在整个社会都舍弃了农耕和采桑养蚕，投奔于商业，牛马车辆，充塞道路；以不劳动为业的人，挤满了大小城市；务农的人少，靠从事工商业来混饭吃的人多。《诗经》上说：“首都商邑多整齐，四方以它为准则。”现在看一下洛阳，从事工商业的人十倍于农夫，弄虚作假而不劳动的人十倍于工商业者。这样的话，那就是一个男子耕作，一百个人吃他生产的粮食；一个妇女采桑养蚕，一百个人穿她生产的纺织品。靠一个人来奉养一百个人，谁能供应得上？天下有上百个郡、上千个县，大小市镇数以万计，大都像这个样子的话，那么农业和工商业之间怎么能够互相供应？那民众哪能不挨饿受冻？民众饥寒交迫，那么他们怎么能不为非作歹。民众为非作歹，那么在外造反作乱、在内盗窃捣乱等事情都会发生。在外在内的邪恶不法之事繁多，那么官吏哪能不严厉残酷地进行制裁？严厉残酷的刑罚频繁地施加到人们头上，那么下面的百姓哪能没有忧愁怨恨？忧愁怨恨的人多了，那么灾祸的迹象就会同时出现。下边的百姓没有依靠，而上天又降下灾祸，那么国家就危险了。

夫贫生于富，弱生于强，乱生于治，危生于安。是故明王之养民也，忧之劳之，教之诲之，慎微防萌，以断其邪。故《易》美“节以制度，不伤财，不害民”；《七月》诗大小教之，终而复始。由此观之，民固不可恣也。

【译文】贫穷产生于富裕，衰弱产生于强盛，动乱产生于太平，危险产生于安全。所以英明的帝王治理民众的时候，使他们担忧，使他们发愁，教育他们，指导他们，谨慎地对待某些微小的事情，制止某些刚萌发的事物，以此来杜绝他们的邪恶。所以《周易》赞美“用制度来节制，就既不损伤财物，也不损害民众”；《七月》诗把大大小小的事情都教给人民，叙述到一年年终又开始叙述第二年。由此看来，民众本来就是不可以放任自流的。

今民奢衣服，侈饮食，事口舌，而习调欺，以相诈绐，比肩是也。或以谋奸合任为业，或以游敖博弈为事；或丁夫世不传犁锄，怀丸挟弹，携手遨游。或取好土作丸卖之，于弹外不可以御寇，内不可以禁鼠，晋灵公好之以增其恶，未尝闻志义之士喜操以游者也。惟无心之人，群竖小子，接而持之，妄弹鸟雀，百发不得一，而反中面目，此最无用而有害也。或坐作竹簧，削锐其头，有伤害之象，傅以蜡蜜，有甘舌之类，皆非吉祥善应。或作泥车、瓦狗、马骑、倡俳，诸戏弄小儿之具以巧诈。

【译文】现在民众衣着奢侈，大肆吃喝，从事辩说而学习欺骗来互相诈骗，很多人都是这样。有的人以谋划邪恶之事纠合守信卖命之徒作为自己的职业，有的人以游逛下棋作为自己的事业。有的成年男子一生一世不接触犁把锄头，胸前揣着弹丸，腋下挟着弹弓，手挽手地游荡；有的人取来好的泥土，做成弹丸出售。用弹弓发射弹丸，对外不可以用来抵抗外敌，在内还不能够用来禁止老鼠；晋灵公爱好这种事，因而加重了自己的罪恶；从来没有听说过有志向讲道义的贤士喜欢拿着弹弓去游逛的。只有没有理智的人，那群臭小子，才接受这种东西而拿着它，胡乱地弹射乌鸦麻雀，发射上百次也射不到一只，却反而弹中了别人的面孔眼睛。这弹弓是最没有用处而有害处的啊。有的人坐着做一些竹制的簧片，削尖了它的头，有点像伤害人的锋刃；还用蜂蜜涂上去，有点像使舌头甜甜的甜言蜜语；这些都不是什么吉祥的好兆头。还有些人做一些泥塑的车子、陶制的狗、马上的骑兵、歌舞艺人和滑稽演员等各种戏弄小孩的玩具来骗钱，这些都是毫无裨益的行当啊。

诗刺“不绩其麻，女也婆娑”。今多不修中馈，休其蚕织，而起学巫祝，鼓舞事神，以欺诬细民，荧惑百姓。妇女羸弱，疾病之家，怀忧愦愦，皆易恐惧，至使奔走便时，去离正宅，崎岖路侧，上漏下湿，风寒所伤，奸人所利，贼盗所中，益祸益祟，以致重者不可胜数。或弃医药，更往事神，故至于死亡，不自知为巫所欺误，乃反恨事巫之晚，此荧惑细民之甚者也。

【译文】《诗经》讽刺过“不去搓捻那麻线，姑娘老是舞翩跹”的情况。可是现在的妇女也多半不干家中做饭炒菜的事情，罢手不干其养蚕纺织的活计，却去学习从事巫祝的行当，打鼓跳舞侍奉神灵，以此来欺骗小民、迷惑百姓。那些妻子女儿瘦弱、患有疾病的人家，心怀忧虑而精神恍惚，都容易产生恐惧心理，以致使他们为吉利的时日奔忙，离开本来的住宅，住在路边处境困难，上边漏雨下边潮湿，被风寒所侵害，被恶人所渔利，被强盗所攻击，既增加了人为的祸患，又增加了鬼神作怪的灾难，因此而造成病情严重的人，多得难以全部清点出来。有的人舍弃了医生和药物，改去求助神灵，所以一直到死，也不知道自己被巫婆所骗而耽误了，却反而悔恨自己求助巫婆太晚了。这是迷惑民众的事情中欺骗性最严重的行当了。

或裁好缯，作为疏头，令工采画，雇人书祝，虚饰巧言，欲邀多福。或裂折缯綵，裁广数分，长各五寸，缝缯佩之。或纺彩丝而縻，断截以绕臂。此长无益于吉凶，而空残灭缯丝，萦悸小民。剋削绮縠，寸窃八采，以成榆叶、无穷、水波之纹，碎刺缝紩，作为笥囊、裙褠、衣被，费缯百缣，用功十倍。此等之俦，既不助长农工女，无有益于世，而坐食嘉谷，消费白日，毁败成功，以见为破，以牢为行，以大为小，以易为难，皆宜禁者也。

【译文】有的人把上好的绸缎剪开，做成祝告文书，叫画工画上彩色的图画，雇人写上祈祷之词，虚伪地加上一些花言巧语，想以此来求取洪福。有的人把彩色的绸缎撕开，裁成宽度为数分、长度各五寸的绸条，然后缝合各种颜色的绸条把它佩带在身上。有的人把彩色的丝纺成粗绳，截断后把它绕在胳膊上。这些做法对于吉凶祸福常常毫无裨益，而白白地糟蹋毁灭了丝绸，使民众迷惑而胆颤心惊。有的人用刀刻削花绸绝纱，每一寸都附上八种色彩，使它成为榆叶、无穷、水波之类的花纹，再绣上五彩图案缝合起来，做成方形竹器的外套、下裙、短袖衫、衣服被褥等，耗费的丝织品价值上百匹细绢，用去的功夫是平常的十倍。诸如此类的一些事情，既不能有助于优秀的农夫和纺织女工，又无益于社会，而只是让这些人坐着白吃上好的粮食，消耗美好的时光，毁坏已做成的产品，把完好的搞成破碎的，把牢固的搞成不牢的，把大的搞成小的，把容易的搞成难办的，这些都是应该禁止的事情啊。

山林不能给野火，江海不能灌漏卮。孝文皇帝躬衣弋绨，足履革舄，以韦带剑，集上书囊以为殿帷，盛夏苦暑，欲起一台，计直百万，以为奢费而不作也。今京师贵戚，衣服、饮食、车舆、文饰、庐舍，皆过王制，僭上甚矣。从奴仆妾，皆服葛子升越，筩中女布，细緻绮縠，冰纨锦绣。犀象珠玉，虎魄玳瑁，石山隐饰，金银错镂，獐麂履舄，文组彩褋，骄奢僭主，转相夸诧，箕子所唏，今在仆妾。富贵嫁娶，车軿各十，骑奴侍僮，夹毂节引。富者竞欲相过，贫者耻不逮及。是故一飨之所费，破终身之本业。

【译文】山上的森林不能够满足野火的焚烧，江河大海不能够灌满泄漏的器皿。孝文皇帝身穿黑色的粗厚线绨，脚穿粗硬的生皮鞋子，用皮带佩带宝剑而不另加饰品，把臣子上书时呈上的文书袋积聚起来做成宫殿里的帷帐；盛夏被酷暑害苦了，想建造一座高台，计算下来价值上百万个铜钱，便以为太奢侈浪费而不建造了。现在京城里的皇亲国戚，衣服、饮食、车子、装饰、房屋，都超过了皇帝的规模，超越本分而冒用皇上的享受标准已经很厉害了。他们的随从奴婢仆人侍女，都穿着精细的葛布——葛子、升越，名贵的麻布——筩中、女布，精致的熟绢、花绸、绉纱，雪白的细绢、织锦缎、绣花衣；佩带着犀牛角、象牙、珍珠、宝玉、琥珀、玳瑁做成的装饰品，图案为岩石突起山陵高耸的饰物，以及用金银镶嵌雕刻成的饰品；穿着獐皮、鹿皮做成的单底鞋、复底鞋，鞋边上还缉着花纹丝带，鞋内还有彩色丝绸鞋垫。他们放纵奢侈超越本分而冒用君主的享受标准，还传来传去互相夸耀。箕子所哀叹的奢侈，如今在他们的仆人侍妾身上也有了。富贵人家嫁女娶妻，男子所乘的马车与女子所乘的屏蔽箱式车各有十辆，骑马的奴仆护卫在车的两旁，服侍的憧仆按照车铃发出的节奏在前引路。富裕的人都争着想超过别人的排场，贫穷的人为及不上别人的排场而感到羞耻。所以一次宴请宾客的费用，就破费了他们一辈子种田所积聚的家业。

古者必有命民，然后乃得衣缯彩而乘车马。今者既不能尽复古，细民诚可不须，乃踰于古昔孝子衣必细致，履必獐麃，组必文采，饰袜必緰，此校饰车马，多畜奴婢。诸能若此者，既不生谷，又坐为蠹贼也。

【译文】古代的帝王总会对人有所任命，人只有被任命以后才能够穿绫罗绸缎而乘车驾马。现在已经不能完全恢复古代的一套了，对这些地位卑微的小人实在也可以不去要求他们做到古代的一套，但现在他们竟然超过了从前的孝文皇帝，衣服一定要用精致的熟绢，鞋子一定要用獐皮、鹿皮，鞋边的绳条一定要有花纹，袜子一定要用细麻布，还装饰车马，养了很多奴仆婢女。众多能这样生活的人，既不会生产粮食，又坐着不劳动而成了社会的蛀虫、害虫啦。

子曰：“古之葬者，厚衣之以薪，葬之中野，不封不树，丧期无时：后世圣人易之以棺椁”，桐木为棺，葛采为缄，下不及泉，上不泄臭。后世以楸梓槐柏杶桦，各取方土所出，胶漆分致，钉细要，削除铲靡，不见际会，其坚足恃，其用足任，如此可矣。其后京师贵戚，必欲江南檽梓豫章楩柟：边远下士，亦竞相仿效。夫檽梓豫章，所出殊远，又乃生于深山穷谷，经历山岑，立千丈之高，百丈之溪，倾倚险阻，崎岖不便，求之连日然后见之，伐斫连月然后讫，会众然后能动担，牛列然后能致水，油溃入海，连淮逆河，行数千里，然后到雒。工匠雕治，积累日月，计一棺之成，功将千万。夫既其终用，重且万斤，非大众不能举，非大车不能挽。东至乐浪，西至敦煌，万里之中，相竞用之。此之费功伤农，可为痛心！

【译文】孔子说：“古代埋葬死人，用柴草厚厚地裹住他，把他埋葬在野地里，不堆土筑坟，也不种树，服丧的期限没有规定的时间。后代的圣人用内棺外椁替换了过去的葬法。”他们用桐木做成棺材，用葛蔓作为捆住棺材的绳索，埋葬时下面不触及地下水，上面不泄漏臭气就成了。后代便又改用楸树、梓树、槐树、柏树、香椿、桦树之类做棺材，各自取用当地所出产的木材，用胶或漆涂在榫中，敲进定榫，再削平打磨，使接缝不显露出来；它的坚固完全可靠，它的功用能够保证，像这样就可以了。在那后来，京城中的皇亲国戚，一定要用江南出产的檽木、梓木、樟木、楩木、楠木来做棺材；边远地区与穷乡僻壤，也争着仿效京城里的做法。那檽木、梓木与樟木，产地特别遥远，而且还长在深山以及无路可通的山谷里面；采伐的人要翻山越岭，站到上千步高的山峰上，或进入上百丈深的山谷里，跋涉在那倾斜参差、险恶不平、崎岖难走的高山深谷中，所以要连续找它们好几天才能发现它们，砍伐几个月才能完工，聚集很多人才能进行肩扛，牛排成了队才能把它们拉到河中，从油水流出而进入大海，再从淮河逆流而上、从黄河逆流而上，历经几千里，然后才能到达洛阳。工匠再雕刻加工，累计又要不少时间。算一下一口棺材做成，人工将近一千万。不久以后棺材最终使用时，重量近万斤，没有很多人就不能抬起来，没有大车就不能牵引它东边到乐浪郡，西边到敦煌郡，这上万里之间的地方，都互相争着使用这种棺材。这种事情浪费功夫损害农业，真是令人痛心！

古者墓而不崇。仲尼丧母，冢高四尺，遇雨而堕，弟子请治之。夫子泣曰：“礼不修墓。”鲤死，有棺而无椁。文帝葬于芒砀，明帝葬于洛南，皆不藏珠宝，不造庙，不起山陵。陵墓虽卑而圣高。今京师贵戚，郡县豪家，生不极养，死乃崇丧。或至刻金镂玉，檽梓楩柟，良田造茔，黄壤致藏，多埋珍宝偶人车马，造起大冢，广种松柏，庐舍祠堂，崇侈上僭。宠臣贵戚，州郡世家，每有丧葬，都官属县，各当遣吏赍奉，车马帷帐，贷假待客之具，竞为华观。此无益于奉终，无增于孝行，但作烦搅扰，伤害吏民。

【译文】古代筑墓不堆高。孔子死了母亲，坟高四尺，碰上下雨而坍塌了，他的学生请求把它修一下，孔夫子抽泣着说：“按照礼制，不能修墓。”孔鲤死了，埋葬时有内棺而没有外棺。文帝葬在芷阳，明帝葬在洛阳南边，都不在墓穴中贮藏珍珠宝玉，不造庙，不建造高坟。坟墓虽然低而圣德却崇高。现在京城中的皇亲国戚与郡、县中的豪门大族，亲人活着的时候不周到地奉养，死了却隆重地大办丧事。有的人甚至雕刻黄金、雕琢宝玉作为葬品，用檽木、梓、梓木、楩木、楠木做棺材，在良田里建造坟墓，在黄土下放置藏品，大量地埋入珍珠、宝玉、偶人、车马，造起了大坟，大面积地种上松树柏树，建造房屋祠堂，崇尚奢侈放纵而向往超越名分。荣耀显赫的大臣和高贵的皇亲国戚，州一级、郡一级那些世代显贵的家族。每当有了丧葬之事，国都中的官府、州郡所管辖下的县邑，都要各自派遣官吏去送礼，车马帷幕帐篷，以及借来的招待宾客的没备用具，都争相搞得好看。这对于养老送终毫无好处，对于孝顺父母的德行也毫无增进，只是制造麻烦、扰乱社会、损害官吏和民众而已。

今按鄗、毕之郊，文、武之陵，南城之垒，曾析之冢。周公非不忠也，曾子非不孝也，以为褒君显父，不在聚财；扬名显祖，不在车马。孔子曰："多货财伤于德，弊则没礼。"晋灵厚赋以雕墙，春秋以为非君。华元、乐吕厚葬文公，春秋以为不臣。况于群司士庶，乃可僭侈主上，过天道乎？景帝时，原侯卫不害坐葬过律夺国。明帝时，桑民摐阳侯坐冢过制髡削。今天下浮侈离本，僭奢过上，亦已甚矣！凡诸所讥，皆非民性，而竞务者，乱政薄化使之然也。王者统世，观民设教，乃能变风易俗，以致太平。

【译文】现在考察一下镐、毕的郊外，并没有文王、武王的高大陵墓；南城县堆砌的坟群中，并没有曾析的高坟。周公旦并不是不忠于君主啊，曾子并不是不孝顺父亲啊，而是认为赞扬君主、显扬父亲，不在于给他们的坟墓中聚集多少财物；传扬他们的名声、光耀祖宗，不在于随葬车马的多少。孔子说："多用财物就会伤害德，礼物太美就会埋没礼。"晋灵公加重税收来修饰墙壁，《春秋》认为他不像个君主；华元、乐吕奢侈地埋葬宋文公，《春秋》认为他们不像臣子。何况是各种主管部门的官吏及士人百姓，就能够超越名分奢侈于君主、超过上天的安排吗？景帝在位时，武原侯卫不害因犯了葬礼超过法定标准的罪而被剥夺了封国；明帝在位时，桑氏枞阳侯因犯了坟墓高度超过制度的罪而被处以剃去头发的刑罚、被削减了封地。现在天下的人虚浮奢侈、离开本业，超越身分、铺张浪费而超过皇上的用度，也太严重啦！凡是上文所指责的各种事情，都不是产生于人的本性；人们争着去做这些事情，是混乱的政治和不淳厚的教化使他们这样的。圣王统治社会，观察民情设置教化，这就能够移风易俗而达到太平盛世。

荀 悦

后汉颍阴人，字仲豫，献帝时，为秘书监，见政移曹氏，悦志在献替，而谋无所用，作《申鉴》奏之。其所论辨，皆制治之要旨，兼及义理，亦能剖析入微，隋志、清四库均列于儒家。

【译文】后汉颍阴人，字仲豫，汉献帝时，任职为秘书监，后来见政权被曹操把持，于是荀悦志在于劝谏君主，为善去过，但谋略无所用，于是作《申鉴》上奏皇帝。他所论辩的，都旨在使国家安定，也涉及义理分析，也都剖析的很细致，《隋书·经籍志》、清代《四库全书》都将其列入儒家。

政 体（《申鉴》）

夫道之本，仁义而已矣。五典以经之，群籍以纬之。咏之歌之，弦之舞之。前鉴既明。后复申之。故古之圣王。其于仁义也，申重而已。笃序无疆，谓之“申鉴”。

【译文】做人之道的根本，在仁、义而已。《诗》《书》《易》《礼》《春秋》这五部经典著作，确定了它不变的主旨，其他典籍辅助五经对它加以解释。人们吟咏它，歌唱它，为它演奏，为它舞蹈。前代的借鉴虽已明白，后代仍要继续申明。因而古代的圣王，他们对于仁义，只是多次地申述而已。忠实地陈述而不强制妄加，这就是所谓的引为借鉴。

圣汉统天，惟宗时亮，其功格宇宙。粤有虎臣乱政，时亦惟荒圮湮。兹洪轨仪，鉴于三代之典，王允迪厥德，功业有尚。天道在尔，惟帝茂止，陟降肤止，万国康止。允出兹，斯行远矣。

【译文】大汉王朝统治天下，以天时为宗，其功劳感通宇宙。南方有辅佐的臣子乱治天下，当时田地荒芜，桥被淹没，后来施行礼制，以三代典籍为借鉴，君王信实，施行道德教化，功劳值得推崇。天道在此，只有皇帝能使其兴盛，能使他们归顺、投降，全国安定。只有这样讲信实，才能走的远。

"立天之道曰阴与阳，立地之道曰柔与刚，立人之道曰仁与义。"阴阳以统其精气，刚柔以品其群形，仁义以经其事业。是为道也。故凡政之大经，法教而已矣。教者，阳之化也；法者，阴之符也。仁也者，慈此者也；义也者，宜此者也；礼也者，履此者也；信也者，守此者也；智也者，知此者也。是故好恶以章之，喜怒以莅之，哀乐以恤之。若乃二端不愆，五德不离，六节不悖，则三才允序，五事交备，百工惟厘，庶绩咸熙。

【译文】"立天之道日阴与阳，立地之道日柔与刚，立人之道日仁与义。"用阴阳统领天上的精气，用刚柔评量地上的形体，用仁义治理人间的事业，这就是道。所以政治的重大原则，不过是法与教罢了。教是阳气的转化，法是阴气的表象。所谓仁，就是要以慈爱之心掌握教和法；所谓义，就是要更加适宜地执行教和法；所谓礼，就是要按规定展行教和法；所谓信，就是要自觉遵守教和法；所谓智，就是要真正懂得教和法。因此要用好恶两种感情来张扬它，用喜怒两种感情来对待它，用哀乐两种感情来思虑它。如果法和教都没有错误，仁、义、礼、智、信五德没有背离，好、恶、喜、怒、哀、乐六种情感没有逆乱，天、地、人三才就能协调，貌、言、视、听、思五事就能完善，百官就能称职，各种事业就会兴盛起来。

天作道，皇作极，臣作辅，民作基。惟先哲王之政：一曰承天，二曰正身，三曰任贤，四曰恤民，五曰明制，六曰立业。承天惟允，正身惟常，任贤惟固，恤民惟勤，明制惟典，立业惟敦。是谓政体也。致治之术，先屏四患，乃崇五政：一曰伪，二曰私，三曰放，四曰奢。伪乱俗，私坏法，放越轨，奢败制。四者不除，则政末由行矣。俗乱则道荒，虽天地不得保其性矣；法坏则世倾，虽人主不得守其度矣；轨越则礼亡，虽圣人不得全其道矣；制败则欲肆，虽四表不能充其求矣。是谓四患。兴农桑以养其生，审好恶以正其俗，宣文教以章其化，立武备以秉其威，明赏罚以统其法。是谓五政。

【译文】上天是万物的本原，皇帝是天下的中心，群臣是皇帝的佐辅，民众是国家的根基。从前圣明帝王治理国政，一是承奉上天，二是端正自身，三是任用贤人，四是体恤民众，五是修明制度，六是建置各种事业。承奉上天要极其真诚，端正自身要经常不懈，任用贤人要始终坚待，体恤民众要尽心竭力，修明制度要合于常法，建置事业要富足丰厚，这就是施政的要领。实现天下太平的方法，先要消除四种祸患，然后搞好五件政事。四种祸患，一是虚伪，二是自私，三是放纵，四是奢侈。虚伪就会败乱风俗，自私就会损害法制，放纵就会偏离准则，奢侈就会破坏制度。这四种行为如果得不到消除，一切政策也就无从推行贯彻了。风俗败乱，规矩就要荒弃，即使天地也就不能保其常性了；法制破坏就要社会倾覆，即使君主也就不能维持常度了；准则偏离就要丧失礼制，即使圣人也就不能保全正道了，制度败坏就要横行贪欲，即使据有四方万物也就不能满足要求了。这就是四种祸患。振兴农桑之业来供给民众的生活需要，审察民闻好恶来纠正不良的风俗，发展文教事业来显扬教化的作用，建立武备来建立政府的权威，严明赏罚制度来综理法令的实施。这就是五件政事。

民不畏死，不可惧以罪；民不乐生，不可劝以善。虽使卨布五教，咎繇作士，政不行焉。故在上者先丰民财以定其志，帝耕籍田，后桑蚕宫，国无游民，野无荒业，财不虚用。力不妄加，以周民事。是谓养生。君子之所以动天地，应神明，正万物而成王治者，必本乎真实而已。故在上者审则仪道，以定好恶。善恶要于功罪，毁誉效于准验。听言责事，举名察实，无或诈伪，以荡众心。故事无不核，物无不切，善无不显，恶无不彰，俗无奸怪，民无淫风。百姓上下，睹利害之存乎已也，故肃恭其心，慎修其行，内不忒惑，外无异望，虑其睹去侥幸，无罪过不忧惧，请谒无所听，财赂无所用，则民志平矣。是谓正俗。

【译文】民众不害怕死，就不能用判罪来威胁他们；民众感受不到生活的乐趣，就不能用行善来劝勉他们。即使让契实施五常的教化，让皋陶担任狱官之长，政令也难以推行。所以居上位的人应该先使民众资财富足，从而安定他们的心志；皇帝亲自耕于农田，皇后亲自采桑养蚕于蚕宫，使国内没有无业游民，四野没有荒芜之田，不白白浪费财物，不随意征用民人的劳力，从而周全地安排民众的生产生活。这就叫使民众得以休养。君子之所以惊动天地，感应神灵，端正万物而使天下实现太平，就在于他们始终本着真实的原则行事罢了。因此居上位的人应考查准则，遵从大道，以确定好恶。善恶根据功罪而定，毁誉通过标准来检验，听其言以要求其行事，就其名以考察其实际，不用任何伪诈手段动摇民众的心志，这样所做的事情无不翔实正确，万物无不切合需要，好事无不得到显扬，坏事无不给以暴露，习俗中没有奸怪之事，民众间没有不良的风气。上上下下的人们看到利害都与自身有关，于是便使思想庄敬严肃，使行为谨慎正派，让内心不惑于邪道，对社会没有非分的希求，犯了罪的人打消了侥幸的心理，无罪的人用不着忧虑和担心，通过关系以私事相托没有门路，贿赂的钱物没有用处，这样的百姓的思想就安定了。这就叫正风俗。

君子以情用，小人以刑用。荣辱者，赏罚之精华也。故礼教荣辱以加君子，化其情也；桎梏鞭扑以加小人，治其刑也。君子不犯辱，况于刑乎！小人不忌刑，况于辱乎！若夫中人之伦，则刑礼兼焉。教化之废，推中人而坠于小人之域，教化之行，引中人而纳于君子之途。是谓章化。小人之情，缓则骄，骄则恣，恣则急，急则怨，怨则畔，危则谋乱，安则思欲，非威强无以惩之。故在上者，必有武备，以戒不虞，以遏寇虐。安居则寄之内政，有事则用之军旅。是谓秉威。

【译文】君子要用情加以诱导，小人要用刑加以制裁。激发荣辱感是赏罚手段的精义所在。所以对君子要用礼教荣辱，为的是感化其情，对小人要用桎梏鞭扑，为的是用刑罚使其知罪。君子不做招致耻辱的事情，何况是刑罚呢？小人不顾忌刑罚，何况是对于耻辱呢？至于中人之类，对他们可以刑罚与礼教兼用。废止教化，就是把中人推到小人的境地，施行教化，就是将中人引入君子的道路。这就叫显扬教化。小人之情，国家对他们宽缓了他们就会骄傲，骄傲了就会放纵，放纵了就会急躁，急躁了就会怨愤，怨愤就会反叛，国家危难时就会图谋叛乱，安定时就会存有欲望，不用强大的威力便无法惩治他们。所以居上位的人必须要有武备，以防止不测事件的发生，遏止侵掠残害的行为，社会安定时用于处理国家内部事务，一旦出现变故则可以投入战争。这就叫保持威力。

赏罚，政之柄也。明赏必罚，审信慎令，赏以劝善，罚以惩恶。人主不妄赏，非徒爱其财也，赏妄行则善不劝矣；不妄罚，非徒慎其刑也，罚妄行则恶不惩矣。赏不劝谓之止善，罚不惩谓之纵恶。在上者能不止下为善，不纵下为恶，则国治矣。是谓统法。四患既蠲，五政既立。行之以诚，守之以固，简而不怠，疏而不失，无为为之，使自施之，无事事之，使自交之。不肃而治，垂拱揖逊，而海内平矣。是谓为政之方也。

【译文】赏罚是为政的权柄。明确实行奖赏，坚决执行处罚；审慎对待政治信誉，慎重颁行法律命令；用奖赏鼓励行善的人，用处罚惩治做恶的人。人主不妄行奖赏，并不只是因为爱惜财物，而是因为妄行奖赏，行善的人就得不到鼓励了；不妄行处罚，并不只是因为谨慎用刑，而是因为妄行处罚，做恶的人就得不到惩治了。奖赏起不到鼓励作用，即是阻止行善，处罚起不到惩治作用，即是放纵作恶。居上位的人能够不阻止下面的人行善，不放纵下面的人作恶，国家就会得到治理了。这就叫综理法令。四种病根消除了，五件政事确立了，然后真诚实行，始终坚持，简易而又不懈怠，疏略而又无失漏。以无所作为的态度对待它们，使其自然实施，以无所事事的态度施行它们，使其互相适宜。不加整肃，而国家得到了治理；雍容谦逊，而海内却清平了。这就是为政的方法。

杂 言（《申鉴》）

或问“天命、人事”。曰：“有三品焉。上、下不移，其中则人事存焉尔。命相近也，事相远也，则吉凶殊矣。故曰‘穷理尽性以至于命’。孟子称‘性善’，荀卿称‘性恶’，公孙子曰‘性无善恶’，扬雄曰‘人之性善恶浑’，刘向曰‘性情相应，性不独善，情不独恶’。”曰：“问其理。”曰：“性善则无四凶，性恶则无三仁。人无善恶，文王之教一也，则无周公、管、蔡。性善情恶，是桀、纣无性，而尧、舜无情也。性善恶皆浑，是上智怀惠而下愚挟善也。理也未究矣，惟向言为然。”

【译文】有人问起天命和人事的问题。回答说：“天命有三等，上等和下等是不可改变的，中等的就和人事有密切关系了。天命尽管相近，但如果人事相远，吉凶就大不相同了。所以说‘深究天理和人性，以达到天命’。”孟子说‘人的本性是善的’，荀子说‘人的本性是恶的’，公孙龙说‘人的本性没有善恶之分’，扬雄说‘人的本性是善和恶相混合的’，刘向说‘性和情相对应，并非只有性是善的，也并非只有情是恶的’。有人问：“这几种说法到底哪一种对呢？”回答说：“如果人的本性是善的，就不应出现四凶；如果是恶的，就不应有三位仁人，如果性无善恶之分，那么同是接受文王训教，就不该有周公与管叔、蔡叔的不同了；如果说性是善的，情是恶的，夏桀和商纣就该没有性，唐尧和虞舜就该没有情了；如果说性是善和恶相混合的，上智的人就也该有恶，下愚的人就也该有善了。这几种说法看来都有道理，但没作更深入的探究。只有刘向说得对。”

或曰：“仁义，性也；好恶，情也。仁义常善，而好恶或有恶，故有情恶也。”曰：“不然。好恶者，性之取舍也，实见于外，故谓之情尔，必本乎性矣。仁义者，善之诚者也，何嫌其常善。好恶者，善恶未有所分也，何怪其有恶。凡言神者，莫近于气。有气斯有形，有神斯有好恶喜怒之情矣。故神有情，由气之有形也。气有白黑，神有善恶。形与白黑偕，情与善恶偕。故气黑非形之咎，情恶非情之罪也。”

【译文】有人说：“仁义是人的性，好恶是人的情。仁义总是善的，好恶有时却是恶的，所以情是恶的。”我说。“这话不对。好就是性所要采纳的，恶就是性所要舍弃的，性表现在外面的实际活动就叫做情，情必须是从性发出的。仁义是善的一个实际内容，为什么要对它常常是善的表示怀疑呢？好恶发生的时候还没有分出善恶，为什么要对它不免带有恶感到奇怪呢？凡是说到神的时候没有比气与它更接近的了，有气就有形，有神就有好恶喜怒的感情了。所以神有情，同气有形一样。气有自有黑，神也有善有恶。形是和气的白黑连在一起的，情是和神的善恶连在一起的，因而气黑不能说是形的不好，神恶也不能说是情的罪过。”

或曰：“人之于利，见而好之。能以仁义为节者，是性割其情也，性少情多，性不能割其情，则情独行为恶矣。”曰：“不然。是善恶有多少也，非情也。有人与此，嗜酒、嗜肉，肉胜则食焉，酒胜则饮焉。此二者相与争，胜者行矣，非情欲得酒，性欲得肉也。有人于此，好利、好义，义胜则义取焉，利胜则利取焉。此二者相与争，胜者行矣，非情欲得利，性欲得义也。其可兼者，则兼取之；其不可兼者，则只取重焉。若苟只好而已，虽可兼取矣。若二好均平，无分轻重，则一俯一仰，乍进乍退。”

【译文】有人说：“人们看见了利，就会喜欢它。凡是能够用仁义约束自己的人，都是用性去割舍了情。然而性少情多，如果性不能割舍情，情就要独自作恶了。”我说：“这话不对。那是由于善恶有多少，不是由于情的缘故。假若这里有一个人，爱喝酒也爱吃肉，肉多的时候他就吃肉，酒多的时候他就喝酒，饮酒和吃肉互相矛盾，当然去吃那为数居多的，并不是因为情爱喝酒，或性爱吃肉。这里还有一个人，爱得利也爱行义，义多的时候他就取义，利多的时候他就取利。义和利互相矛盾，当然也是去取那为数居多的，并不是因为情要得利，或性要行义。如果能兼顾到二者，则二者都取；如果兼顾不到，则只取其中重要的。如果只喜欢其中一种，虽然二者可以兼顾到，也只取一种；如果两种爱好均衡，没有轻重，则两种轮流，或进或退。”

或曰：“请折于经。”曰：“《易》称‘乾道变化，各正性命’，是言万物各有性也；‘观其所感，而天地万物之情可见矣’，是言情者应感而动者也。昆虫草木，皆有性焉，不尽善也；天地圣人，皆称情焉，不主恶也。又曰：‘爻、彖以情言。’亦如之。凡情、意、心、志者，皆性动之别名也。‘情见乎辞’，是称情也；‘言不尽意’，是称意也；‘中心好之’，是称心也；‘以制其志’，是称志也。惟所宜各称其名而已。情何主恶之有？故曰：‘必也正名。’”

【译文】有人说：“请从经典中为你的说法找出证据。”我说：“《周易》说‘乾道变化，各正性命’，这就是说万物都有各自的性；又说‘观其所感，而天地万物之情可见矣’，这是说情是随着感受的变化而不断活动的。昆虫草木，各有其性，并非都是善的；天地圣人，各有其情，并非都是恶的。《周易》还说‘爻彖以情言’，说的也是这个意思。情、意、心、志四者，都是性在活动之时的别名。‘情见乎辞’，这是称为情的，‘言不尽意’，这是称为意的，‘中心好之’，这是称为心的；‘以制其志’，这是称为志的。有的称情，有的称意，有的称心，有的称志，仅仅是由于各有所宜而采用了不同的名称罢了，情哪里是专主恶的呢？所以说‘必也正名’。”

或曰：“善恶皆性也，则法教何施？”曰：“性虽善，待教而成；性虽恶，待法而消。唯上智下愚不移，其次善恶交争，于是教扶其善，法抑其恶。得施之九品，从教者半，畏刑者四分之三，其不移大数九分之一也。一分之中，又有微移者矣。然则法教之于化民也，几尽之矣。及法教之失也，其为乱亦如之。”

【译文】有人问：“善和恶既然都是性，那么刑法与教化为什么要实施呢？”回答说：“性虽然有善的方面，但通过教化才能形成；性虽然又有恶的方面，但通过刑法才能消除。只有特别聪明和特别愚笨的人不可改变，其余的人善和恶交争，于是要用教化支持他的善，用刑法抑制他的恶。教化和刑法施行于九等人中，接受教化的有一半，惧怕刑法的有四分之三，不可改变的大约有九分之一。就在一分之中，又有一些可以有轻微改变。既然如此，那么刑法和教化对于民众所能起到的使其向善的作用，可以说几乎全数都包括在内了。到了刑法和教化失当的时候，其造成的混乱也是这样。”

徐干

后汉北海人，字伟长，或称为魏人，是未考幹没四年之后魏乃篡汉也，曹丕与吴质书，论建安诸子，以谓伟长独怀文抱质，恬淡寡欲，著《中论》二十余篇，辞义典雅，足传于后，隋志、清四库均列于儒家。

【译文】后汉北海人，字伟长，也称为魏人，在徐干去世四年后魏朝篡夺了汉朝，曹丕与吴质著书，论述建安诸子，说徐干独自心怀文学，抱负质朴，恬淡寡欲，著书《中论》二十余篇，言辞、义理典雅，值得传于后代，《隋书·经籍志》《四库全书》都将列入了儒家。

贵验（《中论》）

事莫贵乎有验，言莫弃乎无征。言之未有益也，不言，未有损也。水之寒也，火之热也，金石之坚刚也，此数物未尝有言，而人莫不知其然者，信着乎其体也。使吾所行之信若彼数物，而谁其疑我哉？今不信吾所行，而怨人之不信也，犹教人执鬼缚魅，而怨人之不得也，惑亦甚矣！孔子曰：“欲人之信己也，则微言而笃行之。”笃行之，则用日久；用日久，则事著明；事著明，则有目者莫不见也，有耳者莫不闻也，其可诬哉？故根深而枝叶茂，行久而名誉远。《易》曰：“恒，亨。无咎，利贞。”言久于其道也。伊尹放太甲，展季覆寒女，商鲁之民不称淫、篡焉。何则？积之于素也。

【译文】事情没有比有验证更值得宝贵的，言论没有比无证明更应当抛弃的。言论没有好处，不说出来，就不会有什么损害。水的冰冷，火的灼热，金属岩石的坚硬，它们并没有说什么，人们却没有不知道的，原因就在于它们已把冷、热、坚硬的性状令人可信地包含在形体之中了。假如我所推行的诚信能象这几样东西，又有谁会怀疑我呢？如今不使自己的言行诚实不欺，而埋怨人家不相信我，就好比是让人捕捉妖魅鬼怪而埋怨人家抓不到，也太迷惑了吧！孔子说："想让人家相信自己，那就不要说，而是要专心致志地去实行。"专心致志地去实行，效用就会越来越久远，效用越来越久远，事业就会显明昭著；事业显明昭著，有眼睛的人就没有看不见的，有耳朵的人就没有听不到的，这难道是可以欺骗的吗？所以，树根扎得深，它的枝叶就繁茂，善行恒久，他的美名就会久远。《周易》说："持之以恒，举行享祀。没有灾祸，举事有利。"说的就是要持之以恒地贯彻他的道行。伊尹放逐太甲，展禽覆盖寒女，殷商、鲁国的民众不说他们篡权、淫乱，这是为什么呢？就是因为他们平素已积累美德了。

故染不积，则人不观其色；行不积，则人不信其事。子思曰："同言而信，信在言前也；同令而化，化在令外也。"谤言也，皆缘类而作，倚事而兴，加其似者也。谁谓华、岱之不高，江汉之不长与？君子修德，亦高而长之，将何患矣？故求己而不求诸人，非自强也，见其所存之富耳。子思曰："事自名也，声自呼也，貌自眩也，物自处也，人自官也，无非自己者。"故怨人之谓壅，怨己之谓通；通也知所悔，壅也遂所误。遂所误也，亲戚离之；知所悔也，疏远附之。疏远附也，常安乐；亲戚离也，常危惧。自生民以来，未有不然者也。殷纣为天子而称独夫，仲尼为匹夫而称素王，盖此类也。故善钓者不易渊而殉鱼，君子不降席而追道，治乎八尺之中，而德化光矣。古之人歌曰："相彼玄鸟，止于陵阪。仁道在近，求之无远。"

【译文】因此，染料不积累，人们就不能看到它的颜色；善行不积累，人们就不会相信他所做的事情。子思说："同样的话语，不相信我而相信他，那么他的信用已行在话语之前了；同样的命令，不执行我的而执行他的，那么他的诚信已传在命令之外了。诽谤的言论，都是依同类而作，靠事情而兴起的，附加相似的内容。谁会说华山、泰山不高峻，谁会说长江、汉江不长远？君子修治道德，也是使它高峻而且长远，又害怕什么呢？所以，要求自己而不向人请求，并不是自己看重自己，而是发现自己拥有可供修德的条件很多罢了。子思说："事情是自己命名的，声音是自己发出的，容貌是自己矜夸的，事物是自己处理的，人身是自己管理的，没有什么不是自己的。"因此，埋怨他人的叫做壅，责备自己的叫做通。通达的就知道后悔，壅塞的却沿习错误。沿习错误，父母亲人都会抛弃他，知道后悔，疏远之人也来归附他。疏远之人归附，就可确保长久平安快乐；父母亲人抛弃，就难免经常危险恐惧。自古及今，没有不这样的。商纣王贵为天子而被称为"独夫"，孔子身为匹夫而被誉为"素王"，都属于这种情况。所以，善于钓鱼的人无需再次抛甩钓竿而能得鱼，君子不必从坐席上下来就能追随根本的道理，修炼在八尺身躯之中，而德行教化已昭明盛大。古人这样唱道："见那玄鸟，落在山坡上。仁道就在近旁，不用远处求访。"

人情也莫不恶谤，而卒不免乎谤，其故何也？非爱致力而得不已之也，已之之术反也。谤之为名也，逃之而愈至，距之而愈来，讼之而愈多。明乎此，则君子不足为也；闇乎此，则小人不足得也。帝舜屡省，禹拜昌言，明乎此者也；厉王蒙戮，吴起刺之，闇乎此者也。夫人者，皆书名前策，著形列图，或为世法，或为世戒，可不慎之？曾子曰："或言予之善，予惟恐其闻；或言予之不善，惟恐过而见予之鄙色焉。"故君子服过也，非徒饰其辞而已，诚发乎中心，形乎容貌；其爱之也深，其更之也速；如追兔，惟恐不逮；故有进业无退功。《诗》曰："相彼脊令，载飞载鸣。我日斯迈，而月斯征。"迁善不懈之谓也。夫闻过而不改谓之丧心，思过而不改谓之失体。失体、丧心之人，祸乱之所及也，君子舍旃。

【译文】人心没有不讨厌议论诽谤的，却终究免不了被人议论诽谤，这是什么原因呢？并不是吝惜智力而不去制止，而是制止的方法不对头。议论诽谤这东西，你越是逃避，它却越是来到；你越是推拒，它却越是要降临；你越是辩解，它却越来越多。明白这个道理，那么君子就不屑去这样做了；不明白这个道理，那么小人就不可能有所得了。虞舜多次反省，大禹拜受善言，这都是明白这个道理的；周厉王蒙受耻辱，吴起刺杀谤者，这都是不明白这个道理的。这些人都记载在从前的书策上，画其形而绘其图，有的为后世所效法，有的则为后世所鉴戒，怎么可以不谨慎呢？曾子说："别人说我好，我唯恐它传扬出去，有人说我不好，又害怕他经过时会看到我鄙薄的神态。"所以，君子改正过失，不只是修饰他的言辞，而是确实发自内心而表现于容貌；他深深地喜爱人们为他指出过错，他能迅速地改正存在的缺点，就象是追逐野兔，唯恐赶不上。因此，君子有不断上进的事业而没有退步的事功。《诗经》说："相彼脊令，载飞载鸣。我日斯迈，而月斯征。"说的就是要坚持不懈地学习他人的长处。听说了自己的过错而不改正，叫做丧心；想到了自己的过错而不改正，叫做失体。失体、丧心的人，是祸患动乱降临的对象，君子是不会这么做的。

《周书》有言："人毋鉴于水，鉴于人也。"鉴也者，可以察形；言也者，可以知德。小人耻其面之不及子都也，君子耻其行之不如尧、舜也。故小人尚明鉴，君子尚至言。至言也，非贤友则无取之，故君子必求贤友也。诗曰："伐木丁丁，鸟鸣嘤嘤。出自幽谷，迁于乔木。"言朋友之义务，在切直以升于善道者也。故君子不友不如己者。非羞彼而大我也，不如己者，须己而植者也，然则扶人不暇，将谁相我哉？吾之偾也，亦无日矣，故偾极则纵，多友邪，则己僻也。是以君子慎取友也。孔子曰："居而得贤友，福之次也。"

【译文】《周书》里有这样的话："人不要以水为镜子，而要以人为镜子。"镜子，可以察看形体；言语，可以了解品德。小人以他的面容比不上子都而感到耻辱，君子则以他的德行比不上尧、舜而感到耻辱。所以，小人看重明亮的镜子，君子则崇尚至理名言。至理名言，不是贤明的朋友就无从取得，因此，君子一定寻求贤明的朋友。《诗经》说："伐木丁丁，鸟鸣嘤嘤。出自幽谷，迁于乔木。"说的是朋友的义务在于切磋相正以共同进入正道。所以君子不会跟不如自己的人交朋友，不是因为害怕他超过我，而是不如自己的人，需要自己去帮助他。但是所有时间都用来帮助别人，谁会帮助我呢？我积极奋发向上，也没有时间了。所以奋发到极点就会放纵，朋友多了则自己就败坏了。所以，君子谨慎地选择朋友。孔子说："人生在世而获得贤明的朋友，这是仅次于得福的喜事。"

夫贤者，言足听，貌足象，行足法，加乎善奖人之美，而好摄人之过，其不隐也如影，其不讳也如响。故我之惮之，若严君在堂而神明处室矣，虽欲为不善，其敢乎？故求益者之居游也，必近所畏而远所易。《诗》云："无弃尔辅，员于尔辐。屡顾尔仆，不输尔载。"亲贤求助之谓也。

【译文】那些贤明的人，言论值得听从，容貌值得模仿，行为值得效法，再加上善于赞美他人的优点，喜爱总结他人的过错，他们不遮掩他人美德的秉性象影子相随不可分离，不避讳他人缺点的本质似声音发出难以收回。所以，我畏惧他，就象是庄严的君王坐在大堂上，而无所不知的神只处在房屋中，即使想做恶事，难道还敢吗？因此，要求上进的人居处游玩，一定要与他所畏惧的人在一起而远离平易和悦的人。《诗经》说："无弃尔辅，员于尔辐。屡顾尔仆，不输尔载。"说的就是要亲近贤明的人以获得帮助。

仲长统

后汉高平人，字公理，好学，敢直言，论古今及世俗行事，恒发愤太息，因著论名《昌言》，凡三十四篇。隋志列于杂家，书今不传，惟《后汉书》及《群书治要》各载有数篇，尚可以考见其立论之大要耳。

【译文】后汉高平人，字公理，好学，敢于直言，议论古今及世俗的事，经常愤怒、叹息世事，于是著书《昌言》，共三十四篇。《隋书·经籍志》将其列入了杂家。其书今天没有流传下来，只有《后汉书》及《群书治要》记载有几篇，还可以考查出他立论的主要思想。

理乱（《昌言》）

豪杰之当天命者，未始有天下之分者也。无天下之分，故战争者竞起焉。于斯之时，并伪假天威，矫据方国，拥甲兵与我角才智，程勇力与我竞雌雄，不知去就，疑误天下，盖不可数也。角知者皆穷，角力者皆负，形不堪复伉，势不足复校，乃始羁首系颈，就我之衔绁耳。夫或曾为我之尊长矣，或曾与我为等侪矣，或曾臣虏我矣，或曾执囚我矣。彼之蔚蔚，皆匈詈腹诅，幸我之不成，而以奋其前志，讵肯用此为终死之分邪？及继体之时，民心定矣。普天之下，赖我而得生育，由我而得富贵，安居乐业，长养子孙，天下晏然，皆归心于我矣。豪杰之心既绝，士民之心已定，贵有常家，尊在一人。当此之时，虽下愚之才居之，犹能使恩同天地，威侔鬼神。暴风疾霆，不足以方其怒；阳春时雨，不足以喻其泽；周、孔数千，无所复角其圣；贲、育百万，无所复奋其勇矣。

【译文】那些承受天命的豪杰，出现在天下尚未分裂之时。天下没有划分，因此争战之事不断出现。在这个时候，都假托上天的威势，勇猛的占据封国，带着军队，与我斗智斗力。逞勇的与我斗力，争雌雄，不知道结果会如何，疑惑误导天下之人，很难去计算多少。

斗智者计穷，斗力者皆败，从情形上看来不能恢复匹敌，从势力上看来不足以继续进行较量，才开始俯首就擒，任凭胜利者的牵制摆布。他们有的曾经是我的尊长，有的曾经与我同辈，有的曾经俘虏过我，有的曾经囚牢过我。他们心情抑郁，内心在诅咒、詈骂，庆幸我的失败，以奋发他们以前的志向，哪里肯一辈子就此认命？等到新帝继统大业之时，民心安定，全天下都靠我才能生存、发展，才能富贵，安居乐业，养育子孙。天下安定，其心都归顺于我。众豪杰的争夺之心才会杜绝，士人和百姓的心志才会安定，富贵的家门虽然不少，但独尊者在于一人。就在这个时期. 尽管是下等愚昧之人执政，也会使恩情如同天地，权威犹如鬼神，暴风疾雨雷霆，也不能比喻他的怒气，阳春时雨，也不能比喻他的恩泽，即使有几千个像周公、孔子那样的贤能之人，也无法再与新帝争圣明；即使有百万个像孟贲，夏育那样力举千钧的勇士，也不敢再与新帝奋其英勇。

彼后嗣之愚主，见天下莫敢与之违，自谓若天地之不可亡也，乃奔其私嗜，骋其邪欲，君臣宣淫，上下同恶。目极角抵之观，耳穷郑、卫之声。入则耽于妇人，出则驰于田猎。荒废庶政，弃亡人物，澶漫弥流，无所底极。信任亲爱者，尽佞谄容说之人也；宠贵隆丰者，尽后妃姬妾之家也。使饿狼守庖厨，饥虎牧牢豚，遂至熬天下之脂膏，斲生人之骨髓。怨毒无聊，祸乱并起，中国扰攘，四夷侵叛，土崩瓦解，一朝而去。昔之为我哺乳之子孙者，今尽是我饮血之寇雠也。至于运徙势去，犹不觉悟者，岂非富贵生不仁，沈溺致愚疾邪？存亡以之迭代，政乱从此周复，天道常然之大数也。又政之为理者，取一切而已，非能斟酌贤愚之分，以开盛衰之数也。日不如古，弥以远甚，岂不然邪？

【译文】那后来继位的愚昧君主，见天下人莫敢与他相违抗，就自称自己的帝位如同天地一样，是不会失去的。于是就放纵自己的嗜好，尽情的施展自己的邪欲，君臣公开淫乱，上下共同作恶，观赏角抵之战，听郑卫之音，在内沉迷于女色，在外在迷于田猎，荒废平日的政事，抛弃或遗忘德才之人。放纵逐流，没有限制、没有底线。所信任的那些亲爱者，全都是阿谀奉承，看脸色说话的人；所贵宠尊位者，全都出于皇后妃妾之家门，使饿狼守厨房，饥虎放养猪，以至于发展到熬煮天下之民脂民膏，削刮百姓之骨髓，百姓们的怨恨和遭受的迫害没有地方控诉，遂致祸乱并起，引起全国范围内的扰乱斥逐，四方的少数民族侵略或叛乱，江山土崩瓦解，大势一朝而去。从前是我用乳汁喂养长大的子孙，如今都变成了使我血泪入口的仇敌。至于说运走势去还不肯觉悟的原因，岂不是因为富贵而生不仁，沉溺而致昏庸吗!国家的存亡就是以此交替换代，治理与混乱也是由此周而复始的，这就是天下自然的大致规律。又掌管政权的人，大多用权宜之计，因而不能考虑贤愚的不同，以开启盛衰的命运。现在不如古时，由于时间长久而更加严重，怎能不如此呢？”

汉兴以来，相与同为编户齐民，而以财力相君长者，世无数焉。而清絜之士，徒自苦于茨棘之间，无所益损于风俗也。豪人之室，连栋数百，膏田满野，奴婢千羣，徒附万计。船车贾贩，周于四方；废居积贮，满于都城。琦赂宝贝，巨室不能容；马牛羊豕，山谷不能受。妖童美妾，填乎绮室；倡讴妓乐，列乎深堂。宾客待见而不敢去，车骑交错而不敢进。三牲之肉，臭而不可食；清醇之酎，败而不可饮。睇盼则人从其目之所视，喜怒则人随其心之所虑。此皆公侯之广乐，君长之厚实也。苟能运智诈者，则得之焉；苟能得之者，人不以为罪焉。源发而横流，路开而四通矣。求士之舍荣乐而居穷苦，弃放逸而赴束缚，夫谁肯为之者邪！

【译文】汉兴以来，大家原都是普通百姓，而依靠财力剥削奴役别人的商贾、地主，在世上多得数不清。居住在茅屋清苦自守的人，则无力扭转这一世风；富豪人家，居室栉次鳞比，一栋连一栋；肥沃的田地，布满郊野。他们奴婢千群，附徒万计，车船钱庄，布于四方；囤积居奇者，满于都城。这般人储藏的奇珍异宝，巨室不能容纳；牧养的牲畜，山谷不能承受。他们的娇童美妾，充塞绮丽的华屋；歌舞乐队，从前庭一直排列到深宅。等候召见的宾客幕僚，车骑交错，拥挤于门前，既不敢轻易离开，又不敢冒然进去。他们有吃不尽的牛、羊、猪肉，饮不完的清醇美酒。围绕在身边的人们，随着他们的目所顾盼、心所喜怒而趋附奉承。这就是皇公贵胄、富商大贾们恣意享受人间欢乐。这些欢乐只要能运用智诈，就可取得；一旦取得，人们并不以为是罪过。因而这种现象在社会上普遍泛滥，一发而不可收拾。这样以来，谁还肯舍荣乐而居穷苦、弃放逸而赴束缚呢？

夫乱世长而化世短。乱世则小人贵宠，君子困贱。当君子困贱之时，局高天，蹐厚地，犹恐有镇厌之祸也。逮至清世，则复入于矫枉过正之检。老者耄矣，不能及宽饶之俗；少者方壮，将复困于衰乱之时。是使奸人擅无穷之福利，而善士挂不赦之罪辜。苟目能辨色，耳能辨声，口能辨味，体能辨寒温者，将皆以修絜为讳恶，设智巧以避之焉，况肯有安而乐之者邪？斯下世人主一切之愆也。昔春秋之时，周氏之乱世也。逮乎战国，则又甚矣。秦政乘兼并之埶，放狼虎之心，屠裂天下，吞食生人，暴虐不已，以招楚汉用兵之苦，甚于战国之时也。汉二百年而遭王莽之乱，计其残夷灭亡之数，又复倍乎秦、项矣。以及今日，名都空而不居，百里绝而无民者，不可胜数。此则又甚于亡新之时也。悲夫！不及五百年，大难三起，中间之乱，尚不数焉。变而弥猜，下而加酷，推此以往，可及于尽矣。嗟乎！不知来世圣人救此之道，将何用也？又不知天若穷此之数，欲何至邪？

【译文】乱世长而治世短。乱世时小人贵宠，君子陷入困贱。当遭遇乱世，君子困贱之时，天虽高而不敢不弯腰曲背，地虽厚而不敢跨大步走路，唯恐有被镇压的大祸临头。及到清明之世，又进入了矫枉过正的局面。由于治世短而乱世长，所以，老者来不及看到治世，少者又将遭遇下一乱世。这就使奸人独得无穷的福利，而善良的人却遭受着不赦的罪孽。因之，一个五官感觉正常的人，都会以修饰德行为应避忌之坏事，设想出各种智巧的方法来逃避它。如此，谁还肯安然而乐意于修德自好呢？这都是所世的人主苟且从事造成的过失。从前春秋时期，是周朝的乱世，等到了战国时期，乱的更加厉害。秦代政治有兼并天下的气势，以狼虎之心，屠杀、分裂天下，吞食百姓，暴虐不止，后来招致楚、汉发兵讨伐的苦难，这比战国时期更加厉害。汉代二百年后遭遇到王莽叛乱，计算一下他残害、杀掉的人数，则是秦朝、项羽时的一倍，到今日，有名的都城都空着，没人居住，百里之内都没有百姓居住，这些情况数不胜数，这又比灭亡新朝时情况严重。悲哀啊！在不到五百年的时间，发生了三次大战乱，此间出现的小的战乱，尚且还没有计算在内。变乱使得更加猜疑，后来更加酷烈，由此往下推，可直到全都灭绝了。唉，不知道来世的圣人将会用什么方法来救治它，也不知上天如果使此气数完结，又想到何处去呢？

刘劭

魏邯郸人，“劭”隋志、清四库书目皆作“邵”，字孔才，文帝时，受诏集五经群书作《皇览》，又作《人物志》，大旨主于论辩人材，以外见之符验内藏之器，分别流品，研析疑义，其学有类于古名家，而大要不悖于儒者，隋志载于名家，清四库删名家改入杂家。

【译文】魏朝邯郸人，《隋书·经籍志》、清代《四库全书》都将“劭”写作“邵”，字孔才。魏文帝时，受皇帝命令搜集五经群书，著有《皇览》，又著《人物志》，主旨在讨论辨别人才，表面看到的、外在的要与内在隐藏的相符，将其分为不同等级，研究分析难以断定的地方，其学说有些类似于古代名家，而思想主旨与儒者不相背。《隋书·经籍志》将其载入名家，清代《四库全书》删去名家，改入了杂家。

流 业（《人物志》）

盖人类之业，十有二焉：有清节家，有法家，有术家，有国体，有器能，有臧否，有伎俩，有智意，有文章，有儒学，有口辨，有雄杰。

【译文】人们由志向所决定的事业或功业有十二种：有清节家，有法家，有术家，有国体，有器能，有臧否，有伎俩，有智意，有文章，有儒学，有口辩，有雄杰。

若夫德行高妙，容止可法，是谓清节之家，延陵、晏婴是也。建法立制，强国富人，是谓法家，管仲、商鞅是也。思通道化，策谋奇妙，是谓术家，范蠡、张良是也。兼有三材，三材皆备，其德足以厉风俗，其法足以正天下，其术足以谋庙胜，是谓国体，伊尹、吕望是也。兼有三材，三材皆微，其德足以率一国，其法足以正乡邑，其术足以权事宜，是谓器能，子产、西门豹是也。

【译文】至于德行高尚美好，仪容举止可以被众人效法的，这种人可称之为清节家，吴国延陵季子、齐国晏婴就是这样的人物。建立法律和制度，使国家强大人民富裕，这种人可称之为法家，齐国管仲、秦国商鞅就是这样的人物。思想与客观规律的变化相通，所谋划计策奇诡绝妙，这种人可称之为术家，越国范蠡、汉朝的张良就是这样的人物。兼有德、法、术三种才干，三种才能又比较完备的，其品德足以勉励好的社会风气和习俗的建立，其法律足以匡正天下歪风邪气，其谋术足以谋划朝廷预先制定的克敌制胜的谋略，这种人可称之为国体，殷商的伊尹、西周的吕望就是这样的人物。兼有德、法、术三种才干，而三种才干却都稍差前者，其品德足以为一国的表率，其法律足以匡正基层社会，其谋术足以应变各种事物，这种人可称之为器能，郑国的子产、魏国的西门豹就是这样的人物。

兼有三材之别，各有一流。清节之流，不能弘恕，好尚讥诃，分别是非，是谓臧否，子夏之徒是也。法家之流，不能创思远图，而能受一官之任，错意施巧，是谓伎俩，张敞、赵广汉是也。术家之流，不能创制垂则，而能遭变用权，权智有余，公正不足，是谓智意，陈平、韩安国是也。凡此八业，皆以三材为本。故虽波流分别，皆为轻事之材也。能属文著述，是谓文章，司马迁、班固是也。能传圣人之业，而不能干事施政，是谓儒学，毛公、贯公是也。辩不入道，而应对资给，是谓口辩，乐毅、曹丘生是也。胆力绝众，材略过人，是谓骁雄，白起、韩信是也。凡此十二材，皆人臣之任也，主德不预焉。

【译文】兼有三种才干的某两项，并且各自有自己的流派，在清节家流派中，不能宽宏大量，喜欢对人讥笑责备非难，分辨谁是谁非，这种人可称之为臧否，子夏之流就是这样的人物。在法家流派中，不能创新思虑建立长远规划，但能在具体官位上胜任，着意施展实现自己意图的技巧，这种人可称之为伎俩，汉朝张敞、赵广汉就是这样的人物。术家的流派中，不能创建制度垂示法则，但能在情况变化的时候想出具体的应变策略，权变智谋有余，公平端正不足，这种人可称之为智意，汉朝陈平、韩安国就是这样的人物。凡此八类人才，都是以德、法、术三种才能作为根本。所以虽然这些人的流派不同，但都是能够轻而易举地完成职责分内的事情的人才。能撰写文章著书立说，这种人可称之为文章，汉朝司马迁、班固就是这样的人物。能传承圣人的事业，而不能参与国事实施政事，这种人可称之为儒学，汉朝毛公、贯公就是这样的人物。辩论的方法和语言不合正道但却语言丰富应对自如，这种人可称之为口辩，燕国乐毅、汉代曹丘生就是这样的人物。胆量勇力超过众人，才能谋略高于众人，这种人可称之为骁雄，白起、韩信就是这样的人物。上述十二种人才，都是在臣子的位置上，善于使用各种人才的君主不包括其内。

主德者，聪明平淡，总达众材，而不以事自任者也。是故，主道立，则十二材各得其任也。清节之德，师氏之任也。法家之材，司寇之任也。术家之材，三孤之任也。三材纯备，三公之任也。三材而微，冢宰之任也。臧否之材，师氏之佐也。智意之材，冢宰之佐也。伎俩之材，司空之任也。儒学之材，安民之任也。文章之材，国史之任也。辩给之材，行人之任也。骁雄之材，将帅之任也。是谓主道得而臣道序，官不易方，而太平用成。若道不平淡，与一材同用好，则一材处权，而众材失任矣。

【译文】主德，就是聪明平淡，统领提拔众多人才，而不是亲自担当起处理日常事务的工作。所以主德之道确立，那么上述十二种人才就能各自按照才能得到任用。具备清节家品德的人，被放到官位尊显的师氏位置上。具备法家才能的人，被放到主管刑狱的司寇的位置上。具备谋划才能的人，被放到三孤的位置上。德、法、术三才具备的人，被放到三公的位置上。三才具备但比前者稍差的，被放到冢宰的位置上。褒贬人物评论是非的人，其地位比师氏要低一等。善权变智谋的人，其地位比冢宰要低一等。能在具体官位上胜任的人，被放在司空的位置上。具有传播圣人之业才能的人，被放到安抚百姓的位置上。具有撰写文章才能的人，被放到国史的位置上。具有论辩才能的人，被放到行人的位置上。骁勇雄悍的人，被放到将帅的位置上。这就叫做主德之道确立为臣之道井然有序，当官的不改变为官之道，太平盛世因此就建立了。如果主德之道不是平静中庸而是偏好某种才能，那么就会使具有某种才能的人得势，而其他众多的人才就不会被任用了。

李康

魏中山人，字萧远，性介立，不能和俗，梁昭明太子《文选》，载其《运命论》一篇，大旨归于立德保身，置富贵势力于运命之外，亦儒家而兼道家之言之醇者也。

【译文】魏朝中山人，字萧远，为人孤傲清高，不能与世俗相和。梁代昭明太子的《文选》中记载了其《运命论》一篇，思想主旨在于修养德行以保身，把富贵、权势置于天命之外，有儒家，兼有道家的醇正言论。

运命论

夫治乱，运也；穷达，命也；贵贱，时也。故运之将隆，必生圣明之君。圣明之君，必有忠贤之臣。其所以相遇也，不求而自合；其所以相亲也，不介而自亲。唱之而必和，谋之而必从，道德玄同，曲折合符，得失不能疑其志，谗构不能离其交，然后得成功也。其所以得然者，岂徒人事哉？授之者天也，告之者神也，成之者运也。

【译文】治乱，是由命运决定的；穷达，是由天命决定的；贵贱，是由时机决定的。所以命运将要隆盛的时候，必定产生圣明的君主；有了圣明的君主，必定会有忠贤的臣子。他们彼此的相遇，不是互相访求而是自然地走到一块来的；他们彼此的相亲，不是有人介绍而是自然地亲密起来的。一人吟唱而另一人必定应和，一人谋划而另一人必定听从。彼此道德混同齐一，辗转相合有如符契。无论得失都不会怀疑彼此的志向，谗言挑拨也不能离间他们之间的交情，这样然后才取得了君臣之道的成功。他们能够取得这样的成功，哪里仅仅是人为的呢？给予的是天，告知的是神，成功的是命运啊。

夫黄河清而圣人生，里社鸣而圣人出，群龙见而圣人用。故伊尹，有莘氏之媵臣也，而阿衡于商。太公，渭滨之贱老也，而尚父于周。百里奚在虞而虞亡，在秦而秦霸，非不才于虞而才于秦也。张良受黄石之符，诵三略之说，以游于群雄，其言也，如以水投石，莫之受也；及其遭汉祖，其言也，如以石投水，莫之逆也。非张良之拙说于陈、项，而巧言于沛公也。然则张良之言一也，不识其所以合离？合离之由，神明之道也。故彼四贤者，名载于箓图，事应乎天人，其可格之贤愚哉？孔子曰："清明在躬，气志如神。嗜欲将至，有开必先。天降时雨，山川出云。"诗云："惟岳降神，生甫及申；惟申及甫，惟周之翰。"运命之谓也。

【译文】黄河水清就有圣人诞生，神祠鸣响就有圣人出现，群龙出现就有圣人君临天下。所以伊尹，原是有莘氏陪嫁的奴隶，却辅佐商汤做了阿衡；太公，原是在渭水边上钓鱼的微贱老人，却辅佐周朝做了尚父。百里奚在虞国而虞国灭亡了，到秦国后秦国却成了霸主，不是百里奚在虞国没有才能而到秦国后就有才能了。张良接受黄石公授与的兵书，诵读记载了三略学问的书籍，然后用所掌握的学问游说群雄，他说的话，却像用水泼向石头一样，没有一个人接受。等到他碰上汉高祖，他说的话，就像将石头投向水中一样，没有一次受到抗拒。不是张良在劝说陈涉、项梁时就笨口拙舌，而在劝说沛公时就能说会道。那么张良说话的技巧前后是一样的，有人不明白前后结果不同的原因是由于不明白君臣所以合离的道理，君臣合离的原因，就像神明之道一样。所以前面提到的四位贤人，姓名被史籍记载，事迹应乎天事合于人心，这哪能用贤明愚昧来加以量度呢！孔子说："圣人清明在身，气度志向如神。君临天下的欲望将要来到的时候，神灵在为之开路的同时必先为之预备好辅佐的贤巨。就像天将降落及时雨时，山川为之出云一样。"《诗经》说："中岳篙山降下神灵，生下了吕侯和申伯。就是吕侯和申伯，辅佐周朝成了中坚。"这里说的就都是命运啊。

岂惟兴主，乱亡者亦如之焉。幽王之惑褒女也，妖始于夏庭。曹伯阳之获公孙强也，征发于社宫。叔孙豹之昵竖牛也，祸成于庚宗。吉凶成败，各以数至。咸皆不求而自合，不介而自亲矣。

【译文】岂只是振兴主人的人，导致乱亡的人也是这样。周幽王被褒姒惑乱，其反常怪异开始出现在夏朝宫庭；曹伯阳得到公孙强，迹象最初出现在社宫；叔孙豹宠信竖牛；祸乱在庚宗时就已造成。吉凶成败，各按命运所安排的到来，都是不用寻求而自己就走到了一块，不用媒介而自己就亲密了。

昔者，圣人受命河洛曰：以文命者，七九而衰；以武兴者，六八而谋。及成王定鼎于郏鄏，卜世三十，卜年七百，天所命也。故自幽厉之间，周道大坏，二霸之后，礼乐陵迟。文薄之弊，渐于灵景；辩诈之伪，成于七国。酷烈之极，积于亡秦；文章之贵，弃于汉祖。虽仲尼至圣，颜冉大贤，揖让于规矩之内，訚訚于洙、泗之上，不能遏其端；孟轲、孙卿体二希圣，从容正道，不能维其末，天下卒至于溺而不可援。

【译文】以前圣人受命于河图洛书，说：“以文德受命的人，七世九世后就要衰微；以武功兴起的人，六世八世后就要重新谋画振兴之策”。到成王将九鼎固定在郏鄏，占卜的结果是传世三十代，享国七百年，这是上天所命令的。所以在幽王、厉王之间，周王朝的治国之道就大大败坏；齐桓、晋文二霸之后，礼乐就衰落下来；文德浮薄的弊病，渐渐地在灵王、景王时产生；巧辩欺诈的风气，在七国时形成；极端的残暴，累积于终于灭亡的秦朝；看重文章风尚，在汉高祖刘邦时被抛弃。即使是仲尼这样道德最高尚的人，即使是颜回，冉有这样的大贤，以礼法为准绳大力推行文德，在洙水、泗水之间和颜悦色地教学，也不能阻止浮薄风气的产生；孟轲、孙卿，那样效法颜回、冉有和仰慕至圣孔子，从容奉行正道，也不能在末世发挥应有的维系作用。天下终于发展到大道沉溺的地步，而无法再加以援救。

夫以仲尼之才也，而器不用于鲁、卫；以仲尼之辩也，而言不行于定、哀；以仲尼之谦也，而见忌于子西；以仲尼之仁也，而取仇于桓魋；以仲尼之智也，而屈厄于陈、蔡；以仲尼之行也，而招毁于叔孙。夫道足以济天下，而不得贵于人；言足以经万世，而不见信于时；行足以应神明，而不能弥纶于俗；应聘七十国，而不一获其主；驱骤于蛮夏之域，屈辱于公卿之门，其不遇也如此。

【译文】像仲尼这样有才能的人，其才能却不合于鲁国、卫国的需要；像仲尼这样有口才的人，其言在鲁定公、鲁哀公那里却得不到施行；像仲尼这样谦逊的人，却被子西所妒忌；像仲尼这样仁爱的人，却同桓魋结下了仇恨；像仲尼这样有智慧的人，却在陈国、蔡国受到了委屈困厄；像仲尼这样有德行的人，却从叔孙武叔那里招来了谗毁。其思想足以救助天下，却不能比别人更尊贵一些；言论主张足以治理万世，却不被当时的国君信用；德行足以应合神明，却不能在世俗间得到推广。先后应聘于七十个国家，却没有碰上一个合适的君主。在各国之间到处急奔，在公卿之门遭受屈辱，仲尼就是这样得不到君主的赏识。

及其孙子思，希圣备体，而未之至，封已养高，势动人主。其所游历诸侯，莫不结驷而造门；虽造门犹有不得宾者焉。其徒子夏，升堂而未入于室者也。退老于家，魏文候师之，西河之人肃然归德，比之于夫子而莫敢间其言。故曰：治乱，运也；穷达，命也；贵贱，时也。而后之君子，区区于一主，叹息于一朝。屈原以之沈湘，贾谊以之发愤，不亦过乎！

【译文】到了他的孙子子思，仰慕先圣之道、具备先圣长处但还没有达到完美的地步，却厚遇自己培养高名，其声势倾动了国君。他所游历过的诸侯国，没有哪一个诸侯不驾着四马大车登门拜访；即使是登门拜访的人，也还有不能坐上宾客位置的。仲尼的弟子子夏，是一个登上了正厅但还没有进入内室的人。隐退告老在家，魏文侯拜他为师，西河地区的人们，恭恭敬敬地向其德行归附，把他同夫子相提并论，而没有一个人敢对他的言论妄加非议。所以说：治乱，是由命运决定的；穷达，是由天命决定的；贵贱，是由时机决定的。而后来的君子，固守着一个国君，叹息于一个朝廷，屈原因此而自沉湘水，贾谊因此而悲哀发愤，不是太过分了吗？

然则圣人所以为圣者，盖在乎乐天知命矣。故遇之而不怨，居之而不疑也。其身可抑，而道不可屈；其位可排，而名不可夺。譬如水也，通之斯为川焉，塞之斯为渊焉，升之于云则雨施，沈之于地则土润。体清以洗物，不乱于浊；受浊以济物，不伤于清。是以圣人处穷达如一也。

【译文】如此说来圣人之所以成为圣人，就在于他们能够安于天命而自得其乐了。所以他们遇到困厄时并不生怨，居于高位时并不生疑。其身可以受到压抑，而其思想却不能受到损害；其地位可以受到排挤，而其名誉却不能够丢失。就像水，疏通它就成了江河，堵塞它就成深渊。升到云上去就变成雨下落，沉到地下去就使土润泽。本体清纯用之洗涤万物，不会被污浊淆乱；在受到污浊包围的情形下救助万物，其清纯不会受到损伤。所以圣人身处困厄和显达就像没有区别一样。

夫忠直之迕于主，独立之负于俗，理势然也。故木秀于林，风必摧之；堆出于岸，流必湍之；行高于人，众必非之。前监不远，覆车继轨。然而志士仁人，犹蹈之而弗悔，操之而弗失，何哉？将以遂志而成名也。求遂其志，而冒风波于险涂；求成其名，而历谤议于当时。彼所以处之，盖有算矣。子夏曰："死生有命，富贵在天。"故道之将行也，命之将贵也，则伊尹、吕尚之兴于商周，百里子房之用于秦汉，不求而自得，不徼而自遇矣。道之将废也，命之将贱也，岂独君子耻之而弗为乎？盖亦知为之而弗得矣。

【译文】忠直的言行触犯君主，独立的操守不合世俗，事理之势就是如此。所以树木高出树林，风肯定会把它吹断；土堆突出河岸，急流肯定会把它冲掉；德行高于众人。众人肯定会对他进行诽谤。前车之鉴不远，后来的车也继续翻覆在前车翻覆的路上。然而志士仁人，还要踏着忠直之路进行而不后悔，还要坚持独立的操守而不肯失掉，这是为什么呢？目的是要以此实现自己的志向，成就自己的声名。为求得自己志向的实现，而在险恶的仕途上经受着风波；为求得自己声名的成功，而经受着时人的诽谤议论。他们之所以身处这样的境地，是有着自己的考虑的。子夏说："死生是由命定的，富贵是由天安排的。"所以思想将要得到推行的时候，生命将要显贵起来的时候，就像伊尹、吕尚在商代周代兴起，百里奚、张子房在秦国汉朝被任用，是不用追求而自然就会得到，不用追求而自然就能遇上的。而思想将要废弃不用的时候，生命将要微贱的时候，难道只是君子为之感到羞耻而不肯有所作为吗？也是因为他们知道即使干也是不会有什么收获的。

凡希世苟合之士，蘧蒢戚施之人，俯仰尊贵之颜，逶迤势利之间，意无是非，赞之如流；言无可否，应之如响。以窥看为精神，以向背为变通。势之所集，从之如归市；势之所去，弃之如脱遗。其言曰：名与身孰亲也？得与失孰贤也？荣与辱孰珍也？故遂絜其衣服，矜其车徒，冒其货贿，淫其声色，脉脉然自以为得矣。

【译文】凡苟且迎合世俗之士，喜欢谄谀献媚之人，按照贵人的脸色俯仰行事，在势利之间曲折前行。贵人的意见不管对与不对，赞美之声都像水流淌；贵人的言论不管可行与否，应对之言都如响之应声。以窥看盛衰作为精神，以或向或背算作变通。权势集于某人时，前往追随就像赶集一样踊跃；某人失去权势时，背弃而去就像脱鞋扔掉。他们有话说："声名和生命哪一个更亲切？获得和丧失哪一个更有利？荣耀和屈辱哪一个更重要？"所以便鲜洁其衣服穿戴，夸耀其车马侍从，贪求其金玉布帛，沉溺其音乐美色，左顾右盼自以为是得到好处了。

盖见龙逢比干之亡其身，而不惟飞廉恶来之灭其族也。盖知伍子胥之属镂于吴，而不戒费无极之诛夷于楚也。盖讥汲黯之白首于主爵，而不惩张汤牛车之祸也。盖笑萧望之跋踬于前，而不惧石显之绞缢于后也。故夫达者之算也，亦各有尽矣。

【译文】只看见龙逢、比干失去了生命，而不想想飞廉、恶来也被灭掉了家族。只知道伍子胥在吴国被迫用属镂剑自刎，而不警戒费无忌在楚国也被诛灭。只讥笑汲黯做主爵都尉直到白头，而不警戒张汤后来遇到了以牛车安葬的灾祸。只笑话萧望之被迫自杀受挫于前，而不害怕石显被免官自缢于后。所以这些通达知命者的谋虑，也是有所局限的。

曰：凡人之所以奔竞于富贵，何为者哉？若夫立德必须贵乎？则幽厉之为天子，不如仲尼之为陪臣也。必须势乎？则王莽、董贤之为三公，不如杨雄、仲舒之阒其门也。必须富乎？则齐景之千驷，不如颜回、原宪之约其身也。其为实乎？则执杓而饮河者，不过满腹；弃室而洒雨者，不过濡身；过此以往，弗能受也。其为名乎？则善恶书于史册，毁誉流于千载；赏罚悬于天道，吉凶灼乎鬼神，固可畏也。将以娱耳目、乐心意乎？譬命驾而游五都之市，则天下之货毕陈矣。褰裳而涉汶阳之丘，则天下之稼如云矣。椎紒而守敖庾海陵之仓，则山坻之积在前矣。扱衽而登钟山蓝田之上，则夜光玙璠之珍可观矣。夫如是也，为物甚众，为己甚寡，不爱其身，而啬其神。风惊尘起，散而不止。六疾待其前，五刑随其后。利害生其左，攻夺出其右，而自以为见身名之亲疏，分荣辱之客主哉。

【译文】那么要问：大凡人们之所以奔走竞争富贵，是为了什么呢？树立圣人之德必须尊贵吗？那么周幽王、周厉王之为天子，不如仲尼之为陪臣。必须权势吗？那么王莽、董贤之为三公，不如扬雄、董仲舒门庭冷清。必须富有吗？那么齐景公拥有四千匹马，不如颜回、原宪检束其身。是为财物吗？那么拿着勺到河边饮水的人，不过饮个满腹。离开屋子到外面淋雨的人，不过淋湿身子，超过了这个需要的河水雨水，是无法再接受的。是为名声吗？那么善恶记载在史册上，诋毁赞誉流传千年，赏罚由天神的意志所支配，吉凶对于鬼神最明白，这本来就是可怕的。将要以此来愉悦耳目快乐心意吗？譬如命御者驾车游览五都的人，就可以看到天下的货物全都陈列在那里了；提着衣裳登上汉阳的山丘，就可以看到天下的庄稼像云彩一样多了；挽着椎髻的士兵守卫敖庾、海陵两座粮仓，就可以看到小山一样的粮食堆积在眼前了；插上衣襟登上钟山和蓝田，夜光、玙璠的珍贵就可以看到了。像这样，东西特别的多，而归自己所有的又特别的少；不爱惜自己的品节，却爱惜自己的精神；大风骤起尘埃飞升，尘埃飘散却不停止；六种疾病等在前面，五种刑法跟在后面；利害产生在左面，攻夺出现在右面；却还自以为看清了生命和声名的亲疏，分清了荣耀和屈辱的主客呢！

天地之大德曰生，圣人之大宝曰位，何以守位曰仁，何以正人曰义。故古之王者，盖以一人治天下，不以天下奉一人也。古之仕者，盖以官行其义，不以利冒其官也。古之君子，盖耻得之而弗能治也，不耻能治而弗得也。原乎天人之性，核乎邪正之分，权乎祸福之门，终乎荣辱之算，其昭然矣。故君子舍彼取此。若夫出处不违其时，默语不失其人，天动星回而辰极犹居其所，玑旋轮转，而衡轴犹执其中，既明且哲，以保其身，贻厥孙谋，以燕翼子者，昔吾先友，尝从事于斯矣。

【译文】天地的大德叫生长万物，圣人的大宝叫地位。用什么来守住地位叫做仁，用什么来端正人心叫做义。所以古代做王的人，只用他一个人来治理天下，不是用天下来奉养他一个人；古代做官的人，是利用官位施行他的义，不是因为利禄贪求他的官位。古代的君子，羞愧得到了官位却不能进行治理，不羞愧能够进行治理却没有得到官位。探究天和人的本性，考查邪和正的分别，权衡祸与福的门径，最终得出关于荣与辱的谋虑，其区别十分显然，所以君子要舍彼而取此。至于出来做官和在家隐处要不违其时，静默和说话要不失其人。天体转动众星运转，而北极星仍停留在老地方；玑、旋像车轮一样不停转动，而衡星像车轴一样仍居中执掌。既明白事理又知识渊博，以保全自己的节操，将这长远的谋虑留传下去，以安定保护好子孙，以前我祖先的朋友便曾这样做了。

王昶

魏太原晋阳人，字文舒，历事文帝、明帝，名其兄字沈默，其子浑深，遂为书以戒之，其文笃实切近，为人生处世之藥石，盖本于马援戒兄子书，而其指示周至则过之。

【译文】魏朝太原晋阳人，字文舒，经历、侍奉了魏文帝、魏明帝，他兄长的儿子的字命名为“沈默”，他儿子的字命名为“浑深”，并著书以告诫他们。他的文章纯厚朴实、贴切，是人生处世的药石。这封信以马援写的戒其兄、子的书信为本，但其指导比其要周全。

诫子书

夫人为子之道，莫大于宝身全行，以显父母。此三者人知其善，而或危身破家，陷于灭亡之祸者，何也？由所祖习非其道也。夫孝敬仁义，百行之首，行之而立，身之本也。孝敬则宗族安之，仁义则乡党重之，此行成于内，名著于外者矣。人若不笃于至行，而背本逐末，以陷浮华焉，以成朋党焉；浮华则有虚伪之累，朋党则有彼此之患。此二者之戒，昭然著明，而循覆车滋众，逐末弥甚，皆由惑当时之誉，昧目前之利故也。夫富贵声名，人情所乐，而君子或得而不处，何也？恶不由其道耳。患人知进而不知退，知欲而不知足，故有困辱之累，悔吝之咎。语曰：“如不知足，则失所欲。”故知足之足常足矣。览往事之成败，察将来之吉凶，未有干名要利，欲而不厌，而能保世持家，永全福禄者也。

【译文】人们作为儿辈应遵循的原则，没有什么比珍惜生命和完善德行，从而显扬父母更重要的了。这三点人们都知道是善，但有的人却身遭险恶家被破坏，陷于破灭败亡的灾祸，这是为什么？只因他们崇奉仿效的不是正道啊！孝敬仁义，是各种品行中最重要的，实行这些美德从而立身于世，这是自身的根本大事。孝敬长辈就宗族安宁，仁义待人则乡人敬重，这样就可以操行成就于自身，名声显扬于社会。人如果不真诚地培养高尚的操行，舍弃根本去追求枝末，那就会陷于浮华，而结成不守正道的团伙，浮华就将受虚伪的牵累，团伙内也常互相猜忌而起祸患。这两种情形的教训，清楚明白，可重蹈覆辙的人越来越多，追枝逐末愈加厉害，这亦是被眼前的称誉所迷惑，被暂时的好处弄昏了头的缘故。富贵和名声，是人情所喜欢的，但君子有时得到了却并不安然处之，这是为什么？是厌恶它不是从正当途径得来的罢了。担忧的是人只知进取而不知退避，只知需求而不知满足，因此就有了困顿受辱的牵累和悔恨的祸事。俗语说："如果不知满足，就将失去所喜欢的东西。"因此知足的就足以经常得到满足了。看看往事的成功与失破，考察将要发生的吉凶，从来就没有追名逐利，一味贪求而不知满足，却能保持家世不衰，幸福禄位永远完全的人。

欲使汝曹立身行己，遵儒者之道，履道家之言，故以元默冲虚为名，欲使汝曹顾名思义，不敢违越也。古者盘杅有铭，几杖有诫，俯仰察焉，用无过行；况在己名，可不戒之哉！夫物速成则疾亡，晚就则善终。朝华之草，夕而零落；松柏之茂，隆寒不衰。是以大雅君子恶速成，戒阙党也。若范匄对秦客至武子击之折其委笄，恶其掩人也。

【译文】希望你们立身社会表现自己，要遵从儒家的教导，实践道家的道理，因此用玄默冲虚等字作为你们的名字，想让你们顾名思义，不敢违规越矩啊。古时候盘杅上刻着铭文，几案手杖上也写着诫语，俯身抬头之间就可以看到而自省，使之不会发生错误的行为，何况自己的名字，能不对之时刻警戒吗？事物成就迅速那么消亡得也快，成就迟晚就结局美好。早晨开花的小草，晚上就会凋零败落；松柏的茂盛，严寒之时也不会衰败。因此志行高尚的君子厌恶成就迅速，这是听从孔圣人的教导。就如那范匄答解了秦国使者的问题但武子却打了他，把他的委笄也打断了，因为武子恨他突出了自己贬低了旁人。

夫人有善鲜不自伐，有能者寡不自矜；伐则掩人，矜则陵人。掩人者人亦掩之，陵人者人亦陵之。故三郤为戮于晋，王叔负罪于周，不惟矜善自伐好争之咎乎？故君子不自称，非以让人，恶其盖人也。夫能屈以为伸，让以为得，弱以为强，鲜不遂矣。夫毁誉，爱恶之原而祸福之机也，是以圣人慎之。孔子曰："吾之于人，谁毁谁誉；如有所誉，必有所试。"又曰："子贡方人。赐也贤乎哉，我则不暇。"以圣人之德，犹尚如此，况庸庸之徒而轻毁誉哉？

【译文】人们有长处很少不自夸，有才能也很少不自傲，自夸那就掩抑了别人，自傲那就压低了别人。掩抑别人的人别人也会掩抑他；压低别人的人别人也会压低他。所以三却在晋国被杀，王叔对周王室犯了罪过，不就是自夸自傲好胜争强而带来的祸患吗？因此君子不称美自己，并非是礼让别人，而是嫌恶这样做贬抑了别人。能够把屈当作伸，把让当作得，把弱当作强，那就很少有什么目的不能达到的了。诋毁和称誉，是爱恨的根源祸福的缘起，因此圣人对之非常谨慎。孔子说："我对于别人，诋毁了谁又称誉了谁呢；如果我称誉过某人，一定对他进行过考验。"他又说："子贡喜欢褒贬评论人。他也真是高明呀，我是没有这闲功夫的。"以孔圣人的高尚品德，尚且还这样，何况庸碌之辈而轻易地毁誉别人呢？

昔伏波将军马援戒其兄子，言："闻人之恶，当如闻父母之名；耳可得而闻，口不可得而言也。"斯戒至矣。人或毁己，当退而求之于身。若己有可毁之行，则彼言当矣；若己无可毁之行，则彼言妄矣。当则无怨于彼，妄则无害于身，又何反报焉？且闻人毁己而忿者，恶丑声之加人也，人报者滋甚，不如默而自修己也。谚曰："救寒莫如重裘，止谤莫如自修。"斯言信矣。若与是非之士，凶险之人，近犹不可，况与对校乎？其害深矣。夫虚伪之人，言不根道，行不顾言，其为浮浅较可识别；而世人惑焉，犹不检之以言行也。近济阴魏讽、山阳曹伟皆以倾邪败没，荧惑当世，挟持奸慝，驱动后生。虽刑于鈇钺，大为炯戒，然所污染，固以众矣。可不慎与！

【译文】从前伏波将军马援告诫他的侄儿说："听到别人的丑恶，应该象听到父母的名字一样，耳朵可以去听，嘴巴却不可以去说。"这告诫是完全正确的。别人有时诋毁自己，就应当退而反省自己的行为。要是自己确实有应受诋毁的行为，那他所说就是恰当的；要是自己没有可以诋毁的行为，那他所说就是虚妄的。恰当就不必怨恨别人，虚妄对自己不会有害，又何必去反驳回击呢？并且听到别人诋毁自己就忿忿然的，是恨坏名声会背到身上，反驳回击别人诋毁会更加厉害，不如当做没听到而去修养自己的品行。谚语说："防寒没什么比得上厚厚的皮衣服，停止让人诽谤没什么比得上自我修养。"这话确实正确。假如碰上那好弄是非，凶恶危险的人，接近他尚且不可以，何况去和他当面计较抗衡呢？这样做危害就大了。虚伪的人，说话不本于正道，行为与所说又不相符合，他们的浮浅比较能够被人识别；可是世人却被他们迷惑，就是不去观察的言论来衡量他们的品行。不久前济阴人魏讽、山阳人曹伟都因图谋不轨心怀邪恶而事败身死，他们迷惑当代人们，怀有奸诈邪恶之心，唆使煽动年青一辈。虽已经被依法处死，成为明戒教训，但是受他们影响而变坏的人，已经是很多了。可以不谨慎小心么！

若夫山林之士，夷、叔之伦，甘长饥于首阳，安赴火于绵山，虽可以激贪励俗，然圣人不可为，吾亦不原也。今汝先人世有冠冕，惟仁义为名，守慎为称，孝悌于闺门，务学于师友。吾与时人从事，虽出处不同，然各有所取。颍川郭伯益，好尚通达，敏而有知。

其为人弘旷不足，轻贵有馀；得其人重之如山，不得其人忽之如草。吾以所知亲之昵之，不愿儿子为之。

【译文】至于那山林之间的隐士，伯夷、叔齐一流人物，心甘情愿在首阳山长期忍饥挨饿，心安理得地在绵山让火烧死，虽然可以激励贪鄙庸俗的人们，可是圣人是不可以这样做的，我也不愿你们这样做。现在你们的先辈世代仕宦为官，只因仁义而出名，因自持谨慎被称誉，在家中孝敬长辈友爱兄弟，在师友之间研讨学问。我与同代人们结交往来，虽然显达落魄各有不同，然而有各自的长处，颍川人郭伯益，追崇通达，聪明智慧。他为人宽弘大度不足，权衡计较则有余；认为某人有德就看得他象山一样重，认为某人无德就看得他和草一样轻。我因为了解他亲他近他，但不希望儿辈们仿效他。

北海徐伟长，不治名高，不求苟得，澹然自守，惟道是务。其有所是非，则托古人以见其意，当时无所褒贬。吾敬之重之，愿儿子师之。东平刘公干，博学有高才，诚节有大意，然性行不均，少所拘忌，得失足以相补。吾爱之重之，不愿儿子慕之。乐安任昭先，淳粹履道，内敏外恕，推逊恭让，处不避洿，怯而义勇，在朝忘身。吾友之善之，愿儿子遵之。若引而伸之，触类而长之，汝其庶几举一隅耳。及其用财先九族，其施舍务周急，其出入存故老，其论议贵无贬，其进仕尚忠节，其取人务道实，其处世戒骄淫，其贫贱慎无戚，其进退念合宜，其行事加九思，如此而已。吾何忧哉？

【译文】北海人徐伟长，不追求显赫的名声，不追求不正当所得，心胸恬淡自持其身，所追求的只是正道。他若要肯定什么批评什么，就假借古人的话来表达自己的意见，当场不表露其褒贬之意。我敬重他，希望儿辈们学习他。东平人刘公干，学问渊博才能又高，正直有节操而又意向远大，可是他的脾性行为不平和，不谨慎少顾忌，他的优点缺点正好相抵。我喜欢他看重他，但不希望儿辈们仰慕他。乐安人任昭先，朴实纯洁遵从正道，内心敏慧外表宽和，推让谦逊恭敬礼让，在人群中不怕居下，看似怯懦却见义勇为，在朝任职克己无私。我友爱他赞美他，希望儿辈们学习他。如果引伸开来，把我的意思推而广之，那前边所说就只能算是给你们举举例子罢了。更有那享用财物让亲族在先，施舍助人必救困济难，出门归来要问候年长乡人，发表议论注重不含贬损，任职朝廷崇尚忠诚气节，结朋交友取其本真实行，处世待人力戒骄纵淫逸，贫穷位卑但不悲戚痛苦，进取退退考虑合乎时宜，办理事情必经深思熟虑，能做到这样就可以了。我还有什么可忧虑的呢？

附录一 马援戒兄子书

吾欲汝曹闻人过失，如闻父母之名，耳可得闻，口不可得言也。好论议人长短，妄是非正法，此吾所大恶也；宁死不愿闻子孙有此行也。汝曹知吾恶之甚矣，所以复言者，施衿结褵，申父母之戒，欲使汝曹不忘之耳！

【译文】我希望你们看到别人的错误时，好像听到自己父母的名字一样，耳朵可以听一听，但嘴上不能讲。喜好议论别人的对错，胡乱评论是非和讥刺时政，这是我最憎恨的。我宁死也不希望子孙有这样的行为，你们知道我对这样的行为憎恶之深了吧。我之所以又谈这件事，就好比女子出嫁时父母对她进行训诫，想让你们不忘记罢了。

龙伯高敦厚周慎，口无择言，谦约节俭，廉公有威。吾爱之重之，愿汝曹效之。杜季良豪侠好义，忧人之忧，乐人之乐，清浊无所失。父丧致客，数郡毕至。吾爱之重之，不愿汝曹效也。效伯高不得，犹为谨敕之士，所谓刻鹄不成尚类鹜者也。效季良不得，陷为天下轻薄子，所谓画虎不成，反类狗者也。

【译文】龙伯高为人宽厚谨慎，嘴里没有两套话，谦虚节俭，廉洁公正而有威严。我尊敬他看重他，希望你们学习龙伯高。杜季良豪侠而重义气，把别人的困难看作自己的困难，将别人的快乐看成自己的快乐，与人交往远近适宜得体。他因父亲丧事招请客人，几郡的人都来吊唁了。我喜爱他看重他，但不希望你们向他学习。因为学习龙伯高即使学不成，还能成为一个恭谨自诫的人，就是俗语说的雕刻天鹅雕刻不好还能像只鸭子；而学习杜季良如果学不成，就会自陷为天下轻浮的少年，就是俗语所说的画老虎画不好反倒像只狗一样。

迄今季良尚未可知，郡将下车辄切齿，州郡以为言，吾常为寒心，是以不愿子孙效也。

【译文】直至如今杜季良的未来还很难预料，但郡守到任后则对他恨之入骨，州郡的人都把杜季良的言行作为谈资，我时常为他的行为而恐惧痛心，因此不希望子孙学习杜季良啊。

附录二 郑玄戒子书

吾家旧贫，不为父母昆弟所容，去厮役之吏，游学周秦之都，往来幽、并、兖、豫之域，获觐乎在位通人，处逸大儒，得意者咸从捧手，有所授焉。遂博稽六艺，粗览传记，时睹秘书纬术之奥。年过四十，乃归供养，假田播殖，以娱朝夕。

【译文】我们郑家过去很贫穷，我得到父母兄弟的允许，辞去卑微的差事，而到长安求学，往来于幽、并、兖、豫各地，所以得以拜见身处官位、学识渊博的名人和隐居不仕、满腹经纶的大儒，向我敬佩的人虚心求教，因此从他们那里受益许多。于是我认真地钻研儒家的六部经书，阅读各种史传著作，还经常参阅谶纬、图箓一类书籍的玄奥之机。年过四十，才回到家乡赡养父母，以播种栽植来欢度时光。

遇阉尹擅埶，坐党禁锢，十有四年，而蒙赦令。举贤良方正有道，辟大将军三司府，公车再召。比牒并名，早为宰相。惟彼数公，懿德大雅，克堪王臣，故其式序。吾自忖度，无任于此；但念述先圣之元意，思整百家之不齐，亦庶几以竭吾才，故闻命罔从。而黄巾为害，萍浮南北，复归邦乡。

【译文】遇到宦官专权，我因党锢之祸的牵涉而遭禁锢，十四年后，才得到赦免的诏令。后来，我多次被推选为贤良方正、有道之才，被大将军、三司府征召做官，公车也两次征召我做大司农。和我在同一授官簿录上被征召的人，有的早就做了宰相。我想那几位都具有崇高的品德和出众的才华，能够担任皇帝大臣的职责，所以应该量才重用。而我自己经过思量，没有能力胜任这类大任。我只想阐明先辈圣贤的本旨，希望整理诸子百家学说的歧义，也许能在这方面发挥我的才能，因此接到征召的命令而没有赴任。黄巾造反，让我像水萍一样浮游南北，后来再次回到故乡。

入此岁来，已七十矣。宿素衰落，仍有失误，案之礼典，便合传家。今我告尔以老，归尔以事，将闲居以安性，覃思以终业；自非拜国君之命，问族亲之忧，展敬坟墓，观省野物，胡尝扶杖出门乎。家事大小，汝一承之。咨尔茕茕一夫，曾无同生相依，其勖求君子之道，研钻勿替，敬慎威仪，以近有德。显誉成于僚友，德行立于己志，若致声称，亦有荣于所生，可不深念邪！可不深念邪！

【译文】到了今年，我已经七十岁了我旧时的学业也已经荒疏，还有一些失误之处，根据《曲礼》的规定，像我这样年龄的人就应当把家事传给儿子料理了。如今我告诉你我已经老了，把家事交给你管理，我将闲留在家以修身养性，深思熟虑来完成我著述的事业。如果不是拜受国君的诏令，慰问亲戚宗族的担忧，察视祭扫祖先的坟墓，观览野外的景物，我为什么要拄着拐杖出门呢？家中大小事务，你一人承担。可惜你孤独一人，竟无兄弟可以依靠。你应当努力追求成为君子的修养，学术钻研不能废弃，慎重地注意态度仪表，以便亲近有道德的人。显赫的名声虽然是由同事朋友们促成的，但要养成高尚的品德却得靠自己立志。要是获得了好的名誉，对所生你的人也有荣耀，能不考虑这点吗！能不考虑这点吗！

吾虽无绂冕之绪，颇有让爵之高，自乐以论赞之功，庶不遗后人之羞。末所愤愤者，徒以亡亲坟垄未成；所好群书，率皆腐敝，不得于礼堂写定，传与其人，日西方暮，其可图乎！家今差多于昔，勤力务时，无恤饥寒。菲饮食，薄衣服，节夫二者，尚令吾寡憾。若忽忘不识，亦已焉哉！

【译文】我虽然没有高官显赫的业绩，但有多次辞让官位的高风，我自娱其乐整理经典的功业，或许不会把羞愧遗留给后人。生前我所遗憾的事情，不过是因为父母的坟墓尚未修好，所喜爱的群书大都朽烂破损，不能够在讲学习礼的堂内写成定稿，从而把它们传给与我志趣相投的人。我就像太阳西下已近晚年，还能完成这些事吗！我们的家境现在稍好于过去，只要勤奋按时节耕种，就不用担心饥饿和寒冷。吃粗茶淡饭，穿简衣素服，在这两方面能够节俭，或许能让我少一些遗憾。如果你无视它们并且不能记住这些话，那也就这样吧！

附录三 诸葛亮戒子书

夫君子之行，静以修身，俭以养德。非淡泊无以明志，非宁静无以致远。夫学须静也，才须学也。非学无以广才，非静无以成学。慆慢则不能励精，险躁则不能治性。年与时驰，意与岁去，遂成枯落，多不接世，悲守穷庐，将复何及！

【译文】有道德修养的人的品行，是依靠安静努力提高自己的修养，是依靠节俭努力培养自己的品德。不寡欲就不能表明自己的志向，不宁静就不能到达高尚的思想境界。学习必须静下心来，才干必须学习才能增长，不学习就不能有广博的才干，没有志向就不能成就学业。放纵懈怠就不能振奋精神，冒险急躁就不能陶冶性情。年华随时间流逝，意志随岁月消磨，于是就落魄，大多不能融入社会，等到悲凉地守着贫穷的小屋时，后悔又怎么来的及呢？

嵇 康

魏谯国铚人，字叔夜，恬静寡欲，笃好老庄，又爱修养性服食之事，著《养生论》，以为长生可以力致，后《抱朴子内篇》论述尤详，有《嵇中散集》。

【译文】魏朝谯郡铚县人，字叔夜，性格恬淡、虚静、少欲，十分爱好老庄思想，又喜好修身养性、服食丹药等思想，著有《养生论》，认为长寿是可以努力做到的，后来葛洪的《抱朴子内篇》有详细的论述，著作有《嵇中散集》。

养生论

世或有谓神仙可以学得，不死可以力致者。或云：“上寿百二十，古今所同，过此以往，莫非夭者。”此皆两失其情。请试粗论之。

【译文】世上有人说，神仙可以学到，可以通过努力而达到不死。有的人又说：“最高的寿命一百二十岁，古今都一样，超过一百二十岁，没有不是妖妄的。”这两种看法都不合实情。请让我大致论述一下。

夫神仙虽不目见，然记籍所载，前史所传，较而论之，其有必矣！似特受异气，禀之自然，非积学所能致也。至于导养得理，以尽性命，上获千余岁，下可数百年，可有之耳。而世皆不精，故莫能得之。何以言之？夫服药求汗，或有弗获；而愧情一集，涣然流离。终朝未餐，则嚣然思食；而曾子衔哀，七日不饥。夜分而坐，则低迷思寝；内怀殷忧，则达旦不瞑。劲刷理鬓，醇醴发颜，仅乃得之；壮士之怒，赫然殊观，植发冲冠。由此言之，精神之于形骸，犹国之有君也。神躁于中，而形丧于外，犹君昏于上，国乱于下也。

【译文】虽然没有亲眼看见过神仙，但书籍上所记载的，前代史书中所记述的，大约地议论这件事，有神仙是一定的了。似乎是独特接受了非凡的气，秉受于自然，并非不间断的学习能达到的。至于导引调养得法，因而享尽天年，多的达千余岁，少的大约数百年，是可能有的了。但世人都不精通此道，所以没有谁能获得这样的高寿。凭什么这么说呢？吃药是为了出汗，但有的人却不出汗；而羞愧之情一来，则汗水淋漓。一个一早晨没有进餐，就肚子空空想着吃饭；但曾子心里怀着悲哀，七天不喝不吃也不觉得饥饿。半夜时分坐着，就昏昏沉沉想睡觉；心里怀着深深的优伤，却通宵达旦睡不着。用坚硬的刷子梳理鬓发，喝醇厚的美酒使脸发红，才仅仅能发顺脸红；但壮士发怒，就赫然改观，颜色很不一样，头发直竖连帽子都顶了起来。由此而言，精神对于形体，如同国家有君王一样。精神在体内躁动不安，外面的形体就失去了常态，就像国君昏庸在上，国家混乱在下。

夫为稼于汤之世，偏有一溉之功者，虽终归于焦烂，必一溉者后枯，然则一溉之益，固不可诬也。而世常谓一怒不足以侵性，一哀不足以伤身，轻而肆之，是犹不识一溉之益，而望嘉谷于旱苗者也。是以君子知形恃神以立，神须形以存。悟生理之易失，知一过之害生。故修性以保神，安心以全身。爱憎不栖于情，忧喜不留于意。泊然无感，而体气和平。又呼吸吐纳，服食养身，使形神相亲，表里俱济也。

【译文】在商汤大旱之年种庄稼，仅仅只有灌溉过一次的劳动，虽然终究要归于干枯腐烂，但浇灌了一次的庄稼一定干枯得较厉害。这样的话，那么浇灌一次的效果确实是不可抹煞的。但世人常说：一次发怒不足以伤害性命，一次哀伤不足以损害身体，轻视此事而放纵情感，这就像不知道灌溉一次的效果，却盼望旱苗能长出好稻谷来一样。所以君子知道形体依赖于精神而树立，精神必须依赖形体而存在，领悟到养生的道理容易被忽视，知道一次过错会伤害生命，因而修养性情来保养精神，平衡心理来保全身体。爱憎不栖宿在性情里，忧喜不存留在心意中，淡泊无所感动，因而身体血气平和，又呼蚀吸清，吐故纳新，服食丹药，调养身体，使形体精神互相亲近，外表内里一起受益。

夫田种者，一亩十斛，谓之良田，此天下之通称也。不知区种可百余斛，田种一也。至于树养不同，则功收相悬，谓商无十倍之价，农无百斛之望，此守常而不变者也。且豆令人重，榆令人瞑，合欢蠲忿，萱草忘忧，愚智所共知也；薰辛害目，豚鱼不养，常世所识也；虱处头而黑，麝食柏而香，颈处险而瘿，齿居晋而黄。推此而言，凡所食之气，蒸性染身，莫不相应。岂惟蒸之使重而无使轻，害之使暗而无使明，薰之使黄而无使坚，芬之使香而无使延哉？故《神农》曰“上药养命，中药养性”者，诚知性命之理，因辅养以通也。

【译文】地里种庄稼，一亩能收获十斛粮食，称为良田，这是天下一般的说法。他们不知用区种的方法可以收获一百余斛。播下的种子是一样的，至于种植、培育的方法不伺，效益收获却相差悬殊。说商人没有十倍的利润，农夫没有百斛的希望，这是墨守常规而不知道变化的人。况且吃大豆使人增加体重，吃榆荚使人贪睡不醒，吃合欢使人消除忿怒，吃萱草使人忘记优愁，这是蠢人和聪明人都知道的。葱蒜之类会伤害眼睛，小猪和鱼吃了不补养人，这是世人共有的知识。虱子就在头上就会逐渐变黑，麝常食柏叶便产生了香气，人久处于险阻之地颈脖上就会生瘤子，久住在晋国的人牙齿就会变黄。由此可以推论：凡是所吃东西的气味，熏染人的身体性情，无不一一应验。哪里只是吃大豆使身体变重而不变轻，吃葱蒜使眼睛变瞎而不变明亮，熏染牙齿使它变黄而不变硬，食柏叶使麝获得香气而不能延年益寿呢！所以《神农本草》说“上等的药保养生命，中等的药调养人的性情”，确实是知道性命的道理，由于辅助、保养而得以通达的。

而世人不察，惟五谷是见，声色是耽，目惑元黄，耳务淫哇。滋味煎其府藏，醴醪鬻其肠胃，香芳腐其骨髓，喜怒悖其正气，思虑销其精神，哀乐殃其平粹。夫以蕞尔之躯，攻之者非一涂，易竭之身，而内外受敌，身非木石，其能久乎？其自用甚者，饮食不节以生百病，好色不倦以致乏绝。风寒所灾，百毒所伤，中道夭于众难。世皆知笑悼，谓之不善持生也！

【译文】但是世人却看不清楚，只看见五谷，只沉迷于声色，眼睛被艳丽的色彩所迷惑，耳朵拼命听淫荡的音乐，美味煎熬他们的五脏六腑，美酒烹煮他们的肠胃，芳香腐蚀他们的骨髓，喜怒扰乱他们的正气，思虑销毁他们的精神，哀乐危害他们平和纯粹的心灵。这小小的身躯，攻击危害它的又不只一个途径，这容易衰竭的身体内外受敌，身体不是树木石头，这样能够长久吗？那些放纵过份的人，饮食不加节制而生出百病，好色不倦而招致身体耗竭，风寒所害，百毒所伤，中途夭折于各种灾难，世人都知道讥笑哀怜，认为他们不善于保养生命。

至于措身失理，亡之于微，积微成损，积损成衰，从衰得白，从白得老，从老得终，闷若无端。中智以下，谓之自然，纵少觉悟，咸叹恨于所遇之初，而不知慎众险于未兆，是犹桓侯抱将死之疾，而怒扁鹊之先见，以觉痛之日为受病之始也。害成于微，而救之于著，故有无功之治。驰骋常人之域，故有一切之寿。仰观俯察，莫不皆然。以多自证，以同自慰，谓天地之理，尽此而已矣。

【译文】至于调养身体不合养生之道，衰亡从细微之处开始，细微之处积起来就造成损伤，损伤积累起来变为衰弱，从衰弱到白发，从白发到衰老，从衰老到命终，浑浑噩噩不知道是怎么一回事。中等智力以下的人，认为这是自然而然的事。即使稍微有些醒悟，也都是到了得病之初才来叹息遗恨，而不知在各种危险因素萌发之前便慎重预防。这就像蔡桓公不知自己身患致命的疾病，反而对扁鹊的预见表示愤怒一样，是把感觉到疼痛的日子，当作生病的开始。危害形成于细微之时，却在显著之时才来救抬，所以有毫无功效的治疗。只是纵观常人的情况，因此只能享有一时短暂的寿数，上下左右地观察起来，没有不是这样的。用多数人都是这样来证明自己合乎自然，用与他人一样来自我宽慰，认为自然界的道理，都不过如此罢了。

纵闻养生之事，则断以所见，谓之不然；其次孤疑，虽少庶几，莫知所由；其次自力服药，半年一年，劳而未验，志以厌衰，中路复废。或益之以畎浍，而泄之以尾闾，欲坐望显报者；或抑情忍欲，割弃荣愿，而嗜好常在耳目之前，所希在数十年之后，又恐两失，内怀犹豫，心战于内，物诱其外，交赊相倾，如此复败者。夫至物微妙，可以理知，难以目识，譬犹豫章生七年然后可觉耳。今以躁竞之心，涉希静之涂，意速而事迟，望近而应远，故莫能相终。夫悠悠者既以未效不求，而求者以不专丧业，偏恃者以不兼无功，追术者以小道自溺。凡若此类，故欲之者，万无一能成也！

【译文】即使听到了养生的事情，也以自己的成见加以判断，认为它不对。其次是犹豫不定，虽然稍有志于养生，却不知道从何做起。再次是自己努力服药，一年半载，费了力却没有效验，意志便因厌倦而衰退，半途而废。有的人用沟渠来增加水，却用尾闾来排泄水，想坐等显著的效果。有的人压抑感情，克制欲望，舍弃富贵的愿望，但嗜好常在耳目之前，所希望的效应在数十年之后，又担忧两头失掉，内心怀着犹豫。内心在斗争，外物在诱惑，远近都来加害，这样又有陷于失败的。至于无与伦比的事物是细微玄妙的，可以凭道理探知，难以用眼睛识辨。譬如说豫章树，生长七年之后才可以分辨。现在用浮躁之心，走清静无为的养生之路，心意急切但行动迟缓，希望立竿见影但效应却很遥远，所以没有谁能坚持到底。众人既因没有见到效果而不去追求。而追求的人又因为不坚持而中断了此事，片面追求的人因不能协调而无效，追求方术的人又因为小技而自我沉溺，大体都是像这类人。所以想延年益寿者，万人之中没有一人能够成功。

善养生者则不然矣。清虚静泰，少私寡欲；知名位之伤德，故忽而不营，非欲而强禁也；识厚味之害性，故弃而弗顾，非贪而后抑也；外物以累心不存，神气以醇白独著；旷然无忧患，寂然无思虑，又守之以一，养之以和，和理日济，同乎大顺。然后蒸以灵芝，润以醴泉，晞以朝阳，绥以五弦，无为自得，体妙心玄，忘欢而后乐足，遗生而后身存，若此以往，庶可与羡门比寿、王乔争年，何为其无有哉！

【译文】善于养生的人就不是这样了。他们清静虚无，私心少，欲望少。知道名位有伤德行，因此忽视而不去追求，不是想去要而强行禁止，明白美味伤害性命，所以弃而不顾，不是贪食而后加以抑制。外界事物因起牵累作用而不把它放在心中，精神因无所污染而偏能卓尔不凡，心情开朗没有忧患，神情寂静没有思虑。又坚守自然无为的大道，用中和之理进行调治，中和之理，日见成功终于与自然为一。然后用灵芝熏染，用甘泉滋润，用朝阳曝晒，用音乐调和，无为自适，身体和精神都达到了玄妙的境界，忘记了欢悦而后才有快乐的满足，遗忘了生命而后才有肉体的长寿。像这样下去，差不多可与仙人羡门齐寿，与王子乔比较年龄大小，怎么能说这是没有的呢？

裴頠

晋闻喜人，字逸民，博学有远识，患何晏、王弼、阮籍、王衍之徒，侈谈老庄，风教陵夷，时俗放荡日甚，乃作《崇有论》以极论之，其后戴逵《论放达非道》，范宁《罪王何》，李充《学箴》，皆同頠旨，而推论缜密，则不及也。

【译文】晋朝闻喜人，字逸民，学问渊博，见识远，担心何晏、王弼、王衍等人，夸大而不切实际的谈论老庄思想，使风俗教化衰落，当下习俗更加放荡，于是作《崇有论》以竭力、透彻的论述。在其之后，戴逵作《放达非道论》、范宁作《罪王何论》、李充作《学箴》，与裴頠的思想主旨都相同，但推论缜密不及裴頠。

崇有论

夫总混群本，宗极之道也。方以族异，庶类之品也。形象著分，有生之体也。化感错综，理迹之原也。夫品而为族，则所禀者偏，偏无自足，故凭乎外资。是以生而可寻，所谓理也。理之所体，所谓有也。有之所须，所谓资也。资有攸合，所谓宜也。择乎厥宜，所谓情也。识智既授，虽出处异业，默语殊涂，所以宝生存宜，其情一也。

【译文】聚合万物的根本，是至高无上的道。用事物种类的差异加以限定，是对万物的品评。形象明显分别，是有生命的物体。变化影响错综，是探究事理的根本。通过品评而区分族类，所依靠的时有偏颇，偏颇得无法让自己满足，因而要凭外力相助。因此事物一发生就有迹可寻，这就是所谓的理。理所体察的，就是所谓的有。有所必须的，就是所谓资。资与有配合，就是所谓的宜。选择这种宜，就是所谓情。人有了知识以后，虽然进仕退隐不一，沉默言语方式不同，但都是为了珍爱生命保存合宜，这里的情是一样的。

众理并而无害，故贵贱形焉。失得由乎所接，故吉凶兆焉。是以贤人君子，知欲不可绝，而交物有会。观乎往复，稽中定务。惟夫用天之道，分地之利，躬其力任，劳而后飨。居以仁顺，守以恭俭，率以忠信，行以敬让，志无盈求，事无过用，乃可济乎！故大建厥极，绥理群生，训物垂范，于是乎在，斯则圣人为政之由也。

【译文】各种事理同时存在而无害，因而就表现出了贵与贱。得与失就在于贵贱的区别，因而吉与凶都有征兆。因此贤人君子，知道欲望不可断绝，于是与人结交有时。在来往中观察，决定如何行事。惟有顺应天时地利，尽力而为，付出辛劳然后享受。处事坚持仁顺，坚持恭敬俭朴，行为依据忠诚信义，依据谦恭退让，立志不求过高，行事不求过分，这样便可以成事。因此努力达到极致，安抚治理百姓，顺从事物之理为后世留下典范，就在于此，这是圣人为人之道。

若乃淫抗陵肆，则危害萌矣。故欲衍则速患，情佚则怨博，擅恣则兴攻，专利则延寇，可谓以厚生而失生者也。悠悠之徒，骇乎若兹之衅，而寻艰争所缘。察夫偏质有弊，而睹简损之善，遂阐“贵无”之议，而建“贱有”之论。“贱有”则必外形，外形则必遗制，遗制则必忽防，忽防则必忘礼。礼制弗存，则无以为政矣。众之从上，犹水之居器也。故兆庶之情，信于所习；习则心服其业，业服则谓之理然。

【译文】如果锋芒毕露欺凌放肆，那么危害就萌生了。因此欲蔓延就会加速祸患，情没有节制结怨就会增多，专权放纵就会招致进攻，独霸利益就会引来敌寇，可以说是想使生活充裕而适得其反。庸俗的人们，害怕这类争端，于是寻找争执的缘由。看到偏而责难崇有，又看到简损的好处，于是就阐述贵无之议，又提出贱有之论。贬低崇有就必定有外在的表现，外在表现就必定是抛弃规制，抛弃规制就必定忽略防范，忽略防范就必定忘掉礼制。礼制不存在，就无法为政了。百姓顺从地位高的人，如同水在器皿。因此百姓的性情，相信他们所习惯的；习惯就安心于其业，安于其业就说这是理所当然。

是以君人必慎所教，班其政刑一切之务，分宅百姓，各授四职，能令禀命之者不肃而安，忽然忘异，莫有迁志。况于据在三之尊，怀所隆之情，敦以为训者哉！斯乃昏明所阶，不可不审。

【译文】因此统治人要慎重教化，颁布政令刑法等一切事情，让不同的人从事士农工商业，能让接受命令的人不严峻而安定，在短时间内忘掉异端，没有变迁的想法。何况依据君、师、父的尊贵地位，心怀所尊崇之情，当作训令呢！这是昏庸与圣明的区别，不能不审慎。

夫盈欲可损而未可绝有也，过用可节而未可谓无贵也。盖有讲言之具者，深列有形之故，盛称空无之美。形器之故有征，空无之义难检，辩巧之谋可悦，似象之言足惑，众听眩焉，溺其成说。虽颇有异此心者，辞不获济，屈于所狎，因谓虚无之理，诚不可易。唱而有和，多往弗反，遂薄综世之务，贱功烈之用，高浮游之业，卑经实之贤。人情所殉，笃夫名利。

【译文】过分的欲望可以减损但不能因此而断绝，过头的物质享用可以节省但不能就此说没有富贵。那些高谈阔论的人，罗列崇有的弊端，盛赞虚无的美好。器物是有外形特征的，可是空无的义理难以检验，雄辩乖巧的言辞可以使人高兴，貌似真实的言论足以让人迷惑，众人的视听被迷惑，沉溺于已形成的说话。即便是不同的意见，言论不被接受，委屈于自己所喜爱，于是说虚无的理论，不能被变易。有唱有和，在虚无的路上一去不回，于是菲薄治理，贬低功利，推崇轻浮游荡的行径，贬低务实的贤能之人。人情所追逐的，实在就是名利。

于是文者衍其辞，讷者赞其旨，染其众也。是以立言藉其虚无，谓之元妙；处官不亲所司，谓之雅远；奉身散其廉操，谓之旷达。故砥砺之风，弥以陵迟。放者因斯，或悖吉凶之礼，而忽容止之表，渎弃长幼之序，混漫贵贱之级。其甚者至于裸裎，言笑忘宜，以不惜为弘，士行又亏矣。

【译文】于是善写文章的人夸大其辞，不善言辞的人称赞他们的观点，因而感染了民众，因此根据虚无而立论，就会称为玄妙；做官不关心职守，被称作高雅脱俗；做人不廉洁自律，被称作旷达。于是努力的风气，就更衰落了。狂放的人因为虚无的世风，有的违背吉凶事的礼仪，忽视举止仪容，轻慢长幼之间的礼数，扰乱贵贱的等级。其中最过分的人甚至裸身，说笑不顾时宜，把不顾一切当作豁达，士大夫的德行又受到了损害。

老子既著五千之文，表摭秽杂之弊，甄举静一之义，有以令人释然自夷，合于《易》之《损》《谦》《艮》《节》之旨。而静一守本，无虚无之谓也；《损》《艮》之属，盖君子之一道，非《易》之所以为体守本无也。观老子之书虽博有所经，而云“有生于无”，以虚为主，偏立一家之辞，岂有以而然哉！人之既生，以保生为全，全之所阶，以顺感为务。若味近以亏业，则沈溺之衅兴；怀末以忘本，则天地之真灭。故动之所交，存亡之会也。

【译文】老子著述五千言的文字，明示了污秽繁杂的弊病，甄别列举了清静专一的道理，有令人释然醒悟的作用，符合《易》中《损》《谦》《艮》《节》的要旨。而清静专一守本分，没有虚无的意思；《损》《艮》这一类，大概只是君子的一种道德，不是《易》的本意。观看老子的著作虽然广博有道，而说“有生于无”，以虚为主，有别于众人自立一家学说，恐怕是有原因吧！人出生以后，以保全生命为第一，保全生命所凭借的，最重要的是顺从自己的感觉。如果旨趣接近于损害事业，那么沉溺的迹象就开始了；如果怀末忘本，那么天理也就灭绝了。因此行动前后交替，关系到存亡之机。

夫有非有，于无非无；于无非无，于有非有。是以申纵播之累，而著贵无之文。将以绝所非之盈谬，存大善之中节，收流遁于既过，反澄正于胸怀。宜其以无为辞，而旨在全有，故其辞曰“以为文不足”。若斯，则是所寄之涂，一方之言也。若谓至理信以无为宗，则偏而害当矣。先贤达识，以非所滞，示之深论。惟班固著难，未足折其情。孙卿、杨雄大体抑之，犹偏有所许。而虚无之言，日以广衍，众家扇起，各列其说。上及造化，下被万事，莫不贵无，所存佥同。情以众固，乃号凡有之理皆义之卑者，薄而鄙焉。辩论人伦及经明之业，遂易门肆。

【译文】在崇有之时否定有，在贵无之时否定无；在贵无之时否定无，便是在崇有之时否定有。因此申诉放纵的弊端，而著述贵无论。将以灭绝他所否定的谬误，保存大善而合乎法度，结束过度的放荡，在心中返回到清静端正。适合贵无之论，而主旨在于崇有，因而有“说得还不够过分”这样的文辞。如果是这样，就是所表达的道理，是一种学说而已。如果认为至理就是以贵无为根本，就偏颇而不恰当了。古代贤人见识通达，没有被禁锢，发表了高深的言论。只有班固著作艰深，难以判断他的看法。孙卿、杨雄大体厌抑虚无论，但还是有所赞许。而虚无之论，逐日播散，众家煽动兴起，各自推出自己的学说。上至大自然，下至万事，没有不贵无的，所保留的都相同。人情因为人多而顽固，于是凡崇有的道理，在义理上都是变贬低的人，遭到菲薄鄙视。辩论人伦及经义的学说，于是都改门庭。

頠用矍然，申其所怀，而攻者盈集。或以为一时口言。有客幸过，咸见命著文，擿列虚无不允之征。若未能每事释正，则无家之义弗可夺也。頠退而思之，虽君子宅情，无求于显，及其立言，在乎达旨而已。然去圣久远，异同纷纠，苟少有仿佛，可以崇济先典，扶明大业，有益于时，则惟患言之不能，焉得静默，及未举一隅，略示所存而已哉！

【译文】裴頠为此惊恐，申述心中的想法，而攻击我的人众多。有人认为这是一时的言论。有人见到我，则我写文章，选列虚无偏颇的例子。如果不能每件事解释纠正，那么贵无之论就不能推翻。我退下以后思考，虽然君主顺应人情，不求显赫，但到了立论的时候，就要表达自己的观念。然而现在距圣人时代久远，不同的看法纷争纠缠，假如稍有相似，可以光大先代经典，扶助大业，对时代有益，就惟恐自己的言论达不到要求了，怎能沉默，至于未能列举事例，是因为只是略微表示一下心中所想的而已！

夫至无者无以能生，故始生者自生也。自生而必体有，则有遗而生亏矣。生以有为已分，则虚无是有之所谓遗者也。故养既化之有，非无用之所能全也；理既有之众，非无为之所能循也。心非事也，而制事必由于心，然不可以制事以非事，谓心为无也。匠非器也，而制器必须于匠，然不可以制器以非器，谓匠非有也。是以欲收重泉之鳞，非偃息之所能获也；陨高墉之禽，非静拱之所能捷也；审投弦饵之用，非无知之所能览也。由此而观，济有者皆有也，虚无奚益于已有之群生哉！

【译文】极端的贵无论不能存在，因而开始出现时是自生的。自生就必定包容崇有，那么抛弃有就会受到损害。一旦崇有与贵无有了区别，那么虚无是崇有所谓的遗留而已。因此养说到底即化为有，不是无用论所能包容的；理是有的聚合，不是无为所能包容的。心不是事，而是办事必定出于思考，然而不能说办事不是事，认为心是无。工匠不是器皿，而制作器皿必须靠工匠，然而不能说制作的器皿不是器皿，认为工匠是没有的。因此想捕获深渊中的鱼龙，不是安卧就能得到的；想打下高墙上的禽鸟，不是精心拱手就能成功的；精心地拉弓弦下诱饵，不是无知所能做到的。由此看来，崇有者都有，虚无对已经存在的民众有什么好处呢！

附录一 李充学箴序

《老子》云："绝仁弃义，家复孝慈。"岂仁义之道绝，然后孝慈乃生哉？盖患乎情仁义者寡而利仁义者众也。道德丧而仁义彰，仁义彰而名利作，礼教之弊，直在兹也。先王以道德之不行，故以仁义化之，行仁义之不笃，故以礼律检之；检之弥繁，而伪亦愈广，老庄是乃明无为之益，塞争欲之门。夫极灵智之妙、总会通之和者，莫尚乎圣人。革一代之弘制，垂千载之遗风，则非圣不立。然则圣人之在世，吐言则为训辞，莅事则为物轨，运通则与时隆，理丧则与世弊矣。是以大为之论以标其旨。

【译文】《老子》上说："绝仁弃义，家中才能孝慈。"难道是仁义之道灭绝了，然后孝慈才产生吗？大概是忧虑用仁义寻找情得人少而用仁义求利的人多而已。道德沦丧后仁义就彰显，仁义一彰显名利就兴起，礼教的弊端，正是在这里。先王因为道德不行，所以用仁义来教化百姓，又因仁义施行得不纯笃，所以用礼律来约束；约束越是琐碎，诈伪就越广泛，老庄于是阐明无为的好处，堵塞争夺私欲的大门。极尽灵智的精妙、总括会合变通之和的，没有比圣人更高的了。革新一代的宏制，流传千年的遗风，则非圣人不能有建树。既然这样，那么圣人处在世上，说句话就会成为教导之言，办件事就会成为准则，运通就和时世一起兴旺，理丧就会合时世一起凋敝。所以用大为之论标明其大义。

物必有宗，事必有主，寄责于圣人而遗累乎陈迹也。故化之以绝圣弃智，镇之以无名之朴。圣教救其末，老庄明其本，本末之涂殊而为教一也。人之述也，其日久矣！见形者众，及道者鲜，不觌千仞之门而遂适物之迹，逐迹逾笃，离本逾远，遂使华端与薄俗俱兴，妙绪与淳风并绝，所以圣人长潜而迹未尝灭矣。惧后进惑其如此，将越礼弃学而希无为之风，见义教之杀而不观其隆矣，略言所怀，以补其阙。引道教之弘旨，会世教之适当，义不违本，言不流放，庶以祛困蒙之蔽，悟一往之惑乎！

【译文】物一定有渊源，事一定有所主，这是把职责教给圣人而把牵累留给过去。所以用弃绝圣智来教化，用无名本真来镇抚。圣教求治表面，老庄指明根本，本末的路途不同但作为教化却是一样的。人的迷惑，已经很久，能够看到现象的人多，能看到道的却很少，看不见千仞高的门却追逐适应事物特性的踪迹，追逐得越专心，离开根本就越远，于是使得浮靡之风和薄陋的习俗一同兴起，前代的好传统和淳朴的风俗一起绝迹，所以圣人长期隐居但是行迹从来不曾灭亡。担心后进者如此糊涂，因此将要逾越礼法抛弃学问去乞求无为之教，只看到义教的衰败却看不到它的兴盛，所以大略地说一下我心中的想法，用以补充他们的缺失。援引道家的弘旨，会合孔孟之道德适当之处。义理不违背根本，但言论不放纵，大概希望用这些来消除困乏蒙昧，使以往的迷惑觉悟吧！

附录二 王坦之废庄论

荀卿称庄子“蔽于天而不知人”，扬雄亦曰“庄周放荡而不法”，何晏云“鬻庄躯，放元虚，而不周乎时变”。三贤之言，远有当乎！夫独构之唱，唱虚而莫和；无感之作，义偏而用寡。动人由于兼忘，应物在乎无心。孔父非不体远，以体远故近用；颜子岂不具德，以德备故膺教。胡为其然哉？不获已而然也。

【译文】荀卿称庄子“蔽于天而不知人”，扬雄也说“庄周放荡而不法”，何晏说“卖掉庄子之身，抛弃玄虚之说，而不合乎变化”。这三位贤者的话，非常有远见而恰当！那些独创之唱，唱完而没有人和；没有感受之作，义偏而无用。打动人是由于作品忘掉一切，适应事物变化在于作者无心。孔父能高瞻远瞩，因为高瞻远瞩所以功用就在近前；颜子难道不具有完备的德行，因为德行完备所以能承宣教化。为什么会这样？因为不得已才这样的。

夫自足者寡，故理悬于羲农；徇教者众，故义申于三代。道心惟微，人心惟危，吹万不同，孰知正是！虽首阳之情，三黜之智，摩顶之甘，落毛之爱，枯槁之生，负石之死，格诸中庸，未入乎道，而况下斯者乎！先王知人情之难肆，惧违行以致讼，悼司彻之贻悔，审褫带之所缘，故陶铸群生，谋之未兆，每摄其契，而为节焉。使夫敦礼以崇化，日用以成俗，诚存而邪忘，利损而竞息，成功遂事，百姓皆曰我自然。

【译文】自足的人少，所以道理起于伏羲、神农。徇教的人多，所以道义伸张于夏商周三代。道德观念衰微，人心险恶难测，吹万孔而发出不同的声音，谁知道哪个是正音！即使是首阳的情怀，三次被罢官的贤者，摩顶受戒之乐，落发出家之爱，枯槁又生，负石而死，用中庸的标准衡量，都还不合乎道的要求，何况低于此的呢！先王知道人情难以放纵，担心违背常理而招致争讼，害怕失职带来后患，详察解除官职的缘由，所以造就一切有生之物，在事情的征兆出现之前就有所考虑，掌握其中的要领，而使之有分寸。重视礼义崇尚教化，每天实行而成为习俗，保留真诚而去除邪恶，不重财利而停息竞逐，功德成就事业成功，老百姓都说我本来就是这样。

盖善暗者无怪，故所遇而无滞，执道以离俗，孰逾于不达！语道而失其为者，非其道也；辩德而有其位者，非其德也。言默所未究，况扬之以为风乎！且即濠以寻鱼，想彼之我同；推显以求隐，理得而情昧。若夫庄生者，望大庭而抚契，仰弥高于不足，寄积想于三篇，恨我怀之未尽，其言诡谲，其义恢诞。君子内应。从我游方之外，众人因藉之，以为弊薄之资。然则天下之善人少，不善人多，庄生之利天下也少，害天下也多。故曰：鲁酒薄而邯郸围，庄生作而风俗颓。礼与浮云俱征，伪与利荡并肆，人以克己为耻，士以无措为通，时无履德之誉，俗有蹈义之愆。骤语赏罚不可以造次，屡称无为不可与适变。虽可用于天下，不足以用天下人。

【译文】因此善于处在暗中而不奇怪，遇到事儿没有滞疑，守道而不与世俗同流，怎么不通达呢！喜好论道而行为不检的人，不是真正的有道；善于谈论德而居于官位的人，不是真正的有德；默默无言未能探究到的东西，张扬开来作为风气岂会成功！再说濠之求鱼，彼此想法相同；推举显要以求得隐士，道理是对的，情感上却不通；至于庄子这样的人，见到大家而感叹，瞻仰前贤的学问丁不足，寄托思想在几篇文章中，遗憾我的情怀难以抒发，他的言论诡谲，他的义理浮夸怪诞。君子内心响应，跟随我游于世俗之外，众人依据这种思想，作为他们恶劣行为的借口。然而天下的善人少，不善之人多，庄子对天下有利之处少，对天下有害之处多。所以说鲁酒薄而邯郸被围，庄子兴而风俗坏。礼义与浮云并行，伪诈和利禄一起肆虐，人们以克制为耻，士人以不执著为达，时代没有遵循道德的美誉，世俗以履行正义为过失。多次议论赏罚不可以过于仓促，多次说无为不能适应变化。虽然可以为天下所用，但不足以用天下人。

昔汉阴丈人修浑沌之术，孔子以为识其一不识其二。庄生之道，无乃类乎！与夫如愚之契，何殊间哉！若夫利而不害，天之道也；为而不争，圣之德也。群方所资而莫知谁氏，在儒而非儒，非道而有道。弥贯九流，玄同彼我，万物用之而不既，亹亹日新而不朽，昔吾孔老固已言之矣。

【译文】从前汉阴丈人研究浑沌之术，孔子认为是知其一不知其二，庄生之道不也与此相似！这和愚蠢的刻舟求剑，有什么大的区别呢？至于有利而无害，是天道；有所为而不争，是圣人之德。万方都用而不知道是谁的主张，在儒又不是儒，不是道又有道，充斥九流，浑同彼我，万物用之而不竭，运行不息日新月异而不朽，从前孔子、老子就说过。

附录三 戴逵放达非道论

夫亲没而采药不反者，不仁之子也；君危而屡出近关者，苟免之臣也。而古之人未始以彼害名教之体者何？达其旨故也。达其旨，故不惑其迹。若元康之人，可谓好遁迹而不求其本，故有捐本徇末之弊，舍实逐声之行，是犹美西施而学其颦眉，慕有道而折其巾角，所以为慕者，非其所以为美，徒贵貌似而已矣。夫紫之乱朱，以其似朱也。故乡原似中和，所以乱德；放者似达，所以乱道。然竹林之为放，有疾而为颦者也，元康之为放，无德而折巾者也，可无察乎！

【译文】父母死了自己却采药不回来的，这是不仁的儿子；国君危险了自己却多次出走近边关的，这是苟且偷生的臣子。古代的人们不认为是妨害名教，为什么呢？这是因为十分清楚其意旨的缘故。清楚其意旨，所以能不迷惑于其行迹。像元康年间的人，可以说是喜欢隐居却不探求它的本源，所以有舍本求末的弊病，舍弃实际追逐虚名的行为，这就好像觉得西施美就学她皱眉头，羡慕有道就也折起头巾巾角，他们羡慕美，并非追求神似，而是追求形似。紫色能够和大红色混杂，这是因为它和大红色相近。所以没有是非的好好先生和中和相似，这就是他能败坏道德的原因；放纵的人和旷达相似，这就是他能扰乱正道的原因。竹林七贤的放纵，好像是有了疾病才皱眉，元康年间的人放纵，却像没有德行而折起头巾，这能不审察吗！

且儒家尚誉者，本以兴贤也，既失其本，则有色取之行。怀情丧真，以容貌相欺，其弊必至于末伪。道家去名者，欲以笃实也，苟失其本，又有越检之行。情礼俱亏，则仰咏兼忘，其弊必至于本薄。夫伪薄者，非二本之失，而为弊者必托二本以自通。夫道有常经而弊无常情，是以六经有失，二政有弊，苟乖其本，固圣贤所无奈何也。

【译文】况且儒家崇尚声誉，本来是用来推重贤人的，既然失去了它的本来面目，就有了越轨的行为。怀藏虚情丧失真性，用容貌互相欺骗，它的弊端一定会成为虚伪。道家抛弃虚名，是想通过这种手段来敦厚真实，假如丧失了这个根本，又会出现有失检点的行为。情和礼都受到损害，就会仰慕咏赞全都忘却，它的弊病一定会使根本削弱。虚伪轻薄，并不是两种根本都失去，但是做坏事的人一定会假托这两种根本来自圆其说。道有常规，但是弊病没有常情，所以《六经》有缺失，王政有弊病，假如和它的根本相违背，这就连圣贤也无可奈何了。

嗟夫！行道之人自非性足体备、暗蹈而当者，亦曷能不棲情古烈，拟规前修。苟迷拟之然后动，议之然后言，固当先辨其趣舍之极，求其用心之本，识其枉尺直寻之旨，采其被褐怀玉之由。若斯途虽殊，而其归可观也；迹虽乱，而其契不乖也。不然，则流遁忘反，为风波之行，自驱以物，自诳以伪，外眩嚣华，内丧道实，以矜尚夺其真主，以尘垢翳其天正，贻笑千载，可不慎欤！

【译文】唉！履行正道的人自然不是本性完备、行动都能得当的，又怎么能不把情志寄托在古代壮士身上，追寻模仿前代的贤士。假如沉迷于模仿然后行动，思虑了然后才说出来，自然应该辨清取舍的原则，探求用心的本意，知道是非曲直的原因，挖掘披褐怀玉的根由。这样，途径虽然不同，但结果是好的；踪迹虽然混乱，但是并不悖谬。不然，就流连忘返，作风波之行，用外物来驱使自己，用虚假来欺骗自己，外被眩目的华美所迷惑，内心丧失了道的本质，因矜尚失去了自己的真心，因尘垢遮蔽了上天的正道，贻笑千年，能不慎重吗！

附录四 范宁《罪王何论》

或曰："黄、唐缅邈，至道沦翳，濠濮辍咏，风流靡托，争夺兆于仁义，是非成于儒墨。平叔神怀超绝，辅嗣妙思通微，振千载之颓纲，落周、公之尘网。斯盖轩冕之龙门，濠梁之宗匠。尝闻夫子之论，以为罪过桀纣，何哉？"

【译文】有人说："黄帝、唐尧已经很遥远，大道已经消失隐没，濠、濮的咏诵停息，流风遗韵无所寄托，争夺从仁义开始，是非由儒墨形成。平叔神奇的情怀超凡绝伦，辅嗣精妙的思绪广博微妙，振奋了千年的颓废的纲纪，降下周孔的尘网。这是官位爵禄的龙门，老庄学说的巨匠。曾听说先生的高论，认为他们罪责超过桀纣，这是为什么呢？"

答曰："子信有圣人之言乎？夫圣人者，德侔二仪，道冠三才，虽帝皇殊号，质文异制，而统天成务，旷代齐趣。王、何蔑弃典文，不遵礼度，游辞浮说，波荡后生，饰华言以翳实，骋繁文以惑世。搢绅之徒，翻然改辙，洙泗之风，缅焉将堕。遂令仁义幽沦，儒雅蒙尘，礼坏乐崩，中原倾覆。

【译文】回答说："你相信有圣人之言吗？所谓圣人，德行与日月相同，道义压倒天地人，虽然帝王不断变换，质朴和文雅不同，可是统揽天下成就事业，许多年代以来都受人景仰。王、何蔑视遗弃典籍，不遵循礼法制度，用虚浮夸诞的言辞来蛊惑后生，修饰华丽的言辞来搅乱朴实，以繁文来迷惑世人。士大夫之流很快地改变了方向，孔子及儒家的遗风，将完全丧失。于是使仁义隐没，儒雅蒙上尘土，礼崩乐坏，中原倾覆。"

"古之所谓言伪而辩、行僻而坚者，其斯人之徒欤！昔夫子斩少正于鲁，太公戮华士于齐，岂非旷世而同诛乎！桀纣暴虐，正足以灭身覆国，为后世鉴戒耳，岂能回百姓之视听载！王、何叨海内之浮誉，资膏梁之傲诞，画螭魅以为巧，扇无检以为俗。郑声之乱乐，利口之覆邦，信矣哉！吾固以为一世之祸轻，历代之罪重，自丧之衅小，迷众之愆大也。"

【译文】"古代所谓言语虚无而诡辩、行为邪僻而固执的人，大概就是这一类人吧！从前孔子在鲁斩少正，太公在齐杀华士，难道不是在不同的时代有相同的诛戮吗！桀纣暴虐，正足以杀身丧国，作为后世的鉴戒，怎么能逃避百姓的视听呢？王、何贪图天下的虚名，凭借富贵之人的傲慢荒诞，书魑魅作为机巧，鼓动没有法度作为习俗。郑声搞乱音乐，能言善辩倾覆国家，确实是有的呀！我坚决相信一代之祸很轻，遗害后代的祸很重，耽误自己罪过小，迷惑众人罪过大。”

葛洪

晋句容人，字稚川，自号抱朴子，所著书即以为名，内篇论神仙修炼之事，外篇论政俗之事，隋志以二篇分入道家、杂家，清四库则载入于道家。

【译文】晋句容人，字稚川，自号抱朴子，所著书即以此作为书名，内篇论述神仙修炼的事迹，外篇论述政治与风俗，《隋书·经籍志》将分别划入了道家和杂家，清代《四库全书》则将其都载入了道家。

论仙（《抱朴子内篇》）

或问曰："神仙不死，信可得乎？"抱朴子答曰："虽有至明，而有形者不可毕见焉。虽禀极聪，而有声者不可尽闻焉。虽有禹、益、齐谐之智，而所尝识者未若所不识之众也。万物芸芸，何所不有，况列仙之人，盈乎竹素矣。不死之道，曷为无之？"

【译文】有人问："神仙不会死亡，这真的可能吗？"抱朴子回答道："虽然有最好的视力，但也不可能将有形的物体一一看清；尽管有最好的的听力，但也不能把有声的音响完全听到；尽管有禹、益、齐谐的智慧，但已经知道的东西，不如不了解的东西多。万物繁杂，无所不有，何况成仙的人，已是连篇累牍了，长生不死的道术。怎么会没有呢？"

事有本均而末乖，未可一也。"夫言有始必有终者多矣，混而齐之，非通理矣。谓夏必长，而荠麦枯焉；谓冬必凋，而竹柏茂焉；谓始必终，而天地无穷焉；谓生必死，而龟鹤长存焉。盛阳宜暑，而夏天未必无凉日也；极阴宜寒，而严冬未必无暂温也。百川东注，而有北流之浩浩。坤道至静，而或震动而崩弛；水性纯冷，而有温谷之汤泉；火体宜炽，而有萧丘之寒焰。重类应沉，而南海有浮石之山；轻物当浮，而牂柯有沉羽之流。万殊之类，不可以一概断之，正如此也久矣。"

【译文】"至于说有起始就一定会结束，的确是普遍现象，但混淆所有事物，将它们看得一模一样，就不是通达之理了。人们都说夏天里万物必定生长，但荞麦却在此时枯萎；都说冬天里万物必定凋谢，但竹柏却在此时丰茂；都说有始必有终，但天地却无穷无尽；都说生存必然死亡。但灵龟、仙鹤却长生久存。盛夏应该是炎热的，但夏天未必没有凉爽的日子；严冬应该是寒冷的，但冬天未必没有片刻的温暖。千条江河东流到海，却有着北向的潺潺流水；大地之道本属安静，有时却震动而崩塌脱落。水的特性本来寒冷，却有温谷的热泉；火的质地应该炽热，却有萧丘的冷焰；重的物类应该沉没、但南海有飘浮石头的山冈；轻的东西应当浮起，但牂柯有沉下羽毛的河流，可见万物的种类，下能用一种标准来论断，事物的复杂正是如此，而且是古已有之的了。"

"有生最灵，莫过乎人。贵性之物，宜必钧齐。而其贤愚邪正，好丑修短，清浊贞淫，缓急迟速，趋舍所尚，耳目所欲，其为不同，已有天渊之隔，冰炭之乖矣。何独怪仙者之异，不与凡人皆死乎？"

【译文】"拥有生命而最伶俐的，没有什么动物能超过人的。拥有可贵生性的人类理应完全相同，但是，人们的贤明、愚笨，邪僻、正派，漂亮、丑陋，修长、短矮，清明、污浊，贞节、淫荡，缓慢、急遽，迟钝、敏捷，归附、舍弃等所崇尚的，耳朵、眼睛等所欲求的，其间歧异，已经有天空和土壤的差别，寒冰和热炭般相反了。那为什么唯独疑怪仙人的特异，止是不会与凡人一样死亡呢！"

"若谓受气皆有一定，则雉之为蜃，雀之为蛤，壤虫假翼，川蛙翻飞，水蛮为蛤，苓苓为蛆，田鼠为鴽，腐草为萤，鼍之为虎，蛇之为龙，皆不然乎？"

【译文】"如果说禀性都有一定之规，那么野鸡变为大蛤，鸟雀变为蛤蜊，树中壤虫凭借翅膀翱翔，河里青蛙变为鹌鹑飞腾，水蛮化为蜻蜓，苓苓化为马陆，田鼠化为鹌鹑鸟，腐草化为萤火虫，鼍龙变成老虎，长蛇变成蛟龙，难道不都是事实吗！"

"若谓人禀正性，不同凡物，皇天赋命，无有彼此，则牛哀成虎，楚妪为鼋，枝离为柳，秦女为石，死而更生，男女易形，老彭之寿，殇子之夭，其何故哉？苟有不同，则其异有何限乎？若夫仙人，以药物养身，以术数延命，使内疾不生，外患不入，虽久视不死，而旧身不改，苟有其道，无以为难也。"

【译文】"如果说人类禀受着纯正的天性，不同于凡俗的动物，而且老天既赋予人类生命，就不会厚此薄彼。那么公牛哀变成了老虎，楚地老妇变成大鼋，枝离叔肘上长出柳树，秦国女子化为石人，死者能够复活，男女改变形态，殷代贤大夫老彭的长寿，未成年而早逝者的夭折，又是什么原因呢？既然是人与人之间有所不同，那么这种差异又有什么限制呢！至于仙人，他们用药物滋养生命，用法术延长寿诞，使身内的疾病不会产生，身外的祸患不会侵入，既能长生不死，又能使青春的体貌不会改变，如果有养生之道，就都不会是一件难事。”

“魏文帝穷览洽闻，自谓于物无所不经，谓天下无切玉之刀、火浣之布，及著《典论》，尝据言此事。其閒未期，二物毕至。帝乃叹息，遽毁斯论。事无固必，殆为此也。陈思王著释疑论云，初谓道术，直呼愚民诈伪空言定矣。及见武皇帝试左慈等，令断穀近一月，而颜色不减，气力自若，常云可五十年不食，正尔，复何疑哉？又，令甘始以药含生鱼，而煮之于沸脂中，其无药者，熟而可食，其衔药者，游戏终日，如在水中也。又以药粉桑以饲蚕，蚕乃到十月不老。又以住年药食鸡雏及新生犬子，皆止不复长。以还白药食白犬，百日毛尽黑。乃知天下之事，不可尽知，而以臆断之，不可任也。但恨不能绝声色，专心以学长生之道耳。”

【译文】“魏文帝曹丕观览殆尽，见闻广博，自称对于事物无所不晓。曾认为天下没有切玉的刀剑，在火中洗涤的布，等到他撰写《典论》，曾经依据博学谈及此事后不到一年，这两样东西都被献了上来，魏文帝才叹息着马上毁弃了前面的结论。凡事不可固执，大概就是为了这种原因吧！陈思王曹植写的《释疑论》说：开始谈到神仙方术，只以为是愚笨的下民撒谎空言，认为这是肯定的。等见到魏武帝曹操试着关闭左慈，让他不食谷物将近一年，但容貌脸色并没有憔悴，中气力里仍然自如，还曾说过自己可以五十年不吃东西。才意识到事实本来如此，又有什么可怀疑的呢？又说：让甘始拿药物给活鱼含着，然后放到沸腾的油膏中煎煮，那不放药物的，煎熟了可以吃，而另外含着药的，却整天在沸油里游戏，恰似在水中一般。还有，用药物粉末涂抹桑叶去饲养蚕，蚕竟活到十月而不会变老。又有，用使年华长驻的药喂养小鸡和新生狗患，能使它们停止发育而不再生长。用使白发返黑的药物喂养白狗，一百天后白毛都变黑了。可知天下的事情一个人不可能都知晓，而凭着揣测去论断它们，是不凭信的，只遗憾凡人不能断绝音乐美女，一心一意去学习长生之道罢了。”

“彼二曹学则无书不览，才则一代之英，然初皆谓无，而晚年乃及以为有，穷理尽性，其叹息如此。不逮若人者，不信神仙，不足怪也。刘向博学则究微极妙，经深涉远，思理则清澄真伪，研核有无，其所撰《列仙传》，仙人七十有馀，诚无其事，妄造何为乎？邃古之事，何可亲见，皆赖记籍传闻于往耳。《列仙传》炳然，其必有矣。

【译文】"那曹氏三兄弟论学问，可谓无书不读；论才华，可算一代精英。但当初都认为神异之事不存在，至晚年才穷尽事理，彻悟物性，也像这样令人叹息！而赶不上这些精英的人，不相信神仙，便也不足为奇了。刘向其人，论博学，研究竭尽微妙，探索深入，涉及面广远；论思路，判断明了真假，研究过有的。考核过没有的，他所撰写的《列仙传》，所载仙人有七十多个，假如的确没有这些事，为什么要去虚假地编造呢？远古的事情，哪里能亲自见到？都是依赖于古籍记载着往日的传闻罢了。《列仙传》写得清清楚楚，神仙之事必定是存在的了。

"凡世人所以不信仙之可学，不许命之可延者，正以秦皇、汉武求之不获，以少君、栾太为之无验故也。然不可以黔娄、原宪之贫，而谓古者无陶朱、猗顿之富。不可以无盐、宿瘤之醜，而谓在昔无南威、西施之美。进趋尤有不达者焉，稼穑犹有不收者焉，商贩或有不利者焉，用兵或有无功者焉。况乎求仙，事之难者，为之者何必皆成哉？彼二君两臣，自可求而不得，或始勤而卒怠，或不遭乎明师，又何足以定天下之无仙乎？"

【译文】"但凡世人之所以不相信仙道是可以学成的，不赞同寿命是可以延长的，是因为秦始皇、汉武帝求仙而不能得到，又因为李少君、栾太作法而没有应验的缘故。然而，不能因为黔娄、原宪的贫困，就认为古代没有陶朱，猗顿之类的豪富；不可因为无盐、宿瘤的丑陋，就认为昔日没有南威、西施之类的美人。奋进奔跑尚且有达不到目标的，播种收割难免有收不到成果的，商贩或许有不得利润时，打仗或许有不获胜利时，何况追求仙道是艰难的事情，修炼者又何必都望能成功呢了？秦皇、汉武、少君、栾太之流本来可能追求而不得，或许是因为开始勤求而后来怠惰，或许没有逢遇高明的老师，又怎么能以此论定天下没有神仙呢？"

夫求长生，修至道。诀在于志。不在于富贵也，苟非其人，则高位厚货。乃所以为重累耳，何者。学仙之法，欲得恬愉淡泊，涤除嗜欲，内视反听，尸居无心，而帝王任天下之重责，治鞅掌之政务。思劳于万几，神驰于宇宙。一介失所，则王道为亏。百姓有丑。则汩其和气。

【译文】要求长生不老，修行至高的道，秘诀在于志向，不在于富贵。如果不是这样的有志之人，那么身处高位，拥有财物，反而成为负累，为什么呢？学仙的方法，需身心恬愉淡泊，少欲知足，内视反听，起居不动心思。帝王担负天下重大的责任，处理繁忙的政务，日理万机而思虑劳累，心神驰骋于宇宙万事，一方面没有考虑到的，王道上就有亏欠，百姓有了过失，就淹没了和谐之气。

“汉武招求方士，宠待过厚，致令斯辈，敢为虚诞耳。栾太若审有道者，安可得煞乎？夫有道者，视爵位如汤镬，见印绶如缞绖，视金玉如土粪，睹华堂如牢狱。岂当扼腕空言，以侥倖荣华，居丹楹之室，受不訾之赐，带五利之印，尚公主之贵，耽沦势利，不知止足，实不得道，断可知矣。”

【译文】“汉武帝招募懂得方术的士人，宠幸的待遇过于丰厚，才致使这些家伙敢于弄虚作假呵！栾太如果是明了并具备道术的人，哪里可能被杀死呢？真正有道术的人，看待高官厚爵如同受到汤镬的酷刑；见到金印紫绶如同见到丧服的麻带；看待黄金白玉如同看待泥土大粪；见到华丽殿堂如同见到监狱。哪里应该紧握手腕说谎，去侥幸地求得恩荣豪华，居住在漆着红柱的宫室，接受难以计里的赏赐物，携带五利将军的大印，与高贵的公主攀亲，沉沦于权势利益之中，不知道满足而中止，本来并没得道，是可以清楚地知道的了。”

“按董仲舒所撰《李少君家录》云：少君有不死之方，而家贫无以市其药物，故出于汉，以假涂求其财，道成而去。又按《汉禁中起居注》云：少君之将去也，武帝梦与之共登嵩山，半道，有使者乘龙持节，从云中下。云上帝请少君。帝觉，以语左右曰：‘如我之梦，少君将舍我去矣。’数日而少君称病死。久之，帝令人发其棺，视尸，唯衣冠在焉。按《仙经》云：上士举形升虚，谓之‘天仙’；中士游于名山，谓之‘地仙’；下士先死后蜕，谓之‘尸解仙’。今少君必尸解者也。近世壶公将费长房去，及道士李意期将两弟子去，后人见之，皆在郫县。其家各凿棺视之，三棺只有竹杖一枚，以丹书于杖，此皆尸解者也。”

【译文】“依照董仲舒所写《李少君家录》的说法，李少君有令人长生不死的方剂，但家境贫寒而没有什么用来买必要的药物，所以于汉代出山，假托仕途去寻求药物的钱财，修道成功后就离去了。又依照《汉禁中起居注》说：李少君即将离去时，汉武帝梦见自己和他共同登上了篙高山，走到半道上，有一个使者驾着飞龙，拿着符节，从云中翩翩飘下，说：‘天皇太乙邀请李少君。’武帝醒后，以此告诉左右：‘照我的梦境，李少君将要离我而去了。’几天后，被告知李少君生病死了。很久以后，武帝让人掘开他的棺材，中间没有尸体，只有衣服和帽子还在。按照《仙经》的说法：上等的道士飞起身形，升入虚空，被称为‘天仙’；中等的道士在名山遨游，被称为‘地仙’；下等的道士先假死而后蜕变，被称为‘尸解仙’。现在看来。李少君必定是‘尸解仙’一类的。近代的壶公带着费长房离去，以及道士李意期带着两个学生离去，都是假装猝然死去，家人出殡埋葬了他们。过了几年，费长房却回了家；又有熟识的人看见李意期带着两个学生，仍活在郫县。他们的家人打开棺材看去。二个棺材中各有竹杖一根，拐杖上面用丹漆写着符篆。这些，都是尸解的仙人呵！”

“又《神仙集》中有召神劾鬼之法，又有使人见鬼之术。俗人闻之，皆谓虚文。或云天下无鬼神，或云有之，亦不可劾召。或云见鬼者，在男为觋，在女为巫，当须自然，非可学而得。按《汉书》及《太史公记》皆云齐人少翁，武帝以为文武将军。武帝所幸李夫人死，少翁能令武帝见之如生人状。又令武帝见灶神，此史籍之明文也。夫方术既令鬼见其形，又令本不见鬼者见鬼，推此而言，其馀亦何所不有也。

【译文】“还有，《神仙集》中有召唤神仙，驱逐鬼魅的方法，以及让人看见鬼怪的方术。凡俗者听说这些，却认为是虚假的文章。有的人断言天下没有鬼神；有的则说即使有，也不能驱赶和召来；也有的人说，能看见鬼怪的，男的叫‘觋’，女的叫‘巫’。他们应当是天生的本能，而不是可以经过学习获得的。依照《汉书》和《史记》，都讲了齐国人少翁的事：汉武帝让他做文成将军；汉武帝宠幸的李夫人死后，少翁能让武帝重新看见她，如同活人一般；又能让汉武帝看见灶神。这些都是史书上明确记载的文字呵！方术既能让鬼魂显现身形，又能让本来不能看见鬼魂的人看清鬼魂，照此推论，其他的法术又有什么做不到的呢？

“人有贤愚，皆知己身之有魂魄，魂魄分去则人病，尽去则人死。故分去则术家有拘录之法，尽去则礼典有招呼之义，此之为物至近者也。然与人俱生，至乎终身，莫或有自闻见之者也。岂可遂以不闻见之，而云无之乎？若夫辅氏报施之鬼，成汤怒齐之灵，申生交言于狐子，杜伯报恨于周宣，彭生讬形于玄豕，如意假体于苍狗，灌夫守田蚡，子义掊燕简，蓐收之降于莘，栾侯之止民家，素姜之说谶纬，孝子之著文章，神君言于上临，罗阳仕于吴朝，鬼神之事，著于竹帛，昭昭如此，不可胜数。然而蔽者犹谓无之，况长生之事，世所希闻乎！望使必信，是令蚊虻负山，与井蛙论海也。

【译文】“人们无论明智愚笨，都知道自己的身上有魂魄，只要魂魄部分离去就会引起人的疾病，完全离去就会造成人的死亡。因而，魂魄部分离去就有术士捕捉游魂的‘拘录法’，完全离去就有《仪礼》的招回亡灵的‘招魂法’。这本来是万物中最贴近人的了，但魂魄依附人们一同活着，直至结束生命，却没有谁自己听闻、看见魂魄的。难道可以仅因为没有听闻看见，就说没有魂魄的存在吗？至于在辅氏这地方，有过报恩结草的鬼魂，成汤的鬼魂对齐国侵略者发怒，申生的幽灵与狐突交谈，杜伯的幽灵向周宣王报仇，彭生将冤魂寄托给黑色的猪，如意把冤魂寓居给青色的狗，灌夫的魂魄仍守着田蚡，子义的魂魄打倒了燕王，蓐收降临在莘地，栾侯止息百姓家，素姜阐说谶纬，孝孙著述文章，神君在上林苑言谈，罗阳到东吴朝作官。这些鬼神的事迹，记载在典籍中明明白白的，像这样的数都数不尽，但受蒙蔽的人还认为没有，何况那长生不老的事理，是世人所很少听到的呢！如果希望让人们一定要相信这些事理，就像让蚊子牛蛇背起山冈，和井底之蛙讨论大海。”

世人以刘向作金不成，便谓索隐行怪，好传虚无，所撰列仙，皆复妄作。悲夫！此所谓以分寸之瑕，弃盈尺之夜光，以蚁鼻之剑，捐无价之淳钧，非荆和之远识，风胡之赏真也。斯朱公所以郁悒，薛烛所以永叹矣。作金皆在《神仙集》中，淮南王抄出，以作鸿宝枕中书，虽有其文，然皆秘其要，必须口诀，临文指解，然后可为耳。其所用药，复多改其本名，不可按之便用也。刘向父德治淮南王狱中，所得此书，非有师授也。向本不解道术，偶偏见此书，便谓其意尽在纸上，是以作金不成耳。

【译文】“俗人因为刘向炼制黄金不成功，就认为他探索稳密，施行怪谲，喜欢传述虚幻不存在的东西，他所撰写的《列仙传》，也都是荒诞的故事。这真是可悲啊!这就是所谓：因为细小的斑点，就抛弃很大的夜光璧玉；因为纤细的缺口，就放弃无价的淳钧宝剑。完全没有楚人和氏的远见卓识，风胡的鉴赏真功，这就是陶朱公之所以要郁抑不快的理由，薛烛之所以要大发浩叹的原因了。制作黄金的法术都记在《神仙集》里，淮南王刘安把它们抄录出来，著成《鸿宝枕中书》。书中虽然有那表象的文字，但那重要的内容都被隐匿了，所以还必须要亲口讲诀窍，面对文章，指点解释，这样才能炼制那些炼金所用的药物，又有很多被改掉本来的名字，并不能按字面上的药物使用。刘向的父亲刘德因淮南王被关在牢狱中得到了这本书，而不是由老师亲自传授的。刘向本来不懂得道术，偶然地、不全面地见到这本书，就以为炼金的旨意都记载在纸上了，所以炼金不成功。”

“至于撰《列仙传》，自删秦太史暨汉书中出之，或所亲见，然后记之，非妄言也。外国作水精椀，实是合五种灰以作之。今交广多有得其法而铸作之者。今以此语俗人，殊不肯信。乃云水精本自然之物，玉石之类。况于世间，幸有自然之金，俗人当何信其有可作之理哉？愚人乃不信黄丹及胡粉，是化铅所作。又不信骡及駏驉，是驴马所生。云物各自有种。况乎难知之事哉？夫所见少，则所怪多，世之常也信哉。”

【译文】“至于他撰写《列仙传》是从秦国大夫阮仓的书中摘出的，有些内容应该是阮仓所亲眼目睹的，这样记载下来的并不是荒唐的言论呵!外国制作水精碗，实际上是汇合五百种灰末作成的，现在交州、广州还有很多人获得这种方法而炼铸造作水精。如果把这些话告诉世俗之人，俗人完全不肯相信，都认为水精本来属于自然形成的物质。就像玉石之类一样。何况世间侥幸有自然形成的黄金，俗人又怎么会相信金子是可以人工制作的道理呢？愚笨的人竟然不相信黄丹和胡粉是熔化铅所制作的，还不相信骡子及駏驉是驴和马交配后所生育的。他们说事物各有种类，不会转化，更河况难以明了的事物呢？所看见的少，自然感到奇怪的就多，这就世间的常理。这话说得多真切呀！”

钧世（《抱朴子外篇》下同）

或曰："古之著书者，才大思深，故其文隐而难晓；今人意浅力近，故露而易见。比彼难晓，犹沟浍之方江河，垲垤之并嵩、岱矣。故水不发崐山，则不能扬洪流以东渐；书不出英俊，则不能备致远之弘韵焉。"

【译文】有人说："古代著书的人，才气大思想深刻，因此他们的文章隐晦不容易理解；现在人思想浅才力低，所以文章外露而容易理解。用这种浅显易解和那种深刻难懂相比较，就像是小沟渠和长江大河相比，蚁穴口的小土堆和高山泰山放在一起一样。因此河流如果不是发源于昆仑山，就不能扬起洪波流向东方；书如果不是由英俊之才写出的，就不能具备流传久远的出色神韵。"

抱朴子答曰："夫论管穴者，不可问以九陔之无外；刁拘阂者，不可督以拔萃之独见。盖往古之士，匪鬼匪神，其形器虽冶铄于畴曩，然其精神，布在乎方策。情见乎辞，指归可得。且古书之多隐，未必昔人故欲难晓，或世异语变，或方言不同，经荒历乱，埋藏积久，简编朽绝，亡失者多，或杂续残缺，或脱去章句，是以难知，似若至深耳。且夫《尚书》者，政事之集也，然未若近代之优文诏策军书奏议之清富赡丽也；《毛诗》者，华彩之辞也，然不及《上林》《羽猎》《二京》《三都》之汪濊博富也。"

【译文】抱朴子回答道："对见识狭窄的人，不能谈论九重天外没有东西；对学习范围狭小受局限的人，不能要求他有出类拔萃的独到见解。古代的人士，不是鬼也不是神，他们的躯体虽然已经消亡于往古，然而他们的精神却记载在典籍中，感情表现在文字上，意旨的趋向是能够知道的。况且古书多数隐晦，不一定是古人故意要让它难懂，有的是因为时代不同语言有变化，有的是因为方言不一样；经历了灾荒战乱，埋藏的时间长了，竹简编成的册籍绳索腐烂断折，丢掉的很多，有的掺杂连接或残缺不全，有的脱落了章节句子，因此难懂，好像深奥罢了。而且《尚书》，是政事文告的集子，但不如近世的褒奖文告、皇帝诏书、军事文书、表奏疏议清新富丽华美；《毛诗》，是华丽光彩的作品，但赶不上《上林》《羽猎》《二京》《三都》这些赋作深广博大。"

"然则古之子书，能胜今之作者，何也？然守株之徒，喽喽所玩，有耳无目，何肯谓尔！其于古人所作为神，今世所著为浅，贵远贱近，有自来矣。故新剑以诈刻加价，弊方以伪题见宝也。是以古书虽质朴，而俗儒谓之堕于天也；今文虽金玉，而常人同之于瓦砾也。然古书者虽多，未必尽美，要当以为学者之山渊，使属笔者得采伐渔猎其中。然而譬如东瓯之木，长洲之林，梓豫虽多，而未可谓之为大厦之壮观，华屋之弘丽也；云梦之泽，孟诸之薮，鱼肉虽饶，而未可谓之为煎熬之盛膳，渝、狄之嘉味也。"

【译文】"那么古代的子书能胜过现代的作者在哪儿呢！但那些守株待兔拘泥守旧的人，局限于所欣赏的作品，只有耳朵没有眼光，怎么肯承认这一点呢！他们对于古人的作品认为很神秘，现在的作品则认为浅薄。看重古代而轻视现在，是由来已久的。因此新铸的剑因为伪刻古款而身价倍增，破烂的方版由于假托古人题字而被人珍视。所以古书虽然质朴无华，而庸俗的儒生把它说成是从天上掉下来的；现在的文章即使华美如金玉，但一般人却把它视同瓦砾。但古书虽然很多，不一定都好，重要的是可以作为学习者的高山深潭，让执笔写文的人能从中采集砍伐捕捞猎取。然而就像是东瓯的树木，长洲苑的林子，虽然梓树、豫章这样的好木材很多，但不能就把它说成是壮观的大厦，华美的房屋；云梦泽，孟诸薮，出产鱼肉虽然很丰富，但不能就称之为烹调好的丰盛饭食，渝儿、狄牙做的美味佳肴。"

"今诗与古诗书，俱有义理，而盈于差美。方之于士，并有德行，而一人偏长艺文，不可谓一例也；比之于女，俱体国色，而一人独闲百伎，不可混为无异也。若夫俱论宫室，而奚斯"路寝"之颂，何如王生之赋灵光乎？同说游猎，而《叔畋》《卢铃》之诗，何如相如之言上林乎？并美祭祀，而《清庙》《云汉》之辞，何如郭氏《南郊》之艳乎？等称征伐，而《出军》《六月》之作，何如陈琳《武军》之壮乎？则举条可以觉焉。近者夏侯湛潘安仁并作补亡诗，《白华》《由庚》《南陔》《华黍》之属，诸硕儒高才之赏文者，咸以古诗三百，未有足以偶二贤之所作也。"

【译文】"现在的诗和古代的诗都有很好的思想内容，差别全在于文辞的华美与否。用士人来作比方，都有好的德行，而一个人在写文章上更有才华，不能说全都一样；用女子作比方，都是举国容貌最美的，而一个人又有娴熟的多方面的技艺才能，不能混为一谈认为没有差别。至于都是描写宫室的，奚斯写的有"路寝孔硕"句子的颂诗，怎么比得上王延寿写的《灵光殿赋》呢！同是述说游猎，《叔于田》《卢铃》这些诗，怎么比得上司马相如描写上林苑的作品呢！都是赞美祭祀，而《清庙》《云汉》的文辞，怎么比得上郭璞的《南郊赋》艳丽！都是称颂出兵征战，《出车》《六月》那种作品，怎么比得上陈琳的《武军赋》雄壮呢！那么任举一项都可以让人感觉到这一点。不久前夏侯湛、潘安仁一起为

《诗经》中散失的作品写了补作，《白华》《由庚》《南陕》《华黍》之类，诸位大儒高才善于鉴赏文学作品的人，都认为原来《诗经》中的三百首，没有足以和这二位贤者的作品相提并论的。”

“且夫古者事事醇素，今则莫不雕饰，时移世改，理自然也。至于罽锦丽而且坚，未可谓之减于蓑衣；辎軿妍而又牢，未可谓之不及椎车也。书犹言也，若入谈语，故为知有，胡越之接，终不相解，以此教戒，人岂知之哉!若言以易晓为辨，则书何故以难知为好哉？若舟车之代步涉，文墨之改结绳，诸后作而善于前事，其功业相次千万者，不可复缕举也。世人皆知之，快于曩矣，何以独文章不及古邪？”

【译文】“再有，古代事事都醇厚朴素，现在无论什么都雕画修饰。时间推移时代改变了，这是理所当然的。至于毛呢锦缎漂亮而且结实，不能说它们还不如蓑衣；有帷幕的轴轿车好看而又结实，不能说不如原始的椎车。书面的文字就如同是说话。如果能相互谈话，才能够成为‘知音’；与胡人、越人相交接，始终不相理解，用我们的语言去教诲告诫，人家怎么能懂得呢？如果语言以易懂与否为区别，那么书为什么以难理解为好呢？又如船和车代替涉水和步行，文字笔墨改变了结绳记事，各种后来产生的都比以前的要好，它们的功劳业绩相差千万倍，不能再一一列举。世上的人都知道这些比以前要好，为什么只认为文章不如古代呢？”

诘 鲍

鲍生敬言，好老庄之书，治剧辩之言，以为古者无君，胜於今世，故其著论云：“儒者曰：‘天生烝民而树之君。’岂其皇天谆谆言？亦将欲之者为辞哉!夫强者凌弱，则弱者服之矣；智者诈愚，则愚者事之矣。服之，故君臣之道起焉；事之，故力寡之民制焉。然则隶属役御，由乎争强弱而校愚智。彼苍天果无事也，夫混茫以无名为贵，群生以得意为欢。故剥桂刻漆，非木之愿；拔鹖裂翠，非鸟所欲；促辔衔镳，非马之性；荷軏运重，非牛之乐。诈巧之萌，任力违真伐根之生，以饰无用，捕飞禽以供华玩，穿本完之鼻，绊天放之脚，盖非万物并生之意。夫役彼黎烝，养此在官，贵者禄厚而民亦困矣。”

【译文】鲍先生敬言，喜好老子、庄子的书，研究雄辩的语言。认为古时候没有国君，比现在要强。因此他在论著中写道："儒家人士说：'上天造就了众多的百姓并为他们立了国君。'难道真的是上天反复告诫要这样？还是想作国君的人在制造借口呢？强者欺凌弱者，那么弱者只好服从他们了；聪明人欺骗愚笨的人，那么愚笨的人只好为他们服务了。服从强者，所以君臣的关系就产生了；奉事聪明人，所以能力低的人就受制于人了。这说明统属服从役使驾驭等，都是由于强弱的竞争和愚智的较量导致的，苍天最终是与此无关的。在混沌蒙昧之中，人们以声名不显于世为贵，大家以能任意行事为快乐。所以剥下桂皮割取漆汁不是树木的愿望；拔下野鸡的翎尾撕取翠鸟的羽毛，不是鸟所愿意的；勒上缀绳咬上嚼子，不合马的本性；套上车去运输重物，不是牛的乐事。奸诈巧伪的产生，是依靠暴力而违背天性。砍断天性的根本去装饰无用的东西，捕捉飞鸟以供浮华的观赏；穿透原本完整的牛鼻子，绊住天生开放的马蹄，全都不是各种生物同生在世的本意。役使那些众多的百姓，养活身在官位的人，有地位的人俸禄越是丰厚，那百姓就越走入困境。"

"夫死而得生，欣喜无量，则不如向无死也。让爵辞禄，以钓虚名，则不如本无让也。天下逆乱焉而忠义显矣，六亲不和焉而孝慈彰矣。曩古之世，无君无臣，穿井而饮，耕田而食，日出而作，日入而息，泛然不系，恢尔自得，不竞不营，无荣无辱，山无蹊径，泽无舟梁。川谷不通，则不相并兼；士众不聚，则不相攻伐。是高巢不探，深渊不漉，凤鸾栖息於庭宇，龙鳞群游於园池，饥虎可履，虺蛇可执，涉泽而鸥鸟不入飞，入林而狐兔不惊。势利不萌，祸乱不作，干戈不用，城池不设，万物玄同，相忘於道，疫疠不流，民获考终，纯白在胸，机心不生，含甫而熙，鼓腹而游。其言不华，其行不饰，安得聚敛以夺民财，安得严刑以为坑阱！

【译文】"人死而能够复活，当然会高兴到极点，但不如当初就没死；辞掉爵位让出俸禄，以钓取虚名，那还不如当初爵禄没有不用辞让。天下发生叛乱忠义就显现出来了，六亲不和睦孝顺慈祥就显现出来了。上古时代，没有君没有臣，凿井饮水，种地吃饭，太阳出来就去劳动，太阳落下就去休息，无拘无束，悠然自得，没有竞争没有谋求。没有荣耀没有耻辱；山里没有路径，湖上没有舟桥。河流和山谷都不通，那就不能相互兼并；士卒不聚集在一起，那就不能相互攻打。这就让高处的鸟巢无人去掏，深渊的水没人去排放；鸾凤就会在院中檐下栖息，龙和麒麟就会成群地在园子里和池塘中游动；饥饿的老虎可以踩踏，蛇也可以用手捉；渡过湖面水鸟不会飞离，进入树林狐狸兔子也不会受惊。权势利益的概念没有萌发，祸患混乱就不会发生；用不着武器，也不用设置城墙和护城河；万物混然一体，人们在路上相互忘却；瘟疫不流行，百姓能够长寿而终；内心纯洁坦荡，不萌生诡诈之心；口中吃着食物嬉戏，肚子饱饱地到处游逛；人们的言辞并不华美，人们的行为也不矫饰。这还怎么会搜刮抢夺百姓钱财呢！还怎么会施严刑作为陷阱呢？"

降及叔季，智用巧生，道德既衰，尊卑有序，繁升降损益之礼，饰绂冕玄黄之服，起土木於凌霄，构丹绿於撩棼，倾峻搜宝，泳渊采珠。聚玉如林，不足以极其变；积金成山，不足以赡其费。澶漫於淫荒之域，而叛其大始之本，去古日远，背朴弥增，尚贤则民争名，贵货则盗贼起，见可欲则真正之心乱，势利陈则劫夺之途开。造剡锐之器，长侵割之患，弩恐不劲，甲恐不坚，矛恐不利，盾恐不厚。若无凌暴，此皆可弃也。故曰：白玉不毁，孰为珪璋？道德不废，安取仁义？

【译文】“到了衰末之世，使用智谋生出诡诈，道德衰落以后，有了地位高低的次序。地位升降和制度兴革的礼仪日见繁琐，人们用祭服、礼冠和彩帛的衣服装饰起来。建起高入云霄的楼阁，在房梁屋椽上绘以彩饰。推倒大山来搜求宝贝，潜入深渊采收珍珠。聚集的玉石像树林一样多，也不够用来满足他们的需求变化；积攒的金子像山一样高，不足以供给他们的费用。在荒淫的领域里放纵无忌，完全违背了造物初始的本性。脱离古风日益遥远，违背朴厚更加厉害。尊崇贤者，百姓就要多争名誉；注重钱财、盗劫之风就要兴起。看见了可要的东西就迷乱了原本正直的内心，摆列着权势利益就开辟了争权夺利的道路。制造锋利的武器，就会使侵害人的祸患增加。弓弩唯恐不强劲，铠甲唯恐不坚实，枪矛唯恐不锐利，盾牌唯恐不厚实。如果根本没有欺凌和残暴，这些东西全都可以扔掉。因此庄子说：‘如果原来的白玉不毁掉，用什么做成硅璋呢？如果道德不废弃，从哪里去取得仁义呢！’”

使无桀纣之徒，得燔人，辜谏者，脯诸侯，菹方伯，剖人心，破人胫，穷骄淫之恶，用炮烙之虐。若令斯人并为匹夫，性虽凶奢，安得施之！使彼肆酷恣欲，屠割天下，由於为君，故得纵意也。君臣既立，众慝日滋，而欲攘臂乎桎梏之间，悉劳於涂炭之中；人主忧栗於庙堂之上，百姓煎扰乎困苦之中，闲之以礼度，整之以刑罚，是犹辟滔天之源，激不测之流，塞之以撮壤，障之以指掌也。”

【译文】“让那些夏桀商纣之辈能够用火烧人，裂解进谏者，把诸侯做成肉干，把一方的诸侯之长制成肉酱，挖人心，剖开人的小腿；骄横恶毒到了极点，甚至使用炮烙的酷刑。假如这些人都只是与他人一样的平常人，性情即使凶恶得很，又怎么能干这些坏事呢？使他们放肆暴虐态意行事，屠杀宰割天下人，就是由于做了国君，所以能任意胡为。君臣的关系建立之后，各种邪恶日渐滋长，而这才要在桎梏下愤激，在艰难中忧愁；国君在朝廷上忧虑恐惧，百姓在困苦中煎熬，又用礼度来防范，用刑罚来整治，这就像是打开了一个滔天的水源，激发了一个不知多大的水流，却要用一撮土填塞，一只手挡住一样。”

抱朴子难曰：“盖闻冲昧既辟，降浊升清，穹隆仰焘，旁泊俯停。乾坤定位，上下以形，远取诸物，则天尊地卑，以著人伦之体；近取诸身，则元首股肱，以表君臣之序，降杀之轨，有自来矣。若夫太极混沌，两仪无质，则未若玄黄剖判，七耀垂象，阴阳陶冶，万物群分也。由兹以言，亦知鸟聚兽散，巢栖穴窜，毛血是茹，结草斯服，入无六亲之尊卑，出无阶级之等威，未若庇体广厦，稻粱嘉旨，黼黻绮纨，御冬当暑，明辟莅物，良宰巧匠，设官分职，宇宙穆如也。贵贱有章，则慕赏畏罚；势齐力均，则争夺靡惮。是以有圣人之作，受命自天，或结罟以畋渔，或瞻辰而钻燧，或尝卉以选粒，或构宇以仰蔽。备物致用，去害兴利，百姓欣戴，奉而尊之，君臣之道於是乎生，安有诈愚凌弱之理？”

【译文】抱朴子反驳道：“似乎听说混沌的状态打破以后，浊物降为地，清气升为天，天在上面覆盖着，大地在下静止不动，天地有了固定的位置，上下的关系也因此而形成。从远处取法于事物，那么上天高贵大地卑贱，就显示了人与人之间的关系；从近处取法于人体，那么人的头和四肢，就表明了君臣间的次序。人自上而下依次降低的法度，是由来已久的。至于说原始状态混沌为一的时候，天与她的实体都还不存在，那就不如玄天黄地分开，日月和五星向人们显示征兆，阴阳显示其陶冶之功，万物分门别类。由此说来，也就知道了像鸟兽般聚散，在巢穴中栖身，连毛带血地生吃猎物，把草编结起来当做衣服；在内没有亲属间的尊卑关系，在外没有不同等级间的威仪，就不如用高大的房屋遮蔽身体，吃粳米饭和美味食品，穿有纹饰的绸缎衣服抗御冬寒抵挡暑热，圣明的君主统御天下，贤良的官吏匡正世风，设立官府分别职能，天下安宁和谐。有了高贵和卑贱的章法，人们就会向往赏赐畏惧责罚；而如果权势力量都一样，那么争夺起来就会肆无忌惮。因此有圣人产生，这是从上天受命的，有的教人结网打猎捕鱼，有的观察星辰教人钻木取火，有的品尝百草选取种子教人播种粮食，有的教人构筑房屋以便靠它遮蔽风雨。准备万物以便使用，消除祸害兴办有利的事业。百姓高高兴兴地拥戴他们，尊奉他们。君臣之道，从这时产生。哪里有欺骗愚人凌辱弱者的道理呢！”

三五迭兴，道教遂隆，辩章劝沮，德盛刑清，明良之歌作，荡荡之化成，泰阶既平，七政遵度，梧禽激响於朝阳，麟虞觌灵而来出，龟龙吐藻於河湄，景老摛耀於天路，皇风振於九域，凶器戢乎府库，是以礼制则君安，乐作而刑厝也。若夫奢淫狂暴，由乎人已，岂必有君，便应尔乎？而鲍生独举衰世之罪，不论至治之义，何也？

【译文】“三皇、五帝相继兴起，道德教化于是昌盛起来。令百姓清楚明白并有鼓励有阻止，道德繁盛刑罚清明。颂扬贤君良臣的歌声响起，伟大的教化成就了。太阶六星显示了天下太平，日月五星都遵循法度运行。凤凰在朝阳之坡发出激越的鸣叫，麒麟和驺虞见到吉祥仁瑞而显现，神龟和蛟龙在岸边吐出华美的花纹，景星和老人星在天空中发出明亮的光辉。皇帝的德化之风吹遍九州，武器都收藏到了仓库里。因此礼的制度建立起来君主的地位就安定了，音乐兴起刑罚就可以废弃了。至于骄奢淫逸疯狂暴虐，只是由于人自己，为什么一定是由于有了国君就会如此呢!而鲍生单单举那些衰败时代的罪恶，而不谈治理最出色时的好事，是为什么呢？”

“且夫远古质朴，盖其未变，民尚童蒙，机心不动，譬夫婴孩，智慧未萌，非为知而不为，欲而忍之也。若人与人争草莱之利，家与家讼巢窟之地，上无治枉之官，下有重类之党，则私斗过於公战，木石锐於干戈，交尸布野，流血绛路，久而无君，噍类尽矣。至於扰龙驯凤，河图洛书，或麟衔甲负，或黄鱼波涌，或丹禽翔授，或回风三集，皆在有君之世，不出无王之时也。夫祥瑞之徵，指发玄极，或以表革命之符，或以彰至治之盛，若令有君，不合天意，彼嘉应之来，孰使之哉？”

【译文】“再说远古时代风气质朴，是因为人民还没开化，还处在蒙昧时期，机巧之心不动。就像是个婴孩，智慧还没萌发，并不是知道而不去做，想要却又忍住了。如果人与人争夺一棵小草般的小利，家与家为鸟巢兽窟之类的地方而争吵，上边没有治理冤枉的官员、下边却有偏向自己人的同伙，那么私人的殴斗比公家的战争还要厉害，木棍石块比武器更为锋利，尸横遍野、流血染红道路。如果长时间没有国君，生灵就会灭绝了。至于驯服龙凤，黄河出图洛河出书，或是龙马衔河图、灵龟背负洛书，或是黄鱼双跃化为黑玉，或是凤凰负图飞来授予唐尧，或是瑞风回旋多次到来，全都出现在有国君的时代，而不出现在没有帝王的时候。祥瑞的征兆，意旨出于上天，有的是表明将要改朝换代的符命，有的是用来彰明治理最好的盛世。如果有国君就不合天意，那么是谁让那些好的征兆到来的呢？”

“子若以混冥为美乎？则乾坤不宜分矣；若以无名为高乎？则八卦不当画矣。岂造化有谬，而太昊之暗哉？雅论所尚，唯贵自然，请问夫识母忘父，群生之性也；拜伏之敬，世之末饰也。然性不可任，必尊父焉；饰不可废，必有拜焉。任之废之，子安乎？古者生无栋宇，死无殡葬，川无舟楫之器，陆无车马之用，吞啖毒烈，以至殒毙，疾无医术，枉死无限。後世圣人，改而垂之，民到於今，赖其厚惠，机巧之利，未易败矣。今使子居则反巢穴之陋，死则捐之中野，限水则泳之游之，山行则徒步负戴，弃鼎铉而为生臊之食，废针石而任自然之病。裸以为饰，不用衣裳；逢女为偶，不假行媒。吾子亦将曰：‘不可也。’况於无君乎？”

【译文】“您如果把混沌蒙昧当做美，那么天地就不应该分开；如果认为无名是最高尚的，那么八卦就不该创制。难道大自然有谬误，伏羲氏也昏昧不明吗？您的高论所崇尚的，只以自然为贵。那么请问，记得母亲不知父亲，是群居时的常情；跪拜俯伏的礼敬，是后来才产生的仪节。但不能任情而为，必须尊敬父亲；仪节也不能废掉，必须得有跪拜之礼。如果任情废礼，您心安吗？古时候，人活着没有房子住，死了也不停灵下葬，河上投有舟船，陆地没有车马；吞吃剧毒的东西，以至于死掉；病了没有医治的办法，白白死去的人不计其数。后来有了圣人，改变了情况并流传下来，百姓到现在还依靠这巨大的恩惠。聪明灵巧带来的好处，不应轻易否定。假如现在让您住就住到古代的简陋巢穴里去，死了就抛尸在荒野中；遇到水的阻隔就游泳渡过，逢山路就背着东西徒步走；放弃用鼎镬烹煮而生吃食物，有病不用针石治疗任其自然；裸露身体当作装饰，不穿衣服；遇到女人就结为配偶，不求媒人，您也将会说不行吧。更何况没有国君呢！”

“若令上世人如木石，玄冰结而不寒，肴粮绝而不饥者，可也。衣食之情，苟在其心，则所争岂必金玉，所竞岂必荣位！橡芧可以生斗讼，藜藿足用致侵夺矣。夫有欲之性，萌於受气之初，厚己之情，著於成形之日，贼杀并兼，起於自然，必也不乱，其理何居!”

【译文】“如果远古时代的人像树木石头一样，冻了厚冰不觉寒冷，饭食没了也不感到饥饿，那是可以的。如果心里有了求取衣食的想法，那么所竞争的岂只是金玉，所抢夺的又岂只是名誉地位呢！一颗橡子可以引起争吵，野菜豆叶足能导致侵夺。人有欲望这种本性，产生于得到气息之初；人们厚待自己的感情，形成于身体成形之时。侵害他人吞并财产，是自然产生的。一定让它不乱，道理何在呢？”

夫明王在上，群后尽规，坐以待旦，昧朝旰食，延诽谤以攻过，责昵属之补察，听舆谣以属省，鉴履尾而夕惕，飏清风以埽秽，厉秋威以肃物，制峻网密，有犯无赦，刑戮以惩小罪，九伐以讨大憝，犹豺狼之当路，感彝伦之不叙，忧作威之凶家，恐奸宄之害国。故严司鹰扬以弹违，虎臣杖钺於方岳，而狂狡之变，莫世乏之，而命放之，使无所惮，则盗跖将横行以掠杀，而良善端拱以待祸，无主所诉，无强所凭，而冀家为夷齐，人皆柳惠，何异负豕而欲无臭，凭河而欲不濡，无辔策而御奔马，弃柂橹而乘轻舟，未见其可也。”

【译文】“如果有圣明的君主在上，众多的诸侯都效法于他，日以继夜，废寝忘食；请别人来批评自己的过失，要求亲近的人监视自己的不足；听取众论和民谣来自我省察，以踩虎尾为借鉴早晚警惕；像路起的清风一样扫荡污秽，像严厉的秋天一样清理万物。制度严格法网细密，敢有犯者绝不宽容；用刑罚惩制小罪犯，以讨伐来对待大恶人。仍然担心贪暴的官员当权，感慨正常的人伦关系没安排妥当；忧虑作威作福的大臣侵夺君权，害怕奸邪的人危害国家，因此一丝不苟的官员严厉地弹劾违法的官吏，威武的臣子执利刃监督诸侯。但那种疯狂狡猾的人没有哪一个时代没有。如果听之任之，让他们无所顾忌，那么盗跖那样的强盗将会横行不法杀人掠财，则善良的人只能拱手端立等待祸患的到来，没有君主可以去投诉，没有强权可以依靠。而希望每家都有伯夷叔齐，每人都是柳下惠，那和背猪而想没有臭味，渡河而想不沾上水，没有缰绳和马鞭而去驾驭飞跑的马，扔掉舵和船桨而乘坐小船有什么区别呢？看不出怎么会行得通。”

贾思勰

后魏人，里字未详，官高阳太守，著有《齐民要术》十卷，凡九十二篇，清四库子部农家，首著录之，谓其书于农圃、衣食之法，纤悉备至，又文章古雅，援据博奥，农家诸书，更无能出其上者。案汉志农家九种，今其书皆亡，《孟子》中许行之说，乃刘、班所谓鄙者为之者，独贾氏此书立言近古，当为后世农家者流之正宗。

【译文】后魏人，居住地、字不清楚，做过高阳太守，著有《齐民要术》十卷，共九十二篇，清代《四库全书》将其列入子部农家，这是关于这本书的首次记载，其中解释说，这本书关于农耕、穿衣饮食等维持生计的方法，记录的细致而详尽，并且文章古朴雅致，引用的证据广博而深奥，农家书籍中，没有能超过他的。《汉书·艺文志》中列了农家九种，今天书籍都已亡失，《孟子》中记录的许行的学说，刘向、班固都认为是鄙陋者著的，只有贾氏的这本书所提出的见解接近于古代，是后世农家的正宗。

《齐民要术》序

盖神农为耒耜，以利天下；尧命四子，敬授民时；舜命后稷，食为政首；禹制土田，万国作乂。殷周之盛，《诗》《书》所述，要在安民，富而教之。

【译文】神农制作耒耜为天下的人造福。尧命令羲仲、羲叔、和仲、和叔四人，谨慎地观测天象，把农时季节告诉人民，使他们得以按时耕作。舜命令后稷说，粮食问题是各项政事中首要的一项。禹平治洪水后，划分九州规划土地，使万国得到安定。殷周两朝的强盛，《诗经》《尚书》这些经典的论述，主要的就是使人民安定，先让他们富足起来，然后再进行教化。

《管子》曰："一农不耕，民有饥者；一女不织，民有寒者。""仓廪实，知礼节；衣食足，知荣辱。”丈人曰：“四体不勤，五谷不分，孰为夫子？”《传》曰：“人生在勤，勤则不匮。”语曰：“力能胜贫，谨能胜祸。”盖言勤力可以不贫，谨身可以避祸。故李悝为魏文侯作尽地利之教，国以富强；秦孝公用商君，急耕战之赏，倾夺邻国而雄诸侯。

【译文】管子说：“只要一个农民不耕种，就会有挨饿的人；只要一个妇女不织布，就会有受冻的人。”“粮仓充实了，人民才知道讲礼节；衣食充足了，人民才懂得讲荣辱。”“荷蓧丈人嘲笑孔丘说：“四肢不劳动，五谷分不清，谁是什么夫子？”古书里说：“人生在于勤劳，勤劳就不会贫乏。”古话说：“努力可以战胜贫穷，谨慎可以战胜祸患。”这就是说勤劳努力可以不贫穷，谨慎地处身可以免祸。所以李悝为魏文侯制定了尽量发挥土地生产能力的教令，魏国得以富强。秦孝公用了商鞅，注重奖励耕战，于是压过邻国而在诸侯中称雄。

《淮南子》曰：“圣人不耻身之贱也，愧道之不行也；不忧命之长短，而忧百姓之穷。是故禹为治水，以身解于阳盱之河；汤由苦旱，以身祷于桑林之祭。神农憔悴，尧瘦臞，舜黎黑，禹胼胝。由此观之，则圣人之忧劳百姓亦甚矣。故自天子以下，至于庶人，四肢不勤，思虑不用，而事治求赡者，未之闻也。故田者不强，囷仓不盈；将相不强，功烈不长。”

【译文】《淮南子》说：“圣人不以地位卑贱为羞耻，而因学说主张不能实行感到惭愧。不担心自己生命的长短，而担心百姓的穷困。所以禹为了治水，以自己的身体许愿而祈祷于阳盱之河；汤因为苦于久旱，以自己的身体许愿而祭于桑林。神农憔悴，尧干瘦，舜晒得黝黑，禹手足长了厚茧。这样看来，圣人为百姓担忧操劳也够多的了。所以从天子到老百姓，四肢不劳动，脑子不动用，而能把事情办好求得富足的，没有听说过。所以，种田的人不努力，粮仓就不会满；将相不努力，大的事业就不会成功。”

《仲长子》曰：“天为之时，而我不农，谷亦不可得而取之。青春至焉，时雨降焉，始之耕田，终之簠、簋，惰者釜之，勤者钟之。矧夫不为，而尚乎食也哉？”《谯子》曰：“朝发而夕异宿，勤则菜盈倾筐。且苟有羽毛，不织不衣；不能茹草饮水，不耕不食。安可以不自力哉？”

【译文】仲长统说；“天给准备了农时，而我不耕作，谷物也不可能伸手取得。春天来了，适时的雨下了，一年的农活开始于耕田，结束于收获起来盛到碗里。懒惰的人只能收获一釜，勤劳的人可以收获十釜，何况那种好吃不做的人呢!”谯周说：“早晨一同出发，晚上回来的时候不同，勤劳的就可以得到满筐的菜。假如人有羽毛，不织布也没有衣穿也可；但人不能光吃草喝水，不耕种就没有饭吃。怎么可以不尽自己的努力呢!”

晁错曰：“圣王在上，而民不冻不饥者，非耕而食之，织而衣之，为开其资财之道也。夫寒之于衣，不待轻暖；饥之于食，不待甘旨。饥寒至身，不顾廉耻。一日不再食则饥，终岁不制衣则寒。夫腹饥不得食，体寒不得衣，慈母不能保其子，君亦安得以有民？夫珠、玉、金、银，饥不可食，寒不可衣。粟、米、布、帛，一日不得而饥寒至。是故明君贵五谷而贱金玉。”刘陶曰：“民可百年无货，不可一朝有饥，故食为至急。”陈思王曰：“寒者不贪尺玉而思短褐，饥者不愿千金而美一食。千金、尺玉至贵，而不若一食、短褐之恶者，物时有所急也。”诚哉言乎!

【译文】晁错说：“在贤明君主的统治下，人民不至于受冻挨饿，这并不是因为君主能种粮食给他们吃，织布给他们穿，而是因为他开辟了人民取得财富的途径。”“人在寒冷的时候不会等到有了又轻又暖的衣服才穿；饥饿的时候，也不会等到有美味的食物才吃；饥寒交迫，就顾不得廉耻。一天不吃两顿饭就会饥饿，整年不做衣服穿就会受冻。肚子挨饿，没有饭吃；身体受冻，没有衣服穿；虽然是慈母，也不能保住她的儿子，国君又怎能拥有他的臣民呢!”“珠玉金银，饿了不能吃，冷了不能穿。大米，小米，粗布、细绸，一天得不到就要挨饿受冻。所以英明的君主总是重视粮食而轻视金银珠宝。”刘陶说：“人民可以一百年没有钱财，不能一个早晨没饭吃，所以粮食是最急需的。”陈思王说：“受冻的人不贪求径尺的美玉，而想得到一件粗布短衣；饥饿的人不希望得到千金，却看重一顿饭。千金尺玉是很贵重的，但不如一顿粗饭一件粗布衣，因为物品在不同的时候有不同的急需。”这些话说得很对!

神农、仓颉，圣人者也；其于事也，有所不能矣。故赵过始为牛耕，实胜耒耜之利；蔡伦立意造纸，岂方缣、牍之烦？且耿寿昌之常平仓，桑弘羊之均输法，益国利民，不朽之术也。谚曰：“智如禹、汤，不如尝耕。”是以樊迟请学稼，孔子答云：“吾不如老农。”然则圣贤之智，犹有所未达，而况于凡庸者乎？

【译文】神农、仓颉都是圣人，但他们也有不会做的事。所以赵过开始用牛耕，实在胜过神农所制作的耒耜；蔡伦立志造纸，哪里还象用丝帛竹木片写字那样麻烦？至于，耿寿昌所创建的常平仓，桑弘羊所创立的均输法，都是对国家人民有利益的、不朽的好办法。谚语说：“虽然才智象禹，汤一样，也不如曾经亲身实践。”所以樊迟请求学习种庄稼，孔丘回答说：“我不如老农。”这样看来，圣贤的智慧也还有通达不到之处，何况一般平凡的人呢!

猗顿，鲁穷士，闻陶朱公富，问术焉。告之曰：“欲速富，畜五牸。”乃畜牛羊，子息万计。九真、庐江，不知牛耕，每致困乏。任延、王景，乃令铸作田器，教之垦辟，岁岁开广，百姓充给。敦煌不晓作耧犁；及种，人牛功力既费，而收谷更少。皇甫隆乃教作耧犁，所省佣力过半，得谷加五。

【译文】猗顿是鲁国的穷人，他听说陶朱公很富，就向陶朱公问致富的方法。陶朱公告诉他说：“想要快些富起来，就畜养五种母畜。”于是猗顿就畜养了牛羊，繁殖起来数以万计的牲口。九真和庐江两郡的人不会牛耕，常因此而穷困贫乏。任延，王景让他们铸造农具，教人们开荒，土地一年年扩展，百姓便富裕起来了。敦煌地方不晓得做耧、犁；到播种时，既费人工牛力，后来收谷又少。皇甫隆便教他们制造耧，犁，所省工力过半，而收获的谷物增加五成。

又，敦煌俗，妇女作裙，挛缩如羊肠，用布一匹。隆又禁改之，所省复不赀。茨充为桂阳令，俗不种菜，无蚕织丝麻之利，类皆以麻枲头贮衣。民惰窳，少粗履，足多剖裂血出，盛冬皆然火燎炙。充教民益种桑、柘，养蚕，织履，复令种纻麻。数年之间，大赖其利，衣履温暖。今江南知桑蚕织履，皆充之教也。五原土宜麻枲，而俗不知绩织；民冬月无衣，积细草，卧其中，见吏则衣草而出。崔寔作为纺绩、织纴之具以教，民得以免寒苦。安在不教乎？

【译文】又，敦煌的风俗，妇女做裙子，拳曲紧缩做成许多绉折象羊肠，一条裙子要用一匹布。皇甫隆又加以禁止并进行改革，节省的布匹又不可计算。茨充做桂阳太守，桂阳的习俗不种菜，没有养蚕织布缫丝绩麻之利，大都用麻头絮衣服。当地的人懒惰，缺少鞋穿，多数人的脚开裂出血，盛冬都烧火烘烤。茨充教他们多种桑树柘树，养蚕织鞋，又让他们种纻麻。几年之间，人民靠了这些收益，衣服鞋子都穿得温暖了。如今江南知道种桑养蚕织鞋，都是茨充教化的结果。五原的土壤适宜种麻，却从来不知道织布绩麻。人民冬天没有衣服，堆积小草躺在里面，见官吏就披着草出来。崔洼为他们制作纺织的工具，教他们织布，人民得以免除寒苦。对人民怎能不进行教化呢？

黄霸为颍川，使邮亭乡官皆畜鸡、豚，以赡鳏穷者；及务耕桑，节用，殖财，种树。鳏、寡、孤、独，有死无以葬者，乡部书言，霸具为区处：某所大木，可以为棺；某亭豚子，可以祭。吏往皆如其言。龚遂为渤海，劝民务农桑，令口种一株榆、百本薤、五十本葱、一畦韭，家二母彘、五母鸡。民有带持刀剑者，使卖剑买牛，卖刀买犊，曰：“何为带牛佩犊？”春夏不得不趣田亩，秋冬课收敛，益蓄果实、菱、芡。吏民皆富实。

【译文】黄霸做颍川太守，使驿馆和乡官都畜养鸡和猪，用来赡养鳏寡贫穷的人。他还劝导人们努力耕田种桑，节省费用、经营财富，种植树木。鳏寡孤独有死后无法安葬的，乡官上报，黄霸都为之分别处置。告诉他们某处大树可以做棺材，某亭小猪可用以祭祀，官吏去一看都象他说的那样。龚遂做渤海太守，鼓励百姓努力从事农桑，让每人种一棵榆树，一百根薤、五十根葱、一畦韭菜，每家养两口母猪、五只母鸡。老百姓有拿刀带剑的，让他们卖掉剑买牛，卖掉刀买牛犊，说："干什么要带着牛挂着犊呢？"百姓春夏都得到田亩中劳动，秋冬他又亲自督促监察收获储藏的情况，让人们多收藏果子，菱角、芡实。官吏和老百姓都生活富足。

召信臣为南阳，好为民利，务在富之。躬劝耕农，出入阡陌，止舍乡亭，稀有安居。时行视郡中水泉，开通沟渎，起水门、提阏，凡数十处，以广溉灌，务出于俭约。郡中莫不耕稼力田。吏民亲爱信臣，号曰"召父"。僮种为不其令，率民养一猪，雌鸡四头，以供祭祀，死买棺木。颜斐为京兆，乃令整阡陌，树桑果；又课以闲月取材，使得转相告诫教匠作车；又课民无牛者，令畜猪，投贵时卖，以买牛。始者民以为烦，一二年间，家有丁车、大牛，整顿丰足。王丹家累千金，好施与，周人之急。每岁时后，察其强力收多者，辄历载酒肴，从而劳之，便于田头树下饮食劝勉之，因留其余肴而去；其惰懒者，独不见劳，各自耻不能致丹，其后无不力田者，聚落以至殷富。

【译文】召信臣做南阳太守，喜欢为百姓兴办有利的事，努力使人民富足。亲自奖励农耕，出入于田野的小路上，休息住宿都不在乡衙和邮亭，很少有安居的时候。他还巡视郡中的水泉，开通沟渠，建水闸几十处，以增加灌溉面积。人民得到它的好处，积蓄都有富余。他还禁止嫁娶丧葬时奢侈浪费，务必节俭行事。郡中没有不努力耕种的。官吏和百姓都爱戴召信臣，称他做召父。僮种做不其县令，引导人民每家养一头猪，四只母鸡，用以供祭祀或死后买棺木之用。颜斐做京兆太守，命令整修田地，种植桑树和果树。又督促人们农闲时伐取木材，使他们互相学习设计制作车子。又督促没有牛的人养猪，趁猪贵的时候卖掉，用来买牛。开始的时候，人民觉得麻烦，一二年里家家有了好车，大牛，整治得富足了。王丹家里积蓄有千金，好施舍和救济别人的急难。每年收成后，考察那些努力耕作收获多的，就带上酒菜前去慰劳他们，在田头树下请他们喝酒吃菜加以鼓励，并留下多余的菜就走了。只有那些懒惰的受不到慰劳，他们都羞愧不能获得王丹的慰劳，此后没有不努力耕种的，村子里以此富足起来。

杜畿为河东，课劝耕桑民畜牸牛、草马，下逮鸡、豚，皆有章程，家家丰实。此等岂好为烦扰而轻费损哉？盖以庸人之性，率之则自力，纵之则惰窳耳。故《仲长子》曰："丛林之下，为仓庾之坻；鱼鳖之堀，为耕稼之场者，此君长所用心也。是以太公封而斥卤播嘉谷，郑、白成而关中无饥年。盖食鱼鳖而薮泽之形可见，观草木而肥硗之势可知。”又曰：“稼穑不修，桑果不茂，畜产不肥，鞭之可也；杝落不完，垣墙不牢，扫除不净，笞之可也。”此督课之方也。且天子亲耕，皇后亲蚕，况夫田父而怀窳惰乎？

【译文】杜畿做河东太守，督促人民畜养母牛母马，直到鸡和猪，都有一定计划规定，家家丰衣足食。这些人难道是好烦扰百姓而忽视人力物力的耗损吗？大概他们是认为人的性情加以引导就各自努力，放任自流就会懒惰。所以仲长统说：“丛林之下可以成为粮仓的基地，鱼鳖的窟穴可以成为耕稼的场所，这是君王应该用心策划的。所以姜太公被封在齐国后，那里的碱卤地就变得可以播种好粮食；郑渠和白渠修成了，关中就没有荒年。通过吃鱼鳖就可以看到湖泽的形势，通过观察草木就可以知道土地的肥薄。”他又说：“庄稼长得不好，桑果不茂盛，牲畜不肥壮，就可以用鞭子责罚他。篱笆不完整，垣墙不牢固，扫除不干净，就可以用竹板子打他。”这是督促检查的方法。而且连天子都亲自耕种，皇后都亲自养蚕，何况农民反而想偷懒吗？

李衡于武陵龙阳泛洲上作宅，种甘橘千树。临卒敕儿曰：“吾州里有千头木奴，不责汝衣食，岁上一匹绢，亦可足用矣。”吴末，甘橘成，岁得绢数千匹。恒称太史公所谓“江陵千树橘，与千户侯等”者也。樊重欲作器物，先种梓、漆，时人嗤之。然积以岁月，皆得其用，向之笑者，咸求假焉。此种殖之不可已也。谚曰：“一年之计，莫如种谷；十年之计，莫如树木。”此之谓也。

【译文】李衡在武陵龙阳沙洲上修建了住宅，种了一千棵柑桔。临死时告诫他的儿子说：“我在乡间有千头‘木奴’，这些‘木奴’不向你要衣食，每年上交一匹绢的税，其余也可以够用了。”到了吴国末年，柑桔树长成，每年得绢几千匹。这就是常称引太史公的一句话：“江陵种千棵桔，相当于封千户侯。”樊重想作器物，先种梓树和漆树，当时人都嘲笑他。但待了若干年之后，都有了用处。过去嘲笑他的人，纷纷向他求借。这说明种植树木这种事是不可不做的。谚语说：“一年之计，不如种谷。十年之计，不如种树。”就是这个意思。

《书》曰：“稼穑之艰难。”《孝经》曰：“用天之道，因地之利，《论语》曰：“百姓不足，君孰与足？”汉文帝曰：“朕为天下守财矣，安敢妄用哉！”孔子曰：“居家理，治可移于官。”然则家犹国，国犹家，是以家贫思良妻，国乱思良相，其义一也。夫财货之生，既艰难矣，用之又无节；凡人之性，好懒惰矣，率之又不笃；加以政令失所，水旱为灾，一谷不登，胔腐相继：古今同患，所不能止也，嗟乎！且饥者有过甚之愿，渴者有兼量之情。既饱而后轻食，既暖而后轻衣。或由年谷丰穰，而忽于蓄积；或由布帛优赡，而轻于施与；穷窘之来，所由有渐。故《管子》曰：“桀有天下，而用不足；汤有七十里，而用有余。天非独为汤雨菽、粟也。”盖言用之以节。

【译文】《尚书》说：“种庄稼是艰难的。”《孝经》说：“顺应天道，按照四季的气候，分别土地的情况，进行耕作；为人要谨慎；用度节省；以此来奉养父母。”《论语》说：“百姓不富足，君主怎能富足？”汉文帝说：“我为天下守护资财，怎敢随意乱用呢！”孔丘说：“把家里的事管好了，管理的方法可以运用到去治理国家。”既然如此，那么家庭就好比国家，国家好比家庭。所以家贫就想得到好妻子，国乱就想得到好宰相，它的道理是一样的。财物的生产既是艰难的，使闲它又无节制；一般人的性情好逸恶劳，领导又不得力。再加上政令不得当，水旱成灾，一谷不登，跟着就不断饿死人。这是古今以来共同的忧患，所不能止住的。唉！饥饿的人总想有过多的食物，口渴的人想要得到加倍的水量，已饱之后对食物就不在乎了，已经穿暖之后对衣服就不在乎了。有的人由于年谷丰收就忽视储备，有的人由于布帛充足而随便送人，穷窘的到来，是逐渐造成的。所以《管子》说：“桀占有天下而费用不够，汤只有七十二里而费用有余。这并不是因为上天单单为商汤落下豆子和小米”。这是说使用要节约。

《仲长子》曰：“鲍鱼之肆，不自以气为臭；四夷之人，不自以食为异：生习然也。居积习之中，见生然之事，孰自知也？斯何异蓼中之虫，而不知蓝之甘乎？今采捃经传，爰及歌谣，询之老成，验之行事，起自耕农，终于醯、醢，资生之业，靡不毕书，号曰《齐民要术》。凡九十二篇，分为十卷。卷首皆有目录，于文虽繁，寻览差易。其有五谷、果、蓏，非中国所殖者，存其名目而已；种植之法，盖无闻焉。舍本逐末，贤哲所非，日富岁贫，饥寒之渐，故商贾之事，阙而不录。花草之流，可以悦目，徒有春华，而无秋实，匹诸浮伪，盖不足存。鄙意晓示家童，未敢闻之有识，故丁宁周至，言提其耳，每事指斥，不尚浮辞。览者无或嗤焉。

【译文】仲长统说：“咸鱼的市场，不会自己感觉到鱼的臭气。四方边境的人，不会自己感到他们食物的特别。这是生来的习惯使他们这样的。处在积习之中，看到的都是生来就是这样的事，谁能自己知道自己的坏处呢？”这与吃蓼长大的虫不知道蓝草的甜，又有什么不同呢？现在我采集经传的有关记载，因而旁及歌谣，询问年老有经验的人，再根据自己的实践加以检验。从耕种的技术到制作醋、酱的方法，凡是对生活有用的事，无不全部写下来。书名叫做《齐民要术》，共九十二篇，分为十卷，每卷开头都有目录。文字虽然烦琐一些，寻找阅览比较容易。有些五谷果实，不是中国生长的，只保存它的名目而已，种植的方法就没听说过了。舍弃根本而追求末利，这是聪明智慧的人所反对的，短时间内可以富裕，日子长了就会贫穷，是挨冻受饿的根源，所以做生意买卖的事缺而不录。花草之类，可以悦目，但只有春花而没有秋实，如同浮华虚伪的事物一样，也不值得记录。我的本意是开导指点家里的小孩，不敢把它传播给有见识的人。所以反复嘱咐，力求周到，提着他们的耳朵讲述，每件事都直接了当地说明，不注重浮华的辞句。希望阅读的人不要见笑。

范 缜

梁舞阳人，字子真。考佛教自汉明帝时传入中国，经二三百年之酝酿分布，至南北朝，号为最盛（详魏收《魏书·释老志》）缜初在齐世，客竟陵王子良，子良笃信释教，而缜独盛称无佛，著《神灭论》以明其理，子良因集僧难之，而不能屈，其辞见《梁书》本传及广弘明集中。

【译文】梁代舞阳人，字子真。据考佛教自从汉明帝时开始传入中国，经过二三百年的发展传播，到南北朝时达到鼎盛（详细情况收录在《魏书·释老志》）。范缜最初在齐国任职，竟陵王子良延请其为客，子良坚定相信佛教，但范缜独自极力称赞无佛，著了《神灭论》以阐明其义理，子良于是聚集众僧难为他，范缜不屈从，关于这些言辞见《梁书·范缜传》以及《广弘明集》中。

神灭论

或问：“予云神灭，何以知其灭也？”

答曰：“神即形也，形即神也。是以形存则神存，形谢则神灭也。”

问曰：“形者无知之称，神者有知之名，知与无知，即事有异，神之与形，理不容一。形神相即，非所闻也。”

答曰：“形者神之质，神者形之用。是则形称其质，神言其用，形之与神，不得相异也。”

【译文】有人问：你说精神会消灭，怎么知道它会消灭呢？

答：精神离不开形体，形体离不开精神，所以形体存在，精神才存在，形体衰亡，精神也就消灭了。

问：所谓形体是指无知觉的东西，所谓精神是指有知觉的东西。有知觉和无知觉，事实上就是不同，精神和形体，照理不能是一回事，没有听说形体和精神是不可分离的。

答：形体是精神的物质实体，精神是肉体的功能作用。那么，形体指的是物质实体，精神指的是它的作用，形体和精神是不能割裂的。

问曰："神故非用，不得为异，其义安在？"

答曰："名殊而体一也。"

问曰："名既已殊，体何得一？"

答曰："神之于质，犹利之于刀，形之于用，犹刀之于利，利之名非刀也，刀之名非利也。然而舍利无刀，舍刀无利，未闻刀没而利存，岂容形亡而神在。"

问曰："刀之与利，或如来说，形之与神，其义不然。何以言之？木之质无知也，人之质有知也，人既有如木之质，而有异木之知，岂非木有其一，人有二邪？"

答曰："异哉言乎！人若有如木之质以为形，又有异木之知以为神，则可如来论也。今人之质，质有知也，木之质，质无知也，人之质非木质也，木之质非人质也，安有如木之质而复有异木之知哉！"

【译文】问：精神既然本来就不是物质实体，形体本来也不是功能作用，两者却又不能割裂，道理在哪里呢？

答：名称不同，而具体是一回事。

问：名称既然不同，又怎么能是一回事呢？

答：精神对于物质实体来说，它们的关系就象锋利跟刀刃的关系一样。形体对于功能作用来说，它们的关系就象刀刃跟锋利的关系一样。"锋利"这个名称，并不是刀刃，"刀刃"这个名称也并不是锋利。然而离开了锋利就无所谓刀刃，离开了刀刃也无所谓锋利。从来没有听说过刀刃没有了而锋利仍然存在的，怎么可能形体已经灭亡而精神仍然存在呢？

问：刀刃和锋利的关系，可能象你所说的，但是，形体和精神的关系，它的道理却不是这样。用什么来说明这一点呢？树木的物质实体是没有知觉的，人的物质实体是有知觉的。人既有和树木一样的物质实体，又有和树木不一样的知觉，岂不是树木只有一种特性而人有两种特性吗？

答：这话就怪了！人如果有和树木一样的物质实体来作为形体，又有和树木不一样的知觉来作为精神，那倒是可以象你的说法那样的。如今人的物质实体就是有知觉的物质实体，树木的物质实体则是没有知觉的物质实体。人的物质实体并不是树木的物质实体，树木的物质实体也不是人的物质实体，哪里存在着有和树木一样的物质实体，而又有不同于树木的知觉呢？

问曰："人之质所以异木质者，以其有知耳。人而无知，与木何异？"

答曰："人无无知之质犹木无有知之形。"

问曰："死者之形骸，岂非无知之质邪？"

答曰："是无人质。"

问曰："若然者，人果有如木之质，而有异木之知矣。"

答曰："死者如木，而无异木之知；生者有异木之知，而无如木之质也。"

问曰："死者之骨骼，非生之形骸邪？"

答曰："生形之非死形，死形之非生形，区已革矣。安有生人之形骸，而有死人之骨骼哉？"

问曰："若生者之形骸，非死者之骨骼，死者之骨骼，则应不由生者之形骸。不由生者之形骸，则此骨骼从何而至此邪？"

答曰："是生者之形骸，变为死者之骨骼也。"

问曰："生者之形骸虽变为死者之骨骼，岂不从生而有死，则知死体犹生体也。"

答曰："如因荣木变为枯木，枯木之质，宁是荣木之体！"

问曰："荣体变为枯体，枯体即是荣体；丝体变为缕体，缕体即是丝体，有何别焉？"

答曰："若枯即是荣，荣即是枯，应荣时凋零，枯时结实也。又荣木不应变为枯木，以荣即枯，无所复变也。荣枯是一，何不先枯后荣？要先荣后枯，何也？丝缕之义，亦同此破。"

【译文】问：人的物质实体所以不同于树木的物质实体，就在于它有知觉，人如果没有知觉，和树木又有什么不同呢？

答：人没有无知觉的物质实体，正如树木没有有知觉的形体一样。

问：死人的形体岂不就是没有知觉的物质实体吗？

答：是没有知觉的物质实体。

问：如果是这样，那么人果真的有和树木一样的物质实体，而又有不同于树木的知觉了。

答：死人是有和树木一样的物质实体，但却没有不同于树木的知觉；活人是有不同于树木的知觉，但却没有和树木一样的物质实体。

问：死人的骨骼不就是活人的形体吗？

答活着的形体并不是死了的形体，死了的形体也并不是活着的形体，由于本质改变而存在区别了。怎么能说活人的形体却有死人的骨骼呢？

问：如果活人的形体并不是死人的骨骼，那么，死人的骨骼就应当不是由活人的形体所产生的了。如果不是由活人的形体所产生，那么，这些骨骼又是从哪里产生的呢？

答：这是活人的形体变成了死人的骨骼。

问：活人的形体既然可以变成死人的骨骼？

答：就象从活树变成枯树一样，枯树的物质实体难道就是活树的形体吗？

问：活树的形体既能变成枯树的形体，枯树的形体就是活树的形体。正象一根根丝的形体变成了线的形体一样，这有什么区别呢？

答：如果说枯树就是活树，活树就是枯树，那就应当可以活的时候凋零，枯的时候结果。还有活树也不应当变为枯树，因为活树就是枯树，没有什么可以再变的了。活树和枯树既然一样，为什么不先枯后话，一定要先活后枯，这是什么缘故呢？丝和线是同时存在的，这里不能用来作比喻。

问曰："生形之谢便应豁然都尽，何故方受死形，绵历未已邪？"

答曰："生灭之体，要有其次故也。夫欻而生者必欻而灭，渐而生者必渐而灭。欻而生者，飘骤是也；渐而生者，动植是也。有欻有渐，物之理也。"

【译文】问：活的形体衰谢时应该一下子什么都完了，为什么在变成死的形体时总是逐渐地延续一个时期，不一下子都完了呢？

答：这是因为形体的生和死都要有一定的过程。忽然发生的事物必定忽然消灭，逐渐发生的事物必定逐渐消灭。忽然发生的事物，如狂风暴雨就是；逐渐发生的事物，如动物植物就是。有忽然发生的事物，也有逐渐发生的事物，这是事物本身的规律。

问曰："形即是神者，手等亦是邪？"

答曰："皆是神之分也。"

问曰："若皆是神之分，神既能虑，手等亦应能虑也？"

答曰："手等亦应能有痛痒之知，而无是非之虑。"

问曰："虑，为一为异？"

答曰："知即是虑，浅则为知，深则为虑。"

问曰："若尔，应有二乎。

答曰："人体惟一，神何得二。"

问曰："若不得二，安有痛痒之知，复有是非之虑？"

答曰："如手足虽异，总为一人；是非痛痒虽复有异，亦总为一神矣。"

问曰："是非之虑，不关手足，当关何处？"

答曰："是非之意，心器所主。"

问曰："心器是五脏之心，非邪？"

答曰："是也。"

问曰：“五脏有何殊别，而心独有是非之虑乎？”

答曰：“七窍亦复何殊，而司用不均。”

问曰：“虑思无方，何以知是心器所主？”

答曰：“五脏各有所思，无有能虑者，是以心为虑本。”

【译文】问：所谓形离不开神，那么手一类器官也都有精神吗？

答：都是属于精神的一方面。

问：如果都是精神的一方面，精神应当能思虑，那么手一类器官也应该能够思虑了。

答：手一类器官有痛痒的感觉，却没有能够判断是非的思虑。

问：感觉和思虑是一回事还是两回事呢？

答：感觉也就是思虑。浅的就是感觉、深的就是思虑。

问：如果是这样，那就应当有两种思虑了，思虑既有两种，精神也有两种吗？

答：人的形体只有一个，精神怎么会有两种呢？

问：如果没存两种，怎么会有痛痒的感觉而又有判断是非的思虑呢？

答：这就好象手足虽有不同，但总归是一个人，是非痛痒虽然也各不相同，但也总归是一个人的精神。

问：判断是非的思虑和手足没有关系，那它和什么有关呢？

答：判断是非的思虑是由心这种器官所管的。

问：心脏器官就是五脏之一的心，不是吗？

答：是的。

问：五脏有什么不同，而唯独心脏有判断是非的思虑作用呢？

答：七窍又有什么不同，为什么它们所担任的职能也都并不一样呢？

问：思虑作用没有什么限制，怎么知道它受心脏器官管的呢？

答：五脏各有所思，但没有能虑的，从这里就可以知道心是思虑的基础。

问曰：“何不寄在眼等分中？”

答曰：“若虑可寄于眼分，何故不寄于耳分邪？”

问曰：“虑体无本，故可寄之于眼分；眼自有本，不假寄于佗分也。”答曰：“眼何故有本而虑无本？苟无本于我形，而可遍寄于异地，亦可张甲之情，寄王乙之躯，李丙之性，托赵丁之体。然乎哉？不然也。”

问曰：“圣人形犹凡人之形，而有凡圣之殊，故知形神异矣。”

答曰：“不然。金之精者能昭，秽者不能昭，有能昭之精金，宁有不昭之秽质。又岂有圣人之神而寄凡人之器？亦无凡人之神而托圣人之体。是以八采、重瞳，勋、华之容；龙颜、马口，轩、皞之状，形表之异也。比干之心，七窍列角；伯约之胆，其大若拳；此心器之殊也。是知圣人定分，每绝常区；非惟道革群生，乃亦形超万有。凡圣均体，所未敢安。”

【译文】问：为什么思虑不是寄托在眼睛这类器官方面呢？

答：如果思虑作用可以寄托在眼睛方面，那眼睛的作用为什么又不寄托于耳朵方面呢？

问：思虑这种东西没有什么固定的基础，所以可以寄托于眼睛方面。眼睛自有它的基础，所以不需要寄托于其他方面。

答：眼为什么有基础而思虑就没有基础呢？如果思虑在我的形体中真的没有基础，而可以到处寄托于其他地方，那么张甲的感情可以寄托在王乙的躯体中，李丙的性格可以寄托在赵丁的身体内，是这样的吗？不是吧！

问：圣人的形体和凡人的形体一样，但却有凡人和圣人的差别，所以可知形体和精神还是可以分离的。

答：不是这样。精粹的金属能发光亮，有杂质的金属就不能发光亮。能发亮的金属怎么会有不能发亮的杂质呢？圣人的精神又怎么能寄托在凡人的躯体之中呢？当然也并不会有凡人的精神寄托于圣人形体之中这类的事了。所以八色眉毛，两重瞳孔，这是尧、舜的容貌；龙一样的脸，马一样的嘴，这是黄帝、皋陶的形象。这些都是身体外形特殊的地方。比干的心并列着七个孔窍，姜维的胆有拳头那样大，这是心脏之类内部器官特殊的地方。由此可知圣人特殊的地方总是和普通人根本不同的。不仅是他们的思想道德不同于众人，即便是他们的形貌也与大众不同。所谓凡人和圣人形体一样的说法，我是不敢同意的。

问曰：“子云圣人之形必异于凡者，敢问阳货类仲尼，项籍似大舜，舜、项、孔、阳智革形同，其故何邪？”

答曰：“珉似玉而非玉，鸡类凤而非凤，物诚有之，人故宜尔。项、阳貌似而非实似，心器不均，虽貌无益。”

问曰：“凡圣之殊，形器不一，可也；圆极，理无有二，而孔周殊姿，汤、文异状，神不侔色，于此益明矣。”

答曰：“圣同于心器，形不必同也，犹马殊毛而齐逸，玉异色而均美。是以晋棘、荆和，等价连城，骅骝、騄骊，俱致千里。”

【译文】问：你说圣人的形貌必定不同于凡人，那么，请问阳货的相貌象仲尼，项羽的眼睛象虞舜，虞舜，项羽、孔丘，阳货才智根本不同而形貌却很相似，又是什么缘故呢？

答：珉象玉而并不是玉，鸡象凤而并不是凤。事物有这些现象，人也该是这样。项羽、阳货形貌和舜、孔丘相似，但实际上并不一样，他们内部的心脏等器官不同，形貌虽然相似也没有什么用处。

问：凡人和圣人不同，他们的形体也不一样，这是可以说通的。圣人都是极其圆满的，照理不应该有两样，但是孔丘和周公的姿容不同，商汤和周文王的形貌各异，精神不依赖于形体的道理，在这里就更为明显了。

答：所谓圣人和圣人相同，同就同在他们内部的心脏等器官，而形貌倒不一定是相同的。正如马的毛色不同，却可以一齐都跑得很快，玉的颜色不一样，却都是美玉。正因为如此，晋国的垂棘之璧和楚国的和氏璧同样价值连城，而毛色不同的骅骝、温骊等骏马同样都能远行千里。

问曰："形神不二，既闻之矣，形谢神灭，理固宜然。敢问《经》云：'为之宗庙，以鬼飨之。'何谓也？"

答曰："圣人之教然也，所以弭孝子之心，而厉偷薄之意，'神而明之'，此之谓矣。"

问曰："伯有被甲，彭生豕见，《坟》《索》著其事，宁是设教而已邪？"

答曰："妖怪茫茫，或存或亡，强死者众，不皆为鬼，彭生、伯有，何独能然，乍为人豕，未必齐、郑之公子也。"

【译文】问：形体和精神不是两回事，已经领教了，形体衰亡，精神也就随之消灭，道理本来应当是这样。请问经书上说时"为死去的父母建立宗庙，让鬼魂在那里享受"，是什么意思？

答：这是圣人对大家进行教诲才这样说的。目的在于顺从孝子的心情并纠正偷惰浮薄的风气。所谓"把死者奉为神灵来教育别人"，就是这个意思。

问：伯有变成披着甲胄的鬼，公子彭生化为野猪出现。《三坟》《八索》等古代典籍都记载着这些事，怎么能仅仅是利用神灵来教育人呢？

答：这种妖异奇怪的事是很渺茫的，一会儿有，一会儿又没有，遭到凶死的人很多，也并不是都变成鬼，为什么唯独伯有和彭生能变成鬼呢？忽而是人，忽而是猪，未必就真是齐国、郑国的公子。

问曰："《易》称'故知鬼神之情状，与天地相似而不违。'又曰：'载鬼一车。'其义云何？"

答曰："有禽焉，有兽焉，飞走之别也；有人焉，有鬼焉，幽明之别也。人灭而为鬼，鬼灭而为人，则未之知也。"

问曰："知此神灭，有何利用邪？"

答曰："浮屠害政，桑门蠹俗，风惊雾起，驰荡不休，吾哀其弊，思拯其溺。夫竭财以赴僧，破产以趋佛，而不恤亲戚，不怜穷匮者何？良由厚我之情深，济物之意浅。是以圭撮涉于贫友，吝情动于颜色；千钟委于富僧，欢意畅于容发。"

【译文】问：《周易》上说："所以知道鬼神的情况和天地是相似的而不是相违背的"，又说："载了一车鬼"。这些话的意义是说什么呢？！

答：有飞禽，有走兽，这是说飞和走的区别；有人，有鬼，这是说看得见和看不见的差别。至于人死变鬼，鬼消灭了又变成人，那是我无法理解的。

问：懂得了精神消灭的道理，有什么实际用处呢？

答：佛教危害政治，和尚破坏习俗，兴风作浪，散布迷雾，引起了不停的动荡。我对这种弊病很痛心，想拯救社会的沉沦。其实人们倾家荡产去求僧拜佛，而既不怜恤亲戚，也不可怜穷人究竟是什么原因呢？实在是由于为自己的心情太深，而救济别人的意愿太浅。因此给一小把粮食使穷朋友沾点光，吝啬的神情会立刻流露在脸上；而千万斗粮食送给有钱的和尚，高兴得却笑容满面，浑身毛发都舒畅。

"岂不以僧有多稌之期，友无遗秉之报，务施阙于周急，归德必于在己。又惑以茫昧之言，惧以阿鼻之苦，诱以虚诞之辞，欣以兜率之乐。故舍逢掖，集横衣，废俎豆，列缾钵，家家弃其亲爱，人人绝其嗣续。致使兵挫于行间，吏空于官府，粟罄于惰游，货殚于泥木。所以奸宄弗胜，颂声尚拥，惟此之故，其流莫已，其病无限。"

【译文】"这难道不是因为和尚预先许愿使他们可以得到更多的粮食，而穷朋友却没有一把稻禾的回报么？他们进行施舍不是为了周济别人的急难，而是为了能回报自己的恩德。加上佛教又用荒渺无稽的话来迷惑人，用阿鼻地狱的痛苦来使人惧怕，用荒唐怪诞的话来对人加以引诱，用兜率天堂的快乐来使人受到鼓舞。这样一来，他们就抛弃了读书人所穿的服装，披上了和尚所穿的袈裟；废掉了传统的祭祖礼器，摆上了印度传来的水瓶饭钵；家家丢开了至亲骨肉，人人断绝了后嗣子孙。以至使得军队里士兵遭到挫败，官府中没有负责的官吏，粮食被游手好闲的佛教徒吃光，财货被佛教的寺庙建筑用绝。所以坏人坏事无法制止，而称颂佛法的声音却到处都有，就因为这个原故。如果崇信佛教的潮流不制止，它的祸患真是无穷无尽。"

"若陶甄禀于自然，森罗均于独化，忽焉自有，怳尔而无，来也不御，去也不追，乘夫天理，各安其性。小人甘其垄亩，君子保其恬素；耕而食，食不可穷也；蚕而衣，衣不可尽也，下有余以奉其上，上无为以待其下，可以全生，可以匡国，可以霸君，用此道也。"

【译文】“如果能认识到万物的生成都是由于自然的原因，各种复杂现象都出于它自身的变化，忽而自己发生了，忽而又消失了。发生的不必制止，消失的无须追寻。顺应自然的道理，各自满足于自己的本性。劳动者满足于他们的田地，统治者保持着安静和素朴。种田吃饭，粮食是吃不完的；养蚕穿衣，衣裳是穿不尽的。在下的人把富余的产品奉养在上的人，在上的人一切听其自然不要用什么强制手段来对付在下的人。这样就可以保全生命，可以奉养亲人，可以为自己，也可以为别人，可以使国家走上正道，可以使国君称霸天下，一切都是由于运用了这个道理。”

刘 峻

梁平原人，字孝标。武帝引见，峻奏对失旨，不见用，乃著《辨命论》以自见。先儒谓其辞胜于理，语多愤激，今观其论，首以自然为言，末谓君子居正体道，非有求而为。厥后柳宗元作《天说》似由其旨推阐而成，则知峻此论不但以辞胜也。

【译文】梁代平原人，字孝标。武帝召见刘峻问话，刘峻的回答偏离了皇帝的想法，不被用，于是著《辨命论》以表露自己。先儒认为他的言辞胜过义理，言语多愤慨、激动，今天考察其言论，开始时论述自然，最后讲到君主要遵守正道、顺应自然，不要有欲求的去作为。其后的柳宗元作《天说》，好像是由他的思想推演出来展开阐述的，由此可知刘峻的此篇文章不止是言辞好。

辨命论

主上尝与诸名贤言及管辂，叹其有奇才而位不达。时有在赤墀之下，豫闻斯议，归以告余。余谓士之穷通，无非命也。故谨述天旨，因言其致云尔。

【译文】主上曾同诸位名贤谈到管辂，感叹他有奇异之才，而官位不显达。当时有人在赤墀之下，参与听说了这番议论，回来后告诉了我。我认为士人的困厄显达，没有不是由命运决定的，所以谨述天意，借这个机会详谈一下。

臣观管辂天才英伟，珪璋特秀，实海内之名杰，岂日者卜祝之流乎。而官止少府丞，年终四十八，天之报施，何其寡欤？然则高才而无贵仕，饕餮而居大位，自古所叹，焉独公明而已哉？故性命之道，穷通之数，夭阏纷纶，莫知其辨。

【译文】我看管辂天赋之才英拔奇伟，珪璋之质特出优秀，实在是天下的名杰，哪里是日者卜祝一类的人物呢！但他官只做到少府丞，寿命只有四十八岁，老天的酬报，怎么这么少呢？那么高才之人却没有做上高官，贪财贪食之人却身居高位，这是人们自古以来就感叹的，哪里就一个公明而已呢！所以性命的道理，困厄与显达的命运，彼此阻遏杂乱，没有人知道如何加以辨别。

仲任蔽其源，子长阐其惑。至于鶡冠甕牖，必以悬天有期；鼎贵高门，则曰唯人所召。譊譊欢咋，异端斯起。萧远论其本而不畅其流，子元语其流而未详其本。

【译文】仲任对命运本源的认识蔽塞不通，子长阐明了他对天命的迷惑。至于鶡冠子用破瓮做窗户，必定以为命悬于天是有期限的；高门显贵的人家，则认为命运是人们自己召引来的，喧嚷咋呼，不正确的议论因而产生。李萧远论其本但未畅其流，郭子玄叙其流但未详其本。

尝试言之曰：夫道生万物，则谓之道；生而无主，谓之自然。自然者，物见其然，不知所以然；同焉皆得，不知所以得。鼓动陶铸而不为功，庶类混成而非其力；生之无亭毒之心，死之岂虔刘之志；坠之渊泉非其怒，升之霄汉非其悦。荡乎大乎，万宝以之化；确乎纯乎，一作而不易。化而不易，则谓之命。命也者，自天之命也。

【译文】让我试着说说这个问题：畅通无阻地生长万物，这就叫做道；任其生长而无所主宰，这就叫做自然。所谓自然，就是看见万物长成了这个样子，但不知道它们为什么会长成这个样子；同样都不知不觉地有所得，却不知它们为什么会有所得。推动造就了万物却没有下功夫，使众多的物类混然生成却没有花力气。使万物生长并没有养育之心，使万物死亡哪又有伤害之意。使之坠入深渊不是因为生气，使之升上高空不是因为高兴。浩渺啊广大啊，万物因此而化生；坚固啊，纯厚啊，一经化生就不再变易。化生而不变易，这就叫做命。所谓命，就是来自天神的意旨。

定于冥兆，终然不变。鬼神莫能预，圣哲不能谋；触山之力无以抗，倒日之诚弗能感；短则不可缓之于寸阴，长则不可急之于箭漏；至德未能逾，上智所不免。是以放勋之世，浩浩襄陵；天乙之时，焦金流石。文公疐其尾，宣尼绝其粮；颜回败其丛兰，冉耕歌其《芣苢》；夷、齐毙淑媛之言，子舆困臧仓之诉。

【译文】定于冥昧开始之时，最终也不会发生变化。鬼神不能加以干预，圣哲不能有所营求。碰山的力量不能与之对抗，倒拨太阳的诚意不能有所感化。命短不能延长短暂的光阴，命长不能着急箭漏太慢。道德高尚的人不能超越，智力超群的人无法幸免。因此放勋之时，浩浩荡荡的洪水漫上了丘陵；天乙之时，金属被晒焦石头熔成了流动的液体。文公进退发生了困难，宣尼途中断绝了食粮。颜回像丛生的兰花早谢，冉耕忧恨恶疾而唱起了《芣苢》。伯夷、叔齐因妇人之言而死亡，子舆因臧仓的谗毁而受困。

圣贤且犹若此，而况庸庸者乎！至乃伍员浮尸于江流，三闾沉骸于湘渚；贾大夫沮志于长沙，冯都尉皓发于郎署；君山鸿渐，铩羽仪于高云；敬通凤起，摧迅翮于风穴：此岂才不足而行有遗哉？

【译文】圣贤尚且像这样，何况平庸的人们呢！至于伍子胥浮尸于江流；三闾大夫自沉于湘水；贾大夫志屈于长沙；冯都尉发白于郎署；君山如大雁飞升，羽毛在云空被摧落，敬通如凤凰飞起，疾飞之翅在风穴被折断：这哪里是因为才能不够和行为有所不足呢！

近代有沛国刘瓛、瓛弟琎，并一时秀士也。瓛则关西孔子，通涉《六经》，循循善诱，服膺儒行。琎则志烈秋霜，心贞昆玉，亭亭高竦，不杂风尘。皆毓德于衡门，并驰声于天地。而官有微于侍郎，位不登于执戟，相次殂落，宗祀无飨。因斯两贤，以言古则：昔之玉质金相，英髦秀达，皆摈斥于当年，韫奇才而莫用，候草木以共凋，与麋鹿而同死，膏涂平原，骨填川谷，湮灭而无闻者，岂可胜道哉！

【译文】近代有沛国人刘瓛，刘瓛弟刘琎，都是当世德才优异之士。刘瓛犹如关西孔子，通晓六经，善于有步骤地诱导人，衷心信服儒者之行。刘琎的志行则像秋霜一样刚正，胸怀像昆山之玉一样坚贞，高高地耸立，不杂世俗之气。都在横木之门内涵养道德，名声远播于天地之间。而官职比侍郎低微，还登不上执戟的职位，相继死去，宗祀无人。根据这两位贤人的情况，可以说说古代的法则：以前质如金玉之人，杰出优秀之士都在当年被弃绝，身怀奇才而不被重用，等着同草木一起凋残，与鹿一同死亡，油脂涂在平原之上，尸骨填在川谷之中，被埋没而默默无闻的，哪里能够说得完呢！

此则宰衡之与皂隶，容、彭之与殇子，猗顿之与黔娄，阳文之与敦洽，咸得之于自然，不假道于才智。故曰“死生有命，富贵在天”，其斯之谓矣。然命体周流，变化非一，或先号后笑，或始吉终凶，或不召自来，或因人以济。交错纷纠，回环倚伏。非可以一理征，非可以一途验。而其道密微，寂寥忽慌，无形可以见，无声可以闻。必御物以效灵，亦凭人而成象，譬天王之冕旒，任百官以司职。

【译文】这就是宰衡之与奴隶，容成公、彭祖之与短命的人，猗顿之与黔娄，阳文之与敦洽，都是得之于自然，不借助于才智。所以说："死生是命定的，富贵由天安排"，大概说的就是这种情况了。然而命运周遍流转，变化不一，有的先哭后笑，有的始吉终凶，有的不经召引而自动到来，有的依赖于人以成其事。交错纠结，回旋倚伏，不能用一种道理去加以证明，不能从一条途径去加以验证，而其道隐密细微，静寂不明，没有形状可以看见，没有声音可以听到。必定要凭借外物以显示灵验，还须依赖人而成其物象，就像天子头戴冕蔬执政，必须任用百官以各司其职一样。

而惑者睹汤、武之龙跃，谓龛乱在神功；闻孔、墨之挺生，谓英睿擅奇响；视彭、韩之豹变，谓鸷猛致人爵；见张、桓之朱绂，谓明经拾青紫。岂知有力者运之而趋乎？故言而非命，有六蔽焉。请陈其梗概。

【译文】而有的人看见商汤、周武如龙腾跃，就说他们平定祸乱在于有神武之功；听说孔子、墨子挺拔而生，就说他们是凭借才智而独擅奇响；看见彭越、韩信地位显贵，就说他们是因勇猛而得到了爵位；看见张禹、桓荣的朱红丝带，就说他们是因通晓儒经而得到了高官。哪里知道是命运这个有力者在运动他们而使他们奔向目标的呢！所以人的困厄显达不是决定于命运的说法，有六个不明白。请让我来陈述一下大概。

夫靡颜腻理，哆噅顣頞，形之异也；朝秀晨终，龟鹄千岁，年之殊也；闻言如响，智昏菽麦，神之辨也。固知三者定乎造化，荣辱之境，独曰由人。是知二五而未识于十，其蔽一也。龙犀日角，帝王之表；河目龟文，公侯之相。抚镜知其将刑，压纽显其膺录。星虹枢电，昭圣德之符；夜哭聚云，郁兴王之瑞。皆兆发于前期，涣汗于后叶。

【译文】容颜如玉肌理细腻，张口不正鼻梁高耸，这是形貌的不同。朝秀太阳一出就死亡，乌龟天鹅活到一千岁，这是寿命的不同。听人说话反应像回声一样快，智力不济分不清大豆小麦，这是精神的不同。人们都知道这三方面的不同，是决定于大自然的创造化育，而荣誉和耻辱的界限，偏偏说是由人来决定的，这是知道两个五而不认识十，这是第一个不明白。额头有龙犀，额角有太阳，这是帝王的外表；眼眶平正而长，足掌有龟背的文理，这是公侯的貌相。举镜照面知道自己将受刑而死，压住璧纽表明接受了帝王符命。大星如虹闪电绕枢，这是显示圣人德行的符命；老妇夜哭云气聚集，这是帝王将兴的祥瑞。都是在前期出现征兆，在后来登上了帝位。

若谓驱貔虎，奋尺剑，入紫微，升帝道；则未达窅冥之情，未测神明之数，其蔽二也。空桑之里，变成洪川；历阳之都，化为鱼鳖。楚师屠汉卒，睢河鲠其流；秦人坑赵士，沸声若雷震。火炎昆岳，砾石与琬琰俱焚；严霜夜零，萧艾与芝兰共尽。虽游、夏之英才，伊、颜之殆庶，焉能抗之哉？其蔽三也。

【译文】如果认为驱使勇士，挥舞短剑，就可以进入紫微，登上帝位，这是没有通达深远幽微之情，没有观测到神明所决定的命运，这是第二个不明白。空桑里邑，变成了大河；历阳城邑，化成了鱼鳖。楚军屠杀汉兵，睢河被堵塞了流水；秦人坑杀赵士，喧腾声如同雷震。大火燃烧昆仑，石头和琬圭琰圭同被焚烧；严霜夜里降落，野蒿与芝兰同归于尽。即使是子游、子夏这样优秀的人才，伊尹、颜回这样差不多可以成为圣人的人，又怎能与之抗衡呢？这是第三个不明白。

或曰，明月之珠，不能无颣；夏后之璜，不能无考。故亭伯死于县长，相如卒于园令，才非不杰也，主非不明也，而碎结绿之鸿辉，残悬黎之夜色，抑尺之量有短哉？若然者，主父偃、公孙弘对策不升第，历说而不入，牧豕淄原，见弃州部。设令忽如过隙，溘死霜露，其为诟耻，岂崔、马之流乎？及至开东阁，列五鼎，电照风行，声驰海外，宁前愚而后智，先非而终是？将荣悴有定数，天命有至极，而谬生妍蚩？其蔽四也。

【译文】有人说：明月之珠，不可能没有毛病；夏后之璜，不可能没有斑点。所以崔亭伯死在县长的职位上，司马相如死在园令的职位上。才能不是不杰出，主上不是不英明，但却像结绿破灭了灿烂的光辉，像悬黎消逝了美妙的夜光，这难道是用尺来衡量也有所短吗？如果是这样，主父堰、公孙弘对策以后不被录用，逐个游说而不能踏入仕途，在淄原牧猪，被州郡抛弃，假使他们的寿命像白驹过隙一样迅疾，像霜露瞬间消逝那样突然死去，这对他们造成的耻辱，难道不是同崔亭伯、司马相如之类的人物一样吗？等到他们打开东阁门接待贤人，排列五鼎进食，照耀似电疾行如风，名声远播海外，难道是他们开始愚笨而后来聪明，开始不对而后来正确了不成？还是兴盛衰败有一定命运，天神意旨是至高无上的呢？而却错误地搬弄美丑，这是第四个不明白。

夫虎啸风驰，龙兴云属，故重华立而元、凯升，辛受生而飞廉进。然天下善人少，恶人多；暗主众，明君寡。而薰莸不同器，枭鸾不接翼。是使浑敦、梼杌，踵武于云台之上；仲容、庭坚，耕耘于岩石之下。横谓废兴在我，无系于天，其蔽五也。彼戎狄者，人面兽心，宴安鸩毒，以诛杀为道德，以蒸报为仁义。虽大风立于青丘，凿齿奋于华野，比于狼戾，曾何足逾。

【译文】老虎咆哮大风奔驰，蛟龙飞升云彩跟随。所以重华登基而八元、八凯地位上升，辛受即位而飞廉得到进用，那么天下善人少，恶人多；昏庸的君主多，英明的君主少。而薰莸不放在一起，枭鸾翅膀不相接。这使浑敦、梼杌，相继登到云台之上；仲容、庭坚，在山野岩石之下耕耘。硬说废弃兴盛决定了我，同天没有关系，这是第五个不明白。那些戎狄，人的面孔兽的心肠，安逸等于毒药，以杀人为道德，以与母辈晚辈亲属淫乱为仁义。即使是大风立在青丘之上，凿齿肆虐于畴华之野，比起戎狄豺狼般的贪暴凶残来，又哪里值得用来比喻。

自金行不竞，天地版荡，左带沸唇，乘间电发。遂覆瀍、洛，倾五都；居先王之桑梓，窃名号于中县；与三皇竞其氓黎，五帝角其区宇。种落繁炽，充牣神州。呜呼！福善祸淫，徒虚言耳。岂非否泰相倾，盈缩递运，而汩之以人？其蔽六也。

【译文】自从晋朝衰微以后，天地动荡不安，衣襟向左边开的戎狄，乘机闪电般地发兵。于是颠覆了瀍水、洛水流域，覆灭了五大都市。居住在先王所在的故土，在中国窃取了帝号。与三皇争夺民众，同五帝角逐疆土。部族繁衍滋盛，充满神州大地。唉唉！行善得福作恶受祸，只不过是一句空话罢了。难道不是恶运好运互相对立，有余不足交替运行，却人为地把它们搅乱了？这是第六个不明白。

然所谓命者，死生焉，贵贱焉，贫富焉，治乱焉，祸福焉，此十者天之所赋也。愚智善恶，此四者人之所行也。夫神非舜、禹，心异朱、均，才絓中庸，在于所习。是以素丝无恒，玄黄代起；鲍鱼芳兰，入而自变。故季路学于仲尼，厉风霜之节；楚穆谋于潘崇，成杀逆之祸。而商臣之恶，盛业光于后嗣；仲由之善，不能息其结缨。斯则邪正由于人，吉凶在乎命也。或以鬼神害盈，皇天辅德。故宋公一言，法星三徙；殷帝自剪，千里来云。若使善恶无征，未洽斯义。

【译文】然而所谓命运，说的是死生，贵贱，贫富，治乱，祸福，这十样东西是老天所给予的。愚智善恶，这四样东西是人自己所实行的。精神跟虞舜、夏禹不同，心与丹朱、商均有异，才能被局限在中等水平，情性皆在于所习而成。因此素丝无常，黑色黄色交替出现；鲍鱼和芳香的兰草，一走到它们旁边就自然跟着发生变化。所以季路跟仲尼学习，磨炼出了风霜般高洁的节操；楚穆王向潘崇请教，酿成了杀父的逆伦之祸。而商臣罪恶，大业却光耀于后代子孙；仲由美善，不能避免结好帽带而死的惨祸，这就说明邪正决定于人，吉凶决定于命。有人认为鬼神侵害盈满的，皇天辅佑有德行的。所以宋公一句话，法星移动了三舍；殷帝剪掉自己的头发求雨，千里之外飘来云团。假使善恶没有证验，是不符合这一旨义的。

且于公高门以待封，严母扫墓以望丧。此君子所以自强不息也。如使仁而无报，奚为修善立名乎？斯径廷之辞也。夫圣人之言，显而晦，微而婉，幽远而难闻，河汉而不测。或立教以进庸怠，或言命以穷性灵。积善余庆，立教也；凤凰不至，言命也。今以其片言辩其要趋，何异乎夕死之类而论春秋之变哉？且荆昭德音，丹云不卷；周宣祈雨，珪璧斯罄。于叟种德，不逮勋、华之高；延年残犷，未甚东陵之酷。为善一，为恶均，而祸福异其流，废兴殊其迹。荡荡上帝，岂如是乎？《诗》云："风雨如晦，鸡鸣不已。"故善人为善，焉有息哉？

【译文】而且于公修高闾门以等待封侯，严母祭扫坟墓以望着儿子身死。这就是君子之所以要自强不息的原因。假使实行仁义而没有回报，那还修善行树美名干什么呢？这是一种差得很远的言论。圣人的话，语意显豁又幽深，言辞不多而婉转屈曲，幽远而难以听到，就像河汉一样不可测量。或制定规范施行教育以使平庸懒惰的人奋进，或讲说命运以穷尽人的性灵。积善必有不尽的福泽，这就是立教；凤凰没有飞来，这就是言命。现在以一方面的言辞，谈论命运的主要意义，何异于朝生夕死之虫却来谈论春秋的变化呢？而且楚昭王说了有德的话，红云并不飞卷而去；周宣王求雨，珪、璧用尽了雨却不来。于公建树的道德，不及放勋、重华的崇高；严延年残暴凶横，没有超过盗跖的残酷。为善是一样的，作恶是等同的，而灾祸福分的流布却不一样，废弃兴盛的表现却不相同。宽广无边的上帝，难道会是这样的吗？《诗经》上说："风雨交加天地昏暗，雄鸡啼鸣仍不停息。"所以善人为善，哪有停息的时候呢？

夫食稻粱，进刍豢，衣狐貉，袭冰纨，观窈眇之奇儛，听云和之琴瑟，此生人之所急，非有求而为也。修道德，习仁义，敦孝悌，立忠贞，渐礼乐之腴润，蹈先王之盛则，此君子之所急，非有求而为也。然则君子居正体道，乐天知命。明其无可奈何，识其不由智力。逝而不召，来而不距，生而不喜，死而不戚。瑶台夏屋，不能悦其神；土室编蓬，未足忧其虑。不充诎于富贵，不遑遑于所欲。岂有史公、董相《不遇》之文乎？

【译文】吃稻粱之食，进牛羊猪狗之肉，穿狐貉皮衣，着细洁雪白的丝绸衣服，看美妙神奇的舞蹈，听云和的琴瑟弹奏，这是民众本性所急于得到的，不是因为有人要求而去这样做的。修养道德，学习仁义，注重孝梯，建树忠贞，浸染礼乐丰美的流泽，遵循先王盛大的法则，这是君子本性所急于得到的，不是因为有人要求而去这样做的。那么君子要遵循正道体悟大道，安于天命泰然自乐。明白困厄显达对于人来说是无可奈何的，知道它们来去与否不是由人的智谋才能所决定的。离去了而不加以召引，来了而不加以抗拒，活着而不欢喜，死了而不悲戚。住在瑶台大屋之中，不能使其神情欢悦；住在土屋蓬门之内，不足使其产生忧虑。不因富贵而自足满盈失去节制，不匆匆忙忙地去追求所想得到的东西。哪里会有太史公、董国相《不遇》那样的文章出现呢？

颜之推

北齐临沂人，字介，卒于隋，故亦称隋人，著有《家训》，大旨辨正世俗之失，以戒子孙，《勉学》一篇，尤为切至，亦王昶《戒子书》之类也，唐志、宋志均列于儒家、清四库以其《归心》等篇，兼涉佛法，非专以儒立论者，改入杂家。

【译文】北齐临沂人，字介，卒于隋朝，所以也称隋人，著有《颜氏家训》，大旨在反复论证世俗的衰落之处，以告诫子孙，《勉学》这篇，尤为切要，也是王昶《戒子书》一类的，《旧唐书·经籍志》《宋史·艺文志》都将其列入儒家，清《四库全书》认为其《归心》等篇涉及到佛教、法家的思想，不是专门以儒家思想立论，于是将其改入杂家。

勉学（《颜氏家训》）

自古明王圣帝，犹须勤学，况凡庶乎！此事遍于经史，吾亦不能郑重，聊举近世切要，以启寤汝耳。士大夫子弟，数岁已上，莫不被教，多者或至《礼》《传》，少者不失《诗》《论》。及至冠婚，体性稍定；因此天机，倍须训诱。有志尚者，遂能磨砺，以就素业；无履立者，自兹堕慢，便为凡人。人生在世，会当有业：农民则计量耕稼，商贾则计论货贿，工巧则致精器用，伎艺则沈思法术，武夫则惯习弓马，文士则讲议经书。多见士大夫耻涉农商，差务工伎，射则不能穿札，笔则才记姓名，饱食醉酒，忽忽无事，以此销日，以此终年。或因家世余绪，得一阶半级，便谓为足，安能自若；及有吉凶大事，议论得失，蒙然张口，如坐云雾；公私宴集，谈古赋诗，塞默低头，欠伸而已。有识旁观，代其入地。何惜数年勤学，长受一生愧辱哉！

【译文】自古以来的那些圣明帝王，尚且必须勤奋学习，何况普通百姓呢!这类事在经书史书中随处可见，我也不想过多举例，姑且捡近世紧要的事先说，以启发点悟你们。现在士大夫的子弟，长到几岁以后，没有不受教育的，那学得多的，已学了《礼经》《春秋三传》。那学得少的，也学完了《诗经》《论语》。等到他们成年，体质性情逐渐成型，趁这个时候，就要加倍地对他们进行训育诱导。他们中间那些有志气的，就能经受磨炼，以成就其清白正大的事业，而那些没有操守的，从此懒散起来，就成了平庸的人。人生在世，应该从事一定的工作：当农民的就要算计耕田种地，当商贩的就要商谈买卖交易，当工匠的就要精心制作各种用品，当艺人的就要深入研习各种技艺，当武士的就要熟悉骑马射箭，当文人的就要讲谈讨论儒家经书。我见到许多士大夫耻于从事农业商业，又缺乏手工伎艺方面的本事，让他射箭连一层铠甲也射不穿，让他动笔仅仅能写出自己的名字，整天酒足饭饱，无所事事，以此消磨时光，以此了结一生。还有的人因祖上的荫庇，得到一官半职，便自我满足，完全忘记了学习的事，碰上有吉凶大事，议论起得失来，就张口结舌，茫然无所知，如堕云雾中一般。在各种公私宴会的场合，别人谈古论今，赋诗明志，他却像塞住了嘴一般，低着头不吭声，只有打呵欠的份。有见识的旁观者，都替他害臊，恨不能钻到地下去。这些人又何必吝惜几年的勤学，而去长受一生的愧辱呢!

梁朝全盛之时，贵游子弟，多无学术，至于谚云：“上车不落则著作，体中何如则秘书。”无不熏衣剃面，傅粉施朱，驾长檐车，跟高齿屐，坐棋子方褥，凭斑丝隐囊，列器玩于左右，从容出入，望若神仙。明经求第，则顾人答策；三九公燕，则假手赋诗。当尔之时，亦快士也。及离乱之后，朝市迁革，铨衡选举，非复曩者之亲；当路秉权，不见昔时之党。求诸身而无所得，施之世而无所用。被褐而丧珠，失皮而露质，兀若枯木，泊若穷流，孤独戎马之间，转死沟壑之际。当尔之时，诚驽材也。有学艺者，触地而安。自荒乱已来，诸见俘虏。虽百世小人，知读《论语》《孝经》者，尚为人师；虽千载冠冕，不晓书记者，莫不耕田养马。以此观之，安可不自勉耶?

【译文】梁朝全盛之时，那些贵族子弟大多不学无术，以至当时的谚语说：“登车不跌跤，可当著作郎;会说身体好，可做秘书官。”这些贵族子弟没有一个不是以香料熏衣，修剃脸面，涂脂抹粉的;他们外出乘长檐车，走路穿高齿屐，坐在织有方格图案的丝绸坐褥上，倚靠着五采丝线织成的靠枕，身边摆的是各种古玩，进进出出派头十足，看上去仿佛神仙模样。到明经答问求取功名的时候，他们就雇人顶替自己去应试，在三公九卿列席的宴会上，他们就借别人之手来帮自己做诗，在这种时刻，他们倒显得像模像样的。等到动乱来临，朝廷变迁革易，考察选拔官吏时，不再任用过去的亲信，在朝中执掌大权的，再不见旧日的同党。这时候，这些贵族子弟们靠自己不中用，想在社会上发挥作用又没有本事。他们只能身穿粗布衣服，卖掉家中的珠宝，失去华丽的外表，露出无能的本质，呆头呆脑像段枯木，有气无力像条快要干涸的流水，在乱军中颠沛流离，最后抛尸于荒沟野壑之中，在这种时候，这些贵族子弟就成了道道地地的蠢材了。有学问有手艺的人，走到那里都可以站稳脚跟。自从兵荒马乱以来，我见过不少俘虏，其中一些人虽然世世代代都是平民百姓，但由于懂得《孝经》《论语》，还可以去给别人当老师；而另外一些人，虽然是年代久远的世家大族子弟，但由于不会动笔，结果没有一个不是去给别人耕田养马的。由此看来，怎么能不努力学习呢？

且又闻之：生而知之者上，学而知之者次。所以学者，欲其多知明达耳。必有天才，拔群出类，为将则闇与孙武、吴起同术，执政则悬得管仲、子产之教，虽未读书，吾亦谓之学矣。今子即不能然，不师古之踪迹，犹蒙被而卧耳。

【译文】况且我又听说，生下来就明白事理的是上等人，通过学习才明白事理的是次一等的人。人之所以要学习，就是想使自己知识丰富，明白通达。如果说一定有天才存在的话，那就是出类拔萃的人，作为将军，他们暗中具备了与孙武、吴起相同的军事谋略；作为执政者，他们先天就获得了管仲、子产的政教才干。虽然他们没有读过书，我也要说他们是有学问的。现在您不能够做到这一点，又不去师法古人的所作所为，那就好比蒙着被子睡大觉，什么也看不见了。

人见邻里亲戚有佳快者，使子弟慕而学之，不知使学古人，何其蔽也哉？世人但知跨马被甲，长槊强弓，便云我能为将；不知明乎天道，辩乎地利，比量逆顺，鉴达兴亡之妙也。但知承上接下，积财发谷，便云我能为相；不知敬鬼事神，移风易俗，调节阴阳，荐举贤圣之至也。但知私财不入，公事夙办，便云我能治民；不知诚己刑物，执辔如组，反风灭火，化鸱为凤之术也。但知抱令守律，早刑晚舍，便云我能平狱；不知同辕观罪，分剑追财，假言而奸露，不问而得情之察也。爰及农商工贾，厮役奴隶，钓鱼屠肉，饭牛牧羊，皆有先达，可为师表，博学求之，无不利于事也。

【译文】人们看见邻居、亲戚中有出人头地的人物，懂得让自己的子弟欣慕他们，向他们学习，却不知道让自己的子弟向古人学习，这是多么无知啊。一般人只看见当将军的跨骏马，披铠甲，手持长矛强弓，就说我也能当将军，却不知道了解天时的阴晴寒暑，分辨地理的险易远近，比较权衡逆境顺境，审察把握兴盛衰亡的种种奥妙。一般人只知道当宰相的察承旨意，统领百官，为国积财储粮，就说我也能当宰相，却不知道侍奉鬼神，移风易俗，调节阴阳，荐贤举能的种种周到细致。一般人只知道私财不落腰包，公事及早办理，就说我也能管理好百姓，却不知道诚恳待人，为人楷模，治理百姓，如驾车马，止风灭火，消灾免难，化鸱为凤，变恶为善的种种道理。一般人只知道依照法令条律，判刑赶早，赦免推迟，就说我也能秉公办案，却不知道同辕观罪、分剑追财，用假言诱使诈伪者暴露，不用反复审问而案情自明这种种深刻的洞察力。推而广之，甚至那些农夫、商贾、工匠、僮仆、奴隶、渔民、屠夫、喂牛的、放羊的，他们中间都有在德行学问上堪为前辈的人，可以作为学习的榜样，广泛地向这些人学习，对事业是不无好处的。

夫所以读书学问，本欲开心明目，利于行耳。未知养亲者，欲其观古人之先意承颜，怡声下气，不惮劬劳，以致甘腝，惕然惭惧，起而行之也；未知事君者，欲其观古人之守职无侵，见危授命，不忘诚谏，以利社稷，恻然自念，思欲效之也；素骄奢者，欲其观古人之恭俭节用，卑以自牧，礼为教本，敬者身基，瞿然自失，敛容抑志也；素鄙吝者，欲其观古人之贵义轻财，少私寡欲，忌盈恶满，赒穷恤匮，赧然悔耻，积而能散也；素暴悍者，欲其观古人之小心黜己，齿弊舌存，含垢藏疾，尊贤容众，苶然沮丧，若不胜衣也；素怯懦者，欲其观古人之达生委命，强毅正直，立言必信，求福不回，勃然奋厉，不可恐慑也：历兹以往，百行皆然。纵不能淳，去泰去甚。学之所知，施无不达。世人读书者，但能言之，不能行之，忠孝无闻，仁义不足；加以断一条讼，不必得其理；宰千户县，不必理其民；问其造屋，不必知楣横而棁竖也；问其为田，不必知稷早而黍迟也；吟啸谈谑，讽咏辞赋，事既优闲，材增迂诞，军国经纶，略无施用：故为武人俗吏所共嗤诋，良由是乎！

【译文】人之所以要读书求学，本来是为了开发心智，提高认识力，以有利于自己的行动。对那些不知道如何奉养父母的人，我想让他们看看古人如何体察父母心意，按父母的愿望办事；如何轻言细语，和颜悦色地与父母谈话；如何不怕劳苦，为父母弄到香甜软嫩的食品；使他们看了之后感到畏惧惭愧，起而效法古人。对那些不知道如何侍奉国君的人，我想让他们看看古人如何笃守职责，不侵凌犯上；如何在危急关头，不惜牺牲性命；如何以国家利益为重，不忘自己忠心进谏的职责；使他们看了之后痛心疾首地对照自己，进而想去效法古人。对那些平时骄横奢侈的人，我想他们看看古人如何恭谨俭朴，节约费用；如何以谦卑自守，以礼让为政教之本，以恭敬为立身之根，使他们看了之后震惊变色，自感若有所失，从而端正态度，抑制那骄奢的心意。对那些平时浅薄吝啬的人，我想让他们看看古人如何贵义轻财，少私寡欲，忌盈恶满；如何周济鳏寡孤独，体恤贫民百姓。使他们看了之后脸红，产生懊悔羞耻之心，从而做到既能积财又能散财。对那些平时暴虐凶悍的人，我想让他们看看古人如何小心恭谨，自我约束，懂得齿亡舌存的道理；如何宽仁大度，尊重贤士，容纳众人。使他们看了之后气焰顿消，显出谦恭退让的样子来。对那些平时胆小懦弱的人，我想让他们看看古人如何无牵无碍，听天由命，如何强毅正直，说话算数，如何祈求福运，不违祖道。使他们看了之后能奋发振作，无所畏惧：由此类推，各方面的品行都可采取以上方式来培养，即使不能使风气淳正，也可去掉那些偏离道德规范的不良行为。从学习中所获取的知识，没有哪里不可运用。然而现在的读书人，只知空谈，不能行动，忠孝谈不上，仁义也欠缺，再加上他们审断一桩官司，不一定了解了其中道理，主管一个千户小县，不一定亲自管理过百姓，问他们怎样造房子，不一定知道楣是横着放而棁是竖着放；问他们怎样种田，不一定知道高粱要早下种而黍子要晚下种。整天只知道吟咏歌唱，谈笑戏谑，写诗作赋，悠闲自在，迂阔荒诞，对治军治国则毫无办法，所以他们被那些武官俗吏嗤笑辱骂，确实是有原因的。

夫学者所以求益耳。见人读数十卷书，便自高大，陵忽长者，轻慢同列；人疾之如雠敌，恶之如鸱枭。如此以学自损，不如无学也。

【译文】人们学习是为了用它获取好处。我看见有的人读了几十卷书，就自高自大起来，冒犯长者，轻慢同辈。大家仇视他像对仇敌一般，厌恶他像对鸱枭那样的恶鸟一般。像这样用学习给自己招来损害，还不如不要学习。

古之学者为己，以补不足也；今之学者为人，但能说之也。古之学者为人，行道以利世也；今之学者为己，修身以求进也。夫学者犹种树也，春玩其华，秋登其实；讲论文章，春华也，修身利行，秋实也。

【译文】古代求学的人是为了充实自己，以弥补自身的不足，现在求学的人是为了向别人炫耀，只能夸夸其谈；古代求学的人是为了广利大众，推行自己的主张以造福社会，现在求学的人是为了自身需要，涵养德性以求仕进。求学就像种果树一般，春天可以赏玩它的花朵，秋天可以摘取它的果实。讲论文章，这就好比赏玩春花；修身利行，这就好比摘取秋果。

人生小幼，精神专利，长成已后，思虑散逸，固须早教，勿失机也。吾七岁时，诵《灵光殿赋》，至于今日，十年一理，犹不遗忘；二十之外，所诵经书，一月废置，便至荒芜矣。然人有坎壈，失于盛年，犹当晚学，不可自弃。世人婚冠学，便称迟暮，因循面墙，亦为愚耳。幼而学者，如日出之光，老而学者，如秉烛夜行，犹贤乎瞑目而无见者也。

【译文】人在幼小的时候，精神专注敏锐，长大成人以后，思想容易分散，因此，对孩子确实需要及早教育，不可坐失良机。我七岁的时候，背诵《灵光殿赋》，直到今天，隔十年温习一次，仍然不会遗忘。二十岁以后，所背诵的经书，搁置在那里一个月，便到了荒废的地步。当然，人总有困厄的时候，壮年时失去了求学的机会，仍然应当在晚年时抓紧时间学习，不可自暴自弃。一般人如果到成年以后还未开始学习，就说晚了晚了，就这样拖拖拉拉过日子，好像面对者一堵墙壁什么也看不见，也是够愚蠢的了。从小就开始学习的人，就好像太阳初升时的光芒；到老来才开始学习的人，就好像手持蜡烛在夜间行走，但总比那些睁着眼睛什么也看不见的人强。

张蕴古

唐洹水人，通书传，晓世务，文擅当时。太宗即位，上《大宝箴》，其辞挺切，视《虞箴》过之，不独为帝王之龟鉴也。

【译文】唐代洹水人，精通典籍，通晓治世之道，在当时，文章写得极好。唐太宗即位时，上书《大宝箴》，其言辞直率恳切，超过了《虞箴》，是帝王所值得借鉴的。

大宝箴

今来古往，俯察仰观；惟辟作福，为君实难。主普天之下，处王公之上；任土贡其所求，具僚陈其所倡。是故恐惧之心日弛，邪僻之情转放。岂知事起乎所忽，祸生乎无妄。故以圣人受命，拯溺亨屯，归罪于己，因心于民。大明无私照，至公无私亲；故以一人治天下，不以天下奉一人。礼以禁其奢，乐以防其佚。左言而右事，出警而入跸。四时调其惨舒，三光同其得失。故身为之度，而声为之律。勿谓无知，居高听卑；勿谓何害，积小成大。乐不可极，乐极生哀；欲不可纵，纵欲成灾。

【译文】从古到今，上下观察；只有国君专擅赏罚，当好国君实在困难。居普天之下，处王公之上；贡赋进献国君的需求，群臣附和国君的旨意。所以谨慎恐惧之心日渐松弛，邪恶不正的情欲转而放纵。哪里知道事变在忽略时兴起，灾祸在意外时发生。本来让帝王承受天命，使落水的人得到拯救，使处境困难的人能够亨通；过错归于自己，爱心施给人民。最光明就不会偏照，最公正就没有私亲，所以用一人治理天下，不用天下侍奉一人。礼节用来禁止他的奢侈，音乐用来防止他的放荡。左史记下言论，右史记下行事，外出就清除道路，入内就加强警卫。春夏秋冬调和他的忧虑和舒畅，日、月、星的明暗如同他的得失。所以自身合符法度，声音合符钟律。不要说不知道，处在高位要了解下情；不要说没有祸害，积小害可以成大害。快乐不可达到极点，乐极生悲；情欲不可放纵，纵欲成灾。

壮九重于内，所居不过容膝；彼昏不知，瑶其台而琼其室。罗八珍于前，所食不过适口；惟狂罔念，丘其糟而池其酒。勿内荒于色，勿外荒于禽；勿贵难得货，勿听亡国音。内荒伐人性，外荒荡人心；难得之物侈，亡国之音淫。勿谓我尊而傲贤慢士，勿谓我智而拒谏矜己。闻之夏后，授馈频起；亦有魏帝，牵裾不止。安彼反侧，如春阳秋露；巍巍荡荡，恢汉高大度。抚兹庶事，如履薄临深；战战栗栗，用周文小心。

【译文】在内扩大豪华宫室，所居之处不过很小一部分；那些暴君不明这道理，竟用美玉来修筑楼台宫室。面前陈列八种珍贵的食品，所吃的不过是适合口味的那一点；而一味放纵的暴君却贮酒为池，酒糟堆成山。不要在内沉迷美色，不要在外沉迷狩猎，不要看重难于得到的财宝，不要欣赏亡国的靡靡之音。在内沉迷美色会匡害人性，在外沉迷田猎会扰乱人心；难于得到的财宝是奢侈浪费，亡国的音乐何其淫靡。不要自认为尊贵就态度傲慢，侮辱有才能的人；不要自以为聪明就拒绝规劝，夸耀自己。听说夏禹王在政事繁忙时，吃饭也不得清静，还有魏文帝，谋臣规劝时，竟扯着他的衣袖不放。安定那些不顺从的人，要像春天的阳光和秋天的露水那样温和；胸怀宽广，随时想到汉高祖的豁达大度。处理政事，要像脚踏薄冰，面临深渊那样紧张和高度重视，需要周文王那样的谨慎小心。

诗之不识不知，书之无偏无党。一彼此于胸臆，捐好恶于心想。众弃而后加刑，众悦而后行赏。弱其强而治其乱，伸其屈而直其枉。故曰：如衡如石，不定物以限，物之悬者，轻重自见；如水如镜，不示物以情，物之鉴者，妍蚩自生。勿浑浑而浊，勿皎皎而清；勿汶汶而暗，勿察察而明。虽冕旒蔽目而视于未形；虽黈纩塞耳，而听于无声。纵心乎湛然之域，游神于至道之精。扣之者，应洪纤而效响；酌之者，随深浅而皆盈。故曰：天之清，地之宁，王之贞。

【译文】《诗经》上说：“不认识不知道，却遵守着上帝的法则。”《尚书》上说：“不亲私，不阿党，帝王之道多么宽广。”胸中不分彼此，心中抛弃爱憎。众人都厌恶的然后判刑，众人都喜爱的然后奖赏。使强悍的被削弱，混乱得到治理；使委屈得以伸张，弯曲得到申直。所以说，如像秤和石，不决定物的重量，悬挂上去的东西轻重自己具备；如像水和镜，不显示物的实情，去照的东西美和丑自己显露。不要以浑浑为污浊，不要以洁白为清明，不要以憎憎为愚昧，不要以苛察为精明。虽然冕冠上的旒遮住了眼睛，仍然能够看出没有显露出来的形象；虽然黈纩挡住了耳朵，仍然能听到没有振响出来的声音。思想驰骋在清澈明净的境界，精神遨游在大道的精华之中。敲击的东西，不论大小都有响应；盛酒的器皿，不论深浅都能装满。所以说：天有道就清明，地有道就安宁，君王有道天下就公正。

四时不言而代序，万物无言而化成。岂知帝力，而天下和平。吾王拨乱，戡以智力；民惧其威，未怀其德。我皇抚运，扇以淳风；民怀其始，未保其终。爰述金镜，穷神尽圣。使人以心，应言以行。包括治体，抑扬辞令。天下为公，一人有庆。开罗起祝，援琴命诗；一日二日，念兹在兹。惟人所召，自天祐之。诤臣司直，敢告前疑。

【译文】春夏秋冬没有讲话而按时更替，万物不自作主张而自然生成，哪里知道帝王有力量而天下却很太平。陛下平定隋末之乱，靠才智取胜，老百姓只惧怕你的威严，还没有感念你的恩德。陛下掌握了国家的命运，倡导敦厚纯朴的风化，老百姓感到了好的开端，还未能保持到最终。于是陈述大道，显示陛下无不洞察。以诚心役使百姓，用行动回答语言。根本大道要包含，语言辞令要褒贬。天下成为公有，皇帝有美好德行。像商汤那样放开罗网祝告，像舜帝那样弹琴歌诗；一天又一天，念念在于此。在于人的感召，上天自然保佑。作为谏诤的臣子履行职责，敢于奏告前面的疑惑。

刘禹锡

唐中山人，字梦得，工诗文，与柳宗元最相善，宗元作《天说》，禹锡亦作《天论》，其文纵横博辨，而归趣与宗元不远（宗元《天说》见《古文治要》编）。著有《刘宾客集》。

【译文】唐代中山人，字梦得，擅长诗文，与柳宗元最友好，柳宗元作《天说》，刘禹锡作《天论》，其文章纵横广博，从多方面论说，而思想宗旨与柳宗元的不远（柳宗元《天说》见《古文治要》编）。著作有《刘宾客集》。

天论上

世之言天者二道焉。拘于昭昭者，则曰：“天与人实影响：祸必以罪降，福必以善来，穷厄而呼必可闻，隐痛而祈必可答，如有物的然以宰者。”故阴骘之说胜焉。泥于冥冥者，则曰：“天与人实剌异：霆震于畜木，未尝在罪；春滋乎堇、荼，未尝择善。跖、跻焉而遂，孔、颜焉而厄，是茫乎无有宰者。”故自然之说胜焉。余之河东解人柳子厚作《天说》，以折韩退之之言。文信美矣，盖有激而云，非所以尽天人之际。故余作《天论》，以极其辩云。

【译文】世上谈论天的有两派说法。坚持天有意志的一派说：“天对人确实起到主宰作用：它降祸一定是人干了坏事，它赐福一定是人做了好事，人们穷困时呼天求救，天一定能听到，内心痛苦时向天祈祷，天一定有回答，好象的确有一个什么东西在主宰着人世。”这样，天能决定人的祸福的说法就流行了。坚持天没有意志的一派说：“天与人确实各不相干：炸雷打坏了牲畜和树木，并不在于它有罪过，春天滋长着毒草和苦菜，并不选择它有什么好处。柳下跖、庄蹻倒称心如意，孔丘、颜渊却受苦遭难，可见天是茫然无知的，并没有什么主宰人世的东西。”这样，天是自然物的说法就流行了。我的朋友，河东道解县人柳宗元，写了一篇《天说》以批驳韩愈的关于天的说法，文章写得实在好，大概是有所愤激而发的，还不能详尽地说明天人的关系。所以我写了这篇《天论》，把他进行论战的观点说透彻。

大凡入形器者，皆有能有不能。天，有形之大者也；人，动物之尤者也。天之能，人固不能也；人之能，天亦有所不能也。故余曰：天与人交相胜耳。其说曰：天之道在生植，其用在强弱；人之道在法制，其用在是非。阳而阜生，阴而肃杀；水火伤物，木坚金利；壮而武健，老而耗眊，气雄相君，力雄相长：天之能也。阳而艺树，阴而揪敛；防害用濡，三焚用光；斩材窾坚，液矿硎铓；义制强讦，礼分长幼；右贤尚功，建极闲邪：人之能也。

【译文】一切具有形状的物体，都有所能，也有所不能。天，是有形物体中最大的；人，是动物中最高级的。天能做到的，人固然做不到，人能做到的，天也有做不到的。所以我说：天和人互相战胜罢了。我的论点是；天的职能在于生殖万物，它的作用是促使生物新陈代谢，人的职能在于制定法律，它的作用是促使人们分辨是非。春夏，万物生长茂盛，秋冬时就枯萎凋零了，水火能毁坏器物，木质坚硬，金属锋利，人当壮年时强健有力，老了就体衰眼花，气质雄健的为尊，力气强壮的为长：这些都是天的职能。春夏种植，秋冬收藏；既要防止水灾，又要用水灌溉，既要防止火灾，又要用火光照明；砍伐树木，制作器物，冶炼矿石，铸成快刀，用道义制服强暴奸诈，用礼节区分尊卑长幼，尊重贤者，奖励有功，建立法制，防止奸邪发生，这些都是人的职能。

人能胜乎天者，法也。法大行，则是非为公，天下之人蹈道必赏，违之必罚。当其赏，虽三旌之贵，万钟之禄，处之咸曰宜。何也？为善而然也。当其罚，虽族属之夷，刀锯之惨，处之咸曰宜。何也？为恶而然也。故其人曰：“天何预乃人事耶？唯告虔报本，肆类授时之礼，曰天而已矣。福兮可以善取，祸兮可以恶召，奚预乎天邪？”法小弛则是非驳，赏不必尽善，罚不必尽恶。或贤而尊显，时以不肖参焉；或过而僇辱，时以不辜参焉。故其人曰：“彼宜然而信然，理也；彼不当然而固然，岂理邪？天也。福或可以诈取，而祸或可以苟免。”人道驳，故天命之说亦驳焉。

【译文】人之所以能胜于天的，是由于法治。法治彻底实行时，大家就有一个公认的是非标准。凡是遵守法制的就一定得到奖赏，违反法制的就一定遭到惩罚。只要奖赏得当，就是给予三公那样尊贵的职位，万钟那样优厚的俸禄，大家都说是应该的。为什么呢？因为做了好事，就应该这样。惩罚得当，即使处以灭族的重罚，刀锯的惨刑，大家都说是应该的。为什么呢？因为做了坏事，就应该这样。所以人们说：天怎么会干预人事呢？只有在举行祭天和颁布历法这类典礼的时候，才会谈到天罢了。福禄可以由做好事而取得，灾祸可以由于坏事而招致，这与天有什么相干呢？”法制稍微放松时，那就会是非混乱，受奖赏的不一定都是好人，遭惩罚的也不一定都是坏人。有的因为贤能而得到显贵的职位，也时常有坏人掺杂在里面，有的因为罪过而受到惩罚和屈辱，也时常有无罪的人掺杂在里面。所以人们说：“那些人应该受这样的赏罚，而果然得到了，这是合理的，那些人不应该受这样的赏罚，而竟然得到了它，难道也合理吗？这是天决定的吧。福有时可以用欺骗取得，而祸也可以侥幸避免。”法制混乱了，所以天命的说法也混杂在里面了。

法大弛，则是非易位，赏常在佞，而罚常在直，义不足以制其强，刑不足以胜其非，人之能胜天之具尽丧。而名徒存，彼昧者方挈挈然提无实之名，欲抗乎言天者，斯数穷矣。故曰：天之所能者，生万物也；人之所能者，治万物也。法大行，则其人曰：“天何预人邪，我蹈道而已。”法大弛，则其人曰：“道竟何为邪？任天而已。”法小弛，则天人之论驳焉。今人以一己之穷通，而欲质天之有无，惑矣！余曰：天常执其所能以临乎下，非有预乎治乱云尔；人常执其所能以仰乎天，非有预乎寒暑云尔；生乎治者人道明，咸知其所自，故德与怨不归乎天；生乎乱者人道昧，不可知，故由人者举归乎天，非天预乎人尔。

【译文】法治完全破坏时，就使得是非颠倒。奸诈的人常常受奖赏，正直的人常常遭惩罚。道义不能制止坏人的横行霸道，刑法不能防限坏人的胡作非为，人能胜天的手段就完全丧失了。法制已经名存实亡，那些不明事理的人还急切地抓住法制这个空名义，跟那些贩卖“天命论”的人相对抗，那当然就会理诎辞穷了。所以说，天能做到的事，是生长万物；人能做到的事，是治理万物。法治彻底实行时，那么人们会说：“天哪能干预人事呢？我按照法制行事就是了。”法制完全破坏时，那么人们会说：“法制还有什么用呢？只好听天由命罢了。”法制稍微放松时，那么天人关系的说法就混乱了。现在有人想用个人遭遇的困难或顺利，去证实有没有天意，那就更糊涂了！我说：天总是执行它固有的职能生长万物，并不能干预人类社会的治乱；人总是依靠自己所能做到的事来适应自然，也不能干预寒暑季节的变化。人生在治世，法制分明，大家都知道祸福是从哪里来的，所以得福不谢天，遭祸不怨天。人生在乱世，法制混乱，弄不清楚福祸的由来，所以把本是人为的事情都归于天意。这并不是天干预人事啊！

天论中

或曰："子之言天与人交相胜，其理微，庸使户晓，盍取诸譬焉。"刘子曰："若知旅乎？夫旅者，群适乎莽苍，求休乎茂木，饮乎水泉，必强有力者先焉，否则虽圣且贤莫能竞也。斯非天胜乎？群次乎邑郛，求荫于华榱，饱于饩牢，必圣且贤者先焉，否则强有力莫能竞也。斯非人胜乎？苟道乎虞、芮，虽莽苍犹郛邑然；苟由乎匡、宋，虽郛邑犹莽苍然。是一日之途，天与人交相胜矣。吾固曰：是非存焉，虽在野，人理胜也；是非亡焉，虽在邦，天理胜也。然则天非务胜乎人者也。何哉？人之宰则归乎天也，人诚务胜乎天者也。何哉？天无私，故人可务乎胜也。吾于一日之途而明乎天人，取诸近也已。"

【译文】有人说："你说的天和人交相胜，这道理太深奥了，为了使人们容易听懂，做到家喻户晓，何不打个比方来说明呢？我说："你知道旅行吗？旅行的人，成群结队地走到荒野，要找个茂密的树林休息，找点泉水解渴，那一定是身强力壮的人先得到，如果不身强力壮，即使是圣贤也赛不过。这不是天然的条件取胜吗？假若大伙停留在城市里，要住华丽的房子，吃丰盛的饭菜，那一定是圣贤排在前头，如果不是圣贤即使是身强力壮的人也比不过。这不是人为的条件取胜吗？假如路过讲究礼让的虞国和芮国，即使在野外也象在城市一样，假使路过不讲礼让的匡地和宋国，即使在城市也和在野外一样。这就是在一天的旅途中看到的天和人互相胜过的情况。所以我坚持认为：是非标准存在，即使在野外，人理也起支配作用，是非标准丧失，即使在城里，天理也起支配作用。但是，天并不是一定能胜过人的，为什么呢？因为人没有掌握客观规律，就归因于天。人却是一定能胜过天的，为什么呢？因为天没有爱憎，没有意志，所以人可以去战胜它。我从一天旅途的情况来说明天与人的关系，这不过是举个浅近的比喻罢了。

问者曰："若是言之，则天之不相去乎人也信矣，古之人曷引天为？"答曰："若知操舟乎？夫舟行乎潍、淄、伊、洛者，疾徐存乎人，次舍存乎人。风之怒号，不能鼓为涛也；流之溯洄，不能峭为魁也。适有迅而安，亦人也；适有覆而胶，亦人也。舟中之人未尝有言天者，何哉？理明故也。彼行乎江、河、淮、海者，疾徐不可得而知也，次舍不可得而必也。鸣条之风，可以沃日；车盖之云，可以见怪。恬然济，亦天也；黯然沉，亦天也。阽危而仅存，亦天也。舟中之人未尝有天人者，何哉？理昧故也。”

【译文】有人说：“照你这么说，天不干预人事确实是可信的，古人为什么还要讲天命呢？”回答说：“你知道驾船吗？船在潍、淄、伊、洛这些小河里航行，快慢由人掌握，停泊也由人决定。狂风怒号，不能掀起大的波浪，水势回漩，也不能激起大的洪峰。碰上行船迅速而安全，这在于人的驾驶，碰上船翻了、搁浅了，也在于人的驾驶。船上的人从来不讲这是什么‘天命’，为什么呢？因为事情发生的道理是清楚明白的。那些在长江，黄河、淮河、大海中航行的船只，快慢难以由人控制，何时停泊也难以预定。吹动枝条的微风，可以顷刻掀起遮天蔽日的大浪，象车盖一样小的云块，也可以引出变化莫测的怪天气。平安地渡过，是受自然界的支配，不幸地沉没，也是受自然界的支配，临近危险而侥幸避免了，也是受自然界的支配。船上的人从来不讲这是由人的主观因素决定的，为什么呢？乃是人们对事情发生的道理还不清楚的缘故。”

问者曰：“吾见其骈焉而济者，风水等耳。而有沉有不沉，非天曷司欤？”答曰：“水与舟，二物也。夫物之合并，必有数存乎其间焉。数存，然后势形乎其间焉。一以沉，一以济，适当其数适乘其势耳。彼势之附乎物而生，犹影响也。本乎徐者其势缓，故人得以晓也；本乎疾者其势遽，故难得以晓也。江、海之覆也，犹伊、淄之覆也。势有疾，故有不晓耳。”

【译文】提问的人说：“我看到两条船并排航行，风力和水势一样，可是一条沉了，一条没沉，不是天又是谁在主宰呢？”回答说：“水和船，是两种不同的事物。不同事物结合在一起，其中必然存在着一定的规律。有规律存在，就会形成一定的发展趋势。一条船沉没，一条船渡过，都各自符合规律，顺应发展的必然趋势罢了。那趋势依附事物而存在，就象影子和回响随着形体和声音一样。由缓慢的运动所产生的趋势是和缓的，所以人们容易了解，由迅猛的运动所产生的趋势是急遽的，所以人们就难于了解。那在江、海中翻船和在伊、淄上翻船，道理是一样的。只是趋势有快有慢，所以有的就不了解罢了。”

问者曰：“子之言数存而势生，非天也，天果狭于势邪？”答曰：“天形常圆而色常青，周回可以度得，昼夜可以表候，非数之存乎？常高而不卑，常动而不已，非势之乘乎？今夫苍苍然者，一受其形于高大，而不能自还于卑小；乘其气于动用，而不能自休于俄顷，又恶能逃乎数而越乎势耶？吾固曰：万物之所以为无穷者，交相胜而已矣，还相用而已矣。天与人，万物之元者耳。”

【译文】提问的人说："你说事物都有一定的规律存在，由此产生一定的必然趋势，并不是天意决定的，难道天也会受必然趋势的制约吗？"回答说："天的形体总是圆的而颜色总是青的，运转的周期可以按度数推算出来，昼夜的长短可以用仪器测量出来，这不是有规律存在吗？天总是那么高远而不降低，总是永远运动而不停止，这不是受着必然趋势的制约吗？那个深青色的天，一旦形成了高大的形体，就不能自动还原于低小，一旦它随着元气发挥运转的作用，就不能自动地停止片刻，又怎能逃脱客观规律而超越必然趋势呢？所以我说：万事万物的变化之所以无穷无尽，就是因为它们之间总是在互相斗争又互相作用罢了。天和人，不过是万事万物中最突出的罢了。"

问者曰："天果以有形而不能逃乎数，彼无形者，子安所寓其数邪？"答曰："若所谓无形者，非空乎？空者，形之希微者也。为体也不妨乎物，而为用也常资乎有，必依于物而后形焉。今为室庐，而高厚之形藏乎内也；为器用，而规矩之形起乎内也。音之作也有大小，而响不能逾；表之立也有曲直，而影不能逾。非空之数欤？夫目之视，非能有光也，必因乎日月火炎而后光存焉。所谓晦而幽者，目有所不能烛耳。彼狸、狌、犬、鼠之目，庸谓晦为幽邪？吾固曰：以目而视，得形之粗者；以智而视，得形之微者也。焉有天地之内有无形者耶？古所谓无形，盖无常形耳。焉能逃乎数耶？"

【译文】提问的人说："天果真因具有形体而不能逃脱客观规律的制约，那么，那些无形的东西，你怎么知道它存在着规律呢？"回答说："你所说的无形的东西，不就是指空间吗？空间，是一种听不见、摸不着的物体，从形体来说，它不妨碍其它物体的存在，从作用来说，它总是借助于其它有形的物体才能显示出来。如修建房屋，高和厚的空间形体就包含在里面了；制作器具，圆和方的空间形体就出现在里面了。声音发出来有大有小，而回音的大小不能超过它，测日标竿的竖立有曲有直，影子的曲直也不能超过它。这些不就是空间的规律吗？眼睛能看东西，并不是眼睛里有光，一定要借助日，月、火焰的光，才能看得见。所谓夜晚昏暗，不过是人的眼睛看不见东西罢了。对于野猫、黄鼠狼、狗和老鼠的眼睛来说，难道能说夜晚是昏暗的吗？所以我说：用眼睛去观察，只能看到形体粗大的东西，用理智去观察，才能认识形体细微的东西。天地之内哪里有无形的东西呢？古人所说的无形，不过是说它没有固定的形状，一定要借助于其它物体然后才能把它的形状显示出来。它又怎么能逃脱客观规律的制约呢？"

天论下

或曰："古之言天之历象，有宣夜、浑天、《周髀》之书；言天之高远卓诡，有邹子。今之言，有自乎？"答曰："吾非斯人之徒也。大凡入乎数者，由小而推大必合，由人而推天亦合。以理揆之，万物一贯。而今夫人之有颜、目、耳、鼻、齿、毛、颐、口，百骸之粹美者也，然而其本在乎肾、肠、心、腹；天之有三光，悬寓万象之神明者也，然而其本在乎山川五行。

【译文】有人说："古代讲天的历象的，有'宣夜'、'浑天'之说和《周髀》那本书；把天讲得那么高远奇异的有邹衍。现在，你的说法有依据吗？"回答说："我不是属于这一类人。凡是符合规律性的事物，由小推论到大，必然相合，由人推论到天，也会相合。用这个道理来衡量，万物是一致的。人有额头、眼睛，耳朵、鼻子、牙齿、毛发、面颊、嘴巴，这些是人体各部分中最精美的，然而它的根本还在于肾、肠、心，腹。天有日、月、星辰与高悬的天空，这些是所有自然现象中最神明的，然而它们的根本还在山、川、五行。

浊为清母，重为轻始。两位既仪，还相为庸。嘘为雨露，噫为雷风。乘气而生，群分汇从。植类曰生，动类曰虫。虫之长，最大，能执人理，与天交胜，用天之利，立人之利，立人之纪。纪纲或坏，复归其始。尧、舜之书，首曰'稽古'，不曰稽天；幽、厉之诗，首曰'上帝'，不言人事。在舜之廷，元凯举焉，曰'舜用之"，不曰天授；在商中宗，袭乱而兴，心知说贤，乃曰'帝赉'。尧民知余，难以神诬；商俗以讹，引天而欧。由是而言，天预人乎？"

【译文】'重'、'浊'的地，是'轻'、'清'的天的母体。天地形成之后，又互相作用，天地吐气就成为雨露，叹气就成为风雷。万物凭借元气运动而产生，分群划类，植物一类叫'生'，动物一类叫'虫'。人是虫中最高级的，最有智慧，能够坚持法制，与天交相争胜，利用自然的资源，建立社会的法纪。法制破坏了，又会回到原来迷信天命的状态。《尧典》和《舜典》的第一句话，只说'考查古代'，不说考查天，写周幽王、周厉王的诗，开头却只说'上帝'而不谈人事。在舜当政时，八元、八凯等贤人得到提拔重用，人们只说是舜任用了他们，而不说是天赐给的。殷高宗在国家混乱中继承了王位，心知傅说贤能，想用他做宰相，却假托是上帝赐与的。这是因为虞舜时代的民众是经尧治理过的，难以用鬼神去进行欺骗，商朝的政治风习已经败坏了，商中宗就只能用‘天命’来奴役民众。从这些历史事例来说，天能干预人事吗？”

李 翱

唐赵郡人，一作成纪人，字习之，从韩愈学为古文，称高足焉，作《复性论》三首，独不取愈“原性”之说（愈《原性》见《古文治要》编。论者谓其文导源于《中庸》，盖汉魏诸子之流亚也，有《李文公集》。

【译文】唐代赵郡人，一作成纪人，字习之，师从韩愈学习古文，是其高才弟子，作《复性论》三首，唯独不采用韩愈的“原性”学说（韩愈的《原性》见《古文治要》编）。论者认为他的思想源于《中庸》，次于汉魏时期的诸子，有《李文公集》。

复性书上

人之所以为圣人者，性也；人之所以惑其性者，情也。喜、怒、哀、惧、爱、恶、欲七者，皆情所为也。情既昏，性斯匿矣。非性之过也，七者循环而交来，故性不能充也。水之浑也，其流不清；火之烟也，其光不明；非水火清明之过。沙不浑，流斯清矣；烟不郁，光斯明矣。情不作，性斯充矣。

【译文】人所以能为圣人的条件就在于其本性，可是人会迷惑本性，那是因为情欲的原因。喜怒哀惧爱恶欲这七样，就是因情欲才发出来的。情欲昏乱，那么本性就要衰微以至于消失。这并不是本性的过失，而是因这七样相互循环，接连而至，才不能伸张的。水一混浊是因为流水流得不够清澈，火若有烟雾，则它的光焰不能夺目。这并不是水本身不清，火本身不明的原因. 只要泥沙不来混淆，水流就清澈了；只要烟雾不迷漫，那么火就光亮了。同样的，只要情欲不发作，本性也就可以伸张了。

性与情不相充也。虽然，无性则情无所生矣。是情由性而生，情不自情，因性而清；

性不自性，由情以明。性者，天之命也。圣人得之而不惑者也。情者，性之动也，百姓溺之而不能知其本者也。圣人者岂其无情邪？圣人者寂然不动，不往而到，不言而神，不耀而光，制作参乎天地，变化合乎阴阳；虽有情也，未尝有情也。然则百姓者岂其无性邪？百姓之性与圣人之性弗差也。虽然，情之所昏，交相攻伐，未始有穷，故虽终身而不自睹其性焉。火之潜于山石林木之中，非不火也。江、河、淮、济之未流而潜于山，非不泉也。石弗敲，木不磨，则不能烧其山林而燥万物。泉之源弗流，则弗能为江为河，为淮为济，东汇大壑，浩浩荡荡，为弗测之深。情之动静弗息，则弗能复其性而烛天地，而烛天地为不极之明。

【译文】性和情不能单独生存。虽然如此，但是，无本性那么情欲也就无从发生了。由此知，情欲由本性而生，情欲不能自发，因本性才有感想，本性也不能单独存有，由情欲才能显明本性。照《中庸》的“天命之谓性”这句话可知本性是天所赐予的。圣人就是因得到本性且能不迷惑者，情欲是本性的发动才产生的，但是一般人往往沉溺于情欲的发作，而不知其本性。圣人难道是没有情欲的吗？圣人，他的心境清静不动。他虽不出户却能知天下事，他虽不开口，可是大家都望之若神明，他虽不炫耀，可是却光芒四射。他的一举一动，及一切作为都是依据天地，都能合乎阴阳的变化。虽然说他也有情欲，却不会有凡人的情欲。那么一般人难道就没有本性吗？一般人的本性跟圣人的本性，原来是没有差别的。虽然这样，但是因为一般人被情欲迷惑了，七情六欲，交相断丧。彼此影响，无穷无尽，于是整日困在情欲中，终其一生就不能找到其本性了。火苗若隐藏于山石之中及林木之内，并非就不是火。长江大河尚未汇于巨流而隐藏于山中，并不能说它不是水泉。这是因为对于石头木头，不去敲它不去磨它，那么它就不会迸出火花而造成山林大火，甚至让大地陷入火海。同样的，水泉的源头若不加以疏通，那么就不能汇成长江大河，浩浩荡荡地流聚成大海，那样地深不可测。因此可知，情欲若不能让它平息下来．就不能使其本性恢复，而光耀天地发扬成为无穷无尽的光芒。

故圣人者，人之先觉者也。觉则明，否则惑，惑则昏。明与昏谓之不同。明与昏，性本无有，则同与不同二者离矣。夫明者所以对昏，昏既灭，则明亦不立矣。是故诚者，圣人之性也，寂然不动，广大清明，照乎天地，感而遂通天下之故，行止语默无不处于极也。复其性者，贤人循之而不已者也，不已则能归其源矣。《易》曰：“夫圣人者，与天地合其德，日月合其明，四时合其序，鬼神合其吉凶，先天而天不违，后天而奉天时。天且弗违，而况于人乎，况于鬼神乎！”此非自外得者也，能尽其性而已矣。子思曰：“唯天下至诚为能尽其性；能尽其性，则能尽人之性；能尽人之性，则能尽物之性；能尽物之性，则可以赞天地之化育。可以赞天地之化育，即可以与天地参矣。其次致曲，曲能有诚，诚则形，形则著，著则明，明则动，动则变，变则化，唯天下至诚为能化。”

【译文】所以说，圣人是人类的先知先觉，能够觉悟，所以他能发出光明。若不能觉悟，就不能发扬，那就要迷惑了光明与昏暗。这二者本性原来不具有，可知他是因后来分出不同才产生的。本来光明是对昏暗而言的，既已不再有昏暗，那样无所谓光明了。所以至诚，是圣人的本性所发作。清静不动，又能广大光明，照耀天地，相互感应，进而能透彻天地间的一切事物。一言一行、一举一动，都能恰到好处，所谓回复本性，原是贤人必须遵守而且坚持不移，那就能回到其本性了。《易经》上说，圣人德性跟天地一样，光明跟日月一样，行动有序跟四时运行一样。与人祸福吉凶，如同鬼神一样，他走在时代的前端。而天地的运行在他的预料之中，虽在万古之后. 但是也都能依循着天地之道去做。上天尚且不能违背他的旨意，更何况是其他人类，或者鬼神呢? 也都能在他的掌握之中啊!这并非他从外得来的超人的能力，只不过是他能将其本性充分地发挥而已。《中庸》上子思说："只有天下的至诚才能充分发扬其本性，能充分发扬其本性，则能发扬人类的本性，能如此，那也就能将万物的本性都发扬出来，能如此，就能赞助天地的生养教化，能够如此，就可以跟天地并列为三了。其次的贤人能致力于细小的事，虽致力于小者，若能有诚，则可表现于外，能表现即能显著，能显著则能发明，能发出光明，也就能感动他人，能感动人，也就能使人改变习性，能如此也就能使天下化育成善良的习俗。只有天下的至诚才有办法化育百姓形成为善良的习俗。"

圣人知人之性皆善，可以循之不息而至于圣也，故制礼以节之，作乐以和之。安于和乐，乐之本也；动而中礼，礼之本也。故在车则闻鸾和之声，行步则闻佩玉之音。无故不废琴瑟。视听言行，循礼法而动。所以教人忘嗜欲而归性命之道也。道者至诚而不息也，至诚而不息则虚，虚而不息则明，明而不息则照天地而无遗。非他也，此尽性命之道也。哀哉，人皆可以及乎此，莫之止而不为也，不亦惑邪!

【译文】圣人知道人的本性善良，都可以依循着此本性，自强不息以成圣。所以制作礼仪来节制其行为，创作音乐来调和其性情。性情能守于和乐，这是音乐的根本要求。动作能合乎礼仪，这是礼仪的根本。所以在车上则听到鸾铃的响声，行路则可听到身上佩玉的声音。若非有特别事故，一定要弹琴奏乐。一切言行举止，都按照礼仪来，这是为了要教人忘掉情欲，而能返回到人性的根本上去。所谓道就是至诚而已，能够精诚，努力不辍，就能清虚，清虚而能再努力不辍就能空明，空明再能努力不辍，那么光芒将能无所不在地照耀天地。这并非有何特别，只因为能充分发挥人的本性罢了。可叹呀!人本来都可以到达此种地步。但是还没到达目的，就不再努力地下去了，这不是很迷惘的吗?

昔者圣人以之传于颜子，颜子得之，拳拳不失。不远而复，其心三月不违仁。子曰："回也其庶乎，屡空。"其所以未到于圣人者一息耳，非力不能也，短命而死故也。其余升堂者，盖皆传也。一气之所养，一雨之所膏，而得之者各有浅深，不必均也。子路之死也，石乞盂黶以戈击之，断缨。子路曰："君子死，冠不免。"结缨而死。由也非好勇而无惧也，其心寂然不动故也。曾子之死也，曰："吾何求焉，吾得正而毙焉斯已矣。"此正性命之言也。子思，仲尼之孙，得其祖之道，述《中庸》四十七篇，以传于孟轲。孟轲曰："我四十不动心。"轲之门人，达者公孙丑万章之徒，盖传之矣。遭秦焚书，《中庸》之弗焚者一篇存焉。于是此道废缺，其教授者唯节文章、章句、威仪、击剑之术相师焉。性命之源，则吾弗能传矣。道之极于剥也必复，吾岂复之时邪?

【译文】以前孔子曾经以此传给颜回，颜回领悟了这一番道理，恳切地牢记在心头，不肯忘掉，不迁怒，不贰过。虽离善不远，皆能复归于善，所以他的心才能三个月之久皆不违背仁道。孔子即称赞他说："颜回他几乎可以到达圣人的领域了，虽然屡屡贫乏，无以维生，但是他依然能乐在其中。"他未能到达圣人的领域，也只差一点点而已，并非能力不及，只因他不幸短命而死，才不能到达的。至于其他能升堂入室的，都是孔子有所传授的原因。同样是来自圣人春风化雨，滋润栽培的结果，可是各人的成就有深有浅，并不一致。当子路死前，卫国的石乞盂黶攻击子路，以戈矛打断了他的帽带，子路临死前依然说道："君子虽死，不可不带冠。"因此依然系上帽带才死。子路并非是好勇不怕死才如此，是因他的心已经能安静不动的缘故。曾子将死之前说道："我还有什么要求呢?我只要合乎正道而死就可以了。"这都是能归于本性的话。子思是孔子的孙子，得到他祖父的道统，曾传述孔子学说而成《中庸》四十七篇，而后再给孟子，孟子说过："我四十岁后不再动心。"孟子的学生中，比较通达的如公孙丑、万章这俩徒弟，可说得到孟子学说的真传。后来秦始皇焚书，《中庸》也被烧到仅存一篇。于是本性之道，就无法再传播了。以后儒家传授学问，就只注意一些行为，节操，文章、字句及礼仪乃至于击剑等技术方面的相承而已。关于人性的本源，我就不知道是否还有流传下来的了。但是天地之道剥落衰微到极点之后，必定会复兴。难道我就是处在复兴的时候吗?

吾自六岁读书，但为词句之学，志于道者四年矣，与人言之，未尝有是我者也。南观涛江，入于越，而吴郡陆傪存焉。与之言。陆傪曰："子之言，尼父之心也。东方如有圣人焉，不出乎此也；惟子行之不息而已矣。"呜呼，性命之书虽存，学者莫能明，是故皆入于庄、列、老、释。不知者谓夫子之徒不足以穷性命之道，信之者皆是也。有问于我，我以吾之所知传焉，遂书于书，以开诚明之源，而缺绝废弃不扬之道几可以传于时，命曰《复性书》，以治其心，以传乎其人。乌乎！夫子复生，不废吾言矣。

【译文】我从六岁读书后，只是读些词章文句等书，后来才有志于本性之道，如今已经四年了。但是跟人家一谈起，却没有能赞同我的。我曾南去看钱塘潮。到了浙江后，吴郡的陆修也在那里，跟他谈起此事，陆修回答我说："你所说的话，都是孔子要说的。东方若有圣人出现，不外乎讲这些，西方如有圣人出，也不外乎谈这些，只不过你能不停地实践罢了。"可叹啊!有关人的本性的书今虽仍存在，可是却没有人能明白，所以都把它归到庄子、列子、老子、佛家的领域，不知详情的人，都以为孔子的门徒，实在不能够穷究生命的本性，信仰儒家的也都是如此。有人以此问我，我就把所知道的告诉他，最后才写成一书，以求能打开儒家诠说本性至诚的根源，而这久被废弃，不传的天道或许可以继续流传下来，因而我叫它为《复性书》。用来整理人心，而传给可传者。唉!若是孔子再生，也会认为我所说的话是有道理的!

复性书中

或问曰：人之昏也久矣，将复其性者，必有渐也。敢问其方。

曰：弗虑弗思，情则不生；情既不生，乃为正思。正思者，无虑无思也。《易》曰："天下何思何虑。"又曰："闲邪存其诚。"《诗》曰："思无邪。"

曰：已矣乎?

曰：未也。此斋戒其心者也，犹未离于静焉。有静必有动，有动必有静。动静不息，是乃情也。《易》曰："吉凶悔吝，生于动者也。"焉能复其性邪?

曰：如之何?

曰：方静之时，知心无思者，是斋戒也；知本无有思，动静皆离，寂然不动者，是至诚也。《中庸》曰："诚则明矣。"《易》曰："天下之动，贞夫一者也。"

问曰：不虑不思之时，物格于外，情应于内，如之何而可止也?以情止情，其可乎?

曰：情者，性之邪也。知其为邪，邪本无有；其心寂然不动，邪思自息。惟性明照，邪何所生?如以情止情，是乃大情也；情互相止，其有已乎?《易》曰："颜氏之子，其殆庶几乎，有不善未尝不知，知之未尝复行也。"《易》曰："不远复，无祇悔，元吉。"

【译文】有的人问："人们昏昧已经很久了，将恢复他的本性一定要有个过程。请问方法是什么？"

说："不思不虑，人情就不会滋生，情既然不滋生，就是正思。正思，即无思无虑。《易》说：'天下思虑什么。'又说：'防止邪恶，才能存养其诚心。'《诗经》说：'不要思虑邪恶的'。

问："这样就可以了？"

说："还不行，这是在斋戒心，还没有离开静。有静肯定有动，有动肯定有静。动静不停止，这就是情。《易》说：'吉凶、悔吝，都是产生于动。'这怎么能恢复他的本性呢？"

问："该怎么办呢？"

说："才精的时候，知道心没有思虑，这是斋戒。知道本来没有思虑，动静都离开了，安静不动，这是至诚。《中庸》说：'诚才能明。'《易》说：'天下的运动及其复杂，但要以一为正。'"

问："不思不虑的时候，置物于外，但情在内应之，怎么样才能不动呢？以情来止情，行得通么？"

说："情，使性邪恶。知道它邪恶，邪恶也就没有了；心寂然不动，邪恶的思虑自己就停止了。性能自明，邪恶从哪里生？如果以情来止情，这是大情。情互相制止，其能有止尽吗？《易》说：'颜回有不善的时候，是因为他不知道；知道了，就不会再犯。'《易》说：'不经常重复过错，没有大悔，是大吉。'"

问曰：本无有思，动静皆离。然则声之来也，其不闻乎，物之形也，其不见乎？

曰：不睹不闻，是非人也。视听昭昭而不起于见闻者，斯可矣。无不知也，无弗为也，其心寂然，光照天地，是诚之明也。《大学》曰："致知在格物。"《易》曰："易无思也，无为也，寂然不动，感而遂通天下之故，非天下之至神，其孰能与于此？"

曰：敢问"致知在格物"何谓也？

曰：物者，万物也。格者，来也，至也。物至之时，其心昭昭然，辨焉而不应于物者，是致知也，是知之至也。知至故意诚。意诚故心正，心正故身修，身修而家齐，家齐而国理，国理而天下平，此所以能参天地者也。《易》曰："与天地相似，故不违，知周乎万物而道济天下，故不过。旁行而不流，乐天知命，故不忧。安土敦乎仁，故能爱。范围天地之化而不过，曲成万物而不遗，通乎昼夜之道而知，故神无方而易无体。一阴一阳之谓道。"此之谓也。

【译文】问："本来没有思虑，动静都离开。然而，声音来了的时候，他听不到么？有形状的物体，他看不到么？"

说："不看不听，不作为，他的心安静，照亮天地，是诚所照耀的。《大学》说：'求知在于把握事物的规律。'《易》说：'《易》没有思虑，不作为，安静不动，与物相接而掌握了天下的规律，如果不是天下的至神，哪能达到这种程度呢？'"

问："'求知在于掌握事物的规律'是什么意思？"

说："物，指万物。格，指来，到。见到物的时候，他的心明亮，能明辨万物，但心里不与万物发生感应，这是致知，是最高的知。达到了最高的知则心里活动就诚心，心里诚心则心就正了，心正了就能修身，身修好了就能齐家，把家治理好了就能治理国家，把国家治理好了天下就太平了，这就是参与天地。《易》说：‘与天地相似，所以不会违背，知道遍及万物，而周济天下，所以不会有过错。通权达变，合乎轨道，就不会流于过错，乐天知命，所以不忧虑。安于居住的地方而行仁，所以能爱。以自然变化为限而不越过，圣人委屈成就万物而不遗憾，通达阴阳寒暑变化之道，所以神没有形体而《易》没有固定的形式。一阴一阳就是道。’就是说这个。”

曰：生为我说《中庸》。

曰：不出乎前矣。

曰：我未明也。敢问何谓“天命之谓性”？

曰：人生而静，天之性也。性者，天之命也。

“率性之谓道”，何谓也？

曰：率，循也。循其源而反其性者，道也。道也者，至诚也。至诚者，天之道也。诚者，定也，不动也。

“修道之谓教”，何谓也？

曰：“诚之者，人之道也”，“诚之者，择善而固执之者也”，循是道而归其本者，明也。教也者，则可以教天下矣。颜子其人也。“道也者，不可须臾离也，可离非道也”，说者曰：其心不可须臾动焉故也。动则远矣，非道矣，变化无方，未始离于不动故也。“是故君子戒慎乎其所不睹，恐惧乎其所弗闻，莫见乎隐，莫显乎微，故君子慎其独也。”说者曰：不睹之睹，见莫大焉；不闻之闻，闻莫甚焉。其心一动，是不睹之睹，弗闻之闻也，其复之也远矣，故慎其独。慎其独者，守其中也。

【译文】问：“请你给我讲讲《中庸》。”

说：“不超出刚才讲的。”

问：“我没有明白。请问‘天命之谓性’是什么意思？”

说：“人天生就是静的，这是天性。性，是天所定的。”

“‘率性之谓道’，是什么意思？”

说：“率，就是遵循。遵循其本源而恢复他的本性，这就是道。道，是至诚。至诚，是天道。诚，是定，不动。”

“‘修道之谓教’是什么意思？”

说：“‘诚，是人道’，‘诚，选择善的而坚守’，修养才能使道回到他的根本，这很明白。教，可以教化天下。颜回就是这种人。‘道，是片刻都不能离开的，能离开的就不是道’，有的说：‘心片刻都不动就可以了。动则离道远了，不是道，变化无限，不曾离开不动。’‘所以君子很谨慎，对他所不能看的，很恐惧，对他所不能听的，在任何小的地方都如此，所以君子慎独。’有的说：‘看见不该看的，见的没有更大了；闻见不该闻的，没有听的比这更多了。他的心一动，是看见不该看的，听见不该听的，其恢复他的本性也就远了，所以君子慎独。慎独的人，能保守中和之道。”

问曰：昔之注解《中庸》者，与生之言皆不同，何也？

曰：彼以事解者也，我以心通者也。

曰：彼亦通于心乎？曰：吾不知也。

曰：修之一日，可以至于圣人乎？

曰：十年扰之，一日止之，而求至焉，是孟子所谓以一杯水而救一车薪之火也，甚哉！止而不息必诚，诚而不息必明，明与诚终岁不违，则能终身矣。“造次必于是，颠沛必于是”，则可以希于至矣。故《中庸》曰：“至诚无息，不息则久，久则征，征则悠远，悠远则博厚，博厚则高明。博厚所以载物也，高明所以覆物也，悠久所以成物也。博厚配地，高明配天，悠久无疆。如此者，不见而彰，不动而变，无为而成。天地之道可一言而尽也。”

【译文】问：“过去注解《中庸》的，与你说得都不同，为什么呢？”

说：“他们是以事来解，我是以心来贯通。”

问：“你贯通到心里了么？”

说：“我不知道。”

问：“像你所说，修养一天，就可以成圣人了？”

说：“十年时间扰乱它，用一天的时间来停止它，想达到圣人境界，是孟子所说的用一杯水来救一车薪火。哎，不停的修养一定会达到诚，不断的诚一定能达到明，明与诚始终不违背，这样就能就能终身为圣人了。‘仓促也是如此，受挫也是如此’，就有达到的希望。所以《中庸》说：‘至诚不止，不止则能长久，长久就能证验，能证验就能悠远，能悠远就能博厚，博厚就能高明，博厚所以能载物。高明所以能覆盖物，悠久所以能成物。博厚与地配，高明与天配，悠久无限。如此，不见却彰显，不动却变化，无所为却有成就。天地之道，可以用一句话说完。’”

问曰：凡人之性犹圣人之性欤？

曰：桀纣之性犹尧舜之性也，其所以不睹其性者，嗜欲好恶之所昏也，非性之罪也。

曰：为不善者非性邪？

曰：非也。乃情所为也。情有善有不善，而性无不善焉。孟子曰：“人无有不善，水无有不下。夫水，搏而跃之，可使过颡；激而行之，可使在山。是岂水之性哉？”其所以导引之者然也。人之性皆善，其不善亦犹是也。

问曰：尧舜岂不有情邪？

曰：圣人至诚而已矣。尧舜之举十六相，非喜也；流四凶，非怒也；中于节而已矣。其所以皆中节者，设教于天下故也。《易》曰："知变化之道者，其知神之所为乎！"《中庸》曰："喜怒哀乐之未发，谓之中；发而皆中节，谓之和。中也者，天下之大本也；和也者，天下之达道也。致中和，天地位焉，万物育焉。"《易》曰："唯深也，故能通天下之志；唯几也，故能成天下之务；惟神也，故不疾而速，不行而至。"圣人之谓也。

【译文】问："凡人的人性与圣人的人性一样么？"

说："桀纣的人性，犹如尧舜的人性。其所以看不见其本性，是因为被欲望、好恶所迷惑了，不是性的过错。"

问："作不善的事不是性的原因吗？"

说："不是。是情所作的。情有善有不善的，但性没有不善的。孟子说：'人没有不善的，犹如水没有不向下流的。搏动水，能使它超过额头，激它，能在山上流。这是水的本性么？'这是因为有引导的。人性都是善的，不善的也是如此。"

问："尧舜有情么？"

说："圣人至诚。尧舜有十六位宰相，也不是高兴，流放共工、放欢、三苗、殛鲧，也不发怒。符合中庸之道。他们都能做到中庸，所以以此教化天下。《易》说：'知道变化规律的，知道神的作为'《中庸》说：'喜怒哀乐还没发出的时候，是中；发出又都合乎中道，是和。中，是天下的根本；和，是天下通达之道。达到中和，天地运行，万物化育。'《易》说：'只有深，才能通天下的思想；只有微，才能成天下的事务；只有神，才能不加疾却很快，不行就到。'说得是圣人啊。"

问曰：人之性犹圣人之性，嗜欲爱憎之心何因而生也？

曰：情者，妄也，邪也，邪与妄则无所因矣。妄情灭息，本性清明，周流六虚，所以谓之能复其性也。《易》曰："乾道变化，各正性命。"《论语》曰："朝闻道，夕死可矣。"能正性命故也。

问曰：情之所昏，性即灭矣，何以谓之犹圣人之性也？

曰：水之性清澈，其浑之者泥沙也。方其浑也，性岂遂无有耶？久而不动，沙泥自沉，清明之性鉴于天地，非自外来也。故其浑也，性本弗失；及其复也，性亦不生。人之性亦犹水也。

问曰：人之性本皆善，而邪情昏焉，敢问圣人之性将复为嗜欲所浑乎？曰：不复浑矣。情本邪也，妄也，邪妄无因，人不能复。圣人既复其性矣，知情之为邪；邪既为明所觉矣，觉则无邪，邪何由生也？伊尹曰："天之道以先知觉后知，先觉觉后觉者也。予天命之先觉者也，予将以此道觉此民也，非予觉之而谁也？”如将复为嗜欲所浑，是尚不自觉者也，而况能觉后人乎！

【译文】问：“人性犹如圣人之性，欲望爱恨之心从哪里产生的？”

说：“情，狂妄，邪恶，邪与妄，则没有原因。狂妄之情停息了，本性就清明了，流通于上下四方六位，所以能恢复他的本性。《易》说：‘天道变化，能正性命。’《论语》说：‘早上听到道，晚上就死去，也可以。’这就是能正性命的原因。”

问：“被情迷惑时，人性就被湮灭了。为什么说跟圣人之性一样呢？”

说：“水的本性清澈，浑浊是因为泥沙。当其浑浊时，清澈的本性能没有了吗？时间久了不动它，沙泥自己就沉下去了。清明的天性以天地为鉴，不是外来的。所以当其浑浊时，本性没有失去；等到其恢复了，本性也不会再生。人性与水性一样。”

问：“人性本来都是善的，情是邪恶的，使人迷惑，请问圣人的本性也会被欲望变的浑浊吗？”

说：“不会浑浊。情本来是邪恶的，邪恶的就没有缘由，人不能恢复。圣人既然已经恢复其本性，知道情是邪恶的。邪恶的情既然已经被觉悟，觉悟了就没有邪恶了，邪恶从哪里产生？伊尹说：‘天道以先知觉悟后知，先觉悟的觉悟后觉的，是百姓的先觉者。我将用此道来觉悟百姓，我不使他们觉悟，还有谁呢。’如果将又被欲望所浑浊，是还没有自觉，何况能觉悟后人呢？”

曰：敢问死何所之耶？

曰：圣人之所不明书于策者也。《易》曰：“原始反终，故知死生之说。精气为物，游魂为变，是故知鬼神之情状。”斯尽之矣。子曰：“未知生，焉知死？”然则原其始而反其终，则可以尽其生之道；生之道既尽，则死之说不学而自通矣。此非所急也。子修之不息，其自知之，吾不可以章章然言且书矣。

【译文】问：“请问人死后会到哪里呢？”

说：“圣人在书中没有说明。《易》说：‘考察始终，所以知道死生的道理。精气是物，灵魂是游荡、变动的，所以知道鬼神的情况。’就这样。孔子说：‘不知生，怎么知道死？’然而，考察始终，则可以尽生之道；明白了生之道，则死亡的思想不学自通。这不是能着急的。你不停的去修养，自然会明白，我可以不用这样清楚的阐述。”

复性书下

昼而作，夕而休者，凡人也。作乎作者，与万物皆作；休乎休者，与万物皆休。吾则不类于凡人，昼无所作，夕无所休。作非吾作也，作有物；休非吾休也，休有物。作耶休耶，二者离而不存，予之所存者终不亡且离也。人之不力于道者，昏不思也。天地之间，万物生焉。人之于万物，一物也，其所以异于禽兽虫鱼者，岂非道德之性全乎哉？受一气而成形，一为物而一为人，得之甚难也；生乎世，又非深长之年也。以非深长之年，行甚难得之身，而不专专于大道，肆其心之所为，其所以自异于禽兽虫鱼者亡几矣。昏而不思，其昏也终不明矣。

【译文】白天劳作，晚上休息的人，是普通人。劳动吗，不是劳作的人；外界的事物都在劳作。休息吗，不是休息的人在休息，外界的事物都在休息。我不是凡人之类。我白天无所作，晚上无所休。劳作，不是我在劳作，有外界的物劳作；休息，也不是我休息，外界的物在休息。劳作吗？休息吗？这二者离开了就不存在，我之所以存在，我保持的东西最终也没有与我分离。人如果不致力于学道，就是昏昏然的。天地之间，万物生长。人对万物，是其中一物。人之所以跟鸟兽虫鱼有区别，岂不是人的道德之性完全吗？受天地之气而成形，一些为物一些为人，要得到这些是很困难的。生在世上，又不能生长很多年。不能生长很多年，难得之身的行动，如果不专心致志地学大道，放任自己的心的作为，以自己和鸟兽虫鱼相区别的人，没有几个啊!昏然不思索，始终都不明白啊!

吾之生二十有九年矣。思十九年时，如朝日也；思九年时，亦如朝日也。人之受命，其长者不过七十、八十、九十，百年者则稀矣。当百年之时而视乎九年时也，与吾此日之思于前也，远近其能大相悬耶？其又能远于朝日之时耶？然则人之生也，虽享百年，若雷电之惊相激也，若风之飘而旋也，可知矣。况千百人而无一及百年之年者哉！故吾之终日志于道德，犹惧未及也，彼肆其心之所为者，独何人邪？

【译文】我已经出生二十九年了！回想我十九岁时，好象还在早晨，回想我九岁时，也象在早晨。人的生命，长的也不过七十、八十年。能到九十、百年的很少。当到了百年的时候，再看九十岁的时候，与我今日回想以前，又能相距多远呢？又能远于早晨的时候吗？然而已经出生了，虽然享年百岁，也如雷电相碰，象风在疾吹，是那么短暂。何况在千万人中，还没有一人能达到百年之寿呢？所以我整天有志于修养道德，还恐怕不能达到。那些放任自己的作为的人，算什么人呢？

林思慎

唐长乐人，字虔中，咸通进士，黄巢之乱死于难，著有《续孟子》十四篇，大抵因孟子之言，推阐以尽其义，而不自立论，必假借姓氏，类乎庄、列之寓言，亦颇有发明，又著有《伸蒙子》，清四库皆载于儒家。

【译文】唐代长乐人，字虔中，咸通年间的进士，黄巢起义中死于战乱，著有《续孟子》十四篇，大旨是顺孟子的言论，推论阐明以进一步说明他的思想，不独自立论，一定假借姓氏，类似庄子、列子的寓言，也很有创新，又著有《伸蒙子》，清代《四库全书》都载入了儒家。

乐正子（《续孟子》）

乐正子见孟子曰："吾国之君，常耽酒、嗜音，俾俗不治。克欲以治道谏之，夫子何以教克？"

孟子曰："鲁君耽嗜，与民同之，则其庶几乎。"

他日，鲁平公备樽罍之器，陈金石之音。乐正子曰："君独好此，致鲁俗不治。不若，与民同之，则其庶几乎。"

平公遂召致鲁民，卒命樽罍俱执，使金石咸奏。鲁民大酣。他日，俗益不治。

乐正子复见孟子，告之。孟子曰："吾昔教子谏鲁君耽嗜，与民同之，君反若是。贻民之怨，岂谓与民同邪？且禽必栖于木，鱼必泳于川，使易禽于笼，孰若木之安乎？移鱼于沼，孰若川之乐乎？民居鲁国，若禽之在木，鱼之在川也。鲁君耽嗜，召民于侧，是犹易禽于笼，移鱼于沼也，使民且恐且惧，岂暇耽嗜而同于君乎？吾所谓与民同者，均役于民，使民力不乏；均赋于民，使民用常足；然后，君有余而宴乐，民有余而歌咏。夫若此，岂不谓与民同邪！《诗》云：'假乐君子，显显令德，宜民宜人，受禄于天。'此之谓也。"

乐正子复以是谏平公，平公不悦。臧仓曰："克之所陈，孟轲之言也。曩君欲乘舆出见孟子，臣常谏之；今孟子怨君不见，故教克惑君，君恶信，是哉。"平公怒。

他日，有人告于孟子。孟子曰："天富道于予，鲁国之君其能穷予乎？"

【译文】乐正子见孟子说："我国的国君，经常沉迷于饮酒、音乐，这使得我国的风俗治理的不好。我想用种方法劝谏他，你可以教我吗？"

孟子说："鲁国的国君沉迷于喜好之中，让百姓与他一样，就差不多了。"

他日，鲁平公备好樽罍等饮酒器具以及钟磬等乐器。乐正子说："君王喜好这些，使鲁国的风俗很乱。不如，让百姓与您一同享受，就差不多了。"

平公于是召集鲁民，让他们都拿着樽罍，奏着乐器。鲁民都很高兴。过段时间，鲁国的风俗更加的乱了。

乐正子又去见孟子，并告诉了他。孟子说："过去我教你，劝谏鲁君不要沉溺于嗜好中，与百姓一样，你却反而如此。这是给百姓留下怨恨，哪里是与百姓一样。禽鸟一定栖于树木上，鱼一定在大河中游，把禽鸟放在笼子里，哪里有在树木上安心；把鱼移到沼泽中，哪里有大川好。百姓居于鲁国，就像禽鸟在树木，鱼在大河中；鲁君沉溺于嗜好中，把百姓召集在身旁，正如把禽鸟移到笼子里，把鱼放到沼泽中，使得百姓惶恐，惊惧，哪里有心思与君主一同享受。我所谓的'与民同'，是指劳役百姓，使他们不困乏；给予百姓，使百姓足用；然后君主有时间享受酒、乐，百姓有时间歌唱、咏赞。这样，不是与民一样吗？《诗》说：'有时间享乐的君子，显出来的是美好的品德，对百姓都适宜，这是来自天的俸禄。'说的就是这个。"

乐正子又以此劝谏鲁平公，平公很不高兴。臧仓说："乐正子所说的，都是孟子的话。过去，您想乘车去见孟子，臣子我经常劝谏您。今天，孟子怨恨您不去见他，所以教乐正子来迷惑君主。君主不要相信。"鲁平公很生气。

他日，有人告诉了孟子，孟子说："天赋予我丰富的德性，鲁国的国君能使我贫穷吗？"

宋臣

孟子问宋臣曰："子之王于民何如？"

曰："抚之。"

曰："何以抚邪？"

曰："民未及歉，则开廪以赈之，不使民歉也；民未及寒，则散帛以给之，不使民寒也。"

孟子："吁！子之王曾不若鲁民也。子知鲁民善教子取薪乎？南山百里有薪也，北园百步有薪也。命子曰：'汝采薪，欲山乎？园乎？'其子曰：'园近，愿采诸园。'鲁民曰：'汝勿以近为易而采也，勿以远为难而不采也。且近，是我家之薪；远，是天下之薪也。我家之薪，人不敢采之。以天下之薪尽，则我家之薪存焉。天下之薪，汝胡不先采之？以我家之薪尽。则天下之薪何有哉？'子之王于民犹此也。民有耕织，犹南山有薪。不待取其耕织而赈之给之，是知鲁民教子乎？以恩乐于民，不知民乐为惰。民惰，则何取乎？"

【译文】孟子问宋臣道："你们宋王对老百姓怎样？"

回答说："一直在安抚他们。"

又问："怎样来安抚呢？"

回答说："老百姓还没遇上灾年，就开仓救济他们，为的是不让他们受灾；老百姓还没有挨冻，就发布料给他们，为的是不让他们受冻。"

孟子感到惊奇地说："嗬，你们的宋王（考虑问题）还不如鲁民呢！你知道鲁民教儿广砍柴的故事吗？离鲁民家百里的南山上有柴，离他家目步的北园也有柴。鲁民对他的儿子说：'你砍柴，想去南山？还是北园？'儿子回答说：'北园近，想到北园砍柴。'鲁民又对儿子说：'你不要认为离这儿近，很方便，就去砍；也不要认为离这儿远，不方便，就不去砍。况且，近处的柴，属于我家；远处的柴，属于公众。属于我家的柴，人们不敢来砍；当远处属于公众的柴被砍尽，我家的柴依然在那里。对于远处的柴，你为什么不早早地动手砍呢？如果只顾先砍我家的柴，那么，那属于公众的柴，又还能剩下什么呢？'你们的宋王就象这不动脑筋的鲁民之子一样。老百姓耕田、织布，就象是南山上有柴。如果不看他们的耕织情况怎样，而一劲儿的加以救济，这能说他懂得鲁民教子砍柴的道理吗？靠施恩来取得老百姓的欢心，殊不知反会滋长老百姓的懒惰情绪。老百姓变得懒惰了，（宋王的这种做法）还有什么可取呢？"

张 弧

著有《素履子》二卷，清《四库》载于儒家，《提要》曰：“弧，《唐书》无传，宋晁说之《学易堂记》谓世所传子夏《易传》，乃弧伪作。旧书题为大理评事，而里贯已不可考云”。

【译文】著有《素履子》二卷，清代《四库全书》将其载入了儒家，《四库提要》说：“张弧，《唐书》中无传，宋代晁说之的《学易堂记》说：‘世间所流传的子夏《易传》，是张弧伪作的’。旧书题其官职为大理评事，但户籍已经不可考。”

履平（《素履子》）

素履子曰：“称之用也，取之于衡；车之行也，通之于辙。衡平则毫厘不差，辙通则辕毂无滞。称若失之于毫厘，则权衡不正；车若亏之于辕毂，则辙迹难通。欲称之平，则慎之于毫厘；欲辙之通，宜治之于辕毂。毫厘不失，辕毂无亏，则谓天平地成，乃取《易》象：‘上天下泽，履；君子以辨上下，定民志。’履之时用，居安虑危，履平虑蹶。所以《礼》云：‘积而能散，安而能迁。’此君子履平而思进也。子房《素书》曰：‘衣不举领者倒，走不视地者颠。’士若耽逸游，好财色，嗜酒多私，则平地生坑坎，安处有危亡。是以《易》曰：‘九三，君子终日乾乾，夕惕若，厉无咎。’亦曰：‘履道坦坦，幽人贞吉。’故《诗》曰：‘谓天盖高，不敢不跼；谓地盖厚，不敢不蹐。’皆如履薄临深，履平之至也。”

【译文】素履子说：“称的功用，取之于秤杆；车能通行，在于车辙。秤杆平衡则丝毫不差，车辙通畅则车轱辘不会停滞。秤如果差一点，那么秤杆就不平衡；车如果车轱辘不规范，那么车辙也很难通。想要称平衡，就要小心不能有毫厘之差；想要车辙通畅，也应该把车軏辘弄好。一点不差，车毂没有亏损，则是天平地成，这是取《易》中履卦的《象》辞，说：‘上面是天，下面是泽，履卦；君子要分辨上下尊卑名分，坚定百姓意志。’履卦的实际效用是，提醒人们要居安思危，在平地要思虑跌倒。所以《礼》说：‘财物积聚而能分散于人，处于安逸而能思虑变迁。’这是说君子在路途很平坦时还思虑精进。子房的《素书》说：‘穿衣服不先抓住领子，那么袖子就会倒置，而穿不上衣服，走路不看地面的就会一深一浅，颠簸。士如果沉迷于游手好闲，嗜好财色，饮酒，多私心，那么走平地都会有坑、坎，处于安全处都会有危险，所以《易》说：‘君子整天健强振作不已，直到夜间还时时警惕慎行，这样，即使面临危险也可以免遭咎害’，又说：‘礼神之道平坦宽广，只有幽静淡泊之人才能得到吉贞。’所以《诗》说：‘天虽高，却不得不弯着腰；地虽厚，却不得不走。’这些都是如履薄冰、如临深渊的意思，这是处于安全之处最高的境界。

履危

素履子曰：“居屯蒙危难之时，常见《易》象云：‘云雷，屯。君子以经纶。初九，磐桓，利居贞。’复见‘山下有险，险而止，蒙。’退则困险，进则阂山，‘蒙以养正，乃圣功也’，‘君子以果行育德’。屯之时用，利在居贞，蒙之时宜，利于养正，是知贞之与正，可以涉危难矣。虞舜潜居中冀，仁孝之心唯坚；周公出往东征，忠实之志益盛；展禽三黜而不已直道；子文三已而无愠辞；西伯拘羑里，仁德愈明；冶长囚缧绁，而贤行不替。遭匡不改仁圣，厄陈不彻鼓琴。君子福至不喜，祸至不惧，不缁不磷，洁白之德益彰，不凋不衰，清贞之操弥盛。《诗》云：‘我心匪石，不可转也；我心匪席，不可卷也。’又曰：‘风雨如晦，鸡鸣不已。’圣贤若是，所以长思鸱鸮之篇、鵩鸟之赋，然而履虎尾，畏惧，愬愬，涉险难，慎危，兢兢。《易》曰：‘视履考祥，其旋元吉。’又曰：‘进退不失其正者，其唯圣人乎！履道亨矣。’”

【**译文**】素履子说：“居于屯蒙卦，是困顿危难之时，常见《易》象说：‘云雷，屯卦。君子以此来筹备国家大事。初九，徘徊难行，占问安居，得到吉利的征兆。’又见：‘高山下有危险，遇到危险要止步，蒙卦。’退步则被危险所困，前进则被山所阻隔，‘启蒙是为了培养纯正无邪的崇高品质，是造就圣人的成功之路’，‘君子以果敢的行动培育品德’。屯卦的实际效用，在于利于安居，蒙卦的实际效用在于培育纯正的品质。知道了占卜的吉利、具备纯正的品质，可以度过危难了。舜潜居在中翼，还坚持有仁孝之心；周公外出东征，忠实的志向更加兴盛；展禽被罢免三次都没有改变自己耿直的处事风格；子文三次被撤职也没有恼怒的言辞；周文王被囚居到羑里，他的仁德却更加明朗；治长虽被囚于牢狱中，但贤良的行为却没有改变。孔子在匡国被围而没有改变其仁义的圣人品德，困于陈国而还在鼓琴。君子有福也不高兴，有祸也不畏惧，磨不薄，染不黑，其洁白的品质更加彰显，不凋谢也不衰退，清白、贞洁的操守更加兴盛。《诗》说：'我的心不同于石头，是不会转移的；我的心也不同于席子，是不能卷曲的。'又说：'遇到风雨晦暗的天气，鸡都打鸣不止。'圣贤也是如此，长久的思考《鸱鸮篇》《鹏鸟赋》，然而，踩到老虎尾巴，很害怕，但结果还是吉利的，遇到危险、困难，要小心、谨慎。《易》说：'行为小心谨慎，反复仔细思虑，大吉大利。'又说：'处于顺境或逆境，都不失去其纯正的品质，惟有圣人。履卦，诸事顺利。'"

金人铭

刘向《说苑》，王肃《家语》，皆载有此铭，其辞不知谁作，而文义简约，大旨近于道家，疑为古史氏之言，老聃之所作与，今据《说苑》本，附录于此。

【译文】刘向《说苑》、王肃《家语》，都记载有此铭，不知道是谁作的，文章涵义简约，主旨近于道家，怀疑可能为古代史家的言论，老子所作的，今依据《说苑》文本，将其附录于此处。

孔子之周，观于太庙。右陛之前，有金人焉，三缄其口，其铭其背曰："古之慎言人也。戒之哉！戒之哉！无多言，多言多败；无多事，多事多患。安乐必戒，无行所悔。勿谓何伤，其祸将长；勿谓何害，其祸将大；勿谓何残，其祸将然；勿谓莫闻，天妖伺人。荧荧不灭，炎炎奈何；涓涓不壅，将成江河；绵绵不绝，将成网罗；青青不伐，将寻斧柯；诚不能慎之，祸之根也；曰是何伤？祸之门也。强梁者不得其死，好胜者必遇其敌；盗怨主人，民害其贵。君子知天下之不可盖也，故后之，下之，使人慕之；执雌持下，莫能与之争者。人皆趋彼，我独守此；众人惑惑，我独不从；内藏我知，不与人论技；我虽尊高，人莫害我。夫江河长百谷者，以其卑下也；天道无亲，常与善人；戒之哉！戒之哉！"孔子顾谓弟子曰："记之，此言虽鄙，而中事情。《诗》曰：'战战兢兢，如临深渊，如履薄冰'。行身如此，岂以口遇祸哉！"

【译文】孔子到东周去，在周天子的祖庙里参观。右边台阶的前面有个铜人，它的口被封了三层，并在背上刻有铭文说："这是古代教人说话要谨慎的人。要引以为戒啊！要引以为戒啊！不要多说话，多说话多败亡，不要多事，多事多祸患。安乐时一定要警戒，不要去做使自己后悔的事情。别以为没有什么妨害，它的祸患将会很长久，别以为没有什么损害，它的祸患将会很大，别以为没有什么残败，它的祸害将会蔓延；别以为没人听到，天降的妖孽在伺候着人。小火不去扑灭，对熊熊大火就无可奈何；涓涓细流不堵塞，就会汇成江河，绵绵的丝线不断，就会织成罗网；青青的小树不砍伐，将需要找来大斧。如不能谨慎行事，那就是祸患的根源，口有什么坏处？它是招祸之门。强横的人不得好死，好胜的人定会遇上对手；盗贼怨恨主人，百姓妒忌显贵。君子懂得自己不可能胜过天下的人，所以甘居众人之后、众人之下，使人敬慕，坚守在柔弱低下的地位，谁也不能与他相争。

人都趋向彼方，我独坚守此处；众人迷惑盲从，我却毫不盲从；心中蕴藏的自己知道，但不与别人比技能高低；我虽然身份尊贵，地位显赫，也没人能加害于我。大江大河比众多的溪流长，就是因为它地处低下。上天行事不分亲疏，但常保佑好人。要以此为戒啊，要以此为戒啊！”孔子回头对他的弟子们说：“记住这些话！这些话虽然粗鄙，但切合事实。《诗》上说：‘小心谨慎，如面临深池，如脚踩薄冰。’如果像这样立身处世，难道会因说话招来灾祸吗！”

司马谈

汉夏阳人，武帝建元元封间为太史令，初学天官于唐都，受《易》于杨何，习道论于黄子，愍学者之不达其意而师悖，乃论六家之要旨，以谓儒墨阴阳名法各有短长，独道家之言最善，厥后班彪父子讥《史记》先黄老而后六经者，由此篇也。

【译文】汉代夏阳人，在武帝建元到元封年间任太史令，最初师从唐都学习天文，师从杨何学习《易经》，师从黄子学习道家理论。他忧虑学者不能通晓各学派的要义而所学悖谬，于是论述六家的主旨思想，认为儒墨阴阳名法各家都有所短，有所长，只有道家的言论是最好的。其后班彪、班固父子讥讽《史记》把黄老放在首位，把六经放在其后，是指此篇文章。

论六家要旨

《易大传》："天下一致而百虑，同归而殊涂。"夫阴阳、儒、墨、名、法、道德，此务为治者也，直所从言之异路，有省不省耳。尝窃观阴阳之术，大祥而众忌讳，使人拘而多所畏；然其序四时之大顺，不可失也。儒者博而寡要，劳而少功，是以其事难尽从；然其序君臣父子之礼，列夫妇长幼之别，不可易也。墨者俭而难遵，是以其事不可遍循；然其彊本节用，不可废也。法家严而少恩；然其正君臣上下之分，不可改矣。名家使人俭而善失真；然其正名实，不可不察也。道家使人精神专一，动合无形，赡足万物。其为术也，因阴阳之大顺，采儒墨之善，撮名法之要，与时迁移，应物变化，立俗施事，无所不宜，指约而易操，事少而功多。儒者则不然。以为人主天下之仪表也，主倡而臣和，主先而臣随。如此则主劳而臣逸。至于大道之要，去健羡，绌聪明，释此而任术。夫神大用则竭，形大劳则敝。形神骚动，欲与天地长久，非所闻也。

【译文】《易大传》说："天下人追求相同，而具体谋虑却多种多样；达到的目的相同，而采取的途径却不一样。"阴阳家、儒家、墨家、名家、法家和道家都是致力于如何达到太平治世的学派，只是他们所遵循依从的学说不是一个路子，有的显明，有的不显明罢了。我曾经在私下里研究过阴阳之术，发现它注重吉凶祸福的预兆，禁忌避讳很多，使人受到束缚并多有所畏惧，但阴阳家关于一年四季运行顺序的道理，是不可丢弃的。儒家学说广博但殊少抓住要领，花费了气力却很少功效，因此该学派的主张难以完全遵从；然而它所序列君臣父子之礼，夫妇长幼之别则是不可改变的。墨家俭约而难以依遵，因此该派的主张不能全部遵循，但它关于强本节用的主张，则是不可废弃的。法家主张严刑峻法却刻薄寡恩，但它辨正君臣上下名分的主张，则是不可更改的。名家使人受约束而容易失去真实性；但它辨正名与实的关系，则是不能不认真察考的。道家使人精神专一，行动合乎无形之"道"，使万物丰足。道家之术是依据阴阳家关于四时运行顺序之说，吸收儒墨两家之长，撮取名、法两家之精要，随着时势的发展而发展，顺应事物的变化，树立良好风俗，应用于人事，无不适宜，意旨简约扼要而容易掌握，用力少而功效多。儒家则不是这样。他们认为君主是天下人的表率，君主倡导，臣下应和，君主先行，臣下随从。这样一来，君主劳累而臣下却得安逸。至于大道的要旨，是舍弃刚强与贪欲，去掉聪明智慧，将这些放置一边而用智术治理天下。精神过度使用就会衰竭，身体过度劳累就会疲惫，身体和精神受到扰乱，不得安宁，却想要与天地共长久，则是从未听说过的事。

夫阴阳四时、八位、十二度、二十四节各有教令，顺之者昌，逆之者不死则亡，未必然也，故曰"使人拘而多畏"。夫春生夏长，秋收冬藏，此天道之大经也，弗顺则无以为天下纲纪，故曰"四时之大顺，不可失也"。

【译文】阴阳家认为四时、八位、十二度和二十四节气各有一套宜、忌规定，顺应它就会昌盛，违背它不死则亡，这未必是对的，所以说阴阳家"使人受束缚而多所畏惧"。春生、夏长、秋收、冬藏，这是自然界的重要规律，不顺应它就无法制定天下纲纪，所以说"四时的运行是不能舍弃的"。

夫儒者以《六艺》为法。《六艺》经传以千万数，累世不能通其学，当年不能究其礼，故曰"博而寡要，劳而少功"。若夫列君臣父子之礼，序夫妇长幼之别，百家弗能易也。

【译文】儒家以《诗》《书》、《易》《礼》《春秋》《乐》等《六艺》为法式，而《六艺》的本文和释传以千万计，几代相继不能弄通其学问，有生之年不能穷究其礼仪，所以说儒家"学说广博但殊少抓住要领，花费了力气却很少功效"。至于序列君臣父子之礼，夫妇长幼之别，即使百家之说也是不能改变它的。

墨者亦尚尧舜道，言其德行曰：“堂高三尺，土阶三等，茅茨不翦，采椽不刮。食土簋，啜土刑，粝粱之食、藜霍之羹。夏日葛衣，冬日鹿裘。”送死，桐棺三寸，举音不尽其哀。教丧礼，必以此为万民之率。使天下法若此，则尊卑无别也。夫世异时移，事业不必同，故曰“俭而难遵”。要曰彊本节用，则人给家足之道也。此墨子之所长，虽百家弗能废也。

【译文】墨家也崇尚尧舜之道，谈论他们的品德行为说：“堂口三尺高，堂下土阶只有三层，用茅草搭盖屋顶而不加修剪，用栎木做椽子而不经刮削。用陶簋吃饭，用陶铏喝汤，吃的是糙米粗饭和藜藿做的野菜羹。夏天穿葛布衣，冬天穿鹿皮裘”。墨家为死者送葬只做一副厚仅三寸的桐木棺材，送葬者恸哭而不能尽诉其哀痛。教民丧礼，必须以此为万民的统一标准。假使天下都照此法去做，那贵贱尊卑就没有区别了。世代不同，时势变化，人们所做的事业不一定相同，所以说墨家“俭啬而难以遵从。”墨家学说的要旨强本节用，则是人人丰足，家家富裕之道。这是墨子学说的长处，即使百家学说也是不能废弃它的。

法家不别亲疏，不殊贵贱，一断于法，则亲亲尊尊之恩绝矣。可以行一时之计，而不可长用也，故曰“严而少恩”。若尊主卑臣，明分职不得相逾越，虽百家弗能改也。

【译文】法家不区别亲疏远近，不区分贵贱尊卑，一律依据法令来决断，那么亲属、尊长上的恩爱关系就断绝了。这些可作为一时之计来施行，却不可长用，所以说法家“严酷而刻薄寡恩”。至于说到法家使君主尊贵，使臣下卑下，使上下名分、职分明确，不得相互逾越的主张，即使百家之说也是不能更改的。

名家苛察缴绕，使人不得反其意，专决于名而失人情，故曰“使人俭而善失真”。若夫控名责实，参伍不失，此不可不察也。

【译文】名家刻细烦琐，纠缠不清，使人不能反求其意，一切决取于概念名称却失弃了一般常理，所以说它“使人受约束而容易丧失真实性”。至于循名责实，要求名称与实际进行比较验证，这是不可不予以认真考察的。

道家无为，又曰无不为，其实易行，其辞难知。其术以虚无为本，以因循为用。无成埶，无常形，故能究万物之情。不为物先，不为物后，故能为万物主。有法无法，因时为业；有度无度，因物与合。故曰“圣人不朽，时变是守。虚者道之常也，因者君之纲”也。群臣并至，使各自明也。其实中其声者谓之端，实不中其声者谓之窾。窾言不听，奸乃不生，贤不肖自分，白黑乃形。在所欲用耳，何事不成。乃合大道，混混冥冥。光耀天下，复反无名。凡人所生者神也，所讬者形也。神大用则竭，形大劳则敝，形神离则死。死者不可复生，离者不可复反，故圣人重之。由是观之，神者生之本也，形者生之具也。不先定其神，而曰“我有以治天下”，何由哉？

【译文】道家讲“无为”，又说“无不为”，其实际主张容易施行，其文辞则幽深微妙，难以明白通晓。其学说以虚无为理论基础，以顺应自然为实用原则。道家认为事物没有既成不变之势，没有常存不变之形，所以能够探求万物的情理。不做超越物情的事，也不做落后物情的事，所以能够成为万物的主宰。有法而不任法以为法，；要顺应时势以成其业；有度而不恃度以为度，要根据万物之形各成其度而与之相合。所以说“圣人的思想和业绩之所以不可磨灭，就在于能够顺应时势的变化。虚无是道的永恒规律，顺天应人是国君治国理民的纲要”。群臣一齐来到面前，君主应让他们各自明确自己的职分。其实际情况符合其言论名声者叫做“端”；实际情况不符合其言论声名者，叫做“窾”。不听信“窾言”即空话，奸邪就不会产生，贤与不肖自然分清，黑白也就分明。问题在于想不想运用，只要肯运用，什么事办不成呢。这样才会合乎大道，一派混混冥冥的境界。光辉照耀天下，重又返归于无名。大凡人活着是因为有精神，而精神又寄托于形体。精神过度使用就会衰竭，形体过度劳累就会疲惫，形、神分离就会死亡。死去的人不能复生，神、形分离便不能重新结合在一起，所以圣人重视这个问题。由此看来，精神是人生命的根本，形体是生命的依托。不先安定自己的精神和身体，却侈谈“我有办法治理天下”，凭借的又是什么呢？

附录　刘书九流论

道者，老聃、关尹、庞涓、庄周之类也。以空虚为本，清净为心，谦挹为德，卑弱为行，居无为之事，行不言之教，裁成宇宙，不见其迹，亭毒万物，不有其功。然而薄者，全弃忠孝，杜绝仁义，专任清虚，欲以为治也。

【译文】道家，老聃、关尹、庞涓、庄周这类人物。以空寂、虚空为根本，要求心灵清净，以谦逊退让为德性，行事低调，以无为为行为方式，遵循这些不言的自然法则，作用于宇宙万物，却不见去痕迹，养育万物，却不把功劳居为私有。然而其弱点是，是抛弃忠孝，杜绝仁义，专以清虚为本，想以此治天下。

儒者，晏婴、子思、孟轲、荀卿之类也。顺阴阳之性，明教化之本，游心于六艺，留情于五常，厚葬文服，重乐有命，祖述尧舜，宪章文武，宗师仲尼，以尊敬其道。然而薄者，流广文繁，难可穷究也。

【译文】儒家，晏婴、子思、孟轲、荀卿一类的人物。顺从天地阴阳之性，懂得教化的方法，专心学习六艺，倡导仁义礼智信五德，要求厚葬死者，服饰华美，重视乐，认为人有命，效法尧舜、文王武王，以仲尼为宗师，以尊敬其学术思想。然而其弱点在于，涉及的太广，文饰太繁杂，很难深入钻研。

阴阳者，子韦、邹衍、桑丘、南父之类也。敬顺昊天，历象日月星辰，敬授民时，范三光之度，随四时之运，知五行之性，通八风之气，以厚生民，以为政治。然而薄者，则拘于禁忌，溺于术数也。

【译文】阴阳家，子韦、邹衍、桑丘、南公这类人物。敬重顺从苍天，观察日月星辰的运行，颁布历书，效法日月星的运行，顺从四季运行变化，掌握五行的性质，通达八方之气的运行，以此厚待百姓，以为为政的治理方法。然而弱点在于，受禁忌的约束，沉溺于术数。

名者，宋钘、尹文、惠施、公孙捷之类也。其道正名，名不正则言不顺，故定尊卑，正名分，爱平尚俭，禁攻寝兵。故作华山之冠，以表均平之制，则宽宥之说，以示区分。然而薄者，捐本就末，分析明辩，析饰华辞也。

【译文】名家，宋钘、尹文、惠施、公孙捷这类人物。其思想主要强调“名”，名分不合理则言论也不会合理，所以要定尊卑、正名分，爱好平和，崇尚节俭，禁止攻伐，止息战事。所以认为要与华山一样平，以表示其平均的制度，宽容的学说，以表示区别。然而其弱点在于，舍本逐末，致力于分析、辨别清楚，用华美的言辞装饰。

法者，慎到、李悝、韩非、商鞅之类也。其术在于明罚，讨阵整法，诱善惩恶，俾顺轨度，以为治本。然而薄者，削仁废义，专任刑法，风俗刻薄，严而少恩也。

【译文】法家，慎到、李悝、韩非、商鞅这类人物。其思想主旨在于赏罚分明，布置局势用法整治，诱导人们向善，惩治恶性，使百姓都顺从，合乎规范，这才能从根本上解决问题。然而其弱势在于，去除仁义，专用刑罚等法，使社会习俗冷酷无情，严厉而少恩情。

墨者，尹佚、墨翟、禽滑、胡非之类也。俭啬、兼爱、尚贤、右鬼、非命、薄葬，无服、不怒、非斗。然而薄者，其道太促，俭而难遵也。

【译文】墨家，尹佚、墨翟、胡非这类人物。倡导节俭、兼爱、崇尚贤人、有鬼、非命、薄葬，不求华美的衣服，不发怒，不打斗。然而其弱势在于，其道术太多，俭朴而难遵守。

纵横者，阚子、庞煖、苏秦、张仪之类也。其术本于行仁，译二国之情，弭战争之患，受命不受辞，因事而制权，安危扶倾，转祸就福。然而薄者，则苟尚华诈，而弃忠信也。

【译文】纵横家，阚子、庞煖、苏秦、张仪这类人物。其术以实行仁义为本，沟通两个国家，平息战争，只接受命令不接受其辞令，根据事情变化而作权衡，挽救危局，转祸为福。然而其弱势在于，崇尚华丽的言辞、狡诈，背弃忠信。

杂者，孔甲、尉缭、尸佼、淮夷之类也。明阴阳、本道德、兼儒墨、合名法、苞纵横、纳农植，触类取与，不拘一绪，然而薄者，则芜秽蔓衍，无所系心也。

【译文】杂家，孔甲、尉缭、尸佼、淮南王这类人物。懂阴阳、通道德、兼容儒墨、名法、纵横、农家，吸收不同家的思想，不拘于一家，然而其弱势在于思想太过冗杂、蔓延，心没有所寄托的。

农者，神农、野老、宰氏、汜胜之类也。其术在于务农，广为垦辟，播植百谷，国有盈储，家有蓄积，仓廪充实，则礼义生焉。然而薄者，又使王侯与庶人并耕于野，无尊卑之别，失君臣之序也。

【译文】农家，神农、野老、宰氏、汜胜这类人物。其思想主要在于务农，广泛开垦土地，播种百谷，国家有满满的储备，家里有储备，贮藏米谷的仓库充实，这样百姓就能懂礼义。然而其弱势在于，要求王侯与百姓一同耕作，没有尊卑之分，失去君臣的次序。

观此九家之学，虽旨有深浅，辞有详略，偕儒形反，流分乖隔；然皆同其妙理，俱会治道，迹虽有殊，归趣无异。犹五行相火，亦还相生；四气相反，而共成岁；淄渑殊源，同归于海；宫商异声，俱会于乐；夷惠同操，齐踪为贤；二子殊行，等迹为仁。

【译文】考察这九家的学术，虽然思想有深有浅，言辞有的详细有的简略，同时存在，表现不同，相悖相离，然而都有妙理，都能治道，虽然路途不同，但最终旨趣没有不同。犹如五行相克，也还相生；四季相反，而共同组成一年；淄水、渑水虽源头不同，但都归于海；宫声、商声虽不同，但都是乐谱的曲调；伯夷、柳下惠操守相同，都是贤士；二人行为不同，但都是仁人。

道者玄化为本，儒者德教为宗，九流之中，二化为最。夫道以无为化世，儒以六艺济俗；无为以清虚为心，六艺以礼乐为训。若以教行于大同，则邪伪萌生；使无为化于成康，则氛乱竞起。何者？浇淳时异，则风化应殊；古今乖舛，则政教宜隔。以此观之：儒教虽非得真之说，然兹教可以导物；道家虽为达情之论，而违礼复不可以救弊。今治世之贤，宜以礼教为先，嘉遁之士，应以无为是务，则操业俱遂，而身名两全也。

【译文】道家以玄妙的教化为本，儒家以德教化为本，九流中，这两家最具有代表。道家以无为教化世人，儒家以六艺来教化世俗；无为要求心灵清净、虚静，六艺要求遵循礼教。如果用这些教化实行于大同社会，则邪恶、虚伪就会产生，如果把无为用于成康时代，则会引起社会混乱。为什么会这样？浮薄的风气破坏了淳厚的风气，时代不同了，则风俗教化应该不同，古今差异，则政治教化也不同。以此来看，儒家的教化虽然不是绝对永恒的学说，然而这种教化可以引导万物，道家虽然通达真实人情，但违背礼义，不能救时代的弊端，今治世的贤人，应以礼义教化为先，合乎时宜的隐士，应以无为作为行事方式，这样操守与作为都具备，这样身名就两全了。

司马迁

谈子，字子长，继父为太史令，乃紬金匮石室之书，作《史记》一百三十篇，上起黄帝，下讫汉武，其书为正史之冠。周秦之际，诸子学术最盛，而时代事迹，则湮晦居多，今可考见其梗概者，惟以《史记》各家本传为详，故特附录数篇，以为学者知人论世之助。若管晏孙吴商鞅诸子之传，则因其事业显著，已别录于《史书治要》中，今不重及。

【译文】司马谈之子，字子长，继承父亲的职务，担任太史令，收集国家藏书，作《史记》一百三十篇，上从黄帝开始，下到汉武帝，是我国的第一部正史。周秦时期，诸子学术很兴盛，但当时的事迹，埋没、消失的很多，今天可以考察到其大概的，只有《史记》中各家的传最为详细，所以在此特别附录几篇，以帮助学者了解人物、评论世事，像管子、晏婴、孙武、吴起、商鞅等诸子的传，因为他们事业显著，已录入了《史书治要》中，这次就不再重复录入。

老庄申韩列传

老子者，楚苦县厉乡曲仁里人也，姓李氏，名耳，字摐，周守藏室之史也。

孔子适周，将问礼于老子。老子曰："子所言者，其人与骨皆已朽矣，独其言在耳。且君子得其时则驾，不得其时则蓬累而行。吾闻之，良贾深藏若虚，君子盛德容貌若愚。去子之骄气与多欲，态色与淫志，是皆无益于子之身。吾所以告子，若是而已。"孔子去，谓弟子曰："鸟，吾知其能飞；鱼，吾知其能游；兽，吾知其能走。走者可以为罔，游者可以为纶，飞者可以为矰。至于龙，吾不能知其乘风云而上天。吾今日见老子，其犹龙邪！"

【译文】老子是楚国苦县厉乡曲仁里人。姓李，名耳，字聃，做过周朝掌管藏书室的史官。

孔子前往周都，想向老子请教礼的学问。老子说："你所说的礼，倡导它的人和骨头都已经腐烂了，只有他的言论还在。况且君子时运来了就驾着车出去做官，生不逢时，就像蓬草一样随风双转。我听说，善于经商的人把货物隐藏起来，好像什么东西也没有，君子具有高尚的品德，他的容貌谦虚得像愚钝的人。抛弃您的骄气和过多的欲望，抛弃您做作的情态神色和过大的志向，这些对于您自身都是没有好处的。我能告诉您的，就这些罢了。"孔子离去以后，对弟子们说："鸟，我知道它能飞；鱼，我知道它能游；兽，我知道它能跑。会跑的可以织网捕获它，会游的可制成丝线去钓它，会飞的可以用箭去射它。至于龙，我就不知道该怎么办了，它是驾着风而飞腾升天的。我今天见到的老子，大概就是龙吧！"

老子修道德，其学以自隐无名为务。居周久之，见周之衰，乃遂去。至关，关令尹喜曰："子将隐矣，彊为我著书。"于是老子乃著书上下篇，言道德之意五千馀言而去，莫知其所终。

或曰：老莱子亦楚人也，著书十五篇，言道家之用，与孔子同时云。

盖老子百有六十馀岁，或言二百馀岁，以其修道而养寿也。

【译文】老子研究道德学问，他的学说以隐匿声迹，不求闻达为宗旨。他在周都住了很久，见周朝衰微了，于是就离开周都。到了函谷关，关令尹喜对他说："您就要隐居了，勉力为我们写一本书吧。"于是老子就撰写了本书，一分上下两篇，阐述了道德的本意，共五千多字，然后才离去，没有人知道他的下落。

有的人说：老莱子也是楚国人，著书十五篇，阐述的是道家的作用，和孔子是同一时代的人。

据说老子活了一百六十多岁，也有的人说活了二百多岁，这是因为他能修道养心而长寿的啊。

自孔子死之后百二十九年，而史记周太史儋见秦献公曰："始秦与周合，合五百岁而离，离七十岁而霸王者出焉。"或曰儋即老子，或曰非也，世莫知其然否。老子，隐君子也。

老子之子名宗，宗为魏将，封于段干。宗子注，注子宫，宫玄孙假，假仕于汉孝文帝。而假之子解为胶西王卬太傅，因家于齐焉。

世之学老子者则绌儒学，儒学亦绌老子。"道不同不相为谋"，岂谓是邪？李耳无为自化，清静自正。

【译文】孔子死后一百二十九年，史书记载周太史儋会见秦献公时，曾预言说："当初秦国与周朝合在一起，合了五百年而又分开了，分开七十年之后，就会有称霸称王的人出现。"有的人说太史儋就是老子，也有的人说不是，世上没有人知道哪种说法正确。总之，老子是一位隐君子。

老子的儿子叫李宗，做过魏国的将军，封地在段干。李宗的儿子叫李注，李注的儿子叫李宫，李宫的玄孙叫李假，李假在汉文帝时做过官。而李假的儿子李解担任过胶西王刘印的太傅，因此，李氏就定居在齐地。

社会上信奉老子学说的人就贬斥儒学，信奉儒家学说的人也贬斥老子学说"主张不同的人，彼此说不到一块去"，难道就是说的这种情况吗？老子认为，无为而治，百姓自然趋于"化"；清静不挠，百姓自然会归于"正"。

庄子者，蒙人也，名周。周尝为蒙漆园吏，与梁惠王、齐宣王同时。其学无所不窥，然其要本归于老子之言。故其著书十馀万言，大抵率寓言也。作《渔父》《盗跖》《胠箧》，以诋訿孔子之徒，以明老子之术。《畏累虚》《亢桑子》之属，皆空语无事实。然善属书离辞，指事类情，用剽剥儒、墨，虽当世宿学不能自解免也。其言洸洋自恣以适己，故自王公大人不能器之。

【译文】庄子是蒙地人，叫周。他曾经担任过蒙地漆园的小吏，和梁惠王、齐宣王是同一时代的人。他学识渊博，涉猎、研究的范围无所不包，然而他的中心思想却本源于老子的学说。他撰写了十余万字的著作，大多是托词寄意的寓言。他写的《渔父》《盗跖》《胠箧》是用来诋毁孔子学派的人、而表明老子学说为目的的。《畏累虚》《亢桑子》一类的文章，都空设盲语，没有实事，可是庄子善于行文措辞，描摹事物的情状，用来攻击和驳斥儒家和墨家，即使是当世博学之士，也难免受到他的攻击。他的语言汪洋浩漫，纵态恣肆，以适合自己的性情，所以从王公大人起，都无法利用他。

楚威王闻庄周贤，使使厚币迎之，许以为相。庄周笑谓楚使者曰："千金，重利；卿相，尊位也。子独不见郊祭之牺牛乎？养食之数岁，衣以文绣，以入大庙。当是之时，虽欲为孤豚，岂可得乎？子亟去，无污我。我宁游戏污渎之中自快，无为有国者所羁，终身不仕，以快吾志焉。"

【译文】楚威王听说庄周贤能，派遣使臣带着丰厚的礼物去聘请他，答应他出任曹国的宰相。庄周笑着对楚国使臣说："千金，确是厚礼；卿相，确是尊贵的高位。您难道没见过祭祀天地用的牛吗？喂养它好几年，给它披上带有花纹的绸缎，把它牵进太庙去.当祭品，在这个时候，它即使想做一头孤独的小猪，难道能办得到吗？您赶快离去，不要玷污了我。我宁愿在小水沟里身心愉快地游戏，也不愿被国君所束缚。我终身不做官，让自己的心志愉快。”

申不害者，京人也，故郑之贱臣。学术以干韩昭侯，昭侯用为相。内修政教，外应诸侯，十五年。终申子之身，国治兵彊，无侵韩者。

申子之学本于黄老而主刑名。著书二篇，号曰《申子》。

【译文】申不害是京邑人，原先是郑国的低级官吏。后来研究了刑名法术学问，向韩昭侯求官，昭侯任命他作了宰相。他对内修明政教，对外应对诸侯，前后执政十五年。一直到申子逝世，国家安定，政治清明，军队强大，没有哪个国家敢于侵犯韩国。

申不害的学说本源黄帝和老子而以循名责实为主，他的著作有两篇，叫作《申子》。

韩非者，韩之诸公子也。喜刑名法术之学，而其归本于黄老。非为人口吃，不能道说，而善著书。与李斯俱事荀卿，斯自以为不如非。

【译文】韩非，是韩国的贵族子弟。他爱好刑名法术学问。他学说的理论基础来源于黄帝和老子。韩非有口吃的缺陷，不善于讲话，却擅长于著书立说。他和李斯都是荀卿的学生，李斯自认为学识比不上韩非。

非见韩之削弱，数以书谏韩王，韩王不能用。于是韩非疾治国不务修明其法制，执势以御其臣下，富国彊兵而以求人任贤，反举浮淫之蠹而加之于功实之上。以为儒者用文乱法，而侠者以武犯禁。宽则宠名誉之人，急则用介胄之士。今者所养非所用，所用非所养。悲廉直不容于邪枉之臣，观往者得失之变，故作《孤愤》《五蠹》《内外储》《说林》《说难》十馀万言。

【译文】韩非看到韩国渐渐衰弱下去，便屡次上书规劝韩王，但韩王没有采纳他的意见。当时韩非痛恨治理国家不致力于修明法制，不能凭借君王掌握的权势用来驾驭臣子，不能富国强兵寻求任用贤能之士，反而任用夸夸其谈、对国家有害的文学游说之士，并且让他们的地位高于讲求功利实效的人。他认为儒家用经典文献扰乱国家法度，而游侠凭借着武力违犯国家禁令。国家太平时，君主就宠信那些徒有虚名假誉的人，形势危急时，就使用那些披甲戴盔的武士。现在国家供养的人并不是所要用的，而所要用的人又不是所供养的。他悲叹廉洁正直的人不被邪曲奸枉之臣所容，他考察了古往今来的得失变化，所以写了《孤愤》《五蠹》《内外储》《说林》《说难》等十余万字的著作。

然韩非知说之难，为《说难》书甚具，终死于秦，不能自脱。

《说难》曰：凡说之难，非吾知之有以说之难也；又非吾辩之难能明吾意之难也；又非吾敢横失能尽之难也。凡说之难，在知所说之心，可以吾说当之。

【译文】然而韩非深深地明了游说的困难。他撰写的《说难》一书，讲的非常详细，但是他最终还是死在秦国，不能逃脱游说的祸难。

《说难》写道：大凡游说的困难，不是我的才智不足以说服君主有困难；也不是我的口才不足以明确地表达出我的思想有困难；也不是我不敢毫无顾虑地把意见全部表达出来有困难。大凡游说的困难，在于如何了解游说对象的心理，然后用我的说词去适应他。

所说出于为名高者也，而说之以厚利，则见下节而遇卑贱，必弃远矣。所说出于厚利者也。而说之以名高，则见无心而远事情，必不收矣。所说实为厚利而显为名高者也，而说之以名高，则阳收其身而实疏之；若说之以厚利，则阴用其言而显弃其身。此之不可不知也。

【译文】游说的对象在博取高名，而游说的人却用重利去劝说他，他就会认为你品德低下而受到卑贱的待遇，一定会被遗弃和疏远了。游说的对象志在贪图重利，而游说的人却用博取高名去劝说他，他就会认为你没有头脑而脱离实际，一定不会录用你。游说的对象实际上意在重利而公开装作博取高名，而游说的人用博取高名去劝说他，他就会表面上录用你而实际上疏远你；假如游说的人用重利去劝说他，他就会暗中采纳你的意见，而公开抛弃你本人，这些都是游说的人不能不知道的。

夫事以密成，而以泄败。未必其身泄之也，而语及其所匿之事，如是者身危。贵人有过端，而说者明言善议以推其恶者，则身危。周泽未渥也而语极知，说行而有功则德亡，说不行而有败则见疑，如是者身危。夫贵人得计而欲自以为功，说者与知焉，则身危。彼显有所出事，乃自以为也故，说者与知焉，则身危。彊之以其所必不为，止之以其所不能已者，身危。故曰：与之论大人，则以为间己；与之论细人，则以为粥权。论其所爱，则以为借资；论其所憎，则以为尝己。径省其辞，则不知而屈之；汎滥博文，则多而久之。顺事陈意，则曰怯懦而不尽；虑事广肆，则曰草野而倨侮。此说之难，不可不知也。

【译文】行事能保密就成功，言谈之中泄露了机密就会失败。不一定是游说者本人有意去泄露机密，而往往是在言谈之中无意地说到君主内心隐藏的秘密，像这样，游说的人就会身遭灾祸。君王有过失，而游说的人却引用一些美善之议推导出他过失的严重，那么游说的人就会有危险。君主对游说者的恩宠还没有达到深厚的程度，而游说的人把知心话全部说出来，如果意见被采纳实行而且见到了功效，那么，君主就会忘掉你的功劳；如果意见行不通而且遭到失败，那么游说者就会被君主怀疑，像这样，游说的人就会有危险。君主自认为有了如愿的良策，而且打算据为自己的功绩，游说的人参与这件事，那么也会有危险，君主公开做着一件事，而自己另有别的目的，如果游说者预知其计，那么他也会有危险。君主坚决不愿做的事，却勉力让他去做，君主去做丢不下的事，又阻止他去做，游说的人就危险。所以说：“和君主议论在任的大臣，就会认为你离间他们彼此的关系；和君主议论地位低下的人，就会认为你卖弄权势。议论他所喜爱的，那么君主就会认为你是在利用他；议论君主所憎恶的，就会认为你试探他含怒的深浅。如果游说者文辞简略，那么就会认为你没有才智而使你遭到屈辱；如果你铺陈辞藻，夸夸其谈，那么就会认为你语言放纵而无当。如果你顺应君主的主张陈述事情，那么就会说你胆小而做事不尽人意。如果你谋虑深远，那么就会说你鄙陋粗俗，倨傲侮慢。这些游说的难处，是不能不知道的啊。

凡说之务，在知饰所说之所敬，而灭其所丑。彼自知其计，则毋以其失穷之；自勇其断，则毋以其敌怒之；自多其力，则毋以其难概之。规异事与同计，誉异人与同行者，则以饰之无伤也。有与同失者，则明饰其无失也。大忠无所拂悟，悟言无所击排，乃后申其辩知焉。此所以亲近不疑，知尽之难也。得旷日弥久，而周泽既渥，深计而不疑，交争而不罪，乃明计利害以致其功，直指是非以饰其身，以此相持，此说之成也。

【译文】大凡游说者最重要的，在于懂得美化君主所推崇的事情，而掩盖他认为丑陋的事情。他自认为高明的计策，就不要拿以往的过失使他难堪；他自认为是勇敢的决断，就不要用自己的意愿使他激怒；他夸耀自己力量强大，就不必用他为难的事来难他。游说的人谋划另一件与君主相同的事，赞誉另一个与君主同样品行的人，就要把那件事和另一个人加以美化，不要坏其事伤其人。有与君主同样过失的人，游说者就明确地粉饰说他没有过失。待到游说者的忠心使君主不再抵触，游说者的说辞，君主不再排斥，此后，游说者就可以施展自己的口才和智慧了。这就是与君主亲近不被怀疑，能说尽心里话的难处啊!等到历经很长的时间之后，君主对游说的人恩泽已经深厚了，游说者的计谋被怀疑了，交相争议也不被加罪了，便可以明白地计议利害关系达到帮助国君立业建功，可以直接指出君主的是非以正其身、用这样的办法扶持君主，就是游说成功了。

伊尹为庖，百里奚为虏，皆所由干其上也。故此二子者，皆圣人也，犹不能无役身而涉世如此其污也，则非能仕之所设也。

【译文】伊尹作厨师，百里奚当俘虏，都是由此求得君上的任用。

所以，这两个人都是圣人。他们仍然不得不做低贱的事而经历世事如此地卑污，那么智能之士就不把这些看作是耻辱的了。

宋有富人，天雨墙坏。其子曰“不筑且有盗”，其邻人之父亦云，暮而果大亡其财，其家甚知其子而疑邻人之父。昔者郑武公欲伐胡，乃以其子妻之。因问群臣曰：“吾欲用兵，谁可伐者？”关其思曰：“胡可伐。”乃戮关其思，曰：“胡，兄弟之国也，子言伐之，何也？”胡君闻之，以郑为亲己而不备郑。郑人袭胡，取之。此二说者，其知皆当矣，然而甚者为戮，薄者见疑。非知之难也，处知则难矣。

【译文】宋国有个富人，因为天下雨毁坏了墙。他儿子说：“不修好将会被盗”，他的邻居有位老人也这么说。晚上果然丢了很多财物，他全家的人都认为他儿子特别聪明却怀疑邻居那位老人。从前郑武公想要攻打胡国，反而把自己的女儿嫁给胡国的君主。就问大臣们说：“我要用兵，可以攻打谁？”关其思回答说：”可以攻打胡国。”郑武公就把关其思杀了，并且说：“胡国，是我们兄弟之国，你说攻打它，什么居心？”胡国君主听到这件事，就认为郑国君主是自己的亲人而不防备他，郑国就趁机偷袭胡国，占领了它。这两个说客，他们的预见都是正确的，然而言重的被杀死，言轻的被怀疑，所以知道某些事情并不难，如何去处理已知的事就难了。

昔者弥子瑕见爱于卫君。卫国之法，窃驾君车者罪至刖。既而弥子之母病，人闻，往夜告之，弥子矫驾君车而出。君闻之而贤之曰：“孝哉，为母之故而犯刖罪！”与君游果园，弥子食桃而甘，不尽而奉君。君曰：“爱我哉，忘其口而念我！”及弥子色衰而爱弛，得罪于君。君曰：“是尝矫驾吾车，又尝食我以其馀桃。”故弥子之行未变于初也，前见贤而后获罪者，爱憎之至变也。故有爱于主，则知当而加亲；见憎于主，则罪当而加疏。故谏说之士不可不察爱憎之主而后说之矣。

【译文】从前弥子瑕被卫国君主宠爱。按照卫国的法律，偷驾君车的人要判断足的罪。不久，弥子瑕的母亲病了，有人知道这件事，就连夜通知他。弥子瑕就诈称君主的命令驾着君主的车子出去了。君主听到这件事反而赞美他说：“多孝顺啊，为了母亲的病竟愿犯下断足的惩罚!”弥子瑕和卫君到果园去玩，弥子瑕吃到一个甜桃子，没吃完就献给卫君。卫君说：“真爱我啊，自己不吃却想着我!”等到弥子瑕容色衰退，卫君对他的宠爱也疏淡了，后来得罪了卫君。卫君说：“这个人曾经诈称我的命令驾我的车，还曾经把咬剩下的桃子给我吃。”弥子瑕的德行和当初一样没有改变，以前所以被认为孝顺而后来被治罪的原因，是由于卫君对他的爱憎有了极大的改变。所以说，被君主宠爱时就认为他聪明能干，愈加亲近。被君主憎恶了，就认为他罪有应得，就愈加疏远。因此，劝谏游说的人，不能不一调查君主的爱憎态度之后再游说他。

夫龙之为虫也，可扰狎而骑也。然其喉下有逆鳞径尺，人有婴之，则必杀人。人主亦有逆鳞，说之者能无婴人主之逆鳞，则几矣。

【译文】龙属于虫类，可以驯养、游戏、骑它。然而他喉咙下端有一尺长的倒鳞，人要触动它的倒鳞，一定会被它伤害。君主也有倒鳞，游说的人能不触犯君主的倒鳞，就差不多算得上善于游说的了。

人或传其书至秦。秦王见《孤愤》《五蠹》之书，曰："嗟乎，寡人得见此人与之游，死不恨矣！"李斯曰："此韩非之所著书也。"秦因急攻韩。韩王始不用非，及急，乃遣非使秦。秦王悦之，未信用。李斯、姚贾害之，毁之曰："韩非，韩之诸公子也。今王欲并诸侯，非终为韩不为秦，此人之情也。今王不用，久留而归之，此自遗患也，不如以过法诛之。"秦王以为然，下吏治非。李斯使人遗非药，使自杀。韩非欲自陈，不得见。秦王后悔之，使人赦之，非已死矣。

申子、韩子皆著书，传于后世，学者多有。余独悲韩子为《说难》而不能自脱耳。

【译文】有人把韩非的著作传到了秦国。秦王见到《孤愤》《五蠹》这些书，说："唉呀，我要见到这个人并且能和他交往，就是死也不算遗憾了。"李斯说："这是韩非撰写的书。"秦王因此立即攻打韩国。起初韩王不重用韩非，等到情势吃紧，才派遣韩非出使秦国。秦王很喜欢他，还没被信用。李斯、姚贾嫉妒他，在秦王面前诋毁他说："韩非，是韩国贵族子弟。现在大王要吞并各国，韩非到头来还是要帮助韩国而不帮助秦国，这是人之常情啊。如今大王不任用他，在秦国留的时间长了，再放他回去，这是给合己留下的祸根啊。不如给他加个罪名，依法处死他。"秦王认为他说的对，就下令司法官吏给韩非定罪。李斯派人给韩非送去了毒药，叫他自杀。韩非想要当面向秦王陈述是非，又不能见到。后来秦王后悔了，派人去赦免他，可惜韩非已经死了。

申子、韩子都著书立说，留传到后世，学者大多有他们的书，我唯独悲叹韩非撰写了《说难》而本人却逃脱不了游说君主的灾祸。

太史公曰：老子所贵道，虚无，因应变化于无为，故著书辞称微妙难识。庄子散道德，放论，要亦归之自然。申子卑卑，施之于名实。韩子引绳墨，切事情，明是非，其极惨礉少恩。皆原于道德之意，而老子深远矣。

【译文】太史公说：老子推重的“道”，虚无，顺应自然，以无所作为来适应各种变化，所以，他写的书很多措辞微妙不易理解。庄子宣演道德，纵意推论，其学说的要点也归本于自然无为的道理。申子勤奋自勉，推行于循名责实。韩子依据法度作为规范行为的绳墨，决断事情，明辨是非，用法严酷苛刻，绝少施恩。都原始于道德的理论，而老子的思想理论就深邃旷远了。

孟子荀卿列传

太史公曰：余读《孟子书》，至梁惠王问“何以利吾国”，未尝不废书而叹也。曰：嗟乎，利诚乱之始也！夫子罕言利者，常防其原也。故曰“放于利而行，多怨”。自天子至于庶人，好利之弊何以异哉！

【译文】太史公说：我读《孟子》，每当读到梁惠王问“怎样才对我的国家有利”时，总不免放下书本而有所感叹。说：唉，谋利的确是一切祸乱的开始呀！孔夫子极少讲利的问题，其原因就是经常防备这个祸乱的根源。所以他说“依据个人的利益而行动，会招致很多怨恨”。上自天子下至平民，好利的弊病都存在，有什么不同呢？

孟轲，驺人也。受业子思之门人。道既通，游事于齐宣王，宣王不能用。适梁，梁惠王不果所言，则见以为迂远而阔于事情。当是之时，秦用商君，富国彊兵；楚、魏用吴起，战胜弱敌；齐威王、宣王用孙子、田忌之徒，而诸侯东面朝齐。天下方务于合从连衡，以攻伐为贤，而孟轲乃述唐、虞、三代之德，是以所如者不合。退而与万章之徒序《诗》《书》，述仲尼之意，作《孟子》七篇。其后有驺子之属。

【译文】孟轲，是邹国人。他曾跟着子思的弟子学习。当通晓孔道之后，便去游说齐宣王，齐宣王没有任用他。于是到了魏国，梁惠王不但不听信他的主张，反而认为他的主张不切实情，远离实际。当时，各诸侯国都在实行变革，秦国任用商鞅，使国家富足，兵力强大；楚国、魏国也都任用过吴起，战胜了一些国家，削弱了强敌；齐威王和宣王举用孙膑和田忌等人，国力强盛，使各诸侯国都东来朝拜齐国。当各诸侯国正致力于“合纵连横”的攻伐谋略，把能攻善伐看作贤能的时候，孟子却称述唐尧、虞舜以及夏、商、周三代的德政，因此不符合他所周游的那些国家的需要。于是就回到家乡与万章等人整理《诗经》《书经》，阐发孔丘的思想学说，写成《孟子》一书，共七篇。在他之后，出现了学者邹子等人。

齐有三驺子。其前驺忌，以鼓琴干威王，因及国政，封为成侯而受相印，先孟子。

其次驺衍，后孟子。驺衍睹有国者益淫侈，不能尚德，若《大雅》整之于身，施及黎庶矣。乃深观阴阳消息而作怪迂之变，《终始》《大圣》之篇十馀万言。其语闳大不经，必先验小物，推而大之，至于无垠。先序今以上至黄帝，学者所共术，大并世盛衰，因载其禨祥度制，推而远之，至天地未生，窈冥不可考而原也。

【译文】齐国有三个邹子。在前的叫邹忌，他借弹琴的技艺得以求见齐威王，随后便参与了国家政事，封为成侯并接受相印，做了宰相，他生活的时代要早于孟子。

第二个叫邹衍，生在孟子之后。邹衍目睹了那些掌握一国之权的诸侯们越来越荒淫奢侈，不能崇尚德政，不象《诗经·大雅》所要求的那样先整伤自己，再推及到百姓了。于是就深入观察万物的阴阳消长，记述了怪异玄虚的变化，如《终始》《大圣》等篇共十余万字。他的话宏大广阔荒诞不合情理，一定要先从细小的事物验证开始，然后推广到大的事物，以至达到无边无际。先从当今说起再往前推至学者们所共同谈论的黄帝时代，然后再大体上依着世代的盛衰变化，记载不同世代的凶吉制度，再从黄帝时代往前推到很远很远，直到天地还没出现的时候，真是深幽玄妙不能稽考而追究它的本源。

先列中国名山大川，通谷禽兽，水土所殖，物类所珍，因而推之，及海外人之所不能睹。称引天地剖判以来，五德转移，治各有宜，而符应若兹。以为儒者所谓中国者，于天下乃八十一分居其一分耳。中国名曰赤县神州。赤县神州内自有九州，禹之序九州是也，不得为州数。中国外如赤县神州者九，乃所谓九州也。于是有裨海环之，人民禽兽莫能相通者，如一区中者，乃为一州。如此者九，乃有大瀛海环其外，天地之际焉。其术皆此类也。然要其归，必止乎仁义节俭，君臣上下六亲之施，始也滥耳。王公大人初见其术，惧然顾化，其后不能行之。

【译文】他先列出中国的名山大川，长谷、禽兽，水土所生的，各种物类中最珍贵的，一概俱全，并由此推广开去，直到人们根本看不到的海外。他称述开天辟地以来，金、木、水、火、土的五种德性相生相克，而历代帝王的更替都正好与它们相配合。天降祥瑞与人事相应就是这样的。他认为儒家所说的中国，只不过是天下的八十一分之一罢了。中国称做“赤县神州”。赤县神州之内又有九州，就是夏禹按次序排列的九个州，但不能算是州的全部数目。在中国之外，像是赤县神州的地方还有九个。这才是所谓的九州了。在这里都有小海环绕着，人和禽兽不能与其他州相通，像是一个独立的区域，这才算是一州。像这样的州共有九个，更有大海环在它的外面，那就到了天地的边际了。邹衍的学说都是这一类述说。然而，总括它的要领，一定都归结到仁义节俭，并在君臣上下和六亲之间施行，不过开始的述说的确泛滥无节了。王公大人初见他的学说，感到惊异而引起思考，受到感化，到后来却不能实行。

是以驺子重于齐。适梁惠王郊迎，执宾主之礼。适赵，平原君侧行撇席。如燕，昭王拥彗先驱，请列弟子之座而受业，筑碣石宫，身亲往师之。作《主运》。其游诸侯见尊礼如此，岂与仲尼菜色陈、蔡，孟轲困于齐梁同乎哉！故武王以仁义伐纣而王，伯夷饿不食周粟；卫灵公问陈，而孔子不答；梁惠王谋欲攻赵，孟轲称大王去邠。此岂有意阿世俗苟合而已哉！持方枘欲内圜凿，其能入乎？或曰，伊尹负鼎而勉汤以王，百里奚饭牛车下而缪公用霸，作先合，然后引之大道。驺衍其言虽不轨，傥亦有牛鼎之意乎？

【译文】因此，邹衍在齐国受到尊重。到魏国，梁惠王远接高迎，同他行宾主的礼节。到赵国，平原君侧身陪行，亲自为他拂拭席位。到燕国，燕昭王拿着扫帚清除道路为他作先导，并请求坐在弟子的座位上向他学习，还曾为他修建碣石宫，亲自去拜他为老师。他作了《主运》篇。邹衍周游各国受到如此礼尊，这与孔丘陈蔡断粮面有饥色，孟子在齐、梁遭到困厄，岂能是相同的吗！从前周武王用仁义讨伐殷纣王从而称王天下，伯夷宁肯饿死不吃周朝的粮食；卫灵公问作战方阵，孔子却不予回答；梁惠王想要攻打赵国，孟子却称烦太王离开邠地的事迹。这些有名人物的做法，难道是有意迎合世俗讨好人主就算了吗？拿着方榫头却要放人圆榫眼，哪能放得进去呢？有人说，伊尹背着鼎去给汤烹饪，却勉励汤行王道，结果汤统一了天下；百里奚在车下喂牛而秦穆公任用了他，因而称霸诸侯。他们的做法都是先投合人主的意愿，然后引导人主走上正大的道路上去。邹衍的话虽然不合常理常情，或许有伊尹负鼎、百里奚饭牛的意思吧？

自驺衍与齐之稷下先生，如淳于髡、慎到、环渊、接子、田骈、驺奭之徒，各著书言治乱之事，以干世主，岂可胜道哉！

淳于髡，齐人也。博闻彊记，学无所主。其陈说，慕晏婴之为人也，然而承意观色为务。客有见髡于梁惠王，惠王屏左右，独坐而再见之，终无言也。惠王怪之，以让客曰："子之称淳于先生，管、晏不及，及见寡人，寡人未有得也。岂寡人不足为言邪？何故哉？"客以谓髡。髡曰："固也。吾前见王，王志在驱逐；后复见王，王志在音声：吾是以默然。"客具以报王，王大骇，曰："嗟乎，淳于先生诚圣人也！前淳于先生之来，人有献善马者，寡人未及视，会先生至。后先生之来，人有献讴者，未及试，亦会先生来。寡人虽屏人，然私心在彼，有之。"后淳于髡见，壹语连三日三夜无倦。惠王欲以卿相位待之，髡因谢去。于是送以安车驾驷，束帛加璧，黄金百镒。终身不仕。

【译文】从邹衍到齐国稷下的诸多学士，如淳于髡、环渊、接子、田骈、邹奭等人，各自著书立说谈论国家兴亡治乱的大事，用来求取国君的信用，这些怎能说得尽呢？

淳于髡，是齐国人。见识广博，强于记忆，学业不专主一家之言。从他劝说君王的言谈中看，似乎他仰慕晏婴直言敢谏的为人，然而实际上他专事察颜观色，揣摩人主的心意。一次，有个宾客向梁惠王推荐淳于髡，惠王喝退身边的侍从，单独坐着两次接见他，可是他始终一言不发。惠王感到很奇怪，就责备那个宾客说："你称赞淳于先生，说连管仲、晏婴都赶不上他，等到他见了我，我是一点收获也没得到啊。难道是我不配跟他谈话吗？到底是什么缘故呢？"那个宾客把惠王的话告诉了淳于髡。淳于髡说："本来么。我前一次见大王时，大王的心思全用在相马上；后一次再见大王，大王的心思却用在了声色上：因此我沉默不语。"那个宾客把淳于髡的话全部报告了惠王，惠王大为惊讶，说："唉呀，淳于先生真是个圣人啊！前一次淳于先生来的时候，有个人献上一匹好马，我还没来得及相一相，恰巧淳于先生来了。后一次来的时候，又有个人献来歌伎，我还没来得及试一试，也遇到淳于先生来了。我接见淳于先生时虽然喝退了身边侍从，可是心里却想着马和歌伎，是有这么回事。"后来淳于髡见惠王，两人专注交谈一连三天三夜毫无倦意。惠王打算封给淳于髡卿相官位，淳于髡客气地推辞不受便离开了。当时，惠王赠给他一辆四匹马驾的精致车子、五匹帛和璧玉以及百镒黄金。淳于髡终身没有做官。

慎到，赵人。田骈、接子，齐人。环渊，楚人。皆学黄老道德之术，因发明序其指意。故慎到著十二论，环渊著上下篇，而田骈、接子皆有所论焉。

驺奭者，齐诸驺子，亦颇采驺衍之术以纪文。

于是齐王嘉之，自如淳于髡以下，皆命曰列大夫，为开第康庄之衢，高门大屋，尊宠之。览天下诸侯宾客，言齐能致天下贤士也。

【译文】慎到，是赵国人。田骈、接子，是齐国人。环渊，是楚国人。他们都专攻黄帝、老子关于道德的理论学说，对黄老学说的意旨进行阐述发挥。所以他们都有著述，慎到著有十二篇论文，环渊著有上、下篇，田骈、接子也都有论著。

邹奭，是齐国几位邹子中的一个，他较多地采用邹衍的学说来著述文章。

当时齐王很赏识这些学士，从淳于髡以下的人都任命为列大夫，为他们在人来人往的通衢大道旁建造住宅，高门大屋，以示对他们的尊崇和偏爱。以此招揽各诸侯国的宾客，宣扬齐国最能招纳天下的贤才。

荀卿，赵人。年五十始来游学于齐。驺衍之术迂大而闳辩；奭也文具难施；淳于髡久与处，时有得善言。故齐人颂曰："谈天衍，雕龙奭，炙毂过髡。"田骈之属皆已死齐襄王时，而荀卿最为老师。齐尚修列大夫之缺，而荀卿三为祭酒焉。齐人或谗荀卿，荀卿乃适楚，而春申君以为兰陵令。春申君死而荀卿废，因家兰陵。李斯尝为弟子，已而相秦。荀卿嫉浊世之政，亡国乱君相属，不遂大道而营于巫祝，信禨祥，鄙儒小拘，如庄周等又猾稽乱俗，于是推儒、墨、道德之行事兴坏，序列著数万言而卒。因葬兰陵。

【译文】荀卿，是赵国人。五十岁的时候才到齐国来游说讲学。邹衍的学说曲折夸大而多空洞的论辩；邹奭的文章完备周密但难以实行；淳于髡，若与他相处日久，时常学到，一些精辟的言论。所以齐国人称颂他们说："高谈阔论的是邹衍，精雕细刻的是邹奭，智多善辩，议论不绝的是淳于髡。"田骈等人都已在齐襄王时死去，此时荀卿是年最长，资历深的宗师。当时齐国仍在补充列大夫的缺额，荀卿曾先后三次以宗师的身分担任稷下学士的祭酒。后来，齐国有人毁谤荀卿，荀卿就到了楚国，春申君让他担任兰陵令。春申君死后，荀卿被罢官，便在兰陵安了家。李斯曾是他的学生，后来在秦朝任丞相。荀卿憎恶乱世的黑暗政治，亡国昏乱的君主接连不断地出现，他们不通晓常理正道却被装神弄鬼的巫祝所迷惑，信奉求神赐福去灾，庸俗鄙陋的儒生拘泥于琐碎礼节，再加上庄周等人狡猾多辩，败坏风俗，于是推究儒家、墨家、道家活动的成功和失败，编次著述了几万字的文章便辞世了。死后就葬在兰陵。

而赵亦有公孙龙为坚白同异之辩，剧子之言；魏有李悝，尽地力之教；楚有尸子、长卢；阿之吁子焉。自如孟子至于吁子，世多有其书，故不论其传云。

盖墨翟，宋之大夫，善守御，为节用。或曰并孔子时，或曰在其后。

【译文】当时赵国也有个公孙龙，他曾以"离坚白"之说，同惠施的"合同异"之说展开论辩，此外还有剧子的著述；魏国曾有李悝，他提出了鼓励耕作以尽地力的主张；楚国曾有尸子、长卢，齐国东阿还有一位吁子。自孟子到吁子，世上多流传着他们的著作，所以不详叙这些著作的内容了。

墨翟，是宋国的大夫，擅长守卫和防御的战术，竭力提倡节省费用。有人说他与孔子同时，也有人说他在孔子之后。

刘 向

小传见前，向领校秘书时，每一书已，辄撰为一录，论其旨归，辨其讹谬，叙而上之，后儒谓其附于本书者曰“叙录”，其集录为一书者曰“别录”。《别录》之为书，盖犹清之四库总目提要，考《隋志·史部》簿录类，载有《七略别录》二十卷，当即其书，惜不知亡于何代，今存者，惟附见于管晏诸子卷端之数篇而已。

【译文】小传见前面。刘向在校订秘书时，每一本书完了，就著写一录，论述其思想的主旨，辨别其错误，叙述完然后上奏皇上，后来的儒者将其附录于本书的称为“叙录”，其另外集录为一本书的称为“别录”。《别录》一书，犹如清代的《四库全书总目提要》。考察《隋志·史部》中簿录类，记载有《七略别录》二十卷，即此书，可惜不知道亡失于哪个朝代，今天所保存的，只见于管子、晏子等诸子卷的开头，只有几篇。

荀子叙录

护左都水使者、光禄大夫、臣向言：所校雠中孙卿书凡三百二十二篇，以相校，除复重二百九十篇，定著三十二篇，皆以定，杀青，简书可缮写。

【译文】护左都水使、光禄大夫、臣子刘向说：“所校订的《荀子》共三百二十二篇，通过比较，除了重复的二百九十篇，最后审定著作为三十二篇，都已确定，可以抄写。”

孙卿赵人，名况。方齐宣王、威王之时，聚天下贤士于稷下，尊宠之。若邹衍、田骈、淳于髡之属甚众，号曰列大夫，皆世所称，咸作书刺世。是时孙卿有秀才，年五十，始来游学。诸子之事，皆以为非先王之法也。孙卿善为《诗》《礼》《易》《春秋》，至齐襄王时，孙卿最为老师。齐尚修列大夫之缺，而孙卿三为祭酒焉。

【译文】孙卿，赵国人，名况。在齐宣王、齐威王时，在稷下聚集天下的贤人，他们很受尊敬。像邹衍、田骈、淳于髡等这类人很多，号称为列大夫，都被世人称道，都著书，针砭时弊。当时孙卿是秀才，已经五十岁了，才出来游学。诸子的所为，都认为不是效法先王，孙卿擅长《诗》《礼》《易》《春秋》，到齐襄王时，孙卿是传授学术中最年长的。齐国那时尚且缺列大夫，孙卿三次担任祭酒。

齐人或谗孙卿。孙卿乃适楚。楚相春申君，以为兰陵令。人或谓春申君曰："汤以七十里，文王以百里，孙卿贤者也，今与之百里地，楚其危乎？"春申君谢之，孙卿去之赵。后客或谓春申君曰："伊尹去夏入殷，殷王而夏亡；管仲去鲁入齐，鲁弱而齐强；故贤者所在，君尊国安。今孙卿天下贤人，所去之国，其不安乎？"春申君使人聘孙卿。孙卿遗春申君书，刺楚国。因为歌赋以遗春申君，春申君恨，复固谢孙卿。孙卿乃行，复为兰陵令。春申君死，而孙卿废，因家兰陵。

【译文】有齐国人毁谤孙卿，孙卿于是到了楚国。在楚国辅佐春申君，担任兰陵令。有人对春申君说："商汤时有七十里，文王时有一百里，孙卿是贤人，今天赠予他百里地，楚国不危险吗？"春申君于是辞谢了他，孙卿去了赵国。后来有人对春申君说："伊尹离开夏国去了殷国，殷国称王而夏国灭亡；管仲离开鲁国到了齐国，鲁国削弱而齐国强盛；所以有贤人在时，君主受尊敬，国家安定。现在孙卿是贤人，离开的国家，不是不安定了吗？"春申君于是派人去聘请孙卿。孙卿给春申君写了封信，送到楚国。因为是写歌赋给春申君，春申君心里很怨恨自己，又向孙卿道歉。孙卿于是起身，又担任兰陵令。春申君去世，孙卿被罢免，于是在兰陵安家。

李斯尝为弟子，已而相秦，及韩非号韩子，又浮丘伯，皆受业为名儒。孙卿之应聘于诸侯，见秦昭王。昭王方喜战伐，而孙卿以三王之法说之。及秦相应侯，皆不能用也。至赵，与孙膑议兵赵孝成王前。孙膑为变诈之兵，孙卿以王兵难之，不能对也。卒不能用。

【译文】李斯曾经是荀卿的弟子，后来做秦国的相，还有韩非，被称为韩子，以及浮丘伯也都曾师从荀子，都是名儒。孙卿在接受诸侯国的聘请时，见了秦昭王。昭王喜好战争攻伐，孙卿用三王之法说服他。等秦国成为诸侯国时，都不能被用。到了赵国，与孙膑在赵孝成王前讨论兵法。孙膑之兵法狡诈多变，孙卿用王道的兵法为难他，应付不了。最后没有用。

孙卿道守礼义，行应绳墨，安贫贱。孟子者，亦大儒，以人之性善，孙卿后孟子百余年。孙卿以为人性恶，故作《性恶》一篇，以非孟子。苏秦、张仪，以邪道说诸侯，以大贵显。孙卿退而笑之曰：“夫不以其道进者，必不以其道亡。”至汉兴，江都相董仲舒，亦大儒，作书美孙卿。

【译文】孙卿坚守礼义之道，行为都符合礼义规范，安于贫贱。孟子，也是大儒，认为人性善，孙卿在孟子百余年之后，认为人性恶，所以做《性恶》篇，以非难孟子。苏秦、张仪，用邪道说服诸侯，求得显要尊贵的地位，孙卿退而笑他们说：“不用正道治理，一定会因为不符合其道而灭亡。”到汉代兴盛时，江都相董仲舒，也是大儒，做文章赞美孙卿（案至汉兴以下十七字，似不当在此，应在下文盖以法孙卿也句下）。

孙卿卒不用于世，老于兰陵。疾浊世之政，亡国乱君相属，不遂大道，而营乎巫祝，信禨祥，鄙儒小拘。如庄周等，又滑稽乱俗。于是推儒、墨、道德之行事兴坏，序列著数万言而卒，葬兰陵。

【译文】孙卿最终不被世所用，在兰陵养老。痛恨乱世的政治，亡国昏乱的君主接连不断地出现，他们不通晓正道却被装神弄鬼的巫祝所迷惑，信奉求神赐福去灾，庸俗鄙陋的儒生拘泥于琐碎礼节。像庄周等，又狡猾多变，败坏风俗。于是推究儒墨道家活动的成败，编次著述了几万字便去世了，死后就葬在兰陵。

而赵亦有公孙龙，为坚白同异之辞。处子之言。魏有李悝尽地力之教。楚有尸子、长卢子、芋子，皆著书。然非先王之法也，皆不循孔氏之术，惟孟轲、孙卿为能尊仲尼。兰陵多善为学，盖以孙卿也。长老至今称之曰：兰陵人喜字为卿，盖以法孙卿也。孟子、孙卿、董先生，皆小五伯，以为仲尼之门，五尺童子，皆羞称五伯。如人君能用孙卿，庶几于王。然世终莫能用，而六国之君残灭，秦国大乱，卒以亡。观孙卿之书，其陈王道甚易行，疾世莫能用其言，悽怆甚可痛也。呜呼，使斯人卒终于闾巷，而功业不得见于世，哀哉，可为霣涕。其书比于记传，可以为法。谨第录，臣向昧死上言。

【译文】而赵国也有公孙龙，提出了“离坚白”与惠施的“合同异”相辩论，还有处子的著述，魏国李悝有鼓励耕作以尽地力的主张。楚国有尸子、长卢子、芋子，都著述。但都不是先王之道，也都不遵循孔子思想，只有孟轲、孙卿尊崇孔子。兰陵有好多善于治学的，大概是因为有孙卿吧。年纪大的学者到现在为止，称道他说：“兰陵人喜好以卿为字，都是效法孙卿。孟子、孙卿、董仲舒，都轻视五霸，五尺大的孩子，都以称五霸为羞耻。如果君主能够重用孙卿，差不多就可以称王了。然世道最终都没有用，而六国的君主被残杀，秦国大乱，最终灭亡。考察孙卿的著作，其所陈述的王道很容易实行，痛恨世道不能用其思想，悲伤、痛心啊。呜呼，使这样的人最终在家里老去，但功业不能被世所用，悲哀！他的著作可视为历史传记，可以效法。依次录下其书目，臣刘向冒死向皇帝上书。

列子叙录

右新书定著八章。护左都水使者、光禄大夫臣向言：所校中书《列子》五篇，臣向谨与长社尉臣参校雠太常书三篇，太史书四篇，臣向书六篇，臣参书二篇，内外书凡二十篇，以校除复重十二篇，定著八篇。中书多，外书少。章乱布在诸篇中。或字误以“尽”为“进”，以“贤”为“形”，如此者众。及在新书有栈，校雠从中书已定，皆以杀青，书可缮写。

【译文】右新书审定著作为八篇。护左都水使者、光禄大夫、臣子刘向说：“所校的书中《列子》五篇，臣子刘向与长社尉臣参校雠的书中，太常有书三篇、太史有书四篇，臣子刘向有书六篇，臣子参有书二篇，内外书共二十篇。所校的除去重复的二十篇，审定为八篇。皇宫中的藏书多，皇宫外的书少，段落散乱的分布在各篇中。有的把“尽”字误以为“进”，把“贤”误以为“形”，像这样的很多。在新书中都已编排好，校订时从皇家藏书中都已确定，都审定好了，可以抄写。

列子者，郑人也。与郑缪公同时，盖有道者也。其学本于黄帝、老子，号曰道家。道家者，秉要执本，清虚无为，及其治身接物，务崇不竞，合于六经。而《穆王》《汤问》二篇，迂诞恢诡，非君子之言也。至于《力命》篇，一推分命，《杨子》之篇唯贵放逸，二义乖背，不似一家之书。然各有所明，亦有可观者。孝景皇帝时，贵黄老术，此书颇行于世。及后遗落，散在民间，未有传者。且多寓言，与庄周相类。故太史公司马迁不为列传。谨第录。臣向昧死上。

【译文】列子，郑国人。与郑缪公同时代，是得道的人。其思想源于黄帝、老子，号称为道家。道家，坚守根本，倡导清净、虚静、无为，在治身接物方面，崇尚不争，与六经相合。但《穆王》《汤问》两篇，荒唐怪异，不是君子的言论。至于《力命》篇，倡导以力抵命，《杨子》篇以放荡不羁为贵，二者思想相悖，不像一家的言论。但各有明达之处，有值得看的地方。孝景皇帝时，重视黄老之术，这个书在世上很流行。到后来就被遗弃了，散落在民间，没有流传。并且有很多是寓言，与庄周的相类似。所以太史公司马迁不为其列传。现在依次录其书目，臣子刘向冒死向皇帝上书。

管子叙录

护左都水使者、光禄大夫臣向言：所校雠中《管子》书三百八十九篇，大中大夫卜圭书二十七篇，臣富参书四十一篇，射声校尉立书十一篇，太史书九十六篇，凡中外书五百六十四篇，以校除复重四百八十四篇，定著八十六篇，杀青而书可缮写也。

【译文】护左都水使、光禄大夫臣子刘向说："所校订的书中，《管子》三百八十九篇，大中大夫卜圭有书二十七篇，臣子富参有书四十一篇，射声校尉立有书十一篇，太史有书九十六篇，皇家藏书及其外书共五百六十四篇，以校的除去重复的四百八十四篇，审定著作为八十六篇，都已审订完，可以抄写。"

管子者，颍上人也，名夷吾，号仲父。少时尝与鲍叔牙游，鲍叔知其贤。管子贫困，常欺叔牙，叔牙终善之。鲍叔事齐公子小白，管子事公子纠。及小白立为桓公，公子纠死，管仲囚，鲍叔荐管仲。管仲既任政于齐，齐桓公以霸，九合诸侯，一匡天下，管仲之谋也。故管仲曰：吾始困时，与鲍叔分财，多自予，鲍叔不以我为贪，知吾贫也。尝为鲍叔谋事而更穷困，鲍叔不以我为愚，知吾有利有不利也。公子纠败，召忽死之，吾幽囚受辱，鲍叔不以我为无耻，知吾不羞小节，而耻功名不显于天下也。生我者父母，知我者鲍叔。鲍叔既进管仲，而已下之。子孙世禄于齐，有封邑者十余世，常为名大夫。管子既相，以区区之齐在海滨，通货积财，富国强兵，与俗同好丑。故其书称曰：仓廪实而知礼节，衣食足而知荣辱。上服度，则六亲固。四维不张，国乃灭亡。下令，犹流水之原，令顺人心，故论卑而易行。俗所欲，因予之；俗所否，因去之。其为政也，因祸为福，转败为功。贵轻重，慎权衡。桓公怒少姬，南袭蔡。管仲因伐楚，责包茅不入贡于周室。桓公北征山戎，管仲因而令燕修召公之政。柯之会，桓公背曹沫之盟，管仲因而信之，诸侯归之。管仲聘于周，不敢受上卿之命，以让高国。是时，诸侯为管仲城穀，以为之乘邑。《春秋》书之，褒贤也。管仲富拟公室，有三归、反坫，齐人不以为侈。管子卒，齐国遵其政，常强于诸侯。孔子曰：微管仲，吾其被发左衽矣。太史公曰：余读管氏《牧民》《山高》《乘马》《轻重》《九府》，详哉言之也。又曰：将顺其美，匡救其恶，故上下能相亲爱。岂管仲之谓乎？《九府》书民间无有，《山高》一名《形势》。凡《管子》书，务富国安民，道约言要，可以晓合经义。向谨第录。

【译文】管子，颍上人，名夷吾，号仲父。年轻时，曾与鲍叔牙在一起游学，鲍叔牙知道他是个贤人。管子那时很贫困，常常欺负鲍叔牙，但鲍叔牙始终都对他很好。鲍叔牙侍奉齐国公子小白，管子侍奉齐国公子纠，等小白被立为齐桓公，公子纠死了，管仲被囚牢，鲍叔牙向齐桓公推荐管仲。管仲在齐国任职，齐桓公以此称霸，九次汇合诸侯，一统天下，这是管仲的谋略。所以管仲说："在我困难的时候，与鲍叔牙分财物，给自己的多，鲍叔牙不认为我贪心，知道我贫困。曾经为鲍叔牙谋划事情导致其更贫困，鲍叔牙不认为我愚蠢，知道我有时顺利，有时不顺利。公子纠败了时，召忽就死了，我被囚禁受辱，鲍叔牙不认为我没有羞耻，知道我不以小的过错为耻，而是因功名没有显耀于天下感到羞耻。生养我的是父母，了解我的是鲍叔牙。"鲍叔牙推荐管仲，情愿把自己置于管仲之下。世世代代在齐国拿俸禄，有封地的有十多代，经常是担任大夫。管子既然辅佐齐王，凭借小小的齐国在海边的条件，流通货物积聚财物，使国家富裕，兵力强盛，与百姓同好恶。所以其书说："仓廪充实了人们就知道了礼义，衣食满足了就知道荣辱。在上位的君主行为符合礼义规范，则亲情关系稳定。不提倡礼义廉耻，国家则灭亡。下达命令，犹如水流的源头，命令符合人心，则虽然很卑贱但易实行。世俗所想要的，就顺从给予；世俗所不想要的，则顺其遗弃。"这样治国，祸也会转为福，失败也能化为成功。强调事情的轻重缓急，谨慎权衡利弊得失。齐桓公对少姬很恼怒，于是去南部袭击蔡国，管子于是讨伐楚国，责备包茅不向周王进贡。齐桓公向北征伐山戎，管仲于是令燕国整顿召公事情的政教。在柯地的盟会，齐桓公想背弃与曹沫的盟约，管仲于是劝他信守盟约，诸侯国因此都归顺了他。管仲被请到周国担任职务，不敢接受为上卿，让给了高国。这时，诸侯国都给管仲城郭，作为他的封地。《春秋》记载说他是值得褒扬的贤人。管仲富贵的可以跟国君相比，有设置华丽的三归台和国君的宴饮设备，齐国人却不认为他奢侈僭越。管仲逝世时，齐国仍然遵循他的政策，常常比其他诸侯国强大。孔子说："如果没有管仲，我们都要变成蛮夷了。"太史公说："我读管子的《牧民》《山高》《乘马》《轻重》《九府》，说得都很详细。"又说："'顺势助成君子的美德，救治他的过错，所以上下君臣百姓间能相亲相爱'，这大概是管仲说的吧！"《九府》民间没有，《山高》又名《形势》。《管子》一书，都旨在富国安民，道理简约言辞扼要，符合经义。刘向依次录其书目。

高诱

后汉河东人，注书甚多，今传世者有《吕氏春秋》《淮南子》《战国策》，考订古义，皆以博洽见称。

【译文】后汉河东人，注书很多，今在世流传的有《吕氏春秋注》《淮南子注》《战国策注》，考订古义，因学识广博，被人称赞。

吕氏春秋序

吕不韦者，濮阳人也，为阳翟之富贾，家累千金。

秦昭襄王者，孝公之曾孙，惠文王之孙，武烈王之子也。太子死，以庶子安国君柱为太子。柱有子二十余人，所幸妃号曰华阳夫人无子。安国君庶子名楚，其母日夏姬，不甚得幸，令楚质于赵，而不能顾质，数东攻赵，赵不礼楚。时不韦贾于邯郸，见之，曰："此奇货也，不可失。"乃见楚曰："吾能大子之门。"楚曰："何不大君之门，乃大吾之门耶？"不韦日："子不知也，吾门待子门大而大之。"楚默幸之。不韦曰："昭襄王老矣，而安国君为太子。窃闻华阳夫人无子，能立嫡嗣者独华阳夫人耳。请以千金为子西行，事安国君，令立子为嫡嗣。"不韦乃以宝玩珍物献华阳夫人，因言"楚之贤，以夫人为天母，日夜涕泣，思夫人与太子。"夫人大喜，言于安国君，于是立楚为嫡嗣，华阳夫人以为己子，使不韦傅之。

【译文】吕不韦，濮阳人，是阳翟地方的富商，家财万贯。

秦昭襄王，是秦孝公的曾孙，惠文王的孙，武烈王的儿子。昭襄王的太子死了，他便立了他的次子安国君柱做太子。安国君柱有儿子二十多人，他的宠妃名叫华阳夫人。华阳夫人没有儿子。安国君的次子名叫楚，子楚的母亲叫夏姬，不很得宠。当时子楚在赵国做人质，秦国并不能顾及子楚在赵国做人质这事，多次往东攻打赵国，赵国对子楚便不予礼遇。这时，吕不韦在赵都邯郸做生意，见到子楚，便说："这是一笔稀奇的货物，不能丢失。"于是他去会见子楚，对他说："我能够光大您的门庭。"子楚说："您何不光大自己的门庭，却来光大我的门庭呢？"吕不韦说："您不知道，我的门庭要等您的门庭光大之后才能光大。"子楚默默地感到庆幸。吕不韦说："昭襄王已经老了，而安国君现在立为太子。我听说他的宠妃华阳夫人没有儿子，能够立为嫡嗣的只有华阳夫人了。我愿意拿出千金为您到西边去游说，侍奉安国君，要他立您为嫡嗣。"吕不韦（到秦国之后，）便把一些珍奇宝玩送给华阳夫人，随后说："子楚是这样贤能，他把您夫人当做'天母'，他日夜哭泣，想念您华阳夫人和太子安国君。"华阳夫人听后很喜欢，就传话给安国君，于是安国君便立子楚为嫡嗣，华阳夫人把他当成自己的儿子，派吕不韦辅佐他。

不韦取邯郸姬，已有身，楚见说之，遂献其姬，至楚所，生男，名之曰正，楚立之为夫人。

暨昭襄王薨，太子安国君立，华阳夫人为后，楚为太子。安国君立一年薨，谥为孝文王。太子楚立，是为庄襄王，以不韦为丞相，封文信侯，食河南洛阳十万户。庄襄王立三年而薨，太子正立，是为秦始皇帝，尊不韦为相国，号称仲父。

【译文】吕不韦在邯郸娶了个最漂亮的女子，这位女子已怀了孕，子楚看到这女子，很是喜欢。吕不韦便把这个美女献给了子楚。到了子楚这儿，生下一个男孩，取名叫正，子楚便立这位邯郸美女做夫人。等到昭襄王驾崩，太子安国君立为君王，华阳夫人成了王后，子楚成了太子。安国君做了一年君王便死了，谥封为孝文王。太子楚立为君王，这就是庄襄王。庄襄王任命吕不韦做丞相，封为文信侯，食邑在河南洛阳有十万户，庄襄王做了三年君王又死了，他的儿子正立为君王，这就是秦始皇帝，秦始皇尊奉吕不韦做相国，称他为仅次于父亲的"仲父"。

不韦乃集儒书，使著其所闻，为十二纪、八览、六论，训解合十余万言，备天地万物古今之事，名为《吕氏春秋》，暴之咸阳市门，悬千金其上，有能增损一字者与千金。时人无能增损者。诱以为时人非不能也，盖惮相国畏其势耳。然此书所尚，以道德为标的，以无为为纲纪，以忠义为品式，以公方为检格，与孟轲、孙卿，淮南、扬雄相表里也，是以著作录略。诱正孟子章句，作淮南、；孝经解毕讫，家有此书，寻绎案省，大出诸子之右。既有脱误，小儒又以私意改定，犹虑传义失其本真，少能详之，故复依先师旧训，辄乃为之解焉，以述古儒之旨，凡十七万三千五十四言。若有纰缪不经，后之君子，断而裁之，比其义焉。

【译义】吕不韦于是招来文人学士，要他们写下自己的所见所闻，成为《十二纪》《八览》《六论》，合起来有十多万字，内容备述天地万物古今的事情，称做《吕氏春秋》。公布在咸阳的城门上，上面悬着千金，（请各诸侯的宾客辩士们观看，）如果有谁能够增减一个字的，便赏他千金。当时没有人能够增减的。我认为当时的人并不是不能够增减，只是因为害怕相国，畏惧他的权势罢了。不过，这部书所崇尚的是，以道德做标准，以清静无为做纲要，以忠义做品行的榜样，以公正做检验的准则，这是与孟轲、荀况、淮南王刘安、扬雄的著述互为表里的。因此写在《录略》之中。我订正《孟子》章句，为《淮南子》《孝经》作注解完毕，因家有此书，随即探求研究省察，发现大大超出于诸子之上。书中已有的脱误之处，我又凭个人心得改正修定，仍然担心书中的意义传下去会失去本来的真意，很少人能够详细了解，因此又依照先师过去的训导，便为此书作注解，以便传述古代文人学士的要旨，全书共十七万三千五十四字。如果书中有错误遗漏不合经义之处，让后来的君子，进行裁断，以便使其意义更接近正确。

淮南鸿烈解序

淮南子名安，厉王长子也。长，高皇帝之子也。其母赵氏女，为赵王张敖美人。高皇帝七年，讨韩信于铜鞮，信亡走匈奴，上遂北至楼烦。还过赵，不礼赵王。赵王献美女赵氏女，得幸有身。赵王不敢内之于宫，为筑舍于外。及贯高等谋反发觉，并逮治王，尽收王家及美人，赵氏女亦与焉。吏以其得幸有身闻上，上方怒赵王，未理也。赵美人弟兼，因辟阳侯审食其言之吕后，吕后不肯白，辟阳侯亦不强争，及赵美人生男，恚而自杀。吏奉男诣上，上命吕后母之，封为淮南王。暨孝文皇帝即位，长弟上书愿相见，诏至长安，日从游宴，骄蹇如家人兄弟，怨辟阳侯不争其母于吕后，因椎杀之。上非之，肉袒北阙谢罪，夺四县，还归国，为黄屋左纛，称东帝，坐徙蜀严道，死于雍。上闵之，封其四子为列侯。时民歌之曰："一尺缯，好童童。一升粟，饱蹇蹇。兄弟二人，不能相容。"上闻之曰："以我贪其地邪？"乃招四侯而封之。其一人病薨。长子安袭封淮南王，次为衡山王，次为庐江王。太傅贾谊谏曰："怨雠之人，不可贵也。"后淮南衡山卒反，如贾谊言。

【译文】淮南王，名安，厉王的长子。刘长，高祖皇帝的儿子，他母亲是赵氏女，是赵王张敖的妃嫔。高皇帝七年，在铜鞮讨伐韩信，韩信败走，到了匈奴的地盘，皇上于是又北上，到了娄烦，还回来经过赵国时，不以礼对待赵王，赵王于是贡献美女赵氏，赵氏女得皇帝宠幸，怀有身孕。赵王不敢将其带入宫中，于是在宫外给她建了个房子。等到赵王的相贯高等谋反（欲弑高祖皇帝）被朝廷发觉，赵王也一并被捕获，他的家人及美女赵氏也都被拘捕。狱吏知道赵氏女怀有身孕并向皇帝禀报，皇上正因赵王的事气恼，没有理会赵氏女的事情。赵氏女的弟弟赵兼，拜托辟阳侯审食其告诉吕后，吕后不肯告诉皇帝，辟阳侯也不肯尽力争取。等到赵氏女生了男孩，心里怨恨而自杀。狱吏抱着厉王送到皇上面前，皇上命令吕后收养他，并封他为淮南王。等孝文皇帝即位，刘长上书皇帝说想见他，于是皇上把他诏到长安，每日游玩、摆宴，骄横无礼，如同自己家一样，跟皇上称兄道弟。刘长怀恨辟阳侯在吕后那不为他母亲争取，于是拿椎杀了辟阳侯。皇上责备他，他北上袒身谢罪。他占领四县，返回自立为国，另立江山，自称东帝，在蜀地出入都号令警戒清道，最后在雍地死去。皇上怜悯他，封他的四个儿子为列侯。当时，百姓歌唱说："一尺麻布，穿的很好；一斗谷子，吃的很饱。兄弟二人不能相容。"皇上听到后，说："天下人认为我是贪图封地吗？"于是召四列侯封地给他们。其中一个人因病去世，长子刘安继承其封号称淮南王，次子被封为衡山王，次子被封为庐江王。太傅贾谊劝谏说："心怀怨恨的人，不能封为高位。"后来衡山王造反，正如贾谊所说。

初，安为辨达，善属文，皇帝为从父，数上书召见，孝文皇帝甚重之，诏使为《离骚赋》。自旦受诏，日早食已，上爱而秘之。天下方术之士，多往归焉，于是遂与苏飞、李尚、左吴、田由、雷被、毛被、伍被、晋昌等八人，及诸儒大山、小山之徒，共讲论道德，总统仁义，而著此书。其旨近老子，淡泊无为，蹈虚守静，出入经道。言其大也，则焘天载地；说其细也，则沦于无垠，及古今治乱存亡祸福，世间诡异环奇之事。其义著，其文富。物事之类，无所不载。然其大较，归之于道，号曰"鸿烈"。鸿，大也；烈，明也。以为大明道之言也。故夫学者，不论《淮南》，则不知大道之深也。是以先贤通儒述作之士，莫不援采以验经传。以父讳长，故其所著诸"长"字，皆曰"修"。光禄大夫刘向校定撰具，名之《淮南》。又有十九篇者，谓之"淮南外篇"。

【译文】初年，刘安思辨通达，善于写文章，皇帝是父亲的兄弟，好几次上书被召见。孝文皇帝很重视他，下令让他作《离骚赋》，自从早上接到命令，白天早早就弄好了，皇上很喜欢并把它秘藏起来。天下的方术之人很多都归附于他。于是与苏飞、李尚、左吴、田由、雷被、毛被、伍被、晋昌等八人，以及大山、小山等儒生，一起讨论道德，仁义，而著了此书。其思想主旨接近老子，淡泊无为，致虚守静，出入都是经书的道义。从大的方面说，覆盖长天托载大地；从小的方面说，则止于无限，有古今国家安定、动乱，存亡，福祸，世间诡异奇怪的事情。其思想主旨很明显、突出，文章内容很丰富，天地万物，没有不记载的。然而其整个思想大体上归于道，号称"鸿烈"，"鸿"即"大"，"烈"即"明"，即大明天地之道的言论。所以，治学的人，不研究《淮南子》，则不知道大道的深远。因此，以前通晓古今的儒者，著书之士，没有不采纳它以证验经传。因为父亲刘长，所以避讳“长”，所著的书中的“长”都用“修”。光禄大夫刘向校订，定名为“淮南”，又有十九篇被称为“淮南外篇”。

自诱之少，从故侍中同县卢君，受其句读，诵举大义。会遭兵灾，天下棋峙，亡失书传，废不寻修二十馀载。建安十年，辟司空掾，除东郡濮阳令，睹时人少为淮南者，惧遂凌迟，于是于朝哺事毕之间，乃深思先师之训，参以经传道家之言，比方其事，为之注解。悉载本文，并举音读。典农中郎将弁揖借八卷刺之。会揖身丧，遂亡不得。至十七年迁监河东，复更补足。浅学寡见，未能备悉。其所不达，注以未闻。唯博物君子，览而详之，以劝后学者云尔。汉河东高诱撰。

【译文】从我（高诱）年少时，师从中同县的卢植学习句读，称述文章的精要之处。时逢兵荒马乱，天下相互对峙，撰述的书有亡失，二十多年被废弃而没有考查整理。建安十年，被任命为司空掾、东郡濮阳令，看到很少有人研究《淮南子》，害怕遭到凌迟。于是在政务办理完毕之间，深思先师的注解，参考经传中道家的言论，比较对照当时的世事，为之作注解。所载入的全部文本，都注音、加句读。典农中郎将弁揖借了八卷去研究，时逢弁揖去世，于是没有拿到。到建安十七年，迁到河东，于是又补完。我学识浅薄、见解鄙陋，没能都注解完备，其中有不通达的地方，没有见过的注解，希望学识广博的君子看过后能补充完备，以勉励后学者。汉河东高诱撰。

鲁胜

晋代郡人，字叔时，少有才操，明天文历算之学，为佐著作郎，元康初，迁建康令，后称疾去官。尝注《墨辩》，《隋志》已不载，惟本传存其一序，颇有理致，其全书则不可考矣。

【译文】晋代郡人，字叔时，年少时有才能、操守，懂得天文、历法，任佐著作郎，元康初年，被贬为建康令，后来借病辞官。曾注《墨辩》，《隋书·经籍志》已经没有记载，只有本传中保存着“序”，很有义理情致，全书现在已经不可考。

墨辩序

名者所以别同异，明是非，道义之门，政化之准绳也。孔子曰：“必也正名，名不正则事不成。”墨子著书，作《辩经》以立名本，惠施、公孙龙祖述其学，以正刑名显于世。孟子非墨子，其辩言正辞则与墨同。荀卿、庄周等皆非毁名家，而不能易其论也。

名必有形，察莫如别色，故有坚白之辩。名必有分明，分明莫如有无，故有无序之辩。是有不是，可有不可，是名两可。同而有异，异而有同，是之谓辩同异。至同无不同，至异无不异，是谓辩同辩异。同异生是非，是非生吉凶，取辩于一物而原极天下之汙隆，名之至也。自邓析至秦时名家者，世有篇籍，率颇难知，后学莫复传习，于今五百余岁，遂亡绝。《墨辩》上下《经》，《经》各有《说》，凡四篇，与其书众篇连第，故独存。今引说就经，各附其章，疑者缺之。又采诸众杂集为《刑》《名》二篇，略解指归，以俟君子。其或兴微继绝者，亦有乐乎此也！

【译文】名是用来区别同异，辨明是非的，是道义的门户，政化的准绳。孔子说：“一定要正名，名不正则言不顺。”墨子著书，撰作《辩经》来确立名实，惠施、公孙龙继承陈述他的学说，以正名闻名于世。孟子批评墨子，但是他的辩言正辞却和墨子相同。荀卿、庄周等都诋毁名家，但是不能改变名家的理论。

名一定有形，审察形不如区别色，所以有坚和白的辩论。名一定有分明，分明不如有无，所以有无序的辩论。是中有不是，可中有不可，这就叫做两可。同中有异，异中有同，这就叫做辨析同异。最根本的同没有不同，最根本的不同没有不异，这就是辨同异。同异生是非，是非生吉凶，辨析一个事物就能推究尽天下的盛衰，这是名的极至。

自从邓析到秦时的名家，历代都著有书籍，但大多很难通晓，后来的学人不再传习，到现在已有五百多年，最终失传了。《墨辩》有上下《经》，《经》各有《说》，一共四篇，和书中别的篇章连接，所以单独保存下来。现在引用解说依于经文，各附加到它的篇后，有疑难的就空着。又从各种杂说中采集出来编为《刑》《名》二篇，粗略地解说它的旨意，等待君子来纠正。或许有继承发扬名家学说的，甚至有喜好这些学说的！

张湛

字处度，东晋时人，为光禄勋，注列子。或谓《列子书》已亡，今本即湛所伪作也。

【译文】字处度，东晋时人，任职为光禄勋，给《列子》一书作过注。有的说《列子》一书早已亡失，今本是张湛所伪作的。

列子序

湛闻之先父曰："吾先君与刘正舆、傅颖根皆王氏之甥也。并少遊外家。舅始周，始周从兄正宗、辅嗣，皆好集文籍，先并得仲宣家书几将万卷，傅氏亦世为学门，三君总角，竞录奇书。及长，遭永嘉之乱，与颖根同避难南行，车重，各称力，并有所载。而寇虏弥盛，前途尚远。张谓傅曰：'今将不能尽全所载，且共料简世所希有者，各各保录，令无遗弃。'颖根于是唯赍其祖玄父咸子集，先君所录书中有《列子》八篇。及至江南，仅有存者，《列子》唯余《杨朱》《说符》、目录三卷。比乱，正舆为扬州刺史，先来过江，复在其家得四卷。寻从辅嗣女婿赵季子家得六卷。参校有无，始得全备。"

【译文】我（张湛）听父亲说："父亲（张湛的祖父）与刘正舆、傅颖根都是王氏的外甥。年少时一起在外祖父家。舅舅始周，始周的堂兄正宗、辅嗣，都喜好收集文章、典籍，并从仲宣那继承了几万卷家里收藏的书籍，傅氏是书香世家，他们结发刚成年之后，都在家抄录奇书。等到年长一些，遭到"永嘉之乱"，于是与颖根一起避难到南方，车太重，每辆都达到了最大的负载，那些书都带着。但贼寇掠夺太厉害，前面的路还很远。张湛的父亲对傅氏说：'现在不能带着所有的书，尚且把世上所稀有的书先挑出来，各自保存，使得没有遗弃。'傅颖根于是只带了其祖父傅玄、父亲傅咸的文籍，我父亲所保存的书有《列子》八篇。等到了江南，仅存下来的，《列子》只有《杨朱》《说符》和目录三卷。动乱过后，刘正舆任扬州刺史，先过江，又在他家得到四卷。后在辅嗣女婿赵季子家得到六卷。这样，相互参校有无，《列子》八篇就都全备了。”

其书大略明群有以至虚为宗，万品以终灭为验。神惠以凝寂常全，想念以著物自丧，生觉与化梦等情，巨细不限一域，穷达无假智力，治身贵于肆任，顺性则所之皆适，水火可蹈，忘怀则无幽不照，此其旨也。然所明往往与佛经相参，大归同于老庄，属辞引类，特与《庄子》相似。《庄子》《慎到》《韩非》《尸子》《淮南子》《玄示》《旨归》，多称其言，遂注之云尔。

【译文】这本书大旨在阐明万物以至虚为根本，万物最终都要归于寂灭。精神因为处于凝寂而全备无伤，心对物有欲则是自取灭亡，活着时所想的与晚上化为梦是一样的，万物没有大小之分，困顿、显达与智力无关，治身关键在于任其自然，顺其性则所到之处都适宜，水火都可踏，忘怀了则幽暗之处没有不被照亮的，这是他的主旨。然而他所阐述的往往跟佛经的相互参照，大旨于老庄相同，用辞、引用都与《庄子》相似。《庄子》《慎到》《韩非》《尸子》《淮南子》《玄示》《指归》，多称赞其言论，于是给《列子》作注。

杨 倞

唐弘农人，汝士子，宪宗时为大理评事，注有《荀子》传世，以详洽见称。

【译文】唐代弘农人，杨汝士之子。唐宪宗时任大理评事，有《荀子注》传世，以详备广博被人称赞。

荀子序

昔周公稽古三五之道，损益夏、殷之典，制礼作乐，以仁义理天下，其德化刑政存乎《诗》。至于幽、厉失道，始《变风》《变雅》作矣。平王东迁，诸侯力政。逮五霸之后，则王道不绝如线。故仲尼定礼乐，作《春秋》，然后三代遗风，弛而复张。而无时无位，功烈不得被于天下，但门人传述而已。陵夷至于战国，于是申商苛虐，孙吴变诈，以族论罪，杀人盈城。谈说者又以慎、墨、苏、张为宗，则孔氏之道，几乎息矣。有志之士，所为痛心疾首也。故孟轲阐其前，荀卿振其后。

【译文】过去，周公考察古代三皇五帝的治国之道，增加、减少夏朝、殷朝的典章、制度，制作礼仪、音乐，用仁义治理天下，用德教化代替刑治，保存在《诗经》中。到幽厉王时，政治失去道义，于是《变风》《变雅》产生。周平王东迁，诸侯之间用武力相征伐。在五霸之后，则王道政治衰落。所以仲尼制作《礼》《乐》《春秋》，此后三代松弛的遗风又重新恢复。但没有时机、没有权位，智慧不能用于天下，只有门人传述。这样衰落到战国时，申不害、商鞅实行严苛的暴虐政治，孙子、吴起实施诈术，按族论罪，满城杀人。谈说的人又以慎到、墨子、苏秦、张仪等人的思想为宗，孔子的思想几乎都止息了。有志之士，对此痛心疾首。于是先是孟子阐述孔道，后来是荀子振兴。

观其立言指事，根极理要。敷陈往古，掎挈当世。拨乱兴理，易于反掌。真名世之士，王者之师。又其书亦所以羽翼《六经》，增光孔氏，非徒诸子之言也。盖周公制作之，仲尼祖述之，荀、孟赞成之。所以胶固王道，至深至备。虽春秋之四夷交侵，战国之三纲弛绝，斯道竟不坠矣。

【译文】考察荀子提出的见解、阐明的理论，讲的都是根本，并道理精当。详尽的陈述了往古的事，指摘当世，对治理乱政，兴盛儒家，易如反掌，是真正的名显于世的士，是王道治天下的君主值得师从。又《荀子》一书是辅助《六经》，给孔子增光，与诸子之言不是一类。周公制作，仲尼阐述、发扬，孟子、荀子佐助并促成。所以对于稳固王道政治，既深远又全备。虽然春秋时期四方交战，战国时期三纲松弛、断绝，但王道竟然没有坠落。

倞以末宦之暇，颇窥篇籍。窃感炎黄之风，未洽于圣代。谓荀、孟有功于时政，尤所耽慕。而《孟子》有赵氏《章句》，汉氏亦尝立博士，传习不绝。故今之君子，多好其书。独《荀子》未有注解，亦复编简烂脱，传写谬误。虽好事者时亦览之，至于文义不通，屡掩卷焉。

【译文】我（杨倞）在职务之外的业余时间，考察了古代书籍。私自感觉炎黄时的风俗，与当代不适合。认为孟子、荀子对现实政治是有功劳的，很是羡慕。而《孟子》有赵岐的《孟子章句注》，汉代也曾立博士，传授和学习都没有断绝。所以今天的君子，大多都喜好其书。唯独《荀子》没有注解，又因竹简腐烂、脱落，传写有错误，虽然有喜好的人看，但因文义不通，所以屡屡都合上书不看了。

夫理晓则心惬，文舛则意忤。未知者谓异端不览，览者以脱误不终。所以荀子之书，千载而未光焉。辄用申抒鄙思，敷寻义理。其所徵据，则博求诸书。但以古今字殊，齐楚言异，事资参考，不得不广。或取偏傍相近，声类相通，或字少增加，文重刊削，或求之古字，或徵诸方言。加以孤陋寡俦，愚昧多蔽，穿凿之责，于何可逃。曾未足粗明先贤之旨，适增其芜秽耳。盖以自备省览，非敢传之将来。以文字繁多，故分旧十二卷为二十卷。又改《孙卿新书》为《荀卿子》。其篇第亦颇有移易，使以类相从云。时岁在戊戌大唐睿圣文武皇帝元和十三年十二月也。杨倞序。

【译文】文理通达则心情惬意，章节错乱则心里烦乱。不知道的认为是异端，所以不看；看的人因为文章有脱落、错误，所以也都终没有看完。所以荀子的书，历经千年而没有被发扬光大。于是我抒发我鄙陋的见解，广泛查阅其义理，所依据的证据，则广博求于其他的书籍。但因古今字不同，齐楚两地的语言不同，需要参考的，不得不广泛。有的取偏旁相近的，声音相通的，有少字的则增加，有重复的则削减，有的用古字，有的用方言。

又由于独自一人孤陋寡闻、没有同伴，愚昧等毛病，有牵强的解释，这些责任是不可逃脱的。由于没有足够掌握先贤的思想主旨，有增加了芜秽。只是自备用来审阅，不敢传到以后。因文字繁多、冗杂，所以把原来的十二卷三十二篇分为二十卷，又改《孙卿新书》为《荀卿子》。其目录也有变动，按类划分。戊戌大唐睿圣文武皇帝元和十三年十二月。杨倞序。

國學治要今譯

第五册

古文治要（上）

张文治 编纂
石岗等 今译

团结出版社

目 录

古文治要上（卷一）
古文十七家

韩愈

柳宗元

欧阳修

苏洵

曾巩

王安石

苏轼

虞集

宋濂

归有光

姚鼐

曾国藩

古文治要上(卷二)
历代各家名文

古文治要上（卷一）

古文十七家

古文十七家 序

古文之名，立于唐之韩柳，盖以变革六朝骈丽之弊，或称为散文，谓其文不用偶用韵者，实不尽然。大抵古文之根源，在于积理养气，其文辞必求雅驯，而立言贵有益于世，今读韩柳所作，未尝不章句整齐，声调铿锵，但其变通有法，不拘一格，断非摹拟剽窃所能为功耳。是故历代为文之士，巧历不能计，而卓尔名家，为世宗仰者，韩柳前后，固可屈指而数也。

吾因是考之历代古文选本，见其集中所载，往往滥收杂取，否即限于一隅，罕能扼其要领，繁简适中，不禁慨然有感于古文名家不易。而选本适用亦难，间有能见其大，取去合度者，其书以人统文，限定家数。于总集中而兼具别集之长，所取者多为一代之翘楚，可资师法，如张溥之《汉魏六朝百三家集》，茅坤之《唐宋八大家文钞》，李祖陶之《元明八大家文选》《清文录》等编。案其体例，似较他本为约而善，然其纂录皆过于繁博，又时代隔断，不能上下古今，而观其会通，读者仍多遗憾焉。

故本编特详参诸本，舍短取长，要以适合于学者之入门研读为主，爰有十七家古文之选，远溯晚周，近讫清季，二千年作者，其统宗所在，源流相承，均提纲挈领，一目了然，共计录文二百余篇。虽为卷帙所限，未能尽集各家之美大，而有物有序，传诵海内之作，约略具此，学者苟沉潜反复于此有得，则自知其兼收并蓄、誇多斗靡者之无当于治古文也。（群经、诸子及马史、班书，其文皆华实并茂，为后世古文之根源，然以其立意不同，各有专编，故不复及，学者合而参之可也。）

【译文】“古文”的名称，产生于唐代的韩愈、柳宗元，原因在于他们变革汉魏六朝骈文的华丽之病，也称为散文，意为文章不用对偶、押韵，实际不是这样的。大体上古文的根源在于积蓄义理，涵养正气，其文辞一定要求典雅不俗，而所立的言论可贵之处在于对世有益。今天读韩愈、柳宗元的文章，也是章句整齐，声调流畅、有力；但其变通有规则，不拘于一种，绝不是摹拟、剽窃所可以达到的。所以历代的文人，即便再精明都比不上，所以突出的名家，世人所推崇景仰的屈指可数。

我因此考察历代古文的选本，看到其书集中所记载的，往往滥收、杂取，或是局限于一角，很少能把握其要领，使繁杂、简易适中。我禁不住感慨，古文名家很不容易，并且选本适当也很难，偶尔有见到大家，选取适度的，其书往往将文章统一于人物中，限定家数。对于总集中而兼有别集的长处，所载录的大多是一代很杰出的著作，可以效法，比如张溥的《汉魏六朝百三家集》、茅坤的《唐宋八大家文钞》、李祖陶的《元明八大家文选》《清文录》等编。他们的体例，似乎比其他本子简约，较好，但其纂录都过于繁多广博，且时代隔断，不能通上下古今，考察其会通，读者仍然有很多遗憾。

所以本编特别详细参考诸家本子，舍短取长，主要在于适合学者入门研读。于是，选取的十七家古文，最早追溯到晚周，近到清代，两千年所作的有传统、宗主，源流相承，均提纲挈领，一目了然，共记录文章两百多篇，虽然为卷数所限，不能把每家的优秀作品都收集在内，但收集有序，在海内传诵的，差不多都有。学者如果能深入其中，反复研读并有所得，则自然会明白兼收并蓄、多浮夸、讲究词藻华丽的人不适合研究古文。（群经、诸子、以及司马迁的《史记》、班固的《汉书》其文章都华实兼具，是后来古文的根源，然而因其立意不同，各有专门编录，所以不再重复，学者可以综合参考。）

屈 平

周战国时楚宗室，字原。怀王时为三闾大夫，甚见信任。上官大夫靳尚害其能，谗之。王怒，疏平。平忧愁幽思而作《离骚》。后怀王为张仪所欺，平谏不听，卒客死于秦。顷襄王立，复用谗谪平于江滨，平于是作《渔夫》诸篇以见志。五月五日，遂怀石自沉汨罗江而死。案屈平《离骚》等作，上续《三百篇》，其体势虽寖趋冗长，与风雅不类，而其著作之旨趣，则无二道。《汉艺文志·诗赋略》，载平与其弟子宋玉、景差诸赋，自为一类。大要皆抒情讬志，比兴深微。又篇中多用楚人语言及楚地名物，故刘向、王逸先后集其所作，题曰《楚辞》。其文虽皆有韵，而与散文之体为近，历代古文总集，多加采录，古文家亦往往拟作，或变通其体，要莫不推本屈平。盖吾国学者之专以文辞成一大家者，实自平始也。

【译文】周代战国时期楚国的宗室，字原。楚怀王时任三闾大夫，很受信任。上官大夫靳尚妒忌他的才能，就诬蔑他。怀王很生气，就疏远屈原。屈原心情郁闷、愁思就创作了《离骚》。后来楚怀王受到张仪的欺骗，屈原进谏不从，怀主最终客死在秦国。不久襄王即位，又因为听信谗言把屈原流放到江滨，屈原就创作了《渔夫》等几篇诗赋表达自己的志向。在五月五日这一天，就抱着石头跳进汨罗江而死。案：屈原的《离骚》等作品，上承《诗经》的创作传统，虽然它的篇幅越发冗长，和《诗经》中的风、雅等不相同，但两者创作的动机是一样的。《汉艺文志·诗赋略》记载屈原和他的弟子宋玉、景差等人的几篇诗赋，把他们单独列为一类。这些诗赋都是抒发感情寄托志向，比喻寓含深刻的思想。这些诗赋采用楚国的方言以及楚国事物的名称，所以刘向、王逸在编辑他们的作品时，经常把它们成为《楚辞》。这类作品虽然也讲究音韵，但却与散文这种体裁很接近。各个朝代编辑的古文总集，都收录他们的作品，一些喜欢古文的作家也经常模拟他们的作品，或者稍微改变一下体裁，然而都把屈原的作品当做自己的创作来源。我国从事学术研究的人，专门从事诗词而成为名家，实际上是从屈原开始的。

离骚

帝高阳之苗裔兮，朕皇考曰伯庸。摄提贞于孟陬兮，惟庚寅吾以降。皇览揆余于初度兮，肇锡余以嘉名：名余曰正则兮，字余曰灵均。纷吾既有此内美兮，又重之以能修。扈江离与辟芷兮，纫秋兰以为佩。汩余若将不及兮，恐年岁之不吾与。朝搴阰之木兰兮，夕揽洲之宿莽。日月忽其不淹兮，春与秋其代序。惟草木之零落兮，恐美人之迟暮。不抚壮而弃秽兮，何不改乎此度？乘骐骥以驰骋兮，来吾导夫先路！

【译文】我是古帝高阳氏的子孙，我已去世的父亲字伯庸。岁星在寅那年的孟春月，正当庚寅日那天我降生。父亲仔细揣测我的生辰，于是赐给我相应的美名：父亲把我的名取为正则，同时把我的字叫作灵均。天赋给我很多良好素质，我不断加强自己的修养。我把江离芷草披在肩上，把秋兰结成索佩挂身旁。光阴似箭我好像跟不上，岁月不等待人令我心慌。早晨我在大坡采集木兰，傍晚在小洲中摘取宿莽。时光迅速逝去不能久留，四季更相代谢变化有常。我想到草木已由盛到衰，恐怕自己身体逐渐衰老。何不利用盛时扬弃秽政，为何还不改变这些法度？乘上千里马纵横驰骋吧，来呀，我在前引导开路！

昔三后之纯粹兮，固众芳之所在；杂申椒与菌桂兮，岂惟纫夫蕙茝？彼尧舜之耿介兮，既遵道而得路。何桀纣之昌披兮，夫惟捷径以窘步。惟党人之偷乐兮，路幽昧以险隘。岂余身之惮殃兮，恐皇舆之败绩！忽奔走以先后兮。及前王之踵武。荃不察余之中情兮，反信谗而齌怒。余固知謇謇之为患兮，忍而不能舍也。指九天以为正兮，夫惟灵修之故也！初既与余成言兮，后悔遁而有佗。余既不难夫离别兮，伤灵修之数化。

【译文】从前三后公正德行完美，所以群贤都在那里聚会。杂聚申椒菌桂似的人物，岂止联系优秀的茝和蕙。唐尧、虞舜多么光明正直，他们沿着正道登上坦途。夏桀、殷纣多么狂妄邪恶，贪图捷径落得走投无路。结党营私的人苟安享乐，他们的前途黑暗而险阻。难道我害怕招灾惹祸吗，我只担心祖国为此覆没！前前后后我奔走照料啊，希望君王赶上先王脚步。你不深入了解我的忠心，反而听信谗言对我发怒。我早知道忠言直谏有祸，原想忍耐却又控制不住。上指苍天请它给我作证，一切都为了君王的缘故。你以前既然和我有成约，现在另有打算又追悔当初。我并不难于与你别离啊，只是伤心你的反反复复。

余既滋兰之九畹兮，又树蕙之百亩。畦留夷与揭车兮，杂杜衡与芳芷。冀枝叶之峻茂兮，愿竢时乎吾将刈。虽萎绝其亦何伤兮，哀众芳之芜秽。众皆竞进以贪婪兮，凭不厌乎求索。羌内恕己以量人兮，各兴心而嫉妒。忽驰骛以追逐兮，非余心之所急。老冉冉其将至兮，恐修名之不立。朝饮木兰之坠露兮，夕餐秋菊之落英。苟余情其信姱以练要兮，长顑颔亦何伤。揽木根以结茝兮，贯薜荔之落蕊。矫菌桂以纫蕙兮，索胡绳之纚纚。謇吾法夫前修兮，非时俗之所服。虽不周于今之人兮，愿依彭咸之遗则！

【译文】我已经栽培了很多春兰，又种植香草秋蕙一大片。分垄培植了留夷和揭车，还把杜衡芳芷套种其间。我希望它们都枝繁叶茂，等待着我收割的那一天。它们枯萎死绝有何伤害，使我痛心的是它们质变。大家都拼命争着向上爬，利欲熏心而又贪得无厌。他们猜疑别人宽恕自己，他们勾心斗角相互妒忌。急于奔走钻营争权夺利，这些不是我追求的东西。只觉得老年在渐渐来临，担心美好名声不能树立。早晨我饮木兰上的露滴，晚上我用菊花残瓣充饥。只要我的情感坚贞不易，形消骨立又有什么关系。我用树木的根编结茝草，再把薜荔花蕊穿在一起。我拿菌桂枝条联结蕙草，胡绳搓成绳索又长又好。我向古代的圣贤学啊，不是世间俗人能够做到。我与现在的人虽不相容，我却愿依照彭咸的遗教。

长太息以掩涕兮，哀人生之多艰。余虽好修姱以鞿羁兮，謇朝谇而夕替。既替余以蕙纕兮，又申之以揽茝。亦余心之所善兮，虽九死其犹未悔！怨灵修之浩荡兮，终不察夫人心。众女嫉余之蛾眉兮，谣诼谓余以善淫。固时俗之工巧兮，偭规矩而改错。背绳墨以追曲兮，竞周容以为度。忳郁邑余侘傺兮，吾独穷困乎此时也。宁溘死以流亡兮，余不忍为此态也！鸷鸟之不群兮，自前代而固然。何方圆之能周兮，夫孰异道而相安！屈心而抑志兮，忍尤而攘诟。伏清白以死直兮，固前圣之所厚！

【译文】我揩着眼泪啊声声长叹，可怜人生道路多么艰难。我虽爱好修洁严于责己，早晨被辱骂晚上又丢官。他们攻击我佩带蕙草啊，又指责我爱好采集茝兰。这是我心中追求的东西，就是多次死亡也不后悔。怨就怨楚王这样糊涂啊，他始终不体察别人心情。那些女人妒忌我的丰姿，造谣诬蔑说我妖艳好淫。庸人本来善于投机取巧，背弃规矩而又改变政策。违背是非标准追求邪曲，争着苟合取悦作为法则。忧愁烦闷啊我失意不安，现在孤独穷困多么艰难。宁可马上死去魂魄离散，媚俗取巧啊我坚决不干。雄鹰不与那些燕雀同群，原本自古以来就是这般。方和圆怎能够互相配合，志向不同何能彼此相安。宁愿委曲心志压抑情感，宁把斥责咒骂统统承担。保持清白节操死于直道，这本为古代圣贤所称赞！

悔相道之不察兮，延伫乎吾将反。回朕车以复路兮，及行迷之未远。步余马于兰皋兮，驰椒丘且焉止息。进不入以离尤兮，退将复修吾初服。制芰荷以为衣兮，集芙蓉以为裳。不吾知其亦已兮，苟余情其信芳。高余冠之岌岌兮，长余佩之陆离。芳与泽其杂糅兮，唯昭质其犹未亏。忽反顾以游目兮，将往观乎四荒。佩缤纷其繁饰兮，芳菲菲其弥章。人生各有所乐兮，余独好修以为常。虽体解吾犹未变兮，岂予心之可惩！

【译文】后悔当初不曾看清前途，迟疑了一阵我又将回头。调转我的车走回原路啊，趁着迷途未远赶快罢休。我打马在兰草水边行走，跑上椒木小山暂且停留。既然进取不成反而获罪，那就回来把我旧服重修。我要把菱叶裁剪成上衣，并用荷花把下裳织就。没有人了解我也就罢了，只要内心真正馥郁芳柔。把我的帽子加得高高的，把我的佩带增得长悠悠。虽然芳洁污垢混杂一起，只有纯洁品质不会腐朽。我忽然回头啊纵目远望，我将游观四面遥远地方。佩着五彩缤纷华丽装饰，散发出一阵阵浓郁清香。人们各有自己的爱好啊，我独爱好修饰习以为常。即使粉身碎骨也不改变，难道我能因为受警戒而彷徨！

女媭之婵媛兮，申申其詈予。曰："鲧婞直以亡身兮，终然夭乎羽之野。汝何博謇而好修兮，纷独有此姱节。薋菉葹以盈室兮，判独离而不服。众不可户说兮，孰云察余之中情？世并举而好朋兮，夫何茕独而不予听？"依前圣之节中兮，喟凭心而历兹。济沅湘以南征兮，就重华而陈辞："启九辩与九歌兮，夏康娱以自纵。不顾难以图后兮，五子用失乎家巷。羿淫游以佚田兮，又好射夫封狐。固乱流其鲜终兮，浞又贪夫厥家。浇身被服强圉兮，纵欲而不忍。日康娱而自忘兮，厥首用夫颠陨。夏桀之常违兮，乃遂焉而逢殃。后辛之菹醢兮，殷宗用而不长。汤禹严而祗敬兮，周论道而莫差。举贤而授能兮，循绳墨而不颇。皇天无私阿兮，览民德焉错辅。夫维圣哲以茂行兮，苟得用此下土。瞻前而顾后兮，相观民之计极。夫孰非义而可用兮，孰非善而可服？阽余身而危死兮，览余初其犹未悔。不量凿而正枘兮，固前修以菹醢。"曾嘘欷余郁邑兮，哀朕时之不当。揽茹蕙以掩涕兮，沾余襟之浪浪。

【译文】姐姐对我遭遇十分关切，她曾经一再地向我告诫。她说："鲧太刚直不顾性命，结果被杀死在羽山荒野。你何忠言无忌爱好修饰，还独有很多美好的节操。满屋堆着都是普通花草，你却与众不同不肯佩服。众人无法挨家挨户说明，谁会来详察我们的本心。世上的人都爱成群结伙，为何对我的话总是不听？"我以先圣行为节制性情，愤懑心情至今不能平静。渡过沅水湘水向南走去，我要对虞舜把道理讲清："夏启偷得《九辩》和《九歌》啊，他寻欢作乐而放纵忘情。不考虑将来看不到危难，因此武观得以酿成内乱。后羿爱好田猎溺于游乐，对射杀大狐狸特别喜欢。本来淫乱之徒无好结果，寒浞杀羿把他妻子霸占。寒浇自恃有强大的力气，放纵情欲不肯节制自己。天天寻欢作乐忘掉自身，因此他的脑袋终于落地。夏桀行为总是违背常理，结果灾殃也就难以躲避。纣王把忠良剁成肉酱啊，殷朝天下因此不能久长。商汤夏禹态度严肃恭敬，正确讲究道理还有文王。他们都能选拔贤者能人，遵循一定准则不会走样。上天对一切都公正无私，见有德的人就给予扶持。古代圣王只有德行高尚，才能够享有天下的土地。回顾过去啊把将来瞻望，观察做人根本打算怎样。哪有不义的事可以去干，哪有不善的事应该担当。我虽然面临死亡的危险，毫不后悔自己当初志向。不度量凿眼就削正榫头，前代的贤人正因此遭殃。”我泣声不绝啊烦恼悲伤，哀叹自己未逢美好时光。拿着柔软蕙草揩抹眼泪，热泪滚滚沾湿我的衣裳。

跪敷衽以陈辞兮，耿吾既得此中正，驷玉虬以乘鹥兮，溘埃风余上征。朝发轫于苍梧兮，夕余至乎县圃。欲少留此灵琐兮，日忽忽其将暮。吾令羲和弭节兮，望崦嵫而勿迫。路漫漫其修远兮，吾将上下而求索。饮余马于咸池兮，总余辔乎扶桑。折若木以拂日兮，聊须臾以相羊。前望舒使先驱兮，后飞廉使奔属。鸾皇为余先戒兮，雷师告余以未具。吾令凤鸟飞腾兮，又继之以日夜。飘风屯其相离兮，帅云霓而来御。纷总总其离合兮，斑陆离其上下。吾令帝阍开关兮，倚阊阖而望予。时暧暧其将罢兮，结幽兰而延伫。世溷浊而不分兮，好蔽美而嫉妒。

【译文】铺开衣襟跪着慢慢细讲，我已获得正道心里亮堂。驾驭着玉虬啊乘着凤车，飘忽离开尘世飞到天上。早晨从南方的苍梧出发，傍晚就到达了昆仑山上。我本想在灵琐稍事逗留，夕阳西下已经暮色苍茫。我命令羲和停鞭慢行啊，莫叫太阳迫近崦嵫山旁。前面的道路啊又远又长，我将上上下下追求理想。让我的马在咸池里饮水，把马缰绳拴在扶桑树上。折下若木枝来挡住太阳，我可以暂且从容地徜徉。叫前面的望舒作为先驱，让后面的飞廉紧紧跟上。鸾鸟凤凰为我在前戒备，雷师却说还没安排停当。我命令凤凰展翅飞腾啊，要日以继夜地不停飞翔。旋风结聚起来互相靠拢，它率领着云霓向我迎上。云霓越聚越多忽离忽合，五光十色上下飘浮荡漾。我叫天门守卫把门打开，他却倚靠天门把我呆望。日色渐暗时间已经晚了，我纽结着幽兰久久徜徉。这个世道混浊善恶不分，喜欢嫉妒别人抹煞所长。

朝吾将济于白水兮，登阆风而绁马。忽反顾以流涕兮，高丘之无女。溘吾游此春宫兮，折琼枝以继佩。及荣华之未落兮，相下女之可贻。吾令丰隆乘云兮，求宓妃之所在。解佩纕以结言兮，吾令蹇修以为理。纷总总其离合兮，忽纬繣其难迁。夕归次于穷石兮，朝濯发乎洧盘。保厥美以骄傲兮，日康娱以淫游。虽信美而无礼兮，来违弃而改求。览相观于四极兮，周流乎天余乃下。望瑶台之偃蹇兮，见有娀之佚女。吾令鸩为媒兮，鸩告余以不好。雄鸠之鸣逝兮，余犹恶其佻巧。心犹豫而狐疑兮，欲自适而不可。凤鸟既受诒兮，恐高辛之先我。欲远集而无所止兮，聊浮游以逍遥。及少康之未家兮，留有虞之二姚。理弱而媒拙兮，恐导言之不固。世溷浊而嫉贤兮，好蔽美而称恶。闺中既以邃远兮，哲王又不寤。怀朕情而不发兮，余焉能忍与此终古！

【译文】清晨我将要渡过白水河，登上阆风山把马儿系着。忽然回头眺望涕泪淋漓，哀叹高丘竟然没有美女。我飘忽地来到春宫一游，折下玉树枝条增添佩饰。趁琼枝上花朵还未凋零，把能受馈赠的美女找寻。我命令云师把云车驾起，我去寻找宓妃住在何处。解下佩带束好求婚书信，我请蹇修前去给我做媒。云霓纷纷簇集忽离忽合，很快知道事情乖戾难成。晚上宓妃回到穷石住宿，清晨到洧盘把头发洗濯。宓妃仗着貌美骄傲自大，成天放荡不羁寻欢作乐。她虽然美丽但不守礼法，算了吧放弃她另外求索。我在天上观察四面八方，周游一遍后我从天而降。遥望华丽巍峨的玉台啊，见有娀氏美女住在台上。我请鸩鸟前去给我做媒，鸩鸟却说那个美女不好。雄鸠叫唤着飞去说媒啊，我又嫌它过分诡诈轻佻。我心中犹豫而疑惑不定，想自己去吧又觉得不妙。凤凰已接受托付的聘礼，恐怕高辛赶在我前面了。想到远方去又无处安居，只好四处游荡流浪逍遥。趁少康还未结婚的时节，还留着有虞国两位阿娇。媒人无能没有伶牙俐齿，恐怕能说合的希望很小。世间混乱污浊嫉贤妒能，爱障蔽美德把恶事称道。闺中美女既然难以接近，贤智君王始终又不醒觉。满腔忠贞激情无处倾诉，我怎么能永远忍耐下去！

索琼茅以筳篿兮，命灵氛为余占之。曰："两美其必合兮，孰信修而慕之？思九州之博大兮，岂唯是其有女？"曰："勉远逝而无狐疑兮，孰求美而释汝？何所独无芳草兮，尔何怀乎故宇？"世幽昧以昡曜兮，孰云察余之美恶？人好恶其不同兮，惟此党人其独异！户服艾以盈要兮，谓幽兰其不可佩。览察草木其犹未得兮，岂珵美之能当？苏粪壤以充帏兮，谓申椒其不芳。

【译文】我找来了灵草和细竹片，请求神巫灵氛为我占卜。"听说双方美好必将结合，看谁真正好修必然爱慕。想到天下多么辽阔广大，难道只在这里才有娇女？""劝你远走高飞不要迟疑，谁寻求美人会把你放弃？世间什么地方没有芳草，你又何必苦苦怀恋故地？世道黑暗使人眼光迷乱，谁又能够了解我们底细？人们的好恶本来不相同。只是这帮小人更加怪异。人人都把艾草挂满腰间，说幽兰是不可佩的东西。对草木好坏还分辨不清，怎么能够正确评价玉器？用粪土塞满自己的香袋，反说佩的申椒没有香气。"

欲从灵氛之吉占兮，心犹豫而狐疑。巫咸将夕降兮，怀椒糈而要之。百神翳其备降兮，九疑缤其并迎。皇剡剡其扬灵兮，告余以吉故。曰："勉升降以上下兮，求矩矱之所同。汤禹俨而求合兮，挚咎繇而能调。苟中情其好修兮，何必用夫行媒？说操筑于傅岩兮，武丁用而不疑。吕望之鼓刀兮，遭周文而得举。宁戚之讴歌兮，齐桓闻以该辅。及年齿之未晏兮，时亦犹其未央。恐鹈鴂之先鸣兮，使百草为之不芳。“何琼佩之偃蹇兮，众薆然而蔽之。惟此党人之不亮兮，恐嫉妒而折之。时缤纷其变易兮，又何可以淹留？兰芷变而不芳兮，荃蕙化而为茅。何昔日之芳草兮，今直为此萧艾也？岂其有他故兮，莫好修之害也！余以兰为可恃兮，羌无日而容长。委厥美以从俗兮，苟得列乎众芳。椒专佞以慢谄兮，樧又欲充夫佩帏。既干进而务入兮，又何芬之能祗？固时俗之从流兮，又孰能无变化？览椒兰其若兹兮，又况揭车与江离？惟兹佩之可贵兮，委厥美而历兹。芳菲菲而难亏兮，芬至今犹未沬。和调度以自娱兮，聊浮游而求女。及余饰之方壮兮，周流观乎上下。

【译文】想听从灵氛占卜的好卦，心里犹豫迟疑决定不下。听说巫咸今晚将要降神，我带着花椒精米去接他。天上诸神遮天蔽日齐降：九疑山的众神纷纷迎迓。他们灵光闪闪显示神灵，巫咸又告诉我不少佳话。他说：“应该努力上天下地去寻求意气相投的同道。汤禹为人严正虚心求贤，得到伊尹皋陶君臣协调。只要内心善良爱好修洁，又何必一定要媒人介绍？傅说拿棒杵在傅岩筑墙，武丁毫不犹豫用他为相。姜太公曾经摆弄过屠刀，他被任用是遇到周文王。宁戚喂牛敲着牛角歌唱，齐桓公听见后任为大夫。趁现在年轻大有作为啊，施展才能还有大好时光。只怕杜鹃它叫得太早啊，使得百草因此不再芳香。”为什么这样美好的琼佩，人们却要掩盖它的光辉。想到这帮小人不讲信义，恐怕出于嫉妒把它摧毁。时世纷乱而变化无常啊，我怎么可以在这里久留。兰草和芷草失掉了芬芳，荃草和蕙草也变成茅莠。为什么从前的这些香草，今天全都成为荒蒿野艾。难道还有什么别的理由，不爱好修洁造成的祸害。我还以为兰草最可依靠，谁知华而不实虚有其表。兰草抛弃美质追随世俗，勉强列入众芳辱没香草。花椒专横谄媚十分傲慢，茱萸想进香袋冒充香草。它们既然这么热心钻营，又有什么香草重吐芳馨。本来世态习俗随波逐流，又还有谁能够意志坚定？看到香椒兰草变成这样，何况揭车江离能不变心。只有我的佩饰最可贵啊，保持它的美德直到如今。浓郁的香气难以消散啊，到今天还在散发出芳馨！我调度和谐地自我欢娱，姑且飘游四方寻求美女。趁着我的佩饰还很盛美，我要周游观访上天下地。

灵氛既告余以吉占兮，历吉日乎吾将行。折琼枝以为羞兮，精琼爢以为粻。为余驾飞龙兮，杂瑶象以为车。何离心之可同兮？吾将远逝以自疏。邅吾道夫昆仑兮，路修远以周流。扬云霓之晻蔼兮，鸣玉鸾之啾啾。朝发轫于天津兮，夕余至乎西极。凤皇翼其承旗兮，高翱翔之翼翼。忽吾行此流沙兮，遵赤水而容与。麾蛟龙使梁津兮，诏西皇使涉予。路修远以多艰兮，腾众车使径待。路不周以左转兮，指西海以为期。屯余车其千乘兮，齐玉轪而并驰。驾八龙之婉婉兮，载云旗之委移。抑志而弭节兮，神高驰之邈邈。奏《九歌》而舞《韶》兮，聊假日以媮乐。陟升皇之赫戏兮，忽临睨夫旧乡。仆夫悲余马怀兮，蜷局顾而不行。乱曰：“已矣哉！国无人莫我知兮，又何怀乎故都！既莫足与为美政兮，吾将从彭咸之所居！”

【译文】灵氛已告诉我占得吉卦，选个好日子我准备出发。折下玉树枝叶作为肉脯，我捣碎美玉把干粮备下。给我驾车啊用飞龙为马，车上装饰着美玉和象牙。彼此不同心怎能配合啊，我将要远去主动离开他。我把行程转向昆仑山下，路途遥远继续周游观察。云霞虹霓飞扬遮住阳光，车上玉铃叮当响声错杂。清晨从天河的渡口出发，最远的西边我傍晚到达。凤凰展翅承托着旌旗啊，长空翱翔有节奏地上下。忽然我来到这流沙地段，只得沿着赤水行进缓缓。指挥蛟龙在渡口上架桥，命令西皇将我渡到对岸。路途多么遥远又多艰险，我传令众车在路旁等待。经过不周山向左转去啊，我的目的地已指定西海。我再把成千辆车子聚集，把玉轮对齐了并驾齐驱。驾车的八龙蜿蜒地前进，载着云霓旗帜随风卷曲。定下心来啊慢慢地前行。难控制飞得远远的思绪。演奏着《九歌》跳起《韶》舞啊，且借大好时光寻求欢娱。太阳东升照得一片明亮，忽然看见我生长的故乡。我的仆从悲伤马也怀念，退缩回头不肯走向前方。尾声：“算了吧！国内既然没有人了解我，我又何必怀念故国旧居？既然不能实现理想政治，我将追随彭咸安排自己！”

九章

惜诵

惜诵以致愍兮，发愤以抒情。
所非忠而言之兮，指苍天以为正。
令五帝以折中兮，戒六神与向服。
俾山川以备御兮，命咎繇使听直。
竭忠诚而事君兮，反离群而赘肬。 忘儇媚以背众兮，待明君其知之。
言与行其可迹兮，情与貌其不变。
故相臣莫若君兮，所以证之不远。

【译文】以悼惜的心情陈述往事，倾吐忧思和愤懑的感情。我讲的话如果说不忠实，那么苍天完全可以作证。还要命五帝来公平判断，请求六神给我对质澄清。最好让山川之神来陪审，还可让皋陶把是非辨明。竭尽忠诚之心侍奉国君，反而遭到排挤孤苦伶仃。不愿轻佻取媚与众不同，只好等待了解我的贤君。我的言行一致可以考察，我的表里如一不会变化。没有比国君更了解臣子，因此无须远求证明方法。

吾谊先君而后身兮，羌众人之所仇也。
专惟君而无他兮，又众兆之所仇也。
一心而不豫兮，羌无可保也。
疾亲君而无他兮，有招祸之道也。
思君其莫我忠兮，忽忘身之贱贫。
事君而不二兮，迷不知宠之门。
忠何辜以遇罚兮，亦非余心之所志也。
行不群以颠越兮，又众兆之所咍也。
纷逢尤以离谤兮，謇不可释也。
情沉抑而不达兮，又蔽而莫之白也。

【译文】我的原则是先君而后己，正是这样遭到群小憎恨；专一思念国君未有他意，这竟然被众人仇视极深。我的心志专一毫不犹豫，这样却不能够保全自己；迫切亲近君国别无他意，这却是招祸致患的道理。对君王没有人比我更忠，我完全把自身贫贱忘记。一心侍奉国君毫无二心，却迷惑不解邀宠的门径。忠诚有何罪要遭到惩罚，这不是我意料到的事情。行为与众不同乃至摔跤，这样又遭到很多人嗤笑。经常受到责怪遭到诽谤，纵有百口解释也难办到。

心郁邑余侘傺兮，又莫察余之中情。
固烦言不可结而诒兮，愿陈志而无路。
退静默而莫余知兮，进号呼又莫吾闻。
申侘傺之烦惑兮，中闷瞀之忳忳。
昔余梦登天兮，魂中道而无杭。
吾使厉神占之兮，曰："有志极而无旁。"
"终危独以离异兮？曰："君可思而不可恃。
故众口其铄金兮，初若是而逢殆。
惩于羹者而吹整兮，何不变此志也？
欲释阶而登天兮，犹有曩之态也。

【译文】心情沉闷感情不能抒发，思想压抑语言难以表达，我的心里忧郁深感不安，又无人了解我心中忧思。本来话多难用文字表达，想陈述志向也毫无办法。要退避不说无人理解我，向前申诉又不听我的话。我真疑惑不解心中不安，十分忧伤心里苦闷烦乱。过去我曾梦见自己登天，魂到中途就失去了渡船。我请厉神占卜梦的凶吉，他说："志向远大没人帮助。""难道我始终要孤独受疏？"他说："君可思念却靠不住。群小谗言足以融化金子，从前就是这样才遇危难。热汤烫过的人冷菜也吹，为何不把你的态度改变？你想丢掉梯子而去登天，这种为人态度还像以前。

众骇遽以离心兮，又何以为此伴也？
同极而异路兮，又何以为此援也？
晋申生之孝子兮，父信谗而不好。
行婞直而不豫兮，鲧功用而不就。
吾闻作忠以造怨兮，忽谓之过言。
九折臂而成医兮，吾至今而知其信然。
矰弋机而在上兮，罻罗张而在下。
设张辟以娱君兮，愿侧身而无所。

【译文】众人惊惊慌慌人心不齐，你又为什么要这样倔强？同事一君走不同的道路，你又为什么要这样强项？晋国太子申生是个孝子，父亲听信谗言说他不好。鲧的行为耿直而不犹豫，他治水功业就成功不了。"我听说忠诚会带来怨恨，认为言过其实并不注意。要九折臂才能成为良医，我今天才知道这是真理。这个世道上面弓矢暗藏，下面张设着害人的罗网。设置弓矢罗网讨好国君，想避祸也无容身的地方。

欲儃佪以干傺兮，恐重患而离尤。
欲高飞而远集兮，君罔谓女何之？
欲横奔而失路兮，盖志坚而不忍。
背膺牉以交痛兮，心郁结而纡轸。
捣木兰以矫蕙兮，凿申椒以为粮。
播江离与滋菊兮，愿春日以为糗芳。
恐情质之不信兮，故重著以自明。
矫兹媚以私处兮，愿曾思而远身

【译文】想徘徊着等待进取时机，又担心再一次遭到祸殃。打算走吧我想远走高飞，国君要问："你去什么地方？"想要变节易操不择正道，自己意志坚定不忍这样。我胸背像开裂一样疼痛，我的心情郁结痛苦难当。把木兰捣碎把蕙草揉细，舂好申椒作为自己食粮。我栽种江离又培养菊花，希望到了春天成为干粮。唯恐无以表白心中真情，所以一再重述自己苦心。我保持这些美德而独处，愿能深思熟虑自爱洁身。

涉江

余幼好此奇服兮，年既老而不衰。带长铗之陆离兮，冠切云之崔巍。被明月兮佩宝璐。世溷浊而莫余知兮，吾方高驰而不顾。驾青虬兮骖白螭，吾与重华游兮瑶之圃。登昆仑兮食玉英，与天地兮比寿，与日月兮齐光。哀南夷之莫吾知兮，旦余济乎江湘。

【译文】我从小爱好奇丽的服饰，到晚年这爱好仍然不变。我身上悬挂着长长宝剑，头上戴的高冠直冲云天。佩着美玉身披明月宝珠。社会污浊没有人了解我，我要奔向远方不再回顾。乘着青龙白龙驾的飞车，和舜一起游览玉的园圃。登上昆仑山玉花做食粮，我的寿命和天地一样长，我的光辉与日月一样亮。悲叹南方蛮夷无人知我，清晨我将渡过湘水长江。

乘鄂渚而反顾兮，欸秋冬之绪风。步余马兮山皋，邸余车兮方林。乘舲船余上沅兮，齐吴榜以击汰。船容与而不进兮，淹回水而疑滞。朝发枉渚兮，夕宿辰阳。苟余心其端直兮，虽僻远其何伤。入溆浦余儃佪兮，迷不知吾之所如。深林杳以冥冥兮，乃猨狖之所居。山峻高以蔽日兮，下幽晦以多雨。霰雪纷其无垠兮，云霏霏而承宇。哀吾生之无乐兮，幽独处乎山中。吾不能变心而从俗兮，固将愁苦而终穷。

【译文】我登上鄂渚后回头眺望，叹息秋冬余风使人凄凉。让我的马在山湾上徐行，把我的车在方林中停放。登上小船逆着沅水而上，船桨齐划啊拍击着波浪。船在水中渐渐难以前进，在湍急漩涡中徘徊荡漾。清晨我乘船从枉渚出发，晚上就只好留宿在辰阳。只要我的心地是正直的，放逐僻远之地于我何伤。进入溆浦后我踌躇不前，心里迷茫不知该往哪方。茂密的山林幽暗又阴深，这就是猿猴居住的地方。高峻的山岭遮住了太阳，山下幽深晦暗阴雨茫茫。大雪纷纷扬扬无边无际，乌云密密层层布满天上。可怜我的生活毫无乐趣，现在孤零零地住在山上。不能改变心志随波逐流，宁肯忧愁痛苦贫困到底。

接舆髡首兮，桑扈臝行。忠不必用兮，贤不必以。伍子逢殃兮，比干菹醢。与前世而皆然兮，吾又何怨乎今之人。余将董道而不豫兮，固将重昏而终身！

【译文】从前接舆装疯剃光头发，隐士桑扈出行总是裸体。忠诚的不一定被人重用，贤能的也难以被人推举。伍员直言敢谏遭遇祸殃，比干忠心耿耿剁成肉泥。自古以来情况就是这样，我何必怨恨现在的人呢！我要坚持正道毫不犹豫，宁肯终身处在黑暗境地！

乱曰：鸾鸟凤皇，日以远兮；燕雀乌鹊，巢堂坛兮；露申辛夷，死林薄兮；腥臊并御，芳不得薄兮。阴阳易位，时不当兮，怀信侘傺，忽乎吾将行兮。

【译文】高贵的鸾鸟和凤凰，一天比一天地越飞越远。燕雀和乌鹊筑巢在堂前，露申和辛夷枯死在林间。臭恶的东西都一齐进用，芳洁的东西却不能近前。昼和夜错乱明和暗失调，时节反常一切都在改变。我怀抱忠信却失意彷徨，我飘飘忽忽将远走他乡。

哀郢

皇天之不纯命兮，何百姓之震愆？
民离散而相失兮，方仲春而东迁。
去故乡而就远兮，遵江夏以流亡。
出国门而轸怀兮，甲之朝吾以行。
发郢都而去闾兮，怊荒忽其焉极？
楫齐扬以容与兮，哀见君而不再得。
望长楸而太息兮，涕淫淫其若霰。
过夏首而西浮兮，顾龙门而不见。
心婵媛而伤怀兮，眇不知其所跖。
顺风波而流从兮，焉洋洋而为客。
凌阳侯之氾滥兮，忽翱翔之焉薄。
心絓结而不解兮，思蹇产而不释。

【译文】老天爷的命令变化无常，为何使老百姓震动惊慌。人民妻离子散家破人亡，正当仲春二月逃往东方。离开了家乡到远处去啊，沿着长江夏水四处流亡。走出郢都城门我很悲痛，开始远行就在甲日早上。我从郢都出发离开故里，哪里是尽头啊心中迷茫？船桨齐划船儿慢慢前行，可怜我不能再见到君王。望见故国乔木不禁长叹，泪珠滚滚就像雪珠一样。经过了夏首我沿江西浮，回头已看不见郢都城墙。心里牵挂不舍无限忧伤，前途渺茫不知落脚何方。顺着风波随着江流而行，开始漂泊无定四处流浪。我乘着浩荡的波涛前进，如鸟飞翔不知飘到哪方。心中忧思郁结无法摆脱，思虑不展心情不能舒畅。

将运舟而下浮兮，上洞庭而下江。
去终古之所居兮，今逍遥而来东。
羌灵魂之欲归兮，何须臾而忘返。
背夏浦而西思兮，哀故都之日远。
登大坟以远望兮，聊以舒吾忧心。
哀州土之平乐兮，悲江介之遗风。
当陵阳之焉至兮，淼南渡之焉如？
曾不知夏之为丘兮，孰两东门之可芜？
心不怡之长久兮，忧与愁其相接。
惟郢路之辽远兮，江与夏之不可涉。
忽若不信兮，至今九年而不复。
惨郁郁而不通兮，蹇侘傺而含戚。

【译文】我掉转船头啊顺江东下，过了洞庭湖就进入长江。离开世世代代居住之地，现在飘飘荡荡来到东方。我的灵魂时时都想回去，没有一时一刻忘记家乡。背向夏浦思念西边郢都，郢都越离越远令人悲伤。登上水边高地纵目远望，暂且舒展我的九曲愁肠。叹这一带生活如此安宁，江边还保持着淳朴风气。问我乘着波涛从何而来，向南渡过长江又到哪去。竟不知都城宫殿交丘墟，还问哪两座东门荒芜了？听后心中久久不能平静，我的新忧旧愁紧紧相续。想到郢都归路那么遥远，长江和夏水也渡不过去。时间过得太快使人难信，未回郢都已有九年光阴。愁思郁积心情不能舒畅，失意不安使人非常心伤。

外承欢之汋约兮，谌荏弱而难持。
忠湛湛而愿进兮，妒被离而鄣之。
彼尧舜之抗行兮，瞭杳杳而薄天。
众谗人之嫉妒兮，被以不慈之伪名。
憎愠惀之修美兮，好夫人之慷慨。
众踥蹀而日进兮，美超远而逾迈。

【译文】有人善于奉承外表美好，实际内心脆弱很不可靠。忠心耿耿愿为君国效力，又被种种怨恨阻挠。那尧舜的行为多么高尚，远远超出世俗直薄云霄。那些谗人们对他们嫉妒，还说尧舜行为不慈不孝。楚王憎恨那诚实的美德，却喜欢听那动听的辞藻。谗人奔走钻营日日进升，贤人只能远远地走开了。

乱曰：
曼余目以流观兮，冀一反之何时？
飞返故乡兮，狐死必首丘。
鸟信非吾罪而弃逐兮，何日夜而忘之？

【译文】尾声：

放开我的眼光四下观望，希望什么时候回去一趟？鸟飞再远总要返回旧巢，狐狸死时头向出生山冈。我确实无罪而遭到流放，日日夜夜心中实在难忘！

抽思

心郁郁之忧思兮，独永叹乎增伤。
思蹇产之不释兮，曼遭夜之方长。
悲秋风之动容兮，何回极之浮浮。
数惟荪之多怒兮，伤余心之忧忧。
愿遥赴而横奔兮，览民尤以自镇。
结微情以陈词兮，矫以遗夫美人。
昔君与我成言兮，曰黄昏以为期。
羌中道而回畔兮，反既有此他志。
憍吾以其美好兮，览余以其修姱。
与余言而不信兮，盖为余而造怒。
愿承间而自察兮，心震悼而不敢。
悲夷犹而冀进兮，心怛伤之憺憺。
兹历情以陈辞兮，荃详聋而不闻。
固切人之不媚兮，众果以我为患。
初吾所陈之耿著兮，岂至今其庸亡？
何独乐斯之蹇蹇兮？愿荃美之可完。
望三五以为像兮，指彭咸以为仪。
夫何极而不至兮，故远闻而难亏。

善不由外来兮，名不可以虚作。
孰无施而有报兮，孰不实而有获？

【译文】我心中郁结着无穷忧思，孤独地长叹越来越悲伤。愁思纠缠心情难以舒展，这茫茫的黑夜多么漫长。可怜萧瑟秋风凋残草木，为何天极运转如此迅速？常常想到君王容易发怒，真使我伤心啊使我愁苦。我想率性自暴自弃行事，看到人民苦难强自镇定。我用言辞表达心中深情，把它献给我敬爱的国君。过去国君与我曾经约定，他说我们到老相依为命。谁知在半路上他就翻悔，现在反而已经有此二心。他把他的长处向我夸耀，总向我显示他多么美好。他对我说的话全靠不住，还故意找岔子对我发怒。我想找个机会自己表白，心里害怕不敢这样去做。可怜我还犹豫盼望进取。但是心中悲痛动荡不宁。我把全部想法向他陈述，他却假装耳聋不肯倾听。本来老实的人不会讨好，众人果然把我当眼中钉。当初我讲的话耿直明了，难道到现在就已经忘了？为什么只有我喜欢多讲，我是希望他的美德发扬。愿他以三王五霸为榜样，彭咸却是我学习的形象。没有什么目的不能达到，我们名声不朽传遍四方。优秀的品德靠自己培养，美好的名声和实际一样。谁能不做好事又得报酬，哪有不结果实能获丰收？

少歌曰：
与美人抽怨兮，并日夜而无正。
憍吾以其美好兮，敖朕辞而不听。
倡曰：有鸟自南兮，来集汉北。
好姱佳丽兮，牉独处此异域。
既惸独而不群兮，又无良媒在其侧。
道卓远而日忘兮，愿自申而不得。
望北山而流涕兮，临流水而太息。
望孟夏之短夜兮，何晦明之若岁？
惟郢路之辽远兮，魂一夕而九逝。
曾不知路之曲直兮，南指月与列星。
愿径逝而不得兮，魂识路之营营。
何灵魂之信直兮，人之心不与吾心同！
理弱而媒不通兮，尚不知余之从容。

【译文】少歌：
我向君王倾诉我的深情，从早讲到晚他好坏不清。他把他的美好向我炫耀，对我说的话他傲慢不听。唱：有一只鸟儿从南方飞来，飞到汉水之北暂时栖息。鸟儿羽毛丰满非常美丽，现却离群独处在这异地。鸟儿没有伴侣没有知交，它身边也没有人作介绍。道路相离很远已被忘掉，想自己申诉却无法办到。遥望着北山暗暗地流泪，面对着流水一声声叹息。希望初夏的夜短促一点，为何这样漫长就像一年。思念郢都路途多么遥远，梦中灵魂一夜返回九遍。灵魂不知郢路是曲是直，向南依靠月亮星星分辨。想直接回郢都却又不能。灵魂往来认路多么劳碌。为何灵魂这样诚信忠直，别人的心不和我们相同！媒人不能干作媒不成功，他们尚且不知我的举动。

乱曰：
长濑湍流，泝江潭兮。
狂顾南行，聊以娱心兮。
轸石崴嵬，蹇吾愿兮。
超回志度，行隐进兮。
低佪夷犹，宿北姑兮。
烦冤瞀容，实沛徂兮。
愁叹苦神，灵遥思兮。
路远处幽，又无行媒兮。
道思作颂，聊以自救兮。
忧心不遂，斯言谁告兮！

【译文】尾声：

岸边浅水匆匆流过沙滩，我正沿着汉江逆流而上。我急切回顾南方的大道，暂且宽慰一下心中忧伤。南方道路充满突兀怪石，阻碍我返回郢都的愿望。要越过弯路而记住直路，真是进退两难心中迷茫。我犹豫徘徊而不忍远去，只好留宿北姑这个地方。心情愁闷忧郁烦乱不安，很想随水迅速流向远方。我忧愁地叹息神思劳苦，心中又在思念远方故乡。离郢都那么远住地偏僻，又没有说合的人在身旁。为了表明思想写作此章，暂且用它宽慰自己愁肠。我忧愁的心情不能顺畅，我的这些话哟对谁去讲！

怀沙

滔滔孟夏兮，草木莽莽。
伤怀永哀兮，汨徂南土。
眴兮杳杳，孔静幽默。

郁结纡轸兮，离慜而长鞠。
抚情效志兮，冤屈而自抑。
刓方以为圜兮，常度未替。
易初本迪兮，君子所鄙。
章画志墨兮，前图未改。
内厚质直兮，大人所晠。
巧倕不斲兮，孰察其揆正。
玄文处幽兮，矇瞍谓之不章；
离娄微睇兮，瞽以为无明。
变白以为黑兮，倒上以为下。
凤皇在笯兮，鸡鹜翔舞。
同糅玉石兮，一概而相量。
夫惟党人之鄙固兮，羌不知余之所臧。

【译文】初夏天气暖和风清日朗，百草万木茂盛蓬勃生长。我心中忧愁啊无限悲哀，要急急忙忙地奔向南方。瞻望前途眼前茫茫一片，四周非常寂静毫无声响。委曲和痛苦啊郁结心里，遭受忧患穷困日子已长。扪心自问评析自己心意，深受冤枉仍要克制自己。要把方的木头削成圆的，正常的法度又不敢废弃。要改变当初坚持的正道，正直的人就会认为可鄙。规矩绳墨应该明确牢记，前人的法度也不能变易。为人内心忠厚品质端正，这正是前代圣贤所赞许。如果巧匠不动他的斧头，谁又能知道曲直标准呢？黑色花纹放在幽暗地方，人们像瞎子说它不漂亮。离娄看东西只略瞥一眼，盲人认为他和自己一样。把白的颜色说成是黑的，把下的颠倒过来作为上。美丽的凤凰被关在笼里，却让鸡和鸭自由地飞翔。把美玉和顽石混在一起，认为它们本来一模一样。想来党人多么卑鄙顽固，全不了解我的纯洁高尚。

任重载盛兮，陷滞而不济。
怀瑾握瑜兮，穷不知所示。
邑犬之群吠兮，吠所怪也。
非俊疑杰兮，固庸态也。
文质疏内兮，众不知余之异采。
材朴委积兮，莫知余之所有。
重仁集义兮，谨厚以为丰。
重华不可遻兮，孰知余之从容！
古固有不并兮，岂知其何故也？

汤禹久远兮，邈而不可慕也？
惩违改忿兮，抑心而自强。
离慜而不迁兮，愿志之有像。
进路北次兮，日昧昧其将暮。
舒忧娱哀兮，限之以大故。

【译文】我肩负时代赋予的重任，却又陷入困境难以担当。尽管我保藏珍宝和美玉，穷困中也无法向人献上。村里的群狗在乱叫乱嚷，是它们见到奇怪的形象。否定英雄人物怀疑豪杰，本是庸人们惯用的伎俩。我的外表疏放语言迟钝，众人不知我的才能非常。如有用的木料堆积一旁，人们哪知我潜在的力量。我重视品德才能的积累，为人谨慎忠厚加强修养。虞舜已经不能再遇到了，谁又理解我的一举一动？自古以来圣贤生不同时，哪里知道为什么会这样？商汤夏禹离我们太远了，远得使我们没法去瞻仰。今后我不必再怨恨愤怒，克制内心使自己更坚强。即使遭受忧患也不改变，希望心中有学习的榜样。顺着道路前进走向北方，太阳渐渐西沉暮色苍茫。我要舒展愁眉消除悲伤，那最好的办法就是死亡。

乱曰：
浩浩沅湘，分流汩兮。
修路幽蔽，道远忽兮。
曾吟恒悲，永叹喟兮。
世既莫吾知，人心不可谓兮。
怀情抱质，独无正兮。
伯乐既没，骥焉程兮。
民生禀命，各有所错兮。
定心广志，余何畏惧兮？
知死不可让，愿勿爱兮。
明告君子，吾将以为类兮。

【译文】尾声：

波涛滚滚的沅江和湘江，它们一日千里各自流淌。漫长的道路阴暗而多阻，前途那么遥远那么渺茫。重重的忧伤无穷的悲哀，这心情真使我叹息不尽。社会黑暗没有人了解我，人心叵测实在难以评说。我有美好的品质和激情，但是又有谁能为我证明。善于相马的伯乐已死了，千里马现在又有谁品评。人的一生既然领受天命，上天会安排每人的命运。我要安下心来放宽胸襟，没有什么可惧怕的事情。我知道死已是不可避免，我对生命也不愿意吝惜。那些光明磊落的前贤哟，我将永远和他们在一起。

思美人

思美人兮，揽涕而竚眙。
媒绝路阻兮，言不可结而诒。
蹇蹇之烦冤兮，陷滞而不发。
申旦以舒中情兮，志沉菀而莫达。
愿寄言于浮云兮，遇丰隆而不将。
因归鸟而致辞兮，羌迅高而难当。

【译文】怀念着我心爱的人啊，擦干眼泪而远望。没有人介绍而路途又遥远，有话却无法成章。我至诚一片却蒙受冤屈，进退维谷而不向前。希望每日陈述我的心思，心思沉顿却难以表现。原浮云为我捎信，云师却不肯讲情。托鸿鸟为我传书，鸿鸟高飞却不应命。

高辛之灵晟兮，遭玄鸟而致诒。
欲变节以从俗兮，愧易初而屈志。
独历年而离愍兮，羌冯心犹未化。
宁隐闵而寿考兮，何变易之可为。
知前辙之不遂兮，未改此度。
车既覆而马颠兮，蹇独怀此异路。
勒骐骥而更驾兮，造父为我操之。
迁逡次而勿驱兮，聊假日以须时。
指嶓冢之西隈兮，与纁黄以为期。

【译文】我不如高辛有美善德行，能够遇到玄鸟送去礼品。要想不顾廉耻随波逐流，改变本来意志有愧于心。我个人多年来遭受忧患，愤懑的心情丝毫未减轻。宁可忍受忧闵失意终身，怎么能够改变我的初心！我知以前事情很不顺利，但也不愿改变这种态度。尽管车已翻了马已倒下，还想走这与众不同的路。我重新驾起千里马的车，给我赶车的是能手造父。车儿慢慢前进不必性急，姑且费些时间等待时机。车子向着嶓冢西边驰去，等到黄昏时候停下休息。

开春发岁兮，白日出之悠悠。
吾将荡志而愉乐兮，遵江夏以娱忧。
揽大薄之芳茝兮，搴长洲之宿莽。
惜吾不及古之人兮，吾谁与玩此芳草。
解萹薄与杂菜兮，备以为交佩。
佩缤纷以缭转兮，遂萎绝而离异。
吾且儃徊以娱忧兮，观南人之变态。
窃快在其中心兮，扬厥凭而不竢。
芳与泽其杂糅兮，羌芳华自中出。
纷郁郁其远蒸兮，满内而外扬。
情与质信可保兮，羌居蔽而闻章。

【译文】春天来临了一年开始了，太阳冉冉地从东方升起。我要放松思想尽情娱乐，沿着江夏而行排遣忧虑。我采集草木丛中的芳茝，又把长洲上的宿莽摘取。可惜我未赶上古代贤人，又和谁欣赏这些香草呢？拔取丛生的萹蓄和杂菜，备置它们用来左右佩带。很多萹蓄杂菜好看一时，它们不久就已凋谢枯败。我暂且在这里徘徊消忧，观赏一下南方人的异态。心中暗暗地洋溢着喜悦，要把愤懑丢开不再等待。香花和污秽混杂在一起，花香总不会被恶臭掩盖。一阵阵的花香远远散发，馥郁香气充满里里外外。只要外表本质的确美好，处境虽劣但名声远播四海。

令薜荔以为理兮，惮举趾而缘木。
因芙蓉以为媒兮，惮褰裳而濡足。
登高吾不说兮，入下吾不能。
固朕形之不服兮，然容与而狐疑。
广遂前画兮，未改此度也。
命则处幽吾将罢兮，愿及白日之未暮也。
独茕茕而南行兮，思彭咸之故也。

【译文】想用薜荔给我去作媒介，我又不愿抬脚上树去摘。想让荷花帮我前去说合，我又不愿提裳下水去采。上树摘取薜荔我心不悦，下水采集荷花我心不快。这样做本不合我的习惯，然而心中犹豫上下徘徊。我要完全依照从前打算，这种态度一直不会改变。即使命该受难我也不管，要抓紧太阳未落的时间。我形影孤单地向南走去，彭咸故迹使我更加思念。

惜往日

惜往日之曾信兮，受命诏以昭诗。
奉先功以照下兮，明法度之嫌疑。
国富强而法立兮，属贞臣而日娭。
秘密事之载心兮，虽过失犹弗治。
心纯庬而不泄兮，遭谗人而嫉之。
君含怒而待臣兮，不清澈其然否。
蔽晦君之聪明兮，虚惑误又以欺。
弗参验以考实兮，远迁臣而弗思。
信谗谀之溷浊兮，盛气志而过之。

【译文】回想过去我曾深受信任，领受诏令而使时世清明。遵奉先王功业普照后世，使得法度严密无疑可存。国家日愈富强法律制定，政务托付忠臣天下太平。我把国家机密放在心里，纵有差错君王并不处分。我心纯正忠厚态度严谨，却遭到谗佞小人的嫉恨。君王听信谗言含怒对我，也不弄清事情是假是真。谗人们蒙蔽了君王视听，他们无中生有以假乱真。君王对此也不考察核实，把我远远放逐不念旧情。他听信污浊丑恶的谗言，盛气凌人把罪加于我身。

何贞臣之无辜兮，被讟谤而见尤。
惭光景而诚信兮，身幽隐而备之。
临沅湘之玄渊兮，遂自忍而沉流。
卒没身而绝名兮，惜壅君之不昭。
君无度而弗察兮，使芳草为薮幽。
焉舒情而抽信兮，恬死亡而不聊。
独鄣壅而蔽隐兮，使贞臣而无由。
闻百里之为虏兮，伊尹烹于庖厨。
吕望屠于朝歌兮，宁戚歌而饭牛。
不逢汤武与桓缪兮，世孰云而知之。
吴信谗而弗味兮，子胥死而后忧。

介子忠而立枯兮，文公寤而追求。
封介山而为之禁兮，报大德之优游。
思久故之亲身兮，因缟素而哭之。
或忠信而死节兮，或訑谩而不疑。
弗省察而按实兮，听谗人之虚辞。
芳与泽其杂糅兮，孰申旦而别之？
何芳草之早夭兮，微霜降而下戒。
谅聪不明而蔽壅兮，使谗谀而日得。

【译文】为什么忠臣并没有罪过，却要遭到诽谤受到责罚。真惭愧啊阳光无所不照。我居幽隐之处感受不到。来到沅江湘江的深渊旁，我将要忍受痛苦而投江。最终会身死而名声断绝，可惜糊涂君王很不明瞭。君王没有标准也不明察，竟让杂草把香草埋没了。到哪抒发感情陈述真心？我将安然死去不愿偷生。只是君王还受谗人蒙蔽，他想任用忠臣已不可能。听说百里奚曾当过俘虏，伊尹善于烹调做过司厨。姜尚曾在朝歌做过屠户，宁戚夜间喂牛唱歌诉苦。不遇商汤武王齐桓秦穆，世人谁能了解他们长处。吴王听信谗言不辨是非，伍员死后才知忧患安危。忠贞的介子推却被烧死，晋文公觉悟时难以追悔。绵山改为介山禁止打柴，为报大恩晋文公对他优待。思念多年来亲近的部下，因而穿着丧服去哭祭他。有的人忠诚却守节而死，有的人被信任为人欺诈。如不根据事实认真考察，只好听信谗人说的假话。芳香和污秽混杂在一起，谁能清清楚楚地辨别它。为何香草总是过早凋零，微霜下降不曾戒备留心。君王耳目不明深受蒙蔽，使馋人阿谀者天天称心！

自前世之嫉贤兮，谓蕙若其不可佩。
妒佳冶之芬芳兮，嫫母姣而自好。
虽有西施之美容兮，谗妒人以自代。
愿陈情以白行兮，得罪过之不意。
情冤见之日明兮，如列宿之错置。
乘骐骥而驰骋兮，无辔衔而自载；
乘氾泭以下流兮，无舟楫而自备。
背法度而心治兮，辟与此其无异。
宁溘死而流亡兮，恐祸殃之有再。
不毕辞以赴渊兮，惜壅君之不识。

【译文】自古以来贤人总受嫉恨，还说香草不可佩戴在身。臭恶的嫉妒美人的芬芳，丑妇搔首弄姿以为漂亮。纵然有西施那样的美貌，谗妒的人也要把她挤掉。我想陈述心意表白行为，但却得到罪过出我意料。我的冤情啊一天天分明，就像罗列在天上的星星。想要乘着骏马纵横驰骋，自己却不备置马勒缰绳。想要驾着木筏顺流远航，自己又不准备船上划桨。违背法度只凭意志办事，就和以上情况没有两样。宁可突然死去魂魄离散，恐怕会再一次遭到祸殃。我的话未说完走向深渊，可惜他不懂啊糊涂君王！

橘颂

后皇嘉树，橘徕服兮。受命不迁，生南国兮。深固难徙，更一志兮。绿叶素荣，纷其可喜兮。曾枝剡棘，圆果抟兮。青黄杂糅，文章烂兮。精色内白，类任道兮。纷缊宜修，姱而不丑兮。嗟尔幼志，有以异兮。独立不迁，岂不可喜兮。深固难徙，廓其无求兮。苏世独立，横而不流兮。闭心自慎，终不失过兮。秉德无私，参天地兮。愿岁并谢，与长友兮。淑离不淫，梗其有理兮。年岁虽少，可师长兮。行比伯夷，置以为像兮。

【译文】橘树是天地所生的好树，来到南方适应当地水土。领受天地之命不可迁移，你只生长在南方的国度。你根深蒂固啊难以移植，更因为你有专一的意志。绿色的叶片雪白的花朵，长得那么茂盛令人欢喜。你的枝条层迭棘刺锐利，圆圆的果实饱满又丰腴。青的黄的果实相映成趣，橘子色泽非常鲜润绚丽。金黄的表皮洁白的内瓤，真像个可负重任的形象。橘树香气浓郁修饰得体，生得婀娜多姿美好无比。我赞美你啊幼时的志向，已经有与众不同的地方。有独立的性格坚定不移，岂不令人感到格外可喜？你根深蒂固啊难以迁走，你心胸宽广啊无所追求。远离世俗你能清醒独立，敢于横渡不肯随波逐流。事情藏在心中谨慎自知，你能自始至终不犯过失。保持美好品德大公无私，在精神上真和天地一致。我真希望咱们共同成长，愿我们的友谊地久天长。你有美德丽容端端正正，你的性格坚强理直气壮。你的年岁虽然不是太大，但是可以为师可以为长。你的品行可比得上伯夷，种植你啊作为学习榜样。

悲回风

悲回风之摇蕙兮，心冤结而内伤。
物有微而陨性兮，声有隐而先倡。
夫何彭咸之造思兮，暨志介而不忘！

万变其情岂可盖兮，就虚伪之可长！
鸟兽鸣以号群兮，草苴比而不芳。
鱼葺鳞以自别兮，蛟龙隐其文章。
故荼荠不同亩兮，兰茝幽而独芳。
惟佳人之永都兮，更统世而自贶。
眇远志之所及兮，怜浮云之相羊。
介眇志之所惑兮，窃赋诗之所明。
惟佳人之独怀兮，折芳椒以自处。
曾歔欷之嗟嗟兮，独隐伏而思虑。

【译文】可怜啊旋风摇撼着蕙草，我的愁思郁结内心悲伤。物虽微小可以损害性命，声虽细弱却是最先传扬。为何我总是思慕着彭咸，他的志气节操难以遗忘。感情变化无常岂能掩盖，哪有虚情假意可以久长！鸟兽鸣叫为了追求群集，香草枯草堆积失去芬芳。群鱼彼此炫耀层层鳞甲，蛟龙却把美丽龙鳞隐藏。所以苦菜甜菜分田种植，兰茝身居僻处散发幽香。只有圣贤才会永放光彩，怡然自得经历千秋万代。细看我要想实现的大志，可怜得像浮云漂荡无止。我微小的心志难被理解，我只好写出诗歌来表白。我只怀念那古代的圣贤，摘取杜若申椒自己安排。我一次又一次长长叹息，独处荒僻引起万千思量。

涕泣交而凄凄兮，思不眠以至曙。
终长夜之曼曼兮，掩此哀而不去。
寤从容以周流兮，聊逍遥以自恃。
伤太息之愍怜兮，气于邑而不可止。
纠思心以为纕兮，编愁苦以为膺。
折若木以蔽光兮，随飘风之所仍。
存仿佛而不见兮，心踊跃其若汤。
抚珮衽以案志兮，超惘惘而遂行。
岁曶曶其若颓兮，时亦冉冉而将至。
薠蘋蘅槁而节离兮，芳已歇而不比。
怜思心之不可惩兮，证此言之不可聊。
宁溘死而流亡兮，不忍此心之常愁。

【译文】我伤心的眼泪不断流淌，一夜想来想去直到天亮。这黑夜啊是多么的漫长，很难压抑住心中的悲伤。醒来后我四处慢慢游荡，暂把忧愁寄于逍遥徜徉。满腔悲悯使我伤心长叹，胸中气息急促难以舒畅。我把无数忧虑搓成佩带，我把无限愁苦编成背囊。

折下若木枝条遮住阳光，任从狂风把我吹到何方。周围的一切好像看不见，我的心像沸水一样跳荡。抚摸玉佩衣襟压抑激情，心里渺渺茫茫走向前方。这一年很快就要过去了。我的一生渐渐要结束了。香草枯萎了，枝叶飘零了，花朵凋谢了，香气散尽了。可怜我的痴心无法改变，证明这些话是多余之言。宁可忽然死去魂魄散离，不忍为这些事长此忧虑。

孤子吟而抆泪兮，放子出而不还。
孰能思而不隐兮，昭彭咸之所闻。
登石峦以远望兮，路眇眇之默默。
人景响之无应兮，闻省想而不可得。
愁郁郁之无快兮，居戚戚而不可解。
心鞿羁而不开兮，气缭转而自缔。
穆眇眇之无垠兮，莽芒芒之无仪。
声有隐而相感兮，物有纯而不可为。
邈漫漫之不可量兮，缥绵绵之不可纡。
愁悄悄之常悲兮，翩冥冥之不可娱。
凌大波而流风兮，讬彭咸之所居。
上高岩之峭岸兮，处雌蜺之标颠。
据青冥而摅虹兮，遂儵忽而扪天。

【译文】我像孤儿呻吟擦着眼泪，又像弃子一样无家可归。谁能忧愁焦虑而不痛苦，真想明白彭咸处世风度。当登上山峦向远处眺望，眼前道路寂静而又渺茫。进入那无影无响的境界，谁也不能够无念又无想。心中愁思郁结毫无乐趣，思虑难分难解凄切悲凉。思想被约束着无法舒展，我气息幽闷着郁结一团。宇宙多么渺茫无边无际，天地多么广阔无以伦比。听不见的声音还可感触，无形的事物却不能造出。道路遥远漫长无法估量，忧思难以断绝缥缈绵长。悲愁总是悄悄常随着我，神魂飞逝心情才会舒畅。我要乘着波涛随风而去。走向彭咸所居住的地方。我登上峭峻的高山之巅，我坐在五彩的虹霓之上。我占据着天空舒展长虹，我又很快伸手抚摸青天。

吸湛露之浮凉兮，漱凝霜之雰雰。
依风穴以自息兮，忽倾寤以婵媛。
冯昆仑以瞰雾兮，隐岷山以清江。
惮涌湍之磕磕兮，听波声之汹汹。
纷容容之无经兮，罔芒芒之无纪。
轧洋洋之无从兮，驰委蛇之焉止。

漂翻翻其上下兮，翼遥遥其左右。
汜潏潏其前后兮，伴张驰之信期。
观炎气之相仍兮，窥烟液之所积。
悲霜雪之俱下兮，听潮水之相击。
借光景以往来兮，施黄棘之枉策。
求介子之所存兮，见伯夷之放迹。
心调度而弗去兮，刻著志之无适。

【译文】我吸饮的甘露多么凉爽，还含漱飘然而降的冰霜。我依靠在风穴旁边休息，忽然清醒过来不禁惊惶。凭靠着昆仑山俯瞰云雾，依靠岷山眺望清澈长江。云雾滚滚奔涌令人胆寒，长江波涛澎湃使人激荡。心中烦乱不知人在哪里，心里茫茫不知身到何方。后浪推着前浪从何而来，曲折奔腾又要向哪流淌！波浪或上或下流动翻卷，浪涛忽左忽右摇晃激荡，潮水汹涌湍急前后泛滥，依从一定时间落落涨涨。我观看不断蒸腾的热气，看见蒸气凝聚成了雨滴。悲叹严霜冰雪一起下降，听见了潮水在彼此冲击。我趁着时光往来于天地，用的黄荆马鞭弯弯曲曲。寻求介子推所在的地方，找找古贤人伯夷的遗迹。心里仔细思量不愿走开，约束自己意志不想离去。

曰：吾怨往昔之所冀兮，悼来者之悐悐。
浮江、淮而入海兮，从子胥而自适。
望大河之洲渚兮，悲申屠之抗迹。
骤谏君而不听兮，重任石之何益！
心絓结而不解兮，思蹇产而不释。

【译文】尾声：我怨恨从前的希望落空，哀悼后来事情使人忧惧。顺着长江淮河漂流到海，追随伍员了却自己心意。我看见了黄河中的沙洲，悲哀申屠狄高尚的事迹。多次规劝君王不被采纳，背负重石投水又有何益。我心中的牵挂无法解除，忧思郁结胸中愁情难去。

九 歌

东皇太一

吉日兮辰良，穆将愉兮上皇。
抚长剑兮玉珥，璆锵鸣兮琳琅。
瑶席兮玉瑱，盍将把兮琼芳。
蕙肴蒸兮兰藉，奠桂酒兮椒浆。
扬枹兮拊鼓，疏缓节兮安歌，陈竽瑟兮浩倡。
灵偃蹇兮姣服，芳菲菲兮满堂。
五音纷兮繁会，君欣欣兮乐康。

【译文】吉祥日子好时光，恭恭敬敬祭上皇。玉镶宝剑手按抚。全身佩玉响叮当。玉镇压在瑶席上。鲜花供在神座旁。献上祭肉兰蕙垫，置上桂酒椒子汤。高举鼓槌猛击鼓，轻歌曼舞节拍疏，竽瑟齐奏歌声扬。华服巫女翩跹舞，芳香馥郁满殿堂。各种音调成交响，东皇太一喜洋洋。

云中君

浴兰汤兮沐芳，华采衣兮若英。
灵连蜷兮既留，烂昭昭兮未央。
謇将憺兮寿宫，与日月兮齐光。
龙驾兮帝服，聊翱游兮周章。
灵皇皇兮既降，猋远举兮云中。
览冀州兮有余，横四海兮焉穷。

思夫君兮太息，极劳心兮忡忡。

【译文】沐浴着芳香四散的兰汤，穿上那鲜艳华丽的衣裳。神灵啊回环降临我身上，闪耀无穷尽的灿烂光芒。参加祭祀你将降临神堂，璀璨的光辉与日月争光。乘驾龙车穿着天帝服装，你在天上翱翔周游四方。神灵啊光灿灿已经降临，忽然又远远地躲进云中。你的光芒遍及九州有余，你的踪迹纵横四海无穷。思念你啊令人声声叹息，盼望你啊使人忧心忡忡。

湘君

君不行兮夷犹，蹇谁留兮中洲；
美要眇兮宜修，沛吾乘兮桂舟；
令沅湘兮无波，使江水兮安流；
望夫君兮归来，吹参差兮谁思；
驾飞龙兮北征，邅吾道兮洞庭；
薜荔拍兮蕙绸，承荃桡兮兰旌；
望涔阳兮极浦，横大江兮扬灵；
扬灵兮未极，女婵媛兮为余太息；
横流涕兮潺湲，隐思君兮悱恻。

【译文】湘君你犹豫不前为哪桩。谁把你留在洲中使我想？修饰好美丽容貌来接你，我乘上桂木龙舟快启航。我不准沅江湘江兴风浪，令长江平平静静向前淌。盼望你啊为什么总不来，吹参差啊你说我把谁想？乘着那飞快龙舟往北行，我掉转船头又驶向洞庭。薜荔饰船舱蕙草饰幕帐，兰草饰旌旗荪草饰船桨。眺望涔阳浦口遥远地方，飞舟横渡大江神采飞扬。心盼望神远驰永无尽头，妹妹声声叹息为我悲伤。止不住滚滚热泪腮边淌，暗暗地思念你啊愁断肠。

桂棹兮兰枻，斫冰兮积雪。
采薜荔兮水中，搴芙蓉兮木末。
心不同兮媒劳，恩不甚兮轻绝。
石濑兮浅浅，飞龙兮翩翩。
交不忠兮怨长，期不信兮告余以不闲。

朝骋骛兮江皋，夕弭节兮北渚。
鸟次兮屋上，水周兮堂下。
捐余玦兮江中，遗余佩兮澧浦。
采芳洲兮杜若，将以遗兮下女。
时不可兮再得，聊逍遥兮容与。

【译文】桂木的棹啊木兰做的桨，划破像层冰积雪的水光。迎湘君好像水中采薜荔，上树梢攀摘荷花也这样!两人啊心儿不同媒徒劳，彼此间恩爱不深易轻抛!流啊水在石间急速地流，摇啊船在水上飞快地摇。相交不忠贞怨恨必然深，说话不算数还说没空闲。清晨我奔波江岸不辞劳，傍晚啊停宿小岛心烦躁。堂屋上一群小鸟在栖息，堂屋下淙淙流水在环绕。我要把玉佩抛到江里去，我要把琼琚丢在澧水旁。我采摘香花香草香岛上，要送给我身旁的好姑娘。美好的时辰一去不复返，我暂且自由自在度时光。

湘夫人

帝子降兮北渚，目眇眇兮愁予。
嫋嫋兮秋风，洞庭波兮木叶下。
登白薠兮骋望，与佳期兮夕张。
鸟萃兮蘋中？罾何为兮木上？
沅有芷兮澧有兰，思公子兮未敢言。
慌惚兮远望，观流水兮潺湲。
麋何为兮庭中？蛟何为兮水裔？
朝驰余马兮江皋，夕济兮西澨。
闻佳人兮召予，将腾驾兮偕逝。

【译文】湘夫人已经来到北洲上，不见她望眼欲穿心忧伤。秋风轻轻吹拂天气初凉，树叶凋零洞庭微波荡漾。站在白蘋草坡纵目远望，与夫人约会在今天晚上。为什么山鸟聚集水草中？为什么鱼网张在树梢上？沅水有芷草澧水有兰花，湘夫人思念你啊无法讲。我盼啊神恩迷惘向远望，只看到沅水澧水慢慢淌。为什么麋鹿寻食庭院中？为什么蛟龙游戏河岸上？清晨我打马奔驰大江边，傍晚我渡到大江西岸旁。我听说湘夫人啊来相召，我将驾着飞车同她前往。

筑室兮水中，葺之兮荷盖。
荪壁兮紫坛，播芳椒兮成堂。
桂栋兮兰橑，辛夷楣兮药房。
罔薜荔兮为帷，擗蕙櫋兮既张。
白玉兮为镇，疏石兰兮为芳。
芷葺兮荷屋，缭之兮杜衡。
合百草兮实庭，建芳馨兮庑门。
九疑缤兮并迎，灵之来兮如云。
捐余袂兮江中，遗余褋兮澧浦。
搴汀洲兮杜若，将以遗兮远者。
时不可兮骤得，聊逍遥兮容与。

【译文】我们把房屋建筑在水中，还要用荷叶盖在屋顶上。荃草做墙壁紫贝铺庭院，四壁上涂饰香椒作厅堂。木兰做屋椽桂木做屋梁，辛夷做门框白芷做卧房。薜荔草编织成为大帐幔，香蕙草做成隔扇已拉上。用雪白的美玉做成席镇，各处陈设石兰一片芳香。荷叶屋顶再把香芷盖上，芬芳杜衡缭绕房屋四方。汇集各种香草充实庭院，各色香花陈列门前走廊。九疑山的众神纷纷降临，为迎接湘夫人神灵如云。我把那外衣抛到江中去，我把那内衣丢在澧水旁。我采摘香花香草小洲上，将送给远方人儿好姑娘。美好的时辰一去不再得，我暂且自由自在度时光。

大司命

广开兮天门，纷吾乘兮玄云。
令飘风兮先驱，使涷雨兮洒尘。
君迴翔兮以下，踰空桑兮从女。
纷总总兮九州，何寿夭兮在予！
高飞兮安翔，乘清气兮御阴阳。
吾与君兮斋速，导帝之兮九坑。
灵衣兮被被，玉佩兮陆离。
一阴兮一阳，众莫知兮余所为。

【译文】（男）赶快把那天门大大打开，我要乘浓浓的乌云下来。我命令旋风作我的先导，令暴雨洒除那空中尘埃。（女）你盘旋着已经降临下界，我越过空桑山跟随你来。（男）九州里有人众千千万万，他们的寿和夭由我主宰。（女）我俩高高地安闲飞翔，乘着清明之气驾御阴阳。我和你恭敬地迎接上帝，引导上帝灵威来到世上。（男）我身上的神衣徐徐飘动，我腰间的玉佩闪闪发光。灵光忽隐忽现若有若无，谁也不知道我干的勾当。

折疏麻兮瑶华，将以遗兮离居。
老冉冉兮既极，不寖近兮愈疏。
乘龙兮辚辚，高驰兮冲天。
结桂枝兮延伫，羌愈思兮愁人。
愁人兮奈何！愿若今兮无亏。
固人命兮有当，孰离合兮可为。

【译文】（女）我要折下神麻玉色的花，将送给隐者他远离开家。人老了渐渐地趋向垂暮，不亲近大司命更加生疏。大司命乘龙车轰轰隆隆，迅速地奔驰向高高天空。我编结桂树枝徘徊盼顾，越想他越使我思虑无穷。忧愁啊真使人毫无办法。只愿他像现在自己珍重。本来啊人寿命各有短长。生和死谁又能主宰操纵？

少司命

秋兰兮蘼芜，罗生兮堂下。
绿叶兮素华，芳菲菲兮袭予。
夫人兮自有美子，荪何以兮愁苦？
秋兰兮青青，绿叶兮紫茎。
满堂兮美人，忽独与予兮目成。
入不言兮出不辞，乘迴风兮载云旗。
悲莫悲兮生别离，乐莫乐兮新相知。
荷衣兮蕙带，儵而来兮忽而逝。
夕宿兮帝郊，君谁须兮云之际？
与女沐兮咸池，晞女发兮阳之三河。

望美人兮未来，临风怳兮浩歌。
孔盖兮翠旌，登九天兮抚彗星。
竦长剑兮拥幼艾，荃独宜兮为民正。

【译文】秋天的兰花和芳香蘼芜，在祭堂的四周并列生长。绿色的叶片雪白的花朵，散发出阵阵袭人的清香。世人自有他们的好儿女，你为何还要为他们忧伤？堂下秋兰正在繁茂开放，嫩绿叶片长在紫色茎上。满堂啊都是祭祀的美人，你却忽然对我眉目传情。但进出没有对我说句话，乘旋风驾云旗飘然离去。悲啊最悲的是生生别离，乐啊最乐的是新新相知。穿着荷花衣裳蕙草衣带，突然来到了转眼又不在。晚上你投宿在天国郊外，你啊在云端里把谁等待？我真想和你在咸池沐浴，你的香发应到旸谷去晒。盼望你啊你却总是不来，临风高歌我的愁情难解。翠色旌旗孔雀毛的车盖，你乘着上九天为民除害。高举长剑保护下一代啊，只有你才是人命的主宰！

东君

暾将出兮东方，照吾槛兮扶桑。
抚余马兮安驱，夜皎皎兮既明。
驾龙辀兮乘雷，载云旗兮委蛇。
长太息兮将上，心低徊兮顾怀。
羌声色兮娱人，观者憺兮忘归。
緪瑟兮交鼓，箫钟兮瑶簴。
鸣篪兮吹竽，思灵保兮贤姱。
翾飞兮翠曾，展诗兮会舞。
应律兮合节，灵之来兮蔽日。
青云衣兮白霓裳，举长矢兮射天狼。
操余弧兮反沦降，援北斗兮酌桂浆。
撰余辔兮高驰翔，杳冥冥兮以东行。

【译文】（男）温暖的光芒将出自东方，
红光照耀我的栏杆扶桑。
我控制着龙马从容前进，
漫漫的黑夜已渐渐明亮。

我乘驾的龙车雷为车轮，
车四周的云彩飘浮动荡。
声声长叹我将向上升起，
心中迟疑不决眷恋彷徨。
我的声势容采多么迷人，
人们乐而忘返对我瞻仰。
（众）琴瑟急奏鼓对敲，
钟磬齐鸣钟架摇。
吹起篪啊吹起竽，
太阳神啊多美好。
轻盈起舞舞步急。
唱诗合舞好热闹。
歌合律来舞合拍，
众神纷纷降临了。
（男）穿着青云衣服白霓裙裳，
手持长长利箭直射天狼。
操起弧矢渐渐往西下降，
举起北斗盛满桂花酒浆。
驾着我的龙车继续奔驰，
在茫茫黑夜里奔向东方。

河伯

与女游兮九河，冲风起兮横波。
乘水车兮荷盖，驾两龙兮骖螭。
登昆仑兮四望，心飞扬兮浩荡。
日将暮兮怅忘归，惟极浦兮寤怀。
鱼鳞屋兮龙堂，紫贝阙兮朱宫。
灵何为兮水中？乘白鼋兮逐文鱼，
与女游兮河之渚，流澌纷兮将来下。
子交手兮东行，送美人兮南浦。
波滔滔兮来迎，鱼邻邻兮媵予。

【译文】（男）我和你一起游玩黄河上，暴风骤起河水翻卷波浪。我们乘的水车荷叶为盖，两龙驾御在中两螭在旁。

（女）登上了昆仑山四面眺望，顿觉心胸开阔情绪高昂。暮色苍茫惆怅忘了归去，想着遥远地方思绪茫茫。你住着鱼鳞屋龙鳞殿堂，紫贝砌的楼阁珍珠卧房。为什么生活在水的中央？

（男）我们乘着白鼋追逐文鱼，我和你游戏在河中岛上，河水伴随我们纷纷流淌。

（女）与你执手话别将向东行，我送你一直送到南岸上。波涛滚滚前来迎接我啊，鱼儿对对前来作伴随航。

山 鬼

若有人兮山之阿，被薜荔兮带女萝。
既含睇兮又宜笑，子慕予兮善窈窕。
乘赤豹兮从文狸，辛夷车兮结桂旗。
被石兰兮带杜衡，折芳馨兮遗所思。
余处幽篁兮终不见天，路险难兮独后来。
表独立兮山之上，云容容兮而在下。
杳冥冥兮羌昼晦，东风飘兮神灵雨。
留灵修兮憺忘归，岁既晏兮孰华予？

【译文】有一人啊仿佛在深山间，身披薜荔女萝系佩腰前。眉目含情甜甜笑容满面，你爱慕我说我美好幽娴。我乘驾着赤豹带着文狸，坐着辛夷木车桂枝为旗。披戴石兰花儿系带杜衡，采香花送恋人了我心意。我住竹林深处终不见天，独自来迟了路途太艰险。我孤独地站在高高山巅，飘浮的云彩在脚下舒卷。深山老林白日非常幽暗，飘风骤雨不定变幻多端。我要让你留下乐而忘归。如果老了谁还认为我美！

采三秀兮于山间，石磊磊兮葛蔓蔓。
怨公子兮怅忘归，君思我兮不得闲。
山中人兮芳杜若，饮石泉兮荫松柏。
君思我兮然疑作。
雷填填兮雨冥冥，猨啾啾兮狖夜鸣。
风飒飒兮木萧萧，思公子兮徒离忧。

【译文】采摘灵芝我走遍了巫山，山上乱石攒聚葛蔓纠缠。怨恨你啊使我惆怅忘归，既然思念我为何不得闲？我这山中人芳洁像杜若，住在松柏下饮用山中泉，你想念我却又信疑参半！山中雷声隆隆阴雨绵绵。夜里猿猴悲啼声声不断。山里阴风阵阵叶落萧萧，思念你啊使我忧愁无限。

国殇

操吴戈兮被犀甲，车错毂兮短兵接。
旌蔽日兮敌若云，矢交坠兮士争先。
陵予陈兮躐予行，左骖殪兮右刃伤。
霾两轮兮絷四马，援玉枹兮击鸣鼓。
天时怼兮威灵怒，严杀尽兮弃原野。
出不入兮往不返，平原忽兮路超远。
带长剑兮挟秦弓，首身离兮心不惩。
诚既勇兮又以武，终刚强兮不可陵。
身既死兮神以灵，魂魄毅兮为鬼雄。

【译文】战士手持兵器身披犀甲，敌我战车交错戈剑相接。旌旗遮天蔽日敌众如云，飞箭如细战士奋勇争先。敌军侵犯我们行列阵地，右骖马受伤左骖马倒毙。兵车两轮深陷绊住四马，主帅举起鼓槌猛击战鼓。杀得天昏地暗神灵震怒，全军将士捐躯茫茫原野。将士们啊一去永不回还，走向那平原的遥远路途。佩长剑夹强弓争战沙场，首身分离雄心永远不屈。真正勇敢顽强而又英武，始终刚强坚毅不可凌辱。人虽死啊神灵终究不泯。魂魄刚毅不愧鬼中雄杰！

礼魂

成礼兮会鼓，
传芭兮代舞。

姱女倡兮容与。
春兰兮秋鞠，
长无绝兮终古。

【译文】典礼完成，鼓儿齐敲。
鲜花频传，轮番舞蹈。
美人儿唱啊乐陶陶。
年年春兰秋菊时，
祭祀大典忘不了。

远 游

悲时俗之迫阨兮，愿轻举而远游。
质菲薄而无因兮，焉讬乘而上浮？
遭沈浊而污秽兮，独郁结其谁语！、
夜耿耿而不寐兮，魂营营而至曙。
惟天地之无穷兮，哀人生之长勤。
往者余弗及兮，来者吾不闻。
步徙倚而遥思兮，怊惝怳而乖怀。
意荒忽而流荡兮，心愁悽而增悲。

【译文】悲哀社会习气嫉贤妒能，我愿轻身高举远游求真。本性鄙陋没有什么依靠，怎么能乘清气向上飞升？我遭逢的时世污秽浑浊，独自愁思郁结向谁诉说!夜里辗转反侧难以成眠，神魂凄凄切切直到天明。只有天地才是无穷无尽，可怜人生只会劳碌终身。过去了的我已不能追及，将要来的我也不能听见。我徘徊不定而想得很远，惆怅失意理想难以实现。我心情迷茫而四处游荡，心中愁惨痛苦无限悲伤。

神倏忽而不反兮，形枯槁而独留。
内惟省以端操兮，求正气之所由。
漠虚静以恬愉兮，澹无为而自得。

闻赤松之清尘兮，愿承风乎遗则。
贵真人之休德兮，美往世之登仙。

【译文】魂魄很快飘忽离而不返，躯体形销骨立独自留下。心中反复思索审察志向，探求正大之气来自何方。淡漠平静内心安适愉悦，清心寡欲才能恬然自得。我想听赤松先生的美言，愿意继承他的遗风法则。我崇尚赤松先生的美德，羡慕过去的人能够成仙。

与化去而不风兮，名声著而日延。
奇傅说之讬辰星兮，羡韩众之得一。
形穆穆以浸远兮，离人群而遁逸。
因气变而遂曾举兮，忽神奔而鬼怪。
时仿佛以遥见兮，精皎皎以往来。
超氛埃而淑邮兮，终不反其故都。
免众患而不惧兮，世莫知其所如。

【译文】他们蜕形而去人不能见，他们名声显著流传千年。惊叹傅说死后化为辰星，我羡慕韩众能得道成仙。他们形体渐渐远离尘世，他们逃避世俗隐去不见。凭借精气变化高高升举。能像鬼神往来瞬息万变。有时仿佛能够远远看见，神灵耀眼往来宇宙之间。超越浊世居住名山洞府，始终不愿返回他的故都。避免众人忧患毫不惧怕，世人难测他们从哪到哪。

恐天时之代序兮，耀灵晔而西征。
微霜降而下沦兮，悼芳草之先零。
聊仿佯而逍遥兮，永历年而无成。
谁可与玩斯遗芳兮？长乡风而舒情。
高阳邈以远兮，余将焉所程？

【译文】担心一年四季不断变化，灿烂的太阳在渐渐西下。寒冷的严霜也开始降临，我悼惜香草会首先凋零。我暂且徘徊而逍遥自在，我只虚度年华一事无成。谁能和我共赏这些香草？我只好长久地迎风抒情。古帝高阳离我们太远了，我又将如何去效法古人？

重曰：春秋忽其不淹兮，奚久留此故居。
轩辕不可攀援兮，吾将从王乔而戏娱。
飡六气而饮沆瀣兮，漱正阳而含朝霞。

保神明之清澄兮，精气入而粗秽除。
顺凯风以从游兮，至南巢而一息。
见王子而宿之兮，审一气之和德。
曰："道可受兮，而不可传；
其小无内兮，其大无垠；
毋滑而魂兮，彼将自然；
一气孔神兮，于中夜存；
虚以待之兮，无为之先；
庶类以成兮，此德之门。

【译文】又一支歌：四季不会停留很快过去，我怎能长久地留在故居。黄帝尊贵高远难以求助，我将跟随王乔娱乐游戏。我要吸食六气渴饮清露，含漱朝霞呼吸正阳之气。保持自己精神清新纯净，精气入浊气除吐故纳新。我将乘着南风随风而去，到达南巢后我停下休息。看见了王乔我深深作揖，询问他"一气"怎样"和德"。他说："'道'可心领不可言传；道是无限小的又无穷大；你精神不混乱，心就自然；'一气'什么时候最为神通，半夜寂静存在自己心中；对待一切事物任其自然，万事之前应该寡欲清心；如果众多法门已经成功，那就找到了'和德'的路径。"

"闻至贵而遂徂兮，忽乎吾将行。
仍羽人于丹丘兮，留不死之旧乡。
朝濯发于汤谷兮，夕晞予身兮九阳。
吸飞泉之微液兮，怀琬琰之华英。
玉色頩以脕颜兮，精纯粹而始壮。
质销铄以汋约兮，神要眇以淫放。
嘉南州之炎德兮，丽桂树之冬荣；
山萧条而无兽兮，野寂漠而无人。
载营魄而登霞兮，掩浮云而上征。

【译文】领教这些要诀就想去做，迫不及待地我将要前行。走到飞仙们居住的丹丘，留在这长生不死的仙乡。早晨我在旸谷洗濯头发，傍晚我让九阳晒干身上。我要吸饮飞泉里的泉水，把美玉的花朵作为食粮。我的貌如美玉光彩照人，我的精神纯粹开始强壮。我的凡胎脱尽质丽体轻，我的神灵深远无束无拘。南州气候温暖令人赞美，桂树冬天开花非常美丽；这里仙山空虚野兽不到，这里旷野寂静没有人迹。载着晶莹魂魄登上朝霞，乘着飘浮云彩向上飞去。

命天阍其开关兮，排阊阖而望予。
召丰隆使先导兮，问大微之所居。
集重阳入帝宫兮，造旬始而观清都。
朝发轫于大仪兮，夕始临乎于微闾。

【译文】我叫守门人把天门打开，他推开南门望着我进来。我召唤丰隆去前面开路，叫他打听太微宫的所在。来到九重天进入太微宫，访问旬始星游览天帝府。早晨又从天帝宫庭出发，傍晚来到了于微闾停留。

屯余车之万乘兮，纷容与而并驰。
驾八龙之婉婉兮，载云旗之逶迤。
建雄虹之采旄兮，五色杂而炫耀。
服偃蹇以低昂兮，骖连蜷以骄骜。
骑胶葛以杂乱兮，班漫衍而方行。
挽余辔而正策兮，吾将过乎句芒。

【译文】我把很多车辆聚集一起，众车缓缓而行并驾齐驱。驾车的八条龙蜿蜒前进，载着的云霓旗随风卷曲。又把虹霓作为彩色大旗，旗帜五色混杂光耀千里。服马高大雄俊俯仰自如，骖马身长蹄曲纵横恣意。车骑众多相互交加杂错，从游队列正在浩荡前往。我已拉紧缰绳持好马鞭，我的车骑将要越过句芒。

历太皓以右转兮，前飞廉以启路。
阳杲杲其未光兮，凌天地以径度。
风伯为余先驱兮，氛埃辟而清凉。
凤凰翼其承旗兮，遇蓐收乎西皇。
揽彗星以为旍兮，举斗柄以为麾。
叛陆离其上下兮，游惊雾之流波。

【译文】经过太皓身旁车向右转，飞廉开路走在队列前方。明亮太阳还未放射光芒，由东往西凌驾天地之上。风伯是我们车队的先驱，我已避开浊世身心清爽。凤凰展开双翅承接旌旗，途中又遇到蓐收和西皇。摘取彗星作为我的旗帜，举起北斗斗柄作旗挥扬。旗帜五光十色忽上忽下，上如云雾流动下如波浪。

时暧曃其曭莽兮，召玄武而奔属。
后文昌使掌行兮，选署众神以并毂。
路曼曼其修远兮，徐弭节而高厉。
左雨师使径侍兮，右雷公以为卫。
欲度世以忘归兮，意恣睢以担挢。
内欣欣而自美兮，聊媮娱以淫乐。
涉青云以汎滥游兮，忽临睨夫旧乡。
仆夫怀余心悲兮，边马顾而不行。
思旧故以想像兮，长太息而掩涕。
氾容与而遐举兮，聊抑志而自弭。
指炎神而直驰兮，吾将往乎南疑。
览方外之荒忽兮，沛罔瀁而自浮。
祝融戒而跸御兮，腾告鸾鸟迎宓妃。
张《咸池》奏《承云》兮，二女御《九韶》歌。
使湘灵鼓瑟兮，令海若舞冯夷。
玄螭虫象并出进兮，形蟉虬而逶蛇。
雌蜺便娟以增挠兮，鸾鸟轩翥而翔飞。
音乐博衍无终极兮，焉乃逝以徘徊。

【译文】天色渐渐昏暗日月无光，我命玄武赶快紧紧跟上。让文昌在后面掌管随从，选择安排众神并驾前往。前面的道路啊又远又长，慢慢把车停下高高凭望。叫雨师在左边路旁侍候，让雷公在右边放哨站岗。我想超脱尘世乐而忘返，我想随心所欲高举向上。心中高高兴兴修饰自己，暂且尽情娱乐身心舒畅。穿过层层云雾纵横游荡，忽然看见了自己的故乡。车夫感怀啊我心中悲伤，两边马儿停下回头眺望。我思念故土啊又想回去，深深叹息涕泪沾湿衣裳。游荡徘徊还是远远离去，暂且控制感情硬起心肠。指定炎帝驱车向南驰去，我将要奔驰到九疑山旁。我看见那世外渺渺茫茫，就像浩瀚波涛上下浮荡。祝融告诫我要停止前行，我传令鸾鸟把宓妃迎上。安排《咸池》曲奏起《承云》乐，娥皇女英进献《九韶》之歌。我让湘灵把瑟弹奏起来，叫海神与河神一起跳舞。众多水中神物一齐走出，它们形体屈曲婉转自如。彩虹艳丽把我层层缠绕，鸾鸟高高飞翔围着舞蹈。舒展的音乐声缭绕不绝，于是我就到处徘徊寻找。

舒并节以驰骛兮，逴绝垠乎寒门。
轶迅风于清源兮，从颛顼乎增冰。

【译文】我放松了缰绳纵马驰骋，奔向那遥远的天边寒门。穿过寒冷疾风发源之地，跟从颛顼来到冰天雪地。

历玄冥以邪径兮，乘间维以反顾。
召黔嬴而见之兮，为余先乎平路。
经营四方兮，周流六漠。
上至列缺兮，降望大壑。
下峥嵘而无地兮，上寥廓而无天。
视倏忽而无见兮，听惝恍而无闻。
超无为以至清兮，与泰初而为邻。

【译文】经过玄冥前面道路崎岖，暂且凭借天间地维休息。召见黔嬴向他讯问缘故，让他给我在前铺平道路。我乘驾着车辆走遍四方，东西南北上下周游一趟。向上我来到了闪电之处，向下把东方的归墟眺望。下界深远渺茫看不见地，上界空旷无垠天在何方。一切迅速变化眼看不见，四周空寂默默没有声响。远远胜过无为清虚境界，我和泰初一起共存共亡。

卜居

屈原既放，三年不得复见，竭智尽忠，蔽鄣于谗，心烦意乱，不知所从。乃往见太卜郑詹尹曰：“余有所疑，愿因先生决之。”詹尹乃端策拂龟，曰：“君将何以教之？”

【译文】屈原啊他已经遭到放逐，三年了不能与楚王再见。他为了君国用尽了心力，但他的进取却遭到谗言。他心烦意乱不知怎么办，就去见管卜筮的郑詹尹。屈原说：“有些问题想不通，特来请教先生帮我决断。”詹尹忙把卜筮工具备好，说道：“不知您有什么见教？”

屈原曰：“吾宁悃悃款款，朴以忠乎？将送往劳来，斯无穷乎？宁诛锄草茅，以力耕乎？将游大人，以成名乎？宁正言不讳，以危身乎？将从俗富贵，以媮生乎？宁超然高举，以保真乎？将呢訾慄斯，喔咿嚅唲，以事妇人乎？宁廉洁正直，以自清乎？将突梯滑稽，如脂如韦，以絜楹乎？宁昂昂若千里之驹乎？将氾氾若水中之凫乎？与波上下，偷以全吾躯乎？宁与骐骥抗轭乎？将随驽马之迹乎？宁与黄鹄比翼乎？将兴鸡鹜争食乎？此孰吉孰凶？何去何从？世溷浊而不清：蝉翼为重，千钧为轻；黄钟毁弃，瓦釜雷鸣；谗人高张，贤士无名。吁嗟默默兮，谁知吾之廉贞？”

【译文】屈原对他说：“应该诚实勤恳朴质忠厚，还是周旋应酬媚世取巧？应该努力耕作除草助苗，还是游说诸侯求取名爵？应该不惜性命大胆直言，还是贪图富贵可耻活着？应该远走高飞保全性真，还是阿谀逢迎屈己从俗。奴颜婢膝般去取媚妇人？应该廉洁正直清清白白，还是圆滑随俗没有骨气，像那油脂光滑牛皮柔软？应该昂首挺胸像千里驹？还是像水中鸟浮游不定，随波逐流苟且保全身躯？我应该与骏马并驾齐驱？还是追随那劣马的足迹？我应该与天鹅长空比翼？还是去与鸡鸭争食斗气？这到底哪样好哪样不好，我应该如何做又如何行？这个世道真是浑浊不清。有人说千钧比蝉翼还轻，青铜的编钟被销毁抛弃，瓦锅作为乐器响如雷鸣，坏人得势好人埋没无名。啊！我不说了、再也不说了，谁了解我廉洁正直品行？”

詹尹乃释策而谢曰：“夫尺有所短，寸有所长，物有所不足，智有所不明，数有所不逮，神有所不通，用君之心，行君之意。龟策诚不能知此事。”

【译文】詹尹放下蓍草起身道歉：“衡量事物尺寸也不标准，万事万物都有不足之处，聪明的人也有不明之理，数理不是什么时候都能猜透，神灵有时也会变得糊涂。你想怎么做那就怎么做，龟壳蓍草实在于此无补。”

渔父

屈原既放，游于江潭，行吟泽畔，颜色憔悴，形容枯槁。

【译文】屈原啊已经遭到了放逐，他来到了沅江边上游荡，在江边一边走一边吟唱，他衰弱不振啊面色发黄，他形销骨立啊枯瘦模样。

渔父见而问之曰："子非三闾大夫与？何故至于斯！"屈原曰："世人皆浊我独清，众人皆醉我独醒，是以见放！"渔父曰："圣人不凝滞于物，而能与世推移。举世皆浊，何不淈其泥而扬其波？众人皆醉，何不餔其糟而歠其醨？何故深思高举，自令放为？"屈原曰："吾闻之，新沐者必弹冠，新浴者必振衣；安能以身之察察，受物之汶汶者乎！宁赴湘流，葬于江鱼之腹中。安能以皓皓之白，而蒙世俗之尘埃乎！"

【译文】渔翁看到屈原向他问道："您不就是三闾大夫吗？为什么会落到这种景况？"屈原回答渔翁的问话说："人人都肮脏只有我干净，个个都醉了只有我清醒，所以我怎么能不被流放。"渔翁听他说完就劝他道："圣人不拘泥于任何事物，并能够随着世道而变化。如果世间上人人都混浊，何不搅浑泥水助澜推波？如果世间上个个都醉了，为何不吃酒糟把酒大喝？为什么遇事深思又超脱，以至于使自己被人放逐？"屈原回答说："我听说，刚洗头要弹去帽上灰尘，刚洗澡要抖净衣上尘土。怎能让干干净净的身体，去沾染污污浊浊的外物？我宁愿投入那湘江水中，让自己葬身在江中鱼腹。怎能让洁白纯净的东西，蒙受那世俗尘埃的玷污！"

渔父莞尔而笑，鼓枻而去，乃歌曰："沧浪之水清兮，可以濯吾缨。沧浪之水浊兮，可以濯吾足。"遂去不复与言。

【译文】渔翁听完后就微笑起来，拍着他的船桨边走边唱："沧浪江的水啊清又清啊。可以洗一洗啊我的头巾。沧浪江的水啊浊又浊啊，可以洗一洗啊我的双脚。"他走了不再和屈原说话。

贾谊

汉洛阳人，年十八，以能诵诗属文称于郡中，文帝诏为博士，时年二十余，岁中超迁至大中大夫，谊请改正朔，易服色，制法度，兴礼乐。绛、灌等毁之，出为长沙王太傅。既辞往，闻长沙卑湿，自以寿不得长，又以谪去，意不自得，及渡湘水，为赋以吊屈原；居三年，有鹏鸟飞入舍，止于座隅，乃为赋以自厉。后岁余复拜梁王太傅，上《治安策》（即《陈政事疏》）数千言。居数年，梁王坠马死，谊自伤为傅无状，哭泣，岁余亦卒。年三十三。《史记》以谊与屈原合传，载其赋、论数篇，《汉书》复益以疏、策，其文雄骏宏肆，历代见称，盖卓然为西汉古文一大家，不独以论事明切见称也。（案世俗通行之贾谊《新书》十卷，先儒多谓其书大半割裂史、汉所载之文，分立篇目，由于后人之采辑附益，不尽可信，其文亦不及史汉所载远甚，故今不录。）

【译文】汉代洛阳人，十八岁时，因能诵诗撰写文章在郡中受到称赞，汉文帝诏为博士，二十多岁时，一年中破格提为太中大夫，贾谊更改历法，更换衣服颜色，制定法律、制度，兴盛礼乐。由于绛候周勃，灌婴等诋毁他，出任为长沙王的太傅。在辞职前往时，听到长沙地势低下潮湿，自认为寿命不长，又被贬职，心里不如意，等渡湘水时，作赋以凭吊屈原。在那里住了三年，有鹏鸟飞入房舍，停在座位旁边，于是作赋以自勉。后来几年又担任梁王的太傅，上书《治安策》（即《陈政事疏》）几千言。几年后，梁王从马上摔下来死了，贾谊认为自己身为太傅没有尽到职责，经常哭泣，几年后也去世了。终年三十三岁。《史记》将贾谊与屈原合传，记载了他几篇赋、论，《汉书》又增加了几篇疏、策。他的文章气势雄伟、宏大舒展，受到历代的称赞，是西汉古文中突出的一个大家，不止以论事明白、深切被称赞。（案：世俗所通行的贾谊《新书》十卷，先儒大多都说此书多半都割裂了《史记》《汉书》所记载的文章，划分篇章，由于后人的搜集辑录、附加增益，不能尽相信，并且所录入的文章远远不如《史记》《汉书》，所以今没有录入。）

过秦论上

秦孝公据殽函之固，拥雍州之地，君臣固守而窥周室，有席卷天下，包举宇内，囊括四海之意，并吞八荒之心。当是时，商君佐之，内立法度，务耕织，修守战之备；外连衡而斗诸侯。于是秦人拱手而取西河之外。

【译文】秦孝公依靠殽山、函谷关的险要形势，拥有雍州的土地，君臣们牢固地加以防守，而暗中图谋东周王朝的政权。秦孝公意欲像卷席似的卷收天下，像打包似的裹取宇内，像装袋似的套装四海，像吞吃似的吞没八荒。正当这个时候，商鞅辅助秦孝公，对内建立法令制度，尽力于耕种、纺织，修缮进攻与防守的器具，对外采用连横的策略，使诸侯各国自相斗争，于是秦人像两手相合一般轻易地取得了黄河以西的大片土地。

孝公既没，惠文、武、昭襄蒙故业，因遗策，南取汉中，西举巴、蜀，东割膏腴之地，收要害之郡。诸侯恐惧，会盟而谋弱秦，不爱珍器重宝肥饶之地，以致天下之士，合从缔交，相与为一。当此之时，齐有孟尝，赵有平原，楚有春申，魏有信陵。此四君者，皆明智而忠信，宽厚而爱人，尊贤重士，约从离横，兼韩、魏、燕、赵、齐、楚、宋、卫、中山之众。于是六国之士，有宁越、徐尚、苏秦、杜赫之属为之谋，齐明、周最、陈轸、昭滑、楼缓、翟景、苏厉、乐毅之徒通其意，吴起、孙膑、带佗、兒良、王廖、田忌、廉颇、赵奢之伦制其兵。尝以十倍之地，百万之众，叩关而攻秦。秦人开关延敌，九国之师，逡巡遁逃而不敢进。秦无亡矢遗镞之费，而天下诸侯已困矣。于是从散约解，争割地而奉秦。秦有余力而制其敝，追亡逐北，伏尸百万，流血漂橹。因利乘便，宰割天下，分裂山河。强国请服，弱国入朝。延及孝文王、庄襄王，享国之日浅，国家无事。

【译文】秦孝公死后，惠文王、武王、昭襄王，继承了原有的基业，遵循秦孝公遗留的策略，向南攻取汉中，向西占领巴、蜀，向东割取了肥沃的土地，收取了险要的地区。诸侯各国惊惶恐惧，会集结盟以谋求削弱秦国，各国不惜用珍贵的器具、重要的宝物与富饶的土地，来招纳天下的人才，采用合纵的策略，缔结盟约，互相援助，成为一体。正当这个时候，齐国有孟尝君，赵国有平原君，楚国有春申君，魏国有信陵君，这四位尊贵的人物，都聪慧明达而忠诚信义，对人宽松厚道而爱护备至，尊敬贤人而器重才士；他们以合纵的策略破坏秦国的连横策略，兼有韩、魏、燕、楚、齐、赵、宋、卫、中山的众多力量。于是六国的才士，有宁越、徐尚、苏秦、杜赫这些人为他们出谋划策；有齐明、周最、陈轸、昭滑、楼缓、翟景、苏厉、乐毅这些人沟通他们的意见；有吴起、孙膑、带佗、兒良、王廖、田忌、廉颇、赵奢这些人统率他们的军队。诸侯各国曾凭借比秦国大十倍的地方和百万大军，攻打函谷关而进袭秦国。秦军开关迎敌，九国的军队畏缩退却而不敢前进。秦国没有一点箭镞的耗费，可是天下的诸侯已陷入了困境，于是合纵的盟约分崩离析，诸侯各国争着割让土地以贿赂秦国。这样秦国就有余力利用诸侯的弱点来制服他们，追赶溃败逃跑的部队，杀得他们横尸百万，流淌的鲜血飘浮起大的盾牌；秦国趁着这便利的形势，宰割天下的土地，分裂诸侯的河山，于是强国请求归服，弱国入秦朝拜。一直到孝文王、庄襄王，他们在位享国的时间很短，国家平静无事。

及至秦王（篇中秦王字，《史记》本如此，《汉书》俱作“始皇”），续六世之余烈，振长策而驭宇内，吞二周而亡诸侯，履至尊而制六合，执捶拊以鞭笞天下，威镇四海。南取百越之地，以为桂林、象郡；百越之君，俯首系颈，委命下吏。乃使蒙恬北筑长城而守藩篱，却匈奴七百余里；胡人不敢南下而牧马，士不敢弯弓而报怨。

【译文】到了秦始皇，大大发展了六代祖先遗留下来的功业，挥动长鞭来驾驭天下，并吞了东周和西周，消灭了各国诸侯，登上了天子的宝座，控制着整个的天下，用严刑峻法奴役天下的人民，威势震慑四海。向南夺取了百越许多部落的土地，来改设为桂林郡和象郡。百越部落的首领，俯首低头地把绳索套在颈上表示降服，把性命交给秦朝的下级官吏掌握。秦始皇又派遣蒙恬在北方修筑万里长城作为防守边疆的屏障，把匈奴驱退了七百多里，致使胡人不敢南下放牧马群，胡兵也不敢张弓搭箭来报仇雪恨。

于是废先王之道，焚百家之言，以愚黔首；堕名城，杀豪杰；收天下之兵，聚之咸阳，销锋鍉，铸以为金人十二，以弱天下之民。然后践华为城，因河为池，据亿丈之城，临不测之溪，以为固。良将劲弩守要害之处，信臣精卒陈利兵而谁何。天下已定，秦王之心，自以为关中之固，金城千里，子孙帝王万世之业也。

【译文】于是秦始皇又废弃了古代明王的治国之道，焚烧了诸子百家的著作，以此使老百姓愚昧无知；毁坏名城，杀戮豪杰，收集天下的兵器，集中到咸阳，熔化刀剑和箭头，铸成十二个巨大的铜人，用来削弱天下人民的反抗力量。然后据守华山作为城墙，凭借黄河作为护城河，据守华山这座亿丈之高的城墙，下临黄河这条深不可测的护城河，以此作为守卫帝都的险固。良将手持强劲的机弩，防守要害的地方；忠信的大臣率领精兵，摆列着锋利的武器谁敢问津秦国。天下已经平定，在秦始皇的心目中，自以为关中的坚固，如千里铜铸的城墙，将是子子孙孙万世称帝的基业。

亲王既殁，余威振于殊俗。然而陈涉瓮牖绳枢之子，氓隶之人，而迁徙之徒；材能不及中人，非有仲尼、墨翟之贤，陶朱、猗顿之富；蹑足行伍之间，而倔起什陌之中，率罢散之卒，将数百之众，转而攻秦。斩木为兵，揭竿为旗，天下云集响应，赢粮而景从。山东豪俊遂并起而亡秦族矣。

【译文】秦始皇死后，他的余威还震慑着边远之地。然而，陈涉是一个用破瓮当作窗户、用绳索拴着门板的穷人子弟，是被人雇用种田的人，是被征发服役的人。才能不及中等资质的人，既没有孔子、墨子的贤德，也没有陶朱、猗顿的财富，在队伍里行走奔跑，在田野间随宜应付，带领着疲惫松散的士兵，统率着几百人的队伍，由征发服役转而攻打秦国，砍伐树木作为兵器，高举竹竿作为旗帜，天下的人们像浮云似的会合屯集，像回声似的应声而起，携带粮食像影子似地紧跟着他，殽山以东的豪杰也共同奋起，推翻了秦王朝的统治。

且夫天下非小弱也，雍州之地，殽函之固，自若也。陈涉之位，非尊于齐、楚、燕、赵、韩、魏、宋、卫、中山之君；锄櫌棘矜，非铦于鉤戟长铩也；谪戍之众，非抗于九国之师；深谋远虑，行军用兵之道，非及曩时之士也。然而成败异变，功业相反也？试使山东之国与陈涉度长絜大，比权量力，则不可同年而语矣。然秦以区区之地，致万乘之权，招八州而朝同列，百有余年矣；然后以六合为家，殽函为宫；一夫作难而七庙隳，身死人手，为天下笑者，何也？仁义不施而攻守之势异也。

【译文】且说那秦朝的一统天下并没有缩小与衰弱，雍州的地形，殽山、函谷关的险固，也依然一如以往。陈涉的地位，并不比齐、楚、燕、赵、魏、宋、卫、中山的国君尊贵；锄头铁耙、棘木的矛柄，并不比钩戟长矛锋利；被征发服役的壮丁，并不比九国的军队强盛；深谋远虑、行军用兵的法则，也不如过去的谋臣与名将。但是，成功与失败却有异常的变化，功业的成就也恰恰相反。如果拿殽山以东的诸侯之国，与陈涉较量一下长短与大小，比较一下权势与力量，那么确实是不能相提并论的。然而，秦国以很小的地盘，终于获得万乘大国的权势，攻占八州的土地而使同列的诸侯来朝拜，已有一百多年了。然后把整个天下合为一家，以殽山与函谷关作为内宫。可是陈涉一人发难而秦国的七代宗庙变成废墟，秦王子婴死在他人手中，被普天下的人们所讥笑，这是为什么呢？这是因为不以仁义施政，攻取天下与守护天下面临的形势是不相同的。

陈政事疏

臣窃惟事势，可为痛哭者一，可为流涕者二（姚鼐曰：此二字疑本是一字，后论匈奴一事，而叠出可为流涕句耳。非有二也。俗人或遂于起处增一为二），可为长太息者六（姚鼐曰："长太息者六"文内缺一，西山先生引《新书》诸侯官名制度同于天子者补之，鼐谓《新书》者未敢信以为真，贾生之文也。若果如此，孟坚必不删削之，意谓此一段为论积贮，即载于《食货志》者是已），若其它背理而伤道者，难遍以疏举。进言者皆曰天下已安已治矣，臣独以为未也。曰安且治者，非愚则谀，皆非事实知治乱之体者也。夫抱火厝之积薪之下而寝其上，火未及燃，因谓之安，方今之势，何以异此！本末舛逆，首尾衡决，国制抢攘，非甚有纪，胡可谓治！陛下何不一令臣得孰数之于前，因陈治安之策，试详择焉！

【译文】我私下考虑现在的局势，应该为之痛哭的有一项，应该为之流泪的有两项，应该为之大声叹息的有六项，至于其他违背情理而伤害大道的事，很难在奏疏中一一列举。向陛下进言的人都说现在天下已经安定了，已经治理得很好了，我却认为还不是那么回事。说天下已经安定已经大治的人，不是愚昧无知，就是阿谀奉承，都不是真正了解什么是治乱大体的人。有人抱着火种放在堆积的木柴之下，自己睡在这堆木柴之上，火还没有燃烧起来的时候，他便认为这是安宁的地方，现在国家的局势，与此有什么不同！本末颠倒，首尾冲突，国制混乱，不合理的现象严重，怎么能够说是大治！陛下为什么不让我对您详细地说明这一切，因而提出使国家真正大治大安的方策，以供陛下仔细斟酌选用呢！

夫射猎之娱，与安危之机孰急？使为治劳智虑，苦身体，乏钟鼓之乐，勿为可也。乐与今同，而加之诸侯轨道，兵革不动，民保首领，匈奴宾服，四荒乡风，百姓素朴，狱讼衰息。大数既得，则天下顺治，海内之气，清和咸理，生为明帝，殁为明神，名誉之美，垂于无穷。《礼》祖有功而宗有德，使顾成之庙称为太宗，上配太祖，与汉亡极。建久安之势，成长治之业，以承祖庙，以奉六亲，至孝也；以幸天下，以育群生，至仁也；立经陈纪，经重同得，后可以为万世法程，虽有愚幼不肖之嗣，犹得蒙业而安，至明也。以陛下之明达，因使少知治体者得佐下风，致此非难也。其具可素陈于前，愿幸无忽。臣谨稽之天地，验之往古，按之当今之务，日夜念此至孰也，虽使舜禹复生，为陛下计，亡以易此。

【译文】射箭打猎之类的娱乐与国家安危的关键相比，哪一样更急迫？假若所提的治世方法，需要耗费心血，摧残身体，影响享受钟鼓所奏音乐的乐趣，可以不加采纳；我的治国方策，能保证使陛下所享受的各种乐趣不受影响，却可以带来封国诸侯各遵法规，战争不起，平民拥护首领，匈奴归顺，纯朴之风响彻边陲，百姓温良朴素，官司之类的事情停止不发。大的气数已定，那么，全国便会顺应而治理得好，四海之内，一派升平的气象，万物都符合事理，陛下在生时被称为明帝，死后成为明神，美名佳誉永垂青史。《礼》书上说宗庙有功德，使您的顾成庙被尊称为大宗，得以与太祖共享盛名，与大汉天下共存亡。创建长久安定的形势，造成永久太平的业绩，以此来承奉祖庙和六亲，这是最大的孝顺；以此来使老百姓得到幸福，使芸芸众生得到养育，这是最大的仁；创设准则，标立纪纲，使大小事物各得其所，对后代可以为万世子孙树立楷模，即使是后世出现了愚鲁、幼稚、不肖的继承人，由于他继承了您的鸿业和福荫，还可以安享太平，这是最明智的办法。凭陛下的精明练达，再有稍微懂得治国之道的人辅佐，要达到这一境界并不困难。其内容全都可以原本地向陛下陈述，希望陛下不要忽视。我谨慎地用它来考察过天地的变化，应验过往古的情况，核对过当今的事情，日夜思考而详细地知道了它的内容，即使是禹和舜再生，为陛下考虑，也不能加以改变。

夫树国固必相疑之势，下数被其殃，上数爽其忧，甚非所以安上而全下也。今或亲弟谋为东帝，亲兄之子西乡而击，今吴又见告矣。天子春秋鼎盛，行义未过，德泽有加焉，犹尚如是，况莫大诸侯，权力且十此者乎！

【译文】建立诸侯国过于强大，本来必然会造成天子与诸侯之间互相对立的形势，臣下屡遭祸害，皇上也多次忧伤，这实在不是使皇上放心、使臣下保全的办法。如今有的亲兄弟图谋在东方称帝，亲侄子也向西袭击朝廷，近来吴王的谋反活动又被人告发。天子现在年富力强，品行道义上没有过错，对他们施加功德恩泽，而他们尚且如此，何况最大的诸侯，权力比他们还要大十倍呢！

然而天下少安，何也？大国之王幼弱未壮，汉之所置傅、相方握其事。数年之后，诸侯之王大抵皆冠，血气方刚，汉之傅、相称病而赐罢，彼自丞尉以上遍置私人，如此，有异淮南、济北之为邪！此时而欲为治安，虽尧、舜不治。

【译文】虽然如此，但是天下还比较安定，这是什么原因呢？因为大诸侯国的国王年纪还小没有成年，汉朝安置在那里的太傅、丞相还掌握着政事。几年以后，诸侯王大都加冠成人，血气方刚，而汉朝委派的太傅、丞相都要称病还乡了，而诸侯王会自下而上地普遍安插亲信，如果这样的话，他们的行为同淮南王、济北王有什么区别呢！到了那时，而想求得天下安定，即使是唐尧、虞舜在世也办不到了。

黄帝曰："日中必熭，操刀必割。"今令此道顺而全安，甚易，不肯早为，已乃堕骨肉之属而抗刭之，岂有异秦之季世乎！夫以天子之位，乘今之时，因天之助，尚惮以危为安，以乱为治；假设陛下居齐桓之处，将不合诸侯而匡天下乎？臣又知陛下有所必不能矣。假令天下如曩时，淮阴侯尚王楚，黥布王淮南，彭越王梁，韩信王韩，张敖王赵，贯高为相，卢绾王燕，陈豨在代，令此六七公者皆亡恙，当是时而陛下即天子位，能自安乎？臣有以知陛下之不能也。

【译文】黄帝说："到了中午一定要抓紧曝晒，拿着刀子一定要赶紧宰割。"现在要使治安之道顺利而稳妥地推行，是十分容易的。假使不肯及早行动，到头来就要毁掉亲骨肉，而且还要杀他们的头，这难道同秦朝末年的局势还有什么区别吗？凭着天子的权位，趁着当今的有利时机，靠着上天的帮助，尚且对转危为安、改乱为治的措施有所顾虑，假设陛下处在齐桓公的境地，大概不会去联合诸侯匡正天下吧？我知道陛下一定不能那样做的。假如国家的局势还像从前那样，淮阴侯韩信还统治着楚，黥布统治着淮南，彭越统治着梁，韩王信统治着韩，张敖统治着赵，贯高做赵国的相，卢绾统治着燕，陈豨还在代国，假令这六七个王公都还健在，在这时陛下继位做天子，自己能感到安全吗？我判断陛下是不会感到安全的。

天下殽乱，高皇帝与诸公并起，非有仄室之势以豫席之也。诸公幸者乃为中涓，其次仅得舍人，材之不逮至远也。高皇帝以明圣威武即天子位，割膏腴之地以王诸公，多者百余城，少者乃三四十县，惠至渥也。然其后十年之间，反者九起。陛下之与诸公，非亲角材而臣之也，又非身封王之也，自高皇帝不能以是一岁为安，故臣知陛下之不能也。然尚有可诿者，曰：疏。臣请试言其亲者。假令悼惠王王齐，元王王楚，中子王赵，幽王王淮阳，共王王梁，灵王王燕，厉王王淮南，六七贵人皆亡恙，当是时陛下即位，能为治乎？臣又知陛下之不能也。

【译文】在天下混乱的年代，高祖和这些王公们共同起事，并没有子侄亲属的势力做为依靠。这些王公走运的就成了亲近的侍从，差一点的仅当个管理宫中事务的官员，他们的才能远不及高祖。高祖凭着他的明智威武，即位做了天子，割出肥沃的土地，使这些王公成为诸侯王，多的有一百多个城，少的也有三四十个县，恩德是优厚的了。然而在以后的十年当中，反叛汉朝的事发生了九次。陛下跟这些王公，并没有亲自较量过才能而使他们甘心为臣的，也不是亲自封他们当诸侯王的。即使高祖也不能因此而得到一年的安宁，所以我知道陛下更不能得到安宁的。不过，上面这些情况，还有可以推托的理由，说是“关系疏远”。那就请允许我试着谈谈那些亲属诸侯王吧。假如让齐悼惠王统治着齐，楚元王统治着楚，赵王统治着赵，幽王统治着淮阳，恭王统治着梁，灵王统治着燕，厉王统治着淮南，假如这六七位贵人都还健在，在这时陛下即皇帝位，能使天下太平吗？我又知陛下是不能的。

若此诸王，虽名为臣，实皆有布衣昆弟之心，虑亡不帝制而天子自为者。擅爵人，赦死辠，甚者或戴黄屋，汉法令非行也。虽行不轨如厉王者，令之不肯听，召之安可致乎！幸而来至，法安可得加！动一亲戚，天下圜视而起。陛下之臣虽有悍如冯敬者，适启其口，匕首已陷其胸矣。陛下虽贤，谁与领此？故疏者必危，亲者必乱，已然之效也。其异姓负强而动者，汉已幸胜之矣，又不易其所以然。同姓袭是迹而动，既有徵矣，其势尽又复然。殃祸之变，未知所移，明帝处之尚不能以安，后世将如之何！

【译文】像这些诸侯王，虽然名义上是臣子，实际上他们都怀有老百姓那种兄弟关系的想法，大概没有不想采用天子的制度，而把自己当做天子的。他们擅自把爵位赏给别人，赦免死罪，甚至有人乘坐天子的黄屋车。他们不执行汉朝的法令。像厉王那样的不守法的人，命令他都不肯听从，又怎么能召他来呢！幸而召来了，法律怎么能施加到他身上呢！动了一个近亲，天下诸王都环视着惊动起来。陛下的臣子当中即使有冯敬那样勇敢的人，但是他刚开口揭发诸侯王的不法行为，刺客的匕首已经刺进他的胸膛了。陛下虽然贤明，谁能和您一起来治理这些人呢？所以说，关系疏远的诸侯王必定危险，亲属诸侯王也一定作乱，这是事实所证明了的。那些自负强大而发动叛乱的异姓诸侯王，汉朝已经幸运地战胜他们了，可是却没有改变酿成叛乱的制度。同姓诸侯王也袭用了这种做法，发动叛乱，如今已有征兆了，形势又完全回复到以前那种状态。灾祸的变化，还不知道要转移到何处。英明的皇帝处在这种情况下，尚且不能使国家安宁，后代又将怎么办呢！

屠牛坦一朝解十二牛，而芒刃不顿者，所排击剥割皆众理解也。至于髋髀之所，非斤则斧。夫仁义恩厚，人主之芒刃也；权势法制，人主之斤斧也。今诸侯王皆众髋髀也，释斤斧之用，而欲婴以芒刃，臣以为不缺则折。胡不用之淮南、济北？势不可也。

【译文】屠牛坦一早晨宰割了十二头牛，而屠刀的锋刃并不变钝，这是因为他所刮剔割剥的，都是顺着肉的肌理下刀。等碰到胯骨、大腿骨的地方，那就不是用砍刀就是用斧头去砍了。仁义恩厚好比是君王的刀刃，权势、法制好比是君王的砍刀、斧头。如今的诸侯王好比是胯骨、大腿骨，如果放弃砍刀、斧头不用，而要用刀刃去碰，我认为刀子不是出缺口就是被折断。为什么仁义恩厚不能用在淮南王、济北王的身上呢？因为形势不容许啊！

臣窃迹前事，大抵强者先反；淮阴王楚最强，则最先反；韩信倚胡，则又反；贯高因赵资，则又反；陈豨兵精，则又反；彭越用梁，则又反；黥布用淮南，则又反；卢绾最弱，最后反。长沙乃在二万五千户耳，功少而最完，势疏而最忠。非独性异人也，亦形势然也。曩令樊、郦、绛、灌据数十城而王，今虽已残亡，可也；令信、越之伦列为彻侯而居，虽至今存，可也。然则天下之大计可知已。欲诸王之皆忠附，则莫若令如长沙王；欲臣子之勿菹醢，则莫若令如樊、郦等；欲天下之治安，莫若众建诸侯而少其力。力少则易使以义，国小则亡邪心。令海内之势，如身之使臂，臂之使指，莫不制从；诸侯之君不敢有异心，辐辏并进而归命天子。虽在细民，且知其安，故天下咸知陛下之明。割地定制，令齐、赵、楚各为若干国，使悼惠王、幽王、元王之子孙，毕以次各受祖之分地，地尽而止，及燕、梁它国皆然。其分地众而子孙少者，建以为国，空而置之，须其子孙生者，举使君之。

【译文】我私下里考察从前的事件，大体上是势力强大的先反：淮阴侯韩信统治着楚，势力最强，就最先反叛；韩王信依靠了匈奴的力量，就又反叛了；贯高借助了赵国的条件，就又反叛了；陈豨部队精锐，也反叛了；彭越凭借梁国，也反叛了；黥布凭借淮南，也反叛了；卢绾势力最弱，最后反叛。长沙王吴芮才有二万五千封户，功劳很少，却保全了下来，权势最小而对汉朝最忠顺；这不只是由于性情和别人不同，也是由于形势使他这样。倘若从前让樊哙、郦商、周勃、灌婴占据几十个城为王，那现在他们由于作恶而亡国，也是可能的。假使让韩信、彭越之流，只居于彻侯的地位，即便今天也还能保全，也是可能的。既然如此，那么天下大计就可以知道了。要想使天下诸侯王都忠心归附汉朝，那最好让他们都像长沙王一样；要想让臣下不至于像韩信那样被杀掉，那最好让他们像樊哙、郦商那样；要想使天下安定，最好多多建立诸侯国而使他们的势力减小。力量弱小就容易用道义来指使他们，国土小就不会有反叛的邪念。这样就使全国的形势，如同身体使唤手臂，手臂使唤手指似的，没有不听从指挥的。诸侯王不敢有反叛的想法，如同辐条聚向车轴一样，都归顺天子，即使是老百姓，也会知道他们都很安稳。这样，天下就都知道陛下的英明。分割土地，定出制度：把齐、赵、楚三个王国分成若干侯国，让齐王、赵王、楚王的子孙，全都依次受封先人的那份封地，一直到分尽为止。对燕、梁等其他王国也是这样。有些封地大而子孙少的，也都分成若干侯国，暂时空着搁置起来，等着他们的子孙出生以后，再封他当侯。

诸侯之地其削颇入汉者，为徙其侯国。及封其子孙也，所以数偿之，一寸之地，一人之众，天子亡所利焉，诚以定治而已，故天下咸知陛下之廉。地制一定，宗室子孙莫虑不王；下无倍畔之心，上无诛伐之志，故天下咸知陛下之仁。法立而不犯，令行而不逆，贯高、利几之谋不生，柴奇、开章之计不萌，细民乡善，大臣致顺，故天下咸知陛下之义。卧赤子天下之上而安；植遗腹，朝委裘，而天下不乱。当时大治，后世诵圣。一动而五业附，陛下谁惮而久不为此？

【译文】诸侯王的封地，有不少已被削除收归汉朝所有的，那就替他们调整侯国所在的地区，等到要封他的子孙到别的地方去的时候，按侯国的应有户数，给以补偿。一寸土、一口人，皇帝也不沾他们的，确实只是为了安定太平罢了。这样，天下就都知道陛下的廉洁。分封土地的制度一旦确定，宗室子孙没有不考虑保住自己的统治的。臣子没有背叛的念头，皇帝没有讨伐的想法。所以天下就都知道陛下的仁德。法令制定了，没有人触犯；政令推行了，没有人抵触。贯高、利几一类的阴谋不会出现，柴奇、开章那样的诡计不会萌生。老百姓都向往良善，大臣都向皇上表示恭顺。所以天下就都知道陛下的道义。这样，即使让幼儿当皇帝，天下也很安定；即使立一个遗腹子作天子，让臣子朝拜老皇帝遗留下来的皇袍，天下也不致于混乱。这样，就可以使天下安定无事，后代也称颂陛下的圣明。只要采取这样的措施，上述五个方面的业绩也就随之而来了，而陛下又怕什么而久久不这样办呢？

天下之势方病大瘇。一胫之大几如要，一指之大几如股；平居不可屈信，一二指搐，身虑亡聊。失今不治，必为锢疾。后虽有扁鹊，不能为已。病非徒瘇也，又苦蹠戾。元王之子，帝之从弟也，今之王者，从弟之子也；惠王之子，亲兄子也，今之王者，兄子之子也。亲者或亡分地，以安天下；疏者或制大权，以逼天子。臣故曰：非徒病瘇也，又蹠戾。可痛哭者，此病是也！

【译文】当今，天下的形势像得了严重的浮肿病：小腿粗得差不多像腰围，脚指粗得差不多像大腿。平时都不能伸屈自如，一两个指头抽搐，浑身就觉得无所依赖。丧失了今天的机会而不医治，一定要成为难治的顽症。以后即使有扁鹊那样神医，也都无能为力。这个病还不只是浮肿，还苦于脚掌扭折不能走动。楚元王的儿子，是陛下的叔伯兄弟，当今的楚王，是叔伯兄弟的儿子，齐悼惠王的儿子，是陛下亲哥哥的儿子，当今的齐王是陛下哥哥的孙子。陛下自己的子孙，有的还没有分封土地，以便安定天下，旁支的子孙，倒有人掌握大权来威胁皇帝。所以，我说：不仅是害了浮肿病，还苦于脚掌扭折了不能走动。令人痛哭的就是这样一种病啊！

天下之势方倒县。凡天子者，天下之首，何也？上也。蛮夷者，天下之足，何也？下也。今匈奴嫚侮侵掠，至不敬也，为天下患，至亡已也，而汉岁致金絮采缯以奉之。夷狄征令，是主上之操也；天子共贡，是臣下之礼也。足反居上，首顾居下，倒县如此，莫之能解，犹为国有人乎？非亶倒县而已，又类辟，且病痱。夫辟者一面病，痱者一方痛。今西边北边之郡，虽有长爵不轻得复，五尺以上不轻得息，斥候望烽燧不得卧，将吏被介胄而睡，臣故曰一方病矣，医能治之，而上不使，可为流涕者此也。

【译文】天下的形势，正像一个倒吊着的人一样。天子，本来是天下的头颅。为什么这样说呢？因为天子的地位至高无上。蛮夷，本是天下的双脚。为什么这样说呢？因为他们是卑贱的属臣。现在匈奴态度傲慢，侮辱朝廷，侵占土地，掠夺财物，对汉朝非常不敬，给天下制造的祸患，已经无以复加。但是汉朝廷却要每年向匈奴奉送黄金、丝绵和绚丽的丝织品。蛮夷向汉朝发号施令，这是行使人主的权力；天子向蛮夷恭敬地纳贡，这是在行属臣的礼节。脚反而朝上，头反而朝下，这样头脚倒置，谁也不能解救，这还能说国家有贤明的人吗？还不仅仅是头脚倒置，还有足病，而且又有风病。足痛，痛的是一边，风病，痛的是一方。如今西部和北部的边郡，虽然封有高爵守边，仍然免除不了敌人入侵的忧患，从老至幼都因为战备而不得安宁，侦察人员要观察烽火而不能睡觉，将士则披着铠甲而睡，所以我说痛的是一方。医生能够治愈这种病，但是陛下却不让他治，这是应该为之流泪悲伤的事。

陛下何忍以帝皇之号为戎人诸侯，势既卑辱，而祸不息，长此安穷！进谋者率以为是，固不可解也，亡具甚矣。臣窃料匈奴之众不过汉一大县，以天下之大困于一县之众，甚为执事者羞之。陛下何不试以臣为属国之官以主匈奴？行臣之计，请必系单于之颈而制其命，伏中行说而笞其背，举匈奴之众唯上之令。今不猎猛敌而猎田彘，不搏反寇而搏畜菟，翫细娱而不图大患，非所以为安也。德可远施，威可远加，而直数百里外威令不信，可为流涕者此也。

【译文】陛下怎么忍心以帝皇的尊号去作匈奴的诸侯，位势既已卑下屈辱，但祸患却不因此停息，长此下去怎么会有穷尽!进谏的人大都认为这样做是对的，他们本来就不能解决，太缺乏治安的办法了。我私下估计匈奴的人数不过汉朝一个大县的人数，拥有广大天下的汉朝被只有一县人口的匈奴所困扰，我深为当政者感到羞辱。陛下怎么不让我作属国官去掌管匈奴事务？依照我的计谋，一定勒住单于的脖子而杀了他，降伏叛徒中行说而用鞭子抽他的背，率领匈奴的官民只听陛下的命令。现在不去征服敌人而去猎取野猪，不捕捉造反的盗贼而去捕捉畜养的兔子，沉湎于微小的娱乐中而不考虑消除国家的大患，这不是用来安定天下的办法。威德本来可以远播于四海之外，但现在距离长安只有数百里之外的地方，朝廷的威严和政令都不能被接受，这又是应该为之流泪悲伤的事。

今民卖僮者，为之绣衣丝履偏诸缘，内之闲中，是古天子后服，所以庙而不宴者也，而庶人得以衣婢妾。白縠之表，薄纨之里，緁以偏诸，美者黼绣，是古天子之服，今富人大贾嘉会召客者以被墙。古者以奉一帝一后而节适，今庶人屋壁得为帝服，倡优下贱得为后饰，然而天下不屈者，殆未有也。且帝之身自衣皁绨，而富民墙屋被文绣；天子之后以缘其领，庶人孽妾缘其履：此臣所谓舛也。夫百人作之不能衣一人，欲天下亡寒，胡可得也？一人耕之，十人聚而食之，欲天下亡饥，不可得也。饥寒切于民之肌肤，欲其亡为奸邪，不可得也。国已屈矣，盗贼直须时耳，然而献计者曰“毋动为大”耳。夫俗至大不敬也，至亡等也，至冒上也，进计者犹曰“毋为”，可为长太息者此也。

【译文】如今那些卖奴婢的人，给奴婢穿上绣边的衣服和丝边的鞋子，然后关进交易奴婢的栏中，这种服饰是古代王后穿的，只是进庙祭祀才穿平时都不穿的，但现在平民却用来给奴婢穿。那种白绉纱作面子，薄细绢作里子的花边衣服，是古代天子的衣服，如今富人大商人却用于招待客人时装饰墙壁。古代百姓为了侍奉天子和王后而适当节省，今天平民住房的墙壁可以用帝王的衣服做装饰，低贱的歌女艺妓可以用皇后服饰，这样做而要天下的财源不穷尽，恐怕是不可能的。况且皇帝自己也穿质量粗劣的黑色衣服，而那些富民却用华丽的绣织品去装饰房屋墙壁，皇后用来装饰衣领的高级丝绸，平民的小妾却用来装饰鞋子，这就是我所说的悖乱。如果一百个人生产出来的丝绵绸缎，还不够一个富人穿用，要想使天下人免受寒冷，怎么能够办到呢？一个农夫耕作，却有十个人不劳而获，要想使天下人不饥饿，是不可能的。天下百姓饥寒交迫，要想使他们不做违法犯上的事，是不可能的。国家既已贫穷，盗贼在等待时机，然而进谏的人却说“不要变动”，这是在说大话罢了。民众的习俗已经到了最无长幼、最无尊卑、最犯上做乱的时候，然而进谏的人却说“不要作为”，这是应该为之深深叹息的。

商君遗礼义，弃仁恩，并心于进取。行之二岁，秦俗日败。故秦人家富子壮则出分，家贫子壮则出赘。借父耰鉏，虑有德色；母取箕帚，立而谇语。抱哺其子，与公并倨；妇姑不相说，则反唇而相稽。其慈子耆利，不同禽兽者亡几耳。然并心而赴时犹曰蹶六国，兼天下。功成求得矣，终不知反廉愧之节，仁义之厚。信并兼之法，遂进取之业，天下大败，众掩寡，智欺愚，勇威怯，壮陵衰，其乱至矣，是以大贤起之，威震海内，德从天下。曩之为秦者，今转而为汉矣。然其遗风余俗，犹尚未改。今世以侈靡相竞，而上亡制度，弃礼谊，捐廉耻日甚，可谓月异而岁不同矣。逐利不已，虑非顾行也，今其甚者杀父兄矣。

【译文】商鞅抛弃了礼义和仁义恩惠，一心只想兼并天下；他的新法推行了两年，秦国的风俗日益败坏。所以秦国的人，家中富有的，儿子长大成人就与父母分家，家庭贫穷的，儿子长大以后就到富人家中当上门女婿；儿子借农具给父亲，脸上就显出给父亲恩德的表情，婆母前来拿簸箕扫帚，儿媳立即口出恶言；儿媳抱着怀中吃奶的婴儿，就与公爹姘居鬼混，媳妇和婆婆关系不好，就公开争吵。他们只知道慈爱儿子，贪求财利，这与禽兽已经没有多少差别了。然而由于齐心并且抓住了时机，还声称要拔取六国，兼并天下。秦的功业虽然成了，目的也达到了，但是最终仍不知要返回到讲廉耻节操、仁义道德的正轨上来。信奉兼并的法则，追求进攻的事业，使天下风俗大败；人多的压迫人少的，狡诈的人欺侮老实的人，胆大的凌辱怯弱的人，年轻人侵犯老年人，其社会混乱达到极点。因此，高祖皇帝负起挽救天下的大任，威望震服全国，天下人追从他的德行。过去还属于秦的东西，今日已转归汉朝所有了。然而秦朝遗留的残余风俗并未加以改变。如今世人追求奢侈，竞相攀比，对此朝廷却没有制定法度，致使人们抛弃礼义，丢掉廉耻，一天比一天严重，可以说是每月都有不同，每年都在变化。人们在做某件事之前，并不考虑它是否应该做，而只考虑能不能获取利益。今天最严重的发展到杀害自己的父亲和兄弟了。

盗者剟寝户之帘，搴两庙之器，白昼大都之中剽吏而夺之金。矫伪者出几十万石粟，赋六百余万钱，乘传而行郡国，此其亡行义之尤至者也。而大臣特以簿书不报，期会之间，以为大故。至于俗流失，世坏败，因恬而不知怪，虑不动于耳目，以为是适然耳。夫移风易俗，使天下回心而乡道，类非俗吏之所能为也。俗吏之所务，在于刀笔筐箧，而不知大体。陛下又不自忧，窃为陛下惜之。

【译文】盗贼敢于割断窗帘门帘进入内室，甚至偷走高祖、惠帝两庙的器具，还竟敢在光天化日之下到大都市抢劫官吏，夺取钱财。有的伪造文书取走官粟近十万担，敛取民赋六百余万钱，乘坐驿车周游郡国。这些人不行道义到了不可复加的地步。而朝廷大臣只把郡县地方官员不在规定期限内向朝廷上交统计文书作为重大问题，对于风俗的恶化，世风的败坏，却熟视无睹，没有引起警觉，反而认为这是合情合理的事。至于用移风易俗的方法，使天下人痛改前非按正道行事，这绝不是庸俗的官吏可以做到的。庸俗的官吏只能做一些文书工作，根本就不懂治国的大体。陛下又不自己考虑这个问题，我私下为陛下感到痛惜。

夫立君臣，等上下，使父子有礼，六亲有纪，此非天之所为，人之所设也。夫人之所设，不为不立，不植则僵，不修则坏。《管子》曰：“礼义廉耻，是谓四维；四维不张，国乃灭亡。”使管子愚人也则可，管子而少知治体，则是岂可不为寒心哉！秦灭四维而不张，故君臣乖乱，六亲殃戮，奸人并起，万民离叛，凡十三岁，社稷为虚。今四维犹未备也，故奸人几幸，而众心疑惑。岂如今定经制，令君君臣臣，上下有差，父子六亲各得其宜，奸人亡所几幸，而群臣众信，上不疑惑！此业一定，世世常安，而后有所持循矣。若夫经制不定，是犹度江河亡维楫，中流而遇风波，船必覆矣。可为长太息者此也。

【译文】至于确立君臣的地位，规定上下的等级，使父子之间讲礼义，六亲之间守尊卑，这不是上天的规定，而是人为设立的。人们所以设立这些规矩，是因为不设立就不能建立社会的正常秩序，不建立秩序，社会就会混乱，不治理社会，社会就会垮掉。《管子》上说："礼义廉耻，这是四个原则，这四个原则不确立，国家便要灭亡。"假如管子是个愚昧无知的人也就算了，如果他稍微懂得治理国家的大体，怎么会不为不讲礼义廉耻而寒心呢!秦王朝抛弃礼义廉耻，所以君臣之间关系混乱，六亲之间互相残杀，邪恶之人到处作乱，万众叛离朝廷，总共才十三年，国家便被灭亡。如今礼义廉耻还没有完备，所以邪恶之人侥幸得势，而民众心存疑惑，现在就确立根本制度，使君主像君主，臣子像臣子，上下各有等级，使父子六亲各自得到他们应有的地位，使邪恶之人无法侥幸得志，使群臣忠信、君主信任臣子!这一制度一旦确立，世世代代长享太平，后代君主有了可以遵循的治国法度。如果不确立根本制度，这就像横渡江河却没有锚绳和船桨一样，行船到江河中心遇到风波，就一定会翻船，这是值得深深叹息的!

夏为天子，十有余世，而殷受之。殷为天子，二十余世，而周受之。周为天子，三十余世，而秦受之。秦为天子，二世而亡。人性不甚相远也，何三代之君有道之长，而秦无道之暴也？其故可知也。古之王者，太子乃生，固举以礼，使士负之，有司齐肃端冕，见之南郊，见于天也。过阙则下，过庙则趋，孝子之道也。故自为赤子而教固已行矣。昔者成王幼在襁抱之中，召公为太保，周公为太傅，太公为太师。保，保其身体；傅，传之德意；师，道之教训：此三公之职也。于是为置三少，皆上大夫也，曰少保、少傅、少师，是与太子宴者也。故乃孩提有识，三公、三少固明孝仁礼义以道习之，逐去邪人，不使见恶行。于是皆选天下之端士孝悌博闻有道术者以卫翼之，使与太子居处出入。故太子乃生而见正事，闻正言，行正道，左右前后皆正人也。夫习与正人居之，不能毋正，犹生长于齐不能不齐言也；习与不正人居之，不能毋不正，犹生长于楚之地不能不楚言也。故择其所耆，必先受业，乃得尝之；择其所乐，必先有习，乃得为之。孔子曰："少成若天性，习惯如自然。"

【译文】夏朝的天子传了十几代，然后由殷商继承。殷商的天子传了二十几代，然后由周继承。周朝的天子传了三十几代，然后由秦继承。秦王朝的天子只传了两代就被推翻了。人的秉性相差并不很大，为什么三代的君主以德治世维持了长期的统治，而秦王朝的君主特别残暴无道呢？这个原因是可以理解的。古代英明的君主，在太子诞生时，就举行礼仪，让官员背着，主管该事的官员衣冠整齐庄重肃穆地到南郊相见，这是见天。沿途经过宫门一定下车，经过宗庙一定恭敬地小步快走，这是行孝子之道。所以，太子从婴儿的时候起，就接受了道德礼义。过去成王还在襁褓中的时候，就有召公做他的太保，周公做他的太傅，太公做他的太师。保的职责是保护太子身体安全，傅的职责是辅导太子德义，师的职责是教育训练太子智慧，这是三公的职责。同时还为太子设置三少，都是上大夫，称为少保、少傅、少师，他们的职责是与太子一同生活，为太子做出榜样。所以太子在幼年时期便获得了关于仁义道德的知识。三公、三少固然明白用孝、仁、礼、义辅导训练太子，赶走邪恶小人，不让太子见到罪恶的行为。天子审慎地选取天下为人正直、孝顺父母、爱护弟弟、博学多识而又通晓治国之术的人拱卫、辅佐太子，使他们与太子朝夕相处。所以，太子从诞生之时开始，所见到的都是正经的事，所听到的都是正派的语言，所实行的都是正确的原则，左右前后都是正直的人。一直与正直的人相处，他的思想和行为不可能不正直，就好像生长在齐国的人不能不说齐国话一样；经常与不正直的人相处，就会变成为不正直的人，就像生长在楚国的人不能不说楚国话一样。所以选择太子喜欢吃的东西，一定先为他传授学业，然后才给他吃；选择太子高兴玩的东西，一定先要他完成练习任务，然后才让他玩。孔子说："从小养成的，就像天赋秉性一样，经常学习而掌握的，就像天生本能一样。"

及太子少长，知妃色，则入于学。学者，所学之宫也。《学礼》曰："帝入东学，上亲而贵仁，则亲疏有序而恩相及矣；帝入南学，上齿而贵信，则长幼有差而民不诬矣；帝入西学，上贤而贵德，则圣智在位而功不遗矣；帝入北学，上贵而尊爵，则贵贱有等而下不隃矣；帝入太学，承师问道，退习而考于太傅，太傅罚其不则而匡其不及，则德智长而治道得矣。此五学者既成于上，则百姓黎民化辑于下矣。"及太子既冠成人，免于保傅之严，则有记过之史，彻膳之宰，进善之旌，诽谤之木，敢谏之鼓。瞽史诵诗，工诵箴谏，大夫进谋，士传民语。习与智长，故切而不愧；化与心成，故中道若性。三代之礼：春朝朝日，秋暮夕月，所以明有敬也；春秋入学，坐国老，执酱而亲馈之，所以明有孝也；行以鸾和，步中《采齐》，趣中《肆夏》，所以明有度也；其于禽兽，见其生不食其死，闻其声不食其肉，故远庖厨，所以长恩，且明有仁也。

【译文】等到太子年龄稍大，懂得妃匹女色的时候，便送他到学馆学习。学馆，就是朝廷贵族子弟就读的馆舍。《学礼》上说："帝入东学，学习尊重父母，崇尚仁爱，于是有了亲疏次序，把恩德推及到平民百姓；帝入南学，学习尊重老人，崇尚诚实，于是有了长幼差别，百姓也不相欺；帝入西学，学习尊重贤人，崇尚恩德，于是由圣贤和有智慧的人出任官职，功业不被遗弃；帝入北学，学习尊重显贵，崇尚爵位，于是有了贵人和贱人的等级差别，下级不敢越权犯上；帝入太学，跟着老师学习道德原则，学习之后就到太傅那里接受考试，太傅处罚他的错误，匡正他不完善的地方，于是品德和智慧都得以增长，治国的道理也就获得了。这五学既然已经被帝王掌握，那么黎民百姓就可以通过教化和睦相处了。”等到太子成年举行了冠礼，免除了太保太傅的严格管束，便又有负责记过的史官，有负责进食的宰夫，负责进善言的人站在旌旗下面提醒，负责劝谏戒恶的人把他的恶行记录在木板上，那些敢谏的人还可以击鼓警戒。盲人史官背诵古诗相劝，乐工弹奏规劝的曲调，大夫进献计谋，士人传达人民的言论。习惯与智慧一同增长，所以行为切合规范，没有羞愧的事情；教化与心思一同成熟，所以所作所为都符合道德，像是天生养成的本性一样。夏、商、周三代时期的礼仪规定：春天早晨要迎接日出，秋天日落的时候要迎接夕月，这是用来弘扬敬道的办法；春季和秋季入学时，教室里坐着国家元老，帝王要拿着醯，亲自馈赠给他们，这是用来弘扬孝道的办法；出门远行则在车马上配上铃铛，慢行则符合《采齐》的音律，快走则符合《肆夏》的音节，这是用来掌握节度的办法；对于飞禽走兽，见到它活着便不杀它吃，听到过它的叫声便不吃它的肉，因此远离厨房，这是长施恩惠，并且弘扬仁德的办法。

夫三代之所以长久者，以其辅翼太子有此具也。及秦而不然。其俗固非贵辞让也，所上者告讦也；固非贵礼义也，所上者刑罚也。使赵高傅胡亥而教之狱，所习者非斩劓人，则夷人之三族也。故胡亥今日即位而明日射人，忠谏者谓之诽谤，深计者谓之妖言，其视杀人若刈草菅然。岂惟胡亥之性恶哉？彼其所以道之者非其理故也。

【译文】夏、商、周三王朝之所以能长期维持统治，其原因就在于它们创设了教育、辅导太子的这套制度。到秦朝却不是这样。秦朝的风俗本来就不崇尚谦让，它崇尚的是奸诈；本来就不崇尚礼义，它崇尚的是刑罚。秦始皇派赵高做胡亥的老师，教他学习断案判刑，胡亥所学的，不是斩首级、割鼻子，就是灭人家的三族。所以，胡亥头天当上皇帝，第二天就用箭射人，把忠心进谏的人说成诽谤朝廷，把有远见卓识的人说成妖言惑众，他把杀人看做割草一样。难道说这仅仅是胡亥天性凶残恶毒吗？主要是赵高诱导胡亥学习的内容不符合正道的缘故。

鄙谚曰：“不习为吏，视已成事。”又曰：“前车覆，后车诫。”夫三代之所以长久者，其已事可知也；然而不能从者，是不法圣智也。秦世之所以亟绝者，其辙迹可见也；然而不避，是后车又将覆也。夫存亡之变，治乱之机，其要在是矣。天下之命，县于太子；太子之善，在于早谕教与选左右。夫心未滥而先谕教，则化易成也；开于道术智谊之指，则教之力也。若其服习积贯，则左右而已。夫胡、粤之人，生而同声，耆欲不异，及其长而成俗，累数译而不能相通，行者有虽死而不相为者，则教习然也。臣故曰选左右早谕教最急。夫教得而左右正，则太子正矣，太子正而天下定矣。《书》曰：“一人有庆，兆民赖之。”此时务也。

【译文】民间谚语说：“不要学习做官的办法，只要观察以往成功的事情。”又说：“前车覆，后车诫。”夏、商、周三朝之所以能够维持长期的统治，看它们以往的事可以明白了，但是却不加以学习，这是不效法圣人智慧。秦王朝之所以很快灭亡，其原因也可以看得清楚了，但是却不注意避免，这样，汉朝廷又将面临覆灭的危险。存与亡的变化规律、治与乱的关键要旨便在这里了。天下的命运，决定于太子一人，要使太子成为好的继承人，在于及早进行教育和选择贤人做太子的左右亲随。当童心未失时就进行教育，容易收到成效，使太子知晓仁义道德的要旨，是教育的职责。至于使太子在日积月累、潜移默化中养成良好的品行，就是他的左右亲随的职责了。北方的胡人和南方的粤人，刚出生时的哭声完全一样，吃奶的欲望和嗜好也没有什么不同，等到长大成人之后形成了不同的风俗习惯，各操自己的语言，即使经过多次翻译都无法相互理解，有的人宁可死也不愿意到对方那里去生活，这完全是教育和习惯所形成的。所以我才说为太子选择左右亲随，及早进行教育是最为紧迫的事。如果教育得当而左右都是正直的人，那么太子必定为人正直，太子正直便可以保证天下安定了。《周书》上说：“天子一人善良，天下百姓全都仰仗他。”教育太子是当务之急。

凡人之智，能见已然，不能见将然。夫礼者禁于将然之前，而法者禁于已然之后，是故法之所用易见，而礼之所为至难知也。若夫庆赏以劝善，刑罚以惩恶，先王执此之政，坚如金石，行此之令，信如四时，据此之公，无私如天地耳，岂顾不用哉？然而曰礼云礼云者，贵绝恶于未萌，而起教于微眇，使民日迁善远罪而不自知也。孔子曰：“听讼，吾犹人也，必也使毋讼乎！”为人主计者，莫如先审取舍，取舍之极定于内，而安危之萌应于外矣。安者非一日而安也，危者非一日而危也，皆以积渐然，不可不察也。人主之所积，在其取舍，以礼义治之者，积礼义；以刑罚治之者，积刑罚。刑罚积而民怨背，礼义积而民和亲。故世主欲民之善同，而所以使民善者或异。或道之以德教，或驱之以法令。道之以德教者，德教洽而民气乐；驱之以法令者，法令极而民风哀。哀乐之感，祸福之应也。秦王之欲尊宗庙而安子孙，与汤武同，然而汤武广大其德行，六七百岁而弗失，秦王治天下，十余岁则大败。此亡它故矣，汤武之定取舍审而秦王之定取舍不审矣。夫天下，大器也。今人之置器，置诸安处则安，置诸危处则危。天下之情与器亡以异，在天子之所置之。汤武置天下于仁义礼乐，而德泽洽，禽兽草木广裕，德被蛮貊四夷，累子孙数十世，此天下所共闻也。秦王置天下于法令刑罚，德泽亡一有，而怨毒盈于世，下憎恶之如仇雠，祸几及身，子孙诛绝，此天下之所共见也。是非其明效大验邪！人之言曰：“听言之道，必以其事观之，则言者莫敢妄言。”今或言礼谊之不如法令，教化之不如刑罚，人主胡不引殷、周、秦事以观之也？

【译文】人的智力，能认识已经发生的事，不能认识将要发生的事。礼的作用在于将某一行为制止在它发生之前，法律则是对已发生的行为进行惩罚。所以法律的作用明显，而礼的作用却难以觉察。用庆赏来奖励善行，用刑罚来惩治罪恶，先王推行这样的政治，坚定不移，实施这样的政令，准确无误。根据这一公正的原则，政治才能像地载天覆一样无偏无私，怎么能说先王不使用庆赏和刑罚呢？然而，人们一再称赞的礼，最可贵之处在于能将罪恶断绝于未形成之前，从细微之处推行教化，使天下百姓日益趋向善良，远离罪恶，自己还没有觉察到。孔子说："让我断案，我与别人没有什么不同，如果说我有什么独特的见解，那就是推行仁义，使讼案不再发生。"为君主出谋划策，不如首先确定选择什么抛弃什么，取舍标准一旦在心中确定，相应的安危后果就会表现出来。天下安定不是一天就能实现的，天下危亡也不是一天促成的，都是日积月累渐渐形成的，因此，不可以不观察它的积累过程。君主所积聚的治国方法，在于他选择什么，抛弃什么。选择礼义方法治国的君主便积聚礼义，选择刑罚治国的君主便积聚刑罚。刑罚积聚到一定的程度，百姓就会埋怨而背叛君主，礼义积聚到一定程度，百姓就会和睦而亲近朝廷。所以，君主想要百姓善良温顺的愿望是相同的，只是用来使百姓善良温顺的方法不同，有的用道德和教化进行引导，有的用法令进行惩罚。用道德和教化进行开导的，随着道德和教化的深入人心，民风就会和乐；用法令进行惩罚的，法令使用到极点，民风就会令人悲哀。哀乐的感受，便是应验祸福的东西。秦始皇想尊奉宗庙安定子孙后代，这与商汤王和周武王是相同的，但是，商汤王、周武王广泛推行德政，他们建立的国家得以保存了六七百年；秦始皇统治天下只有十多年就土崩瓦解了。这里没有别的原因，就是因为商汤王、周武王决定取舍很慎重，而秦始皇决定取舍不慎重。国家政权好比一个大器物，现在有人安放器物，把它放在安全的地方便安全，放到危险的地方就危险。治理国家的道理与放置器物没有什么不同，关键就在于天子把它安置在什么地方。商汤王、周武王把天下安置在仁、义、礼、乐之上，因而恩德滋润天下，禽兽蔓延，草木富饶，四方蛮夷都受到恩惠，王位留传子孙数十代，这是人所共知的。秦始皇把国家安置于法令、刑罚之上，德和恩没有一样，因而怨恨充斥天下，百姓憎恶他如同对待仇敌一样。几乎祸及自身，子孙被灭绝，这是天下人有目共睹的。这不是充分证明了取舍不同后果就明显不同吗？有人说："要判断某人说的话是否正确，一定要观察他所说的事实，那样，说话的人就不敢胡言乱语了。"现在，假如有人说，治理国家，礼义的作用不如法令，教化的成效不如刑罚，君主为什么不拿商朝、周朝、秦朝盛衰兴亡的事实给他看呢？

人主之尊譬如堂，群臣如陛，众庶如地。故陛九级上，廉远地，则堂高；陛亡级，廉近地，则堂卑。高者难攀，卑者易陵，理势然也。故古者圣王制为等列，内有公卿大夫士，外有公侯伯子男，然后有官师小吏，延及庶人，等级分明，而天子加焉，故其尊不可及也。里谚曰："欲投鼠而忌器。"此善谕也。鼠近于器，尚惮不投，恐伤其器，况于贵臣之近主乎！廉耻节礼以治君子，故有赐死而亡戮辱。是以黥劓之罪不及大夫，以其离主上不远也，礼不敢齿君之路马，蹴其刍者有罚；见君之几杖则起，遭君之乘车则下，入正门则趋；君之宠臣虽或有过，刑戮之罪不加其身者，尊君之故也。此所以为主上豫远不敬也，所以体貌大臣而厉其节也。今自王侯三公之贵，皆天子之所改容而礼之也，古天子之所谓伯父、伯舅也，而令与众庶同黥劓髡刖笞骂弃市之法，然则堂不亡陛乎？被戮辱者不泰迫乎？廉耻不行，大臣无乃握重权，大官而有徒隶亡耻之心乎？夫望夷之事，二世见当以重法者，投鼠而不忌器之习也。

【译文】君主的尊贵，就好像宫殿的厅堂，群臣就好像厅堂下的台阶，百姓就好像平地。所以，如果设置多层台阶，厅堂的侧边远离地面，那么，堂屋就显得很高大；如果没有台阶，厅堂的侧边靠近地面，堂屋就显得低矮。高大的厅堂难以攀登，低矮的厅堂就容易受到人的践踏。治理国家的情势也是这样。所以古代英明的君主设立了等级序列，朝内有公、卿、大夫、士四个等级，朝外有公、侯、伯、子、男五等封爵，下面还有官师、小吏，一直到普通百姓，等级分明，而天子凌驾于顶端，所以，天子的尊贵是高不可攀的。俗话说："欲投鼠而忌器。"这是个很好的比喻。老鼠靠近器物，人们怕砸坏器物都不敢扔东西打它，更何况那些接近皇帝的尊贵大臣呢！君主用廉耻礼义来约束正人君子，所以对大臣只能命令他自杀而不对他用戮刑。因此，刺额、割鼻子等伤残肢体的肉刑都不施加到大夫以上的官员身上，因为他们离君主不远。按照礼的规定：臣子不能察看为君主驾车的马匹年岁大小，用脚踢了为君主驾车的马所吃的草料，就要受到处罚；见到君主用的扶几和手杖就要起身；在路上遇到君主的辇车就要下车恭候；进入宫殿的正门就得小步快走；对于君主的宠臣，即使犯了罪，也不对他施加杀戮之刑，这是尊敬君主的缘故。这样做是为了及早防止臣下对君主有不敬行为，是为了尊重大臣，勉励他们保持节操。现在从诸侯王、列侯到三公等高级官员，都是天子理应郑重地以礼相待的人物，相当于古代天子所称的伯父、伯舅，而如今却使他们与平民百姓一样接受刺额、割鼻、剃须发、剁脚、笞打、辱骂、斩首示众等刑罚，这样不是正如厅堂没有台阶一样吗？遭受杀戮的人不是太接近皇帝了吗？不讲廉耻伦理，那些手握大权的大臣，不是会虽处于朝廷之上却有像刑徒罪隶那样无耻之心了吗？至于秦二世被杀的望夷宫事变，秦二世亲近被判重罪的赵高，就是投鼠而不忌器的结果。

臣闻之，履虽鲜不加于枕，冠虽敝不以苴履。夫尝已在贵宠之位，天子改容而体貌之矣，吏民尝俯伏以敬畏之矣，今而有过，帝令废之可也，退之可也，赐之死可也，灭之可也；若夫束缚之，系緤之，输之司寇，编之徒官，司寇小吏詈骂而榜笞之，殆非所以令众庶见也。夫卑贱者习知尊贵者之一旦，吾亦乃可以加此也，非所以习天下也，非尊尊贵贵之化也。夫天子之所尝敬，众庶之所尝宠，死而死耳，贱人安宜得如此而顿辱之哉！

【译文】我听说，鞋即使新鲜，也不能放在枕头上，帽子即使破旧，也不能用作鞋垫。如果一个人曾经担任过高级职务，天子曾经对他以礼相待，官吏和百姓曾经对他俯地叩首表示敬畏，如今他有了过失，陛下下令免去他的官职是可以的，叫他告老还乡是可以的，叫他自杀是可以的，杀了他也是可以的；如果让人用绳子把他捆绑起来，押送到管理刑徒的官府，罚他做官府的刑徒，主管刑徒的小吏可以对他责骂笞打，这些都是不应该让百姓见到的。如果卑贱的人都知道达官贵人一旦犯罪被处刑，我也可以对他进行凌辱，这是不利于训练天下百姓遵守礼义，不利于提倡尊重高官、优待显贵的。天子曾经以礼相待的、百姓曾经以为荣耀的官员，死了便死了，卑贱的人怎么可以如此侮辱他呢！

豫让事中行之君，智伯伐而灭之，移事智伯。及赵灭智伯，豫让衅面吞炭，必报襄子，五起而不中。人问豫子，豫子曰："中行诸人畜我，我故众人事之；智伯国士遇我，我故国士报之。"故此一豫让也，反君事仇，行若狗彘，已而抗节致忠，行出乎列士，人主使然也。故主上遇其大臣如遇犬马，彼将犬马自为也；如遇官徒，彼将官徒自为也。顽顿亡耻，奊诟亡节，廉耻不立，且不自好，苟若而可，故见利则逝，见便则夺。主上有败，则因而挺之矣；主上有患，则吾苟免而已，立而观之耳；有便吾身者，则欺卖而利之耳。人主将何便于此？群下至众，而主上至少也，所托财器职业者粹于群下也。俱亡耻，俱苟妄，则主上最病。故古者礼不及庶人，刑不至大夫，所以厉宠臣之饰也。古者大臣有坐不廉而废者，不谓不廉，曰"簠簋不饬"；坐污秽淫乱男女亡别者，不曰污秽，曰"帷薄不修"；坐罢软不胜任者，不谓罢软，曰"下官不职"。

【译文】豫让曾经侍奉中行君，智伯讨伐并且灭掉了中行，豫让转而侍奉智伯。等到赵襄子消灭了智伯，豫让用漆把脸涂黑，口吞木炭来改变自己说话的声音，一定要报复赵襄子，试了五次都没有成功。有人问豫让，豫让回答说："中行把我当普通人对待，我便以普通人的身分侍奉他；智伯把我当国士对待，我所以用国士的身分回报他。"原来是同一个豫让，背叛君主而侍奉仇敌，行为像猪狗一样，后来忠君守节，作出烈士的行为，这是人主使他变成这样的。所以，如果君主像对待犬马一样对待大臣，大臣便会自比犬马，如果君主像对待官员一样对待大臣，大臣也就会把自己当作官员。如果臣子玩弄手段而没有耻辱之心，没有志气，丧失节操，缺乏廉耻观念又不注意加以修养，苟且偷生，则会见到利益便去抢占，见到好处便去夺取。当主上衰败的时候，便乘机篡取主上的财产、地位；当主上有忧患的时候，却漠不关心，袖手旁观；当有对自己有利的地方，便欺骗主人，以出卖主人的利益来谋取好处。这样怎么会有利于人主？群臣人数众多，而主上人数最少，钱财、器物、职业等各方面的事情都得依靠群臣掌管。如果群臣都无廉耻之心，都苟且而安，那么，主上最忧虑。所以古代礼不施加于百姓，刑不施加于大夫，目的是为了勉励宠臣保持气节。古代大臣有因为不廉洁而被罢免的，不说他不廉洁，而是说"簠簋不饬"；有犯了污秽淫乱，男女杂居罪行的，不说他淫秽，而是说他“帷薄不修”；有因为软弱无能，不能胜任职责而被免职的，不说他软弱无能，而说他“下官不职”。所以显赫的大臣确实犯了罪，也还不直接点破他所犯的罪过，而是换一种委婉的用辞，为他避讳。

故贵大臣定有其罪矣，犹未斥然正以呼之也，尚迁就而为之讳也。故其在大谴大何之域者，闻谴何则白冠牦缨，盘水加剑，造请室而请罪耳，上不执缚系引而行也。其有中罪者，闻命而自弛，上不使人颈盭而加也。其有大罪者，闻命则北面再拜，跪而自裁，上不使捽抑而刑之也，曰：“子大夫自有过耳！吾遇子有礼矣。”遇之有礼，故群臣自憙；婴以廉耻，故人矜节行。上设廉耻礼义以遇其臣，而臣不以节行报其上者，则非人类也。故化成俗定，则为人臣者主耳忘身，国耳忘家，公耳忘私，利不苟就，害不苟去，惟义所在。上之化也，故父兄之臣诚死宗庙，法度之臣诚死社稷，辅翼之臣诚死君上，守圄扞敌之臣诚死城郭封疆。故曰：圣人有金城者，比物此志也。彼且为我死，故吾得与之俱生；彼且为我亡，故吾得与之俱存；夫将为我危，故吾得与之皆安。顾行而忘利，守节而伏义，故可以托不御之权，可以寄六尺之孤。此厉廉耻行礼谊之所致也，主上何丧焉！此之不为，而顾彼之久行，故曰可为长太息者此也。

【译文】所以那些受到了君主严厉谴责、呵斥的大臣，就身穿丧服，带着盛水的盘和佩剑，自己来到清室接受处置，君主并不派人去捆绑牵引他。其中犯有中等罪行的，得到了判决罪名就自杀，君主不派人去斩下他的首级。其中犯有大罪的，听到判决旨意之后，就面向北方叩拜两次，跪着自杀，君主不派人去揪着他的头发按着他的头斩下首级，君主还对他说：“你自己犯有过失，我对你是以礼相待的。”君主对群臣以礼相待，群臣就会自我激动，君主以廉耻约束臣子，人们就会重视气节品行。如果君主以廉耻、礼义对待臣子，而臣子却不用气节品行报答君主，那么他就不像个人了。这种习俗蔚成风气，那么做臣子的就会只为君主而不顾自己，只为国家而不顾家庭，只考虑大家的利益而不顾个人私利，见到有利益而不轻易沾取，见到危险也不轻易回避，全都按礼义的要求办事。君主提倡这种精神，所以宗族重臣就会真心地为维护宗庙而死，司法的臣子就会真心地为国家而死，辅佐的臣子就会真心地为君主而死，看守监狱和守卫边疆的臣子就会真心地为国家的安全而死。说圣明的君主都有金城，就是用金城来比喻这种志向。人家尚且愿意为我而死，所以我应该与他同生；人家尚且愿意为我而不顾安危，所以我应当与他共存；人家尚且愿意为我冒着危险，所以我应当与他都得到安全。人人都只考虑自己要做的事情合不合道义，而不去考虑能不能获得利益，坚守气节而尊重大义，所以君主可以委托臣子掌管治国大权，可以把尚未成人的太子托付给大臣辅佐，这就是推行廉耻，提倡礼义带来的结果，这样做君主并没有丧失什么啊!放着这样的事情不做，却长期实行戮辱大臣的错误办法，所以说，这是值得深深叹息的。

论积贮赋

管子曰："仓廪实而知礼节。"民不足而可治者，自古及今，未之尝闻。古之人曰："一夫不耕，或受之饥；一女不织，或受之寒。"生之有时而用之无度，则物力必屈；古之治天下，至纤至悉也，故其蓄积足恃。今背本而趋末，食者甚众，是天下之大残也，淫侈之俗，日日以长，是天下之大贼也；残贼公行，莫之或止，大命将泛，莫之振救，生之者甚少，而靡之者甚多，天下财产，何得不蹶!汉之为汉，几四十年矣，公私之积，犹可哀痛，失时不雨，民且狼顾，岁恶不入，请卖爵子，既闻耳矣，安有为天下阽危者若是而上不惊者!

【译文】管子说："仓廪（里的存粮）充实，（人们）才能讲究礼节。"百姓（衣食）不足却可使天下太平，自古至今，不曾听说过这样事。古时有人说："一个男子不耕种，有的人会因此挨饿；一个女人不织布，有的人会因此受冻。"生产需要一定的时间，而使用却没有限度，那物力就一定要（被用）尽。古时候的治理国家，最细致也最详密，所以他们的蓄积完全可以靠得住。（可是）现在，背离了（国计民生中的）根本（农业）而趋向（工商）末业，（生产者少）消费者多，这是对国家的最大摧残；腐化奢侈的习俗一天天增长，这是对国家的最大伤害。摧残和伤害（国家的事）公开施行，没有人制止它，（国家面临着）倾覆的命运，没有人起来拯救。（从事）生产的人很少，消费者却很多，天下的财产，怎能够不竭尽？汉朝创建国家将近四十年了，（不论）国家和私人的积蓄，还是少得令人可怜。不及时下雨，百姓都还要惊惶不安；年成不好，纳不了租税，（就出现）卖官，（百姓）卖子（的事），（皇上）已经耳闻了，哪有治理天下危险到如此程度而在上者会不震惊的？

世之有饥穰，天之行也，禹、汤被之矣。即不幸有方二三千里之旱，国何以相恤？卒然边境有急，数十百万之众，国何以馈之？兵旱相乘，天下大屈，有勇力者，聚徒而衡击，罢夫羸老，易子而咬其骨，政治未毕通也。远方之能疑者，并举而争起矣，乃骇而图之岂将有及乎!

【译文】世上有歉岁和丰年，这是自然规律。夏禹商汤也曾遭过（荒年），（可是现在，一旦）不幸有二三千方里的旱灾，国家用什么去救济（他们）？（如果）突然在边境上（爆发战争）情况紧急，那千百万的民众，国家有什么给他们吃用？战争和旱灾加在一起，国内就大为困难。有勇力的人就（趁机）聚集徒众起来抢劫；贫穷病弱的人就只好交换子女来充饥。（国家的）政治（力量）还没有完全走上轨道，（如果）远处敢造反的一齐起来，（那时候）才惊恐而设法对付，那怎能来得及呢！

夫积贮者，天下之大命也，苟粟多而财有余，何为而不成！以攻则取，以守则固，以战则胜，怀敌附远，何招不至！今驱民而归之农，皆著于本，使天下各食其力，末技游食之民，转而缘南亩，则蓄积足而人乐其所矣。可以为富安天下，而直为此廪廪也。窃为陛下惜之！

【译文】积贮（粮食），是国家的最大命脉。假如（国家的）粮食很多而财物又富足，干什么事情还做不成？进攻可以攻克，防守可以坚持，作战可以取胜。使敌人来归顺，使远方国家来归附，招唤谁还不可以使他到来？现在（应当）使百姓都回到农业上来，都致力于根本的事业，使国内（人民）个个自食其力。那些从事工商业和四处游食的人都转而从事农业，那就会（使公私的）蓄积充足而每个人也乐得其所，就可以使天下富足安定。（可是现在）却造成这种使人害怕（的情况），我私下里替皇上感到痛惜。

惜誓

惜余年老而日衰兮，岁忽忽而不反。登苍天而高举兮，历众山而日远。

【译文】痛惜自己一天天地衰老，岁月匆匆而去不能回返。我要登上苍天远走高飞，经过座座高山去国日远。

观江河之纡曲兮，离四海之霑濡。攀北极而一息兮，吸沆瀣以充虚。

【译文】观看长江黄河曲折流淌，遇到四海浪涛沾湿衣裳。攀上北极星来休息一阵，吮吸露水权且填满饥肠。

飞朱鸟使先驱兮，驾太乙之象舆。苍龙蚴虬于左骖兮，白虎骋而为右騑。

【译文】让朱雀前飞作我的先导，驾着太乙神的象车腾飞。苍龙蜿蜒作驾车的左骖，白虎驰骋作驾车的右騑。

建日月以为盖兮，载玉女于后车。驰骛于杳冥之中兮，休息乎昆仑之墟。

【译文】升起的日月作为车盖，后面的车中载着女神。在渺茫的高空奔腾，在神奇的昆仑休整。

乐穷极而不厌兮，愿从容乙神明。涉丹水而驰骋兮，右大夏之遗风。

【译文】快乐到极点没有倦意，我愿与神明从容游戏。渡过赤水又向前驰骋，西见大夏国古老风习。

黄鹄之一举兮，知山川之纡曲；再举兮，睹天地之圜方。

【译文】鸿鹄一飞，就知道了山河的迂曲；再飞，就觉察到天地的圆方。

临中国之众人兮，回讬飙乎尚羊。乃至少原之野兮，赤松王乔皆在旁。二子拥瑟而调均兮，余因称乎清商。

【译文】我俯瞰着国内的人民，凭借旋风又继续游荡。我于是来到少原郊外，赤松和王乔都在身旁。两位仙人调好瑟弹唱，我称道他们善弹《清商》。

澹然而自乐兮，吸众气而翱翔。念我长生而久仙兮，不如反余之故乡。

【译文】我心里恬静自得其乐，呼吸着六气自由飞翔。想我与其成仙而长生，还不如返回我的故乡。

黄鹄后时而寄处兮，鸱枭群而制之。神龙失水而陆居兮，为蝼蚁之所裁。夫黄鹄神龙犹如此兮，况贤者之逢乱世哉！

【译文】鸿鹄离开高山寄居平地，竟遭到猫头鹰的制裁。神龙离开大海居住陆地，竟遭到蝼蚁们的侵害。鸿鹄和神龙尚且如此，何况贤人遭逢混乱时代！

寿冉冉而日衰兮，固僵回而不息。俗流从而不止兮，众枉聚而矫直。

【译文】年寿渐渐地一天天衰老，时光本来运转不会停息。俗人随波逐沉不可禁止，众邪合谋反想改变正直。

或偷合而苟进兮，或隐居而深藏。苦称量之不审兮，同权概而就衡。

【译文】有的人随风转舵混进官场，有的人不愿为官隐居深藏。悲伤众人称东西不分轻重，竟然称多称少完全一个样。

或推移而苟容兮，或直言之谔谔。伤诚是之不察兮，并纫茅丝以为索。

【译文】有的人与世推移苟合取容，有的人直言敢谏不容于君。悲伤君王不能够明察这些，竟将茅草和丝线合搓成绳。

方世俗之幽昏兮，眩白黑之美恶，放山渊之龟玉兮，相与贵夫砾石。

【译文】当今的时代昏暗不明，黑白和美丑混淆下清。抛弃山中美玉水里神龟，反而互相把碎石来看重。

梅伯数谏而至醢兮，来顺革志而用国。悲仁人之尽节兮，反为小人之所贼。

【译文】梅伯屡次进谏被剁成肉酱，来革阿谀顺从得国双执掌。悲叹仁人竭力保全节操，反而遭到谗佞小人毁伤。

比干忠谏而剖心兮，箕子被发而佯狂。水背流而源竭兮，木去根而不长。非重躯以虑难兮，惜伤身之无功。

【译文】比干忠谏被剖腹挖心，箕子避祸而披发装疯。水断了源就会枯竭，树去了根便长不成。并非爱惜生命担心受难，痛惜徒伤身体没有建功。

已矣哉!独不见夫鸾凤之高翔兮，乃集大皇之野？循四极而回周兮，见盛德而后下。彼圣人之神德兮，远浊世而自藏。使麒麟可得羁而系兮，又何以异乎犬羊？

【译文】算了吧!难道不见鸾凤高高飞翔，只降落在极美的原野上?沿着四方边极在天空盘旋，见有大德的人才肯下降。那是具有圣人的神德啊，才远离浊世而自己躲藏。假使麒麟也可束缚捆绑，又凭什么不同于犬和羊?

鹏鸟赋

单阏之岁兮，四月孟夏，庚子日斜兮，鹏集余舍。止于坐隅兮，貌甚闲暇。异物来萃兮，私怪其故。发书占之兮，谶言其度，曰:“野鸟入室兮，主人将去。”请问于鹏兮:“余去何之?吉乎告我，凶言其灾。淹速之度兮，语余其期。”鹏乃叹息，举首奋翼;口不能言，请对以臆:

【译文】丁卯年岁啊，四月初夏。庚子这一天，太阳西斜啊，鹏鸟栖止到我的居舍。它停在座位旁边啊，样子从容，安祥。奇异的鹏鸟飞来这里止栖，我暗自奇怪其中有一定缘故。打开书本占卜啊，预断吉凶之话将告诉我的气数:“野鸟飞进屋呀，主人将离宅居。”请让我问鹏鸟啊:“我离开后将到何方?是有吉事，你就告诉我，即使凶事，也把灾祸说说。我的年寿究竟是长还是短啊，请把期限告诉我。”鹏鸟竟然叹息，昂着头振动双翼，有口不能说，只是示意回复。

“万物变化兮，固无休息。斡流而迁兮，或推而还。形气转续兮，变化而嬗。沕穆无穷兮，胡可胜言!祸兮福所倚，福兮祸所伏;忧喜聚门兮，吉凶同域。彼吴强大兮，夫差以败;越栖会稽兮，勾践霸世。斯游遂成兮，卒被五刑;傅说胥靡兮，乃相武丁。夫祸之与福兮，何异纠缠;命不可说兮，孰知其极!水激则旱兮，矢激则远;万物回薄兮，振荡相转。云蒸雨降兮，纠错相纷;大钧播物兮，坱圠无垠。天不可预虑兮，道不可预谋;迟速有命兮，焉识其时。

【译文】它说:“万物变化啊，一直不止休。万物运转推移啊，循环而往复。天地间万事万物不断转化啊，其变化如同蝉一样蜕变。自然之理精微奥妙无穷啊，怎么可能说得尽?祸啊，福生在其中，福啊，祸藏在其里。同一门中有忧喜啊，同一地方生吉凶。那吴国多么强大呀，夫差王终因失败。越国困于会稽山上啊，勾践王终于称霸于世。李斯游说成功啊，结果却遭受五刑;傅说虽曾是筑墙的刑徒，后来竟成为武丁的相。那祸与福啊，和合股的绳索有什么不同!命运不可以预测啊，谁又能了解它的结终!水受到冲击就更加猛疾啊，箭用力射就飞得更远。万物彼此激荡互为影响啊，以致引起种种变化。云雾升腾雨水下降啊，交相变化而错综复杂。大自然的造化推动万物啊，使万物变化广阔无边。天高深莫测啊，道也不能思虑谋划。生命的长短由命运决定的啊，人怎能认识它的时限!

且夫天地为炉兮，造化为工；阴阳为炭兮，万物为铜。合散消息兮，安有常则？千变万化兮，未始有极，忽然为人兮，何足控抟；化为异物兮，又何足患！小智自私兮，贱彼贵我；达人大观兮，物无不可。贪夫徇财兮，烈士徇名。夸者死权兮，品庶每生。怵迫之徒兮，或趋西东；大人不曲兮，意变齐同。愚士系俗兮，窘若囚拘；至人遗物兮，独与道俱。众人惑惑兮，好恶积亿；真人恬漠兮，独与道息。释智遗形兮，超然自丧；寥廓忽荒兮，与道翱翔。乘流则逝兮，得坻则止；纵躯委命兮，不私与己。其生兮若浮，其死兮若休；澹乎若深渊之静，泛乎若不系之舟。不以生故自宝兮，养空而浮；德人无累兮，知命不忧。细故蒂芥兮，何足以疑！”

【译文】况且天地是熔炼金属的大炉啊，大自然是冶炼匠工。阴阳是冶炼的炭啊，世上万物是炼造的铜。万物聚散，或者生灭啊，怎么有一定的规律？事物变化万端，从未曾有过终极。偶然变为人啊，怎么值得珍重爱惜；死后变成了其它东西啊，又怎么值得忧虑!目光短浅之人只顾自己的利害啊，鄙视他人只重视自己。通达知命的人目光远大啊，对万物一视同仁，无不适宜。贪婪的人为财而死啊，重义轻生之士为义而亡。好虚名者追求权势而死啊，芸芸众生贪求生命。那些被利引诱，被害逼迫的人啊，都要趋利避害四处奔走；道德修养极高的人就不为利害所屈啊，对事物知变万物也一视等同。愚蠢之人常常受世俗牵累啊，困窘中囚犯一样束缚自己。有高尚道德之士丢弃外界事物啊，独与大道同在。平庸之人多么糊涂啊，好恶淤积在胸中。得大道之士恬淡寡欲啊，他独独与大道共生。弃智抛形啊，超然而忘我。思绪深广啊，与大道一同飞翔。随着流水向前去啊，遇到小洲就停止。将自己的身躯交给命运啊，不要把它当成个人私有。自己活着啊，好像漂浮于人世；死了啊，又好比自己永远休息。心情安定，如同无波深渊那样宁静、沉寂；思想活动，应如不系之舟那样从容、漂浮。不要因为活着的缘故过分看重自己的生命啊，还是养好空灵人性。有修养之人没有什么牵连啊，知道天命就无任何忧愁。死生之事就像细微的蒂芥，为什么值得疑惑忧虑？

吊屈原赋

恭承嘉惠兮，竢罪长沙。侧闻屈原兮，自湛汨罗。造讬湘流兮，敬吊先生；遭世罔极兮，乃陨厥身。呜呼哀哉！逢时不祥。鸾凤伏窜兮，鸱枭翱翔。阘茸尊显兮，谗谀得志；贤圣逆曳兮，方正倒植。谓随、夷溷兮，谓跖、蹻廉；莫邪为钝兮，铅刀为銛。吁嗟默默，生之亡故兮；斡弃周鼎，而宝康瓠兮。腾驾罢牛，骖蹇驴兮；骥垂两耳，服盐车兮。章父荐屦，渐不可久兮；嗟苦先生，独离此咎兮。

【译文】我恭敬地接受了皇帝的诏令啊，到长沙去待罪，从旁闻知屈原啊，投汨罗江而自尽。我托这湘江的流水啊，恭敬地吊祭屈原。遇到这黑暗混乱的社会啊，他才身丧命亡。唉!可悲哀啊!他遇到这不祥的时代：高贵的鸾鸟和凤凰藏匿奔逃啊，鸱鹰夜猫却高高飞翔。卑微无能的小人都尊贵显耀啊，善于谗谀的坏人得志了。圣人贤人不能顺着正道行事，正直的人被颠倒了位置。世俗认为卞随伯夷是浑浊的人啊，却说跖和庄断是廉洁的人；说莫邪那样锋利的剑是钝啊，而钝的铅刃却说锋利的。唉！不得志啊!先生无缘无故遭此祸灾啊；宝器周鼎被抛弃，反以瓦壶那样的无用废物为宝贝啊!驾辕用疲弱的牛，旁边套上跛足的驴；而骏马却低垂两耳拉盐车啊!用高贵的帽子垫鞋子，这样的情况当然不能长久啊。唉！可叹啊！苦难的先生，偏偏遭到了这样的祸患。

谇曰：已矣！国其莫吾知兮，子独一郁其谁语？凤缥缥其高逝兮，夫固自引而远去。袭九渊之神龙兮，沕渊潜以自珍；弥融爚以隐处兮，夫岂从虾与蛭螾？所贵圣之神德兮，远浊世而自臧；使麒麟可系而羁兮，岂云异夫犬羊？般纷纷其离此邮兮，亦夫子之辜也。历九州而相其君兮，何必怀此都也？凤皇翔于千仞兮，览德辉而下之；见细德之险微兮，摇增翮而去之。彼寻常之汙渎兮，岂容吞舟之鱼？横江湖之鳣鲸兮，固将制于蝼蚁。

【译文】总之，算了罢！国中没有谁了解我啊，独自忧闷向谁去诉说？凤鸟高高飞翔，本是自己引避而远去。深渊中的神龙，深深地潜藏起来，珍惜自己，免遭危害。神龙避开女枭、獭而隐藏，更怎能与虾和蛭、蚓之类小虫在一起？圣人所宝贵的是高尚的德行，远离这浊世而洁身自好；假如骏马用绳子拴住而羁绊起来，那么，它和狗羊又有何区别？在此混乱不堪的时世里遭受这样大的祸患啊，也有先生自己的原因。可以游历全中国去辅助贤能的国君，何必一定要怀恋楚国呢？凤凰在极高的天空翱翔，望到德行的光辉才会飞下来；若发现德行薄劣的征兆，就会高飞远逝了。一道小水沟，怎能容得下吞舟的大鱼？在江湖中横行的大鱼，若落在水沟或陆地上，当然要受蝼蚁之类的小虫欺负了。

司马相如

汉成都人，字长卿。少时好读书击剑，景帝时为武骑常侍，病免。客遊梁，与邹阳、枚乘、庄忌之徒同舍，乃著子虚之赋。旋归蜀，武帝立，读其《子虚赋》而善之，乃召至，复著《上林赋》以进，遂以为郎，后通西南夷有功，寻拜文园令，病免。居茂陵。帝使求其书，而相如已死，遗札言封禅事。相如为人豪宕，不拘细行，然颇通小学，工于文辞，所作诸赋，玮瑰雄壮，其始极陈富丽，既乃归之讽谏，一变骚人抒情托志之义，而自创为汉赋一体，扬雄以下，多倣为之，终未有能过之者，说者谓其体盖出于诸子之纵横家云。

【译文】汉代成都人，字长卿。年少时喜好读书、击剑，汉景帝时任职为武骑常侍，后因病免职。于是作客游梁国，与邹阳、枚乘、庄忌等住在一起，作《子虚赋》。后来回到蜀地，武帝登基，读了他的《子虚赋》后很喜欢，将其召到宫中，于是又写了《上林赋》上呈皇上，被任命为郎官。后来因开通西南地区立了功，被封为汉文帝的陵园令，后来因病免官。家住茂陵。后来皇帝派人去取他的书，但相如已经死了，遗留下关于封禅的札言。司马相如为人豪荡，不拘小节，然而通达小学、善于作文章，所作的赋，珍奇、雄壮，开始时陈述的都极尽的豪华、富丽，最后又归为劝谏，改变了以往诗人抒情托志的形式，而自创了汉赋独特的体裁，从扬雄之后，多仿效他，然而终究没有能超越他的，有的说他的形式可能出于诸子中的纵横家。

谏猎书

臣闻物有同类而殊能者，故力称乌获，捷言庆忌，勇期贲、育。臣之愚，窃以为人诚有之，兽亦宜然。今陛下好陵阻险，射猛兽，卒然遇轶材之兽，骇不存之地，犯属车之清尘，舆不及还辕，人不暇施功，虽有乌获、逢蒙之伎力不得用，枯木朽株，尽为害矣。是胡、越起于毂下，而羌、夷接轸也，岂不殆哉，虽万全无患，然本非天子之所宜近也。

【译文】臣下听说万物中有同属一类但才能却很不相同的情况，所以论力气要数乌获，论敏捷要算庆忌，论勇敢必称孟贲与夏育。以臣下的愚昧之见，私下认为人类诚然有这种情况，野兽也应该是这样。现在陛下爱乘飞快的马车逾越险要的地方，追射猛兽，要是突然碰上凶猛异常的野兽，在不能安存的地方受惊，猛兽闯入陛下随从车队所扬起的飞尘之中，车辆来不及调转车辕，武士们来不及施展武功，这时即使有乌获的力气、逢蒙的善射也使用不上，连枯木朽株都成了危害之物了〔这就像北胡、南越的蛮军突起于车驾之下，又像西羌、东夷的骁骑逼近车厢一样，难道不危险吗？即使万分安全没有祸患，但这样的事本来就不是天子所宜接近的。

且夫清道而后行，中道而后驰，犹时有衔橛之变；而况涉乎蓬蒿，驰乎丘坟，前有利兽之乐，而内无存变之意，其为害也不亦难矣！夫轻万乘之重，不以为安，乐出万有一危之途以为娱，臣窃为陛下不取也。

盖明者远见于未萌，而智者避危于无形，祸固多藏于隐微，而发于人之所忽者也。故鄙谚曰："家累千金，坐不垂堂。"此言虽小，可以喻大。臣愿陛下留意幸察。

【译文】再说，在清除道路之后出行，车驾到大路中间之后才奔驰疾行，还时常发生脱衔断橛的突变事故；更何况越过茂密的草地，驰骋在起伏不平的丘陵之上，眼前有猎取野兽的乐趣，而心里却没有防止突变事故的准备，那就容易发生灾害了！忽视天子的尊贵地位，不考虑自身的安全，而爱好在有万分之一危险的道路上奔驰并以此为乐，臣下私自认为陛下不宜这样做。

听说明智的人在事故尚未萌芽之前就能有所预见，聪明的人在危害还没有形成的时候就避开它，祸患本来多半藏匿在隐微的状况之中，而发生在人们疏忽大意的时候。所以俗话说："家积千金财，不坐屋檐下。"这话虽然讲的是小事，却可以说明大道理。臣希望陛下留意敬幸明察。

谕巴蜀檄

告巴、蜀太守：蛮夷自擅，不讨之日久矣，时侵犯边境，劳士大夫。陛下即位，存抚天下，集安中国。然后兴师出兵，北征匈奴，单于怖骇，交臂受事，屈膝请和。康居西域，重译纳贡，稽首来享。移师东指，闽越相诛。右吊番禺，太子入朝。南夷之君，西僰之长，常效贡职，不敢惰怠；延颈举踵，喁喁然皆乡风慕义，欲为臣妾；道里辽远，山川阻深，不能自致。

【译文】今特向巴郡、蜀郡太守宣告：边境地区各少数民族恣意骚扰，国家有好长时间未能征讨，他们经常侵犯边境，边区郡县的军民为进行抗击蒙受辛劳。皇上即位以来，抚养人民，安定中原，然后派遣军队四面出击，讨伐北方的匈奴，匈奴单于惊恐万状，终于拱手表示愿意服从汉朝，下跪请求投降。远在西域的康居国，也一次次地通过翻译请求朝见，对皇上行跪拜大礼，进献贡品。王师转而东征，未抵闽、越，他们就自相残杀起来。王师向西到达番禺，番禺王即派太子入朝求和。夜郎的国君，僰道的酋长，经常进献贡物，不敢有所懈怠。他们极其仰慕皇上的圣德和威仪，相争归顺汉朝；以亲身侍奉皇上。只因路途遥远，又有山河阻隔，未能前往。

夫不顺者已诛，而为善者未赏，故遣中郎将往宾之，发巴、蜀之士各五百人，以奉币帛，卫使者不然，靡有兵革之事，战斗之患。今闻其乃发军兴制，惊惧子弟，忧患长老，郡又擅为转粟运输，皆非陛下之意也。当行者或亡逃自贼杀，亦非人臣之节也。

【译文】如今，不归顺朝廷的人已经受到惩罚，而真心归顺的人还没有得到奖赏，所以皇上派遣中郎将唐蒙前往慰问，并从巴郡、蜀郡各征发五百名土兵来护送财帛、保卫使者，防备发生意外事故，并不是有了战事，征发人们去打仗。现在听说中郎将唐蒙竟动用军队和法制来威吓巴、蜀的青年，使巴、蜀父老们担惊受怕，郡守又擅作主张征发民夫为他运送粮食物资，这些都不是皇上的旨意，另一方面，被征发去护送财帛、使者的人有的中途逃跑，甚至自相残杀，这也不是臣民应有的品行。

夫边郡之士，闻烽举燧燔，皆摄弓而驰，荷戈而走，流汗相属，唯恐居后；触白刃，冒流矢，义不反顾，计不旋踵；人怀怒心，如报私仇。彼岂乐死恶生，非编列之民，而与巴、蜀异主哉？计深虑远，急国家之难，而乐尽人臣之道也。

【译文】那些边防地区的战士，一听到军情警报，都搭上弓、跨上马，扛上武器赶赴前线。一个个汗流浃背，紧紧跟随，只担心自己落在后面。他们冒着敌人的刀枪飞箭，不回头，不后退，冲锋陷阵。人人满怀义愤，像报私仇那样勇猛杀敌。他们难道就这么喜欢死、厌恶生，不属汉朝的臣民，和巴蜀民众有不同的君主吗？那是因为他们考虑周到，顾全大局，为国家的危难而着急，乐意尽到做臣民的道义。

故有剖符之封，析圭而爵，位为通侯，处列东第，终则遗显号于后世，传土地于子孙；行事甚忠敬，居位甚安佚，名声施于无穷，功烈著而不灭。是以贤人君子，肝脑涂中原，膏液润野草而不辞也。今奉币使至南夷，即自贼杀，或亡逃抵诛，身死无名，谥为至愚，耻及父母，为天下笑！人之度量相越，岂不远哉？然非独行者之罪也，父兄之教不先，子弟之率不谨也；寡廉鲜耻，而俗不长厚也。其被刑戮，不亦宜乎！

【译文】所以他们得到皇上封侯赐爵的奖赏。立了大功的被封为通侯，住到皇宫东边的府第里，死后还留下显赫的名声，有封地传给后代子孙。他们为人忠诚，处事谨慎，身居高位，安逸自在，天下扬名，世人皆知史册上还要记载他们的功勋，永远流传。因此那些忠于国家，忠于皇上的人，宁可肝脑涂地，血洒荒草，也不推辞为国征战。如今只是护送财物到夜郎的差事，就自相残杀，或者逃跑以致被杀，自己死得不明不白，被人称为最蠢的家伙，还连累父母也蒙受耻辱，被全国人民讥笑。这两种人的襟怀比较起来，差距难道不是太远了吗？然而，不仅是那些死者有罪过，他们的长辈也有责任。长辈对小辈没有及早教育，要求不严，致使他们没有节操，不知羞耻，因而社会风气不淳厚朴实。这些人受刑被杀，不也是罪有应得吗？

陛下患使者、有司之若彼，悼不肖愚民之如此，故遣信使晓谕百姓以发卒之事，因数之以不忠、死、亡之罪，让三老、孝弟以不教诲之过。方今田时，重烦百姓，已亲见近县，恐远所溪谷山泽之民不遍闻，檄到，亟下县道，使咸谕陛下之意。毋忽。

【译文】皇上正因为这样为使者和官员们担忧，这样为粗俗愚昧的小民悲伤，所以才派我前来，将征发士兵的原由向民众宣讲明白，并借此述闹事的人不忠诚，自相残杀和逃跑的罪过，责备掌握教化的官员平时对人们不加教诲的过失。现在正当农忙时节，不便麻烦民众集中听取宣讲，我已亲自到附近的县里宣讲过了。但担心住在边远山区的人没有听到，檄文到达后，要赶快送达下属各县，让所有百姓都知晓皇上的旨意。千万不要疏忽！

难蜀父老

汉兴七十有八载，德茂存乎六世，威武纷纭，湛恩汪濊，群生沾濡，洋溢乎方外。于是乃命使西征，随流而攘，风之所被，罔不披靡。因朝冉从駹，定笮存邛，略斯榆，举苞蒲，结轨还辕，东乡将报，至于蜀都。

【译文】汉朝的兴起已有七十八年，它的盛德体现在六代君主身上，它的声威武力强盛，恩泽深广，百姓普遍受惠，甚至施及中原以外的地方。于是就派遣使者西行开拓，使者所到之处，影响所及，都像随流却遇，风吹草低一样，无不匍匐降服。于是使冉，駹归顺入朝，平定并安抚筰和邛，掠取斯榆，攻下苞蒲，随后就返归，将东行向天子禀报，到达蜀都。

耆老大夫搢绅先生之徒二十有七人，俨然造焉。辞毕，进曰："盖闻天子之牧夷狄也，其义羁縻勿绝而已。今疲三郡之士，通夜郎之途，三年于兹，而功不竟，士卒劳倦，万民不赡。今又接之以西夷，百姓力屈，恐不能卒业，此亦使者之累也，窃为左右患之。且夫邛，筰、西夷之与中国并也，历年兹多，不可记已。仁者不以德来，强者不以力并，意者其殆不可乎。今割齐民以附夷狄，蔽所恃以事无用，鄙人固陋，不识所谓。"

【译文】蜀中有一批年高德重的老人、官吏、乡绅共二十七人，郑重地来拜访使者，寒暄过后，就进谏道："听说天子对于夷狄，其原则不过是笼络控制而不断绝罢了，而今动用三郡的士卒开凿通夜郎的道路，已有三年，而事情还未结束，士卒都已疲劳困倦，百姓也无力负担，现在又接着开拓西夷，百姓的力已耗尽，恐怕不能完成此事，这也会成为使者的负担，我们私下为您感到忧虑。再说邛，筰，西夷等族与我华夏共存，历史年久，已无法记清了。以往仁德之君不能以德惠使他们前来，国势强盛者也不能以武力把他们兼并，现在这样做，恐怕也不可行吧！现在又以损害平民的利益去补助夷狄，让国家所依靠的百姓疲困败落而去开发没有用处的西南夷，我们见少识浅，实在不懂其中的奥妙。"

使者曰："乌谓此乎？必若所云，则是蜀不变服而巴不化俗也。仆尝恶闻若说。然斯事体大，固非观者之所觏也。余之行急，其详不可得闻已。请为大夫粗陈其略。

【译文】使者说："怎么可以这样说呢？倘若真像你们所说的那样，那么巴蜀就应仍处在蛮夷状态中而不会改变服饰和风俗了。我尚且厌恶这种说法，何况是那些见识远大的人呢？但是这件事十分重大，自然不像旁观者看到的那样。我的行程十分紧急，其详细的情况你们就不可能听到了，请允许我为你们简略地说个大概。

"盖世必有非常之人，然后有非常之事；有非常之事，然后有非常之功。夫非常者，固常人之所异也。故曰非常之原，黎民惧焉；及臻厥成，天下晏如也。昔者，洪水沸出，氾滥溢溢，民人登降移徙，崎岖而不安。夏后氏感之，乃堙洪塞源，决江流河，洒沉澹灾，东归之于海，而天下永宁。当斯之勤，岂唯民哉？心烦于虑，而身亲其劳，躬腠胝无胈，肤不生毛，故休烈显乎无穷，声称浃乎于兹。

【译文】“世上一定要有不同寻常的人，然后才会有不同寻常的事，有不同寻常的事，然后才会有不同寻常的功绩。非常这个东西，自然是一般人心目中感到奇异特殊的。所以说非常之事的开始阶段，百姓都感到恐惧，然而到它成功时，天下就安定了。从前洪水汹涌而出，到处泛滥，人民也沿着坎坷的道路迁徙，处于困难和动荡之中。大禹为此感到忧虑，就堵塞洪水之源，疏导江河，分散洪水，安定灾情，使洪水向东流入大海，而天下永达安宁。当时的辛勤劳苦，难道只是百姓吗？大禹也是心中为忧虑所烦扰，又亲自操劳，手足都长着老茧，脚腿上的细毛掉光了，其余的皮肤也脱了毛。所以他那盛美的事业一直显耀至遥远的地方，声誉和称颂也一直流传到现在。

“且夫贤君之践位也，岂特委琐龌龊，拘文牵俗，修诵习传，当世取说云尔哉！必将崇论闳议，创业垂统，为万世规。故驰骛乎兼容并包，而勤思乎参天二地。且《诗》不云乎？‘普天之下，莫非王土；率土之滨，莫非王臣。’是以六合之内，八方之外，浸淫衍溢，怀生之物有不浸润于泽者，贤君耻之。

【译文】“再说贤明的君王登位后，难道只是注重于细碎小事、器量狭窄，拘束于刻求小节的旧规陋习和流言俗议，以至于人云亦云，习惯于按传闻而行，以博取当时人的喜悦赞颂吗？君王一定要发表高深博大的见解，议论，开创事业，留下基业，为后世立下典范。所以他要为容纳兼并各种事物和各个方面而奔忙，并努力思索如何使自己成为一个与天地并立的人物。而且《诗经》上不也是这样说；‘广阔的天底下，没有一处不是君王的土地，四海之内，又没有人不是君王的臣子。’因此他要使天地之内，八方之外，都能逐渐地沾润、甚至饱沾皇恩，凡是有生命之物而没有受到君恩者，贤明的君主都会感到耻辱。

“今封疆之内，冠带之伦，咸获嘉祉，靡有缺遗矣。而夷狄殊俗之国，辽绝异党之域，舟车不通，人迹罕到，政教未加，流风犹微，内之则犯义侵礼于边境，外之则邪行横作，放杀其上，君臣易位，尊卑失序，父兄不辜，幼孤为奴，系缧号泣。内乡而怨，曰：‘盖闻中国有至仁焉，德洋而恩普，物靡不得其所，今独曷为遗已！’举踵思慕，若枯旱之望雨，戾夫为之垂涕，况乎上圣，又焉能已？

【译文】“现在境内士大夫之流，都获得善福，没有缺漏了。然而夷狄这些习俗不同的国家，遥远的与中国不同的境域，舟车不通，人迹罕至，政令教化未能施及，前代的良好风俗习惯所留下的影响也很微弱。当接纳它，让其朝献时，它就违反礼义、侵犯我边境；当弃绝它时，它就行为不正，胡作非为，放逐杀害自己的君主。君臣之位时常颠倒，尊卑关系失去秩序，父兄无故而获罪，幼弱者和孤儿充作奴隶，被捆缚着叫喊哭泣，都面向中原而发怨言，说；‘听说中原之君是最有仁义的，德惠众多而恩泽普施，万物没有不得到妥善的处所，现在为何独独遗忘我们呢！’于是抬起脚跟思念仰慕中原，好像枯旱之田盼望甘雨，这情景连狠心的人都会掉泪，何况是至上的圣君，又怎么能不顾念呢了？

“故北出师以讨强胡，南驰使以诮劲越。四面风德，二方之君鳞集仰流，愿得受号者以亿计。故乃关沬、若，徼牂牁，镂灵山、梁孙原。创道德之涂，垂仁义之统，将博恩广施，远抚长驾，使疏逖不闭，曶爽暗昧得辉乎光明，以偃甲兵于此，而息讨伐于彼。遐迩一体，中外禔福，不亦康乎？夫拯民于沉溺，奉至尊之休德，反衰世之陵夷，继周氏之绝业，天子之亟务也。百姓虽劳，又恶可以已乎哉？

【译文】“所以出师北方以讨伐强胡，派遣使者急驰南方以责备南越，四方之人都为君王的仁德所感化，南夷西夷二方的首领，怀着敬仰之意群集在一起，希望获得爵号的数以亿计，于是汉王朝以沬水、若水为关，以牂牁为界，疏通灵山的道路，在孙水的源头架起桥梁。在该地区开创通往道德之途，留下了仁义的传统，并将广泛地布施恩泽，对边远的地区既给予安抚，又加以控制，使疏远的地区不被隔断联系，使愚暗蒙昧的地方也得到光明，从而对我方来说结束边界的交战，对他们来说停息内部的诛戮攻伐。于是远近连成一体，无论是中原还是外族，都享受安福，这不是一件喜事吗？把百姓从困境中拯救出来，奉行最崇高的美德，一反衰亡时期的颓废风气，继承早已中断的周文王，武王的事业，这正是天子迫切要完成的事情。百姓虽然疲劳，又怎么可以停顿下来呢？

“且夫王者固未尝不始于忧勤，而终于逸乐者也。然则受命之符，合在于此。方将增太山之封，加梁父之事，鸣和鸾，扬乐颂，上咸五，下登三。观者未睹旨，听者未闻音，犹鷦鹏已翔乎寥廓，而罗者犹视乎薮泽，悲夫！”

于是诸大夫茫然，丧其所怀来，失厥所以进，喟然并称曰：“允哉汉德，此鄙人之所愿闻也。百姓虽劳，请以身先之！”敞罔靡徙，迁延而辞避。

【译文】“再说君王从来都是开始于忧虑劳累，而最终获得安逸快乐的。而且这也与受天之命的征兆相符合。现在正要举行封泰山、禅梁父的大典，正响彻着君车的銮声，飘扬着赞颂的乐声。汉王朝之德比五帝更盛，也超越了三王，而观者却未能看到个中的道理，听者也没有能领会其中的奥妙，这正好比鷦鹏已飞到辽阔的天空，而张罗网的人两眼还盯着沼泽洼地。可悲啊！”

众大夫听到使者的议论后，都感到茫然，已经失去了先前想要进谏的观点、理由，慨叹着说：“汉王朝之德诚如上所述，这正是我们所希望听到的。百姓虽然有些疲敝，请允许我们以身先行。”接着就怀着失意的情绪向后退，辞别之后就离开了。

子虚赋

楚使子虚使于齐，王悉发车骑，与使者出畋。畋罢，子虚过奼乌有先生，亡是公存焉。坐定，乌有先生问曰：“今日畋乐乎？”子虚曰：“乐”。“获多乎？”曰：“少”。“然则何乐？”对曰：“仆乐齐王之欲夸仆以车骑之众，而仆对以云梦之事也。”曰；“可得闻乎？”子虚曰：“可。王车驾千乘，选徒万骑，畋于海滨，列卒满泽，罘网弥山，掩兔辚鹿，射麋脚麟，鹜于盐浦，割鲜染轮，射中获多，矜而自功，顾谓仆曰；‘楚亦有平原广泽游猎之地饶乐若此者乎？楚王之猎，孰与寡人乎？’仆下车对曰：‘臣，楚国之鄙人也，幸得宿卫十有余年，时从出游，游于后园，览于有无，然犹未能遍睹也，又焉足以言其外泽乎。’齐王曰：‘虽然，略以子之所闻见而言之。’仆对曰：‘唯唯。’

【译文】楚王派遣子虚出使齐国，齐王动用了全部车辆人马，和使者出外射猎。射猎结束后，子虚拜访乌有先生，并向他夸耀，亡是公恰好也在这里。坐定后，乌有先生问：“今天射猎愉快吗？”子虚说，“愉快。”“收获多吗”答：“少。”“既然这样，那为什么感到愉快？”回答说：“我感到愉快的是齐王本想向我夸他的车辆人马多，而我却用楚王云梦泽游猎的情形回答他。”“可以让我们听听吗？”子虚说：“行，齐王动用车辆千乘，选兵士万骑，到海滨射猎。士卒遍布泽地，罗网覆盖山冈。网捕兔，车压鹿，射中麋，抓麟脚。车辆在海边盐滩上奔驰，猎手们割取鲜肉，血染车轮。他们个个都为自己箭艺高超，捕获甚多而得意洋洋。面对这一切，齐王回头对我说：‘楚国也有平坦的原野，广阔的湖泊，游猎的场所，和像这般极为快乐的事吗？楚王的游猎，和我相比较又怎样呢’我下车回答：‘我，只是楚国一名少见短识的人，有幸能在宫禁中值宿守卫了十多年。时常侍从楚王外出，但也只在后园游观，看到其中什么是有的，什么是没有的，并且也不能全部看完，又怎么有资格去谈论宫禁外的沼泽呢？’齐王说，‘即使这样，也请你把所听到的和看到出粗略地谈谈吧。’我回答：‘好的。’

“臣闻楚有七泽，尝见其一，未睹其余也。臣之所见，盖特其小小者耳，名曰云梦。云梦者，方九百里，其中有山焉。其山则盘纡岪郁，隆崇嵂崒，岑崟参差，日月蔽亏。交错纠纷，上干青云；罢池陂陀，下属江河。其土则丹青赭垩，雌黄白坿，锡碧金银，众色炫耀，照烂龙鳞。其石则赤玉玫瑰，琳珉昆吾，瑊玏玄厉，碝石碔玞。

【译文】“我听说楚国有七大湖泽，我曾见其中一个夕没有见到其它的。我所看到的，只是其中最小最小的，名叫云梦，云梦泽，方圆九百里，中间有山，那些山弯弯曲曲，高高地耸立着，山势高峻而参差不齐，日月也给挡住了，或被遮蔽了一半。众山重重叠叠，高触云霄，宽广的山坡渐渐倾斜，而与江河相连接。其地则有朱砂、石青、红土、白土、雌黄、白石英，锡、青玉、金、银，众色鲜明灿烂，有如龙鳞。石类则有赤色的玉、玫瑰、琳、珉、昆吾。瑊玏、黑石，硕石，碔玞。

“其东则有蕙圃，蘅兰芷若，芎䓖菖蒲．江蓠蘼芜，诸柘巴苴。其南则有平原广泽：登降陁靡。案衍坛曼，缘以大江，限以巫山。其高燥则生葴菥苞荔，薛莎青薠，其埤湿则生藏莨蒹葭，东蘠雕胡，莲藕觚芦，菴闾轩于。众物居之，不可胜图。

【译文】“它的东部有香草园圃：内有杜蘅、兰草、白芷、杜若，芎䓖、菖蒲，江蓠，蘼芜，甘蔗、芭蕉。它的南部有平坦的原野，宽广的湖泊，地势高低绵延，有的低洼，有的宽广，以长江为边，以巫山为界。那地势高而干燥的地方生长着马蓝，菥，苞，荔，薛，莎、绿色的薠，那地势低而潮湿的地方生长着狗尾草，初生的和未长穗的芦苇，东墙的茭白，莲藕，菰茭、芦笋，菴闾，莸草。众多的生物在那儿生长，无法一一描述出来。

“其西则有涌泉清池，激水推移，外发芙蓉菱华，内隐巨石白沙。其中则有神龟蛟鼍，玳瑁鳖鼋。其北则有阴林：其树楩柟豫樟，桂椒木兰，檗离朱杨，樝梨梬栗，橘柚芬芳。其上则有鹓雏孔鸾，腾远射干；其下则有白虎元豹，蟃蜒貙犴。

【译文】“它的西部有喷涌的泉水，清澈的池塘，水波激荡流动，水面开着荷花菱花，水中藏着巨石白沙，其中有龟、蛟、鼍、玳瑁、鳖、鼋。它的北部有树荫浓密的森林：其树种有楩、楠，豫章，桂，花椒，木兰、黄蘖、山梨、河柳、山楂、梨、黑枣，栗，橘柚散发出芳香。那些树上有鹓雏、孔雀、鸾鸟，腾远、射干，树下有白虎，黑豹，蟃蜒、貙、犴。

“于是乎乃使专诸之伦，手格此兽。楚王乃驾驯駮之驷，乘雕玉之舆，靡鱼须之桡旃，曳明月之珠旗，建干将之雄戟，左乌号之雕弓，右夏服之劲箭。阳子骖乘，孅阿为御，案节未舒，即陵狡兽，蹴蛩蛩，辚距虚，轶野马，轊騊駼，乘遗风，射游骐。

【译文】“于是就让像专诸一类的勇士，徒手搏击这些兽类，楚王就驾着四匹驯服的花斑马，登上雕玉装饰的车，让侍卫挥着以鱼须为旌穗的曲柄旗，摇着缀以明月珠的旗帜，高举锋利的三刃戟，王左边佩带雕饰的乌号弓，右边挂着夏后氏的箭袋，让伯乐当陪乘，娥阿为驭者，驾着马舒节健行，压着狡捷的兽类，践踏蛩蛩，辗过距虚，冲击野马，轴头冲杀了騊駼。王乘着遗风马，射取游荡的骐兽。

“倏眒倩浰，雷动猋至，星流霆击，弓不虚发，中必决眦，洞胸达掖，绝乎心系；获若雨兽，揜草蔽地。于是楚王乃弭节徘徊，翱翔容与，览乎阴林，观壮士之暴怒，与猛兽之恐惧，徼谻受诎，殚睹众物之变态。

【译文】“车马急速奔驰，如雷声响动，疾风飞扬，流星陨坠，霹雳震荡，弓不虚发，或射中禽兽眼睛，使其眼眶破裂，或贯穿胸部，从其腋下透出，或射断了连着心脏的血脉筋络。猎获的禽兽非常多，犹如下雨一般，覆盖着草原和平地。于是楚王就勒马缓行盘旋，从容自得地游览了茂密的树林，观看壮士们盛怒的神态和猛兽战慄恐惧的情景，并拦击收取那些疲极力尽的兽类，尽情地观赏众物不同的恣态。

“于是郑女曼姬，被阿緆，揄紵缟，杂纤罗，垂雾縠，襞積褰绉，纡徐委曲，郁桡溪谷。衯衯裶裶，扬衪戌削，蜚襳垂髾。扶舆猗靡，翕呷萃蔡；下摩兰蕙，上拂羽盖，错翡翠之葳蕤，缪绕玉绥。眇眇忽忽，若神仙之仿佛。

【译文】“于是郑地的美女，娇艳润泽，披着细缯和细布制的衣服，拖着麻布和素绢制的裳裙，身上穿着各色的罗绮，身后垂着薄雾般的轻纱，裙上有很多折裥，衣上也有很多皱纹，都显得弯曲深邃，仿佛溪谷一般。长长的衣服，掀起的下裙，边缘都是整整齐齐的，那飘扬的衣带，燕尾形衣尾，一个个都衣服合身，体态婀娜，行走时衣服发出窸窸窣窣的摩擦声，衣带有时拂过地面的花草，有时拂过上方的羽盖，女子们的头上都插着各色羽毛，衣服佩带着玉串，行踪飘忽不定，仿佛仙女一般。

“于是乃相与下于蕙圃，媻姗教窣，而上乎金隄。揜翡翠，射鵔鸃，微矰出，孅缴施，弋白鹄，连駕鹅，双鶬下，玄鹤加。怠而后发。游于清池。浮文鹢，扬旌栧，张翠帷，建羽盖。网玳瑁，钩紫贝。摐金鼓，吹鸣籁。榜人歌，声流喝。

【译文】“于是楚王和臣下一起到蕙圃去游猎，他们走过深草丛，走过坚固的堤岸，用网捕捉翡翠鸟，射取鵔鸃，短矢飞出，矢上系着纤细的丝绳，射中了白鹄，兼有野鹅、鶬鸹都双双坠下，黑鹤也被箭中。楚王疲倦后离开了蕙圃，继而游览西部清澈的湖泊，乘着绘有鹢首的船，侍从们划着桂木的桨，张挂着翠羽装饰的帷幔，高举着羽盖，网捕玳瑁，钓取紫贝，敲起铜钲，吹响竹籁，船夫歌唱，悲声嘶哑。

水虫骇，波鸿拂，涌泉起，奔扬会。礧石相击，硠硠礚礚，若雷霆之声，闻乎数百里之外。将息獠者，击灵鼓，起峰燧，车按行，骑就队，纚乎淫淫，般乎裔裔。

【译文】鱼鳖惊骇，波涛大作，泉水涌起，急波汇流，水石相击，硠硠磕碰，仿佛雷霆轰响，声音在数百里外都能听到。于是就让众人结束狩猎，敲起六面鼓，举起火炬，车辆按着行列，骑卒各归队伍，全体人马陆陆续续，鱼贯相连，络绎向前。

“于是楚王乃登云阳之台，泊乎无为，澹乎自持，勺药之和具，而后御之。不若大王终日驰骋，曾不下舆，脟割轮焠，自以为娱。臣窃观之，齐殆不如。于是齐王无以应仆也”。

【译文】于是楚王就登上阳云台，顿感恬淡无为，内心保持着一种宁静的情绪，侍从准备好调以勺药的美味，随后楚王就进餐。不像齐王您整天奔逐，竟始终不下车，只是把割成块的生肉在轮间烤一下就食咽了，还自得其乐。我私下看来，齐恐怕是不如了。于是齐王无话回驳我。”

乌有先生曰：“是何言之过也！足下不远千里，来贶齐国，王悉发境内之士，备车骑之众，与使者出畋，乃欲戮力致获，以娱左右，何名为夸哉？问楚地之有无者，愿闻大国之风烈，先生之余论也。今足下不称楚王之德厚，而盛推云梦以为高，奢言淫乐，而显侈靡，窃为足下不取也。必若所言，固非楚国之美也；无而言之，是害足下之信也。彰君恶，伤私义，二者无一可，而先生行之，必且轻于齐而累于楚矣。

【译文】乌有先生说：“这是说得多么过分！足下不远千里，前来惠顾齐国，齐王动用了国内全部士卒，准备了众多的车马，和您一起出外射猎，这是希望合力去获取禽兽，让使臣和属下欢乐一场，这怎么说是夸耀呢？询问楚地有些什么，是希望听到楚国的美俗善政，以及您的美谈宏论。今足下不去赞扬楚王的盛德，反而极力夸耀云梦游猎之盛，宣扬过分的游乐，以显示奢侈靡丽，我私下认为你是不该这么做的。倘若一切像您所说的那样，那自然不是楚国值得夸耀的事，倘若是虚无的，而您夸大其辞，这就损害了您的信誉。所以说，有而言之，是显扬君王的过失，无而言之，是损伤您个人的信义，二者没有一样是可取的。而您这样做，必将被齐人轻视，将来回楚国，也会因此获罪受累。

且齐东陼巨海，南有琅邪，观乎成山，射乎之罘，浮渤澥，游孟诸；邪与肃慎为邻，右与汤谷为界；秋田乎青丘，彷徨乎海外，吞若云梦者八九于其胸中，曾不蒂芥。若乃俶傥瑰玮，异方殊类，珍怪鸟兽，万端鳞崪，充牣其中，不可胜记，禹不能名，契不能计。然在诸侯之位，不敢言游戏之乐，苑圃之大。先生又见客，是以王辞不复，何为无以应哉？”

【译文】“再说齐国东临大海，南有琅邪山，游观成山，射猎之罘，浮舟渤海，游猎孟诸。东北方与肃慎接邻，东边以汤谷为界限，秋日至青丘国射猎，在海外逍遥游乐。齐国之大，像云梦这样的地方，即使有八九处摆在境内，也只当是胸中吞了点小梗塞物，丝毫显不出来。至于像那些不同寻常的奇伟的物产，异国它乡的不同种类，珍奇怪异的鸟兽数以万计群集在一起，充满境内，无法全部记清。连禹也叫不上名称，契也计算不清。但是齐王处在诸侯的地位，不敢谈论游戏的乐趣，苑囿的广大，而您又是受到客礼接待，因此齐王谦让不肯回驳您，这怎么可以说没有话回答呢？”

上林赋

亡是公听然而笑，曰：楚则失矣，而齐亦未为得也。夫使诸侯纳贡者，非为财币，所以述职也；封疆画界者，非为守御，所以禁淫也。今齐列为东藩，而外私肃慎，捐国逾限，越海而田。其于义固未可也。且夫二君之论，不务明君臣之义，正诸侯之礼，徒事争游戏之乐，苑囿之大，欲以奢侈相胜，荒淫相越，此不可以扬名发誉，而适足以贬君自损也。

【译文】亡是公笑着说：“楚当然是做得不对，然而齐国也并不能说做对了。天子让诸侯按时交纳贡物，并不是为了财货，而是为了让诸侯定时来汇报他们履行职责的情况。天子为诸侯划分疆界，并不是要他们去守卫这条疆界，而是为了防止他们超越界限去侵掠别人。现在齐国作为天子设在东方的一个屏障，却对外私通肃慎，离开本土，越出了国界，越过了大海，到遥远的青丘去畋猎。这在道理上当然是很说不过去的。再说，你们二位的争辩，不是去努力阐明君臣间应有的礼仪，端正诸侯行为规范，而是徒劳无益地争论什么游戏的快乐，苑囿的大小，只是想靠比较谁更奢侈荒淫来胜过对方，这样做不是发扬了本国的美名，提高了威望，而只能是贬辱了君王，损害了自身的名誉。

“且夫齐楚之事，又焉足道乎！君未睹夫巨丽也？独不闻天子之上林乎？左苍梧，右西极，丹水更其南，紫渊径其北，终始灞、浐，出入泾，渭，酆、镐，潦，潏，纡余委蛇，经营乎其内，荡荡乎八川分流，相背而异态。东西南北，驰骛往来：出乎椒丘之阙，行乎洲淤之浦，经乎桂林之中，过乎泱漭之野。汩乎混流，顺阿而下，赴隘狭之口。

【译文】“再说齐楚两诸侯国的事又哪里值得提呢？你们都没有见到过那壮丽的景色啊。难道你们没有听说过天子的上林苑吗？上林苑东面到苍梧，西面到豳地，丹水流过它的南方，紫渊经过它的北边，苑内既有灞水和浐水，又有泾水和渭水穿过，流向远方，酆水、镐水，潦水、潏水，也弯弯曲曲地周旋于苑内。这八条河川在苑内浩浩荡荡地分流，各自以其特有的姿态流向不同的地方。东南西北，交错网织，流过长满花椒的山谷，流过水洲边，流过桂树林，流经广阔的原野。水流迅猛，水势盛大，顺着高高的丘陵向下游流去，奔赴狭隘的山口。

触穹石，激堆埼，沸乎暴怒，汹涌澎湃，滭弗宓汩，偪侧泌瀄，横流逆折，转腾潎洌，滂濞沆溉，穹隆云桡，宛潬胶戾，逾波趋浥，涖涖下濑，批岩冲拥，奔扬滞沛，临坻注壑，瀺灂霣坠；沉沉隐隐，砰磅訇礚；潏潏淈淈，湁潗鼎沸。

【译文】冲击着大石，激荡着沙堆和堤岸。波涛激荡，仿佛发怒一般，汹涌澎湃，奔腾而下。在谷口，河水急涌而上，横流回涌，互相冲击，发出响声。那汹涌沸扬的水势，犹如云彩曲折低徊，弯弯曲曲，萦绕纠缠。后浪越过前浪，一直流向深渊，流向沙滩的石碛之上，形成湍流，不停地冲击堤岸。河水奔腾沸扬，当它流过沙坻或溪壑时，水势渐缓，发出细小的声音而坠入壑中。那很深很大哟河水，发出砰磅訇磕的响声，波涛涌出，好像沸水在锅中翻滚。

“驰波跳沫，汩濦漂疾。悠远长怀，寂漻无声，肆乎永归。然后灏溔潢漾，安翔徐回；翯乎滈滈，东注太湖，衍溢陂池。

【译文】“河水滚滚驰去，只见浪花飞扬，急转直下，渐渐又波平浪静，水势悠远，静静地流着，流向远方。远望江水茫茫，缓缓流动，泛出一片白光，直流向大湖，溢入附近的小湖沼中。

“于是乎蛟龙赤螭，䱭鳢渐离，鰅鰫鰬魠，禺禺魼鳎，揵鳍掉尾，振鳞奋翼，潜处乎深岩。鱼鳖讙声，万物众伙，明月珠子，的砾江靡，蜀石黄碝，水玉磊砢，磷磷烂烂，采色澔汗，丛积乎其中。鸿鹔鹄鸨，駕鹅属玉，交精旋目，烦鹜庸渠，箴疵鵁卢，群浮乎其上。泛淫泛滥，随风澹淡，与波摇荡，掩薄水渚，唼喋菁藻，咀嚼菱藕。

【译文】“在那儿有蛟龙、赤螭、、渐离、鰅，鰫、鰬、魠、禺禺、魼、鳎等，在水深弯曲之处摇鳍摆尾，振鳞奋翼。在岸边能听到鱼鳖在水中戏跃声，还能看到水中的许多宝物，有大珠、小珠，珠光都照亮了江边。还有蜀石，黄色的碝石、水晶，多得都成了堆，这些鲜艳明亮的玉石，全都沉积在水下。河边还有大雁，鹔、天鹅、鸨、野鹅、属玉、池鹭、旋目、烦鹜、庸渠、箴疵，鸬䴔等鸟，都在江上泛游，随着风浪自由自在飘荡，有的栖息在水渚上，有的在咬嚼水草和菱藕。

“于是乎崇山矗矗，巃嵸崔巍，深林巨木，崭岩嵾嵳。九嵕巀嶭，南山峨峨，岩陁甗锜，摧崣崛崎。振溪通谷，蹇产沟渎，谽呀豁閜。阜陵别隝，崴磈嵔廆，丘墟堀礨，隐辚郁】𡾰，登降施靡，陂池貏豸，沇溶淫鬻，散涣夷陆，亭皋千里，靡不被筑。

【译文】“苑内有许多高山，都高大峻险。上面是一片深林和大树，众多的山峰连绵起伏。那儿有高峻的九嵕，还有巍峨的终南山。有些地方奇险峻绝，有的地方是斜坡，有的山形像甑，有的像三足釜。山势高峻，山路也崎岖不平，有些山谷蓄满了水，有些山谷却流水潺潺。弯弯曲曲的山沟大而空虚，高高低低的土丘在水中又都成为一个个小岛。高峻的山峰连绵起伏，到远处就逐渐倾斜，趋于平坦。在那儿已缓缓流动，山也被夷平为一片陆地，在河边形成千里沃野，无处不被开垦成良田。

“掩以绿蕙，被以江离，糅以蘪芜，杂以留夷。布结缕，攒戾莎，揭车蘅兰，藁本射干，茈姜蘘荷，葴持若荪，鲜支黄砾，蒋苧青薠，布濩宏泽，延曼太原，离靡广衍，应风披靡，吐芳扬烈，郁郁菲菲，众香发越，肸蠁布写，晻薆咇茀。

【译文】地上覆盖着绿色的香蕙和江蓠，杂生着蘼芜和芍药，到处是结缕，丛生着绿色的莎草，揭车、蘅、兰、藁本、射干、紫姜、蘘荷、酢浆草、杜若、荃、栀子树、黄砾、菰蒲草、三棱草、青薠等，遍布大泽，气蔓延原野，相连不绝，随风摇摆，散发出浓烈的芳香。香气沁人肺腑，飘向四方。

“于是乎周览泛观，缜纷轧芴，芒芒恍惚，视之无端，察之无涯，日出东沼，入乎西陂。其南则隆冬生长，涌水跃波；其兽则獱旄貘犛，沈牛麈麋，赤首圜题，穷奇象犀。其北则盛夏含冻裂地，涉冰揭河，其兽则麒麟角端，騊駼橐驼，蛩蛩驒騱，駃騠驴骡。

【译文】“四处游览，苑中景物繁多，令人目不暇接，眼花缭乱。只看到它无边无际，太阳从苑东的池中升起，又落入苑西的陂池中。苑的南方，即使是寒冬腊月，还是草木青翠，绿波荡漾。那儿有犷、旄牛、大熊猫、犛、水牛、麈，麋、赤首、圜题、穷奇，大象，犀牛。苑的北部即使在三伏季节也是冰冻地裂，能涉冰渡河，那里有麒麟、角端、騊駼，骆驼、蛩蛩、驒騱、駃騠、毛驴、骡子等动物。

“于是乎离宫别馆，弥山跨谷；高廊四注，重坐曲阁，华榱璧珰，辇道纚属，步檐周流，长途中宿。夷嵕筑堂，累台增成，岩突洞房，頫杳眇而无见，仰攀橑而扪天；奔星更于闺闼，宛虹扡于楯轩。青龙蚴蟉于东厢，象舆婉僤于西清；灵圄燕于闲馆，偓佺之伦，暴于南荣。

【译文】“那里有君王的行宫，遍布山林，横越溪谷。有四边相通的行廊、高高的楼房、曲折相连的阁。那上面的屋椽都雕绘着花纹，椽头装饰着美玉。阁道四处相连。当你沿着长廊游览时，那长长的阁道一天都走不完，只好中途住宿下来。高山顶上有一块开辟出来的平地，上面建着各式厅堂和层层楼房，进去就感到深邃幽静。俯首下看，深远得看不见地面景物，向上去攀屋椽，似乎手都可以摸到天了。流星驰过宫中小门，弯弯的彩虹越过眼前的栏槛门窗。为神仙驾车的马以及他们坐的车都宛转地驰过大殿两旁清净的厢房，仙人们闲居住这幽静的馆舍中，像偓佺一类的仙人，都聚在南檐下晒太阳。

“醴泉涌于清室，通川过于中庭，盘石振崖，嵚岩倚倾，嵯峨嶕嶫，刻削峥嵘，玫瑰碧琳，珊瑚丛生。瑉玉旁唐，玢豳文鳞，赤瑕驳荦，杂臿其间，晁采琬琰，和氏出焉。

【译文】“甘美的泉水从室中涌出来，流逝不息，穿过中庭。沿着水流的高下，用大石块砌成整整齐齐的渠岸，在低处渠岸就显得倾侧深曲，到高处又显得高危峻险。那些山石都奇形怪状，仿佛人工雕琢一般。苑中到处是珍珠，碧玉、珊瑚，还有很大的玉一般的美石，它们的花纹都象鱼鳞般细密。此外还有色泽斑驳不纯的赤色玉。夹杂在崖石中间。而晁采，琬琰两种美玉，以及著名的和氏壁也都在这儿出现。

“于是乎卢桔夏熟，黄甘橙楱，枇杷橪柿，亭柰厚朴，梬枣杨梅，樱桃蒲陶，隐夫薁棣，荅遝离支，罗乎后宫。列乎北园，貤丘陵，下平原。扬翠叶，杌紫茎，发红华，垂朱荣，煌煌扈扈，照曜巨野。

【译文】“那儿一到夏季卢柑就熟了，黄柑、橙子、小桔、枇杷、酸枣、柿子，海棠、花红，厚朴、梬枣、杨梅，樱桃、葡萄、常棣、郁李，荅遝，荔枝等果树，遍布于后宫和北园。它们还沿着丘陵，一直延展到平原。绿叶和小枝条随风摇曳，到处是盛开的红花，一串串地悬挂下来，鲜艳明亮的花儿，映照着广阔的原野。

沙棠栎槠，华枫枰栌，留落胥邪，仁频并闾，欃檀木兰，豫章女贞，长千仞，大连抱，夸条直畅，实叶葰茂，攒立丛倚，连卷欐佹，崔错癹骫，抗衡閜砢，垂条扶疏，落英幡纚，纷溶萷蔘，猗柅从风，浏莅芔歙，盖象金石之声，管籥之音。

【译文】沙果树、栎树、槠树，桦树、枫树、银杏，黄栌，刘杙、椰树、槟榔、棕榈、欃檀、木兰，豫樟、女贞等树木都高耸千仞，得几个人才能合抱过来。树木的花朵和枝条都生长得舒展，果实和叶子也长得硕大、茂盛。树木有的林立在一起，有的丛簇地相依，树枝都卷曲交叉，盘根错结。树干高大挺拔，枝条冲向四方，落花四处飘扬。树冠是那样大，那样繁密，疾风吹来，枝条栅随风摇曳，发出凄清的声音，有的像钟磬之声，有的像管籥之音。

偨池茈虒，旋还乎后宫，杂袭累辑，被山缘谷，循坂下隰，视之无端，究之无穷。

【译文】参差不齐的树木，都环绕着后宫生长，重重叠叠，长满了山冈、溪谷，沿着山坡，一直伸展到低洼的地方。放眼望去，无边无际。

“于是乎玄猿素雌，蜼玃飞蠝，蛭蜩蠼猱，獑胡豰蛫，栖息乎其间。长啸哀鸣，翩幡互经，夭蟜枝格，偃蹇杪颠。逾绝梁，腾殊榛，捷垂条，掉希间，牢落陆离，烂熳远迁。若此者数百千处。娱游往来，宫宿馆舍，庖厨不徙，后宫不移，百官备具。

【译文】“那儿有黑猿、白猿、雉、母猴、鼯鼠、蛭、蜩、猕猴、獑胡、豰、蛫，它们在这儿生长、活动，有时长鸣一声，其音凄婉哀凉；有时灵敏地在树枝上跳来跳去；有时蹲在树枝上，有时挂在树梢。它们跳过无桥的溪水，跃过一片奇异的树林，一会儿抓住下垂的枝条；一会儿跳向枝条稀疏的空处。有时零零星星、三三两两，有时又凑在一起到处奔走。象上面所说的景色，在苑中有数百上千处。倘若在苑中游览，到处都有离宫别馆供歇宿，到处都有厨师、嫔妃宫女、百官供使唤，这些侍奉的人也不用跟着迁徙。

“于是乎背秋涉冬，天子校猎，乘镂象，六玉虬，拕蜺旌，靡云旗；前皮轩，后道游。孙叔奉辔，卫公参乘，扈从横行，出乎四校之中，鼓严簿，纵猎者。河江为陆，泰山为橹，车骑雷起，殷天动地，先后陆离，离散别追，淫淫裔裔，缘陵流泽，云布雨施。

【译文】“于是到了深秋初冬季节，天子到这儿射猎。君王乘着用六马拉着的车，车络是用象牙镶镂的，镳勒也是用玉装饰的，高高的蜺旗随风飘扬，画着虎豹的大旗有斜指前方，前面有装饰着虎皮的车开道，它的后面就是道车和游车。天子的车上，由太仆公孙贺驾车，大将军卫青当车右，侍卫队伍紧跟着天子从小路奔向猎场，大伙儿都出没在围猎圈中。戒备森严的仪仗队伍中擂起了大鼓，于是就放手让士卒们尽情射猎。以江河为围阵，以泰山作望楼，马跑车驰的响声就像惊雷一样，震天动地。人群都陆续跑散了，各自去追捕自己的猎物。他们一个跟着一个，沿着山陵，顺着川泽，在络绎不绝地向前推进，这个场面就好像云布满天空，雨降到地上。

“生貔豹，搏豺狼，手熊罴，足野羊；蒙鹖苏，绔白虎，被班文，跨野马。凌三嵕之危，下碛历之坻，径峻赴险，越壑厉水。推飞廉，弄獬豸，格虾蛤，鋋猛氏；羂騕褭，射封豕。箭不苟害，解脰陷脑，弓不虚发，应声而倒。

【译文】“勇士们生擒貔豹，搏击豺狼，空手击杀熊罴，双足踩倒羚羊。他们都戴着鹖毛装饰的帽子，穿着有白虎图案的裤子，披着虎豹纹彩的单衣，骑着野马，登上了最高的山峰，又冲下了起伏不平的山坡，经历了峻危险阻，越过了山谷、河流，他们击杀飞廉，摆弄獬豸，格杀虾蛤，刺杀猛氏，张起绳索捕捉騕褭，拉开大弓射杀大猪。那箭决不是随便射到无关紧要的部位，而一定是射中颈脑等要害之处，箭从不虚发，只要一拉开弓，那猎物就应声倒毙。

“于是乘舆弭节徘徊，翱翔往来，睨部曲之进退，览将帅之变态。然后浸淫促节，儵夐远去。流离轻禽，蹴履狡兽，𨏶白鹿，捷狡兔；轶赤电，遗光耀，追怪物，出宇宙，弯蕃弱，满白羽；射游枭，栎飞遽。择肉而后发，先中而命处，弦矢分，艺殪仆。

【译文】“这时候天子就徐徐地前进，四处巡视，观看士卒们忽前忽后地捕捉禽兽，察看将帅指挥队伍的种种势态。然后天子又渐渐地加速前进，疾速地奔向远方，亲自用网捕捉轻疾的飞禽，用马足踩踏飞快奔跑的野兽，用车轮去碾压白鹿，很快地抓住野兔，快得超过赤色的闪电，越过了流光。为了追捕珍奇的动物，一直飞驰到宇宙的边缘。君王拉开良弓，张满白羽箭，射中狒狒，击杀飞遽。君王选好肥大的猎物然后发射，每次发射，都必然射中所指之处。箭刚发，那野兽就像箭靶被射中一样倒毙了。

“然后扬节而上浮，凌惊风，历骇猋，乘虚无，与神俱。躏玄鹤，乱昆鸡，遒孔鸾，促鵕䴊，拂翳鸟，捎凤皇，捷鹓鶵，揜焦明。道尽途殚，回车而还，招摇乎襄羊，降集乎北纮；率乎直指，晻乎反乡。

【译文】“而后，天子就驾着车，举着旌节向上飞腾，乘着狂猋疾风，登上虚无漂渺的天空，与神仙相等同。他门踩着黑鹤，冲乱了昆鸡的阵群，执孔雀，擒鸾鸟、抓鵔鸃、击鹫鸟、打凤凰，捉鹓鶵，捕焦明，一直追到路的尽头，才转过车头返回来。这时天子缓缓地从空中降落，停留在苑中极北之处。接着又上马一直前往，顺着来时的方向往回走。

“蹷石阙，历封峦，过鳷鹊，望露寒，下棠梨，息宜春。西驰宣曲，濯鹢牛首，登龙台，掩细柳。观士大夫之勤略，均猎者之所得获，徒车之所轥轹，步骑之所蹂若，人臣之所蹈藉，与其穷极倦𠬛，惊惮詟伏，不被创刃而死者，他他藉藉，填坑满谷，掩平弥泽。

【译文】“游历了石关、封峦、鳷鹊三观，还欣赏了露寒观的景色，过了棠梨宫，直到宜春宫才休息。向西还到了宣曲宫，坐着船在牛首池中泛波荡漾。登上了龙台观，休息在细柳观，浏览了将帅们辛勤捕捉的猎物，评比他们的收获，真是战果辉煌啊。光是车轮所碾死的，骑兵踩死的，加上步卒、侍从们踩死和走投无路极其疲惫而倒毙的，惊恐而跑不脱趴下的，没有受到任何伤害而死掉的禽兽，已经是纵横满地，布满了山谷、原野和沼泽。

“于是乎游戏懈怠，置酒乎颢天之台，张乐乎胶葛之寓，撞千石之钟，立万石之虡，建翠华之旗，树灵鼍之鼓。奏陶唐氏之舞，听葛天氏之歌，千人倡，万人和，山陵为之震动，川谷为之荡波。《巴渝》、宋、蔡，淮南《千遮》，文成颠歌，族居递奏，金鼓迭起，铿锵闛鞈，洞心骇耳。荆、吴、郑、卫之声，《韶》《濩》《武》《象》之乐，阴淫案衍之音，鄢郢缤纷，《激楚》《结风》，俳优侏儒，狄鞮之倡，所以娱耳目乐心意者，丽靡烂漫于前。

【译文】“于是大家都放松下来开始玩乐，在颢天台上摆上酒宴，宽大的厅堂里设了乐队，立起了万石的钟架，撞起了千石巨钟，挂起了翠羽装饰的旌旗，树起了鼍皮蒙的响鼓，奏起了唐尧时的舞曲，倾听葛天氏之歌。千人合唱，万人齐和，歌声震动了山陵，川谷也为之颠簸。宴会上跳起了巴渝的舞，唱起了宋蔡的歌，奏起了淮南调，千遮曲和文成、滇池一带的民歌，各种乐器时而合奏，时而交替演奏，锣鼓锵锵，鼓声咚咚，此起彼伏，响彻心扉，震耳欲聋．这时又奏起了轻盈缠绵的荆、吴、郑、卫的民间音乐，庄重典雅的《韶》《濩》《武》《象》等宫廷舞曲。伴着靡靡放纵的曲调，跳起了色彩浓烈的鄢，郢等地的舞蹈，还唱着《激楚》《结风》等楚地歌曲。此外，宴会上还有表演乐舞谐戏的倡优、矮人，西戎狄鞮的乐人，他们身着艳装，演技动人，足以令人赏心悦目，开怀欢笑。

“靡曼美色于后，若夫青琴宓妃之徒，绝殊离俗，妖冶娴都，靓妆刻饰，便嬛绰约，柔桡嫚嫚，妩媚纤弱，曳独茧之褕袣，眇阎易以邺削，便姗嫳屑，与俗殊服。芬芳沤郁，酷烈淑郁，皓齿粲烂，宜笑的皪，长眉连娟，微睇绵藐，色授魂与，心愉于侧。

【译文】“那些出场表演的女子，个个都像青琴、宓妃一样的美人，与众不同，举世无双，美丽姣好。她们薄施脂粉，两鬓像刻画过一样，体态是那么轻盈，身段是如此苗条，神情又是那样妩媚。他们穿着素色绸衣，衣裙的下摆在迈步中整齐而轻轻地摆动，行步是那样安祥，衣服随风婆娑，式样跟外边的人全不一样。她们佩戴着各种香草，香气清美而浓郁。她们张口笑时，都露出了洁白的牙齿，眉毛弯曲粗长，当她看你一眼时，那神情十分招人喜爱。她们那漂亮的容貌，动人的神态摄人心魄，使你倾心于她身边。

“于是酒中乐酣，天子芒然而思，似若有亡，曰：‘嗟乎，此太奢侈！朕以览听余闲，无事弃日，顺天道以杀伐，时休息于此，恐后叶靡丽，遂往而不返，非所以为继嗣创业垂统也。’于是乎乃解酒罢猎而命有司曰：‘地可垦辟，悉为农郊，以赡萌隶。颓墙填堑，使山泽之人得至焉。实陂池而勿禁，虚宫馆而勿仞。发仓廪以救贫穷，补不足，恤鳏寡，存孤独。出德号，省刑罚，改制度，易服色，革正朔，与天下为更始。

【译文】“这时酒正喝到半酣，音乐也正奏到酣畅的时候，天子却突然沉思，好像丧失了什么似的说：‘唉！这也是太奢侈了。我以为听政之余，空闲无事，那就是虚度光阴。因此，我根据大自然的生养规律在苑里射猎，调养性情，以顺应天道。但这样过于奢侈，又担心后世的子孙盲目效法，玩物丧志，沉溺其中而迷不知返，这就不利于保社稷建帝业把先王开创的基业留传给后代啊。’于是就下令撤销酒宴，停止射猎，并诏示有关的官吏：凡是能开垦的土地全都改造成良田，以供养百姓。推平苑墙，填平壕沟，让住在郊野的百姓能自由出入放牧采樵。池塘中养满鱼鳖，允许百姓前来捕捉。苑中宫馆废弃罢用，不再让宫人居住其中。打开粮仓，救济贫苦的百姓，慰问无依无靠的鳏夫、寡妇，孤儿和丧失子女的人。发布有德于民的政令，省简苛刑厉罚，改变陋制，变换车马祭牲的颜色，改革历法，向天下人表示实行新政，建立新的开端。

“于是历吉日以斋戒，袭朝服，乘法驾，建华旗，鸣玉鸾，游于六艺之囿，驰骛乎仁义之涂，览观《春秋》之林，射《狸首》，兼《驺虞》，弋玄鹤，舞干戚；载云罕，掩群雅；悲《伐檀》，乐乐胥；修容乎《礼》囿，翱翔乎《书》圃，述《易》道，放怪兽；登明堂，坐清庙，次群臣，奏得失，四海之内，靡不受获。于斯之时，天下大悦；向风而听，随流而化；芔然兴道而迁义，刑错而不用；德隆于三王，而功羡于五帝；若此，故猎乃可喜也。

【译文】“于是天子就选择一个好日子，经过斋戒，穿上庄重的朝服，采用法驾的仪仗，高举着旌旗，驾御着饰有鸾铃的骏马，游历在‘六艺’这块园地，奔驰在仁义德政之道上，又观《春秋》的微言大义，演奏《狸首》《驺虞》的音乐，作为射礼之节，欣赏帝舜时代留下的以玄鹤和干戚为舞具的古代舞蹈，还载着云罕出巡访求贤俊之士。当听到《伐檀》的歌声时，为士不遇明主而悲伤，当读到乐胥诗句时，又为得贤士而喜乐。要依循古代的礼制来修饰容仪，反复钻研《尚书》以知远古、通政事，学习《易经》以辨天时，知人事，明地理。于是再也不去射猎苑中的珍禽异兽。当天子登上明堂，坐在太庙中时，让群臣排好行列，进言政事的得失。这样普天下的百姓都能享受到君王的恩泽。到了这时候，天下的人都欢欢喜喜，就好比居于下风一样遵从君王的教化，随着当时的风气而受到感化。大家都来提倡仁义之道，就会一天比一天更接近仁义，到那时，刑罚都可废弃不用了。这样天子之德比三皇还高，天子之功比五帝还大。象这样的“游猎”，自然是可喜可贺的了。

“若夫终日驰骋，劳神苦形，罢车马之用，抏士卒之精；费府库之财，而无德厚之恩，务在独乐，不顾众庶；忘国家之政，贪雉兔之获，则仁者不由也。从此观之，齐楚之事，岂不哀哉！地方不过千里，而囿居九百，是草木不得垦辟而民无所食也。夫以诸侯之细，而乐万乘之侈，仆恐百姓被其尤也。”

于是二子愀然改容，超若自失，逡巡避席，曰：“鄙人固陋，不知忌讳，乃今日见教，谨受命矣。”

【译文】“倘若整天在野外奔跑，不仅天子辛苦，就是车马也精疲力尽，士卒的精力都消耗得干干净净，既浪费了府库的财帛，又不能给百姓带来任何恩德。君王只是追求一己之快乐，而没有关心自己的百姓，忘掉了国家的大事，而去贪捕几头雉兔，像这种情况，仁者是决不会干的。从上述情况来看，齐国和楚国的事不是很可悲吗？它们的国土方圆不超过千里，而苑囿就占去九百，到处是草木，土地没法开垦，人民也没有吃的。再说以地方这么小，地位这么低的诸侯国来享用只有天子才能享用的奢侈华丽，我怕老百姓要跟着他们遭罪喔。”

这时候子虚、乌有先生两人脸色都变了，怅然自愧，向后退出了座位，说：“小人真是见识浅薄，不知道什么该说，什么不该说，今天才受到您的开导，一定认真地听从您的教诲。”

哀二世赋

登陂陁之长阪兮，坌入曾宫之嵯峨。临曲江之隑州兮，望南山之参差。岩岩深山之谾谾兮，通谷豁乎谽谺。汩淢靸以永逝兮，注平皋之广衍。观众树之蓊薆兮，览竹林之榛榛。东驰土山兮，北揭石濑。弥节容与兮，历吊二世。持身不谨兮，亡国失势，信谗不寤兮，宗庙灭绝。乌乎！操行之不得，墓芜秽而不修兮，魂亡归而不食。

【译文】登上颠簸不平的长山坡啊，一块儿进入层叠高大的宫殿中。面前是曲江曲折的堤岸和小岛啊，远望那起伏蜿蜒的南山。高峻的深山连绵不绝啊，漫长的溪谷深而又深。湍急的水流泛浪流向远方啊，流入宽广平坦的河滩。观看群树茂密啊，浏览竹林丛生。于是东行越过土山啊，向北提衣淌过小溪。在那儿停下不前啊，到二世墓前进行凭吊，想到他做人不谨严啊，致使国家灭亡权柄旁落，轻信谗言而不醒悟啊，到头来宗庙被毁。呜呼哀哉！只因他操行不合典则啊，到如今坟墓荒芜而无人修葺，他的灵魂无处安息，享受不到子孙的祭祀

长门赋

孝武皇帝陈皇后，时得幸。颇妒，别在长门宫，愁闷悲思，闻蜀郡成都司马相如，天下工为文，奉黄金百斤，为相如、文君取酒，因于解悲愁之辞，而相如为文以悟主上，皇后复得幸。其辞曰：

【译文】汉武帝的陈皇后，当时颇受宠爱。后因爱嫉妒，被废置于长门宫，终日苦闷悲愁。听说蜀郡成都的司马相如是全国赞扬的作家，就以黄金百斤赠给他与卓文君买酒，并请他为自己作消除悲愁的文章。于是相如写了《长门赋》以启发君王，陈皇后终于重新得到宠爱。其文辞如下：

夫何一佳人兮，步逍遥以自虞。魂踰佚而不返兮，形枯槁而独居。言我朝往而暮来兮，饮食乐而忘人。心慊移而不省故兮，交得意而相亲。伊予志之慢愚兮，怀贞悫之欢心。愿赐问而自进兮，得尚君之五音。奉虚言而望诚兮，期城南之离宫。修薄具而自设兮，君曾不肯乎幸临。廓独潜而专精兮，天飘飘而疾风。登兰台而遥望兮，神惝怳而外淫。浮云郁而四塞兮，天窈窈而昼阴。

【译文】有一位美丽的女子啊，漫步徘徊而独自思叹不已。魂魄飞扬而神不守舍啊，形体枯瘦而独自幽居。君王您曾许诺早去晚归啊，谁知饮食快乐而把我忘却。恩爱断绝而不念旧人啊，结交如意新人而另有所亲。我的思虑虽迟钝愚笨啊，却怀着忠贞诚朴的炽热之爱心。希望皇上问起而能进见啊，能聆听到您的声音。奉着空话却希望当真啊，期待在城南的长门宫。稍备点饮食而亲自摆好啊，皇上您却不肯驾临。忧伤独处而专心沉思啊，天上迅疾地刮起劲风。登上兰台而向远瞭望啊，思绪怅惘而飘向远方。浮云密集而布满四周啊，天空幽远而日色昏暗。

雷隐隐而响起兮，声像君之车音。飘风回而起闺兮，举帷幄之襜襜。桂树交而相纷兮，芳酷烈之訚訚。孔雀集而相存兮。元猿啸而长吟。翡翠胁翼而来萃兮，鸾凤飞而北南。心凭噫而不舒兮，邪气壮而攻中。下兰台而周览兮，步从容于深宫。正殿块以造天兮，郁并起而穹崇。闲徙倚于东厢兮，观夫靡靡而无穷。挤玉户以撼金铺兮，声噌吰而似钟音。刻木兰以为榱兮，饰文杏以为梁。罗丰茸之游树兮，离楼梧而相撑。施瑰木之欂栌兮，委参差以槺梁。

隐隐殷殷而响起啊，像是皇上车驾之声。暴风回旋而刮进屋内啊，吹起帷幕而摇动飘扬。桂枝相交而彼此纠结啊，香气浓郁而四溢。孔雀相聚而彼此温存啊，黑猿吼叫而长声悲呼。翡翠收拢翅膀而来栖集啊，鸾凤也飞翔在这上空的北南。心中气闷而不舒畅啊，邪气汇聚而侵袭体内。走下兰台而四处观览啊，漫步从容在深宫。大殿独立而高耸天空啊，旁殿并起而宏伟崔巍。在东厢房站立顷刻啊，观赏精美的景物而没有穷尽。推开天门而摇动铜门环啊，声音响亮有如钟声。雕刻木兰作屋椽啊，绘饰文杏作大梁。排列无数的浮柱啊，相交错而支撑。珍奇的木料作斗拱啊，参差错落而疏朗玲珑。

时仿佛以物类兮，像积石之将将。五色炫以相曜兮，烂耀耀而成光。緻错石之瓴甓兮，象玳瑁之文章。张罗绮之幔帷兮，垂楚组之连纲。抚柱楣以从容兮，览曲台之央央。白鹤噭以哀号兮，孤雌跱于枯杨。日黄昏而望绝兮，怅独托于空堂。悬明月以自照兮，徂清夜于洞房。援雅琴以变调兮，奏愁思之不可长。案流徵以却转兮，声幼妙而复扬。贯历览其中操兮，意慷慨而自卬。左右悲而垂泪兮，涕流离而从横。舒息悒而增欷兮，蹝履起而彷徨。揄长袂以自翳兮，数昔日之諐殃。无面目之可显兮，遂颓思而就床。

【译文】似乎什么跟它相像啊，好像积石山一般高峻。五彩明亮而相互照晒啊，灿烂辉煌而一片光芒。累砌石块成密緻的地砖啊，其花纹就像玳瑁的色彩。张挂起罗绮的帷幕啊，系垂着楚地丝带的总绳。抚着柱子门框缓行啊，看那曲台殿十分宽广。白鹤噭噭而哀鸣啊，孤雌栖息在枯杨上。时近黄昏而希望断绝啊，满怀惆怅而独立空堂。高悬的明月空白独照啊，这凄清的夜晚消磨在幽深的房内。把雅正的琴曲改为变调啊，想抒发愁思却不能持久。按流利的徵音而转变啊，琴声幽微而又悠扬。贯串琴曲而体会其情操啊，内心感慨而激昂。左右的人悲伤而掉泪啊，泪水纵横地流下。叹气忧郁而越加哽咽啊，拖着鞋起来而徘徊不定。扬起长袖蒙住自个儿脸啊，暗暗责备着自己以往的过失，没有脸面可以显露啊，只好无精打彩去上床。

抟芬若以为枕兮，席荃兰而茝香。忽寝寐而梦想兮，魄若君之在旁。惕寤觉而无见兮，魂廷廷若有亡。众鸡鸣而愁予兮，起视月之精光。观众星之行列兮，毕昴出于东方。望中庭之蔼蔼兮，若季秋之降霜。夜曼曼其若岁兮，怀郁郁其不可再更，澹偃蹇而待曙兮，荒亭亭而复明。妾人窃自悲兮，究年岁而不敢忘。

【译文】揉好芬香的杜若作枕头啊，又把荃兰和茝铺作席褥。刚睡下就进入梦境啊，魂魄好像在皇上身边。突然惊醒而无所见啊，魂恐惧而好像掉了什么。群鸡啼叫使我忧伤啊，起身仰视月儿的亮光。观看群星的行列啊，毕宿昴宿已出现在东方。望着庭中黯淡的微光啊，像深秋降下的白霜。夜漫长好比过年啊，心中郁闷再也不能忍受。激动地站着等待曙光啊，远处透光而将要大亮了。我仍暗自悲哀啊，即使长年累月也不敢忘记君王。

刘 向

汉楚元王交四世孙，字子政，本名更生。初为谏大夫，宣帝诏选名儒俊材，向以通达能属文与焉；元帝时，与萧望之等同心辅政，为弘恭、石显等所陷，几不能免；成帝时复起，累官光禄大夫、中壘校尉。时外戚王氏擅权，帝数欲用向为九卿，为王氏及诸大臣所阻，官终不迁。向为人简易，无威仪，专积思于经术，尝授诏领教秘书，每书皆撮其旨意，总为《别录》；在朝数上封事，极论时政得失，其言多痛切，发于至诚。其文尤浑融遒逸，尽态极妍，唐韩愈，古文泰斗，其称古之作者数人，虽贾、董不及，而独屈指于向，可以知其所至矣。卒年七十二，所著有《洪范五行传》《列女传》《列仙传》《新序》《说苑》等书。

【译文】汉代楚元王刘交的四世孙，字子政，本名更生。初任职为谏大夫，汉宣帝下令召选名儒、俊材时，刘向因通达能写文章被录用；汉元帝时，与萧望等同心辅佐政治，被弘恭、石显等陷害，没有幸免；汉成帝时又被起用，官累至光禄大夫、中壨校尉。当时外戚王氏专权，皇帝几次想招刘向为九卿，被王氏等诸位大臣所阻挡，官位始终都没有提升。刘向为人平易，没有威仪，专心研究经术，曾受命任领教秘书，每本书都总结其思想主旨，总编为《别录》；在朝廷数次上书奏章，透彻地论述时政得失，言辞大多及其恳切，发于诚心。其文章融合一体、雄健飘逸，表现的都很好。唐代韩愈，是古文泰斗，称赞古代写文章的有数人，即使是贾谊、董仲舒都没有提及到，唯独指向刘向，从此可知刘向文章所达到的高度。逝世时七十二岁，著作有《洪范五行传》《列女传》《列仙传》《新序》《说苑》等书。

《战国策》序

周室自文、武始兴，崇道德，隆礼义，设辟雍、泮宫、庠序之教，陈礼乐、絃歌、移风之化，叙人伦，正夫妇。天下莫不晓然。论孝弟之义，敦笃之行，故仁义之道，满乎天下，卒致之刑措四十余年。远方慕义，莫不宾服，《雅》《颂》歌咏，以思其德。下及康、昭之后，虽有衰德，其纲纪尚明。

及春秋时，已四五百载矣。然其余业遗烈，流而未灭。五霸之起，尊事周室。五霸之后，时君虽无德，人臣辅其君者，若郑之子产，晋之叔向，齐之晏婴，挟君辅政，以并立于中国，犹以义相支持，歌说以相感，聘觐以相交，期会以相一，盟誓以相救。天子之命，犹有所行；会享之国，犹有所耻。小国得有所依，百姓得有所息。故孔子曰："能以礼让为国乎，何有！"周之流化，岂不大哉！

及春秋之后，众贤辅国者既没，而礼义衰矣。孔子虽论《诗》《书》，定《礼》《乐》，王道粲然分明。以匹夫无势，化之者七十二人而已，皆天下之俊也。时君莫尚之，是以王道遂用不兴。故曰：非威不立，非势不行。

【译文】周王室从文王、武王时代兴起，就尊崇道德，讲究礼义；设立了辟雍、泮宫、庠序等各级各类学校进行教化；设置礼乐、弦歌，移风易俗；理顺人际关系，端正夫妻地位。从而使得普天下的人都明白了孝敬父母、兄弟友爱的道理，都有淳厚诚信的品行，所以仁义道德的风尚遍及天下，以致刑罚不用达四十余年。远方的蛮夷之国向风慕义，没有不表示臣服的。流传至今的《雅》《颂》正反映出后人对西周德政的追怀之情。到康王、昭王以后，虽然国政有所昏乱，但国家的政纲法纪依然明确。

到春秋时，周王室已统治了四五百年，可是先祖光辉功业的余绪依然留存。春秋五霸能够兴起，就在于尊崇周王室。五霸之后，诸侯国君虽然大都无德无能，但辅佐他们的臣子如郑国的子产、晋国的叔向、齐国的晏婴，借助君主的威势治理国家，使郑、晋、齐能同时称雄中原。当时仍然靠仁义相互支持，用歌咏《诗》的方式表达感情，用交聘、朝觐的方式加强交往，用约期会盟的方式进行联合，用结盟立誓的形式相互救援。周天子的命令，仍然可以得到贯彻，参与盟会的各国诸侯还知道什么是耻辱。小国还有所依托，百姓也可得以休养生息。所以孔子说："能够用礼义谦让治理国家吗？（如果能，）又有什么困难呢？"周王朝德政的传统教化，难道不是很伟大吗？

到春秋以后，各国辅政的贤人都已去世，从此，礼治仁义开始衰落了。孔子虽然论述了《诗》《书》的大义，删定了《礼》《乐》，使得讲究礼义治国的王道非常明了，可是由于他只是没有权势的士人，所以只教化了七十二人。这些人都是天下的俊杰，但当时的国君并不看重他们，从而使礼义王道没有再度兴起。所以常言说："缺少权威就不能立政，没有势力就不能施政。"

仲尼既没之后，田氏取齐，六卿分晋。道德大废，上下失序。至秦孝公，捐礼让而贵战争，弃仁义而用诈谲，苟以取强而已矣。夫篡盗之人，列为侯王；诈谲之国，兴立为强。是以转相放效；后嗣师之，遂相吞灭，并大兼小，暴师经岁，流血满野。父子不相亲，兄弟不相安，夫妇离散，莫保其命，湣然道德绝矣！

晚世益甚。万乘之国七，千乘之国五，敌侔争权，盖为战国。贪饕无耻，竞进无厌。国异政教，各自制断。上无天子，下无方伯。力功争强，胜者为右。兵革不休，诈伪并起。当此之时，虽有道德，不得设施。有谋之强，负阻而恃固。连与交质，重约誓结，以守其国。故孟子、孙卿儒术之士，弃捐于世；而游说权谋之徒，见贵于俗。

【译文】仲尼去世之后，田氏取代了齐政权，晋国的六卿分而治之，各国道德败坏，失去了起码的上下尊卑的秩序。而秦孝公则完全抛弃了礼让，推崇战争，抛弃了仁义治国，用奸诈阴谋驾御国民，一心追求强大而已。那些篡权盗位之辈，被封为侯、王；使用奸诈阴谋的国家，通过战争变得强大。如此转相仿效，后来的人也跟着学，终于出现了诸侯国相互吞并剿灭，联合大国兼并小国，军队数年在野外作战，血流成河的情况。从此，父子不能相亲，兄弟不能相安，夫妻难以团聚，百姓难保生命，仁义道德完全绝迹了。

再往后，形势更加恶化，拥有万辆战车的大国有七个，拥有千辆战车的小国是五个，它们相互敌对争战，这就是“战国”。这些国家贪婪、无耻，争强斗胜，没有满足；各国自己制定不同的政策，实行不同的教化；既不把周天子放在眼里，又没有霸主出现；凭借武力争夺霸权，战胜国处于上位；战争连年不断，奸诈邪说纷纷出笼。在这样的时代，即使有道德，也无法得到施行。有谋略的强国，纷纷凭借险阻要塞，与诸侯国联合，相互交换质子，不断地缔约盟誓，用以保卫自己的国家。因此孟轲、荀况这些讲究王道治国的儒士被时代所抛弃，而那些用权谋游说诸侯的人却顺应形势红极一时。

是以苏秦、张仪、公孙衍、陈轸，代、厉之属，主从横短长之说，左右倾侧。苏秦为从，张仪为横。横则秦帝，从则楚王。所在国重，所去国轻。然当此之时，秦国最雄，诸侯方弱，苏秦结之，合六国为一，以傧背秦。秦人恐惧，不敢窥兵于关中，天下不交兵者二十有九年。然秦国势便形利，权谋之士，咸先驰之。苏秦初欲横，秦弗用，故东合从。及苏秦死后，张仪连横。诸侯听之，西向事秦。是故始皇因四塞之国，据崤、函之阻，跨陇，蜀之饶，听众人之策，乘六世之烈，以蚕食六国，兼诸侯，并有天下。仗于诈谋之积，终无信笃之诚，无道德之教，仁义之化，以缀天下之心。任刑法以为治，信小术以为道。遂燔烧诗书，坑杀儒士，上小尧舜，下邈三王。

【译文】所以苏秦、张仪、公孙衍、陈轸、苏代、苏厉这帮人，就制造出了合纵、连横等权变理论，各自偏重一方，苏秦主张合纵，张仪主张连横。主张连横的人游说秦王，主张合纵的人游说楚王；他们在那国，那国就重要，他们离开那国，那国就会变得无足轻重。可是这个时候，秦国最为强大，其它各诸侯国都较弱小，苏秦组织合纵阵线时，山东六国联合起来共同背叛并排斥秦国，使得秦国十分恐惧，不敢再派军队走出函谷关向东攻击，天下没有战争长达二十九年之久。可是秦国毕竟形势险要，国力强盛，所以讲求权变谋略的游说者总是先到秦国去。苏秦开始想让秦国连横，秦王没有采纳，因此才到东方去组织合纵的。等苏秦死了以后，张仪为秦国奔走连横，各国诸侯都顺从他西面侍奉秦国。使得秦始皇能借助关中四面阻塞的有利地形，据守崤山、函谷关，兼有陇、蜀丰饶的物产，采纳谋士们的策略，继承祖先六代的辉煌业绩，慢慢地蚕食山东六国，终于兼并了各诸侯，统一了整个国家。他违背了笃诚和信义，不用道德和仁义进行教化，只以奸诈与权谋来联络人心；他只用刑罚治理国家，把权术当作原则；他焚烧《诗》《书》，活埋儒生；既看不起尧、舜、又藐视三代之王。

二世愈甚，惠不下施，情不上达；君臣相疑，骨肉相疏；化道浅薄，纲纪坏败；民不见义，而悬于不宁。抚天下十四岁，天下大溃，诈伪之弊也。其比王德，岂不远哉！

孔子曰："道之以政，齐之以刑，民免而无耻，道之以德，齐之以礼，有耻且格。"夫使天下有所耻，故化可致也。苟以诈伪偷活取容，自上为之，何以率下？秦之败也，不亦宜乎！

战国之时，君德浅薄，为之谋策者，不得不因势而为资，据时而为划。故其谋扶急持倾，为一切之权。虽不可以临教化，兵革救急之势也，皆高才秀士，度时君之所能行，出奇策异智，转危为安，运亡为存，亦可喜，皆可观。

【译文】到秦二世时愈加严重，国家不施恩惠给百姓，百姓的意见也无法上奏；君臣相互猜疑，亲骨肉相互疏远；教化的途径基本堵塞，政纲法纪都遭破坏；人民见不到仁义，也就经常处于不安定的状态中。（秦王朝）统治天下才十四年就陷于动乱，这全是奸诈权谋的弊病。比起先王的德政，不是差距太大了吗？

孔子说："用政治来引导人们，用刑罚来整顿人们，人民只能暂时免于犯罪，却没有廉耻之心。用道德来引导他们，用礼教来整顿他们，人民不但知晓廉耻，还会归服于你的。"要让天下的人知道廉耻，通过教化就可以办到。如果只是用奸诈权变来谋生立身的话，上面的这样做，又怎么能对下面起表率作用呢？秦朝的败亡，不是很自然吗？

战国时期，君主道德浅薄，替他们出谋划策的人，不得不根据时势的变化来适当地改变谋略。总而言之，这些谋略都是救助危急的权宜之计。虽然不能教化国民，阻止战争，只是解救一时的危难而已，但这些人都是很有才能的人，他们估量当时的君主所能实行的程度，献出一些奇妙的智谋策略，从而使国家转危为安，变亡为存，也是可高兴、可欣赏的事情。

论起昌陵疏

臣闻《易》曰："安不忘危，存不忘亡，是以身安而国家可保也。"故圣贤之君，博观终始，穷极事情，而是非分明。王者必通三统，明天命所授者博，非独一姓也。孔子论《诗》，至于"殷士肤敏，祼将于京"，喟然叹曰："大哉天命！善不可不传于子孙。是以富贵无常，不如是，则王公其何以戒慎，民萌何以劝勉？"盖伤微子之事周，而痛殷之亡也。虽有尧、舜之圣，不能化丹朱之子；虽有禹、汤之德，不能训末孙之桀、纣。自古及今，未有不亡之国也。昔高皇帝既灭秦，将都雒阳，感寤刘敬之言，自以德不及周而贤于秦，遂徙都关中，依周之德，因秦之阻。世之长短，以德为效，故常战慄，不敢讳亡。孔子所谓"富贵无常"，盖谓此也。

【译文】臣听到《易》说："安全不忘危险，生存不忘灭亡，因此自身安宁国家可保。"所以贤圣的君主，广泛观察结局和开始，透彻地了解事理，而做到是非分明。王者一定要通晓三统，明白天命所授广博，不祇是一姓。孔子讲《诗》到"殷的卿士美好敏捷，在周京举行劝酒助祭"，喟然叹道："天命真伟大啊！善不可以不传给子孙，这是因为富贵无常；不如此，那么王公为什么要警戒谨慎，百姓为什么要劝导勉励？"大概是伤感微子侍奉周朝，而痛惜殷的灭亡。即使有尧舜的圣明，不能教化丹朱这样的儿子；即使有禹汤的美德，不能教训作为末代子孙的桀纣。从古到今，没有不亡的国家。以前高祖灭了秦，将建都于洛阳，感悟刘敬的话，自以为德不如周，而比秦贤，便迁都关中，仰仗周的美德，沿用秦的险阻。世道的短长，以德行作为征验，所以时常战栗，不敢避讳灭亡。孔子所说的"富贵无常"，大概说的是这个意思。

孝文皇帝居霸陵，北临厕，意悽怆悲怀，顾谓群臣曰："嗟乎！以北山石为椁，用紵絮斮陈漆其间，岂可动哉！"张释之进曰："使其中有可欲，虽锢南山犹有隙；使其中无可欲，虽无石椁，又何慼焉？"夫死者无终极，而国家有废兴，故释之之言，为无穷计也。孝文寤焉，遂薄葬，不起山坟。《易》曰："古之葬者，厚衣之以薪，葬之中野，不封不树。后世圣人易之以棺椁。"棺椁之作，自黄帝始。黄帝葬于桥山，尧葬济阴，丘陇皆小，葬具甚微。舜葬苍梧，二妃不从。禹葬会稽，不改其列。殷汤无葬处，文、武、周公葬于毕，秦穆公葬于雍橐泉宫祈年馆下，樗里子葬于武库，皆无丘陇之处。此圣帝明王、贤君智士，远览独虑无穷之计也。其贤臣孝子亦承命顺意而薄葬之，此诚奉安君父，忠孝之至也。

【译文】孝文皇帝站在霸陵上，北面临水，心情悲怆凄切，回头对群臣说："啊呀！用北山石做椁，斩断纻絮放在其间，又上好漆，哪里能动摇它！"张释之进言道："如果里面有值得要的东西，即使坚固如南山仍然有缝可钻；如果里面没有值得要的，即使没有石椁，又有什么忧伤的？"死是没有终极的，但国家有兴亡，所以释之的话，是为无穷的后事打算。孝文感悟，便薄葬，不建山坟。《易》说："古代下葬，用薪覆盖，葬在原野中，不做坟，不种树。后世圣人变为用棺椁。"制作棺椁，从黄帝开始。黄帝葬在桥山，尧葬在济阴，坟冢都很小，葬品微薄。舜葬在苍梧，二妃没有随从。禹葬在会稽，不变更原来地上百物的序列。殷汤没有葬地。文、武、周公葬在毕，秦穆公葬在雍橐泉宫祈年馆下，樗里子葬在武库，都没有坟冢。这是圣帝明王贤君智士深思远虑传之无穷的打算。他们的贤臣孝子也遵命顺从而薄葬，这确是事奉安顿君父，忠诚孝敬的极至。

夫周公，武王弟也，葬兄甚微。孔子葬母于防，称古墓而不坟；曰："丘，东西南北之人也，不可不识也。"为四尺坟，遇雨而崩，弟子修之，以告孔子。孔子流涕曰："吾闻之，古者不修墓。"盖非之也。延陵季子适齐而反，其子死，葬于嬴、博之间。穿不及泉，敛以时服，封坟掩坎，其高可隐，而号曰："骨肉复归于土，命也，魂气则无不之也。"夫嬴、博去吴，千有余里，季子不归葬。孔子往观曰："延陵季子于礼合矣！"故仲尼孝子，而延陵慈父，舜、禹忠臣，周公弟弟，其葬君亲骨肉，皆微薄矣。非苟为俭，诚便于体也。宋桓司马为石椁，仲尼曰："不如速朽！"秦相吕不韦集知略之士而造《春秋》，亦言薄葬之义，皆明于事情者也。

【译文】周公，是武王的弟弟，埋葬兄长很微薄。孔子把母亲葬在防，称赞古时修墓不建坟，说："丘是东西南北四处周游的人，不可以不做标记。"做了四尺的坟，遇上雨崩毁了。弟子修理，告诉孔子，孔子流泪道："我听说，古代不修墓。"大概是批评他们。延陵季子到齐国返回，他的儿子死了，葬在嬴、博之间，挖地不到泉水，用当时穿的衣服入殓，做坟掩盖土坑，高度可以没肘，哭道："骨肉回归土中，这是命啊，魂气则无处不在。"嬴、博离吴有一千多里，季子不把他归葬回家。孔子去看了说："延陵季子这样做很合乎礼。"所以仲尼是孝子，延陵是慈父，舜禹是忠臣，周公懂得做弟弟的道理，他们葬君主和至亲骨肉，都很微薄；不是苟且节俭，确实是合乎礼。宋桓司马做石椁，仲尼说："不如早点腐朽。"秦相吕不韦集中智谋之士作《春秋》，也讲到薄葬的道理，都是明白事理的人。

逮至吴王阖闾，违礼厚葬，十有余年，越人发之。及秦惠文、武、昭、严襄五王，皆大作丘陇，多其瘗藏，咸尽发掘暴露，甚足悲也。秦始皇帝葬于骊山之阿，下锢三泉，上崇山坟，其高五十余丈，周回五里有余，石椁为游馆，人膏为灯烛，水银为江海，黄金为凫雁，珍宝之藏，机械之变，棺椁之丽，宫馆之盛，不可胜原。又多杀宫人，生埋工匠，计以数万，天下苦其役而反之，骊山之作未成，而周章百万之师至其下矣。项籍燔其宫室营宇，往者咸见发掘。其后牧儿亡羊，羊入其凿，牧者持火照求羊，失火烧其藏椁。自古及今，葬未有盛如始皇者也，数年之间，外被项籍之灾，内罹牧竖之祸，岂不哀哉！

【译文】到吴王阖闾，违礼厚葬，十多年后，越人挖开了他的墓。到秦惠文、武、昭、严襄五王，都大作坟冢，多所埋藏，全都被挖掘而暴露尸身，很可悲啊。秦始皇帝葬在骊山山曲，下面铸塞三泉，上面加建山坟，高五十余丈，周围五里多；石椁做成离宫别馆，人的膏脂做灯烛，水银做成江海，黄金做成凫雁。珍宝的埋藏，机械的巧变，棺椁的富丽，宫馆的盛美，不能尽数。又杀了很多宫人，活埋工匠，数以万计。天下深受其劳役之苦而造反，骊山的建造未完，周章的百万军队已到下面了。项籍烧了他的宫室建筑，到那儿的人都去挖掘。以后牧童丢了羊，羊进入藏室，牧童举火照明找羊，失火烧了葬椁。从古到今，丧葬没有比始皇更盛大的，几年之间，外遭项籍之灾，内受牧竖之祸，不是很可悲吗！

是故德弥厚者葬弥薄，知愈深者葬愈微；无德寡知，其葬愈厚。丘陇弥高，宫庙甚丽，发掘必速。由是观之，明暗之效，葬之吉凶，昭然可见矣。周德既衰而奢侈，宣王贤而中兴，更为俭宫室，小寝庙，诗人美之，《斯干》之诗是也。上章道宫室之如制，下章言子孙之众多也。及鲁严公刻饰宗庙，多筑台囿，后嗣再绝，《春秋》刺焉。周宣如彼而昌，鲁、秦如此而绝，是则奢俭之得失也。

【译文】所以德行越笃厚的人埋葬越微薄，智慧越深的人埋葬越简约。没有德智的，葬得越厚，坟冢越高，宫庙越华丽，被挖掘得越快。由此看来，明暗的征验，丧葬的吉凶，昭然可见。周德已衰落而且奢侈，宣王贤明而中兴，改为节省宫室开支，减小寝庙规模。诗人赞美他，《斯干》那篇诗便是，上章说宫室按照制度，下章说子孙众多。到鲁严公，雕饰宗庙，建了很多台囿，后代两次绝灭，《春秋》讥刺他。周宣像那样便昌盛，鲁、秦像这样便灭绝，这就是奢侈和节俭的得失。

陛下即位，躬亲节俭，始营初陵，其制绝小，天下莫不称贤明。及徙昌陵，增埤为高，积土为山，发民坟墓，积以数万。营起邑居，期日迫卒，功费大万百余。死者恨于下，生者愁于上，怨气感动阴阳，因之以饥馑，物故流离，以十万数，臣甚惽焉！以死者为有知，发人之墓，其害多矣；若其无知，又安用大？谋之贤知则不说，以示众庶则苦之，若苟以说愚夫淫侈之人，又何为哉？陛下慈仁笃美甚厚，聪明疏达盖世，宜宏汉家之德，崇刘氏之美，光昭五帝三王；而顾与暴秦乱君，竞为奢侈，比方丘陇，说愚夫之目，隆一时之观，违贤知之心，亡万世之安，臣窃为陛下羞之！唯陛下上览明圣黄帝、尧、舜、禹、汤、文、武、周公、仲尼之制，下观贤知穆公、延陵、樗里、张释之之意。孝文皇帝去坟薄葬，以俭安神，可以为则；秦昭、始皇增山厚藏，以侈生害，足以为戒。初陵之橆，宜从公卿大臣之议，以息众庶。

【译文】陛下即位，亲身从事节俭，开始建第一个陵，形制约小，天下没人不称赞贤明。到迁徙昌陵，把低处填高，堆积土成山，打开百姓的坟墓，总共数以万计，修建城邑，时间紧迫，耗资一亿零几百。死者怀恨于地下，活人在地上忧愁，怨气感发了阴阳，又加上了饥馑，死去和流亡的人有几十万，我十分悲伤。如果死者有灵，打开别人的墓，害处就多了；如果他无灵，又哪里用得着扩大？和贤智的人商议大家都不高兴，让百姓看到了便都叫苦；如果仅是取悦愚蠢放纵的人，又何必去做呢！陛下非常仁慈笃厚，聪明通达盖世，应弘扬汉家美德，发扬刘氏善行，光大五帝、三王，但却和暴秦乱世的君主竞争奢侈，攀比坟墓，取悦蠢人之目，图一时美观，违背贤智者的意愿，失去万世的安宁，我私下替陛下羞愧。请陛下向上观察圣明的黄帝、尧、舜、禹、汤、文、武、周公、仲尼的制度，向下体察贤智的穆公、延陵、樗里、张释之的心意。孝文皇帝削坟薄葬，用节俭安定神明，可以效仿；秦昭、始皇增山厚葬，因奢侈产生忧患，足以为戒。原陵的规模，应听从公卿大臣的意见，来安定百姓。

论甘延寿等疏

郅支单于囚杀使者吏士以百数，事暴扬外国，伤威毁重，群臣皆闵焉。陛下赫然欲诛之，意未尝有忘。西域都护延寿、副校尉汤，承圣指，倚神灵，总百蛮之君，槛城郭之兵，出百死，入绝域，遂蹈康居，屠五重城。搴歙侯之旗，斩郅支之首，县旌万里之外，扬威昆山之西，扫谷吉之耻，立昭明之功，万夷慴伏，莫不惧震。呼韩邪单于见郅支已诛，且喜且惧，乡风驰义，稽首来宾，愿守北藩，累世称臣。立千载之功，建万世之安，群臣之勋莫大焉。

【译文】郅支单于监禁杀害使者和官兵数以百计，事情沸沸扬扬于外国，损失威望，失去了别人的敬重，各位大臣都为此忧愁。陛下发怒想诛杀他，一直没有忘怀。西域都护甘延寿、副校尉陈汤秉承圣明的旨意，倚靠神灵的保佑，统率百蛮的君主，带领有城镇之国的军队，出生入死，进入无人能到的地方，才踏平康居，攻破五道城墙，拔下歙侯的旗帜，斩下郅支单于的脑袋，悬扬旌旗于万里之外的地方，远播威名于昆山之西，洗刷了谷吉的耻辱，建立了卓越的功勋，万夷畏惧屈服，没有不震动的。呼韩邪单于看到郅支单于已被杀，又喜又怕，向风慕义驱驰前来，稽拜表示归附，愿意守护北藩，历代称臣。他们建立了千年的功业，保证了万代的平安，群臣中功勋没有比他们再大的了。

昔周大夫方叔、吉甫，为宣王诛猃狁，而百蛮从，其诗曰："啴啴焞焞，如霆如雷，显允方叔，征伐猃狁，蛮荆来威。"《易》曰："有嘉折首，获匪其丑。"言美诛首恶之人，而诸不顺者皆来从也。今延寿、汤所诛震，虽《易》之折首，《诗》之雷霆，不能及也。论大功者，不录小过；举大美者，不疵细瑕。《司马法》曰"军赏不逾月"，欲民速得为善之利也，盖急武功、重用人也。吉甫之归，周厚赐之，其诗曰："吉甫宴喜，既多受祉。来归自镐，我行永久。"千里之镐犹以为远，况万里之外，其勤至矣。延寿、汤既未获受祉之报，反屈捐命之功，久挫于刀笔之前，非所以劝有功、厉戎士也。

【译文】往昔周朝大夫方叔、吉甫为周宣王诛杀了猃狁而使百蛮都来归顺。《诗》上说："车马喧喧，有如雷霆，既显贵又诚信的方叔，征讨猃狁，蛮荆也因畏惧威力而来臣服。"《易》上说："消灭敌人首领的人值得表扬，因为他可以获得更多不同族类的人。"这是赞美那些诛杀了罪魁祸首可以使其它不愿顺服的人前来归顺的人。现在甘延寿、陈汤诛杀所带来的震动，即使是《易》上所说的消灭首领，《诗》上所说的有如雷霆也比不上。评论大的功绩应不计较小的过错，推举绝美的东西应不顾及小的瑕疵。《司马法》上说"赏赐军队不超过一个月，希望立功的人快速得到他们行善事的报酬。"这是由于重视战功，重用人才的缘故。吉甫回去后，周王赐给他丰盛的东西，《诗》上说："吉甫因为被宴请，所以很高兴，他受到了那么多祝福，是因为他从镐地回来，功劳同日月一样长久。"千里之外的镐地还认为遥远，更何况万里之外，他们的辛勤已是到了极点！甘延寿、陈汤不仅没有受到赏赐的回报，反而因义无反顾而取得的功劳受到委屈，长期受挫于刀笔小吏，这不是奖励有功之人、鞭策士兵的方法。

昔齐桓公前有尊周之功，后有灭项之罪，君子以功覆过，而为之讳行事。二师将军李广利捐五万之师，靡亿万之费，经四年之劳，而仅获骏马三十匹，虽斩宛王毋鼓之首，犹不足以复费，其私罪恶甚多。孝武以为万里征伐，不录其过，遂封拜两侯、三卿、二千石百有馀人。今康居国强于大宛，郅支之号重于宛王，杀使者罪甚于留马。而延寿、汤不烦汉士，不费斗粮，比于二师，功德百之。且常惠随欲击之乌孙，郑吉迎自来之日逐，犹皆裂土受爵。故言威武勤劳，则大于方叔、吉甫；列功覆过，则优于齐桓、二师；近事之功，则高于安远、长罗。而大功未著，小恶数布，臣窃痛之。宜以时解县通籍，除过勿治，尊宠爵位，以劝有功。

【译文】以前齐桓公先有尊周的功劳，后来又有灭项国的罪责，君子就以功劳来掩盖过错而隐讳了他所行的错事。二师将军李广利损失了五万人的部队，花去了亿万的费用，经历了四年的劳苦，却只获得三十匹骏马，虽然斩下了宛王母鼓的脑袋，也不足以补偿耗费，而且他自己的罪恶也很多。孝武帝认为到万里之远的地方去征讨敌人，不应计较他的过失，就封拜两侯、三卿、二千石的官职爵位给了一百多人。现今康居国力强于大宛，郅支单于的号令重于宛王，他们杀害使者之罪大于大宛留住马匹的罪，而且甘延寿、陈汤没有烦劳汉朝的士兵，不用耗费一斗粮食，和二师将军相比，功德胜于他百倍。而且常惠听从想要攻击匈奴的乌孙，郑吉迎接自己来归顺的日逐王，还都裂土封爵。所以说武功和辛勤劳苦大于方叔、吉甫，将功补过又优于齐桓公、二师将军，他们所做事情的功劳又高于安远侯、长罗侯，但大的功劳没有得到表彰，小的过失却到处传布，臣下深为痛惜！应及时解除悬案让他们自由出入，免罪不究，给予尊宠封授爵位，用以奖励有功之人。

使人上变事书

窃闻故前将军萧望之等，皆忠正无私，欲致大治，忤于贵戚尚书。今道路人闻望之等复进，以为且复见毁谗，必曰尝有过之臣不宜复用，是大不然。臣闻春秋地震，为在位执政太盛也，不为三独夫动，亦已明矣。且往者高皇帝时，季布有罪，至于夷灭，后赦以为将军，高后、孝文之间卒为名臣。孝武帝时，兒宽有重罪系，按道侯韩说谏曰："前吾丘寿王死，陛下至今恨之；今杀宽，后将复大恨矣！"上感其言，遂贳宽，复用之，位至御史大夫，御史大夫未有及宽者也。

【译文】我私下听说原前将军萧望之等人，都忠诚正直无私，想要把国家治理太平，冒犯了贵戚和尚书。如今道路之人听说萧望之等又被起用，认为他们将会再次蒙受谗言毁谤，有人必定说曾经有过错误的臣子不宜复用，这种看法是很不正确的。我听说春秋两季发生地震，是因为在位当权的人执政大专断，不是为这三个匹夫而震动，也很明显啦。况且以往高皇帝时，季布有罪，甚至于应该灭族，后来却赦免了，并任用他作将军，到高后、文帝时终于成为名臣。武帝时，兒宽有大罪被囚禁，按道侯韩说劝谏道："以前吾丘寿王之死，陛下至今还悔恨；现在杀了兒宽，以后将会更加悔恨啦！"武帝被他的话所感动，便赦免了兒宽，继续任用，官做到御史大夫，其他御史大夫，没有比得上兒宽的。

及董仲舒坐私为灾异书，主父偃取奏之，下吏，罪至不道，幸蒙不诛，复为大中大夫，胶西相，以老病免归。汉有所欲兴，常有诏问。仲舒为世儒宗，定议有益天下。孝宣皇帝时，夏侯胜坐诽谤系狱三年，免为庶人。宣帝复用胜，至长信少府，太子太傅，名敢直言，天下美之。若乃群臣，多此比类，难一二记。有过之臣，无负国家，有益天下，此四臣者，足以观矣。

【译文】又董仲舒因私著解说灾异的书而犯罪，主父偃窃取其书呈奏，武帝下交给狱吏，定为不道之罪，幸蒙不诛杀，仍旧担任太中大夫，胶西国相，后因年老疾病免职回家。汉朝廷在建立典章制度时，还常常下诏令征求他的意见。董仲舒被推尊为当世儒家大师，发表议论有益于天下。宣帝时，夏侯胜因诽谤获罪，囚禁牢狱三年，免职降为平民。宣帝又起用了夏侯胜，官至长信少府，太子太傅，是有名的敢于直言的大臣，为天下人所称道。至于其他的臣子，类似的事例还多，难得一一记述。犯过错误的臣子，无损于国家，有益于天下，通过这四位臣子的事例。就足以说明了。

前弘恭奏望之等狱决，三月，地大震。恭移病出，后复视事，天阴雨雪。由是言之，地动殆为恭等。臣愚以为宜退恭、显以章蔽善之罚，进望之等以通贤者之路。如此，太平之门开，灾异之原塞矣。

【译文】前向弘恭呈奏萧望之等人的案件判决了，三月间，发生了大地震。弘恭上书称病离职，后来又到职办事，天阴降雪。由此说来，地震的原因恐怕是由于弘恭等人。我愚蠢地认为应该免退弘恭、石显以表明对掩蔽善良人士行为的惩罚，进用萧望之等人以开通招纳贤才的道路。这样，太平的门路开通，灾异的根源杜绝了。

修灾异封事

臣前幸得以骨肉备九卿，奉法不谨，乃复蒙恩。窃见灾异并起，天地失常，征表为国。欲终不言，念忠臣虽在甽亩，犹不忘君，惓惓之义也。况重以骨肉之亲，又加以旧恩未报乎！欲竭愚诚，又恐越职，然惟二恩未报，忠臣之义，一抒愚意，退就农亩，死无所恨。

【译文】我以前幸运地以亲族的身份备位九卿，因遵法纪不谨慎获罪，竟又蒙恩进用。我私下看到灾害与怪异纷起，天地规律失常，这象征国事不顺。我本来不想再说了，但想到忠臣虽然身在田野，仍旧不忘君主，有一片恳切诚挚的心思。况且骨肉情重，又加上旧恩未报啊！想要竭尽愚忠，又恐怕超越职守，但考虑两次恩德未报，本于忠臣的道义，一吐愚衷，虽退居田野，也死无遗憾了。

臣闻舜命九官。济济相让。和之至也。众贤和于朝。则万物和于野。故箫《韶》九成，而凤皇来仪；击石拊石，百兽率舞。四海之内，靡不和宁。及至周文，开基西郊，杂遝众贤，罔不肃和，崇推让之风，以销分争之讼。文王既没，周公思慕。歌咏文王之德，其《诗》曰：“于穆清庙，肃雍显相；济济多士，秉文之德。”

【译文】我听说虞舜任命九位臣子的官职时，大家都互相谦让，这是和睦的最好体现啊。众多贤士和睦相处于朝廷，万物生灵就和谐共处于原野。所以乐《韶》奏了九次，招致凤凰飞来，展现她的容仪；击钟鸣磬，百兽闻声而来，相率起舞。四海之内，没有不和平安宁的地方。等到周文王的时候，在西部开始建立基业，众多贤士纷至沓来，聚集一堂无不恭敬祥和，崇尚谦让的风气，消除争斗龄纠纷。文王去世了，周公思念仰慕他，作诗歌咏颂文王的德行，那篇诗写道：“啊！壮美清静的宗庙，祭祀肃穆和好，诸侯光明怀德，团结一心，互相依靠，贤士秉承文王劝德，盛会在今宵。”

当此之时，武王、周公继政，朝臣和于内，万国和于外，故尽得其欢心，以事其先祖。其诗曰：“有来雍雍，至止肃肃；相维辟公，元子穆穆。”言四方皆以和来也。诸侯和于下，天应报于上，故《周颂》日“降福穰穰”，又曰“饴我釐辫”。釐辫，麦也。始自天降。此皆以和致和，获天助也。

【译文】在那时，周武王、周公继承执政，朝廷之内大臣亲和，朝廷之外万国欢欣，所以诸侯都欢欢喜喜地祭祀自己的先祖。那篇诗写道：“诸侯相聚，是因为祥和而来临，宾客云集，却是肃肃恭敬，公侯百王侍候祭祀行礼，天子穆穆，多么端庄美丽。”这就是说，四方诸侯都怀着和气而来。天下诸侯和睦，天上报应吉祥。所以《周颂》说“上天降福，熙熙攘攘”。又说“赐给我麰麰”。麰麰就是麦子，开始是从天上降下来的。这都是凭和气招致和气，获得天上的帮助啊。

下至幽、厉之际，朝廷不和。转相非怨，诗人疾而忧之曰：“民之无良，相方一怨。”众小在位而从邪议，歙歙相是而背君子。故其《诗》曰：“歙歙訿訿，亦孔之哀！谋之其臧，则具是违，谋之不臧，则具是依！”君子独处守正，不挠众枉，勉强以从王事则反见憎毒谗愬。故其《诗》曰：“密勿从事，不敢告劳；无罪无辜，谗口嗷嗷！”当是之时，日月薄蚀而无光，其《诗》曰：“朔日辛卯，日有食之，亦孔之丑！”又曰：“彼月而微，此日而微，今此下民，亦孔之哀！”又曰：“日月鞠凶，不用其行；四国无政，不用其良！”天变见于上，地变动于下，水泉沸腾，山谷易处。其《诗》曰：“百川沸腾，山冢卒崩，高岸为谷，深谷为陵。哀今之人。胡憯莫惩！”霜降失节，不以其时，其《诗》曰：“正月繁霜，我心忧伤；民之讹言，亦孔之将！”言民以是为非，甚众大也。此皆不和，贤不肖易位之所致也。

【译文】往后到周幽王、周厉王的时候，朝廷大臣不和，转而互相非议埋怨，诗人疾恨忧伤地说：“人群中没有正直贤良，都是互相埋怨，各执一端。”那些在位当权的小人听从邪说，随声附和，互相标榜，背弃正人君子，所以那篇诗写道；“小人作威作福，自私自利，也很是可悲！人献良策，就都拒绝；策划不良，却都依从！”君子单身独处也能坚持正确的原则，不会因为众多的人歪曲事实而放弃真理，努力为国王做事反而被憎恨毒害，谗言毁谤，所以那篇诗写道：“勤勉做事，不敢自说苦劳，无罪无辜，反遭谗言之口嗷嗷狂叫！”在那时，日月被掩迫亏蚀而无光辉，那篇诗写道：“初一辛卯日，太阳的光辉被吞食了，这是臣下欺君罔上的征象，最可厌恶！”又说：“那月亮亏损了，这太阳亏损了，天下的黎民百姓，很是悲哀！”又说：“日月告诫我们，灾难要降临，它们不能按自己的轨道运行；四方各国没有治理好，是因为没有任用贤良的人！”天上的变异在上头出现，地下的变异在下面震动，泉水从地下涌出，飞腾到空中，山和谷交换了位置。那篇诗写道：“条条江河都汹涌翻腾，山峰都断裂崩塌，高岸陷落变成了低谷，深谷隆起变成了山陵。可悲呀！今世之人，为什么还不警惕！”降霜违背季节，不按原来的时间，那篇诗写道：“正阳之月频繁降霜，我的心真是忧伤；人群中谣言四起，为害也够猖狂！”说民众以是为非，黑白颠倒，危害甚大哩。这都是因为朝廷大臣不和，君子在下，小人居上所造成的恶果。

自此之后，天下大乱，篡杀殃祸并作，厉王奔彘，幽王见杀。至乎平王末年，鲁隐之始即位也，周大夫祭伯乖离不和，出奔于鲁，而《春秋》为讳，不言来奔，伤其祸殃自此始也。是后尹氏世卿而专恣，诸侯背畔而不朝，周室卑微。二百四十二年之间，日食三十六，地震五，山陵崩阤二。彗星三见，夜常星不见，夜中星陨如雨一，火灾十四。长狄入三国，五石陨坠，六鹢退飞，多麋，有蜮、蜚，鸜鹆来巢者，皆一见。

【译文】从此以后，天下大乱，杀君篡位、祸国殃民的事情纷纷发生，周厉王逃奔到彘地，周幽玉被杀。到了周平王宋年，鲁隐公初登位的时候，周朝大夫祭伯与朝廷背离不和，逃奔到鲁国，而《春秋》为了讳忌，不说“来奔”，是忧虑天下的灾祸从此开始。这以后尹氏大夫专横放纵，诸侯背叛不朝，周朝王室衰弱。二百四十二年中间，日食三十六次，地震五次，山陵崩塌二次，彗星出现三次，夜晚不见星光，半夜里流星坠落如雨一次，火灾十四次，长狄入侵三国，五块陨石坠落，六只鹢鸟倒退着飞行，出现了许多麋鹿，还有蜮虫、蜚虫，八哥飞来栖窠，这些现象各出现了一次。

昼冥晦。雨木冰。李梅冬实。七月霜降，草木不死。八月杀菽。大雨雹。雨雪雷霆失序相乘。水、旱、饥、蝝、螽、螟蜂午并起。当是时，祸乱辄应，弑君三十六，亡国五十二，诸侯奔走。不得保其社稷者，不可胜数也。周室多祸：晋败其师于贸戎；伐其郊；郑伤桓王；戎执其使；卫侯朔召不往，齐逆命而助朔；五大夫争权，三君更立，莫能正理。遂至陵夷不能复兴。

【译文】白天昏暗，树上结冰。李树梅树冬天结果。七月降霜，草木没有冻死。八月降霜，冻死了豆苗。天降大冰雹。雨、雪、雷、霆失去了常有的次序，一次接着一次袭来。水灾、旱灾、饥荒、蝝虫、螽虫、螟虫蜂拥而至。那时候，灾祸乱子很快就应验了，杀害了三十六位国君，灭亡了五十二个国家，诸侯逃奔，不能保有自己国家的不计其数。周朝王室遇到多次灾祸：晋国在贸戎打败了它的军队，攻打它的郊邑；郑国将领射伤了周桓王；戎人拘留了他的使者；卫侯姬朔不接受它的征召；齐国违抗它的命令而帮助姬朔；五个大夫争权，改立了三个君主，不能说明谁是正确的。终至衰落不能复兴。

由此观之，和气致祥，乖气致异；祥多者其国安，异众者其国危，天地之常经，古今之通义也。今陛下开三代之业，招文学之士，优游宽容，使得并进。今贤不肖浑淆，白黑不分，邪正杂糅，忠谗并进。章交公车，人满北军。朝臣舛午，胶戾乖剌，更相谗愬，转相是非。传授增加，文书纷纠，前后错缪，毁誉浑乱。所以营惑耳目，感移心意，不可胜载。分曹为党，往往群朋，将同心以陷正臣。正臣进者，治之表也；正臣陷者，乱之机也。乘治乱之机，未知孰任，而灾异数见，此臣所以寒心者也。夫乘权藉势之人。子弟鳞集于朝，羽翼阴附者众，辐凑于前，毁誉将必用，以终乖离之咎。是以日月无光，雪霜夏陨，海水沸出，陵谷易处，列星失行，皆怨气之所致也。

【译文】由此看来，和气招致吉祥，邪气招致灾异；吉祥多的那个国家平安，灾异多的那个国家危险，这是天地的常理，古今的通则。现今陛下开创三代的功业，招揽儒家学者，时间久；政策宽容，让有才能的人都能进用。但现在贤能的人和不正派的人混在一起，黑白不分，邪正参杂，忠奸并进。奏章交叠公车署，人员挤满北军营。朝中大臣意见分歧，甚至背道而驰，互相抨击，搬弄是非。传达和授予的层次增加，文书发生纠纷，前后次序错谬，贬毁和赞誉混乱。像这样迷惑皇上耳目，动摇皇上心志的例子，不胜枚举。有些人成群结党，互相勾结，想齐心陷害正直的大臣。正直的大臣得进用，是国家平治的标志；正直的大臣被陷害，是国家混乱的关键。在治乱的关键时刻，人事未定，而灾祸变异多次出现，这是令我寒心的事。那些依权仗势的人，他们的子弟群集朝廷，众多的党羽暗中依附，就像车辐集结手轴一样集中于皇上周围，毁善誉恶都将得逞，终将导致忠良离散的恶果。因此日月失去了光辉，夏天降下霜雪，海水喷射腾空，山陵深谷交换了位置，列星不按正常的轨道运行，这些都是民众怨气所致。

夫遵衰周之轨迹，循诗人之所刺，而欲以成太平，致雅颂，犹却行而求及前人也。初元以来六年矣，案《春秋》六年之中，灾异未有稠如今者也。夫有《春秋》之异，无孔子之救，犹不能解纷，况甚于《春秋》乎？

【译文】这样沿着周朝衰落的脚印往下走，顺着被诗人所指责的旧例行事，而想要达到天下太平，实现和平康乐，就像是倒退着行走而想赶上前面的人一样。初元以来已经六年，按《春秋》记载，六年之中发生的灾祸变异事件没有像今天这样稠密。《春秋》中的灾异现象，没有孔子拯救，还不能解除纷乱。何况比《春秋》所记更甚的今世呢？

原其所以然者，谗邪并进也。谗邪之所以并进者，由上多疑心；既已用贤人而行善政，如或谮之，则贤人退而善政还。夫执狐疑之心者，来谗贼之口；持不断之意者，开群枉之门。谗邪进则众贤退。群枉盛则正士消。故《易》有《否》《泰》。小人道长，君子道消，君子道消，则政日乱，故为否。否者，闭而乱也。君子道长，小人道消，小人道消，则政日治，故为泰。泰者，通而治也。《诗》又云“雨雪瀌瀌，见晛聿消”，与《易》同义。昔者鲧、共工、驩兜与舜、禹杂处尧朝，周公与管、蔡并居周位，当是时，迭进相毁，流言相谤，岂可胜道哉！帝尧、成王能贤舜、禹、周公而消共工、管、蔡，故以大治，荣华至今。孔子与季、孟偕仕于鲁，李斯与叔孙俱宦于秦，定公、始皇贤季、孟、李斯而消孔子、叔孙，故以大乱，污辱至今。

【译文】追根寻源，所以如此，是因为毁谤者和邪恶者都进用了。而他们之所以能够同时进用，是由于皇上多疑心，既然已经任用贤人而且实行正确的政策，如果有人诬蔑毁谤，于是贤人被免退，正确的政策被收回。皇上怀着狐疑不决的心思，招来谗言贼予的口舌；抱着优柔寡断的意志，敞开了让众多小人涌进的大门。毁谤者和邪恶者进用，贤能人士就会退避，邪恶势力气焰嚣张，正人君子就会消失。所以《易经》有《否卦》《泰卦》。小人的气焰增长，君子的原则就会消失，君子的原则消失了，政治就会日益混乱，所以叫做“否”。“否”的意思是闭塞、混乱。君子的原则上升，小人的气焰就会消失，小人的气焰消失了，政治就会日益清明，所以叫做“泰”。“泰”的意思是通达、治理。《诗经》上又说：“那天上降下的雨雪好大呀！可是见了太阳，一下子都消失了。”这与《易经》的意义相同。从前鲧、共工、驩兜和虞舜、夏禹一起在唐尧朝廷共事，周公与管叔、蔡叔并列周朝的官位，那时候，互相毁谤，流言蜚语，难道说得尽吗！唐尧、周成王能够识别虞舜、夏禹、周公为贤臣，而排除共工、管叔、蔡叔，所以国家大治，荣名流传至今。孔子与季孙、孟孙同在鲁国做官，李斯与叔孙通都在秦朝任职，鲁定公、秦始皇认为季孙、孟孙、李斯贤能，而排斥孔子、叔孙通，所以国家大乱，臭名遗留到今天。

故治乱荣辱之端，在所信任；信任既贤，在于坚固而不移。《诗》云“我心匪石。不可转也”。言守善笃也。《易》曰“涣汗其大号”。言号令如汗，汗出而不反者也。今出善令，未能逾时而反，是反汗也；用贤未能三旬而退，是转石也。《论语》曰：“见不善如探汤。”今二府奏佞谄不当在位，历年而不去。故出令则如反汗，用贤则如转石，去佞则如拔山，如此望阴阳之调，不亦难乎！

【译文】所以治乱荣辱的开端，在于国君所信任的是什么人；信任的是贤人，就在乎坚定不移。《诗经》说：“我的心虽不是石头，但比磐石还坚固，不可转移”。这是说坚持正确的信念必须至诚。《易经》说：“号令就像出汗”。说帝王的号令如同人体出汗，汗出而不能返回。如今皇上发出正确的号令，还没有超过三个月就收回了，这就是“返汗”；任用贤人还没有三十天就免退了，这就是“转石”。《论语》说：“排除邪恶要像把手伸进沸水中一样，无所畏惧。”现在丞相和御史大夫都上奏章说乖巧谄媚的人不应当在位执政，已经一年多了，还没有把他们免去。所以说发布命令就像是返汗，任用贤才就像是转石，免去佞臣就像是拔山，像这样下去，指望阴阳调和，不是太难了么！

是以群小窥见闲隙，缘饰文字，巧言丑诋，流言飞文，哗于民间。故《诗》云：“忧心悄悄。愠于群小”。小人成群，诚足愠也。昔孔子与颜渊、子贡更相称誉，不为朋党；禹、稷与皋陶传相汲引，不为比周。何则？忠于为国，无邪心也。故贤人在上位，则引其类而聚之于朝，《易》曰“飞龙在天，大人聚也”；在下位，则思与其类俱进，《易》曰“拔茅茹以其汇，征吉”。在上则引其类，在下则推其类，故汤用伊尹，不仁者远，而众贤至，类相致也。今佞邪与贤臣并在交戟之内，合党共诛。违善依恶，歙歙訾訾，数设危险之言，欲以倾移主上。如忽然用之，此天地之所以先戒，灾异之所以重至者也。

【译文】因此众多的小人窥见这个空子，就粉饰文词，巧语花言，进行恶劣的毁谤，流言蜚文，喧哗于民间。所以《诗经》上说：“忧愁在我心中聚集难消，忿恨那众多奸邪的小人当道。”小人成群，的确叫人愤慨。从前孔子与颜渊、子贡互相称誉，不算帮伙；夏禹、后稷与皋陶互相引荐，不算勾结。为什么呢？因为他们尽忠报国，没有邪心。所以贤能的人处于高位，就会引荐同类的贤才，让他们聚集于朝廷，《易经》说：“飞龙出现在天上，象征帝王有道，贤人君子相随聚集”；贤能的人处于下位，就想与他的同类一道求得上进，《易经》说：“一人进用，牵引同类，就象茅草根部相连，拔一根则多根随起，行事吉利。”处在高位的人会提拔他们的同类，处在低位的人会推荐他的同类，所以汤武任用伊尹，无德的人远远离去，而众多贤士到来，这就是同类相牵引呢。现在，谄媚邪恶之徒与贤臣共处于朝廷，他们结党共谋，违善依恶，非议诋毁，随声附和，多次制造危险的议论，想以此倾斜转移皇上的意愿。如果一旦采用了他们的意见，后果不堪设想，这就是天地之所以事先提出警告，灾祸变异之所以接连出现的原因。

自古明圣，未有无诛而治者也，故舜有四放之罚，而孔子有两观之诛，然后圣化可得而行也。今以陛下明知，诚深思天地之心，迹察两观之诛，览《否》《泰》之卦，观雨雪之诗，历周、唐之所进以为法。原秦、鲁之所消以为戒，考祥应之福，省灾异之祸，为揆当世之变，放远佞邪之党，坏散险诐之聚，杜闭群枉之门，广开众正之路，决断狐疑，分别犹豫，使是非炳然可知，则百异消灭，而众祥并至，太平之基，万世之利也。

臣幸得托肺腑，诚见阴阳不调，不敢不通所闻。窃推《春秋》灾异，以效今事一二，条其所以，不宜宣泄。臣谨重封昧死上。

【译文】自古以来，明主圣君没有不用诛罚而能治好国家的，所以虞舜有放逐四凶的惩罚，孔子也有两观之下的诛杀，然后圣德教化就可以行得通了。现在以陛下的英明和智慧，果真能深刻领会天地的意旨，远察两观之下的诛杀，观览《否卦》《泰卦》的卦辞，分析“雨雪”的诗句。纵观古今，效法周成王、唐尧进用贤臣的榜样，吸取秦始皇、鲁定公排斥贤臣的教训，考察祥应福瑞，省视灾异祸殃，以研究当前形势的变化，放逐远离那些谄佞、邪恶的党徒，摧毁解散那些危险、邪僻的帮伙，堵塞成群小人钻营的邪门，广开众多正人君子进身的大道，决断狐疑难定的问题，鉴别犹豫不决的事态，使是非清楚明白，那么各种灾异都会消灭，一切吉祥福瑞都会降临，这才是太平的基业，万世的福利呢。

我有幸能自托于皇族末属，的确看到天地阴阳不调和，不敢不通报我所见所闻的事情。我私下推究《春秋》记载的灾祸与变异，以图挽救今事一、二，现分条陈述那些原由，不宜宣扬泄露。为臣谨密封冒死上奏。

极谏外家封事

臣闻人君莫不欲安，然而常危，莫不欲存，然而常亡，失御臣之术也。夫大臣操权柄，持国政，未有不为害者也。昔晋有六卿，齐有田、崔，卫有孙、宁，鲁有季、孟，常掌国事，世执朝柄。终后田氏取齐；六卿分晋；崔杼弑其君光；孙林父、宁殖出其君衎，弑其君剽；季氏八佾舞于庭，三家者以《雍》彻，并专国政，卒逐昭公。周大夫尹氏管朝事，浊乱王室，子朝、子猛更立，连年乃定。故经曰“王室乱”，又曰“尹氏杀王子克”，甚之也。《春秋》举成败，录祸福，如此类甚众，皆阴盛而阳微，下失臣道之所致也。故《书》曰：“臣之有作威作福，害于而家，凶于而国。”孔子曰“禄去公室，政逮大夫”。危亡之兆。

【译文】我听说国君没有不希望国家安定，然而常常危险，没有不希望国家生存，然而常常灭亡。这是因为失去了驾御臣下的策略。大臣操持权柄，执掌国政，没有不起危害作用的。从前晋国有六卿，齐国有田常、崔杼、卫国有孙林父、宁殖，鲁国有季孙、孟孙，他们常常掌握国家大事，世代执掌朝廷权柄。最后田氏夺取了齐国；六卿瓜分了晋国；崔杼杀害了他的君主姜光；孙林父、宁殖驱逐了他们的国君姬衎，杀害了他们的国君姬剽；季孙氏庭中用六十四人跳舞，三桓家中撤膳时伴奏《雍乐》，他们同专国政，终于驱逐了鲁昭公。周朝大夫尹氏掌管朝政，使王室污浊混乱，子朝、子猛相继登位，过了一年多才安定。所以经书说“王室乱”，又说“尹氏杀王子克”，这是在说他们罪恶很大。《春秋》列举成败，记录祸福，像这样的事很多，都是由于阴盛阳衰，下面失去了做臣子的原则所导致的结果。所以《书经》说：“臣子中如果有作威作福的人，一定会危害你的家邑，危害你的国家。”孔子说：“政令不由君出，权柄落在大夫手中”，这是危亡的预兆。

秦昭王舅穰侯及泾阳、华阳君专国擅势，上假太后之威，三人者权重于昭王，家富于秦国，国甚危殆，赖寤范睢之言，而秦复存。二世委任赵高，专权自恣，壅蔽大臣，终有阎乐望夷之祸，秦遂以亡。近事不远。即汉所代也。

【译文】秦昭襄王的舅父穰侯和泾阳君、华阳君专国擅势，上面凭藉太后的权威，三个人的权力比秦昭襄王还大，家邑比秦国还富有，国家很是危急，幸而秦昭襄王被范睢的言论所感悟，秦国才能复存。秦二世委任赵高，放纵专权，隔绝大臣，终于有阎乐在望夷宫制造的灾祸，秦朝于是灭亡。这是不久以前的事，秦朝即为汉朝所取代。

汉兴，诸吕无道，擅相尊王。吕产、吕禄席太后之宠。据将相之位，兼南北军之众，拥梁、赵王之尊，骄盈无厌，欲危刘氏。赖忠正大臣绛侯、朱虚侯等竭诚尽节以诛灭之，然后刘氏复安。今王氏一姓乘朱轮华毂者二十三人，青紫貂蝉充盈幄内，鱼鳞左右。大将军秉事用权，五侯骄奢僭盛，并作威福，击断自恣，行污而寄治，身私而托公，依东宫之尊，假甥舅之亲，以为威重。尚书九卿州牧郡守皆出其门，管执枢机，朋党比周。称誉者登进，忤恨者诛伤；游谈者助之说，执政者为之言。排摈宗室，孤弱公族，其有智能者，尤非毁而不进。远绝宗室之任，不令得给事朝省，恐其与已分权；数称燕王、盖主以疑上心，避讳吕、霍而弗肯称。

【译文】汉朝兴起，诸吕无道，以相国身份擅权，以王侯地位自尊。吕产、吕禄倚仗太后的宠幸，据有将相的职位，兼统南军、北军的部队，拥有赵王、梁王的尊位，骄盈不知满足，想要危害刘氏。幸赖忠正大臣绛侯、朱虚侯等尽忠诚，克尽节操以诛灭他们，然后刘家复得安全。现今王氏一姓乘坐红漆车轮彩绘车毂的有二十三人，青紫之服、貂蝉之冠充斥宫殿，鳞集皇上左右。大将军执政当权，五侯骄奢僭越很盛，一起作威作福，蛮横专断，任意胡作非为，行为污浊而托言治平，为自己谋私利而假托公事，凭藉太后的尊位，假借甥舅的亲情，形成自己的威望。尚书、九卿、州牧、郡守都出于他的门下，掌管枢纽机要部门，结党营私。称誉他们的人被晋升重用，反对他们的人被诛杀伤害；游说者帮助他们造舆论，执政者替他们说话。排挤摈弃皇族人员，使公族孤弱，对其中智慧贤能的人，更加非议毁谤而不让进用。疏远拒绝皇族人员任职，不让他们在宫殿中供职，恐怕与自己分权；多次称说燕王、盖主事件，让皇上怀疑，回避忌讳吕后、霍后的问题而不肯提及。

内有管、蔡之萌，外假周公之论，兄弟据重，宗族磐互。历上古至秦汉，外戚僭贵未有如王氏者也。虽周皇甫、秦穰侯、汉武安、吕、霍、上官之属，皆不及也。

物盛必有非常之变先见，为其人徵象。孝昭帝时，冠石立于泰山。仆柳起于上林，而孝宣帝即位。今王氏先祖坟墓在济南者，其梓柱生枝叶，扶疏上出屋，根垂地中，虽立石起柳，无以过此之明也。事势不两大，王氏与刘氏亦且不并立，如下有泰山之安，则上有累卵之危。陛下为人子孙，守持宗庙，而令国祚移于外亲，降为皂隶，纵不为身，奈宗庙何！妇人内夫家，外父母家，此亦非皇太后之福也。孝宣皇帝不与舅平昌、乐昌侯权，所以安全之也。

【译文】内心有管叔、蔡叔叛乱的萌芽，外表却假托周公的高论，兄弟都占据要职，宗族盘根错节，互相勾结。从上古到秦汉，外戚僭越尊贵没有像王氏这样的先例。即令周朝的皇甫、秦国的穰侯、汉朝的武安侯、吕氏、霍氏、上官氏那班人，都赶不上呢。

事物发展到极点必然有非常的变异先表现出来，成为其人的隐微征象。昭帝时，在泰山有冠石自己立起来，在上林苑有倒地的枯柳树自己立起来，并生出新芽。因而孝宣皇帝登位。现今王氏先祖在济南的坟墓，墓门梓柱长出枝叶，蓬勃繁茂高出屋顶，根子插在地里，虽石头自立，枯柳复生也没有如此明显的征兆。事物矛盾的两个方面不能同时壮大，王氏与刘氏也不会并立，如果臣下有像泰山一样的安稳，那么主上就有像累卵一样的危险。陛下为先帝子孙，保守宗庙，而让国家命脉转移到外亲，自己降为差役，纵然不考虑自己，怎么安排祖宗的地位呢！妇女应该亲近夫家，疏远娘家，目前的局面也不是皇太后的福音呢。宣帝不给予舅父平昌侯、乐昌侯权柄，也是为了保全他们呢。

夫明者起福于无形，销患于未然。宜发明诏，吐德音，援近宗室，亲而纳信，黜远外戚，毋授以政，皆罢令就第，以则效先帝之所行，厚安外戚，全其宗族，诚东宫之意，外家之福也。王氏永存，保其爵禄，刘氏长安，不失社稷，所以褒睦外内之姓，子子孙孙无疆之计也。如不行此策，田氏复见于今，六卿必起于汉，为后嗣忧，昭昭甚明，不可不深图，不可不蚤虑。《易》曰："君不密，则失臣；臣不密，则失身；几事不密，则害成。"惟陛下深留圣思，审固几密，览往事之戒，以折中取信，居万安之实，用保宗庙，久承皇太后，天下幸甚。

【译文】聪明的人造福于无形之中，消祸于萌发之前。皇上应当颁发英明的诏令，倾吐德音，援引接近皇族人员，亲近信任他们，废黜疏远外戚，不要给予他们权力，罢免他们的官职，让他们回到自己的府宅，效法先帝的行迹，优厚地安置外戚，保全他们的家族，这诚然是太后的意愿，外家的福分。王氏永存，保住他们的爵禄，刘氏长安，不失江山，这才是嘉奖外戚和睦皇族，子子孙孙的长远之计，如果不实行这样的策略，田氏将重现于今世，六卿必崛起于汉朝，成为后代的忧患，这是非常明白的，不可不深图，不可不早虑。《易经》上说："君主考虑问题不周密，将会失去臣下的支持；臣子考虑问题不周密，将会危害自身，隐微的事情不周密考虑，将会酿成祸害。"希望陛下深刻留心，审察掌握机要大事，观览往事的鉴戒，公正判断，取信于人，立足于万全之地，掌握实权，以此保住祖宗祭享，长久事奉皇太后，全国人都幸运非常。

说成帝兴礼乐

兴辟雍，设庠序，陈礼乐，隆雅颂之声，盛揖让之容，以风化天下。如此而不治者，未之有也。或曰，不能具礼。礼以养人为本，如有过差，是过而养人也。刑罚之过，或至死伤。今之刑，非皋陶之法也，而有司请定法，削则削，笔则笔，救时务也。至于礼乐，则曰不敢，是敢于杀人不敢于养人也。为其俎豆管弦之间小不备，因是绝而不为，是去小不备而就大不备，惑莫甚焉。夫教化之比于刑法，刑法轻，是舍所重而急所轻也。且教化，所恃以为治也，刑法以助治也。今废所恃而独立其所助，非所以致太平也。

【译文】应当兴办大学，设立学校，陈列礼乐，推崇雅颂的音乐，提倡作揖打躬的礼节，从而感化天下。像这样做不能治理的，是没有的事。有人说，不可能把礼制订得很完备。礼制以教育人为根本，如有什么过失差错，也是过失差错在教育人。刑罚的过失差错，甚至造成死伤。今天的刑罚，不是皋陶的刑法，而官吏要求制定法律，把过去的刑法减的减，加的加，以补救当前的任务。至于礼乐，就说不敢这样做，这是敢于杀人而不敢于教育人呢。因为祭器和乐器中间的小不完备，因此拒绝而不施行，这是不要小不完备的礼制而要了根本无礼的大不完备，迷惑难解还有比这更过分的吗？那教化跟刑法相比，刑法次要，今天官吏的做法是放弃重要的而力求次要的。况且教化，是依靠它来治理国家的，刑法只是用来协助教化进行治理的。今天废弃所依靠的教化却单独实行这个居于协助地位的刑法，这不是用来达到太平世界的办法。

自京师有悖逆不顺之子孙，至于陷大辟受刑戮者不绝，繇不习五常之道也。夫承千岁之衰周，继暴秦之馀敝，民渐渍恶俗，贪饕险诐，不闲义礼，不示以大化。而独驱以刑罚，终已不改。故曰："道之以礼乐，而民和睦。"初，叔孙通将制定礼仪，见非于齐鲁之士，然卒为汉儒宗，业垂后嗣，斯成法也。

【译文】自从京都出现忤逆不顺的子孙，以至于陷入犯死罪和受刑罚被诛杀的络绎不绝，是由于不熟悉仁、义、礼、智、信这五常的道理啊。我们是继承经历千年已经衰亡的周朝，又继承残暴秦朝的流弊，老百姓感染了邪恶的风气，贪婪险恶，不懂原则和道理，不去对他们进行普遍的教化，而只用刑罚去逼迫，终究还是不能使他们改正。所以说，用礼乐去开导，老百姓就能和睦相处。当初，叔孙通准备制订礼仪，被齐国、鲁国的儒生所非议，可他终于成为汉朝的儒学大师，事业永垂后世，这就是现成的样板呢。

扬 雄

汉成都人，字子云，少好学，不为章句，训诂通而已。博览无所不见，口吃不能剧谈，默而好深湛之思。年四十余，来游京师。成帝诏对承明庭，奏甘泉、河东、长杨、羽猎四赋，遂以为郎，给事黄门。历成哀平三朝而官不迁，王莽时卒，年七十一。按雄为学，最好模拟，尝作《太玄》以拟《易》，作《法言》以拟《论语》，后人多讥其徒为貌似，不能恢宏儒学，其文亦然，诸赋仿司马相如，《州箴》仿《虞箴》《反离骚》仿《离骚》《解嘲》仿东方朔《答客难》。然雄本博极群书，深通小学，其文赋诸作，谋篇造句，法度谨严，往来驰骋，尤称雄健。所模拟者，虽不能尽过前人，而实兼有前人之胜，故自韩愈以下多推服焉。有扬子云集。

【译文】汉代成都人，字子云，年少的时候喜好学习，不专注于章节句读，对于训诂只是了解而已。他学问广博，无所不读，由于口吃不能畅谈，就默默深思。四十岁时，游历于京城。成帝时期，奉诏侍从皇帝左右，上奏《甘泉》《河东》《长杨》《羽猎》四篇赋，于是就封他为给事黄门侍郎。扬雄经历成帝、哀帝、平帝三朝却没升迁，，王莽时期去世，享年七十一。扬雄的学问喜好模仿，曾经作《太玄》模仿《易》，作《法言》模仿《论语》，后人多讥笑他外表相似，却不能发扬儒学，他的文章也是这样，赋是模仿司马相如，《州箴》模仿《虞箴》《反离骚》模仿《离骚》《解嘲》模仿东方朔《答客难》。然而扬雄本人博览群书，精通小学，他的文章辞赋，无论是篇章安排、语句组织，都组织谨严，奔放洒脱，尤其刚健有力。他模拟的文章，虽然不能都超越前人，实际上都包含有前人的优点，因而韩愈以后的人多都推崇佩服他。著有《扬子云集》。

谏不受单于朝书

臣闻《六经》之治，贵于未乱；兵家之胜，贵于未战。二者皆微，然而大事之本，不可不察也。今单于上书求朝，国家不许而辞之，臣愚以为汉与匈奴从此隙矣。本北地之狄，五帝所不能臣，三王所不能制，其不可使隙甚明。臣不敢远称，请引秦以来明之：

【译文】我听说《六经》上谈论的治国之道，推崇在没有混乱之前就进行治理；军事家对于胜利，推崇在没有交战之前就已经战胜敌人。这两种说法的道理都十分精妙，然而处理国家大事的根本原则，却不能不明察。现在单于上书要求朝见陛下，陛下不允许而予以推辞，我愚昧地认为汉朝与匈奴从此便要发生矛盾了。本来北方那些少数民族，就是五帝也不能让他们臣服，三王也不能有效地控制，因而不能使我们的关系出现裂痕是很明显的事。我不敢说得太远，请允许我援引秦朝以来的事例加以说明。

以秦始皇之强，蒙恬之威，带甲四十余万，然不敢窥西河，乃筑长城以界之。会汉初兴，以高祖之威灵，三十万众困于平城，士或七日不食。时奇谲之士石画之臣甚众，卒其所以脱者，世莫得而言也。又高皇后尝忿匈奴，群臣廷议，樊哙请以十万众横行匈奴中，季布曰："哙可斩也，妄阿顺指！"于是大臣权书遗之，然后匈奴之结解，中国之忧平。及孝文时，匈奴侵暴北边，候骑至雍甘泉，京师大骇，发三将军屯细柳、棘门、霸上以备之，数月乃罢。孝武即位，设马邑之权，欲诱匈奴，使韩安国将三十万众徼于便坠，匈奴觉之而去，徒费财劳师，一虏不可得见，况单于之面乎！其后深惟社稷之计，规恢万载之策，乃大兴师数十万，使卫青、霍去病操兵，前后十余年。于是浮西河，绝大漠，破寘颜，袭王庭，穷极其地，追奔逐北，封狼居胥山、禅于姑衍，以临翰海，虏名王贵人以百数。自是之后，匈奴震怖，益求和亲，然而未肯称臣也。

【译文】凭秦始皇的强盛，蒙恬的威猛，统率带甲之士四十多万，然而却不敢窥视西河，只是筑起了长城做为分界。正当汉朝刚刚建立，凭高祖皇帝的圣威，三十多万军队被围困在平城，有的人七天都没吃饭。当时高祖身边有许多奇谲善变的谋士、善于谋划的臣子，然而高祖等人最后才所以得以逃脱，却是靠了人们不愿说的方法。另外高皇后也曾经对匈奴十分气愤，召集大臣们在朝廷商议，樊哙请求率领十万骑兵攻打，横行匈奴。季布却说："应该杀了樊哙，这么愚妄地阿谀奉承皇后的旨意!"于是由大臣们予以权变，顺着来信的言辞写了回信，然后与匈奴的矛盾才解决了，威胁中国的忧患才得以平息。到了孝文帝时，匈奴入侵北部边境，探马一直到了雍甘泉，京城震动，皇帝派三位将军率军分别驻扎在细柳、棘门、霸上以防备匈奴，几个月后匈奴才退去。孝武皇帝即位，在马邑设谋埋伏，想诱歼匈奴，派韩安国率领三十万军队在边地截击，匈奴发觉后退去了，汉朝白白浪费了资财，军队的辛劳也白费一场，一个匈奴人也没有见到，何况是单于!后来孝武皇帝深切思虑国家大计，规划宏大长远的方案，于是大批地出动军队几十万人，派卫青、霍去病统率，前后征战十多年。于是汉军渡过西河，越过大沙漠，攻破寘颜，袭击单于王庭，到达了匈奴最远的地方，追歼败逃的敌人，在狼居胥山上设坛祭天，在姑衍山上祭地，到达了瀚海才回来，掳获的匈奴王公贵人数以百计。从此之后，匈奴人感到十分震惊恐怖，更迫切地要求与汉朝和亲，然而也还是不肯向汉朝称臣。

且夫前世岂乐倾无量之费，役无罪之人，快心于狼望之北哉？以为不一劳者不久佚，不渐费者不永宁，是以忍百万之师以摧饿虎之喙，运府库之财填庐山之壑而不悔也。至本始之初，匈奴有桀心，欲掠乌孙，侵公主，乃发五将之师十五万骑猎其南，而长罗侯以乌孙五万骑震其西，皆至质而还。时鲜有所获，徒奋扬威武，明汉兵若风雷耳。虽空行空反，尚诛两将军。故北狄不服，中国未得高枕安寝也。逮至元康、神爵之间，大化神明，鸿恩溥洽，而匈奴内乱，五单于争立，日逐、呼韩邪携国归死，扶伏称臣，然尚羁縻之，计不专制。

自此之后，欲朝者不距，不欲者不强。何者？外国天性忿鸷，形容魁健，负力怙气，难化以善，易隶以恶，其强难诎，其和难得。故未服之时，劳师远攻，倾国殚货，伏尸流血，破坚拔敌，如彼之难也；既服之后，慰荐抚循，交接赂遗，威仪俯仰，如此之备也。往时尝屠大宛之城，蹈乌桓之垒，探姑缯之壁，籍荡姐之场，艾朝鲜之旃，拔两越之旗，近不过旬月之役，远不离二时之劳，固已犁其庭，扫其闾，郡县而置之，云彻席卷，后无余灾。惟北狄为不然，真中国之坚敌也，三垂比之悬矣，前世重之兹甚，未易可轻也。

【译文】况且前朝皇帝难道愿意花费无数的钱粮让无罪的人去当差从军，攻打到狼望之北才感到高兴？是认为不彻底辛劳一次就不能得到长久的平安逸乐，不暂时费人费力打败匈奴就没有长久的安宁，所以才忍心出动百万军队，冒如同饿虎嘴里拔牙那样的危险，前去攻打匈奴；如同拿去填塞庐山山壑那样，把国家府库积累的钱粮运去打仗而不后悔。到本始初年，匈奴又生桀骜不驯之心，想攻掠乌孙国，危害嫁到那里的汉朝公主，于是汉朝出动五位将军率领十五万骑兵攻打匈奴的南部，长罗侯率乌孙国五万骑兵攻打匈奴的西部，都是按预先约定到期限就回来了。当时各路人马所获甚少，只不过是发武扬威，表明汉军如迅雷巨风那样威猛罢了。虽然是空手而去，空手而归，还是伤了两位将军。所以北方的匈奴如果不臣服，那么中国就永远不能高枕无忧。等到元康、神爵年间，皇帝神明，国家大治，恩泽广施，而匈奴却发生内乱，五个单于争位，日逐王、呼韩邪单于率部众投归文明之邦，向汉天子俯伏称臣，然而天子还是只施行笼络、怀柔政策，认为还是不适宜把他们当做臣子与奴仆对待。

从此以后，匈奴单于有要来朝拜的不予拒绝，有不想来的也不勉强。为什么呢？匈奴人生性桀骜不驯，身体魁伟，凭恃自己的力气大，很难用仁善教化他们，却容易习于为恶，他们的倔强难以屈服，他们的和顺却是难得可贵。因此，在他们没有臣服的时候，不惜出动军队到远方去攻打他们，全国拿出财力支持战争，死伤军卒，攻破城池，打败敌人，那是多么艰难；在他们臣服之后，对他们慰问安抚，使者往来，给钱给物，恩威并施，如此的完备。以往的时候，我们也曾攻拔大宛国的城池，踏上乌桓的堡垒，探看姑缯的军垒，践踏荡姐的地方，斩拔朝鲜、两越的军旗，征服这些地方花费的时间，短的不过十天半月，长的不过半年，必然已经在其庭中耕地，扫清了他们的里门，在那里设郡置县，如云撤去，如席卷起，干净完全，再也没有后患。只有匈奴的情况不一样，真是中国的劲敌，其他三面边境的情势与此相比差得远了，前朝皇帝也更是十分重视，不是可以掉以轻心的。

今单于归义，怀款诚之心，欲离其庭，陈见于前，此乃上界之遗策，神灵之所想望，国家虽费，不得已者也。奈何距以来厌之辞，疏以无日之期，消往昔之恩，开将来之隙！夫款而隙之，使有恨心，负前言，缘往辞，归怨于汉，因以自绝，终无北面之心，威之不可，谕之不能，焉得不为大忧乎！夫明者视于无形，聪者听于无声，诚先于未然，即蒙恬、樊哙不复施，棘门、细柳不复备，马邑之策安所设，卫、霍之功何得用，五将之威安所震？不然，一有隙之后，虽智者劳心于内，辩者毂击于外。犹不若未然之时也。且往者图西域，制车师，置城郭都护三十六国，费岁以大万计者，岂为康居、乌孙能逾白龙堆而寇西边哉？乃以制匈奴也。夫百年劳之，一日失之，费十而爱一，臣窃为国不安也。惟陛下少留意于未乱未战，以遏边萌之祸。

【译文】现在单于向慕仁义，有至诚的心意，想离开王庭，到汉天子面前朝见，这是前世流传下来的方略，是先帝神灵所希望的事情，国家虽然要破费些钱财，也是不得已的事情。怎么能用会带来祸祟的话予以拒绝，用没有期限的日子去疏远他，断绝了往日的恩义，造成将来矛盾的起端!现在慢待他，疏远他，使他怀恨在心，背叛了以前说的话，使单于用往昔我们说过的和好的话来埋怨我们，因此自绝于汉朝，最后再也不肯有臣服之心，不可用暴力压服，又不能用好话使他明白，怎能不成为我们的大忧患!眼明的人能在近乎没有形状的时候看到东西，耳尖的人能在近乎没有声音的情形下听到些什么，如果真能在事情还没有发生以前就已预先料到了，那么蒙恬、樊哙就不再有用，棘门、细柳不再设防，马邑那样的计策还在哪里设伏？卫青、霍去病那样的功绩又有什么用？去乌孙的五位将军那样的雄威又去震惊谁去？不然的话，一旦两国有了矛盾之后，即使有足智多谋的谋士在朝廷内劳神费心，出谋划策；有能言善辩的说客整日在外奔走游说，说客多得常互相撞车，也还是不如在事情还没有发生之前就预做准备。况且以往我们谋取西域，控制车师，建设城郭，设置都护，统领保护三十六国，一年花费的钱财数以百万计，难道是为了害怕康居、乌孙越过白龙堆而侵掠西部边境？是为了制服匈奴啊。百年的劳苦功绩，一天之内就全部丧失掉，花费了十钱却吝惜一钱，我真为国家担忧不安。希望陛下能稍微考虑一下事情没有混乱、没有发生战争以前该采取的策略，从而遏制边境上就要萌生的灾祸。

州箴

洋洋冀州，鸿原大陆。岳阳是都，岛夷皮服。潺湲河流，表以碣石。三后攸降，列为侯伯。降周之末，赵魏是宅。冀土糜沸，泫沄如汤。更盛更衰，载从载衡。陪臣擅命，天王是替。赵魏相反，秦拾其弊。北筑长城，恢夏之场。汉兴定制，改封藩王。仰览前世，厥力孔多。初安如山，后崩如崖。故治不忘乱，安不忘危。周宗自怙，云焉有予隳。六国奋矫，渠绝其维。牧臣司冀，敢告在阶。

右冀州牧箴

【译文】冀州广大无垠，是一块大的平原。尧在太岳山南面建都，居住在海岛的少数民族进贡皮服。碣石夹着黄河从这里流过。尧舜禹都在这里降生，建立国家。到周朝末年，魏国、赵国主要在这里。这时冀州战乱纷纷，就像沸腾的汤一样。盛衰更替，纵横捭阖。家臣掌握了国家大权。君王被替代。赵国和魏国互相攻伐，秦国乘机消灭了它们。秦朝北筑长城，扩大了华夏地区的疆域。汉朝确立制度，在这里分封藩王。历览先前，在此经历很多。国家最初像山一样稳固，后来崩溃却像山崖一样迅速。因此盛世而不忘战乱，安定而不忘危机。周朝自恃稳固，以为我怎么会颓败呢，六国兴起，断绝了它的基业。牧守管理冀州，将此告知官吏。

悠悠济河，兖州之寓。九河既导，雷夏攸处。草繇木条，漆丝絺纻。济漯既通，降丘宅土。成汤五徙，卒都于亳。盘庚北渡，牧野是宅。丁感雊雉，祖己伊忠。爰正厥事，遂绪高宗。厥后陵迟，颠覆汤绪。西伯戡黎，祖伊奔走。致天威命，不恐不震。妇言是用，牝鸡司晨。三仁既知，武果戎殷。牧野之禽，岂复能耽？甲子之朝，岂复能笑？有国虽久，必畏天咎。有民虽长，必惧人殃。箕子欷歔，厥居为墟。牧臣司兖，敢告执书。

右兖州牧箴

【译文】济水悠长，兖州就在这里。黄河的九条支流已经疏导，雷夏这一沼泽可以居住。草木长得繁盛，这里进贡漆器、丝绸、葛布和麻。济水和漯水相通，民众从高处下来居住于此。成汤五次迁都，最终建都在亳。盘庚北迁，在牧野建都。武丁受到野鸡鸣叫而感触，祖己尽忠于国家，因而修明政事，成就了武丁的功业。之后逐渐衰微，颠覆了商汤的功业。武王战胜了黎国，祖伊逃走。他告诉纣王上天的威命，纣王却不震动和害怕。纣王听从妇人言语，败乱政治。微子、箕子、比干知道商朝将亡，后来周武王真的消灭了商朝。在甲子这一日，纣王在牧野被擒，又怎能嬉笑玩乐？国家虽然存在长久，也一定要敬畏上天的责怪；民众虽然多，也一定要担心人祸。箕子感叹以前的宫室成为废墟。牧守管理兖州，要将此告知官吏。

茫茫青州，海岱是极。盐铁之地，铅松怪石。群水攸归，莱夷作牧。贡篚以时，莫怠莫违。昔在文武，封吕于齐。厥土涂泥，在丘之营。五侯九伯，是讨是征。马殆其御，御失其度。周室荒乱，小白以霸。诸侯佥服，复尊京师。小白既没，周卒陵迟。嗟兹天王，附命下土。失其法度，丧其文武。牧臣司青，敢告执矩。

右青州牧箴

【译文】青州广大，泰山、渤海是它的边际。这里出产盐、铁、锡、松和怪石。众河流汇聚到这里，莱夷地区是州牧所在地。按时将物品装在筐中进贡，不敢懈慢和违反。以前在文王、武王的时候，将吕尚封在齐地，建都在营丘，此地有湿润的泥土。吕尚受命征讨五侯九伯。马没有了马嚼子，就无法驾驭。周朝衰落，齐桓公称霸。诸侯都加以听从，再次尊奉周王室。齐桓公死后，周朝最终衰落。周王听命于诸侯，失去了法度，丧失了文德武功。牧守管理青州，要将此告知于官员。

海岱伊淮，东海是渚。徐州之土，邑于蕃宇。大野既潴，有羽有蒙。孤桐蠙珠，泗沂攸同。实列蕃蔽，侯卫东方。民好农蚕，大野以康。帝癸及辛，不祗不恪。沉湎于酒，而忘其东作。天命汤武，剿绝其绪。祗降周任姜，镇于琅琊。姜姓绝苗，田氏攸都。事由细微，不虑不图。祸如丘山，本在萌芽。牧臣司徐，敢告仆夫！

右徐州牧箴

【译文】渤海、泰山、伊水，淮河都在这一地区，是东海旁的大陆。徐州属于侯服、卫服。大野此地有水聚集，这里有羽山和蒙山。这里出产梧桐造的琴和蠙珠，泗水和沂水流经这里。徐州为周王室在东方的屏障。这里民众喜好蚕桑，生活富庶安康。夏桀和商纣王不恭敬谨慎，沉溺于饮酒取乐，忘记了春耕生产。上天降天命于商汤和周武王，断绝了他们的世业。周王封姜尚，镇守琅琊。姜姓断绝，被田氏取代。大祸的酿成，最初是由细小的事开始的，不能不去考虑。祸患本身很大，但都是由萌芽发展来的。牧守治理青州，要将这告知官吏。

矫矫扬州，江汉之浒。彭蠡既潴，阳鸟攸处。橘柚羽贝，瑶琨篠簜。闽越北垠，沅湘攸往。犷矣淮夷，蠢蠢荆蛮。翩彼昭王，南征不旋。人咸踬于垤，莫踬于山。咸跌于污，莫跌于川。明哲不云我昭，童蒙不云我昏，汤武圣而师伊吕，桀纣悖而诛逄干。盖迩不可不察，远不可不亲。靡有孝而逆父，罔有义而忘君。太伯逊位，基吴绍类。夫差一误，太伯无祚。周室不匡，勾践入霸。当周之隆，越裳重译。春秋之末，侯甸叛道。元首不可不思，股肱不可不孳。尧勤屡省，舜盛钦谋。牧臣司扬，敢告执筹。

右扬州牧箴

【译文】扬州地貌雄壮，位于长江和汉江之旁。水聚集与鄱阳湖，候鸟在此安居。这里出产橘、柚、羽毛、织贝、美玉和竹子。闽越地区是这里的边界，阮水和湘江流往这里。这里的少数民族强悍而愚昧。周昭王南巡到这里淹死而不归。人都在小山丘跌倒而不会跌倒于大山，都在小水池跌倒而不会跌倒于大川。明智的人不夸耀自己显著，愚昧的人不说自己昏乱。商汤和周武王是圣贤而还向伊尹和吕尚请教，夏桀和商纣王悖逆而诛杀关龙逄和比干。亲近的也不可不细察，疏远的也不可不亲近。没有孝道就会叛逆父亲，没有道义就会忘记君王。太伯让位，奠定了吴国的基业，承继了善举。夫差失国，导致太伯失去国祚。周王室得不到辅助，勾践在此地称霸。在周朝兴盛的时期，越裳氏经过三重翻译来进贡。春秋末年，侯服和甸服地区发生叛乱。首领不可不勤于思虑，臣下不可不勤勉。尧屡加反省，舜诚心咨询。牧守治理扬州，将此要告知官吏。

幽幽巫山，在荆之阳。江汉朝宗，其流汤汤。夏君遭洚，荆衡是调。云梦涂泥，包匦菁茅。金玉砥砺，象齿元龟。贡篚百物，世世以饶。战战慄慄，至桀荒溢。曰：我帝在位，若天有日。不顺庶国，孰敢余夺！亦有成汤，果秉其钺。放之南巢，号之以桀。南巢茫茫，包楚与荆。风慄以悍，气锐以刚。有道后服，无道先强。世虽安平，无敢逸豫。牧臣司荆，敢告执御。

右荆州牧箴

【译文】巫山悠远，在荆山南面。长江、汉江，宽广浩森，流向大海。大禹时遇到洪水，在荆山、衡山一代治理。云梦地区泥土湿润，包杂青草。这里出产金石、磨刀石、象牙、大龟。这里代代丰饶，用筐子进贡百物。战战兢兢，到夏桀时期荒淫无度。说："我拥有帝位，就好比天上有日一样永久。诸侯国不顺从，谁敢夺取我的王位。"最后成汤取代了他，将他流放到南巢，称他为桀。南巢地区悠远，包括楚地和荆州。民风强悍，刚直。有王道楚地就会服从，没有王道就会率先叛乱。世道太平，不敢安逸享乐。牧守治理荆州，将此告知官吏。

郁郁荆河，伊雒是经。荥播枲漆，惟用攸成。田田相挐，庐庐相距。夏殷不都，成周攸处。豫野所居，爰在鹑墟。四隩咸宅，宇内莫如。陪臣执命，不虑不图。王室陵迟，丧其爪牙。靡哲靡圣，捐失其正。方伯不维，韩卒擅命。文武孔纯，至厉作昏。成康孔宁，至幽作倾。故有天下者，毋曰我大，莫或余败。毋曰我强，靡克余亡。夏宅九州，至于季世，放于南巢。成康太平，降及周微，带蔽屏营。屏营不起，施于孙子。至赧为极，实绝周祀。牧臣司豫，敢告柱史。

右豫州牧箴

【译文】荆山悠远，黄河浩大，伊水和洛水流经此地。荥播地区盛产大麻和漆木。田亩房屋相连。夏商不在此建都，而成周洛阳位于此地。豫州所对应的是天上的鹑火星。豫州四方都可居住，其他地方都不如豫州。家臣执掌国家大权，不可不加以思虑。王室衰落，失去了屏障。没有了圣哲，失去了正道。晋国不能维持，韩国最终难以节制。文王、武王都很善美。到了周厉王时期却很昏暗。周成王、康王时期，国家安宁，到幽王时期国家倾颓。因此拥有天下的，不要说我很强大，没有人能够打败我。不要说我很强大，没有人能够灭了我。夏朝拥有九州之广，到了末世，桀被流放到南巢。成王、康王时期天下太平，到周朝衰落的时候，惊慌不能自保。惊慌不振，延及子孙。到周赧王时期，周朝实际上已经灭绝了。牧守治理豫州，要将这告知于史官。

岩岩岷山，古曰梁州。华阳西极，黑水南流。茫茫洪波，鲧堙降陆。于时八都，厥民不隩。禹导江沱，岷嶓启干。远近底贡，磬错砮丹。丝麻条畅，有粳有稻。自京徂畛，民攸温饱。帝有桀纣，湎沉颇僻。遏绝苗民，灭夏殷绩。爰周受命，复古之常。幽厉夷业，破绝为荒。秦作无道，三方溃叛。义兵征暴，遂国于汉。拓开疆宇，恢梁之野，列为十二，光羡虞夏。牧臣司梁，是职是图。经营盛衰，敢告士夫。

右益州牧箴

【译文】岷山高耸，古时这一地区称为梁州。华阳在西边，黑水向南流。洪水茫茫，鲧就用上天的息壤来堵塞。这时天下八方，民众都不能居住。大禹引导沱水，岷山和嶓冢山。远近都来进贡乐石，治玉石，治箭石和朱砂。丝麻生长茂盛，还有粳米和稻子。从京都到这里，百姓衣食充足。夏桀和商纣，沉湎与邪僻。苗民叛乱，阻断了与中原的交通，禹、汤的伟业也断绝了。周朝受天命后，恢复以前的法度。到周幽王、厉王时期，王业衰败，此州也荒废了。秦朝统治无道，各处叛乱。义兵征讨暴秦，于是这里为汉所拥有。开疆拓土，恢复了以前的管辖区域，共有十二郡，超过了虞夏时期。牧守治理梁州，要记住这些，将治理的盛衰告知官吏。

黑水西河，横截昆仑。邪指闾阖，画为雍垠。上侵积石，下碍龙门。自彼氐羌，莫敢不来庭，莫敢不来匡。每在季主，常失厥绪。侯纪不贡，荒侵其寓。陵迟衰微，秦据以戾。兴兵山东，六国颠沛。上帝不宁，命汉作京。陇山以徂，列为西荒。南排劲越，北启强胡。并连属国，一护攸都。盖安不忘危，盛不讳衰。牧臣司雍，敢告缀衣。

右雍州牧箴

【译文】黑水和黄河横向截断了昆仑山。斜向阊阖，画成雍州的边界。上至积石山，下达龙门。从氐到羌没有不来朝廷进贡的，没有不向朝廷臣服的。经常是末世的君主，丧失国家的基业。侯服地区不进贡，宇内荒废。国家衰落，秦朝占据这一地区，统治残暴，不断向崤山以东用兵，流过百姓颠沛流离。上天不安宁，就让汉朝建都于此。陇山以往，就列为荒服。南边打败了强大的南越国，北边向匈奴地区开疆拓土。在边地设置属国，一同拱卫都城。安定时不要忘记危险，强盛时不避讳衰败。牧守治理雍州，要将此告知近臣。

荡荡平川，惟冀之别。北阨幽都，戎夏交逼。伊昔唐虞，实为平陆。周末荐臻，迫于獯鬻。晋溺其倍，周使不阻。六国擅权，燕赵本都。东限秽貊，羡及东胡。强秦北排，蒙公城墠。大汉初定，介狄之荒。元戎屡征，如风之腾。义兵涉漠，偃我边萌。既定且康，复古虞唐。盛不可不图，衰不可或忘。隄溃蚁穴，器漏针芒。牧臣司幽，敢告侍旁。

右幽州牧箴

【译文】平原广远，是冀州所分出的地区。北边险要的幽州，是夷夏交混的地区。以前在唐虞时期，实际上很安宁。到周朝末年，为匈奴所逼迫。晋国为大臣所亡，不奉行周王命令。六国专权，这里为燕国和赵国的疆域。东边临近秽貊所在地，延及东胡地区。强大的秦国在北边抗击，蒙恬在此守护。汉朝初建时，和夷狄的荒漠相接壤。军队不断征伐，就好比大风卷起一样。义兵越过荒漠，边境民众得到了安宁。雍州安宁，恢复了唐虞时期的边界。中国此时虽然强盛，但不可不永图；夷狄虽然衰落，但不可忘记祸患。大堤溃败于蚁穴，器皿漏尽由于很小的空隙。牧守治理雍州，要将此告知于侍卫。

雍别朔方，河水悠悠。北辟獯鬻，南界泾流。画兹朔土，正直幽方。自昔何为？莫敢不来贡，莫敢不来王。周穆遐征，犬戎不享。爰貊伊德，侵玩上国。宣王命将，攘之泾北。宗周罔职，日用爽蹉。既不俎豆，又不干戈。犬戎作难，毙于骊阿。太上曜德，其次曜兵。德兵俱颠，靡不悴荒。牧臣司并，敢告执纲。

右并州牧箴

【译文】雍州远离朔方，黄河水悠远深长。北边与獯鬻相接，南边靠近泾河。画出这一地区，正好和雍州相当。以前发生了什么？不敢不来进贡，不敢不来称臣的。周穆王远征讨伐，犬戎不来进贡。于是藐视周德，轻慢上国。宣王命令将领，驱逐猃狁到泾水北面。从此并州不再为周室管辖。此后日益不振，文德不修，武功不兴。犬戎作乱将周幽王杀于骊山之旁。最上等统治是炫示文德，其次才是兵力。文德和武功都不振，没有不衰落的。牧守治理并州，要将此告知与官吏。

交州荒裔，水与天际，越裳是南，荒国之外。爰是开辟，不羁不绊。周公摄阼，白雉是献。昭王陵迟，周室是乱。越裳绝贡，荆楚逆叛。四国内侵，蚕食周宗。臻于季赧，遂入灭亡。大汉受命，中国兼该。南海之宇，圣武是恢。稍稍受羁，遂臻黄支。杭海三万，来牵其犀。盛不可不忧，隆不可不惧。顾瞻陵迟，而忘其规摹。亡国多逸豫，而存国多难。泉竭中虚，池竭濒干。牧臣司交，敢告执宪。

右交州牧箴

【译文】交州地处偏远地区，和大海相接。越裳国在南边，处于荒服之外。从上古以来，就不加以控制。周公摄政时期，这里进贡白色的鸡。从周昭王时开始，周室衰微昏乱。越裳国不再进贡，荆楚地区叛乱。诸侯国侵扰，蚕食周王室。到周赧王时期，于是就灭国了。汉朝接受天命，兼有天下。武帝时期恢复在南海地区的统治。受到羁縻，黄支国航行三万里来进贡犀牛。盛世不可不去担忧衰落，兴隆不可不惧怕败亡。回望过去的衰落，忘记了法度。亡国多安乐享受，存留的国家多有灾难。泉水中间空虚就会衰竭；池水外面干枯就会衰竭。牧守治理交州，要将此告知于官吏。

赵充国颂

明灵惟宣，戎有先零。先零猖狂，侵汉西疆。汉命虎臣，惟后将军，整我六师，是讨是震。既临其域，喻以威德，有守矜功，谓之弗克。请奋其旅，于罕之羌，天子命我，从之鲜阳。营平守节，屡奏封章，料敌制胜，威谋靡亢。遂克西戎，还师于京，鬼方宾服，罔有不庭。昔周之宣，有方有虎，诗人歌功，乃列于《雅》。在汉中兴，充国作武，纠纠桓桓，亦绍厥后。

【译文】在英明圣灵的汉宣帝时代，戎狄中有先零。先零猖狂，入侵汉朝的西部边疆。汉朝任命英武的大臣，只有后将军，他统率我汉朝的六师，讨伐叛逆，天下大震。到达羌域以后，晓以威德，有的太守贪图功劳，说他不能取胜。请命率军，直抵罕羌，天子命令赵充国随兵到达鲜水的北岸。营平壮侯坚守节操，几次上奏密封章疏，料敌如神稳操胜算，智勇双全无人敢挡。终于打败西戎，回师京城，鬼方臣服，没有部落不来朝见。往昔西周到了宣王时，有方叔有邵虎，诗人歌功颂德，被列于《大雅》中。汉朝中兴，赵充国显示威武，气宇轩昂，方叔邵虎后继有人。

羽猎赋

孝成帝时羽猎，雄从。以为昔在二帝三王，宫观台榭沼池苑囿林麓薮泽财足以奉宗庙，御宾客，充庖厨而已，不夺百姓膏腴谷土桑柘之地。女有余布，男有余粟，国家殷富，上下交足，故甘露零其庭，醴泉流其唐，凤皇巢其树，黄龙游其沼，麒麟臻其囿，神爵栖其林。昔者禹任益虞而上下和，草木茂；成汤好田而天下用足；文王囿百里，民以为尚小；齐宣王囿四十里，民以为大：裕民之与夺民也。武帝广开上林，东南至宜春、鼎湖、御宿、昆吾，傍南山而西，至长杨、五柞，北绕黄山，滨渭而东，周袤数百里。穿昆明池象滇河，营建章、凤阙、神明、馺娑，渐台、太液象海水周流方丈、瀛洲、蓬莱。游观侈靡，穷妙极丽。虽颇割其三垂以赡齐民，然至羽猎甲车戎马器械储偫禁御所营，尚泰奢丽夸诩，非尧、舜、成汤、文王三驱之意也。又恐后世复修前好，不折中以泉台，故聊因《校猎赋》以风之。

【译文】孝成帝时羽猎，扬雄随从。认为在古代二帝三王之时，宫观台榭沼池苑囿林囿深湖的产物足够供奉宗庙，接待宾客，放满厨房而已，不抢夺百姓肥沃的粮田和种桑柘的土地。女子有余布，男子有余粮，国家富饶，上下充足，所以甘露落在庭园中，甘泉从池塘里涌出，凤凰在树上筑巢，黄龙在池沼中游动，麒麟到其苑囿，神雀在林中栖息。从前禹任命益主管山泽，上下和谐，草木茂盛；成汤喜爱田猎而天下财用充足；文王的园囿百里，百姓仍以为太小；齐宣王园囿四十里，百姓认为太大；这是使民富足和抢夺民财的区别。武帝扩展上林，南到宜春、鼎胡、御宿、昆吾，西傍南山，到长杨、五柞，北绕黄山，东临渭水，周长数百里。仿照滇河挖掘昆明池，营建建章、凤阙、神明、馺娑、渐台、太液取象海水环绕方丈、瀛洲、蓬莱。游观奢华，美妙无比。虽然把上林苑的三个边割了不少给平民，然而羽猎田车战马器械储备宫墙的建制，仍太奢侈浮华，不是尧、舜、成汤、文王三

驱的本意。扬雄又怕后代再因爱好而增修，不以泉台为教训，便藉《校猎赋》来讽谏，

其辞曰：或称羲农，岂或帝王之弥文哉？论者云否，各亦并时而得宜，奚必同条而共贯？则泰山之封，焉得七十而有二仪？有以创业垂统者俱不见其爽，遐迩三五孰知其是非？遂作颂曰：丽哉神圣，处于元宫，富既与地乎侔资，贵正与天乎比崇。齐桓曾不足使扶毂，楚严未足以为骖乘；狭三王之阸僻，峤高举而大兴；历五帝之寥廓，涉三皇之登闳；建道德以为师，友仁义与之为朋。

【译文】辞中说：有人称赞羲农，难道后代帝王更有文饰吗？议论者说不是，各自因时制宜，何必按照一个准则？否则封泰山，怎能有七十二种仪式？所以创业垂统的人都没有错，远近的五帝三王谁知对错？于是作颂道：神圣壮丽，住在玄宫，同地一样富庶，同天一样高贵。齐桓不配来扶车，楚严不配来驾马；打通三王的隘僻，大步前进；像五帝般宏阔，像三皇般高远；以道德为老师，和仁义交朋友.

于是元冬季月，天地隆烈，万物权舆于内，殂落于外，帝将惟田于灵之囿，开北垠，受不周之制，以终始颛顼、元冥之统。乃诏虞人典泽，东延昆邻，西驰阊阖。储积共偫，戍卒夹道，斩丛棘，夷野草，御自汧、渭，经营丰、镐，章皇周流，出入日月，天与地沓。尔乃虎落三嵕以为司马，围经百里而为殿门。外则正南极海，邪界虞渊，鸿濛沆茫，碣以崇山。营合围会，然后先置乎白杨之南，昆明灵沼之东。贲育之伦，蒙盾负羽，杖镆邪而罗者以万计，其余荷垂天之毕，张竟野之罘，靡日月之朱竿，曳彗星之飞旗。青云为纷，虹蜺为缳，属之乎昆仑之墟，涣若天星之罗，浩如涛水之波，淫淫与与，前后要遮。欃枪为闉，明月为候，荧惑司命，天弧发射，鲜扁陆离，骈衍佖路。徽车轻武，鸿絧緁猎，殷殷轸轸，被陵缘岅，穷冥极远者，相与迾乎高原之上；羽骑营营，昈分殊事，缤纷往来，轠轳不绝，若光若灭者，布乎青林之下。

【译文】于是严冬末月，阴气大盛，万物初生于内，枯死于外，皇上要到灵德的苑囿打猎，开拓北边，顶着西北风，来继承颛顼、玄冥之业。下诏虞人管湖，东到昆边，西到阊阖。储备待命，戍卒立于道旁，除平荆棘野草，汧、渭禁行，整治丰、镐，周围广大，日月从中升落，天地显得遥远。在三变建虎落作为司马门，直径百里作为殿门。外面正南到海，左临虞渊，高山独立，广阔无垠。合营大会，先设置在白杨南面，昆明美湖东面。贲育等人，带盾背羽，拿着莫邪拦截上万禽兽，其余的背着垂天大纲，张着盖地的覆车，放下日月旗的红竿，举起飞扬的彗星旗。青云作旒，彩虹为络，缀在昆仑山谷，分散如繁星排列，浩大似滚滚波涛，来来往往，前后遮拦。彗星作碉堡，明月为了望台，荧惑作司命，用天弧发射，轻快错杂，满路浩荡。徽车矫捷，次序飞驰，浩浩荡荡，翻山上坡，幽绝辽远，并列在

高原上；羽骑盘旋，服饰分明，缤纷往来，络绎不绝，若隐若现，分布在青林之下。

于是天子乃以阳晁始出乎元宫，撞鸿钟，建九旒，六白虎，载灵舆，蚩尤并毂，蒙公先驱。立历天之旂，曳捎星之旃，霹雳列缺，吐火施鞭。萃沇溶，淋漓廓落，戏八镇而开关；飞廉、云师，吸嚊潚率，鳞罗布列，攒以龙翰。啾啾跄跄，入西园，切神光；望平乐，径竹林，蹂蕙圃，践兰唐。举烽列火，辔者施技，方驰千驶，校骑万帅。虓虎之陈、纵横胶轕，猋拉雷厉，缤骈磅磕，汹汹旭旭，天动地岋。羡漫半散，萧条数千里外。

【译文】于是天子在日出后从玄宫出来，撞大钟，树九旒，六只白虎，拉着灵车，蚩尤并车，蒙公做先驱。立项天的旗；扬拂星的旃，雷鸣电闪，吐火抡鞭。萃聚盛大，畅意旷达，指挥八镇开关；飞廉、云师，喘息萧索，排布如鱼鳞，合聚如龙羽。啾啾跄跄，进西园，近神光；远望平乐，穿越竹林，踩蕙园，踏兰坡。燃起烽火，驭者显技，千马并驱，校骑万军。哮虎行阵，纵横交错，飙吼雷震，轰轰烈烈，天摇地动。分散弥漫，散布数千万里以外。

若夫壮士慷慨，殊乡别趣，东西南北，骋嗜奔欲。地苍豨，跋犀犛，蹶浮麋。斮巨狿，搏元猿，腾空虚，距连卷。踔夭蟜，娭涧门，莫莫纷纷，山谷为之风猋，林丛为之生尘。及至获夷之徒，蹶松柏，掌蒺藜，猎蒙笼，辚轻飞；履般首，带修蛇；钩赤豹，牵象犀；蹈峦阬，超唐陂。车骑云会，登降暗蔼，太华为旒，熊耳为缀。木仆山还，漫若天外，储与乎大浦，聊浪乎宇内。

【译文】至于壮士慷慨，异情别趣，东西南北，随意驱驰。拉苍豨，勒犀犛，踢浮麋。杀大狿，斗玄猿，腾跃凌空，力拔曲树。走曲枝，戏涧门，尘埃纷起，山谷因此起狂风，丛林因此蒙灰尘。至于能俘夷狄的人，脚踢松柏，掌击蒺藜；在草木茂密处打猎，轧飞禽；踩虎豹，扯长蛇；钩杀红豹，牵引象犀；度山陵，过陂塘。车骑如云，上下难分，太华作旒，熊耳作缀。树倒山转，散布如天外，漫步于水边，游牧于境内。

于是天清日晏，逢蒙列眦，羿氏控弦。皇车幽輵，光纯天地，望舒弥辔，翼乎徐至于上兰。移围徙陈，浸淫蹴部，曲队坚重，各案行伍。壁垒天旋，神扶电击，逢之则碎，近之则破，鸟不及飞，兽不得过，军惊师骇，刮野扫地。及至罕车飞扬，武骑聿皇；蹈飞豹，羂嘄阳；追天宝，出一方；应駍声，击流光。野尽山穷，囊括其雌雄，沇沇溶溶，遥噱乎纮中。三军芒然，穷冘阏与，亶观夫剽禽之绁踰，犀兕之抵触，熊罴之拏攫，虎豹之凌遽，徒角枪题注，蹙竦詟怖，魂亡魄失，触辐关脰。妄发期中，进退履获，创淫轮夷，丘累陵聚。

【译文】于是晴空无云，逄蒙睁眼，后羿拉弓。皇车纷纷，光照天地，望厘收缰，徐徐到了上兰。阵围变换，稍稍聚敛，曲折重叠，各按行伍。壁垒盘旋，扶击如电，碰到的便碎，靠近的就破，鸟来不及飞，野兽不能通过，军队惊骇，扫刮野地。等到罕车飞奔，骑兵迅猛，踏飞豹，捉嘄阳；追天宝，出于一面；回应駍然之声，扶击流光。山野穷尽，全获雄雌动物，群兽众多，在纵网中张噱。三军众盛，穷追跑兽，截住乱兽，只见飞禽被缚，犀兕相抵，熊罴搏斗，虎豹惊惶，徒然角抵额击，战慄恐怖，魂飞魄散，触车辐折头颈。乱发箭也能打中，进退都能踩到获取，伤兽过于车轮，像丘陵一样堆积。

于是禽殚中衰，相与集于靖冥之馆，以临珍池。灌以岐梁，溢以江河，东瞰目尽，西畅亡涯，随珠和氏，焯烁其陂。玉石嶜崟，眩耀青荧，汉女水潜，怪物暗冥，不可殚形。玄鸾孔雀，翡翠垂荣，王雎关关，鸿雁嘤嘤，群娭乎其中，噍噍昆鸣；凫鹥振鹭，上下砰磕，声若雷霆。乃使文身之伎，水格鳞虫，凌坚冰，犯严渊，探岩排碕，薄索蛟螭，蹈獱獭，据鼋鼍，抾灵蠵。入洞穴，出苍梧，乘巨鳞，骑鲸鱼。浮彭蠡，目有虞。方椎夜光之流离，剖明月之胎珠，鞭洛水之宓妃，饷屈原与彭胥。

【译文】于是飞禽衰亡，互相聚在深闲之馆，面朝珍池。引岐梁水，和江河水，东望极目，西望无际，随珠和氏，在坡上闪耀。玉石高尖，青光耀目，汉女潜水，怪物幽暗，不能穷尽其形貌。玄鸾孔雀，翡翠流光，王雎关关，鸿雁嘤嘤，在其中游戏，噍噍而鸣；凫鹥飞鹭，上下磕碰，声如雷霆．便叫文身的伎工，入水和鱼虫搏斗，破硬冰，入深渊，攀岩扶岸，逼取蛟螭，踏獱獭，捉鼋鼍，抓灵蠵。入洞穴，出苍梧，乘大鱼，骑巨鲸。漂浮彭蠡，探望有虞。正椎击有夜光的琉璃，打开明月般的珠腹，鞭打洛水的宓妃，宴请屈原和彭胥。

于兹乎鸿生巨儒，俄轩冕，杂衣裳，修唐典，匡《雅》《颂》，揖让于前。昭光振耀，响忽如神，仁声惠于北狄，武谊动于南邻。是以旃裘之王，胡貉之长，移珍来享，抗手称臣。前入围口，后陈卢山。群公常伯杨朱、墨翟之徒喟然并称曰：“崇哉乎德，虽有唐、虞、大夏、成周之隆，何以侈兹！夫古之觐东岳，禅梁基，舍此世也，其谁与哉？”

【译文】于是大儒出现，高车冠，衣服杂色，修唐典，正《雅》《颂》，在前行礼。光明闪耀，声响如神，仁慈地施惠于北狄，在南邻进行义战。所以穿旃裘的大王，胡貉的官长，送宝来朝，举手称臣，前面进入围川，后面陈兵卢山。众公卿常伯杨朱、墨翟之辈，喟然叹道：“道德真高啊，即使有唐、虞、大夏、成周的兴盛，又怎能超过它!古时候朝觐东岳，禅梁山脚，如不是今世，谁能行呢？”

上犹谦让而未俞也，方将上猎三灵之光，下决醴泉之滋，发黄龙之穴，窥凤皇之巢，临麒麟之囿，幸神雀之林；奢云梦，侈孟诸，非章华，是灵台，罕徂离宫而辍观游，土事不饰，木功不雕，承民乎农桑，劝之以弗怠，侪男女使莫违；恐贫穷者不遍被洋溢之饶，开禁苑，散公储，创道德之囿，宏仁惠之虞，驰弋乎神明之囿，览观乎群臣之有亡；放雉兔，收罝罘，麋鹿刍荛与百姓共之，盖所以臻兹也。于是醇洪鬯之德，丰茂世之规，加劳三皇，勖勤五帝，不亦至乎！乃祗庄雍睦之徒，立君臣之节，崇贤圣之业，未遑苑囿之丽，游猎之靡也，因回轸还衡，背阿房，反未央。

【译文】皇上仍谦让说不然，便将从上猎取三灵的流光，下面开决醴泉之水，打开黄龙洞，偷看凤凰巢，面对麒麟的园囿，到神鸟的树林；缩小云梦和孟诸，戒章华，效灵台，少到离宫停止观游，不装饰建筑，不雕画木器，劝民农桑，勉励其不要懈怠，使男女婚配合时；怕贫穷的人得不到丰饶之利，开皇帝林苑，散发公家储粮，开创道德的囿苑，宽广仁惠的虞泽，在神明的园囿中奔驰，观察群臣的得失；放开雉兔，收起罝罘，麋鹿柴木和百姓共有，大概到了这种地步。于是大德醇美，盛世良法，慰劳三皇，勉励五帝，不也很盛大吗!于是恭敬和易之人，立君臣节义，尊圣贤功业，无暇于美丽的苑囿和游猎的奢靡，于是调转车头，远离阿房，回到未央。

长杨赋

明年，上将大夸胡人以多禽兽，秋，命右扶风发民入南山，西自褒斜，东至宏农，南驱汉中，张罗网罝罘，捕熊罴豪猪虎豹狖玃狐兔麋鹿，载以槛车，输长杨射熊馆。以网为周阹，纵禽兽其中，令胡人手搏之，自取其获，上亲临观焉。是时，农民不得收敛。雄从至射熊馆，还，上《长扬赋》，聊因笔墨之成文章，故藉翰林以为主人，子墨为客卿以讽。

【译文】第二年，皇上要向胡人夸耀禽兽之多，秋天，命令右扶风征发百姓进入南山，西从褒斜，东到宏农，南达汉中，张开罗网罝罘，捕捉熊罴豪猪虎豹狖获狐兔麋鹿，用槛车装载，运到长杨射熊馆。用网作围阵，把禽兽放在里面，教胡人徒手与它们搏斗，抓到的就自己拿走，皇上亲自去观看。此时，农民不能去收割庄稼。扬雄跟着到射熊馆，回来后，献上《长杨赋》，因为是用笔墨写成文章，就假藉翰林作为主人，子墨作为客卿来讽谏。

其辞曰：子墨客卿问于翰林主人曰："盖闻圣主之养民也，仁沾而恩洽，动不为身，今年猎长杨，先命右扶风，左太华而右褒斜，椓巀嶭而为弋，纡南山以为罝，罗千乘于林莽，列万骑于山隅，师军踤阹，锡戎获胡。扼熊罴，拖豪猪，木拥枪累，以为储胥，此天下之穷览极观也。虽然，亦颇扰于农人。三旬有余，其廑至矣，而功不图，恐不识者，外之则以为娱乐之游，内之则不以为干豆之事，岂为民乎哉！且人君以玄默为神，淡泊为德，今乐远出以露威灵，数摇动以罢车甲，本非人主之急务也，蒙窃惑焉。"

【译文】辞中说：子墨客卿问翰林主人道："听说圣主养民，仁恩润泽，行动不为自己。今年在长杨打猎，先命令右扶风，左到太华右到褒斜，砍巀嶭作弋，绕南山布置，林莽中排列千乘，山脚分布着上万骑兵，率军踏围场，赏赐戎狄禽兽。抓熊罴，捉豪猪，堆木垒枪，作为储蓄，这是天下所仅见的。即使如此，也很骚扰农民。三旬多，非常勤苦，却不能有成，怕不知道的人，在外便认为是娱乐之游，在内就不当作是干豆祭祀，难道是为民吗！并且国君以沉默为神思，以淡泊为品德，现在喜欢出远去显露威武，多次兴师劳累车兵，本来不是人君急须去办的，鄙人私下不解。"

翰林主人曰："吁，谓之兹邪！若客，所谓知其一未睹其二，见其外不识其内也。仆尝倦谈，不能一二其详，请略举其凡，而客自览其切焉。"

客曰："唯，唯。"

【译文】翰林主人说："咦，说得真怪!像您，是只知其一不见其二，见外面不知内部。我说得很累，不能一一详述，请允许我略举大概，您自己看其必要吧。"

客说："好，好。"

主人曰："昔有强秦，封豕其土，窫窳其民，凿齿之徒相与磨牙而争之，豪俊麋沸云扰，群黎为之不康，于是上帝眷顾高祖，高祖奉命，顺斗极，运天关，横巨海，漂昆仑，提剑而叱之，所过麾城撕邑，下将降旗，一日之战，不可殚记。当此之勤，头蓬不暇梳，饥不及餐，鞮鍪生虮虱，介胄被沾汗，以为万姓请命乎皇天。乃展民之所屈，振民之所乏，规亿载，恢帝业，七年之间而天下密如也。

【译文】主人说："从前有强秦，像封豕、窫窳一样残害士人百姓，凿齿之流互相磨牙争斗，豪杰像麋一样沸腾云一样纷扰，百姓因此不宁。于是上帝垂青高祖，高祖奉命，随斗极，运天关，跨大海，摇昆仑，提剑怒叱，攻城夺邑，战胜众将，一天的战斗，记不完全。如此勤苦，头发乱没空儿梳，饿了来不及吃饭，千鍪长了虮虱，甲胄上都是沾汗，来为万姓向皇天请命。于是伸展民屈，兴起百姓所缺少的，规划万年，恢复帝业，七年之间天下安宁。

“逮至圣文，随风乘流，方垂意于至宁，躬服节俭，绨衣不敝，革鞜不穿，大厦不居，木器无文。于是后宫贱瑇瑁而疏珠玑，却翡翠之饰，除雕琢之巧，恶丽靡而不近，斥芬芳而不御，抑止丝竹晏衍之乐，憎闻郑卫幼眇之声，是以玉衡正而太阶平也。

“其后熏鬻作虐，东夷横畔，羌戎睚眦，闽越相乱，遐氓为之不安，中国蒙被其难。于是圣武勃怒，爰整其旅，乃命骠、卫，纷纭沸渭，云合电发，飙腾波流，机骇蜂轶，疾如奔星，击如震霆，碎轒辒，破穹庐，脑沙幕，髓余吾。遂猎乎王庭。驱骆驼，烧熐蠡，分剺单于，磔裂属国，夷阬谷，拔卤莽，刊山石，蹂尸舆厮，系累老弱，吮铤瘢耆、金镞淫夷者数十万人，，皆稽颡树颔，扶服蛾伏，二十余年矣，尚不敢惕息。夫天兵四临，幽都先加，回戈邪指，南越相夷，靡节西征，羌僰东驰。是以遐方疏俗殊邻绝党之域，自上仁所不化，茂德所不绥，莫不跻足抗首，请献厥珍，使海内澹然，永无边城之灾，金革之患。

【译文】“到了圣文帝，随风乘浪，便着意在大宁，亲身节俭，绨衣不破就行，皮鞋不透就行，不住大厦，不雕木器，于是后宫不爱玳瑁珠玑，不佩饰翡翠，不做巧妙的雕刻，憎恨远离华丽奢侈，不用芬芳之物，禁奏丝竹宴乐之乐，不爱听郑卫深妙的乐声，所以玉衡端正太阶持平。“

之后熏鬻入侵，东夷叛乱，羌戎反目，闽越互扰，远民因此不安宁，中原遭受灾难。于是圣武大怒，整顿师旅，号令骠骑、卫青，奋然出击，如电闪云聚，风起云涌，如惊弩飞蜂，快似流星，击如雷霆，攻打轒辒，捣破毡帐，脑涂沙幕，髓入余吾。于是在王廷打猎。驱骆驼，烧熐蠡，离析单于，分裂属国，平坑谷，开草莽，削山石，踏尸收俘，捆系老弱，箭铤中马、金镞伤人数十万，都稽首竖颈，匍匐如蚁，二十多年了，仍不敢喘息。天兵临境，先到幽都，调戈斜指，南越平定，倒节西征，羌僰东奔。因此远方异俗隔绝的地方，自古仁化不及，不安于美德，没有不举足拱手，请求贡献珍宝，使海内安定，永无边防交战的灾患。

“今朝廷纯仁，遵道显义，并包书林，圣风云靡；英华沉浮，洋溢八区，普天所覆，莫不沾濡；士有不谈王道者则樵夫笑之。意者以为事罔隆而不杀，物靡盛而不亏，故平不肆险，安不忘危。乃时以有年出兵，整舆竦戎，振师五柞，习马长杨，简力狡兽，校武票禽。乃萃然登南山，瞰乌戈，西厌月窟，东震日域。又恐后代迷于一时之事，常以此为国家之大务，淫荒田猎，陵夷而不御也，是以车不安轫，日未靡旃，从者仿佛，委属而旋；亦所以奉太尊之烈，遵文武之度，复三王之田，反五帝之虞；使农不辍耰，工不下机，婚姻以时，男女莫违；出恺弟，行简易，矜劬劳，休力役；见百年，存孤弱，帅与之，同苦乐。然后陈钟鼓之乐，鸣鞀磬之和，建碣磍之虡，拮隔鸣球，掉八列之舞；酌允铄，肴乐胥，听庙中之雍雍，受神人之福祜；歌投颂，吹合雅。其勤若此，故真神之所劳也。万将俟元符，以禅梁父之基，增泰山之高，延光于将来，比荣乎往号，岂徒欲淫览浮观，驰骋杭稻之地，周流梨栗之林，蹂践刍荛，夸诩众庶，盛狖玃之收，多麋鹿之获哉！且盲者不见咫尺，而离娄烛千里之隅；客徒爱胡人之获我禽兽，曾不知我亦已获其王侯。”

【译文】“现在朝廷纯仁，遵道重义，兼容诸学，圣德浩荡；英华沉浮，洋溢四海，普天之下，无不润泽；如果有士不谈王道樵夫也笑话他。所以有人认为事物没有盛而不衰的，所以平安不忘危险。便时常在丰年出兵，整顿车兵，发兵五柞，在长杨习马，与猛兽角力，和轻禽比武。便群登南山，远望乌弋，西倾月窟，东震日域。又怕后代迷恋于一时快事，经常用这些取代国家大事，荒淫于田猎，持续不止，所以车轫未稳，日未移影，随从没看真切，便逶迤回还；也用来继太宗之业，遵文武之制，恢复三王的田猎，返归五帝的娱乐；使农民不停耕，工人不下机器，按时婚配，男女不乱；外出平和，行动简易，赏勤劳，免徭役；探望长者，抚恤孤弱，和他们共苦乐。然后设钟鼓之乐，奏鞀磬和声，竖勇武之虡，敲打玉磬，摇作八排舞蹈；饮信义，餐礼乐，听庙中雍雍之声，接受神人的福佑；歌吹合于《雅》《颂》。如此勤劳，所以真神勉励。便要等候符瑞，来禅梁文山基，增添泰山的威高，与往昔比光荣，延续于未来，难道只是肆意游览，驰骋于杭稻地，周游于梨栗林，践踏草木，炫于众人，多多收获狖玃麋鹿吗!况且盲人看不见咫尺近物，但离娄却洞悉千里远的角落；您只吝惜胡人得到我们的禽兽，并不知我们已经得到了他们的王侯。”

言未卒，墨客降席再拜稽首曰：“大哉体乎！允非小子之所能及也。乃今日发矇，廓然已昭矣！”

【译文】话没说完，墨客退席拜了两次稽首说：“识大体啊!确实不是我能比得上的。今天启发混沌，已非常清楚了!”

解嘲

哀帝时丁、傅、董贤用事，诸附离之者起家至二千石。时雄方草创《太玄》，有以自守，泊如也。人有嘲雄以玄之尚白，而雄解之，号曰《解嘲》。其辞曰：

【译文】哀帝时外戚掌权，附庸他们的人有的任官到二千石。当时扬雄正在起草《太玄》，用来自守淡泊。有人嘲笑雄用玄色崇尚白色，扬雄为此作出解释，名为《解嘲》。辞中说：

客嘲扬子曰："吾闻上世之士，人纲人纪，不生则已，生必上尊人君，下荣父母，析人之珪，儋人之爵，怀人之符，分人之禄，纡青拖紫，朱丹其毂。今吾子幸得遭盛明之世，处不讳之朝，与群贤同行，历金门上玉堂有日矣，曾不能画一奇，出一策，上说人主，下谈公卿。目如耀星，舌如电光，一从一横，论者莫当，顾默而作《太玄》五千文，枝叶扶疏，独说数十余万言，深者入黄泉，高者出苍天，大者含元气，细者入无闲，然而位不过侍郎，擢才给事黄门。意者玄得无尚白乎？何为官之拓落也？"

【译文】客人嘲笑扬子道："我听说上世的士人，他们立身处世的准则是，不出生则已，出生于世便向上尊崇国君，在下荣显父母，分别人的圭，受别人的爵，拥有别人的符节，分得别人的俸禄，身配青紫绶带，乘朱丹之车。现在您有幸遇到明盛之世，处在不必顾忌的朝廷，和众贤人同列，经过金门上到玉堂很长时间了，并不能策划一个奇谋，向上劝说君主，向下和公卿谈论。眼如明星，舌似电光，一纵一横，辩论者没人能抵挡，却作《太玄》五千字，枝叶分布，只解说十余万言，深的到黄泉，高的出苍天，大的涵元气，细的无可比，然而位不过侍郎，提升才到给事黄门。料想玄不能用来崇尚白色？为什么做官这么落拓呢？"

扬子笑而应之曰："客徒欲朱丹吾毂，不知一跌将赤吾之族也！往者周网解结，群鹿争逸，离为十二，合为六七，四分五剖，并为战国。士无常君，国无定臣，得士者富，失士者贫，矫翼厉翮，恣意所存，故士或自盛以橐，或凿坏以遁。是故邹衍以颉颃而取世资，孟轲虽连蹇，犹为万乘师。

【译文】扬子笑着回答说："您只想让我的车马华丽，不知道一失足将使我的家族流血！从前周朝纲废弛，诸侯纷争，分为十二，合为六七，四分五裂，并为战国。士人没有经常的君主，国家没有固定的大臣，得到士人的富，失去士人的穷，举翅而飞，随意栖止，所以士有的用袋子装上自己，有的凿墙逃跑。所以邹衍因上下不定而取得名望，孟轲虽遭遇艰难，仍为万乘之师。

"今大汉左东海，右渠搜，前番禺，后陶涂。东南一尉，西北一候。徽以纠墨，制以锧鈇，散以礼乐，风以《诗》《书》，旷以岁月，结以倚庐。是以天下之士，雷动云合，鱼鳞杂袭，咸营于八区，家家自以为稷契，人人自以为皋陶，戴縰垂缨而谈者皆拟于阿衡，五尺童子羞比晏婴与夷吾；当途者升青云，失路者委沟渠，旦握权则为卿相，夕失势则为匹夫；譬若江湖之崖，渤澥之岛，乘雁集不为之多，双凫飞不为之少。昔三仁去而殷墟，二老归而周炽，子胥死而吴亡，种、蠡存而越霸，五羖入而秦喜，乐毅出而燕惧，范雎以折摺而危穰侯，蔡泽以噤吟而笑唐举。故当其有事也，非萧、曹、子房、平、勃、樊、霍则不能安；当其无事也，章句之徒相与坐而守之，亦无所患。故世乱，则圣哲驰骛而不足；世治，则庸夫高枕而有余。

【译文】“现在大汉左有东海，右有渠搜，前有番禺，后有陶涂。东南有一尉，西北有一候。有罪者系于徽墨，更严重的用质鈇砍头，分播礼乐，教化《诗》《书》，建造学舍，岁月持久。天下士人，都像雷一样行动，像云一样聚合，鱼鳞重叠一般，都在八方经营，家家自以为稷契，人人自以为皋陶，头戴冠缨而谈论的人都自比阿衡，五尺童子羞与晏婴夷吾相比；路顺的高入青云，无路走的弃于沟渠，早晨掌权便是卿相，晚上失势就是匹夫；好比江湖小雀，渤澥小鸟，四雁聚集不算多，双凫飞翔不算少。从前三个仁人离开后殷虚弱，两位老人归依周便强盛，子胥死吴亡国，种、蠡在越称霸，五羖来秦高兴，乐毅走燕恐惧，范雎用折摺使穰侯危险，蔡泽以曲颐受唐举嘲笑。所以当天下发生动乱时，不是萧、曹、子房、平、勃、樊、霍便不能安定；当天下安定时，章句小儒一起坐着守卫，也没什么可怕的。所以世道动乱，便圣哲驱驰不够用；世道安定，便庸才高枕都有余。

“夫上世之士，或解缚而相，或释褐而傅；或倚夷门而笑，或横江潭而渔；或七十说而不遇，或立谈间而封侯；或枉千乘于陋巷，或拥篲而先驱。是以士颇得信其舌而奋其笔，窒隙蹈瑕而无所诎也。当今县令不请士，郡守不迎师，群卿不揖客，将相不俯眉；言奇者见疑，行殊者得辟，是以欲谈者卷舌而同声，欲步者拟足而投迹。向使上世之士处乎今，策非甲科，行非孝廉，举非方正，独可抗疏，时道是非，高得待诏，下触闻罢，又安得青紫？

【译文】“先代的士人，有的松了绑作相，有的脱了褐作傅，有的靠着夷门笑，有的横渡江潭打鱼；有的游说七十次不被用，有的站着谈话间被封侯；有的让千乘之君驾临陋巷，有的使国君拿着扫帚作前导。所以士人很能伸舌提笔，钻空塞隙没有止境。当今县令不请士人，郡守不迎老师，群卿不礼遇宾客，将相不低眉；谈怪事的被怀疑，行为怪的被治罪，所以想谈论的人曲舌不作声，想行路的犹豫止步。若使先代的士人处在今天，对策不是甲科，行为不是孝廉，举止不是方正，只能上疏，时常评论是非，好的等待诏书，差的报闻被免职，又怎能披挂青紫？

“且吾闻之，炎炎者灭，隆隆者绝；观雷观火，为盈为实，天收其声，地藏其热。高明之家，鬼瞰其室。攫拏者亡，默默者存；位极者高危，自守者身全。是故知玄知默，守道之极；爰清爰静，游神之庭；惟寂惟漠，守德之宅。世异事变，人道不殊，彼我易时，未知何如。今子乃以鸱枭而笑凤皇，执蝘蜓而嘲龟龙，不亦病乎！子之笑我玄之尚白，吾亦笑子病甚，不遇俞跗、与扁鹊也，悲夫！”

【译文】“并且我听说，火光炽盛终要熄灭，雷声轰轰终至消绝；看雷看火，认为充实，天收拢其声音，地藏起其热量。高大明亮的家，鬼偷看他的屋子。争权夺势的灭亡，默默无闻的生存；位高的祖先危险，自守的保全身体，所以知道玄默，是守道的顶点；能够清静，在神廷游览；寂寞淡泊，是守德之家。世事变化，人道不变，我和他换了时候，就不知会怎样。现在您用鸱枭笑话凤凰，拿着蝘蜓嘲笑龟龙，不是很错误吗!您徒然笑我用玄崇尚白，我也笑您病得厉害，却碰不上俞跗、扁鹊，可悲啊!”

客曰：“然则靡《玄》无所成名乎？范、蔡以下何必《玄》哉？”

【译文】客人说：“那么没有《玄》就不能成名吗？范、蔡以下何必要用《玄》呢？”

扬子曰：“范雎，魏之亡命也，折胁拉髂，免于徽索，胁肩蹈背，扶服入橐，激昂万乘之主，介泾阳抵穰侯而代之，当也。蔡泽，山东之匹夫也，顩颐折頞，涕唾流沫，西揖强秦之相，扼其咽，而亢其气，拊其背而夺其位，时也。天下已定，金革已平，都于洛阳，娄敬委辂脱輓，掉三寸之舌，建不拔之策，举中国徙之长安，适也。五帝垂典，三王传礼，百世不易，叔孙通起于枹鼓之间，解甲投戈，遂作君臣之仪，得也。《吕刑》靡敝，秦法酷烈，圣汉权制，而萧何造律，宜也。故有造萧何律于唐虞之世，则悖矣；有作叔孙通仪于夏殷之时，则惑矣；有建娄敬之策于成周之世，则悂矣；有谈范、蔡之说于金、张、许、史之间，则狂矣。夫萧规曹随，留侯画策，陈平出奇，功若泰山，响若坻隤，虽其人之赡智哉，亦会其时之可为也。故为可为于可为之时，则从；为不可为于不可为之时；则凶。夫蔺生收功于章台，四皓采荣于南山，公孙创业于金马，骠骑发迹于祁连，司马长卿窃赀于卓氏，东方朔割炙于细君。仆诚不能与此数公者并，故默然独守吾《太玄》。”

【译文】扬子说：“范雎，魏的亡命徒，折胁拉髂，免于入狱，收肩踏背，被扶入袋中，用才智打动万乘之君，离间泾阳抵制穰侯而代替他，是合时啊。蔡泽，山东的平民，曲颐折鼻，泪唾横流，向西揖拜强秦之相，扼其咽喉，绝其气，附在其背上夺其位，碰对了时候。天下已平定，武器已收起，建都洛阳，娄敬弃辖解輓，转动三寸之舌，建议牢固的策略，从中原迁到长安，是适当啊。五帝传典，三王传礼，百世不变，叔孙通起家于袍鼓之间，解甲丢戈，便制作君臣仪法，为得当。《吕刑》散乱，秦法苛酷，圣汉改制，萧何定法，为适宜。所以有制定萧何律于唐虞之世，就会违理；有制作叔孙通仪法于夏殷时，便会迷惑；有建议娄敬策略于成周时，便是错谬；有谈论范、蔡之说于金、张、许、史之间，便是疯狂。萧规曹随，留侯策划，陈平奇谋，功比泰山，响似山崩，是那些人多智吗？也是他们遇到的时候可有作为。所以在可做的时候做可做的事，便如愿；在不可做的时候做不可做的事，就不吉利。蔺先生在章台立功，四皓在南山得名，公孙在金马创业，骠骑在祁连发迹，司马长卿挑引卓氏而致巨资，东方朔给捆君割肉而感动皇帝。我实在不能和这些人相提，所以默然独守我的《太玄》。”

解难

客难扬子曰：“凡著书者，为众人之所好也，美味期乎合口，工声调于比耳。今吾子乃抗辞幽说，闳意眇指，独驰骋于有亡之际，而陶冶大鑪，旁薄群生，历览者兹年矣，而殊不寤。亶费精神于此，而烦学者于彼，譬画者画于无形，絃者放于无声，殆不可乎？”

【译文】客人责怪扬子说：“凡是著书的，都要迎合众人的爱好，美味希望它合口，妙声美在悦耳。现在您高辞深说，广意微指，独自驰骋在有无之间，陶制大炉，纷绘群生，阅览过一年了，仍很不懂。只是在这里费精神，在那里使学者麻烦，好比画家画在无形之上，弹琴的依照无声，大概不行吧？”

扬子曰：“俞。若夫闳言崇议，幽微之途，盖难与览者同也。昔人有观象于天，视度于地，察法于人者，天丽且弥，地普而深，昔人之辞，乃玉乃金。彼岂好为艰难哉？势不得已也。独不见夫翠虬绛螭之将登乎天，必耸身于苍梧之渊；不阶浮云，翼疾风，虚举而上升，则不能撠胶葛，腾九闳。日月之经不千里，则不能烛六合，耀八纮；泰山之高不嶕峣，则不能浡滃云而散歊烝。是以宓羲氏之作《易》也，绵络天地，经以八卦，文王附六爻，孔子错其象而彖其辞，然后发天地之藏，定万物之基。《典》《谟》之篇，《雅》《颂》之声，不温纯深润，则不足以扬鸿烈而章缉熙。盖胥靡为宰，寂寞为尸；大味必淡，大音必希；大语叫叫，大道低回。是以声之眇者不可同于众人之耳，形之美者不可混于世俗之目，辞之衍者不可同于庸人之听。今夫絃者，高张急徽，追趋逐耆，则坐者不期而附矣；试为之施《咸池》，揄六茎，发《箫韶》，咏九成，则莫有和也。是故钟期死，伯牙绝絃破琴而不肯与众鼓；獿人亡，则匠石辍斤而不敢妄斫。师旷之调钟，竢知音者之在后也；孔子作《春秋》，几君子之前睹也。老聃有遗言，贵知我者希，此非其操欤！”

【译文】扬子说：“对。至于高言大论，幽微之道，大概难和读者相同。从前有人观天象，察地度，审人法，天显著广大，地大而深厚，前人的话，是金是玉。他难道是喜欢故作艰难吗？情势不得已啊。难道没见翠虬绛螭将要登天，一定要耸身到苍梧之深渊；不凭浮云，藉疾风，空举而上升，便不能到达辽阔，飞升九闳。日月不行千里，便不能照六合，亮八紘；泰山不高耸入云，便不能聚集浮云而散发浮气。所以伏羲氏作《易》，联络天地，统以八卦，文王附着六爻，孔子杂错卦象作彖辞，然后发挥天地之善，定下万物的基础。《典》《谟》篇章，《雅》《颂》之声，不温润纯深，便不足以发扬鸿业彰显光明。所以用虚无来主事，以寂寞为原则：最好的味道一定平淡，最好的声音一定稀微；至大的话传得远，大道纡曲。所以美妙的声音不能被众人的耳朵认可，美丽的形象不能让世俗觉得悦目，幽远的言辞庸人认为不中听。现在弹琴，声调高急，迎合众好，那么大家就不期而至；如果弹奏《咸池》《六茎》《箫韶》《九成》，便没人应和了。所以钟期死了，伯牙就弄破琴拉断弦不肯再给众人演奏，获人死了，匠石就扔掉斧子不敢轻易砍东西。师旷调钟，要等知音在才进行；孔子作《春秋》，期望君子能够先读。老聃有遗言，以理解我的人少为贵，这不是他的节操吗！”

反离骚

有周氏之婵嫣兮，或鼻祖于汾隅，灵宗初谍伯侨兮，流于末之扬侯。淑周楚之丰烈兮，超既离乎皇波，因江潭而淮记兮，钦吊楚之湘累。

【译文】和有周氏亲连啊，起源于汾畔，神灵的后代从伯侨开始叙谱，发展到末代的扬侯。经历了江河的大波，得到周楚的美烈，沿着江边投下吊文，敬悼楚投湘的无罪死臣。

惟天轨之不辟兮，何纯洁而离纷纷累以其洟涊兮，暗累以其缤纷。

【译文】天路不开啊，为何纯洁而遭难！秽浊不光明的东西交杂纷乱。

汉十世之阳朔兮，招摇纪于周正，正皇天之清则兮，度后土之方贞。图累承彼洪族兮，又览累之昌辞，带钩矩而佩衡兮，履欃枪以为綦。累初贮厥丽服兮，何文肆而质䪞！资娵娃之珍髢兮，鬻九戎而索赖。

【译文】汉经十代到了阳朔，招摇纪时为周正月，取法于皇天的清明和大地的周正。想到你是贵族之后，又看到你的美好的文辞，佩带着规矩和衡器，踩着妖星的足迹。平素身穿美衣，为何文采纵横却性情狭隘！身有娵娃的美发，却卖到九戎去求利。

凤皇翔于蓬陼兮，岂驾鹅之能捷！骋骅骝以曲艰兮，驴骡连蹇而齐足。枳棘之榛榛兮，蝯貁拟而不敢下，灵修既信椒、兰之唼佞兮，吾累忽焉而不蚤睹？

【译文】凤凰在蓬壁飞翔，哪里是驾鹅赶得上的！骋骅骝跑在曲折险阻中，便艰难与驴骡齐步。枳棘脏乱，猿狖担心不敢下去，楚王既然相信椒兰的谗言，你为何不早察觉？

衿芰荷之绿衣兮，被夫容之朱裳，芳酷烈而莫闻兮，固不如襞而幽之离房。闺中容竞淖约兮，相态以丽佳，知众嫭之嫉妒兮，何必扬累之蛾眉？

【译文】穿着芰茄的绿衣，披着芙蓉的朱裳，芳香浓烈没人闻到，不如叠好放在别的屋中。女子们比赛容姿绰约，互相以佳丽之态争比，知道美女们的嫉妒，你何必皱起娥眉？

懿神龙之渊潜兮，竢庆云而将举，亡春风之被离兮，孰焉知龙之所处？愍吾累之众芬兮，扬烨烨之芳苓，遭季夏之凝霜兮，庆夭顇而丧荣。

【译文】美好的神龙潜伏深渊，等待云起而腾飞，没有春风纷扬，谁知龙的所在？可叹你多芬芳，飘散光盛的香苓，遭到季夏的冷霜，夭折而失去了美丽。

横江、湘以南湝兮，云走乎彼苍吾，驰江潭之汎滥兮，将折衷乎重华。舒中情之烦或兮，恐重华之不累与，陵阳侯之素波兮，岂吾累之独见许？

【译文】渡过辽、迪往南，到那苍吾，乘着辽潭的浮波，向重华讨个公正。诉说心中的烦恼，怕重华不向着你，乘着阳侯的白浪，难道单会赞许你？

精琼靡与秋菊兮，将以延夫天年；临汨罗而自陨兮，恐日薄于西山。解扶桑之总辔兮，纵令之遂奔驰，鸾皇腾而不属兮，岂独飞廉与云师！

【译文】细琼屑和秋菊，要用来长享天年，面对汨罗江自沉，怕日落西山。解开扶桑的车辔，让它放纵奔驰，鸾皇飞腾都赶不上，不只是盈庆和丰面！

卷薜芷与若蕙兮，临湘兮而投之；棍申椒与菌桂渊，赴江湖而沤之。费椒稰以要神兮，又勤索彼琼茅，违灵氛而不从兮，反湛身于江皋！

【译文】卷起薜芷和若蕙，投入湘底；大把的申椒和菌桂，淹没于江湖。用椒稰请神，又找到很多琼茅，不听从灵氛的占卜，却在江畔投水身亡！

累既攀夫傅说兮，奚不信而遂行？徒恐鶗鴂之将鸣兮，顾先百草为不芳！

【译文】你既仰慕傅说，为何不真的实行？徒然担心杜鹃要叫，却在百草之前不芬芳！

初累弃彼宓妃兮，更思瑶台之逸女，抨雄鸩以作媒兮，何百离而曾不一耦！乘云蜺之旖旎兮，望昆仑以樛流，览四荒而顾怀兮，奚必云女彼高丘？

【译文】原来你抛弃了处妃，又想瑶台的美女，叫雄鸩来作媒，为何多次离去一个也配不上！乘着旖旎的云霓，向昆仑周游，放眼四方而感怀，何必非在高丘做官？

既亡鸾车之幽蔼兮，焉驾八龙之委蛇？临江濒而掩涕兮，何有《九招》》与《九歌》？夫圣哲之不遭兮，固时命之所有；虽增欷以于邑兮，吾恐灵修之不累改。昔仲尼之去鲁兮，斐斐迟迟而周迈，终回复于旧都兮，何必湘渊与涛濑！溷渔父之餔歠兮，洁沐浴之振衣，弃由、聃之所珍兮，蹠彭咸之所遗！

【译文】既没有盛美的鸾车，又怎驾委蛇的八龙？对着江畔抹泪，又怎么有《九招》和《九歌》？圣哲的遭遇，本是天时和命运；虽常唏嘘感叹，怕灵修也不因你而改变。从前仲尼离开鲁，来来往往周游，最终回到旧国，何必非投身湘底激流！以为渔父吃糟喝腌污浊，自己沐浴后抖去衣尘纯洁，丢掉由、骄所珍重的，重蹈彭咸的覆辙！

韩 愈

唐昌黎人，字退之，三岁而孤，嫂郑鞠之。贞观中擢进士第，张建封辟为府推官，调四门博士，迁监察御史，上疏极论宫市，贬山阳令，元和中复为博士。宪宗将平蔡，命裴度宣慰淮西，奏愈行军司马，愈请乘遽入汴，说韩弘使协力，元济平，迁刑部侍郎。宪宗遣使往凤翔迎佛骨入禁中，愈上表极谏，贬潮州刺史，改袁州，诏拜国子祭酒，转兵部侍郎。镇州王庭凑乱，诏愈宣抚之，归转吏部侍郎，卒年五十七。谥文。愈性明锐，尽通六经百家之说，以攘斥佛老为己任，论者方之孟子之辟杨墨。文章闳中肆外，佐佑六经，一扫魏晋以来骈俪之弊，而返之于周汉。宋苏轼称之曰：文起八代之衰，道济天下之溺，故其所作遂为后世学古文者之正宗，有《昌黎先生集》。

【译文】唐朝昌黎人，字退之。他三岁时丧父，由嫂嫂郑氏抚养。贞观年间提升为进士，张建封召为推官，后调至京师任四门博士，又升为监察御史，因上疏极力论及宫市的弊端，被贬为山阳令。元和年间，再次担任博士。唐宪宗平定蔡州，命令裴度视察淮西地区，韩愈担任行军司马，韩愈就快速到汴州，说服韩弘同心协力，平定吴元济后，升为刑部侍郎。宪宗时遣使往凤翔迎取佛骨在宫中供奉，韩愈上表极力劝谏，被贬为潮州刺史，又改为袁州，后授国子祭酒一职，转任兵部侍郎。镇州王庭凑叛乱，他前往宣抚，回来后任吏部侍郎，五十七岁去世，谥号为文。韩愈性情聪明锐敏，博通六经和诸子百家之说，以排斥佛老为己任，谈论者将此比作孟子排斥杨朱和墨子。韩愈文章内容丰富，文笔淋漓尽致，有助于六经，一扫魏晋以来骈文的弊端，而回归于周、汉。宋代苏轼称赞道：他的文章振兴了八代的衰颓，大道拯救了天下陷于佛老的弊病。因此他的文章为后世学习写古文的人的正宗，著作有《昌黎先生集》。

原 道

博爱之谓仁，行而宜之之谓义；由是而之焉之谓道，足乎己无待于外之谓德。仁与义为定名，道与德为虚位。故道有君子小人，而德有凶有吉。老子之小仁义，非毁之也，其见者小也。坐井而观天，曰天小者，非天小也。彼以煦煦为仁，孑孑为义，其小之也则宜。其所谓道，道其所道，非吾所谓道也；其所谓德，德其所德，非吾所谓德也。凡吾所谓道德云者，合仁与义言之也，天下之公言也。老子之所谓道德云者，去仁与义言之也，一人之私言也。

周道衰，孔子没，火于秦，黄、老于汉，佛于晋、魏、梁、隋之间。其言道德仁义者，不入于杨，则入于墨；不入于老，则入于佛。入于彼，必出于此。入者主之，出者奴之；入者附之，出者汙之。噫！后之人其欲闻仁义道德之说，孰从而听之？老者曰："孔子，吾师之弟子也。"佛者曰："孔子，吾师之弟子也。"为孔子者，习闻其说，乐其诞而自小也，亦曰："吾师亦尝师之云尔。"不惟举之于其口，而又笔之于其书。噫！后之人虽欲闻仁义道德之说，其孰从而求之？甚矣，人之好怪也！不求其端，不讯其末，惟怪之欲闻。古之为民者四，今之为民者六；古之教者处其一，今之教者处其三。农之家一，而食粟之家六；工之家一，而用器之家六；贾之家一，而资焉之家六；奈之何民不穷且盗也！

古之时，人之害多矣。有圣人者立，然后教之以相生养之道。为之君，为之师，驱其虫蛇禽兽，而处之中土。寒然后为之衣，饥然后为之食。木处而颠，土处而病也，然后为之宫室。为之工以赡其器用，为之贾以通其有无，为之医药以济其夭死，为之葬埋祭祀以长其恩爱，为之礼以次其先后，为之乐以宣其湮郁，为之政以率其怠倦，为之刑以锄其强梗。相欺也，为之符玺斗斛权衡以信之，相夺也，为之城郭甲兵以守之。害至而为之备，患生而为之防。今其言曰："圣人不死，大盗不止；剖斗折衡，而民不争。"呜呼，其亦不思而已矣！如古之无圣人，人之类灭久矣。何也？无羽毛鳞介以居寒热也，无爪牙以争食也。是故君者，出令者也；臣者，行君之令而致之民者也；民者，出粟米麻丝、作器皿、通货财，以事其上者也。君不出令，则失其所以为君；臣不行君之令而致之民，则失去其所以为臣，民不出粟米麻丝、作器皿、通货财，以事其上，则诛。今其法曰："必弃而君臣，去而父子，禁而相生养之道。"以求其所谓清净寂灭者。呜呼！其亦幸而出于三代之后，不见黜于禹、汤、文、武、周公、孔子也；其亦不幸而不出于三代之前，不见正于禹、汤、文、武、周公、孔子也。

帝之与王，其号虽殊，其所以为圣一也。夏葛而冬裘，渴饮而饥食，其事虽殊，其所以为智一也。今其言曰："曷不为太古之无事？"是亦责冬之裘者曰："曷不为葛之之易也？"责饥之食者曰："曷不为饮之之易也？"《传》曰："古之欲明明德于天下者，先治其国；欲治其国者，先齐其家；欲齐其家者，先修其身；欲修其身者，先正其心；欲正其心者，先诚其意。"然则古之所谓正心而诚意者，将以有为也。今也欲治其心，而外天下国家，灭其天常，子焉而不父其父，臣焉而不君其君，民焉而不事其事。孔子之作《春秋》也，诸侯用夷礼则夷之，进于中国则中国之。《经》曰："夷狄之有君，不如诸夏之亡也。”《诗》曰：“戎狄是膺，荆舒是惩。”今也举夷狄之法，而加之先王之教之上，几何其不胥而为夷也！

夫所谓先王之教者，何也？博爱之谓仁，行而宜之谓义，由是而之焉之谓道，足乎己无待于外之谓德。其文，《诗》《书》《易》《春秋》；其法，礼、乐、刑、政；其民，士、农、工、商；其位，君臣、父子、师友、宾主、昆弟、夫妇；其服，麻丝；其居，宫室；其食，粟米、果蔬、鱼肉。其为道易明，而其为教易行也。是故以之为己，则顺而祥；以之为人，则爱而公；以之为心，则和而平；以之为天下国家，无所处而不当。是故生则得其情，死则尽其常，郊焉而天神假，庙焉而人鬼飨。曰：“斯道也，何道也？”曰：“斯吾所谓道也，非向所谓老与佛之道也。”尧以是传之舜，舜以是传之禹，禹以是传之汤，汤以是传之文、武、周公，文、武、周公传之孔子，孔子传之孟轲。轲之死，不得其传焉。荀与扬也，择焉而不精，语焉而不详。由周公而上，上而为君，故其事行；由周公而下，下而为臣，故其说长。

然则如之何而可也？曰：“不塞不流，不止不行。人其人，火其书，庐其居，明先王之道以道之，鳏寡孤独废疾者有养也。其亦庶乎其可也。”

【译文】博爱叫做仁，合宜于仁的行为叫做义，从仁义再向前去的叫做道，自身具有而不依赖外界的叫做德。仁和义是意义确定的名词，道和德是意义不确定的名词，所以道有君子之道和小人之道，而德有吉德和凶德。老子轻视仁义，并不是诋毁仁义，而是由于他的观念狭小，好比坐在井里看天的人，说天很小，其实天并不小。老子把小恩小惠认为仁，把谨小慎微认为义，他轻视仁义就是很自然的了。老子所说的道，是把他观念里的道当作道，不是我所说的道。他所说的德，是把他观念里的德当作德，不是我所说的德。凡是我所说的道德，都是结合仁和义说的，是天下的公论。老子所说的道德，是抛开了仁和义说的，只是他一个人的说法。

自从周道衰落，孔子去世以后，秦始皇焚烧诗书，黄老学说盛行于汉代，佛教盛行于晋、魏、梁、隋之间。那时谈论道德仁义的人，不归入杨朱学派，就归入墨翟学派；不归入道学，就归入佛学。归入了那一家，必然轻视另外一家。尊崇所归入的学派，就贬低所反对的学派；依附归入的学派，就污蔑反对的学派。唉！后世的人想知道仁义道德的学说，到底听从谁的呢？道家说：“孔子是我们老师的学生。”佛家也说：“孔子是我们老师的学生。”研究孔学的人，听惯了他们的话，乐于接受他们的荒诞言论而轻视自己，也说“我们的老师曾向他们学习”这一类话。不仅在口头说，而且又把它写在书上。唉！后世的人即使要想知道关于仁义道德的学说，又该向谁去请教呢？

人们喜欢听怪诞的言论真是太过分了！他们不探求事情的起源，不考察事情的结果，只喜欢听怪诞的言论。古代的人民只有四类，今天的人民有了六类。古代负有教育人民的任务的，只占四类中的一类，今天却有三类。务农的一家，要供应六家的粮食；务工的一家，要供应六家的器用；经商的一家，依靠他服务的有六家。又怎么能使人民不因穷困而去偷盗呢？

古时候，人民的灾害很多。有圣人出来，才教给人民以相生相养的生活方法，做他们的君王或老师。驱走那些蛇虫禽兽，把人们安顿在中原。天冷就教他们做衣裳，饿了就教他们种庄稼。栖息在树木上容易掉下来，住在洞穴里容易生病，于是就教导他们建造房屋。又教导他们做工匠，供应人民的生活用具；教导他们经营商业，调剂货物有无；发明医药，以拯救那些短命而死的人；制定葬埋祭祀的制度，以增进人与人之间的恩爱感情；制定礼节，以分别尊卑秩序；制作音乐，以宣泄人们心中的郁闷；制定政令，以督促那些怠惰懒散的人；制定刑罚，以铲除那些强暴之徒。因为有人弄虚作假，于是又制作符节、印玺、斗斛、秤尺，作为凭信。因为有争夺抢劫的事，于是设置了城池、盔甲、兵器来守卫家国。总之，灾害来了就设法防备；祸患将要发生，就及早预防。现在道家却说："如果圣人不死，大盗就不会停止。只要砸烂斗斛、折断秤尺，人民就不会争夺了。"唉！这都是没有经过思考的话罢了。如果古代没有圣人，人类早就灭亡了。为什么呢？因为人们没有羽毛鳞甲以适应严寒酷暑，也没有强硬的爪牙来夺取食物。

因此说，君王，是发布命令的；臣子，是执行君王的命令并且实施到百姓身上的；百姓，是生产粮食、丝麻，制作器物，交流商品，来供奉在上统治的人的。君王不发布命令，就丧失了作为君王的权力；臣子不执行君王的命令并且实施到百姓身上，就失去了作为臣子的职责；百姓不生产粮食、丝麻、制作器物、交流商品来供应在上统治的人，就应该受到惩罚。现在佛家却说，一定要抛弃你们的君臣关系，消除你们的父子关系，禁止你们相生相养的办法，以便追求那些所谓清净寂灭的境界。唉呀！他们也幸而出生在三代之后，没有被夏禹、商汤、周文王、周武王、周公、孔子所贬斥。他们又不幸而没有出生在三代以前，没有受到夏禹、商汤、周文王、周武王、周公、孔子的教导。

五帝与三王，他们的名号虽然不同，但他们之所以成为圣人的原因是相同的。夏天穿葛衣，冬天穿皮衣，渴了要喝水，饿了要吃饭，这些事情虽然各不相同，但它们同样是人类的智慧。现在道家却说："为什么不实行远古的无为而治呢？"这就好像怪人们在冬天穿皮衣："为什么你不穿简便的葛衣呢"或者怪人们饿了要吃饭："为什么不光喝水，岂不简单得多！"《礼记》说："在古代，想要发扬他的光辉道德于天下的人，一定要先治理好他的国家；要治理好他的国家，一定要先整顿好他的家庭；要整顿好他的家庭，必须先进行自身的修养；要进行自我修养，必须先端正自己的思想；要端正自己的思想，必须先使自己具有诚意。"可见古人所谓正心和诚意，都是为了要有所作为。现在那些修心养性的人，却想抛开天下国家，灭绝天性，做儿子的不把他的父亲当作父亲，做臣子的不把他的君上当作君上，做百姓的不做他们该做的事。孔子作《春秋》，对于采用夷狄礼俗的诸侯，就把他们列入夷狄；对于采用中原礼俗的诸侯，就承认他们是中国人。《论语》说："夷狄虽然有君主，还不如中国的没有君主。"《诗经》说："夷狄应当攻击，荆舒应当惩罚。"现在，却尊崇夷礼之法，把它抬高到先王的政教之上，那么我们不是全都要沦为夷狄了?

我所谓先王的政教，是什么呢?就是博爱即称之为仁，合乎仁的行为即称为义。从仁义再向前进就是道。自身具有而不依赖外界的叫做德。讲仁义道德的书有《诗经》《尚书》《易经》和《春秋》。体现仁义道德的法式就是礼仪、音乐、刑法、政令。它们教育的人民是士、农、工、商，它们的伦理次序是君臣、父子、师友、宾主、兄弟、夫妇，它们的衣服是麻布丝绸，它们的居处是房屋，它们的食物是粮食、瓜果、蔬菜、鱼肉。它们作为理论是很容易明白的，它们作为教育是很容易推行的。所以，用它们来教育自己，就能和顺吉祥；用它们来对待别人，就能做到博爱公正；用它们来修养内心，就能平和而宁静；用它们来治理天下国家，就没有不适当的地方。因此，人活着就能感受到人与人之间的情谊，死了就是结束了自然的常态。祭天则天神降临，祭祖则祖先的灵魂来享用。有人问："你这个道，是什么道呀?"我说："这是我所说的道，不是刚才所说。这个道是从尧传给舜，舜传给禹，禹传给汤，汤传给文王、武王、周公，文王、武王、周公传给孔子，孔子传给孟轲，孟轲死后，没有继承的人。只有荀卿和扬雄，从中选取过一些但选得不精，论述过一些但并不全面。从周公以上，继承的都是在上做君王的，所以儒道能够实行；从周公以下，继承的都是在下做臣子的，所以他们的学说能够流传。

那么，怎么办才能使儒道获得实行呢?我以为：不堵塞佛老之道，儒道就不得流传；不禁止佛老之道，儒道就不能推行。必须把和尚、道士还俗为民，烧掉佛经道书，把佛寺、道观变成民房。阐明先王的儒道以教导人民，使鳏夫、寡妇、孤儿、老人、残废人、病人都能生活，这样做也就差不多了。"

原性

性也者，与生俱生也；情也者，接于物而生也。性之品有三，而其所以为性者五；情之品有三，而其所以为情者七。曰何也?曰性之品有上中下三：上焉者，善焉而已矣；中焉者，可导而上下也；下焉者，恶焉而已矣。其所以为性者五：曰仁、曰礼、曰信、曰义、曰智。上焉者之于五也，主于一而行于四；中焉者之于五也，一不少有焉，则少反焉，其于四也混；下焉者之于五也，反于一而悖于四。性之于情视其品。情之品有上中下三，其所以为情者七：曰喜、曰怒、曰哀、曰惧、曰爱、曰恶、曰欲。上焉者之于七也，动而处其中；中焉者之于七也，有所甚，有所亡，然而求合其中者也；下焉者之于七也，亡与甚，直情而行者也。情之于性视其品。

孟子之言性，曰人之性善；荀子之言性，曰人之性恶；杨子之言性，曰人之性善恶混。夫始善而进恶，与始恶而进善，与始也混而今也善恶，皆举其中而遗其上下者也，得其一而失其二者也。叔鱼之生也，其母视之，知其必以贿死；扬食我之生也，叔向之母闻其号也，知必灭其宗；越椒之生也，子文以为大戚，知若敖氏之鬼不食也，人之性果善乎？后稷之生也，其母无灾，其始匍匐也，则岐岐然，嶷嶷然；文王之在母也，母不忧，既生也，傅不勤，既学也，师不烦，人之性果恶乎？尧之朱，舜之均，文王之管、蔡，习非不善也，而卒为奸；瞽叟之舜，鲧之禹，习非不恶也，而卒为圣，人之性善恶果混乎？故曰三子之言性也，举其中而遗其上下者也，得其一而失其二者也。曰然则性之上下者，其终不可移乎？曰上之性，就学而愈明；下之性，畏威而寡罪，是故上者可教，而下者可制也。其品则孔子谓不移也。

曰今之言性者异于此，何也？曰今之言者，杂佛老而言也。杂佛老而言也者，奚言而不异？

【译文】性就是与生俱来的，情是和外物接触后产生的。性的等级有三种，而性的内容有五种。情的等级也有三种，而情的内容有七种。这些都是什么呢？性的等级有上中下三种，上品就是善的，中品就是可善可不善的，下品就是恶的。性的五方面的内容是仁、礼、信、义、智。上品之性对于这五方面的内容，以仁礼信义智五德中之一德为主，通于其余四德。中品之性，于五者之中，其一者或偏少或偏多，其余四者亦杂而不纯。下品之性于五者之一相反，于其余四者相悖违。人性对人情的影响，视其品类而定。有七种，就是喜、怒、哀、惧、爱、恶、欲。上品之情对于这七方面内容，接触外物就能够适得其中；中品之情对于这七方面内容，有时超过了，有时不及，但是能够做到适得其中；下品之情对于这七方面内容，或是丧失或是远远超出，由着本情而作。人情对于人性的影响，视其品类而定。

孟子谈论性，以为人的本性是善的；荀子谈论性，以为人的本性是恶的；扬雄谈论性，以为人的本性有善有恶。开始是善的后来变为恶的，和开始是恶的后来变为善的，和开始是善恶混杂而现今有善也有恶，都是看到了性的中品而漏掉了上品和下品，得到了一种情况而失去了两种情况。叔鱼刚生下来，他母亲观察他，就知道他将来必定因贿赂而死；扬食我初生下来，他的祖母听见他的哭声，就知道他将来必有灭族之祸；越椒初生下来，子文认为他是本族人的大患，知道若敖族会因他而被灭族。由此看来，人性真的是善良吗？后稷初生下来，其母平安无灾。他生下来就会爬行，不久就能结实而挺拔地站立起来；周文王在其母腹中之时，其母没有忧虑。他出生之后，保姆不用操心。他上学之后，老师没有烦恼。由此看来，人性真的邪恶吗？尧的儿子丹朱，舜的儿子商均，周文王的儿子管叔鲜、蔡叔度。他们接触的环境不能说不好，而他们最终都成为奸诈邪恶之人；瞽叟的儿子舜，鲧的儿子禹，他们接触的环境不能说不坏，而他们最终却成为圣人。由此看来，人性之善恶真的是混在一起的吗？所以说，孟子、荀子和扬雄三位谈论人性，都是举出其中品而遗漏了其上下二品、得其一而失其二的说法。有人问：既然如此，那么人性中的上品和下品，其最终都是不可改变的吗？回答是这样的：上品人性，后天再通过学习而更加圣明；下品人性，惧怕刑罚之威猛而很少犯罪。所以，上品人性者可以教育，下品人性者可以制服，其上下品类孔子认为是不可改变的。

有人问：如今谈论人性的人，观点与此不同，其原因何在呢？回答说：今天谈论人性的人，都是杂糅了佛老思想而谈论人性；杂入佛老思想而谈人性，有什么话会不相异呢！

师说

古之学者必有师。师者，所以传道受业解惑也。人非生而知之者，孰能无惑？惑而不从师，其为惑也，终不解矣。生乎吾前，其闻道也固先乎吾，吾从而师之；生乎吾后，其闻道也亦先乎吾，吾从而师之。吾师道也，夫庸知其年之先后生于吾乎？是故无贵无贱，无长无少，道之所存，师之所存也。

嗟乎！师道之不传也久矣！欲人之无惑也难矣！古之圣人，其出人也远矣，犹且从师而问焉；今之众人，其下圣人也亦远矣，而耻学于师。是故圣益圣，愚益愚。圣人之所以为圣，愚人之所以为愚，其皆出于此乎！爱其子，择师而教之；于其身也，则耻师焉，惑矣。彼童子之师，授之书而习其句读者，非吾所谓传其道解其惑者也。句读之不知，惑之不解，或师焉，或不焉，小学而大遗，吾未见其明也。巫医乐师百工之人，不耻相师。士大夫之族，曰师曰弟子云者，则群聚而笑之。问之，则曰：“彼与彼年相若也，道相似也。位卑则足羞，官盛则近谀。”呜呼！师道之不复，可知矣。巫医乐师百工之人，君子不齿，今其智乃反不能及，其可怪也欤！

圣人无常师。孔子师郯子、苌弘、师襄、老聃。郯子之徒，其贤不及孔子。孔子曰：三人行，则必有我师。是故弟子不必不如师，师不必贤于弟子，闻道有先后，术业有专攻，如是而已。

李氏子蟠，年十七，好古文，六艺经传皆通习之，不拘于时，学于余。余嘉其能行古道，作《师说》以贻之。

【译文】古代求学的人一定有老师。老师是传授道理，教授学业，解决疑难问题的人。人不是生下来就懂得道理的，谁能没有疑惑？有疑惑却不跟从老师学习，他所存在的疑惑，就始终不能解决。在我之前出生的人，他懂得道理本来就比我早，我跟从他，拜他为师；在我之后出生的人，他懂得道理如果也比我早，我也跟从他学习，把他当作老师，我学习的是道理，哪里管他的年龄比我大还是比我小呢？因此，不论地位显贵还是地位低下，不论年长年少，道理存在的地方，就是老师存在的地方。

唉！从师学习的风尚没有流传已经很久了，想要人们没有疑惑很难呐！古代的圣人，他们超过一般人很远了，尚且跟从老师向老师请教；现在的一般人，他们跟圣人相比相差很远了，却以向老师学为羞耻。所以圣人就更加圣明，愚人就更加愚昧。圣人之所以成为圣人，愚人之所以成为愚人，大概都是这个原因引起的吧！

众人喜爱他们的孩子，选择老师教育孩子；他们自己呢，却以从师学习为耻，这真是糊涂啊！那孩子的老师，教他们读书，学习书中的文句，并不是我所说的给人传授道理，给人解释疑惑的老师。不理解文句，疑惑得不到解决，有的向老师学习，有的却不向老师求教（意思是不知句读的倒要从师，不能解惑的却不从师），小的方面学习，大的方面却放弃了，我看不出他们有什么明智的呢。医生，乐师及各种工匠，不以互相学习为耻。士大夫这类人中，如有人称人家为老师，称自己为学生，这些人就聚集在一起嘲笑他。问那些嘲笑者（嘲笑他的原因），他们就说："那个人与某人年龄相近，修养和学业也差不多，（怎么能称他为老师呢？）以地位低的人为师，足以感到羞愧，称官位高的人为师就近于谄媚。"啊！从师学习的风尚不能恢复，由此就可以知道了。医生、乐师及各种工匠，士大夫之类的人是不屑与他们为伍的，现在士大夫们的智慧反而不如他们。难道值得奇怪吗？

圣人没有固定的老师，孔子曾经以郯子、苌弘、师襄、老聃为师。郯子这一类人，他们的道德才能（当然）不如孔子。孔子说："几个人走在一起，其中就一定有我的老师。"因此学生不一定不如老师，老师也不一定比弟子强，听闻道理有先有后，学问和技艺上各有各的主攻方向，像这样罢了。

李蟠，十七岁，爱好古文，六经的经文和传文都普遍学习了，不被世俗的限制，向我学习。我赞许他能遵行古人从师学习的风尚，特别写了这篇《师说》来赠给他。

张中丞传后叙

元和二年四月十三日夜，愈与吴郡张籍阅家中旧书，得李翰所为《张巡传》。翰以文章自名，为此传颇详密。然尚恨有阙者：不为许远立传，又不载雷万春事首尾。

远虽材若不及巡者，开门纳巡，位本在巡上。授之柄而处其下，无所疑忌，竟与巡俱守死，成功名，城陷而虏，与巡死先后异耳。两家子弟材智下，不能通知二父志，以为巡死而远就虏，疑畏死而辞服于贼。远诚畏死，何苦守尺寸之地，食其所爱之肉，以与贼抗而不降乎？当其围守时，外无蚍蜉蚁子之援，所欲忠者，国与主耳，而贼语以国亡主灭。远见救援不至，而贼来益众，必以其言为信；外无待而犹死守，人相食且尽，虽愚人不能数日而知死所矣。远之不畏死亦明矣！乌有城坏其徒俱死，独蒙愧耻求活？虽至愚者不忍为，呜呼！而谓远之贤而为之耶？

说者又谓远与巡分城而守，城之陷，自远所分始。以此诟远，此又与儿童之见无异。人之将死，其臟腑必有先受其病者；引绳而绝之，其绝必有处。观者见其然，从而尤之，其亦不达于理矣！小人之好议论，不乐成人之美，如是哉！如巡、远之所成就，如此卓卓，犹不得免，其他则又何说！

当二公之初守也，宁能知人之卒不救，弃城而逆遁？苟此不能守，虽避之他处何益？及其无救而且穷也，其创残羸之余，虽欲去，必不达。二公之贤，其讲之精矣！守一城，捍天下，以千百就尽之卒，战百万日滋之师，蔽遮江淮，沮遏其势，天下之不亡，其谁之功也！当是时，弃城而图存者，不可一二数；擅强兵坐而观者，相环也。不追议此，而责二公以死守，亦见其自比于逆乱，设淫辞而助之攻也。

愈尝从事于汴徐二府，屡道于两府间，亲祭于其所谓双庙者。其老人往往说巡、远时事云：南霁云之乞救于贺兰也，贺兰嫉巡、远之声威功绩出己上，不肯出师救；爱霁云之勇且壮，不听其语，强留之，具食与乐，延霁云坐。霁云慷慨语曰："云来时，睢阳之人，不食月余日矣！云虽欲独食，义不忍；虽食，且不下咽！"因拔所佩刀，断一指，血淋漓，以示贺兰。一座大惊，皆感激为云泣下。云知贺兰终无为云出师意，即驰去；将出城，抽矢射佛寺浮图，矢著其上砖半箭，曰："吾归破贼，必灭贺兰！此矢所以志也。"愈贞元中过泗州，船上人犹指以相语。城陷，贼以刃胁降巡，巡不屈，即牵去，将斩之；又降霁云，云未应。巡呼云曰："南八，男儿死耳，不可为不义屈！"云笑曰："欲将以有为也；公有言，云敢不死！"即不屈。

张籍曰："有于嵩者，少依于巡；及巡起事，嵩常在围中。籍大历中于和州乌江县见嵩，嵩时年六十余矣。以巡初尝得临涣县尉，好学无所不读。籍时尚小，粗问巡、远事，不能细也。云：巡长七尺余，须髯若神。尝见嵩读《汉书》，谓嵩曰：'何为久读此？'嵩曰：'未熟也。'巡曰：'吾于书读不过三遍，终身不忘也。'因诵嵩所读书，尽卷不错一字。嵩惊，以为巡偶熟此卷，因乱抽他帙以试，无不尽然。嵩又取架上诸书试以问巡，巡应口诵无疑。嵩从巡久，亦不见巡常读书也。为文章，操纸笔立书，未尝起草。初守睢阳时，士卒仅万人，城中居人户，亦且数万，巡因一见问姓名，其后无不识者。巡怒，须髯辄张。及城陷，贼缚巡等数十人坐，且将戮。巡起旋，其众见巡起，或起或泣。巡曰：'汝勿怖！死，命也。’众泣不能仰视。巡就戮时，颜色不乱，阳阳如平常。远宽厚长者，貌如其心；与巡同年生，月日后于巡，呼巡为兄，死时年四十九。”嵩贞元初死于亳宋间。或传嵩有田在亳宋间，武人夺而有之，嵩将诣州讼理，为所杀。嵩无子。张籍云。

【译文】元和二年四月十三日晚上，我和吴郡张籍翻阅家中的旧书，发现了李翰所写的《张巡传》。李翰因文章而自负，写这篇传记十分详密。但遗憾的是还有缺陷：没有为许远立传，又没有记载雷万春事迹的始末。

许远虽然才能似乎比不上张巡，打开城门迎接张巡，地位本在张巡之上。他把指挥权交给张巡，甘居于其下，毫无猜疑妒忌，最终和张巡一起守城而死，成就了功名，城破后被俘，不过和张巡死的时间有先后的不同罢了。张、许两家的子弟才智低下，不能了解其父辈的志向，认为张巡战死而许远被俘，怀疑许远是怕死而投降了叛军。如果许远真的怕死，何苦守住这尺寸大小的地盘，以他所爱之人的肉充饥，来和叛军对垒而不投降呢？当他在包围中守城时，外面没有一点哪怕极为微弱的援助，所要效忠的，就是国家和皇上，而叛军会拿国家和皇上已被消灭的情况告诉他。许远见救兵不来，而叛军越来越多，一定会相信他们的话；外面毫无希望却仍然死守，军民相食，人越来越少，即使是傻瓜也会计算日期而知道自己的死所了。许远不怕死也可以清楚了！哪有城破而自己的部下都已战死，他却偏偏蒙受耻辱苟且偷生？即使再笨的人也不愿这样做，唉！难道说像许远如此贤明的人会这样做吗？

议论的人又认为许远和张巡分守城门，城陷落是从许远分守的西南方开始的。拿这个理由来诽谤许远，这又和小孩的见识没有两样。人将要死的时候，他的内脏必定有一个先受到侵害的地方；扯紧绳子，把它拉断，绳断必定有一个先裂的地方。有人看到这种情况，就来责怪这个先受侵害和先裂的地步，他也太不通达事理了！小人喜欢议论，不愿成人之美，竟到了这样的地方！像张巡、许远所造成的功业，如此杰出，尚且躲不掉小人的诽谤，其他人还有什么可说呢！

当张、许二位刚守城的时候，哪能知道别人终不相救，从而预先弃城逃走呢？如果睢阳城守不住，即使逃到其他地方又有什么用处？等到没有救兵而且走投无路的时候，率领着那些受伤残废、饥饿瘦弱的残兵，即使想逃走，也一定无法到达要去的地方。张、许二位的功绩，前人已有十分精当的评价了！守住孤城，捍卫天下，仅凭千百个濒临灭亡的士兵，来对付近百万天天增加的敌军，保护着江淮地区，挡住了叛军的攻势，天下能够不亡，这是谁的功劳啊！在那个时候，丢掉城池而只想保全性命的人，不在少数；拥有强兵却安坐观望的人，一个接着一个。不追究讨论这些，却拿死守睢阳来责备张、许二位，也可见这些人把自己放在与逆乱者同类的地位，捏造谎言来帮他们一起攻击有功之人了。

我曾经在汴州、徐州任职，多次经过两州之间，亲自在那叫做双庙的地方祭祀张巡和许远。那里的老人常常说起张巡、许远时候的事情：南霁云向贺兰进明求救的时候，贺兰进明妒忌张巡、许远的威望和功劳超过自己，不肯派兵相救；但看中了南霁云的勇敢和壮伟，不采纳他的话，却勉力挽留他，还准备了酒食和音乐，请南霁云入座。南霁云慷慨陈词说：“我来的时候，睢阳军民已经一个多月没有东西吃了！我即使想一个人享受，道义不能允许；即使吃了，我也难以下咽！”于是拔出自己的佩刀，砍断一个手指，鲜血淋漓，拿给贺兰进明看。在座的人大吃一惊，都感动得为南霁云流下了眼泪。南霁云知道贺兰进明终究没有为自己出兵的意思，立即骑马离去；将出城时，他抽出箭射寺庙的佛塔，那支箭射进佛塔砖面半箭之深，说：“我回去打败叛军后，一定要消灭贺兰进明！就用这支箭来作为标记。”我于贞元年间经过泗州，船上的人还指点着说给我听。城破后，叛军拿刀逼张巡投降，张巡坚贞不屈，马上被绑走，准备杀掉；叛军又叫南霁云投降，南霁云没有吱声。张巡叫南霁云道：“南八，男子汉一死而已，不能向不义之人屈服！”南霁云笑道：“我本想有所作为；您既然这样说，我哪敢不死！”于是誓不投降。

张籍说：“有一个人叫于嵩，年轻时跟随张巡；等到张巡起兵抗击叛军，于嵩曾在围城之中。我大历年间在和州乌江县见到过于嵩，那时他已六十多岁了。因为张巡的缘故起先曾得到临涣县尉的官职，学习努力，无所不读。我那时还幼小，简单地询问过张巡、许远的事迹，不太详细。他说：张巡身长七尺有余，一口胡须活像神灵。他曾经看见于嵩在读《汉书》，就对于嵩说：‘你怎么老是在读这本书？’于嵩说：‘没有读熟呀。’张巡说：‘我读书不超过三遍，一辈子不会忘记。’就背诵于嵩所读的书，一卷背完不错一个字。于嵩很惊奇，以为张巡是碰巧熟悉这一卷，就随便抽出一卷来试他，他都像刚才那样能背诵出来。于嵩又拿书架上其他书来试问张巡，张巡随口应声都背得一字不错。于嵩跟张巡时间较久，也不见张巡经常读书。写起文章来，拿起纸笔一挥而就，从来不打草稿。起先守睢阳时，士兵将近万把人，城里居住的人家，也将近几万，张巡只要见一次问过姓名，以后没有不认识的。张巡发起怒来，胡须都会竖起。等到城破后，叛军绑住张巡等几十人让他们坐着，立即就要处死。张巡起身去小便，他的部下见他起身，有的跟着站起，有的哭了起来。张巡说：‘你们不要害怕！死是命中注定的。’大家都哭得不忍抬头看他。张巡被杀时，脸色毫不慌张，神态安详，就和平日一样。许远是个宽厚的长者，相貌也和他的内心一样；和张巡同年出生，但时间比张巡稍晚，称张巡为兄，死时四十九岁。”于嵩在贞元初年死在亳宋一带。有人传说他在那里有块田地，武人把它强夺霸占了，于嵩打算到州里提出诉讼，却被武人杀死。于嵩没有后代。这些都是张籍告诉我的。

论佛骨表

臣某言：伏以佛者，夷狄之一法耳，自后汉时流入中国，上古未尝有也。昔者黄帝在位百年，年百一十岁；少昊在位八十年，年百岁；颛顼在位七十九年，年九十八岁；帝喾在位七十年，年百五岁；帝尧在位九十八年，年百一十八岁；帝舜及禹，年皆百岁。此时天下太平，百姓安乐寿考，然而中国未有佛也。其后殷汤亦年百岁，汤孙太戊在位七十五年，武丁在位五十九年，书史不言其年寿所极，推其年数，盖亦俱不减百岁。周文王年九十七岁，武王年九十三岁，穆王在位百年。此时佛法亦未人中国，非因事佛而致然也。

【译文】臣某陈说：我认为佛教不过是外国人的一种法术罢了。从后汉时传入中国，上古时从来没有。上古时，黄帝在位一百年，活了一百一十岁；少昊在位八十年，活了一百岁；颛顼在位七十九年，享年九十八岁；帝喾在位七十年，享年一百零五岁；帝尧在位九十八年，享年一百一十八岁；虞舜和大禹，也都活了一百岁。那个时候天下太平，百姓安乐长寿，然而中国并没有佛教。那以后，殷朝的商汤也活了一百岁。商汤的孙子太戊，在位七十五年，武丁在位五十九年，史书没有说他们活了多少年。推断他们的年龄，大概也都不少于一百岁。周文王享年九十七岁、周武王享年九十三岁，周穆王在位一百年，此时佛法也没有传入中国。他们并不是由于信奉佛教才活到这样的高寿。

汉明帝时，始有佛法，明帝在位，才十八年耳。其后乱亡相继，运祚不长。宋、齐、梁、陈、元魏已下，事佛渐谨，年代尤促。惟梁武帝在位四十八年，前后三度舍身施佛，宗庙之祭，不用牲牢，昼日一食，止于菜果，其后竟为侯景所逼，饿死台城，国亦寻灭。事佛求福，乃更得祸。由此观之，佛不足事，亦可知矣。高祖始受隋禅，则议除之。当时群臣材识不远，不能深知先王之道，古今之宜，推阐圣明，以救斯弊，其事遂止，臣常恨焉。伏维睿圣文武皇帝陛下，神圣英武，数千百年以来，未有伦比。即位之初，即不许度人为僧尼道士，又不许创立寺观。臣常以为高祖之志，必行于陛下之手，今纵未能即行，岂可恣之转令盛也？

【译文】汉明帝的时候，中国开始有了佛教。明帝在位才仅仅十八年。明帝以后国家战乱，皇帝一个接着一个夭折，国运不久长。宋、齐、梁、陈、元魏以来，信奉佛教越来越恭谨虔诚，立国的时间和皇帝的寿命却更加短暂。只有梁武帝做了四十八年的皇帝，他前后三次舍身佛寺做佛僧，他祭祀宗庙，不杀牲畜作祭品，他本人每天只吃一顿饭，只吃蔬菜和水果；但他后来竟被侯景所逼迫，饿死在台城，梁朝也很快灭亡。信奉佛教祈求保佑，反而遭到祸患。由此看来，佛不足以信奉，是十分明白的道理。本朝高祖皇帝在刚刚接受隋朝天下时，就打算废除佛教。当时的群臣，才能见识短浅，不能深刻领会先王的旨意，不能了解从古到今普遍适用的治国措施，无法阐明并推行高祖皇帝神圣英明的主张，以纠正信奉佛法这种社会弊病，废除佛教这件事于是就停止没有实行。我对此常常感到遗憾。我认为睿圣文武的皇帝陛下，您的神圣、英明，几千年来没有人比得上。陛下即位的初期，就不准许剃度人当僧尼道士，更不准许创建佛寺道观，我常以为高祖皇帝消灭佛教的意愿，一定会在陛下手中得以实现，现在纵然不能立即实现，怎么可以放纵佛教转而让它兴盛起来呢？

今闻陛下令群僧迎佛骨于凤翔，御楼以观，舁入大内，又令诸寺递迎供养。臣虽至愚，必知陛下不惑于佛，作此崇奉，以祈福祥也。直以年丰人乐，徇人之心，为京都士庶设诡异之观，戏玩之具耳。安有圣明若此，而肯信此等事哉！然百姓愚冥，易惑难晓，苟见陛下如此，将谓真心事佛，皆云："天子大圣，犹一心敬信；百姓何人，岂合更惜身命！"焚顶烧指，百十为群，解衣散钱，自朝至暮，转相仿效，惟恐后时，老少奔波，弃其业次。若不即加禁遏，更历诸寺，必有断臂脔身以为供养者。伤风败俗，传笑四方，非细事也。

【译文】如今听说陛下命令大批僧人到凤翔迎接佛骨，陛下自己则亲自登楼观看，将佛骨抬入宫内，还命令各寺院轮流迎接供奉。我虽然十分愚蠢，也知道陛下一定不是被佛所迷惑，做这样隆重的道场来敬奉，希望求得幸福吉祥的。不过是由于年成丰足，百姓安居乐业。顺应人们的心意，为京城的士人和庶民设置奇异的景观，以及游戏玩乐的东西罢了。哪有像您这样圣明的天子，而去相信佛骨有灵这种事呢？然而老百姓愚昧无知，容易迷惑难于清醒，如果他们看到陛下这样做，将会说陛下是真心诚意信奉佛法，都说："天子是无所不通的，还一心敬奉信仰佛，老百姓是何等样的人。怎么可以更加吝惜身体、性命而不去献身为佛徒呢？于是他们就会焚灼头顶和手指，成千上百人聚在一起，施舍衣服钱财，从早到晚，辗转着互相仿效唯恐落在后边。老少奔波着，丢弃了他们所从事的工作和本分。如果不立即加以禁止，佛骨再经过各寺院，必定有人砍掉胳臂，割下身上的肉来奉献佛陀。伤风败俗，四方传为笑谈，这可不是小事啊！

夫佛本夷狄之人，与中国言语不通，衣服殊制；口不言先王之法言，身不服先王之法服；不知君臣之义，父子之情。假如其身至今尚在，奉其国命，来朝京师，陛下容而接之，不过宣政一见，礼宾一设，赐衣一袭，卫而出之于境，不令惑众也。况其身死已久，枯朽之骨，凶秽之馀，岂宜令入宫禁？孔子曰："敬鬼神而远之。"古之诸侯，行吊于其国，尚令巫祝先以桃茢祓除不祥，然后进吊。今无故取朽秽之物，亲临观之，巫祝不先，桃茢不用，群臣不言其非，御史不举其失，臣实耻之。乞以此骨付之有司，投之水火，永绝根本，断天下之疑，绝后代之惑。使天下之人，知大圣人之所作为，出于寻常万万也。岂不盛哉！岂不快哉！佛如有灵，能作祸祟，凡有殃咎，宜加臣身，上天鉴临，臣不怨悔。无任感激恳悃之至，谨奉表以闻。臣某诚惶诚恐。

【译文】佛本来是不开化的外国人,和中国言语不通,衣服样式不同,嘴里不讲先王留下的合乎礼法的道理,身上不穿先王规定的合乎礼法的衣服,不懂得君臣仁义、父子之情。假如他至今还活着,奉了他的国君的命令,来到我国京城朝拜,陛下容纳接待他,不过在宣政殿接见一次,由礼宾院设一次酒筵招待一下,赐给他一套衣服,派兵护卫着让他离开我国境内,不许他迷惑百姓。何况他已经死了很久,枯朽的指骨,是污秽不祥的死尸的残留部分,怎么可以让它进入宫廷里!孔子说:"严肃地对待鬼神,但却离他远远的。"古代的诸侯,在他的国家举行祭吊活动,尚且命令巫师首先用桃枝扎成的苕帚举行"祓"礼,以消除不祥,这之后才进行祭吊。现在无缘无故地取来朽烂污秽的东西,陛下亲临观看它,却不先让巫师消除邪气,不用桃枝扎成的苕帚扫除污秽,群臣不说这种做法不对,御史不指出这种做法的错误,我实在感到羞耻。我请求将佛骨交给有关部门,扔进火里水里,永远灭绝这个佛僧骗人的根本,断绝天下人的疑虑,杜绝后代人的迷惑。使天下的人知道大圣人的所作所为,远远地超出普通人之上,这岂不是大好事吗?岂不是十分快乐的事吗?佛如果真的灵验,能降下灾祸的话,那么,一切的祸殃,都应加在我的身上,老天爷在上面看着,我绝不后悔埋怨。我不胜感激恳切之至,谨奉献上这个表章让陛下知闻,我真是诚惶诚恐。

与孟尚书书

愈白:行官自南回,过吉州,得吾兄二十四日手书数番,忻悚兼至,未审入秋来眠食何似,伏惟万福!

来示云:有人传愈近少信奉释氏,此传之者妄也。潮州时,有一老僧号大颠,颇聪明,识道理,远地无可与语者,故自山召至州郭,留十数日。实能外形骸,以理自胜,不为事物侵乱。与之语,虽不尽解,要自胸中无滞碍,以为难得,因与来往。及祭神至海上,遂造其庐。及来袁州,留衣服为别。乃人之情,非崇信其法,求福田利益也。孔子云:"丘之祷久矣。"凡君子行己立身,自有法度,圣贤事业,具在方册,可效可师。仰不愧天,俯不愧人,内不愧心,积善积恶,殃庆自各以其类至。何有去圣人之道,舍先王之法,而从夷狄之教,以求福利也?《诗》不云乎"恺悌君子,求福不回"。《传》又曰:"不为威惕,不为利疚。"假如释氏能与人为祸祟,非守道君子之所惧也,况万万无此理。且彼佛者果何人哉?其行事类君子邪?小人邪?若君子也,必不妄加祸于守道之人;如小人也,其身已死,其鬼不灵。天地神祇,昭布森列,非可诬也,又肯令其鬼行胸臆作威福于其间哉？进退无所据，而信奉之，亦且惑矣。

【译文】韩愈向你说：我由潮州调任袁州，路过吉州时，收到你二十四日的亲笔信，不胜惊喜之至。不知道你入秋以来起居饮食可好，谨致最诚挚的祝福。

你信上说，有人传言我近来有点相信佛教了，这是传言人的不实之辞。缘起是这样的：我在潮州时，有一位老僧，号为大颠，非常聪明，颇识佛理。荒远之地没有多少可以深谈的人物，我就把他请到州府，留了十几天。此人实能在一身袈裟之下自存义理，不因为日常念经诵佛而扰乱心性。同他交谈，虽然不能完全投合，关键还在于自己胸中没有芥蒂阻碍。我觉得这样的人很难得，所以同他来往。后来因为祭神到海上去，路过他庙庐时进去拜访过一次，来袁州前，留了一袭衣服作为纪念。这是人之常情，不能因此说我崇拜佛法、信奉释氏、祈求福田而播种利益啊！孔子说："丘之祷久矣（我孔丘的祷告已经很久了——我的行为向来符合神明，不必临事抱佛脚）。"凡称得上君子的，他的为人处世自有一定的原则。圣贤从事的大业都将载入史册，使后人师法，尊为楷模。仰不愧天，俯不愧人，内不愧心。积善之人必有余庆，积恶之人必有余殃。怎么会有舍却圣人之道和先王之法，而信奉外邦的说教来求取福利的道理呢？《诗经》不是说过吗，"恺悌君子，求福不回（和易近人的君子，求福不违背正道）。"《左传》也说，"不为威惕，不为利疚（不因威胁而恐惧，不因利禄而愧疚）。"假如佛祖能够降给灾祸，不是谨守道德的君子所要害怕的，更何况万万没有这样的道理。而且，"佛"到底是什么样的人呢？他的行为像一个君子呢，还是像一个小人呢？如果是一个君子，绝对不会盲目降祸给守道的人；如果是小人，他的身体已经死了，他的魂魄也不会灵验。天地各路神祇，昭然布列，庄严公正，又怎能允许这些鬼魂任意胡为，在天地之间作威作福呢？来龙去脉都没有搞清楚，却要去信奉它，可算是糊涂了。

且愈不助释氏而排之者，其亦有说。孟子云："今天下不之杨则之墨，杨墨交乱，而圣贤之道不明"，则三纲沦而九法斁，礼乐崩而夷狄横，几何其不为禽兽也！故曰："能言拒杨墨者，皆圣人之徒也。"扬子云云："古者杨墨塞路，孟子辞而辟之，廓如也。"夫杨墨行，正道废，且将数百年，以至于秦，卒灭先王之法，烧除其经，阬杀学士，天下遂大乱。及秦灭，汉兴且百年，尚未知修明先王之道；其后始除挟书之律，稍求亡书，招学士，经虽少得，尚皆残缺，十亡二三。故学士多老死，新者不见全经，不能尽知先王之事，各以所见为守，分离乖隔，不合不公，二帝三王群圣人之道，于是大坏。

后之学者，无所寻逐，以至于今泯泯也，其祸出于杨墨肆行而莫之禁故也。孟子虽贤圣，不得位，空言无施，虽切何补？然赖其言，而今学者尚知宗孔氏，崇仁义，贵王贱霸而已。其大经大法，皆亡灭而不救，坏烂而不收，所谓存十一于千百，安在其能廓如也？然向无孟氏，则皆服左衽而言侏离矣。故愈尝推尊孟氏，以为功不在禹下者，为此也。

【译文】而且我韩愈不崇拜释氏而排斥佛教自有我的道理。孟子说："今天下不之杨，则之墨（现在天下所有人的主张不属于杨朱派就属于墨翟派）。"杨墨两派交相惑乱，使得孔孟之道不能发扬光大，于是三纲沉沦了，九法败坏了，礼乐毁弃了，佛老横行了，人性堕落得几乎像禽兽一样。所以孟子又说："能言拒杨墨者，皆圣人之徒也（能够反对杨墨学说的，都是圣人的门徒）。"扬子云说："古者杨墨塞路，孟子辞而辟之，廓如也（从前杨墨学说堵塞言路，孟子著书立说，予以批驳，终于澄清了人们思想上的混乱）。"杨墨学说盛行，孔孟之道废弃将近几百年，到了秦朝，尽灭先王之法，焚书坑儒，天下就大乱了。后来秦朝灭亡，汉朝兴起，将近百年，也不知道怎样发扬光大先王之道，过了很长时间才剔除了那条"挟书灭族"的法律，遍求圣贤经书，诚招儒学之士。虽然得到一些献书，但书缺简脱，圣贤经典十有二三失传了；饱学之士老的老，死的死，年青的儒生没有见到圣贤经典的全貌，不能详细了解先王的事迹，各自都把自己接触到的那部分经典奉为圣道，抱残守缺，固守一隅，尧、舜、夏、殷、周时期先圣们创立的王道从此被毁坏了。

后来的文人儒士找不到目标，以至于到今天先王之道几乎泯灭无据。这种祸患的形成是因为杨墨之道肆行，没有及时加以制止的缘故。孟子虽然是个贤达的圣人，但因为不在其位，使他的政治抱负没有办法施展，虽能切中时弊，又能怎么样呢？但也多亏有了他的著述，使现在的学者还知道要师法孔子、崇尚仁义，拥护仁德治国，反对独裁垄断。先王道义中的精华部分都佚亡不能补救、坏烂不能回收，所谓浩如烟海的经籍百不存一，谈得上什么"澄清"的问题呢？但是如果没有孟子，我们这些中原上国的臣民，也只能像蛮夷那样，穿左衽衣，讲侏离话了。正因为如此，我非常推崇孟子，认为孟子的功劳不在夏禹之下。

汉氏以来，群儒区区修补，百孔千疮，随乱随失，其危如一发引千钧，绵绵延延，浸以微灭。于是时也，而唱释老于其间，鼓天下之众而从之。呜呼，其亦不仁甚矣！释老之害过于杨墨，韩愈之贤不及孟子，孟子不能救之于未亡之前，而韩愈乃欲全之于已坏之后。呜呼！其亦不量其力，且见其身之危，莫之救以死也。虽然，使其道由愈而粗传，虽灭死万万无恨！天地鬼神，临之在上，质之在旁，又安得因一摧折，自毁其道，以从于邪也！

籍、湜辈虽屡指教，不知果能不叛去否？获吾兄眷厚而不获承命，惟增惭惧，死罪死罪！愈再拜。

【译文】汉朝兴起以来，儒学家虽然对圣贤经典小有修补，但社会百孔千疮，战乱频仍，经典散佚。先王之道在这样的形势下要流传下来，危险得有如千钧一发，靠着丝丝绵绵的联系，随时都可能坠亡！在这样的时候，却还在提倡佛老之道，鼓动天下人追随，这是多么不仁不义啊！佛老的危害要超过杨墨，而我韩愈的贤达却不如孟子。孟子也不能在先王之道完全灭亡以前进行补救，而我韩愈却想在儒家经典被毁之后恢复原貌，这也太不自量力了。况且我这个人如果没有人营救已经命丧黄泉了。虽然这么说，但如果先王之道能够因为我的大声疾呼而得以承传下去，我万死不悔。天神在上，地魂在旁，可以为证：怎么可以遭受一点挫折就毁弃正道而相信邪教呢？

张籍、皇甫湜等人我经常提醒，不知是否能不背叛儒道。承蒙吾兄厚爱，只不敢苟同。惭惧无已，死罪死罪。韩愈再拜。

答崔立之书

斯立足下：仆见险不能止，动不得时，颠顿狼狈，失其所操持，困不知变，以至辱于再三，君子小人之所悯笑，天下之所背而驰者也。足下犹复以为可教，贬损道德，乃至手笔以问之，攀援古昔，辞义高远，且进且劝，足下之于故旧之道得矣。虽仆亦固望于吾子，不敢望于他人者耳。然尚有似不相晓者，非故欲发余乎？不然，何子之不以丈夫期我也？不能默默，聊复自明。仆始年十六七时，未知人事，读圣人之书，以为人之仕者，皆为人耳，非有利乎己也。及年二十时，苦家贫，衣食不足，谋于所亲，然后知仕之不惟为人耳。及来京师，见有举进士者，人多贵之，仆诚乐之，就求其术，或出礼部所试赋诗策等以相示，仆以为可无学而能，因诣州县求举。有司者好恶出于其心，四举而后有成，亦未即得仕。闻吏部有以博学宏辞选者，人尤谓之才，且得美仕，就求其术，或出所试文章，亦礼部之类，私怪其故，然犹乐其名，因又诣州府求举，凡二试于吏部，一既得之，而又黜于中书，虽不得仕，人或谓之能焉。退自取所试读之，乃类于俳优者之辞，颜忸怩而心不宁者数月。既已为之，则欲有所成就，《书》所谓耻过作非者也。因复求举，亦无幸焉，乃复自疑，以为所试与得之者，不同其程度，及得观之，余亦无甚愧焉。夫所谓博学者，岂今之所谓者乎？夫所谓宏辞者，岂今之所谓者乎？诚使古之豪杰之士，若屈原、孟轲、司马迁、相如、扬雄之徒，进于是选，必知其怀惭？乃不自进而已耳。设使与夫今之善进取者，竞于蒙昧之中，仆必知其辱焉。然彼五子者，且使生于今之世，其道虽不显于天下，其自负何如哉！肯与夫斗筲者决得失于一夫之目，而为之忧乐哉！故凡仆之汲汲于进者，其小得盖欲以具裘葛、养穷孤，其大得盖欲以同吾之所乐于人耳，其他可否，自计已熟，诚不待人而后知。今足下乃复比之献玉者，以为必俟工人之剖，然后见知于天下，虽两刖足不为病，且无使勍者再克。诚足下相勉之意厚也，然仕进者，岂舍此而无门哉？足下谓我必待是而后进者，尤非相悉之辞也。仆之玉固未尝献，而足固未尝刖，足下无为为我戚戚也。方今天下风俗尚有未及于古者，边境尚有被甲执兵者，主上不得怡，而宰相以为忧。仆虽不贤，亦且潜究其得失，致之乎吾相，荐之乎吾君，上希卿大夫之位，下犹取一障而乘之。若都不可得，犹将耕于宽闲之野，钓于寂寞之滨，求国家之遗事，考贤人哲士之终始，作唐之一经，垂之于无穷，诛奸谀于既死，发潜德之幽光。二者将必有一可。足下以为仆之玉凡几献，而足凡几刖也，又所谓勍者果谁哉？再克之刑信如何也？士固信于知己，微足下无以发吾之狂言。愈再拜。

【译文】斯立先生：我见到险路而不能止步，行动不得其时，颠沛困顿，处境艰难窘迫，失去一向之操守，处境困厄而不知道改变方法，以至于三次考博学宏辞科均失败受辱，致使不分君子小人，人人既怜悯我又讪笑我，我算是与天下人背道而驰的人了。您还认为我可以教诲，降低自己的身份道德，以至于亲手写信相问，援引古代事例，辞义高深，一边鼓励我上进，一边加以劝慰，您对于老朋友的交友之道真是尽心竭力了。即使是我，也只能寄希望于您，而不敢寄希望于他人了。然而我还有似乎不太明白之处，莫非您是有意想激发我上进吗？不然的话，您为什么不以大丈夫的标准期望于我？我不能默默不语，姑且再自明己意。

当初我十六七岁之时，不知人世间之事，读圣人之书，认为那些做官的人都是为了别人而已，不是为了有利于自己。到我二十岁时，苦于家境贫寒，衣食不足，到亲友处去想办法，这以后我才知道当官不止是为了他人。到我来京城之后，看到有考中进士的，世人多看重他们，我也真心乐于考进士，于是就去向他们请教考进士的方法。有人拿出礼部考进士的赋、诗和策等给我看，我认为那些东西我不学习就可以达到那样的水平，于是就到州县去请求举荐我参加进士考试。主考官们全凭一己之好恶来决定考生的成败，我参加了四次进士考试才获得成功，也还未能得到官位。听说吏部有以博学宏辞选拔人材的，人们尤其称道这些人有才，并且他们可以得到好的官职，于是我又去向他们求教考博学宏辞科的方法。有人拿出参加考试的文章给我看，大概也是礼部考试一类的文章，我私下奇怪这其中的缘故，但还是乐于得其名声，于是又到州府去请求推荐我参加考试，前后共两次参加吏部的考试，有一次已经考中了，而又被中书长者抹去了名字，虽然未能得官，但有人还说我有能力。回家之后自己拿出自己所写的应试文章，很类似于古代以乐舞戏谐为职业的艺人们的言辞，有好几个月我都面色羞愧、心中不安。既然已经这样做了，就想有所成就，这大概就是《尚书》中所说的：不喜欢别人谈自己的过失而文过饰非，遂酿成大错。于是我又去参加考试，也没有侥幸成功，于是就又自我怀疑，认为是自己所写文章与考中者的文章程度有所不同。等拿到他们的文章一看，我也就没有什么可惭愧的了。所谓博学，难道就是今天所说的那样吗？所谓宏辞，难道就是今天所说的那样吗？真的让古代的豪杰之士如屈原、孟轲、司马迁、司马相如、扬雄等人来参加这种考试，我知道他们必定心怀惭愧而自己不去参加考试。假如让他们和今天那些善于进取的人在朦胧不清的状态中竞争，我知道他们必定会落榜的。然而五位豪杰之士，如果再让他们生于今世，他们的思想、主张即使不能显扬于天下，但他们的自信会怎么样呢？他们肯和那些卑微的好进之士决胜负于一个考官之眼而为之忧伤或快乐吗！所以，大凡我心情急切地求进为官的原因：我如果做小官，大概是想解决自己的衣食之需，有盈余则赡养那些困厄孤苦之人；我如果做大官，大概是想让别人和我享受同样的欢乐。其他路子可行与否，我自己已经考虑得非常成熟了，实在不必等待别人指点然后才明白。如今您又把我比作献和氏璧的卞和，认为必须等待工人剖开璞玉然后才能被天下人知道是宝玉，即使是卞和两次被楚王砍了脚也不算耻辱，只是不要让当权者再行砍截。您对我的勉励之意实在是非常深切的，然而求官的人难道舍此就再也没有门路了吗？您说我必待考博学宏辞而后进入仕途，这更不是相熟悉的人说的话。我的“玉”固然尚未呈献给皇帝，但我的脚也不曾被人砍去，您不必为我忧伤。

如今的社会风尚还没有古时候淳厚，边境上尚不安定，皇帝还未能心神愉悦，而宰相仍以此为忧虑。我虽然不算贤达，也将潜心探究社会上的利弊得失，呈给我们的宰相，献给我们的皇帝，高的目标是希望得到卿大夫的职位，低的目标犹可获取一个小小的官位。如果这些都得不到，我还将到宽闲之野去种地，到清静的水边去垂钓，在隐逸之中，搜求国家的遗闻佚事，考察贤人哲士的生平行事，撰写一部唐代的经书，声讨那些虽死去但确属奸诈谄媚的人，张扬隐逸之士那鲜为人知的美好品德所潜藏的光辉。这二者之间必将有一种是可行的。您认为我的“玉”已献过了几次，而脚也已有几次被砍。您所说的强有力的当权者又是谁呢？再能砍我脚的这种刑罚真的是什么样呢？读书人当然相信自己的知己，假如没有您，也不会有机会让我说以上这些狂话。

答卫中行书

大受足下：辱书，为赐甚大，然所称道过盛，岂所谓诱之而欲其至于是与？不敢当，不敢当！其中择其一二近似者而窃取之，则于交友忠而不反于背面者，少近似焉。亦其心之所好耳，行之不倦，则未敢自谓能尔也。不敢当，不敢当！至于汲汲于富贵以救世为事者，皆圣贤之事业，知其智能谋力能任者也。如愈者又焉能之？始相识时，方甚贫，衣食于人；其后相见于汴、徐二州，仆皆为之从事，日月有所入，比之前时，丰约百倍，足下视吾饮食衣服，亦有异乎？

然则仆之心，或不为此汲汲也，其所不忘于仕进者，亦将小行乎其志耳。此未易遽言也。凡祸福吉凶之来，似不在我。惟君子得祸为不幸，而小人得祸为恒；君子得福为恒，而小人得福为幸：以其所为似有以取之也。必曰"君子则吉，小人则凶"者，不可也。贤不肖存乎己，贵与贱、祸与福存乎天，名声之善恶存乎人。存乎己者，吾将勉之；存乎天、存乎人者，吾将任彼而不用吾力焉，其所守者，岂不约而易行哉！足下曰："命之穷通，自我为之"，吾恐未合于道。足下征前世而言之，则知矣；若曰以道德为己任，穷通之来，不接吾心，则可也。穷居荒凉，草树茂密，出无驴马，因与人绝，一室之内，有以自娱。足下喜吾复脱祸乱，不当安安而居、迟迟而来也。

【译文】大受足下：承蒙您来信，赐我莫大的恩惠，然而您所称道于我的言过其辞，难道这是所说的诱导他而让他达到这种地步吗？不敢承受，不敢承受！我暗暗选取信中所举的几件近似之事，那么对于交朋友讲求忠信、不在背后说别人的坏话稍可认同。也是我内心所喜好罢了，至于推行古道，不知疲倦，那么我不敢说自己能做到这样。不敢承受，不敢承受！至于汲汲于荣华富贵以救引世人为职责，那都是圣人贤士的事业，他们知道自己的智慧、力量能够胜任。像我这样的人，又怎能够做到呢？开始认识您的时候，我正贫困不堪，靠别人来穿衣吃饭；这之后又同您在汴州、徐州见过面，我都是在做别人的从事，每月都有一些收入，比先前宽裕大概有一百倍，先生看我的饮食服饰不是有些不同吗？

虽然如此，但我的心思有时并不汲汲于这些方面，我所念念不忘的是仕途的上进，是想使我的志向能稍稍得以施行。这不是轻易猝然出口的。大凡祸福、吉凶的到来，好像都不取决于我。如果君子遭到灾祸就是不幸，而小人遭受祸患是正常的；君子获得福祉是正常的，而小人得到福祉就是侥幸：因为他们的所作所为似乎决定了他们将要取得的结果。如果说"君子就吉祥有福，小人就凶险遭祸"．也不可以。贤良与不肖取决于自己，富贵与贫贱、福祉与祸患取决于上天、名声的好坏取决于他人。取决于自己的，我将勉力去做；取决于上天。取决于他人的。我将随遇而安，不去花费我的力气：我所信守的不也很简约而且很容易实行吗！足下说"命运的乖舛与通达，是自己造成的"，我认为这恐怕不合于道。足下考证前代再来说话，就知道了；如果说以道德为己任，困窘、通达与否，都不会影响我的本心，那是可以的。我困顿居于荒凉之地，这里杂草浓密，树木茂盛，出门没有驴马，于是与人少有往来，一室之内有足以自娱的东西；足下为我脱离祸乱而高兴，不要安然而居，迟迟才来看我啊！

答李翊书

六月二十六日，愈白。李生足下：生之书辞甚高，而其问何下而恭也。能如是，谁不欲告生以其道？道德之归也有日矣，况其外之文乎？抑愈所谓望孔子之门墙而入于其宫者，焉足以知是且非邪？虽然，不可不为生言之。

【译文】六月二十六日，韩愈禀告。李翊足下：你的来信文辞很好，而且请教问题的态度多么谦虚恭敬。能像这样，谁不想把那道理告诉你呢？道德的归真为期不会久了，何况它的外在形式（文章）呢？不过我只是所谓“望见了孔子的门户和围墙但尚未登入堂室”的人，哪里能够知道是对还是错呢？虽然如此，还是不可不同你谈谈这方面的道理。

生所谓“立言”者，是也；生所为者与所期者，甚似而几矣。抑不知生之志，蕲胜于人而取于人邪？将蕲至于古之立言者邪？蕲胜于人而取于人，则固胜于人而可取于人矣！将蕲至于古之立言者，则无望其速成，无诱于势利，养其根而俟其实，加其膏而希其光。根之茂者其实遂，膏之沃者其光晔。仁义之人，其言蔼如也。

【译文】你所说的“立言”这句话，是对的；你写的文章以及希望达到的目的，非常符合而且相接近。然而不知道你的志向，是祈求自己的文章超过别人而被人所取呢？还是希望达到“古之立言者”的境界呢？祈求自己的文章超过别人而被人取用，那你本来就超过了别人而且可以被人取用了！如果期望达到“古之立言者”的境界，那就不能指望它很快成功，不能被世俗的势利所诱惑，应该培育果树的根茎来等待它结果，多添灯油来盼望灯光明亮。根系发达的果树，果实才会顺利成熟，油脂多而好的油灯，火光才明亮。具有仁义之道的人，他的言语和和顺顺。

抑又有难者。愈之所为，不自知其至犹未也；虽然，学之二十余年矣。始者，非三代两汉之书不敢观，非圣人之志不敢存。处若忘，行若遗，俨乎其若思，茫乎其若迷。当其取于心而注于手也，惟陈言之务去，戛戛乎其难哉！其观于人，不知其非笑之为非笑也。如是者亦有年，犹不改。然后识古书之正伪，与虽正而不至焉者，昭昭然白黑分矣，而务去之，乃徐有得也。

当其取于心而注于手也，汩汩然来矣。其观于人也，笑之则以为喜，誉之则以为忧，以其犹有人之说者存也。如是者亦有年，然后浩乎其沛然矣。吾又惧其杂也，迎而距之，平心而察之，其皆醇也，然后肆焉。虽然，不可以不养也，行之乎仁义之途，游之乎诗书之源，无迷其途，无绝其源，终吾身而已矣。

【译文】不过又有感到为难之处。我所写的文章，自己也不知道它达到没有达到“古之立言者”的境界；虽然如此，学习“古之立言者”已经二十多年了。起初，不是夏、商、周三代和两汉的书我不敢看，不是圣人的思想我不敢铭记于心。坐着时仿佛忘记了什么，行走时仿佛丢失了什么，有时样子庄重若有所思，有时模糊不清迷迷惑惑。当自己把心中的思想表达出来的时候，力求革除陈词滥调，戛戛然困难极了！文章被人看，我不在乎别人的非难讥笑。像这样过了不少年头，还是不改变自己的治学方法和处世态度。然后才能识别古书中是否与“圣人之志’相合以及虽然正确但尚未达到最高境界之处，直至清清楚楚地白黑分明了，并力求扬弃那些错误的和虽正确但不完善的东西，才慢慢地有所收获。

当自己把心中的思想写出来的时候，文思敏捷泉涌而来，这时文章被人看，别人讥笑它我就高兴，别人称誉它我就担忧，这是因为自己的文章中还保留了世人的见解。像这样又过了不少年头，然后文思才宽广奔放，像水势汹涌的波涛一样。我又怕文思不纯正，便像阻挡水一样，不让文思过于汹涌，冷静地反复地推敲，觉得它完全纯正了，再放手去写。即使这样，还是不可不修养正道，使自己沿着仁义的道路，漫游在儒家经典的源流中，不迷失方向，不断绝源泉，这样度过我的一生就满足了。

气，水也；言，浮物也。水大而物之浮者大小毕浮。气之与言犹是也，气盛则言之短长与声之高下者皆宜。虽如是，其敢自谓几于成乎？虽几于成，其用于人也奚取焉？虽然，待用于人者，其肖于器邪？用与舍属诸人。君子则不然。处心有道，行己有方，用则施诸人，舍则传诸其徒，垂诸文而为后世法。如是者，其亦足乐乎？其无足乐也？

【译文】思想修养好比是水；文辞好比是浮在水面上的东西。水大的话，大大小小的浮物都能浮起。思想修养和文辞的关系仍然是如此。思想修养深，那长长短短的语句与抑扬顿挫的声调都能运用自如。即使如此，哪里敢自己认为接近成功了呢？即使接近于成功，那被人用时又有什么可取的呢？即使这样，等待接别人采用的，难道不就像器物—样了吗？用与不用都取决于别人。有修养的人就不是这样，他们使自己的思想不离开道，使自己的行动符合方圆，被用时就把自己的道德学问施行开来，不被用时就传授给自己的弟子，写进文章里而流传下去，让后代效法。像这样做，到底值得快乐吗？还是不值得快乐呢？

有志乎古者希矣，志乎古必遗乎今。吾诚乐而悲之。亟称其人，所以劝之，非敢褒其可褒而贬其可贬也。问于愈者多矣，念生之言不志乎利，聊相为言之。愈白

【译文】现在有志于恢复仁义之道的人很少了，有志于仁义之道的人一定会被今人所遗弃。我的确为“志乎古”的人而感到高兴，同时也为“遗乎今”的事而感到悲愤。我屡次称赞那些有志于仁义之道的人，只是要以此勉励他们，并不敢褒奖那些该褒奖的人，批评那些该批评的人。向我求教的人可多了，考虑到你说的不是有志于名利，姑且为你讲了这番话。韩愈禀告。

答刘正夫书

愈白：进士刘君足下：辱笺，教以所不及，既荷厚赐，且愧其诚然，幸甚，幸甚！凡举进士者，于先进之门，何所不往，先进之于后辈，苟见其至，宁可以不答其意邪？来者则接之，举城士大夫，莫不皆然，而愈不幸独有接后辈名，名之所存，谤之所归也。有来问者，不敢不以诚答。或问：“为文宜何师？”必谨答曰：“宜师古圣贤人。”曰：“古圣贤人所为书具存，辞皆不同，宜何师？”必谨对曰：“师其意，不师其辞。”又问曰：“文宜易宜难？”必谨对曰：“无难易，惟其是尔。”如是而已。非固开其为此而禁其为彼也。

夫百物朝夕所见者，人皆不注视也，及睹其异者，则共观而言之。夫文岂异于是乎？汉朝人莫不能为文，独司马相如、太史公、刘向、扬雄为之最。然则用功深者，其收名也远。若皆与世沉浮，不自树立，虽不为当时所怪，亦必无后世之传也。足下家中百物，皆赖而用也，然其所珍爱者，必非常物。夫君子之于文，岂异于是乎？今后进之为文，能深探而力取之，以古圣贤人为法者，虽未必皆是，要若有司马相如、太史公、刘向、扬雄之徒出，必自于此，不自于循常之徒也。若圣人之道，不用文则已，用则必尚其能者，能者非他，能自树立，不因循者是也。有文字来，谁不为文？然其存于今者，必其能者也。顾常以此为说耳。愈于足下，忝同道而先进者，又常从游于贤尊给事，既辱厚赐，又安得不进其所有以为答也。足下以为何如？愈白。

【译文】韩愈复书进士刘君足下：蒙你惠书教诲，你所指出的问题很正确，使我获益

匪浅。凡是参加科考想中举的人，对于那些已经是进士的前辈，都可以去拜访请教。前辈进士对后辈的求教，怎么可以拒之门外呢？凡有来访就应该接待，全城的士大夫都是这样做的。遗憾的是，唯独我韩愈，虽然也有奖掖后进的名声，但名气是响出去了，各种诽谤却回到了我的身边。

只要有人来问及为文之道，我从不隐瞒自己的观点。如果有人提问："做文章应该效法什么呢？"我必然要郑重地回答："应该效法三代圣贤，以他们为师。"有人问："三代圣贤写的书很多，流传下来有不少种类，各种文辞特点都不同，应该如何效法呢？"我同样要郑重地指出："是效法圣贤的道德学问，不是效法他们的辞章文采。"又有人问："做文章应该写得浅显易懂，还是深奥隐晦？"我还是要郑重地说："浅显易懂也好，深奥隐晦也罢，只要写得自然合理就行。"如此而已，并不一定要褒扬这个，贬抑那个。

平时经常能见到的东西，大家都不去注意；如果看到一件特异的物品，大家都会围观议论。文章难道不是这样吗？汉朝人没有不会写文章的，但也只有司马相如、太史公、刘向、扬雄做的文章最好，下的功夫最深，名声就传得远。如果都随波逐流，没有独到见解，虽然不会受责于当代，也必定不会流传于后世。你家中的许多物品，都是日常要使用的，其中被你珍惜并倍加爱护的，肯定不是一般的东西。君子做文章，难道不是这样吗？现在的后辈学者，如果能够进一步探求做文章的道理，效法古代圣贤的为文之道，能够取得成功的，必然是像司马相如、太史公、刘向、扬雄那样的人，而不是人云亦云的庸常之辈。至于说到圣人做文章，不做也就罢了，做了就必定会发挥他的特长。这种特长不是别的，就是具有独特见解，不因循守旧。自有文字以来，凡识字的谁没有做过文章？但是文章能够留存到今天的，必定是那些有独特见解、不因循守旧的。我经常这样想。

我同你相比，只不过是先进山门，又经常与令尊给事中大人探讨学问。感谢你送此厚礼，怎能不把我的想法毫无保留地和盘托出呢？你认为我的说法有没有道理？

答尉迟生书

愈白：尉迟生足下：夫所谓文者，必有诸其中，是故君子慎其实。实之美恶，其发也不掩，本深而末茂，形大而声宏，行峻而言厉，心醇而气和。昭晰者无疑，优游者有余；体不备不可以为成人，辞不足不可以为成文。愈之所闻者如是，有问于愈者，亦以是对。今吾子所为皆善矣，谦谦然若不足而以征于愈，愈又敢有爱于言乎？抑所能言者，皆古之道；古之道不足以取于今，吾子何其爱之异也？贤公卿大夫在上比肩，始进之贤士在下比肩，彼其得之必有以取之也。子欲仕乎？其往问焉，皆可学也。若独有爱于是而非仕之谓，则愈也尝学之矣。请继今以言。

【译文】韩愈禀白：尉迟生足下：所谓文，一定是先在心中存在，因此君子谨慎地填充，按照美恶的标准去填充，然后发而为文，不会被掩盖：根深而枝叶茂盛，形大而声音宏亮，行为高峻而语言严厉，内心醇厚而气色温和；明白清晰没有疑问，往来游动尚有余地；形体不完备就不可以成长为大人，言辞不充足不可以形成文章。我所听说的就是这样，有要问我的：也用这个来回答。现在您所做的都是善行，还非常谦虚，好像不足的样子来征问于我，我哪里敢吝啬话语呢？但是我所能说的，都是古人的主张；古人的主张不值得在今天取用，先生何必这样特别地偏爱它呢？在上位的贤能的公卿大夫比肩皆是，刚刚进用的在下位的贤能的士人也比肩皆是，那些人得古之道一定有选用的。先生想做官吗？去找那些人求救吧，都是值得学习的人。如果说只是喜爱古人之道而不想入仕做官，那我也曾经学过，就请接着今天这个话题来谈吧。

与冯宿论文书

辱示《初筮赋》，实有意思。但力为之，古人不难到；但不知直似古人，亦何得于今人也？仆为文久，每自测意中以为好，则人必为恶矣。小称意，人亦小怪之；大称意，即人必大怪之也。时时应事作俗下文字，下笔令人惭。及示人，则人以为好矣。小惭者亦蒙谓之小好，大惭者即必以为大好矣，不知古文，真何用于今世也，然以俟知者知耳。

昔扬子云著《太玄》，人皆笑之，子云言曰：“世不我知，无害也；后世复有扬子云，必好之矣。”子云死近千载，竟未有扬子云，可叹也！其时桓谭亦以雄书胜老子。老子未足道也，子云岂止与老子争强而已乎？此未为知雄者。其弟子侯芭颇知之，以为其师之书胜《周易》。然侯之他文，不见于世，不知其人果何如耳。以此而言，作者不祈人之知也明矣。直百世以俟圣人而不惑，质诸鬼神而无疑耳。足下岂不谓然乎？

近李翱从仆学文，颇有所得，然其人家贫多事，未能卒其业。有张籍者，年长于翱，而亦学于仆，其文与翱相上下，一二年业之，庶几乎至也。然闵其弃俗尚而从于寂寞之道，以之争名于时也。久不谈，聊感足下能自进于此，故复发愤一道。愈再拜。

【译文】你给我看你写的《初筮赋》，确实很有意思。只要尽力写文章，古人也不是难以学习的；只是不知像古人一样直率，怎么会得到今人的赏识？我写文章的时间很久了，常常自己觉得文章写得好的，那么别人必定以为不好。自己有点小小的得意，别人也就觉得有点小小的怪异；自己觉得非常得意，那么别人就会觉得非常怪异。有时为了应付写一点俗不可耐的文字，下笔时自己也觉得惭愧。等到拿给别人看，别人却认为写得好。自己内心有点小小的惭愧的文字受到别人小小的赞扬，自己感到非常惭愧的文字别人就一定认为写得非常好。不知古文对今世真的有什么用啊，（如果）这样，那么还是等待着今世有智者来赏识你的文章吧。

从前扬雄写《太玄》，人们都笑他，扬雄说："世人不理解我，没有关系；后世再有像我扬子云一样的人，一定会喜欢我的《太玄》的。"扬雄死了将近一千年，竟然没有一个像扬雄一样的人出现，真令人叹息啊！那时桓谭也认为扬雄的书胜过老子。老子不值得称道，扬雄岂止是与老子比比哪个更强而已？桓谭还不是理解扬雄的人。扬雄的弟子侯芭很了解他，认为自己老师的书胜过《周易》。然而侯芭的文章，在世上无法见到，不知那人果真怎么样。从这一点来说，作者不祈求别人了解自己，是明摆着的。先生的文章，正面对着百代之人要等待圣人的再世才能读懂，要询问鬼神才能没有疑惑（的境地）。难道不是在先生意料之中吗？

近来李翱跟着我学习写文章，很有收获，然而他家贫困，家里要做的事很多，未能完成学业。有一个张籍，年长于李翱，也跟着我学习写文章，他的文章与李翱不相上下，他花了一二年时间来学写文章，差不多写得很好了。然而我为他抛弃了时尚，从事着寂寞的事情，却想靠这个来在当世扬名而感到哀伤。我和你很长时间没有交谈了，感到您能这样自己要求上进，所以又发泄一通自己内心的感慨。韩愈再拜。

送王秀才埙序

吾尝以为孔子之道，大而能博，门弟子不能遍观而尽识也，故学焉而皆得其性之所近。其后离散分处诸侯之国，又各以所能授弟子，原远而末益分。

盖子夏之学，其后有田子方，子方之后，流而为庄周。故周之书，喜称子方之为人。荀卿之书，语圣人必曰："孔子、子弓。"子弓之事业不传，惟太史公书《弟子传》有姓名字曰："馯臂子弓。"子弓受《易》于商瞿。孟轲师子思，子思之学，盖出曾子。自孔子没，群弟子莫不有书，独孟轲氏之传得其宗，故吾少而乐观焉。

太原王埙，示予所为文，好举孟子之所道者。与之言，信悦孟子，而屡赞其文辞。夫沿河而下，苟不止，虽有迟疾，必至于海。如不得其道也，虽疾不止，终莫幸而至焉。

故学者必慎其所道。道于杨、墨、老、庄、佛之学，而欲之圣人之道，犹航断港绝潢，以望至于海也。故求观圣人之道，必自孟子始。今埙之所由，既几于知道，如又得其船与楫，知沿而不止，呜呼，其可量也哉！

【译文】我常常认为孔子之道博大精深，其门下弟子们不能全部学习和理解，所以学习孔子之道都只能得其大体轮廓。此后，弟子们又分离散居于各诸侯国，又各以自己所长传授给自己的弟子，离孔子时代愈远，后学者之间的差别也就愈大。

大体说来，子夏的学说，其后继者有田子方；田子方之后，其流变而为庄周，所以庄周的《庄子》一书中，很喜欢称道田子方的为人。荀卿的《荀子》一书，讲到古代圣人必讲孔子和子弓，子弓的事业后世不传，只有司马迁《史记》一书中的《仲尼弟子列传》中有其姓名，称作馯臂子弓，子弓曾从商瞿学习《周易》。孟轲师事子思，子思的学说出于曾参。自从孔子去世后，其众多弟子无不著书，但只有孟轲得其真传，所以我从小就喜欢读《孟子》一书。

太原人王埙拿给我看的他所写的文章，都喜欢举孟子所说的话。我和他交谈，他的确很喜欢孟子并多次称赞《孟子》一书的文辞。沿黄河东下，如果不中途停止，虽然会有慢有快，但最终必定可以到达大海；如果走的路子不对，即使你疾行不止，最终也不可能侥幸到达目的地。

所以求学的人一定要慎重选择自己的治学之道，走在杨子、墨子、老子、庄子和佛学的路上，而想走到圣人的路上，就像在与流水隔绝的港汊和池子中行船而希望到达大海。所以，要想看到真正的圣人之道，必须从读孟子的书开始。如今王埙所走的路，既然已经大概懂得了儒道，他如果又得到了到达目的地的工具（船与楫），又知道沿河而下，坚持不懈，唉呀，他的前途是不可限量的啊！

送孟东野序

大凡物不得其平则鸣：草木之无声，风挠之鸣。水之无声，风荡之鸣。其跃也，或激之；其趋也，或梗之；其沸也，或炙之。金石之无声，或击之鸣。人之于言也亦然，有不得已者而后言。其歌也有思，其哭也有怀，凡出乎口而为声者，其皆有弗平者乎！

乐也者，郁于中而泄于外者也，择其善鸣者而假之鸣。金、石、丝、竹、匏、土、革、木八者，物之善鸣者也。维天之于时也亦然，择其善鸣者而假之鸣。是故以鸟鸣春，以雷鸣夏，以虫鸣秋，以风鸣冬。四时之相推敚，其必有不得其平者乎？

其于人也亦然。人声之精者为言，文辞之于言，又其精也，尤择其善鸣者而假之鸣。其在唐、虞，咎陶、禹，其善鸣者也，而假以鸣，夔弗能以文辞鸣，又自假于《韶》以鸣。夏之时，五子以其歌鸣。伊尹鸣殷，周公鸣周。凡载于《诗》《书》六艺，皆鸣之善者也。周之衰，孔子之徒鸣之，其声大而远。传曰："天将以夫子为木铎。"其弗信矣乎！其末也，庄周以其荒唐之辞鸣。楚，大国也，其亡也以屈原鸣。臧孙辰、孟轲、荀卿，以道鸣者也。杨朱、墨翟、管夷吾、晏婴、老聃、申不害、韩非、慎到、田骈、邹衍、尸佼、孙武、张仪、苏秦之属，皆以其术鸣。秦之兴，李斯鸣之。汉之时，司马迁、相如、扬雄，最其善鸣者也。其下魏晋氏，鸣者不及于古，然亦未尝绝也。就其善鸣者，其声清以浮，其节数以急，其辞淫以哀，其志弛以肆；其为言也，乱杂而无章。将天丑其德莫之顾邪？何为乎不鸣其善鸣者也！

唐之有天下，陈子昂、苏源明、元结、李白、杜甫、李观，皆以其所能鸣。其存而在下者，孟郊东野始以其诗鸣。其高出魏晋，不懈而及于古，其他浸淫乎汉氏矣。从吾游者，李翱、张籍其尤也。三子者之鸣信善矣。抑不知天将和其声，而使鸣国家之盛邪，抑将穷饿其身，思愁其心肠，而使自鸣其不幸邪？三子者之命，则悬乎天矣。其在上也奚以喜，其在下也奚以悲！东野之役于江南也，有若不释然者，故吾道其于命天者以解之。

【译文】一般说来各种事物处在不平静的时候就会发出声音：草木本来没有声音，风摇动它就发出声响。水本来没有声音，风震荡它就发出声响。水浪腾涌，或是有东西在阻遏水势；水流湍急，或是有东西阻塞了水道；水花沸腾，或是有火在烧煮它。金属石器本来没有声音，有人敲击它就发出音响。人的语言也同样如此，往往到了不得不说的时候才发言。人们唱歌是为了寄托情思，人们哭泣是因为有所怀恋，凡是从口中发出而成为声音的，大概都有其不能平静的原因吧！

音乐，是人们心中郁闷而抒发出来的心声，人们选择最适合发音的东西来奏乐。金、石、丝、竹、匏、土、革、木这八种乐器，是各类物质中发音最好的。上天对于一年四季也是这样，选择最善于发声的事物借它来发声。因此春天让百鸟啁啾，夏天让雷霆轰鸣，秋天让虫声唧唧，冬天让寒风呼啸。一年四季互相推移变化，也一定有其不能平静的原因吧？

对于人来说也是这样。人类声音的精华是语言，文辞对于语言来说，又是它的精华，所以尤其要选择善于表达的人，依靠他们来表达意见。在唐尧、虞舜时，咎陶、禹是最善于表达的，因而借助他俩来表达。夔不能用文辞来表达，他就借演奏《韶》乐来表达。夏朝的时候，太康的五个弟弟用他们歌声来表达。殷朝善于表达的是伊尹，周朝善于表达的是周公。凡是记载在《诗经》《尚书》等儒家六种经典上的诗文，都是表达得很高明的。周朝衰落时，孔子和他的弟子表达看法，他们的声音洪大而传播遥远。《论语》上说：“上天将使孔子成为宣扬教化的人。”这难道不是真的吗？周朝末年，庄周用他那广大无边的文辞来表达。楚国是大国，它灭亡时候的情景靠着屈原的创作来表达。臧孙辰、孟轲、荀卿等人用他们的学说来表达。杨朱、墨翟、管夷吾、晏婴、老聃、申不害、韩非、慎到、田骈、邹衍、尸佼、孙武、张仪、苏秦这些人，都通过各自的主张来表达。秦朝的兴起，李斯是表达者。在汉朝，司马迁、司马相如、扬雄，是其中最善于表达的人。此后的魏朝、晋朝，能表达的人及不上古代，可是也并未绝迹。就其比较好的人来说，他们作品的声音清轻而虚浮，节奏短促而急迫，辞藻艳丽而伤感，志趣颓废而放旷；他们的文辞，杂乱而没有章法。这大概是上天厌弃这个时代的丑德败行而不愿照顾他们吧？为什么不让那些善于表达的人出来表达呢！

唐朝建立以后，陈子昂、苏源明、元结、李白、杜甫、李观，都凭他们的出众才华来表达心声。其后还活着的人当中，孟郊开始用他的诗歌来表达感情。这些作品超过了魏晋，有些经过不懈的努力已达到了上古诗作的水平。其他作品也都接近了汉朝的水准。同我交往的人中间，李翱、张籍大概是最引人注目的。他们三位的文辞表达确实是很好的。但不知道上天将应和他们的声音，使他们作品表达国家的强盛呢，还是将让他们贫穷饥饿，愁肠百结，使他们作品表达自身的不幸遭遇呢？他们三位的命运，就掌握在上天的手里了。身居高位有什么可喜的，身沉下僚有什么可悲的！东野将到江南地区去就任县尉，心里好像有想不开的地方，所以我讲这番命由天定的话来解开他心中的疙瘩。

送李愿归盘谷序

太行之阳有盘谷。盘谷之间，泉甘而土肥，草木丛茂，居民鲜少。或曰：“谓其环两山之间，故曰‘盘’。”或曰：“是谷也，宅幽而势阻，隐者之所盘旋。”友人李愿居之。

愿之言曰：“人之称大丈夫者，我知之矣：利泽施于人，名声昭于时，坐于庙朝，进退百官，而佐天子出令；其在外，则树旗旄，罗弓矢，武夫前呵，从者塞途，供给之人，各执其物，夹道而疾驰。喜有赏，怒有刑。才俊满前，道古今而誉盛德，入耳而不烦。曲眉丰颊，清声而便体，秀外而惠中，飘轻裾，翳长袖，粉白黛绿者，列屋而闲居，妒宠而负恃，争妍而取怜。大丈夫之遇知于天子、用力于当世者之所为也。吾非恶此而逃之，是有命焉，不可幸而致也。

穷居而野处，升高而望远，坐茂树以终日，濯清泉以自洁。采于山，美可茹；钓于水，鲜可食。起居无时，惟适之安。与其有誉于前，孰若无毁于其后；与其有乐于身，孰若无忧于其心。车服不维，刀锯不加，理乱不知，黜陟不闻。大丈夫不遇于时者之所为也，我则行之。

伺候于公卿之门，奔走于形势之途，足将进而趑趄，口将言而嗫嚅，处秽污而不羞，触刑辟而诛戮，侥幸于万一，老死而后止者，其于为人，贤不肖何如也？”

昌黎韩愈闻其言而壮之，与之酒而为之歌曰：“盘之中，维子之宫；盘之土，可以稼；盘之泉，可濯可沿；盘之阻，谁争子所？窈而深，廓其有容；缭而曲，如往而复。嗟盘之乐兮，乐且无央；虎豹远迹兮，蛟龙遁藏；鬼神守护兮，呵禁不祥。饮且食兮寿而康，无不足兮奚所望！膏吾车兮秣吾马，从子于盘兮，终吾生以徜徉！”

【译文】太行山的南面有个盘谷。盘谷中间，泉水甘甜，土地肥沃，草木繁茂，人烟稀少。有人说：“因为这山谷环绕在两山之间，所以称作‘盘’。”也有人说：“这个山谷，位置幽僻而地势阻塞，是隐者盘桓逗留的地方。”我的朋友李愿就住在这里。

李愿说：“人们称为大丈夫的人，我是了解的。他们把利益恩惠施给别人，名声显扬于当世，在朝廷上参与政事，任免百官，辅佐皇帝发号施令。他们到了朝廷外面，便树起旗帜，陈设弓箭，武夫在前面呼喝，侍从塞满道路，负责供给的仆役各自拿着物品，在路的两边飞快奔跑。他们高兴时就随意赏赐，发怒时就任情处罚。他们跟前聚集着很多才能出众的人，论古说今，赞扬他们的美德，这些话叫人听在耳中而不感到厌烦。那些眉毛弯弯，面颊丰腴，声音清脆，体态美好，外貌秀丽，资质聪慧，起舞时轻薄的衣襟飘然而动，长长的衣袖遮掩面容，白粉搽脸，青黛画眉的女子，在一排排后房中清闲地住着，自恃貌美，忌妒别的姬妾得到宠爱；争着比美，一心要获取主人的怜爱。这就是受到皇帝的知遇，掌握了很大权力的大丈夫的所作所为啊！我并非厌恶这些而躲开的，只是命中注定而不能侥幸得到啊！

“穷困家居，住在山野，登上高处眺望远方，在繁茂的树下整日悠然静坐，在清澈的泉水里洗涤，保持自身的洁净。从山上采来的果子，甜美可食；从水中钓来的鱼虾，鲜嫩可口。日常作息没有定时，只要感到舒适就安于如此。与其当面受到赞誉，不如背后不受诋毁；与其肉体享受安乐，不如心中没有忧虑。既不受官职的约束，也不受刑罚的惩处；既不问天下的治乱，也不管官吏的升降。这些都是遭遇不好、不行时不得志的人的所作所为，我就这样去做。

“侍候在达官贵人的门下，在通往地位权势的路上奔走，想要举脚进门却行止不定，想要开口说话却欲言无声。处于污浊低下的地位而不知羞耻，触犯了刑法而受到诛杀。希冀着获得非分名利的微弱机会，直到老死才罢休。这样的人在为人方面究竟是好呢还是不好啊！”昌黎韩愈听了李愿的话，称赞他讲得有气魄。给他斟上酒，并为他作一首歌:“盘谷之中,是你的房屋。盘谷的土地,可以播种五谷。盘谷的泉水,可以用来洗涤,可以沿着它去散步。盘谷地势险要,谁会来争夺你的住所?谷中幽远深邃,天地广阔足以容身;山谷回环曲折,像是走了过去,却又回到了原处。啊!盘谷中的快乐啊,快乐无穷。虎豹远离这儿啊,蛟龙逃避躲藏。鬼神守卫保护啊,呵斥禁绝不祥。有吃有喝啊长寿而健康,没有不满足的事啊,还有什么奢望?用油抹我的车轴啊,用粮草喂我的马,随着你到盘谷啊,终生在那里优游徜徉。”

祭鳄鱼文

维年月日,潮州刺史韩愈使军事衙推秦济,以羊一、猪一,投恶溪之潭水,以与鳄鱼食,而告之曰:昔先王既有天下,列山泽,罔绳擉刃,以除虫蛇恶物为民害者,驱而出之四海之外。及后王德薄,不能远有,则江汉之间,尚皆弃之以与蛮、夷、楚、越;况潮岭海之间,去京师万里哉!鳄鱼之涵淹卵育于此,亦固其所。今天子嗣唐位,神圣慈武,四海之外,六合之内,皆抚而有之;况禹迹所揜,扬州之近地,刺史、县令之所治,出贡赋以供天地宗庙百神之祀之壤者哉?鳄鱼其不可与刺史杂处此土也。

刺史受天子命,守此土,治此民,而鳄鱼睅然不安溪潭,据处食民畜、熊、豕、鹿、獐,以肥其身,以种其子孙;与刺史亢拒,争为长雄;刺史虽驽弱,亦安肯为鳄鱼低首下心,伈伈睍睍,为民吏羞,以偷活于此邪!且承天子命而来为吏,固其势不得不与鳄鱼辨。

鳄鱼有知,其听刺史言:潮之州,大海在其南,鲸、鹏之大,虾、蟹之细,无不容归,以生以食,鳄鱼朝发而夕至也。今与鳄鱼约:尽三日,其率丑类南徙于海,以避天子之命吏;三日不能,至五日;五日不能,至七日;七日不能,是终不肯徙也。是不有刺史、听从其言也;不然,则是鳄鱼冥顽不灵,刺史虽有言,不闻不知也。夫傲天子之命吏,不听其言,不徙以避之,与冥顽不灵为民物害者,皆可杀。刺史则选材技吏民,操强弓毒矢,以与鳄鱼从事,必尽杀乃止。其无悔!

【译文】某年某月某日,潮州刺史韩愈派遣部下军事衙推秦济,把羊一头、猪一头,投入恶溪的潭水中,送给鳄鱼吃,同时又警告它:古时候的帝王拥有天下后,放火焚烧山岭和泽地的草木,用绳索去网捉、用利刃去刺杀,以除灭虫、蛇等那些给人民带来危害的可恶动物，并把它们驱逐到四海之外去。到了后世，帝王的德行威望不能统治远方，于是，长江、汉水之间的大片土地只得放弃给东南各族；更何况潮州地处五岭和南海之间，离京城有万里之遥呢！鳄鱼之所以潜伏、生息在此地，也就很自然了。当今天子继承了大唐帝位，神明圣伟，仁慈英武，四海之外，天地四方之内，都在他的安抚统辖之下；更何况潮州是大禹足迹所到过的地方，是古代扬州的地域，是刺史、县令治理的地区，又是交纳贡品、赋税以供应皇上祭天地、祭祖宗、祭神灵的地方呢？鳄鱼，你是不可以同刺史一起生活在这块土地上的。

刺史受天子之命，镇守这块土地，治理这里的民众，而鳄鱼竟敢不安分守己地待在溪潭水中，却占据一方吞食民众的牲畜、熊、猪、鹿、獐、来养肥自己的身体、繁衍自己的后代；又胆敢与刺史抗衡，争当统领一方的英雄；刺史虽然软弱无能，又怎么肯向鳄鱼低头屈服，胆怯害怕，给治理百姓的官吏丢脸，并在此地苟且偷安呢！而且刺史是奉天子的命令来这里当官的，他势必不得不与鳄鱼争辩明白。

鳄鱼如果能够知道，你就听刺史我说：潮州这地方，大海在它的南面，大至鲸、鹏，小至虾、蟹，没有不在大海里归宿藏身，生活取食的，鳄鱼早上从潮州出发，晚上就能到达大海。现在，刺史与鳄鱼约定：至多三天，务必率领那批丑类南迁到大海去，以躲避天子任命的地方官；三天办不到，就放宽到五天；五天办不到，就放宽到七天；七天还办不到，这就表明最终不肯迁移了。这就是不把刺史放在眼里，不肯听他的话；不然的话，就是鳄鱼愚蠢顽固，虽然刺史已经有言在先，但还是听不进，不理解。凡对天子任命的官吏傲慢无礼，不听他的话，不肯迁移躲避，以及愚蠢顽固而又残害民众的牲畜，都应该处死。刺史就要挑选有才干有技能的官吏和民众，操起强硬的弓弩，安上有毒的箭镞，来同鳄鱼作战，一定要把鳄鱼全部杀尽才肯罢手。你们可不要后悔啊！

平淮西碑

天以唐克肖其德，圣子神孙，继继承承，于千万年，敬戒不怠，全付所覆，四海九州，罔有内外，悉主悉臣。高祖太宗，既除既治。高宗中睿，休养生息。至于玄宗，受报收功，极炽而丰。物众地大，孽牙其间。肃宗代宗，德祖顺考，以勤以容。大慝适去，稂莠不薅，相臣将臣，文恬武嬉，习熟见闻，以为当然。睿圣文武皇帝既受群臣朝，乃考图数贡曰：“呜呼!天既全付予有家，今传次在予。予不能事事，其何以见于郊庙？”群臣震慑，奔走率职。明年平夏，又明年平蜀，又明年平江东，又明年平泽潞，遂定易定，致魏博贝卫澶相，无不从志。皇帝曰："不可究武，予其少息。"九年，蔡将死，蔡人立其子元济以请。不许，遂烧舞阳、犯叶、襄城，以动东都，放兵四劫。皇帝历问于朝，一二臣外皆曰："蔡帅之不廷授，于今五十年，传三姓四将，其树本坚，兵利卒顽，不与他等。因抚而有，顺且无事。"大官臆决唱声，万口和附，并为一谈，牢不可破。皇帝曰："惟天惟祖宗所以付任予者，庶其在此。予何敢不力？况一二臣同，不为无助。"曰："光颜汝为陈许帅，维是河东、魏博、郃阳三军之在行者，汝皆将之。"曰："重胤汝故有河阳、怀，今益以汝。维是朔方、义成、陕、益、凤翔、延庆七军之在行者，汝皆将之。"曰："宏！汝以卒万二千，属而子公武往讨之。"曰："文通！汝守寿，维是宣武、淮南、宣歙、浙西四军之行于寿者，汝皆将之。"曰："道古！汝其观察鄂岳。"曰："愬！汝帅唐、邓、随，各以其兵进战。"曰："度！汝长御史，其往视师。"曰："度！惟汝予同，汝遂相予，以赏罚用命不用命！"曰："宏！汝其以节都统诸军。"曰："守谦！汝出入左右，汝惟近臣，其往抚师。"曰："度！汝其往，衣服饮食予士。无寒无饥，以既厥事。遂生蔡人，赐汝节斧，通天御带，备卒三百。凡兹廷臣，汝择自从。惟其贤能，无惮大吏。庚申，予其临门送汝。"曰："御史！予闵士大夫战甚苦，自今以往，非郊庙祠祀，其无用乐。"

颜、胤、武合攻其北，大战十六，得栅城县二十三，降人卒四万。道古攻其东南，八战，降万三千。再入申，破其外城。文通战其东，十余遇，降万二千。愬入其西，得贼将，辄释不杀；用其策，战比有功。十二年八月，丞相度至师，都统宏责战益急，颜、胤、武合战亦用命。元济尽并其众洄曲以备。十月壬申，愬用所得贼将，自文城因天大雪，疾驰百二十里，用夜半到蔡，破其门，取元济以献。尽得其属人卒。辛巳，丞相度入蔡，以皇帝命赦其人，淮西平，大飨赉功。师还之日，因以其食赐蔡人。凡蔡卒三万五千，其不乐为兵，愿归为农者十九，悉纵之。斩元济京师。册功，宏加侍中，愬为左仆射，帅山南东道。颜、胤皆加司空，公武以散骑常侍帅鄜坊、丹、延，道古进大夫，文通加散骑常侍，丞相度朝京师，道封晋国公，进阶金紫光禄大夫，以旧官相，而以其副总为工部尚书，领蔡任。既还奏，群臣请纪圣功，被之金石。皇帝以命臣愈。

【译文】上天因为唐能恪守它的旨意，保佑唐圣子神孙代代继承，千万年也不终止。又因唐恭敬谨慎一直不懈怠，上天将所覆盖之处全部交给了它，统治四海九州，不分内外，全由唐来主管，都要对唐称臣。唐高祖、唐太宗开创了基业，并初步治理，唐高宗、中宗、睿宗，休养生息。到玄宗时，国家达到极盛，功业最为显赫丰厚，物品丰富，版图广大，但邪恶的苗头却隐藏其中。其后是肃宗、代宗，到了德宗，继承先辈之位，德宗因其宽容大度，留下了藩镇祸害未能根除，所任用的官员都只知吃喝玩乐，（对藩镇的跋扈）各自为政习以为常，认为是理所当然的事。睿智圣明文武双全的皇帝（宪宗）接受群臣朝拜之后，就考察版图计算贡赋，说道："唉呀！上天既然将全天下交给我们李家，现在传位传到我，我如果不能做出点事业来，将有什么脸面来见郊庙的列祖列宗呢？”大臣们都为之震恐害怕，争抢着做好本职工作。第二年就平定了夏，又一年平定了蜀，又一年平定了江东，再过一年又平定了泽潞，于是平定了易、定两州，致书给魏、博、贝、卫、澶、相，没有不顺从朝廷意愿的。皇上说：“不能一直用武力，我还是稍微停息休整一下吧。”元和九年蔡州大将去世，蔡州的人请求拥立旧将的儿子吴元济为节度使，天子没有允许。于是蔡军就焚烧舞阳城，进犯到叶城和襄城，威胁了东都洛阳，他们放纵军队四处劫掠。皇帝多次和朝中大臣商议对策，除了一两个大臣外，都说：“蔡州将帅不由朝廷任命（的现象）到如今已经有五十年了，已传了三个姓的四名大将了，他们基础雄厚，武器锋利，士兵勇猛，其他藩镇不可相提并论。趁时机安抚他们和他们友好相处，可保他们顺从不生事变。”大官主观臆断一提倡，其他人随声附和，都主张这样，似乎已成决议，不可辩驳。皇帝说：“上天和祖先之托付我重任，大概就是这个（即削平藩镇），我怎么敢不努力？况且还有一两个大臣同意讨伐，还不算没有任何帮助。”又说：“光颜，你是陈、许两州的大帅，凡是河东、魏博、郃阳三地所有在编部队，都由你率领。”又命令说：“重胤，你原来有河阳、怀两地军队，现在我给你加兵，凡是朔方、义成、陕、益、凤翔、延、庆七地所有在编部队，都由你率领。”又说：“宏，你带兵率一万二千人，带着你的儿子公武前往讨伐。”又说：“文通，你固守寿州，凡是宣武、淮南、宣歙、浙西四地部队驻扎在寿州的，都由你率领。”又说：“道古，你去鄂岳做观察使。”又说：“愬，任你为唐、邓、随三州主帅，让他们各自带兵参加讨伐。”又说：“度，你任御史，前往视察监督部队。”还说：“度，只有你和我意见统一，你要辅佐我，奖赏那些听从命令的人，惩罚那些不服从命令的人。”又说：“宏，你以节都的身份统率各路军马。”还说：“守谦，你是我左右侍从，以天子近臣的身份前去慰问军队。”又说：“度，你去了那里，要给士兵们足够的衣服饮食，不要使他们受冻受饿。平定蔡州之后，要体恤蔡州的百姓。我赐给你符节和斧钺，赐你通天御带，以及三百名护卫的士兵。凡是现在这里的朝中大臣，你可以自行选用让他们跟从你，你只需考虑任用贤士和有才能的人，不必忌惮大官。庚申日，我会亲自去城门送你。”又说：“御史，我怜惜士兵和将领作战会非常辛苦，自今天以后，如果不祭祀宗庙，就不要使用音乐了。”

颜、胤、武三人合力攻打蔡州北部，大的战役有十六次，夺取栅城县二十三座，使敌军四万人投降。道古攻打东南部，打了八次仗，收降了一万三千人，接下来攻入申州，攻破了申的外城。文通攻打东部，和敌军作战十几次，俘获敌军一万二千人。李愬攻入蔡州西部，俘获敌人将领，都马上释放而不处死，利用降将的计谋，战斗中一再立功。元和十二年八月丞相裴度来到军队中，都统宏更加急切地督促战斗，颜、胤、武三军联合作战也更加卖命，吴元济把他的部队全部合在一处躲开防备着。十月壬申日，李愬利用俘虏的敌将，从文城借着大雪天快马奔驰了一百二十里，在半夜时到了蔡州城，攻破城门，抓住了吴元济献上，于是吴元济属下所有人马全数被抓获。辛巳日，丞相裴度来到蔡州，传皇帝的命令赦免了蔡州降军。淮西被平定之后，大肆设宴庆功。军队回师那天，还把粮食赐给了蔡州百姓。蔡州降卒一共有三万五千人，其中不想再当兵而愿意回家务农的占到十分之九，朝廷把他们全部释放，并在京师把吴元济斩首。战后评功封赠如下：宏，加封侍中；李愬任左仆射，并做山南东道的大帅；颜、胤都加封为司空；公武，以散骑常侍的身份统领鄜、坊、丹、延四地军队；道古进为大夫；文通，加封为散骑常侍。丞相裴度到京师朝觐，还在路上时就被封为晋国公，后来又封金紫光禄大夫，仍任宰相。并让他的副手做工部尚书，做蔡州节度使。回来上奏完毕以后，大臣们请求记载圣上的功德，刻于金石之上。皇帝命令臣下韩愈（来办理）。

臣愈再拜稽首而献文曰：唐承天命，遂臣万邦；孰居近土,袭盗以狂。往在玄宗，崇极而圮，河北悍骄，河南附起。四圣不宥，屡兴师征，有不能克，益戍以兵。夫耕不食，妇织不裳，输之以车，为卒赐粮。外多失朝，旷不岳狩，百隶怠官，事亡其旧。帝时继位,顾瞻咨嗟；惟汝文武，孰恤予家。既斩吴蜀，旋取山东，魏将首义，六州降从。淮蔡不顺，自以为强，提兵叫讙，欲事故常。始命讨之，遂连奸邻，阴遣刺客，来贼相臣。方战未利，内惊京师；群公上言,莫若惠来。帝为不闻，与神为谋，乃相同德，以讫天诛。

乃敕颜、胤、愬、武、古、通，咸统于宏，各奏汝功。三方分攻，五万其师，大军北乘，厥数倍之。常兵时曲，军士蠢蠢，既翦陵云，蔡卒大窘。胜之邵陵，郾城来降，自夏入秋，复屯相望。兵顿不厉，告功不时，帝哀征夫，命相往釐。士饱而歌，马腾于槽，试之新城，贼遇败逃。尽抽其有，聚以防我，西师跃入，道无留者。頟頟蔡城，其疆千里，既入而有，莫不顺俟。

帝有恩言，相度来宣：“诛止其魁,释其下人。”蔡之卒夫，投甲呼舞，蔡之妇女，迎门笑语。蔡人告饥，船粟往哺；蔡人告寒,赐以缯布。始时蔡人，禁不往来；今相从戏，里门夜开。始时蔡人，进战退戮，今旰而起，左餐右粥。为之择人，以收余惫，选吏赐牛，教而不税。蔡人有言：始迷不知；今乃大觉。羞前之为。蔡人有言：天子明圣，不顺族诛，顺保性命。汝不吾信,视此蔡方；孰为不顺，往斧其吭。凡叛有数，声势相倚，吾强不支，汝弱奚恃？其告而长，而父而兄，奔走偕来，同我太平。淮蔡为乱，天子伐之，既伐而饥，天子活之。始议伐蔡，卿士莫随,既伐四年，小大并疑。不赦不疑，由天子明。凡此蔡功，惟断乃成。既定淮蔡，四夷毕来；遂开明堂，坐以治之。

【译文】臣下韩愈拜了两次，磕头行礼以后，献上文章，写道：唐朝顺承上天的旨意，臣服了上万邦国。熟悉居住在附近的人，袭击盗贼和狂徒。到玄宗时，国家达到极盛进而开始衰败，黄河以北藩镇凶悍骄恣，黄河以南的藩镇又附和而起。四位圣明贤君不宽宥他们，多次举兵讨伐，但未能成功征服，只好增加兵力戍守。男人们耕作了却没有饭吃，女人们织了布却没有衣裳穿。朝廷派车到各地去给士兵们筹集运送军粮。外地的官员大多不按期朝觐，天子例行的巡视也被废置，百官懈怠、玩忽职守，办事也不再依据旧有的规章制度。宪宗皇帝继位时，曾环顾而感慨：“你们文武百官，谁体恤祖宗传下的家业!”天子斩杀了吴蜀地区的叛贼，马上又收复了太行山以东地区。魏地一员将领首先起义归顺，六个州都跟着顺从了中央。只有淮西蔡州不归顺，自认为势力强大。他们率领兵马挑衅，想要像以前那样割据一方。刚刚下令征讨，就触怒了另一奸诈的藩将，他们暗地里派遣刺客，来刺杀宰相和大臣。刚开战时形势不利，惊动了京城。许多公卿大臣上书，都说不如给些恩惠安抚他们。天子不理睬这些建议，坚持自己的主张，并任用观点一致的人为助手来完成上天的责罚诛杀。

于是就敕令颜、胤、愬、武、古、通六人都由宏统领，各人去征伐贼寇立功。他们从三个方向分头进攻，共率了五万军队。大部队往北乘胜掩杀，往往数倍于敌军。敌兵经常败北，士兵们很担心。翦灭陵云叛军后，蔡州兵力大为困窘。在邵陵打了胜仗后，郾城的叛军赶紧来投降。从夏天打到秋天，军队驻扎的营地（连绵不断），可以互相望得见。即使军士困顿不振奋了，还不时传来战功。天子哀怜出征的将士，命令丞相前往慰问。将士们吃饱后，高兴得唱起歌，连马都在马槽边兴奋得腾跳。到新城试战了一次，叛军一碰上就溃败了。他们抽调了自己所有的东西，聚在一起来防备抵御我军，我西路部队冲进来以后，路上什么都没有能剩下来。战乱不休的蔡州，方圆上千里，攻破占领以后，没有一地不归顺的。

天子有恩典的圣言，让丞相裴度来说给他们：诛杀只限于罪魁祸首，释放他手下的兵士百姓。蔡州的士卒，都扔掉盔甲欢呼跳舞。蔡州的妇女都站在门口高兴地谈论。蔡州百姓报告说闹饥荒，朝廷就用船装着粟去救济他们。蔡地百姓说寒冻，朝廷就赐给他们缯布御寒。刚开始的时候，蔡州的人彼此间不相往来，现在，他们一起谈笑嬉戏，院门夜里还开着。当初，蔡州的人，前进就要战斗，后退就要被杀；现在，睡足了才起床，左边有吃的，右边有喝的。天子为他们选择贤人来管理，替他们选择官吏，赐给他们牛，教化他们却不征赋税。蔡州的人有这样的说法：开始的时候迷惑不知晓，现在才完全明白过来，为以前所做的事羞惭。蔡州的人也有这样说的：天子睿智圣明，不归顺就灭族，归顺了就能保住性命。你要是不相信我，看看蔡州吧，谁要是不顺从朝廷就要改正。凡是叛军都有定数，他们凭声势相互依恃；我们势力强盛的都支持不住，你们势弱的又有什么可依仗？去告诉你们的长官吧，告诉你的父亲、兄弟，快快一起赶到这边来，来和我们一起享用太平。淮西蔡州发生叛乱，天子讨伐了他们；虽然战争过后闹了饥荒，但天子救活了蔡州饥民。刚开始讨论征伐蔡州时，公卿和士大夫都不愿跟随，讨伐持续了四年，大大小小的官员都产生了怀疑，不赦免叛贼也不怀疑胜利，那是由于天子的圣明。这次伐蔡成功，主要是靠果断才成功的。平定淮西蔡州以后，四方蛮夷都来臣服。于是，天子当朝，藩镇臣服，尊卑秩序既定，天下大治。

柳子厚墓志铭

子厚，讳宗元。七世祖庆，为拓跋魏侍中，封济阴公（姚范曰：柳庆仕终于宇文，又不为侍中。《周书》本传可考，封平济公。其封济阴乃子厚六世祖旦，庆之子也。旦封济阴公，见柳集《隋书》本传不载。）。曾伯祖奭，为唐宰相，与褚遂良、韩瑗俱得罪武后，死高宗朝。皇考讳镇，以事母弃太常博士，求为县令江南。其后以不能媚权贵，失御史。权贵人死，乃复拜侍御史。号为刚直，所与游皆当世名人。

【译文】子厚，名叫宗元。七世祖柳庆，做过北魏的侍中，被封为济阴公。高伯祖柳奭，做过唐朝的宰相，同褚遂良、韩瑗都得罪了武后，在高宗时被处死。父亲叫柳镇，为了侍奉母亲，放弃了太常博士的官位，请求到江南做县令。后来因为他不肯向权贵献媚，丢了御史的官职。直到那位权贵死了，才又被任命为侍御史。人们都说他刚毅正直，与他交往的都是当时名人。

子厚少精敏，无不通达。逮其父时，虽年少，已自成人，能取进士第，崭然见头角。众谓柳氏有子矣。其后以博学宏词，授集贤殿正字。俊杰廉悍，议论证据今古，出入经史百子，踔厉风发，率常屈其坐人。名声大振，一时皆慕与之交。诸公要人，争欲令出我门下，交口荐誉之。

【译文】子厚少年时就很精明聪敏，没有不明白通晓的事。赶上他父亲在世时，他虽然很年轻，但已经成才，能够考取为进士，突出的显露出才华，大家都说柳家有能扬名显姓的后人了。后来又通过博学宏词科的考试，被授为集贤殿的官职。他才能出众，方正勇敢，发表议论时能引证今古事例为依据，精通经史诸子典籍，议论时才华横溢，滔滔不绝，常常使在座的人折服。因此名声轰动，一时之间人们都敬慕而希望与他交往。那些公卿贵人争着想让他成为自己的门生，异口同声的推荐赞誉他。

贞元十九年，由蓝田尉拜监察御史。顺宗即位，拜礼部员外郎。遇用事者得罪，例出为刺史。未至，又例贬永州司马。居闲，益自刻苦，务记览，为词章，汎滥停蓄，为深博无涯涘。而自肆于山水间。

【译文】贞元十九年，子厚由蓝田县尉调任监察御史。顺宗即位，又升为礼部员外郎。逢遇当权人获罪，他也被按例贬出京城当刺史，还未到任，又被依例贬为永州司马。身处清闲之地，自己更加刻苦为学，专心诵读，写作诗文，文笔汪洋恣肆，雄厚凝炼，像无边的海水那样精深博大。而他自己则纵情于山水之间。

元和中，尝例召至京师；又偕出为刺史，而子厚得柳州。既至，叹曰："是岂不足为政邪？"因其土俗，为设教禁，州人顺赖。其俗以男女质钱，约不时赎，子本相侔，则没为奴婢。子厚与设方计，悉令赎归。其尤贫力不能者，令书其佣，足相当，则使归其质。观察使下其法于他州，比一岁，免而归者且千人。衡湘以南为进士者，皆以子厚为师，其经承子厚口讲指画为文词者，悉有法度可观。其召至京师而复为刺史也，中山刘梦得禹锡亦在遣中，当诣播州。子厚泣曰："播州非人所居，而梦得亲在堂，吾不忍梦得之穷，无辞以白其大人；且万无母子俱往理。"请于朝，将拜疏，愿以柳易播，虽重得罪，死不恨。遇有以梦得事白上者，梦得于是改刺连州。呜呼！士穷乃见节义。今夫平居里巷相慕悦，酒食游戏相徵逐，诩诩强笑语以相取下，握手出肺肝相示，指天日涕泣，誓生死不相背负，真若可信；一旦临小利害，仅如毛发比，便反眼若不相识。落陷穽，不一引手救，反挤之，又下石焉者，皆是也。此宜禽兽夷狄所不忍为，而其人自视以为得计。闻子厚之风，亦可以少愧矣。

【译文】元和年间，他曾经与同案人一起奉召回到京师，又一起被遣出做刺史，子厚分在柳州。到任之后，他慨叹道："这里难道不值得做出政绩吗？"于是按照当地的风俗，为柳州制订了教谕和禁令，全州百姓都顺从并信赖他。当地习惯于用儿女做抵押向人借钱，约定如果不能按时赎回，等到利息与本金相等时，债主就把人质没收做奴婢。子厚为此替借债人想方设法，都让他们把子女赎了回来；那些特别穷困没有能力赎回的，就让债主记下子女当佣工的工钱，到应得的工钱足够抵消债务时，就让债主归还被抵押的人质。观察使把这个办法推广到别的州县，到一年后，免除奴婢身份回家的将近一千人。衡山、湘水以南准备考进士的人，就把子厚当做老师，那些经过子厚亲自讲授和指点的人所写的文章，全都可以看得出是合乎规范的。他被召回京师又再次被遣出做刺史时，中山人刘梦得禹锡也在被遣之列，应当去播州。子厚流着泪说："播州不是一般人能住的地方，况且梦得有老母在堂，我不忍心看到梦得处境困窘，他没有办法把这事告诉他的老母；况且绝没有母子一同前往的道理。"向朝廷请求，并准备呈递奏章，情愿拿柳州换播州，表示即使因此再度获罪，死也无憾。正遇上有人把梦得的情况告知了皇上，梦得因此改任连州刺史。呜呼！士人到了穷境时，才看得出他的节操和义气！现在一些人，平日街坊居处互相仰慕讨好，一些吃喝玩乐来往频繁，夸夸其谈，强作笑脸，互相表示愿居对方之下，手握手作出掏肝挖肺之状给对方看，指着天日流泪，发誓不论生死谁都不背弃朋友，简直像真的一样可信。一旦遇到小小的利害冲突，仅仅像头发丝般细小，便翻脸不认人，朋友落入陷阱，也不伸一下手去救，反而借机推挤他，再往下扔石头，到处都是这样的人啊！这应该是连那些禽兽和野蛮人都不忍心干的，而那些人却自以为得计。他们听到子厚的高尚风节，也应该觉得有点惭愧了！

子厚前时少年，勇于为人，不自贵重顾藉，谓功业可立就，故坐废退。既退，又无相知有气力得位者推挽，故卒死于穷裔。材不为世用，道不行于时也。使子厚在台省时，自持其身，已能如司马刺史时，亦自不斥；斥时，有人力能举之，且必复用不穷。然子厚斥不久，穷不极，虽有出于人，其文学辞章，必不能自力，以致必传于后如今，无疑也。虽使子厚得所愿，为将相于一时，以彼易此，孰得孰失，必有能辨之者。子厚以元和十四年十一月八日卒，年四十七。以十五年七月十日，归葬万年先人墓侧。子厚有子男二人：长曰周六，始四岁；季曰周七，子厚卒乃生。女子二人，皆幼。其得归葬也，费皆出观察使河东裴君行立。行立有节概，重然诺，与子厚结交，子厚亦为之尽，竟赖其力。葬子厚于万年墓者，舅弟卢遵。遵，涿人，性谨慎，学问不厌。自子厚之斥，遵从而家焉，逮其死不去。既往葬子厚，又将经纪其家，庶几有始终者。铭曰："是惟子厚之室，既固既安，以利其嗣人。"

【译文】子厚从前年轻时，勇于帮助别人，自己不看重和爱惜自己，认为功名事业可以一蹴而就，所以受到牵连而被贬斥。贬谪后，又没有熟识而有力量有地位的人推荐与引进，所以最后死在荒僻的边远之地，才干不能为世间所用，抱负不能在当时施展。如果子厚当时在御史台、尚书省做官时，能谨慎约束自己，已像在司马时、刺史时那样，也自然不会被贬官了；贬官后，如果有人能够推举他，将一定会再次被任用，不至穷困潦倒。然而若是子厚被贬斥的时间不久，穷困的处境未达到极点，虽然能够在官场中出人头地，但他的文学辞章一定不能这样地下功夫，以致于像今天这样一定流传后世，这是毫无疑问的。即使让子厚实现他的愿望，一度官至将相，拿那个换这个，何者为得，何者为失？一定能有辨别它的人。子厚在元和十四年十一月初八去世，终年四十七岁；在十五年七月初十安葬在万年县他祖先墓地的旁边。子厚有两个儿子：大的叫周六，才四岁；小的叫周七，是子厚去世后才出生的。两个女儿，都还小。他的灵柩能够回乡安葬，费用都是观察使河东人裴行立先生付出的。行立先生为人有气节，重信用，与子厚是朋友，子厚对他也很尽心尽力，最后竟仰赖他的力量办理了后事。把子厚安葬到万年县墓地的，是他的表弟卢遵。卢遵是涿州人，性情谨慎，做学问永不满足；自从子厚被贬斥之后，卢遵就跟随他和他家住在一起，直到他去世也没有离开；既送子厚归葬，又准备安排料理子厚的家属，可以称得上是有始有终的人了。铭文说："这是子厚的幽室，既牢固又安适，对子厚的子孙会有好处。"

圬者王承福传

圬之为技贱且劳者也。有业之，其色若自得者。听其言，约而尽。问之，王其姓。承福其名。世为京兆长安农夫。天宝之乱，发人为兵。持弓矢十三年，有官勋，弃之来归。丧其土田，手镘衣食，余三十年。舍于市之主人，而归其屋食之当焉。视时屋食之贵贱，而上下其圬之佣以偿之；有余，则以与道路之废疾饿者焉。

又曰："粟，稼而生者也；若市与帛。必蚕绩而后成者也；其他所以养生之具，皆待人力而后完也；吾皆赖之。然人不可遍为，宜乎各致其能以相生也。故君者，理我所以生者也；而百官者，承君之化者也。任有大小，惟其所能，若器皿焉。食焉而怠其事，必有天殃，故吾不敢一日舍镘以嬉。夫镘易能，可力焉，又诚有功；取其直，虽劳无愧，吾心安焉夫力易强而有功也；心难强而有智也。用力者使于人，用心者使人，亦其宜也。吾特择其易为无愧者取焉。

"嘻！吾操镘以入富贵之家有年矣。有一至者焉，又往过之，则为墟矣；有再至、三至者焉，而往过之，则为墟矣。问之其邻，或曰："噫！刑戮也。"或曰："身既死，而其子孙不能有也。"或曰："死而归之官也。"吾以是观之，非所谓食焉怠其事，而得天殃者邪？非强心以智而不足，不择其才之称否而冒之者邪？非多行可愧，知其不可而强为之者邪？将富贵难守，薄功而厚飨之者邪？抑丰悴有时，一去一来而不可常者邪？吾之心悯焉，是故择其力之可能者行焉。乐富贵而悲贫贱，我岂异于人哉？"

又曰："功大者，其所以自奉也博。妻与子，皆养于我者也；吾能薄而功小，不有之可也。又吾所谓劳力者，若立吾家而力不足，则心又劳也。"一身而二任焉，虽圣者不可能也。

愈始闻而惑之，又从而思之，盖贤者也，盖所谓"独善其身"者也。然吾有讥焉；谓其自为也过多，其为人也过少。其学杨朱之道者邪？杨之道，不肯拔我一毛而利天下。而夫人以有家为劳心，不肯一动其心以畜其妻子，其肯劳其心以为人乎哉？虽然，其贤于世之患不得之，而患失之者，以济其生之欲，贪邪而亡道以丧其身者，其亦远矣！又其言，有可以警余者，故余为之传而自鉴焉。

【译文】粉刷墙壁作为一种手艺，是卑贱而且辛苦的。有个人以这作为职业，样子却好像自在满意。听他讲的话，言词简明，意思却很透彻。问他，他说姓王，承福是他的名。祖祖辈辈是长安的农民。天宝年间发生安史之乱，抽调百姓当兵，他也被征入伍，手持弓箭战斗了十三年，有官家授给他勋级，但他却放弃官勋回到家乡来。由于丧失了田地，就靠拿着镘子维持生活过了三十多年。他寄居在街上的屋主家里，并付给相当的房租、伙食费。根据当时房租、伙食费的高低，来增减他粉刷墙壁的工价，归还给主人。有钱剩，就拿去给流落在道路上的残废、贫病、饥饿的人。

他又说："粮食，是人们种植才长出来的。至于布匹丝绸，一定要靠养蚕、纺织才能制成。其他用来维持生活的物品，都是人们劳动然后才完备的，我都离不开它们。但是人们不可能样样都亲手去制造，最合适的做法是各人尽他的能力，相互协作来求得生存。所以，国君的责任是治理我们，使我们能够生存，而各种官吏的责任则是秉承国君的旨意来教化百姓。责任有大有小，只有各尽自己的能力去做，好像器皿的大小虽然不一，但是各有各的用途。如果光吃饭不做事，一定会有天降的灾祸。所以我一天也不敢丢下我泥镘子去游戏嬉戏。粉刷墙壁是比较容易掌握的技能，可以努力做好，又确实有成效，还能取得应有的报酬，虽然辛苦，却问心无愧，因此我心里十分坦然。力气容易用劲使出来，并且取得成效，脑子却难以勉强使它获得聪明。这样，干体力活的人被人役使，用脑力的人役使人，也是应该的。我只是选择那种容易做而又问心无愧的活来取得报酬哩！

"唉！我拿着镘子到富贵人家干活有许多年了。有的人家我只去过一次，再从那里经过，当年的房屋已经成为废墟了。有的我曾去过两次，三次，后来经过那里，也成为废墟了。向他们邻居打听，有的说：'唉！他们家主人被判刑杀掉了。'有的说：'原主人已经死了，他们的子孙不能守住遗产。'也有的说：'人死了，财产都充公了。'我从这些情况来看，不正是光吃饭不做事遭到了天降的灾祸吗？不正是勉强自己去干才智达不到的事，不选择与他的才能相称的事却要去充数据高位的结果吗？不正是多做了亏心事，明知不行，却勉强去做的结果吗？也可能是富贵难以保住，少贡献却多享受造成的结果吧！也许是富贵贫贱都有一定的时运，一来一去，不能经常保有吧？我的心怜悯这些人，所以选择力所能及的事情去干。喜爱富贵，悲伤贫贱，我难道与一般人不同吗？"

他还说："贡献大的人，他用来供养自己的东西多，妻室儿女都能由自己养活。我能力小，贡献少，没有妻室儿女是可以的。再则我是个干体力活的人，如果成家而能力不足以养活妻室儿女，那么也够操心的了。一个人既要劳力，又要劳心，即使是圣人也不能做到啊！"

毛颖传

毛颖，中山人也。其先明视，佐禹治东方土，养万物有功，因封于卯地，死为十二神。尝曰："吾子孙神明之后，不可与物同，当吐而生。"已而果然。明视八世孙㲖，世传当殷时居中山，得神仙之术，能匿光使物，窃姮娥、骑蟾蜍入月，其后代遂隐不仕云。居东郭者曰㕙，狡而善走，与韩卢争能，卢不及，卢怒，与宋鹊谋而杀之，醢其家。

秦始皇时，蒙将军恬南伐楚，次中山，将大猎以惧楚。召左右庶长与军尉，以《连山》筮之，得天与人文之兆。筮者贺曰："今日之获，不角不牙，衣褐之徒，缺口而长须，八窍而趺居，独取其髦，简牍是资．天下其同书，秦其遂兼诸侯乎！"遂猎，围毛氏之族，拔其豪，载颖而归，献俘于章台宫，聚其族而加束缚焉。秦皇帝使恬赐之汤沐，而封诸管城，号曰管城子，日见亲宠任事。

颖为人，强记而便敏，自结绳之代以及秦事，无不纂录。阴阳、卜筮、占相、医方、族氏、山经、地志、字书、图画、九流、百家、天人之书，及至浮图、老子、外国之说，皆所详悉。又通于当代之务，官府簿书、市井贷钱注记，惟上所使。自秦皇帝及太子扶苏、胡亥、丞相斯、中车府令高，下及国人，无不爱重。又善随人意，正邪、直曲、巧拙，一随其人。虽见废弃，终默不泄。惟不喜武士，然见请，亦时往。累拜中书令，与上益狎，上尝呼为中书君。上亲决事，以衡石自程，虽宫人不得立左右，独颖与执烛者常侍，上休方罢。颖与绛人陈玄、宏农陶泓，及会稽褚先生友善，相推致，其出处必偕。上召颖，三人者不待诏，辄俱往，上未尝怪焉。

后因进见，上将有任使，拂拭之，因免冠谢。上见其发秃，又所摹画不能称上意。上嘻笑曰："中书君老而秃，不任吾用。吾尝谓君中书，君今不中书邪？"对曰："臣所谓尽心者。"因不复召，归封邑，终于管城。其子孙甚多，散处中国夷狄，皆冒管城，惟居中山者，能继父祖业。

太史公曰：毛氏有两族。其一姬姓，文王之子，封于毛，所谓鲁、卫、毛、聃者也。战国时有毛公、毛遂。独中山之族，不知其本所出，子孙最为蕃昌。《春秋》之成，见绝于孔子，而非其罪。及蒙将军拔中山之豪，始皇封诸管城，世遂有名，而姬姓之毛无闻。颖始以俘见，卒见任使，秦之灭诸侯，颖与有功，赏不酬劳，以老见疏，秦真少恩哉。

【译文】毛颖是中山地名人。他的先人是兔子，辅佐大禹治理东方，因养育万物有功，因此在卯地获得封地，死后成为十二神之一。他曾经说："我的子孙是神的后代，不可以和其它生物相同，生产是从嘴里吐出来的。"后来果然是这样。兔子的第八代孙子刚刚出生，人世间正当殷朝时期它住在中山，得到了神仙的法术，能够隐身、驱使物事，与嫦娥偷情，骑蟾蜍进入月亮，他的后代便隐居不当官。住在城东的名叫㕙，它狡猾并且善于奔跑，和韩卢比赛，卢不如它。卢恼怒，和鹊共同谋划杀了它，将它全家剁成了肉酱。

秦始皇的年代，蒙恬将军在南方讨伐楚国，在中山停留，准备举行大型的狩猎行动来威吓楚国，召集左右的庶长官和军尉军官一起，用连山占卜这次行动，预测天时和人和的预兆。占卜者恭贺道："这次要捕获的，是没有角牙齿不锋利，穿短布衣的动物，缺嘴并且颈脖子长，有八窍像打坐一样坐着，就取他的毛，可以用来作为形成写书册的东西，天下都用它来书写，秦将兼并诸侯吗？"于是开始狩猎，围捕毛颖家一族，拔下它们的毛，将毛尖（颖：原意是尖端。此处还暗指毛颖即兔子）装车带回，到章台宫将俘虏献给皇帝，聚集他家族的人将它们束缚起来。秦始皇恩赐让蒙恬将它放入汤池沐浴，并赐它封地：管城，赐名字：管城子。逐渐得到皇帝的恩宠并管理事务。

毛颖这个人记忆力非常强并且敏捷、敏锐，从结绳记事的年代起直到秦代的事，没有不编纂记录的；阴阳、卜卦、占卜相术、医疗方术、民族姓氏、山川的记载、地志、字和书法、图画、三教九流诸子百家等天下的书，乃至佛学、老子、外国的各种学说，全都详细地记下；还通晓当代的各种事务，官府公函，市井中货物钱财的账目记录，全都为皇上服务。从秦始皇到太子扶苏、胡亥、丞相李斯、中车府令赵高，下到国民百姓，没有不爱重他的。又善于随人的意，正直、邪恶、委婉、巧妙、拙朴的，全都随人的意。虽然有时被废弃，始终沉默但不泄气。惟有不喜欢武士，但是如果被请也经常前往。毛颖长期被封为中书令，和皇上更加亲密，皇上曾经称他为中书君。皇上亲自决断公事，每天阅览公文以达到规定的重量来限定自己，就是宫里的人也不得站在他的旁边，惟独毛颖和拿蜡烛的奴仆经常在旁边侍奉，皇上休息时才完。毛颖和绛县人陈玄、宏农县的陶泓和会稽县褚先生友好相善，互相推崇备至，他们出现的地方必定互相偕同。皇上召见毛颖，三人不等皇帝召见，一动就是一起前往，皇上从没怪罪过他们。

后来一次进见时，皇上要委任，重用他，于是脱下帽子谢恩。皇上看见他的头发秃了，并且所画的画不能如皇上的意。皇上讥笑道："中书君老并且秃头，不能胜任我的任务了。我曾经称您是中书，您现在是不中书啊？"回答说："我就是尽心啦。"于是不再召见，回到封地，在管城终老。他的子孙很多，分散在中国和外地，都冒充是管城人，惟有住在中山的后代能够继承父辈祖宗的事业。

太史公（《太史》作者）说："毛家有两族，其中一族是姬姓，周文王的儿子，封为毛，就是所谓的鲁、卫、毛、聃。战国的时候有毛公、毛遂（人名）。惟有中山这一族，不知道他们的祖宗，子孙最兴旺。孔子作《春秋》，是见捉到麟（春秋时，鲁哀公十四年捉到一只麟，孔子当时正在写《春秋》，听到这个消息，认为麟出现不是时候，于是绝笔，停止写《春秋》）而停笔的，而不是他的罪过。蒙将军拔中山的毛，秦始皇赐封管城，于是世代有名，而姬姓的毛族默默无闻。毛颖起始于俘虏的样子出现，完结于任命和重用。秦灭诸侯，毛颖肯定有功劳，没有赏赐和酬劳，还因为老迈而被疏远，秦始皇真是薄情寡义啊！”

画记

杂古今人物小画共一卷。骑而立者五人。骑而被甲载兵立者十人。一人骑执大旗前立。骑而被甲载兵行且下牵者十人。骑且负者二人。骑执器者二人。骑拥田犬者一人。骑而牵者二人。骑而驱者三人。执羁靮立者二人。骑而下倚马臂隼而立者一人。骑而驱涉者二人。徒而驱牧者二人。坐而指使者一人。甲胄手弓矢斧钺植者七人。甲胄执帜植者十人。负者七人。偃寝休者二人。甲胄坐睡者一人。方涉者一人。坐而脱足者一人。寒附火者一人。杂执器物役者八人。奉壶矢者一人。舍而具食者十有一人。挹且注者四人。牛牵者二人。驴驱者四人。一人杖而负者。妇人以孺子载而可见者六人。载而上下者三人。孺子戏者九人。凡人之事三十有二。为人大小百二十有三。而莫有同者焉。

马大者九匹。于马之中又有上者下者。行者牵者。涉者，陆者。翘者顾者。鸣者寝者。讹者立者。人立者。龁者。饮者溲者。陟者降者。痒磨树者。嘘者嗅者。喜相戏者。怒相踶齧者。秣者骑者。骤者走者。载服物者。载狐兔者。凡马之事二十有七。为马大小八十有三。而莫有同者焉。

牛大小十一头。橐驼三头。驴如橐驼之数而加其一焉。隼一。犬羊狐兔麋鹿共三十。旃车三两。杂兵器弓矢旌旗刀剑矛楯弓服矢房甲胄之属，缶盂簦笠筐筥锜釜饮食服用之器。壶矢博奕之具。二百五十有一。皆曲极其妙。

贞元甲戌年。余在京师甚无事。同居有独孤生申叔者。始得此画而与余弹棋。余幸胜而获焉。意甚惜之。以为非一工人之所能运思。盖丛集众工人之所长耳。虽百金不愿易也。明年出京师。至河阳。与二三客论画品格。因出而观之。坐有赵侍御者。君子人也。见之戚然若有感然。少而进曰。噫。余之手模也。亡之且二十年矣。余少时常有志乎兹事。得国本。绝人事而摹得之。游闽中而丧焉。居闲处独。时往来余怀也。以其始为之劳而夙好之笃也。今虽遇之。力不能为已。且命工人存其大都焉。余既甚爱之。又感赵君之事。因以赠之。而记其人物之形状与数。而时观之。以自释焉。

【译文】集合古今的人与物画在一个画卷上：骑在马上立定的五人，穿着铠甲、背了兵器骑在马上立定的十人，一个人骑在马上手执大旗立定在队列前面，穿着铠甲、背了兵器牵着马走的十人，背着器物骑在马上的二人，拿着器皿骑在马上的二人，骑在马上带着猎犬的一人，牵马而行的二人，策马前进的三人，手执马缰绳站立的二人，手臂上架着隼靠着马站立的一人，骑在马上指挥渡河的二人，徒步放牧畜群的二人，坐着指挥的一人，着盔甲持弓箭或执斧钺将柄立在地面的七人，着盔甲持旗帜立于地上的十人，身上背着东西的七人，躺着休息的二人，着盔甲坐在那里睡的一人，正在渡河的一人，坐在水边脱去鞋袜的一人，烤火取暖的一人. 各执不同器物干活儿的八人，手捧壶矢的一人，在屋子里做饭的十一人，倒水斟酒的四人，牵牛的二人，赶驴的四人，一个人扶杖背着东西，妇女带着孩子坐在车上可以看见的六人，上车和下车的三人，嬉戏的孩子九人。一共展现了人的活动三十二种，画了大小一百二十三个人，而且没有相同的。画有大马九匹；在马里边，有人正上马的，下马的，有走的，有被人牵着的，有正在过河的，有正在上岸的，有举足的，有回头的，有嘶叫的，有躺卧的，有抖动身子的，有立着不动的，有举起前足像人站立的，有吃草的，有饮水的，有便溺的，有上坡的，有下坡的，有在树上蹭痒的，有吐气的，有闻味的，有的高兴地在一起撒欢嬉戏，有的发怒地彼此间足踢口咬，有的正在吃食，有的人骑在马上行走，有奔驰的，有小跑的，有驮了服装器物的，有驮了狐兔的。一共展现了马的活动二十七种，画了大小八十三匹马，而且没有相同的。画中有大小十一头牛。三头骆驼。驴的头数比骆驼多一头。一只隼。犬羊狐兔麋鹿一共三十只。三辆插着旗子的车。画中有兵器弓箭旌旗刀剑矛盾弓袋箭筒盔甲之类的东西，瓶子罐子雨伞雨帽方筐圆筐有足无足的锅等饮食穿用的器物，壶矢博采行棋的玩具，一共二百五十一件，都画出了它们各自的妙处。贞元甲戌年，我在京师，闲住无事，同住的有一位独孤申叔，他先得到了这幅画，后来他与我弹棋，我侥幸赢了他得了这画。心里很爱惜它，因为我认为这画不是一个画工所能构思的，该是集合许多画工各施所长画成的，即使有人拿百金来也不愿兑换。第二年，我离开京师，回到河阳，一天，同几位客人谈论画，品评其优劣，于是把它拿出来给大家看。在座的有位赵侍御，是位正直诚实的人，看了之后显出悲伤的样子，好像是有心事，少停靠近我说："唉，这是我亲手临摹的，丢失将近二十年了，我年轻时对临摹名画很有兴趣，这幅画是我借得国手绘制的画本，谢绝一切往来应酬临摹而成的，游历闽中时丢失，在闲居独处之时，时时在我心中出现，这是因为临摹时花了大量心血、过去的爱好十分诚挚，现在虽然又看到了它。可是已经无力临摹了，姑且找画工去临摹保留个大概吧。"一方面，我很爱这幅画，另一方面，又被赵侍御的经历与心情所感动，于是就把画送给了他，但是记下了画中人与物的形状与数目，想起来就看一看，使自己内心宽解。

五箴（并序）

人患不知其过，既知之，不能改，是无勇也。余生三十有八年，发之短者日益白，齿之摇者日益脱，聪明不及于前时，道德日负于初心，其不至于君子而卒为小人也昭昭矣！作五箴以讼其恶云。

【译文】人就怕不知道自己的过失，知道了自己的过失，如果不能改，那就是缺乏勇气。我今年三十八岁了，稀疏的头发日益斑白，松动的牙齿日益脱落。听力和视力都不如以前那么好，道德学问也一天天远离当初制定的目标。我达不到君子的境界，最终不得不成为小人，已是明确无疑的啦！写此《五箴》，来批评自己一番。

游箴

余少之时，将求多能，蚤夜以孜孜；余今之时，既饱而嬉，蚤夜以无为。呜呼余乎，其无知乎？君子之弃，而小人之归乎？

【译文】我年轻的时候，决心求得多方面的才能，从早到晚，孜孜不倦地学习。我现在的情形：吃饱了就嬉游，从早到晚碌碌无为，唉！我这个人呀！难道不知道吗？我已被君子唾弃，归入小人之流了啊！

言箴

不知言之人，乌可与言？知言之人，默焉而其意已传。幕中之辩，人反以汝为叛；台中之评，人反以汝为倾；汝不惩邪，而呶呶以害其生邪！

【译文】不能体会言外之意的人，怎么可以同他讲话！能够体会言外之意的人，不用开口，就能知道你想说什么。在幕府中说得太多，人们反而以为你有二心，在御史台中进行评论，人们反而以为你是倾陷别人。你还不引以为戒么！难道一定要唠唠叨叨送掉性命吗？

行箴

行与义乖，言与法违，后虽无害，汝可以悔；行也无邪，言也无颇，死而不死，汝悔而何？宜悔而休，汝恶曷瘳？宜休而悔，汝善安在？悔不可追，悔不可为；思而斯得，汝则勿思。

【译文】行为背离礼义，言论违反规范，即使后来没造成什么恶果，你也应该后悔。行为端正无邪，言论不离正道，人死精神不死，还有什么应该后悔的？该悔恨的不悔恨，你的恶行怎么改正？不该悔恨的却要悔恨，你的善心到哪里去了？有的东西难以追悔，有的东西则不必后悔，只要想想就会明白这个道理，你却不肯好好动动脑筋。

好恶箴

无善而好，不观其道；无悖而恶，不详其故。前之所好，今见其尤；从也为比，舍也为仇。前之所恶，今见其臧；从也为愧，舍也为狂。维仇维比，维狂维愧，于身不祥，于德不义。不义不祥，惟恶之大，几如是为，而不颠沛？齿之尚少，庸有不思，今其老矣，不慎胡为！

【译文】他没有优点，你偏喜欢他. 因为你没有考察他的立身之道，他没有错误，你却不喜欢他，因为你没有搞清楚其中的缘故。以前所喜欢的，现在发现他的错误，追随他就等于依附，抛弃他就结成仇家。以前所憎恶的。现在发现他的美德，追随他则感到愧悔，抛弃他也就是颠狂。依附，结仇，愧悔、颠狂，对自己来说是很不吉祥，对德行来说则不合道义。不合道义不吉祥，犯的罪恶就特别大。考察这样做法的，哪个不遭受挫折？年轻的时候，对此不加思虑，如今上了年纪，为什么还不谨慎了。

知名箴

内不足者，急于人知；霈焉有余，厥闻四驰。今日告汝，知名之法：勿病无闻，病其晔晔。昔者子路，惟恐有闻，赫然千载，德誉愈尊。矜汝文章，负汝言语，乘人不能，掩以自取。汝非其父，汝非其师，不请而教，谁云不欺？欺以贾憎，掩以媒怨，汝曾不寤，以及于难。小人在辱，亦克知悔，及其既宁，终莫能戒，既出汝心，又铭汝前，汝如不顾，祸亦宜然？

【译文】本身缺乏学养的人，急于被人知赏。本身学问很充实，名声自然会四处传扬。现在我告诉你，获取声名的办法：不要怕自己默默无闻，怕的是声名太显赫。过去孔子的弟子子路，他生怕自己太有名，可千余年来声名显赫，德行声望更加受到尊崇。自以为文章了不起，又对自己的言辞很自负，乘人还没有这些本事，就把声名统统猎取。你不是别人的父亲，也不是别人的老师，不来请你就去教训，谁说这不是欺负人？欺负人招致憎恶，争名声惹人嫉恨，你竟然还不醒悟，灾难一定会降临。小人受到屈辱的时候，也能知道后悔，等到事过境迁，最后还是不能引以为戒。这番话你既然从心里悟出，又铭刻在你座位之前，你如果视而不见，耻辱就将不可避免。

进学解

国子先生晨入太学，招诸生立馆下，诲之曰："业精于勤，荒于嬉；行成于思，毁于随。方今圣贤相逢，治具毕张。拔去凶邪，登崇俊良。占小善者率以录，名一艺者无不庸。爬罗剔抉，刮垢磨光。盖有幸而获选，孰云多而不扬？诸生业患不能精，无患有司之不明；行患不能成，无患有司之不公。"言未既，有笑于列者曰："先生欺余哉！弟子事先生，于兹有年矣。先生口不绝吟于六艺之文，手不停披于百家之编。记事者必提其要，纂言者必钩其玄。贪多务得，细大不捐。焚膏油以继晷，恒兀兀以穷年。先生之业，可谓勤矣。觗排异端，攘斥佛老。补苴罅漏，张皇幽眇。寻坠绪之茫茫，独旁搜而远绍。

障百川而东之，回狂澜于既倒。先生之于儒，可谓有劳矣。沉浸醲郁，含英咀华，作为文章，其书满家。上规姚姒，浑浑无涯；周诰、殷《盘》，佶屈聱牙；《春秋》谨严，《左氏》浮夸；《易》奇而法，《诗》正而葩；下逮《庄》《骚》，太史所录；子云，相如，同工异曲。先生之于文，可谓闳其中而肆其外矣。少始知学，勇于敢为；长通于方，左右具宜。先生之于为人，可谓成矣。然而公不见信于人，私不见助于友。跋前踬后，动辄得咎。暂为御史，遂窜南夷。三年博士，冗不见治。命与仇谋，取败几时。冬暖而儿号寒，年丰而妻啼饥。头童齿豁，竟死何裨。不知虑此，而反教人为？”

先生曰：“吁，子来前！夫大木为宲，细木为桷，欂栌、侏儒，椳、闑、扂、楔，各得其宜，施以成室者，匠氏之工也。玉札、丹砂，赤箭、青芝，牛溲、马勃，败鼓之皮，俱收并蓄，待用无遗者，医师之良也。登明选公，杂进巧拙，纡馀为妍，卓荦为杰，校短量长，惟器是适者，宰相之方也。昔者孟轲好辩，孔道以明，辙环天下，卒老于行。荀卿守正，大论是宏，逃谗于楚，废死兰陵。是二儒者，吐辞为经，举足为法，绝类离伦，优入圣域，其遇于世何如也？今先生学虽勤而不繇其统，言虽多而不要其中，文虽奇而不济于用，行虽修而不显于众。犹且月费俸钱，岁靡廪粟；子不知耕，妇不知织；乘马从徒，安坐而食。踵常途之促促，窥陈编以盗窃。然而圣主不加诛，宰臣不见斥，非其幸欤？动而得谤，名亦随之。投闲置散，乃分之宜。若夫商财贿之有亡，计班资之崇卑，忘己量之所称，指前人之瑕疵，是所谓诘匠氏之不以杙为楹，而訾医师以昌阳引年，欲进其豨苓也。

【译文】国子先生早上走进太学，召集学生们站立在学舍下面，教导他们说：“学业的精进来自于勤奋，却因为游荡玩乐而荒废；品德的成就来自于思考，却因循随俗而败坏。当前圣君与贤臣相遇合，各种法律全部实施。拔除凶恶奸邪之人，提拔优秀人才。具有一点长处的人都已经被录取，拥有一种才艺的人没有不被任用的。选拔优秀人才，培养人才。大概只有侥幸而得选上的，谁说多才多艺而不被提拔举用呢？诸位学生只要担心学业不能精进，不要怕主管部门官吏看不清；只要担心德行不能成就，不要担心主管部门官吏不公正。”

话没有说完，有人在行列里笑道：“先生在欺骗我们吧？我们这些学生在这里跟从先生学习已经好几年了。先生嘴里不断地诵读六经的文章，两手不停地翻着诸子百家的书籍。对记事之文一定提取它的要点，对言论之编一定探索它深奥的旨意。一味多读书致力获得更多知识，大小方面都不舍弃。晚上点起灯烛继续白天的学习，总是劳累地过完一年又一年。先生的学习可以说勤奋了。抵制、批驳异端邪说，排斥佛教与道家，弥补儒学的缺漏，阐发精深微妙的义理。寻找踪迹难寻的儒家遗说，独自广泛搜求、从古代将它们继承下来。指导异端学说就像防堵纵横奔流的各条川河，引导它们东注大海；挽救儒家学说就像挽回已经倒下的宏大波澜。先生您对于儒家，可以说是有功劳了。心神沉浸在古代典籍的书香里，仔细地品尝咀嚼其中精华，写作起文章来，书卷堆满了家屋。向上规模取法虞、夏时代的典章，深远博大得无边无际；周代的诰书和殷代的《盘庚》，多么艰涩拗口难读；《春秋》的语言精练准确，《左传》的文辞铺张夸饰；《易经》变化奇妙而有法则，《诗经》思想端正而辞采华美；往下一直到《庄子》《离骚》《史记》；扬雄、司马相如的创作，同样巧妙但曲调各异。先生的文章可以说是内容宏大而外表气势奔放，波澜壮阔。先生少年时代就开始懂得学习，敢作敢为，长大之后精通礼法，举止行为都合适得体。先生的做人，可以说是完美的了。可是在朝廷上不能被人们信任，在私下里得不到朋友的帮助。进退两难，动一动便被责备。刚当上御史就被贬到南方边远地区。做了三年博士，职务闲散表现不出治理的成绩。您的命运与敌仇打交道，不时遭受失败。冬天气候还算暖和的日子里，您的儿女们已为缺衣少穿而哭着喊冷；年成丰收而您的夫人却仍为食粮不足而啼说饥饿。您自己的头顶秃了，牙齿缺了，这样一直到死，有什么好处呢？不知道想想这些，倒反而来教训别人干么呢？”国子先生说：“唉，你到前面来！要知道那些大的木材做屋梁，小的木材做瓦椽，做斗栱，短椽的，做门臼、门橛、门闩、门柱的，都量材使用，各适其宜而建成房屋，这是工匠的技巧啊。贵重的地榆、朱砂，天麻、龙芝，车前草、马屁菌，坏鼓的皮，全都收集，储藏齐备，等到需用的时候就没有遗缺的，这是医师的高明之处啊。提拔人材，公正贤明，选用人材，态度公正。灵巧的人和朴质的人都得引进，有的人谦和而成为美好，有的人豪放而成为杰出，比较各人的短处，衡量各人长处，按照他们的才能品格分配适当的职务，这是宰相的方法啊！从前孟轲爱好辩论，孔子之道得以阐明，他游历的车迹周遍天下，最后在奔走中老去。荀况恪守正道，发扬光大宏伟的理论，因为逃避谗言到了楚国，还是丢官而死在兰陵。这两位大儒，说出话来成为经典，一举一动成为法则，远远超越常人，优异到进入圣人的境界，可是他们在世上的遭遇是怎样呢？现在你们的先生学习虽然勤劳却不能顺手道统，言论虽然不少却不切合要旨，文章虽然写得出奇却无益于实用，行为虽然有修养却并没有突出于一般人的表现，尚且每月浪费国家的俸钱，每年消耗仓库里的粮食；儿子不懂得耕地，妻子不懂得织布；出门乘着车马，后面跟着仆人，安安稳稳地坐着吃饭。局局促促地按常规行事，眼光狭窄地在旧书里盗窃陈言，东抄西袭。然而圣明的君主不加处罚，也没有被宰相大臣所斥逐，岂不是幸运么？有所举动就遭到毁谤，名誉也跟着受到影响。被放置在闲散的位置上，实在是恰如其分的。至于度量财物的有无，计较品级的高低，忘记了自己有多大才能、多少份量和什么相称，指摘官长上司的缺点，这就等于所说的责问工匠的为什么不用小木桩做柱子，批评医师的用菖蒲延年益寿，却想引进他的猪苓啊。

祭柳子厚文

嗟嗟子厚，而至然邪！自古莫不然，我又何嗟？人之生世，如梦一觉；其间利害，竟亦何校？当其梦时，有乐有悲；及其既觉，岂足追惟？

凡物之生，不愿为材；牺尊青黄，乃木之灾。子之中弃，天脱馽羁；玉佩琼琚，大放厥辞。富贵无能，磨灭谁纪？子之自著，表表愈伟。不善为斫，血指汗颜；巧匠旁观，缩手袖间。子之文章，而不用世；乃令吾等，掌帝之制。子之视人，自以无前；一斥不复，群飞刺天。

嗟嗟子厚，今也则亡。临绝之音，一何琅琅？遍告诸友，以寄厥子。不鄙谓余，亦托以死。凡今之交，观势厚薄；余岂可保，能承子托？非我知子，子实命我；犹有鬼神，宁敢遗堕？念子永归，无复来期。设祭棺前，矢心以辞。呜呼哀哉，尚飨！

【译文】某年、某月、某日，韩愈恭敬地用清酒和多种佳肴作为祭品，祭奠去世的朋友柳子厚的魂灵。唉，子厚，竟死了！自古以来没有人不如此，我又悲叹什么呢？人活在世上，好像一场梦，其中的好坏，又计较什么呢？当人在梦中时，有欢喜有悲伤；等到人醒来以后，哪里值得追思呢？

大凡事物产生，不愿意成材，祭祀用的酒器又加上青黄的文饰，是木材的灾祸。你宦途中被斥逐，上天除去你的羁绊，你的文章如同美玉制成的玉佩，晶莹剔透，闪烁其词，极力铺陈。而那些富贵而没有才能的人，声名磨灭又有谁知道，可是你的名声却越来越高。不擅长砍削的人（砍削的时候）一定会指头流血，头上冒汗，而技术高超的工匠只能在一旁观看，收缩在袖子里面。你的文章不为当世所用，竟让我们这些无能之辈掌握大权。你一旦被斥逐，再没有复官，而朝廷里充满了碌碌之人。

唉，子厚，现在竟去世了。临终前的声音，多么清晰呀。全告诉各位朋友，希望托付幼小遗孤。看得起我你也把死后之事托付于我。大凡现在的交游，观势厚薄，我怎么能保证能承担你的托付？不是我了解你，你诚心托付于我；上有鬼神，我哪里敢忘记怠慢你的嘱托呢？希望你永归，不再有来期。在棺前设祭，把心中的话说出来。悲哀呀，请享用祭品吧！

祭十二郎文

年月日，季父愈闻汝丧之七日，乃能衔哀致诚，使建中远具时羞之奠，告汝十二郎之灵：

呜呼！吾少孤，及长，不省所怙，惟兄嫂是依。中年兄没南方，吾与汝俱幼，从嫂归葬河阳，既又与汝就食江南，零丁孤苦，未尝一日相离也。吾上有三兄，皆不幸早世。承先人后者，在孙惟汝，在子惟吾，两世一身，形单影只。嫂常抚汝指吾而言曰："韩氏两世，惟此而已。"汝时尤小，当不复记忆；吾时虽能记忆，亦未知其言之悲也。

吾年十九，始来京城。其后四年，而归视汝。又四年，吾往河阳省坟墓，遇汝从嫂丧来葬。又二年，吾佐董丞相于汴州，汝来省吾；止一岁，请归取其孥；明年，丞相薨，吾去汴州，汝不果来。是年，吾佐戎徐州，使取汝者始行，吾又罢去，汝又不果来。吾念汝从于东，东亦客也，不可以久；图久远者，莫如西归，将成家而致汝。呜呼！孰谓汝遽去吾而没乎！吾与汝俱少年，以为虽暂相别，终当久与相处，故舍汝而旅食京师，以求斗斛之禄；诚知其如此，虽万乘之公相，吾不以一日辍汝而就也！

去年孟东野往，吾书与汝曰："吾年未四十，而视茫茫，而发苍苍，而齿牙动摇。念诸父与诸兄，皆康强而早世，如吾之衰者，其能久存乎！吾不可去，汝不肯来，恐旦暮死，而汝抱无涯之戚也。"孰谓少者殁而长者存，强者夭而病者全乎！

呜呼！其信然邪？其梦邪？其传之非其真邪？信也，吾兄之盛德而夭其嗣乎？汝之纯明而不克蒙其泽乎？少者强者而夭殁，长者衰者而存全乎？未可以为信也。梦也，传之非其真也？东野之书，耿兰之报，何为而在吾侧也？呜呼！其信然矣！吾兄之盛德而夭其嗣矣！汝之纯明宜业其家者，不克蒙其泽矣！所谓天者诚难测，而神者诚难明矣！所谓理者不可推，而寿者不可知矣！

虽然，吾自今年来，苍苍者或化而为白矣，动摇者或脱而落矣。毛血日益衰，志气日益微，几何不从汝而死也！死而有知，其几何离；其无知，悲不几时，而不悲者无穷期矣。

汝之子始十岁，吾之子始五岁，少而强者不可保，如此孩提者，又可冀其成立邪？呜呼哀哉？呜呼哀哉！

汝去年书云："比得软脚病，往往而剧。"吾曰："是疾也，江南之人，常常有之。"未始以为忧也。呜呼！其竟以此而殒其生乎！抑别有疾而至斯乎？

汝之书，六月十七日也。东野云：汝殁以六月二日。耿兰之报无月日。盖东野之使者，不知问家人以月日；如耿兰之报，不知当言月日。东野与吾书，乃问使者，使者妄称以应之耳。其然乎？其不然乎？

今吾使建中祭汝，吊汝之孤与汝之乳母，彼有食可守以待终丧，则待终丧而取以来；如不能守以终丧，则遂取以来。其余奴婢，並令守汝丧。吾力能改葬，终葬汝于先人之兆，然后惟其所愿。

呜呼！汝病吾不知时，汝殁吾不知日。生不能相养以共居，殁不得抚汝以尽哀。敛不凭其棺，窆不临其穴。吾行负神明，而使汝夭，不孝不慈，而不得与汝相养以生，相守以死。一在天之涯，一在地之角，生而影不与吾梦相依。死而魂不与吾梦相接。吾实为之，其又何尤。彼苍者天，曷其有极！

自今已往，吾其无意于人世矣。当求数顷之田，于伊、颍之上，以待余年，教吾子与汝子，幸其成；长吾女与汝女，待其嫁，如此而已。

呜呼！言有穷而情不可终，汝其知也邪？其不知也邪？呜呼哀哉！

尚飨。

【译文】某年某月某日，叔父韩愈在听到你去世消息后的第七天，才得以含着哀痛向你表达心意。打发建中从远路备办了应时佳肴作祭品，告慰于你十二郎的灵前：

呜呼！我幼年丧父，等到长大，还不知道父亲的模样，全是依靠着哥哥和嫂子。哥哥中年时，去世在南方。当时我和你年纪还都小，跟随嫂嫂送哥哥的灵柩回河阳安葬。随后又和你到江南谋生。孤苦伶仃，我俩没有一天离开过。我上面有三个哥哥，都不幸很早去世了。继承先父的后代，在孙辈里只有你，在儿辈里只有我，两代都只剩一个人，孤孤单单。嫂嫂常常一面抚摸着你一面指着我说："韩家两代，只有你们这两个人了！"那时你还小，恐怕已记不得了；我那时虽能记得，但也不懂得她话中的悲酸。

我十九岁时，初次来到京城。此后四年，才回家看望你。又过了四年，我去河阳凭吊祖坟，遇到你送嫂嫂的灵柩来河阳安葬。又过了两年，我在汴州辅佐董丞相，你来看望我，只住了一年，你要求回去接家眷来。第二年，董丞相去世，我离开了汴州，你没有能够来。那一年，我在徐州辅助军事，派去接你的人刚要启程，我又罢职离开了徐州，你又没能够来。我想，你跟随我到东边，东边也是异乡客地，不能久住；从长远打算，不如西归河阳老家，将家安顿好再接你来。唉！谁料到你竟骤然去世离开了我啊！当初，我与你都还年轻，以为虽然暂时分别，终究会长久与你在一起的，所以才离开你到京师谋食，为了求得微薄的俸禄。倘使早知如此，纵然是做王公宰相，我也不愿意一天离开你而去就职啊。

去年，孟东野前往江南，我托他带给你的信中说："我还未到四十岁，而视力模糊，头发花白，牙齿松动。想到诸位叔伯父和各兄长，都是在健康壮盛时便过早去世，像我这样衰弱的身体，能够活得长久吗？我不能离开职守，你又不肯来。只怕我早晚死了，而你将会怀有无穷无尽的忧伤。”谁料想到年少的死了，而年长的却反活着；身强的夭折，而病弱的却反保全了生命？

唉！难道这是真的吗？是做梦呢？还是传送的消息不确实呢？如果是真的，为什么我哥哥有那么美好的德行却丧失了后代？你那么纯正贤明却不能承受他的遗泽？为什么年少身强的反而早死，年长衰弱的却反活着呢？我不敢相信这是真的啊。如果这是梦，那么是传送的消息不真实吗？孟东野的来信、耿兰的丧报，却又为什么在我的身边呢？呜呼！这是真的了！我哥哥有那么美好的德行竟丧失了后代，你那么纯正贤明本当继承家业的，竟不能承受他的遗泽！所谓天公啊，实在让人难以推测；神明啊，实在让人难以明白！这真是天理不可推究，寿命不可预卜啊！

虽说如此，我自从今年以来，花白的头发有的变成全白了，松动的牙齿有的已经脱落了。体质一天比一天衰弱，精神一天不如一天。不用多久，不就跟着你去死了么！如果死后能有知觉，那分离的日子也不会太久了；如果死后没有知觉，那我也悲伤不了多少时候，而没有悲伤的日子倒是无穷无尽的。

现在你的儿子才十岁，我的儿子刚五岁。年少身强的都不能保全，像这样的孩子，又怎么能希望他们长大成人呢？呜呼，悲恸啊！呜呼，悲恸啊！

你去年来信说：“近来得了脚气病，时常发作的很厉害。”我说：“这种病，江南人是常有的。”未曾为你这种病而担忧。呜呼！难道你竟然因为这种病而丧失了生命吗？还是因为有别的疾病而导致丧生呢？

你的信，我是六月十七日收到的。孟东野说：你是在六月二日去世的，耿兰报丧时没有写明月日。大概东野派来的差使，不知道向家里人问清楚月日；而耿兰的丧报，又不知道应当说清你死的月日。或是东野给我写信时，才去问差使，差使信口胡说以应付他罢了。是这样呢？或不是这样呢？

现在我派建中来祭你，慰问你的儿子和你的奶妈。他们家中有粮可以守你的灵到丧期结束，那么就等到丧期完了再接他们来；如果不能等到丧期结束，就立即接他们来，其余奴婢下人，都让他们守你的丧。如果我有能力给你迁葬，最终一定把你葬到祖先的墓地里，然后才算了却我的心愿。

唉！你患病我不知道时间，你去世我不知道日子；你活着时我不能和你生活在一起互相照顾，你去世了我不能抚摸你的遗体表达我的哀思，入殓时我不能靠在你棺木旁，下葬时我不能亲临你墓穴边。我的行为背负了神明，而使你年少夭折。我对上不孝，对下不慈，我既不能和你互相照顾共同生活，又不能和你相互陪伴一同去死；如今一个在天涯，一个在地角，活着时你的影子不能与我的形体相依偎，死后你的魂灵不能和我在梦里相聚会。这实在是我造成的，又能怨恨谁呢！那苍苍的上天啊，我的痛苦何时才有尽头！

从今以后，我没有心思活在人世了！我应当在伊水和颍水之畔置几顷田地，来度过我的晚年，教育我的儿子和你的儿子，期望他们长大成人；抚养我的女儿和你的女儿，等到他们出嫁，我的心愿不过如此罢了！

唉！言语有穷尽之时，而哀痛之情却是无尽的，这些你是知道了呢？还是不知道呢？啊，悲恸啊！祈望你享用祭品吧！

柳宗元

河东人，字子厚，少敏悟绝伦，为文章卓伟精緻，类古名家之说，一时辈行推仰。第贞元进士博学鸿辞科，拜监察御史，坐王叔文党，贬永州司马，复徙柳州刺史。宗元既竄斥，地又荒疠，因自放山泽间，其堙厄感郁，一寓诸文，而文乃益进。与韩愈友善，年四十七卒。愈誌其墓，又为文祭之，评其文曰雄深雅健，似司马子长，崔蔡不足多也。后世言古文者，皆以韩柳并称云，有《柳河东集》《外集》《龙城录》。

【译文】河东人，字子厚，年少时聪敏绝伦，作文章高超、精细周密，类似古代名家，在当时在同辈中受到推重敬仰。贞元九年中进士，十四年登博学鸿辞科，任监察御史。因参与王文叔集团革新连罪，贬为永州司马，后又贬为柳州刺史。宗元既被贬，所处地又荒芜，于是自我放逸，处于山泽中，为了淹没自己的困苦、忧郁，将其都寓于文章中，于是他的文辞有所增益。与韩愈相处友好，逝世时四十七岁。韩愈给他写了墓志，又作文章以祭奠他，评论他的文章说：雄浑而深沉，典雅而有力，与司马迁相似，崔骃、蔡邕不能胜过。后世谈古文的，都以韩柳并称，有《柳河东集》《外集》《龙城录》。

天 说

韩愈谓柳子曰："若知天之说乎？吾为子言天之说。今夫人有疾痛、倦辱、饥寒甚者，因仰而呼天曰：'残民者昌，佑民者殃！'又仰而呼天曰：'何为使我至此极戾也？'若是者，举不能知天。夫果蓏、饮食既坏，虫生之；人之血气败逆壅底，为痈疡、疣赘、瘘痔，亦虫生之。木朽而蝎中，草腐而萤飞，是岂不以坏而后出邪？物坏，虫由之生；元气阴阳之坏，人由之生。虫之生而物益坏，食啮之、攻穴之，虫之祸物也滋甚。其有能去之者，有功于物者也；繁而息之者，物之雠也。

【译文】韩愈对柳宗元说："你知道关于天的道理吗？我给你说说关于天的道理吧。有些受尽了病痛、劳累、屈辱、冻饿折磨的人，往往对天呼道：'残害人民的人反倒兴旺，保护人民的人反倒遭殃！'接着又向天呼叫道：'为什么会弄到这样极端违背道理的地步啊？'像这样的人，全部是对天不了解。我们知道，瓜果、饮食腐烂了，就会长虫子；人的血气衰败、停滞了，身上就会长痈疡、疣赘、瘘痔这些毒疮，虫子也就生出来了。木头朽烂了，蠹虫就会在里面繁殖；野草腐烂了，里面就会飞出萤火虫来。这些难道不是因为物败坏了之后才产生的吗？物败坏了，虫子从里面生出来：元气，阴阳败坏了，人就因此而产生。虫产生以后，物就更加败坏，虫子对物又吃、又咬、又是钻洞，使物遭到更严重的损害，如果有谁能除掉虫子，对于物就有功：谁要是让虫子繁殖生长，那就是物的仇敌了。

"人之坏元气、阴阳也亦滋甚：垦原田，伐山林，凿泉以井饮，窾墓以送死，而又穴为偃溲，筑为墙垣、城郭、台榭、观游，疏为川渎、沟洫、陂池，燧木以燔，革金以镕，陶甄琢磨，悴然使天地万物不得共情；倖倖冲冲，攻残败挠而未尝息。其为祸元气、阴阳也，不甚于虫之所为乎？吾意有能残斯人使日薄岁削，祸元气、阴阳者滋少，是则有功于天地者也；蕃而息之者，天地之雠也。今夫人举不能知天，故为是呼且怨也。吾意天闻其呼且怨，则有功者受赏必大矣，其祸焉者受罚亦大矣。子以吾言为如何"

【译文】"人对元气、阴阳的破坏也越来越厉害了：他们开垦田地，砍伐山林，凿通泉源，打井饮水，挖掘墓穴掩死人，挖坑修造厕所，建筑墙垣、城郭，台榭以及可供观赏游览的处所，疏浚大小河流，清理水道沟渠，整修池塘，钻木取火烧烤食物，熔化金属，制作陶器、瓦器，雕刻打磨玉器、石器，使天地万物衰残破败，不能保持它们的本性；人们这样怒气冲冲地、来来往往地侵害，扰乱自然界的活动，从未停止过。人们对于元气、阴阳的祸害，不是比虫子更厉害得多吗？我认为谁要能消除这些人，使他们一天比一天，一年比一年地削减，从而使祸害元气、阴阳的人日益减少，这就是有功于天地的人；谁要是繁殖养息这些人，那就是天地的仇敌。现在的人们全都不了解天，所以才发出这样的呼叫和埋怨来。我想，天听到了人们的呼叫和埋怨，必定会大大地赏赐有功于天的人，也一定会重重地惩罚那些祸害元气；阴阳的人。不知你以为我说得怎么样？"

柳子曰："子诚有激而为是邪？则信辩且美矣。吾能终其说。彼上而玄者，世谓之天。下而黄者，世谓之地。浑然而中处者，世谓之元气。寒而暑者，世谓之阴阳。是虽大，无异果蓏、痈痔、草木也。假而有能去其攻穴者，是物也其能有报乎？蕃而息之者其能有怒乎？天地，大果蓏也；元气，大痈痔也；阴阳，大草木也，其恶能赏功而罚祸乎？功者自功，祸者自祸，欲望共赏罚者大谬矣。呼而怨，欲望其哀且仁者，愈大谬矣。子而信子之仁义以游其内，生而死尔，乌置存亡得丧于果蓏、痈痔、草木邪？"

【译文】柳宗元说："你果真是由于愤激而发这番议论的吧？的确，你的议论不仅巧妙而且十分漂亮。我能把关于天的道理说透彻。那个在上面的青黑色的东西，一般人都把它叫做天；那个在下面的黄色的东西，一般人都把它叫做地；那充塞天地之间浑然不可分割的东西，一般人都把它叫做元气；一寒一暑这种变化，一般人都把它叫做阴阳。它们虽然很大，但和瓜果、痈痔、草木没有什么不同。假如有谁能够除掉对物咬食、钻洞的虫子，这个物对他能有所报答吗？谁如果让那些咬食、钻洞的虫子繁殖生长，达个物就会对他发怒吗？天地好比大瓜果，元气好此大痈痔，阴阳好比大草木，它们怎么能赏功罚祸呢？有功的人是通过他自己的行为取得的，遭祸的人是由他自己的行为招致的，希望天来行使惩罚，那就大错了。呼天怨天，祈求天的怜悯和仁慈，那就更加错误了。假如你坚信你的道义而把它作为行动的准则，那就为道义而生，为道义而死好了，又何必把生死得失的念头，寄托在像瓜果、痈痔、草木那样的没有意志的自然物上呢？

桐叶封弟辩

古之传者，有言成王以桐叶与小弱弟，戏曰："以封汝。"周公入贺。王曰："戏也。"周公曰："天子不可戏。"乃封小弱弟于唐。吾意不然。王之弟当封耶？周公宜以时言于王，不待其戏而贺以成之也。不当封耶？周公乃成其不中之戏，以地以人与小弱者为之主，其得为圣乎？且周公以王之言，不可苟焉而已，必从而成之耶？设有不幸，王以桐叶戏妇寺，亦将举而从之乎？凡王者之德，在行之何若。设未得其当，虽十易之不为病。要于其当，不可使易也。而况以其戏乎？若戏而必行之，是周公教王遂过也。吾意周公辅成王，宜以道，从容优乐，要归之大中而已。必不逢其失而为之辞。又不当束缚之，驰骤之，使若牛马然。急则败矣。且家人父子尚不能以此自克，况号为君臣者耶，是特小丈夫缺缺者之事，非周公所宜用，故不可信。或曰，封唐叔，史佚成之。

【译文】古代一些写史书的人有这样的说法：周成王拿一片桐叶（作为珪）给幼小的弟弟叔虞开玩笑说："用它封赐你。"周公知道后入朝来祝贺这件事。成王说："这是开玩笑的。"周公说："天子不能开玩笑。"于是把叔虞封在唐地。我认为这种说法不对。叔虞应当被封吗？如果应当，周公就该及时向成王说明，而不该等到成王开玩笑时才用祝贺的方式促成这件事。叔虞不应当被封吗？如果不应当，周公竟然使成王不恰当的玩笑成为事实，把唐地的土地和人民封给叔虞，使他成为他们的主人。这样，周公难道能被尊为圣人吗？或者是周公认为君王说的话不能随便了事，一定要跟着促成它吗？那么，假如事出意外，成王拿桐叶与宦官开玩笑，也要全部顺从实行吗？大凡君王的德行，在于行事如何。假如行为不得当，即使改正十次也不算缺点。总之要使行事得当，不能轻易从事。何况只是因为开玩笑呢？如果连开的玩笑也一定要兑现，那么周公是在误导成王顺从过错。我认为，周公辅佐成王，应当用切合正道的方法，不慌不忙，轻松和乐。总之要使其行为符合正确的道理，一定不要迎合他的过失并替他用话开脱，也不应像驱使牛马那样束缚他，或催逼他。过于急迫就会败坏事情。一家人父子之间都不能像这样自相约束，何况成王和周公还号称是君臣呢。我认为这只不过是耍小聪明的人所做的事，这种方法不应是周公所使用的。也有人说，把叔虞封在唐地一事，是太史尹佚编撰的。

西汉文类序

左右史混久矣，言事驳乱，《尚书》《春秋》之旨不立。自左丘明传孔氏，太史公述历古今，合而为《史记》，迄于今交错相纠，莫能离其说。独《左氏》《国语》纪言，不参于事。《战国策》《春秋后语》颇本右史《尚书》之制。然无古圣人蔚然之道，大抵促数耗矣，而后之文者袭之。文之近古而尤壮丽，莫若汉之西京。班固书传之，吾尝病其畔散不属，无以考其变。欲采比义，会年长疾作，驽堕日甚，未能胜也。幸吾弟宗直，爱古书，乐而成之。搜讨磔裂，捃摭融结，离而同之，与类推移，不易时月，而咸得从其条贯。森然炳然，若开群玉之府。指挥联累，圭璋琮璜之状，各有列位，不失其序，虽第其价可也。以文观之，则赋、颂、诗、歌、书、奏、诏、策、辨、论之词毕具。以语观之，则右史记言，《尚书》《国语》《战国策》成败兴衰之说大备，无不包也。噫！是可以为学者之端邪。

【译文】左右史书的混乱状况已经很久了，言论和行动的记载非常杂乱，《尚书》《春秋》所树立的写史宗旨已经不存在了。自从左丘明为孔子传《春秋》，太史公记述古今历史，合而成《史记》，到如今交错相杂，没有能够脱离这种现象的。只有《左氏春秋》《国语》只纪言，而不涉及行动。《战国策》《春秋后语》沿袭《尚书》的体制。然而没有古时圣人作史的那种大家风范，大都仓促凑数，晦暗不明，却受到后来文人的推崇。文章遵从古人而显得特别壮丽的，没有能超过汉代西京的。对于班固作的史传，我曾认为他的缺点是过于散乱不联贯，以致无法考察历史的变迁。我想比照重写，正碰上年老病发，一日不如一日，没能完成此事。所幸我的弟弟宗直喜好古书，很乐意地完成了这项工作。他搜集史料，分析综合，分类比较，没过多长时间，就使得这部史书浑然联贯。辉煌夺目，就像是打开下古时帝王珍藏书策的库府。结构布局，又像是排列有序的宝玉。各种言论和事件都有其相应位置，井然有序。从文学上来看，赋、颂、诗、歌、书、奏、诏、策、辨、论等文体无所不备。从论述上来看，右史用以纪言，其中有关《尚书》《国语》《战国策》成败得失的论述齐备，无所不包。噫！这确实可以列为做学问的人之首了。

始吾少时，有路子者，自赞为是书，吾嘉而序其意，而其书终莫能具，卒俟宗直也。故删取其序，系于左，以为《西汉文类》首纪。殷、周之前，其文简而野，魏、晋已降，则荡而靡，得其中者汉氏。汉氏之东，则既衰矣。当文帝时，始得贾生明儒术，武帝尤好焉。而公孙弘、董仲舒、司马迁、相如之徒作，风雅益盛，敷施天下，自天子至公卿大夫士庶人咸通焉。于是宣于诏策，达于奏议，讽于辞赋，传于歌谣，由高帝讫于哀、平，王莽之诛，四方之文章盖烂然矣。史臣班孟坚修其书，拔其尤者，充于简册，则二百三十年间，列辟之达道，名臣之大范，贤能之志业，黔黎之风习列焉。若乃合其英精，离其变通，论次其序位，必俟学古者兴行之。唐兴，用文理，贞元间，文章特盛。本之三代，浃于汉氏，与之相准。于是有能者，取孟坚书，类其文，次其先后，为四十卷。

【译文】在我年轻时，有一个名叫路子的人，自夸说要写这本书，我很赞赏而向他表述了自己的看法，而他的书最终没能写成，最后还是要等到宗直来完成。所以修改他的叙述，把此书作为《西汉文类》的第一纪。殷、周之前，文章简古朴实，魏、晋以后，则绮丽奢靡，处于这其间的是汉朝，在东汉时候，文章就已经开始衰落了。在汉文帝时，有贾谊通晓儒家之术，汉武帝尤其喜好。随着公孙弘、董仲舒、司马迁、司马相如等人的崛起，追求风雅的风气更盛，终于天下普及，从皇帝到公卿大夫和普通平民都通晓儒术。正当此时，儒术思想在诏策中宣讲，在奏议中表达，在辞赋中规讽，在歌谣中传唱，从高帝到哀帝、平帝和王莽被杀，全国各地，写文章之风极为盛行。文章可谓繁荣。史臣班孟坚撰写史书，选拔其中突出的，记于他的史书，二百三十年间，有道的皇帝，有功劳的名臣，有大志有成就的贤能之士，有美好风格的黎民百姓，都被选列其中。如果要吸取他的精华，变通他的手法，按照他的方法来排列其次序，那么一定要等到善于学习古人的人出现才能使之复兴。随着大唐的兴起，文章也随之兴起，贞元（785—804年）年间，文章特别繁盛。这是源于前三朝的汉代，受汉朝文风影响而形成的。于是在这种时候，自然会有有才能的人，拿出班孟坚的史书，效仿其文体，跟在其后，写史四十卷。

愚溪诗序

灌水之阳有溪焉，东流入于潇水。或曰：冉氏尝居也，故姓是溪曰冉溪。或曰：可以染也，名之以其能，故谓之以染溪。余以愚触罪谪潇水上，爱是溪，入二三里，得其尤绝者家焉。古有愚公谷，今余家是溪，而名莫能定，土之居者犹龂龂然，不可以不更也，故更之为愚溪。

愚溪之上，买小丘为愚丘。自愚丘东北行六十步，得泉焉，又买居之，为愚泉。愚泉凡六穴，皆出山下平地，盖上出也。合流屈曲而南，为愚沟。遂负土累石，塞其隘为愚池。愚池之东为愚堂，其南为愚亭，池之中为愚岛。嘉木异石错置，皆山水之奇者，以余故，咸以愚辱焉。

【译文】灌水的北面，有一条小溪，向东流入潇水。有人说；"有一家姓冉的人家曾在这里住过，所以把这条小溪也命名为冉溪。"又有人说："由于这条溪水的水可以染色，人们按照它的功能来命名，所以把它叫做染溪。"我因为愚蠢而犯了罪，被贬到了潇水边上，我很喜欢这条小溪，于是逆着溪流往上游走了二、三里地，选择一个风景特别好的地方住了下来，把家安在这儿。古时候有一个愚公谷，如今我住在这条小溪旁边，而小溪的名称还没有能够定下来，当地居民对这个问题至今仍然争辩不休，看来小溪的名称不能不改了，所以我把它的名字改为愚溪。

我在愚溪的边上. 买了一个小山丘，把它命名为愚丘。从愚丘往东北走六十步，有一汪泉水，我又把泉水买了下来，命名为愚泉，愚泉共有六个泉眼，都出自山下的平地上，水是从地下涌出来的，泉水合流后弯弯曲曲地向南流，成一水沟，我把它叫作愚沟。我于是又用土石在愚沟狭窄的地方填塞住它，修成愚池。在愚池的东边，我建造了愚堂，在南边建造了愚亭，在愚池的中央建造了愚岛。在这里，美好的树木和怪异的石头交错安排，形成罕见的山水景物，因为我的缘故，都用"愚"字来给它们命名，从而使它们受到了玷污。

夫水，智者乐也。今是溪独见辱于愚，何哉？盖其流甚下，不可以灌溉；又峻急，多坻石，大舟不可入也；幽邃浅狭，蛟龙不屑，不能兴云雨。无以利世，而适类于余，然则虽辱而愚之，可也。

宁武子"邦无道则愚"，智而为愚者也；颜子"终日不违如愚"，睿而为愚者也，皆不能为真愚。今余遭有道，而违于理，悖于事，故凡为愚者莫我若也。夫然，则天下莫能争是溪，余得专而名焉。

溪虽莫利于世，而善鉴万类，清莹秀澈，锵鸣金石，能使愚者喜笑眷慕，乐而不能去也。余虽不合于俗，亦颇以文墨自慰，漱涤万物，牢笼百态，而无所避之。以愚辞歌愚溪，则茫然而不违，昏然而同归，超鸿蒙，混希夷，寂寥而莫我知也，于是作《八愚诗》，纪于溪石上。

【译文】水是聪明人所喜爱的；今天这条小溪却独独被“愚”名所玷污，这又是为什么呢？原来是由于它的水流非常地低下，不能用来灌溉田地；加上水流湍急，到处是露出水面的石块，大船进不去；而且河道隐蔽偏僻，河床浅窄，蛟龙看不上眼，不能兴云作雨。因此这条小溪对世人没有什么好处，却恰恰与我相类似；这样的话，即使用“愚”来命名玷污它，也是可以的了。

宁武子在国家政治腐败的时候便装出一副很愚笨的样子，这是有智慧的人装疯卖傻；颜回在听讲时从来不提相反的意见，好像很愚笨，这是明智而装作愚蠢的人；但是，其实他们都不能算作真正的愚人。如今我正逢政治清明的时代，然而我的言行却违背了事理，做错了事情，所以没有比我更愚蠢的人了。既然这样，那么天下就没有人能再与我争夺这条溪水了，只有我才能够占有它，并给它起名字了。

小溪虽然对世人没有什么益处，但却善于鉴照万物，它洁净明亮、秀丽清澈，发出像钟、磬一样铿锵的声响，使愚者喜笑爱慕，高兴得不愿离开，我虽然不合世俗，但也很喜欢用写文章来宽慰自己，如同用水来冲洗万物的灰尘样，逼真地描摹出它们的千姿百态，而没有任何的避忌。用我的愚诗来歌颂愚溪，我们就茫茫然不相分离；昏昏然同归一处，在混沌一片之中，空虚静寂，情景交融得感不到自己的存在了。于是我就作《八愚诗》，刻记在小溪边的石头上面。

《杨评事文集》后序

赞曰：文之用，辞令褒贬，导扬讽谕而已。虽其言鄙野，足以备于用。然而阙其文采，固不足以竦动时听，夸示后学。立言而朽，君子不由也。故作者抱其根源，而必由是假道焉。作于圣，故曰经；述于才，故曰文。文有二道，辞令褒贬，本乎著述者也；导扬讽谕，本乎比兴者也。著述者流，盖出于《书》之谟、训，《易》之象、系，《春秋》之笔削，其要在于高壮广厚，词正而理备，谓宜藏于简册也。比兴者流，盖出于虞、夏之咏歌，殷、周之风雅，其要在于丽则清越，言畅而意美，谓宜流于谣诵也。兹二者，考其旨义，乖离不合。故秉笔之士，恒偏胜独得，而罕有兼者焉。厥有能而专美，命之曰艺成。虽古文雅之盛世，不能并肩而生。

【译文】评论说：文章的功用，在于交流思想，褒贬善恶，自发诱导，讽刺劝谏罢了。尽管语言粗俗的文章，也能供社会应用。但是，由于文章缺乏文采，肯定不能惊动当时人们的听闻，也不能向后辈学子夸耀。著书立说却缺乏生命力，这是有才德的人所不干的事。所以文章作者在坚持文章思想内容的同时，还必须借助于文采去表现它。圣人所写的著作，叫作经书，有才学的人阐发经义的著述，叫作文章。文章有两大类：即交流思想、褒贬善恶的作品，起源于古代的议论文和记叙文；启发诱导、讽刺劝谏的作品，起源于古代的诗歌。后世的议论文和记叙文，渊源于《尚书》中的谟、训，和《周易》中的象辞、系辞，还有《春秋》中经过删改的文字，它们的特点就在于气势雄浑，内容丰富，词语严正，说理充分，因此，适合收藏在书籍当中。后世的诗歌，起源于虞、夏两代的歌谣，和殷，周两代的风雅，它的总的特点即在于华丽而有节奏，音韵清亮激越，语言流畅，意境优美，所以适合在歌谣般的吟诵中流传。这两大类文章，追究其上要宗旨和意义，可以发现，这二者互不相同，各有特点，无法融合。所以，写文章的人，通常只以其某一方面见长而有其独到之处，却很少有两方面都兼备的。那些两方面都很擅长，都很有成就的，就可以称之为艺术上极有成就的人。即使在古代的文明盛世，也从未同时涌现过两个以上这样的人才。

唐兴以来，称是选而不作者，梓潼陈拾遗。其后燕文贞以著述之馀，攻比兴而莫能及；张曲江以比兴之隙，穷著述而不克备。其馀各探一隅，相与背驰于道者，其去弥远。文之难兼，斯亦甚矣。若杨君者，少以篇什著声于时，其炳耀尤异之词，讽诵于文人，满盈于江湖，达于京师。晚节遍悟文体，尤邃叙述。学富识远，才涌未已，其雄杰老成之风，与时增加。既获是，不数年而夭。其季年所作尤善，其为《鄂州新城颂》《诸葛武侯传论》、饯送梓潼陈众甫、汝南周愿、河东裴泰、武都符义府、泰山羊士谔、陇西李鍊凡六序，《庐山禅居记》《辞李常侍启》《远游赋》《七夕赋》皆人文之选已。用是陪陈君之后，其可谓具体者欤？

呜呼！公既悟文而疾，既即功而废，废不逾年，大病及之，卒不得穷其工、竟其才，遗文未克流于世，休声未克充于时。凡我从事于文者，所宜追惜而悼慕也！宗元以通家修好，幼获省谒，故得奉公元兄命，论次篇简。遂述其制作之所诣，以系于后。

【译文】自从唐朝开国以来，能毫无愧色地称得上这两方面才能都同时兼备的人才，只有梓潼的陈子昂。在陈子昂之后，燕文贞在其著述之余，进行诗歌创作，但却没有能够达到很高的水平；张九龄在其诗歌创作之余，尽力钻研著述，但也未能达到完美程度。其余的只是各自探求某一方面，又使二者相互背道而驰，这其中的差距就更远了。著述和作诗的才能要兼备于一身，那真是难到极点了。至于这位杨凌先生，年轻时又以其诗歌著称于当时，他那些美丽奇特、光彩夺目的诗歌佳句，被文人的吟诵称赏，传遍四面八方，并流传到了京城。他晚年对各种文体都有所领悟，尤其精通叙述文。他学问渊博，见识高远，才华横溢，他那雄健老练的文风，随着时间的推移日臻成熟。他已经取得了这样高的成就，不幸的是没过几年就离开了人世。他晚年所写的作品特别地好，他写的《鄂州新城颂》《诸葛武侯传论》、饯送梓潼陈众甫、汝南周愿、河东裴泰、武都符义府、太山羊士谔、陇西李錬共六篇《序》，以及《庐山禅居记》《辞李常侍启》《远游赋》《七夕赋》等，都是人世间的优秀文学作品。杨先生以这样的文学成就出现在陈子昂之后，与陈子昂相比，大概可以称得上是著述和诗歌两种才能都兼备的人才吧？

唉！杨先生领悟了各种文体却得了病，已经接近了成功却停止了写作，搁笔不到一年，却又重病缠身，终于不能极尽他在艺术上的造诣，完全发挥他的文学才能。他留下的诗文没能在社会上流传，美好的名声没能在当时广泛地传扬。凡是我们这类从小写作的人．都应该追忆、惋惜、哀悼和仰慕他啊！我因为世交的关系同杨先生家有友好庄来，因此在小时候我就曾拜见过他，所以才受杨先生长兄的嘱托，将他的诗文按次序汇编成册。于是就评述了他创作上所取得的成就，附在文集的后面。

读韩愈所作《毛颖传》

自吾居夷，不与中州人通书。有来南者，时言韩愈为《毛颖传》，不能举其辞，而独大笑以为怪，而吾久不克见。杨子诲之来，始持其书，索而读之，若捕龙蛇，搏虎豹，急与之角而力不敢暇，信韩子之怪于文也。世之模拟窜窃，取青媲白，肥皮肉厚，柔筋脆骨，而以为辞者之读之也，其大笑固宜。

【译文】自从我被贬谪永州，居住南蛮百越之地以来，不曾与中原地区的人们通信。有从中原地区来南方的人，时常谈论韩愈所写的《毛颖传》，因不能完全理解其中的文辞奥妙，却只是一味地讥笑文章的怪异，而我却很长时间没有机会看到《毛颖传》。等到杨凭的儿子杨诲之来这儿，才带来了这本书。我找到它来读，感觉好像是在捕捉龙蛇，搏杀虎豹，忙于与它们较量，却不敢有一点点的松动懈怠，韩愈先生的文章确实写得新奇而不同于一般。世上那些专以模仿拟写、窜改剽窃为能事，不注重文章思想内容而只是在辞句的对偶华丽上下功夫的写文章者，读到韩愈的这篇《毛颖传》，他们的讥笑也就是情理之中的事了。

且世人笑之也，不以其俳乎？而俳又非圣人之所弃者。《诗》曰：“善戏谑兮，不为虐兮。”太史公书有《滑稽列传》，皆取乎有益于世者也。故学者终日讨论答问，呻吟习复，应对进退，掬溜播洒，则罢惫而废乱，故有“息焉游焉”之说。不学操缦，不能安弦。有所拘者，有所纵也。大羹玄酒，体节之荐，味之至者。而又设以奇异小虫、水草、樝梨、橘柚，苦咸酸辛，虽蜇吻裂鼻，缩舌涩齿，而咸有笃好之者。文王之菖蒲菹，屈到之芰，曾皙之羊枣，然后尽天下之奇味以足于口。独文异乎？韩子之为也，亦将弛焉而不为虐欤！息焉游焉而有所纵欤！尽六艺之奇味以足于口欤！而不若是，则韩子之词，若壅大川焉，其必决而放诸陆，不可以不陈也。

【译文】况且世人讥笑这篇文章，不就因为它是游戏诙谐的文章吗？然而诙谐游戏又不是圣人所摒弃排斥的。《诗经》中说：“善于诙谐开玩笑，而不伤害人。”《史记》中有《滑稽列传》，都是选取的对社会有益的人和事。本来做学问的人整天互相讨论问答，反复诵读练习，忙于接待宾客，勤于洒水打扫，已经疲惫不堪而精神烦乱了，所以有“休息优游”的说法。学弹琴如果不先学会调弦，就不能按弦成曲。如果有所限制的人，就应该要有所放纵。祭祀时用的肉汁和用的水，还有祭祀时用的整头牲口或是牲口的肢体，这些都是味道极美的东西。然而又要摆上奇异的小虫、水草、山楂野梨，小橘大柚，苦咸酸辣，众味混杂，即使刺痛嘴唇，气味刺鼻，却仍然有真心地喜爱吃这些东西的人。周文王喜欢吃用菖蒲腌的菜。屈到喜欢吃菱角，曾皙喜欢吃羊枣，然后却又尝尽天下的珍奇以满足自己的口味。难道偏偏文章就不同吗？韩愈先生写《毛颖传》这样的文章，也只能是有益于读者而并无害处；休息优游而追求行为自由；穷尽六艺中各种奇异的风格，用来满足各种人材文章不同的爱好！如果不是这样，那么韩愈先生的文章，就好像是把大河给堵塞了，它必将使堤防崩溃，河水暴发，漫溢到陆地上，非表达出来不可了。

且凡古今是非六艺百家，大细穿穴用而不遗者，毛颖之功也。韩子穷古书，好斯文，嘉颖之能尽其意，故奋而为之传，以发其郁积，而学者得之励，其有益于世欤！是其言也，固与异世者语，而贪常嗜琐者，犹呫呫然动其喙。彼亦甚劳矣乎！

【译文】况且举凡从古至今的各种事情，无论大小是非，都能不遗漏地记载流传下来，那都是因为毛颖的功劳。韩愈先生读尽古书，喜欢写文章，赞美毛颖能够尽情地表达出他的思想，所以奋而为毛颖作传，用取笑滑稽的形式抒发其蕴积在内心的不平之气，而且后学者读了《毛颖传》这样的文章会受到激励，这确确实实对社会是有益处的啊！韩愈在《毛颖传》中所表达的东西，本来就是要与不同于流俗的人所谈论的，而那些贪恋常规和琐细的人，却仍然不停地絮絮叨叨地张嘴胡说。那些人也实在是太辛苦了！

答刘禹锡《天论》书

宗元白：发书得《天论》三篇，以仆所为《天说》为未究，欲毕其言。始得之，大喜，谓有以开吾志虑。及详读五六日，求其所以异吾说，卒不可得。其归要曰："非天预乎人也。"凡子之论，乃吾《天说》传疏耳，无异道焉。谆谆佐吾言，而曰有以异，不识何以为异也。

【译文】柳宗元寄言：打开您的来信，得到《天论》三篇文章，您认为我所写的《天说》没有把道理讲透彻，所以想将它阐释清楚。刚得到您的文章，我心里很高兴，认为其中会有可以启发我的内容。但是，我仔细读了五六天，想从中找到和我观点不同之处，但最终还是没找到。您文章的要旨是说，并不是上天干预人事。您的全部论述，都是我的《天说》一文的注疏。您真诚地为我的观点作补充，却说和我有不同的看法，不知道您为什么认为有不同。

子之所以为异者，岂不以赞天之能生植也欤？夫天之能生植久矣，不待赞而显。且子以天之生植也，为天耶？为人耶？抑自生而植乎？若以为为人，则吾愈不识也。若果以为自生而植，则彼自生而植耳，何以异夫果蓏之自为果蓏，痈痔之自为痈痔，草木之自为草木耶？是非为虫谋明矣，犹天之不谋乎人也。彼不我谋，而我何为务胜之耶？

子所谓交胜者，若天恒为恶，人恒为善，人胜天则善者行。是又过德乎人，过罪乎天也。又曰："天之能者生植也，人之能者法制也。"是判天与人为四而言之者也。余则曰：生植与灾荒，皆天也；法制与悖乱，皆人也。二之而已。其事各行不相预，而凶丰理乱出焉，究之矣。凡子之辞，枝叶甚美，而根不直取以遂焉。

【译文】您所认为不同的地方，是赞颂上天能生长万物吧？其实，上天早就能生长万物了，用不着您去赞美，道理很明显。再者，您认为上天生长万物，是为了上天呢？是为了世人呢？还是其自生自长呢？如果您认为是为了人，那我就更加不明白了。如果您认为它只是自生自灭，那这又和瓜果之为瓜果，痈痔之为痈痔，草木之为草木有什么区别呢？这些都不是为虫子而着想的，道理很明白，就像上天不替人考虑一样。它又不替我们着想，我们何苦一定要胜过它呢？

您所讲的天人交胜，好像天总是作恶，人总是行善一样，只要人胜过天，好事才能做成。但这又过分美化人而过分怪罪上天了。您又说：天的职能在于生长万物，人的职能在于依法而治，这就把天和人分成四个方面来讲了。但我却说：生植和灾荒，都是上天决定的；法制和叛乱，都取决于人，这只是两个方面而已。它们各行其事，互不干涉，但荒年、丰年，安定、混乱都由此而产生，这样，道理就讲透彻了。您的所有言辞，枝叶确实很美，但根不正就想铺展开。

又子之喻乎旅者，皆人也，而一曰天胜焉，一曰人胜焉，何哉？莽苍之先者，力胜也；邑郛之先者，智胜也。虞、芮，力穷也；匡、宋，智穷也。是非存亡，皆未见其可以喻乎天者。若子之说，要以乱为天理，理为人理耶？谬矣。若操舟之言人与天者，愚民恒说耳。幽、厉之云为上帝者，无所归怨之辞尔。不足喻乎道，子其熟之！无羡言侈论，以益其枝叶，姑务本之为得，不亦裕乎？独所谓无形为无常形者甚善。宗元白。

【译文】再者，您拿旅行者作比方，其实这都是人的活动，但您却要讲成一种叫天胜过人，一种叫人胜过天，这是为什么呢？在野外走在别人前面的，是力气胜过别人；在城镇中领先别人的，是才智胜过别人。虞、芮两国讲礼仪，是因为力量不足；匡、宋两国受困，是因为才智有限。所有是非成败，都不见得可以用来说明天的作用。如果象您所讲的，总把混乱当成天理，把安定作为人理吗？那样的话就错了。至于划船的人所讲的人理和天命，不过是一些无知的老百姓的套话而已。至于周代幽王、厉王时，人们呼唤上帝，那不过是无处发泄怨恨的言辞而已，这些都不能用来说明什么道理。您还是要认真考虑一下，不要说那些空洞无用的话，以此添枝加叶，只要能抓着根本，文章不是照样很充实吗？只有您所谈的“无形为无常形”这一见解很好。柳宗元敬白。

答韩愈论史官书

正月二十一日，宗元顿首十八丈退之侍者前：获书言史事，云具《与刘秀才书》，及今乃见书稿，私心甚不喜，与退之往年言史事甚大谬。

若书中言，退之不宜一日在馆下，安有探宰相意，以为苟以史荣一韩退之邪？若果尔，退之岂宜虚受宰相荣己，而冒居馆下，近密地，食奉禄，役使掌故，利纸笔为私书，取以供子弟费？古之志于道者，不宜若是。

且退之以为纪录者有刑祸，避不肯就，尤非也。史以名为褒贬，犹且恐惧不敢为；设使退之为御史中丞大夫，其褒贬成败人愈益显，其宜恐惧尤大也，则又将扬扬入台府，美食安坐，行呼唱于朝廷而已邪？在御史犹尔，设使退之为宰相，生杀出入升黜天下士，其敌益众，则又将扬扬入政事堂，美食安坐，行呼唱于内廷外衢而已邪？又何以异不为史而荣其号、利其禄者也？

【译文】正月二十一日，宗元向韩十八丈退之叩首致意：我收到了您的来信，信中谈及史官之事，并说具体意见都写在《与刘秀才书》一文中。直到最近几天才看到这封书信，内心里颇不赞同，这与退之您过去所讲的史官之事观点差别很大。

如果像您信中所讲的那样，那您一天也不能呆在史馆里，推测宰相的本意，哪能仅仅把史官一职当作荣誉而给您呢？假如果真如此，那退之您怎么会白白接受宰相给您的荣誉，并挂名于史馆中，接触朝廷机密，吃着朝廷俸禄，使唤着馆中人役，利用公家的纸笔而去写自己的文章，借以谋取钱财去供自己的子弟享用呢？古代有志于正道的人，是不会做这种事的。

而且，退之您还认为编写史书的人会有灾祸，逃避责任，不肯做这种工作，这就更错了。写史书仅仅用文字进行褒贬，您尚且心中恐惧不敢去做；假如让您担任御史中丞大夫，所褒贬人物、论其成败就更加显著了，那您恐怕更有顾虑了。那时，您还想洋洋自得地进出台府，吃着美味佳肴，安然闲坐，在朝廷上呼唱行礼一番就算完事，行吗？做个御史尚且如此，假如让退之您去做宰相，掌握生杀予夺及进退升降天下官员的大权，树敌很多，那时您又想得意洋洋地走进政事堂，吃着美食，悠然安坐，仅仅在内廷朝堂上呼唱行礼一番完事行吗？这和不做史官之事，仅享受其荣誉，接受其丰厚俸禄又有什么区别呢？

又言“不有人祸，则有天刑”。若以罪夫前古之为史者，然亦甚惑。凡居其位，思直其道。道苟直，虽死不可回也；如回之，莫若亟去其位。孔子之困于鲁、卫、陈、宋、蔡、齐、楚者，其时暗，诸侯不能以也。其不遇而死，不以作《春秋》故也。当其时，虽不作《春秋》，孔子犹不遇而死也。若周公、史佚，虽纪言书事，犹遇且显也。又不得以《春秋》为孔子累。范晔悖乱，虽不为史，其族亦赤。司马迁触天子喜怒，班固不检下，崔浩沽其直以斗暴虏，皆非中道。左丘明以疾盲，出于不幸。子夏不为史亦盲，不可以是为戒。其皆于不出此。是退之宜守中道，不忘其直，无以他事自恐。退之之恐，唯在不直、不得中道，刑祸非所恐也。

【译文】您在信中又说“没有人祸，就会有天刑。”好像是责备古代那些写史者，这也是很糊涂的。但凡处在某种职位上，就要考虑坚持原则，行正道；只要合乎正道，就是献出生命也不能改变。如果要改变的话，还不如立即离开其位。孔子之所以被困在鲁、卫、陈、宋，蔡、齐、楚等国，是因为当时政治黑暗，诸侯们不能采纳他的主张。他得不到重用而死，并不是写《春秋》的缘故。在当时，即使不写《春秋》，孔子也要不受重用而死。像周公、史佚等人，虽然记事写史，但仍然受到重用，而且很显贵。不能认为是《春秋》连累了孔子。范晔参加了叛乱，他即使不写史书，也免不了全族诛灭的恶运。司马迁触怒了天子，班固对属下管教不严，崔浩买弄自己的正直去对抗残暴的异族，这些都不合乎中道。左丘明因疾病导致双目失明，这是出于不幸。子夏不写史书，照样双目失明，不能以此作为写史的惩戒。其余诸人也都是如此，并非因写史而致。所以，退之您应该坚守中道，不要忘记应有的原则，不要因别的事自己吓自己。退之您所担心的应该是不敢坚持原则，不合乎正道。那些天刑人祸，都不是您所害怕的。

凡言二百年文武士多有，诚如此者。今退之曰：“我一人也，何能明？”则同职者又所云若是，后来继今者又所云若是，人人皆曰“我一人”，则卒谁能纪传之邪？如退之但以所闻知，孜孜不敢怠，则同职者、后来继今者，亦各以所闻知，孜孜不敢怠，则庶几不坠，使卒有明也。不然，徒信人口语，每每异辞，日以滋久，则所云“磊磊轩天地”者决不沉没。且乱杂无可考，非有志者所忍恣也。果有志，岂当待人督责迫蹙然后为官守邪？

【译文】您信中说，二百年来文臣武将有很多，确实如此。现在您又说：“我一个人哪能记清楚呢？”那么，如果您的同事也这样说，后来的史官也这样说，人人都说只有我一个人，那谁最后来记载这段历史呢？如果退之您就自己所知道的孜孜不倦地记下来，您的同事们、后来的史官们也都尽自己所知孜孜不倦地记下来，那么，最后这段历史就不会埋没，最后能够理清楚了。否则的话，仅听信众人的口头流传，各种说法往往又不一致，时间长了，就连您所说的那些卓越超拔的人物，也一定会埋没不传，而且资料杂乱无章不可考，这不是那些有志写史者所忍心不管的。如果真的有志于此，怎么还会等到别人督促逼迫后才去履行自己应尽的职责呢？

又凡鬼神事，眇茫荒惑无可准，明者所不道。退之之智而犹惧于此。今学如退之，辞如退之，好言论如退之，慷慨自谓正直行行焉如退之，犹所云若是，则唐之史述其卒无可托乎？明天子贤宰相得史才如此，而又不果，甚可痛哉！

退之宜更思，可为速为；果卒以为恐惧不敢，则一日可引去，又何以云“行且谋”也？今当为而不为，又诱馆中他人及后生者，此大惑已。不勉己而欲勉人，难矣哉！

【译文】再说那些鬼神之事，渺茫虚无，没有什么根据，明白道理的人是不会谈这些的。以退之您的聪明才智，却还担心这种事情。如今，像您这样有才学，善于文辞，又爱发议论，慷慨地自称正直端行的人，还说出这样的话，那么，有唐一代的历史著述工作不就最终无人可托了吗？贤明的天子、有为的宰相得到一个像您这样有史才的人，但又没做出什么成绩来，真是很让人感到可惜啊。

退之您应该再好好考虑一下，觉得能做的话就立即去做。如果最后还是感到恐惧而不敢去做，那就应该立即辞职而去，还说什么"正在考虑这件事"呢？现在有些人应该干的事不去干，却又去劝导史馆中的其他人和年轻人去做，这真是太糊涂了。不勉励自己却想去勉励别人，这就太难了啊！

答韦中立论师道书

二十一日，宗元白：辱书云欲相师，仆道不笃，业甚浅近，环顾其中，未见可师者。虽常好言论，为文章，甚不自是也。不意吾子自京师来蛮夷间，乃幸见取。仆自卜固无取，假令有取，亦不敢为人师。为众人师且不敢，况敢为吾子师乎？

【译文】二十一日，柳宗元敬白：承蒙您来信说要拜我为师，但我的品德不够真纯，学识也比较浅薄，看看我的所知所闻，没有发现可以供您学习的东西。我虽然经常爱发议论，写文章，但自己对之也不太满意。没想到您从京城来到这蛮夷荒凉的地方：我竟有幸为您所器重。我自己本来就没有可取之处，即使有可取之处，也不敢做人家的老师。当一般人的老师我尚且不敢，更何况是做您的老师呢。

孟子称："人之患在好为人师。"由魏、晋氏以下，人益不事师。今之世，不闻有师，有辄哗笑之，以为狂人。独韩愈奋不顾流俗，犯笑侮，收召后学，作《师说》，因抗颜而为师。世果群怪聚骂，指目牵引，而增与为言词。愈以是得狂名，居长安，炊不暇熟，又挈挈而东，如是者数矣。屈子赋曰："邑犬群吠，吠所怪也。"仆往闻庸蜀之南，恒雨少日，日出则犬吠，余以为过言。则六七年，仆来南。二年冬，幸大雪，逾岭被南越中数州，数州之犬，皆苍黄吠噬狂走者累日，至无雪乃已，然后始信前所闻者。今韩愈既自以为蜀之日，而吾子又欲使吾为越之雪，不以病乎？非独见病，亦以病吾子。然雪与日岂有过哉？顾吠者犬耳。度今天下不吠者几人，而谁敢衒怪于群目，以召闹取怒乎？

【译文】孟子曾说："人的毛病在于好做人家的老师。"自魏、晋以后，人们更不愿意从师学习。现今社会中，再没听说有给人家做老师的，即使有，就会遭到凡人的嘲笑，视为狂人。只有韩愈不顾流俗的责难，顶着别人的嘲讽，招收学生，并写作《师说》一文，正正当当做起了老师。果然，世间那些小人在一起咒骂韩愈，在背后指指点点，冷言风语，添油加醋地说他的坏话。而韩愈也因此而落了个狂妄的名声，住在长安，连饭都来不及做熟，就慌慌张张东下，像这样的事已经发生多次了。屈原在赋中说：村镇上的狗都叫了起来，它们是因为有奇怪的事而叫。"我过去曾听人讲，在四川的南部，常常下雨，很少出太阳，太阳一出来，狗就会叫，我以为这是夸饰之言。六、七年前，我来到南方，元和二年（807年）冬天，正赶上天降大雪，从岭南到南越几个州都被雪所覆盖，这几个州的狗都惊慌地乱叫，四处奔跑，直到雪化后才停下来。由此我才相信前面所听到的那件事。现在，韩愈已经做了蜀中之日，而您又想让我作越地的雪，这不太合适吧。但是雪和太阳有什么过错呢？错的只是那些狗乱叫罢了。看看现今的社会，能不叫唤的有几个，谁敢在众人面前展示自己的奇才，而招引麻烦，激怒众人呢？

仆自谪过以来，益少志虑。居南中九年，增脚气病，渐不喜闹，岂可使呶呶者早暮咈吾耳、骚吾心？则固僵仆烦愦，愈不可过矣。平居望外遭齿舌不少，独欠为人师耳。

抑又闻之，古者重冠礼，将以责成人之道，是圣人所尤用心者也。数百年来，人不复行。近有孙昌允者，独发愤行之。既成礼，明日造朝，至外廷，荐笏言于卿士曰："某子冠毕。"应之者咸怃然。京兆尹郑叔则怫然曳笏却立，曰："何预我耶？"廷中皆大笑。天下不以非郑尹而快孙子，何哉？独为所不为也。今之命师者大类此。

【译文】我自从遭贬以来，心灰意冷。我在南方生活了九年，又得了脚气病，哪能让那些狂咬乱叫的人整天扰烦我的耳朵，弄乱我的心呢？这样的话，我本来就身体不好，心烦意乱，就会更难以生存了。我平日受外人怨恨，所受诽谤已经很多，只是还少一个好为人师的罪名。

我又听说，古代很是重视加冠的仪式，对参加仪式的人要用成年人的标准来要求他，这也是圣人所特别用心的地方。几百年来，人们已不再这样做了。近来有个叫孙昌允的人，他准备下决心做这件事。他为儿子举行过仪式后，第二天上朝，到了外廷，他把笏板一插，对众官员说："我儿子已经举行过加冠仪式了。"在场的人都感到莫名其妙。京兆尹郑叔则愤然拿着笏板往后站了站说："这和我有什么关系？"廷中众人都大笑起来。天下人不去批评郑尹，称赞孙先生，这是为什么呢？就是因为孙昌允做了别人所不做的。现在自己要做老师的人大概也是如此。

吾子行厚而辞深，凡所作，皆恢恢然有古人形貌，虽仆敢为师，亦何所增加也？假而以仆年先吾子，闻道著书之日不后，诚欲往来言所闻，则仆固愿悉陈中所得者。吾子苟自择之，取某事，去某事，则可矣。若定是非以教吾子，仆材不足，而又畏前所陈者，其为不敢也决矣。吾子前所欲见吾文，既悉以陈之，非以耀明于子，聊欲以观子气色诚好恶何如也。今书来，言者皆大过。吾子诚非佞誉诬谀之徒，直见爱甚故然耳。

【译文】您品行纯厚，文辞深刻，所写的文章都气度不凡，很有古人的风范，即使我敢做您的老师，又能帮助您些什么呢？假如您因我年纪比您大，学道著书的时间也比您早，诚挚地愿意和我往来进行交流，那我肯定愿意把自己得到的知识都讲给您。您如果自己有选择的接受，该取的取，该弃的弃，这样就行了。如果让我判定是非曲直来教给您，我的能力不够，而且又担心前面所讲的那些事，所以也就不敢做了。您先前想看我的文章，我都送给您了，这不是想在您面前炫耀，只是想以此观察一下您的好恶及兴趣如何、如今您来信对我大大地赞扬，这都是过分之辞。您确实不是那种拍马奉承的小人，之所以这样敞，只是由于对我的过分厚爱吧。

始吾幼且少，为文章，以辞为工。及长，乃知文者以明道，是固不苟为炳炳烺烺，务采色、夸声音而以为能也。凡吾所陈，皆自能近道，而不知道之果近乎？远乎？吾子好道而可吾文，或者其于道不远矣。故吾每为文章，未尝敢以轻心掉之，惧其剽而不留也；未尝敢以怠心易之，惧其弛而不严也；未尝敢以昏气出之，惧其昧没而杂也；未尝敢以矜气作之，惧其偃蹇而骄也。抑之欲其奥，扬之欲其明，疏之欲其通，廉之欲其节，输而发之欲其清，固而存之欲其重，此吾所以羽翼夫道也。

【译文】当初，我还年轻时，写文章，追求工丽华美的文句。后来年纪稍大，才知道写文章在于阐明道理，它不是要靠美词丽句，种种雕琢修饰及声律的顿挫来表现才识。凡我给您看的文章，我都自认为比较接近圣人之道，但不知道离圣人之道是近呢，还是远呢？您喜爱圣人之道，又肯定我的文章，也许我的文章真的离圣人之道不远了。所以，我在写每一篇文章时，都不敢掉以轻心，害怕文章轻浮而不庄重；从不敢心存懈怠，害怕文章松弛而不严谨；从不敢糊里糊涂地写出来，害怕文章含糊而杂乱；从来不敢使气写作，害怕文章轻狂而傲慢。总是缩简文字让文章含蓄，进行发挥让文章明晓，疏理一番让文章通畅，删改文字让文章简法，激昂地抒情是为了让文章清晰，严密谨慎地论述是为了让文章庄重，这就是我所说的阐明道理的辅助手段。

本之《书》以求其质，本之《诗》以求其恒，本之《礼》以求其宜，本之《春秋》以求其断，本之《易》以求其动，此吾所以取道之原也。参之穀梁氏以厉其气，参之《孟》《荀》以畅其支，参之《庄》《老》以肆其端，参之《国语》以博其趣，参之《离骚》以致其幽，参之太史以著其洁，此吾所以旁推交通而以为之文也。凡若此者，果是耶？非耶？有取乎？抑其无取乎？吾子幸观焉择焉，有馀以告焉。苟亟来以广是道，子不有得焉，则我得矣，又何以师云尔哉？取其实而去其名，无招越、蜀吠怪，而为外廷所笑，则幸矣！宗元复白。

【译文】学习《尚书》得到它的质朴，学习《诗经》得到它的永恒，学习《礼经》得到它的合适，学习《春秋》得到它的论断，学习《周易》得到它的变化，这就是我所说的写文章时取法的根本。然后，再参考《谷梁传》来磨练文章的气势，参考《孟子》《荀子》使文章流畅，参考《庄子》《老子》使文章舒展，参考《国语》来增加文章的情趣，参考《离骚》使文章含蓄，参考《史记》使文章简洁，这就是我所说的要广泛吸收借鉴来写作的要领。假如这样做，是正确呢，还是不正确呢？有可取之处呢，还是没有可取之处呢？您读读我的文章后自己选择吧，有时间告诉我您的意见。如果您有机会来，咱们一起好好谈谈这个问题，您也许没什么收获，但我会得到很多知识，您又何必称我为老师呢？取其实在的东西，抛弃那些虚名，不要招致越、蜀两地的狗乱叫，而被朝廷官员们取笑．这就已经很幸运了。柳宗元敬白。

答韦珩示韩愈相推以文墨事书

足下所封示退之书，云欲推避仆以文墨事，且以励足下。若退之之才，过仆数卜，尚不宜推避于仆，非其实可知，固相假借为之辞耳。退之所敬者，司马迁、扬雄。迁于退之，固相上下。若雄者，如《太玄》《法言》及《四愁赋》，退之独未作耳，决作之，加恢奇，至他文过扬雄远甚。雄文谴言措意，颇短局滞涩，不若退之猖狂恣睢，肆意有所作。若然者，使雄来尚不宜推避，而况仆耶？彼好奖人善，以为不屈己，善不可奖，故慊慊云尔也。足下幸勿信之。

【译文】足下您给我看了韩愈的书信，他信中说想把著文的事推让给我，并以此鼓励您。像韩愈的才能，远远超过我，他不应该把这种事推让给我，他所讲的话不属实，由此而知，这本来只是推托之辞罢了。韩愈所敬重的人，是司马迁和扬雄。司马迁和韩愈相比，当然有高下之别。但像扬雄，所写如《太玄》《法言》及《四愁赋》等，韩愈没写过这类文章，如果他要写的话，会更恢宏新奇，至于别的文章，他远远超过扬雄。扬雄在遣词著文时，很有些小气拘紧，不能像韩愈那样挥洒自如，随心所欲。像这样的话，即使是扬雄来尚且不应该推让，像我更不敢当。韩愈好讲别人的长处，认为这样不委屈自己，有长处不能炫耀，所以才说出这些话。足下您不要相信他的活。

且足下志气高，好读《南北史》书，通国朝事，穿穴古今，后来无能和。而仆稚騃，卒无所为，但趑趄文墨笔砚浅事。今退之不以吾子励仆，而反以仆励吾子，愈非所宜。然卒篇欲足下自挫抑，合当世事以固当，虽仆亦知无出此。吾子年甚少。知己者如麻，不患不显，患道不立尔。此仆以自励，亦以佐退之励足下。不宣。宗元顿首再拜。

【译文】足下您有大志，喜爱读《南史》《北史》等史书，对朝廷大事精通，贯通古今，后代没有人能赶上您。我愚钝无知，无所作为，只是粗通一点文墨笔砚之事。如今韩愈不拿您来鼓励我，却让我来鼓励您，这就更不合适了。但是他的书信通篇都是想让您自我约束，和世书相合，我的看法和他一样。您还很年轻，了解您的人很多，您不用担心自己将来不显赫，应该担心道业的修立。这是我自己对自己的勉励，也借此帮助韩愈鼓励您。别的不再多说。柳宗元叩首再拜。

与许京兆孟容书

宗元再拜五丈座前：伏蒙赐书诲谕，微悉重厚，欣踊恍惚，疑若梦寐，捧书叩头，悸不自定。伏念得罪来五年，未尝有故旧大臣肯以书见及者。何则？罪谤交积，群疑常道，诚可怪而畏也。以是兀兀忘行，尤负重忧，残骸余魂，百病所集，痞结伏积，不食自饱。或时寒热，水火互至，内消肌骨，非独瘴疠为也。忽奉教命，乃知幸为大君子所宥，欲使膏肓沉没，复起为人。夫何素望，敢以及此。

【译文】宗元再次拜倒在您的座位前，承蒙您寄来书信，给予我教诲劝告，以及无微不至的关怀和深深的厚望，我真是感到欣喜万分又心神不宁，怀疑这就像是在梦中一般，捧读您的来信，万分感激之余，更是诚惶诚恐，心中不安。回想我自从获罪遭到贬谪到这里已经五年了，五年来，还不曾有过朋友故人和与我同事过的大臣愿意给我写信。这是为什么呢？当今朝廷，到处都是陷害和诽谤，到处都是怀疑和欺罔，这确实是令人奇怪又令人畏惧。自从遭到贬谪以来，我孤独无助，形单影只，忧心忡忡，焦虑烦闷，只凭自己的这半条生命苟延残喘罢了，而且现今已是百病缠身，腹中总有一股痛楚郁积不散，所以常常是不思茶饭，不食自饱。有时忽冷忽热，一会儿着凉一会儿上火，现在已是日渐消瘦，然而这却并不因为这里的瘟疫毒气所导致的，忽然收到您的来信，奉受您的教诲指点，方才知道我有幸为您这位有大德大才的君子所宽恕，并希望我能排解以往胸中郁积的愁闷，振作起来重新做人。我有何德何能，敢蒙受先生您这么多的关怀。

宗元早岁，与负罪者亲善，始奇其能，谓可以共立仁义，裨教化。过不自料，勤勤勉励，惟以中正信义为志，以兴尧、舜、孔子之道，利安元元为务，不知愚陋，不可力强，其素意如此也。末路厄塞兀，事既壅隔，很忤贵近，狂疏缪戾，蹈不测之辜，群言沸腾，鬼神交怒。加以素卑贱，暴起领事，人所不信。射利求进者，填门排户，百不一得，一旦快意，更造怨讟。以此大罪之外，诋诃万端，旁午构扇，便为敌仇，协心同攻，外连强暴失职者以致其事。此皆丈人所闻见，不敢为他人道说。怀不能已，复载简牍。此人虽万被诛戮，不足塞责，而岂有赏哉？今其党与，幸获宽贷，各得善地，无公事，坐食俸禄，明德至渥也，尚何敢更俟除弃废痼，以希望外之泽哉？年少气锐，不识几微，不知当不，但欲一心直遂，果陷刑法，皆自所求取得之，又何怪也？

【译文】我早些时候，曾与获罪遭贬的人亲近友善，从那时候起我开始惊奇于他们的才能，认为可以和他们一起共同坚持仁义之道，有益于加强对社会、百姓的教化。当时的我过分自信，不自量力，勤勤恳恳，一心只以中正信义当作自己追求的目标，想以此来振兴尧、舜、孔子等圣人所开拓和倡导的思想学说，却不顾及自身的愚昧无知、平庸简陋，仍然尽心竭力，这份心志竟到了如此程度。然而却不曾料到已经是穷途末路，危机四伏，动辄得咎，做任何事情都总是不顺，而且触犯了王公贵族和天子近臣，终于遭受了不曾预想的罪责，招致无数的指责非难和众多小人的怒目而视。加上我本来就地位卑微低贱，突然起来倡议主张革新，自然得不到别人的信任。那些一心只想着追名逐利的人，对于我主张的革新一直就极力反对，一旦得势以后，就更是造谣惑众，谩骂攻击。在我遭到贬谪这样的不幸之外，还要承受无端的指责攻击，一时间仇敌遍地，他们相互勾结，狼狈为奸，联合各种残忍暴戾、无能失职的人，里应外合，竭尽全力要致我于死地。所有这些都是先生您所见所闻的，但我却从来不敢向别人说起这些事。然而对于这些事情心中一直忿忿不平，难以释怀，所以今天又诉诸笔端，流露纸上，向先生倾诉。像我这样的人即使死一万次也不足以抵消我自身的罪责，又如何敢领受别人的称赏呢？现在我们这一群所谓的革新人物，幸而得到皇上的宽容恕罪，各自都被发配到较好的地方，每天没有多少政务的事情，还能坐食朝廷俸禄，这已经是当今皇上英明贤德而给予我们的优厚待遇了，又如何敢更企望别人来给我们解脱身心上的病痛，希求更大的恩泽呢？由于自己年少气盛，不识时务，不懂得察颜观色、见风使舵，也不管自己的所作所为是否恰当，而只是一味地按照自己的想法做下去，随心所欲，意气用事，结果使自己获罪受罚，遭受贬谪，这都是咎由自取，自取其辱，这又能怪得了谁呢？

宗元于众党人中，罪状最甚。神理降罚，又不能即死。犹对人言语，求食自活，迷不知耻，日复一日。然亦有大故。自以得姓来二千五百年，代为冢嗣。今抱非常之罪，居夷獠之乡，卑湿昏雾，恐一日填委沟壑，旷坠先绪，以是怛然痛恨，心骨沸热。茕茕孤立，未有子息。荒陬中少士人女子，无与为婚，世亦不肯与罪人亲昵，以是嗣续之重，不绝如缕。每当春秋时飨，孑立捧奠，顾眄无后继者，懔懔然欷歔惴惕，恐此事便已，摧心伤骨，若受锋刃。此诚丈人所共悯惜也。先墓在城南，无异子弟为主，独托村邻。自谴逐来，消息存亡不一至乡闾，主守者因以益怠。昼夜哀愤，惧便毁伤松柏，刍牧不禁，以成大戾。近世礼重拜扫，今已阙者四年矣。每遇寒食，则北向长号，以首顿地。想田野后路，士女遍满，皂隶庸丐，皆得上父母丘墓，马医夏畦之鬼，无不受子孙追养者。然此已息望，又何以云哉！城西有数顷田，树果数百株，多先人手自封植，今已荒秽，恐便斩伐，无复惜爱。家有赐书三千卷，尚在善和里旧宅，宅今已三易主，书存亡不可知。皆付受所重，常系心腑，然无可为者。立身一败，万事瓦裂，身残家破，为世大僇。复何敢更望大君子抚慰收恤，尚置人数中邪！是以当食不知辛咸节适，洗沐盥漱，动逾岁时，一搔皮肤，尘垢满爪。诚忧恐悲伤，无所告愬，以至此也。

【译文】我在各位革新人物当中，罪责最重。然而神明又给我以惩罚（即指柳宗元母亲的去世）使我想一死了之都不能够。只好整天给人陪着笑脸，说尽好话，求得饭食，苟且偷生，一天又一天地在这个世上活着，迷迷糊糊地不知羞耻。然而除了以上原因之外，我能够坚持活下来还有其他更大的原因。我自己认为自从有了柳姓以来，至今已有二千五百年了，这两千多年来，柳家世代都有功名。如今我身带重罪，居住在这野蛮荒芜的地方，地势低湿，毒雾笼罩，恐怕某一天我突然死去，尸弃异乡，填于沟壑之中，使先辈的世系在我这儿中断，因此极为忧伤痛恨，心中如热水沸腾一般地焦灼不安。如今我还是茕茕独立，孤身一人，还没有子女。这里这样荒蛮偏僻的地方又很少有文人士大夫人家的好女子，找不到合适的女子以完成自己的婚姻大事，而且世人也不敢跟我这样罪大深重的人亲近联姻，因此为家族传宗接代的重大责任。一直不停地压迫着我的心。每当春秋时节，我总是独自一人去祭奠祖先，在孑然独立中回首观望，却没有子女后代跟随其后。每当此时，便不觉害怕得浑身发抖，恐惧担忧，欷歔长叹，担心延续后代的大事恐怕就这样完了，每每想到这些，便悲痛至极，内心就像刀割一般。这也确实是先生您对我所同情怜惜的地方。我祖先的坟墓在故乡城镇的南边，在那边也没有我家的子弟后代侍奉，只把它托付给村里的邻居。自从我遭贬放逐到这里以来。家乡的各种消息都得不到，我也无法向家乡传递消息，这样替我家看守祖先坟墓的人就一定会更加懈怠。我日夜哀叹悲愤，害怕别人损伤毁坏我家祖坟上的松树柏树，害怕放牧牛羊的人不注意而毁坏我家祖坟。近来我已有四年没有回去扫墓祭坟。每当寒食节的时候，我都面向北方长号大哭，用头撞地。不禁联想到那田野里道路上挤满了男男女女，无论是奴隶仆役，还是佣人乞丐，都能够在这个时候去给父母上坟扫墓，也无论是乞丐农夫，在他们死后，也都能受到子孙后代的悼念祭奠。然而我现在已经没有了生养子孙的希望，说这些又有什么用！在故乡的城西，我家有几顷田地，田地里栽着好几百株果树，这多是我的前辈们亲自栽种的，如今已经荒芜无人管理，只恐怕早已被人砍伐得一干二净，再也没有人爱惜了。我家中原有皇上恩赐的图书三千卷，都还放在善和里的老房子里，老房子如今已经三次变换主人了，书是否还保存下来就不得而知了。所有这些我都挂念在心，沉甸甸地压在心头难以释怀，然而对此却又无能为力。自己如果在世上立身一旦失败，那么一切事情也就跟着失败，分崩离析，一塌涂地，自身受到摧残，家庭遭到衰败，这是人生中最大的耻辱。又怎么敢更希求有大德大才的君子来给我以抚慰体恤，仍然把我放在人中把我当人看待呢！因此我现在吃饭时根本就不管饭食的味道如何，也不管什么节操礼仪，也不经常地沐浴洗漱，因而常常是一挠皮肤，满指甲都是灰尘污垢。我确实是心中忧虑恐慌、悲痛伤心，没有什么值得向您奉告倾诉的，以致于说了这些。

自古贤人才士，秉志遵分，被谤议不能自明者，仅以百数。故有无兄盗嫂，娶孤女云挝妇翁者；然赖当世豪杰，分明辨别，卒光史籍。管仲遇盗，升为功臣；匡章被不孝之名，孟子礼之。今已无古人之实，为而有诟，欲望世人之明己，不可得也。直不疑买金以偿同舍；刘宽下车，归牛乡人。此诚知疑似之不可辩，非口舌所能胜也。郑詹束缚于晋，终以无死；钟仪南音，卒获返国；叔向囚虏，自期必免；范座骑危，以生易死；蒯通据鼎耳，为齐上客；张苍、韩信伏斧锧，终取将相；邹阳狱中，以书自活；贾生斥逐，复召宣室；倪宽摈死，后至御史大夫；董仲舒、刘向下狱当诛，为汉儒宗。此皆环伟博辩奇壮之士，能自解脱。今以恇怯淟涊，下才末伎，又婴恐惧痼病，虽欲慷慨攘臂，自同昔人，愈疏阔矣！

【译文】自古以来的贤能人士，都能坚守自己的志向，安分守纪，其中遭受诽谤非议而最终不能澄清的，也仅仅只有百来个人。所以即使有诬蔑没有兄长的人偷嫂子的，诽谤没有老丈人的人打岳父的，然而最后都依赖于当世的豪杰人士，分清了黑白，辨明了是非、终于使他们光照史册。管仲遇上盗贼，却被提升为功臣；匡章虽然蒙受不孝的恶名，却被孟子以礼相待。当今社会已经没有了古人那种明辨是非、澄清事实的行动，却继承了古人诽谤谩骂的传统，要想当今世人为自己辨明是非，澄清事实，这恐怕是不可能了。直不疑明知自己受冤枉却仍然买金子偿还同宿舍的人；刘宽明知道自己被冤屈，却仍然下车步行回家而把牛给乡里人。这两人确实知道别人对自己的怀疑是冤枉的，但又没法辩解，因为这不是用语言口舌所能说清的。郑詹被捆绑着送到晋国，但最终活了下来，没被处死；钟仪在晋国做囚徒时弹琴发出的声音都是楚音，最终被送回楚国；叔向被抓获囚禁时，自己预测一定可以免罪；范座逃避追捕爬到了高墙上，却以死而换来了生；蒯通将要被施以烹刑，最后却成为曹参的座上客；张苍、韩信本来都是要被斩首的人，最后却在汉代出将入相；邹阳关在狱中将被处死，却因为给皇上上书而活了下来；贾谊曾被贬斥放逐，后来却又被汉文帝在宣室召见；倪宽被贬谪到极为艰苦的地方，最后却官至御史大夫；董仲舒、刘向被关进在监牢里即将被诛杀，可最后都成为汉朝时的一代儒学宗师。这些人都是博学多才、能言善辩、奇伟独特、敢作敢为的人物，所以他们能从各种冤屈诽谤中自我解脱出来。如今凭着我的卑微怯懦、猥琐污浊、才疏学浅、笨嘴拙舌、再加上我心中惶恐惊惧，而且又疾病缠身，因此，即使我想要慷慨陈词，振臂呐喊来为自己开脱，然而同从前的人比起来，这其间的差距就更加大了！

贤者不得志于今，必取贵于后，古之著书者皆是也。宗元近欲务此，然力薄才劣，无异能解，虽欲秉笔覙缕，神志耗荒，前后遗忘，终不能成章。往时读书，自以不至觝滞，今皆顽然无复省录。每读古人一传，数纸已后，则再三伸卷，复观姓氏，旋又废失。假令万一除刑部囚籍，复为士列，亦不堪当世用矣！伏惟兴衰于无用之地，垂德于不报之所，但以通家宗祀为念，有可动心者，操之勿失。不敢望归扫茔域，退托先人之庐，以尽余齿，姑遂少北，益轻瘴疠，就婚娶，求胤嗣，有可付托，即冥然长辞，如得甘寝，无复恨矣！书辞繁委，无以自道。然即文以求其志，君子固得其肺肝焉。无任悬恋之至！不宣。宗元再拜。

【译文】贤能的人在现今世上不得志，不能被重用，那么他对于后世必定很有作用，并为后世所尊崇，古代那些著书立说的人都是这样的。近来我想专注于这一方面，然而却才华浅薄、能力低下，没有特殊的本领能通过著书立说来把自己从中解脱出来，即使想秉笔抒怀，无奈却精神不振、心志耗尽，丢前忘后，始终写不成文章。以前读的书，自以为读得很通很透，可到如今却已经忘得一干二净。每次读古人的传记，看到几页以后，就要再三地翻回到前面去，再重新看看人物的姓名，可随即又全都忘了。假使我万一由刑部的囚犯名册中除名，解除了我的罪名，重新恢复士大夫的行列，那我也没有能力为当今社会所重用了！我只能在这难以发挥作用的地方空发哀叹了，只能在这无以报效的场所留存德行了，然而心中却一直惦记着要保存继续全家对祖宗的祭祀，因此只要稍有可以办到这件事情的念头在心中闪现，我就紧紧抓住不放。我虽然不敢想能够回到故里去扫墓上坟，不敢想退隐回故乡去，住在先辈所留下的房屋里了此残生，假使我能够再稍稍地往北迁移一点，能减轻一点那种瘟疫病毒的侵害，能够娶妻结婚，能够生养子女后代使自己有所托付，使家中的世系能够延续下去，那么我就是就此与世长辞，也像是在睡一个好觉，心中再也没有什么可遗憾的了！信中语言说得太多太繁，不着边际，难以说清楚。然而可以从言辞语句中来探求作者的心志意图，君子一定能够看出其中心主旨。对您极其地恳切留恋！不再多说。宗元再次拜首。

种树郭橐驼传

郭橐驼，不知始何名。病偻，隆然伏行，有类橐驼者，故乡人号之“橐”。驼闻之曰：“甚善，名我固当。”因舍其名，亦自谓橐驼云。其乡曰丰乐乡，在长安西。驼业种树，凡长安豪富人为观游及卖果者，皆争迎取养。视驼所种树，或移徙，无不活，且硕茂蚤实以蕃。他植者虽窥伺效慕，莫能如也。

有问之，对曰：“橐驼非能使木寿且孳也，能顺木之天，以致其性焉尔。凡植木之性，其本欲舒，其培欲平，其土欲故，其筑欲密。既然已，勿动勿虑，去不复顾。其莳也若子，其置也若弃，则其天者全而其性得矣。故吾不害其长而已，非有能硕茂之也；不抑耗其实而已，非有能蚤而蕃之也。他植者则不然，根拳而土易，其培之也，若不过焉则不及焉。苟有能反是者，则又爱之太殷，忧之太勤，旦视而暮抚，已去而复顾。甚者爪其肤以验其生枯，摇其本以观其疏密，而木之性日以离矣。虽曰爱之，其实害之；虽曰忧之，其实仇之，故不我若也。吾又何能为哉！”

【译文】郭橐驼这个人，不知道他原来叫什么名字，他患了佝偻病，背脊高高突起，弓着腰走路．有些像骆驼的样子，因此，同乡的人给他起了个绰号叫“橐驼”。郭橐驼听了后说：“很好，用这个名字叫我确实恰当。”于是丢弃他原来的名字，他自称“橐驼”了。他住的乡叫丰乐乡，位于长安西边。郭橐驼以种树为业，凡是长安的富贵人家要修迎花园以及那些卖果子为生的，都争相把他请到家里去供养。观察郭橐驼所种的树，或者移植的树木，没有不成活的，而且长得高大茂盛，果实结得又早又多。别的种树的人即使暗中观察，偷偷模仿，也没人能比得上他。

有人问他，他回答说：“我郭橐驼并非能使树木活得长久，繁殖得多，只是能顺着树木生长发育的自然规律，让它按照自己的习性生长罢了。大凡被移植的树木的习性是：树根要舒展，培土要适当，要用原来的土，要把土筑紧。这样做完之后，不要动它，也不用担心，离开它不要再去管它。栽的时候要像抚育自己的小孩一样细心，栽放好以后就要像抛弃了它一样，那样它的生长规律就可以不受破坏，它就能完全按照它的本性得到自然的发展。所以我只是不妨害树木的生长罢了，并非有能力使树木长得高大茂盛；我只是不抑制和损耗它的果实罢了，并非有能力使它的果实结得又早又多。别的种树的人就不是这样，他们栽树的时候，根是卷曲的，土是新换的。培土不是超过了限度，就是达不到要求。即使有人做的与上述情况相反，却又对树木爱得过分，担心得太多，早晨看了，晚上又跑去摸，刚走开又跑回来看看，甚至还用指甲抓破树皮来验看是活着还是枯死了，摇动它的根株看是栽得松还是紧，这样就一天天地背离了树木自然生长的本性了。虽然说这样做是为了爱它，而实际上是在害它；虽然说是在为它担心，而实际上是在仇视它。所以他们种树不如我。其实，我又有什么本事呢？”

问者曰：“以子之道，移之官理可乎？”驼曰：“我知种树而已，理，非吾业也。然吾居乡，见长人者好烦其令，若甚怜焉，而卒以祸。旦暮吏来而呼曰：‘官命促尔耕，勖尔植，督尔获。蚤缫而绪，蚤织而缕，字而幼孩，遂而鸡豚。’鸣鼓而聚之，击木而召之。吾小人辍飧饔以劳吏者，且不得暇，又何以蕃吾生而安吾性耶？故病且怠。若是，则与吾业者其亦有类乎？”

问者嘻曰：“不亦善夫！吾问养树，得养人术。”传其事，以为官戒也。

【译文】问话的人说：“把你种树的道理，运用于做官治理百姓，可以吗？”郭橐驼说：“我只是懂得种树而已，治理政务，不是我的事。但是我住在乡里，看见那些做官的喜欢乱发命令，似乎很怜惜百姓，而最终结果却是害了百姓。一天到晚那些在衙门里办事的人跑来大喊大叫地说：‘长官有命令，催促你们快耕田，鼓励你们种植，督促你们快收割。快抽好你们的茧丝，快织好你们的细纱，抚养你们的孩子，繁殖你们的牲畜。’一会儿击鼓叫人们集合，一会儿又要敲梆把大家召集拢来。我们这些小民百姓放下碗筷去招待官吏都忙不赢，又怎么能使我们人口兴旺，生活安定呢？所以既为此困苦又很是疲乏。像这种治受的办法与我那些种树的同行们大概也有类似之处吧？”

问话的人惊叹着说：“这不是太好了吗？我问种树的方法，却得到了治民的道理。”我把这件事记下来，作为官吏们的鉴戒。

捕蛇者说

永之野产异蛇，黑质而白章，触草木尽死，以啮人，无御之者。然得而腊之以为饵，可以已大风，挛踠、瘘、疠，去死肌，死三虫。其始，太医以王命聚之，岁赋其二，募有能捕之者，当其租入，永之人争奔走焉。

有蒋氏者，专其利三世矣。问之，曰："吾祖死于是，吾父死于是，今吾嗣为之十二年，几死者数矣。"言之，貌若甚戚者。余悲之，且曰："若毒之乎？余将告于莅事者，更若役，复若赋，则何如？"

【译文】永州的郊野出产一种奇异的蛇，它的身上长着黑白相间的花纹，它接触过的草木全部会枯死，咬着人，人就没办法可以挽救。但是，捕捉到它晒干了可以用作药饵，可以治愈严重的风湿病、手脚弯曲、脖子肿痛、恶性疮疥，可以消除坏死的肌肉，杀死侵害人体的三尸虫。当初，太医奉皇帝的命令征收这种蛇，每年征收两次，招募能够捕蛇的人，用捕来的蛇抵偿他们应该缴纳的租税，永州地方的人们争上去做这件事。

有户姓蒋的人家，独自享有好处已经三代人了。我问他，他却说道："我祖父死在捕蛇这件差事上了，我父亲也死在捕蛇这件差事上了，现在我接着干了二十年，已有好几次差点丢了性命。"说这话的时候，他的样子好像十分悲痛，我可怜他，对他说："你觉得捕蛇这件差事很苦吗？我可以告诉管捕蛇事情的官吏，更换你的差役，恢复你的赋税，怎么样？"

蒋氏大戚，汪然出涕曰："君将哀而生之乎？则吾斯役之不幸，未若复吾赋不幸之甚也。向吾不为斯役，则久已病矣。自吾之三世居是乡，积于今六十岁矣，而乡邻之生日蹙。殚其地之出，竭其庐之入，号呼而转徙，饥渴而顿踣，触风雨，犯寒暑，呼嘘毒疠，往往而死者相藉也。曩与吾祖居者，今其室十无一焉；与吾父居者，今其室十无二三焉；与吾居十二年者，今其室十无四五焉，非死则徙尔。而吾以捕蛇独存。悍吏之来吾乡，叫嚣乎东西，隳突乎南北，哗然而骇者，虽鸡狗不得宁焉。吾恂恂而起，视其缶，而吾蛇尚存，则弛然而卧。谨食之，时而献焉。退而甘食其土之有，以尽吾齿。盖一岁之犯死者二焉，其余则熙熙而乐，岂若吾乡邻之旦旦有是哉！今虽死乎此，比吾乡邻之死则已后矣，又安敢毒邪？”

余闻而愈悲。孔子曰：“苛政猛于虎。”吾尝疑乎是，今以蒋氏观之，犹信。呜呼！孰知赋敛之毒，有甚是蛇者乎！故为之说，俟乎观人风者得焉。

【译文】姓蒋的更加悲伤，眼泪汪汪地说：“您是可怜我，想让我活下去吗？可我干这件差事所遭到的不幸，还没有像恢复我的赋税所遭到的不幸那么严重呢。如果先前我不干捕蛇这件差事，那我早就困苦不堪了。自从我家三代居住在这里，算到现在已经六十年了，乡邻们的生活是越来越窘迫了。他们把田地里出产的全部东西，家里的全部收入都拿去交了赋税，哭喊着转移迁徙，由于饥饿干渴，劳累过度而跌倒在地，冒着风雨和严寒酷暑，呼吸着时疫流行的空气，常常死后互相堆在一起。从前同我祖父住在一起的，现在十家剩不下一家了；同我父亲住在一起的，现在十家剩不下二三家了；同我在一起住了十二年的，现在十家剩不下四五家了，他们不是死掉，就是流从到他乡去了，唯独我靠着捕蛇却活了下来。凶狠的衙役到我们乡里来，大呼大叫，横冲直闯，乡民们被吓得呼喊不住，就连鸡犬也不得安宁。我小心翼翼地起床，看看装蛇的瓦罐，我的蛇还在里面，就放心地躺下来睡觉。我用心地喂养它，到了规定的时间把它交上去。回来后，舒心地吃着田地里出产的东西，就这样度过我的岁月。我一年之中冒着死亡的危险只有两次，其余的时间就可以自得其乐，哪里像我的乡邻那样，天天都有死亡的威胁呢？现在，我即使死在捕蛇这件事情上，比起我的乡邻的死亡来，已经是晚得多了，又怎么敢怨恨这个差事呢？”

我听了这番话更觉伤心。孔子说过：“苛刻的政治比老虎还要凶恶。”我曾经怀疑这句话，现在拿姓蒋的一家人的遭遇来看，还是可信的。唉，谁知道苛捐杂税的狠毒，比这毒蛇更加厉害呢！所以我写下这篇文章，等那些视察民情的人来得到它。

始得西山宴游记

自余为僇人，居是州，恒惴慄。其隙也，则施施而行，漫漫而游，日与其徒上高山，入深林，穷回溪，幽泉怪石，无远不到。到则披草而坐，倾壶而醉；醉则更相枕以卧，意有所极，梦亦同趣。觉而起，起而归。以为凡是州之山水有异态者，皆我有也，而未始知西山之怪特。

【译文】自从我遭到贬谪，居住在永州，心中一直觉得忧惧不安。闲暇的时候，我就出去缓缓地散步，漫无目的地到各处去转悠，每天我都与同我一起游逛的人爬高山，钻深林，走遍迂回曲折的山间小溪，凡是隐幽的泉水，怪异的山石，无论它们是多么地遥远，我们都走到了。一走到那些地方我们便拨开野草，席地而坐，从酒壶中倒出美酒来痛饮。喝醉后我们便相互枕靠着睡在地上，很快就进入了梦乡。凡是心中能想到的，意念中能出现的，在睡梦中也都能得到同样的意趣。睡醒以后就起来回家。我原以为凡是永州山水中那些形态奇异的景致都已为我所领略过了，但却不曾了解到西山竟然还有这样奇异特殊的风光。

今年九月二十八日，因坐法华西亭，望西山，始指异之。遂命仆人过湘江，缘染溪，斫榛莽，焚茅茷，穷山之高而止。攀援而登，箕踞而遨，则凡数州之土壤，皆在衽席之下。其高下之势，岈然洼然，若垤若穴，尺寸千里，攒蹙累积，莫得遁隐，萦青缭白，外与天际，四望如一。然后知是山之特出，不与培塿为类。悠悠乎与颢气俱，而莫得其涯；洋洋乎与造物者游，而不知其所穷。引觞满酌，颓然就醉，不知日之入。苍然暮色，自远而至，至无所见，而犹不欲归。心凝形释，与万化冥合。然后知吾向之未始游，游于是乎始。故为之文以志。

是岁，元和四年也。

【译文】今年九月二十八日，由于我坐在法华寺西边的亭子下，遥望西山，才使我初次发现西山那奇异的景色，并为之称异。我于是让仆人跟随着我一起越过湘江，沿着染溪而行，一路上一边向前走，一边砍去那丛生的灌木，烧掉那杂乱的茅草，一直爬到了西山山顶才停下来。我们攀援着树枝向上攀登，随意地伸开腿坐在山地上，居高望远，则几乎几个州的土地，都近在我的座席之下。西山上那高下悬殊的形势，看山谷竟是如此地深远和低洼，有的像是蚂蚁做窝时堆积的泥土，有的又像是蚂蚁的洞穴，登高远望，千里之外的景色，都像是聚集收拢在眼前，几乎没有能够从我的视野里逃脱隐蔽的。山顶的上面萦绕着青白色的光彩，一直与那遥远的天际相接，举目四望，浑然一体。看到这些以后，才知道这座山确实是特立不群，与一般的山包小丘是大不一样的。面对眼前这份景色，不知不觉中我的身心与大自然之气互相交融，浑然一体，无边无际，我悠闲自在地与天地自然一起交游，已经不知道哪里是尽头了。我于是拿起酒壶，斟满酒杯，举杯痛饮，一会儿就已经喝得醉倒在地，却不知道日薄西山，太阳快要下山了。苍茫的暮色，自远而近逐渐降临，慢慢地天黑得什么也看不见了，而我却了无归意，一点也不想回家。此时的我已是形神俱忘，好像自己已经被溶化到天地万物之中，物与我已经成为浑然不分的一体了。从此我才认识到过去自己等于没有出来游览过，真正的游览是从游西山才开始的。所以我特意写了这篇文章把这件事记下来。

这年是元和四(809)年。

钴鉧潭记

钴鉧潭在西山西，其始盖冉水自南奔注，抵山石，屈折东流；其颠委势峻，荡击益暴，啮其涯，故旁广而中深；毕至石乃止。流沫成轮，然后徐行，其清而平者且十亩，有树环焉，有泉悬焉。

其上有居者，以予之亟游也，一旦款门来告曰："不胜官租私券之委积，既芟山而更居，愿以潭上田贸财以缓祸。"予乐而如其言。则崇其台，延其槛，行其泉于高者坠之潭，有声潨然。尤与中秋观月为宜，于以见天之高，气之迥。

孰使予乐居夷而忘故土者，非兹潭也欤？

【译文】钴鉧潭在西山的西边。它的源头是从南边奔流而来的冉溪，溪水碰上山石后，又曲折地往东流去，溪水的上游和下游流势比较湍急，经过山石的激荡后变得更加湍急。溪水不断地侵蚀着潭岸的边缘，所以钴鉧潭的四边宽广，而潭水的中间却很深，溪水全部流到潭石的岸边才停下来。溪水冲流到潭中，激起许多泡沫，形成一个个轮般的漩涡，然后又慢慢地向前流上，清澈平静的潭水水面有将近十亩多大的面积，潭水的四周环绕着树木，悬岩上泉水悬挂下来。

钴鉧潭的岸边上有一户人家居住，家里人见我多次去那里游玩观赏，有一天便来敲我的门并告诉我说："我由于受不了官府那繁重的租税和所欠私人债务的压力，已经在山里开荒种地，并且搬到了深山里去住，所以愿意将钴鉧潭边的田地卖给你换点钱用以缓解我当前的困境。"我听了以后非常高兴，并按照他的要求把田地买了下来。我于是加高了潭岸上的平台，延长了旁边的栏杆，疏导高处的泉水使其落入潭中，泉水落入潭中发出悦耳的声响。这里的景色尤其在中秋之夜赏月时最为美好。在这里可以领略到天空的高阔和自然气流的悠长渺远。

是什么使我乐于居住在这边远的少数民族地区而忘记了自己的故乡的，不就是这一湾潭水吗？

钴鉧潭西小丘记

得西山后八日，寻山口西北道二百步，又得钴鉧潭。潭西二十五步，当湍而峻者为鱼梁。梁之上有丘焉，生竹树。其石之突怒偃蹇，负土而出，争为奇状者，殆不可数。其嵚然相累而下者，若牛马之饮于溪；其冲然角力而上者，若熊罴之登于山。

丘之小不能一亩，可以笼而有之。问其主，曰："唐氏之弃地，货而不售。"问其价，曰："止四百。"余怜而售之。李深源、元克己时同游，皆大喜，出自意外。即更取器用，铲刈秽草，伐去恶木，烈火而焚之。嘉木立，美竹露，奇石显。由其中以望，则山之高，云之浮，溪之流，鸟兽鱼之遨游，举熙熙然回巧献技，以效兹丘之下。枕席而卧，则清泠之状与目谋，潆潆之声与耳谋，悠然而虚者与神谋，渊然而静者与心谋。不匝旬而得异地者二，虽古好事之士，或未能至焉。

【译文】访得观览西山后的第八天，我沿着山口西北边的小路走了约二百步，又发现了钴鉧潭。往潭的西边走二十五步. 正当水深流急的地方，是一道鱼梁。从鱼梁再往上有一座小丘，小丘上生长着竹子和树木。小丘上的那些岩石一块块挺上突起、傲然高耸，背负着黄土冒出地面，争相显示出它们各自的种种奇形怪状，像这样的石头多得小计其数；而小丘上那些歪斜着相互联缀着伸向溪水中的石头，则好像是牛马正在溪边饮水；还有那些突起前倾如野兽的犄角一般并列向上的，又好像熊罴正在爬山。

这山丘小得不满一亩，可以用一个笼子把它全部装下。问到它的主人是谁，说："这是一家姓唐的人家废弃不用的山地，已作价待卖却卖不出去。"问它的价钱，说："只要四百文。"我很怜惜这个小丘，就把它买了下来。李深源、元克己当时与我同游，都为如此出乎意外地价廉而感到非常高兴。随即轮流拿起各种工具，铲除乱草，砍掉杂树，燃起大火把它们烧掉。于是好树挺起，秀竹冒出，奇石显露。从中望去，山峰高峻，云雾飘浮，溪水流淌，鸟兽遨游，全都乐滋滋地展示它们的奇巧，献出它们的本领，呈现于这小丘之下。我们枕石席地，在小丘上躺下，清澈明净的水色映入眼帘，潆潆的水声传入耳中，悠远空灵的境界融入神思，幽深宁静的气氛沁人心灵。不到十天就两次发现奇特的胜地，即使古代爱好探访山水风光的人，或许也不能达到这种地步吧。

噫！以兹丘之胜，致之沣、镐、鄠、杜，则贵游之士争买者，日增千金而愈不可得。今弃是州也，农夫渔父过而陋之，价四百，连岁不能售。而我与深源、克己独喜得之，是其果有遭乎！书于石，所以贺兹丘之遭也。

【译文】唉！如果把小丘这样优美的景色，放到沣、镐、鄠、杜这些地方，那么，那些争着购买的公子哥儿们，即使每天增价千金，却只会越发买不到。现在它却被弃置在这里，连农夫、渔夫经过那儿都觉得鄙陋，标价只四百钱，却连续多年卖不出去。只有我和深源，克己为得到它而高兴，这小丘难道真的有好运气了吗？我把这些话写在山石上以此祝贺这座小丘交上了好运。

至小丘西小石潭记

从小丘西行百二十步，隔篁竹，闻水声，如鸣佩环，心乐之。伐竹取道，下见小潭，水尤清冽。全石以为底，近岸卷石底以出，为坻为屿，为嵁为岩。青树翠蔓，蒙络摇缀，参差披拂。

潭中鱼可百许头，皆若空游无所依。日光下澈，影布石上，怡然不动；俶尔远逝，往来翕忽，似与游者相乐。

潭西南而望，斗折蛇行，明灭可见。其岸势犬牙差互，不可知其源。坐潭上，四面竹树环合，寂寥无人，凄神寒骨，悄怆幽邃。以其境过清，不可久居，乃记之而去。

同游者吴武陵、龚右，余弟宗玄；隶而从者，崔氏二小生，曰恕己，曰奉一。

【译文】从小丘往西走一百二十步，隔着一片竹林，听到流水发出佩环相碰一般琤琮之声，心里感到很高兴。于是砍去竹子，开出路来，向下走去，见有一个小潭，水特别清澈。潭底是一整块石头，靠近岸边的地方，石底向上翻卷而露出水面，成了石坻、石屿、石嵁、石岩。青葱的树枝和碧绿的藤蔓互相覆盖缠绕，摇曳着垂挂着，长长短短，随风飘拂。

潭里的鱼大约有一百条左右，全像是凭空而游，无拘无束。阳光直射入清澈的水底，鱼儿的影子散布在潭壁上，静静地，一动也不动，忽的一下又远远地游走了，轻快地游来游去，好像与游人相以为乐。

向小潭的西南方向望去，溪流如北小星座那样弯弯曲曲，就像蛇在游动，忽明忽暗，隐约可见。溪岸的形状如犬牙交错，无法知道它从哪里流出。坐在潭边，见四周竹林、树木环抱，寂静无声，空无一人，令人心神凄冷、身骨透凉，勾如此幽暗深邃的地方而忧伤。

因为小石潭周围的环境过于凄清，于是把它记述下来以后便离开了。

同游的人，有吴武陵、龚古和我的堂弟宗玄。跟随我们一起游的人，还有崔家两个少年书生，一个叫恕己，一个叫奉一。

欧阳修

宋庐陵人，字永叔，晚号六一居士。举进士甲科。庆历初召知谏院，改右正言，知制诰。时杜衍、韩琦、范仲淹、富弼相继罢去，修上书极谏，出知滁州，徙扬州、颍州，还为翰林学士八年。知无不言，嘉佑间拜参知政事，与韩琦同心辅政。熙宁初，与王安石不合，以太子少师致仕。年六十六卒。自五代以来，文章多袭唐人声韵之体。宋初，柳开、穆修，志欲复古，而力未逮，至修得韩愈遗稿，苦心探索，遂以古文为天下倡导。三苏、曾、王诸大家，皆出其门，故当时风尚，为之丕变。然修为古文，名曰宗韩，其气体实与之各别，前贤论之颇详。盖不欲于形貌求似，而能得其神理者，此所以自成为一大家也。著有《新唐书》《新五代史》《诗文集》等种。

【译文】宋代庐陵（今属江西永丰）人，字永叔，晚年号为六一居士。被推举为进士甲科。庆历初年被任命为谏院的管理人员，又改为右正言，负责起草诰命。当时杜衍、韩琦、范仲淹、富弼等人先后被免去官职，欧阳修上书进谏，外出任滁州的太守，后来有先后在扬州、颍州等地任职，后来又在朝廷任翰林学士八年。欧阳修凡是知道的事情一定会讲出来，嘉佑年间被任命为参知政事，与韩琦一起辅佐皇帝处理朝政。熙宁初年，因为与王安石意见不合，就以太子少师的身份退休。六十六岁时逝世。从五代以来，写文章的人喜欢沿袭唐代讲究声韵的体裁。宋代初年，柳开、穆修想要恢复古代的文风，努力却没有收获，直到欧阳修得到了韩愈遗留的书稿，努力探索，才开始向天下学者倡导学习古代文风。苏氏父子、曾巩、王安石。这几位有名气的文人，都曾向欧阳修求学，所以当时写文章的风气，因此得到改变。然而欧阳修倡导古文，名义上虽然是继承韩愈，实际上他文章的气势、体裁与韩愈有很大不同，前辈学者关于这一点已经讲得很详细了。欧阳修不是仅仅追求文章体裁的相似，而是能获得韩愈文章的神韵，这就是他成为大作家的原因。欧阳修的著作有《新唐书》《新五代史》《诗文集》等多种。

本论中

佛法为中国患千余岁，世之卓然不惑而有力者，莫不欲去之。已尝去矣，而复大集，攻之暂破而愈坚，扑之未灭而愈炽，遂至于无可奈何。是果不可去耶？盖亦未知其方也。

【译文】佛教成为中国的祸患有一千多年了。世上那些见解卓绝不被迷惑而且有能力的人，没有谁不想除掉它。它曾经被除掉过，但接着又大大兴盛起来。敌营一样，暂时攻破了，后来却更加坚固：像火灾一样，没有完全扑灭，反而烧得更旺，于是达到了没法对付的地步。这果真是不能除掉吗？不，只是不知道除掉它的方法。

夫医者之于疾也，必推其病之所自来，而治其受病之处。病之中人，乘乎气虚而入焉。则善医者，不攻其疾，而务养其气，气实则病去，此自然之效也。故救天下之患者，亦必推其患之所自来，而治其受患之处。佛为夷狄，去中国最远，而有佛固已久矣。尧、舜、三代之际，王政修明，礼义之教充于天下，于此之时，虽有佛无繇而入。及三代衰，王政阙，礼义废，后二百余年而佛至乎中国。由是言之，佛所以为吾患者，乘其阙废之时而来，此其受患之本也。补其阙，修其废，使其政明而礼义充，则虽有佛无所施于吾民矣，此亦自然之势也。

【译文】医生对于疾病，一定要推究疾病发生的原因，从而治疗那生病的部位。病邪侵犯人体，是乘人体元气虚弱才进入的，所以医生往往不直接进攻病邪，却尽力培养人体的元气，元气充实了，疾病自然去掉。这是顺应自然的功效。要抢救天下的灾祸，也一定要研究灾祸发生的原因，从而治疗那遭受病害的地方。佛是外国人，离开中国很远，佛教产生已经很久。在尧、舜和夏、商、周时代，政治很完美清明，讲礼义的风气在天下都很浓厚；在这样的时代，即使有佛教也无法进入中国。等到周代衰弱了，政治有亏缺失误，礼义被废弛，过了两百多年佛教便传到了中国。从这种情况看来，佛教之所以能成为中国的祸患，是因为乘着那时政治失误、礼义废弛的时机侵入了中国。这便是遭受祸患的根本原因。只要弥补失误的政治，完善被废的礼义，使政治清明、礼义兴隆，那么即使有佛也没有办法对民众施加影响了。这也是自然的形势。

昔尧、舜、三代之为政，设为井田之法，籍天下之人，计其口而皆授之田，凡人之力能胜耕者，莫不有田而耕之，敛以什一，差其征赋，以督其不勤。使天下之人，力皆尽于南亩，而不暇乎其他。然又惧其劳且怠而入于邪僻也，于是为制牲牢酒醴以养其体，弦匏俎豆以悦其耳目。于其不耕休力之时，而教之以礼。故因其田猎而为搜狩之礼，因其嫁娶而为婚姻之礼，因其死葬而为丧祭之礼，因其饮食群聚而为乡射之礼。非徒以防其乱，又因而教之，使知尊卑长幼，凡人之大伦也。故凡养生送死之道，皆因其欲而为之制。饰之物采而文焉，所以悦之，使其易趣也。顺其情性而节焉，所以防之，使其不过也。然犹惧其未也，又为立学以讲明之。故上自天子之郊，下至乡党，莫不有学，择民之聪明者而习焉，使相告语而诱劝其愚惰。呜呼！何其备也。

【译文】过去尧、舜、夏、商、周采取的政治措施是：设立井田制度。登记天下的户口，按人口分配给田地。凡是有力量从事耕种的人，都有田耕种；征收出产的十分之一，而且使赋税有差别等级，用以督促那些不勤劳的农夫。这就使得天下的人，把力量全部用在耕种田地上，没有空暇去干其他的事。但是，又担心百姓太劳累、太疲倦，会走上邪路，于是给他们制定出各种办法：祭礼后吃牛羊肉，饮酒，来营养他们的身体；弹琴鼓瑟，吹笙奏竽，使他们听在耳里而感觉愉快；用俎豆进献祭品，使他们看在眼里而觉得高兴。在百姓不耕作的休闲季节便教给他们各种礼节仪式。所以，基于打猎而制定春秋两季打猎的仪式，基于出嫁、娶妻而制定婚姻的仪式，基于死葬而制定办丧事和祭祀的仪式，基于酒宴、聚会而制定饮酒、射箭的仪式。这不仅是为了防止混乱，而且可以使百姓从中受到教育，使他们知道尊卑长幼的区别以及人与人之间的关系。所以说，一切养育活人和葬送死人的方法，都是基于百姓的欲望而制定出来的，并用各种器物和色彩来装饰美化，使百姓喜欢它，乐于那样做；又都顺从老百姓的性情而加以节制，防备他们做得过分。但还是担心不够，又为他们设立学校，把这些东西讲述清楚。所以，上从国都的郊区下到乡村都有学校，挑选百姓中聪明的人去学习，叫他们互相转告来诱导那些愚昧懒惰的人。啊，这是多么地完备啊！

盖尧舜三代之为政如此，其虑民之意其甚精，治民之具甚备，防民之术甚周，诱民之道甚笃。行之以勤而被于物者洽，浸之以渐而入于人者深。故民之生也，不用力乎南亩，则从事乎礼乐之际，不在乎家，则在乎庠序之间。耳闻目见，无非仁义；乐而趣之，不知其倦。终身不见异物，又奚暇夫外慕哉？故曰虽有佛无由而入者，谓有此具也。

及周之衰，秦并天下，尽去三代之法，而王道中绝。后之有天下者，不能勉强，其为治之具不备，防民之渐不周。佛于此时，乘间而出。千有余岁之间，佛之来者日益众，吾之所为者日益坏。井田最先废，而兼并游惰之奸起，其后所为蒐狩、婚姻、丧祭、乡射之礼，凡所以教民之具，相次而尽废。然后民之奸者，有暇而为他；其良者，泯然不见礼义之及己。夫奸民有余力，则思为邪僻；良民不见礼义，则莫之所趣。佛于此时，乘其隙，方鼓其雄诞之说而牵之，则民不得不从而归矣。又况王公大人往往倡而驱之曰：佛是真可归依者。然则吾民何疑而不归焉？幸而有一不惑者，方艴然而怒曰：佛何为者，吾将操戈而逐之！又曰：吾将有说以排之！夫千岁之患遍于天下，岂一人一日之可为？民之沉酣入于骨髓，非口舌之可胜。然则将奈何？曰：莫若修其本以胜之。

【译文】总之，尧、舜、夏、商、周的政治措施便是这样。他们为百姓考虑，用意很深细；管理百姓，制度很完备；防止百姓作坏事，手段很周到；诱导百姓作好事，方法很扎实并且推行得很勤密，使大家感到欢洽，慢慢地渗透，深入人心。所以百姓一生中，不是在田地里耕种，便是在礼乐的范围内行动；不是在自己家里，便是在学校里；耳里听的，眼里看的，都是仁义的事情，高兴地学习模仿，不知道疲倦；终身没有看到别的不正当的事，又哪有空暇去羡慕国外来的东西呢？所以说即使有佛教也无法进入中国，就是因为有这样周密的制度。

等到周朝衰败了，秦朝吞并了天下，全部抛弃了夏商周三代的方法，于是"王道"政治便中途断绝了。后来占有天下的人，又不能尽力去恢复，于是治理百姓的制度不完备，防止百姓作坏事的手段不周到，佛教便在这种时候乘着空隙出现了。千多年以来，前来传播佛教的人一天天地多，我们的一切措施一天天败坏。井田制最先被废除，于是吞并土地、游手好闲的坏现象便产生了；以后，所谓打猎、婚姻、丧祭、饮酒、射箭等礼节，总之一切教导百姓的方法，都一个跟一个地全部废除了。这样一来，奸滑的百姓便有空暇去干别的事，善良的百姓一点也得不到礼仪给予自己的开导。奸滑的百姓有了多余精力，便想干坏事；善良的百姓看不到礼义，便不知道行动的方向。佛教徒在这时来看空隙大力鼓吹他们极端夸大的学说来引诱百姓，那么老百姓便不能不听从归顺了。又加上王公大人们往往提倡佛教，驱使百姓信奉，他们说："佛教是真正可以归依信仰的。既然如此，那么我国的百姓又还有什么疑虑不去归顺佛教呢？"幸而有一个人不被迷惑，怒气冲冲地说："佛教是什么东西？我准备拿起武器把它赶跑。"又说："我会有理由驳斥它。"具有千年历史的祸患。而且已经遍及天下，难道一个人在短时间内可以把它怎样吗？老百姓已经沉醉在佛教中，佛教思想深入骨髓，不是靠几句话可以战胜的。那怎么办呢？我以为，不如完善我们的根本来战胜它。

昔战国之时，杨、墨交乱，孟子患之而专言仁义，故仁义之说胜，则杨、墨之学废。汉之时，百家并兴，董生患之而退修孔氏，故孔氏之道明而百家息。此所谓修其本以胜之之效也。

【译文】过去战国时代，杨朱、墨翟的学说同时扰乱天下，孟子对这种情形感到忧虑，便专门宣传仁义，所以仁义的学说兴盛了，杨朱、墨翟的学说便自然消失了。汉朝的时候，各家学说同时兴起，董仲舒为此担忧，便回过头来钻研、宣传孔子的学说，所以孔子的学说昌盛起来，其他各家学说便平息下去了。这便是我所说的“完善我们的根本来战胜它”这种作法的功效。

今八尺之夫，被甲荷戟，勇冠三军，然而见佛则拜，闻佛之说则有畏慕之诚者，何也？彼诚壮佼，其中心茫然无所守而然也。一介之士，眇然柔懦，进趋畏怯，然而闻有道佛者则义形于色，非徒不为之屈，又欲驱而绝之者，何也？彼无他焉，学问明而礼义纯熟，中心有所守以胜之也。然则礼义者，胜佛之本也。今一介之士知礼义者，尚能不为之屈，使天下皆知礼义，则胜之矣。此自然之势也

【译文】现在，身材魁梧的武士，披着战袍，拿着武器，他的勇敢在部队中可算首屈一指，但看到了佛像便拜跪，听到佛教学说便内心害怕、仰慕。这是什么原因呢？因为他虽然外貌雄伟、英俊，但内心空虚，没有坚定的主张，于是出现了这种情况。一个普通读书人，身材矮小，体质柔弱，举止斯文，但他们一听到有人宣传佛教，脸上便现出义愤的颜色，不仅不向佛教屈服，还想把佛教彻底赶走，这又是什么原因呢？他并没有别的本领，只是由于明白学问、熟悉礼义，内心有坚定的主张可以战胜佛教。这么看来，礼义便是战胜佛教的根本。一个普通读书人，知道了礼义，还能够不被佛教屈服；如果天下的人都知道礼义，就完全可以战胜佛教了。这便是自然的形势啊。

朋党论（在谏院進）

臣闻朋党之说，自古有之，惟幸人君辨其君子小人而已。大凡君子与君子，以同道为朋；小人与小人，以同利为朋。此自然之理也。

【译文】我听说关于朋党的说法，从古就有；只是希望君主能够辨别君子的朋党还是小人的朋党罢了。大抵君子和君子，因为志同道合结为朋党；小人和小人，因为私利相同结为朋党。这是自然的道理啊。

然臣谓小人无朋，惟君子则有之。其故何哉？小人所好者禄位也，所贪者财货也。

当其同利之时，暂相党引以为朋者，伪也。及其见利而争先，或利尽而交疏，则反相贼害，虽其兄弟亲戚，不能相保。故臣谓小人无朋，其暂为朋者，伪也。君子则不然。所守者道义，所行者忠信，所惜者名节。以之修身，则同道而相益；以之事国，则同心而共济；终始如一，此君子之朋也。故为人君者，但降退小人之伪朋，用君子之真朋，则天下治矣。

【译文】但我认为小人没有朋党，只有君子才有朋党。这是什么原因呢？小人爱的是私利和禄位，贪的是财物。当他们私利相同的时候，暂且互相勾结起来作为朋党，这种朋党是虚假的；等见到利益时便争先抢后，或者利益完了时便交情疏远，于是反而互相残害，即使是他们的兄弟亲戚，也不能彼此照顾。所以我说小人没有朋党，他们暂时结为朋党，是虚假的。君子却不是这样：他们信奉的是道德和义理，实行的是忠诚和信用，珍惜的是名誉和气节。他们用这些来修养自己的品稳，就志同道合，互相促进；他们用这些来服务国家，就能团结一致，同舟共济。始终如一，这就是君子的朋党。所以做君主的，只应当斥退小人的假朋党，重用君子的真朋党，那么天下也就治理得好了。

尧之时，小人共工、驩兜等四人为一朋，君子八元、八凯十六人为一朋。舜佐尧，退四凶小人之朋，而进元、恺君子之朋，尧之天下大治。及舜自为天子，而皋、夔、稷、契等二十二人，并立于朝，更相称美，更相推让，凡二十二人为一朋，而舜皆用之，天下亦大治。《书》曰："纣有臣亿万，惟亿万心；周有臣三千，惟一心。"纣之时，亿万人各异心，可谓不为朋矣，然纣以亡国。周武王之臣三千人为一大朋，而周用以兴。后汉献帝时，尽取天下名士囚禁之，目为党人。及黄巾贼起，汉室大乱，后方悔悟，尽解党人而释之，然已无救矣。唐之晚年，渐起朋党之论。及昭宗时，尽杀朝之名士，或投之黄河，曰："此辈清流，可投浊流。"而唐遂亡矣。

【译文】唐尧时候，小人共工、驩兜等四人结成一个朋党；君子八元、八凯十六人结成一个朋党。虞舜辅佐唐尧、斥退四凶结成的小人朋党，任用八元、八凯结成的君子朋党，唐尧的天下治理得非常好。等到虞舜自己做了天子，皋、夔、稷、契等二十二人，一同在朝做官，互相称赞，互相推让，共二十二个人结成一个朋党，虞舜都任用他们，天下也治理得非常好。《尚书》上说："纣王有亿万个臣子，有亿万条心；周王有三千个臣子，只有一条心。"商纣的时候，亿万个人各有不同的心思，可以说不结朋党了，然而商纣却因此亡了国。周武王的臣子，三千个人结成一个大朋党，然而周朝却因此兴盏起来。后汉献帝时，把天下的名士全都拘禁起来，看作"党人"。等到黄巾军起串，汉朝大乱，后来才悔悟，释放全部在押的党人，但是局势已经无法挽救了。唐朝末年，逐渐兴起朋党的争议。到唐昭宗时，杀尽朝廷的名士，把他们抛到黄河里，说："这些自称为清流的人，可以把他们抛到浊流里去。”唐朝也就灭亡了。

夫前世之主，能使人人异心不为朋，莫如纣；能禁绝善人为朋，莫如汉献帝；能诛戮清流之朋，莫如唐昭宗之世。然皆乱亡其国。更相称美推让而不自疑，莫如舜之二十二臣，舜亦不疑而皆用之，然而后世不诮舜为二十二人朋党所欺，而称舜为聪明之圣者，以能辨君子与小人也。周武之世，举其国之臣三千人共为一朋。自古为朋之多且大，莫如周。然周用此以兴者，善人虽多而不厌也。夫兴亡治乱之迹，为人君者，可以鉴矣！（按后汉书禁锢党人，乃灵帝建宁二年事，文作献帝误。）

【译文】从前的君主，能够使人人各怀异心，不结成朋党，没有谁比得上纣王；能够禁绝好人结成朋党的，没有谁比得上汉献帝；能够杀戮清流朋党的，没有比得上唐昭宗的时候。然而，他们都因此使国家混乱灭亡了。彼此互相称赞。互相推让，没有一点疑心，没有谁比得上虞舜的二十二个臣子，虞舜也不疑心并且都任用他们；可是后世的人不责备虞舜被二十二个人结成的朋党所欺蒙，反而称赞虞舜是智慧超群的圣人，因为他能够辨别君子和小人啊，周武王时候，他全国所有的三千个臣子，全部结成一个朋党，自古以来朋党人数之多、范围之广，没有比得上周朝的；然而周朝因此兴盛起来，这是因为好人虽多却并不嫌多啊。唉，这些治乱兴亡的历史事迹，做君主的就很可以作为借鉴了。

唐书艺文志序

自六经焚于秦而复出于汉，其师传之道中绝，而简编脱乱讹缺，学者莫得其本真，于是诸儒章句之学兴焉。其后传、注、笺、解、义疏之流，转相讲述，而圣道粗明。然其为说，固已不胜其繁矣。

【译文】自从六经在秦代被焚烧、又重新出现于汉代，学者师徒传授的学问就已经断绝了，而且由于书籍的遗失，错误以及残缺，使得学者们不能获得真正的知识，于是儒者们的章句之学就出现了。这以后又出现了传注、笺解、义疏，学者们相互宣讲、陈述，使得圣人的学问大致又重新为世人所知。然而这些儒者的学说，非常地繁琐。以上所讲的是经书的情况。

至于上古三皇五帝以来世次，国家兴灭终始，僭窃伪乱，史官备矣。而传记、小说，外暨方言、地理、职官、氏族，皆出于史官之流也。

【译文】传注、笺解、义疏关于从上古三皇五帝时代以来的时代先后次序，国家的兴起与灭亡，乱臣贼子僭越、叛乱的的事情，史官们已经记载得很详细了。而且传纪、小说、外暨方言、地理、职官、氏族这些史料也都是出自史官之类的人。以上是关于史书的情况。

自孔子在时，方修明圣经，以绌缪异。而老子著书论道德，接乎周衰。战国游谈放荡之士，田骈、慎到、列、庄之徒，各极其辨。而孟轲、荀卿，始专修孔氏，以折异端。迹诸子之论，各成一家，自前世皆存而不绝也。

【译文】孔子在世的时候，整理了六经以彰显圣人的学问，贬斥异端邪说。老子写《道德经》是在周代衰微的时候。战国时代到处游说而不受检束的纵横家，田骈、慎到、列御寇、庄周这些人，都把自己辩论的才能发挥得淋漓尽致。孟子、荀子开始专门学习孔子的学说，以便驳斥异端邪说。然而这些人的学说，都有自己的特色，直到现在还流传于世间。以上是关于子书的情况。

夫王迹熄而《诗》亡，《离骚》作而文辞之士兴，历代盛衰，文章与时高下。然其变态百出，不可穷极，何其多也。

【译文】圣明的帝王不再出现，《诗经》也就不再被创作了，《离骚》出现之后从事文学创作的士人也就跟着出现了。由于朝代的兴衰，文章的质量也跟着有高低的变化。然而文学的新形式不断涌现，作品数不胜数。以上是关于文集的情况。

自汉以来，史官列其名氏篇第，以为六艺九种七略，至唐始分为四类，曰经、史、子、集。而藏书之盛，莫盛于开元。其著录者，五万三千九百一十五卷。而唐之学者自为之书，又二万八千四百六十九卷。呜呼，可谓盛矣！

【译文】自汉代以来，史官列举人名篇目，分为六艺、九类、七略，到唐代才分为经、史、子、集四类。藏书最盛的时期，以开元年间最多，有记录的有53915卷。唐代学者创作的书有28469卷。哎，真是盛大啊。

六经之道，简严易直而天人备，故其愈久而益明，其余作者众矣。质之圣人，或离或合。然其精深闳博，各尽其术；而怪奇伟丽，往往震发于其间，此所以使好奇爱博者不能忘也。然凋零磨灭，亦不可胜数，岂其华文少实、不足以行远欤？而俚言俗说，猥有存者，亦其有幸不幸欤？今著于篇，有其名而无其书者，十盖五六也，可不惜哉！

【译文】六经的学问，简单直接却又包括关于天命人事的所有道理，所以经历时间越长久它的道理越明显，而其它书籍的作者实在太多了。用圣人的学问评判他们，他们有的符合圣人之道，有的则不符合。然而这些人的著作精深广博，都能说明自己的观点；而且他们著作，经常充满奇异壮美的内容，这也是那些爱好奇异、广博知识的人被吸引的原因。然而许多这样的书籍都已经失传了，难道是因为它们文辞华美而内容贫乏，不值得流传长远吗？那些通俗浅显的著作也有很多保存了下来，这是由于它们幸运的缘故吗？现在被记录的作者，许多只有姓名，却没有著作传世了，这样的情况占了五六成，难道不值得可行吗？

五代史宦者传序

自古宦者乱人之国，其源深于女祸。女，色而已；宦者之害，非一端也。盖其用事也近而习，其为心也专而忍，能以小善中人之意，小信固人之心，使人主必信而亲之。待其已信，然后惧以祸福而把持之。虽有忠臣、硕士列于朝廷，而人主以为去己疏远，不若起居饮食、前后左右之亲为可恃也。故前后左右者日益亲，则忠臣、硕士日益疏，而人主之势日益孤。势孤，则惧祸之心日益切，而把持者日益牢。安危出其喜怒，祸患伏于帷闼，则向之所谓可恃者，乃所以为患也。患已深而觉之，欲与疏远之臣，图左右之亲近，缓之则养祸而益深，急之则挟人主以为质。虽有圣智，不能与谋。谋之而不可为，为之而不可成，至其甚，则俱伤而两败。故其大者亡国，其次亡身；而使奸豪得借以为资而起，至挟其种类，尽杀以快天下之心而后已。此前史所载宦者之祸常如此者，非一世也。

【译文】从古以来，太监搅乱人们的国家，那根源要比女人造成的祸害深。女人不过靠容貌漂亮罢了，太监的祸害不止一桩。因为他们干宫里的事，跟君主接近而且亲昵，他们的存心专横而且凶狠。他们能够耍小聪明迎合君主的意旨，靠小信用抓牢君主的心理，使君主必然信任他们，而且爱近他们。等到他们已经取得君主的信任，然后借祸福来恫吓他，从而把持他。这时候，虽然有忠心耿耿的大臣和学问渊博的谋士在朝堂上做官，君主却认为他们是距离自己疏远的人，不及生活在前后左右的亲近的太监可以依靠。所以，同生活在前后左右的太监一天天地更加亲密，就会跟忠心耿耿的大臣和学问渊博的谋士一天天地更加疏远，因而君主的势力就一天天地更加孤单。君主的势力孤单，害怕祸事的心理就一天天地更加急切，因而太监把持的权力一天天地更加牢固。君主的安宁或者危险，出自太监的欢乐或者恼怒，祸殃潜伏在宫廷内部，那么先前的认为可以依靠的人，竟然是造成祸害的根源。祸患已经很严重才觉察他们的奸邪，想要同疏远的臣子，设谋除去生活在左右的亲近的太监，事情办得慢一点就会养成祸乱而且加深祸乱，事情办得快一点就会挟持君主把他作为人质。这时，即便有圣人的智谋，也不能参与想办法了。就是想出了办法也不能实行，实行它也不能成功，弄到那最厉害时就两败俱伤。所以，祸患大的就丧失国家，其次就毁灭自身，从而使奸雄能够把它作为借口乘机起来，直到挖出那些太监们及其党羽，把他们全部杀死让天下人的心里痛快方才罢休。这是过去史书上记载的太监造成的祸害常常如此，并不是一个朝代啊。

夫为人主者，非欲养祸于内，而疏忠臣、硕士于外，盖其渐积而势使之然也。夫女色之惑，不幸而不悟，则祸斯及矣。使其一悟，捽而去之可也。宦者之为祸，虽欲悔悟，而势有不得而去也。唐昭宗之事是已。故曰“深于女祸”者，谓此也，可不戒哉？

【译文】那些作为君主的，决不会想在内部养成祸害，而在外面疏远忠臣和有大学问的谋士，原来是太监们逐渐积累权力的形势使他这样的。那女色的蛊惑，不幸的是君主不觉悟，祸事这才降临。假使君主一觉悟，只要揪出她而且抛弃她就行了。太监造成的祸事，君主就是想悔悟，而在形势上也有一时不能丢开他们的种种原因。唐昭宗的事情就是如此。所以我说“太监造成的祸害要比女人造成的祸害深”，正是指这种情况，作为君主的可以不引起警惕吗？

五代史伶官传序

呜呼！盛衰之理，虽曰天命，岂非人事哉？原庄宗之所以得天下，与其所以失之者，可以知之矣。

【译文】唉！国家兴盛和衰败的道理，虽然说同天命有关，难道不是人为的吗？推究后唐庄宗取得天下和他失掉天下的原因，就可以明白这个道理了。

世言晋王之将终也，以三矢赐庄宗，而告之曰："梁，吾仇也；燕王吾所立，契丹与吾约为兄弟，而皆背晋以归梁。此三者，吾遗恨也。与尔三矢，尔其无忘乃父之志!"庄宗受而藏之于庙，其后用兵，则遣从事以一少牢告庙，请其矢，盛以锦囊，负而前驱，及凯旋而纳之。

【译文】世上传说晋王临死的时候，拿三支箭交给庄宗，并且告诫他说："梁王朱全忠是我的仇敌；燕王刘仁恭是我扶植起来的，契丹的耶律阿保机同我结拜过兄弟，可是他俩都背叛了我去归附梁王。这三桩是我放心不下的恨事。我给你三支箭，你可别忘了你的父亲的心愿!"庄宗接过箭就把它们藏在祖庙里。从那以后，只要出兵打仗，就派官员拿"少牢"到祖庙祭祀并祷告，请出那三支箭，拿丝织的箭袋盛着它们，背着在前面走，等到胜利归来，又把它们送进祖庙。

方其系燕父子以组，函梁君臣之首，入于太庙，还矢先王，而告以成功。其意气之盛，可谓壮哉!及仇雠已灭，天下已定，一夫夜呼，乱者四应，仓皇东出，未及见贼而士卒离散，君臣相顾，不知所归，至于誓天断发，泣下沾襟，何其衰也!岂得之难而失之易欤？抑本其成败之迹，而皆自于人欤？

【译文】当他用绳索捆绑燕王父子、用木匣装上后梁末帝和他的臣子皇甫麟的头送进太庙，还先王的箭，拿成功的喜讯向先王报告，他的意气的昂扬，可以说极其雄壮啊!等到敌人已经消灭，天下已经平定，只有一个军士在夜里一声叫喊，叛乱的人就到处响应。庄宗慌慌张张地向东逃走，还没有看见叛军，士兵们就纷纷溃散。庄宗和臣子们面面相觑，不知道逃往哪里，弄到对天发誓，剪去头发，眼泪掉下来沾湿衣襟，是何等的衰颓啊!难道是取天下困难、失天下容易吗？还是从那成功和失败的事迹来考究，都是由于人为的关系呢？

《书》曰："满招损，谦受益。"忧劳可以兴国，逸豫可以忘身，自然之理也。故方其盛也，举天下之豪杰莫能与之争；及其衰也，数十伶人困之，而身死国灭，为天下笑。夫祸患常积于忽微，而智勇多困于所溺，岂独伶人也哉？作伶官传。

【译文】《书经》上说："自满会招致祸害，谦虚能得到好处。"忧虑、勤劳可以使国家兴旺，安逸、舒适可以使自身衰亡，这是当然的道理呀。所以，当后唐庄宗兴盛的时候，整个天下的英雄豪杰没有谁能够跟他对抗；等到他衰败的时候，几十个伶人包围他，就使自己死亡，国家消灭，被天下人耻笑。看来，祸害常常是在细微的事情上积累形成的，聪明勇敢的人有不少却在癖好上受了累，难道单单乐官的事是这样吗？因此写了这篇有关伶官的文章。

集古录目序

物常聚于所好，而常得于有力之强。有力而不好，好之而无力，虽近且易，有不能致之。象犀虎豹，蛮夷山海杀人之兽，然其齿角皮革，可聚而有也。玉出昆仑流沙万里之外，经十余译乃至乎中国。珠出南海，常生深渊，采者腰絙而入水，形色非人，往往不出，则下饱鲛鱼。金矿于山，凿深而穴远，篝火糇粮而后进，其崖崩窟塞，则遂葬于其中者，率常数十百人。其远且难而又多死祸，常如此。然而金玉珠玑，世常兼聚而有也。凡物好之而有力，则无不有也。汤盘，孔鼎，岐阳之鼓，岱山、邹峄、会稽之刻石，与夫汉、魏已来圣君贤士桓碑、彝器、铭诗、序记，下至古文、籀篆、分隶诸家之字书，皆三代以来至宝，怪奇伟丽、工妙可喜之物。其去人不远，其取之无祸。然而风霜兵火，湮没磨灭，散弃于山崖墟莽之间未尝收拾者，由世之好者少也。幸而有好之者，又其力或不足，故仅得其一二，而不能使其聚也。

【译文】珍贵的物品常常聚集在爱好者那裹；而常常被那些有能力的人首先得到。如果有能力却不爱好，或者虽爱好却无能力，即使物品近在身边而且容易到手，或许也得不到。大象、犀牛、老虎、豹子，是生长在那辽远的深山老林中吃人的猛兽，但是象牙、犀角、虎豹的皮革，人们可以收聚和占有。玉出产在昆仑山，在千里大沙漠之外，经过十多种不同语言的地域，才能运到中原；珍珠产在南海，常生在深海之中，采珠的人腰系大索进入水中，样子已不像人，往往有进无出，在水底被醒鳄之类吃掉；金藏在山中，要开凿很深的洞穴，淘金的人打着火把、带着乾粮进穴采金？有时山崖崩塌，旷穴堵塞就被埋葬在裹面，经常有几十上百人。采集它们既远又难，而且常有死亡的灾祸，然而金玉珍珠，世上的人常常希望全都占有。这说明凡是物品，只要爱好它并有能力，就没有不能得到的。汤盘，孔鼎，岐阳石鼓，泰山、邹峥、会稽的石刻，与汉魏以来著名帝王、名土的石碑、祭器、铭文、诗歌、序、记，以至古文、籀文、篆文、八分书、隶书及各家的字帖，都是三代以来最珍贵的宝物，是怪奇伟丽、精妙可爱的东西。它们离开人不远，取它们也没有祸患；然而被风霜战火埋没毁灭，被丢散在山崖、废墟、杂草丛中，从无人收拾，这是由于世上爱好它们的人太少。有幸遇上爱好的人，却因为力量不够，只能得到其中——两件，不能使它们聚集起来。

夫力莫如好，好莫如一。予性颛而嗜古，凡世人之所贪者，皆无欲于其间，故得一其所好于斯。好之已笃，则力虽未足，犹能致之。故上自周穆王以来，下更秦、汉、隋、唐、五代，外至四海九州，名山大泽，穷崖绝谷，荒林破冢，神仙鬼物，诡怪所传，莫不皆有，以为《集古录》。以谓传写失真，故因其石本，轴而藏之。有卷帙次第，而无时世之先后，盖其取多而未已，故随其所得而录之。又以谓聚多而终必散，乃撮其大要，别为录目，因并载夫可与史传正其阙谬者，以传后学，庶益于多闻。

【译文】能力不如爱好，爱好不如专一。我生性愚蒙而好古，凡是世人所贪求的金银珠玉之类，我都没有欲望，所以只剩下对古代文物的爱好。爱好是很笃诚了，即使力不能及，还是能得到它们。所以上自周穆王以来，下至秦、汉、隋、唐、五代，外到四海九州、名山大川、悬崖深谷、荒林古坟，以及神仙鬼怪等各种荒诞奇特的物件，什么都有。于是我编为《集古录》我认为传写会失真，便把它们的拓本做成卷轴藏起来，编有篇章次序，但没有分时代先后，因为这些东西很多，收集工作还没有完成，所以随时得到随时编号。我又怕收聚多了，终究一定会散失，于是选取其中的主要部分，分条写成目录，同时记载那些可以纠正历史传记缺漏失误的东西，把它传给后来的求学者，大概有益于扩大见闻吧。

或讥予曰："物多则其势难聚，久聚而无不散，何必区区于是哉？"予对曰："足吾所好，玩而老焉可也。象犀金玉之聚，其能果不散乎？予固未能以此而易彼也。"

【译文】有人讽劝我说："东西多了就难以收藏，收藏再久也没有不散失的，你为什么一定孜孜不倦地收集这些东西呢？"我回答说："满足了我的爱好，赏玩到老，也就可以了。人们聚集象牙、犀龟、金玉，难道果真能不散失吗？何况我本来就不想把自己的爱好换成那种爱好呢。"

苏氏文集序

予友苏子美之亡后四年，始得其平生文章遗稿于太子太傅杜公之家，而集录之，以为十卷。子美，杜氏婿也，遂以其集归之，而告于公曰："斯文，金玉也。弃掷埋没粪土，不能销蚀。其见遗于一时，必有收而宝之于后世者。虽其埋没而未出，其精气光怪，已能常自发见，而物亦不能掩也。故方其摈斥摧挫，流离穷厄之时，文章已自行于天下，虽其故家仇人及尝能出力而挤之死者，至其文章，则不能少毁而掩蔽之也。凡人之情，忽近而贵远，子美屈于今世犹若此，其伸于后世宜如何也？公其可无恨。”

【译文】我的好友苏子美死后四年，我才在太子太傅杜公家中见到了他一生所写全部文章的遗稿，我集结整理这些诗文，将它编为十卷。子美是杜公的女婿，文集整理完，我便将文稿交还给杜公，并对杜公说道：“子美的文章，篇篇都是金玉之言，即使将它抛滞埋没在粪壤之中，也永远不会销蚀腐朽。即便它在某一时期被人忽略遗忘，到了后世也一定有人将它收藏起来视如珍宝。即便是暂时埋没不得流传于世，它的精神与光辉，也会不由自主地显现放射出来，任何外在的事物都无法将它掩盖。当他遭到排斥、遇到挫折、流离困窘的时候，他的文章已经流传于天下；连他的冤家对头，以及曾经出力排挤陷害他要将他置于死地的人，对于他的文章，也不能有丝毫的损毁和贬抑。人之常情，往往是忽视近世而重视古代，苏子美困窘地生活在当今之世，他的文章尚且如此受人重视，到了将来，这些作品该是怎样地受到人们的喜爱啊！杜公完全可以不必遗憾了。”

予尝考前世文章政理之盛衰，而怪唐太宗致治几乎三王之盛，而文章不能革五代之余习。后百有余年，韩、李之徒出，然后元和之文始复于古。唐衰兵乱，又百余年而宋圣兴，天下一定，晏然无事。又几百年，而古文始盛于今。自古治时少而乱时多。幸时治矣，文章或不能纯粹，或迟久而不相及，何其难之若是欤？岂非难得其人欤？苟一有其人，又幸而及出于治世，世其可不为之贵重而爱惜之欤？嗟吾子美，以一酒食之过，至废为民，而流落以死，此其可以叹息流涕，而为当世仁人君子之职位宜与国家乐育贤才者惜也。

【译文】我曾经考察过前代文章、政治的兴盛与衰败，深感奇怪的是，唐太宗将天下治理得兴盛太平，几乎接近于三代圣王在位的时代，可是在文章方面，却无法革除齐、梁等朝浮靡文风的残余习气。又过了一百多年，韩愈、李翱等人出现，直至元和时期，才逐渐恢复了古文的传统。后来唐朝衰败灭亡，战乱频仍，又过了一百多年宋朝兴起，天下重归于统一安定。又过了将近一百年，古文才在今天大行其道。古往今来，太平的时期少，战乱的时期多。幸而遇到太平了，而文章却未必能写得纯正精粹，有时候甚至过若干年之后还无法与那个时代相适应。为什么如此之难呢？是不是因为难以得到能够振兴文风的人才呢？一旦有了那样的贤哲，又幸运地出现在太平时代，世人难道可以不为此而重视他、珍惜他吗？可惜我的好友子美，只因为一顿酒席的小过，竟然被削职为民，流落于外地而死。这实在值得人们叹息流泪，使人们为当时那些担任要职本该为国家积极培养优秀人才的仁人君子感到可惜啊。

子美之齿少于予，而予学古文反在其后。天圣之间，予举进士于有司，见时学者务以言语声偶摘裂，号为“时文”，以相夸尚，而子美独与其兄才翁及穆参军伯长作为古歌诗杂文，时人颇共非笑之，而子美不顾也。其后天子患时文之弊，下诏书讽勉学者以近古，由是其风渐息，而学者稍趋于古焉。独子美为于举世不为之时，其始终自守，不牵世俗趋舍，可谓特立之士也。

【译文】苏子美的年龄比我小，可我学习古文反而在他之后。天圣年间，我参加礼部进士会试，见到当时学习写文章的人，只注意追求文辞声韵对偶和摘取古人的成句，称之为“时文”，还以此相互夸耀推崇。唯独子美和他哥哥苏舜元才翁、参军穆修伯长，写作古诗和杂文。当时人们对他们的做法横加讥嘲，子美却丝毫不顾这些。后来天子对时文甚为不满，下诏劝勉学士都要学习古文的优良传统，那股浮靡风气才渐渐退去，写文章的人也逐渐趋向于古文了。苏子美在举国上下都厌弃古文的时候写古文，自始至终坚守着自己的主张，不受世俗好恶的影响，称得上是特立独行不染世俗的人了。

子美官至大理评事、集贤校理而废，后为湖州长史以卒。享年四十有一。其状貌奇伟，望之昂然，而即之温温，久而愈可爱慕。其材虽高，而人亦不甚嫉忌，其击而去之者，意不在子美也。赖天子聪明仁圣，凡当时所指名而排斥，二三大臣而下，欲以子美为根而累之者国，皆蒙保全，今并列于荣宠。虽与子美同时饮酒得罪之人，多一时之豪俊亦被收采，进显于朝廷。而子美独不幸死矣，岂非其命也？悲夫！

【译文】苏子美官做到大理评事、集贤校理便遭到了罢免，后来被任命为湖州长史而旋即病故，享年四十一岁。他体貌雄壮，看上去令人感觉到一副昂然之气，接触过他之后，却又会感到他和蔼可亲，而且时间越久，越觉得他值得人钦慕。他虽然才干超群，但很少有人嫉恨他，那些小人攻击陷害并将他驱逐出京城，其意图并不都在子美身上。仰仗皇上聪明仁圣，凡是当时被点名遭受排斥的，自宰辅以下，小人们想借苏子美进奏院事件进行株连陷害的官员，都被保全了下来，如今都已得到了应有的荣耀与恩宠。当时那些因与子美共同饮宴而获罪的人，都是一时杰出的人才，如今也被召回朝廷，担任了重要的职务，可惜只有子美不幸过世，这难道就是他的命运吗？真令人感到悲痛！

记旧本韩文后

予少家汉东。汉东僻陋，无学者。吾家又贫，无藏书。州南有大姓李氏者，其子尧辅颇好学。予为儿童时，多游其家，见有蔽筐贮故书，在壁间。发而视之，得唐《昌黎先生文集》六卷，脱落颠倒，无次序。因乞李氏以归。读之，见其言深厚而雄博。然予犹少，未能悉究其义，徒见其浩然无涯，若可爱。

【译文】我年少时家住汉东，汉东偏僻闭塞无学识渊博的人，我家又穷困没有藏书。州南有一大户姓李，他的儿子尧辅好读书。我还是孩童时多次到他家玩耍，见到在隔壁有许多旧书贮存在破筐里，打开一看，发现一部六卷本的唐代《昌黎先生文集》。该书篇页脱落。页章颠倒没有次序，于是就向李氏讨取这部书回家。读后，发现它语言深厚，内容雄博，但我还年少，不能全部明了文章含义，只不过看它渊博浩大，觉得可爱罢了。

是时天下学者，杨刘之作，号为时文，能者取科第擅名声以夸荣当世，未尝有道韩文者。予亦方举进士，以礼部诗赋为事。年十有七，试于州，为有司所黜。因取所藏韩氏之文复阅之，则喟然叹曰："学者当至于是而止尔。"因怪时人之不道，而顾己亦未暇学，徒时时独念于予心，以谓方从进士干禄以养亲。苟得禄矣，当尽力于斯文以偿其素志。后七年，举进士及第。官于洛阳，而尹师鲁之徒皆在，遂相与作为古文。因出所藏昌黎集而补缀之，求人家所有旧本而校定之。其后天下学者亦渐趋于古，而韩文遂行于世。至于今，盖三十余年矣。学者非韩不学也，可谓盛矣。

【译文】在那时，天下都仿效杨、刘作品，称为时文，擅长者便可考取科举，换得功名声誉，用来在当世炫耀，却从没有人称道韩愈文章。我才要考进士，用礼部中的诗赋为范本，十年间有七次参加州试而被废黜。于是就取出珍藏的韩愈文章再读，不由感慨地说："学写文章的人应达到这个地步方可罢休。"竟奇怪当时的人文不载道，而回想起来自己也没有时间去学习领悟它，只是白白的在心中怀念。因此说：我考进士是为得俸禄养活双亲，如果得到禄位，便会尽力于这种文章，来实现我的志向。以后七年，我考取三甲，在洛阳为官，那时尹师鲁的门徒都在，就与他们一起写古文，我趁机拿出所珍藏的《昌黎集》并补充、修订它。寻求别人家中的旧版本来核定它。自那以后，天下求学之人，渐渐开始趋向于学写古文，于是韩愈之文便流行世间，至今大概有三十余年了，求学之人只学韩愈古文，可称得上盛况空前了。

呜呼！道固有行于远而止于近，有忽于往而贵于今者，非惟世俗好恶之使然，亦其理有当然者。而孔孟惶惶于一时。而师法于千万世。韩氏之文，没而不见者二百年，而后大施于今，此又非特好恶之所上下，盖其久而愈明，不可磨灭。虽敝于暂而终耀于无穷者，其道当然也。予之始得于韩也，当其沉沉弃废之时。予固知其不足以追时好而取势利，于是就而学之。则予之所为者。岂所以急名利而干势利之用哉，亦志乎久而已矣。故予之仕，于进不为喜退不为惧者，盖其志先定而所学者宜然也。

【译文】唉，文道本来就有在年代之远时盛行，在近世却凝滞不前的。有在过去被忽视，而在今天却被世人认为珍贵的情形，这并不是世俗之人的好恶使它这样的，而是蕴含着必然性的道理的。孔、孟之道称雄一时，而为千万代人所师从和效法。但韩愈的文章隐没于世大约已二百多年，以后又于现今的社会流行起来。这并非是大家的喜爱、厌恶所致，而是因为时间越久，其学说越明晰，其精神更是无法磨灭。即使一时间光芒被遮蔽，但最终则会光耀万世，这是必然的道理。我从韩文那里起步，那时正是它沉废之时，我本来就知道它不足以追名逐利，于是深入地学习它，那么我之所以要这样做，难道会是用来追逐：名誉和获取权势与利益的吗？只是老早就存有这个志向罢了。所以我为仕，得到升迁时不狂喜，受到贬黜时不忧惧，这大概是立志在先，所学的人本应该做到如此的啊。

集本出于蜀，文字刻画。颇精于今世俗本，而脱缪尤多，此三十年间，闻人有善本者，必求而改正之。其最后卷缺不足，今不复补者，重增其故也。予家藏书万卷，独昌黎先生集为旧物也。呜呼！韩氏之文之道，万世所共尊天下所共传而有也。予于此本，特以其旧物而尤惜之。

【译文】集本在蜀地问世，文字的刻印比现在的俗本精美，但错误多。在这三十年中，只要听说人家有好的版本，我一定找来校订。这本书的后面卷数不够的，现在不再增补它，以再次保持它原来的旧貌。我家里藏书万卷，只有《昌黎先生集》是旧版本。唉，韩氏的文章、学说，万世被人尊重，天下人共同传扬它。我对于这本书，只因它是旧的东西而珍惜它。

与尹师鲁书

某顿首师鲁十二兄书记：前在京师相别时，约使人如河上。既受命，便遣白头奴出城，而还言不见舟矣。其夕，及得师鲁手简，乃知留船以待，怪不如约。方悟此奴懒去而见绐。

【译文】我顿首请安，师鲁十二兄书记：前不久在京城分手的时候，你吩咐我派人到河边相送。我接受你的嘱托，派了一个老仆人出城相送，他回来却说没有见到你乘的船只。当天晚上，我收到了你亲手写的便条，才知道你停船在河边等待，怪我不派人相送赴约。我这才知道是那个仆人懒得前去送行，用谎话来搪塞我。

临行，台吏催苛百端，不比催师鲁人长者有体，使人惶迫不知所为。是以又不留下书在京师，但深托君贶因书道修意以西。始谋陆赴夷陵，以大暑，又无马，乃作此行。沿汴绝淮，泛大江，凡五千里，用一百一十程才至荆南。在路无附书处，不知君贶曾作书道修意否？

【译文】我动身之时，御史台的官员使出各种苛刻手段来催促我动身，比不上催你动身的人那么宽厚懂礼，因而使得我惶恐急迫，不知如何是好。因此，我没有在京城给你留下书信，只好再三托付王君贶给你写信顺带告之我的情况，接着就向西出发了。开始我想走陆路去夷陵，因为天气太热，又没有马匹，便只好走水路。我沿汴河前进，再渡过淮河，泛舟长江，一共五千里，经过一百一十天才到达江陵。途中没有寄信的地方，不知道君贶是否曾给你写信说明我的情况。

及来此问荆人，云去郢止两程，方喜得作书以奉问。又见家兄言：有人见师鲁过襄州，计今在郢久矣。师鲁欢戚不问可知，所渴欲问者，别后安否？及家人处之如何，莫苦相尤否？六郎旧疾平否？

【译文】等我来到荆南后问明当地人，他们说距离郢州只有两天的路程，我这才赶忙给你写信加以问候。又见到我哥，听他介绍：有人见到师鲁你经过襄州，算起来你已到达郢州很久了。师鲁你现在是高兴还是忧愁这不问我便能知道，急于问候的是，你分别后身体是否平安？以及家里人如何看待这件事，不会有人苦苦埋怨吧？六郎的病好了吗？

修行虽久，然江湖皆昔所游，往往有亲旧留连，又不遇恶风水。老母用术者言，果以此行为幸。又闻夷陵有米、面、鱼，如京、洛；又有梨栗、橘柚、大笋、茶荈，皆可饮食，益相喜贺。昨日因参转运，作庭趋，始觉身是县令矣。其馀皆如昔时。

【译文】我在路上走了好久，但这些水路都是我往日曾游历过的，处处有老朋友和亲戚加以款待，又没有遇见大风大浪。我的老母亲很相信算命先生的话，认为此次旅途一定是安宁顺利的，结果真是如此；又听说夷陵出产稻米、麦子、鲜鱼，就像开封、洛阳一样；还出产梨、栗子、柑橘、柚子、竹笋、茶叶等，都非常好吃，感到庆幸欣慰。昨天，因为去拜见转运使，行了下级对上级的参拜礼节，方觉得自己确实被贬为县令了。其他的倒是和过去的都一样。

师鲁简中言，疑修有自疑之意者，非他，盖惧责人太深以取直尔。今而思之自决，不复疑也。然师鲁又云暗于朋友，此似未知修心。当与高书时，盖已知其非君子，发于极愤而切责之，非以朋友待之也。其所为何足惊骇!路中来颇有人以罪出不测见吊者，此皆不知修心也。师鲁又云非忘亲，此又非也。得罪虽死，不为忘亲，此事须相见，可尽其说也。

【译文】你给我的便条说，担心我对自己的行为有些怀疑，其实倒没有别的事，唯一担心的是对高司谏的责备是否太重以博取忠直名声的动机。现在我想清楚了，不再怀疑自己的所作所为。但是，你说我对朋友的为人不清楚，你的这种看法好像不了解我的心。当我给高某写信的时候，已经知道他不是一个有道德的人，我从极度的愤怒出发来深刻责备他，并不是把他当作朋友看待的。他后来的所作所为也就没有什么令我吃惊的了。沿途有不少人对我获罪感到意外并加以安慰，其实他们都不了解我的心。你又说我此举不能称作不孝，这又错了。即便获罪被杀，也不是不孝，这事应该见面说清楚。

五六十年来，天生此辈，沉默畏慎，布在世间，相师成风。忽见吾辈作此事，下至灶门老婢，亦相疑怪，交口议之。不知此事古人日日有也，但问所言当否而已。又有深相赏叹者，此亦是不惯见事人也，可嗟世人不见如往时事久矣!往时砧斧鼎镬，皆是烹斩人之物，然士有死不失义，则趋而就之，与几席枕藉之无异。有义君子在旁，见其就死，知其当然，亦不甚叹赏也。史册所以书之者，盖特欲警后世愚懦者，使知事有当然而不得避尔，非以为奇事而诧人也。幸今世用刑至仁慈，无此物，使有而一人就之，不知作何等怪骇也。然吾辈亦自当绝口不可及前事也。居闲僻处，日知进道而已。此事不须言，然师鲁以修有自疑之言，要知修处之如何，故略道也。

【译文】五六十年来，上天造就了这么一批人，身为官吏却小心畏惧，（这些人）遍布全国，互相模仿形成风气。忽然见到我们几个人的所作所为，以至就连做饭的老妪，都感到很惊异，互相议论。却不知道这种事古人天天都在做，（他们）仅仅关注是对还是不对罢了。还有人深深地赞叹我的行为，其实是他们见识不多。让人叹息的是如今世人已很久没有见到过古人那样所作所为了。人们常用砧板、斧头、大鼎、大锅来烹煮杀害直言的人，但那些正直敢言的人宁可死也不牺牲道义，他们走向这些刑具就像去赴宴、睡觉那样从容。坚持正义的人在旁边看到有人慷慨就义，知道这是应该做的，并不十分惊讶感叹。史书上写下他们的行为也不过是为警戒后世愚蠢软弱的人，使人知道这些事应该承担而不能逃避，绝不是认为他们的行为奇特，写下来令人惊诧用的。所幸的是现在朝廷讲究仁慈，不再用这类刑具，假如仍有这类刑具，有一个人敢于触犯，不知大家要惊奇到什么地步。不过，我们这些人也要绝口再不谈以往的事了。（我）住在清静偏僻的地方，每天注意加强自身的道德修养。这些事本来是不必说的，不过你信中认为我对自己的行为有所怀疑，需要了解我对于这次贬官的态度，所以略微说说。

安道与予在楚州，谈祸福事甚详，安道亦以为然。俟到夷陵写去，然后得知修所以处之之心也。又尝与安道言，每见前世有名人，当论事时，感激不避诛死，真若知义者，及到贬所，则戚戚怨嗟，有不堪之穷愁形于文字，其心欢戚无异庸人，虽韩文公不免此累。用此戒安道，慎勿作戚戚之文。师鲁察修此语，则处之之心，又可知矣。近世人因言事亦有被贬者，然或傲逸狂醉，自言我为大不为小。故师鲁相别，自言益慎职，无饮酒。此事修今亦遵此语。咽喉自出京愈矣，至今不曾饮酒。到县后勤官，以惩洛中时懒慢矣。

【译文】余安道同我在楚州相遇，曾较详尽地讨论了人生的福祸，余安道也认为我们这次的行为是对的。等到夷陵后再写信给你，就可以更好地使你知道我对这件事的态度。我又曾对余安道说，每当看到前代某些有名的人物，他们讨论政事慷慨激昂，不怕杀头，真像一个坚持正义之人的样子，可一到贬谪的地方，却开始悲伤怨悔，那种不能忍受的失意忧虑情绪便表现在文章中，他们的内心喜乐哀伤竟和普通人没什么两样，即使像韩愈这样的人物也免不了这个缺点。（我）用这种情况来提醒余安道，叫他切莫写悲伤的文章。你考虑一下我这些话，就可以更好地了解我对这件事的态度了。近代也有因为正直敢言而被贬的人，但某些人被贬后便放荡纵酒，自称只为大事而不拘小节。所以，相别时你自我告诫，要勤俭尽本职，不要酗酒。在这件事上，我也遵循你的话。我的咽喉的病出京城后就已经好了，直到现在没喝酒。到夷陵县后，办公事很勤劳，改掉了在洛阳时懒散的毛病。

夷陵有一路，只数日可至郢，白头奴足以往来。秋寒矣，千万保重。

【译文】夷陵有一条路可通郢州，只有几天的路程，老仆人可以为往来（送信）。秋天气候转寒，千万要保重身体，言不尽意。

答吴充秀才书

修顿首白，先辈吴君足下：

【译文】欧阳修拜上，尊敬的吴君足下：

前辱示书及文三篇，发而读之，浩乎若千万言之多，及少定而视焉，才数百言尔。非夫辞丰意雄，沛然有不可御之势，何以至此！然犹自患伥伥莫有开之使前者，此好学之谦言也。

【译文】前不久承蒙你给我一封信和三篇文章，拆开一读，真是广大无边像有成千上万文字，等到稍为定神再看，才几百字而已。如果不是文辞丰赡、命意雄奇、充沛不可抗御的气势，怎么会达到这样的水平呢！然而你还担忧无人引导你继续进步，这是你好学而谦虚的说法。

修材不足用于时，仕不足荣于世，其毁誉不足轻重，气力不足动人。世之欲假誉以为重，借力而后进者，奚取于修焉！先辈学精文雄，其施于时，又非待修誉而为重，借力而后进者也。然而惠然见临，若有所责，得非急于谋道，不择其人而问焉者欤？

【译文】我的才能无益于现实，官职不显耀于社会，我的批评赞扬无足轻重，文气笔力不能感动人，社会上想凭借名人声望来抬高自己、依靠大人物的权力推荐进身的人，从我这里能得到什么呢！先生学业精深，文章杰出，有益于现实，又不是靠我的声誉抬高，靠我的力量进身的人，然而却蒙你见访，如有所求，大概是急于探求道，不论什么人都问吧？

夫学者，未始不为道，而至者鲜焉。非道之于人远也，学者有所溺焉尔。盖文之为言，难工而可喜，易悦而自足。世之学者，往往溺之。一有工焉，则曰：吾学足矣，甚者至弃百事不关于心，曰，吾文士也，职于文而已。此其所以至之鲜也。

【译文】治学的人，没有人不在探求道，而达到目的的很少。这并不是道离人远，而是治学的人在有的地方沉迷。说起做文章，难以达到精巧而令人喜爱，容易自我欣赏而自满自足。社会上治学的人，往往沉迷在这一点上。做得有点精巧了，就说：我学习的够了；沉迷得严重的人甚至抛开其他一切事情不再关心，说我是文人，所应做的事就是写文章而已。这是他们学道而很少达到目的的原因。

昔孔子老而归鲁，六经之作，数年之顷尔。然读《易》者如无《春秋》，读《书》者如无《诗》，何其用功少而能极其至也？圣人之文，虽不可及，然大抵道胜者文不难而自至也。故孟子皇皇不暇著书，荀卿盖亦晚而有作。若子云、仲淹方勉焉以模言语，此道未足而强言者也。后之惑者，徒见前世之文传，以为学者文而已，故用力愈勤而愈不至。此足下所谓终日不出于轩序，不能纵横高下皆如意者，道未足也。若道之充焉，虽行乎天地，入乎渊泉，无不之也。

【译文】从前孔子年老而回到鲁国，述作六经，只不过短短几年时间。人们读《易经》时感到好像是没有《春秋》，读《尚书》时感到好像是没有《诗经》。为什么用的功夫少而达到的造诣高呢？圣人的文章，虽然我们赶不上，但大致说来，道的修养高的人，文章也容易自然地达到高的造诣。所以孟子匆匆忙忙到处宣扬仁义而无暇著书，荀子也是到了晚年才写作。至于扬雄、王通都只能用功模仿前人的语言，这是道的修养不足而勉强去写作的原故。后来不明白的人，只看见前代的文章流传，以为治学的人就只是写文章，因而越是勤勉努力越是达不到高的造诣。这正是你所说的足不出户整天写作，文笔并不能纵横捭阖高下自如，原因就是道的修养不够。如果道的修养充实，虽然走遍天地之间，进入深渊黄泉，也不会达不到高的造诣。

足下之文，浩乎沛然，可谓善矣；而又志于为道，犹自以为未广，若不止焉，孟、荀可至而不难也。修学道而不至者，然幸不甘于所悦，而溺于所止，因吾子之能不自止，又以励修之少进焉，幸甚。

【译文】先生的文章，意境开阔而气势充沛，可以称得上是好文章；而又有志于治道，并自以为不宏大，如果这样继续追求进步，达到孟子、荀子那样的水平是不难的。我是学道而没有达到高的造诣的人，但是幸而还不满足于人们一时的喜爱，不沉迷于所已经达到的水平，由于你的不自满足，也可以勉励我稍有进步，这真是非常幸运。

送徐无党南归序

草木鸟兽之为物，众人之为人，其为生虽异，而为死则同，一归于腐坏、澌尽、泯灭而已。而众人之中有圣贤者，固亦生且死于其间，而独异于草木鸟兽众人者，虽死而不朽，愈远而弥存也。其所以为圣贤者，修之于身，施之于事，见之于言，是三者，所以能不朽而存也。修于身者，无所不获，施于事者，有得有不得焉，其见于言者，则又有能有不能也。施于事矣，不见于言可也。自《诗》《书》《史记》所传，其人岂必皆能言之士哉？修于身矣，而不施于事，不见于言，亦可也。孔子弟子，有能政事者矣，有能言语者矣。若颜回者，在陋巷，曲肱饥卧而已，其群居则默然终日如愚人，然自当时群弟子皆推尊之，以为不敢望而及，而后世更千百岁，亦未有能及之者。其不朽而存者，固不待施于事，况于言乎。

【译文】把花草树木飞禽走兽归类为“物”，世间的众人则被归类为“人”，他们生存在世界上的形态虽然各不相同，但最终要走向死亡却是完全相同的，统统都要化为腐朽、消亡殆尽、最终一切都变成了虚无。茫茫人海当中有圣贤之人，他们也无法摆脱生与死的自然规律，而他们能够和花草树木飞禽走兽乃至芸芸众生有所区别的，是他们能够在身死之后还能永垂不朽，而且时间越是久远，他们就越能够活在后人心中。之所以称他们为圣贤而不朽，就在于他们树立了德行，建立了功业，写出了著作。这三方面的建树，是他们能够永远不朽永世长存的根本。能够修养自身的人，没有什么不可以获得；想建立个人功业的人，可能有所获得也可能一无所获；那些想要靠语言书籍传世的人，也会出现有能力的和没有能力的。建立丰功伟业的人，即使没有留下著作也并无妨碍。看《诗经》《尚书》《史记》等著作当中所记载的那些人物，其中有多少人是能够完成著作的呢？修养自身的人，并没有去建功立业，也没有著作流传于世，也是可以的。孔子的弟子当中，有能够建立功业的，有能够著书立说的。拿颜渊来说，他独居在简陋的里巷当中挨饿受冻，与人相处时又终日沉默寡言，旁人或许认为他蠢笨无能，然而当时孔子众多的弟子都非常尊重颜渊，没有谁敢和他相比。其后经历了成千上百年，也没有谁能在德行上面胜过颜渊。从颜渊能够永存不朽的原因来看，的确不是凭着他建立了什么功业，更不用说是因为有什么著作了。

予读班固《艺文志》、唐《四库书目》，见其所列，自三代、秦、汉以来，著书之士，多者至百余篇，少者犹三十四十篇。其人不可胜数，而散亡磨灭，百不一二存焉。予窃悲其人，文章丽矣，言语工矣，无异草木荣华之飘风，鸟兽好音之过耳也。方其用心与力之劳，亦何异众人之汲汲营营？而忽焉以死者，虽有迟有速，而卒与三者同归于泯灭。夫言之不可恃也盖如此。今之学者，莫不慕古圣贤之不朽，而勤一世以尽心于文字间者，皆可悲也。

【译文】我阅读《汉书·艺文志》、唐《四库书目》等著作，发现书中所列举的上古至于秦汉有著作传世的士人，作品多的达到一百多篇，少的也有三四十篇。这样的士人多得数不胜数，但后来渐渐散失消亡，至今还能存留于世的，充其量不过百分之一二而已。我私下为这些士人感到悲哀，他们的文章可谓华丽了，他们的文字可谓工稳了，但却如同花木被风吹而很快飘散，鸟兽鸣叫掠过耳边很快消失一样。当初他们创作时所耗费的精神和心血，和世间众人为生活忙碌奔波有什么区别呢？而最终或早或迟地死去，他们的情况和花草树木、飞禽走兽、芸芸众生没有任何区别，全部归于泯灭消失，由此可知所谓“立言”实在是靠不住的。当今追求学问的人，全都羡慕古代圣贤能够名声不朽，可他们只懂得用一辈子的时间在著述上下工夫，那就太可悲了。

东阳徐生，少从予学为文章，稍稍见称于人。既去，而与群士试于礼部，得高第，由是知名。其文辞日进，如水涌而山出。予欲摧其盛气而勉其思也，故于其归，告以是言。然予固亦喜为文辞者，亦因以自警焉。

【译文】婺州人徐无党，从少年时起便跟随我学写文章，渐渐为人所称道。离开我以后，又与天下举子共同参加了礼部进士考试，结果名列前茅，他也从此名气大增。他的文章日渐进步，如同泉水喷涌山峰耸出。我却想摧挫摧挫他的锐气，促使他认真考虑如何更加进步，故而在他即将南归之时，把以上这番话告诉他。当然，我本人也是非常喜爱写作文章的人，所以也把本文当作是对自己的警示。

胡先生墓表

先生讳瑗，字翼之，姓胡氏。其上世为陵州人，后为泰州如皋人。先生为人师，言行而身化之，使诚明者达，昏愚者励，而顽傲者革。故其为法严而信。为道久而遵。师道废久矣，自景佑、明道以来，学者有师惟先生暨泰山孙明复、石守道三人，而先生之徒最盛，其在湖州之学，弟子去来常数百人，各以其经转相传授。其教学之法最备，行之数年，东南之士莫不以仁义礼乐为学。庆历四年，天子开天章阁，与大臣讲天下事，始慨然诏州县皆立学。于是建太学于京师，而有司请下湖州，取先生之法以为太学法，至今著为令。后十余年，先生始来居太学，学者自远而至，太学不能容，取旁官署以为学舍。礼部贡举，岁所得士，先生弟子十常居四五。其高第者知名当时，或取甲科，居显仕，其余散在四方，随其人贤愚，皆循循雅饬，其言谈举止，遇之不问可知为先生弟子。其学者相语称先生，不问可知为胡公也。

【译文】先生名瑗，字翼之，姓胡。他的先辈是陵州人，后来成了泰州如皋县人。胡先生当老师时，总是用言语来教育人，用自己的行为来感化人，使诚实聪明的人通达事理，昏庸愚昧的人自知勉励，从而让固执骄傲的人改掉毛病。所以他的教育方法严格而信实，教育原则流传长久而受人推重。从师之道被废弃很久了，自景佑、明道以来，学者的好老师，只有胡先生和泰山的孙明复、石守道三个人。先生的学生却最多，他在湖州开设的学校，来学习的常常有几百人，他们转相传授他的著作。他教学的方法最为完备，实行几年后，东南部的学者没有谁不把仁义礼乐作为学问。庆历四年，皇上开启天章阁，与大臣们讨论天下大事，开始感慨地下诏，令州县都设立学校。于是在京师兴建大学，有司请求派人去湖州，采用先生的教学法用于大学，到现在，先生的教育法已成为公开的法令。十多年以后，先生才来太学任职。学者们从远方赶到京师就读，太学不能容纳，便以旁边的官署作为学舍。礼部举行进士考试，每年所得到的进士，先生的学生常常占十分之四五。那些高第的人都在当时很有名，有的取为甲科，担任显要的官职，其余的人分散在各地，不管这些人是贤能或愚庸，都很恭顺、文雅、严谨，遇到这样的言谈举止，不用询问就可以知道面前是先生的学生。学者们相互交谈时称先生，不用问就可以知道称的是胡公。

先生初以白衣见天子，论乐，拜秘书省校书郎，辟丹州军事推官，改密州观察推官。丁父忧，去职。服除，为保宁军节度推官，遂居湖学。召为诸王宫教授，以疾免。已而以太子中舍致仕，迁殿中丞于家。皇佑中，驿召至京师，议乐，复以为大理评事兼太常寺主簿，又以疾辞。岁余，为光禄寺丞、国子监直讲，乃居太学。迁大理寺丞，赐绯衣银鱼。嘉佑元年，迁太子中允，充天章阁侍讲，仍居太学。已而病不能朝，天子数遣使者存问，又以太常博士致仕。东归之日，太学之诸生与朝廷贤士大夫送之东门，执弟子礼，路人嗟叹以为荣。以四年六月六日卒于杭州，享年六十有七。以明年十月五日，葬于乌程何山之原。其世次、官邑与其行事，莆阳蔡君谟具志于幽堂。

【译文】先生当初以平民百姓的身份拜见皇上时，和皇上讨论音乐，被任命为秘书省校书郎，征召为丹州军事推官，改任密州观察推官。遇上父亲去世，离开了职位。服丧期满，任保守军节度推官，于是居住在湖州的学校里。之后，被召来做王宫里的教授，因病被免去了职务。不久，先生在太子中舍的职位上辞官告退，在家里的时候又升任为殿中丞。皇佑年间，皇上用驿车召他至京师讨论音乐问题，又叫他任大理评事兼太常寺主簿，他又因病推辞。一年多以后，任光禄寺丞、国子监直讲，才住在太学里。之后又升任大理寺丞，被赐予绯衣银鱼。嘉佑元年，先生升任太子中允，充任天章阁侍讲，仍然住在太学里。不久，病重不能上朝，皇上曾多次派使者前往慰问，又以太常博士身份辞官告退。先生回家的那天，大学的学生和朝廷的贤士大夫送他到东门，执守学生的礼节，路上的行人都慨叹，认为这是荣耀。先生于庆历四年六月六日在杭州逝世，享年六十七岁。于次年十月五日葬在乌程县何山的墓地里：他的世系次第、官封食邑和他的生平事迹，莆阳县的蔡君谟写了墓志铭放在坟墓里。

呜呼!先生之德在乎人，不待表而见于后世，然非此无以慰学者之思，乃揭于其墓之原。六年八月三日，庐陵欧阳修述。

【译文】唉！先生的恩德，人们已记在心上，不用写墓表便会在后世显现出来，但是如果不这样，就无法告慰学者们的思念之情，于是在他的墓地上竖立起这块碑石。庆历六年八月三日，庐陵欧阳修撰述。

泷冈阡表

呜呼！惟我皇考崇公，卜吉于泷冈之六十年，其子修始克表于其阡。非敢缓也，盖有待也。

【译文】唉!我的先父崇国公择地安葬在泷冈之后六十年，他的儿子修才能够在他的墓道上建立墓表，这不是敢于拖延，而是因为有所等待。

修不幸，生四岁而孤。太夫人守节自誓；居穷，自力于衣食，以长以教，俾至于成人。太夫人告之曰："汝父为吏廉，而好施与，喜宾客；其俸禄虽薄，常不使有余。曰：'毋以是为我累。'故其亡也，无一瓦之覆，一垄之植，以庇而为生；吾何恃而能自守耶？吾于汝父，知其一二，以有待于汝也。自吾为汝家妇，不及事吾姑；然知汝父之能养也。汝孤而幼，吾不能知汝之必有立；然知汝父之必将有后也。吾之始归也，汝父免于母丧方逾年，岁时祭祀，则必涕泣，曰：'祭而丰，不如养之薄也。'间御酒食，则又涕泣，曰：'昔常不足，而今有余，其何及也！'吾始一二见之，以为新免于丧适然耳。既而其后常然，至其终身，未尝不然。吾虽不及事姑，而以此知汝父之能养也。汝父为吏，尝夜烛治官书，屡废而叹。吾问之，则曰：'此死狱也，我求其生不得尔。'吾曰：'生可求乎？'曰：'求其生而不得，则死者与我皆无恨也；矧求而有得耶，以其有得，则知不求而死者有恨也。夫常求其生，犹失之死，而世常求其死也。'回顾乳者剑汝而立于旁，因指而叹，曰：'术者谓我岁行在戌将死，使其言然，吾不及见儿之立也，后当以我语告之。'其平居教他子弟，常用此语，吾耳熟焉，故能详也。其施于外事，吾不能知；其居于家，无所矜饰，而所为如此，是真发于中者耶！呜呼！其心厚于仁者邪！此吾知汝父之必将有后也。汝其勉之！夫养不必丰，要于孝；利虽不得博于物，要其心之厚于仁。吾不能教汝，此汝父之志也。"修泣而志之，不敢忘。

【译文】修不幸，出生四岁就失去父亲。母亲立誓守节，处境贫苦，在生活上自食其力；边抚养我，边教育我，使我到达成人。母亲经常告诫我说："你的父亲做官，清廉而爱好施舍，喜欢交朋友。他的俸禄虽然少，但常常不让它有余，说：'不要因此成为我的累赘!'所以他死的时候，没有留下一间屋可以遮蔽风雨，一垅地可以种植庄稼，让我们依赖它们来过活。那么，我凭什么能够自己苦守呢？我对你父亲的事情，约略知道一些，因而在你身上有所期待。自从我做你家的媳妇，已经赶不上侍奉我的婆婆，然而知道你的父亲是能够孝养双亲的。你失去父亲时年纪幼小，我不可能预先晓得你一定会有所建树，可是晓得你的父亲一定会有好后代。我刚嫁到你家的时候，你的父亲除去为母亲穿的孝服正好过了一年。逢年过节祭祀时，就必定掉下眼泪，说：‘死后祭祀的丰厚，总不及生前奉养的菲薄。’有时喝点酒吃点肉，就又落泪，说：‘从前经济上时常不够，如今却有多余，但怎么来得及奉养双亲呢？’我起初看到一两次，认为这是新除孝服才这样罢了。可是后来他经常这样，直到他逝世前没有不是这样的。我虽然赶不上侍奉婆婆，然而因此晓得你的父亲是能够孝养双亲的。你的父亲做官时，曾在夜里点了蜡烛批阅公文，一再停手叹气。我问他为什么？他就说：‘这是一件死罪案子。我想给罪犯寻找一线生机，可是找不到。’我问道：‘生机能找吗？’他说：‘找过罪犯的生机找不到，那么被判死刑的犯人和我就没有遗恨了；何况确有经过寻找因而能活的呢！因为有时能找到，所以知道不去找寻就判决犯人死刑是会有遗恨的。经常为罪犯寻求生机，还有错误地被处死的，可是世上做官的人却经常在找判处罪犯死刑的根据呢。’说完，回头看到乳母抱着你站在旁边，就指着你一边叹气说：‘算命的人说我到戌年就要死。倘使他的话说对了，我就赶不上看见儿子成人了，以后要把我的这些话告诉他。’他平时教育别的子弟，经常用这番话，我耳朵里听熟了，所以能够详细地讲啊。他在外面干的事情，我不能了解。他在家里，没有什么浮夸做作，他所做的事情就是如此，这是真正从内心发出来的呢！唉！他的心是注重在仁的方面的啊！这就是我晓得你的父亲必定有好后代的依据。你好好努力吧！奉养父母不一定要丰厚，主要在于孝顺；做好事虽然不能普遍到万物，只要他的心注重在仁道这方面就行了。我没有什么话来教导你，这是你父亲的愿望啊。”修忍不住落下泪来，牢记这番教诲，不敢忘记。

先公少孤力学，咸平三年进士及第，为道州判官，泗绵二州推官；又为泰州判官。享年五十有九，葬沙溪之泷冈。太夫人姓郑氏，考讳德仪，世为江南名族。太夫人恭俭仁爱而有礼；初封福昌县太君，进封乐安、安康、彭城三郡太君。自其家少微时，治其家以俭约，其后常不使过之，曰：“吾儿不能苟合于世，俭薄所以居患难也。”其后修贬夷陵，太夫人言笑自若，曰：“汝家故贫贱也，吾处之有素矣。汝能安之，我亦安矣。”

【译文】先公从小死了父亲，努力学习。咸平三年考中进士。相继做过道州判官和泗、绵二州推官，又做过泰州判官。享有年龄五十九岁，安葬在沙溪的泷冈。我的母亲姓郑，她的父亲名德仪，世代是江南的著名家族。母亲为人，恭敬、节俭、仁慈而且坚守礼法。先封福昌县太君，后进封乐安、安康、彭城三郡太君。从家境贫穷的时候起，就用勤俭节约的方法来管理家务，以后经常不让开支超过原先的用度，说：“我儿子在社会上不能随便迎合人家，省吃俭用是度过困境的好方法啊。”以后修降职到夷陵县，母亲说说笑笑，像往常一样，还说：“你家本来穷苦，我处在这种环境已经习以为常了。你能够安于这种处境，我也安心了。”

自先公之亡二十年，修始得禄而养。又十有二年，列官于朝，始得赠封其亲。又十年，修为龙图阁直学士，尚书吏部郎中，留守南京，太夫人以疾终于官舍，享年七十有二。又八年，修以非才入副枢密，遂参政事，又七年而罢。自登二府，天子推恩，褒其三世，盖自嘉祐以来，逢国大庆，必加宠锡。皇曾祖府君累赠金紫光禄大夫、太师、中书令；曾祖妣累封楚国太夫人。皇祖府君累赠金紫光禄大夫、太师、中书令兼尚书令，祖妣累封吴国太夫人。皇考崇公累赠金紫光禄大夫、太师、中书令兼尚书令。皇妣累封越国太夫人。今上初郊，皇考赐爵为崇国公，太夫人进号魏国。

【译文】自先公逝世，过了二十年，修才领到俸禄来奉养母亲。又过了十二年，升了官，在皇帝身边任职，方才能够得到皇上的恩典追赠和加封自己的尊亲。又过了十年，修做了龙图阁直学士、尚书省吏部郎中，留守南京。母亲因病在官邸逝世，享年七十二岁。又过了八年，修凭着不高明的才能，却蒙皇上恩德升任枢密副使，就此参与国家大政。又过了七年，免去官职。自从进入二府，皇上推广恩德，封赠我的三代。自从嘉祐占以来，碰到国家有大喜事，一定给予光荣的赏赐。曾祖父连续追赠到金紫光禄大夫、太师、中书令。曾祖母连续加封到楚国太夫人。祖父连续追赠到金紫光禄大夫、太师、中书令兼尚书令。祖母连续加封到吴国太夫人。先父崇国公连续追赠到金紫光禄大夫、太师、中书令兼尚书令。先母连续加封到越国太夫人。当今皇上第一次举行祭天仪式时，先父被赐爵为崇国公，先母进封号叫魏国太夫人。

于是小子修泣而言曰："呜呼！为善无不报，而迟速有时，此理之常也。惟我祖考，积善成德，宜享其隆，虽不克有于其躬，而赐爵受封，显荣褒大，实有三朝之锡命，是足以表见于后世，而庇赖其子孙矣。"乃列其世谱，具刻于碑，既又载我皇考崇公之遗训，太夫人之所以教，而有待于修者，并揭于阡。俾知夫小子修之德薄能鲜，遭时窃位，而幸全大节，不辱其先者，其来有自。

【译文】到这时候，小子修边掉泪边说道：唉!做了好事是没有得不到好报的，不过或迟或早有一定的时间，这在情理上是正常的。我的祖先积累好事，养成美德，应当享受那隆厚的报答。虽然他们不能亲身享有，可是被赏爵位，接受封赠，贵显光荣，嘉奖广博，确实有三朝皇帝的恩赏命令。这就足够显示到后代，来庇荫他们的子孙了。于是排列我家的世代谱系，统统刻在碑上。随后又记录了先父崇国公的遗训，先母的教导和对修有所等待的缘故，一并在墓碑上刻明白，使后来的人了解小子修的德行薄，才能少，碰上时机，窃取高官，却侥幸地保全大节，不使自己的祖先蒙受耻辱，它是有来由的。

熙宁三年岁次庚戌四月辛酉朔十有五日乙亥，男推诚保德崇仁翊戴功臣、观文殿学士、特进、行兵部尚书、知青州军州事、兼管内劝农使、充京东东路安抚使、上柱国、乐安郡开国公，食邑四千三百户，食实封一千二百户，修表。

【译文】熙宁三年，岁次庚戌，四月初一辛酉，十五日乙亥，儿子推诚保德崇仁翊戴功臣、观文殿学士、特进、兼兵部尚书、知青州军州事、兼管内劝农使、充京东东路安抚使、上柱国、乐安郡开国公，食邑四千三百户，食实封一千二百户修谨撰墓表。

醉翁亭记

环滁皆山也。其西南诸峰，林壑尤美。望之蔚然而深秀者，琅琊也。山行六七里，渐闻水声潺潺，而泻出于两峰之间者，酿泉也。峰回路转，有亭翼然临于泉上者，醉翁亭也。作亭者谁？山之僧智仙也。名之者谁？太守自谓也。太守与客来饮于此，饮少辄醉，而年又最高，故自号曰“醉翁”也。醉翁之意不在酒，在乎山水之间也。山水之乐，得之心而寓之酒也。

【译文】环绕着滁州的都是山。滁州西南方的许多山，林木山谷格外优美。望上去草木茂盛并且幽深秀丽的，就是琅琊山。沿着山路走六七里，渐渐地听到水声潺潺，一抬头就看到有一股泉水从两座山峰之间倾泻出来，那是酿泉。山峰回环，道路盘绕，那里有座亭子像鸟儿展翅那样高踞在酿泉上面的，是醉翁亭。建造亭子的是谁？是琅琊山开化寺中的和尚智仙。给它命名的是谁？是滁州太守用自己的别号命名的。太守和客人到这里来喝酒，太守稍微喝了一点儿就醉了，而且年纪又最大，所以自己给自己起个别号叫“醉翁”。醉翁的心思并不在酒上，而是在山水之间。他对游山玩水的乐趣，是领会在心里而寄托在酒中。

若夫日出而林霏开，云归而岩穴暝，晦明变化者，山间之朝暮也。野芳发而幽香，佳木秀而繁阴，风霜高洁，水清而石出者，山间之四时也。朝而往，暮而归，四时之景不同，而乐亦无穷也。

【译文】有时太阳出来，树林中的雾气就消散；有时云雾积聚在山间，岩洞就昏暗；这些阴暗明亮、变化不测的景象，就是山里的早晨和晚上。野花开放了，闻到阵阵幽香；好的树木长高了，成为一片浓荫；天高气爽，霜色洁白；水位低落，石头显露，这就是山里的四个季节。早晨出去，傍晚归来，四季的景色不同，乐趣也就没有穷尽。

至于负者歌于涂，行者休于树，前者呼，后者应，伛偻提携，往来而不绝者，滁人游也。临溪而渔，溪深而鱼肥；酿泉为酒，泉香而酒洌；山肴野蔌，杂然而前陈者，太守宴也。宴酣之乐，非丝非竹，射者中，弈者胜，觥筹交错，坐起而喧哗者，众宾欢也。苍颜白发，颓然乎其间者，太守醉也。

【译文】至于背负东西的人在路上唱歌，行路的人在树下休息，前边的人呼唤，后边的人答应，弯腰曲背的老人和被人搀扶带领的孩子，来来往往，络绎不绝，这是滁州人在这里游赏。到溪边捕鱼，溪水深，鱼很肥；用泉水酿成酒，泉水香，酒清澈；野味和蔬菜，错杂地摆在前面，这是太守在举行宴会。宴会的快乐，不是音乐，而是投壶的人投中了，下围棋的人胜利了，酒杯酒筹就在人们手里递来递去，交互错杂，有的人坐着，有的人站起来，嘴里不停地呼喊，这是客人们欢乐的表现。苍老的脸庞，雪白的头发，倒在客人中间的，这是太守喝醉了。

已而夕阳在山，人影散乱，太守归而宾客从也。树林阴翳，鸣声上下，游人去而禽鸟乐也。然而禽鸟知山林之乐，而不知人之乐；人知从太守游而乐，而不知太守之乐其乐也。醉能同其乐，醒能述以文者，太守也。太守谓谁？庐陵欧阳修也。

【译文】不久，傍晚的太阳挂在山上，人们的影子散乱地留在地上，这是太守回去、客人们跟着走了。树荫覆盖着，鸟的叫声忽上忽下，这是游人离开以后鸟儿在尽情欢乐。可是，鸟儿只知道山林中的欢乐，却不知道人们的欢乐；人们只知道跟着太守游玩而欢乐，却不知道太守是为着人们的欢乐而欢乐啊。喝醉酒后能够和人们共同欢乐，酒醒以后能够写文章描述欢乐情景的，是太守。太守是谁？是庐陵欧阳修。

秋声赋

欧阳子方夜读书，闻有声自西南来者，悚然而听之，曰："异哉!"初淅沥以萧飒，忽奔腾而澎湃，如波涛夜惊，风雨骤至。其触于物也，鏦鏦铮铮，金铁皆鸣；又如赴敌之兵，衔枚疾走，不闻号令，但闻人马之行声。余谓童子："此何声也？汝出视之。"童子曰："星月皎洁，明河在天，四无人声，声在树间。"

【译文】欧阳子正在夜里读书，忽然听见从西南方向传来的一种声音，吃惊地听着它，心里说："奇怪呀!"听着听着，觉得开始时淅沥、萧飒，突然宏大起来，奔腾澎湃，好像波浪在夜间掀起，狂风暴雨急骤地来到。当它接触到物体时，鏦鏦铮铮，真像许多金属器具一道响起来了；又像奔赴战场杀敌的士兵，嘴里含着小木棍急步前进，不听见号令，只听见人马的行走声。我对童儿说："这是什么声音呀？你出去看看它。"童儿出去后回来说："星星和月亮都很皎洁，银河挂在天空；四面没有人声，声音出在树林当中。"

余曰："噫嘻悲哉!此秋声也，胡为乎来哉？盖夫秋之为状也，其色惨淡，烟霏云敛；其容清明，天高日晶；其气栗冽，砭人肌骨；其意萧条，山川寂寥。故其为声也，凄凄切切，呼号奋发。丰草绿缛而争茂，佳木葱茏而可悦；草拂之而色变，木遭之而叶脱；其所以摧败零落者，乃一气之余烈。夫秋，刑官也，于时为阴；又兵象也，于行为金；是谓天地之义气，常以肃杀而为心。天之于物，春生秋实。故其在乐也，商声主西方之音，夷则为七月之律。商，伤也，物既老而悲伤；夷，戮也，物过盛而当杀。嗟乎!草木无情，有时飘零。人为动物，惟物之灵，百忧感其心，万事劳其形，有动乎中，必摇其精。而况思其力之所不及，忧其智之所不能，宜其渥然丹者为槁木，黟然黑者为星星。奈何以非金石之质，欲与草木而争荣？念谁为之戕贼，亦何恨乎秋声？"

【译文】我听了说："哎呀，可悲啊!这是秋天的声音，为什么要来呢？秋天的情景是这样的，它的色彩凄凉暗淡，烟消云散；它的面貌清爽开朗，天空高旷，阳光明净；它的气候寒冷，刺进人的肌肤筋骨；它的意境冷落，山水寂静。所以它发出来的声音，开始时凄凉轻微，到后来呼啸号叫，蓬勃振奋。本来，长大的草碧绿繁密，似乎在竞争茂盛；挺拔的树青翠浓郁，十分可爱；但是，如果草让它吹拂过就颜色改变，树一碰上它就叶子脱落；它的能够摧残草木使草木零落的原因，是一股肃杀之气的无穷威力。秋天是刑官执法的时候，在季节上属于阴；秋天又是打仗的象征，在五行里属于金；这叫做天地之义气，常常把严厉杀伐作为它的核心。大自然对于植物，春天使它们生长，秋天使它们结实。所以秋天在音乐上，商声是代表西方的音调，夷则是属于七月的音律。商，就是伤的意思，植物老了就会败坏；夷，就是杀的意思，植物过了旺盛期就会衰退。唉!草木是没有思想感情的，到了一定的时候就会枯槁脱落。人作为动物，是万物中的精灵，许多忧愁使他的心受到刺激，无数事情使他的身体感到疲累，内心受到刺激，一定会动摇他的精神。何况妄想他力量得不到的东西，忧虑他智慧做不到的事情。当然会使自己的丰腴红润的面庞变成枯干的木头，乌黑而发亮的头发变成花白。怎么可以拿并非金石般的素质，想同草木去争荣？想一想是什么残害了自己的身心，对秋声也就没有什么怨恨了!”

童子莫对，垂头而睡。但闻四壁虫声唧唧，如助予之叹息。

【译文】童儿不能回答，低下头打盹。只听见四面墙脚下虫声唧唧，如同陪伴我叹气。

祭石曼卿文

呜呼曼卿！生而为英，死而为灵。其同乎万物生死，而复归于无物者，暂聚之形；不与万物共尽，而卓然其不朽者，后世之名。此自古圣贤，莫不有然，而著在简册者，昭于日星。

【译文】唉，曼卿！生前既是英杰，死后必是神灵！那跟万物一样有生有死，而最后归于无物的境地的，是你由精气暂时聚合的身躯；那不跟万物同归于尽，而出类拔萃永垂不朽的，是你流传后世的名声。这是自古以来的圣贤，都是如此的；那些已载入史书的姓名，就像太阳星辰一样明显。

呜呼曼卿！吾不见子久矣，犹能仿佛子之平生。其轩昂磊落，突兀峥嵘而埋藏于地下者，意其不化为朽壤，而为金玉之精。不然，生长松之千尺，产灵芝而九茎。奈何荒烟野蔓，荆棘纵横；风凄露下，走磷飞萤！但见牧童樵叟，歌吟而上下，与夫惊禽骇兽，悲鸣踯躅而咿嘤。今固如此，更千秋而万岁兮，安知其不穴藏狐貉与鼯鼪？此自古圣贤亦皆然兮，独不见夫累累兮旷野与荒城！

【译文】唉！曼卿啊！我见不到你已经很久了，可是还能想象你生前时的模样。你意态不凡，光明磊落，又那样超群出众，埋葬在地下的遗体，我猜想不会化为烂泥腐土，应该会变成最珍贵的金玉。不然的话，就会长成青松，挺拔千尺，或者产出灵芝，一株九茎。为什么你的坟墓偏偏是一片荒烟蔓草，荆棘丛生，寒风凄凄，露珠飘零，磷火闪闪，萤火虫乱飞？只见牧童和砍柴的老人，唱着歌在这儿上下走动；还有慌张受惊的飞禽走兽，在这儿徘徊悲鸣。现在已经是这样的光景了，经过千秋万岁之后，怎知道那些狐狸、老鼠和黄鼬等野兽，不会在这里掏穴藏身？自古以来，圣贤都是这样，难道单单看不见在那旷野和荒城旁一个挨着一个的墓？

呜呼曼卿！盛衰之理，吾固知其如此，而感念畴昔，悲凉凄怆，不觉临风而陨涕者，有愧夫太上之忘情。

【译文】唉！曼卿啊！事物由盛而衰的道理，我本来是早已知道的。但怀念起过往的日子，越发感到悲凉凄怆，不知不觉迎风掉下眼泪的我，也只好愧于自己达不到圣人那样淡然忘情的境界。

苏洵

宋眉山人，字明允，号老泉，年二十七始发愤为学，博览经史百家之说，留心时务，长于策论，每自况以贾谊。文章老练雄肆，操纵自如。至和、嘉祐间，与二子轼、辙同至京师。翰林学士欧阳修上其所著《权书》《衡论》二十二篇，士大夫争传之。一时学者竞效苏氏为文章。宰相韩琦奏于朝，除秘书省校书郎，与姚辟同修建隆以来礼书，为《太常因革礼》一百卷。书成而卒，年五十八，有《嘉祐集》。世以其父子俱知名，称洵为老苏，轼为大苏，辙为小苏，合成三苏。

【译文】宋朝眉山人，字明允，号老泉，二十七岁开始发愤读书，博览经史各家学说，留意于当时社会大事，擅长写策论，经常以贾谊自比。他的文章老练雄壮，运用自如。至和、嘉祐年间，和两个儿子苏轼、苏辙一同到京师。翰林学士欧阳修将他所著的《权书》和《衡论》二十二篇上奏，士大夫争相传阅。一时学者竞相效法他的文章。宰相韩琦将他奏闻朝廷，被授予秘书省校书郎一职，与姚辟一同撰写建隆以来的礼书，写成《太常因革礼》一百卷。书写成就去世了，享年五十八岁，著作有《嘉祐集》。世人由于他父子都享有声名，因而称苏洵为老苏，苏轼为大苏，苏辙为小苏，合成三苏。

乐论

礼之始作也，难而易行，既行也，易而难久。天下未知君之为君、父之为父、兄之为兄，而圣人为之君父兄；天下未有以异其君父兄，而圣人为之拜起坐立；天下未肯靡然以从我拜起坐立，而圣人身先之以耻。呜呼！其亦难矣。天下恶夫死也久矣，圣人招之曰：来，吾生尔。既而其法果可以生天下之人，天下之人视其向也如此之危，而今也如此之安，则宜何从？故当其时虽难而易行。既行也，天下之人视君父兄如头足之不待别白而后识，视拜起坐立如寝食之不待告语而后从事。虽然，百人从之，一人不从，则其势不得遽至乎死。天下之人，不知其初之无礼而死，而见其今之无礼而不至乎死也。则曰：圣人欺我。故当其时虽易而难久。

呜呼！圣人之所恃以胜天下之劳逸者，独有死生之说耳。死生之说不信于天下，则劳逸之说将出而胜之。劳逸之说胜，则天下之权去矣。酒有鸩，肉有堇，然后人不敢饮食；药可以生死，然后人不以苦口为讳。去其鸩，彻其堇，则酒肉之权固胜于药。圣人之始作礼也，其亦逆知其势之将必如此也，曰：告人以诚，而后人信之。幸今之时吾之所以告人者，其理诚然，而其事亦然，故人以为信。吾知其理，而天下之人知其事，事有不必然者，则吾之理不足以折天下之口，此告语之所不及也。告语之所不及，必有以阴驱而潜率之。于是观之天地之间，得其至神之机，而窃之以为乐。

雨，吾见其所以湿万物也；日，吾知其所以燥万物也；风，吾知其所以动万物也；隐隐谾谾而谓之雷者，彼何用也？阴凝而不散，物蹷而不遂，雨之所不能湿，日之所不能燥，风之所不能动，雷一震焉而凝者散，蹷者遂。曰雨者，曰日者，曰风者，以形用；曰雷者，以神用。用莫神于声，故圣人因声以为乐。为之君臣、父子、兄弟者，礼也，礼之所不及而乐及焉。正声入乎耳，而人皆有事君、事父、事兄之心，则礼者固吾心之所有也，而圣人之说又何从而不信乎？

【译文】礼的开始创作，难于作，容易推行；既已推行，容易推行，难于维持长久。天下未知君主的为君主，父亲的为父亲，兄长的为兄长，圣人为他们分别出君主、父亲、兄长。天下未有来分别君主、父亲、兄长的不同，圣人为他们定出拜起坐立来。天下未肯像顺风倒下跟从拜起坐立，圣人亲身先做来显示知道羞耻。唉!他的创作也难了。天下人憎恶死亡也长久了，圣人招他们说："来!我使你活。"接着他的方法果真可以使天下的人活着，天下的人看到过去像这样的危险，现在像这样的平安，就应该向哪里去？所以当那个时候，创作礼虽难却容易推行，天下的人看君主、父亲、兄长，像头与脚的区分，不必等待分别然后认识，看拜起坐立，像睡眠吃饭的不必等待告诉然后去做。虽然，百人跟从，一人不从，那他势必不至很快会死。天下的人不知道开始的无礼而死，却看到今天的无礼也不至于死，就说圣人骗我。故当这个时候，虽容易推行却难予长久。

唉!圣人依靠来胜过天下劳累安逸的，只有死活之说罢了。天下的人不相信死活之说，那劳累安逸的说法将要出来胜过它。劳累安逸之说得胜，圣人的权变失去了。酒有鸩酒，肉有堇肉，然后人不敢喝和吃。药可以救活人和杀死人，然后人不因药的苦味讳说药。去掉鸩毒，除掉堇毒，那酒肉的吸引力确实胜过药。圣人的开始制作礼，他也预先知道它的趋势必定这样，说：用诚信来告诉人，然后人们相信它。幸亏当今的时候，我的用来告诉人的，它的道理确实是这样，它的事情也这样，所以人认为可信。我知道它的道理，天下的人知道它的事情。事情有不必这样的，那我的道理不够折服天下人的口，这是告诉的话不够用的。告诉的话不够用，必定有用暗中驱使而暗地率领的方法，于是观察天地之间，得到极其神妙的机运，窃取它来作乐。

雨，我看见它用来润湿万物的。日，我看见它用来晒干万物的。风，我看见它用来吹动万物的。隐隐宏宏，说它是雷的，它有什么用呢？阴气凝结而不散开，阳气互相蹙迫而不通畅，雨不能使它湿，日不能使它干燥，风不能使它动，雷一震动它，凝结的散开了，蹙迫的通畅了。说雨的，说日的，说风的，用形象来起作用，说雷的，用神来起作用。起作用的，没有比声音更神妙了，所以圣人用声音来作音乐。为民分别君臣、父子、兄弟的，是礼，礼所做不到的，音乐可以达到。正确的音乐进入耳内，人们都有奉事君主、奉事父亲、奉事兄长的心，那礼确实是我心所有的，圣人的说法，又怎么使人不信服呢？

史论上

史何为而作乎？其有忧也，何忧乎？忧小人也。何由知之？以其名知之。楚之史曰《梼杌》，梼杌，四凶之一也。君子不待褒而劝，不待贬而惩。然则史之所惩劝者独小人耳。仲尼之志大，故其忧愈大；忧愈大，故其作愈大。是以因史修经，卒之论其效者，必曰“乱臣贼子惧”。由是知史与经皆忧小人而作，其义一也。其义一，其体二，故曰史焉，曰经焉。大凡文之用四：事以实之，词以章之，道以通之，法以检之。此经、史所兼而有之者也。

虽然经以道法胜，史以事词胜，经不得史，无以证其褒贬，史不得经，无以酌其轻重，经非一代之实录。史非万世之常法。体不相沿，而用实相资焉。

【译文】为什么要写史书？因为写史书的人有忧虑。忧虑什么呢？忧虑小人。怎么知道这一点？从史书的名字就知道。楚国的史书叫《梼杌》，梼杌就是四大恶人之一。君子不等到别人赞扬就能够勉励自己，不等到别人贬责就能够改正错误。既然这样，那么史书所警戒勉励的只是小人罢了。孔子的志向很大，所以他的忧虑就更大；忧虑更大，所以他的著述就更大。所以他利用历史来撰写经书，后来评论他的著述效果的人，必定会说“乱臣贼子感到害怕”。由此可知史书和经书都是忧虑小人而写出来的，他们的意义是一致的。它们的意义一致，而它们的体裁不同，所以一者叫做史书，一者叫做经书。一般说来，写文章的手法有四种：用事实来充实它，用文辞来修饰它，用道理来贯通它，用法度来约束它。这些是经书和史书都有的。

虽然如此，经书注重道理和法则，史书注重史实和文辞，没有史、经就不能证实它的褒贬对象，没有经史的记录就无法斟酌轻重。经不是一个朝代的实史记录，史不是永远的恒常法则，体例虽然不同，但它们相辅相成。

夫《易》《礼》《乐》《诗》《书》，言圣人之道与法详矣，然弗验之行事。仲尼惧后世以是为圣人之私言，故因赴告、策书以修《春秋》，旌善而惩恶，此经之道也。犹惧后世以为己之臆断，故本《周礼》以为凡，此经之法也。至于事则举其略，词则务于简。吾故曰：经以道、法胜。史则不然，事既曲详，词亦夸耀，所谓褒贬，论、赞之外无几。吾故曰：史以事、词胜。

【译文】《易》《礼》《乐》《诗》《书》这些经典，论述圣人的道理和方法已经很详尽了，然而并没有用历史来证实。孔子害怕后世之人把这些书看成圣人的个人言论，所以利用赴告、策书来撰写《春秋》，表扬善良的而批判丑恶的，这就是经书中的道理。他还害怕后世之人把《春秋》看成自己的主观推断，所以依据《周礼》来作为纲要，这就是经书中的法度。至于具体事情就是列举它的梗概，文辞就是务求简洁。所以我说：经书的优长是道理、法度。史书就不一样了，事情既曲折又详尽，文辞也夸大而炫耀，所谓赞扬与批判，在“论”和“赞”之外就没有什么了。所以我说：史书的优长是事实、文辞。

使后人不知史而观经，则所褒莫见其善状，所贬弗闻其恶实。故曰：经不得史，无以证其褒贬。使后人不通经而传史，则称为不知所法，惩劝不知所沮。吾故曰：史不得经，无以酌其轻重。

【译文】如果后人不了解历史就去看经书，那么经书所褒奖的就看不到他好在什么地方，所贬斥的就不知道他恶在什么地方。所以我说：经书不采用史书的记述，就无法证实它的褒贬。如果后人不通晓经书，就专去攻史书，那么事物的称谓就不知道该怎样确定，惩罚和勉励就不知道该本着什么原则。所以我说：史书不采用经书的原则，就无法斟酌它的轻重。

经或从伪赴而书，或隐讳而不书，若此者众，皆适于教而已。吾故曰：经非一代之实录。史之一纪、一世家、一传，其间美恶得失固不可以一二数。则其论、赞数十百言之中，安能事为之褒贬，使天下之人动有所法如《春秋》哉？吾故曰：史非万世之常法。

【译文】经书的内容有的是依据假赴告来写的，有的是由于隐瞒忌讳而不写出来。像这样的情况是很多的，都只适宜教育人罢了。所以我说：经书不是一个时代的照实记载。史书的一篇纪、一篇世家、一篇传，其中的好坏得失，确实非常多。那么在它的“论”、“赞”的几十上百字中，怎能像《春秋》一样，专门对事情进行褒贬，让天下人一动就有可遵循的准则呢？所以我说：史书不是万代恒常的准则。

夫规、矩、准、绳所以制器，器所待而正者也。然而不得器则规无所效其圆，矩无所用其方，准无所施其平，绳无所措其直。史待经而正，不得史则经晦。吾故曰：体不相沿，而用实相资焉。噫！一规、一矩、一准、一绳，足以制万器。后之人其务希迁、固实录可也。慎无若王通、陆长源辈，嚣嚣然冗且僭，则善矣。

【译文】圆规、矩尺、水平仪、墨线是用来制造器物的，器物凭借它们而合乎标准。然而如果没有器物，那么圆规就无法使用它的圆，矩尺就无法使用它的方，水平仪就无法使用它的平，墨线就无法使用它的直。史书需要经书才能有原则，而没有史书，那么经书就会晦涩难明。所以我说：尽管它们的体裁不相沿袭，但是手法确实相互有帮助。啊！一个圆规、一把矩尺、一个水平仪、一条墨线，就足以制造各样东西。后世之人务求达到司马迁、班固照实记载的境地就可以了。千万不要像王通、陆长源等人那样自以为是，把书写得冗杂又不实，那就好了。

管仲论

管仲相威公，霸诸侯，攘戎翟，终其身齐国富强，诸侯不敢叛。管仲死，竖刁、易牙、开方用，威公薨于乱，五公子争立，其祸蔓延，讫简公，齐无宁岁。

夫功之成，非成于成之日，盖必有所由起；祸之作，不作于作之日，亦必有所由兆。故齐之治也，吾不曰管仲，而曰鲍叔；及其乱也，吾不曰竖刁、易牙、开方，而曰管仲。

何则？竖刁、易牙、开方三子，彼固乱人国者，顾其用之者，威公也。夫有舜而后知放四凶，有仲尼而后知去少正卯。彼威公何人也？顾其使威公得用三子者，管仲也。仲之疾也，公问之相。当是时也，吾以仲且举天下之贤者以对。而其言乃不过曰："竖刁、易牙、开方三子，非人情，不可近"而已。呜呼！仲以为威公果能不用三子矣乎？仲与威公处几年矣，亦知威公之为人矣乎？威公声不绝乎耳，色不绝乎目，而非三子者，则无以遂其欲。彼其初之所以不用者，徒以有仲焉耳。一日无仲，则三子者可以弹冠而相庆矣。仲以为将死之言可以絷威公之手足耶？夫齐国不患有三子，而患无仲；有仲，则三子者，三匹夫耳。不然，天下岂少三子之徒哉？虽威公幸而听仲，诛此三人，而其余者，仲能悉数而去之耶？呜呼！仲可谓不知本者矣。因威公之问，举天下之贤者以自代，则仲虽死，而齐国未为无仲也。夫何患三子者？不言可也。

五霸莫盛于威、文，文公之才，不过威公，其臣又皆不及仲。灵公之虐，不如孝公之宽厚。文公死，诸侯不敢叛晋；晋袭文公之余威，得为诸侯之盟主百有余年。何者？其君虽不肖，而尚有老成人焉。威公之薨也，一败涂地，无惑也，彼独恃一管仲，而仲则死矣。夫天下未尝无贤者，盖有有臣而无君者矣。威公在焉，而曰天下不复有管仲者，吾不信也。仲之书，有记其将死，论鲍叔、宾胥无之为人，且各疏其短。是其心以为是子者，皆不足以托国；而又逆知其将死，则其书诞谩不足信也。

吾观史鳝，以不能进蘧伯玉而退弥子瑕，故有身后之谏。萧何且死，举曹参以自代。大臣之用心，固宜如此也！夫国以一人兴，以一人亡；贤者不悲其身之死，而忧其国之衰。故必复有贤者，而后可以死，彼管仲者，何以死哉？

【译文】管仲做齐桓公的宰相，称霸诸侯，抵御夷狄，在他的一生里，齐国经济富裕，兵力强盛，诸侯不敢反叛。管仲死后，竖刁、易牙、开方掌权，桓公在内乱中死去，五个公子争夺君位。这祸殃蔓延开来，一直到齐简公的时候，齐国没有一个安宁的年份。

事业的成功，不是成功在成功的那天,一定有它的起因；灾祸的发生，不是发生在它发生的那天，也一定有它发生的迹象。所以齐国的安定，我不说是起于管仲，却说是起于鲍叔牙；等到它发生混乱动荡，我不说是起于竖刁、易牙、开方，却说是起于管仲。

为什么这样说呢？因为竖刁、易牙、开方三个，他们固然是扰乱别人国家的人，但使用他们的是桓公啊。有了虞舜，然后才知道放逐四凶；有了孔子，然后才知道除掉少正卯。那桓公是什么样的人呢？但是使桓公能够用这三个人的，是管仲啊。管仲病重时，桓公问他谁可以当宰相。我认为管仲将要荐举天下的贤人来回答桓公，可是他的话却不过是说，竖刁、易牙、开方三人违反人情不能亲近而已。唉！管仲以为桓公当真能够不用这三个人么？管仲和桓公相处好多年了，也应当知道桓公的为人吧！桓公耳朵不能够一时听不到音乐，眼睛不能够一时看不到女色，如果不是这三个人，就没有人能够满足他的欲望。他起初所以不任用他们，只不过因为有管仲罢了。如果一天没有了管仲，那么这三个人就可以弹着帽子、互相庆贺高升了。管仲认为临死前说的话，能够捆住桓公的手脚么？那齐国并不担心有这三个人，却担心没有管仲；有了管仲，那么这三个人就只是三个普通人罢了。如果不是这样，天下难道缺乏跟这三个人一流的人物么？即使桓公幸而听了管仲的话，杀掉这三个人，可是其余的这种人，管仲能够全部列举出来除掉他们么？唉！管仲可以说是不知道从根本上着眼的人啊!如果趁着桓公问话的时候，荐举天下的贤人来取代自己，那么管仲虽然死了，可是齐国却不能说是没有管仲了。这三个人又有什么可怕的呢，不说也可以明白啊！

五霸中间没有比齐桓公、晋文公再强盛的了。晋文公的才能没有超过齐桓公,他的臣子又都赶不上管仲。晋灵公暴虐，不如齐孝公宽厚。可是晋文公死后，诸侯不敢背叛晋国；晋国因袭晋文公的余威，还能够在一百多年的时间里充当诸侯的盟主。为什么呢？因为它的君主虽然不贤，可是还有老成人在呢。桓公死后，齐国一败涂地，这是一点也不奇怪的！它仅仅依靠一个管仲，可是管仲却已经死了。天下并不是没有贤能的人，然而虽有好的臣子却没有能够使用他们的君主啊。桓公在世的时候，竟说天下不再有管仲一样的人才，这样的话，我不相信呢。管仲的书《管子》里，有这样的记叙：管仲将要死的时候，论述鲍叔牙、宾胥无的为人，并且摆出他们各人的短处。这是他认为这几个人都不能够托付以国家的重任，而且又预料自己将要死了。那么《管子》这部书实在荒诞，不值得相信。

我看史鰌，因为不能进用蘧伯玉、去掉弥子瑕，所以才在死后用尸首劝谏；萧何快要死了，推荐曹参来取代自己。大臣的用心，本来就应当这样啊！国家凭着一个人兴盛，凭着一个人灭亡；贤能的人不悲伤他自己的死亡，却忧虑他国家的衰败。所以一定要再有贤能的人接替，然后才能够死去。那个管仲，凭什么可以死去呢？

权书八·六国

六国破灭，非兵不利，战不善，弊在赂秦。赂秦而力亏，破灭之道也。或曰：六国互丧，率赂秦耶？曰：不赂者以赂者丧，盖失强援，不能独完。故曰：弊在赂秦也。

秦以攻取之外，小则获邑，大则得城。较秦之所得，与战胜而得者，其实百倍；诸侯之所亡，与战败而亡者，其实亦百倍。则秦之所大欲，诸侯所大患，固不在战矣。思厥先祖父，暴霜露，斩荆棘，以有尺寸之地。子孙视之不甚惜，举以与人，如弃草芥。今日割五城，明日割十城，然后得一夕安寝。起视四境，而秦兵又至矣。然则诸侯之地有限，暴秦之欲无厌，奉之弥繁，侵之愈急。故不战而强弱胜负已判矣。至于颠覆，理固宜然。古人云："以地事秦，犹抱薪救火，薪不尽，火不灭。"此言得之。

齐人未尝赂秦，终继五国迁灭，何哉？与嬴而不助五国也。五国既丧，齐亦不免矣。燕赵之君，始有远略，能守其土，义不赂秦。是故燕虽小国而后亡，斯用兵之效也。至丹以荆卿为计，始速祸焉。赵尝五战于秦，二败而三胜。后秦击赵者再，李牧连却之。洎牧以谗诛，邯郸为郡，惜其用武而不终也。且燕赵处秦革灭殆尽之际，可谓智力孤危，战败而亡，诚不得已。向使三国各爱其地，齐人勿附于秦，刺客不行，良将犹在，则胜负之数，存亡之理，当与秦相较，或未易量。

呜呼！以赂秦之地封天下之谋臣，以事秦之心礼天下之奇才，并力西向，则吾恐秦人食之不得下咽也。悲夫！有如此之势，而为秦人积威之所劫，日削月割，以趋于亡。为国者无使为积威之所劫哉！

夫六国与秦皆诸侯，其势弱于秦，而犹有可以不赂而胜之之势。苟以天下之大，下而从六国破亡之故事，是又在六国下矣！

【译文】六国的灭亡，不是武器不锋利，仗打得不好，弊端在于用土地来贿赂秦国。拿土地贿赂秦国亏损了自己的力量，这就是灭亡的原因。有人问："六国一个接一个的灭亡，难道全部是因为贿赂秦国吗？"回答说："不贿赂秦国的国家因为有贿赂秦国的国家而灭亡。原因是不贿赂秦国的国家失掉了强有力的外援，不能独自保全。所以说：弊病在于贿赂秦国。"

秦国除了用战争夺取土地以外，还受到诸侯的贿赂，小的就获得邑镇，大的就获得城池。考察秦国受贿赂所得到的土地，和战胜别国所得到的土地相比较，实际多百倍。六国诸侯贿赂秦国所丧失的土地与战败所丧失的土地相比，实际也要多百倍。那么秦国最想要的，与六国诸侯最担心的，本来就不在于战争。想到他们的祖辈和父辈，冒着寒霜雨露，披荆斩棘，才有了很少的一点土地。子孙对那些土地却不很爱惜，全都拿来送给别人，就像扔掉小草一样不珍惜。今天割掉五座城，明天割掉十座城，这才能睡一夜安稳觉。明天起床一看四周边境，秦国的军队又来了。既然这样，那么诸侯的土地有限，强暴的秦国的欲望永远不会满足，诸侯送给他的越多，他侵犯得就越急迫。所以用不着战争，谁强谁弱，谁胜谁负就已经决定了。到了覆灭的地步，道理本来就是这样子的。古人说："用土地侍奉秦国，就好像抱柴救火，柴不烧完，火就不会灭。"这话说的很正确。

齐国不曾贿赂秦国，可是最终也随着五国灭亡了，为什么呢？是因为齐国跟秦国交好而不帮助其他五国。五国已经灭亡了，齐国也就没法幸免了。燕国和赵国的国君，起初有长远的谋略，能够守住他们的国土，坚持正义，不贿赂秦国。因此燕虽然是个小国，却后来才灭亡，这就是用兵抗秦的效果。等到后来燕太子丹用派遣刺荆轲杀秦王作对付秦国的计策，这才招致了灭亡的祸患。赵国曾经与秦国交战五次，打了两次败仗，三次胜仗。后来秦国两次攻打赵国。赵国大将李牧接连打退秦国的进攻。等到李牧因受诬陷而被杀死，赵国都城邯郸变成秦国的一个郡，可惜赵国用武力抗秦而没能坚持到底。而且燕赵两国正处在秦国把其他国家快要消灭干净的时候，可以说是智谋穷竭，国势孤立危急，战败了而亡国，确实是不得已的事。假使韩、魏、楚三国都爱惜他们的国土，齐国不依附秦国。燕国的刺客不去刺秦王，赵国的良将李牧还活着，那么胜败的命运，存亡的理数，倘若与秦国相比较，也许还不能轻易衡量出高低来呢。

唉！如果六国诸侯用贿赂秦国的土地来封给天下的谋臣，用侍奉秦国的心来礼遇天下的奇才，齐心合力地向西对付秦国，那么，我恐怕秦国人饭也不能咽下去。真可悲啊！有这样的有利形势，却被秦国积久的威势所胁迫，天天割地，月月割地，以至于走向灭亡。治理国家的人不要被积久的威势所胁迫啊！

六国和秦国都是诸侯之国，他们的势力比秦国弱，却还有可以凭借不贿赂秦国而战胜它的优势。如果凭借偌大国家，却自取下策跟随六国灭亡的先例，这是比六国还要差了。

衡论七·申法

古之法简，今之法繁。简者不便于今，而繁者不便于古，非今之法不若古之法，而今之时不若古之时也。先王之作法也，莫不欲服民之心。服民之心，必得其情，情然耶，而罪亦然，则固入吾法矣。而民之情又不皆如其罪之轻重大小，是以先王忿其罪而哀其无辜，故法举其略，而吏制其详。杀人者死，伤人者刑，则以著于法，使民知天子之不欲我杀人、伤人耳。若其轻重出入，求其情而服其心者，则以属吏。任吏而不任法，故其法简。今则不然，吏奸矣，不若古之良；民媮矣，不若古之淳。吏奸，则以喜怒制其轻重而出入之，或至于诬执。民媮，则吏虽以情出入，而彼得执其罪之大小以为辞。故今之法纤悉委备，不执于一，左右前后，四顾而不可逃。是以轻重其罪，出入其情，皆可以求之法。吏不奉法，辄以举劾。任法而不任吏，故其法繁。古之法若方书，论其大概，而增损剂量则以属医者，使之视人之疾，而参以己意。今之法若鬻屦，既为其大者，又为其次者，又为其小者，以求合天下之足。故其繁简则殊，而求民之情以服其心则一也。

然则今之法不劣于古矣，而用法者尚不能无弊。何则？律令之所禁，画一明备，虽妇人孺子皆知畏避，而其间有习于犯禁而遂不改者，举天下皆知之而未尝怪也。先王欲杜天下之欺也，为之度，以一天下之长短，为之量，以齐天下之多寡，为之权衡，以信天下之轻重。故度、量、权衡，法必资之官，资之官而后天下同。今也，庶民之家刻木比竹、绳丝缒石以为之，富商豪贾内以大，出以小，齐人适楚，不知其孰为斗，孰为斛，持东家之尺而校之西邻，则若十指然。此举天下皆知之而未尝怪者一也。先王恶奇货之荡民，且哀夫微物之不能遂其生也，故禁民采珠贝，恶夫物之伪而假真，且重费也，故禁民糜金以为涂饰。今也，采珠贝之民，溢于海滨，糜金之工，肩摩于列肆。此又举天下皆知之而未尝怪者二也。先王患贱之凌贵，而下之僭上也，故冠服器皿皆以爵列为等差，长短大小莫不有制。今也，工商之家曳纨锦，服珠玉，一人之身循其首以至足，而犯法者十九。此又举天下皆知之而未尝怪者三也。先王惧天下之吏负县官之势，以侵劫齐民也，故使市之坐贾，视时百物之贵贱而录之，旬辄以上。百以百闻，千以千闻，以待官吏之私霿。十则损三，三则损一以闻，以备县官之公籴。今也，吏之私霿而从县官公籴之法，民曰公家之取于民也固如是，是吏与县官敛怨于下。此又举天下皆知之而未尝怪者四也。先王不欲人之擅天下之利也，故仕则不商，商则有罚；不仕而商，商则有征。是民之商不免征，而吏之商又加以罚。今也，吏之商既幸而不罚，又从而不征，资之以县官公籴之法，负之以县官之徒，载之以县官之舟，关防不讥，津梁不呵。然则，为吏而商诚可乐也，民将安所措手足？此又举天下皆知之而未尝怪者五也。若此之类，不可悉数，天下之人，耳习目熟以为当然。宪官法吏目击其事，亦恬而不问。

夫法者，天子之法也。法明禁之，而人明犯之，是不有天子之法也，衰世之事也。而议者皆以为今之弊，不过吏胥骫法以为奸，而吾以为吏胥之奸由此五者始。今有盗白昼持梃入室，而主人不之禁，则逾垣穿穴之徒，必且相告而肆行于其家。其必先治此五者，而后诘吏胥之奸可也。

【译文】古代的法律简单，现在的法律繁多。简单在现今就不适合，繁多在古代就不方便，并不是现今的法律不如古代的法律，当今时代不如古代。先王制定法律，没有不想让民众心服的。让民众心服，一定要合乎人情，合乎常情，处罚才能得当，这样才算法律。由于民众常情不像罪行的大小，因而先王愤怒民众的罪行而哀怜他的无辜，因此法律就简略，具体由官吏执行就复杂。杀人者要死，伤人者要判刑，这些都在法律上记载下来，使民众知道并不希望我去杀害别人、伤害别人。按照罪行的轻重，按照人情使他心服。这些事都属于官吏来做。依照官吏而不依照法律，因而古代的法律简单。现今不是这样，官吏奸猾，不像古代善良，民众苟且不如古代淳朴。官吏奸猾，就靠他的喜好厌恶来判定罪行的轻重，或是以至于诬陷；民众苟且，官吏即使依照人情量刑，而民众依照罪行大小来辩解。因此现今的法律极其完备，没有统一的标准，各个方面都没有遗漏。因而罪行的大小、量刑的轻重都有法律可以依据。官吏不遵守法律就被弹劾，依照法律而不依照官吏，因而法律就繁多。古代的法律就好比是药书，只讲论主要内容，而剂量的增减就凭医生按照病情并参照自己的意见。现今的法律就好比是卖鞋一样，既有大号的，也有中号的，也有小号的，以希望能够对天下所有的脚都合适。因此古今法律繁简不同，但求得民情，使之心服则是相同的。

现今的法律不比古代的差，然而运用法律却不能没有弊端，这是为何？法律所禁止的行为是统一和明确的，即使妇人孩子也知道有所为畏惧，这之中有惯于犯法而不改正的，天下人都知道而不惊奇。先王想杜绝天下人欺骗，就制定衡量长度的器具统一天下的长短；制定测量多少的器具统一天下的多少，制定称量物品的器具统一天下的轻重。因此测量长度、多少、轻重的器具，必须依照官府，依照官府就使天下的标准统一。现今，平民都家家自制度量工具，富商大贾以大的容器进入，以小的容器售出；齐人到楚国，不知道什么是斗什么是斛，拿一家的尺子和别家比较，就好像十指一样完全不等。这天下人都知道这些却不以此为奇怪的第一种情况。先王厌恶珍奇的货物使民众放荡，又哀怜没有货物就不能生活，就禁止民众采珠贝；厌恶货物以假充真，耗费巨大，因此禁止民众浪费钱财来刻意装饰。现在，采珠贝的民众，满于海边，耗费钱财的工匠，充满了市集，天下人都知道却不以为奇怪的第二种情况。先王担心卑贱者凌驾尊贵者，下级僭越上级，就按照爵位制定冠服、用具的不同等级，大小长短都有定制。现今，从事工商的人穿丝绢锦绸，服食珠玉，从头看到脚，犯法的十有九。这是天下人都知道却不以为奇怪的第三种情况。先王担心天下的官吏依仗官府的势力来欺压百姓，就使市场上的商人，按照货物的贵贱向官府申报价格，十日申报一次。按照货物价值给予定价，使得官吏可以私自卖出；跌价十分之三或三分之一就要上报，以备官府买入。现今官吏按照官府买入的价格卖出，民众以为是官府原本就是这样取之于民，这就造成了下面对官府的怨恨。这又是天下人都知道而不感到奇怪的第四种现象。先王不希望人专享天下的好处，就规定做官的不能经商，经商就处罚，不做官的可以经商，经商就要征税。因而平民经商就要征税，官吏经商就要处罚。现今官吏经商不处罚，又不征税，凭着政府公籴的政策，自恃为官府人员，使用官府的舟车，关口不加查问、斥责，这样，官吏经商却能获利，那民众又将怎么办？这又是天下人都知道却不以为奇怪的第五种情况。像这样的情况，不可胜数，天下人对此习以为常，视之为正确。官吏看到这些，也满不在乎，不加过问。

法律是天子的规定。法律明确禁止的，而人却故意违反，这是不把天子的规定放在眼里，这是衰世才会出现的事。人们以为现今的弊端，只不过是官吏枉法耍奸，而我以为官吏的奸猾从这五种情况开始。现今有盗贼白天持棍入室，而主人却不禁止，那么这些盗窃之徒，一定互相奔告以致横行其家。一定要先治理这五种情况，此后追查官吏的奸猾。

族谱引

苏氏族谱，谱苏氏之族也。苏氏出于高阳，而蔓延于天下。唐神尧初，长史味道刺眉州，卒于官，一子留于眉，眉之有苏氏自此始。而谱不及者，亲尽也。亲尽则曷为不及？谱为亲作也。凡子得书而孙不得书者何也？以著代也。自吾之父以至吾之高祖，仕不仕，娶某氏，享年几，某日卒，皆书，而他不书者，何也？详吾之所自出也。自吾之父以至吾之高祖，皆曰讳某，而他则遂名之，何也？尊吾之所自出也。谱为苏氏作，而独吾之所自出得详与尊，何也？谱吾作也。呜呼！观吾之谱者，孝弟之心，可以油然而生矣！

情见于亲，亲见于服。服始于衰，而至于缌麻，而至于无服。无服则亲尽，亲尽则情尽。情尽则喜不庆，忧不吊。喜不庆，忧不吊，则途人也。吾所与相视如途人者，其初兄弟也。兄弟其初，一人之身也。悲夫！一人之身，分而至于途人，此吾谱之所以作也。其意曰：分至于途人者，势也。势吾无如之何也。幸其未至于途人也，使其无至于忽忘焉可也。呜呼！观吾之谱者，孝弟之心，可以油然而生矣。系之以诗曰：

吾父之子，今为吾兄。吾疾在身，兄呻不宁。数世之后，不知何人。彼死而生，不为戚欣。兄弟之情，如手与足，其能几何！彼不相能，彼独何心？

【译文】苏家的族谱是编排记录苏氏家族的书。苏氏诞生在颛顼帝的兴起之地—高阳，后来遍布繁衍天下。唐朝神龙初年，长史苏味道被贬谪做眉州刺史，死在官任上，一个孩子就留在了眉州，眉州有苏氏就是从那时开始的。族谱没有提到的人，是由于亲情完了。为什么没有亲情就不提及呢？因为族谱是为亲情而作的。儿子能够记录的先人而孙子却不能写，这是为什么？是为明确辈份关系。从我的父亲一直到我的高祖，做官还是不做官，娶了谁为妻，活了多大岁数，哪一天去世的都记了下来，其他的人不在记录之内，这是为什么？对于我所属的这一宗比较详尽的缘故。从我的父亲一直到我的高祖，都说名字讳某某，对于其他的人就直呼他的名字，这是为什么？尊重我所属的这一宗的缘故。族谱是为姓苏的人写的，只对我所属的这一宗写的详尽并受到尊重，这是为什么？族谱是我写的缘故。啊！看了我的族谱的人，孝敬父母，尊敬兄长的心情就能够油然而生了。

亲情表现在血缘的远近上，血缘的远近表现在丧服上。丧服从斩衰开始，一直到缌麻，最后直到不穿丧服。不穿丧服则血缘关系就没有了，血缘关系没有了，亲情也就没有了。亲情没有了就可以有了喜事不去庆贺，有了丧事不去吊唁。有了喜事不去庆贺，有了丧事不去吊唁，就同路人一样了。我所交往的那些互相将对方看作陌路的人，他们开始都是兄弟。兄弟最初都是从一个人身上传下来的。多可悲啊！从一个人身上传下来的，最后分道扬镳，以至于像陌路人一样，这就是我为什么写族谱的原因。他们的看法是：分道扬镳以至于像陌路人一样，这是形势所迫的。形势所迫，我对此也没有什么办法。庆幸的是在他们还没有成为路人的时候，使他们不要很快忘记彼此间的亲缘关系也就可以了。啊！看我的族谱的人，孝敬父母、尊敬兄长的心情就会油然而生了。有感于此，我作了一首诗附在文章的末尾：

我父亲的儿子，也就是我现在的哥哥。在我生病时，哥哥痛苦不安。但是过了数代以后，后人就不会明白我们是什么人了。那么对于我们的死亡就不会痛苦，对于我们的新生也就不会高兴。兄弟之间的感情，就和人的手和脚一样，是多么和睦、亲善啊！倘若我们不能互相和睦、亲善，那我们各自怀着的是何用心？

上欧阳内翰书

洵布衣穷居，尝窃有叹，以为天下之人，不能皆贤，不能皆不肖。故贤人君子之处于世，合必离，离必合。往者天子方有意于治，而范公在相府，富公为枢密副使，执事与余公、蔡公为谏官，尹公驰骋上下，用力于兵革之地。方是之时，天下之人，毛发丝粟之才，纷纷然而起，合而为一。而洵也自度其愚鲁无用之身，不足以自奋于其间，退而养其心，幸其道之将成，而可以复见于当世之贤人君子。不幸道未成，而范公西，富公北，执事与余公、蔡公分散四出，而尹公亦失势，奔走于小官。洵时在京师，亲见其事，忽忽仰天叹息，以为斯人之去，而道虽成，不复足以为荣也。既复自思，念往者众君子之进于朝，其始也，必有善人焉推之；今也，亦必有小人焉间之。今之世无复有善人也，则已矣！如其不然也，吾何忧焉？姑养其心，使其道大有成而待之，何伤？退而处十年，虽未敢自谓其道有成矣，然浩浩乎其胸中若与曩者异。而余公适亦有成功于南方，执事与蔡公复相继登于朝，富公复自外入为宰相，其势将复合为一。喜且自贺，以为道既已粗成，而果将有以发之也。既又反而思，其向之所慕望爱悦之而不得见之者，盖有六人焉，今将往见之矣。而六人者，已有范公、尹公二人亡焉，则又为之潸然出涕以悲。呜呼！二人者不可复见矣，而所恃以慰此心者，犹有四人也，则又以自解。思其止于四人也，则又汲汲欲一识其面，以发其心之所欲言。而富公又为天子之宰相，远方寒士，未可遽以言通于其前；余公、蔡公，远者又在万里外，独执事在朝廷间，而其位差不甚贵，可以叫呼攀援而闻之以言。而饥寒衰老之病，又痼而留之，使不克自至于执事之庭。夫以慕望爱悦其人之心，十年而不得见，而其人已死，如范公、尹公二人者；则四人之中，非其势不可遽以言通者，何可以不能自往而遽已也！

执事之文章，天下之人莫不知之；然窃自以为洵之知之特深，愈于天下之人。何者？孟子之文，语约而意尽，不为巉刻斩绝之言，而其锋不可犯。韩子之文，如长江大河，浑浩流转，鱼鼋蛟龙，万怪惶惑，而抑遏蔽掩，不使自露；而人望见其渊然之光，苍然之色，亦自畏避，不敢迫视。执事之文，纡徐委备，往复百折，而条达疏畅，无所间断，气尽语极，急言竭论，而容与闲易，无艰难劳苦之态。此三者，皆断然自为一家之文也。惟李翱之文，其味黯然而长，其光油然而幽，俯仰揖让，有执事之态。陆贽之文，遣言措意，切近的当，有执事之实；而执事之才，又自有过人者。盖执事之文，非孟子、韩子之文，而欧阳子之文也。夫乐道人之善而不为谄者，以其人诚足以当之也；彼不知者，则以为誉人以求其悦己也。夫誉人以求其悦己，洵亦不为也；而其所以道执事光明盛大之德，而不自知止者，亦欲执事之知其知我也。

虽然，执事之名，满于天下，虽不见其文，而固已知有欧阳子矣。而洵也不幸，堕在草野泥涂之中。而其知道之心，又近而有成。欲徒手奉咫尺之书，自托于执事，将使执事何从而知之、何从而信之哉？洵少年不学，生二十七岁，始知读书，从士君子游。年既已晚，而又不遂刻意厉行，以古人自期，而视与己同列者，皆不胜己，则遂以为可矣。其后困益甚，然后取古人之文而读之，始觉其出言用意，与己大异。时复内顾，自思其才，则又似夫不遂止于是而已者。由是尽烧其曩时所为文数百篇，取《论语》《孟子》、韩子及其他圣人、贤人之文，而兀然端坐，终日以读之者，七八年矣。方其始也，入其中而惶然，博观于其外而骇然以惊。及其久也，读之益精，而其胸中豁然以明，若人之言固当然者。然犹未敢自出其言也。时既久，胸中之言日益多，不能自制，试出而书之。已而再三读之，浑浑乎觉其来之易矣，然犹未敢以为是也。近所为《洪范论》《史论》凡七篇，执事观其如何？噫嘻！区区而自言，不知者又将以为自誉，以求人之知己也。惟执事思其十年之心如是之不偶然也而察之。

【译文】内翰执事：我苏洵本是乡野平民，生活穷困，曾经私下叹息，觉得天下的人，不可能都是贤慧的，也不可能都不肖。所以贤明正直的人处在世上，有聚合必有分离，有分离又必有聚合。过去天子正当有意于统治国家治理天下的时候，范仲淹公在宰相府，富弼公当枢密副使，执事您与余靖公、蔡襄公任谏官，尹洙公奔走于上上下下，在边防要塞施展才能。正当此时，天下的人，细如毛发的、实用如丝粟的才干，都纷纷起来，合成一股力量。而我苏洵自认为一己的愚笨无用，没有能力自我奋起，参与于众人之间，所以退下来修养身心，寄希望于大道的将会成功，从而可以再次见到当代的贤人、君子们。不幸的是自己的道德学问还没有修养好，范仲淹公西去，富弼公北上，执事您与余靖公、蔡襄公等，又被分别派到四面八方去，而尹洙公也失去了权势，四处奔走充任小官。我苏洵那时正在京中，亲眼见到了这些事情，无可奈何地只能仰天长叹，认为这些人离开朝廷，即使大道有成，也不足以为之庆幸。进而我又想，过去众位君子之进入朝廷，一开始，必然是有好人们推荐的；现如今，又必然是有坏人们离间的。当今的时势，要是不再有好人，那就完了啊！而如果不是这样，我又有什么可担忧的呢？姑且继续养我的心，让使自己的道德学问有更大的成功而期待着，又有什么妨害呢？退下来又过了十年，虽不敢说道已有所成，但是胸中自有一股浩浩荡荡之气，好像与过去不一样了。而余靖公正好在南方有所成功，执事您和蔡襄公又相继登上了朝廷，富弼公又从外任调入朝廷当宰相，这样的形势又可合成一股力量了。真让人高兴而自我祝贺，以为道德学问已经略有成绩并且真将有施展的机会了。接着又回过头想道，过去所仰慕爱戴的，但始终未能见其亲颜的，约有六位，现在将能去见见他们了。而这六位之中，范公、尹公二位已经去世，不禁为他二位暗暗流泪，感到悲伤。唉！这两位已经再也见不到了，而尚可宽慰我心的，还有四位在，则又正可宽慰自己。想到只剩四位了，所以又急急乎想见他们一面，以便把心里所想说的话都向他们一吐为快，而富弼公又出任了天子的宰相，边远地方的贫寒之士，没能马上在他面前说上话；而余靖公、蔡襄公，远的还在万里之外，只有执事您身在朝廷，您的地位还不是最高贵，正可以叫得应、拉得着、听得见我的话。但是限于饥寒与衰老等毛病，又缠于身而滞留了自己，叫我不能亲自登执事您的门庭来拜谒。以渴慕盼望爱戴喜悦这几位的心情，十年而不得一见，而他们已有死了的，像范公、尹公二位；剩下四位之中，不是因为他的威势就不能够互通说话，又怎么可以因为不能亲自前往拜谒而作罢呢！

执事您的文章，天下的人没有不知道的。但我自以为我苏洵知道得特别深刻，是超过了天下之人的。为什么这样说？孟子的文章，语言简约而意思详尽，他不说尖刻与斩钉截铁的文辞，然而话的锋芒却谁也不敢侵犯。韩愈的文章，好比长江黄河，浑然浩荡奔流宛转，像是鱼鳖蛟龙，万种怪异令人惶惶惑惑，却能遏制隐蔽而掩藏起来，不让它们自露于外；而人们远远望见它们渊深的光芒，苍茫的色彩，也就都自我畏惧而去躲避它们，不敢接近它们，正视它们。而执事您的文章，委婉详备，来来回回多曲折变化，却条理清晰通达，疏阔而畅适，无间隔，不折断，气势造极而语言净尽，急切的言词与高妙的论述，说来却闲适而平易，从没有艰苦费力的表现。上述这三点，都足以断然使您自成一家。只有李翱的文章，它的味道澹泊而隽永，它的光彩油然而幽静，高低谦让，颇有执事您的姿态。陆贽的文章，用词与达意，切近事理，准确恰当，颇近执事您的切实；而执事您的才华，又自有超过别人的地方。大致执事您的文章，不是孟子、韩愈的文章，而是您欧阳子的文章。乐于称道人善良而不谄媚于别人，是因为他的为人确实经得起这样的称道；那些不知情的人，则认为赞誉人是为了求得别人的欢欣。赞誉人以求人喜欢的事，我苏洵是不那样做的；之所以要称道执事您的光明盛大的道德，而不能自我控制的原因，也是为了想让执事您知晓我是了解您的。

尽管如此，执事您的大名，早已遍知于天下，即使没读过您文章的，也都早就知道有个欧阳修的了。而我苏洵却不幸，沦落在草野冷落的地方。而自己的道德修养，近来粗有所成。想空手奉上不满一尺的书信，把自己托付给执事您，将怎么能让执事您了解我，并相信我呢？我苏洵年轻时不学习，活到二十七岁，才知道要读书，和有学问的人一起交往学习。年龄既已老大了，却又不去刻意严厉付诸行动，期望自己效仿古人，但看到和自己同列的等辈，又都不如自己，于是觉得自己可以了。后来穷困得更加严重，就拿古人的文章来读，开始觉得古人所发言论，与自己的有很大的不同。常常反省自己，自觉一己之才能，又好像还不仅仅只是这些。于是把旧时所写的文章几百篇悉数烧掉，而拿起《论语》《孟子》、韩愈以及其他伟人贤士的文章，正襟危坐，整天都阅读它们，花了有七八年时间。刚开始，读进去只觉惶惶然，广博地观览于其外，则又害怕得惊叫起来。时间长了，读得也更精细了，胸中豁然开朗似的明白了，好像人家的话本来就该是这样的。但我还是不敢提笔也这样写。时间更久了，胸中想说的话更多了，不能克制自己，便试着把它们写出来。以后又一而再再而三地读它们，只觉得文思泉涌，好像写出来是很容易的，然而还不敢自以为是啊。近日所作的《洪范论》《史论》等一共七篇，执事您看看，究竟写得怎样？啊！区区一己的言说，不明白的人又会把它看作是在自我赞誉了，以求得别人来了解自己。只有执事您会念其十年的心血是如此的不偶然，从而来考察的吧。

上韩枢密书

太尉执事，洵著书无他长，及言兵事，论古今形势，至自比贾谊。所献《权书》，虽古人已往成败之迹，苟深晓其义，施之于今，无所不可。昨因请见，求进末议，太尉许诺。谨撰其说，言语朴直，非有惊世绝俗之谈，甚高难行之论。太尉取其大纲，而无责其纤悉。

盖古者非用兵决胜之为难，而养兵不用之可畏。今夫水，激之山，放之海，决之为沟塍，壅之为沼沚，是天下之人能之。委江河，注淮泗，汇为洪波，潴为太湖，万世而不溢者，自禹之后，未之见也。夫兵者，聚天下不义之徒，授之以不仁之器，而教之以杀人之事。夫惟天下之未安，盗贼之未殄，然后有以施其不义之心，用其不仁之器，而试其杀人之事。当是之时，勇者无余力，智者无余谋，巧者无余技，故其不义之心，变而为忠，不仁之器，加之于不仁，而杀人之事，施之于当杀。及夫天下既平，盗贼既殄，不义之徒聚而不散，勇者有余力，则思以为乱；智者有余谋，则思以为奸；巧者有余技，则思以为诈；于是天下之患杂然出矣。盖虎豹终日而不杀，则跳踉大叫以发其怒；蝮蝎终日而不螫，则噬啮草木以致其毒；其理固然，无足怪者。

昔者刘项奋臂于草莽之间，秦楚无赖子弟千百为辈，争起而应者，不可胜数；转斗五六年，天下厌兵，项籍死而高祖亦已老矣。方是时，分王诸侯，改定律令，与天下休息；而韩信黥布之徒，相继而起者七国；高祖死于介胄之间，而莫能止也；连延及于吕氏之祸，讫孝文而后定。是何起之易而收之难也？刘项之势，初若决河，顺流而下，诚有可喜，及其崩溃四出，放乎数百里之间，拱手而莫能救也。呜呼！不有圣人，何以善其后？

太祖太宗躬擐甲胄，跋涉险阻，以斩刈四方之蓬蒿；用兵数十年，谋臣猛将满天下。一旦卷甲而休之，传四世而天下无变。此何术也？荆楚九江之地，不分于诸将；而韩信黥布之徒，无以启其心也。虽然，天下无变，而兵久不用，则其不义之心，蓄而无所发；饱食优游，求逞于良民；观其平居无事，出怨言以邀其上；一日有急，是非人得千金，不可使也。往年诏天下缮完城池，西川之事，洵实亲见。凡郡县之富民，举而籍其名，得钱数百万，以为酒食馈饷之费。杵声未绝，城辄随坏；如此者数年而后定。卒事，官吏相贺，卒徒相矜，若战胜凯旋而待赏者。比来京师，游阡陌间，其曹往往偶语无所讳忌。闻之土人，方春时尤不忍闻，盖时五六月矣！会京师忧大水，锄耰畚筑，列于两河之壖；县官日费千万；传呼劳问之声，不绝者数十里，犹且睊睊狼顾，莫肯效用。且夫内之如京师之所闻，外之如西川之所亲见，天下之势，今何如也。

御将者，天子之事也。御兵者，将之职也。天子者，养尊而处优，树恩而收名，与天下为喜乐者也，故其道不可以御兵。人臣执法而不求情，尽心而不求名，出死力以捍社稷，使天下之心系于一人，而已不与焉；故御兵者人臣之事，不可以累天子也。今之所患，大臣好名而惧谤，好名则多树私恩，惧谤则执法不坚。是以天下之兵豪纵至此，而莫之或制也。顷者狄公在枢府，号为宽厚爱人，狎昵士卒，得其欢心，而太尉适承其后。彼狄公者，知御外之术，而不知治内之道，此边将才也。古者兵在外，爱将军而忘天子；在内，爱天子而忘将军；爱将军，所以战；爱天子，所以守。狄公以其御外之心，而施诸其内。太尉不反其道，而何以为治？或者以为兵久骄不治，一旦绳以法，恐因以生乱。昔者郭子仪去河南，李光弼实代之，将至之日，张用济斩于辕门，三军股栗。夫以临淮之悍，而代汾阳之长者；三军之士竦然如赤子之脱慈母之怀，而立乎严师之侧，何乱之敢生？且夫天子者，天下之父母也。将相者，天下之师也。师虽严，赤子不敢以怨其父母；将相虽厉，天下不敢以咎其君，其势然也。天子者，可以生人，可以杀人。故天下望其生。及其杀之也，天下曰是天子杀之，故天子不可以多杀。人臣奉天子之法，虽多杀，天下无所归怨，此先王所以威怀天下之术也。

伏惟太尉思天下所以长久之道，而无幸一时之名；尽至公之心，而无恤三军之多言。夫天子推深仁以结其心，太尉厉威武以振其惰。彼其思天子之深仁，则畏而不至于怨；思太尉之威武，则爱而不至于骄。君臣之体顺，而畏爱之道立。非太尉，吾谁望耶？

【译文】太尉执事：我著书并无其他专长，惟有谈到军事，论述古今形势，竟至于自比贾谊。我所献上的《权书》，虽然论述的多是古人过去成败的事迹，但如果深明其中的要义，拿来用在今天，也没有什么不可以的。昨日因为请求谒见，进献浅陋的意见，承蒙太尉许诺，故特写下这封信，谨向太尉陈说。我的言语朴素直率，没有惊世绝俗的意见，也没有很高难行的主张。但愿太尉着眼于取它的要点，而不要求它具备细微详尽的内容。

古时候，用兵取胜并不为难，倒是养兵不用才可怕。比方说水吧，让它冲激大山，奔流入大海，或者引流入田间水道，堵起来形成水池和沙洲，这是天下的人都能办到的。然而要让流进江河、注入淮泗的洪水汇积成大湖，历经万代而不漫出来，那就是自大禹之后从未见过的事了。军队聚集了天下的不义之徒，并且将杀人的武器授予他们，又教他们掌握杀人的本领。只有在天下还没安定，盗贼尚未消灭的时候，才能让他们放任不义之心，用杀人的武器，施展他们的杀人本领。在这个时候，勇敢的人不遗余力，聪明的人用尽计谋，灵巧的人毫不保留地贡献技艺。他们的不义之心变成了忠心，杀人的武器是用来杀不仁之徒，而杀人的本领也施展于该杀的人。到了天下安定太平，盗贼已经消灭，不义之徒仍然聚集在一起，勇敢的人有用不完的力气就想造反作乱，聪明的人有用不完的计谋就想为非作歹，灵巧的人有用不完的技艺就想欺诈行骗，于是天下的灾祸就纷纷出现了。大概正如虎豹整天不杀生就跳跃吼叫，咆哮发怒；蝮蛇、毒蝎整天不螫人就咬草木，放射毒汁。本来就是这个道理，没有什么值得奇怪的。

从前刘邦、项羽在乡间草野振臂一呼，秦、楚两地的无赖子弟成百上千；争先恐后奋起响应的，多得不可胜数。转战争斗五六年，天下百姓厌恶战争。项羽死了，汉高祖刘邦也已老了。当这个时候，分封诸将为王，又改定法律条令，与天下百姓休养生息。可是韩信、黥布之流阴谋造反，相继起来发动叛乱的还有七个诸侯国，汉高祖刘邦在平定叛乱的战争期间死去，而终于没能制止。动乱绵延到吕氏之祸，直至汉文帝时才最后平定。是什么原因使得叛乱容易发生而难以平定呢？刘邦、项羽的势力，当初像黄河决口一样，顺流直下，确实可喜。然而到了分崩离析的危机四处显露，放纵于数百里之间，却不能轻易地加以挽救。啊!没有圣人，靠什么处理好后来遗留的问题呢？

本朝太祖、太宗，亲自披甲戴盔，跋山涉水，踏遍险阻，消灭四面八方的敌人。用兵作战几十年，谋臣猛将布满天下。一旦卷甲休兵，天下平定，太祖、太宗、真宗、仁宗相传四代而太平无事，这是用的什么方法呢？就是不把荆楚、九江那样的地方分封给诸将，而像韩信、黥布一类的人，也就不会萌生反叛之心了。虽然如此，可是天下长久无变故，军队长久不打仗，那么他们的不义之心蓄积起来没有发泄的地方，于是吃饱了到处悠闲地游荡，骚扰良民百姓，以求快意于一时。看他们平时闲居无事，就往往口出怨言，向上方提出种种要求；一旦国家有了急事，若非每人获得千金赏赐，那就别想使用他们。往年皇帝诏令天下修缮城池，西川的情况，我实在是亲眼得见。凡是郡县的富民，全都登记上姓名，征收得钱财达数百万，用来作为酒食的消费和军队的供给。然而筑墙的杵声还没有消失，城墙随即倒塌了，像这样过了几年才算完事。事完之后，官吏们互相庆贺，众兵卒互相夸耀，真好像打了胜仗，凯旋而归等待着奖赏的样子。我近时来到京师，闲游于田野间，往往听见兵卒们相对私语，没有什么忌讳。听本地人说，正当春天的时候，尤其厉害，实在不忍听说。大概时间已五六月了。恰遇京师担忧有大水为灾，锄、耰、畚、筑排列在两河沿岸。县官每天花费钱财上千万用于犒劳，传呼劳问的声音连绵不绝，响遍几十里，兵卒们尚且心怀忿恨，像狼一样凶狠地顾望，不肯老老实实地为官方效力。再说，内地的情况就像我在京师所听说的那样，而外地的情况正如我在西川所亲见的那样，由此推想，整个国家的形势，现在像什么样子了呢？

驾御将军，是皇帝的事；控制军队，是将军的职责。皇帝养尊处优，建立恩德，收取名声，是与天下百姓同喜同乐的，所以皇帝的原则是不能够驾御军队。作为臣子，要做到执行法令而不讲情面，尽心尽力而不求扬名，拼死出力以捍卫国家政权，使天下百姓的心都挂念皇帝一人，而不在乎自身。所以控制军队是臣子的事，不能用这件事去劳累皇帝。现在所忧虑的是：大臣喜爱自己的名誉而害怕他人的指责。追求好的名声就要多树自己的私恩，害怕他人指责就会执法不严。因此，天下的军队骄横放纵到了如此严重的地步，没有人能够控制它。

不久前狄公在枢密院，被称为宽厚爱人，与兵士非常亲密，得到了他们的欢心。太尉恰好继他之后上任。那狄公知道抵御外敌的方法，却不明白治理内部的道理，只是一位边将之材。古时候兵士守边在外，热爱将军而忘了皇帝；在国内驻守，就热爱皇帝而忘了将军。因为爱将军，所以勇敢作战；因为爱皇帝，所以尽忠守卫。狄公用他抵御外敌的思想，用来指导内部的治理，太尉如果不能反其道而行之，怎么能治理好呢？有人或者认为，军队已长期骄横不治，一旦用法律予以制裁，恐怕会因此发生动乱。从前郭子仪调离朔方节度使之职，李光弼被朝廷派去接任。即将到任的一天，他把前来迎谒的朔方军左厢兵马使张用济斩首于军营营门，使得朔方军全军将士恐惧颤抖。以临淮郡王李光弼那样的强悍猛将，去代替汾阳郡王郭子仪那样的宽厚长者，使得全军将士肃敬恐惧，犹如小儿脱离了慈母的怀抱，站立在严厉的师长身边，哪里还敢生出乱子来呢？再说皇帝是天下百姓的父母，将相是天下百姓的师长。师长虽然严厉，小儿不会因此怨怪他的父母；将相虽然严厉，天下百姓也不会因此责怪他们的皇帝，这是必然的道理。皇帝可以让人活，也可以杀人，天下百姓都希望能活命，及至皇帝处死了人，天下百姓都说：这是皇帝杀死的，所以皇帝不能够杀人过多。臣子奉命执行皇帝的法令，即使多杀，天下百姓也不可能把怨恨归于他。这就是先王威德并用统治天下的方法。

我俯伏思维，希望太尉思考使天下长治久安的方法，而不要侥幸获取一时的名誉；完全出于最大的公心，而不忧虑军队的流言蜚语。皇帝推广深厚的仁德，以团结将士的心；太尉严厉威武，以整顿军队的堕落。将士们想到皇帝的深厚仁德就心生畏惧而不至于怨恨；想到太尉的严厉威武，就心生爱意而不至于骄纵。要使君臣的体制和顺，将士们具有畏爱之心，不寄望于太尉我还能寄望于谁呢？

仲兄文甫说

洵读《易》至《涣》之六四，曰：“涣其群，元吉。”曰：“嗟夫！群者，圣人所欲涣以混一天下者也。盖余仲兄名涣，而字公群，则是以圣人之所欲解散涤荡者以自命也，而可乎？”他日以告。兄曰：“子其可为我易之？”洵曰：“唯。”既而曰：“请以文甫易之，如何？”

且兄尝见夫水之与风乎？油然而行，渊然而留，渟洄汪洋，满而上浮者，是水也，而风实起之。蓬蓬然而发乎太空，不终日而行乎四方，荡乎其无形，飘乎其远来，既往而不知其迹之所存者，是风也，而水实形之。今夫风水之相遭乎大泽之陂也，纡徐委蛇，蜿蜒沦涟，安而相推，怒而相凌，舒而如云，蹙而如鳞，疾而如驰，徐而如缅，揖让旋辟，相顾而不前，其繁如縠，其乱如雾，纷纭郁扰，百里若一。汩乎顺流，至乎沧海之滨，磅礴汹涌，号怒相轧，交横绸缪，放乎空虚，掉乎无垠，横流逆折，濆旋倾侧，宛转胶戾。回者如轮，萦者如带，直者如燧，奔者如焰，跳者如鹭，跃者如鲤，殊状异态，而风水之极观备矣。故曰：“风行水上涣。”此亦天下之至文也。

然而此二物者，岂有求乎文哉？无意乎相求，不期而相遭，而文生焉。是其为文也，非水之文也，非风之文也。二物者，非能为文，而不能不为文也，物之相使，而文出于其间也，故曰此天下之至文也。今夫玉非不温然美矣，而不得以为文；刻镂组绣，非不文矣，而不可以论乎自然。故夫天下之无营而文生之者，非水与风而已。

昔者，君子之处于世，不求有功，不得已而功成，则天下以为贤；不求有言，不得已而言著，则天下以为口实。呜呼!此不可与他人道之，惟吾兄可也。

【译文】我读《周易》到《涣》卦的六四，爻辞说：“涣其群，元吉。”不禁感慨道：啊，所谓群众，是圣人想要荡涤其污垢，使获得新生，用来统一天下的啊。我的仲兄名涣，而字公群，大概就是用圣人想要解散荡涤群众的意思来自命，但这可以吗？后来有一天，我把这个想法告诉了仲兄，他说：“您可否为我改字呢？”我答：“好吧。”不久，我对仲兄说：请用“文甫”改换“公群”，怎么样？

再说兄曾见过水与风吗？自然而然地奔流，停下来汇成深潭，或积聚不流，或逆流回旋，浩大无边，满而上浮的，这就是水，而风实际上激发了它。从太空蓬勃生发，不满一天就行遍四方，飘飘荡荡，无形无影，由远及近，过后不知其踪迹何在，这就是风，而水实际上表现了它的形迹。现在看那风与水相激于大泽水面，只见弯弯曲曲连绵不断，曲折延伸，微波荡漾，安宁的时候互相推挤，发怒的时候互相凌压，舒卷如云彩，皱缩如鱼鳞，飞泻如奔驰，慢流如徘徊，时而回转避让，相顾而不前。繁密如皱纱，纷乱如云雾，杂沓纠结，百里如一，汩汩顺流而下，直到沧海之边。气势磅礴，波涛汹涌，风号水怒，互相倾轧，交叉缠绕，奔放于空虚之中，流向无边无际。时而横奔回流，出现大的漩涡，偏倒挤压，曲折蜿蜒。那回旋的像车轮，缠绕的像带子，笔直的像烽烟，奔腾的像火焰，跳跃的像鹭鸟，蹦起的像鲤鱼。奇状百出，异态纷呈，而风水相激的壮观可谓完备了!所以说：“风行水上涣。”这也是天下最美的文啊!

然而水与风这两种东西，难道有意追求生成文吗？它们实在是无意于彼此追求文的生成，未经约定而意外相遇，自然而然地生成了文。这就意味着，它们所生成的文，不是水的文，也不是风的文，水与风这两种东西不是能够生成文，而是不能不生成文。水与风相互作用。文于是产生其间。所以说：这是天下最美的文啊。现在的玉，不是不柔润美观，但它不能生成文；雕刻组绣，不是没有文，但它的文出自人工，并非自然生成。因此，普天之下不通过人工经营而自然生成文的，只有水与风罢了。

从前君子处在世上，不刻意追求立功，不得已而功绩自成，天下就认为他是贤人；不刻意追求立言，不得已而发言立论，天下的人就用作谈话资料。啊!这个道理不能对他人讲，只可以告诉我的兄长。

送石昌言为北使引

昌言举进士时，吾始数岁，未学也。忆与群儿戏先府君侧，昌言从旁取枣栗啖我，家居相近，又以亲戚故，甚狎。昌言举进士，日有名。吾后渐长，亦稍知读书，学句读、属对、声律，未成而废。昌言闻吾废学，虽不言，察其意，甚恨。后十余年，昌言及第第四人，守官四方，不相闻。吾日以壮大，乃能感悟，摧折复学。又数年，游京师，见昌言长安，相与劳问，如平生欢。出文十数首，昌言甚喜称善。吾晚学无师，虽日为文，中心自惭；及闻昌言说，乃颇自喜。

今十余年，又来京师，而昌言官两制，乃为天子出使万里之外强悍不屈之虏廷，建大旆，从骑数百，送车千乘，出都门，意气慨然。自思为儿时，见昌言先府君旁，安知其至此？富贵不足怪，吾于昌言独自有感也！大丈夫生不为将，得为使，折冲口舌之间，足矣。

往年彭任从富公使还，为我言曰："既出境，宿驿亭，闻介马数万骑驰过，剑槊相摩，终夜有声，从者怛然失色，及明，视道上马迹，尚心掉不自禁。"凡虏所以夸耀中国者，多此类也。中国之人不测也，故或至于震惧而失辞，以为夷狄笑。呜呼！何其不思之甚也！昔者奉春君使冒顿，壮士健马，皆匿不见，是以有平城之役。今之匈奴，吾知其无能为也。孟子曰："说大人，则藐之。"况于夷狄？请以为赠。

【译文】昌言参加科举考试时，我才几岁，还没有开始读书。回想起在先父身边与一群孩子玩耍时，昌言从一旁取来枣子和栗子给我吃的情景。我们两家挨得很近，又因为是亲戚的缘故，十分亲密。昌言参加进士考试，日渐有了名声。我后来逐渐长大，也渐渐知道了读书，学习断句、对仗、声律，但还没有学成就停止了。昌言听说我停止了学业，虽然不说，但细究他的心思应是感到遗憾的。后来的十几年，昌言考中进士获得第四名，在四方作官，彼此间没有了联系。我日渐长大成熟，就感到后悔，面对挫折重新学习。又过了几年，我到京都游学，在长安见到昌言，我们互相安慰，感到了人生的欢娱；我拿出自己写的文章十几篇，昌言看了十分高兴，说很好。我读书很晚，没有老师，虽然每天写文章，但心中十分自卑；等听到昌言的话，才感到非常高兴。

现在又过了十几年，我又来京师，而昌言已经当上了两制官，并替天子访问那万里之外强悍不屈的胡虏朝廷，树起了大旗，有几百车骑随从，送行的车子多达千辆，走出京都城门，意气勃发。我心里想，小时候在先父身旁看到昌言时，怎么会知道他能达到这样荣耀的程度？富贵不足为奇，对于昌言我独有一些感慨。男子汉一生不当大将，能担当使臣，在唇枪舌剑之中击败敌人，也就足够了。

从前彭任随从富公出使回来，对我说：“出了国境后，住宿在路边的驿站，听到数万披着铠甲的战马沿路驰过，剑槊相互碰撞，一整夜都不停止，随从惊恐失色，天亮之后，看到道路上的马蹄印，还禁不住胆战心惊。”凡是胡虏用来向中原炫耀的，大多是这一类；中原人看不明白，所以有人竟会因此而受到震骇而说不出话，被夷狄讥笑。唉!为什么会如此不用脑筋啊!从前奉春君出使冒顿，壮士和大马都隐藏起来，所以有了平城大捷。今天的匈奴，我知道他们是没有什么能力的。孟子说：“游说大人物，那就要轻视他。”更何况是面对夷狄呢!请允许我把这句话作为赠序送给你。

曾巩

宋南丰人，字子固，少警敏，援笔成文，欧阳修一见奇其文，登嘉祐进士，历知齐襄、洪福、明、亳、沧诸州，所至务去民疾苦，拜中书舍人，卒年六十五，追谥文定。巩性孝友，为文源本六经，斟酌于司马迁、韩愈之书，虽才气横溢不足，而典雅为宝，卓然为儒家之言，论者谓其与汉之董仲舒、刘向为尤近也，有《元丰类稿》。

【译文】宋朝南丰人，字子固，年少时机警敏捷，拿笔成文，欧阳修一见其文章认为很独特，考中嘉祐二年（1057）进士，历任齐襄州、洪州、福州、明州、亳州、沧州等知州，所到一定去除百姓疾苦，被任为中书舍人，去世时六十五岁，追加谥号“文定”。曾巩，事父母孝顺、对兄弟友爱，作文章以六经为本，参照司马迁、韩愈的书籍，虽然才气不足，但是很典雅，明显是儒家的言论，评论者认为他与汉代的董仲舒、刘向等很相似，著作有《元丰类稿》。

战国策目录序

刘向所定《战国策》三十三篇，《崇文总目》称第十一篇者阙，臣访之士大夫家，始尽得其书，正其误谬而疑其不可考者，然后《战国策》三十三篇复完。叙曰：

向叙此书，言“周之先，明教化，修法度，所以大治。及其后，谋诈用，而仁义之路塞，所以大乱”。其说既美矣。卒以谓“此书战国之谋士度时君之所能行，不得不然”。则可谓惑于流俗，而不笃于自信者也。

夫孔孟之时，去周之初已数百岁，其旧法已亡，旧俗已熄久矣。二子乃独明先王，以谓不可改者，岂将强天下之主以后世之所不可为哉？亦将因其所遇之时、所遭之变而为当世之法，使不失乎先王之意而已。二帝三王之治，其变固殊，其法固异，而其为国家天下之意，本末先后，未尝不同也。二子之道，如是而已。盖法者所以适变也，不必尽同；道者所以立本也，不可不一，此理之不可易者也。故二子者守此，岂好为异论哉？能勿苟而已矣，可谓不惑乎流俗而笃于自信者也。

【译文】刘向所编《战国策》三十三篇，《崇文总目》认为缺少第十一篇，我在士大夫家中访查它，才把这部书搜集齐备，校改了它的错误，而把没有办法查核的问题存疑，这样《战国策》三十三篇便恢复了完整的面貌。序言说：

刘向为这部书写叙录，认为“西周早期，明确了政治教化，整顿了法律制度，所以天下大治。到了后期，搞阴谋诡计的人得到重用，而仁义的道路被堵塞，所以天下大乱。”这个见解已经很好了，但他最后又认为“这本书中所写的谋诈策略是战国谋士们揣摩当时各国君主能够实行的，因而不得不那样做。”那就可以说是被世俗观念所迷惑，而没有能坚定自己的信念。

孔子、孟子生活的时代，距离西周初期已经过了几百年，西周旧有的制度已经不存在，旧的习俗已经消亡很久了。两位先生却独能阐明先王之道，认为它不可以改变，难道是要勉强天下的君主去做后代不可能做到的事情吗？也只不过是想根据所处的时代、所遇到的变化，制定出当代的制度，使它不丢掉先王的本意罢了。唐尧、虞舜和夏禹、商汤、周文王对国家的治理，他们变革政治的方法确实不同，制定的制度确实不一样，但他们要把国家、天下治理好的意图，本末先后，不曾有什么不同。两位先生的主张，就这样而已。制度这东西是用来适应时代变化需要的，不一定都要相同；道，是用来建立根本的，不能不一贯，这是不可改变的道理。因而孔子、孟子坚持这一点，哪里是喜欢发表与众不同的论调呢？能不苟且随便罢了，这就可以说是不受世俗看法的迷惑而能坚定自己的信念。

战国之游士则不然，不知道之可信，而乐于说之易合，其设心注意，偷为一切之计而已。故论诈之便而讳其败，言战之善而蔽其患，其相率而为之者，莫不有利焉，而不胜其害也；有得焉，而不胜其失也。卒至苏秦、商鞅、孙膑、吴起、李斯之徒以亡其身，而诸侯及秦用之者亦灭其国，其为世之大祸明矣，而俗犹莫之寤也。惟先王之道，因时适变，为法不同，而考之无疵，用之无弊，故古之圣贤，未有以此而易彼也。

【译文】战国时代的游说之士可不是这样，他们不了解先王之道应该坚信，却为游说容易投合各国国君而高兴，他们处心积虑，不过是随便想出些眼前办法罢了。所以他们鼓吹诈谋的便利，却隐瞒它的失败，大谈攻战的好处，却掩盖它的后患，他们一个跟着一个搞出的诈谋之术，都有一点小利，但抵不上它的危害；有一点收获，但抵不上它的损失。一直发展到苏秦、商鞅、孙膑、吴起、李斯等人因此丢了性命，而任用他们的诸侯国和秦国也灭亡了，他们给世上造成的大祸害是很明显了，可是世上一般人还没有觉醒过来。只有先王之道能根据时代的变化而变化，制定的法制各不相同，但推究它们却没有疵病，推行起来没有害处，因而古代圣君贤臣没有把先王之道改换成游说之士的权宜之计。

或曰：“邪说之害正也，宜放而绝之，则此书之不泯其可乎？”对曰：君子之禁邪说也，固将明其说于天下，使当世之人皆知其说之不可从，然后以禁，则齐；使后世之人皆知其说之不可为，然后以戒，则明，岂必灭其籍哉？放而绝之，莫善于是。是以孟子之书，有为神农之言者，有为墨子之言者，皆著而非之。至于此书之作，则上继春秋，下至楚汉之起，二百四十五年之间，载其行事，固不可得而废也。

此书有高诱注者二十一篇，或曰二十二篇，《崇文总目》存者八篇，今存者十篇云。

【译文】有些人说：“异端邪说危害了正道，就应当废弃并摒绝它，那么这部书不废弃可以吗？”回答是：“有道德的人要杜绝异端邪说，就要向人们揭露它的观点，使得人们都了解异端邪说为啥不应该服从，然后再去禁止，大家的看法就一致了；使得后人都明白异端邪说为啥不能够施行，然后加以戒备，那正道和邪说的界限就分明了，哪里一定要销毁他们的书呢？废弃禁绝它，没有比这更好的办法。因此，孟子的书中，保存有神农氏学说，保存有墨子学说，都记载下来加以否定。至于这本《战国策》的写作，上接春秋，下到楚、汉兴起，前后二百四十五年之间，记载了纵横家的行踪事迹，实在不应该到手后又废弃掉。

这部书还有高诱作注的本子二十一篇，有人说是二十二篇，《崇文总目》上保存目录的有八篇，现在保存下来的实有十篇。

列女传目录序

刘向所叙《列女传》，凡八篇，事具《汉书·向列传》。而《隋书》及《崇文总目》皆称向《列女传》十五篇，曹大家注。以《颂义》考之，盖大家所注，离其七篇为十四，与《颂义》凡十五篇，而益以陈婴母及东海以来凡十六事，非向书本然也。盖向旧书之亡久矣。嘉祐中，集贤校理苏颂始以《颂义》为篇次，复定其书为八篇，与十五篇者并藏于馆阁。而隋书以《颂义》为刘歆作，与《向列传》不合。今验《颂义》之文，盖向之自叙。又《艺文志》有向《列女传颂图》，明非歆作也。自唐之乱，古书之在者少矣，而《唐·志》录《列女传》凡十六家，至大家注十五篇者，亦无录，然其书今在。则古书之或有录而亡，或无录而在者，亦众矣，非可惜哉！今校雠其八篇及十五篇者已定，可缮写。

初，汉承秦之敝，风俗已大坏矣，而成帝后宫，赵、卫之属尤自放。向以谓王政必自内始，故列古女善恶所以致兴亡者以戒天子，此向述作之大意也。

【译文】刘向撰叙的《列女传》一共八篇，这件事在《汉书》刘向传中有记载。而《隋书》和《崇文总目》都说刘所撰述的《列女传》是十五篇，曹大家作注。根据《颂义》来考证，所谓曹大家注的《列女传》，是把原来的七篇分为十四篇，加上《颂义》，合起来共计十五篇。又增加了陈婴母及东汉以来的十六个人的事迹，并不是刘向那部书本来面目。大概刘向的旧本散失亡佚已经很久了。嘉祐年间，集贤校理苏颂才按照《颂义》的次序，又刊定编排《列女传》为八篇，连同十五篇的一起保藏在馆阁中。《隋书》认为《颂义》是刘歆写的，这和刘向传中的记载不合。现在验证《颂义》原文，大概是刘向自己写的。另外，《汉书·艺文志》上载有刘向的《列女传颂图》，也证明确定《颂义》不是刘歆写的。从唐朝末年天下大乱以来，古书传世的很少了，《旧唐书·经籍志》录证的《列女传》一共十六篇，连曹大家注的十五篇的《列女传》也没有记录。可是这本书现今还在。那么古书中有的有记录的书已经散失亡佚，有的没有记录的书倒还在的情况是很多的，这不是很可惜吗？现在刘向的《列女传》为八篇和曹大家注的《列女传》十五篇，都已校刊定当，可以抄写了。

当初，汉朝承袭了秦代的坏风气。风俗已经很坏了，可是汉成帝后宫赵飞燕姐妹、卫婕好之流还仍旧放荡不羁。刘向认为帝王治政必须从管好内宫开始，所以撰写古代女子中善者兴邦、恶者亡国的事情来告诫天子。这是刘向述写的旨意。

其言太任之娠文王也，目不视恶色，耳不听淫声，口不出敖言；又以谓古之人胎教者皆如此。夫能正其视听言动者，此大人之事，而有道者之所畏也。顾令天下之女子能之，何其盛也！以臣所闻，盖为之师傅保姆之助，《诗》《书》图史之戒，珩璜琚瑀之节，威仪动作之度，其教之者虽有此具，然古之君子，未尝不以身化也。故《家人》之义归于反身，二《南》之业本于文王，夫岂自外至哉？世皆知文王之所以兴，能得内助，而不知其所以然者，盖本于文王之躬化，故内则后妃有《关雎》之行，外则群臣有二《南》之美，与之相成。其推而及远，则商辛之昏俗，江汉之小国，兔罝之野人，莫不好善而不自知，此所谓身修故家国天下治者也。后世自学问之士，多徇于外物而不安其守，其家室既不见可法，故竞于邪侈，岂独无相成之道哉？士之苟于自恕。顾利冒耻而不知反己者，往往以家自累故也。故曰："身不行道，不行于妻子。"信哉！如此人者，非素处显也，然去二《南》之风，亦已远矣，况于南乡天下之主哉？向之所述，劝戒之意，可谓笃矣。

【译文】《列女传》书中说大任怀着周文王时，眼睛不看不正的颜色，耳朵不听淫靡的声音，口里不说戏笑的言语。又认为古人的胎教都是这样。能够端正自己的视听、言语、举止，合乎礼义，是圣人做的事。而有道德的人也怕做不到。但现在却要让天下的女子都能这样，这是多么美好的盛举啊！我听说教导女子，有用师傅保姆教育，有用《诗》《书》图史教戒，有用佩带各种玉饰节制，有用规定的仪节限制。虽然那教导的方法有这么具全，但是古代的君子更注重的是教育者以身作则去感化。所以《诗经·家人》的要义，归结到要求自己本身，《诗经·二南》歌颂的王业，本源于文王自身，治政一道，哪里是从外部得到的呢？世人都知道，文王的事业之所以兴盛，是能够得到后妃的内助，却不知道，后妃能够这样，原来根本的原因还在于文王能够以身作则进行教化。因此，内宫后妃有《诗经·关雎》所称颂的美德懿行，外廷群臣有《诗经·二南》所称赞的仁厚忠信，和他相辅相成。推而广之，那么商纣王遗留下来的淫乱昏俗，南方江汉一带的小国，张网捕兔的猎人，没有不乐意改变向善，在不知不觉中受到感化。这就是古人所说的自身的道德修养提高了，才能兴旺家室，才能治好国家，才能天下太平。后世求学问的读书人，大多屈从外物而不安心致力于修养自己的道德操守，他们的家室既然没有可以效法的对象，所以大家追逐邪恶，放荡无度，哪里仅仅是没有起到相辅相成的作用呢？那些随便原谅自己，看见利益就不顾廉耻而又不知道反省自己的读书人，往往还把家室当作牵累自己的原因。所以说："自己不实行道义，也就不能使妻子儿女实行道义，"确实啊！像这样的人，还不是处在显要的地位，然而距离《诗经·二南》所称赞的教化，也已经很远了，更何况是向南而坐统治天下的君主呢？刘向所述说的，劝戒天子的意思，可以说是非常笃诚的。

然向号博极群书，而此传称《诗·芣苢》《柏舟》《大车》之类，与今序《诗》者之说尤乖异，盖不可考。至于《式微》之一篇，又以谓二人之作。岂其所取者博，故不能无失欤？其曰象计谋杀舜及舜所以自脱者，颇合于《孟子》，然此传或有之，而《孟子》所不道者，盖亦不足道也。凡后世诸儒之言经传者，固多如此，览者采其有补，而择其是非可也。故为之序论以发其端云。

【译文】不过，刘向号称博览群书，可是在这本《列女传》中，析解《诗经》里《芣苢》和《柏舟》这类诗，和现在看到的《毛诗序》的说法大为悖异，这也没有办法考证了。至于说把《式微》这一篇，说成是二个人联句所成（这是一个明显的错误），难道是由于他收集材料太多，所以也就难免有失误吗？他说像设计谋杀舜和舜如何脱身的经过，很合乎《孟子》的说法。然而《列女传》中记载的某些内容，《孟子》却没有提到，大概是不值得说吧。大凡后世的儒家子弟讲解经文传文时，本来就常如此，看书的人能采取其中有裨益的，分清是非就可以了。因此写下了这篇《列女传目录序》作为本书的开头。

南齐书目录序

曾巩

《南齐书》八纪，十一志，四十列传，合五十九篇，梁萧子显撰。始，江淹以为《十志》，沈约又为《齐纪》，而子显自表武帝，别为此书。臣等因校正其讹谬，而叙其篇目曰：

将以是非得失兴坏理乱之故而为法戒，则必得其所言，而后能传于久，此史之所以作也。然而所托不得其人，则失其意，或乱其实，或析理之不通，或设辞之不善，故虽有殊功韪德非常之迹，将暗而不章，郁而不发，而梼杌嵬琐奸回凶慝之形，可幸而掩也。

【译文】《南齐书》有八篇帝王本纪，十一篇志，四十篇人物列传，全书共五十九卷，南朝梁代萧子显撰写。《南齐书》问世前，江淹已编写了《十志》，沈约也著有《齐纪》，萧子显则亲自上表奏请梁武帝，在前人基础上编撰成这本《南齐书》。我等因得校正书中错误，而在书前冠上这篇序文：

如果要把是非得失兴废治乱的因果作为鉴戒，那么是非得失兴废治乱的因果必须有所凭借，只有这样才能将鉴戒之意传之后世，这就是史书编撰之必要的原因。然而如果修史者不是合适的人，那么，有的就偏离史实的本意，有的颠倒历史的本来面目，有的道理讲不透彻，有的措辞不雅致。因此某人纵有高功美德和极不寻常的业绩，在蹩脚史官的笔下，也将遭到埋没。相反，那些凶顽无行、狂险奸邪的大凶大恶之人的行径，却每每侥幸地得以掩盖。

尝试论之，古之所谓良史者，其明必足以周万事之理，其道必足以适天下之用，其智必足以通难知之意，其文必足以发难显之情，然后其任可得而称也。何以知其然耶？

昔者唐虞有神明之性，有微妙之德，使由之者不能知，知之者不能名，以为治天下之本。号令之所布，法度之所设，其言至约，其体至备，以为治天下之具，而为二典者推而明之。所记者独其迹耶？并与其深微之意而传之，小大精粗无不尽也，本末先后无不白也。使诵其说者如出乎其时，求其指者如即乎其人。是可不谓明足以周万事之理，道足以适天下之用，智足以通难知之意，文足以发难显之情者乎？则方是之时，岂特任政者皆天下之士哉？盖执简操笔而随者，亦皆圣人之徒也。

【译文】让我们来看看历史上的史官吧。古时候所谓擅长记事的史官，他的聪明足以洞悉万事万物的道理，他所确立的原则足以适用于天下后世，他的智慧足以通晓历史事件的本质，他的文笔足以抒发难以显示的感情，然后才算得上是一个称职的史官。凭什么知道非如此不足以称称职的史官呢？

古史上的尧、舜具有神明的天赋、高深的德性，他们能使老百姓按他的方略行事而不自觉，即使明白了也不能表达出来。这就是他们用来治理天下的德化原则。号令的发布，法则的确立，所用的语言十分简洁，所用的体裁却十分详备。这就是他们用以治理天下执简驭繁的手段。这些特点具体体现在《尧典》和《舜典》中。二典中所记诸事难道仅仅是他们事迹的记载吗？实际上连带着将其治理天下的微妙用心也传达出来了。史实无分大小精粗，都能客观详尽；来龙去脉前因后果都能一目了然。二典的作者能使后世读者读其对话如与尧、舜同时，探其用心有如和作者当面。这样杰出的史官难道还够不上“聪明足以洞悉万事万物的道理，他所确立的原则足以适用于天下后世，他的智慧足以通晓历史事件的本质，他的文笔足以抒发难以显现的幽情”的评价吗？如此看来，在尧舜时代，并非仅仅朝廷决策者英明睿智，就连跟随左右的史官也不愧称圣人的门徒。

两汉以来，为史者去之远矣。司马迁从五帝三王既没数千载之后，秦火之馀，因散绝残脱之经，以及传记百家之说，区区掇拾，以集著其善恶之迹、兴废之端，又创己意，以为本纪、世家、八书、列传之文，斯亦可谓奇矣。然而蔽害天下之圣法，是非颠倒而采摭谬乱者，亦岂少哉？是岂可不谓明不足以周万事之理，道不足以适天下之用，智不足以通难知之意，文不足以发难显之情者乎！

夫自三代以后，为史者如迁之文，亦不可不谓隽伟拔出之材、非常之士也。然顾以谓不足以发难显之情者，何哉？盖圣贤之高致，迁有不能纯达其情，而见之于后者，以故不得而与之也。迁之得失如此，况其他耶？至于宋、齐、梁、陈、后魏、后周之书，盖无以议为也。

子显之于斯文，喜自驰骋，其更改破析刻雕藻缋之变尤多，而其文益下，岂夫材固不可以强而有耶？数世之史既然，故其辞迹暧昧，虽有随世以就功名之君，相与合谋之臣，未有赫然得其倾动天下之耳目，播天下之口者也。而一时偷夺倾危、悖礼反义之人，亦幸而不暴著于世，岂非所托不得其人故耶？可不惜哉！

盖史者所以明夫治天下之道也，故为之者亦必天下之材，然后其任可得而称也。岂可忽哉！岂可忽哉！

【译文】两汉以来，作史书的人与二典的作者比就差得太远了。司马迁在五帝三王已死了数千年之后，在秦焚书后的剩余文献中，依靠散佚残脱的经书，以及各类记载和诸子百家的学说，辛勤地采摘搜辑，然后集中写出历代或好或坏的事迹，或兴或衰的原因，又按自己的意思作了创新，写成本纪、世家、八书、列传，这也可说是很奇特的了。然而他掩蔽伤害了天下圣人的法规，是非颠倒，而采摘错乱的地方，难道还少吗？这难道能不说是他的明识不足以完全洞悉各种事物的道理，思想不足以适合天下所有人的运用，智慧不足以通晓难于了解的意思，文章不足以表达难于表现的感情吗？

从夏、商、周三代以后，作史书的人有司马迁那样的文章，也不可不说是出类拔萃的人才、不同一般的文士了。然而反倒说文章不足以表达难于表现的感情，为什么呢？是因为圣贤们高远的意态情趣，司马迁本来就不可能完全真实地表达，而再现于后世，所以不能与二典的作者相比。司马迁的得失既然如此，更何况其他的人呢？至于宋、齐、梁、陈、后魏、后周各国的史书，就无须再谈论了。

萧子显对于史书这种文体，喜欢随意发挥，对史事更改割裂，刻画雕琢，文饰润色的变动之处尤其多，而他的文笔也更加卑下，难道是史书本来就不可以勉强具备么？几朝的史书既然如此，所以其中的事迹也就含混不明，虽然有随着时代的发展而成就了功业名望的君王，以及与他们共同谋划的大臣，但是却没有显赫得能够震动天下人的耳目、传播于天下人的口中的。而一时间窃权夺位、倾主害国、违背理义的人，也幸运地没有被暴露在世人面前，难道不是所托付的人不恰当的原因么？能不感到可惜么！

史书是用来说明治理天下的规律的，所以写作史书的人也必须是天下的大才，然后才能够称职。哪能马虎啊！哪能马虎啊！

书魏郑公传后

予观太宗常屈己以从群臣之议，而魏郑公之徒，喜遭其时，感知己之遇，事之大小，无不谏诤，虽其忠诚自至，亦得君以然也。则思唐之所以治，太宗之所以称贤主，而前世之君不及者，其渊源皆出于此也。能知其有此者，以其书存也。及观郑公以谏诤事付史官，而太宗怒之，薄其恩礼，失终始之义，则未尝不反覆嗟惜，恨其不思，而益知郑公之贤焉。

夫君之使臣与臣之事君者何？大公至正之道而已矣。大公至正之道，非灭人言以掩己过、取小亮以私其君，此其不可者也。又有甚不可者，夫以谏诤为当掩，是以谏诤为非美也，则后世谁复当谏诤乎？况前代之君有纳谏之美，而后世不见，则非惟失一时之公，又将使后世之君，谓前代无谏诤之事，是启其怠且忌矣。太宗末年，群下既知此意而不言，渐不知天下之得失，至于辽东之败，而始恨郑公不在世，未尝知其悔之萌芽出于此也。

【译文】我看唐太宗经常委屈自己而服从群臣的议论，魏征一班人，高兴地遭逢好时机，感激君主对自己的知己恩惠，不论大事小事，没有不提出意见的。这虽然是他们忠诚心意自觉到达这程度，但也是得到英明君主才能这样的呀。那么考虑唐代太平安定的原因，唐太宗被称为贤明君主、而前代君主赶不上他的道理，那根源都出在臣能谏诤这一点哪！而能够知道有这个原因的，是因为有典籍记载啊！等到我看到魏征把谏诤的事情交付史官，而唐太宗发怒，减削对魏征的恩宠礼遇，丢掉了始终如一的道理，就不能不反复慨叹惋惜，遗憾太宗缺乏思考，而更加了解魏征的贤明了。

君主使用臣下与臣下事奉君主的道义是什么？是遵行最无私最正直的原则罢了。最无私最正直的原则，不是消除人们言论而掩盖自己过错，不是从小处体谅而偏袒他的君主，这是不可以的行为呀。还有更加不可以的，以为谏诤应当掩饰，这是把谏诤当作不好的事了，那么后世谁还会去谏诤呢？何况前代君主有接纳谏诤的美德，而后世不能见到，就不但失去一时公正的事实，还将使后世君主，认为前代没有谏诤的事情，这是引导他们疏忽政事和避忌人言哪！等到辽东战事失败，才遗憾魏征不在人世，而不曾知道他悔恨的萌芽生在掩盖谏诤上啊！

夫伊尹、周公何如人也？伊尹、周公之切谏其君者，其言至深，而其事至迫也。存之于书，未尝掩焉。至今称太甲、成王为贤君，而伊尹、周公为良相者，以其书可见也。令当时削而弃之，成区区之小让，则后世何所据依而谏，又何以知其贤且良与？桀、纣、幽、厉、始皇之亡，则其臣之谏词无见焉，非其史之遗，乃天下不敢言而然也。则谏诤之无传，乃此数君之所以益暴其恶于后世而已矣。

或曰：“《春秋》之法，为尊，亲、贤者讳。与此其戾矣。”夫《春秋》之所以讳者，恶也，纳谏诤岂恶乎？“然则焚稿者非欤？”曰：焚稿者谁欤？非伊尹、周公为之也，近世取区区之小亮者为之耳，其事又未是也。何则？以焚其稿为掩君之过，而使后世传之，则是使后世不见稿之是非，而必其过常在于君，美常在于己也，岂爱其君之谓欤？孔光之去其稿之所言，其在正邪，未可知也，而焚之而惑后世，庸讵知非谋己之奸计乎？或曰：“造辟而言，诡辞而出，异乎此。”曰：“此非圣人之所曾言也。令万一有是理，亦谓君臣之间，议论之际，不欲漏其言于一时之人耳，岂杜其告万世也。

噫！以诚信待己而事其君，而不欺乎万世者，郑公也。益知其贤云，岂非然哉！岂非然哉！

【译文】伊尹、周公是什么样的人呢？伊尹、周公是切实规谏他们君主的人，他们的言论非常深刻，而他们面临的事情又十分迫切。他们的谏诤事迹保存在典籍上，不曾被掩盖掉。到现在称颂太甲，成王为贤明君主，而伊尹、周公为优秀辅臣的原因，因为有那些典籍可以看到啊！假使当时涂削而毁弃它们，或者跟从了从小处着眼的小小谦让，那么后世的人又依据什么去诤谏，又从哪里知道他们的贤明与优秀呢？夏桀、商纣、周幽王、周厉王、秦始皇灭亡时，他们臣下的谏词就无从见到，并不是他们史籍的遗漏，而是当时天下人不敢讲话才造成这状况的。那么谏诤的不能流传，正是这几个君主更加暴露他们恶劣品性给后人的原因罢了。

有人说："《春秋》笔法，替尊贵的、亲爱的、贤明的人作讳饰，书写诤谏那是罪过啊！"《春秋》所避讳的地方，是罪恶，接纳诤谏难道是罪恶吗？"那么，烧去文稿的人错了吗？"回答说：烧去文稿的是什么人呢？不是伊尹、周公做的事啊，近代人闹微不足道的小聪明做出来的罢了。这种事又是错误的呀。为什么呢？用焚烧那些文稿替君主掩饰过错，而让后世流传这个事实，那么这是让后世不能见到文稿内容的是和非，而必定将那过失往往归到君主身上，美德就往往归在臣子身上了，这哪里可称作爱他的君主呢？西汉末年孔光毁削他的章奏的内容，那内容属于正确还是错误，不能知道啊，他焚毁了而使后世猜疑，哪里知道不是筹谋自己的奸计呢？有人说："编造邪僻的话来说，捏造出虚假的事实，和这个（焚稿、删稿）不同。"回答说：这不是圣人曾经说过的道理。即使万一有这个道理，也是讲君主臣下之间，议论的时候，不想走漏他们的言谈到当时的人罢了，哪能杜绝它们（谏诤言论）而传知后代万世呢！

哎！用诚实守信要求自己和尊奉他的君主，而不欺骗后世万代的，是魏郑公啊！由此更加了解他的贤明了，难道不是这样吗？难道不是这样吗？

礼阁新仪目录序

《礼阁新仪》三十篇，韦公肃撰，记开元以后至元和之变礼。史馆、秘阁及臣书皆三十篇，集贤院书二十篇。以参相校雠，史馆、秘阁及臣书多复重，其篇少者八，集贤院书独具。然臣书有目录一篇，以考其次序，盖此书本三十篇，则集贤院书虽具，然其篇次亦乱。既正其脱谬，因定著从目录，而《礼阁新仪》三十篇复完。

夫礼者，其本在于养人之性，而其用在于言动视听之间。使人之言动视听一于礼，则安有放其邪心而穷于外物哉？不放其邪心，不穷于外物，则祸乱可息，而财用可充。其立意微，其为法远矣。故设其器，制其物，为其数，立其文，以待其有事者，皆人之起居、出入、吉凶、哀乐之具，所谓其用在乎言动视听之间者也。

然而古今之变不同. 而俗之便习亦异。则法制度数，其久而不能无弊者，势固然也。故为礼者，其始莫不宜于当世，而其后多失而难遵，亦其理然也。失则必改制以求其当。故羲、农以来，至于三代，礼未尝同也。后世去三代，盖千有余岁，其所遭之变，所习之便不同，固已远矣。而议者不原圣人制作之方，乃为设其器，制其物，为其数，立其文，以待其有事，而为其起居、出入、吉凶、哀乐之具者，当一一以追先王之迹，然后礼可得而兴也。至其说之不可求，其制之不可考，或不宜于人，不合于用，则宁至于漠然而不敢为，使人之言动视听之间，荡然莫之为节，至患夫为罪者之不止，则繁于为法以御之。故法至于不胜其繁，而犯者亦至于不胜其众。岂不惑哉！

【译文】《礼阁新仪》三十篇，韦公肃所作，记载开元以后到元和年间的各种礼仪。史馆、秘阁以及臣所藏书都是三十篇，集贤院所藏则是二十篇，以此互相参照校勘，史馆、秘阁及臣所藏书多重复，文章也少了八篇，而集贤院本独存此八篇。然而臣所藏书有目录一篇，由此可以考定此书的排列次序，知此书本三十篇，集贤院本虽然篇目完整，然而篇次混乱。臣校正了此书脱落错误的地方，重新整理了篇目，如此《礼阁新仪》三十篇也就重新完整了。

礼的本质在于培养人的性情，而礼的运用就在于人们的日常言行举止之间。使人的言行举止完全符合礼的要求，又怎会放纵自己的邪心去追求外在的事物呢？如果人人不放纵其邪心，不追求外在的事物，则祸乱就会消失，社会财富就会充足。对于礼的制定，立意是非常精微的，所制定的法则用意也是非常深远的。所以设置器具、规定牲畜、确定数量、安排程序，以便人们需要时加以利用。内容都是关于日常起居出入、吉凶哀乐的一些具体规定，这就是所说的礼的运用就在于日常言行举止之间。

然而古今时代不同，世俗的习惯也会随之发生改变。如此法律制度以及各项规定，日久天长就会产生许多缺陷，这是事物发展的自然规律。所以礼的制定，一开始没有不符合于当时的社会，而之后随着社会的发展日益呈现出诸多弊端而难以让人们去遵守，这也是自然规律。有了弊端就一定要改变礼制使它符合社会发展的需要。所以伏羲、神农以来，至于夏、商、周三代，礼不曾完全相同过。后世离三代相隔一千多年，其间事物的变化，习俗的不同，自然是有着很大的差距。而有些人不去探寻圣人制定礼仪的主旨，先王所设置的器具、规定的牲畜、确定的数量、安排的程序，以便人们需要时可加以利用，而以为日常起居出入、吉凶哀乐的一些具体规定，这些都必须一一遵循先王的要求，如此礼才能够得到复兴。至于那些无法寻求的、无法考证的，或是不合时宜、不便运用的礼制，他们则茫然不知如何是好，如此使人们言行举止完全没有了礼制的约束。由此犯罪的人层出不穷，就又要制定繁杂的法律来加以管制。所以法律以至于不胜其烦，而违法乱纪的人却是不胜其数。这难道不是很荒唐吗？

盖上世圣人，有为耒耜者，或不为宫室；为舟车者，或不为棺椁。岂其智不足为哉？以为人之所未病者，不必改也。至于后圣有为宫室者，不以土处为不可变也；为棺椁者，不以葛沟为不可易也。岂好为相反哉？以为人之所既病者，不可因也。又至于后圣，则有设两观而更采椽之质，攻文梓而易瓦棺之素。岂不能从俭哉？以为人情之所好，能为之节，而不能变也。由是观之，古今之变不同，而俗之便习亦异，则亦屡变其法以宜之，何必一一以追先王之迹哉？其要在于养民之性，防民之欲者，本末先后能合乎先王之意而已，此制作之方也。故瓦樽之尚而薄酒之用，大羹之先而庶羞之饱，一以为贵本，一以为亲用。则知有圣人作而为后世之礼者，必贵俎豆，而今之器用不废也；先弁冕，而今之衣服不禁也。其推之皆然。然后其所改易更革，不至于拂天下之势，骇天下之情，而固已合乎先王之意矣。是以羲、农以来，至于三代，礼未尝同，而制作之如此者，亦未尝异也。后世不惟其如此，而或至于不敢为，或为之者特出于其势之不可得已，故苟简而不能备，希阔而不常行，又不过用之于上，而未有加之于民者也。故其礼本在于养人之性，而其用在于言动视听之间者，历千余岁，民未尝得接于耳目，况于服习而安之者乎？至于陷于罪戾，则繁于为法以御之，其亦不仁也哉！

此书所纪，虽其事已浅，然凡世之记礼者，亦皆有所本，而一时之得失具焉。昔孔子于告朔，爱其礼之存，况于一代之典籍哉？故其书不得不贵。因为之定著，以俟夫论礼者考而择焉。

【译文】上古的圣人，有制造耒耜的，却没有去制造房屋；有制造舟车的，却没有去制作棺椁。这难道是他们智力不足吗？这是因为人们并没有觉得这有什么不妥之处，所以就没必要去加以改变。到了后来又有圣人去制造房屋，并不以穴居土处为不可改变；有圣人去制作棺椁，并不以沟埋土葬为不可改变。这难道是他们有意要背道而驰吗？他们认为只要人们觉得不方便就不应该再去遵守。又到了后来，有圣人修建两观以改变原来宫殿简陋的结构，雕琢华美的棺椁而改变瓦棺的简朴，难道他们不能节俭从事吗？他们则认为这是人们所喜欢的，能够有所节制，但不能改变人们的这种爱好。由此可见，古今时代不同，而世俗的喜好也相应发生了变化，如此就应不断地改变方法去适应时代的要求，又何必一一遵循先王的规定？礼仪的关键在于培养百姓的性情，防止百姓的欲望，其具体措施能够符合先王制定礼仪的主旨就可以了，这就是制定礼仪应该遵循的方法。故而祭祀时虽尊崇瓦樽清水，但也用薄酒；虽先进用无味的肉羹，但之后也要饱食各种美味。这一方面是为了不忘本，另一方面也是为了亲戚享用。由此可知，假如有圣人兴起而为后世制定礼仪，必定是推崇俎豆，但现今的器具也不废弃；尊重弁冕，但现今的衣服也不禁止，由以上所述所作的推测就是如此。如此之后，其改革的举措才不至于违背天下人的心愿，使天下人对此惊恐万分，这也自然就符合先王制定礼仪的主导思想。所以伏羲、神农以来，以至于夏、商、周三代，礼仪不曾相同，但各代制定礼仪的主旨却不曾相异。后世不了解这一情况，或者不敢有所作为，或者是出于不得已而为之，因此简单而不完备，粗疏而不能常用，既不能用之于上，百姓也就不能去遵守。所以礼仪的根本在于培养人们的性情，而它的运用就在于日常言行举止之间，可是经历一千多年，百姓未曾耳闻目睹，又怎能习惯而安心于此呢？及至他们违法乱纪，于是又制定繁杂的法律加以制止，如此也太不仁道了。

这本书中所记载的礼仪，虽然很浅显，然而所记历代礼仪，皆有所本，一时的得失也都详细记载了下来。从前孔子对于告朔之礼，喜爱此礼尚且保存于世，由此可见，何况是一代典籍呢？所以这本书不能不加以珍视。因此对其进行校勘审定，以等待考定礼仪的学者加以选择。

寄欧阳舍人书

巩顿首再拜舍人先生：去秋人还，蒙赐书及所譔先大父墓碑铭。反复观诵，感与惭并。

夫铭志之著于世，义近于史，而亦有与史异者。盖史之于善恶无所不书，而铭者，盖古之人有功德材行志义之美者，惧后世之不知，则必铭而见之。或纳于庙，或存于墓，一也。苟其人之恶，则于铭乎何有？此其所以与史异也。其辞之作，所以使死者无有所憾，生者得致其严。而善人喜于见传，则勇于自立；恶人无有所纪，则以愧而惧。至于通材达识，义烈节士，嘉言善状，皆见于篇，则足为后法。警劝之道，非近乎史，其将安近？

及世之衰，人之子孙者，一欲褒扬其亲而不本乎理，故虽恶人，皆务勒铭以夸后世，立言者既莫之拒而不为，又以其子孙之所请也，书其恶焉，则人情之所不得，于是乎铭始不实，后之作铭者，常观其人。苟托之非人，则书之非公与是，则不足以行世而传后。故千百年来，公卿大夫至于里巷之士，莫不有铭，而传者盖少。其故非他，托之非人，书之非公与是故也。

【译文】曾巩叩头拜上舍人先生：去年秋天到你那儿去的人回来，承蒙你赐给我书信以及所作我先祖父的墓志铭。我反复阅读，真是感慨与惭愧交集。

墓志铭之所以在世上出名，是因为它的性质与史传相近，但也有与史传不同之处。大概史传对一个人的好处坏处没有不写进去的，而墓志铭，则是古人对有功业道德，有才能贡献和志气节义的杰出人物，怕后世不知道，因而一定要用铭文表现出来。有的放置在祖庙中，有的保存在墓穴里，用意是一样的。假如死者生前很坏，也为他作墓志铭，又有什么意义呢？这就是墓志铭与史传不同的地方。写作墓志铭，要让死者没有遗憾，让生者得以表达尊敬之情。善良的人乐于自己的事迹将来能流传下去，于是努力修身立业，坏人没有可记载的，那么也会因此感到惭愧和畏惧。至于有精通的才能、明达的学识的人，以及有节操的义士烈士，他们的美好言论，善良事迹，都在志铭文中记载下来，便足以成为后人效法的楷模。如此看来，志铭文警世劝俗的作用，不近于史传，又接近什么呢？

到世道衰微之后，为人子孙的，一心想要赞美于他的亲人，而不遵循建墓铭的原则。所以即使是坏人，都一定要刻铭以向后世夸耀。作文章出入既不能拒绝不写，又因为是他子孙所请求的，要是写上死者的坏处，人情上又过不去，因此墓志铭便开始不真实了。后来作墓志铭的，常常要看是什么样的人。假如所托的人不适当，那么写出来就不会公正和真实，因而也就不足以流布世上并传播于后代。所以千百年来，从公卿大夫到街巷才士，死后没有不写墓志铭的，然而传世之作却很少。那原因不是别的，就在于所托的人不好，写的文辞既不公正也不真实的缘故。

然则孰为其人而能尽公与是欤？非畜道德而能文章者无以为也。盖有道德者之于恶人，则不受而铭之，于众人则能辨焉。而人之行，有情善而迹非，有意奸而外淑，有善恶相悬而不可以实指，有实大于名，有名侈于实，犹之用人，非畜道德者恶能辨之不惑，议之不徇？不惑不徇，则公且是矣。而其辞之不工，则世犹不传，于是又在其文章兼胜焉；故曰非畜道德而能文章者无以为也，岂非然哉？

然畜道德而能文章者，虽或并世而有，亦或数十年或一二百年而有之。其传之难如此，其遇之难又如此。若先生之道德文章，固所谓数百年而有者也。先祖之言行卓卓，幸遇而得铭其公与是，其传世行后无疑也。而世之学者，每观记传所书古人之事，至其所可感，则往往衋然不知涕之流落也，况其子孙也哉？况巩也哉？其追晞祖德而思所以传之之由，则知先生推一赐于巩而及其三世。其感与报，宜若何而图之？

【译文】那么要怎样的人才能写得极其公正和真实呢？若不是富于道德修养和善于写文章的人，便不能做到。因为有道德的人对于坏人，便不接受为他作志铭的请求，对于一般人则能够分辨他的好坏真假。人的表现，有本心好而做事效果差的，有心术不正而表面善良的，有善恶两者差别很大而难以具体指明的，有实大于名的，有名超过实的。这好比用人，要不是富于道德的人，怎能做到明辨是非而不被表面现象迷惑，评议公正而不屈从私情？只要不迷惑，不屈从，便能公正并且真实了。然而要是他的文辞写得不好，那么仍然不能流传于世。于是又要看他是否兼长写文章。所以说若不是富于道德修养和善于写文章的人，便不能做到公正真实。难道不是这样么？

而富于道德又能写文章的人，虽有可能同时出现，但也可能数十年或一二百年方才产生。墓志铭能传世是这样的困难，而遇上好的撰写者又是这样的困难。像先生这样的道德文章，的确是所谓数百年才能有的。我先祖的言行杰出，又有幸遇到先生写的墓志铭如此公正和真实，这篇墓志文能传布当世、流播后人是毫无疑问的，世上的读书人，每当阅读志铭文所写的古人事迹，到那可以感动人的地方，便往往悲痛得不知不觉落下眼泪，何况他的子孙呢？又何况我曾巩呢？当我追念先祖的德业并想到这些事迹能够流传下去的原因时，便知道先生对我的恩赐将推延到我祖孙三代。那么我又应该怎样来感激和报答先生呢？

抑又思若巩之浅薄滞拙，而先生进之；先祖之屯蹶否塞以死，而先生显之。则世之魁闳豪杰不世出之士，其谁不愿进于门？潜遁幽抑之士，其谁不有望于世？善谁不为？而恶谁不愧以惧？为人之父祖者，孰不欲教其子孙？为人之子孙者，孰不欲宠荣其父祖？此数美者，一归于先生。既拜赐之辱，且敢进其所以然。所谕氏族之次，敢不承教而加详焉。愧甚，不宣。

【译文】而且我又想，我这么浅薄笨拙，而先生提携我进步；先祖一生艰难颠沛直到死，而先生使得他显耀。那么世上那些奇伟博大、豪迈杰出的一代难得的人才，谁不愿进于先生门下？那些隐居避世和压抑埋没的人，谁不因此而希望为世所用？善事谁不愿意去做？做了坏事谁会不感到惭愧畏惧？为人父祖的，谁不想教好他的子孙？为人子孙的，谁又不想让他的父祖荣耀？这许多美善之事，都归功于先生。既拜谢先生的恩赐，因而敢于进奉这篇文章。先生所指出的关于曾氏世次失序的问题，我岂敢不接受教诲而把它叙述得更详细一些。给先生上书，深感幸运，不一一细述。

宜黄县学记

古之人，自家至于天子之国皆有学，自幼至于长，未尝去于学之中。学有《诗》《书》六艺，絃歌洗爵，俯仰之容。升降之节，以习其心体、耳目、手足之举措；又有祭祀、乡社，养老之礼，以习其恭让；进材论狱，出兵授捷之法，以习其从事。师友以解其惑，劝惩以勉其进，戒其不率，其所以为具如此。而其大要，则务使人人学其性，不独防其邪僻放肆也。虽有刚柔缓急之异，皆可以进之于中，而无过不及。使其识之明；气之充于其心，则用之于进退语默之际，而无不得其宜；临之以祸福生死之故，而无足动其意者，为天下之士，而所以养其身之备如此，则又使知天地事物之变，古今治乱之理，至于损益废置、先后始终之要，无所不知，其在堂户之上，而四海九州之业、万世之策皆得，及出而履天下之任，列百官之中，则随所施为，无不可者。何则？其素所学问然也。

【译文】古时候的人，从二十五家的闾里直到天子的国都都设有学校，自幼年到成人，都没有离开过学堂，所学的课目有《诗》《书》及礼、乐、射，御，书，数六科，用弦乐唱诗和洗爵酬客的礼仪，在尊长面前低头抬头的姿势，上前退下的礼节，用这些来训练他们的心身、耳目，手足的一举一动，又有祭祀、乡射、养老等仪式，用来让他们学习恭敬谦让的美德，再用如何荐举人材、评论德行，以及如何出兵致胜的方法，来培养他们处理国家事务的能力。老师，朋友解答他们的疑惑，用奖惩来鼓励他们上进，警告不服从教导的，学校所作的就是这些。而教育的大原则，是一定要让每个人学到好德性，不只是防备他行为不正或胡作非为。虽然人有刚强与柔弱、迟缓与急躁的个性差别，通过培养，都可以使他们达到适中的程度，而不至过分或太差。这样，使受教育的人心中有明敏的识见，有充实的精神气质，则无论他用到出仕或退居，议论或沉默之时，都没有不合适的。即使他遭遇到祸福、死生之类大变故，也不能动摇他的意志。胸怀天下的读书人，用以自我修养的能够如此完备，同时再使他认识天地和各种事物的变化，古往今来或治或乱的道理，那么他对于社会上该减该增、或废或兴、前后始终的演变规律，就没有不明白的了。这样的人，即使坐在家中，但整个国家的事业、能行之久远的谋划，都能够运筹胸中，到他出仕担负治理天下的重任，站在群臣之中时，则任随他提出何种政治措施，都没有不可行的。为什么呢？是因为对这些他平时早已学习和探讨过的缘故。

盖凡人之起居，饮食、动作之小事，至于修身为国家天下之大体，皆自学出，而无斯须去于教也。其动于视听四支者，必使其洽于内；其谨于初者，必使其要于终。驯之以自然，而待之以积久。噫，何其至也！故其俗之成，则刑罚措；其材之成，则三公百宫得其士；其为法之永，则中材可以守；其入人之深，则虽更衰世而不乱。为教之极至此，鼓舞天下，而人不知其从之，岂用力也哉？

及三代衰，圣人之制作尽坏，千余年之间，学有存者，亦非古法。人之体性之举动，唯其所自肆，而临政治人之方，固不素讲. 士有聪明朴茂之质，而无教养之渐，则其材之不成，固然。盖以不学未成之材，而为天下之吏，又承衰弊之后，而治不教之民。呜呼，仁政之所以不行，贼盗刑罚之所以积，其不以此也欤！

【译文】因此古代凡是人们的起居，饮食，行为这类小事，直到修养品德而为国家为天下效力这样的大节，都是由学校培养出来的，而不能一刻离开教育。一个人眼睛看的，耳朵听的，四肢做的，这些外部行动，都必须从端正内心做起；有了好的开端，还必须使他坚持下去，做到善始善终。养成他的自觉性，让他长期地积累。啊，这样的教育是何等周到！所以一旦这样的风气养成，刑罚就可以置而不用，这样的人材造就，公卿百官就可以得到适当人选，制定的法规经久可行，即使中等能力的人也可以继承下去，教育对人的影响那么深刻，虽是经过衰败之世面人心仍然不乱。办教育达到这样高的程度，用它来号召鼓动，天下的人不知不觉地便能服从，哪里还用花力气呢？·

自从夏，商、周三代衰落之后，圣人所创立的制度全都废弃了。千余年间，学校即使还有保存下来的，也已不是古时候办学教育的方法了。人们的性情和举动，都是随心所欲，而做官治理百姓的措施，平时根本就没有留意研讨过。一个士人即使有聪明朴实等美好品质，但没有经过教育培养的过程，那他不能成为可用之材，原是理所当然。用不学习而未成材的人，去担负国家的重任，又在社会衰弊之后，去治理没有经过教化的百姓。唉！仁政之所以不能推行，盗贼之所以越来越多，刑罚之所以越来越重，不正是由于缺乏教育么？

宋兴几百年矣。庆历元年，天子图当世之务，而以学为先，于是天下之学乃得立。而方此之时，抚州之宜黄犹不能有学，士之学者皆相率而寓于州，以群聚讲习. 其明年，天下之学复废，士亦皆散去，而春秋释奠之事以著于令，则常以庙祀孔氏，庙废不复理。

皇祐元年，会令李君详至，始议立学，而县之士某某与其徒皆自以为得发愤于此，莫不相励而趋为之，故其材不赋而羡，匠不发而多。其成也，积屋之区若干，而门序正位，讲艺之堂、栖士之舍皆足；积器之数若干，而祀饮寝食之用皆具。其像孔氏而下，从祭之士皆备；其书经史百氏，翰林子墨之文章无外求者。其相基会作之本末，总为日若干而已，何其周且速也？

【译文】宋朝建立快百年了。庆历元年，皇帝考虑当前的急务，而把办学放在首位，于是天下州县的学校曾得以创立。而那时候，抚州宜黄县还没有办学条件，读书人都相继到州里去寄读，大家聚在一起讲习功课。第二年，天下州县的寄读制被废除，宜黄的读书人也都散去了，而春秋两季释奠的礼仪已经在法令中明文规定，便常在庙中祭祀孔子，而这时连庙也不再有人修理了。

皇祐元年，当县令李详君到宜黄上任，才开始讨论办县学的事，而县中士人某某与他们那一起读书人，都认为应当发愤把建学的事情办好，因此，无不互相激励鼓动而积极行动。所以建校的材料不必取于百姓而有余，匠人不必征调就很多了。学校建成了，共有屋子若干间，门墙位置端正，讲学的厅堂、学员宿舍都充足，又置备了器具若干件，祭祀和寝食用品也已齐全。孔子及从祭贤人的塑像，同时具备。经、史和诸子百家的著作，历代文人的诗赋文章，都不需要外求。学堂从选地基到兴工，自始至终，总共只用了若干天，计划得何等周密、建造得多么迅速啊！

当四方学废之初，有司之议，固以谓学者人情之所不乐。及观此学之作，其在废学数年之后，唯其令之一唱，而四境之内响应而图之，如恐不及，则夫言人之情不乐于学者，其果然也欤？

宜黄之学者，固多良士。而李君之为令，威行爱立，讼清事举，其政又良也。夫及良令之时，而顺其慕学发愤之俗，作为宫室教肄之所，以致图书器用之须，莫不皆有，以养其良材之士虽古之去今远矣，然圣人之典籍皆在，其言可考，其法可求，使其相与学而明之。礼乐节文之详，固有所不得为者；若夫正心修身，为国家天下之大务，则在其进之而已。使一人之行修移之于一家，一家之行修移之于乡邻族党，则一县之风俗成，人材出矣。教化之行，道德之归，非远人也，可不勉欤！县之士来请曰："愿有记。"故记之。十二月某日也。

【译文】当各地学校废除寄读制之初，有关官员的议论，坚持说办学校是人们从内心不乐意的事。但看宜黄县学的兴建，是在废学几年之后，只因县令一号召，全县各地都纷纷响应并共同筹划，生怕动手晚了。可见说人们从内心不乐于办学，果真是这样么？

宜黄县的读书人，本来就有很多优秀人才。李君作县令，既行威又立爱，案件处理得清明，事业得到兴办，他的政绩又很好。当有好县令的时候，顺应民众向往并发愤办学校的普遍要求，修起了校舍和讲堂，以及所需的图书器具，无不齐备，用来培养宜黄的优秀人才。虽然古代离现在已经很远了，然而圣人的书都还在，他们的言论可以考知，他们的作法可以推求，让学生们在学校学习这些并弄明白，虽然古代礼乐中的细节，现在不可能再实施，但是像正心修身，乃是国家和天下的大事，这便在于学生们的努力追求了。如能将一个人的德行培养成功并推广影响他的一家，一家人的德行培养成功并推广影响他的乡邻亲族，那么一县的美好风俗就形成了，优秀人才就产生了。教化能够推行，道德归于淳厚，也就并不是和人们相距得很遥远了，能不为此努力么！县里有人来请我说："希望你作记。"因而作这记叙述其事。十二月某日。

筠州学记

周衰，先王之迹熄。至汉，六艺出于秦火之余，士学于百家之后。言道德者，矜高远而遗世用；语正理者，务卑近而非师古。刑名兵家之术，则狃于暴诈。惟知经者为善矣，又争为章句训诂之学，以其私见；妄臆穿凿为说。故先王之道不明，而学者靡然溺于所习。当是时，能明先王之道者，扬雄而已。而雄之书，世未知好也。然士之出于其时者，皆勇于自立，无苟简之心，其取与、进退、去就，必度于礼义。及其已衰，而缙绅之徒，抗志于强暴之间，至于废锢杀戮，而其操愈厉者，相望于先后。故虽有不轨之臣，犹低徊没世，不敢遂其篡夺。

【译文】周朝衰微，先王的文化传统中断。到了汉代，六经在秦始皇焚书之后得以幸存，士人又可以在百家争鸣之后学习这个道统。宣扬道德的人，崇尚高远空灵而抛弃世俗实用，讲究为政之道的人，只看实际而否认师法古人。刑名兵家的学术，则又纠缠于暴虐和诡诈，只有治经学的人算是好的了，但又为深究一章一句之义而争辩，以他们个人的见解，妄加穿凿附会，强为解说。所以先王之道得不到昌明，而治学的人又大都沉迷于所形成的积习。在这个时候，能阐明先王之道的人，不过扬雄罢了。而扬雄的著作，世人却不知道在哪里。不过，生长在那个时代的文士，都有胆识，自立其说，没有草率简略之心，他们取与给，进与退，去与就，必以礼义为法度，规范自己的行为。等到这种风气衰微，而士大夫面对强暴不屈不挠，以至于被罢官、坐牢，甚至杀戮，但他们的节操却越加坚贞，前仆后继。所以虽有图谋不轨的乱臣贼子，尚能徘徊老死，不敢胆大妄为，无法实现其篡夺皇权的野心。

自此至于魏晋以来，其风俗之弊，人材之乏久矣。以迄于今，士乃有特起于千载之外，明先王之道，以寤后之学者。世虽不能皆知其意，而往往好之。故习其说者，论道德之旨，而知应务之非近；议政理之体，而知法古之非迂。不乱于百家，不蔽于传疏。其所知者若此，此汉之士所不能及。然能尊而守之者，则未必众也。故乐易敦朴之俗微，而诡欺薄恶之习胜。其于贫富贵贱之地，则养廉远耻之意少，而偷合苟得之行多。此俗化之美，所以未及于汉也。

【译文】从这时到了魏晋以后，那世俗风气的弊端，人才的匮乏就很久了。以至于到了现在，文士中才有人特意起来继承式微千年的道统，阐明先王之道，以启悟后来的学人。世人虽不能都知道他们的用意，却往往喜好这种学问。所以学习这种道统的人，谈论道德的旨义，已知应付世事并非太务实；议论理政的体制，已知师法古人并非迂腐。不因为相信百家而造成混乱，不由于学习传统而受到蒙蔽。他们所掌握的学识达到如此水平，这是汉代文士所难以企及的。然而，能尊重而又严守道统的人，却都未必很多。因此，和乐、平易、敦实、淳朴的风气式微，而诡诈、欺骗、刻薄、恶劣的习俗盛行。无论在贫富之地还是贵贱之人中，人们修养廉能鄙视可耻的意思少，而偷懒、迎合、苟且、巧得的行为多。可见良好的风气习俗已不如汉代了。

夫所闻或浅，而其义甚高，与所知有余，而其守不足者，其故何哉？由汉之士察举于乡闾，故不得不笃于自修，至于渐摩之久，则果于义者，非强而能也。今之士选用于文章，故不得不笃于所学。至于循习之深，则得于心者，亦不自知其至也。由是观之，则上所好，下必有甚者焉，岂非信欤！令汉与今有教化开导之方，有庠序养成之法，则士于学行，岂有彼此之偏，先后之过乎？夫《大学》之道，将欲诚意、正心、修身，以治其国家天下，而必本于先致其知。则知者固善之端，而人之所难至也。以今之士，于人所难至者既几矣，则上之施化，莫易于斯时，顾所以导之如何尔。

【译文】有的人所学的知识虽然比较浅薄，但他的道义却很高。有的人所学的知识虽然比较渊博，但他的操守却不够，这是什么原因呢？由于汉代的文士在乡间考察荐举，所以士人不能不诚实地自我修养。等到磨练久了，就能勇于实践道义，并不需要强迫才能达到。现在的士人是通过作文章来选拔，所以不得不专心致志地钻研学问。以至于积习一深，就是心里有所感知，也不知自己的道义究竟到了何种觉悟程度。由此看来，上面喜好什么，下面必然步步紧跟仿效，而且更加厉害，难道不相信吗？如果汉代与现在有教化开导的良好方法，有学校培养士子的有效规则，那么文士在学识与行为方面，难道相互间有如此大的偏差和悬殊吗？《大学》里的道理，是想要士子诚意正心修身，以便治理他们的国家，而这必然基于使他们达到良知。可见良知本是善行的开端，又是人所难以达到的。就现在的士人来看，其中难以达到的已不多了，因此，朝廷只要实施教化，没有比现在容易的了，关键就在于引导得如何。

筠为州，在大江之西，其地僻绝。当庆历之初，诏天下立学，而筠独不能应诏，州之士以为病。至治平三年，盖二十有三年矣，始告于知州事、尚书都官郎中董君仪。董君乃与通判州事国子博士郑君茜相州之东南，得亢爽之地，筑宫于其上。斋祭之室，诵讲之堂，休息之庐，至于庖湢库厩，各以序为。经始于其春，而落成于八月之望。既而来学者常数十百人，二君乃以书走京师，请记于余。

余谓二君之于政，可谓知所务矣。使筠之士相与升降乎其中，讲先王之遗文，以致其知，其贤者超然自信而独立，其中材勉焉以待上之教化，则是宫之作，非独使夫来者玩思于空言，以干世取禄而已。故为之著余之所闻者以为记，而使归刻焉。

【译文】筠作为州，在大江西面，那里比较偏僻。值庆历初年，朝廷诏令天下办学，唯独筠州没有响应执行，州里文士认为这是一大缺憾。到了治平三年，已有二十三年了，才报告知州事、尚书都官郎中董仪。董君于是与通判州事国子博士郑茜一道选择筠州东南面一块高旷之地，在上面建造学堂。斋祭的屋室，诵讲的课堂，住宿的房舍，甚至厨房、浴室、储藏室和马棚都井然有序地各就各位。春天开始动工，八月十五落成。之后，来学习的常有数十百人，二君于是写信到京城，请我写一篇学记。

我以为二君对于政务，可以说是非常精通在行的了。使筠州的学子集中千学堂得到升降选拔，通过学习先王的文统和道统，让他们达到良知，其中品学兼优的贤才可以超然自信，独立成器，一般的学子可以学习自勉有待朝廷的教化开导，那么，建造这个学宫，就决不是使学子们遐思空想，言之无物，以求宠于世，白取朝廷俸禄了。所以，我为他们写上自己所闻知的内容作为《筠州学记》，并让其拿回去刻在石上。

越州赵公救灾记

熙宁八年夏，吴越大旱。九月，资政殿大学士、右谏议大夫知越州赵公，前民之未饥，为书问属县：灾所被者几乡，民能自食者有几，当廪于官者几人，沟防构筑可僦民使治之者几所，库钱仓廪可发者几何，富人可募出粟者几家，僧道士食之羡粟，书于籍者，其几具存？使各书以对，而谨其备。

【译文】熙宁八年夏天，吴越一带发生大旱。九月，资政殿大学士、右谏议大夫、越州知州赵公，在百姓尚未遭受饥荒之前，就发函询问越州所辖各县：蒙受旱灾的地方有多少乡，老百姓能自己解决吃饭问题的有多少，应当从官仓领取救济粮的有多少人，城防水利设施，可以雇用灾民让他们去修建的有几处．官府库存钱币和粮食可用作赈灾的有多少，富人可捐助粮食的有多少家，和尚道士吃不完而又记录在帐上的粮食，实存多少，让各县书写上报，从而作救灾的周密准备。

州县吏录民之孤老疾弱、不能自食者二万一千九百余人以告。故事，岁廪穷人，当给粟三千石而止。公敛富人所输及僧道士食之羡者，得粟四万八千余石，佐其费。使自十月朔，人受粟日一升，幼小半之。忧其众相躁也，使受粟者男女异日，而人受二日之食。忧其且流亡也，于城市郊野为合粟之所，凡五十有七，使各以便受之，而告以去其家者勿给。计官为不足用也，取吏之不在职而寓于境者，给其食而任以事。不能自食者，有是具也。能自食者，为之告富人，无得闭粜。又为之出官粟，得五万二千余石，平其价予民。为粜之所，凡十有八，使籴者自便，如受粟。又僦民完城四千一百丈，为工三万八千，计其佣与钱，又与粟再倍之。民取息钱者，告富人纵予之，而待熟，官为责其偿。弃男女者，使人得收养之。

明年春，大疫，为病坊，处疾病之无归者。募僧二人，属以视医药饮食，令无失所恃。凡死者，使在处随收瘗之。

【译文】州县官吏登记老百姓中孤老病弱、不能自己解决吃饭问题的二万一千九百多人上报。按照旧例，每年官仓救济穷人，仅仅应当发放三千石粮食。赵公募集富户捐助及僧道盈余的粮食，得到四万八千多石，用来补助救灾所需。规定从十月初一起，受赡人每天给一升粮，幼小的发半升。担心人多拥挤，安排领粮的男女不同日，每人发放两天的口粮。担心灾民流亡他乡，就在城郊设立发放粮食的地方，共五十七处，让灾民就近领取，并告诉他们离家的不发。估计到发赈官吏不够用，便把不在职而又居住于越州的官吏召集起来，发给他们粮食让他们去担任救灾公务。对于不能自救的人，就用上面这些办法。有自救能力的人，赵公为他们通知富户，不准关店关仓停售粮食。又为他们拿出官仓粮五万二千多石，以低价卖给这部分灾民。设卖粮的地方十八处，使买粮的人得到方便，像领受赈粮的人一样。赵公又招募灾民修缮城墙四千一百丈，用工三万八千个，计算他们的工量给钱，又付给与工钱相等的粮食。灾民想借带息的债，他通告富人尽量相借，等到庄稼成熟，由官府督促偿还。遇见丢弃的儿女，就使人收养起来。

第二年春天，灾区发生瘟疫，赵公设置病坊，安置无家可归的病人。招募二名和尚，嘱托他们照料病人医药饮食，使患者不失去依靠。有病死的，他就使所在地给以安葬。

法，廪穷人，尽三月当止，是岁尽五月而止。事有非便文者，公一以自任，不以累其属。有上请者，或便宜，多辄行。公于此时，蚤夜惫心力不少懈，事巨细必躬亲。给病者药食，多出私钱。民不幸罹旱疫，得免于转死，虽死，得无失敛埋，皆公力也。

是时旱疫被于吴越，民饥馑疾疠，死者殆半，灾未有巨于此也。天子东向忧劳，州县推布上恩，人人尽其力。公所拊循，民尤以为得其依归。所以经营绥辑先后终始之际，委曲纤悉，无不备者。其施虽在越，其仁足以示天下；其事虽行于一时，其法足以传后世。盖灾沴之行，治世不能使之无，而能为之备。民病而后图之，与夫先事而为计者，则有间矣；不习而有为，与夫素得之者，则有间矣。予故采于越，得公所推行，乐为之识其详，岂独以慰越人之思，将使吏之有志于民者，不幸而遇岁之灾，推公之所已试，其科条可不待顷而具，则公之泽岂小且近乎！

公元丰二年以大学士加太子少保致仕，家于衢。其直道正行在于朝廷、岂弟之实在于身者，不著。著其荒政可师者，以为《越州赵公救灾记》云。

【译文】按法令，发粮赈穷人，满三个月就要停止。而这一年，满五个月才结束。有些救灾的事，不能按常规办手续，赵公一一自己承担责任，不让这些牵累他的下属。遇到下级向他请示，只要是有利于公家和老百姓的做法，他往往立即准予实行。赵公在救灾时期，白天黑夜耗费心力，没有丝毫懈怠，大大小小的事都亲自过问。给病人付医药伙食费，多用他自己的钱。越州百姓不幸遭灾染病，能免于流离失所死于他乡；即使死亡，也能得到埋葬，都得力于赵公啊。

当时，旱灾瘟疫遍及吴越一带，灾民饥饿染病，死去的将近人口一半，灾害没有比这一次更大的了。皇帝为吴越受灾忧愁操劳，州县官吏广施皇上恩泽，人人竭尽力量。赵公抚慰救助的地方，人民尤其感到有依靠。他筹划救灾，从开始到结束，周到详细，没有不考虑到的。他的救灾措施虽然只是用在越州，他的仁政却足以为天下示范；他的救灾做法虽然实行于一时，他的规矩法则却足以流传后世。灾害的发生，政治清明的时代也不能避免，而只能为灾害到来作准备。百姓遭灾之后才去想办法对付它，和事先便作好谋划的，就大不相同了；不练习而想去做什么，和平素掌握了再去做什么，就大不相同了。我因此在越州采访，了解赵公所作所为，乐意将他救灾情况详细记下。这哪里是仅仅为安慰越州人民的思念之情，而是希望有志于关怀民众疾苦的官吏，不幸而遇到灾年，推广赵公已经试行的办法，那些措施、条文可不费片刻而一一拟好。那么，赵公的恩泽，难道是细小的短暂的吗？

赵公在神宗元丰二年，以大学士加太子少保官衔的身份退休，居住在衢县。他耿直公正的德行，表现在朝廷、慈爱的事迹，表现在一生之中，这里不作记载。仅记他可为人效法的救灾行政措施，写下这篇《越州赵公救灾记》。

王安石

宋临川人，字介甫，号半山，擢进士第。嘉祐中，历度支判官，上万言书，以变法为言，俄直集贤院、知制诰。神宗时为相，谋改革政治，兴青苗、水利、均输、保甲、免役、市易、保马、方田诸法，物议腾沸，时名臣皆被斥，而新法卒无效，罢为镇南军节度使。元丰中，复拜左仆射，封荆国公，卒年六十六，谥文。安石性强忮，果于自用，能博辨以济其说，文章拗折峭深，如其为人，而论者谓宋以来善学韩文者，惟安石一人，所微逊者，间有过于瘦硬，无韩之浑融而恣肆耳，有《周官新义》《临川集》《唐百家诗选》。

【译文】宋代临川人，字介甫，号半山，考中进士。嘉祐年间，任度支判官，进万言书，主张变法，后来入直集贤院、任知制诰。宋神宗时为宰相，谋划改革政治，实行青苗法、水利法、均输法、保甲法、免役法、市易法、保马法、方田均税法等，引起了很多人的非议，当时的名臣都被训斥，而新法最终也没有效果，被贬为镇南军节度使。元丰年间，又被任命为左仆射，封为荆国公，去世时六十六岁，谥号文。王安石性格固执，刚愎自用，善于广博的辩论以使其学说成立，文章拗口、深奥，与其为人一样，而评论者说宋以来善于学习韩愈文章的，只有王安石一人，有所不及的是，间有细瘦或坚硬，没有韩愈的浑融、豪放，著有《周官新义》《临川集》《唐百家诗选》。

原性

或曰：孟、荀、杨、韩四子者，皆古之有道仁人，而性者，有生之大本也，以古之有道仁人而言有生之大本，其为言也宜无惑，何其说之相戾也？吾愿闻子之所安。

曰：吾所安者，孔子之言而已。夫太极者，五行之所由生，而五行非太极也。性者，五常之太极也，而五常不可以谓之性。此吾所以异于韩子。且韩子以仁、义、礼、智、信五者谓之性，而曰天下之性恶焉而已矣。五者之谓性而恶焉者，岂五者之谓哉？

【译文】有人说：孟子、荀子、杨雄、韩愈这四个人，都是古代有道的仁人，而人性，则是生命的根本。以古代有道的仁人去探讨生命的根本，他们的理论应该是一致而没有争论的，而他们的理论却为什么又存在着这么多严重的分歧啊？我真想听到我最赞成的结论。

“我最赞成的结论”，这话是孔子说的。原始混沌的太极，是金、木、水、火、土产生的根本，但金、木、水、火、土并不是太极。人性是人伦五常仁、义、礼、智、信当中的太极，而仁、义、礼、智、信五常也不能叫做人性。这是我和韩愈所说的不同之处。况且韩愈把仁、义、礼、智、信五者直接称为人性，说天下所有人的人性都是恶的。这五者叫做人性又是恶的，难道仁、义、礼、智、信五者都是恶的吗？

孟子言人之性善，荀子言人之性恶。夫太极生五行，然后利害生焉，而太极不可以利害言也。性生乎情，有情然后善恶形焉，而性不可以善恶言也。此吾所以异于二子。孟子以恻隐之心人皆有之，因以谓人之性无不仁。就所谓性者如其说，必也怨毒忿戾之心人皆无之，然后可以言人之性无不善，而人果皆无之乎？孟子以恻隐之心为性者，以其在内也。夫恻隐之心与怨毒忿戾之心，其有感于外而后出乎中者，有不同乎？荀子曰：“其为善者伪也。”就所谓性者如其说，必也恻隐之心人皆无之，然后可以言善者伪也，为人果皆无之乎？荀子曰：“陶人化土而为埴，埴岂土之性也哉？”夫陶人不以木为埴者，惟土有埴之性焉，乌在其为伪也？且诸子之所言，皆吾所谓情也，习也，非性也。

杨子之言为似矣，犹未出乎以习而言性也。古者有不谓喜、怒、爱、恶、欲情者乎？喜、怒、爱、恶、欲而善，然后从而命之曰仁也、义也；喜、怒、爱、恶、欲而不善，然后从而命之曰不仁也、不义也。故曰：有情然后善恶形焉。然则善恶者，情之成名而已矣。孔子曰：“性相近也，习相远也。”吾之言如此。

【译文】孟子说人性本来是善的，荀子说人性本来是恶的。太极产生五行，之后利害才会发生，而太极却不能用利害来概括。人性产生于人情，有了情感之后，善和恶才表现出来，而人性本身也不能用善或恶来概括。这是我和孟子、荀子认识的不同之处。孟子认为同情之心、怜悯之心是人们本来就具有的，因此推论人的本性没有不仁善的。如果对于人性这样去理解，那肯定是说怨恨、恶毒、气愤、乖戾之心是人人本来就没有的，然后才能说人性没有不善的，实际上人们果然都没有怨恨、恶毒、气愤、乖戾之心吗？孟子把同情、怜悯之心当成人性，是认为它存在于人的内心。那么同情、怜悯之心与怨恨、恶毒、气愤、乖戾之心，都是来自外界然后又从内心发泄出来的，它们还有什么不同吗？荀子说：“人们行善实际上是在作假。”如果对于人性这样去理解，那肯定是说同情、怜悯之心是人人本来就没有的，然后才能说人做善事都是在作假，作为人，真的都没有同情、怜悯之心吗？荀子又说：“制陶的人把泥土加工成陶坯，陶坯难道是泥土的本性吗？”制陶的人不用木头去加工陶坯，是因为只有泥土才具有加工成陶坯的属性，哪里是在强调制陶人在作假呢？况且以上三位古人所说的话，都是我认为的感情和习惯，而并不是人性。

杨雄的话有些接近实际，但仍旧没有脱出用习惯去解说人性的范畴。古代圣贤有不说喜、怒、爱、恶、欲是感情的吗？喜、怒、爱、恶、欲用在行善之处，然后便称道说这就是仁、是义；喜、怒、爱、恶、欲用在不善之处，然后便指责说这就是不仁、是不义。所以说：有了感情之后，善和恶才以不同的形式表现出来。既然如此，所谓善与恶，其实是因感情不同而形成的概念。孔子说："人性都是很相似的，人的习惯却差得很远。"我的意思也是如此。

然则"上智与下愚不移"，有说乎？曰：此之谓智愚，吾所云者，性与善恶也。恶者之于善也，为之则是；愚者之于智也，或不可强而有也。伏羲作《易》，而后世圣人之言也，非天下之至精至神，其孰能与于此？孔子作《春秋》，则游、夏不能措一辞。盖伏羲之智，非至精至神不能与，惟孔子之智，虽游、夏不可强而能也，况所谓下愚者哉？其不移明矣。或曰：四子之云尔，其皆有意于教乎？曰：是说也，吾不知也。圣人之教，正名而已。

【译文】那么孔子所谓"只有上等的智者和下等的愚人是改变不了的"，又该如何解释呢？我的回答是：这里说的是聪明和愚蠢，而我所说的是人性和人的善与恶。恶的行径相对于善良来说，你去做了就是恶行；而愚蠢的天资相对于聪明来说，几乎是不能勉强他具有的。伏羲氏作《易》，而后代的圣人能够解释它，如果不是天下最精明最神奇的人，谁能对《易》作出解释？孔子作《春秋》，连最出色的弟子子游、子夏都不可能添加修改一个字。凭着伏羲氏的智慧，不是最精明最神奇的人不可能去解释；凭着孔子的智慧，即使是子游、子夏也不可能勉强去做，更何况是那些下等愚蠢的人呢？所以聪明和愚蠢永远不可改变，是再明白不过的道理。有人会问：这四个人的言论，都有意于教化吗？我的回答是：这种问题，我无法回答。我只知道圣人的教诲，并为它正名而已。

周公论

甚哉荀卿之好妄也！载周公之言曰："五所执贽而见者十人，还贽而相见者三十人，貌执者百有馀人，欲言而请毕事千有馀人。"是诚周公之所为，则何周公之小也！

夫圣人为政于天下也，吾初无为于天下，而天下卒以无所不治者，其法诚修也。故三代之制，立庠于党，立序于遂，立学于国，而尽其道，以为养贤教士之法。是士之贤虽未及用，而固无不见尊养者矣。此则周公待士之道也。诚若荀卿之言，则春申、孟尝之行，乱世之事也，岂足为周公乎？且圣世之士，各有其业，讲道习艺，患日之不足，岂暇游公卿之门哉？彼游公卿之门求公卿之礼者，皆战国之奸民，而毛遂、侯嬴之徒也。荀卿生于乱世，不能考论先王之法，著之天下，而惑于乱世之俗，遂以为圣世之士，亦若是而已，亦已过也。且周公之所礼者大贤与？则周公岂唯执贽见之而已，固当荐之天子，而共天位也；如其不贤，不足与共天位，则周公如何其与之为礼也。

子产听郑国之政，以其乘舆济人于溱、洧。孟子曰："惠而不知为政。"盖君子之为政，立善法于天下，则天下治；立善法于一国，则一国治。如其不能立法，而欲人人悦之，则日亦不足矣。使周公知为政，则宜立学校之法于天下矣。不知立学校，而徒能劳身以待天下之士，则不唯力有所不足，而势亦有所不得。周公亦可谓愚也。

又曰："仰禄之士犹可骄，正身之士不可骄也。"夫君子之不骄，虽暗室不敢自慢，岂为其人之仰禄而可以骄乎？呜呼！

所谓君子者，贵其能不易乎世也。荀卿生于乱世，而遂以乱世之事量圣人。后世之士尊荀卿以为大儒而继孟子者，吾不之信矣。

【译文】荀子的荒谬无知也是很严重的呀！《荀子》上记载周公的话说："我拿着拜见尊长的礼物去拜见的人有十人，互执礼物相见的人有三十人，不拿礼物而以其礼相见的人有一百余人，想对他说话而请他办事，这样相见的人有一千多个。"如果这真是周公的所作所为的话，那么周公是多么渺小啊！

圣人在天下执行政治，刚开始时像是对于天下无所作为，而最终天下却全部得到治理，原因就是他的法令确实完善。所以夏商周三代的制度，在党设立庠，在遂建立序，在京城设立太学，而且竭尽它的作用作为培养贤人教导士子的方式，是以贤德的士子虽然还未被任用，但没有不被尊养的。这才是周公对待读书人的方法。假如真的像荀卿所言，那春申君、孟尝君那样的行为，都是扰乱社会的事，怎么足以像周公一样呢？而且昌盛繁荣之时的事业，各有各的职责，讲习道艺学习技艺，总担心时日无多，难道还有空在公卿的府宅里游说吗？那些在公卿府宅中游说而想求得公卿礼遇的人，都是战国时奸邪的小民，类似毛遂、侯嬴之流。荀子生在乱世，不能考定议论先王的法制，发扬光大于天下，而被动乱时代的风俗所迷惑，于是认为圣世的事情也就和自己所处的时代一样罢了，也是错的。而且周公所礼遇的人，要是大贤人呢，那周公就不只是拿着礼物去拜见而已，一定会推荐给天子，和自己一起共同为天朝效力。如果这些人并不贤能，不足以共同效力于天朝，那周公怎么会礼遇于他呢？

子产处理郑国的政事，把自己的车子给人，帮人渡过溱河、洧河，孟子说："爱施以小惠却不知怎样处理政事。”大概君子处理政事，在天下设立好的法律，天下就大治；在一国之内设立好的法律，一国就得到治理。如果他不能创立法规，却想人人都喜欢他，那么每天都不够用了。假使周公知道怎样处理政事，就应该在普天下设立学校制度。不知道设立学校而只以疲劳自己身体的方法对待天下的士子，那么不但精力不够，而且必然也不会有什么收获，那么周公也真可称得上愚蠢了。

荀卿又说：“依赖俸禄的士子还能骄傲，正直的士子不可以骄傲。”君子不会骄傲，即使在暗室也不会放纵自己，难道会因为受人俸禄就可以骄傲吗？

哎呀，所说的君子都是那些贵在不随社会改变而变化的人。荀卿生在乱世，因此就拿乱世的事情来衡量圣人。后代的人，尊敬荀卿，以荀卿为大儒而且是承继孟子的人，我就不相信这些了。

周礼义序

士弊于俗学久矣，圣上闵焉，以经术造之，乃集儒臣，训释厥旨，将播之校学，而臣某实董《周官》。

惟道之在政事，其贵贱有位，其后先有序，其多寡有数，其迟速有时。制而用之存乎法，推而行之存乎人。其人足以任官，其官足以行法，莫盛乎成周之时；其法可施于后世，其文有见于载籍，莫具乎《周官》之书。盖其因习以崇之，庚续以终之，至于后世，无以复加。则岂特文、武、周公之力哉？犹四时之运，阴阳积而成寒暑，非一日也。

【译文】学士们被世俗学说迷惑已经很久了，皇上对此事很担心，决定用经书改造他们，于是把文臣们聚集起来注释那些缺漏之义，然后传播到学校，而我王安石负责《周礼》。

“道”体现在政治事务中是让那些贵贱都有各自的地位，先后要有序，多少要有数，快慢有时。在法制范围内制订并运用它，在人民中去推广并实行它。那些人足以胜任官职，那些官员们足以施行法令的没有比成周时更兴盛；那些法令可在后世施行，文字在典籍上能见到的，没有哪一本书比《周礼》更完备。大概是因世代推崇它而沿袭，因为只继承它而让它终止了。到了后世，没有再添加什么内容。这难道仅仅是周文王、武王、周公的功劳吗？就好像四季的运行，阴阳积聚从而形成寒暑，并非一天就成了。

自周之衰，以至于今，历岁千数百矣。太平之遗迹，扫荡几尽，学者所见，无复全经。于是时也，乃欲训而发之，臣诚不自揆，然知其难也。以训而发之之为难，则又以知夫立政造事追而复之之为难。然窃观圣上致法就功，取成于心，训迪在位，有冯有翼，亹亹乎乡六服承德之世矣。以所观乎今，考所学乎古，所谓见而知之者。臣诚不自揆，妄以为庶几焉，故遂冒昧自竭，而忘其材之弗及也。

谨列其书为二十有二卷，凡十余万言。上之御府，副在有司，以待制诏颁焉。谨序。

【译文】从周代衰亡到今天，经过了一千几百年了。安乐太平的迹象，几乎全被扫荡。学者们所见到的再也不是完整的经书。在此时，想要注释并阐发它，我实在是不自量力，然而我知道这很难，因为注释阐发它已算困难。因此就知道要为政治事务、改造世事而追回恢复它更艰难。但我观察皇上致力于法令，成就功业。在心中已决定如此，训教开导在职官员，有根据有辅助，迅速地奔向六服诸侯奉承君王的恩德的世代。凭在今天看到的，参考向古人学习的，这就叫做有见识有知识的人。我确实不自量，妄想也许能干此事，所以冒昧自己承担此事，而忘了自己的才能不能胜任。

谨列出该书二十二卷，共十几万字。把它上呈给御府，副本在主管部门，以等待皇上制订诏书颁发。谨慎地作序。

读孟尝君传

世皆称孟尝君能得士，士以故归之，而卒赖其力以脱于虎豹之秦。嗟乎!孟尝君特鸡鸣狗盗之雄耳，岂足以言得士?不然，擅齐之强，得一士焉，宜可以南面而制秦，尚何取鸡鸣狗盗之力哉?夫鸡鸣狗盗之出其门，此士之所以不至也。

【译文】世上都称赞孟尝君善于延揽人才，士子们也因此都投奔孟尝君，终于依赖士的力量而从虎豹般的秦国逃脱。呀!孟尝君只不过是鸡鸣狗盗之流的头子罢了，怎么足以称为善于延揽人才?否则，据有齐国的强大力量，只要得到一个真人才，就应该能南面称王，制服秦国，为什么还需要鸡鸣狗盗之辈的力量呢?那些鸡鸣狗盗之徒进出他的门下，这就是真正的士不投奔他的原因。

读刺客传

曹沫将而亡人之城，又劫天下盟主，管仲因勿倍以市信一时，可也。予独怪智伯国士豫让，岂顾不用其策耶？让诚国士也，曾不能逆策三晋，救智伯之亡，一死区区，尚足校哉？其亦不欺其意者也。聂政售于严仲子，荆轲豢于燕太子丹。此两人者，污隐困约之时，自贵其身，不妄愿知，亦曰有待焉。彼挟道德以待世者，何如哉？

【译文】曹沫带兵而使国君丢失城池，又劫持齐桓公，管仲因不愿背信且要取信天下，所以曹沫事遂于一时。我只奇怪智伯的国士豫让，难道不能用他的策略吗？豫让真是国士，当初不能预先去谋划三晋，挽救智伯的灭亡，小小的死，还值得计较吗？他也是不欺谩自家的心意呀。聂政投靠严仲于，荆轲归附燕太子丹。这两个人，穷愁潦倒之时，自尊自爱，不轻易让人了解，也是有所期待。那些依仗道德来等待世道的，怎么样？

本朝百年无事札子

臣前蒙陛下问及本朝所以享国百年，天下无事之故。臣以浅陋，误承圣问，迫于日晷，不敢久留，语不及悉，遂辞而退。窃惟念圣问及此，天下之福，而臣遂无一言之献，非近臣所以事君之义，故敢冒昧而粗有所陈。

伏惟太祖躬上智独见之明，而周知人物之情伪，指挥付托，必尽其材；变置施设，必当其务。故能驾驭将帅，训齐士卒，外以扞夷狄，内以平中国。于是除苛赋，止虐刑，废强横之藩镇，诛贪残之官吏。躬以简俭为天下先，其于出政发令之间，一以安利元元为事。太宗承之以聪武，真宗守之以谦仁，以至仁宗、英宗，无有逸德。此所以享国百年，而天下无事也。

【译文】上一次，承蒙陛下问我本朝之所以能统治百年而天下太平的原因。我见识浅薄，承蒙陛下询问，但限于时间，不敢久留，来不及详细说明，就告辞而归。我私下认为，陛下能问起这一点，实在是天下人的福气，而我却没能献上一言半语，这不是近臣侍奉人君所应有的态度，所以我大胆地冒昧上书，粗略地陈述一下我的见解。

太祖皇帝具有极高的智慧、不可比拟的聪明，透彻地了解各种人、事的真伪，因而指挥分派工作，都能做到人尽其才，制定的各种措施，都能切合当时的实际。所以他能统率好将帅，训练好士兵，对外能抵抗外族的入侵，对内能平定混乱的割据局面。然后他又废除苛捐杂税，禁止酷刑，罢免了强横的藩镇，惩办了贪婪、残忍的官吏，并以身作则地倡导简朴勤俭的作风。他在制定政策、发布命令时，一切从有利于老百姓的原则出发。太宗皇帝聪明、勇武，足以继承太祖的事业，真宗皇帝则凭借谦虚仁慈守住了祖业，传到仁宗、英宗，都没有什么失德的地方。这就是本朝能统治百年而天下太平的原因。

仁宗在位，历年最久，臣于时实备从官，施为本末，臣所亲见。当试为陛下陈其一二，而陛下详择其可，亦足以申鉴于方今。伏惟仁宗之为君也，仰畏天，俯畏人，宽仁恭俭，出于自然，而忠恕诚慤，终始如一。未尝妄兴一役，未尝妄杀一人；断狱务在生之，而特恶吏之残扰；宁屈己弃财于夷狄，而终不忍加兵；刑平而公，赏重而信；纳用谏官御史，公听并观，而不蔽于偏至之谗；因任众人耳目，拔举疏远，而随之以相坐之法。盖监司之吏以至州县，无敢暴虐残酷，擅有调发以伤百姓；自夏人顺服，蛮夷遂无大变，边人父子夫妇，得免于兵死，而中国之人，安逸蕃息，以至今日者，未尝妄兴一役，未尝妄杀一人，断狱务在生之，而特恶吏之残扰，宁屈己弃财于夷狄，而不忍加兵之效也。大臣贵戚，左右近习，莫敢强横犯法，其自重慎，或甚于闾巷之人，此刑平而公之效也。

【译文】仁宗皇帝在位时间最长，我当时担任过不重要的官职，许多政策措施我都自始至终亲眼见过。现在我试为陛下陈述几点，请陛下仔细考虑，选择其中的可取之处，也应该可以作为今天的借鉴。仁宗皇帝在位时，上敬畏天，下敬畏人；宽厚仁慈，谦恭俭朴是他的天性，而忠恕谨慎是他始终保持的品行。他从没有随便设一种徭役，也没有随便杀过一个人。他断案时尽量给犯人以生路，而特别憎恶那些残暴扰民的官吏。他宁肯委屈自己向异族交纳钱财，也始终不愿对他们用兵。他的刑罚宽缓而公平，赏赐优厚而守信用；采纳谏官、御史的话时，都是兼听兼看，因而没有被一些片面的言辞所蒙蔽；根据大家的举荐，提拔那些有才德而自己不了解的人，同时又用“相坐”之法来加以限制。因此，从监司大员到州县小吏，没有人敢暴虐残酷、擅自加派徭役、征收赋税而损害老百姓的利益。自从西夏人顺服以后，外族的侵扰基本解除了，边疆老百姓不至于死于战乱，而中原人民也得以安居繁衍，这种情况一直延续到今天，完全是仁宗皇帝从不随便设一种徭役，不随便杀人，断案时尽量给犯人以生路而特别憎恶官吏残暴扰民，宁可委屈自己向异族交纳钱财，也不愿意对他们用兵等一系列举措带来的效果。当时的重臣贵戚、左右近臣，没有一个敢强横犯法，他们比老百姓还谨慎自重，这是当时刑罚宽缓而公正的效果。

募天下骁雄横猾以为兵，几至百万，非有良将以御之，而谋变者辄败；聚天下财物，虽有文籍，委之府史，非有能吏以钩考；而断盗者辄发；凶年饥岁，流者填道，死者相枕，而寇攘者辄得，此赏重而信之效也。大臣贵戚，左右近习，莫能大擅威福，广私货赂，一有奸慝，随辄上闻；贪邪横猾，虽间或见用，未尝得久，此纳用谏官御史，公听并观，而不蔽于偏至之谗之效也。自县令京官以至监司台阁，升擢之任，虽不皆得人，然一时之所谓才士，亦罕蔽塞而不见收举者，此因任众人之耳目，拔举疏远，而随之以相坐之法之效也。升遐之日，天下号恸，如丧考妣，此宽仁恭俭，出于自然，忠恕诚悫，终始如一之效也。

【译文】当时从全国招募的骁勇强横奸猾之徒来当兵，将近百万，并没有什么良将来统御，但他们一旦谋反就很快败亡；将天下财物聚集在一起，虽然有账簿，却交给一般小官吏，并没有能干的官员检查考核，但一有贪污者便马上被揭发出来；灾荒年岁，逃荒的人堵塞了道路，尸体堆叠在一起，但强盗总是很快被抓住，所有这些都是奖赏优厚而守信用带来的效果。大臣贵戚，左右近臣，没有一个敢公开作威作福，到处收取贿赂，一旦有奸邪的行迹，马上有人上报；贪婪、奸邪、强横、狡猾之徒，即使偶尔被任用，也不曾长久，这些都是采纳谏官、御史之言时，兼听兼看，而不被片面的言辞所蒙蔽带来的效果。从县令、京官到监司、台阁，提拔任用的虽然不是都很合适，但被当时人们认为有才能的士人，也很少有被埋没而不被任用的。这正是依靠众多大臣的推荐，提拔那些有才德而自己不了解的人，并同时用“相坐”之法加以限制带来的效果。仁宗皇帝驾崩那天，全国上下都失声痛哭，如同死了自己的父母，这完全是因为他宽厚仁慈、谦恭节俭的品德出于天性，而诚恳谨慎的态度始终如一的缘故。

然本朝累世因循末俗之弊，而无亲友群臣之议。人君朝夕与处，不过宦官女子；出而视事，又不过有司之细故，未尝如古大有为之君，与学士大夫讨论先王之法，以措之天下也。一切因任自然之理势，而精神之运，有所不加；名实之间，有所不察。君子非不见贵，然小人亦得厕其间；正论非不见容，然邪说亦有时而用；以诗赋记诵求天下之士，而无学校养民之法；以科名资历叙朝廷之位，而无官司课试之方；监司无检察之人，守将非选择之吏；转徙之亟，既难于考绩，而游谈之众，因得以乱真；交私养望者，多得显官；独立营职者，或见排沮，故上下偷惰取容而已，虽有能者在职，亦无以异于庸人。农民坏于徭役，而未尝特见救恤，又不为之设官，以修其水土之利。兵士杂于疲老，而未尝申敕训练，又不为之择将，而久其疆场之权。宿卫则聚卒伍无赖之人，而未有以变五代姑息羁縻之俗。

【译文】但本朝历代沿袭了五代时乱世的坏风气，宗室、群臣也没有人提过什么建议。皇帝朝夕相处的都是宦官、女人，所处理的政事不过是各部门的小事，不像古代那些大有作为的君主那样，和学士、大夫们讨论先王的法度，并实施于天下。一切顺随自然之势，而不曾作主观努力，对于名、实的关系，有些地方没有认真考察。君子不是不被重用，但小人也得以混杂其中；正确议论不被容纳，但邪说有时也被采用了。依靠考试诗赋、记诵来选拔天下的人才，而没有设立学校培养人才的制度；依靠科举、资历来决定朝臣官职的大小，而没有设立一定部门确定考核官吏的办法。监司中没有管检察的人，守将不是经过严格选拔的人才。官职调动频繁，既难以考察政绩，又使那些夸夸其谈的人得以蒙混过关。私下结交，培植自己声望的人得到了显要的官职，而不拉关系的人却受到排斥和压制。这样，从上到下的官吏都苟且懈怠，只求继续任职，即使有些有才能的人在位，也和一般人没什么不同。农民苦于徭役，没有受到特别的救济抚恤，又没有为他们设置专门的官员兴修水利。士兵中有一些老弱病员，没有得到整顿训练，又没有为他们选择良将，使之长期驻防边疆。禁卫军是由兵痞无赖之人组成，没有改变五代时对军队纵容笼络的坏习惯。

宗室则无教训选举之实，而未有以合先王亲疏隆杀之宜。其于理财，大抵无法，故虽俭约而民不富，虽忧勤而国不强。赖非夷狄昌炽之时，又无尧、汤水旱之变，故天下无事，过于百年。虽曰人事，亦天助也。盖累圣相继，仰畏天，俯畏人，宽仁恭俭，忠恕诚悫，此其所以获天助也。

伏惟陛下躬上圣之质，承无穷之绪，知天助之不可常恃，知人事之不可怠终，则大有为之时，正在今日。臣不敢辄废将明之义，而苟逃讳忌之诛，伏惟陛下幸赦而留神，则天下之福也。取进止。

【译文】对宗室成员没有教育选用的行动，因而没有符合先王亲疏升降的用人原则。对于理财，基本上没有什么法度，所以朝廷虽然节俭，老百姓却不富裕；陛下虽然操心勤政，国家却不强盛。靠着异族不够强大猖狂和没有出现尧、汤时的那种大旱、大水之灾，所以天下太平，超过了一百年。因此，这虽然说是人为的努力，其实也是上天的帮助。应该说本朝历代君主对上敬畏天、对下敬畏人，宽厚仁慈、谦恭诚恳，这是获得上天帮助的原因。

陛下具有上圣的资质，继承了祖辈的事业，当然知道上天的帮助是不能长期依赖的，人为的努力是不能长期放弃的，那么，今天正是大有作为的时候。我不敢废弃人臣“将明”之义而侥幸回避触犯忌讳的惩罚，希望陛下宽恕我并考虑我的建议，那将是天下人的福气，妥当与否，请陛下裁决。

答司马谏议书

某启：昨日蒙教，窃以为与君实游处相好之日久，而议事每不合，所操之术多异故也。虽欲强聒，终必不蒙见察，故略上报，不复一一自辩；重念蒙君实视遇厚，于反覆不宜卤莽，故今具道所以，冀君实或见恕也。

【译文】昨天承蒙您的指教，我私下认为和君实您交游相好的日子很长了，可是议论政事每每不一致，是所持政治主张多不同的缘故。即使想勉强解释，终究不会被您理解，所以只略陈上报，不再一一自我辩解。重又感念君实看重我，反复致书，不应该粗疏作答，所以现在详细地说明我这样做的理由，希望君实或许能谅解。

盖儒者所争，尤在于名实。名实已明，而天下之理得矣。今君实所以见教者，以为侵官、生事、征利、拒谏、以致天下怨谤也。某则以为受命于人主，议法度而修之于朝廷，以授之于有司，不为侵官；举先王之政，以兴利除弊，不为生事；为天下理财，不为征利；辟邪说，难壬人，不为拒谏；至于怨诽之多，则固前知其如此也。

【译文】大致儒者所看重的，特别在于名实。名实明了了，天下的道理就讲明了。现在君实所以指教我的是认为新法侵犯了官吏的职权、制造事端、夺取财利、拒不纳谏，以此招致天下人的埋怨、诽谤。我却认为受命于君主，议论法度好坏并在朝廷上修订，以此授命给官吏，不叫侵犯了官吏的权利。推崇先王的政治，借此兴利除弊，不叫制造事端。替天下理财，不叫夺取财利。避开邪说，斥责巧言谄媚的小人，不叫拒纳谏言。至于说怨言诽谤很多，那么本来事先就知道会这样的。

人习于苟且非一日，士大夫多以不恤国事、同俗自媚于众为善。上乃欲变此，而某不量敌之众寡，欲出力助上以抗之，则众何为而不汹汹然？盘庚之迁，胥怨者民也，非特朝廷士大夫而已。盘庚不为怨者故改其度，度义而后动，是而不见可悔故也。

如君实责我以在位久，未能助上大有为，以膏泽斯民，则某知罪矣；如曰今日当一切不事事，守前所为而已，则非某之所敢知。无由会晤，不任区区向往之至。

【译文】人们习惯于苟且度日不是一天了，士大夫大多不体念国事，而以从众媚俗为好事。皇上于是才想改变这种状况，而我不管反对的人有多少，想帮助皇上来抗衡他们，那么众人为什么不气势汹汹呢？盘庚迁都，全国人民都抱怨，不只是朝廷里的士大夫啊。盘庚不因为招致怨言的缘故而改变自己的打算。大抵是考虑到合义之后才有举动，所以才不会后悔啊。

如果君实责备我在位时间很长了，没能辅佐皇上大有作为，使人民受到恩泽，那么我知罪了。如果说今天应当一切无所事事，只抱守旧制的做法而已，那不是我想知闻的。没有机会见面，私心里对您不胜仰慕。

附录 司马光《与王介甫书》

光居常无事，不敢涉两府之门，以是久不得通名于将命者。春暖，伏惟机政余裕，台候万福。孔子曰："益者三友，损者三友。"光不才，不足以辱介甫为友，然自接侍以来十有余年，屡尝同僚，亦不可谓之无一日之雅也。虽愧多闻，至于直、谅，不敢不勉；若乃便佞，则固不敢为也。孔子曰："君子和而不同，小人同而不和。"君子之道，出、处、语、默，安可同也？然其志则皆欲立身行道、辅世养民，此其所以和也。

【译文】我平时没有事情要办，不敢进入中书省、枢密院的大门，因此很长时间没有谒见。春天气候温暖，想来处理机要的政务尚有宽余，恭候万福。孔子说："有益的朋友有三种. 有损的朋友也有三种。"我没有才能，够不上委屈您当作朋友，但从接交以来的十多年里，多次在同一部门共事，也不能说没有一日的交往。虽然自己有愧于闻见不广，但说到正直、诚实二事，则是不敢不勉力去做的；至于谄媚奉承，当面恭维背后毁谤，或夸夸其谈地对待朋友，更是我本来不敢做的了。孔子说："君子能够做到意见一致，却不肯盲从附和；小人只是盲从附和，却不能做到意见一致。"君子（处世待人）的道理，或者出外行事，或者安居静处，或者发表议论。或者保持沉默，这怎么可以盲从附和呢？但他们的志向都是想树立事业，实行政治主张。辅助社会，养育黎民百姓，这是他们一致的地方。

向者与介甫议论朝廷事，数相违，未知介甫之察不察，然于光向慕之心未始变移也。窃见介甫独负天下大名三十余年，才高而学富，难进而易退，远近之士，识与不识，咸谓介甫不起则已，起则太平可立致，生民咸被其泽矣。天子用此，起介甫于不可起之中，引参大政，岂非欲望众人之所望于介甫邪。今介甫从政始期年，而士大夫在朝廷及自四方来者，莫不非议介甫，如出一口；下至闾阎细民、小吏走卒，亦切切怨叹，人人归咎于介甫，不知介甫亦尝闻其言而知其故乎？光窃意门下之士，方日誉盛德而赞功业，未始有一人敢以此闻达于左右者也。非门下之士则皆曰："彼方得君而专政，无为触之以取祸，不若坐而待之，不过二三年，彼将自败"。若是者不惟不忠于介甫，亦不忠于朝廷。若介甫果信此志，推而行之，及二三年，则朝廷之患已深矣，安可救乎？如光则不然，忝备交游之末，不敢苟避谴怒、不为介甫一一陈之。

【译文】从前，跟您议论起朝廷的政事，意见屡有不合，对此，不知道您已经察觉到了或是没有察觉到，然而对于我来说，对您的向往、敬慕之心始终没有改变。私下观察您独享天下的大名已经有三十多年，才能出众。学识丰富，难于起用，易于引退，远近的士人，认识的或不认识的，都说介甫不起用便罢了。一起用就会立即求得天下太平，黎民百姓都会受到他的恩泽。天子因此起用您于不可起之中，任用您参与国家大政，岂不是把希望寄托在众人所厚望的您身上吗？到现在您执政才一周年，在朝廷的及来自各个地方的士大夫，没有一个不责备您，就像是从一个人的嘴里说出来的；下至平民百姓、小吏差役，也都窃窃私语，埋怨叹息，所有的人都把罪责推给您，不知道您可曾听到过这些议论并且知道是什么原因吧？我私下认为您的门下之士，正在天天称誉您的盛德，赞颂您的功业，没有一个人敢把这些情况通报给您。而不是您的门下之士就都说："他正受到君王的信任而专断朝政，不要触犯他而自取其祸，不如坐着等待，不出二三年. 他将自己遭到失败。"像这样的人不仅是不忠于您，也是不忠于朝廷的。如果您真的坚信变法主张，推广实行，等到二三年之后，则朝廷所受的祸害已经很深重了，怎么能够挽救呢？像我就跟门下之士和非门下之士的态度不同，有愧作为你的朋友中的一员，不敢只求目前免于您的谴责、愤怒、而不向您一一陈述自己的恳诚。

今天下之人恶介甫之甚者，诋毁无所不至。光独知其不然，介甫固大贤，其失在于用心太过，自信太厚而已。何以言之？自古圣贤所以治国者，不过使百官各称其职、委任而责成功也；其所以养民者，不过轻租税、薄赋敛、已逋责也。介甫以为此皆腐儒之常谈，不足为，思得古人所未尝为者而为之。于是财利不以委三司而自治之，更立制置三司条例司，聚文章之士及晓财利之人，使之讲利。孔子曰："君子喻于义、小人喻于利。"樊须请学稼，孔子犹鄙之，以为不知礼义信，况讲商贾之末乎？使彼诚君子耶，则固不能言利；彼诚小人耶，则固民是尽，以饫上之欲，又可从乎？是知条例一司已不当置而置之，又于其中不次用人，往往暴得美官，于是言利之人皆攘臂圜视，衒鬻争进，各斗智巧，以变更祖宗旧法，大抵所利不能补其所伤，所得不能偿其所亡，徒欲别出新意，以自为功名耳，此其为害已甚矣。又置提举句当常平、广惠仓使者四十余人，使行新法于四方。先散青苗钱，次欲使比户出助役钱，次又欲更搜求农田水利而行之。所遣者虽皆选择才俊，然其中亦有轻佻狂躁之人，陵轹州县，骚扰百姓者。于是士大夫不伏，农商丧业，故谤议沸腾，怨嗟盈路，迹其本原，或以此也。《书》曰："民不静，亦惟在王宫邦君室。"伊尹为阿衡，有一夫不获其所，若已推而内之沟中。孔子曰："君子求诸己。"介甫亦当自思所以致其然者，不可专罪天下之人也。

【译文】当今天下十分厌恶您的人，他们对您毁谤、污蔑，所有的坏话都用上了。我个人认为这样做是不恰当的，您本来是大贤人，您的失误在于用心过了头、自信心太强罢了。为什么这样说呢？古来圣贤的治国之道，不过是使众官都能胜任所担任的职务，委派任务而责令其取得成功；他们的养民之法，不过是减轻租税，减少赋税，赦免逃避债务的人。您认为这些都是迂腐儒生的老生常谈，不值得去做，而一心想做古人所不曾做过的事情。于是，财利方面的事不再委派盐铁、户部、度支三司经管而改由中书省、枢密院长官兼领，又建立制置三司条例司，聚集擅长文章之士及通晓财利之人，让他们去大讲功利。孔子说："君子懂得的是义，小人懂得的是利。"樊须请求学种庄稼，孔子还鄙薄他，认为他不知道礼、义、信，何况现在讲的是商人的微末之利呢？假使他们真的是君子，就本来不应该讲利；假使他们真的是小人，则本来要刮尽人民的财富，（这样）要满足皇上、朝廷在财政上的需要，又怎么能从愿呢？因此知道三司条例司这一官署，是不当设置而设置了，又在官署中不按正常作法用人，有的人往往一下子得到好的官职，于是讲利的人都捋袖出臂，张目环顾，自夸自卖，争着进用，各自斗智斗巧，以改变祖宗旧有的法度，大概其利不能弥补其害，所得不能抵偿所失，只不过是另出一番新意，用来为自己求取功名罢了，但它的危害已经够严重了。又委任常平仓、广惠仓的特派员四十多人，使他们在各个地方推行新法。起初是发放青苗钱，接着想使每户出免役钱，后来又想再制订出农田水利法而加以推行。所委派的人虽然都是选择才能出众之士，但其中也有侵犯州、县官的职权、扰乱百姓使他们不得安宁的轻浮狂躁之徒。于是，士大夫不服气，农人、商人丧失了他们的产业，谤议纷纷，像沸腾的开水在翻滚，怨恨、嗟叹之声充满了道路，寻求其根本原因，都是由于推行新法之故。《尚书》说："民心不平静，还要考虑那些发动叛乱的人，有的就出在王宫里面和邦君的家里。"伊伊担任阿衡的官职，只要有一人不能得到安适的处所，他就像是自己把这个人推下了山沟里。孔子说："君子要求的是自己。"您也当自己想想造成这种局面的原因在哪里，不可单单归罪于天下的人。

夫侵官，乱政也，介甫更以为治术而先施之；贷息钱，鄙事也，介甫更以为王政而力行之；徭役自古皆从民出，介甫更欲敛民钱雇市佣而使之。此三者常人皆知其不可，而介甫独以为可，非介甫之智不及常人也，直欲求非常之功而忽常人之所知耳。夫皇极之道，施之于天地，人皆不可须臾离，故孔子曰："道之不明也，我知之矣，智者过之，愚者不及也。道之不行也，我知之矣，贤者过之，不肖者不及也。"介甫之智与贤皆过人，及其失也，乃与不及之患均，此光所谓用心太过者也。

自古人臣之圣，无过周公与孔子，周公、孔子亦未尝无过，未尝无师。介甫虽大贤，于周公、孔子则有间矣，今乃自以我之所见，天下莫能及，人之议论与我合则善之，与我不合则恶之，如此，方正之士何由进，谄谀之士何由远？方正日疏、谄谀日亲，而望万事之得其宜，令名之施四远，难矣。夫从谏纳善，不独人君为美也，于人臣亦然。昔郑人游于乡校，以议执政之善否。或谓子产毁乡校，子产曰："其所善者吾则行之，其所恶者吾则改之，是吾师也，若之何毁之。"薳子冯为楚令尹，有宠于薳子者八人，皆无禄而多马。申叔豫以子南、观起之事警之，薳子惧，辞八人者，而后王安之。赵简子有臣曰周舍，好直谏，日有记，月有成，岁有效。周舍死，简子临朝而叹曰："千羊之皮不如一狐之腋，诸大夫朝，徒闻唯唯，不闻周舍之鄂鄂，吾是以忧也。"子路，人告之以有过则喜。酂文终侯相汉，有书过之史。诸葛孔明相蜀，发教与群下曰："违覆而得中，犹弃弊跻而获珠玉。然人心苦不能尽，惟董幼宰参画七年，事有不至，至于十反。"孔明尝自校簿书，主簿杨颙谏曰："为治有体，上下不可相侵，请为明公以作家譬之。今有人使奴执耕稼，婢典炊爨，鸡主司晨，犬主吠盗，私业无旷，所求皆足；忽一旦尽欲以身亲其役，不复付任，形疲神困，终无一成，岂其智之不如奴婢鸡狗哉！失其家主之法也。"孔明谢之，及颙卒，孔明垂泣三日。吕定公有亲近曰徐原，有才志，定公荐拔至侍御史。原性忠壮，好直言，定公时有得失，原辄谏争，又公论之。人或以告定公，定公叹曰："是我所以贵德渊者也。"及颙卒，定公哭之尽哀，曰："德渊，吕岱之益友，今不幸，岱复于何闻过哉。"此数君子者，所以能功成名立，皆由乐闻直谏、不讳过失故也。若其余骄亢自用、不受忠谏而亡者不可胜数。介甫多识前世之载，固不俟光言而知之矣。孔子称"有一言而可以终身行之者，其恕乎"。《诗》云："伐柯伐柯，其则不远。"言以其所愿乎上交乎下，以所愿乎下事乎上，不远求也。介甫素刚直，每议事于人主前，如与朋友争辨于私室，不少降辞气，视斧钺鼎镬无如也。及宾客僚属谒见论事，则惟希意迎合、曲从如流者，亲而礼之；或所见小异，微言新令之不便者，介甫辄艴然加怒，或诟骂以辱之，或言于上而逐之，不待其辞之毕也。明主宽容如此，而介甫拒谏乃尔，无乃不足于恕乎？昔王子雍方于事上而好下佞己，介甫不幸亦近是乎？此光所谓自信太厚者也。

【译文】说到侵夺原有官吏的职权，只能把政治秩序搞乱，您反而以为是治国良法而首先实施；放款收利息，这是鄙陋的事情，您反而作为王道善政而尽力推行；劳役自古都由平民负担，您反而打算征收免役钱，而由官府雇人代为服役。这三项措施，普通的人都知道不适合，而您独自以为可行；并不是您的见识比不上普通的人，而是特意想要建立非同寻常的功业以致忽略了普通人所知道的常识。正大而恰当的治国之道，可以施行于天地之间，人们片刻都不能离开它，所以孔子说“道之所以不能实行的原因，我知道了：明智的人实行得超过它的限度，蠢的人却够不上标准。道之所以不能被人们认识的原因，我知道了：有德行的人要求过高，没有德行的人又要求太低。”您的智慧与德行都超过了一般人，等到其失误的时候，竟然跟愚者、不贤者的“不及”行为相等，这就是我所说的用心过了头。

自古以来作为人臣中的圣者，没有谁超过周公和孔子的，即使周公、孔子也不是没有过错，不是没有教师。您虽然称得上是大贤，比起周公、孔子来就有差距了，现在居然自以为：我的见解，天下的人没有谁赶得上，人们的议论跟我相合就赞许，与我不合就讨厌，这样一来. 正直的人怎么能进用，谄媚的人怎么能疏远？正直的人一天天疏远，谄媚的人一天天亲近，而希望一切事情处理得当，美好的名声能够传播四面远方，太难了!听从忠谏采纳善言，不独是人君的美德，对于人臣来说也是这样。从前郑国人在乡校里游玩聚会，以便议论执政者的得失。有人劝告子产毁了乡校，子产说：“郑国人认为好的，我就推行它；他们所讨厌的，我就改掉它，这是我的老师，为什么要毁掉它？”薳子冯作楚国的令尹，受到薳子宠信的有八个人，都没有俸禄而马匹很多。申叔豫用子南、观起的事警告他，薳子害怕，辞退了这八个人。从此楚王才对他放了心。赵简子有个家臣叫周舍，喜欢直言进谏，按日有记录，按月有成绩，按年有效果。周舍死后，简子当朝处理国事时，常常叹息说：“千只羊的皮子不如一只狐狸腋下的皮毛，众大夫上朝，只听到一片唯唯诺诺之声，再也听不到周舍谔谔争辩的诤言，我因此而深感忧虑。”子路，别人把他的错误指点给他，他便高兴。酂文终侯辅佐汉朝，有书写过错的史实。诸葛孔明辅助蜀主，向下面的群官发布的训示中写道：“不同的意见经过反复的商议而得出中肯的结论，这正像抛弃破的草鞋而获得珠玉一样。但是人们很不容易做到尽所欲言，只有董幼宰参与管事的七年中，事情有不尽妥善时，他可以反复商酌达十次以上。孔明曾经亲自校理文书簿册，主簿杨颙向他进谏道：“治事本有体制，上下级之间不能互相侵权，请允许我以治家为喻向明公说明这一道理。现在有人使奴仆执掌耕稼。婢女主管炊事，鸡管报晓，狗管吠盗，其结果，各自分管的事情都没有荒废，对各事的要求都得到满足；忽然一天他想到依靠自己亲身来完成各项工作，不再向下分派任务，这样一来，弄得他精疲力尽，终一事无成，难道是他的才智不如奴婢鸡狗吗？是他不懂得管理家务的方法。”（对于杨颙的忠谏），孔明深表感谢。后来杨颙逝世，孔明为他流泪三日。吕定公有个亲近的人叫徐原，有才能和志气，定公推荐、提拔他作了侍御史，徐原秉性忠诚而刚烈，喜欢直言，定公每有所得和所失之处，徐原总是直言规劝并且大胆争辩，又公开地进行议论。有人把这一情况告诉了定公。定公叹息说：“这正是我看重德渊的地方。”到徐原死的时候。定公哭泣极其哀痛，说：“德渊，是我有益的朋友，而今不幸，我还能从什么地方听到自己的过失呢？”这几位君子，所以能够功成名就，都是由于喜欢听取直言忠谏，不忌讳自己过失的缘故。至于其他骄慢、高傲、私心自用的人，听不进忠言直谏而失败的，那就无法汁算了。您对前代的事情了解很多，本来不等我来说就都知道的。孔子认为："有一个字而可以终身奉行. 那大概是'恕'字吧!"《诗经》说："砍斧柄呀砍斧柄，准则就在你面前。"这是说用其所愿望于上级的来对待下级，用其所愿望于下级的来侍奉上级，取法不必远求。您素来刚正耿直，每在人君前议论政事，如同朋友争辩于私人的内室，从不稍稍收敛盛气凌人的态度，看待斧钺鼎镬就像是不存在一样。至于宾客、僚属进见议事，就只有揣摩您的意图，迎合您的心意，曲意听从您的话而毫不迟疑的，您就亲切地以礼相待；有的人见解小有不同，稍微提到新法不合适之处，您总是勃然发怒，或者谩骂加以污辱，或者奏明皇上而逐出朝廷，并不等待他们把话说完。英明的主上您是如此宽容，而您拒纳谏言竟是这个样子，这恐怕够不上"恕"道吧? 从前王子雍侍奉皇上很正直，却喜欢下面的人献媚奉承自己，不幸的是. 您的行为不是也跟王子雍类似吗? 这就是我所说的自信心太过。

光昔从介甫游，介甫于诸书无不观，而特好孟子与老子之言，今得君得位而行其道，是宜先其所美，必不先其所不美也。孟子曰："仁义而已矣，何必曰利。"又曰："为民父母，使民盻盻然，将终岁勤动，不得以养其父母，又称贷而益之，恶在其为民父母也!"今介甫为政，首制置条例，大讲财利之事。又命薛向行均输法于江、淮，欲尽夺商贾之利；又分遣使者散青苗钱于天下而收其息，使人人愁痛，父子不相见，兄弟妻子离散，此岂孟子之志乎? 老子曰："天下神器，不可为也，为者败之，执者失之"。又曰："我无为而民自化，我好静而民自正，我无事而民自富，我无欲而民自朴。"又曰："治大国若烹小鲜。"今介甫为政，尽变更祖宗旧法，先者后之，上者下之，右者左之，成者毁之，异者取之，矻矻焉穷日力，继之以夜而不得息，使上自朝廷，下及田野，内起京师，外周四海，士吏兵农、工商僧道，无一人得袭故而守常者，纷纷扰扰，莫安其居，此岂老氏之志乎!何介甫总角读书、白头秉政，乃尽弃其所学而从今世浅丈夫之谋乎? 古者国有大事谋及卿士，谋及庶人。成王戒君陈曰："有废有兴，出入自尔，师虞庶言同则绎。"《诗》云："先民有言，询于刍荛。"孔子曰："上酌民言则下天上施，上不酌民言则下不天上施。"自古立功立事，未有专欲违众而能有济者也。使《诗》《书》、孔子之言皆不可信则已，若犹可信，则岂得尽弃而不顾哉!今介甫独信数人之言，而弃先圣之道，违天下人之心，将以致治，不亦难乎?

【译文】我从前跟从您交游，(深知) 您对于各种书籍无不阅读，而特别喜欢孟子与老子的学说，现在既得君主的信任，又得宰相的职位，有机会实行自己的政治主张，自然应当首先推行您认为是好的。必然不会首先推行您认为不好的。孟子说："只要讲仁义就行了，为什么一定要说到利益?"又说："作为百姓的父母官，却使百姓辛辛苦苦，整年劳动，还养不活自己的父母，还得借贷来凑足粮税。这在哪一点上像做人民父母的样子呢？”当前您执掌朝政，首先建立制置条例司，大讲财利的事，又委派薛向在江、淮一带推行均输法，想要全部剥夺商贾原有的利益；又分派官员出使各地发放青苗钱而征收其利息，致使人人感到忧愁、痛苦，父子不能相见，兄弟妻子流离失散，这难道符合孟子的意愿吗？老子说：“天下是个神圣的东西，不能按哪个人的意志去摆布它，强行按自己的主观意志去治它必定会失败，抓住不放反而会失掉它。”又说：“我只管无所作为，人民会自自然然地服从教化；我保持清静的态度，人民自己会在正道上生活；我只管无所事事，人民会自己作到富足；我没有任何欲望，人民自然会变得淳朴。”又说：“治理大国，就像是煎烹小鱼一样。”现今您治理国家，完全改变祖宗的旧法，该先的放在后面，该上的放在下面，该右的放在左面，已成的毁坏之。已废的取用之，整天忙忙碌碌，尽心竭力，夜以继日不得休息，使上自朝廷、下到田野、内起京都、外至四海，士人、官吏、兵卒、农夫、工匠、商贾、僧徒、道士，没有一人能够因袭故典、固守常法、纷繁混乱，无人可以安居，这难道符合老氏的意愿吗？您束发读书，白头执政，为什么要全部丢掉自己学到的东西而去听从当今浅薄之徒的坏主意呢？古时候国家有大事常常同执政大臣商议，同平民百姓商议。成王告诫君陈说：“（治理国家），有的该废置，有的该兴办，财政的支出收入，都应该考虑众人的意见，官吏、平民的议论相同了，才公布实施。”《诗经》说：“古时贤人说过，有了疑难问题，应该找拾柴的小民商量。”孔子说：“执政官听取下面的话，下面的人就遵行他的措施；执政官不听取下面的话，下面的人就不遵行他的措施。”从古以来建立功业的事，没有一意孤行、违反众议而能成功的。假使《诗经》《尚书》、孔子的话都不能相信就不用说了，如果还可以相信，怎么能完全抛弃而不顾呢？现今仅仅相信几个人的话，而抛弃古代圣人的道理，违背天下人的心愿，准备依靠它来治理好国家，不是很困难吗？

近者藩镇大臣有言散青苗钱不便者，天子出其议，以示执政，而介甫遽悻悻然不乐，引疾卧家。光被旨为批答，见士民方不安如此，而介甫乃欲辞位而去，殆非明主所以拔擢委任之意，故直叙其事，以义责介甫，早出视事，更新令之不便于民者，以福天下。其辞虽朴拙，然无一字不得其实者。窃闻介甫不相识察，颇督过之，上书自辨，至使天子自为手诏以逊谢，又使吕学士再三谕意，然后乃出视事。诚是也，然当速改前令之非者，以慰安士民，报天子之盛德。今则不然，更加忿怒，行之愈急。李正言青苗钱不便，诘责使分析。吕司封传语祥符知县未散青苗钱，劾奏，乞行勘会。观介甫之意，必欲力战天下之人，与之一决胜负，不复顾义理之是非、生民之忧乐、国家之安危，光窃为介甫不取也。光近蒙圣恩过听，欲使之副二枢府。光窃惟居高位者，不可以无功，受大恩者，不可以不报，故辄敢申明去岁之论，进当今之急务，乞罢制置三司条例司，及追还诸路提举常平、广惠仓使者。主上以介甫为心，未肯俯从。光窃念主上亲重介甫，中外群臣无能及者，动静取舍，惟介甫之为信，介甫曰可罢，则天下之人咸被其泽；曰不可罢，则天下之人咸被其害。方今生民之忧乐、国家之安危，惟系介甫之一言，介甫何忍必遂已意而不恤乎？夫人谁无过，君子之过，如日月之食，过也，人皆见之；更也，人皆仰之，何损于明？介甫诚能进一言于主上，请罢条例司，追还常平使者，则国家太平之业皆复其旧，而介甫改过从善之美愈光大于前日矣，于介甫何所亏丧而固不移哉!光今所言，正逆介甫之意，明知其不合也，然光与介甫趣向虽殊，大归则同，介甫方欲得位，以行其道，泽天下之民；光方欲辞位，以行其志，救天下之民，此所谓"和而不同"者也。故敢一陈其志，以自达于介甫，以终益友之义，其舍之取之，则在介甫矣。

【译文】近来，藩镇大臣中有说青苗钱不适宜的，天子拿出他的奏议，让执政大臣观看，您突然怒气冲冲很不高兴，托病躺在家里。我奉旨起草答诏，见到士子、庶民是这样惶惶不安，而您却想辞职离开朝廷，这恐怕不符合英明主上提拔您而委以重任的本意，因此我在批答中直叙其事，用大义来责备您。本意是想促使您尽快出来治事，革除新法中不利于人民的措施，从而造福于天下，答诏的言辞虽然质直拙朴，但是没有一个字不符合实际的情况。私下听说您对我的用意不能鉴察，大加责备。并且上书为自己辩解，以致逼使天子亲作手诏谦词致歉，又使吕学士一次又一次地表明挽留之意，然后才出来办理公务。出来办事的确是对的，但应当立即修改过去错误的法令，使士子、庶民得到安慰，以报答天子的大德。您现在不是这样，而是心情更加忿怒，推行新法越发急迫。李正言说青苗钱不适宜，您就反过来责问他，要他分别说出批评新政的官吏姓名。吕司封传言祥符县知县没有散放青苗钱，您就上书弹劾，请求审问。观察您的用意，一定是想努力奋战天下的人。跟他们分个胜败，而不再考虑道理的是非，人民的忧乐，国家的安危，（对您的这种做法），我私下认为是不可取的。我近来承蒙圣上恩德错听，准备委任为枢密副使。我私下考虑身居高位的人，不可以没有功劳，受了大恩的人，不可以不进行报答，因此独敢申明去年的议论，向朝廷建议当前急切应办的事，请求撤销制置三司条例司，以及调回派往各地推行青苗法的提举常平、广惠仓的使者。主上心里装着您，对我的建议没有听从。我私下想主上对您十分亲近和器重，这是朝廷内外的群臣谁都比不上的，一动一静，或取或舍，皇上只相信您一人，您说声新法可罢，普天下的人都会蒙受您的恩泽；您说新法不可罢，普天下的人都会遭受您的伤害。当前人民的忧乐，国家的安危，全凭您的一句话，您怎能忍心只顾自己顺意而不考虑人民的忧乐、国家的安危呢？人嘛，谁没有过错，君子的过错，如像日蚀月蚀，他有过时人人都看得见；他改过时，人人都仰望着他，这何损于日月之明？您真能向主上进一言，请求罢去条例司，调回常平仓的特派员，则国家太平的景象都会恢复其旧貌，而您改过从善的美德比起过去来越发显得光明正大了，这对于您来说有什么损失而要固执不改呢？我现在所说，正好跟您的意见相反，明明知道不合您的心意，但是我与您虽然在政治上的趋向有别。但其总的目标却是相同的，您正欲得到相位以行其治国之道，使天下的人民受其恩泽；我正欲辞去官职，以行个人之志，使天下的人民得到拯救，这就是我所说的"和而不同"的涵义。因此敢于略陈我的志愿，亲自传达给您，以尽益友的情谊，至于是采纳或者拒绝，就全在您了。

《诗》云：“周爰咨谋。”介甫得光书，倘未赐弃掷，幸与忠信之士谋其可否，不可以示谄谀之人，必不肯以光言为然也。彼谄谀之人欲依附介甫，因缘改法，以为进身之资，一旦罢局，譬如鱼之失水，此所以挽引介甫使不得由直道行者也，介甫奈何徇此曹之所欲而不思国家之大计哉？孔子曰：“巧言令色鲜矣仁。”彼忠信之士于介甫当路之时，或龃龉可憎，及失势之后，必徐得其力；谄谀之士于介甫当路之时，诚有顺适之快，一旦失势，必有卖介甫以自售者矣。介甫将何择焉？国武子好尽言，以招人之过，卒不得其死。光常自病似之而不能改也。虽然，施于善人，亦何忧之有？用是故敢妄发而不疑也。属以辞避恩命未得请，且病膝疮不可出，不获亲侍言于左右而布陈以书，悚惧尤深。介甫其受而听之，与罪而绝之，或诟骂而辱之，与言于上而逐之，无不可者，光俟命而已。

【译文】《诗经》有云；“广求良谋访贤人。”您收到我的书信，倘若蒙您不弃。希望您跟忠信之士商量其是否可行，但不可让谄媚之徒看见，因为他们必然不会承认我的话是正确的。那些阿谀奉承的人依附您，是想借助您的力量变法，作为进身的资本，一旦撤销推行新政的机构，他们就像鱼儿离开了水，这是他们拉着您不走直道的原因，您为什么要迁就这帮人的私欲而不想想国家的大计呢？孔子说：“花言巧语，一副伪善面貌，仁德就很少了。”那些忠信的人在您掌握政权的时候，或者意见跟您不合使您感到厌恶，在您失去权势之后，必然可以慢慢得到他们的帮助；阿谀奉承的人在您当权之时的确会使您感到顺从舒适，一旦失去权势，必定有出卖您来谋取利禄的。您对此将作出怎样的选择呢？国武子喜欢直言不讳地去揭露别人的过失，终于不得好死。我常常不满意自己跟国武子相似，但始终不能改正。虽然如此；如果让有道德的人听到直截了当的批评，又什么可发愁的？适逢辞让朝廷的宠命而未获批准，而且又生膝疮不能外出，不获亲自侍候左右对面交谈，只好奉书。陈述下怀，深感恐惧不安。（对于书中所言），您是接受而听从，还是怪罪而拒绝；是责骂而加以侮辱，还是奏上皇上而加以贬逐，都没有什么不可，我等候命令就是了。

答韶州张殿丞书

某启：伏蒙冉赐书，示及先君韶州之政，为吏民称颂，至今不绝，伤今之士大夫不尽知，又恐史官不能记载，以次前世良吏之后。此皆不肖之孤，言行不足信于天下，不能推扬先人之绪功余烈，使人人得闻知之，所以夙夜愁痛，疚心疾首而不敢息者，以此也。

先人之存，某尚少，不得备闻为政之迹。然尝侍左右，尚能记诵教诲之余。盖先君所存，尝欲大润泽于天下，一物枯槁，以为身羞。大者既不得试，已试乃其小者耳，小者又将泯没而无传，则不肖之孤，罪大衅厚矣，尚何以自立于天地之间耶？阁下勤勤恻恻，以不传为念，非夫仁人君子乐道人之善，安能以及此？

【译文】承蒙您再次寄书信，提及先父在韶州的政绩，被吏民称颂，至今不绝，感伤如今的士大夫不能全部知晓，又担心史官不能记载，以排列在前代良吏之后。这都是我不肖之遗孤，言行不足以取信于天下人，不能宏扬先人的遗功余烈，使人人能闻知，这也是我之所以夙夜忧愁痛苦，疚心疾首不能宁息的原因啊。先父活着的时候，安石还小，不能详尽地听闻父亲为政的事迹。可是曾经陪侍在左右，还能记诵先父教诲之外的东西。大抵先父在世时，曾想为政能大润泽天下，一物枯槁，便作为自己的羞耻。大的方面既然不能尝试，已经尝试去做的就是小的方面了，小的政绩又将泯灭而不能传扬了，那我这个不肖的遗孤，罪责就太大了，还有什么颜面挺立在天地之间呢？阁下常怀殷勤恻隐之心，记挂着先父事迹不能流传的事，若不是仁人君子喜欢称道别人的善行，哪能做到这样呢？

自三代之时，国各有史。而当时之史，多世其家，往往以身死职，不负其意。盖其所传，皆可考据。后既无诸侯之史，而近世非尊爵盛位，虽雄奇俊烈，道德满衍，不幸不为朝廷所称，辄不得见于史。而执笔者又杂出一时之贵人，观其在廷论议之时，人人得讲其然不，尚或以忠为邪，以异为同；诛当前而不慄，讪在后而不羞，苟以餍其忿好之心而止耳。而况阴挟翰墨，以裁前人之善恶，疑可以贷褒，似可以附毁，往者不能讼当否，生者不能论曲直，赏罚谤誉，又不施其间，以彼其私，独安能无欺于冥昧之间邪？善既不尽传，而传者又不可尽信如此。惟能言之君子，有大公至正之道，名实足以信后世者，耳目所遇，一以言载之，则遂以不朽于无穷耳。

【译文】自夏、商、周时，各诸侯国就都有史官，当时的史官多是家族世袭，往往以身殉职，也不违背史官的职责。所以流传下来的历史，都有据可考。后来已经没有像诸侯国里那样的史官，而近代不是高官盛位，即使雄奇俊烈这样的人，道德满溢，不幸不被朝廷称道，就不能在历史上看到。况且那些执笔记录历史的人又芜杂地出于一时的贵人，观察他们在朝中议论的时候，人人都能指出他们的对错，尚且有人误把忠良当成奸邪，把差异看作雷同，面对别人当面的诛责而不害怕，对别人背后的讪笑也不以为羞耻，苟且以能满足自己的好恶之心罢了。何况暗中把持笔墨，来裁度前人的善恶，疑寞可以替换成褒扬，似是而非可以附著以毁谤，死去的人不能争辩是否恰当，活着的人不能议论曲直，赏罚谤誉，又不在世上公开，仅凭他们的私心，哪能不欺骗不明真相的世人呢？善行既然不能全部传扬，而传扬的又不能使人全部相信。只有那些能说出来的君子，有大公无私、正直不阿的道行，名副其实足以使后人信任，将他耳闻目睹的事迹，一一地用言辞记下来，那就可以永垂不朽了。

伏惟阁下于先人非有一日之雅，余论所及，无党私之嫌，苟以发潜德为己，务推所闻，告世之能言而足信者，使得论次以传焉，则先君之不得列于史官，岂有恨哉？

【译文】尊敬的阁下和先父并没有一面之交，我论及的这些事，也没有结党营私的嫌疑，如果您能把发掘那些隐没不传的德行作为自己的事情，务必推扬您所知闻的，告诉那些世上能写出来而又能让人信任的人，使先父的事迹能编次于书册流传开来，那么先父就是不能列进史官那儿，难道还会有遗恨吗？

上人书

尝谓文者，礼教治政云尔。其书诸策而传之人，大体归然而已。而曰“言之不文，行之不远”云者，徒谓辞之不可以已也，非圣人作文之本意也。

自孔子之死久，韩子作，望圣人于百千年中，卓然也。独子厚名与韩并，子厚非韩比也，然其文卒配韩以传，亦豪杰可畏者也。韩子尝语人以文矣，曰云云，子厚亦曰云云。疑二子者，徒语人以其辞耳。作文之本意，不如是其已也。

孟子曰：“君子欲其自得之也。自得之，则居之安；居之安，则资之深；资之深，则取诸左右逢其原。”孟子之云尔，非直施于文而已，然亦可托以为作文之本意。且所谓文者，务为有补于世而已矣；所谓辞者，犹器之有刻镂绘画也。诚使巧且华，不必适用；诚使适用，亦不必巧且华，要之以适用为本，以刻镂绘画为之容而已。不适用，非所以为器也；不为之容，其亦若是乎？否也。然容亦未可已也，勿先之，其可也。

某学文久，数挟此说以自治。始欲书之策而传之人，其试于事者，则有待矣。其为是非邪，未能自定也。执事，正人也，不阿其所好者，书杂文十篇献左右，愿赐之教，使之是非有定焉。

【译文】所谓文章，应该是为礼教治政立言的。那些写在简策上传给后人的文章大体上都属于此类。而所谓“言之不文，行之不远”之类的话，只说“文采是不可忽视的”，这不是圣人作文章的本意。

自孔子死后很久，才有韩愈崛起，他是千百年中人们仰望的圣人，卓然超群。惟独柳宗元和他齐名，柳宗元不能和韩愈相比，可是他的文章最终能跟韩愈的一起流传下来，也可算是文坛上的豪杰可畏了。韩愈曾告诉人作文的道理，说应该如此这般，柳宗元也说应该如此这般。我怀疑他们两人只告诉了别人如何有文采，而作文章的本意，不是像这样可以忽略的。

孟子说：“君子想自我提高修养。自我修养提高了就能安居；能安居就会有深厚的资历；资历深厚了就能要得到什么都会左右逢源了。”只是孟子说这些话，不只是用在作文章上罢了，可是也可以将其寄托在作文章的本意上面。况且我自己认为所谓文章务必是对当世有裨益的，所谓文采就像器物上有镂刻绘画一样。如果要它精巧华英，就不必适合使用；如果使它适合使用也不必精巧华美。关键是要以适合使用为根本，以镂刻绘画为修饰罢了。不能适合使用，就不是做器物的目的了。不加修饰难道不也是如此吗？非也。当然修饰也不是不要的，不先把它放在前面考虑就可以了。

我学作文章很久了，屡屡以此说来自励。开始是想写在典策上流传后世，至于将它们在实际的事情上试用就等待以后了。这些文章是好还是不好，我不能自己确定。执事您是个正直的人，从不阿谀自己喜欢的人，书写了杂文十篇呈献给您，愿能赐教，让它们是非有定论。

祭欧阳文忠公文

夫事有人力之可致，犹不可期；况乎天理之溟漠，又安可得而推？惟公生有闻于当时，死有传于后世，苟能如此足矣，而亦又何悲？

如公器质之深厚，智识之高远，而辅学术之精微，故充于文章，见于议论，豪健俊伟，怪巧瑰琦。其积于中者，浩如江河之停蓄；其发于外者，烂如日星之光辉。其清音幽韵，凄如飘风急雨之骤至；其雄辞闳辨，快如轻车骏马之奔驰。世之学者，无问乎识与不识，而读其文，则其人可知。

呜呼！自公仕宦四十年，上下往复，感世路之崎岖，虽屯邅困踬；窜斥流离，而终不可掩者，以其公议之是非。既压复起，遂显于世。果敢之气，刚正之节，至晚而不衰。

【译文】有些事是人的力量可以达到，我们尚且不能期待，更何况对那些不可确定的事，我们又怎么能推知呢？您生前在社会上享有盛名，死后又能流传后世，能做到这些应该可以满足了，又有什么值得悲哀呢？

像您这样才能、素质如此优秀，智慧、见识如此高远，再加上学术精深，所以不管是写文章还是发议论，都豪迈雄健、珍奇美好，不同凡响。您的道德修养、学识像长江大河一样雄浑深沉，您的政绩与诗文的成就，其光辉灿烂超过日月星辰。您诗文的清越声音、幽深的韵味，清爽凄切，如同突然到来的狂风暴雨；而您议论时的雄辩，如同奔驰的轻车骏马一样轻快、便捷。世界上的学者，不管是不是认识您，读到您的文章，就能知道您的为人。

唉！您在仕途上沉浮了四十余年，深深感受到了其中的艰难、困顿。您虽然遭遇困境、辗转贬斥，但大家对其中的是非曲直的议论是遮掩不了的。因而当您被再次起用后，马上扬名于世。您果敢的气魄、刚正的气节，直到晚年都毫不衰减。

方仁宗皇帝临朝之末年，顾念后事，谓如公者，可寄以社稷之安危。及夫发谋决策，从容指顾，立定大计，谓千载而一时。功名成就，不居而去。其出处进退，又庶乎英魄灵气，不随异物腐败，而长在乎箕山之侧与颍水之湄。然天下之无贤不肖，且犹为涕泣而歔欷，而况朝士大夫，平昔游从，又予心之所向慕而瞻依？

呜呼！盛衰兴废之理，自古如此。而临风想望，不能忘情者，念公之不可复见，而其谁与归？

【译文】仁宗皇帝在位的最后几年，想到身后之事，说像您这样的人，可以把安定江山社稷的重任交给您。到仁宗皇帝驾崩，您谋划、决策，从容果断，完成了辅佐英宗皇帝登基的重任。您功成名就之后，并不居功，而是请求退隐。您这种从容进退的英魄灵气，不会和别的事物一样腐烂消失，而会与许由一样，永远存在于箕山脚下、颍水之滨。普天之下，无论贤愚不肖，都为您的去世流泪叹息，更何况我作为朝廷的士大夫、过去受到您扶持的人，而您又是我心中所仰慕、依靠的人呢？

唉！天下盛衰兴废的道理自古都是这样。但我临风凝望，不能忘怀的是再也见不到您了，而我可以依靠谁呢？

苏 轼

宋眉山人，字子瞻，洵之长子。博通经史，嘉祐中试礼部，欧阳修擢置第二，曰：“吾当避此人出一头地。”签书凤翔府判官，召直史官。熙宁中王安石创行新法，轼上书论其不便，安石怒，使御史谢景温奏其过“穷治无所得”，轼遂请外，通判杭州，再徙知湖州。言者摭其诗语以为讪谤，逮赴台狱，欲置之死，锻炼久不决，以黄州团练副使安置。轼筑室于东坡，自号东坡居士。移汝州，元祐中累官翰林学士兼侍读，以龙图阁学士知杭州，召为翰林承旨，历端明殿翰林侍读两学士，出知惠州。绍圣中累贬琼州别驾，赦还。建中靖国初卒于常州，年六十六，谥文忠。轼文章初师父洵所为，既而得之于天。其体浑涵光芒，雄视百代。尝自评其文：如万斛泉源，不择地皆可出。良为善喻。诗词书画亦皆有名。所著有《易书传》《论语说》《仇池笔记》《东坡志林》《东坡集》等。

【译文】宋代眉山（今属四川）人，字子瞻，苏洵的大儿子。博览经史，颇有心得。嘉祐年间在礼部考试，被欧阳修定为第二名，并且说：“我应当回避这个人，以出一头之地。”被授予凤翔府判官，又被召授职史官。熙宁年间，王安石创立并实行新法，苏轼上书议论新法的弊端，王安石很生气，就让御史谢景温上奏朝廷他“治理却没受什么建树”，苏轼就请求外出做官，任杭州通判，后来又任湖州太守。有人摘取他的诗词，说他毁谤朝廷，把他投入监狱，想要处死他。案件审理了很久没有判决，就安排他担任黄州团练副使。苏轼在东坡修筑房舍，自称为“东坡居士”。后来又到了汝州，元祐年间曾任翰林学士兼侍读，并以图龙阁学士的身份任杭州通判，又被召任翰林承旨，端明殿翰林侍读两学士，惠州通判。绍圣年间被贬为琼州别驾，不久又被赦免。建中靖国初年在常州去世，享年六十六岁，谥号文忠。苏轼作文章最初学习他苏洵，不久又发挥自己的天性。他的文章浑涵光芒，能够雄视百代。我自己对苏轼文章的评价是：像万斛泉源，不必选择地方，都可以涌出。这确实是一个很好的比喻。苏轼的诗、词、书、画都很有名气。他的著作有《易书传》《论语说》《仇池笔记》《东坡志林》《东坡集》等。

韩非论

圣人之所为恶夫异端尽力而排之者，非异端之能乱天下，而天下之乱所山出也。昔周之衰，有老聃、庄周、列御寇之徒，更为虚无谈泊之言，而治其猖狂浮游之说，纷纭颠倒，而卒归于无有。由其道者，荡然莫得其当，是以忘乎富贵之乐，而齐乎死生之分，此不得志于天下，高世远举之人，所以放心而无忧。虽非圣人之道，而其用意，固亦无恶于天下。自老聃之死百馀年，有商鞅、韩非著书，言治天下无若刑名之贤。及秦用之，终于胜、广之乱。教化不足，而法有馀，秦以不祀，而天下被其毒。后世之学者，知申、韩之罪，而不知老聃、庄周之使然。

【译文】孔予所谓厌恶异端而尽力排斥他们的，不是异端能够搅乱天下，而是天下的动乱是由异端产生的。过去周王朝的衰弱，出现了老子、庄子、列御寇一类人，变更为虚无淡泊的主张，研究他们的恣意狂妄的无根之谈，颠倒纷纭，而最终归于无有：跟随着他们主张走的人，飘飘荡荡地得不到他适合的地方，所以忘了富贵的快乐，而把死生的区别看成一样，这是在世上不得志，高高远离世事的隐居人士，所以放纵恣肆他的心而没有忧虑，虽然不是圣人的道，而他的用意，固然对天下也没有恶意。从老子死后的一百多年，有了商鞅、韩非著书立说，说治理天下，没有比刑名更好的，等到秦国采用了刑名之学，终于引起了陈胜、吴广的作乱。这是教化不够，而法令有余，秦因此灭亡，而天下受到它的荼毒。后代的学者，知道申不害、韩非的罪行，而不知道这是老子、庄子促使他们这样的。

何者？仁义之道，起于夫妇、父子、兄弟相爱之间；而礼法刑政之原，出于君臣上下相忌之际。相爱则有所不忍，相忍则有所不敢。不敢与不忍之心合，而后圣人之道得存乎其中。今老聃、庄周论君臣、父子之间，泛泛乎若萍浮于江湖而适相值也。夫是以父不足爱，而君不足忌。不忌其君，不爱其父，则仁不足以，义不足以劝，礼乐不足以化。此四者皆不足用，而欲置天下于无有。夫无有，岂诚足以治天下哉？商鞅、韩非求为其说而不得，得其所以轻天下而齐万物之术，是以敢为残忍而无疑。

【译文】为什么呢？仁义的道德，起源于夫妇、父子、兄弟的相爱之间；而礼法刑政的本原，出自君臣、上下级的相互畏惧之间。相爱就有所不忍心，相互畏惧就有所不敢：不敢和不忍的心相合，然后圣人的道得于存在这中间–如今老子、庄子论述君臣、父子之间的关系，像飘浮着的浮萍在江湖中间刚好相遇。所以父亲不足爱，而国君也不足畏惧。不畏惧他的君主，不爱他的父亲，那么，仁就不足以怀恋，义不足以劝勉。礼乐不足以教化。这四个方面都不足用，而想把天下放在无有之中。讲到无有，难道真的足以治理天下吗？商鞅、韩非为他们的学说探求根据而没有得到，得到了用来轻视天下而齐一万物的方法，所以敢于做残忍的事而无疑了。

今夫不忍杀人而不足以为仁，而仁亦不足以治民；则是杀人不足以为不仁，而不仁亦不足以乱天下。如此，则举天下唯吾之所为，刀锯斧钺，何施而不可。昔者夫子未尝一日易其言。虽天下之小物，亦莫不有所畏。今其视天下眇然若不足为者，此其所以轻杀人欤!太史迁曰：“申子卑卑，施于名实。韩子引绳墨，切事情，明是非，其极惨礉少恩，皆原于道德之意。”尝读而思之，事固有不相谋而相感者，庄、老之后，其祸为申、韩。由三代之衰至于今，凡所以乱圣人之道者，其弊固已多矣，而未知其所终，奈何其不为之所也？

【译文】如今讲到不忍心杀人而不足以称为仁，而仁也不足以治理民众；就是杀人不足以称为不仁，而不仁也不足以搅乱天下。这样，就是整个天下任我去做，刀锯斧钺的酷刑，使用什么不可以，过去孔子没有一天敢于轻易说话。虽然是天下的小东西，也无不有所畏惧。如今他们看待天下很渺小，好像不足以去治理，这是他们所以要轻于杀人么!太史公司马迁说：“申不害自己奋勉，施行于名实。韩非引用法度，切合于事情，明辨是非，他极为残酷峻刻而缺少恩德，都是原本于老予道德的意思。”曾经读了这段话而作了思考，事情本来有不互相商量而能相互感应的，庄子、老子以后，它的灾难就是中不害、韩非，由三代的衰败直到今天，凡是用来搅乱圣人之道的，它的害处固然已经很多了，而还不知道它的最后怎样，怎么不为它安排一个合适的场所呢？

志林（战国任侠）

春秋之末，至于战国，诸侯卿相皆争养士。自谋夫说客、谈天雕龙、坚白同异之流，下至击剑扛鼎、鸡鸣之徒，莫不宾礼。靡衣玉食以馆于上者，何可胜数？越王勾践有君子六千人，魏无忌、齐田文、赵胜、黄歇、吕不韦皆有客三千人。而田文招致任侠奸人六万家于薛，齐稷下谈者亦千人，魏文侯、燕昭王、太子丹皆致客无数。下至秦、汉之间，张耳、陈余号多士，宾客厮养皆天下豪杰；而田横亦有士五百人。其略见于传记者如此。度其余当倍官吏而半农夫也。此皆奸民蠹国者，民何以支而国何以堪乎？

【译文】春秋之末，直到战国，诸侯卿相都争着养士，从谋士说客、谈天雕龙、坚白同异这类士流，下到击剑、扛鼎、学鸡叫、学狗盗的一类人，无不身穿华美的衣服，吃着珍稀的食物，身居高堂，这些人数也数不过来。越王勾践，养有君子六个人；魏国信陵君、齐国孟尝君、赵国平原君、楚国春申君、秦国吕不韦，都有食客三千人；而孟尝君田文还收罗了任侠之士和奸人六万家住在他的封地薛；齐国稷下讲学议论的也有一千人；魏文侯、燕昭王、燕太子丹，都收罗了无数的食客，往下到秦、汉之间，张耳、陈馀号称多士，从宾客到干粗杂活的人，都是天下的豪杰之士。而田横也有士五百人。大略见于传记的就是这样，估计没有记载的人数当比官吏高出一倍，而有农民的一半。这些都是欺诈百姓祸害国家的人，老百姓如何能够承受，而国家如何能胜任这一负担呢？

苏子曰：此先王之所不能免也。国之有奸也，犹鸟兽之有猛鸷，昆虫之有毒螫也。区处条理，使各安其处，则有之矣。锄而尽去之，则无是道也。吾考之世变，知六国之所以久存，而秦之所以速亡者，盖出于此，不可以不察也。夫智、勇、辩、力，此四者皆天民之秀杰者也，类不能恶衣食以养人，皆役人以自养者也。故先王分天下之富贵，与此四者共之。此四者不失职，则民靖矣。四者虽异，先王因俗设法，使出于一。三代以上出于学，战国至秦出于客，汉以后出于郡县吏，魏晋以来出于九品中正，隋唐至今出于科举。虽不尽然，取其多者论之。六国之君，虐用其民，不减始皇、二世，然当是时，百姓无一叛者，以凡民之秀杰者，多以客养之，不失职也。其力耕以奉上，皆椎鲁无能为者，虽欲怨叛，而莫为之先。此其所以少安而不及亡也。

【译文】苏轼说：这种情况先王也是不能避免的。国家有奸人，犹如鸟兽中有鸷鸟猛兽，昆虫有毒刺。把他们区分整理，使他们各自安于其位，过去有人用过这种办法了，把他们像杂草一样都锄掉，就没有这个道理了。我考察世道的变化，知道六国的所以长久存在，而秦国的所以迅速灭亡的原因，大概就出在这里，不可以不看到的。讲到智慧、勇敢、论辩、有力这四个方面，都是天下人民中的优秀杰出人才。大抵不能靠别人粗劣的衣食来供养，都是驱使别人来供养自己的人。所以先王分天下的富贵，和这四种人来共享。这四种人不失去工作，就是百姓安宁了。四种人虽然不同，先王依据习俗设立方法，使用同一种办法选取出来。三代以上，出自学校教育。战国至秦，出自门客。汉代以后，出自郡县吏的推举。魏、晋以来，出自九品中正制，隋、唐到今天，出自科举考试。虽然不都这样，这是取它大多数来说的。六国的君主，虐待使用他们的老百姓，不比秦始皇、秦二世差，然而在那个时候，百姓没有一人造反的，因为凡是人民中的优秀杰出人才，大多把他们当作门客供养着，使他们不失职务。那些尽力耕种来供奉上级的，都是愚钝无所作为的，虽然想怨恨叛乱，而没有人起来倡导，这是六国所以略微安宁而不马上灭亡的原因。

始皇初欲逐客，用李斯之言而止。既并天下，则以客为无用，于是任法而不任人。谓民可以恃法而治，谓吏不必才，取能守吾法而已。故堕名城，杀豪杰，民之秀异者散而归田亩，向之食于四公子、吕不韦之徒者，皆安归哉？不知其能槁项黄馘以老死于布褐乎？抑将辍耕太息以俟时也？秦之乱虽成于二世，然使始皇知畏此四人者，有以处之，使不失职，秦之亡不至若是速也。纵百万虎狼于山林而饥渴之，不知其将噬人，世以始皇为智，吾不信也。

【译文】始皇开始想驱逐客籍人士，采纳了李斯的建议而没有实行。已经并吞天下以后，就认为客籍人士没有用了，于是重视法而不重视人，说百姓可以依靠法来治理，说吏不必根据才能来录用，能遵守我的法就行了。所以就毁坏名城，杀戮豪杰，人民中间优秀的杰出人才散归到土地上去耕种，以前靠四公子、吕不韦之类的人供养的食客，都归宿到什么地方去呢！不知道他们能忍受面黄肌瘦而老死在贫困生活中吗？或者将停止耕种叹息着以等待时机呢？秦国的动乱，虽然形成于二世时，然而假使始皇知道畏惧这四类人，有地方安置他们，使他们不失业，秦国的灭亡，不至于像这样的迅速了。放纵着百万虎狼在山林中，使它们又饥又渴，不知道它们将要咬人，世人以为秦始皇聪明，我不相信。

楚汉之祸，生民尽矣，豪杰宜无几，而代相陈豨从车千乘，萧、曹为政，莫之禁也。至文、景、武之世，法令至密；然吴濞、淮南、梁王、魏其、武安之流，皆争致宾客，世主不问也。岂惩秦之祸，以为爵禄不能尽縻天下士，故少宽之，使得或出于此也邪！

【译文】楚、汉相争之祸，人民快要灭绝了，豪杰也应该所剩不多，而代相陈豨，身后还跟随着千乘车辆，萧何、曹参做丞相的时候，也没有禁止过他。到了文帝、景帝、武帝时代，法令最为严密，然而吴王刘濞、淮南王、梁孝王、魏其侯、武安侯一流人，都争着网罗宾客，皇帝也并不过问。难道因为苦于秦国的灾祸，认为官爵不能都把天下的士子束缚起来，所以稍稍宽纵他们，使他们也有所得，或者就出于这样的想法吧？

若夫先王之政则不然，曰：“君子学道则爱人，小人学道则易使也。”呜呼！此岂秦、汉之所及也哉！

【译文】像先王实行的政治，就不是这样，孔子说："君子学了道就知道实行仁政，小人学了道就容易听从使唤。"唉。这岂是秦、汉所能赶得上的呢！

范文正公文集序

庆历三年，轼始总角入乡校，士有自京师来者，以鲁人石守道所作《庆历圣德诗》示乡先生。轼从旁窃观，则能诵习其词，问先生以所颂十一人者何人也？先生曰："童子何用知？"轼曰："此天人也耶，则不敢知；若亦人耳，何为其不可？"先生奇轼言，尽以告之，且曰："韩、范、富、欧阳，此四人者，人杰也。"时虽未尽了，则已私识之矣。嘉佑二年，始举进士至京师，则范公殁。既葬，而墓碑出，读之至流涕，曰："吾得其为人，盖十有五年，而不一见其面，岂非命也欤！"

【译文】庆历三年，我刚刚束发成童、进入乡间的私塾学习，有一位从京城来的文士，拿着山东人石守道所写的《庆历圣德诗》给我的私塾先生看。我从旁边偷偷地看了这诗，便能背诵其中的诗句，就问先生诗中所颂扬的十一个人是什么样的人？先生回答说："小孩子家何必知道这个？"我说："这些难道是天上的人吗？如果是，那我就不敢去打听；如果也是一般的人，为什么不能让我知道呢？"先生对我的话感到惊奇，便详尽地告诉了我，并说："韩琦、范仲淹、富弼、欧阳修这四个人，足人中的杰出之士。"当时我虽然并不完全明白，但私下已知道了范公。到嘉佑二年，为了考进士，我才有机会到京城去，而范公已经去世了，他下葬之后，欧阳修的《资政殿学士文正范公神道碑铭》也写出来了，我读过之后流出了眼泪，说："我知道范公的为人，已有十五年，却没有机会见一面，这难道不是命中注定的吗！"

是岁登第，始见知于欧阳公，因公以识韩、富，皆以国士待轼，曰："恨子不识范文正公。"其后三年，过许，始识公之仲子今丞相尧夫。又六年，始见其叔彝叟京师。又十一年，遂与其季德孺同僚于徐。皆一见如旧。且以公遗稿见属为序。又十三年，乃克为之。

【译文】那一年我考中进士，得到了欧阳公的赏识。并由欧阳公而认识了韩琦、富弼，他们都把我当做国家的杰出人物看待，对我说："很遗憾你没有机会认识范文正公。"其后三年，我经过许州，才认识了范公的第二子即当今的丞相范尧夫。又过了六年，在京城又首次认识了范公的第三子范彝叟。又过了十一年，与范公的第四子范德孺在徐州成为了同僚。我与他们都一见如故，他们将范公的遗稿托付我写一篇序言。再过了十三年之后，我才写好这篇序。

呜呼！公之功德，盖不待文而显，其文亦不待序而传。然不敢辞者，自以八岁知敬爱公，今四十七年矣。彼三杰者，皆得从之游，而公独不识，以为平生之恨。若获挂名其文字中，以自托于门下士之末，岂非畴昔之愿也哉。

【译文】唉!范公的功绩与德行，不必依靠他的文章才显示出来，他的文章也并不需依靠序言才能流传开来，但我之所以不敢推辞，是我自从八岁就知道敬爱范公以来，到今天已经四十七年了：其他三位杰出的人士，我都得以交游，却只有范公不认识，我把这引为平生的遗憾。如果得以将自己的名字挂在范公的文字当中，将自己依托在范公门生的末尾，岂不是往昔最大的愿望。

古之君子，如伊尹、太公、管仲、乐毅之流，其王霸之略，皆定于畎亩中，非仕而后学者也。淮阴侯见高帝于汉中，论刘、项短长，画取三秦，如指诸掌。及佐帝定天下，汉中之言，无一不酬者。诸葛孔明卧草庐中，与先主论曹操、孙权，规取刘璋，因蜀之资，以争天下，终身不易其言。此岂口传耳受尝试为之而侥幸其或成者哉?

【译文】古代的君子，像伊尹、太公、管仲、乐毅等人，他们建立王霸大业的谋略，都已经在身为平民百姓的时候就奠定了，并不是当官之后才学会的。淮阴侯韩信在汉中见到汉高祖，谈论刘邦、项羽之间的长短，谋划取得三秦之地，就像是指着手掌一样一目了然。等到辅佐汉高祖统一了天下，当初在汉中的言论，没有一句不实现。诸葛孔明隐居在草庐当中，与先主刘备谈论曹操、孙权，谋划攻取刘璋，借四川的资源，来争夺天下，终身都没有改变这一主张。这难道是口耳相传、尝试着去做一做，希望侥幸成功的事吗?

公在天圣中，居太夫人忧，则已有忧天下致太平之意，故为万言书以遗宰相，天下传诵。至用为将，擢为执政，考其平生所为，无出此书者。今其集二十卷，为诗赋二百六十八，为文一百六十五。其于仁义礼乐，忠信孝悌，盖如饥渴之于饮食，欲须臾忘而不可得，如火之热，如水之湿，盖其天性有不得不然者。虽弄翰戏语，率然而作，必归于此。故天下信其诚，争师尊之。孔子曰：“有德者必有言。”非有言也，德之发于口者也。又曰：“我战则克，祭则受福。”非能战也，德之见于怒者也。

【译文】范公在天圣年间，居母丧，便已有了忧患天下而建立太平盛世的理想，所以写下了万言书呈送宰相，天下之人都互相传诵。等到起用为将军，并升任宰相，考察他平生的言行，并没有超出万言书的范围。如今他的文集共二十卷，收入诗赋二百六十八首、散文一百六十五篇。其中对于仁义礼乐、忠信孝悌等道德观念的论述，就像饥渴之人对于吃喝一样，想要忘记片刻也办不到，就像火是热的、水是湿的一样，是天性不得不如此。即使是舞文弄墨、游戏之语，或者即兴所作，也都要归结到这种观点上。所以天下之人都信服他的诚意，争着以他为师而尊崇他。孔子说："有道德的人就一定有美好的言论。"并不是他有意于言论，而是他的道德表露在他的言论之中；孔子又说："我作战就一定能取胜，祭奠就一定能得到降福。"他并不是仅靠武力来作战，而是他的道德形之于对敌人的义愤取得了胜利。

六一居士集序

夫言有大而非夸，达者信之，众人疑焉。孔子曰："天之将丧斯文也，后死者不得与于斯文也。"孟子曰："禹抑洪水，孔子作《春秋》，而予距杨、墨。"盖以是配禹也。文章之得丧，何与于天？而禹之功与天地并，孔子、孟子以空言配之，不已夸乎！自《春秋》作而乱臣贼子惧。孟子之言行而杨、墨之道废，天下以是为固然而不知其功。孟子既没，有申、商、韩非之学，违道而趋利，残民以厚主，其说至陋也，而士以是罔其上。上之人侥幸一切之功，靡然从之。而世无大人先生如孔子、孟子者，推其本末，权其祸福之轻重，以救其惑，故其学遂行。秦以是丧天下，陵夷至于胜、广，刘、项之祸，死者十八九，天下萧然。洪水之患，盖不至此也。方秦之未得志也，使复有一孟子，则申、韩为空言，"作于其心，害于其事，作于其事，害于其政"者，必不至若是烈也。使杨、墨得志于天下，其祸岂减于申、韩哉？由此言之，虽以孟子配禹可也。

【译文】言论有宏大而并不虚夸的，通达事理的人能够相信，但一般的人却会表示怀疑。孔子曾经说："苍天如果要毁灭掉这种文化，那么我这个后死的人也不会见闻到这种文化了。"孟子也说："大禹抑止住了洪水，孔子写成了《春秋》，我则抵制了杨、墨的学说，"他是将孔子和自己来与大禹相匹配啊、文章的得失，对于苍天有什么关系呢？而大禹的功绩却足可以和天地并立的，孔子和孟子仅仅通过空洞的言论来与大禹相匹配，不是太虚夸了吗！但自从孔子作了《春秋》以来，便使乱臣贼子感到了害怕。孟子的言论流行以后，杨、墨的学说也就废弃了，天下的人却认为这是理所当然而不知这是孟子的功绩。孟子去世之后，流行起申不害、商鞅、韩非等人的法家学说，违背天道而追逐功利，残害百姓来尊崇君主，他们的思想是十分不合理的，但士大夫却以此来蒙蔽君王。在上的君王贪图偶然得到的成功，纷纷地接受了这种学说。整个世上却不再有孔子、孟子那样有道德觉悟的大人先生，出来考求它们的前因后果，权衡它们祸福之间的轻重关系，从而来解救君主们思想上的混乱，因此他们的学说得以盛行起来。秦朝因为这一学说而丧失了天下，一直走着下坡路以至于发生陈胜、吴广、刘邦、项羽起来推翻王朝的大祸，死去的人有十分之八九，天下一片萧条。即使洪水滔天的大祸，也不至于这样。当秦朝还没有统一天下的时候，假使又出现一个孟子，那么申不害、韩非的言论就将落空，“产生于心中，就危害于实践；产生于实践，就危害于政治”那样的后果，就一定不会像那样严重了。假使让杨、墨的学说风行天下，带来的祸害难道会少于申不害、韩非的言论吗?由此来说，即使将孟子来与大禹匹配也是可以的

太史公曰：“盖公言黄、老，贾谊、晁错明申、韩。”错不足道也，而谊亦为之，予以是知邪说之移人，虽豪杰之士有不免者，况众人乎!自汉以来，道术不出于孔氏，而乱天下者多矣。晋以老庄亡，梁以佛亡，莫或正之，五百馀年而后得韩愈，学者以愈配孟子，盖庶几焉。愈之后二百有馀年而后得欧阳子，其学推韩愈、孟子以达于孔氏，著礼乐仁义之实，以合于大道。其言简而明，信而通，引物连类，折之于至理，以服人心，故天下翕然师尊之。自欧阳子之存，世之不说者，哗而攻之，能折困其身，而不能屈其言。士无贤不肖不谋而同曰：“欧阳子，今之韩愈也。”

【译文】太史公司马迁说：“盖公喜欢倡导黄、老的学说，贾谊和晁错却继承了中不害、韩非的学说–”晁错作为反面人物，就不用去说他了，但贾谊竟然也搞这一套，我由此知道邪恶的学说可以改变人，即使是英雄豪杰也难以避免，一般的人就更不用说了!自从汉朝以来，由于没能实行孔于的政治主张，而引起天下纷乱的事情实在太多了。晋代因为崇尚老庄的学说而导致亡国，梁朝因为崇尚佛家的学说导致亡国，没有人能出来加以纠正，一直到五百多年以后才出现了韩愈，学者们把韩愈来匹配孟子，颇为合适。韩愈之后二百多年又出现了欧阳先生，他的学说推崇韩愈、孟子，而与孔子相通，阐明礼乐仁义的事实，来契合于治国平天下的大道，他的言论简洁明了，真实通达，引喻事物联系同类，从中分析出真理来，从而使人心服，所以天下的人都一致地以他为师而尊崇他。自从欧阳先生出现，世上那些不满他的人，吵吵嚷嚷地对他进行攻击，但也只能挫折困辱他的躯体，却无法挫折困辱他的思想。士大夫中无论是贤才还是不肖之徒，都未经商量而异口同声地说：“欧阳先生，是当今的韩愈。”

宋兴七十馀年，民不知兵，富而教之，至天圣、景佑极矣，而斯文终有愧于古。士

亦因陋守旧，论卑而气弱。自欧阳子出，天下争自濯磨，以通经学古为高，以救时行道为贤，以犯颜纳谏为忠。长育成就，至嘉佑末，号称多士。欧阳子之功为多。呜呼，此岂人力也哉？非天其孰能使之？

【译文】大宋建国已七十多年，百姓都已不知道战争，富裕之后兴办了教育，这种太平的景象到天圣、景佑年间发展到了极点，但文化艺术的水平与古代相比，还是有些逊色；士大夫也都因循浅薄陈旧的学说，论调低下而气格卑弱。自从欧阳先生出现以后，天下之人都互相争先革新进取，以精通经书、学习古代为高尚，以救济时弊、实行天道为贤明，以冒犯龙颜、敢于进谏为忠诚：助长培育造就人才，到了嘉佑末年，以杰出的人才之多而著称于世。这一现象的出现，以欧阳先生的功劳最大。唉!这难道是人力能办到的吗?如果不是苍天的旨意，谁又能做到呢?

欧阳子没十有馀年，士始为新学，以佛老之似，乱周孔之真，识者忧之。赖天子明圣，诏修取士法，风厉学者专治孔氏，黜异端，然后风俗一变。考论师友渊源所自，复知诵习欧阳子之书。予得其诗文七百六十六篇于其子棐，乃次而论之曰：“欧阳子论大道似韩愈，论事似陆贽，记事似司马迁，诗赋似李白。此非予言也，天下之言也。”欧阳子讳修，字永叔。既老，自谓六一居士云。

【译文】欧阳先生去世十多年后，士大夫又开始崇尚新学，以类似佛老的思想，来混淆周孔儒学的真实，使得有识见的人深感忧虑，依靠了天子的英明神圣，下诏修改取士之法，劝勉读书人专门研读孔子的学说，废除异端的思想，从而使得学术风气为之一变，他们研讨学术上应该取法的本原关系，再次知道了应该学习欧阳先生的著作，我从欧阳先生的公子欧阳棐那里得到了欧阳先生所写的诗文共七百六十六篇，于是进行整理编次，并加评论说：“欧阳先生阐发大道，与韩愈相似，议论政治与陆贽相似，记叙事件与司马迁相似，诗赋风格与李白相似，这不是我个人独创的评论，而是天下人共同的评论。”欧阳先生名修，字永叔，老年时，自称“六一居士”。

上皇帝书

熙宁四年二月日，具位臣苏轼，谨冒万死，再拜上书皇帝陛下。臣近者不度愚贱，辄上封章言买灯事。自知渎犯天威，罪在不赦，席藁私室，以待斧钺之诛。而侧听逾旬，威命不至，问之府司，则买灯之事，寻已停罢。乃知陛下不惟赦之，又能听之，惊喜过望，以至感泣。何者？改过不吝，从善如流，此尧舜禹汤之所勉强而力行，秦汉以来之所绝无而仅有。顾此买灯毫发之失，岂能上累日月之明？而陛下幡然改命，曾不移刻。则所谓智出天下，而听于至愚；威加四海，而屈于匹夫。臣今知陛下可与为尧舜，可与为汤武，可与富民而措刑，可与强兵而伏戎虏矣。有君如此，其忍负之。惟当披露腹心，捐弃肝脑，尽力所至，不知其它。乃者，臣亦知天下之事，有大于买灯者矣，而独区区以此为先者。盖未信而谏，圣人不与；交浅言深，君子所戒。是以试论其小者，而其大者固将有待而后言。今陛下果赦而不诛，则是既已许之矣，许而不言，臣则有罪，是以愿终言之。

【译文】熙宁四年二月某日，臣苏轼冒着被处死的危险，给皇帝陛下上书。臣前不久不顾自己的愚陋卑贱，就上封章议论买灯的事。自己知道冒犯皇上天威，有无法赦免的死罪，因此在家坐卧藁草之上，等待严峻的处罚。但倾耳打听十多天，论罪的命令未到，向官府询问，才知买灯之事，不久已经取消了。这才知道陛下不仅赦免了我的罪过，而且还能听从我的谏言，惊喜超出了我的意想，以至我感动得哭泣起来。这是为什么呢？改正失误毫不以为耻，听从正确意见像流水一样爽快，这是尧、舜、禹、汤四位圣君身体力行，而秦、汉以来所绝无仅有的。回看这种买灯的微小失误，难道它能使皇上如同日月的英明受害？而陛下迅速改变诏命，不曾有片刻的迟疑。这就是所谓智谋超出于天下人，却能倾听最愚笨的人的谏言；声威施加于四海之内，却能屈从于平民的意愿。臣而今知道陛下可以成为尧舜那样的圣主，可以成为汤武那样的明君，可以使人民富裕而弃置刑罚，可以使军队强大而制服外敌了，有这样的圣明君主，怎能忍心辜负他，只应该披露腹心，捐弃肝脑，竭尽全力地效忠，此外不知其他，从前，臣也知道天下的事，有比买灯更重大的，但惟独把这种区区小事作为首要之事。是因为不取得君王的信任就去规谏的作法，是圣人不赞成的；交情不深就推心置腹，是君子所戒惧的。因此臣就试着议论一件小事，而那些重大时事则将等待时机然后再陈奏。如今陛下果然赦免了我的罪过并且不加处罚，就是已经允许臣下畅所欲言了，皇上允许臣下畅所欲言而臣下不发言，臣子就有罪责，所以臣愿意把话都说完。

臣之所欲言者三，愿陛下结人心、厚风俗、存纪纲而已。

【译文】臣所要陈奏的有三点，就是希望陛下使天下人心聚拢，使社会风气习俗淳朴，使朝廷法制长存。

人莫不有所恃，人臣恃陛下之命，故能役使小民；恃陛下之法，故能胜服强暴。至于人主所恃者谁与?《书》曰:“予临兆民,凛乎若朽索之驭六马。”言天下莫危于人主也。聚则为君臣,散则为仇雠,聚散之间,不容毫厘。故天下归往谓之王,人各有心谓之独夫。由此观之,人主之所恃者,人心而已。人心之于人主也,如木之有根,如灯之有膏,如鱼之有水,如农夫之有田,如商贾之有财。木无根则槁,灯无膏则灭,鱼无水则死,农夫无田则饥,商贾无财则贫,人主失人心则亡。此理之必然,不可逭之灾也。其为可畏,从古以然。苟非乐祸好亡、狂易丧志,则孰敢肆其胸臆,轻犯人心!昔子产焚《载书》以弭众言,赂伯石以安巨室,以为众怒难犯,专欲难成。而子夏亦曰:“信,而后劳其民;未信,则以为厉己也。”唯商鞅变法,不顾人言,虽能骤致富强,亦以召怨天下,使其民知利而不知义,见刑而不见德。虽得天下,旋踵而失也。至于其身,亦卒不免。负罪出走,而诸侯不纳;车裂以徇,而秦人莫哀。君臣之间,岂愿如此?宋襄公虽行仁义旧,失众而亡;田常虽不义,得众而强。是以君子未论行事之是非,先观众心之向背。谢安之用诸桓未必是,而众之所乐,则国以义安;庾亮之召苏峻未必非,而势有不可,则反为危辱。自古及今,未有和易同众而不安,刚果自用而不危者也。

【译文】人无不有所依凭,臣下凭借陛下的命令,所以能够使唤百姓;凭借陛下的刑法,所以能够战胜制服强暴。至于人主所依仗的是谁呢?《尚书》说:“我处在万民之上,心情紧张得就像用朽坏的缰绳驾驭六匹马拉的车子一样。”这是说天下没有谁比人主更危险。人心向他聚拢就形成君臣关系,人心离散就变成仇敌,人心的聚拢和离散之间,不容许有毫厘的疏忽偏差。所以天下都归附的称之为王,众叛亲离的就称之为独夫。由此看来,人主所依靠的,只是人心罢了。人心对于人主来说,如同树有根,如同灯有油,如同鱼有水,如同农夫有田地,如同商人有钱财。树无根就枯槁,灯无油就熄灭,鱼无水就死亡,农夫无田就挨饿,商人无钱就贫穷,人主失去人心就灭亡。这是必然的道理,不能逃避的灾难。人心可畏,自古如此。如果不是幸灾乐祸,丧心病狂,那么谁敢纵欲肆行,轻易地触犯人心!从前子产焚烧《载书》以平息众人怨言,贿赂伯石来安定世家大族,认为众怒不可触犯,专断难以成功。而子夏也说:“使百姓信任,而后再役使他们;百姓还没有信任,就会认为是虐待自己。”只有商鞅变法,不顾众人的意见,虽能一下子使秦国达到富强,也因此招来天下怨恨,使秦国百姓知利而不知义,见刑而不见德。虽然得到天下,旋转脚跟的时间就丧失了。至于他自己,也终不能免祸。负罪出逃,而诸侯都不接纳;被车裂而死,而秦国人没有谁悲伤。君臣之间,难道愿意像这样吗?宋襄公虽然行仁义,却丧失军心而招致灭亡;田常虽然不义而篡齐,却取得百姓拥护而强大。因此君子没有论做事的是非,先看人心的向背。谢安任用三桓据三州未必正确,却是国人所乐意的事,国家就因此而安定;庾亮召苏峻为大司农未必不对,但情势不许可,就反而造成危难和羞辱。从古到今,没有谦和平易与大众志同道合而不平安、刚愎自用而不危险的。

今陛下亦知人心之不悦矣。中外之人，无贤不肖，皆言祖宗以来，治财用者不过三司使副判官，经今百年，未尝阙事。今者无故又创一司，号曰制置三司条例。使六七少年日夜讲求于内，使者四十馀辈，分行营干于外。造端宏大，民实惊疑；创法新奇，吏皆惶惑。贤者则求其说而不可得，未免于忧；小人则以其意而度朝廷，遂以为谤：谓陛下以万乘之主而言利，谓执政以天子之宰而治财。商贾不行，物价腾踊。近自淮甸，远及川蜀，喧传万口，论说百端。或言京师正店，议置监官，夔路深山，当行酒禁，拘收僧尼常住，减刻兵吏廪禄，如此等类，不可胜言。而甚者至以为欲复肉刑，斯言一一出，民且狼顾。陛下与二三大臣，亦闻其语矣。然而莫之顾者，徒曰："我无其事，又无其意，何恤于人言？"夫人言虽未必皆然，而疑似则有以致谤。人必贪财也，而后人疑其盗；人必好色也，而后人疑其淫：何者？未置此司，则无此谤。岂去岁之人皆忠厚，而今岁之人皆虚浮？孔子曰："工欲善其事，必先利其器。"又曰："必也正名乎。"今陛下操其器而讳其事，有其名而辞其意，虽家置一喙以自解，市列千金以购人，人必小信，谤亦不止。夫制置三司条例司，求利之名也；六七少年与使者四十馀辈，求利之器也。驱鹰犬而赴林薮，语人曰"我非猎也"，不如放鹰犬而兽自驯。操网罟而入江湖，语人曰"我非渔也"，不如捐网罟而人自信。故臣以为消谗慝以召和气，复人心而安国本，则莫若罢制置三司条例司。

【译文】如今陛下也知道人心不喜欢新政了。朝内朝外的人，不论贤愚，都说祖宗以来，主管财用的不过是三司使、副使和判官，到现在历时百年，都不曾误事。而今无故地又创设一个司，名叫制置三司条例。让六七个新进少年在里面日夜谋划探讨，派遣使者四十余人，分赴外地营办。兴动宏大的事件，百姓实在惊疑不安；创设新奇的法规，官吏都很疑惧。贤者考稽他们的政术而不可得，不免忧虑；百姓则依他们的心理猜度朝廷，于是因此进行诽谤：说陛下以帝王之尊而谋利，说主政大臣以天子宰辅的身份而敛财。商人不做买卖，物价飞涨。近自淮河流域，远到川蜀一带，喧喧嚷嚷地流传的人不少，纷纷纭纭地议论的说法很多。有的说京都的大酒楼，要设置监酒税的官员，夔州路的深山，也应当实行酒禁，禁止私自酿卖酒类，限制约束僧尼在教籍的常有人口，削减克扣兵吏的薪饷，如此等等，不可尽说。更有甚者，到了认为要恢复肉刑的地步，这话一传出，百姓将有后顾之忧。陛下与数位大臣，也听见这些话了。虽然如此，但是没有谁顾及这件事，只是说："我没那种事，又没有那种看法，对于民众的话我忧虑什么呢？"民众的话虽然不一定都对，但是非难辨就有可能引起指责。某人必定是本身贪财，然后人们才怀疑他偷盗；某人必定是自身好色，然后人们才怀疑他淫荡。为什么呢？没有设置制置三司条例这个司，就没有这种诽谤。难道去年的人都忠厚，而今年的人都虚浮吗？孔子说："做工的人要搞好他的工作，一定要先搞好他的工具。"又说："一定要纠正名分上用词不当的现象。"如今陛下拿着制置三司条例司这个工具而讳言其进行的工作，有这样的名分而不承认其设置的意图，即使每家派一个人去为自己解释，在市场上陈列千金来收买人心，民众必定不相信，诽谤也不会停止。制置三司条例司，是营求财利的名称；六七个新进少年和四十多个使者，是营求财利的工具。驱赶着鹰犬而奔赴山林湖泽，对别人说“我不是去打猎”，不如放掉鹰犬而使兽类自然驯服。拿着鱼网而进入江河湖泊，对别人说“我不是去打鱼”，不如抛弃鱼网而人们自然会相信。所以臣认为要消除谗言邪念来造成和睦气氛，恢复人心的归顺来安定国家的根基，就不如罢除制置三司条例司。

夫陛下之所以创此司者，不过以兴利除害也。使罢之而利不兴，害不除，则勿罢。罢之而天下悦，人心安，兴利除害，无所不可，则何苦而不罢？陛下欲去积弊而立法，必使宰相熟议而后行。事若不由中书，则是乱世之法。圣君贤相，夫岂其然？必若立法不免由中书，熟议不免使宰相，则此司之设，无乃冗长而无名？智者所图，贵于无迹。汉之文、景，《纪》无可书之事；唐之房、杜，《传》无可载之功。而天下之言治者与文、景，言贤者与房、杜。盖事已立而迹不见，功已成而人不知。故曰：“善用兵者，无赫赫之功。”岂惟用兵？事莫不然。今所图者，万分未获其一也，而迹之布于天下，已若泥中之斗兽，亦可谓拙谋矣。陛下诚欲富国，择三司官属与漕运使副，而陛下与二三大臣，孜孜讲求，磨以岁月，则积弊自去而人不知。但恐立志不坚，中道而废。孟子有言：“其进锐者其退速。”若有始有卒，自可徐徐，十年之后，何事不立？孔子曰：“欲速则不达，见小利则大事不成。”使孔子而非圣人，则此言亦不可用。《书》曰：“谋及卿士，至于庶人，翕然大同，乃底元吉。”若违多而从少，则静吉而作凶。今上自宰相大臣，既已辞免不为，则外之议论，断亦可知。宰相，人臣也，且不欲以此自污，而陛下独安受其名而不辞，非臣愚之所识也。君臣宵旰，几一年矣，而富国之效，茫如捕风。徒闻内帑出数百万缗，祠部度五千馀人耳。以此为术，其谁不能？

【译文】陛下之所以创设此司，不过是用来兴利除害。假使罢除它而利不兴、害不除，就不要罢除。罢除它而天下喜悦，人心安定，兴利除害，没有不好的地方，那么何苦不罢除呢？陛下要去除积弊而立新法，必须让宰相仔细计议后再实行。政令如果不由中书发布，就是乱世的法令。圣君和贤相，难道会这样吗？假如立法不能不由中书发布，仔细计议不能不让宰相进行，那么设立此司，岂不是累赘多余而没有名分吗？明智的人所谋取的东西，贵在不露迹象。汉代的文帝、景二帝，《本纪》上没有可书写的事；唐代的房玄龄、杜如晦，《本传》上没有可记载的功。而天下谈论国家治理得好的人都赞许文帝和景帝，谈到贤能的人都称许房玄龄和杜如晦。原来他们事已办成而不见形迹，大功告成而人们还不知觉。所以说：“善于用兵的人，没有赫赫的战功。”难道只是用兵？事情莫不如此。如今所谋取的，连万分之一都没有得到，而行迹遍布天下，已经像泥潭中搏斗的野兽，也可以说是拙劣的谋略了。陛下真要使国家富强，应选择三司官属与漕运使、副使，而陛下与几位大臣，孜孜不倦地议论探求，长时期琢磨，那么积弊自然会去除而人们也不会觉察。只恐怕立下的志向不坚定，中途而废。孟子有句话：“那些前进急切的人，后退也快。”如果有始有终，自然可以从容不迫地去做，十年以后，什么事做不成？孔子说：“图快反而达不到目的，顾小利就办不成大事。”假使孔子不是圣人，那么这话也不可能被采用。《尚书》说：“与卿士商量，以至与平民商量，君臣上下协和都赞同，就可达到大吉。”如果反对多而赞同少，那么不做事就吉利，而做事就凶险。现在上自宰相大臣，都已推辞告免不做此事，那么朝外的议论，一定也可以知晓了。宰相，是臣下，尚且不想因此玷污自己，而陛下难道安然担受这种名义而不推辞？这不是臣愚钝资性所能理解的。君臣宵衣旰食，勤于政事，将近一年了，而使国家富强的实效，如同捕风捉影一样渺茫难知。只听说皇宫库藏的钱财拿出几百万缗，祠部给五千多人发了度牒。以此作为治国的手段，难道谁还不能吗？

且遣使纵横，本非令典。汉武遣绣衣直指，桓帝遣八使，皆以守宰狼藉，盗贼公行，出于无术，行此下策。宋文帝元嘉之政，比于文、景，当时责成郡县，未尝遣使。及至孝武，以为郡县迟缓，始命台使督之，以至萧齐，此弊不革。故景陵王子良上疏，极言其事，以为此等朝辞禁门，情态即异；暮宿村县，威福便行；驱迫邮传，折辱守宰；公私劳扰，民不聊生。唐开元中，宇文融奏置劝农判官使裴宽等二十九人，并摄御史，分行天下，招携户口，检责漏田。时张说、杨场、皇甫璟，杨相如皆以为不便，而相继罢黜。虽得户八十馀万，皆州县希旨，以主为客，以少为多。及使百官集议都省，而公卿以下，惧融威势，不敢异辞。陛下试取其《传》而读之，观其所行，为是为否？近者均税宽恤，冠盖相望，朝廷亦旋觉其非，而天下至今以为谤。曾未数岁，是非较然。臣恐后之视今，亦犹今之视昔。且其所遣，尤不适宜。事少而员多，人轻而权重。夫人轻而权重，则人多不服，或致侮慢以兴争。事少而员多，则无以为功，必须生事以塞责。陛下虽严赐约束，不许邀功，然人臣事君之常情，不从其令而从其意。今朝廷之意，好动而恶静，好同而恶异，指趣所在，谁敢不从？臣恐陛下赤子，自此无宁岁矣。

【译文】再说派遣使者交错往来，本来不符合宪章法令。汉武帝派遣绣衣直指使，桓帝派遣八使，都因为郡守县宰声名狼藉，盗贼猖獗，出于无奈，才实行这种下策。宋文帝元嘉之政，可与文景之治相比，当时政事责成郡县完成，没有派遣过使者。到孝武帝刘骏时，以为郡县办事迟缓，才开始命令台使去督察它们，而直至萧道成建立齐国，这种弊端仍未革除。所以景陵王子良上疏，极言派遣使者的弊病，认为这些人早上一离开朝廷，情态就不同了；晚上住宿村县，便作威作福；驱使驿传人员，折辱郡守县宰；公私劳累受骚扰，民不聊生。唐代开元年间，宇文融奏请皇帝设置劝农判官使裴宽等二十九人，并且兼任御史，分行天下，招抚叛离人员，清理户口，检查漏税的田地。当时张说、杨场、皇甫璟、杨相如都认为不妥，而相继被罢黜。虽然搜求到隐匿户口八十余万，都是州县迎合旨意，把主户当作客户，把少数报成多数。到皇上今百官聚集在尚书省讨论时，公卿以下，惧怕宇文融的权威势力，不敢有不同的言论。陛下试取他的传读一下，观其所为，是对还是不对？前不久，仁宗实行方田均税法宽待抚慰百姓，使者往来频繁，冠盖相望，朝廷也很快觉察这种做法不对，而天下至今因此还在谤议。竟然没有几年时间，是非就已分明。臣担心后人看现在，也像今人看往昔一样。而且那些派遣的使者，特别不适当。事情少而人数多，地位低而权力大。地位低而权力大，那么人们多数会不服，有的引来欺侮轻慢而发生争执。事情少而人数多，那么无法立功，必然滋生事端来搪塞责任。陛下即使严加约束，不许求取功劳，然而臣下侍奉国君的常情，往往不遵从国君的命令而迎合国君的意图。现在朝廷的意图，是爱好动而讨厌静，喜欢相同而不喜欢不同，兴趣爱好所在，谁敢不从？臣害怕陛下的百姓，从此没有平安岁月了。

至于所行之事，行路皆知其难。何者？汴水浊流，自生民以来，不以种稻。秦人之歌曰："泾水一石，其泥数斗。且溉且粪，长我禾黍。何尝言长我粳稻耶？今欲陂而清之，万顷之稻，必用千顷之陂，一岁一淤，三岁而满矣。陛下遽信其说，即使相视地形，万一官吏苟且顺从，真渭陛下有意兴作，上糜帑廪，下夺农时，堤防一开，水失故道，虽食议者之肉，何补于民？天下久平，民物滋息，四方遗利，盖略尽矣。今欲凿空访寻水利，所谓即鹿无虞，岂惟徒劳？必大烦扰。凡所擘画利害，不问何人，小则随事酬劳，大则量才录用？若官私格沮，并重行黜降，不以赦原；若材力不办兴修，便许申奏替换。赏可谓重，罚可谓轻；然并终不言诸色人妄有申陈，或官司误兴工役，当得何罪。如此，则妄庸轻剽，浮浪奸人，自此争言水利矣。成功则有赏，败事则无诛。官司虽知其疏，岂可便行抑退？所在追集老少，相视可否，吏卒所过，鸡犬一空。若非灼然难行，必须且为兴役：何则？格沮之罪重，而误兴之过轻。人多爱身，势必如此。且古陂废堰，多为侧近冒耕，岁月既深，已同永业。苟欲兴复，必尽追收，人心或摇，甚非善政。又有好讼之党，多怨之人，妄言某处可作陂渠，规坏所怨田产；或指人旧业，以为官陂，冒佃之讼，必倍今日。臣小知朝廷本无一事，何苦而行此哉？

【译文】至于新政所推行的事项，行路的人都知道艰难。为什么呢？汴水混浊的流水，自从有人类以来，不用来种稻。秦人的歌谣说："泾水一石，有泥数斗。边灌溉边施肥，长我禾黍。"哪里说过长我粳稻呢？现在要筑池塘而使水变清，万顷稻田，必须用千顷池塘，一年淤塞一次，三年沉淀的泥沙就积满了。陛下骤然相信他们的说法，随即令他们视察地形，万一官吏苟且顺从，真的认为陛下有意大兴土木，对上耗费国库钱粮，对下耽误农时，堤防一掘开，河水失去故道。即使吃创议者的肉，对于灾民的损失又能弥补什么？天下长期承平，人力物力的生息，四方的赢余，大概快消耗完了。现在要凭空访寻农田水利，这是所谓的逐鹿而无虞官的协助，难道只徒劳无功？还必然大肆骚扰百姓。凡对新法献策筹划利害，不问什么人，功小就随时酬奖，功大便量才录用。如果官吏私自阻止，一起从重贬黜，不予赦免原宥；如果不具备兴修水利的才力，便允许当事者申奏替换。奖赏可以说很重，处罚可以说很轻。然而始终不提各方人士虚妄申报或者官私两方误兴工役，应当判什么罪。像这样一来，那么虚妄平庸、轻率剽悍、浮华放荡的奸人，从此就争着谈论水利了。成功便有奖赏，坏事却没有处罚。官府虽然明知规划粗疏，难道就能够去阻止吗？水利工程所在之地，动员老少，勘察可否，吏卒所过之处，鸡犬一空。如果不是明显地难于进行，必然将兴办开工。为什么呢？因为阻止水利兴修的罪过重，而错误兴修水利工程的过失轻。人们大多顾惜自身的利益，势必如此去做。而且古老的池塘和废毁的堤堰，大多被附近的百姓无偿占用，冒名耕种，时间已经很久，已经与祖传田产相同。如果要兴建修复，一定要全部追回，人心或许会动摇不安，是很不好的政令。又有喜好诉讼的朋党，多怨恨的人们，胡乱地说某处可以兴修池渠，图谋破坏所怨恨之人的田产；有的用手指着别人的旧有家业，认为是官家的池塘，冒名耕作的诉讼，必定比现在成倍增加。臣不明白朝廷本来无事，何苦要推行这种新法呢？

自古役人，必用乡户，犹食之必用五谷，衣之必用丝麻，济川之必用舟楫，行地之必用牛马，虽其间或有以他物充代，然终非天下所可常行。今者徒闻江浙之间，数郡雇役，而欲措之天下，是犹见燕晋之枣栗，岷蜀之蹲鸱，而欲以废五谷，岂不难哉？又欲官卖所在坊场，以充衙前雇直，虽有长役，更无酬劳。长役所得既微，自此必渐衰散，则州郡事体，憔悴可知。士大夫捐亲戚，弃坟墓，以从宦于四方者，宣力之馀，亦欲取乐，此人之至情也，若凋敝太甚，厨传萧然，则似危邦之陋风，恐非太平之盛观。陛下诚虑及此，必不肯为。且今法令莫严于御军，军法莫严于逃窜，禁军三犯，厢军五犯，大率处死。然逃军常半天下不知雇人为役，与厢军何异？若有逃者，何以罪之？其势必轻于逃军，则其逃必甚于今日，为其官长，不亦难乎？近者虽使乡户颇得雇人，然至于所雇逃亡，乡户犹任其责。今遂欲于两税之外，别立一科，谓之庸钱，以备官雇。则雇人之责，官所自任矣。自唐杨炎废租庸调以为两税，取大历十四年应于赋敛之数，以定两税之额，则是租调与庸，两税既兼之矣，今两税如故，奈何复欲取庸？圣人之立法，必虑后世，岂可于两税之外，别出科名哉？万一不幸，后世有多欲之君，辅之以聚敛之臣，庸钱不除，差役仍旧，使天下怨嚣，推所从来，则必有任其咎者矣。又欲使坊郭等第之民，与乡产均役，品官形势之家，与齐民并事。其说曰："《周礼》：田不耕者出屋粟，宅不毛者有里布。而汉世宰相之子，不免戍边。"此其所以借口也。古者官养民，今者民养官。给之以田而不耕，劝之以农而不力，于是乎有里布、屋粟、夫家之征。而民无以为生，去为商贾，事势当尔，何名役之？且一岁之戍，不过三日，三日之雇，其直三百。今世三大户之役，自公卿以降，毋得免者，其费岂特三百而已？大抵事若可行，不必皆有故事。若民所不悦，俗所不安，纵有经典明文，无补于怨。若行此二者，必怨无疑。女户单丁，盖天民之穷者也。古之王者，首务恤此。而今陛下首欲役之，此等苟非户将绝而未亡，则是家有丁而尚幼，若假之数岁，则必成丁而就役，老死而没官。富有四海，忍不加恤？

【译文】自古服差役的人，必定用乡村户，如同主食必定用五谷，衣服必定用丝麻，渡河必定用舟揖，陆行必定用牛马，即使这当中偶尔用其他的东西充代，然而终究不是天下人所能够经常做的事。如今只听说江浙一带，有几个郡出钱招募人充役，而要在全国推行，这就如同看到燕晋的枣栗，岷蜀的大芋头，就要因此废弃五谷，岂不是很难吗？又要官卖各地的坊场，用来作为衙前差总的雇用金，虽然有长期差役，也再没有酬劳。长期差役所得既然很少，从此，必定逐渐衰减懒散，那么州郡的事情，困顿萎靡就可想而知了。士大夫离开亲戚，舍弃坟墓，而到外地宦游，在致力政事之余，也要取乐，这是人之常情。如果衰败得太厉害，供应过客食住和车马的馆舍冷冷清清，就像危亡之国不好的风俗，恐怕不是太平兴隆的景象。陛下果真考虑到这些，必然不肯那样做。而且现在的法令没有什么比治军更严的，军法没有什么比惩罚逃窜更严的，禁军犯法三次，厢军犯法五次，大抵要处死。然而逃兵常常充斥半个天下。不知雇人当差役，与厢军有什么不同？如果有逃跑的，用什么办法来治他们的罪？按情理必定比逃军罪轻，那么他们逃跑必定比现在更厉害，作为他们的官长，不也难处吗？近来虽然让乡村户可以雇人，然而雇佣的人逃亡，乡村户还要承担责任。现在竟然想在两税之外，另外立一个科目，称它为庸钱，以备官家雇役之用。那么雇人的责任，官府自己承担了。自从唐代杨炎废除租庸调而改为两税法，取照大历十四年应该征收的数字，来确定两税的总额，那么这租调与庸，两税已经兼而有之了。现在两税像从前一样，为什么又要再收取庸钱呢？圣人立法，必须考虑到后世，难道能够在两税之外，又另出科目吗？万一不幸，后世有贪财的君主，再加上搜括财富的大臣辅助他，庸钱不废除，差役仍然依照旧规，使天下百姓痛恨而有怨言，推导此法的来历，就一定有该承担罪责的人了。他们又要让城镇有地位的居民，与乡村户均摊助役钱，有品级、有权势的官宦之家，与平民一起出钱助役。他们的解说是："《周礼》规定不耕种田地的罚交三家应缴的粮食，不种桑麻的罚出一里二十五家的布帛。而汉代宰相的儿子，也不免要戍边。"这是他们用来作借口的。古代官养民，如今民养官。把田地分给他们却不耕种，劝勉他们务农却不尽力，于是才有罚交三家应缴的粮食，罚出一里二十五家的布帛、夫税和家税。而百姓无法维持生活，去做商贩，情势本当如此，为什么再立名目使他们服役？而且按古法一年的戍边期限不过三天，三天的雇用金是三百钱。今世三大户的乡役，自公卿以下，没有能免除的，他们的雇用金岂只三百钱？大致上说，事情如果可以实行，不一定都有旧事例作依据。如果是百姓所不高兴的，世俗所不安心的，即使有经典明文规定，也无益于怨恨的消除。如果推行这两种法，毫无疑问，天下百姓必然怨恨。没有男劳力的女户和仅有一个男劳力的单丁户，是百姓中的穷人。古代的君王，把体恤这些人家作为首要事情。现在陛下首先要让他们助役，这种人家如果不是家庭将断子绝孙而还没有家破人亡，那么便是家中有一个男子而还年幼，如果宽限几年，那么一成为男劳力就要服役，直至老死无人承继而其产业被官府没收。陛下拥有天下财富，忍心不给予体恤吗？

孟子曰："始作俑者，其无后乎？"《春秋》书"作丘甲"、"用田赋"，皆重其始为民患也。青苗放钱，自昔有禁。今陛下始立成法，每岁常行，虽云不许抑配，而数世之后，暴君污吏，陛下能保之欤？异日天下恨之，国史记之曰：青苗钱自陛下始，岂不惜哉？且东南买绢，本用见钱；陕西粮草，不许折兑。朝廷既有著令，职司又每举行。然而买绢未尝不折盐，粮草未尝不折钞，乃知青苗不许抑配之说，亦是空文。只如治平之初，拣刺义勇，当时诏旨慰谕，明言永不戍边，著在简书，有如盟约。于今几日，议论已摇，或以代还东军，或欲抵换弓手，约束难恃，岂不明哉？纵使此令决行，果不抑配，计其间愿请之户，必皆孤贫不济之人。家若自有赢馀，何至与官交易？此等鞭挞已急，则继之以逃亡，逃亡之馀，则均之邻保。势有必至，理有固然。且夫常平之为法也，可谓至矣，所守者约，而所及者广。借使万家之邑，止有千斛，而谷贵之际，千斛在市，物价自平。一市之价既平，一邦之食自足，无操瓢乞丐之弊，无里正催驱之劳。今若变为青苗，家贷一斛，则千户之外，孰救其饥？且常平官钱，常患其少，若尽数收籴，则无借贷；若留充借贷，则所籴几何？乃知常平青苗，其势不能两立，坏彼成此，所丧愈多，亏官害民，虽悔何逮？臣窃计陛下欲考其实，则必亦问人；人知陛下方欲力行，必谓此法有利无害。以臣愚见，恐未可凭。何以明之？臣顷在陕西，见刺义勇，提举诸县，臣尝亲行，愁怨之民，哭声振野。当时奉使还者，皆言民尽乐为。希合取容，自古如此。不然，则山东之盗，二世何缘不觉？南诏之败，明皇何缘不知？今虽未至于此，亦望陛下审听而已。

【译文】孟子说："第一个制作土偶木偶来殉葬的人，该断子绝利、没有后代的。"《春秋》上写着"鲁成公制作丘甲制"，"鲁哀公征用田亩税"，都在于昭示他们带头祸害民众。青苗放钱，从来有禁令。现在陛下开始建立成法，每年推行，虽然说不允许强行摊派征收税物，但几代之后，出现暴君污吏，陛下能为他们担保吗？有朝一日，天下憎恨，国史记载这种事说：青苗钱从陛下开始，难道不值得痛惜吗？而且公家到东南买绢，本来规定用现钱；在陕西征收粮草，不允许折兑，朝廷既有明确的法令，主管其事的官员又经常办理。然而官府买绢没有不用盐折算的，征收粮草没有不用钱钞折收的，就可知青苗钱不允许强行摊征的规定，也是一纸空文。就比如治平初年，选征义勇，当时下诏好言慰解，明确地说永远不戍边，写在文书上，有如订立的盟约。到现在才几天，说的话已经改变，有的用他们来代替东归的军士，有的想用他们来抵换弓箭手，规约难依，难道不明显吗？即使此令能坚决执行，果真不强行摊征，估计这中间自愿请贷的人家，必定都是孤贫不宽裕的人。家中如果自有赢余，何至于与官府交易？这一类人被欺压得已危急了，那么接下来就会逃亡，逃亡后剩下债务，就由保内各户分摊。势必到这种地步，其道理本来如此，而且常平仓法，可以说是完美到极点了，所要遵守的条款简明，但涉及的方面很宽。假使有万户的城邑，只要有一千斛粮食就足够了，那么在谷贵的时候，在市场有一千斛，物价就自然平稳，一个市场的物价已经平稳，一个国家的粮食自然充足，没有拿瓢行乞的现象，没有里正催租驱赶的劳苦。现在如果变为青苗法，一家借一斛，一千斛粮食只能借一千家，那么一千家之外的饥民，谁去救济他们呢？而且常平仓的官钱，常常忧虑其数量少，如果把它们全用来收籴粮食，就无钱借贷；如果留足钱借贷，那么还能收籴多少粮食呢？从这里就可以知道常平仓法和青苗法，其势不能并存，毁坏常平仓法而实行青苗法，丧失的更多，亏损官府、危害百姓，即使后悔又怎么来得及？臣私下思量陛下要考察其实情，就一定也要向人们询问；人们知道陛下正要努力推行，必定说此法有利无害。以臣愚见，这种话恐怕不能作为凭据。用什么来证明呢？臣不久前在陕西，看到选择义勇，在其手背上刺上军号，掌管的各县，臣曾亲自巡视，愁怨的百姓，哭声震动原野。当时奉使命出行而回朝的官吏，都说百姓全都乐意当义勇。迎合取悦上司，自古以来就如此。不然的话，那么山东的盗贼，秦二世为什么没有察觉？南诏的败仗，唐明皇为什么不知道？如今虽然还没有达到这种地步，也希望陛下审察听取臣的愚见。

昔汉武之世，财力匮竭，用贾人桑弘羊之说，买贱卖贵，谓之均输。于时商贾不行，盗贼滋炽，几至于乱。孝昭既立，学者争排其说，霍光顺民所欲，从而予之，天下归心，遂以无事。不意今者此论复兴。立法之初，其说尚浅，徒言徙贵就贱，用近易远。然而广置官属，多出缗钱，豪商大贾，皆疑而不敢动，以为虽不明言贩卖，然既已许之变易，变易既行，而不与商贾争利者，未之闻也。夫商贾之事，曲折难行，其买也先期而与钱，其卖也后期而取直，多方相济，委曲相通，倍称之息，由此而得。今官买是物，必先设官置吏，簿书廪禄，为费已厚，非良不售，非贿不行，是以官买之价，比民必贵。及其卖也，弊复如前，商贾之利，何缘而得？朝廷不知虑此，乃捐五百万缗以予之。此钱一出，恐不可复。纵使其间薄有所获，而征商之额，所损必多。今有人为其主牧牛羊，不告其主，而以一牛易五羊。一牛之失，则隐而不言，五羊之获，则指为劳绩。陛下以为坏常平而言青苗之功，亏商税而取均输之利，何以异此？

【译文】从前汉武帝时代，财力匮乏，采用商人桑弘羊的主张，买贱卖贵，称为均输。在当时商人不营业，盗贼猖獗，几乎到了发生动乱的地步。汉昭帝即位后，学者争相排斥桑弘羊的主张，霍光顺从百姓的意愿，把他们想要的给予他们，天下归心，于是因此太平无事。不想现在这种议论又再度兴起。在立法初期，他们的主张还比较肤浅，只说“徙贵就贱，用近易远”。虽然如此，但是设置了许多官方机构，拿出很多钱来、豪商大贾，都疑虑而不敢动，认为虽然不明说官府经商，然而已经允许官府变卖交易，变卖交易实行后，却不与商贾争利的事，还没有听说过：商人之事，复杂难办，他们买时要先期付钱，卖时要事后取值，多方周济，曲意迁就，加倍的利润，才由此获得。现在官府收买这些货物，必定先要设置官吏，文书俸禄，费用已经很多，货色如不好就卖不出去，如无贿赂就不干，因此官买的价格，比民买的价格必然昂贵。到官卖时，弊病又如同前面所谈的，商人的利润，如何能够得到？朝廷不懂得考虑这些情况，就捐赐五百万缗给掌均输的官员。这钱一经拿出，恐怕就不能再收回。即使中间有些薄利，但政府向商人征收的税额，减少的一定很多。现在如有人为他的主人放牧牛羊，不告诉他的主人，就用一头牛换五只羊。失去一头牛，就隐瞒不说，获得五只羊，则指认为是功绩。陛下认为毁坏常平之法而谈论青苗法之功，亏损商业的税收而获取均输的好处，与这有什么不同？

陛下天机洞照，圣略如神，此事至明，岂有不晓？必谓已行之事，不欲中变，恐天下以为执德不一，用人不终，是以迟留岁月，庶几万一。臣窃以为过矣。古之英主，无出汉高。郦生谋挠楚权，欲复六国，高祖曰：“善，趣刻印。”及闻留侯之言，吐哺而骂之，曰：“趣销印。”夫称善未几，继之以骂，刻印、销印，有同儿戏。何尝累高祖之知人，适足明圣人之无我。陛下以为可而行之，知其不可而罢之，至圣至明，无以加此。议者必谓民可与乐成，难与虑始，故劝陛下坚执不顾，期于必行。此乃战国贪功之人，行险侥幸之说。陛下若信而用之，则是徇高论而逆至情，持空名而邀实祸，未及乐成，而怨已起矣。臣之所愿结人心者，此之谓也！

【译文】陛下明察天机，谋略如神，此事十分明显，怎么能不明白？一定想说已经进行的事，不想中途变更，害怕天下人认为自己执德不一，用人不坚持始终，因此等待时日，寄希望于万一能收实效。臣私下认为这种想法错了。古代英明的君主，没有高过汉高祖的。郦食其谋划削弱楚国项羽的权势，要恢复六国，汉高祖说：“好，赶快刻印。”等听到留侯张良的话，吐出口中未来得及咽下去的食物而斥骂郦食其，说：“赶快销毁印鉴。”称赞说好不多时，接着就斥骂，刻印、销印，有如小孩做游戏。但这何曾有损于汉高祖的知人善任，恰好表明圣人不存成见。陛下认为可行就实行，知道不可行就停止实行，最为圣明，莫过于此。议论的人必定会说百姓可以与他们共享成果，难于与他们谋虑开始，所以鼓励陛下坚持原议，不顾其他，期望一定要推行新法。这就是战国时期贪求功利的人，奉行冒险侥幸的主张。陛下如果相信并采用这种主张，就是顺从空谈而违拗实情，保持空名而招致实祸，没来得及享受成功之乐，而怨十艮已经产生了。臣所谓的希望陛下使人心聚拢，说的就是这些道理啊！

士之进言者，为不少矣，亦尝有以国家之所以存亡、历数之所以长短告陛下者乎？大国家之所以存亡者，在道德之浅深，不在乎强与弱；历数之所以长短者，在风俗之厚薄，不在乎富与贫。道德诚深，风俗诚厚，虽贫且弱，不害于长而存；道德诚浅，风俗诚薄，虽强且富，不救于短而亡。人主知此，则知所轻重矣。足以古之贤君，不以弱而忘道德，不以贫而伤风俗。而智者观人之国，亦以此而察之。齐至强也，周公知其后必有篡弑之臣；卫至弱也，季子知其后亡；吴破楚人郢，而陈大夫逢滑知楚之必复；晋武既平吴，何曾知其将乱；隋文既平陈，房乔知其不久；元帝斩郅支，朝呼韩，功多于武、宣矣，偷安而王氏之衅生；宣宗收燕赵，复河湟，力强于宪、武矣，消兵而庞勋之乱起。故臣愿陛下务崇道德而厚风俗，不愿陛下急于有功而贪富强。使陛下富如隋，强如秦，西取灵武，北取燕蓟，谓之有功可也，而国之长短，则不在此。夫国之长短，如人之寿夭，人之寿夭在元气，国之长短在风俗。世有尫羸而寿考，亦有盛壮而暴亡。若元气犹存，则尫羸而无害；及其已耗，则盛壮而愈危。是以善养生者，慎起居，节饮食，导引关节，吐故纳新。不得已而用药，则择其品之上、性之良，可以久服而无害者，则五脏和平而寿命长。不善养生者，薄节慎之功，迟吐纳之效，厌上药而用下晶，伐真气而助强阳，根本已危，僵仆五日。天下之势，与此无殊。故臣愿陛下爱惜风俗，如护元气。

【译文】士人给朝廷进言的，为数不少了，也曾有过把国家兴亡、朝代更替的次第有长短的原因告诉陛下的吗？国家兴亡的原因，在道德的深浅，不在于国家的强和弱；朝代更替的次第有长短的原因，在于社会风俗的淳厚浇薄，而不在于富裕与贫穷。道德果真高深，风俗果真淳厚，即使贫弱，也无害于国家长存；道德果真低浅，风俗果真浇薄，即使富强，也不能挽救国家在短期内衰亡。君主明白这个道理，就知道应该轻视什么重视什么了。因此古代的贤君，不因为弱小而忘记道德，不因为贫穷而伤风败俗。而聪明的人观察别国，也按照这个道理来考察。齐国是最强大的国家，但周公知道它后世一定有篡位弑君的臣子；卫国是最弱小的国家，但季札知道它在诸侯中最后灭亡；吴国战胜楚国攻入郢都，而陈大夫逢滑知道楚国一定能恢复；晋武帝已平定吴国，但何曾知道晋朝将要大乱；隋文帝已平定陈国，但房玄龄知道隋朝不久长；汉元帝斩郅支，使呼韩来朝见，武功比汉武帝和汉宣帝多了，但苟且偷安而发生王莽祸乱；唐宣帝收取燕赵之地，收复河湟地区，力量比唐宪宗和唐武宗强了，但停止战事后就爆发庞勋叛乱。所以臣希望陛下致力于崇尚道德和淳厚风俗，不希望陛下急于有武功和贪求富强。即使陛下像隋朝一样富裕，像秦朝一样强大，向西收取灵武，向北收取燕蓟，认为这是有武功也可以，但国运的长短，并不在这里，国运的长短，好像人的寿夭，人的寿夭在于元气，国运的长短在于风俗。世上有人瘦弱而长寿，也有人强壮而猝死。如果元气还在，就是瘦弱也无害；等到元气耗尽，那么越强壮也就越发危险。因此善于养生的人，谨慎起居，节制饮食，疏导关节，吐故纳新。不得已要用药时，就选择那些品质上等、性能温良、可以久服而无害的，那么五脏调和而寿命久长+不善于养生的人，轻视谨慎起居、节制饮食的功效，放松吐故纳新的功能，厌恶上等良药而服用劣质药物，损伤元气而致力表面强壮，根本已经动摇，离死亡没有多少时日。天下的形势，与这没有不同。所以臣希望陛下爱惜风俗，就如同保护元气一样。

古之圣人，非不知深刻之法可以齐众，勇悍之夫可以集事，忠厚近于迂阔，老成初若迟钝。然终不肯以彼而易此者，知其所得小而所丧大也。曹参，贤相也，曰：“慎无扰狱市。”黄霸，循吏也，曰：“治道去泰甚。”或讥谢安以清谈废事，安笑曰：“秦用法吏，二世而亡。”刘晏为度支，专用果锐少年，务在急速集事，好利之党，相师成风。德宗初即位，擢崔佑甫为相，佑甫以道德宽大，推广上意，故建中之政，其声翕然，天下想望，庶几贞观。及卢杞为相，讽上以刑名整齐天下，驯致浇薄，以及播迁。我仁祖之驭天下也，持法至宽，用人有叙，专务掩覆过失，未尝轻改旧章。然考其成功，则曰未至：以言乎用兵，则十出而九败；以言乎府库，则仅足而无馀。徒以德泽在人，风俗知义，是以升遐之日山l，天下如丧考妣。社稷长远，终必赖之。则仁祖可谓知本矣。今议者不察，徒见其末年吏多因循，事不振举，乃欲矫之以苛察，齐之以智能，招来新进勇锐之人，以图一切速成之效，未享其利，浇风已成。且大时不齐，人谁无过？国君含垢，至察无徒。若陛下多方包容，则人材取次可用；必欲广置耳目，务求瑕疵，则人不自安，各图苟免。恐非朝廷之福，亦岂陛下所愿哉？汉文欲拜虎圈啬夫，释之以为利口伤俗。今若以口舌捷给而取士，以应对迟钝而退人，以虚诞无实为能文，以矫激不仕为有德，则先王之泽，遂将散微。

【译文】古代的圣人，不是不知道严峻的法令可以用来统一众人，勇猛强悍的武夫可以用来成就大事，忠厚近似迂阔，老成初看像是迟钝。然而终究不肯以彼易此，是因为知道那样做得小而失大。曹参，是有德才的丞相，说：“千万不要扰乱诉讼和集市。”黄霸，是遵纪守法的官吏，说：“治国之道要除去太过头的做法。”有人讥笑谢安因清谈废事，谢安笑着回答：“秦朝任用狱吏，两代而亡国。”刘晏出任度支使，专用轻进少年，务在急速成事，好利之徒，相袭成风。唐德宗刚即位时，就擢升崔佑甫为丞相，佑甫因为道德宽厚，弘扬皇上意旨，所以建中时期的政治，人们一致称赞，天下想望，近似贞观之治。等到卢杞做丞相，劝谏皇上用刑法整齐天下，使天下人听从指使，导致风俗浮薄，因此到了使德宗流离迁徙的地步。我朝仁宗皇帝治理天下，执法特别宽大，用人有序，专心致力于弥补过失，未曾轻改旧章法。然而考察他的成绩功劳，那么说来就有未做到家之处：因为说到用兵，就十次出兵而九次战败；说到府库，就仅够用而无多余。只是因为恩惠施予百姓，使风俗归到义字上，因此他去世的时候，天下百姓如丧父母。社稷的长远，终究依赖这一点。那么仁宗可以说懂得国家的根本了。现在议政的人不看清楚这一点，只看到他末年官吏多因循守旧，事情不振作精神进行，就要用十分苛细的要求来矫正，用智谋来划一，招集新进勇锐的人，来图谋一切速成的功效，没有享受利益，浮薄之风已经形成。况且天时尚不整齐划一，人谁能没有过错？国君应能忍辱含垢宽容大度，要求太苛严就会失去群众。如果陛下多方包容，那么人才足供随时擢用；一定要多设耳目，刻意挑剔疵病的话，人们就会担惊受怕，各自图求苟免。这恐怕不是朝廷之福，也岂能是陛下所希望的呢？汉文帝要提升虎圈啬夫为上林令，张释之认为他能言巧辩有伤风俗的淳厚。现在如果以口舌敏捷用人为官，以应对迟钝降人官职，把虚诞无实当作能文，把矫俗不仕当作有德，那么先王的德泽，就将要消散衰微。

自古用人，必须历试。虽有卓异之器，必有已成之功。一则使其更变而知难，事不轻作；一则待其功高而望重，人自无辞。昔先主以黄忠为后将军，而诸葛亮忧其不可，以为忠之名望，素非关、张之伦，若班爵遽同，则必不悦，其后关羽果以为言。以黄忠豪勇之姿，以先主君臣之契，尚复虑此，况其他乎？世常谓汉文不用贾，以为深恨。臣尝推究其旨，窃谓不然。贾生固天下之奇才，所言亦一时之良策。然请为属国欲以系单于，则是处士之大言，少年之锐气。昔高祖以三十万众，困于平城，当时将相群臣，岂无贾生之比？三表五饵，人知其疏，而欲以困中行说，尤不可信矣。兵，凶器也，而易言之，正如赵括之轻秦，李信之易楚。若文帝亟用其说，则天下殆将不安。使贾生尝历艰难，亦必自悔其说，用之晚岁，其术必精，不幸丧亡，非意所及。不然，文帝岂弃材之主？绛、灌岂蔽贤之士？至于晁错，尤号刻薄。文帝之世，止于太子家令，而景帝既立，以为御史大夫。申屠嘉贤相，发愤而死，纷更政令，天下骚然。及至七国发难，而错之术亦穷矣。文、景优劣，于斯可见。大抵名器爵禄，人所奔趋，必使积劳而后迁，以明持久而难得。则人各安其分，不敢躁求。今若多开骤进之门，使有意外之得，公卿侍从，跬步可图。其得者既不肯以侥幸自名，则其不得者必皆以沉沦为恨。使天下常调，举生妄心，耻不若人，何所不至？欲望风俗之厚，岂可得哉？选人之改京官，常须十年以上，荐更险阻，计析毫厘。其间一事聱牙，常至终身沦弃。今乃以一人之荐，举而与之，犹恐未称，章服随至。使积劳久次而得者，何以厌服哉？夫常调之人，非守则令，员多阙少，久已患之，不可复开多门以待巧进。若巧者侵夺已甚，则拙者迫怵无聊。利害相形，不得不察。故近岁朴拙之人愈少，而巧进之士益多。惟陛下重之惜之，哀之救之。如近日三司献言，使天下郡选一人，催驱三司文字，许之先次指射以酬其劳，则数年之后，审官吏部，又有三百馀人得先占阙，常调待次，不其愈难？此外，勾当发运均输，按行农田水利，已据监司之体，各怀进用之心。转对者望以称旨而骤迁，奏课者求为优等而速化，相胜以力，相高以言，而名实乱矣。惟陛下以简易为法，以清净为心，使奸无所缘，而民德归厚。臣之所愿厚风俗者，此之谓也。

【译文】自古以来进用人才，必须经过考试。即使有超卓不凡的器宇，也必须有已经成就的功绩。一来使他经历事变而知道艰难，事情不轻率去做；二来等他功高望重，人们自然无话可说。从前先主以黄忠为后将军，而诸葛亮担忧此任命不合宜，认为黄忠的名望，素来不能与关羽、张飞相类比，如果等级爵位骤然相同，那么关张二人必定不高兴，其后关羽果然因此表示不满。以黄忠那样豪勇的资质，以刘备那样君臣的投契，诸葛亮尚且考虑到突然提高黄忠品级爵位不合宜，何况其他人呢？世人常说起汉文帝不重用贾谊，把这作为最大的遗憾。臣曾经推考汉文帝的本意，认为并不是这样。贾谊固然是天下的奇才，他所说的也是当时的良策。然而他请求为典属国主管少数民族事务想借以俘虏单于，却是处士的浮夸之辞，少年的刚锐之气。从前汉高祖率领三十万军队，被围困在平城，当时的将相君臣，难道没有比得上贾谊的？“三表五饵”的说法，人人知道它的疏阔，而要用它来困折中行说，更不能使人信服了。甲兵，是凶器，而贾谊轻率地谈论它，正像赵括轻视秦国，李信轻视楚国一样不知自量。如果汉文帝急着采用他的主张，那么天下将会不得安宁。假使贾谊曾经历艰难，也一定为自己的主张后悔，在晚年擢用他，他的政术必定精纯，但他不幸早亡，不是人所能意料到的。否则，汉文帝难道是抛弃人才的君主？周勃、灌婴难道是嫉贤妒能的人？至于晁错，更被称为刻薄。汉文帝时代，只做到太子家令，而汉景帝即位后，任命他为御史大夫。申屠嘉贤相，发愤诛杀晁错，未成功而死，此后纷纷更改政令，天下骚动不安。等到吴楚七国发兵反抗，而晁错的手段也用尽了。文景两朝的优劣，由此可见。大抵说来名分、爵禄，是人人追求的，一定要使官吏积累劳绩然后升迁，来表明名分、爵禄的取得要长期努力并且难以得到。那么人们就各自安守本分，不敢轻率求取。现在如果多开骤然提拔之门，使人有意外的获得，公卿侍从，举足可得。那些得到意外名分、爵禄的人既然不肯自认为是侥幸，那么那些没有得到的人就必定都因为沉沦而不满。使天下按常规调迁的官员，全都产生非分之想，把不如别人看作是可耻的，有什么事情做不出来？要希望风俗淳厚，难道可能吗？候补待选的官员改任京官，常常须有十年以上的资历，多次经受险阻，仔细进行考课。中间有一事乖忤，常常到终身沦没的地步。现在竟凭一个人的引荐，就选拔并把重任交付他，还恐怕他不称心如意，饰有图文作等级标志的礼物随即送到他的手中。这使积累多年劳绩，很久才按次序得以升迁的人，怎么意满心服呢？按常规调迁的人，不是郡守就是县令，人员多而空缺少，早已成为忧患，不能再多开门径来方便投机取巧的人。如果取巧之徒侵夺的权利过多，那么朴实厚道的人就会穷窘而无可依赖。利和害相对照，不能不明察。所以近年来朴实厚道的人越来越少，而取巧谄媚之徒越来越多。希望陛下重视、爱惜朴实厚道的人，哀怜、救助他们。如近日三司献言，使天下每郡推选一人，催促三司备案，准许优先补缺定差来酬赏其劳绩，那么数年之后，审察官员的吏部，又有三百多人需要优先占缺，这样按照常规次序等待调迁，不是更加困难了吗？此外，办理发运均输，巡视农田水利，已据有监司的实体，官员们各自怀有想被提拔任用之心。奏对者希望因迎合旨意而骤然升迁，考课者谋求因优等而迅速改变官位，以实力相争，用言辞夸饰，从而名与实混乱了。希望陛下以简易措施为治国的方法，以不烦扰为治国的思想，使奸佞小人没有凭靠，而百姓的道德归于淳厚。臣所希望的使风俗淳厚，就是说的这些啊。

古者建国，使内外相制，轻重相权。如周如唐，则外重而内轻；如秦如魏，则外轻而内重。内重之弊，必有奸臣指鹿之患；外重之弊，必有大国问鼎之忧。圣人方盛而虑衰，常先立法以救弊。我国家租赋籍于计省，重兵聚于京师，以古揆今，则似内重。恭惟祖宗所以深计而预虑，固非小臣所能臆度而周知。然观其委任台谏之一端，则是圣人过防之至计。历观秦、汉以及五代，谏诤而死，盖数百人。而自建隆以来，未尝罪一言者，纵有薄责，旋即超升，许以风闻，而无官长。风采所系，不问尊卑，言及乘舆，则天子改容；事关廊庙，则宰相待罪。故仁宗之世，议者讥宰相但奉行台谏风旨而已。圣人深意，流俗岂知？台谏固未必皆贤，所言亦未必皆是，然须养其锐气而借之重权者，岂徒然哉？将以折奸臣之萌，而救内重之弊也！夫奸臣之始，以台谏折之而有馀；及其既成，以干戈取之而不足。今法令严密，朝廷清明，所谓奸臣，万无此理。然而养猫所以去鼠，不可以无鼠而养不捕之猫；畜狗所以防奸，不可以无奸而畜不吠之狗。陛下得不上念祖宗设此官之意，下为子孙立万一之防？朝廷纪纲，孰大于此？

【译文】古代立国，使内外相互制约，轻重相互权衡。像周代、唐代，就是外重而内轻；像秦代、魏代，就是外轻而内重。内重的弊端，是一定有奸臣指鹿为马、颠倒是非的祸患；外重的弊端，是必定有大国问鼎、觊觎王位的忧虑，圣人在国家正强盛时就思虑防止衰落，常常先建立法度以补救弊病。我们国家税赋的征收统归三司，主力部队聚集在京师，以古度今，那么似乎内重。恭想祖宗深谋远虑的原因，本来不是小臣所能臆度而详知的，然而，观察他们委任御史台和谏院这一项，就是圣人严密防范的妙策。历观秦、汉以及五代，因谏诤而被处死的，大概有几百人。而我朝从建隆年开国以来，不曾治一个谏官的罪，即使有轻微的处分，也很快就被提升，允许谏官根据传闻风声弹奏，而且御史台不设正员长官。讽谏所涉及的，不论尊卑；谏言涉及君主，那么天子就严肃对待；事情关涉到朝廷，那么宰相就听候治罪。所以仁宗时期，议者指责宰相只是奉行御史台和谏院的职责罢了。圣人的深意，流俗之辈岂能了解？御史台和谏院之人本来未必都有德才，所进之言也未必都对，然而应当保养他们的锐气而且给予重权，难道会不起作用吗？将用来摧折奸臣的萌发，而拯救内重的弊端啊！在奸臣萌生时，用御史台和谏院的力量摧折他们还是有余力的；等到他们已经成事，用武力镇压他们也会感到力量不足。现在法令严密，朝廷政治清明，所说的奸臣，绝对没有这种规律。然而养猫是为了除去老鼠，不能因为没有老鼠而养不能捕老鼠的猫；养狗是为了防止邪恶的盗贼，不能因为没有盗贼而养不会叫的狗。陛下能不上记祖宗设立此官的深意，下为子孙后代作防止万一事情发生的安排吗？朝廷的纲纪.哪一样比这个重大呢？

臣自幼小所记，及闻长老之谈，皆谓台谏所言，常随天下公议。公议所与，台谏亦与之，公议所击，台谏亦击之。及至英庙之初，始建称亲之议，本非人主大过，亦无礼典明文，徒以众心未安，公议不允，当时台谏，以死争之。今者物论沸腾，怨讟交至，公议所在，亦可知矣，而相顾不发，中外失望。夫弹劾积威之后，虽庸人亦可奋扬；风采消委之馀，虽豪杰有所不能振起。臣恐自兹以往，习惯成风，尽为执政私人，以致人主孤立，纪纲一废，何事不生？孔子曰："鄙夫可与事君也欤哉？其未得之也，患得之。既得之，患失之。苟患失之，无所不至矣。"臣始读此书，疑其太过，以为鄙夫之患失，不过备位而苟容。及观李斯忧蒙恬之夺其权，则立二世以亡秦；卢杞忧怀光之数其恶，则误德宗以再乱。其心本生于患失，而其祸乃至于丧邦。孔子之言，良不为过。是以知为国者，平居必常有忘躯犯颜之士，则临难庶几有徇义守死之臣。若平居尚不能一言，则临难何以责其死节？人臣苟皆如此，天下亦曰殆哉！"君子和而不同，小人同而不和。"和如和羹，同如济水。孙宝有言："周公上圣，召公大贤，犹不相悦，著于经典，两不相损。"晋之王导，可谓元臣，每与客言，举坐称善，而王述不悦，以为人非尧、舜，安得每事尽善，导亦敛衽谢之。若使言无不同，意无不合，更唱迭和，何者非贤？万一有小人居其间，则人主何缘得以知觉？臣之所愿存纪纲者，此之谓也。

【译文】臣从幼小时所记得的，到闻听长老所谈论的，都说御史台和谏院的进言，常常顺从天下的公议。公议所赞成的，御史台和谏院也赞成，公议所抨击的，御史台和谏院也抨击。到宋英宗初年，首倡皇帝可称亲的建议，本来不是人主的大过，也没有礼法典籍明文规定，只是因为众心不安，公议不许，所以当时御史台和谏院，以死谏争。现在舆论沸腾，怨谤之言交并而来，公议问题所在，也可以明白了，但是御史台与谏院互相观望而不发表意见，朝廷内外大失所望。弹劾起于积威之后，即使平庸的人也能振发扬厉；讽谏发于消委之余，即使豪杰之士也不能振作兴起，臣怕从此以后，习惯成风气，全成为执政的私党，以致人主孤立，纲纪一废，什么事不能发生？孔子说："鄙夫，难道能同他一起侍奉君主吗？他在没有得到职位的时候，担心得不到。已经得到了，又担心失掉。假如一味担心失掉职位，会无论什么事情都做得出来。"臣最初读这段文字，怀疑他讲得太过分，认为鄙夫担心失掉职位，不过是尸位素餐而苟且容身。等到看李斯担心蒙恬夺他的权，就拥立秦二世胡亥为帝而使秦朝灭亡；卢杞担心李怀光数落他的罪恶，就使唐德宗犯错误而两次避乱出奔。他们的心思本来是因为担心失掉职位而生的，但他们造成的灾祸却到了可亡国的地步。孔子的话，实在不算过分。因此懂得治理国家的人，平时一定常有不顾生命犯颜直谏之士，那么面临危难才可能有徇义死节之臣。如果平时尚且不能进一言，那么面，陆危难凭什么要求他持操死节呢？人臣如果都这样，天下也可以说危险了！"君子调和各种意见而不同流合污，小人同流合污而不调和各种意见。""和"如同用不同调料配制羹汤，"同"好比同船过河。孙宝有句话："周公是上圣，召公是大贤，还有不协调之处，经典上写得很清楚，但互不相亏。"东晋的王导，可以说是资望最高的大臣，每与宾客谈话，在座的人都称好，而王述不高兴，认为人不是尧、舜，哪里能够每件事都好，王导也恭敬地提起衣襟夹在带间感谢他。如果使言论无不相同，意见没有不合，轮番唱和，有什么人不是贤人呢？万一有小人混杂其间，那么人君凭什么能够知道觉察呢？臣所希望的保持纲纪，就是说的这些啊！

臣非敢历诋新政，苟为异论。如近日裁减皇族恩例、刊定任子条式、修完器械、阅习鼓旗，皆陛下神算之至明，乾刚之必断。物议既允，臣安敢有词？至于所献之三言，则非臣之私见，中外所病，其谁不知？昔禹戒舜曰：“无若丹朱傲，惟慢游是好。”舜岂有是哉？周公戒成王曰：“毋若商王受之迷乱，酗于酒德。”成王岂有是哉？周昌以汉高为桀、纣，刘毅以晋武为桓、灵，当时人君，曾莫之罪，而书之史册，以为美谈。使臣所献三言，皆朝廷未尝有，此则天下之幸，臣与有焉。若有万一似之，则陛下安可不察？然而臣之为计，可谓愚矣。以蝼蚁之命，试雷霆之威，积其狂愚，岂可屡赦？大则身首异处，破坏家门，小则削籍投荒，流离道路。虽然，陛下必不为此。何也？臣天赋至愚，笃于自信。向者与议学校贡举，首违大臣本意，已期窜逐，敢意自全。而陛下独然其言，曲赐召对，从容久之，至谓臣曰：“方今政令得失安在？虽朕过失，指陈可也。”臣即对曰：“陛下生知之性，天纵文武，不患不明，不患不勤，不患不断，但患求治太速，进人太锐，听言太广。”又俾具述所以然之状。陛下颔之曰：“卿所献三言，朕当熟思之。”臣之狂愚，非独今日，陛下容之久矣。岂有容之于始而不赦之于终？恃此而言，所以不惧。臣之所惧者，讥刺既众，怨仇实多，必将诋臣以深文，中臣以危法，使陛下虽欲赦臣而不可得，岂不殆哉？死亡不辞，但恐天下以臣为戒，无复言者。是以思之经月，夜以继昼，表成复毁，至于再三。感陛下听其一言，怀不能已，卒吐其说。惟陛下怜其愚忠而卒赦之，不胜俯伏待罪忧恐之至。臣轼诚惶诚恐，顿首谨书。

【译文】臣不敢一一诋毁新政，轻串地发表不同议论，如近日裁减皇族恩例、刊定任子条式、修葺兵器、检阅演习军事，都是陛下神算的圣明、刚健的决断。舆论都已表示肯定，臣哪敢有不同的言词？至于所进献的三句话，并非臣个人的意见，朝廷内外所担忧的，难道谁还不知道？从前大禹劝诫舜说：“不要像丹朱那样傲慢，只喜好懒惰游乐。”舜难道有这种事吗？周公告诫周成王说：“不要像商纣王那样迷乱，酒醉行凶，”周成王难道有这种事吗？周昌把汉高祖看作夏桀王、商纣王，刘毅把晋武帝当作汉桓帝、汉灵帝，当时的人君，竟然没有谁治他们的罪，而且把这些写入史册，以为美谈。假使臣所进献的三句话，都是朝廷不曾有过的事，这就是天下的幸运了，臣与他们将有同感。如果万一有与三句话所论相似的问题，那么陛下哪能不详察？虽然如此，但是臣为朝廷谋划，可以说很愚拙了。以蝼蚁般微不足道的性伞，去试天子的雷霆之成，频频暴露出自己的狂愚，难道能得到多次赦宥？大则身首异处，破坏家门，小则削去官籍，被流放到荒远的地方，转徙离散，困于道路。虽然如此，但陛下一定不会作出这种处罚。为什么呢？臣天赋极愚，深于自信。从前参与讨论学校贡举，第一次违背大臣本意，已经等待着流窜放逐的处罚，岂敢想得以保全自己。而陛下惟独认为我的意见对，破格恩赐召对，从容接见，谈了很久，甚至对臣说："当今政令得失在哪儿？即使是朕的过失，也可以指出陈说。"臣当即回答说："陛下有生而知之的本性，上天赋予文武全才，不担忧不英明，不担忧不勤劳，不担忧不果断，只担忧求治太急，进人太快，听言太广。"陛下又使臣陈述所以如此的道理。陛下点头赞许说："卿所进献的三句话，朕当仔细想一想。"臣的狂愚，不只是今天，陛下宽容已经很久了。难道有在开始时宽容而到最终不赦宥的吗？臣恃此而进言，所以不惧。臣所惧怕的，是讥刺了很多人，结下的怨仇实在不少，他们必将深文周纳诋毁臣，用险峻的法律中伤臣，使陛下即使想赦宥臣却不可能，难道不很危险吗？臣死亡不辞，只怕天下以臣为戒，没有再直言进谏的。因此经过一个月思考，夜以继日，表章草稿写了又毁掉，以致反复两三次才写成。感激陛下曾听取臣一言，心情不能平静，终于倾吐出自己的看法。惟望陛下爱怜臣的愚忠而终能予以宽宥，俯伏待罪，不胜忧恐之至。臣苏轼诚惶诚恐，顿首谨书。

答李端叔书

轼闻足下名久矣，又于相识处往往见所作诗文，虽不多，亦足以仿佛其为人矣。寻常不通书问，怠慢之罪犹可阔略，及足下斩然在疚，亦不能以一字奉慰。舍弟子由至，先蒙惠书，又复懒不即答，顽钝废礼，一至于此。而足下终不弃绝，递中再辱手书：引，待遇益隆，览之面热汗下也。

【译文】我听到您的名声已经很久了，又在相识的朋友处往往看到您所写的诗文，虽然数量不多，也足够像看到您的为人了。平常没有写信问候您，怠慢的过错还可以得到您的宽恕，等到您在哀痛的居丧期间，也没有能够写一字来安慰。我的兄弟子由来，又先承蒙您写信来，我又懒惰没有马上回信，固执愚笨，不讲礼节，竟到这一地步。而您始终不和我断绝来往，又从驿道再一次传来您的亲笔信，对待我的态度更加隆重，看信后脸上发热，汗也流了下来。

足下才高识明，不应轻许与人，得非用黄鲁直、秦太虚辈语，真以为然耶？不肖为人所憎，而二子独喜见誉，如人嗜昌歜、羊枣，未易诘其所以然者。以二子为妄则不可，遂欲以移之众口，又大不可也。

【译文】您才学高，见识明，不应该轻易地赞许别人，岂不是听了黄鲁直、秦太虚等人的话，真以为这样吗？我被人所憎恨，而黄、秦二人独喜称誉我，这真像有人喜欢吃菖蒲菹、羊枣一样，不容易问清楚他们为什么要这样。以为黄、秦二人为胡来乃是不可以的，乃想把他们的喜好移到众人的口中，更是大大的不可了。

轼少年时，读书作文，专为应举而已。既及进士第，贪得不已，又举制策，其实何所有。而其科号为直言极谏，故每纷然诵说古今，考论是非，以应其名耳。人苦不自知，既以此得，因以为实能之，故哓哓至今，坐此得罪几死，所谓“齐虏以口舌得官”，真可笑也。然世人遂以轼为欲立异同，则过矣。妄论利害，搀说得失，此正制科人习气。譬之候虫时鸟，自鸣自己，何足为损益。轼每怪时人待轼过重，而足下又复称说如此，愈非其实。

【译文】我在少年的时候，念书写文章，专门为了应科举考试罢了。已经中了进士，贪得不止，又参加了制策试，其实这有什么呢。而这次是直言极谏科，所以在文章中每每广泛地诵说古今，考论是是非非，用来和那科名相呼应。人苦于不认识自己，既然因这而中科，因此认为自己确实有能耐，故一直喋喋不休地到了今天，因此获罪，几乎被判处死刑，所谓“齐虏靠嘴皮子做了官”，真是可笑。然而世上的人们就以为我是想标新立异，就错了。胡乱地论说利害，搀和着说些得失，这正是参加制科的人的习气。比如像有季节性的虫子鸟儿，自己鸣叫自己停止，哪能做出对世人有所损益的事。我每责怪当代人过于看重我了，而您又再这样称赞我，更加不合我的实际情况，

得罪以来，深自闭塞，扁舟草履，放浪山水间，与樵渔杂处，往往为醉人所推骂。辄自喜渐不为人识，平生亲友无一字见及，有书与之亦不答，自幸庶几免矣。足下又复创相推与，甚非所望。木有瘿，石有晕，犀有通，以取妍于人，皆物之病也。谪居无事，默自观省，回视三十年以来所为，多其病者。足下所见皆故我，非今我也。无乃闻其声不考其情，取其华而遗其实乎？抑将又有取于此也？此事非相见不能尽。自得罪后，不敢作文字。此书虽非文，然信笔书意，不觉累幅，亦不须示人。必喻此意。

【译文】自从获罪以来，我把自己深深地关闭起来，不和外人相通，乘着小船，穿着草鞋，放浪在山水之间，与樵夫渔父混杂相处，往往被喝醉了酒的人所推搡责骂。总是自己高兴渐渐地不被人认识了，平生的亲友没有寄一封信来，即使有信给我也不回答，自己庆幸也许可以免去交往了。您又再开始推重赞许，很不是我所希望的。树木有瘤子，石上有晕圈，犀牛角有相通的白纹，用来取媚于人，都是物体中的病态。我谪官闲居无事可干，默默地自我观察反省，回头看三十年来所作所为，毛病很多。您所见到的都是旧我，不是今天的我了。岂不是听到我的名声不再去考察实情，取了它的花而遗忘了它的果实吗？还是

将从故我中有所取呢？这件事不是见面不能说透彻。自从获罪以后，不敢写文章。这信虽然不能算文章，然而随着笔书写我的意思，不知不觉中篇幅已很长了，也不需要把这封信给别人看。您一定明白这里的意思。

答张文潜县丞书

轼顿首，文潜县丞张君足下。久别思仰。到京公私纷然，未暇奉书。忽辱手教，且审起居佳胜，至慰!至慰!

【译文】轼叩头，文潜县丞张先生足下。分别了很久，甚足思念仰慕。自到京以来，公私事务，纷纷然而来，没有空闲时间给您写信。忽然收到了您的亲笔书信，且知道您的生活起居很好，很是安慰!很是安慰!

惠示文编，三复感叹。甚矣，君之似子由也。子由之文实胜仆，而世俗不知，乃以为不如。其为人深不愿人知之，其文如其为人，故汪洋澹泊，有一唱三叹之声，而其秀杰之气，终不可没。作《黄楼赋》，乃稍自振厉，若欲以警发愦愦者。而或者便谓仆代作，此尤可笑。是殆见吾善者机。

【译文】惠赐您的文集，再三感叹。您的文章很像舍弟子由的文章呀。子由的文章实在胜过我，然而世俗的人不知道，乃以为不如我的。子由的为人，深深不愿人知道他，他的文章像他的为人，所以文章写得深广恬淡，有一唱三叹的情韵，而他的隽秀杰出的气概，终于不能埋没。所作《黄楼赋》，才稍微自我振奋激励起来，像要想振奋糊里糊涂的人。然而有人便说是我代写的，这尤为可笑。这大概是见到我的另一种精神面貌。

文字之衰，未有如今日者也。其源实出于王氏。王氏之文，未必不善也，而患在于好使人同己。自孔子不能使人同，颜渊之仁，子路之勇，不能以相移。而王氏欲以其学同天下!地之美者，同于生物，不同于所生。惟荒瘠斥卤之地，弥望皆黄茅白苇，此则王氏之同也。近见章子厚言，先帝晚年甚患文字之陋，欲稍变取士法，特未暇耳。议者欲稍复诗赋，立《春秋》学官，甚美。

【译文】文章的衰落，没有像今天这样的了。它的根源实在出自王安石。王安石的文章，未必不好，而他的毛病在于他喜欢让人写得和自己的一样。从孔子起，就不能使人相同，像颜渊的仁，子路的勇，不能互相移换。而王安石想用他的学识来统一天下!肥沃的土地，同样要生长植物，但所生的植物却不同。只有荒凉贫瘠的盐碱地，才满眼都是黄色的茅草和白色的苇花，这就是王安石所追求的相同。近日见到章惇说起来，先帝在晚年很怕文章的浅陋，想要稍稍改变录取士子的办法，但没有空闲罢了。议论的人想稍稍恢复诗赋取士，仍把《春秋》立于学官，很好。

仆老矣，使后生犹得见古人之大全者，正赖黄鲁直、秦少游、晁无咎、陈履常与君等数人耳。如闻君作太学博士，愿益勉之。“德辅如毛，民鲜克举之。我仪图之，爱莫助之。”此外千万善爱。偶饮卯酒，醉。来人求书，不能覼缕。

【译文】我老了，让后生们还能见到古人十分完备的东西，只有依赖黄鲁直、秦少游、晁无咎、陈履常和您等几个人了。如果听到您做太学的博士，愿您更加勉励。这正像《诗经》上说的“德行轻如毫毛，人们很少能够把它举起来。我也曾试图过，但爱而不能帮助了”。除此之外，千万善于自爱，偶然在卯时饮了酒，醉了。来人求我写信，不能再细述了。

与谢民师推官书

轼启：近奉违，亟辱问讯，具审其居佳胜，感慰深矣！轼受性刚简，学迂材下，坐废累年，不敢复齿缙绅。自还海北，见平生亲旧，惘然如隔世人，况与左右无一日之雅，而敢求交乎？数赐见临，倾盖如故，幸甚过望，不可言也。

【译文】苏轼上言：前不久分别以后，承蒙您多次来信问候，详知您生活得很好，深感欣慰！我的秉性刚直简慢，学问迂阔，才能低下，因事被贬好几年，不再敢列入官员们的行列。自从渡海北还，看到平生的亲朋故旧，惘惘然像隔世的人，况且和您素不相识，而怎敢求交呢？承蒙您几次来看望我，一见如故，很幸运地超过了希望，高兴得不可再说了。

所示书教及诗赋杂文，观之熟矣。大略如行云流水，初无定质，但常行于所当行，常止于所不可不止；文理自然，姿态横生。孔子曰：“言之不文，行之不远。”又曰：“辞达而已矣。”夫言止于达意，即疑若不文，是大不然。求物之妙，如系风捕影，能使是物了然于心者，盖千万人而不一遇也，而况能使了然于口与手者乎？是之谓辞达。辞至于能达，则文不可胜用矣。

【译文】给我看的书信以及诗赋杂文，看得很详细熟习了。大概像行云流水一样，本来没有一定的形状，只是常常行走在所当行走的地方，常常停止在不得不停止的地方；写得文理自然，姿态横生。孔子说：“语言没有文采，传播就不会远。”又说：“文章只要达意就够了。”这里说的语言只要求达意，就怀疑像不要文采，这是大大不对的。追求事物的微妙之处，好像系风捕影，能够使这一事物明白于心中的人，大概千万人中不能找到一个，何况能够使事物用口说清、用手写明白呢？这就称之为辞达。辞能够做到达意，那么，文采就用不胜用了。

扬雄好为艰深之词，以文浅易之说；若正言之，则人人知之矣。此正所谓雕虫篆刻者，其《太玄》《法言》皆是物也。而独悔于赋，何哉？终身雕虫，而独变其音节，便谓之经，可乎？屈原作《离骚经》，盖风雅之再变者，虽与日月争光可也。可以其似赋而谓之雕虫乎？使贾谊见孔子，升堂有馀矣，而乃以赋鄙之，至与司马相如同科，雄之陋，如此比者甚众。可与知者道，难与俗人言也。因论文偶及之耳。欧阳文忠公言文章如精金美玉，市有定价，非人所能以口舌定贵贱也。纷纷多言，岂能有益于左右？愧悚不已。

【译文】扬雄喜欢用些艰深的词语，用来掩饰他浅显易懂得的内容；倘若直截了当地说出来，就使每个人都明白了。这正是他自己所说的雕琢字句的小技了，他的《太玄》《法言》，都是这样一类的东西。而他自己只懊悔作赋，为什么呢？终身在雕虫，而只改变《太玄》《法言》的文句音节，便称它们为经，可以吗？屈原写的《离骚经》，是《诗经》传统的再一次变革，虽然和太阳月亮来争夺光辉，是可以的。但可以因为《离骚经》像赋而称它是雕虫吗？倘若让贾谊见孔子，升入孔于之堂绰绰有余了，然而扬雄乃用赋来鄙薄他，甚至把他和司马相如同等对待!扬雄的识见浅陋，像这一类的很多。这可以和有见识的人来说，难和俗人来说了。因为谈论文章偶然说到了扬雄。欧阳修说文章如同纯金美玉，市场上有一定的价格，不是人们所能用口舌来定它的贵贱的。杂乱地说了这么多话，怎么能对您有所帮助？惭愧恐惧不止。

所须惠力法雨堂字，轼本不善作大字，强作终不佳，又舟中局迫难写，未能如教。然轼方过临江，当往游焉。或僧欲有所记录，当作数句留院中. 慰左右念亲之意。今日已至峡山寺，少留即去。愈远，惟万万以时自爱。不宣。

【译文】您所需要的惠力寺法雨堂的题字，我本来就不善于写大字，勉强写终究也写不好，而且船内地方狭小难于挥笔，所以没能照办。不过我将要路过临江，到后应该去寺里游览。或许寺僧要我写点什么，我会写下几句诗文留在寺院里，用以安慰您的思亲念友之情。今天我到了峡山寺，稍稍停留一下就离开了。行程越来越远，希望您千万注意节气变化保重自己的身体。其余的就不一一细说了。

日喻赠吴彦律

生而眇者不识日，问之有目者。或告之曰："日之状如铜盘。"扣盘而得其声。他日闻钟，以为日也。或告之曰："日之光如烛。"扪烛而得其形。他日揣籥，以为日也。日之与钟、籥亦远矣，而眇者不知其异，以其未尝见而求之人也。

【译文】有一位生来就目盲的人不认识太阳，他向目明的人问太阳是什么样子的。有人告诉他说："太阳的形状就像是铜盘。"于是他敲了敲铜盘，听到了发出的声音。后来他听见钟声，就把钟当作太阳。又有人告诉他说："太阳的光就像是蜡烛一样。"于是他摸了摸蜡烛，知道了它的形状。后来他摸到龠，就把龠当作了太阳。太阳与钟和龠相差得很远，而这位盲人却不知道它们的差别，这是因为他没有亲眼见到太阳而请教别人的缘故。

道之难见也甚于日，而人之未达也，无以异于眇。达者告之，虽有巧譬善导，亦无以过于盘与烛也。自盘而之钟，自烛而之籥，转而相之，岂有既乎！故世之言道者，或即其所见而名之，或莫之见而意之，皆求道之过也。

【译文】大道比太阳更难以被人所见，因而人们得不到它，就和这位盲人不知道太阳是什么一样。而那些领悟了大道的人想告诉他们什么是道，就算用了什么巧妙的善于引导的比喻，也不会比铜盘和蜡烛好到哪儿去。从铜盘到钟，从蜡烛到龠，这样辗转比喻，哪里会有尽头呢！因此世间谈论道的人中，有的是以他当时所见的东西来说明的，有的根本没有看见就随意猜测，这些都是寻求大道时的错误。

然则道卒不可求欤？苏子曰："道可致而不可求。"何谓致？孙武曰："善战者致人，不致于人。”孔子曰：“百工居肆以成其事，君子学以致其道。”莫之求而自至，斯以为致也欤？

【译文】那么大道最终也不能得到吗？我说：“大道可以致，而不能有意去寻求。”什么叫致呢？孙武说：“善于打仗的人能控制人，而不会为人所控制。”孔子说：“工匠聚集在作坊中是为了成就他们的事业，君子通过学习来达到大道。”不用去刻意寻求就会自然而来，这不就是所谓的致吗？

南方多没人，日与水居也，七岁而能涉，十岁而能浮，十五而能没矣。夫没者，岂苟然哉，必将有得于水之道者。日与水居，则十五而得其道；生不识水，则虽壮，见舟而畏之。故北方之勇者，问于没人，而求其所以没，以其言试之河，未有不溺者也。故凡不学而务求道，皆北方之学没者也。

【译文】南方有许多会潜水的人，天天和水打交道，七岁就能蹚水，十岁就能浮水，十五岁就能潜水了。潜水哪里是随便就会的呢，一定要掌握了水性之后才行。天天和水打交道，那么十五岁就能掌握其中的道了；如果生来就没见过水，那么即使再强壮的人，他见到船也要害怕，所以如果北方的勇敢的人向会潜水的人请教怎样潜水，并以他所说的方法下河，没有不溺水的。因此凡是那些不想学习却致力于寻求大道的人，都如同那些学潜水的北方人一样。

昔者以声律取士，士杂学而不志于道；今也以经术取士，士知求道而不务学。渤海吴君彦律，有志于学者也，方求举于礼部，作《日喻》以告之。

【译文】过去以声律之学来取士，因此士人们都学些杂学而不立志寻求大道；如今以经术之学来取士，士人们却只知寻求大道而不致力于学习。渤海的吴彦律先生，是位有志于学习的人，正准备参加礼部的考试，因此我写了这篇《日喻》告诫他。

潮州韩文公庙碑

匹夫而为百世师，一言而为天下法，是皆有以参天地之化，关盛衰之运。其生也有自来，其逝也有所为矣。故申、吕自岳降，而傅说为列星，古今所传，不可诬也。孟子曰：“吾善养吾浩然之气。”是气也，寓于寻常之中，而塞乎天地之间。卒然遇之，则王公失其贵，晋、楚失其富，良、平失其智，贲、育失其勇，仪、秦失其辩。是孰使之然哉？其必有不依形而立，不恃力而行，不待生而存，不随死而亡者矣。故在天为星辰，在地为河岳，幽则为鬼神，而明则复为人。此理之常，无足怪者。

【译文】一个普通的人能成为百代之师，他的一句话能成为天下之规范，这都关系到与天地一起化育万物，关系到国运的盛衰。这样的人，生必定有他的来源，死也必定有所作为。所以申伯、吕侯是由山岳而降，傅说死后化为列星，古今所传，不可谓不对。孟子曾说：“我善于培养我的浩然之气。”这种浩然之气寄寓在平凡之中，而充塞在天地之间。与它猝然相遇，王公也要失其显贵，晋、楚也要失其富有，张良、陈平也要失其智慧，孟贲、夏育也要失其勇气，张仪、苏秦也要失其善辩。是什么力量使它这样呢？它必定有不依仗形态而存立，不凭借力气而运行，不期待生成而存在，不随着死亡而消亡的超凡力量啊。所以在天上就成为日月星辰，在地上就成为江河山岳，在阴间就成为鬼神，在阳间又变成人。这是常理，没有什么可奇怪的。

自东汉以来，道丧文弊，异端并起，历唐贞观、开元之盛，辅以房、杜、姚、宋而不能救。独韩文公起布衣，谈笑而麾之，天下靡然从公，复归于正，盖三百年于此矣。文起八代之衰，而道济天下之溺，忠犯人主之怒，而勇夺三军之帅。岂非参天地、关盛衰，浩然而独存者乎？盖尝论天人之辨，以谓人无所不至，惟天不容伪。智可以欺王公，不可以欺豚鱼；力可以得天下，不可以得匹夫匹妇之心。故公之精诚，能开衡山之云，而不能回宪宗之惑；能驯鳄鱼之暴，而不能弭皇甫镈、李逢吉之谤；能信于南海之民，庙食百世，而不能使其身一日安于朝廷之上。盖其所能者，天也；其所不能者，人也。

【译文】自东汉以来道德沦丧，文章凋敝，异端纷纷兴起，虽然经历唐代贞观、开元的盛世，并有房玄龄、杜如晦、姚崇、宋璟加以辅佐，也未能挽救颓势。只有韩文公以布衣的身份问世，谈笑间将其扫尽，天下都倾心相从，于是天下复归正统，到现在已三百年了。他的文章能振起八代的衰落，他的道德能拯救天下的沉溺，他的忠诚能干犯人主的盛怒，他的勇敢能折服三军的统帅，这难道不是与天地一起化育万物，关系到国运的盛衰，浩然而独立存在的表现吗？我曾经论述过天与人的关系，以为人的能力无所不至，但天却容不得虚伪。人的智慧可以欺骗王公，但却欺骗不了猪和鱼；人的力量可以夺得天下，却不可以赢得普通人的心。所以韩文公的精诚能够扫开衡山的积云，却不能挽回宪宗的迷惑；能制伏鳄鱼的残暴，却不能消除皇甫镈、李逢吉的诽谤；能赢得南海人民的信任，得到他们百世的祭祀，而不能使自己在朝廷上得到一日的安宁。这是因为韩文公所能的，是属于天的那一面；而他所不能的，是属于人的那一面。

始，潮人未知学，公命进士赵德为之师。自是潮之士，皆笃于文行，延及齐民，至于今，号称易治。信乎孔子之言：“君子学道则爱人，小人学道则易使也。”潮人之事公也，饮食必祭，水旱疾疫，凡有求必祷焉。而庙在刺史公堂之后，民以出入为艰。前守欲请诸朝作新庙，不果。元佑五年，朝散郎王君涤来守是邦，凡所以养士治民者，一以公为师。民既悦服，则出令曰：“愿新公庙者听。”民欢趋之。卜地于州城之南七里，期年而庙成。

【译文】最初潮州人不知道学习，韩文公使进士赵德做他们的老师。从此潮州士子，在文行方面都有了很深的修养，并逐步延展到百姓，直到今日，人们都知道潮州是一个很好治理的地方。孔子的话确实很对：“君子学了道，就会爱人；小人学了道，就容易管理。”潮州人事奉韩文公，每到饭前必定祭祀他；遇到水旱灾疫及其他请求，必定都向他祈祷。而韩文公的庙宇在刺史衙门之后，人们出入很不方便。前任刺史想请求朝廷修建新庙，没有结果。元佑五年，朝散郎王涤先生任潮州刺史，凡与养士治民有关的都师法韩文公。百姓在心悦诚服之后，王君发布命令道：“如果愿意新修韩文公庙，我可以批准。”百姓都乐于参与。在潮州南七里处相中了一块地方，一年以后庙修好了。

或曰：“公去国万里，而谪于潮，不能一岁而归，没而有知，其不眷恋于潮，审矣。”轼曰：“不然。公之神在天下者，如水之在地中，无所往而不在也。而潮人独信之深，思之至，焄蒿凄怆，若或见之。譬如凿井得泉，而曰水专在是，岂理也哉!”元丰七年，诏封公昌黎伯，故榜曰昌黎伯韩文公之庙。潮人请书其事于石，因作诗以遗之，使歌以祀公。其词曰：

【译文】有人会说：“韩文公离开京城万里，被贬谪到潮州，没到一年便回来了。如果他死而有知，那么他一定不会眷恋潮州。”我说：“不然。韩文公的神灵存在于天下，就如水在地下，到哪里都会有。而潮州人独对他非常信任，非常思念，以凄怆的心情来祭奠他，好像他的神灵真的出现了。这就好像凿井而得到泉水，而说水只在这里，这怎能符合道理呢!”元丰七年，朝廷有令封韩文公为昌黎伯，所以庙的榜额题为“昌黎伯韩文公之庙”。潮州人请求将韩文公的事迹刻于石上，我便作了这首诗送给他们，使他们能够通过歌唱来祭祀韩文公。歌词曰：

公昔骑龙白云乡，手抉云汉分天章，天孙为织云锦裳，飘然乘风来帝旁。下与浊世扫秕糠，西游咸池略扶桑，草木衣被昭回光。追逐李、杜参翱翔，汗流籍、湜走且僵，灭没倒景不可望。作书诋佛讥君王，要观南海窥衡湘，历舜九疑吊英皇。祝融先驱海若藏，约束鲛鳄如驱羊。钧天无人帝悲伤，讴吟下招遣巫阳。爆牲鸡卜羞我觞，于粲荔丹与蕉黄。公不少留我涕滂，翩然被发下大荒。

【译文】公原来是在天上骑龙遨游白云的人，手拨银河，织女星为他编织了有如彩云般的衣裳，他飘然乘风来到天帝的身旁。又下到浊世，清扫它的污垢，不辞辛苦，从西边的成池一直巡视到东边的扶桑，光芒遍布草木。他随着李、杜一起翱翔，张籍、皇甫湜之流如易灭的倒影，不可望及他的文章道德，即使汗流浃背、僵倒在地也追赶不上他。他上《论佛骨表》讥讽君王，只不过是为了要看一看衡山、湘江和南海，路过舜所葬的九疑山，凭吊一下女英、娥皇二妃。到了潮州之后，南海之神为之远徙藏匿，他驯服鳄鱼就像驯服羊羔一样。后来天界没有人材了，天帝为之悲哀，便派遣巫阳吟诵着天帝的命令下到人间重将他召回。请接受我隆重的刨牲鸡卜和美好的红色荔枝、黄色香蕉的祭奠吧。他未能停留片刻，披着头发直向那日月所入的大荒山而去，令我不由地涕泗滂沱。

李氏山房藏书记

象犀珠玉怪珍之物，有悦于人之耳目，而不适于用；金石草木丝麻五谷六材，有适于用，而用之则弊，取之则竭。悦于人之耳目而适于用，用之而不弊，取之而不竭，贤不肖之所得，各因其才；仁智之所见，各随其分，才分不同，而求无不获者，惟书乎！

【译文】象牙、犀角、珍珠、玉石等等奇怪宝物，可以给人的耳目带来愉快的享受，但却并无实用价值；金石、草木、丝麻、五谷与六材，具有实用的价值，但一用就容易损坏，一取就容易枯竭。既使人的耳目感到愉快，又有实用的价值，用了既不会坏，取了也不会枯竭，贤能与不肖之人所得的收获，各自凭他们的才识而定；仁者与智者所得的见解，也各自凭他们的天分而定，才识与天分虽然不相同，但只要求取便不会没收获的，只有书吧！

自孔子圣人，其学必始于观书。当是时，惟周之柱下史老聃为多书。韩宣子适鲁，然后见《易象》与鲁《春秋》，季札聘于上国，然后得闻《诗》之风、雅、颂。而楚独有左史倚相，能读《三坟》《五典》《八索》《九丘》。士之生于是时，得见六经者盖无几，其学可谓难矣。而皆习于礼乐，深于道德，非后世君子所及。自秦、汉以来，作者益众，纸与字画日趋于简便，而书益多，世莫不有，然学者益以苟简，何哉？予犹及见老儒先生，自言其少时，欲求《史记》《汉书》而不可得，幸而得之，皆手自书，日夜诵读，惟恐不及。近岁市人转相摹刻诸子百家之书，日传万纸。学者之于书，多且易致如此，其文词学术，当倍蓰于昔人；而后生科举之士，皆束书不观，游谈无根，此又何也？

【译文】自从圣人孔子以来，学问的获得一定要从看书开始。在那个时候，只有周朝的柱下史老聃有很多的书。韩宣子到鲁国去，才读到了《易象》和鲁国的《春秋》。季札到中原发达国家去访问，才听到了《诗经》中的风、雅、颂。在楚国也只有左史倚相，能够读懂《三坟》《五典》《八索》《九丘》。生在这一时代的文士，能够看到《诗》《书》、缉乙》《乐》《易》《春秋》这六经的人没有多少，学习可以说是很艰难的事。但他们都普遍熟悉礼乐，而有高深的道德修养，不是后代的君子所能赶得上的。自从秦、汉以来，写书的人越来越多，纸张的获得与字画的书写也趋于简捷便利，因而书籍也越来越多，世间什么书都有，但学习的人却越来越马虎、随便，这是什么道理呢？我还赶得上看到那些年迈的大儒先生，说起自己年轻的时候，想要找《史记》《汉书》也找不到，很幸运得到了，都亲手抄写，日夜诵读，生怕来不及。近年来市上的书商吏相刻板印刷诸予百家的书籍，每天要有上万张字纸流传开来。书籍对于学习的人来说，既多又容易得到，他们的文词水平与学术修养，按理应该比过去的人高出好几倍；但这些参加科举的晚辈文士，却都将书束之高阁，并不阅读，以致于谈论起来都是没有根据的话，这又是什么道理呢？

予友李公择，少时读书于庐山五老峰下白石庵之僧舍。公择既去，而山中之人思之，指其所居为李氏山房。藏书凡九千馀卷。公择既已涉其流，探其源，采剥其华实，而咀嚼其膏味，以为己有，发于文词，见于行事，以闻名于当世矣。而书固自如也，未尝少损，将以遗来者，供其无穷之求，而各足其才分之所当得。是以不藏于家，而藏于其故所居之僧舍，此仁者之心也。

【译文】我的朋友李公择，年轻的时候在庐山五老峰下白石庵的僧房里读书。后来公择离开了那里，山里的人却还想起他，指着他曾经居住过的地方称为李氏山房。他有九千多卷藏书。公择对这些书都曾涉猎、探源，采剥过其中的鲜花、果实，品尝过其中的膏粱美味，从而将这些书中的知识变成自己的储备，流露在文词之间，反映在行事当中，从而闻名于当代。而那些书本还是依然如旧，未曾有一点点缺损，还可以留给后来的学习者，供给他们无穷的需求，满足他们的才识天分所应获得的内容。因此这些书没有收藏在自己的家里，而是收藏在他过去居住过的僧房，这正是为己也为人的仁者心肠啊。

予既衰且病，无所用于世，惟得数年之闲，尽读其所未见之书。而庐山固所愿游而不得者，盖将老焉，尽发公择之藏，拾其馀弃以自补，庶有益乎？而公择求予文以为记，乃为一言，使来者知昔之君子见书之难，而今之学者有书而不读为可惜也。

【译文】我现在年纪大了，又多病，对于这个世道也没有什么作用了，只想能够得到几年的闲暇，读遍没有见到过的书籍。庐山，正是我想要去游而又还没有去过的地方，我想在自己年老的时候，翻出公择所有的藏书，捡起他用过而又放弃的书籍来弥补自己的不足，大概会大有益处吧？公择请我写文章作为记，我便说这些，让后来的人知道过去的君子看书是多么困难，而当今的学习者有书却不读又是多么可惜。

超然台记

凡物皆有可观。苟有可观，皆有可乐，非必怪奇伟丽者也。哺糟啜漓皆可以醉，果蔬草木皆可以饱。推此类也，吾安往而不乐？夫所为求福而辞祸者，以福可喜而祸可悲也。人之所欲无穷，而物之可以足吾欲者有尽。美恶之辨战乎中，而去取之择交乎前，则可乐者常少，而可悲者常多，是谓求祸而辞福。夫求祸而辞福，岂人之情也哉？物有以盖之矣。彼游于物之内，而不游于物之外。物非有大小也，自其内而观之，未有不高且大者也。彼挟其高大以临我，则我常眩乱反覆，如隙中之观斗，又乌知胜负之所在！是以美恶横生，而忧乐出焉。可不大哀乎！

【译文】任何物都有他的可观之处。只要有可观之处，就都有可乐之处，并不见得非是那些奇怪、瑰丽之物才有，吃酒糟、喝薄酒都可以醉，水果蔬菜、以至草木都可以饱人，依此类推，我到哪里能不乐呢？人都希望求福而避祸，因为福可喜而祸可悲啊，人想达到的欲望无穷，而物可以满足我们欲望的却有尽。美与恶的区别不断地在心中交战，舍弃与索取的选择不断地在面前交替，那么可乐的时候总是少数，而可悲的时候总是多数，这就叫做求祸而辞福。求祸而辞福，哪里是人的常情呢？这都是因为受到外物的掩盖遮蔽。这种人游于事物之内，而不游于事物之外。物是谈不上什么大小的，从它的内部来看，没有不又高又大的。它仗着它的高大凌驾于我，那么我就会经常迷惑不清，颠三倒四，有如从门缝中看外面打仗，又怎能知道谁胜谁负呢！所以美恶观就不断地产生，而忧乐感也就不断地出现。怎能不令人深深地悲哀呢！

余自钱塘移守胶西，释舟楫之安，而服车马之劳；去雕墙之美，而蔽采椽之居；背湖山之观，而行桑麻之野。始至之日，岁比不登，盗贼满野，狱讼充斥，而斋厨索然，日食杞菊。人固疑余之不乐也。处之期年，而貌加丰，发之白者，日以反黑。余既乐其风俗之淳，而其吏民亦安余之拙也，于是治其园圃，洁其庭宇，伐安丘、高密之木以修补破败，为苟完之计。而园之北，因城以为台者旧矣，稍葺而新之。时相与登览，放意肆志焉。南望马耳、常山，出没隐见，若近若远，庶几有隐君子乎？而其东则卢山，秦人卢敖之所从遁也。西望穆陵，隐然如城郭，师尚父、齐桓公之遗烈，犹有存者。北俯潍水，慨然太息，思淮阴之功，而吊其不终。台高而安，深而明，夏凉而冬温。雨雪之朝，风月之夕，余未尝不在，客未尝不从。撷园蔬，取池鱼，酿秫酒，瀹脱粟而食之，曰："乐哉游乎！"

【译文】我从杭州通判调任密州知州，放弃了乘船的舒适，而受乘车骑马的劳苦；离开了有雕花墙院的优美环境，而住进榭木椽子的居所；离开了具有观赏之关的湖光山色，而行进在桑麻的田野里。刚到的时候，连年没有收成，到处都是盗贼，官司都堆在一起，而厨房里却什么都没有，每天都要吃枸杞与菊花。难怪人们怀疑我不高兴呢。但呆了一年，我却长胖了，原来的白发，一天天变黑了。我既喜欢这里风俗的纯朴，这里的官吏百姓也安于我的朴拙，于是开始治理园圃，打扫庭院房舍，从安丘、高密伐来树木修补破败之处，以求暂时的完善。而园子的北边借助城墙作为高台，这是旧时所修，又把它稍稍地重新修理一番。我经常与人们登临观览，在上面纵情地抒发我的心志。从超然台上向南望去，马耳山与常山或出或没，或隐或现，或远或近，那里也许有隐士吧？而它的东边是卢山，秦国人卢敖曾在那里隐居。向西望去是穆陵，隐约看去好像是城郭，吕尚、齐桓公的英烈遗风还在。向北俯瞰潍水，令人慨然长叹。思念淮阴侯的功劳，而感慨他不得善终。这座台高大而安稳，深远而明亮，夏天凉爽而冬天温暖。不论是雨雪的早晨，还是风月的晚上，我没有不在这里的，宾客也没有不跟从我的。我们从园子里采一些蔬菜，从池塘里钓两条鱼，酿一些高梁酒，随便煮一些仅脱了壳的小米粥吃，齐声说："玩得真快乐啊！"

方是时，余弟子由适在济南，闻而赋之，且名其台曰"超然"，以见余之无所往而不乐者，盖游于物之外也！

【译文】当时我的弟弟子由正在济南，听说之后作了一首赋，并为这座台命名为"超然台"，以表达我无往而不乐的精神，这都是我能够游于物外的原因啊！

前赤壁赋

壬戌之秋，七月既望，苏子与客泛舟游于赤壁之下。清风徐来，水波不兴。举酒属客，诵《明月》之诗，歌《窈窕》之章。少焉，月出于东山之上，徘徊于斗牛之间。白露横江，水光接天。纵一苇之所如，凌万顷之茫然。浩浩乎如冯虚御风，而不知其所止；飘飘乎如遗世独立，羽化而登仙。

【译文】壬戌年的秋季，七月十六日，我和朋友们划着小船到赤壁的下面去游览。清凉的风缓缓地吹来，江面上波浪平静。我端起杯子劝朋友们喝酒，一边朗诵“明月”诗，高唱“窈窕”章。一会儿，月亮从东山的上面升起，在斗宿和牛宿之间逗留不前。白蒙蒙的水汽罩满江面，江水的光同天空连在一起。我们听任小船漂浮，越过茫茫无边的江面。浩荡地好像腾空驾风。不晓得要飞到哪里去；轻飘地如同脱离人世，自由自在地飞升仙境。

于是饮酒乐甚，扣舷而歌之。歌曰：“桂棹兮兰桨，击空明兮溯流光。渺渺兮予怀，望美人兮天一方。”客有吹洞箫者，依歌而和之。其声呜呜然，如怨如慕，如泣如诉，余音袅袅，不绝如缕。舞幽壑之潜蛟，泣孤舟之嫠妇。

【译文】在这时候，酒喝得很欢畅，我就敲着船边唱起歌来。歌词说：“桂棹呀兰浆，我用它们划开清澈的江水呀，让小船在江面浮动着的月光中逆流前进。多么遥远呀，我的思念；我盼望的‘美人’呀，正在那遥远的地方。”有一个朋友吹起洞箫，按着歌声节拍伴奏。那洞箫声呜呜地，像恨怨，像思慕，像哭泣，像诉说；吹完了，耳朵里还剩下那婉转悠扬的箫声，似乎一根细长的要断而又不断的丝线。引得潜藏在深涧里的蛟龙起舞，惹得独守在空船上的寡妇抽咽。

苏子愀然，正襟危坐而问客曰：“何为其然也？”客曰：“‘月明星稀，乌鹊南飞’，此非曹孟德之诗乎？西望夏口，东望武昌，山川相缪，郁乎苍苍，此非孟德之困于周郎者乎？方其破荆州，下江陵，顺流而东也，舳舻千里，旌旗蔽空，酾酒临江，横槊赋诗，固一世之雄也，而今安在哉？况吾与子渔樵于江渚之上，侣鱼虾而友麋鹿。驾一叶之扁舟，举匏樽以相属。寄蜉蝣于天地，渺沧海之一粟。哀吾生之须臾，羡长江之无穷。挟飞仙以遨游，抱明月而长终。知不可乎骤得，托遗响于悲风。”

【译文】我听得脸色改变，整整衣服，端正地坐着，问那位朋友道：“为什么箫声这样悲凉啊？”朋友回答说：“‘月明星稀，乌鹊南飞。’这不是曹孟德的诗吗？向西望是夏口，朝东望是武昌，山水相互环绕，树木茂盛青翠。这不是曹孟德被周瑜打败的地方吗？当曹孟德打破荆州、攻占江陵、沿着长江东进的时候，战船连接千里，旗帜遮蔽天空。他面对长江喝酒，横着长矛吟诗，原来是不可一世的英雄，可是如今在哪里呢！何况我和您像渔人、樵夫一样，生活在江湖山野之间，同鱼虾做伴侣，跟麋鹿交朋友，驾着一片叶子似的小船，拿起粗劣的杯子互相劝酒。如同蜉蝣那样短暂地寄居在天地之间，渺小得就像汪洋大海中的一粒粟子。为我们一生的短促而悲哀，为长江流水的无穷而羡慕。希望拉着天仙在宇宙间遨游，跟明月一起永久存在。明知道这不可能轻易实现，只好在悲凉的秋风中借箫声来表达这种感慨心情。”

苏子曰：“客亦知夫水与月乎？逝者如斯，而未尝往也；盈虚者如彼，而卒莫消长也。盖将自其变者而观之，则天地曾不能以一瞬；自其不变者而观之，则物与我皆无尽也。而又何羡乎？且夫天地之间，物各有主，苟非吾之所有，虽一毫而莫取。惟江上之清风，与山间之明月，耳得之而为声，目遇之而成色，取之无禁，用之不竭，是造物者之无尽藏也，而吾与子之所共适。”

【译文】我说：“您了解那江水和月亮吗？江水总是像这样不断地流去，可是从整个长江来说并没有流去；月亮老是像那样有时圆有时缺，可是它本身始终没有丝毫增减。如果从它变化的一面看，那么天地间的万物还用不到一眨眼的工夫就变了；从它不变的一面看，那么万物和我都是无穷无尽的，还羡慕什么呢？再说，天地之间，万物都各自有主，假使不是我所有的，就是一丝一毫也不能取用。只有江上的清风和山间的明月，耳朵听到它就成为声音，眼睛看到它就成为颜色；取用它们不会被人禁止，使用它们也不会完结。这是自然界无穷的宝藏，我和您可以共同享受的。”

客喜而笑，洗盏更酌。肴核既尽，杯盘狼藉。相与枕藉乎舟中，不知东方之既白。

【译文】朋友高兴得笑起来，于是洗干净酒杯，重新斟酒喝。菜肴吃光了，空杯、空盆杂乱地放着。我和朋友们互相挤在小船里睡着了，不知不觉东方已经发白。

后赤壁赋

是岁十月之望，步自雪堂，将归于临皋。二客从予，过黄泥之坂。霜露既降，木叶尽脱。人影在地，仰见明月。顾而乐之，行歌相答。

【译文】这一年十月十五日，我从雪堂步行出发，打算回到临皋去。有两个朋友跟随我一起走，路过黄泥坂，看到树木经霜以后，叶子全都脱落了。我们的身影倒映在地上，抬头看看，一轮明月高挂空中。彼此回头观看，都很欣赏这夜景；于是一面走一面吟诗，相互酬答。

已而叹曰："有客无酒，有酒无肴。月白风清，如此良夜何？"客曰："今者薄暮，举网得鱼，巨口细鳞，状如松江之鲈。顾安所得酒乎？"归而谋诸妇。妇曰："我有斗酒，藏之久矣，以待子不时之需。"

【译文】过了一会儿，我叹了口气，说："有好友却没有美酒，有美酒又没有佳肴。月色皎洁，晚风清凉，像这样美好的夜晚怎么度过呢？"有一个朋友回答我："今天傍晚，张网捕得一条鱼，大嘴巴，细鳞片，形状就像松江的鲈鱼，不过到哪里去弄到好酒呢？"我回去跟妻子相商这件事。妻子说："我有一斗好酒，藏着它已经长久了，为了等待您随时的需要。"

于是携酒与鱼，复游于赤壁之下。江流有声，断岸千尺；山高月小，水落石出。曾日月之几何，而江山不可复识矣！予乃摄衣而上，履巉岩，披蒙茸，踞虎豹，登虬龙，攀栖鹘之危巢，俯冯夷之幽宫。盖二客不能从焉。划然长啸，草木震动，山鸣谷应，风起水涌。予亦悄然而悲，肃然而恐，凛乎其不可留也。反而登舟，放乎中流，听其所止而休焉。

【译文】就这样，我和朋友们携带着酒和鱼，再一次划着小船到赤壁的下面去游赏。江水发出声响，冲刷着高峻陡绝的崖岸；山显得高了，月亮显得小了；水位低落，原本藏在水里的礁石露出来了。跟上次游览的时间相隔能有几天呢，江山却已经不再能够认识了！

我就撩衣上岸，踏着险峻的山崖，拨开纷乱的山草；蹲在虎豹似的怪石上，爬上虬龙般的古树，攀登猛禽巢居的悬崖；俯视冯夷居住的深宫。可惜两位朋友不能跟我在一起赏玩！我划地一声长啸，草木被震动了，高山共鸣，深谷回响，风刮起来，水向上涌，我也不觉忧伤悲哀，严肃恐惧，害怕得不能再逗留了。于是我回到船上，吩咐船家把小船放到江心，任凭它漂流到哪里停止，我们就在那里歇息。

时夜将半，四顾寂寥。适有孤鹤，横江东来。翅如车轮，玄裳缟衣，戛然长鸣，掠予舟而西也。

【译文】那时将近半夜，四面看看，觉得冷清寂寞得很。刚好有一只鹤，从东边飞来横穿江面，翅膀像车轮那样大小，尾部的黑羽如同黑色的裙子，前面的白羽如同洁白的衣衫，戛戛地拉长着声音叫，擦过我坐的小船向西边飞去。

须臾客去，予亦就睡。梦一道士，羽衣蹁跹，过临皋之下，揖予而言曰："赤壁之游乐乎？"问其姓名，俯而不答。"呜呼噫嘻！我知之矣。畴昔之夜，飞鸣而过我者，非子也耶？"道士顾笑，予亦惊寤。开户视之，不见其处。

【译文】不一会儿，朋友们辞去，我也回家睡觉。梦里看见一个道士，穿着一件羽毛做成的道袍，飘飘然起舞似的，走过临皋的下面，向我拱手作揖，一边问我道："赤壁之游快乐吗？"我问他的姓名，他低着头不回答。"噢!哎呀!我晓得你的底细了。昨天的夜里，边飞边叫地经过我坐的小船的，不就是你吗？"道士回过头去笑起来。我也陡然惊醒，开门一望，看不到道士影迹。

祭欧阳文忠公文

呜呼哀哉!公之生于世，六十有六年。民有父母，国有蓍龟，斯文有传，学者有师，君子有所恃而不恐，小人有所畏而不为。譬如大川乔岳，不见其运动，而功利之及于物者，盖不可以数计而周知。

【译文】唉，多么令人悲痛啊!您在世六十六年。百姓有了父母官，国家有了决策人，儒家的道统文章有了传人，读书人有了老师，君子们有了依靠而无所畏惧，小人们有所畏惧而不敢胡为。您就像那高山大河，虽然不见有所运动，但是带给万物的好处是不可胜数而众所周知的。

今公之没也，赤子无所仰芘，朝廷无所稽疑，斯文化为异端，而学者至于用夷，君子以为无为为善，而小人沛然自以为得时；譬如深渊大泽，龙亡而虎逝，则变怪杂出，舞鳅鳝而号狐狸。

【译文】如今您去世了，百姓们失去了他们的庇护，朝廷失去了解决疑虑的人才，儒家的道统文章为异端邪说所代替，读书人乃至相信蛮夷传入的东西，君子们把无为当成善事，而小人们以为他们猖獗的时候来到了；这就如同在深渊大泽之中，龙虎都离去了，千奇百怪的东西就纷纷登场，鳅鳝们起舞，狐狸们号叫。

昔其未用也，天下以为病；而其既用也，则又以为迟；及其释位而去也，莫不冀其复用；至其请老而归也，莫不惆怅失望，而犹庶几于万一者，幸公之未衰。孰谓公无复有意于斯世也，奄一去而莫予追。岂厌世溷浊，洁身而逝乎？将民之无禄，而天莫之遗？

【译文】过去朝廷未曾起用您的时候，天下人都感到忧虑；起用了您以后，大家又认为太迟了；等到您离职而去时，大家都希望能重新起用您；到了您告老还乡后，大家都无不惆怅失望，然而还让人觉得有万分之一希望的，是幸而您还没有衰老。谁能料到您不再想牵挂这个世界，那么快就一去不复返，让我们都无法追赶。难道您是因为厌恶这个世界的污浊，为了洁身自好而离去了吗？还是因为百姓没有这个福分，老天不肯把您留给我们？

昔我先君，怀宝遁世，非公则莫能致。而不肖无状，因缘出入，受教于门下者，十有六年于兹。闻公之丧，义当匍匐往救，而怀禄不去，愧古人以忸怩。缄词千里，以寓一哀而已矣。盖上以为天下恸，而下以哭其私。

【译文】从前我的先父身怀才学遁世隐居，如果不是您就不可能出仕。而我这不才之人，也因此得以出入您的府上，在您的门下受教，有十六年之久。听说您去世的噩耗，按理应当尽力赶去哀悼，然而我却留恋官位不能前往，真是难为情地愧对古人。如今只好在千里之外寄上这篇祭文，以此寄托我的哀悼之情而已。对上是为天下人而哀伤，对下是为我的私情而痛哭。

虞 集

元仁寿人，字伯生，号道园，随父居于崇仁，从吴澄遊。大德初，授大都路儒学教授，文宗朝，累迁奎章阁侍书学士，纂修《经世大典》，一时大典册咸出其手，卒年七十七，谥文靖。集，学问博洽，心解神契，所为文章，典雅明净，殆欲追武欧会，其陶铸群材，亦不减庐陵之在北宋，故卒为元世古文之大宗也，有《道园学古录》《道园遗稿》《杜律注》。

【译文】元代仁寿人，字伯生，号道园，随从父亲居住在崇仁，师从吴澄游学。大德初年，被授为大都路儒学教授；文宗时，升职到奎章阁侍书学士，编纂修治《经世大典》，这时的大典册都是出自他手，去世时七十七岁，谥号文靖。虞集，学问广博，心领神会，所作的文章都高雅而不低俗，明白清楚，大概是想追及武欧会，他所培养的人才也不少于北宋时在庐陵，所以是元代古文的大宗。有《道园学古录》《道园遗稿》《杜律注》。

李景山诗集序

古之人以其涵煦和顺之积，而发于咏歌。故其声气明畅而温柔，渊静而光泽。至于世故不齐，有放臣、出子、斥妇、囚奴之达其情于辞者，盖其变也。所遇之不幸者也。而后之论者，乃以为和平之辞难美，忧愤之言易工，是直以其感之速而激之深者为言耳。盍亦观于水，夫安流无波，演迤万里，其深长岂易穷也。若夫风涛惊奔，泷石险壮，是特遇物之极于变者。而曰水之奇观，必在于是，岂观水之术也哉。余读景山之诗而有感于此矣。

景山蚤岁即起家掌故枢府，不数年，遂长其幕，方骤用而遽坐废。盖五年而后宣慰云南，三年而报使，移病归乡里者又二年矣。二十年间，为诗凡数百篇。而云南诸作，尤为世所传诵，岂非感激于其变者然哉！

然余观其枢府所赋，乃多在于西山玉泉之间。其云南之诗，至《自叙》曰："其辞或传，幸得托于中州人士之末，虽能悲宕动人，察其意，则能深省顺处，无怨尤忿厉之气。"其居乡诸作，放旷平易，又若初未始更忧乐之变者。余因历考其所遇，而察其所立言，盖有以见其所存者，庶几不谬于古之人矣。而徒以云南之作知景山者，特未尽窥景山者也。

景山于书无不读，而酷好老子；于古之人无不学，而独慕白乐天。然则其能廓然以自广，脱然以自处者，殆有由来也。景山年未甚高，而道学方力，后此而有作，余将不足以窥之也夫。

景山姓李氏，名京，河间人，鸠巢其自号也。故其诗总题曰《鸠巢漫稿》。

虞集序。

【译文】古代人因为滋润、养育和善温顺的素养而用歌咏诗歌来抒发其情感，所以他们的声调和语气明白、流畅而温柔，沉静恬淡而有光泽。至于世间的事情有不同，有被放逐的臣子、被赶出家门的儿子、被离弃的妻子、被囚禁的犯人，因通达其情而赋予言辞中，于是诗歌发生了变化。遭遇不幸后所作的文章语气平和，所以不可能写的很优美；忧愤言论容易写，因为叙述的是他很快、很深的感受，这与观赏到的水一样。平稳流动没有波动，能流到万里之外，它的深度、长度哪里是很容易穷尽的；如果有风击起波涛，则水奔流很快，湍急的河水冲击石头，显得既惊险也壮观，因为他所遇到的物发生了变化，而水的奇观也一定在这里，这是观赏水的方法。我读景山的诗也有这样的感受。

景山早年的时候任掌管枢府，没过几年就成为幕僚之长，刚被任用突然间又被免职了，五年后在云南任宣慰使，三年后回朝复命，两年后称病辞职。二十年间作的诗有好几百篇，而尤其在云南时所作诗在世上传诵很广，因为都是因对其变故有感触而奋发所作。

我考察他在枢府所作的赋，大多是如在西山玉泉等宴游的作品。他在云南所作的诗的序中自叙说他的诗能被传诵得归于中原人士的没落，虽然悲壮豪放感动人心，考察其意蕴，则能使人深刻省悟，安于不幸遭遇，没有埋怨愤慨；他归乡后的著作，放达平易，又像开始没有忧虑、喜悦的变化。我因考察了他所经历的一切，而后看他的言论，能够了解到他志向高洁，不违背古人，而只考察在云南时的著作就认为很了解景山的人，是没有彻底了解景山的。

景山没有不读的书，而尤其喜好老子，对于古人也没有不学习的，而唯独爱慕白居易，而他能够旷达自处，是有由来的。景山现在年纪不大，正用力学习，以后将会有更大的作为，我难以全面了解他。

景山姓李，名京，河间人，自号"鸠巢"，所以他的诗总的题名为"鸠巢漫稿"。

虞集序

杨叔能诗序

人之生也，以其父母妻子所仰之身，以治乎居处饮食之具，外有姻戚州闾之好，上有公上贡赋之供，固其常也。然而气之所禀也，有盈歉，时之所遇也，有治否，而得丧、利害、休戚、吉凶，有顿不相似者焉。于是处顺者，则流连光景，而不知返；不幸而有所婴拂，饥寒之迫，忧患之感，死丧疾威之至，则嗟痛号呼，随其意之所存，言之所发，盖有不能自揜者矣。是故有知其然，而思去之者，则必至于外其身以遗世，不与物接，求生息于彝伦之外，庶几以无累焉。然其为道，则亦人之所难者矣。盖必若圣贤之教，有以知其大本者所自出，而修其所当为也。事变之来，视乎义命而安之，则忧患利泽，举无足以动其心，则其为言也，舒迟而澹泊，闇然而成章。是以君子贵之。

予行四方，求之而未见也，又求夫今昔之人，有词章之传，而合乎此者必取而讽之，以寄予意焉，然而亦鲜矣。临川危太朴，与其友豫章杨显民，以其族叔父叔能所为诗一编以示予，观其所遊，不过州郡数百里之间，观其所慕，则千古高尚之士，澹然有余，而不堕于空寂，悠然自适，而无或出于伤怛，乃若蝉蜕污浊，与世略不相干，而时和气清，即凡见闻而自足，几乎古人君子之遗意也哉。吾尝以此求诸昔人之作，得四家焉，则陶处士、王右丞、韦苏州、柳子厚其人也。苏州学诗于憔悴之余；子厚精思于窜谪之久，然后世虑销歇，得发其过人之才，高世之趣，于宽闲寂寞之地，盖有惩创困绝而后至于斯也；右丞冲澹，何愧于昔人，然而一旦患难之来，遽失所守，是有余于闲逸，不足于事变，良可叹也，必也大义所存，立志不贰；乃若所遇，安乎其天，若陶处士者，其知道之言乎。虽然，言不可以伪发，人不可以徒欺，千载之下，简翰之存，苟有一人讽咏于一日之间，则安所逃乎，是故，君子尚论其本也。今有读叔能之诗者，譬诸饫刍豢之昏，病夏畦之苦，而得一勺之清泉甘露，岂不悦乎！夫泉之所自出，露之所自降，尚善求之哉。

【译文】人生，是以父母、妻子、孩子所依赖之身，外有姻亲、州闾关系，上有缴纳国家贡赋，这是常理。然而人所禀的气有盈有不足，所遇到的时机有好有不好，而得失、利害，有利与不利、吉凶有时不相似。于是身处顺境则流连生活，而不知反思，不幸而有所拂逆，遭遇饥寒，忧患，丧死、疾病等，则哀叹、痛苦、哭嚎，顺从意志有所言语，是不能自揜的人。所以，有顺其自然，而不思虑的人，则一定能做到置身于外，不与物相接触，在伦理之外谋求生活，则没有忧虑。然而他们所谋求的道，也是很难的，就如圣贤的教化，知道万物之本源，而修养自己所应该做的，发生变故，则把他看作命，且安于命，这样，忧患、利益、恩泽都不足以扰动人心，这样表达出来的言论，则是从容不迫，淡泊、隐晦深远而成文，因此君子以此为贵。

我走遍四方谋求，却没有见到，又在古人、今人身上谋求，有流传的词章而符合这个标准的，一定拿来歌诵，以寄托我的情怀，然而很少。临川的危太朴，与他的好友杨显民，拿他们族叔父杨叔能所作的诗来给我看，考察他所游历的不过是州郡几百里，他所仰慕的则是几千年来具有高尚品格的人，淡然而有余，不堕落于空寂，悠然自适，而没有流露出伤感、忧虑，正如蝉从污浊中蜕化出来，与世道没有一点关系，而时机和顺，气息清纯，凡所见到的、听到的都能自足，这几乎是古人君子的所遗传下来的思想。我曾按照这个标准在古人的著作中寻找，共找到四家，有陶处士、王右丞、韦苏州、柳子厚。苏州是在憔悴的时候学的诗，柳子厚是在被贬职后精心思考，然后才不再思虑世事，得以发现他过人的才能、高于世人的志趣，在宽旷、悠闲、寂寞的地方，有惩治、困绝而后才达到这样。王右丞的文章淡泊，无愧于古人，而一旦有了患难，突然失去其所坚守的，是闲逸有余，而不足以应付事变，的确很可叹，一定存有大义，立志不贰。至于所遭遇的，安于天命，像陶处士，他明白大道。虽然如此，但言论不能伪作，不能欺骗别人，千年之后，所留存的书籍，如果有一个人在一天之内歌咏，则还有什么不满足的，所以君子推崇论述根本，今天有杨叔能的诗的人，犹如吃刍豢，以夏畦的苦为痛苦，而得到一勺的清泉、甘露，不是很高兴吗？泉水的发源地，降甘露地方，都是很好的值得追求的地方。

饶敬仲诗序

予归老山中，习俗嗜好，不留于胸次，独于幽人雅士咏诗读书，尚未能忘情焉，四方之君子，念其衰老，不鄙而枉教，以饫予之欲，何其幸也。前年饶君敬仲遗予五言长诗，凡百韵，陈义之大，论事之远，引援于往昔圣贤之业，铺张乎一代文章之体，纵横开合，动荡变化，可喜可骇，可感可叹，及观其他作，往往不异于此，而此千言者，尤足肆其驰骋云尔。问其学所从出，则常从乎临川吴先生遊，宜其所闻过于人也远矣。尝著书一编，述山水之情性，吴公亟称之，首为之序，以传于世。夫山之形，重逢峻岭，奔腾起伏，势若龙马，亦或以广衍平大为胜；水之流，惊湍怒涛，吞天浴日，莫穷涯涘，而亦或以平川漫泽，纡余清泠以为美，不可执一而论也。盖其脉络贯通，首尾相映，精神所在，随寓而见，是以能极其变焉，敬仲得此于其心，一讬于吟咏之事，故能若此，何其快哉。昔李阳冰善篆书，自以为有得于日月风云山川草木动植之体，敬仲之诗，得于山川，亦何奇哉！然吾晚岁，足骎骎而视茫茫也，山水之间，济胜之具顿绝，惟有端坐绝物，使善歌快诵于清风明月之际，亦足以慰吾之寂寞也乎，故为题其篇端云，至元已卯二月朔旦邵菴虞集序。

【译文】我回到老山中，习俗、嗜好都不存于心中，独与幽人、雅士歌咏诗歌，读书，尚且还没有忘情。天下的君子，想到他们在逐渐衰老，不鄙视且不吝赐教，以满足我的欲望，多么幸运啊！前年饶敬仲给我留了五首长诗，都很押韵，陈述大的道义，议论的事情都很久远，引用的都是过去圣贤的事情，开辟了一代文章的体例，纵横开合，动荡变化，可喜可贺，可感可叹，而观看一下他其他的作品，往往与这没有不同。而这千言文字，足以任其自由表达，询问他是从哪里学得的，则是曾经师从临川的吴先生，他所知道的超过别人很多，曾经还著书一编，记述山水的情性。吴公屡次称赞他，并在开始给他作了序，以流传于后世。山的形状，重重山峰、峻岭，奔腾起伏，气势若龙，也或者以广阔，平坦取胜；水流湍急，波涛怒嚎，欲吞没天空，沐浴日光，不能穷尽边境，也或者以平川，漫泽，迂回曲折，清凉为美，不能一一论述。整个文章脉络贯通，首尾相映，精神所在，随处可见，因此能极尽的变化。饶敬仲将其存于心中，寄托于诗歌吟咏，所以能这样，这不是很畅快吗！过去，李阳冰善于篆书，自认为对日月风云山川草木等很有心得，饶敬仲的诗表达出来的对山川的心得不是很奇特吗？然而，我已到了晚年，走的很快而看的很远，游于山水之间，这样的能耐已经没有了，只有安然的坐着，而不与物接触，在清风、明月下诵读诗歌，也足以告慰我的寂寞，因此将此题于篇目的开头。至元己卯二月朔旦，邵菴虞集序。

易南甫诗序

诗三百篇之后，楚辞出焉，西都之言赋者盛矣，自魏以降，作者代出，制作之体，愈变而愈新，因唐之诗赋，有声律对偶之巧，推其前而别之曰古赋。诗有乐歌，可以被之乐府，其后也转为新声，豪于才者，放为歌行之肆，长于情者，变为荡淫之极，则又推其前者而别之曰古乐府。时非一时，人非一人，古今之体不一，今欲以一人之手，成一编之文，合备诸体，而皆合中，各臻其妙，不亦难乎！

高安易君南甫，示予以赋若诗一编，尽具诗赋诸体，不蹈流俗，有为而作，辞不苟造。盖闻南甫之居，则康乐之故地，谢公之所封，而尝遊者也，林泉之日长，山水之兴足，有不得于昔人之流风余韵，是以能然也哉。今夫江河之行，湖海之浸，或为惊涛巨浪之壮，或为平波漫流之间，一窪之盈，一曲之胜，其所寓不相似，而各有可观者焉，以水之同出一源故也。善赋之君子，又以其非常之秀，有余之兴，随所遇而有作焉，何患乎众体之不皆妙也！

固哉，予昔之言诗乎，苏子由言其兄子瞻平生无嗜好，以图史为苑囿，文章为鼓吹，老亦弃去，顾独好为诗耳。嗟夫，予岂敢擬于古之人哉，会有耳目之疾，有园囿而无所遊观，有鼓吹而不能以自乐，而心思凋耗，亦不复能诗，徒使子弟，诵昔贤今人之诗，以自娱焉，南甫之所以惠我多矣，然南甫之意，岂徒然哉！予之少也，亦尝执笔而学焉，闻诸同志曰：性其完也，情其通也，学其资也，才其能也，气其充也，识其决也，则将与造物者，同为变化不测于无穷焉。诗赋玄乎哉，斯言也，南甫以为有可採乎。

【译文】诗经三百篇之后，楚辞产生，西汉时期，赋很兴盛，自魏朝以后，文人辈出，所作的文章体裁，越变越新。因为唐代的诗赋有声律、对偶，所以唐之前的诗赋都称为“古赋”，以加以区别。诗有乐歌，可以由乐府制作，在这之后，转为新声，有才华豪放的人，不拘于歌行；长于情志的人，则将其发挥到放荡、淫乱的极至，这样又称前面的为“古乐府”。不是一个时代，不是一个人，古今诗歌体裁不一样，现在想一个人成一编文章，具备各种体裁，且都符合，都达到其妙处，不是很难么？

高安易南甫给我看他的赋，像一编诗，尽具备各种诗赋的体例，不流于世俗，有所为而作，言辞不迁就乱造。我听说易南甫所住的地方，是康乐的故地，谢公的封地，我曾经遊过此地，有山林泉石，很有山水的兴致，这有得于古人遗留的风气余韵，才能如此。今天看到江河湖海，或是惊涛巨浪的壮观，或是平波漫流，一个窪地充满泉水，一道弯曲之地的胜景，他们各自不同，各有可观赏的，因为水的源头都一样。善于作赋的君子，又因具有不同寻常的才华，有余兴，随其所遇而作，哪里还用担心不同体例都很奇妙？

所以，我过去谈论诗，苏子说他兄长子瞻平生没有嗜好，以图书和史籍为苑囿，有文章为鼓吹，老了的时候都废弃了，只是喜欢诗。哎，我哪敢比拟于古人，时逢我耳目有毛病，有苑囿而不能游玩观赏，有鼓吹而不能自乐，且心思也逐渐的低迷，也不再能作诗，只能让弟子诵读过去贤人、今人的诗，以自娱自乐。易南甫之所以对我有很多恩惠，然而易南甫的意蕴是白白的吗？我年少时也曾执笔学诗，听到志同道合的人说：“性格完备，情则通达，学习能有所帮助，发挥其才能，充沛其气息，认识通达，则将能与造物者共同变化无穷。”诗赋就是这样，易南甫认为是可以吸取的。

送李扩序

国学之置，肇自许文正公。文正以笃实之资，得朱子数书于南北未通之日，读而领会，起敬起畏，及被遇世祖皇帝，纯乎儒者之道，诸公所不及也。世祖皇帝圣明天纵，深知儒术之大，思有以变化其人而用之，以为学成于下而后进于上，或疏远未即自达，莫若先取侍御贵近之特异者。使受教焉，则效用立见，故文正自中书罢政，为之师。是时风气浑厚，人材朴茂，文正故表章朱子《小学》一书以先之，勤之以洒扫应对以折其外，严之以出入游息而养其中，掇忠孝之大纲，以立其本，发礼法之微权，以通其用。于是数十年彬彬然号称名卿材大夫者，皆其门人矣。呜呼！使国人知有圣贤之学，而朱子之书得行于斯世者，文正之功甚大也。文正没，国子监始立，官府刻印，章如典故，其为之者大抵踵袭文正之成迹而已。

【译文】国学的设置始于文正公，文正公因为人笃实，在南北之学没有贯通之时，得到朱子的好多本书，读了之后心领神会，产生敬畏之心，等遇到世祖皇帝，倡导的是纯儒家的思想，诸公都比不上。世祖皇帝圣明，深知儒术的伟大，思考着改变内部官吏而重用汉儒，认为基础的先学好才能进一步学习更一层的，或者疏远的不能自达，不如先教侍奉皇帝、与皇帝近的很不一样的人。于是对其实行教化，则立马见效。于是文正公不再担任中书的职务而作老师。当时，风气浑融、醇厚，人才济济，质朴，所以文正公首先表彰朱子的《小学》一书，先教勤快的洒扫、迎接客人的事务以应外，对出入、游玩、休息严格管理以涵养其内，选择忠孝之义的大纲作为根本，发挥礼法的功能以贯通他的作用。于是几十年，文质兼备，号称是名卿才大夫的人，都是他的门人。啊，使国人知道有圣贤的学问，而朱子的书能够在世上通行，文正的功劳很大。文正去世后，国子监开始设立长官，刻印章，制定典制和成例，所作的，大体上是重复文正的印迹。

然余尝观其遗书，文正之于圣贤之道、五经之学，盖所志甚重远焉，其门人之得于文正者，犹未足以尽文正之心也。子夏曰：“君子之道，孰先传焉？孰后倦焉？”程子曰：“圣贤教人有序，非是先教以近者小者，而不教之远者大者也。”夫天下之理无穷而学亦无穷也，今日如此，明日又如此，止而不进，非学也，天下之理无由而可穷也。故使文正复生于今日，必有以发明道德之蕴，而大启夫人心之精微，天理之极致，未必止如前日之法也。而后之随声附影者，谓修词申义为玩物，而从事于文章；谓辩疑答问为躐等，而姑困其师长；谓无所猷、无为涵养德性；谓深中厚貌为变化气质，是皆假美言以深护其短，外以聋瞽天下之耳目，内以蛊晦学者之心思，此上负国家，下负天下之大者也。

【译文】然而我曾看他的遗书，文正对于圣贤的思想和五经的学问很重视，文正的门人所学得的不足以尽文正的思想。子夏说："君子的思想，怎能先入门的就教导这些日常礼仪，后入门的却厌倦了日常礼仪的教导？"程子说："圣贤教人讲究礼仪有序，不是先教亲近的人、小人，而不教关系疏远的人、大人。"天下的道理无穷，而学习也是无穷的，今天这样，明天也是这样，停止而不前进，不是学习。天下的道理没有缘由能穷尽，所以假如文正能再生于今天，必定能阐发理义道德的涵义能给人心的精微之处很大的启发。天理的极致不一定像前日的礼法，而后来的随声附影的人认为用言词来引申涵义是玩物，而从事于作文章，认为解答疑问是践踏等，而被其老师的长处所困的，认为无谋虑、无为是涵养德性，深厚貌是气质发生变化，都是借华美的言论以护他的短处，对外以掩盖天下人的耳目，对内则惑乱治学者的心思，这对上是辜负国家，对下则是辜负天下的大人。

而谓文正之学果出于此乎？近者吴先生之来为监官也，见圣世休明而人才之多美也，慨然思有以作新其人，而学者翕然归之，大小如一。于是先生之为教也，辨传注之得失而达群经之会同，通儒先之户牖以极先圣之阃奥，推鬼神之用以穷物理之变，察天人之际以知经纶之本，礼乐制度之具，政刑因革之文，考据援引，博极古今，各传其当而非夸多以穿凿，灵明通变，不滞于物，而未尝析事理以为二，使学者得有所据依，以为日用常行之地，得有所标指以为归宿造极之处。

噫！近世以来未能或之先也。惜夫在官未久，而竟以病归。呜呼！文正与先生学之所至，非所敢知所敢言也，然而皆圣贤之道则一也。时与位不同，而立教有先后者，势当然也。至若用世之久速，及人之浅深，致效之远近小大，天也，非人之所能为也。仆之为学官，与先生先后而至，学者天资通塞不齐，闻先生言，或略解，或不能尽解，或暂解而旋失之，或解而推去渐远，退而论集于仆，仆皆得因其材而达先生之说焉。

【译文】而先生的学说果然就是这样的吗？近来吴先生作监管，看到身处圣世，天下清明，而人才济济，感慨着想有所作为以更新世人，而治学者一致都归附他，大小齐一。于是先生实施教化，分辨传、注的得失，而通达、会通群经，先贯通儒者的户牖，以穷究先圣的精微深奥之处，推究鬼神的功用以穷尽万物的规律的变化，考察天人的分际，而后知道治理国家的根本，制作礼乐，变革刑法制度，考察依据引用古言，广博古今，各得其理，而不是夸夸其谈，穿凿附会，灵明通达变化而不被物所阻滞，则从不曾分析出两种事理，使治学者所得的有所依据，指导日常行为，奉为准则，以作为思想的要旨。近代以来，没有能超过他的，可惜在位不久，竟然因病而归乡。

哎，文正公与先人学问所达到的境界，不是能了解、能言说的，然而都是圣贤的道理这是一样的。时代与地位不同，而实行教化有先后，顺着事物的自然发展趋势。至于对世的功用很久、很快，对人功用的深浅，效用的远近小大，这在于天命，不是人所能做到的。我做学官在先生之后，治学者的天生的资质、通塞不一样，听先生的教化，有的只能稍微明白，有的不能完全明白，有的只是暂时明白很快便忘了，有的明白了但推及开来则又渐渐不明白。我退而编次撰集，都能根据其材料而通达先生的学说。

先生虽归，祭酒刘公以端重正大临其上，监丞齐君严条约以身先之，故仆得以致其力焉。未几，二公有他除，近臣以先生荐于上，而议者曰："吴幼清陆氏之学也，非朱子之学也，不合于许氏之说，不得为国子，是将率先天下而为陆子静矣。"遂罢其事。呜呼！陆子岂易言哉！彼又安知朱、陆异同之所以然，直妄言以欺世拒人耳。是时，仆亦孤立，不可留，未数月，移病自免去。邓文原善之以司业召至，会科诏行，善之请改学法，其言曰："今皇上责成成均至切也，而因循度日，不惟疲庸者无所劝，而英俊者摧败，无以见成效。"议不合，亦投劾去。于是纷然言吴先生不可，邓司业去而投劾为矫激，而仆之谤尤甚。悲哉！归德李扩事吴先生最久，先生之书皆得授而读之，先生又尝使来授古文，故于仆尤亲近。去年以国子生举，今年有司用科举法，依条试之，中选，将命以官。间来谒曰："比得官，犹岁月间且归故乡，治田亩，益得温其旧学。请一言以自警。"会仆将归江南，故略叙所见以授之，使时观之，亦足以有所感而兴起矣。

【译文】先生虽然归乡，任祭酒的刘公因端正、庄重而任其职，监管丞相，整齐君主，严守条例，以己身为先，所以我能发挥些力量。不久，二公有其他的职务，亲近的臣子将先生向皇上荐举，而议论的人说："吴幼清是陆氏之学，不是朱子之学，不符合许氏的学说，不能为国子监的老师，这是让天下人都作陆子静。"于是这件事作罢。哎，陆子只是言说《易经》吗，他们又怎么知道朱陆的相同处与不同处的原因所在，只是在胡说，欺骗世人。这时我也被孤立而不能留下来，没过几个月，因病自动辞职。邓文原善之，因主管世子学业教育被招进，时逢科举，善之要求改变学法，他说："现在皇上要求改变的都很切实，但遵循旧的法度，不止是疲劳庸俗的人不会有所动，并且有才华的也会衰败，无法见到成效。"因意见不合，于是呈递弹劾自己的状文而辞职。于是大家都说吴先生不行，邓司业辞职是太偏激，而我的诽谤尤其严重。可悲啊！归德李扩师从吴先生最久，先生的书都得到传授并阅读了，先生又曾传授古文，所以与我尤其亲近。去年因在国子监被荐举，今年有官吏用科举的办法，按照一门一门的考，被选中，将被授予官职。偶尔有来拜谒的说："你做官犹如时间间隙，尚且回家乡耕作田地，并能温习以前学过的，将此作为警示自己的言论。"之后我将回江南，所以简略的叙述我所见的以传授下去，适当的时候看看，也足以有所感悟而能起兴。

尚志斋说

亦尝观于射乎？正鹄者，射者之所志也。于是良尔弓，直尔矢，养尔气，畜尔力，正尔身，守尔法，而临之。挽必圆，视必审，发必决，求中乎正鹄而已矣。正鹄之不立，则无专一之趣向，虽有善器、强力，茫茫然将安所施哉？况乎弛焉以嬉，嫚焉以发，初无定的，亦不期于必中者，其君子绝之，不与为偶，以其无志也。善为学者，苟知此说，其亦可以少警矣乎？

【译文】你可曾看过射箭吗？那目标，就是射箭的人要射中的地方。这样，便要把你的弓弄好，把你的箭弄直，把你的气提起，把你的力收敛，立正身躯，守住规则，然后发箭。弓弦必须拉圆，瞄准必须仔细，发箭必须不迟疑，要求射中目标就完了。假如没有目标，便没有专一的趋向，纵有好器具和坚强的力气，可是茫茫然要往哪里施用呢？何况那些把射箭作儿戏，漫不经心地发射，事前没有固定的目标、也不希望必中的人，一定被正经人拒绝，不和他们在一起，就因为他们没有志向。会研究学问的人，如果明白了这个道理，不是也可以得到一些警惕了吗？

夫学者之欲至于圣贤，犹射者之求中夫正鹄也。不以圣贤为准的而学者，是不立正鹄而射者也。志无定向，则泛滥茫洋，无所底止，其不为妄人者几希！此立志之最先者也。既有定向，则求所以至之之道焉，尤非有志者不能也。是故从师，取友，读书，穷理，皆求至之事也。于是平居无事之时，此志未尝慢也；应事接物之际，此志未尝乱也。安逸、顺适，志不为丧；患难、忧戚，志不为慑；必求达吾之欲至而后已。此立志始终不可渝者也。是故志苟立矣，虽至于圣人可也。昔人有言曰：有志者，事竟成。又曰：用志不分，乃凝于神。此之谓也。志苟不立，虽细微之事，犹无可成之理，况为学之大乎？昔者夫子以生知、天纵之资，其始学也，犹必曰志；况吾党小子之至愚、极困者乎？其不可不以尚志为至要至急也审矣。

今大司寇之上士浚仪黄君之善教子也，和而有制，严而不离。尝遣济也受业于予，济也请题其斋，居以自励，因为书"尚志"二字以赠之。他日暂还其乡，又来求说，援笔书所欲言，不觉其烦也。济也尚思立志乎哉。

【译文】研究学问的人想达到圣贤的地步，和射箭的人要求射中目标是一样的。不把圣贤做标准去研究学问的人，就是没有目标去射箭的人。志向不固定，象在汪洋大海里随波漂流，永远没有终止，要不变成一个妄人的很少！这是立志的第一件事。有了定向以后，便应该要求达到圣贤目的的方法了；这一点尤其是没有志向的人做不到的。因此跟从良师、选取益友、用功读书、穷究事理，都是要求达到这个目的所应做的事情。于是在平素无事的时候，这志向才不会疏忽；在处理事物的时候，这志向才不会搅乱。在安逸、顺适时，志向不会因此丧失；在患难、忧戚时，志向不会因而吓跑；必定得达到自己想达到的目的才算完。这就是说：只要立定志向，就始终不可以改变。所以真能这样立志了，便是想达到圣人的地步，也是可以达到的。古人有句话："有志向的人，事业毕竟成功。"又说："用志专一，他的精神才可集中。"便是说的这个道理。如果不立定志向，虽是细微小事，也没有可以成功的理由；何况是研究学问这样重大的事呢？古时孔夫子以"生而知之"天赋给的资质，在开始读书的时候，还必定说立志；何况我们这一群无知小子、最愚笨和最不通的人呢？那么，不能不把崇尚立志这件事，作为最重要最急切的工作，是非常明白的了。现在大司寇的上士浚仪黄先生，很会教导孩子，温和却很节制，严格却很适当。他曾送他儿子黄济跟我受业，黄济请我为他的书斋题字，好藉以勉励自己，因此我便写了"尚志"两字送给他。后来他要暂时还乡，又来求我写一篇文章说明"尚志"的意义，我便拿起笔来，写下我想说的话，不觉写得很杂。黄济你也真可以考虑立志的问题了吧！

鹤山书院记

昔者儒先君子论道统之传，自伏羲、神农、黄帝、尧、舜、禹、汤、文、武、周公至于孔子，而后学者传焉。颜子没，其学不传。曾子以其传授之圣孙子思，而孔子之微益以明著，孟子得以扩而充之。后千五百年以至于宋汝南周氏，始有以继颜子之绝学，传至程伯淳氏，而正叔氏又深有取于曾子之学，以成己而教人，而张子厚氏又多得于孟子者也。颜、曾之学均出于夫子，岂有异哉！固其资之所及而用力有不同焉者尔。

然则所谓道统者，其可以妄议乎哉！朱元晦氏论定诸君子之言而集其成，盖天运也。而一时小人用事，恶其厉己，倡邪说以为之禁，士大夫身蹈其祸，而学者公自绝以苟全。及其禁开，则又皆窃取绪馀，徼幸仕进而已。论世道者能无蛊然于兹乎？方是时，蜀之临邛有魏华父氏，起于白鹤山之下，奋然有以倡其说于摧废之馀，拯其弊于口耳之末。故其立朝惓惓焉以周、程、张、朱四君子易名为请，尊其统而接其传，非直为之名也。及既得列祀孔庙，而赞书乃以属诸魏氏，士君子之公论，固已与之矣。

【译文】过去，儒家的先人君子论述道统的传授，从伏羲氏、神农氏、黄帝、尧、舜、禹、商汤、周文王、周武王、周公到孔子，而后治学者这样传下来。颜回去世后，他的思想没有传下来，曾子将其学说传给孔子的孙子子思，而孔子的精微思想得以更加显著。孟子将其扩充，一千五百年后到了宋朝，汝南周氏开始有继承了颜回的绝学，传给程伯淳，而正叔氏又深深的吸收了曾子的学说，使自己有所成而传教于人。而张子厚又多吸收了孟子学术。颜回、曾子的学说都出自孔子，哪有什么不同？因为他们天资不同，用力也不同。

然而所谓继承道统的是可以胡乱说的么？朱元晦对各位君子的言论都作了考校定评而后编集而成。大概是天运吧，一时小人当权，厌恶那些对厉己者，倡导邪说以禁止正当学说，士大夫们都深陷灾祸之中，而治学者都自动抛弃学说而苟且保全，等到开禁了，则又都窃取一些零碎的，侥幸能做官，评论世道的对这些能视而不见吗？当时，蜀地临邛有魏华父氏，始于白鹤山下，奋然有倡导其学说也摧毁其余，拯救人们口耳中所说的，所以，他在朝廷上，恳切地要求以周敦颐、二程、张载四君子更正名声，尊崇他们的道统而接着将其传世，不只是为了了名分。等到将他们都列于孔庙中祭祀，而诏书乃传给魏氏，士君子的公论才得以确定。

及我圣朝奄有区夏，至于延佑之岁，文治益盛，仍以四君子并河南邵氏、涑水司马氏、新安朱氏、广汉张氏、东莱吕氏与我朝许文正公十儒者，皆在从祀之列。魏氏之曾孙曰：起者，隐居吴中，读诏书而有感焉，曰：‘此吾曾大父之志也，何幸亲复见诸圣明之朝哉！’今天下学校并兴，凡儒先之所经历，往往列为学官。而我先世鹤山书院者，临邛之灌莽，莫之翦治，其侨诸靖州者，存亦无几，而曾大父实葬于吴，先庐在焉。愿规为讲诵之舍，奉祠先君子而推明其学。虽然，不敢专也。泰定甲子之秋，乃来京师，将有请焉。徘徊久之，莫伸其说。至顺元年八月乙亥，皇帝在奎章之阁，思道无为，鉴书博士柯九思侍左右，因及魏氏所传之学与其曾孙起之志，上嘉念焉，命臣集题鹤山书院，著记以赐之。

【译文】等到我圣朝占有了整个中原，到了延祐年代，文治更加兴盛，于是将四君子加河南邵氏、涑水司马氏、新安朱氏、广汉张氏、东莱吕氏与我朝的许文正公十个儒者都在祭祀的列位上。魏氏的曾孙说：“开始时，隐居吴中，读诏书而有所感悟”，说：“这是我曾大父的志向，多么幸运啊，亲自又见到我朝圣明。”现在天下学校都很兴盛，凡是先前儒者待过的地方，往往都列位学校房舍，而我先主的鹤山书院，临邛草木丛生，却没有人清理，其迁于靖州的，存下来都很少，而曾大父实际是葬于吴地，先生的茅庐还在，希望能规划为讲诵的地方，以祭祀先君子，而推广其学说。虽不敢专为，泰定甲子年秋，来到京师，将会请示，徘徊了很久，没有申述，至顺元年八月乙亥，皇上在书法阁，思虑无为之道，鉴书博士柯九思侍从左右，因此提及魏氏所传的学说，与他曾孙起的志向相同，皇上诵念，命臣撰集鹤山书院的题名记载以赐给他。

臣闻魏氏之为学，即物以明义，反身以求仁，审夫小学文艺之细，以推致乎典礼会通之大，本诸平居屋漏之隐，而克极于天地鬼神之著。岩岩然立朝之大节，不以夷险而少变，而立六言垂范，又足以作新乎斯人，盖庶几乎不悖不惑者矣。若夫圣贤之书，实由秦汉以来诸儒诵而传之，得至于今，其师弟子所授受，以颛门相尚，虽卒莫得其要，然而古人之遗制，前哲之绪言，或者存乎其间，盖有不可废者。自濂洛之说行，朱氏祖述而发明之，于是学者知趋乎道德性命之本，廓如也。而从事于斯者，诵习其成言，惟日不足，所谓博文多识之事，若将略焉，则亦有所未尽者矣。况乎近世之弊，好为卤莽，其求于此者或未切于身心，而考诸彼者曾弗及于详博。于是传注之所存者，其舛讹牴牾之相承，既无以明辨其非是；而名物度数之幸在者，又不察其本原。诚使有为于世，何以征圣人制作之意，而为因革损益之器哉！魏氏又有忧于此也，故其致知之日，加意于《仪礼》《周官》、大小戴之《记》，及取诸经注疏正义之文，据事别类而录之，谓之《九经要义》。其志将以见夫道器之不离，而有以正其臆说、聚讼之惑世。此正张氏“以礼为教”，而程氏所谓“徹上徹下”之语者也。而后人莫究其说，以兼致其力焉，昔之所谓卤莽日以弥甚，甘心自弃于孤陋寡闻之归。

【译文】我知道魏氏的学术是看到物以明白其义理，反思自身以求仁，细心审察小学、文艺，以推及典章、礼仪会通，本于隐居在平屋，而能探求到天地鬼神的地方，严严然，立于朝廷的大节，不因平地或危险而有少许变化，而立言以名垂后世，又能够对人有新的理论，这样差不多不违背、不惑乱。像圣贤的书，实际是由秦汉以来，诸儒诵读而流传下来，到今天，他的师弟子所传授的，以专攻某一方面而相互推崇，虽然最终没有把握他的要领，然而古人遗留下来的制度，前面圣哲的言论，也间隔存在于其中，不能废弃。自从周敦颐、二程的学说盛行，朱氏祖述而有所创造，于是治学者都趋向于以道德、性命为根本，澄清了而从事于这个，诵读成习惯而形成了言论，只是时间不足，所谓见识广博，则是很少的，则也有不能尽到的地方，何况近代的弊病，都喜好鲁莽，他们对此的追求，有的是没有切实到身心，而用于别处，都没有达到详细广博，于是传、注所保存下来的，有舛误、矛盾的都延续下来，都没有辨别是非，而物名、书籍幸好还在的，又都不考察他的本源，假如对世有所作为，又哪里能明白圣人所作的意蕴，而为顺应形势而有所变革、增加减少呢？魏氏又对此很忧虑。所以在他明白道理之后，更加对义礼、周官、大戴礼记、小戴礼记以及九经的注疏、正义的书籍，按照事情的发展分门别类而记录，称为《九经正义》，其思想主旨在于说明道、器是不相离的，而能够更正臆断的、众说纷纭的迷惑世俗的言论，而这正是张氏的以礼为教，程氏的有徹上徹下的言论，而后人不花功夫穷究他的言说。过去的鲁莽现在更加厉害，甘心于自我放弃，至于孤陋寡闻的归处。

呜呼！魏氏之学其可不讲乎！今起之言曰："起幸甚，身逢圣天子文治之盛，追念先世，深惜旧名。起将于斯与明师良友教其族人子孙昆弟及乡党州闾之俊秀，庶乎先君子之遗意，而魏氏子孙世奉其祀事，精神血气之感通，亦于是乎在。其有托于永久而不坠也，不亦悲乎！臣之曾大父实与魏氏同学于蜀西，故臣得其粗者如此，敢辄书以为记。

魏氏名了翁，字华甫，临邛人。故宋庆元己未进士，仕至资政殿大学士、参知政事、佥书枢密院事、都督江淮军马，赠太师，封秦国公，谥文靖，而学者称为鹤山先生云。十二月乙未。具官臣虞集奉敕谨记。

【译文】哎，魏氏的学说不能讲啊！现在有言论说："很幸运，身逢圣明天子兴盛文治，追念先世，很珍惜旧名，用这些名师良友来教化他的族人、子孙、兄弟以及乡党、州闾的人才，差不多能保存先君的遗留下来的一些意蕴。而魏氏子孙世世代代祭祀，精神血气感通，也是在于此，于是著书以记载。

魏氏名了瓮，字华甫，临邛人，十八岁时考中宋庆元己未年的进士，官至资政殿大学士，参知政事，兼枢密事、都督江淮军马，赠太师，封为秦国公，谥号文靖，而学者称为鹤山先生。十二月乙未，具官臣子虞集奉命谨记。

极高明楼记

华盖之山，在崇仁上游，据地势之隆厚，拔起千仞，上出霄汉，日星迴旋，无所障碍，云雨之兴，漠乎其下，若有人焉，淩空倒景，高鄰日月，而后足以对之，浮遊于尘埃之中，沉溺于污秽之下，生死不出于旦暮，起灭不踰于寻丈者，乌足以观乎此哉。其山之阳，有水曰珠溪，余氏族世居之，不知始于何代，而未尝有他族间之。

山如城郭之环，流泉中出，隐伏磐石，委屈渊注，始达于外，而居人耕田凿井，养生读书，无所外慕，以其地僻而赋薄，远出郡县公上之供，给事而退，人亦无所求乎其间也，晋陶渊明所谓桃源者，依稀似之。余氏之彦曰：敬，以自然醇厚之姿，居风俗质朴之乡，以其乐易之心，保其敦睦之族，舒舒然，温温然。吾闻而悦之，世以为风气日隆，情态日趋于薄，而不可复返，岂有是耶！故翰林学士吴公之夫人，则敬之曾祖姑也，故公尝至其处。及敬作楼于其居，以瞻华盖于咫尺，而命敬以“极高明”题之也。楼成，而公已去世，敬不得请一辞以表之，因其族父希圣，求予记之。

【译文】华盖山在崇仁上游，依据高大的地势，拔地而起有千仞高，上超出霄汉，日月回旋，没有障碍，兴起云雨没有不在它下面的，像有人一样，升到天空中，把景色都颠倒过来，与日月为邻居，而后可以应对，浮游在尘埃中，沉溺于污秽的下面，生死都不超出一日，兴起息灭都不超过寻丈，乌足以能观赏到此。山的南面有条叫珠溪的河流，余氏世族都居住在这里，不知道从哪个时代开始的，而从不曾有其他族的人过来。

山就像环绕着城郭，泉水从中流出，磐石隐伏在其中，盘盘曲曲注入深渊中，与外面相通达。而居住的人耕种田地，开凿井水，调养身心，读书，对外没有爱慕。因为这里很偏僻所以赋税很少，所得的远远超出郡县上需要纳贡的，事务办理完即回来，人们也都没有其他追求。晋朝陶渊明所谓的桃源，与这个有些相似。余氏有才学、德行的人说：“敬，以自然醇厚的美姿，居住在风俗质朴的家乡，用这种喜悦存养其心，使其家族都保持敦厚、和睦，很安适，温和。”我听说后很高兴，世人以为风气日益隆厚，情态日益趋于鄙薄，而不可能再回到过去，是这样的吗？翰林学士吴公的夫人，敬之的曾祖姑，所以吴公曾到此处，等到敬在他居住的地方建楼，以在咫尺间瞻仰华盖，而命敬以“极高明”题名其上。楼建成之后，吴公已去世，敬不得作一辞以纪念他，因为他祖父仰慕圣人，要求我作一篇记。

予尝闻诸上蔡氏曰：孰能脱去凡近，而遊高明，莫为婴儿之态；而有大人之器，莫为一身之谋；而有天下之志，莫为终身之计；而有后世之虑，不求人知，而求天知。不求同俗，而求同理者乎，必如是也，而后可以造乎高明之域矣。今夫小智自私，而自以为高，曲见陋识，而自以为明，轻猥以相尚，臆度以为知，则其念虑之所兴，云为之所及，无非至卑至下之事，拟诸高明，真所谓霄壤之间。是故质之美者，庶几有以得之，内顾于家，无甚不足之虑，外视于物，无甚必欲之意，则其中所存，淡泊而虚旷，于入道为近矣，而又有以考夫圣贤之学，践乎古人之迹，则日趋高明，而推致其极者，不自此乎。秋高气清，予将揖浮丘伯之神于山上，尚能求观子之楼，诵吴公之言，而寄其千载之思于此也。乃若《中庸》之书，所谓极高明者，吴公之门人弟子多能记公之言，敬审问之，他日为敬讲焉。是为记。

【译文】我曾听上蔡氏说：“谁能脱去平凡、近处而遊于高明？没有能超过婴儿情态的。而有大人的气度，则是为己谋虑，而有天下的志向，则是作终生的谋划，而有后世的忧虑，不要求别人知道，只要求天知道。”不求于风俗相同，而要求道理相同，一定是如此，而后才可以达到高明的境界。今天用小智为己谋私利，而自认为高，偏曲的见解鄙陋的见识而自认为明，相互崇尚的是轻狂偏激，随意主观揣测认为是知，则他所思虑的，所作的，无非是最卑鄙最低下的事，自比拟于高明，真是所谓的天壤之别。所以内在本身好的，差不多都能达到高明，对内顾及家庭，没有什么考虑不足的，对外接触到的物，没有什么一定要追求到的，则内心所珍存的是淡泊而虚旷，这样达到道就很近了。而又有考究圣贤的学说，到访过古人的遗迹，则会更加趋向高明之境，而将此发挥到极致，则不止是如此。秋高气清时，我将到山上拜会浮丘伯，如果能看到建的楼，诵读吴公的言论，而在此处寄托对他千年的思虑。像《中庸》一类的书，就是所谓的“极高明”。吴公的弟子大多能记述吴公的言语，敬审问他，他日给敬讲。这是为记。

宋濂

明浦江人，字景濂。元至正中荐授翰林院编修，以亲老辞不赴，隐龙门山著书，历十余年。明初以书币征，除江南儒学提举，命授太子经，修元史，累转至翰林学士，承旨知制诰，以年老致仕。长孙慎坐法，举家谪茂州，道遇疾卒，年七十二。正统中追谥“文宪”。元末文章，以吴莱、柳贯、黄溍为一朝后劲。濂初学于莱，后学于贯与溍，遂根柢经训，发为文章。有明一代礼乐制度多所裁定。其文章醇深演迤，不动声色，而两百余年之中，殚力翻新者，终莫能先也。有《龙门子凝道记》《浦江人物记》《宋学士全集》。

【译文】明朝浦江人，字景濂，元朝至正年间举荐为翰林院编修，以父母年老而推辞不赴任，隐居在龙门山著书，历时十余年。明朝初年，以书札礼单和礼品而被召集，授予江南儒学提督一职，命令为太子讲经，撰修《元史》，官至翰林学士，奉皇帝命令起草诰命，以年老退休。他的长孙宋慎犯法，因此而全家贬到茂州，在路上有病去世，终年七十二岁。正统中追封谥号为“文宪”。元末的文章，以吴莱、柳贯、黄溍为上。宋濂楚雪于吴莱，后来又学于柳贯和黄溍，于是根植于经传训诂，最终显发为文辞。明朝一代的礼乐制度很多由他斟酌取舍的。他的文章淳厚，精深，气势绵长，不动声色，两百余年中，竭力翻新的，终究不能超过他。著作有《龙门子凝道记》《浦江人物记》《宋学士全集》。

文原

余讳人以文生相命。丈夫七尺之躯，其所学者，独文乎哉!虽然，余之所谓文者，乃尧、舜、文王、孔子之文，非流俗之文也，学之固宜。浦江郑楷、义乌刘刚、楷之弟柏，尝从予学，已知以道为文，因作《文原》二篇以贻之。

其上篇曰：人文之显，始于何时？实肇于庖牺之世。庖牺仰观俯察，画奇偶以象阳阴，变而通之，生生不穷，遂成天地自然之文。非惟至道含括无遗，而其制器尚象，亦非文不能成。如垂衣裳而治，取诸《乾》《坤》；上栋下宇，取诸《大壮》；书契之造，而取诸《夬》；舟楫牛马之利，而取诸《涣》《随》；杵臼棺椁之制，而取诸《小过》《大过》；重门击柝，而取诸《豫》；弧矢之利，而取诸《睽》。何莫非粲然之文？自是推而存之，天衷民彝之叙，礼乐刑政之施，师旅征伐之法，井牧州里之辨，华夷内外之别，复皆则而象之。故凡有关民用及一切弥纶范围之具，悉囿乎文，非文之外别有其他也。然而事为既著，无以纪载之，则不能以行远，始托诸辞翰，以昭其文。略举一二言之：禹敷土，随山刊木，奠高山大川。既成功矣，然后笔之为《禹贡》之文。周制聘觐燕享、馈食昏丧诸礼，其升降揖让之节，既行之矣，然后笔之为《仪礼》之文。孔子居乡党，容色言动之间，从容中道，门人弟子，既习见之矣，然后笔之为《乡党》之文；其他格言大训，亦莫不然，必有其实，而后文随之；初未尝以徒言为也。譬犹聆众乐于洞庭之野，而后知其音声之抑扬，缀兆之舒疾也；习大射于矍相之圃，而后见观者如堵墙，序点之扬觯也；苟逾度而臆决之，终不近也。昔者游、夏以文学名，谓观其会通而酌其损益之宜而已，非专指乎辞翰之文也。呜呼！吾之所谓文者，天生之，地载之，圣人宣之，本建则其末治，体著则其用章，斯所谓乘阴阳之大化，正三纲而齐六纪者也；亘宇宙之始终，类万物而周八极者也。呜呼！非知经天纬地之文者，恶足以语此！

【译文】我忌讳人们以书生自命，男儿七尺之躯，他所学习的，难道只是文字吗？我以为的文字，就是尧、舜、文王、孔子的文字，不是流俗以为的文字，这才是应当学习的。浦江的郑楷、义乌的刘刚、郑楷的弟弟郑柏，曾经向我学习，已经明白了用文字来表达大道，因而写了《文原》两篇赠给他们。

上篇写道：文字显明从何时开始？实际上是从伏羲时期开始的。伏羲仰观天象，俯察地理，画奇偶卦来表示阴阳，并加以变通，从而生生不息，于是造就了天地自然的文字，不仅大道包含无遗，而且制造器物崇尚物象一事，也只有文字才能成就。就像制定衣裳辨明贵贱从而达到天下大治是取象于乾坤卦，上面栋梁下面屋边是取象于大壮卦，文字的创制是取象于夬卦，舟船车马的便利是取象于涣、随卦，杵臼和棺椁的制造是取象于小过和大过卦，设置重门、打梆巡夜以防盗寇是取象于豫卦，弯曲的木头加工成弓这是取象于睽卦。什么没有不是这一鲜明的文字的表现呢？从这里推论可见，天心、民众法则的讲述，礼乐、刑罚政教的实施，军队征战的法度，耕地、牧地和州、里的区分，夷夏内外的辨别，都可以取象的。因而有关百姓日用和一切有关包罗万物的事物，都限制在文字，没有文字以外还有其它的了。然而事情显明以后，不加以记载就不会远播，就依托文字，来彰显。略举一两例来说明，禹分别土地的疆界，顺着山势砍削树木作为路标，以高山大河奠定界域，成功以后，就写成《禹贡》这一文章。周代聘问、觐见、宴客、馈食、结婚、丧葬这些仪式，升降揖让这些礼节，形成以后，然后就写成《仪礼》一文。孔子居住在乡党之间，一举一动，都符合礼节，门人弟子，就习以为常，然后就写成了《乡党》一文。其他的一些格言和著名的训诫，都是这样，现有事迹，之后就有文字，最初并不只是空言。就像聆听各种音乐在洞庭的郊外，之后才知道声音的节奏的高低，舞蹈行列的疏密；孔子演习大射在矍相的泽宫，之后观看的人很多，就像形成了一堵人墙，之后序点就举起酒杯；如果超出限度而主观臆断，最终不能实现。以前子游和子夏以文章而著名，我就注意他们如何会通，斟酌他们增减的合宜度，并不只是对于写文章而言。啊！我所谓的文章，是上天所生，大地承载，圣人所讲，根本确立了，次要的就能得到治理，功用就能彰显，这就是本阴阳的造化，端正三纲而整齐六纪，贯彻宇宙的终始，比类万物而包罗天下。啊！不知道经营天地的文章，怎能和他谈论这些呢？

其下篇曰：为文必在养气，气与天地同，苟能充之，则可配序三灵，管摄万汇。不然，则一介之小夫尔，君子所以攻内不攻外，图大不图小也。力可以举鼎，人之所难也，而乌获能之，君子不贵之者，以其局乎小也；智可以搏虎，人之所难也，而冯妇能之，君子不贵之者，以其骛乎外也！

气得其养，无所不周，无所不极也；揽而为文，无所不参，无所不包也。九天之属，其高不可窥，八柱之列，其厚不可测，吾文之量得之；规毁魄渊，运行不息，基地万荧，躔次弗紊，吾文之焰得之；昆仑县圃之崇清，层城九重之严邃，吾文之峻得之；南桂北瀚，东瀛西溟，杳眇而无际，涵负而不竭，鱼龙生焉，波涛兴焉，吾文之深得之；雷霆鼓舞之，风云翕张之，雨露润泽之，鬼神恍惚，曾莫穷其端倪，吾文之变化得之；上下之间，自色自形，羽而飞，足而奔，潜而泳，植而茂，若洪若纤，若高若卑，不可以数计，吾文之随物赋形得之。

呜呼！斯文也，圣人得之，则传之万世为经，贤者得之，则放诸四海而准，辅相天地而不过，昭明日月而不忒，调燮四时而不愆，此岂非文之至者乎！

大道湮微，文气日削，骛乎外而不攻其内，局乎小而不图其大。此无他，四瑕、八冥、九蠹有以累之也！何谓四瑕？雅郑不分之谓荒，本末不比之谓断，筋骸不束之谓缓，旨趣不超之谓凡，是四者贼文之形也。何谓八冥？讦者将以疾夫诚，椭者将以蚀夫圆，庸者将以混夫奇，瘠者将以胜夫腴，觕者将以乱夫精，碎者将以害夫完，陋者将以革夫博，眯者将以损夫明，是八者伤文之膏髓也。何谓九蠹？滑其真，散其神，揉其氛，徇其私，灭其知，丽其蔽，违其天，昧其几，爽其贞，是九者死文之心也。有一于此，则心受死而文丧矣。春葩秋卉之争丽也，猿号林而蛩吟砌也，水涌蹄涔而火炫萤尾也，衣被土偶而不能视听也，蠛蠓死生于瓮盎，不知四海之大，六合之广也，斯皆不知养气之故也。呜呼！人能养气，则情深而文明，气盛而化神，当与天地同功也。与天地同功，而其智卒归之一介小夫，不亦可悲也哉！

【译文】下篇讲：写文章必定要养气，气和天地相同，如果能够保有，就可以和天地人相配，统管万物。不这样，就是一介平民，因此君子注重内在而不注重外在，重视大的方面而不重视小的方面。普通人很难将鼎举起来，然而乌获就能做到，但是君子并不看重这些，因为这关乎小事；普通人智力很难和虎搏斗，然而冯妇能够做到，但是君子并不看重这些，因为这追求的是外在的。

气如果能够得到保养，就会无所不在；依此来写文章就会无所不包。九天高远而不可窥见，大地深厚而不可预测，而文章的气量要像这样；日月运行不息，繁星有序而不紊乱，我的文章的气势要像这样；昆仑山县圃峰高峻清冷，层城九重森严深邃，我的文章的高峻要像这样；南海北海，东海西海，遥远而无边际，永不枯竭，鱼龙生于其中，波涛兴于其中，我的文章的深邃要像这样；雷霆激荡，风云开合，雨露滋润，鬼神茫然，不能够穷尽它的原委，我的文章的变化要像这样；天地之间，自有颜色形貌，有羽毛的就会飞，有足的就会跑，潜在水里的会游泳，植物会茂盛生长，有大的有小的，有高的有低的，不可胜数，我的文章就要像随物得形一样。

啊！这文章，圣人拥有就传至万世作为恒常的法度，贤人拥有，在天下各处都会作为准则，辅助天地而不会有过错，使日月显明而不会出现过错，协调四季的运行而不会出错，这难道不是文章的极致吗？

大道淹没，文气日益减损，只追求外在的而不讲求内在，重视小的方面而不注重大的方面。这没有其他原因，是由于写文章的四种毛病，八种昏暗，九种蠹贼所造成的。什么是四种毛病呢？雅乐和郑卫之声不加以区别称之为迷乱，文章主次关系不协调称之为断裂，文章结构不紧凑称之为涣散，文章的志趣不高称为平庸，这四种伤害了文章的形式。什么是八种昏暗呢？喜欢揭发别人隐私的人嫉恨诚实的人，不周圆的侵蚀周圆的人，平庸的掺混在奇俊者之中，贫瘠的压倒内涵丰富的，略敝的搅乱精细的，破碎零散的破坏美好完整的，浅陋的革除广博的，昏暗的损害明亮的，这八种情况伤害了文章的要害。什么是九种蠹贼呢？以油滑取代真纯，使精神涣散，使气氛杂糅，曲从私欲，泯灭智慧，文饰无知，违背自然天性，对事物的征兆茫然无知，伤败其清正，这九种情况伤害文章的根本。有其中的一种情况，就会泯灭良知，败坏文章。春花秋花之间争夺艳丽，猿猴叫于树林而蛩吟唱于台阶，水出现于牛马足迹般的大小，火光就比萤火虫尾部般大小，披衣的土偶不能够视听，蠛蠓在瓮盎中度过，这都是不知道天下的广大，都是不知道养气所造成的。啊！人如果能养气，情感深厚而文采鲜明，气氛浓烈而使人潜移默化，就能够与天地同功。若与天地同功，而智慧却同于一介平民，不很悲哀吗？

予既作《文原》上下篇，言虽大而非夸，唯智者然后能择焉。去古远矣，世之论文者有二：曰载道，曰纪事。纪事之文，当本之司马迁、班固；而载道之文，舍六籍吾将焉从？虽然，六籍者本与根也，迁、固者枝与叶也。此固近代唐子西之论，而予之所见，则有异于是也。六籍之外，当以孟子为宗，韩子次之，欧阳子又次之，此则国之通衢，无榛荆之塞，无蛇虎之祸，可以直趋圣贤之大道。去此则曲狭僻径耳，荦确邪蹊耳，胡可行哉！予窃怪世之为文者，不为不多，骋新奇者，钩摘隐伏，变更庸常，甚至不可句读，且曰不诘曲聱牙，非古文也。乐陈腐者，一假场屋委靡之文，纷揉庞杂，略不见端绪，且曰不浅易轻顺，非古文也。予皆不知其何说。大抵为文者，欲其辞达而道明耳，吾道既明，何问其余哉？虽然，道未易明也，必能知言养气，始为得之。予复悲世之为文者，不知其故，颇能操觚遣辞，毅然以文章家自居，所以益摧落而不自振也。今以二三子所学，日进于道，聊一言也。

【译文】我已经写了《文原》上下篇，言谈虽然浩大但并非浮夸，只有知者才能选择。离古代久远了，世上的文章有两种，一种是承载大道的，一种是记述事件的。记述事件的文章本源于司马迁、班固；承载道理的文章，舍弃《六经》我会依据什么呢？即使这样，《六经》是根本，司马迁、班固的文章是枝叶。这也是近代唐庚的看法，而我的看法，和这有区别。《六经》以外，应当尊崇孟子，其次是韩愈，其次是欧阳修，这就好比是国家的大道，没有荆棘阻塞，没有蛇虎的祸患，可以直至圣贤的大道。偏离这些就是弯曲偏僻的小路，险峻不平的歧途，怎能行走呢？我私下奇观世上写文章的，不能说不多，那些追求新奇的，摘录隐晦的内容，变更普通的部分，甚至不能句读，而且还说文句如不艰涩就不是古文。乐于陈旧的人，依照科举颓废不振的文章，纷扰杂乱，看不到头绪，而且还说如不浅显顺畅就不是古文。我不知道他们所说的涵义。大概写文章，希望文辞达意，道理明白。道理既然明白，还管其他的呢？即使这样，道理也不容易讲明白的，一定要知言养气，才能做到。我再次哀叹世上写文章的人，不知道这一原因，就能运用词语写文章，断然以文章家自居，所以文风更加衰落不振。现今你们学习，每日进步于大道，我就聊为一说。

画原

史皇与苍颉，皆古圣人也。苍颉造书，史皇制画。书与画非异道也，其初一致也。天地初开，万物化生，自色自形，总总林林，莫得而名也，虽天地亦不知其所以名也。有圣人者出，正名万物，高者谓何，卑者谓何，动者谓何，植者谓何，然后可得而知之也。于是上而日月风霆、雨露霜雪之形，下而河海山岳、草木鸟兽之著，中而人事离合、物理盈虚之分，神而变之，化而宜之，固已达民用而尽物情。然而，非书则无纪载，非画则无彰施，斯二者其亦殊途而同归乎！吾故曰：书与画非异道也，其初一致也。

且书以代结绳，功信伟矣。至于辩章服之有制，画衣冠以示警，饬车辂之等威，表旂旒之后先，所以弥纶其治具，匡赞其政原者，又乌可以废之哉？画绘之事统于冬官，而春官外史专掌书令，其意可见矣。况六书首之以象形，象形乃绘事之权舆。形不能尽象，而后谐之以声；声不能尽谐，而后会之以意；意不能以尽会，而后指之以事；事不能以尽指，而后转注、假借之法兴焉。书者，所以济画之不足者也。使画可尽，则无事乎书矣。吾故曰：书与画非异道也，其初一致也。

【译文】史皇和苍颉，都是古代的圣人。苍颉创造文字，史皇创造绘画。文字和图画并不是不同，最初是一致的。天地最初开辟之时，万物化生，众多而杂乱，没有名称，即使天地也不知道它的名称。圣人产生，为万物正名，将高的、低的、运动的、种植的进行命名，然后这些才为人所知道。于是在上有日月风雷、雨露霜雪的形，在下有河海山岳、草木鸟兽的名称，天地之中有人事的离合，万物的盈亏的不同，不断变化而合宜，实现了为民所用而穷尽了物情。然而这些没有文字就不能记录下来，没有图画就无法彰显，这二者也是殊途同归！我因此说："文字和图画没有不同，最初是一致的"。

况且以文字来代替结绳记事，功绩确实伟大！至于辨明礼服的制度，制定衣冠来警示，标示车辆的等级，确立旗帜的先后，这些可以统摄治国的措施，匡正辅佐政道的本原，又怎能废弃呢？做图画这些事是冬官的职责，春官外史掌管书写记录，区别可见。六书中最先的是象形法，而象形乃是绘画的开始。行状不能穷尽物象，之后就配合声音，声音不能完全得当，之后就用意义来表达，意义不能完全领会，之后就用具体事件来表达，具体事件也不能完全明了，之后转注、假借就兴起了。文字就是来弥补图画的不足，假使图画就可以完全穷尽事物，也就没有什么可记载的了。我因此说："文字和图画原本是相同的，最初是一致的"。

古之善绘者，或画《诗》，或图《孝经》，或貌《尔雅》，或像《论语》暨《春秋》，或著《易》象，皆附经而行，犹未失其初也。下逮汉、魏、晋、梁之间，讲学之有图，问礼之有图，烈女仁智之有图，致使图史并传，助名教而翼群伦，亦有可观者焉。世道日降，人心浸不古，人往往溺志于车马士女之华，怡神于花鸟虫鱼之丽，游精于山林水石之幽，而古之意益衰矣。是故顾、陆以来是一变也，阎、吴之后又一变也，至于关、李、范三家者出，又一变也。譬之学书者，古籀、篆、隶之茫昧，而唯俗书之姿媚者是耽、是玩，岂其初意之使然哉？虽然，非有卓然拔俗之姿，亦未易言此也。

南徐徐君景旸，工书史，善吟古今诗，信为才大夫也。旁通绘事，有士韵而无俗姿，一时贤公卿皆与之游，名称籍甚。有荐于朝者，景昕以母老不仕。予尤爱景昕者，于其别去，故作《画原》以赠焉。呜呼！《易》有之："圣人有以见天下之赜，而拟诸形容，象其物宜，是故谓之象。"然象之事，又有包乎阴阳之妙理者，诚可谓至重矣。景阳其亦知所重乎哉!

【译文】古代善于绘画的，或画《诗经》中的事物，或为《孝经》配图，或为《尔雅》描画，或为《论语》《春秋》绘图，或是显现《周易》中的物象，都是依附于经的，还没有失去本初。等到汉魏晋梁时，讲学有图画，问礼也有图画，烈女、贤者都有图画，以至于图画和文字并行，匡助名教，辅助人伦，也有可观之处。世风日下，人心逐渐变得不再醇厚，人们往往沉溺于车马士女的华丽之中，怡神于花鸟虫鱼的繁丽之中，游嬉于山林水石的悠远之中，古代的内容就更加衰微了。因而顾恺之、陆探微以来第一次变化，阎立本、吴道子以来第二次变化，到了关仝、李成、范宽三人后，又是一次变化，就像学习书法一样，对籀文、篆文和隶书茫然不懂，只是沉溺、把玩流俗书法的妩媚，这难道是原意使它变得这样吗？即使这样，若没有没有卓然不群的能力，也不容易谈论这些。

镇江徐景暘，熟悉经史典籍，吟诵古今诗歌，确实为有才之士。另外通晓绘画，有士大夫之韵味而没有俗媚的姿态，一时公卿贤达都和他交往，名重一时。有人将他推荐到朝廷，他因为母亲年迈而不仕。我尤其喜欢他，在离别之时，写《画原》以相赠。啊！《周易》说道："圣人看到天下万物复杂，因而比拟其外部形状容貌，象其事物之所宜，这就是卦象"。卦象又包含了阴阳运行的微妙道理，确实是重要啊！徐景暘也知道所以重要的原因吧！

曾助教文集序

临川曾先生旦初，所为文凡若干篇，其门人某，类编成书，而以首简请余序。序曰：天地之间，万物有条理而弗紊者莫不文，而三纲九法尤为文之著者。何也？君臣父子之伦，礼乐刑政之施，大而开物成务，小而淑身缮性。本末之相涵，终始之交贯，皆文之章章者也。所以唐虞之时，其文寓于钦天勤民明物察伦之具；三代之际，其文见于子丑寅之异建，贡助彻之殊赋。载之于籍，行之于世。其大本既备，而节文森然可观。传有之：三代无文人，六经无文法。无文人者，动作威仪，人皆成文。无文法者，物理即文，而非法之可拘也。秦汉以下，则大异于斯。求文于竹帛之间，而文之功用隐矣。虽然，此以文之至者言之尔。

【译文】临川人曾旦初，写有文章若干篇，他的一个门生将其按类变成书，请我在首篇前写序。我写道：天地之间，万物有条理而不紊乱都是文教，而三纲、九法是其中最为显著者。为什么呢？君臣父子之间的关系，礼乐教化、刑法政道的施行，从大的方面说能够通晓道理成就事物，从小的方面说能够完善自身、涵养本性。本末包含，终始相连，都是文教的明显表现。因而在唐虞时期，文教寓于恭敬上天，尽力民事、明于物理人伦之中，三代时期，文教表现在在夏商周不同的历法、不同的赋税制度之中。这都记载在书籍中，流传于世上。根本具了，仪式就有可观。相传三代没有专职教化的人，《六经》没有有关教化的成法。没有文人，是说人们的动作仪式都合于文教。没有文法，是说万物的道理都是文教，而不是具体的法度可以限制了的。秦汉以后，于此大不相同，在简帛之中来发现文教，文教的功用也就不显了。即使这样，我也为那些达到文教的极致者讲讲。

文之为用，其亦溥博矣乎？何以见之？施之朝廷，则有诏诰册祝之文；行之师旅，则有露布符檄之文；托之国史，则有记表志传之文。他如序记铭箴赞颂歌吟之属，发之性情，接之事物，随其洪纤，称其美恶，察其伦品之详，尽其弥纶之变，如此者要不可一日无也。然亦岂易致哉？必也本之于至静之中，参之欲动之际。有弗养焉，养之无弗充也。有弗审焉，审之无不精也。然后严体裁之正，调律吕之和，合阴阳之化，摄古今之事，类人己之情。著之篇翰，辞旨皆无所叛背。虽未造于至文之域，而不愧于适用之文矣。呜呼，文乎？其可易言矣乎？

今先生淹贯群经，所谓三纲九法，其文理之粲然者，加体索而扩充焉。尝以《春秋》贡于乡，科目既废，益寓意于古文辞，用功于动静者久，声光烨然起矣。余取读之，藻火黼黻之交辉，金声玉振之迭奏，鱼龙波涛之惊迅，一一可以适于世用。信夫万物各有条理者，于先生之文亦可以见之。余在词林，先生方助教成均，朝夕论文甚欢。因其门人所请，推原文之至者，而为之序。著源委之真，欲体用之兼举也。

【译文】文章的功用周遍广远。从哪里看到呢？对于朝廷而言，有诏诰册祝这些文体；对于军队，有露布符檄这些文体；对于国史，则有本纪、表、志、列传这些文体。其他像序言、记、铭文、箴言、赞颂歌吟之类，发之于性情，接触万物，随其大小，言其善恶，详尽考察等类品第，穷尽万物的变化，像这样不可一日不做。然而这是容易做到的吗？必须在至静之中，运动之际考察。有不去涵养的，有涵养而不扩充的。有不去审查的，有审查而不精深的。这之后才能做到严格体裁的端正，调节音律的和谐，和合阴阳的运行，统摄古今之事，比类人己的性情，这样写出的文章，文辞旨趣才不会叛离规范。这样文章即使没有达到极致的程度，也不愧于适用。啊，文章啊，难道很容易讲吗？

曾旦初精通群经，将所谓的三纲九法、文理显著的加以体会扩充，曾经以《春秋》举荐到乡里，因科目已经废弃，就以文辞来寄托心意，于动静间长久用功，名声就显著其来。我读他的文章，就好比各种纹饰互相交辉，金玉之声迭相鸣奏，鱼龙、波涛的迅快，都可以为世所用。是啊，万物都有自己的道理，从先生的文章中也可以看出。我在翰林院时，他在国子监教授，早晚谈论文章，很是高兴。现在因他门生的请求，推原文章的极致，为他写序。我阐明文章的原由曲衷，是希望体用都能讲到。

送东阳马生序

余幼时即嗜学。家贫，无从致书以观，每假借于藏书之家，手自笔录，计日以还。天大寒，砚冰坚，手指不可屈伸，弗之怠。录毕，走送之，不敢稍逾约。以是人多以书假余，余因得遍观群书。既加冠，益慕圣贤之道。又患无硕师名人与游，尝趋百里外，从乡之先达执经叩问。先达德隆望尊，门人弟子填其室，未尝稍降辞色。余立侍左右，援疑质理，俯身倾耳以请；或遇其叱咄，色愈恭，礼愈至，不敢出一言以复；俟其欣悦，则又请焉。故余虽愚，卒获有所闻。

当余之从师也，负箧曳屣，行深山巨谷中，穷冬烈风，大雪深数尺，足肤皲裂而不知。至舍，四支僵劲不能动，媵人持汤沃灌，以衾拥覆，久而乃和。寓逆旅，主人日再食，无鲜肥滋味之享。同舍生皆被绮绣，戴朱缨宝饰之帽，腰白玉之环，左佩刀，右备容臭，烨然若神人；余则缊袍敝衣处其间，略无慕艳意。以中有足乐者，不知口体之奉不若人也。盖余之勤且艰若此。

今虽耄老，未有所成，犹幸预君子之列，而承天子之宠光，缀公卿之后，日侍坐备顾问，四海亦谬称其氏名，况才之过于余者乎？今诸生学于太学，县官日有廪稍之供，父母岁有裘葛之遗，无冻馁之患矣；坐大厦之下而诵《诗》《书》，无奔走之劳矣；有司业、博士为之师，未有问而不告，求而不得者也；凡所宜有之书皆集于此，不必若余之手录，假诸人而后见也。其业有不精、德有不成者，非天质之卑，则心不若余之专耳，岂他人之过哉？

东阳马生君则，在太学已二年，流辈甚称其贤。余朝京师，生以乡人子谒余，撰长书以为贽，辞甚畅达，与之论辩，言和而色夷。自谓少时用心于学甚劳，是可谓善学者矣。其将归见其亲也，余故道为学之难以告之。谓余勉乡人以学者，余之志也；诋我夸际遇之盛而骄乡人者，岂知余者哉！

【译文】我小时候就特别爱好学习。可是家境贫寒，没办法买到书来读，只好常常向藏书的人家求借，亲自手抄，并按约定日期归还。天气特别寒冷时，砚池中的水冻成了坚冰，手指不能屈伸，我仍不懈怠。抄写完后，赶快送还人家，不敢稍稍超过约定的期限。因此人们大多肯将书借给我，我因而得以看遍许多书籍。到了成年时，愈加仰慕圣贤的学说，又担心不能与学识渊博的老师和名人交游，曾往百里之外，手拿着经书向同乡前辈求教。前辈道德高，名望大，门人学生挤满了他的房间，他的言辞和态度从未稍有委婉。我站着陪侍在他左右，提出疑难，询问道理，低身侧耳向他请教；有时遭到他的训斥，表情更为恭敬，礼貌更为周到，不敢答复一句话；等到他高兴时，就又向他请教。所以我虽然愚钝，最终还是得到不少教益。

当我去求师的时候，背着书籍，拖着鞋子，在深山大谷中奔走，深冬刮着凛冽的寒风，大雪有几尺深，脚上的皮肤冻裂了不知道。等走到旅舍，四肢冻僵了不能动弹，服侍的人拿来热水给我洗手暖脚，拿被子给我盖上，过很久才暖和过来。在旅馆里，每天只吃两顿饭，没有鲜美的食物可以享受，一起住在旅馆的同学们，都穿着华美的衣服戴着红缨和宝石装饰的帽子，腰上佩带白玉环，左边佩着刀，右边挂着香袋，闪光耀眼好像仙人。而我却穿着破棉袄旧衣衫生活在他们中间，毫无羡慕的心思。因为我心中有自己的乐趣，不感到吃穿的享受不如别人了。我求学时的勤恳艰辛情况大体如此。

现在学生们在太学中学习，朝廷每天供给膳食，父母每年都赠给冬天的皮衣和夏天的葛衣，没有冻饿的忧虑了；坐在大厦之下诵读经书，没有奔走的劳苦了；有司业和博士当他们的老师，没有询问而不告诉，求教而无所收获的了；凡是所应该具备的书籍，都集中在这里，不必再像我这样用手抄录，从别人处借来然后才能看到了。他们中如果学业有所不精通，品德有所未养成的，如果不是天赋、资质低下，就是用心不如我这样专一，难道可以说是别人的过错吗！

东阳马生君则，在太学中已学习二年了，同辈人很称赞他的德行。我到京师朝见皇帝时，马生以同乡晚辈的身份拜见我，写了一封长信作为礼物，文辞很顺畅通达，同他论辩，言语温和而态度谦恭。他自己说少年时对于学习很用心、刻苦，这可以称作善于学习者吧！他将要回家拜见父母双亲，我特地将自己治学的艰难告诉他。如果说我勉励同乡努力学习，则是我的志意；如果诋毁我夸耀自己遭遇之好而在同乡前骄傲，难道是了解我吗！

送天台陈庭学序

西南山水，惟川蜀最奇。然去中州万里，陆有剑阁栈道之险，水有瞿塘、滟滪之虞。跨马行，则篁竹间山高者，累旬日不见其巅际。临上而俯视，绝壑万仞，杳莫测其所穷，肝胆为之悼栗。水行，则江石悍利，波恶涡诡，舟一失势尺寸，辄糜碎土沉，下饱鱼鳖。其难至如此。故非仕有力者，不可以游；非材有文者，纵游无所得；非壮强者，多老死于其地。嗜奇之士恨焉。

天台陈君庭学，能为诗，由中书左司掾，屡从大将北征，有劳，擢四川都指挥司照磨，由水道至成都。成都，川蜀之要地，扬子云、司马相如、诸葛武侯之所居，英雄俊杰战攻驻守之迹，诗人文士游眺饮射赋咏歌呼之所，庭学无不历览。既览必发为诗，以纪其景物时世之变，于是其诗益工。越三年，以例自免归，会予于京师；其气愈充，其语愈壮，其志意愈高；盖得于山水之助者侈矣。

予甚自愧，方予少时，尝有志于出游天下，顾以学未成而不暇。及年壮方可出，而四方兵起，无所投足。逮今圣主兴而宇内定，极海之际，合为一家，而予齿益加耄矣。欲如庭学之游，尚可得乎？

然吾闻古之贤士，若颜回、原宪，皆坐守陋室，蓬蒿没户，而志意常充然，有若囊括于天地者。此其故何也？得无有出于山水之外者乎？庭学其试归而求焉？苟有所得，则以告予，予将不一愧而已也！

【译文】我国西南一带的山水，只四川境内最为奇特。但那里与中原一带相距万里之遥，陆路上有剑阁，栈道之类的险阻；水路上有瞿塘峡、滟滪堆之类的忧虑。骑着马走，沿路层层竹林遮蔽高山，连续十来天，仰头看不到山顶；登上高处往下俯瞰，绝险的山谷有几万尺深，茫茫渺渺看不到谷底，令人惊恐万状，肝胆颤抖。乘船在水中行，江水悍猛，礁石尖利，波涛险恶，漩涡诡异，船只一旦稍微失去控驭，偏离航道仅有尺寸大小，就被撞得粉碎像泥土般下沉，船中人便喂饱了江中鱼鳖之腹，通往四川的道路艰难到这种地步。因此，不是做官出仕富有财力的人不能前往游历；不是天生富有文才的人，即使游览了也无所得；不是身壮体强的人，大多老死在那里。喜欢寻奇探胜的人因而心存憾恨。

天台士陈庭学君，会写诗。他由中书左司掾，屡次随从大将北征，颇有功劳，升任四川都指挥司照磨，从水路到了成都。成都，是四川的要地，扬雄、司马相如、诸葛亮等名人住过的地方。入川后，凡是英雄俊杰争战攻取、驻扎戍守的遗迹，诗人文士游览登临、饮酒射投、赋诗咏诗、歌唱呼啸的处所，庭学没有不去游历观览的。他既经游览，就必定写诗抒发感受，来记写那景物时世的变迁。于是他的诗歌愈加工妙。过了三年，庭学依照惯例辞官归家，在京城和我会遇。他的精神更加饱满，言谈愈发宏壮，志向意趣益加高远，这大概是因为在川蜀山水中得到了很多的助益吧。

我很惭愧，当我年轻的时候，曾经有出外游历天下的志愿，但是因为学业未成，没有空闲的时间。到了壮年可以出游时，四面八方战火纷飞，没有落脚的地方。及至当今，圣明天子兴起天下安定，远到海边，合为一家，而我已经年龄更加大了。想要再像庭学君那样去游历，还能够实现吗?

不过，我听说古代的贤士，如孔子的弟子颜回、原宪等，大都坐守乡间甘居陋室，蓬蒿杂草遮没了门户，但他们的志向意趣却经常是很充沛的，好像他们的胸中存在足以包容天地万物的精神力量。这是什么原因呢?莫非有超出于山水之外的东西吗?希望庭学君归去之后，尝试探求一番。如果有什么新的体会，就请把它告诉给我，我将不仅仅因为庭学曾经游历川蜀这一点而惭愧了。

王冕传

王冕者，诸暨人，七八岁时，父命牧牛陇上，窃入学舍听诸生诵书，听已，则默记，暮归，忘其牛。或牵牛来责蹊田，父怒，挞之。已而复如初。母曰：“儿痴如此，曷不听其所为?”冕因去，依僧寺以居。夜潜出，坐佛膝上，执策映长明灯读之，琅琅达旦。佛像多土偶，狞恶可怖，冕小儿恬若不见。安阳韩性闻而异之，录为弟子，学遂为通儒。性卒，门人事冕如事性。时冕父已卒，即迎母入越城就养。久之，思母还故里，冕买白牛，驾母车，自被古冠服随车后。乡里小儿竞庶道讪笑，冕亦笑。著作郎李孝光欲荐之为府史，冕骂曰：“吾有田可耕，有书可读，肯朝夕抱案立高庭下，备奴使哉?”每居小楼上，客至，僮入报，命之登，乃登。部使者行郡，坐马上求见，拒之去。去不百武，冕倚楼长啸，使者闻之惭。冕屡应进士举，不中。叹曰：“此童子羞为者，吾可溺是哉?”竟弃去。买舟下东吴，渡大江，入淮、楚，历览名山川。或遇奇才侠客，谈古豪杰事，即呼酒共饮，慷慨悲吟，人斥为狂奴。北游燕都，馆秘书卿泰不花家。泰不花荐以馆职，冕曰：“公诚愚人哉!不满十年，此中狐兔游矣，何以禄仕为?”即日将南辕，会其友武林卢生死滦阳，唯两幼女、一童留燕，伥伥无所依。冕知之，不远千里走滦阳，取生遗骨，且挈二女还生家。

冕既归越，复大言天下将乱。时海内无事，或斥冕为妄。冕曰："妄人非我，谁当为妄哉？"乃携妻孥隐于九里山。种豆三亩，粟倍之。树梅花千，桃杏居其半。芋一区，薤、韭各百本。引水为池，种鱼千余头。结茅庐三间。自题为梅花屋，尝仿《周礼》著书一卷，坐卧自随，秘不使人观。更深入寂辄挑灯朗讽，既而抚卷曰："吾未即死，持此以遇明主，伊、吕事业不难致也。当风日佳时，操觚赋诗，千百不休，皆鹏骞海怒，读者毛发为耸。人至不为宾主礼，清谈竟日不倦。食至辄食，都不必辞谢。善画梅，不减杨补之。求者肩背相望，以缯幅短长为得米之差。人讥之。冕曰："吾藉是以养口体，岂好为人家作画师哉？"未几，汝颍兵起，一一如冕言。

皇帝取婺州，将攻越，物色得冕，置幕府，授以咨议参军，一夕以病死。冕状貌魁伟，美须髯，磊落有大志，不得少试以死，君子惜之。

史官曰：予受学城南时，见孟寀言越有狂生，当天大雪，赤足上潜岳峰，四顾大呼曰："遍天地间皆白玉合成，使人心胆澄澈，便欲仙去。"及入城，戴大帽如簁，穿曳地袍，翩翩行，两袂轩翥，哗笑溢市中。予甚疑其人，访识者问之，即冕也。冕真怪民哉！马不覂驾，不足以见其奇才，冕亦类是夫！

【译文】王冕，诸暨人，七八岁时，其父要他在陇上放牛，他却偷偷地溜进学舍听学生们念书，听了就默默记住，有时晚上回来竟忘了牵牛。有时会有人把牛牵回来，责备说踩了他的田，他的父亲生气了，狠狠地用鞭子和棍子打他，完了还是不改。他母亲说："儿子痴迷这样，你为什么不放任他呢？"王冕于是离开家，到寺庙旁居住，晚上就出来，在佛像的大腿上坐着，就着长明灯读书，一直读到天亮。佛像大多数是土造的，狰狞可怖，王冕虽然是小孩子，但他坦然面对好像什么也没见到，一点也不怕。安阳的韩性听说了，觉得他很奇异，便把他收作弟子，学习儒学,后来成为通晓儒学的人。韩性死后，他的门人对待王冕就像对待韩性一样尊重。当时王冕的父亲已经去世，他就把母亲接到越城去奉养。后来因为母亲想念故乡而回故乡，他买了头白牛，拖着母亲的车，自己则穿戴着旧的衣服帽子跟在车后。乡间的孩童争相观看讪笑，王冕也笑。

著作郎李孝光想把王冕推荐做府衙小吏，王冕骂道："我有田可以耕，有书可以读，难道还愿意整天抱着文卷站在官府里，让人奴役吗？"他常住在小楼上，有客人来了，门童来报，他要客人爬上去，客人才可以上去。有使者经过越城，在马上要求见他，他拒绝了。使者离开不到几百步，他倚在楼上长啸，令使者很惭愧。王冕多次考进士，但都落第了。他叹道："这是小孩子都觉得羞愧的，我怎么可以沉溺于其中呢？"遂放弃了。他雇了艘船下东吴，过大江，进入淮，楚等地，游遍名山大川。有时遇到奇才侠客，谈及古时豪杰事迹，当即就一起喝酒，吟诗抒发慷慨悲愤之情，别人骂他是狂奴。当往北到了燕京时，住在秘书卿泰不花家。泰不花推荐他在史馆供职，他说："你真是愚昧啊！不出十年，这里就变成狐狸兔子游玩的地方了，还当什么官？”那天将要往南归，碰上他朋友卢生死在滦阳，只剩两个幼女，一个书童留在燕京，不知道怎么办。王冕知道后，不远千里去到滦阳，取回卢生的骸骨，并带两个幼女回到她们家。

王冕回到越城后，宣称天下即将大乱。当时国内无事，有人骂他狂妄。他说：“我不狂妄，还有谁狂妄？”于是带妻儿隐居在九里山。种豆三亩，一倍的粟。种千株梅花，桃杏五百。还在一块地种芋头，薤和韭各一百多。另外引水挖池，养了一千多条鱼。他搭三间茅屋，自己题名为梅花屋。王冕曾经仿《周礼》写了一卷书，随时带在身上，不给别人看。到了深夜就拿出来读，然后摸着书说：“只要我不死，拿着这本书遇上明主，像伊尹，吕尚那样的事业就可以达成了。”当风和日丽时，他就拿着纸写诗，写上千首都不停，都是很有气势的，让读的人无不激动得毛发耸立。客人来了也不需要宾主之礼，聊一整天也不累。有食物送来就吃，不用推迟。他很擅长画梅花，不逊于杨补之。求他画的人很多，他以画卷的长短决定需要多少米来换。有人讥笑他，他说：“我借此以养活自己，你以为我喜欢帮别人画画吗？”没过多久，汝颍地方发生起义，和王冕说的一样。

朱元璋夺取了婺州后，即将进攻越城，物色到了王冕，请他为幕僚，任命为咨议参军，谁知只是一晚就病死了。王冕相貌魁伟，有副美髯，为人磊落有大志，还没有实践就死了，令人惋惜。

笔者说：我在城南求学时，孟寀说越城有个狂人，下大雪时，赤脚上潜岳峰，四顾高呼：“天地间都是白玉合成，使人心宁清澈，好象马上就成仙一样。”进到城里，戴顶筛子那么大的帽，穿拖地的长袍，翩翩而行，两袖飞舞，满街都是哄笑声。我很怀疑是否有这个人，找到了一个认识他的人问，原来就是王冕!他真是怪人啊！马不受驾驭，才体现它的奇才，王冕也是这样啊！

李疑传

金陵之俗，以逆旅为利。旅至，授一室，仅可榻，俯以出入。晓钟动，起治他事，遇夜始归息，盥濯水皆自具。然月责钱数千，否，必诋诮致讼。或疾病，辄遣去，病危，气息尚属，目矘矘未瞑，即舆弃而夺其赀。妇孕将产者以为不祥，摈不舍。其少恩如此，非其性固然，地下辇毂下，四方人至者众，其势致尔也。

【译文】金陵人常以开旅店来赚取钱财。旅客来后，店主租给他一间仅能容纳一张床，必须低头弯腰才能进出的小房。早晨，报时的钟声响后，客人起床办理自己的事情，晚上才回来休息，洗脸洗脚水都要自己准备。但每月要交给店主数千文租金，否则就要受到辱骂控告。如果客人生病，店主就立即赶他出门。客人病重，还没有断气，眼睛还能依稀见人，没有完全闭上，店主就叫人把他抬出去扔掉，强占他的财物。如果有女客怀孕将要生产，店主以为不祥，拒绝接纳。金陵店主就是这样缺乏仁慈之心。这也不是这些店主本性如此，因为他们身处京城，从四面八方来到这里的人很多，是客观环境造成这样的情况。

独李疑以尚义名于其时。疑，字思问，居通济门外，闾巷子第执业造其家，得粟以自给。故贫甚，然独好周人急。金华范景淳吏吏部，得疾，无他子弟。人殆之，弗舍。杖踵疑门，告曰："我不幸被疾矣，人莫我舍。闻君义甚高，能假我一榻乎？"疑许诺，延就坐，迅除明爽室，具床褥炉灶，使寝息其中。征医视脉，躬为煮糜炼药。旦暮置其手，问所苦，如侍亲戚。既而疾滋甚，不能起，溲矢污衾席，臭秽不可近。疑日为刮摩浣涤，不少见颜面。景淳流涕曰："我累君矣。恐不复生，无以报厚德，囊有黄白金四十余两，在故逆旅邸，原自取之。"疑曰："患难相恤，人理宜尔，何以报为？"景淳曰："君脱不取，我死，恐为他人得，何益乎？"疑遂求其里人偕往，携而归。面发囊，籍其数而封识之。数日景淳竟死，疑出私财买棺，殡于城南聚宝山。举所封囊，寄其里人家。书召其二子至。及二子至，取囊按籍而还之。二子以米馈，却弗受，反赆以货，遣归。

平阳耿子廉械逮至京师，其妻孕将育，众拒门不内。金陵俗，妇孕将产者为不祥，逆旅多不舍。妻卧草中以号。疑问故，归谓妇曰："人孰无缓急，安能以室庐自随哉！且人命至重，倘育而为风露所感，则母子俱死，吾宁舍之而受祸，何忍死其母子乎？"俾妇邀以归产一男。疑命妇事之，如疑事景淳。逾月始辞支去，不取其报。

人用是多疑，名士大夫咸喜与疑交。宋学士曰："吾与疑往来，识其为人。疑姁姁愿士，非有奇伟壮烈之姿也。而其所为事，乃有古义勇风。是岂可以貌决人材智哉？语曰：举世混浊，清士乃见。吾伤流俗之嗜利也，传其事以劝焉。"

【译文】只有李疑因为重义而名闻于时。李疑，字思问，住在通济门外。街巷中的后生来到他家谋生，李疑给他工钱，使他生活自给。钱不够，李疑就给别人算命，推算他的运气好坏（以此赚钱）。李疑家虽然很穷，但喜欢帮人解决困难。金华人范景淳在吏部当差，得了病，没有别的亲人。人们对他很冷漠，不收留他。范景淳拄着拐杖走到李疑门口，告诉李疑说："我不幸患病，人们不收留我。听说您品德很高尚，能借给我一张床养病吗？"李疑答应了他，邀请他就座，迅速收拾出明亮舒适的房间，安置了床褥炉灶，让他在里面休息。李疑找来医生给他把脉，亲自给他煮粥熬药。从早到晚拉着他的手，问他的痛苦，如同服侍自己的亲人一样。不久范景淳病情加重，不能起床，屎尿弄脏了床被，又脏又臭让人难以接近。李疑每天给他擦洗，没有一点厌恶的神情。范景淳流着眼泪说：“我连累你了。我恐怕活不下去了，没有办法报答您的大恩，行囊中有黄金白银四十多两，在过去住过的旅店里，希望你自己取来。”李疑说：“患难中互相救助，人情事理上应该如此，还要回报干什么？”范景淳说：“如果你不去取，我死后，恐怕被他人取走，这有什么好处呢？”李疑于是请邻人一起去，提着回来了。李疑当面打开行囊，记下数目封存起来作了标记。几天后范景淳死了，李疑拿自己的钱买棺材，把范景淳埋在城南聚宝山。将所有封存好的装有财物的行囊，存放到了他的邻人家里。李疑写信让他两个儿子来。等他的两个儿子来了，李疑取出行囊按帐册归还给他们。他们用米馈赠他，李疑推辞不接受，反而用财物送给他们，让他们回去了。

平阳的耿子廉被抓捕的人用兵刃架着押解到了京城。此时，他的老婆怀孕即将生产，亲友却都关上大门不肯收容。他的妻子卧在草中大声哭泣。李疑见到了这一幕，问清楚了原委后，回到家中对妻子说：“没有人能随身带着自家的房子四处行走，谁没有个困难的时候呢？况且人命关天，如果在生育的时候受到了风寒，就很容易造成母子丧命。我宁可冒着连坐的风险收留他们，也不忍心眼看着她们母子死去。”于是，李疑让妻子将耿子廉的老婆带回家中，结果顺利地产下一个男婴。李疑让妻子照顾耿子廉的老婆就像疑自己范景淳一样。过了一个多月，耿子廉的老婆才拜别他家。他不要耿子廉老婆的任何报酬。

因为这些事，大家都称赞李疑，名士大夫都喜欢与疑结交。宋学士说：“我和李疑有交往，了解他的为人。李疑是一个温和善良的人，没有魁伟雄壮的外表。可是他所做的事，却有真挚纯朴的仁义之风。这怎么可以凭借外貌判断人的道德品质呢？《论语》上说：整个社会污浊，清廉的君子才显现出来。我为贪财好利的流俗而痛心，记载他的事迹来规劝世人。”

秦士录

邓弼，字伯翊，秦人也。身长七尺，双目有紫棱，开合闪闪如电。能以力雄人，邻牛方斗不可擘，拳其脊，折仆地；市门石鼓，十人舁，弗能举，两手持之行。然好使酒，怒视人，人见辄避，曰：“狂生不可近，近则必得奇辱。”

一日，独饮娼楼，萧、冯两书生过其下，急牵入共饮。两生素贱其人，力拒之。弼怒曰：“君终不我从，必杀君，亡命走山泽耳，不能忍君苦也！”两生不得已，从之。弼自据中筵，指左右，揖两生坐，呼酒歌啸以为乐。酒酣，解衣箕踞，拔刀置案上，铿然鸣。

两生雅闻其酒狂，欲起走，弼止之曰："勿走也！弼亦粗知书，君何至相视如涕唾？今日非速君饮，欲少吐胸中不平气耳。四库书从君问，即不能答，当血是刃。"两生曰："有是哉？"遽摘七经数十义扣之，弼历举传疏，不遗一言。复询历代史，上下三千年，纚纚如贯珠。弼笑曰："君等伏乎未也？"两生相顾惨沮，不敢再有问。弼索酒，被发跳叫曰："吾今日压倒老生矣！古者学在养气，今人一服儒衣，反奄奄欲绝，徒欲驰骋文墨，儿抚一世豪杰。此何可哉！此何可哉！君等休矣。"两生素负多才艺，闻弼言，大愧，下楼，足不得成步。归，询其所与游，亦未尝见其挟册呻吟也。

泰定初，德王执法西御史台，弼造书数千言，袖谒之。阍卒不为通，弼曰："若不知关中邓伯翊耶？"连击踣数人，声闻于王。王令隶人捽入，欲鞭之。弼盛气曰："公奈何不礼壮士？今天下虽号无事，东海岛夷，尚未臣顺，间者驾海舰，互市于鄞，即不满所欲，出火刀斫柱，杀伤我中国民。诸将军控弦引矢，追至大洋，且战且却，其亏国体为已甚。西南诸蛮，虽曰称臣奉贡，乘黄屋左纛，称制与中国等，尤志士所同愤。诚得如弼者一二辈，驱十万横磨剑伐之，则东西为日所出入，莫非王土矣。公奈何不礼壮士！"庭中人闻之，皆缩颈吐舌，舌久不能收。王曰："尔自号壮士，解持矛鼓噪，前登坚城乎？"曰："能。""百万军中，可刺大将乎？"曰："能。""突围溃阵，得保首领乎？"曰："能。"王顾左右曰："姑试之。"问所须，曰："铁铠良马各一，雌雄剑二。"王即命给与，阴戒善槊者五十人，驰马出东门外，然后遣弼往。王自临观，空一府随之。暨弼至，众槊进进；弼虎吼而奔，人马辟易五十步，面目无色。已而烟尘涨天，但见双剑飞舞云雾中，连斫马首堕地，血涔涔滴。王抚髀欢曰："诚壮士！诚壮士！"命勺酒劳弼，弼立饮不拜。由是狂名振一时，至比之王铁枪云。

王上章荐诸天子，会丞相与王有隙，格其事不下。弼环视四体，叹曰："天生一具铜筋铁肋，不使立勋万里外，乃槁死三尺蒿下，命也，亦时也。尚何言！"遂入王屋山为道士，后十年终。

史官曰：弼死未二十年，天下大乱，中原数千里，人影殆绝。玄鸟来降，失家，竞栖林木间。使弼在，必当有以自见。惜哉！弼鬼不灵则已，若有灵，吾知其怒发上冲也。

【译文】邓弼，字伯翊，秦地一带的人。身长七尺，双目锐利有神，开合闪闪如有电。能够以力量称雄于人，邻家的牛正在交斗不可分开，他以拳打击牛的脊椎，牛背脊折断，跌倒于地；市场前门有石鼓，十人共抬，不能举起，他两手持着行走。然而喜欢酒后使性，怒视旁人，人们见了就回避，说："狂徒不可接近，接近则必受奇耻大辱。"

一日，他独自饮酒在青楼，萧、冯两书生经过楼下，他急忙牵扯对方入内共饮。两书生向来瞧不起此人，竭力拒绝他。邓弼发怒说："你们不接受我的邀请，必定杀死你们，而后逃命于荒山僻野，不忍心你们困苦！"两书生不得已，听从了他。邓弼占据筵席正中的座位，指着左右，作揖邀请两书生就坐。大声吆喝着要酒喝，高歌撮口发出声音。酒喝得畅快了，解开衣服，两腿岔开，形似畚箕，席地而坐是粗慢无礼的举动，拔刀放在桌面上，铿然作响。两书生向来听说他酒后发狂，想起身离开，邓弼制止他们说："不要走！我也稍微了解诗书，你们何至于把我看得低贱？今日并非意在请你们喝酒，而想略吐胸中不平之气罢了。经、史、子、集四部的书籍任凭你们询问，如果不能回答，就让这把刀沾上鲜血。"两书生说："竟有这样的事？"迅即摘取七经数十义问他，邓弼列举古书中注释经文的文字和解释传文的文字，不漏一句。两书生又询问历代史事，上下三千年谈吐流畅，滔滔不绝不绝如成串的珠子那样接连不断。邓弼笑着说："你们服呢还是不服？"两书生相顾沮丧失色，不敢再有问题。邓弼取酒，披头散发跳着说："我今天压倒老书生了！古者学在养气，如今的人穿着读书人穿的衣服，反毫无生气，只想卖弄学问，把世上豪杰当小孩子抚养，这怎么可以呢？你们算了吧。"两书生向来自负博学多才，听到邓弼的话大感惭愧，下楼去了，走路都不正常。回去问与邓弼交往的朋友，也没有看见他拿着书本低声吟咏过。

泰定末年，德王任职陕西诸道行御史府，邓弼写信数千字藏在袖中进见他，守门的士兵不为通报，邓弼说："你不知道秦地有郑伯翊吗？"接连击倒数人，音讯传到德王那里；德王命差役揪他进去，想鞭打他。邓弼盛气凌人说："您为什么不礼遇壮士？"但东海岛上的部族，还没有称臣降服；西南众多野蛮部落，虽然说称臣进贡，却行使与中原皇帝一样的礼制。如果您能得到一两个像我这样的人才，让他们带领十万精锐善战的士卒去征伐，那么普天之下，就没有哪一处不是大王您的疆土了。大王您怎么不礼遇壮士呢！德王说"你自称壮士，能否懂得持矛呼号率先登上坚固的城前呢？"说："能。""百万军中，能够刺杀大将吗？"说："能。""突破重围，击溃敌阵，能保住自己的性命吗？"说："能。"德王看看左右说："暂且试验一下。"问他需要什么，说："铁铠甲好马各一份，一双宝剑。"德王命人给予他。暗中叮嘱擅长使用长矛的五十个人，骑马奔驰出东城门外，然后派邓弼前往。德王亲自居高而视，全王府的人都跟着去看。及邓弼到了，众槊齐发；邓弼大呼奔走，人马后退躲避五十步，面目失色。接着烟尘腾起，只见双剑飞舞如坠云雾，连砍马首坠地，血液滴流不止。德王拍着大腿高兴地说："真壮士！真壮士！"命以杯酒奖赏邓弼，邓弼站着喝不跪拜。于是威名雄振一时，直比王铁枪。

德王上书向天子推荐。正巧丞相与德王不和，阻隔这件事不发布。邓弼环视自己的躯体，慨叹说："天生一具铜筋铁肋，不能建立功勋在万里之外，而困死在野草之下，宿命啊！也是时运啊！"随后进王屋山做了道士。此后十年死去。

我说：邓弼死后不到二十年，天下大乱。中原数千里，人才尽绝；燕子归来都失却筑巢的地方，竟相栖息在林木中。假使邓弼健在，定有表现自己才能的机会。可惜啊！邓弼的魂魄不显灵则罢了，若显灵，我知道他定会因发怒而头发直立！

归有光

明昆山人，字熙甫。少好学，恒闭户诵读，家人戏呼为女郎。屡试不第，徙居嘉定安亭江上，读书授徒，称为震川先生。晚成进士，授长兴县，用古教化为治，迁顺德通判。大学士高拱雅知有光，引为南京太仆丞，留掌内阁制敕房，修《世宗实录》。卒于官，年六十六。有光为古文，原本经术，深好太史公书，得其神理，尤善叙述乡里家人间琐事，声情刻画，无不毕肖。是时学者为文，群师李、何、王、李前后七子，盛言文宗秦汉，而摹拟剽窃，流弊滋多。有《有光像赞》，至推为方规韩欧。平心论之，有光固不敢当韩欧，然根柢醇厚，法度谨严，固不得不许为有明一大家也。有《易经渊旨》《三吴水利录》《诸子彚函》《震川文章指南》。

【译文】明代昆山人，字熙甫。少年时期就非常爱学习，经常把自己关在房间里读书，他的家人开玩笑地把他叫做女孩子。几次参加科举考试都没有成功，就搬到嘉定安亭江居住，读书并且教授学生，被人称为震川先生。晚年时候才成为进士，被授予长兴县令，他在那里用古代的教化方法治理民众，后来又被调任顺德通判。大学士高拱对归有光的才学很了解，把他引荐为南京太仆丞，留下掌管内阁制敕房，修纂《世宗实录》。死于任上，享年六十六岁。归有光的古文创作，以经书的方法为根本，非常喜爱司马迁的书，得到他创作的神韵，非常善于叙述乡里、家人之间发生的细小事情，对这些人声音、感情的刻画，都非常地逼真。当时的读书人做文章，都学习李梦阳、何景明、王世贞、李攀龙等前后七子的文章，都说写文章应该学习秦代、汉代，但他们相互摹拟剽窃，有很多弊病。归有光独自一人于这种风气对抗，甚至斥责王世贞为庸妄巨子。王世贞开始也反驳，等到归有光去世后，王世贞慢慢觉察到自己学问上的错误之处，所以创作了《有光像赞》，把归有光推崇为可以和韩愈、欧阳修相比。客观地说，归有光当然不能跟韩愈、欧阳修相提并论，但是他的根基醇厚，写文章也法度严谨，不能不说是明代的一位大作家。归有光的住所有《易经渊旨》《三吴水利录》《诸子彚函》《震川文章指南》。

言解

言恶乎宜？曰：宜于用，不宜于无用。言之接物，与喜怒哀乐均也。当乎所接之物，是言之道也。终日而谈鬼，人谓之无用也矣，以其不切于己也；终日而谈道，人谓之有用矣，以其切于己也。夫以切于己而终日谈之，而不当于所接之物，则与谈鬼者何异？

【译文】怎样说话才是适宜的？有用处的话就是适宜的，没用的话就是不适宜的。当语言接触外物的时候，语言与喜怒哀乐调和在一起。所说的话与接触的事物适合，这是说话的方法。整天的谈论鬼怪，人们都认为是没用处的，这是因为鬼怪跟自己没有什么直接接触；每天谈论道理，人们都认为是有用处的，这是因为道理跟自己的关系密切相关。那些整天谈论跟自己有密切关系事物的人，谈论的话却跟自己接触的事物不适合，那么他跟谈论鬼怪的人有什么区别？

孔子曰："庸言之谨。"非谓谨其所不可言，虽可言而谨耳。道之在人，若耳目口鼻。见之者不问，有之者不言。使人终日而言耳吾耳若何，吾目若何，吾日与鼻若何，则人以为狂谬矣。实有耳目口鼻者，不待言也。饥者言食，而饱者不言；寒者言衣，而暖者不言。

【译文】孔子说："慎于日常的语言。"这并不是说要对不能说的事物保持谨慎，而是说说话要谨慎。道在人身上，就像耳目口鼻在人身上一样。看见它们的人不会询问它们，拥有它们的人不会谈论它们。如果有人整体说我的耳朵怎么样，我的眼睛怎么样，我每天跟鼻子怎么样，那么别人一定认为他疯狂荒谬。真正拥有耳目口鼻的人，是不需要谈论它们的。只有饥饿的人才谈论食物，吃饱的人不会谈论；只有寒冷的人才会谈论衣服，穿得温暖的人不会谈论衣服。

昔者宰我、子贡习闻夫子之教，而能为仿佛近似之论，其言非不依于道，而当时拟之以为言语之科。夫学者之学，舍德行而有言语之名，为宰我、子贡者，亦可耻矣。

【译文】从前宰我、子贡经常听孔子的教诲，因而能够学着说孔子的话，他们的话并不是违背儒家的学说，但当时的人把他们的话比作空话。学习的人对于学习，如果舍弃内容而徒有言语的空壳，像宰我、子贡一样，也是件值得害羞的事情。

曾子曰：“唯颜子如愚”。二子不为无实之言，而卒以至于圣人之道。孔子曰：“予欲无言”。圣人之重言也如是。圣人非以言为重者也。四时行，百物生，圣人之道也。

【译文】曾参说：“只有颜回同我一样”。他们两个人从来不说没有实际内容的话，而最终学到了圣人的学问。孔子说：“我想不说话了”。圣人反复地强调。圣人并没有把说话看得很重要。就像四季的轮回，百物的生长一样自然，不说无谓的话，这就是圣人的德行。

项思尧文集序

永嘉项思尧与余遇京师，出所为诗文若干卷，使余序之。思尧怀奇未试，而志于古之文，其为书可传诵也。

【译文】永嘉的项思尧和我在京师相遇，把他所创作的诗文若干卷拿给我看，并让我给他写个序言。我想他胸怀奇志却没有参加科举，而专心于创作古文，他的书是值得传诵的。

盖今世之所谓文者，难言矣。未始为古人之学，而苟得一二妄庸人为之巨子，争附和之以诋排前人。韩文公云：“李杜文章在，光焰万丈长。不知群儿愚，那用故谤伤!蚍蜉撼大树，可笑不自量!”文章至于宋、元诸名家，其力足以追数千载之上而与之颉颃；而世直以蚍蜉撼之，可悲也!无乃一二妄庸人为之巨子以倡道之欤?

【译文】现在所说的文章，是很难讲明白的。那些没有学习古人的的学习方法，苟且求得一两个狂妄平庸的人作为他们的首领的人，争先恐后地附和他们的首领诋毁排斥前辈文人。韩愈说：“李白杜甫的文章流传在世间，散发着万丈光芒。那些没有知识的小人，却故意毁谤中伤！他们就像蚍蜉想撼动大树一样，自不量力多么可笑！”到了宋元时代，那些名家的文章，其力度足以和几千年前的古文相媲美；然而世俗小人竟然认为这些都是蚍蜉撼大树的行为，这不是很悲哀的事情吗？难道是那一两个狂妄平庸之人的首领倡导的吗？

思尧之文，固无俟于余言，顾今之为思尧者少，而知思尧者尤少。余谓文章天地之元气，得之者，其气直与天地同流。虽彼其权足以荣辱毁誉其人，而不能以与于吾文章之事；而为文章者亦不能自制其荣辱毁誉之权于己：两者背戾而不一也久矣。故人知之过于吾所自知者，不能自得也；己知之过于人之所知，其为自得也，方且追古人于数千载之上。太音之声，何期于《折杨》《皇华》之一笑！

【译文】思尧的文章，当然是不需要我夸奖的，只是现在像思尧一样去做的人太少了，而了解思尧的人就更少了。我认为文章是天地的元气，谁能够得到它，他的浩然正气简直就能够和天地一样永世流传。那些掌握权力的人，他的权力虽然足以使别人获得荣辱，毁坏别人的清誉，却不能干预我做文章的事情；而创作文章的人也不能把获得荣辱，毁坏别人清誉的权力掌握在自己手中：这两者的对立已经很久了。所以别人懂得的超过我所知道的，这是我所不能真有所得的；自己所懂得的超过别人所知道的，这是自己真有所得的，并且还要追随几千年前的古人。最美妙的音乐为什么要期待《折杨》《皇华》这些世俗之乐的赞赏呢？

吾与思尧言自得之道如此。思尧果以为然，其造于古也必远矣。

【译文】我对思尧说了这些自己领会的道理。思尧也真的认可了我的想法，这样一来他想达到古人的成就大概会遥遥无期吧？

王母顾孺人六十寿序

王子敬欲寿其母，而乞言于予。予方有腹心之疾，辞不能为。而诸友为之请者数四。则问子敬之所欲言者。

【译文】王子敬想要给母亲祝寿，想要让我写点什么。我刚刚患了心腹处的疾病，就推辞了。然而很多朋友替他多次向我请求，就问子敬想要说些什么。

而子敬之言曰:“吾先人生长太平。吾祖为云南布政使,吾外祖为翰林,为御史,以文章政事并驰骋于一时。先人在绮纨之间,读书之暇,饮酒博奕甚乐也。已而吾母病痿,蓐处者十有八年。先人就选,待次天官,卒于京邸。是时执礼生十年,诸姊妹四人皆少,而吾弟执法方在娠。比先人返葬,执法始生,而吾母之疾亦瘳。自是抚抱诸孤,茕茕在疚,今二十年。少者以长,长者以壮,以嫁以娶。向之在娠者,今亦颀然成人矣。盖执礼兄弟知读书,不敢坠先世之训。而执法以岁之正月冠而受室,吾母适当六十之诞辰。回思二十年前,如梦如寐,如痛之方定。如涉大海,茫洋浩荡,颠顿于洪波巨浪之中,篙橹俱失,舟人束手相向号呼。及夫风恬浪息,放舟徐行,遵乎洲渚,举酒相酬。此吾母今日得以少安,而执礼兄弟所以自幸者也。”

【译文】子敬说:“我的父亲生长在天下太平的年月。我的祖父是云南布政使,我的外祖父是翰林,也是御史,因为他的文章和所做事迹在当时很有名气。父亲生长在官僚家庭,读书之余,就饮酒、博弈,非常快乐。后来我的母亲得了瘫痪,躺在床上达十八年之久。父亲去赴任,就留在吏部,最后死于在京城的出宅之中。那时执礼只有十岁,姐妹四人都很年少,而我的弟弟执法还没有出世。等到把父亲的遗体运回家乡安葬时,执法才出生,我母亲的病也开始痊愈了。从这以后,独自一人抚养几个孩子,很是孤单,到现在已经二十年了。年少的已经长大,原来长大的现在已经进入壮年,或者嫁人,或者娶妻。原来的遗腹子弟弟,现在也已经成为大人了。执礼喜爱读书,没有忘记先辈的教诲。执法今年正月已经受冠成人,并且有了妻室,有遇上母亲六十岁的诞辰。回想二十年前,好像做了一场梦,又像刚刚经历了悲痛。又好像穿渡苍茫辽阔的大海,在大浪中颠簸,又失去了篙橹,船上的人都相互呼喊。等到风停浪静,船的速度放慢了,沿着岸边,举酒互敬。这就是我的母亲感到安慰,我们兄弟暗自庆幸的原因。”

噫!子敬之言如是,诸友之所以贺,与予之所言,亦无出于此矣。“恩斯勤斯,鬻子之闵斯”,子敬兄弟其念之哉!

【译文】咳!子敬的话说到这种程度,朋友们的贺词,以及我所讲的话,没有能超过他的了。“慈爱啊勤劳啊,养育孩子多么值得怜惜”,子敬兄弟不要忘了啊!

庄氏二子字说

庄氏有二子。其伯曰文美，予字之曰德实；其仲曰文华，予字之日德诚。且告之曰：

【译文】庄家有两个二子。老大叫文美，我给他送字叫德实；老二叫文华，我给他送字叫德诚。并且告诉他们说：

文太美则饰，太华则浮。浮饰相与，敝之极也；今之时则然矣。夫智而用私，不如愚而用公；巧不如拙；辨不如讷；富不如贫；贵不如贱。欲文之美，莫若德之实；欲文之华，莫若德之诚；以文为文，莫若以质为文：质之所为生文者无尽也。一日节缩，十日而赢。衣不鲜好，可以常服；食不甘味，可以常飧。故曰："贲无色也。"贲为无色，非无色而后贲也。

【译文】外在形式太美就会流为粉饰，太华丽就会虚浮。粉饰与虚浮是一样的，是最忌讳的弊端；现在人就是这样。那些聪明却只为自己谋私利的人，不如愚钝而不公无私的人；灵巧的不如笨拙的，巧言的不如木讷的；富贵的不如贫寒的，高贵的不如低贱的。想要文章外在形式美丽，不如有德的实际内容；想要文章的华美，不如有德的真诚；以华丽的形式和辞采作文，不如以质朴的形式和语言作文：充实的质是美好文章的无穷源泉。一天节省，十天都会有盈余。衣服不爱好鲜美，可以经常有衣服穿；食品不追求美味，可以经常有东西吃。所以说："装饰，就是无没有颜色也。"真正的装饰是不是无华的，不是朴实无华后才去装饰。

吴在东南隅，古之僻壤，泰伯、仲之至也；予始怪之，而后知圣人之用心也。彼以圣贤之德，神明之胄，目睹中原文物之盛，秘而弗施，乃和于俗，若入裸国而顾解其衣，以其民含朴而不可以漓之也。洎通上国，始失其故；奔溃放逸，莫之能止。文愈，伪愈滋，俗愈漓矣。

【译文】吴地地处东南，在古代是偏僻的地方，泰伯、仲雍来到了这个地方；我开始奇怪他们为什么来这里。后来才明白他们的良苦用心。他们有圣贤的品德，是神圣的后代，亲眼看到过中原礼乐典章制度的盛大，然而却隐藏心里，不在吴地实施，却接受当地的风俗，好像进入裸体的国家特意解除自己的衣服，这是因为当地的人们保持着淳朴而不能使他们的风俗变坏的缘故。等到吴地与中原接触之后，才开始失去自己原有的风俗；崩溃自流，不能制止。文饰越加重，虚伪的风气越滋盛，社会风气也就越发变坏。

闻之长老言：洪武间，民不粱肉，闾阎无文采，女至笄而不饰，市不居异货，宴客者不兼味，室无高垣，茅舍邻比，强不弱。不及二百年，其存者有几也？予少之时所闻所见，今又不知其几变也！大抵始于城市，而后及于郊外；始于衣冠之家，而后及于城市。人之有欲，何所底止；相夸相胜，莫知其已。负贩之徒，道而遇华衣者，则目睨视、啧啧叹不已；东邻之子食美食，西邻之子从其母而啼。婚姻聘好，酒食宴召，送往迎来，不问家之有无；曰：吾惧为人笑也。文之敝至于是乎!非独吾吴，天下犹是也。

【译文】我听年长的老人说：洪武年间，人们不吃精美的粮食和肉，，民间没有华丽的房屋，女孩子到了开笄之年也不用首饰，市场上不出售奇异的货品，赴宴的人吃不到两种以上的菜肴，房子没有很高的墙，住的都是茅屋，强势的人也不欺凌弱势的人。从那时到现在，还不到两百年，那些风俗还有多少保存的？从我年少的时候所看到、听到的到现在，又不知道改变了多少！一般而言，城市的风俗会影响到郊外乡下；世家大族的风俗又会影响到城市。人的欲望，怎么会有尽头呢？相互夸耀、攀比，没有人知道它的终结。担货贩卖的货郎在路上遇到身着华丽衣服的人，就会斜着眼睛看，并且啧啧称赞；东边邻居的孩子吃美味的食品，西边邻居的儿子就像母亲哭啼着要吃。举办婚礼、探望亲朋，用酒席招待、交际，这些都不考虑自己家里的财力够不够；还说：我害怕别人笑话。形式的弊病竟然达到这种程度!不仅仅是我们吴地，天下都是这样。

庄氏居吾里中，独以朴素自好；务本立业，供役于县，为王家良民。德实自树立门户，而德诚赘王氏，皆以敦厚为人所信爱：此殆流风末俗所浸灌而未及者。其可不深自爱惜，以即其所谓实，而勿事于饰；求其所谓诚，而勿事于浮!礼失而求之野，吾犹有望也。

【译文】庄氏家族在乡里之中独自把朴素作为自己所崇尚的美德；努力从事农业，在县里服役，是朝廷的良民。德实自己建立了家庭，而德诚到了王家做了上门女婿，都因为敦厚的品行被人们喜爱：这大概是没有受到流行的坏风俗影响的结果。他们怎么能不深切爱惜自己的品行，以趋就他（的名字）所叫的“实”，而不从事修饰；追求所谓的“诚”，而不从事虚浮呢？我希望被遗失的古代礼仪遗失，还可以在民间找到。

陶节妇传

陶节妇，方氏，昆山人，陶子舸之妻。归陶氏期年，而子舸死。妇悲哀欲自经。或责以姑在，因俛默久之，遂不复言死。而事姑日谨。姑亦寡居，同处一室，夜则同衾而寝。姑妇相怜甚。然欲死其夫，不能一日忘也。

【译文】陶节妇，姓方，昆山人，是陶子舸的妻子。嫁到陶家一年，子舸就死了。她悲伤地要去自杀。有人劝慰她说婆婆还健在，因而就低头沉默了很久，不在说要寻死了。然而她事奉婆婆更加谨慎了。她的婆婆也是居孀之人，两个人就住在同一个房间之中，晚上盖同一个被子睡觉。婆媳二人相互怜悯。然而她想要殉夫的念头，没有一天忘记。

为子舸卜葬，地名清水湾。术者言其不利。妇曰："清水名美，何为不可以葬？"时夫弟之西山买石，议独为子舸穴。妇即自买砖，穴其旁。

【译文】为丈夫子舸挑选墓地，墓址在清水湾。有方术之人说那个地方不吉利。陶氏说："清水的名字这么美，为什么不能埋葬在那里？"当时他丈夫飞弟弟去西山买石头，准备自己为子舸建造墓室，节妇就自己去买砖，在旁边建造自己的墓穴。

已而姑病痢，六十馀日，昼夜不去侧。时尚秋暑，秽不可闻。常取中裙厕牏，自浣洒之。家人有顾而吐，妇曰："果臭耶？吾日在侧，诚不自觉！然闻病人溺臭可得生。"因自喜。

【译文】不久婆婆患了痢疾，节妇六十多天都日夜守候在身旁。当时还是刚入秋的炎热天气，污秽的东西很难闻。节妇经常把婆婆的中裙、内衣拿去清洗。她的家人看到后就呕吐，她说："真的很臭吗？我每天都在旁边，真的没有感觉到臭。"然而听人说"病人的尿臭可以活命"，就暗自窃喜。

及姑病日殆，度不可起，先悲哭不食者五日。姑死，含殓毕。先是子舸兄弟三人，仲弟子舫亦前死，尚有少弟。于是诸妇在丧次，子舫妻言："姑亡后，不知所以为身计。"妇曰:“吾与若,易处耳。独小婶共叔主祭,持陶氏门户,岁月遥遥不可知,此可念也!”因相向悲泣。

【译文】等到婆婆的病一天天加重,估计不能治愈的时候,她哭泣了五天。婆婆死了,装殓完毕。子舸原本兄弟三人,二弟子舫之前也死了,还有一个最小的弟弟。几位妯娌在灵堂,子舫的妻子说:“婆婆死了,不知道你是怎么打算的。”节妇说:“我和你的事情,都是容易处理的。只是小婶子与三弟主持祭祀,执掌陶家的门户,以后的日子还很长,不能预知会发生什么事,这是我牵挂的啊!”于是都哭泣了。

顷之,入室,屑金和水服之,不死。欲投井,井口隘,不能下。夜二鼓,呼小婢随行,至舍西,绐婢还。自投水,水浅,乍沈乍浮。月明中,婢从草间望见之。既死,家人得其尸,以面没水,色如生,两手持茭根,固甚,不可解也。

【译文】不久,进入自己的恶房间,把金子捣碎,用水服了下去,没有死掉。有想要跳井,井口太狭隘,不能进去。夜里敲第二次鼓的时候,叫婢女跟着自己到了住宅的西边,又把婢女骗了回去。自己跳进来河里,由于水太浅,一会儿沉下去,一会儿又浮上来。趁着月色,奴婢在草间看到了她。她死后,家里人捞到她的尸体,她的面部是在水下的,脸色就像活着的时候一样,两只手抓着茭根,非常牢固,甚至都不能解开。

妇年十八嫁子舸,十九丧夫,事姑九年,而与其姑同日死。卒葬之清水湾,在县南千墩浦上。

【译文】节妇十八岁的时候嫁给子舸,十九岁失去丈夫,事奉婆婆九年,并且和婆婆同一天死去。死后葬在清水湾,在县城南部千墩浦上。

赞曰:妇以从夫为义。假令节妇遂从子舸死,而世犹将贤之。独濡忍以俟其母之终,其诚孝概之于古人,何愧哉!初,妇父玉冈为蕲水令,将之官。时子舸已病,卜嫁之,大吉,遂归焉。人特以妇为不幸。卒其所成为门户之光,岂非所谓吉祥者耶?

【译文】赞曰:妇人因为顺从丈夫被称为义。假如节妇当初跟着子舸去死,世人都会认为她贤惠。她又独自忍受丧夫之痛,等到婆婆寿终,才去追随丈夫,她的诚孝跟古人比起来,有什么逊色的地方呢?当初,节妇的父亲玉冈被任命为蕲水县令,将要去赴任。那时子舸已经患病在身,然而占卜嫁给他会很吉祥,就嫁到陶家。人们只是认为节妇很不幸,然而考察她成为家庭荣耀的原因,难道不是因为所谓的吉祥造成的吗?

归氏二孝子传

归氏二孝子，余既列之家乘矣，以其行之卓而身微贱，独其宗亲邻里知之，于是思以广其传焉。

【译文】归氏家族有两个孝子，我已经把他们写进家谱了，因为他们的行为虽然卓著，但却身份低位，只有他们的宗族、乡亲知道，于是就想把他们的事迹传播开来。

孝子讳钺，字汝威。早丧母，父更娶后妻，生子。孝子由是失爱。父提孝子，辄索大杖与之，曰："毋徒手，伤乃力也!"家贫，食不足以赡。炊将熟，即譊譊罪过孝子。父大怒，逐之。于是母子得以饱食。孝子数困，匍匐道中。比归，父母相与言曰："有子不居家，在外作贼耳!"又复杖之。屡濒于死。方孝子依依户外，欲入不敢，俯首窃泪下，邻里莫不怜也。父卒，母独与其子居。孝子摈不见。因贩盐市中。时私其弟，问母饮食，致甘鲜焉。正德庚午，大饥，母不能自活，孝子往，涕泣奉迎。母内自惭，终感孝子诚恳，从之。孝子得食，先母、弟，而己有饥色。弟寻死，终身怡然。孝子少饥饿，面黄而体瘠小，族人呼为"菜大人"。嘉靖壬辰，孝子钺无疾而卒。孝子既老且死，终不言其后母事也。

【译文】孝子的名字叫做钺，字汝威。早年失去母亲，父亲又娶了后妻，并生下了儿子。孝子因此失去了父亲的爱护。父亲抓住孝子，拿了一根大棍棒给后母，对她说："不要用手，免得伤害你的力气！"家里贫困，事物不足以供全家食用。饭将要熟的时候，后母就不断地埋怨孝子。父亲很生气，就把孝子赶出去。这样后母与她的儿子就能吃饱了。孝子很疲乏，在路上艰难行走。等到回到家的时候，父母相互说道："有儿子却不在家里呆着，却去外面做贼！"又用棍棒打他。几次都要快死掉了。当孝子站在房屋外面，想进去又不敢，低头哭泣的时候，邻居没有不可怜他的。父亲死后，后母只跟她自己的儿子住在一起，把孝子逐出家门。孝子于是就到市场贩卖盐。经常私下跟弟弟见面，慰问后母的饮食状况，还经常给后母送一些美味新鲜的食品。正德庚午年大饥荒的时候，后母饿得快要死去了，孝子要把后母接到自己家住。后母感到惭愧，终于感受到孝子的诚恳，就跟从了孝子。孝子得到食物，一定先要给后母、弟弟食用，而自己经常挨饿。弟弟不久死了，他到死都感到幸福快乐。孝子小时候经常挨饿，脸色苍黄，身体瘦小，被族人称为“菜大人”。嘉靖壬辰年，孝子归钺没有没有疾病地去世了。孝子知道老死，始终没有埋怨过后母。

绣，字华伯。孝子之族子，亦贩盐以养母。已又坐市舍中卖麻。与弟纹、纬友爱无问。纬以事坐系，华伯力为营救。纬又不自检，犯者数四。华伯所转卖者，计常终岁无他故才给蔬食，一经吏卒过门辄耗，终始无愠容。华伯妻朱氏，每制衣必三袭，令兄弟均平。曰：“二叔无室，岂可使君独被完洁耶？”叔某亡，妻有遗子，抚爱之如已出。然华伯人见之以为市人也。

【译文】归绣，字华伯。是孝子归钺的远房侄子，也是贩卖盐以便养活母亲。自己又经常在市场中卖麻。与对弟弟纹、纬非常友爱。纬因为事情坐牢，华伯努力去营救他。纬不反省自己，后来又几次犯错。华伯的生意，如果一年中没有其它的缘故才能够勉强度日，一旦遇到官司就消耗殆尽，但他始终没有生气。华伯的妻子朱氏，只要做衣服，一定会做三套，让他们兄弟三人平均。她说：“两位小叔子没有娶妻，怎么能让你（指华伯）一个人穿得整洁呢？”有一个小叔子死了，他的妻子还有一个儿子，就把他的儿子看做自己所生的。然而见到华伯的人都以为他只是市井中的人。

赞曰：“二孝子出没市贩之间，生平不识《诗》《书》，而能以纯懿之行，自饬于无人之地；遭罹屯变，无恒产以自润，而不困折，斯亦难矣。华伯夫妇如鼓瑟，汝威卒变顽嚣；考其终，皆有以自达。由是言之，士之独行而忧寡和者钞，视此可愧也!”

【译文】赞曰：“两位孝子出没于市井商贩之间，一辈子也没有读过《诗经》《尚书》，但能够在别人看不到的地方自修完美的德性；即使遭受到苦难、变故，没有固定的财产作为依靠，仍然坚持德行，这也很困难的事情。华伯夫妇二人的关系如鼓瑟般同心，归钺愚蠢而顽固的父亲、后母最终改变自己的态度，他们的通情达理都是能考察到其中原因的。从这个角度看，士人孤独的实践德性却担心没有人跟他应和，这也是值得羞愧的！”

先妣事略

先妣周孺人，弘治元年二月二十一日生，年十六来归。逾年，生女淑静，淑静者，大姊也。期而生有光，又期而生女、子，殇一人，期而不育者一人。又逾年生有尚，妊十二月。逾年，生淑顺，一岁，又生有功。有功之生也，孺人比乳他子加健，然数颦蹙顾诸婢曰："吾为多子苦!"老妪以杯水盛二螺进，曰："饮此后妊不数矣！"孺人举之尽，喑不能言。正德八年五月二十三日，孺人卒。诸儿见家人泣，则随之泣。然犹以为母寝也。伤哉!于是家人延画工画，出二子，命之曰"鼻以上画有光，鼻以下画大姊"。以二子肖母也。

【译文】先母周孺人，生于弘治元年二月二十一日。十六岁嫁到我家。过了一年多，生下一女，就是淑静大姐。一年后，生下有光，又过一年，生了一男一女双胞胎，夭折一人，另一个满周岁时也死了。又过一年多，生下有尚，怀孕足有十二个月。又隔一年，生淑顺，刚一岁，又生有功。生有功后，母亲身体比喂其他孩子时健壮，然而，经常皱着眉头向婢女们讲："我生这么多孩子，真是吃够苦头了!"有位老婆婆端来一杯水，泡着两只田螺，说："喝下这水就不会总是怀孕了。"母亲举起杯来一饮而尽，却从此就不能再说话了。正德八年五月二十三日，母亲溘然长逝。诸儿女见家里人哭，也跟着哭起来，可心里还以为母亲睡着了呢。多伤心呀!家里请来画师，为母亲画像，喊出大姐和有光来，吩咐人家说："鼻子以上，照有光画，鼻子下面，照淑静姐画。"因为这两个孩子长得最像母亲。

孺人讳桂，外曾祖讳明，外祖讳行，太学生。母何氏。世居吴家桥，去县城东南三十里。由千墩浦而南，直桥并小巷以东，居人环聚，尽周氏也。外祖与其三兄皆以资雄，敦尚简实，与人姁姁说村中语，见子弟甥侄无不爱。

【译文】母亲名桂，外曾祖叫周明，外祖父叫周行，是位太学生。外祖母姓何。世世代代住在吴家桥，离县城东南三十里地。从千墩浦往南，对着桥头直到港湾以东一带，住户聚集，全是周姓人家。外祖父和他的三位兄长，家境都很富裕，为人敦厚，崇尚节俭、朴实，与村人拉起家常来，言辞和蔼，待晚辈也无不亲善。

孺人之吴家桥，则治木绵，入城，则缉纑，灯火荧荧，每至夜分。外祖不二日使人问遗，孺人不忧米盐，乃劳苦若不谋夕。冬月，炉火炭屑，使婢子为团，累累曝阶下，室靡弃物，家无闲人。儿女大者攀衣，小者乳抱，手中纫缀不辍。户内洒然。遇僮奴有恩，虽至棰楚，皆不忍有后言。吴家桥岁致鱼蟹饼饵，率人人得食。家中人闻吴家桥人至，皆喜。有光七岁，与从兄有嘉入学。每阴风细雨，从兄辄留，有光意恋恋，不得留也。孺人中夜觉寝，促有光暗诵《孝经》，即熟读无一字龃龉，乃喜。

【译文】母亲去吴家桥时，抽空就纺棉花，回到城里，总忙着缉麻线。晚上，微弱的灯光，常常亮到深夜。外祖父三天两头打发人来问寒问暖，送些土特产。母亲从不愁吃愁穿，却仍然辛苦劳作，好像朝不保夕似的。冬天，让婢女们把烧过的炉灰，再和成炭团，层层叠叠地放整齐，晒在台阶下面。屋里所有的东西都物尽其用，全家也看不见一个闲人。大孩子在身后牵着衣襟，怀里还抱着吃奶的孩子，即便如此，母亲手中还是不停地做针线活。家中打扫得窗明几净。对奴婢也宽厚有恩，他们哪怕挨了打，也都不忍心说怪话。过年时，吴家桥送来的鱼蟹果品，全家不分主仆，人人有份。所以只要听说吴家桥人来了，大家个个兴高采烈。有光七岁时，和堂兄有嘉一起进了学堂。逢刮风下雨，堂兄总留下不走，有光尽管心里恋恋不舍，却不能在学堂留宿。母亲半夜醒来，就督促有光默读《孝经》，如果能一字不差地背下来，母亲便十分高兴。

孺人卒，母何孺人亦卒。周氏家有羊狗之痾，舅母卒，四姨归顾氏，又卒。死三十人而定。惟外祖与二舅存。

【译文】母亲死后，外祖母也去世了。周家不幸得了急性传染病，舅母死了，四姨嫁给顾家，也死了。全家先后死去三十口人，只有外祖父和二舅幸免于难。

孺人死十一年，大姊归王三接，孺人所许聘者也。十二年，有光补学官弟子。十六年而有妇，孺人所聘者也。期而抱女，抚爱之，益念孺人，中夜与其妇泣。追惟一二，仿佛如昨，余则茫然矣。世乃有无母之人，天乎痛哉!

【译文】母亲去世十一年后，大姐嫁给王三接，是母亲生前亲自许配的人家。十二年后，有光进入官学。在十六年上，有光娶妻，也是母亲在世时订的亲。婚后一年，有了一个小女儿，每当抱起幼女，思母之情，愈加强烈，夜深人静时与爱妻谈及先母，两人忍不住相对而泣。追记母亲生平一点琐事，恍如昨日，其他的都已茫然若失了。世上竟有失去母亲的人，天哪，这是多么令人痛心啊!

家谱记

有光七八岁时，见长老，辄牵衣问先世故事。盖缘幼年失母，居常不自释，于死者恐不得知，于生者恐不得事，实创巨而痛深也。

【译文】我在七八岁的时候，见到族中年长的人，就拉着他们的一份询问有关祖先的事情。大概因为年幼的时候失去的母亲，常常不能自我宽解，害怕忘记故去的人，又害怕不能侍奉在世的人，真是巨大的伤害，深深的痛苦啊。

归氏至于有光之生而益衰，源远而未分，口多而心异。自吾祖及诸父而外，贪鄙诈戾者，往往杂出其间。率百人而聚，无一人知学者；率十人而学，无一人知礼义者。贫穷而不知恤，顽钝而不知教，死不相吊，喜不相庆，入门而私其妻子，出门而诳其父兄，冥冥汶汶将入于禽兽之归。平时呼召友朋，或费千钱，而岁时荐祭，辄计杪忽，俎豆壶觞，鲜或静嘉，诸子诸妇，班行少缀，乃有以戒宾之故，而改将事之期，出庖下之馂，以易荐新之品者，而归氏几于不祀矣山。

【译文】归氏家族到我出生的时候更加衰落了，血缘关系疏远却没有分开居住，人口多想法也就不一致。除了我的祖父和叔伯之外，族中有很多贪婪奸诈的人。一百个人在一块居住，没有一人知道学习；十个人学习，没有一人懂得礼仪。贫穷的人不知道相互救济，愚顽的人不知道教育子弟，婚丧之事也不相互哀悼、庆贺，只知道爱护自己的妻子儿女，对父兄也是行欺诈，懵懂无知，几乎跟禽兽差不多。平常招待朋友，可能花费很多，而对于祭祀的花费却少得可怜，祭祀的器皿也很少有洁净完美的。向祖先致祭的时候也男女也不按次序，毫无规矩。如果遇到约请朋友的事情，就把祭祀的时间更改，用剩余的饭菜代替新鲜的事物敬奉给祖先，归氏的祖先几乎成了没人祭祀的孤魂野鬼了。

小子顾瞻庐舍，阅归氏之故籍，慨然太息流涕曰：嗟乎!此独非素节翁之后乎，而何以至于斯也？父母兄弟，吾身也；祖宗，父母之本；族人，兄弟之分也；不可以不思也。思则饥寒而相娱，不思则富贵而相攘；思则万叶而同室，不思则同母而化为胡、越，思不思之间而已矣。

【译文】我看着归氏家族的老房屋，流泪叹息：“咳！这难道不是素节翁的后代吗，为什么到了这个地步？父母兄弟，就像自己的身体；祖宗，是父母的根本；族人，是兄弟的分支；这些都是不能不考虑的。考虑到这些，饥寒的时候就相互帮忙，不考虑这些，富贵的时候就相互排挤；考虑到这些，经历万世也会像生活在同一房间之中，不考虑这些，即使是一奶同胞也会相互隔绝。在于考虑不考虑而已。

人之生子，方其少时，兄弟呱呱怀中，饱而相嬉，不知有彼我也；长而有室，则其情已不类矣；比其有子也，则兄弟之相视，已如从兄弟之相视矣。方是时，惟恐夫去之不速，而孰念夫合之之难，此天下之势所以日趋于离也。吾爱其子，而离其兄弟；吾之子亦各念其子，则相离之害，遂及于吾子；可谓能爱其子耶？

【译文】人年少的时候，同在母亲怀抱中哭泣，吃饱了就相互嬉戏，亲密无间、不分彼此；长大以后成家，感情已不同于从前；等到自己有了孩子，兄弟之间已经像堂兄弟之间的关系了。在这个时候，唯恐兄弟不离开自己，谁还能想到聚合在一起有多么困难，这就是天下的趋势日益变得分离的原因。爱护自己儿子，疏远自己的兄弟；自己的儿子也只爱护他自己的儿子，这样就会疏远他的兄弟；这能称得上爱护自己的儿子吗？

有光每侍家君，岁时从诸父兄弟执畅上寿，见祖父皤然白发，窃自念吾诸父兄弟，其始一祖父而已，今每不能相同，未尝不深自伤悼也。然天下之事，坏之者自一人使，成之者亦自一人始；仁孝之君子，能以身率天子之人，而况于骨肉之间乎？古人所以立宗子者，以仁孝之道责之也。宗法废而天下无世家，无世家而孝友之意衰，风俗之薄日甚，有以也。有光学圣人之道，通于“六经”之大指，虽居穷守约，不录于有司，而窃观天下之治乱，生民之利病，每有隐忧于心。而视其骨肉，举目动心，将求所以合族者而始于谱。故吾欲作为归氏之谱，而非徒谱也，求所以为谱者也山。

【译文】我事奉父亲，在年节的时候与叔伯、堂兄弟一起给祖父敬酒，看到祖父的苍苍白发，就私下想到我这些叔伯、同兄弟们，都是源自祖父，现在对很多事情都不能齐心协力，常常感到悲哀。然而天下的事情，破坏或成就都在于一人的决定。有仁孝美德的君子，能够用自己的实际行动成为天下人的表率，何况对于骨肉血亲呢？古时候的人强调嫡长子的地位，是因为强调仁孝的道理。宗法一旦遭到废弃，天下就没有世代相传的家族，没有世代相传的家族就没有孝敬友悌的美德，这就是世俗风气日渐衰微的原因。我学习孔孟之道，对于“六经”的主旨也有所了解，虽然甘居贫穷，坚守美德，不被有关衙门录用，但我私下对于国家的动乱，民族的疾苦，经常感到忧虑。而把他们看做自己骨肉，感同身受，使家族凝聚和睦相处的的关键又在于修家谱。所以我给归氏作家谱，不仅仅是为了作家谱，还为追求作家谱的动机和原因。

沧浪亭记

浮图文瑛居大云庵，环水，即苏子美沧浪亭地也。亟求余作《沧浪亭记》，曰：“昔子美之记，记亭之胜也；请子记吾所以为亭者。”

【译文】文瑛和尚住的大云庵，流水环绕，是当年苏子美建的沧浪亭的旧址。他多次请求我写篇沧浪亭记，说：“以前苏子美记述的，是沧浪亭的美景。现在我请您记叙的，是我为什么要建这座亭子。”

余曰：昔吴越有国时，广陵王镇吴中，治园于子城之西南，其外戚孙承佑，亦治园于其偏。迨淮南纳土，此园不废。苏子美始建沧浪亭，最后禅者居之，此沧浪亭为大云庵也。有庵以来二百年，文瑛寻古遗事，复子美之构于荒残灭没之余，此大云庵为沧浪亭也。

【译文】我回答说：“古时吴越建国，广陵王镇守吴中时，在内城的西南造了一座花园。吴王的外戚孙承佑，又在这座花园的旁边造了一座花园。直到淮南都归顺了宋朝时，这些花园还设荒废。苏子美开始建筑的沧浪亭，到后来是被和尚居住了，这样，沧浪亭就成了大云庵。有大云庵以后二百年，文瑛寻访古时遗迹旧事，在荒废残破的废墟上又恢复了苏子美的沧浪亭，这样大云庵又改成了沧浪亭。

夫古今之变，朝市改易。尝登姑苏之台，望五湖之渺茫，群山之苍翠，太伯、虞仲之所建，阖闾、夫差之所争，子胥、种、蠡之所经营，今皆无有矣，庵与亭何为者哉？虽然，钱镠因乱攘窃，保有吴越，国富兵强，垂及四世，诸子姻戚，乘时奢僭，宫馆苑囿，极一时之盛，而子美之亭，乃为释子所钦重如此。可以见士之欲垂名于千载，不与其澌然而俱尽者，则有在矣。

【译文】从古到今因为时代变迁，宫廷街市也发生了变化。我曾登上姑苏台，远望那烟波浩淼的五湖，那苍翠欲滴的群山，而古时太伯、虞仲所创建的，闺闾、夫差所争夺的，子胥、文种和范蠡所经营的，到现在都没有了。这大云庵和沧浪亭又算得了什么呢？即使这样，钱谬因天下纷乱才窃取了王位，占据了吴越之地，国富兵强，传丁四代；他的子孙和姻戚，也都乘机骄奢淫逸，超越本分，大建宫殿园林，盛极一世。然而苏子美的沧浪亭，却被文瑛和尚敬重到这种地步。由此可见读书人要想千载流传自已的美名而不与形体同归于尽。这其中确实有它的道理存在呢。”

文瑛读书喜诗，与吾徒游，呼之为沧浪僧云。

【译文】文瑛好读书又爱做诗，常和我们来往，大家称他为沧浪僧。

项脊轩志

项脊轩，旧南阁子也。室仅方丈，可容一人居。百年老屋，尘泥渗漉，雨泽下注；每移案，顾视无可置者。又北向，不能得日，日过午已昏。余稍为修葺，使不上漏。前辟四窗，垣墙周庭，以当南日，日影反照，室始洞然。又杂植兰桂竹木于庭，旧时栏楯，亦遂增胜。借书满架，偃仰啸歌，冥然兀坐，万籁有声；而庭阶寂寂，小鸟时来啄食，人至不去。三五之夜，明月半墙，桂影斑驳，风移影动，珊珊可爱。

【译文】项脊轩，是过去的南阁楼。屋里仅仅一丈见方，只可容纳一个人居住。这是已有上百年的老屋子，（屋顶墙上的）泥土从上边漏下来，积聚的流水一直往下流淌；我常常移动书桌，环顾四周没有可以安置桌案的地方。屋子又朝北，不能照到阳光，天一过中午就已经昏暗。我稍稍修理了一下，使它不从上面漏土漏雨。在前面开了四扇窗子，在院子四周砌上围墙，用来挡住南面射来的日光，日光反射照耀，室内才明亮起来。我又在庭院里错杂地种上兰花、桂树、竹子等，往日的栏杆，也就增加了新的光彩。书架摆满了借来的书籍，我安居室内，吟诵诗文，有时又静静地独自端坐，听到自然界各种各样的声音；庭院、台阶前静悄悄的，小鸟不时飞下来啄食，人走到它跟前也不离开。十五的夜晚，明月高悬，照亮半截墙壁，桂树的影子交杂错落，微风吹来，花影摇动，很是可爱。

然予居于此，多可喜，亦多可悲。先是，庭中通南北为一。迨诸父异爨，内外多置小门，墙往往而是。东犬西吠，客逾庖而宴，鸡栖于厅。庭中始为篱，已为墙，凡再变矣。家有老妪，尝居于此。妪，先大母婢也，乳二世，先妣抚之甚厚。室西连于中闺，先妣尝一至。妪每谓余曰："某所，而母立于兹。"妪又曰："汝姊在吾怀，呱呱而泣；娘以指叩门扉曰：'儿寒乎？欲食乎？'吾从板外相为应答。"语未毕，余泣，妪亦泣。余自束发，读书轩中，一日，大母过余曰："吾儿，久不见若影，何竟日默默在此，大类女郎也？"比去，以手阖门，自语曰："吾家读书久不效，儿之成，则可待乎！"顷之，持一象笏至，曰："此吾祖太常公宣德间执此以朝，他日汝当用之！"瞻顾遗迹，如在昨日，令人长号不自禁。

【译文】然而我住在这里，有许多值得高兴的事，也有许多值得悲伤的事。在这以前，庭院南北相通成为一体。等到伯父叔父们分了家，在室内外设置了许多小门，墙壁到处都是。东家的狗向西吠叫，客人得越过厨房去吃饭，鸡在厅堂里栖息。庭院中开始是篱笆隔开，然后又砌成了墙，一共变了两次。家中有个老婆婆，曾经在这里居住过。这个老婆婆，是我故去的祖母的婢女，给两代人喂过奶，先母对她很好。房子的西边和内室相连，过世的母亲曾经常来。老婆婆常常对我说：“这个地方，你母亲曾经站在这儿。”老婆婆又说“你姐姐在我怀中，呱呱地哭泣；你母亲用手指敲着房门说：‘孩子是冷呢？还是想吃东西呢？’我隔着门一一回答……”话还没有说完，我就哭起来，老婆婆也流下了眼泪。我从十五岁起就在轩内读书，有一天，祖母来看我，说：“我的孩子，好久没有见到你的身影了，为什么整天默默地呆在这里，真像个女孩子呀？”等到离开时，用手关上门，自言自语地说：“我们家读书人很久没有得到功名了，（我）孩子的成功，就指日可待了啊！”不一会，拿着一个象笏过来，说：“这是我祖父太常公宣德年间拿着去朝见皇帝用的，以后你会用到它！”回忆起旧日这些事情，就好像发生在昨天一样，真让人忍不住放声大哭。

轩东，故尝为厨，人往，从轩前过。余扃牖而居，久之，能以足音辨人。轩凡四遭火，得不焚，殆有神护者。

【译文】项脊轩的东边曾经是厨房，人们到那里去，必须从轩前经过。我关着窗子住在里面，时间长了，能够根据脚步声辨别是谁。项脊轩一共遭过四次火灾，能够不被焚毁，大概是有神灵在保护着吧！

项脊生曰：“蜀清守丹穴，利甲天下，其后秦皇帝筑女怀清台；刘玄德与曹操争天下，诸葛孔明起陇中。方二人之昧昧于一隅也，世何足以知之，余区区处败屋中，方扬眉、瞬目，谓有奇景。人知之者，其谓与坎井之蛙何异？”

【译文】我说：“蜀国的寡妇清继承并守住了朱砂矿，利润天下第一。后来秦朝皇帝为她建造了怀青台。刘备与曹操争夺天下，诸葛亮从隆中起家，当诸葛亮和清在角落不被人知道的时候，世人怎么能够知道他们两？我渺小地在项脊轩，正扬起眉毛眼睛一睁一闭，以为会有奇特的景象，知道这种情况的人认为我和浅井的青蛙有什么区别。”

余既为此志，后五年，吾妻来归，时至轩中，从余问古事，或凭几学书。吾妻归宁，述诸小妹语曰：“闻姊家有阁子，且何谓阁子也？”其后六年，吾妻死，室坏不修。其后二年，余久卧病无聊，乃使人复葺南阁子，其制稍异于前。然自后余多在外，不常居。

【译文】我作了这篇文章之后，过了五年，妻子嫁到我家来，她时常来到轩中，向我问一些旧时的事情，有时伏在桌旁学写字。我妻子回娘家探亲，回来转述她的小妹妹们的话说：“听说姐姐家有个小阁楼，那么，什么叫小阁楼呢？”这以后六年，我的妻子去世，项脊轩破败没有整修。又过了两年，我很长时间生病卧床没有什么（精神上的）寄托，就派人再次修缮南阁子，格局跟过去稍有不同。这之后我多在外边，不常住在这里。

庭有枇杷树，吾妻死之年所手植也，今已亭亭如盖矣。

【译文】庭院中有一株枇杷树，是我妻子去世那年亲手种植的，现在已经高高挺立，枝叶繁茂像伞一样了。

姚鼐

清桐城人，字姬传，一字梦谷。乾隆进士。散馆授主事，迁郎中，告归，主讲钟山书院。卒年八十五。鼐性恬淡，不慕荣利，其论学主集义理、考据、词章三者之长，不为汉宋门户所拘。桐城自方苞、刘大櫆创为古文（苞论文之要曰：自南宋以来，古文义法不解久矣。吴越间遗老尤放恣，无一雅洁者。古文不可入语录中语，魏晋人藻丽俳语，汉赋中板重字法，诗歌中隽语，南北史佻巧语云云），而鼐继之，推阐阃奥，开辟户牖，天下翕然推为正宗。尝辑《古文辞类纂》一书，以明义法。门人传其学者，有梅曾亮、管同、姚椿、刘开、方东树，皆有名当世，世因称其文为桐城派。同时又有所谓阳湖派者，则以恽敬、张惠言为首。然考张氏赠其同邑友人钱伯坰文，自述其学为古文，乃出于钱之称诵其师刘大櫆说而后有得，是知阳湖一名，固亦桐城之支流与裔耳，何异同之有哉？所著有《九经说》《三传补注》《惜抱轩全集》。

【译文】清代桐城（今属安徽）人，字姬传，另有一字梦谷、乾隆年间进士。被授予散馆主事，后来又被授予郎中，不久辞退，到钟山书院任主事。享年八十五岁。姚鼐性格恬淡，不羡慕功名利禄，他的学问集中义理、考据、词章三个方面的长处，没有汉学与宋学的门户之见。桐城自从方苞、刘大櫆开创创作古文的学风以来（方苞讲到创作文章的要点说：自从南宋以来，人们对古文创作的方法已经比了解了。吴越地区前朝的遗老们尤其的放肆，他们的文章没有一个可称得上雅洁。古文中不能引用语录，魏晋人的藻丽俳语，汉赋中的板重字法，诗歌中的隽语，南北史中的佻巧语言等等），姚鼐继承了他们的观点，阐释他们的深奥的要义。被当时的文人推崇为正宗。曾经编辑《古文辞类纂》，阐明了自己的创作心得和方法。继承他学问的弟子，包括梅曾亮、管同、姚椿、刘开、方东树等人，在当时都很有名气，据把他们成为桐城派。与桐城派同一时期还有阳湖派，该派以恽敬、张惠言为首。然而考察张惠言赠给同乡钱伯坰的文章，张惠言自述他学习古文创作，是由于听到钱伯坰诵读的他的老师刘大櫆说法有所心得，就可以知道阳湖派，实际是桐城派的一个支派而已，没有什么不同之处。姚鼐的的著作有《九经说》《三传补注》《惜抱轩全集》。

庄子章义序

姚鼐

汉《艺文志》:《庄子》五十二篇。陆德明《音义》,载晋、宋注《庄子》者七家,惟司马彪、孟氏载其全书。其馀惟内七篇皆同,外篇、杂篇各以意为去取。自唐、宋以后,诸家之本尽亡。今惟有郭象注本,凡三十三篇。其十九篇,经象删去,不可见矣。

【译文】汉代《艺文志》记载:《庄子》有五十二篇。陆德明的《音义》记载晋宋两朝给《庄子》作注解的有七家,但只记载了司马彪、孟氏的著作的全部。其余的只有内篇是相同的,外篇与杂篇都是凭着自己的意愿随便选取的。自从唐宋以来,只有郭象的注本保存下来,其他诸家的版本都已经失传了。郭象的注本总共有三十三篇。另外的十九篇,被郭象删除,现在已经看不到了。

昔孔子以《诗》《书》、六艺教弟子,而性与天道不可得闻。其得闻者,必弟子之尤贤也。然而道术之分,盖自是始。夫子游之徒,述夫子语子游,谓人为天地之心,五行之端;圣人制礼,以达天道、顺人情,其意善矣,然而遂以三代之治为大道既隐之事也。子夏之徒,述夫子语子夏者,以君子必达于礼乐之原,礼乐原于中之不容已,而志气塞乎天地,其言礼乐之本亦至矣。然林放问礼之本,夫子告以"宁俭、宁戚"而已。圣人非不欲以礼之出于自然者示人,而惧其知和而不以礼节也。由是言之,子游、子夏之徒所述者,未尝无圣人之道存焉,而附益之不胜其弊也。夫言之弊,其始固存乎七十子,而其末遂极乎庄周之伦也。

【译文】从前孔子用《诗经》《尚书》、六艺教育弟子,而他的弟子大多没有听到他谈论人的本性以及人与自然的关系的道理。那些听到的,一定是弟子之中非常优秀的。然而儒家所说的道理与方法却从此分离了。子游之类的弟子,叙述孔子对他们的讲话说,人是天地的心灵,也是五行的开端;圣人创制礼仪,是用来通达天人关系,随顺人的感情的,他的用意是美好的,然而孔子又认为夏商周是大道已经隐蔽的时代。子夏之类的弟子,叙述孔子对他们的讲话说:有美好品行的人一定要明白礼乐的本源,礼乐起源于人的内心而不容许有所停止,而志气充满天地,孔子谈论礼乐的本源已经讲得非常到位了。然而林放请教礼的本源,孔子只是告诉他"宁愿节俭、宁愿悲戚"而已。孔子并不是不愿意告诉弟子礼是出自人的自然情感，而是害怕他们只知道实行礼仪要恰当而不知道用礼仪去节制。从这里可以看出，子游、子夏这些人，他们所叙述的孔子的话，都有包含了圣人的思想，然而后人的附会增加实在是弊病太多了。语言的弊端，从孔子的七十二个弟子就已经开始了，然而他们还没有达到像庄子之类人的程度。

庄子之书，言明于本数及知礼意者，固即所谓达礼乐之原，而配神明，醇天地，与造物为人，亦志气塞乎天地之旨。韩退之谓庄周之学出于子夏，殆其然欤。周承孔氏之末流，乃有所窥见于道，而不闻中庸之义，不知所以裁之，遂恣其猖狂而无所极，岂非“知者过之”之为害乎？其末《天下》一篇，为其后序。所云“其在《诗》《书》《礼》《乐》者，邹鲁之士、缙绅先生多能明之”，意谓是道之末焉尔！若道之本，则有不离于宗，谓之天人者。周盖以天人自处，故曰“上与造物者游”。而序之居至人、圣人之上，其辞若是之不逊也。而苏子瞻、王介甫乃谓其推尊圣人，自居于不该不遍、一曲之士。其于庄生，抑何远哉！

【译文】庄子的著作认为，明白什么是根本以及礼仪的意义，就是通达了礼乐的本源，可以配合神明，以天地为标准，参与自然创造人类，也就是志气充满天地的含义。韩愈说庄子的学问来源于子夏，大概真是这样吧！庄子继承了孔子弟子中的末流，对于什么是道有一定的见解，却不知道中庸的意义，不知道怎么节制自己，所以就放纵自己到了没有极限地步，这难道不是“有智慧的人太过分”造成的危害吗？《天下》这一篇是《庄子》一书的后序。它说：“其中在《诗》《书》《礼》《乐》中的，儒学之士，儒服之人，大都通晓它”，意思是说这些都是道的细枝末节部分！至于掌握道的根本的人，就是那些不脱离宗主、能顺自然之道的人。庄子大概自认为是天人，所以说“在高的层次可以和天一同悠游”。并且把天人的位置放在至人、圣人之上，他的言辞是如此的不谦逊。然而苏轼、王安石却认为庄子推崇孔子，使自己处于对百家之说不完备、不全面，只是如乡曲之士，孤陋寡闻的地步。苏、王二人对庄子的评价与庄子本人的思想又相距多么远啊！

若郭象之注，昔人推为特会庄生之旨；余观之，特正始以来所谓清言耳！于周之意十失其四五。夫《庄子》五十二篇，固有后人杂入之语。今本经象所删，犹有杂入，其辞义可决其必非庄生所为者；然则其十九篇，恐亦有真庄生之书，而为象去之矣。余惜庄生之旨，为说者所晦，乃稍论之为《章义》，凡若干卷。

【译文】郭象的注解，过去的人认为他特别能领会庄子的主旨；然而在我看来，不过是正始年间以来的清言罢了！他对于庄子的本意领会得只有十分之四五。《庄子》的五十二篇，当然有后世之人参杂进去的。现在流传的版本经过郭象的删减，还有有所参杂，通过它们的辞意可以断定一定不是庄子的文章；而被删减的十九篇，恐怕会有真正的庄子的文章，却被郭象删除了。我对庄子的思想被解说者弄得晦涩不明感到可惜，就简单地发表议论写成《庄子章义》艺术，总共有几卷。

述菴文钞序

余尝论学问之事，有三端焉，曰：义理也，考证也，文章也。是三者，苟善用之，则皆足以相济；苟不善用之，则或至于相害。今夫博学强识而善言德行者，固文之贵也；寡闻而浅识者，固文之陋也。然而世有言义理之过者，其辞芜杂俚近，如语录而不文；为考证之过者，至繁碎缴绕，而语不可了当。以为文之至美而反以为病者，何哉？其故由于自喜之太过，而智昧于所当择也。夫天之生才，虽美不能无偏，故以能兼长者为贵。而兼之中又有害焉，岂非能尽其天之所与之量，而不以才自蔽者之难得与？

【译文】我曾经说过学问包括三个方面，即：义理，考证、文章。这三个方面，如果善于运用，都可以相互促进；如果不善于运用，可能相互阻碍。那些知识丰富，记忆力强并且善于谈论德性的人，他的文章当然是值得珍视的；那些孤陋寡闻、见识短浅的人，他的文章当然就是鄙陋的。然而世上有一些人，谈论义理太过，他的文辞杂乱浅近，像语录却不像文章；做考证太过的人，以至于其文章缠绕纷杂，说话没完没了。那些人自认为文章写得很美，反而因此成了弊病，这是为什么呢？这是由于自我欣赏太过分了，不明白该怎样做选择。上天生出人才，每个人都有自己的优点，也同时都有自己的缺点，所以最好能兼取他人的长处。然而兼取他人长处之中也会有缺点，那些能穷尽自己的天赋，又不因为自己的才能而蒙蔽自己的人不是很难得吗？

青浦王兰泉先生，其才天与之，三者皆具之才也。先生为文，有唐、宋大家之高韵逸气，而议论考核，甚辨而不烦，极博而不芜，精到而意不至于竭尽，此善用其天与？以能兼之才，而不以自喜之过而害其美者矣。先生历官多从戎旅，驰驱梁、益，周览万里，助成国家定绝域之奇功。因取异见骇闻之事与境，以发其瑰伟之辞为古文，人所未有。世以此谓天之助成先生之文章者，若独异于人；吾谓此不足为先生异，而先生能自尽其才，以善承天与者之为异也。

【译文】青浦的王兰泉先生，他有天赋的才能，是对于义理、考证、文章都有研究的人才。他做的文章，带有一种唐宋大作家的高韵逸气，而他文章的议论与考证，很具有思辨性却不繁琐，极其广博却不芜杂，精细周到却含义无穷，这难道是他善于运用他的天赋吗？这是由于他具有同时兼顾的才能，不以过分地自我欣赏伤害自己的天赋。先生在军队供职，长期随军作战，在梁州、益州驰骋纵横，看遍万里河山，对国家的边疆防卫立下丰功伟绩。于是他的文章充满那些常人很难耳闻目见的事情与境界，文辞非常奇伟、卓异，普通人很难做到。很多人都认为这些上天帮助了他成就这样的文章，使他不同与常人。我认为这并不是先生不同与常人的地方，先生的才能是由于他能充分发挥自己的才能，加上善于运用天赋才成就的。

鼐少于京师识先生，时先生亦年才三十，而鼐心独贵其才。及先生仕至正卿，老归海上，自定其文曰《述庵文钞》四十卷，见寄于金陵。发而读之，自谓粗能知先生用意之深。恐天下学者读先生集，叹服其美而或不明其所以美，是不可自隐其愚陋之识，而不为天下明告之也。若夫先生之诗集及他著述，其体虽不必尽同于古文，而一以余此言求之，亦皆可得其美之大者云。

【译文】我少年的时候在京师认识了先生，那时先生只有三十岁，我已经从内心佩服他的才能。等到先生以正卿的身份退休，回到海上的老家时，他把自己的文集命名为《述庵文钞》，总共四十卷，还给我寄到金陵。我翻看阅读，自认为能大略地了解先生的深刻用意。我担心天下的读书人阅读先生的文集，只是惊叹文章的优异，不一定能明白文章为什么能如此优异，所以不能隐瞒自己愚钝浅薄的见解，应该向天下读书人说清楚我的看法。先生的诗集及其它著作，它们的体裁虽然不一定都是古文，然而用我的观点去考察，都能了解它们优异的原因所在。

古文辞类纂序

鼐少闻古文法于伯父姜坞先生及同乡刘耕南先生，少究其义，未之深学也。其后游宦数十年，益不得暇，独以幼所闻者，置之胸臆而已。乾隆四十年，以疾请归。伯父前卒，不得见矣。刘先生年八十，尤喜谈说，见则必论古文。后又二年，余来扬州，少年或从问古文法。夫文无所谓古今也，惟其当而已。得其当，则六经至于今日，其为道也一。

知其所以当，则于古虽远，而于今取法，如衣食之不可释，不知其所以当，而敝弃于时，则存一家之言，以资来者，容有俟焉。

【译文】我年轻时跟随伯父姜坞先生和同乡刘耕南先生，学得写作古文的法则，略为探究过其中的内涵，但没有深入学习。后来在外地做官几十年，更没有闲暇，只是将小时候所学的东西放在心里捉摸而已。乾隆四十年，因病请求辞官归家，此前伯父已经去世，见不到了，刘先生已八十高龄，特别喜欢谈论说道，每次见面都必定要讨论古文。又过了两年，我来到扬州，有些年轻后学跟着我请问学习古文的方法。其实文章无所谓古和今，只是要求得当罢了。文章得当，那么从六经到现在的文章，它们在为道而作这一点上，全是一样的。懂得了它们得当的原因，那么即使和古代相去甚远，但取法于现在的文章，也就会发现它们如同衣服食物一样不能丢开。不懂得它们得当的原因，而被时世所抛弃，那么就保存一家之言，以留给后来人，或者还能等待知音。

于是以所闻习者，编次论说为《古文辞类纂》。其类十三，曰：论辨类，序跋类，奏议类，书说类，赠序类，诏令类，传状类，碑志类，杂记类，箴铭类，颂赞类，辞赋类，哀祭类。一类内而为用不同者，别之为上下编云。

【译文】因此，我把自己学习研讨过的古代文章辞赋，依次编辑评说为《古文辞类筑》。共分为十三类，叫做：论辨类、序跋类，奏议类、书说类，赠序类，诏令类，传状类，碑志类，杂记类、箴铭类、颂赞类，辞赋类、哀祭类。一类之中作用不同的，又分别为上下编。

论辨类者，盖源于古之诸子，各以所学著书诏后世。孔孟之道与文，至矣。自老庄以降，道有是非，文有工拙。今悉以子家不录，录自贾生始。盖退之著论，取于六经、《孟子》。子厚取于韩非，贾生。明允杂以苏、张之流。子瞻兼及于《庄子》。学之至善者，神合焉，善而不至者，貌存焉。惜乎子厚之才，可以为其至，而不及至者，年为之也。

【译文】论辨这一类，大概起源于古代诸子，他们各以自己所学著书宣告后世。孔子、孟子的学说和文章，是最好的。自老子、庄子以下，学说有正确与不正确的，文章有写得好与写得差的。现在将先秦诸子百家的文章概不选录，选录从贾谊的文章开始。大约韩愈论著，取法于六经，《孟子》，柳宗元取法韩非子、贾谊，苏洵则杂取苏秦、张仪之流，苏轼则兼取到了《庄子》。学得最好的，精神风貌相合；学得好但不是最好的，形体外貌保存。可惜柳宗元的才能，可以成为学得最好的，然而没能达到最好，这是寿命造成的。

序跋类者，昔前圣作《易》，孔子为作《系辞》《说卦》《文言》《序卦》《杂卦》之传，以推论本原，广大其义。《诗》《书》皆有《序》，而《仪礼》篇后有《记》，皆儒者所为。其余诸子，或自序其意，或弟子作之，《庄子·天下篇》《荀子》末篇，皆是也。余撰次古文辞，不载史传，以不可胜录也。惟载太史公、欧阳永叔《表》《志》、序论数首，序之最工者也。向、歆奏校书各有序，世不尽传，传者或伪，今存子政《战国策序》一篇，著其概。其后目录之序，子固独优已。

【译文】序跋这一类，古代的前辈圣人作《易》，孔子为它作《系辞》《说卦》《文言》《序卦》《杂卦》的阐述，以推论它的根本原始，发扬广大它的意义。《诗经》《尚书》都有序，而《仪礼》的篇目后都有记，这些都是儒家学者所作。其它诸子，有的作自序说明写作旨意，有的由弟子写成，如《庄子·天下篇》《荀子》的末尾数篇都是这种情况。我编纂排列这部《古文辞类纂》，不载录史书中的传记，因为它们多得不能载录进来。只选载司马迁、欧阳修《表》《志》的序论各几篇，因为这些是序里面写得最好的。刘向、刘歆父子进奏所校各书都有序，这些序现在没有全部留传下来，留传下来的有的又伪作，现在存录刘向的《战国策序》一篇，以显示其大概。后来各家为书目写的序，只有曾巩的最好。

奏议类者，盖唐、虞、三代圣贤陈说其君之辞，《尚书》具之矣。周衰，列国臣子为国谋者，谊忠而辞美，皆本谟、诰之遗，学者多诵之。其载《春秋》内、外传者不录，录自战国以下。汉以来有表、奏、疏、议、上书、封事之异名，其实一类。惟对策虽亦臣下告君之辞，而其体少别，故置之下编。两苏应制举时所进时务策，又以附对策之后。

【译文】奏议这一类，大概是唐尧、虞舜，夏、商、周三代圣贤向其君王陈述建议的言辞，《尚书》中都载录了。周朝衰微后，各诸侯国臣子为国家出谋划策的奏议，义理忠诚而文辞优美，都是禀承《谟》《诰》的传统，学者大多诵读它们。其中载于《春秋》内传与外传的，本书不选录，只选录战国以下的。汉代以来有表、奏、疏、议、上书、封事等不同名称，其实都是一类。只有对策虽然也是臣下敬告君主的言辞，但体制稍有区别，故编排在下编。苏轼、苏辙两兄弟参加制科考试时进献的时务策论，又附录在对策之后。

书说类者，昔周公之告召公，有《君奭》之篇。春秋之世，列国士大夫或面相告语，或为书相遗，其义一也。战国说士，说其时主，当委质为臣，则入之奏议，其已去国，或说异国之君，则入此编。

【译文】书说这一类，从前周公告知召公，有《君奭》篇。春秋时代，各诸侯国的士大夫有的当面相告，有的写信寄送，它们的意义是一样的。战国时代的游说之士劝说他们当时的君主，在他们敬奉贽礼委身为臣的时候，这类文辞编入奏议类；如果他们已经离开了所属国家，或者是对别国君主加以游说，这类文辞就归入书说类这一编。

赠序类者，老子曰：“君子赠人以言。”颜渊、子路之相违，则以言相赠处。梁王觞诸侯于范台，鲁君择言而进，所以致敬爱，陈忠告之谊也。唐初赠人，始以序名，作者亦众。至于昌黎，乃得古人之意，其文冠绝前后作者。苏明允之考名“序”，故苏氏讳序，或曰引，或曰说。今悉依其体，编之于此。

【译文】赠序这一类，老子说过；“君子用言语来赠送人。”颜渊和子路分别，就是互相赠言来勉励对方。梁王在范台宴请诸侯，鲁国国君选择言辞劝说梁王，以表示尊敬爱护、陈述忠告的意思。唐代初叶赠人言辞，开始命名为“序”，写的人也很多。到了韩愈，便领会到了古人的用意，所写的赠序远远超过前后的作者。苏洵的父亲名“序”所以苏氏避讳“序”字，有的赠序叫“引”，有的叫“说”。现在全部根据它的体制，把它们编在这一编。

诏令类者，原于《尚书》之誓、诰。周之衰也，文诰犹存。昭王制，肃强侯，所以悦人心而胜于三军之众，犹有赖焉。秦最无道，而辞则伟。汉至文、景，意与辞俱美矣，后世无以逮之。光武已降，人主虽有善意，而辞气何其衰薄也!檄令皆谕下之辞，韩退之《鳄鱼文》，檄令类也，故悉附之。

【译文】诏令这一类，起源于《尚书》的《誓》《诰》。周代衰微后，文诰还存在，其作用是宣告阐明周王朝的法度，使强大的诸侯敬肃天子；在下述方面，对文诰还是有所依赖：即使人心悦服胜过拥有三军之众。秦王朝最无道，但文辞却很雄伟。汉朝到文帝、景帝时的诏告，内容和文辞都很优美了，后代没有赶得上的。东汉光武帝以后，君主发布诏令，虽然用意很好，但文辞气势是多么衰微薄弱啊。檄令都是晓谕在下者的言辞，韩愈的《祭鳄鱼文》，也属于檄令一类，所以都附录于这一编。

传状类者，虽原于史氏，而义不同。刘先生云：“古之为达官名人传者，史官职之。文士作传，凡为圬者、种树之流而已。其人既稍显，即不当为之传，为之行状，上史氏而已。”余谓先生之言是也。虽然，古之国史立传，不甚拘品位，所纪事尤详，又实录书人臣卒，必撮序其平生贤否。今实录不纪臣下之事，史馆凡仕非赐谥及死事者，不得为传。乾隆四十年，定一品官乃赐谥。然则史之传者，亦无几矣。余录古传状之文，并纪兹义，使后之文士得择之。昌黎《毛颖传》，嬉戏之文，其体传也，故亦附焉。

【译文】传状这一类，虽然起源于史官，但含意并不相同。刘先生说：“古代写达官名人传的事，由史官负责，文人们作传，都是写泥瓦匠、种树的之流罢了。所写的人地位变得稍稍显贵后，就不应当为他作传，而是为他写行状，上报史官罢了。”我认为先生的话是正确的。虽然如此，但是古代的国史立传，并不是很受官品地位的限制，而所载的事迹尤其详细；另外，实录中写到某个臣子死去，必定摘要叙述他平生贤良与否。现在实录不记载臣下的事迹，史馆修传，凡不是赐了谥号或为国事而死的官员，不能立传。乾隆四十年，规定一品官才赐予谥号。这样，史书中立传的也就没有多少了。我选录古代的传状文章，同时也把这些涵义记下来，以便后代的文士能够区别这一点。韩愈的《毛颖传》是一篇诙谐文章，文体属于传，所以也附在这里。

碑志类者，其体本于《诗》，歌功颂德，其用施于金石。周之时有石鼓刻文，秦刻石于于巡狩所经过，汉人做碑文又加以序。序之体，盖秦刻琅邪具之矣。茅顺甫讥韩文公碑序异史迁，此非知言。金石之文，自与史家异体，如文公作文，岂必以效司马氏为工耶？志者，识也。或立石墓上，或埋之圹中，古人皆曰志。为之铭者，所以识之之辞也。然恐人观之不详，故又为序。世或以石立墓上，曰碑曰表；埋，乃曰志。及分志、铭二之，独呼前序曰志者，皆失其义。盖自欧阳公不能辨矣。墓志文，录者尤多，今别为下编。

【译文】碑志这一类，这种文体源于《诗经》中的颂诗，也是歌功颂德，只是用来铭刻在金石上面。周代有石鼓刻文，秦始皇在巡狩经过的地方刻石留文，汉代做碑文又加上序。加序的体式，秦代的琅邪刻石都载录了。茅坤讥笑韩愈的碑序和司马迁不一致，这不是有识之论。刻在金石上的文章，自然与史家的体制不同，像韩愈写文章，难道一定以效法司马迁为好吗？志即标记，或者在墓上立碑石，或者把它埋在墓穴中，古代人都叫做志。给墓志作铭，是用来识别墓碑的文字。但又担心人们见了还不完全明白，所以又写上序。世人有的认为碑石立

在墓上，叫碑叫表，埋在墓穴中，就叫志。待到把志和铭分为二类，单独把前面的序叫做志，都是不明其义，大概从欧阳修开始就不能分别了。本书中墓志文章选录的最多，所以分为上下编。

杂记类者，亦碑文之属。碑主于称颂功德，记则所纪大小事殊，取义各异，故有作序与铭诗全用碑文体者，又有为纪事而不以刻石者。柳子厚记事小文，或谓之“序”，然实记之类也。

【译文】杂记这一类，也是属于碑文一类。碑文主要在于称颂功德，记则所记的事情有大有小，立意也各不相同，所以有作序和铭诗全用碑文体的，又有用来记事而并不刻于石上的。柳宗元的记事小文，有的叫做“序”，但实际上都属于记一类。

箴铭类者，三代以来有其体矣。圣贤所以自戒警之义，其辞尤质而意尤深。若张子作《西铭》，岂独其意之美耶？其文固未易几也。

【译文】箴铭这一类，夏商周三代以来就有了这种文体。圣贤用来表达自我警戒的意义，它们的文辞最为质朴而含义最为深刻。如张载作《西铭》，难道只是它的哲理完美吗？其文彩自然也是不容易达到的。

赞颂类者，亦《诗》颂之流，而不必施之金石者也。

【译文】赞颂这一类，也是由《诗经》中颂诗发展而来的，只是不一定铭刻在金石之上。

辞赋类者，风雅之变体也。楚人最工为之，盖非独屈子而已。余尝谓《渔父》及《楚人以弋说襄王》《宋玉对王问遗行》，皆设辞无事实，皆辞赋类耳；太史公、刘子政不辨，而以事载之，盖非是。辞赋固当有韵，然古人亦有无韵者，以义在托讽，亦谓之赋耳。汉世校书有《辞赋略》，其所列者甚当。昭明太子《文选》，分体碎杂，其立名多可笑者。后之编集者，或不知其陋而仍之。余今编辞赋，一以汉《略》为法。古文不取六朝人，恶其靡也。独辞赋则晋宋人犹有古人韵格存焉。惟齐梁以下，则辞益俳而气益卑，故不录耳。

【译文】辞赋这一类，是《诗经》中国风、大小雅的变体。楚国人写得最好，恐怕并不是屈原一个人啊。我曾经说过，《渔父》以及《楚人以弋说襄王》《宋玉对王问遗行》，都是假托之辞，并不是实有其事，都属于辞赋类。司马迁、刘向不明白这一点，把它们当作实有其事来记载，大概是不对的。辞赋固然应该有韵，但古人也有不用韵的，因为立意在于托辞讽谏，这也叫做赋。汉代校书有《辞赋略》，其中所收到的都很恰当。昭明太子的《文选》，分类太琐细芜杂，设立的名目很多十分可笑。后代编辑文集的，有些人不懂得《文选》编排的浅陋，还照着它的体例去做。我现在编辞赋部分，完全以汉代的《辞赋略》为标准。古文不选用六朝人的，因为讨厌他们的文章写得太华丽。唯独辞赋，晋宋时代的人却还保存着古人的声韵格律。只是齐梁以后，文辞越讲究工致，文气越发卑下，所以不予选录。

哀祭类者，《诗》有颂，风有《黄鸟》《二子乘舟》，皆其原也。楚人之辞至工，后世惟退之、介甫而已。

【译文】哀祭这一类，《诗经》中有颂诗，国风中有《黄鸟》和《二子乘舟》，都是它的最早起源。楚人的哀祭文章写得最好，后代写得好的只有韩愈和王安石。

凡文之体类十三，而所以为文者八：曰神、理、气、味、格、律、声、色。神、理、气、味者，文之精也；格、律、声、色者，文之粗也。然苟舍其粗，则精者亦胡以寓焉？学者之于古人，必始而遇其粗，中而遇其精，终则御其精者而遗其粗者。文士之效法古人，莫善于退之，尽变古人之形貌，虽有摹拟，不可得而寻其迹也。其他虽工于学古，而迹不能忘，扬子云、柳子厚于斯，盖尤甚焉，以其形貌之过于似古人也。而遽摈之，谓不足与于文章之事；则过矣。然遂谓非学者之一病，则不可也。乾隆四十四年秋七月。

【译文】文章的体裁共十三类，而写文章的要求有八个方面，叫做神思、义理、气势、情味、格式、韵律、声调、藻色。其中神思、义理、气势、情味是文章的内容。格式、韵律、声调、辞藻色彩是文章的形式。但如果舍弃了形式，那么内容怎么依存呢？读书人学习古人的东西，必然是先接触它们的形式，进而接触它们的内容，最后是掌握它们的内容而遗弃它们的形式。文士效法古人，没有谁超过韩愈，韩愈完全改变古人的形式，即使是摹仿，也看不出摹仿的痕迹。其他人虽然很善于学习古人，但摹仿的痕迹也不能没有。扬雄，柳宗元在这方面尤其突出，因为他们的文章形式面貌太像古人。然而一下子排除他们的文章，认为它们不值得列入文章的范本，那也太过分，但如果说这不是学做文章人的一种弊病，那也是不可以的。乾隆四十四年秋七月。桐城姚鼐纂集序目。

附录一 王先谦续古文辞类纂序

自桐城方望溪氏以古文专家之学，主张后进，海峰承之，遗风遂衍。姚惜抱禀其师传，覃心冥追，益以所自得，推究阃奥，开设户牖，天下翕然号为正宗。承学之士，如蓬从风，如川赴壑，寻声企景，项领相望。百余年来，转相传述，遍于东南。由其道而名于文苑者，以数十计。呜呼，何其盛也！自圣清宰世，用正学风厉薄海，耆硕辈出，讲明心性，恢张义理。厥后鸿生巨儒，逞志浩博，钩研训诂，繁引曲证，立汉学之名，诋斥宋儒言义理者。惜抱自守孤芳，以义理、考据、词章三者不可一阙，义理为干，而后文有所附，考据有所归，故其为文，源流兼赅，粹然一出于醇雅。当时相授受者，特其门弟子数辈。然卒流风余韵，沾被百年，成就远大。逐末者不闳，而知道者常胜，讵不信与？

【译文】从桐城方苞氏把古文专家的学问，为后进的人提倡；刘海峰氏接续着，遗风就传着。姚鼐受着刘氏的心传，深思极力地追着，加以自己所得到，推究深奥的地方，开设门户，天下一致地称做正宗。承着学业的士人，像蓬的跟着风，像水的到壑里，寻声望影，颈项相望。一百多年来，转辗地互相传述，普遍地在东南方面。照了他的道而有名在文苑的，有几十个。唉!多么地兴盛呢!从本朝治世以后，用正学来风化勉励四海，老师宿儒一辈辈的出来，讲明心性，扩张义理。后来鸿硕的士人，逞着伟大的意志，钩讨研究训诂之学，繁琐曲折地证引，立了汉学的名目，说坏宋儒讲义理的。姚氏自己守着孤芳，把义理、考据、词章三样不可以缺一样：义理做骨干，方才文章有所附丽，考据有所归宿。所以他做文章源流兼备，纯粹地完全出于厚实风雅。当时互相授受的，衹是他的学生辈。可是终于流风馀韵，沾被着百多年，成功得很远大。追逐微末的、不宏大，知道的却常胜。难道不是可信吗!

道光末造，士多高语周、秦、汉、魏，薄清淡简朴之文为不足为。梅郎中、曾文正之伦，相与修道立教。惜抱遗绪，赖以不坠。逮粤寇肇乱，祸延海宇，文物荡尽，人士流徙，展转至今，困犹未苏。京师首善之区，人文之所萃集，求如昔日梅、曾诸老，声气冥合，箫管翕鸣，邈然不可复得，而况山陬海澨，弇陋寡俦，有志之士生于其间，谁与袚濯而振起之乎？观于学术盛衰升降之源，岂非有心世道君子责也!

【译文】道光末年，士人多高谈周秦汉魏，看轻清淡简朴的文章当做不足以做，梅曾亮、曾国藩一辈；互相一同修道立教，姚氏遗下的端绪，靠着不坠下来。等到粤乱祸及到海内，文物都完了，人士迁徙无定，辗转到现在，积困还没有苏醒，京师首善的地方，人文的所聚集，求像从前梅、曾诸老，声气相合，箫管和鸣，很远地不可再得。而况山角海边，狭陋少同伴，有志的士人，生在这中间，谁来袚除而振起吗？看到那学术盛衰升降的源，难道不是有心世道的君子的责任吗？

惜抱《古文辞类纂》，开示准的，赖此编存，学者犹知遵守。余辄师其意，推求义法渊源，采自乾隆迄咸丰间，得三十八人。一论其得失，区别义类，窃附于姚氏之书，亦当世著作之林也。后有君子，以览观焉。

【译文】姚氏所编的《古文辞类纂》，开示了标准，靠着这编文章存在，学者还知遵守着，我就效法了他的意思，推求法义的渊源，采取着从乾隆到咸丰中间，得到三十八个人。评论他的得失，分别他的义类，私自附在姚氏《古文辞类纂》的后面，也是当代著作会聚的地方。后来有君子，可以看着。

附录二 黎庶昌续古文辞类纂序

右文四百四十九篇，总二十八卷，分上中下三编，皆以补姚氏姬传《古文辞类纂》所未备也。

【译文】右边共有文章四百四十九篇，总共二十八卷，分为上中下三编，都是补充姚鼐《古文辞类纂》所没有收录的。

上编经、子。姚氏纂文之例，首断自《国策》，不复上及《六经》，以之尊经。然观其目次，每类必溯源经、子之所自来，虽不录犹录也。今次为三卷，曰论辨，曰序跋，曰奏议，曰书说，曰诏令，曰传状，曰杂记，曰箴铭，曰颂赞，曰辞赋，曰哀祭，其为类十有一。《左氏》叙事之文，自为一体，姚《纂》无类可傅，则黎庶昌取曾文正公《经史百家杂钞》之目以入之，录叙记为一卷。又别增典志一卷，典志亦《杂钞》之目也。

【译文】上编包括儒家经典和先秦诸子百家的著作。姚鼐编纂文集的惯例是从《战国策》开始，不再上溯到《六经》，认为这样是尊重经典。然而观察他的著作的篇目次序，每一类文章一定会上溯到它们在经典、诸子著作中的来源，虽然说不再收录，实际上还是收录了。现在把儒家经典、诸子百家著作分作三卷，包括论辨，序跋，奏议，书说，诏令，传状，杂记，箴铭，颂赞，辞赋，哀祭共十一个分类。《左传》是叙述事情的文章，单独作为一种体裁，有些文章不能用姚鼐《古文辞类纂》的分类去依附它们，就采用曾国藩《经史百家杂钞》的目录把它们加进去，收录作为一卷；另外又增加一卷典志，典志也是采用《杂钞》的目录。

中编曰史。姚氏纂文，不录史传，其说以为史多不可胜录。然推此义法类求之，马、班而降，可读之史盖少。今录《史记》纪传世家为五卷，《汉书》纪传为四卷。序跋、奏议、书说、诏令、辞赋、哀祭，姚《纂》所遗，而尚有颇可采者为一卷。《三国志》《五代史》，其书最为驯雅有法，汉以后史之良也，取一二类著焉。《通鉴》法《左氏》，叙事体也，《史》之八书，《汉》之十志，皆典章国故，与《周礼》《仪礼》全经同，录叙记为一卷，典志为一卷。

【译文】中编收录的史学文章。姚鼐编纂文集，不收录历史传记，他认为史学书籍太多，不能完全收录。然而按照这种理论纲领类推，司马迁、班固以后的史书，值得阅读的就很少了。现在收录《史记》纪、传、世家，分为五卷，收录《汉书》纪、传，分为四卷。序跋、奏议、书说、诏令、辞赋、哀祭这些姚鼐的《古文辞类纂》所遗漏的文章，如果有可以采用的收录进来作为一卷。《三国志》《五代史》，这两本书非常的典雅，有法度，是汉代以后所修史书中的优秀作品，取其中一两类收录进来。《资治通鉴》效法《左传》，是叙事的体裁，《史记》记述典章制度的《礼书》《乐书》《律书》《历书》《天官书》《封禅书》《河渠书》《平准书》《汉书》的律历志、礼乐志、刑法志、食货志、郊祀志、天文志、五行志、地理志、沟洫志、艺文志，记载的都是制度法令，国家固有的学术文化，和《周礼》《仪礼》整部书都是相同的，收录它们作为一卷，还有典志一卷。

下编方、刘前后之文。文无所谓古今，要趋于当，姚氏之论卓矣，而撰次方、刘文，或为世儒所非。此方、刘文之不足以餍人意，姚氏无可议也。今依此例傅益之，使究一代之变。其为类十有三：曰论辨，曰序跋，曰奏议，曰书说，曰赠序，曰传状，曰碑志，曰杂记，曰箴铭，曰颂赞，曰辞赋，曰哀祭，曰叙记，次为十卷，无者姑阙焉，古文辞粗备于是矣。

【译文】下编收录方苞、刘大櫆前后时期的文章。文章本来无所谓古今，关键是恰当，姚鼐的说法非常地卓越，然而收录方苞、刘大櫆的文章，恐怕会遭受到世俗儒者的非议。这是因为方苞、刘大櫆的文章不能满足人们的意愿，姚鼐的做法是无可厚非的。现在按照这种惯例增添，以便穷究一个时代的变化。把这一时期的文章分为十三类，包括：论辨，序跋，奏议，书说，赠序，传状，碑志，杂记，箴铭，颂赞，辞赋，哀祭，叙记，分为十卷，没有符合其中一种类型的，就暂且空缺，古代的文章辞赋就大略地收录完备了。

文章之道，莫大乎与天下为公，而非可用一人一家之私议。自刘向父子总《七略》，梁昭明太子集《文选》，而后先古文章，始有所归。宋欧阳氏表章韩愈，明茅顺甫录八家，而后斯文之传，若有所属。姚先生兴于千载之后，独持灼见，总括群言，一一衡量其高下，铢黍之得，毫厘之失，皆辨析之，醇驳较然，由是古今之文章，谬悠殽乱，莫能折衷一是者，得姚先生而悉归论定。即其所自造述，亦浸淫近复于古。然百馀年来，流风相师，传嬗赓续，沿流而莫之止，遂有文敝道丧之患。至湘乡曾文正公出，扩姚氏而大之，并功、德、言为一涂，挈揽众长，轹归掩方，跨越百氏，将遂席两汉而还之三代，使司马迁、班固、韩愈，欧阳修之文，绝而复续，岂非所谓豪杰之士，大雅不群者哉！盖自欧阳以来，一人而已。

【译文】做文章的道理，最重要是观点公允，不能采用某一人一家的偏见。自从刘向父子二人编纂《七略》，梁代昭明太子编辑《昭明文选》，这以后古代的文章才有了类的归属。宋代欧阳修推崇韩愈，明代茅坤编选《唐宋八大家文钞》，这以后的文章，才有了累的归属。姚鼐产生于这些人千年之后，独自秉持高明的见解，总结他人的言论，对他们见解的高低一一衡量，极轻微的心得，极细小的过失都仔细分辨，醇醉与驳杂分别得很明确，这样古往今来那些荒诞无稽、错杂混乱，不能获得一致看法的文章，因为姚鼐都得到了恰当的评定。即使姚鼐自己的著作，也逐渐接近古代。然而一百多年来，风气相互学习，更替继续，沿袭旧习不能过停止，具有了文章被蒙蔽，圣人之道遭到丧失的隐患。到了湘乡曾国藩出现以后，扩大姚鼐的学术主张，把文章的功、德、言融为一体，吸收众家之长，超越归有光，掩盖方苞，即将达到列席两汉，回归三代的境界，使司马光、班固、韩愈、欧阳修的文章，又能重新延续，这难道不是豪杰，出类拔萃的人吗？大概自从欧阳修之后，只有曾国藩有这种成就吧！

余今所论纂，其品藻次第，一以昔闻诸曾氏者，述而录之。曾氏之学，盖出于桐城，固知其与姚先生之旨合，而非广己于不可畔岸也。循姚氏之说，屏弃六朝骈丽之习，以求所谓神、理、气、味、格、律、声、色者，法愈严而体愈尊；循曾氏之说，将尽取儒者之多识、格物、博辨、训诂，一内诸雄奇万变之中，以矫桐城末流虚车之饰，其道相资，无可偏废。故既叙述略例，亦明夫不敢封己抱残，守一先生家言，暖暖姝姝，而私自悦以足也。然遂欲执涂之人而强同，则是又大惑已。

【**译文**】我现在所编纂的文章，对于它们的鉴定、分列等级，全部按照过去从曾国藩那里听到的进行。曾国藩的学问，出自桐城派，他跟姚鼐先生的主张是相同的，并不是使自己立于不着边际的境地。遵循姚鼐的学说，摒弃六朝以来的骈体文追求对偶和辞藻华丽的习气，追求文章的精神思想、义理、气势、情味、格式、韵律、声调以及辞藻色彩，法度越是严谨，文体就越发尊贵；遵循曾国藩的学说，就能完全把儒家多识、格物、博辨、训诂的学问纳入自己雄健奇肆的文风之中，可以用来矫正桐城派末流徒有虚文，缺少实理的风气。这两种学问可以相互利用，不能厚此薄彼，有所偏颇。所以在叙述完文集编纂的略例之后，也表明自己不敢固步自封，专守一家的学问，沾沾自喜，自满自得，把自己所喜爱的作为满足。然而要想勉强别人都同意我的编选主旨，那就未免太迷乱、太不明智了。

复蒋松如书

久处闾里，不获与海内贤士相见，耳目为之聩霿。冬间，舍侄浣江寄至先生大作数篇，展而读之，若麒麟凤凰之骤接于目，欣忭不能自已。聊识其意于行间，顾犹恐颂叹盛美之有弗尽，而其颇有所引绳者，将惧得罪于高明，而被庸妄专辄之罪也。乃旋获惠赐手书，引义甚谦，而反以愚见所论为喜，于是鼐益俯而自惭；而又以知君子之衷，虚怀善诱，乐取人善之至于斯也。鼐与先生虽未及相见，而蒙知爱之谊如此，得不附于左右，而自谓草木臭味之不远者乎？“心乎爱矣，何不谓矣！”尚有所欲陈说于前者，愿卒尽其愚焉。

【译文】长期住在乡下，没有机会结识海内的贤士，闻见狭隘。冬季，我侄子浣江寄来先生的数篇大作，展读之际，有如光彩熠熠的麒麟凤凰跃入眼帘，令人拍手称快，兴奋不已。我随意把自己的感想写在信中，事后却担心赞美得不够充分，又因为提出了不少意见，担心将会开罪于您，受到浅陋狂妄、自以为是的指责。不久就收到您的亲笔信，态度是那样的谦虚，反倒为我的胡言乱语而欣喜，于是我深感惭愧；并知道了君子的本心，虚怀若谷循循善诱，乐于采纳不同的意见竟达到如此的境界。我与先生虽然未能相见，而蒙先生如此错爱，能不追随于先生左右，自以为是情同一体的朋友吗？正如《诗经·隰桑》所说：“心乎爱矣，何不谓矣！”我还有一些观点要向先生陈述，希望能彻底展现一下在下的浅陋。

自秦、汉以来，诸儒说经者多矣，其合与离，固非一途。逮宋程、朱出，实于古人精深之旨所得为多，而其审求文辞往复之情，亦更为曲当，非如古儒者之拙滞而不协于情也。而其生平修己立德，又实足以践行其所言，而为后世之所向慕。故元明以来，皆以其学取士。利禄之途一开，为其学者，以为进趋富贵而已。其言有失，犹奉而不敢稍违之；其得亦不知其所以为得也。斯固数百年以来学者之陋习也。

【译文】自秦、汉以来，注解经书的儒士可以说是很多了，他们之间或同或异，原本就不止一条解经的路数。待到宋代二程、朱子出来，他们注解经书多合古人的本旨精义，他们探求古人言辞往来的底蕴，也更加细微精当，不像古代经师那样的泥古不化而不合情理。另外他们平生修身养性的实践，又的确同他们的观点主张保持一致，从而受到世人的仰慕。所以元明二代以来，朝廷就以他们的经说来考课士人。功名利禄的大门一旦敞开，师从宋儒学说的人，就把这学说作为谋取富贵的敲门砖了。宋儒的解经有误，他们仍奉为金科玉律而不敢有丝毫的异议；宋儒的解经正确而他们也不知道为什么正确。这本是数百年来学者的陋习。

然今世学者，乃思一切矫之，以专宗汉学为主，以攻驳程、朱为能，倡于一二专己好名之人，而相率而效者，因大为学术之害。夫汉人之为言，非无有善于宋而当从者也。然苟大小之不分，精粗之弗别，是则今之为学者之陋，且有甚于往者为时文之士，守一先生之说而失于隘者矣。博闻强识，以助宋君子之所遗，则可也；以将跨越宋君子，则不可也。

【译文】可是当今世上的学者，指望一举矫正学界的这一陋习，便以尊崇汉学为要务，以攻击驳斥宋学为能事，由一两个主观好名的人首倡，而众人竞相仿效，因此大大有害于学术。汉儒的经说，并不是没有比宋儒的经说正确而值得遵从的地方。然而倘若学术成就的大小不加以区分，学问的深浅精粗不加以辨别，那么现今做学问的人的浅陋，将比从前那些做八股文的人，只知枯守某一先生的经说的人其眼界之狭窄更厉害了。博闻强记，用来完善宋儒的遗说，这是可以的；而用来跨越宋儒而无视他们的存在，则是不可以的。

鼐往昔在都中，与戴东原辈往复尝论此事，作《送钱献之序》，发明此旨。非不自度其力小而孤，而义不可以默焉耳。先生胸中，似犹有汉学之意存焉，而未能豁然决去之者，故复为极论之。

【译文】我过去在京城时，曾经与戴东原等人反复讨论过这一问题，又写了一篇《送钱献之序》，来阐明我的观点。我并不是没有考虑到自己势单力薄，而只是因为原则上不可以沉默不语罢了。先生胸中，似乎还有汉学独尊的意思，不能毅然决然地摒弃它，所以在这封信中我就再次畅论了这一问题。

“木铎”之义，苏氏说，《集注》固取之矣；然不以为正解者，以其对“何患于丧”意少远也。至“盆成见杀”之集注，义甚精当，先生曷为驳之哉？朱子说诚亦有误者，而此条恐未误也，望更思之。

【译文】关于“木铎”的释义，朱子《四书章句集注》本来就采用了苏氏的解说；然而朱子没将苏氏的解说作为正解，这是由于苏氏对于“何患于丧”一句的释义不够妥贴的缘故。至于《集注分中有关盆成被杀一事的解说，释义很精当，先生为什么还要加以辨驳呢？诚然朱子的学说也有错误的地方，但是这一条的释文恐怕并没有错误，望您再考虑考虑。

鼐于蓉庵先生为后辈，相去甚远，于颍州，乃同年耳。先生谓颍州曰兄，固于鼐同一辈行，而过于谦，非所宜也。客中惟保重，时赐教言为冀。愚陋率达臆见，幸终宥之。

【译文】对蓉庵先生来说我是后辈，年龄相差悬殊，而与颍州却是同年。先生称呼颍州为兄，那么与我原本就属同一辈分，而先生过于谦逊如此，就太不合适了。客居在外望多多保重，时赐指教为盼。在下毫不隐瞒自己的意见，希望最终能得到您的谅解。

复鲁絜非书

桐城姚鼐顿首，絜非先生足下：相知恨少，晚遇先生。接其人，知为君子矣；读其文，非君子不能也。往与程鱼门、周书昌尝论古今才士，惟为古文者最少。苟为之，必杰士也，况为之专且善如先生乎！辱书引义谦而见推过当，非所敢任。鼐自幼迄衰，获侍贤人长者为师友，剽取见闻，加臆度为说，非真知文、能为文也，奚辱命之哉？盖虚怀乐取者，君子之；而诵所得以正于君子，亦鄙陋之志也。

【译文】桐城姚鼐叩拜絜非先生阁下：自恨知心朋友太少，无缘早些结识先生。晚年接触先生，便知道先生是位君子；捧读先生的文章，便知道只能出自君子的手笔。以前曾与程鱼门、周书昌谈论古今的才学之士，感到惟独从事古文的人数最少。假若有人从事古文，则他肯定是位杰出的人物，更何况象先生这样既专心致志且又能擅长于古文的人呢！承蒙您屈尊写信给我，信中自我谦卑过甚而推重我又实在过分，不是我敢于担当的。我自幼直至衰老，有幸能够侍奉贤人长者作为自己的师友，剽窃他们的见解，加上自己的想法而形成观点，不是真正懂得并能创作古文的，哪里值得您屈尊垂问呢？大概不耻下问，是君子的风范；而谈出自己的一得之见以就正于君子，又恰好是鄙人的心愿。

鼐闻天地之道，阴阳刚柔而已。文者，天地之精英，而阴阳刚柔之发也。惟圣人之言，统二气之会而弗偏。然而《易》《诗》《书》《论语》所载，亦间有可以刚柔分矣。值其时其人告语之，体各有宜也。自诸子而降，其为文无弗有偏者。其得于阳与刚之美者，则其文如霆，如电，如长风之出谷，如崇山峻崖，如决大川，如奔骐骥；其光也，如杲日，如火，如金、鏐、铁；其于人也，如冯高视远，如君而朝万众，如鼓万勇士而战之。其得于阴与柔之美者，则其文如升初日，如清风，如云，如霞，如烟，如幽林曲涧，如沦，如漾，如珠玉之辉，如鸿鹄之鸣而人寥廓；其于人也，谬乎其如叹，邈乎其如有思，暖乎其如喜，愀乎其如悲。观其文，讽其音，则为文者之性情形状，举以殊焉。

【译文】我听说宇宙间的根本规律，不过是阴阳刚柔的相互交替作用罢了。文章既然是天地间的精华，自然也是阴阳刚柔交合的结果。只有圣人的言辞，能够中和阴柔与阳刚二气而不偏于一端，然而《周易》《诗经》《尚书》《论语》等经典记载的圣人言辞，也仍然间或有刚柔的区别。这是因为这些言辞是在特定背景下针对特定的人而说的，刚柔之分也就是各有其必然的事了。自战国诸子以后，人们写文章没有不偏于阳刚或阴柔之一端的。那些具有阳刚之美的人，他们的文章就好似雷霆，好似闪电，好似长风自山谷中奔涌而出，好似崇山峻崖，好似决堤一泻千里的江河，好似飞驰的骏马；它的光彩，宛如夺目的太阳，有如熊熊的烈火，有如金银铜铁的光芒；拿人来打比方，好像是站在高处眺望远方，好像是君临天下而使亿万人民朝拜，好像是指挥千军万马冲锋陷阵。那些具有阴柔之美的人，他们的文章就有如冉冉初升的太阳，如清风，如浮云，如彩霞，如烟雾，如幽暗的树林、弯曲的溪流，如水波，如细浪，如珍珠美玉的润泽，如天鹅的长鸣消逝在寥廓的长空；拿人来打比方，那么幽深好似人在叹息，悠远好似人在遐想，温和好似有所喜悦，凄伤好似有所悲哀。阅读他们的文章，朗诵他们的韵律，就会发现作者的性情容貌是千差万别的。

且夫阴阳刚柔，其本二端，造物者糅，而气有多寡进绌，则品次亿万，以至于不可穷，万物生焉。故曰："一阴一阳之为道。"夫文之多变，亦若是已。糅而偏胜可也，偏胜之极，一有一绝无，与夫刚不足为刚，柔不足为柔者，皆不可以言文。今夫野人孺子闻乐，以为声歌弦管之会尔；苟善乐者闻之，则五音十二律，必有一当，接于耳而分矣。夫论文者，岂异于是乎？宋朝欧阳、曾公之文，其才皆偏于柔之美者也。欧公能取异己者之长而时济之. 曾公能避所短而不犯。观先生之文，殆近于二公焉。抑人之学文，其功力所能至者，陈理义必明当，布置取舍、繁简廉肉不失法，吐辞雅训，不芜而已。古今至此者，盖不数数得，然尚非文之至。文之至者，通乎神明，人力不及施也。先生以为然乎？

【译文】再说阴阳刚柔，原来是宇宙最基本的两极，造物主将两者加以糅杂混合，只因为阴阳之气或多或少有消有长，等次多达亿万个，以至于不可穷尽，于是万物得以产生，所以说"一阴一阳的相互交替作用是宇宙间的根本规律。。文章风格的变化多样，也一如万物的产生。两者交合糅杂偏重于某一方是可以的，但偏重到了极端，有者绝对的有，无者绝对的无，这就与那种说阳刚又够不上阳刚，说阴柔又够不上阴柔的情形一样，都不可以称为文章。如今的村夫孩童听音乐，以为音乐不过是歌唱声同乐器声的混合罢了；假设由内行的人来欣赏音乐，那么五音十二律，属于哪种音调，一听就能分辨出来。那评论文章，难道与此有什么不同吗？宋朝的欧阳修与曾巩二公的文章，他们的文才都偏重于阴柔之美。可是欧阳公能兼取风格相反者的长处来时常弥补自己的不足，曾公也能避短就长而不过分偏重于阴柔之美。观看先生的文章，风格大致近似欧阳公与曾公。然而人们学作古文，功力所能达到的程度，是陈述义理明确无误，布局剪裁、繁简详略不违背法则，遣词造句雅正晓畅，不芜杂罢了。古今能够达到这个层次的人，似乎并不多见，可这依然不是文章的最高境界。文章的最高境界，是与神明相通的，是人所无能为力的。先生认为我说的对么？

惠寄之文，刻本固当见与，抄本谨封还。然抄本不能胜刻者。诸体中，书、疏、赠序为上，记事之文次之，论辨又次之。鼐亦窃识数语于其间，未必当也。《梅崖集》果有逾人处，恨不识其人。郎君令甥皆美才未易量”，听所好恣为之，勿拘其途可也。于所寄文，辄妄评说，勿罪！勿罪！秋暑惟体中安否？千万自爱。七月朔日。

【译文】惠寄的大作，刻印本本应是惠赐我的，抄本则包好奉还。然而抄本诸文则尚不能胜过刻印本。大作的各种体裁中，书信、奏疏、赠序最为上乘，记事的文章次之，论辩的文字比较差些。我在文稿中私下加上了几句评语，未必合适。《梅崖集》的确有过人之处，遗憾的是我不认识其作者。令郎、令甥才思俊美，深浅不可估量，听其所好，任其所为，不拘束他们顺应自然地发展下去就可以了。就您惠寄的文稿擅自妄加评说，请勿怪罪，请勿怪罪！初秋时节暑气犹盛，身体还好么？千万珍重。七月初一日。

复鲁宾之书

某顿首，宾之世兄足下：远承赐书及杂文数首，义卓而词美，今世文士，何易得见若此者！某之谫陋，无以上益高明，求马唐肆，而责施于悬磬之室，岂不愧甚哉！顾荷垂问，宜略报以所闻。

【译文】我给你叩首，宾之世兄足下：我得到您的赠书以及杂文几篇，意义不俗，文辞优美，当今的读书人，怎么能轻易见到这样的作品！我学问浅薄，没有什么能增加您的高明见解，您向我请教真是找错人了，就像在空旷的马市寻求马匹，到空无所有的居室求取施舍一样，这让我感到非常愧疚！只是承受您的俯问，应该简略地向您报告我所听到的。

《易》曰：“吉人之词寡。”夫内充而后发者，其言理得而情当；理得而情当，千万言不可厌，犹之其寡矣。气充而静者，其声闳而不荡；志章以检者，其色耀而不浮。邃以通者，义理也。杂以辨者，典章、名物。凡天地之所有也，闵闵乎聚之于锱铢。夷怿以善虚，志若婴儿之柔，若鸡伏卵，其专以一，内候其节而时发焉。

【译文】《周易》说：“贤人的话说得很少。”内心有充足的涵养然后有所在发言的人，他的话既有道理，感情也恰当；有道理，感情也恰当，说再多的话别人也不会厌烦，仿佛他说得很少一样。内心充满正气性格又很安静的人，他的声音洪亮且安定；志向宏伟有严格约束自己的人，他的神情光明而不虚浮。深邃并且通达的是义理。复杂而又能够辨别的是典章、名物。天地所有的东西，纷乱复杂，又都聚集在内心很小的一个地方。心情愉快，虚静空无，思考要像婴儿般柔顺，像母鸡孵蛋那样专心一意，专心致志，等到一定时节、火候，创作灵感就会迸发。

夫天地之间，莫非文也。故文之至者，通于造化之自然。然而骤以几乎合之则愈离。今足下为学之要，在于涵养而已。声华荣利之事，曾不得以奸乎其中，而宽以期乎岁月之久，其必有以异乎今而达乎古也。以海内之大，而学古文最少，独足下里中独盛，异日必有造其极者，然后以某言证所得，或非妄也。足下勉之，不具。六月十七日，某顿首。

【译文】天地之间，到处都是文章。所以文章的最高境界，是像大自然创造、化育万物一样自然而然。如果涵养缺乏就急于与造化相合，结果反而更与造化相离。现在您做学问最重要的就是要涵养自身。不要让声音美色、荣誉利益之类的事情干扰自己的内心，这样时间长久了，一定会不同于现在而能达到古人的境界。天下这样的大，学习创作古文的又是这样的少，只有您的家乡盛行创作古文，以后一定会有登峰造极的人才出现，这样就能证明我所说的话并非虚言。您一定要努力啊，其它的就不一一细说。六月十七日，姚鼐叩首。

赠钱献之序

孔子没而大道微，汉儒承秦灭学之后，始立专门，各抱一经，师弟传受，侪偶怨怒嫉妒，不相通晓，其于圣人之道，犹筑墙垣而塞门巷也。久之通儒渐出，贯穿群经，左右证明，择其长说。及其敝也，杂之以谶纬，乱之以怪僻猥碎，世又讥之。盖魏晋之间，空虚之谈兴，以清言为高，以章句为尘垢，放诞颓坏，迄亡天下。然世犹或爱其说辞，不忍废也，自是南北乖分，学术异尚，五百余年。

【译文】孔子去世后，大道便衰微了。汉代儒生在秦始皇毁灭学术之后，开始设立专一的师门，各家抱住一部经书，老师学生一代一代地传授，同辈之间怒恨嫉妒，不肯互相交流理解彼此的学术，对于主人的道理，就像相互间建筑了墙垣，闭塞了门户里巷一样。时间长了，博通的儒家学者逐渐出现，贯穿各类经典，互相比较证明，择取那些优善的说法。到后来又衰落了，便用谶纬的说法夹杂其间，将怪僻卑俗琐碎的东西搅乱学术，世人又讥笑这类学说。大约到魏晋时期，清谈空论的风气大盛，学者们都以擅长清谈为高雅，把章句之学看得尘垢一般，一个个放纵怪诞，萎靡颓伤，直到天下灭亡。然而世间还是有人喜欢那些清谈家的言论，不忍心废弃。从此南朝北朝分裂对峙，学术主张也不相同，一直持续了五百多年。

唐一天下，兼采南北之长，定为义疏，明示统贯，而所取或是或非，未有折衷。宋之时，真儒乃得圣人之旨，群经略有定说。元、明守之，著为功令。当明佚君乱政屡作，士大夫维持纲纪，明守节义，使明久而后亡，其宋儒论学之效哉！

【译文】唐朝统一天下，兼采南北两派的长处，确定作出经义的疏解，明白告示天下统一贯彻，但所取观点有的正确有的不正确，还没有折衷是非，取得公认的说法。到了宋代，真儒才领会了圣人的要旨，各种经书才大致有了确定的解释. 元代明代遵守宋儒的观点，并制定求取功名的法令。当明代屡次出现昏君败坏政治，士大夫却能维持国家纲纪法制，明确守持节操道义，使明朝维持了很长的时间才灭亡，这是宋儒论述理学的效果啊！

且夫天地之运，久则必变，是故夏尚忠，商尚质，周尚文。学者之变也，有大儒操其本而齐其弊，则所尚也，贤于其故；否则不及其故，自汉以来皆然已。明末至今日，学者颇厌功令所载为习闻，又恶陋儒不考古而蔽于近，于是专求古人名物制度训诂书数，以博为量，以窥隙攻难为功，其甚者欲尽舍程、朱，而宗汉之士，枝之猎而去其根，细之搜而遗其巨，夫宁非蔽与?

【译文】再说天地的运动，时间长了，必定要发生变化。所以夏朝崇尚忠义，商代崇尚朴质，周代崇尚文化。当学者发生变化时，如果有大儒把握根本，整治弊端，；那么推崇的就拿比原来的好，否则就赶不上原来的，从汉代以来都是这样。从明末到现在，学者很讨厌功令载录的都是些老生常谈的东西，又厌恶那些浅薄的儒生不考求古代的东西而被近代的东西所蒙蔽，于是专心于考求古代的名物制度，字句训释，六艺知识，以博洽来衡量学问，以挑毛病、钻难题为功效。而严重的，竟想全部抛弃程朱理学，而以汉儒为正宗，就猎取枝节而舍弃根本，就搜寻细微而漏掉重大，这难道不是太糊涂了吗？

嘉定钱君献之，强识而精思，为今士之魁杰，余尝以余意告之，而不吾斥也。虽然，是犹居京师庞淆之间也。钱君将归江南而适岭表，行数千里，旁无朋友，独见高山大川乔木，闻鸟兽之异鸣，四顾天地之内，寥乎茫乎，于以俯思古圣人垂训教世先其大者之意，其于余论，将益有合也哉！

【译文】嘉定钱献之君；记忆力强，又精于思考，是当今读书人中的魁杰，我曾经把我的想法告诉他，他并不排斥我的意见。虽然如此，但他毕竟还是居住在京师这种各学派混杂一起的地方。钱君将要返回江南而到岭南去，旅行几千里，身边没有朋友，只能看到高山大川和高大的树木，听到鸟兽的怪异鸣叫，四面环视天地之内，寥廓苍茫，在这种情况下低头思索古代圣人留给后人的训导和教诲世人要以重要的东西放在首位的用意，那么和我的观点，将会变得更加—致吧！

刘海峰先生八十寿序

曩者鼐在京师，歙程吏部、历城周编修语曰：“为文章者，有所法而后能，有所变而后大。维盛清治迈逾前古千百，独士能为古文者未广。昔有方侍郎，今有刘先生，天下文章，其出于桐城乎？”鼐曰：“夫黄、舒之间，天下奇山水也。郁千余年，一方无数十人名于史传者。独浮屠之俊雄，自梁、陈以来，不出二三百里，肩背交而声相应和也。其徒遍天下，奉之为宗。岂山川奇杰之气有蕴而属之邪？夫释氏衰歇，则儒士兴，今殆其时矣！”既应二君，其后尝为乡人道焉。

【译文】从前我在京师，歙县程吏部、历城周编修对我说；“写文章有了效法的典范，然后具有写作才能，有了变化发展，然后才能发扬光大。大清王朝太平安定，超过前代千百倍，唯独能写古文的人不多。从前有方侍郎，现在；有刘先生，天下的文章，恐怕都是出自桐城啊1”我说：“黄山和舒城之间，是天下杰出的山水，繁盛一千多年，这个地方没有几十个在史传中留下名字的人。只有佛门中的俊杰雄才，从梁陈以来，不出二三百里的范围，是肩挨着背，声音应答，很多很多。他们的弟子遍布天下，都奉他们为宗师。岂非山川积蓄的奇特雄杰的气运，本有蕴籍而归属他们吗？佛教衰落，儒士就兴盛起来，现在大概是时候了。我用这样的话回答了他们两位，后来也曾经对同乡说过这话。

鼐又闻诸长者曰：“康熙间，方侍郎名闻海外。刘先生一日以布衣走京师，上其文侍郎。侍郎告人曰：‘如方某何足算邪？邑子刘生，乃国士尔！’闻者始骇不信，久乃渐知先生。”今侍郎没而先生之文果益贵。然先生穷居江上，无侍郎之名位交游，不足掖起世之英少。独闭户伏首几案，年八十矣，聪明犹强，著述不辍，有卫武《懿》诗之志，斯世之异人也已。

【译文】我又从前辈那里听说：康熙年间，方侍郎闻名海外。刘先生有一天以布衣的身份到京师，把自己的文章敬呈给方侍郎，方侍郎读后告诉别人说：“像我，能算什么呀！我们同乡的年轻人刘生，才是国家的杰出人物。”听的人开始很吃惊，不相信，时间长了便渐渐知道先生了。现在方侍郎已去世，而先生的文章果然愈加贵重。然而先生窘困江上，没有侍郎那样的名声地位和广泛的交游，不足以扶植天下韵英才后辈，只能独自关起门来，埋头书案写作，八十岁了，耳聪目明还那样强健，不停止著书立说，大有卫武公晚年作诗的志愿，这是世间少有的人了。

鼐之幼也，尝侍先生，奇其状貌言笑，退辄仿效以为戏。及长，受经学于伯父编修君，学文于先生。游宦三十年而归，伯父前卒，不得复见。往日父执往来者皆尽，而犹得数见先生于枞阳。先生亦喜其来，足疾未平，扶曳出与论文，每穷半夜。今五月，邑人以先生生日为之寿。鼐适在扬州，思念先生，书是以寄先生，又使乡之后进者闻而劝也。

【译文】我小时候，曾经侍奉先生，觉得他的长相容貌言笑举止很奇怪，回家后常摹仿先生当做游戏。长大后，跟从伯父编修君学经学，跟从先生学做文章。在外地做了三十多年的官回来，伯父已先去世，不能再见到了，先前和父亲有来往的长辈都去世了，但还能常常在枞阳城见到先生。先生也很喜欢我来，腿有病没好，便让人牵扶着出来和我谈论文章，每每谈到半夜。今年五月十五日，乡里人为先生的生日祝寿，我恰好又在扬州，思念先生，写上这些寄给先生，同时也使同乡的后辈读书人，听了这些后更加努力学习。

仪郑堂序

六艺自周时，儒者有说：孔子作《易传》，左丘明传《春秋》，子夏传《礼·丧服》《礼》后有《记》，儒者颇裒取其文。其后《礼》或亡而《记》存，又杂以诸子所著书，是为《礼记》。《诗》《书》皆口说，然《尔雅》亦其传之流也。

【译文】六艺源自周代，儒家学者有这样的说法：孔子作《易传》，左丘明给《春秋》作传，子夏《礼·丧服》作传，先有《礼》后有《礼记》，儒家学者经常取用其中的文字。后来《礼》的部分失传了，而《礼记》却保存了下来，就把诸子的著作参杂在一起，这就是《礼记》。《诗经》《尚书》都是经过口传保存下来的，然而《尔雅》也是通过口传得到传播的。

当孔子时，弟子善言德行者固无几，而明于文章制度者，其徒犹多。及遭秦焚书，汉始收辑，文章制度，举疑莫能明；然而儒者说之，不可以已也。

【译文】在孔子的时候，他的弟子擅长谈论道德品行的本来就没有几个人，而对文章、制度很清楚的弟子却很多。后来遭遇秦代焚书，汉代初年才开始收集编辑经典，对于过去的文章制度，都不能说清楚，持怀疑态度；然而儒家学者却谈论它们不停。

汉儒家别派分，各为专门，及其末造，郑君康成总集其全，综贯绳合，负闳洽之才，通群经之滞义，虽时有拘牵附会，然大体精密，出汉经师之上。又多存旧说，不掩前长，不覆己短。观郑君之辞，以推其志，岂非君子之徒笃于慕圣，有孔氏之遗风者与？

【译文】汉代儒家分为许多派别，各有自己的专长，到后来，郑玄是他们的集大成者，综合融会各家观点，衡量辨别后取其合理的成分，以他广博淹贯的才能呢过，疏通了许多经典中不容易理解的意义，虽然他有时也会牵强附会，然而总体上他的治学态度还是很精密的，超过汉代所有的经师。他还保存了许多过去的说法，既不掩饰前人的优点，也不掩盖自己的缺点。从郑玄的文辞推向他的志向，他难道不是孜孜于倾慕圣人的道德，具有孔子的遗留风范的学者吗？

郑君起青州，弟子传其学既大著。迄魏王肃，驳难郑义，欲争其名，伪作古书，曲傅私说，学者由是习为轻薄，流至南北朝。世乱而学益衰。自郑、王异术，而风俗人心之厚薄以分。嗟夫！世之说经者，不蕲明圣学诏天下，而顾欲为己名，其必王肃之徒者与？

【译文】郑玄出生在青州，他的弟子传播他的学问已经很兴盛了。到了魏朝的王肃，批驳辩难郑玄的对经典的解释，想要给自己争取名声，伪造古书，以附和自己的学说，读书人从此就养成了轻薄的习惯，这种风气一直流传到南北朝。社会动乱，学术更加衰败。自从郑玄、王肃有了不同的学术见解，风俗人心也就产生了敦厚与轻薄的差别。咳！世上那些谈论经典的人，不祈求彰显圣人的学问给天下之人，却只顾追求自己的名声，他们必定是王肃之类的人吧？

曲阜孔君撝约，博学，工为词章，天下方诵以为善。撝约顾不自足，作堂于其居，名之曰“仪郑”，自庶几于康成，遗书告余为之记。撝约之志，可谓善矣。

【译文】曲阜的孔撝约，学问广博，擅长辞赋文章，天下的人都称赞他的学问做得好。他并没有以此为满足，在他住的地方建造了一座房屋，命名为“仪郑”，希望自己能够成为郑玄那样的人物，写信请求我给他作一篇记。撝约的志向，可称得上美善了。

昔者圣门颜、闵无书，有书传者或无名。盖古学者为己而已。以撝约之才，志学不怠，又智足知古人之善不，将去其华而取其实，据其道而涵其艺，究其业而遗其名，岂特词章无足矜哉，虽说经精善犹未也，以孔子之裔，传孔子之学，世之望于撝约者益远矣。虽古有贤如康成者，吾谓其犹未足以限吾撝约也。乾隆四十五年春二月。桐城姚鼐记。

【译文】从前孔子的弟子如颜渊、闵子骞没有留下著作，那些留下著作的又没有留下姓名。大概古代的学者做学问是为了修养自己的德性。以撝约的才能，立志于学术事业不知倦怠，他的智慧有足以辨别古人的善于不善，能够去除浮华的形式而获得真实的本质，扩充自己的道德，涵养自己的才艺，穷究自己的学业，使自己的名字流芳百世，岂是只有辞赋文章才值得他夸耀？虽然他对于谈论经典还没有达到精善的地步。他作为孔子的后裔，又传播孔子的学问，世人对他的期望更加大，即使古代的贤人如郑玄，撝约也不是不能超越的。乾隆四十九年春天二月，桐城姚鼐记述。

登泰山记

泰山之阳，汶水西流；其阴，济水东流。阳谷皆入汶，阴谷皆入济。当其南北分者，古长城也。最高日观峰，在长城南十五里。

【译文】泰山的南面，汶河向西流去；泰山的北面，济水向东流去。南面向阳山谷中的水流汶河，北面背阴山谷中的水流进济水。正在南北山谷分界的地方，是古长城。最高的日观峰位于长城南十五里的地方。

余以乾隆三十九年十二月，自京师乘风雪，历齐河、长清，穿泰西北谷，越长城之限至于泰安。是月丁未，与知府朱孝纯子颖由南麓登。四十五里，道皆砌石为磴，其级七千有余。泰山正南面有三谷，中谷绕泰安城下，郦道元所谓环水也。余始循以入，道少半，越中岭，复循西谷，遂至其巅。古时登山，循东谷入，道有天门。东谷者，古谓之天门溪水，余所不至也。今所经中岭及山巅，崖限当道者，世皆谓之天门云。道中迷雾冰滑，磴几不可登。及既上，苍山负雪，明烛天南，望晚日照城廓，汶水、徂徕如画，而半山居雾若带然。

【译文】我在乾隆三十九年十二月从京城里出发，冒着风雪，经过齐河县、长清县，穿越泰山西北的山谷，跨过长城的界限，到达泰安。这月丁未日，我和泰安知府朱孝纯从南边的山脚登山。行走四十五里远，道路都是石板砌成的台阶，共有七千多级。泰山正南面有三条山谷，当中那条山谷的水环绕泰安城，这就是郦道元书中所说的环水。我开始沿着中间这条山谷往里走。道路不到一半，翻过中岭，再沿着西边的那条山谷走，就到了泰山的顶巅。古时候登泰山，沿着东边的山谷进入，道路中有座天门。东边的山谷，古时候称它为“天门溪水”，是我没有到过的。现在经过的中岭和山顶，象门槛一样阻挡道路的山崖，世上人都称它为“天门”。一路上大雾迷漫、冰冻溜滑，石板石阶几乎无法攀登。等到已经登上山顶，只见深青色的山被白雪覆盖，明亮的雪光照耀着南边的天空。远望夕阳映照着泰安城，汶水、徂徕山就象是一幅美丽的山水画，停留在半山腰处的云雾，又象是一条舞动的飘带似的。

戊申晦，五鼓，与子颖坐日观亭，待日出。大风扬积雪击面，亭东自足下皆云漫，稍见云中白若樗蒱数十立者，山也。极天云一线异色，须臾成五彩。日上，正赤如丹，下有红光，动摇承之，或曰，此东海也。回视日观以西峰，或得日或否，绛皓驳色，而皆若偻。

【译文】戊申日正是十二月的最后一天，五更时，我和朱孝纯坐在日观亭上，等着看日出。这时大风扬起的积雪扑面打来。日观亭东面从脚底往下一片云雾迷漫，依稀可见云中几十个小白点象骰子一样立在那里，都是远山。天边云彩上有一线奇异的颜色，一会儿又变成五颜六色。太阳升起来了，纯正的红色象朱砂一样，下面有红光晃动摇荡着托着它。有人说，那就是东海。回首观望日观峰以西的山峰，有的被日光照着，有的没有，紫红、淡白，各种深浅不同的颜色，又都象弯腰曲背的样子。

亭西有岱祠，又有碧霞元君祠。皇帝行宫，在碧霞元君祠东。是日，观道中石刻，自唐显庆以来，其远古刻尽漫失。僻不当道，皆不及往。

【译文】日观亭西面有一座东岳大帝庙，又有一座碧霞元君庙。皇帝的行宫就在碧霞元君庙的东面，这天看见途中路两旁刻写的石碑，是从唐显庆年间以来的；那些更古老的石碑都磨灭不清了。至于偏僻不在路边的石碑，都没来得及去看。

山多石，少土。石苍黑色，多平方，少圆。少杂树，多松，生石罅，皆平顶。冰雪，无瀑水，无鸟兽音迹。至日观数时内无树，而雪与人膝齐。桐城姚鼐记。

【译文】山上石头多，泥土少。山石都呈青黑色，大多是平的、方形的，很少圆形的。杂树很少，多是松树，松树都生长在石头的缝隙里，树顶是平的。冰天雪地，没有瀑布溪水，也没有飞鸟走兽的声音和踪迹。日观峰附近几里以内没有什么树木，积雪厚得同人的膝盖一样平齐。桐城人姚鼐记述。

曾国藩

清湘乡人，字涤生，号伯涵，道光进士，授检讨，累官礼部侍郎。丁忧归，会洪、杨乱起，在籍督办团练，遂编制乡勇，连复沿江各省，封毅勇侯，为同治中兴功臣第一。以大学士任两江总督，卒于官，年六十二，谥文正。清道光以后，文武泄沓，国藩以公忠诚朴倡率其将佐僚属，风气为之一变。治军居官，粹然有儒者气象，其论学破除汉宋门户，著《圣哲画像记》，以示平生所宗仰。其为古文，自言由姚鼐启之，然寻其声貌，略不相袭。其弟子黎庶昌曰："本朝文章，其体实正自望溪方氏，至姚先生而辞始雅洁，至曾文正始变化以臻于大。"吴汝纶曰："桐城诸老，气清体雅，海内所宗，独雄奇瑰玮之境尚少，曾文正公出而矫之，以汉赋之气连之，而文体一变，卓然为一大家。"皆非阿好之言也。所辑古文曰《经史百家杂钞》，本于姚氏《类纂》而略有出入，论者以为取去有法，视姚纂尤为博通，与其诗文、书牍、杂著等合刊曰《曾文正全集》，亦各有单行本。

【译文】清朝湘乡人，字涤生，号伯涵，道光年间进士，授予检讨一职，官至礼部侍郎。回家守丧期间，遇上洪秀全、杨秀清叛乱，就在原籍督办团练，于是将乡勇组织起来，接连攻克长江沿岸各省，被封毅勇侯，是同治中兴的第一功臣。他以大学士出任两江总督，最终死于任上，享年六十二，谥号为文正。清朝道光以后，文德武功懈怠，曾国藩就在将领同僚中倡导公忠诚朴，社会风气为之一变。他治军任官，纯正不杂，有儒者气象。他谈论学问主张破除汉学和宋学之间的门户，著《圣哲画像记》一文，来显示平生所仰慕的人物。他做古文，自己说是由姚鼐引导的，然而追寻其中真实情况，大致并不相沿袭。他的弟子黎庶昌说："本朝的文章，大体上自望溪方苞开始端正，到姚鼐时期文辞才开始典雅纯洁，到曾国藩时开始变得浩大。"吴汝纶说："桐城派的诸位，文气雅秀，海内崇尚，只是雄奇华丽不足，到曾国藩才开始加以矫正，加以汉赋雄奇的气势，卓然成一大家。"这些都不是奉承的话。所辑录的古文文集为《经史百家杂钞》，这原本于姚鼐的《古文辞类纂》而略有不同，评论者以为裁剪有法，要比姚鼐的《古文辞类纂》广博。他的诗文，书信杂著等合刊为《曾文正全集》，也各有单行本。

原 才

风俗之厚薄奚自乎？自乎一二人之心之所向而已。民之生，庸弱者，戢戢皆是也。有一二贤且智者，则众人君之而受命焉，尤智者所君尤众焉。此一二人者之心向义，则众人与之赴义；一二人者之心向利，则众人与之赴利。众人所趋，势之所归，虽有大力，莫之敢逆。故曰："挠万物者莫疾乎风。"风欲之于人之心，始乎微，而终乎不可御者也。

先王之治天下，使贤者皆当路在势，其风民也告以义，故道一而俗同。世教既衰，所谓一二人者，不尽在位，彼其心之所向，势不能不腾为口说，而播为声气。而众人者，势不能不听命，而蒸为习尚。于是乎徒党蔚起，而一时之人才出焉。有以仁义倡者，其徒党亦死仁义而不顾；有以功利倡者，其徒党亦死功利而不返。水流湿，火就燥，无感不雠，所从来久矣。今之君子之在势者，辄曰："天下无才"。彼自尸于高明之地，不克以己之所向，转移习俗，而陶铸一世之人。而翻谢曰："无才"，谓之不诬可乎？否也。十室之邑，有好义之士，其智足以移十人者，必能拔十人中之尤者而材之。其智足以移百人者，必能拔百人中之尤者而材之。

然则转移习俗而陶铸一世之人，非特处高明之地者然也。凡一命以上，皆与有责焉者也。有国家者，得吾说而存之，则将慎择与共天位之人；士大夫得晋说而存之，则将惴惴乎谨其心之所向，恐一不当，而坏风俗，而贼人才。循是为之，数十年之后，万有一收其效者乎，非所逆睹已。

【译文】社会风尚的淳厚和浮薄是从那里产生的呢？产生于一两个人的思想倾向罢了。百姓们中间，平庸懦弱的人比比皆是，如果有一两位贤能有智能的人，大家就会拥戴他们并听从他们的教导；特别贤能有智能的人，拥戴他的人就特别多。这一两个人的心倾向仁义，众人便和他一起追求仁义；这一二个人的心倾向名利，众人便和他一起追逐名利。众人所奔赴的，就是大势所趋向的，即使有巨大的力量，也没有谁敢违背它，所以说："摇撼天下万物的，没有比风来得迅速强劲了。"社会风尚对于个人的思想影响来说，起初很微弱，最后将是不可抗拒的。

古代的帝王治理天下，使贤能智能的人都居要职、掌权势，他们教化人民也都用道德仁义，所以那时社会规范统一而风尚相同。世道教化衰微后，前面所说的那一两个人并不全在重要的职位上，因此他们的志向主张，势必不能不从口中极力宣扬出来、广为传播而造成声势。那么众人也势必不能不听从他们的号召而渐渐形成习俗风尚。这样，他们志同道合的跟随者就聚集增多，一时的人才就从这里产生出来了。倡导仁义的人，他的追随者会为仁义而死，义无反顾；号召功利的人，他的追随者也会为功利而牺牲，决不回头。“水向潮湿的地方流，火接近干燥的东西烧。”没有什么感召是得不到回应的，这种情况已经由来很久了。现在掌握权势的君子，往往说：“天下没有人才。”他们身居高位显贵，不能用自己的理想去转变风尚、造就当代人才，却反而推辞说“没有人才”，认为这不是自欺欺人的话，行吗？不行的！

十户人家的小城，其中如果有崇尚仁义的君子，他的智能足以改变十个人，就一定能选拔十人中的优异者栽培成材；如果他的智能能够改变一百个人，就一定能选拔一百人之中的优异者栽培成材。

然而移风易俗和栽培造就一代人才，并非仅仅是身居显贵之人的事，凡是有一官半职的人，都有责任参与此事。主宰国家行政的人如果采取我的主张并且身体力行，就会谨慎选择能共同维护帝位的人才；士大夫如果采取我的主张并且身体力行，就会认真小心谨慎自己的志向，担心稍有闪失，就会败坏风尚摧残人才。照这方法去做，几十年以后，可能有收到成效的一天吧？这就不是我所能预见的了。

孙芝房侍讲刍论序

咸丰九年三月，善化孙芝房侍讲鼎臣，以书抵余建昌军，寄所为《刍论》，属为裁定。凡二十五篇，曰论治者六，论盐者三，论漕者三，论币者二，论兵者三，通论唐以来大政者七，论明赋饷者一。其首章追溯今日之乱源，深咎近世汉学家言。用私意分别门户，其语绝痛。明年四月，复得芝房书，则疾革告别之词，而芝房以三月死矣!既为位而哭，且以书告仁和邵君懿辰。于是为叙诸简首，而归诸其孤。

盖古之学者，无所谓经世之术也，学礼焉而已。《周礼》一经，自体国经野，以至酒浆廛市，巫卜缮稿，夭鸟蛊虫，各有专官，察及纤悉。吾读杜元凯《春秋释例》，叹丘明之发凡，仲尼之权衡万，大率秉周之旧典。故曰：“周礼尽在鲁矣!”自司马氏作史，猥以《礼书》与《封禅》《平准》并列。班、，相沿不察。唐杜佑纂《通典》，言礼者居其泰半，始得先王经世之遗意。有宋张子、朱子，益崇阐之。圣清膺命，巨儒辈出。顾亭林氏著书，以扶植礼教为己任。江慎修氏纂《礼书纲目》，洪纤毕举。而秦树澧氏遂修《五礼通考》，自天文、地理、军政、官制，都萃其中。旁综九流，细破无内。国藩私独宗之，惜其食货稍缺，尝欲集盐漕、赋税国用之经，别为一编，傅于秦书之次，非徒广己于不可畔岸之域。先圣制礼之体之无所不赅，固如是也。以世之多故，握椠之不可以苟，未及事事，而齿发固已衰矣!

【译文】咸丰九年三月，善化孙芝房写信到达我所在的建昌军营中，寄来他所作的《刍论》一书，嘱咐我为他决定取舍。本书共二十五篇，讲治道的六篇，讲盐政的三篇，讲漕运的三篇，讲货币的两篇，讲战争的三篇，通论唐朝以来主要政事的七篇，讲明朝赋税饷银的一篇。其中第一章追溯当今战乱的源头，深深责备近世汉学家的言论。用自己的意见分别门户，言语痛绝。第二年四月，再次收到他的来信，则说道病情严重，之后三月他就去世了。为他设置灵位而哭泣，而且写信告诉仁和邵懿辰，于是在文章的前面记述这些，交给他的孩子。

古代的学术，没有所谓的经世的学问，只是学习礼罢了。《周礼》这一经中，从划分城中区域、度量郊外土地的大事，到酒浆、集市、巫医卜筮，鸟虫之类都有专职官员，十分详备。我读杜预的《春秋释例》，叹服左丘明撰述的体例，孔子对万物的品评，大都秉持周朝固有的规范。因而说："周朝的礼乐全都保存在鲁国。"自从司马迁作《史记》，将《礼书》和《封禅书》《平准书》相并列。班固、范晔以下，都相沿袭而不详察。唐朝杜佑编纂《通典》，讲礼的内容占全书的大半，才开始理解到先王治理天下的意思。宋朝的张载、朱熹更加阐发这一点。清朝得到天命拥有了天下，大儒辈出。顾炎武的著作，以扶持礼教为己任。江永撰写《礼书纲目》，大小兼备。秦蕙田撰写《五礼通考》，从天文、地理、军政、官制都荟萃其中。本书旁及九流，细碎和不完整的不加采纳。我私自尊崇它，惋惜食货一部分稍微欠缺，曾经想将关于盐政、漕运、赋税这些有关国用的内容集在一起，另成一编，附在秦蕙田的书的后面，不只是将我扩大至不着边际的区域。先前圣王制礼无所不备，本应这样。由于世道多有变故，刻书不可以随便，还没有做这件事，而年龄已经衰老了。

往者汉阳刘传莹茮云，实究心汉学者之说，而疾其单辞碎义，轻笮宋。间尝语余："学以反求诸心而已，泛博胡为？至有事于身与家与国，则当一一详核焉而求其是。考诸室而市可行，验诸独而众可从。"又曰："礼非考据不明，学非心得不成。"国藩则大韪之，以为知言者徒也。未几，茮云即世。临绝，为遗令处分后事，壹秉古礼。国藩既铭其墓，又为家传。粗道汉学得失、主客之宜，藏诸刘氏之祏。君子之言也，平则致和，激则召争；辞气之轻重，积久则移易世风，党仇讼争而不知所止。曩者良知之说，诚非无蔽；必谓其酿晚明之祸，则少过矣。近者汉学之说，诚非无蔽；必谓其致粤贼之乱，则少过矣。《刍论》所考诸大政，盖与顾氏、江氏、秦氏之指为近。彼数子者，固汉学家所奉以为归者也。而芝房首篇，讥之已甚，其果有剖及毫厘千里者耶？抑将愤夫一二巨人长德，曲学阿世，激极而一鸣耶？芝房之志大而锐进也，与茉云同。其卒也，寄书抵余以告永诀，亦与茉云同。其自《刍论》外，别有诗十卷、文十一卷、《河防纪略》四卷。著书之多与茉云异，而其博观而慎取则同。其嫉夫以汉学标揭也亦同，而立言少异。余故稍附，以明不忍死友之义，亦以见二子者之不竟其志，非仅余之私痛也。

【译文】以往汉阳的刘传莹，留心于汉学，而痛心汉学家解释破碎，轻视宋学。间或对我说："学问应当反求于自己的本心，只是追求广博有什么用呢？对于有关于自身、家国的事，应当一一详细考核来获得正确的道理。在家里考察就可以实行于闹市，在自身验证就可行于众人。"又说："礼不考据就不清楚，学问没有心得就不会有收获。"我很赞赏这些话，以之为懂得言语的人。不久，刘传莹就去世了。临死之时，留下遗嘱要求处理后事时要完全遵照古代的礼仪。我为他写了墓志铭，又写了家传，简略的叙述了汉学的得失，主客的合宜之事，藏在他神主的石匣里。

君子讲话，心平则会和睦，激烈就会争执。言辞的轻重，时间久了就会改变世风，仇恨争讼不自觉就会停止。以前的良知说，确实不是没有弊端；一定要说它导致了晚明的祸乱，就有些过了。近世汉学家的学说，也确实没有弊端，一定要说它导致了天平天国的叛乱，就有些过了。《刍论》一书中考察的大政，和顾炎武、江永、秦蕙田所关注的接近。这几个人，就是汉学家所信奉的。孙芝房在第一篇中，对此很是讥讽，难道他能明察大小的区别吗？还是愤恨这些人歪曲学术来迎逢世俗的激愤之作？芝房志气远大、锐意进取，和刘传莹相同。他去世前，寄书给我而成为永别，也和刘传莹相同。他除了《刍论》之外，还有诗歌十卷，文集十卷，《河防纪略》四卷。他著述和刘传莹多不相同，而他们广泛博览谨慎选取则是相同的。他们痛恨以汉学相标榜也相同，立言也很少有不同。我因而在此附以规劝之言，显明死去朋友的意愿，也是想显现这二人没有完成的志趣，不仅是我个人的痛苦。

湖南文征序

吾友湘潭罗君研生，以所编撰《湖南文征》百九十卷示余，而属为序其端。国藩陋甚，齿又益衰，奚足以语文事？窃闻古之文，初无所谓法也。《易》《书》《诗》《仪礼》《春秋》诸经，其体势声色，曾无一字相袭。即周、秦诸子，亦各自成体。持此衡彼，画然若金玉与卉木之不同类，是乌有所谓法者。后人本不能文，强取古人所造而摹拟之，于是有合有离，而法不法名焉。

若其不俟摹拟，人心各具自然之文，约有二端：曰理、曰清，二者人人之所固有。就吾所知之理而笔请书而传请世，称吾爱恶悲份之情而缀辞以达之，若剖肺肝而陈简策，斯皆自然之文。性情敦厚者，类能为之。而浅深工拙，则相去十百千万而未始有极。自群经而外，百家著述，率有偏胜。以理胜者，多阐幽造极之语，而其弊或激宕失中；以情胜者，多排恻感人之言，而其弊常非缛而寡实。自东汉至隋，文人秀士，大抵义不孤行，辞多俪语。即议大政，考大礼，亦每缀以排比之句，间以婀娜之声，历唐代而不改。虽韩、李锐志复古，而不能革举世骈体之风。此皆习于情韵者类也。来兴既久，欧、苏、曾、王之徒，崇奉韩公，以为不迁之宗。适会其时，大儒迭起，相与上探邹鲁，研讨微言。群士慕效，类皆法韩氏之气体，以阐明性道。自元明至圣朝康雍之间，风会略同，非是不足与于斯文之末。此皆习于义理者类也。

乾隆以来，鸿生硕彦，稍厌旧闻，别启途轨，远搜汉儒之学，因有所谓考据之文。一字之音训，一物之制度，辨论动至数千言。曩所称义理之文，淡远简朴者，或屏弃之，以为空疏不足道。此又习俗趋向之一变已。

湖南之为邦，北枕大江，南薄五岭，西接黔蜀，群苗所革，盖亦山国荒僻之亚。然周之末，屈原出于其间，《离骚》诸篇为后世言情韵者所祖。逮乎来世，周子复生于斯，作《太极图说》《通书》，为后世言义理者所祖。两贤者，皆前无师承，创立高文。上与《诗经》《周易》同风，下而百代逸才举莫能越其范围。而况湖湘后进，沾被流风者乎？兹编所录，精于理者盖十之六，善言情者，约十之四；而骈体亦颇有甄采，不言法而法未始或紊。惟考据之文搜集极少。前哲之倡导不定，后世之欣慕亦寡。研生之学，稽《说文》以究达诂，笺《禹贡》以晰地志，固亦深明考据家之说。而论文但崇体要，不尚繁称博引，取其长而不溺其偏，其犹君子棋于择术之道欤！

【译文】我的朋友湘潭人罗研生，把他编撰的书稿《湖南文征》百九十卷给我看，并嘱咐我为他的书作序言。我十分孤陋寡闻，年纪又一天天衰老，哪里配谈论文章的事？我自己听说古代写文章，并没有什么师法。《易》《书》《诗》《仪礼》《春秋》等经书，他们的文体法式声调气息，就不曾有一字相沿袭。即使周秦各学派，也是自成一体。用这个去衡量那个，如同金玉与卉木不是同一类那样明明白白，是无所谓师法的。后世根本不会作文的人，勉强模仿古人魄文章，于是有的合于古人文章，有的不合于古人文章，这样就有师法不师法的名分。

如果不去模仿，人各自都具有写出通顺文章的能力，大约有两方面：理和情。这两者是人人所固有的。就我所知道的道理用笔写下并传之于后世，说出我的爱恶悲欢的感情并用辞汇表达出来，这如同剖开肺肝陈列于简策一样简单。这都是发自真率的文章。性情诚朴宽厚的人，大致都能够撰写。但是功底浅深工拙，则有很大差距，并且没有极限。自群经而外，先秦诸子的著述，大都各有其独到之处。以道理取胜的文章，多有阐明深奥的道理达到极高深境地的话，其文的弊病或者在于激奋偏颇；以感情取胜的文章，多有忧思抑郁感人肺腑的话，其弊病常常在于丰富繁杂但却缺少实际内容。从东汉年间到隋代，文人和秀士，大抵表达意思不用单句，多用对偶的语句。即使议论国家大事，考订重大的礼仪，也常使用排比句，间杂以柔美的声调，这种情况，经历唐代而未改变。其间虽然韩愈、李白勇往直前，坚持复古，但却不能革除当世流行的骈体文的风气。这都是通晓熟悉情韵的一类人。宋代兴起以后，欧阳修、苏轼、曾巩、王安石等人，崇奉韩愈，认为他是不可改变的效法对象。适逢其时，大儒一个接一个兴起，他们大家都上探孔孟之道，研讨其微言大义。广大读书人模仿效法，大致都学习韩愈文章的气势文体，竭力阐明孔孟性理之道。自元、明到清朝康熙、雍正年间，风气大致相同，他们认为不这样做就不能排列在宋儒的后面。这都是通晓熟悉义理的一类。

乾隆朝以来，大儒们对过去的一套稍感厌烦，于是另辟道路，远搜文儒之学，因而有所谓考据学一类文章。一字的释义。一名物制度的考订，辩论动辄至数千言。从前所称道的义理文章，其文淡远简朴的，或者被排挤抛弃，认为理学空洞无物，不值得称道。这又是习俗趋向的一个变化。

湖南作为一个行省，北面靠近长江，南面连接五岭，西面紧挨贵州与四川，少数民族聚居其地，大概比山多荒僻的地方差不了多少。然而周朝末期，屈原出生在这里，《离骚》诸篇成为后代言情韵者效法的榜样。到了宋代，周敦颐又出生在这里，他撰写了《太极图说》《通书》，这些作品成为后代言义理者所效法。两位贤人，都没有前代相承的师法，结果都创造出了很高明的文章，上与《诗经》《周易》同一风格，下历百代，虽有才智出众的人都没有超越他。何况湖南的后辈受他们遗风影响的人呢？此编所收录的文章，精于义理的约占十分之六，善言情韵的约占十分之四，骈体文也颇有鉴别选择，不言师法而师法却没有紊乱。只是考据文章搜集太少。古代的贤人没有大力倡导，后代的人欣赏仰慕的也不多。研生做学同，考核《说文》，进一步研究训诂，注释《禹贡》，明晰地理，固然也十分清楚考据家的学说。但是，他谈论文章作法只崇尚体要，不崇尚繁征博引，取考据家们的长处而不沉溺于他们的偏失，这如同君子对于一种思想学说的选择非常慎重的道理一样。

欧阳生文集序

乾隆之末，桐城姚姬传先生鼐，善为古文辞，慕效其乡先辈方望溪侍郎之所为，而受法于刘君大櫆及其世父编修君范。三子既通硕望，姚先生治其术益精。历城周永年书昌为之语曰：“天下之文章，其在桐城乎！”由是学者多归向桐城，号“桐城派”，犹前世所称江西诗派者也。

姚先生晚而主钟山书院讲席，门下著藉者，上元有管同异之、梅曾亮伯言，桐城有方东树植之、姚莹石甫。四人者，称为高第弟子，各以所得传授徒友，往往不绝。在桐城者，有戴钧衡存庄，事植之久，尤精力过绝人，自以为守其邑先正之法，禫之后进，义无所让也。其不列弟子籍，同时服膺，有新城鲁仕骥絜非，吴兴吴德旋仲伦。絜非之甥为陈用光硕士，硕士既师其舅，又亲受业姚先生之门，乡人化之，多好文章。硕士之群从，有陈学受艺叔，陈溥广敷，而南丰又有吴嘉定子序，皆承絜非之风，私淑于姚先生。由是江西建昌有桐城之学。仲伦与永福吕璜月沧交友，月沧之乡人有临桂朱琦伯韩、龙启瑞翰臣、马平王锡振定甫，皆步趋附于吴氏、吕氏，而益求广其术于梅伯言。由是桐城宗派流衍于广西矣。

昔者，国藩尝怪姚先生典试湖南，而吾乡出其门者，未闻相从以学文为事。既而得巴陵吴敏树南屏，称述其术，笃好而不厌，而武陵杨彝珍性农、善化孙鼎臣芝房、湘阴郭嵩焘伯琛、溆浦舒焘伯鲁，亦以姚氏文家正轨，违此则又何求？最后得湘潭欧阳生。生，吾友欧阳兆熊小岑之子，而受法于巴陵吴君、湘阴郭君，亦量事新城二陈。其渐染者多，其志趣嗜好，举天下之美，无以易乎桐城姚氏者也。

当乾隆中叶，海内魁儒畸士，崇尚鸿博，繁称旁证，考核一字，累数千言不能休，别立帜志，名曰“汉学”，深摈有宋诸子义理之说，以为不足复存。其为文芜杂寡要。姚先生独排众议，以为义理、考据、辞章，三者不可偏废。必义理为质，而后文有所附，考据有所归，一编之内，唯此尤兢兢。当时孤立无助，传之五六十年，近世学子，稍稍诵其文，承用其说。道之废兴，亦各有时，其命也欤哉？

自洪、杨倡乱，东南荼毒，钟山石城昔时姚先生撰杖都讲之所，今为犬羊窟宅，深固而不可拔，桐城沦为异域，既克而复失，戴钧衡全家殉难，身亦欧血死矣。余来建昌，问新城、南丰兵燹之余，百物荡尽，田荒不治，蓬蒿没人，一二文士，转徙无所。而广西用兵九载，群盗犹汹汹，骤不可爬梳，龙君翰昌又物故。独吾乡少安，二三君子尚得优游文学，曲折以求合桐城之辙。而舒焘前卒，欧阳先生变以瘵死。才绪牵于人事，或遭乱不得竟其学，少者或中道夭殂。四方多故，求如姚先生之聪明早达，太平寿考从容从跻于古之作者，卒不可得。然则业之成否，又得谓之非命也耶？

欧阳生名勋，字子和，殁于咸丰五年三月，年二十有几。其文若诗，清缜喜往复，亦时有乱离之慨。庄周云：“逃空虚者，闻人足跫然而喜，而况昆弟亲戚之謦欬其侧乎！”余之不闻桐城诸老之謦欬也久矣，观生之为，则岂直足音而已！故为之序，以塞小岑之悲，亦以见文章与世变相因，俾后人得以考览焉。

【译文】乾隆末年，桐城姚姬传姚鼐先生，善于写古文，敬慕学习其同乡先辈方苞侍郎所从事的古文事业，并受刘大櫆及伯父编修姚范教诲。这三个人已然博通儒学，声望很高，姚先生学习他们所从事的古文写作更加精粹。山东历城周永年评论说："天下的文章，都在桐城啦!"因此学习古文的人多数都归向桐城了，号称"桐城派"，犹如先前人们说的江西诗派一样。姚先生晚年主持南京钟山书院讲席，门下弟子列名的，上元人有管同异之、梅曾亮伯言，桐城人有方东树植之、姚莹石甫。这四个人，人称高第弟子，他们各以自己获得的学问传授学生友人，经常不断。家住桐城的有戴钧衡存庄，向方东树学习已久，尤其精力超过常人，自以为能遵循同县先贤的古文创作方法，传授后来之人，故义不容辞。有的不列为姚氏弟子之列，但同样敬佩信服姚氏的，有江西新城鲁仕骥絜非，江苏宜兴吴德旋仲伦。鲁仕骥的外甥是陈用光硕士，陈用光已然以其舅为师，又亲自受业姚先生门下，同乡之人受他影响，大都喜好文章写作。陈用光的众多追随者，有陈学受艺叔，陈溥广敷，而江西南丰又有吴嘉宾子序，都是承接鲁仕骥的风习，自称姚先生的私淑弟子。从此江西建昌就有了桐城学派。吴德旋与广西永福的吕璜月沧为友，吕月沧尚同乡有临桂的朱琦伯韩、龙启瑞翰臣、马平的王锡振定甫，都追随吴德旋、吕璜，并且向梅曾亮进一步求得发扬其艺术的方法。从此桐城派便在广西流传起来了。

当年，我曾奇怪姚先生来湖南负责科举考试，而我同乡出自他的门下的，没听说追随他以学习古文创作为事业的。后来有岳阳的吴敏树南屏。称赞姚氏之古文创作，深好而不厌，而常德杨彝珍性农、长沙孙鼎臣芝房、湘阴郭嵩焘伯琛、溆浦舒焘伯鲁，也以姚氏之文自为一家而正其轨，违背了姚氏还有什么可追求的呢？最后又有湘潭的欧阳生。欧阳生，是我的朋友欧阳兆熊小岑之子，他接受岳阳吴敏树君、湘阴郭嵩焘君所传之法，也向江西新城陈学受、陈溥二陈学习。受姚氏影响的很多，人们的志趣嗜好，满天下之美妙，没有能替换桐城姚鼐的。

在乾隆中叶，全国饱学畸人，崇高鸿大博杂，繁引旁证，考核一字，堆积数千字还不算完，别立旗帜，号称"汉学"，竭力排斥宋朝义理之学，认为没有存在理由。他们写文章尤其芜杂不得要领。姚鼐先生独排众议认为义理、考据、辞章，三者不可偏废。一定要以义理为本，然后文辞有所依附，考据有所指归，一篇之内，唯有义理最需要注意。当时姚先生孤立无人为助，传播了五六十年，近代学人，才稍稍有人读其文，继承其说。道理的废兴，也各有时限，这是命运吗？

自从洪秀全、杨秀清作乱，东南各省遭遇残害，当年姚先生拄着拐杖主讲的南京钟山书院，现在已是犬窝羊圈，深厚牢固得不可摧毁；桐城县被太平军占领攻克后又被占，戴钧衡全家殉难，钧衡自身也吐血死了。我来到建昌后，曾询问新城、南丰遭受兵火后桐城派剩余之人。这里环境破坏殆尽，田地荒芜没有耕种，蓬蒿高可没人，一两个文人，转徙流离没有安居之地。而广西打仗九年，各种盗贼依然气势汹汹，一下子很难治理，龙启瑞又已亡故。只有我家乡湖南现在稍为安定，几个文人君子还可以从容于文学创作，曲折委婉地谋求与桐城派的主张相一致。但舒焘先已亡故，欧阳生也因病而死。年纪大的受到时局人事的毫连，或遭战乱不能完成学业，年岁小的或半路夭折。四方多有变故，希求像姚先生那样聪明而早年显达，平安而高寿，从容地跻身于古代作者之列，最终是不可能的。如此说来事业的能否成功，难道说不是命运吗？

欧阳生名叫勋，字子和，死于咸丰五年三月，年龄二十几岁。他的文章与他的诗相似，清淡细密喜欢回环曲折，也常有遭遇乱离的慨叹。庄周说：“外逃到荒凉没有人迹的地方，听到人的脚步声响就高兴，更何况是兄弟亲戚的咳嗽声响在身边呢？”我听不到桐城诸前辈的咳嗽声已经很久了，看到欧阳生所作之文，那哪里只是脚步声而已呢？所以为他的文集作序，用以阻止小岑的悲哀，同时也以此文表现文章与世变互为因果，使后来人得以考察观看。

经史百家杂钞序例

姚姬传氏之纂古文辞，分为十三类。余稍更易为十一类：曰论著，曰词赋，曰序跋，曰诏令，曰奏议，曰书牍，曰哀祭，曰传志，曰杂记，九者，余与姚氏同焉者也。曰赠序，姚氏所有而余无焉者也。曰叙记，曰典志，余所有而姚氏无焉者也。曰颂赞，曰箴铭，姚氏所有，余以附入词赋之下编。口碑志，姚氏所有，余以附人传志之下编。论次微有异同，大体不甚相远，后之君子，以参观焉。

村塾古文有选《左传》者，识者或讥之。近世一二知文之士，纂录古文，不复上及六经，以云尊经也。然溯古文所以立名之始，乃由屏弃六朝骈骊之文而退之于三代两汉，今舍经而降以相求，是犹言学者敬其父祖而忘其高曾，言忠者曰我家臣耳，焉敢知国，将可乎哉？余钞纂此编，每类必以六经冠其端，涓涓之水，以海为归，无所于让也。

姚姬传氏撰次古文，不载史传，其说以为史多不可胜录也。然吾观其奏议类中，录《庄子》至三十八首，诏令类中，录《庄子》三十四首，果能屏诸史而不录乎？余今所论次，采辑史传稍多，命之曰《经史百家杂钞》云。湘乡曾国藩识

著述门三类

论著类著作之无韵者。经如《洪范》《大学》《中庸》《孟子》皆是。诸子曰篇，曰训，曰览，古文家曰论，曰辨，曰议，曰说，曰解，曰愿，皆是。

词赋类著作之有韵者。经如《诗》之《赋颂》《书》之《五子作歌》皆是。后世曰赋，

曰辞，曰骚，曰七，曰设论，曰符命，曰颂，曰赞，曰箴，曰铭，曰歌，皆是。

序跋类他人之著作序述其意者。经如《易》之《系辞》《礼记》之《冠义》《昏义》皆是。后世曰序，曰跋，曰引，曰题，曰读，曰传，曰注，曰笺，曰疏，曰说，曰解，皆是。

告语门四类

诏令类上告下者。经如《甘誓》《汤誓》《牧誓》《大诰》《康诰》《酒诰》等皆是。后世曰诰，曰诏，曰谕，曰令，曰教，曰敕，曰玺书，曰檄，曰策命，皆是。

奏议类下告上者。经如《皋陶谟》《无逸》《召诰》，及《左传》季文子、魏绛等谏君之辞皆是。后世曰书，曰疏，曰议，曰奏，曰表，曰札子，曰封事，曰弹章，曰笺，曰对策，皆是。

书牍类同辈相告者。经如《君奭》，及《左传》郑子家、叔向，吕相之辞皆是。后世曰书，曰启，曰移，曰牍，曰简，曰刀笔，曰帖，皆是。

哀祭类人告于鬼神者。经如《诗》之《黄鸟》《二子乘舟》《书》之《武成》《金縢祝辞》《左传》荀偃、赵简告辞皆是。后世曰祭文，曰吊文，曰哀辞，曰诔，曰告祭，曰祝文，曰愿文，曰招魂，皆是。

记载类四门

传志类所以记人者。经如《尧典》《舜典》，史则《本纪》《世家》《列传》，皆记载之公者也。后世记人之私者，曰墓表，曰墓志铭，曰行状，曰家传，曰神道碑，曰事略，曰年谱，皆是。

叙记类所以记事者，经如《书》之《武成》《金縢》《顾命》《左传》记战争、记会盟及全编，皆记事之书，《通鉴》法《左传》，亦记事之书也。后世古文，如《平淮西碑》等是，然不多见。

典志类所以记政典者。经如《周礼》《仪礼》全书，《礼记》之《王制》《月令》《明堂位》《孟子》之《北宫锜章》皆是。《史记》之八书，《汉书》之十志及《三通》，皆典章之书也。后世古文，如《赵公救灾记》是，然不多见。

杂记类所以记杂事者。经如《礼记》之《投壶》《深衣》《内则》《少仪》《周礼》之《考工记》皆是。后世古文家，修造宫室有记，游览山水有记，以及记器物记琐事皆是。

【**译文**】姚鼐纂辑古文辞，细分为十三类。我稍加改变而分为十一类，即：论著、词赋、序跋、诏令、奏议、书牍、哀祭、传志、杂记，这九类，我与姚氏分类相同。赠序类，姚氏所有而我没有。叙记、典志类，我所有而姚氏没有。颂赞、箴铭类，姚氏所有，我则把他附在词赋类之后。碑志类，姚氏所有，我则把他附在传志类之后。论定次第稍稍有点不同，但大体相差不是太大，后来有才德的人，去比较考察吧！

村塾学习古文有人选学《左传》，有知识的人或者讥笑他。近代有一二个懂得文章的人，纂录古文，已不再纂录六经，说这是为了尊经。然而，追溯古文开始立名的原因，就是由于摈弃六朝骈体文而返回到三代两汉时的文章风格，今天，却抛开六经而降格相求，这就如同谈论孝道，只知尊敬他的父亲和祖父，但却忘记了他的高祖和曾祖；谈论忠君，说我是家臣，那里敢了解国家大事，这样说，难道可以吗？我钞纂这本书，每一大类必定将六经放在他的前面，小小流水，都流归大海，没有什么谦让的。

姚鼐编集古文，没有历史传记，他的意见是认为历史传记太多，不可能完全收录。然而. 我看他的奏议类文章中，收录《汉书》达到三十八篇，诏令类文章中，收录《汉书》三十四篇，真的能够摈弃各类史传不收录吗？我今天论定编次，采辑史传稍稍多一些，所以把这本书取名叫《经史百家杂钞》。湘乡曾国藩记。

著述门三类

论著类著作中没有韵的。经如《洪范》《大学》《中庸》《孟子》都属此类。诸子称之为篇，称之为训，称之为览，古文家称之为论，称之为辨，称之为议，称之为说，称之为解，称之为愿，也都是属于这一类。

词赋类著作中有韵的。经如《诗经》中的赋、颂，《尚书》中的《五子作歌》都是这样。后世称之为赋，称之为辞，称之为骚，称之为七，称之为设论，称之为符命，称之为颂，称之为赞，称之为箴，称之为铭，称之为歌，都是属于这一类。

序跋类别人著作作序讲述意图的。经如《周易》中的《系辞》《礼记》中的《冠义》《昏义》都是这样。后世称之为序，称之为跋，称之为引，称之为题，称之为读，称之为传，称之为注，称之为笺，称之为疏，称之为说，称之为解，也都是属于这一类。

告语门四类

诏令类上级告知下级的。经如《甘誓》《汤誓》《牧誓》《大诰》《康诰》《酒诰》等都是这样。后世称之为诰，称之为诏，称之为谕，称之为令，称之为教，称之为敕，称之为玺书，称之为檄，称之为策命，都属于这一类。

奏议类下级告知上级的。经如《皋陶谟》《无逸》《召诰》，以及《左传》中季文子、魏绛等劝谏君王的话都属于这一类。后世称之为书，称之为疏，称之为议，称之为奏，称之为表，称之为札子，称之为封事，称之为弹章，称之为笺，称之为对策，也都属于这一类。

书牍类同辈之间互相告知的。经如《君奭》，以及《左传》中郑子家、叔向，吕相的言辞都是。后世称之为书，称之为启，称之为移，称之为牍，称之为简，称之为刀笔，称之为帖，都属于这一类。

哀祭类人告于鬼神的。经如《诗经》中的《黄鸟》《二子乘舟》《尚书》中的《武成》《金縢祝辞》《左传》中荀偃、赵简告辞都是。后世称之为祭文，称之为吊文，称之为哀辞，称之为诔，称之为告祭，称之为祝文，称之为愿文，称之为招魂，都属于这一类。

记载类四门

传志类记载人物的。经如《尧典》《舜典》，史书如《本纪》《世家》《列传》，都是官方的记载后世记载私人的，称之为墓表，称之为墓志铭，称之为行状，称之为家传，称之为神道碑，称之为事略，称之为年谱，都属于这一类。

叙记类记载事迹的，经如《尚书》中的《武成》《金縢》《顾命》《左传》中记载战争、会盟及全编，都是记载事迹的书籍，《通鉴》效法《左传》，也是记载事迹的书。后世的古文，如《平淮西碑》等也是，但不多见。

典志类记载典章制度的。经如《周礼》《仪礼》全书，《礼记》中的《王制》《月令》《明堂位》《孟子》中的《北宫锜章》都是。《史记》中的八书，《汉书》的十志及《三通》，都是记载典章制度的书。后世古文，如《赵公救灾记》也属于此类，但不多见。

杂记类记载杂事的。经如《礼记》中的《投壶》《深衣》《内则》《少仪》《周礼》中的《考工记》都属于此类。后世古文家，修建房屋有记述，游览山水也有记述，以及记载器物琐事的都属于这一类。

经史百家简编序

自六籍燔于秦火，汉世掇拾残遗，征诸儒能通其读者，支分节解，于是有章句之学。刘向父子勘书秘阁，刊正脱误，稽合同异，于是有校雠之学。梁世刘勰、钟嵘之徒，品藻诗文，褒贬前哲，其后或以丹黄识别高下，于是有评点之学。三者皆文人所有事也。前明以四书经艺取士，我朝因之。科场有勾股点句之例，盖犹古者章句之遗意。试官评定甲乙，用朱墨族别其劳，名曰圈点。后人不察，辄仿其法以涂抹古书，大圈密点，狼藉行间。故章句者，古人治经之盛业也，而今专以施之时文圈点者，科扬时文之陋习也，而今反以施之古书，末流之迁变，何可胜道！惟校雠之学，我朝独为卓绝。乾嘉间巨儒辈出，讲求音声故训校勘，疑误冰解的破，度超前世矣。咸丰十年，余选经史百家之文，都为一集，又择其尤者四十八首，录为简本，以诒余弟沅。沅甫重写一册，请余勘定，乃稍以己意分别节次，句绝而章已之，间亦厘正其谬误，评骘其精华，雅与郑并奏，而得与失参见，将使一家昆弟子侄，启发证明，不复要途人而强同也。

【译文】自从《六经》被秦朝烧毁后，汉代人们搜集残存的部分，召集那些能够阅读的儒生，为它进行分解，于是就有了章句这一学问。刘向父子校勘秘藏的书籍，校正脱漏错误之处，考核同异，于是就有了校雠这一学问。梁代的刘勰、钟嵘这些人，评论诗文，褒贬前贤，之后就以丹黄来识别文章的高下，于是就有了评点这一学问。这三者都是文人所从事的。前代明朝以《四书》取士，本朝也沿袭了这一做法，科举考场上有圈点的做法。大概就像古代章句留下的。考官评定甲乙，就用红笔、黑笔加以区别，称为“圈点”。后人不去考察，就仿效这一做法来涂抹古书，圈点密布，行句杂乱不堪。因此说章句是古人治经兴盛的表现，而现在专门将时文圈点，这是科举考试的陋习，反而又将它行之于古书，末流的变迁，怎可说完！只有校雠之学，本朝独独超绝。乾嘉之间，大儒辈出，讲究音韵、训诂，校勘错误之处，消除困难，超过了前代。

咸丰十年，我选摘了经史诸子百家的文章，编为一集，又选其中最优秀的四十八篇，编为简本，赠给我弟弟曾国荃。曾国荃重新写了一本，就请我校勘，我就稍稍按照自己的意见分了节次，在句义结束处就加以分章。有时也改正其中的错误之处，评论其中精华，雅乐和郑声同奏，得失互见，使对一家兄弟子侄有所启发，不去勉强别人相同。

书学案小识后

唐先生撰辑《国朝学案》，命国藩校字付梓。既毕役，乃谨书其后，曰：天生斯民，予以健顺五常之性，岂以自淑而已，将使育民淑世而弥缝天地之缺憾。其于天下之物，无所不当究。二仪之奠，日月星辰之纪，氓庶之生成，鬼神之情状，草木鸟兽之咸若，洒扫应对进退之琐，皆吾性分之所有事。故曰：“万物皆备于我。”人者，天地之心也。圣人者，其智足以周知庶物，其才能时措而咸宜。然不敢纵心以自用，必求权度而絜之。以舜之睿哲，犹且好问好察；周公思有不合，则夜以继日。孔子，圣之盛也，而有事乎好古敏求。颜渊、孟子之贤，亦曰“博文”，曰“集”。盖欲完吾性分之一源，则当明凡物万殊之等；欲悉万殊之等，则莫若即物而穷理。即物穷理云者，古昔贤圣共由之轨，非朱子一家之创解也。自陆象山氏以本心为训，而明之余姚王氏乃颇遥承其绪。其说主于良知，谓吾心自有天则，不当支离而求诸事物。夫天则诚是也。目巧所至，不继之以规矩准绳，遂可据乎？且以舜、周公、孔子、颜、孟之知如彼，而犹好问好察，夜以继日，好古敏求，博文而集义之勤如此，况以中人之质，而重物欲之累，而谓念念不过乎则，其能无少诬耶？自是以后，沿其流者百辈。间有豪杰之士思有以救其偏，变一说则生一蔽。高景逸、顾泾阳氏之学，以静坐为主，所重仍在知觉。此变而蔽者也。

【译文】唐鉴撰写辑录了《国朝学案》一书，命我校对刻印。完成以后，在书后写道：

上天生养万民，赋予了刚健、顺从和仁义礼智信这些天性，怎能只是完善自己，也要养育万民、完善世界，弥补天地之间的缺陷。对于天下万物，都应当有所考究。阴阳的形成，日月星辰的运行，百姓的生长，鬼神的情况，草木鸟兽顺应的时宜，洒扫应对进退这些琐事，都是我本性之中的分内之事。因此说："万物因我而存在。"人是天地的根本，圣人的智慧可以遍知万物，他的才智能够因时而宜，这样也不敢随心而用，必定要来度量。像舜这样睿智聪明，尚且喜好询问观察，周公所想有所不合，就日夜不停思考。孔子是至圣，喜好古代，努力学习。颜回、孟子是大贤，也说广博地学习，行事合乎道义。大盖要完善我本性的唯一来源，就应当明白万物的不同和区别。想要知道万物的不同，不如探究事物的道理。探究事物的道理，是古圣先贤共同遵循的道路，并不是朱熹一人的创见。自从陆九渊解释为"本心"，王阳明之后继承这一说法。他学说主要在于良知，以为我内心中就有万物的道理，不应当支离破碎的向万物上去探求。天就是诚，只用精巧的视力，而不使用度量工具，能作为依据吗？况且像舜、周公、孔子、颜回、孟子这样的才智，还这样喜好询问察看，日夜不停地思考，喜好古代努力探求，勤奋、广泛地学习，更何况普通人的资质，为物欲所累，还说时刻不逾越法度，怎能没有气欺骗呢？从此以后，沿袭这一做法的很久，间或有豪杰之士想要挽救这一偏颇，提出一种说法就产生一种弊端。高攀龙、顾宪成的学问，主张静坐，但重点仍在知觉方面，这就是提出新说而产生弊端的一例。

近世乾嘉之间，诸儒务为浩博。惠定宇、戴东原之流钩研诂训，本河间献王实事求是之，薄宋贤为空疏。夫所谓事者，非物乎？是者，非理乎？实事求是，非即朱子所称即物穷理者乎？名目自高，诋毁日月，亦变而蔽者也。别有颜习斋、李恕谷氏之学，忍嗜欲，苦筋骨，勤家养亲，迹等于许行之并，病宋贤为无用，又一蔽也。排王氏而不塞其源，是五十步笑百步之类矣；由后之二蔽，矫王氏而过于正，是因噎废食之类矣。

我朝崇儒重道，正学翕兴。平湖陆子，桐乡张子，辟诚辞而反经，确乎其不可拔。陆桴亭、顾亭林之徒，博大精微，体用兼赅。其他巨公硕学，项领。二百年来，大小醇疵，区以别矣。唐先生于是辑为此编，大率居敬而不偏于静，格物而不病于琐，力行而不迫于隘。三者交修，采择名言，略依此例。其或守王氏之故辙，与变王氏而邻于前三者之蔽，则皆厘而剔之。岂好辩哉？去古日远，百家各以其意自鸣。是丹非素，无术相胜。虽其尤近理者，亦不能餍人人之心而无异。道不同不相为谋，则亦已矣。若其有嗜于此而取途焉，则且多其识，去其矜，无以闻道自标，无以方隅自囿。不惟口耳之求，而求自得焉，是则君子者已。是唐先生与人为善之志也。

【译文】近来乾嘉时期，儒者追求广博，惠栋、戴震这些人钻研训诂，以河间献王实事求是的旨趣为根据，轻视宋儒，以为他们学问空疏。所谓的"事"难道不是物吗？"是"难道不是理吗？实事求是难道不是朱子所说的探究事物的道理吗？自以为名声显著，诋毁前贤，这也是变化导致的弊端。另外有颜元、李塨的学问，忍受嗜好，锻炼筋骨，勤苦劳作奉养父母，这做法就好比许行主张的君民同耕一样，讥讽宋贤所讲无用，又是一弊端。排斥王学而不堵塞它的源流，就是五十步笑百步。由此产生的两种弊端，矫正王学过了头，就是因噎废食。

本朝崇尚儒学，正学兴盛。平湖陆陇其、桐乡张履祥，排斥邪说回归六经，志向坚实而不可动摇。陆世仪、顾炎武这些人学问广博精微，体用兼备。其他大儒硕学，连续不断出现。两百年来，学问的大小、纯粹和瑕疵有所不同。唐鉴辑成此书，大都主于恭敬而不偏于静止，探究事物而不失于琐碎，勤力实行而不限于困窘，这三方面都加以修行。采录名言，大略依照这一体例。或者坚守王学的道路，对于更改王学而有前面所说的三种弊端的就加以修正剔除。难道是喜好辩解吗？离古代久远，各家都以己意讲说，赞成肯定自己的，反对批驳自己的，没有学问却互相争胜。即使切近道理，也不能满足每个人的使都没有异议。主张不同不相商议，就是这样的。如果他喜欢这些而有所取法，就就要扩充自己的学识，去除自己的自负，不标榜自己知晓大道，不局限于小的范围，不只是追求口耳之学，也要有所自得，这样才是君子，这也是唐鉴与人为善的愿望。

书《归震川文集》后

近世缀文之士，颇称述熙甫，以为可继曾南丰、王半山之为文。自我观之，不同日而语矣。或又与方苞氏并举，抑非其伦也。

盖古之知道者，不妄加毁誉于人，非特好直也，内之无以立诚，外之不足以信后世，君子耻焉。自周诗有《崧高》《烝民》诸篇，汉有“河梁”之咏，沿及六朝，饯别之诗，动累卷帙。于是有为之序者，昌黎韩氏为此体特繁，至或无诗而徒有序，骈拇枝指，于义为已侈矣。熙甫则未必饯别而赠人以序，有所谓贺序者、谢序者、寿序者，此何说也？又彼所为抑扬吞吐、情韵不匮者，苟裁之以义，或皆可以不陈。浮芥舟以纵送于蹄涔之水，不复忆天下有曰海涛者也，神乎？味乎？徒词费耳。

然当时颇崇茁轧之习，假齐梁之雕琢，号为力追周秦者，往往而有。熙甫一切奔去，不事涂饰，而选言有序，小刻画而足以昭物情，与古作者合符，而后来者取则焉，不可谓不智已。“人能弘道，无如命何！”——藉熙甫早置身高明之地，闻见广而情志阔，得师友以辅翼，所诣固不竟此哉！

【译文】近代写文章的人，多称赞归有光，认为他继承了曾巩、王安石的文风。在我看来，他们是不能放在一起比拟的。有人又把他与方苞相提并论，但二人也并不是同一类型。

古代通晓事理的人，对别人不妄加批评或赞誉，这并不是因为心存公正，而是担心对内对不起自己的良心，对外不能够取信于后世，所以君子耻于这样做。自从周朝诗歌中有了《崧高》《暴民》等篇章，汉代有了“河梁”的吟咏，沿袭发展到六朝时期，饯行送别的诗，常常累积成书籍。于是有人为饯别诗写序，昌黎人韩愈写这种文体特别多，甚至于有时是没有饯别诗而只写序文，就像多余的脚趾和手指一样，按本义来说是够滥的了。归有光则不一定为饯别而作序赠人，但他的文集中有所谓的庆贺之序、答谢之序、祝寿之序，这怎么解释呢？另外，他写的一些曲折隐晦、情意缠绵的文章，。如果用义理的标准来衡量，或许都可以不作。这就好比浮起芥草般的小舟，把它推送到牛蹄窝的水中，便不再记得天下还有海涛。这种文章似乎有滋有味，其实是白费辞句。

然而当时很推崇险怪生硬的文风，仿用雕琢华丽的齐、梁文章，号称努力追随周、秦古文的人，比比皆是。归有光抛弃这一切陋习，作文不用藻饰，遣词造句简洁通顺，不精刻细画但却足能反映物态人情，与古代的作家相符，所以后来的人把他的文章当作范文，不能说是不明智的。可惜人虽有弘扬道义的能力，却摆脱不了命运安排！假使归有光能早置身于高尚通达的环境，就可以见闻广博而心志宽阔，更可以得到师友的帮助，那么他所到达的境界就决不只是这样了！

答刘孟荣书

孟容足下：二年三辱书，一不报答，虽槁木之无情，亦不恝置若此。性本懒怠，然或施于人人，岂谓施诸吾子！每一伸纸，以为足下意中欲闻不肖之言，不当如是已也，辄复置焉。日月在上，惟足下鉴之！伏承信道力学，又能明辨王氏之非，甚盛甚盛！

盖天下之道，非两不立，“是以立天之道，日阴与阳；立地之道，曰柔与刚；立人之道，日仁与义。”“乾坤毁则无以见易”，仁义不明则亦无所谓道者。传曰：“天地温厚之气，始于东北而盛于东南，此天地之盛德气也，此天地之仁气也。“天地严凝之气，始于西南而盛于西北，此天地之尊严气也，此天地之义气也。”斯二气者，自其后而言之。因仁以育物，则庆赏之事起；因义以正物，则刑罚之事起；中则治，偏则乱。自其初而言之，太和细缊，流行而不息，人也，物也，圣人也，常人也，始所得者钧耳。人得其全，物得其偏。圣人者，既得其全，而其气质又最清且厚，而其习又无毫发累，于是曲践乎所谓仁义者，夫是之谓尽性也。推而放之凡民而准，推而放之庶物而准，夫是之谓尽人性，尽物性也。常人者，虽得其全，而气质拘之，习染蔽之，好不当则贼仁，恶不当则贼义，贼者日盛，本性日微，盖学问之事自此兴也。

【译文】孟容：二年承蒙三次来信，没有一一作答，即使像是枯木一样无情，也不至于这个样子。性格本来就懒怠，这可以对待别人，怎么能对待我的先生，每当要写封信，认为您的目的是想听到我的不肖之言，不应当是这样，于是又放下了。天地在上，只希望您明鉴。蒙承相信道德致力于学问，又能明辨王氏的不对，很好！

天下的道理，并不是誓不两立，因此立天的道理，称为阴、阴，立地的道理，称为柔刚，立人的道理，称为仁与义，如果乾坤毁灭则不能见到《易》经；仁义不明，就无所谓的道了。左传说：天地中的温厚之气，从东北开始，而东南盛行。这就是天地的盛德之气，这是天地的仁气；天地之间的严凝之气，从西南开始，而在西北盛行，这是天地的尊严气，是天地之间的义气。这两种气，从它们之后来说因为仁而养育万物，则是庆赏之事发生；因为义而规范万物，则是刑罚之事发生。适中则治理，偏颇则动乱。从其开始而言，太和絪组流行而不停止，人、物、圣人、常人，开始所得到的是均匀的，人得其全，物得其偏，圣人，既得到全西发展，它的气质又最清且厚，他的习惯没有一点连累，于是便实践所谓的仁义，人们称之为尽性。推而广之凡是民众以此为准，推而广之万物以此为准，人们称之为尽人性，尽物性。常人，虽然全部得到但气质受到拘泥，可染上习俗而遮掩了，喜欢不当则是贼的仁，厌恶不当则成为贼之义，做贼的日益猖獗，本性就越来越微略，所以学问的事由此产生。

学者何？复性而已矣。所以学者何？格物诚意而已矣。格物则剖仁义之差等丽缕晰之，诚意则举好恶之当于仁义者而力卒之，兹其所以难也。吾之身与万物之生，其理本同一源，乃若其分，则纷然而殊矣。亲亲与民殊，仁民与物殊，乡邻与同室殊。亲有杀，贤有等，或相倍蓰，或相什伯，或相千万，如此其不齐也。不知其分而妄施焉，过乎仁其流为墨，过乎义其流为杨；生于心，害于政，其极皆可以乱天下，不至率兽食人不止。故凡格物之事，所为委曲繁重者，剖判其不齐之分焉尔。

朱子曰："人心之灵，莫不有知"，此言好恶之良知也。曰："天下之物莫不有理，惟于理有未穷，故其知有不尽"，此言吾心之知有限，万物之分无穷，不究乎至殊之分，无以洞乎至一之理也。今王氏之说，曰"致良知"而已，则是任心之明，而遂曲当乎万物之分，果可信乎!冠履不同位，凤凰鸱鹗不同栖，物所自具之分殊也。瞽瞍杀人，皋陶执之，舜负之；鲧堙洪水，舜殛之，禹郊之；物与我相际之分殊也。仁义之异施，即物而区之也。今乃以即物穷理为支离，则是吾心虚悬一成之知于此，与凡物了不相涉，而谓皆当乎物之分，又可信乎！

朱子曰："知为善以去恶，则当实用其力，务决去而求必得之。"此言仁义之分既明，则当毕吾好恶以既其事也。今王氏之说，曰即知即行，格致即诚意工夫，则是任心之明，别无所谓实行；心苟明矣，不必屑屑于外之迹；而迹虽不仁不义，亦无损于心之明；是何其简捷而易从也！循是说而不辨，几何不胥天下而浮屠之趋哉！尧、舜、禹、汤、文、武、周公、孔子之学，岂有他欤？即物求道而已。物无穷，则分殊者无极，则格焉者无已时；一息而不格，则仁有所不熟而义有所不精。彼数圣人者，惟息息格物，而又以好色恶臭者竞之，乃其所以圣也；不如是，吾未见其圣也。自大贤以下，知有精粗，行有实不实，而贤否以次区焉。

【译文】学问是什么？就是恢复本性而已；学什么格物诚意而已。格物，就是剖析仁义的差别而且非常清楚不含糊，诚意，就是分析好恶是否适合仁义而令力实践，这就没什么困难。我的身体和万物的生存，其道理本来是相同的，如果去区分，就纷然不同了。对亲人相亲和对民众相区别，对民众仁爱和对物相区别，乡邻与同室的相区别，亲疏有差，贤愚有等级，或者相差数倍，或者相差上十倍上百倍，甚至上千倍上万倍，是就这样不整齐。不加区分而去妄加施舍，就过于仁，它的流就是墨子；过于义，它的流就是杨子。生于心，害于政，达到极点就可乱天下，没有达到就会带领禽兽食人不止。所以凡是格物的事就是委随繁重的，判析判断它的齐与不齐的分别。

朱子说："人心之灵，莫不有知"。这就是说的好恶的良知。说天下的物质，都有道理。只是没有穷尽的理，所以才有认识不尽。这就是说我的心是有限的，万物的分别则是无穷的，不认识它的特别不同之处，就无法洞察其中最深刻的道理。现在王阳明说，达到良知而已，就是任凭心里的明了，于是对万物的区别不当，果然可以相信吗？帽子鞋子不在同一位子，凤凰鸱鸦不同居一个地方，物质本身是千差万别的。盲人杀人，皋陶捉住他，舜背负他；鲧堵塞洪水，舜杀死他，禹围着他，物与我之间的区别非常明显。仁义能施给他物，即就和物区别。现在还是以即物穷理为支离，则是我的心挂念着认识它，与一般的物不相干，而所谓正确区分物，又是可信的吗？

朱子说："知道为善用来去恶，则应当使尽全力，务必去掉恶而必然得到它。"这说是仁义之分，既明显又得当，用我的全部好恶来促成既成事实。现在王氏学说认为："即知即行"，"格致即诚意功夫"，则是凭任心的明白，其他无所谓实行。假如心里明白，不必在乎外表的痕迹，外面虽然不仁不义，也不损于心的明白，是多么简捷而易从。根据这种学说而不去分辩，多少不齐天下而浮屠的趋向？岂还有尧、舜、禹、汤、文、武、周公、孔子的学问？只是即物求道而已。物是无穷无尽的，则区别也是无尽无穷的，则格物也是没有停止的时候，停下来而不格物，则仁就有所不成熟，而义则有所不精炼。他们这些圣人，只有不停止地格物，而且又与那些好色恶臭的人相竞争，这就是他们成为圣人的原因。如果不是这样，我就没有见到圣人之处。自大圣以下，认识有精有粗，行动有实与不实，这就是圣贤的大小的区别。

国藩不肖，亦谬欲从事于此。凡伦类之酬酢，庶务之磨砻，虽不克衷之于仁，将必求所谓蔼然者焉；虽不克裁之于义，将必求所谓秩然者焉。日往月来，业不加修，意言意行，尤悔丛集，求付一物之当其分而不可得，盖陷溺者深矣。自维此生纵能穷万一之理，亦不过窥钻奇零，无由底于逢原之域。然终不敢弃此而他求捷径，谓灵心一觉，立地成圣也。下愚之人，甘守下愚已耳。智有所不照，行有所不慊，故常馁焉，不敢取彼说者廓清而力排之。愚者多柔，理有固然。今足下崛起僻壤，乃能求先王之道，开学术之茆，甚盛甚盛！此真国藩所祷祀以求者也。

此间有太常唐先生，博闻而约守，矜严而乐易。近著《国朝学案》一书，崇二陆二张之归，辟阳儒阴释之说，可谓深切著明，狂澜砥柱。又有比部六安吴君廷栋，蒙古倭君皆实求朱子之指而力践之。国藩既从数君子后，与闻末论。而浅鄙之资，兼嗜华藻，笃好司马迁、班固、杜甫、韩愈、王安石之文章，日夜以诵之不厌也。故凡仆之所志，其大者盖欲行仁义于天下，使凡物各得其分；其小者则欲寡过于身，行道于妻子，立不悖之言以垂教于宗族乡党。其有所成欤，以此毕吾生焉；其无所成欤，以此毕吾生焉。辱知最厚，辄一吐不怍之言，非敢执涂人而断断不休如此也。

贱躯比薄，弱不胜思，然无恙；合室无恙。郭大栖吾舍，又有冯君卓怀课吾儿，都无恙，且好学。国藩再拜。

【译文】国藩不肖，也错误地做这些事。凡是一般的应酬、众多的磨炼，虽不苛刻衷之于仁，必将求得所谓的和蔼的样子；虽不苛求根据义来裁决，必将求得所谓的有秩序的样子。日往月来，业不进修，想说想做，后悔的地方特别多，追求一样东西的区分而不可得，所以越陷越深。用我这一生，纵然能穷尽万分之一的理论，也不过窥测了一点毛皮的东西，不能到达根底渊源的地方，然而始终不敢放弃这而去求其他捷径，所谓灵心一动，立即成为圣人。下愚的人甘心守在下愚的地位，智慧有所不照，行动有所不满意，所以常常气馁。不敢说取他的所说的，廓清而力排之。愚蠢的人多柔软，道理是固定的。现在您从穷乡僻壤中崛起，还能够求得先王的道理，开创学术，甚盛甚盛!这就是国藩所祷祀所追求的。

这里有太常的唐先生，见识广而学问深，严肃而又平易近人，最近写了《国朝学案》一书，崇尚二陆二张的学说，开辟了阳儒阴释的学说，可以算得上深切著明，狂澜砥柱。还有这里的六安人吴廷尉、蒙古人倭君，都在追求朱子所指示的而且努力实践。国藩跟随这些人之后，听到了末论，而天资浅鄙，又喜欢浮华，非常喜欢司马迁、班固、杜甫、韩愈、王安石的文章，日夜诵读而不厌烦。所以凡是我的志向，大的方面想对天下行仁义，使各种物都各得其所；小的方面则想自己少犯过错，对妻儿子女讲道义，树立不悖的言论以垂教宗族乡党，求其中有所成就，以此来结束我的一生；其无所成就，也以此了却自己的一生。了解最深，就一吐不欺之言，决不敢同有道义的人争论不休。

我的贱薄之躯不胜思考，然而安然无恙，全家都好。郭大住在我家，还有冯卓怀教我儿子的课程，都无恙，而且喜欢学习。

致刘孟容书

去岁辱惠书，所以讲明学术者，甚正且详，而于仆多宽假之词，意欲诱而进之，且使具体为学大指，良厚良厚！盖仆早不自立，自庚子以来，稍事学问，涉猎于前明、本朝诸大儒之书，而不克辩其得失，闻此间有工为古文诗者，就而审之，乃桐城姚郎中鼐之绪论，其言诚有可取。于是取司马迁、班固、杜甫、韩愈、欧阳修、曾巩、王安石及方苞之作，悉心而读之，其他六代之能诗者，及李白、苏轼、黄庭坚之徒，亦皆泛其流而究其归，然后知古之知道者，未有不明于文字者也。能文而不能知道者，或有矣，乌有知道而不明文字者乎！古圣观天地之文，兽迒鸟迹而作书契，于是乎有文，文与文相生而为字，字与字相续而成句，句与句相续而成篇，口所不能达者，文字能曲传之。故文字者，所以代口而传之千百世者也。伏羲既深知经纬三才之道而画卦以著之，文王、周公恐人之不能明也，于是立文字以彰之，孔子又作《十翼》，定诸经以阐显之，而道之散列于万事万物者，亦略尽于文字中矣。所贵乎圣人者，谓其立行与万事万物相交错而曲当乎道，其文字可以教后世也。吾儒所赖以学圣贤者，亦藉此文字以考古圣之行，以究其用心之所在。然则此句与句续，字与字续者，古圣之精神语笑胥寓于此。差若毫厘，谬以千里。词气之缓急，韵味之厚薄，属文者一不慎，则规模立变；读书者一不慎，则卤莽无知。故国藩窃谓今日欲明先王之道，不得不以精研文字为要务。

三古盛时，圣君贤相承继熙洽，道德之精，沦于骨髓，而学问之意，达于闾巷。是以其时虽置兔之野人，汉阳之游女，皆含性贞娴吟咏，若伊莘、周召、凡伯、仲山甫之伦，其道足文工，又不待言。降及春秋，王泽衰竭，道固将废，文亦殆殊已。故孔子睹获麟，曰："吾道穷矣！"畏匡曰："斯文将丧！"于是慨然发愤，修订六籍，昭百王之法戒，垂千世而不利，心至苦，事至盛也。仲尼既没，徒人分布，转相流衍。厥后聪明魁桀之士，或有识解撰著，大抵孔氏之苗裔，其文之醇驳，一视乎见道之多寡以为差：见道尤多者，文尤醇焉，孟轲是也；次多者，醇次焉；见少者，文驳焉；尤少者，尤驳焉。自荀、扬、庄、列、屈、贾而下，次第等差，略可指数。

夫所谓见道多寡之分数何也？曰：深也，博也。昔者，孔子赞《易》以明天道，作《春秋》以衷人事之至当，可谓深矣。孔子之门有四科，子路知兵，冉求富国，问礼于柱史，论乐子鲁伶，九流之说，皆悉其原，可谓博矣。深则能研万事微芒之几，博则能究万物之情状而不穷于用。后之见道不及孔氏者，其深有差焉，其博有差焉。能深且博，而属文复不失古圣之谊者，孟氏而下，惟周子之《通书》、张子之《正蒙》，醇厚正大，邈焉寡俦。许、郑亦能深博，而训诂之文，或失则碎。程、朱亦且深博，而指示之语，或失则隘。其他若杜佑、郑樵、马贵与、王应麟之徒，能博而不能深，则文流于蔓矣；游、杨、金、许、薛、胡之俦，能深而不能博，则文伤于易矣。由是有汉学、宋学之分，龂龂相角，非一朝矣。仆窃不自揆，谬欲兼取；者之长，见道既深且博，而为文复臻于无累，区区之心，不胜奢愿，譬若以蚊而负山，盲人而行万里也，亦可哂已。盖上者仰企于《通书》《正蒙》，其次则笃嗜司马迁、韩愈之书，谓二子诚亦深博而颇窥古人属文之法。今论者不究二子之识解，辄谓迁之书，愤懑不平；愈之书，傲兀自喜。而足下或不深察，亦偶同于世人之说，是犹睹《盘》《诰》之聱牙而谓《尚书》不可读；观郑、卫之淫乱，而谓全《诗》可删，其毋乃漫于一概而未之细推也乎？

孟子曰："君子所性，虽大行不加焉，虽穷居不损焉"。仆则谓君子所性，虽破万卷不加焉，虽一字不识无损焉。离书籍而言道，则仁义忠信反躬皆备，尧舜孔孟非有余，愚夫愚妇非不足，初不关乎文字也。即书籍而言道，则道犹人心所载之理也，文字犹人身之血气也。血气诚不可以名理矣，然舍血气则性理亦胡以附丽乎？今世雕虫小夫，既溺于声律绘藻之末，而稍知道者，又谓读圣贤书，当明其道，不能究其文字，是犹论观人者，当观其心所载之理，不当观其耳目言动血气之末也？不亦诬乎？知舍血气无以见心理，则知舍文字无以窥圣人之道矣。

周濂溪氏称文以载道，而以"虚车"讥俗儒。夫"虚车"诚不可，无车又可以行远乎？孔、孟而道至今存者，赖有此行远之车也。吾辈今日苟有所见，而欲为行远之计，又可不早具坚车乎哉？故凡仆人之鄙愿，苟于道有所见，不特见之，必实体行之，不特身行之，必求以文字传之后世。虽曰不逮，志则如斯。其子百家之著述，皆就其文字以校其见道之多寡，剖其铢两而殿最焉。于汉、宋二家构讼之端，皆不能左袒，以附一哄；于诸儒崇道贬文之说，尤不敢雷同而苟随。极知狂谬，为有道君子所深屏，然默而不宣，其文过弥甚。聊因足下之引诱而一陈涯略，伏惟悯其愚而绳其愆，幸甚幸甚！

【译文】去年接到惠书，所讲的关于学术问题，非常正确而且很详细，而对我的勉励之词，目的在于引导我进步，而且使其学有所成，真是深情厚意。我早不能立志，从庚子年以来，稍微做了点学问，涉猎了明朝、本朝大儒的书籍，而不能辩明其得失，听说这里有精通古文诗的，我审阅它，只有桐城姚中谴的绪论，他的论说实在可取。于是熟读了司马迁、班固、杜甫、韩愈、欧阳修、曾巩、王安石以方苞的作品，其他六代能写诗的，以及李白、苏轼、黄庭坚等人的作品，也都泛读其流而深究其源，然后才知道古代的通晓道德的人，没有不著有文字的。能写文的而不懂道理的，也有一些，有不懂道理而不写明文字的呢？古代圣人观察天地的变化，记录禽兽的行踪，于是便有了符号，符号与符号相连而产生了文字，字与字相续而成为句子，句与句相续而成为文章，口头不能表达的，文字能变相转告。所以文字是代理口把要讲的传至千百世。伏羲既然深知经纬之才之道而画卦来记录，文王、周公担心人们不能明白，于是创造文字以记清楚，孔子又写了《十冀》，确定各种经书来阐释，而道理散见于万事万物之中，也略尽于文字之中。圣人的宝贵，就在于他树立规范与万事万物相互交错在一起而其中包涵许多道理，他发明的文字可以教育后人。我们儒家所依赖的方法学习圣贤，也是借助文字以考证古代圣人的行动，来研究他的目的所在。然而一句话接一句话，一个字连着一个字，古代圣人的精神就包涵在其间。如果差之毫厘，就会相差千里。词气的缓急，韵味的厚薄，写书的人稍有不慎，则意思马上发生变化，读书的人不小心，就卤莽无知。所以我私自说今天要想明白先王之道，不得不以精研文字为要务。

在古代兴盛的时候，圣君贤相继承熔洽，道德的精华，深入骨髓，而学问的意思，达到乡间民巷。因此，当时是山村野人，汉阳的游女，都性格贞娴，能够吟涛作赋。如伊莘、周召、凡伯、仲山甫的伦理，其道理之精湛，又无须多说。到春秋时期，圣王的恩泽衰竭，道德废驰，文章也开始发生变化，所以孔子目睹现状说：“我的道理穷尽了！”畏匡说：“斯文将丧失！”于是慨然发愤，修订六种典籍，昭明百王的法律戒条，垂示千世万代而不变，心受苦了，但事业兴旺了，孔子去世后，他的弟子分布很广，转相流传衍生。后来的聪明杰出的人士，或有识之士撰著，大多数是孔子的后人，他们的文章的纯与不纯，主要看文章中包含的道理的多少；包含的道理特别多的，文章就特别纯，比如象孟轲。包含的道理比较多的，就是比较纯的；包含的道理少的，文章就不纯；包含的道理尤其少的，文章就特别不纯。从莎、杨、庄、列、屈、贾而下，依次减轻，略可算得出来。

所谓的道理的多少是如何评价呢？即：深和博。过去，孔子赞扬《易》经以彰明天道，创作《春秋》公正地评价人事，可称得是深。孑L子的学问有四科：子路了解兵事，冉求懂得富国，柱史精通礼仪，鲁伶谈论乐艺，九流学说，都从这里发源，可以称得上博。深，就能研究万事的细微之处，博，则穷究万物的情况而无法究尽。后来懂得道理的都不如孔子，在深度上有差别，在广度上也有差别。即能精深又能广博，而写的文章不失古代圣人的情谊，孟子以下，只有周子的《通书》、张子的《正蒙》，纯粹正大，遥远而少有可比的。许、郑也能深博，而训诂的文章，则失之琐碎。程、朱也算得深博，而指示的语言，则失之狭隘。其他的如杜佑、郑樵、马贵与、王应麟等人，能博而不能深，文章则流于散蔓；游、杨、金、许薛、胡之等人，能深则不能博，则文章伤于通俗。由此有了汉学、宋学之分，互相论争，不是一朝的事情了。我自不量力，想兼取两者之长，见的道理既深又博，而文章做起完善而不累赘，这区区之心，不胜奢愿，就好像是蚊子背负高山，盲人而走万里路，也可以自我安尉。对上仰望着《通书》《正蒙》，其次则特别喜欢司马迁、韩愈的书。称这二人的书实在是博大精深，而且从中可以看到古文写文章的方法。现在的论者不深刻理解二人的见解，动不动就说司马迁的书，愤懑不平；韩愈的书傲慢自喜。而足下或者没深人体察，也偶然同意世人的说法。这就好像看了《盘》《诰》的拗口而说《尚书》不可读；观察郑、卫的淫乱，而说全《诗》可以删，这不是不看全局又不细细推敲吗？

孟子说："君子的德行高，再赞扬他也不见得夸大，再贬低他也不损害他。"我则说，君子的德行，虽然读了万卷也不增加知识，虽然一字不识也不损害。离开书籍而谈论道理，则仁义忠信都已经具备，尧舜孔孟不是有余，愚夫愚妇不是不足，起初与文字并无关系。就书籍而谈论道理，则道理就好像是人心所载的道理，文字就好比人身体的血气，血气固然不能讲道理，然而离开血气则性论及依附在哪里呢？当今世上的雕虫小夫，既沉溺于声律绘藻的末端，而稍微懂得一点道理的人，又称读了圣贤书，应当彰明其道理，不应当追究其字，这好像是以论观看人，应当看他的心所搭载的道理，不应当看他的耳目言行血气的末端，不也是诬蔑吗？知道离开了血气就无法见到心中道理，则知道离开文字就无法窥测圣人的道理。

周濂溪说文以载道，而用"虚车"来讥笑俗儒。"虚车"实在不可以，无车又可以远行了吗？孔、孟不在世而道理至今还存在，是依靠这行远的车。我们这辈人今天假如有所见识，而又想远行之计，又可以不早准备坚车吗？所以我的希望是，假如对道有所见识，不只是认识，必须实行它，不只是身体实践它，必须用文字把它传给后世。虽说达不到，志向则是这样。对于百家的著述，都根据文字来比较其中所包含的道理的多少，剖析它的重量而发现它的最大价值。对于汉、宋二家的争论，都不能袒护和附和。对于儒家崇尚道理而贬低文字的说法，尤其不敢苟同和随波逐流。非常知道狂谬，为有修养的君子所常常摒弃，然而可以沉默不宣，更能掩饰其过错。只因为您的引诱使我陈达自己所见，希望原谅我的愚昧而修正我的错误。幸甚幸甚！

复吴南屏书

三月初旬，奉覆一函，想已达览。旋接上年腊月惠书，并大著诗文全集各五十部，就审履祺康胜，无任企仰。

大集古文敬读一过，现昔年仅见零篇断幅者，尤为卓绝。大抵节节顿挫，不矜奇辞奥句，而字字若履危石而下，落纸乃迟重绝伦。其中闲适之文，清旷自怡，萧然物外，如《说钓》《杂说》《程日新传》《屠禹甸序》之类，若翱翔于云表，俯视而有至乐。国藩尝好读陶公及韦、白、苏、陆闲适之诗，观其博揽物态，逸趣横生，栩栩焉神愉而体轻，令人欲弃百事而从之游。而惜古文家少此恬适之一种，独柳子厚山水记，破空而游，并物我而纳诸大适之域，非他家所可及，今乃于尊集数数遘之。故编中虽兼众长，而仆视此等尤高也。

与欧阳筱岑书中，论及桐城文派，不右刘、姚，至比姚氏于吕居仁，讥评得无少过？刘氏诚非有过绝辈流之诣，姚氏则深造自得，词旨渊雅，其文为世所称诵者，如《庄子章文库》《礼笺序》《覆张君书》《覆蒋松如书》《与孔㧑约论禘祭书》《赠㧑约假归序》《赠钱献之争》《朱竹君传》《仪郑堂记》《〈南园诗存〉序》《绵庄文集序》等篇，皆义精而词俊，敻绝尘表。其不厌人意者，惜少雄直之气，驱迈之势，姚氏固有偏于阴柔之说，又尝自谢为才弱矣。其论文亦多诣极之语，国史称其有古人所未尝言，鼐独抉其微发其蕴。亟顿称海峰，不免阿于私好。要之方氏以后，惜抱固当为百年正宗，未可与海峰同类而并薄之也。浅谬之见，惟希裁正。

国藩回任江表，晌逾半年，辖境粗平，雨泽沾足，岁事可望丰稔。惟是精力日衰，前发疝气，虽已痊愈，目光蒙雾，无术挽回。吏治兵事，均未能悉心料理，深为愧悚。吾乡会匪窃发，益阳、龙阳等城，相继被扰。此辈游荡无业，常见逐风尘而得逞，湘省年年发难，剿之而不畏，抚之而无术，纵使十次速灭，而设有一次迁延，则桑梓之患，不堪设想，殊以为虑。

【译文】三月上旬，曾敬复一封信，想必已经收阅了。不久便接到您去年十二月的来信，以及大作诗文全集各五十卷，因此得知您健康平安，不胜羡慕。

大作中的古文拜读了一遍，比起以前只能看到的单篇短文，更感到卓越。大体上说，文章处处顿挫多变，不卖弄诡奇的词汇和深奥的语句，而字字又像踩着危石而下步，落到纸面上却沉稳有力、无与伦比。其中闲适一类的文章，清新旷达，洒脱欢悦，超然世外，如《说钓》《杂说》《程日新传》《屠禹甸序》这类文章，好像翱翔在云外，俯视尘世而享有最大的欢乐。我曾经爱读陶渊明和韦应物、白居易、苏轼、陆游的闲适诗，看他们广泛采撷人情物态，行文飘逸，妙趣横生，读来不禁神情喜悦而浑身轻松，让人想抛弃世事而追随他们去交游。但是可惜写古文的作家缺少这种恬淡闲适，只有柳宗元的山水行记，破天荒地漫游于此等境界，把外物和自我一起纳入极为理想的境域，这不是其他作家所能做到的，可现在我在您的大作中却常常能看到这种文章。所以大作虽兼善众长，但我却格外看重这类文章。

你写给欧阳筱岑的信中，谈到桐成文派，不推崇刘大櫆、姚鼐。甚至把姚氏比作吕居仁，指责评议是不是过分了些？刘氏固然没有超越同时作家的成就，姚氏却造诣精深自有见解，辞句意旨深刻典雅，他的古文为人称诵的篇章，像《庄子章义序》《礼笺序》《复张君书》《复蒋松如书》《与孔扬约论禘祭书》《赠扬约假归序》《赠钱献之争》《朱竹君传》《仪郑堂记》《〈南园诗存〉序》《绵庄文集序》等篇，都义理精当而文辞优美，远远超出当代.他的古文不尽如人意的地方，在于可惜少了雄健刚直、纵横豪迈的气势，姚氏本来就有偏爱阴柔之美的观点。又曾经自谦说才气薄弱嘛。他评论古文也有很多极为深到的话，国史上说有些古人评论没有涉及的方面，姚氏偏偏能够挖掘幽微，指出它的含意。只是多次赞许刘大櫆的古文，难免是出于私人交情讨刘大櫆的欢喜.总之，方苞之后。姚鼐确实应该是百年来的古文领袖，不能和刘大櫆等同起来一并加以轻视啊!肤浅错误的见解。希望批评指正。

我回江南任职，眨眼问已过半年，所管辖的地区平静安定，雨量充沛，润泽农作物。今年农事可以指望丰收。只是精力渐渐衰退，前不久疝气发作，虽然已经治好，但视力模糊如雾，无法恢复了.行政治理和军队事务，都没能尽心地料理，深感惭愧恐惧.我们家乡正遭乱贼偷袭。益阳、龙阳等城连续受到骚扰。这帮人流浪民间，没有固定的职业，常常想乘机会达到目的.湖南省每年作乱，征剿他们又不害怕，招降安抚他们又没有好办法。哪怕十次迅速消灭了他们，而假使有一次拖延不治，那故乡的灾难就不堪设想。我为此特别忧虑。

复李眉生书

接手书。承询虚实譬喻异诂等门，属以破格相告。若鄙人有所秘惜也者。仆虽无状，亦何敢稍怀吝心。特以年近六十，学问之事，一无所成，未言而先自愧赧。

昔在京师，读王怀祖、段懋堂诸书，亦尝研究古文家用字之法。来函所询三门，虚实者，实字而虚用，虚字而实用也。何以谓之实字虚用？如春风风人，夏雨雨人。上风雨，实字也，下风雨，则当作养字解，是虚用矣。解衣衣我，推食食我。上衣食实字也，下衣食则当作惠字解。是虚用矣。春朝朝日，秋夕夕月。上朝夕，实字也，下朝夕，则当作祭字解。是虚用矣。入其门无人门焉者，入其闺无人闺焉者。上门闺实字也，下门闺，则当作守字解。是虚用矣。后人或以实者作本音读，虚者破作他音读。若风读如讽，雨读如吁，衣读如裔，食读如嗣之类。古人曾无是也。何以谓之虚字实用？如步行也，虚字也。然《管子》之六尺为步，韩文之步有新船，舆地之瓜步，邀笛步，《诗经》之国步，天步，则实用矣。薄，追也，虚字也。然因其丛密而林曰林薄，因其不厚而帘曰帷薄，以及《尔雅》之屋上薄，《庄子》之高门悬薄，则实用矣。覆败也，虚字也。然《左传》设伏以败人之兵，其伏兵即名曰覆。如郑突为三覆以待之，韩穿帅七覆于敖前。是虚字而实用矣。从顺也，虚字也。然《左传》于位次有定者，其次序即名曰从。如荀伯不复从，竖牛乱大从，是虚字而实用矣。然此犹就虚字之本义而引伸之也。亦有与本义全不相涉，而借此字以名彼物者。如收，敛也，虚字也，而车之轮名曰收。贤，长也，虚字也，而车毂之大穿名曰贤。畏，惧也，虚字也，而弓之渊名曰畏。峻，高也，虚字也，而弓之拄弦处名曰峻。此又器物命名，虚字实用之别为一类也。

【译文】接到你的手信，承蒙询问虚实、比喻、异诂等各门，嘱咐能够破例相告，就好似我有所珍藏不示人一样。我虽然没有什么优点，也怎敢抱有珍惜之心呢。只是年近六十，学问一无所成，还没言说就自感羞愧。

以前在京师的时候，读王念孙、段玉裁的书籍，也曾经研究古代做文章人的用字方法。来信所询问的三门，虚实就是指实字虚用，虚字实用。什么叫做实字虚用？比如春风风人，夏雨雨人。第一个“风”和“雨”字就是实字，第二个“风”和“雨”字，应当做养育讲，是虚用。解衣衣我，推食食我，第一个“衣”和“食”是实字，第二个“衣”和“食”字作恩惠讲，是虚用。春朝朝日，秋夕夕月，第一个“朝”和“夕”是实字，第二个“朝”和“夕”字当做祭祀讲，是虚用。入其门无人门焉者，人其闺无人闺焉者，第一个“门”、“闺”是实字，第二个“门”和“闺”作留守讲，是虚用。后人有的以为实字依照原来的音来读，虚字当作它音来读，就像风读作讽，雨读作吁，衣读作裔，食读作嗣这样。古人没有这样。什么叫做虚字实用呢？像步行就是虚字，《管子》中讲六尺为步，韩愈文中有“步有新船”，“舆地之瓜步”，“邀笛步”等用法，《诗经》中有“国步”、“天步”的用法。这些都是实用。薄是迫近的意思，是虚字。因为丛密，所以林木就叫“林薄”，因为不厚，所以帘子就叫“帷薄”，《尔雅》中的屋上薄，《庄子》中的高门悬薄，都是实用。覆是败落的意思，《左传》中设埋伏打败别人的军队，伏兵即叫做覆。如郑国公子突说设下三处埋伏来等待敌人，韩穿率领七处伏兵在敖山前。这是虚字实用。从是顺从的意思，是虚字，《左传》中位次固定的，这一次序就称为“从”，荀伯又失败了，竖牛扰乱了正常的正常的秩序，这是虚字实用。然而这些还是将虚字的本义加以引申，也有和本义完全无关的，而借用这一字来称呼别的事物。比如收是聚敛的意思，是虚字，而将车的轮子也称为收。贤是长的意思，是虚字，而将车轮上的大洞称为贤。畏是怕的意思，是虚字，而弓向内弯曲的部分称为畏。峻是高的意思，是虚字，而弓的末端称为峻。这是以器物来命名，虚字实用的另一种情况。

至用字有譬喻之法。后世须数句而喻意始明。古人只一字而喻意已明。如骏，良马也；因其良而美之。故《尔雅》骏训为大。马行必疾，故骏又训为速。《商颂》之下国骏庞,《周颂》之骏发尔私,是取大之义为喻也。《武成》之侯卫骏奔,《管子》之弟子骏作,是取速之义为喻也。膍,牛百叶也,或作肶,或作毗,音义并同。牛百叶重叠而体厚,故《尔雅》《毛传》皆训为厚。《节南山》之天子是毗,《采菽》之福禄膍之,是取厚之义为喻也。宿,夜止也,止则有留义,又有久义。子路之无宿诺,孟子之不宿怨,是取留之义为喻也。《史记》之宿将宿儒,是取久之义为喻也。渴,欲饮也,欲之则有切望之义,又有急就之义。郑笺《云汉》诗曰:渴雨之甚。石苞檄吴书曰:渴赏之士。是取切望之义为喻也。《公羊传》曰渴葬,是取急就之义为喻也。

至于异诂云者,则无论何书,处处有之。大抵人所共知,则为常语,人所罕闻,则为异诂。昔郭景纯注《尔雅》,近世王伯申著《经传释词》,于众所易晓者,皆指为常语,而不甚置论。惟难晓者,则深究而详辨之。如淫训为淫乱,此常语人所共知也,然如诗之既有淫威,则淫训为大。《左传》之淫刑以逞,则淫训为滥。《书》之淫舍梏牛马,左之淫刍荛者,则淫当训为纵。《庄子》之淫文章,淫于性,则淫字又当训为赘。皆异诂也。党,训乡党,此常语,人所共知也。然《说文》云:“党,不鲜也。”党字从黑,则色不鲜,乃是本义。《方言》又云:“党,智也”。郭注以为解寤之貌。《乡射礼》侯党,郑注以为党,旁也。《左传》“何党之乎”?杜注以为党,所也。皆异诂也。展,训为舒展,此常语也。即《说文》训展为转。《尔雅》训展为诚,亦常语,人所共知也。然《仪礼》“有司展群币”,则展训为陈。《周礼》展其功绪,则展训为录。《旅獒》时庸展亲,则展当训为存省。《周礼》之展牺牲,展钟,展乐器,则展又当训为察验。皆异诂也。此国藩讲求故训,分立三门之微意也。

【译文】至于说用字有比喻的方法。后世需要数句才能将意思说明白,古人只要一字就能说明白。比如骏,是好马的意思,因为它好而称赞它。因而《尔雅》将“骏”解释为大,马行进一定急速,因而骏又解释为急速的意思,《商颂》中的“下国骏庞”,《周颂》中的“骏发尔私”是取大这一意思来比喻,《武成》中“侯卫骏奔”,《管子》中“弟子骏作”是取急速这一意思来比喻。膍是牛胃的意思,或写作“肶”、“毗”,音义相同。牛胃层叠而且厚实,因而《尔雅》《毛传》都解释成厚的意思。《节南山》中的“天子是毗”,《采菽》中的“福禄膍之”,都是取厚这一意思来比喻的。宿就是夜晚休息,止有停留的意思,也有久的意思,子路说的“无宿诺”,孟子说的“不宿怨”,都是取停留这一意思来比喻的。《史记》中的“宿将宿儒”,是取长久这一意思来比喻的。渴是想喝水的意思,想就有急切希望的意思,还有仓促而成的意思,郑玄在《诗经·云汉》篇笺注中有“急切得到雨”的说法,石苞声讨吴国的的书中有“急切希望得到奖赏”的说法,这就是取急切渴望的意思。《公羊传》中渴葬就是取仓促而成的意思来做比喻的。

至于说到的异诂,不论任何书,到处都有,大多人人都知道的就是时常用语,人们很少听说的,就是异诂。以前郭璞注解《尔雅》,近世王引之著《经传释词》,对于人们所容易明白的，都成为时常用语，不详细说明。只是对于难以理解的，就深入研究详细考辨。比如淫解释为淫乱，这是人们都知道的，然而像《诗经》中的"淫威"，这里的"淫"解释为"大"的意思，《左传》中"淫邪以逞"，这里的淫就解释为滥，《尚书》中的"淫舍梏牛马"，《左传》中的"淫刍荛者"，这里的"淫"就解释为放纵的意思。《庄子》中的"淫文章"、"淫于性"，这里的淫解释为超出的意思。这些都是异诂。党解释为乡党，这是常见的解释，《说文》中说："党是不新鲜的意思。"党字属于黑部，就是色泽不新鲜，这是原义。《方言》又说："党是聪明的意思。"郭璞以为是领悟的样子。礼记《乡射礼》中的"侯党"，《郑玄注》以为党是旁的意思。《左传》中的"何党之乎"，杜预注以为党是处所的意思。这些都是以诂。展解释为舒展，这是常见的解释，人人都知道，《仪礼》中"有司展群币"，这里的"展"解释为陈列的意思，《周礼》中"展其功绪"，这里的展解释为记录的意思。《尚书·旅獒》中的"时庸展亲"，这里的展解释为问候的意思，《周礼》中的"展牺牲"，"展钟"，"展乐器"，这里的"展"解释为察验的意思，这些都是异诂。这是我讲求以前的解释，分为三门的原因。

古人用字不主故常，初无定例。要之各有精意运乎其间。且如高平曰阜，大道曰路，土之高者曰冢，曰坟，皆实字也。然以其有高广之意，故《尔雅》《毛传》于此四字，均训为大。四牡孔阜，尔觳既阜，火烈具阜，阜成兆民，其用阜字俱有盛大之意。王者之门曰路门，寝曰路寝，车曰路车，马曰路马，其用路字俱有正大之意。长子曰冢子，长妇曰冢妇，天官曰冢宰，友邦曰冢君，其用冢字俱有重大之意。《小雅》之牂羊坟首，司烜之共坟烛，其用坟字具有肥大之意。至三坟五典，则高大矣。凡此等类谓之实字虚用也可，谓之譬喻也可，即谓之异诂也亦同。阁下现读《通鉴》。司马公本精于小学，胡身之亦博极群书。即就《通鉴》异诂之字，偶一抄记，或他人视为常语，而己心以为异，则且抄之。或明日视为常语，而今日以为异，亦姑抄之久之，多识雅训。不特譬喻虚实二门可通，即其他各门亦可触类而贯彻矣。

【译文】古人用字不一定讲求惯例，开始没有固定标准，总之都有精微的内涵在其中，就像高平称为阜，大道称为路，土堆高就称为冢、坟，这些都是实字，然而都有高大广远的意思，因此《尔雅》《毛诗传》对这四个字都解释为大的意思。四牡孔阜，尔觳既阜，火烈具阜，阜成兆民，这些"阜"都有盛大的意思。君王的门称为路门，寝称为路寝，车称为路车，马称为路马，这里的路字都有正大的意思。长子称为冢子，长妇称为冢妇，天官称为冢宰，友邦称为冢君，这里的"冢"字都有重大的意思。《小雅》中的"牂羊坟首"，《周礼·秋官·司炬氏》中的"共坟烛"，这里的坟字都有肥大的意思，像"三坟五典"中的坟有高大的意思。凡是这些情况称之为实字虚用也可，称之为比喻也可，称之为异诂也可以。你现在读《资治通鉴》，司马光精通小学，胡三省也博览群书。将《通鉴》中人们很少知道的字，抄摘下来，或者那些别人认为常见，自己却以为不多见的也摘抄下来，或者将来常见，而现在不多见也抄下来，时间久了，就知道正确的解释了。不仅譬喻、虚实这两门可以了解，即使其他各门也可以触类旁通。

复陈右铭太守书

四月二十七日接到惠书，并附寄大文一册。知台从去岁北行，以途中染疾，就医历下，至正月之杪，乃达京师。是时鄙人适已出都，未及相见为怅。阁下志节嶙峋，器识宏达，又能虚怀取善，兼揽众长。来书所称，自吴侍郎以下，若涂君、张君、方君，皆时贤之卓然能自立者；惟鄙人器能窳薄，谬蒙崇奖，非所敢承。前以久玷高位，颇思避位让贤，保全晚节。赴阙以后，欲布斯怀，而未得其方，亦遂不复陈情。来书又盛引古义，力言不可遽萌退志。今已承乏此间，进止殊不自由，第恐精力日颓，无补艰危，止速谤耳。

大著粗读一过，骏快激昂，有陈同甫、叶水心诸人之风。仆昔备官朝列，亦尝好观古人之文章，窃以自唐以后，善学韩公者，莫如王介甫氏，而近世知言君子，惟桐城方氏、姚氏，所得尤多。因就数家之作，而考其风旨，私立禁约，以为有必不可犯者，而后其法严而道始复。大抵剽窃前言，句摹字拟，是为戒律之首。称人之善，依于庸德，不宜褒扬溢量，动称奇行异征，邻于小说诞妄者之所为。贬人之恶，又加慎焉。一篇之内，端绪不宜繁多，譬如万山旁薄，必有主峰；龙衮九章，但挈一领。否则首尾衡决，陈义芜杂，滋足戒也。识度曾不异人，或乃竞为僻字涩句以骇庸众，斫自然之元气，斯又才士之所同蔽，戒律之所必严。明兹数者，持守勿失，然后下笔，造次皆有法度，乃可专精以理吾之气，探求韩公所谓与相如、子云同工者。熟读而强探，长吟而反复，使其气若翔翥于虚无之表，其辞跌宕俊迈而不可以方物。盖论其本，则循戒律之说，词愈简而道愈进；论其末，则抗吾气以与古人之气相翕。有欲求太简而不得者，兼营乎本末，斟酌乎繁简。此自昔志士之所为毕生矻矻，而吾辈所当勉焉者也。国藩粗识途径，所求绝少，在军久，旧业益荒，忽忽衰老，百无一成，既承切问，略举所见，以资参证。

别示种烟之弊，及李编修书，膏腴地亩，舍五稼而种罂粟，不惟民病艰自食，亦人心风俗之忧。直隶土壤硗薄，闻种此者尚少。若果渐染此习，自应通饬严禁。但非年丰民乐，生聚教训，亦未易以文告争耳。

【译文】四月二十七日接到来信，以及附寄来的一册大著。知悉阁下从去年北上京师。因为中途得病，在历下医治，直到今年正月末才抵达京师。这时我恰好已经离开京师，没能够见面，很遗憾. 阁下气节刚直。器量宽宏，见识广博。又能够虚心汲取别人的长处，一人兼有众人的优点. 来信所称许的人，从吴侍郎以下，像涂君、张君、方君，都是当今贤者中卓越出众的人. 只有我才能低劣浅薄，却受到推崇称赏，不是我敢于承当的. 以前因为长期忝居高官，很想退避让位给贤者，以保全晚年节操. 这次赴京之后。本打算表露这种想法，但没得到合适的时机，也就不再陈述心愿. 来信还大量引用古人的观点。竭力劝说我不能立即产生引退的念头。我现在在这里已经充数供职了，进退很不自由，只害怕精力一天天地衰颓，对艰难危困的局势无所补救，只能招来非议罢了。

阁下的大著我粗略读了一遍，畅快激昂，有陈亮、叶适等人的风格，我过去身处朝廷官员的行列，也曾喜好看古人的文章。私下认为从唐代以后，善于学习韩愈文章的人，没有谁比得上王安石，而近代懂得文辞的人，只有桐城方苞、姚鼐，两人学韩愈，所得到的特别多。于是我就这几家的文章，研究他们的风格宗旨，给自己就立下了作文的禁戒，认为只有定下绝对不能违犯的原则，然后文章法度才严格，正确的文风才能恢复，大概抄袭前人的语言，字字句句去摹拟，这是禁戒的第一条，称选他人的优点，是依据通常的道德习惯。但不应当赞扬过分。动不动就称为奇伟的品行和特殊的表现，这就和虚妄的小说家的做法差不多了，指责他人的缺点，又应当更加慎重了。一篇文章中。头绪不可太多，比如千山万岭广大无边，其中必定有最高大的主峰；华美的龙衮图案纷杂，只须提着衣领就清楚了。否则文章首尾脱节，表述的意思杂乱，这足以值得禁戒呀。有的人见识胸襟并不比别人差，却争着造些冷僻的字眼和晦涩的句子，来吓唬普通的读者。伤了自己固有的精神灵气，这又是才子们普遍认识不清的。所以文章戒律中这一条必须严格要求. 明白了这几条戒律。遵守它不要违犯。然后动笔，仓促时也都有法则可循，这才可以专心精到地调理自己的创作精神状态，深入追求韩愈所说的像司马相如、扬雄那样异曲同工的写作境界。文章写完后，要读熟它，努力思索和修改，长声地反复吟诵，使文章气势像盘旋飞举在缥缈的天外，文章辞句曲折抑扬、隽逸豪迈而又无法形容它的美妙. 总之，要说文章的根本原则，就是遵循戒律的规范，文辞俞简炼，技巧就愈长进。要论文章的次要方法，就是激昂自己的文章气势以和古人的文章气势相协调. 如果想追求格外简炼却做不到，那就从文章的根本原则和方法两方面着手。考虑文辞应当繁富还是简约。这是过去有志文学的人为此勤奋不懈的事，而我们也应当在这方面努力啊. 我粗略地认识到做文章的门道，追求的目标也不高，在军队里呆的时间长，过去的学业更加废了，转眼间人已衰老，什么事也没干成。既然承蒙你诚恳询问，我就简单提出自己的看法，供你参考。

另外来信中谈到种鸦片的危害。以及李编修的信；肥沃的土地，抛弃五谷不种却种罂粟。这样做不仅百姓的粮食会发生困难。也给民心风俗方面带来忧虑，直隶省土地贫瘠，听说种这东西的还少，如果真是渐渐沾染上了这种恶习，自然应该通令全省严厉禁止. 但如果不是年丰民乐的时期。要想繁殖人口，聚积财富。推行政教，也不容易用一纸通令布告来解决呀。

复许仙屏书

来示询及古文之法，仆本无所解，近更荒浅，不复措意。古文者，韩退之氏厌弃魏晋六朝骈俪之文，而反之于六经两汉，从而名焉者也。名号虽殊，而其积字为句，积句而为段，积段而为篇，则天下之凡名为文者一也。国藩以为欲著字之古，宜研究《尔雅》《说文》小学训诂之书，故尝好观近人王氏、段氏之说，欲造句之古，宜仿效《汉书》《文选》，而后可砭俗而裁伪；欲分段之古，宜熟读班、马、韩、欧之作，审其行气之短长，自然之节奏；欲谋篇之古，则群经诸子以至近世名家，莫不各有匠心。以成章法，如人之有肢体，室之有结构，衣之有要领，大抵以力去陈言戛戛独造为始事，以声调铿锵包蕴不尽为终事。仆学无师承，冥行臆断，所辛苦而仅得之者如是而已。

【译文】你来信询问写作古文的方法，我本来没有什么见解，近来更是荒废，不再留意。古文这一名称，是由于韩愈讨厌魏晋六朝的骈体文，从而返回于六经两汉的文章而来的。名称虽然不同，但是由字组成句字，由字句组成段落，由段落组成篇章，天下的文章都是一样的。我以为想要文字高古，就应研究《尔雅》《说文解字》这些小学训诂的书，因而喜欢看近人王念孙、段玉裁的书；想要文句高古，就应该仿效《汉书》《文选》，之后就可以纠正庸俗、裁断虚伪，想要分段高古，就应当熟读班固、司马迁、韩愈、欧阳修的文章，审查文气的短长，文章的节奏；想要文章结构高古，那么群经、诸子和近世名家的著述，都各具匠心。文章结构形成，就好比人有肢体，房屋有结构，衣服有要领一样，大概以起初要尽力去除陈旧言辞，别出心裁，最后则要声调明快，内涵悠长。学问没有师承，盲目行事妄加判断，辛苦所得只有这些罢了。

送周荇农南归序

天地之数，以奇而生，以偶而成。一则生两，两则还归于一。一奇一偶，互为其用，是以无息焉。物无独，必有对：太极生两仪，倍之为四象，重之为八卦。此一生两之说也。两之所该一，分而为三，淆而为万，万则几于息矣。物不可以终息，故还归于一。“天地絪缊，万物化醇。男女构精，万物化生。”此两而致于一之说也。一者阳之变。两者阴之化．故曰一奇一偶者，天地之用也。

【译文】天地间的数字，始于单数，成于偶数。一就会生二，二又会回归于一。奇偶互为其用，因而万物无穷尽。万物没有孤立的一面，一定有对立面。太极生阴阳，阴阳产生四象，四象产生八卦，这就是一生二的观点。二包含了一，这样就成为了三，三重复就产生了万，万就达到了穷尽。万物不可以穷尽，因而就回归于一。阴阳二气交互作用，万物变得纯粹，那女交合，化生万物。这就是二归于一的观点。一是阳的变化，二是阴的变化，因而说奇偶之数是天地之用。

文字之道，何独不然？六籍尚已。自汉以来，为文者莫善于司马迁。迁之文，其积句也皆奇，而义必相辅，气不孤伸，彼有偶焉者存焉。其他善者，班固则毗于用偶，韩愈则毗于用奇，蔡邕、范蔚宗以下，如潘、陆、沈、任等比者，皆师班氏者也。茅坤所称八家，皆师韩氏者也。传相祖述，源远而流益分，判然若黑白之不类。于是刺议互兴，尊丹者非素，而六朝、隋、唐以来，骈偶之文亦已久王而将厌。宋代诸子乃承其敝而倡为韩氏之文，而苏轼遂称曰“文起八代之衰”，非直其才之足以相胜，物穷则变，理固然也。豪杰之士所见类不甚远。韩氏有言：“孔子必用墨子，墨子必用孔子，不相用不足为孔墨。”由是言之，彼其于班氏，相师而不相非明矣。耳食者不察，遂附此而抹杀一切。又其言多根六经，颇为知道者所取，故古文之名独尊，而骈偶之文乃屏而不得与于其列，数百千年无敢易其说者，所从来远矣。

【译文】写文章的道理，何尝不是这样呢？六经太久远了。从汉朝以来，善于写文章的没有超过司马迁的。司马迁的文章，用词造句都是单句，而且文义也必定相辅助，文气不独伸，也有使用偶句的。其他善于写文章的，班固接近于用偶句，韩愈则接近于用奇句。蔡邕、范晔以后，像潘岳、陆机、沈约、任昉等都学习于班固。茅坤所称的唐宋八大家，都是学习韩愈的。这样流传效法，源头深远而流派绵长，各派就像白黑一样不想同。于是议论互兴，尊崇朱色就排斥白色，六朝、隋唐以来，对骈文长期占主导已不满，宋人接着批评这一弊病，倡导韩愈的文章，苏轼称赞韩愈“文起八代之衰”，这不只是他的才能完全可以胜任，事物到了穷尽处就会发生变化，道理原本就是这样。豪杰之士的看法大都差不多。韩愈说：“墨子一定有学习于孔子之处，孔子也一定有学习于墨子之处，不互相学习就不是孔子和墨子。”由此而知，韩愈对于班固是学习的而不是排斥的，道听途说的人不去明察，于是附会这一看法而抹杀一切，又说他的言论多以六经为根本，为懂得大道的人所赞许，因而独独尊崇古文，而那些骈文被摒弃掉，数百年来都不敢改变这一看法，由来已久了。

国家承平奕祀，列圣修礼右文，硕学鸿儒，往往多有。康熙、雍正之间，魏僖、汪琬、姜宸英、方苞之属号为古文专家，而方氏最为无颣。纯皇帝武功文德，壹迈古初，徵鸿博以考艺，开四库馆以招延贤俊，天下翕然为浩博稽核之学，薄先辈之空言，为文务宏丽。胡天游、邵齐焘、孔广森、洪亮吉之徒蔚然四起。是时郎中姚鼐息影金陵，私淑方氏，如硕果之不食，可谓自得者也。沿及今日，方姚之流风稍俏兴起，求如天游、齐焘辈宏丽之文，阒然无复有存者矣!间者吾乡人凌君玉垣、孙君鼎臣、周君寿昌乃颇从事于此，而周君为之尤可喜，其才雅赡有余地，而奇趣迭生，盖几于能者。夫适王都者，或道晋，或道齐，要于达而已。司马迁，文家之王都也，如周君之所道，进而不已，则且达于班氏而不为韩氏所非；又不已，则王都矣。周君以道光乙巳成进士，选翰林院庶吉士。值皇太后万寿，天子大孝，锡类臣下，得荣其亲，将奉诰命以归觐。出所为文示余，余乃略述文家原委，明奇偶互用之道，假赠言之义，以为同志者勖!嗟乎!区区而以文字相讨论，是则余之陋，而不贤者识小之类也。

【译文】现在国家太平日久，各位圣贤施行礼乐崇尚文教，博学的大儒，经常出现。康熙、雍正年间，魏僖、汪琬、姜宸英、方苞这些被称为古文专家，而方苞最为优秀。乾隆皇帝的军功文德，超越太古。开博学鸿辞一科考核士人，开启四库全书馆招揽俊杰，天下一致从事于广博考核的学问，轻薄前人孔疏的言论，文章追求富丽。胡天游、邵齐焘、孔广森、洪亮吉这些人兴起，这时姚鼐退居南京，私淑方苞，不计名利，可谓有所自得。等到现在，找像胡天游、邵齐焘这些华丽的文章，已经很难了。其间有我的同乡凌玉垣、孙鼎臣、周寿昌从事于这些，其中周寿昌尤为称道，他文辞典雅富丽，奇趣横生，达到了能者的程度。到达王都，或走晋国，或走齐国，总之是要达到目的的。司马迁是人们写文章的目标，像周寿昌这样，不断进步不停息，就会到达班固的程度而不为韩愈所排斥，在不断进步，就会达到司马迁的程度。周寿昌在道光乙巳中进士，选为翰林院庶吉士，当时正是皇太后的生日，天子大孝，赐善臣下，使父母荣耀，他奉皇帝命令拜见皇太后，将所写的文章给我看，我就简略地叙述了写文章的始终，阐述了奇偶互用的道理，借着这一赠言，为志同道合的人互相勉励。只是讨论文字，这是我的粗陋，是我这无能之人见识的短小。

圣哲画像记

国藩志学不早，中岁侧身朝列，窃窥陈编，稍涉先圣昔贤魁儒长者之绪。驽缓多病，百无一成；军旅驰驱，益以芜废。丧乱未平，而吾年将五十矣。往者，吾读班固《艺文志》及马氏《经籍考》，见其所列书目，丛杂猥多，作者姓氏，至于不可胜数，或昭昭于日月，或湮没而无闻。及为文渊阁直阁校理，每岁二月，侍从宣宗皇帝人阁，得观《四库全书》。其富过于前代所藏远甚，而存目之书数十万卷，尚不在此列。呜呼!何其多也!虽有生知之资，累世不能竞其业，况其下焉者乎!故书籍之浩浩，著述者之众，若江海然，非一人之腹所能尽饮也。要在慎择焉而已。余既自度其不逮，乃择古今圣哲三十余人，命儿子纪泽图其遗像，都为一卷，藏之家塾。后嗣有志读书取足于此，不必广心博骛，而斯文之传，莫大乎是矣。昔在汉世，若武梁祠、鲁灵光殿，皆图画伟人事迹，而《列女传》亦有画像，感发兴起，由来已久。习其器矣，进而索其神，通其微，合其意，心诚求之，仁远乎哉？国藩记。

尧舜禹汤，史臣记言而已。至文王拘幽，始立文字，演《周易》。周孔代兴，六经炳著，师道备矣。秦汉以来，孟子盖与庄、荀并称。至唐，韩氏独尊异之。而宋之贤者，以为可跻之尼山之次，崇其书以配《论语》。后之论者，莫之能易也。兹以亚于三圣人后云。

【译文】我有志于学问并不早，中年以后身居官位，私下看到古书，才稍微涉及以前圣贤大儒的事迹。我愚钝多病，无所成就；加上军务繁忙，更加荒废。战乱没有停息，而我也将近五十岁了。以前我读班固的《艺文志》和马端临的《经籍考》，看他们所列的书目，杂乱众多，作者姓名不可胜数，有的如日月一般光明，有的却淹没无闻。等到担任文渊阁直阁校理，每年二月，侍奉宣宗皇帝入阁，得以见到《四库全书》，它远远超过以前的藏书，而且保存的数十万卷书目还不在这之中。啊，这么多！即使有生而知之的天资，数代也不能读完，何况资质在这以下呢？因而书籍丰富、作者众多，就像江海一样，不是一人所能穷尽的，关键在于谨慎得选择。我考虑到自己完不成，就选取古今圣贤三十余人，命令儿子曾纪泽画出他们的遗像，成为一卷，藏在家塾里。后人中有志于读书的从中选择就足够了，不必要广泛追求，而这一文章所表达的意思，没有超过这的。以前在汉世，像武梁祠、鲁灵光殿，都画有伟人事迹，《列女传》也有画像，受此启发，由来已经很久了。学习这一做法，进而探究它的内涵，了解其中的精微，符合其中思想，诚心追求，这样仁还远吗？曾国藩记。

尧舜禹汤时期，史官只是记诵语言。到周文王关押羑里后，才开始创立文字，推演《周易》。周公、孔子兴起以后，六经显明，师道具备。秦汉以后，孟子和庄子、荀子并称。到唐朝，韩愈格外重视孟子，宋朝的贤人，以为孟子可以跻身于孔子之下，尊崇他的书，并和《论语》相配。后人谈论，不能改变，将他列于文王、周公、孔子之后。

左氏传经，多述二周典礼，而好称引奇诞；文辞烂然，浮于质矣。太史公称庄子之书皆寓言。吾观子长所为《史记》，寓言亦居十之六七。班氏闳识孤怀，不逮子长远甚。然经世之典，六艺之旨，文字之源，幽明之情状，粲然大备。岂与夫斗筲者争得失于一先生之前，姝姝而自悦者哉！

【译文】左丘明为《春秋》作传，对周朝典章礼制多有叙述，喜好引述奇异怪诞的事迹，文章很好，但不够质朴。司马迁说庄子的书都是寓言，我看司马迁的《史记》，十之六七都是寓言。班固见识远大，情操独特，但远比不上司马迁。然而治理世事的典籍，六经的内涵，文字的渊源，幽明的情况，都显著清楚。怎会和见识短浅的人争论得失，自我满足呢。

诸葛公当扰攘之世，被服儒者，从容中道。陆敬舆事多疑之主，驭难驯之将，烛之以圣明，将之以至诚，譬若御驽马登峻坂，纵横险阻，而不失其驰，何其神也！范希文、司马君实遭时差隆，然坚卓诚信，各有孤诣。其以道自持，蔚成风俗，意量亦远矣。昔刘向称董仲舒王佐之才，伊、吕无以加；管、晏之属，殆不能及。而刘歆以为董子师友所渐，曾不能几乎游、夏。以予观四贤者虽未逮乎伊、吕，固将贤于董子。惜乎不得如刘向父子而论定耳。

【译文】诸葛亮生于乱世，以儒者自居，处事从容，不偏不倚。陆贽侍奉多疑的皇帝，驾驭难驯之将领，用最明白的道理教导他们，以最诚实的态度对待他们，有如驾驭老马登临陡坡，奔驰于险阻之间，而不失去控制，多么神奇呵！范仲淹、司马光的遭遇时好时坏，然而两人坚毅卓识，忠诚老实，各有独到的地方。他们各人坚持自己的操守，蔚然形成了风气，他们的思想和怀抱也是很深远的。从前刘向称赞董仲舒有辅佐帝王的才能，伊尹、吕尚没有超过他；管仲、晏婴等人，恐怕也都赶不上。而刘歆认为董仲舒为师友所欺，过去好像比不上言子游、卜子夏。我认为四位贤人虽然未能赶上伊尹、吕尚，自然应比董仲舒贤明，可惜不能像刘向父子那样作出的结论罢了。

自朱子表章周子、二程子、张子，以为上接孔孟之传，后世君相师儒，笃守其说，莫之或易。乾隆中，闳儒辈起，训诂博辨，度越昔贤；别立徽志，号曰汉学。摈有宋五子之术，以谓不得独尊。而笃信五子者，亦屏弃汉学，以为破碎害道，龂龂焉而未有已。吾观五子立言，其大者多合于洙泗，何可议也？其训释诸经，小有不当，固当取近世经说以辅翼之，又可屏弃群言以自隘乎？斯二者亦俱讥焉。

【译文】自从朱熹褒扬周敦颐、程颐与程颢、张载，认为他们继承了孔孟之道。后代的君相师儒，真诚地坚持这一说法，无人能够改变。乾隆中期，大儒辈出，他们解释古书字义，知识广博，议论广泛，超越先代贤人；他们别树一帜，叫做汉学。他们摈弃宋代五人之学说，认为不能唯一尊崇他们。但真诚信奉五人学说者，也排斥汉学，认为汉学支离破碎，有损孔孟之道，因而争辩不休。我看五人创立学说，就其大的方面来说，多数合于孔孟之道，有什么可以非议的呢？他们考订解释各种经书，也有小的失误，自然应当采择近世经文的解说作为补救，哪能摈弃他们的学说而使自己眼光变得狭隘呢？这两派都受到了讥评。

西汉文章，如子云、相如之雄伟，此天地遒劲之气，得于阳与刚之美者也。此天地之义气也。刘向、匡衡之渊懿，此天地温厚之气，得于阴与柔之美者也。此天地之仁气也。东汉以还，淹雅无渐于古，而风骨少陨矣。韩、柳有作，尽取扬、马之雄奇万变，而内之于薄物小篇之中，岂不诡哉！欧阳氏、曾氏皆法韩公，而体质于匡、刘为近。文章之变，莫可穷诘。要之，不出此二途，虽百世可知也。

【译文】西汉的文章，如扬雄、司马相如的雄伟，这种天地刚劲有力的气概，得自阳刚之美。这是天地的正义之气。刘向、匡衡文章的深远美好，这种天地和平宽厚的气概，得自温柔之美，这是天地的仁爱之气。东汉以来，文章的渊博高雅与古代相比虽不逊色，但品格骨气却有所降低。韩愈、柳宗元的作品，完全效法扬雄、司马相如文章的雄奇万变，但却将其纳入反映一些细小事物的短文之中，这是多么的诡异呀！欧阳修、曾巩都师法韩愈，但气质胸怀却比较接近于匡衡、刘向。文章千变万化，无法穷根究底。重要的，不会超出这两方面，虽经百代也当如此。

余钞古今诗，自魏晋至国朝，得十九家，盖诗之为道广矣。嗜好趋向，各视其性之所近，犹庶羞百味，罗列鼎俎，但取适吾口者，哜之得饱而已。必穷尽天下之佳肴辨尝而后供一馔，是大惑也；必强天下之舌，尽效吾之所嗜，是大愚也。庄子有言：“大惑者，终身不解；大愚者，终身不灵。”余于十九家中，又笃守夫四人者焉。唐之李、杜，宋之苏、黄，好之者十而七八，非之者亦且二三。余惧蹈庄子不解不灵之讥，则取足于是终身焉已耳。

【译文】我钞纂古今诗作，从魏晋至本朝，得十九人的作品，作诗的方法多种多样。个人的嗜好倾向，与各个人的性情十分相近，如同多种菜肴，各种美味，只是选择适合自己的口味吃饱而已，一定要尝遍天下的各种美味然后再准备一桌酒席，是不可理解的；一定要天下人的口味，完全与自己的嗜好一样，是十分愚蠢的。庄子曾经说：“大惑者，终生不解；大愚者，终生不灵。”我对这十九人的作品，又真诚地推崇其中的四人。唐代李白和杜甫，宋代苏轼与黄庭坚，喜爱他们作品的有十之七八，非难的亦有十之二三。我耽心重蹈庄子所说的“不解不灵”的嘲笑，在一生中都从这里选取便感到受用不尽了。

司马子长，网罗旧闻，贯串三古而八书，颇病其略；班氏《志》较详矣，而断代为书，无以观其会通；欲周览经世之大法，必自杜氏《通典》始矣。马端临《通考》，杜氏伯仲之间，郑《志》非其伦也。百年以来，学者讲求形声、故训，专治《说文》，多宗许、郑，少谈杜、马。吾以许、郑考先王制作之源，杜、马辨后世因革之要，其于实事求是一也。

【译文】司马迁搜罗过去的传说，贯串伏羲氏、周文王、孔子等三个时代，撰成史记中的八书，弊病是太简略，班固汉书的《志》则较详细，但对每个朝代各写各的，不能看到其前后呼应贯通。想要纵观治理天下的大法，必须从阅读杜佑的《通典》开始。马端临的《通考》，与杜佑的《通典》相比难分高下，郑樵的《通志》与其相比，则不能匹敌。百年以来，学者讲求文字的形、声、义，专门攻读《说文》，多数学者推崇许慎、郑玄，较少谈论杜佑、马端临。我认为许慎、郑玄的功绩在于考核先王制定典章制度的源起，杜佑、马端临则是辨析后代因袭、破旧创新的要义，他们都是实事求是的。

先王之道，所谓修己治人、经纬万汇者，何归乎？亦曰礼而已矣。秦灭书籍，汉代诸儒之所掇拾，郑康成之所以卓绝，皆以礼也。杜君卿《通典》，言礼者十居其六，其识已跨越八代矣！有宋张子、朱子之所讨论，马贵与、王伯厚之所纂辑，莫不以礼为兢兢。我朝学者，以顾亭林为宗。国史《儒林传》褎然冠首。吾读其书，言及礼俗教化，则毅然有守先待后，舍我其谁之志，何其壮也！厥后张蒿庵作《中庸论》，及江慎修、戴东原辈，尤以礼为先务。而秦尚书蕙田，遂纂《五礼通考》，举天下古今幽明万事，而一经之以礼，可谓体大而思精矣。吾图画国朝先正遗像，首顾先生，次秦文恭公，亦岂无微旨哉！桐城姚鼐姬传，高邮王念孙怀祖，其学皆不纯于礼。然姚先生持论闳通，国藩之粗解文章，由姚先生启之也。王氏父子，集小学训诂之大成，敻乎不可几已。故以殿焉。

【译文】先王的治道，所谓自修其身，治理人民，头绪纷繁，最终归结是什么？所谓礼罢了。秦朝烧毁书籍，汉朝的诸位大儒之所以有超越杰出成就的地方，都在于礼。杜佑的《通典》，谈礼的有十分之六，他的见识已超过三皇五帝的时代。宋代张载、朱熹的讨论问题，马端临、王念孙所编纂的典籍，无不争相以礼为内容。清朝的学者，以顾亭林为师法的榜样。国史《儒林传》中，他超越同辈，而位居第一。我读他的著作，谈论礼仪、风俗、政教、风化，毅然有承先启后，非我其谁的志向，这是多么宏伟的志向呵！以后张蒿庵作《中庸论》，以及江永、戴震等人，尤其把礼看得重要。刑部尚书秦惠田编纂了《五礼通考》，提出用礼来维系规范天下古今的万事万物，真可谓体大思精。我画本朝先代贤人的遗像，首先是顾亭林，其次是秦惠田，难道没有深刻的含义吗！桐城姚鼐姬传、高邮王念孙怀祖，他们治学不纯粹在礼一个方面。然而姚鼐立论渊博通达，我粗略懂得文章，是由于姚先生之启发。王氏父子，集文字训诂的大成，影响深远难以企及。所以把他们排在顾亭林和秦惠田的后面。

姚姬传氏，言学问之途有三：曰义理，曰词章，曰考据。戴东原氏亦以为言。如文、周、孔、孟之圣，左、庄、马、班之才，诚不可以一方体论矣。至若葛、陆、范、马，在圣门则以德行而兼政事也。周、程、张、朱，在圣门则德行之科也，皆义理也。韩、柳、欧、曾、李、杜、苏、黄，在圣门则言语之科也，所谓词章者也。许、郑、杜、马、顾、秦、姚、王，在圣门则文学之科也。顾、秦于杜、马为近，姚、王于许、郑为近，皆考据也。此三十二子者，师其一人，读其一书，终身用之，有不能尽。若又有陋于此，而求益于外，譬若掘井九仞而不及泉，则以一井为隘，而必广掘数十百井，身老力疲，而卒无见泉之一日。其庸有当乎？

【译文】姚鼐说治学的途径有三：一是义理，二是词章，三是考据。戴震也是这样说的。如周文王、周公、孔子、孟子的圣明，左丘明、庄子、司马迁、班固的才华，的确不能仅从某一方面加以评论。至于如诸葛亮、陆贽、范仲淹、司马光，在圣人门下则属于道德品行超凡而兼善于施政办事一类，周敦颐、程颐、程颢、张载、朱熹，在圣人门下则属于道德品行超凡一类，这都属于义理方面。韩愈、柳宗元、欧阳修、曾巩、李白、杜甫、苏轼、黄庭坚，在圣人门下则是言语这一品类，所谓词章一途。许慎、郑玄、杜佑、马端临、顾亭林、秦惠田、姚鼐、王念孙与许慎、郑玄比较接近，都属于考据这一类。这三十二人，师法其中的一人，读他的一本书，终生都会受用不尽，如有人认识不到这一点，却要另外去找求学受益的途径，这就如同挖井已挖到很快就要见水的时候，却以为只挖一口井找不到水，而必须四处挖数十百井，结果年老力衰，到头来也不见泉水，这岂不是失当了吗？

自浮屠氏言因果祸福，而为善获报之说，深中于人心，牢固而不可破。士方其佔毕咿唔，则期报于科第禄仕；或少读古书，窥著作之林，则责报于遐迩之誉，后世之名；纂述未及终编，辄冀得一二有力之口，腾播人人之耳，以偿吾劳也。朝耕而暮获，一施而十报，譬若沽酒市脯，喧聒以责之贷者，又取倍称之息焉。禄利之不遂，则徼幸于没世不可知之名。甚者至谓孔子生不得位，没而俎豆之报，隆于尧舜。郁郁者以相证慰，何其陋欤！今夫三家之市，利析锱铢，或百钱逋负，怨及孙子；若通圈贸易，瑰货山积，动逾千金；则百钱之有无，有不暇计较者矣。商富大贾，黄金百万，公私流衍，则数十百缗之费，有不暇计较者矣。均是人也，所操者大，犹有不暇计其小者；况天之所操尤大，而于世人毫末之善，口耳分寸之学，而一一谋所以报之，不亦劳哉！商之货殖同、时同，而或赢或绌；射策者之所业同，而或中或罢；为学著书之深浅同，而或传或否，或名或不名，亦皆有命焉，非可强而几也。古之君子，盖无日不忧，无日不乐。道之不明，已之不免为乡人，一息之或懈，忧也；居易以俟命，下学而上达，仰不愧而俯不怍，乐也。自文王、周、孔三圣人以下，至于王氏，莫不忧以终身，乐以终身，无所于祈，何所为报？已则自晦，何有于名？惟庄周、司马迁、柳宗元三人者，伤悼不遇，怨悱形之简册，其于圣贤自得之乐，稍违异矣。然彼自惜不世之才，非夫无实而汲汲时名者比也。苟汲汲于名，则去三十二子也远矣。将适燕晋而南其辕，其于术不益疏哉？

【译文】自从佛教倡言因果祸福，行善事得善报的说法就深入人心，且牢不可破。读书人刚学会诵读吟咏诗文，就期望能得到科举及第、做官发财的报偿；或者稍稍读一点古书，就希望远近知晓，后世留名；有的编纂书籍不等完稿，立即希望通过一、二知名人士，把他们的名字传播开去。希望早晨耕种傍晚即可收获，一次施恩而望得到十倍的回报，这就像卖酒卖干肉，大吵大闹责备借贷者，要他偿付加倍的利息。不能达到升官发财的目的，就侥幸去追求死后扬名。甚至说孔子在世时不得其位，死后享受报德的祭祀，比尧舜还隆重。那些忧郁不得志的人以此互相证明安慰，这是何等浅薄呵！今天各方往来贸易，赢利辨析得非常细微，或者拖欠百钱，就积怨子孙；如大都会贸易，各种货物堆积如山动辄价值超过千金；那百钱的有无，也有没有功夫计较的。富商大贾，黄金百万，公私货物广布充溢，几十上百缗铜钱的花费，有没有功夫计较的。同样是人，所掌握的财产巨大，还有没功夫计算小钱的；何况上天所掌管的尤其宏大，对于世上人们的一点点好处，十分微小的学问，而一一谋划给予酬报，有多么劳累！商贾经商相同，时间相同，但有的赢利，有的亏本；应试的人学习课业相同，有的考中，有的落榜；治学著书的深浅相同，有流传世上，有的湮没无闻，传名或不传名，也都是命运，不可以强求。古昔的君子，大约无日不忧，无日不乐。孔孟之道不能彰明，自己不免成为寻常百姓，暂停一下或懈怠，这都是忧虑的事；安于平易，等待命运，虚心学习，努力上进，对上下都无有惭愧，这都是乐趣。从周文王、周公、孔子三圣人以下，到王伯厚，他们无一不是忧以终身，乐以终身，没有什么祈求，又求什么回报？自己则隐居匿迹，又有何求名？只有庄周、司马迁、柳宗元三人，伤感自己怀才不遇，怨恨之情在其作品中常有流露，这与圣贤自得其乐相比，稍稍有所不同。然而，他们自己可惜自己罕有的才华，不是那些没有实际的才能而急于追求成名的可以相比的。如果急于功名，那么与三十二人相差就太远了。如果要去北面的燕晋而车却向南走去，这不是距去北方的路更远了吗？

文周孔孟，班马左庄，葛陆范马，周程朱张，韩柳欧曾，李杜苏黄，许郑杜马，顾秦姚王。三十二人，俎豆馨香。临之在上，质之在旁。

【译文】周文王、周公、孔子、孟子、班固、司马迁、左丘明、庄子、诸葛亮、陆贽、范仲淹、司马光、周敦颐、程颐、程颢、朱熹、张载、韩愈、柳宗元、欧阳修、曾巩、李白、杜甫、苏轼、黄庭坚、许慎、郑玄、杜佑、马端临、顾亭林、秦惠田、王伯厚。三十二人，享受后人的祭礼而流芳后世。把他们的画像高挂在上，恭敬地把画像记放在画像的旁边。

五箴并序

少不自立，荏苒遂洎今兹。盖古人学成之年，而吾碌碌尚如斯也。不其戚矣！继是以往，人事日纷，德慧日损，下流之赴，抑又可知。夫疢疾所以益智，逸豫所以亡身，仆以中才而履安顺，将欲刻苦而自振拔，谅哉其难之欤！作五箴以自创云。

【译文】年少时不求自立，任时光白自流逝。古人在我现在的年纪时都已学业有成了。而我还是碌碌无为，一事无成，不免让人感伤于怀！从今天开始，涉及的人和事越来越多，恩德一天不如一天，渐趋下游，这都是在预料之内的。疾病能增长人的智慧，安逸的生活容易使人败亡。我只是中等的天赋，但却事业通达，一帆风顺，怕养成骄奢之气，所以想勤下功夫使自己更进一步，但说起来容易做起来难呀，所以创作了以下《五箴》。

立志箴

煌煌先哲，彼不犹人。藐焉小子，亦父母之身。聪明福禄，予我者厚哉!弃天而佚，是及凶灾。积悔累千，其终也已。往者不可追，请从今始。荷道以躬，舆之以言。一息尚存，永矢弗谖。

【译文】名垂千古的先哲圣贤，他们其实也是普通人。我虽然渺小卑微，但也是父母所生，也给予我智慧福禄，这已经待我非常丰厚了!违背天理，享受安逸的生活，就容易招来灾祸。悔恨在胸中越积越多，该是终止的时候了。过去的时光已经无可挽回，所以我们从今天开始就要把握生命，承担道义，并用语言加以发扬，只要一息尚存，就要坚决执行下去。

居敬箴

天地定位，二五胚胎。鼎焉作配，实曰三才。俨恪斋明，以凝女命。女之不庄，伐生戕性。谁人可慢?何事可弛?弛事者无成，慢人者反尔。纵彼不反，亦长吾骄。人则下女，天罚昭昭。

【译文】天地在定立名分后，万物化育。鼎足而配，称为天地人三才，并最终有了人类。内心不正，残害生灵。哪些人可以对他傲慢无礼?哪些事可以随意松弛懈怠?这些都会导致一定的恶果，处事粗心大意的人最终将会一事无成，待人傲慢的人最终也会招来他人的无礼对待。如果他人对你的行为不加厌恶，就会助长你的骄气，其结果同样是让人看不起，这些都是惹恼上天所降下的惩罚啊!

主静箴

斋宿日观，天鸡一鸣。万籁俱息，但闻钟声。后有毒蛇，前有猛虎。神定不慑，谁敢予侮？岂伊避人，日对三军。我虑则一，彼纷不纷。驰骛半生，曾不自主。今其老矣，殆扰扰以终古。

【译文】寄宿在日观之中，听到了天鸡的鸣叫。万籁俱寂，只能听到观中的钟声。身后有毒蛇，身前有猛虎，但只要心神安定，谁还敢欺侮我呢？有些人躲避世事。就像战场上面对三军一般。我却思虑专一，不会被外界的纷杂之事所扰。我半辈子心意松驰，从未曾自主处事避，如今已经老了。难道还要被外界的纷乱之事所打搅吗？

谨言箴

巧语悦人，自扰其身。闲言送日，亦搅女神。解人不夸，夸者不解。道听途说，智笑愚骇。骇者终明，谓女贾欺。笑者鄙女，虽矢犹疑。尤悔既丛，铭以自攻。铭而复蹈，嗟女既耄。

【译文】用花言巧语取悦于他人，最终只会给自己带来祸患。平常生活中的闲言碎语，也会扰乱你的心神。真正有智慧的人从不向人夸耀，而夸耀的人往往不明白、不了解。对于那些道听途说的事，聪明的人只会付之一笑，而愚笨的人则会惊慌失措，当那些惊慌失措之人明白真相后，便会说自己受了欺骗。讥笑你的人会轻视戳弹粳你率真也会遭到怀疑，这不免使你心生悔恨，所以便把类似的遭遇深深记在了心里，时刻警醒自己，以免日后会重蹈覆辙，到年老之时空发感叹。

有恒箴

自吾识字，百历及兹。二十有八载，则无一知。曩者所忻，阅时而鄙。故者既抛，新者旋徙。德业之不常，日为物迁。尔之再食，曾未闻或愆。黍黍之增，久乃盈斗。天君司命，敢告马走。

【译文】从我识字开始，经历了不少的遭遇，到如今已经有二十八年了，但还是感觉没有成就，一无所知。以前所赞成认同的东西，过了一段时间后竟然又放弃了。已经抛弃的东西暂且不说，但新增加的东西却也不能保持长久，这主要是没有恒心的缘故呀。如果不能养成恒久的德行，经常被外界事物所左右，此生就会难成大事。只有一天天地积累，事物才会由小到大，一粒粒的粮食经过日益的积累，也能装满一斗。天君司命所要揭示的道理便在这里。

古文治要上（卷二）

历代各家名文

历代各家名文 序

古文十七家之选既竟，或叩之曰：子此卷以人为主，于吾国古文大家之源流，可云得其要略矣，然而历代各家之文笔，其名贵一世者，今皆不在前选家数之内，一切摒弃，岂不缺漏之甚乎？谨应之曰：诚然。于是复援诸子理学等编之例，更立此卷，以文为主，不限家数，与前选互为经纬，相辅而行，约得百首。虽其中所录之作，别无奇篇秘籍，以资博览；然昔人有言：譬之日月，虽终古常见，而光景常新，盖文若此类者，今固不得而去也。

综而论之，此卷所录，其作者不拘一派，其文体不拘骈散，从其义类而为名，则有忠义感愤之言，有仁孝悲悯之辞，有达人闲适之篇，亦有才士瑰丽之作；或以事理胜，或动人在委屈人情，或得趣在自然成文。要之，载事辩理，陶情养志，期立言于不朽，尽感化之能事，与十七家者，固无异道。是卷虽局于篇幅，不能求备，而又不能竟废，学者亦可由是而得其用心之方矣。（案是卷讫始于宋玉者，以宋玉以前之作，皆属于经史诸子之类，不容采入；又以前选十家，讫始于屈原，屈宋同时为师弟，尤便于两卷互考。而详究斯文之原本，其书断于范仲淹者，则以南宋而后，其文章虽不乏一世传诵之作，然细案其辞气，大率明畅有余而浑厚不足，及推其为用，则启迪者多，而陶养居少，故不足以尽文章感化之能事，盖由时代为之，最难勉强者，今从严不录，若本编论文小说两卷，则于宋以后之作，采取较多，学者可合观之，斯源流详备矣。）

【译文】十七家古文已经选录完，有的人说：“这一卷以人为主，对于我国古文大家的源流，可以了解大概。然而历代各家的文笔，在当时很著名且珍贵的，都不在前面选录的家数内，都摒弃了，不是缺漏的太厉害了吗？”回答说：“的确如此。”于是又采用理学等编的体例，更改、重新编了此卷，以文为主，不限于家数，与前面选录的互为经纬，相互辅助，大约选录了百首。虽然其中选录的，没有奇篇、秘籍，以供博览，但过去有人说：“譬如日月，虽然终古常见，但光景常新”，文章也是如此，今天固然不能都去掉。

综合来说，这卷所录的文章作者，不拘于一派，文体也不拘于骈文或散文。根据文章的思想来划分，则有忠义、感愤的言论，有仁孝、悲悯的言辞，有豪放豁达之人清闲安适的篇目，也有才士文辞华丽的著作，或者以事理取胜，或者以气势取胜，或者因委屈人情以感动人，或者旨趣在描摹自然。总之，记载事物，辨明事理，陶冶情趣，涵养意志，希望所立言论能不朽，极尽感化人类的作用，与前面十七家，在思想上没有不同。这卷虽然局限于篇幅，不能完备，但又不能都废弃，治学者也可由此而直到他们用心之处。（这卷以宋玉为开端，因为宋玉以前的著作都属于经史、诸子一类，不易录入；又因前面选录的十七家从屈原开始，屈原、宋玉是同时代的，并是师弟关系，尤便于两卷相互参考。而详细考究这卷的原本，最后以范仲淹结尾，则因南宋以后的文章虽然不缺有世代传诵的作品，但仔细考究其言辞、气势，大都太过明白流畅而缺乏浑厚，推及到其功用，则启迪的多，陶养性情的的少，不能尽文章感化的作用，这大概是因为时代的原因，最难勉强的，今从严不录。像本编论文、小说两卷，则宋以后的著作，采取别人的很多，治学者可以综合考察，这样源流就详细完备了。）

宋 玉

周战国楚人，屈平弟子，为大夫。平既放逐，玉作《九辩》《招魂》，述其志而哀其命，又有《神女》《高唐赋》《对楚王问》等篇，皆寓言托兴之作，楚词之尤佳者。

【译文】周代战国时期楚国人，屈平弟子，任大夫，屈原被放逐时，宋玉作《九辩》《招魂》，述说其志向而悲哀其命运。又有《神女赋》《高唐赋》《对楚王问》等篇，都是用寓言以寄托其情趣，是楚词中很好的。

九 辩

悲哉秋之为气也!萧瑟兮，草木摇落而变衰。憭栗兮，若在远行，登山临水兮，送将归。泬寥兮，天高而气清；寂寥兮，收潦而水清，憯凄增欷兮，薄寒之中人。怆怳懭[忄加良]兮，去故而就新；坎壈兮，贫士失职而志不平。廓落兮，羁旅而无友生；惆怅兮，而私自怜。燕翩翩其辞归兮，蝉寂寞而无声。雁廱廱而南游兮，鹍鸡啁哳而悲鸣。独申旦而不寐兮，哀蟋蟀之宵征。时亹亹而过中兮，蹇淹留而无成。

【译文】可悲啊秋天这自然之气!秋风飒飒啊，草木飘摇凋落变衰微；凄凄凉凉啊，好象远行飘泊在异地；登山临水啊，好象送别挚友独自归。空空荡荡啊，天空高远而空气凄清；虚虚静静啊，雨水收止而流水澄清；沉痛悲叹啊，轻微的寒气阵阵袭人；失意哀愁啊，离开故都而迁往新城。坎坷挫折啊，贫士失位而心中不平；孤独空寂啊，他乡作客而没有知音；落魄惆怅啊，无人相怜自身怜自身。燕子翩翩辞别北国飞往南方啊，蝉儿寂寂寞寞再也不吭声。鸿雁廱廱叫着向南遨游啊，鹍鸡喳喳细碎而急促地悲鸣。我独自通宵达旦不能入睡啊，哀怜那蟋蟀夜间跳个不停，时光流逝人过中年了啊，久留异地然而一事无成。

皇天平分四时兮，窃独悲此凛秋。白露既下百草兮，奄离披此梧楸。去白日之昭昭兮，袭长夜之悠悠。离芳蔼之方壮兮，余萎约而悲愁。秋既先戒以白露兮，冬又申之以严霜。收恢台之孟夏兮，然坎傺而沉藏。叶菸邑而无色兮，枝烦拏而交横；颜淫溢而将罢兮，柯仿佛而萎黄；萷櫹椮之可哀兮，形销铄而瘀伤。惟其纷糅而将落兮，恨其失时而无当。

【译文】上天把一年平分为四季，我只对凄凉的秋季悲伤。白露已经降临百草之上，梧桐揪树很快枝枯叶光。离开了阳光灿烂的夏日，进入茫茫秋夜无尽漫长。百花盛开时节已经逝去，草木枯萎衰败令人悲伤。白露下降警戒秋天来临，严霜又来告诫寒冬将降。秋天一扫盛夏繁茂景象，旺盛生机不知哪里躲藏。这时草木显得黯淡失色，枝条纷乱交横错杂无章。树叶凋敝零落即将萎谢，树木枝干衰败颜色枯黄。树杪光秃萧疏令人悲痛，枝丫形销骨立内受损伤。想到败叶衰草即将调零，怅恨命乖运蹇失去时光。

揽騑辔而下节兮，聊逍遥以相佯。岁忽忽而遒尽兮，恐余寿之弗将。悼余生之不时兮，逢此世之俇攘。澹容与而独倚兮，蟋蟀鸣此西堂。心怵惕而震荡兮，何所忧之多方！卬明月而太息兮，步列星而极明。

【译文】抓住边马缓绳缓缓而行，姑且漫无边际徘徊游荡。日月易逝眼看时近岁暮，我担心自己的寿命不长。自己生不逢时实堪悲伤，遭逢混乱世道令人沮丧。心中百无聊奈独倚栏杆，愁听蟋蟀声声鸣叫西堂。我的内心时时惊惧震动，为何百感交集时牵愁肠。夜里仰望明月长长叹息，在星光下徘徊直到天亮。

窃悲夫蕙华之曾敷兮，纷旖旎乎都房。何曾华之无实兮，从风雨而飞飏。以为君独服此蕙兮，羌无以异于众芳。闵奇思之不通兮，将去君而高翔。心闵怜之惨凄兮，愿一见而有明。重无怨而生离兮，中结轸而增伤。岂不郁陶而思君兮，君之门以九重。猛犬狺狺而迎吠兮，关梁闭而不通。皇天淫溢而秋霖兮，后土何时而得干。块独守此芜泽兮，仰浮云而永叹。

【译文】可悲啊！那蕙花美丽芳香，在宫中枝繁叶茂地开放。为何层层花朵没有结果，花瓣顺着风雨到处飞扬？我还以为君王独爱蕙花，哪知蕙花也与众花一样。可怜曲折心思无人理解，我将离开君王远走他方。我的心啊多么忧愁凄凉，希望一见君王倾诉衷肠。并无怨恨却要生生离别，心中郁结痛苦更加悲伤。哪会不思君而则忧思郁结，只是君门幽深重重关防。猛犬守门迎着来人狂叫，门关和桥梁都闭塞不畅。老天爷降下了绵绵秋雨，大地何时才有干燥地方？众人都蒙君泽独我不沾，仰望蔽日阴云喟叹深长。

何时俗之工巧兮，背绳墨而改错！却骐骥而不乘兮，策驽骀而取路。当世岂无骐骥兮？诚莫之能善御。见执辔者非其人兮，故局跳而远去。凫雁皆唼夫粱藻兮，凤愈飘翔而高举。圜凿而方枘兮，吾固知其鉏铻而难入。众鸟皆有所登栖兮，凤独遑遑而无所集。愿衔枚而无言兮，尝被君之渥洽。太公九十乃显荣兮，诚未遇其匹合。骐骥伏匿而不见兮，凤皇高飞而不下。鸟兽犹知怀德兮，何云贤士之不处？骥不骤进而求服兮凤亦不贪喂而妄食。君弃远而不察兮，虽愿忠其焉得！欲寂寞而绝端兮，窃不敢忘初之厚德。独悲愁其伤人兮，冯郁郁其何极！

【译文】俗人多么善于投机取巧啊，违背规矩而改变法度！拒绝骏马而不肯乘坐啊，赶着驽马而走上邪路。当代哪里没有骏马啊，实在是无人善于驾驭；看那赶车人不是贤才啊，因而跳跃着远远离去。凫雁都吃着粟米水藻啊，凤凰翱翔高飞入天宇。凿孔圆而楔子方啊，我知它们互相抵触难插入。群鸟都有栖身之所啊，凤凰独自匆匆无处定居。希望口如衔枚不再说话啊，只因曾受过君王的厚遇。姜太公九十岁才显贵荣耀啊，实在是未遇上能配合的君主。骏马隐藏不再抛头露面啊，凤凰高飞不再落到地下去；鸟兽尚知感恩戴德啊，怎能说贤人不愿与贤君共处？骏马不急于进取求任用啊，凤凰也不贪喂养而乱吃食物。君王抛弃疏远而不体察我啊，，我虽想效忠又哪有门路？想寂寂寞寞断绝进取的念头啊，内心又不敢忘记当初君主的礼遇。独自悲伤愁闷使人损伤精神啊，愤懑忧郁到哪才算极度？

霜露惨凄而交下兮，心尚幸其弗济。霰雪雰糅其增加兮，乃知遭命之将至。愿徼幸而有待兮，泊莽莽与野草同死。愿自直而径往，路壅绝而不通。欲循道而平驱兮，又未知其所从。然中路而迷惑兮，自压桉而学诵。性愚陋以褊浅兮，信未达乎从容。窃美申包胥之气盛兮，恐时世之不同。独耿介而不随兮，愿慕先圣之遗教。处浊世而显荣兮，非余心之所乐。与其无义而有名兮，宁穷处而守高。食不偷而为饱兮，衣不苟而为温。窃慕诗人之遗风兮，愿托志乎素餐。蹇充倔而无端兮，泊莽莽而无垠。无衣裘以御冬兮，恐溘死不得见乎阳春。

【译文】凛冽的霜露啊一齐袭来，我曾盼望它们不能逞凶。大雪纷纷扬扬越下越大，才知悲惨命运即将降临。希望侥幸避难有所期待，我难免与野草同归于尽。我想面见君王辩明曲直，可是道路阻绝难以通行。想要遵循正道平稳前进，但又不知应该何去何从。行至中途就觉迷惑不解，只好压抑感情把《诗》朗诵。本性愚昧无知狭隘浅薄，阿谈奉迎实在一窍不通。我赞美申包胥志气壮盛，又怕时代相异实难求同。为何世俗小人善于投机，毁坏法度改变正常措施。我光明正大不随波逐流，愿把前代圣贤教诲遵崇。处身混浊社会显名荣耀，这些决非我心所愿乐从。与其没有道义搏得虚名，宁可保持气节安于贫穷。

不能苟且求食而得饱腹，不能苟且求衣以求温暖。我衷心仰慕诗人的风格，不愿过无功食禄的生活。我的心里充满无穷委曲，漂泊荒郊野外无边无际。没有棉衣皮袄抵御寒冬，恐怕不见春天突然死去。

靓杪秋之遥夜兮，心缭悷而有哀。春秋逴逴而日高兮，然惆怅而自悲。四时递来而卒岁兮，阴阳不可与俪偕：白日晼晚其将人兮，明月销铄而减毁。岁忽忽而遒尽兮，老冉冉而愈摧。心摇悦而日幸兮，然怊怅而无冀。中憯恻之凄怆兮，长太息而增欷。年洋洋以日往兮，老嵺廓而无处。事亹亹而觊进兮，蹇淹留而踌躇。

【译文】安静的暮秋夜正长，郁结缠绕无尽忧。春秋替代渐渐年事高，于是独自惆怅独自忧。四季更替一年又结束，阴和阳永远不能共存处。天色苍茫太阳将落下，明月也残缺圆满不再显露。岁月在忧惚中又迫近了年尾，年纪越老心志也跟着在朽蠹。心意摇动每日总生起些期盼，可又惆怅这都是白日在做梦。沉痛迫中肠啊我心苦楚，长长的叹息一声声。时光荏冉年华空流逝，老迈人在这空旷世界无宿处。勤勉国事希望得到进用，一生就白白度过空踯躅。

何泛滥之浮云兮，猋壅蔽此明月。忠昭昭而愿见兮，然阴阴而莫达。愿皓日之显行兮，云蒙蒙而蔽之。窃不自料而愿忠兮，或黕点而污之。彼日月之照明兮，尚黯黮而有瑕。何况一国之事兮，亦多端而胶加。

被荷裯之晏晏兮，然潢洋而不可带。既骄美而伐武兮，负左右之耿介。农夫辍耕而容与兮，恐田野之芜秽。事绵绵而多私兮，窃悼后之危败。世雷同而炫曜兮，何毁誉之昧昧！今修饰而窥镜兮，后尚可以窜藏。愿寄言夫流星兮，羌倏忽而难当。卒壅蔽此浮云兮，下暗漠而无光。

【译文】浮云何其翻滚又腾涌，迅速升起将明月来遮蔽。昭昭的忠心希望君主能见到，可是天色昏暗无法知晓。希望太阳能光明显耀地运行，可是乌云蒙蒙总是将它遮盖。自不量力想献出一片忠心，可是有人将我诬蔑和陷害。唐尧虞舜的品行是多么高尚，光辉耀眼可以上与天齐。嫉妒小人多么险恶，横加诬蔑说他们没有恩慈。日月在天空照耀，尚且还有点点的瑕疵。何况是一国大事，更是头绪繁多纠葛。

穿上柔和的荷叶衣裳真好看，可是宽大空荡又不能系带子。您总是夸耀自己美好又勇武，自负左右亲信都是耿介之士。美德之人总被你憎恶，装腔作势的小人却总让你喜。小人投机钻营一天天在高升，贤德们总是越来越远离开你。农夫都停下耕作来休息，恐怕田野会凋敝。国事纷纭群小以私多害公，真担心国家终归要溃崩。群小雷同相互炫耀，毁誉颠倒错乱一片糊涂。现在对着镜子来修饰，到后来如何逃脱罪责和惩处！愿意托流星带封信给楚王，可是它飞来飞去难相遇。天地都被这浮云遮住，下界昏暗一片模糊。

尧舜皆有所举任兮，故高枕而自适。谅无怨于天下兮，心焉取此怵惕？骐骥之浏浏，驭安用夫强策？谅城郭之不足恃兮，虽重介之何益？遭翼翼而无终，忳惛惛而愁约。生天地之若过兮，功不成而无效。愿沉滞而不见兮，尚欲布名乎天下。然潢洋而不遇兮，直怐愗而自苦。莽洋洋而无极兮，忽翱翔之焉薄？国有骥而不知乘兮，焉皇皇而更索？宁戚讴于车下兮，桓公闻而知之。无伯乐之善相兮，今谁使乎訾之？罔流涕以聊虑兮，惟着意而将之。纷纯纯之愿忠兮，妒被离而鄣之。

【译文】唐尧虞舜选贤任能，因此高枕无忧自逍遥。自信没有辜负天下期望，就不会心里有鬼总恐慌。骏马驾车总会畅行如流水，何用鞭笞强督促？如果城郭都不可靠，厚重的盔又有什么用处？小心谨慎又竭身恭敬，可郁闷沉沉心被缚。人生天地如过客，事业不成名声也无从树。想就这样隐姓埋名人不见，又想四海之内名声布。飘飘荡荡不受重用，就这样空怀愚忠自愁苦。空落旷野茫茫无边际，一身漂泊何处是归处!国有良马却不知乘，还急匆匆到哪去求索？宁戚在车下一唱歌，桓公就知道他有大抱负。如果世上没有了伯乐的慧眼，谁还能将良马来称数？怅惘流泪姑且抒发忧愁，望国君能体察我的忠厚。纯纯的心意想要献给君主，无休无止的嫉妒将我来障堵。

愿赐不肖之躯而别离兮，放游志乎云中。计专专之不可化兮，愿遂推而为臧。赖皇天之厚德兮，还及君之无恙。

【译文】望还我轻贱身躯让我离去，我要在云中闲游找个住处。拳拳忠贞的心意终不可改变，终愿自进做名贤。靠着皇天的厚恩，保佑我君无病无灾永安然。

对楚王问

楚襄王问于宋玉曰：“先生其有遗行与？何士民众庶不誉之甚也？”

宋玉对曰：“唯，然，有之。愿大王宽其罪，使得毕其辞。客有歌于郢中者，其始日《下里》《巴人》，国中属而和者数千人。其为《阳阿》《薤露》，国中属而和者数百人。

其为《阳春》《白雪》，国中有属而和者，不过数十人。引商刻羽，杂以流徵，国中属而和者，不过数人而已。是其曲弥高，其和弥寡。故鸟有凤而鱼有鲲。凤凰上击九千里，绝云霓，负苍天，翱翔乎杳冥之上。夫藩篱之鷃，岂能与之料天地之高哉？鲲鱼朝发昆仑之墟，暴鬐于碣石，暮宿于孟诸。夫尺泽之鲵，岂能与之量江海之大哉？故非独鸟有凤而鱼有鲲，士亦有之，夫圣人瑰意琦行，超然独处，世俗之民，又安知臣之所为哉？”

【译文】楚襄王问宋玉说：“先生是否有丑行劣迹，为什么老百姓这样不称道你呢？”

宋玉回答说：“是。但这是有原因的。请大王恕罪，让我把话说完。有人在楚国国都郢中唱歌，开始唱《下里巴人》，城里跟着他一同和声而唱的有几千人；继而唱《阳阿》《薤露》，城里跟着他一同和声而唱的有几百人；后来唱《阳春白雪》，城里跟着他一同和声而唱的只有几十人，乐律渐趋严正，掺合着变调，城里跟着他一同和声而唱的不过几人而已。这叫做曲高和寡。鸟中有凤，鱼中有鲲。凤凰一飞九千里，高绝云端，背负青天，飞翔在渺渺茫茫的上空；草丛中的尺鷃怎么能够像凤凰一样识别天地之高低？鲲鱼早上从昆仑山下出游，它的鬐脊出现在海边的山石之间，到了晚上就宿于大洋之中。小沼泽中的貌鱼怎么能够像鳗鱼一样懂得江海之汪洋？所以，不但鸟中有凤，鱼中有鲵，人类中也同样有大人物。圣人就有亢言高行，出类拔萃，不同凡响；那种世俗小人又怎么能够了解我的所作所为呢？”

邹　阳

汉临淄人，景帝时与枚乘、严忌仕吴，以文辩知名。吴王阴有邪谋，上书谏，不听，去之梁，从孝王游，为羊胜等所谮，下狱，上书自陈，王出之，待为上客。

【译文】汉朝临淄人，汉景帝时期和枚乘、严忌在吴地任职，义辩论著名。当时吴王有密谋，他上书劝谏，吴王不听，就离开去了梁国，跟随梁孝王，被羊胜等诬陷而入狱，他上书自述，梁孝王就释放了他，待为上客。

狱中上梁王书

臣闻忠无不报，信不见疑，臣常以为然，徒虚语耳。昔荆轲慕燕丹之义，白虹贯日，太子畏之；卫先生为秦画长平之事，太白食昴，昭王疑之。夫精变天地而信不谕两主，岂不哀哉！今臣尽忠竭诚，毕议愿知，左右不明，卒从吏讯，为世所疑。是使荆轲、卫先生复起，而燕、秦不寤也。愿大王孰察之。

昔玉人献宝，楚王诛之；李斯竭忠，胡亥极刑。是以箕子阳狂，接舆避世，恐遭此患也。愿大王察玉人、李斯之意，而后楚王、胡亥之听，毋使臣为箕子、接舆所笑。臣闻比干剖心，子胥鸱夷，臣始不信，乃今知之。愿大王孰察，少加怜焉。

语曰："有白头如新，倾盖如故。"何则？知与不知也。故樊于期逃秦之燕，借荆轲首以奉丹事；王奢去齐之魏，临城自刭以却齐而存魏。夫王奢、樊于期非新于齐、秦而故于燕、魏也，所以去二国、死两君者，行合于志，慕义无穷也。是以苏秦不信于天下，为燕尾生；白圭战亡六城，为魏取中山。何则？诚有以相知也。苏秦相燕，人恶之燕王，燕王按剑而怒，食以駃騠；白圭显于中山，人恶之于魏文侯，文侯赐以夜光之璧。何则？两主二臣，剖心析肝相信，岂移于浮辞哉！

故女无美恶，入宫见妒；士无贤不肖，入朝见嫉。昔司马喜膑脚于宋，卒相中山；范雎拉胁折齿于魏，卒为应侯。此二人者，皆信必然之画，捐朋党之私，挟孤独之交，故不能自免于嫉妒之人也。是以申徒狄蹈雍之河，徐衍负石入海，不容于世，义不苟取比周于朝以移主上之心。故百里奚乞食于道路，缪公委之以政；甯戚饭牛车下，桓公任之以国。此二人者，岂素宦于朝，借誉于左右，然后二主用之哉？感于心，合于行，坚如胶漆，昆弟不能离，岂惑于众口哉？故偏听生奸，独任成乱。昔鲁听季孙之说逐孔子，宋任子冉之计囚墨翟。夫以孔、墨之辩，不能自免于谗谀，而二国以危。何则？众口铄金，积毁销骨也。秦用戎人由余而伯中国，齐用越人子臧而强威、宣。此二国岂系于俗，牵于世，系奇偏之浮辞哉？公听并观，垂明当世。故意合则胡越为兄弟，由余，子臧是矣；不合则骨肉为仇敌，朱、象、管、蔡是矣。今人主诚能用齐、秦之明，后宋、鲁之听，则五伯不足侔，而三王易为也。

是以圣王觉寤，捐子之之心，而不说田常之贤，封比干之后，修孕妇之墓，故功业覆于天下。何则？欲善亡厌也。夫晋文亲其雠，强伯诸侯；齐桓用其仇，而一匡天下。何则？慈仁殷勤，诚加于心，不可以虚辞借也。

至夫秦用商鞅之法，东弱韩、魏，立强天下，卒车裂之。越用大夫种之谋，禽劲吴而伯中国，遂诛其身。是以孙叔敖三去相而不悔，于陵子仲辞三公为人灌园。今人主诚能去骄傲之心，怀可报之意，披心腹，见情素，堕肝胆，施德厚，终与之穷达，无爱于士，则桀之犬可使吠尧，跖之客可使刺由，何况因万乘之权，假圣王之资乎！然则荆轲湛七族，要离燔妻子，岂足为大王道哉！

臣闻明月之珠，夜光之璧，以闇投人于道，众莫不按剑相眄者。何则？无因而至前也。蟠木根柢，轮囷离奇，而为万乘器者，以左右先为之容也。故无因而至前，虽出随珠和璧，祇怨结而不见德；有人先游，则枯木朽株，树功而不忘。今夫天下布衣穷居之士，身在贫羸，虽蒙尧、舜之术，挟伊、管之辩，怀龙逄、比干之意，而素无根柢之容，虽竭精神，欲开忠于当世之君，则人主必袭按剑相眄之迹矣。是使布衣之士不得为枯木朽株之资也。

是以圣王制世御俗，独化于陶钧之上，而不牵乎卑辞之语，不夺乎众多之口。故秦皇帝任中庶子蒙嘉之言，以信荆轲，而匕首窃发；周文王猎泾渭，载吕尚归，以王天下。秦信左右而亡，周用乌集而王。何则？以其能越挛拘之语，驰域外之议，独观乎昭旷之道也。

今人主沈谄谀之辞，牵帷廧之制，使不羁之士与牛骥同皂，此鲍焦所以愤于世也。臣闻盛饰入朝者不以私污义，底厉名号者不以利伤行。故里名胜母，曾子不入；邑号朝歌，墨子回车。今欲使天下寥廓之士笼于威重之权，胁于位势之贵，回面污行，以事谄谀之人，而求亲近于左右，则士有伏死堀穴岩薮之中耳，安有尽忠信而趋阙下者哉！

【译文】臣子听说忠心不会得不到报答，诚实不会遭到怀疑，臣子曾经以为是这样，却只不过是空话罢了。从前荆轲仰慕燕太子丹的义气，以至感动上天出现了白虹横贯太阳的景象，太子丹却不放心他；卫先生为秦国策划趁长平之胜灭赵的计划，上天呈现太白星进入昴宿的吉相，秦昭王却怀疑他。精诚使天地出现了变异，忠信却得不到两位主子的理解，难道不可悲吗？现在臣子尽忠竭诚，说出全部见解希望你了解，大王左右的人却不明白，结果使我遭到狱吏的审讯，被世人怀疑。这是让荆轲、卫先生重生，而燕太子丹、秦昭王仍然不觉悟啊。希望大王深思明察。

从前卞和献宝，楚王砍掉他的脚；李斯尽忠，秦二世处他以极刑。因此箕子装疯，接舆隐居，是怕遭受这类祸害啊。希望大王看清卞和、李斯的本心，置楚王、秦二世的偏听于脑后，不要使臣子被箕子、接舆笑话。臣子听得比干被开膛破心，伍子胥死后被裹在马皮囊里扔进钱塘江，臣子原先不相信，今天才清楚了。希望大王深思明察，稍加怜惜。

俗话说："有相处到老还是陌生的，也有停车交谈一见如故的。"为什么？关键在于理解和不理解啊。所以樊于期从秦国逃到燕国，用自己的头交给荆轲来帮助太子丹的事业；王奢离开齐国投奔魏国，亲上城楼自杀来退齐军以保存魏。王奢、樊于期并非对齐、秦陌生而对燕、魏有久远的关系，他们离开前两个国家，为后两个国君效死，是因为行为与志向相合，他们无限地仰慕义气。因此苏秦不被天下各国信任，却为燕国守信而亡；白圭为中山国作战连失六城，到了魏国却能为魏攻取中山国。为什么？确实是因为有了君臣间的相知啊。苏秦做燕相时，有人向燕王说他坏话，燕王按着剑把发怒，用贵重的马肉给苏秦吃。白圭攻取中山国后很显贵，有人向魏文侯说他坏话，魏文侯赐给白圭夜光璧。为什么？两个君主两个臣子，互相敞开心扉、肝胆相照，岂能被不实之辞所改变呢！

所以女子无论美不美，一进了宫都会遭到嫉妒；士无论贤不贤，一入朝廷都会遭到排挤。从前司马喜在宋国受膑刑，后来到中山国做了相；范雎在魏国被打断了肋骨敲折了牙齿，后来到秦国却封为应侯。这两个人，都自信一定会成功的计谋，丢弃拉帮结派的私情，依仗单枪匹马的交往，所以不可避免会受到别人的嫉妒。因此申徒狄自沉雍水漂入黄河，徐衍背负石头跳进大海，他们与世俗不相容，坚持操守而不肯苟且结伙在朝廷里改变君主的主意。所以百里奚在路上讨饭，秦穆公把国政托付给他；甯戚在车下喂牛，齐桓公委任他治国。这两个人，难道是向来在朝廷里做官，靠了左右亲信说好话，然后两位君主才重用他们的吗？心相感应，行动相符合，牢如胶漆，兄弟都不能离间他们，难道众人的嘴就能迷惑他们吗？所以偏听会产生奸邪，独断独行会造成祸患混乱。从前鲁国听信了季孙的坏话赶走了孔子，宋国采用了子冉的诡计囚禁了墨翟。凭孔子、墨翟的口才，还免不了受到谗言谀语的中伤，而鲁、宋两国则陷于危险的境地。为什么？众人的嘴足以使金子熔化，积年累月的诽谤足以使金子熔化，积年累月的诽谤是以使骨骸销蚀啊。秦国任用了戎人由余而称霸于中原，齐国用了越人子臧而威王、宣王两代强盛一时。这两个国家难道受俗见的束缚，被世人所牵制，为奇邪偏颇的不实之辞所左右吗？听各种意见，看各个方面，为当时留下一个明智的榜样。所以心意相合就是胡人越人也可以视为兄弟，由余、子臧就是例子；心意不合就是亲骨肉也可以成为仇敌，丹朱、象、管叔、蔡叔就是例子。现在人主要是真能采取齐国、秦国的明智立场，置宋国、鲁国的偏听偏信于脑后，那么五霸将难以相比，三王也是容易做到的啊。

因此圣明的君王能够省悟，抛弃子之那种“忠心”，不喜欢田常那种“贤能”，象周武王那样封赏比干的后人，为遭纣王残害的孕妇修墓，所以功业才覆盖天下。为什么？行善的愿望从不以为够了。晋文公亲近往日的仇人，终于称霸于诸侯；齐桓公任用过去的敌对者，从而成就一匡天下的霸业。为什么？慈善仁爱情意恳切，确确实实放在心上，是不能用虚假的言辞来替代的。

至于秦国采用商鞅的变法，东边削弱韩、魏，顿时强盛于天下，结果却把商鞅五马分尸了。越王采用大夫种的策略，征服了强劲的吴国而称霸于中原，最后却逼迫大夫种自杀了。因此孙叔敖三次从楚国离开相位也不后悔，于陵子仲推辞掉三公的聘任去为人浇灌菜园。当今的君主真要能够去掉骄傲之心，怀着令人愿意报效的诚意，坦露心胸，现出真情，披肝沥胆，厚施恩德，始终与人同甘苦，待人无所吝惜，那么夏桀的狗也可叫它冲着尧狂吠，盗跖的部下也可以叫他去行刺许由，何况凭着君主的权势，借着圣王的地位呢！这样，那么荆轲灭七族，要离烧死妻子儿女，难道还值得对大王细说吗？

臣子听说明月珠、夜光璧，在路上暗中投掷给人，人们没有不按着剑柄斜看的。为什么？是因为无缘无故来到面前啊。弯木头、老树桩，屈曲得怪模怪样，倒能够成为君主的用具，是靠了君主身边的人先给它粉饰一番呀。所以无依无靠来到面前，即使献出随侯珠、和氏璧，也只能遭忌结怨而不会受到好报；有人先说好话，那枯木朽枝也会立下功勋而令人难忘。当今天下平民出身、家境贫穷的士人，即使胸中藏着尧、舜的方略，拥有伊尹、管仲的辩才，怀着关龙逢、比干的忠诚，可是从来没有老树桩子那种粉饰，虽然尽心竭力，想要向当世的君主打开一片忠贞之心，那么君主一定要蹈按着剑柄斜看的覆辙了。这就使平民出身的士人连枯木朽株的待遇也得不到了啊。

因此圣明的君主统治世俗，要有主见象独自在转盘上制造陶器一样，而不被讨好奉承的话牵着鼻子走，不因众说纷纭而改变主张。所以秦始皇听信了中庶子蒙嘉的话，因而相信了荆轲，而暗藏的匕首终于出现了；周文王出猎于泾水渭水之间，得到吕尚同车而回，从而取得了天下。秦轻信左右而灭亡，周因为赤乌降临而成王。为什么？因为文王能跨越卷舌聱牙的羌族语言，吸收其他方国的议论见解，独自看到光明正大的道理。

当今君主陷在阿谀奉承的包围之中，受到妃妾近侍的牵制，使思想不受陈规拘束的人才与牛马同槽，这就是鲍焦所以愤世嫉俗的原因。

臣子听说穿戴着华美服饰进入朝廷的人不用私心去玷污节操，修身立名的人不为私利去败坏行止。所以里闾以胜母为名，曾子就不肯进入；都邑以朝歌为名，墨子就回车而行。现在要使天下有远大气度的人才受到威重的权势的囚禁，受到尊位显贵的胁迫，转过脸去自坏操行，来侍奉进谗阿谀的小人，而求得亲近君主的机会，那么，士人只有隐伏老死在山洞草泽之中罢了，哪会有竭尽忠信投奔君主的人呢！

枚　乘

汉淮阴人，亦称枚叔，景帝时仕吴，上书陈吴王，不纳，去之梁，孝王尊为上客，武帝时，乘年已老，以安车蒲轮征之，道卒。尝作《七发》，后人仿为甚多，然未有及之者，乘与邹阳之文皆尚排偶，为六朝文体之滥觞，惟起始则皆雄伟，饶有先秦诸子之遗风焉。

【译文】汉代淮阴人，也称枚叔，汉景帝时在吴地做官，向吴王上书，不被采纳，于是离开去了梁地，梁孝文王尊其为上客，汉武帝时，枚乘年纪已大，用安车蒲轮征他入京，病死于途中。曾作《七发》，后人有很多都模仿他，但没有可以比得上的。枚乘与邹阳的文章都崇尚排偶，是六朝文体的起源，起始都很雄伟，富有先秦诸子的遗风。

奏吴王书

臣闻得全者全昌，失全者全亡。舜无立锥之地，以有天下；禹五十户之聚，以王诸侯；汤武之士，不过百里，上不绝三光之明，下不伤百姓之心者，有王术也。故父子之道，天性也。忠臣不避重诛以直谏，则事无遗策，功流万世。臣乘愿披腹心而效愚忠，惟大王少加意念恻怛之心于臣乘言。

【译文】我听说："能保全自己的人就会昌盛，不能保全自己的人就会灭亡。"舜帝最初连一小块立足的土地都没有，因为掌握这个道理就占有了天下，夏禹最初连一个十户的村落都没有，同样凭这个道理发展起来，在诸侯中称王。商汤和周武王开始时占有的地方方圆不超过一百里，可他们治理得当，对上感动了老天爷使日、月、星辰按规律运行，对下能顺从人们的意愿，不损伤老百姓，这是由于他们有高明的统治方法啊。就象父慈子孝是人类的天性一样，君义臣忠也是自然之理，忠臣不怕遭到杀身地直言进谏，国家的政事就不会有失策的地方，功绩就能流传万代。枚乘我愿意披肝沥胆地效忠于大王，希望大王有些恻隐之心对我的话能稍加留意。

夫以一缕之任，系千钧之重，上悬无极之高，下垂不测之渊，虽甚愚之人，犹知哀其将绝也。马方骇，鼓而惊之；系方绝，又重镇之；系绝于天，不可复结，坠入深渊，难以复出。其出不出，间不容发。能听忠臣之言，百举必脱。必若所欲为，危于累卵，难于上天。变所欲为，易于反掌，安于泰山。今欲极天命之寿，敝无穷之乐，究万乘之势，不出反掌之易，居泰山之安，而欲乘累卵之危，走上天之难，此愚臣之所大惑也。

【译文】在一根小小的带子上系上成千上万斤的重量，带子上端挂在没有尽头的高空，下端垂向难以测量的深渊，即使是极其愚笨的人也会担心它快要断绝了。马就要惊了，还用鼓声去吓唬它，带子就要断了，还用很重的东西来牵拉它，那实在是很危险的啊。挂在高空的带子从上端断绝了就不能够再连结它，下端掉进深渊里，就无法把它打捞出来。带子将断未断，那情势可是极其危急、容不得有半点犹豫的啊！能够听取忠臣的劝告，做什么事情都不会有危险。如果一意孤行，那将会象把蛋堆高那样危险，想达到目的将会象登天那样难以办到。至于改变自己的想法，可就象翻转自己的手掌那样容易，改变想法后的形势将会象泰山那样安稳。大王如今想享有百岁以上的寿命，享尽无穷的乐趣，始终保持吴国的大国优势，不采取易行的方法，使自己处于稳如泰山的安全地位，反而冒着极大的危险，想从那根本走不通的道路去达到自己的目的，这就是我困惑不已的原因。

人性有畏其景，而恶其迹者，却背而走，迹愈多，景愈疾，不如就阴而止，景灭迹绝。欲人勿闻，莫若勿言；欲人勿知，莫若勿为。欲汤之沧，一人炊之，百人扬之，无益也，不如绝薪止火而已。不绝之于彼，而救之于此，譬犹抱薪而救火也。养由基，楚之善射者也，去杨叶百步，百发百中；杨叶之大，加百中焉，可谓善射矣！然其所止，百步之内耳。比于臣乘，未知操弓持矢也。福生有基，祸生有胎，纳其基，绝其胎，祸何自来？

【译文】有一个由于畏惧而讨厌自己影子和脚印的人，他总是倒退着走路，可是这样一来脚印更多，影子更明显。他不懂得：只要走进阳光照不到的地方，影子和脚印就会消失了。想不让别人听到的话，最好的做法是不说出来，想不让别人知道的事，最好的方法是不去做。想让热汤冷却，一个人在锅下面烧火，上百个人去扬汤，那是没有用处的，还不如不再添柴把火灭掉。不消灭祸患的根源，只采取治表的方法来补助，就好比抱上柴草去救火，非但无益，反面会扩大灾祸。养由基是楚国最优秀的射箭能手，距离百步远而射小小的杨树叶，百发百中。杨树叶那么小，能百发百中，可以说是很会射箭的了。但是他所能射中的范围只是在百步之内罢了，比起我的远见卓识来，他简直是个还不曾懂得拉弓射箭的人。人的祸福都是有来由的，接纳掌握产生福的根基，杜绝根除产生祸的苗头，祸患又怎么能形成呢?

泰山之霤穿石,单极之绠断干。水非石之钻,索非木之锯,渐靡使之然也。夫铢铢而称之,至石必差;寸寸而度之,至丈必过;石称丈量,径而寡失。夫十围之木,始生如蘖,足可搔而绝,手可擢而拔,据其未生,先其未形也。磨砻砥砺,不见其损;有时而尽。种树畜养,不见其益,有时而大。积德累行,不知其善,有时而用。弃义背理,不知其恶,有时而亡。臣愿大王孰计而身行之,此百世不易之道也。

【译文】从泰山上流下来的水可以贯穿石板,井台上用来提水的绳子能够磨断单根井梁。水流不是用来钻石洞的钻子,绳子不是用来锯木头的锯子,它们能够贯穿石板、磨断井梁是日磨月损造成的。一铢一铢地称东西,积累够一石的重量时相差一定很大;一寸一寸地量长度,累加够一丈时实际长度一定会超过一丈。一石一石地称,一丈一丈地量,直接了当而且失误少。十围粗的大树开始生的时候不过是一根嫩芽,用脚趾就可以把它挠断,用手可以将它拔掉,这是在它还没有长大,还没有成形前动手的缘故。石磨和磨刀石,使用的时候看不出它在磨损,但用了一定的时间它们就会损坏,种树养家畜,看不到它们每天增长多少,但过了一定的时间它们就长大。做好事积累好的品行,平时看不到它的好处,但时间长了就会发生作用,做坏事违背理义,平时也看不到它的害处,但时间一久就会导致灭亡。我希望大王能仔细考虑这番道理然后实践它,这可是长久保持王位的好方法啊。

七 发

楚太子有疾,而吴客往问之,曰:“伏闻太子玉体不安,亦少间乎?”太子曰:“惫。谨谢客。”客固称曰:“今时天下安宁,四宇和平,太子方富于年。意者久耽安乐,日夜无极;邪气袭逆,中若结轖。纷屯澹淡,嘘唏烦酲,惕惕怵怵,卧不得瞑。虚中重听,恶闻人声。精神越渫,百病咸生。聪明眩曜,悦怒不平。久执不废,大命乃倾。太子岂有是乎?”太子曰:“谨谢客。赖君之力,时时有之,然未至于是也。”客曰:“今夫贵人之子,必宫居而闺处,内有保母,外有傅父,欲交无所。饮食则温淳甘脆,脭醲肥厚;衣裳则杂遝曼暖,燂烁热暑。虽有金石之坚,犹将销铄而挺解也,况其在筋骨之间乎哉?故曰:纵耳目之欲,恣支体之安者,伤血脉之和。

【译文】楚国的太子有病，于是有一位吴国的客人去问候他。吴客说："我听说太子贵体欠安，稍有好转了吗？"太子说："还是虚弱疲乏。我谢你的问候了。"吴客乘机进言说："现时正是天下安宁，四方平静的时候，太子又正在年轻。想来你是长期沉溺于安乐的生活，日日夜夜没有限制。于是邪气侵入体内，郁结堵塞胸中。烦闷昏乱，心情烦躁，象酒醉未醒，时而叹息呻吟，又时时心惊胆战，躺下也不能入睡；中气虚弱，听觉失灵。厌恶听到人声，精神涣散，各种疾病一起发生；耳目昏乱迷惑，喜怒失常。这样长久持续不止，生命就保不住了。太子你是不是有这种情况？"太子说："我感谢你了。托国君的福，你所说的病我虽然常有，但没有到这样严重的程度。"吴客说："现在那些高贵人家的子弟，一定要处在深宫内院，宫内有照顾生活的妇女，宫外有教习的师傅，想出外交游也没有机会。吃的是香甜可口的食物，还有肥肉、浓酒；穿的是轻细温暖的衣衫、珍贵的皮衣，使人感到燥热。即使身体坚如金石，也会熔化驰散。更何况是人的筋骨之间呢!所以说：放纵声色之欲，恣纵肢体安逸的人，必然损伤身体血脉的和谐。

且夫出舆人辇，命曰蹷痿之机；洞房清宫，命曰寒热之媒；皓齿娥眉，命曰伐性之斧；甘脆肥脓，命日腐肠之药，今太子肤色靡曼，四支委随，筋骨挺解，血脉淫濯，手足堕，越女侍前，齐姬奉后；往来游燕，纵恣于曲房隐间之中。此甘餐毒药，戏猛兽之爪牙也。所从来者至深远，淹滞永久而不废，虽令扁鹊治内，巫咸治外，尚何及哉!今如太子之病者，独宜世之君子，博见强识，承间语事，变度易意，常无离侧，以为羽翼。淹沈之乐，浩唐之心，遁佚之志，其奚由至哉!"太子曰："诺。病已，请事此言。"客曰："今太子之病，可无药石、针刺、灸疗而已，可以要言妙道说而去也。不欲闻之乎？"太子曰："仆愿闻之。"

【译文】加上出入都乘坐车子，而不步行，这就叫做瘫痪的先兆；幽深的房屋，清凉的宫室，是寒热疾病的媒介；贪恋美女，是戕害生命的利斧；甜脆的食物，肥肉浓酒，是腐蚀肠胃的毒药。现在太子皮肤细嫩，四肢困顿疲弱，筋骨驰散，血脉不畅，手足懒散无力。又有越国的美女侍奉于前，齐国的美女侍奉于后，往来于游赏和宴会之中，在幽深隐蔽的秘室放纵取乐，这种美餐却是毒药，是戏耍猛兽的爪牙啊！身体病损的由来已很深了，如果长此拖延而不知停止，即使让扁鹊那样的名医来治这内部的疾病，让巫成那样的神巫在外为之祝祷，也还是来不及保全生命。现在象太子这样的病人，只宜由当世的君子，见闻广博而记忆力强的人，趁机向你谈论事物的道理，改变你的生活方式和心意，不离太子身边，做为辅佐之人，那么，沉溺的娱乐，放肆的心意，怠惰的意志，怎么还会再出现呢!"太子说："可以，等我的病好了，就按照你的话去做。"吴客说："现在太子的病可以不用药物治疗，而用精妙的道理去掉病症，你不想听听这个道理吗？"太子说："我愿意听听。"

客曰："龙门之桐，高百尺而无枝。中郁结之轮菌，根扶疏以分离。上有千仞之峰，下临百丈之谿。湍流溯波，又澹淡之。其根半死半生。冬则烈风漂霰，飞雪之所激也；夏则雷霆霹雳之所感也。朝则鹂黄鳱鴠鸣焉，暮则羁雌迷鸟宿焉。独鹄晨号乎其上，鹍鸡哀鸣翔乎其下。于是背秋涉冬，使琴挚斫斩以为琴，野茧之丝以为弦，孤子之钩以为隐，九寡之珥以为约。使师堂操《畅》，伯子牙为之歌。歌曰：'麦秀蔪兮雉朝飞，向虚壑兮背槁槐，依绝区兮临回溪。'飞鸟闻之，翕翼而不能去；野兽闻之，垂耳而不能行。蚑蟜蝼蚁闻之，拄喙而不能前。此亦天下之至悲也，太子能强起听之乎？"太子曰："仆病未能也。"

【译文】吴客说："龙门山的梧桐树，高达百尺而无分枝，树干纹理盘曲，树根向四处伸展。上有千仞高峰，下临百丈深溪。湍急的流水，逆流的波浪，又冲击它的根基。它的根半生半死，冬天受着凛烈的寒风、飘雪和纷飞的大雪刺激，夏天受着雷鸣闪电摇撼，早晨有鹂黄、鳱鴠在这里鸣叫，晚间有失偶、迷途的鸟儿在这里止宿，孤雁在它的上面呼号，鹍鸡在它的下面飞翔哀啼。于是秋去冬来，让太师挚把它砍下来做成琴，用野蚕茧的丝做琴弦，用孤儿的衣钩为琴的装饰，用寡妇的耳环做琴徽，就能使琴声格外悲凛动人；让鲁国的乐官师堂弹奏《畅》的琴曲，让伯牙来演唱歌词。歌词唱的是：'麦子结穗生芒啊，野鸡在晨光中飞起，向着空阔的山谷啊，离开那枯槁的槐树而远去。依凭着悬崖绝壁啊，下临迂回曲折的溪水。'飞鸟听了也合拢翅膀而不飞去，野兽听了也垂下两耳不再走，小虫听了支口而听，不再爬行。这也算是天下最悲凉动人的音乐了。太子能强支起身体听听这音乐吗？"太子说："我有病，不能起来听啊。"

客曰："犓牛之腴，菜以笋蒲。肥狗之和，冒以山肤。楚苗之食，安胡之饭，抟之不解，一啜而散。于是使伊尹煎熬，易牙调和。熊蹯之臑，勺药之酱。薄耆之炙，鲜鲤之脍。秋黄之苏，白露之茹。兰英之酒，酌以涤口。山梁之餐，豢豹之胎。小饭大歠，如汤沃雪。此亦天下之至美也，太子能强起尝之乎？"太子曰："仆病未能也。"

【译文】吴客说："小牛腹部的肥肉，以竹笋和蒲作配菜，一起烹调，用肥狗肉杂以石肤煮羹汤。用楚国产的米和菰米作饭，饭粘成团，吃到嘴里就化了。让伊尹来烹煮，由易牙来调味，有煮烂了的熊掌，有五味调和的汤汁，有烧烤的兽脊肉的薄片，有新鲜的鱼肉片，再配上秋天叶子变黄的紫苏，还有白露时节的蔬菜。有兰花泡制的酒漱口，还有野鸡、豹子胎等珍肴。少吃饭多喝汤。真象开水浇雪一样畅快。这真是天下最美的味道了，太子能强支起身体来品尝这些美食吗？"太子说："我有病，不能起来品尝啊。"

客曰："钟岱之牡，齿至之车，前似飞鸟，后类距虚。穱麦服处，躁中烦外。羁坚辔，附易路。于是伯乐相其前后，王良、造父为之御，秦缺、楼季为之右。此两人者，马佚能止之，车覆能起之。于是使射千镒之重，争千里之逐。此亦天下之至骏也。太子能强起乘之乎？”太子曰：“仆病未能也。”

【译文】吴客又说：“有赵国钟、岱两地所产的名马，由适龄的马驾着车子，跑在前面的象骏马飞凫，跑在后面的象距虚。马用龙爪粟喂养，养肥了就性急蹄疾，想要奔驰，再系上结实的缰绳，沿着平坦的路奔驰。让善于相马的伯乐在车马前后观察，让善于驾车的王良、造父驾御马车，勇士秦缺、楼季站在车右卫护。这两个人能止住惊马，能把翻了的马车扶起。用这样的马去比赛，争夺胜负，奔跑千里，可以放心下千镒的大赌注。这也是最好的骏马了，太子可以强支起身体去乘驾它们吗？”太子说：“我有病，不能起来啊！”

客曰：“既登景夷之台，南望荆山，北望汝海，左江右湖，其乐无有。于是使博辩之士，原本山川，极命草木，比物属事，离辞连类。浮游览观，乃下置酒于虞怀之宫。连廊四注，台城层构，纷纭玄绿。辇道邪交，黄池纡曲。溷章、白鹭、孔鸟、鶤鹄，鹓雏、鵁鶄，翠鬣、紫缨。螭龙、德牧，邕邕群鸣。阳鱼腾跃，奋翼振鳞。漃漻薵蓼，蔓草芳苓。女桑、河柳，素叶紫茎。苗松豫章，条上造天。梧桐并闾，极望成林。众芳芬郁，乱于五风。从容猗靡，消息阳阴。列坐纵酒，荡乐娱心。景春佐酒，杜连理音。滋味杂陈，肴糅错该。

【译文】吴客说：“登上了景夷台，向南望荆山，向北望汝水，左边是长江，右边是洞庭湖，这种乐趣从来没有过。在这里让博学善辩之士，陈述山川的本原，尽举草木的名称，把事物按类排比归纳，编成文辞，比类相连。然后周游观赏，下到虞怀宫摆酒设宴，看到宫中回廊相连，城上的高台层层重叠，其颜色纷繁多彩，城下车道纵横交错，护城河曲折盘旋。有混章、白鹭、孔雀、鹓鹄、鹓雏、鵁鶄等鸟儿，有的头上长着绿色的毛，有的颈上有紫色的缨。头上和腹部都有花纹，成群成群地嘤嘤鸣。鱼在水中腾跃，振奋起鳍鳞。水边水草纷披，有细茎的草和芳香的苓，柔嫩的桑和. 水边的柳，长着颜色单纯的叶和紫色的茎。还有苗山的松树和樟树，其枝条伸向天空。梧桐树和棕榈树，茂密成林，望不到边。草木香气浓郁，被五方的风吹得杂乱交错。草木随风从容摇曳，树叶正反两面都时隐时现。大家依次而坐纵情饮酒，悠扬的音乐娱人心情。让善于辞令的入陪酒，让善于弹琴魄人奏乐。

练色娱目，流声悦耳。于是乃发《激楚》之结风，扬郑卫之皓乐。使先施、征舒、阳文、段干、吴娃、闾娵、傅予之徒，杂裾垂髾，目窕心与；揄流波，杂杜若。蒙清尘，被兰泽，嬿服而御。此亦天下之靡丽，皓侈广博之乐也。太子能强起游乎？”太子曰：“仆病未能也。”

【译文】各种美味错杂陈列，各式饭菜样样俱精。精选的美女让人娱目，婉转流利的音乐令人动听。响过了《激楚》乐曲的余音，又起郑卫二国的悠扬清脆的歌声。让西施、征舒、阳文、段干、吴娃、闾娵、傅予等美女穿着各色各样的衣裙，垂着燕尾形的发髻，以目传情，相互心许，她们引流水以洗濯，衣上散发着杜兰的香气，身上轻薄的衣服象披着一层簿雾，头上抹以芳香的油膏，穿着美丽的便服前来侍奉。这也是天下盛大而豪华的乐事了。太子能强支起身体游乐一番吗？”太子说：“我有病，不能啊。”

客曰：“将为太子驯骐骥之马，驾飞軨之舆，乘牡骏之乘。右夏服之劲箭，左乌号之雕弓。游涉乎云林，周驰乎兰泽，弭节乎江浔。掩青蘋，游清风。陶阳气，荡春心。逐狡兽，集轻禽。于是极犬马之才，困野兽之足，穷相御之智巧，恐虎豹，慴鸷鸟。逐马鸣镳，鱼跨麋角。履游麕兔，蹈践麖鹿，汗流沫坠，冤伏陵窘，无创而死者，固足充后乘矣。此校猎之至壮也，太子能强起游乎？”太子曰：“仆病未能也。”然阳气见于眉宇之间，侵淫而上，几满大宅。

【译文】吴客说：“将要为太子驯服骏马，驾起豪华轻便的猎车，让太子乘坐四匹马拉的车子，右手拿着夏后氏箭袋中的利箭，左手拿着黄帝用过的乌号雕弓。经过云梦泽的丛林，围绕长满兰草的大沼泽奔驰，又顺着江边缓缓而行，展席于草地上稍事休息，迎着清风，舒展于春天的气息之中，心中荡漾着春天愉快的心情。然后追逐善跑的野兽，许多枝箭射中了轻捷的飞禽。于是使猎犬和骏马都充分施展技能，把野兽追逐得四肢乏力，相马的和驾车的也用尽了自己智巧。这种场面使虎豹惊恐，使猛禽畏惧。飞奔的马口嚼挂着铃，发出响声，鱼因受惊而跳跃，鹿因惊吓而相互碰撞，麋、兔、鹰、鹿被践踏，野兽被追逐得流汗吐沫，四处逃匿，困窘不堪。仅是那些没有受伤而被惊吓或践踏而死的动物。已经足够装满后车了。这是打猎最壮观的场面了。太子能强支起身体游猎吗？”太子说：“我有病，不能啊！”不过太子的眉问已出现了阳气，并逐渐扩展，几乎布满了整个面部。

客见太子有悦色也，遂推而进之曰：“冥火薄天，兵车雷运，旌旗偃蹇，羽毛肃纷。驰骋角逐，慕味争先。徼墨广博，观望之有圻。纯粹全牺，献之公门。”太子曰：“善，愿复闻之。”

客曰：“未既。于是榛林深泽，烟云暗莫，兕虎并作。毅武孔猛，袒裼身薄。白刃皑皑，矛戟交错。收获掌功，赏赐金帛。掩蘋肆若，为牧人席。旨酒嘉肴，羞炰脍炙，以御宾客。涌觞并起，动心惊耳。诚必不悔，决绝以诺；贞信之色，形于金石。高歌陈唱，万岁无[泽右半部加反]。此真太子之所喜也，能强起而游乎？”太子曰：“仆甚愿从，直恐为诸大夫累耳。”然而有起色矣。

【译文】吴客见太子有了喜色，就进一步说：“夜间出猎时，火光冲天，猎车运行，声如雷响；旌旗高举，旌旗上装饰的羽毛整齐而色彩纷繁，为了得到美味，人马飞驰追逐，争着跑在前面。因为打猎而焚烧的田野非常广阔，远望才能看到它的边缘。猎到毛色纯粹、肢体完整的动物献给王候。”太子说：“好啊我愿意继续听你讲打猎。”吴客说：“这还不算完呢，在那丛林深处沼泽地之间，烟雾弥漫，犀牛和老虎一起出现。打猎的人刚毅勇猛，脱去上衣，逼近野兽去搏斗，刀光闪闪，长矛与大戟交错。打猎人收集猎获物，记录功绩，被赏赐金银绢帛。覆盖了青草，铺上香草桂若，就地为从猎的官员设宴。有美酒佳肴，烹煮的食物十分美味，烧烤的肉切成薄片，用来款待宾客。斟满酒杯，一起站起来，宾客一起欢呼干杯。宾客们忠诚果断，语无反悔，答应了的事坚决去干；忠实可靠的表情，象刻在金石一样。大家高声唱歌，欢呼万岁，久久不厌。这正是太子所喜爱的，能强支起身体去游玩一番吗？”太子说：“我是很愿意去的，只恐怕成为各位大夫的累赘罢了。”这样看来，太子的病有起色了。

客曰：“将以八月之望，与诸侯远方交游兄弟，并往观涛乎广陵之曲江。至则未见涛之形也，徒观水力之所到，则恤然足以骇矣。观其所驾轶者，所擢拔者，所扬汩者，所温汾者，所涤汔者，虽有心略辞给，固未能缕形其所由然也。恍兮忽兮，聊兮栗兮，混汩汩兮，忽兮慌兮，俶兮傥兮，浩瀇瀁兮，慌旷旷兮。秉意乎南山，通望乎东海。虹洞兮苍天，极虑乎崖涘。流揽无穷，归神日母。汩乘流而下降兮，或不知其所止。或纷纭其流折兮，忽缪往而不来。临朱汜而远逝兮，中虚烦而益息。莫离散而发曙兮，内存心而自持。于是澡概胸中，洒练五藏，澹澉手足，頮濯发齿，揄弃恬怠，输写淟浊，分决狐疑，发皇耳目。当是之时，虽有淹病滞疾，犹将伸伛起躄，发瞽披聋而观望之也，况直眇小烦懑、酲醲病酒之徒哉!故曰：发蒙解惑，不足以言也。”太子曰：“善。然则涛何气哉？”

【译文】吴客说：“将要在八月十五，与诸侯的远方来的兄弟们，一起到广陵的曲江去观涛。刚到还看不到江涛的情形，只看到水力所到之处，就足以使人惊惧，望见那水力所凌驾超越，浪头高耸突起，波浪激扬冲荡，水流回旋聚结，江水洗涤冲刷，即使是有心智、有辩才的人，也不能细致地形容江涛的各种形态以及水力所造成的这种种情景的道理。那江涛浩渺。无际望不真切啊，令人惊惧战栗，那大水滚滚滔滔啊，迷茫一片，有时浪涛突起，更显得浩大深广，辽远无边。看江湖从南山涌来，一直望到流去的东海，茫茫一片，天水相连，无法想象到哪里是它的边际。目光随江潮流览无穷，最后心神随它归向东方日出之处。浪头随江流迅速东下，谁也不知它奔到哪里才能平缓。有时浪潮纷乱曲折地流着，忽然纠结在一起，流去而不复返。江潮向南方涯岸远远流逝，使人看了感到空虚烦闷，更加倦怠。江涛晚间退去，早晨来临，观涛者印象极深，久久不忘。于是看了江涛，好象从心胸五脏到手足发齿都经过了一番洗涤。使人去掉安逸倦怠，排除污浊之气，解决疑惑，耳聪目明。当此时即使患有缠绵日久的病，也能伸直曲背，抬起跛足，瞎眼复明，聋耳复聪，去观看江涛。更何况是小病烦闷酒病昏醉的人呢？所以说，启发昏蒙，解除疑惑，就不消说了。”太子说：“太好了。那么江涛是一种什么样的气势、景象呢？”

客曰：“不记也。然闻于师曰，似神而非者三：疾雷闻百里；江水逆流，海水上潮；山出内云，日夜不止。衍溢漂疾，波涌而涛起。其始起也，洪淋淋焉，若白鹭之下翔。其少进也，浩浩溰溰，如素车白马帷盖之张。其波涌而云乱，扰扰焉如三军之腾装。其旁作而奔起也，飘飘焉，如轻车之勒兵。六驾蛟龙，附从太白。纯驰浩蜺，前后骆驿。颙颙卬卬，椐椐强强，莘莘将将。壁垒重坚，沓杂似军行。訇隐匈磕，轧盘涌裔，原不可当。观其两傍，则滂渤怫郁，暗漠感突，上击下律。有似勇壮之卒，突怒而无畏；蹈壁冲津，穷曲随隈，逾岸出追；遇者死，当者坏。初发乎或围之津涯，荄轸谷分。回翔青篾，衔枚檀桓。弭节伍子之山，通厉胥母之场。凌赤岸，篲扶桑，横奔似雷行。

【译文】吴客说：“这不见于记载。但我从老师那里听说，江涛有三种似神而非神的特征：一是似打雷的声音百里之外都可以听到；二是江水逆流，海水上潮；三是山口吞吐云气，日夜不停。这个时候，江水扩散四溢，然后涌起波澜。开始时，江水象山洪奔流而下，象许多白鹭向下飞旋。稍进一步，深广辽阔，白皑皑一片，象白车白马张开车盖帷幔；当波涛汹涌乱云一般滚来，就象军队束装奔腾前进。当波涛从旁涌出或向上翻滚时，轻飘飘就象将军坐在轻便的兵车上指挥军队。江涛象六条蛟龙驾着车子，艰在河神的后边。只见江涛象一条白龙独自奔驰，前后连续不断。波涛高大，前推后继，互相撞击，象壁垒重叠而坚固的营盘，其众多纷纭，又象军队的行列。发出隆隆巨响，翻滚奔腾，渊源而来，不可阻拦。看那靠近两岸的地方，则是水势怒激，汹涌冲起，向上如搏击，向下如巨石投深渊。又象勇壮的士卒，盛气冲突而无畏。江涛拍击岸边，冲击渡口，冲遍所有的江湾，越上沙滩，跨越江岸，遇上它者死亡，阻拦它者被毁坏。江涛最初从域围的渡口边出发，遇到山陇而回转，遇到川谷而分流，到了青篾打着回旋，经过檀桓象战马衔枚寂然疾进，到了伍子山就和缓了，随着就向胥母的地方流去。它凌跨赤岸，横扫扶桑，如雷霆疾进奔腾向前。

诚奋厥武，如振如怒。沌沌浑浑，状如奔马。混混庉庉，声如雷鼓。发怒室沓，清升逾跇，侯波奋振，合战于藉藉之口。鸟不及飞，鱼不及回，兽不及走。纷纷翼翼，波涌云乱。荡取南山，背击北岸。覆亏丘陵，平夷西畔。险险戏戏，崩坏陂池，决胜乃罢。[氵加节]汩潺湲，披扬流洒。横暴之极，鱼鳖失势，颠倒偃侧。沋沋湲湲，蒲伏连延。神物怪疑，不可胜言。直使人踣焉，洄暗凄怆焉。此天下怪异诡观也，太子能强起观之乎？”太子曰：“仆病未能也。”

【译文】江涛确实奋发了它的威武，象发怒，象颠狂。大浪相逐，状如奔马，轰轰隆隆，声如雷响。水势因受阻而沸腾溢出，因相互超越而升起巨澜。波涛相会交战于藉藉的河口，这时鸟来不及飞，鱼来不及回转，兽来不及逃走。水势纷乱错杂，波涛汹涌象乱云翻飞，它冲击南山，回击北岸，冲垮了丘陵，溢满了西岸。多么危险可怕，直至使堤岸崩塌，冲决一切才罢休。然后水波相击。潺缓而流，浪涛飞扬，水花飞溅，横暴之极，鱼鳖都不能自主，横竖颠倒，难以游动，在水中挣扎起伏。水中神奇怪异的景象，难以尽言。看到这种景象，会使人吓倒，也会使人迷惑忧虑。这是天下最怪异的景象，是难得的奇观。太子能强支起身体去观赏一番吗？”太子说；“我还是有病，不能观看。”

客曰：“将为太子奏方术之士有资略者，若庄周、魏牟、杨朱、墨翟、便蜎、詹何之伦，使之论天下之精微，理万物之是非。孔老览观，孟子持筹而筭之，万不失一。此亦天下要言妙道也，太子岂欲闻之乎？”于是太子据几而起，涣乎若一听圣人辩二仁之言。涊然汗出，霍然病已。

【译文】吴客说：“那么我将给太子进荐博学而有理论的人，其中有才智的象庄周、魏牟、杨朱、墨翟、便蜎、詹何一类人。让他们议论天下精深微妙的道理，清理明晰所有事物的是非。再让孔子、老子来对上述诸人的理论进行评判，让孟子拿着筹来核算，这样所有的问题就不会错了。这也是天下最切实精妙的道理了。太子愿意听听这些道理吗？”于是太子扶着几案一下子就站了起来，说：“真使我豁然开朗啊!好象已经听到圣人和辩士的言论了!”他出了一身汗，病忽然就好了。

刘　安

汉高帝少子长之子，嗣父为淮南王，好书，招致宾客方士数千人，作为内书、外书甚多，又尝受诏作《离骚传》，武帝甚尊重之，赐几杖不朝，后以谋反自杀。（案姚鼐曰：此篇王逸以为淮南小山之辞。盖艺文志所云，淮南王群臣赋也，《文选》直题淮南王安作，鼐疑昭明之世，容有班固、贾逵所解楚辞，或据异说题之，本书亦从昭明所题，而附姚说于此。）

【译文】汉高帝少子刘长的儿子，继承父亲，为淮南王，喜好书籍，招纳宾客、方士几千人，著内书、外书很多，又曾受命作《离骚传》，汉武帝很尊重他，因不归附朝廷，皇上赐他几杖，后来因谋反自杀。（姚鼐说："这篇王逸认为是淮南小山的言辞。"即如《汉书·艺文志》所说，淮南王群臣所作的赋，《文选》直接题为淮南王作，姚鼐怀疑昭明时代，有班固、贾逵所作的对楚辞的解读，或者是根据思想不同而题之，本书依从昭明文选所题的，而附加姚鼐的说法。）

招隐士

桂树丛生兮山之幽，偃蹇连卷兮枝相缭。山气巃嵸兮石嵯峨，溪谷崭岩兮水曾波。猿狖群啸兮虎豹嗥，攀援桂枝兮聊淹留。王孙游兮不归，春草生兮萋萋。岁暮兮不自聊，蟪蛄鸣兮啾啾。

【译文】桂树丛生在幽深的山间，枝条屈曲相互纠缠。云气四起山岩巍巍，水波层层拍打着险峻的溪涧。猿猴虎豹群聚怒吼，攀附桂枝暂且停留。远游的王孙还不回来呀，已经是春草遍地繁茂如绣。一年将尽啊，心中无聊赖，蟪蛄聚鸣啊，叫声啾啾。

坱兮轧，山曲岪，心淹留兮洞荒忽。罔兮沕，憭兮栗。虎豹穴，丛薄深林兮人上栗。嵚崟碕礒兮，碅磳磈硊。树轮相纠兮，林木茷骫。青莎杂树兮，薠草靃靡。白鹿麏麚兮，或腾或倚，状貌崟崟兮峨峨，凄凄兮漇漇。猕猴兮熊罴，慕类兮以悲。攀援桂枝兮聊淹留。虎豹斗兮熊罴咆，禽兽骇兮亡其曹。王孙兮归来，山中兮不可以久留。

【译文】高高低低的山路啊，那么曲折宛延，有心留下又慌恐不安。失意的人啊，心情低沉，凄凉伤感。到处是虎豹洞穴，草丛密林，行人到此心惊胆战。崇山峻岭，巉岩交错。枝条纠结，林木繁多。莎草杂生林间，薠草随风披拂。数不清的白鹿麏麚，时而跑跳时而停立，鹿角高高耸起，皮毛湿润滑腻。猕猴熊罴啊，因思慕同类而悲啼，攀附桂枝暂且停留。熊罴咆哮虎豹相斗，禽兽惊恐离群乱走。王孙啊，你回来吧，深山之中不可久留！

汉武帝

沛人，姓刘，名彻，景帝子。承文景富庶之余，好儒术，兴太学，表章六经。一时文学之士，彬彬而起。武功亦盛，称为雄主。《史》《汉》载其歌辞数十首，雄伟典丽，虽后世文士竭力模仿，亦不易及。在位五十四年。

【译文】沛（今属江苏徐州）人，姓刘，名彻，汉景帝的儿子。继承了文帝、景帝两朝积累的大量财富，爱好儒学，建立太学，宣扬六经。一时间天下爱好文学的士人，大量出现。武帝的军事成就也很突出，堪称一代有雄才大略的君主。《史记》《汉书》记载了武帝创作的诗歌有几十首，风格雄伟典丽，即使后世爱好学问的士人竭力去仿效，也不能达到武帝的水平。武帝在位五十四年。

元狩二年报李广诏

将军者，国之爪牙也。《司马法》曰："登车不式，遭丧不服。"振旅抚师，以征不服。率三军之心，同战士之力。故怒形则千里竦，威振则万物伏。是以名声暴于夷貉，威棱憺乎邻国。夫报忿除害，捐残去杀，朕之所图于将军也。若乃免冠、徒跣、稽颡请罪，岂朕之指哉？将军其率师东辕，弥节白檀，以临右北平盛秋。

【译文】将军者，是国家的爪牙。司马法说："登车不抚车前横木以礼敬人，遇到丧事不根据亲疏关系穿规定的丧服。"就得振兵兴师，去征伐这些不顺服的人；出征时，要统率三军之心，协同战士之力，这样才能做到一怒则千里惊惧，威振则万物归顺。是以名声显露于夷貉，神威使邻国畏惧。报仇除害，除暴去杀，这是我企望于将军的。您如果要脱帽赤脚，叩头请罪，这岂是我所指望的？将军率师在东辕门，暂时留住白檀，到盛秋马肥，敌寇入侵时就临阵右北平。

元封五年求贤诏

盖有非常之功，必待非常之人，故马或奔踶而致千里，士或有负俗之累而立功名。夫泛驾之马，跅弛之士，亦在御之而已。其令州郡察吏民有茂材异等，可为将相及使绝国者。

【译文】建立非同寻常的功业，一定得需要非同寻常的人才，所以烈性的马可以跑千里，被世人讥讽议论的士人也可以建立功名。对于那些那些烈性的马，放荡不循规矩的士人，关键在于怎样驾驭他们。命令各州郡察访那些优异的、可以成为将相以及出使遥远国度的人。

秋风辞

秋风起兮白云飞，
草木黄落兮雁南归。
兰有秀兮菊有芳，
怀佳人兮不能忘。
泛楼船兮济汾河，
横中流兮扬素波。
箫鼓鸣兮发棹歌，
欢乐极兮哀情多。
少壮几时兮奈老何！

【译文】秋风习习起啊朵朵白云飞。

枯叶纷纷落啊行行雁南归。
春兰多秀丽啊秋菊多芬芳,
怀念贤士们啊时刻不能忘。
乘坐着揼船啊航行过汾河,
横渡中流啊河面扬银波。
萧鼓齐鸣奏啊唱起摇船歌,
欢乐到极点啊必然哀感多。
少壮不努力啊老了将奈何!

东方朔

汉厌次人，字曼倩，善诙谐、滑稽，武帝时，官至大中大夫给事中，时以讽谏救帝之过，后上书陈农战强国之计，不见用，因著论设客难，已又谓非有先生之论。朔长于文辞，而此二篇为最著，扬雄班固以下多仿之，又著有《神异经》《海内十洲记》等。

【译文】汉代厌次人，字曼倩，谈吐善于诙谐、滑稽，汉武帝时，官至大中大夫给事中，当时用婉言相劝以挽救皇帝的过失，后来又上书献农战强国的计策，但没有被用，于是著书假设有客以非难他，后又作《非有先生论》。东方朔善于文辞，而这两篇最为著名，之后的扬雄、班固等很多人都模仿他，又著有《神异经》《海内十洲记》等。

答客难

客难东方朔曰："苏秦、张仪，壹当万乘之主，而身都卿相之位，泽及后世。今子大夫、修先王之术，慕圣人之义。讽诵诗书百家之言，不可胜记，著于竹帛，唇腐齿落，服膺而不可释。好学乐道之效，明白甚矣。自以为智能海内无双，则可谓博闻辩智矣。悉力尽忠以事圣帝，旷日持久，积数十年，官不过侍郎，位不过执戟。意者尚有遗行邪？同胞之徒，无所容居，其故何也？"

【译文】客责问东方朔说："苏秦、张仪一遇到拥有亏乘国家的国王，而身居卿相的高位，恩泽普及于后世，如今您终身修木莱义，讽诵经典百家之言，著书立说？好学乐道的功夫，人人都十分了解：自己认为智能在海内第一，实可谓才智渊博，然而竭力尽忠来事奉武帝，如此做了数十年，你的职位仅为侍从官位不过执戟。想来大概是品德有缺点吧？官位低，俸禄少，亲兄弟也照顾不了，这是什么缘故呢？"

东方先生喟然长息，仰而应之曰："是故非子之所能备。彼一时也，此一时也，岂可同哉！夫苏秦张仪之时，周室大坏，诸侯不朝，力政争权，相擒以兵。并为十二国，未有雌雄。得士者强，失士者亡，故说得行焉。身处尊位，珍宝充内，外有仓廪，泽及后世，子孙长享。今则不然，圣帝德流，天下震慴，诸侯宾服，连四海之外以为带，安于覆盂。天下平均，合为一家，动发举事，犹运之掌。贤与不肖，何以异哉？遵天之道，顺地之理，物无不得其所。故绥之则安。动之则苦；尊之则为将，卑之则为虏；抗之则在青云之上，抑之则在深渊之下；用之则为虎，不用则为鼠。虽欲尽节效情，安知前后？夫天地之大，士民之众，竭精驰说，并进辐凑者，不可胜数。悉力慕之，困于衣食，或失门户。使苏秦张仪与仆并生于今之世，曾不得掌故，安敢望侍郎乎？传曰：'天下无害，虽有圣人，无所施才。上下和同，虽有贤者，无所立功。'故曰时异事异。

【译文】东方先生摇头长叹，抬头回答说："其中原因不是您所能详知的啊！所谓彼一时，此一时也，岂可同日而语！苏秦、张仪之时，周天子已毫无权威，诸侯们不再甘心称臣，各自以实力图强，争权夺利，以致互相吞食，兼并而为十二国，一时未分雌雄。在这种形势之下，得士者强，失士者亡，故游说之士得以通行天下；他们身处显要地位，珍珠财宝充塞私囊，粮食堆满仓库，恩惠遍及后代，子孙长享福祉。可现今大不一样了，圣上德泽，流布天下，八方威服，诸侯来朝，四海内外，连成一片，天下安定，江山稳固，人人均富，犹如一家，国家有什么事，处理起来易如反掌。因此圣贤之辈与凡庸之徒，显示不出什么差别！大家尊崇天道顺从地理，天下事物，各得其宜。所以稳定就是安乐，动荡等于苦难。尊重你的时候，便是将官；贬斥你的时候，就成囚犯。被人提拔就青云直上，被人排挤却可致深渊。用你时像老虎一样威武，不用时像耗子一样委琐。即使你想尽心戮力报效国家，个人的才能已起不到什么作用。天地之大，人民之众，竭尽其力，游说者争先恐后而来，难以胜数。大家慕天子之大德而尽力效其忠诚，结果是衣食无著，甚至遭来杀身之祸！倘使苏秦、张仪与我并生于当世，恐怕他们连掌故这样的卑职都难以得到，怎敢妄想侍郎的地位？古书上说：'天下太平，纵然出圣人，也不能施展其才干；上下和谐，即便有贤人，也难以建功立业。'所以说，时代不同，事情必然不同。

"虽然，安可以不务修身乎哉！《诗》曰：'鼓钟于宫，声闻于外。鹤鸣九皋，声闻于天'。苟能修身，何患不荣。太公体行仁义，七十有二，乃设用于文、武，得信厥说，封于齐，七百岁而不绝。此士所以日夜孳孳，修学敏行，而不敢怠也。譬若鹡鸰，飞且鸣矣。传曰：'天不为人之恶寒而辍其冬，地不为人之恶险而辍其广，君子不为小人之匈匈而易其行。天有常度，地有常形，君子有常行。君子道其常，小人计其功。'《诗》曰：礼义之不愆，何恤人之言，水至清则无鱼，人至察则无徒。冕而前旒，所以蔽明。黈纩充耳，所以塞聪。明有所不见，聪有所不闻，举大德，赦小过，无求备于一人之义也。枉而直之，使自得之。优而柔之，使自求之。揆而度之，使自索之。盖圣人之教化如此，欲其自得之。自得之，则敏且广矣。

【译文】“尽管如此，难道就可以不去修身进业了吗？《诗经》说：‘撞钟于宫中，声闻于宫外。’又说：‘鹤鸣深泽之中，声闻九天之外。’倘能修身，又何必担心得不到荣华富贵呢？姜太公身体力行仁义之道达七十二年，终于施其才能为文王武王所用，申张其说，封于齐地，七百年而绵绵不绝。这就是读书人所以夜以继日、孜孜不倦、勤于修身进业而不敢松懈的原因所在！正像鹡鸰虽小，且飞且鸣！《荀子·天论》说：‘天不因为人们讨厌寒冷而取消冬季，地不因为人们畏难艰险而缩小幅员，君子不因为小人之喧闹而改变正道直行。’‘天有一定的规律，地有一定的形状，君子就是要正道直行。君子做事按照仁义之道，小人做事只顾蝇头小利。’《诗经》说：‘按礼义行事不犯过错，何必害怕别人说长道短’，所以说：‘水太清就无鱼，人苛求就无友。冕冠前面的悬旒，用来作掩蔽，以免看得太清楚；冕冠左右的黈纩，用来做耳塞，以免听得太分明。’眼睛明亮而有所不见，耳朵聪敏而有所不闻。要看到人家的大德，原谅人家的小过。就是对人不要求全责备的意思。‘曲的使它直，使各得其所；难断的使其能决断，使它合乎需要；按照才性而用人，使它各得其所。’圣人如此教一导，要得其所宜，只有这样，便能得心应手。

“今世之处士，时虽不用，块然无徒，廓然独居。上观许由，下察接舆，计同范蠡，忠合子胥，天下和平，与义相扶，寡偶少徒，固其宜也。子何疑于予哉？若夫燕之用乐毅，秦之任李斯，郦食其之下齐，说行如流，曲从如环，所欲必得，功若丘山，海内定，国家安，是遇其时者也。子又何怪之邪？

【译文】“现在尚未做官的读书人，每每是时代不用人，傲岸孤独，避世而处。上学许由，下仿接舆，机变不亚于范蠡，忠贞如同伍子胥。现今天下和平，百姓之心与仁义之道相符，贤才少为世用，这是十分自然的事情。先生您对我还有什么不明白的呢？当初，燕昭王用乐毅，秦王任用李斯，郦食其到齐国劝说齐王归汉，游说之辞如流水之顺畅，言听计从如圆环之绕指，想做的都能做到，功高如山，四海安定，国家平稳，那是他们遇到了那个时代了。您先生又有什么奇怪的呢？

“语曰：以管窥天，以蠡测海，以筳撞钟，岂能通其条贯，考其文理，发其音声哉？犹是观之，譬由鼱鼩之袭狗，孤豚之咋虎，至则靡耳，何功之有？今以下愚而非处士，虽欲勿困，固不得已。此适足以明其不知权变，而终惑于大道也。”

【译文】古人说：‘用竹管来观察天，用贝壳来测量海，用小木条来撞钟。’怎么能看得清、核得准、敲得出声音呢？由此看来，好比要田鼠去捕狗，叫小猪去咬虎，刚到跟前就已经耷拉耳朵、吓倒在地了。怎么可能成功呢！现在，以我这样的下愚之才而来否定您，要回答得圆满是不可能的。这正好说明我不懂通变而始终有惑于道理了。”

非有先生论

非有先生仕于吴，进不能称往古以广主意，退不能扬君美以显其功，默默无言者三年矣。吴王怪而问之曰：“寡人获先人之功，寄于众贤之上，夙兴夜寐，未尝敢怠也。今先生率然高举，远集吴地，将以辅治，寡人诚窃嘉之，体不安席，食不甘味，目不视靡曼之色，耳不听钟鼓之音，虚心定志，欲闻流议者三年于兹矣。今先生进无以辅治，退不扬主誉，窃为先生不取也。盖怀能而不见，臣不忠也；见而不行，主不明也。意者寡人殆不明乎？”非有先生伏而唯唯。

【译文】非有先生任职于吴王幕下，上朝时不论述前朝的故事，以增添治政的谋略，退朝后又不能颂扬君王，以显扬他的理国的功德。默默无言已有三年。吴王因此感到古怪而问他，说：“我继承了祖先的功业，暂时来说，地位高于众贤，我起早睡迟，从来没有懒散过，现在您怀抱大志，毅然从远方来到吴地，就是为了帮助我治理国家。我私下是十分赞许这个举动，同时我睡不安宁，吃着无味，不敢看美女，不敢听音乐，排除杂念，一心一意，想听到您的高见，已经等了三年了。现在你在朝上没有发挥辅助治政的作用，朝下又不能颂扬君王的声誉，私下觉得您的这种行为不可取。具备才能而不显示，这是不忠，显示而不被应用，那是君主不贤明。想来恐怕要怪我不贤明了。”非有先生匍匐在地上，只是随声而应。

吴王曰：“可以谈矣，寡人将竦意而览焉。”先生曰：“于戏！可乎哉！可哉！谈何容易！夫谈者，有悖于目而拂于耳，谬于心而便于身者；或有悦于目而顺于耳，快于心而毁于行者，非有明王圣主，孰能听之矣？”吴王曰：“何为其然也？‘中人以上，可以语上也’。先生试言，寡人将览焉。”

先生对曰：“昔关龙逢深谏于桀，而王子比干言于纣。此二臣者，皆极虑尽忠，闵主泽不下流，而万民骚动。故直言其失，切谏其邪者，将以为君荣，除主之祸也。今则不然，反以为诽谤君之行，无人臣之礼，果纷然伤于身，蒙不辜之名，戮及先人，为天下笑，故曰‘谈何容易’。是以辅弼之臣瓦解，而邪谄之人并进。

【译文】吴王说：“可以谈谈，我将怀着敬意来听。”先生说：“啊，那行吗？行吗？谈何容易。那议论有看着不顺，听着刺耳，心中以为谬误，然实际上对自身有便利的，也有的看着高兴，听着顺耳，合乎心意，但往往对行为有毁伤，所以不是有贤明的君王，有谁能听出其正谬？”吴王说：“怎么会这样呢？《论语·雍也》说：‘中品以上的人，就可以与它谈论高深的道理了。’您不妨试着谈谈，我将听听。”

先生说：“从前关龙逢的谏言切中夏王桀的要害，王叔比干对殷王纣直言不讳，这两个人，想的完全是如何极尽忠诚，忧虑着君王的德泽不流布下方，而造成百姓骚动，所以直截了当地谈君王的过失，恳切指出君王的错误，拿这一点想增添君王的荣誉，除去君王身边的祸害。现在就不是这样，反而认为那是诽谤君王的言行，没有尽到做臣子的礼节。终于有许多人遭到伤害，遭受到枉加的罪名，这种羞辱还牵累到祖先，被天下人讥笑。所以说谈何容易！因此，能辅助国政的大臣们都被分离，而不正派的阿谀奉承之辈则全被提拔。

遂及飞廉、恶来、革等，三人皆诈伪，巧言利口以进其身，阴奉雕琢刻镂之好，以纳其心，务快耳目之欲，以苟容为度，遂往不戒，身没被戮，宗庙崩弛，国家为墟，杀戮贤臣，亲近谗夫。《诗》不云乎：‘谗人罔极，交乱四国。’此之谓也。故卑身贱体，说色微辞，愉愉煦煦，终无益主上之治。即志士仁人，不忍为也。将俨然作矜庄之色，深言之谏，上以拂人主之邪，下以损百姓之害，则忤于邪主之心，历于衰世之法。故养寿命之士，莫肯进也。遂居深山之间，积土为室，编蓬为户，弹琴其中，以咏先王之风，亦可乐而忘死矣。是以伯夷、叔齐避周，饿于首阳之下，后世称其仁。如是邪主之行，固足畏也，故曰‘谈何容易’。”

【译文】便有飞廉、恶来、革等人。飞廉、恶来、革三人都是狡诈虚伪，凭花言巧语能言善辩追求提升，私下靠送雕刻的金玉器物以表达其心意。而君王只是注重让听的看的适合自己的心愿，以无原则地附和作为处事的准则。不以过去的事物为戒，那么最终会落到自身被杀，王朝崩溃，国家沦为废墟，贤臣遭放逐杀戮，而亲近阿谀奉承的人。《诗经》上不是这样说么，‘小人是不讲原则，以谗言制造周边地区的矛盾’，讲的就是这种情况。所以卑躬屈膝，面带笑容，说话婉转而巧妙，悦色和言，那终究对君王的治国没有什么帮助，凡有志之士，有仁义之心的人都不忍心这样做，而是将很郑重地表现出一种端庄严肃的形象，坦率地进谏一些重大的本质问题，对皇上来说纠正君王的过错，对下而言要除去有害于百姓的东西，这样作就会违逆昏邪之主的心意，触犯末世时代的法网。所以那些希望保命的人，没有谁肯向前行一步，于是就隐居在深山中，筑土墙作为居室，编蓬草作门，在其中弹琴，并咏诵前朝的歌谣，这样也可以感到十分快乐而忘却死之将至。所以伯夷、叔齐为了避开周，宁可饿死于首阳山下，后代赞扬他们仁义。就是像这样，昏君的行为当然足以让人感到惊惧，所以说，谈何容易！”

于是吴王慢然易容，捐荐去几，危坐而听。先生曰：“接舆避世，箕子被发佯狂，此二子者，皆避浊世以全其身者也。使遇明王圣主，得赐清宴之间，宽和之色，发愤毕诚，图画安危，揆度得失，上以安主体，下以便万民，则五帝三王之道，可几而见也。故伊尹蒙耻辱，负鼎俎，和五味以干汤；太公钓于渭之阳，以见文王，心合意同，谋无不成，计无不从，诚得其君也。

【译文】这时吴王感受到触动，脸色也出现变化，撤掉垫座的席子和小几，端端正正地坐着听。先生接着说：“接舆隐居不仕，箕子披头散发，假装癫狂，这二人，都是为了逃避污浊的社会而保全自身。假如让他们遇贤明的君王，得到一个清静安逸的环境，在一种宽松平和的气氛中，那就会下定决心，专心致志，竭尽诚意，为国家出谋划策，估量得失，对上来说，可以使君王安定，对下而言，可便利百姓，那样五帝三王时期的好风尚习俗，将可以出现了。所以伊尹当蒙受耻辱时，靠厨艺，调和五味取得汤的重用，姜太公在渭水的北岸垂钓，以此而见到周文王。君臣心意相通，所谋划的事没有不成功的，所献的计策没有不听从的，真正是遇上了明君。

深念远虑，引义以正其身，推恩以广其下，本仁祖谊，褒有德，禄贤能，诛恶乱，总远方，一统类，美风俗，此帝王所由昌也。上不变天性，下不夺人伦，则天地和洽，远方怀之，故号圣王。臣子之职既加矣，于是裂地定封，爵为公侯。传国子孙，名显后世，民到于今称之，以遇汤与文王也。太公、伊尹以如此，龙逢、比干独如彼，岂不哀哉！故曰‘谈何容易’。”

【译文】深谋远虑，引用道义纠正君王自身过失，普施恩泽一直到下层，做事依仁义的原则而行，褒扬有德行者，任用贤明而有能力的人，诛杀有恶行、作乱的人，统领边远的地域，统一治理天下的纲纪法式，使一国的风尚习俗美善起来，这是一条帝王昌盛的道路。在上不改变上天的天性，在下不破坏人与人之间应遵守的行为准则，那样天地间阴阳调和，远方的人就会归附过来，因此被称做圣王。臣子的职位任命完毕，接着就划分区域，确定封地，设定公侯等爵位，可以把封地传给子孙，让声名流芳于后代，于是百姓一直至今仍称颂他们，因为他俩遇上了汤和文王。姜太公、伊尹的遭遇是这样，而龙逢、比干的经历偏偏是那样，那不是很悲哀的吗？所以说，谈何容易！”

于是吴王穆然俯而深惟，仰而泣下交颐，曰：“嗟乎，余国之不亡也。绵绵连连，殆哉世之不绝也。”于是正明堂之朝，齐君臣之位，举贤才，布德惠，施仁义，赏有功，躬亲节俭，减后宫之费，损车马之用，放郑声，远佞人，省庖厨，去侈靡，卑宫馆，坏苑圃，填池堑，以与贫民无产业者。

【译文】这时吴王默然不语，低着头沉思，突然又仰起脸，泪水一直往下淌，说：“啊，我这个诸侯国能够不亡，能微弱地延续下来，真是很危险啊，后嗣不至于被灭绝了。”于是就整治例行的朝见，着手治理政务，整顿君臣的秩位，提拔贤明而有能力的人，普施恩泽，施行仁义，赏赐有功人员，亲自实行节俭，省减后宫的费用，放弃使用车马，抛弃靡靡的乐声，疏远阿谀奉承的小人，减少宴饮的费用，除去奢侈和浪费，不建筑高大的宫殿，毁弃皇家的苑圃，填平苑中的池塘和河流，把它们分给贫困的没有产业的人。

开内藏，振贫穷，存耆老，恤孤独，薄赋敛，省刑罚。行此三年，海内晏然，天下大洽，阴阳和调，万物咸得其宜，国无灾害之变，民无饥寒之色，家给人足，畜积有余，囹圄空虚，凤凰来集，麒麟在郊，甘露既降，朱草萌芽，远方异俗之人，向风慕义，各奉其职，而来朝贺。故治乱之道，存亡之端，若此易见，而君人者莫肯为也。臣愚，窃以为过。故《诗》曰：“王国克生，惟周之桢。济济多士，文王以宁。”此之谓也。

【译文】同时打开库内的贮藏，赈济贫苦的人，慰问年老的，周济孤儿和老而无子的人，减轻赋税，减轻刑罚。这样实行三年，四海之内皆太平，全国秩序安定，阴阳协调，万物都获得了应处的良好环境，国家没有灾害出现，人民也没有饥饿的形象，家家富足，人人饱暖，积蓄有余，监狱空荡无人。有凤凰栖集于此，有麒麟出现在郊野，天降甘露，朱草萌芽，远方的不同风俗地区的人，都向往我风俗，仰慕我德义，各自以不同的职务身份前来朝贺。所以说，关系着一国安定或是混乱的道理，是生存还是灭亡的萌芽，就是这样很容易看到，只是作为君主的没有谁肯做，我私下以为那是君主的过失。所以《诗经》上说“周王朝能够生存，就依赖周王朝的支柱，而有这么多的贤士，文王就凭此而安宁”。讲的就是这个道理。

李　陵

汉成纪人，字少卿，武帝时，拜骑都尉，将步骑五千，自当一队，与匈奴战，力竭而降。《文选》载其与苏武书，自解见陷匈奴，与不得归汉之苦衷，世多传诵，惟文境不类西汉，论者以为六朝人所依托。

【译文】汉代成纪人，字少卿，汉武帝时，任职为骑都尉，带五千步兵，自为一队，与匈奴作战，最后因兵力用尽而投降。《文选》记载了他与苏武的书信，述说了他被陷匈奴的过程，和不能归汉朝的苦衷，世间多传诵，只是文章的意境不像西汉，评论者认为是六朝人所依托的。

答苏武书

子卿足下：

勤宣令德，策名清时，荣问休畅，幸甚幸甚。远托异国，昔人所悲，望风怀想，能不依依。昔者不遗，远辱还答，慰诲勤勤，有逾骨肉，陵虽不敏，能不慨然！

自从初降，以至今日，身之穷困，独坐愁苦。终日无睹，但见异类，韦鞲毳幕以御风雨，膻肉酪浆以充饥渴，举目言笑，谁与为欢？胡地玄冰，边土惨裂，但闻悲风萧条之声。凉秋九月，塞外草衰，夜不能寐，侧耳远听，胡笳互动，牧马悲鸣，吟啸成群，边声四起，晨坐听之，不觉泪下。嗟乎子卿！陵独何心，能不悲哉？

与子别后，益复无聊，上念老母，临年被戮；妻子无辜，并为鲸鲵；身负国恩，为世所悲。子归受荣，我留受辱，命也何如！身出礼义之乡，而入无知之俗，违弃君亲之恩，长为蛮夷之域，伤已！令先君之嗣，更成戎狄之族，又自悲矣！功大罪小，不蒙明察，孤负陵心区区之意，每一念至，忽然忘生。陵不难刺心以自明，刎颈以见志，顾国家于我已矣，杀身无益；适足增羞，故每攘臂忍辱，辄复苟话。左右之人，见陵如此，以为不入耳之欢，来相劝勉。异方之乐，只令人悲，增忉怛耳。

【译文】子卿足下：

您努力发扬自己的美德，在政治清明的时代做官，光荣的名声在广泛地流传，实在值得庆幸，值得庆幸！远远地寄居异国，这是前人所悲痛的；我回忆您的风采，深深地在怀念您，怎能不令人依恋呢！以前蒙您不弃，老远地给我写回信，恳切地安慰和教诲，简直超过了骨肉亲人，我虽然愚笨，也不能不感慨万端！

自从投降以来，一直到今天，自己的苦闷实在难以排遣，总是独坐发愁。整天看不见别的，只见异族人。我只得系着皮臂套，住在毡帐幕里来挡风遮雨；只能用膻羊肉、乳浆来充饥解渴；此外，能同谁谈谈笑笑，一起欢乐呢？所看到的只是胡地厚厚的灰暗的冰雪，边塞上冻裂的土地，所听到的只是悲惨凄凉的风声，凉秋九月，塞外草木零落，夜里不能入睡，侧着耳朵往远处听，处处吹起胡笳声，牧马悲哀地嘶叫，胡笳声、马叫声交织成一片，边塞的声音从四面响起。清晨坐起来听着，不知不觉地流下了眼泪。唉，子卿！我是什么心情，怎能不悲痛呢！跟您分别之后，更加感到无聊。上念老母，临到老年还被杀戮，妻子有什么罪过，也—起惨遭杀害，我自己辜负了国家的恩德，被世人所悲叹。您回去得到荣誉，我留在这里蒙受羞辱，命运怎么争是这样呢！我出身十讲究礼义的国家，却进入了蒙昧无知的社会；背弃了国君和双亲的恩德，终身生活在蛮夷地方，真感到伤心！让先父的后嗣，变成厂戎狄的族人，想到这些就更加暗自悲伤。我功大罪小，没有承蒙主上明察，辜负了我微小的心意。每次想到达里，就立刻不想活了。我如果刺心来表白自己，自刎来显示真心，都是不难做到的，但国家对我已经恩断义绝，自杀并没有益处，恰好足以加重羞辱，因此我每当因忍辱而感到愤慨时，却常常又苟且地活下去。周围的人看见我这个样子，就说些不中听的欢乐的话来劝慰我。但异国的欢乐，只能引人悲哀，增加忧伤罢了！

嗟乎子卿！人之相知，贵相知心。前书仓卒，未尽所怀，故复略而言之。昔先帝授陵步卒五千，出征绝域，五将失道，陵独遇战。而裹万里之粮，帅徒步之师，出无汉之外，入强胡之哉，以五千之众，对十万之军，策疲乏之兵，当新羁之马，然犹斩将搴旗，追奔逐北，灭迹扫尘，斩其枭帅，使三军之士，视死如归。陵也不才，希当大任，意谓此时功难堪矣。匈奴既败，举国兴师，更练精兵，强逾十万，单子临阵，亲自合围。客主之形，既不相如，步马之势，又甚悬绝。疲兵再战，一以当千，然犹扶乘创痛，决命争首，死伤积野，余不满百，而皆扶病，不任干戈。然陵振臂一呼，创病皆起，举刃指虏，胡马奔走，兵尽矢穷，人无尺铁，犹复徒首奋呼，争为先登。当此时也，大地为陵震怒，战士为陵饮血。单于谓陵不可复得，便欲引还，而贼臣教之，遂使复战，故陵不免耳。昔高皇帝以三十万众，困于平城，当此之时，猛将如云，谋臣如雨，然犹七日不食，仅乃得免。况当陵者，岂易为力哉？

【译文】咳，子卿啊！人的相互了解，以相互知心为贵。上次的信写得仓促，心里的话没有说完，所以再简略地说一说。从前先帝交给我五千步兵，出征极远的地方，五位大将都走错了路，只有我的部队遇上了敌人，进行战斗。我带着远行万坚的粮食，率领徒步作战的队伍，走出天汉圣朝统辖地区之外，进入了强大的胡人的区域，用五千士兵，对付十万大军，指挥疲乏的战士，抵挡刚刚出营的马队。但是仍然能斩将拔旗，追逐败逃的敌人，就像消灭脚印，扫除尘土一样。杀死敌方勇猛的将帅，使得我们三军将士视死如归。我的能力有限，但希望担当起重大任务。我想这时的功勋是难以胜过的了。匈奴战败之后，全国出动，重新挑选精兵，强人队伍超过十万人，单于临阵亲自指挥，从四面包围，外来部队比本地部队，形势既不相当，步兵和骑兵的力量对比又非常悬殊。疲劳的士兵连续作战，一个人要抵挡上千人，但是还带伤忍痛，豁出性命争着冲杀。死伤的人在野地上堆满了，剩下不到一百个人．而且还都带着伤痛，不能拿起兵器作战。但是我举起胳臂一呼，伤病士卒又都振奋起来，举着刀直奔敌虏，杀得匈奴骑后赶快逃跑。就是到了武器用光，箭支射完，士兵手里再也没有一尺铁器的时候，还光着头高呼杀敌，争先恐后地往上冲。在这个时候，真是天地为我愤怒，战士为我吞着血泪！单于对部下讲，李陵是再也捉不住丁，要准备退兵回去。但是叛汉贼臣教他们继续进攻，于是又继续开战，因此，我终究不能免于失败。从前高皇帝带领三十万部队，被围困在平城。这时猛将如云，谋臣如雨，但在围困中仍然七天没有吃上东西，仅仅免于歼灭。何况像我这种情况，难道就容易施展力量吗？

而执事者云云，苟怨陵以不死。然陵不死，罪也，子卿视陵，岂偷生之士，而惜死之人哉？宁有背君亲，捐妻子，而反为利者乎？然陵不死，有所为也，故欲如前书之言，报恩于国主耳。诚以虚死不如立节，灭名不如报德也。昔范蠡不殉会稽之耻，曹沬不死三败之辱，卒复勾践之雠，报鲁国之羞。区区之心，窃慕此耳。何图志未立而怨已成，计未从而骨肉受刑，此陵所以仰天椎心而泣血也。

足下又云："汉与功臣不薄。"子为汉臣，安得不云尔乎？昔萧、樊囚絷，韩、彭葅醢，晁错受戮，周、魏见辜。其余佐命立功之士，贾谊、亚夫之徒，皆信命世之才，抱将相之具，而受小人之谗，并受祸败之辱，卒使怀才受谤，能不得展，彼二子之遐举：谁不为之痛心哉？陵先将军，功略盖天地，义勇冠三军，徒失贵臣之意，刭身绝域之表，此功臣义士所以负戟而长叹者也，何谓不薄哉！且足下昔以单车之使，适万乘之虏，遭时不遇，至于伏剑不顾，流离辛苦，几死朔北之野。丁年奉使，皓首而归，老母终堂，生妻去帷，此天下所希闻，古今所未有也。蛮貊之人，尚犹嘉子之节，况为天下之主乎？陵谓足下当享茅土之荐，受千乘之赏。闻子之归，赐不过二百万，位不过典属国，无尺土封加子之勤。而妨功害能之臣尽为万户侯，亲戚贪佞之类为廊庙宰。子尚如此，陵复何望哉！且汉厚诛陵以不死，薄赏子以守节，欲使远听之臣，望风驰命，此实难矣！所以每顾而不悔者也。

【译文】执事者议论纷纭，随便责备我苟且偷生而不死节。但是我不死节，是有罪的。子卿你看我，难道是个贪生怕死的人吗？哪里会有背弃国君和双亲，抛弃妻子和儿女，反而认为是对自己有利的人？但是我不死节，是有所为的。原来是想如上次信上说的，为了报恩于主上罢了。实在因为白白死掉不如立节，牺牲性命不如报答恩德！从前范蠡不为会稽之耻而殉难，曹沫蒙受了三次战败的羞辱，也不去寻死，他们终于为勾践报了仇，替鲁国雪了耻。我的心里只是羡慕这两个人罢了。怎能料到，志愿还没有实现，怨恨却造成了，计划还没能实行，亲骨肉却遭到了刑戮。这就是我之所以仰望苍天，捶胸流泪的原因！

足下又说："汉朝对待功臣不薄。"您是汉朝的大臣，怎么能不这样说呢？从前萧何、樊哙遭拘禁，韩信、彭越剁成肉酱，晁错被斩，周勃和魏其侯判罪；其余辅佐天子、建立功勋的人，贾谊、周亚夫一流的人，确实都是当世杰出的人才，有将相的本领，却遭受了小人的谗言，蒙受了灾祸和失败的羞辱，给于使他们怀抱才能而受到诽谤，才能得不到施展。贾、周两个人的死亡，谁不感到痛心呢！我的祖父功劳和谋略压倒一世，义气和勇敢在全军数第一，只是失去了贵臣的欢心，自杀于极远的国上之外。这就是功臣义士扛着武器而长叹的缘故！怎么能说"不薄"呢？足下从前只是凭借一个单车使臣身份到兵力强大的匈奴王庭，由于没有碰到好时候，以至伏剑自杀而不在乎；颠沛流离，下字万苦，几乎死在北方的荒野里；丁壮之年出使，白发苍苍而归，年老的母亲死去，年轻的妻子改嫁。这是天下很少听到的，从古到今所没有的事情啊。匈奴人尚且称赞你的节操，何况是天下的君主呢？我以为足下应当享有分封诸侯的待遇，得到千乘之国的赏赐。但听说你回去之后，赏赐不过二百万钱，官位不过是典属国，没有一尺土地的封赏，来鼓励你效忠国家的功劳。但是那些破坏功业、陷害贤者的臣子，却都封了万户侯，皇亲贵戚和贪赃谄媚的人也都做了朝廷的高官。你尚且是这种情况，我还有什么指望呢？况且汉朝因为我不死节而大加杀戮，而为了您守节操却只给予微薄的奖赏。这样对待功臣，还想使在远处听候命令的臣子，看到他们的作为就奔驰效命，这实在是困难的事情！这些情况就是我每次回首往事总不觉悔恨的原因。

陵虽孤恩，汉亦负德。昔人有言："虽忠不烈，视死如归。"陵诚能安，而主岂复能眷眷乎？男儿生以不成名，死则葬蛮夷中。谁复能屈身稽颡，还向北阙，使刀笔之吏弄其文墨耶？愿足下勿复望陵。

嗟乎子卿，夫复何言？相去万里，人绝路殊，生为别世之人，死为异域之鬼，长与足下生死辞矣。幸谢故人，勉事圣君。足下胤子无恙，勿以为念，努力自爱。时因北风，复惠德音。李陵顿首。

【译文】我辜负了汉朝的恩情，但汉朝也辜负了我的德行。从前的人有句话：“有忠心，即使不曾死节，但也能做到视死如归。”我果真安心死节了，主上难道还能怀念我吗？男子汉活着不成名，死了就埋葬在蛮夷的土地里，谁还肯折腰叩头请罪，回到朝廷，让狱吏舞文弄墨、随意乱说呢？但愿足下别再期望我返回汉朝了！

唉，子卿！还说什么呢？相离万里，人们来往断绝，道路不通，活着是另一个世间的人，死去足另一地域的鬼，永远和足下生离死别了！希望向老朋友们致联，勉力事奉圣明的君主。您的儿子很好，不要挂念！愿您努力珍重身体！盼您时时依托北风的方便，不断给我教导。李陵顿首。

杨恽

汉华阴人，字子幼，司马迁之外孙，宣帝时为中郎将，恃才玩世，为怨家所告，免为庶人。恽家居治产业，起室宅，以财自娱。友人孙会宗以书戒之，恽报书辞涉怨懟，宣帝见而恶之，遂罹于祸。

【译文】汉朝华阴人，字子幼，司马迁的外孙，汉宣帝时为中郎将，恃才玩世，被仇家告发，免为平民。杨恽居家经营产业，建造房屋，以财产娱乐。他的朋友孙会宗劝诫他，他回复的书信中有怨恨，汉宣帝看到后很讨厌，于是就遭到了祸患。

报孙会宗书

恽材朽行秽，文质无所底，幸赖先人余业，得备宿卫。遭遇时变，以获爵位。终非其任，卒与祸会。足下哀其愚蒙，赐书教督以所不及，殷勤甚厚。然窃恨足下不深惟其终始，而猥俗之毁誉也。言鄙陋之愚心，则若逆指而文过；默而息乎，恐违孔氏各言尔志之义。故敢略陈其愚，惟君子察焉。

恽家方隆盛时，乘朱轮者十人，位在列卿，爵为通侯，总领从官，与闻政事。曾不能以此时有所建明，以宣德化，又不能与群僚同心并力，陪辅朝庭之遗忘，已负窃位素餐之责久矣。怀禄贪势，不能自退，遭遇变故，横被口语，身幽北阙，妻子满狱。当此之时，自以夷灭不足以塞责，岂意得全首领，复奉先人之丘墓乎？伏惟圣主之恩不可胜量。君子游道，乐以忘忧；小人全躯，说以忘罪。是故身率妻子，戮力耕桑，灌园治产，以给公上，不意当复用此为讥议也。

夫人情所不能止者，圣人弗禁。故君父至尊亲，送其终也，有时而既。臣之得罪，已三年矣。田家作苦。岁时伏腊，烹羊炰羔，斗酒自劳。家本秦也，能为秦声。妇赵女也，雅善鼓瑟。奴婢歌者数人，酒后耳热，仰天抚缶而呼乌乌。其诗曰：“田彼南山，芜秽不治。种一顷豆，落而为萁。人生行乐耳，须富贵何时！”是日也，奋袖低昂，顿足起舞；诚淫荒无度，不知其不可也。恽幸有余禄，方籴贱贩贵，逐什一之利。此贾竖之事，汙辱之处，恽亲行之。下流之人，众毁所归，不寒而栗。虽雅知恽者，犹随风而靡，尚何称誉之有？董生不云乎：“明明求仁义，常恐不能化民者，卿大夫之意也。明明求财利，常恐困乏者，庶人之事也。”故道不同，不相为谋，今子尚安得以卿大夫之制而责仆哉！

夫西河魏土，文侯所兴，有段干木、田子方之遗风，漂然皆有节概，知去就之分。顷者足下离旧土，临安定，安定山谷之间，昆戎旧壤，子弟贪鄙，岂习俗之移人哉？于今乃睹子之志矣！方当盛汉之隆，愿勉旃，毋多谈。

【译文】我才能低下，行为卑污，外部表现和内在品质都未修养到家，幸而靠着先辈留下的功绩，才得以充任宫中侍从官。又遭遇到非常事变，因而被封为侯爵，但始终未能称职，结果遭了灾祸。你哀怜我的愚昧，特地来信教导我不够检点的地方，恳切的情意甚为深厚。但我私下却怪你没有深入思考事情的本末，而轻率地表达了一般世俗眼光的偏见。直说我浅陋的看法吧，那好象与你来信的宗旨唱反调，在掩饰自己的过错；沉默而不说吧，又恐怕违背了孔子提倡每人应当直说自己志向的原则。因此我才敢简略地谈谈我的愚见，希望你能细看一下。

我家正当兴盛的时候，做大官乘坐朱轮车的有十人，我也备位在九卿之列，爵封通侯，总管宫内的侍从官，参与国家大政。我竟不能在这样的时候有所建树，来宣扬皇帝的德政，又不能与同僚齐心协力，辅佐朝庭，补救缺失，已经受到窃踞高位白食俸禄的指责很久了。我贪恋禄位和权势，不能自动退职，终于遭到意外的变故，平白地被人告发，本人被囚禁在宫殿北面的楼观内，妻子儿女全关押在监狱里。在这个时候，自己觉得合族抄斩也不足以抵偿罪责，哪里想得到竟能保住脑袋，再去奉祀祖先的坟墓呢？我俯伏在地想着圣主的恩德真是无法计量。君子的身心沉浸在道义之中，快乐得忘记忧愁；小人保全了性命，快活得忘掉了自身的罪过。因此亲自率领妻子儿女，竭尽全力耕田种粮，植桑养蚕，灌溉果园，经营产业，用来向官府交纳赋税，想不到又因为这样做而被人指责和非议。

人的感情所不能限制的事情，圣人也不加以禁止。所以即使是最尊贵的君王和最亲近的父亲，为他们送终服丧，至多三年也有结束的时候。我得罪以来，已经三年了。种田人家劳作辛苦，一年中遇上伏日、腊日的祭祀，就烧煮羊肉烤炙羊羔，斟上一壶酒自我慰劳一番。我的老家本在秦地，因此我善于唱秦地的民歌。妻子是赵地的女子，平素擅长弹瑟。奴婢中也有几个会唱歌的。喝酒以后耳根发热，昂首面对苍天，信手敲击瓦缶，按着节拍呜呜呼唱。歌词是：“在南山上种田辛勤，荆棘野草多得没法除清。种下了一顷地的豆子，只收到一片无用的豆茎。人生还是及时行乐吧，等享富贵谁知要到什么时辰！”碰上这样的日子，我兴奋得两袖甩得高高低低，两脚使劲蹬地而任意起舞，的确是纵情玩乐而不加节制，但我不懂这有什么过错。我幸而还有积余的俸禄，正经营着贱买贵卖的生意，追求那十分之一的薄利。这是君子不屑只有商人才干的事情，备受轻视耻辱，我却亲自去做了。地位卑贱的人，是众人诽谤的对象，我常因此不寒而栗。即使是素来了解我的人，尚且随风而倒讥刺我，哪里还会有人来称颂我呢？董仲舒不是说过吗："急急忙忙地求仁求义，常担心不能用仁义感化百姓，这是卿大夫的心意。急急忙忙地求财求利，常担心贫困匮乏，这是平民百姓的事情。"所以信仰不同的人，互相之间没有什么好商量的。现在你还怎能用卿大夫的要求来责备我呢！

你的家乡西河郡原是魏国的所在地，魏文侯在那里兴起大业，还存在段干木、田子方留下的好风尚，他们两位都有高远的志向和气节，懂得去留和仕隐的抉择。近来你离开了故乡，去到安定郡任太守。安定郡地处山谷中间，是昆夷族人的家乡，那里的人贪婪卑鄙，难道是当地的风俗习惯改变了你的品性吗？直到现在我才看清了你的志向！如今正当大汉朝的鼎盛时期，祝你飞黄腾达，不要再来同我多。

王褒

汉蜀人，字子渊，益州刺史奏褒有轶才，征至京师，作《圣主得贤臣颂》，其辞颉颃枚乘，而尤近于骈俪，官至谏议大夫。方士言益州有金马碧鸡之神，遣褒往祀之，道卒。

【译文】汉朝四川人，字子渊，益州刺史上奏说褒有卓越的才能，就将他召到京师，作《圣主得贤臣颂》。他的文章和枚乘不相上下，尤其接近骈文。任官至谏议大夫，当时方士说益州有金马碧鸡的神，就派遣褒前往祭祀，在路上去世。

圣主得贤臣颂

夫荷旃被毳者，难与道纯绵之丽密；羹黎唅糗者，不足与论太牢之滋味。今臣僻在西蜀，生于穷巷之中，长于蓬茨之下，无有游观广览之知，顾有至愚极陋之累，不足以塞厚望，应明旨。虽然，敢不略陈愚心，而抒情素！

记曰：恭惟《春秋》法五始之要，在乎审己正统而已。夫贤者，国家之器用也。所任贤，则趋舍省而功施普；器用利，则用力少而就效众。故工人之用钝器也，劳筋苦骨，终日矻矻。及至巧冶铸干将之璞，清水淬其锋，越砥敛其锷，水断蛟龙，陆剸犀革，忽若彗泛画途。如此则使离娄督绳，公输削墨，虽崇台五层，延袤百丈而不溷者，工用相得也。庸人之御驽马，亦伤吻弊策而不进于行，胸喘肤汗，人极马倦。及至驾啮膝，骖乘旦，王良执靶，韩哀附舆，纵骋驰骛，忽如影靡，过都越国，蹶如历块；追奔电，逐遗风，周流八极，万里一息。何其辽哉！人马相得也。故服絺绤之凉者，不苦盛暑之郁燠；袭狐貉之暖者，不忧至寒之凄怆。何则？有其具者易其备。贤人君子，亦圣王之所以易海内也。是以呕喻受之，开宽裕之路，以延天下之英俊也。夫竭智附贤者，必建仁策；索人求士者，必树伯迹。昔周公躬吐握之劳，故有圄空之隆；齐桓设庭燎之礼，故有匡合之功。

由此观之，君人者勤于求贤而逸于得人。

人臣亦然。昔贤者之未遭遇也，图事揆策，则君不用其谋，陈见悃诚，则上不然其信。进仕不得施效，斥逐又非其愆。是故伊尹勤于鼎俎，太公困于鼓刀，百里自鬻，宁戚饭牛，离此患也。及其遇时君、遭圣主也，运筹合上意，谏诤则见听，进退得关其忠，任职得行其术，去卑辱奥渫而升本朝，离蔬释娇而享膏粱，剖符锡壤，而光祖考，传之子孙，以资说士。故世必有圣智之君，而后有贤明之臣。虎啸而谷风冽，龙兴而致云气，蟋蟀俟秋吟，蜉蝣出以阴。《易》曰："飞龙在天，利见大人。"《诗》曰："思皇多士，生此王国。"故世平主圣，俊乂将自至，若尧、舜、禹、汤、文、武之君，获稷、契、皋陶、伊尹、吕望之臣，明明在朝，穆穆列布，聚精会神，相得益章。虽伯牙操遗钟，蓬门子弯乌号，犹未足以喻其意也。

故圣主必待贤臣而弘功业，俊士亦俟明主以显其德。上下俱欲，欢然交欣，千载一会，论说无疑。翼首如鸿毛遇顺风，沛乎若巨鱼纵大壑。其得意如此，则胡禁不止，曷令不行？化溢四表，横被无穷，遐夷贡献，万祥必臻。是以圣主不遍窥望而视已明，不殚倾耳而听已聪。恩从祥风翱，德与和气游，太平之责塞，优游之望得。遵游自然之势，恬淡无为之场。休征自至固，寿考无疆，雍容垂拱，永永万年。何必偃仰诎信若彭祖，呴嘘呼吸如乔松，眇然绝俗离世哉！《诗》曰："济济多士，文王以宁。"盖信乎其以宁也！

【译文】头戴毡制帽，身披粗毛毯的人，很难和他谈论丝和绵的精美；以藜做菜羹，口含冷米粥的人，没法跟他论说宴会上的美味。现在我居处在偏僻的西蜀，出生在狭窄鄙陋的街巷里，成长在蓬茅苫顶的房屋中，没有周游各地广观博览的知识，反而有最愚笨、最鄙陋的缺点。不能够来满足您深厚的期望，回报您的英明的旨意。虽然如此，怎敢不大致陈述一下自己的意见，并表达我的忠诚。

启奏：窃以为《春秋》以"五始"为其写法的要点，在于确定自己的正统地位罢了。贤士是国家的工具。所任用的人贤明，那么前进或后退都明白而功德恩惠泽被广大；工具锋利，那么就用力少却成就广收效多。因此，工人使用不锋利的器具，就筋骨劳累，整天特别疲乏。等到优秀的冶金工匠铸造出铁剑干将的毛坯，剑身用清水淬火增加硬度，用南昌出产的磨刀石磨砺剑刃。这样，在水中可以斩断蛟龙，在陆地可以割断犀牛皮，像用扫帚清扫洒水之地，用钢刀挥画于软泥之中一样迅速。与此同理，让离娄察视墨线，公输修正墨线，即使修建五层高台，伸展百丈城墙，但是不混乱的原因，在于工匠的本领和他们从事的活计互相投合。平庸的人驾驭低下的马，抽伤了马嘴，打坏了马鞭，但仍不能使马在路上行进，累得胸脯起伏皮肤流汗，人疲乏马困倦。等到良马啮膝驾车辕，乘旦拉边套，优秀驭手王良握缰绳，韩哀驾车舆，纵马奔驰，快得像影子散开，驶过都城，飞越封地，迅速得就像跨越一小块土地；追闪电，赶快风，周行八方极远之地，一呼一吸之间驰骋万里。飞驰得多么遥远啊！这是人马配合得默契。所以身穿凉爽的葛布的人，不烦苦酷暑的闷热，外套温暖的狐裘貉绒的人，不担忧严冬的寒冷。为什么呢？具有那些器物的人容易为自己做好准备。贤人君子也是圣王用来统辖海内的。因此，和悦地接纳他们，开辟宽阔的道路，来引进天下才智杰出的人物。是凡使智者尽来，让贤者归附的，一定会设置实现仁政的策略；寻求能人追索名士的，必定会建树霸业。从前，周公一饭三吐哺，一沐三握发，热情接待来客，亲受劳苦，所以才有无人犯罪狱中为空的盛世。齐桓公在庭院里设置照明火炬的大礼来接待贤士，所以有会合诸侯、匡正天下的功业。由此看来，君主只要辛苦地寻求贤士，就会安闲地得到人才。

臣下也是这样。先前，贤明的人未遇明主的时候，谋划事情，筹划策略，国君却不用他们的谋略。陈述并表现诚恳，君上却不认为他们是诚实的。晋官任职不得施功尽力，遭受驱逐又不是他的过错。所以伊尹曾在饭锅砧板之间劳苦，太公曾受到操刀屠牛的困窘，百里奚曾自卖其身，宁戚曾经商喂牛，这些人都遭受过忧患。等到他们遇见英明的君上、圣智的国主，策划谋略合于国君的意图，直言规劝就被采纳，入朝和出朝能表达他们的忠心，担任官职能实行他们的思想。抛弃了低贱屈辱幽暗污浊的生活而登上本朝的官位，去掉了粗劣的食物，丢弃了草编的鞋子，而享受精美的食物，得到君王授予的凭证、赏赐的土地，光耀祖先，传给子孙，以使贤士得到资益而喜悦。所以天下必先有圣明睿智的君主，而后有德才兼备的臣下。猛虎一啸就生出清风，游龙出现就引来云气，蟋蟀要等到立秋才鸣叫，蜉蝣要在阴雨之时才出来。《周易》说："云龙飞于苍天，见到即可显达。"《诗经》说："愿天多赐贤良臣，就在这个王国出生。"所以天下太平君主英明，才智非凡才能出众的人将会自己到来。比如唐尧虞舜夏禹商汤周文王周武王这些君主，得到后稷、契、皋陶、伊尹、吕望这些臣子，在朝廷者一副明察的样子，端庄盛美地排列分布，君臣遇合，集思广益，互相配合，尤显长处。即使伯牙善于弹奏篷钟琴，音韵和合，蓬门子能拉开乌号弓，矢必中的，也不够用来说明君臣德义谐和之意。

所以圣主必等待贤臣光大功勋事业，俊士也等待明主显扬美好德行。国君和臣下愿望相同，彼此喜悦，千年一遇的机会，谈论述说互不疑心。像鸿毛遇上顺风一样迅疾，如大鱼纵游长川一样快速。他们如愿以偿如此满意，那么有什么禁令不能禁止？什么命令不能推行？教化充满四方极远之地，纵横覆盖无边无际，边远的少数民族前来进贡，各种祥瑞吉兆一齐出现。因此圣主不用四下张望已看清楚，不必完全侧耳已听清楚。恩惠随从和风翱翔，恩德并与和气遨游，使天下太平的责任已尽到，悠闲自得的愿望已实现。在自然的环境里顺势而游，于无为的场所中安静闲适。吉兆自己到来，长寿没有极限，容仪温文，垂衣拱手，无为而治，万年久长。何必又抬头又低头，又弯腰又伸臂，像彭祖那样呼吸空气吐故纳新，像王子乔、赤松子那样远远地遗弃尘俗远于世事呢！《诗经》说："贤明臣士多又多，文王凭此得安宁。"文王凭借招纳的贤士得以安宁大概是真实的吧。

谷永

汉长安人，字子云，淹通经学，工于笔札，为太常丞。数上书言得失，官至大司农。

【译文】汉朝长安人，字子云，博通经学，擅于写作，为太常丞。多次上书评论为政得失，官至大司农。

讼陈汤疏

臣闻楚有子玉得臣，文公为之仄席而坐；赵有廉颇、马服，强秦不敢窥兵井陉；近汉有郅都、魏尚，匈奴不敢南乡沙漠。由是言之，战克之将，国之爪牙，不可不重也。盖君子闻鼓鼙之声，则思将帅之臣。窃见关内侯陈汤，前使副西域都护，忿郅支之无道，悯王诛之不加，策虑愊亿，义勇奋发，卒兴师奔逝，横厉乌孙，逾集都赖，屠三重城，斩郅支首，报十年之逋诛，雪边吏之宿耻，威震百蛮，武畅西海，汉元以来，征伐方外之将，未尝有也。今汤坐言事非是，幽囚久系，历时不决，执宪之吏欲致之大辟。昔白起为秦将，南拔郢都，北坑赵括，以纤介之过，赐死杜邮，秦民怜之，莫不陨涕。今汤亲秉钺，席卷喋血万里之外，荐功祖庙，告类上帝，介胄之士靡不慕义。以言事为罪，无赫赫之恶。《周书》曰："记人之功，忘人之过，宜为君者也。"夫犬马有劳于人，尚帷盖之报，况国之功臣者哉！窃恐陛下忽于鼓鼙之声，不察《周书》之意，而忘帷盖之施，庸臣遇汤，卒从吏议，使百姓介然有秦民之恨，非所以厉死难之臣也。"

【译文】我听说楚国因为有子玉、得臣，晋文公因此坐不安席；赵国有廉颇和马服君赵奢，强大的秦国便不敢进犯井陉；近代汉朝有郅都、魏尚，匈奴不敢从沙漠南下。因此可说，能征善战、克敌制胜的将领是国家的利器，不可以不重视他们。君子听到战鼓之声，则思念将帅之臣。我看关内侯陈汤，从前击斩郅支单于，威震蛮夷各国，所向披靡，一直打到西海。自汉朝开国以来，在疆域之外作战的将领，还从未有过这样的战功!如今陈汤因报告失实而获罪，长期囚禁监狱，历时这么久仍不能结案，执掌刑法的官吏想要治他死罪，从前，白起为秦国大将，南伐楚，攻陷郢都；北击赵国，坑杀赵括降卒四十万，却因极微小的过失，在杜邮被赐死。秦国百姓怜惜他，无不流涕。而今陈汤亲执武器，席卷匈奴，喋血千万里之外。把战功呈献在皇家祖庙，向上帝禀告，天下武士无不思慕。他不过因为说错话而获罪。并不是什么严重的罪恶。《周书》说："记人之功，忘人之过，这才适合当人君。"犬马对人有劳苦之功，死后尚且要用车帷伞盖将它们好好埋葬，作为回报，何况是国家的功臣呢!我恐怕陛下忽略了战鼓的声音，不领会《周书》的深意，忘记报答功臣的效劳，象对待平庸臣子那样对待陈汤，终于听从掌刑官吏的建议，将他处死，使百姓心中耿耿，有秦民那样的遗恨。这不是勉励大臣为国赴难效死的作法!"

崔 瑗

后汉安平人，字子玉，骃之子。瑗早孤，锐志好学，举茂才，善属文，与班固、傅毅齐名，为汲令七年，民讴歌之。安帝初，时相荐瑗宿德大儒，迁冀北相，子寔，亦有名。

【译文】东汉安平人，字子玉，是崔骃的儿子。崔瑗早年丧夫，立志好学，被举荐为茂才，他擅长写文章，和班固、傅毅齐名。在担任汲郡令的七年，百姓都称赞他。安帝初年，当时宰相举荐他为有德大儒，升为冀北相。他的儿子崔寔，也很有名。

座右铭

无道人之短，无说己之长。施人慎勿念，受施慎勿忘。
世誉不足慕，唯仁为纪纲。隐心而后动，谤议庸何伤。
无使名过实，守愚圣所臧。在涅贵不缁，暧暧内含光。
柔弱生之徒，老氏诫刚强。行行鄙夫志，悠悠故难量。
慎言节饮食，知足胜不祥。行之苟有恒，久久自芬芳。

【译文】不要津津乐道于人家的短处，不要夸耀自己的长处。施恩于人不要再想，接受别人的恩惠千万不要忘记。世人的赞誉不值得羡慕，只要把仁爱作为自己的行动准则就行了。审度自己的心是否合乎仁而后行动，别人的诽谤议论对自己又有何妨害？不要使自己的名声超过实际，守之以愚是圣人所赞赏的。洁白的品质，即使遇到黑色的浸染也不改变颜色，才是宝贵的。表面上暗淡无光，而内在的东西蕴含着光芒。老子曾经告诫过：柔弱是有生命力的表现，而刚强和死亡接近。庸鄙的人有刚强之志，时间久远，他的祸更重。君子要慎言，节饮食，知足不辱，故能去除不祥。如果持久地实行它，久而久之，自会芳香四溢。

李固

后汉南郑人，字子坚，负笈从师，究览典坟。顺帝时，对策鲠直，由议郎进至太尉，后为梁冀所害。

【译文】东汉南郑人，字子坚，向老师学习，博览书籍。顺帝时，作答正直，由议郎升为太尉，后被梁冀所害。

与黄琼书

闻已渡伊洛，近在万岁亭，岂即事有渐，将顺王命乎？盖君子谓："伯夷隘，柳下惠不恭"，故传曰："不夷不惠，可否之间"。盖圣贤居身之所珍也。诚遂欲枕山栖谷，拟迹巢、由，斯则可矣。若当辅政济民，今其时也。自生民以来，善政少而乱俗多，必待尧舜之君，此为志士，终无时矣。常闻语曰："峣峣者易折，皦皦者易污。"阳春之曲，和者必寡；盛名之下，其实难副。近鲁阳樊君，被征初至，朝廷设坛席，犹待神明。虽无大异，而言行所守，亦无所缺，而毁谤布流，应时折减者，岂非观听望深，声名太盛乎？自顷征聘之士，胡元安、薛孟尝、朱仲昭、顾季鸿等，其功业皆无所采。是故俗论皆言处士纯盗虚声。愿先生弘此远谟，令众人叹服，一雪此言耳。

【译文】听说你已经渡过了伊水洛水，快到万岁亭了。难道不正是事情有了转机，将顺应王命吗？因为孟子说过："伯夷狭隘，柳下惠傲慢不恭敬。"所以流传说："不做伯夷也不学柳下惠，能不能折衷呢？"大概这就是君子立身处世所重视的，确实顺遂自己的心愿，隐居在山谷之中，打算效仿巢父和许由，这样也可以。如果想要辅佐政事救助百姓，现在正是时候。自从有百姓以来，治理清明的少而处于乱世的多，必定要等待像尧舜那样的圣明之君，这是有意志有节操的人，但终究没有时机。

常常听说品行高洁如玉石之白者，最容易受到污损；性情刚直卓而不群的人，往往容易横遭物议。高雅如《阳春》这样的曲子，能应和的一定很少，名望很大的人；实际的才德常是很难跟名声相符。最近鲁阳的樊君，被朝廷征召刚到的时候，朝廷隆重的筑坛设座席，如同对待神明一般。虽然没有很特殊的才能，但是他言行表现的节操，也没有很大的缺损。但是四处散布诽谤，随着时间而减少的人，难道不是看到听到的怨恨深重、名声太显赫吗？近来征召如胡元安、薛孟尝、朱仲昭、顾季鸿等人，它们的功绩事业都没有初中的地方。所以民间都议论那些有才德而隐居不仕的人其实纯粹是沽名钓誉。希望先生您推广深远的谋略，让众人都赞叹佩服，一举洗刷这话的耻辱。

蔡 邕

后汉圉人，字伯喈，博学工辞，善鼓琴，仕为议郎。熹平中与杨赐奏定六经文字，自书册镌碑，立于太学门外，吾国之有石经始此。后董卓辟邕，拜为中郎将。及王允诛卓，并收及邕，乞黥首刖足，续成汉史，不许，遂死狱中，年六十，缙绅诸儒莫不流涕，有《独断》《蔡中郎集》。

【译文】东汉圉人，字伯喈，学问渊博，擅长写文章，善于鼓琴，任官侍郎。熹平年间和杨赐上核定六经文字，亲自书写，刻于石碑上，立在太学门外，我国有石经开始于此。后来董卓召集蔡邕，授以中郎将一职。到王允诛杀董卓，一并连及蔡邕。蔡邕乞求刻额染墨，截断双脚，来续写汉朝历史，没有被允许，于是死在监狱中，时年六十岁，士大夫儒者没有不流泪的，著作有《独断》《蔡中郎集》。

郭有道碑

先生讳泰，字林宗，太原界休人也。其先出自有周，王季之穆，有虢叔者，实有懿德，文王咨焉，建国命氏，或谓之郭，即其后也。先生诞应天衷，聪睿明哲，孝友温恭，仁笃慈惠。夫其器量宏深，姿度广大，浩浩焉，汪汪焉，奥乎不可测已。若乃砥节厉行，直道正辞，贞固足以干事，隐括足以矫时。遂考览六经，探综图纬，周流华夏，游集帝学，收文武之将坠，拯微言之未绝。于时缨緌之徒，绅佩之士，望形表而景附、聆嘉声而响和者，犹百川之归巨海，鳞介之宗龟龙也。尔乃潜隐衡门，收朋勤诲，童蒙赖焉，用祛其蔽。

州郡闻德，虚己备礼，莫之能致。群公休之，遂辟司徒掾，又举有道，皆以疾辞。将蹈洪崖之遐迹，绍巢、由之绝轨，翔区外以舒翼，超天衢以高峙。禀命不融，享年四十有三，以建宁二年正月乙亥卒。

凡我四方同好之人，永怀哀悼，靡所置念，乃相与推先生之德，以图不朽之事。佥以为先民既没而德音犹存者，赖之于纪述也，今其如何而阙斯礼？于是树碑表墓，昭铭景行，俾芳烈奋乎百世，令闻显于无穷。其辞曰：

于休先生！明德通玄。纯懿淑灵，受之自天。崇壮幽浚，如山如渊。礼乐是悦，诗书是敦。匪惟摭华，乃寻厥根。宫墙重仞，允得其门。懿乎其纯，确乎其操。洋洋搢绅，言观其高。栖迟泌丘，善诱能教。赫赫三事，几行其招。委辞召贡，保此清妙。降年不永，民斯悲悼。爰勒兹铭，摛其光耀。嗟尔来世！是则是效。

【译文】先生讳泰，字林宗，太原介休人。其祖先出于周朝王季之子，号称虢叔，实有善美之德，文王曾与之谋划国事。封赐其国土而以地名为姓氏，或称为郭，先生即为虢叔后代。先生应合天命，聪颖睿智，明达多才，孝顺友爱，温良恭谨，仁德笃厚，慈祥施惠。其器量宏阔深邃，其风度宽广博大；如长河浩荡，如巨海汪洋，其深沉而不可测度。磨砺节操，修养品德，正直坚定足以主持大事，规范楷模足以矫正时俗。于是阅览《六经》，综合图、纬；周游于华夏，聚集于国学。振兴将衰的文武治世之道，拯救未绝的孔子精妙之言。于是儒门之徒、朝堂之士，仰望其形貌而衷心依附，聆听其美声而虔诚响应，有如百川之归巨海，虫鱼之尊龟龙。至于隐居柴门之内，集合友朋而辛勤教诲，暗于道义者幸赖先生，因而摆脱愚昧。

州郡长官闻其贤德，虚心献礼，而不能招至。在朝百官皆以为美善，于是征聘为司徒掾，又举荐为有道，先生皆以疾病推辞。将重蹈鸿涯先生隐退的足迹，继续巢父许由离俗的路轨，翱翔于世外而舒展羽翼，超越天路而高耸屹立。禀受天命其时不长，享年四十有二，以建宁二年正月乙亥日卒。

凡我四方同好之人，永远深怀哀悼，无所表达思念，乃一起追想先生善德，而考虑先生长存不朽之事，皆以为古时圣贤既没、而善德美誉尚存. 也是依赖于碑文的记述。而今对于先生为何而缺此礼呢？于是树立石碑而显耀于墓前，表彰其高尚德行，使其善德发扬于百世，美誉显明于无穷。其辞说：

何其美善啊先生，完美德性，通达毫道。纯朴懿美，贤良聪慧；出于自然，受于天赋。二崇高壮伟，沉静深邃；如山之峰。如水之潭。《礼》《乐》之经，内心喜好；《诗》《书》之典，笃爱不厌。不只摘取英华。而且探寻根源。儒学高深. 宫墙数仞；先生钻研。实入其门。懿美呵那品质，坚韧呵那节操。堂堂威严，在朝百官；仲观其人，崇尚德高。栖止隐居. 在那氾丘；善诱善导，长于施教。昴赫光耀，三公之事；屡次发命，以示征召。委弃推辞，官万荐举；保待本性。坚守清妙，，天降寿命，可惜不长；天下万民，无不悲悼。于是立砰。刻此铭文；铺展文彩，光辉闪耀。唉唉嗟叹，期望来世；引为准则，永远仿效。

陈　琳

三国魏广陵人，字孔璋。初为何进主簿，后归袁绍。尝为绍草檄文讨曹操，数其罪状甚悉。操先苦头风，是日疾发，卧读琳所作，翕然起曰：“愈我病矣！”绍败归操。操爱其才而不咎，以为记室。军国书檄，多出琳手。琳与王粲齐名，又与孔融、徐干、阮瑀、应玚、刘桢五人共称“建安七子”。

【译文】三国时期魏国广陵（今属江苏）人。字孔璋。最初是何进的主簿，后来归附袁绍。曾经替袁绍起草声讨曹操的檄文，数落曹操的罪状非常详细。曹操之前就患有头风的旧病，这天正遇上头风发作，躺着阅读陈琳所作的檄文，突然直起身子说：“把我的病治好了！”陈琳在袁绍失败后又归附曹操。曹操因爱惜他的才干没有追究他的从前的行为，还任命他为记室。许多的关于军事、国家的公文，都是陈琳起草的。陈琳的名声和王粲一样高，又和孔融、徐干、阮瑀、应玚、刘桢等五人共称“建安七子”。

为袁绍檄豫州文

左将军领豫州刺史郡国相守：盖闻明主图危以制变，忠臣虑难以立权。是以有非常之人，然后有非常之事；有非常之事，然后立非常之功。夫非常者，故非常人所拟也。曩者强秦弱主，赵高执柄，专制朝权，威福由己，时人迫胁，莫敢正言，终有望夷之败，祖宗焚灭，污辱至今，永为世鉴。及臻吕后季年，产、禄专政，内兼二军，外统梁、赵，擅断万机，决事省禁，下凌上替，海内寒心。于是绛侯、朱虚，兴兵奋怒，诛夷逆暴，尊立太宗。故能王道兴隆，光明显融，此则大臣立权之明表也。

【译文】左将军领豫州刺史刘玄德公：历来圣明君主临危制变，忠贞之臣因难立功。故此有非常之人，然后有非常之事；有非常之事，然后建非常之功。所谓非常，就是指不是常人所能相比的。过去强秦二世皇帝胡亥软弱无能，赵高执掌权柄，专制朝政，自己任意作威作福，其他人等迫于威胁，不敢主持正义，最终导致赵高逼秦二世自杀，后来秦朝覆灭，污辱至今，可永世为鉴镜。等到西汉吕后专政末期，吕产、吕禄专权，对内统率南北二军，对外封为梁王、赵王，总理朝政，操纵大权，欺上瞒下，天下寒心，于是绛侯周勃和朱虚侯刘章，怒而兴兵诛灭作乱诸吕，迎立太宗（即汉文帝刘恒，时为代王，太宗为庙号）为帝。故而能以仁政治国，国势兴盛，光明合谐，这是大臣建功立业的明显表仪。

司空曹操，祖父中常侍腾，与左倌、徐璜并作妖孽，饕餮放横，伤化虐民。父嵩，乞丐携养，因赃假位，舆金辇璧，输货权门，窃盗鼎司，倾覆重器。操赘阉遗丑，本无懿德，僄狡锋协，好乱乐祸。

【译文】司空曹操的祖父中常侍曹腾，曾与左倌、徐璜一起为非作孽，贪暴凶残，伤风败俗，为害人民。曹操的父亲曹嵩，是曹腾的养子，凭宦官恶势力窃据高位，乘坐金碧辉煌的车舆，贿赂权臣，掌握朝权，企图倾覆国家社稷。曹操乃曹嵩之子，不具有美好的德操，剽悍狡猾，有时很厉害，有时又显得和气顺从，喜好发生祸乱。主帅袁绍督率部卒，杀尽宦官凶逆。

幕府董统鹰扬，扫除凶逆，续遇董卓侵官暴国，于是提剑挥鼓，发命东夏，收罗英雄，弃瑕录用。故遂与操同咨合谋，授以裨师，谓其鹰犬之才，爪牙可任。至乃愚佻短略，轻进易退，伤夷折衄，数丧师徒!幕府辄复分兵命锐，修完补辑，表行东郡，领兖州刺史，被以虎文，奖蹙威柄，冀获秦师一克之报。而操遂承资跋扈，肆行凶忒，割剥元元，残贤害善。故九江太守边让，英才俊伟，天下知名，直言正色，论不阿谄，身首被枭悬之诛，妻孥受灰灭之咎。自是士林愤痛，民怨弥重，一夫奋臂，举州同声。故躬破于徐方，地夺于吕布，彷徨东裔，蹈据无所。幕府惟强干弱枝之义，且不登叛人之党，故复援旌擐甲，席卷起征，金鼓响振，布众奔沮。拯其死亡之患，复其方伯之位。则幕府无德于兖土之民，而有大造于操也。

【译文】后来董卓作乱国家。于是袁公提剑挥鼓，在华夏东部的渤海郡等地发起义师，收罗天下英雄，不求全责备，对虽有缺点但有用的人才予以选用。袁绍公与曹操共同谋划，并让曹操率领偏师，认为曹操是鹰犬之才，可任武将。无奈曹操愚蠢短谋略，轻率地决定进军退兵，遭到挫败，多次损伤部众。袁公就又派遣精锐军队，为曹操修补缺漏，又上表推荐曹操为东郡太守，曹操不就，而是接受了被黄巾军所杀的兖州刘公山部下的邀迎，领衮州刺史。曹操外强中干，急于掌握权柄。以报败绩之仇。曹操凭藉资望，飞扬跋扈，凶恶放肆，盘剥百姓，残害贤良。前任九江太守边让，英才俊伟，天下闻名，直言正色，不事奉承，言语冒犯了曹操，不仅自己被枭首示众，妻子儿女也诛连被杀。此后士林愤恨痛心，民怨愈重，一人振臂高呼，举州同声响应。所以，曹操发兵征讨徐州遭挫败，又被吕布夺去了领地，他在东部边远地区彷徨，无处容身。袁公鉴于强干弱枝的大义，又不愿与反复无常的叛人吕布同声共气，故而又援助曹操军队，席卷出征，鼓声鸣响，吕布溃败，挽救了曹操免处死亡境地，使他重任兖州刺史。袁公对兖州人民没什么恩德可言，却对曹操有再造之功。

后会鸾驾返旆，群虏寇攻，时冀州方有北鄙之警，匪遑离局，故使从事中郎徐勋，就发遣操，使缮修郊庙，翊卫幼主。操便放志专行，胁迁当御省禁，卑侮王室，败法乱纪，坐领三台，专制朝政，爵赏由心，刑戮在口。所爱光五宗，所恶灭三族，群谈者受显诛，腹议者蒙隐戮，百僚钳口，道路以目。尚书记朝会，公卿充员品而已。故太尉杨彪，典历二司，享国极位。操因缘眦睚，被以非罪，榜楚参并，五毒备至，触情任忒，不顾宪纲。又议郎赵彦，忠谏直言，义有可纳，是以圣朝含听，改容加饰。操欲迷夺时明，杜绝言路，擅收立杀，不俟报闻。又，梁孝王先帝母昆，坟陵尊显，桑梓松柏，犹宜肃恭。而操帅将吏士，亲临发掘，破棺裸尸，掠取金宝，至今圣朝流涕，士民伤怀。操又特置发丘中郎将、摸金校尉，所过隳突，无骸不露。身处三公之位，而行桀虏之态，污国虐民，毒施人鬼。加其细政苛惨，科防互设，罾缴充蹊，坑阱塞路，举手挂网罗，动足触机陷。是以兖、豫有无聊之民，帝都有吁嗟之怨。历观载籍，无道之臣，贪残酷烈，于操为甚。

【译文】后来郭汜、李傕等叛军作乱时，圣上返驾洛阳。当时领冀州的袁公正遭到北方公孙瓒的攻击，无暇脱身迎护圣上。故而让从事中郎徐勋派遣曹操修缮郊庙，辅助保护幼主。曹操趁机肆意妄为，胁迫皇上迁都，决策政事，侮辱王室，败乱法纪，占据高位，专制朝政。他随心所欲地进行赏赐和刑罚，对宠信的人使其五族荣光，对憎恶的人使其三族灭亡；聚众发出不满言论的人和心中有怨望的人，都被他或者公开杀害，或者秘密处死。百官僚属不敢开口，只能彼此心照不宣地表达愤怒之情。尚书和公卿百官都只是无实权的摆设而已。故太尉杨彪任过司空和司徒，位高威重。曹操借口一点点小事，定杨彪有罪，酷刑残害，不顾纲纪，任意作恶。议郎赵彦，直言忠谏，有可供采纳的议论，所以皇上听后动容，给予赞扬。曹操欲残害明事之人，杜绝言路，不向皇上奏报，就擅自逮捕杀害了赵彦。梁孝王刘武是先帝（指景帝）同母弟，陵寝尊贵，所植桑梓松柏，犹应恭敬肃穆，而曹操率将吏兵士，亲临掘陵，毁坏棺木，使尸体裸露，掠夺金银珠宝，至今使皇上伤心流涕，士民伤怀。曹操又特地设置发丘中郎将和摸金校尉，所过之处都进行破坏，陵墓骨骸无不被掘裸露。曹操身处三公的高位，而行为如同夏桀一样残暴，污辱国家，残害人民，极其暴虐。加上曹操细政苛毒，法网严密，处处设防，处处陷阱，使得人民一举手一投足都会触犯法网。致使兖州、豫州百姓无以为生，都城内一片悲叹怨恨声。历览史籍，无道之臣贪暴残酷的程度，曹操最为厉害。

幕府方诘外奸，未及整训，加绪含容，冀可弥缝。而操豺狼野心，潜包祸谋，乃欲摧挠栋梁，孤弱汉室，除灭忠正，专为枭雄。往者伐鼓北征公孙瓒，强寇桀逆，拒围一年。操因其未破，阴交书命，外助王师，内相掩袭，故引兵造河，方舟北济。会其行人发露，瓒亦枭夷，故使锋芒挫缩，厥图不果。尔乃大军过荡西山，屠各左校，皆束手奉质，争为前登，犬羊残丑，消沦山谷。于是操师震慑，晨夜逋遁，屯据敖仓，阻河为固，欲以螳螂之斧，御隆车之隧。

【译文】袁公起初问罪曹操，未发动军队，而是加强联络，宽容忍耐，期望弥补裂痕。而曹操豺狼野心，暗中包藏祸；心。他企图残害国家栋梁之臣，使汉室孤弱，消灭忠诚正直之人。独为一代枭雄。过去曹操率军北征公孙瓒，公孙瓒力量强大，抵拒围攻一年。曹操因未能攻破公孙瓒，暗中与公孙瓒书信往来，约定曹军表面上辅助王师，暗地里掩袭王师。故而引兵到河，船只北渡。不料恰巧被人发觉披露，公孙瓒也自杀。因此曹操遭受挫折，图谋未成。袁公率大军扫荡西山，屠各左校束手投诚，奉上人质，争为前锋，在山谷消灭敌人。于是曹操军队震动恐惧，昼夜逃窜，屯据敖仓（今河南荥阳西北），凭恃黄河险要固守。但这无异于螳臂挡车，不自量力。

幕府奉汉威灵，折冲宇宙，长戟百万，胡骑千群，奋中黄、育、获之士，骋良弓劲弩之势，并州越太行，青州涉济、漯，大军泛黄河而角其前，荆州下宛、而掎其后。雷震虎步，并集虏庭，若举炎火以焫飞蓬，覆沧海以沃熛炭，有何不灭者哉!又操军吏士，其可战者，皆自出幽、冀，或故营部曲，成怨旷思归，流涕北顾。其余兖、豫之民，及吕布、张扬之遗众，覆亡迫胁，权时苟从，各被创夷，人为仇敌。若回旆方徂，登高冈而击鼓吹，扬素挥以启降路，必土崩瓦解，不俟血刃。

【译文】袁公奉汉室威灵，纵横天下，兵戈百万，骑兵千群。勇士持良弓劲弩，英勇奋进。并州刺史越过太行山，青州刺史渡过济水漯水。袁公大军渡过黄河，荆州刺史刘表攻下宛、叶，对曹操形成前后夹攻之势。大军如雷霆虎步一般威风，攻占曹操大本营，如同举火把烧飞篷，倾沧海浇炭火一样轻而易举，有什么能不被消灭呢!曹操军队将士官吏，能作战的人，都出自幽州、冀州，或者是袁公旧部下，都怨恨曹操已久，思归附袁公，悲泣北望。其余兖州豫州人民和吕布、张扬的遗众，都是被胁迫暂时随从，大家都遭受到创伤，人人将曹操视为仇敌。如果袁公大军回师阻截，登高一呼，扬白幡以招降，无需作战，曹操军队就会土崩瓦解。

方今汉室陵迟，纲维弛绝，圣朝无一介之辅，股肱无折冲之势，方畿之内，简练之臣，皆垂头榻翼，莫所凭恃。虽有忠义之佐，胁于暴虐之臣，焉能展其节？又操持部曲精兵七百，围守宫阙，外托宿卫，内实拘执，惧其篡逆之萌，因斯而作。此乃忠臣肝脑涂地之秋，烈士立功之会，可不勖哉!操又矫命称制，遣使发兵，恐边远州郡，过听而给与，强寇弱主，违众旅叛，举以丧名，为天下笑，则明哲不取也。即日幽、并、青、冀，四州并进。书到荆州，便勒见兵，与建忠将军协同声势。州郡各整戎马，罗落境界，举师扬威，并匡社稷，则非常之功，于是乎著。其得操首者，封五千户侯，赏钱五千万。部曲偏裨将校诸吏降者，勿有所问。广宣恩信，班扬符赏，布告天下，咸使知圣朝有拘逼之难。如律令。

【译文】而今汉室衰颓，纲纪废弛，朝廷无人辅助，得力重臣无力挽回颓势。京畿之内，干练之臣，都垂头丧气，无所依托。虽有忠义的辅臣，但被暴虐之臣所胁迫，又怎能显示出气节？曹操率七百部曲精兵，围守皇宫，表面上是保卫皇上，实质上是拘囚挟持皇上，他篡位谋逆的念头，就这样萌发了。此刻正是忠贞之臣肝脑涂地报效皇上的时候，有志于建功立业、视死如归的人建立功勋的机会，怎能不勉励奋进呢!曹操又假传圣命处理国事，遣使发兵。恐怕边远州郡听命而发兵，主弱寇强．众叛亲离。这样做丧失名誉．为天下人耻笑。明哲保身的人不会这样做。幽并青冀四州军队，即刻将一起进发。文书一到，荆州刺史刘表便会率兵助战，与建忠将军张绣互相配合，统一声势。各州郡应整顿兵马，安抚境内，举师扬威，与我军共同匡复汉室，则非常之功，就如此建立了!斩获曹操首级者，封五千户侯，赏钱五千万。曹操手下部曲偏将官吏和投降曹操的人，我们都不追究罪过。在此广宣恩德诚信，颁布符命、赏赐，布告天下，让天下人都知道皇上蒙受被人拘囚挟持的灾难。文到奉行，像按照律令执行一样。

王 粲

三国魏高平人，字仲宣，博物多识，问无不知，蔡邕奇其才略，闻粲在门，倒屣迎之。粲年少短小，一座皆惊。避乱，依刘表于荆州，后归曹操，累官侍中，卒年四十一，为建安七子之一。

【译文】三国魏朝高平人，字仲宣，见识广博，所问无所不知，蔡邕对他的才略称奇，知道王粲在其门口等候，因急于出去迎接，把鞋穿倒了。王粲年少时身材短小，大家坐在一起时都很震惊。因避战乱，去荆州依附刘表，后来归附曹操，官至侍中，逝世时四十一岁，是建安七子之一。

为刘荆州谏袁谭书

天降灾害，祸难殷流，初交殊族，卒成同盟，使王室震荡，彝伦攸斁。是以智达之士，莫不痛心入骨，伤时人不能相忍也。然孤与太公，志同愿等，虽楚、魏绝邈，山河迥远，戮力乃心，共奖王室，使非族不干吾盟，异类不绝吾好，此孤与太公无二之所致也。功绩未卒，太公殂陨，贤胤承统，以继洪业。宣奕世之德，履丕显之祚，摧严敌于邺都，扬休烈于朔土，顾定疆宇，虎视河外，凡我同盟，莫不景附。何悟青蝇飞于竿旌，无忌游于二垒，使股肱分成二体，匈膂绝为异身。初闻此问，尚谓不然，定闻信来，乃知阏伯、实沈之忿已成，弃亲即仇之计已决，旃旆交于中原，暴尸累于城下。

【译文】上天降下灾害，祸难四起横流。（董卓）始而结交异族，终而联成同盟，使得王室社稷震荡，纲常伦理毁败。因此明智通达之士，无不（为国为民而）痛心入骨，亦忧伤当时的权人不能（以国家大局为重）而相互忍让。然而我和您家太公，志愿相同，虽然荆楚和魏郡相互隔绝，山山水水十分遥远，却能合力齐心，共助王室，使得外族不得干犯我们的同盟，他人不能阻绝我们的友好，这是我和您家太公互无二心所获得的真情。功绩未成，您家太公逝世，你们这些贤德的后人承袭旧绪，得以继续大业。宣扬世世代代的盛德；登临高尊显赫的职位，摧折严敌于邺都城下，显扬美绩于北方疆土，环顾安定其境域大地，威武雄视于黄河之外，凡我同盟之众，无不影随附从。何曾想到谗言青蝇飞到竿旌之上，无忌小人游于二垒之间，使得腿股双臂分为二体，胸膛脊骨断为异身。刚听到这个消息时，尚认为不至如此。稍后听闻使者来言，方知犹如阏伯、实沈兄弟的忿恨已经形成，弃绝亲人即就仇敌的谋虑已经下定，双方军旗混交于中原，祖暴之尸堆积于城下。

闻之哽咽，若存若亡。昔三王、五伯，下及战国，君臣相弑，父子相杀，兄弟相残，亲戚相灭，盖时有之。然或欲以成王业，或欲以定霸功，皆所谓逆取顺守，而徼富强于一世也。未有弃亲即异，兀其根本，而能全于长世者也。昔齐襄公报九世之仇，士匄卒荀偃之事，是故《春秋》美其义，君子称其信。夫伯游之恨于齐，未若太公之忿于曹也；宣子之臣承业，未若仁君之继统也。且君子注违难不适仇国，交绝不出恶声，况忘先人之仇，弃亲戚之好，而为万世之戒，遗同盟之耻哉！蛮夷戎狄，将有诮让之言，况我族类而不痛心邪！夫欲立竹帛于当时，全宗祀于一世，岂宜同生分谤，争校得失乎？若冀州有不弟之傲，无惭顺之节，仁君当降志辱身，以济事为务。

【译文】听此消息不觉泣涕哽咽？精神恍忽不知是存是亡。从那古昔的三位贤王五位霸主，下至那战国时代，君臣相互弑命，父子相互仇杀，兄弟相互残害，亲戚相互灭除，这样的事时有发生。然而有的是想成就王者之业，有的是想奠定霸主之功，都是所说的逆理而取，顺理而守，并且是徼求富强于当时之世的。未见有弃绝亲人即就异类，动摇人伦关系的根本，而能够全身全家于漫长时世的。从前齐襄公能为九世祖报仇，士匄能完成荀偃未竟的战事，所以《春秋》赞美他们的高义，君子称誉他们的诚信。伯游对于齐国的仇恨，不如您家太公对于曹操的忿恨，宣子的承允荀偃之业，不如您的承继袁氏大业，而且君子逃难不去仇敌之国，亲交断绝不说怨恶之言，更何况忘却您先父的大仇，弃绝亲成的欢好，而成为他人万世的戒谕之例，亦给予我们同盟之人以莫大的耻辱呀！蛮夷戎狄诸族，将会有责诘的话语，更何况我族同类，怎能不为此而痛心啊！若想在当时名立竹帛，在当世保全宗祀，怎好同生兄弟共担谤言，争相较量成败得失呢？假若袁尚有不遵弟礼的傲慢，没有惭愧柔顺的礼节，您也应该暂降心志稍辱自身，以成就大事为重。

事定之后，使天下平其曲直，不亦为高义邪？今仁君见憎于夫人，未若郑庄之于姜氏；昆弟之嫌，未若重华之于象敖。然庄公卒崇大隧之乐，象敖终受有鼻之封。愿捐弃百痾，追摄旧义，复为母子昆弟如初。今整勒士马，瞻望鹄立。

【译文】事态安定之后，让天下众人评判您兄弟之间的是非曲直，不也是高义之举吗？现在您被夫人憎恨，还没有达到郑庄公与姜氏的那样，您兄弟之间的忌怨，还没有达到舜与象的那样。然而郑庄公最终能掩饰以大隧之乐，象最终受到有鼻国的封赐。但愿您们捐弃各种怨恨，追寻旧日兄弟情义，恢复当初的母子兄弟之情。今日我们整训兵士，战马，（为共建大业而）企立瞻望。

登楼赋

登兹楼以四望兮，聊暇日以销忧。览斯宇之所处兮，实显敞而寡仇。挟清漳之通浦兮，倚曲沮之长洲，背坟衍之广陆兮，临皋隰之沃流。北弥陶牧，西接昭邱，华实蔽野，黍稷盈畴。虽信美而非吾土兮，曾何足以少留！

【译文】登上这麦城的城楼向四处眺望啊，暂借此日来排遣忧愁。遍观这楼所处的环境啊，实在是明亮宽敞、世间稀有。一边挟带着清澄的漳水的通道啊，一边倚靠着弯曲的沮水的长洲。背靠着高而平的大片陆地啊，面对着低湿原野中的沃美水流。北面可到达陶乡的郊野，西面连接着楚昭王的坟丘。花卉果实遮蔽了田野，小米高粱长满了垅头。这里虽然真美却不是我的家乡啊，又哪里值得作片刻的停留！

遭纷浊而迁逝兮，漫逾纪以迄今。情眷眷而怀归兮，孰忧思之可任？凭轩槛以遥望兮，向北风而开襟。平原远而极目兮，蔽荆山之高岑。路逶迤而修迥兮，川既漾而济深。悲旧乡之壅隔兮，涕横坠而弗禁。昔尼父之在陈兮，有归欤之叹音。钟仪幽而楚奏兮，庄舄显而越吟。人情同于怀土兮，岂穷达而异心！

【译文】遇到这混乱的世道而迁徙流亡啊，悠悠忽忽超过十二年而到了今天。情怀深切总想着返回故乡啊，谁能承受住沉重的感情负担？靠着栏杆向远方嘹望啊，迎着北风敞开了衣衫。平原广阔我极目远望啊，却被高高的荆山挡住了视线。道路曲折而漫长啊，河流悠长，渡口深远。悲叹故乡的阻塞隔绝啊，止不住泪水纵横满面。当初孔子困在陈国啊，曾发出“回去吧”的哀叹。钟仪被囚禁仍演奏楚国的乐曲啊，庄舄显达了仍操着越国的乡言。人情在怀念故乡上是一样的啊，难道会因受困或显达而把心思改变！

惟日月之逾迈兮，俟河清其未极。冀王道之一平兮，假高衢而骋力。惧匏瓜之徒悬兮，畏井渫之莫食。步栖迟以徙倚兮，白日忽其将匿。风萧瑟而并兴兮，天惨惨而无色。兽狂顾以求群兮，鸟相鸣而举翼。原野阒其无人兮，征夫行而未息。心凄怆以感发兮，意忉怛而憯恻。循阶除而下降兮，气交愤于胸臆。夜参半而不寐兮，怅盘桓以反侧。

【译文】日月如流水一般一天天地过去啊，黄河水清不知等要到何日。希望国家能统一平定啊，凭借大道可以施展自己的才力。担心有才能而不被任用啊，井淘干净了，却无人来取水饮用。在楼上徘徊漫步啊，太阳将在西边落下。萧瑟的风声从四处吹来啊，天暗淡而无色。野兽惊恐四顾寻找伙伴啊，鸟惊叫着张开双翼。原野上静寂无人啊，远行的人匆匆赶路来停息。内心凄凉悲怆啊，哀痛伤感而凄恻。循着阶梯下楼啊，闷气郁结，填塞胸臆。到半夜难以入睡啊，惆怅难耐，辗转反侧。

魏文帝

谯郡人，曹操长子，名丕，字子恒，嗣父为汉丞相魏王，寻篡汉自立，改元黄初，在位凡七年。性好文章，博闻强识，以著述为务，有《典论》、诗文百余篇。

【译文】谯郡人，曹操的长子，名丕，字子恒，继承父亲为汉丞相、魏王，不久篡夺汉朝，自立为帝，改元黄初，在位共七年。他天性喜好文章，广泛得学习和记忆，从事于写作，著作有《典论》、诗文百余篇。

与朝歌令吴质书

五月二十八日，丕白。季重无恙！途路虽局，官守有限，愿言之怀，良不可任。足下所治僻左，书问致简，益用增劳。每念昔日南皮之游，诚不可忘。既妙思六经，逍遥百氏，弹棋间设，终以博奕，高谈娱心，哀筝顺耳。弛骛北场，旅食南馆，浮甘瓜于清泉，沈朱李于寒水。白日既匿，继以朗月，同乘并载，以游后园。舆轮徐动，宾从无声，清风夜起，悲笳微吟，乐往哀来，怆然伤怀，余顾而言，斯乐难常，足下之徒，咸以为然。今果分别，各在一方。元瑜长逝，化为异物，每一念至，何时可言？方今蕤宾纪时，景风扇物，天意和暖，众果具繁。时驾而游，北遵河曲，从者鸣笳以启路，文学托乘于后车，节同时异，物是人非，我劳如何！今遣骑到邺，故使枉道相过。行矣自爱，丕白。

【译文】五月十八日，曹丕致言：季重安好。我们之间的道路虽然相隔很近，但各人守着自己的职责，有多少话要倾吐，不胜负担。你所管理的又是个偏僻地方，书信稀少，更增添了我的愁思。

常常想起在南皮同游的那些日子，实在是难以遗忘。我们钻研六经，探讨百家。时而弹棋，时而博弈。高谈阔论，逍遥快乐，欣赏柔美悲哀的筝曲，悦耳娱心。奔走于城北的猎场，就餐于城南的馆驿。在清泉里漂洗甜瓜，在寒水中沉浸朱李。太阳落了山，明月又升起在天空。我们乘坐着同一辆车子，到后园去游玩。车轮徐徐滚动，随从寂静无声，夜风轻轻吹来，胡茄低低奏鸣。兴高采烈之后，又感到一阵悲哀凄凉。当时我回过头来，看了周围一眼说："这样的快乐，是难以长久的啊！"你们都以为我说的不错。现在果然分别，各在一方。元瑜已经去世，化为鬼物。每想到这里，不知该说什么！

现今正是五月，南风吹拂着万物，天气和暖，各种水果都陈列出来。有时驾车出游，向北绕着黄河岸行驶。随从吹动胡茄在前面开路，文学掾坐在我的后车。节令相同，而时代已经变异；风景相似，而人事全非。我的忧愁怎能消释。现在我有事派遣使者到邺去，特地绕道来看望你。希望你珍重？曹丕白。

与吴质书

二月三日，丕白：岁月易得，别来行复四年。三年不见，东山犹叹其远；况乃过之？思何可支！虽书疏往返，未足解其劳结。

昔年疾疫，亲故多离其灾。徐陈应刘，一时俱逝，痛可言邪？昔日游处，行则连舆，止则接席；何曾须臾相失。每至觞酌流行，丝竹并奏，酒酣耳热，仰而赋诗。当此之时，忽然不自知乐也。谓百年己分，可长共相保；何图数年之间，零落略尽，言之伤心！顷撰其遗文，都为一集。观其姓名，已为鬼录。追思昔游，犹在心目。而此诸子，化为粪壤，可复道哉！

观古今文人，类不护细行，鲜能以名节自立。而伟长独怀文抱质，恬淡寡欲，有箕山之志，可谓彬彬君子者矣。著中论二十余篇，成一家之言，辞义典雅，足传于后，此子为不朽矣。德琏常斐然有述作之意，其才学足以著书，美志不遂，良可痛惜！间者历览诸子之文，对之拭泪；既痛逝者，行自念也。孔璋章表殊健，微为繁富。公干有逸气，但未遒耳；其五言诗之善者，妙绝时人。元瑜书记翩翩，致足乐也。仲宣独自善于辞赋，惜其体弱，不足起其文；至于所善，古人无以远过。

昔伯牙绝弦于锺期，仲尼覆醢于子路，痛知音之难遇，伤门人之莫逮。诸子但为未及古人，亦一时之隽也。今之存者，已不逮矣。后生可畏，来者难诬，恐吾与足下不及见也。

年行已长大，所怀万端，时有所虑，至通夜不瞑。志意何时复类昔日？已成老翁，但未白头耳。光武有言：“年三十余；在兵中十岁，所更非一。”吾德不及之，年与之齐矣。以犬羊之质，服虎豹之文；无众星之明，假日月之光；动见瞻观，何时易乎？恐永不复得为昔日游也。少壮真当努力，年一过往，何可攀援？古人思炳烛夜游，良有以也。顷何以自娱？颇复有所述造否？东望于邑，裁书叙心。丕白。

【译文】二月三日，曹丕陈说。时间过得很快，我们分别又将四年。三年不见，《东山》诗里的士兵尚且感叹离别时间太长，何况我们分别都已经超过三年，思念之情怎么能够忍受呢！虽然书信来往，不足以解除郁结在心头的深切怀念之情。

前一年流行疾疫，亲戚朋友多数遭受不幸、徐干、陈琳、应瑒、刘祯，很快相继都去世，我内心的悲痛怎么能用言语表达啊？过去在一起交往相处，外出时车子连着车子，休息时座位相连，何曾片刻互相分离！每当我们互相传杯饮酒的时候，弦乐管乐一齐伴奏，酒喝得痛快，满面红光，仰头吟诵自己刚作出的诗，每当沉醉在欢乐的时候，恍惚间却未觉得这是难得的欢乐。我以为百年长寿是每人应有一份，长久地相互在一起，怎想到几年之间，这些好朋友差不多都死光了，说到这里非常痛心。近来编定他们的遗著，合起来成为一本集子，看他们的姓名，已经是在阴间死者的名册。追想过去交往相好的日子，还历历在目，而这些好友，都死去化为粪土，怎么忍心再说呢？

纵观古今文人，大多都不拘小节，很少能在名誉和节操上立身的。但只有徐干既有文才，又有好的品德，宁静淡泊，少嗜欲，有不贪图权位隐退之心，可以说是文雅而又朴实的君子。他著有《中论》二十多篇，自成一家的论著，文辞典雅，足以流传后世，他的精神、成就永远存在。应瑒文采出众常有著述之意，他的才能学识足以著书，但他美好的愿望没有实现，实在应该痛惜。近来遍阅他们的文章，看后不禁拭泪，既痛念逝去的好友，而且又想到自己生命短促。陈琳的章表文笔很雄健有力，但稍微有些冗长。刘桢的文风洒脱奔放，只是还不够有力罢了，他的五言诗很完美，在同代人中最妙。阮瑀的书札文词美丽，使人感到十分快乐。王粲只擅长辞赋，可惜风格纤弱，不能够振作起文章气势，至于他擅长的，古代没有人能超过很远。

过去伯牙在钟期死后破琴绝弦，终身不再鼓琴，痛惜知音难遇，孔子听说子路被卫人杀害，剁成肉酱，命人将家里的肉酱倒掉，悲伤弟子当中没有能比得上子路的。这些人只是有些还不及古人，也算一代优秀人才，现在活着的人，已没有人能比得上的了。将来定有优秀人才出现，后来之人难于轻视，但是恐怕我与您不能赶上见到了。

年龄已经增大，心中所想的千头万绪，时常有所思虑，以至整夜不眠，志向和意趣什么时候能再像过去那样高远呢？已经变成老翁，只不过没有白头发罢了。东汉光武帝说：“三十多岁，在军队中十年，所经历的事不止一件。”我的才能赶不上他，但是年龄和他一样大了，凭低下的才能却处在很高地位，德才不足，只是凭借父亲曹操之力而有高位，一举一动都有人注意，什么时候才能改变这种情况呢？恐怕永远不能再像过去那样游玩了。年轻人的确应当努力，年龄一旦过去，时光怎么能留得住，古人想夜里拿着蜡烛游玩，确实很有道理啊！近来您用什么自我娱乐？仍旧再有什么著作吗？向东望去非常悲伤，写信来叙述内心情感。曹丕陈说。

曹植

操幼子，字子建。年十余善属文，援笔立成，甚为操所宠爱。操卒，兄丕嗣立，因忌而疏之，封陈王。每欲求别见，幸冀试用，终不能得，怅然绝望，遂发疾卒，年四十一，谥曰思。植才情富艳，诗文具冠当时。谢灵运尝言：天下文章只一石，子建独得八斗。有《曹子建集》。

【译文】曹操的小儿子，字子建。十几岁的时候就开始写文章，提笔就能成书，深受曹操的宠爱。曹操去世以后，曹植的哥哥曹丕即位，因为妒忌曹植的才能而有意疏远他，把他封为陈王。曹植几次请求曹丕单独召见，希望能被试用，然而最终也没有得到任用，感到非常失望，就因生病而去世，年仅四十一岁，谥号为思。曹植非常富有才气，诗歌、文章在当时都是首屈一指的。谢灵运曾经说：如果天下的文章有一石，曹植自己就拥有八斗。著作有《曹子建集》。

求自试表

臣植言：臣闻士之生世，入则事父，出则事君；事父尚于荣亲，事君贵于兴国。故慈父不能爱无益之子，仁君不能畜无用之臣。夫论德而授官者，成功之君也；量能而受爵者，毕命之臣也。故君无虚授，臣无虚受。虚授谓之谬举，虚受谓之尸禄，《诗》之素餐，所由作也。昔二虢不辞两国之任，其德厚也；旦、奭不让燕、鲁之封，其功大也。今臣蒙国重恩，三世于兮矣。正值陛下升平之际，称浴圣泽，潜润德教，可谓厚幸矣！而位窃东藩，爵在上列，身被轻暖，口厌百味，目极华靡，耳倦丝竹者，爵重禄厚之所致也。退念古之受爵禄者，有异于此. 皆以功勤济国，辅主惠民。今臣无德可述，无功可纪，若此终年，无益国朝，将挂风人“彼其”之讥。是以上惭玄冕，俯愧朱绂。

【译文】臣曹植进言：我听说士子活在世上，在家就要侍奉父亲，出门就为国君效力；侍奉父亲以亲人荣耀为尚，为国君效力以国家兴旺为贵。所以，慈父不能爱无益的儿子，仁君不能蓄养无用的臣下。评论德行高下而授官的，才是成就功业的国君；根据能力大小接受爵禄的，才是尽力效命的大臣。所以，国君没有白白地授官给人臣的，人臣也没有白白地接受爵禄的。白白地授人官职，叫作“谬举”；白白地接受爵禄，叫做“尸禄”，《诗经》的“素餐”，因此而作。从前虢仲、虢叔不推辞东虢、西虢二国的封任，是由于他们道德的深厚；周公旦、召公奭不推辞给他们鲁地、燕地的封赏，是由于他们功劳的盛大。现在我承蒙国家很大的恩宠，到现在已经历了三世了！正逢天下太平的时候，沐浴陛下的恩泽，德教的浸润，可以说是很幸运了。我的地位是东方藩国之王，爵位居于上等，身穿好衣服，吃够了各种美味食品，看尽了各种华靡的东西，听倦了各种音乐，这是因为爵位俸禄厚重所致。推想古代受爵禄的人，与此不同，他们都是以自己的功绩使国家受益，辅助君王而施惠人民。现在我是没有美德可陈述，没有功劳可记载，如果这样活一辈子，无益于国家朝廷，将要受到诗人“彼己之子，不称其服”的讥刺。所以，对于自己头上玄色的王冠，腰间朱色的绶带，深感惭愧。

方今天下一统，九州晏如。顾西尚有违命之蜀，东有不臣之吴，使边境未得脱甲，谋士未得高枕者，诚欲混同宇内，以致太和也。故启灭有扈而夏功昭，成克商、奄而周德著，今陛下以圣明统世，将欲卒文、武之功，继成、康之隆，简贤授能，以方叔、邵虎之臣，镇御四境，为国爪牙者，可谓当矣。然而高鸟未挂于轻缴，渊鱼未悬于钩饵者，恐钓射之术或未尽也。昔耿弇不俟光武，亟击张步，言不以贼遗于君父也。故车右伏剑于鸣毂，雍门刎首于齐境。若此二子，岂恶生而尚死哉？诚忿其慢主而凌君也。夫君之宠臣，欲以除患兴利；臣之事君，必以杀身静乱，以功报主也。昔贾谊弱冠求试属国，请系单于之颈，而制其命。终军以妙年使越，欲得长缨占其王，羁致北阙。此二臣者，岂好为夸主而曜世俗哉！志或郁结，欲逞其才力，输能于明君也。昔汉武为霍去病治第，辞曰：“匈奴未灭，臣无以家为！”固夫忧国忘家，捐躯济难，忠臣之志也。今臣居外，非不厚也，而寝不安席，食不遑味者，伏以二方未克为念！

【译文】当今天下统一，九州太平，而西边还有违命的蜀国，东边有反叛的吴国，使边境将士不能够解甲，朝廷谋士不能够高枕无忧。因为他们确实希望统一国家，使天下太平和顺。所以，夏后启灭了有扈，周成王灭了武庚及奄，才使夏和周功德显著。现在陛下以圣明统治天下，将要完成像文王、武王那样的功业，继承像成王、康王那样的盛世，选贤授能，派遣像周宣王时的方叔、邵虎那样的贤臣去镇守四方边境，用他们作为国家的武臣，可以说是很恰当的。然而，高飞的鸟并未挂在箭上，深渊的鱼并未悬在钩饵上，恐怕是由于钓射的技术还没有全部发挥出来。从前，耿弇不等光武帝援军到来，就急于出战张步，并说："不能将贼虏留给君父。"所以，齐国车右自刎于鸣左毂之时，雍门也自刎于越军犯境之际。像这两个人，难道是厌恶生而崇尚死吗？实在是出于对那些轻慢主上、侵侮君王者的愤怒。君王宠信臣子，是希望靠他们除害兴利；臣子奉事君王，必须以献身的精神去平定叛乱，以卓著功勋去报效人主。从前，贾谊弱冠之年，要求文帝任他做属国，发誓要拴着单于的脖子来朝见而使其降服；终军以妙龄年少出使南越，想用长缨去擒它的国王，把他羁牵到长安去。这两个臣子难道是喜欢在人主面前夸口来炫耀自己吗？他们或许受到压抑，很想施展自己的才能，贡献给英明的君主。从前，汉武帝为霍去病修建宅第，霍去病推辞说："匈奴还没有消灭，臣不以家事为念！"忧国忘家，捐躯济难，本来就是忠臣的志向啊！现在我居于朝廷之外，并非生活不优厚，而睡觉不得安稳，饮食无暇品味，是因为挂念吴、蜀两方还没有平定。

伏见先武皇帝武臣宿兵，年耆即世者有闻矣。虽贤不乏世，宿将旧卒犹习战也。窃不自量，志在授命，庶立毛发之功，以报所受之恩。若使陛下出不世之诏，效臣锥刀之用，使得西属大将军，当一校之队；若东属大司马、统偏师之任。必乘危蹈险，骋舟奋骊，突刃触锋，为士卒先。虽未能擒权馘亮，庶将虏其雄率，歼其丑类。必效须臾之捷，以灭终身之愧，使名挂史笔，事列朝荣。虽身分蜀境，首悬吴阙，犹生之年也。如微才弗试，没世无闻，徒荣其躯而丰其体，生无益于事，死无损于数，虚荷上位而忝重禄，禽息鸟视，终于白首，此徒圈牢之养物，非臣之所志也。

【译文】我曾见先帝时的武臣老兵，听说有的已年老去世。虽然当世并不缺乏贤才，但旧时的将军士卒，还在操习战阵之事。我不自量力，立志效命朝廷，或许建立微小的功劳，以报答自己所受到的恩泽。假使陛下发布行许的诏书，我一定尽微薄之力。如能在西属大将军曹真的麾下，充当校队，或在车属大司马曹休的麾下，统帅偏师，我一定要冒着危险，驾飞舟乘战马，迎着敌人的锋刃冲在士卒的前面。即使不能捉住孙权，斩杀诸葛亮，也许能掳获他们的大将，歼灭他们的士卒，必定为片刻的胜利尽力，以此消除终身的惭愧，使自己名字载入历史，事迹为朝廷增添光荣。即使战死，身体分裂于蜀境，人头悬挂于吴阙，也虽死犹生。如果微才不被任用，到死名不传世，只是躯体丰腴，活着无益于事，死去无损于国家命运，白占着高位而享受着丰厚的俸禄，这让我深感羞愧。像禽鸟一样的生活直到白头，这只是圈牢中的畜牲，不是我的志向所在。

流闻东军失备，师徒小衄，辍食忘餐，奋袂攘衽，抚剑东顾，而心已驰于吴会矣！臣昔从先武皇帝，南极赤岸，东临沧海，西望玉门，北出玄塞，伏见所以行师用兵之势，可谓神妙也。故兵者不可豫言，临难而制变者也。志欲自效于明时，立功于圣世。每览史籍，观古忠臣义士，出一朝之命，以殉国家之难，身虽屠裂，而功铭著于景钟，名称垂于竹帛，未尝不拊心而叹息也。

【译文】传闻东进的军队失于防备，只是受到小小的挫折，我却不思饮食，捋袖攘衽，按剑东望，而心早已奔向吴郡与会稽郡了。我当初曾随先帝南到赤壁，东临沧海，西望玉门关，北出塞外，见到行军用兵的情势，可以说神妙极了。所以军事不可预言，只有面临危难而随机应变。我希望效力于清明之时，建功于圣明之世。每次览读史籍，看到古代那些忠臣义士，以短暂的生命来殉国家的急难，身体虽然遭屠杀，而功勋却铭刻在景钟上，名声流传在史书里，未尝不拍胸叹息啊!

臣闻明主使臣，不废有罪。故奔北败军之将用，而秦鲁以成其功；绝缨盗马之臣赦，而楚赵以济其难。臣窃感先帝早崩，威王弃世，臣独何人，以堪长久？常恐先朝露，填沟壑，坟土未干，而声名并灭。臣闻骐骥长鸣，伯乐昭其能；卢狗悲号，韩国知其才。是以效之齐、楚之路，以逞千里之任；试之狡兔之捷，以验搏噬之用。今臣志狗马之微功，窃自惟度，终无伯乐韩国之举，是以于悒而窃自痛者也。夫临博而企竦，闻乐而窃抃者，或有赏音而识道也。昔毛遂赵之陪隶，犹假锥囊之喻，以寤主立功，何况巍巍大魏多士之朝，而无慷慨死难之臣乎!

【译文】我听说英明的君主任用臣子，不排除有罪之人。所以，重用打了败仗的将军，秦穆公、鲁庄公因而取得成功；赦免绝缨盗马之臣的罪，楚庄王、秦穆公以此度过了危难。我觉得，先帝早已去世，威王也已死亡，我独有何不同而能长寿!时常担心生命比朝露还短暂，身死被埋，而坟土没有干，身体与名声就消失了。我听说过，骐骥一声长鸣，伯乐就明白它有能力；卢狗一声悲号，韩国就知道它有本领。因此，让骐骥在远路上奔走，以施展它一日千里的能力；让卢狗追逐敏捷的狡兔，以考验其搏噬的本领。今臣有志取得狗马一样微小功绩，自己想来，始终没有伯乐、韩国那样的人来荐举，因此自己感到郁抑痛苦。那观看博局以至举踵而立，听音乐以至私下鼓掌的人中，也许有欣赏音乐、懂得局道的。从前，毛遂只是平原君一名家臣，尚且借锥处囊中的比喻来使主人醒悟，并立下大功，何况是巍巍大魏人才济济的王朝，却会没有慷慨献身、死于国难的大臣!

夫自炫自媒者，士女之丑行也；干时求进者，道家之明忌也。而臣敢陈闻于陛下者，诚与国分形同气，忧患共之者也。冀以尘雾之微，补益山海；荧烛末光，增辉日月。是以敢冒其丑而献其忠，必知为朝士所笑。圣主不以人废言，伏惟陛下少垂神听，臣则幸矣。

【译文】那种自夸其能、自我为媒的行为，是士女的不好行为；求合于时而希望进取的人，是道家明确的忌讳。然而我敢于向陛下陈述，实在是因为我与陛下有骨肉之亲，有着共同的忧患。希望用自己尘露一样微薄的力量，对高山大海般的魏国事业有所补益。用萤烛一咩微弱的光亮，为日月增辉。因此，敢于现丑而奉献忠心，尽管知道必定会被朝廷的人所讥笑。圣明的君主是不会因人废言的，臣想陛下只要略加垂听，臣就很幸运了。

求通亲亲表

臣植言：臣闻天称其高者，以无不覆；地称其广者，以无不载；日月称其明者，以无不照；江海称其大者，以无不容。故孔子曰："大哉尧之为君，惟天为大，惟尧则之。"夫天德之于万物，可谓弘广矣。盖尧之为教，先亲后疏，自近及远。其传曰："克明俊德，以亲九族，九族既睦，平章百姓。"及周之文王，亦崇厥化。其诗曰："刑于寡妻，至于兄弟，以御于家邦。"是以雍雍穆穆，风人咏之。昔周公吊管蔡之不咸，广封懿亲，以藩屏王室。《传》曰："周之宗盟，异姓为后。"诚骨肉之恩，爽而不离；亲亲之义，定在敦固；未有义而后其君，仁而遗其亲者也。

【译文】臣植言：臣听说天号称最高，因为无物不能覆盖；地号称最广，因为无物不能承载；日月号称最明，因为无处不能照亮；江海号称最大，因为无水不能容纳。所以孔子说："伟大啊!尧这样的国君。只有天是最高的，只有尧才能效法天。"天施恩于万物，可以说广大无边了。尧施行教化，先亲后疏，从近到远。《尚书》说："尧能识别出类拔萃之才. 能团结和睦九族。九族已经和睦，又能明辨各族政事。"到了周朝的文王，也遵守尧的教化。《诗经》说："文王以礼待正妻，对诸兄弟也如此，以此治理邦国事。"因此"雍容和睦，恭敬严肃"，受到诗人的歌颂。从前周公伤痛管、蔡不与朝廷和睦，于是广封直系亲属，作为藩国，保卫王室。《左传》说："周代来朝，同姓在前，异姓在后。"的确是骨肉之情，分而不离；爱亲之义，实在笃厚；未有讲义之臣怠慢其君，讲仁之子抛弃父母。

伏惟陛下，咨帝唐钦明之德，体文王翼翼之仁，惠洽椒房，恩昭九亲，群后百僚，番休递上。执政不废于公朝，下情得展于私室，亲理之路通，庆吊之情展，诚可谓恕己治人，推惠施恩者矣。至于臣者，人道绝绪，禁固明时，臣窃自伤也。不敢乃望交气类，修人事，叙人伦。近且婚媾不通，兄弟永绝，吉凶之问塞，庆吊之礼废。恩纪之违，甚于路人；隔阂之异，殊于胡越。今臣以一切之制，永无朝觐之望，至于注心皇极，结情紫闼，神明知之矣。然天蹇为之，谓之何哉!退省诸王常有戚戚具尔之心。愿陛下沛然垂诏，使诸国庆问，四节得展，以叙骨肉之欢恩，全怡怡之笃义，妃妾之家，膏沐之遗，岁得再通，齐义于贵宗，等惠于百司。如此，则古人之所叹，《风》《雅》之所咏，复存于圣世矣。

【译文】臣伏首敬思陛下，效法唐尧完美德性，实行文王恭敬爱贤，嘉惠沾润后妃，皇恩博施九族；诸侯百官，轮番休息，交替当值。主持政务不废诸侯朝拜君王之惯例，至亲情义交融在家中。同族相亲之理通，喜丧吊问之事行，的确可以说以己体人，广施恩惠了。至于臣我，通亲之路断绝，禁锢在圣明之时，臣暗自为此悲伤，不敢奢望结交同好，研究人事，叙谈宗族亲情。近来又亲戚不通，兄弟长期断绝往来，喜丧问讯之路堵塞，庆吊之礼废除。感情之远，甚于路人，隔阂之大，超过胡越。今臣因朝廷临时政策，长期断绝朝拜君王之望，以至于倾心陛下，系情皇室，只有天地可知了。然而这是天子要这样做的，有何可说呢!退而自省，诸王常有兄弟亲密团聚之心。愿陛下垂恩下诏，使各诸侯国祝贺通问，四季按礼朝拜君王，以叙兄弟骨肉亲情，成全手足欢悦厚意。妃子小妾之家，膏脂沐浴所赐，每年两次通亲，应与贵戚同待遇，和百官共恩惠。这样，古人赞叹的美德，《诗经》咏唱的懿行，又重现于圣世了。

臣伏自思惟，岂无锥刀之用。及观陛下之所拔授，若臣为异姓，窃自料度，不后于朝士矣。若得辞远游，戴武弁，解朱组，佩青绂，驸马奉车，趣得一号，安宅京室，执鞭珥笔，出从华盖，入侍辇毂，承答圣问，拾遗左右，乃臣丹情之至愿，不离于梦想者也。远慕《鹿鸣》君臣之宴，中咏《棠棣》匪他之诫，下思《伐木》友生之义，终怀《蓼莪》罔极之哀。每四节之会，块然独处，左右唯仆隶，所对唯妻子，高谈无所与陈，发义无所与展，未尝不闻乐而拊心，临觞而叹息也。臣伏以为犬马之诚，不能动人，譬人之诚不能动天，崩城陨霜，臣初信之，以臣心况，徒虚语耳。若葵藿之倾叶，太阳虽不为之回光，然终向之者，诚也。臣窃自比葵藿，若降天地之施，垂三光之明者，实在陛下。

【译文】臣伏首自思，难道自己毫无用处吗?待看一看陛下选用之人，假若臣是异姓，我私下揣度，不会在其他朝臣之下。如能离开藩国，戴上武冠，解下朱组，佩戴青绂，跻身都尉，立功受勋，安居王室，执鞭驾车，珥笔记事，出随君王之车，入侍陛下之辇，奉答圣王之问话，补充明君之疏漏，乃是臣的一片丹心，最高愿望，昼夜思之不已。最上向往《鹿鸣》那样高朋满座，其次咏赞《棠棣》那样兄弟欢宴，最下思念《伐木》那样亲友聚餐，而到头却落得《蓼莪》那样昊天降灾之哀。每当四季兄弟应该相聚的时候，我皆孤独无友，身边只有仆人，对面唯有妻小，发表高论谁人听，阐述义理无人问，未尝不闻乐捶胸，对酒长叹啊!臣以为我以犬马之诚不能感动人，就像以人之诚不能感动天，城墙崩塌、六月降霜之说，臣原来相信，而以我今天的情况看，那不过是无稽之谈。如葵藿叶子向阳，太阳即使不返照，但葵藿始终向着太阳，因为它赤诚。臣个人自比葵藿，若降天地之恩，垂日月之光，全在陛下了。

臣闻《文子》曰：“不为福始，不为祸先。”今之否隔，友于同忧，而臣独唱言者，何也？窃不愿于圣代使有不蒙施之物。有不蒙施之物，必有惨毒之怀；故《柏舟》有天只之怨，《谷风》有弃予之叹。伊尹耻其君不为尧舜，《孟子》曰：“不以舜之所以事尧事其君者，不敬其君者也。”臣之愚蔽，固非虞伊，至于欲使陛下崇光被时雍之美，宣缉熙章明之德者，是臣偻偻之诚，窃所独守。寔怀鹤立企伫之心，敢复陈闻者，冀陛下傥发天聪而垂神听也。

【译文】臣听文子说：“不为福始，不为祸先。”现在不得通亲，兄弟对此同忧，而臣首先陈述意见，为什么呢？臣不愿在圣明的时代有不受恩之物。有不受恩之物，必有怨愤之心；因此《柏舟》有“天哪”之怨，《谷风》有“弃我”之叹。伊尹以不使其君成为尧舜而羞耻。《孟子》说：“不用舜事尧的态度和方法事其国君，就是对其国君的不敬。”臣愚昧无知，本来就不是虞伊。至于要使陛下提高安定太平之美誉，宣扬朝廷清明之圣德，则是臣勤恳之诚心，我个人坚守不变。真诚的怀着鹤立企伫之心，冒昧再陈述给陛下，盼望陛下或可广开圣听。

与杨德祖书

植白：数日不见，思子为劳，想同之也。

仆少小好为文章，迄至于今二十有五年矣。然今世作者，可略而言也。昔仲宣独步于汉南，孔璋鹰扬于河朔，伟长擅名于青土，公幹振藻于海隅，德琏发迹于此魏，足下高视于上京。当此之时，人人自谓握灵蛇之珠，家家自谓抱荆山之玉。吾王于是设天网以该之，顿八纮以掩之，今悉集兹国矣。然此数子犹复不能飞轩绝迹，一举千里。以孔璋之才，不闲于辞赋，而多自谓能与司马长卿同风，譬画虎不成反为狗也。前书嘲之，反作论盛道仆赞其文。夫钟期不失听，于今称之，吾亦不能忘叹者，畏后世之嗤余也。

【译文】植告：几天不见了，思念成忧，想你也有相同的感受。

我小时就爱作文章，到今天，已有二十五年了。那么对当今的作家，可以大概评说一下了。往日王粲在荆州，超群出众；陈琳在冀州，文名飞扬；徐幹在青州，独享盛誉；刘桢在海边，显耀文华；应玚在我大魏崭露头角，您在京城洛阳昂首阔步。值此之时，人人自以为才华之高，如手握隋侯之珠，怀抱和氏之璧。我们的魏王于是设弥天之网而笼罩之，举八方之纲而收囊之，今天全都会集于国都邺城了。但是这几位先生还不能凌飞绝域，振翼千里，无与伦比。如陈琳的才艺，不善于辞赋，却常常自称能与司马相如同列，就好像画虎不成功，反而画成狗一样。以前我曾与信嘲笑他，他反倒大作议论，说我称赞他的文章。钟子期不误解琴曲而知音善听，直到今天还受到称赞，我也不能随意地去赞美，就是怕受到后世之人的讥笑。

世人之著述，不能无病。仆常好人讥弹其文，有不善者，应时改定。昔丁敬礼常作小文，使仆润饰之，仆自以才不过若人，辞不为也。敬礼谓仆：“卿何所疑难？文之佳恶，吾自得之，后世谁相知定吾文者邪？”吾常叹此达言，以为美谈。昔尼父之文辞，与人通流，至于制《春秋》，游、夏之徒乃不能措一辞。过此而言无病者，吾未之见也。

【译文】世人的著作文章，不可能没有毛病。我常常喜好别人来批评我的文章，有不妥当的地方，当时便加以改正。过去丁楠曾写文章，让我为他作修修饰润色，我自认才能不比此人强，推辞而不作。丁横对我说，您有什么疑虑和为难呢，文章的好与坏，我自己来接受，后世有谁知道那修饰改定我文章的人呢？我常常感叹这样通达的言语，以为是令人称颂的宽解。从前孔子制作文辞，与人商量探讨，而到修订史书《春秋》时，子游、子夏这些人竟不能参与一点意见。除此之外而声称文章无毛病的人，我还没有见过。

盖有南威之容，乃可以论其淑媛；有龙渊之利，乃可以议其断割。刘季绪才不能逮于作者，而好诋诃文章，掎摭利病。昔田巴毁五帝、罪三王，呰五霸于稷下，一旦而服千人，鲁连一说，使终身杜口。刘生之辩，未若田氏，今之仲连，求之不难，可无息乎？

【译文】只有具有南威那样的美貌，才可以谈论贤淑美丽的女子；只有具有龙渊那样的锋利，才可以评议斩断割截的锐器。刘脩的文才不及作者，却喜欢讥讽嘲笑别人的文章，指责评说其好坏。过去田巴在稷下，诋毁五帝，开罪三皇，鄙薄春秋的五位霸主，一日说服千人，而鲁仲连只谈一次，就使他终身闭口无言。刘季绪的论辩，不如田巴，而当今之鲁仲连，求之不难，嗤点评议可以不停止么？

人各有好尚。兰茝荪蕙之芳，众人所好，而海畔有逐臭之夫；《咸池》《六茎》之发，众人所共乐，而墨翟有非之之论，岂可同哉？

【译文】人各有所爱，兰、茝、荪、蕙等植物的芳香，为众人所好，而海滨却有追逐臭味的人；《咸池》《六茎》等妙乐的演奏，为众人所共赏，而墨子却有批评之论，难道可以同之一律吗？

今往仆少小所著辞赋一通相与。夫街谈巷说，必有可采，击辕之歌，有应《风》《雅》，匹夫之思，未易轻弃也。辞赋小道，固未足以揄扬大义、彰示来世也。昔扬子云，先朝执戟之臣耳，犹称“壮夫不为也”。吾虽德薄，位为蕃侯，犹庶几戮力上国，流惠下民，建永世之业，流金石之功；岂徒以翰墨为勋绩，辞赋为君子哉！若吾志未果，吾道不行，则将采庶官之实录，辩时俗之得失，定仁义之衷，成一家之言。虽未能藏之于名山，将以传之于同好。非要之皓首，岂今日之论乎？其言之不惭，恃惠子之知我也。明早相迎，书不尽怀。植白。

【译文】今以我少年时所作辞赋一篇相赠。街谈巷语虽琐屑，一定有可采用之处，击辕之歌虽粗俗，也有合于经典之义，平民的思考。不可轻易抛弃。辞赋是小艺，不足以发挥大道理，而明白地垂训于后世。过去扬雄任汉朝皇帝的侍臣，也说男子汉是不屑于作辞赋的。我虽然德行微薄，位居诸侯，也希望能为国家而努力，垂恩惠于人民，建立永世不灭的事业，留下能铭刻于铜器、石碑的功绩，难道只是以文字为勋劳，以辞赋而称君子啊！如果我的志向不能实现，我的追求行不通，则将采集百官所作史录，分辨时事俗情的得与失，以仁义而定其宗旨，成一家之言。即使不能有藏于名山的价值，也将传览于同志友好之间。此事非期至白头不能实现，岂只是今天谈谈呢？这些话之大而不惭。自认您是了解我的啊。明天早晨来迎接你，信尚未写尽我心中所想。植告。

与吴季重书

植白：季重足下，前日虽因常调，得为密坐，虽燕饮弥日，其于别远会稀，犹不尽其劳积也。若夫觞酌凌波于前，箫笳发音于后，足下鹰扬其体，凤叹虎视，谓萧、曹不足俦，卫、霍不足侔也。左顾右眄，谓若无人，岂非吾子壮志哉！过屠门而大嚼，虽不得肉，贵且快意。当斯之时，愿举泰山以为肉，倾东海以为酒，伐云梦之竹以为笛，斩泗滨之梓以为筝；食若填巨壑，饮若灌漏卮，其乐固难量，岂非大丈夫之乐哉！然日不我与，曜灵急节，面有逸景之速，别有参、商之阔，思欲抑六龙之首，顿羲和之辔，折若木之华，闭濛汜之谷，天路高邈，良久无缘。怀恋反侧，如何如何？

【译文】曹植敬启：季重足下。前日虽然是平常取乐，团团围坐，即使已宴饮终日，于远别少见之时，也未尽思念情怀。如果饮酒舞女在前，歌妓在后，足下大逞文采，文如凤鸣，武如虎视，可谓萧曹难比美，卫霍不足观。左顾右盼，旁若无人，难道不足以表现您的雄心壮志吗？过屠户之门而做大嚼之状，虽然未能吃到肉，也足以表现富有和快意。在这时，愿意举起太山当肉，倒尽东海作酒，砍下云梦之竹为笛，伐断泗水之树当筝，食量如填深谷，酒量似灌漏杯，其乐固然难恐怕这是大丈夫的欢乐吧！然而时间不等人，太阳疾驰，见面时间如流光之速，离别两地似参商之遥。想要阻止太阳之车的马首，拉住车夫手中的绳缰，折断神木用以退日，封闭太阳落入的山谷。上天之路高又远，等待许久无机缘，心中怀念，辗转反侧，怎么办，怎么办呢！

得所来讯，文采委曲，晔若春荣，浏若清风，申咏反覆，旷若复面。其诸贤所著文章，想还所治，复申咏之也。可令熹事小吏，讽而诵之。夫文章之难，非独今也，古之君子，犹亦病诸。家有千里，骥而不珍焉，人怀盈尺，和氏无贵矣。夫君子而知音乐，古之达论，谓之通而蔽，墨翟不好伎，何为过朝歌而回车乎？足下好伎，值墨翟回车之县，想足下助我张目也。

【译文】收到您的来信，辞采婉转，明丽若春花，流畅似清风，反复吟诵，心旷神怡，如同晤面。那些名家所作的文章，待回到治所，再反复吟诵，也可以让喜欢文学的小吏去诵读。欣赏文章之难，不独现在。古代君子，也以为难。家家有千里马，骏马就不珍贵了；人人有尺长宝玉，和氏璧就不珍贵了。君子懂得音乐，这是古来的常理，对此理可以说通，但又不通。墨子不懂音乐，为何经朝歌而抹车回转呢？足下懂音乐，又在墨子回车的朝歌县任职，想来会大有作为的。

又闻足下在彼，自有佳政。夫求而不得者有之矣，未有不求而得者也。且改辙易行，非良、乐之御；易民而治，非楚、郑之政，愿足下勉之而已矣。适对嘉宾，口授不悉，往来数相闻。曹植白。

【译文】听说足下在朝歌，自己建立了美好的政绩。求美政而不能得到美政的人有，不求美政而得到美政的人没有。且改辙易行，不是王良、伯乐驾车之术；易民而治，不是楚国郑国的良策，愿足下努力就是了。正好对来宾口述，不一一详叙。来往屡屡听到情况。曹植敬启。

吴质

三国魏济阴人，字季重，有文才，为五官将，出为朝歌长，迁元城令，文帝时为震威将军，假节都督河北诸军事，卒谥曰威。

【译文】三国魏朝济阴人，字季重，有文学才能，被任命为五官中郎将，出任为朝歌的长官，后任元城令，曹文帝时为震威将军，假节都督河北诸军事，去世后追加谥号为“威”。

答魏太子笺

二月八日庚寅，臣质言：奉读手命，追亡虑存；恩哀之隆，形于文墨。日月冉冉，岁不我与。昔侍左右，厕坐众贤，出有微行之游，入有管弦之欢；置酒乐饮，赋诗称寿，自谓可终始相保，并骋材力，效节明主。何意数年之间，死丧略尽。臣独何德，以堪久长？陈、徐、刘、应，才学所著，诚如来命，惜其不遂，可为痛切。凡此数子，于雍容侍从，实其人也。若乃边境有虞，群下鼎沸，军书辐至，羽檄交驰，于彼诸贤，非其任也。往者孝武之世，文章为盛，若东方朔、枚皋之徒，不能持论，即阮、陈之俦也。其唯严助、寿王，与闻政事，然皆不慎其身，善谋于国，卒以败亡，臣窃耻之。至于司马长卿，称疾避事，以著书为务，则徐生庶几焉。而今各逝，已为异物矣。后来君子，实可畏也。

【译文】二月八日庚寅，臣质言：奉读来信，追思已故文友，又想念活着的故旧；您的恩典之重，哀思之深，溢于言表。日月如梭，时不我待。想从前，侍奉于您左右、陪随您的许多贤德朋友，出则同行，入则同乐，举杯欢饮，赋诗相赠，总以为可以永为相处，竭尽其才，报效明主。想不到，数年之间，竟死丧殆尽。我何德何能，居然苟活至今？陈琳、徐干、刘桢、应瑒，才学向来为人称道，诚如来信所说。可惜他们有志未遂，实在令人痛心万分。上述几位，温文尔雅，仪态万方，作为您的友好侍从，实在是最合适的了。假如边境有事，百姓骚乱，战事频仍，兵书往来，他们就难以为任了。以前汉武帝时代，文章大盛，像东方朔、枚皋等人，不能参与政事方面的主张，就像阮瑀、陈琳一样。只有严助、吾丘寿王能参与政事，但由于处事不慎，虽善谋国事却死于非命，我以之为耻。至于司马相如，称病避事，专事著书，徐干可相与为类。现在，他们纷纷作古，人死物化。后来的年轻人，真所谓“后生可畏”了。

伏惟所天，优游典籍之场，休息篇章之囿，发言抗论，穷理尽微；摛藻下笔，鸾龙之文奋矣。虽年齐萧王，才实百之。此众议所以归高，远近所以同声。然年岁若坠，今质已四十二矣，白发生鬓，所虑日深，实不复若平日之时也!但欲保身勒行，不蹈有过之地，以为知己之累耳!游宴之欢，难可再遇，盛年一过，实不可追。臣幸得下愚之才，值风云之会。时迈齿载，犹欲触匈奋首，展其割裂之用也!不胜慺慺，以来命备悉，故略陈至情。质死罪死罪。

【译文】伏想殿下，游览于典籍之所，吟咏于文章之府，发言高论，穷理尽兴；下笔为文，文彩飞扬。您虽然年已三十，但与当年萧王相比，才干胜他百倍，所以众望所归，同声拥戴。然而，光阴似箭，今年吴质我已四十有二，两鬓染霜，忧思日深，已不像往日无忧无虑了。只想束身正行，不蹈是非之地，免得为知己者增添烦恼。游宴之乐，难可再得，盛年一过，时不再来。臣以下愚之才而忝值风云际会，实为平生所幸!纵然年龄渐老，还想昂首挺胸，不畏风险地去努力报答大恩大德。无任敬谨，因来信之坦诚，也就实情以告。质死罪死罪。

在元城与魏太子笺

臣质言：前蒙延纳，侍宴终日，燿灵匿景，继以华灯。虽虞卿适赵，平原入秦，受赠千金，浮觞旬日，无以过也。小器易盈，先取沈顿，醒寤之后，不识所言。即以五日到官，初至承前，未知深浅；然观地形，察土宜，西带常山，连冈平代；北邻柏人，乃高帝之所忌也。重以泜水，渐渍疆宇，喟然叹息。思淮阴之奇谲，亮成安之失策。南望邯郸，想廉蔺之风。东接钜鹿，存李齐之流。都人士女，服习礼教，皆怀慷慨之节，包左车之计。而质暗弱，无以莅之。若乃迈德种恩，树之风声，使农夫逸豫于疆畔，女工吟咏于机杼，固非质之所能也。至于奉遵科教，班扬明令，下无威福之吏，邑无豪侠之杰；赋事行刑，资于故实，抑亦懔懔有庶几之心。往者严助释承明之欢，受会稽之位，寿王去侍从之娱，统东郡之任。其后皆克复旧职，追寻前轨。今独不然，不亦异乎？张敞在外，自谓无奇；陈咸愤积，思入京城。彼岂虚谈夸论，诳耀世俗哉!斯实薄郡守之荣。显左右之勤也。古今一揆，先后不贸，焉知来者之不如今？聊以当觐，不敢多云。质死罪死罪。

【译文】臣质言：上次承蒙款待，欢宴终日，白天兴犹未尽，于是继以华灯。纵然虞卿到赵国，平原君赴秦国，受赠黄金百镒，欢宴十日，也不会有这样的快乐。只是由于酒量大小，不期先醉；醒后，竟不知醉中所言。五日到达元城就职，初到任上，一切悉如旧规，未知妥当与否。然后观察地形，考查物产。元城西连常山，平、代二县，一脉连岗。北邻柏人县境，此地乃为当年汉高祖之忌地。加上、泜水浸渍土地，不禁一声长叹：想当年，淮阴侯韩信巧使奇计，成安君陈余兵败身亡!南望邯郸，追怀廉颇、蔺相如之大义高风。东接钜鹿，默想李齐之贤德之风。这里男女百姓，风范甚佳，人品贞廉，头脑聪颖。而我吴质，愚顽无能，难以为人尊长。如果要播施恩德，树立教化，使农者乐于耕耘，织者安于机杼，我的能力有所不及。至于遵奉法律，布明条款，下面杜绝作威作福之吏卒，乡里根除横行之徒的暴行；据事赏罚，依惯例行事，只要勤勉小心，是可以努力做到的。历史上，严助放弃朝廷欢乐，远守会稽；吾丘寿王不顾侍中待遇，出任东郡都尉，之后都官复原职，回归本位。而我独赴元城，不是同他们很不一样吗？张敞去腭东赴任，自称“无奇”；陈咸重返京城，积愤方平。他们都不是虚张声势，大言欺人啊!实质是轻视郡州之荣，而乐为京官，以侍奉左右罢了。此情此理，古今皆同，先后无异，怎么能说现在和从前不一样呢？见信如见面，恕不多言。质死罪死罪。

答东阿王书

质白：信到。奉所惠贶，发函伸纸，是何文采之巨丽，而慰喻之绸缪乎!夫登东岳者，然后知众山之逦迤也；奉至尊者，然后知百里之卑微也。

白旋之初，伏念五六日，至于旬时，精散思越，惘若有失。非敢羡宠光之休，慕猗顿之富，诚以身贱犬马，德轻鸿毛。至乃历玄阙，排金门，升玉堂，伏虚槛于前殿，临曲池而行觞，既威仪亏替，言辞漏渫。虽恃平原养士之懿，愧无毛遂燿颖之才；深蒙薛公折节之礼，而无冯谖三窟之效；屡获信陵虚左之德，又无侯生可述之美。凡此数者，乃质之所以愤积于胸臆，怀眷而悁邑者也。

【译文】吴质禀白：来信送到。敬捧惠赐的书信，开启信函，展开信纸，文采是何等的瑰丽，而慰问又是何等的情意深厚！只有登上东岳泰山的人，然后才知道众山的平缓；只有事奉过地位最尊贵的人，然后才知道管辖百里之地县令的卑微。

自回归朝歌之后的初期阶段，暗自默思了五、六天，直到一旬，精神涣散心思飘荡，心绪怏怏好像有所失落。这并不是敢于羡慕您恩宠殊遇的荣耀之美，也不是敢于羡慕您有猗顿那样丰厚的财富。实在是因为自身的地位比犬马还要低贱，自己的德行比鸿毛还要轻微。至于经历玄武阙，推开金马门，升上白玉堂，俯伏在前殿的雕槛之上，面临曲池取饮浮动的酒杯，深感己身威仪亏衰，言词简陋污浊。您虽有平原君那样养士用贤的美德，我却自己愧没有毛遂脱颖而出的才能；我深深蒙受您屈己下人的礼遇，一如冯谖之受孟尝君的礼遇，但我却没有冯谖三窟之计的报效；我多次获得您空出左座礼贤的恩德，就像侯生得到信陵君的礼贤一般，但我却没有侯生可述的美行。凡此几个方面，就是我吴质满怀积愤，怀念眷顾而又忧愁郁闷的缘故。

若追前宴，谓之未究。倾海为酒，并山为肴，伐竹云梦，斩梓泗滨，然后极雅意，尽欢情，信公子之壮观，非鄙人之所庶几也。若质之志，实在所天；思投印释黻，朝夕侍坐，钻仲父之遗训，览老氏之要言；对清酤而不酌，抑嘉肴而不享，使西施出帷，嫫母侍侧。斯盛德之所蹈，明哲之所保也。若乃近者之观，实荡鄙心。秦筝发徽，二八迭奏，埙箫激于华屋，灵鼓动于座右，耳嘈嘈于无闻，情踊跃于鞍马。谓可北慑肃慎，使贡其楛矢；南震百越，使献其白雉。又况权、备。夫何足视乎！

【译文】如果追思前次的宴会，我所说的话意思还没有说尽。如果一定要倾倒东海以为酒，高举泰山以为肉，砍伐云梦之竹以为笛，斩伐泗滨之梓以为筝，然而才算穷风雅之意，尽欢乐之情，这诚然是您公子的壮观所需，但并不是鄙人的企望追求。若说我吴质的志愿，实在奉养老父。一心响往投弃官印，释去系官印的丝带，早晚侍奉陪坐，钻研孔子的遗训，观览老子的要言，面对清酒而不取饮，俯视嘉肴而不享用，使西施一样的美女退出帷帐，要嫫母一般丑而有德的贤女侍奉身边。这就是盛德者行走的道路，明哲者保全自身的方法。至于不久之前观赏的音乐，确实震荡鄙人的心灵。秦筝起奏，十六人的乐队轮流演奏，陶埙竹箫的声响在华美之屋激昂飞扬，灵鼍之鼓的声响在座位之右轰鸣震荡，众声盈耳似乎听觉失灵，情绪振奋似乎有奔驰赴敌的冲动。谓此可以北服肃慎，使其贡奉楛木之箭；南震百越，使其进献纯白之雉。更况且孙权、刘备，他们有什么值得重视的呢！

还治讽采所著，观省英玮，实赋颂之宗，作者之师也。众贤所述，亦各有志。昔赵武过郑，七子赋诗，《春秋》载列，以为美谈。质小人也，无以承命；又所答贶，辞丑义陋。申之再三，赧然汗下。此邦之人，闲习辞赋，三事大夫，莫不讽诵，何但小吏之有乎？重惠苦言，训以政事；恻隐之恩，形乎文墨。墨子回车，而质四年，虽无德与民，武歌且舞；儒墨不同，固以久矣。然一旅之众，不足以扬名；步武之间，不足以骋迹。若不改辙易御，将何以效其力哉？今处此而求大功，犹绊良骥之足，而责以千里之任；槛猿猴之势，而望其巧捷之能者也。不胜见恤，谨附遣白答，不敢繁辞。吴质白。

【译文】返回治所朝歌，诵读并吸取您所写的大作，观览省察作品的精华与珍贵之处，实在是辞赋颂诗的正宗，同代作者的良师。众位贤人所写的作品，也各有志向。从前赵武路过郑国，七子赋诗言志，《春秋左氏传》列入记载，自古以为美谈。我吴质是小人物，无以承受君命所托，又答复惠书之言，辞义丑陋。君命申告再三，令我羞惭面赤愧汗下流。这个城邦的士人，雅习辞赋？执掌三司的大夫，没有谁不能诵读辞赋，为什么只有小吏才能诵读辞赋？您恩惠深重，苦口良言，以政事相训告；关切眷念的恩情，洋溢在文章的笔墨之间。墨子闻朝歌之名就回转车身，而我在朝歌任职四年，虽然没有美德给予下民，但希望他们歌舞欢乐；儒家、墨家对音乐的不同主张，本来已有长久的历史了。然而统率五百人的队伍，不足以显扬名声；足迹仅有六尺之宽的空间，不中以驰骋千里。如果不能改变朝歌令的职位，又凭什么来为您效劳呢？如我处于这样卑微的地位，却要责求我建立大功，就犹如拘系良马之足，却要责求良马完成奔驰千里的任务；又好比用笼子禁锢猿猴的势能，却企望猿猴能充分发挥它的机动敏捷的才能。不胜感激深蒙体恤，谨以此禀复，由于顺请信使捎带送回，不敢赘言。吴质禀白。

杨 修

三国魏华阴人，字德祖，好学有俊才，建安中为曹操主薄，能解《曹娥碑》隐语，操忌其才，杀之。（案修死于建安中，本应列于汉代，因所录《答临淄侯书》，不便先于曹植原书，姑次于此。）

【译文】三国魏朝华阴人，字德祖，好学，才能卓越，建安年间为曹操主薄，能解读曹娥碑的隐语，曹操嫉妒其才能，而杀了他。（杨修死于建安年间，本应列于汉代，因为所录的《答临淄侯书》，不便置于曹植的原书，所以放到曹植的后面。）

答临淄侯笺

修死罪死罪。不侍数日，若弥年载；岂由爱顾之隆，使系仰之情深邪？损辱嘉命，蔚矣其文，诵读反复，虽讽雅颂，不复过此。若仲宣之擅汉表，陈氏之跨冀域，徐、刘之显青豫，应生之发魏国，斯皆然矣。至于修者，听采风声，仰德不暇，自周章于省览，何遑高视哉？

伏惟君侯，少长贵盛，体发、旦之资，有圣善之教。远近观者，徒谓能宣昭懿德，光赞大业而已；不复谓能兼览传记，留思文章。今乃含王超陈，度越数子矣！观者骇视而拭目，听者倾首而竦耳；非夫体通性达，受之自然，其孰能至于此乎？

【译文】修死罪死罪。一日不见，如隔三秋。岂不是由于您对我垂爱顾念太深，致使我对您敬仰之情如此厚重？承蒙来信，并寄来词赋文章，文彩繁丽得很啊！经反复诵读，纵然是《诗经》中的“雅颂”，也难以胜过。正如来信所述：王粲独步汉南，陈琳雄踞冀州，徐干、刘桢各显身手于青、豫二州，应瑒发迹于大魏国，诚然如此；至于我，学习您的诗赋，仰慕您的大德，忙而无暇，周览文章篇什，谈不上什么“高视上京”了。

伏想君侯青少年时便高贵已甚，具有武王、周公的资质，加之魏武帝的教化，不论远近，都称颂您能远播、发扬美德，光大、赞佐帝业，却不知道您还博览史传、书记，留意于文章之事。现在已经超越王粲尹胜过陈琳，远比上述数人为强。观看者因惊奇而几乎不相信自己的眼睛，听闻者因被吸引而侧着脑袋耸起耳朵，要不是体性通达，出于天才，谁能达这等程度呢？

又尝亲见执事，握牍持笔；有所造作，若成诵在心。借书于手，曾不斯须少留思虑。仲尼日月，无得逾焉。修之仰望，殆如此矣。是以对而鶡辞，作《暑赋》弥日而不献。见西施之容，归增其貌者也。

伏想执事，不知其然，猥受顾锡，教使刊定。《春秋》之成，莫能损益，《吕氏》《淮南》，字直千金；然而弟子箝口，市人拱手者，圣贤卓荦，固所以殊绝凡庸也。

今之赋颂，古诗之流；不更孔公，风雅无别耳。修家子云，老不晓事；强著一书，悔其少作。若此仲山、周旦之俦，为皆有諐邪！君侯忘圣贤之显迹，述鄙宗之过言，窃以为未之思也。

【译文】又曾目睹您执笔为文，一挥而就，宛若读熟了记在心中一样；挥毫书写，简直无需思索。古人说，孔子像日月，不可逾越，这比喻用在您身上，也是这样。我对您就是这样敬仰啊！所以面对您写的《鶡鸟赋》，我不敢再作；我写好了《大暑赋》也竟日不敢献上，真像见了西施的容貌，回家后更自憎面目之丑陋！

伏想您一定不知详情，下寄词赋于我，教我删改。孔子作《春秋》，不能增删一字，《吕氏春秋》和《淮南子》，也号称一字千金；弟子缄口不语，天下士人也拱手而退。可见圣贤之卓绝，和凡庸之辈绝然不同。

您的词赋，属于古诗一类的佳作，虽未经孔子删削，但与风、雅毫无两样。我家子云，老而不通事理，强作《法言》一书，称早年所作诗赋谓“壮夫不为”。倘若这样，那么不是仲山甫、周公等先哲都有过错了吗？君侯您不称述圣贤的功迹，而去复述扬雄过激之言，我以为这是您的考虑不周！

若乃不忘经国之大美，流千载之英声，铭功景钟，书名竹帛，斯自雅量素所畜也，岂与文章相妨害哉？辄受所惠，窃备矇瞍，诵咏而已。敢望惠施，以忝庄氏！季绪璅璅，何足以云。反答造次，不能宣备，修死罪死罪。

【译文】至于不忘治国之大德，留下千载之美名，把功劳铸在景钟上，名留青史，这是您度量平素畜养所致，与文章有什么妨害呢？收受您惠寄的文章，我蒙昧之人当备加诵读，我怎么敢自比惠施，以至于辱没您庄生的相知呢。刘季绪猥琐小器，何足道哉！回信草草不恭，书不尽怀，修死罪死罪。

诸葛亮

蜀汉阳都人，字孔明，避乱荆州，躬耕陇亩。先主三顾草庐乃见，略陈天下鼎足之势，及即位，拜亮为丞相；先主崩，受诏辅后主，封武乡侯，领荆州牧，志在攻魏，以兴复汉室，六出祁山，相持累年，以疾卒于军，年五十四，谥忠武。亮相蜀汉垂三十年，慎赏明罚，开诚布公，及卒，朝野流涕，后世称为纯臣，有《诸葛忠武集》。（建兴五年，亮率军北驻汉中，临发上疏。）

【译文】蜀汉阳都人，字孔明，在荆州躲避战乱，亲自耕种田地。先主刘备三顾茅庐才见到，简要地陈述了天下三足鼎立的局势，等到刘备即位，拜诸葛亮为丞相，先主刘备驾崩后，受其诏命辅佐后主刘禅，被封为武乡侯，领荆州牧，一心在攻魏国，以复兴汉室，六出祁山，双方交战几年，最后因病死于军中，终年五十四岁，谥号忠武。诸葛亮辅佐蜀汉三十年，慎赏明罚，开诚布公，等到去世后，朝廷和民间都为之流涕，后世称为纯臣，有《诸葛忠武集》。（建兴五年，诸葛亮率军北驻汉中，临出发时向君王上疏。）

前出师表

臣亮言：先帝创业未半，而中道崩殂。今天下三分，益州疲弊，此诚危急存亡之秋也。然侍卫之臣，不懈于内；忠志之士，亡身于外者，益追先帝之殊遇，欲报之于陛下也。诚宜开张圣听，以光先帝遗德，恢宏志士之气，不宜妄自菲薄，引喻失义，以塞忠谏之路也。

【译文】臣亮奏言：先帝创建大业尚未完成一半，却中途去世了。现在天下形势是三国鼎立，而益州又是处于疲弱困乏的境地，这实在是国家危急存亡的关键时刻啊！然而侍卫陛下的臣子之所以在朝中毫不懈怠，忠贞坚贞的将士们之所以在外边舍生忘死，都是因为追念先帝知遇之恩，要把它报答给陛下的缘故。陛下真应该广泛地听取群臣的意见，来光大先帝的美德，宏扬志士的气节；不应该妄自菲薄，说一些不恰当的话，来堵塞群臣忠诚进谏的言路。

宫中府中，俱为一体，陟罚臧否，不宜异同。若有作奸犯科及为忠善者，宜付有司，论其刑赏，以昭陛下平明之理，不宜偏私，使内外异法也。侍中、侍郎郭攸之、费祎、董允等，此皆良实，志虑忠纯，是以先帝简拔以遗陛下。愚以为宫中之事，事无大小，悉以咨之，然后施行，必能裨补阙漏，有所广益也。将军向宠，性行淑均，晓畅军事，试用于昔日，先帝称之曰能，是以众议举宠为督。愚以为营中之事，悉以谘之，必能使行阵和穆，优劣得所也。亲贤臣，远小人，此先汉所以兴隆也；亲小人，远贤士，此后汉所以倾颓也。先帝在时，每与臣论此事，未尝不叹息痛恨于桓、灵也。侍中、尚书、长史、参军，此悉贞良死节之臣也。原陛下亲之信之，则汉室之隆，可计日而待也。

【译文】无论是宫中近侍，还是府中官吏，都是一朝之臣。提升、惩罚，表扬、批评，在他们之间不应该有所不同。如果有为非作歹触犯法令的，或尽忠为善做好事的，都应该由主管的官吏去评判，该惩罚的惩罚，该奖赏的奖赏，以此表明陛下治理国家公正严明；而不应该有所偏袒，以致宫内宫外刑赏之法不一样。侍中侍郎郭攸之、费祎，黄门侍郎董允等，都是贤良诚实，思想忠贞不二的人。所以，先帝特意把他们选拔出来，留给陛下。臣认为，宫中的事情，无论大小，都要问问他们，然后再施行。这样一定能够防止缺失、弥补疏漏，获得更多的益处。将军向宠性格和善，为人公正，精通军事，先帝试用他时就称他能干，所以大家推举他为中部督。臣认为，军中的事情，都要与他商量。这样一定能使军队和睦团结，不同才能的都将各得其所。亲近贤臣，疏远小人，这就是西汉所以兴盛的原因；亲近小人，疏远贤士，这便是东汉所以倾覆衰败的原因。先帝在世时，每每与臣议论起这些事，未尝不对东汉末年的桓帝、灵帝深为痛心遗憾啊!侍中郭攸之、费祎，尚书陈震，长史张裔，参军蒋琬等人，这些都是坚贞忠直，能以死报国的忠臣，希望陛下亲近他们，信任他们。那么，蜀汉王朝兴隆的日子就不远了。

臣本布衣，躬耕于南阳，苟全性命于乱世，不求闻达于诸侯。先帝不以臣卑鄙，猥自枉屈，三顾臣于草庐之中，咨臣以当世之事。由是感激，遂许先帝以驱驰。后值倾覆，受任于败军之际，奉命于危难之间，尔来二十有一年矣。先帝知臣谨慎，故临崩寄臣以大事也。受命以来，夙夜忧叹，恐托付不效，以伤先帝之明。故五月渡泸，深入不毛。今南方已定，兵甲已足，当奖帅三军，北定中原，庶竭驽钝，攘除奸凶，兴复汉室，还于旧都。此臣之所以报先帝而忠陛下之职分也。至于斟酌损益，进尽忠言，则攸之、祎、允之任也。

愿陛下托臣以讨贼兴复之效，不效则治臣之罪，以告先帝之灵。若无兴德之言，则责攸之、祎、允等咎，以彰其慢。陛下亦宜自谋，以咨诹善道，察纳雅言，深追先帝遗诏。臣不胜受恩感激。今当远离，临表涕泣，不知所云。

【译文】臣本是平民，在南阳亲自耕田种地。只望于乱世中苟全性命，不希求在诸侯间显达扬名。先帝不把臣作卑微之人看，而屈尊相访，三顾茅庐，向臣下问当时天下大事。因此，臣十分感激，便答应为先帝奔走效力。后来正逢军事失利，臣在兵败之时接受了委任，在形势非常危难的关头奉命出使东吴。从那以来，已有二十一年了。先帝知臣做事谨慎，所以在临终时便将天下大事托付给臣。自受命以来，臣早晚忧虑，惟恐先帝托付之事办不好，有负先帝知人之明。所以，在五月间率军渡过泸水，深入到不毛之地。现在南方已经平定，兵甲已经准备充足，就应当奖励并率领三军北伐中原。臣愿竭尽自己的平庸才力，铲除篡汉的奸凶，兴复汉室天下，重返旧都洛阳。这就是臣报答先帝知遇之恩，效忠陛下的职责所在。至于权衡得失，掌握分寸，向陛下进忠言，则是郭攸之、费祎、董允的职责。

希望陛下将征讨奸贼、兴复汉室的任务交付给臣，若不能完成这一任务，就请治臣的罪，以告先帝在天之灵。若没有向陛下进献兴德的意见，就应责备郭攸之、费祎、董允等人的过错，以表明他们对陛下的怠慢。陛下也应该约束自己，征求治国的好办法，审察采纳正确的意见，时时缅怀先帝的遗训。臣受恩不尽，感激不已。现在就要远离陛下，呈献此表而老泪纵横，激动得不知自己说了些什么。

后出师表

先帝虑汉、贼不两立，王业不偏安，故托臣以讨贼也。以先帝之明，量臣之才，固知臣伐贼，才弱敌强也；然不伐贼，王业亦亡，惟坐而待亡，孰与伐之？是故托臣而弗疑也。臣受命之日，寝不安席，食不甘味，思惟北征，宜先入南，故五月渡泸，深入不毛，并日而食。臣非不自惜也，顾王业不可偏安于蜀都，故冒危难以奉先帝之遗意，而议者谓为非计。今贼适疲于西，又务于东，兵法乘劳，此进趋之时也。谨陈其事如左：

【译文】先帝考虑到汉、贼不能两者并存，帝王的事业不能偏处在一个角落，所以把兴师讨贼的重任托付给我。凭先帝的英明，度量我的才能，本来知道我伐贼是才弱敌强的。

然而不去伐贼，帝王的事业也会灭亡；坐等灭亡，就不如去伐贼。所以先帝毫不犹疑地把伐贼的任务托付给我。我自从接受先帝命令那天起，睡觉不安，吃饭无味，考虑到要北征，应该先平定南方，所以五月间渡过泸水，深入禾苗不生的荒凉地区，两天才吃上一天的饭。我并不是不爱惜自己，只是想到帝王的事业不能偏处在益州这个角落，所以冒着危险艰辛来执行先帝的遗意。可是议论的人说伐贼是不正确的决策。如今曹贼在西边正被打得疲惫不堪，又要在东方作战。兵法上说作战要乘敌人疲劳的时候，这正是前进讨贼的好时机。现在我把讨贼的事恭敬地陈述如下：

高帝明并日月，谋臣渊深，然涉险被创，危然后安。今陛下未及高帝，谋臣不如良、平，而欲以长策取胜，坐定天下，此臣之未解一也。刘繇、王朗，各据州郡，论安言计，动引圣人，群疑满腹，众难塞胸，今岁不战，明年不征，使孙策坐大，遂并江东，此臣之未解二也。曹操智计，殊绝于人，其用兵也，仿佛孙、吴，然困于南阳，险于乌巢，危于祁连，逼于黎阳，几败北山，殆死潼关，然后伪定一时尔。况臣才弱，而欲以不危而定之，此臣之未解三也。曹操五攻昌霸不下，四越巢湖不成，任用李服而李服图之，委任夏侯而夏侯败亡。先帝每称操为能，犹有此失，况臣驽下，何能必胜？此臣之未解四也。自臣到汉中，中间期年耳，然丧赵云、阳群、马玉、阎芝、丁立、白寿、刘郃、邓铜等及曲长屯将七十余人，突将无前；賨叟、青羌散骑武骑一千余人，此皆数十年之内所纠合四方之精锐，非一州之所有；若复数年，则损三分之二也，当何以图敌？此臣之未解五也。今民穷兵疲，而事不可息，事不可息，则住与行劳费正等，而不及早图之，欲以一州之地与贼持久，此臣之未解六也。

【译文】汉高帝的英明跟日月争光，谋臣深谋远虑，但是仍不免历艰险，受创伤，经过重重危难然后才安定天下。现在陛下赶不上高帝，谋臣不如张良、陈平，却想以长远之计来取得胜利，坐着平定天下。这是我不能理解的第一条。刘繇、王朗各自占据着一个州郡，在那里空谈安危计策，动不动引用古代圣人的话，疑心重重，畏首畏尾，今年不出兵，明年不打仗，使得孙策自然强大，于是并吞了江东。这是我不能理解的第二条。曹操的智慧计谋超群出众，他用兵作战，好像孙膑、吴起，可是他也曾在南阳被困，在乌巢遇险，在祁连遭难，在黎阳受逼，几乎败于北山，差点在潼关丧命，然后才取得了暂时的稳定。何况我才能弱小，却想用十全九稳的办法来平定天下。这是我不能理解的第三条。曹操五次攻打昌霸不能取胜，四次渡过巢湖与孙权交战不利，任用李服而李服图谋杀害他，委任夏侯渊镇守汉中而夏侯渊兵败身亡。先帝经常称赞曹操是个能人，还有这些失误，何况我才能低下，怎么能够必胜呢？这是我不能理解的第四条。自从我带兵到汉中，至今只有一周年的时间，可是已死亡了赵云、阳群、马玉、阎芝、丁立、白寿、刘郃、邓铜等大将以及曲长屯将七十多人，还有冲锋在前的勇士及賨叟、青羌的骑兵一千多人，这都是几十年间从四方招集来的精锐，不是益州一州所能有的。如果再过几年，将要减少三分之二，到那个时候再凭什么谋图伐敌呢？这是我不能理解的第五条。如今百姓穷困，兵士疲乏，但战事不能停息；战事不能停息，那么坐着等待敌人的进攻与主动出击敌人，两者所消耗的人力和物力是相等的，不及早图谋攻敌，想凭一州的地方，与贼长久相持。这是我不能理解的第六条。

夫难平者，事也。昔先帝败军于楚，当此时，曹操拊手，谓天下已定。然后先帝东连吴、越，西取巴、蜀，举兵北征，夏侯授首，此操之失计而汉事将成也。然后吴更违盟，关羽毁败，秭归蹉跌，曹丕称帝。凡事如是，难可逆料。臣鞠躬尽力，死而后已，至于成败利钝，非臣之明所能逆睹也。

【译文】难以预料的是事情的变化。从前先帝在楚地被曹操打败，当时，曹操得意地拍手，认为天下大局已定。可是后来先帝东面联合孙吴，西面攻取巴蜀，举兵北伐，夏侯渊被杀，这是曹操的失算，而复兴汉室的事业将要成功；但后来孙权违背了吴蜀盟约，偷袭荆州，关羽失败被杀，先帝又在秭归摔了跤，曹丕灭汉自称皇帝。大凡事情都是如此，难以预料。我只有小心谨慎地献出全部力量，到死了然后才停止。至于是成功还是失败，是顺利还是受挫折，不是我的眼光所能预先看到的。

李密

晋武阳人，字令伯，父早亡，母更适人，鞠于祖母刘氏。武帝征为太子洗马，密上表固辞，帝览表叹曰：此子可谓名副其实矣，乃停召。刘终服阕，复征为洗马，后迁汉中太守，免官卒。

【译文】晋朝武阳人，字令伯，父亲早亡，母亲改嫁，由祖母刘氏抚养成人，晋武帝时欲征为太子洗马，李密上表一再辞谢，皇帝阅表后，感叹说："他真是名副其实的孝子"，于是不再征召，在刘氏去世丧期满后，又被征为洗马，后任职为汉中太守，免官后去世。

陈情表

臣密言：臣以险衅，夙遭闵凶。生孩六月，慈父见背；行年四岁，舅夺母志。祖母刘，愍臣孤弱，躬亲抚养。臣少多疾病，九岁不行；零丁孤苦，至于成立。既无伯叔，终鲜兄弟。门衰祚薄，晚有儿息。外无期功强近之亲，内无应门五尺之童。茕茕独立，形影相吊。而刘夙婴疾病，常在床蓐，臣侍汤药，未曾废离。

【译文】臣李密禀奏：臣因为命运不好，早年便遇上了令人悲伤的事。出生才六个月，慈爱的父亲就去世了；到了四岁那年，舅舅逼母亲改变守节的志向，她改嫁了。祖母刘氏怜惜我孤独幼弱，亲自将我抚养。我幼年常多疾病，九岁的时候还不会走路；孤苦零丁，一直到长大成人。既无叔父伯父，也无兄弟。门庭衰落，福泽浅薄，自己很晚才有儿子。外面没有什么亲近关系的人，只有自己的影子相伴，而祖母刘氏常年疾病缠身，经常卧床不起，我侍奉她饮汤服药，从未停止过，离开过。

逮奉圣朝，沐浴清化。前太守臣逵，察臣孝廉；后刺史臣荣，举臣秀才。臣以供养无主，辞不赴命。诏书特下，拜臣郎中；寻蒙国恩，除臣洗马。猥以微贱，当侍东宫，非臣陨首所能上报。臣具以表闻，辞不就职。诏书切峻，责臣逋慢；郡县逼迫，催臣上道；州司临门，急于星火。臣欲奉诏奔驰，则刘病日笃；欲苟顺私情，则告诉不许。臣之进退，实为狼狈。

【译文】及至尊奉圣朝以来，沐浴在清明的教化之中。先前，犍为郡太守逵推举我为孝廉；后来，益州刺史荣又选拔我为秀才。我因为无人奉养祖母，推辞而未从命。朝廷特意发布诏书，委任我为郎中；不久又受到国家的恩遇，任命我为太子洗马。我以微贱之材，充任东宫太子的侍人之职，如此恩典，是我肝脑涂地都不能报答的。我都曾用表章上呈，推辞而未去就职。现在诏书急切严厉，责备我有意拖延，怠慢朝廷的诏命；郡县地方官一再逼迫，催促我动身上路；州官也登门敦促，紧急犹如星火。我本想接受诏命走马赴任，但祖母刘氏的病情一天比一天沉重；想暂且顺从自己的私情，则不做官的恳求又得不到允许。我的处境，实在是狼狈极了。

伏惟圣朝以孝治天下，凡在故老，犹蒙矜育，况臣孤苦，特为尤甚。且臣少仕伪朝，历职郎署，本图宦达，不矜名节。今臣亡国贱俘，至微至陋，过蒙拔擢，宠命优渥，岂敢盘桓，有所希冀？但以刘日薄西山，气息奄奄，人命危浅，朝不虑夕。臣无祖母，无以至今日；祖母无臣，无以终余年。母孙二人，更相为命，是以区区不能废远。臣密今年四十有四，祖母刘今年九十有六。是臣尽节于陛下之日长，报养刘之日短也。乌鸟私情，愿乞终养。臣之辛苦，非独蜀之人士及二州牧伯所见明知，皇天后土实所共鉴。愿陛下矜愍愚诚，听臣微志。庶刘侥幸，保卒余年。臣生当陨首，死当结草。臣不胜犬马怖惧之情，谨拜表以闻。

【译文】我想圣明的朝代是以孝来治理天下的，凡是故旧遗老之人，尚且受到朝廷的怜惜和抚养，何况我祖孙孤苦的情况，又是特别严重的呢！况且，我年轻时任伪朝的官，一直升迁到供职于郎中官署，本来是希图官位显达，并不注重自己的名声节操。现在我是败亡之国的一名贱俘，身份极为低贱，却受到朝廷过分的拔举，恩宠委命非常优厚，哪里还敢迟疑徘徊，有更高的企望呢？只因祖母刘氏有如快要落山的太阳，已是呼吸微弱，生命不长，早晨活着难保晚上怎样了。我如果没有祖母的抚育，是无法活到今天的；祖母如果没有我的奉养，也是无法度过她的余年。祖孙二人相依为命，所以我实在不忍抛开祖母而远行。臣李密今年四十四岁，祖母刘氏今年九十六岁。这样，我为陛下尽节效忠的日子还长，而报答奉养祖母刘氏的日子已不多了。乌鸦还有反哺其母的感情，愿乞请陛下恩准我为祖母养老送终。我的苦衷，不只蜀地人士及梁、益二州地方官亲眼目睹，非常了解，而且天地神明实在也都看得清清楚楚。恳望陛下怜悯我的愚诚，满足我微小的志愿，使祖母刘氏侥幸地保其余年。我活着时将以生命来报答陛下，死后也要结草图报。臣怀着难以承受的惶惶恐惧的心情，特地写成此表向您报告。

刘伶

晋沛国人，字伯伦，性放达，尤嗜酒，与阮籍、嵇康相善，尝乘鹿车，携一壶酒，使人荷锸随之，谓曰：死便埋我。平生未尝措意文翰，惟著《酒德颂》一篇以怀，仕为建委参军卒。

【译文】晋朝沛国人，字伯伦，性格放达，尤其嗜好酒，与阮籍、嵇康相处友好，曾经乘着鹿车，抱一壶酒，命仆人提着铁锹跟随他，并说："如果我醉死了，便埋葬了我"。一生未曾用心于写文章，只著有《酒德颂》一篇，以寄托其思想，曾任建委参军。

酒德颂

有大人先生，以天地为一朝，万期为须臾，日月为扃牖，八荒为庭衢。行无辙迹，居无室庐，幕天席地，纵意所如。止则操卮执觚，动则挈榼提壶，唯酒是务，焉知其余。

【译文】有一位大人先生，他认为：从开天辟地到今天只是一个早晨，一万年只是一个瞬间，太阳和月亮只是宇宙巨屋的门窗，整个辽阔的大地只是一个小小的庭院。大人先生行走没有车轮的轨迹，居住没有房屋，以天为帐幕，以地为坐席，所到之处，任凭意趣。休息的时候就拿着盛酒、饮酒的器具，活动的时候就提着酒植和酒壶，只是忙着饮酒，哪里知道其它的什么？

有贵介公子，搢绅处士，闻吾风声，议其所以。乃奋袂攘襟，怒目切齿，陈说礼法，是非锋起。先生于是方捧罂承槽，衔杯漱醪，奋髯踑踞，枕曲藉糟，无思无虑，其乐陶陶。兀然而醉，豁尔而醒，静听不闻雷霆之声，熟视不睹泰山之形，不觉寒暑之切肌，利欲之感情。俯观万物，扰扰焉，如江、汉之载浮萍；二豪侍侧焉，如蜾蠃之与螟蛉。

【译文】有贵介公子与措绅处士，听到对先生的风言风语，议论了风传所以产生的原因，就揎起衣袖，撩起衣襟，怒目而视，恨得咬牙切齿，到处宣讲名教礼法，于是众说纷纭就像是群蜂齐飞纷纷而起。但大人先生这时正捧着酒罐在酒槽之下接酒，口衔杯子痛饮浊酒，悠悠然摆动胡子，坐在地上两足直伸，头枕酒母，身靠酒糟。糊糊涂涂地醉去，又爽爽朗朗地醒来，静心倾听不闻雷霆的声响，仔细观看不见泰山的形状，肌肤感觉不到冷热的变化，情志不为利欲所动。俯观世上的万物，纷乱啊，就像长江、汉水飘载的浮萍；两位权贵在旁边侍立啊，就像蜾蠃与螟蛉哪样的一对可怜虫！

潘 岳

晋中牟人，字安仁。总角辨慧，乡邑称为奇童，举秀才。泰始中为河阳令，县中满种桃李。累迁给事黄门侍郎，与石崇等相友善。赵王伦辅政，孙秀挟夙愿，诬崇岳等谋为乱，被杀。岳美姿容，为文辞藻艳丽，尤长于哀诔，与陆机齐名，世称潘江陆海。

【译文】晋代中牟（今属河南）人，字安仁。幼年时期就很聪明，被乡人称为奇童，被推举为秀才。泰始年间任河阳令，县境之内到处都种植桃树、李树。后来又任给事黄门侍郎，和石崇等人关系很好。赵王伦辅佐朝政的时候，孙秀出于私怨，诬蔑石崇、潘岳等人阴谋作乱，潘岳被杀害。潘岳容貌俊朗，文章的辞藻也非常艳丽，尤其擅长写悲哀的诔文，与陆机齐名，被世人称作潘江陆海。

秋兴赋

晋十有四年，余春秋三十有二，始见二毛。以太尉掾兼虎贲中郎将，寓直于散骑之省。高阁连云，阳景罕曜，珥蝉冕而袭纨绮之士，此焉游处。仆野人也，偃息不过茅屋茂林之下，谈话不过农夫田父之客。摄官承乏，猥厕朝列，夙兴晏寝，匪遑底宁，譬犹池鱼笼鸟，有江湖山薮之思。于是染翰操纸，慨然而赋。于时秋也，故以秋兴命篇。其辞曰：

【译文】晋武帝太始十四年，我三十二岁，开始出现白头发了。因是太尉府的属员兼任了虎贲中郎将，在散骑官署内寄居值班。那里高大的楼阁连接着云彩，有阳光的鲜明景色很少见到，帽子上插着貂尾蝉文、身上穿着件件细绢绮罗的卿士，在这里嬉游居住。我是乡野之人，休息不过在草屋山林之下，谈话不过以农民和野老为客，自从暂领官职，充数排列在朝廷百官中，早起晚睡，没有一刻功夫安宁，就好像池子里的鱼、笼中的鸟，产生了对江湖山野的思念，于是笔端蘸墨，拿过纸来，感慨而作此赋。当时正是秋天，因此用“秋兴“为题。其辞如下：

四时忽其代序兮，万物纷以回薄。览花莳之时育兮，察盛衰之所托。感冬索而春敷兮，嗟夏茂而秋落。虽末事之荣悴兮，伊人情之美恶。

【译文】春夏秋冬四季匆匆地接替，世上万物纷纷回转迫近。看那花朵移栽随着时序更替，能察觉出四季是草木盛衰的寄托。感慨那草木冬天的凋零，春天的滋生，嗟叹草木夏天的茂盛，秋天的摇落。虽说草木荣枯是微末小事，却也影响着人们的情感的好、恶。

善乎宋玉之言曰："悲哉，秋之为气也！萧瑟兮草木摇落而变衰，憀慄兮若在远行，登山临水送将"。夫送归怀慕徒之恋兮，远行有羁旅之愤。临川感流以叹逝兮，登山怀远而悼近。彼四戚之疚心兮，遭一涂而难忍。嗟秋日之可哀兮，谅无愁而不尽。野有归燕，隰有翔隼。游氛朝兴，槁叶夕殒。于是乃屏轻箑，释纤絺，藉莞蒻，御袷衣。庭树槭以洒落兮，劲风戾而吹帷。蝉嘒嘒而寒吟兮，雁飘飘而南飞。天晃朗以弥高兮，日悠阳而浸微。

【译文】宋玉的话说得好："悲哀啊，秋天形成了肃杀寒凉的阴冷之气，萧条寂寞啊，草木摇动飘零变得衰落。心中凄凉悲伤，就像要去远行，登山临水送别将要归去的人。"送归者有思念伴侣的怀念，远行者有羁旅漂泊的悲愤，临水者则像孔子感叹流水似时光飞逝，登山者又像齐景公怀想未来而哀悼眼前。那四种感伤都使人心内痛苦，遇上了一件也难以忍受，但嗟叹秋天的值得悲哀，那大概是没有什么愁可比而又没有尽头了。田野里有归来的燕子，沼泽地有低翔的鹘鸟。漫游的兴致早晨产生，枯干的树叶傍晚就殒落了。于是就收起了轻巧的扇子，脱下纤细的葛衣，铺垫上香蒲席，穿上了夹袄。庭院树木的枝头空空都飘洒零落了，强劲的风凶猛地吹动着帐幕。寒蝉嘒嘒地小声低吟，秋雁飘飘地向南飞去。天空澄明愈加高远，阳光在空中飘忽逐渐微弱。

何微阳之短晷，觉凉夜之方永。月朣朦以含光兮，露凄清以凝冷。熠耀粲于阶闼兮，蟋蟀鸣乎轩屏。听离鸿之晨吟兮，望流火之余景。宵耿介而不寐兮，独辗转于华省。悟时岁之遒尽兮，慨俛首而自省。斑鬓髟以承弁兮，素发飒以垂领。仰群隽之逸轨兮，攀云汉以游骋。登春台之熙熙兮，珥金貂之炯炯。苟趣舍之殊涂兮，庸讵识其躁静。

【译文】为什么微弱的阳光时间这么短，感觉那寒冷的夜晚却正长。月色朦胧透出微光，露水凄清凝结着寒气。萤火虫的光亮在台阶门旁闪烁，蟋蟀在小屋的屏帐附近鸣叫。听那飞离的大雁在晨空中低吟，仰望那七月流火的寒天残景。深夜里我耿耿于怀不能睡，在官署中独自展转反侧。醒悟到时光岁月快到尽头，愤然低下头来检查自己。我斑白的鬓发长长地下垂顶着帽子，白头发飒然飘落到了衣领。仰慕显贵们安逸的生活轨迹，可以攀青云致高远到处游逛。他们熙熙攘攘地登上了春台，帽子上插着的金珰貂尾在闪闪发着金光。如果人们的志向好恶有不同，也就无从识别他们的轻重静躁了。

闻至人之休风兮，齐天地于一指。彼知安而忘危兮，故出生而入死。行投趾于容迹兮，殆不践而获底。阙侧足以及泉兮，虽猴猿而不履。龟祀骨于宗祧兮，思反身于绿水。且敛衽以归来兮，忽投绂以高厉。耕东皋之沃壤兮，输黍稷之余税。泉涌湍于石间兮，菊扬芳于崖澨。澡秋水之涓涓兮，玩游儵之潎潎。逍遥乎山川之阿，放旷乎人间之世。悠哉游哉！聊以卒岁

【译文】听说道德高尚的人的吉祥风尚，能齐天下万物于一指间。而那些人却只顾贪安忘危，所以也逃不过出于生而入于死的规律。人们行动迈步不过只需容足之地，不踏容足以外的地方，几乎就能获得安生。如果在只能立足之地，挖坑深至黄泉，即使是敏捷的猿猴也不敢涉足。神龟不愿死后把自己的龟骨放到祖庙中祭祀，它还想转身返回绿水之中。且让我收拾起官服归来吧，快扔掉官印飞走高飞吧。耕种那水边高地的肥沃土地，除交纳租税还有粮食剩余。在石缝间，山泉水波汹涌湍流，在水边的山崖上，黄菊吐出芬芳。在涓涓的秋水中洗澡，在潎潎戏水声中观赏白鲦鱼。自由逍遥在深山幽水间，放任旷达地生活在人世中。从容不迫悠闲自得地遨游吧，姑且度过一年又一年。

哀永逝文

启夕兮宵兴，悲绝绪兮莫承。俄龙輴兮门侧，嗟俟时兮将升。嫂侄兮憧惶，慈姑兮垂矜。闻鸣鸡兮戒朝，咸惊号兮抚膺。逝日长兮生年浅，忧患众兮欢乐鲜。彼遥思兮离居，叹河广兮宋远。今柰何兮一举，邈终天兮不反。尽余哀兮祖之晨，扬明燎兮援灵輴。彻房帷兮席庭筵，举酹觞兮告永迁。

【译文】在灵柩出殡的前夕啊，夜半起身，悲伤没有儿子啊，为你捧灵哀痛。不久丧车已停在门边，等待时刻而载柩起行。嫂嫂侄儿惊慌忧伤，慈爱的婆母垂泪哀怜。忽闻鸡叫而天将明，大家都震惊号哭啊拍胸长恸。此去时间长啊活着的时间短，忧愁患难多啊欢欣快乐少。那暂时分离者都遥遥思念，叹息着黄河宽啊宋国远；何况今天你这一去啊，远极天边也不再回返。在祖奠的早晨诉说我的哀痛，举起明亮的火炬，引来载柩的灵车。撤去房中的帷帐啊，在庭院中铺上筵席，举酒而洒于地啊，你就要永远地离去。

凄切兮增欷，俯仰兮挥泪。想孤魂兮眷旧宇，视倏忽兮若仿佛。徒仿佛兮在虑，靡耳目兮一遇。停驾兮淹留，徘徊兮故处。周求兮何获，引身兮当去。去华辇兮初迈，马回首兮旋旆。风泠泠兮入帷，云霏霏兮承盖。鸟俯翼兮忘林，鱼仰沫兮失濑。怅怅兮迟迟，遵吉路兮凶归。思其人兮已灭，览余迹兮未夷。昔同涂兮今异世，忆旧欢兮增新悲。谓原隰兮无畔，谓川流兮无岸。望山兮寥廓，临水兮浩汗。视天日兮苍茫，面邑里兮萧散。匪外物兮或改，固欢哀兮情换。

【译文】心情凄伤啊欷歔不已，俯身痛哭啊挥泪如雨。想你魂灵孤独啊，眷恋着旧日的屋宇，视线飘忽啊，仿佛瞥见你的身影。徒然仿佛啊，只在我的思念之中，眼觅形啊耳寻声，却不曾一遇。灵车启行又停止，徘徊淹留在故居。四处搜求啊，一无所获，转过身来啊，应当离去。载你而去的灵车缓缓启动，马儿回首啊灵旗回旋。清冷的风吹拂着车帷，云烟飘浮轻托着车盖。鸟儿敛翅哀伤，忘记了归林，鱼儿仰头濡沫，如失水而停游。心哀伤啊步迟迟，沿着大路啊送丧归。想你啊，人已远逝，看四周啊，旧迹犹存。昔日携手同路啊，今日生死相隔，回忆过去的欢乐啊，更增今天的悲痛。说是如同原野沼地啊，而哀伤无边；说是如同大川深流啊，而悲痛无限。望山岭啊空旷寂寥，看流水啊浩浩荡荡，视天日啊苍苍茫茫，对里舍啊萧瑟凄凉。不是这些外物啊有何改动，而是欢乐与哀痛啊，人的感情发生了变化。

嗟潜隧兮既敞，将送形兮长往。委兰房兮繁华，袭穷泉兮朽壤。中慕叫兮擗摽，之子降兮宅兆。抚灵榇兮诀幽房，棺冥冥兮埏窈窕。户阖兮灯灭，夜何时兮复晓。

【译文】叹息深掩的墓道已经敞开，将送你的身体长住里边。抛下繁华馥郁的房舍，返回无尽的黄泉之地。心中思慕啊抚胸痛哭，心中人啊沉落墓穴。手拍灵柩啊诀别于幽暗，棺木沉沉啊墓道深邃。墓门合拢啊墓灯熄灭，长夜何时啊重见曙光？

归反哭兮殡官，声有止兮哀无终。是乎非乎何皇，趣一遇兮目中。既遇目兮无兆，曾寤寐兮弗梦。既顾瞻兮家道，长寄心兮尔躬。重曰：已矣！此盖新哀之情然耳。渠怀之其几何？庶无愧兮庄子。

【译文】归家反哭于停殡之室，哭声虽止啊哀伤无终。是还是不是啊你去到了哪里？希望一遇啊再见见你。想再见啊一无征兆，辗转难眠啊不曾有梦。眷顾家室啊循守家道。长寄我心啊与你同在。重曰：算了吧！大概是新丧之痛才如此哀切罢了。她对人世的怀念又有多少啊？止哀不哭吧，希望无愧于庄子的通达。

陆 机

晋吴人，字士衡。少有异才，文章冠世。太康末，乃与弟云俱入洛，世称二陆，累迁太子洗马著作郎。时齐王冏矜功自伐，机作《豪士赋》以刺之。后事成都王颖，表为平原内史。颖攻长沙王乂，假机后将军河北大都督。及军败，为人所谮，遇害，年四十二。有《陆平原集》。

【译文】晋代吴（今江苏苏州）人，字士衡。少年时期才气就异于常人，所作文章被认为居天下之冠。太康末年，与弟弟陆云一起进入洛阳，被人称作二陆，官职一直做到太子洗马著作郎。当时齐王冏居功自傲，陆机就创作了《豪士赋》讽刺他。后来又事奉成都的王颖，被任命为平原内史。王颖进攻长沙王司马乂，任用陆机为后将军，河北大都督。等到失败的时候，被人诬陷，遭到杀害，年仅四十二岁，著作有《陆平原集》。

豪士赋序

夫立德之基有常，而建功之路不一。何则？循心以为量者存乎我，因物以成务者系乎彼。存夫我者，隆杀止乎其域；系乎物者，丰约唯所遭遇。落叶俟微风以陨，而风之力盖寡；孟尝遭雍门而泣，而琴之感以末。何者？欲陨之叶无所假烈风，将坠之泣不足繁哀响也。是故苟时启于天，理尽于民，庸夫可以济圣贤之功，斗筲可以定烈士之业。故曰："才不半古，而功已倍之"，盖得之于时势也。历观古今，徼一时之功而居伊周之位者有矣。夫我之自我，智士犹婴其累；物之相物，昆虫皆有此情。夫以自我之量而挟非常之勋，神器晖其顾眄，万物随其俯仰，心玩居常之安，耳饱从谀之说，岂识乎功在身外，任出才表者哉！

【译文】树立德业的基础有固定规律，而建树功勋的途径各不相同。为什么呢？树立德业以内心修养为标准，建树功勋以客观形势为条件。内心修养的高低取决于自我，建树功勋的大小取决于机遇。将要落的树叶只待微风就坠落，风力的作用大概不大。孟尝君遭逢雍门周一席话而感悟泪水汪汪，继而又听到其琴奏悲音．更加感伤泪流满面。为什么呢？将要坠落的树叶不必借助猛烈风力；行将落泪当然不能禁受繁多哀伤的琴声。因此如果时势开导于天道，理事尽心于人事，平庸之辈亦可成就圣贤功绩，才短识浅的人亦可以奠定志士功业。所以说才能不及古人的一半，而立功却比古人加倍，大概得益于时势机遇。通观古今，谋求一时功业而处于丞相要职的大有人在。自己肯定自己，聪明人尚且遭受其累，动物互相轻视争斗，虫类也都有这种情形。依据自我肯定自己作准则，而挟带异乎寻常的功勋，回头看着闪烁光辉的皇帝宝座，万物都随顺其一举一动，一心乐于守常不变的安乐，满足于奉承阿谀的话语，岂知立功本在自身之外，职位超出自己实际才能呢？

且好荣恶辱，有生之所大期；忌盈害上，鬼神犹且不免。人主操其常柄，于下服其大节，故日“天可仇乎”？而时有袨服荷戟，立于庙门之下；援旗誓众，奋于阡陌之上，况乎代主制命，自下财物者哉!广树恩不足以敌怨，勤兴利不足以补害，故曰：代大匠斫者必伤其手。且夫政由宁氏，忠臣所为慷慨；祭则寡人，人主所不久堪。是以君奭鞅鞅，不悦公旦之举；高平师师，侧目博陆之势。而成王不遣嫌吝于怀，宣帝若负芒刺于背，非其然者欤？嗟乎!光于四表，德莫富焉；王曰叔父，亲莫昵焉；登帝大位，功莫厚焉；守节没齿，忠莫至焉。而倾侧颠沛，仅而自全。则伊生抱明允以婴戮，文子怀忠敬而齿剑，固其所也。因斯以言，夫以笃圣穆亲如彼之懿，大德至忠如此之盛，尚不能取信于人主之怀，止谤于众多之口，过此以往，恶睹其可!安危之理，断可识矣。又况乎饕大名以冒道家之忌，运短才而易圣哲所难者哉!

【译文】至于说喜爱荣耀，厌恶耻辱，是民众相同的期望；鬼神憎恶骄傲自满、杀害在上位的人，不免将施加惩罚；君主掌握固定权柄，天下臣民服膺其基本法纪，所以说君主可以仇恨吗？然而时时有身着黑色礼服、手握兵器、站在庙门之下阴谋行刺君主的，时时有举旗誓师、奋起于田间而起义夺权的。何况代君主拟定命令，由臣下裁断事物的呢!广泛施与恩泽而不能报复仇怨，致力兴办利益而不能补救祸患，所以说代替有名木工砍木头，一定会砍伤自己的手。至于说政事交由宁氏执掌，忠臣所以愤慨激昂，祭祀才由寡人主持，君主亦不能长久忍受。因此召公郁郁不乐，不高兴周公的举动；高平侯效法前代贤相，敌视博陆侯专权而危及国家的威势。然而周成王不能排遣心中对周公的嫌疑鄙吝，汉宣帝恐惧霍光威严，好像芒刺在背而极度不安。事情不就是这样的吗？唉!充满四方极远之处，周公圣德丰厚无与伦比；周成王说，叔父周公亲近自己无与伦比；拥立幼主登上皇位，霍光丰功伟绩无与伦比；坚守节操，至死不变，霍光忠心至极无与伦比。然而一经困顿倾覆，霍光仅仅保全了自身；伊尹抱明达诚信遭到杀戮，文种心怀忠诚恭敬而惨遭赐剑自杀，这些本来为臣下所疑惑不解。根据这种情况而言，像周公这样诚笃温和、可亲可近、道德极高、如此完美的，像霍光这样盛大功德、忠诚至极、有如此盛誉的，尚且不能取得君主内心深信不疑，制止众人谗言。除此以外，一般人哪里可望能安然存在呢？安危的道理断然可以明了。更何况贪图大名声而冒犯道家所憎恶，运用低下之才而改变圣贤哲人也难以避免的不幸遭遇呢？

身危由于势过，而不知去势以求安；祸积起于宠盛，而不知辞宠以招福。见百姓之谋己，则申宫警守，以崇不畜之威；惧万民之不服，则严刑峻制，以贾伤心之怨。然后威穷乎震主，而怨行乎上下。众心日胗，危机将发，而方偃仰瞪眄，谓足以夸世。笑古人之未工，忘已事之已拙，知曩勋之可矜，暗成败之有会。是以事穷运尽，必于颠仆；风起尘合，而祸至常酷也。圣人忌功名之过己，恶宠禄之逾量，盖为此也。

【译文】身处危险由于权势过分，却不知去掉威势以求转危为安；祸患积聚以宠幸太多而起，却不知辞谢恩宠以招来幸福。看到百姓图谋危害自己，就守宫警戒保卫，用以加高不积德的威势；害怕万众不驯服，就施行严刑峻法，用以招致心灵受伤的怨恨。然后威势登峰造极而使君主震惊恐惧，抱怨盛行在君臣上下之间，民心日益低落涣散，潜伏的祸害将要暴发，而正骄横傲视一切，以为足以炫耀功绩于当代，讥笑古人不能尽善，忘记自己处事已经笨拙，只知从前功勋可以自夸，不明成败得失当有际会。因此事情窘困世运穷尽，一定发生倾倒；大风飞扬，尘土聚会，而祸患伴随动乱而来常常酷烈。圣人畏惧功绩、名声超过自身实际，厌恶恩宠、俸禄超出限度，大概就是这种缘故吧。

夫恶欲之大端，贤愚所共有，而游子殉高位于生前，志士思垂名于身后，受生之分，唯此而已。夫盖世之业，名莫大焉；震主之势，位莫盛焉；率意无违，欲莫顺焉。借使伊人颇览天道，知尽不可益，盈难久持，超然自引，高揖而退，则巍巍之盛，仰邈前贤，洋洋之风，俯冠来籍。而大欲不乏于身，至乐无愆乎旧。节弥效而德弥广，身愈逸而名愈劭，此之不为，彼之必昧，然后河海之迹堙为穷流，一篑之亹积成山岳，名编凶顽之条，身猒荼毒之痛，岂不谬哉!故聊赋焉，庶使百世少有寤云。

【译文】厌恶死亡、贫苦，喜爱饮食、男女两个重要方面，是贤人与一般人所共有的，而游子只顾生前追求高位，志士一心想着身后流传美名，两种人禀性不同，只此而已。盖世无双的大业，名声没有比之更大的；使君主震动恐惧的威势，职位没有比之更显赫的；肆意而行没有违背，欲望没有比之更顺遂的。如果使此人稍稍观览天道，了解世运已尽不可增加。盈满难以长久保持，高举远离，自行引退，极度谦让，功遂身退，就高大至极。敬慕久远前贤，美善风范，将位居未来史籍的首位，自身最大欲望不会缺乏，旧有最大快乐没有丧失，愈竭尽忠贞节操而立德愈广，愈超逸自身而名声愈美。不愿抽身引退，一定贪图荣宠，这样以后黄河大海将会被堵塞而干涸，小罪潜滋暗长如同一筐土一筐土逐渐堆积终于形成山岳一样，名字将编次在史籍凶恶愚顽的条目之中，自身饱受毒害惨痛，岂不谬误吗？因此姑且写作《豪士赋并序》，希望使世世代代稍有醒悟。

吊魏武帝文

元康八年，机始以台郎出补著作，游乎秘阁而见魏武帝遗令，忾然叹息，伤怀者久之。客曰："夫始终者万物之大归，死生者性命之区域，是以临丧殡而后悲，睹陈根而绝哭。今乃伤心百年之际，兴哀无情之地，意者无乃知哀之可有，而未识情之可无乎？"

机答之曰："夫日蚀由乎交分，山崩起于朽壤，亦云数而已矣。然百姓怪焉者，岂不以资高明之质而不免卑浊之累，居常安之势而终婴倾离之患故乎？夫以回天倒日之力而不能振形骸之内，济世夷难之智而受困魏阙之下，已而格乎上下者藏于区区之木，光于四表者翳乎蕞尔之土，雄心摧于弱情，壮图终于哀志，长算屈于短日，远迹顿于促路。呜呼!岂特瞽史之异阙景，黔黎之怪颓岸乎？

【译文】我回答他说："日食是由于太阳和月亮运行中的交会与分离，山崩是由于土壤的腐朽颓塌，这也是命定之数而已。但是百姓为此而惊怪，难道不是认为其禀高洁光明之质却不免卑微的污累，具稳固安定之势而终遭崩溃的祸患吗？那有扭转天日之力者却不能振起身体之内的活气，有救治世难之智慧者却受困于国家权力之下，而最终，功劳贯于天地，人却在小小的棺木；威势横被四海，却身埋一坏黄土。雄强之心摧毁于疾病，壮大之志终止于衰亡，长远的计划因短暂的时光而夭折，宏伟的努力因仓促的生命而停止。呜呼！（人之震惊悲哀）难道只在史官之惊异于日食、百姓之诧怪于山崩吗？

观其所以顾命冢嗣，贻谋四子，经国之略既远，隆家之训亦弘；又云：'吾在军中，持法是也，至小忿怒、大过失，不当效也。'善乎达人之谠言矣。持姬女而指季豹，以示四子曰：'以累汝。'因泣下。伤哉!曩以天下自任，今以爱子托人。同乎尽者元馀，而得乎亡者无存。然而婉娈房闼之内，绸缪家人之务，则几乎密与!又曰：'吾婕好妓人，皆著铜爵台。于台堂上施八尺床、繐帐，朝晡上脯糒之属，月朝十五，辄向帐作妓。汝等时时登铜爵台，望吾西陵墓田。’又云：‘馀香可分与诸夫人，诸舍中无所为，学作履组卖也。吾历官所得绶，皆著藏中，吾余衣裘，可别为一藏，不能者，兄弟可共分之。’既而竞分焉。亡者可以勿求，存者可以勿违，求与违，不其两伤乎？

【译文】看他临终对长子的嘱咐，为四个儿子的谋算，经理政治，策略长远；伟家隆业，教训弘湛。又说：‘我在军队中，持法严正，这是正确的，至于为小事而急忿发怒以及所犯大的错误，则不应当仿效。’通达之人，正直之言，说得真好。拉着小女儿，指着年幼的曹豹而对四个儿子说：‘要劳累你们了。’于是流下了泪水。真是伤心啊！过去以平治天下为己任，今天却将爱子托于人抚养。人死同归于尽，不会有遗余；而得之于死者之嘱托，也不会长存。如此而眷恋于房室之中，缠绵于家人之事，则近于琐屑了吧？又说：‘我的婕妤和伎人，都安置在铜雀台。台上灵堂之中，放八尺床，挂上帐幔，早晚供奉干肉、米饭之类，每月初一、十五，要向床帐演奏歌舞。你们要常常登上铜雀台。眺望我在西陵的坟墓。’又说：‘剩余的香料可分给诸位夫人，众侍妾无事时，可学做鞋子、丝绦去卖。我历任官职所得绶带，都收于藏器中。我所余下的衣裘，可另作收藏；如不能，你们兄弟可以共同分掉。’不久就将衣物分掉。死者可以不作要求，生者就可以不违背；既有要求，又有违背，这不是两方俱有伤害么？

悲夫！爱有大而必失，恶有甚而必得，智惠不能去其恶回，威力不能全其爱，故前识所不用心，而圣人罕言焉。若乃系情累于外物，留曲念于闺房，亦贤俊之所宜废乎！”于是遂愤懑而献吊云尔。

【译文】悲痛啊！爱心虽然广大，却难免损失之处；厌恶虽然深刻，却必有获得之物。智慧不能尽去其恶，威力不能全有其爱，因此前辈有知识者不在这些地方用心思，孔子很少言及这类事情。如果感情系著干外物而受牵累，心思流连于家室，这是贤人俊杰所应该废弃的啊！”于是而郁愤满怀，献呈吊文如此：

接皇汉之末绪，值王途之多违，伫重渊以育鳞，抚庆云而遐飞。运神道以载德，乘灵风而扇威。摧群雄而电击，举勍敌其如遗。指八极以远略，必翦焉而后绥。趋三才之阙典，启天地之禁闱。举修纲之绝纪，纽大音之解徽。扫云物以贞观，要万途而来归。丕大德以宏覆，援日月而齐晖。济元功于九有，固举世之所推。

【译文】在大汉的末年，逢王朝政治多乱，藏深渊以养育鳞甲，乘祥云而高举远飞。凭藉王道，施行德政；借助王风，广行严威。摧折群雄似闪电进击，克服强敌如捐撒弃物。

战略宏远而指达八方，必先除敌害而安抚民众。整理君臣伦理，启开关闭的政廷，修正违乱的朝纲法纪，校订混淆的礼乐制度。扫除群凶而天下清平，约束分裂而归于统一。宏大德以被天下，功比日月，光辉照耀。成大功于九州，固然为世人所推重。

彼人事之大造，夫何往而不臻。将覆篑于浚谷，挤为山乎九天。苟理穷而性尽，岂长算之所研？悟临川之有悲，固梁木其必颠。当建安之三八，实大命之所艰，虽光昭于曩载，将税驾于此年。惟降神之绵邈，眇千载而远期，信斯武之未丧，膺灵符而在兹。虽龙飞于文昌，非王心之所怡。愤西夏以鞠旅，溯秦川而举旗。逾镐京而不豫，临渭滨而有疑。冀翌日之云瘳，弥四旬而成灾。咏归途以反旆。登崤渑而飜来。次洛汭而大渐，指六军日念哉！

【译文】那以人成就的伟大事业，何往而不至成功？将用筐倾土于深谷，推山之高而上达九天。但是理穷性尽，生死有限，岂是人之远谋所能探究？悟孔子临水而有时光流逝的悲叹，栋梁之木也难免朽坏摧残。在建安二十四年，这是大命艰难之际。虽然声威覆照过去的岁月，却即将停车卸马、止行于此年。思圣贤降生之渺茫，悠悠千年而一出。确实是老天不欲丧失神武，让此人承受灵符。虽然龙飞升于帝佐之位，却并非魏王心所高兴。誓师出征，讨伐西夏，沿秦岭山谷而上，军旗高高飘扬。过长安而身有不适，临渭水而心有疑虑。希望明日就能康复，绵延四十天而病势沉重。回转军旗，踏上归路，登崤山而返回。至洛水之滨而病情危亡，嘱咐六军将士要努力加倍！

伊君王之赫奕，实终古之所难。威先天而盖世，力荡海而拔山。厄奚险而弗济，敌何强而不残。每因祸以禔福，亦践危而必安。迄在兹而蒙昧，虑噤闭而无端。委躯命以待难，痛没世而永言。抚四子以深念，循肤体而颓叹。迨营魄之未离，假余息乎音翰。执姬女以嘲瘁，指季豹而濯焉。气冲襟以呜咽，涕垂睫而丸澜。违率土以靖寐，戢弥天乎一棺。

【译文】彼君王功业之光明盛大，实在是今古之所难成。威严遮天盖地，雄力震海拔山。什么样的险厄不曾克服？什么样的强敌不曾扫灭？每次都能转祸为福，每次也能履危化安。如今却病重昏昧，思虑闭塞，杂乱无端。弃委身躯而等待死神，痛别人世而叮咛不休。深深眷恋四个儿子，抚摸身体而悲思叹息。及魂魄尚未离体，藉着余气而留下遗命。手执娇女而皱眉伤心，指小儿曹豹而涕泪不已。忧郁满怀，呜咽哭泣。捐弃国家而安然寝卧，敛弥天之功于一口棺木。

咨宏度之峻邈，壮大业之允昌。思居终而恤始，命临没而肇扬。援贞吝以基悔，虽在我而不臧。惜内顾之缠绵，恨末命之微详。纡广念于履组，尘清虑于余香。结遗情之婉娈，何命促而意长!陈法服于帷座，陪窈窕于玉房。宣备物于虚器，发哀音于旧倡。矫慼容以赴节，掩零泪而荐觞。物无微而不存，体无惠而不亡。庶圣灵之响像，想幽神之复光。苟形声之翳没，虽音景其必藏。徽清弦而独奏，进脯精而谁尝。悼缚帐之冥漠，怨西陵之茫茫。登爵台而群悲，眝美目其何望。既晞古以遗累，信简礼而薄葬。彼裘绂于何有，贻尘谤于后王。嗟大恋之所存，故虽哲而不忘。览遗籍以慷慨，献兹文而凄伤。

【译文】叹胸怀志向之高远，赞大功伟业之隆昌。临终时刻，优虑子辈之业处于开端而作遗命。征引得失成败以为教训，错即在我，也不隐藏。惜其顾念家务之缠绵悱恻，憾其嘱咐后事之细琐烦详。劳费心思及于丝絛鞋袜，污损思虑及于余香。情思牵留。委曲缱绻，生命何短，顾念何长!法服陈列于帷座，美女陪侍于玉房。祭品齐全，盛于无人使用的器具；音乐哀伤，发于旧日熟悉的歌倡。踏着节奏，面容愁苦，含着泪水，献酒祭奠。物虽微小，而无不存在；人虽智慧，而无不死亡。期待着神灵的声响和影像，希望冥冥之中，能重现辉光。如果形体、声音都已埋没，其音响与影像也必然灭亡。琴弦清扬，只是独奏；盛进食品，有谁来尝？悲哀帷帐之中，静寂空荡；伤心西陵之上，莽莽苍苍。登铜雀台而众人悲伤，凝目远眺，有何可望？既仰慕古人之抛弃俗累，减省礼仪，简单安葬；那衣裘、绶带还有什么用场；却使曹丕兄弟因分物而受人议谤。叹息对世物人情的眷恋，即使是贤明智慧之人，也难彻底遗忘。观看其遗命而情怀激荡，献呈此文而哀悼悲伤。

演连珠十首

臣闻任重于力，才尽则困；用广其器，应博则凶。是以物胜权而衡殆，形过镜则照穷。故明主程才以效业，贞臣底力而辞丰。

【译文】臣听闻君主任人超过其实力，才力用尽而凶困；用人大于其能力，应付过大会有凶患。因此物重超过秤锤而秤将危险，形体超过镜子容量必全照困难。所以明君量才考核业绩．忠臣竭尽全力而推让不贪。

臣闻鉴之积也无厚，而照有重渊之深。目之察也有畔，而视周天壤之际。何则？应事以精不以形，造物以神不以器。是以万邦凯乐，非悦钟鼓之娱；天下归仁，非感玉帛之惠。

【译文】臣听闻镜子铜质结构薄，却能洞察万丈深渊；眼睛外形构造很有限，却能察看遍及天际。为什么呢？应付人事凭借精明不能凭借形体厚薄，创造万物凭借神明不凭借器官巨细。因此天下和乐，不是喜悦一般钟鼓娱乐；天下称颂仁德，不是感谢通常玉帛礼品小惠。

臣闻览影偶质，不能解独；指迹慕远，无救于迟。是以循虚器者，非应物之具；玩空言者，非致治之机。

【译文】臣听闻观察影子等同实体，不能消除孤独；指着脚印向往远方，不能补救为时太迟。因此抚摩虚设不实用的器物，不是顺应事物的方法；玩弄不切实际的空话，不是使天下太平的枢机。

臣闻音以比耳为美，色以悦目为欢。是以众听所倾，非假北里之操；万夫婉娈，非俟西子之颜。故圣人随世以擢佐，明主因时而命官。

【译文】臣听闻音乐因适合听觉就以为优美，姿色因好看就认为喜欢。因此众人听取所倾慕的音乐，不必借用古代北里琴曲；万人美貌，不用等待古代西施容颜。所以圣上随着时代选拔辅佐，明君根据时世任命王官。

臣闻倾耳求音，视优听苦；澄心徇物，形逸神劳。是以天殊其数，虽同方不能分其戚；理塞其通，则并质不能共其休。

【译文】臣听闻侧耳静听寻求声音，视力优闲而听觉劳苦；静心追求外物，形体安逸而心神疲劳。因此自然法则有不同事理，虽然同在一体丽不能共同分担忧虑；事理隔绝相通，那么同一本体而不能共同分享欢笑。

臣闻示应于近，远有可察；托验于显，微或可包。是以寸管下傃，天地不能以气欺；尺表逆立，日月不能以形逃。

【译文】臣听闻在浅近现象中寄予应验。深远道理可以洞察；在明显表征中寄托证验，微妙原理可以包罗。因此律管灰飞所向显示，天地不能欺瞒节气；尺表树立预测日影，日月原貌不能藏躲。

臣闻弦有常音，故曲终则改；镜无蓄影，故触形则照。是以虚己应物，必究千变之容；挟情适事，不观万殊之妙。

【译文】臣听闻弦乐有正常音调，所以乐曲终结就改变音调；镜子空无储存影像，所以接触人与物就一一反照。因此虚心待人接物，必能穷尽千变万化的形体容貌；怀藏一己私情适应事物，不能观察各不相同形态微妙。

臣闻烟出于火，非火之和；情生于性，非性之适。故火壮则烟微，性充则情约。是以殷墟有感物之悲，周京无伫立之迹。

【译文】臣听闻烟气生于火焰，烟与火并不顺应；情欲生于本性，情与性并不顺适。所以火旺盛烟气就微弱，情充满情欲就很少。因此看见殷墟麦秀兴起感慨而悲伤，看见周京故墟没有什么遗迹可以久立凭吊。

臣闻适物之技，俯仰异用；应事之器，通塞异任。是以鸟栖云而缴飞，鱼藏渊而网沉；贲鼓密而含响，朗笛疏而吐音。

【译文】臣听闻适应事物的技能，周旋功用不同；应付人事的器物，各有通塞不同效能。因此鸟附身云中而箭飞来，鱼隐藏深渊而网撒下；大鼓封闭才能敲出鼓声，笛子开通才可吹出乐音。

臣闻足于性者，天损不能入；贞于期者，时累不能淫。是以迅风陵雨，不谬晨禽之察；劲阴杀节，不凋寒木之心。

【译文】臣听闻天赋明德充实，自然损伤不能侵入；雄鸡打鸣准时，风雨不能侵犯。因此急风暴雨，不能使雄鸡报晓失察；隆冬肃杀时节，不能使松柏本心凋残。

王羲之

东晋临沂人，字逸少。仕为右军将军，会稽内史。去官后，与东土人士，尽山水之游，弋钓自娱。书法为古今之冠，文章亦飘逸不群。卒年五十九岁。

【译文】东晋临沂（今属山东）人，字逸少。官至右军将军，会稽内史。离官之后，与东土的士人悠游山水之间，以垂钓为乐。书法艺术堪称古今第一人，所做文章也风格飘逸，与众不同。享年五十九岁。

兰亭集序

永和九年，岁在癸丑，暮春之初，会于会稽山阴之兰亭，修禊事也。群贤毕至，少长咸集。此地有崇山峻岭，茂林修竹；又有清流激湍，映带左右，引以为流觞曲水，列坐其次。虽无丝竹管弦之盛，一觞一咏，亦足以畅叙幽情。是日也，天朗气清，惠风和畅。仰观宇宙之大，俯察品类之盛。所以游目骋怀，足以极视听之娱，信可乐也。

【译文】永和九年，岁星在癸丑，三月初三El，我们在会稽郡山阴县的兰亭集会，举行祓禊活动。许多著名人士统统来了，年轻的和年长的都聚集在一起。这地方有高峻的山岭，茂盛的树林，修长的竹子。还有澄清的急流，在左右映衬环绕，引来作为流觞的曲水。大家依次坐在水边，虽然没有琴、瑟、箫、笛演奏的盛况，但边喝酒边赋诗，也足够畅叙衷情。这一天，天色晴朗，空气清新，和风温暖。抬头看到天空的广阔，低头看到万物的众多，借此放眼观赏，开畅胸怀，可以尽情享受耳目的乐趣，确实是欢乐的。

夫人之相与，俯仰一世，或取诸怀抱，悟言一室之内；或因寄所托，放浪形骸之外。虽趣舍万殊，静躁不同，当其欣于所遇，暂得于己，怏然自足，曾不知老之将至；及其所之既倦，情随事迁，感慨系之矣。向之所欣，俯仰之间，已为陈迹，犹不能不以之兴怀。况修短随化，终期于尽。古人云："死生亦大矣。"岂不痛哉！

【译文】人与人的相处，时间很短暂。有的把自己的抱负倾吐出来，和朋友在一间房屋里谈论；有的凭借爱好的事物寄托志趣，过着放纵性情的生活。虽然各人谋求的和抛弃的千差万别，性格的安静和浮躁也不一样，可是当他们对接触到的事物感到高兴，被自己暂时取得，就愉快地自满起来，不知道衰老即将来到。等到他们对谋求或者取得的事物已经厌倦了，心情就随着事物的改变而改变，感慨也随之而来了。从前所喜欢的，在极短的时间内已经变为陈旧的事物，还不能不因此产生感慨。何况寿命长短，跟着自然界变化，终究要走向结束。古人说："死生也是一件大事啊。"难道不令人悲痛吗！

每览昔人兴感之由，若合一契，未尝不临文嗟悼，不能喻之于怀。固知一死生为虚诞，齐彭殇为妄作。后之视，亦犹今之视昔。悲夫！故列叙时人，录其所述，虽世殊事异，所以兴怀，其致一也。后之览者，亦将有感于斯文。

【译文】每次我看到从前人产生感慨的原因，同我们好像契约一样相合，没有不对着前人的文章悲伤感叹，可是心里又不明白为什么会这样。本来就知道把死和生看作一样是虚妄的，把长寿和短命看成等同是荒诞的。后来的人看现在，也像现在的人看从前一样，这是多么可悲啊！所以，我把与会的人一个一个地记下来，并且把他们所作的诗抄录下来。虽然时代不同，事情也两样，但是人们产生感慨的原因，那情景还是一样的。后代阅读的人，也会对这些诗文有所感慨吧。

与吏部郎谢万书

古之辞世者，或被发佯狂，或污身秽迹，可谓艰矣。今仆坐而获免，遂其宿心，其为庆幸，岂非天赐？违天不祥！

【译文】古代避世隐居的人，有的披头散发装疯卖傻，有的满身污秽，行迹肮脏，可以说是很艰难的了。如今我坐在这里获得了安逸，实现了过去的愿望，实为庆幸，难道不是上天所赐！违背上天不会有好的结果。

顷东游还，修植桑果。今盛敷荣，率诸子，抱弱孙，游观其间。有一味之甘，割而分之，以娱目前。虽植德无殊邈，犹欲教养子孙以敦厚退让，戒以轻薄，庶令举策数马，仿佛万石之风，君谓此何如？

【译文】不久前我东游归来，整修种植了桑树和果树，现在长得茂盛，鲜花绽放，带着几个儿子，怀抱着小孙子，浏览观赏其间，得到有滋有味的甜果子就切开分着吃，以为眼前的欢乐。我虽然修养品德并不深厚，但还是想用敦厚廉让来教育子孙。如果子孙有轻薄举动，我就让他用马鞭清点马数，效法汉代万石君的风范，您认为这样做怎么样？

比当与安石东游山海，并行田视地，利颐养闲旷。衣食之余，欲与亲知时共欢宴。虽不能兴言高咏，衔杯引满，语田里所行，故以为抚掌之资，其为得意，可胜言耶！常依陆贾、班嗣、杨王孙之处世，甚欲希风数子。老夫志愿，尽于此矣。

【译文】近来我将要与谢安石东去浏览山海，并到农田中考察察土地的好坏。作为闲暇时的自我颐养。吃穿之外的剩余，打算与亲友知心按时一同欢宴。虽然不能吟诗作赋，但倒满酒杯饮酒，讲讲田里之行的见闻，作为击掌谈笑的佐料，那种得意能说得完吗？我常常按照陆贾、班嗣、杨王孙的处世方法做，很想学习几位君子的风度，老夫的志愿就全在这里了。

陶潜

东晋浔阳人，本名渊明，字元亮，入宋改名潜。性高尚简贵，著《五柳先生传》以自况。尝为彭泽令，旋即解去，赋《归去来兮辞》。元嘉中卒，年六十三岁，世称靖节先生。其所为诗，冲穆淡远，而妙造自然，为古今一大家。文境亦似其诗。有《陶渊明集》《搜神后记》。

【译文】东晋浔阳（今属江西九江）人，本名渊明，字元亮，宋朝建立后，改名为潜。品行高尚，崇尚简约，著有《五柳先生》以自喻。曾经任彭泽令，但很快就辞去，创作《归去来兮辞》以明心志。元嘉年间去世，享年六十三岁，后世称他为靖节先生。陶潜所创作的诗歌，冲穆淡远，自然天成，是古今诗坛的一位大家。所做文章的意境跟他的诗歌也很相似。著作有《陶渊明集》《搜神后记》。

与子俨等疏

告俨、俟、份、佚、佟：天地赋命，生必有死，自古圣贤，谁能独免？子夏有言：“死生有命，富贵在天。”四友之人，亲受音旨，发斯谈者，将非穷达不可妄求，寿夭永无外请故耶？吾年过五十，少而穷苦，每以家弊，东西游走。性刚才拙，与物多忤，自量为己，必贻俗患。僶俛辞世，使汝等幼而饥寒。余尝感孺仲贤妻之言，败絮自拥，何惭儿子？此既一事矣。但恨邻靡二仲，室无莱妇言，抱兹苦心，良独内愧。

【译文】告诉俨、俟、份、佚、佟：天地赋给人以生命，有生也一定有死。自古以来的圣贤，谁也不能避免死亡。子夏曾说过：“死生有命，富贵在天”。他是孔夫子四友之列的人，必定亲自接受了孔子的教诲，发表这一言论，岂不是因为富贵不可妄自追求、寿命也永不能额外地去祈请的缘故么？我年岁已过五十，少年时穷苦，后常因家贫而东西奔波。我秉性刚强，才能短少，与外间人事多有矛盾，自己替自己掂量，做官吏必然留下祸患，于是努力做到辞去官职过隐居生活。因此，使你们从小就过着忍饥受寒的生活。我常被王孺仲贤妻的话所感动：既然自己也拥着破棉絮御寒，又何必为儿子的不如别人而感到惭愧呢？这是同样的事情嘛。遗憾的是邻居中没有求仲、羊仲那样的高士，家中又没有劝丈夫却楚王之聘的老莱子妻那样的妻室。怀抱着这样的苦心，内心实在惭愧。

少学琴书，偶爱闲静，开卷有得，便欣然忘食。见树木交荫，时鸟变声，亦复欢然有喜。常言五六月中，北窗下卧，遇凉风暂至，自谓是羲皇上人。意浅识罕，谓斯言可保。日月遂往，机巧好疏，缅求在昔，眇然如何！

【译文】少年时曾学习琴、书，间或喜爱闲静，打开书卷，有所心得，便高兴得忘记了吃饭。看见树木枝荫交叉，随时节的不同，鸟鸣声也在改变，我也十分高兴。常说五、六月中，在北窗下躺着，遇到凉风一阵阵吹来，便自以为是生活在伏羲氏以前的人。我思想肤浅，见识也不高明，以为这样的自在生活可以一直保持下去。时光逐渐逝去，希望疏远那些投机取巧的事，然而追念以往的情形，已很渺茫无可如何了。

疾患以来，渐就衰损。亲旧不遗，每以药石见救，自恐大分将有限也。汝辈稚小家贫，每役柴水之劳，何时可免，念之在心，若何可言。然汝等虽不同生，当思四海皆兄弟之义。鲍叔、管仲，分财无猜；归生、伍举，班荆道旧：遂能以败为成，因丧立功。他人尚尔，况同父之人哉！颍川韩元长，汉末名士，身处卿佐，八十而终，兄弟同居，至于没齿。济北汜稚春，晋时操行人也，七世同财，家人无怨色。《诗》曰："高山仰止，景行行止。"虽不能尔，至心尚之。汝其慎哉！吾复何言。

【译文】我生病以来，日渐衰弱。亲朋故旧不遗弃我，时常用药石给我医治，自己则担心生死大数已很有限了。你们从幼小时即遇家中贫困，每每要承担打柴挑水的劳动，也不知何时能免除？我心里想着此事，有什么话好说呢？然而你们虽然不是一母所生，应想到"四海之内皆兄弟也"的大义。古时鲍叔、管仲分钱财，谁多谁少毫无猜忌；归生与伍举二人在路边铺上荆条坐下畅叙旧情：以至于管仲被俘靠鲍叔推荐而得成就事业；伍举奔郑，经归生帮助，得以返国并建立大功。异姓之人尚能如此，何况你们同父的人呢？颍川的韩元长是汉末名士，他身为卿佐之官，八十岁才去世。他兄弟同居不分家直到去世。济北的汜稚春是晋代有操守的入，七代不分家，家中人都没有相怨的表情。《诗云》："像仰望高山，像行走在光明大道上"，虽然我们没达到那样的高度，也应该诚心诚意地尊崇效法他们。你们要谨慎啊！我没有什么话好说了。

桃花源记

晋太元中，武陵人捕鱼为业。缘溪行，忘路之远近。忽逢桃花林，夹岸数百步，中无杂树，芳草鲜美，落英缤纷。

【译文】晋朝太元年间，有一位以捕鱼为生的武陵人。一天，他沿着溪流前行，忘记已走了多远，忽然迎面见到河两岸大片的桃花林，几百步以内都没有其他杂树。芳草鲜亮美丽，飘落的桃花瓣就像缤纷的花雨。

渔人甚异之。复前行，欲穷其林。林尽水源，便得一山，山有小口，仿佛若有光。便舍船，从口入。初极狭，才通人。复行数十步，豁然开朗。土地平旷，屋舍俨然，有良田美池桑竹之属。阡陌交通，鸡犬相闻。其中往来种作，男女衣著，悉如外人。黄发垂髫，并怡然自乐。见渔人，乃大惊，问所从来。具答之。便要还家，设酒杀鸡作食。村中闻有此人，咸来问讯。自云先世避秦时乱，率妻子邑人来此绝境，不复出焉，遂与外人间隔。问今是何世，乃不知有汉，无论魏晋。此人一一为具言所闻，皆叹惋。余人各复延至其家，皆出酒食。停数日，辞去。此中人语云："不足为外人道也。"既出，得其船，便扶向路，处处志之。及郡下，诣太守，说如此。太守即遣人随其往，寻向所志，遂迷，不复得路。

【译文】渔人十分惊奇。再往前走，想走完这片桃林。桃林在溪水的源头处终止，便看到一座山。山有个小口子，里面好像有光亮。于是他就离船登岸，从小口子走进去。开始很狭窄，只够一个人通过。再走几十步，一下子开阔明亮起来。那里土地平坦广阔，房屋排列整齐。有肥沃的田地，美好的池塘和繁茂的桑竹之类。田间道路纵横交错，村舍间鸡鸣狗吠互相都能听到。往来耕种的男男女女穿衣着鞋和外面的人一样。老人小孩都显得十分快乐。有人见到渔人，十分惊讶。问他从哪里来的，渔人都作了回答。于是就邀请渔人到家中，摆酒杀鸡招待他。村里人听说有这样一位来客，便都来打听外界的消息。他们说自己是先代因逃避秦朝时期的大乱，带领着妻儿、乡亲来到这与世隔绝的处所，不再出去，也就和外面的人隔离开了。问他们如今是什么朝代，竟不知道有汉朝，更不用说魏晋了。渔人把自己在外面的见闻一件件地告诉了他们，他们都很感叹惋惜。之后，其他人也都分别请他到家，拿出酒食款待他。停留了几天，渔人便告辞离去。这里的人对他说道：

"用不着向外面的人提起。"渔人出山之后，找到自己的船，便顺着来路，处处留下记号。到了郡下，就去见太守，报告此事。太守即派人跟他前往，寻找原先留的记号，却迷失了方向，再也找不到那道路了。

南阳刘子骥，高尚士也，闻之，欣然规往。未果，寻病终。后遂无问津者。

【译文】南阳刘子骥是一位品行清高之士，听说此事，高兴地计划着想要前往，没有去成，不久就病故了。后来就再没有去探寻桃花源的人了。

五柳先生传

先生不知何许人也，亦不详其姓字。宅边有五柳树，因以为号焉。闲静少言，不慕荣利。好读书，不求甚解，每有会意，便欣然忘食。性嗜酒，家贫不能常得。亲旧知其如此，或置酒而招之。造饮辄尽，期在必醉。既醉而退，曾不吝情去留。

【译文】先生不知是什么地方的人，也不清楚他的姓名。住宅边有五株柳树，于是就以此为别号了。他悠闲静默，很少说话，不羡慕荣华利禄。喜欢读书，而不去钻求过深的解释。每当有了心得，便高兴得忘了吃饭。习性好喝酒，而家贫不能常有酒喝。亲朋老友知道他这样，有时就准备了酒招呼他去喝。他去喝就喝个尽兴，希望一定喝醉，醉了就走，并不以去留为意。

环堵萧然，不蔽风日。短褐穿结，箪瓢屡空，晏如也。常著文章自娱，颇示己志。忘怀得失，以此自终。

【译文】家中四壁空空，又遮不住风吹日晒。粗布短衣穿破了补钉摞着补钉，饭筐水瓢经常是空的。而他却安逸自在。他常写文章来自我娱乐，也颇能显示自己的心志。得与失不在心中，这种作风一直保持到他生命的终结。

赞曰：黔娄之妻有言："不戚戚于贫贱，不汲汲于富贵。"其言兹若人之俦乎？酣觞赋诗，以乐其志。无怀氏之民欤？葛天氏之民欤？

【译文】赞曰：黔娄的妻子有这样的话："不为贫贱忧虑愁烦，不为富贵去营求奔忙"。她所说的话，也指黔娄同类的人吧!酣饮赋诗以使自己的心志愉悦，他是上古无怀氏的子民呢？还是葛天氏的子民呢？

归去来辞

归去来兮，田园将芜胡不归！既自以心为形役，奚惆怅而独悲？悟已往之不谏，知来者之可追。实迷途其未远，觉今是而昨非。舟遥遥以轻飏，风飘飘而吹衣。问征夫以前路，恨晨光之熹微。

【译文】回去吧，田园快要荒芜了，为什么还不回！既然自认为心志被形体所役使，又为什么惆怅而独自伤悲？认识到过去的错误已不可挽救，知道了未来的事情尚可追回。实在是误入迷途还不算太远，已经觉悟到今天"是"而昨天"非"。归舟轻快地飘荡前进，微风徐徐地吹动着上衣。向行人打听前面的道路，恨晨光还是这样微弱迷离。

乃瞻衡宇，载欣载奔。僮仆欢迎，稚子候门。三径就荒，松菊犹存。携幼入室，有酒盈樽。引壶觞以自酌，眄庭柯以怡颜。倚南窗以寄傲，审容膝之易安。园日涉以成趣，门虽设而常关。策扶老以流憩，时矫首而遐观。云无心以出岫，鸟倦飞而知还。景翳翳以将入，抚孤松而盘桓。

【译文】望见家乡的陋屋，我高兴得往前直奔。童仆欢喜地前来迎接，幼儿迎候在家门。庭院小路虽将荒芜，却喜园中松菊还存。我拉着幼儿走进内室，屋里摆着盛满酒的酒樽。拿过酒壶酒杯来自斟自饮，看着庭院里的树枝真使我开颜。靠着南窗寄托着我的傲世情怀，觉得身居陋室反而容易心安。天天在园子里散步自成乐趣，尽管设有园门却常常闭关。拄着手杖或漫步或悠闲地随处休息，不时地抬起头来向远处看看。云烟自然而然地从山洞飘出，鸟儿飞倦了也知道回还。日光渐暗太阳将快要下山，我抚摸着孤松而流连忘返。

归去来兮，请息交以绝游。世与我而相违，复驾言兮焉求？悦亲戚之情话，乐琴书以消忧。农人告余以春及，将有事于西畴。或命巾车，或棹孤舟。既窈窕以寻壑，亦崎岖而经丘。木欣欣以向荣，泉涓涓而始流。善万物之得时，感吾生之行休。

【译文】回去吧，我要断绝与外人的交游。既然世俗与我乖违相悖，我还驾车出游有什么可求？亲戚间说说知心话儿叫人心情欢悦，抚琴读书可藉以解闷消愁。农人们告诉我春天已经来临，我将要到西边去耕耘田亩。有的人驾着篷布小车，有的人划着一叶小舟。时而沿着婉蜒的溪水进入山谷，时而循着崎岖的小路走过山丘。树木长得欣欣向荣，泉水开始涓涓奔流。我羡慕物得逢天时，感叹自己的一生行将罢休。

已矣乎！寓形宇内复几时！曷不委心任去留？胡为乎遑遑欲何之？富贵非吾愿，帝乡不可期。怀良辰以孤往，或植杖而耘耔。登东皋以舒啸，临清流而赋诗。聊乘化以归尽，乐夫天命复奚疑！

【译文】算了吧！寄身于天地间还有多少时日！何不放下心来听凭生死？为什么还要遑遑不安想去哪里？企求富贵不是我的心愿，寻觅仙境不可期冀。只盼好天气我独自外出，或者将手杖插在田边去除草培苗。登上东边的高岗放声长啸，面对清清的流水吟诵诗篇。姑且随着大自然的变化走向生命的尽头，乐天安命还有什么值得怀疑！

自祭文

岁惟丁卯，律中无射。天寒夜长，风气萧索，鸿雁于征，草木黄落。陶子将辞逆旅之馆，永归于本宅。故人凄其相悲，同祖行于今夕。羞以嘉蔬，荐以清酌，候颜已冥，聆音愈漠。呜呼哀哉！

【译文】岁在丁卯，乐律正合无射之月。天寒夜长，风气萧索，大雁南飞，草木黄落。陶子将要辞别人生旅途中的客舍，永远回到自己本来的住处。亲朋凄怆悲哀，在今晚为我祖奠送行。设置了供饭供菜，献上了清酒，眼看着面色已模糊暗淡，声音已越发低微。呜呼悲哀啊！

茫茫大块，悠悠高旻，是生万物，余得为人。自余为人，逢运之贫，箪瓢屡罄，絺綌冬陈。含欢谷汲，行歌负薪，翳翳柴门，事我宵晨。春秋代谢，有务中园，载耘载耔，乃育乃繁。欣以素牍，和以七弦。冬曝其日，夏濯其泉。勤靡馀劳，心有常闲，乐天委分，以至百年。

【译文】茫茫大地，悠悠高天，万物在这里生长，我则得以成为一个“人”。从我成为一个人，就遭遇到贫困的命运，饭筐水瓢经常空空，夏季的粗麻布衣服冬天还得穿在身上。在山谷中汲水也很高兴，背着柴禾一边走一边歌吟。在简陋的柴门之内，从早到晚忙个不停。春秋更替，在园田中农作，除草培土，作物生长十分茂盛。有时高兴地捧起书本，或者和谐地弹奏七弦琴。冬天晒晒太阳，夏天在泉边濯洗。勤力耕作不遗余力，心情则自得悠闲，乐从天道，委随本分，这样度过一生。

惟此百年，夫人爱之，惧彼无成，愒日惜时。存为世珍，没亦见思。嗟我独迈，曾是异兹。宠非己荣，涅岂吾缁？捽兀穷庐，酣饮赋诗。识运知命，畴能罔眷，余今斯化，可以无恨。寿涉百龄，身慕肥遁，从老得终，奚所复恋。

【译文】短暂的一生，人们十分珍惜，害怕无所成就，不放松一点光阴。生存时是世上的珍宝，死后亦为人们纪念。慨叹我一向独自行进，和一般人很不相同。外界的荣宠并不是自己的光荣，污浊的世道岂能把我染黑？坚守节操住在草庐之中，饮酒赋诗。能够识运知命，就能无所眷念。现在死去，也可以无所遗憾。如能享寿百年，仍然企望着隐居，由年老而得寿终，还有什么眷恋。

寒暑逾迈，亡既异存，外姻晨来，良友宵奔，葬之中野，以安其魂。窅窅我行，萧萧墓门，奢耻宋臣，俭笑王孙。廓兮已灭，慨焉已遐，不封不树，日月遂过。匪贵前誉，孰重后歌。人生实难，死如之何？呜呼哀哉！

【译文】寒暑更代前行，死亡自然不同于生存，姻亲早晨赶来，好友也连夜来奔。人们将我葬在野外，以安定我的灵魂。装我的棺柩在空虚寂寞中向前，萧萧树声表明已到墓门。丧葬过奢，当以作石棺的宋臣桓魋为可耻；过于节俭也要讥笑提倡裸葬的杨王孙。空虚一片，我已经消灭，人们慨叹死者已无踪影。用不着起坟头、栽墓树，随着光阴逝去将被遗忘。既不看重先前的名誉，又怎会重视身后的褒扬。人生实在艰难，死去又怎么样呢？呜呼悲哀啊！

颜延之

南朝宋临沂人，文章之善，冠绝当时，与谢灵运齐名。仕宋官至太常，加金紫光禄大夫，卒年六十三。有《颜光禄集》。

【译文】南朝宋临沂人，文章之好，在当时数第一，与谢灵运齐名。在宋任官至太常，加金紫光禄大夫，六十三岁去世。著作有有《颜光禄集》。

陶徵士诔

夫璿玉致美，不为池隍之宝；桂椒信芳，而非园林之实。岂其深而好远哉！盖云殊性而已。故无足而至者，物之藉也；随踵而立者，人之薄也。若乃巢、高之抗行，夷、皓之峻节，故已父老尧、禹，锱铢周、汉；而绵世浸远，光灵不属，至使菁华隐没，芳流歇绝，不其惜乎！虽今之作者，人自为量，而首路同尘，辍涂殊轨者多矣。岂所以昭末景、泛馀波！有晋徵士浔阳陶渊明，南岳之幽居者也，弱不好弄，长实素心，学非称师，文取指达。在众不失其寡，处言愈见其默。少而贫病，居无仆妾。井臼弗任，藜菽不给。母老子幼，就养勤匮。远惟田生致亲之议，追悟毛子捧檄之怀。初辞州府三命，后为彭泽令，道不偶物，弃官从好。遂乃解体世纷，结志区外，定迹深栖，于是乎远。灌畦鬻蔬，为供鱼菽之祭；织絇纬萧，以充粮粒之费。心好异书，性乐酒德，简弃烦促，就成省旷。殆所谓国爵屏贵，家人忘贫者与？有诏征为著作郎，称疾不到。春秋若干，元嘉四年月日，卒于浔阳县之某里。近识伤悼，远士伤情，冥默福应，呜呼淑贞。夫实以诔华，名由谥高，苟允德义，贵贱算焉。若其宽乐令终之美，好廉克己之操，有合谥典，无愆前志。故询诸友好，宜谥曰靖节徵士。

【译文】像璿玉一样的尽善尽美，却没有被认为是护城河上的宝贝；像桂椒那样确实芳香，却没有成为园林里的至宝；难道是他深广而好远吗，大概是说他的性格不一般罢了。所以没有脚的人却达到了，是借助了外物；脚后跟挨着脚后跟站立的，是因为受到人鄙视。至于说有像巢、高那样高尚的行为，有像夷、皓那样高尚的节操，还不以舜、禹为王，而视为父老百姓；拿一些极其轻微事与周、汉来计较，可是时代已经久远，人们不认为这些人在闪光显灵，致使精华被隐没，美好的传统被断绝，不是很可惜吗！即使是虽今现在的隐者，各人自以为自己不错，但初行时同道可是中涂易辙者很多。这难道可以发扬前贤的余光流影吗？晋代的征士、浔阳的陶渊明，是在南岳幽居的人。幼年的时候不喜欢嬉戏，长成之后有一颗不加掩饰的诚实之心。做学生时不称老师的心意，但写出的文章主旨通达。在众人眼里他郁郁寡欢，与他交谈总是保持沉默。年少时家贫有病，家中没有仆人和小妾。汲水舂米他不能胜任，野菜和豆类也不能有保障。母亲年老孩子幼小，侍奉父母的东西非常匮乏。信奉田生致亲的议论，追想领悟毛子捧檄的情怀。开始辞去了州府的三命，后来做了彭泽令。为官之道与世相合，就弃官干自己爱好的事。于是就与世间的纠纷告别，有志于官场之外，定迹在深居简出，离尘世更加远了。浇灌菜畦卖蔬菜，为的是得到一些菲薄简陋的祭祀之物；结网编席，来补充粮食的消费。心中爱好奇异的书籍，性格喜欢饮酒，抛弃了烦琐的催促，养成了简约安闲的习惯，这不是所谓屏除名利之心乃以至于感染家人都忘却了贫寒吧？皇帝下诏任命为著作郎，他称有病不到官任。过了好多年，到元嘉四年某月某日，死于浔阳县的某地。附近认识的人悲悼，远方的朋友伤情，行善得福的报应因其死亡而沉寂不可知了，呜呼！这种淑贞的性格。一个人的实绩往往凭着诔这种文体更华美，名气也由于谥号而高升，如果符合德义的要求，贵贱又有什么可计较的呢。为了确保使他的宽厚和乐保持善名而死的美好，爱好廉洁克制自己的操守，合乎谥典，不会损害他生前的志向。所以我咨询了各个友好同仁的意见，应该给他的谥号叫靖节征士。

其辞曰：物尚孤生，人固介立，岂伊时遘，曷云世及？嗟乎若士，望古遥集。韬此洪族，蔑彼名级。睦亲之行，至自非敦；然诺之信，重于布言。廉深简絜，贞夷粹温，和而能峻，博而不繁。依世尚同，诡时则异，有一于此，两非默置。岂若夫子，因心违事，畏荣好古，薄身厚志。世霸虚礼，州壤推风。孝惟义养，道必怀邦。人之秉彝，不隘不恭。爵同下士，禄等上农。度量难钧，进退可限。长卿弃官，稚宾自免。子之悟之，何悟之辩？赋诗归来，高蹈独善。亦既超旷，无适非心。汲流旧巘，葺宇家林。晨烟暮蔼，春煦秋阴。陈书辍卷，置书弦琴。居备勤俭，躬兼贫病。人否其忧，子然其命。隐约就闲，迁延辞聘。非直也明，是惟道性。纠缠斡流，冥漠报施。孰云与仁？实疑明智。谓天盖高，胡諐斯义？履信曷凭？思顺何置？年在中身，疢维痁疾。视死如归，临凶若吉。药剂弗尝，祷祀非恤。傃幽告终，怀和长毕。呜呼哀哉！

【译文】赞美他的辞章说：物以出产稀少为上，人以保持独特为本。哪里是因为时代遭遇使然，怎能说世代都会有人相继？令人赞叹啊如此之人，可与古人遥相类聚。不夸耀出身名门大族，蔑视那名位等级。敬奉双亲的行为，出于天性无须敦促。恪守诺言的信誉，超过了季布之承诺。清廉沉静简朴高洁，正直平和纯粹温良。与人融洽而能坚守原则，学识渊博而不繁芜杂乱。如果依随世俗盲目从众，或者违离时风标新立异，二者之中居于其一，都会遭到非议不被默许。哪里能像这位先生，顺着本心远离世事，厌弃浮华喜好古朴，生活淡薄而重视心志。地方长官虚心礼遇，州郡乡里推扬高风。尽孝惟求符合礼义，行道必定怀念故乡。为人的品格秉性，既不狭隘又不谦卑。爵位只相当于下士，俸禄仅等同于上农。但是度量宏大难以测量，进身或者退隐都不逾矩。以前司马相如称病弃官，郇稚宾也曾自行免职。您对辞官归隐深有悟解，何以辨识您的深悟？那就是您赋诗吟咏归来，举动高逸独善其身。既然已经超脱旷达，也就不会感到心境不适。汲取流水于故里的山下，修葺房屋于家乡的林边。晨雾缭绕夕岚弥漫，春光和煦秋气凉爽，展书阅读挥笔连篇，饮酒自娱抚弄弦琴。居家度日辛勤俭朴，亲身兼尝贫穷疾病。人人都不能忍受这样的忧患，您却能够做到乐天知命。隐居起来而得到清闲，退让推辞了朝廷的招聘。这不仅是为了明哲保身，实在是出于悟道的本性。如像绳索拧绕水流旋转，老天的报应昏暗不明。谁说天道总是保佑善人，实在怀疑此言是否明智。都说上天居高俯察下情，怎么会违背了这个道义？履行信义怎样才能依凭，期待天助为何遭到弃置？您正处在人生的中年，身患重病染上痁疾，但您把死亡视为归去，面对凶险只当作吉利。药剂再也不能服用，祈祷祭祀也无济于事。向着幽冥世界走完了人生，怀着平和的心境与世长辞。多么令人哀痛啊！

敬述靖节，式尊遗占。存不愿丰，没无求赡。省讣却赙，轻哀薄敛。遭壤以穿，旋葬而窆。呜呼哀哉！深心追往，远情逐化。自尔介居，及我多暇。伊好之洽，接阎邻舍。宵盘昼憩，非舟非驾。今昔宴私，举觞相诲。独正者危，至方则碍。哲人卷舒，布在前载。取鉴不远，吾规子佩。尔实愀然，中言而发，违众速尤，迕风先蹶。身才非实，荣声有歇。睿音永矣，谁箴余阙？呜呼哀哉！仁焉而终，智焉而毙。黔娄既没，展禽亦逝。其在先生，同尘往世。旌此靖节，加彼康惠。呜呼哀哉！

【译文】恭敬地陈述您的清高节操，治丧谨遵您临终的嘱咐：生前既不希图丰裕，死后也不要求厚葬；省去讣告谢绝奠仪，减轻哀哭节俭葬品；随处找地挖掘墓穴，尽快入土从速落葬。多么令人悲伤啊！心中深深地追怀往昔，情思悠悠追随逝者远去。自从您辞官回乡幽居独处，以及我多有闲暇之时，我们友好交往感情融洽，里巷相接房屋临近。夜间盘桓白天休憩，既不行船也不驾车。回想往昔家宴相聚，举着酒杯向您劝告：“孤独直立之物容易倾倒，四方四正之物行动受阻。聪明之人依据局势或隐或仕，这些都见于前代记载之中。可供借鉴的例子并不久远，我的规劝希望您能采纳。”您的神色变得庄重严肃，由衷之言对我倾吐：“违离众人会速遭责难，逆反风习将先行跌倒；但是人身和才气本不坚实，荣华和声名终会歇灭。”睿智的谈吐已经远逝，还有谁来规劝我的过失？多么令人哀痛啊！仁者撒手尘寰，智者永别人世。黔娄已经不在，展禽亦已远去。他们将和先生一起，同道扬尘于悠悠往世。表彰您的谥号为“靖节”，超过那“康”“惠”的尊称。多么令人哀痛啊！

鲍 照

南朝宋东海人，字明远。文辞赡逸，文帝时为中书舍人。临海王子顼为荆州，照为前军参军。有《鲍参军集》。

【译文】南朝宋代东海（今山东郯城西南）人，字明远。他的文章文辞丰富，风格飘逸，文帝时曾任中书舍人。临海王子顼为荆州刺史时，鲍照为临海王前军参军。著有《鲍参军集》。

芜城赋

沵迤平原，南驰苍梧涨海，北走紫塞雁门。柂以漕渠，轴以昆岗。重江复关之隩，四会五达之庄。当昔全盛之时，车挂轊，人架肩，廛閈扑地，歌吹沸天。孳货盐田，铲利铜山。才力雄富，士马精妍。故能侈秦法，佚周令，划崇墉，刳浚洫，图修世以休命。是以板筑雉堞之殷，井幹烽橹之勤，格高五岳，袤广三坟，崪若断岸，矗似长云。制磁石以御冲，糊赪壤以飞文。观基扃之固护，将万祀而一君。

【译文】辽阔倾斜的平原，往南远通苍梧、南海，往北直达长城、雁门。漕河从广陵城下流过，昆冈如轴心控制着平原。有重重江河和关隘作为屏障，有康庄大道通向四面八方。在往昔全盛时期，车如流水而车轴碰撞，行人如潮而肩臂相挤。密集的住宅遍地排列，歌声和乐声响彻云天。有盛产财富的盐田，有获取厚利的铜山。人才众多，兵马精良。所以能够凌跨秦朝的法令，超越周代的典章，修建起高峻的城墙，开掘出深深的壕沟，希图世世代代永享美好的命运。于是大力修筑坚固的城墙，辛勤搭建高耸的望楼；格局高过五岳，广连三河流域；如同陡峭险峻的河岸，好像天边悬垂的长云。用磁石制作城门，防止敌人怀刃冲进；以赤土涂抹墙壁，描绘上飞扬的花纹。看城池修建得如此牢固，打算千秋万代都是一姓为君。

出入三代，五百余载，竟瓜剖而豆分。泽葵依井，荒葛罥涂。坛罗虺蜮，阶斗麏鼯。木魅山鬼，野鼠城狐。风嗥雨啸，昏见晨趋。肌鹰砺吻，寒鸱吓雏。伏虣藏虎，乳血飧肤。崩榛塞路，峥嵘古馗。白杨早落，塞草前衰。棱棱霜气，蔌蔌风威。孤蓬自振，惊沙坐飞。灌莽杳而无际，丛薄纷其相依。通池既已夷，峻隅又以颓。直视千里外，唯见起黄埃。凝思寂听，心伤已摧。

【译文】经过汉、魏、晋三代五百余年，竟然崩毁如剖瓜裂豆。泽葵长满了井壁，葛藤缠绕于道路。殿堂中盘踞着毒蛇和短狐，台阶上争斗着獐子和鼯鼠。树精山鬼，野鼠城狐，常在风雨中嚎叫，于清晨黄昏时出没。饥饿的苍鹰磨砺着尖喙，凶狠的鸱枭将小鸟吓唬。处处潜藏着猛虎，吞噬人畜的血肉。蓬生的灌木阻碍堵塞了道路，往昔的大道变得阴森恐怖。白杨树叶过早凋落，城头野草提前萎枯。严霜寒气逼人，疾风呼啸逞威。蓬草自行飘转，尘沙无故漫飞。野草丛生杳无边际，林木错杂密不可分。城濠已经夷平，城楼已经倾颓。远望千里之外，只见黄尘滚滚。思维凝滞听觉失灵，内心悲伤到了极顶。

若夫藻扃黼帐，歌堂舞阁之基，璇渊碧树，弋林钓渚之馆，吴蔡齐秦之声，鱼龙爵马之玩，皆熏歇烬灭，光沉响绝。东都妙姬，南国丽人，蕙心纨质，玉貌绛唇，莫不埋魂幽石，委骨穷尘，岂忆同舆之愉乐，离宫之苦辛哉？

【译文】至于那些彩门绣帐、歌堂舞楼的基础，玉池碧树、猎苑渔洲的台馆，吴楚齐秦等地的音乐，鱼龙雀马之类的杂技，都已芬芳飘散余烬熄灭，光影消失声响断绝。还有那京洛美女，南国佳人，芳心素质，玉貌红唇，无不埋魂于深山幽谷，抛骨于穷乡僻境。哪里还能追忆同车时的欢愉，抑或独居冷宫时的酸辛！

天道如何，吞恨者多，抽琴命操，为芜城之歌。歌曰：边风急兮城上寒，井灭兮丘陇残。千龄兮万代，共尽兮何言！

【译文】命运究竟如何？抱恨之人实多。取琴来谱新曲，谱成“芜城之歌”。歌道：
边风劲疾呵城上生寒，道路消失呵陵墓荒残，历经千秋呵万代，同归寂灭呵还有何言！

江淹

南朝梁考城人，字文通。少孤贫，好学。仕齐，历御书中丞，弹劾不避权贵。梁天监中，迁金紫光禄大夫，封醴陵侯。尝宿治亭，梦一丈夫，自称郭璞，曰："吾笔在乡处多年，可见还。"淹乃探怀中，得五色笔还之。后为文绝无美句，时人谓之才尽。有《江文通集》。

【译文】南朝梁代考城（今河南民权）人，字文通。少年时期失去亲人，家境贫寒，爱好读书。在齐代做官，曾任御书中丞，即使是权贵人物也一样弹劾。梁代天监年间，升为金紫光禄大夫，加封醴陵侯。曾经在治亭睡觉，梦到一个男子，自称是郭璞，对江淹说："我的笔在你那里已经很多年了，可以还给我了。"江淹就从怀中取出一支五色的笔还给他。从这以后，江淹的文章就再没有优美的句子出现，当时的人都说江淹的才气已经用完了。著有《江文通集》。

恨赋

试望平原，蔓草萦骨，拱木敛魂。人生到此，天道宁论！于是仆本恨人，心惊不已，直念古者，伏恨而死。

【译文】试望茫茫平原，蔓生的野草萦绕着堆堆白骨，合围粗的树木聚集了无数幽魂。人生到此境地，天命何须再论！我本抱憾怀恨，对此更觉心惊，遥想多少古人，无不饮恨殒命。

至如秦帝按剑，诸侯西驰；削平天下，同文共规。华山为城，紫渊为池。雄图既溢，武力未毕。方架鼋鼍以为梁，巡海右以送日。一旦魂断，宫车晚出。

【译文】比如秦始皇手按长剑，诸侯纷纷西奔归降；扫平天下群雄，统一文字规章。以险峻的华山作为城墙，以浩瀚的紫渊作为城濠。雄心勃勃的谋划既已扩张，耀武扬威的念头便不会终止。将要在东方架起鼋鼍作为桥梁，又要到西方巡视大地目送落日。岂料一朝魂断身亡，丧车出宫一派凄凉。

若乃赵王既虏，迁于房陵。薄莫心动，昧旦神兴。别艳姬与美女，丧金舆及玉乘。置酒欲饮，悲来填膺。千秋万岁，为怨难胜。

【译文】又如赵王国灭被虏，流放到偏僻的房陵；每到黄昏便心中惊悸，即使清晨也神思不宁。离别了艳丽娇媚的嫔妃，丧失了镶金嵌玉的车乘。安排下酒肴举杯欲饮，悲哀涌起填满了胸中。即使千秋万代撒手长辞，这样的怨恨也难消尽。

至于李君降北，名辱身冤。拔剑击柱，吊影惭魂。情往上郡，心留雁门；裂帛系书，誓还汉恩。朝露溘至，握手何言！

【译文】至于李陵投降匈奴，身败名裂负屈含冤，拔剑击柱无比痛苦，形影相吊自愧自惭。深情向往上郡边塞，衷心留恋雁门雄关。本想裂帛写信系在雁足，誓要报答汉朝的恩德。怎奈人生犹如朝露一般短暂，握手诀别终究无话可谈。

若夫明妃去时，仰天太息。紫台稍远，关山无极。摇风忽起，白日西匿。陇雁少飞，代云寡色。望君王兮何期，终芜绝兮异域。

【译文】像那昭君辞别汉宫之时，惟有仰首朝天深深叹息。身后的汉宫渐渐远逝，眼前的关山没有终极。风暴忽然盘旋而起，白日已在西边沉匿。陇上少见大雁南飞，代州愁云惨淡无色。盼望君王啊相见无期，只有老死在荒远的异域。

至乃敬通见抵，罢归田里。闭关却扫，塞门不仕。左对孺人，右顾稚子。脱略公卿，跌宕文史。赍志没地，长怀无已。

【译文】还有冯衍遭受排斥，罢官回归田园故里。闭门谢客无心洒扫庭除，杜绝往来不再求取官职。左边陪伴老妻，右边照看幼子。傲视王公贵族，恣意激扬文史。胸怀大志埋没地下，长怀遗限永无休止。

及夫中散下狱，神气激扬。浊醪夕引，素琴晨张。秋日萧索，浮云无光。郁青霞之奇意，人修夜之不旸。

【译文】再有嵇康被诬入狱，神情激愤意气难平。饮浊酒于黄昏，奏素琴于清晨。秋日萧条冷落，浮云暗淡阴沉。空怀青霞一般的高志，却身陷长夜不见光明。

或有孤臣危涕，孽子坠心。迁客海上，流戍陇阴。此人但闻悲风汩起，血下沾衿；亦复含酸茹叹，销落湮沉。

【译文】或有孤立无助的臣子黯然下泪，出身低微的庶子心中惊惧，贬谪迁徙的官员面对大海，流放戍边的罪人身在陇北。这些人只要听到凄厉的风声迅疾响起，就会血泪交流沾湿衣襟。他们也是饱尝辛酸充满哀叹，最终消散湮灭无踪无影。

若乃骑叠迹，车屯轨；黄尘匝地，歌吹四起，无不烟断火绝，闭骨泉里。

【译文】再如那富贵人家马匹众多，车辆成行，出门时卷起黄尘弥漫大地，歌声乐声四下响起。也全都如同灰飞烟灭，只有枯骨深埋黄泉之下。

已矣哉!
春草莫兮秋风惊，秋风罢兮春草生。
绮罗毕兮池馆尽，琴瑟灭兮丘陇平。
自古皆有死，莫不饮恨而吞声。

【译文】算了吧!春草枯萎呵秋风强劲，秋风退去呵春草萌生。绫罗成灰呵池馆毁废，琴瑟寂灭呵陵墓颓平。人生自古皆有死，无不饮恨而吞声。

别赋

黯然销魂者，唯别而已矣。况秦吴兮绝国，复燕宋兮千里。或春苔兮始生，乍秋风兮暂起。是以行子肠断，百感凄恻。风萧萧而异响，云漫漫而奇色。舟凝滞于水滨，车逶迟于山侧。棹容与而讵前，马寒鸣而不息。掩金觞而谁御，横玉柱而沾轼。居人愁卧，恍若有亡。日下壁而沉彩，月上轩而飞光。见红兰之受露，望青楸之离霜。巡层楹而空掩，抚锦幕而虚凉。知离梦之踯躅，意别魂之飞扬。

【译文】使人神情沮丧失魂落魄的，只有生离死别了。何况秦国和吴国呵远远隔绝，燕国和宋国呵相距千里。或见春天绿苔刚刚萌生，或当秋季西风突然吹起。漂泊游子因此愁肠欲断，百感交集心中凄切。风声萧萧声响不同往常，云层漫漫颜色显得怪异。小船滞留在水边，车马徘徊在山侧。船桨缓缓划动岂能前行，老马悲切嘶鸣久久不息。掩盖上酒杯呵谁人还能畅饮，横放下琴瑟呵热泪浸湿车轼。在家之人愁卧闺房，神思恍惚如有所失。日影下墙消尽光彩，月照楼栏飞泻清光。看那红色兰花承受露水，望那青翠楸树遭遇严霜。走过层层楼房徒然流泪，抚摸锦绣帷帐空白悲凉。料知他在梦中也会驻足不走，估计他的灵魂也将飞回故乡。

故别虽一绪，事乃万族：

至若龙马银鞍，朱轩绣轴，帐饮东都，送客金谷。琴羽张兮箫鼓陈，燕赵歌兮伤美人。珠与玉兮艳莫秋，罗与绮兮娇上春。惊驷马之仰秣，耸渊鱼之赤鳞。造分手而衔涕圆，感寂寞而伤神。

【译文】所以尽管同为离别，情况却是多种多样：

比如豪贵之人骑着配有银鞍的骏马，坐上锦绣装饰的朱红大车，在东都门高悬帐幕饮酒告别，在金谷园大设盛宴饯行送客。琴瑟高奏呵箫鼓合鸣，燕赵美女呵悲歌感人。珠宝美玉呵增艳暮秋，罗绮华服呵美于初春。惊起吃草之马抬头聆听，引得深渊之鱼露出红鳞。到分手时无不含泪，深感寂寞无限伤情。

乃有剑客惭恩，少年报士。韩国赵厕，吴宫燕市。割慈忍爱，离邦去里。沥泣共诀，抆血相视。驱征马而不顾，见行尘之时起。方衔感于一剑，非买价于泉里。金石震而色变，骨肉悲而心死。

【译文】还有那感激知遇之恩的剑客，为人报仇雪恨的少年勇士。他们或仗剑韩都或怀刃赵厕，或血溅吴宫或高歌燕市。割舍下父母妻子，远离了邦国故里。挥去泪水与亲人诀别，敢洒热血报答知己。跨上征马义无反顾，扬起黄尘勇往前驱。只为感激恩遇而仗剑复仇，决非轻生冒死来沽名钓誉。金石震动使胆怯者闻之变色，壮士捐躯使骨肉之亲痛彻心脾。

或乃边郡未和，负羽从军。辽水无极，雁山参云。闺中风暖，陌上草薰。日出天而曜景，露下地而腾文。镜朱尘之照烂，袭青气之烟煴。攀桃李兮不忍别，送爱子兮沾罗裙。

【译文】或者边境上失去了安宁，身背羽箭从军远征。辽河汤汤无边无际，雁山苍苍高耸入云。离别时闺房中暖风荡漾，路边的春草散发芳香。旭日东升放射出金色的光芒，朝露遍地闪动着晶莹的珠光。阳光下五彩缤纷明媚灿烂，春光中云蒸霞蔚生气昂扬。手攀着桃李芳枝呵不忍离别，相送爱子上路呵泪湿裙裳。

至如一赴绝国，讵相见期！视乔木兮故里，决北梁兮永辞。左右兮魂动，亲宾兮泪滋。可班荆兮赠恨，唯尊酒兮叙悲。值秋雁兮飞日，当白露兮下时。怨复怨兮远山曲，去复去兮长河湄。

【译文】至于前往那遥远的异国，哪里还有相见的日期！眼望着高大的乔木呵依恋故乡，分手在北桥呵恐怕永难归还。左右之人也心惊魄动，亲朋好友都泪水涟涟。只能铺开荆草就地而坐倾吐离恨，惟有杯酒送行诉说心中的悲怨。正值大雁南飞的日子，恰是白露下降的时间。怨声不绝呵山路连绵曲折，奔走不止呵河岸漫长无边。

又若君居淄右，妾家河阳。同琼骊之晨照，共金炉之夕香。君结绶兮千里，惜瑶草之徒芳。惭幽闺之琴瑟，晦高台之流黄。春宫闷此青苔色，秋帐含兹明月光，夏簟清兮昼不莫，冬釭凝兮夜何长！织锦曲兮泣已尽，回文诗兮影独伤。

【译文】又如夫君居住淄水西边，妾家本在黄河北面。一起结上玉佩辉映着晨光，共同点燃香炉度过美好的夜晚。但你系印作官远走千里，可惜家中花草空自芬芳。辜负了深闺中的琴瑟，高楼帷帐也暗淡无光。春天紧闭大门庭院长出了绿苔，秋夜帐幕空空映着凄清的月光，夏日竹席冷清难以捱到黄昏，冬季独守孤灯更觉寒夜漫长。织锦为诗呵泪水已经流尽，回文诗成呵唯有对影自伤。

傥有华阴上士，服食还仙。术既妙而犹学，道已寂而未传。守丹灶而不顾，炼金鼎而方坚。驾鹤上汉，骖鸾腾天。暂游万里，少别千年。唯世间兮重别，谢主人兮依然。

【译文】或有在华阴山下修炼的高士，服食丹药企盼成仙。法术已高还在苦苦研习，道行已深仍觉未得真传。守着炼丹的炉灶不管世事，一心要炼成金丹意志正坚。终于能够乘着仙鹤飞上霄汉，驾起鸾凤升腾云天。短暂出游便是万里，稍稍离别也逾千年。只是人间十分看重离别，所以他辞别主人时也和世人一般。

下有芍药之诗，佳人之歌。桑中卫女，上宫陈娥。春草碧色，春水绿波。送君南浦，伤如之何!至乃秋露如珠，秋月如珪。明月白露，光阴往来。与子之别，思心徘徊。

【译文】世间还有那相赠芍药的诗篇，思慕佳人的情歌。温柔多情的桑中卫女，多愁善感的陈国娇娥。当春草一片青翠，春水荡起绿波，在南浦送别情郎，伤心至极真是不可言说!或当秋天露水凝如珍珠，秋月洁白如同硅玉，在这明月白露之间，光阴无声无息悄然消逝。面对此情此景与君离别，心中的忧思实在难以平息。

是以别方不定，别理千名，有别必怨，有怨必盈。使人意夺神骇，心折骨惊。虽渊云之墨妙，严乐之笔精，金闺之诸彦，兰台之群英，赋有凌云之称，辩有雕龙之声，谁能摹暂离之状，写永诀之情者乎!

【译文】所以离别的类型虽然没有一定，离别的原因也是复杂纷纭，但有离别就必然会有哀怨，有哀怨就必定会累积充盈。它使人神不守舍惶恐不安，魂魄消散刻骨铭心。即使有王褒、扬雄的生花妙笔，严安、徐乐的精彩文辞，即使是金马门下诸多才士，兰台中的文坛群英，他们的辞赋有凌云的才气，论辩有雕龙的美称，可又有谁能描摹生离的状况，抒写永诀的情意呢!

邱迟

南朝梁乌程人，字希范，武帝时官中书，出为永嘉太守。迟文采丽逸，时人评为“点缀映媚，如落花依草”。初陈伯之战败入魏，诏临川王宏率军北讨，迟为宏记室，奉命与之书，伯之见书，即弃众而归，其辞之动人如此。

【译文】南朝梁乌程人，字希范，梁武帝时任官中书，后外任永嘉太守。邱迟的文章华丽而清逸，当时人评价为“互相点缀映衬，就好像落花依傍着青草一般”。开始陈伯之战败逃入魏，梁武帝命令临川王萧宏率军北伐，邱迟为萧宏记室，奉命写书，伯之看到后，就弃众而回，文辞是如此得感人。

与陈伯之书

迟顿首陈将军足下：无恙，幸甚，幸甚！将军勇冠三军，才为世出，弃燕雀之小志，慕鸿鹄以高翔。昔因机变化，遭遇明主，立功立事，开国称孤。朱轮华毂，拥旄万里，何其壮也！如何一旦为奔亡之虏，闻鸣镝而股战，对穹庐以屈膝，又何劣邪！

寻君去就之际，非有他故，直以不能内审诸己，外受流言，沈迷猖蹶，以至于此。圣朝赦罪责功，弃瑕录用，推赤心于天下，安反侧于万物。将军之所知，不假仆一二谈也。朱鲔涉血于友于，张绣刃于爱子，汉主不以为疑，魏君待之若旧。况将军无昔人之罪，而勋重于当世！夫迷涂知返，往哲是与，不远而复，先典攸高。主上屈法申恩，吞舟是漏；将军松柏不剪，亲戚安居，高台未倾，爱妾尚在；悠悠尔心，亦何可言！

今功臣名将，雁行有序，佩紫怀黄，赞帷幄之谋，乘轺建节，奉疆埸之任，并刑马作誓，传之子孙。将军独靦颜借命，驱驰毡裘之长，宁不哀哉！夫以慕容超之强，身送东市；姚泓之盛，面缚西都。故知霜露所均，不育异类；姬汉旧邦，无取杂种。北虏僭盗中原，多历年所，恶积祸盈，理至燋烂。况伪孽昏狡，自相夷戮，部落携离，酋豪猜贰。方当系颈蛮邸，悬首藁街，而将军鱼游于沸鼎之中，燕巢于飞幕之上，不亦惑乎？

暮春三月，江南草长，杂花生树，群莺乱飞。见故国之旗鼓，感平生于畴日，抚弦登陴，岂不怆悢！所以廉公之思赵将，吴子之泣西河，人之情也，将军独无情哉？想早励良规，自求多福。

当今皇帝盛明，天下安乐。白环西献，楛矢东来；夜郎滇池，解辫请职；朝鲜昌海，蹶角受化。唯北狄野心，掘强沙塞之间，欲延岁月之命耳！中军临川殿下，明德茂亲，总兹戎重，吊民洛汭，伐罪秦中，若遂不改，方思仆言。聊布往怀，君其详之。丘迟顿首。

【译文】丘迟拜上，陈大将军足下：一向安好，万分荣幸。将军的英勇是全军之首，才能也是应世的豪杰。您摈弃庸人的燕雀小志，仰慕鸿鹄高飞的远大抱负。当初顺应机缘，碰上了贤明的君主梁武帝，建立功勋，成就事业，得以封爵称孤，一出门有王侯们乘坐的车子，拥有雄兵，号令一方，又是多么雄壮、显赫！怎么一下子竟成了逃亡降异族的叛逆，听见响箭就两腿发抖，面对着北魏的统治者就下跪礼拜，又多么卑劣下贱！

您离开梁朝投靠北魏的当时，并不是有其他的原因，只不过是因为自己内心考虑不周，在外受到谣言的挑唆，一时执迷不悟行动失去理智，才到了今天这个局面。圣明的梁朝廷能宽赦过去的罪过而重在要你立新功，不计较过失而广为任用人才，以赤诚之心对待天下之人，让所有心怀动摇的人能消除疑虑安定下来，您是都清楚的，不须我再一一细说了。朱鲔曾参预杀害汉光武帝的哥哥刘縯，张绣曾用刀刺杀了曹操的爱子曹昂，光武帝刘秀并不因此疑忌，反而诚心诚意地招降了他，魏王曹操在张绣归降以后待他仍象过去一样。况且，您既无朱、张二人的罪过，功勋又见重于当代呢！误入迷途而知道复返，这是古代贤明之人所赞许的做法，在过错还不十分厉害的时候而能改正，这是古代经典中所推崇的行为。梁武帝废法加恩，连像吞船的大鱼这样罪恶深重的人都可漏网；您家的祖坟未被损毁，亲族戚属也都安在，家中住宅完好，妻子仍在家中。您心里好好想想吧，还有什么可说的呢。现在，满朝功臣名将都各有封赏任命，井然有序；结紫色绶带在腰，怀揣黄金大印在身的文职官员，参预谋划军、国大计；各位武将轻车竖旄旗，接受着保卫边疆的重任，而且朝廷杀马饮血设誓，功臣名将的爵位可以传给子孙后代。唯独您还厚着脸皮，苟且偷生，为异族的统治者奔走效力，岂不是可悲的吗！

凭南燕王慕容超的强横，终至身死刑场；凭后秦君主姚泓的强盛，也落得个在长安被反缚生擒的下场。因此明白道，天降雨露，分布各地，只是不养育外族；我中原姬汉古国，决不容有杂种同生。北魏霸占中原已有好多年了，罪恶积累已满，照理说已将自取灭亡。更何况伪朝妖孽昏聩狡诈，自相残杀，国内各部四分五裂，部族首领互相猜忌，各怀心思，他们也正将要从自己的官邸被绑缚到京城斩首示众。而将军您却象鱼一样在开水锅里游来游去，象燕子一样在飘动的帷幕上筑巢自寻死路，不太糊涂了吗？

暮春三月，在江南草木已生长起来，各种各样的花朵竞相开放，一群一群的黄莺振翅翻飞。如今与梁军对垒，您每当登上城墙，手抚弓弦，远望故国军队的军旗，战鼓，回忆往日在梁的生活，岂不伤怀！当年出亡到魏国的廉颇仍想作赵国的将帅，战国时魏将吴起知自己离去，西河将被秦占领而痛哭流涕的原因，都是人对故国的感情。难道唯独您没有这种感情吗？切望您能早定良策，自己弃暗投明。

当今皇上极其开明，天下平安欢乐，有人从西方献上白玉环，有人从东方进贡措木箭。西南边远地方的夜郎、滇池两国，解开辫发改随汉人习俗，请求封官，东方的朝鲜，西方的昌海两地的百姓，都叩头接受教化。只有北方的北魏野心勃勃，横行在黄沙边塞之间，作出执拗不驯的样子，企图苟延残喘罢了！梁朝全军统帅临王萧宏，德行昭明，是梁武帝的至亲，总揽这次北伐军事重任，到北方安抚百姓，讨伐罪魁。倘若您仍执迷不悟，不思悔改，等我们拿下北魏时才想起我的这一番话，那就太晚了。姑且用这封信来表达我们往日的情谊，希望您能仔细地考虑这件事。丘迟拜上。

庾 信

北朝周新野人，字子山，小字兰成。文藻艳丽，与徐陵齐名，时称徐庾体。初仕梁，为右卫军，元帝时聘西魏，被留。后周明帝、武帝并好文学，皆恩礼遇之，累迁骠骑大将军，开府仪同三司，世称庾开府。信虽位望通显，常有乡关之思，乃作《哀江南赋》以致意焉。有《庾开府集》。

【译文】北朝周代新野（今属河南）人，字子山，小字兰成。他的文章词藻艳丽，与徐陵齐名，当时称作徐庾体。开始的时候在梁朝做官，任右卫军，元帝出使西魏，被拘留。后后周明帝、武帝都爱好文学，都对庾信礼遇有加，官至骠骑大将军，开府仪同三司，后世称他为庾开府。庾信虽然地位很高，与显贵人物多有交往，却常常对家乡充满思念，于是创作《哀江南赋》以表达自己的感情。著作有《庾开府集》。

哀江南赋

粤以戊辰之年，建亥之月，大盗移国，金陵瓦解。余乃窜身荒谷，公私涂炭。华阳奔命，有去无归，中兴道销，穷于甲戌，三日哭于都亭，三年囚于别馆。天道周星，物极不反。傅燮之但悲身世，无处求生；袁安之每念王室，自然流涕。昔桓君山之志事，杜元凯之平生，并有著书，咸能自序。潘岳之文采，始述家风；陆机之辞赋，先陈世德。信年始二毛，即逢丧乱，藐是流离，至于暮齿。《燕歌》远别，悲不自胜；楚老相逢，泣将何及！畏南山之雨，忽践秦庭；让东海之滨，遂餐周粟。下亭漂泊，高桥羁旅；楚歌非取乐之方，鲁酒无忘忧之用。追为此赋，聊以记言；不无危苦之辞，惟以悲哀为主。

【译文】武帝太清二年夏历十月，窃国大盗侯景篡夺了梁朝，金陵政权土崩瓦解。我被迫逃往江陵，官员和百姓都遭受苦难，处于水深火热之中。后来我奉命出使西魏，去而无返，再也没有回到故土。元帝平定侯景之乱，即位江陵，升起了中兴的希望。但是到了承圣三年，西魏攻陷江陵，元帝遇害，中兴之业便消失殆尽。听到梁朝的凶信，我躲到城外都亭，像三国时罗宪哭蜀一样，悲泣遥祭，因为此时羁留西魏，如春秋时鲁国使臣叔孙婼之被囚禁，身无自由，天道有自身常规，在不停地运转，而梁朝自江陵一败，再也没有复兴的机会了。自己颇似当年的傅燮，因为身处险境之中，无地可以求生，又像袁安，因为无力匡扶社稷，只能暗自悲泣。东汉的桓谭，西晋的杜预，他们都是有志之士，著书立说，通过序言畅述自己的生平和志趣。潘岳写《家风诗》，以宣传家族的风范，陆机作《祖德赋》，以弘扬祖先的功德，我在中年时期遭逢国家丧乱，远离故土，羁留异域，现在已是暮年之人了。我曾作过一首《燕歌行》，正好表达了远离故土的悲痛，也曾遇见过故国的遗老，但除了相对而泣之外，还能有什么办法呢？初遇侯景之乱，本有隐居远害之意，但由于国家危机，不得不像当年楚国申包胥赴秦求救一样，匆匆出使西魏。后来西魏攻陷了江陵，不久北周又接收了西魏政权，自己也就屈节从仕，与高士伯夷、叔齐相反，而食“周粟”了。这样，就像当年在下亭失马的孔嵩，漂泊他乡，又像当年在高桥做工的梁鸿，寄人篱下。楚歌悲伤，听了便会引起家国之思，鲁酒淡薄，饮了也绝无忘忧之用。在这愁思悲苦之际，追怀往事，写了这篇赋，权且用它记述梁朝灭亡的历史，虽然也有叙写个人危苦之辞，但还是以悲哀国事为主。

日暮途远，人间何世？将军一去，大树飘零；壮士不还，寒风萧瑟。荆璧睨柱，受连城而见欺；载书横阶，捧珠盘而不定。钟仪君子，入就南冠之囚；季孙行人，留守西河之馆。申包胥之顿地，碎之以首；蔡威公之泪尽，加之以血。钓台移柳，非玉关之可望；华亭鹤唳，岂河桥之可闻？

【译文】眼下自己年老力衰，已无所作为了。自丧乱以来，人间不知发生了多少变化。从我出使之后，梁朝也就逐渐衰落，乃至灭亡。和当年的荆轲相似，我此次出使一去不返，他乡异域，倍感凄凉。昔日相如出使秦国，不受人欺，完璧归赵，而今我出使西魏，有辱王命，不得归国。当初毛遂力助平原君，定下了合纵之盟；而我作为使者，却不能定盟存梁。钟仪战败被俘，始终戴着楚冠，不忘祖国，人称君子；季孙出使被留，身居别馆，心念故土，颇具风范。申包胥为救楚国而哭诉秦庭，一旦得到出兵的许诺，便跪地连连叩头；蔡成公知道国家不久将亡，痛哭三天三夜，乃至哭出血来。故乡的杨柳，不是身在他国之人所能望见，南朝的鸟声，也不是羁留异地之人所能听到。

孙策以天下为三分，众才一旅；项籍用江东之子弟，人惟八千；遂乃分裂山河，宰割天下。岂有百万义师，一朝卷甲；芟夷斩伐，如草木焉？江淮无涯岸之阻，亭壁无藩篱之固。头会箕敛者合纵缔交；锄耰棘矜者因利乘便。将非江表王气，终于三百年乎？是知并吞六合，不免轵道之炎；混一车书，无救平阳之祸。呜呼！山岳崩颓，既履危亡之运；春秋迭代，必有去故之悲。天意人事，可以凄怆伤心者矣。况复舟楫路穷，星汉非乘槎可上；风飙道阻，蓬莱无可到之期。穷者欲达其言，劳者须歌其事。陆士衡闻而抚掌，是所甘心；张平子见而陋之，固其宜矣。

【译文】孙策得以三分天下，他所凭借的队伍只有五百士卒；项羽能够推翻秦朝，他所依靠的力量也不过八千弟子。他们用很少的兵力，就能争夺天下，割据一方。而梁朝则不然，拥有上百万军队，竟一败涂地，致使侯景的叛军像削草伐木一样屠杀士兵和百姓。这样的事情，过去何曾有过呢？江淮之险，比不上一条浅水，军营工事，还不如一道篱笆。这样的防御，又怎能阻挡住敌军？那些火中取栗者，借机结成联盟；那些平庸无为者，乘乱纠集实力。莫非江南的帝王气运，经历三百年就到此终结了吗？由此观之，秦国虽能并吞天下，但也难免灭亡，晋朝虽能结束分争，但也不能永固。唉，梁朝的败亡，陈朝的兴起，这历史变化，政权更替，自然会引起别旧的悲哀。天意人事，无可挽回，如何不使人凄怆伤心！况且，道路坎坷，前途未卜，想回到故国，犹如溯银河、登蓬莱一样渺茫。在这日暮途穷之际，作此赋记述遭遇，抒发衷情，缅怀故国，即使受到像陆机，张衡那样的才子嘲笑，也是心甘情愿的。

我之掌庾承周，以世功而为族；经邦佐汉，用论道而当官。禀嵩、华之玉石，润河洛之波澜；居负洛而重世，邑临河而宴安。逮永嘉之艰虞，始中原之乏主；民枕倚于墙壁，路交横于豺虎；值五马之南奔，逢三星之东聚；彼凌江而建国，始播迁于吾祖。分南阳而赐田，裂东岳而胙土；诛茅宋玉之宅，穿径临江之府。

【译文】我的祖先在周朝做管理仓庾的官，因为世代以此为职业，所以得了这个姓。在汉代，亦有人经邦佐政，出任官职。庾氏兴旺，是由于禀承了嵩山和华山之玉的灵性，得到了黄河和洛河之水的滋润。家临洛水，靠淯河，世代相传，富足安定。到了晋代，永嘉年间发生动乱，中原地带一直没有统一天下的英主。人民流离失所，饥寒交迫；军匪横行无忌，如狼似虎。司马氏纷纷南奔，渡江后晋元帝在金陵建都，开启东晋王朝。由于八世祖庾滔随王室南渡，庾家迁到江陵，被元帝加封官爵，赏赐田地。于是便在以往宋玉所居住过的故宅，铲除茅草，扩建房屋，直接临江王府的宅院。

水木交运，山川崩竭，家有直道，人多全节；训子见于纯深，事君彰于义烈。新野有生祠之庙，河南有胡书之碣。况乃少微真人，天山逸民，阶庭空谷，门巷蒲轮；移谈讲树，就简书筠。降生世德，载诞贞臣，文辞高于甲观，楷模盛于漳滨；嗟有道而无凤，叹非时而有麟。既奸回之奰逆，终不悦于仁人。

【译文】宋齐兴亡，山河易主，祖先们都遵循直道而行，多有为国全节之人。庾氏有良好的家训，为子必须尽孝，为臣必须尽忠。新野有祭祀祖先的祠庙，河南有胡生撰写的祖先的墓碑。我的祖父庾易，是一位远离仕途的隐士，志性恬静，不交外物，当朝虽以敬贤之礼相聘，但却辞而不受。不是聚友树下，讲论学问，便是手不停挥，著书立说。父亲庾肩吾，更是谨遵祖训，严守世德，不受伪职，是一位忠贞之臣。论文辞，号称甲观的东宫，无人能比，论楷模，群贤荟萃的漳滨，难有企及。令人叹惜的是，他虽身事有道之君，但却处于麟凤不应出现的乱世。奸臣当道挟制君王，志士仁人受到排挤。

王子滨洛之岁，兰成射策之年。始含香于建礼，乃矫翼于崇贤。游洊雷之讲肆，齿明离之胄筵。既倾蠡而酌海，遂测管而窥天。方塘水白，钓渚池圆；侍戎韬于武帐，听雅曲于文弦。乃解悬而通籍，遂崇文而会武；居笠毂而掌兵，出兰池而典午。论兵于江、汉之君，拭玉于西河之主。

【译文】昔日王子乔十五岁游于洛水，才华出众，我也十五岁出来应考，踏入仕途。初时做尚书省郎官，后擢升东宫学士，为英明的太子作讲席。自己才疏学浅，担此重任，无异于以蠡测海，以管窥天。在讲论之余，还常常陪伴太子游戏，或去方塘观鸟，或去圆池钓鱼。参与军国大事，出席朝廷典礼，自由来往禁宫，既做文官，又兼武职：代表朝廷，与东湘王商议军情，代表梁国，到东魏做使者。

于时朝野欢娱，池台钟鼓。里为冠盖，门成邹、鲁。连茂苑于海陵，跨横塘于江浦。东门则鞭石成桥，南极则铸铜为柱。橘则园植万株，竹则家封千户。西赍浮玉，南琛没羽。吴歈越吟，荆艳楚舞。草木之遇阳春，鱼龙之逢风雨。五十年中，江表无事。王歙为和亲之使，班超为定远之侯。马武无预于甲兵，冯唐不论于将帅。岂知山岳暗然，江湖潜沸，渔阳有闾左戍卒，离石有将兵都尉。

【译文】当此之时，梁朝上上下下都在歌舞升平，追欢寻乐。人物鼎盛，府第豪华，儒业兴旺，文教发达。皇家苑囿越扩越大，沿江堤坝越修越长。疆域也在不断开发，东至当年秦始皇鞭石的大海，南到汉朝马援立柱为界的地方。国内物产丰盛，黎民富庶，或种万株柑桔，或植千亩绿竹，收入不亚王侯。四方争相朝贡，珍奇瑰宝，难以计数。朝吟吴歌，暮起楚舞。这时的繁荣安泰，就像草木逢春，鱼龙得雨一样。五十年间，江南一片太平无事的景象。南北通好，出现了像胡汉和亲、班超出使时那样的睦邻关系。军备无修，甲兵不整，虽有像马武、冯唐一流的将帅，也无用武之地。岂不知山岳暗然，孕育着危机，江湖平静，潜伏着波涛。渔阳士卒，正在磨刀霍霍，离石都尉，忙于秣马砺兵。

天子方删诗书，定礼乐；设重云之讲，开士林之学；谈劫烬之飞灰，辨常星之夜落。地平鱼齿，城危兽角；卧刁斗于荥阳，绊龙媒于平乐；宰衡以干戈为儿戏，缙绅以清谈为庙略。乘渍水以胶船，驭奔驹以朽索。小人则将及水火，君子则方成猿鹤。敝箄不能救盐池之咸，阿胶不能止黄河之浊。既而鲂鱼赪尾，四郊多垒。殿狎江鸥，宫鸣野雉；湛庐去国，艅艎失水。见被发于伊川，知百年而为戎矣。

【译文】作为国君，武帝一心著书立说，制定礼乐。在重云殿设坛讲经，在学士馆聚贤论学。君臣上下，不是研究"劫烬灰飞"，便是探求"常星夜落"，醉心佛学之中。鱼齿山平，毫不设防，城郭倾颓，亦不修缮。行军打更的刁斗，被放进荥阳库中，驰骋疆场的战马，被拴在乎乐馆里。宰相把武备视同儿戏，毫无防范，大夫把清谈当作方略，潜心庄老。乘胶船航行，船将崩溃，用朽缰御马，马必逃脱。平民百姓将遭水火之灾，达官贵人将受战乱之祸。用竹笼岂能滤除盐池的咸质？撒阿胶怎得止住黄河的浑浊？不久，相继出现不祥征兆；鲂鱼的尾巴变成红色，城外各处筑起了许多碉堡。江鸥戏于殿上，野鸡鸣于宫中，宝剑飞去他方，船只脱离水面。在伊水河边发现披发野祭之人，身着奇装异服。由此可知，不久将有强徒作乱，外族侵入。

彼奸逆之炽盛，久游魂而放命。大则有鲸有鲵，小则为枭为獍。负其牛羊之力，凶其水草之性；非玉烛之能调，岂璇玑之可正！值天下之无为，尚有欲于羁縻。饮其琉璃之酒，赏其虎豹之皮；见胡柯于大夏，识鸟卵于条枝。豺牙宓厉，虺毒潜吹；轻九鼎而欲问，闻三川而遂窥。

【译文】叛贼侯景，气焰嚣张，朝秦暮楚，反复无常。他出自匈奴，豺狼成性，既似鲸鲵，又如枭獍。即使天下和顺祥泰，也不能使他安分守己，有再好的天文仪器，也无法观察他的诡秘行迹。侯景初投梁朝时，正值天下太平无事。武帝一心想笼络他，他也极力讨好武帝，送上许多礼物。有胡汉结盟时所饮用的美酒，珍贵难得的虎豹之皮，还有大夏出产的胡柯，条枝特有的鸵鸟蛋。凡此种种，古怪稀奇。然而，在暗地里，他像野兽一样，磨牙吮爪，又像蛇虺一洋，散发毒气。在不时地窥测方向，垂涎王室，以便时机一到，夺取梁朝天下。

始则王子召戎，奸臣介胄。既官政而离逷，遂师言而泄漏。望廷尉之逋囚，反淮南之穷寇；出狄泉之苍鸟，起横江之困兽。地则石鼓鸣山，天则金精动宿；北阙龙吟，东陵麟斗。

【译文】最初是临贺王萧正德把侯景引进来的，由于武帝不知内情，故此还让正德掌握兵权。后来侯景并没有让正德做皇帝，正德后悔了，与外界暗通书信，不料事情泄漏，被侯景杀害。于是侯景这个穷凶极恶的待捕之囚，公然造起反来。昔日出现的那些不祥之兆，如狄泉飞出苍鸟，横江走脱困兽，山上的石鼓自鸣，天空的金星错位，以及蛟龙长吟，麒麟相斗等又都出现了。

尔乃桀黠横扇，冯陵畿甸。拥狼望于黄图，填庐山于赤县。青袍如草，白马如练。天子履端废朝，单于长围高宴。两观当戟，千门受箭；白虹贯日，苍鹰击殿。竟遭夏台之祸，终视尧城之变。官守无奔问之人，干戚非平戎之战。陶侃空争米船，顾柴虚摇羽扇。

【译文】凶残狡诈的侯景煽起叛乱不久，便攻到京郊，蹂躏百姓，接着又攻占了中原的大片土地。叛军们披着青袍，骑着白马，以适应“青丝白马寿阳来”的童谣。武帝被侯景围困，一年之始的元旦不能临朝，而侯景则在过年的时候大摆宴席，尽情欢乐。梁朝的城门宫殿直接受到威胁，不是枪击的目标，便是箭射的对象。当此之际，白虹贯日，苍鹰击殿的怪异现象又有发生。不久，武帝就像当年的夏桀、唐尧一样，被侯景囚禁于台城。而那些为官守职之人，对朝廷的危机袖手旁观，干戚只是一种象征性武器，怎能用它和敌人作战？当年的陶侃和顾荣能够力挽狂澜，平定叛乱，而梁朝的文官武将却只能“空争米船”，“虚摇羽扇”。

将军死绥，路绝长围。烽随星落，书逐鸢飞。遂乃韩分赵裂，鼓卧旗折。失群班马，迷轮乱辙。猛士婴城，谋臣卷舌。昆阳之战象走林，常山之阵蛇奔穴。五郡则兄弟相悲，三州则父子离别。

【译文】一些将军死于败军之中，侯景把城团团围住，外援完全断绝了。传递军情的烽火，不能上腾，随着寒星散落，求助外援的书信，被人射下，伴同纸鸢飞去。梁室在外的诸王，由于分崩离析，被侯景打得一败涂地。鼓破了，旗断了，马被冲散失了群，车被驱赶乱了辙。虽有猛将也只能固守，不敢出击，虽有谋臣也闭不开口，无计可施。像当年的昆阳之战，失败后大象都跑入林中，又像常山之蛇，穷于应付时便钻进洞穴。在叛军的进攻下，兄弟父子不是相互悲泣，便是忍痛离别。

护军慷慨，忠能死节，三世为将，终于此灭。济阳忠壮，身参末将，兄弟三人，义声俱唱。主辱臣死，名存身丧；狄人归元，三军凄怆。尚书多算，守备是长；云梯可拒，地道能防。有齐将之闭壁，无燕师之卧墙。大事去矣，人之云亡！

【译文】护军韦粲奋然出兵抗敌，虽然战败身亡，但却留下了忠烈之名，他们祖孙三代皆为将领，到此却全部遇难。济阳的江子一兄弟三人，并非将帅，但在国难当头之时，却同倡大义，敌御叛军，战死沙场，名垂后世。当敌人送还他的尸体，全军上下一片悲痛。尚书羊侃，足智多谋，最是善于防守。敌人用云梯攻城，他造雉尾炬把云梯烧毁，敌人堆土山居高临下，他挖地道使土山崩塌。然而，羊侃虽有像齐将田单闭守孤城之能，却无后燕慕容垂病中筑墙成功之幸。在他病死不久，台城即告陷落，大势已去，国家败亡。

申子奋发，勇气咆勃。实总元戎，身先士卒。胄落鱼门，兵填马窟；屡犯通中，频遭刮骨。功业夭枉，身名埋没。或以隼翼鷃披，虎威狐假。沾渍锋镝，脂膏原野。兵弱虏强，城孤气寡。闻鹤唳而心惊，听胡笳而泪下。拒神亭而亡戟，临横江而弃马。崩于钜鹿之沙，碎于长平之瓦。

【译文】柳仲礼奋起疾呼，出兵征讨叛逆，被援军共同推为统帅，在战斗中身临前敌。两军激战，梁军大败，失盔弃甲，尸横遍野，乃至填满了马窟。柳仲礼身受穿过内胸的重伤，几乎到了刮骨治疗的地步。从此，他肝胆俱裂，屈膝投敌，丧失名节。此后的一些将领，多系无能之辈，或如小鸟，披上鹰的翅膀，或如狐狸，借着虎威吓人。鲜血染红了刀剑，脂膏涂遍了原野。敌强我弱，城孤气竭。兵将怯战，听到鹤鸣，便以为敌人追来；军心涣散，听到胡笳，便悲咽流涕。援军节节失利，不是缴械投降，便是落荒逃窜，就像当年项羽败于钜鹿，赵军败于长平一样凄惨。

于是桂林颠覆，长洲麋鹿。溃溃沸腾，茫茫惨黩。天地离阻，神人惨酷。晋、郑靡依，鲁、卫不睦，竞动天关，争回地轴。探雀鷇而未饱，待熊蹯而讵熟？乃有车侧郭门，筋悬庙屋。鬼同曹社之谋，人有秦庭之哭。

【译文】往昔堪与东吴桂林、长洲媲美的梁朝宫苑，此时竟荒芜破败，成了野兽出没的地方。战后的国土，到处是萧条冷落，凄凉惨苦，天地浑茫，人神悲怆的景象。梁室诸王则拥兵自恃，各据一方，争权夺势，互不相让，几乎达到了天翻地复的程度。而被囚禁的武帝，却度日维艰，食不果腹，就像当年赵武灵王被囚禁食鸟雀而不饱，楚成王被囚禁食熊掌而不得一样。武帝死后，侯景对其进行恶葬，以钉子钉地，欲令永绝后世。简文帝被害，侯景令人草草掩埋，不准进入祖庙。梁朝灭亡，早有先兆，犹如当年鬼谋曹国；二帝遇害，寄望江陵，愿效当年人哭秦庭。

尔乃假刻玺于关塞，称使者之酬对。逢鄂坂之讥嫌，值彫门之征税。乘白马而不前，策青骡而转碍。吹落叶之扁舟，飘长风于上游。彼锯牙而钩爪，又循江而习流。排青龙之战舰，斗飞燕之船楼。张辽临于赤壁，王濬下于巴丘。乍风惊而射火，或箭重而回舟。未辨声于黄盖，已先沉于杜侯。落帆黄鹤之浦，藏船鹦鹉之洲。路已分于湘、汉，星犹看于斗、牛。

【译文】在逃往江陵的路上，凭着玉玺印封，闯过了许多关口，沿途遇有盘诘，便托言奉使出国。经鄂坂，曾被视为嫌疑，过猕门，被征收过杂税。关口盘查甚严，即使是“白马非马论”的诡辩家公孙龙，或者是骑着青骡的神仙李少君，也很难通过。我乘着一叶扁舟，顺风向上游而去。只见张牙舞爪的侯景水军，在江上进行操练。梁军的青龙战舰一字儿排开，飞燕楼船正在激战。犹如当年的张辽兵临赤壁，又像昔日的王濬攻向巴丘。侯景的水军纵火而攻，因不得风势，反而烧了自己。由于叛军遇到重创，无力战斗，便回师逃去。混战中，一些将土和当年的黄盖，杜畿相似，或伤于船上，或溺于水中。我一路慌恐，夜宿晓航，或到黄鹤矶躲避，或在鹦鹉洲隐藏。人虽然到了湖南和湖北的分界，但依然向在吴地分野的斗星和牛星回望。

若乃阴陵失路，钓台斜趣。望赤壁而沾衣，舣乌江而不渡。雷池栅浦，鹊陵焚戍。旅舍无烟，巢禽无树。谓荆、衡之杞梓，庶江、汉之可恃。淮海维扬，三千余里。过漂渚而寄食，托芦中而渡水。届于七泽，滨于十死。嗟天保之未定，见殷忧之方始。本不达于危行，又无情于禄仕。谬掌卫于中军，滥尸丞于御史。

【译文】乘船而上，一路急行。过得阴陵，又穿钓台。望见赤壁，遥想周郎，遂生感慨，泪沾衣裳。曾过乌江，这是项羽败走的地方，有船不渡，自刎而亡。雷池的护栅已经破碎，鹊陵的哨所全被烧毁。旅舍没有人住，树上没有鸟栖。荆山和衡山盛产杞梓良材，富庶的长江和汉水亦有能人可以依赖。从长江下游来到扬州，走了三千多里。路上忍饥挨饿，危险频临。有时像韩信，竟向漂母乞食，有时像伍员，藏进芦苇，躲开敌人。历尽川泽之苦，几乎九死一生。此次奔赴江陵，国运如何，命运怎样，尚不得而知。自己不能过于乐观，说不定还有更大的忧患在后头呢！对于动乱的局面自己不知道如何应付，也无意于再踏入仕途。后来元帝虽任命自己为御史中丞，又转为右卫将军，也不过是谬掌兵权，滥充官数罢了。

信生世等于龙门，辞亲同于河、洛。奉立身之遗训，受成书之顾托。昔四世而无惭，今七叶而始落。泣风雨于《梁山》，惟枯鱼之衔索。入欹斜之小径，掩蓬藋之荒扉；就汀洲之杜若，待芦苇之单衣。

【译文】我的经历和身世，同当年的司马迁很相似。不论是为父送终，还是接受遗训，以及完成他著述的夙愿，都是相同的。我的祖先数世为官，颇有德政。但是传到第七代的我，家世却开始衰落。一听到像《梁山操》那样的琴曲，便泫然泪下，一想起离世而去的父亲，便凄怆于心。每天在荒凉的荆门中居丧，谢绝人事往来。诚慌诚恐，小心谨慎，生怕遭到像屈原和诸葛恪那样的不幸。

于是西楚霸王，剑及繁阳，麾兵金匮，校战玉堂；苍鹰赤雀，铁舳牙樯。沉白马而誓众，负黄龙而渡江，海潮迎舰，江萍送王。戎车屯于石城，戈船掩于淮泗；诸侯则郑伯前驱，盟主则荀罃暮至。剖巢熏穴，奔魑走魅。埋长于驹门，斩蚩尤于中冀。燃腹为灯，饮头为器。直虹贯垒，长星属地。昔之虎踞龙盘，加以黄旗紫气，莫不随狐兔而窟穴，与风尘而殄瘁。

【译文】当此之时，尚未即位的元帝，从江陵起兵讨伐侯景，剑锋指处，所向披靡。元帝把宫室作为统帅部，亲自布署，指挥军事。号称“苍鹰”、“赤雀”的战舰，上面装备着铁轴牙墙。用白马作牺牲，以祭神誓师，水军威武雄壮，仿佛有神龙相护。海潮迎接兵舰，江萍护送君王。兵车驻扎城中，战船停舶水上。各路军马，争先到达，会合主帅，待令齐发。讨伐叛军的队伍像猎手铲除禽兽的巢穴，很快就把侯景这伙妖魔鬼怪一举歼灭。犹如当年鲁人在驹门埋葬长狄，黄帝在中冀擒获蚩尤，侯景被斩杀了。死后人们用他的腹油点灯，用他的头颅做饮器，暴尸三日，焚骨扬灰，其下场和当年的董卓、智伯相似。这一切似乎都应了白虹贯日、长星坠地的祸事征兆。金陵地势险要，自古就有虎踞龙盘之称，黄旗紫气更是江南昌盛的景象，而这样好的地理形势和王者气运，竟然成了狐兔的窟穴，消亡于风尘之中。

西瞻博望，北临玄圃，月榭风台，池平树古。倚弓于玉女窗扉，系马于凤皇楼柱；仁寿之镜徒悬，茂陵之书空聚。若夫立德立言，谟明寅亮；声超于系表，道高于河上；更不遇于浮丘，遂无言于师旷。以爱子而托人，知西陵而谁望？非无北阙之兵，犹有云台之仗。司徒之表里经纶，狐偃之惟王实勤。横琱戈而对霸主，执金鼓而问贼臣。平吴之功，壮于杜元凯；王室是赖，深于温太真。始则地名全节，终则山称枉人。南阳校书，去之已远；上蔡逐猎，知之何晚？镇北之负誉矜前，风飙凛然。水神遭箭，山灵见鞭。是以蛰熊伤马，浮蛟没船。才子并命，俱非百年。

【译文】回想往事，总是忘不了太子所居住过的博望和玄圃。当年那望月的水榭，临风的亭台，现在是池也平了，树也老了。宫廷中，精巧的窗户上挂满了军人的弓箭，华美的柱子上拴着军人的战马。当年仁寿殿前悬挂的铜镜，茂陵墓中贮藏的图书，而今又在哪里呢？若论起简文帝的德和言，那完全可以说是不朽的。他礼贤下士，敬重人才，既有很高的威望，又善谈玄妙的道理，比起当年的河上公，有过之而无不及。他虽然潜心佛理，但却没有太子晋遇浮丘公的福气。他被侯景杀害，像当年的师旷，向谁说起？临终前，他把自己的儿子托付给元帝，像曹操死时那样，希望能有人缅怀西陵，登高遥望。人心并未归向侯景，梁朝依然有军事实力和将帅人才。司徒王僧辩，对内对外，均有过人才略和智谋。他出兵讨伐侯景，恰似当年狐偃协助晋文公勤王。全副武装朝见元帝，大张旗鼓攻向叛贼。平定侯景叛乱，他的功劳高于杜预，作为王室支柱，他的作用超过温峤。王僧辩本来是为国尽忠全节的，但到头来却遭到像比干那样的冤枉。有功被杀，与当年的文种相似，父子遇害，又和秦朝的李斯类同。邵陵王萧纶，颇有勇略和声望。义愤讨贼，威武凛然。大概是由于他年轻时险躁暴戾，不为山川之灵所佑。在他进军途中，所乘之马被山熊咬伤，所坐之船被浮蛟掀翻，劳而无功，终遭暗算。武帝虽有子八人，但由于彼此猜忌，家祸迭起，均不得长寿百年。

中宗之夷凶靖乱，大雪冤耻，去代邸而承基，迁唐郊而纂祀；反旧章于司隶，归余风于正始。沉猜则方逞其欲，藏疾则自矜于己。天下之事没焉，诸侯之心摇矣。既而齐交北绝，秦患西起。况背关而怀楚，异端委而开吴。驱绿林之散卒，拒骊之叛徒。营军梁漾，搜乘巴渝。问诸淫昏之鬼，求诸厌劾之符。荆门遭廪延之戮，夏口滥逵泉之诛。蔑因亲以教爱，忍和乐于弯弧。既无谋于肉食，非所望于《论都》。未深思于五难，先自擅于三端。登阳城而避险，卧砥柱而求安。既言多于忌刻，实志勇而刑残。但坐观于时变，本无情于急难。地惟黑子，城犹弹丸；其怨则黩，其盟则寒。岂冤禽之能塞海？非愚叟之可移山。况以沴气朝浮，妖精夜陨。赤乌则三朝夹日，苍云则七重围轸。亡吴之岁既穷，入郢之年斯尽。

【译文】元帝铲除元凶，平定叛乱，大大的洗刷了国家的耻辱。他像当年的汉文帝，以东湘王继承基业；又像当年的唐尧，弟弟接替兄长的皇位。即位后，他完全恢复了梁朝的规章制度和遗风旧俗。元帝的性格本来就很猜忌，做了皇帝更为变本加厉。文过饰非，自以为是。天下之事尚无眉目，而王室宗亲却先发生动摇，心全冷了。在处理邻国关系上，元帝也像当年的楚国一样失策。既没有把东魏联络好，又开罪了西魏。况且他舍不得离开江陵回到建康，就像昔日的项羽失去地利。不又能像当年吴太伯那样兄弟礼让，猜忌诸王与他们争斗不息。武陵王纪从西蜀起兵反对朝廷，元帝派师向川东阻击。然而他用一些乌合之众，去对付来犯的强敌。他像当年的李傕，用妖妄巫师求神问卜，以期用左道旁门取得胜利。当年郑庄公在禀延除去了他的弟弟共叔段，现在元帝亦指使人在荆州杀害了兵败求和的弟弟武陵王纪，当年鲁国的成季在逵泉毒死其兄僖叔，规在元帝亦派兵威逼其兄邵陵王纶，使他在夏口被西魏所害。对于兄弟手足，元帝既无亲爱之心，亦无和乐之意，而是胸怀残忍，以弯弓相向。元帝同他的臣子，缺乏远见卓识，没有谁能像后汉杜笃那样提出论都的主张，迷恋江陵，自取灭亡。元帝对为君五难没有放在心上，相反却把主要精力用于诗书画所谓“三绝”方面，以多才多艺而自傲。身处危机，浑然不知，正像登上极险的阳城而避险，躲在不安的砥柱而求安一样可怕。元帝性多猜忌，语言刻薄，表面虽有大志，内心极度残忍。当诸王出兵讨伐侯景时，他坐观成败，毫无解救兄弟危难之心。梁朝所统辖的地区逐渐缩小，只不过是黑子、弹丸之地罢了。由于积怨过多，原来有仇的，现在更深了，原来结盟的，现在闹翻了。局势到了如此地步要想挽回，就像精卫填海、愚公移山一样无法实现。况且有沴气朝浮、长星夜坠、赤乌夹日、苍云绕星这一系列不祥之兆发生。这表明，吴亡之岁已到，楚灭之年来临，元帝的江陵王朝灭亡是注定了的。

周含郑怒，楚结秦冤。有南风之不竞，值西邻之责言。俄而梯冲乱舞，冀马云屯。俴秦车于畅毂，沓汉鼓于雷门。下陈仓而连弩，渡临晋而横船。虽复楚有七泽，人称三户；箭不丽于六麋，雷无惊于九虎。辞洞庭兮落木，去涔阳兮极浦。炽火兮焚旗，贞风兮害蛊。乃使玉轴扬灰，龙文折柱。

【译文】如秦楚结仇，西魏从外部大举进攻，似周郑交恶，梁王詧起兵从内部响应。此时梁朝实力衰竭，西魏乘机兴师问罪。其声势浩大，所向难敌，梯冲飞动，战马云集。兵车轻捷，鼓声震天，既有攻城的连弩，又有渡军的战船。三户亡秦，这是楚人的豪语，西魏侵梁，也志在必取。元帝虽有军队，也不乏武器，但既不能射伤六麋，也不能惊散九虎，军事处处失利。战败后到处是一片衰败景象，像洞庭落叶那样萧瑟，如涔阳水浦那样凄凉。在梁军遭到重创、元帝将要出降之时，他把所珍藏的图书放火烧掉，并拔出身佩的宝剑，在柱子上将它折断。

下江余城，长林故营；徒思钳马之秣，未见烧牛之兵。章曼枝以毂走，宫之奇以族行；河无冰而马渡，关未晓而鸡鸣。忠臣解骨，君子吞声。章华望祭之所，云梦伪游之地；荒谷缢于莫敖，冶父囚于群师。砌穽折拉，鹰鹯批拂。冤霜夏零，愤泉秋沸。城崩杞妇之哭，竹染湘妃之泪。

【译文】从下江到长林，西魏军队长驱直入，围攻江陵。兵临城下，一片慌恐，既缺粮草，又少精兵。梁朝的臣子，如当年的张曼枝和宫之奇，在危难关头纷纷离去。人们甘心冒险，逃离京城，像当年的平原君夜半闯关，如东汉的光武帝侥幸履冰。此时此刻，忠臣痛彻心脾，君子饮泣吞声。江陵陷落，章华和云梦成了望祭的对象。国破之后，梁朝君臣或遭杀戮，或被囚禁，极为悲惨。西魏军队残酷地屠杀百姓，虐待俘虏，人们遭受劫难，愤声不绝，痛哭死难亲友，江陵一片呜咽。

水毒秦泾，山高赵陉；十里五里，长亭短亭；饥随蛰燕，暗逐流萤；秦中水黑，关上泥青。于时瓦解冰泮，风飞电散。浑然千里，淄渑一乱。雪暗如沙，冰横似岸。逢赴洛之陆机，见离家之王粲，莫不闻陇水而掩泣，向关山而长叹。况复君在交河，妾在青波；石望夫而逾远，山望子而逾多。才人之忆代郡，公主之去清河。栩阳亭有离别之赋，临江王有愁思之歌。别有飘飖武威，羁旅金微；班超生而望返，温序死而思归。李陵之双凫永去，苏武之一雁空飞。

【译文】被俘入关，一路北行，过了泾河，又到井陉。十里一站，五里一亭。饿无可食，便以蛰燕充饥，夜不辨路，即随萤火而行。走过黑水滩，又越青泥关。一路冰消瓦解，风飞电散，不分贤愚，同遭危难。雪暗如沙，冰横似岸。也曾有不少被俘文士，好似当年投奔洛阳的陆机，又像离家到荆州依靠刘表的王粲。走到陇水地方，人们无不闻歌而悲泣，望关而长叹。况且是生死别离，君去秦川，妾留楚地，天水一方，此恨何及。望夫石，越望越远，望子山，母子长离。才女许配士卒，公主下嫁平民，动乱时不分贵贱，流离中随意成婚。栩阳亭赋，记述离别之苦；临江王歌，抒发思乡之情。自己飘泊他乡，寄旅异国，像班超一样，生而望返，像温序一样，死而思归。李陵和苏武同陷匈奴，前者像凫鸟永留塞北，后者像大雁终归南飞。

若江陵之中否，乃金陵之祸始。虽借人之外力，实萧墙之内起。拨乱之主忽焉，中兴之宗不祀。伯兮叔兮，同见戮于犹子。荆山鹊飞而玉碎，隋岸蛇生而珠死。鬼火乱于平林，殇魂游于新市。梁故丰徙，楚实秦亡；不有所废，其何以昌？有妫之后，将育于姜。输我神器，居为让王。天地之大德曰生，圣人之大宝曰位；用无赖之子弟，举江东而全弃。惜天下之一家，遭东南之反气；以鹑首而赐秦，天何为而此醉？

【译文】江陵本有中兴之望，但命运欠佳，又遭不幸。城门失火，殃及金陵。外部势力所以得逞，是祸起萧墙，由于内部的分崩离析。元帝扫平动乱转瞬即失，中兴事业难以为继。此后元帝诸子也相继被梁王萧詧杀害，宗嗣从此绝灭。这就像以玉打鹊，鹊没打着，玉却碎了，以珠救蛇，蛇虽活了，而珠却死了。那些命丧沙场的人们，露尸荒野，无人埋葬，久而久之，便有磷火在夜间闪光。古时楚国是被秦国灭掉的，而今历史又在重演，建都秦地长安的西魏，又灭掉发祥楚地江陵的梁朝。朝代更替，不足为奇。没有萧梁的灭亡，哪有南陈和北周的兴起？有妫的后代陈霸先，正是从梁朝手里取得皇位的。元帝之子敬帝逊位于陈，自己去做“让王”。天地最大的功德是生，圣人最大的宝物是位，皇室怎么可以轻易让人呢？梁朝是由于用了那些狡诈而又无识无能的人，才把江南地方白白送掉。天下本来是一家，梁王萧詧与元帝同为萧姓，可是萧詧却反叛梁朝，引来外敌。难道是上天有意帮助西魏而灭掉梁朝吗？

且夫天道回旋，生民预然。余烈祖于西晋，始流播于东川；洎余身而七叶，又遭时而北。提挈老幼，关河累年。死生契阔，不可问天。况复零落将尽，灵光岿然！日穷于纪，岁将复始。逼迫危虑，端忧暮齿。践长乐之神皋，望宣平之贵里。渭水贯于天门，骊山回于地市。幕府大将军之爱客，丞相平津侯之待士。见钟鼎于金、张，闻弦歌于许、史。岂知灞陵夜猎，犹是故时将军；咸阳布衣，非独思归王子！

【译文】天道有常规，人事在变化。我的八世祖庾滔本在西晋为官，后来随着王室而南徙东川。到了我庾信整整七代，遭遇动乱又被迫北迁。扶老携幼，跋涉累年，生死阔别，难问苍天。亲朋好友都已离开人世，只有我远在他乡，一身孤单。时值岁末，即将跨进新的一年。窘迫危苦，晚年维艰。出入宫门，往来贵里，长安繁华，无与伦比。渭水通向天门，骊山连着地市，既受将军的雅爱，又得宰相的敬意。常同贵族交游，他们的地位如同当年的金张许史。昔日灞陵夜猎，有谁识得李广将军；今朝长安思归，难道仅仅是梁朝的布衣王子？

王 勃

唐龙门人，字子安。隋王通之诸孙，麟德初对策高第。父为交趾令，勃往省亲，道过南昌，会都督阎伯屿宴客于滕王阁，勃即席作序，伯屿叹为天才。后复往省父，渡南海，溺死，年二十九。勃文章钜丽，与杨炯、卢照邻、骆宾王共称初唐四杰，而勃为之冠。每为文，先磨墨，引被而卧，及寤，援笔书之，时人谓之腹稿。有《王子安集》。

【译文】唐代龙门人，字子安。隋代王通的孙子，麟德初年在对策中取得好成绩。王勃的父亲任交趾令，他前往省亲，路过南昌，正赶上都督阎伯屿在滕王阁宴请宾客，王勃即席为宾客的诗歌作序，被阎伯屿惊叹为天才之作。事后，王勃继续前往交趾看望父亲，在渡过南海的时候，溺水而亡，年仅二十九岁。王勃的文章非常的华丽，与杨炯、卢照邻、骆宾王并称为初唐四杰，王勃位列第一。王勃每次创作文章的时候，先研磨，然后蒙着被子睡觉，等到醒来的时候，提笔成章，当时的人称之为腹稿。著作有《王子安集》。

滕王阁序

南昌故郡，洪都新府。星分翼轸，地接衡庐。襟三江而带五湖，控蛮荆而引瓯越。物华天宝，龙光射牛斗之墟；人杰地灵，徐孺下陈蕃之榻。雄州雾列，俊彩星驰。台隍枕夷夏之交，宾主尽东南之美。都督阎公之雅望，棨戟遥临；宇文新州之懿范，襜帷暂驻。十旬休暇，胜友如云。千里逢迎，高朋满座。腾蛟起凤，孟学士之词宗；紫电青霜，王将军之武库。家君作宰，路出名区。童子何知？躬逢胜饯。

【译文】汉代的豫章旧郡，现在称洪都府。它处在翼、轸二星的分管区域，与庐山和衡山接壤。以三江为衣襟，以五湖为腰带，控制楚地，连接瓯越。这里地上物产的精华，乃是天的宝物，宝剑的光气直射牛、斗二星之间；人有俊杰是因为地有灵秀之气，徐孺子竟然在太守陈蕃家下榻《世说新语》记载，太守陈蕃赏识徐孺子，专门为其在家中设置榻，当徐孺子来的时候，就将榻放下来，徐孺子走了就将榻吊起来，此处应该是称赞滕王阁的东道主欣赏才俊，也有夸赞宾客的成分）。雄伟的州城像雾一样涌起，杰出的人才像星星一样多。城池倚据在荆楚和华夏交接的地方，宴会上客人和主人都是东南一带的俊杰。声望崇高的阎都督公，（使）打着仪仗（的高人）远道而来；德行美好的宇文新州刺史，（让）驾着车马（的雅士）也在此暂时驻扎。正好赶上十日一休的假日，才华出众的朋友多得如云；迎接千里而来的客人，尊贵的朋友坐满宴席。文章的辞彩如蛟龙腾空、凤凰飞起，那是文词宗主孟学士；紫电和清霜这样的宝剑，出自王将军的武库里。家父做交趾县令，我探望父亲路过这个有名的地方（指洪州）；我年幼无知，（却有幸）参加这场盛大的宴会。

时维九月，序属三秋。潦水尽而寒潭清，烟光凝而暮山紫。俨骖騑于上路，访风景于崇阿。临帝子之长洲，得仙人之旧馆。层峦耸翠，上出重霄；飞阁流丹，下临无地。鹤汀凫渚，穷岛屿之萦回；桂殿兰宫，即冈峦之体势。

【译文】时间是九月，季节为深秋。蓄积的雨水已经消尽，潭水寒冷而清澈，烟光雾气凝结，傍晚的山峦呈现出紫色。驾着豪华的马车行驶在高高的道路上，到崇山峻岭中观望风景。来到滕王营建的长洲上，看见他当年修建的楼阁。重叠的峰峦耸起一片苍翠，上达九霄；凌空架起的阁道上，朱红的油彩鲜艳欲滴，从高处往下看，地好像没有了似的。仙鹤野鸭栖止的水边平地和水中小洲，极尽岛屿曲折回环的景致；桂树与木兰建成的宫殿，随着冈峦高低起伏的态势。

披绣闼，俯雕甍。山原旷其盈视，川泽纡其骇瞩。闾阎扑地，钟鸣鼎食之家；舸舰迷津，青雀黄龙之轴。虹销雨霁，彩彻区明。落霞与孤鹜齐飞，秋水共长天一色。渔舟唱晚，响穷彭蠡之滨，雁阵惊寒，声断衡阳之浦。

【译文】打开精美的阁门，俯瞰雕饰的屋脊，放眼远望辽阔的山原充满视野，迂回的河流湖泊使人看了惊叹。房屋排满地面，有不少官宦人家；船只布满渡口，都装饰着青雀黄龙的头形。云消雨散，阳光普照，天空明朗。落霞与孤独的野鸭一齐飞翔，秋天的江水和辽阔的天空浑然一色。渔船唱着歌傍晚回来，歌声响遍鄱阳湖畔；排成行列的大雁被寒气惊扰，叫声消失在衡山南面的水边。

遥吟甫畅，逸兴遄飞。爽籁发而清风生，纤歌凝而白云遏。睢园绿竹，气凌彭泽之樽；邺水朱华，光照临川之笔。四美具，二难并。穷睇眄于中天，极娱游于暇日。天高地迥，觉宇宙之无穷；兴尽悲来，识盈虚之有数。望长安于日下，指吴会于云间。地势极而南溟深，天柱高而北辰远。关山难越，谁悲失路之人；萍水相逢，尽是他乡之客。怀帝阍而不见，奉宣室以何年？

【译文】远望的胸怀顿时舒畅，飘逸的兴致油然而生。排箫发出清脆的声音，引来阵阵清风；纤细的歌声仿佛凝住不散，阻止了白云的飘动。今日的宴会很像是当年睢园竹林的聚会，在座的诗人文士狂饮的气概压过了陶渊明；又有邺水的曹植咏荷花那样的才气，文采可以直射南朝诗人谢灵运。良辰、美景、赏心、乐事，四美都有，贤主、嘉宾，难得却得。放眼远望半空中，在闲暇的日子里尽情欢乐。天高地远，感到宇宙的无边无际；兴致已尽，悲随之来，认识到事物的兴衰成败有定数。远望长安在夕阳下，遥看吴越在云海间。地势偏远，南海深不可测；天柱高耸，北极星远远悬挂。雄关高山难以越过，有谁同情不得志的人？在座的各位如浮萍在水上相聚，都是客居异乡的人。思念皇宫却看不见，等待在宣室召见又是何年？

嗟乎！时运不齐，命途多舛。冯唐易老，李广难封。屈贾谊于长沙，非无圣主；窜梁鸿于海曲，岂乏明时？所赖君子安贫，达人知命。老当益壮，宁移白首之心；穷且益坚，不坠青云之志。酌贪泉而觉爽，处涸辙而犹欢。北海虽赊，扶摇可接；东隅已逝，桑榆非晚。孟尝高洁，空怀报国之情；阮籍猖狂，岂效穷途之哭？

【译文】唉！命运不顺畅，路途多艰险。冯唐容易老，李广封侯难。把贾谊贬到长沙，并非没有圣明的君主；让梁鸿到海边隐居，难道不是在政治昌明的时代？能够依赖的是君子察觉事物细微的先兆，通达事理的人知道社会人事的规律。老了应当更有壮志，哪能在白发苍苍时改变自己的心志？处境艰难反而更加坚强，不放弃远大崇高的志向。喝了贪泉的水，仍然觉得心清气爽；处在干涸的车辙中，还能乐观开朗。北海虽然遥远，乘着旋风仍可以到达；少年的时光虽然已经消逝，珍惜将来的岁月还不算晚。孟尝品行高洁，却空有一腔报国的热情；怎能效法阮籍狂放不羁，在无路可走时便恸哭而返？

勃三尺微命，一介书生。无路请缨，等终军之弱冠；有怀投笔，慕宗悫之长风。舍簪笏于百龄，奉晨昏于万里。非谢家之宝树，接孟氏之芳邻。他日趋庭，叨陪鲤对；今晨捧袂，喜托龙门。杨意不逢，抚凌云而自惜；钟期既遇，奏流水以何惭？

【译文】我，地位低下，一个书生。没有请缨报国的机会，虽然和终军的年龄相同；像班超那样有投笔从戎的胸怀，也仰慕宗悫"乘风破浪"的志愿。宁愿舍弃一生的功名富贵，到万里之外去早晚侍奉父亲。不敢说是谢玄那样的人才，却结识了诸位名家。过些天到父亲那里聆听教诲，一定要像孔鲤那样趋庭有礼，对答如流；今天举袖作揖谒见阎公，好像登上龙门一样。司马相如倘若没有遇到杨得意那样引荐的人，虽有文才也只能独自叹惋。既然遇到钟子期那样的知音，演奏高山流水的乐曲又有什么羞惭呢？

呜呼！胜地不常，盛筵难再。兰亭已矣，梓泽邱墟。临别赠言，幸承恩于伟饯；登高作赋，是所望于群公！敢竭鄙诚，恭疏短引。一言均赋，四韵俱成：

滕王高阁临江渚，佩玉鸣鸾罢歌舞。
画栋朝飞南浦云，珠帘暮卷西山雨。
闲云潭影日悠悠，物换星移几度秋。
阁中帝子今何在？槛外长江空自流！

【译文】唉！名胜的地方不能长存，盛大的宴会难以再遇。当年兰亭宴饮集会的盛况已成为陈迹了，繁华的金谷园也成为荒丘废墟。临别赠言，作为有幸参加这次盛宴的纪念；登高作赋，那就指望在座的诸公了。冒昧给大家献丑，恭敬地写下这篇小序，我的一首四韵小诗也已写成：

壮美的滕王阁俯临着江边的沙渚，佩玉鸣，驾铃响，歌舞已经结束。雕花的栋梁晨光中缭绕着南浦的白云，彩绘的朱帘暮霭里卷收起西山的阵雨。阴云投影深潭，每日里悠悠飘游，人物换，时光移，已过了几度春秋。楼阁中游乐的滕王如今又在哪里？门槛外大江之水却依然寂寞地奔流。

骆宾王

唐义乌人，初为赵王府属，武后时除临海丞，弃官去。徐敬业勤王兵起，署为府属，为敬业传檄天下，斥武后罪。后读之，但嘻笑，至“一抔之土未干，六尺之孤何托”，矍然曰：“谁为之？”或以宾王对。后曰：“宰相安得失此人？”敬业败，宾王亡命不知所之。中宗时诏求其遗文，得数百篇，有《骆临海集》。

【译文】唐朝义乌人，开始为赵王府中僚属，武则天时授予临海丞，弃官而去。徐敬业发起勤王军队时，召为幕僚，为徐敬业撰写檄文，传扬天下，斥责武则天罪行。武则天读到时，开始只是嘻笑，读到“一抔的黄土还没有干，六尺的孤儿可托付给何人”，就吃惊地说：“这是说写的？”有人回答说是骆宾王写的。武则天就说：“宰相怎能够失去此人呢？”徐敬业失败后，骆宾王逃命不知所终。唐中宗时期，命令寻找他的遗文，找到数百篇，有《骆临海集》。

为徐敬业以武后临朝移诸郡县檄

伪临朝武氏者，性非和顺，地实寒微。昔充太宗下陈，曾以更衣入侍。洎乎晚节，秽乱春宫，潜隐先帝之私，阴图后房之嬖。入门见嫉，蛾眉不肯让人；掩袖工谗，狐媚偏能惑主。践元后于翚翟，陷吾君于聚麀。加以虺蜴为心，豺狼成性，近狎邪僻，残害忠良，杀姊屠兄，弑君鸩母，人神之所同嫉，天地之所不容。犹复包藏祸心，窥窃神器。君之爱子，幽之于别宫；贼之宗盟，委之以重任。呜呼！霍子孟之不作，朱虚侯之已亡。燕啄皇孙，知汉祚之将尽；龙漦帝后，识夏庭之遽衰。

【译文】非法执掌朝政的武则天，本性并不是温顺的，出身实在寒伧低微。从前，她充当太宗的低级宫妃，曾经因宴会休息时替皇帝更换衣服而进入宫中侍奉太宗，到了后来淫秽得闹乱了太子的东宫，偷偷地隐瞒起她和太宗的私情，暗中图谋得到了高宗后宫的爱幸。被选入宫中的妃嫔一进门就遭到她的嫉妒,她依仗自已的美貌不肯谦让别人；使用掩袖的毒计,善于在君王面前进谗言,妖狐般的媚态,偏偏能迷惑君主.登上了皇后的位子，穿上了皇后的礼服,陷害我的君王干了禽兽般的事情。再加上她心毒如蛇蝎，性狠似豺狼,亲近奸邪的官吏,残害忠良的大臣,屠杀同胞亲属,毒害君主母后。人和神共同痛恨她,天和地不容留。她还进一步包藏着祸乱的心，偷偷地看着皇帝的权位,企图窃夺。君王喜爱的太子，被她幽禁在别的宫中;武贼的宗族亲信,却被她委派去掌了大权。呀!霍子孟不再兴起,朱虚侯已经死亡。听到”燕啄皇孙”的童谣,就知道了汉朝的国统将要终止；看到”龙漦帝后”的现象,就认识了夏朝的皇庭急速衰亡。

敬业皇唐旧臣，公侯冢子。奉先君之成业，荷本朝之厚恩。宋微子之兴悲，良有以也；袁君山之流涕，岂徒然哉！是用气愤风云，志安社稷。因天下之失望，顺宇内之推心，爰举义旗，以清妖孽。

【译文】敬业是唐朝皇帝的旧臣,是公侯（徐责）的长子。继承了父祖的成功事业,承受了唐朝的深厚恩惠。宋微子兴起悲痛,实在是有原因的；桓君山流下涕泪,岂是无用的举动。这是用志气来使风云发愤,用意志使国家安定。顺从天下人对武则天的失望,顺应世上人的以诚心待人,于是举起了正义的旗帜，清除妖孽。

南连百越，北尽三河，铁骑成群，玉轴相接。海陵红粟，仓储之积靡穷；江浦黄旗，匡复之功何远。班声动而北风起，剑气冲而南斗平。喑呜则山岳崩颓，叱咤则风云变色。以此制敌，何敌不摧；以此图功，何功不克！

公等或居汉地，或叶周亲，或膺重寄于话言，或受顾命于宣室。言犹在耳，忠岂忘心？一抔之土未干，六尺之孤何托？倘能转祸为福，送往事居，共立勤王之勋，无废大君之命，凡诸爵赏，同指山河。若其眷恋穷城，徘徊歧路，坐昧先几之兆，必贻后至之诛。试看今日之域中，竟是谁家之天下！移檄州郡，咸使知闻。

【译文】南方连着百越地带,北方直到中原山河,铁骑成群结队,战船首尾相接。海陵的陈年粟米,仓粮储存得无穷无尽；江浦升起黄旗,匡救恢复唐朝天下的成功日子不远啦!排列成阵的战马嘶鸣如同北风吹起,剑气冲霄能使南斗平定。呼喊起来就使上岳崩崩颓,怒吼一声就使风云变色。用这样的势力制敌,什么敌人不被摧毁；用这样的势力争取成功,什么功业不能建成!

诸位先生：你们有的是居于外地为官的异姓；有的是和唐朝有婚姻关系的至亲;有的是节制一方的将帅,曾听过皇帝临终时的嘱托,身负重任；有的是在朝辅政的大臣,曾接受过皇帝的遗命。在些话还在耳中,怎能忘掉你们的忠心呢?一抔的乾陵黄土还没有干,六尺高的太子孤儿可托给谁人!如果能够转祸为福,送别去世的高宗,给现在的中宗办事,共同建立救援君主的功勋,不废弃高宗的命令,凡是有功的一定有各种爵位的赏赐,可以同指山河发誓!假如有谁留恋穷城徘徊在歧路上,糊涂得看不到事前的预兆,必定要收到迟疑不响应的杀头处罚。请看今日的疆域,究竟是谁家的天下!这道檄文颁布到各州郡,让大家都知晓。

王 维

唐太原人，字摩诘，开元初擢进士，官至尚书右丞，工诗善画，时谓其诗中有画，画中有诗，文亦有诗意，有别墅在辋川，尝与裴迪遨游其中，歌咏为乐，卒年六十一，有《王右丞集》。

【译文】唐朝太原人，字摩诘，开元初年提拔为进士，官至尚书右丞，擅长诗画，时人称他诗中有画意，画中有诗意，文章也有诗意。有别墅在辋川，曾经和裴迪游玩其中，以吟唱为乐，去世时六十一岁，著作有《王右丞集》。

与裴秀才迪书

近腊月下，景气和畅，故山殊可过。足下方温经，猥不敢相烦。辄便往山中，憩感配寺，与山僧饭讫而去。

北涉玄灞，清月映郭。夜登华子冈，辋水沦涟，与月上下。寒山远火，明灭林外。深苍寒犬，吠声如豹。村墟夜舂，复与疏钟相间。此时独坐，僮仆静默，多思曩昔携手赋诗，步仄径，临清流也。

当待春中，草木蔓发，春山可望，轻鯈出水，白鸥矫翼，露湿青皋，麦陇朝雊。斯之不远，倘能从我游乎？非子天机清妙者，岂能以此不急之务相邀？然是中有深趣矣！无忽。因驮黄蘗人往，不一。山中人王维白。

【译文】现在接近十二月末，气候温和舒畅，旧居蓝田山区很值得一游。我知道你正在温习经书，准备应试，不敢轻易打扰你，就独自去山中游玩，在感配寺休息，同山僧一起吃过斋饭后才离去。

归途中北行涉过灞水，这时清朗的月亮已经映照着城郭。夜间登上华子冈，只见辋川水在月光的照耀下微波荡漾。冬天远处的山火在树林间忽明忽暗。还可以听到从深深的小巷里传出像豹子叫似的犬吠声。晚上村中舂米的声音，与庙宇传来稀疏的钟声相互交错。此时僮仆都已休息，只有我独自静坐，常常回忆起往日，同你在一起的日子，我们携手赋诗，在小径间漫步，在清流旁伫立。

待到来年春季，草树蔓延生长，可以看到山色一片新绿，小鱼浮出水面，白鸥展翅飞翔，水露润湿了河岸，麦田里野鸡鸣叫，这美丽的景色不久就会有了，你能不能与我一起来游赏呢？如不是你这样天性敏慧、情趣高雅的人，我哪能用这不打紧的事务相邀呢？然而，这中间可是有着浓厚的情趣啊！千万不可疏忽错过。托运送黄檗的人顺便带信给你，不能一一详述。山中人王维说。

李　华

唐赞皇人，字遐叔，擢进士弘辞科。天宝间官监察御史，劾宰相杨国忠姻娅横暴无状，后去官隐山阳，戒弟子力农，安于穷槁。文辞绵丽焕发，与萧颖士齐名，有《李遐叔文集》。

【译文】唐朝赞皇人，字遐叔，提拔为进士弘辞科。天宝年间任监察御史，弹劾宰相杨国忠姻亲横行无礼，后离官隐居山阳，劝诫弟子勤力农事，安于贫困。他的文章辞藻华美，光彩四射，和萧颖士齐名，著作有《李遐叔文集》。

吊古战场文

浩浩乎平沙无垠，敻不见人。河水萦带，群山纠纷。黯兮惨悴，风悲日曛。蓬断草枯，凛若霜晨。鸟飞不下，兽铤亡群。亭长告予曰："此古战场也，尝覆三军。往往鬼哭，天阴则闻。"伤心哉！秦欤汉欤？将近代欤？

吾闻夫齐魏徭戍，荆韩召募。万里奔走，连年暴露。沙草晨牧，河冰夜渡。地阔天长，不知归路。寄身锋刃，腷臆谁愬？秦汉而还，多事四夷，中州耗斁，无世无之。古称戎夏，不抗王师。文教失宣，武臣用奇。奇兵有异于仁义，王道迂阔而莫为。呜呼噫嘻！

吾想夫北风振漠，胡兵伺便。主将骄敌，期门受战。野竖旌旗，川回组练。法重心骇，威尊命贱。利镞穿骨，惊沙入面，主客相搏，山川震眩。声析江河，势崩雷电。至若穷阴凝闭，凛冽海隅，积雪没胫，坚冰在须。鸷鸟休巢，征马踟蹰。缯纩无温，堕指裂肤。当此苦寒，天假强胡，凭陵杀气，以相剪屠。径截辎重，横攻士卒。都尉新降，将军复没。尸踣巨港之岸，血满长城之窟。无贵无贱，同为枯骨。可胜言哉！鼓衰兮力竭，矢尽兮弦绝，白刃交兮宝刀折，两军蹙兮生死决。降矣哉，终身夷狄；战矣哉，暴骨沙砾。鸟无声兮山寂寂，夜正长兮风淅淅。魂魄结兮天沉沉，鬼神聚兮云幂幂。日光寒兮草短，月色苦兮霜白。伤心惨目，有如是耶！

【译文】辽阔的无边无际的旷野啊，极目远望看不到人影。河水象一条带子弯曲萦绕，远处无数的山峰重叠错乱。一片阴暗凄凉的景象：寒风悲啸，日色昏黄，蓬蒿断落，野草萎枯，寒气凛冽有如降霜的冬晨。鸟儿飞过也不肯落下，离群的野兽奔窜而过。亭长告诉我说："这儿就是古代的战场，曾经覆没全军。时常有鬼哭的声音，每逢阴天就会听到。"真令人伤心啊！这是秦朝、汉朝，还是近代的事情呢？

我听说战国时期，齐魏征集壮丁服役，楚韩募集兵员备战。士兵们奔走万里边疆，年复一年暴露在外，早晨寻找沙漠中的水草放牧，夜晚穿涉结冰的河流。地远天长，不知道哪里是归家的道路。性命寄托于刀枪之间，苦闷的心情向谁倾诉？自从秦汉以来，四方边境上战争频繁，中原地区的损耗破坏，也无世不有。古时称说，外夷中夏，都不和帝王的军队为敌；后来不再宣扬礼乐教化，武将们就使用奇兵诡计。奇兵不符合仁义道德，王道被认为迂腐不切实际，谁也不去实行。唉哟哟！

我想象北风摇撼着沙漠，胡兵乘机来袭。主将骄傲轻敌，敌兵已到营门才仓卒接战。原野上竖起各种战旗，河谷地奔驰着全副武装的士兵。严峻的军法使人心惊胆战，当官的威权重大，士兵的性命微贱。锋利的箭镞穿透骨头，飞扬的沙粒直扑人面。敌我两军激烈搏斗，山川也被震得头昏眼花。声势之大，足以使江河分裂，雷电奔掣。何况正值极冬，空气凝结，天地闭塞，寒气凛冽的翰海边上，积雪陷没小腿，坚冰冻住胡须。凶猛的鸷鸟躲在巢里休息，惯战的军马也徘徊不前。绵衣毫无暖气，人冻得手指掉落，肌肤开裂。在这苦寒之际，老天假借强大的胡兵之手，凭仗寒冬肃杀之气，来斩伐屠戮我们的士兵，半途中截取军用物资，拦腰冲断士兵队伍。都尉刚刚投降，将军又复战死。尸体僵仆在大港沿岸，鲜血淌满了长城下的窟穴。无论高贵或是卑贱，同样成为枯骨。说不完的凄惨哟！鼓声微弱啊，战士已经精疲力竭；箭已射尽啊，弓弦也断绝。白刃相交肉搏啊，宝刀已折断；两军迫近啊，以生死相决。投降吧？终身将沦于异族；战斗吧？尸骨将暴露于沙砾！鸟儿无声啊群山沉寂，漫漫长夜啊悲风淅淅，阴魂凝结啊天色昏暗，鬼神聚集啊阴云厚积。日光惨淡啊映照着短草，月色凄苦啊笼罩着白霜。人间还有象这样令人伤心惨目的景况吗？

吾闻之：牧用赵卒，大破林胡，开地千里，遁逃匈奴。汉倾天下，财殚力痡。任人而已，岂在多乎！周逐猃狁，北至太原。既城朔方，全师而还。饮至策勋，和乐且闲。穆穆棣棣，君臣之间。秦起长城，竟海为关。荼毒生民，万里朱殷。汉击匈奴，虽得阴山，枕骸徧野，功不补患。

苍苍蒸民，谁无父母？提携捧负，畏其不寿。谁无兄弟？如足如手。谁无夫妇？如宾如友。生也何恩，杀之何咎？其存其没，家莫闻知。人或有言，将信将疑。悁悁心目，寤寐见之。布奠倾觞，哭望天涯。天地为愁，草木凄悲。吊祭不至，精魂无依。必有凶年，人其流离。呜呼噫嘻！时耶命耶？从古如斯！为之奈何？守在四夷。

【译文】我听说过，李牧统率赵国的士兵，大破林胡的入侵，开辟疆土千里，匈奴望风远逃。而汉朝倾全国之力和匈奴作战，反而民穷财尽，国力削弱。关键是任人得当，哪在于兵多呢！周朝驱逐玁狁，一直追到太原，在北方筑城防御，尔后全军凯旋回京，在宗庙举行祭祀和饮宴，记功授爵，大家和睦愉快而又安适。君臣之间，端庄和蔼，恭敬有礼。而秦朝修筑长城，直到海边都建起关塞，残害了无数的人民，鲜血把万里大地染成了赤黑；汉朝出兵攻击匈奴，虽然占领了阴山，但阵亡将士骸骨遍野，互相枕藉，实在是得不偿失。

苍天所生众多的人民，谁没有父母？从小拉扯带领，抱着背着，唯恐他们夭折。谁没有亲如手足的兄弟？谁没有相敬如宾友的妻子？他们活着受过什么恩惠？又犯了什么罪过而遭杀害？他们的生死存亡，家中无从知道；即使听到有人传讯，也是疑信参半。整日忧愁郁闷，夜间音容入梦。不得已只好陈列祭品，酹酒祭奠，望远痛哭。天地为之忧愁，草木也含悲伤。这样不明不白的吊祭，不能为死者在天之灵所感知，他们的精魂也无所归依。何况战争之后，一定会出现灾荒，人民难免流离失所。唉唉！这是时势造成，还是命运招致呢？从古以来就是如此！怎样才能避免战争呢？惟有宣扬教化，施行仁义，才能使四方民族为天子守卫疆土啊。

陆 贽

唐嘉兴人，字敬舆，德宗时为翰林学士，甚见亲任，时号内相，从幸奉天，诏书旁午，皆出于其手，所下制书，武夫悍卒闻者，无不感泣，累迁中书侍郎同平章事，为裴延龄所谗，贬忠州别驾，卒年五十二，谥宣。贽在朝论谏，言皆剀切，其文多用骈句，盖当时之体裁，然真意笃挚，反覆曲畅，不复见排偶之迹，所谓经世之文也，有《陆宣公翰苑集》。

【译文】唐代嘉兴人，字敬舆，唐德宗时为任翰林学士，很受唐德宗的亲爱信任，当时被人号称“内相”，跟随德宗到奉天（今陕西乾县），德宗频繁下的诏书，都是出自他的手，他所起草的制书，连那些文化水平不高的武夫、勇猛的人听了，没有不感动的流泪的，多次升迁最后任中书侍郎同平章事，后被裴延龄谗陷，被贬到忠州做别驾，死时五十二岁，被追谥号宣。陆贽在朝时，讨论进谏的问题，言辞合理，他的文章喜欢用骈文，这大概是当时流行的文体，但是文中所真情实意，非常敦厚，反复地谈论，见不到什么排偶的形式痕迹，是治理国家政治文献，现在存有《陆宣公翰苑集》一书。

奉天请数对群臣兼许令论事状

朝隐奉宣圣旨：“频览卿表状，劝朕数对群臣，兼许令论事，辞理恳切，深表尽忠。朕本心甚好推诚，亦能纳谏，但缘上封事及奏对者，少有忠良，多是论人长短，或探朕意旨。朕虽不受谗谮，出外即谩生是非，以为威福。朕往日将谓君臣一体，都不提防，缘推诚信不疑，多被奸人卖弄。今所致患害，朕思亦无他故，却是失在推诚。又谏官论事，少能慎密，例自矜衒，归过于朕，以自取名。朕从即位以来，见奏对论事者甚多，大抵皆是雷同，道听涂说，试加质问，即便辞穷。若有奇才异能，在朕岂惜拔擢。朕见从前已来，事只如此，所以近来不多取次对人，亦不是倦于接纳，卿宜深悉此意者。”

【译文】朝隐奉令宣传圣旨说："连续审阅了卿（指陆贽）的两个奏状，知其主旨为要求朕立即召对群臣，容许百官议论阙失，言辞、理由诚恳殷切，深深地表达了你的忠心。朕内心里面是特别喜好君臣之间以诚心相待，而且也能够接纳谏言，但由于密奏者、奏对者中，忠良之人不多，经常只是喜欢对别人品头论足，回者试探我的内心意旨。虽然我不受这些中伤恶言的影响，但这些言论流传出去，就容易产生许多是非之事，并由此成为某些人妄自尊大，恃势弄权的工具。过去我认为君臣之间应当彼此以诚相待，成为一体，互不猜忌，但却最后被奸诈小人欺骗、玩弄。今天所遭受的祸患（指奉天之难），我反思别无他因，就在于"推诚"举措所致。另外，谏官们在议论政事时，才能浅薄，考虑不周全，且经常自夸自媒，将过错皆归于我，来显示自己的名节。我从登基即位以来，所见的奏折、对策数量很多，但内容上却大多相同，而且很多是道听途说，没有确实的论据和论证，只要略微进行质问，就难以站得住脚。如果确实有奇异才能的人在，我怎么可能心胸狭窄而不选拔他们呢？我发现自先辈以来，基本都是这种情形，因此近段时间不怎么奏对论事，并非对谏纳之事厌倦了。希望爱卿能深入领会我的意思。"

圣德广大，如天包容，俯矜狂愚，仍赐奖谕，嘉臣以恳切，目臣以尽忠，虽甚庸驽，实怀感励。夫知无不言之谓尽，事君以义之谓忠，臣之夙心，久以自誓，以此为奉上之道，以此为报主之资。幸逢休明，获展诚愿，既免罪戾，又蒙褒称，庶奉周旋，不敢失坠。傥陛下广推此道，旋及万方，咸奖直以矜愚，各录长而舍短，人之欲善，谁不如臣。自然圣德益彰，群心尽达，愚衷恳恳，实在于斯。睿眷特深，缕宣密旨，备该物理，曲尽人情，其于虑远防微，固非常识所逮。然臣窃谓天子之道，与天同方，天不以地有恶木而废发生，天子不以时有小人而废听纳。帝王之盛，莫盛于尧，虽四凶在朝，而佥议靡辍。故曰"惟天为大，惟尧则之。"是知人有邪直贤愚，在处之各得其所而已，必不可以忠良者少，而阙于询谋献纳之道也。昔人有因噎而废食者，又有惧溺而自沉者，其为矫枉防患之虑，岂不过哉。愿陛下取鉴于兹，勿以小虞而妨大道也。

【译文】圣上德行广大，如同上天一样能包容万物，怜悯我的狂妄愚昧，依旧给予我褒奖，赞扬我的诚恳殷切，认可我的忠心，虽然我平庸无能，不能领会圣上的深意，但对您的宽容，发自内心地感动和激励。知道的东西全部说出来称为"尽"，用"义"侍奉君主称为"忠"，"尽"、"忠"是我早就有的心愿，很久以来一直作为自己的誓言，认为这是臣子侍奉君主的正道，是臣子报答君主的资本。所幸的是我遇到了明君您，使我的心愿得以施展，您仁慈宽厚，不但免除了我的罪过，而且还褒奖我，但愿我以后侍奉您很周全，不敢有半点错失。倘若圣上您能将宽厚仁慈的君道推广至天下四方，对那些直谏、庸愚之人给予夸奖，用他们的优点、长处，舍弃他们的缺点、短处，那么每个人都将会行善，还有谁能不如臣我呢？如能这样，您的德行将更加张扬，人人尽心竭力，忠心耿耿，其关键就在于您的仁厚。您的考虑、顾及很深，多次传达密旨，穷尽万物之理、人之常情，其考虑之远之全，是一般常识所不及的。不过我私下认为君主治国之道应当与天道一样，天并不因为自然界中长有恶木就废除生命，天子也不要因为常有小人出现而就拒绝纳谏。帝王盛世，没有别尧在位时更兴旺的，即使共工、三苗、驩兜、鲧四恶人在朝，共商国事的举措从未停过。所以说："只有天是最大的，只有尧取法于天。"由上可知，人有邪恶、耿直、庸愚、贤能之分，各在己所，各任己任，但天生不能成忠良为国尽忠者人少，所缺的是共商谋事之道。过去有人因为被食物噎过就不再吃东西了，还有人因怕被水淹死而自己沉入水中而亡，这些都是过于忧患和多虑了。希望圣上以其为鉴，不要因小的考虑而妨害了治国大道。

臣闻人之所助在乎信，信之所立由乎诚。守诚于中，然后俾众无惑；存信于已，可以教人不欺。惟信与诚，有补无失。一不诚则心莫之保，一不信则言莫之行。故圣人重焉，以为食可去而信不可失也。又曰"诚者物之终始，不诚无物。"物者事也，言不诚则无复有事矣。匹夫不诚，无复有事，况王者赖人之诚以自固，而可不诚于人乎？陛下所谓失于诚信以致患害者，臣窃以斯言为过矣。孔子曰："可与言而不与之言，失人；不可与言而与之言，失言。智者不失人，亦不失言。"由此论之，陛下可审其所言，而不可不慎；信其所兴，而不可不诚。海禽至微，犹识情伪，含灵之类，固必难诬。前志所谓众庶者至愚而神，盖以蚩蚩之徒，或昏或鄙，此其似于愚也。然而上之得失靡不辨，上之好恶靡不知，上之所秘靡不传，上之所为靡不效，此其类于神也。故驭之以智则人诈，示之以疑则人偷，接不以礼，则徇义之意轻，抚不以恩，则效忠之情薄。上行之则下从之，上施之则下报之，若响应声，若影从表。表枉则影曲，声淫则响邪，怀鄙诈而求颜色之不形，颜色形而求观者之不辨，观者辨而求众庶之不惑，众庶惑而求叛乱之不生，自古及今，未之得也。故"惟天下至诚，为能尽其性；能尽其性，则能尽人之性。"若不尽于已而望尽于人，众必绐而不从矣；不诚于前而曰诚于后；众必疑而不信矣。今方岳有不诚于国者，陛下则兴师以伐之，臣庶有亏信于上者，陛下则出令以诛之。有司顺命诛伐而不敢纵舍者，盖以陛下之所有，责彼之所无故也。向若陛下不识于物，不信于人，人将有辞，何以致讨？是知诚信之道，不可斯须去身，愿陛下慎守而行之有加，恐非所以为悔者也。

【译文】我听说一个由于有信用才会获得别人的帮助，而信用来自于诚。心中有诚，才会使众人没有疑惑。只有自己诚信，才能教诲别人不欺诈。信和诚，只会对国家有补益，而不会损失什么。不诚，则人心将远离，不信，则不会有人听命于你。所以，圣人对它们很看重，认为可以没有食物，但不可失信。圣人还说："诚是万物的发源和终结，没有诚，就没有万物"，"物"的意思是"事"，上面这句话的意思是说不诚将不再会成事。一般百姓如果没有诚信，将不会成事，更何况君主还要依靠别人的诚信来巩固自己的君位，能不也诚信对待别人吗？陛下认为造成今天祸患的原因在于推行“诚信”的举措，我私下以为这种观点是片面的。孔子说：“能告诉这个人而不告诉他，是失去这个朋友，不能告诉这个人却跟他说了，是错说，智者既不丢失朋友，也不说错话。”从此来看，陛下应该审查别人给你的进言，不可不谨慎，草率相信；但同时“信”要得到广大，又不能不“诚”。小小的海鸟，都能辨认出真情与假意，更何况有灵魂的人呢，是很难被欺骗的。前文中提到一般民众虽表面看很愚笨但矢却很聪慧，只是因外表敦厚，有时迷糊有时鄙俗，类似于愚笨。但对于您的得和失皆有辨识，对于您的喜好和厌恶皆有所知，关于您的私密之事皆有流传，对于您的行为没有不仿效的，这就是他们的聪慧。因此，用智巧去管理人则人也将会奸诈，怀疑民众则民众将会偷偷摸摸行事，待人不以礼节，则舍生取义的想法少，不以恩惠爱抚人，则效忠于您的情谊淡薄。君主做什么，那么民众就会跟从模仿，君主施人恩惠，民众就会回报。如同声响相随，表影相伴。圭表不直，那么影子就弯曲，声音淫靡，其回声也奸邪。心中有鄙俗、奸诈的想法却想不显现在脸上，脸上显露出来却又想民众觉察不出来，民众觉察到却又希望不要因此而迷糊，民众迷糊后又不想因此而出现叛乱，自古以来，都很难做到的。所以说：“只有整个社会达到‘至诚’，才能充分发挥出天下社会的本性，只有天下社会的本性得到充分发挥，才能充分发挥天下民众的本性。”如果自己做不到，却指望民众做到，民众必然倦怠而不从；自己不先做到诚信而要求别人先诚信，民众肯定不会信从。现在四方州郡有不忠诚于国家的，那么陛下您就发动军队进行讨伐，臣子中有对您不信用的，您就下令诛杀他们。官员们依照您的命令讨伐、追杀，不敢有丝毫放纵，原因就在于用您所具备的东西去责备别人所没有的。假如您没有才能，不守诚信，别人将会有理由，那么凭什么去讨伐他们呢？由其可见，诚信之道，不能片刻抛弃，希望您能仔细遵守，并更加身体力行，恐怕并不是您应当觉悔的地方。

臣闻《春秋传》曰：“人谁无过，过而能改，善莫大焉。”《易》曰：“日新之谓盛德。”《礼记》曰：“德日新，日日新，又日新。”《商书》仲虺述成汤之德曰：“用人惟己，改过不吝。”《周诗》吉甫美宣王之功曰：“衮职有阙，惟仲山甫补之。”夫《礼》《易》《春秋》，百代不刊之典也，皆不以无过为美，而谓大善盛德，在于改过日新。成汤圣君也，仲虺圣辅也，以圣辅而赞扬圣君，不称其无过；而称其改过，周宣中兴之贤主也，吉甫文武之贤臣也，以贤臣而歌诵贤主，不美其无阙，而美其补阙。是则圣贤之意，较然著明，唯以改过为能，不以无过为贵。盖为人之行己，必有过差，上智下愚，俱所不免。智者改过而迁善，愚者耻过而遂非，迁善则其德日新，是为君子；遂非则其恶弥积，斯谓小人。故闻义能徙者，常情之所难，从谏弗咈者，圣人之所尚。至于赞扬君德，歌述主功，或以改过不吝为言，或以有阙能补为美。中古已降，淳风浸微，臣既尚谀，君亦自圣。掩盛德而行小道，于是有入则造膝，出则诡辞之态兴矣。奸由此滋，善由此沮，帝王之意由此惑，谮臣之罪由此生，媚道一行，为害斯甚。

【译文】我听说过这些道理，《春秋传》说："没有人不会犯错误，有过错但能改，就是最大的'善'。"《易》说："每天能有增新就叫做大德。"《礼记》说："德性每天都要有更新、收获。"《商书》中仲虺叙述成汤的品德时说："用人如同用自己一样信任，纠正过错一点都不吝啬。"《周诗》吉甫赞美美周宣王的功德时说："帝王做事有过失，仲山甫加以弥补。"《礼》《易》《春秋》，这些著作都是百代不需改变的经典，它们都不认为"无过"是最好，而称真正的好是能够改正过错，每天都有善的积累。商汤王是贤明的君主，仲虺是贤明的辅佐大臣，从贤明大臣的角度来赞扬贤明的君主，此所称赞的并非其"无过"，而是其"能改过"。周宣王是周朝中兴的贤主，吉甫是文武百官中的贤臣，从贤明大臣的角度来歌诵贤明君主，不以没有缺失为美，而以能弥补缺失为美。可见，所谓是"圣"、"贤"意思，很明显，并非指没有过错，而是指能够纠正过错。大概每个人立身行事，难免没有过错，不管聪慧还是愚笨之人，都不能避免。聪慧的人能够改正过错并向善的方向前进，愚笨之人以过错为羞耻但却坚持错误，向善的方向前进，其品德每天都有增益，这就是君子；坚持错误则邪恶越积越多，称为小人。所以，听到道义的东西就能心神向往，一般普通人是做不到的，能依从劝谏，而不违逆，是圣人所崇尚的。由此形成赞扬君主品德，歌颂君主功业，要么称赞其能勇于改过，要么赞美其能弥补缺失。中古以后，这种淳朴的风气逐渐衰微，大臣们崇尚阿谀，君主则自以为自己圣明。掩盖真正的大德而行一些小的治国之术，于是就出现了进入宫内就促膝而谈，出到宫外则不说实话的坏风气。奸邪之道由此滋生，向善之道由此阻塞，帝王的意识由此迷惑，叛乱的罪行由此而生，崇媚的风气大行，所造成的损害太深。

太宗文皇帝挺秀千古，清明在躬，再恢圣谟，一变流弊，以虚受为理本，以直言为国华。有面折廷争者，必为霁雷霆之威，而明言奖纳；有上封献议者，必为黜心意之欲，而手敕褒扬。故得有过必知，知而必改，存致雍熙之化，没齐尧舜之名。向若太宗徇中主之常情，滞习俗之凡见，闻过则羞已之短，纳谏又畏人之知，虽有求得之心，必无济代之效，虽有悔过之意，必无从谏之名。此则听纳之实不殊，隐见之情小异，其于损益之际，已有若此相悬，又况不及中才，师心自用，肆于人上，以遂非拒谏，孰有不危者乎！且以太宗有经纬天地之文，有底定祸乱之武，有躬行仁义之德，有致理太平之功，其为休烈耿光，可谓盛极矣。然而人到于今称咏，以为道冠前古，泽被无穷者，则从谏改过为其首焉。是知谏而能从，过而能改，帝王之美，莫大于斯。陛下所谓"谏官论事，少能慎密，例自矜衒，归过于朕"者，臣以为不密自矜，信非忠厚，其于圣德，固亦无亏。陛下若纳谏不违，则传之适足增美；陛下若违谏不纳，又安能禁之勿传。伏愿以贞观故事为楷模，使太宗风烈，重光于圣代，恐不可谓此为归过，而阻绝直言之路也。

【译文】太宗皇帝是千古的优秀圣君，身体力行，清明君主，他恢复了圣人的治国策略，改变了社会的坏风气，认为虚心接纳是管理国家的根本，直言是国家的光彩。在朝堂上，有当面争论的，必定消除作为君主的威严，且明确说明要奖励纳谏者；有奏对献谋者，必定消除掉自己意欲，而下令褒奖。因此，能够做到有了过错，一定会知道，知道了过错，一定会改正，日积月累，最终形成和顺、宽广的社会风气，与尧舜齐名。假如太宗皇帝依循中古之世那些君主的通常观点，受常人见识的影响左右，听到别人指出自己的过错就认为是羞耻，纳谏又怕别人知晓，因此即使有努力进取之心，必定没有治世的效果，即使有后悔改过的想法，也必定没有能听从谏言的明君之名。这样，听纳谏言的情形还是一样，但有些东西已被隐藏了起来，在隐藏的多还是显现的多之间，已有如此大的差别。更何况有些君主才能一般，自出私心，肆意行事，最终坚持错误而拒绝纳谏，怎么可能导致统治危险呢！就太宗来说，虽然他有经纬天地的才能，有安定祸乱的武功，有亲身实行仁义的品德，有治理天下太平的功业，光辉盛美，达到极点。但是，人们至今还在称颂赞美的，认为其能在前古时期都排在第一，且其所造福利没有穷尽的，是能依从谏言，改正过错。知道了谏言然后能依从，有过错而后能改，在帝王的美好品质中，没有哪一项是比这个还重要的。因此，陛下您认为“谏官论事，少能慎密，例自矜衔，归过于朕”，我认为所谓的论证不严密，自我夸耀，诚信程度不厚，这些对于圣上您的品德，本身并没有什么损害。陛下如果能够勇于接纳谏言，则流传出去，可以增加您的美德；如果不接纳谏言，又怎么能够禁止人们传言您的坏的做法呢。希望您能以太宗作为自己行事的楷模，让太宗的风范，重新光耀于今天这个贤明的时代，不应该认为这是找您的过错，而阻断、拒绝了正直谏言的道路。

臣闻虞舜察迩言，故能成圣化；晋文听舆诵，故能恢霸功。《大雅》有“询于刍荛”之言，《洪范》有“谋及庶人”之义。是则圣贤为理，务询众心，不敢忽细微，不敢侮鳏寡。侈言无验不必用，质言当理不必违，逊于志者不必然，逆于心者不必否，异于人者不必是，同于众者不必非，辞拙而效速者不必愚，言甘而利重者不必智。是皆考之以实，虑之以终。其用无他，惟善所在，则可以尽天下之理，见天下之心。夫人之常情，罕能无惑，大抵蔽于所信，阻于所疑，忽于所轻，溺于所欲。信既偏则听言而不考其实，由是有过当之言；疑既甚则虽实而不听其言，于是有失实之听；轻其人则遗其可重之事，欲其事则存其可弃之人。斯并苟纵私怀，不稽皇极，于以亏天下之理，于以失天下之心。故常情之所轻，乃圣人之所重，图远者先验于近，务大者必慎于微，将在博采而审用其中，固不在慕高而好异也。陛下所谓“比见奏对论事，皆是雷同道听涂说”者，臣窃以众多之议，足见人情，必有可行，亦有可畏，恐不宜一概轻侮，而莫之省纳也。陛下又谓试加质问，即便“辞穷”者，臣窃以陛下虽穷其辞，而未尽其理，能服其口，而未服其心。何以知其然？臣每读史书，见乱多理少，因怀感叹，尝试思之。窃谓为下者莫不愿忠，为上者莫不求理，然而下每苦上之不理，上每苦下之不忠，若是者何？两情不通故也。下之情莫不愿达于上，上之情莫不求知于下。然而下恒苦上之难达，上恒苦下之难知，若是者何？九弊不去故也。所谓九弊者，上有其六，而下有其三。好胜人，耻闻过，骋辩给，眩聪明，厉威严，恣强愎：此六者，君上之弊也。谄谀，顾望，畏懦：此三者，臣下之弊也。上好胜，必甘于佞辞；上耻过，必忌于直谏。如是则下之谄谀者顺旨，而忠实之语不闻矣。上骋辩，必剿说而折人以言；上眩明，必臆度而虞人以诈。如是则下之顾望者自便，而切磨之辞不尽矣。上厉威，必不能降情以接物；上恣愎，必不能引咎以受规。如是则下之畏懦者避辜，而情理之说不申矣。夫以区域之广大，生灵之众多，宫阙之重深，高卑之限隔，自黎献而上，获睹至尊之光景者，逾亿兆而无一焉。就获睹之中，得接言议者，又千万不一；幸而得接者，犹有九弊居其间，则上下之情，所通鲜矣。上情不通于下则人惑，下情不通于上则君疑，疑则不纳其诚，惑则不从其令。诚而不见纳，则应之以悖；令而不见从，则加之以刑。下悖上刑，不败何待？是使乱多理少，从古以然。考其初心，不必淫暴，亦在乎两情相阻，驯致其失，以至于艰难者焉。

【译文】我听说虞舜经常察听常人浅近之语，所以能成就神圣教化；晋文公常听民众的议论，所以能恢复晋国的霸业。《大雅》中有"向打柴草的人了解情况"的话语，《洪范》中有"与百姓商量国事"的话语。可见，圣贤治理国家，了解民情，不敢忽视最细微的地方，不敢看不起鳏寡之人的地位。怪诞的言语，没有验证，不必定有用，如实的言论，符合道理，不必定违逆，有些言论符合你心，不必定正确，有些言论不符合你心，不必定不正确，与别人不样不必定正确，与众人相同不必定不对，言辞笨拙但效果迅速的不必定就是愚，言辞甜美但重利的不必定就是聪明。这些情况皆可以用是否真实和最终结果来考查、思虑。具体如何甄别言论，没有什么特别之处，只要向善的言论，就可以让他们穷尽天下的道理，显现天下人的心意。作为正常的人来说，很少能没有迷惑的，总的来说，大致由于相信而被蒙蔽，由于怀疑而被阻滞，由于轻视而忽略，由于欲望而沉溺。由于偏信就会在听言时不考究实际情况，从而有不符合实际的言论；由于怀疑的厉害，即使是真实的，也不听信，从而有不符合事实的听信；轻视某人则可能遗漏应该重视的事情，对某事有欲望就会保存本应该废弃的人。这些都是放纵私心，不考查大中至正之道，最终亏损天下运行的规则，丢失天下人的民心。所以通常认为不重要的，圣人反而很重视，意图远处的必然先查验近处，从事大事的必然对微小的事情很谨慎，将要广博采纳的必然对中心地方审查使用，而不是羡慕高远、喜好奇异。对于陛下您所说的"比见奏对论事，皆是雷同道听涂说"，我私下认为对于众多的奏对论事，能充分地反映人们的情况，其中必定有可行的，也必定有不好的，不应该一律轻视、怠慢，不加采纳。陛下又说如果对奏对加以追深质问，就会出现没了言辞来回答你，我私下认为陛下虽在言辞上使其无话可说，但并没有使他们的理由穷尽，虽使他们口服，而不能使他们心服。我怎么知道这种情况呢？我每次在读历史书籍时，发现历史上战乱的时间多，治理好的时间少，于是心怀感叹，曾经试着反思了如上的情形。我认为作为臣下的，没有不愿意忠心于君主的，而君主没有不想把国家治理好的，但是臣下经常苦于君主不能治理，君主则苦于臣下不忠心，为何造成这一情况呢？这主要是上下两面互相不沟通的缘故。臣下没有不愿意把自己的想法上传到君主那，君主没有不想把自己的想法让臣下理解。但是臣下经常苦于下情难上达，君主经常苦于上情难以下知，原因是什么呢？九种弊端不去的缘故。所谓九弊，君主占有六种，臣下占有三种。喜欢超过别人，以听到过错为羞耻，肆意的言辩，显耀聪明，过于强调威严，肆意刚愎自用：这六个方面，是君主的弊端。阿谀谗言，犹豫担心，怯畏胆小：这三个方面，是臣下的弊端。君主喜欢强胜，必然喜欢奸佞的话；君主以过错为耻，必定害怕直谤。如果这样，则臣下中那些进谗言阿谀的人就顺从君主的想法，导致真正忠实的话听不到。君主喜欢辩论，必定灭掉、挫败别人的说法和言论；君主炫耀自己聪明，必肆意猜度别人奸诈。如果这样，则臣下犹豫顾虑多，为自己考虑多，就不会把话说完。君主始终强调威严，就不能委身下降来接纳万物；君主刚愎自用，就不能遵守规矩的限制。如果这样，臣下就会怯畏害怕，躲避无辜之罪，其言说就不会尽情说出来。天下区域广大，生灵众多，由于皇宫森严，地位高低的阻隔，从黎民百姓向上献策，能见到皇帝的，一亿兆中尚没有一个。在获得见到皇帝的人中，能被君主同意可以言事议论的人，又一千万的人中，达不到一个；有幸能言事的人之中，尚又有“九弊”在中间阻隔，如此，上与下之间的了解，能沟通的就很少了。君主的想法不能流通到下面，臣下就会迷惑，下面的想法不能上通到君主那里，君主就会怀疑，有疑心就不会接纳臣下的忠诚，臣下迷惑就不会听命于君主。臣下忠诚而不被接纳，就会用背叛来回应，命令不被听从，就会以刑法来强制。臣下背叛，君主用刑，不失败还能有什么结果呢？这就导致历史上战乱多，治理的时间少。考究他们一开始的想法，不一定是淫邪、残暴，原因也是在于上下之情阻隔，逐渐导致失败，最终达到艰难困局。

昔龙逢诛而夏亡，比干剖而殷灭，宫奇去而虞败，屈原放而楚衰。臣谓夏殷虞楚之君，若知四子之尽忠，必不剿弃，若知四子之可用，必不拒违。所以至于忍害而舍绝者，盖谓其言不足行，心不足保故也。四子既去，四君亦危，然则言之固难，听亦不易。赵武呐呐而为晋贤臣，绛侯木讷而为汉元辅。公孙弘上书论事，帝使难弘以十策，弘不得其一，及为宰相，卒有能名。周昌进谏其君，病吃不能对诏，乃曰：“臣口虽不能言，心知其不可。”然则口给者事或非信；辞屈者理或未穷。人之难知，尧舜所病，胡可以一酬一诘，而谓尽其能哉？以此察天下之情，固多失实；以此轻天下之士，必有遗才。臣是以窃虑陛下虽穷其辞而未穷其理，能服其口而未服其心，良有以也。

【译文】昔日龙逢被诛杀后夏朝就被灭亡了，比干被剖心后商朝就灭亡了，宫子奇离开虞国后虞国就灭亡了，屈原被流放后楚国就衰败了。我认为夏朝、商朝、虞国、楚国的君主，如果知道上述四人是忠诚的，一定不会杀掉或舍弃他们，如果知道这四人可以任用，一定不会拒绝使用。所以最终导致被杀或舍弃、不用，恐怕是认为他们的建言不值得实行，心不足够忠诚的缘故。上述四个人被舍弃后，他们的君主也统治危急了，能上书谏言并说服是很困难的，能听纳别人的谏言也是件不容易的事。赵文子言语声小但却成为晋国的贤臣，周勃性格木讷却成为汉朝开国功臣。公孙弘上书论事，汉武帝派人用十个论策去为难他，公孙弘不能正确地认识到一个，一直到当了宰相，最终才成就名声。周昌向汉高祖进谏，由于口吃，不能够应对皇帝诏对，于是就说："我虽口说话不利索，但心里知道这是不可以的。"但是口吃的人说的话也不必定可信；没有言辞辩解的并不见得没有理由。人与人相互之间难以理解，连尧舜都以为很难实现，怎么可以通过一问一答的形式，来充分发挥他的才能呢？通过这个，来了解天下的情况，大多都会不符合实际情况；通过这个，轻视天下的读书人，必定有遗漏的人才。因此，我私下认为陛下虽然让他没话可说，但并未从理上说服他，这种情况是很多的。

古之王者，明四目，达四聪，盖欲幽抑之必通，且求闻己之过也。垂旒于前，黈纩于侧，盖恶视听之太察，惟恐彰人之非也。降及末代，则反于斯。聪明不务通物情，视听祇以伺罪衅，与众违欲，与道乖方，于是相尚以言，相示以智，相冒以诈，而君臣之义薄矣。以陛下性含仁圣，意务雍熙，而使至道未孚，臣窃为陛下怀愧于前哲也。古人所以有耻君不如尧舜者，故亦以是为心乎？

【译文】古代的圣王，使自己能观察四方，耳听四方，其目的为疏通闭塞，并希求能听到自己过错的地方。帝王前的垂旒、黈纩，其目的是不要太清楚地去看和听到，对人的过错不要太过彰显。到了后期，开始与上述相反。眼睛、耳朵不却了解事物的情况，知识去伺探别人的罪过，不与众人的意欲相同，不与"道"相一致，于是用言辞相互推崇，用智巧相互示意，用欺诈相互冒充，从而君臣之间的忠义淡薄。凭借陛下您仁爱、圣明的人性，温和、宽大的胸怀，而使天下大道没有得到信服，我认为陛下对前代贤哲是有愧的。古人当中有以自己的君主不如尧舜为耻的，原因也是从这方面进行考虑的。

夫欲理天下，而不务于得人心，则天下固不可理矣。务得人心，而不勤于接下，则人心固不可得矣。务勤接下，而不辨君子小人，则下固不可接矣。务辨君子小人，而恶其言过，悦其顺己，则君子小人固不可辨矣。趣和求媚，人之甚利存焉；犯颜取怨，人之甚害存焉。居上者易其害而以美利利之，犹惧忠告之不藏，况有疏隔而勿接，又有猜忌而加损者乎。天生蒸人，合以为国，人之有口，不能无言，人之有心，不能无欲。言不宣于上，则怨讟于下；欲不归于善，则凑集于邪。圣人知众之不可以力制也，故植谤木，陈谏鼓，列争臣之位，置采诗之官，以宣其言。尊礼义，安诚信，厚贤能之赏，广功利之途，以归其欲。使上不至于亢，下不至于穷，则人心安得而离，乱兆何从而起？古之无为而理者，其率由此欤！苟有理之之意而不知其方，苟知其方而心守不壹，则得失相半，天下之理乱，未可知也。其又违道以师心，弃人而任己，谓欲可逞，谓众可诬，谓专断无伤，谓询谋无益，谓谀说为忠顺，谓献替为妄愚，谓进善为比周，谓嫉恶为嫌忌，谓多疑为御下之术，谓深察为照物之明，理道全乖，国家之颠危，可立待也。

【译文】要想把天下治理好，不去争取人心，那么天下是不会治理的好的。想去争取人心，但不经常去接待召见臣下，那么人心也很难得到。经常接待臣下，但不分辨君子和小人，那么所谓的接触是没有意义的。想去分辨君子和小人，但讨厌指出自己过错的，高兴顺应自己的，那么君子和小人是辨分不出的。向往喜欢和媚，人们特别爱这样；冒犯别人，冲突生怨，人们特别不愿意这样。在上的君主化害为利来给予别人好处，特别害怕忠告不来，更何况和民众疏远不接触，且相互猜忌损害这些做法呢。上天生育了百姓，聚合起来成为国家，人人都有口，不能不让人说话，人人有心，不能不让有欲望。心里有话不能说给君主听，怨恨就会积于下；欲望不向善的方向归引，就会聚集成邪恶。圣人知道不能用强力控制民众，所以圣人在交通要道竖立木柱，让人在上面写谏言，在朝堂上陈设可供进谏者敲击以闻的鼓，设能直言诤谏的大臣，置采集民间歌谣的官员，来让人说话。尊尚礼和义，使诚信成为习俗，重赏贤能的人，增加立功获利的途径，来让他们的欲望有放置实现的地方。假使君主不高傲，民众不穷困，那么人心怎么可能背离，战乱从何能兴起呢？古代的无为治国的方法，大概就是由此而成的。假使有治理的想法但不知道方法，假使知道了方法但心中不坚持，那么得与失将各有一半，天下是理还是乱，就不可以知道了。如果又违背天道，依循私心，不听从别人建议，任意专断，认为欲望可以实现，民众可以欺骗，专权霸道没有害处，向臣下咨询没有好处，把阿谀奉承当作忠诚顺良，认为争议可以不可以是愚蠢，认为推荐贤善之人是结党营私，认为痛恨恶行恶人是嫉妒，认为对人要多疑是控制下面人的方法，认为深度察看仅是一般的发现，理和道全部不合，国家被颠覆，是可以立马实现的。

理乱之戒，前哲备言之矣；安危之效，历代尝试之矣。旧典尽在，殷鉴足徵，其于措置施为，在陛下明识所择耳。伏愿广接下之道，开奖善之门，宏纳谏之怀，励推诚之美。其接下也，待之以礼，煦之以和，虚心以尽其言，端意以详其理，不御人以给，不自眩以明，不以先觉为能，不以臆度为智，不形好恶以招谄，不大声色以示威。如权衡之悬，不作其轻重，故轻重自辨，无从而诈也。如水镜之设，无意于妍蚩，而妍蚩自彰，莫得而怨也。有犯颜谠直者，奖而亲之；有利口谗佞者，疏而斥之。自然物无壅情，言不苟进，君子之道浸长，小人之态日消，何忧乎少忠良，何有乎作威福，何患乎妄说是非？如此，则接下之要备矣。其奖善也，求之若不及，用之惧不周，如梓人之任材，曲直当分；

如沧海之归水，洪涓必容。能小事则处之以小官，立大劳则报之以大利，不忌怨，不避亲，不抉瑕，不求备，不以人废举，不以己格人。闻其才必试以事，能其事乃进以班，自然无不用之才，亦无不实之举。如此则奖善之道得矣。其纳谏也，以补过为心，以求过为急，以能改其过为善，以得闻其过为明。故谏者多，表我之能好；谏者直，示我之能贤；谏者之狂诬，明我之能恕；谏者之漏泄，彰我之能从。有一于斯，皆为盛德。是则人君之与谏者交相益之道也。谏者有爵赏之利，君亦有理安之利；谏者得献替之名，君亦得采纳之名。然犹谏者有失中，而君无不美。唯恐谠言之不切，天下之不闻，如此，则纳谏之德光矣。其推诚也，在彰信，在任人。彰信不务于尽言，所贵乎出言则可复；任人不可以无择，所贵乎已择则不疑。言而必诚，然后可求人之听命；任而勿贰，然后可责人之成功。诚信一亏，则百事无不纰缪；疑贰一起，则群下莫不忧虞。是故言或乖宜，可引过以改其言，而不可苟也；任或乖当，可求贤以代其任，而不可疑也。如此则推诚之义孚矣。

【译文】对于治理和混乱的差异及其根由，以前的哲人已进行过非常完备的论说；对于和平安宁和危险混乱的带来的结果，历史上的各个朝代也都有尝试、证明了。过去的那些好典籍全部还都在，商朝灭亡的教训也足够提供证明，具体到采取什么样的措施，全在于陛下您的明确认识和选择。我忠诚地期望您能扩大与臣下接触、交流的治国之路，对于向“善”的一切举措进行奖励，宽广自己勇于纳谏的胸怀，坚持、勉励人们推行美丽的诚信。与臣下接触交流，用理解对待他们，用和气温煦他们，谦虚地让他们把自己的话说完，专心地研究分析来详尽他们的理论，不要强嘴利舌的同人家辩驳，不要自己夸耀聪明，不要认为自己的提先的预觉是如何了不起，不要把自己的主观猜测当作智慧，不要表露出自己特别的爱好和厌恶，从而招来奉承、巴结的言语，不要通过剧烈的言谈和神态的变化来显示自己的权威。就像悬挂的称砣，自己不去判断是轻还是重，反而被衡量的东西的轻重自己分辨的很清楚，绝没有伪诈的地方。就像水面和镜子一样，自己本身不去分辨丑和美，但丑和美自己就张显出来，不会招来怨恨。对那些敢于冒犯龙颜正直的人，要奖励、亲近他们；对那些巧言善辩的小人，要训斥、疏远他们。如果这样，天下万事万物的实情就不会壅塞不知，向您的那些进言就不会有苟且偷欲的目的，助长了君子之道，削弱了小人之路，如此这样，您还担忧什么忠良人士的缺少？那些依靠您来享福作威的人还有吗？还担心那些人是混淆是非标准吗？能这样，“接下”的功用就会很完备发挥出来了。在奖励“善”的方面，求才若渴，迫不及待，使用人才，担心自己没尽其才，就像木工使用木材样，将弯曲的、笔直的归类使用；就像大海聚汇来水一样，大小都容纳。能胜任小的事务的就让他担任小的官职，能获得大的功劳的就给予大的报酬，不妒忌怨恨，不因为是亲属就回避，不刻意挑毛病，不太过地要求完美，不因为这个人某些问题就否定一切，不要拿自己作为样范去衡量别人。听说一个人有才能，就让他试着去做事，如果他确有这方面的才能，就让他进入朝班做官，这样就让所有有才的人都能得到任用，也不会出现不符合实情的荐举。能这样，奖“善”就取得成功了。在纳谏方面，要把弥补过错作为中心旨意，把寻找过错当作首要的事情，把能改正过错者当作“善”，把能接受自己的过错作为贤明。所以进谏的人数多，说明我喜好别人进谏；进谏的人耿直，说明我是贤明的；进谏的人胆大，什么都敢说，说明我是宽容的；进谏的人泄露了机密，说明我是崇尚进谏的，能接受谏言的。上面几条中任何一项，都是德性隆盛的表现。这是君主与进谏的人交流、互相促进的方法。进谏的人得到爵位的赏赐，君主也获得了国家治理、统治安宁的好处；进谏的人得到关心政事、为国出谋的名声，君主也得到了敢于接纳谏言的贤明君主的好名声。但是如同进谏的人会偏颇、不公允一样，君主也没有不喜欢完美的。担心进谏的直言不符合实情，，天下的真实情况听不到，如果这样，则纳谏的功用也就没有了。在推行诚信方面，关键在于彰现信任，在于敢于任用人。显示信任，其重视的是说出来的话就要实践、履行，而不是关注是否“尽言”；任用人时，不可以不加选择，但重要的是先择了就要用人不疑。只有说出来的话，一定诚信，然后才能要求别人能听从您的命令；任用一个人后，不要怀疑，然后才可以让这个人能获得成功。缺乏诚信，任何事务都可能出现错误；疑心一出现，则下面的人没有不担忧、害怕的。因此，说过的话可能不合适宜，但可以通过承认错误来纠正说过的话，但不可以随意说话不算话；任用一个人可能不能担当其职务，可以通过寻求有才能的人来代替他，但不能怀疑他。如果能这样，诚信可以为天下接受了。

微臣所以屡屡尘黩而不能自抑者，盖以陛下有拯乱之志，而多难未平；有务理之诚，而庶绩未乂；有尧舜聪明之德，而未光宅于天下；有覆载含宏之量，而未翕受于众情。故臣每中夜静思，无不窃叹而深惜也。向若陛下有其位而无必行之志，有其志而无可致之资，则臣固已从俗浮沉，何苦而汲汲如是。惟陛下详省所阙，亟行所宜，归天下之心，济中兴之业，此臣之愿也，亿兆之福也，宗社无疆之休也。谨奏。

【译文】我之所以经常不断地烦扰玷污陛下您而不能控制，大概是因为陛下虽有拯救乱世的鸿志，但结果却灾难多多；有把国家治理的诚心，但国家各种事业却没有治理好；有类似于尧舜的聪明德性，但却不能光辉荣耀天下；有像天地那样宽厚大量，但却不能吸收了解民众之情。因此，我每到深夜反思时，经常深叹可惜。假如陛下虽身居帝位但没有什么治国志向，有志向但没有实现志向的资本，那么我就不会如此急切，不停地向您进言，而是如同常人那样。希望陛下您认真地反省自己的缺式，尽快地实行适合的措施，聚合天下人心欲，实现中兴大业，这是我的愿望，是国家万世的福气。谨奏。

刘禹锡

唐中山人，字梦得，以进士登博学宏辞科，官至集贤直学士，出为苏州刺史，迁太子宾客，晚年以文章自适，先后与柳宗元、白居易齐名，年七十二卒，有《刘宾客集》。

【译文】唐代中山人，字梦得，以进士登博学宏辞科，官至集贤直学士，出任为苏州刺史，后任职为太子宾客，晚年以著文章自适，先后与柳宗元、白居易齐名，去世时七十二岁，著有《刘宾客集》。

陋室铭

山不在高，有仙则名；水不在深，有龙则灵。斯是陋室，惟吾德馨。苔痕上阶绿，草色入帘青。谈笑有鸿儒，往来无白丁。可以调素琴，阅金经。无丝竹之乱耳，无案牍之劳形。南阳诸葛庐，西蜀子云亭。孔子云："何陋之有？"

【译文】山，不在于高，有神仙住着就出名；水，不在于深，有蛟龙潜藏就显灵。这是一间简陋的住室，由于我道德高尚而散发芳馨。苔藓爬上台阶一片碧绿，芳草映入窗帘格外翠青。在里边谈笑的有学问渊博的学者，往来的没有无知识的俗人。在这里可以抚弄清雅的古琴，诵读佛经。没有各种浊杂的音乐嘈耳，也没有案卷公文劳累心身。它好比诸葛亮在南阳住的茅庐，扬子云在西蜀住的草玄亭。孔子说："这有什么简陋的呢！"

白居易

唐下邽人，字乐天，元和进士，迁左拾遗，奏对强鲠，贬扬州司马，后诏还，官至刑部尚书，致仕，居香山，称香山居士，卒谥文。居易文章清切，尤工诗，平易近人，多存讽刺，先后与元稹、刘禹锡齐名，有《白氏长庆集》。

【译文】唐代下邽人，字乐天，元和年间进士，任职为左拾遗，因上奏、对答强绠，被贬扬州司马，后来下诏回京，官至刑部尚书，后辞去官职，居住在香山，称香山居士，去世后追加谥号为文。白居易的文章清晰、真切，尤其善于作诗，平易近人，多含讽刺，先后与元稹、刘禹锡齐名，著有《白氏长庆集》。

庐山草堂记

匡庐奇秀甲天下，山北峰曰香炉峰，北寺曰遗爱寺。介峰寺间，其境胜绝，又甲庐山。

元和十一年秋，太原人白乐天，见而爱之。若远行客过故乡，恋恋不能去。因面峰腋寺，作为草堂。明年春，草堂成。三间两柱，二室四牖，广袤丰杀，一称心力。洞北户，来阴风，防徂暑也；敞南甍，纳阳日，虞祁寒也。木斫而已，不加丹；墙圬而已，不加白。墄阶用石，幂窗用纸，竹帘纻帏，率称是焉。堂中设木榻四、素屏二、漆琴一张，儒、道、佛书各三两卷。

【译文】庐山的奇特秀丽在天下山中数第一。山北有北香炉峰，香炉峰北麓有个寺叫遗爱寺，在香炉峰与遗爱寺的中间，景致好到了极点，在庐山中又可数第一。

元和十一年秋天，太原人白乐天看到这地方，十分喜爱，就好象远游的客人经过故乡，留恋得不能离开一样。因而就面向香炉峰，在遗爱寺的上面，造了一座草屋。到第二年的春天，草屋造成。有两排柱隔成三间，左右两室有四扇窗户，长阔大小都同自己的心愿和财力相称。开设一扇北窗，能使凉风徐来，防备盛暑，把南屋造得很高敞，使阳光照进，防备严寒。木头只用刀斧砍削，而不用朱色油漆；墙壁只抹上泥灰，而不涂饰白粉。柱子的基础与阶梯都用石头做成，罩窗用纸，竹制的帘子，麻布的帐子，大致都很相称。堂中陈设了四张木榻，二张素朴的屏风，一张漆琴，儒家、道家、佛家的书籍各两三卷。

乐天既来为主，仰观山，俯听泉，傍睨竹树云石，自辰及酉，应接不暇。俄而物诱气隘，外适内和。一宿津宁，再宿心恬，三宿后颓然嗒然，不知其然而然。自问其故，答曰："足居也，前有平地，轮广十丈。中有平台，半平地。台南有方池，倍平台。环池多山竹野卉，池中生白莲、白鱼。又南抵石涧，夹涧有古松老杉，大仅十人围，高不知几百尺。修柯戛云，低枝拂潭。如幢竖，如盖张，如龙蛇走。松下多灌丛萝茑，叶蔓骈织，承翳日月，光不到地。盛夏风气，如八九月时。下铺白石，为出入道。堂北五步，据层崖积石，嵌空垤块。

【译文】乐天来此成为屋主后，抬头看到山景，俯首听见泉声，四旁斜视到竹树云石，从清晨到黄昏，景色宜人，美不胜收，眼睛都来不及看。一会儿随着景物的感染，身心受到了影响，因而身体舒泰，心情和畅。在这里睡一夜，身体无比舒适，睡两夜，尘思杂念都消失，心情就恬静起来，睡三夜后，竟身心俱遗，物我双亡。达到了这种境界却不知道为什么会这样。自问这是什么缘故呢？答案是，这个住所啊，前面有平地，面积有十丈。平地中有平台，占据平地的一半面积。平台南面有方池，比平台面积大一倍。围绕方池有很多山竹野花；池中生长着白荷和白鱼。再往南，到了石涧。涧水两旁有古松老杉，周围有十尺粗，高不知几百尺，长长的树枝伸入云霄，低低的村枝轻拂着潭水，好象竖起的旌旗，又如张开的伞，还象龙蛇在游动。松树下有很多灌木丛，女萝、茑萝等爬蔓的植物，枝叶繁茂，互相交织一起，遮蔽了天空，因此日光月光都不能照到地面，在盛夏的季节，却象秋天八九月时那样凉爽。地面上铺了白石，作为进出的道路。草堂北面五步，在层层的山崖和堆起的石块上，在石头的空隙中和小土堆上。

杂木异草，盖覆共上，绿阴蒙蒙，朱实离离，不识其名，四时一色。又有飞泉，植茗就以烹燀，好事者见，可以永日。堂东有瀑布，水悬三尺。泻阶隅，落石渠，昏晓如练色，夜中如环佩琴筑声。堂西倚北崖右趾，以剖竹架空，引崖上泉，脉分线悬。白檐注砌，累累如贯珠，霏微如雨露，滴沥飘洒，随风远去。其四旁耳目杖屦可及者，春有锦绣谷花，夏有石门涧云，秋有虎溪月，冬有炉蜂雪。阴晴显晦，昏旦含吐，千变万状，不可殚纪，覼缕而言。故云甲庐山者。

【译文】都长满了各种树木和异草，绿蒙蒙的树阴，累累垂下的红果实，虽然我不知道各种奇草异果的名字，但是四季的景色却是一样的秀丽。又有双玉涧飞泉，种了茶树，可以用它来煮茶喝。爱好此种景色的人，尽可以在此作终日的消遣。堂东有瀑布，水长三尺，冲到台阶，最后灌入石渠中。瀑布水早晚都是丝一样的白色，夜里听起来如玉环，玉佩碰撞时发出的清脆声和弹琴击筑的乐器声。在草堂西而靠北边崖石的右脚处，用剖开的竹管架起来做水管，引下山上的泉水；泉水流进竹管，就象血液在脉管旦流动，细流象线似的从空中悬注，再从屋檐下直流到台阶上，水珠累累如成串的珍珠，飘散如雨露，细风吹来，又随风远去，草堂四周，能步行到的地方，以及可以亲眼目睹的景色，春天有锦绣谷的花卉，夏天有石门涧的云海，秋天有虎溪的月色；冬天有香妒峰的积雪。无论天气阴晴隐显，太阳早晚出没。变化万状，不可详细叙述，所以说在庐山数第一。

噫！凡人丰一屋，华一簀，而起居其间，尚不免有骄矜之态，今我为是物主，物至致知，各以类至，又安得不外适内和，体宁心恬哉！且永、远、宗、雷辈十八人，同人此山，老死不返，去我千载，我知其心以是哉。矧予白思从幼迨老，若白屋，若朱门，凡所止，虽一日二日，辄覆箦土为台，聚拳石为山，环斗水为池，其喜山水病癖如此。一旦蹇剥，来佐江郡，郡守以优容抚我，庐山以灵胜待我，是天与我时，地与我所，卒获所好，又何以求焉？

【译文】唉！人们凡能达一所好房子，有一条华美的席子，生活其中，还不免有骄满自得的样子；现在我成了草堂的主人，自然景色在眼前，使人得到感受，思想情绪分别由于外界不同的彩响而变化，又怎能不身体舒适安宁，内心和悦恬静呢！过去慧永、慧远、宗炳、雷次宗等十八人，同入庐山修道，老死不回家，虽然距离我千年之远，我却知道他们的心意必定是因为这个道理啊！况且自念从幼时到老年，无论是住茅屋，或住朱楼，凡是居住的地方，即使一天两天，也要倒一筐土，堆成平台，用拳头般大小的石头堆成假山，圈一小块地方积水成池，我喜爱山水成癖竟到如此程度！今天一旦时运不利，被贬官做江州司马辅助郡守，江州刺史以和颜悦色来安慰我，庐山以自然胜景来接待我，这是天给我好机会，地给我好场所，终于获得了自己爱好的东西，又有什么可以再追求的呢！

尚以冗员所羁，余累来尽，或往或来，未遑宁处，待予异时弟妹婚嫁毕，司马岁秩满，出处行止，得以自遂，则必左手引妻子，右手抱琴书，终老于斯，以成就我生平之志。清泉白石，实闻此言。

时三月二十七日，始居新堂。四月九日，与河南元巢虚、范阳张允中、南阳张深之、东西二林寺长老凑公、坍满、晦坚等，凡二十有二人，具斋施茶果以落之，因为草堂记。

【译文】现在我还被司马这个冗词的职务所羁绊，余留下来的牵累也还未完全了结，所以有时来有时去，还来不及安居下来，等到将来，弟妹们都婚嫁完毕，司马任期满后，无论出仕退居，能够自由选择时，那么我一定左手拉住妻子儿女，右手抱着琴书到草堂居住到老死，以实现我平生爱山水的志向。清泉白石，听到我的话，可为我作证。

三月二十七日我刚开始住进草堂，四月九日河南人元集虚、范阳人张允中、南阳人张深之，东林寺与西林寺的长老凑、朗满、晦坚等共二十二人，备了素斋，拿了茶早来庆祝草堂的落成，因此写了这篇草堂记。

杜 牧

唐万年人，字牧之，官中书舍人，为人刚直，有奇节，不拘细行，敢论列大事，指陈利病尤切，诗文均豪迈，有《樊川集》。

【译文】唐代万年人，字牧之，任职为中书舍人，为人刚强正直，有奇特节操，不拘小节，敢于论述大事，指出的利弊切中要害，所作诗文都很豪迈，著有《樊川集》。

阿房宫赋

六王毕，四海一，蜀山兀，阿房出。覆压三百余里，隔离天日。骊山北构而西折，直走咸阳。二川溶溶，流入宫墙。五步一楼，十步一阁，廊腰缦回，檐牙高啄，各抱地势，钩心斗角。盘盘焉，囷囷焉，蜂房水涡，矗不知其几千万落。长桥卧波，未云何龙？复道行空，不霁何虹？高低冥迷，不知西东。歌台暖响，春光融融；舞殿冷袖，风雨凄凄。一日之内，一宫之间，而气候不齐。

【译文】六国诸侯被消灭以后，全国就统一了。秦始皇下令砍光了蜀山的树木，建起了阿房宫。阿房宫纵横绵延三百多里，遮天蔽日。从骊山北边开始修筑，再向西拐，一直伸向咸阳。渭水樊川，微波荡漾，流进了宫墙。五步一座楼台，十步一处亭阁。长廊像一条缯做的腰带，回环往复；檐头像仰天啄食的鸟嘴，翘然上指。各处建筑都随着地形的起伏而自然变化，四方向核心辐凑，又互相争雄斗势。周转回旋啊，错综纷纭啊，如同密密的蜂房，又像激流中的水涡，高高耸立，也不知有几千万座院落！长桥横卧渭水，天空无云，何处飞来了苍龙？复道飞跨长空，不是雨后刚晴，怎么出现的彩虹？令人晕头转向，不识高低，难辨西东。歌台上笙歌嘹亮，热烈气氛宛若和暖的春光；舞厅里长袖飘逸，旋起阵阵冷风，好似秋天的苦雨凄风。在一天之内，一宫之间，气候竟然如此不同。

妃嫔媵嫱，王子皇孙，辞楼下殿，辇来于秦，朝歌夜弦，为秦宫人。明星荧荧，开妆镜也；绿云扰扰，梳晓鬟也；渭流涨腻，弃脂水也；烟斜雾横，焚椒兰也；雷霆乍惊，宫车过也；辘辘远听，杳不知其所之也。一肌一容，尽态极妍，缦立远视，而望幸焉。有不得见者三十六年。

燕、赵之收藏，韩、魏之经营，齐、楚之精英，几世几年，取掠其人，倚叠如山。一旦不能有，输来其间。鼎铛玉石，金块珠砾，弃掷逦迤，秦人视之，亦不甚惜。

【译文】六国的妃子、嫔御、媵妾、女官、王子、皇孙，离开了自己的宫殿，来到秦朝的阿房宫中，清晨唱歌，傍晚弹琴，变成了秦王的宫人。明星闪闪，是美人打开了梳妆的奁镜；绿云纷纷，是美人早晨梳理着黑色的长发；渭水泛起一层油腻，是美人泼弃的胭脂水；宫中弥漫着烟雾，是焚烧着花椒与兰花；雷霆突然震响，是皇帝乘坐的宫车驶过；可车声辘辘，渐行渐远，也不知去向何方。宫中美女，千姿百态，梳妆打扮，久久站立，倚门远眺，希望皇帝到来。有些人竟这样等了三十六年，连皇帝的面孔都没有见过。

燕国、赵国收藏的金银，韩国、魏国聚敛的珠玉，齐国、楚国挑选的珍宝，是诸侯年深日久，靠掠夺本国老百姓而积集起来的，堆积如山。一旦国破家亡，这些再也不能占有了，都被运进了阿房宫中。秦国人把宝鼎当作铜铛，美玉当作石头，金银当作泥土，珍珠当作粗砂，随便乱扔，遍地都是，秦人看见这些，也并不感到可惜。

嗟呼！一人之心，千万人之心也。秦爱纷奢，人亦念其家，奈何取之尽锱铢，用之如泥沙！使负栋之柱，多于南亩之农夫；架梁之椽，多于机上之工女；钉头磷磷，多于在庾之粟粒；瓦缝参差，多于周身之帛缕；直栏横槛，多于九土之城郭；管弦呕哑，多于市人之言语。使天下之人，不敢言而敢怒，独夫之心，日益骄固。戍卒叫，函谷举，楚人一炬，可怜焦土。

【译文】唉！一个人的心愿，也就是千万个人的心愿。秦国皇族喜爱豪华奢侈，但人们也顾念自己的家呀。为什么收取的时候，一丝一毫也不放过，用起来却跟泥沙一样？使得宫中支承栋梁的柱头，比田野里的农夫还要多；架在梁上的椽条，比织布机上劳动的妇女还要多；密集的钉头，比放在露天谷仓里的粟粒还要多。参差不齐的瓦缝，比全身衣服上的纱线还要多；纵横长短的栏杆，比全国的城郭还要多；管弦奏出的嘈杂声，比集市上的人声还要多；看着这些，天下的人民，口不敢言心中敢怒。而独夫民贼的思想，却日益骄横顽固。戍卒大呼而起，函谷一举攻开，楚兵一把大火，把阿房宫烧成一片焦土。

呜呼！灭六国者，六国也，非秦也。族秦者，秦也，非天下也。嗟夫！使六国各爱其人，则足以拒秦；秦复爱六国之人，则递三世可至万世而为君，谁得而族灭也？秦人不暇自哀，而后人哀之；后人哀之而不鉴之，亦使后人而复哀后人也。

【译文】啊，消灭六国的，是六国自己啊，而不是秦国；消灭秦国的，是秦国自己啊，而不是天下的人民。哎，要是六国都能爱护自己的人民，那么就完全能够抵挡住秦国了。假如秦国能够爱护六国的人民，那么皇位就可以传到三代，以至千秋万世都做皇帝，谁能够消灭他们的家族呢？秦人来不及痛惜自己的亡国，而后人替他们哀伤；后人替秦人哀伤，却不以秦人作为鉴戒，只怕又会使更后的人们来哀伤他们呢！

王禹偁

宋钜野人，字元之，太平兴国进士，为右拾遗。遇事敢言，以直躬行道为己任。文辞敏赡，独步一时，累迁翰林学士，有《五代史阙文》《小离集》。

【译文】宋朝钜野人，字元之，太平兴国年间进士，担任右拾遗。碰到事情敢于言说，以亲自践行大道为己任。他的文辞丰富，在当时独一无二，官至翰林学士，著作有《五代史阙文》《小离集》。

黄冈竹楼记

黄冈之地多竹，大者如椽。竹工破之，刳去其节，用代陶瓦。比屋皆然，以其价廉而工省也。

子城西北隅，雉堞圮毁，蓁莽荒秽，因作小楼二间，与月波楼通。远吞山光，平挹江濑，幽阒辽夐，不可具状。夏宜急雨，有瀑布声；冬宜密雪，有碎玉声。宜鼓琴，琴调虚畅；宜咏诗，诗韵清绝；宜围棋，子声丁丁然；宜投壶，矢声铮铮然；皆竹楼之所助也。

公退之暇，被鹤氅衣，戴华阳巾，手执《周易》一卷，焚香默坐，消遣世虑。江山之外，第见风帆沙鸟，烟云竹树而已。待其酒力醒，茶烟歇，送夕阳，迎素月，亦谪居之胜概也。彼齐云、落星，高则高矣；井干、丽谯，华则华矣；止于贮妓女，藏歌舞，非骚人之事，吾所不取。

吾闻竹工云："竹之为瓦，仅十稔；若重覆之，得二十稔。"噫！吾以至道乙未岁，自翰林出滁上，丙申，移广陵；丁酉又入西掖；戊戌岁除日，有齐安之命；己亥闰三月到郡。四年之间，奔走不暇；未知明年又在何处，岂惧竹楼之易朽乎！幸后之人与我同志，嗣而葺之，庶斯楼之不朽也！

【译文】黄冈地方盛产竹子，大的粗如椽子。竹匠剖开它，削去竹节，用来代替陶瓦。家家房屋都是这样，因为竹瓦价格便宜而且又省工。

子城的西北角上，矮墙毁坏，长着茂密的野草，一片荒秽，我因而就地建造小竹楼两间，与月波楼相接连。登上竹楼，远眺可以尽览山色，平视可以将江滩、碧波尽收眼底。那清幽静谧、辽阔绵远的景象，实在无法一一描述出来。夏天宜有急雨，人在楼中如闻瀑布声；冬天遇到大雪飘零也很相宜，好象碎琼乱玉的敲击声；这里适宜弹琴，琴声清虚和畅；这里适宜吟诗，诗的韵味清雅绝妙；这里适宜下棋，棋子声丁丁动听，这里适宜投壶，箭声铮铮悦耳。这些都是竹楼所促成的。

公务办完后的空闲时间，披着鹤氅，戴着华阳巾，手执一卷《周易》，焚香默坐于楼中，能排除世俗杂念。这里江山形胜之外，但见轻风扬帆，沙上禽鸟，云烟竹树一片而已。等到酒醒之后，茶炉的烟火已经熄灭，送走落日，迎来皓月，这也是谪居生活中的一大乐事。那齐云、落星两楼，高是算高的了；井干、丽谯两楼，华丽也算是非常华丽了，可惜只是用来蓄养妓女，安顿歌儿舞女，那就不是风雅之士的所作所为了，我是不赞成的。

我听竹匠说："竹制的瓦只能用十年，如果铺两层，能用二十年。"唉，我在至道元年，由翰林学士被贬到滁州，至道二年调到扬州，至道三年重返中书省，咸平元年除夕又接到贬往齐安的调令，今年闰三月来到齐安郡。四年当中，奔波不息，不知道明年又在何处，我难道还怕竹楼容易败坏吗？希望接任我的人与我志趣相同，继我爱楼之意而常常修缮它，那么这座竹楼就不会朽烂了。

范仲淹

宋吴县人，字希文，幼孤苦，克厉读书，举祥符进士，仁宗时以龙图阁直学士，经略陕西，夏人相戒不敢犯其境，旋拜枢密副使，进参知政事，卒年六十四，谥号文正。仲淹内刚外和，为秀才时，即以天下为己任，尤乐善好施与，置义田以赡族人，卒之日，闻者莫不叹息云，有《范文正公集》。

【译文】宋朝吴县人，字希文，年幼时无依无靠、生活贫苦，刻苦读书，考中祥符年间的进士，宋仁宗时被任命为龙图阁直学士，治理陕西，西夏党项人相互告戒不敢冒犯边境，后来提升为枢密副使，任参知政事，去世时六十四岁，谥号文正。范仲淹内心刚强外表柔和，考中秀才时，便以天下为己任，尤其乐善好施，置田地以赡养族人，去世时，知道的人没有不叹息的，著有《范文公集》。

岳阳楼记

庆历四年春，滕子京谪守巴陵郡。越明年，政通人和，百废俱兴。乃重修岳阳楼，增其旧制，刻唐贤、今人诗赋于其上。属予作文以记之。

【译文】庆历四年的春天，滕子京被贬谪任岳州知州。到第二年，政事通畅，上下和协，各种废置的事都兴办起来了，于是重修岳阳楼，扩大它原来的规模，把唐朝贤士和当代名人的诗赋刻在上面，他托我写一篇文章把这件事记下来。

予观夫巴陵胜状，在洞庭一湖。衔远山，吞长江，浩浩汤汤，横无际涯；朝晖夕阴，气象万千。此则岳阳楼之大观也，前人之述备矣。然则北通巫峡，南极潇湘，迁客骚人，多会于此，览物之情，得无异乎？。

若夫霪雨霏霏，连月不开；阴风怒号，浊浪排空；日星隐曜，山岳潜形；商旅不行，樯倾楫摧；薄暮冥冥，虎啸猿啼。登斯楼也，则有去国怀乡，忧谗畏讥，满目萧然，感极而悲者矣。

至若春和景明，波澜不惊；上下天光，一碧万顷；沙鸥翔集，锦鳞游泳；岸芷汀兰，郁郁青青；而或长烟一空，皓月千里；浮光耀金，静影沉璧；渔歌互答，此乐何极！登斯楼也，则有心旷神怡，宠辱皆忘，把酒临风，其喜洋洋者矣！

【译文】我看巴陵的美景，集中在一个洞庭湖上。大湖包含着远处的山，吞下了长江的水，浩浩汤汤，宽广无边；一早一晚，或雨或晴，气象千变万化。这就是在岳阳楼上所看到的雄伟壮阔景象，从前的人已经描述得很详尽了。那么，这个地方往北通到巫峡，向南通到潇湘，降职远调的官吏和路过的诗人多来这里聚会，看了这些景物以后的心情，难道会没有什么不同吗？

若是连绵不断的雨细细地下着，一连几个月不放晴，寒风怒吼，浑浊的浪头几乎腾上天空；太阳和星星都隐没了光辉，高山都掩藏了外形。商人和旅客们不能行路，船上的桅杆倾斜，船桨折断；一到傍晚，天色昏暗，老虎吼叫，猿猴哀啼。登上这个楼，那就会触发离开国都、怀念家乡，担心受谤、怕人讥笑的情怀，感到满目凄凉，感慨万分而无限悲伤的了。

至于春光晴和、景物鲜明的时候，湖上风平浪静，水天一色，碧绿无边；沙鸥时而飞翔，时而停聚，美丽的鱼群时而浮出水面，时而潜入水底；岸上的香芷和小洲上的兰花，香气浓郁，颜色青青，有时烟雾笼罩着寥廓的天空，有时明月照耀着千里的大地，浮动在水波上的月光，闪耀着金色的光彩，倒映在平静湖水中的月影，像一块沉在水中的玉璧，渔人的歌声此唱彼和，这乐趣哪有止境！登上这个楼，就会心情舒畅，精神愉快，荣辱得失全都忘掉，端着酒杯临风畅饮，快乐得意气扬扬了。

嗟夫！予尝求古仁人之心，或异二者之为。何哉？不以物喜，不以己悲。居庙堂之高，则忧其民；处江湖之远，则忧其君。是进亦忧，退亦忧。然则何时而乐耶？其必曰“先天下之忧而忧，后天下之乐而乐”欤？噫！微斯人，吾谁与归！时六年九月十五日。

【译文】唉！我曾经推寻古代品德高尚的人的思想感情，或许跟上面说的两种情绪不同。为什么呢？他们不因外物和个人的得失而高兴或悲哀。在朝廷上做大官，就替百姓担忧；在偏远的村野隐居，就替国君担忧。这种人在朝也担忧，在野也担忧，那么什么时候才会快乐呢？他一定会说“忧在天下人遇到忧患之先，乐在天下人得到安乐之后”吧！唉！除了这样的人，我还能跟谁同道呢？庆历六年九月十五日。

國學治要今譯

第四册

理学治要

张文治 编纂
石岗等 今译

團結出版社

目 录

陆九渊

王守仁

理学治要卷二
理学三十八家

邵雍

司马光

吕大钧

李侗

胡宏

张栻

陆九韶

陈 亮

程端蒙 董 铢

真德秀

程端礼

吴 澄

方孝孺

薛 瑄

罗钦顺

胡 直

吕 坤

黄宗羲

顾炎武

张尔岐

洪 榜

宋 史

宋元学案

明儒学案

理学治要卷一

理学七家

理学七家 序

理学一名道学，本古诸子儒家者流。其名之成立，始于元人修《宋史》而作道学传，以叙周张程朱诸子之行事。其学之实质，大抵以返•观切己、修身济世为要。而其理气心性之说，则所以穷极其为学之容量与深微之故。其所著述，校以古诸子之立说，与汉人之注经，固有区别。而推本于孔孟所传，则彼诸儒之先后阐明者，亦不为少。是以本编继《诸子治要》之后，而复有此理学七家之选，俾四库丙部之书，源流略备，而便于互考也。大要此七家者，莫非一代之英，造就深博，确具心得，虽各家于为学入门之功夫，或不免时持异论，俨若抗衡，然百虑一致，殊途同归。例之周秦诸子，其宗本不同者，今尚不能偏废，况均是为孔孟之学者乎？独怪其后之末学，口耳剽窃，第知拘守门户，标榜诟争，终之隳其师说，见病于世。故常略考其本末，以谓理学之盛，莫盛于宋明之时，其衰也，则在有清朴学代兴之际。驯至今日，功利物质之说，尤深入人心，而其学几乎息矣。虽然，盛衰无常，人实参天。如于其盛也，惟循向之末学所为，呼和取闹，则即其学之所以衰也。于其衰也，苟能发愤自建，研深究博，又未尝不可为其复盛之基焉。噫，好学之士，观此七家之言，略其门户之私，而察其盛衰之本，亦将有感于中也夫。

【译文】理学又被称作道学，根源于古代诸子百家中的儒学。它的得名源于元代人修《宋史》作的道学传，该传叙述周敦颐、张载、二程、朱熹等人的事迹。道学的内容基本上以反省自身，修身济世为主。而它的理气、心性学说，充分说明了它的容量和深微的原因。理学家的著作，与古代诸子以及汉代的注当然有很大区别。而他们根源与孔子、孟子的学说，先后发明阐释的也很多。所以本编在《诸子治要》之后，又选编了理学七位大家的著作，是四库丙部的书，源流都基本具备，便于相互考证。这七位大家，都是当时的精英，学术造诣深刻广博，确实深有心得，虽然各家在道学的入门功夫问题上，持有不同见解，仿佛相互对立，然而各种不同的思想归于一致，采取不同的方法而得到相同的结果。周代、秦代的诸子百家，他们的学术宗旨与儒学不同，到今天也没有被废弃，何况道学家都是归本与孔孟的学者呢？只是道学的末学，学人口舌，只知道严守门户之见，标榜自己，诟病他人，最终使师说荒废，被后世耻笑。所以考察道学的发展，知道理学的兴盛在宋明两代，它的衰败是在清代朴学兴起的时候。到了今天，人们只看重功利、物质享受，理学几乎已经灭绝。虽然事物的发展是盛衰无常的，人却可以参与天道的变化。如果在道学兴盛的时候，只是继续过去末学的所为，相互取闹，必然会衰弱。在其衰弱的时候，如果发愤图强，深刻地研究、广泛地学习，有可能成为其复兴的基础。爱学习的人，看到这七家的言论，忽视他们之间的门户之见，考察他们盛衰的根源，也会有所感触的。

周敦颐

湖南营道人，字茂叔。尝为桂阳令，徙知南昌，皆有治绩。熙宁时，为转运判官，以疾，求知南康军，因家庐山莲花峰下。所居曰濂溪，世称濂溪先生。黄庭坚称其人品甚高，胸怀洒落，如光风霁月。程颢、程颐兄弟皆从受业。敦颐每令寻孔颜乐处、所乐何事。故颢之言曰："自再见周茂叔后，吟风弄月以归，有吾与点也之意。"侯师圣学于程颐，未悟，访敦颐。敦颐曰："吾老矣，说不可不详。"留对榻夜谈，越三日乃还。颐惊异之，曰："非从周茂叔来耶？"其善开发人类此。著《太极图说》《通书》，推论阴阳五行之理，以见道体本源。其文简质，为性理学最早、最精之作，朱熹以之比《论语》。盖宋之道学，实以敦颐为开祖焉。卒年五十七，谥元公。传其学者，谓之濂学。

【译文】湖南营道（今湖南道县）人，字茂叔。曾经做过桂阳县令，后任南昌知府，都有政绩。熙宁年间，任转运判官，因为生病，请求改任南康知军，于是在庐山莲花峰下安家。他所居住的地方叫濂溪，因此被人称作濂溪先生。黄庭坚称赞他人品非常高尚，胸怀洒落，仿佛雨过天晴时万物明净的景象。程颢、程颐兄弟二人都跟随他学习。周敦颐经常让他们思考孔子、颜回以什么作为乐趣，所喜欢的是什么事。所以程颢说："从第二次见到周敦颐后，欢喜地回去，有孔子'我同意曾点的主张'的感受。"侯师圣跟从程颐学习，没有所悟，就拜访周敦颐。周敦颐说："我老了，一定要跟你详细地说一番。"留下他夜里对座榻上交谈，过了三天才回去。程颐见了侯师圣，非常惊讶，说："是从周敦颐那里回来吗？"从这里可以看出周敦颐善于启发人。著有《太极图说》《通书》，推论阴阳五行的道理，从而显现大道的本源。他的文章简单质朴，是理学最早、最精练的作品，朱熹把它同《论语》相提并论。宋代的道学，实际上以周敦颐为开山鼻祖。去世的时候五十七岁，谥号为元公。继承他的学说的学派，被称为濂学。

太极图说

自无极而太极。太极动而生阳，动极而静，静而生阴，静极复动。一动一静，互为其根。分阴分阳，两仪立焉。阳变阴合，而生水、火、木、金、土。五气顺布，四时行焉。五行一阴阳也，阴阳一太极也，太极本无极也。五行之生也，各一其性。无极之真，二五之精，妙合而凝。乾道成男，坤道成女。二气交感，化生万物。万物生生，而变化无穷焉。惟人也得其秀而最灵。形既生矣，神发知矣。五性感动，而善恶分，万事出矣。圣人定之以中、正、仁、义，而主静，立人极焉。故圣人与天地合其德，日月合其明，四时合其序，鬼神合其吉凶。君子修之，吉；小人悖之，凶。故曰："立天之道，曰阴与阳。立地之道，曰柔与刚。立人之道，曰仁与义"。又曰："原始反终，故知死生之说"。大哉易也，斯其至矣。

【译文】从无极到太极。太极运动而生阳，运动到极限就会变静，静止就会生阴。静达到极限又会变动，动与静互为产生的根本。这样就有了阴阳之分，两仪就产生了。阴阳变化、合和，产生水火木金土。五行有序运行，四时行于其中。五行来源于阴阳，阴阳来源于太极，太极原本就是无极。五行的产生，各秉不同的性质。无极的本真，阴阳五行的精华相互作用，乾道变为男，坤道变成女。阴阳二气相互交感，生成、化育万物，生生不已，变化无穷。只有人得到了天地五行的精华因最高贵。形体已经具备，精神生发出意识。五性感发于是有了善恶之分，于是万事就有了区分。圣人立以中正仁义四种美德而强调静，确立了为人的最高标准。因而圣人具有天地一样的美德，有日月一样的光明，如四时的运行一样的有序，能如鬼神一样能预知吉凶。君子修习这些美德，就吉利；小人违背这些美德，就不吉利。所以说："阴阳是天所以运行之原因。刚柔是地所以厚载的原因。仁义是人所以为人的根据"。又说："追溯原初，返归终点，这样就能懂得生死的道理"。易道是多么的广大，无以复加！

通 书

诚上第一

诚者，圣人之本。大哉乾元，万物资始，诚之源也。乾道变化，各正性命，诚斯立焉，纯粹至善者也。故曰：一阴一阳之谓道，继之者善也，成之者性也。元亨，诚之通；利贞，诚之复。大哉《易》也，性命之源乎！

【译文】诚实无妄是圣人的根本。真伟大呀，乾乾运转不息的上天，万物依赖它而产生。天就是诚实美德的本原。天道变化，赋予万物各自应有的本性和命运。诚实无妄的美德就是由天道而建立起来的。诚实无妄纯粹无疵，是最完善的。所以说："阴阳二气的对立转化就叫道，道的就是善，成就道的就是性德。"元始、亨通，就是诚的贯通流行；利遂、贞正，就是诚赋予万物的善性。《易》真伟大啊，它是赋于天地万物性命的源头。

诚下第二

圣，诚而已矣。诚，五常之本，百行之源也。静无而动有，至正而明达也。五常百行，非诚非也，邪暗塞也，故诚则无事矣。至易而行难，果而确，无难焉。故曰：一日克己复礼，天下归仁焉。

【译文】圣人之所以圣，不过是完整体现诚实无妄的德性而已。诚实无妄是五种恒常不变的美德（仁、义、礼、智、信）的根本，是一切善美行为的本源。万物处于静态时，诚没有体现出来，似无而有；处于动态时，才显示为至正、光明和明达。离开诚的本体，五常之性和一切行为都无法落实。对诚实的本性不明了通达，行为不正，就会走邪路，就会愚昧，闭塞。所以只要诚，就无一不备。明白诚实的道理很容易，行动上做到就难了。能够果断、准确地实行，就没有什么困难。所以说："一旦克服自己的私欲，恢复古礼，天下就可以归于至仁至义的局面。"

诚几德第三

诚无为，几善恶，德爱曰仁，宜曰义，理曰礼，通曰智，守曰信；性焉安焉之谓圣，复焉执焉之谓贤，发微不可见、充周不可穷之谓神。

【译文】诚实无妄的本性是自然无所造作的。在行动上有细微的征兆，善恶的区分也就由此产生了。五种美德就是：仁爱，合乎时宜，懂礼貌道理，开通聪明，守信用。合乎本性，安分守己，就叫圣人。恢复善良本性，并时时保持的，就是贤人。举动谨慎细微到不可见之处，心量扩充周遍到不可穷尽的地方，到这种地步，就可以称为圣神的人了。

圣第四

寂然不动者，诚也；感而遂通者，神也；动而未形、有无之间者，几也。诚精故明，神应故妙，几微故幽。诚、神、几，曰圣人。

【译文】诚是寂然不动的本体，神是能发生感应、善于应对不测的力量。几，就是在动与静、有形之用与无形之体之间，万事吉凶的征兆。诚，才能清明在躬，志气如神一样精明；神，才能不疾而速，不行而至那样奇妙；几，才能在事情未发生时发现它细微玄妙之处。能做到诚实无妄、神奇精明、洞察幽微征兆，就叫圣人。

慎动第五

动而正曰道，用而和曰德。匪仁，匪义，匪礼，匪智，匪信，悉邪也！邪动，辱也。甚焉，害也。故君子慎动。

【译文】行动能合乎大家所共同遵循的正路，就是道。遵循共通的道理，使内心和万事和顺，就叫德。不合乎仁爱，不切合时宜，不懂礼貌道理，不开明聪明，不守信用，违背这五常，就会走上邪路。邪恶的举动，会侮辱人格，甚至会造成更大的危害。所以有道德的正人君子都要谨慎行动。

道第六

圣人之道，仁义中正而已矣。守之贵，行之利，廓之配天地。岂不易简？岂为难知？不守，不行，不廓耳！

【译文】圣人的行动准则，只是遵守仁义中正罢了。恪守它，就尊贵，实行它，就无往而不利！扩充它，就能和天地并立。这不是很容易、简单，不难理解吗？只不过人们不恪守、不实行、不扩充罢了。

师第七

或问曰："曷为天下善？"曰："师"。曰："何谓也？"曰："性者，刚柔、善、恶、中而已矣。"不达。曰："刚善：为义，为直，为断，为严毅，为干固；恶：为猛，为隘，为彊梁。柔善：为慈，为顺，为巽；恶：为懦弱，为无断，为邪佞。惟中也者，和也，中节也，天下之达道也，圣人之事也。故圣人立教，俾人自易其恶，自至其中而止矣。故先觉觉后觉，暗者求于明，而师道立矣。师道立，则善人多。善人多，则朝廷正，而天下治矣。"

【译文】有人问："怎样才能使天下人都做善事？"答："只有弘扬师道。"问："这是说的什么意思呢？"答："这是人们品性陶冶的需要。性有刚柔，刚柔又各有善恶，通过陶冶培育，就能使其行动适合中正仁义，如此而已。"还没有通达明了（不明白）。答"因为人的性格无不包罗在刚柔之中，刚柔中又各有阴阳属性的区别。凶猛、狭隘、偏执固然是恶，懦弱、优柔寡断、邪恶谄媚也是恶；合乎正义、耿直、果断、严厉坚毅、干练，以及慈悲、顺从、谦逊，固然是善，然而也未必都符合中道。只有不偏不倚的中道，和谐适中，合乎法度，是通达天下的大道。这只是圣人才能把握的事。所以圣人设立教化，使人改正自身恶习，直到无过无不及的偏失为止。由此先觉悟的人启发后觉悟的人，昏昧的人就教于明白的人，尊师重道的风气就建立起来了。尊师重道形成风气，则善人多；善人多，朝廷才能公正，天下才会太平。”

幸第八

人之生，不幸不闻过，大不幸无耻。必有耻则可教，闻过则可贤。

【译文】人的一生，听不到别人批评自己的过失是不幸的。而不知羞耻，是更大的不幸。一定要有羞耻心，才能接受教育；乐于倾听别人批评自己的过失，才成为贤人。

思第九

《洪范》曰：思曰睿，睿作圣。无思，本也；思通，用也。几动于彼，诚动于此。无思而无不通为圣人。不思则不能通微，不睿则不能无不通。是则无不通生于通微，通微生于思。故思者，圣功之本，而吉凶之机也。《易》曰：“君子见几而作，不俟终日。”又曰：“知几，其神乎！”

【译文】《洪范》说：“思虑，才能通达；于事无不通达，才能成为圣人。”无所思虑，寂然不动，是诚的本然状态。思虑贯通，是诚所显示的作用。由无所思虑达到思无不通，就是圣人。无所思，就不能通达入微；不通达就不能无所不通。由此可见，无所不通生于通达入微，通达入微生于思虑。所以，思虑是成就圣人功业的根本，是吉凶变化的征兆。《周易》说：“君子能见到吉凶的先兆而立即行动，不必等待以后”。又说：“能预先知晓微妙征兆的事理，则将达到神妙的境界！”

志学第十

圣希天，贤希圣，士希贤。伊尹、颜渊，大贤也。伊尹耻其君不为尧、舜，一夫不得其所，若挞于市；颜渊不迁怒，不贰过，三月不违仁。志伊尹之所志，学颜子之所学，过则圣，及则贤，不及则亦不失于令名。

【译文】圣人希望回归天道，贤人希望成圣，读书人希望成为贤达之士。伊尹、颜渊就是所说的大贤人。伊尹以他的君王不能成为尧、舜为耻辱，只要有一介小民得不到应有的归宿，就如同在闹市被打一样耻辱。颜渊不会迁怒于人，不会犯两次同样的错误。能长期不违背仁的要求。要树立伊尹那样的志向，具备颜渊那样的学养。能超过伊尹、颜渊则为圣人，赶不上他们则为贤人，即使不及他们，也能博得好名声。

顺化第十一

天以阳生万物，以阴成万物。生，仁也；成，义也。故圣人在上，以仁育万物，以义正万民。天道行而万物顺，圣德修而万民化。大顺大化，不见其迹、莫知其然之谓神。故天下之众，本在一人。道岂远乎哉？术岂多乎哉？

【译文】天以阳气化生万物，以阴气成就万物。化生是仁；成就是义。圣人身处很高职位，用仁养育万物，用义匡正万民。天道运行，万物顺畅。修持神圣的道德，万民就会得到教化。天道大顺，万民大化，人们看不见它的痕迹，更说不出其所以然，这就叫做神。所以天下万民的根本，在于君上一人。君主贤明的治国道理难道离我们很远吗，道术方略难道需要很多吗？

治第十二

十室之邑，人人提耳而教，且不及，况天下之广、兆民之众哉？曰：纯其心而已矣。仁、义、礼、智四者，动静、言貌、视听无违之谓纯。心纯则贤才辅，贤才辅则天下治。纯心要矣，用贤急焉。

【译文】仅有十户人家的小地方，要做到对每个人耳提面命还都办不到，何况天下那么广大，民众有亿万之多呢？所以，为人君主，最根本的就在于保持心灵的纯正而已。仁、义、礼、智四德具备，动静处置得宜，言行、面貌、视听都不逾越规矩，就叫心灵纯正。内心纯正，才能得到贤才的辅佐。得到贤才的辅佐，那么天下就太平了。心灵纯正至关重要，选用贤才是当务之急。

礼乐第十三

礼，理也；乐，和也，阴阳理而后和。君君臣臣，父父子子，兄兄弟弟，夫夫妇妇，万物各得其理然后和，故礼先而乐后。

【译文】礼的实质是有条理；乐的根本在于和谐畅达。阴阳运行有条不紊而后和谐通畅，为人君主、臣子、父亲、儿子、兄弟、夫妇，甚至万物都符合各自的规矩、条理，才能和谐畅达。所以道德行为准则的教化应放在先，音乐和谐的调教放在后。

务实第十四

实胜，善也；名胜，耻也。故君子进德修业，孳孳不息，务实胜也；德业有未著，则恐恐然畏人知，远耻也。小人则伪而已。故君子日休，小人日忧。

【译文】实修胜过名声就好，名不副实就可耻。所以君子努力于进德修业，孜孜不懈，就是力求实修胜过虚名。德业没有显著于世，心中诚惶诚恐，生怕人知道，这样做就是要远离耻辱。小人则沽名钓誉，唯恐别人不知道。所以每天君子坦坦荡荡，小人则忧心忡忡。

爱敬第十五

有善不及，曰："不及，则学焉。"问曰："有不善？"曰："不善则告之不善，且劝曰：'庶几有改乎，斯为君子。'有善一，不善二，则学其一，而劝其二。有语曰：'斯人有是之不善，非大恶也？'则曰：'孰无过？焉知其不能改？改则为君子矣！不改，为恶。恶者，天恶之。彼岂无畏耶？乌知其不能改？’”故君子悉有众善，无弗爱且敬焉。

【译文】也许有人会问：“别人有许多优点，我比不上，怎么办？”我说：“达不到，就虚心学吧。”又问：“人家有缺点，如何对待？”答：“人家有缺点，就忠实地告诉他，劝人家改正，并且希望人家改正后，能成为正人君子。人家有一分优点，两分缺点，就学他的一分优点，劝他改正其余的缺点。有人说：“这个人有这么多毛病，不是十恶不赦吧。”答：“人谁能没有过错，怎么知道他就不能改过自新呢。改了就会成为君子。不改就是作恶。作恶，上天就会惩罚他。难道他就不怕吗？又怎么知道他不能悔改呢。”所以君子身上既集中了众人的优点，也不会摈弃任何一个有缺陷的人，无不用爱护、尊敬的态度待人。

动静第十六

动而无静，静而无动，物也；动而无动，静而无静，神也。动而无动，静而无静，非不动不静也。物则不通，神妙万物。水阴根阳，火阳根阴。五行阴阳，阴阳太极，四时运行，万物终始。混兮辟兮，其无穷兮。

【译文】运动时就不会静止不动，静止不动就不会运动，这是一般事物的常态。既运动又似乎不动，既静止又不静止，就叫神妙。动中有静，静中有动，不是动时没有静止，静时绝对不动。如果把事物的动静绝对化，就会否塞不通。而万物变化的神奇奥妙就在于动静的对立统一。水的性质属于阴，却以阳为本；火的性质属于阳，却以阴为本。五行的变化生自阴阳的运动，阴阳之气源于太极。四时交替不息，万物流行终始，混沌与透彻都是太极阴阳、动静、开合，循环无尽的结果。

乐上第十七

古者圣王制礼法，修教化。三纲正，九畴叙，百姓太和，万物咸若。乃作乐以宣八风之气，以平天下之情。故乐声淡而不伤，和而不淫。入其耳，感其心，莫不淡且和焉。淡则欲心平，和则燥心释。优柔平中，德之盛也；天下化中，治之至也。是谓道配天地，古之极也。后世礼法不修，政刑苛紊，纵使败度，下民困苦。谓古乐不足听也，代变新声，妖淫愁怨，导欲增悲，不能自止。故有贼君弃父、轻生败伦、不可禁者矣。呜呼！乐者，古以平心，今以助欲；古以宣化，今以长怨。不复古礼，不变今乐，而欲至治者，远矣！

【译文】古代圣王制订礼乐法度，推行道德教化，使三纲的规矩得到遵守，朝廷治理的九个方面都井井有条，百姓和顺，万物繁茂。于是制作音乐，是宣发八方的风气，慰平天下人的情感。所以乐声应当淡雅而不伤害应有的情感；平和而不导人骄奢淫逸，音乐声声入耳中听，使人心里感动，离不开淡雅与平和。淡雅可以抑制不正当的欲望，平和则能化解人们的浮躁心理。达到优柔、平和、中正，则道德兴盛；天下教化达到中和的境界，是治平之世的标志。道德教化参合天地，是古代圣人治理国家的极至。后世统治者礼乐法制不修明，搞苛政乱刑，随意发号司令败坏法度，百姓困苦不堪。所以有人说古乐不值得一听，而以时髦怪诞的“新声”取而代之。妖奢淫逸，伤感、忧愁、怨恨的音乐，只能误导人们欲望膨胀增加悲伤，使人无法自控，以至于侵犯君王，抛弃父母，漠视生命，败坏伦理，无法禁止。唉，古人以音乐平和人心，现在却被用来助长人欲；古代用来宣扬教化，现在却用来助长哀怨。不恢复古代的礼乐，不改变当今的“新声”，想达到天下大治，那就差得远了。

乐中第十八

乐者，本乎政也。政善民安，则天下之心和。故圣人作乐，以宣畅其和心，达于天地，天地之气，感而太和焉。天地和则万物顺，故神祇格，鸟兽驯。

【译文】圣人制作音乐，出发点在于政事的治理。政事治理好了，老百姓得到安定，天下人心就平和顺畅。所以圣人制作礼乐，是为了宣导人心，使其通畅和乐，通达天地。天地之气与礼乐相交感，天下就大和。天下大和，那么万物就和顺，诸神都会前来保佑，飞禽走兽都驯服。

乐下第十九

乐声淡，则听心平；乐辞善，则歌者慕。故风移而俗易矣。妖声艳辞之化也，亦然。

【译文】音乐声淡雅，听的人心就平和，歌词的内容好，唱歌的人才会喜欢唱，所以，音乐就能起到移风易俗的作用。相反，妖媚的乐声与描写情爱歌词也对社会风气有很坏的影响啊！

圣学第二十

“圣可学乎？”曰：“可。”曰：“有要乎？”曰：“有。”“请问焉。”曰：“一为要。一者，无欲也。无欲。则静虚动直。静虚则明，明则通；动直则公，公则溥。明通公溥。庶矣乎！”

【译文】问：“圣人可以由学习而做到吗？”答：“可以。”问：“学习有没有什么要领呢？”答：“有。”问：“请说说给我听。”答：“要领就是纯一。纯一，就是没有私欲。没有私欲就可以在静时湛然虚静，动时刚明正直。湛然虚静就能清醒明白，明白就能开通豁达。刚明正直，就能公正廉明。公正廉明就可以普遍宽厚待人。能开明通达，宽厚待人，就和圣人相差不远了。”

公明第二十一

公于己者，公于人。未有不公于己，而能公于人也。明不至则疑生。明。无疑也。谓能疑为明。何啻千里！

【译文】自身公正的人才能公正对待他人，没有自身不公正，而能公正地裁决他人是非的。不能明断是非，就会疑窦丛生。明白果断，就没有疑惑。以为多疑就能明断，这好比南辕北辙，相距何止千里呢！

理性命第二十二

厥彰厥微。匪灵弗莹，刚善刚恶，柔亦如之，中焉止矣。二气五行，化生万物：五殊二实，二本则一。是万为一，一实为万；万一各正，小大有定。

【译文】道理有的很明显，有的很隐晦幽微，如果没有心灵的精审洞察，是不能明白的。性情不管是刚毅还是柔和，人性是善良还是险恶，只要能居于中正就可以了。阴阳二气与五行，变化产生万物。五行各有其不同的性质，其实都统一于阴阳二气。二气的变化，又本于一理之极。所以合万物而言，只是一个太极。从其道理来说，万物都由太极分化而来。万物与太极各有其变化的规律和正理：不论大小，各有其确定的性质。

颜子第二十三

颜子一箪食，一瓢饮，在陋巷，人不堪其忧，而不改其乐。夫富贵人所爱也，颜子不爱不求，而乐乎贫者，独何心哉？天地间有至贵至爱可求而异乎彼者，见其大而忘其小焉尔！见其大则心泰，心泰则无不足，无不足则富贵贫贱处之一也。处之一，则能化而齐，故颜子亚圣。

【译文】颜回用竹器盛食物吃，用瓢舀水喝，身住在简陋的小巷中，人们都忧愁得无法忍受，而他却照样感到快乐。富与贵都是人人所喜爱和追求的。颜回不爱不求，却安贫乐道，他心里究竟追求什么呢？天地之间人们有一种最可贵、可爱，最值得追求的目标。而颜回跟别人不同之处，在于他树立了这个远大目标，所以把小的困难都放在一边了。眼光远大，心里就能泰然处之。心里泰然，就能无处、无时不满足。没有什么时候不满足，就能富贵、贫贱一样处之泰然。能处之泰然，就可以变化气质而向圣贤看齐。所以颜回有“亚圣”（仅次于圣人）的盛名。

师友第二十四

天地间，至尊者道，至贵者德而已矣。至难得者人，人而至难得者，道德有于身而已矣。求人至难得者有于身，非师友则不可得也已。

【译文】天地之间最尊的是道最贵的是德。最难得的是人，人最难得的，是自身具有道德。想要自身具有道德，就非靠老师、朋友不可。

师友下第二十五

道义者，身有之，则贵且尊。人生而蒙，长无师友则愚。是道义由师友有之，而得贵且尊，其义不亦重乎！其聚不亦乐乎！

【译文】道德、正义能一身具备，就能高贵、尊严。人一生下来，本来是蒙昧无知的。长大了如果没有老师、朋友的帮助，就仍然愚昧无知。所以，道德、正义是靠师友的帮助而成长起来的。因师友的帮助而有道义，而显得高贵尊严，所以师友情谊的重量，师友相聚的快乐，真难以形容啊。

过第二十六

仲由喜闻过，令名无穷焉。今人有过，不喜人规，如护疾而忌医，宁灭其身而无悟也。噫！

【译文】子路乐于听到人家指出他的过错，所以他的名声远播。今人有了过错，却不喜欢人家规劝，好比得了病却讳疾忌医，宁可死了也不悔悟。真可惜啊！

势第二十七章

天下，势而已矣。势，轻重也。极重不可反。识其重而亟反之，可也。反之，力也。识不早，力不易也。力而不竞，天也；不识不力，人也。天乎？人也，何尤！

【译文】天下万物都有其必然的发展趋势，趋势有轻有重。趋势到了极端严重的时候，就无可挽回了。能认识其严重性，在没有发展到极端的时候及时纠正，那还来得及。

纠正的关键在于力度，而如果不及早认识，力度再大也无法挽回。力量竞争不过，有上天的因素。而既不及早认识，又不知下大力气，那只能怪自己了。势不可挽，果然是上天之所为吗？恐怕还是人的主观因素吧。如果出于人的主观因素，那就无所归罪于天了。

文辞第二十八

文，所以载道也。轮辕饰而人弗庸，徒饰也，况虚车乎？文辞，艺也；道德，实也。笃其实，而艺者书之，美则爱，爱则传焉。贤者得以学而至之，是为教。故曰："言之无文，行之不远"。然不贤者，虽父兄临之，师保勉之，不学也，强之，不从也。不知务道德，而第以文辞为能者，艺焉而已。噫！弊也久矣！

【译文】文章是用来承载道理的。但是，车轮、车身装饰得再好而人们不喜欢用，那就是虚饰无益的了。何况不能载物的车呢！文辞是一种艺术形式。道德是实实在在的。人能笃实履行，加上艺术的渲染，有美的感染力，人们就喜欢，喜欢就能传之久远。贤人得到了，就能学习效法他，这就是教育。所以说："言论没有文采，就流传不远。"然而不贤的人，虽然父母兄长在旁边，老师在教育勉励他，他也不学；如果勉强他，他也不会顺从。不知道在道德修养上下功夫，但以辞藻的华丽为能事的人，只不过是会一些雕虫小技而已。唉，这种流弊由来已久了！

圣蕴第二十九

"不愤不启，不悱不发。举一隅不以三隅反，则不复也。"子曰："予欲无言，天何言哉！四时行焉，百物生焉。"然则圣人之蕴，微颜子殆不可见。发圣人之蕴，教万世无穷者，颜子也。圣同天，不亦深乎！常人有一闻知，恐人不速知其有也，急人知而名也，薄亦甚矣！

【译文】"不到学生迫切求解的时候，不到学生非常想说又说不出的时候，不去启发他。如果做不到举一反三，就不再重复。"孔子说："我本来不想多说。上天有什么话说呢，还不是照样四时交替运行，万物生生不息吗！"这么说来，圣人的深厚底蕴，除了颜回几乎不会轻易显露出来。揭示圣人的底蕴，教育万代无穷尽的，就是颜回。所以说圣人德同天高，不是很深厚吗？平常人有一点点知识，就惟恐别人不知道，急切地希望别人知道而出名，实在太浅薄了！

精蕴第三十

圣人之精，画卦以示；圣人之蕴，因卦以发。卦不画，圣人之精不可得而见；微卦，圣人之蕴殆不可悉得而闻。《易》，何止五经之源？其天地鬼神之奥乎！

【译文】圣人的精微义理，画卦就可以表示出来；圣人的义蕴，可以通过画卦发明。不画卦，圣人的精义无法表现。除了画卦，圣人的底蕴几乎无从全部听闻。《易经》何止是五经的源泉，更是天地之大、鬼神之幽、圣人的精蕴寄存的宝藏。

乾损益动第三十一

君子乾乾不息于诚，然必惩忿窒欲、迁善改过而后至。《乾》之用其善是，《损》《益》之大莫是过，圣人之旨深哉！“吉凶悔吝生乎动”。噫！吉，一而已，动可不慎乎！

【译文】君子奋斗不息地追求诚明的境界，然而要达到诚明，非要制怒止贪，见善就学，有过失就改不可。《乾》卦的大用在此得到最好的体现，《损》卦、《益》卦的大用，莫过于此。圣人的大旨真深邃啊！“吉利、凶险、不幸、困难产生于行动。”唉！四者中间，只有一个结果是善的，其余三个都是恶的。所以，人们的一举一动，不可不谨慎啊！

家人睽复无妄第三十二

治天下有本，身之谓也；治天下有则，家之谓也。本必端，端本，诚心而已矣；则必善，善则，和亲而已矣。家难而天下易，家亲而天下疏也。家人离，必起于妇人。故《睽》

次《家人》，以二女同居而志不同行也。尧所以厘降二女于妫汭，舜可禪乎？吾兹试矣。是治天下观于家，治家，观身而已矣。身端，心诚之谓也。诚心，复其不善之动而已矣。不善之动，妄也；妄复则无妄矣；无妄则诚矣。故《无妄》次《复》，而曰先王以茂对时育万物，深哉！

【译文】治理天下的根本在于治身；治理天下的法则，如同治家。根本必须端正自身。端正自身，就是做到心地诚实。治国治家的法则，必须有利于发扬善德，使族群亲属和睦相处。亲事难断，而天下相对来说比较容易治理，因为家族的亲疏影响裁定，而天下人疏远，治理较为容易。家人的离合必定从妇人开始。所以，《易经》的卦序是，把睽离的《睽》卦排在《家人》卦之后。因为《睽》卦卦画有下《兑》的少女和上《离》的中女“二女同居”，志向不同，相互排斥的缘故。尧在妫水、汭水，用下嫁娥皇、女英两个女儿给舜的办法，来考验舜帝，决定是否禅让帝位给他。我就是尝试用这个道理来观察天下国家的。所以能否治理天下就看治家，能否治家就看自身修养如何。自身端正，就是心地诚实。心地诚实，就能遮蔽（克服）错误的举动，不做坏事。错误的举动，就叫妄动。覆盖了错误的举动，就不会妄动。不妄动，就叫心诚。所以，《易经》把《无妄》卦排在《复》卦之后。而说“先王勉力配合天时，育养万物”，其中确有深意。

富贵第三十三

君子以道充为贵，身安为富，故常泰无不足。而铢视轩冕，尘视金玉，其重无加焉尔！

【译文】君子以道德的充实、高尚为宝贵，以自身的平安健康为富裕。所以能时常感到心安、舒坦、自我满足，从而视官位爵禄为浮云，视金玉如尘埃。可见道德充实和安康的重要无以复加了。

陋第三十四

圣人之道，入乎耳，存乎心，蕴之为德行，行之为事业。彼以文辞而已者，陋矣！

【译文】圣人的思想道德要常常听闻，用心记在心间，努力琢磨，变为自己的德行，化为德业的实际行动。如果只把道德的漂亮话挂在嘴上，那就太浅陋了。

拟议第三十五

至诚则动，动则变，变则化。故曰：拟之而后言，议之而后动，拟议以成其变化。

【译文】做到至诚，就能感动别人。“感动就会发生改变，进而发生质的变化。”所以说：“要考虑、琢磨以后才讲，要认真讨论后再行动，琢磨、商议然后才能促成事物的变化。”

刑第三十六

天以春生万物，止之以秋。物之生也，既成矣，不止则过焉，故得秋以成。圣人之法天，以政养万民，肃之以刑。民之盛也，欲动情胜，利害相攻不止，则贼灭无伦焉，故得刑以治。情伪微暧，其变千状。苟非中正明达果断者，不能治也。《讼》卦曰：“利见大人”，以刚得中也。《噬嗑》曰：“利用狱”，以动而明也。呜呼！天下之广，主刑者，民之司命也。任用可不慎乎！

【译文】春天万物生长，秋天结果，就会停止生长。万物的产生、长成，都有一定的限度，没有一定的限度就会过头。所以秋天是成熟的季节。圣人效法自然的法则，以政事的治理来教化万民，用刑罚来严肃处理各种犯罪问题。民众往往气粗势盛，容易凭贪欲、激情行事，相互往来都以利害相见，如果不制止，就会戕害人性，毁坏人伦。所以必须靠刑法来治理社会。案情有真情、虚伪、微细、暧昧，千变万化。如果不是适中公允、精明通达、果敢干练，是不能胜任的。所以《讼》卦说：“只有刚强得中，才能利见大人而把事情处理好。”《噬嗑》卦也说：“只有果断行动，明察秋毫，才能使刑狱发挥正确的作用。”哎呀，国家地域这么辽阔，主持政务的人掌握了老百姓的生杀大权，任人、用刑能不十分慎重吗！

公第三十七

圣人之道，至公而已矣。或曰：“何谓也？”曰：“天地至公而已矣。”

【译文】圣人治理国家，只是做到至公至正罢了。有人问：“这是为什么呢？”答：“因为天地是至公无私的。”

孔子上第三十八

《春秋》，正王道，明大法也，孔子为后世王者而修也。乱臣贼子，诛死者于前，所以惧生者于后也。宜乎万世无穷，王祀夫子，报德报功之无尽焉！

【译文】孔子写《春秋》，是为了使王道归于正统，使法律清明，是为后世统治者而修的。孔子之所以主张诛杀乱臣贼子，是为了使后世想干坏事的人感到害怕。所以后世千秋万代祭祀孔子，一直没有停止过，就是要报答他的无尽功德。

孔子下第三十九

道德高厚，教化无穷，实与天地参而四时同，其惟孔子乎？

【译文】道德比天高，比地厚，教化后代，使人们受益不尽，如同天地一样运转不息，如同四季交替变化不停一样，这就是伟大的孔子啊！

蒙艮第四十

童蒙求我，我正果行，如筮焉。筮，叩神也，再三则渎矣，渎则不告也。山下出泉，静而清也。汩则乱，乱不决也，慎哉，其惟时中乎！艮其背，背非见也；静则止，止非为也，为不止矣。其道也深乎！

【译文】《蒙》卦说："幼稚蒙昧的孩童来求我"，我会以正确的道理果断地告诉他，如同用筮草占卦一样。占筮就是叩问神明。再三叩问则不恭敬。不恭敬，就不好告诉你了。《蒙》卦卦象是"山下出泉"，山静泉清就好。如果再三扰乱，不静不清，就不如不告诉他的好。教人实在要慎重啊。告与不告，决与不决都要适中。《艮》卦之象说："止于背面人所看不见的地方。"背部是人们自己看不到的地方。心态平静，就要止于人所看不见的地方。止就是无所为。有所为就不止。这里包含圣人主静的深刻道理啊！

张载

陕西眉县横渠镇人，字子厚，少喜谈兵，以书谒范仲淹。仲淹劝读《中庸》，载犹以为未通，反而求之《六经》。尝坐虎皮讲《易》京师，程颢兄弟与论《易》，次日撤坐辍讲。与二程语道学之要，涣然自失，尽弃异学。熙宁初，为崇文院校书，寻即移疾屏居南山下，终日危坐一室，俯读仰思，有得则志之，或中夜起，取烛以书。敝衣蔬食，与诸生讲学，每告以知礼成性之道，学必如圣人而后已。著书号《正蒙》，又作《东铭》《西铭》及《易说》。程颐尝称其《西铭》理一分殊，扩前圣所未发，与孟子性善、养气之论同功，卒年五十八，谥明公，后定谥献，传其学者，号曰关学。

【译文】陕西眉县横渠镇人，字子厚，年少的时候喜欢谈论军事，拿书拜谒范仲淹。范仲淹劝他读《中庸》，张载依然以为没有通彻，就返回在《六经》中寻找。曾经在京城坐虎皮椅讲论《周易》，程颢兄弟和他讨论，他以为不如，第二天就撤去了坐席停止讲论。他和二程谈论道学的要领，疑虑消失，完全放弃异端学问。熙宁初，担任崇文院校书，不久就称病隐退终南山下，整日端坐屋中，低头读书，仰头思考，有所收获就记下来，或者半夜起来，取出蜡烛来记下。他衣食简陋，和各位学生论学，每每讲授知礼成性、变化气质的道理，学习一定要像圣人一样。他著作称为《正蒙》，还写有《东铭》《西铭》及《易说》。程颐曾经称赞《西铭》讲的理一分殊，扩充前人所没有讲的道理，和孟子性善论、养气说功劳相等。五十八岁时去世，谥号明公，后定谥号献。传布他学问的，称为关学。

西铭

乾称父，坤称母，予兹藐焉，乃混然中处。故天地之塞吾其体，天地之帅吾其性，民吾同胞，物吾与也。大君者，吾父母宗子；其大臣，宗子之家相也。尊高年，所以长其长，慈孤幼，所以幼其幼。圣其合德，贤其秀也。凡天下疲癃残疾、茕独鳏寡，皆吾兄弟之颠连而无告者也。“于时保之”，子之翼也。“乐且不忧”，纯乎孝者也。违德曰悖，害仁曰贼，济恶者不才，其践形惟肖者也。知化则善述其事，穷神则善继其志，不愧屋漏为无忝，存心养性为匪懈。恶旨酒，崇伯子之顾养；育英材，颍封人之锡类。不弛劳而底豫，舜其功也；无所逃而待烹，申生其恭也。体其受而归全者，参乎；勇于从而顺令者，伯奇也。富贵福泽，将厚吾之生也；贫贱忧戚，庸玉女于成也。存，吾顺事；殁，吾宁也。

【译文】乾卦称为万物之父，坤卦称为万物之母，渺小的我，与之浑然一体处于其中。因而说充塞天地之间阴阳二气的就是我的形体，统帅天地的乾健坤顺的性质就是我的本性，万民都是我的同胞，万物都和我是同类。君王就是天地的嫡长子，大臣就是嫡长子家的家相。尊重年长者是为了礼敬所有老人，慈爱孤苦幼小者是为了爱护孩子。圣人是合天地之德的人，贤人就是秀灵的人。凡是天下老弱残疾、孤苦无助的人都是我的苦难无靠的兄弟。能够保全，是子女对父母的帮助。快乐且不忧愁，这就是纯粹的孝道。违背道德就是悖，残害仁道就是贼。助长罪恶的没有才能，只有有才能者可以践形。天地所做之事为化育，所存之志为神妙的天机，圣人继承天地之事和天地之志犹如孝子继承父母。即使在阴暗之处也无所愧疚就是对得起父母，保存本心、培植本性就是对父母不懈怠。夏禹厌恶美酒，善于侍养父母。抚育英才，颍考叔被赐予善。不松懈使父母感到快乐，这是舜的功劳。不逃避而等待烹煮，申生因而谥为恭。将从父母那里所得到的身体完整得归还这是曾参；勇于顺从父母的意思这是伯奇，富贵福泽将使我的生活丰衣足食，贫贱苦难这是帮助你成功的。活着我就顺应天地之事，死亡我也心安。

东铭

戏言出于思也，戏动作于谋也。发乎声，见乎四支。谓非己心，不明也。欲人无己疑，不能也。过言非心也，过动非诚也。失于声，缪迷其四体。谓己当然，自诬也。欲他人己从，诬人也。或者以出于心者，归咎为己戏。失于思者，自诬为己诚。不知戒其出汝者，归咎其不出汝者。长傲且遂非，不知孰甚焉！

【译文】开玩笑的话出于内心的思考，开玩笑的动作产生于心中的谋划。从你的声音发出来，由你的手脚做出来。要说不是出于你的本心，说不明；想要人家不怀疑你是成心如此，就做不到。失误的话不是出于内心；失误的动作不是你的本意。由于失声而说出了，由于错误地迷了手脚而做出来了。说这是自己本来真要如此的，是欺诬自己；想要别人信从自己，是欺诬他人。有时候把出于自心的错误，归咎为自己在开玩笑；有时反而把缺乏考虑的失误，又自诬为出于自己的本心。不知道要戒慎那些出于你自身的言行，错了就归咎为不是出于你本心的开玩笑。助长人的傲气，促成人的过错，不知道有什么比开玩笑更严重的了。

正蒙

太和所谓道，中涵浮沈、升降、动静、相感之性，是生絪缊、相荡、胜负、屈伸之始。其来也几微易简，其究也广大坚固。起知于易者乾乎！效法于简者坤乎！散殊而可象为气，清通而不可象为神。不如野马，絪缊不足。谓之太和。语道者知此，谓之知道；学易见此者，谓之见易。不如是，虽周公才美，其智不足称也已。

【译文】太和就是道，其中包含着浮沉、升降、动静、感通的性质，因而能产生阴阳相互作用、相互推移和胜负、屈伸变化。其变化初始细微难察、平易简约，其成型后广大坚实。知道变易起源于《乾》，效法简约的是《坤》。分散为具体形体就成为气，清和通泰而没有形状就是神。不是气息，阴阳之气就不能称为是太和。像这样谈论道，才可以说是了解大道；学习《易经》，了解这一点，才可以说是知“易”。若不是这样，即使有周公俊杰的才智，也不足以称道。

太虚无形，气之本体，其聚其散，变化之客形尔；至静无感，性之渊源，有识有知，物交之客感尔。客感客形与无感无形，惟尽性者一之。

【译文】太虚没有具体形象，它是气存在的本来状态，气的凝聚和分散是太虚变化的表现形态。太虚至静不变，不去感触万物，它是本性的来源；对事物的认识了解，是在对事物之间的感触中形成的。气的感触变化和太虚的无感无形，只有完全实现本性者才能统一起来。

天地之气，虽聚散、攻取百涂，然其为理也，顺而不妄。气之为物，散入无形，适得吾体；聚为有象，不失吾常。太虚不能无气，气不能不聚而为万物，万物不能不散而为太虚。循是出入，是皆不得已而然也。然则圣人尽道其间，兼体而不累者，存神其至矣。彼语寂灭者，往而不反。徇生执有者，物而不化。二者虽有间矣，以言乎失道，则均焉。

【译文】天地之间的气，虽然聚散、同异差别很大，但都遵循一定的规律而不杂乱。气消散归于太虚，但这仍旧保持存在（并没消失）；凝聚为具体物象，并没有失去秩序。太虚不能没有气，气不能不聚集为万物，万物不能不消散为太虚，这样一个聚散的过程，是必然的。圣人能够了解这一聚散变化的必然性，就不会为生死所累，就会保有至德。佛教厌弃有生，因而知道死而不知道生；道教追求长生，但不知道死。这两家所说虽有不同，但都不懂得气的聚散则是一样的。

气坱然太虚，升降飞扬，未尝止息，易所谓"絪缊"，庄生所谓"生物以息相吹"、"野马"者与！此虚实、动静之机，阴阳、刚柔之始。浮而上者阳之清，降而下者阴之浊，其感遇聚结，为风雨，为雪霜，万品之流形，山川之融结，糟粕煨烬，无非教也。

【译文】气充斥在太虚之中，升降变化，不曾停止，这就是《周易》说的气的运动，庄子所说的"万物以气息相吹拂"和"野马"吧。这是虚实动静变化的关键，阴阳刚柔这些形象的开始。阳气轻清的上升，阴气重浊的下降，二气相感凝结为风雨雪霜。万物的形体，山川的凝结，糟粕灰烬，没有不是遵照这一规律的。

气聚，则离明得施而有形，气不聚，则离明不得施而无形。方其聚也，安得不谓之客？方其散也，安得遽谓之无？故圣人仰观俯察，但云"知幽明之故"，不云"知有无之故"。盈天地之间者，法象而已；文理之察，非离不相睹也。方其形也，有以知幽之因；方其不形也，有以知明之故。

【译文】气凝聚才会有光明才能有形象的事物，气消散就没有光明就会没有形象。当气凝聚的时候，怎么能够说不是暂时呢？当气消散的时候，（同样也是暂时的），怎能说是完全没有呢？因而圣人仰观天象，俯察万物，只说"了解有形象和无形象"，而不说"知到有和无"。充盈于天地之间的，只有物象。物象的道理只有通过眼睛察知。在可看到具体形象中，（知道必有所消散），因而在有形之中包含有无形的道理；在不可看到的物象之中，（知道必有所凝聚），因而在无形之中包含着有形的道理。

气之聚散于太虚，犹冰凝释于水，知太虚即气，则无无。故圣人语性与天道之极，尽于参伍之神，变易而已。诸子浅妄，有有无之分，非穷理之学也。

【译文】气和太虚的聚散，就好比冰和水之间的凝释。知道太虚就是气，就知道没有“空无”。因而圣人谈论“性和天道”全包含在变化之中。道家的人粗浅臆断，将“有”和“无”割裂开来，这不是研究道理的学问。

由太虚有天之名。由气化有道之名。合虚与气，有性之名。合性与知觉，有心之名。

【译文】太虚就是天，气的变化就是道。秉有太虚阴阳二气健顺的性质就是“性”，合“性”和“知觉”就是心。

鬼神者，二气之良能也。圣者，至诚得天之谓；神者，太虚妙应之目。凡天地法象，皆神化之糟粕尔。

【译文】鬼神是阴阳二种精气的聚散变化。圣人就是得之于天道的至诚；神就是太虚之中神妙感应所内含的规律、条理。凡是天地万物都是气的聚散变化规律的迹象。

气本之虚，则湛本无形。感而生，则聚而有象。有象斯有对，对必反其为；有反斯有仇，仇必和而解。故爱恶之情同出于太虚，而卒归于物欲，倏而生，忽而成，不容有毫发之间，其神矣夫！以上太和篇

【译文】气本源于太虚，澄澈无形。一气交感凝聚而有形象。有形象就有对立面，有对立面则会有相反的运动，因而便会有斗争，而斗争的结果便是形成和解统一。爱恶之情同是出于太虚，而最终表现为物欲，突然产生，突然形成，没有丝毫区别，真是不测！

一物两体，气也；一故神（两在故不测），两故化（推行于一），此天之所以参也。

【译文】宇宙中一切事物都包含有阴阳两个对立面，这就是气。太虚神妙，（阴阳变化难以知晓），阴阳二者对立作用产生变化，（阴阳原本于气），这就是天所以为三的原因。

阴阳之精互藏其宅，则各得其所安，故日月之形，万古不变。若阴阳之气，则循环迭至，聚散相荡，升降相求，絪缊相揉，盖相兼相制，欲一之而不能，此其所以屈伸无方，运行不息，莫或使之，不曰性命之理，谓之何哉？以上参两篇

【译文】阴阳互相含摄（即阴中有阳，阳中有阴），各得所安，因而日月万古不变。阴阳二气，循环往复，相互聚散、升降、变化，相互统一而又制约，不能使之固定，因而能够任

意屈伸，运动不停，没有能够指使的，不称这为性命之理，还能称为什么呢？

天道四时行，百物生，无非至教；圣人之动，无非至德，夫何言哉！

【译文】天道四时运行，万物生长，没有不是至教；圣人的行为，没有不是至德。他们说什么了！（意为天道自成其行，没有外力作用；圣人自成其德，不勉而行，不用勉强有所表现。）

天之不测谓神，神而有常谓天。以上天道篇

【译文】天运行难测就是神，神有常则就是天。

神，天德，化，天道。德，其体，道，其用，一于气而已。

【译文】神就是天德；变化就是天道。天德是根本，天道是功用，这都是气的表现。

大可为也，大而化，不可为也，在熟而已。易谓“穷神知化”，乃德盛仁熟之致，非智力能强也。

【译文】扩充发扬善是可以做到的，但能进入化境就不是可以人为努力做到的了，做到精熟就行了。周易所说的“探求事物的神妙，了解事物的变化”，就是仁德的盛大和精熟，这不是智力所能勉强做到的。

“精义入神”，事豫吾内，求利吾外也；“利用安身”，素利吾外，致养吾内也。“穷神知化”，乃养盛自致，非思勉之能强，故崇德而外，君子未或致知也。

【译文】研究事物的微义以至神妙境地，事情变化自身已经做好准备，以求得吉利；用利使自身有所安，在外部得到吉利，就要更好地修养自身；探究事物的神妙，了解事物的变化，是修养极致的结果，不是勉强所能做到的，因而尊崇德行之外，就没有获得最高智慧的方法了。

知神而后能飨帝飨亲，见易而后能知神。是故不闻性与天道而能制礼作乐者末矣。

【译文】知神才能够祭祀上帝和亲人，知晓《易》的道理后才能够知神，因而不知道性和天道就能制作礼乐是不可能的。

无我，然后得正己之尽。存神，然后妙应物之感。以上神化篇

【译文】没有私我然后能保全自身而恒正，存神就能应物而无所不通。

诚明所知，乃天德良知，非闻见小知而已。

【译文】禀赋天道的诚所获得的知识是天德良知，不是由经验感官所获得知识。

义命合一存乎理，仁知合一存乎圣，动静合一存乎神，阴阳合一存乎道，性与天道合一存乎诚。

【译文】义与天命合一就是常理，仁德和智慧合一就是圣，动静不离就是神，阴阳互相转化就是道，天道和人道合一就是诚。

天所以长久不已之道，乃所谓诚。仁人孝子所以事天诚身，不过不已于仁孝而已。故君子诚之为贵。

【译文】天之所以能够久远、运动不息的原因就是诚。仁慈、孝顺的人之所以能够侍奉上天、成就自身，就是能够整日做到仁孝。因此君子以诚为贵。

“自明诚”，由穷理而尽性也；“自诚明”，由尽性而穷理也。性者万物之一源，非有我之得私也。惟大人为能尽其道，是故立必俱立，知必周知，爱必兼爱，成不独成。彼自蔽塞而不知顺吾理者，则亦末如之何矣。

【译文】“自明诚”，就是通过研究事物道理来实现自己善的本性；“自明诚”，就是通过上天赋予自己的本性来研究事物。性是万物的本源，不是我私自所有。只有“大人”才能够穷尽这些道理，因而确立要一起确立，知晓就要一同知晓，仁爱就要普遍地爱，成就而不私自一人成就。那些闭塞善性不知顺应道理的，不知道能拿他怎么样。

天所性者，通极于道，气之昏明，不足以蔽之；天所命者，通极于性，遇之吉凶，不足以戕之；不免乎蔽之戕之者，未之学也。性通乎气之外，命行乎气之内。气无内外，假

有形而言尔。故思知人不可不知天，尽其性然后能至于命。

【译文】上天所赋予人的本性就是和道相通，后天气质的昏明不能够遮蔽它；上天所赋予人的本性，即使遇到吉凶也不能伤害它。不能够免于遮蔽和伤害就是没有学习。性在气运行之外，命在气的运行之内，气不分内外，是对形体而言的。因而知人道就不可不知天道，完全实现人的善性就是达到天所赋予人的本性。

湛一，气之本；攻取，气之欲。口腹于饮食，鼻舌于臭味，皆攻取之性也。知德者属厌而已，不以嗜欲累其心，不以小害大，末丧本焉尔。

【译文】太虚澄明，它是气的本源；物物感触而有同异，这是气的运动。饮食对于口腹，味道对于鼻舌，这些都是攻取之性。知德之人能够满足，能够不以感官欲望而劳累本心，不以感官欲望伤害本心，不以次要的伤害根本的。

心能尽性，“人能弘道”也；性不知检其心，“非道弘人”也。尽其性，能尽人物之性，至于命者，亦能至人物之命。莫不性诸道，命诸天。我体物未尝遗，物体我知其不遗也。至于命，然后能成己成物，不失其道。

【译文】通过修心来尽性，就是所谓的“人能弘道”；如果只知尽性而不知道修心，就是所谓的“非道弘人”。洞达自性的本源，就可以洞彻他人和万物的天性；了解自己的天赋之命，也能了解他人与万物的命理。最终都是率性入道，正命合天。我尽己之性体察万物不曾有遗漏，万物感应我心同样不会有遗漏。最后通达命理，然后可以成就己德成就物性，各得其所，不偏离各自的轨道。

形而后有气质之性，善反之则天地之性存焉。故气质之性，君子有弗性者焉。

【译文】有了具体形象之后就有气质之性，善于恢复本性就会保有天地之性。因而对于气质之性，君子并不作为人的真正本性看待。

德不胜气，性命于气；德胜其气，性命于德。穷理尽性，则性天德，命天理。

【译文】人善的本性不能超过人的自然属性，那么人性就表现为自然属性；善性超过自然属性，人性就表现为善性。研究万物的道理，探究自己的本性，那么自己的本性就表现为天德，命就表现为天理。

纤恶必除，善斯成性矣；察恶未尽，虽善必粗矣。

【译文】细小的恶一定要除去，这样善性才能实现；除恶未尽，善性必定不充分。

莫非天也，阳明胜则德性用，阴浊胜则物欲行。领恶而全好者，其必由学乎！

【译文】没有不是属于天的，阳明超出就表现为德性，阴浊超出就产生物欲。消除恶而保全善，一定是通过学习。

生直理顺，则吉凶莫非正也；不直其生者，非幸福于回，则免难于苟也。以上诚明篇

【译文】当生则生，当死则死，那么吉凶没有不正的；若做不到这样，平常而不能幸福，临难而苟且求免。

大其心则能体天下之物。物有未体，则心为有外。世人之心，止于闻见之狭。圣人尽性，不以见闻梏其心，其视天下，无一物非我。孟子谓‘尽心则知性知天’以此。天大无外，故有外之心不足以合天心。

【译文】扩充本心，就能体察天下万物。有物没有体察到，那么本心就没有完全实现。常人的心，只停留在经验层面；圣人完全实现了本性，不会因经验知识来限制他的本心，他将天下万物都因我而成。这就是孟子所说的“尽心知性知天”。天包罗无遗，因而心有所遗漏就不足以和天心相合为一。

释氏不知天命，而以心法起灭天地。以小缘大，以末缘本。其不能穷而谓之幻妄。真所谓疑冰者与！（以上大心篇）

【译文】佛教不明白阴阳和合化成万物，理则蕴含其中。而将天地的兴起、消灭视为人意识的产物。将小说成大，将末说成本。不能穷尽就以为是虚幻。这就好比夏虫怀疑冰的存在！

可欲之谓善，志仁则无恶也。诚善于心之谓信。充内形外之谓美。塞乎天地之谓大。大能成性之谓圣。天地同流、阴阳不测之谓神。

【译文】向往好的就是善，有志于仁德就无恶。诚于内心就是信，德行充于内外就是美，充于天地就是大，大而且能保全本性就是圣，天地和合，阴阳难以知晓就是神。

知德以大中为极，可谓知至矣；择中庸而固执之，乃至之之渐也。惟知学然后能勉，能勉然后日进。而不息可期矣。

【译文】知德以阴阳合德为极限，这可以说是知识的极致了。选取不偏不倚之道而坚持实行，是逐步达到极限的步骤。只有通过学习勉励，然后不断进取而不停息，这样才可以达到。

极其大而后中可求，止其中而后大可有。

【译文】完全实现了“大”其后“中”也会实现，达到了“中”之后“大”也可实现。

不尊德性，则学问从而不道；不致广大，则精微无所立其诚；不极高明，则择乎中庸，失时措之宜矣。

【译文】不崇尚德性，学问就无从谈起；学问不能够广博，那么精微就难以达到；不能洞察，那么在行中庸之道时就不能因时而用。

意，有思也；必，有待也；固，不化也；我，有方也。四者有一焉，则与天地为不相似。

【译文】意就是有所思虑。必就是有所肯定。固就是不能应变。我就是有所限制。这四者有其一，就不能和天地合一。

将穷理，而不顺理。将精义而不徙义。欲资深且习察。吾不知其智也。

【译文】探究道理而不顺应物理。精研微义而不能尊崇仁义。想做到蓄积深厚粗考察详细，我不知道智慧何在。

温故知新。多识前言往行以畜德。绎旧业而知新益。思昔未至而今至。缘旧所见闻而察来。皆其义也。

【译文】温习过去的就会有所收获，详尽得考察过去的言论和行为从而积累德性，继续过去的事业新知就会增加，思虑以前没做到的而现在做到的，依据以前的见闻来洞察将来，都是广博学习所应做的。

责己者当知天下国家，无皆非之理。故学至于不尤人，学之至也。

【译文】责备自己的人应当知道天下国家没有都不是的道理，因而学习到达不去责备别人的程度，就是学到了极致。

学者四失：为人则失多，好高则失寡，不察则易，苦难则止。

【译文】学习过程中有四个过错：为了名利就会失之于驳杂不精，目标过于高远就学得太少，不精于考察就失之于简单，过于艰难就会有所惮怕而停止。

学者舍礼义，则饱食终日，无所猷为，与下民一致。所事不踰衣食之间、燕游之乐尔。

【译文】学习而舍弃礼义，就会饱食终日，无所作为，和平民一样。从事的不过是衣食、游乐这些事。

儒者穷理，故率性可以谓之道。浮图不知穷理而自谓之性，故其说不可推而行。以上中正篇

【译文】儒家探求事物的道理，因而遵循本性可以称之为道。佛教不知道探求事物道理，而将空称为圆成实性，因而这一学说不能推而实行。

至当之谓德，百顺之谓福。德者福之基，福者德之致，无入而非百顺。故君子乐得其道。

【译文】完全合宜就是德，完全顺应就是福。德是福的根本，福是德的结果，这样没有不顺的。因而君子乐于此道。

“正己而不求于人”，不愿乎外之盛者与！

【译文】君子“端正自己的品行而不渴求别人”，这就是完全做到了“不去做本分以外的事”。

必物之同者，己则异矣。必物之是者，己则非矣。

大人者，有容物，无去物，有爱物，无徇物，天之道然。天以直养万物，代天而理物者，曲成而不害其直，斯尽道矣。

【译文】要求事物一定归同的人，自己就成了异类；要求事物一定要正确的人，自己就错了。

大人，能够包纳万物，不会遗弃万物，能够爱物而不曲从万物，天道也是这样。天以直道养育万物，代替上天养育万物，多方成就而不妨害直道，这就是穷尽了大道。

志大则才大，事业大，故曰“可大”，又曰“富有”；志久则气久、德性久，故曰“可久”，又曰“日新”。（以上至当篇）

【译文】志向大就才气大，事业大因而称为“可大”，又称为“富有”志向恒久就气恒久，德性恒久因而称为“可久”，又称为“日新”。

困而不知变，民斯为下矣。不待困而喻，贤者之常也。困之进人也，为德辨，为感速。孟子谓人有德慧术知者存乎疢疾，以此。自古困于内无如舜，困于外无如孔子。以孔子之圣，而下学于困。则其蒙难正志，圣德日跻，必有人所不及知，而天独知之者矣。故曰：“莫我知也夫”，“知我者其天乎”！

【译文】困顿而不知道变通，就是最下等的人了。不等到困苦而有所明白，是贤者的通常做法。困顿而有所进步，就能辨德，感通。这也是孟子说的“人的道德、智慧、谋略、见识存在于困苦之中”。自古以来，困于内者没有比过舜的，困于外界环境的没有比过孔子的。孔子这样的圣人而学于困顿。蒙受苦难广大志向，圣德日进，定有人所不知道的而只有天知道的。因而说：“没有人了解我啊”，“天了解我吧”。

颜渊从师，进德于孔子之门。孟子命世，修业于战国之际。此所以潜、见之不同。（以上三十篇）

【译文】颜回向孔子学习，在孔子门下增进德行。孟子救世，在战国时期建立功业，这就是隐藏和显露的不同。

行修言道，则当为人取，不务徇物，强施以引取乎人。故往教妄说，皆取人之弊也。

【译文】言行的修为，应当为人所取法，不去做那些屈从事物，强迫施与而让人来学习。因此说自己不请而去，是教导虚妄，是取法人的弊端。

言有教，动有法，昼有为，宵有得，息有养，瞬有存。

【译文】言论都值得大家来学习，行为足以是别人学习的榜样。白天有所作为，晚上有所收获。呼吸之间要有养护，瞬倾之间要有存留。

困辱非忧，取困辱为忧；荣利非乐，忘荣利为乐。（以上有德篇）

【译文】困顿和悔辱而不担忧，担忧之所以招致这些；荣华利禄并不是快乐，忘记荣华利禄才是快乐。

大《易》不言有无，言有无，诸子之陋也。

【译文】《易》不讲有无，讲有无，是诸子粗陋的表现。

易为君子谋，不为小人谋，故撰德于卦，虽爻有小大，及系辞其爻，必谕之以君子之义。一物而两体，其太极之谓与！阴阳天道，象之成也；刚柔地道，法之效也；仁义人道，性之立也。三才两之，莫不有乾坤之道。阴阳、刚柔、仁义之本立，而后知趋时应变，故“乾坤毁则无以见易”。

【译文】易是为君子谋划的，而不是为小人谋划的，因而要撰写卦德（指卦所具有的代表性的性能、性情、特点之类，如乾卦之德为刚健。）；爻虽然有大小，而爻辞也必定讲君子的道理。事物有对立的两方面，这就是太极！天道表现为阴阳，这是所成的象，地道表现为刚柔，这是要效法的，人道表现为仁义，这是人本性的内容。天地人内部都有对立面，都有乾坤之道。阴阳、刚柔、仁义这些根本确立后，才能够适应形势顺应变化，因而说“乾坤不存在也就没有了易”。

开物于几先，故曰知来；明患而弭其故，故曰藏往。极数知来，前知也。前知其变，有道术以通之，君子所以措于民者远矣。（以上大易篇）

【译文】了解事物在先兆之前，因而能预见将来；知道祸患而能够弥补之所以这样，因而能够对已往心中了然。穷尽卦的变化知道将来，就是预先知道。预先知道变化，这是有方法做到的。因而说君子能够为百姓所筹划的已经很深远了。

至诚，天性也；不息，天命也。人能至诚，则性尽而神可穷矣，不息，则命行而化可知矣。学未至知化，非真得也。

【译文】至诚是天的本质，运行不息是天的表现。人做到至诚就会实现本性，穷尽神妙之物，不息就会知晓天命的运行变化。学习没达到通晓事物变化之理，就不是真有所得。

浮屠明鬼，谓有识之死受生循环，遂厌苦求免，可谓知鬼乎？以人生为妄，可谓知人乎？天人一物，辄生取舍，可谓知天乎？孔孟所谓天，彼所谓道，惑者指“游魂为变”为轮回，未之思也。大学当先知天德，知天德则知圣人，知鬼神。今浮屠极论要归，必谓死生转流，非得道不免，谓之悟道可乎？自其说炽传中国，儒者未容窥圣学门墙，已为引取，沦胥其间，指为大道。其俗达之天下，致善恶、知愚、男女、臧获，人人著信，使英才闲气，生则溺耳目恬习之事，长则师世儒宗尚之言，遂冥然被驱，因谓圣人可不修而至，大道可不学而知。故未识圣人心，已谓不必求其迹；未见君子志，已谓不必事其文。此人伦所以不察，庶物所以不明，治所以忽，德所以乱，异言满耳，上无礼以防其伪，下无学以稽其弊。自古诐淫邪遁之词，翕然并兴，一出于佛氏之门者，千五百年。自非独立不惧，精一自信，有大过人之才，何以正立其间、与之较是非，计得失！

【译文】佛教所说的鬼，以为有生命之物死后不断转世循环，于是就厌恶苦楚求得解脱，这难道是了解鬼吗？将人生视为虚幻，这难道是了解人吗？天人本是一物，而佛教视人为空而保留天，难道是了解天吗？孔孟所说的天，佛教称为道，困惑的人将儒者讲的“游魂为变”理解为佛教说的轮回，这是不思考啊。大学问应当先了解天德，了解了天德就能了解圣人，了解鬼神。佛教所讲归于生死轮回，以为不得道就不能摆脱，难道能说是悟道了吗？自从佛教在中国兴盛传播，儒者不能够了解圣学的内容，引取佛教所说，沦陷其间，视之为大道。流俗风行天下，以致善恶、智愚、男女、奴婢之人都加以信从，那些俊杰之人，生来就沉陷之中，长大学习儒者之说，于是茫然不觉就陷入佛教之中，以为圣人的学问不加修养就能实现，大道不加学习就能知晓。因而不了解圣人之心就已经说不必要学习他的行为，不明了君子的志向就已经说不必要学习他的学说。这就是人伦所以不被明察，万物所以不能显明，治道所以粗陋，德行所以混乱，异端充斥，在上没有礼制来防止邪伪，在下没有学养来考察弊病的原因。自古以来偏颇淫邪之说，一时并起，同出于佛教流传的千五百年间。如果不是独立不怕，能够做到精微一贯和自信，有超人之才，怎能够端正地立于其间，和它计较是非、得失！

将修己，必先厚重以自持，厚重知学，德乃进而不固矣。忠信进德，惟尚友而急贤，欲胜己者亲，无如改过之不吝。（以上乾称篇）

【译文】修养自身，就要敦厚庄重，自我克制，敦厚庄重而学习，德业就会进步而不固陋。忠信而增进德业，只有与高于己着交游并且渴望贤能。若想贤者亲近自己，不如舍得改正过失。

理窟十五则（附《论语说》《诗说》各一则）

治天下不由井地，终无由得平。周道止是均平。

【译文】治理天下不实行井田制，最终不会实现公平。周朝所实行的只是公平。

管摄天下人心，收宗族，厚风俗，使人不忘本，须是明谱系世族与立宗子法。

【译文】管束天下的人心，聚集宗族，醇厚风俗，使人不忘本，应当显明宗族世系和宗法的制度。

不知疑者，只是不便实作。既实作，则须有疑。

【译文】不知道怀疑的，就不能很好的实施，既然实施，就应当有所怀疑。

多闻见，适足以长小人之气。君子庄敬日强，始则须拳拳服膺，出于牵勉。至于中礼，却从容。如此，方是为己之学。

【译文】只是扩充经验知识，正会助长小人的骄气。君子庄重恭敬日渐笃实坚强，最初需要恳切地牢记在心，是出于勉强，至于完全合乎礼，却从容不迫。只有这样，才是为己之学。

尝谓文字历过，见得无可取，则可放下。唯《六经》则须着循环，能使昼夜不息，理会得六七年，则自无可得看。若义理则尽无穷，待自家长得一格，则又见得别。

【译文】曾以为文章之类，如果无所收获，则可放下不读。只有《六经》应该循环往复，昼夜不停他阅读，这样理解六七年，就会无所可看。然而《六经》讲的道理无穷尽，等自己见识增加，就会重新有所发现。

学贵心悟，守旧无功。

【译文】读书学习最重要的是用心感悟其中的道理，如果一味抱着原来的想法读书将没有什么收获。

为学大益，在自能变化气质。不尔，卒无所发明，不得见圣人之奥。故学者先须变化气质。变化气质与虚心相表里。

【译文】学习的最大好处在于能够改变气质。若不是这样，就不会有所创见，就不能够看到圣学的深义。因而学者应当先改变气质。变化气质和虚心互相依存。

读书少，则无由考校得义精。盖书以维持此心，一时放下，则一时德性有懈。读书则此心常在，不读书则终看义理不见。书须成诵，精思多在夜中或静坐得之，不记则思不起。但须通贯得大原后，书亦易记。所以观书者，释己之疑，明己之未达。每见每知所益，则学进矣。于不疑处有疑，方是进矣。

【译文】读书过少就不能够考察到精微之义。读书是为了保有精进之心，一时放下，德行一时就会懈怠。读书时此心常有，不读书则终究知晓不了义理。书应当背诵，精细的思考多在夜晚或静坐中才能做得到，不能够记忆就不能思索。透彻地理解到根本后，书就容易记忆。之所以读书，是为了消除自己的疑虑，明白自己所不理解的。所看到、知晓的有所增加，学问就进步了。在没有疑问处有所怀疑，这样才算进步。

既学而先有以功业为意者，于学便相害。既有意，必穿凿创作起事也。德未成而先以功业为事，是代大匠斫，希不伤手也。

【译文】学习之前有建立功业的愿望，对学问会有害。既有这一愿望，就会牵强附会。德业未成而先留意功业，就是代替高明的匠人砍伐，这样很少有不会伤到手的。

戏谑直是大无益，出于无敬心。戏谑不已，不惟害事，志亦为气所流。不戏谑亦是持气之一端。善戏谑之事，虽不为无伤。

【译文】开玩笑是没有好处的，开玩笑来自于没有恭敬心。开玩笑不停，不仅会害事，志向也会流失。不开玩笑是保持志气的一种方式。开玩笑的事情，即使不做也不妨。

观书解大义，非闻也，必以了悟为闻。

【译文】读书知道主要内容不算知识，只有领悟了才算知识。

学者不论天资美恶，亦不专在勤苦，但观其趣向著心处如何。

【译文】学习不论天生禀赋的善恶，也不全在勤苦，只要看心思所用在何处。

义理有疑，则濯去旧见，以来新意。心中苟有所开，即便札记。不思则还塞之矣。更须得朋友之助。

【译文】对义理有所疑惑，就能除去旧的看法，带来新意。心中若有领悟，就随手记录。不加思考就会阻塞，更需要得朋友的帮助。

学者不宜志小气轻！志小则易足，易足则无由进；气轻则虚而为盈，约而为泰，亡而为有，以未知为已知，未学为已学。

【译文】学习不应当志向渺小、精神状态轻薄。志向渺小就容易满足无所长进；精神状态轻薄就会将空虚视为盈满，简单视为极致，没有视为有，不知视为已知，未学视为已学。

天下事大患，只是畏人非笑。不养车马，食粗衣恶，居贫贱，皆恐人非笑。

【译文】天下之事最大的担忧，就是怕人讥笑。没有车马，衣食粗劣，出于贫贱地位，都是怕人讥笑。

不知当生则生，当死则死。今日万钟，明日弃之，今日富贵，明日饥饿，亦不恤，惟义所在。（以上理窟）

【译文】不知道应当生就生，应当死就死的道理；即使今日富足，明日放弃；今日富贵，明日饥饿，也不担忧，只关注道义。

有潜心于道，忽忽为他虑引去者，此气也。旧习缠绕，未能脱洒，毕竟无益，但乐于旧习耳。古人欲得朋友与琴瑟简编，常使心在于此。惟圣人知朋友之取益为多，故乐得朋友之来。（《论语说》）

【译文】潜心于大道，而突然被其它思虑吸引走的就是气。先前习气萦绕，不能够洒脱，终没有好处，只是乐于先前习气。古人想要得到朋友和琴瑟书籍，就会使心专注于此。只有圣人知道学习朋友的好处，因而乐于朋友的到访。（选自《论语说》）

《斯干》诗言："兄及弟矣，式相好矣，无相犹矣"，言兄弟宜相好，不要相学。犹，似也。人情大抵患在施之不见报则辍，故恩不能终。不要相学，已施之而已。（《诗说》）

【译文】《诗经·斯干》中说的："哥哥弟弟在一起，应当和睦相处，没有矛盾"，这说的是兄弟应当和睦，不要求回报，犹是似的意思。人情大概不足在于施恩不加以回报就会停止，因而恩情不能至终。不相学，就是说只管施恩就行了。（选自《诗说》）

语录十一则

学者当须立人之性。仁者人也，当辨其人之所谓人。学者学所以为人。

【译文】学习应当确立为人的本性。仁就是人的意思，应当辨明人所以为人的原由。学习就是学如何做人。

多求新意，以开昏蒙。吾学不振，非强有力者不能自奋。

【译文】更多地追求新意来开导蒙昧。儒家学说不振，非志气强大的不能自我奋发而有所为。

万物皆有理。若不知穷理，如梦过一生。释氏便不穷理，皆以为见病所致。庄生尽能明理，及至穷极，亦以为梦，盖不如《易》之穷理也。

【译文】万物都有道理。若不探究事物的道理，一生就像梦一样度过。佛教不探究事物的道理，只是以为认识的弊病所致。庄子能够完全明白道理，但到了极致，也以为这是在做梦。这大概都是不知道《周易》所讲的穷理。

有志于学者，都更不论气之美恶，只看志如何。“匹夫不可夺志也”，惟患学者不能坚勇。虚心然后能尽心。

【译文】有志于学习的，愈加不论气质的善恶，只要看志向如何。“平民百姓也不可夺掉志向”，只担心的是学者不能坚持和勇猛。没有成见，然后才能实现本心。

气者自万物散殊时，各有所得之气。习者自胎胞中以至于婴孩时，皆是习也。

【译文】万物分散开来时，各有所得到的气。从母胎到幼儿时，都是习性。

某所以使学者先习礼者，只为学礼则便除生了世俗一副常习缠绕。又学礼则可以守得定。

【译文】我之所以教学生先学习礼，只是因为学礼就能除去世俗习气的缠绕。另外学礼可以把持得住。

心统性情者也。

【译文】人的本性和情绪都为人心所统辖。

发于性则见于情，发于情则见于色，以类而应也。

【译文】本性发出的就会表现在情绪上，情绪发出的就会表现在容貌上，这就是同类相呼应。

洪钟未尝有声，由叩乃有声。圣人未尝有知，由问乃有知。

【译文】大钟不会发声，敲击才会有声。圣人本没有知识，学习后才有知识。

利。利于民则可谓利，利于身，利于国皆非利也。利之言利，犹言美之为美。利诚难言，不可一概而言。

【译文】对人民有好处才可称得上“利”，对自己、对国家有好处称不上是“利”。利之所以有好处，就好比美好的事物之所以美好一样。利确实很难讲，不可一概而论。

程颢

洛阳人，字伯淳。举进士，调鄠县主薄，民爱戴之。熙宁初，为监察御史，前后进说，并皆恺切。后与王安石论新法，不合，遂求去。卒年五十四。颢资性过人，充养有道，和粹之气，盎于面背。门人交友从之数十年，未尝见其忿厉之容。遇事优为，虽仓卒不动声色。少学于周敦颐，泛滥诸家，出入老释几十年。返求六经，而后得之，遂以兴起斯文为己任，辨异端，辟邪说，使圣人之道，焕然复明于世。文彦博采众论而题其墓曰明道先生。嘉定十三年，赐谥纯公。后人集其遗文、语录，与弟颐所作合刊曰《二程全书》。

【译文】程颢，洛阳人，字伯淳。考中进士以后，被调到户县任主簿，人们都很爱戴他。熙宁初年，任监察御史，几次上书，言辞恳切。后来因为和王安石辩论新法，意见不合，就辞去官职。去世的时候五十四岁。程颢资质非同常人，有涵养，与人和善。弟子跟随他几十年，没有见过他发怒的样子。遇到事情从容有度，即使在紧急情况下也很镇静。少年时期跟从周敦颐学习，博览群书，对道教、佛教感兴趣几乎长达十年。然后重新阅读六经，有所心得，于是就把振兴儒学作为自己的目标，批判佛道异端邪说，使圣人的学问重新被世人认识。文彦博采取众人的说法把程颢称为明道先生，并题写在他的墓碑之上。嘉定十三年，御赐谥号为纯公。后世之人把他的文章、语录，与其弟程颐的著作收集在一起，命名为《二程全书》。

答横渠张子厚先生书

承教，谕以“定性未能不动，犹累于外物”，此贤者虑之熟矣，尚何俟小子之言！然尝思之矣，敢贡其说于左右。

【译文】您的来信说道“尝试去平静自己的本性是无法做到，仍然受到外界的干扰”，您已经思考得很深刻了，哪里还需要我发表意见呢！然而我恰巧曾经考虑过它，故而冒昧地陈述一下我的观点如下。

所谓定者，动亦定，静亦定，无将迎，无内外。苟以外物为外，牵己而从之，是以己性为有内外也。且以性为随物于外，则当其在外时，何者为在内？是有意于绝外诱，而不知性之无内外也。既以内外为二本，则又乌可遽语定哉！

【译文】所说的定性，是动时要定，静时也要定。不要故意迎来送往，也不要心存内外之想。假如认为外物在心外，自己就会受外物牵引，随之外驰，这样是把自己的心性分为内外。况且将自己的心性追随事物到外面，当心在外面时，那么又是什么东西在心内呢？如果这样，就是有意地杜绝外物的诱惑，而不知道心性本来无所谓内外的。既然已经认定内外是二本，那么怎么能骤然说“定”呢？

夫天地之常，以其心普万物而无心；圣人之常，以其情顺万物而无情。故君子之学，莫若廓然而大公，物来而顺应。《易》曰：“贞吉悔亡。憧憧往来，朋从尔思。”苟规规于外诱之除，将见灭于东而生于西也，非惟日之不足，顾其端无穷，不可得而除也。

【译文】天地之间的常道，是心中普念万物，从而没有私心；圣人的常道，是以其情顺应万物的规律，所以没有私情。所以说君子治学，莫若心与万物一体，心胸广大，大公无私。从而能够做到事物来临时顺其自然，从容应对。《周易·咸卦》九四爻辞说：“占卜得吉，无悔。往来不绝则与朋类相感。”如果只是拘泥于要除去外物的诱惑，则物欲的诱惑即使消失于此，也会又马上出现在另外一处，这样不只是人生时间不够用，而且物欲会一直源源不绝的冒出头来，让人最终无法将之铲除殆尽。

人之情各有所蔽，故不能适道，大率患在于自私而用智。自私则不能以有为为应迹，用智则不能以明觉为自然。今以恶外物之心，而求照无物之地，是反鉴而索照也。《易》曰：“艮其背，不获其身。行其庭，不见其人。”孟氏亦曰：“所恶于智者，为其凿也。”与其非外而是内，不若内外之两忘也。两忘则澄然无事矣。无事则定，定则明，明则尚何应物之为累哉！圣人之喜，以物之当喜；圣人之怒，以物之当怒。是圣人之喜怒，不系于心而系于物也。是则圣人岂不应于物哉？乌得以从外者为非，而更求在内者为是也？今以自私用智之喜怒，而视圣人喜怒之正为何如哉？夫人之情易发而难制者，唯怒为甚。第能于怒时遽忘其怒，而观理之是非，亦可见外诱之不足恶，而于道亦思过半矣。心之精微，口不能宣；加之素拙于文辞，又吏事匆匆，未能精虑，当否伫报，然举大要，亦当近之矣。道近求远，古人所非，惟聪明裁之！

【译文】每个人的性情各有所偏爱，且受到该偏爱的遮蔽，所以不能尽合于大道。最普遍的偏差就是人都有只为自己打算的私心，以及妄动智识的功能。因为自私，所以不能以大公之心顺应于物情物理；因为妄动智识，所以不能自然平常一般的使性保持在清明清醒的状态。今天如果用分别心来以物欲为外，而想用力克除之，希望这样就能达到不为外物所累的性的境界的话，就好像从镜子的背面想要看见影像，结果却什么也无法看见一般的矛盾。《周易·艮卦》卦辞说：“艮，止而相背，见不到其身，走在庭中也不见其人。”孟子也说：“厌恶智巧的缘故，是因为这样太过刻意造作而失去真诚自然的关系。”与其藉由否定外物而肯定内在，不如都不要刻意突出双方面的不同，两方面都忘掉就清楚明白而没有刻意形成的争端了。没有刻意的争执，则性能安定；性能安定，则其能明白感通事物之理，事理明白不差，则怎会受到外来事物的影响与其变化的波及呢？圣人表现出欢喜，是因为该事物值得令人欢喜；圣人表现出愤怒，是因为该事物确实令人觉得生气；所以圣人的喜怒情感不是因为自己个人的喜好偏私而动情，而是依循于该事物是否值得而动情。所以圣人难道不是顺应外物的道理而应变吗？怎么可以一概以从于外物为错，而只求内心的克制修养才是正确的呢？以个人自私偏爱且妄用智识的喜怒情绪为依据，来批评比较圣人当喜当怒的正确反应，难道会比较高明吗？人的情感作用中，最容易发生而又最难克制的就是怒，只要能在生气时立刻忘掉要生气，而能理智的观察思考是非的道理，这样也可以明白，其实不管外物再如何的引诱，也不足以引起性的动摇迁移。这样的话，对于道的了解与体悟就可以说大概也到了一定的境界了。内心的精深微妙，口是没办法表达出来的；又加上文辞简单笨拙，处理政事匆忙慌乱，未能考虑精密。是否得当，期盼答复。但是列举其概要，也应该很接近了。道很近却向远处求，是古代的人所反对的，只有聪明的人才能正确的判断。

论王霸之辨疏

臣伏谓得天理之正，极人伦之极者，尧、舜之道也；用其私心，依仁义之偏者，霸者之事也。王道如砥，本乎人情，出乎礼义，若履大路而行，无复回曲。霸者崎岖反侧于曲径之中，而卒不可与入尧、舜之道。故诚心而王则王矣，假之而霸则霸矣，二者其道不同，在审其初而已。《易》所谓“差若毫厘，缪以千里”者，其初不可不审也。故治天下者，必先立其志。正志先立，则邪说不能移，异端不能惑，故力进于道而莫之御也。苟以霸者之心而求王道之成，是衒石以为玉也。故仲尼之徒无道桓、文之事，而曾西耻比管仲者，义所不由也，况下于霸者哉？

【译文】臣认为：符合正确的天理，穷尽人伦道德的是尧舜之道；怀有私心，偏离仁义之道的是称霸者所做的事情。王道平坦如磨刀石，以人情为根本，在礼仪中体现出来，实行它就像行走在宽阔的大路上，没有曲折。行霸道的就如行走于崎岖的小径中，最终是不可能到达尧舜的道的。所以，真心实行王道就能成为王，实行霸道的就成为霸，二者追求的道不同，考察他们的初衷就可以了。《周易》说“开始时虽然相差很微小，结果会造成很大的错误”，人的出发点不能不审查啊。所以治理天下，一定要先有志向，正确的志向已经确立，邪说就不能使他动摇，异端也不能使他疑惑，所以能够顽强的达到道而没有能够阻挡的。如果想以霸者的心态达到王道的状态，就和拿玉吸引人，卖出的却是石头一样，所以孔子的弟子没有谈论齐桓公、晋文公的霸业的，而曾西也以和管仲并称而感到羞耻，道义上不能说得过去，何况那些连霸者还不如的呢？

陛下躬尧、舜之资，处尧、舜之位，必以尧、舜之心自任，然后为能充其道。汉、唐之君，有可称者，论其人则非先王之学，考其时则皆驳杂之政，乃以一曲之见，幸致小康，其创法垂统，非可继于后世者，皆不足为也。然欲行仁政而不素讲其具，使其道大明而后行，则或出或入，终莫有所至也。

【译文】陛下有尧、舜一样的资质，处在尧、舜一样的位置，一定也要有尧、舜一样的心肠，然后能实行尧舜之道。汉代、唐代的君王有些值得称道，然而他们实行的不是尧舜之道，他们的时代也都是不纯粹的政事，只不过有一点片面的见识，幸运的达到了小康，他们的制度法律不足以垂范后世，不知道学习。如果想要实行仁政而不明白它的实质，先明白其道理再实行，就会出现差错，最终也不会成功。

夫事有大小，有先后。察其小，忽其大，先其所后，后其所先，皆不可以适治。且志不可慢，时不可失，帷陛下稽先圣之言，察人事之理，知尧、舜之道备于己，反身而诚之，推之以及四海，择同心一德之臣，与之共成天下之务，《书》所谓“尹躬暨汤，咸有一德”，又曰“一哉王心”，言致一而后可以为也。古者三公不必备。帷其人，诚以谓不得其人而居之，则不若阙之之愈也。盖小人之事，君子所不能同，岂圣贤之事，而庸人可参之哉？欲为圣贤之事，而使庸人参之，则其命乱矣。既任君子之谋，而又入小人之议，则聪明不专而志意惑矣。今将救千古深锢之弊，为生民长久之计，非夫极听览之明，尽正邪之辩，致一而不二，其能胜之乎？

【译文】凡事有大小，先后之分。看到了事情小的方面，忽略大的方面，重视后代的事情，忽视前代的事情，都不会到达治理的效果。有了志向就不可懈怠，时机不能错过，希望陛下考察先圣的遗言，人事的道理，明白尧舜的道自身已经具备，正心诚意，从自身做起，推及天下，选择同心同德的大臣，和自己一起完成治理天下的任务。《尚书》说“只有我伊尹和成汤，具有纯一的德”，又说“纯一啊！君王的心”，都是说君臣一心然后才能有所作为。古时候的三公不是一定要设立的。如果真的没有合适的人选，不如空缺其位。君子对于小人的所为有不能苟同的，何况圣贤所从事的，庸俗之人怎能够参与呢？想要成就圣贤的事业，却要庸俗之人参与其中，这样命令就会出现舛错。已经让君子参与谋事，又要小人参与其中讨论，这样就会混淆视听，产生思想混乱。现在想要革除千年以来的积累的弊政，从为黎民长久的利益考虑，如果不能明辨是非，专心致志，怎能成就事业呢？

或谓人君举动不可不慎，易于更张，则为害大矣。臣独以为不然。所谓更张者，顾理所当耳。其动皆稽古质义而行，则为慎莫大焉。岂若因循苟简，卒致败乱者哉？自古以来，何尝有师圣人之言，法先王之治，将大有为，而返成祸患者乎？愿陛下奋天锡之勇智，体乾刚而独断，霈然不疑，则万世幸甚！

【译文】有人说：君王的行动，一定要慎重，如果经常变更，危害不浅。臣不认为是这样。所谓变化，要看是否符合理的要求。帝王的行动依照古礼、礼仪而进行，是很慎重的。怎能和守旧、苟且简略，最终导致混乱的行为相提并论？从古至今，哪里有遵守圣人的教诲，师法先王的治绩，将有所作为却反而酿成大祸的？希望陛下用上天赐予的勇敢、智慧，决策由您亲自决断，不要有所迟疑，这就是后人的幸运了。

请修学校尊师儒取士札子

臣伏谓治天下，以正风俗得贤才为本。宋兴百余年，而教化未大醇，人情未尽美，士人微谦退之节，乡闾无廉耻之行，刑虽繁而奸不止，官虽冗而材不足者，此盖学校之不修，师儒之不尊，无以风劝养励之使然耳。窃以去圣久远，师道不立，儒者之学几于废熄。惟朝廷崇尚教育之道，则不日而复。古者一道德以同俗，苟师学不正，则道德何从而一？方今人执私见，家为异说，支离经训，无复统一，道之不明不行，乃在于此。

【译文】臣认为，治理天下须以使民风淳朴、获得人才为根本。宋朝建立已经一百多年，而对民众的教化却没有达到淳正，人们之间的感情不够美善，士人缺乏谦逊的礼节，乡村街巷间也没有知廉耻的行为，刑法虽然繁多奸行却没有得到制止，官吏虽多而有才能者稀缺，这大概是因为不修建学校，不尊崇老师，没有渠道劝告、培育鼓励他们才造成的结果。我私下认为距离圣贤年代久远，尊重老师的风俗没有确立，儒家的学问几乎荒废，只要朝廷崇尚老师、教育民众，很快就可以恢复。古人用规范道德达到使风俗相同，如果学校所教的不符合法则，那么道德如何规范呢？现在每个人都坚持自己的意见，构筑自己的学说，使经传训诂散乱没有条理，不能统一。道的不明确、不通行就是因为这个原因。

臣谓宜先礼命近侍贤儒，各以类举，及百执事方岳州县之吏，悉心推访，凡有明先王之道，德业允备，足为师表者，其次有笃志好学、材良行修者，皆以名闻。其高蹈（一作尚）之士，朝廷当厚礼延聘，其余命州县敦遣，萃于京师，馆之宽闲之宇，丰其廪饩，恤其家之有无，以大臣之贤典领其事，俾群儒朝夕相与讲明正学。其道必本于人伦，明乎物理；其教自小学洒扫应对以往，修其孝悌忠信，周旋礼乐；其所以诱掖激厉渐摩成就之道，皆有节序，其要在于择善修身，至于化成天下，自乡人而可至于圣人之道。其学行皆中于是者为成德。

【译文】臣认为：应首先令周围有贤德的儒者举荐各种人才，还要令百官仔细地寻访，凡是那些通晓先王之道，道德高尚，堪为人师的，以及那些有志于学习，才学品俱佳的人，都要把名单奏知朝廷。对于那些高尚的士人，朝廷应当以厚礼聘请，其他的命令各州县督促派遣，汇集于京师，把他们安置在宽敞的房子当中，使他们薪资丰厚，体恤他们家人的日常生活，并让有贤德的大臣管理他们的事情，使他们每天相互探讨真正的学问。他们所做得学问必须以人伦为根本，明白事物的常理；对他们所教授的从六艺，日常交际的礼仪开始，学习孝悌忠信及礼乐；对学生的引导、激励、逐渐地研究、切磋直到有所成就都有一定的顺序，关键在于选择善来修身，直到使天下得到教化，乡野之人也可以到达圣人的境界。那些学业、品行都能符合这些要求的就是成就了德性。

又其次取材识明达、可进于善者，使日受其业，稍久则举其贤杰，以备高任。择其学业大明、德义可尊者，为太学之师，次以分教天下之学，始自藩府，至于列郡。择士之愿学、民之俊秀者入学，皆优其廪给而蠲其身役。凡其有父母骨肉之养者，亦通其优游往来，以察其行。其大不率教者，斥之从役。

【译文】还要选择那些资质高明、通达事理，可以深造至善的学生，使他们每天进行自己的学业，然后从中选拔杰出的委以重任。还要选择那些精通学业，品德值得尊敬的作为太学的老师，稍微次一点的分派到全国各地方学校，从各路到各郡。选择那些有志于学习，民间的优秀人才进入学校，给他们丰厚的供给并且免去他们的劳役。那些需要赡养父母亲人的，可以让他们不受干扰的进行其他事情，可以观察他们的行动。那些根本不适合学习的，命令他们去服役。

渐自太学及州郡之学，择其道业之成、可为人师者，使教于学。县之学如州郡之制。异日则十室之乡达于党遂，皆当修其庠序之制，为之立师，学者以此而察焉。县令每岁与学之师，以乡饮之礼，会其乡老。学者众推经明行修材能可任之士，升于州之学，以观其实。学荒行亏者罢归，而罪其吏与师；其升于州而当者，复其家之役，郡守又岁与学之师，行乡饮酒之礼，大会郡士，以经义、性行、材能三物宾兴其士于太学。太学又聚而教之；其学不明、行不修与材之下者罢归，以为郡守学师之罪。升于太学者，亦听其以时还乡里，复来于学。

【译文】逐渐从太学和州郡之学开始，选择那些学业有所成就，堪为教师的人才，使他们任教于学校。县学和州郡之学同样的体制。将来从小乡村到党、遂都应当修建学校，聘任教师，学者逐次考察他们。县令每年一次和学校的老师，用乡饮之理与乡老会面。学者们共同推举那些通晓经典、品行高尚，有才能，堪当任务的士人，升到州学，以便观察他的实际能力。如果有学业荒废、行为卑劣的，予以开除且归罪于举荐他的官吏和他的老师；那些升入州学有真实才能的，免除他家里的劳役。郡守每一年也于州学的老师，举行乡饮之礼，与一郡的士人会面，用经义、性行、才能三件事考察士人，设宴招待将要入太学的士人。太学广招各郡士人，那些学习能力不行，行为恶劣和才能低下的士人，予以开除且归罪于举荐他的官吏和他的老师。升入太学的士人，要允许他们可以随时回归故里，然后再来学校。

太学岁论其贤者能者于朝，谓之选士，朝廷问之经以考其言，试之职以观其材，然后辨论其等差而命之秩。凡处郡县之学者，皆满三岁，然后得充荐；其自州郡升于太学者，一岁而后荐；其有学行超卓、众所信服者、虽未处于学，或处学而未久，亦得备数论荐。

【译文】太学每年举荐有贤能的士人给朝廷，这叫做选士，朝廷用经典来考察他，授给职位来观察他的才能，然后评定他们的才能高低授给相应的官职。所有从郡、县的学校进入太学里的学生，都要学习年满三年，然后才能被推荐；那些自州、郡的学校入太学的学生，一年之后才可被推荐；那些学习品行非常突出的、众人所信服的士人即使不在学校里，或者刚入学不久，也可以充数被举荐。

凡公卿大夫之子弟皆入学，在京师者入太学，在外者各入其所在州之学，谓之国子。其有当补荫者，并如旧制，惟不选于学者，不授以职。

【译文】所有公卿士大夫的子弟都要入学校读书，在京师的入太学，在京师以外的入所在州的学校，被称为国子。如果有应当荫封的，就按照旧例。只是不入学校的，不授给官职。

臣谓既一以道德仁义教育之，又专以行实材学升进之，去其声律小碎，糊名誊录、一切无义理之弊。不数年间，学者靡然丕变矣。岂惟得士浸广，天下风俗将日入醇正，王化之本也。臣谓帝王之道，莫尚于此，愿陛下特留宸意，为万世行之。

【译文】臣认为士人既然都用道德仁义教育，又专门依照真实才学选拔提升，去除诗赋，糊名誊录，所有不关乎义理的有害做法。几年之后，学者一定会有大的变化的。不只是得到来广大的有才之士，国家的民风也将日渐淳朴，这是实现王道教化的根本啊。臣认为帝王之道，没有比这更重要的，希望陛下为天下黎民百姓考虑去实行它。

语录三十五则

天地万物之理，无独必有对，皆自然而然，非有安排也。每中夜思之，不知手之舞之足之蹈之也。

【译文】世界万物的理都是成对出现的，这是自然而然，没有谁故意安排。每次半夜想到这个道理，不觉就会手舞足蹈。

质必有文，自然之理，理必有对待，生生之本也。有上则有下，有此则有彼，有质则有文，一不独立，二则为文。非知道者孰能识之？天文，天之理也；人文，人之理也。

【译文】有质朴必定有文饰，这是自然的道理，理一定是成对出现，这是万物生生不息的本原。有上就会有下，有此就会有彼，有质料就会有纹理，一个是不会单独存在的，两个就会有纹理。如果不是认识到道的人，谁还会认识到这一点呢？天文，天的道理；人文，人的道理。

天下善恶皆天理，谓之恶者非本恶，但或过或不及便如此，如杨墨之类。

【译文】世界上的善恶都是天理的表现，恶并不是本质就是恶的，只是超过了或者还没有达到造成的，就像杨墨之流一般。

问心有善恶否？曰：在天为命，在义为理，在人为性，主于身为心，其实一也。心本善，发于思虑，则有善有不善。若既发，则可谓之情，不可谓之心。譬如水只是水，至于流而为派，或行于东，或行于西，却谓之流也。

【译文】问：心有没有善恶之分？答：从天的角度称为命，从物的角度称为理，从人的角度称为心，心事主宰身体的，他们的本质是同一个。心的本质的善的，有了思虑就会产生善与不善。如果心已经发动，就得称作情，而不能称作心。就像水就是水，到了流动产生流派时，或者向东流，或者向西流，但只能称它为流。

“穷理、尽性，以至于命”，三事一时并了，元无次序。不可将穷理作知之事。若穷得理，即性命亦可了。

【译文】“穷究天下万物的根本原理、彻底明了本性，以至通达掌握命运”原来并没有前后次序。不能将穷究物理等同于学习知识之事。如果确实穷尽了物理，那么性命的真理也就得到了。

学者须先识仁。仁者浑然与物同体，义礼智信，皆仁也。识得此理，以诚敬存之而已，不须防检，不须穷索。若心懈则有防；心苟不懈，何防之有！理有未得，故须穷索；存久自明，安待穷索！此道与物无对，大不足以明之。天地之用，皆我之用。孟子言“万物皆备于我”，须反身而诚，乃为大乐。若反身未诚，则犹是二物有对，以己合彼，终未有之，又安得乐！《订顽》意思乃备言此体。以此意存之，更有何事？“必有事焉而勿正，心勿忘，勿助长”，未尝致纤毫之力，此其存之之道。若存得，便合有得。盖良知良能。元不丧失，以昔日习心未除，却须存习此心，久则可夺旧习。此理至约，惟患不能守。既能体之而乐，亦不患不能守也。

【译文】学者必须首先认识仁体。仁，是与物浑然一体的。所谓义、礼、智、信，都是仁体的表现。如果明白了这个道理，心存真诚、敬重去待人处事就可以了，不需要另设防范，反复检点，也不需要穷究物理，反复思索。只有心中懈怠，忘记了诚敬持心，才谈得上用心防范；如果时刻以诚敬持心，那又有什么可防范的呢！如果道理还没有明了，所以需要穷究探索；心中存仁日久，自然心与仁合，道理也自然明了，何待再去探求！这个天地之道与事物并不对立，它包罗天下，用“大”字不足以阐明其理。而天地阴阳的功能，都是我心之功能。孟子所说的“万物皆在我心中”，要认识到这一点，需要返观内求，达到至诚的地步，才能获得极大的乐趣。如果反观内求，并未达到至诚，则还是仁心与外物相对立，想要以仁心与外物合而为一，终究不能得到，又怎能体会到乐处？张载的《订顽》的旨意，便全部讲这个道理。如果心中常存此念，那还会有其他什么事呢？“必须是随其所遇之事而正心，心中不忘记，也不拔苗助长，顺其自然”，以至于不曾使用一丝一毫的做作之功，这才是心中存仁之道。若是心是存得一分仁，便自然有所得。大概人的心体本来具有的功能，原本不会丧失，是因为长期以来受不良习气熏染的错误观念没有去除。如果回头来存心锻炼此心，日久则可以去除旧习。这个道理十分简单，唯独优虑的是常人不能坚守。如果已经体会仁体，得到乐趣，也就不担心不能持守了。

“刚毅木讷”，质之近乎仁也；“力行”，学之近乎仁也。若夫至仁，则天地为一身，而天地之间，品物万形为四肢百体，夫人岂有视四肢百体而不爱哉？圣人，仁之至也，独能体是心而已，何尝一离多端而求之自外乎？故能近取譬者，仲尼所以示子贡求仁之方也。医书以手足风顽，谓之四体不仁，为其疾痛不以累其心故也。夫手足在我，而疾痛不与知焉，非不仁而何？世之忍心无恩者，其自弃亦若是而已。

【译文】“坚强，果敢，质朴，说话迟钝”，说的是人的品质接近仁；“努力实践，竭力而行”，学习接近仁。至于说到至仁，那是把天地做为自己的身体，而把天地间的万物当做自己的肢体，人怎么会不爱惜自己的身体的呢？圣人，达到了仁的境界，能体会仁心，又何尝从身体以外体会仁心？所以能从近处体会仁心的，是孔子教授子贡求仁的方法。医书上把手脚麻痹称为不仁，是因为这种疾病心已经觉察不到了。手脚在我身上，疼痛却感受不到，这不是不仁又是什么呢？世上无情无义的人，大概也就是如此吧。

“人语言紧急，莫是气不定否？”曰：“此亦当习，习到自然缓时，便是气质变也。学至气质变，方是有功。”

【译文】“有的人说话急躁，难道是是他的气不稳定吗？”答：“这需要练习，练习到自然地缓慢下来时，就是气质变化了。学习到了能变化气质时，才算得上成功。”

杨墨之害，甚于申韩，佛老之害，甚于杨墨。杨氏为我疑于仁，墨氏兼爱疑于义，申韩则浅陋易见，故孟子只辟杨墨，为其惑世之甚也。佛氏其言近理，又非杨墨之比，此所以为害尤甚。杨墨之害，亦经孟子辟之，所以廓如也。

【译文】杨朱、墨翟的害处超过了申韩，佛教、道教的害处又超过了杨墨。杨朱怀疑仁而主张为我，墨翟怀疑义而主张兼爱，申韩的学说则非常的简陋，所以孟子只是批判杨朱、墨翟，因为他们迷惑世人很严重。佛教的说法接近道理，不是杨朱、墨翟之流可以相比的，所以害处更大。杨朱、墨翟的害处，经过孟子的批判，所以影响很小了。

仲尼言仁，未尝兼义，独于《易》曰“立人之道，曰仁与义”，而孟子言仁必以义配。盖仁者体也，义者用也。知义之为用，而不外焉者，可以语道矣。世之所论于义者多外之，不然，则混而无别，非知仁义之说者。

【译文】孔子说过仁，没有提到义，只是在《易传》里面说过“人立身处世的道理是仁与义”，但孟子说到仁的时候必定也说义。大概仁是本体，义是作用吧。知道了义是仁的作用，而不是外界的作用，就可以和他谈论道了。世人谈论义都认为是外界所为，或者把仁与义混淆，都不是知道仁义真实含义的。

圣人千言万语，只是欲人将已放之心，约之使反，复入身来，自能寻向上去。

【译文】圣人说的一切话，目的只是想要人们把已经外放之心，约束之从而使之反观内照，重新回到这个身体中来，这样自然能够寻找至上面那个心性的本体。

学只要鞭辟近里，著己而已。

【译文】学习要做到剖析透彻，深入精微，积存、丰富自己。

学者须敬守此心，不可急迫，当栽培深厚，涵泳于其间，然后可以自得，但急迫求之，终是私己，终不足以达道。

【译文】学者学习必须心存敬畏，不能着急，应当逐步积累，沉潜其中，然后就会有所领悟。如果急切地想得到，只是出于私欲，最终不会达道的。

以己及物，仁也；推己及物，恕也；仁恕一以贯之。忠者天道；恕者人道。忠者无妄；恕者所以行乎忠也。忠者体，恕者用，大本达道也。

【译文】由自己推及到物，是仁；用自己的心意去推想别人的心意，是恕；仁恕是贯穿在一起的。忠，是天道；恕，是人道。忠，行为没有不正的；恕，用来实践忠的。忠是本体，恕是使用，这是根本的道理啊。

良知良能，皆无所由，乃出于天，不系于人。

【译文】良知良能，没有原因，是天所赋予的，不关乎人的努力。

致知在格物。格，至也。穷理而至于物，则物理尽。

【译文】要获得知识就要接触事物。格，到达的意思。想要穷尽事物的道理并且接触事物，事物之理一定会被掌握。

儒者只合言人事，不得言有数，直到不得已处，然后归之命可也。

【译文】信奉儒学的人只应该说人的努力，不应该谈论定数，如果实在是迫不得已，那就姑且把它说成命运吧。

昔受学于周茂叔，每令寻仲尼、颜子乐处，所乐何事。

【译文】从前跟从周敦颐学习的时候，经常让寻思孔子、颜回把什么当做快乐的事情。

人之学不进，只是不勇。

【译文】如果学习没有进步，只是因为不够勇敢罢了。

一命之士，苟存心于爱物，于人必有所济。

【译文】如果真正是有爱心的人，即使只剩下一条命，也会想到帮助别人。

知至则便意诚，若有知而不识者，皆知未至尔。知至而至之者，知至而往至之，乃几之先见，故曰："可与几也。"知终而终之，则"可与存义也"。

【译文】知道了便会意念真诚，如果知道却不认识，都是还没有真正知道。知道该在哪里终止就到哪里终止，知道该在哪里终止就往哪里去终止它，这是能预见到苗头，所以说：“可以与他讨论事物的微妙之处。”知道在哪里终止就在哪里终止，则“可以与他存问道义。”

性静者可以为学。

【译文】性格安静的人可以从事学术。

且省外事，但明乎善。务进诚心，其文章虽不中，不远矣。所受不约，泛滥无功。

【译文】暂且不管身外之事，治要追求明白善。务必追求心的诚实，这样写文章即使不够达意，也差不多了。对于心的感受不加以约束，只会泛滥而无所得。

世有以读书为文为艺者，曰：“为文谓之艺，犹可也。读书谓之艺，则求诸读书者浅矣。”

【译文】世上有人把读书、写文章看做技艺的，“把写文章看做技艺还说得过去，把读书也说成技艺，这样就把读书的目的看得太短浅了。”写字时很恭敬，不是要把字写字时甚敬，非是要字好，即此是学。写好，是因为这就是学问。

人心常要活，则周流无穷，而不滞于一隅。

【译文】人心要灵活，这样就会思维开阔，不目光短浅。

生生之谓易，是天之所以为道也。天只是以生为道，继此生理者只是善也。善便是一个元的意思。元者善之长，万物皆有春意，便是继之者善也，成之者性也。成却待他万物自成，其性须得。

【译文】生生不息叫做易，它是天被称作道的原因。天只是因为生而被称为道，继续它而产生理的是善。善是开始的意思。元是善的长子，万物都有生长的意向，这就是继承它的是善，成就它的是性。成是万物自己成就，需要获得它的性。

生之谓性，性即气，气即性，生之谓也。人生气禀，理有善恶，然不是性中原有此两物相对而生也。有自幼而善，有自幼而恶，是气禀使然也。善固性也，然恶亦不可不谓之性也。盖“生之谓性”，“人生而静”以上不容说，才说性时，便已不是性也。凡人说性，只是说“继之者性也”，孟子言人性善是也。夫所谓“继之者善也”者，犹水流而就下也。皆水也，有流而至海，终无所污，此何烦人力之为也。有流而未远，固已渐浊；有出而甚远，方有所浊。有浊之多者，有浊之少者。清浊虽不同，然不可以浊者不为水也。如此，则人不可不加澄治之功。故用力敏勇则疾清，用力缓怠则迟清。及其清也，则却只是元初水也。亦不是将清来换却浊，亦不是取出浊来放置在一隅也。水之清，则性善之谓。故不是善与恶在性中为两物相对，各自出来。此理，天命也。顺而循之，则道也。循此而修之，各得其分，则教也。自天命以至于教，我无加损焉。此“舜有天下不与焉”者也。

【译文】告子所说的“生之谓性”，性就是气，气就是性。这就是生之谓性的意思。人皆禀气而生，合当有善有恶，但不是性中原有善恶两物互相对反。有的人自幼就善，有的人自幼就恶，如后稷幼时便聪明，子越椒刚出生，有人就知道他长成后必招致若敖氏灭族之祸。人之或善或恶是气禀造成的。气禀善的是性，气禀恶的也不能不叫作性。这是因为，人生来如此的就是性，《乐记》所说的人未生时的静寂状态不能说，才要说这种状态，就已经不是这种状态了。一般人说性.都是说的有生以后。孟子说性善，也是就有生以后说。有生以后的性，就像水流一样。都是水，有流到海终无污染的，这何必要人力澄治呢？有流不远就渐渐污染的，有流很远才污染的；有污染重的，有污染轻的。污染程度虽不同，但不能说污染了的水不是水。这样，就不能不加澄治之功。用力勤且多的清得快，用力疏且少的清得慢，等到清了，却只是原初的浊水变清。不是用清水来置换浊水，也不是把水中的浊取出来放在一边。水的清，就是性的善。所以不是善与恶两种物互相反对，在性中各自孤立地表现出来。这种理就是天所命令的，顺承遵循它就是道。遵循并且研究它，就是教。从天命到教，我没有增加减少，这就是“舜得到天下，不参杂一点私心杂念”。

学始于不欺暗室。

【译文】学习从不欺骗自己的良知开始。

须是大其心使开阔，譬如为九层之台，须大做脚始得。

【译文】一定要是胸襟开阔，目光远大，就像建筑九层的高台，基础打得大才能建得高。

忧子弟之轻俊者，只教以经学念书，不得令作文字。子弟凡百玩好皆夺志。至于书札，于儒者事最近，然一向好著，亦自丧志。如王、虞、颜、柳辈，诚为好人则有之，曾见有善书者知道否？平生精力，一用于此，非惟徒废时日，于道便有妨处，足知丧志也。

【译文】子弟中有性情飘逸潇洒的令我深感忧虑，只能教诲他们经学读书，不能让他们学做文字。子弟爱好多了就会埋没志向。书法之于儒者关系最亲密，如果一味地过于喜好，也会使人失去志向。例如王羲之、虞世南、颜真卿、柳公权等人，确实算得上杰出人士，但谁发现擅长书法者也擅于求道？一生的精力，全部用来做这些事，不仅仅是荒废时日，也妨碍求道，足以知道能丧失人的志向啊。

惟善变通，便是圣人。

【译文】只要善于变通，就算得上圣人。

人虽睡著，其识知自完，只是人与唤觉便是，他自然会理得。

【译文】人即使睡着了，他的认识能力还是完备的，只有别人把他唤醒，他自然能理会事情的。

先生尝曰：“熙宁初，王介甫行新法，并用君子小人。君子正直不合，介甫以为俗学，不通世务，斥去，小人苟容谄佞，介甫以为有才，能知通变，用之。君子如司马君实，不拜同知枢密院以去。范尧夫辞同修起居注得罪。张天祺自监察御史面折介甫被谪。介甫性狠愎。众人皆以为不可，则执之愈坚。君子既去，所用皆小人，争为刻薄，故害天下益深。使众君子未用与之敌，俟其势久自缓，委曲平章，尚有听从之理，俾小人无隙以乘，其为害不至此之甚也。”

【译文】先生曾经说：“熙宁初年，王安石实行变法，君子小人一起并用。君子因为正直往往和王安石意见不合，王安石认为君子的学问都是庸俗的学问，不能解决实务，就斥退了君子。小人附和取容、阿谀奉承，王安石认为他们有才，懂得变通的道理，就任用他们。君子如司马光辞去同知枢密院，范仲淹推辞修改注释获罪，张戬以自己御史身份当面批评王安石也被责骂。王安石性格刚愎自用，其他人认为不可以的事，他会更加坚持。君子们都不与他合作，他所任用的小人争相残忍刻薄，所以危害天下更甚。假如众君子不与王安石为敌，等事态发展平缓，委曲商量处理以求周全，还有可能听从君子意见，那么小人就没有机会进谗，也不会危害天下到这个程度。”

程 颐

颢弟，字正叔。与兄颢同学与周敦颐。年十八游太学，著《颜子好学论》，胡瑗大惊异之，即延见，处以学职。哲宗初，擢崇政殿说书。每进讲，色甚庄，继以讽谏。复与苏轼不合，遂出管句西京国子监。绍圣中，以元祐诸臣被贬。年七十五卒，谥正公。颐于书无所不读，其学以诚为本，以穷理为要，动止语默，一以圣人为师。平生诲人不倦，从学者甚众。其渊源所渐，皆为名士，世称伊川先生。著有《易传》《文集》等种。传二程之学者，号曰洛学。

【译文】程颐是程颢的弟弟，字正叔。和哥哥程颢一同师从周敦颐。十八岁的时候游学于太学，写下《颜子好学论》这篇文章。胡瑗看到后，感到很惊讶，立即召见了他，并且让他担任了学职。哲宗初年，又被提拔为崇政殿说书。程颐每次进入宫廷为皇帝讲授时，表情都十分严肃，并且用委婉的言语规劝皇帝。后来，因为与苏轼不合，便离开京师去管理西京国子监。绍圣年间，因为是元祐时反对新法的大臣之一遭到贬谪。七十五岁时去世，谥号为正公。程颐博览群书，他的学问的根本是诚，要点是穷理，无论是行动、与人交谈时，还是静止、沉默时，都按照圣人的标准要求自己。一生教导人很有耐心，从不厌倦，向他求学的人非常的多。他的学问被后人发扬光大，出了许多有名的学者，被后世称为伊川先生。他的著作有《易传》《程颐文集》等多种。继承程颢、程颐二兄弟学术的学者，号称洛学。

颜子所好何学论

圣人之门，其徒三千，独称颜子为好学。夫《诗》《书》、六艺，三千子非不习而通也，然则颜子所独好者，何学也？学以至圣人之道也。

【译文】孔子门下弟子有三千人之众，孔子只称赞颜回好学。《诗》（《诗经》）、《书》

(《尚书》)、六艺(礼乐射御书数)等等，那三千位弟子并不是没有修习掌握，但是孔子唯独称赞颜回好学。学的是什么呢？是学习怎样成为圣人的方法。

圣人可学而至与？曰：然。学之道如何？曰：天地储精，得五行之秀者为人。其本也真而静，其未发也，五性具焉，曰仁、义、礼、智、信。形既生矣，外物触其形而于动中矣，其中动而七情出焉，曰喜、怒、哀、乐、爱、恶、欲。情既炽而益荡，其性凿矣。是故觉者约其情，使合于中，正其心，养其性，故曰“性其情”。愚者则不知制之，纵其情而至于邪僻，梏其性而亡之，故曰“情其性”。凡学之道，正其心，养其性而已。中正而诚，则圣矣。

【译文】圣人的境界可以通过学习来达到吗？是的。学习的方法是怎样的呢？天地蓄积精灵之气，禀赋五行精华之气的是人。人的本性是真诚而安静的，在喜怒哀乐还没有发作时，具有仁、义、礼、智、信五种美德。人的形体生成以后，外界的事物与人接触，人的内心被触动，产生七情，叫做喜、怒、哀、惧、爱、恶、欲。七情产生后(若不加约束)就会愈发浓烈，需要心性来雕琢。所以警醒的人会约束他的感情，使之合乎中道，正心养性，就叫作“性其情”。愚钝的人却不懂得制约，放纵他的感情而达到极端的地步，以致禁锢了自己的心性，心性就泯灭了，就叫做“情其性”。学习的方法，就是正心养性。内心中正，真诚信实，就可称为圣人了。

君子之学，必先明诸心，知所养，然后力行以求至，所谓“自明而诚”也。故学必尽其心，尽其心，则知其性。知其性，反而诚之，圣人也。故《洪范》曰：“思曰睿，睿作圣。”诚之之道，在乎信道笃。信道笃，则行之果，行之果，则守之固。仁义忠信，不离乎心，“造次必于是，颠沛必于是”，出处语默必于是。久而弗失，则居之安，动容周旋中礼，而邪僻之心无自生矣。

【译文】君子求学，必定要首先明达事理，对自己的学习目标有所认识，然后努力修行实现它。这就是“由明理而达到真实无妄，与道合一的诚的境界”的学习道路。所以说学习一定要发挥心力到最大程度，能尽其心力者就会能知道其性。如果先知其性，然后努力使其达到诚的境界，这是圣人修习的路径。所以《洪范》说：“思虑要通达，通达就会圣明。”使心达到诚的境界的方法是笃信道。信道笃敬就会行动果决，行动果决就会持守坚定，心中时刻不忘记仁、义、忠、信，仓促匆忙的时候一定和仁德同在，颠沛流离的时候一定和仁德同在，出仕、隐退及发言、沉默的时候也一定和仁德同在。长久坚持而不松懈，就会身心处在安乐的环境中，举止、仪容和进退揖让都符合礼的要求，而乖谬不正的心思自然不再产生。

故颜子所事，则曰“非礼勿视，非礼勿听，非礼勿言，非礼勿动”。仲尼称之，则曰“得一善则拳拳服膺，而弗失之矣”，又曰“不迁怒，不贰过”，“有不善未尝不知，知之，未尝复行也”。此其好之笃，学之之道也。视、听、言、动皆礼矣，所异于圣人者，盖圣人则不思而得，不勉而中，从容中道；颜子则必思而后得，必勉而后中。故曰：颜子之与圣人，相去一息。

【译文】所以颜回所学习的是“不符合礼制规定的，不能看、不能听、不能说，不能动”。孔子称赞颜回说：“得到一个善端就能够牢牢地记在心里，并且坚持下去而不把它丢掉”，又说：颜回“不迁怒别人，同样的错误不会犯第二次”，“有错误之处一定会知道，知道了一定不会再犯”。这是因为颜回学习非常勤奋、认真，通过学习达到了道的境界。颜回在看、听、说话、行为各方面都符合礼的要求，他和圣人的不同之处在于：圣人的行动符合礼的要求都是没有经过思虑或者勉强的，以至沉稳不迫就达到礼的要求；颜回一定要经过思虑、勉强才能达到要求。虽然如此，颜回距离达到圣人的境界已经非常接近了。

孟子曰：“充实而有光辉之谓大，大而化之之谓圣，圣而不可知之谓神。”颜子之德，可谓充实而有光辉矣；所未至者，守之也，非化之也。以其好学之心，假之以年，则不日而化矣。故仲尼曰：“不幸短命死矣！”盖伤其不得至于圣人也。所谓化之者，入于神而自然，不思而得，不勉而中之谓也，孔子曰“七十而从心所欲，不逾矩”是也。

【译文】孟子说：“充实又有光辉就叫‘大’，既‘大’又能感化万物就叫‘圣’，‘圣’到妙不可知就叫‘神’。”颜回的品德，称得上既充实又有光辉，他所没有做到的仅仅是还没有达到化的境界，只是持守罢了。然而由于他有好学的精神，如果再长寿一点，就能很快达到化的境界。所以孔子说：“很不幸早早就去世了。”大概是伤感颜回没有达到圣人的境界吧。所为“化之”，是指达到神的境界，自然而然，不必经过思考、努力就能符合礼的要求，也就是孔子说的“七十岁的时候随心行事也可以不逾越规矩了”的境界。

或曰：“圣人，生而知之者也。今谓可学而至，其有稽乎？”曰：“然。孟子曰：‘尧、舜，性之也；汤、武，反之也。’性之者，生而知之者也；反之者，学而知之者也。”又曰：“孔子则生而知也，孟子则学而知也。后人不达，以谓‘圣本生知，非学可至’，而为学之道遂失。不求诸己而求诸外，以博文强记、巧文丽辞为工，荣华其言，鲜有至于道者，则今之学与颜子所好异矣。”

【译文】有人说：“圣人是天生就有知识的。现在说可以经过学习成为圣人，有根据么？”答案是：“这是有根据的。孟子说：‘尧、舜二帝，是生来就有知识的；商汤、周武王是经过学习而成为圣人的。’‘性之者’就生来就有知识的；‘反之者’即是经过学习而成为圣人的。”还可以说：“孔子是生来就有知识的，孟子是经过学习而成为圣人的。后世的人不明白这些，就说‘圣人是天生的，不是可以经过学习达到的’，因而为学的方法就失传了。学习如果不从修养自身开始，却追求身外之物，把泛览群书、强行记忆，追求文辞的华丽、奇巧做为自己的追求，把自己的话说得漂亮，这样的人很少能达到道的境界。现在的人所学习的内容与颜回所爱好的是不相同的。”

礼序

礼经三百，威仪三千，皆出于性，非伪貌饰情也。鄙夫野人，卒然加敬，逡巡逊却而不敢受；三尺童子拱而趋市，暴夫悍卒莫敢狎焉。彼非素有于教，与邀誉于人而然也。盖其所有于性，物感而出者如此。故天尊地卑，礼固立矣；类聚群分，礼固行矣。

【译文】《周礼》的纲目有三百条之多，《仪礼》的细目有三千多条，礼仪的内容非常全面和细致，但都来源于人的本性，并非是用虚伪的外表装饰感情。没有教养的粗野之人，突然被施以尊敬，会变得谦恭退让而不敢领受。三尺高的儿童，仪态庄严地在闹市快步走过，粗暴的莽夫也不敢玩弄他。这不是因为粗野之人有教养，或者是想在别人那里获得好名声才这样做。大概是因为他们的行为都是出自其本性，受到外界的感发才表现出来。所以说，天是尊贵的，地是卑下的，礼仪原本就是确立的；人与物各有其分类，礼仪原本就是通行的。

人者位乎天地之间，立乎万物之上，天地与吾同体，万物与吾同气。尊卑分类，不设而彰。圣人循此，制为冠昏丧祭朝聘射飨之礼，以行君臣父子兄弟夫妇朋友之义。其形而下者，具于饮食器服之用；其形而上者，极于无声无臭之微。众人勉之，贤人行之，圣人由之。故所以行其身，与其家，与其国，与其天下。礼治则治，礼乱则乱，礼存则存，礼亡则亡。上自古始，下逮五季，质文不同，罔不由是。然而世有损益，惟周为备。是以夫子尝曰：“郁郁乎文哉！吾从周。”

【译文】人处在天地的中间，地位在万物之上，与天地共有一个躯体，与万物共呼吸。天地万物的尊卑关系，不需要规定就已经彰显出来了。圣人依据这种情况，制订了加冠、结婚、丧葬、祭祀、朝觐、礼聘、射箭、飨食等各种礼仪，用来规范君、臣、父、子、兄、弟、夫、妇、朋友之间的关系。在形而下的方面，礼仪体现在饮食、器物、服饰的使用上；在形而上的方面，礼仪又体现于无声无味的本心之中。普通人努力去实行礼仪，贤人能够实行礼仪，圣人顺随礼仪。这些礼仪通行于个人的修行，家庭，国家乃至天下。礼仪确立了，国家就得到治理，礼仪乱了，国家就会陷入混乱，礼仪存则国家存，礼仪崩溃国家也就灭亡。上从古代开始，下到五代时期，虽然治乱的实质与形式不相同，但都遵循这个规律。然而礼仪在不同时期都有所增加与减少，但周代的礼仪是最完备的。所以孔子曾说："多么丰富完备啊！我遵从周代的礼仪。"

逮夫弊也，忠义之薄，情文之繁，林放有礼本之问。而孔子欲先进之从，盖所以矫正反弊也。然岂礼之过哉！为礼者之过也。秦氏焚灭典籍，三代礼文大坏。汉兴購《书》《礼记》四十九篇，杂出诸儒传记，不能悉得圣人之旨。考其文义，时有抵牾。然而其文繁，其义博，学者观之，如适大通之肆，珠珍器帛，随其所取，如游阿房之宫，千门万户，随其所入。博而约之，亦可以弗畔。盖其说也，粗在应对进退之间，而精在道德性命之要，始于童幼之习，而终于圣人之归。惟达于道者，然后能知其言。能知其言，然后能得于礼。然则礼之所以为礼，其则不远矣。昔者颜子之所从事，不出乎视听言动之间。而乡党之记孔子，多在于动容周旋之际。此学者所当致疑以思，致思以达也。

【**译文**】等到周礼疲弊的时候，人们鄙视忠义，却重视礼仪外在的繁琐形式，所以林放就提出礼仪的本质是什么这个问题。而孔子赞成选用先学习礼乐的人，大概是为了矫正过分重视礼仪外在形式的弊端吧。然而这难道是礼仪的错误吗？是实行礼仪之人的错误。秦代烧毁了许多典籍，夏、商、周流传下来的礼仪典籍遭到严重破坏。汉代建立后，悬赏征求到《尚书》《礼记》等书共有四十九篇，分别出自不同的儒生之手，不能通过这些典籍全部领会圣人制定礼仪的用意。考察遗留典籍的文章含义，经常会有相矛盾之处，然而它的文章繁多，含义广博，学者看到它，就像走进一个物品丰富的店铺，珍珠、美器、丝帛，应有尽有，又像到阿房宫游玩，有众多的门户，可随便进入。由博观进而约取，也可以没有错误。这些文献，对劳动的应对方法、礼貌的用语记载较为粗疏，而对道德、心性修养方面的记述则很精细，开始于幼童的学习，终止于成为圣人的方法。只有有道德的人才能理解其中的见解，能理解其中的见解也能从礼仪中有所感悟。然后能知道礼仪之所以成为礼仪，其原则都是相同的。从前颜回所学习的不外乎是在视、听、言、动之间不违背礼的要求。而乡人对孔子的记忆，也是停留在他举止言谈上。这些是值得学者怀疑、思索，直到明了通达的。

答朱长文书

相去之远，未知何日复为会合，人事固难前期也。中前奉书，以足下心虚气损，奉劝勿多作诗文，而见答之辞乃曰：“为学上能探古先之陈迹，综群言之是非，欲其心通而默识之，固未能也。”又曰：“使后人见之，犹庶几曰：不忘乎善也。苟不如是，诚惧没而无闻焉。此为学之末，宜兄之见责也。使吾日闻夫子之道而忘乎此，岂不善哉！此疑未得为至当之言也。”颐于朋友间，其问不切者，未尝敢语也。以足下处疾，罕与人接，渴闻议论之益，故因此可论，而为吾弟尽其语，庶几有小补也。向之云无多为文与诗者，非止为伤心气也，直以不当轻作尔。圣贤之言不得已也。盖有是言则是理明；无是言则天下之理有阙焉。如彼耒耜、陶冶之器，一不制，则生人之道有不足矣。圣人之言，虽欲已，得乎？然其包涵尽天下之理，亦甚约也。后之人始执卷，则以文章为先。平生所为，动多于圣人，然有之无所补，无之亦无所阙，乃无用之赘言也。不止赘而已。既不得其要，则离真失正，反害于道必矣。诗之盛莫如唐。唐人善论文莫如韩愈。愈之所称，独高李、杜。二子之诗，存者千篇，皆吾弟所见也，可考而知矣。苟足下所作皆合于道，足以铺翼圣人，为教于后，乃圣贤事业，何得为学之末乎？颐何敢以此奉责？

【译文】相距遥远，不知何日再次相见，人间的事情本就很难预测。不久前去信，因为您心虚气不足，劝告您不要多作诗词、文章，而您的回信说：“做学问能够探究古人的遗迹，综合比较各家学说的是与非，想要融会贯通并且默默记住，但仍然没有能做到。”又说到：“如果后世之人见到，还或许会说：没有忘记为善啊。如果不是这样，真的害怕死后默默无闻。这些都是学问的末流，怪不得被您责备。如果我能够每天听到您的教诲，而忽略这些，不是很好的事情吗！恐怕这些说法不是很恰当。”我对于朋友，如果他们提出的问题不是很贴切，就不会发表意见。因为您处于病中，很少与人接触，渴望获得讨论的好处，故而就着这个值得讨论的问题，向您详细地表达一下自己的意见，大概对您有所帮助吧。上次说到不要多做文章、诗歌，不仅仅因为做文章伤损心气，只是因为不应该随便创作。圣贤发表言论，是迫不得已，不得不如此。大概说了这样的话就一定阐明一个道理，不说这句话，那么天下就少了这个道理。就像耒耜、陶器，一旦不制作它们，百姓的生活就会受到影响。圣人发表言论，即使不想如此，也不可能。然而圣人的话虽然简约，却包含了天下的道理。后世之人，刚开始读书，就想作文章。一生所做的行动多于圣人，然而都是一些可有可无的事情，所作的文章都是多余的废话。不仅仅是多余，如果做文章不得其要领，偏离正道，反而对于修道会产生害处。诗歌的盛行，没有比得上唐代的；唐人擅于写议论之文，没有能赶得上韩愈的。韩愈所赞扬的惟有李白、杜甫，他们的诗存世的有上千首之多，这些都是您能见到的，可以考证的。如果您创作的诗歌、文章，都能合乎道的要求，能够帮助圣人教化后世，这就是圣贤所从事的事业，怎么能说是学问之中的末流呢？我怎么敢因为这些责备您呢？

又言“欲使后人见其不忘乎善人。”能为合道之文者，知道者也。在知道者所以为文之心，乃非区区惧其无闻于后，欲使后人见其不忘乎善而已，此乃世人之私心也。夫子疾没世而名不称焉，疾没身无善可称云尔，非谓疾无名也。名者可以励中人。君子所存，非所汲汲。

【译文】您的信中又讲到“想要让后世之人看见它（指诗歌、文章）不会忘记善人。”若能够创作合乎道的文章，就是通晓道的人。通晓道的人创作文章的动机，并非像世俗之人私下认为的那样，仅仅因为害怕死后被人忘记，实在是想要让后人看见它们就不会忘记为善罢了。孔子憎恨死的时候名声不被人称颂，是憎恨死的时候没有善行被人称道罢了，不是说憎恨没有名声。名声可以激励一般的人。君子所思虑的，不是追求富贵的世俗之人所能理解的。

又云：“上能探古先之陈迹，综群言之是非，欲其心通默识，固未能也。”夫心通乎道，然后能辨是非，如持权衡以较轻重，孟子所谓“知言”是也。揆之以道，则是非了然，不待精思而后见也。学者当以道为本，心不通于道，而较古人之是非，犹不持权衡而酌轻重，竭其目力，劳其心智，虽使时中，亦古人所谓“亿则屡中”，君子不责也。临纸遽书，故言无次序，辞过烦矣。理或未安，却请示下，足以代面话。

【译文】您的信中又讲到“做学问能够探究古人的遗迹，综合比较各家学说的是与非，想要融会贯通并且默默记住，但仍然没有能做到。”心与道相通，然后可以辨别是与非，就像拿着称比较轻重一般，这就是孟子所说的“知言”。用道来考察它，是与非就一目了然，不需要精深的思考就能显现出来。学者应该以道为根本，如果心不与道相通，去比较古人的是与非，就如不用称就斟酌轻重，用尽眼力，劳累心智，虽然可能侥幸正确，也不过是古人所说的“料事总是能与实际相符”，君子不崇尚这种行为。去信突然，没有思虑清楚，所以语言混乱无次序，过于繁琐。担心道理说得不够清楚，请您指出，就像面对面交谈一样。

答杨时论《西铭》书

前所寄史论十篇，其意甚正，才一观，便为人借去，俟更子细看。《西铭》之论则未然。横渠立言，诚有过者，乃在《正蒙》。《西铭》之为书，推理以存义，扩前圣所未发，与孟子性善养气之论同功，（二者亦前圣所未发）岂墨氏之比哉？《西铭》明理一而分殊，墨氏则二本而无分。（老幼及人理一也。爱无差等本二也）分殊之蔽，私胜而失仁；无分之罪，兼爱而无义。分立而推理一，以止私胜之流，仁之方也。无别而迷兼爱，至于无父之极，义之贼也。子比而同之，过矣。且谓言体而不及用。彼欲使人推而行之，本为用也，反谓不及，不亦异乎？

【译文】上次所寄的十篇史论，表达的意思非常准确，刚看过一遍，就被人借去了，等改日再细细拜读吧。关于《西铭》的议论，恐怕不尽完善。张载学说的过人之处，正在于《正蒙》一书。《西铭》推衍道理，含义丰富，提出许多前代圣人所没有阐发的问题，和孟子性善养气的学说有同样的功劳，（这两个概念也是前代后人所没有阐发的），这难道是墨翟的学说可以相比的吗？《西铭》阐明天下之理为一，具体事物各具一理，但都体现出完整之天理的道理，墨翟则认为有天道、人两个根本，亲属之间没有亲疏的分别。（老人、小孩到所有的人，这是理一。爱没有差别，这是两个根本）“分疏”的流弊在于为私心所胜而丧失仁，“无分”的过错在于兼相爱并且不讲究仁义。在分疏的基础上推致理一，以防止私心太胜造成的流弊，这是仁的方法。没有亲疏的分别而迷惑于兼相爱，以至于没有父子之伦，这是对道义的危害。你把二者比较后认为相同，这是错误的。你还说《西铭》只讲到了本体，而没有涉及到用，张载想要人实行他的主张，本来就是用啊，你反而说他没有涉及到，不是很奇怪吗？

明道先生墓表

先生名颢，字伯淳，葬于伊川。潞国太师题其墓曰：明道先生。弟颐序其所以，而刻之石曰。

【译文】先生的名是颢，字伯淳，葬在伊川。文彦博在其墓碑上给他题名为：明道先生。我叙述原因，并刻在石碑上。

周公没，圣人之道不行；孟轲死，圣人之学不传。道不行，百年无善治；学不传，千载无真儒。无善治，士犹得以明夫善治之道，以淑诸人，以传诸后；无真儒，天下贸贸然莫知所之，人欲肆而天理灭矣！

【译文】周公去世以后，圣人的学说不再于世间推行；孟子死后，圣人的学说不再于世间流传。圣人的学说得不到推行，一百年也没有好的治理；圣人的学说得不到传播，一千年也不会出现真正的儒者。没有好的治理，士人还可以知晓治理天下的学问，使众人为善，传之后世；没有真正的儒者，世上之人就会迷茫不知该往哪个方向发展，放纵私欲而使天理泯灭。

先生生千四百年之后，得不传之学于遗经，志将以斯道觉斯民。天不慭遗，哲人早逝。乡人士大夫相与议曰："道之不明也久矣！先生出，揭圣学以示人，辨异端，辟邪说，开历古之沉迷，圣人之道得先生而后明，为功大矣！"于是帝师采众议而为之称，以表其墓。学者之于道，知所向，然后见斯人之为功；知所至，然后见斯名之称情。山可夷，谷可湮，明道之名亘万世而长存。勒石墓旁，以诏后人。元丰乙丑十月戊子书。

【译文】先生出生于孟子去世一千五百年以后，在圣贤流传下来的经典中获得了已失传的学问，立志要用这种学问唤醒天下之人。上天不愿意留下先生，致使哲人过早的去世。同乡之人、士大夫相互讨论说："圣人的学问不被世人理解已经很久了。先生高举圣贤之学并向世人展示，辨别异端学说，排斥邪恶的说法，启发了自古以来的迷茫，圣贤之学由于先生而重新大白于世，功劳至伟。"于是文彦博采取众议选择了这个称号，用来表明他的坟墓。学者求道，知道了用功方向，然后才能意识到程颢的功劳；知道了程颢学问所达到的境界，然后才能明白这个称号是名符其实的。山可以铲平，河谷可以填塞，明道这个名字经历万年会依然常在。在墓旁雕刻石碑，以昭示后人。元丰己丑年十月戊子写就。

四 箴（并序）

颜渊问克己复礼之目，夫子曰：“非礼勿视，非礼勿听，非礼勿言，非礼勿动。”四者身之用也。由乎中而应乎外，制于外所以养其中也。颜渊事斯语，所以进于圣人。后之学圣人者，宜服膺而勿失也。因箴以自警。

【译文】颜渊请教克己复礼的条目，孔子说：“不合于礼的不要看，不合于礼的不要听，不合于礼的不要说，不合于礼的不要做。”这四个方面都是身体的发用。经由内心而应和外部环境，掌握外部以修养内心。颜渊实践了这几句话，所以成了圣人。后世想要学习圣人，应该牢记在心不要忘掉，于是写下箴言以自警。

心兮本虚，应物无迹。操之有要，视为之则。蔽交于前，其中则迁。制之于外，以安其内。克己复礼，久而诚矣。

【译文】一个人的心原本是清净虚空的，顺应事物的变化而不留痕迹；守住本心的要领，就是以看为原则。如果一开始就看不清楚的话，内心就要迁移，本心就会受蒙蔽。不合礼的不要看，将其遏制于心外，以使心境得到安宁。约束克制自己再履行礼数，久而久之心志就能够专一了。

人有秉彝，本乎天性。知诱物化，遂亡其正。卓彼先觉，知止有定。闲邪存诚，非礼勿听。

【译文】人有美好的禀性，本来就是天生具备的。知觉（或心）受到外物的诱惑，就会失去其正见。卓然而事先能够察觉，就知道应该在哪里停止而有定向。抵御抛弃邪念而保持心志专一，不合礼法的无稽之言不要听。

人心之动，因言以宣。发禁躁妄，内斯静专。矧是枢机，兴戎出好。吉凶荣辱，惟其所召。伤易则诞，伤烦则支。己肆物忤，出悖来违。非法不道，钦哉训辞。

【译文】人心的动摇是从语言开始的；平息躁动和妄念，内心就可以专注和宁静。说话是关键，一句话没说好，就会引起战争。语言能够引起战争，也能带来和平；吉凶荣辱，往往是从一个人的说话所招致。说话过于简单，就显得很荒诞，别人听不懂你在说什么；说得过于繁杂，又显得支离破碎，使别人半天不得要领。说话太放肆多半与事理相违背。说出一些违背天道的话，应对你的往往也是一些违背天道的话。即发出什么，就得到什么。不符合天道，不符合礼的话，就不要去说。这是训教之言啊。

哲人知几，诚之于思。志士励行，守之于为。顺理则裕，从欲惟危。造次克念，战兢自持。习与性成，圣贤同归。

【译文】哲人都知道那些很玄妙的、很精妙的、很精深的道理，因为他们有缜密的、深刻的思考；有志之士激励自己的行为、磨砺自己的品行，以守为原则。顺理而做，就会从容而宽裕。如果依从私欲，就会使自己面临危险；造次必于是，颠沛必于是，在颠沛流离之际，都能保持一份善念，做每一件事情的时候，都能把持住自己，能够战战兢兢，如临深渊、如履薄冰；习惯和性情慢慢养成了良好的品性。习惯成自然，就可以步入圣贤的境界了。

语录四十七则

一人之心，即天地之心，一物之理，即万物之理，一日之运，即一岁之运。

【译文】一个人的心与是天地的心是相同的，一个事物的道理与宇宙万物的道理是相同的，一天的昼夜运行和一年的四季运行规律是相同的。

天地之化，虽廓然无穷，然而阴阳之度，日月寒暑昼夜之变，莫不有常。此道之所以为中庸。

【译文】天地的变化，虽然远大没有穷尽，然而阴阳二气的运动，以及日月、寒暑、昼夜的变化，都有固定的规律。这就是天道运行的中庸方式。

问："孟子言心、性、天，只是一理否？"曰："然。自理言之谓之天，自禀受言之谓之性，自存诸人言之谓之心。"又问："凡运用处是心否？"曰："是意也。"问："意是心之所发否？"曰："有是心而后有意。"

【译文】问："孟子所说的心、性、天，指的是同一个理吗？"答："是的。从天理的角度说可称为天，从人的禀赋来说可称之为性，从内在于人本身来说可称之为心。"又问："心是运动的地方吗？"答："运动的是意。"问："意是心所发出的吗？"答："先有心，然后才有意。"

学者先务固在心志。有谓欲屏去闻见知识，则是"绝圣弃智"。有欲屏去思虑，患其纷乱，则须是坐禅入定。如明鉴在此，万物毕照，是鉴之常，难为使之不照。人心不能不交感万物，亦难为使之不思虑。若欲免此，惟是心有主。如何为主？敬而已矣。有主则虚，虚谓邪不能入；无主则实，实谓物来夺之。今夫瓶罂有水实内，则虽江海之浸无所能入，安能不虚？无水于内，则停注之水不可胜注，安得不实？大凡人心不可二用，用于一事，则他事更不能入者，事为之主也。事为之主，尚无思虑纷扰之患，若主于敬，又焉有此患乎？所谓敬者，主一之谓敬。所谓一者，无适之谓一。且欲涵泳主一之义，一则无二三矣。言敬无如圣人之言《易》，所谓"敬以直内，义以方外"，须是直内，乃是主一之义。至于不敢欺，不敢慢，尚不愧于屋漏，是皆敬之事也。但存此涵养久之，自然天理明。

【译文】读书人一定先要使心志坚固。有人说想要排除听到、见到、知道、想到的一切知识，这是道教"弃绝聪明才智"的行为。有人想要排除思虑，害怕它使内心扰乱，这是佛教打坐入定的行为。就像这里有一块明亮的镜子，一切都可以照到，这是镜子的常态，很难使它不照射它物。人的心也不能不受到万物的感动，也很难使它没有思虑。如果想要使心不受到万物的感动，没有思虑，只有使内心有所主宰。怎样使内心有所主宰呢？不过是保持敬畏罢了。心有主宰就会虚，虚就是说邪恶的东西不能进入内心；心没有主宰就会实，实就是说外界事物侵入内心。假如有一个瓶子，里面有水，那么大江大海里的水就没办法进入其中，怎么能不虚呢？假如瓶子里面没有水，不流动的积水也会往里面灌，怎么能不实呢？大概人的心是不能同时做两件事的，在一件事上用心，就不能在其它事上用心了，事情成了心的主宰了。事情成为心的主宰，还没有思虑纷乱的烦恼，如果保持敬畏，又怎么能有思虑纷乱的烦恼呢？所谓的敬畏，就是专一。所谓的一，就是不盲从其他的干扰因素。而且应该深入体会专一的含义，专一就不会反复无定。谈论敬畏没有比得上圣人所说的《周易》，说“以敬心矫正内在的思想，以义德规范外在的行为”，应该这样矫正内在的思想，就是专一的意思。至于不敢欺骗、不敢侮慢，“虽在宗庙里，但无愧畏之心”，都是说敬畏的事情。只要保存这种涵养时间长了，对天理自然就会明白的。

问：“日中所不欲之事，夜多见于梦，此何故也？”曰：“只是心不定。今人所梦见事，岂特一日之间所有之事，亦有数十年前之事。梦见之者，只为心中旧有此事，平日忽有事与此事相感，或气相感，然后发出来。故虽白日所憎恶者，亦有时见于梦也。譬如水为风激而成浪，风既息，波犹汹涌未已也。若存养久的人，自不如此。”

【译文】问：“白天不愿意想的事情，夜晚常常梦到，这是什么原因呢？”答：“只是因为内心不稳定。人们所梦到的事，岂止是一天之间发生的事情，也有几十年前发生的事情。梦到它们，是因为心中一直没有忘记，如果某一天发生与它们有关联的事情，或者是气质相关联，就会发作出来。所以即使白天厌恶的事情，有时候在梦中也会出现。就像水被风激荡而变成波浪，风如果停止了，波浪却还没有停止。如果是长久保存本心，培养善性的人，就不会有这种情况。”

气有善有不善，性则无不善也。人之所以不知善者，气昏而塞之耳。孟子所以养气者，养之至则清明纯全，而昏塞之患去矣。或曰：“养心，或曰养气，何也？”曰：“养心则勿害而已，养气则在有所帅也。”

【译文】气质之性有善的，也有不善的，天地之性则是完全善的。人们不知道善的原因，是因为天地之性受到气质的堵塞，变得浑浊了。孟子涵养正气的原因，是因为涵养到了极致的时候，本性就会恢复清明纯正，浑浊堵塞的忧患就去除了。有人问：“保养本心，或者说涵养正气，怎样去做呢？”答：“保养本心就是不要伤害它，涵养正气在于有所主宰。”

心譬如谷种，生之性便是仁也。

【译文】人的心就像谷物的种子，生长的本性就是仁。

入道莫如敬，未有能致知而不在敬者。

【译文】学习圣人之道最好的办法是保持敬畏之心，没有谁无敬畏之心而能获得知识。

涵养须用敬，进学在致知。

【译文】蓄积并保持本心需要敬畏，学习进步需要获得知识。

闻见之知，非德性之知，物交物则知之，非内也，今之所谓“博物多能”者是也。德性之知，不假见闻。

【译文】从听与看获得的知识不是天赋的道德观念，事物之间的接触就会产生知觉，但不是内心固有的，也就是所谓的“见多识广，多才多艺”。天赋道德观念的获得，不需要通过见闻经验。

须是识在所行之先。譬如行路，须是光照。

【译文】知识的获得应该先于实践。例如走路，需要有光来照明。

问：“忠信进德之事，固可勉强，然致知甚难？”曰：“子以诚敬为可勉强，且恁地说。到底须是知了方能行得。若不知，只是觑了尧，学他行事，无尧许多聪明睿智，怎生得如他动容周旋中礼？有诸中必行诸外，德容安可妄学？如子所言，是笃信而固守之，非固有之也。且如《中庸》九经，‘修身也，尊贤也，亲亲也’。《尧典》：‘克明俊德，以亲九族。’亲亲本合在尊贤上，何故放在下？须是知所以亲亲之道方得。未致知，怎生得行？勉强行者，安能持久？除非烛理明，自然乐循理。性本善，循理而行，是循理事。本亦不难，但为人不知，旋安排著，便道难也。知有多少般数，煞有浅深。向亲见一人曾为虎所伤，因言及虎，神色便变。旁有数人见他说虎，非不知虎之猛可畏，然不如他说了有畏惧之色，盖真知虎者也。学者深知，亦如此。且如脍炙，贵公子与野人莫不皆知其美，然贵人闻著，便有欲嗜脍炙之色，野人则不然。学者须是真知，才知得便是行将去也。某年二十时，解释经义，与今无异。然思今日，觉得意味与少时自别。”

【译文】问：“恪守忠信，通过实际行动增进仁德，固然还可以尽力勉强去做，可是获得知识却非常困难，你说对吗？”程颐说：“你认为存诚与居敬可以尽力勉强去做，姑且可以这么说。然而必须先有知识，然后才能付诸行动。如若不知，行动无非只是东施效颦。例如观察尧的行为，模仿他的样子去做事。然而尧何等聪明睿智，常人怎么能像尧一样，天生一举一动、一言一行都符合礼呢？内心拥有的东西必定会显示在外面，道德容貌怎能随便学习到呢？如你所说，获得知识很难，那么，在没有辨别是非的情况下，你恪守的信念未必是正当的，你固守的信念也未必有充分根据，因为它不是固有的本原开出来的。例如《中庸》讲到治理天下的九条原则，‘修养自身，尊敬贤才，亲睦亲属’。《尧典》说：‘能够明察有才有德德人，使同族人亲密团结。’亲爱亲属原本应该放在尊敬贤才的前面，为什么却放在了后面？必须知道亲爱亲属的原因才能知道。没有获得知识，怎么能实践呢？勉强实践，又怎么能坚持长久呢？只有首先明白天理，才会自然而然地满怀喜悦地遵循天理行动。人性本来就是善的，遵循天理行动，即是顺乎事物本来的道理行动。天理本不难理解，但由于人们有所不知，随即任意穿凿附会，必然造成阻滞无序，自然就觉得困难了。知识有种类之别。自然就有深浅之分。从前，我曾亲眼见到一个被老虎咬伤过的人，一讲到老虎脸色就变得很难看。他的旁边有几个人，听到他说老虎，却没有他那种害怕的神情，这不是因为他们不知道老虎的凶猛可怕，那个曾被老虎伤害过的人是真正了解老虎啊！读书人对知识的深刻了解也类似这个人。例如王公子弟与乡野百姓都知道烤肉味道鲜美，然而王公子弟一听到讲烤肉就有喜爱的神情，乡野百姓就不会如此。求学必须求真知，一旦获得真知，就可以泰然付诸行动了。我二十岁时，解释儒家经典的义理，和今天没有什么差异，然而想想今天的意境，却与年轻时相去甚远。”

人苟有“朝闻道，夕死可矣”之志，则不肯一日安其所不安也。何止一日，须臾不能！如曾子易箦，须要如此乃安。人不能若此者，只为不见实理。实理得之于心自别。若耳闻口道者，心实不见。若见得，必不肯安于所不要。人之一身，尽有所不肯为，及至他事又不然。若士者虽杀之使为穿窬，必不为，其它事未必然。至于执卷者莫不知说礼义。又如王公大人皆能言轩冕外物，及其临利害，则不知就义理，却就富贵。如此者只是说得，不实见。及其蹈水火，则人皆避之，是实见得；须是有‘见不善如探汤’之心，则自然别。得之于心，是谓有得，不待勉强。然学者则须勉强。古人有捐躯殒命者，若不实见得，乌能如此。须是实见得生不重于义，生不安于死也。故有杀身成仁者，只是成就一个是而已。

【译文】人如果有“早晨得到真理，当晚死去也可以”的志向，那么，他哪怕一天也不会安然于背离义理、令人心理不安的事情上，何止一天不得安宁，甚至片刻也不会安宁。曾参在病危时，仍坚持要求把不该他享受的华美竹席换掉，他必须这样做才能心安。常人之所以不能与曾参比，只是因为他们没有体证实理。凡是实理在心中得到彰显的人，自然就会展现光明磊落的气象。如果只是听到实理，言说实理，那么，这样的实理无非是道听途说，并没有真正在内心得到显现。倘若实理在内心得到显现，必然就不会安然于令人不安的事。有的事，人无论如何也不会做，但在其他事上却不然。例如士人，即使你以杀身来威胁他要他当爬墙而过的盗贼，他也不会做，但遇到其他事又未必如此。又如读书人，人人都把礼义挂在嘴上，王公大人，人人都说高官厚禄是身外之物，一旦碰到利害冲突，往往不会成就义理，只会追慕富贵。这样的人，只是说说而已，内心并没有体悟实理。人们遇到水火的侵害，唯恐避之而不及，因为人们知道水火无情。但只有看见不好的事情便急忙躲开，好像把手伸到开水里一样，就自然凸现了崇高的德性。求道而有所心得，即是有'德'。有'德'之人，无须勉强，然而普通学者却必须尽心努力。古人可以慷慨捐躯，如果他们不能体现实理，怎么会这样做呢？必须有真实的体悟，知道道义重于生命，生不安而死能安，因此才能做到杀身成仁。这一切，归根到底，只是成就'道'而已。"

孔子曰："枨也欲，焉得刚！"甚矣，欲之害人也。人之为不善，欲诱之也。诱之而弗知，则至于天理灭而不知反。故目则欲色，耳则欲声，以至鼻则欲臭，口则欲味，体则欲安，此则有以使之也。然则何以窒其欲？曰：思而已矣！学莫贵于思，唯思为能窒欲。曾子之三省，窒欲之道也。

【译文】孔子说："申枨的欲望太多，哪里能够刚毅不屈？"欲望对人的伤害非常厉害啊！人做坏事是由于欲望的诱惑。被诱惑还不自知，以至于泯灭天理还不知道回返。所以眼睛想要美色，耳朵想要佳音，以至于鼻子想要气香气，嘴巴想要美味，身体想要安逸，这些都是受到欲望的驱使。那么怎样才能阻塞自己的欲望呢？反思就可以！学习最重要的就是要反思，只有反思才能阻塞欲望。曾子每天三次反省自己，这就是阻塞欲望的办法。

人思如涌泉，汲之愈新。

【译文】人的思想就像涌动的泉水，经常提汲才能不断有新的思泉涌出。

不深思则不能造于道。不深思而得者，其得易失。然学者有无思无虑而得者，何也？以无思无虑而得者，乃所以深思而得之也。

【译文】不深入思考就不能在求道方面有所成就。不深入思考而获得的知识，很容易失去。然而读书人有不思虑而获得知识的，怎么回事呢？不思虑而获得的知识，用通过深入思考才得到的。

学者先要会疑。

【译文】读书人学习首先要学会怀疑。

致知在格物，非由外铄我也，我固有之也。因物而迁，迷而不悟，则天理灭矣，故圣人欲格之。

【译文】获得知识在于格去事物的影响，知识并不是由外部加于我身上的，是我自身固有的。思想随着环境的改变而改变，执迷不悟，就会泯灭天理，所欲圣人想要格去事物的影响。

格，犹穷也；物，犹理也。犹曰穷其理而已矣。穷其理，然后足以致知，不穷则不能致也。

【译文】格，就是穷究；物，就是道理。格物就是穷究道理的意思。穷究事物的道理，然后才能获得知识，不穷究就不能获得知识。

今人欲致知，须要格物。'物'不必谓事物然后谓之物也，自一身之中，至万物之理，但理会得多，相次，自然豁然有觉处。

【译文】如果有人想要获得知识，就要穷究'物'的道理，这个'物'不仅仅是指事物，从人的身体，直到万事万物的道理，只要思考得多了，依次进行，自然会有一天突然有所开悟。

穷理亦多端，或读书讲明义理，或论古今人物，别其是非，或应接事物而处其当然，皆穷理也。或问："格物须物物格之，还是格一物而万物皆知？"曰："怎生便会该通？若只格一物便通众理，虽颜子亦不能如此道。须是今日格一件，明日格一件，积习既多，然后脱然有贯通处。"

【译文】穷究事物的道理有很多种办法，可以读书讨论其中的意义、道理，也可以谈论古往今来的人物，辨别他们的对错，也可以应酬、接待，把事情处理得很得当，这些都是穷究事物道理的办法。有人问："穷究物理是应该对每一个事物都加以研究，还是研究一个事物就可以知晓万物的道理？"答："怎么会全部都知道呢？如果只研究一个事物就能知道所有的道理，就连颜回也敢这样说啊！应该今天研究一个事物，明天研究一个事物，时间久了，就会突然对所有的知识融会贯通。"

问:“致知先求之四端,如何?”曰:“求之性情,固是切于身。然一草一木皆有理,须是察。”

【译文】问:“想要获得知识,先从人具有的四种德性开始研究,怎么样?”答:“从人的性情开始研究,当然很贴近。然而世上的每一颗草、每一棵树都包含道理,也应该考察。”

生知者只是他生自知义理,不待学而知。纵使孔子是生知,亦何害于学?如问礼于老聃,访官名于郯子,何害于孔子?礼文、官名既欲知,旧物又不可凿空撰得出,须是问他先知者始得。

【译文】性知之人是指不需要经过学习,生来就自己明白道理的人。然而即使是孔子,他虽然是性知之人,也需要学习知识啊!例如他像老子请教礼仪的知识,向郯子请教官制的知识,然而这些并不伤害他成为孔子。既然想知道关于礼仪、官制的知识,这些过去的事物又不可能凭空杜撰,当然得向了解这些知识的人请教。

学者不可不通世务。天下事譬如一家,非我为则彼为,非甲为则乙为。

【译文】读书人不能不了解社会上的情况。天下的事情就像一家人的事情,不是由我来做就得由你来做,不是由甲来做就对由乙来做。

人恶多事,或人悯之。世事虽多,尽是人事。人事不教人做,更责谁做!

【译文】人往往对各种事务缠身感到厌恶,这一点,不少人有同情之感。然而,世事虽然繁多杂乱,却都是与人相关的事,人自己的事不叫人去做,叫谁去做?

古之学者,优柔厌饫,有先后次第。今之学者,却做一场说话,务高而已。

【译文】古时候的读书人,从容求索深入体味,学习有先后次序;现在的读书人,只会高谈阔论,无非是徒有其表的好高骛远而已。

螟蛉、蜾蠃,本非同类,为其气同,故祝则肖之。又况人与圣人同类者?大抵须是自强不息,将来涵养成就,到圣人田地,自然气貌改变。

【译文】螟蛉与蜾蠃原本不是同类，然而因为它们的气是相同的，所以祝祷的时候认为它们很相似。何况圣人与凡人都是人类？凡人只要努力不已，培养自己的品行到了圣人的地步，自己的气质、外貌自然会有所改变。

问："人有日诵万言，或妙绝技艺，此可学否？"曰："不可。大凡所受之才，虽加勉强，止可少进，而钝者不可使利也。惟理可进。除是积学既久，能变化得气质，则愚必明，柔必强。"

【译文】问："有的人一天阅读几万字的篇幅，或许有其妙的技艺，能学习吗？"答："不可以。人禀赋的气质是不能改变的，即使努力，也只能稍微进步，但愚钝的人是不可能使他变得聪明的。只有在理的方面可以有所进步。只有长期地积累学习，才能使气质变化，这样愚钝的人能变得聪明，柔弱的人能变得刚强。"

问："技艺之事，耻己之不能，何如？"曰："技艺不能，安足耻！为士者当知道。己不知道，可耻也。耻之何如？亦曰勉之而已。人安可嫉人之能，而讳己之不能也？"

【译文】问："因为自己没有什么技艺而感到羞耻，怎么样？"答："没有技艺有什么值得羞耻的！读书人应当知晓大道。自己对于大道不知晓，这才是可耻的事情。感到羞耻怎么办？努力学习罢了。人怎么能嫉妒别人的才能，而忌讳谈起自己的无能呢？"

称性之善谓之道，道与性一也。性之本谓之命，性之自然者谓之天，性之有形者谓之心，性之有动者谓之情。凡此数者皆一也。圣人因事以立名，故不同若此。而后之学者随文析义，求奇异之说，而去圣人之意远矣。

【译文】把善良的人类道德本性称之为道，是因为道与人的本性是同一个东西。性的根本称为命，性的自然而然称为天，性的物质表现是心，性的发动称为情。这几种叫法，其实都是同一个事物。圣人根据具体的情况而制定不同的名称，所以有这些不同的叫法。后来的读书人，根据文章的上下文，对某个词语作出解释，追求怪异的说法，这就距离圣人的本意很遥远了。

论性不论气不备；论气不论性不明。

【译文】谈论人性时不谈论气质，是不完备的；谈论气质时不谈论人性，是说不明白的。

'性相近也，习相远也'。性一也，何以言相近？"曰："此只言气质之性也，如俗言性急、性缓之类。性安有缓急？此言性者，'生之谓性'也。"

【译文】"人的性情本来是相近的，因为习染不同，便相距悬远。'既然只有一个本性，为什么性情是相似的？"答："这里说的只是气质之性，就像通常所说的性格急躁，性格缓慢之类的话。这里所说的性，就是告子讲的'受生以后具备的性'。"

"性无不善，而有不善者，才也。性即是理，理则自尧、舜至于涂人一也。才禀于气，气有清浊，禀其清者为贤，禀其浊者为愚。"问："愚可变否？"曰："可。孔子谓'上知与下愚不移'，然亦有可移之理。惟自暴自弃者则不移也。"

【译文】"人的本性没有不善的，不善良的部分，是气质之性。人的本性就是社会的道德原则和事物的必然法则，这个道德原则和必然法则从尧、舜知道普通庶民都是一样的。气质之性源于气质，人的气质有清浊之别，禀赋了清的部分可以成为圣贤，禀赋了浊的部分可以成为愚蠢之人。"又问："愚蠢的人可以改变自己吗？"答："可以。孔子说'上等的智者和下等的愚者是改变不了的'，然而也有可以改变的道理。只有那些自甘堕落，不求进取的人是不可能改变的。"

问："心之妙用有限量否？"曰："孟子曰：'尽其心，知其性。'心即性也。在天为命，在人为性，论其所主为心，其实只是一个道。苟能通之以道，又岂有限量？天下更无性外之物。若曰有限量，除是性外有物始得。"

【译文】问："人心奇妙的作用是有限的吗？"答："孟子说：'充分运用心灵思考的人，是知道人的本性的人。'心就是性。从天的角度称之为命，从人的角度称之为性，它的主宰是心，事实上只有一个道理。如果能通晓这个道理，心的作用怎么会有限量呢？世界上是没有任何事物是没有性的。如果说心的作用是有限的，那么就得说世界上存在没有性的事物。"

为人处世间，见事无可疑处，多少快活！

【译文】人活在世上，对任何事情都没有可怀疑的地方，这是多么快乐的事情啊！

罪己责躬不可无，然亦不当长留在心胸为悔。

【译文】人当然不能没有自我批评的精神，然而也不应该经常悔恨在心。

问仁。曰："此在诸公自思之，将圣贤所言仁处类聚观之，体认出来。问："先生前日教某思'君子和而不同'，某思之数日，便觉胸次开阔，其意味有不可言述。窃有一喻：今有人焉，久寓远方，一日归故乡，至中途，适遇族兄者，他俱抵旅舍，异居而食，相视如途人。彼岂知为族弟，此岂知为族之兄邪？或告曰：'彼之兄，公之族兄某人也。''彼之弟，公之族弟某人耶。'既而欢然相从，无有二心。向之心与今之心，岂或异哉？知与不知而已。今学者苟知大本，则视天下犹一家，亦自然之理也。"先生曰："此乃善喻也！"

【译文】弟子请教什么是仁。程颐说："这需要诸位自己思考，只有把圣贤关于仁的界说与实践，统一起来思考，才有所体认。"问："老师前天让我思考'君子和而不同'这句话，我思考了几天，感觉到心胸宽广，体会到它不能用语言表述清楚的意味。我有一个比喻：有一个人，长时间地居住在远方，有一天要回归故乡，半路中，在旅店遇到了他的族兄，他们分开居住、吃饭，相互把对方看成陌生人，彼此不知道是族兄弟关系。有人告诉他们：'这是某人的儿子，你的族兄某。''这是某人的儿子，你的族弟某。'然后他们很高兴地一起回家，亲密无间。过去的心与今天的心，哪里有区别呢？不过是知道与不知道罢了。读书人如果懂得世界大本大源的道理，就会把天下的人看做一家，这是很自然的道理。"程颐说："这是很好的比喻。"

学者为气所胜，习所夺，只可责志。

【译文】读书人沾染了不好的习气，只能怪自己志向不坚定。

人于天地间，并无窒碍处，大小快活！

【译文】人生活在世上，对一切事物都能看明白，做任何事都能感到快乐。

严威俨恪，非持敬之道，然敬须自此入。

【译文】威严、庄重、谨慎，并非"敬"的本质，但要达到"敬"，就必须首先做到威严、庄重、谨慎。

忘敬而后无不敬。

【译文】敬畏达到不必刻意为之的程度以后，对任何事物都是有敬畏之心的。

问："人之燕居，形体怠惰，心不慢，可否？"曰："安有箕踞而心不慢者！学者须恭敬，但不可令拘迫，拘迫则难久也。"

【译文】有人问程颐说："人闲居时，形体怠惰，而心不散漫，这样可以吗？"答："随意怠惰，坐无坐相，而心却不散漫，这怎么可能呢？读书人必须恭敬，但却不可勉强拘迫，人一拘迫，就难以持久。"

问："君子时中，莫是随时否？"曰："是也。中字最难识，须是默识心通。且试言一厅，则中央为中，一家则厅非中而堂为中，一国则堂非中，而国之中为中，推此类可见矣。且如折初寒时，则薄裘为中；在盛寒而用初寒之裘，则非中也。更如三过其门不入，在禹、稷之世为中，若居陋巷则不中矣。居陋巷在颜子之时为中，若三过其门不入，则非中也。"或曰："男女不授受之类皆然？"曰："是也。男女不授受，中也。在丧祭，则不如此矣。"

【译文】有人问："君子时时守中，是说时移事迁，中也随时而异吗？"答："是的。'中'字最难理释，需要默默理会贯通于心。且打一个比方，如说一个厅，那么厅的中央是中；如果是说一家，那厅的中央就不再是中，而堂为中；如果说一国，那堂也不再是中，而国家的中心是中。由此类推就可以认识时中了。再比如刚刚进入寒冷季节，薄被子就是中的；在最寒冷的时候再用薄被子，就算不上中了。再比如三过家门而不入，在禹、稷那样的清平时代是中，如果隐居在简陋的巷子里，就不是中了。隐居在陋巷中，在颜回那样的混乱时代是中，如果他想忙忙碌碌建功立业，就不是中了。"有人说："男女之间不能直接接触也是这样吗？"答："是的。男女之间不能直接接触，这是中，在丧礼祭祀的时候，就不能算中了。"

后儒以反经合道为权，故有权变，权术之论，皆非也。权只是经也。自汉以来无人识权字。

【译文】汉代的儒生把虽违背常道，但仍合于义理称为权，所以有权变，权术的说法，这些都不对。权就是常道，自从汉代以来，没有人真正懂得这个"权"字的含义。

古之学者为己，其终至于成物。今之学者为人，其终至于丧己。学也者，使人求于内也。不求于内而求于外，非圣人之学也。何谓不求于内而求于外？以文为主者是也。学也者，使人求于本也。不求于本而求于末，非圣人之学也。何为不求于本而求于末？考详略，采同异者是也。是二者皆无益于吾身，君子弗学。

【译文】古代的读书人，求学是为了使自己有良好的德行和知识，然而最终使自身以外的一切都有所成就。现在的求学之人，学习是为了做给他人看，最终导致丧失自己的本性。学习是为了使人向内心寻求道理，不向内心寻求而向身外之物寻求的学问，不是圣人的学问。什么是不向内心寻求而向身外之物寻求的学问？就是以文饰为主的学问。学习是使人向本心求教。不向本心求教而却向身外之物求教，不是圣人的学问。什么是不向内心寻求而向身外之物寻求的学问呢？考察文章的详细与省略，采摘文字的相同与差异就是这种学问。这两种学问都对自身的修养没有好处，君子是不会学习的。

圣人之责人也常缓，只是欲事正，无显人过恶之意。圣人责己感处多，责人应处少。

【译文】圣人责备人，态度总是和缓宽容，是希望人把事情做好，做得正当，决无显露他人过错的念头。圣人责备自己的时候多，责备别人的时候少。

今之学者岐而为三：能文者谓之文士，谈经者谓之讲师，惟知道者乃儒学也。

【译文】现在的学者分成了三类：会写文章的称之为文士，谈论经典的称之为讲师，只有知晓大道的人才能称之为儒家学者。

朱熹

宋婺源人（婺源于梁陈时为新安郡，故其署款多称新安）。字元晦，一字仲晖，号晦翁，又号遁翁。父松为政和县尉，因侨居建州。绍兴中登进士第。历仕高、孝、光、宁四朝。凡所奏闻，皆以正君恤民为要，累官转运副使、焕章阁侍制、秘阁修撰，终宝文阁侍制。庆元中致仕，旋卒，年七十一。谥曰文，追封徽国公。始居崇安，牓听事曰紫阳书堂，故称紫阳。晚年卜筑于建阳之考亭，作沧州精舍，以为讲学之所，故称考亭学派。熹少受学于李侗，侗师罗从彦，从彦师杨时，时为程子门人，故熹之学多本于程子，而益加邃密，后世推为集理学之大成。其为学之宗旨，大抵穷理以致其知，反躬以践其实，而以居敬为主。尝谓圣贤道统之传，散在方册，圣经之旨不明，而道统之传始晦。于是竭其精力，以研圣贤之经训。所著诸经传注，元明以来，皆列于学官。有《易本义启蒙》《诗集传》《大学中庸章句或问》《论语孟子集注》《太极图通书》《西铭解》《楚辞集注辨证》《韩文考异》《文公集》（以上为所著作），《论孟集义》《孟子指要》《中庸辑略》《孝经刊误》《小学书》《通鉴纲目》《宋名臣言行录》《家礼》《近思录》《程氏遗书》《伊洛渊源录》（以上为所编次）诸种，多行于世。传其学者，号曰闽学。（宋黎靖德有《朱子语类》一百四十卷，清李光地有奉敕编《朱子全书》六十六卷，今皆通行于世）

【译文】朱熹，宋代婺源县人（婺源在梁代、陈代时为新安郡，所有朱子落款时多自称为新安）。字元晦，一字仲晖，号晦翁，又号遁翁。他的父亲朱松做政和县尉，迁居到建州。绍兴年间登进士第。经历南宋高宗、孝宗、光宗、宁宗四朝。凡是上奏给朝廷的奏折，都是以劝谏皇帝正心、体恤百姓为主要内容，历任转运副使、焕章阁侍制、秘阁修撰，宝文阁侍制。庆元年间辞官退休，不久逝世，享年七十一岁。谥号为文，追封徽国公。开始定居崇安时，在其听事的匾额上题写紫阳书院，所以也自称紫阳。晚年又定居建阳县的考亭镇，建沧州精舍作为讲学的地方，所以被称为考亭学派。朱熹年轻时求学于李侗，李侗师从罗从彦，罗从彦师从杨时，杨时是二程的弟子，所以朱熹的学问大多来自于二程，并且更加的缜密，后代学者把他推崇为理学的集大成者。朱熹学问的宗旨，基本上是穷究事物的道理而获得知识，然后亲身实践，以持身恭敬为主。朱熹曾经说圣贤所传的道统，散失在经典之中，神圣的经典主旨不被人明确，所以道统所传也开始晦涩。于是穷竭精力，研究圣贤的经典遗训。朱熹所著的许多经典的传与注，从元、明两代以来，都被列入科举的考察范围。著作有《易本义》《启蒙》《诗集传》《大学中庸章句或问》《论语孟子集注》《太极图通书西铭解》《楚辞集注辨证》《韩文考异》《文公集》（以上为所著作），《论孟集义》《孟子指要》《中庸辑略》《孝经刊误》《小学书》《通鉴纲目》《宋名臣言行录》《家礼》《近思录》《程氏遗书》《伊洛渊源录》（以上为所编次）等多种，这些书大都流传于世。继承朱熹学说的被称为闽学（宋代黎靖德编辑《朱子语类》一百四十卷，清代李光地奉敕编纂《朱子全书》六十六卷，现在都通行于世）。

观心说

或问：佛者有观心说，然乎？曰：夫心者，人之所以主乎身者也，一而不二者也，为主而不为客者也，命物而不命于物者也。故以心观物，则物之理得。今复有物以反观乎心，则是此心之外复有一心，而能管乎此心也。然则所谓心者，为一邪，为二邪？为主邪，为客邪？为命物者邪，为命于物者邪？此亦不待教而审其言之谬矣。”

【译文】有人问：“佛教有关于观心的说法，真是这样吗？”答：“心是身体惟一的主宰，是主体而非客体，定义万物而不为万物所定义。以心看万物可得万物的道理，如果说有物能反观心灵，那就是能观万物的心之外另有一心能管理此心罢了。那么心是一还是二？是主体还是客体？是定义万物还是被万物定义？这是不用考虑就知道很荒谬的言论。”

或者曰：若子之言，则圣贤所谓精一，所谓操存，所谓尽心知性，存心养性，所谓见其参于前而倚于衡者，皆何谓哉？应之曰：此言之相似而不同，正苗莠、朱紫之间，而学者之所当辨者也。夫谓人心之危者，人欲之萌也；道心之微者，天理之奥也。心则一也，以正不正而异其名耳。惟精惟一，则居其正而审其差者也，绌其异而反其同者也。能如是，则信执其中而无过不及之偏矣。非以道为一心，人为一心，而又有一心以精一之也。夫谓操而存者，非以彼操此而存之也；舍而亡者，非以彼舍此而亡之也；心而自操，则亡者存，舍而不操，则存者亡耳。然其操之也，亦曰不使旦昼之所为，得以梏亡其仁义之良心云尔，非块然兀坐，以守其炯然不用之知觉，而谓之操存也。若尽心云者，则格物穷理，廓然贯通而有以极夫心之所具之理也；存心云者，则敬以直内，义以方外，若前所谓精一操存之道也。故尽其心而可以知性知天，以其体之不蔽而有以究夫理之自然也；存心而可以养性事天，以其体之不失而有以顺夫理之自然也。是岂以心尽心，以心存心，如两物之相持而不相舍哉！若参前倚衡之云者，则为忠信笃敬而发也。盖曰忠信笃敬不忘乎心，则无所适而不见其在是云尔，亦非有以见夫心之谓也。且身在此，而心参于前，身在舆，而心倚于衡，是果何理也耶！

【译文】有人说："如果真是您说的那样，那么圣贤所讲的精一，操存，尽心知性，存心养性以及见其参于前而倚于衡，都是什么意思呢？"回答说："这是言辞相似而实质不同，就像幼苗与杂草、红色与紫色的关系一样，这是学者应当分辨清楚的。人心惟危，源于人欲；道心惟微，是因为天理精深。心是统一的本体，以正其所不正就有不同的说法了。惟精惟一，是心居正位而审视其中的差别，去其差别而反归相同的一面。做到这个地步，就会信实其中而合于中庸之道；并不是有道心、人心和精一之心三种心。孟子所谓操存，并非以彼操此而存；舍亡，也不是以彼舍此而亡；心灵自己修养活动，则能够保存其所忘；放弃心灵自主活动，则心灵自身也不存在了。所谓心灵修养的活动，是使每日的行为不至于伤害和遗忘仁心和良知而已，而不是每日静坐守住其不用的知觉。孟子所谓尽心，即格物穷理，廓然贯通，以穷究本心所具有的天理；所谓存心，即《周易·坤·文言》所谓的"敬以直内，义以方外"，如前面所说的精一操存之道。尽自己的心就可以知自己的本性，知自己的本性即透达天意，用其本体的不被遮蔽而探求天理的自然；涵存自己的本心则就是养性事天，用其本体的不被遮蔽而顺应天理的自然。这哪里是用心来尽心，用心来存心，如两个物体相互依持而不放弃呢！就像'参前倚衡'的说法，是因为忠信笃敬而发出的。大概因为心中片刻不忘忠信笃敬，就会无处不见其在身边，这也不是有所凭借而见到心的说法。况且说身体在这里，心就在旁边，身体在车上，心就依靠在车辕的横木上，这算什么道理啊！"

大抵圣人之学，本心以穷理，而顺理以应物。如身使臂，如臂使指，其道夷而通，其居广而安，其理实而行自然。释氏之学，以心求心，以心使心，如口龁口，如目视目，其机危而迫，其途险而塞，其理虚而其势逆。盖其言虽有若相似者，而其实之不同，盖如此也。然非夫审思明辨之君子，其亦孰能无惑于斯邪！

【译文】圣人做学问是用心求理，顺应万物之自然，就像以身体支配身手臂，手臂支配手指一样，方法平坦而通顺，广大而安定，道理笃实的实行自然；佛教以心求心，以心支配心，就像在说嘴吃嘴，眼看眼一样，方法危险而急迫，淤塞不通，道理虚妄而悖逆。佛教之理流于虚玄而与事物变化的趋势相障，它的有些言论与儒学相似，但实不相同。君子若不能明辨，就可能被迷惑。

仁说

天地以生物为心者也，而人物之生，又各得夫天地之心以为心者也。故语心之德，虽其总摄贯通，无所不备，然一言以蔽之，则曰仁而已矣。请试详之。

【译文】天地以生育万物作为心，而人又把天地的心作为自己的心。所以谈论心的德性，虽然包罗无遗，然而用一个字概括，就是仁。请允许我尝试着阐述它。

盖天地之心，其德有四，曰元亨利贞，而元无不统；其运行焉，则为春夏秋冬之序，而春生之气，无所不通。故人之为心，其德亦有四，曰仁义礼智，而仁无不包；其发用焉，则为爱恭宜别之情，而恻隐之心，无所不贯。故论天地之心者，则曰乾元、坤元，则四德之体用，不待悉数而足；论人心之妙者，则曰，“仁，人心也”，则四德之体用，亦不待遍举而该。盖仁之为道，乃天地生物之心，即物而在；情之未发，而此体已具，情之既发，而其用不穷。诚能体而存之，则众善之源，百行之本，莫不在是。此孔门之教，所以必使学者汲汲于求仁也。其言有曰“克己复礼为仁”。言能克去己私，复乎天理，则此心之体无不在，而此心之用无不行也。又曰，“居处恭，执事敬，与人忠”，则亦所以存此心也。又曰，“事亲孝”，“事兄弟”，“及物恕”，则亦所以行此心也。又曰，“求仁得仁”，则以让国而逃，谏伐而饿，为能不失乎此心也。又曰，“杀身成仁”，则以欲甚于生，恶甚于死，而能不害乎此心也。此心何心也？在天地则块然生物之心，在人则温然爱人利物之心，包四德而贯四端者也。

【译文】天地的心具有四种德性，即元亨利贞，而元总括一切；天地之心的运行就是春夏秋冬的顺序，而春天的生气贯通于一切顺序之中。所以人的心也有四种德性，即仁义礼智，而仁包容一切；人心的发用就是恭敬惜别等各种感情，而恻隐之心贯通于一切感情之中。所以讨论天地之心，只说乾元坤元，那么元亨利贞的本体与发用，不必悉数而举就已足够；讨论人心的妙用，只说仁就是人心，那么仁义礼智的本体与发用也不必一一列举就已经完备。仁是天地生育万物之心，产生于与事物接触之中；感情没有发作的时候这个本体已经存在，感情已经发作，它的作用会无穷无尽。如果真能够体会到仁并且加以存养，那么各种善行的本源就都在这里了。这也是儒学一定要学者追求仁的原因。孔子说“约束自己，使每件事都归于礼就是仁”，其实是说能克制自己的私欲，遵守天理，那么心的本体无所不在，心的作用就不所不能了。孔子还说：“日常起居要态度端庄，担任工作要敬慎认真，和人交往要忠心诚恳”，这是教人怎样存守心罢了。至于“侍奉双亲要孝敬”，“对待兄长要敬爱顺从”，接人待物有宽容之心，都是教人怎样行动以体现心的。“求仁德便得到仁德”，让出君位，逃到邻国，阻谏伐纣以至饿死，都是为了不失去这个心。“宁可牺牲自己也要恪守仁义”，是因为所喜欢的有超过生存的，所厌恶的有超过死亡的，只是为了不伤害这个心。这个心到底是什么样的心呢？从天地的角度看，是茫然无边际，生育万物的心。从人的角度看，是温和的民胞物与的心。它包括了四德（仁义礼智），贯通了四端（恻隐之心，羞恶之心，辞让之心，是非之心。）

或曰：若子之言，则程子所谓爱情、仁性，不可以爱为仁者，非欤？曰：不然。程子之所谓，以爱之发而名仁者也；吾之所论，以爱之理而名仁者也。盖所谓情性者，虽其分域之不同，然其脉络之通，各有攸属者，则曷尝判然离绝而不相管哉！吾方病夫学者诵程子之言而不求其意，遂至于判然离爱而言仁，故特论此以发明其遗意，而子顾以为异乎程子之说，不亦误哉！

【译文】有人说：如您所说，那么二程讲爱情、仁性，是不可以把爱与仁等同，是吗？回答：不可以这样说。二程说的仁是爱的发用；我所说的仁是爱的道理。大概性与情的分属不同，然而它们又是有所关联的，并不是完全分离，互不相关的。我正担忧学者诵读二程的言论而不求其含义，以至于分明离开爱来谈论仁。所以特别讨论这个问题并引申二程的意思，但是您却认为与二程之说不相同，难道不是错误的吗？

或曰：程氏之徒，言仁多矣。盖有谓爱非仁而以“万物与我为一”为仁之体者矣，亦有谓爱非仁，而以心有知觉释仁之名者矣。今子之言若是，然则彼皆非欤？曰：彼谓物我为一者，可以见仁之无不爱矣，而非仁之所以为体之真也；彼谓心有知觉者，可以见仁之包乎智矣，而非仁之所以得名之实也。观孔子答子贡博施济众之问，与程子所谓觉不可以训仁者，则可见矣。子尚安得复以此而论仁哉？抑泛言同体者，使人含糊昏缓而无警切之功，其弊或至于认物为己者有之矣；专言知觉者，使人张皇迫躁而无沉潜之味，其弊或至于认欲为理者有之矣。一忘一助，二者盖胥失之。而知觉之云者，于圣门所示乐山、能守之气象，尤不相似，子尚安得以此而论仁哉！因并记其语，作《仁说》。

【译文】有人说：二程的弟子谈论仁的很多，有的认为爱不是仁，而把“万物与我为同一整体”当做任的本体，也有认为爱不是仁，而用“心有知觉”来解释仁的。如果您的话是正确的，那么他们都是错误的吗？那些主张万物与我为一体的人，看到了仁没有不爱的，却没有看到仁是真正的本体；那些主张心有知觉的，看到了仁包括了智，却没有看到仁被命名的实质。看一下孔子回答子贡博施济众的问题，以及二程讲的不可用知觉解释仁，就可以清楚了。您还怎么能再用它来谈论仁呢？那些说万物同体的，使人糊涂而没有了警觉的功夫，它的弊端可以导致把事物当做自己；专门谈论知觉的，让人紧张急躁没有潜心的体味，它的弊端可能导致把欲当做理。一个是忘记，一个是助长，二者都有所偏颇。以知觉谈论仁的说法，和儒学所展示的乐山、能守的气象殊为不同，您还怎么能以它来谈论仁呢？于是记下这些话，写成《仁说》一文。

与魏应仲书

三哥年长，宜自知力学，以副亲庭责望之意，不可自比儿曹，虚度时日。逐日早起，依本点《礼记》《左传》各二百字，参以《释文》，正其音读，俨然端坐，各诵百遍讫，诵《孟子》三二十遍，熟复玩味讫，看史数板，（不过五六）反复数遍。（文词通畅、议论精密处，诵数遍为佳）大抵所读经史，切要反复精详，方能渐见旨趣。诵之宜舒缓不迫，令字字分明。更须端庄正坐，如对圣贤，则心定而义理易究。不可贪多务广、涉猎卤莽，才看过了，便谓已通。小有疑处，即更思索，思索不通，即置小册子，逐日抄记，以时省阅，俟归日，逐一理会。切不可含糊护短，耻于资问，而终身受此黯暗以自欺也。又置薄，记逐日所诵说起止，以俟归日稽考。起居坐立，务要端庄，不可倾倚，恐至昏怠。出入步趋，务要凝重，不可票轻，以害德性。以谦逊自牧，以和敬待人。凡事切须谨饬，无故不须出入。少说闲话，恐废光阴。勿观杂书，恐分精力。早晚频自点检所习之业，每旬休日，将一旬内书，温习数过，勿令心少有放佚，则自然渐近道理，讲习易明矣。

【译文】三哥年龄稍大，应该知道努力学习了，以符合父母对你的期望，不可再像儿时，虚度时光。要每日早起，把《礼记》《左传》各用笔做点两百个字，参考《释文》，把音读正确，严肃端坐，各读一百遍，然后诵读《孟子》二三十遍，熟读玩味，在看史书几页，（不超过五六页）反复几遍。（文词通畅，议论精密的地方诵读此书超过五六遍为好）所读过的经书与史书，一定要反复精读，才能逐渐发现其意义。诵读的时候应该舒缓不迫，每一个字字都要读清楚。更要端正危坐，像面对着圣贤一样，这样心境安定，文章的义理就容易探究。不可贪多务广，浅尝辄止，刚看过就说已经明白。稍有疑惑，立马就要思考，思考解决不了，就找一个小册子每天抄写，经常翻阅，等回来的时候逐个处理。一定不能含糊，羞于向人请教而使自己永远不明白，这是自欺欺人的行为。还要用本子记载每天所诵读的文章的起止点，以便回来的时候考察。生活中的坐立等行为，一定要端庄，不能倾斜或依靠，以防倦怠。进出走路要凝重，不可轻浮，伤害自己的德行。用谦逊管理自己，用和敬对待别人。凡事要谨慎，没有事不要闲逛。少说闲话，这样会浪费时间，伤害德性。不要看杂书，恐怕会分散精力。每天早晨和晚上要复习所学习的内容，每十天一次的休息日，要将这十天所学的内容复习几遍，不要使心稍有放松，这样自然慢慢领会道理，研讨学习的时候也容易领会。

答吴叔晦书

伏承示及“先知后行”之说。反复详明，引据精密，警发多矣。所未能无疑者，方欲求教，又得南轩寄来书稿。读之，则凡某之所欲言者，盖已先得之矣，特其曲折之间，小有未备。请得而细论之。

【译文】听您谈到“先知后行”的学说，内容详实，引用细密，给人启示良多。正准备就一些疑问的地方向您请教的时候，收到张南轩的来信。读过之后发现凡是我想要说的，他都已经想到，只是在细微处稍有不同。请允许仔细讨论它。

夫泛论知行之理，而就一事之中以观之，则知之为先，行之为后，无可疑者。（原注：如孟子所谓“知皆扩而充之”，程子所谓“譬如行路，须得光照”，及《易·文言》所谓“知至至之，知终终之”之类是也。）

【译文】一般谈论关于知与行的道理，如果针对一件事情来看，那么知在先，行在后，这是无可怀疑的。（原注：例如孟子所说的“扩大范围，充实内容”，二程所说“就像走路，得有光线照明”，以及《周易·文言》所说的“知道进取的目标，努力实现它，知道终止的时刻，及时终止”之类。）

然合乎知之浅深，行之大小而言，则非有以先成乎其小、亦将何以驯致乎其大者哉？（原注：如子夏教人以洒扫应对进退为先，程子谓“未有致知而不在敬者”，及《易·文言》所言知至知终，皆在忠信修辞之后之类是也。）

【译文】然而就知的深浅，行的大小而言，如果不能先在小的方面不能有所成就，怎么能成就大的事业呢？（原注：例如子夏首先教人劳动的应对方法和礼貌的用语，二程说“没有追求知识态度不端敬的”，以及以及《周易·文言》所说的知道进取的目标与知道终止的时刻是在忠信进德、修辞立诚之后之类。）

盖古人之教，自其孩幼而教之以孝悌诚敬之实，及其少长，而博之以诗书礼乐之文，皆所以使之即夫一事一物之间，各有以知其义理之所在，而致涵养践履之功也。（原注：此小学之事，知之浅而行之小者也。）及其十五成童，学于大学，则其洒扫应对之间，礼乐射御之际，所以涵养践履之者，略已小成矣。于是不离乎此，而教之以格物以致其知焉。致知云者，因其所已知者推而致之，以及其所未知者而极其知也。是必至于举天地万物之理，而一以贯之，然后为知之至。而所谓诚意、正心、修身、齐家、治国、平天下者，至是而无所不尽其道焉。（原注：此大学之道，知之深而行之大者也。）

【译文】古人的教育，从幼儿时期开始学习孝悌诚敬等实质的行动，等到他稍微长大，开始广泛地学习诗书礼乐等文采的形式，目的是为了使他在每一事物之中，认识到事物均有其道理，从而达到涵养践履的功夫。（原注：这些是小学阶段所学习的事情，知识肤浅而行为微小。）等到他长到十五岁，学习大学的内容，这时对于在应对劳动、礼貌用语以及礼乐射御的时候，怎样涵养践履都已经有所成就了。然后接着继续学习格物致知。致知就是根据其已经知道的推及到他所不知道的，直到达到极点。一定要到把天下万物的道理融会贯通，才能说达到了知。而所谓的诚意、正心、修身、齐家、治国、平天下，到了这时才算到都穷尽了道理。（原注：这些是大学阶段所学习的事情，知识深刻而行为伟大。）

今就其一事之中而论之，则先知后行。固各有其序矣。诚欲因夫小学之成，以进大学之始，则非涵养履践之有素，亦岂能居然以夫杂乱纷纠之心，而格物以致其知哉？

【译文】现在针对一件事来看，知在先行在后，有其固有秩序。如果真想在小学的基础上开始学习大学的知识，倘若不是在涵养践履方面有很好的素养，怎么能用纷乱的心去格物致知呢？

且易之所谓忠信修辞者，圣学之实事，贯始终而言者也。以其浅而小者言之，则自其“常视毋诳”，“男唯女俞”之时，固已知而能之矣。知至至之，则由行此而又知其所至也，此知之深者也。知终终之，则由知至又进以终之也，此行之大者也。

【译文】《周易》所讲的忠信进德、修辞立诚，是儒学的具体的事，贯穿于始终。从其浅显、微小的方面来说，从接受“不可给儿童做出说谎话的榜样”，“孩子能够说话时，教给男孩子用‘唯’回答问题，女孩子用‘俞’回答问题”的教育的时候，就已经知晓并且能实行。知至至之，是说实行它而又能预知事情能发展到何种地步，这是属于对知了解深刻的。知终终之是从能预知事物能发展道何种地步进而预知事情能有何种结果，就以何种结果终止，这是广义上理解的行的。

故大学之书，虽以格物致知为用力之始，然非谓初不涵养践履，而直从事于此也。又非谓物未格，知未至，则意可以不诚，心可以不正，身可以不修，家可以不齐也。但以为必知之至，然后所以治己治人者始有以尽其道耳。若曰必俟知至而后可行，则夫事亲从兄，承上接下，乃人生之所不能一日废者，岂可谓吾知未至，而暂辍以俟其至而后行哉？（原注：按五峯作《复斋记》、有“立志居敬，身亲格之”之说，盖深得乎此者。但《知言》所论，于知之浅深不甚区别，而一以“知先行后”概之，则有所未安耳。）

【译文】所以《大学》虽然把格物致知作为学习的初始阶段，并不是说不涵养履践而仅仅学习格物致知。也不是说事物还没有接近、知识还没有得到，意就不能诚，心就可以不正，身就可以不修，家就可以不齐，只是以为一定要获得知以后，然后才可以从事道德的修养。如果说一定要等到获得知以后才去行，那么侍奉亲长，对待长幼，这些日常生活一天都不能废弃的道理，难道可以说还没有知，暂且搁置等到以后再实行吗？（原注：胡宏著《复斋记》，提出“树立志向，持身恭敬，身体力行以格知”的说法，大概对此深有体会。但其《知言》一书，对于知的深浅没有加以区别，而一律用“知先行后”概括，对此不敢苟同。）

抑圣贤所谓知者，虽有浅深，然不过如前所论二端而已。但至于廓然贯通，则内外精粗，自无二致。非如来教及前后所论观过知仁者，乃于方寸之间设为机械，欲因观彼，而反识乎此也。（原注：候子所辟总老“默识之，是识甚底”之言正是说破此意。如南轩所谓“知底事”者，恐亦未免此病也。）

【译文】圣贤所说的知，虽然有深浅不同，但基本就是上述两种。但到了豁然贯通的时候，就没有内与外，精与粗的分别。并非如您的来信所议论的通过察看一个人所犯过错的性质，就可以了解他的为人，这是如在心中设置机器，想要通过它观察他人，反而不认识它。（原注：侯子所批评常总“默默的记住，这种见识很低”的话正是这个意思。张栻所说“对事物内在的理的认识”，恐怕也由此毛病。）

又来论所谓“端谨以致知”，所谓“克己私，集众理”者，又似有以行为先之意；而所谓“在乎兼进”者，又若致知力行初无先后之分也。凡此皆鄙意所深疑，而南轩之论所未备者。故敢复以求教，幸深思而详论之！

【译文】来信所说“谨慎地致知”，“克服一己私欲，集合从理”，好像有以行为先的意思；而“在于一同进步”的说法，又好像致知和力行原本没有先后的分别。所以这些都是我所深有疑问，而张栻的说法没有完备的，所以再次向您请教，希望您仔细思考并且详细地讨论。

答吕伯恭书

所谕讲学克己之功，裒多益寡，政得恰好，此诚至论。然此二事，各是一件功夫，学者于此须是无所不用其极，然后足目俱到，无偏倚之患。若如来谕，便有好仁不好学之弊矣。且中庸言学问思辨，而后继以力行。程子于涵养进学，亦两言之，皆未尝以此包彼，而有所偏废也。若曰讲习渐明，便当痛下克己功夫以践其实，使有以真知其意味之必然。不可只如此说过，则其言为无病矣。昨答敬夫言仁说中，有一二段，已说破此病。近看吴才老《论语说》，论子夏“吾必谓之学矣”一章，与子路“何必读书”之云，其弊皆至于废学。不若“行有余力，则以学文”，“就有道而正焉，可谓好学”之类，乃为圣人之言也，颇觉其言之有味，不审高明以为如何？

【译文】您的来信讲到学习的克己功夫，正好弥补我的不足，是真正的学说。然而这两件事，各是一件方法，学者对此二事应尽一切努力，达到至善的最高境界，然后二者并进，不要有所偏倚。如果像您的来信所说的那样，就有爱好仁德不爱学习的弊病了。《中庸》说广泛的学习、反复地推敲、缜密地思考、明晰地分辨，然后笃实地实行。二程讲到涵养与进学，也是两者并说，并没有以此包彼，偏向其中之一。如果已经研习明白，就应该实践克己的功夫，这样能够真正知道其意味之必然。不能只是如此说一下，以为这样这句话就没有毛病了。昨天给张栻的关于仁的回信中，有一两段话已经把这个弊病说得很清楚了。前段时间看吴棫的《论语说》，里面论子夏“我一定说他已经学习过了”一章，以及子路

"为什么定要读书才叫做学问呢？"之类，他的弊端竟达到废弃学习的地步。"躬行实践之后，有剩余力量，就在去学习文献"，"到有道的人那里去匡正自己，这样，可以说是好学了"之类的话，是孔子说的，我觉得他说的很有意味，不知道您是怎么认为的？

答林谦之书

自昔圣贤教人之法，莫不使之以孝悌忠信、庄敬持养为下学之本，而后博观众理，近思密察，因践履之实以致其知。其发端启要，又皆简易明白，初若无难解者。而及其至也，则有学者终身思勉而不能至焉。盖非思虑揣度之难，而躬行密契之不易。故曰"夫子之文章可得而闻也，夫子之言性与天道，不可得而闻也。"夫圣门之学，所以从容积累，涵养成就，随其浅深，无非实学者，其以此欤！今之学者不然，盖未明一理，而已傲然自处于上智生知之流，视圣贤平日指示学者入德之门，至亲至切处，例以为钝根小子之学，无足留意。其平居道说，无非子贡所谓"不可得而闻者"，往往务为险怪悬绝之言以相高，甚者至于周行却立，瞬目扬眉，内以自欺，外以惑众。此风肆行，日以益甚，使圣贤至诚善诱之教，反为荒幻险薄之资，仁义充塞，甚可惧也。

【译文】自古圣贤教育人的方法，都让人把孝悌忠信、庄敬持养作为开始学习的根本，然后博览群书，思索考察，通过实践以达到知识。其方法的开始阶段，简易明白，起初像没有难以理解的。然而等到最后阶段，学者即使终身思索也不能达到。这不是因为思考起来艰难，而是因为实践起来不容易。所以说"老师关于《诗》《书》《礼》《乐》等的讲授，能够听得到；老师关于人性和天道的言论，是没法听得到的。"儒家的学问，从容而积累，涵养而成就，无论深浅程度，都是实在的学问，大概就因为这个缘故。现在的学者不是这样，还没有明白一个道理，就骄傲地以上智自处，认为智慧能生出知识，把圣贤日常间教导学者修养的、非常贴切的方法看做生性愚钝的人学习的方法，认为不值得注意。他们平时所谈论的，只是子贡所称的"没法听得到的"，常常说出一些险怪悬绝的言论，自以为高明，甚至与像佛家一样参禅顿悟，这样的话既欺骗自己，有迷惑他人。这种学风一旦风行开来，会日益严重，使圣贤至诚善诱的教诲，反而成为荒幻险薄之说的凭借，仁义不行于世，这是很可怕的啊！

答胡广仲书二首

性善之善，不与恶对。此本龟山所闻于浮屠常总者，宛转说来，似亦无病。然谓性之为善，未有恶之可对，则可，谓终无对，则不可。盖性一而已，既曰无有不善，则此性之中，无复有恶与善为对，亦不待言而可知矣。若乃善之所以得名，是乃对恶而言。其曰性善，是乃所以别天理于人欲也。天理人欲，虽非同时并有之物，然自其先后公私邪正之反而言之，亦不得不为对也。今必谓别有无对之善，此某之所疑者也。

【译文】性善的善是不和恶相对应的，这是杨时从和尚常总那里听来的，从某个角度看来仿佛没有错误。然而说性的本质是善的，没有恶可以与它相对还可以，说绝对不相对就不可以了。性只有一个，既然说性没有不善的，那么这个性中就不会再有恶与善对应，这是不言自明的道理。至于善，它的得名是相对于恶来说的。说性是善的，是用来区别天理人欲的。天理人欲，虽然不是同时并列的东西，然而从它们出现的先后顺序，及公私、邪正的对立而言，是不能不对立的。现在一定要说另有不与恶对应的善，这是我所怀疑的。

伊川先生曰："天地储精，得五行之秀者为人。其本也真而静；其未发也，五性具焉，曰仁义礼智信。形既生矣，外物触其形而动其中矣。其中动而七情出焉，曰喜、怒、哀、惧、爱、恶、欲。情既炽而益荡，其性凿矣。"某详味此数语，与《乐记》之说，指意不殊。所谓静者，亦指未感时言尔。当此之时，心之所存，浑是天理，未有人欲之伪，故曰天之性。及其感物而动，则是非真妄，自此分矣。然非性，则亦无自而发。故曰性之欲，动字与《中庸》发字无异，而其是非真妄，特决于有节与无节，中节与不中节之间耳。来教所谓正要此处识得真妄，是也。然须是平日有涵养之功，临事方能识得。若茫然都无主宰，事至然后安排，则已缓而不及于事矣。至谓静字，所以形容天性之妙，不可以动静真妄言，则某却有疑焉。盖性无不该，动静之理具焉，若专以静字形容，则反偏却性字矣。《记》以静为天性，只谓未感物之前，私欲未萌，浑是天理耳，不必以静字为性之妙也。真妄又与动静不同，性之为性，天下莫不具焉，但无妄耳。今乃欲并与其真而无之，此韩公道无真假之言，所以见讥于明道也。伊川所谓其本真而静者，真静两字，亦自不同，盖真则指本体而言，静则但言其初未感物耳。明道先生云，人生而静以上不容说，才说性时，便已不是性矣。盖人生而静，只是情之未发，但于此可见天性之全，非真以静状性也。

【译文】程颐说："天地存有精气，禀赋了五行之气精华的是人类。人的本性是真而且静的；人的本性没有发作的时候，具备仁义礼智信五种性。人的形体生成之后，接触外物而内心所触动。心动了，喜、怒、哀、惧、爱、恶、欲七情就跟着出现。七情已经旺盛并更加荡漾，人的性格就鲜明了。"我细细品味这几句话，它和《乐记》所说的，意思相同。所谓静，也是指没有感动时。在这个时候，心中全是天理，没有人欲，所以说是天性。等到心受外界触动的时候，是非、真妄就开始产生了。然而如果不是性，也没有起源自体而产生。所以说人性的欲望，"动"这个字和《中庸》里的"发"字是相同的，而它的是非、真妄决定于有没有节制，符合还是不符合。您的来信说正是要在这个地方分别真与妄，是正确的。然而这需要平时的涵养功夫，面临事情时候才能分别真与妄。如果心中迷茫没有主宰，事情出现才做出决断，就已经迟了。您认为"静"，是形容天性的奇妙的，不能用动静、真妄谈论，我对此有所疑问。性是无所不包的，动静的道理也包括其中，如果只用静字形容它，就会与性相反。《礼记》把静作为天性，只是说没有与外界接触之前，私欲没有发作，全部是天理。没必要把静字看做性的玄妙。真妄又和动静不相同，性之所以为性，是因为天下万物莫不具备，没有妄。如果只说真而不说妄，这和韩愈道没有真假区别的说法没有区别，这是受到程颢批评的。程颐说人的本性真且静，真与静也是不相同的，真是针对本体说的，静只是说本体没有受到外界感动。程颢说，静之前是说不清楚的，才说到性时，便已经不是本性之性了。静，只是情还没有发作，这个阶段可以认识到天性的完满，并不是真的用静来描述性。

记答胡广仲论性稿后

此篇出于论定之初，徒以一时之见，骤正累年之失。其向背出入之际，犹有未服习者，又持孤论以当众贤，心亦不自安，故自今读之，尚多遗恨。如广仲之言，既以静为天性之妙，又论性不可以真妄动静言，是《知言》所谓叹美之善，而不与恶对者云尔，应之宜曰：善恶也，真妄也，动静也，一先一后，一彼一此，皆以对待而得名者也，不与恶对，则不名为善；不与动对，则不名为静矣。既非妄，又非真，则亦无物之可指矣，今不知性之善而未始有恶也，真而未始有妄也，主乎静而涵乎动也，顾曰善恶真妄动静，凡有对待，皆不可以言性，而对待之外，别有无对之善与静焉，然后可以形容天性之妙，不亦异乎？当时酬对既不出此，而他所自言，亦多旷阙，如论性无不该，不可专以静言，此固是也，然其说当云，性之分虽属乎静，而其蕴则该动静而不偏，故《乐记》以静言性，则可，如广仲遂以静字形容天性之妙，则不可。如此，则语意圆矣。如论程子真静之说，以真为本体，静为未感，此亦是也，然当云下文所谓未发，即静之谓也。所谓五性，即真之谓也。然则仁义礼智信云者，乃所谓未发之蕴，而性之真也与？如此，则文义备矣。

【译文】这篇文章写于关于性的议论确定之后，因为一时的见解，纠正了多年以来的错误。在赞成与反对摇摆不定，尚存在不熟悉地方的情况下，又以自己的个人论断面对众多贤人，心中颇感不安，所以现在读起来，还有许多不尽人意之处。例如胡广仲把静作为天之性的妙用，又说性不能用真妄、动静来谈论，赞成《知言》把善看做感叹赞美的词，不是与恶相对的概念，回应这些观点应该说：善与恶，真与妄，动与静，一先一后，一彼一此，都是相对对方而言，没有恶与之相对，善也无从说起，没有动与之相对，静也无从说起。没有事物同时既不是妄也不是真，不知道性的善未必没有恶，真未必没有妄，静为主却包涵动，而只是说善恶、真妄、动静，凡是成对的，都不能用来谈论性，在这些成对出现的概念之外，另有没有与之相对的善、静概念，可以用来形容天性的奇妙，这样的看法不是很奇怪吗？当时应对的时候没有想到这个层面，而他所说也不严谨，如认为性涵盖一切，不能只用静来描述，这当然是对的，然而更恰当的说法应当是，性之为性虽然是静的，然而其蓄藏是同时包括动与静的，所以《乐记》用静来描述性是可以的，而胡广仲径直用静形容天性的妙用就不恰当。以上这个讲法就比较圆满了。例如讨论二程关于真静的说法，把真看作本体，静看做未感，这也正确，然而应当说下文所说的未发，就是说静的。所谓的五性说的就是真，那么仁义礼智信，就是未发的内涵，和性的本原吗？这样说文章的意思就完备了。

示谕缕缕，殊激懦衷。以老兄之高明俊杰，世间荣悴得失，本无足为动心者，而细读来书，似未免有不平之气。区区窃独妄意，此殆平日才太高、气太锐、论太险、迹太露之过，是以困于所长，忽于所短，虽复更历变故，颠沛至此，而犹未知所以反求之端也。常谓天理人欲二字不必求于古今王伯之迹，但反求之于吾心，义利邪正之间，察之愈密，则其见之愈明，持之愈严，则其发之愈勇。孟子所谓浩然之气者，益敛然于规矩准绳不敢走作之中，而其自任以天下之重者，虽贲、育莫能夺也，是岂才能血气之为哉！老兄视汉高帝、唐太宗之所为，而察其心果出于义耶？出于利耶？出于邪耶、正耶？若高帝，则私意分数，犹未甚炽，然已不可谓之无。太宗之心，则吾恐其无一念之不出于人欲也。直以其能假仁借义，以行其私，而当时与之争者，才能知术，既出其下，又不知有仁义之可借，是以彼善于此，而得以成其功耳。若以其能建立国家，传世久远，便谓其得天理之正，此正是以成败论是非，但取其获禽之多，而不羞其诡遇之不出于正也。千五百年之间，正坐如此，所以只是架漏牵补，过了时日，其间虽或不无小康，而尧、舜、三王、周公、孔子所传之道，未尝一日得行于天地之间也。若论道之常存，却又初非人所能预，只是此个自是亘古亘今常存不灭之物，虽千五百年被人作坏，终殄灭他不得耳。汉、唐所谓贤君，何尝有一分气力扶助得他耶？

【译文】您的来信阐述详细，使我深受启发。以您聪明才智，对于人世间的荣辱得失，应该不会太放在心上，而细读您的来信，似乎不免有些愤慨情绪。我私下猜测，这大概是因为平时才太高、气太锐、立论太险、形迹太露所造成的，所以只看到自己的长处，却忽略掉自己的短处，虽然经历变故到这种地步，还不怎样返回寻找原因所在。常言说天理、人欲不需要从古今王、伯的事迹中寻找，只要从自己心中的义利、邪正之间就能发现，观察地越仔细它们显现地就越清楚，保持地越严格它们的发作就越勇猛。孟子所说的浩然之气，更加收敛于规矩准绳之中，不敢有放失，然而他以天下为己任的的勇敢，就是孟贲、夏育不也不能相比，这岂是靠才能、血气之勇能做到的吗？您看汉高祖、唐太宗的行为，在察看他们的动机，真的是从义出发吗？还是从利出发？抑或从邪、正出发？汉高祖的行为私意还不算太重，然而已经不能说没有了。唐太宗的行为动机，恐怕没有一个念头不是出于人欲，只是因为他能够假仁假义地实行他的私心，而当时和他争夺天下的人，才能、知人之术都不如他，又不知道借助仁义的力量，所以他才能善用仁义获得成功。如果因为他能够建立国家，传世久远，便说他获得了天理正统，这是以成败论是非，只看到了他收获的多，而没有看到他的诡计没有处于正统啊。一千五百年来，正因为如此，所以只是勉强应付直到今日，这期间虽然有小康之世，然而尧、舜、禹、汤、周武王、孔子、孟子所传的道没有一天在世间实行。道的存在不是人所能干预的，它是永存不灭的东西，虽然一千五百年来被人破坏，然而始终不能消灭它。汉、唐时代的那些贤明君王有谁花费一分力气扶助道了呢？

老兄人物，奇伟英特，恐不但今日所未见，向来得失短长，正是不须更挂齿牙，向人分说。但鄙意更欲贤者百尺竿头，进取一步，将来不作三代以下人物，省得气力为汉、唐分疏，即更脱洒磊落耳。李、孔、霍、张则吾岂敢，然夷吾、景略之事亦不敢为同父愿之也。

【译文】您奇特不凡，恐怕不仅仅是今日，向来的得失、是非，从不片刻向他人分辨。我更愿意您不要满足，作进一步努力，将来不作夏商周以下的庸人，省些力气不要再为汉唐之人分辨，就更加洒脱、磊落了。李膺、孔融、霍光、张昭的事业不是我敢期望的，然而管夷吾、王景略的事业却是我和你所共同所追求。

答吴斗南书

佛学之与吾儒，虽有略相似处，然正所谓貌同心异、似是而非者，不可不审。明道先生所谓“句句同、事事合，然而不同者，真是有味”。非是见得亲切，如何敢如此判断耶。圣门所谓“闻道”，“闻”只是见闻玩索，而自得之之谓。“道”，只是君臣父子日用常行当然之理，非有玄妙奇特，不可测知。如释氏所云豁然大悟、通身汗出之说也，如今更不可别求用力处，只是持敬以穷理而已。“参前倚衡”，今人多错说了，故每流于释氏之说。先圣言此，只是说言必忠信，行必笃敬，念念不忘，到处常若见此两事，不离心目之间耳。如言见尧于羹，见尧于墙，岂是以我之心，还见我心别为一物而在身外耶？无思无为，是心体本然未感于物时事，有此本领，则感而遂通天下之故矣。恐亦非如所论之云云也，所云禅学悟入，乃是心思路绝，天理尽见，此尤不然，心思之正便是天理，流行运用，无非天理之发见，岂待心思路绝而后天理乃见耶？且所谓天理，复是何物，仁义礼智岂不是天理？君臣父子兄弟夫妇朋友岂不是天理？若使释氏果见天理，则亦何必如此悖乱殄灭一切，昏迷其本心而不自知耶？凡此皆近世沦陷邪说之大病，不谓明者亦未能免俗而有此言也。

【译文】佛学和儒学虽然略有相似的地方，然而正是那些表面相同却内心相异、似是而非的地方值得仔细审查。程颢先生说“句句相同、事事相同。然而它们不相同的地方，才是值得细细体味的”。如果不是于此深有见解，怎么敢下次论断呢？儒学所讲的“闻道”，“闻”是见闻，玩味而有所体会得到的才是“道”。只是君臣、父子、日用常行这些当然的道理，没有玄妙奇特、不可测知，就像佛家所说的豁然大悟、通身汗出的说法，这些道理不需要从其它地方获得，只要持敬以穷理罢了。“站着就仿佛看见‘忠信笃敬’四字展现于眼前，乘车就好像看见这几个字在车辕的横木上”，现在的人大多理解错了，所以常常流传成佛教的说法。前代圣人说到这句话，意思是说过的话一定要忠诚守信，实行时态度一定要笃敬，时刻不忘，到任何地方都好像能看到这两件事，不离心目之间。就像说在肉羹里面看得到尧帝，在墙面上也看到到尧帝一样，这难道是说用自己的心，看见另一个自己的心在身体之外吗？没有思虑没有作为，这是心的本体没有受外界感动时的本然状态，有了这种修行，就会有所感悟而通达天下事物的原因。恐怕也也不是像您所说的那样，所谓的禅学顿悟，是心思断绝后天理才能显现，这和心思正就是天理完全不同，心体的流行运用，都是天理的体现，怎么还需要心思路绝然后才能显现呢？而且这样理解天理，那么天理到底是什么呢？仁义礼智难道不是天理吗？君臣、父子、兄弟、夫妇、朋友难道不是天理？如果佛陀真的洞见了天理，为什么他的学说会如此的矛盾，视万物皆空，使心灵迷乱还不自知呢？这些都是近代以来士人沦陷于异端邪说的重要原因，没料想聪明的您也未能免俗而说出了这样的话。

周子太极通书后序

右周子之书一编，今春陵、零陵、九江皆有本，而互有同异。长沙本最后出，乃某所编定，视他本最详密矣，然犹有所未尽者也。

【译文】右边是周敦颐著作的第一编，现在春陵、零陵、九江都有版本，文字互有出入。长沙的版本出现得最晚，是我所编定的，比起其他版本更为详密，然而还不够完善。

盖先生之学，其妙具於太极一图。《通书》之言，皆发此图之蕴。而程先生兄弟语及性命之际，亦未尝不因其说。观《通书》之诚、动静、理性命等章，及程氏书之李仲通铭、程邵公志、颜子好学论等篇，则可见矣。故潘清逸志先生之墓，叙所著书，特以作《太极图》为称首。然则此图当为书首不疑也。然先生既手以授二程，本因附书后。（祁宽居之云。）传者见其如此，遂误以图为书之卒章，不复厘正，使先生立象尽意之微旨，暗而不明。而骤读《通书》者，亦复不知有所总摄，此则诸本皆失之。而长沙《通书》，因胡氏所传，篇章非复本次；又削去分章之目，而别以“周子曰”者加之，于书之大义，虽若无所害，然要非先生之旧，亦有去其目而遂不可晓者。（如理性命章之类。）又诸本附载铭、碣、诗、文，事多重复，亦或不能有所发明于先生之道，以幸学者。故今特据潘志，置图篇端，以为先生之精意，则可以通乎书之说矣。至于书之分章定次，亦皆复其旧贯。而取公及蒲左丞、孔司封、黄太史所记先生行事之实，删去重复，合为一篇，以便观者。盖世所传先生之书，言、行具此矣。

【译文】周敦颐先生的学问，奇妙之处在于太极一图。《通书》的学说言论，都是发掘该图的意蕴。而且二程先生谈到性与命的关系，也是沿袭他的说法。翻看《通书》的诚、动静、理性命等章，以及二程著作中的李仲通铭、程邵公志、颜子好学论等篇，就可以发现。已故潘清逸先生给程先生题写墓碑，叙述其著作，特地把《太极图》排在首位。把《太极图》列为著作之首，这是无须怀疑的。然而周先生既然亲手传授给二程，本来应该附于书后的。（祁宽居之说法。）传读者看到，就错误地把太极图放在书的最后一章，不在纠正，致使周先生树立形象变表达意义，隐而未露的意愿不被明确。而且初读《通书》的人，也不知道怎样把握全书，这是诸多版本的失误之处。长沙版的《通书》系胡氏所传，篇章不是原本的次序，又删去每章的题目，而用“周子曰”代替，这样虽然对该书的大概意义好像没有损害，然而如果不是先生的旧交，也有因为去掉题目就看不懂的。（例如理、性、命章之类。）另外这几种版本都附有铭文、碣文、诗词、文章，多有重复，也不能有助于发明先生所传之道，为学者之幸。所以现在特别根据潘氏的记述，把图放在书的开头，认为这是周敦颐先生的意思，也可以以此明白全书的意指。至于全书的章节次序，也全部恢复旧的做法。并且取先生以及蒲左丞、孔司封、黄太史所记述的先生的行迹，删去重复之处，合为一篇，方便读者。大概世间所流传的周敦颐先生的著作，语言、行为都具备在此了。

潘公所谓《易通》，疑即《通书》。而《易说》独不可见。向见友人多蓄异书，自谓有传本，亟取而观焉，则浅陋可笑。皆舍法时举子葺缀绪余，与《图说》《通书》绝不相似，不问可知其伪。独不知世复有能得其真者否。以《图》《书》推之，知其所发，当极精要，微言湮没，甚可惜也！

【译文】潘清逸先生所说的《易通》，我怀疑就是《通书》。然而唯独看不到《易说》。过去看见朋友们收藏许多珍异书籍，自称有传世的版本，急忙取来观看，真是浅陋可笑。都是三舍法实行时举子们修补残余所为，和《图说》《通书》完全不一样，不必问就知道是伪造之作。只是不知道世间还有没有得到真作的人。从《图说》《通书》推断，可以知道《易说》的阐释应当极其精要，然而竟湮没无寻，很是可惜。

某又尝读朱内翰震《进易说表》，谓此图之传，自陈抟、种放、穆修而来。而五峰胡公仁仲作《通书序》，又谓先生非止为种、穆之学者，“此特其学之一师耳，非其至者也”。夫以先生之学之妙，不出此图，以为得之於人，则决非种、穆所及；以为“非其至者”，则先生之学，又何以加於此图哉？是以窃尝疑之。及得志文考之，然后知其果先生之所自作，而非有所受于人者。公盖皆未见此志而云云耳。然胡公所论《通书》之指曰：“人见其书之约，而不知其道之大也；见其文之质，而不知其义之精也；见其言之淡，而不知其味之长也。人有真能立伊尹之志，修颜子之学，则知此书之言，包括至大，而圣门之事业无穷矣。”此则不可易之至论，读是书者所宜知也，因复掇取以系於后云。乾道己丑六月戊申，新安朱某谨书。

【译文】我还曾经读过朱震的《进易说表》，里面说到太极图是从陈抟、种放、穆修传授而来。而胡宏作《通书序》，里面说周敦颐先生不仅仅学习种放、穆修的学问，“他们只是周先生所学习的老师之一，不是他们（指种放、穆修）能企及的”。认为周先生学问的微妙，都蕴含于太极图，认为先生跟从学习的人，绝不是种放、穆修能企及的；认为“不是他们（指种放、穆修）能企及的”，那么周先生的学问又怎样体现于太极图之中呢？所以我表示怀疑。等得到潘先生志文，根据它考证，然后知道太极图果然是周先生自己创作，而不是从别人那里传承而来。你们大概都没有看见过这篇志文而有以上种种猜测。然而胡宏讨论《通书》的含义，指出：“人们看见了周先生著作的简约，而不知道他所论道的广大；看见他文章的质朴，而不知道他文章含义的精要；看见他言语的清淡，而不知道他文章味道的绵长。如果有谁真能树立伊尹一样的志向，学习颜回的学问，就会知道这部著作的内容包罗万象，而儒学的事业是无穷无尽的。”这些都是不可改变的论断，是读这本书的读者应该知道的，于是再次取来放在文章之末。乾道己丑年六月戊申日，新安朱熹谨记。

程氏遗书后序

右《程氏遗书》二十五篇，二先生门人记其所见闻答问之书也。始诸公各自为书，先生没而其传浸广，然散出并行，无所统一，传者颇以己意私窃窜易，历时既久，殆无全编。某家有先人旧藏数篇。皆著当时记录主名，语意相承，首尾通贯，盖未更后人之手，故其书最为精善。后益以类访求，得凡二十五篇，因稍以所闻岁月先后，第为此书，篇目皆因其旧，而又别为之录，如此以见分别次序之所以然者。

【译文】右边《程氏遗书》二十五篇，是两位先生的门人记载他们的所见所问以及与老师之间的答问的书。起初他们各自著述，传播广泛，然而各种著述散播、并行于世，没办法统一，传播者常以自己的意思私下窜改，时间长了，大概已经没有全编了。我家里有先人过去收藏的几篇，都标注着当时记录者的名字，语言的意思是相承接的，首尾也是贯通的，大概没有被后人更改过，所以非常的完整。此后通过访求，得到总共二十五篇，于是大略地以我所知道的岁月的先后次序编排此书，篇章的名字都保留原名，另外又做了记录，这样就可以说明分别次序的原因。

然尝窃闻之，伊川先生无恙时，门人尹焞得朱光庭所钞先生语，奉而质诸先生，先生曰：“某在，何必读此书？若不得某之心，所记者徒彼意耳。”尹公自是不敢复读。夫以二先生倡明道学于孔孟既没千载不传之后，可谓盛矣，而当时从游之士盖亦莫非天下之英材，其于先生之嘉言善行，又皆耳闻目见而手记之，宜其亲切不差，可以行远，而先生之戒犹且丁宁若是，岂不以学者未知心传之要。而滞于言语之间，或者失之毫厘，则其谬将有不可胜言者乎？又况后此且数十年，区区掇拾于残编坠简之余，传诵道说，玉石不分，而谓真足以尽得其精微严密之旨，其亦误矣。虽然，先生之学，其大要则可知已。读是书者，诚能主敬以立其本，穷理以进其智，使本立而知益明，知精而本益固，则日用之间，且将有以得乎先生之心，而于疑信之传，可坐判矣。此外诸家所钞尚众，率皆割裂补缀，非复本篇。异时得其所由来，当复出之以附今录。无则亦将去其重复，别为外书，以待后之君子云尔。

【译文】然而我曾经听说，程颐先生身体康健时，他的门人尹焞得到一份朱光庭所抄录的程先生的语录，于是拿着向先生核实，程先生说：“我还在世，为什么要读这些书？如果不理解我心里所想，记录者记录的都是他自己的意思罢了。”尹焞从这以后再也不读它了。两位程先生提倡道学在孔孟逝世千年、道学失传以后，可称得上盛大，当时跟从两位先生学习的士人也都是天下的俊杰，他们对于两位先生的嘉言善行都是目见耳闻并且做了笔记的，应当是接近原意没有差错的，可以外出传教，然而二先生还是叮咛告诫如前所引，难道不是因为学者们没有明白心传的要点，而凝滞于语言文字，或者有失偏颇，他们的谬误将会更加加剧吗？何况我们又晚于他们几十年，只是从残篇断简里发掘，传诵道听途说所得来的只言片句，玉石不分，如果说真能完全地得到二先生精微、严密的主旨，恐怕是错误的。虽然如此，二先生学问的要点都是可以知道的。读这本书的读者如果真能主静以立根本，穷理以进智慧，使本确立、知识更加明确，知识精深、本更加巩固，那么在日常中将有可能获得二先生的心传，而对于值得怀疑的传记可以即刻做出判断。除此之外，各家所抄录的还有许多，几乎全部是东贴西补，不是原本的篇章。日后如果得知它们的由来，一定向读者说明，附录在这部书的后面。没有的话也将去掉它们重复的地方，另外集为外书，留待后世君子！

读唐志

欧阳子曰："三代而上，治出于一，而礼乐达于天下。三代于下，而礼乐为虚名。"此古今不易之至论也。然彼知政事礼乐之不可不出于一，而未知道德文章之尤不可使出于二也。夫古之圣贤，其文可谓盛矣。然初岂有意学为如是之文哉。有是实于中，则必有是文于外。如天有是气，则必有日月星辰之光耀；地有是形，则必有山川草木之行列。圣贤之心，既有精明纯粹之实，以旁薄充塞乎其内，则其著见于外者，亦必自然条理分明，光辉发越而不可掩。盖不必讬于言语，著于简册，而后谓之文。但自一身接于万事，凡其语默动静，人所可得而见者，无所适而非文也。姑举其最而言，则易之卦画，诗之咏歌，书之记言，春秋之述事，与夫礼之威仪，乐之节奏，皆已列为六经而垂万世。其文之盛，后世固莫能及，然其所以盛而不可及者，岂无所自来，而世亦莫之识也。故夫子言曰："文王既没，文不在兹乎？"盖虽已决知不得辞其责矣，然犹若逡巡愿望而不能无所疑也。至于推其所以兴衰，则又以为是皆出于天命之所为，而非人力之所及。此其体之甚重，夫岂世俗所谓文者所能当哉！

【译文】欧阳修说："三代以上，政权统一于中央，而礼乐布施于天下。三代以下，礼乐有名无实。"这是古今不变的的定论。然而他知道政权、礼乐不能不统一于中央，而不知道道德文章尤其应该统一于一起。古代的圣贤，他们的文章可称得上盛大。然而他们起初并不是有意为之。有这样的实质在其中，必有这样的文章形之于外。譬如天有气，就一定有日月星辰的光辉；地有形，必定有山川草木的形迹。圣贤的心，既有精明纯粹的实质充塞于其内，那么他显露于外的，也一定条理分明，闪烁光辉而不可遮掩。大概不必依靠语言文字，写成著作才能称为文章。只要用身体与万物接触，语言行为之间，人所能看到的都可称为文章。姑且举最典型的例子来说，《周易》的卦，《诗经》的赞歌，《尚书》的记言，《春秋》的叙事，以及"三礼"威严礼仪，礼乐的节奏，这些都被列入六经而流传万世。六经文章的盛大，当然不是后世所能企及的，然而它的盛大与不可企及难道没有缘由吗？这是后世没有意识到的。所以孔子说："周文王去世以后，周代的礼乐文化不都体现在我的身上吗？"这大概是他虽然确定的知道自己的使命，然而还是稍有疑惑。至于推测历史的兴衰，又认为都是出自天命的安排，而不是人力所能改变的。这是孔子深刻的体会，不是世俗所称的文章可以相比的。

孟轲氏没，圣学失传。天下之士，背本趋末，不知求道养德以充其内，而汲汲乎徒以文章为事业。然在战国之时，若申、商、孙、吴之术，苏、张、范、蔡之辨，列御寇、庄周、荀况之言，屈平之赋，以至秦、汉之间，韩非、李斯、陆生、贾傅、董相、史迁、刘向、班固，下至严安、徐乐之流，犹皆先有其实而后讬之于言。唯其无本而不能一出于道，是以君子犹或羞之。及至宋玉、相如、王褒、扬雄之徒，则一以浮华为尚，而无实之可言矣。雄之太玄、法言，盖亦长扬、校猎之流而粗变其音节，初非实为明道讲学而作也。东京以降，迄于隋、唐数百年间，愈下愈衰，则其去道益远，而无实之文，亦无足论。韩愈氏出，始觉其陋，慨然号于一世，欲去陈言，以追诗、书六艺之作；而其敝精神、縻岁月，又有甚于前世诸人之所为者。然犹幸其略知不根无实之不足恃，因是颇溯其源，而适有会焉，于是《原道》诸篇始作。

【译文】孟子去世之后，儒学失去传承。天下的士人舍本逐末，不懂得求道养德充实内心，反而急切地把写文章当做自己的事业。然而战国时代，像申不害、商鞅、孙武、吴起的变法，苏秦、张仪、范雎、蔡泽的辩论，列御寇、庄子、荀子之言论，屈原的辞赋，直到秦、汉时代的韩非子、李斯、陆贾、贾谊、董仲舒、司马迁、刘向、班固，再到严安、徐乐之这些人，还都是先有其实然后笔之于书。只是因为他们这些人没有根本，不能从道出发，所以后世君子为他们感到遗憾。等到了宋玉、司马相如、王褒、扬雄这些人，都把文章的浮华作为追求，没有实质可言。扬雄的《太玄》《法言》大概也就是《长扬赋》《羽猎赋》这些文章简单地变化了音节，并不是为明道讲学而创作的。东汉以来，直到隋、唐几百年间，越往后越衰微，距离道也越发遥远，那些没有实际内容的文章也就不值得说了。韩愈出现之后，开始觉察到文章的空洞，情绪激昂地号召当世之人，想要去除历代陈旧、空洞的文章而直接追求《诗经》《尚书》等六艺之作；然而他疲弊精神、荒废岁月（的行为）又超过前代之人所做的。幸亏他知道没有根基、没有实质的学问不值得依赖的，于是追溯源头，有所心得，于是创作了《原道》等几篇文章。

而其言曰："根之茂者其实遂，膏之沃者其光晔，仁义之人，其言蔼如也。"其徒和之。亦曰："未有不深于道而能文者。"则亦庶几其贤矣。然今读其书，则其出于谄谀戏豫，放浪而无实者，自不为少。若夫《所原》之道，则亦徒能言其大体，而未见其有探讨服行之效，使其言之为文者，皆必由是以出也。故其论古人，则又直以屈原、孟轲、马迁、相如、扬雄为一等，而犹不及于董、贾。其论当世之弊，则但以词不己出，而遂有神徂圣伏之叹。至于其徒之论，亦但以剽掠僭窃，为文之病，大振颓风、教人自为，为韩之功。则其师生之间、传授之际，盖未免裂道与文以为两物，而于其轻重、缓急、本末、宾主之分，又未免于倒悬而逆置之也。自是以来，又复衰歇，数十百年，而后欧阳子出，其文之妙，盖已不愧于韩氏。而其曰"治出于一"云者，则自荀、扬以下，皆不能及，而韩亦未有闻焉，是则疑若几于道矣。

【译文】他说："根长得旺盛果实就能预期成熟，灯油充足灯光就明亮，仁义之人，他的文辞必然和气可亲。"他的弟子迎合其说。又说："没有不深谙道而能创作文章的。"大概可称得上贤人吧。然而今天读他的书，出自谄媚、戏嬉安逸，放纵而没有实际内容的文章不在少数。至于《原道》所讲，只是能够说道的大概，而没有产生值得探讨，实践的效果，说他的文章只是形式的，一定是从这个角度讲的。所以他谈论古人，又径直把屈原、孟子、司马迁、司马相如、扬雄看做同一等级，还不如董仲舒、贾谊。他谈论当时的弊端，只是认为文章没有表达真实感受，因而就有圣人远逝的感叹。至于他的弟子，也只是把剽窃看做文章的弊病，把重振文坛颓废的风气，教人自创看做韩愈的功劳。这样他们师生传承之际，不免分裂道与文章，看做两件事物。而对于文章轻重、缓急、本末、宾主的分别，又不免于本末倒置。从韩愈以来，道与文章再次衰退，两百年后，欧阳修出现，他文章的美妙已经不下于韩愈，但他"治权统一于中央"之类的言语，是从荀子、扬雄以来没人能及的，是韩愈所没有听说过的，所以说他离道更近了。

然考其终身之言，与其行事之实，则恐其亦未免于韩氏之病也。抑又尝以其徒之说考之，则诵其言者，既曰："吾老将休，付子斯文矣"，而又必曰："我所谓文，必与道俱"。其推尊之也，既曰"今之韩愈"矣，而又必引夫"文不在兹"者，以张其说。由前之说，则道之与文，吾不知其果为一耶？为二耶？由后之说，则文王、孔子之文，吾又不知其与韩、欧之文，果若是其班乎否也？

呜呼，学之不讲久矣，习俗之谬，其可胜言也哉！吾读《唐书》而有感，因书其说以订之。

【译文】然而考察他一生的言行，恐怕也有与韩愈相同的毛病。曾经根据他弟子的说法考察他的言行，记诵韩愈言谈的弟子既然说"我老了即将逝去，把（重振）文化（的重任）托付给你们"，而又说："我所谓的文，一定与道同时具备"。那些推尊韩愈的，把他说成"当代的韩愈"，还引用"礼乐文化不都体现在我的身上吗"之类的话，以张大他们的说法。从前面的说法，看不出道与文的关系，到底是统一还是分离。从后面的说法，又不能知晓周文王、孔子的文章和韩愈、欧阳修的文章是否真的在同一层次上。

咳！学习之道不讲究已经很久了，习俗的谬误也是说不完的，我读《唐书》有所感触，于是把他们的说法写出来加以订正。

福州州学经史阁记

福州之学，在东南为最盛，弟子员常数百人。比年以来，教养无法，师生相视漠然如路人。以故风俗日衰，士气不作，长老忧之，而不能有以救也。

【译文】福州的学校在东南地区最兴盛，学校的学生常常达到几百人。近年以来，学校教育方法不当，致使老师与学生之间关系淡漠如同路人。所以学风日渐衰退，士人气势不振作，长老对此深感忧虑，然而没有办法拯救。

绍熙四年，今教授临邛常君濬孙始至，即日进诸生而告之以古昔圣贤教学之意。又为之饬厨馔、葺斋馆、以宁其居。然后谨其出入之防，严其课试之法。朝夕其间，训诲不倦。于是学者竞劝，始知常君之为吾师。而常君之视诸生，亦闵闵然唯恐其不能自勉以进于学也。故尝虑其无书可读，而业将病于不广，则又为之益置书史，合旧为若干卷，度故御书阁之后，更为重屋以藏之。而以书来请记其事。且致其诸生之意曰，愿有以教之也。

【译文】绍熙四年，现在的教授临邛人常濬孙到来，当日召集诸生并告诉他们古代圣贤教育学生的用意。又整顿学校伙食，修缮宿舍，使学生安于学习。然后谨慎地对待学生的出入，严格考试的方法。从早到晚都在学生中间，教导而不知疲倦。于是，学生们争相勉励，开始把常濬孙视为真正的老师。而常濬孙也为学生们感到忧虑，唯恐他们不能自勉，在学习上取得进步。学校过去常担心没有书可读，而现在却担心藏书不丰，于是就购置书籍，和原有的书籍一起，又在原来的御书阁后面丈量土地，加以扩建以收藏书籍。来信请我记录这件事，并且还传达学生们的意思，说让我有所赠言。

曰，予惟古之学者无他，明德新民，求各止于至善而已。夫其所明之德，所止之善，岂有待于外求哉？识其在我而敬以存之，其亦可矣。其所以必曰读书云者，则以天地阴阳事物之理、修身事亲、齐家及国，以至于平治天下之道，与凡圣贤之言行、古今之得失、礼乐之名数，下而至于食货之源流、兵刑之法制，是亦莫非吾之度内，有不可得而精粗者。若非考诸载籍之文，沉潜参伍以求其故，则亦无以明夫明德体用之全，而止其至善精微之极也。然自圣学不传，世之为士者，不知学之有本，而唯书之读。则其所以求于书，不越乎记诵、训诂、文词之间，以钓声名、干利禄而已。是以天下之书愈多，而理愈昧；学者之事愈勤，而心愈放；词章愈丽、论议愈高，而其德业事功之实，愈无以逮乎古人。然非书之罪也，读者不知学之有本，而无以为之地也。

【译文】我想古代的学问没有其它的，弘扬自己的良心善性，移风易俗，让人们去掉身上的陋习，各自都达到至善的本性罢了。那么所要弘扬的良心、所要达到的至善本性，能从身外求得吗？认识到良性、至善本性在自己身上而敬畏地存养就可以了。强调读书的原因，是因为天地阴阳事物的道理、修身事亲、齐家及国，以至于平治天下之道，与圣贤的言行、古今的得失、礼乐的名数，下而至于食货的源流、兵刑的法制，这些都在我的思虑之内，而不能确知它们的精密和粗疏。如果不根据书本记载考证，对各种意见进行比较、分析、验证和研究，以去伪存真，寻求原因，也就不能知道良心本体、发用的全部，达到至善精微的地步。然而从儒学道统不传以来，世上的读书人不知道学问是有根本的，只知道读书。这样他们从书本上得到的不外乎是记诵、训诂、文词，不过是沽名钓誉的工具罢了。所以天下的书越多，道理却越不明确；学者学习得越辛勤，而心却越发放失；词章越华丽、议论越高明，而他的道德事功的实质，就越发赶不上古人。然而这些不是书的罪过，是读者不知道学问是有根本的，不知道为学的方向罢了。

今观常君之为教，既开之以古人教学之意，而后为之储书，以博其问辩之趣，以致其奉守之严，则亦庶乎本末之有序矣。予虽有言，又何以加于此哉？然无已而有一焉，则亦曰：姑使二三子者知为学之本，有无待于外求者，而因以致其操存持守之力，使吾方寸之间，清明纯一，真有以为读书之地，而后宏其规，密其度，循其先后本末之序，以大玩乎阁中之藏，则夫天下之理，其必有以尽其纤悉，而一以贯之。异时所以措诸事业者，亦将有本而无穷矣。因序其事，而并书以遗之。二三子其勉之哉！

【译文】现在常先生的教学，既用古人教学的用意开示学生，又为学校购置图书，用来增加学生问辩的乐趣，使学生严守操存，这样大概为学的本末就有序了。我虽然想再说点什么，但还能说什么呢？必须说一点的话，可以这样说：使学生知道做学问的根本，不需要从身外获得，然后穷其操存持守之力，使自己的心清明纯一，真正可以作为读书的地方，再使其规模扩大，密度增加，遵循学习的先后本末次序，博览阁中藏书，这样对于天下的道理，一定有因为穷尽了极小的道理而一以贯之，达致天理的。日后从事事业，也会因有根本而无所不能尽。于是叙述这件事和书信一起赠送给你们。学生们要努力啊！

凡阁之役，始于庆元初元五月辛丑，而成于七月之戊戌。材甓佣食之费，为钱四百万有奇，则常君既率其属输俸入以首事，而帅守詹侯体仁、使者赵侯像之、许侯知新，咸有以资之。至于旁郡之守赵侯伯瓆、十二邑之长陈君琎等，亦以其力来助。而董其役者，学之选士杨诚中、张安仁、萧孔昭也。是岁九月丁亥，朝奉大夫、提举南京鸿庆宫、新安朱熹记。

【译文】扩建书阁的工程从庆元元年五月辛丑日开始，七月戊戌日竣工。木材、砖石、佣工伙食的费用总共四百万有余，常先生首先率领属下捐献自己的俸禄，帅守詹侯（字体仁）、使者赵侯（字像之）、许侯（字知新）都有所资助。临近的郡守赵侯（字伯瓆）、十二邑之长陈君（名琎）等，也都按自己的能力有所资助。监督管理扩建工程的是学校的选士杨诚中、张安仁、萧孔昭。同年九月丁亥日，朝奉大夫、提举南京鸿庆宫、新安朱熹记。

白鹿洞书院揭示

父子有亲，君臣有义，夫妇有别，长幼有序，朋友有信。

右五教之目。尧、舜使契为司徒，敬敷五教，即此是也。学者学此而已。而其所以学之之序，亦有五焉，其别如左：

博学之，审问之，谨思之，明辨之，笃行之。

右为学之序。学、问、思、辨四者，所以穷理也。若夫笃行之事，则自修身以至于处事、接物，亦各有要，其别如左：

言忠信，行笃敬。惩忿窒欲，迁善改过。

右修身之要。

正其谊，不谋其利；明其道，不计其功。

右处事之要。

己所不欲，勿施于人。行有不得，反求诸己。

右接物之要。

熹窃观古昔圣贤所以教人为学之意，莫非使之讲明义理以修其身，然后推以及人。非徒欲其务记览，为词章，以钓声名，取利禄而已也。今人之为学者，则既反是矣。然圣贤所以教人之法，具存于经。有志之士，固当熟读深思而问辨之。苟知其理之当然，而责其身以必然，则夫规矩禁防之具，岂待他人设之，而后有所持循哉？近世于学有规，其待学者为已浅矣。而其为法又未必古人之意也。故今不复以施于此堂，而特取凡圣贤所以教人为学之大端，条列如右而揭之楣间。诸君其相与讲明遵守，而责之于身焉，则夫思虑云为之际，其所以戒谨而恐惧者，必有严于彼者矣。其有不然，而或出于此言之所弃，则彼所谓规者必将取之，固不得而略也。诸君其亦念之哉！

【译文】父子之间应该有亲情，君臣之间应该有道义，夫妇有内外之别，长幼尊卑有次序，朋友有诚信。也就是说为父要慈、为子要孝、为君要仁、为臣要忠、为夫要义、为妻要从、为长要惠、为幼要顺、为友要相互讲诚信。

右边是五教的条目，尧舜任命契为司徒认真布施的五教，即是此五教。学者就是学习此五教。学者学习五教的次序也有五条，分别是左边的五条：

广博地学习，详细地请教，勤勉地思考，明确地辨别，忠实地行事。

右边所列是学习五教的次序。学习、请教、思考、辨别，这四条是穷究事物之理的方法。至于忠实地行事，则从修身开始以至处世接物，也各有要领，分别是左边几条：

言语忠诚老实，行为敦厚严肃。压抑自己的欲望和怒气，改正自己的错误而向善。

右边所列是修身的要点。

做任何事情都是为了匡扶正义而不是为了个人的利益，都是为了明辨真理而不是为了一己的功名。

右边所列是处事的要点。

自己不想要的东西，切勿强加给别人。凡是行为得不到预期的效果，都应该反过来检查自己。

右边所列是接物的要点。

我注意到古代圣贤教人学习的方法，无非是让他们明白义理，修养自身，然后推及到别人。不仅仅要他们记诵，作诗文，沽名钓誉取得利禄而已。现在的学者所为，恰恰相反。圣贤教人学习的方法，都存在于经典之中。有志向的学者，本来就应该熟读深思，请教辨别这些经典。如果知道了理的当然性，自身责任的必然性，那么那些规矩、禁止防范的工具，还需要他人设置之后才能遵循吗？近代以来学校都有规矩，这样对待学者已经显得肤浅了，而他们的做法又不一定符合古人的意思。所以现在不在学校设立规矩，只是采取圣贤教人做学问的主要方面，一一列出，高高地贴在门楣之上。学者们相互讨论明白并且遵守，严于律己，就会在思言行为各方面更加严厉的要求自己。如果有学者不这样做，大概是不认同以上所言，那么规矩就是必不可少的了。诸位学人要谨慎啊！

六先生像赞

濂溪先生

道丧千载，圣远言湮。不有先觉，孰开我人？书不尽言，图不尽意，风月无边，庭草交翠。

【译文】道统不传一千余年，圣人的教导湮没无闻，如果没有周敦颐这样的先觉之人，谁能开导我呢？文字不能表达要说的话，图画不能传达所有的意思，他的气象像清风明月一样，风景无边无际，又如院中青草一片翠绿，充满生意。

明道先生

扬休山立，玉色金声，元气之会，浑然天成。瑞日祥云，和风甘雨，龙德正中，厥施斯普。

【译文】像阳气休养万物，如高山一样耸立，犹如玉石的色泽，金属的声音，元气的融汇，完美自然。如同瑞日祥云，和风甘雨，如同龙有德而行正中之道，普遍地施行。

伊川先生

规圆矩方，绳直准平，允矣君子，展也大成！布帛之文，菽粟之味，知德者希，孰识其贵！

【译文】言行举止合乎法度，达乎标准，是位诚信的君子，真正是道德的集大成者！布帛的纹理、菽粟的味道虽然普通却不可或缺，认识道德的人很少了，有谁能懂得它的珍贵呢？

康节先生

天挺人豪，英迈盖世，驾风鞭霆，历览无际。手探月窟，足蹑天根，闲中今古，静里乾坤。

【译文】天生卓越超拔的豪杰，才智超过世人，驾驭风云，鞭策霹雳，遍览无穷的宇宙。用手探取阳爻，脚下踩踏阴爻，闲谈之中讨论古往今来，安静之中观察天地变化。

横渠先生

早悦孙吴，晚逃佛老，勇撤皋比，一变至道。精思力践，妙契疾书，《订顽》之训，示我广居。

【译文】早年爱好孙武、吴起之兵法，然后出入佛、老之学，勇敢地撤去教席，最终归于儒学。思考精深，实践笃实，一旦有心得就奋笔疾书，《订顽》的教导，开示我宏伟的正道。

涑水先生

笃学力行，清修苦节，有德有言，有功有烈。深衣大带，张拱徐趋，遗像凛然，可肃薄夫！

【译文】治学严谨、学以致用，清净修行、坚守节操，有德行、有善言，有功绩、有事业。穿着直筒式的长衫，佩戴着大带，供着手慢慢地行走，遗像严肃而可敬，可以使平庸浅薄的人变得严肃！

书画像自警

从容乎礼法之场，沉潜乎仁义之府，是予盖将有意焉，而力莫与也。佩先师之格言，承前烈之遗矩，然而日修，或庶几乎斯语。

【译文】从容置身于礼法之场，深入钻研仁义之道，是我毕生的志愿。虽然因为能力的缘故，未能做好。但我牢记先师的谆谆教诲，遵循前贤留下的规矩，修身养性，继续努力，或许有一天能兑现我曾经说过的话。

语录五十二则

凡人须以圣贤为己任。世人多以圣贤为高，而自视为卑，故不肯进。抑不知圣贤秉性与常人一同。既与常人一同，又安得不以圣贤为己任？自开辟以来，生人多少，求其尽己者，千万人中无一二，只是滚同混过一世！《诗》曰："天生烝民，有物有则。"《中庸》曰："尊德性而道问学，极高明而道中庸。"此数句乃是彻首彻尾，人性本善，只为嗜欲所迷，利害所逐，一齐昏了。圣贤能尽其性，故耳极天下之聪，目极天下之明，为子极孝，为臣极忠。

【译文】普通人应该把成为圣人作为自己的目标．普通人大多认为圣贤是高贵的，而自己都是卑微的，所以不愿意上进。或者他们不知道圣贤与常人的禀赋是相同的。既然圣贤与常人禀赋相同，常人又怎么能不把成为圣贤作为自己的目标呢？从开天辟地以来，有多少人在世上存在过，然而寻找那些能够穷尽自己天性的人，千万人之中也找不到一两个，大多都是浑浑噩噩地度过一生！《诗经》说："上天生下众多百姓，事物一定有其法则。"

《中庸》说："尊崇圣人的至诚之性，并通过勤学来达到，既要达到如同天德的高大光明，又要遵循中庸之道。"这几句话说得非常明白，人的本性都是善良的，只是被欲望迷惑，受利害关系的驱使，变得浑浊。圣贤能够穷尽他被赋予的天性，所以能够成为世上最聪明的人，作为儿子极其孝顺，作为臣子极其忠诚。

世俗之学，所以与圣贤不同者，亦不难见。圣贤直是真个去做，说正心，直要心正；说诚意，直要意诚；修身齐家，皆非空言。今之学者说正心，但将正心吟咏一晌；说诚意，又将诚意吟咏一晌；说修身，又将圣贤说修身处讽诵而已。或掇拾言语，缀缉时文。如此为学，却于自家身上有何交涉？这里须要著意理会。今之朋友，固有乐闻圣贤之学，而终不能去世俗之陋者，只是志不立耳。学者大要立志，才学便要做圣人是也。

【译文】世俗的学问和圣贤的学问不同的地方，并不难发现。圣贤只是真正地去实行，说端正自己的心性，就是使心性端正；说使意念真诚，就是使意念真诚；加强自身修养，治理好家庭，都不是一句空话。现在的读书人说端正心性，只是把这句话吟诵半天；说使意念真诚，又把这句话吟诵半天；说自身的修养，又把圣贤讲修养的地方诵读一番。或者把圣贤的语言拿来点缀科举文章。这样做学问，跟自己的身心修养有什么关系呢？这一定要注意啊。现在的读者朋友们，当然有喜欢圣贤的学问，而最终不能去除世俗陋习的，只是志向不坚定罢了。读书人最重要的是要树立志向，刚开始学习，就要把成为圣人作为自己的目标。

立志要如饥渴之于饮食。才有悠悠，便是志不立。

【译文】树立志向就像饥饿、口渴的时候需要食物、饮料一样。一旦有了松怠，就是志向不坚定。

今语学问，正如煮物相似，须爇猛火先煮，方用微火慢煮。若一向只用微火，何由得熟？欲复自家原来之性，乃恁地悠悠，几时做得？《书》曰："若药弗瞑眩，厥疾弗瘳。"今之学者皆是养病。

【译文】做学问，就像煮食物一样，应该先用大火煮，然后再用小火慢慢去煮。如果只用小火煮，什么时候才能煮熟呢？人要想恢复自己的天赋本性，却松怠不前，什么时候才能做到呢？《尚书》说："如服药后不发生瞑眩反应，就不能达到根治疾病的作用，其病不会痊愈。"现在的读书人都是处于养病阶段。

为学正如推车子相似，才用力推得动了，便自转将去，更不费力。学者须是敬守此心，不可急迫，当栽培深厚。只如种得一物在此，但涵养持守之功继继不已，是谓栽培深厚。如此而优游涵泳于其间，则浃洽有以自得矣。

【译文】做学问就像推车一样，刚刚用力推动了就转身而去，不再用力。读书人应该恭敬地保持本心，不能急躁，应该努力培育，达致深厚。就像在这里种东西，只要保养、持守的努力一直不间断，这叫做栽培深厚。这样就能从容求索，深入体会它了，也会豁然贯通，有所心得。

心只是一个心，非是以一个心治一个心。所谓存所谓收，只是唤醒。

【译文】人只有一个心，并不是用一个心去管理另一个心。所谓的存心与收心，只是说要唤醒自己的本心。

“伊川云：‘主一之谓敬，无适之谓一。’又曰：‘人心常要活，则周流无穷而不滞于一隅。’或者疑主一则滞，滞则不能周流无穷矣。道夫窃谓，主一则此心便存，心存则物来顺应，何有乎滞？”曰：“固是，然所谓主一者，何尝滞于一事？不主一，则方理会此事，而心留于彼，这却是滞于一隅。”又问：“以大纲言之，有一人焉，方应此事未毕，而复有一事至，则当何如？”曰：“也须是做一件了，又理会一件，亦无杂然而应之理。但甚不得已，则权其轻重可也。”

【译文】“程颐说：‘专一就是敬，没有杂念就是一。又说：‘人的心要灵活，这样才会运行而不停留在一个地方。’有人怀疑专一就会停滞，停滞就不能运行了。我私下里认为，专一本心就能保存，本心保存就会顺应事物的发展，怎么会有停滞呢？”答：“当然如此，所谓的专一，哪里停滞在一件事情上呢？如果不专一，就会刚刚关注这件事，心还留在另一件事上，这才是停留在一个地方。”又问：“大概地说一下吧，假如有一个人，刚刚接触一件事还没结束，又有另一件事到来了，该怎么办呢？”答：“也应该做完一件事再做另一件，没有混杂在一起去处理的道理。如果情况特殊，就权衡一下重要的程度。”

圣贤言语，大约似乎不同，然未始不贯。只如夫子言非礼勿视听言动，“出门如见大宾，使民如承大祭”，“言忠信，行笃敬”，这是一副常说话。到孟子却说“求放心”，“存心养性”。《大学》则又有所谓格物致知，正心诚意。至程先生又专一发明一个“敬”字。若只恁看，似乎参错不齐，千头万绪，其实只一理。道夫曰：“泛泛于文字间，只觉得异。实下功，则贯通之理始见。”曰：“然。”

【译文】圣贤们说的话，好像并不完全相同，然而都是相互贯通的。如孔子说不合乎礼法的看、听，说、动都不要去做，“出门做事就像接待贵宾一样认真，役使老百姓就像承担重大祭祀一样慎重。”“言语忠诚老实，行为忠厚严肃”，这是一套常说的话。到了孟子却说：“把失去了的本心找回来”，“保持赤子之心，修养善良之性”。《大学》里面有说接触事物，获得知识，端正心态，使意念真诚。到了程颢又专门发明了一个“敬”字。如果只看字眼，好像参差不齐，抓不着头绪，但它们的本质只是一个道理。黄道夫说：“只浏览文字，就会觉得不一样。真正实践后，就会发现真理是相互贯通的。”答：“是这样的。”

因叹“敬”字工夫之妙，圣学之所以成始成终者，皆由此，故曰：“修己以敬。”下面“安人”，“安百姓”，皆由于此。只缘子路问不置，故圣人复以此答之。要之，只是个“修己以敬”，则其事皆了。或曰：“自秦汉以来，诸儒皆不识这‘敬’字，直至程子方说得亲切，学者知所用力。”曰：“程子说得如此亲切了，近世程沙随犹非之，以为圣贤无单独说‘敬’字时，只是敬亲，敬君，敬长，方着个‘敬’字。全不成说话！圣人说‘修己以敬’，曰‘敬而无失’，曰‘圣敬日跻’，何尝不单独说来！若说有君、有亲、有长时用敬，则无君亲、无长之时，将不敬乎？都不思量，只是信口胡说！”

【译文】于是感叹“敬”的功夫很奇妙，圣人的学问所以成立都是因为这个敬，所以说：“用敬来修养自己。”下面的“修养自己来使人民安乐”，“使百姓安乐”，都是以“用敬来修养自己”为根据。只是因为子路的提问不停止，孔子又重复回答。概括地说，就是一个“用敬来修养自己”，其它都可以省略。有人说：“自从秦汉两个朝代以来，儒者都不理解敬的含义，直到程颢才把它说得明白，读书人才知道怎样努力。”答：“程颢已经说得很明白了，近代的程沙随却批评程颢，认为圣贤没有单独只说一个‘敬’字的，只是在说敬亲，敬君，敬长的时候，才加上一个‘敬’字。这话没有根据，孔子说‘用敬来修养自己’，说‘做事情谨慎认真，不出差错’，说‘圣明恭敬每日都上升’，不都是单独说的吗！如果说有君主、双亲、兄长的时候才用敬字，那么没有君主、双亲、兄长的时候就不尊敬了吗？都没有思考清楚，只管随便乱说！”

敬非是块然兀坐，耳无所闻，目无所见，心无所思，而后谓之敬。只是有所畏谨，不敢放纵，如此则身心收敛，如有所畏。常常如此，气象自别。存得此心，乃可以为学。

【译文】敬并不是独自端坐，耳朵不听，眼睛不看，心中没有思虑，这样才能称为敬。敬是心中谨慎，不敢放纵自己，这样就会使身体、精神收敛，好像害怕什么东西。经常这样做，精神面貌就会与众不同。保存这个敬畏之心，才能从事学问。

或问："持敬患不能久，当如何下功夫？"曰："某旧时亦曾如此思量，要得一个直捷道理。元来都无他法，只是习得熟，熟则自久。"

【译文】有人问："持守恭敬不能坚持很长时间，应该怎么做呢？"答："我过去也考虑过这个问题，想要获得一个简洁的理论。实际上并没有其它的方法，只要练习熟练，熟练了就能坚持久了。"

明道教人静坐，李先生亦教人静坐。盖精神不定，则道理无凑泊处。又云："须是静坐,方能收敛。"

【译文】程颢教人怎样静坐，李先生也教人怎样静坐。大概因为精神不安定下来，道理也就没有能附着的地方。又说："只有静坐，才能够使身心不放纵。"

心于未遇事时须是静，及至临事方用，便有气力。如当静时不静，思虑散乱，及临事时已先倦了。伊川解"静专"处云："不专一则不能直遂。"闲时须是收敛，做得事便有精神。

【译文】心在没有遇到事情的时候应该是静的，等到有事的时候要用它，才有力气。如果在应该静的时候不静，胡思乱想，等到有事的时候就已经先疲倦了。伊川在给"静专"作注解时说："不专一就不能顺利获得成功。"闲暇的时候应该不放纵身心，做事情的时候才能有精神。

一之问："存养多用静否？"曰："不必然。孔子却都就用处教人做工夫。今虽说主静。然亦非弃事物以求静。既为人，自然用事君亲，交朋友，抚妻子，御童仆，不成捐弃了。只闭门静坐，事物之来，且曰候我存养。又不可只茫茫随他事物中走，二者须有个思量倒断始得。"

【译文】一之问："保存本心、培养善性都得在静的时候进行吗？"答："不一定。孔子都是针对人的行动教人保存本心，培养善性。现在虽然说以静为主，也不是抛弃事物不管，只求静。既然身为人类，必然要侍奉君主、双亲，结交朋友，抚养妻子儿女，治理仆从，哪里不管不问了。不能关上门独自静坐，遇到事情说'等待我保存本心、培养善性完成之后'。也不能没有主见，迷茫地跟随事物的发展，对这两种态度应该有个思考判断才不至过犹不及。"

横渠云："言有教，动有法，昼有为，宵有得，息有养，瞬有存。"此语极好。君子"终日乾乾"，不可食息间，亦不必终日读书，或静坐存养亦是。天地之生物，以四时运动。春生夏长，固是不息；及至秋冬凋落，亦只是藏于其中，故明年复生。若使至秋冬已绝，则来春无缘复有生意。学者常唤令此心不死，则日有进。

【译文】张载说："说话要有教养，举止要有规范，白天要有作为，夜思应有心得。一呼吸，一眨眼，都应有收获。"这句话说得非常好。君子应该"整天自强不息"，不能在吃饭、休息时有片刻停息，也不必整天读书，静坐保存本心、培养善性也是如此。天地生育万物，用四季的转换表现自己的运动。春天万物发育，夏天茂盛，当然是自强不息；等到了秋冬季节，万物凋零，也只是把生机收藏起来罢了，所以第二年又会重新生长。如果万物到了秋冬季节就死亡了，那么第二年春天也就不会有生命了。读书人如果能经常说不要让本心死去，就会每日都有进步。

人也有静坐无思念底时节，也有思量道理底时节，岂为划为两途。说静坐时与读书时工夫迥然不同！当静坐涵养时，正要体察思绎道理，只此便是涵养，不是说唤醒提撕，将道理去却那邪思妄念。只自家思量道理时，自然邪念不作。"言忠信，行笃敬"，"立则见其参于前，在舆则见其倚于衡"，只是见这忠信笃敬在眼前，自然邪念无自而入，非是要存这忠信笃敬，去除那不忠不敬底心。今人之病正在其静坐读书时二者工夫不一，所以差。

【译文】静坐有不思考问题的时候，也有思考道理的时候，怎么能把它划归两种不同的方法。说静坐的时候与读书的时候方法完全不同！在静坐涵养时候，要体会思考道理，这就是涵养，而不是提醒，用道理去抵制邪思妄念。只要自己思考道理，邪念自然不会产生。"语言忠诚老实，行为忠厚严肃"，"站着就仿佛看见"忠信笃敬"四字展现于眼前，乘车就好象看见这几个字在车辕的横木上"，只要能经常在眼前仿佛见到忠信笃敬几个字，邪念自然不会侵入内心，并不是要保存忠信笃敬的心，去除不忠不敬的心。现在读书人的毛病，是把静坐与读书的方法看做两回事，所以是错误的。

知行常相须，如目无足不行，足无目不见。论先后，知为先，论轻重，行为重。

【译文】知识与实践常常相互需要，就像眼睛没有脚就不能行走，脚没有眼睛就看不见一样。从时间的先后顺序讲，知识先出现，从重要的程度来说，实践更重要。

知与行，工夫须著并到。知之愈明，则行之愈笃；行之愈笃，则知之益明。二者皆不可偏废，如人两足相先后行，便会渐渐行得到。若一边软了，便一步也进不得。然又须先知得方行得，所以《大学》先说致知格物，《中庸》说知先于仁勇。

【译文】求知与实践应该是同一的过程。知道得越清楚，实行得就越笃实；实行地越笃实，知道得越清楚。这两个方面不可有偏向，就像人一前一后的迈步，才会渐渐走远。如果有一条腿疲软了，就一步也行走不。然而又必须先知道才能实践，所以《大学》先说获得知识在于接触事物，《中庸》先说知识，再说仁德、勇气。

王子充问："某在湖南见一先生，只教人践履。"曰："义理不明，如何践履？"曰："他说行得便见得。"曰："如人行路，不见便如何行？"

【译文】王子充问："我在湖南看到一位老师，只教人实践。"答："事物的道理都不明白，怎么去实践？"王子充回答："那老师说有了实践就会有见解。"答："就像人走路一样，看不见东西也能走路吗？"

方其知之而未及之，则知尚浅。既亲历其域，则知之益明，非前日之意味。

【译文】刚刚知道还没有实践，这种知识是很肤浅的。如果知识已经实践过，那么这种知识会更深刻，不再是之前的认识水平。

圣人教人，于《大学》中劈初头便说一个格物致知，物格而后知至，最是要知得。至人有知不善之不当为，及临事又为之，只是知之未至。人知乌喙之杀人不可食，断然不食，是真知之也。知不善之不当为，而犹或为之，是特未能真知之也。所以未能真知者，缘于道理上只就外面上理会得许多，里面却未理会得十分莹净，所以有此一点黑。这不是外面理会不得，只是里面骨子有些见未破。所以《大学》之教，使人即事即物，就外面看许多，一一教周遍，又须就自家里面，理会体验，教十分精切也。

【译文】圣人教育人，在《大学》的开头就说接近实物获得知识，接近事物然后获得知识，最重要的是要知道。至于有人知道不好的事情不应该去做，等到不好事情来到眼前又去做，这就是还没有获得知识。人们都知道乌喙能毒死人，不能食用，坚决不吃，这是真正的知道。知道不好的事情不应该去做，等到不好事情来到眼前又去做，这不过是还没真正知道罢了。不能真正知道的原因，只由于对于道理只是从外部理解，并没有从内部理解得很透彻，所以会有盲目之处。这并不是不能从外部理解，只是内部有些道理还没有完全明白。所以《大学》教育人接近事物，先把事物的外部道理全部获得。然后再用自己的心加以体会，圣人的教育非常地精确亲切啊！

或问理会应变处。曰：“今且当理会常，未要理会变。常底许多道理未能理会得尽，如何便要理会变？圣贤说话，许多道理平铺在那里，且要阔著心胸平去看，通透后自能应变。不是硬捉定一物，便要讨常，便要讨变。今也须如僧家行脚，接四方之贤士，察四方之事情，览山川之形势，观古今兴亡治乱得失之迹，这道理方见得周徧。士而怀居，不足以为士矣。不是块然守定这物事在一室，闭户独坐便了，便可以为圣贤。自古无不晓事情底圣贤，亦无不通变底圣贤，亦无关门独坐底圣贤。圣贤无所不通，无所不能，那个事理会不得！如《中庸》‘天下国家有九经’，便要理会许多物事。如武王访箕子陈《洪范》。自身之貌言视听思，至于天人之际。以人事则有八政，以天时则有五纪，稽之于卜筮，验之于庶征，无所不备。如《周礼》一部书，载周公许多经国制度，便有国家当自家做？只是古圣贤许多规模大体也要识，盖这道理无所不该，无所不在。且如礼乐射御书数，许多周旋升降、文章品节之繁，岂有妙道精义在，只是也要理会。理会得熟时，道理便在面上。又如律历、刑法、天文、地理、军旅、官职之类，都要理会。虽未能洞究其精微，然也要识个规模大概，道理方浃洽通透。若只守个些子捉定在这里，把许多都做闲事，便都无事了，如此只理会得门内事，门外事便了不得。”

【译文】有人请教怎样认识应付事态变化。答：“现在应当认识经常的状态，不要认识变化的状态。许多关于正常状态的道理都还不能认识清楚，还怎么能认识变化的状态呢？圣贤说话，有许多道理都是明白地摆在那里，就需要我们放开胸怀，从正面去看，真正理解了，自然就能应付变化的状态。不要抓住一件事物不放，就想领会常规的，领会变化的。现在就应该像游行四方的出家人一样，接待各处有才能的人，观察各处的事物，看看山河的形势，看看自古至今国家的兴盛，衰亡、治世和乱世、得到的和失掉的历史事迹，这样得来的道理才能看出它的完备、周到。读书人留恋家庭而不去接触外界事物，这就称不上是读书人。不能是独自地死守着这一件事，在一间屋子里里面关着门孤独地坐等就完了，就可以成为圣明而有才能的人了。自古以来没有不明事理的圣贤，也没有不通晓变化之理的圣贤，也没有关在屋子里面孤独坐着的圣贤。圣贤没有什么不知道的，没有什么不能的，对什么事不能认识呢？《中庸》说‘国家有九个不变的原则’，正是要认识认识许多事物。周武王向箕子咨询，写下了《洪范》。从人的容貌，言论，观察，听闻，思考开始，一直讲到人与天的关系。在人事方面讲到管理八种政务的官员，在天时方面讲到五种计时的方法，用占卜来考察，用各种征候来验证，没有什么不具备的。《周礼》这本书记载了周公很多治理国家的制度，普通人哪里有自己实践的机会。但对古代圣贤学问的大概要有所认识，因为这道理无所不包，哪里都能有用处。比如礼乐射御书数这六艺，里面包含许多社交、人际关系、文章、品德之类繁琐的东西，哪里有精妙的道理存在，但也要有所认识。认识到了一定阶段，许多道理就浮现出来了。再比如对律历、刑法、天文、地理、军旅、官职之类的知识，也都要有所认识。即使不能完全考察它们的精妙细微之处，也要认识它们的大概情况，这样道理才能贯通透彻。如果只是停留在一点儿知识上面，对其它许多知识都不关注，这样只算得上是坐井观天。”

人只有个天理人欲。此胜则彼退，彼胜则此退，无中立不进退之理。凡人不进便退也。初学则要牢札定脚与他推，推得一毫去，则逐旋推将去。此心莫退，终须有胜时。胜时甚气象！

【译文】人有天理和人欲。天理胜利人欲就会退却，人欲胜利天理就会退却，没有中立、不进不退的道理。人如果不进步就会退步。开始学习的时候一定要稳扎稳打，一点一点地坚持下去。坚持不退缩，终究会有胜利的时候。胜利的时候别有一番风景！

学者当常以“志士不忘在沟壑”为念，则道义重而计较生死之心轻矣。况衣食至微末事，不得未必死，亦何用犯义犯分，役心役志，营营以求之耶？某观今人因不能咬菜根，而至于违其本心者众矣，可不戒哉？

【译文】读书人应当经常想着“有远大志向和崇高节操的人不怕抛尸山野”，这样就会重视道义而把生死看得比较轻了。况且衣食这些极小的事情，不能获得也不一定会死，哪里值得为了它们违背道义，劳累身心，奔走钻营呢？我看到现代人因为不能忍受贫穷的生活，做出违背自己本心的事情的人很多，怎能不引起人的警戒呢？

“‘悔’字难说。既不可常存在胸中以为悔，又不可不悔。问：“如何是著中底道理？”曰：“不得不悔，但不可留滞。既做错此事，他时更遇此事，或与此事相类，便须惩戒，不可再做错了。”

【译文】“‘后悔’很难说得明白。既不能经常暗自懊悔，也不能不后悔。问：“怎样做才是合适的呢？”答：“不能不后悔，但也不能一直后悔不已。已经犯了这样的错误，以后再遇到这样的事，或者与这种错误类似，就应该警诫自己不能再做错了。”

行夫问“为己者，无所为而然”。曰：“有所为者，是为人也。这须是见得天下之事实是己所当为，非吾性分之外所能有，然后为之，而无为人之弊耳。且如‘哭死而哀，非为生者’。今人吊人之丧，若以为亡者平日与吾善厚，真个可悼，哭之发于中心，此固出于自然者。又有一般人，欲亡者家人知我如此而哭者，便不是，这便是为人。

【译文】行夫请教“为了提高自己内在修养而学习的人，不是为了外在目的才这样做的”这句话的含义。答：“有外在目的的人，是为了别人才做的。这应该是认识到了世上的事情是自己应当去做的，不是自己本性之外的事情，然后去做，而不要成为人们的弊害。例如‘为死去的人哭泣、悲哀，并不是为了取悦活着的人’。如果有人去吊丧，想到死者生前对自己很好，值得哀悼，就发自内心地哭泣，这就是自然而然的行为。如果有人是想要死者的家人知道自己哭泣得很伤心，就不是自然的行为，这就是为别人而做的行为。”

问：“饮食之间，孰为天理，孰为人欲？”曰：“饮食者，天理也；要求美味，人欲也。”

【译文】问：“吃东西的时候，怎样算是天理，怎样算是人欲？”答：“渴了要喝，饿了要吃，这是出于天理；吃喝要求美味，这就是出自人欲了。”

今读书紧要，是要看圣人教人做工夫处是如何。如用药治病，须看这病是如何发，合用何方治之。方中使何药材，何者几两，何者几分，如何炮，如何炙，如何制，如何切，如何煎，如何吃，只如此而已。

【译文】读书重要的是要看圣人教人怎样用功。就像用药治疗疾病，应该知道这病是怎样发作的，应该用什么方法治疗。药方中使用那些药材，分别需要几两、几分，怎样焙，怎样烤，怎样制作，怎样切，怎样煎，怎样吃，就像这样罢了。

今人所以读书苟简者，缘书皆有印本多了。如古人皆用竹简，除非大段有力底人方做得。若一介之士如何置。所以后汉吴恢欲杀青以写《汉书》，其子吴佑谏曰：“此书若成，则载之兼两。昔马援以薏苡兴谤，王阳以衣囊徼名，正此谓也。”如黄霸在狱中从夏侯胜受书，凡再踰冬而后传。盖古人无本，除非首尾熟读得方得。至于讲诵者，也是都背得，然后从师受学。如东坡作《李氏山房藏书记》，那时犹自难得。晁以道尝欲得公、谷傅，遍求无之，后得一本，方传写得。今人连写也自厌烦了，所以读书苟简。

【译文】现在的人读书草率简略，是因为书的印本太多了。例如古代的人使用竹简，除非是很有能力的人才能使用，如果是区区一个读书人，哪里有能力购买呢？所以东汉时代的吴恢想要杀青以便书写《汉书》，他的儿子吴佑阻止他说：“这本书如果写成了，就得用车辆来运载。从前马援因为运回薏苡招致毁谤，王阳用衣囊为自己谋求名声。说的就是这个。”黄霸在狱中从夏侯胜那里接受了《尚书》，总共三年才学习完成。大概古代的人没有书本，只有背熟才行。那些讲诵的学生，也得首先背会，才能跟着老师学习。例如苏轼写的

《李氏山房藏书记》，那时候书很难获得。晁以道曾经想要得到《公羊传》《谷梁传》，到处寻找却没找到，后来终于得到一本，才得以传抄。现代的人连书写都厌烦了，所以读书草率简略。

大抵观书先须熟读，使其言皆若出于吾之口。继以精思，使其意皆若出于吾之心，然后可以有得尔。然熟读精思既晓得后，又须疑不止如此，庶几有进。若以为止于此矣，则终不复有进也。

【译文】看书应该先把书读熟，使书里的话好像自己说出的。然后深思熟虑，使书中的意思好像自己想出来的，这样可以有所心得。然而熟读、深思熟虑、有心得后，还应该怀疑不应该仅仅如此，这样才可能有进步。如果认为读书只是理解其意，就不会有所进步了。

山谷与李仲几帖云："不审诸经、诸史，何者最熟？大率学者喜博，而常病不精。泛滥百书，不若精于一也。有馀力，然后及诸书，则涉猎诸篇亦得其精。盖以我观书，则处处得益；以书博我，则释卷而茫然。"先生深喜之，以为有补于学者。

【译文】山谷给李仲几的帖子中说："不知您对于诸多经书、史书中哪一种最熟悉？大多数读书人喜欢广博，而常常对不精专感到忧虑。博览群书，不如静专一种。有剩下的精力，然后再阅读其它的书，就会也有心得。用自己的心去看书，会处处获益；用书来增加自己的兴趣，就会放下书卷而茫然无措。"朱先生非常喜欢这些话，认为对于读书人很有帮助。

读书，须是穷究道理彻底。如人之食，嚼得烂方可咽下，然后有补。读书理会道理，只是将勤苦捱将去，不解不成。"文王犹勤，而况寡德乎！"今世上有一般议论，成就后生懒惰。如云不敢轻议前辈，不敢妄立论之类，皆中怠惰者之意。前辈固不敢妄议，然论其行事之是非何害？固不可凿空立论，然读书有疑，有所见，自不容不立论。其不立论者，只是读书不到疑处耳。经之有解，所以通经。经既通，自无事于解。借经以通乎理耳。理得，则无俟乎经。今意思只滞在此，则何时得脱然会通也。且所贵乎简者，非谓欲语言之少也，乃在中与不中尔。若句句亲切，虽多何害。若不亲切，愈少愈不达矣！某尝说："读书须看得意思通融后，都不见注解，但见有正经几个字在方好。"

【译文】读书应该把其中的道理研究彻底。就像人吃饭，把食物嚼烂后才能下咽，才能给身体补充营养。读书领会道理，只是辛苦努力，却没有收获是不行的。"文王尚且勤劳，何况缺少德行的人呢？”现在流行一种说法，使年轻人变得懒惰。例如说不敢随便议论前辈，不敢随便提出新观点等等，这些都符合了懒惰之人的意愿。对于前辈当然不能随便议论，然而议论一下他们做的事情的对与错，有什么关系呢？当然不能凭空创立观点，然而读书产生了疑问，有了见解，当然可以提出新观点。那些不能提出新观点的人，是因为读书还没有达到能够产生怀疑的阶段。经书都是有注解的，注解是用来理解经书的。对经书已经了解了，当然也用不着注解了。经是用来明白道理的。道理已经获得，也就不需要经书了。如果只停留在不敢随便议论前辈，不敢随便提出新观点的阶段，那么什么时候才能有所超越、融会贯通呢？况且所谓的崇尚简单，并不是指说的少，而在于有没有达意。如果每一句话都说得贴切，即使说得多又有什么坏处呢？但如果话说得不贴切，说的越少就越不达意！我曾说过：“读书应该仔细阅读，直到对其意义融会贯通，不用看注解，只看经文才算可以。”

问：“天与命，性与理，四者之别：天则就其自然者言之，命则就其流行而赋于物者言之，性则就其全体而万物所得以为生者言之，理则就其事事物物各有其则者言之。到得合而言之，则天即理也，命即性也，性即理也，是如此否？”曰：“然。但如今人说，天非苍苍之谓。据某看来，亦舍不得这个苍苍底。”

【译文】问：“天与命，性与理，这四者的区别是：天是针对事物的自然性质来说的，命是针对气的流行而赋于事物之上来说的，性是针对本体、万物赖以成立的根本来说的，理是针对万事万物各自的规则来说的。能不能概括地说，天就是理，命就是性，性就是理？”答：“当然可以。但现在有人说，天不是指头顶那个苍茫无边的存在。在我看来，天的含义也包括头顶那个苍茫无边的存在。”

“论性，要须先识得性是个什么样物事。程子‘性即理’也，此说最好。今且以理言之，毕竟却无形影，只是这一个道理。在人，仁、义、礼、智，性也，有如此道理，便做得许多事出来，所以能恻隐、羞恶、辞让、是非也。譬如论药性性寒、性热之类，药上亦无讨这形状处，只是服了后，却做得冷、做得热的便是。性，便只是仁义礼智。”

【译文】“说到性，要首先知道什么是性。程颐说‘性就是理’，说得非常好。现在就用理来说明性吧，毕竟性是没有形象的，只是道理而已。从人的角度来说，性就是仁爱、忠义、礼让、睿智，有这样的道理，就能做出许多的事情，能够产生恻隐、羞恶、辞让、是非等感情。例如谈论药性的性寒、性热之类，药上面并没有这种形状，但人服用之后，能感觉到冷、热。性，就是仁爱、忠义、礼让、睿智。”

问:“气质有昏浊不同,则天命之性有偏全否?”曰:“非有偏全。谓如日月之光,若在露地,则尽见之;若在蔀屋之下,有所蔽塞,有见有不见。昏浊者是气昏浊了,故自蔽塞,如在蔀屋之下。然在人则蔽塞有可通之理;至于禽兽,亦是此性,只被他形体所拘,生得蔽隔之甚,无可通处。至于虎狼之仁,豺獭之祭,蜂蚁之义,却只通这些子,譬如一隙之光。至于猕猴,形状类人,便最灵于他物,只不会说话而已。

【译文】问:“万物的气质有都有不同程度的昏浊,那么它们禀赋的天命之性也有完整与否的差别吗?”答:“没有完整与否的差别。比如太阳与月亮的光明,在露天的地方可以完全看见;如果在屋子里面,被遮蔽了,有的可以看见有的就看不见。昏浊的事物是它的气昏浊了,所以是自己蔽塞了自己,就像在屋子里面。然而人类的蔽塞是可以开通的;禽兽也禀赋天地之性,只是受它的形体的约束,被蔽塞得太深了,没有办法开通。虎狼之间的仁义,豺獭们的祭奠,蜂蚁的忠义,也只是懂得这一点,像从空隙里射进的光一样。猕猴的外形与人类相似,在万物之中是除去人类最聪明的,仅仅不能说话而已。”

问:“天地之气,当其昏明驳杂之时,则其理亦随而昏明驳杂否?”曰:“理却只恁地,只是气自如此。”又问:“若气如此,理不如此,则是理与气相离矣!”曰:“气虽是理之所生,然既生出,则理管他不得。如这理寓于气了,日用间运用都由这个气,只是气强理弱。譬如大礼赦文,一时将税都放了相似,有那村知县硬自捉缚,须要他纳,缘被他近了,更自叫上面不应,便见得那气粗而理微。又如父子,若子不肖,父亦管他不得。圣人所以立教,正是要救这些子。”

【译文】问:“当天地之间的气处于混沌状态时,它的理也跟着处于混乱状态吗?”答:“理没有混乱,只有气是混乱的。”又问:“如果气是混乱的,理不混乱,那么理与气就是分离的了!”答:“气虽然是从理生出来的,然而气被生出后,理就不能控制气了。如果理寓于气中,气就处于主宰地位,气的作用是强大的,理的作用是微弱的。例如有大礼仪举行时颁布赦免的文书,把税赦免了,但有些县令硬是要百姓纳税,因为县令离得近,天高皇帝远,没处申诉,这就能看出气处于优势,理的作用很微弱。再比如有父子二人,如果儿子没出息,父亲也管不住他。圣人树立教化的目的,就是要拯救这些人。”

气质之性,便只是天地之性,只是这个天地之性却从那里过。好底性如水,气质之性如撒些酱与盐,便是一般滋味。

【译文】气质之性就是天地之性,只是天地之性是寓于气之中的。天地之性像水,气质之性像被撒了酱与盐,有了另一番味道。

道者，古今共由之理，如父之慈，子之孝，君仁，臣忠，是一个公共底道理。德便是得此道于身。老子说："失道而后德。"他都不认。分做两物事。便将道做一个空无底物事看。他说："失道而后德。失德而后仁。失仁而后义。"若离了仁义，便是无道理了，又更如何是道。"

【译文】道是从古至今共同遵守的理，例如父亲的慈爱，儿子的孝顺，君主的仁德，臣子的忠心，都是共同的道理。德，就是自身得到了这个道。老子说："失去了道，然后才有德。"他都不能分辨，把道和德分为两种无为，便将道当做一个空而无底的无为来看。他又说："失去了道而后才有德，失去了德而后才有仁，失去了仁而后才有义。"没有了仁义，便是没有道理的，又怎么能是道呢?

立于内为忠，见于外为恕。忠是无一毫自欺处，恕是称物平施处。

【译文】主宰人内心的是忠诚，表现在外部成为宽恕。忠诚是没有丝毫能欺骗自己的地方，宽恕是权衡事物，做到施与均衡。

天下未有无理之气，亦未有无气之理。

【译文】世界上不存在不包含理的气，也不存在不包含于气之中的理。

问："有是理而后有是气。未有人时，此理何在?"曰："也只在这里。如一海水，或取得一杓，或取得一担，或取得一碗，都是这海水。但是他为主，我为客；他较长久，我得之不久耳。"

【译文】问："先有这个理才能有这个气。那么没有人的时候，这个理在哪里呢?"答："它也在这里客观存在着。就像大海里的水，或者舀一勺，或者挑一担，或者盛一碗，但都是海水。但是理是主体，我们是客体；理是永恒的，我们的存在是短暂的。"

气聚成形，理与气合，便能知觉，如火得脂膏，便有许多光焰。盖所觉者心之理也。能觉者气之灵也。

【译文】当气凝聚成具体形体，理也就与气结合在一起，这样形体就能够知觉，像火得到了油脂会产生光焰一样。所能感觉到的是理，能够感觉的是气的灵敏处，即心。

“天地始初混沌未分时，想只有水火二者。水之滓脚便成地。今登高而望，群山皆为波浪之状，便是水泛如此。只不知因甚么凝了。初间极软，后来方凝得硬.。”问：“想得如潮水涌起沙相似？”曰：“然。水之极浊便成地，火之极清便成风霆雷电日星之属。”

【译文】“天地刚开始形成的时候是模糊一团的状态，大概只有水和火两种元素。水的渣滓形成了地。如果登上高山向远处望，群山呈现出波浪起伏的形式，这是因为水的泛滥造成的。只是不知道因为什么原因水的渣滓慢慢凝固了。开始的时候非常柔软，后来变得坚硬。”问：“我想大概和潮水涌动沙子很相似吧？”答：“是这样的。当水极其浑浊时便形成了地，火极其清的时候便形成风、雷、电、太阳、星星之类的东西。”

问：“自开辟以来，至今未万年，不知已前如何？”曰：“已前亦须如此一番明白来。”又问：“天地会坏否？”曰：“不会坏，只是相将人无道极了，便一齐打合，混沌一番，人物都尽，又重新起。”问：“生第一个人时如何？”曰：“以气化，二五之精，合而成形，释家谓之化生。如今物之化生者甚多，如虱然。”

【译文】问：“从开天辟地到现在还没有一万年，不知道之前是什么样子？”答：“之前也应该和现在一个样子。”又问：“天地会毁坏吗？”答：“不会毁坏，只是人类到了无道的极点，就一起混乱，万物都变成混沌，一切都重新开始。”问：“第一个人是怎样出生的？”答：“是由气化而生的，阴阳五行的精气聚合在一起就产生了人的形体，也就是佛教所说的化生。现在的生物由化生而来的有许多，例如虱子。”

尝见高山有螺蚌壳，或生石中，此石即旧日之土，螺蚌即水中之物。下者却变而为高，柔者却变而为刚，此事思之至深，有可验者。

【译文】我曾经在高山之上见到田螺、河蚌的化石，它们有的在石头里面，这些石头就是过去的土，田螺、河蚌就是过去水中的生物。低下的可以变成高大的，柔软的可以变成刚硬的，这件事值得深思，也有可以验证的。

天包乎地，天之气又行乎地之中，故横渠云：“地对天不过。”

【译文】天保卫者地，构成天的气又运行于地之中，所以张载说：“地是不能跟天相比的。”

或问："天地坏也不坏？"曰："既有形气，如何得不坏，但一个坏了，便有一个生得来。"

【译文】有人问："天和地有没有毁坏的时候？"答："既然天地都是由有形态的气构成的，怎么能不毁坏呢？但是一个天地毁坏了，另一个天地就生成了。"

问："圣人凡言鬼神，皆只是以理之屈伸者言也。至言鬼神祸福凶吉等事，亦只是以理言。盖人与鬼神天地同此一理，而理则无有不善。人能顺理则吉，逆理则凶，于其祸福亦然。岂谓天地鬼神一一下降于人哉？如《书》称'天道福善祸淫'，《易》言'鬼神害盈而福谦'，亦只是这意思。《祭义》：'宰我曰："吾闻鬼神之名，不知其所谓。"孔子曰："神也者，气之盛也；魄也者，鬼之盛也。"又曰："众生必死，死必归土，是之谓鬼。骨肉毙于下，阴为野土。其气发扬于上，为昭明、焄蒿、凄怆，百物之精，神之着也。"'魄既归土，此则不问。其曰气，曰精，曰昭明，又似有物矣。既只是理，则安得有所谓气与昭明者哉？及观《礼运》论祭祀则曰：'以嘉魂魄，是谓合莫。'注谓，莫，无也。又曰：'上通无莫。'此说又似与祭义不合。"曰："如子所论，是无鬼神也。鬼神固是以理言，然亦不可谓无气。所以先王祭祀，或以燔燎，或以郁鬯。以其有气，故以类求之尔。至如祸福吉凶之事，则子言是也。"

【译文】问："圣人一讲到鬼神，都是从道理上应该有收缩、延伸的变化的角度来说的。讲到鬼神、祸福、凶吉等事情，也只是从理的角度来加以说明。人与鬼神、天地之间的一切事物都禀赋相同的理，这个理都是善的。人如果能够顺从理的要求就会得到吉利，违背理的要求就会得到不幸，灾祸、幸福的获得也是如此。难道可以说天地鬼神把吉利、不幸、灾祸、幸福逐一降临在每个人身上吗？《尚书》说'上天的法则是降福给善良的人，降祸给恶人'，《周易》说'鬼神的规律是危害盈满的，加福于谦虚的'，说的都是这个意思。《祭义》记载：'宰我说："我听到人们常说鬼呀神呀的，就是不知其涵义。"孔子回答说："神是阳气旺盛的表现，魄是阴气旺盛的表现。"又说："一切活着的东西都要死去，死后其体魄必然归土，这就叫鬼。体魄腐烂于地下，化为野土；而其灵魂则发扬于上，成为看得见的光明，闻得到的气味，感受到的凄酸，这是一切生物都具有的可以意会而难以言传的精灵，也是神的存在的显示。"'人死后其体魄归于尘土，这就不用问了。说那些气，精灵，看得见的光明，又好像是具象的物体。既然它们只是理论上的存在，又怎么会真的有灵魂与看得见的光明呢？等到看《礼运》议论祭祀时又说：'使祖先的灵魂感到快慰，这就叫子孙的精神和祖先的灵魂在冥冥之中相会。'郑玄的注解说，莫，是虚无的意思。《孝经说》又说'向上通达虚无。'这种说法又好像与《祭义》记载的不一样。"答："像你这样说，鬼神就是不存在的了。鬼神当然是从理的角度来说的，然而也不能说没有灵魂。所以古代帝王祭祀的时候，有使用烧柴祭天，有时用香酒。因为存在灵魂，所以用相同的东西向他祈求。至于说到吉利、不幸、灾祸、幸福的事情，你的见解是对的。”

问：“‘游魂为变’，间有为妖孽者，是如何得未散？”曰：“‘游’字是渐渐散。若是为妖孽者，多是不得其死，其气未散，故郁结而成妖孽。若是尫羸病死底人，这气消耗尽了方死，岂复更郁结成妖孽？然不得其死者，久之亦散。

【译文】问：“‘游荡的灵魂是人的变化’，也有变成妖孽的，为什么这些人死后气没有分散？”答：“‘游’这个字是说渐渐地散去。如果变成了妖孽，大多是非正常死亡的，组成他身体的气没有分散，所以他忧思烦冤纠结不解，变成妖孽。如果是瘦弱生病而死的人，组成他的气消耗完了才死去，怎么还能变成妖孽呢？即使那些非正常死亡的人，组成他的气时间长了也会分散。”

问：“人死者这知觉便散否？”曰：“不是散，是尽了。气尽则知亦尽。”

【译文】问：“人死了以后，知觉就分散了吗？”答：“不是分散，是没有了。气没有了，知觉也就没有了。”

鬼神只是气。屈伸往来者，气也。天地间无非气。人之气与天地之气常相接，无间断，人自不见。人心才动，必达于气，便与道屈伸往来者相感通。如卜筮之类，皆是心自有此物，只说你心上事，才动必应也。

【译文】鬼神不过是气罢了。气是有收缩、延伸、有去有来等变化的。天地之间的所有事物都是由气构成。组成人身体的气与构成天地之间所有事物的气是相同的，相互联系的，只是人没有观察到。人的心受到外界的感动，就会影响到气，就与有收缩、延伸、有去有来等变化的气产生联系。例如占卜之类的行为，都是因为人的心中就存在这些事物，你心中想着这些事，一有感动外界事物就跟着响应。

陆九渊

宋金溪人，字子静。乾道进士，居贵溪之象山，学者辐辏，自号象山翁。光宗即位，差知荆门军。务以德化，民俗为变。卒年五十四，谥文安。九渊幼敏悟，异凡儿，尤好深思。闻人诵伊川语，曰："奚为与孔子、孟子之言不类？"又曰："人当先立乎其大者，则其小者不能夺也。"又曰："宇宙内事，乃吾分内事。"尝与朱熹会讲鹅湖，辩论多所不合。熹主道问学，九渊主尊德性。熹好注经，九渊则谓学苟知道，六经皆我注脚。及熹守南康，九渊往访之。熹与至白鹿洞，九渊为讲君子喻于义章。听者至有泣下。熹因叹为切中学者隐微深痼之病。此后世朱陆异同之论所由起也。所著有象山集、外集、语录行世。

【译文】陆九渊，宋代金溪人，字子静。乾道年间进士，居住于贵溪象山，学者云从，自号象山翁。光宗即位后，任职荆门军。用道德教化百姓，民俗因而有所改变。去世时五十四岁，谥号为文安。陆九渊幼时就很聪明，不同于一般儿童，尤其爱好深思。听到有人诵读程颐的语录，说："为什么和孔子、孟子说的话不一样？"又说："人应当首先确立大的志向，这样小的方面也不会有所遗漏。"又说："宇宙之间的事，就是我身上的事。"曾经在鹅湖与朱熹会面讨论，然而有许多方面有冲突。朱熹主张先要学习，陆九渊注重人的德性。朱熹爱好给经作注解，陆九渊则认为如果知晓了道，六经都是给自己作注释的。等到朱熹在任职南康时，陆九渊前去访问。朱熹陪他到白鹿洞书院，他为学生们讲论君子知晓义这一章。听讲的人甚至有落泪的。朱熹因此感叹他的讲义正中学者隐微深痼的心病。这也是后世朱学与陆学之间争论的缘由。著作有《象山集》《外集》《语录》等刊行于世。

论语说

"苟志于仁矣，无恶也。"恶与过不同，恶可以遽免，过不可以遽免。贤如蘧伯玉，欲寡其过而未能；圣如夫子，犹曰："加我数年，五十而学易，可以无大过矣。"况于学者岂可遽责其无过哉？至于邪恶所在，则君子之所甚疾，是不可毫发存而斯须犯者也。苟一旦而志于仁，斯无是矣。

【译文】“假如立定志向实行仁德，就不会做坏事了。”恶与过失不相同，恶可以很快去掉，过失却不能这样。像蘧伯玉一样的贤人，也做不到使过失减少；孔子是这样的聪明，还说：“让我多活几年，到五十岁得以研习易，就可能没有大的过失了。”何况一般的学者怎么可能突然要求他没有过失呢？至于邪恶，则是君子非常痛恨的，不能在心中有丝毫存在与触犯。如果有一天有志于行仁德，也就没有过失了。

“志于道，据于德，依于仁，游于艺。”

道者，天下万世之公理，而斯人之所共由者也。君有君道，臣有臣道，父有父道，子有子道，莫不有道。惟圣人惟能备道，故为君尽君道，为臣尽臣道，为父尽父道，为子尽子道，无所处而不尽其道。常人固不能备道，亦岂能尽亡其道？夫子曰：“谁能出不由户？何莫由斯道也。”田野陇亩之人，未尝无尊君爱亲之心，亦未尝无尊君爱亲之事，臣子之义，其端在是矣。然上无教，下无学，非独不能推其所为，以至于全备，物蔽欲汨，推移之极，则所谓不能尽亡者，殆有时而亡矣。弑父与君，乃尽亡之时也。民之于道，系乎上之教；士之于道，由乎己之学。然无志则不能学，不学则不知道。故所以致道者在乎学，所以为学者在乎志。夫子曰：“吾十有五而志于学。”又曰：“士志于道，而耻恶衣恶食者，未足与议也。”孟子曰：“士尚志”，与志于道一也。

【译文】“目标在道，根据在德，依靠在仁，而休憩于礼、乐、射、御、书数之中。”

道是世上万代的公理，人类共同遵守的。君主有为君之道，臣有为臣之道，父亲有为父之道，儿子有为子之道，都是有道存在的。只有圣人能够完全地实行道，所以是君主就能尽其君道，是大臣就能尽其臣道，是父亲就能尽其父道，是儿子就能尽其子道，在任何位置都能尽其任务。普通人当然不能完全地实行道，但也不是不能行道，孔子说：“谁能够走出屋外不从房门经过？为什么没有人从我这条路行走？”乡野农耕之人，都有尊君爱亲之心，有行尊君爱亲之事，作为大臣的道义，就从这里开始。然而在上位不教育民众，在下位不知道学习，不但不能把他的行为推致全备，淡泊物欲，那么发展到极点，所谓不能完全没有的，大概会有时完全没有了。杀害君王与父亲，就是完全不能实现道的时候。百姓能不能实行道，在于在上位的教育；士人能不能实行道，在于自己的学习。然而没有立志就能学习，不学习就不能知晓道，所以达到道的方法是学习，学习的方法在于立志。孔子说：“我十五岁，有志于学问。”又说：“读书人有志于真理，但又以自己吃粗粮穿破衣为耻辱，这种人，不值得同他商议了。”孟子说：“士人的修养在于使自己的志行高尚”，这与孔子“有志于真理”意思相同。

"小德川流，大德敦化"，此圣人之全德也。《皋陶谟》之九德，日严祗敬六德，则可以有邦；日宣三德，则可以有家。德之在人，固不可皆责其全，下焉又不必其三，苟有一焉，即德也。一德之中亦不必其全，苟其性质之中，有微善小美之可取而近于一者，亦其德也。苟能据之而不失，亦必日积日进，日著日盛，日广日大矣。.惟其不能据也，故其所有者亦且日失日丧矣。尚何望其日积日进，日著日盛，日广日大哉？士志于道，岂能无其德，故夫子海之以"据于德"。

【译文】"小的德行，好比河川分流，川流不息，大的德行，如敦厚化育，根深叶茂，无穷无尽"，这是圣人完满的道德。《皋陶谟》中的九种道德，每天严格敬遵其中的六种道德，就能作为卿大夫辅佐侍事诸侯；每天能遵从其中的三种德行，就能作为家臣早晚敬心劝勉卿大夫。对于一个人的道德，当然不可能要求他全部具备，下等的人没必要具备三种道德，如果有其中的一种德行，就算是有道德的人。一种道德也不必要求完全，如果他的性质中有可取的微小善美而接近一种完整的道德，也算是他有道德。如果能保持而不丢失，一定会一天天地积累、前进、显著、广大。只是他不能保持，所以他的道德一天天丧失。还怎么希望他一天天地积累、前进、显著、广大？士人有志于德行，怎能没有自己的道德，所以孔子用"根据在德"教诲士人。

仁，人心也，"从心所欲不逾矩"，此圣人之尽仁。孔门高弟，如子路、冉有之徒，夫子皆曰"不知其仁"，必如颜渊、仲弓，然后许之以仁。常人固未尝望之以仁，然亦岂皆顽然而不仁？圣人之所为，常人固不能尽为，然亦有为之者。圣人之所不为，常人固不能皆不为，然亦有不为者。于其为圣人之所为，与不为圣人之所不为者观之，则皆受天地之中，根一心之灵，而不能泯灭者也。使能于其所不能泯灭者而克之，则仁岂远乎哉？仁之在人，固不能泯然而尽亡，惟其不能依乎此以进于仁，而常违乎此而没于不仁之地，故亦有顽然而不仁者耳。士志于道，岂能无其仁。故夫子诲之以"依于仁"。

【译文】仁，就是人心，"到了七十岁，便随心所欲，任何念头都不越出规矩"，这是孔子穷尽了仁德。孔门优秀的弟子如子路、冉有之徒，孔子都说他们"至于他们有没有仁德，我不晓得"，只有颜渊、仲弓才被称为有仁德。当然不能希望普通人有仁德，然而普通人都是顽固不仁吗？圣人的作为，普通人当然不能都做到，然而也有这样做的。圣人所不做的，普通人当然不能都不做，然而也有不这样做的。从他们做圣人能做的和不做圣人也不做的这个角度看，他们都领受了天地之气，都来自同一个天地之心，这是不能被泯灭的。如果他们能够从不泯灭的天地之心出发，扩而充之，那么离仁还会远吗？人心的仁，当然不能被泯灭、完全消亡，只是人不能依靠它而达到仁，反而常常违背它而使自己处于不仁的状态，所以也有顽固而且没有仁德的人。士人有志于求道，怎么能没有仁德呢？所以孔子用“依靠在仁”教诲士人。

艺者，天下之所用，人之所不能不习者也。游于其间，固无害其志道、据德、依仁，而其道、其德、其仁，亦于是而有可见者矣。故曰：“游于艺。”

【译文】六艺，是世上的人都要用、不能不学习的。悠游与其间，当然对目标在道、根据在德、依靠在仁没有害处，而且人的道行、德行、仁德，也都从这里得到体现。所以说：“休憩于礼、乐、射、御、书、数之中”。

天地之性人为贵论

圣人所以晓天下者甚至，天下所以听圣人者甚藐。人生天地之间，禀阴阳之和，抱五行之秀，其为贵孰得而加焉。使能因其本然，全其固有，则所谓贵者，固自有之，自知之，自享之，而奚以圣人之言为。惟夫陷溺于物欲而不能自拔，则其所贵者类出于利欲，而良贵由是以寖微。圣人悯焉，告之以“天地之性人为贵”，则所以晓之者亦甚至矣。诵其书，听其言，乃类不能惕焉有所感发，独胶胶乎辞说议论之间，则其所以听之者不既藐矣乎？“天地之性人为贵”，吾甚惑乎圣人所以晓人者至，而人之听之者藐也。孟子言“知天”，必曰“知其性，则知天矣”；言“事天”，必曰“养其性，所以事天也”。《中庸》言“赞天地之化育”，而必本之“能尽其性”。人之形体，与天地甚藐，而《孟子》《中庸》则云然者，岂固为是阔诞以欺天下哉？诚以吾一性之外无余理，能尽其性者，虽欲自异于天地，有不可得也。自夫子告曾子以孝，曰：“事父孝，故事天明；事母孝，故事地察。”举所以事天地者，而必之于事父母之间，盖至此益切而益明，截然无辞说议论之蹊径。至因其有“无以加于孝乎”之问，又告之以“天地之性人为贵”。有笃敬之心，践履之实者，听斯言也，独不有感于心乎？于此而犹胶胶于辞说议论之间，亦奚啻不以三隅反者哉？

【译文】圣人用来使天下之人明白的道理非常到位，天下之人用来听从圣人教诲的心非常的遥远。人生活在天地的中间，禀受阴阳的和气与五行的秀气，他的高贵不可附加。如果能根据他原本的状态，恢复固有性质，那么所谓的高贵是本来就自己具有、自己知道、自己享有的，不需要圣人的的启示。只有那些沉湎于物欲不能自拔的，他们像看待利欲一样看重物欲，而真正值得看重的却被忽视。圣人为之忧愁，告诉他们“天地之间的万物生灵，都是一样的得到天地之气成形，禀天地之道成性，但其中以人最为尊贵”，这样使天下之人明白的道理已经非常到位了。诵读圣人之书，听圣人所讲，好像不能警惕有所感受，只是沉湎于语句议论的表面意思，他的心不是已经很遥远了吗？“天地之间的万物生灵，都是一样的得到天地之气成形，禀天地之道成性，但其中以人最为尊贵”，我对圣人用来使天下之人明白的道理非常到位，天下之人用来听从圣人教诲的心非常的遥远深有感受。孟子说“认识天”，一定说“认识了自己的本性，就认识了天”；说到“侍奉天”，一定说“修养自己的本性，用来侍奉天”。《中庸》说“赞助天地化育为物”，一定以“充分实现天性”为根据。人的形体，跟天地相比非常地藐小，然而《孟子》《中庸》则说是一样的，难道是故意说荒诞的话欺骗天下吗？真正是因为人的本性之外没有其它的道理，如果能充分实现自己的本性，即使想和天地有所不同，也是不可能的。孔子告诉曾子关于孝的道理说：“奉事父亲很孝顺，所以在祭祀天时能够明白上天覆庇万物的道理；奉事母亲很孝顺，所以在社祭地时能够明察大地孕育万物的道理。”提到怎样奉事天地，一定跟奉事父母相关，到这里就更加贴切、明白了，没有什么别的讲法。等到曾子问“没有比孝道更大的了吗”，又告诉他“天地万物之中，以人类最为尊贵”。如果有人有笃敬的心，又有所实践，听到这句话，会没有感触吗？对这句话只是沉湎于语句议论的表面意思，这和不能从一件事情类推而知道其它许多事情的人有什么区别？

虽然，愚岂敢以是殚责天下，独以为古之性说约，而性之存焉者类多；后之性说费，而性之存焉者类寡？告子湍水之论，君子之所必辩；荀卿性恶之说，君子之所甚疾。然告子之不动心实先于孟子，荀卿之论由礼，由血气、智虑、容貌、态度之间，推而及于天下国家，其论甚美。要非有笃敬之心，践履之实者，未易至乎此也。今而未有笃敬之心，践履之实，拾孟子性善之遗说，与夫近世先达之绪言，以盗名干泽者，岂可与二子同日道哉？故必有二子之质，而学失其道，此君子之所宜力辩深诋，挽将倾之辕于九折之坂，指迷途而示之归也。若夫未有笃敬之心，践履之实，而遽为之广性命之说，愚切以为病而已耳。

【译文】即使这样，我怎么敢因为这责备天下之人，认为古代关于天性的学说简约，而保存天性的大抵也多；后世关于天性的学说繁多，而保存天性的偏少。告子关于湍水的议论，君子必定与他争辩；荀子性恶的讲法，君子尤其厌恶。然而告子在孟子之前就已经做到了不动心，荀子讨论经由礼，从血气、智虑、容貌、态度，推及到天下国家，他的论辩很漂亮。如果不是有笃敬之心，亲身实践过，是不可能达到这种地步的。现在人没有笃敬之心，没有亲身实践过，拾取孟子关于性善的说法，以及一些贤人的已发而未尽的言论，用来欺骗世人，谋取俸禄的人，怎么能和他们二人相提并论？所以有了像他们两人一样的资质，使学问失去了道，这是君子应该努力与之争辩的，以便挽救做学问之道，给迷途的学者指示归路。如果没有笃敬之心，没有亲身实践过，而竟然发出性命广大的说法，我认为这是有问题的。

呜呼！循顶至踵，皆父母之遗体，俯仰乎天地之间，惕然朝夕，求寡乎愧怍而惧弗能。倘可以庶几于孟子之“塞乎天地”，而与吾闻吾夫子“人为贵”之说乎？

【译文】啊！从头到脚，都是父母留给我的身体，生活在天地之间，每天都警惕，以便让自己少些羞愧、恐惧却没有能做到。倘若我能够有了孟子的浩然之气，就能够预闻孔子的“人是尊贵”的学说了吧？

白鹿洞书院讲义

某虽少服父兄师友之训，不敢自弃，而顽钝疏拙，学不加进，每怀愧惕，恐卒负其初心。方将求针砭镌磨于四方师友，冀获开发以免罪戾。此来得从郡侯秘书至白鹿洞堂，群贤毕集，瞻覩盛观，窃自庆幸！秘书先生，教授先生，不察其愚，令登讲席，以吐所闻。顾惟庸虚，何敢当此？辞避再三，不得所请，取《论语》中一章，陈平生之所感，以应嘉命，亦幸有以教之。

【译文】我虽然从小服膺父兄、师友的教诲，不敢懈怠，然而愚钝、笨拙，学习没有进步，常常感到愧疚，害怕辜负父兄、师友的期望。于是求教于天下学人，希望得到启发以便减去自己的罪恶。这次跟从郡侯秘书到了白鹭洞书院，这里群贤云集，看到如此景象，暗自庆幸！秘书先生与教授先生，没有看到我的愚钝，让我登上讲席，说一下平生所闻。只是我才疏学浅，怎敢当此重任？辞避几次，没又得到允许，于是翻开《论语》中的一章，叙述平日所感触，以响应嘉命，也希望得到教诲。

子曰：“君子喻于义，小人喻于利。”

此章以义利判君子小人，辞旨晓白，然读之者苟不切己观省，亦恐未能有益也。某平日读此，不无所感；窃谓学者于此，当辨其志。人之所喻，由其所习，所习由其所志。志乎义，则所习者必在于义；所习在义，斯喻于义矣。志乎利，则所习者必在于利，所习在利，斯喻于利矣。故学者之志不可不辨也。

【译文】孔子说：“君子懂得的是义，小人懂得的是利。”

这一章用义与利作为判断君子与小人的标准，语句的意思很容易明白，然而读者如果不能用心体会，只怕也不能获益。我平时读到这里，都有所感触，私下里想学者读到这里，也应该辨别自己的动机为何了。一个人能懂得什么，由其学习内容决定，学习的内容由其志向决定。有志于义，所学习的必定与义相关；所学习的与义相关，懂得的也就是义。把利作为自己的志向，所学习的就与利相关，这样所懂得的也就是利。所以学者的动机不可不辨别啊。

科举取士久矣，名儒巨公皆由此出。今为士者固不能免此。然场屋之得失，顾其技与有司好恶如何耳，非所以为君子小人之辨也。而今世以此相尚，使汩没于此而不能自拔，则终日从事者，虽曰圣贤之书，而要其志之所乡，则有与圣贤背而驰者矣。推而上之，则又惟官资崇卑、禄廪厚薄是计，岂能悉心力于国事民隐，以无负于任使之者哉？从事其间，更历之多，讲习之熟，安得不有所喻？顾恐不在于义耳。诚能深思是身，不可使之为小人之归，其于利欲之习，怛焉为之痛心疾首，专志乎义而日勉焉，博学审问，慎思明辨而笃行之。由是而进于场屋，其文必皆道其平日之学、胸中之蕴，而不诡于圣人，由是而仕，必皆共其职，勤其事，心乎国，心乎民，而不为身计。其得不谓之君子乎？

【译文】科举考试已经实行很久了，许多著名的儒者、大师都是通过它而为人所知的。现在的士人当然也不能免于此。然而科场上的得失，取决于士人的技巧和有司的好恶如何，不能辨别君子与小人。但现在都以此为时尚，沉沦于科举不能自拔，终日所为，虽然读的是圣贤之书，而他的志向，则与圣贤背道而驰。一旦科场得意，又谋划官位的高低，俸禄的厚薄，怎能全心投入于国事与民众疾苦，无负于朝廷。从事科举之路，经历多了，讲习熟了，怎能不会有所懂得？只是担心所懂得不是义。真能够为自己深刻思考，不使自己成为小人，对于利欲之心感到痛心疾首，专心于义而每日勤勉，广泛地学习，仔细地探究，谨慎地思考，明确地辨别，然后切实地施行。通过这样的学习进入科场，他的文章说的必定是其平日所学、心中所想，而不欺诈圣人。这样进入仕途，必定在其职位上有所奉献，努力工作，关心国计民生，而不为自己打算。怎么能说这样的人不是君子呢？

秘书先生起废以新斯堂，其意笃矣。凡至斯堂者，必不殊志。愿与诸君勉之。以毋负其志。

【译文】秘书先生修缮了这座讲堂，他的用意是深刻的。所有到这座讲堂的，一定都有非凡的志向。我愿意与诸位一同努力，不要辜负先生的期望。

淳熙辛丑春二月，陆兄子静来自金溪，其徒朱克家、陆麟之、周清叟、熊监、路谦亨、胥训实从。十日丁亥，熹率寮友诸生，与俱至于白鹿书院，请得一言以警学者。子静既不鄙而惠许之。至其所以发明敷畅，则又恳到明白，而皆有以切中学者隐深痼之病，盖听者莫不悚然动心焉。熹犹惧其久而或忘之也，复请子静笔之于简，而受藏之。凡我同志，于此反身而深察之，则庶乎其可不迷于入德之方矣。新安朱熹识。

【译文】淳熙辛丑年二月，陆九渊从金溪来到这里，他的弟子朱克家、陆麟之、周清叟、熊监、路谦亨、胥训实也跟从而来。十月丁亥日，我率领同僚、诸生和陆九渊等一起到白鹿书院，请他发表演说以告诫学者。陆九渊没有推辞而应允。等到他发挥、阐释，而又恳求、明白，切中学者心病的时候，听者没有不惊怕、感动的。我尤其害怕时间长了会忘记，又请他写在纸上，收藏起来。凡是和我有相同志向的学者，用它和自己对照，深刻体会，可能在入德的方法上不会迷惑。新安朱熹记。

荆门军讲义

“五，皇极：皇建其有极。敛时五福，用敷锡厥庶民。惟时厥庶民于汝极。锡汝保极。”

【译文】五、至高无上的原则：天子应当建立起至高无上的原则。要把这五种幸福集中起来，一并赏赐给臣民。这样，臣民就会对天子所建立起来的原则表示拥护。贡献您保持法则的方法。

皇，大也；极，中也。《洪范》九畴，五居其中，故谓之极。是极之大，充塞宇宙，天地以此而位，万物以此而育。

【译文】皇，是大的意思；极，是中的意思。《洪范》九畴，五正好处在中间，所以称为极。这个极是如此之大，充满了整个宇宙，天地在这里确立了位置，万物在这里得以化育。

古先圣王，皇建其极，故能参天地，赞化育。当此之时，凡厥庶民，皆能保极，比屋可封，人人有士君子之行。协气嘉生，熏为太平，向用五福，此之谓也。皇建其有极，即是敛此五福，以锡庶民。舍极而言福，是虚言也，是妄言也，是不明理也。惟皇上帝，降衷于下民，衷即极也。凡民之生，均有是极，但其气禀有清浊，知识有开塞。“天之生斯民也，使先知觉后知，使先觉觉后觉”。古先圣贤与民同类，所谓天民之先觉者也。以斯道觉斯民者，即皇建其有极也，即敛时五福，用敷锡厥庶民也。

【译文】古代的圣王，建立起至高无上的原则，所以能赞助天地培育万物。这个时候，天下的百姓，都能遵守天子的法则，人人皆贤，人人都有士大夫、君子的行为。和谐的气氛熏陶着太平盛世，以五福来相互劝勉，说的就是这种情形。天子应当建立起至高无上的原则，就是要把这五种幸福集中起来，一并赏赐给臣民。舍弃至高无上的原则而说五福，是虚妄的说法，是不明道理的。伟大的天帝，赐福给下面的民众，福就是极。天下的民众，都有这个极，只是他们禀赋的气与质有清浊之别，智慧也有开与塞的区别。上天生育万民，就是要使先知者唤醒后知者，使先觉者唤醒后觉者。古代的贤人与民众是同一类人，是上天生育的万民中有先觉的人。用这样的道去唤醒这样的百姓，就是天子应当建立起至高无上的原则，就是把这五种幸福集中起来，一并赏赐给臣民。

今圣天子重明于上，代天理物，承天从事，皇建其极，是彝是训，于帝其训，无非敛此五福，以锡尔庶民。郡守县令，承流宣化，即是承宣此福，为圣天子以锡尔庶民也。凡尔庶民，知爱其亲，知敬其兄者，即惟皇上帝所降之衷，今圣天子所锡之福也。若能保有是心，即为保极，宜得其寿，宜得其福，宜得康宁，是谓攸好德，是谓考终命。凡尔庶民，知有君臣，知有上下，知有中国夷狄，知有善恶，知有是非，父知慈，子知孝，兄知友，弟知恭，夫义妇顺，朋友有信，即惟皇上帝所降之衷，今圣天子所锡之福也。身或不寿，此心实寿；家或不富，此心实富；纵有患难，心实康宁；或为国死事，或杀身成仁，亦为考终命。

【译文】当今的皇帝继承先皇的英明，代替上天治理万民，顺承上天的命令，建立无上的准则，就是要经常遵循的法令以及天子的教导。上天的教导，无非就是集中五种幸福，赏赐给你们这些臣民。郡守、县令们，继承前代流传下来的良好风尚，宣传教育感化民众，就是宣传五福，替皇帝赏赐给你们这些民众。民众知道敬爱父母，尊敬兄长，就是上帝所降之福，当今皇帝所赐予的福。如果能保持这个尊亲敬长的心，就是保持至高的原则，应该得到长寿、富贵、健康安宁、遵行美德、高寿善终五种福分。民众知道有君臣、上下的区别，知道有中国、夷狄的区分，也知道善恶、是非，父亲知道慈爱，儿子知道孝顺，哥哥知道友爱，弟弟知道恭敬，丈夫合宜、妻子顺承，朋友之间有信用，就是上帝所降之福，当今皇帝所赐予的福。身体可能并没有长寿，心却是长寿的；家庭可能不富裕，心却是富裕的；即使有了患难，心里却是安宁的；为国牺牲，或者杀身成仁，都是享尽天年，无疾而终。

实论五福，但当论人一心。此心若正，无不是福；此心若邪，无不是祸。世俗不晓，只将目前富贵为福，目前患难为祸。不知富贵之人，若其心邪，其事恶，是逆天地，逆鬼神，悖圣贤之训，畔君师之教，天地鬼神所不宥，圣贤君师所不与，忝辱父祖，自害其身，静时回思，亦有不可自欺自瞒者，若于此时，更复自欺自瞒，是实欲自绝灭其本心也。纵是目前富贵，正人观之，无异在囹圄粪秽之中也。患难之人，其心若正，其事若善，是不逆天地，不逆鬼神，不悖圣贤之训，不畔君师之教，天地鬼神所当佑，圣贤君师所当与，不辱父祖，不负其身，仰无所愧，俯无所怍，虽在贫贱患难中，心自亨通。正人达者观之，即是福德。作善降之百祥，作不善降之百殃。积善之家，必有余庆。但自考其心，则知福祥殃咎之至，如影随形，如响应声，必然之理也。愚人不能迁善远罪，但贪求富贵，却祈神佛以求福，不知神佛在何处，何缘得福以与不善之人也。

【译文】具体讲到五福，只要讲人心就可以了。人的心如果是正直的，无不是福；如果心是邪恶的，无不是祸。世俗之人不懂得这些道理，只是把眼前的富贵看做福，眼前的患难看做祸。而不知道富贵的人，如果他的心是邪恶的，做的事是令人厌恶的，就是违逆天理、鬼神，就是违背圣贤的教训，背叛朝廷、老师的教诲，天地鬼神不赦免他的罪恶，圣贤君师不赞许他的行为，有愧于父亲、先祖，自害其身，静下来回想的时候，也有不能欺骗自己的地方，如果再继续欺骗自己，就是自己灭绝自己的本心。即使眼前富贵，在正直的人看来，不过是处于牢狱污秽之中。身处患难之中的人，他的心若是正直的，行事是善良的，不违逆天理、鬼神，不违背圣贤的教训，不背叛朝廷、老师的教诲，天地鬼神会保佑他，圣贤君师会赞许他的行为，无愧于父亲、先祖，不伤害自己，做人光明磊落，问心无愧即使身处贫贱患难之中，心也是通达的。在正直的人看来，这就是福德。行善之人会得到祥瑞，行不善之人会得到灾祸。积累善行善德的家族，这个家族的福报不会断绝，家族的后代也会承受福报。但如果自己反省，就会懂得福祥殃咎的到来，就像影子跟随形体，响音应和声音一样，是必然的道理。愚蠢的人不能够向善，远离罪恶，只贪求富贵，向神佛祈福，神佛还不知道在哪里呢，怎么能给不善之人赐福呢？

皇极在《洪范》九畴之中，乃《洪范》根本。《经》曰：“天乃锡禹《洪范》九畴”，圣天子建用皇极，亦是受天所锡，敛时五福，锡尔庶民者。即是以此心敷于教化政事，以发明尔庶民天降之衷，不令陷溺。尔庶民能保全此心，不陷邪恶，即为保极，可以报圣天子教育之恩，长享五福，更不必别求神佛也。《洪范》一篇，著在尚书，今人多读，未必能晓大义，若其心正，其事善，虽不曾识字，亦自有读书之功。其心不正，其事不善，虽多读书，有何所用？用之不善，反增罪恶耳。

【译文】皇极处于《洪范》九类大法的中间，是《洪范》的根本。《尚书》说："上天就赐予禹《洪范》九类大法"，皇帝建立至高无上的原则，也就是接受上天所赐，把这五种幸福集中起来，一并赏赐给臣民。也就是把心用于施行教化，以发明民众从上天那里得来的福，不使他们沉湎邪恶之中。民众如果能保守这个心，不陷入邪恶之中，就是保持最高原则，可以报答皇帝教育的恩情，享受五福，不需要再去祈求神佛。《洪范》这篇文章收在《尚书》里面，现代的人经常阅读，然而不一定都能通晓它的意义，如果有个人他的心是正直的，做的事情是善良的，虽然不识字，也算有和读书同样的效果。如果他的心不正直，做的事情不善，即使读了很多书，有什么用处呢？用到不善的地方，反而增加自己的罪恶。

常岁以是日建醮于设厅，为民祈福。窃惟圣天子建用皇极，以临天下，郡县之吏，所宜与而庶民惟皇之极，以近天子之光。谨发明《洪范》敛福锡民一章，以代醮事，亦庶几承流宣化之万一。仍略书九畴之次叙，图其象数于后，恐不曾读书者，欲知大概，亦助为善求福之心。《诗》曰："自求多福"，正谓此也。

【译文】往年常在这一天于社厅举行建醮活动，为民众祈福。我私下想皇帝建立起最高原则，用来统治国家，郡县的官吏，应该同民众思考皇帝的最高原则，以便接近皇帝的光芒。谨慎地解读《洪范》敛福锡民这一章，也算得上为继承前代流传下来的良好风尚，宣传教育感化民众的事业贡献些许力量。我还简略地写下九畴的次序，把象数的图附于后面，以便没有读过书的人知道其大概，也算有助于为善求福之人。《诗经》上说："（永远配合天命，）自求多福康宁"，说的正是这个。

与曾宅之书

示论与章太傅问答，其义甚正。其前述某之说，有自援据反复，此则是足下病处。所述某之言，亦失其实。记录人言语极难，非心通意解，往往多不得其实。前辈多戒门人无妄录其语言，为其不能通解，乃自以己意听之，必失其实也。相去之远，不得面言，不若将平时书问与所作文字讲习稽考，差有据依。若据此为辨，则有案底，不至大讹舛也。

【译文】您的来信说到与章太傅的问答，意思非常准确。信的前面叙述我的学说，反复引证，这就是您的不对之处。所引述的我的话也和真实不相符。记录别人的话是非常困难的，如果不是心灵相通，深知其意，常常得不到说者的真实意思。前辈学人常警戒其门人不要随便记录他们的话语，因为门人不能够透彻理解，是在用自己的想法曲解，这样必然失去他们所说的原意。由于距离遥远，不能见面交谈，不如把平时书信及所写文章做一研讨、考核，还算是有依据。如果根据这些展开辩论，就会有案底，也不至于有大的错误。

且如"存诚"、"持敬"二语，自不同，岂可合说？"存诚"字，于古有考，"持敬"字，乃后来杜撰。《易》曰："闲邪存其诚。"孟子曰："存其心。"某旧亦尝以"存"名斋。孟子曰："庶民去之，君子存之。"又曰："其为人也寡欲，虽有不存焉者寡矣；其为人也多欲，虽有存焉者寡矣。"只一"存"字，自可使人明得此理。此理本天所以与我，非由外烁。明得此理，即是主宰。真能为主，则外物不能移，邪说不能惑。所病于吾友者，正谓此理不明，内无所主。一向萦绊于浮论虚说，终日只依藉外说以为主，天之所与我者反为客，主客倒置，迷而不反，惑而不解。坦然明白之理可使妇人童子听之而喻；勤学之士反为之迷惑，自为支离之说以自萦缠。穷年卒岁，靡所底丽，岂不重可怜哉？

【译文】例如"存诚"、"持敬"这两个词是不相同的，怎么能合在一起说呢？"存诚"这个词自古都是有据可考的，"持敬"这个词乃是后世杜撰出来的。《周易》说："约束邪念，保持诚实。"孟子说："保存这个善心。"我过去也曾经用"存"来命名自己的书斋。孟子说："普通人去掉它，君子保存它。"又说："一个人求利的欲望少，那么即使善心有些丧失，也是很少的；一个人求利的欲望多，那么即使善心有所保存，也一定是很少的。"只这一个"存"字，就可以使人明白这个道理。这个理是我天生固有的，并不是由外力强加给我的。明白了这个理，就可以成为自己的主宰。一个人真得能自己作主，那么外在事物就不能影响你，邪说也不能迷惑你。您身上的毛病，就在于对这个理不明白，内心中没有什么作主的，总是缠绕在浮论虚说上，总是依靠外在的学说，以之为主，把天赋予您的东西反而当作从属的东西，主次的位置颠倒过来，迷失方向而不能返回正道，心中迷惑而得不到解释。这个平直明白的道理就是说给妇女儿童听，他们都能理解；像您这样勤奋学习的读书人反而迷惑不解，陷在繁琐支离的学说中，把自己束缚起来，成年累月地忙着，心里却没有落实的东西，这岂不是更加可怜吗？

使生在治古盛时，蒙被先圣王之泽，必无此病。惟其生于后世，学绝道丧，异端邪说充塞弥满，遂使有志之士罹此患害，乃与世间凡庸恣情纵欲之人均其陷溺，此岂非以学术杀天下哉？后世言《易》者以为易道至幽至深，学者皆不敢轻言。然圣人赞《易》

则曰：“乾以易知，坤以简能。易则易知，简则易从。易知则有亲，易从则有功。有亲则可久，有功则可大。可久则贤人之德，可大则贤人之业。易简而天下之理得矣。”孟子曰：“夫道若大路然，岂难知哉？”夫子曰：“仁远乎哉？我欲仁，斯仁至矣。”又曰：“一日克己复礼，天下归仁焉。”又曰：“未之思也，夫何远之有？”孟子曰：“道在迩而求诸远，事在易而求诸难。”又曰：“尧舜之道，孝弟而已矣。徐行后长者谓之弟，疾行先长者谓之不弟。夫徐行者，岂人所不能哉？不为耳。”又曰：“人能充无欲害人之心，而仁不可胜用也；人能充无穿窬之心，而义不可胜用也。”又曰：“人之有是四端而自谓不能者，自贼者也；谓其君不能者，贼其君者也。”又曰：“吾身不能居仁由义，谓之自弃。”古圣贤之言，若合符节。

【译文】假如生活在古代盛世，接受到古代圣王的光辉，一定没有这些弊病。只是因为生活在圣王之后，学问、道统都已断绝，异端邪说却到处横行，才使得有志向的士人蒙受这种弊病，与世上那些平庸、恣情纵欲之人一同陷入其中，这不是用学术败坏天下吗？后世之人说到《周易》时，总认为《周易》的道理极其高深，所以都不敢轻易谈论。然而孔子赞美《周易》说：“乾道的运行容易知晓，坤道的运行简单而能被掌握。容易就可以轻易知晓，简单就可以轻易采用。容易知晓就会有人亲附，容易采用就可以取得功绩。有人亲附就可以长久，取得功绩就可以壮大。处世长久的是贤人的美德，立身壮大的是贤人的事业。在容易与简单之中可以理解天下万物的生长之理。”孟子说：“（尧舜之）道就像大路一样，哪里是难懂的呢？”孔子说：“仁德难道离我们很远吗？我要它，它就来了。”又说：“一天做到克制自己而言行符合礼的规范，天下的人就会称许你为仁人。”又说：“只是没有想念罢了，真的想念，有什么遥远的呢？”孟子说：“道路就在眼前，却向远处去寻找；事情本来容易，却找难的去做。”又说：“尧、舜之道，孝和悌而已。慢慢地跟在长者后面走，叫作悌，快步抢在长者前面走，叫作不悌。慢慢走，难道是一个人不能做到的吗？不去做罢了。”又说：“一个人能把不想害人的心理扩展开去，仁就用不尽了；一个人能把不愿扒洞翻墙（行窃）的心理扩展开去，义就用不尽了。”又说：“有恻隐之心、羞恶之心、辞让之心、是非之心却说自己不行，这是自己害自己；说他的君主不行，这是害他的君主。”又说：“自认为不能守仁行义，这叫自己抛弃自己。”古代圣贤所说，基本上是一样的。

盖心，一心也；理，一理也。至当归一，精义无二。此心此理，实不容有二。故夫子曰：“吾道一以贯之。”孟子曰：“夫道一而已矣。”又曰：“道二，仁与不仁而已矣。”如是则为仁，反是则为不仁。仁即此心也，此理也。求则得之，得此理也；先知者，知此理也；先觉者，觉此理也；爱其亲者，此理也；敬其兄者，此理也；见孺子将入井而有怵惕恻隐之心者，此理也；可羞之事则羞之，可恶之事则恶之者，此理也；是知其为是，非知其为非，此理也；宜辞而辞，宜逊而逊者，此理也；敬此理也，义亦此理也；内此理也，外亦此理也。故曰："直方大，不习无不利。"孟子曰："所不虑而知者，其良知也；所不学而能者，其良能也。"此天之所与我者，我固有之，非由外烁我也。故曰："万物皆备于我矣，反身而诚，乐莫大焉。"此吾之本心也。所谓安宅、正路者，此也；所谓广居、正位、大道者，此也。古人自得之，故有其实。言理则是实理，言事则是实事。德则实德，行则实行。吾与晦翁书，所谓"古人质实，不尚智巧，言论未详，事实先著。知之为知之，不知为不知。所谓'先知觉后知，先觉觉后觉'者，以其事实觉其事实，故言即其事，事即其言，所谓'言顾行，行顾言'。周道之衰，文貌日胜，事实湮于意见，典训芜于辨说。揣量模写之工、依仿假借之似，其条画足以自信，其习熟足以自安。以子贡之达，又得夫子而师承之，尚不免此'多学而识之'之见，非夫子叩之，彼固晏然而无疑。'先行'之训，'予欲无言'之训，所以觉之者屡矣，而终不悟。夫子既殁，其传固在曾子，盖可观矣。"况其不工不似，不足以自信、不足以自安者乎！虽然，彼其工且似，足以自信，足以自安，则有终身不反之患，有不可救药之势。乃若未工未似，未足以自信，未足以自安，则舍其邪而归于正，犹易为力也。

【译文】心只是一个心，理只是一个理。最准确的东西只有一个，最精妙的意思没有二个。这个心和这个理，实在不能容许有两个。所以孔子说："我的学说是用一个根本原则贯通起来的。"孟子也说："道理只有一个罢了。"又说："二个道理，一个是仁，一个是不仁，只此而已。"是这样的就是仁，违反这样的就是不仁。仁便是这个心，便是这个理。寻求而得到的，是得到这个理；先知是知这个理；先觉是觉这个理；爱自己的父母，是这个理；敬自己的兄长，是这个理；见到小孩快要掉到井里时，所产生出的惊惧不忍之心，是这个理；见到可羞耻的事情则感到羞耻，见到可痛恨的事情则感到痛恨，是这个理；对的知道是对的，错的知道是错，是这个理；该推辞的就推辞，该谦虚的就谦虚，是这个理；敬是这个理，义也是这个理；内是这个理，外也是这个理。所以说："大地是正直、端方、宏大的，一个人具备了这样的德性，即使不修习也不会不利。"孟子说："不经思考就能知道的，那是良知；人不经过学习就能做的，那是良能。"这是上天所赋予我的，我本来就拥有的，不是从外部得来的。所以说："万物之理我都具备了。反问自己，所具备的道理是实实在在存在的，快乐没有比这更大的了。"这是我的本心。所谓的安宅、正路说的就是这个心；所谓的广居、正位、大道，说的也是这个心。古人自己体会得来，所有都有实际内容。说的理是实理，说的事是实事。德是实德，行是实行。我在给晦翁的信中说："古人性格质朴，不崇尚智巧，说得不多，却已付诸实践。知道就是知道，不知道就是不知道。所谓'先知者帮助后知者觉悟，先觉者帮助后觉者觉悟'，用事实觉悟他人，所以所说就是事实，事实就是所说，就是'说话时要顾虑到能不能做到，做事时也要顾虑到与自己所说的话，是不是一致。'周代的治国之道衰败之后，礼文仪节徒具形式，事实遂淹没于意见言辞之中，典训芜杂于辨说之中。揣量模写得很精巧、仿效假借得很相似，其条规足以产生自信，其熟练足以能够自安。以子贡的博闻，又得到孔子的教诲，还不免于这种。‘多多地学习又能够记得住’的见解，如果不是孔子的提醒，他还安心地持守毫不怀疑。‘对于要说的话，先实行了’的教训，‘我想不说话了’的教训，孔子用来提醒弟子的教训很多，然而他们终究没有觉悟。孔子去世以后，由曾子来传承他的道，这都是可以看到的。”何况那些揣量模写得不精巧、仿效假借得不相似，其条规不足以自信，其熟练不足以自安的人！即使他很有功夫，仿效假借得很相似，其条规足以产生自信，其熟练足以产生自安，还会有终身不能回返的隐患，不可救药的发展态势。那些揣量模写得不精巧、仿效假借得不相似，其条规不足以自信，其熟练不足以自安的人反而舍邪归正比较容易。

来书“荡而无归”之说大谬。今足下终日依靠人言语，又未有定论，如在逆旅，乃所谓无所归。今使足下复其本心，居安宅，由正路，立正位，行大道，乃反为无所归，足下之不智亦甚矣！今己私未克之人，如在陷穽，如在荆棘，如在泥途，如在囹圄械系之中，见先知先觉其言广大高明，与己不类，反疑恐。一旦如此则无所归，不亦鄙哉！不亦谬哉！不知此乃是广居、正位、大道，欲得所归，何以易此？欲有所主，何以易此？今拘挛旧习，不肯弃舍，乃狃其狭而惧于广，狃其邪而惧于正，狃其小而惧于大，尚得为智乎？夫子曰：“汝为君子儒，无为小人儒。”古之所谓小人儒者，亦不过依据末节细行以自律，未至如今人有如许浮论虚说谬悠无根之甚，夫子犹以为门人之戒，又况如今日谬悠无根而可安乎？

【译文】您的来信“游荡而没有归所”的说法非常的错误。您现在每天信服别人的言语，自己没有见解，就像在逆旅之中，这才是所谓的没有归所。如果您能恢复自己的本心，居住于安全的住所，走正确的道路，立于正确的位置，行于宽广的大道，还认为自己没有归所，那么您就太没智慧了！那些没有克制私欲的人，就如在陷井、荆棘、泥途、监狱刑具之中，看到先知先觉们的言语广大高明，与自己不相似，反而疑虑、害怕。一旦如此就会没有归所，不是很鄙陋、错误吗？不知道这就是安全的住所、正确的位置、宽广的大道，想要得到归所，舍此无他；想要有所主宰，舍此无他。如果固守旧习惯，不愿放弃，就是拘泥于狭小而害怕广大，拘泥于邪恶而害怕正直，拘泥于微小而害怕伟大，这样还能称得上有智慧吗？孔子说：“你要去做个君子式的儒者，不要去做那小人式的儒者。”古人所说的小人儒，只不过是依据末节细行来自律的人，还没有到今天有这么多虚饰、浮夸的言论，荒谬、无根据的学说的地步，对于前者孔子还把它作为对弟子的戒律，那些持守虚饰、浮夸的言论，荒谬、无根据学说的人心中怎么能安呢？

吾友能弃去谬习，复其本心，使其一阳为主于内，造次必于是，颠沛必于是，无终食之间而违于是。此乃所谓有事焉，乃所谓勿忘，乃所谓敬。果能不替不息，乃是积善，乃是积义，乃是善养浩然之气。真能如此，则不愧古人。其引用经语，乃是圣人先得我心之所同然，则不为侮圣言矣。今终日营营，如无根之木，如无源之水，有采摘汲引之劳，而盈涸荣枯无常，岂所谓“源泉混混，不舍昼夜，盈科而后进”者哉？终日簸弄经语以自傅益，真所谓侮圣言者矣。

【译文】您如果能够抛弃错误的习性，恢复自己的本心，使这光明的本心作生命的主宰，无论是在什么时候，在什么地方，不管是如何的仓促急忙，或颠沛困顿的时候，都不失去这个本心，这就是孟子所说的平日行事，这就是每时每刻不忘记，这就是敬。知果真能不改变、不削弱，那就是积善，就是积义，就是善于保存浩然正气。真能这样，就无愧于古人。圣人的言语，都是圣人先获得而我本心所赞同的，当我本心呈现时，引用儒家经典的文字，才不致于侮辱了圣人的言语。现在那些每天追求奔逐，像没有根基的树木，没有源泉的水流，有采摘汲引的劳动付出，却盈涸荣枯无常的人，难道就是“源头里的泉水滚滚涌出，日夜不停，注满洼坑后继续前进”的人吗？每天翻阅经书使自己更加被束缚的人，正是侮辱圣人遗言的人。

《书》言：“日严祇敬六德”，又言：“文王之敬忌”，又曰：“罔不克敬典”，《诗》言：“敬天之渝”，又言：“敬之敬之”，又言：“圣敬日跻”，《论语》言：“敬事而信”，又曰：“修己以敬”，孟子言：“敬王”、“敬兄”，未尝有言“持敬”者。观此二字，可见其不明道矣。吾与足下言者，必因足下之及此而后言其旨，只欲足下知古人事实，而不累于无根之说。足下谓得此说而思之，足下以此为说，其不明吾言甚矣，宜其不能记忆，附以己意，而失其本真也。又如“脱洒”二字亦不正，足下何不言吾之见邪，不如古人之见正；吾之说虚，不如古人之说实。如此自讼，则有省发之理，若只管从脱洒等处思之，终不能得其正。此理甚明，具在人心。足下不幸，受蔽于谬妄之习，今日乃费人许多气力。此事若不明白，不应安安而居，迟迟而来。

【译文】《尚书》说：“每天严格敬遵其中的六种德行”，又说：“文王的赏善罚恶”，又说：“不要不能崇重法令”，《诗经》说：“敬畏上天的变化”，又说：“警戒警戒要记牢”，又说：“圣明美德每日上升”，《论语》说：“严肃认真地对待工作，信实无欺”，又说：“修养自己来严肃认真地对待工作”，孟子说：“尊敬齐王”、“敬爱兄长”，都没有说“持敬”的。看到这两个字，就可知道是不知晓道的。我跟您说的，都是因为您说到了这里，然后说明它的主旨，只是想让您知道古人的事实情况，而不要被没有根据的邪说所累。您说得到这个学说而思考它，您把它作为一种学说，是很不明白我的意思，怪不得不能记忆，因为加上了自己的意思而失去了它本来的意思。再比如“洒脱”这两个字也不正确，您为什么不说我的见解是错误的，不如古人的见解正确；我的说法空虚，不如古人的说法实在。像这样自我争辩，就会能反省出道理来。如果只管洒脱，不加以深刻思考，最终就不能得到正确的道理。这个道理是很明确的，每个人心中都存在。您很不幸地被错误的习惯蒙蔽，现在才花费了别人很大的精力。这个事情如果不明白，不应该安于习惯，迟迟不肯纠正。

病倦，不能檃括文辞，使之简约，信手直书大概，幸三复而顿弃其旧，则当知圣贤之言，真不我欺也。

【译文】因生病而感到疲倦，不能够概括语言使它简约，随意地写了大概，庆幸您多次回复而抛弃旧说，应当知道圣贤遗言真的没有欺骗我们。

与刘深甫书

来书示以方册所疑，足见为学不苟简。然其理皆甚明白，本无可疑。若于此未能通晓，则是进学工夫不甚纯一，未免滞于言语耳。今欲一一为深甫解释，又恐只能言语议论，无益于深甫之身心，非徒无益，未必不反害之也。

【译文】您的来信提到您读书过程中发现的疑问，足以证明您学习的深入。然而书中的道理都是很明白的，原本没有什么可以怀疑的。如果在书中又不能理解的地方，那就是您学习的方法不够纯粹，只是停留在语言文字上。本来想详细地为你做作解释，又害怕只是语言的讨论，对您的内心却没有一点好处，反而可能有害处。

大抵为学，但当孜孜进德修业，使此心于日用间戕贼日少，光润日著，则圣贤垂训，向以为盘根错节未可遽解者，将涣然冰释，怡然理顺，有不加思而得之者矣。《书》曰："思曰睿，睿作圣。"孟子曰："思则得之。"学固不可以不思，然思之为道，贵切近而优遊。切近则不失己，优遊则不滞物。《易》曰："拟之而后言，议之而后动。"孟子曰："权，然后知轻重；度，然后知长短。物皆然，心为甚。"《记》曰："心诚求之，虽不中，不远矣！"日用之间，何适而非思也。如是而思，安得不切近，安得不优遊？

【译文】一般来说，做学问应当毫不懈怠，提高道德修养，扩大功业建树，使人的本心在平常生活中不再受到伤害，一天天地更加光滑润泽，这样原来被认为极其复杂、不容易理解的圣贤留下的教训，就能像冰遇热消融一般，很快被理解，使人心悦又能阐述得很清楚，不必深思就能得到。《尚书》说："思虑要通达，通达就会圣明。"孟子说："思考就能获得。"学习当然不能不思考，然而思考也有一定的方法，就是要非常地接近内心而又从容不迫。接近内心就不会迷失自己，从容不迫则不容易被事物阻碍。《周易》说："揣测以后再说话，议论之后再行动。"孟子说："称一称，才知道轻重；量一量，才知道长短。凡事都是这样，人心更是如此。"《礼记》说："存心真诚地做，虽不能做到与目标完全相合，也相差不远了。"平日生活中，到哪里不用思考呢？这样随处思考，怎能不贴近，怎能不从容！

至于圣贤格言，切近的当，昭晰明白，初不难晓。而吾之权度，其则不远，非假于外物。开卷读书时，整冠肃容，平心定气。诂训章句，苟能从容不迫而讽咏之，其理当自有彰彰者。纵有滞碍，此心未充未明，犹有所滞而然耳，姑舍之以俟他日可也，不必苦思之。苦思则方寸自乱，自蹶其本，失己滞物，终不明白。但能于其所已通晓者，有鞭策之力，涵养之功，使德日以进，业日以修，而此心日充日明，则今日滞碍者，他日必有冰释理顺时矣。如此则读书之次，亦何适而非思也？如是而思，安得不切近？安得不优遊？若固滞于言语之间，欲以失己滞物之智，强探而力索之，非吾之所敢知也。某铨曹再黜，来岁又未免一来。深甫勉之。谨无以言语议论妨进修之路，使此心之良，无斧斤之伐，牛羊之牧，而有雨露之沾滋，雷风之鼓舞，日以畅茂条达，则来示数章，不求解于他人矣。

【译文】圣贤留下的遗训，恰切得当，清楚明白，本来就不难理解。而我的衡量标准，并不遥远，不需要借助外物。打开书本阅读时，衣冠整齐，心平气和。对于文章的解释、分章与语句停顿，如果能淡定地阅读，自然会容易做到。即使有所障碍，心中不明白，像是停止不前了，暂且放弃，留待日后再解决也是可以的，没有必要苦苦思索。苦苦思索就会使内心烦恼，这是自己挖掘自己的根本，失去本心而被外物阻碍，最终也不会明白的。但是如果能在自己已经理解的东西基础上，继续努力、培养身心，使道德、学业每日都有进步，那么自己的本心就会越发澄明，现在不能理解的，日后必然能够理解。这样读书的次序，在哪里不能进行、不能思考呢？这样去思考，怎能不贴近，怎能不从容呢？如果停留在对语句的理解上，想要用失去自我，凝滞于物的智慧，强制地去探索，这样的结果不是我敢预测的。我再次被罢免，明年也得再来一次。您要努力啊！一定要谨慎，不要因为对语句的不解而妨碍自己道德上的修养，使自己的良心，不要像树木受到砍伐，草地遭受放牧一样受到伤害，而要像受到雨露滋养，风雷吹动的树木一样，日渐茂盛，这样您信中所提的疑惑，不必请教他人就自然明白了。

又与刘淳叟书

淳叟平日闻言辄喜，遇事辄询，有听纳之体。然亲朋间未肯归以取善之实，岂似逆而顺情者喜听，而真实苦口者之未能无龃龉耶？抑从悦者多而改绎之未至也？此虽据前日而论，然今亦未能无疑于淳叟也。

【译文】您平时擅于听从别人的意见，不耻下问，颇听谏纳善有胸怀。然而亲朋好友们没有认为您有采纳正确言论的实际行动，这难道同违逆实际、顺承人情的奉承为人喜欢听，而良药苦口般的真实劝谏不被认同是一样的情况吗？或者认同您的人多，然而还没有改变陈述？这些话虽然是根据从前您的情况而说的，然而现在尚存对您的一些疑虑。

秋试《礼记》题破题诚佳。然或者谓所出题乃淳叟意旨，而作义者适尔投合，苟当于理，岂厌其同。不稽诸理而苟异以求致益之名，则固非也。场屋之弊固久，然有志者持文衡，将此理是责，谓彼善于此则可，谓理固如此则不知言甚矣。

【译文】您在秋试中对《礼记》意义这道题的破题确实非常得好。然而有人说所出的题目是您一直所想的，与出题人不谋而合，如果所答符合理的要求，为什么担心它们相同呢？不考察理而苟且不同以追求致意的名声的，当然是不对的。科举的弊端已经很久了，有志向远大的人执行以文章取士的标准来取舍权衡，责备这个理，说他擅于科场考试还可以，说理当如此则算得上不明事理了。

申公曰：“为治不在多言，顾力行如何耳。”今曰：“道不在多言，学贵乎自得”，明理者观之，二语之间，其病昭矣。摩顶放踵，利天下为之，墨子非不力行也。其往也，使人让灶让席；其反也，人与之争灶争席，杨子非不自得也。二氏不至多言，而为异端。颜闵侍侧，则夫子无言可也。杨墨交乱，告子许行之徒，又各以其说肆行于天下，则孟子之辨岂得已哉？或默或语，各有攸当。以言餂人，以不言餂人，均为穿窬之类。夫子之于颜子，盖博之以文。夫博学于文，岂害自得？颛臾之不必伐，卫政之必正名，冉有季路不能无蔽，夫子不得不申言之。夷之陈相告子之徒，必执其说以害正理，则孟子与之反复，不得不致其详。必曰不在多言，“问之弗知弗措，辨之弗明弗措”，皆可削也。“自得”之说本于孟子。而当世称其好辩，自谓博学而详说之，将以反说约也。《中庸》固言力行而在学问思辨之后，今淳叟所取自得、力行之说，与《中庸》《孟子》之旨异矣。仁智信直勇刚，皆可以力行，皆可以自得，然好之而不好学，则各有所蔽。倚于一说一行而玩之，孰为无味。不考诸其正，则人各以其私说，而傅于近似之言者，岂有穷已哉。

【译文】申公说："治理国家不在于话说得多，而是要看尽力干得如何而已。"现在有人说："道的获得不在于话说得多，学习崇尚的是有所心得。"明白事理的人能够看出这两种说法之间的差别是很明显的。从头顶到脚跟都磨伤，只要对天下有利，墨子一定努力实践；往外地去的时候，别人给他让出灶门，让出坐席。从外地回来的时候，人们（已不再拘束，）同他争抢灶门、坐席，杨朱不是没有心得。这两个人没有到说话很多的地步，已被视为异端。颜回、闵损在旁边侍坐，孔子没有说话，这是可以的。杨朱、墨翟交相扰乱，告子、许行之类人，又各自以自己的学说到处游荡宣传，这样的话孟子怎么能不与他们辩论呢？或者沉默，或者交谈，各有所适当的地方。用说话诱骗，用不说话诱骗，都是属于穿墙打洞之类的偷窃行为。孔子对颜子的教育，是让他广泛地学习。广泛地学习之后，还担心他没有心得吗？不需要对颛臾进行征伐，卫国的政治必须进行正名，冉有、季路不懂得这些，孔子不得不讲解清楚。主张以夷变夏的陈相、告子之类的人，用他们的学说破坏正确的道理，这样孟子与他们反复地辩论，是不得不如此。一定要说道的获得不在于多说话，那么请教问题不明白就不停止，辩论问题不清楚就不放弃，这些教诲都可以删去了。"自己有所心得"的说法由孟子提出，当时的人说他爱好与人辩论，他自称广泛地学习并且详细地说明，是用来归结到简约的。《中庸》说努力实践是在学习、提问、思考、辩论之后，现在您主张的有心得、努力实践的说法，与《中庸》《孟子》的意思是不一样的。仁德、聪明、诚实、直率、勇敢、刚强都可以努力去实践，都可以有所心得，然而爱好它却不学习它，都是有弊端的。只依从一种说法一种行为而不断玩味，是很没有意义的。不考察真正的学问，人人都用自己的说法，附着与他相似的学说，这样的事怎么会有穷尽的时候呢？

淳叟之气禀，固自有异于人者，往时朋旧相亲，鲜不服其粹和醇美，以为无疵。独淳叟之心，往往有不敢自欺者，求他人之明。如淳叟之心不可欺，则亦鲜矣。至如晚寝早作，躬亲细事，筋力日强，精神日敏，则自去冬以来，其效甚著，纵有荒怠，勉之斯复，所不足者，恐不独在是也。麟之侄近颇精进，论事尽有根据。至如说淳叟，辄欲以一言断之，此亦是其病处，固当辟之矣。然在淳叟不可不察。

【译文】您的气质本来就不同于众人，过去的亲朋好友，很少有人不认为他纯粹完美的，认为没有瑕疵。只有您自己认为，有些事情是不能欺骗自己的，需要他人的指点。您心中不能欺骗自己的地方，是很少的吧！至于晚睡早起，亲自处理细小的事情，身体日渐强壮，精神日渐敏锐，从去年冬天以来，效果非常得显著，即使有时懈怠，只要勉励就会重新恢复，不足的地方，恐怕不是在这个地方。侄儿麟之最近进步很大，谈论事情都有根据。说到您的时候，就立刻想用一句话来论断，这是他的不当之处，当然应该消除。然而您不能不有所察觉。

宏父德器言论，皆有余味，诚有其仁，亦焉用佞。然光明所烛，波澜所及，不已于学，当有充长之验。以大禹之圣，闻“在知人，在安民”之言，则吁而致其问。仁有所未洪，智有所未足，勇有所未至，而欲敛然自安于弑父与君亦不从也之列，则亦偷矣。馆学之官非费宰比，能相勉以进，无苟自安，则吾道有望。道之异端，人之异志，古书之正伪，固不易辨。然理之在天下，至不可诬也。有志于学者，亦岂得不任其责？如射者之于的，虽未能遽中，岂得而不志于是哉？闲先圣之道，辟邪说，放淫辞，于今当有任其责者，而多言是病，此公孙弘禁民挟弓弩之策也。

【译文】包恢的修养、度量、谈吐都很有内涵，真正有仁德，怎么能说他谄媚呢？然而人的聪明才智应该不仅仅体现于学习之中，还应该在实践运用中体现。以大禹这样的圣人，听到“治理天下的关键是知人善任、使百姓安居乐业”这样的话，还感叹而请教皋陶。仁德没有宏大，聪明没有完全，勇敢没有做到，就想苟安于庸官的队伍之中，这也是得过且过。学校里面的管理人员不是像费县的县令这样的职位能相比的，如果能够相互勉励，不苟且偷安，那么圣人之道还是有希望的。学问中的异端，人们不同的志向，古书的真假，这些当然是不容易辨别的。然而理是普遍于世界的，是不能被掩盖、捏造的。有志于学术事业的人，怎能不担负起自己的责任呢？就像射箭的人射靶心，虽然不能立刻射中，怎么能不想着射中呢？熟练地掌握圣人之道，排斥异端邪说，放弃夸大失实的言论，现在应当有人担负这个任务了，而说得多做得少是很大的弊端，这是和公孙弘禁止民众挟持弓弩一样的策略。

与傅圣谟书

不假推寻拟度之说，殆病于向者推寻拟度之妄。已而知其非，遂安之，以为道在于是。必谓不假推寻为道，则仰而思之，夜以继日，探赜索隐、钩深致远者，为非道邪？必谓不假拟度为道，则是拟之而后言，议之而后动，拟议以成其变化者，为非道邪？谓即身是道，则是有身者皆为有道耶？是皆未得夫道之正也。谓悠悠日复一日，不能堪任重道远之寄，此非道也。贫穷不能不为累，此非道也。学如不及，学而不厌，忧之如何？如舜而已者，道当如是故也。箪食瓢饮不改其乐，肘见缨绝不以为病者，道当如是故也。耕历山，渔雷泽，陶河滨，与夫耕莘、筑岩钓渭者，此所以糊其口也。夫子绝粮，曾子七日不火食，而匡坐弦歌，歌声若出金石，夫何累之有哉？子路结缨，曾子易箦，乃在垂死而从容如此，贫孰与死而云为累，无乃未得为问道者乎？以圣谟之英敏而不知此，无乃未之思乎？无乃向之所谓道者，反所以为道之蔽而然乎？

【译文】不借助推求寻索、揣度推测得说法，大概因为担忧过去推求寻索、揣度推测的荒诞。已经知道了它的不对，于是就安定下来，认为道就在其中。不过一定要说不借助推求寻索而得的才是求道的方法，那么仰而思之，夜以继日，探赜、索隐、钩深、致远这些就不是求道的途径吗？一定要说不借助推求寻索而得的才是求道的方法，那么忖度之后再发言，议论之后再行动，忖度、议论从而促成变化，这就不是求道的方法吗？如果说自己本身就是求道的方法，那么凡是有身体的都是有求道的方法？这大概没有懂得正确的求道的方法。说时光荏苒，日复一日，不能承担任重道远的责任，这不是求道的方法。贫穷，要为生活奔波，这不是求道的方法。学习争先恐后，从不厌倦，但有所忧虑怎么办呢？像舜一样做就行了，求道的方法应该像这样。要像颜回一样，过着一箪食物、一瓢汤水的贫苦生活，却还依旧快乐；像曾子一样，扶正帽子缨绳就会断，整一整衣襟就露出肘子，这样的困窘生活不能使他感到忧虑，求道的方法应该像这样。舜在历山之畔耕作，在雷泽打渔，在黄河边做过陶器；伊尹在有莘国的郊野耕作；商朝大臣傅说在傅岩从事版筑；吕尚在渭水边垂钓。这些都是为了养活自己。孔子在陈、蔡两国之间粮食断绝，曾子一连七天吃不上热饭，仍然端坐依琴瑟而咏歌，声音好像金石发出来的一样，他们有什么忧虑呢？子路系好帽带，从容就死；曾子临死更换竹席，这都是在将要死亡的时候还很镇定，贫穷与死亡哪一个被说成忧患呢？恐怕是那些还没有成为求道之人吧？以您的聪明还没有这样做，恐怕是没有思考吧？恐怕是把过去的求道方法，看做求道的阻碍才这样吧？

与邵中孚书

所示进学证验，此乃吾友天资朴茂，立志坚笃，故能如此，可喜可庆。

【译文】您在学习上表现的进步，说明了您资质朴实厚道，立定志向坚持不懈，所以能取得这样的成绩，是值得高兴的。

居天下之广居，立天下之正位，行天下之大道，乃吾分内事耳。若不亲师友，汩没于流俗，驱而纳诸罟擭陷阱之中，而莫之知辟，岂不可怜哉？孟子曰：“苟得其养，无物不长；勾失其养，无物不消”。今吾友既得其本心矣，继此能养之而无害，则谁得而御之？如木有根，苟有培浸而无伤戕，则枝叶当日益畅茂；如水有源，苟有疏浚而无壅塞，则波流当日益充积。所谓“源泉混混，不舍昼夜，盈科而后进，放乎四海，有本者如是”。大抵读书，诂训既通之后，但平心读之，不必强加揣量，则无非浸灌、培益、鞭策、磨励之功。或有未通晓处，姑缺之无害。且以其明白昭晰者日加涵泳，则自然日充日明，后日本源深厚，则向来未晓者，将亦有涣然冰释者矣。

【译文】居住在天下最广大的居所里，站立在天下最正的位置上，行走在天下最广阔的道路上，这些都是属于我自己的职责。如果不亲近、求教于老师、朋友，沉浸于世俗之学，把他驱赶并使他落入捕兽的网笼和陷阱里，却不知道躲避，难道不是很可怜吗？孟子说：“如果得到好好的养护，没有东西不能生长；如果失去护养，没有东西不会消亡。”现在您已经获得自己的本心，然后能养护它而不要伤害，那么谁能抵御它呢？就像树木有根本，如果加以培养而不意伤害，枝叶就会越发茂盛；就像水流有源头，如果加以疏通而不堵塞，水流就会日渐充沛。这就是所谓“有源泉的水都是滚滚而来，不分昼夜，先注满沟渠再前进，最终到达了大海，有根源的事物便像这样的”。一般而言，读书在古语已经解释清楚以后，只要再静下心阅读，不要强制揣度意思，只做些浸灌、培益、鞭策、磨励的功夫。如果有不理解的地方，姑且放下也没有什么害处。只在自己明白的地方每天深入体会，自然会更加充实明晰，以后本源深厚，那么之前不明白的地方就会豁然开悟。

《告子》一篇，自“牛山之木尝美矣”以下，可常读之。其浸灌、培植之益，当日深日固也。其卷首与告子论性处，却不必深考，恐其力量未到，则反惑乱精神，后日不患不通解也。此最是读书良法，其他非相见莫能尽。《尚书》《皋陶》《益稷》《大禹谟》《太甲》《说命》《旅獒》《洪范》《无逸》等篇，可常读之，其余少缓。何时得相见，诸当面尽，未闻，千万勉旃，以卒贤业。

【译文】《告子》这篇文章，从“牛山的草木曾经很茂盛、美丽啊！”以下可以经常阅读。它浸灌、培植的好处，应当每天都有所深入、巩固。它开始的部分与告子讨论人性的地方，不需要深入思考，害怕您功力不到，反而惑乱精神，不用担心以后也不理解。这是最好的读书方法，其它的只有见面是才能说清楚。《尚书》中《皋陶》《益稷》《大禹谟》

《太甲》《说命》《旅獒》《洪范》《无逸》等篇章，可以经常阅读，其余的先放下。等见面的时候，再详细交谈吧，一定要努力，以完成圣贤事业。

与赵咏道书

为学有讲明，有践履，《大学》：“致知格物”，《中庸》：“博学、审问、谨思、明辨”，《孟子》：“始条理者，智之事”，此讲明也。《大学》：“修身正心”，《中庸》：“笃行之”，《孟子》：“终条理者，圣之事”，此践履也。“物有本末，事有终始，知所先后，则近道矣”。“欲修其身者，先正其心，欲正其心者，先诚其意；欲诚其意者，先致其知。致知在格物。自《大学》言之，固先乎讲明矣。自《中庸》言之，学之弗能，问之弗知，思之弗得，辨之弗明，则亦何所行哉！未尝学问思辨，而曰吾唯笃行之而已矣，是冥行者也。自《孟子》言之，则事盖未有无始而有终者。讲明之未至，而徒恃其能力行，是犹射者不习于教法之巧，而徒恃其有力，谓吾能至于百步之外，而不计其未尝中也。故曰，其至尔力也，其中非尔力也。讲明有所未至，则虽材质之卓异，践行之纯笃，如伊尹之任，伯夷之清，柳下惠之和，不思不勉，从容而然，可以谓之圣矣。而《孟子》顾有所不愿学。拘儒瞽生，又安可以其硁硁之必为，而傲知学之士哉？然必一意实学，不事空言，然后可以谓之讲明，若谓口耳之学为讲明，则又非圣人之徒矣。

【译文】做学问有阐释义理的，有实践功夫的，《大学》说：“获得知识在于接触事物”，《中庸》说：“广泛地学习，详细地求教，慎重地思考，清楚地辨别”，《孟子》说：“开始奏出旋律节奏，靠智慧”，这些都是阐述义理的。《大学》说：“修养自身的品行要先端正自己的心思”，《中庸》说：“努力地实践”，《孟子》说：“最后奏出旋律节奏，靠圣德”，这些说的是实践功夫。事物都有本根和末节、开始和终结的分别，知道他们的先后顺序，就差不多接近道了。要修养好自身的品德，就要先端正内心；要端正内心，就要先意念真诚；要意念真诚，就要先获得知识；要获得知识，就要接触事物。从《大学》的角度来说，当然要先讲明义理。从《中庸》的角度来说，学习没有能力，问他问他又不知道答案，思索又没有所得，辨别又不能清楚，那怎么能实践呢？没有做到学习、求教、思考、辨别，就说要努力实践，知识盲目地实践罢了。从《孟子》的角度来看，没有好的开始就有完美结果的事情是不存在的。义理没有讲解明白，只是盲目地恃强逞能要去实践，就像射箭的人不学习射箭的技巧，只是依仗自己的力气，说自己能百步穿杨，而没有料想自己不一定就能射中。所以说，箭射到了靶子，是自己的力量所为，射到了靶心，则不是靠力量就能办到的。义理没有讲解明白，就禀赋超于常人，实践非常笃实，像伊尹胜任工作，伯夷为人清廉，柳下惠思想和谐一样，不用思考，不用努力，从容不迫就能如此，可以称之为圣人。然而《孟子》却不愿意学习他们。固执守旧、目光短浅的儒生，又怎么能以自己浅陋又固执的行为，而鄙视有见识的学者呢？然而一定要坚守真正的学问，不说空话，才可以称之为阐释义理，如果说那些耳朵进、口里出的的皮毛之见也算是义理之学，就不配称为圣人的弟子。

与李宰书

来教谓“容心立异，不若平心任理”。其说固美矣。然“容心”二字不经见，独《列子》有“吾何容心哉”之言。“平心”二字亦不经见，其原出于《庄子》：“平者，水停之盛也，其可以为法也，内保之而外不荡也。”其说虽托之孔子，实非夫子之言也。彼固自谓寓言十九。其书道夫子言行者，往往以致其靳侮之意，不然则借尊其师，不然则因以达其说，皆非事实。后人据之者陋矣。又韩昌黎与李翊论文书，有曰：“平心而察之。”自韩文盛行后，学士大夫言语文章，间用“平心”字浸多。究极其理，二说皆非至言。

【译文】您的来信说“留心在意，标新立异，不如以平常心听凭理”。这种说法当然很好。然而“容心”这两个字在儒家的经典中没有出现过，只有《列子》里面有“我为什么要留意呢”的说法。“平心”这两个字在儒家的经典中也没有出现过，它出自于《庄子》：“平，是水停止在容器的状况，它可以成为一种方法，内部保持平静且外部也不振荡。”庄子的说法虽然假托孔子之言，实际上并不是。庄子自己就说他的著作十分之九都是寓言故事。他的书讲到孔子的言行时，大多是表达他对孔子的嘲笑侮慢，要不然就借着尊师的名义，不然就是用它来通达自己的学说，这些都不是事实。后人依据它的就有些浅陋了，又《韩昌黎与李翊论文书》，上面说：“平心静气地仔细察看，认真研究。”自从韩愈的文章盛行以后，学士、大夫说话、写文章，时用“平心”二字的越来越多。然而要是穷究它的意义，这两种说法都算不上最好的说法。

“吾何容心”之说即“无心”之说也，故“无心”二字亦不经见。人非木石，安得“无心”？心于五官最尊大。《洪范》曰：“思曰睿，睿作圣。”孟子曰：“心之官则思，思则得之，不思则不得也。”又曰：“存乎人者，岂无仁义之心哉？”又曰：“至于心，独无所同然乎？”又曰：“君子之所以异于人者以其存心也。”又曰：“非独贤者有是心也，人皆有之，贤者能勿丧耳。”又曰；“人之所以异于禽兽者几希，庶民去之，君子存之。”“去之”者，去此心也，故曰：“此之谓失其本心。”“存之”者，存此心也，故曰：“大人者不失其赤子之心。”四端者，即此心也。“天之所以与我者”，即此心也。人皆有是心，心皆具是理，心即理也。故曰：“理义之悦我心，犹刍豢之悦我口。”所贵乎学者，为其欲穷此理，尽此心也。有所蒙蔽，有所移夺，有所陷溺，则此心为之不灵，此理为之不明。是谓不得其正，其见乃邪见，其说乃邪说。一溺于此，不由讲学，无自而复。故心当论邪正，不可无也。以为吾无心，此即邪说矣。若愚不肖之不及，固未得其正，贤者智者之过失，亦未得其正。溺于声色货利，狃于谲诈奸宄，牿于末节细行，流于高论浮说，其智愚贤不肖固有间矣。若是心之未得其正，蔽于其私，而使此道之不明不行，则其为病一也。

【译文】“我为什么要留意”的说法，就是无心的说法，所以“无心”二字在儒家的经典中没有出现过。人不是草木、石头，怎么能无心呢？心在人的五种器官中是最尊贵的。《洪范》说：“思考要通达，思考能通达，就能做到圣明。”《孟子》上说：“心这个器官职在思考，思考就有所得，不思考就无所得。”又说：“在一些人身上，难道不具有仁义之心？”又说：“说到人心，难道就没有相同之处吗？”又说：“君子不同于一般人之处，就在于他的居心不同。”又说：“这种心理（指舍生取义）不仅贤者具有，一般人都有，只不过贤者能够经常保持罢了。”又说：“人类和禽兽的区别只有那么一点点，一般百姓丢弃它，君子保存了它。”去，就是去掉这个心，所以说“这就叫做丧失了他的本性”。存，就是保存这个心，所以说“道德高尚的人，永远不失去他孩童时代的纯真天性。”恻隐之心、羞恶之心、辞让之心、是非之心这四端，就是这个心；上天所赋予我的，就是这个心。人人都有这个心，心中都具有这个理，心就是理，所以说“理义能引起起我们的喜爱，好比牛羊肉合乎我们的口味一样。”学者的可贵之处，在于他想要穷尽这个理，这个心。如果被蒙蔽了，被剥夺了，有所沉迷，那么这个心就不灵敏了，理也就不明白了，这叫做不能获得它正确的状态，它的见解是邪恶的见解，它的说法是邪恶的说法。一旦陷溺其中，不通过研讨学习，是不会自动恢复的。所以心可以以用邪恶与正义来谈论，不能不如此。认为自己没有这个心，这句是邪恶的说法。那些愚蠢、不肖的人有所不及，当然没有获得获得正直的心，贤明、智慧的人过分了，也没有获得获得正直的心。沉溺于寻欢作乐、贪财等行径，习惯于欺诈、犯法作乱、被束缚于无关紧要的细小行为，趋向于夸夸其谈的空洞理论，人的智、愚、贤、不肖当然是有差别的。如果这个心没有获得它固有的正确状态，被人的私欲蒙蔽，从而使道不明、不行于世，那么人的弊病就是一样的。

周道之衰，文貌日胜。良心正理，日就芜没。其为吾道害者，岂特声色货利而已哉？

杨、墨皆当世之英，人所称贤。孟子之所排斥拒绝者，其为力劳于斥仪、衍辈多矣。所自许以承三圣者，盖在杨、墨，而不在衍、仪也。故正理在人心，乃所谓固有。易而易知，简而易从，初非甚高难行之事，然自失正者言之，必由正学以克其私，而后可言也。此心未正，此理未明，而曰平心，不知所平者何心也？《大学》言“欲正其心者先诚其意，欲诚其意者先致其知，致知在格物”。物果已格，则知自至。所知既至，则意自诚。意诚则心自正。必然之势，非强致也。孟子曰：“我亦欲正人心，息邪说，距诐行，放淫辞，以承三圣者。”当是时，天下之言者不归杨，则归墨，杨朱、墨翟之言盈天下。自孟子出后，天下方指杨、墨为异端。然孟子既没，其道不传。天下之尊信者，抑尊信其名耳，不知其实也。指杨、墨为异端者，亦指其名耳，不知其实也。往往口辟杨、墨，而身为其道者众矣。自周衰，此道不行；孟子没，此道不明。今天下之士，皆溺于科举之习。观其言，往往称道《诗》《书》《论》《孟》，综其实，特借以为科举之文耳。谁实为真知其道者？口诵孔、孟之言，身蹈杨、墨之行者，盖其高者也。其下则往往为杨、墨之罪人，尚可言哉？孟子没，此道不传，斯言不可忽也。诸人交口称道门下之贤，不觉吐露至此。病方起，不暇隐括其辞，亦惟通人有以亮之。傥有未相孚信处，当迟后便。

【译文】周代实行的道衰败以后，形式生义日渐兴盛。人的良心、正理，日益被荒芜淹没。那些对道产生危害的，难道只是沉溺于寻欢作乐、贪财等行径？杨朱、墨翟都是当时的精英人物，被人们称作贤人的，孟子之所以排斥他们，是因为他们的学说比起张仪、公孙衍的行为更劳人精神。自许为继承大禹、周公、孔子事业的是杨朱、墨翟，而不是张仪、公孙衍。所以公正的理存在于人心之中，就是所谓的固有。容易了解，简单易行，并不是非常难以实行的事情，然而从失去正心者的角度看，必须经由正学以便克制他的私欲，然后才能说其它的。这个心没有归正，这个理没有澄明，而说平心，不知道所平的是什么心。《大学》说：“想要端正自己的心志，就先要证实自己的诚意；想要证实自己的诚意，就先要丰富自己的知识；丰富知识就在于深人研究事物的原理。”事物的原理已经被研究，那么知识自然会获得，知识已经获得，那么意自然会诚，意诚之后心自然会端正，这是必然的趋势，不是被强制的。孟子说：“我也要端正人心，消灭邪说、反对偏激的行为，驳斥谬论，来继承大禹、周公、孔子这三位大圣人的事业。”那个时候，天下谈论学问的人，不是服膺杨朱，就是追随墨翟，杨朱、墨翟的言论充满天下，自从孟子出现以后，天下之人才开始把杨朱、墨翟的学问视为异端。然而孟子去世以后，他的学术无人传承。天下尊敬孟子的人，只是尊敬他的名字而已，却不知道他的学问。指谪杨朱、墨翟为异端的人，也只是指谪他们的名字罢了，不知道他们学问的实质。常常是那些口中批评杨朱、墨翟的人，实际上在亲身实践他们的学说。自从周代灭亡以后，大道不施行于世，孟子去世后，这个道就淹没无闻了。现在天下的读书人，都沉溺在科举考试的习惯之中。他们所说的话，常出自《诗经》《尚书》《论语》《孟子》，实际上，只是借用来作科举文章。有谁是真正知道经典蕴含的道理呢？口中念着孔子、孟子的言论，却以身实践着杨朱、墨翟的讲法，这还是高明之人所为。再劣等一些的人常常沦为杨朱、墨翟还要怪罪的人，还需要说其它的吗？孟子去世以后，道统断绝，这话不能被忽视啊。许多人都异口同声地称赞您的贤明，不自觉地就说了这些话。病初愈，没有时间对文章加以剪裁组织，也希望您原谅。倘若有不能信服的地方，日后再做讨论。

与陶赞仲书

《太极图说》，乃梭山兄辩其非是，大抵言无极而太极，是老氏之学，与周子《通书》不类。《通书》中太极不言无极，《易大传》亦只言太极，不言无极。若于太极上加无极二字，乃是蔽于老氏之学。又其《图说》，本见于朱子发附录。朱子发明言陈希夷太极图，传在周茂叔，遂以传二程，则其来历为老氏之学明矣。周子《通书》与二程言论，绝不见无极二字，以此知三公，盖已皆知无极之说为非矣。梭山曾与晦翁面言，继又以书言之，晦翁大不谓然。某素是梭山之说。以梭山谓晦翁好胜，不肯与辩。某以为人之所见，偶有未通处。其说固以己为是，以他人为非耳，当与之辩白，未可便以好胜绝之，遂尾其说，以与晦翁辩白，有两书甚详，曾见之否？以晦翁之高明，犹不能无蔽，道听涂说之人，亦何足与言此哉！

【译文】对于《太极图说》，梭山兄长辨析它的错误时认为，说无极而太极的基本都是老子的思想，与周敦颐的《通书》是不一致的。《通书》提到太极，却从没有提到无极，《易大传》也只是说太极，而不说无极。如果在太极的上面加上无极两个字，是受到老子学说的蒙蔽所致。况且《太极图说》本来是在朱子发的附录中出现的。朱子发明确地说到陈抟把太极图传给周敦颐，周敦颐又传给程颢程颐，这样太极图源自老子的学术就已经很明确了。周敦颐的《通书》和二程的言论中，都没有出现无极两个字，从这里就可以知晓三位前辈都知道无极的说法是不正确的。梭山兄曾经跟朱熹当面交谈，后来又以书信的形式谈论这个问题，朱熹都不同意这个观点。我一直都赞同梭山兄的观点。因为梭山兄说朱熹喜欢与人辩论，所以不愿意与他争辩。我认为不同人的见解偶尔有不相同的地方。人们都认为自己的见解是正确的，认为别人的是错误的，就应当与他辩论，不能因为对方喜欢争辩就不理他。于是就接着梭山兄的说法，跟朱熹辩论。有两封信说得很详细，不知您有没有看到？像朱熹这样资质高明的学者，还受到异端邪说的蒙蔽，那些只知道从别人那里学舌的人，怎么值得跟他们说呢？

仁义忠信，乐善不倦。此夫妇之愚不肖可以与知能行；圣贤所以为圣贤，亦不过充此而已。学者之事当以此为根本。若夫天文、地理、象数之精微，非有绝识，加以积学，未易言也。某欲作一揲蓍说，稍发易数之大端，以排异说，晓后学，坐事夺，未克成就，早晚就章，当奉纳一本。何时合并，以究此怀。

【译文】仁义忠信，爱好美善不知疲倦，这是愚鲁凡夫俗妇、不肖之人都可以知晓、实行的事情；圣贤能够成为圣贤，也不过是充实这个本心罢了。读书人的事情应当以这为根本。至于那些天文、地理、象数等精微的知识，如果没有超绝的见识，并且长久地学习，是不容易说清楚的。我想要创作一种关于揲蓍的学说，略微发挥易数的主要方面，用来排斥异端邪说，晓示后进的学者只是因为有其它事情耽误了，没有完成。将来完成之时，一定奉上一本请您指教。什么时候才能相聚，以穷究我的关怀。

德成而上，艺成而下，行成而先，事成而后。《论语》曰："入则孝，出则悌，谨而信，泛爱众而亲仁。"曰："言忠信，行笃敬。"孟子曰："仁义礼智根于心，其生色也，睟然见于面，盎于背，施于四体，四体不言而喻。"曰："仁义忠信，乐善不倦。"此等皆德行事，为尊为贵，为上为先。乐师辩乎声诗，祝史辩乎宗庙之礼，与凡射御书数等事，皆艺也。为卑为贱，为下为后。古人右能左贤，自有定序。夫子曰："君子多乎哉，不多也。"曾子曰："笾豆之事，则有司存。"凡所谓艺者，其发明开创，皆出于古之圣人。故曰："百工之事，皆圣人作也。"然圣人初不尚此，其能之也，每以教人，不以加人。若德行中庸，固无加人之理。世衰道微，德行浅薄。小人之有精力者，始以其艺加人，珍其事，秘其说，以增其价，真所谓市道。故风俗日以不美，流传之久，艺之实益不精，而眩鬻之风，反更张大。学者不辩本末，不知高下，未有不为此辈所眩者。吾观近时谈数学者，陋日以甚，妄日益炽。未尝涉其门户，得其师传，安能辩其是非，但以前尊卑贵贱上下先后之义推之，则自知所抉择。谲妄之情状，大概亦可见亦。作书毕，恐赞仲不能不惑于妄人庸夫之说，故复书此，以助抉择。

【译文】以德行而成就的人应居上位；以技艺而成就的人居下位。以德行而成就即以品行而成就，所以在前面；以技艺而成就即以办事能力而成就，所以在后面。《论语》说："在父母跟前，就孝顺父母；离开自己的房子，便敬爱兄长；寡言少语，说则诚实可信；博爱大众，亲近有仁德的人。"又说："言语忠诚老实，行为忠厚严肃。"孟子说："仁义礼智植根在心中，它们产生的气色是纯正和润的，显现在脸上，充满在体内，延伸到四肢。四肢不必等他的吩咐，便明白该怎样做了。"又说："仁义忠信，好善不倦。"这些说的都是德行方面的事，是属于尊贵，上位，在前面的事情。乐师能够分辨声音、诗歌，祝史能够分辨宗庙的礼仪，以及所有的射箭、驾驶、文献、数学等事情，都属于技艺。是卑贱的，下位的，在后面的事情。古代的人让有能力的人处于右边的位置，让贤德的人处于左边的位置，有它的道理所在。孔子说："真正的君子会有这么多的技巧吗？是不会的。"曾子说："至于礼仪的细节，自有主管人员。"凡是那些技艺，都是古代圣人发明、开创的。所以说："各行业的事情，都是圣人开创的。"然而圣人起初并不崇尚这些，他们的发明开创，都是用来教育民众的，而不是用来炫耀于人的。就如德行、中庸这些事情，当然不可能存在炫耀于人的道理。大道日益衰微，世人的德行日益浅薄。那些没有高尚德行，却有很大精力的人，开始凭借他的技艺向人炫耀，把自己的事业看得很珍贵，又把自己的学说当成秘密，用来增加自己的身价，真正是所谓的市井交易之道啊。所以民间的风俗一天天地变坏。这种状况流行长久之后，技艺的本质更加不精确，而炫耀卖弄的风气，反而更加的张扬。读书人不能辨别什么样的事情是根本，什么样的事情是末枝，不知道什么样的事情是高贵的，什么样的事情是卑下的，没有不被这些炫耀技艺的人蒙蔽的。我观察近代以来那些谈论数术的人，他们的浅陋越发严重，他们的狂妄日益势盛。没有进入他们的学说领域，得到他们的师承，怎么能辨别他们是对还是错呢？然而用前面所讲的何为尊卑、贵贱，何为上下、先后的道理推测，就会知道怎样做出选择。他们诡诈、欺诳的情形，从这里也能大略地看出来。信已经写完了，恐怕你不能免受那些庸俗之人的诱惑，所以又写了这封信，以便帮助你做出选择。

与辛幼安书

辄有区区，欲效芹献。伏惟少留聪明，赐之是正。窃见近时有议论之弊，本出于小人之党，欲为容奸廋慝之地，而饰其辞说，托以美名，附以古训，要以厉害，虽资质之美，心术之正者，苟思之不深、讲之不详，亦往往为其所惑。此在高明，必已洞照本末，而某私忧过计，未尝去怀，敢悉布之，且以求教。

【译文】我总是有了一些小的看法，就想效法献芹的故事。希望您不吝赐教。私下看到最近有议论（言宽仁）的弊病，这原本是小人之徒所为，想要隐藏邪恶，修饰他们的邪说，假托美名，附会古训，概括地说它的危害，即使资质超群，心术正直的人如果不深入思考，详细讨论，也常常被他们迷惑。想必您已经看穿了他们的伎俩，而我私下忧虑，不能释怀，想要陈述一番以求赐教。

古人未尝不言宽。宽也者，君子之德也。古之圣贤，未有无是心、无是德者也。然好善而恶不善，好仁而恶不仁，乃人心之用也。遏恶扬善，举直措枉，乃宽德之行也。君子固欲人之善，而天下不能无不善者以害吾之善；固欲人之仁，而天下不能无不仁者以害吾之仁。有不仁、不善为吾之害，而不有以禁之、治之、去之，则善者不可以伸，仁者不可以遂。是其去不仁，乃所以为仁。去不善，乃所以为善也。故曰："为国家者，见恶如农夫之务去草焉。芟夷蕴崇之，绝其本根，勿使能殖，则善者信矣。"夫五刑之用，古人岂乐施此于人哉？天讨有罪，不得不然耳。是故大舜有四裔之罚，夫子有两观之诛。善观大舜、孔子宽仁之实者，于四裔、两观之间而见之矣。

【译文】古人没有不讲宽仁的。宽仁，是君子的德性。古代的圣贤，没有不具备此心此德的。爱好善厌恶不善，爱好仁厌恶不仁，是人心的发用。禁绝坏事，宣扬提倡好事，选用贤者，罢黜奸邪，这是宽仁的德行。君子当然愿意人人都行善，然而天下总有不善之人伤害善人；愿意人人都有仁德，然而天下总有不仁之人伤害仁德之人。有不善不仁之人成为我们的伤害，而不禁止、治理、去掉他们，那么善良之人得不到伸展，仁德之人得不到成就。所以除去不仁之人是为了行仁，除去不善之人是为了行善。所以说："为国谋事的人，见了恶事要像农夫见了杂草必要努力除掉一样。把它们割断除掉，堆积起来，断绝它们的根本，不要使它们再繁殖，然后善事才能伸张。"五种刑罚的使用，是古人喜欢吗？上天讨罚有罪之人，不得不如此。所以舜有流放四方边缘之地的刑罚，孔子有在两观实行的诛灭。擅长观察舜、孔子宽仁本质的人，从这两件事就能看出。

近时之言宽仁者，则异于是。盖不究夫宽仁之实，而徒欲为容奸廋慝之地，殆所谓以不禁奸邪为宽大，纵释有罪为不苛者也。"罪疑惟轻"，罪而有疑，固宜惟轻。"与其杀不辜，宁失不经"，谓罪疑者也。使其不经甚明而无疑，则天讨所不容释，岂可失也。"宥过无大，刑故无小"，使在趋走使令之间，簿书期会之际，偶有过误，宥之可也。若其贪黩奸宄出于其心，而至于伤民蠹国，则何以宥为？于其所不可失而失之，于其所不可宥而宥之，则为伤善，为长恶，为悖理，为不顺天，殆非先王之政也。

【译文】近代以来讲论宽仁的与这不同。大概不穷究宽仁的本质，只是想要隐藏邪恶，就是那些把不禁止奸邪看做宽大，纵容有罪看做不苛刻的人。"罪行轻重有可疑之处，只应从轻判处"，罪行的轻重有可疑之处，当然只应从轻判处。"不能错杀无辜，宁可偏宽不依常法"，说的就是罪行轻重有可疑之处的人。如果所犯之罪不依常法就已经很明显，毫无可疑，这就是上天要讨罚的、不能纵容的，怎么能宽仁呢？"一时过失，虽大也可以宽恕，明知故犯，虽小也要惩罚”，如果在奔走执役、执行命令的时候，或在官署文书、财务出纳上稍有错误，宽恕他是可以的。如果贪污、违法作乱出自本意，以至于危害人民、国家，怎么还能宽恕呢？在不能忽视的地方忽视，在不能宽恕的时候宽恕，就是伤害善人，助长罪恶，违背天理，不顺承天意，这大概不是先王的政治吧。

自古张官置吏，所以为民。为之囹圄，为之械系，为之鞭棰，使长吏操之，以禁民为非，去其不善不仁者，而成其善政仁化，惩其邪恶，除乱禁暴，使上之德意，布宣于下而无所壅底。今天子爱养之方，丁宁于诏旨，勤恤之意，焦劳于宵旰。贤牧伯班宣惟勤，劳来不怠，列郡成风，咸尚慈恕。而县邑之间，贪饕矫虔之吏，方且用吾君禁非惩恶之具，以逞私济欲，置民于囹圄、械系、鞭箠之间，残其肢体，竭其膏血，头会箕敛，槌骨沥髓，与奸胥猾吏徒，厌饫咆哮其上。巧为文书，转移出没以欺上府，操其奇赢，与上府之左右，缔交合党，以蔽上府之耳目。田亩之民，劫于刑威。小吏下片纸，因累累如驱羊。劫于庭庑械系之威，心悸股慄，箠楚之惨，号呼吁天，隳家破产，质妻鬻子，仅以自免，而曾不得执一字之符，以赴愬于上。上之人，或浸淫闻其髣髴，欲加究治，则又有庸鄙浅陋、明不烛理、志不守正之人为之缓颊，敷陈仁爱、宽厚、有体之说，以杜吾穷治之意；游扬其文具、伪貌、诞谩之事，以掩其罪恶之迹；遂使明天子勤恤之意、牧伯班宣之诚壅底而不达。百里之宰，真承宣抚字之地，乃复转而为豺狼蝎蚊之区，日以益甚，不可驱除，岂不痛哉！若是者，其果可宥乎？果可失乎？至于是而又泛言宽仁之说，以逆蔽吾穷治之途，则其滋害遗毒，纵恶伤和，岂不甚哉？其与古人宽仁之道其不戾哉？

【译文】自古以来，设置官吏是为了民众。建造监狱，制作刑具是为了让官吏使用，禁止民众做错误的事，去除不善不仁的人，成就善政、仁德教化，惩罚邪恶，除乱禁暴，使朝廷的德政目的施行于民间，没有堵塞。当今皇帝爱护人民的方法，屡次体现于诏书之中，每日劳心于体恤下民。贤明的州郡长官、在朝大臣，勤劳不敢懈怠，各郡都崇尚宽恕成风。然而县乡之间，贪心虚伪的官吏，正在利用朝廷禁非惩恶的工具，逞私济欲，置人民于监狱、刑具、鞭箠之间。残害人民的肢体，流尽人民的膏血。赋税苛刻繁重，槌骨沥髓，和奸猾的胥吏，只是满足于咆哮公堂之上。巧作文书，转移出没以欺骗上级。拿着贪污所得，与上级的左右官吏缔交合党，以蒙蔽上级。乡野村民，害怕刑罚。小官吏下达片纸，就能驱使他们如羔羊一般。害怕监狱、刑具，心悸股慄，箠楚之惨，号呼吁天，隳家破产，质妻鬻子，仅仅能够自免，而竟不能拿着诉状向上级控诉。上级听到风声，想要追究，又有庸鄙浅陋、明不烛理、志不守正的人为他们辩解。滥用仁爱、宽厚、有体的说法，阻碍朝廷穷治的目的；宣扬他们文具、伪貌、诞谩的事情，掩盖他们罪恶的行迹；这样就使明天子勤恤之意、牧伯班宣之诚受到阻塞而不能完成。百里的小县，真正的承宣抚字之地，竟成为豺狼蝎蚊肆行之地，日益严重，不能治理，这不是很让人痛心吗？像这样的情况，真能宽恕他们吗？真能忽视吗？到这种情况，还空洞地说什么宽仁，阻碍朝廷穷治的决心，那么他们滋害遗毒，纵恶伤和，不是很严重吗？这与古人宽仁之道不是相违背吗？

今之贪吏,每以应办赋财为辞。此犹不可不辨。今日邦计，诚不充裕,赋取于民者诚不能不益于旧制。居计省者，诚能推支费浮衍之由,察收敛渗漏之处,深求节约检制之方,时行施舍已责之政,以宽民力,以厚国本,则于今日诚为大善。若未能为此，则亦诚深计远虑者之所惜。然今日之苦于贪吏者，则不在此。使吏果不贪，则因今之法，循今之例，以赋取于民，民犹未甚病也。今贪吏之所取，供公上者无几，而入私囊者，或相十百，或相千万矣。今县邑所谓应办月解岁解者，固多在常赋之外，然考其所从出，则逐处各有利源。利源所在，虽非著令之所许，而因循为例，民亦视以为常，而未甚病也。利源有优狭。优者应办为易，狭者应办差难。然通而论之，优者多，狭者少。若循良之吏，则虽在利源狭处，亦宁书下考，不肯病民。今之贪吏，虽在利源优处，亦启无厌之心，搜罗既悉，而旁缘无艺，张奇名以巧取，持空言以横索，无所不至。方且托应办之名，为缺乏之说，以欺其上。顾不知事实不可掩，明者不可欺。通数十年之间，取其廉而能者，与其贪之尤者而较之，其为应办则同，而其赋取诛求于民者，或相千万而不啻。此贪吏之所借以为说，而欺上之人者，最不可不察也。

【译文】现在的贪官，经常用为朝廷办理财赋做借口，这是不能不分辨的。现在国家收入的确不充裕，赋税取于民也得依从旧制。管理账户的如果知道节省，推断支费浮衍之原因,检查收敛渗漏的地方,深求节约检制的方法,行施舍已责之政,使民力宽裕,以厚国本,对于今天真算得上非常好的事。如果不能如此，真是值得深计远虑者可惜的。然而今天贪官的害处还不在此。假如管理不贪污，按照现在的法律，取赋于民，民众还不会太忧虑。现在的贪官从民众所收取的，供给上级的没有多少，而入私囊的相差能有数十、百倍，或者千倍、万倍。县邑所谓应办月解岁解，本来大多在常赋之外，然而考查它的来源，则各有获利源头。源头所在，虽然不是律令所允许，然而因循为例，民众也视之为常，没有太抱怨。获利之源有富裕、贫穷之分。富裕的地方应办较为容易，贫穷的地方的应办较为困难。然一般而言，富裕的多，贫穷的少。如果是善良的官吏，虽然处在利源贫穷的地方，宁愿书下考，不肯剥削民众。那些贪官，虽在利源富裕的地方，也生无厌之心，搜罗完毕，又旁缘没有定法，张奇名以巧取，持空言以横索，无所不至。还要假托应办的名义，以缺乏为借口，欺骗上级。竟然不知事实不可掩盖，明者不可欺骗。总共几十年间，把清廉有能力的官吏与那些贪污官吏比较一下，他们作为应办是相同的，而他们搜刮于民众的，有的相差不止千倍万倍。贪官的用来作为搜刮借口的、欺骗上级的说法，尤其不可不审察。

贪吏害民，害之大者。而近时持宽仁之说者，乃欲使监司郡守不敢按吏。此愚之所谓议论之蔽，而忧之未能去怀者也，不识执事以为如何？今江西繄安抚修撰是赖，愿无摇于鄙陋之说，以究宽仁之实，使圣天子爱养之方，勤恤之意，无远不暨，无幽不达，而执事之旧节素守，无所屈挠，不胜幸甚。

【译文】官官污吏，危害国家非常严重。然而有主张宽仁的人，想要使监司、郡守不敢治他们的罪。这就是我所说的议论的弊端，不能释怀的忧虑，不知道您怎样认为？现在您只是依赖安抚修撰的职位，但愿不要因为我的鄙陋说法而动摇，考究宽仁的实质，使皇帝爱护人民的方法，勤恤之意思，没有任何遥远、幽闭的地方不能到达，而您一向的操守，没有任何影响，这是多么大幸运啊！

赠二赵书

书契既造，文字日多；六经既作，传注日繁，其势然也。苟得其实，本末始终，较然甚明。知所先后，则是非邪正知所择矣。虽多且繁，非以为病，只以为益。不得其实，而蔽于其末，则非以为益，只以为病。二昆其谨所以致其实哉。

【译文】文字发明后，书籍日渐增多；六经已经创作，注释和评论六经的著作日益繁多，这是趋势发展使然。如果做学问知道何为根本，那么学问的主次、开始与终结就很明显了。知道了做学问的先后顺序，那么对学问的对与错、邪与正，就知道该怎样选择了。学问的繁多，并不是弊端，反而是有好处的，如果抓不住学问的根本，而被次要的东西迷惑，就不是有益处，反而是有害的了。你兄弟二人凭什么能抓住做学问的根本呢？一定要慎重考虑啊！

经德堂记

堂名取诸孟子“经德不回，非以干禄也”。经也者，常也；德也者，人之得于天者也。不回者，是德之固不回挠也。无是则无以为人。为人臣而无是，则无以事其君；为人子而无是，则无以事其父。禹之疏凿，稷之播种，契之敷教，皋陶之明刑，益驱禽兽，垂备器用，伯夷典礼，后夔典乐，龙出纳帝言，尹自耕莘相成汤，说由筑严佐武丁，太公以磻溪钓鱼为文、武师，皆是德也。关龙逢诛死；王子比干剖心；箕子为囚奴；孔子削迹伐木、穷于陈蔡，毁于叔孙，贻讥于微生亩、楚狂接舆、晨门耦耕、负蒉植杖之流；孟子见沮于臧仓、受嗤于优髡、见疑于尹士充虞者，同是德也。武王缵太王、王季、文王之绪，以有天下；周公成文武之业，追主太王、王季，宗祀文王于明堂，尽继述之善，为天下达孝；曾子受经于仲尼，以孝闻天下而名后世，皆是德也。舜小杖则受，大杖则走。妻帝二女，不待瞽瞍之命。缮廪而焚，捍笠以下，浚井而掩，凿旁以出；太伯、虞仲，将致位乎季历，断发文身，逃之荆蛮；太子申生，使人辞于狐突，再拜稽首而死，同是德也。

【译文】该书堂的名字取自孟子所说“依据道德行事，不致违背礼节，这并不是为了谋求官职俸禄。”经，是常的意思；德，是人从上天那里禀赋而来的。不回，是说坚持德而不违背。不有德就不能立身处世而为人。作为大臣，没有德既不能事奉君主；作为儿子，没有德就不能事奉父亲。夏禹为了治水而进行疏通和开凿，后稷教民播种谷物，契掌管教化，皋陶正直地司刑，益管理山林川泽中的草木鸟兽，垂担任百工制造各种器具，伯夷负责祭礼，后夔主持乐律，龙担任纳言官，伊尹从有莘氏媵臣耕种为业，后来成为汤王朝的宰相，傅说由傅岩地方从事版筑的奴隶成为商武丁的辅佐大臣，姜子牙因为垂钓皤溪被文王访求到后来成为文王、武王的统帅，都是因为有德行的缘故。关龙逢被诛杀；王子比干被剖心；箕子成为囚奴；孔子的车碾轧的痕迹被削去，在树下演习周礼，树又被砍倒，在陈国、蔡国遭遇穷困，受到叔孙的毁谤，又被微生亩、楚狂接舆、耦耕者、负蒉植杖者这类人的嘲笑；孟子受到臧仓的诋毁、优髡的嗤笑、尹士、充虞的怀疑，都是因为有德行的缘故。武王继承太王、王季、文王的事业，所以获得天下；周公成就文王、武王的事业，追封太王、王季，在明堂祭祀文王，能成就继承的美德，是天下的大孝之人；曾子得到孔子的教诲，以孝顺的美德被天下知晓并且流芳后世，都是因为有德行的缘故。舜对于小的杖打就接受，大的杖打就跑开。娶了帝尧的两个女儿作为妻子，没有等待瞽叟的命令。修缮房廪被焚烧，借助斗笠自己才得以下来。疏浚井的时候又被掩埋，从井壁的旁边凿洞才得以出来；太伯和虞仲，把继承人的身份让给季历，削断头发，纹身，逃到荆蛮这个地方；太子申生，派人辞谢狐突，跪拜两次自缢而死，都是因为有德行的缘故。

治古盛时，黎民于变，比屋可封，汉上游女如彼乔木，中林武夫可为腹心，所欲有甚于生，所恶有甚于死，证验之著，在于途巷，况士大夫乎？逮德下衰，此心不竞，豪杰不兴，皇极不建，贤智迷于会归，庶民无所归命，学者文烦，讼者辞胜，文公实私，实义主利，陵夷不救，横流不堤。天常民彝所不可泯绝者，如汉献在许，听命于蜮操而已。旧章先典，格言至训，椟存珠亡，转为藻缋，邪释缪解，正漫真渝，又转而给寇兵、充盗粮矣。疽溃蛆肆，贼民猖獗。狷狂之士方不胜愤怒，矛义介节，出婴其锋，犹或凭天藉圣，因其不遂泯绝者，足为且吾，以耸观听，然如孤豚之咋虎者，常十八九。总其实，火不啻一车薪，而水未必盈杯也。信乎！终亦必亡而已矣。

【译文】上古治理隆盛时期，天下民众相递变化友好和睦起来，差不多家家都有可受到封爵的德行，人们把在汉水游戏的女孩看做乔木一样，对于中林的武夫也当做可以推心置腹的朋友。人们爱惜德行甚于自己的生命，厌恶没有德行甚于死亡。这些德行在道路、民巷中都能看到，何况士大夫呢？等到民众德行衰败的时候，这颗道德的本心就不完整了，豪杰也不再兴起了，法则也不再确定了，有贤德、智慧的人沉迷于自己的信仰，普通民众没有可以安身立命的信仰，读书人的文章日益繁琐，打官司的人靠诉状的文采取胜，以“义”为宾客，以“利”为主人，被欺凌的人不去拯救，物欲横流又不去阻止。天道运行的规律和人生常理的法则这些不能泯灭的东西，就像汉献帝在许都听命于曹操一样。古代的典章制度，格言训语，如匣子还在珠却没了一样，都形存实亡，成了纹饰。错误的理解，把正确和真实的东西掩遮，变成送给敌寇兵器，补充盗贼的食粮了。贼民猖狂，像疱疮溃破，蛆虫到处爬。急躁的士人忍受不了这种令人烦闷的状况，凭借正义的矛头、高尚的节操，奋不顾身拿起武器去战斗，他们可以凭借上天的赋予、圣人的教诲，自己不曾泯灭的良心做出足以振奋人心的功业，然而结果也不过是一只小猪去咬老虎。概括这种情况的原因，就像用半杯水去救一车燃烧的干柴。这种状况最终一定会导致灭亡！

夫子生于周季，当极文之弊，王者之迹熄，书讫诗亡，亦已久亦。载贽之舆，方羊海岱江淮河济之间，莫能用着。归而讲道洙泗，贤颜氏之乐，大林放之问，叹曾点之志，称重南宫适“禹、稷躬稼”之言，眷眷于柴参之愚鲁，而终不能使予、赐、偃、商、由、求之徒，进于知德，先入之难拔，积习之锢人，乃至于此。夫子既没，百家并兴，儒名者皆曰自孔氏。颜渊之死，无疑于夫子之道者，仅有曾子，自子夏、子游、子张，犹欲强之以事有若，他何言哉？章甫其冠，逢掖其衣，以诗书礼乐之辞为口实者，其果真为自孔氏者乎？老聃、蒙庄之徒，恣睢其间，摹写其短，以靳病周孔，躏籍诗礼，其势然也。战国嬴秦，无足复道。汉高帝锄项籍，其要领在为义帝发丧一事，天常民彝，莫大于此。新城三老，盖深于老氏者也，彼知取天下之大计在此耳，岂有“匹夫匹妇，不与被尧舜之泽，若己推而纳诸沟中”之心哉？庄子讥田常盗仁义以窃国，乃不知其学，自有盗仁义以窃天下之计也。虽然，君子反经而已矣。经正则庶民兴，庶民兴，斯无邪慝矣。

【译文】孔子生于周代末期，当时文化陷入疲病的状态，圣明的君王也不再出现，诗书也不再创作，已经很久了。孔子乘着车在渤海、泰山、长江、淮河、黄河、济水之间游荡，却没有人愿意任用他。回到家乡后，在洙水与泗水之间讲课授徒。夸奖林放的提问，赞叹曾点的志向，称赞南宫适关于夏禹、后稷亲自耕稼的言论，对高柴、曾参的愚钝、鲁莽不能释怀，最终也没有使宰予、端木赐、子夏、仲由、冉求这些弟子在德行方面有所进步，先入为主的成见很难改正过来，积重的陋习能束缚人的思想竟然达到这种程度。孔子去世以后，诸子百家兴盛起来，那些儒者都自称自己的学说来源于孔子。自从颜渊死后，对孔子的学说理解得毫无偏差的只有曾子一人。子夏、子游、子张这些弟子还要强迫他师事有若，其他的弟子还用得着提吗？使自己帽子更加漂亮，将自己的衣服缝补装饰，把诗书礼乐的言辞作为自己的谈资，那些人果真是孔子的门生吗？老子、庄子这类人，在他们之间放任无拘束，嘲笑、奚落周公与孔子，践踏伤害诗书礼仪，这不是势所必然的吗？战国、秦代没有什么值得称道的东西。汉高祖之所以能够铲除项羽，关键在于他为义帝发丧这件事，伦理道德没有比这更大的了。新城的三位老人，大概对黄老之术很精通，他们懂得取得天下的方法在于此，哪里有“普通的男子和妇女，如果没受到尧、舜的恩泽感化，便好像自己亲手把他们推到并坠人深沟之中”这个本心呢？庄子讥讽田常盗用仁义窃取国家政权，却不知自己的学问是盗用仁义而窃取天下的方法。虽然如此，君子只要返回经典，从中领悟就可以了。对经典的阐释正确，民众就会懂得礼仪，民众懂得礼仪之道，邪祟就无法隐匿其中了。

云锦吴生绍古，远来从余游，求名其读书之堂。余既名而书之，且为其说，使归而求之。孟子曰：“古之人修其天爵，而人爵从之。今之人修其天爵以要人爵，既得人爵而弃其天爵，则惑之甚者也。”后世发策决科，而高第可以文艺取。积资累考，而大官可以岁月致，则又有不必修其天爵者矣。生其早辨而谨思之。绍熙元年五月望日象山翁记。

【译文】云锦的吴绍古，从远处而来，跟从我读书学习，请求我给他的读书之堂取个名字。我帮他给书堂取了名字，并且做了说明，让他回去后用心体会。孟子说：“古代的人修养他自然尊贵的爵位，于是社会爵位随着来了。现在的人修养他自然尊贵的爵位，为的是追求社会爵位；已经得到了社会爵位，便放弃他自然尊贵的爵位，那就太胡涂了。”后世之人拆阅策问题目，以决定录取与否，这样高贵的地位可以凭借文学技艺获得。积累升迁资考的资格，这样时间久了就可以做到大官，也不必再修养德行了。你要及早辨别其中的区别，谨慎地思考这个问题。绍熙元年五月十五日象山翁记。

武陵县学记

彝伦在人，维天所命，良知之端，形于爱敬。扩而充之，圣哲之所以为圣哲也。先知者，知此而已；先觉者，觉此而已。气有所蒙，物有所蔽。势有所迁，习有所移。往而不返，迷而不解，于是为愚为不肖。彝伦于是而斁，天命于是而悖。此君师之所以作，政事之所以立。是故先王之时，风教之流行，典刑之昭著，无非所以宠绥四方，左右斯民，使之若有常性，克安其道者也。是故乡举里选，月书季考，三年而大比，以兴贤能，盖所以陶成髦俊，将与共斯政，同斯事也。

【译文】人的常道、伦理来自于天命，良知的发端来自于爱敬的感情。扩大并充实这个端倪，这是圣贤成为圣贤的原因。先知知道的是这个道理；先觉觉察到的也是这个道理。气物的生成都会有所蒙蔽。然而形式总会有变迁，习惯也会改变。如果受蒙蔽不知往返，受迷惑不知理解，就会变成愚蠢、不贤之人。常道、伦理因此被败坏，天命因此被违背，这就是君主、教师兴起、政治建立的原因。所以前代帝王的时候，教化的流行，法式的显著，都是为了安抚天下，影响民众，使他们保持天性，坚守常道。所以乡里举行选举，每月每季度的考察，三年一次的科举，提拔有贤德才能之人，都是为了陶冶出杰出的人才，与他们共同治理国家。

学校庠序之间，所谓切磋讲明者，何以舍是而他求哉？所谓“格物致知”者，格此物，致此知也，故能“明明德于天下”。《易》之穷理，穷此理也，故能尽性至命。孟子之“尽心”，尽此心也，故能知性知天。学者诚知所先后，则如木有根，如水有源，增加驯积，月异而岁不同，谁得而御之？若迷其端绪，易物之本末，误事之始终，杂施而不逊，是谓异端，是谓邪说。非以致明，只以累明；非以去蔽，只以为蔽。后世之士，有志于古，不肯甘心流俗，然而苦心劳身，穷年卒岁，不为之日休，而为之日拙者，非学之罪也。学绝道丧，不遇先觉，迷其端绪，操末为本，其所从事者，非古人之学也。古人之学，其时习必悦，其朋来必乐，其理易知，其事易从，不惑于异说，不牵于私欲，造次于是，颠沛于是，则其久大可必。孟子曰：“源泉混混，不舍昼夜，盈科而后进，放乎四海。”此古人之学也。

【译文】在学校里面相互讨论、讲解的学者，为什么要舍弃本心而追求其它的呢？所谓的“研究事物获得知识”，研究的是这个心，获得的是这个关于心的知识，所以能够“把自己的光明之德推广于天下”。《周易》所说的穷理，就是穷尽这个心的道理，所以能够穷尽天性知道命运。孟子的“尽心”，是说穷尽这个心，就能够知晓天性、知晓天命。学者们真能够知道做学问的先后秩序，就会像树木有根本，水流有源头一样，加以疏导，一天天变化，有谁能够阻挡呢？如果在开端就迷失了，把事物的本末倒置，混淆事物开始与终结，施教者杂乱无章而不按规律办事，这就是异端，就是邪说。不是用来明白事理，是用来迷乱心思的，不是用来解除蒙蔽的，是用来增加蒙蔽的。后世的学者立志向古人学习，不愿意沦落为世俗之徒，然而成年累月地劳累身心，一旦不这样做学问就会停止，这样做了学问却越发笨拙，这不是学问本身造成的。学统断绝，道统沦丧，没有先觉出现，学者们在开始就已经迷失，把次要的作为主要的。他们所学习的，并不是古人所学习的。古人所学习的内容，在复习的时候是高兴的，在朋友来访时是快乐的。它的道理容易知晓，用来做事又容易掌握。不与异端邪说重复，不受私欲牵制。在仓促匆忙的时候一定和它同在，在颠沛流离的时候一定和它同在。这样它一定可以经历长久、发扬光大的。孟子说：“源头里的泉水滚滚涌出，日夜不停，注满洼坑后继续前进，最后流入大海。”这就是古代人的学习内容。

武陵旧无县学。县旁有胜地，地有故筑基，盖往时有欲迁府学于是而不遂者。今县宰林君梦英，出故基于芜秽之中，而创学焉。士民之有力者，皆争出财以相其役。林君不事官府之威，凡学之百役，无异民家之为者。既成，规模宏丽，气象雄伟，遂为武陵壮观。先是仓台薛公伯宣，助成讲堂，今宪台丁公逢，仓台赵公不迁，郡侯蒋公行简，皆助钱买田以养士。林君之创兹学，而上下翕然助成其美如此，则林君之政可知矣，余于是敬诵所闻以记之。绍熙二年岁次辛亥六月上澣象山陆某记。

【译文】武陵县没有县级的学校。县城旁边有景色优美的地方，该地有过去建筑的地基，大概过去想要把府学签迁这个地方，而最终没有办到。当今的县令林梦英，把过去的地基清理出来，要建造学校。士大夫及民众，凡是有能力的，都争着出钱助成此事。林先生放下官府的威严架子，建校的所有劳役，都和民众一样去做。学校建成后，规模宏大，气势雄伟，成为武陵县的景观之地。开始的时候，仓台的薛伯宣，帮助建成讲堂。现在宪台的丁逢，仓台的赵不迁，郡侯蒋行简，都出资购买田地用来供养读书人。林先生创办这个学校，无论身份高低都乐意帮助他完成此事，那么林先生的政绩如何是可以想象的，我因此把自己所知道的记录下来。绍熙二年，年次是辛亥，六月休息日，象山陆九渊记。

语录二十七则

道外无事，事外无道，先生常言之。

【译文】道就在事物之中，事物之外没有道，先生经常这样说。

天理人欲之言，亦自不是至论。若天是理，人是欲，则是天人不同矣。此其原盖出于老氏。《乐记》曰："人生而静，天之性也；感于物而动，性之欲也。物至知之，而后好恶形焉。不能反躬，天理灭矣。"天理人欲之言盖出于此。《乐记》之言亦根于老氏。且如专言静是天性，则动独不是天性耶？《书》云："人心惟危，道心惟微。"解者多指人心为人欲，道心为天理，此说非是。心一也，人安有二心？自人而言，则曰惟危；自道而言，则曰惟微。罔念作狂，克念作圣，非危乎？无声无臭，无形无体，非微乎？因言庄子云："眇乎小哉，以属诸人；敖乎大哉，独游于天。"又曰："天道之与人道也相远矣。"是分明裂天人而为二也。

【译文】天理人欲的说法，当然不是最好的讲法。如果说源于天的是理，源于人的都是欲，那就是说天与人是不同的。这种说法大概来源于老子。《乐记》说："人生下来是好静的，这是先天赋于的本性。受到外界的影响而变为好动，这是本性受到了引诱。人的认识和外界事物相交接，就会表现为两种态度：喜好或厌恶。喜好或厌恶的态度如果从人的自身得不到节制，再加上对于外界事物的引诱不能自我反省和正确对待，那么人的天性就会完全丧失。"天理人欲的说法大概就来源于这里。《乐记》的说法也是来源于老子。况且如果只说静是人的天性，那么动就不是天性吗？《尚书》说："人心动荡不安，道心幽昧难明，"许多人把它解释成人心是人欲，道心是天理，这是错误的。人只有一颗心，谁能有两颗心呢？从人的角度来说，就是惟危；从道的角度来说，则是惟微。放纵念头导致疯狂，克制想法使人成圣人，不是很危险吗？没有声音、味道，没有形态、体形，不是很微妙吗？庄子说："渺小又渺小的，是人，高远广大的，是天。"又说："天道与人道相差太远了。"这明显地把天与人分裂成成两个事物了。

凡欲为学，当先识义利公私之辨。今所学果为何事？人生天地间，为人当自尽人道，学者所以为学，学为人而已，非有为也。

【译文】凡是想做学问的，应当先知道义利、公私的分别。学习是为了什么呢？人生存在天地中间，做人应当穷尽做人的道理，学者做学问的目的，是学习如何做人，不是要有所作为。

上是天，下是地，人居其间。须是做得人，方不枉了。

【译文】人头上是天，脚下是地，人处于二者之间。应该做真正的人，才不是徒然成为人。

要当轩昂奋发，莫恁地沈埋在卑陋凡下处。

【译文】应当精神焕发、器宇轩昂，不要只是那样沉浸在卑下、普通的地方玩味天理。

居象山，多告学者云："汝耳自聪，目自明，事父自能孝，事兄自能弟，本无欠缺，不必他求，在乎自立而已。"人要有大志，常人汩没于声色富贵间，良心善性教蒙蔽了。今人如何便解有志，须先有智识始得。

【译文】陆九渊居住在象山，经常对学生们说："你们的耳朵听得清楚，眼镜看得明白，对待父亲自然会孝顺，对待兄长自然会尊敬，原本就没有缺陷，不需要寻求其它的了，有自己的主见就可以了。"人应该有大的志向，普通人沉湎于肉体的安逸及富贵，使良心善性受到蒙蔽。怎样才能够使有志的人解除蒙蔽，得先要对良知有所认识才行。

此道非争竞务进者能知，惟静退者可入。又云："学者不可用心太紧。"今之学者，大抵多是好事，未必有切己之志。夫子曰："古之学者为己，今之学者为人。"须自省察。

【译文】这个道理不是只靠努力就能知道的，只有那些心静谦让的人可以了解。又说："学者不可为了学习使心太劳累。现在的学者，大多是事业心太重，不一定有针对自己的志向。孔子说："古代的学者为自己而学习，现在的学者学习是为了给别人看。"一定要自我省察。

为学患无疑，疑则有进。孔门如子贡，即无所疑，所以不至于道。孔子曰："汝以予为多学而识之者欤？"子贡曰："然。"往往孔子未然之。孔子复有"非与"之问。颜子

“仰之弥高，末由也已”。其疑非细，甚不自安，所以其殆庶几乎？

【译文】做学问最怕没有疑问，有了疑问才有进步。孔子的弟子子贡就没有疑问，所以没有达到道的境界。孔子说：“你认为我是广泛地学习才知道这么多的吗”子贡说：“是的。”孔子经常并不赞同他，孔子又有了“非与”的问题。颜回认为“孔子的学问德性越是仰望越觉得高耸，没有路径可以达到”。他如果没有疑虑，心中就不得安宁，这是他距离成为圣人很近的原因吗？

学问须论是非，不论效验。如告子先孟子不动心，其效先于孟子，然毕竟告子不是。

【译文】做学问应该只讲对或错，而不讲效果。例如告子能够不动心比孟子还早，他的效果也先于孟子，然而从根本上说告子是错误的。

人共生乎天地之间，无非同气，扶其善而沮其恶，义所当然。安得有彼我之意？又安得有自为之意？

【译文】人类共同生活在天与地的中间，都是由天地之气构成，扶植其中善的部分，遏制其中恶的部分，这是理所当然的。怎么能有彼此的分别？又怎么能有自己做的想法。

学者须是打叠田地净洁，然后令他奋发植立。若田地不净洁，则奋发植立不得。古人为学，即“读书然后为学”可见。然田地不洁净，亦读书不得。若读书，则是假寇兵，资盗粮。

【译文】读书人做学问应该向像种田一样，先把田地清理干净，然后再让发育成长。如果田地没有清理干净，发育成长也不能顺利进行。古人如何做学问，从“先读书然后做学问”这句话就可看出。然而心像田地一样没有清理干净，也不能读书。如果就这样去读书，就是借助盗匪的兵力，强盗的粮食。

《论语》中多有无头柄的说话，如“知及之，仁不能守之”之类，不知所及所守者何事。如“学而时习之”，不知时习者何事。非学有本领，未易读也。苟学有本领，则知之所及者，及此也；仁之所守者，守此也；时习之，习此也；说者说此；乐者乐此。如高屋之上建瓴水矣。学苟知本，六经皆我注脚。

【译文】《论语》中有很多无头绪的讲话，例如“智慧足以得来，仁德不能去保持它”之类，不知道所守卫、所得来的是什么事情。例如“学习过的东西要经常复习”，不知道经常复习的是什么事情。如果不是学习有能力，是不能轻易读懂的。如果学习有能力，那么用智慧得来的，得到的就是这个；仁德守卫的，守卫的就是这个；经常复习，复习的就是这个；喜悦的，就是喜悦这个；快乐的，就是快乐这个。就像从高屋顶上倾倒瓶子里的水，学习如果知道根本所在，《诗经》《尚书》《仪礼》《周易》《春秋》《乐经》都是我的注脚。

或问先生：“何不著书？”对曰：“六经注我！我注六经？韩退之是倒做，盖欲因学问而学道。欧公极似韩，其聪明皆过人，然不合初头俗了。”或问：“如何俗了？”曰：“《符读书城南》《三上宰相书》是已。至二程方不俗，然聪明却有所不及。”

【译文】有人问陆先生：“问什么不写书？”先生回答道：“《诗经》《尚书》《仪礼》《周易》《春秋》《乐经》都是我的注脚，我怎么会给做注呢？韩愈做的恰恰相反，大概是想通过做学问而达到道。欧阳修非常相似韩愈，他的聪明超过一般人，然而和当初不符合，沦为世俗。”有人问：“为什么说他俗了？”陆先生说：“读一下《符读书城南》《三上宰相书》就知道了。到二程出现才不同于世俗，然而他们的聪明却比不上韩愈。”

一学者自晦翁处来，其拜跪语言颇怪。每日出斋，此学者必有陈论，应之亦无他语。至四日，此学者所言已罄，力请诲语。答曰：“吾亦未暇详论，然此间大纲有一个规模说与人：今世人浅之为声色臭味，进之为富贵利达，又进之为文章技艺，又有一般人，都不理会，却谈学问，吾总以一言断之，曰胜心。”此学者默然。后数日，其举动语言颇复常。

【译文】有一位从朱熹那里过来的学生，他的举止、语言都很怪异。每天从书斋出来后，他必定会有一番陈述，别人也没有什么话回答他。过了四天，他已经没有什么可说的了，竭力请求陆先生的教诲。陆先生说：“我也没有时间详细论述，然而有一个大概可以说：现在的人学习肤浅的是为了肉体的享受。稍好一点的是为了富贵、功名利禄。再好一点的是为了学习做文章、掌握技艺。还有一些人，什么都不懂，却还妄谈做学问，我总是用一句话概括，那就是好胜之心态。”几天后，那个学生的举止语言恢复了常态。

一学者从游阅数月，一日问之云：“听说话如何？”曰：“初来时，疑先生之颠倒。既如此说了，后又如彼说。及至听得两月后，方始贯通，无颠倒之疑。”

【译文】有一位学生跟从陆先生学习了几个月，有一天先生问他：“你觉得我的课讲得怎样？”学生回答道：“刚来的时候怀疑老师讲课有所矛盾。已经这样说了，后来又改为那样说。等到听课有两个月之后，才开始感觉到贯通，不再有矛盾的嫌疑。”

先生云：“学者读书，先于易晓处沉涵熟复，切己致思，则他难晓者涣然冰释矣。若先看难晓处，终不能达。”举一学者诗云：“读书切戒在荒忙，涵泳工夫兴味长。未晓莫妨权放过，切身须要急思量。自家主宰常精健，逐外精神徒损伤。寄语同游二三子，莫将言语坏天常。”

【译文】陆先生说：“学习的人读书，要先在简单容易理解的地方反复思考，贴合自己来思索，那么其它不容易理解的地方就会迎刃而解。如果先从难以理解的地方开始学习，最终是不能有所领悟的。”先生还引用了一位学者的诗：“读书一定不要慌张，要思索才能获得新意。不理解的地方可以暂且搁置，一定要贴合自身思索。从自己的心获得知识总是令人感到精神旺盛，追逐身外事物的道理则会令人精神劳损。送给跟从学习的学生们几句话，不要因逞口舌之快而损害天理。”

有行古礼于其家而其父不悦，乃至父子相非不已，遂来请教。先生云：“以礼言之，吾子于行古礼，其名甚正；以实言之，则去古既远，礼文不远。吾子所行，未必尽契古礼，而且先得罪于尊君矣。丧礼，与其哀不足而礼有余也，不若礼不足而哀有余也。如世俗甚不经，裁之可也，其余且可从旧。”

【译文】有个人在家庭里实行古代的礼仪，他的父亲为此很不高兴，以至于相互指责，于是前来向陆先生请教。先生说：“从礼的角度来说，你实行古代的礼仪，名义很正确；从实际情况来说，现在距离古代很遥远了，礼仪离我们并不遥远。你所实行的，不一定和古代的礼仪都相符合，然而已经先把父亲得罪了。对于丧礼，哀伤不够而礼仪过于繁多，还不如仪礼不多而真心地哀伤。如果民间的礼仪实在没有原则，裁剪是可以的，其它的可以依从过去的。”

子不语怪力乱神。夫子只是不语，非谓无也。若力与乱，分明是有，神怪岂独无之？人以双瞳之微，所瞩甚远，亦怪亦。苟不明道，则一身之间无非怪，但玩而不察耳。

【译文】孔子不谈论怪异、勇力、叛乱和鬼神。孔子只是不谈论，并不是真的不存在。比如勇力与叛乱，明明就存在，鬼神、怪异难道就不存在？如果人用自己的肉眼，可以看到很远的东西，是很奇怪的。如果不知晓道，人的身体都是值得奇怪的，只是没有仔细观察罢了。

吕伯恭为鹅湖之集，先兄复斋谓某曰："伯恭约元晦为此集，正为学术异同。某兄弟先自不同，何以望鹅湖之同？"先兄遂与某议论致辩，又令某自说，至晚罢。先兄云，"子静之说是。"次早，某请先兄说，先兄云："某无说，夜来思之，子静之说极是。方得一诗云：孩提知爱长知钦，古圣相传只此心。大抵有基方筑室，未闻无址忽成岑。留情传注翻榛塞，着意精微转陆沉。珍重友朋勤切琢，须知至乐在于今。"某云："诗甚佳。但第二句微有未安。"先兄云："说得恁地，又道未安，更要如何？"某云："不妨一面起行，某沿途却和此诗。"及至鹅湖，伯恭首问先兄别后新功，先兄举诗才四句，元晦顾伯恭曰：子寿早已上子静船了也。"（舡、一作船。舡亦船也。）举诗罢，遂致辩于先兄。某云："途中某和得家兄此诗云：墟墓兴哀宗庙钦，斯人千古不磨心。涓流滴倒沧溟水，拳石崇成泰华岑。易简工夫终久大，支离事业竟浮沈。"举诗至此，元晦失色。至"欲知自下升高处，真伪先须辨古今"。元晦大不怿。于是各休息。翌日，二公商量数十折议论来，莫不悉破其说。继日，凡致辩，其说随屈。伯恭甚有虚心相听之意，竟为元晦所尼。后往南康，元晦延入白鹿洞讲说，因讲君子喻于义一章，元晦再三云："某在此不曾说到这里，负愧何言！"

【译文】吕祖谦组织在鹅湖寺举行的集会，我已故的哥哥陆九龄曾对我说："吕伯恭邀请朱熹在此集会，为的是学术上的争论。我们兄弟之前就与他观点不同，怎么能期望在这里达到统一呢？"哥哥于是和我讨论怎样与朱熹论辩，又让我自己说，到很晚才结束。哥哥说："你的讲法是对的。"第二天早上，我请教哥哥的意见，哥哥说："我没有其它意见，夜里思考，你的讲法非常正确。我刚做了一首诗：从孩提时候起，我们就知爱知敬，古代圣贤脉脉相传的其实就是这个心。谁都知道有了根基才能筑室造屋，没有根基，又怎能垒成万丈大厦？如果只是咬文嚼字不得要领，恐怕就要陷入沉沦之中，应珍重友情，孜孜切磋琢磨圣道，要知道最大的欢乐还在于今天。我说："诗写得很好。但是第二句我不赞同。"哥哥说："既然说好，又说不太赞同，那要怎么办呢？"我说："不如先赶路，我在路上再和你这首诗。"等到了鹅湖寺，吕祖谦首先问我哥哥自从上次分别之后有没有新的作品，哥哥就把刚做的那首诗给他，朱熹看着吕祖谦，说："陆九龄早已经上了陆九渊的船了。"看过诗，就和哥哥论辩起来。我说："在来的途中，我也做了首诗，用来和我哥哥的诗：'人见墟墓便兴起悲哀之感，见宗庙即兴起钦敬之心。这悲哀、钦敬之心正是人所共有的千古不磨之心。涓涓细流终成沧溟之水，拳拳之石垒成泰山之巍。易简质朴直达本心的为学之道才是永恒的大事业，旁求他索不着根本的支离之学只能浮沉不定'。"诗读到这里，朱熹脸色大变。等到读"要知道从低向高处升达的真正通道，真真假假只在于辨别当下那个立志明心的一瞬"，朱熹非常地不高兴。于是各自去休息。第二天，他们两位商量几十回合的论辩，都使朱熹的学说不能自圆。又过了一天，所有的辩论，朱熹都感到理屈。吕祖谦非常愿意虚心听讲，竟然被朱熹阻挡了。后来我去南康，朱熹请我到白鹿洞书院演讲，于是就讲了君子知道义这一章，朱熹一连几次说：“我在书院里从没有讲过这些，这是感到羞愧啊！”

淳熙二年乙未，先生三十七岁。吕伯恭约先生与季兄复斋，会朱元晦诸公于信之鹅湖寺。复斋云云。元晦归后三年，乃和前诗云：“德业流风夙所钦，别离三载更关心。偶携藜杖出寒谷，又枉篮舆度远岑。旧学商量加邃密，新知培养转深沈。只愁说到无言处，不信人间有古今。”后信州守杨汝砺建四先生祠堂于鹅湖寺，勒陆子诗于石。复斋与张钦夫书云：“某春末会元晦于铅山，语三日，然皆未能无疑。”按《吕成公谱》：“乙未四月，访朱文公于信之鹅湖寺，陆子静、子寿、刘子澄及江浙诸友皆会，留止旬日。”邹斌俊父录云：“朱、吕二公话及九卦之序，先生因亹亹言之。大略谓《复》是本心复处，如何列在第三卦，而先之以《履》与《谦》。盖《履》之为卦，上天下泽，人生斯世，须先辨得俯仰乎天地而有此一身，以达于所履。其所履有得有失，又有系于谦与不谦之分。谦则精神浑收聚于内，不谦则精神浑流散于外。惟能辨得吾一身，所以在天地间举错动作之由，而敛藏其精神，使之在内而不在外，则此心斯可得而复矣。次之以常固，又次之以损益，又次之以困，盖本心既复，谨始克终，曾不少废，以得其常，而至于坚固。私欲日以消磨而为损，天理日以澄莹而为益。虽涉危陷险，所遭多至于困，而此心卓然不动，然后于道有得，左右逢其原，如凿井取泉，处处皆足。盖至于此，则顺理而行，无丝毫透漏，如巽风之散，无往不入，虽密房奥室，有一缝一罅，即能入之矣。二公大服。”朱亨道书云：“鹅湖讲道切诚，当今盛事。伯恭盍虑陆与朱议论犹有异同，欲会归于一，而定其所适从，其意甚善。伯恭盍有志于此语，自得则未也。临川赵守景明，邀刘子澄、赵景昭。景昭在临安与先生相款，亦有意于学。”又云：“鹅湖之会，论及教人。元晦之意，欲令人泛观博览，而后归之约。二陆之意，欲先发明人之本心，而后使之博览。朱以陆之教人为太简，陆以朱之教人为支离。此颇不合。先生更欲与元晦辩，以为尧、舜之前何书可读？复斋止之。赵、刘诸公拱听而已。先发明之说，未可厚诬。元晦见二诗不平，似不能无我。”元晦书云：“某未闻道学之懿，兹幸获奉余论，所恨匆匆别去，彼此之怀，皆若有未既者。然警切之诲，佩服不的忘也。还家无便，写此少见拳拳。”

【译文】淳熙二年乙未，陆九渊先生三十七岁。吕祖谦约陆先生及陆九龄，与朱熹等人在信州鹅湖寺集会。陆九龄云云。朱熹从鹅湖寺回去后三年，才回应鹅湖寺所做的诗：“你们陆氏兄弟的德业风流一直为我所钦佩。相别三年之后，我更加关心你们的道德文章。潜居于此偶尔扶着藜杖出入寒谷，有劳您乘坐着竹轿远度群山来此赐教。过去的学问经过切磋论究变得更加邃密，新的知识经过培养提炼也愈发深沉。最令人担心的是：

在默默的明心悟道中沉沦失性，不知道人间还有什么古今。”后来，信州郡守杨汝砺在鹅湖寺建造四先生祠堂，把陆九渊的诗刻在石头上。陆九龄在给张栻的信中说：“我晚春时候在铅山与朱熹见面，讨论了三天，然而都不能感到满意。”按语，《吕成公谱》记载：“乙未年四月，在信州鹅湖寺拜访朱熹，陆九渊、陆九龄、刘子澄以及江浙地区的学友都参加了集会，留在那里有十天。”邹斌，字俊夫，记录道：“朱熹、吕祖谦二位谈到《履》《谦》《复》《恒》《损》《益》《困》《井》《巽》九卦的顺序，陆九渊娓娓而谈。大概是说《复》卦是本心恢复的地方，为什么被放在第三卦，而《履》卦与《谦》卦却放在它的前面。大概《履》卦的卦象，上面是天，下面是泽，人生活在这个世间，应该先认识到人处于天地之间，有自己的身体，用来实践。他的实践有获得也有失去，也和谦虚、不谦虚有关。谦虚人的精神就会凝聚在心中，不谦虚精神就会流散在心外。只有认识到自己在天地之间行动的根据，并且收敛自己的精神，使它凝聚在心中，这样本心就可以恢复。《复》卦后面是《恒》《损》《益》。大概本心已经恢复，谨慎地保持，不使它减少，维持它的常态，渐渐达到坚固。本心被私欲每天消磨是《损》，天理一天天变得澄明是《益》。即使陷入危险的境地，遭受困难，而本心却不因此动摇。这样就能获得道，触处皆得益，得心应手。到了这个境界，凡事依理而行，没有任何偏离。就像巽风无孔不入一样，即使是非常隐秘的房子，有一小孔即可得入。朱熹、吕祖谦二位非常赞同。”朱亨道记载：“在鹅湖寺的讲学非常地真诚，是当代的一件大事。吕祖谦大概考虑到陆九渊与朱熹的辩论还有很多分歧，就想把他们的学说统一，他的想法很好。吕祖谦有志于这项事业，然而没能完成。临川赵守景明邀请刘子澄、赵景昭。赵景昭在临安与陆先生相互款待,也对陆先生的学问有兴趣。”又记载：“鹅湖寺的集会，讨论怎样教育人。朱熹的意思是要人多读书，然后回归简约。陆九龄、陆九渊的意思是要人先恢复自己的本心，然后再博览群书。朱熹认为陆氏兄弟教育人的方法太简单，陆氏兄弟认为朱熹教育人的方法太繁琐。双方都不能说服对方。陆九渊还想与朱熹论辩，认为尧、舜之前是没有书本可读的，被陆九龄阻止了。赵景昭、刘子澄只是旁听罢了。先恢复自己的本心的说法，不能随便被诬陷。朱熹意识到陆氏兄弟的两首诗不同凡响，好像确实不能不讲本心。”朱熹在信中说：“我没有听说过道学的美好，幸而从您这里听到，遗憾的是您匆匆离去，我们的想法，许多都没有契合。然而您警切的教诲，我深感佩服，不敢忘记。回家后见面不方便，就写了这封信以表达我诚恳的心情”

学者不长进，只是好己胜。出一言，做一事，便道全是，岂有此理。古人惟贵知过则改，见善则迁。今各自执己是，被人点破，便愕然，所以不如古人。

【译文】学者没有进步，只是好胜。说出一句话，做出一件事，便认为全部正确，哪里有这样的道理。古人只看重知错能改，向他人的长处学习。现代的人都认为自己是对的，被人指出错误之后，便很吃惊，所以做学问比不上古代之人。

先生语伯敏云，近日向学者多，一则以喜，一则以惧。夫人勇于为学，岂不可喜？然此道本日用常行，近日学者却把作一事，张大虚声，名过于实，起人不平之心，是以为道学之说者，必为人深排力诋。此风一长，岂不可惧？某之取人，喜其忠信诚悫，言似不能出口者。谈论风生，他人所取者，某深恶之。

【译文】陆先生对伯敏说："最近一段时间好学的人很多，一方面令人高兴，一方面又令人害怕。人敢于做学问，难道不是令人高兴的事吗？然而道来源于日常普通的事物、行为，现代的学者把它作为一件很特别的事情，虚张声势，形式胜于内容，引起人的好奇之心，把这当做道学的人，必定被人们厌恶。这种风气一旦发展起来，不是很可怕吗？我选拔人才，喜欢那些忠诚、有信誉，好像不会说话的人。那些高谈阔论，被别人肯定的，我非常地厌恶。"

学者先须不可陷溺其心，又不当以学问夸人。夸人者，必为人所攻。只当是如常人，见人不是，必推恻隐之心，委曲劝谕之，不可则止。若说道我底学问如此，你底不是，必为人所攻。兼且所谓学问者，自承当不住。某见几个自主张学问，某问他："你了得也未？"他心下不稳，如此则是学乱说，实无所知。如此之人，谓之痼疾，不可治。宁是纵情肆欲之人，犹容易与他说话，最是学一副乱说底，没奈他何。此只有两路：利欲，道义。不之此，则之彼。

【译文】学者不要使自己的心有所沉溺，也不应该以学问向别人夸耀。向别人夸耀，一定会被别人攻击。只应当像普通人一样，看到别人有所不是，一定动恻隐之心，委婉地劝勉他，如果他不听，就停止算了。如果说我的学问是这样，而你的不是，一定会被别人攻击。况且那些所谓学者，自己也承受不起。有几个人声称自己有学问，我问他："你有没有懂得？"他心中有所不安，这样就是乱说话，实际没有知识。这样的人，可以称作不能治愈的顽症。即使是放纵情欲的人，和他说话都算容易，只有那些胡乱说话的人，拿他没有办法。这是两条道路，利欲之路和道义之路，不通向这条路，就通向那条路。

伯敏问云："以今年较之去年，殊无寸进。"先生云："如何要长进？若当为者有时而不能为，不当为者有时乎为之，这个却是不长进。不恁地理会，泛然求长进，不过欲以己先人，此是胜心。"伯敏云："无个下手处。"先生云："古之欲明明德于天下者，先治其国；欲治其国者，先齐其家；欲齐其家者，先修其身；欲修其身者，先正其心；欲正其心者，先诚其意；欲诚其意者，先致其知。致知在格物，格物是下手处。"伯敏云："如何样格物？"先生云："研究物理。"伯敏云："天下万物不胜其繁，如何尽研究得？"先生云：“万物皆备于我，只要明理。然理不解自明，须是隆师亲友。”伯敏云：“此间赖有季绎，时相勉励。”先生云：“季绎与显道一般，所至皆勉励人，但无根者多。其意似欲私立门户，其学为外不为己。世人所以攻道学者，亦未可全责他。盖自家骄其声色，立门户与之为敌，哓哓腾口，实有所未孚，自然起人不平之心。某平日未尝为流俗所攻，攻者却是读语录精义者。程士南最攻道学，人或语之以某，程云：‘道学如陆某，无可攻者’。又如学中诸公，义均骨肉，盖某初无胜心，日用常行，自有使他一个敬信处。某旧日伊、洛文字不曾看，近日方看见，其间多有不是。今人读书，平易处不理会，有可以起人羡慕者，则着力研究。古先圣人，何尝有起人羡慕者？只是此道不行，见有奇特处，便生羡慕。自周末文弊，便有此风。如唐、虞之时，人人如此，又何羡慕？所以庄周云：‘臧与穀共牧羊，而俱亡其羊。问臧奚事？曰：博塞以游；问穀奚事？曰：挟策读书。其为亡羊一也。’某读书只为古注，圣人之言自明白。且如‘弟子入则孝，出则弟’。是分明说与你入便孝，出便弟，何须得传注？学者疲精神于此，是以担子越重。到某这里，只是与他减担，只此便是格物。”伯敏云：“每读书，始者心甚专，三五遍后，往往心不在此。知其如此，必欲使心在书上，则又别生一心，卒之方寸扰扰。”先生云：“此是听某言不入，若听得入，自无此患。某之言打做一处，吾友二三其心了。如今读书且平平读，未晓处且放过，不必太滞。”

【译文】伯敏问：“今年同去年相比，没有一点进步。”老师说：“怎样算进步？如果应该做而没有去做，不应该做而去做了，这个是不能算进步。不这样想，泛滥地追求进步，只不过是想胜过别人，这是求胜之心。”伯敏说：“学习不知道从哪里开始。”老师说：“古代想要把自己的光明之德推广于天下的人，首先要治理好自己的国家；要治理好自己的国家，就要先管理好自己的家庭；要管理好自己的家庭，就要先修养好自身的品德；要修养好自身的品德，就要先端正内心；要端正内心，就要先意念真诚；要意念真诚，就要获得事物的道理。要获得事物的道理就要研究事物，研究事物是开始的地方。”伯敏问：“怎样研究事物？”老师说：“研究事物的道理。”伯敏问：“世上的事物多到数不胜数，怎么能都研究呢？”老师说：“世上所有事物的道理自己都具备，只要明白道理就可以了。然而道理不会自己显现的，必须向老师、亲人朋友请教。”伯敏说：“这段时间幸亏有季绎，不是给与勉励。”老师说：“季绎与显道一样，他们的学问都是激励人的，但大多是没有根据的。他们大概是想另立门户，他们的学问不是针对自己而是做别人看的。世上的人都是这样攻击道学的，也不能完全责怪他们。自己骄傲，自立门户与他们对立，说话没有根据，不能使人信服，当然让人不满意。我平时没有被世俗学者攻击，攻击我的学者却是阅读语录精义的人。程士南最喜欢攻击道学，有人对他说起我，他说：‘从事道学的学者如果像陆九渊一样，就没有什么可攻击的。’学校中的学者们，相互如亲人一样，大概是因为我没有想胜过他人的想法，所以平日所行，自然使他们敬畏、信任。我过去没有读过二程及邵雍的书，最近才开始看，发现其中有很多不对的地方。现在的人读书，简单易解的地方不留意，遇到让人羡慕的地方，就努力研究。古代的圣人，哪里有什么值得别人羡慕的地方？只是到了现在道学不行于世，学者看到奇异特别的地方，就产生羡慕的感情。从周代末年礼崩乐坏，就有了这种风气。比如尧帝的时代，人与人都是一样的，有什么值得羡慕的呢？所以庄子说：‘臧和谷两个人在一起放羊却都丢失了羊。问臧干什么来着，原来是挟着竹简读书去了；问谷干什么来着，原来是赌博游戏去了。两个人所做的事情不一样，但他们在丢羊这一点上却是一样的’我看书只看古人做的注，对圣人的话自然会明白。比如‘弟子们进家要孝顺父母，出外要顺从兄长’这明明是说进家要孝顺父母，出外要顺从兄长，那里还需要为它做传做注呢？学者们在这里花费大量精神，所以任务更重。到我这里来学习，是要给他减轻任务，这就是穷尽事物的道理。”伯敏说：“每次读书的时候，开始时还比较专心，几遍之后，就开始心不在焉。知道这种情况，就强迫自己专心书本，这样就另外产生一种心态，最终使心很烦乱。”老师说：“这是因为你没有把我的话听进去，如果听进去了，自然没有这种担心。简单来说，你是分心了。以后读书要心态平静，不理解的地方暂且搁置，不需要滞留。”

伯敏云：“如何是尽心？性、才、心、情如何分别？”先生云：“如吾友此言，又是枝叶。虽然，此非吾友之过，盖举世之弊。今之学者读书，只是解字，更不求血脉。且如情性心才都只是一般物事，言偶不同耳。”伯敏云：“莫是同出而异名否？”先生曰：“不须得说，说著便不是，将来只是腾口说，为人不为己。若理会自家实处，他日自明。若必欲说时，则在天者为性，在人者为心。此盖随吾友而言，其实不须如此。只是要尽去为心之累者，如吾友适意时，即今便是。牛山之木一段，血脉只在仁义上。‘以为未尝有材焉，此岂山之性也哉？’‘此岂人之情也哉？’，是偶然说及，初不须分别。所以令吾友读此者，盖欲吾友知斧斤之害其材，有以警戒其心。‘日夜之所息’，息者歇也，又曰生息。盖人之良心，为斧斤所害，夜间方得歇息。若夜间得息时，则平旦好恶，与常人不甚相远。惟旦昼所为，梏亡不止，到后来夜间亦不得能息，梦寐颠倒，思虑纷乱，以致沦为禽兽。人见其如此，以为未尝有才焉，此岂人之情也哉？只与理会实处，就心上理会。俗谚云：‘痴人面前不得说梦。’又曰：‘狮子咬人，狂狗逐块。’以土打狮子，便径来咬人，若打狗，狗狂只去理会土。圣贤急于教人，故以情、以性、以心、以才说与人，如何泥得？若老兄与别人说，定是说如何样是心，如何样是性、情与才。如此分明说得好，划地不干我事。须是血脉骨髓理会实处始得。凡读书皆如此。又问养气一段，先生云：“此尤当求血脉，只要理会‘我善养吾浩然之气’，当吾友适意时，别事不理会时，便是浩然。养而无害，则‘塞乎天地之间’，‘是集义所生者，非义袭而取之也’。盖孟子当时与告子说，告子之意，‘不得于言，勿求于心’，是外面硬把捉的。要之亦是孔门别派，将来也会成，只是终不自然。孟子出于子思，则是涵养成就者，故曰‘是集义所生者’。集义只是积善，

'行有不慊于心则馁矣'，若行事不当于心，如何得浩然？此言皆所以辟告子。"又问："养勇异同？"先生云："此只是比并，北宫用心在外，正如告子'不得於言勿求於心。'施舍用心在内，正如孟子'行有不慊於心则馁矣。' 而施舍又似曾子，北宫又似子夏。谓之似者，盖用心内外相似，非真可及也。孟子之言，大抵皆因当时之人，处己太卑，而视圣人太高。不惟处己太卑，而亦以此处人，如'是何足与言仁义也'之语，可见不知天之予我者，其初未尝不同；如'未尝有才焉'之类，皆以为才乃圣贤所有，我之所无，不敢承当著，故孟子说此乃人人都有，自为斧斤所害，所以沦胥为禽兽，若能涵养此心，便是圣贤。读《孟子》须当理会他所以立言之意，血脉不明，沈溺章句，何益！"

【译文】伯敏问："怎么才算是尽心，怎样区别性、才、心、情？"老师说："你说的这话又是没抓住根本。但这并不是你的过错，是天下人的弊端。现在的学者，读书只是认识字，再不追求书的主旨。例如情、性、心、才都是一个事物，说法偶尔不同罢了。"伯敏问："难道是同一个来源，名字不同？"老师说："不能这样说，才说就已经不对了，将来也只是张口放言，做给别人看而不是为了自己。如果关注自己的心，以后自然会明白。如果一定要说，那就是从天的角度叫做性，从人的角度叫做心。这是我根据你的意思才这样说的，事实上没必要这样分。要努力去除使心劳累的东西，就像在你满意的时候，现在这个样子就是。《孟子·告子上》'牛山的树木'这一段，关键是仁义。'以为这山不曾长过成材的大树，这难道是牛山的本性么？''这难道是人的实情吗？'这只是偶然提及，不需要加以分别。我让你读它的原因，是想让你知道斧头对木材的伤害，用来警戒自己的心。'日夜都在生长'，息，就是歇，又叫做生息。大概人的良心受到斧头一样的外界事物的伤害，夜里才得到休息。如果在夜间得到休息，那么早晨的好恶之心同一般人就非常地接近。只是他白天的所作所为，又将它搅乱、丧失了，到后来夜间也不能得到休息，睡梦中心神错乱，胡思乱想，最后变成禽兽一般。别人看到他这个样子，认为他没有什么才能，这难道就是人的情吗？只应该理解真实的东西，在心上理解。俗话说：'在愚笨的人面前不能谈论梦。'还有的说：'狮子咬人，疯狗追逐人投掷的土块。'用土块打狮子，它就直接过来咬人，如果用土块打狗，它就去追逐土块。圣贤着急教育人们，所以才使用情、性、心、才等概念说给人听，怎么能拘泥这些概念呢？如果你跟别人讲论，一定会说什么是心，什么是性、情、才。说得如此清楚，很平白无端，与自己毫不相干。应该从内心深处理解才算真正懂得。读书都得像这样做。"伯敏又请教《孟子·公孙丑上》中"养气"这一段，陆九渊说："这一段尤其应该找到主旨，主要是理解'我善于培养我的浩然之气'，当你满意，不关心其它事的时候，就是浩然之气。培养它而不伤害它，就会'充塞天地之间'，'它是不断积累义而产生的，不是偶然地有过正义的举动就取得的。'大概孟子当时同告子谈论浩然之气，告子认为'言论上有所不通，心里不必去寻求道理'，是坚持外部到底。总之，也算是孔子门下一个支派，将来也会有所成就，只是始终不自然。孟子的学问从子思得来是涵养成就，所以说‘是正义的日积月累所产生的，不是一时的正义行为就能得到的’。义的不断积累只是积累善行，‘行为有一点亏心之处，气就软弱无力了’，如果做事不合于良心，怎么能获得浩然之气呢？这些话都是批评告子的。”伯敏又问：“北宫黝等人的培养勇气有什么异同之处？”陆九渊说：“这只是比较，北宫黝在外部用心，就像告子的‘言论上有所不通，心里不必去寻求道理’。”施舍在内部用心，就像孟子的‘行为有一点亏心之处，气就软弱无力了。’然而孟子施舍又和曾子相似，北宫黝又和子夏相似。说他们相似，是因为用心的内外相似，并不是真的一样。孟子说话，大多是因为当时的人把自己看得太低，把圣人想象得太高。不仅仅是把自己看得很低，而且把别人也看得很低，比如‘哪里值得与他谈论仁义’这样的话，可见他们不知道上天所赋予我的，最初并没有什么不同；例如‘哪里有什么良材’这类话，都是认为才是圣贤才拥有的，我们是没有的，也不能承受的。所以孟子才说人人都有天赋，只是被斧头一样的外界事物破坏，才沦落为禽兽一样的人。如果能涵养这个初心，就是圣贤。读《孟子》应该思考他这样说的原因，文章的主旨不明确，沉溺于语句，有什么用处呢？”

做得工夫实，则所说即实事；不话闲话，所指人病即实病。因举午间一人问虏使善两国讲和。先生因赞叹不用兵，全得几多生灵，是好。然吾人皆士人，曾读《春秋》，知中国夷狄之辨。二圣之仇，岂可不复？所欲有甚于生，所恶有甚于死。今吾人高居无事，优游以食，亦可为耻，乃怀安非怀义也。此皆是实理实说。

【译文】有真正的实践，说的话就是实际的事；从不说闲话，指出别人的毛病就是真正的毛病。于是举出中午有一个人所问的问题，即如果敌方的使臣善良，两国讲和。陆九渊赞叹不动用武力，使许多人的生命得以保全，这当然是好事。然而我们都是读书人，读过《春秋》，知道中国与夷狄的差别。两位皇帝的仇，怎能不报？喜欢的有比生命更重要的东西，厌恶的有比死亡更厉害的东西。现代的人只知道安享太平，寻乐享受，这也是值得羞耻的，是只想安居而不是使想着义。这都是实在的道理、学问。

王守仁

明余姚人，字伯安。弘治进士。正德初，以论救言官戴铣等，忤刘瑾，谪龙场驿丞。瑾诛，乃起，后巡抚南赣，平大帽山诸贼，定宸濠之乱，又破断藤峡贼。明世文臣用兵，未有及守仁者，卒年五十七，赠新建侯，谥文成。守仁少尝泛滥二氏，返求六经，及谪龙场，穷荒无书，日绎旧闻，其学遂豁然一变，大要根据《大学》“致知”与《孟子》“良知”之语，创为“致良知”之说，谓知行本属一体，凡良知皆由实行得来，道所途说不足以为知，训诂辞章不足以言学，故于宋儒特推重陆九渊，而谓朱子《四书集注》或问之类，乃中年未定之说，世称其学为姚江派。尝筑室距越城东南二十里之阳明洞中，学者称阳明先生，有《王文成公全书》。

【译文】明朝余姚人，字伯安。弘治年间进士。正德初年，因上疏救戴铣等，忤逆了刘瑾，被贬谪为龙场驿丞。刘瑾被杀了，仕途才有了起色，后来任南赣巡抚，镇压了大帽山的贼寇，平定了宸濠之乱，后又破了断藤峡的贼寇。明代文臣指挥军事，没有比得上王守仁的，去世时五十七岁，封新建侯，谥号文成。王守仁年少时曾博览二程的书并沉溺其中，反求于六经。在被贬到龙场时，因处于边荒之地，无书可读，每日思考过去的典籍，思想豁然变化。主旨是根据《大学》的“致知”与《孟子》的“良知”，创立了“致良知”的学说。认为知行本来是一体的，所有的良知都是由实际行动得到的。关于道德的言论不足以称为知，给古籍作注释也不足以说是在作学问，所以在宋儒中特别推崇尊重陆九渊，而认为朱子的《四书集注》或问一类，都是中年思想没有确定的言论，世称他的学说为姚江派。曾在越城东南二十里处的阳明洞中建房子，学者称他为阳明先生，著有《王文成公全书》。

《大学》问

《大学》者，昔儒以为大人之学矣。敢问大人之学何以在于明明德乎？阳明子曰：“大人者，以天地万物为一体者也。其视天下犹一家，中国犹一人焉。若夫间形骸而分尔我者，小人矣。大人之能以天地万物为一体也，非意之也，其心之仁本若是。其与天地万物而为一也。岂惟大人，虽小人之心亦莫不然，彼顾自小之耳。是故见孺子之入井，而必有怵惕恻隐之心焉，是其仁之与孺子而为一体也，孺子犹同类者也。见鸟兽之哀鸣觳觫，而必有不忍之心焉，是其仁之与鸟兽而为一体也。鸟兽犹有知觉者也，见草木之摧折而必有悯恤之心焉，是其仁之与草木而为一体也。草木犹有生意者也，见瓦石之毁坏而必有顾惜之心焉，是其仁之与瓦石而为一体也。是其一体之仁也，虽小人之心，亦必有之；是乃根于天命之性，而自然灵昭不昧者也，是故谓之明德。小人之心，既已分隔隘陋矣，而其一体之仁，犹能不昧，若此者，是其未动于欲，而未蔽于私之时也。乃其动于欲、蔽于私，而利害相攻、忿怒相激则将戕物圮类，无所不为，其甚至有骨肉相残者，而一体之仁亡矣。是故苟无私欲之蔽，则虽小人之心，而其一体之仁犹大人也。一有私欲之蔽，则虽大人之心，而其分隔隘陋犹小人矣，故夫为大人之学者，亦惟去其私欲之蔽，以自明其明德，复其天地万物一体之本然而已耳。非能于本体之外，而有所增益之也。”

【译文】《大学》一书，以前的儒者认为是教示学者何谓“大人之学”的，请问“大人之学”为何在于“明明德”？阳明先生说：“所谓大人，就是能以自己与天地万物为一体的人。他看整个天下像一个家，所有中国人如同一个人。如果被身躯形体的不同所限隔而分别你我、存有己私的，就是小人了。大人能以天地万物与自己浑然不分，并不是以一己的意思忖度而认为如此的，而是人本来具有的仁心就是这样的。说到本有的仁心就是与天地万物为一体，并不只是大人之心是如此，其实小人之心也是一样的，只是小人自己将内心限隔而狭小了。所以凡是人见到小孩子将掉落井里去，必然会有惊动而怜悯的心，由此可知任何人内在的仁心与这被他看见而觉不忍的小孩是一体不分的，小孩还是人的同类。又凡是人当见到鸟兽在哀鸣发抖，必定会生出不忍的心，可知他内心的仁心与使他觉得不忍的鸟兽可说是一体不分的，鸟兽还算是有知觉的。当人见到花草树木无故被摧折，必然会觉得可惜，这也是他内在的仁心与这使他怜惜的花草树木是一体不分的，草木也还是有生意的。即使人见到无生命的瓦石被任意毁坏时，也必然会有顾惜之心，可见他内在的仁心与这使他生出顾惜之心的瓦石也是一体不分的。这种与人、与物一体不分的仁心，虽然是小人也是必然具有的，因为这仁心是根据于上天所赋予人的本性，而自然灵通光明不昏昧的，所以称它作‘明德’（光明的德行）。小人的心，虽然已经被形躯所限隔而狭窄，但是他当下觉得与人、与物一体的仁心，还是可以不昏昧的，就是当他还没有被欲望所打动，还没有被私心所蒙蔽的时候。等到被欲望打动了本心、被私意蒙蔽了本性，使利害计较、怨怒仇恨在内心交战不休，那时甚至连骨肉至亲都可以加以残害。至此，原本那种人己物我一体不分的仁心就亡失了。所以，如果一有私欲的蒙蔽，虽然是大人，他的仁心也会因而丧失，变为狭隘鄙陋如同小人。所以称作‘大人之学’，只须去除私欲的弊害，使原本具有的光明德性自然显露出来，回复到与天地万物一体不分的仁心就可以了，并不是要有别的东西来添加于我们本具有的心体之上才足够的。”

曰：“然则何以在亲民乎？”曰：“明明德者，立其天地万物一体之体也。亲民者，达其天地万物一体之用也。故明明德必在于亲民，而亲民乃所以明其明德也。是故亲吾之父以及人之父，以及天下人之父，而后吾之仁实与吾之父，人之父与天下人之父，而为一体矣。实与之为一体，而后孝之明德始明矣。亲吾之兄，以及人之兄，以及天下人之兄，而后吾之仁实与吾之兄、人之兄与天下人之兄而为一体矣。实与之为一体，而后弟之明德始明矣。君臣也，夫妇也、朋友也，以至于山川鬼神、鸟兽草木也，莫不实有以亲之，以达吾一体之仁，然后吾之明德始无不明，而真能以天地万物为一体矣。夫是之谓明明德于天下，是之谓‘家齐、国治而天下平’，是之谓‘尽性’。”

【译文】问：“然而，为什么大学之道‘在亲民’呢？”说：“所谓光大自心本具的‘明德’，就是建立这与天地万物同体的心性本体；亲民，即亲和百姓，就是使这心性本体显发于作用，所以欲光大“明德”，必在于“亲民”的实践，而“亲民”的实践也正是为了将“明德”发扬光大、彻底完成。所以能够敬爱我的父母，推及于敬爱别人的父母，以至于天下人的父母，而后我那份与天地万物同体的仁心和我所敬爱的父母、他人的父母、天下人的父母合为一体了。实能合为一体，实现孝道的明德才真正光大无遗了。能够亲爱我的兄长，推及于亲爱他人的兄长、以至于天下人的兄长，而后我的仁心真正和我所亲爱的兄长、他人的兄长、天下人的兄长合为一体。实能合为一体，而后悌道的明德才真正光大无遗了。君与臣、夫与妻、朋友与朋友之间，以至于对山川鬼神、鸟兽草木，无一不可如此地与之亲近、交融，以达成天地万物同体的仁心的作用，然后我自心本具的‘明德’完全光大无遗。到这地步，才真能以天地万物与我心同体无二了。这就是‘明明德’于天下，就是‘齐家、治国、平天下’的全盘实现和完成，这也就是‘尽性’了。”

曰："然则又乌在其为止至善乎？"曰："至善者，明德亲民之极则也。天命之性，粹然至善，其灵昭不昧者，此其至善之发见，是乃明德之本体，而即所谓良知者也。至善之发见，是而是焉，非而非焉，轻重厚薄，随感随应，变动不居，而亦莫不自有天然之中，是乃民彝物则之极，而不容少有拟议增损于其间也。少有拟议增损于其间，则是私意小智，而非至善之谓矣。自非慎独之至，惟精惟一者，其孰能与于此乎！后之人惟其不知至善之在吾心，而用其私智以揣摸测度于其外，以为事事物物各有定理也。是以昧其是非之则，支离决裂，人欲肆而天理亡，明德亲民之学，遂大乱于天下。盖昔之人固有欲明其明德者矣，然惟不知止于至善，而骛其私心于过高，是以失之虚罔空寂，而无有乎家国天下之施，则二氏之流是矣。固有欲亲其民者矣，然惟不知止于至善，而溺其私心于卑琐，是以失之权谋智术，而无有乎仁爱恻怛之诚，则五伯功利之徒是矣，是皆不知止于至善之过也。故止至善之于明德亲民也，犹之规矩之于方圆也，尺度之于长短也，权衡之于轻重也。故方圆而不止于规矩，爽其则矣；长短而不止于尺度，乖其剂矣；轻重而不止于权衡，失其准矣；明明德、亲民而不止于至善，亡其本矣。故止于至善以亲民，而明其明德，是之谓大人之学。"

【译文】问："然而，又为什么大学之道是'止于至善'呢？"说："所谓至善，是前面所说的明德、亲民的最高准则。上天所命于人的性，是纯粹至善的。这种至善的具体表现，是灵明不昧的，这就是'明德'的本来之体，也就是'良知'。这至善显发而为良知，便使人遇见对的事便明明白白知道这是对的，遇见不对的便知道这是不对的。良知对事事物物当行当否的衡量和判断，是当下随时随事而感应的，虽感应有所不同，但是都是能够自然地一一合符善的法则，这就是孟子引《诗经》中所说的'民彝'、'物则'的极致。在此天然至善的法则中，并没有商量、忖测、增加或减少的余地。如果在其中私自有所商量、忖测、增加或减损，都是个人的私欲、小聪明，就不是天然至善的准则了。因而如果不是慎独功夫做到最精微、最专一的地步，怎能达到这至善的准则呢？后世学者正因不知道至善是存在自己内心，而用一己的聪明去向外揣摩测度，认为事事物物之上各有定理，这种向外在寻求的法则，都是对于前面所说的天然至善的是非法则不明、支离、分裂，以至于放任人欲而亡失天理，终使得天下人对明德、亲民之学都因而混乱不明。在以前，也有人知道要光大自己的明德，但是不知如何达到至善的境地。故尽力追求极玄妙高远的心灵境界，因而失之于虚无、空寂的不实际，完全不理会国家社会的制度、施设，就如同佛家、道家之流。也有在上位的人知道要亲和百姓，然而不知什么才是至善境界，故沉溺于自己卑微的私利、意欲，采用权谋智术去达成富强的目的，并无真心对人民关怀、亲爱的诚意和仁心，这就是如同讲求功利的五霸之徒，这些都是不明白什么是'止于至善'而生的弊害。因此，'止于至善'对于实践'明德'、'亲民'的重要性，就像画方形一定要用曲尺、画圆形一定要用圆规、测长短要用量尺、量轻重要用秤准一样。因此，若是画方圆而不依止于曲尺、圆规，测量长短不用量尺、量轻重不用秤准，一定会失去准则而发生错误。要明明德、亲民而不知依止于天然至善的准则，就会亡失根本。因此依止于至善的准则以光大自心光明德性、以亲和万民，就是大人之学。

曰：“‘知止而后有定，定而后能静，静而后能安，安而后能虑，虑而后能得’，其说何也？”曰：“人惟不知至善之心在吾心，而求之于其外，以为事事物物皆有定理也。而求至善于事事物物之中，是以支离决裂，错杂纷纭，而莫知有一定之向。今焉既知至善之在吾心，而不假于外求，则志有定向，而无支离决裂错杂纷纭之患矣；无支离决裂错杂纷纭之患，则心不妄动，而能静矣。心不妄动而能静，则其日用之间，从容闲暇而能安矣。能安则凡一念之发，一事之感，其为至善乎？其非至善乎？吾心之良知，自有以详审精察之而能虑矣。能虑则择之无不精，处之无不当，而至善于是乎可得矣。”

【译文】问：“‘知止而后有定、定而后能静、静而后能安、安而后能虑、虑而后能得’，要如何解释呢？”说：“一般人正因不知至善就是存在自己心中，而在外面寻求，认为事事物物都各自有它的一定准则，因而在一事一物上去寻求至善之准则，所以产生许多分裂歧异、错杂纷纭的意见，而不知所当遵循的方向。如今既然知道至善准则就在我心，而不借用外求，则便可专心一志，有一定的方向可循，而不再有歧异分裂、错杂纷纭的过失了。没有歧异分裂、错杂纷纭的过失，则心自然不乱动而能宁静了；心不乱动而能宁静，则在日常生活之间，自然能纵容闲逸而能使心性安定了；心性安定，则凡是一个念头的发动、一件事情的反应，是至善，或不是至善，我心中的良知自然能够精密详细的观察、判断，而能够思虑清楚。能思虑清楚，则所作的选择必定精密不失，判断处理必能切要适当，于是至善之准则就可以达到了。”

曰：“物有本末，先儒以明德为本，新民为末，两物而内外相对也；事有终始，先儒以知止为始，能得为终，一事而首尾相因也。如子之说，以新民为亲民，则本末之说，亦有所未然与？”曰：“终始之说，大略是矣，即以新民为亲民，而曰明德为本，亲民为末，其说亦未为不可，但不当分本末为两物耳。夫木之干谓之本，木之梢谓之末，惟其一物也。是以谓之本末。若曰两物，则既为两物矣，又何可以言本末乎？新民之意既与亲民不同，则明德之功，自与新民为二，若知明明德以亲其民，而亲民以明其明德，则明德亲民，焉可析而为两乎？先儒之说，是盖不知明德亲民之本为一事，而认以为两事，是以虽知本末之当为一物，而亦不得不分为两物也。”

【译文】有人问：“《大学》中有‘物有本末’一句，朱子解作‘明德为本、新民为末’，两事而内外相对。‘事有终始’一句，朱子解释为‘知止为始、能得为终，一件事而头尾互为因果’。依先生之说，以‘新民’为‘亲民’，那么是否与朱子本末之说有些不相符了？阳明先生答：事有终始的解释，大体不错，就是把‘新民’当‘亲民’，再合上本末之说，以明德为本、亲民为末，这种说法也不是不可以；但是不应把本末分为两件不同的事。树木的干，叫做本，树木的枝叶尾梢叫做末，都是一棵树。正因是一物，才叫作本末，若说为两物，又怎能说是本末呢？‘新民’之意既然和‘亲民’不同，则‘明德’的功夫当然和‘新民’相异，若了解光大自心之明德而以仁心感通、亲和万民，而感通、亲和万民正以光大自心的明德，如此‘明德’和‘亲民’怎可分而为二呢？朱子了解虽然也可以，但不知‘明德’、‘亲民’根本上是不可分开的一件事，而当作是两件事，所以虽然知道本末应当是指一件事，但也不得不分开为二件事了。

曰：“‘古之欲明明德于天下者’，以至于‘先修其身’，以吾子明德、亲民之说通之，亦既可得而知矣。敢问‘欲修其身’，以至于‘致知在格物’，其工夫次第，又何如其用力与？”曰：“此正详言明德、亲民、止至善之功也。盖身、心、意、知、物者，是其工夫所用之条理，虽亦各有其所，而其实只是一物。格、致、诚、正、修者，是其条理所用之工夫，虽亦皆有其名，而其实只是一事。何谓身？心之形体，运用之谓也。何谓心？身之灵明，主宰之谓也。何谓修身？为善而去恶之谓也。吾身自能为善而去恶乎？必其灵明主宰者欲为善而去恶，然后其形体运用者始能为善而去恶也。故欲修其身者，必在于先正其心也。

【译文】有人问：“《大学》文中从‘古之与明明德于天下者’一直到‘先修其身’，从先生您的明德、亲民的说法来了解，已经是不难明白的了。请问从‘欲修其身’以至于‘致知在格物’一大段，其中用工夫的途径和次序，有是怎样的呢？”阳明先生答：下面这一大段正是要详细解释明德、亲民、止于至善的工夫。修身的‘身’、正心的‘正’、诚意的‘意’、致知的‘知’、格物的‘物’这五者是用工夫的条理，虽各有范围，其实五者是一体的（指用工夫时五者集中一点，非分为五处用功）。而格、致、诚、正、修，是依前五者的条理所用的工夫，虽各有不同的名称说法，而其实也只是一事。什么叫‘身’？就是心灵的形体和表现作用的地方。什么叫‘心’？就是身体的精神灵明和主宰者。什么叫‘修身’？就是为善、去恶。我们身体本身自能为善、去恶吗？不，一定必须灵明主宰者决定要为善去恶，然后驱使命令这形体运用者去实施，才能为善去恶，所以欲修身，一定先要正其心。

然心之本体则性也。性无不善，则心之本体本无不正也。何从而用其正之之功乎？盖心之本体本无不正，自其意念发动而后有不正，故欲正其心者，必就其意念之所发而正之。凡其发一念而善也，好之真如好好色；发一念而恶也，恶之真如恶恶臭，则意无不诚，而心可正矣。

【译文】然而心的本体即天命之性，天命之性当是纯善无恶，所以心的本体本无不正，那么何以要用正心的工夫呢？因为心的本体虽然本无不正，但是一遇事物、人情，意念发动之时，不免会夹杂利害计较或个人意见而有不正，因而欲正其心，必从意念发动处观察检讨，使意念不可有所偏邪不正。也就是凡发一念是善，一定要真心地喜爱、把握如喜爱美色一样真切；发一念是恶，一定要厌恶、摒除它如厌恶恶臭一样自然真切，真能做到这样，则意念便可真诚不欺，不违于本具的天命之性，而心便可以中正不偏失了。

然意之所发有善有恶，不有以明其善恶之分，亦将真妄错杂，虽欲诚之，不可得而诚矣。故欲诚其意者，必在于致知焉。致者至也，如云'丧致乎哀'之致。《易》言'知至至之'，知至者，知也；至之者，致也。致知云者，非若后儒所谓充广其知识之谓也，致吾心之良知焉耳。良知者，孟子所谓'是非之心，人皆有之'者也。是非之心不待虑而知，不待学而能，是故谓之良知。是乃天命之性，吾心之本体，自然灵昭明觉者也。凡意念之发，吾心之良知无有不自知者；其善与，惟吾心之良知自知之；其不善与，亦惟吾心之良知自知之；是皆无所与于他人者也。故虽小人之为不善，既已无所不至，然其见君子，则必厌然揜其不善，而著其善者，是亦可以见其良知之有不容于自昧者也。今欲别善恶以诚其意，惟在致其良知之所知焉尔。何则？意念之发，吾心之良知既知其为善矣，使其不能诚有以好之，而复背而去之，则是以善为恶，而自昧其知善之良知矣。意念之所发，吾之良知既知其为不善矣，使其不能诚有以恶之，而复蹈而为之，则是以恶为善，而自昧其知恶之良知矣。若是，则虽曰知之，犹不知也，意其可得而诚乎？今于良知所知之善恶者，无不诚好而诚恶之，则不自欺其良知而意可诚也已。

【译文】然而，意念的发动，总是有善也有恶，若没有更进一层的工夫以明辨这善念恶念的区别，就将会令意念的真妄交杂产生，此时虽然想要'诚意'，也没有办法'诚'了。所以要诚意，一定要进一层讲求'致知'的工夫。致，就是极致，就如同《论语》中讲到'丧致乎哀'的'致'字意思一样。《易传》中有说：'知至至之'，知至，就是指'知'；至之，就是'致'的意思。《大学》'致知'的讲法，并不是像后来学者所讲的增加扩大我的知识，而是推广极致我心中的'良知'。这'良知'就是孟子所说的'是非之心，人皆有之'。而此是非之心，是不必思量，自然能知；不必学习，自然能够，所以称作'良知'。这'良知'是上天赋予我们的本性，是使我们自然能够明白觉悟、灵通感应的心体。当我们一个意念发动的时候，我心之良知一定会有一种察知的作用，是善，也只有我心中的良知自知；是不善，也只有我心的良知自知，这是发自本心独知，与他人无关的。所以虽然小人常作恶多端、无所不至，但当他见到有道德的君子，往往要遮遮掩掩，不想让自己的恶行暴露，而表现出一副好人的样子。这种心态就可以证明他自己的良知也不容许自己欺骗自己，知道分辨善恶，所以觉得羞惭才须遮掩作假。因此，要辨别善恶而做'诚意'的工夫，就在于要推极这良知自知的作用而已。为什么呢？一个意念发动，我心之良知既然知道是善，可是并没有真诚不昧地去爱好它、把握住它，反而违背自己的本心而弃去，遮掩把善念当恶念，就是自己欺骗了自己能察知善的良知了，又一个意念发动，吾心的既能察知他是不善的念头，如果不能真诚地厌恶、摈弃它，反而将它实行出来，这样把恶当作善，便自己欺瞒了自己能够察知恶的良知了。如果真是这样（让自己欺瞒了良知），虽然说是'知'了事物之理，其实和不知没有两样，'意'还能'诚'吗？尧舜对于良知所察知的善，都能真诚、自然地去爱好、实行，对良知所察知的恶，都能厌恶、摈弃，这样不自欺瞒自己的良知，就可以真正做到'诚意'了。

然后致其良知，亦岂影响恍惚，而悬空无实之谓乎？是必实有其事矣。故致知必在于格物。物者，事也。凡意之所发，必有其事，意所在之事谓之物。格者，正也，正其不正以归于正之谓也。正其不正者，去恶之谓也；归于正者，为善之谓也。夫是之谓格。书言：'格于上下'，'格于文祖'，'格其非心'，格物之'格'实兼其意也。良知所知之善，虽诚欲好之矣，苟不即其意之所在之物，而实有以为之，则是物有未格，而好之之意犹为未诚也。良知所知之恶，虽诚欲恶之矣，苟不即其意之所在之物，而实有以去之，则是物有未格，而恶之之意犹为未诚也。今焉于其良知所知之善者，即其意之所在之物，而实为之无有乎不尽；于其良知所知之恶者，即其意之所在之物，而实去之无有乎不尽；然后物无不格，而吾良知之所知者，无有亏缺障蔽，而得以极其至矣。夫然后吾心快然，无复余憾而自谦矣。夫然后意之所发者，始无自欺，而可以谓之诚矣。故曰：物格而后知至，知至而后意诚，意诚而后心正，心正而后身修。盖其功夫条理，虽有先后次序之可言，而其体之惟一，实无先后次序之可分。其条理功夫虽无先后次序之可分，而其用之惟精，固有纤毫不可得而缺焉者。此格致诚正之说，所以阐尧舜之正传，而为孔氏之心印也。"

【译文】然而要扩充、推极这良知，难道只是含糊无据、悬空无实的一句话而已吗？不，一定要有实实在在的工夫，所以说，'致知'的实现必须具备'格物'的工夫。物，指事情。凡是意念发动，一定有落实的对象、事情，这意念所在的事情便称作'物'。格，是'正'的意思。不正当的事改正它，使它归于正当就是了。改正这不正，就是去恶；使归于正，就是为善，这就是'格'字所指的意思。《尚书·尧典》有'格于上下'、'格于文祖'，《冏命》有'格其非心'的句子，格物的'格'，实兼有'正'的意思在。良知所察知的善，虽然真心想要把握、实现它，如果不从意念落实的事上进一步地去实践这善，就是尚未格物，而好善之'意'尚未'诚'。良知所察知的恶，虽然真心想要摒弃它，但不能从意念落实的事上进一步去革除这恶，这就是'物'尚未'格'，而去恶之'意'尚未'诚'。现在若能对良知所察知的善，就其意念落实去实行，尽心尽力做得完善；对良知所察知的恶，就其意念落实处去革除，尽心尽力不留丝毫，然后每一件事都没有不正之处，就是'格物'的完成，而我心良知光明监察的作用没有一点缺失、亏损或障碍不明，而达到极致。这样然后意念所发才能绝不自欺，而可以说是'诚'了。所以说'格物而后知至，知至而后意诚，意诚而后心正，心正而后身修'。而这套工夫的条理次序，虽有先后之分，但根本上是一体的，实无法分出先后次序，而这套工夫虽不能强分先后次序，但实践时每一层的义理却精微可辨，真是一丝一毫都不能有所缺失，这套'惟精惟一'的义理，正是发挥阐明瞭自古以来圣王尧舜真正的道统的传承，而为孔子学说义理的精髓。

附：

钱德洪曰：《大学问》者，师门之教典也。学者初及门，必先以此意授，使人闻言之下，即得此心之知，无出于民彝物则之中，致知之功，不外乎修齐治平之内，学者果能实地用功，一番听受，一番亲切。师常曰："吾此意思有能直下承当，只此修为，直造圣域。参之经典，无不吻合，不必求之多闻多识之中也。"门人有请录成书者，曰："此须诸君口口相传，若笔之于书，使人作一文字看过，无益矣。"嘉靖丁亥八月，师起征思、田，将发，门人复请。师许之。录既就，以书贻洪曰："《大学或问》数条，非不愿共学之士尽闻斯义，顾恐藉寇兵而赍盗粮，是以未欲轻出。"盖当时尚有持异说以混正学者，师故云然，师既没，音容日远，吾党各以己见立说。学者稍见本体，即好为径超顿悟之说，无复有省身克己之功，谓"一见本体，超圣可以跂足"，视师门诚意格物、为善去恶之旨，皆相鄙以为第二义。简略事为，言行无顾，甚者荡灭礼教，犹自以为得圣门之最上乘。噫!亦已过矣。自便径约，而不知已沦入佛氏寂灭之教，莫之觉也。古人立言，不过为学者示下学之功，而上达之机，待人自悟而有得，言语知解非所及也。《大学》之教，自孟氏而后，不得其传者几千年矣。赖良知之明，千载一日，复大明于今日。兹未及一传，而纷错若此，又何望于后世耶？是篇邹子谦之尝附刻于《大学》古本，兹收录《续编》之首，使学者开卷读之，思吾师之教平易切实，而圣智神化之机固已跃然，不必更为别说，匪徒惑人，只以自误，无益也。

【译文】钱德洪说："《大学问》，是师门的传教的典籍。治学者初入门，一定要先传授这个，使人听到这个言论后，即明白心所知道的，不超出民彝、物则，致知的工夫，不超出修身、齐家、治国、平天下。治学者如果能实实在在用功，认真听讲接受，则自然能切身体会到。师父常说：'我的学说思想能直接见效，只是这样修行，就能直接达到圣人的境界。与经典相参照，没有不吻合的，没有必要听很多、知道很多。'门人有想将他的思想记录成书的，王阳明说：'这需要口口相传，如果著成书，让人当文字看过，没有益处。'嘉靖丁亥八月，师父出征思州、田州，即将出发，门人又要求录书。师父答应了。记录完之后，将书赠给钱德洪，说：'《大学或问》几条，不能让志向不同人知道，害怕借给贼寇，反而帮助了贼寇，所以这书不能轻易拿出来。’大概是因为当时有秉持异端学说的而混为正派的，所以师父这样说。师父去世后，音容笑貌日渐走远，我们这派各自以自己的思想立说。治学者稍微明白本体，即就认为是径直的已经超过而来顿悟境界，不再有反思自己，克制自己的工夫。说‘一见到本体，踮起脚跟就能超越圣人’，把师门的诚意、格物、为善去恶的思想主旨，都相互鄙视，当作次要的。做事简单，言行无所顾忌，甚至灭绝礼教，还自认为已经得到入圣人之门最上乘的工夫。哎！也都是过错。自己行事简便，径直，却不知道已经沦入了佛教的寂灭的教义，还没有发觉。古人立言，不过是教治学者学习的方法，从而通达圣人，则需要自己觉悟才能有所得，只知道言语，远远达不到。《大学》的传授，从孟子之后，几千年都没有了。依赖良知的光明，千年一日，在今天又恢复了光明。还没有来得及传授，却已经纷乱错杂成这样，又如何能寄希望于后世呢？这篇邹子谦曾经附科在《大学》古本，这次收录在《续编》的开头，这样让治学者开卷就能读到，想到我师父传教时平易、切中实际，而圣人的智慧、神妙的变化的奥秘已经可以看得很清楚，没有必要将其改为别的学说，不是惑乱别人，只是自己误导自己，没有益处。

答顾东桥书

来书云：“近时学者，务外遗内，博而寡要。故先生特倡‘诚意’一义，针砭膏肓，诚大惠也!”

吾子洞见时弊如此矣，亦将何以救之乎？然则鄙人之心，吾子固已一句道尽，复何言哉!复何言哉!若诚意之说，自是圣门教人用功第一义，但近世学者乃作第二义看，故稍与提掇紧要出来，非鄙人所能特倡也。

【**译文**】来信说：“近代的学者，重视外在知识，忽略内在修养，知识广博而不得要领。因此，您特别提倡‘诚意’，治疗病入膏肓的学者，确实对他们是最大恩惠!”

你既然洞察时弊如此深刻，又准备怎样去救治呢？当然，我的思想你已经一语道破，我还再说什么呢!还再说什么呢!关于诚意的主张，自然是圣学教人用功的第一要义。但近代学者却把它看作次要的教义。所以，我稍微把诚意的要点提示出来，并不是我能特别提倡的。

来书云：“但恐立说太高，用功太捷，后生师传，影响谬误，未免坠于佛氏明心见性，定慧顿悟之机，无怪闻者见疑。”

区区‘格致诚正’之说，是就学者本心，日用事为间，体究践履，实地用功，是多少次第、多少积累在!正与空虚顿悟之说相反。闻者本无求为圣人之志，又未尝讲究其详，遂以见疑，亦无足怪；若吾子之高明，自当一语之下便了然矣，乃亦谓立说太高，用功太捷，何邪?

【译文】来信说：“唯恐立论过高，用功过快，致使后学门生递相师传，产生错误影响，不免堕入佛教明心见性、定慧顿悟的机关，难怪听到您学说的人会怀疑。”

我的格物、致知、诚意、正心的观点，是针对学者的本心与日常处事入手的，通过体察考究，身体力行，去实实在在地用功，这需要经历多少阶段，包含多少积累啊!这正好和空虚、顿悟的观点相反。听讲的人，有的本来就没有想成为圣人的志向，又没有仔细考究我学说的详情，因此产生怀疑，这也不足为怪。像你这样聪明的人，本当用一句话就能明白了，却也认为‘立论过高’，‘用功过快’，这是为什么呢?

来书云：“所喻知行并进，不宜分别前后，即《中庸》‘尊德性而道问学’之功，交养互发，内外本末一以贯之之道。然工夫次第不能无先后之差。如知食乃食，知汤乃饮，知衣乃服，知路乃行，未有不见是物，先有是事。此亦毫厘倏忽之间，非渭截然有等，今日知之而明日乃行也。”

既云“交养互发，内外本末一以贯之”，则知行并进之说无复可疑矣。又云“工夫次第不能不无先后之差”，无乃自相矛盾已乎?知食乃食等说，此尤明白易见，但吾子为近闻障蔽，自不察耳；夫人必有欲食之心，然后知食；欲食之心即是意，即是行之始矣。食味之美恶，必待入口而后知，岂有不待入口而已先知食味之美恶者邪?必有欲行之心，然后知路；欲行之心即是意，即是行之始矣。路歧之险夷，必待身亲履历而后知，岂有不待身亲履历而已先知路歧之险夷者邪?知汤乃饮，知衣乃服，以此例之，皆无可疑。若如吾子之喻，是乃所谓不见是物而先有是事者矣，吾子又谓“此亦毫厘倏忽之间，非谓截然有等，今日知之而明日乃行也”，是亦察之尚有未精。然就如吾子之说，则知行之为合一并进，亦自断无可疑矣。

【译文】来信说：“所说知行并进，不应区分先后的说法，就是《中庸》‘尊德性而道问学’的功夫，是互相存养表现，内外本末一以贯之的道理。但是，功夫的顺序，不能没有先后之分。譬如，知道是食才吃，知道是汤才喝，知道是衣才穿，知道是路才行，没有不见这个物就先有这个事。当然，这两者也只有毫厘瞬间的差别，不是说有多么明显的差别，要今天知道了，明天才去实行。”

既然说“互相存养表现，内外本末一以贯之”，那么，知行并进的观点就不必再怀疑了。又说“功夫的顺序，不能没有先后之分”，恐怕是自相矛盾了吧？知是食才吃等比喻，这尤其明白易懂，但你被流行的说法蒙蔽了，自己不能明察。人们一定是先有想吃的心，然后才能知食；想吃的心就是意，就是行的开始了。食物味道的好坏，一定要等放入口中后才能知道，难道有不等放入口中就能预先知道食物味道好坏的事情吗？一定是先有想行走的心，然后才能知路；想行走的心就是意，就是行的开始了。至于路途的艰险平坦，一定要亲身经历后才能知道，难道有不等亲身经历就能预先知道路途的艰险平坦的事情吗？知道是汤才喝，知道是衣才穿，以此类推，都没有疑问。如果像你的说法，就正是不见这个物就预先有这个事了。你又说“这两者也只有毫厘瞬间的差别，不是说有多么明显的差别，要今天知道了，明天才去实行”，这也是省察不够精细的说法？然而即使按照你的说法，知行合一并进的观点，自然也是绝对不可怀疑的了。

来书云：“真知即所以为行，不行不足谓之知。此为学者吃紧立教，俾务躬行则可。若真谓行即是知，恐其专求本心，遂遗物理，必有暗而不达之处，抑岂圣门知行并进之成法哉？”

知之真切笃实处即是行，行之明觉精察处即是知。知行工夫本不可离。只为后世学者分作两截用功，失却知行本体，故有合一并进之说，真知即所以为行，不行不足谓之知。即如来书所云“知食乃食”等说可见，前已略言之矣。此虽吃紧救弊而发，然知行之体本来如是，非以己意抑扬其间，姑为是说，以苟一时之效者也。

专求本心，遂遗物理，此盖失其本心者也。夫物理不外于吾心，外吾心而求物理，无物理矣。遗物理而求吾心，吾心又何物邪？心之体，性也，性即理也。故有孝亲之心，即有孝之理；无孝亲之心，即无孝之理矣。有忠君之心，即有忠之理；无忠君之心，即无忠之理矣。理岂外于吾心邪？晦庵谓“人之所以为学者，心与理而已。心虽主乎一身，而实管乎天下之理。理虽散在万事，而实不外乎一人之心。”是其一分一合之间，而未免已启学者心理为二之弊。此后世所以有专求本心，遂遗物理之患，正由不知心即理耳，夫外心以求物理，是以有暗而不达之处。此告子义外之说，孟子所以谓之不知义也。心一而已，以其全体恻怛而言渭之仁，以其得宜而言谓之义，以其条理而言谓之理。不可外心以求仁，不可外心以求义，独可外心以求理乎？外心以求理，此知行之所以二也。求理于吾心，此圣门知行合一之教，吾子又何疑乎？

【译文】来信说：“真知就是实行，不实行不能叫作知。这是对学者切实重要的要求，使学者务必身体力行才成。如果真的认为行就是知，只怕学者专求本心，便遗弃万物之理。这样，必定有暗昧而不通达的地方，这哪里是圣门知行并进的方法呢？”

知的真切笃实处就是行，行的明觉精察处就是知。知行的功夫，本来不能分离。只因后世学者把知行分成两部分用功，才遗失了知行的本体，所以才有“知行合一”、“知行并进”的观点。真知就是实行，不实行不能叫作知。就如来信所说“知道是食才吃”等比喻也可说明，这在前面已经简要谈到了。这虽然是为了急切挽救时弊而提出来的观点，但知行的本体本来就是这样，并不是我为了用一己之见来对它褒贬而临时提出这个观点，以求得一时的效用。

专求本心，便遗弃了万物之理，这就失去了本心。因为万物之理不在我心之外，在我心之外去寻求万物之理，是没有物理的。遗弃万物之理反求我心，我心又有什么呢？心的本体是性，性就是理。所以，有孝敬双亲的心，就有孝敬的理；没有孝敬双亲的心，就没有孝敬的理。有忠于国君的心，就有忠诚的理；没有忠于国君的心，就没有忠诚的理。理哪里在我心之外呢？朱熹先生说：“人之所以为学者，心与理而已。心虽然主宰一身，而实际主管着天下的理。理虽然表现在万事上，而实际只在人的心中。”他把心和理一分一合来讲，不免已经开启了学者把心理当作两个物的弊病。后世有专求本心而遗弃物理的弊病，正是由于不懂得心就是理啊。心外寻求事物的理，所以才有暗昧而不通达的地方。这就是告子义在心外的观点，而被孟子批评为不懂得义的原因。心只有一个，就心的全体的情感而言，就称为“仁”；就心的合理适宜而言，就称为“义”；就心的有条有理而言，就称为“理”。不可去心外寻求仁，不可去心外寻求义，怎么可以去心外寻求理呢？去心外寻求理，这就把知行当作两个物了。在自己心中寻求理，这是圣门知行合一的观点，你对此还有什么怀疑呢？

来书云：“所释《大学》古本，谓‘致其本体之知’，此固孟子尽心之旨，朱子亦以虚灵知觉为此心之量。然尽心由于知性，致知在于格物。”

“尽心由于知性，致知在于格物”，此语然矣。然而推本吾子之意，则其所以为是语者，尚有未明也。朱子以“尽心、知性、知天”为物格知致，以“存心、养性，事天”为诚意、正心、修身，以“夭寿不二，修身以俟”为知至仁尽，圣人之事。若鄙人之见，则与朱子正相反矣。夫“尽心，知性、知天”者，生知安行，圣人之事也；“存心、养性、事天”者，学知利行，贤人之事也；“夭寿不二，修身以俟”者，困知勉行，学者之事也。岂可专以“尽心知性”为知，“存心养性”为行乎？吾子骤闻此言，必又以为大骇矣，然其间实无可疑者，一为吾子言之。

夫心之体，性也；性之原，天也。能尽其心，是能尽其性矣。《中庸》云：“惟天下至诚，为能尽其性。”又云：“知天地之化育”，“质诸鬼神而无疑，知天也。”此惟圣人而后能然。故曰：此生知安行，圣人之事也。存其心者，未能尽其心者也，故须加存之之功；必存之既久，不待于存而自无不存，然后可以进而言尽。盖“知天”之“知”，如“知州”、“知县”之“知”，知州则一州之事皆己事也，知县则一县之事皆己事也，是与天为一者也。“事天”则如子之事父，臣之事君，犹与天为二也。天之所以命于我者，心也，性也。吾但存之而不敢失，养之而不敢害，如“父母全而生之，子全而归之”者也。故曰：

此学知利行，贤人之事也。至于“夭寿不二”，则与存其心者又有间矣。存其心者翠未能尽其心，固已一心于为善；时有不存，则存之而已。今使之“夭寿不二”，是犹以夭寿二其心者也。犹以夭寿二其心，是其为善之心犹未能一也，存之尚有所未可，而何尽之可云乎？今且使之不以夭寿二其为善之心，若曰死生夭寿皆有定命，吾但一心于为善，修吾之身以俟天命而已，是其平日尚未知有天命也。事天虽与天为二，然已真知天命之所在，但惟恭敬奉承之而已耳。若俟之云者，则尚未能真知天命之所在，犹有所俟者也。故曰：所以立命。立者，创立之“立”。如“立德”、“立言”，“立功”、“立名”之类。凡言立者，皆是昔未尝有而本始建立之谓，孔子所谓“不知命，无以为君子”者也。故曰：此困知勉行，学者之事也。

今以“尽心、知性、知天”为格物致知，使初学之士尚未能不二其心者，而遽责之以圣人生知安行之事，如捕风捉影，茫然莫知所措其心，几何而不至于“率天下而路”也？今世致知格物之弊，亦居然可见矣。吾子所谓务外遗内，博而寡要者，无乃亦是过欤？此学问最最紧要处，于此而差，将无往而不差矣！此鄙人之所以冒天下之非笑，忘其身之陷于罪戮，呶呶其言，其不容已者也。

【译文】来信说：“您注释《大学》旧本，说‘致知是获得本体的知’，这固然符合《孟子》中‘尽心’的主旨。朱熹先生也认为虚灵知觉是人心的全体，而尽心是由于知性，致知在于格物。”

“尽心是由于知性，致知在于格物”，这句话是对的。然而，推想你的意思，你这样说，是因为还有不明白的地方。朱熹先生认为“尽心、知性、知天”是格物致知；“存心、养性、事天”是诚意、正心、修身；“夭寿不二，修身以俟”是知至而仁尽，是圣人的事情。而我的看法，和朱熹先生正好相反。我认为“尽心、知性、知天”为生知安行，是圣人的事情；“存心、养性、事天”为学知利行，是贤人的事情；“夭寿不二，修身以俟”为困知勉行，是学者的事情。怎么可以把“尽心”、“知性”当作知，把“存心”、“养性”当作行呢？你乍一听到这话，肯定又会大吃一惊了。然而，这里面实在没有可怀疑的，让我一一给你解释明白。

心的本体是性，性的本源是天。能尽自己的心，就是能尽自己的性了。《中庸》说：“只有天下最真诚的人，才能充分发挥他的本性。”又说：“知道天地化生培育万物”，“卜问鬼神也没有可疑，这是知道天意啊。”这些只有圣人能做到。所以说：这是生知安行，是圣人的事情。存养心，是因为不能尽心，所以必须增加存养的功夫；必须已经存养了很久，到了不需要有意存养而无时不自然存养之后，这才可以说是尽心。此外，“知天”的“知”，如同“知州”、“知县”的“知”。知州，一个州的事情就都是他自己的事；知县，一个县的事情就都是他自己的事。“知天”，就是与天合而为一。“事天”就好比子女事奉父母，臣子事奉君主，还是把人和天分为二事了。上天赐予我的，是心，是性。我只能保存而不敢遗失，只能养护而不敢伤害，如同“父母完整地生下我们，我们死时也完整地归还给父母”一样。所以说：这是学知利行，是贤人的事情。至于“夭寿不二”那与存养心的人又有差别了。存养心的人，虽然不能穷尽自己的心，但他本来已经一心向善；即使偶而失去本心，只要存养就行了。现在让人们不论夭寿始终如一，这说明人们还是因为夭寿而三心二意。因为夭寿而三心二意，这说明人们向善的心还不能专一。这连存养心都谈不上，又怎么能谈尽心呢？现在让人们不要因为夭寿而改变行善的心，就好像说死生夭寿都有一定的天命，我只要一心向善，修养自身来等待天命而已。这说明他们平素还不知道有天命啊。事天虽是把自己和天分为二事，但已经真正知道了天命的所在，只要恭敬地顺应天命就行了。说到等待天命，那就是还不能真正知道天命的所在，还在等待着什么。所以说：所以守命。这里的“立”是创立的“立”，如同“立德”、“立言”、“立功”、“立名”之类的“立”：凡是说立的，都是说从前没有而现在才建立的意思，就是孔子所说的“不知天命，就不能做君子”。所以说：这是困知勉行，是学者的事情。

现在把“尽心、知性、知天”当成格物致知，让初学的人还不能专心不移，就立即要求他去做圣人生知安行的事情。这就像捕风捉影，使人心茫然不知所措。这怎么能不造成“率领天下的人无谓地奔波”的后果呢？现在，社会上致知格物的弊病，已经明显看见了。你所说的重视外在知识而忽略内在修养，虽然知识广博却不得要领，恐怕也是这样的错误吧？这是做学问的关键之处，在这里出了差错，就会无处不出差错了!这正是我之所以冒着天下人的非议嘲笑，不顾身陷罪戮，唠唠叨叨不能停止的原因啊。

来书云：“闻语学者，乃谓‘即物穷理’之说亦是玩物丧志，又取其‘厌繁就约’、‘涵养本原’数说标示学者，指为晚年定论，此亦恐非。”

朱子所谓格物云者，在‘即物而穷其理’也。即物穷理，是就事事物物上求其所谓定理者也，是以吾心而求理于事事物物之中，析心与理为二矣。夫求理于事事物物者，如求孝之理于其亲之谓也。求孝之理于其亲，则孝之理其果在于吾之心邪？抑果在于亲之身邪？假而果在于亲之身，则亲没之后，吾心遂无孝之理欤？见孺子之入井，必有恻隐之理。是恻隐之理果在于孺子之身欤？抑在于吾心之良知欤？其或不可以从之于井欤？其或可以手而援之欤？是皆所谓理也。是果在于孺子之身欤？抑果出于吾心之良知欤？以是例之，万事万物之理莫不皆然，是可以知析心与理为二之非矣。夫析心与理而为二，此告子义外之说，孟子之所深辟也。务外遗内，博而寡要，吾子既已知之矣，是果何谓而然哉？谓之玩物丧志，尚犹以为不可欤？

若鄙人所谓致知格物者，致吾心之良知于事事物物也。吾心之良知，即所谓天理也。致吾心良知之天理于事事物物，则事事物物皆得其理矣。致吾心之良知者，致知也。事事物物皆得其理者，格物也。是合心与理而为一者也。合心与理而为一，则凡区区前之所云，与朱子晚年之论，皆可以不言而喻矣！

【译文】来信说："听说您告诉学生说，即物穷理的观点也是玩物丧志。又取朱熹先生'厌繁就约'、'涵养本原'的几种主张指给学生看，把这些主张称为朱熹先生的晚年定论，这恐怕不对吧？"

朱熹先生所说的格物，就是指在事物中穷究事物的理。即物穷理，是从各种事物上寻求基本的原理。这是用自己的心到各种事物上去求理，这样就把心和理分开为二了。在各种事物上求理，如同在父母那里求孝的理。在父母那里求孝的理，那么，孝的理究竟是在自己的心中呢？还是在父母的身上呢？假如果真在父母身上，那么父母去世后，自己心中不就没有孝的理了？看见孩子落在井中，一定有同情的理。这个同情的理，究竟是在孩子身上呢？还是在自己内心的良知上呢？或许不能跟着孩子跳入井中，或许可以伸手来援救，这都是所说的理。这个理究竟是在孩子身上呢？还是处于自己内心的良知上呢？用这个例子推知，万事万物的理都是这样。由此可知，把心和理分开为二是错了。把心和理分开为二，这是告子的义在心外的主张，是孟子竭力反对的。重视外在知识而忽略内心修养，知识广博却不得要领，既然你已经明白这是错误了，那么这错误到底是怎么造成的呢？说它是玩物丧志，你还认为不可以吗？

像我讲的致知格物，是将自己心中的良知推及到各种事物上。自己心中的良知，就是所说的天理。把自己心中良知的天理推及到各种事物上，那么，各种事物都能得到天理了。推及自己心中的良知，就是致知。各种事物都得到天理，就是格物。这样就把心和理合而为一了。把心和理合二为一，那么，凡是我前面所说的和朱子晚年的观点，都可以不言而喻了。

来书云："人之心体，本无不明，而气拘物蔽，鲜有不昏。非学、问、思、辨以明天下之理，则善恶之机，真妄之辨，不能自觉，任情恣意，其害有不可胜言者矣。"

此段大略似是而非，盖承沿旧说之弊，不可以不辨也。夫问、思、辨、行，皆所以为学，未有学而不行者也。如言学孝，则必服劳奉养，躬行孝道，然后谓之学。岂徒悬空口耳讲说，而遂可以谓之学孝乎？学射则必张弓挟矢，引满中的。学书则必伸纸执笔，操觚染翰。尽天下之学，无有不行而可以言学者，则学之始，固已即是行矣。笃者，敦实笃厚之意。已行矣，而敦笃其行，不息其功之谓尔。盖学之不能以无疑，则有问，问即学也，即行也。又不能无疑，则有思，思即学也，即行也。又不能无疑，则有辨，辨即学也，即行也。辨既明矣，思既慎矣，问既审矣，学既能矣，又从而不息其功焉，斯之谓笃行。非谓学、问、思、辨之后，而始措之于行也。是故以求能其事而言谓之学，以求解其惑而言渭之问，以求通其说而言谓之思，以求精其察而言谓之辨，以求履其实而言谓之行。盖析其功而言则有五，合其事而言则一而已。此区区心理合一之体，知行并进之功，所以异于后世之说者，正在于是。

今吾子特举学、问、思、辨以穷天下之理，而不及笃行，是专以学、问、思、辨为知，而谓穷理为无行也已。天下岂有不行而学者邪？岂有不行而遂可谓之穷理者邪？明道云："只穷理，便尽性至命。"故必仁极仁而后谓之能穷仁之理，义极义而后谓之能穷义之理。仁极仁则尽仁之性矣，义极义则尽义之性矣。学至于穷理至矣，而尚未措之于行，天下宁有是邪？是故知不行之不可以为学，则知不行之不可以为穷理矣。知不行之不可以为穷理，则知知行之合一并进，而不可以分为两节事矣。夫万事万物之理，不外于吾心。而必曰穷天下之理，是殆以吾心之良知为未足；而必外求于天下之广，以裨补增益之，是犹析心与理而为二也。

夫学、问、思、辨、笃行之功，虽其困勉至于人一己百，而扩充之极，至于尽性知天，亦不过致吾心之良知而已。良知之外，岂复有加于毫末乎？今必曰穷天下之理，而不知反求诸其心，则凡所谓善恶之机，真妄之辨者，舍吾心之良知，亦将何所致其体察乎？吾子所谓'气拘物蔽'者，拘此蔽此而已。今欲去此之蔽，不知致力于此，而欲以外求，是犹目之不明者，不务服药调理以治其目，而徒伥伥然求明于其外，明岂可以自外而得哉？任情恣意之害，亦以不能精察天理于此心之良知而已。此诚毫厘千里之谬者，不容于不辨。吾子毋谓其论之太刻也！

【译文】来信说："人的心体，原本没有不明的，然而受到气的束缚和物的蒙蔽，很少有不昏暗的。如果不是通过博学、审问、慎思、明辨来明晓天下的事理，那么，善恶的起因，真假的分别，就不能自动知觉，就会放纵情意，它的危害难以说尽。"

这段话大体上似是而非。这是因袭旧学说的弊端，不可以不加以分辨。博学、审问、慎思、明辨、笃行，都是学习的内容，没有学习而不实行的。比如说学习孝道，就必须服侍赡养，亲自实行孝道，然后才叫做学习孝道。怎么能只凭口头谈谈，就可以叫做学习孝道呢？学习射箭，就必须张弓搭箭，拉满弓射中目标。学习写字，就必须铺纸执笔，蘸墨书写。天下所有的学问，没有不去实行就称为学问的。所以，学习的开始，本来就已经是实行了。"笃行"的"笃"就是切实认真的意思。是说已经实行了，再使行动切实认真，不要使功夫停息。本来博学不能没有疑点，有疑点就有"审问"，审问就是学习，也就是实行。之后不能没有疑点，有疑点就有"慎思"，慎思就是学习，也就是实行。之后不能没有疑点，有疑点就有"明辨"，明辨就是学习，也就是实行。辨别已经明晰，思考已经谨慎，询问已经详细，学习已经进步了，还要不停息用功，这就叫做"笃行"。并不是在博学、审问、慎思、明辨之后，才开始着手去实行。因此，从能做成事而言，叫做学习；从解除困惑而言，叫做询问；从通晓道理而言，叫做思考；从精细考察而言，叫做辨别；从切实去做而言，叫做实行。从分析它们的功用而言，有五个方面；从综合它们的事情而言，只有一件而已。这就是我的心理合一为本体，知行并进是功夫的观点，也正是我不同于朱熹先生的地方。

现在，你只举出博学、审问、慎思、明辨来穷究天下的理，却不讲笃行，这是专以博学、审问、慎思、明辨为知，而认为穷理是不包括实行的。天下哪里有不实行而学习的呢？哪里有不实行就可以称为穷究天理的呢？程颢先生说："只穷理，就是尽性至命。"所以，必须施行仁达到仁的极限，然后才能说穷尽了仁的理；施行义达到了义的极限，然后才能说穷尽了义的理。施行仁达到仁的极限，就能尽仁的本性了；施行义达到义的极限，就能尽义的本性了。学习达到了穷理，就达到极限了，却没有落实到行动中，天下难道有这种事情吗？由此可知，不实行不可以叫做学习，不实行不可以叫做穷究天理。既然知道不实行不可以叫做穷究天理，那么，也就知道了知行是合一并进的，不可以把知行分成两件事了。说到万事万物的理，都不在我的心外。而一定要说穷尽天下的理，这大概是认为自己心里的良知不足；而一定要向外广求天下的事物，用来弥补内心的不足，这仍然是把心和理分成两件事了。

至于博学、审问、慎思、明辨、笃行的功夫，虽然有人遇到困难而勉力学习，甚至要付出比别人多百倍的努力，但努力到了极限。到了尽性知天的程度，也不过是推致自己心里的良知罢了。良知以外，难道还能再加一分一毫吗？现在的人，一定要说穷尽天下的理，而不知返回寻求自己的内心，那么，你所说的善恶的起因，真假的分别，舍弃了自己心里的良知，又将在哪里体察呢？你所说的禀气的束缚和外物的蒙蔽，正是束缚和蒙蔽了良知罢了。现在，要去掉这个毛病，不知在自己内心用功，却想向外面寻求，这就像眼睛看不清，不去服药调理来治疗眼病，反而盲目地到身外寻找眼睛明亮一样，眼睛明亮怎么可以从外面找到呢？放纵情意的害处，也是由于不能在自己心里的良知上仔细体察天理罢了。这确实是差之毫厘，失之千里的谬误，不能不辨别清楚。你不要认为我讲的太苛刻了。

来书云："教人以致知、明德，而戒其即物穷理，诚使昏暗之士，深居端坐，不闻教告，遂能至于知致而德明乎？纵令静而有觉，稍悟本性，则亦定慧无用之见，果能知古今，达事变，而致用于天下国家之实否乎？其曰：'知者意之体，物者意之用'，'格物如格君心之非之格'。语虽超悟独得，不踵陈见，抑恐于道未相吻合？"

区区论致知格物，正所以穷理，未尝戒人穷理，使之深居端坐而一无所事也。若谓即物穷理，如前所云'务外而遗内'者，则有所不可耳。昏暗之士，果能随事随物精察此心之天理，以致其本然之良知，则'虽愚必明，虽柔必强'。大本立而达道行，九经之属，可一以贯之而无遗矣。尚何患其无致用之实乎？彼顽空虚静之徒，正惟不能随事随物精察此心之天理，以致其本然之良知，而遗弃伦理，寂灭虚无以为常，是以要之不可以治家国天下。孰谓圣人穷理尽性之学而亦有是弊哉？

心者，身之主也，而心之虚灵明觉，即所谓本然之良知也。其虚灵明觉之良知，应感而动者谓之意。有知而后有意，无知则无意矣。知非意之体乎？意之所用，必有其物，物即事也。如意用于事亲，即事亲为一物；意用于治民，即治民为一物；意用于读书，即读书为一物；意用于听讼，即听讼为一物。凡意之所用，无有无物者。有是意即有是物，无是意即无是物矣。物非意之用乎？

“格”字之义，有以“至”字训者，如“格于文祖”、“有苗来格”，是以“至”训者也。然“格于文祖”，必纯孝诚敬，幽明之间，无一不得其理，而后谓之“格”。有苗之顽，实以文德诞敷而后格，则亦兼有“正”字之义在其间，未可专以“至”字尽之也。如“格其非心”、“大臣格君心之非”之类，是则一皆“正其不正以归于正”之义，而不可以“至”字为训矣。且《大学》“格物”之训，又安知其不以“正”字为训，而必以“至”字为义乎？如以“至”字为义者，必曰“穷至事物之理”，而后其说始通。是其用功之要全在一“穷”字，用力之地全在一“理”字也。若上去一“穷”，下去一“理”字，而直曰“致知在至物”，其可通乎？夫“穷理尽性”，圣人之成训，见于《系辞》者也。苟格物之说而果即穷理之义，则圣人何不直曰“致知在穷理”，而必为此转折不完之语，以启后世之弊邪？

盖《大学》“格物”之说，自与《系辞》“穷理”大旨虽同，而微有分辨。穷理者，兼格、致、诚、正而为功也。故言穷理，则格、致、诚、正之功皆在其中；言格物则必兼举致知、诚意、正心，而后其功始备而密。今偏举格物而遂谓之穷理，此所以专以穷理属知，而谓格物未常有行。非惟不得格物之旨，并穷理之义而失之矣。此后世之学，所以析知行为先后两截，日以支离决裂，而圣学益以残晦者，其端实始于此。吾子盖亦未免承沿积习见，则以为于道未尽深悉，不为过矣。

【译文】来信说：“您教导学生致知、明德，却告诫他们不要即物穷理。假若让懵懂的人深居端坐，不听教导和告诫，就能够有知识、有德行吗？即使他静中有觉，对本性稍有体悟，那也是佛家禅定、智慧之类无用的见识，难道他果真能知晓古今，通达事变，对天下国家有实际用处吗？您说‘知是意的本体，物是意的作用’，‘格物的“格”，如同“格君心之非”的“格”’。话虽然说得超悟独到，不沿袭陈旧的见解，但恐怕和圣道不相吻合吧？”

我谈论致知格物，正是要穷尽天理，并没有告诫别人不去穷尽天理，却让别人深居端坐，一无所事。如果认为即物穷理就像前面所说的，只重视外在知识，而忽略内心修养，那就不对了。懵懂之人，果真能在事物中省察自己心上的天理，从而发现自己本有的良知，那么，‘即使愚蠢也一定会变得聪明，柔弱也一定会变得刚强。’树立根本而畅行大道，那么，“九经”之类，就能一以贯之而没有遗漏了。还忧虑什么没有实际用处呢？至于那些只谈空虚寂静的佛教徒，正因为不能在事物中仔细体察自己心上的天理，以发现自己本有的良知，从而遗弃了伦理，把寂灭虚无看作正常。所以，不能用它们来治理家庭、国家和天下。谁说圣人的穷理尽性也有这种弊病呢？

心是身体的主宰，而心的虚灵明觉，就是本身具有的良知。虚灵明觉的良知感应而动，叫做意。先有知而后有意，没有知就没有意。难道知不是意的本体吗？意的作用，必有相应的物。物就是事。例如，意用在事奉父母上，事奉父母就是一物；意用在治理百姓上，治理百姓就是一物；意用在读书上，读书就是一物；意用在断案上，断案就是一物。凡是意作用的地方，不会没有物存在。有这个意，就有这个物；没有这个意，也就没有这个物。难道物不是意的作用吗？

"格"字的意思，有用"至"字解释的。例如"格于文祖"、"有苗来格"，这是用"至"来解释的。然而，到文祖庙祭祀，必须纯孝诚敬，对人间和阴府的道理，没有不知晓的，然后叫做格。苗人的愚顽，只有施布文德教化，然后才能来格，因此格也有"正"的意思，不能只用"至"字来穷尽它的意思。例如，"格其非心"、"大臣格君心之非"一类，都是纠正不正以达到正的意思，更不能用"至"字来解释了。《大学》中的"格物"的解释，又怎么知道就不能用"正"字解释，而一定要用"至"字来解释呢？如果用"至"字解释，一定说"穷至事物之理"，然后这种解释才通。这样，功夫的关键全在一个"穷"字上，用功的对象全在一个"理"字上。如果前面删去一个"穷"，后面删去一个"理"，直接说"致知在至物"，难道能通吗？"穷理尽性"是圣人固有的教诲，早在《易经·系辞》中就可以看到。假如格物果真是穷尽天理的意思，那么，圣人为什么不直接说"致知在穷理"，而一定要说这种语气转折、语意不全的话，从而导致后世的弊病呢？

《大学》的"格物"，和《易经·系辞》的"穷理"大义虽然相同，但还有细微的区别。穷理，兼有格物、致知、诚意、正心的功夫。所以说穷理，那么格物、致知、诚意、正心的功夫都包括在其中了；说格物，就必须再举出致知、诚意、正心，然后格物的功夫才会完备而严密。现在片面地举出格物，就说这是穷理，这就是把穷理看成知，而认为格物没有包括行。这样不但不能理解格物的意思，而且连穷理的意思也歪曲了。后世的学问，之所以把知行分成前后两截，使知行日益支离破碎，而造成圣学日益残缺暗淡，其根源实际就在这里。你恐怕也不免沿袭了陈旧的见解，认为我的观点和圣道不相吻合，这也就不足为怪了。

来书云："谓'致知之功，将如何为温凊，如何为奉养，即是诚意，非别有所谓格物'，此亦恐非。"

此乃吾子自以己意揣度鄙见而为是说，非鄙人之所以告吾子者矣。若果如吾子之言，宁复有可通乎？盖鄙人之见，则谓意欲温凊、意欲奉养者，所谓意也，而未可谓之诚意。必实行其温凊奉养之意，务求自慊而无自欺，然后谓之诚意。知如何而为温凊之节，知如何而为奉养之宜者，所谓知也，而未可谓之致知。必致其知如何为温凊之节者之知，而实以之温凊；致其知如何为奉养之宜者之知，而实以之奉养，然后谓之致知。温凊之事，奉养之事，所谓物也，而未可谓之格物。必其于温凊之事也，一如其良知之所知，当如何为温凊之节者，而为之无一毫之不尽；于奉养之事也，一如其良知之所知，当如何为奉养之宜者，而为之无一毫之不尽，然后谓之格物。温凊之物格，然后知温凊之良知始致；奉养之物格，然后知奉养之良知始致。故曰"物格而后知至"。致其知温凊之良知，而后温凊之意始诚；致其知奉养之良知，而后奉养之意始诚。故曰“知至而后意诚”。此区区诚意、致知、格物之说盖如此。吾子更熟思之，将亦无可疑者矣。

【译文】来信说：“您说‘致知的功夫，就是怎样让父母冬暖夏凉，怎样侍奉赡养父母，就是诚意，不是另外有所谓的格物’，这也恐怕不对吧。”

这是你用自己的意思来猜度我的主张而这么说的，并不是我告诉你的意思。如果像你说的，又怎能说得通呢？我的主张是说，想要父母冬暖夏凉、想要侍奉赡养父母，这只是“意”，还不能叫做“诚意”。必须实行了想要父母冬暖夏凉、想要侍奉赡养父母的意，而且务必达到自己满意，然后才能叫做“诚意”。知道怎样做到冬暖夏凉，知道怎样奉养合适，这只是“知”，还不能叫做“致知”。必须懂得怎样冬暖夏凉的知识，并切实做到了冬暖夏凉；懂得怎样奉养的知识，并切实做到了奉养合适，然后才能叫做“致知”。冬暖夏凉，侍奉赡养的事情，这只是“物”，还不能叫做“格物”。必须对于冬暖夏凉的事，完全按照良知所知道的怎样冬暖夏凉的方法去做，不要有丝毫的差距；对于侍奉赡养的事，完全按照良知所知道的怎样侍奉赡养的道理去做，不要有丝毫的差距，然后才能叫做“格物”。冬暖夏凉，这个物“格”了，然后知道冬暖夏凉的良知才算是“致”了；侍奉赡养，这个物“格”了，然后知道侍奉赡养的良知才算是“致”了。所以，《大学》说：“格物而后知至。”致那个知道冬暖夏凉的良知，而后冬暖夏凉的意才能真诚；致那个知道侍奉赡养的良知，而后侍奉赡养的意才能真诚。所以，《大学》说：“知至而后意诚。”这就是我对诚意、致知、格物的理解。你再深入地思考思考，也就不会有疑问了。

来书云：“道之大端易于明白，所谓‘良知良能，愚夫愚妇可与及者’。至于节目时变之详，毫厘千里之谬，必待学而后知。今语孝于温凊定省，孰不知之？至于舜之不告而娶，武之不葬而兴师，养志、养口，小杖、大杖，割股、庐墓等事，处常处变，过与不及之间，必须讨论是非，以为制事之本。然后心体无蔽，临事无失。”

“道之大端易于明白”，此语诚然。顾后之学者，忽其易于明白者而弗由，而求其难于明白者以为学，此其所以“道在迩而求诸远，事在易而求诸难”也。孟子云：“夫道若大路然，岂难知哉？人病不由耳。”良知良能，愚夫愚妇与圣人同。但惟圣人能致其良知，而愚夫愚妇不能致，此圣愚之所由分也。

节目时变，圣人夫岂不知，但不专以此为学。而其所谓学者，正惟致其良知，以精察此心之天理，而与后世之学不同耳。吾子未暇良知之致，而汲汲焉顾是之忧，此正求其难于明白者以为学之弊也。夫良知之于节目时变，犹规矩尺度之于方圆长短也。节目时变之不可预定，犹方圆长短之不可胜穷也。故规矩诚立，则不可欺以方圆，而天下之方圆不可胜用矣；尺度诚陈，则不可欺以长短，而天下之长短不可胜用矣；良知诚致，则不可欺以节目时变，而天下之节目时变不可胜应矣。毫厘千里之谬，不于吾心良知一念之微而察之，亦将何所用其学乎？是不以规矩，而欲定天下之方圆。不以尺度，而欲尽天下之长短。吾见其乖张谬戾，日劳而无成也已。

吾子谓‘语孝于温凊定省，孰不知之’。然而能致其知者鲜矣。若谓粗知温凊定省之仪节，而遂谓之能致其知，则凡知君之当仁者，皆可谓之能致其仁之知。知臣之当忠者，皆可谓之能致其忠之知，则天下孰非致知者邪？以是而言，可以知致知之必在于行，而不行之不可以为致知也明矣。知行合一之体，不益较然矣乎？

夫舜之不告而娶，岂舜之前已有不告而娶者为之准则，故舜得以考之何典，问诸何人，而为此邪？抑亦求诸其心一念之良知，权轻重之宜，不得已而为此邪？武之不葬而兴师，岂武之前已有不葬而兴师者为之准则，故武得以考之何典，问诸何人，而为此邪？抑亦求诸其心一念之良知，权轻重之宜，不得已而为此邪？使舜之心而非诚于为无后，武之心而非诚于为救民，则其不告而娶，与不葬而兴师，乃不孝不忠之大者。而后之人，不务致其良知，以精察义理于此心感应酬酢之间”，顾欲悬空讨论此等变常之事，执之以为制事之本，以求临事之无失，其亦远矣！其余数端，皆可类推，则古人致知之学从可知矣。

【译文】来信说：“儒道的主要方面容易明白，像您所说的‘良知良能，愚笨的男女们都能理解。’至于具体事项和时世变化的细节，往往差之毫厘，谬以千里，必须等学过后才能明白。如今要在冬温、夏凊、昏定、晨省上说孝道，谁不知道？至于舜不向父母禀告而娶妻，武王不葬文王而伐纣，曾子养志而曾元养口，小杖承受而大杖逃跑，割股肉治父母的病，为亲人守丧三年等事情，处在正常与变化、过分与不及之间，必须要讨论清是非原则，以此作为处理事情的依据。然后人们的心体才不被蒙蔽，遇事才不出差错。”

“儒道的主要方面容易理解”，这话确实有理。不过后世的学者，往往疏忽了那容易明白的主要方面不去遵循，却把难以明白的当作学习的内容，这正是所谓“道在近处却向远处寻求，事情本来容易却向难处寻求”。孟子说过：“道就像大路一样明显，哪里难于理解呢？只怕人们不寻求啊。”良知良能，愚笨的男女们和圣人同样具有。但只有圣人能致良知，而愚笨的男女们却不能致良知，这就是圣人和愚人的区别。

具体事项的随时变化，圣人怎么会不知道？只是圣人不专以它作为学习内容。圣人所谓的学问，只是致其良知，而仔细体察心中的天理，这与后世的学问根本不同。你还没有去致良知，却在急切地担忧这些细节，这正是把难以明白的作为学习内容的弊病。良知良能与具体事项随时变化的关系，犹如规矩尺度与方圆长短的关系。具体事项随时变化的不可预定，犹如方圆长短的不可穷尽。所以，一旦确立规矩，方圆与否就不能掩蔽，而天下的方圆也就画不尽了；一旦确立尺度，长短与否就不能遮掩，而天下的长短也就量不尽了；一旦“致”了良知，具体事项的随时变化就不能掩蔽，而天下的具体事项的随时变化也就能应付自如了。毫厘之差导致千里之谬，不从自己心中良知的一个念头的细微处体察，又在什么地方学习用功呢？这就像不用规矩却要确定天下的方圆，不用尺度却要量尽天下的长短。我看这只会荒谬百出，劳而无功！

你说“在冬温、夏清、昏定、晨省上说孝道，谁不知道”。然而能在这件事上致知的人太少了。如果说粗略地了解冬温、夏清、昏定、晨省的礼仪，便说能致其良知，那么，凡是知道君主应当仁的人，都可以说他能致其仁的知，知道臣属应当尽忠的人，都可以说他能致其忠的知，那么，天下谁不是做到致知的人呢？由此可以知道，致知必须显现在行动上，不行动就不可以称为致知，这太明白了。知行合一的本体，不是更加明显了吗？

至于舜不禀告父亲而娶妻，难道在舜之前就有了不告而娶的先例作为准则，因而舜能够参考什么典籍，请教什么人，才这样做的吗？还是舜依据自己心里的一念良知，权衡轻重适宜与否，不得已才这样做的呢？武王不葬文王而兴师伐纣，难道在武王之前已经有了不葬而兴师的先例作为准则，因而武王能够参考什么典籍，请教什么人，才这样做的吗？还是武王依据自己心里的一念良知，权衡轻重适宜与否，不得已才这样做的呢？如果舜不是真的担心绝了后代，武王不是真的为了拯救百姓，那么，舜不禀告父亲而娶妻和武王不葬文王而兴师，就是最大的不孝和不忠。而后世的人不去致其良知，以便在交往处事中仔细体察天理，却要凭空谈论这些反常的事，把它当作处理事情的根本，以此企求遇事没有闪失，这不也差得太远了吗！你说到的其余几点，都可以依此类推，这样，古人致知的学问，从中就可以明白了。

来书云：“谓‘《大学》格物之说，专求本心’，犹可牵合。至于《六经》《四书》所载‘多闻多见’，‘前言往行’，‘好古敏求’，‘博学审问’，‘温故知新’，‘博学详说’，‘好问好察’，是皆明白求于事为之际，资于论说之间者，用功节目固不容紊矣。”

格物之义，前已详悉，牵合之疑，想已不俟复解矣。至于多闻多见，乃孔子因子张之务外好高，徒欲以多闻多见为学，而不能求诸其心，以阙疑殆，此其言行所以不免于尤悔，而所谓见闻者，适以资其务外好高而已。盖所以救子张多闻多见之病，而非以是教之为学也。夫子尝曰：“盖有不知而作之者，我无是也”，是犹孟子“是非之心，人皆有之”之义也。此言正所以明德性之良知非由于闻见耳。若曰“多闻择其善者而从之，多见而识之”，则是专求诸见闻之末，而已落在第二义矣，故曰“知之次也”。夫以见闻之知为次，则所谓知之上者，果安所指乎？是可以窥圣门致知用力之地矣。夫子谓子贡曰：“赐也，汝以予为多学而识之者欤？非也，予一以贯之。”使诚在于多学而识，则夫子胡乃谬为是说，以欺子贡者邪？“一以贯之”，非致其良知而何？《易》曰：“君子多识前言往行以畜其德。”夫以畜其德为心，则凡多识前言往行者，孰非畜德之事？此正知行合一之功矣。

好古敏求者，好古人之学，而敏求此心之理耳。心即理也。学者，学此心也；求者，求此心也。孟子云：“学问之道无他，求其放心而已矣。”非若后世广记博诵古人之言词，以为好古，而汲汲然惟以求功名利达之具于其外者也。“博学审问”，前言已尽。“温故知新”，朱子亦以温故属之尊德性矣。德性岂可以外求哉？惟夫知新必由于温故，而温故乃所以知新，则亦可以验知行之非两节矣。“博学而详说之”者，“将以反说约也”。若无反约之云，则博学详说者果何事邪？舜之“好问好察”，惟以用中而致其精一于道心耳。道心者，良知之谓也。君子之学，何尝离去事为而废论说。但其从事于事为论说者，要皆知行合一之功，正所以致其本心之良知，而非若世之徒事口耳谈说以为知者，分知行为两事，而果有节目先后之可言也。

【译文】来信说：“您说‘《大学》的格物观点，专在寻求本心’，这话还勉强可通。至于《六经》《四书》所记载的‘多闻多见’、‘前言往行’、‘好古敏求’、‘博学审问’、‘温故知新’、‘博学详说’、‘好问好察’，这都清楚表明在处事中求取，在论辩中获得，用功的项目本来是不能紊乱的。”

格物的意思，前文已经详细阐述，勉强可通的疑问，想已不必再解释了。至于“多闻多见”，那是孔子针对子张好高骛远，只想把多闻多见当作学问，而不能反求自己内心，保留自己的怀疑，所以，他的言行难免有过错和后悔。而所谓的见闻，正好滋长了他好高骛远的缺点。孔子这番话是为了纠正子张多闻多见的缺点，并不是教导子张把多闻多见当作学问。孔子曾经说过：“大概有不知道而造作的人，我不是这样的。”这犹如孟子的“是非之心，人人都有”的意思。这句话正表明人们德性的良知并不是由于多见多闻。至于说“多听，选择那些好的去照着做；多看，把它们记在心中”，就是只寻求见闻上的细枝末节，而已经落入第二义了。所以，孔子说“知是次要的”。把见闻方面的知作为次要学问，那么，所谓的主要学问，到底是指什么呢？由此可以窥知圣人致知用力的地方了。孔子对子贡说：“赐呀，你以为我是多学多记的人吗？不是的，我是用一个基本观点把知识贯穿起来的。”假如求知的确在于多学牢记，那么，孔子为什么发表这番谬论来欺骗子贡呢？“一以贯之”，不是致良知又是什么？《易经》说：“君子多记前人的言行，来积蓄自己的德性。”如果以积蓄德性为目的，那么，多记前人言行，又何尝不是积蓄德性的事呢？这正是知行合一的功夫。

“好古敏求”，是指爱好古人的学问，而勤奋敏捷地寻求自己心的理。心就是理。学就是学这个心。求就是求这个心。孟子说：“学问之道没有别的，就是寻求那丢失了的善心罢了。”并不是像后世的人们，把广记博诵古人的言词当作好古，急切地只向外面追求功名利禄等东西。“博学审问”，前文说得已经很详尽。“温故知新”，朱熹先生也把温故归于尊德性的范畴。德性怎么可以向外寻求呢？知新必然从温故开始，温故才可以知新，这也可以验证知行并非两回事。“博学而详说之”，是为了再返回到最简约处。如果没有返回最简约处的说法，那么，博学详说到底指什么事呢？舜的‘好问好察’，也只是用喜、怒、哀、乐未发之中而使道心精粹纯一而已。道心，就是在说良知。君子的学问，什么时候离开处事而废弃论说呢？只是人们处事和论说，关键都是在做知行合一的功夫，这正是致其本心的良知，而不是像世人一样，只把口耳谈说当作知，把知行当作两回事，而果真有项目先后可说。

来书云：“杨、墨之为仁义，乡愿之辞忠信，尧、舜、子之之禅让，汤、武、楚项之放伐，周公、莽、操之摄辅，谩无印证，又焉适从？且于古今事变、礼乐名物，未尝考识，使国家欲兴明堂，建辟雍，制历律，草封禅，又将何所致其用乎？故《论语》曰‘“生而知之者”，义理耳。若夫礼乐名物，古今事变，亦必待学而后有以验其行事之实”。此则可谓定论矣。”

所喻杨、墨、乡愿，尧、舜、子之，汤、武、楚项，周公、莽、操之辨，与前舜、武之论，大略可以类推。古今事变之疑，前于良知之说，已有规矩尺度之喻，当亦无俟多赘矣。

至于明堂、辟雍诸事，似尚未容于无言者。然其说甚长，姑就吾子之言而取正焉，则吾子之惑将亦可以少释矣。夫明堂、辟雍之制，始见于吕氏之《月令》，汉儒之训疏。《六经》《四书》之中，未尝详及也。岂吕氏、汉儒之知，乃贤于三代之贤圣乎？齐宣之时，明堂尚未有毁，则幽、厉之世，周之明堂皆无恙也。尧、舜茅茨土阶，明堂之制未必备，而不害其为治。幽、厉之明堂，固犹文、武、成、康之旧，而无救于其乱。何邪？岂能“以不忍人之心，而行不忍人之政”，则虽茅茨土阶，固亦明堂也；以幽、厉之心，而行幽、厉之政，则虽明堂，亦暴政所自出之地也！武帝肇讲于汉，而武后盛作于唐，其治乱何如邪？天子之学曰辟雍，诸侯之学曰泮宫，皆象地形而为之名耳。然三代之学，其要皆所以明人伦，非以辟不辟、泮不泮为重轻也。

【译文】来信说：“杨朱、墨翟的行仁义，乡愿的谈忠信；尧、舜、子之的禅让；商汤、周武王、项羽的流放讨伐；周公、王莽、曹操的摄政辅主，这些事情繁琐而没有佐证，学者又将听从谁呢？况且，对于古今事变、礼乐名物都未曾考察识别，如果国家要修明堂、建辟雍、制历律、行封禅，又将怎样发挥作用呢？所以《论语集注》说：‘“生而知之者”，是义理而已。至于礼乐名物，古今事变，也一定要等学习之后才有用来验证其行事的实证。’这话就可以当成定论了。”

你说的杨朱、墨翟、乡愿，尧、舜、子之，商汤、周武王、项羽，周公、王莽、曹操等人的区别，跟前面谈到舜与周武王的情况，大致可以类推。对于古今事变的疑虑，前面在谈良知时，已经用了规矩尺度的比喻说明，也该不需多说了吧。

至于修明堂、建辟雍的事，似乎还不能不说。然而，这些事情说来话长，姑且就对你的话加以辨析，这样你的困惑也将可以稍微消除了。明堂、辟雍的制度，最早见于《吕氏春秋·月令》和汉代儒者的注疏。在《六经》《四书》中，还没有过详细记载。难道吕不韦和汉代儒者的知识，还要超过夏商周三代的圣贤吗？齐宣王时，明堂还有没被毁掉，可见周幽王、周厉王时，周的明堂都还完好无损。尧、舜时，用茅草盖房屋，垒土作台阶，明堂制度未必完备，但并不因此而妨害他们治理天下。周幽王、周厉王的明堂，仍然是周文王、周武王、周成王，周康王时的旧模样，却不能拯救周幽王和周厉王时的天下大乱。这是为什么呢？难道不是说明，能用仁德之心来实行仁德的政治，即使是茅屋土阶，也能起到明堂的作用；用周幽王、周厉王的心来实行周幽王、周厉王的暴政，即使是明堂，也成了暴政实施的场所啊！汉武帝又开始重议明堂之制，唐武则天大建明堂，他们国政的治乱又怎么样呢？天子建的学校叫做辟雍、诸侯建的学校叫做泮宫，都是依据地形而命名的。然而，夏、商、周三代的学问，其核心都是要讲明人伦，至于辟雍是否类似璧环，泮宫是否建在泮水，并不是看得多么重。

孔子云："人而不仁，如礼何？人而不仁，如乐何？"制礼作乐，必具中和之德。声为律而身为度，然后可以语此。若夫器数之末，乐工之事，祝史之守。故曾子曰："君子所贵乎道者三，笾豆之事，则有司存"也。尧"命羲、和，钦若昊天，历象日月星辰"，其重在于"敬授人时"也。舜"在璇玑玉衡"，其重在于"以齐七政"也。是皆汲汲然以仁民之心而行其养民之政。治历明时之本，固在于此也。羲、和历数之学，皋、契未必能之也，禹、稷未必能之也。"尧、舜之知而不遍物"，虽尧、舜亦未必能之也。然至于今，循羲、和之法而世修之，虽曲知小慧之人，星术浅陋之士，亦能推步占候而无所忒。则是后世曲知小慧之人，反贤于禹、稷、尧、舜者邪？封禅之说，尤为不经。是乃后世佞人谀士所以求媚于其上，倡为夸侈以荡君心而靡国费。盖欺天罔人无耻之大者，君子之所不道，司马相如之所以见讥于天下后世也。吾子乃以是为儒者所宜学，殆亦未之思邪？

夫圣人之所以为圣者，以其生而知之也。而释《论语》者曰："'生而知之者'，义理耳。若夫礼乐名物，古今事变，亦必待学而后有以验其行事之实。"夫礼乐名物之类。果有关于作圣之功也，而圣人亦必待学而后能知焉，则是圣人亦不可以谓之生知矣。谓圣人为生知者，专指义理而言，而不以礼乐名物之类，则是礼乐名物之类，无关于作圣之功矣。圣人之所以谓之生知者，专指义理，而不以礼乐名物之类。则是学而知之者，亦惟当学知此义理而已。困而知之者，亦惟当困知此义理而已。今学者之学圣人，于圣人之所能知者，未能学而知之，而顾汲汲焉求知圣人之所不能知者以为学，无乃失其所以希圣之方欤？凡此皆就吾子之所惑者而稍为之分释，未及乎拔本塞源之论也。

【译文】孔子说："作为人而不仁义，那怎么能用礼呢？作为人而不仁义，那怎么能用乐呢？"制礼作乐，必须具有中和的美德。只有以声音为音律，以身体为尺度的人，才可以谈得上制礼作乐。至于礼乐器物的细节，那是乐师的工作，祝史的职守。所以曾参说："君子所重视的道有三方面，至于祭祀礼仪的事，有主管官吏管理。"尧"命令羲氏、和氏，敬顺上天，用历数之法观察日月星辰”，主要是为了“恭敬地授予人民合适的农时”；舜“运用观察天象的璇玑玉衡”，主要是为了“使日月五星正常不乱”。这都是急切地用仁爱人民的心来施行养育人民的政治。制定历法，表明时令的根本，本来就在于此。至于羲氏、和氏的历法数学才华，皋陶、契不一定具备，禹、稷也不一定具备。“尧、舜的智慧也不能面面俱到”，即使尧、舜也不一定具有羲氏、和氏的才华。然而直到现在，依照羲氏和氏的方法世代修习，即便是一知半解稍有智慧的人，浅陋的星术之士，也能够修订历法、占卜天象而没有差错。难道后代的一知半解稍有智慧的人，反而比禹、稷、尧、舜更能干吗？至于封禅的说法，尤其荒诞不经。这是后代奸佞之徒为了向君上献媚，倡导奢侈，以此迷乱君心而浪费国力。这种欺天骗人、无耻之极的行径，君子是不屑谈论的，这正是司马相如被后世耻笑的原因。您竟然认为这是儒生应该学习的，恐怕也有欠考虑吧！

圣人之所以成为圣人，因为他生而知之。而朱熹先生解释《论语》说：“‘生而知之者’，是义理。至于礼乐名物，古今事变，也一定等学习之后才有验证其行事的实证。”如果礼乐名物之类，真与成圣的功夫有关，而圣人也一定等学习之后才能得知，那么，圣人也就不可以说是生而知之了。说圣人生而知之，是专指义理而言的，而不是指礼乐名物一类，那么，礼乐名物之类，和成圣的功夫毫无关系了。之所以说圣人是生而知之，专指义理，而不是指礼乐名物之类的知识。学而知之的人，也应该只是学习知道这个义理罢了。困而知之的人，也应该只是在困难中学习知道这个义理罢了。现在的学者向圣人学习，对于圣人所知晓的东西，他们不能通过学习而知晓它们，而是急切地把寻求圣人所不能知晓的当作学问，这恐怕是迷失了希望成为圣人的方向了吧？所有这些论述，都是就你困惑的地方而稍加分析阐释，还没有涉及到拔本塞源的学说。

夫拔本塞源之论不明于天下，则天下之学圣人者将日繁日难，斯人沦于禽兽夷狄，而犹自以为圣人之学。吾之说虽或暂明于一时，终将冻解于西，而冰坚于东，雾释于前而云滃于后。呶呶焉危困以死，而卒无救于天下之分毫也已。

夫圣人之心，以天地万物为一体。其视天下之人，无外内远近，凡有血气，皆其昆弟赤子之亲，莫不欲安全而教养之，以遂其万物一体之念。天下之人心，其始亦非有异于圣人也，特其间于有我之私，隔于物欲之蔽，大者以小，通者以塞。人各有心，至有视其父、子、兄、弟如仇雠者。圣人有忧之，是以推其天地万物一体之仁，以教天下，使之皆有以克其私，去其蔽，以复其心体之同然。其教之大端，则尧、舜、禹之相授受，所谓“道心惟微，惟精惟一，允执厥中”。而其节目，则舜之命契，所谓“父子有亲，君臣有义，夫妇有别，长幼有序，朋友有信”五者而已。唐、虞，三代之世，教者惟以此为教，而学者惟以此为学。当是之时，人无异见，家无异习，安此者谓之圣，勉此者谓之贤，而背此者，虽其启明如朱，亦谓之不肖。下至闾井田野，农、工、商、贾之贱，莫不皆有是学，而惟以成其德行为务。何者？无有闻见之杂，记诵之烦，辞章之靡滥，功利之驰逐，而但使之孝其亲，弟其长，信其朋友，以复其心体之同然。是盖性分之所固有，而非有假于外者，则人亦孰不能之乎？

学校之中，惟以成德为事，而才能之异，或有长于礼乐，长于政教，长于水土播植者，则就其成德，而因使益精其能于学校之中。迨夫举德而任，则使之终身居其职而不易。用之者惟知同心一德，以共安天下之民，视才之称否，而不以崇卑为重轻，劳逸为美恶。效用者亦惟知同心一德，以共安天下之民，苟当其能，则终身处于烦剧，而不以为劳，安于卑琐，而不以为贱。当是之时，天下之人熙熙皞皞，皆相视如一家之亲。其才质之下者，则安其农、工、商、贾之分，各勤其业，以相生相养，而无有乎希高慕外之心。其才能之异，若皋、夔、稷、契者，则出而各效其能。若一家之务，或营其衣食，或通其有无，或备其器用，集谋并力，以求遂其仰事俯育之愿，惟恐当其事者之或怠，而重己之累也。故稷勤其稼，而不耻其不知教，视契之善教，即己之善教也；夔司其乐，而不耻于不明礼，视夷之通礼，即己之通礼也。盖其心学纯明，而有以全其万物一体之仁。故其精神流贯，志气通达，而无有乎人己之分，物我之间。譬之一人之身，目视、耳听、手持、足行，以济一身之用。目不耻其无聪，而耳之所涉，目必营焉。足不耻其无执，而手之所探，足必前焉。盖其元气充周，血脉条畅，足以痒疴呼吸，感触神应，有不言而喻之妙。此圣人之学，所以至易至简，易知易从，学易能而才易成者。正以大端惟在复心体之同然，而知识技能非所与论也。

【译文】这拔本塞源的主张不能明示天下，那么，天下学习圣人的人，将会感到日益复杂，日益困难，甚至于沦落为禽兽夷狄，还自以为在学习圣人呢。不理解拔本塞源的主张，即使暂时理解我的观点，最终也将是西边解冻而东边结冰，前面雾散而后面云涌。我即使唠唠叨叨地累死，最终也不能丝毫拯救天下。

至于圣人的心，与天地万物融为一体。他看天下的人，没有内外远近的区别，凡是有血气的，都是自己兄弟儿女一样的亲人，都想让他们得到安全，接受教育，以实现自己万物一体的心愿。天下人的心，起初和圣人也不是不同。只是被自我的私心迷惑，被物欲蒙蔽间隔，大公的心变成了小我的心，通达的心变成了阻塞的心。每个人都有私心，甚至有把自己的父子、兄弟当成仇敌的。圣人为此忧虑，所以推广他的以天地万物为一体的仁心来教化天下，想让每个人都能克制私心，去除蒙蔽，以恢复他们本来一样的心体。圣人教育的重要内容，就是尧、舜、禹相传授的“道心很精微，只有精粹纯一，才能执守中庸之道”。而他们教育的具体项目就是舜命令契的所谓“父子间有血缘之亲，君臣之间有尊卑之礼，夫妇间有内外之别，老少间有长幼之序，朋友间有真诚之信”五个方面而已。尧、舜和夏、商、周三代，教育的人只用这些教育，学习的人只向这些学习。当时，人人没有不同的意见，户户没有不同的习惯。能自然做到这些的叫作“圣”，能努力做到这些的叫作“贤”。而违背这些的，即使他像丹朱一样聪明，也叫作“不肖”。在街巷田野的下层，从事农，工、商的下民，也都在学习这些，大家都把修养德行当作首要任务。为什么呢？因为他们没有繁杂的见闻、烦琐的记诵、糜滥的词章、功利的追逐，而只让他们去孝敬父母，敬重兄长，诚信待友，以恢复人们共同的心体。这本来是人天性中固有的，而不是从外面借来的，这样，又有哪个人不能做到呢？

在学校之中，只把成就德行作为主要任务。人的才能各异，有的擅长礼乐，有的擅长政教，有的擅长水土种植，这就要在他们德行的基础上，而使他们在学校中更加提高各自的才能。依据德行让他任职，并使他在这个职位上终生不变。任用他们的人，只知道同心同德，来共同安定天下的人民，只考察他的才能是否称职，而不以地位的贵贱来分重轻，不以职业的劳逸来分优劣。被任用的人，也只知道同心同德，来共同安定天下的人民，如果自己的才能称职，即使终生从事繁重工作，也丝毫不认为辛劳，安心从事琐碎工作也不认为低贱。当时，全天下的人都舒畅快活，亲如一家。其中资质差的人，就安心从事农、工、商的本分，勤奋工作，来互相帮助，而没有好高骛远的念头。其中才能高的人，如皋陶、夔、后稷、契等，就出仕当官，发挥各自的才能。这就像一家的事务，有的经营衣食，有的互通有无，有的制造器物，大家齐心协力，以实现赡养父母、养育子女的愿望。人们只恐做事时有所怠慢，从而都很重视自己的职责。所以，后稷辛勤种地，不为自己不明教化而感到羞耻，他把契的擅长教化，看成是自己擅长教化；夔掌管音乐，不为自己不懂礼仪而感到羞耻，他把伯夷通晓礼仪看成是自己通晓礼仪。他们心地纯洁明亮，具有万物一体的仁爱。所以，他们的精神充盈、志气通达，而没有别人和自我的区分。就像一个人的身体，眼看、耳听、手拿、脚行，都是用来满足自身的需要。眼睛不因为没有耳朵的灵敏而感到可耻，而在耳朵听时，眼睛一定会辅助耳朵。脚不因没有手拿的功能而感到可耻，而在手拿东西时，脚也必定向前走。由于人体中元气充沛周流，血液畅通，因此痒痛、呼吸、感官触动，精神相应，有不可言喻的妙处。这就是圣人的学问为什么非常容易、非常简约，容易理解、容易听从，容易学会，容易成才的原因。正是因为圣人的学问的重要内容是恢复共同的心体，所以，知识技能不是圣人学问重点讨论的事情。

三代之衰，王道熄而霸术昌；孔孟既没，圣学晦而邪说横，教者不复以此为教，而学者不复以此为学。霸者之徒，窃取先王之近似者，假之于外以内济其私己之欲，天下靡然而宗之，圣人之道，遂以芜塞。相仿相效，日求所以富强之说，倾诈之谋，攻伐之计，一切欺天罔人，苟一时之得，以猎取声利之术。若管、商、苏，张之属者，至不可名数。既其久也，斗争劫夺，不胜其祸，斯人沦于禽兽夷狄，而霸术亦有所不能行矣。世之儒者慨然悲伤，蒐猎先圣王之典章法制，而掇拾修补于煨烬之余，盖其为心，良亦欲以挽回先王之道。圣学既远，霸术之传，积渍已深，虽在贤知，皆不免于习染。其所以讲明修饰，以求宣畅光复于世者，仅足以增霸者之藩篱，而圣学之门墙，遂不复可睹。于是乎有训诂之学，而传之以为名；有记诵之学，而言之以为博；有词章之学，而侈之以为丽。

若是者，纷纷籍籍，群起角立于天下，又不知其几家。万径千蹊，莫知所适。世之学者，如入百戏之场，欢谑跳踉，骋奇斗巧，献笑争妍者，四面而竞出，前瞻后盼，应接不遑，而耳目眩瞀，精神恍惑，日夜遨游淹息其间，如病狂丧心之人，莫自知其家业之所归。时君世主，亦皆昏迷颠倒于其说，而终身从事于无用之虚文，莫自知其所谓。间有觉其空疏谬妄，支离牵滞，而卓然自奋，欲以见诸行事之实者，极其所抵，亦不过为富强功利五霸之事业而止。

圣人之学，日远日晦，而功利之习，愈趋愈下。其间虽尝瞽惑于佛、老，而佛老之说卒亦未能有以胜其功利之心。虽又尝折衷于群儒，而群儒之论终亦未能有以破其功利之见。盖至于今，功利之毒，沦浃于人之心髓，而习以成性也几千年矣。相矜以知，相轧以势，相争以利，相高以技能，相取以声誉，其出而仕也，理钱谷者则欲兼夫兵刑，典礼乐者又欲与于铨轴，处郡县则思藩臬之高，居台谏则望宰执之要。故不能其事，则不得以兼其官；不通其说，则不可以要其誉；记诵之广，适以长其敖也；知识之多，适以行其恶也；闻见之博，适以肆其辨也；辞章之富，适以饰其伪也。是以皋，夔，稷、契所不能兼之事，而今之初学小生，皆欲通其说，究其术。其称名僭号，未尝不曰吾欲以共成天下之务，而其诚心实意之所在，以为不如是则无以济其私而满其欲也。

呜呼!以若是之积染，以若是之心志，而又讲之以若是之学术，宜其闻吾圣人之教，而视之以为赘疣枘凿?则其以良知为未足，而谓圣人之学为无所用，亦其势有所必至矣!呜呼!士生斯世，而尚何以求圣人之学乎?尚何以论圣人之学乎?士生斯世，而欲以为学者，不亦劳苦而繁难乎?不亦拘滞而险艰乎?呜呼!可悲也已!所幸天理之在人心，终有所不可泯，而良知之明，万古一日。则其闻吾拔本塞源之论，必有恻然而悲，戚然而痛，愤然而起，沛然若决江河，而有所不可御者矣。非夫豪杰之士，无所待而兴起者，吾谁与望乎?

【译文】到夏、商、周三代之后，王道衰落而霸道盛行；孔子、孟子去世后，圣学隐晦而邪说横行，教育者不再教圣学，学的人不再学圣学，行霸道的人，窃取和先王近似的东西，借助外在的知识来谋求满足自己的私欲，天下的人都竞相尊奉他们，圣人之道于是被荒芜塞蔽了。人们竞相仿效霸术，每天追求高强的技巧、倾诈的阴谋和攻伐的战略，以及一切欺天骗人，能得到一时的好处，能获取声名利益的方法。像管仲、商鞅、苏秦、张仪这种人，多得不可胜数。时间一久，人们斗争、抢夺，祸患无穷，人们沦为了禽兽夷狄，而霸术也行不通了。

世上儒者对此感慨悲伤，他们搜集、涉猎从前圣王的典章制度，在秦始皇焚书的余烬中拾掇修补，其意图也正是要挽救先王之道。但是，圣学已经太遥远了，霸术流传的影响已经很深，即使是贤能智慧的人，也都不免受到霸术的浸染。他们对圣学讲明修饰，以求得在社会上恢复发扬圣学，然而这只能增加霸道的势力，而圣学的迹象就不再看到了。于是，产生了训诂的学问，为了名声去传授它；产生了记诵的学问，为了博学去谈论它；产生了词章的学问，为了华丽去夸耀它。像这样纷繁杂乱，在社会上群起竞争，又不知有多少门派!面对千蹊万径，人们无所适从。世上的学者，如同走进百戏场，四周都是嬉戏跳跃、竞奇斗巧、争妍献笑的人，瞻前顾后，应接不暇，致使耳聋眼昏，神情恍惚，在那里日夜遨游沉溺，就像病狂丧心的人，竟不知自己的家在哪里。当时的国君们也被这些学问弄得神魂颠倒，而去终生从事无用的虚文，竟不知自己说了些什么。偶而，有人觉得这些学问空洞荒谬、零乱不通，从而卓然奋起，想要有所作为，但他们达到的最大程度，不过是做些富国强兵，追功逐利的霸业而已。

圣人的学问越来越遥远隐晦，而功利的习气却越来越严重。这期间，虽然曾经流行佛道、道教，但佛教，道教的学说最终也不能消除人们的功利之心。虽然曾经有人综合群儒的主张，但群儒的主张最终也不能破除人们的功利之见。以至于到现在，功利的毒计已经渗透到人们的心底骨髓，积习成性已经有几千年了，世人在知识上相互炫耀，在权势上相互倾轧，在利益上相互争夺，在技能上相互攀比，在声誉上相互竞取。他们从政为官时，主管钱粮的，还想兼管军事刑法；主管礼乐的，还想兼管选拔官员；主管郡县的，还想升到藩司和臬司的高位；身为御史的，还想得到宰相的要职。本来，不能做那方面的事，就不能担任那方面的官；不通晓那方面的知识，就不能谋求那方面的荣誉。然而，记诵的广博，恰好使他们的傲慢得以滋长；知识的增多，恰好使他们的恶行得以施行；见闻的广泛，恰好使他们的狡辩得以放肆；辞章的华丽，恰好使他们的虚伪得以掩饰。因此，皋陶、夔、后稷、契不能兼做的事情，现在初学的小孩子都想通晓它们的知识，穷尽它们的方法。他们起名封号，都是说我要把成就天下大事作为任务，而他们的真正意思却是：不如此就无法实现自己的私心，就不能满足自己的私欲。

唉!用如此的积染，用如此的心志，而又讲论如此的学术，难怪他们听到我们圣人的教导，就把它看成是不合时宜的多余累赘。他们认为良知是不完美的，圣人的学问是无用的，这也是势所必至的了。唉!士人生在这个时代，还怎么能求得圣人的学问呢？还怎么能讲明圣人的学问呢？士人生在这个时代，要想以学为志，不也是太劳累、太繁难了吗？不也太拘束、太艰险了吗？唉!真可悲啊!幸好天理就在人心，始终不能泯灭，良知的光明，万古犹如一日。那么，他们听了我的拔本塞源的主张，一定会恻然悲哀，戚然痛心，愤然奋起，如决口的江河，一泻千里而势不可挡!如果不是有豪杰之士自觉地奋起，我又能期望谁呢？

答罗整庵少宰书

某顿首启：

昨承教及《大学》，发舟匆匆，未能奉答。晓来江行稍暇，复取手教而读之，恐至赣后，人事复纷沓，先具其略以请。

来教云："见道固难，而体道尤难。道诚未易明，而学诚不可不讲。恐未可安于所见，而遂以为极则也。"

幸甚，幸甚!何以得闻斯言乎？其敢自以为极则而安之乎？正思就天下之有道以讲明之耳。而数年以来，闻其说而非笑之者有矣，诟訾之者有矣，置之不足较量辨议之者有矣，其肯遂以教我乎？其肯遂以教我，而反复晓喻，恻然惟恐不及救正之乎？然则天下之爱我者，固莫有如执事之心深且至矣，感激当何如哉!

夫"德之不修，学之不讲"，孔子以为忧。而世之学者稍能传习训诂，即皆自以为知学，不复有所谓讲学之求，可悲矣!夫道必体而后见，非已见道而后加体道之功也。道必学而后明，非外讲学而复有所谓明道之事也。然世之讲学者有二，有讲之以身心者，有讲之以口耳者。讲之以口耳，揣摸测度，求之影响者也。讲之以身心，行著习察，实有诸己者也。知此则知孔门之学矣。

【译文】某顿首谨启：

昨天承蒙指教《大学》，因匆匆乘船，没能作答。今天早晨在江上航行，稍有空闲，又取出您的信拜读。担心到赣州后人事纷繁，提先略作答复，请您指正。

来信说："发现道固然困难，而体悟道更加困难。道的确不容易理解，而学问的确不能不讲。恐怕不能安于自己的见解而以为它就是学问的最高标准吧。"

十分荣幸，十分荣幸!我从哪里能听到这样的指教呢？我怎么敢把自己的见解看作最高标准而安于现状呢？我正想就教于天下的有道之士来阐明它们呢。多年以来，听到我的学说，非难讥讽的人也有，批驳辱骂的人也有，认为不值得辩论较量而置之不理的人也有，有谁肯来教导我呢？有谁肯来教导我，而且反复讲明，热情指教，只怕不能够纠正我的缺点呢？既然如此，那么天下爱我的人中，再没有像您这样深情周到的了，我该怎样感激您呢!

至于"德行没有修养，学问没有讲习"，孔子深感忧虑。而当今的学者，只要稍微读些经典，懂点训诂，就都自以为懂得学问了，就不再有所谓讲学的追求了，真可悲啊!圣道，必须体悟后才能发现，并不是发现圣道后才下体悟圣道的功夫。圣道，必须学习后才能理解，并不是在讲学之外还有所谓明道的事。然而，现在讲学的人有两种，有用身心来讲学，有用口耳来讲学。用口耳讲学的，揣测估摸，寻求着圣学的影子和回声。用身心讲学的，行为习惯由来分明，确实发自自己的良知。懂得这些，也就懂得孔门的学说了。

来教谓某“《大学》古本之复，以人之为学，但当求之于内，而程、朱格物之说，不免求之于外。遂去朱子之分章，而削其所补之传”。

非敢然也，学岂有内外乎？《大学》古本，乃孔门相传旧本耳，朱子疑其有所脱误，而改正补缉之，在某则谓其本无脱误，悉从其旧而已矣。失在于过信孔子则有之，非故去朱子之分章而削其传也。夫学贵得之心。求之于心而非也，虽其言之出于孔子，不敢以为是也，而况其未及孔子者乎？求之于心而是也，虽其言之出于庸常，不敢以为非也，而况其出于孔子者乎？且旧本之传数千载矣，今读其文词，即明白而可通，论其工夫，又易简而可人。亦何所按据，而断其此段之必在于彼，彼段之必在于此，与此之如何而缺，彼之如何而补？而遂改正补缉之，无乃重于背朱，而轻于叛孔已乎？

【译文】您来信说我“恢复《大学》的旧本，是因为主张人们做学问应该在内心寻求，而二程、朱熹格物的学说不免要到心外去寻求。于是就推翻了朱熹先生的分章，并删减了他的补传”。

我是不敢这样做的。学问，哪里有内外的区别呢？《大学》旧本乃是孔门相传的旧本，朱熹先生怀疑它有遗漏错误的地方，而加以改正增补。我则认为《大学》旧本并没有遗漏错误的地方，就全部依从旧本罢了。我也许有过分信任孔子的过失，并没故意推翻朱熹先生的分章，并删减他的补传。至于学问，贵在心有所得。返求内心，认为是错误的，即使是孔子的言论，也不敢说它是正确的，何况那些比不上孔子的人呢？返求内心，认为是正确的，即使是平常人的言论，也不敢认为是错误的，何况出自孔子呢？况且，旧本流传已经几千年了，现在读来，那文词明白通畅，那功夫简易可行。又根据什么来断定这段必须在那里，而那段必须在这里呢？又根据什么来断定这里怎么缺少了，而那里怎么错误了呢？而于是就对它加以改正增补，这恐怕是把背离朱熹先生看得过重，而把背叛孔子看得过轻了吧？

来教谓：“如必以学不资于外求，但当反观内省以为务，则正心诚意四字亦何不尽之有，何必于入门之际，便困以格物一段工夫也？”

诚然，诚然!若语其要，则“修身”二字亦足矣，何必又言“正心”？“正心”二字亦足矣，何必又言“诚意”？“诚意”二字亦足矣，何必又言“致知”，又言“格物”？惟其工夫之详密，而要之只是一事，此所以为“精一”之学，此正不可不思者也。

夫理无内外，性无内外，故学无内外。讲习讨论，未尝非内也；反观内省，未尝遗外也。夫谓学必资于外求，是以己性为有外也，是“义外”也，“用智”者也。谓反观内省为求之于内，是以己性为有内也，是有我也，自私者也。是皆不知性之无内外也。故曰“精义入神，以致用也；利用安身，以崇德也”；“性之德也，合内外之道也”。此可以知格物之学矣。

“格物”者，《大学》之实下手处，彻首彻尾，自始学至圣人，只此工夫而已，非但入门之际有此一段也。夫正心、诚意、致知、格物，皆所以修身，而格物者，其所用力，日可见之地。故格物者，格其心之物也，格其意之物也，格其知之物也。正心者，正其物之心也。诚意者，诚其物之意也。致知者，致其物之知也。此岂有内外彼此之分哉？理一而已？以其理之凝聚而言，则谓之性；以其凝聚之主宰而言，则谓之心；以其主宰之发动而言，则谓之意；以其发动之明觉而言，则谓之知；以其明觉之感应而言，则谓之物。故就物而言谓之格，就知而言谓之致，就意而言谓之诚，就心而言谓之正。正者，正此也；诚者，诚此也；致者，致此也；格者，格此也。皆所谓穷理以尽性也。天下无性外之理，无性外之物。学之不明，皆由世之儒者认理为外，认物为外，而不知义外之说，孟子盖尝辟之。乃至袭陷其内而不觉，岂非亦有似是而难明者欤？不可以不察也。

【译文】来信说：“如果认定学问不必到心外寻求，只应该致力于返观内省，那么，‘正心诚意’四个字不是全部包括了吗？又何必在学问的入门处，用格物这一段功夫来困扰人们呢？”

正是这样，正是这样！如果讲学问的要点，那“修身”二字也就足够了，又何必讲“正心”呢？“正心”二字也就足够了，又何必讲“诚意”呢？“诚意”二字也就足够了，又何必讲“致知”、又讲“格物”呢？只是因为学问的功夫详尽周密。而要点只有一件事，这所以才是“精一”的学问，这正是不能不思考的地方。

理没有内外之分，性没有内外之分，所以学问也没有内外之分。讲习讨论，未必不是内；返观内省，未必就遗弃了外。如果认为学问一定要到心外寻求，这是认为自己的性还有外在的部分，这正是“义外”、“用智”。如果认为返观内省是在内心寻求，这是认为自己的性还有内在的部分，这正是“有我”，“自私”。这两种见解都不懂性无内外之分的道理。所以说“精研义理而入于神妙，为的是致力于使用；处事有利，修养安身，来提高才德”；“人性的美德，结合了天地内外的道”。由此可知格物的学问了。

“格物”是《大学》的切实下手处，彻头彻尾，从初学至学成圣人，只有这一个功夫而已，不只是在入门时有这一段功夫。正心、诚意、致知、格物，都是为了修身。格物，是人们用的功夫每天能见到的地方。所以，格物是格人心中的物，格人意中的物，格人知中的物。正心，是正其物的心。诚意，是诚其物的意。致知，是致其物的知。这哪里有内外彼此的区分呢？理只有一个而已。从理的凝聚上来说，就称为“性”；从凝聚的主宰来说，就称为“心”；从主宰的发动来说，就称为“意”；从发动的明觉来说，就称为“知”；从明觉的感应来说，就称为“物”。所以，从物来说称为“格”，从知来说称为“致”，从意来说称为“诚”，从心来说称为“正”。正，就是正这个；诚，就是诚这个；致，就是致这个；格，就是格这个。都是所谓的穷天理而尽人性。天下没有性外的理，没有性外的物。圣人的学说不彰明，都是因为世上的儒生认为理是外在的，认为物是外在的，而不知道义是外在的观点，曾被孟子批驳过。以至于重蹈覆辙而不自觉，这里难道不是也有似是而非难以说明的地方吗？这是不可以不明察的啊。

凡执事所以致疑于格物之说者，必谓其是内而非外也；必谓其专事于反观内省之为，而遗弃其讲习讨论之功也；必谓其一意于纲领本原之约，而脱略于支条节目之详也；必谓其沉溺于枯槁虚寂之偏，而不尽于物理人事之变也。审如是，岂但获罪于圣门，获罪于朱子？是邪说诬民，叛道乱正，人得而诛之也。而况于执事之正直哉？审如是，世之稍明训诂，闻先哲之绪论者，皆知其非也。而况执事之高明哉？凡某之所谓格物，其于朱子“九条”之说，皆包罗统括于其中？但为之有要，作用不同，正所谓毫厘之差耳。然毫厘之差而千里之谬，实起于此，不可不辨。

【译文】您之所以对格物之说产生疑问，必定认为我是赞成向内格而反对向外格；必定认为我是专门从事反观内省，而遗弃了讲习讨论的功夫；必定认为我是一心注重简约的纲领本原，而忽视了详细的支条节目；必定认为我是沉溺于枯槁虚寂的偏见中，而不能穷尽物理人事的变化。如果确实是这样，我哪里只是圣学的罪人，朱熹先生的罪人呢？这简直就是用邪说欺骗百姓，离经叛道，人人都可以口诛笔伐了。更何况您这样正直的人呢？如果确实是这样，世上稍微懂些训诂，听过一点先哲言论的人，都能明白我是错误的。更何况您这样贤明的人呢？凡是我所讲的格物，把朱熹先生所说的九条都统统包括进去了。只是我的格物有要点，和朱熹先生的格物有不同作用，这正是所谓的“毫厘之差”而已。然而，差之毫厘而失之千里的谬误，实在就产生在这里，不能不辨明。

孟子辟杨、墨至于“无父、无君”。二子亦当时之贤者，使与孟子并世而生，未必不以之为贤。墨子“兼爱”，行仁而过耳；杨子“为我”，行义而过耳。此其为说，亦岂灭理乱常之甚而足以眩天下哉？而其流之弊，孟子至比于禽兽、夷狄，所谓“以学术杀天下后世”也。

今世学术之弊，其谓之学仁而过者乎？谓之学义而过者乎？抑谓之学不仁、不义而过者乎？吾不知其于洪水猛兽何如也！孟子云：“予岂好辨哉？予不得已也。”杨、墨之道塞天下，孟子之时，天下之尊信杨、墨，当不下于今日之崇尚朱说，而孟子独以一人呶呶于其间。噫，可哀矣!韩氏云：“佛、老之害，甚于杨墨，韩愈之贤，不及孟子，孟子不能救之于未坏之先，而韩愈乃欲全之于已坏之后，其亦不量其力，且见其身之危，莫之救以死也。”呜呼!若某者，其尤不量其力，果见其身之危，莫之救以死也矣!

夫众方嘻嘻之中，而独出涕嗟；若举世恬然以趋，而独疾首蹙额以为忧。此其非病狂丧心，殆必诚有大苦者隐于其中。而非天下之至仁，其孰能察之？其为《朱子晚年定论》，盖亦不得已而然。中间年岁早晚，诚有所未考，虽不必尽出于晚年，固多出于晚年者矣。然大意在委曲调停，以明此学为重。平生于朱子之说，如神明蓍龟，一旦与之背驰，心诚有所未忍，故不得已而为此。“知我者，谓我心忧；不知我者，谓我何求。”盖不忍牴牾朱子者，其本心也；不得已而与之牴牾者，道固如是，“不直则道不见也。执事所谓决与朱子异者，仆敢自欺其心哉？夫道，天下之公道也；学，天下之公学也。非朱子可得而私也，非孔子可得而私也。天下之公也，公言之而已矣。故言之而是，虽异于己，乃益于己也；言之而非，虽同于己，适损于己也。益于己者，己必喜之；损于己者，己必恶之。然则某今日之论，虽或于朱子异，未必非其所喜也。“君子之过，如日月之食。其更也，人皆仰之”，而小人之过也必文。某虽不肖，固不敢以小人之心事朱子也。

【译文】孟子驳斥杨朱、墨翟，甚至说他们“无父、无君”。其实，杨朱、墨翟二人也是当时的贤人。假如他们和孟子同时，孟子也未必不认为他们是贤人。墨翟主张“兼爱”，是行仁过分了而已；杨朱主张“为我”，是行义过分了而已。他们提倡这些学说，其实哪里是灭天理乱纲常而足以迷惑天下呢？但是，他们的学说产生的弊病，孟子竟比为禽兽、夷狄，这就是所说的“用学术来杀天下后世”啊。

现在，学术的弊病，能说是学仁太过分了吗？能说是学义太过分了吗？还是学不仁、不义太过分了呢？我不知道他们和洪水猛兽相比会怎么样？孟子说：“我哪里是喜好辩论啊？我是不得已啊!”杨朱、墨翟的学说充塞天下，在孟子的时代，天下的人们尊崇信仰杨朱、墨翟的学说，其程度应当不比今天人们崇尚朱熹先生学说差，而只有孟子一人在那里不停地争辩着？唉，真悲壮啊!韩愈说：“佛教、道教的危害，比杨朱、墨翟的危害更严重。韩愈的贤能，比不上孟子？孟子在圣学未坏之前不能挽救它，而韩愈在圣学已坏之后想要保全它，这也是不自量力啊，且看他身处危险，没有人能救他于死地了，”唉!像我这样的人，更是不自量力，的确看到了自身的危险，没有人能救我于死地了!

正当众人在嘻笑时，我却独自流泪叹息；正当世人怡然地奔走时，我却独自疾首皱额为之担忧？这如果不是丧心病狂，那就一定是有极大的痛苦藏在心中，如果不是天下至仁的人，那又有谁能体察这种感情呢？我写《朱子晚年定论》，也是不得已而为之。其中，年代的早晚，的确有些未经考证，虽然不一定都出自晚年，但大部分是出自朱熹先生晚年的，我的本意在于婉转调停朱熹先生和陆九渊先生的矛盾，以讲明圣学为重!我平生对于朱熹先生的学说奉若神明，一旦与它背道而驰，心里的确有所不忍，所以，不得已才写了

《朱子晚年定论》。“知我者，谓我心忧；不知我者，谓我何求”。不忍心和朱熹先生的学说相抵触，这是我的本心；不得已和它抵触，是因为圣道本来如此。不直说，圣道就不能显现啊！您说我是决意要与朱熹先生不同，我哪里敢欺骗自己的内心呢？圣道，是天下公有的圣道；圣学，是天下公有的圣学。这并不是朱熹先生可以个人私有的，也不是孔子可以个人私有的。对天下公有的东西，只能秉公而论罢了：所以，说得正确，即使和自己的见解不同，也对自己有益；说得错误，即使和自己的见解相同，也对自己有害：对自己有益的，自己一定会喜欢它；对自己有害的，自己一定会厌恶它：既然这样，那么，我今天所说的即使和朱熹先生不同，未必不是他所喜欢的；“君子的过失，如同日食门食：他改正过失，人人都仰望着他”，而“小人对过失必定要文饰”。我虽然不贤，但怎么敢用小人之心来对待朱熹先生呢！

执事所以教，反复数百言，皆以未悉鄙人格物之说。若鄙说一明，则此数百言，皆可以不待辨说，而释然无滞。故今不敢缕缕，以滋琐屑之渎。然鄙说非面陈口析，断亦未能了了于纸笔间也。嗟乎！执事所以开导启迪于我者，可谓恳到详切矣！人之爱我，宁有如执事者乎？仆虽甚愚下，宁不知所感刻佩服？然而不敢遽舍其中心之诚然，而姑以听受云者，正不敢有负于深爱，亦思有以报之耳。

秋尽东还，必求一面，以卒所请，千万终教！

【译文】您的指教，反复几百字，都是因为不理解我的格物学说。如果一旦理解了我的学说，那么，这几百字都可以不用辨论就会完全消除疑虑了。所以，我现在不敢细细述说以免琐屑之讥。然而我的学说如果不是当面陈述，亲口辨析，也绝不能在书面上讲清楚。唉！您对我的开导启迪，可以说是恳切周详了。人们爱我，难道有像您这样的吗？我虽然很愚钝低下，难道能不知道感激、佩服您吗？然而，我不敢轻易舍弃心中真实的想法，去随便接受您的看法，正是因为不能辜负您的厚爱，也想用什么来报答您罢了。

秋后东归，一定去拜见您，以实现我的心愿，请您千万赐教！

教条示龙场诸生

诸生相从于此，甚盛。恐无能为助也，以四事相规，聊以答诸生之意：一曰立志；二曰勤学；三曰改过；四曰责善。其慎听，毋忽！

【译文】诸位弟子到这里来跟随我学习，是一件盛事。我对你们恐怕其他无所帮助，只是告诫你们四点，聊以答谢你们的厚意。第一是立志，第二是勤学，第三是改过，第四是求善。希望你们认真地听，不要掉以轻心！

立志

志不立，天下无可成之事。虽百工技艺，未有不本于志者。今学者旷废隳堕，玩岁愒时，而百无所成，皆由于志之未立耳。故立志而圣则圣矣；立志而贤则贤矣。志不立，如无舵之舟，无衔之马，漂荡奔逸，终亦何所底乎？昔人有言，使为善而父母怒之，兄弟怨之，宗族乡党贱恶之，如此而不为善可也；为善则父母爱之，兄弟悦之，宗族乡党敬信之，何苦而不为善为君子？使为恶而父母爱之，兄弟悦之，宗族乡党敬信之，如此而为恶可也；为恶则父母怒之，兄弟怨之，宗族乡党贱恶之，何苦而必为恶为小人？诸生念此，亦可以知所立志矣。

【译文】如果不立志，天下就没有可以成功的事情。即使是各种各样靠手艺谋生的工匠，也没有不以志向为根本的。现在求学的人荒废学业懈怠懒惰，贪图安逸虚度时日，结果一事无成，都是由于没有立志罢了。所以立志成为圣人，最后果真成为圣人了；立志成为贤人，最后果真成为贤人了。志不立，就好像没有舵的船乱飘荡，没有马嚼子的马乱奔逃，最终能到达什么目的地呢？正如前人所说的："假如一个人做了好事，而父母对他发怒，兄弟埋怨他，宗族同乡轻视厌恶他，处在这样的状况不去做好事，那是可以的；做了好事，而父母爱他，兄弟喜欢他，宗族同乡敬重信任他，为什么不做好事、做君子呢？假如一个人做了坏事，而父母爱他，兄弟喜欢他，宗族同乡敬重信任他，处在这样的状况下做坏事，那是可以的；做了坏事，而父母对他发怒，兄弟埋怨他，宗族同乡轻视厌恶他，为什么一定要做坏事、做小人呢？"你们常想想这番话，也就可以知道立志的道理了。

勤学

已立志为君子，自当从事于学。凡学之不勤，必其志之尚未笃也。从吾游者，不以聪慧警捷为高，而以勤确谦抑为上。诸生试观侪辈之中. 苟有虚而为盈，无而为有，讳己之不能，忌人之有善，自矜自是，大言欺人者，使其人资禀虽甚超迈，侪辈之中，有弗疾恶之者乎？有弗鄙贱之者乎？彼固将以欺人，人果遂为所欺，有弗窃笑之者乎？苟有谦默自持，无能自处，笃志力行，勤学好问，称人之善，而咎己之失，从人之长，而明己之短，忠信乐易，表里一致者，使其人资禀虽甚鲁钝，侪辈之中，有弗称慕之者乎？彼固以无能自处，而不求上人，人果遂以彼为无能，有弗敬尚之者乎？诸生观此，亦可以知所从事于学矣。

【译文】既然立志做君子，自然应当从事于学习。凡是学习不勤奋的人，一定是他的志向尚未坚定。来跟随我学习的弟子，我看重的不是聪明机警敏捷，而是勤奋执著谦虚。你们不妨看看同辈当中，如果有“明明空而说成是满的，明明没有而说成是有的”，讳言自己的短处，妒忌别人的长处，自吹自擂，说大话欺骗人的，哪怕这个人天资禀赋超越常人，同辈之中有不讨厌他的人吗？有不鄙视他的人吗？他本来想去欺骗别人，别人果然被他骗了，有不嘲笑他的人吗？如果有坚持谦虚静默，把自己看作无能，坚定志向，努力实践，勤学好问，称赞别人的优点而指责自己的过失，学习别人的长处而明白自己的短处，忠厚诚实和乐平易，表里一致的，哪怕这个人天资禀赋非常愚笨，同辈之中有不赞慕他的人吗？他本来就把自己看作无能的人，而不求排在别人前面，别人原先果真认为他无能，这一来有不敬重他的人吗？你们看看这些现象，也就可以知道从事学习的道理了。

改 过

夫过者，自大贤所不免，然不害其卒为大贤者，为其能改也。故不贵于无过，而贵于能改过。诸生自思，平日亦有缺于廉耻忠信之行者乎？亦有薄于孝友之道，陷于狡诈偷刻之习者乎？诸生殆不至于此。不幸或有之，皆其不知而误蹈，素无师友之讲习规饬也。诸生试内省，万一有近于是者，固亦不可以不痛自悔咎。然亦不当以此自歉，遂馁于改过从善之心。但能一旦脱然洗涤旧染，虽昔为寇盗，今日不害为君子矣。若曰吾昔已如此，今虽改过而从善，将人不信我，且无赎于前过，反怀羞涩凝沮，而甘心于污浊终焉，则吾亦绝望尔矣。

【译文】过错这东西，哪怕是伟大的贤人也是在所难免的，但是并不妨碍他最终成为伟大的贤人，因为他有了过错能改正。所以可贵的不在于没有过错，而在于能改正过错。你们自己反思一下，平时有不符合廉耻忠信的行为吗？或者有孝顺父母友爱兄弟方面的欠缺，陷于狡诈刻薄习惯的情况吗？你们恐怕不至于这样。倘若不幸真有上述毛病，都是由于无知而误人歧途，平时缺乏师友的规劝告诫的缘故。你们不妨内心反省一下，万一有接近于上述情况的，确实也不可以不深深地追悔前非；但是也不应当自我原谅，失去改过从善的决心。只要能彻底洗涤旧习惯，即使从前是盗贼，也不妨碍他今天成为君子了。如果有人说，我从前已经如此，即使现在改过从善，别人将不再信任我，因此不但不补偿以前的过失，反而怀着羞愧沮丧的心情，甘心污浊一辈子，那么我也就对你彻底绝望了。

责善

责善，朋友之道，然须忠告而善道之。悉其忠爱，致于婉曲，使彼闻之而可从，绎之而可改，有所感而无所怒，乃为善耳。若先暴白其过恶，痛毁极诋，使无所容，彼将发其愧耻愤恨之心，虽欲降以相从，而势有所不能，是激之而使为恶矣。故凡讦人之短，攻发人之阴私，以沽直者，皆不可以言责善。虽然，我以是而施于人不可也。人以是而加诸我，凡攻我之失者，皆我师也，安可以不乐受而心感之乎？某于道未有所得，其学卤莽耳。谬为诸生相从于此，每终夜以思，恶且未免，况于过乎？人谓事师无犯无隐，而遂谓师无可谏，非也。谏师之道，直不至于犯，而婉不至于隐耳。使吾而是也，因得以明其是；吾而非也，因得以去其非，盖教学相长也。诸生责善，当自吾始。

【译文】“劝勉从善，是朋友相处之道”，但是必须“真诚地劝告他，好好地引导他”，拿出自己全部的真诚和爱心，竭尽委婉曲折的心意，使对方听了之后认可，帮他分析之后会改正过错，有所感触而不气恼，这才是劝勉从善的好方法。如果先揭露他的错误，严厉地呵斥指责，使对方无地自容，那就会激发起他羞愧愤恨的心理；即使想要降心相从，势必不太可能。这就是把人激怒而使他继续干坏事了。所以凡是揭发别人的短处，揭露别人的隐私，来换取正直名声的，都谈不上劝勉从善。虽说如此，我用这种办法施加在别人身上是不可以的，别人用这种办法施加在我身上（倒是可以的），凡是揭发我的过失的，都是我的老师，怎么可以不乐于接受而心存感激呢？我在道的方面还没有什么收获，学得非常粗疏。承你们的错爱到这里来跟我学，我常常终夜在想，罪恶尚且不能避免，况且是过失呢？人们说“事奉老师不能犯颜直谏，也不能替他隐瞒过失”，据此就说对老师无可劝谏，这是不对的。劝谏老师的方法，正直不至于冒犯，而婉曲不至于隐瞒罢了。如果我是正确的，通过弟子的劝谏就能明白对在哪里；如果我是错误的，通过弟子的劝谏就能够改掉自己的缺点。这大概就是教学相长的道理。你们劝勉从善，应当从对我开始。

示弟立志说

予弟守文来学，告之以立志。守文因请次第其语，使得时时观省，且请浅近其辞，则易于通晓也。因书以与之。

【译文】我的弟弟守文来求学，我给他讲了一番要立志的道理，守文就要我把我讲的话按顺序写下来，以便经常能够学习警醒；而且要我写得浅显一点，以便于读懂。于是我写下来交给他。

夫学莫先于立志，志之不立，犹不种其根，而徒事培壅灌溉，劳苦无成矣。世之所以因循苟且，随俗习非，而卒归于污下者，凡以志之弗立也。故程子曰："有求为圣人之志，然后可以共学。"人苟诚有求为圣人之志，则必思圣人之所以为圣人者安在，非以其心之纯乎天理，而无人欲之私欤？圣人之所以为圣人，惟以其心之纯乎天理而无人欲。则我之欲为圣人，亦惟在欲此心之纯乎天理而无人欲耳，欲此心之纯乎天理而无人欲，则必去人欲而存天理。务去人欲而存天理，则必求所以去人欲而存天理之方。求所以去人欲而存天理之方，则必正诸先觉，考诸古训，而凡所谓学问之功者，然后可得而讲。而亦有所不容已矣。

【译文】做学问，没有比立志重要的。不树立志向，就像没有树根而一味地浇水培土，辛辛苦苦却不会有收获。世上那些人之所以会懒惰闲散，得过且过，随世俗浮沉，染上许多不好的习惯，而最终成为卑劣的人，都是因为没有树立坚定的志向。所以，程子说："只有想做圣贤的志向，才能与他一起学习。"人如果有想成为圣贤的志向，就一定会想，圣贤成为圣贤的原因在哪里，是不是因为他们的心里纯粹是天理而没有普通人的私心呢？圣贤成为圣贤的原因，只是因为他们心里是纯粹的天理而没有人欲的私心，那么，我想成为圣贤，也就只是要我的心纯粹是天理而没有人欲罢了。要我的心纯粹是天理而没有人欲，就一定要去掉人欲而保持天理。要去掉人欲而保持天理，就一定要找到怎样去掉人欲保持天理的方法。要寻求怎样去掉人欲而保持天理的方法，就一定要向觉悟早的人请教，要学习古人教导，而所有的所谓学问的功夫，才能够去讲，也自然不得不讲。

夫所谓正诸先觉者，既以其人为先觉而师之矣，则当专心致志，惟先觉之为听。言有不合，不得弃置，必从而思之，思之不得，又从而辩之，务求了释，不敢辄生疑惑。故《记》曰：“师严然后道尊，道尊然后民知敬学。”苟无尊崇笃信之心，则必有轻忽慢易之意。言之而听之不审，犹不听也。听之而思之不慎，犹不思也。是则虽曰师之，犹不师也。

夫所谓考诸古训者，圣贤垂训，莫非教人去人欲而存天理之方，若五经四书是已。吾惟欲去吾之人欲，存吾之天理，而不得其方，是以求之于此。则其展卷之际，真如饥者之于食，求饱而已。病者之于药，求愈而已。暗者之于灯，求照而已。跛者之于杖，求行而已。曾有徒事记诵讲说，以资口耳之弊哉？

【译文】所谓向觉悟早的人请教，既然认为那人是觉悟早的人而把他当作老师，就要专心致志，只是一心听老师所讲的道理。如果老师讲的道理与你想的不一样，不要简单地不听老师的话，一定要认真体会，思考老师讲的道理，如果思考没有结果，就要找人讨论，一定要想办法弄清楚，不能动不动就怀疑老师。所以《学记》说：“老师受到尊重，道就会受到尊崇；道受到尊崇，百姓才知道重视学习。”如果没有尊重敬佩、真诚信服的心，就一定会有轻视、瞧不起的想法。老师讲了你没有用心听，就如同没有听一样；听了却思考得不认真，就如同没有思考一样。这种情况，虽然说是拜师学习，就如同没有老师一样。

所谓学习古人的教导，圣贤留下教导，无非是教人去掉人欲而保持天理的方法，像“五经”、“四书”就是此类。我正因为想去掉人欲而保持天理，但找不到好的办法，所以在书上寻求。那么，打开书本，就会像饿了的人找到了饭食，就想着吃饱罢了；就像病了的人找到了医生，只是想着治好病而已；就像在黑暗中的人对于灯光，希望照亮自己就可以了；就像腿不好的人对于拐杖，希望能够行走就满足了。怎么会有只想着记忆背诵，口中讲说，以使自己嘴巴和耳朵快活的做法呢？

夫立志亦不易矣。孔子圣人也，犹曰：“吾十有五而志于学，三十而立。”立者，志立也。虽至于不逾矩，亦志之不逾矩也。志岂可易而视哉？夫志，气之帅也，人之命也，木之根也，水之源也。源不浚则流息，根不植则木枯，命不续则人死，志不立则气昏。是以君子之学，无时无处而不以立志为事。正目而视之，无他见也；倾耳而听之，无他闻也。如猫捕鼠，如鸡覆卵，精神心思，凝聚融结，而不复知有其他。然后此志常立，神气清明，义理昭著。一有私欲，即便知觉，自然容住不得矣。

故凡一毫私欲之萌，只责此志不立，即私欲便退听。一毫客气之动，只责此志不立，即客气便消除。或怠心生，责此志即不怠；忽心生，责此志即不忽；躁心生，责此志即不躁；妒心生，责此志即不妒；忿心生，责此志即不忿；贪心生，责此志即不贪；傲心生，责此志即不傲；吝心生，责此志即不吝。盖无一息而非立志责志之时，无一事而非立志责志之地。故责志之功，其于去人欲，有如烈火之燎毛，太阳一出，而魍魉潜消也。

【译文】树立坚定的志向也不容易。孔子是圣人，仍然说："我十五岁时有志于学问，三十岁时才有所树立。"所谓立，就是立定了志向。虽然是到了"不超越规矩"，也只是志向不超越规矩。树立志向哪里能看得很容易呢？志向是气质的统率，是人的生命、树木的根本、水流的源泉。源泉不疏通水就不流，树根不培育树木就要枯死，生命不延续人就会死亡，志向不树立气质就会昏昧。因此，君子讲学，无时无刻不想着树立志向。睁大眼睛看，看不到其他的事；侧起耳朵听，听不到其他的事。就像猫捉老鼠，就像母鸡孵蛋，精神心思都高度集中，而不再知道有其他的事情，这样才能做到志向总是立定，而精神气质健康明朗，道理清清楚楚。一有了私欲，马上就会醒悟觉察，自然不能容留。

所以，若是有一毫私欲萌生，只要批评自己是没有树立志向，私欲就会远逝；有一毫偏激的意气萌生，只要批评自己是没有树立志向，偏激的意气就会消除；或者是有了怠惰之心，检查自己的志向，就会不再怠惰；有了轻慢的心，检查自己的志向，就不会再轻慢；有了急躁之心，检查自己的志向，就会不再急躁；有了嫉妒之心，检查自己的志向，就会不再嫉妒；有了愤怒之心，检查自己的志向，就会不再愤怒；有了贪婪之心，检查自己的志向，就会不再贪婪；有了傲慢之心，检查自己的志向，就会不再傲慢；有了吝啬之心，检查自己的志向，就会不再吝啬。所以，没有一时一刻不是树立志向；检查志向的时候，没有一件事不是树立志向；检查志向的事。所以，树立志向的功夫，对于去掉人欲，就像烈火烧掉毛发，就如同太阳一出，魑魅魍魉就都销声匿迹了一样。

自古圣贤因时立教，虽若不同，其用功大指，无或少异。《书》谓"惟精惟一"。《易》谓"敬以直内，义以方外"。孔子谓"格、致、诚、正，博文约礼"。曾子谓"忠恕"。子思谓"尊德性而道问学"。孟子谓"集义养气，求其放心"。虽若人自为说，有不可强同者。而求其要领归宿，合若符契，何者？夫道一而已，道同则心同，心同则学同，其卒不同者，皆邪说也。

后世大患，尤在无志，故今以立志为说，中间字字句句莫非立志。盖终身问学之功，只是立得志而已。若以是说而合精一，则字字句句皆精一之功。以是说而合敬义，则字字句句皆敬义之功。其诸格致、博约、忠恕等说，无不吻合。但能实心体之，然后信予言之非妄也。

【译文】从古以来，圣贤根据时代社会的不同而进行教导，虽然教导的话看起来不一样，但功夫的大意却没有丝毫的区别。《书经》说"精诚专一"。《易经》说"以敬谨使内心正直，处事合宜以使对外方正"。孔子说"格、致、诚、正，广求学问，恪守礼法"。曾子说

“尽心为人，推己及人”。子思说“尊重德性而从事学问”。孟子说“积累正义的行为，培养自己的气，寻找自己的放失之心”。虽然好像人人说的都不一样，而不能硬把他们说成一样。可是，探求一下他们的主要精神和目的，又是那样一致。为什么呢？道只有一个，道一致，心也会一致；心一致，学问就会一致，而最终不一致的，就是邪说了。

后代社会的最大祸害，更是因为没有立志，所以，现在强调要树立志向。中间的字字句句，无非都是讲的要树立志向。因为一辈子的学问功夫，只是立定志向而已。如果用这个说法去理解“精、一”，那么，一字一句都是“精、一”的功夫；用这个说法去理解“敬、义”，那么，一字一句都是“敬、义”的功夫；至于“格致”、“博约”、“忠恕”等说，没有不吻合的。只要能够真心实意地去体会，就会相信我说的没有错。

谕泰和杨茂

（其人聋哑，自候门求见。先生以字问，茂以字答。）

你口不能言是非，你耳不能听是非，你心还能知是非否？（答曰：知是非。）如此，你口虽不如人，你耳虽不如人，你心还与人一般。（茂时首肯拱谢）。大凡人只是此心。此心若能存天理，是个圣贤的心。口虽不能言，耳虽不能听，也是个不能言不能听的圣贤。心若不存天理，是个禽兽的心，口虽能言，耳虽能听，也只是个能言能听的禽兽。（茂时扣胸指天）。

你如今于父母，但尽你心的孝；于兄长，但尽你心的敬；于乡党邻里宗族亲戚，但尽你心的谦和恭顺。见人怠慢，不要嗔怪；见人财利，不要贪图。但在里面行你那是的心；莫行你那非的心。纵使外面人说你是，也不须听；说你不是，也不须听。（茂时首肯拜谢）。

你口不能言是非，省了多少闲是非；你耳不能听是非，省了多少闲是非!凡说是非，便生是非，生烦恼；听是非，便添是非，添烦恼。你口不能说，你耳不能听，省了多少闲是非，省了多少闲烦恼!你比别人到快活自在了许多。（茂时扣胸指天点地）。

我如今教你，但终日行你的心，不消口里说；但终日听你的心，不消耳里听。（茂时顿首再拜而已）。

【译文】你嘴里不能说是与非，你耳朵不能听是与非，你的心还知道是与非吗？（回答："知道是非"）。象这样，你的嘴说话虽然不如别人，你的耳朵听力虽然不如别人，你的心还是和别人差不多的。（杨茂不时的点头拱手称谢）。一般的人也只是有这一颗心。这一颗心若能知道想着天理，那这就是一颗圣贤的心了。即使嘴上不能说，耳朵不能听，那也是个不能说不能听的圣贤。假如内心里不想着天理，这颗心便是禽兽的心。嘴上即使能说，耳朵虽然能听，也不过是个能说会听的禽兽罢了。（杨茂不时抚着胸口指指天）。

现在你对父母，只是尽你心中的孝道；对于父长，只是尽你心中的敬意；对于乡党邻里宗族亲戚，只是尽你心中的谦和恭顺。别人若是怠慢你，不要责怪他们；看到别人的财利，不要去贪图。只在你的内心实行你那是的心，不要实行你那非的心。即使旁人说你是，你也不用去听；说你不是，你也不用去听。（杨茂不时点头，拜谢我）。

你嘴上不能说是非，便省了很多无聊的是非；你耳朵不能听是非，便省了很多无聊的是非。一般来讲只要讲是非，便会生出许多是非来，生出许多烦恼；听了是非，便添了许多是非来，添了许多烦恼。你嘴上不能说，耳朵不能听，省了很多无聊的是非，省了很多无聊的烦恼。你比别人倒快活自在多了。（杨茂不时抚着胸口，指天指地）。

我现在教你，只要整天行你的心，不要口里说什么；只要整天听着自己的良心，不用耳朵听什么。（杨茂不时地点头，不停地拜谢）。

客座私祝

但愿温恭直谅之友，来此讲学论道，示以孝友谦和之行。德业相劝，过失相规，以教训我子弟，使毋陷于非僻。

不愿狂惆惰慢之徒，来此博奕饮酒，长傲饰非，导以骄奢淫荡之事，诱以贪财黩货之谋，冥顽无耻，扇惑鼓动，以益我子弟之不肖。

呜呼!由前之说，是谓良士；由后之说，是谓凶人。我子弟苟远良士而近凶人，是谓逆子。戒之戒之!嘉靖丁亥八月，将有两广之行，书此以戒我子弟，并以告夫士友之辱临于斯者，请一览教之。

【译文】但愿温和恭敬、正直诚信的朋友来这里讲学论道，向我的子弟指示孝友谦和的行为。用道德事业互相勉励，对过失互相规戒，以教训我的子弟，不让他们陷于邪僻。

不愿情绪狂躁、懒惰散漫的人来这里下棋、饮酒，使我的子弟增加傲气，掩饰错误，或引导他们做骄奢淫荡的事情，以贪财纳贿的谋虑来诱惑他们，用愚蠢无知的想法去扇惑鼓动他们，使我的子弟更加没出息。

唉，前一种人是贤士，后一种人是恶人。我的子弟如果远避贤士而亲近恶人，那就是逆子!切戒切戒!嘉靖六年八月，我将远行去两广，特写此文告诫我的子弟，并告今后承蒙光临此地的友人，请你们一览此文，教育我的予弟。

书顾维贤卷

维贤以予将远去，持此卷求书警戒之辞。只此“警戒”二字，便是予所最丁宁者。今时朋友大患不能立志。是以因循懈弛，散漫度日。若立志，则警戒之意当自有不容已。故警戒者，立志之辅。能警戒，则学问思辩之功，切磋啄磨之益，将日新又新，沛然莫之能御矣。

程先生云：“学者为气所胜，习所夺，只好责志。”又云：“凡为诗文，亦丧志。”又言：“且省外事，但明乎善，惟尽诚心，其文章虽不中，不远矣。”所守不约，泛滥无功。学问之道，《四书》中备矣。后儒之论，未免互有得失。其得者不能出于《四书》之外；失者遂有毫厘千里之谬。故莫如专求之《四书》。《四书》之言简实。苟以忠信进德之心求之，亦自明白易见。

【译文】维贤因为我将要出远门，拿这卷让我写一些警戒性的话，就只这“警戒”两个字，便是我最为关心的。

现今很多朋友最大的毛病在于不能立志，因此迟延松懈，散漫度日。如果立了志，那么警戒的意思当然是不容许这样的了。所以说警戒便是立志的一种辅助。能有所警戒，那么学问思辨的功夫，切磋琢磨的好处，就会一天比一天进步。精力充沛没有什么可以阻止得了。

程先生说：“学者因困于浊气陋习，只好看重志向。”又说：“凡是做诗写文章，也会使人消磨掉志气。”还说：“反省身外之物中就明了善，只要尽心尽意了，文章即使不好，离善也不远了。”对那些坚持不简略浮泛，而又没有用处的学问之道的方法，《四书》中说的很完备了。后儒们的评论未免都有所得失，但所得的没有能超出《四书》之外的；所失则虽有，但与《四书》就相差一点。但其谬误很大的。因此不如只去看《四书》。《四书》中的言论简洁实在，如果诚心诚意，想提高自己的德行。去看这本书，自然会觉得明白易见的。

与不善人居，如入鲍鱼之肆，久而不觉其臭，则与之俱化。孔子大圣，尚赖三益之资，致三损之戒。吾侪从事于学，顾随俗同污，不思辅仁之友。欲求致道，恐无是理矣。非笑诋毁，圣贤所不免。伊川有涪州之行，孔子尚微服过宋。今日风俗益偷，人心日以沦溺。苟欲自立，违俗拂众，指摘非笑，纷然而起，势所必然至，亦多由所养未深，高自标榜所致学者便不当自立门户，以招谤速毁；亦不当故避非毁，同流合污。维贤温雅，朋友中最为难得，似非微失之弱。恐诋笑之来，不能无动；谗为所动，即依阿隐忍，久将沦胥以溺。每到此便须反身，痛自切责，为己之志未能坚定；亦便志气激昂奋发。但知明己之善，立己之诚，以求快足乎己。岂暇顾人非笑指摘？

故学者只须责自家为己之志未能坚定。志苟坚定，则非笑诋毁不足动摇，反皆为砥砺切磋之地矣。今时人多言人之非毁，亦当顾恤。此皆随俗习非之久，相沿其说，莫知以为非；不知里许尽是私意，为害不小，不可以不察也。

【译文】和不好的人在一起，就象到一个卖咸鱼的铺子里，时间久了便不会觉得它的臭。这其实是和它同化了。孔子虽然是个大圣人，尚且还依赖三益之资，坚持三损之戒呢，我同辈中，从事学问的人，却与世俗同流合污，不想那些有仁德的朋友，想这样得到道，恐怕没有这个道理的。嘲笑诋毁之言，即使是圣贤也会难免出现。伊川就有涪州之行，孔子还微服过宋呢。现在风俗日益不厚道，人心也一天比一天沉沦。一个人如果想自立一言，违背常理，与众人不一；那么指责嘲笑，纷纷不断，这是必然出现的。也有人是由于涵养不深，自己孤高自傲，自我标榜而招致指责嘲笑。做学问的人不应该自立门户，以致招来诽谤，毁了自己；也不应该为避免非议而与人同流合污。维贤温文尔雅，朋友中最为难得了，似乎不是那种因小失大的人。担心别人的诋毁嘲笑，因此不去行动；因为自己的行为遭到别人的坏话，就忍气吞声，时间一长就会沉溺没有信心。这种情况下，就应该好好反省自己。因为自己的志向还不坚定，就应该斗志昂扬，奋发图强。如果知道自己是明明为善，诚心立己，希望尽快实现。哪有时间顾及别人的讥笑指责呢？

因此做学问只要责备自己为了自己的志向没能坚定。如果志向坚定，那么讥笑指责便不会动摇人的决心；反过来它还会磨炼自己，提高自己呢。现在的人大都说别人的诋毁讥笑，也应该反省体察。这大都是因循旧习太久，没人知道这不对，不知道这里包含了很多私心。而这为害不小，不能不有所觉察。

稽山书院尊经阁记

经，常道也。其在于天谓之“命”，其赋于人谓之“性”，其主于身谓之“心”。心也，性也，命也，一也。通人物，达四海，塞天地，亘古今，无有乎弗具，无有乎弗同，无有乎或变者也，是常道也。其应乎感也，则为恻隐，为羞恶，为辞让，为是非；其见于事也，则为父子之亲，为君臣之义，为夫妇之别，为长幼之序，为朋友之信。是恻隐也、羞恶也、辞让也、是非也，是亲也、义也、序也、别也、信也，一也。皆所谓心也，性也，命也。通人物，达四海，塞天地，亘古今，无有乎弗具，无有乎弗同，无有乎或变者也，是常道也。是常道也，以言其阴阳消息之行焉，则谓之《易》；以言其纪纲政事之施焉，则谓之《书》；以言其歌咏性情之发焉，则谓之《诗》；以言其条理节文之著焉，则谓之《礼》；以言其欣喜和平之生焉，则谓之《乐》；以言其诚伪邪正之辨焉，则谓之《春秋》。是阴阳消息之行也。以至于诚伪邪正之辨也，一也。皆所谓心也，性也，命也。通人物，达四海，塞天地，亘古今，无有乎弗具，无有乎弗同，无有乎或变者也，夫是之谓“六经”。

【译文】经，是指常道。它存在于天叫做命，它赋给于人叫做性，它主宰于身叫做心。所谓心，所谓性，所谓命，本是一个东西。遍通人物，推及四海，充塞天地，贯穿古今，没有不具备，没有不相同，没有什么改变的，这就是常道。它对于感受的反应，就是同情、羞耻、推让、是非。它表现在事物上，就是父子间的亲爱、君臣间的道义、夫妇间的区别、长幼间的顺序、朋友间的信实。这种同情、羞耻、推让、是非、亲爱、道义、顺序、区别、信实，都是同一件事，都是所说的心、性、命。遍通人物，推及四海，充塞天地，贯穿古今，没有不具备，没有不相同，没有什么改变，这就是常道。这种常道用来讲论阴阳消长运行的，就叫做《易》，用来讲论纲纪政事实施的，就叫做《书》，用来讲论歌咏性情发挥的，就叫做《诗》，用来讲论条理节文彰著的，就叫做《礼》，用来讲论欣喜和平的生发的，就叫做《乐》，用来讲论真假、邪正辨别的，就叫做《春秋》。这种阴阳消长的运行，以至于真假邪正的辨别，都是同一的，都说的是心啊、性啊、命啊。遍通人物，推及四海，充塞天地，贯穿古今，没有不具备，没有不相同，没有什么改变的，就是所说的六经。

六经者非他，吾心之常道也。故《易》也者，志吾心之阴阳消息者也；《书》也者，志吾心之纪纲政事者也；《诗》也者，志吾心之歌咏性情者也；《礼》也者，志吾心之条理节文者也；《乐》也者，志吾心之欣喜和平者也；《春秋》也者，志吾心之诚伪邪正者也。君子之于六经也，求之吾心之阴阳消息而时行焉，所以尊《易》也；求之吾心之纪纲政事而时施焉，所以尊《书》也；求之吾心之歌咏性情而时发焉，所以尊《诗》也；求之吾心之条理节文而时著焉，所以尊《礼》也；求之吾心之欣喜和平而时生焉，所以尊《乐》也；求之吾心之诚伪邪正而时辨焉，所以尊《春秋》也。

【译文】六经不是别的什么，乃是我心里的常道，所以《易》，就是记载我心的阴阳消长，《书》就是记载我心的纲纪政事；《诗》就是记载我心的歌咏性情；《礼》，就是记载我心的条理节文；《乐》就是记载我心的欣喜和平，《春秋》就是记载我心的真假邪正。君子对于六经，寻求它在我心的阴阳消长而时时运行不止，所以尊重《易》；寻求它在我心的纲纪政事而时时实施不懈，所以尊重《书》；寻求它在我心的歌咏性情而时时发挥光大，所以尊重《诗》；寻求它在我心的条理节文而时时彰著显明，所以尊重《礼》；寻求它在我心的欣喜和平，而时时表露，所以尊重《乐》；寻求它在我心的真假邪正，而时时审察辨别，所以尊重《春秋》。

盖昔者圣人之扶人极，忧后世，而述六经也，犹之富家者之父祖，虑其产业库藏之积，其子孙者或至于遗忘散失，卒困穷而无以自全也，而记籍其家之所有以贻之，使之世守其产业库藏之积而享用焉，以免于困穷之患。故六经者，吾心之记籍也。而六经之实，则具于吾心。犹之产业库藏之实积，种种色色，具存于其家，其记籍者，特名状数目而已，而世之学者，不知求六经之实于吾心，而徒考索于影响之间，牵制于文义之末，硁硁然以为是六经矣。是犹富家之子孙，不务守视享用其产业库藏之实积、日遗忘散失，至于窭人丐夫而犹嚣嚣然指其记籍曰："斯吾产业库藏之积也!"何以异于是!

【译文】以往的圣人为了扶持人道的准则，虑及后世子孙，而记述六经，这犹如富有之家的父祖辈，忧虑自己为子孙积蓄的产业库藏，或至于遗忘散失，骤然困穷贫乏没法保全自身，于是把家里所有的东西登记起来，留给他们，让世代守住这些产业库藏的积蓄永远享用，以免于困穷贫乏的苦痛。所以六经啊，就是我心的簿籍。而六经的内容，完全记在我心。正像产业库藏的积蓄，种种色色完全保存在家里一样。簿籍所登记的只是名称、形状、数目罢了。可是，一般世俗学者，不知道在我心里寻求六经的实际，而仅仅考证探索于形影声响之间，牵涉限制于章旨文义的末节，固执地以为这就是六经了。这正如富家的子孙不致力于看管享受他产业库藏的实际，天天任它遗忘散失，以至成为穷人乞丐，还自鸣得意地指着财物登记簿籍说，这就是我产业库藏的积蓄。和这种情况有什么区别。

呜呼!六经之学，其不明于世，非一朝一夕之故矣。尚功利，崇邪说，是谓乱经；习训诂，传记诵，没溺于浅闻小见，以涂天下之耳目，是谓侮经；侈淫辞，竞诡辩，饰奸心盗行，逐世垄断而犹自以为通经，是谓贼经。若是者，是并其所谓记籍者而割裂弃毁之矣，宁复知所以为尊经也乎？

越城旧有稽山书院，在卧龙西岗，荒废久矣。郡守渭南南君大吉，既敷政于民，则慨然悼末学之支离，将进之以圣贤之道，于是使山阴令吴君瀛，拓书院而一新之，又为尊经之阁于其后，曰："经正则庶民兴，庶民兴斯无邪慝矣。"阁成，请予一言，以谂多士。予既不获辞，则为记之若是。呜呼！世之学者，得吾说而求诸其心焉，其亦庶乎知所以为尊经也矣。

【译文】唉！六经的学问不彰明于世，并不是一朝一夕的原故。尊尚功利，推崇邪说就是扰乱经书；钻研训诂，传授记诵，陷没在浅薄的闻见之中，来混淆天下的耳目，就是侮蔑经书；放纵淫辞，竞趋诡辩，掩饰奸心盗行，一代代地霸占讲席，还自认为通晓经书，简直是贼害经书。这样做就是连他所说的簿籍也割裂毁弃了，那里知道怎样算是尊重经书呢！

越城原来有座稽山书院，位置在卧龙西岗，荒芜废弃很久了。郡守渭南南大吉，掌管政教之后，慨叹悲伤晚近学风的支离破碎，准备用圣贤之道加以引导，遂使山阴县今吴瀛扩大书院，一一翻新，又在书院的后面建尊轻阁。（南君）说："经不被歪曲，百姓就兴奋积极，百姓兴奋积极，就没有邪恶了。"尊经阁建成，请求我写几句语，来告诫更多的士子。我不能推却，使写出这样的记叙。啊，后世为学的人，得到我的说法而求理于自心，那也就大概知道所以要尊经的原因了。

传习录十二则

爱因未会先生"知行合一"之训，与宗贤、惟贤往复辩论，未能决，以问于先生。

先生曰："试举看。"

爱曰："如今人尽有知得父当孝，兄当弟者，却不能孝，不能弟，便是知与行分明是两件。"

先生曰："此已被私欲隔断，不是知行的本体了。未有知而不行者。知而不行，只是未知。圣贤教人知行，正是安复那本体，不是著你只恁的便罢。故《大学》指个真知行与人看，说'如好好色，如恶恶臭'。见好色属知，好好色属行。只见那好色时已自好了，不是见了后又立个心去好。闻恶臭属知，恶恶臭属行。只闻那恶臭时已自恶了，不是闻了后别立个心去恶。如鼻塞人虽见恶臭在前，鼻中不曾闻得，便亦不甚恶，亦只是不曾知臭。就如称某人知孝、某人知弟，必是其人已曾行孝行弟，方可称他知孝知弟。不成只是晓得说些孝弟的话，便可称为知孝弟。又如知痛，必已自痛了，方知痛；知寒，必已自寒了；知饥，必已自饥了。知行如何分得开？此便是知行的本体，不曾有私意隔断的。圣人教人，必要是如此方可谓之知。不然，只是不曾知。此却是何等紧切著实的工夫！如今苦苦定要说知行做两个是甚么意？某要说做一个是甚么意？若不知立言宗旨，只管说一个两个，亦有甚用？”

爱曰：“古人说知行做两个，亦是要人见个分晓，一行做知的功夫，一行做行的功夫，即功夫始有下落。”

先生曰：“此却失了古人宗旨也。某尝说知是行的主意，行是知的功夫；知是行之始，行是知之成。若会得时，只说一个知，已自有行在；只说一个行，已自有知在。古人所以既说一个知，又说一个行者，只为世间有一种人，懵懵懂懂的任意去做，全不解思惟省察，也只是个冥行妄作，所以必说个知，方才行得是。又有一种人，茫茫荡荡悬空去思索，全不肯着实躬行，也只是个揣摸影响，所以必说一个行，方才知得真。此是古人不得已补偏救弊的说话。若见得这个意时，即一言而足。今人却就将知行分作两件去做，以为必先知了然后能行，我如今且去讲习讨论做知的工夫，待知得真了，方去做行的工夫，故遂终身不行，亦遂终身不知。此不是小病痛，其来已非一日矣。某今说个知行合一，正是对病的药，又不是某凿空杜撰，知行本体原是如此。今若知得宗旨时，即说两个亦不妨，亦只是一个，若不会宗旨，便说一个，亦济得甚事？只是闲说话。”

【译文】徐爱因为还没有领会先生“知行合一”的训示，和宗贤、惟贤反复辩论，不能决断，便向先生请教。

先生说：“试着举例来看看。”

徐爱说：“现在人们都知道对父母应当孝顺，对兄长应当尊敬，但实际中往往不能孝顺，不能尊敬。这样知与行分明是两件事。”

先生说：“这种人的知行已经被私欲迷惑，不是知行的本体了。没有知而不行的。知而不行，就是不知。圣贤教导人们知行，就是恢复知行的本体，不是让你只是知什么行什么就算了。所以，《大学》指示一个真正的知行给人们看，说‘如同喜欢美色，如同厌恶恶臭’。看见美色是知，喜欢美色是行。一看见那美色时就已经自然喜欢它了，不是在看见美色之后又才起一个心意去喜欢。闻到恶臭是知，厌恶恶臭是行。一闻到恶臭时就已经自然厌恶了，不是在闻到恶臭之后才起一个心意去厌恶。比如一个人鼻塞，即使看见恶臭在跟前，因鼻子没有闻，也就不怎么厌恶了。这也只是他未曾知道恶臭。又如，我们称某人知孝、某人知悌，必定是这个人已经做到了孝悌，才可以称他知孝、知悌。不能只知说些孝悌的话，就可以称他为知孝、知悌了。再如知痛，必定是自己觉得痛了，才知痛；知寒，必定是自己觉得寒冷；知饥，必定是自己已经饥饿了。知与行怎么能分开？这就是知与行的本体，不曾被私欲迷惑的。圣贤教导人们，一定要是这样才可以叫作知。不是这样就只是未曾知。这是多么紧要切实的功夫！如今人们苦苦地一定要把知行说成两件事，是什么意思？我要把知行说成一件事，又是什么意思？如果不理解我立言的宗旨，只管说一件事、两件事，又有什么用处？”

徐爱说：“古人把知行说成两个，也是让人看个明白，一边做知的功夫，一边做行的功夫，那功夫才有着落。”

先生说：“这样就抛弃了古人的宗旨了。我曾经说知是行的主意，行是知的功夫；知是行的开始，行是知的成果。如果领会得意思时，只说一个知，行已自在其中了；只说一个行，知也自在其中了。古人所以既说一个知，又说一个行的原因，只是由于世上有一种人，糊里糊涂地随意去做事，根本不懂思考省察，也只是个瞎闯蛮干，所以必须说个知，他才能行得正确。还有一种人，不着边际凭空去思索，根本不肯切实力行，也只是个捕风捉影，所以必须说一个行，他才能知得真切。这是古人为了补偏救弊，不得已的说法。如果领会得这个意思时，就是一句话也足够了。今人却要把知行分为两件事去做，认为必须先知了，然后才能行。我现在姑且先去讲习讨论，做知的功夫，等到知得真切了，再去做行的功夫。于是，终身不得行，也终身不得知。这不是小毛病，它产生已经不是一天了。我现在说的知行合一，正是对症的良药，并不是我凭空杜撰，知行本体原本是这样。现在如果领会得我立论的宗旨的话，就是把知行说成两个也无妨，其实也只是一个。如果没领会我立论的宗旨，就是说知行合一，又能成什么事？只是闲聊天。”

爱问文中子、韩退之。

先生曰：“退之，文人之雄耳。文中子，贤儒也。后人徒以文词之故推尊退之，其实退之去文中子远甚。”

爱问：“何以有拟经之失？”

先生曰：“拟经恐未可尽非。且说后世儒者著述之意与拟经如何？”

爱曰：“世儒著述，近名之意不无，然期以明道；拟经纯若为名。”

先生曰：“著述以明道，亦何所效法？”

曰：“孔子删述六经以明道也。”

先生曰：“然则拟经独非效法孔子乎？”

爱曰：“著述即于道有所发明，拟经似徒拟其迹，恐于道无补。”

先生曰：“子以明道者，使其反朴还淳而见诸行事之实乎？抑将美其言辞而徒以譊譊于世也？天下之大乱，由虚文胜而实行衰也，使道明于天下，则六经不必述；删述六经，孔子不得已也。自伏羲画卦，至于文王、周公，其间言《易》如《连山》，《归藏》之属，纷纷籍籍，不知其几，《易》道大乱。孔子以天下好文之风日盛，知其说之将无纪极，于是取文王、周公之说而赞之，以为惟此为得其宗。于是纷纷之说尽废，而天下之言《易》者始一。《书》《诗》《礼》《乐》《春秋》皆然。《书》自《典》《谟》以后，《诗》自二南以降，如《九丘》《八索》，一切浮哇逸荡之词，盖不知其几千百篇。《礼》《乐》之名物度数，至是亦不可胜穷。孔子皆删削而述正之，然后其说始废，如《书》，《诗》《礼》，《乐》中，孔子何尝加一语？今之《礼记》诸说，皆后儒附会而成，已非孔子之旧。至于《春秋》，虽称孔子作之，其实皆鲁史旧文。所谓'笔'者，笔其旧；所谓'削'者，削其繁，是有减无增。孔子述六经，惧繁文之乱天下，惟简之而不得，使天下务去其文以求其实，非以文教之也。春秋以后，繁文益盛，天下益乱。始皇焚书得罪，是出于私意，又不合焚六经。

【译文】徐爱问王通和韩愈的情况。

先生说："韩愈是文人中的雄杰，王通是贤明的大儒。后世人们只看文章的成就推崇韩愈，其实，韩愈比王通差得远了。"

徐爱问："王通为什么有模拟经书的过失？"

先生说："模拟经书恐怕也不能完全否定。你且谈谈后世儒者著述的目的与模拟经书有何区别？"

徐爱说："后世儒者的著述虽然也有求名的意图，但主要是为了明道，而模拟经书纯粹是为了求名。"

先生说："以著述来明道，还须仿效谁呢？"

徐爱说："仿效孔子，他删述六经是用来明道的。"

先生说："既然如此，那么模拟经书难道就不是仿效孔子吗？"

徐爱说："著述就应该对道有所发明，模拟经书似乎只是模拟经书的外表，恐怕对道没有补益。"

先生说："你所谓的明道，是指返朴归真，使道表现在实际行事中呢？还是指华而不实，用空言哗众取宠呢？天下大乱，是因为虚文盛行而实事衰微啊！假使道在天下显明，那六经就不必删述。孔子删述六经是不得已的事。自从伏羲画卦，直到文王、周公，这期间论《易》的著述如《连山》《归藏》之类，杂乱交错，不知有多少，《易》道因此大乱。孔子看到天下喜好文饰的风气一天天盛行，深知这样下去将会乱无纲纪，于是采取文王、周公的学说而加以阐述，认为只有他们的理论才掌握了《易》的宗旨。于是纷乱的论说全被废弃，天下论《易》的开始统一。它如《尚书》《诗经》《礼经》《乐经》《春秋》也都是如此。《尚书》自《典》《谟》之后，《诗经》自《周南》《召南》之后，像《九丘》《八索》之类，所有放荡逸乐的作品，真不知道有几百几千！《礼经》《乐经》的名物度数，至此也多得不能穷尽。孔子都加以删削述正，此后其它说法才被废止。在《尚书》《诗经》《礼经》，《乐经》中，孔子不曾增添一句话。现在《礼记》中的各种说法，都是后世儒生附会而成的，已经不是孔子的原本了，至于《春秋》，虽然被认为是孔子所作，其实都是鲁史的旧文。所谓‘笔’，就是照抄原文；所谓‘削’，就是删削繁复。这只有删减而没有增添。孔子传述六经，担心繁文扰乱天下，唯恐不能简略。他要使天下的人务必去掉虚文而追求实质，并不是要用文辞本身来教化天下。春秋以后，繁文日益盛行，天下更加纷乱。秦始皇因焚书而得罪天下，是因为他出自私心，更不该焚毁六经。

“若当时志在明道，其诸反经叛理之说，悉取而焚之，亦正暗合删述之意。自秦、汉以降，文又日盛，若欲尽去之，断不能去：只宜取法孔子，录其近是者而表章之，则其诸怪悖之说，亦宜渐渐自废。不知文中子当时拟经之意如何？某切深有取于其事。以为圣人复起，不能易也：天下所以不治，只因文盛实衰，人出己见，新奇相高，以眩俗取誉，徒以乱天下之聪明，涂天下之耳目，使天下靡然争务修饰文词，以求知于世，而不复知有敦本尚实、反朴还淳之行，是皆著述者有以启之。”

爱曰：“著述亦有不可缺者。如《春秋》一经，若无《左传》，恐亦难晓。”

先生曰：“《春秋》必待《传》而后明，是歇后谜语矣，圣人何苦为此艰深隐晦之词？《左传》多是鲁史旧文，若《春秋》须此而后明，孔子何必削之？”

爱曰：“伊川亦云：‘《传》是案，《经》是断。如书弑某君，伐某国，若不明其事，恐亦难断。”

先生曰：“伊川此言，恐亦是相沿世儒之说，未得圣人作经之意。如书弑君，即弑君便是罪，何必更问其弑君之详？征伐当自天子出，书伐国，即伐国便是罪，何必更问其伐国之详？圣人述六经，只是要正人心，只是要存天理，去人欲。于存天理、去人欲之事，则尝言之。或因人请问，各随分量而说，亦不肯多道，恐人专求之言语。故曰‘予欲无言’，若是一切纵人欲、灭天理的事，又安肯详以示人？是长乱导奸也，故孟子云：‘仲尼之门无道桓、文之事者，是以后世无传焉’。此便是孔门家法。世儒只讲得一个伯者的学问，所以要知得许多阴谋诡计。纯是一片功利的心，与圣人作经的意思正相反，如何思量得通？”因叹曰：“此非达天德者，未易与言此也!”

【译文】“如果秦始皇当时志在明道，把那些背经叛道的书籍全部取来烧掉，也就会暗合孔子删述的本意。从秦汉以来，繁文又日益盛行，要想全部废止根本不可能了。只应该效法孔子，著录那些接近经书道理的学说加以表彰，那些怪诞背理的学说，也就慢慢自然消失了。我不知道王通当时模拟经书的意图是什么，但我对他的做法深表赞同。我认为圣人复出，也不能改变这种做法。天下之所以混乱，就是因为文饰盛行而实事衰微。人们各抒己见，标榜新奇来哗众取宠。这只会混淆天下人的视听，蒙蔽天下人的耳目，使天下的人们无不争相修饰文辞，来求取声名，而不再知道还有崇尚实际，返朴归真的品行。这些现象都是著述的人们造成的后果。”

徐爱说：“有时著述也是不可缺少的。如《春秋》这部经典，如果没有《左传》注解，恐怕人们也是很难读懂的。”

先生说：“如果《春秋》必须有《左传》才能明白，那么，《春秋》岂不成了歇后语了吗？圣人何苦作这么艰深隐晦的文章呢？《左传》大多是鲁史的旧文，如果《春秋》必须凭借《左传》才能读懂，孔子当初又何必删削鲁史呢？”

徐爱说：“程颐先生也说‘《传》是案卷，《经》是决断’，如《春秋》记载弑害某君，征伐某国，如果不知道这些事情的原委，恐怕也难以作出决断吧。”

先生说：“程颐先生这句话，恐怕也是相承沿袭世俗儒者的说法，没有悟得圣人作经的本意。如记载‘弑君’，那‘弑君’就是罪状，为什么一定要问弑君的详细经过呢？征讨的命令应当由天子发布，记载‘伐国’，那‘伐国’就是罪状，为什么一定要问伐国的详细经过呢？圣人传述六经，只是要端正人心，只是要保存天理、去掉人欲。对于保存天理、去掉人欲的事情，孔子曾经谈到过。他有时根据人们的问题，依照各人的素质做了不同的回答。他也不肯多讲，担心人们执著在语言上寻求，所以说道：‘我想不说话。’如果是完全放纵人欲、除灭天理的事情，又怎么肯详细地讲给人们呢？详细地讲给人们是助长纷乱、引导奸邪啊！因此，孟子说：‘孔子的门徒没有谈到齐桓公、晋文公的事迹的，所以没有传到后世来。’这就是孔门的家法。世俗的儒者只能讲霸道的学问，所以他们要精通许多阴谋诡计。他们完全是一种功利的心态，和圣人作经的意思正好相反，对圣人的学说又怎么能想得通呢？”于是先生感叹说：“这些人如果不是达到天德的人，我是不轻易与他们谈论这个的呀！”

又曰：“孔子云：‘吾犹及史之阙文也。’孟子云‘尽信书，不如无书。吾于《武成》，取二三策而已。’孔子删《书》，于唐、虞、夏四五百年间，不过数篇。岂更无一事，而所述止此，圣人之意可知矣。圣人只是要删去繁文，后儒却只要添上。”

爱曰：“圣人作经，只是要去人欲，存天理。如五伯以下事，圣人不欲详以示人，则诚然矣。至如尧舜以前事，如何略不少见？”

先生曰：“羲、黄之世，其事阔疏，传之者鲜矣。此亦可以想见。其时全是淳庞朴素，略无文采的气象。此便是太古之治，非后世可及。”

爱曰：“如《三坟》之类，亦有传者，孔子何以删之？”

先生曰：“纵有传者，亦于世变渐非所宜？风气益开，文采日胜，至于周末，虽欲变以夏、商之俗，已不可挽，况唐，虞乎？又况羲、黄之世乎？然其治不同，其道则一，孔子于尧、舜则祖述之；于文、武则宪章之。文、武之法，即是尧、舜之道。但因寸致治，其设施政令已自不同。即夏、商事业施之于周，已有不合。故‘周公思兼三王，其有不合，仰而思之，夜以继日’。况太古之治，岂复能行？斯固圣人之所可略也。”

又曰:“专事无为,不能如三王之因时致治,而必欲行以太古之俗,即是佛、老的学术。因时致治,不能如三王之一本于道,而以功利之心行之,即是伯者以下事业。后世儒者许多,讲来讲去,只是讲得个伯术。”

【译文】先生又说:“孔子说:‘我还能够看到史书存疑的地方。’孟子也说:‘要是完全相信《尚书》,那还不如没有《尚书》,我对于《武成》篇只不过取其中两三片竹简罢了。’孔子删削《尚书》,对唐尧、虞舜、夏禹四五百年间的历史,只存留数篇。难道再没有一件事可记述了吗?而他传述的只有这几篇,从中可知圣人的意图了。圣人只是要删除繁文,而后世儒者却是要添上繁文。”

徐爱说:“圣人作经,只是为了去掉人欲,保存天理。如春秋五霸以后的事情,圣人不愿意详细讲给人们,是确实如此呀。至于尧舜以前的事情,为什么也省略不讲呢?”

先生说:“伏羲、黄帝时代的事情,久远不详,流传下来的很少了。这也是可以想象的。那时民风真淳朴素,完全没有文采的气象。这就是上古社会,这不是后世能比得上的。”

徐爱说:“像《三坟》一类的书,也有流传下来的,孔子为什么也要删除它呢?”

先生说:“虽然有流传下来的,也因社会变化而渐渐不合时宜了。风气日益开化,文采日益繁盛。到了周末,即使想恢复夏、商时代的习俗,已经不可能了,何况是唐、虞时代的习俗呢?更何况是伏羲、黄帝时代的习俗呢?虽然不同时代的治国方法不同,但它们遵循的道理是一致的。孔子遵循尧、舜,效法文王,武王。文王、武王的治国方法就是尧、舜的治国之道。只是根据时代变化而进行治理,他们的制度政令自然不同。就是夏、商的治国方法在周代实施,已经有不适宜的地方。所以周公想兼采禹、汤、文王的治国方法的长处,遇到不适宜的地方,就夜以继日地研究解决。何况远古的治国方法,又怎么能照搬施行呢?这正是圣人可以省略它们的原因啊。”

先生又说:“只是无为而治,不能像禹、汤、文王那样根据不同时代的变化而进行治理,而一定要实行远古的风俗,这就是佛教、老庄的主张。根据时代的变化而进行治理,却不能像禹、汤、文王那样以道为根本,而是以功利的心态来行事,就是五霸以来的治国方法。后世许多儒者讲来讲去,只是讲了一个霸术。”

爱曰:“先儒论六经,以《春秋》为史。史专记事,恐与五经事体终或稍异。”

先生曰:“以事言谓之史,以道言谓之经。事即道,道即事。《春秋》亦经,五经亦史。《易》是包羲氏之史,《书》是尧、舜以下史,《礼》《乐》是三代史。其事同,其道同,安有所谓异!”

【译文】徐爱说:“先儒讨论六经,认为《春秋》是史书。史书专门记载历史事件,这恐怕与五经的体例到底有些不同。”

先生说：“从记事角度讲叫作‘史’，从论道角度讲叫作‘经’。事就是道，道就是事。这样来看，《春秋》也是经，五经也是史。《易》是伏羲的史，《尚书》是尧舜以后的史，《礼》《乐》是三代的史。它们所记的事是相同的，所讲的道也是相同的，经、史哪里有差别呢？”

又曰：“五经亦只是史。史以明善恶，示训戒。善可为训者，特存其迹以示法；恶可为戒者，存其戒而削其事以杜奸。”

爱曰：“存其迹以示法，亦是存天理之本然；削其事以杜奸，亦是遏人欲于将萌否？”

先生曰：“圣人作经，固无非是此意，然又不必泥著文句。”

爱又问：“恶可为戒者，存其戒而削其事以杜奸，何独于《诗》而不删郑、卫？先儒谓‘恶者可以惩创人之逸志’，然否？”

先生曰：“《诗》非孔门之旧本矣。孔子云：‘放郑声，郑声淫’。又曰：‘恶郑声之乱雅乐也。’‘郑、卫之音，亡国之音也。’此是孔门家法。孔子所定三百篇，皆所谓雅乐，皆可奏之郊庙，奏之乡党，皆所以宣畅和平，涵泳德性，移风易俗，安得有此？是长淫导奸矣！此必秦火之后，世儒附会，以足三百篇之数。盖淫泆之词，世俗多所喜传，如今闾巷皆然。‘恶者可以惩创人之逸志’，是求其说而不得，从而为之辞。”

【译文】先生又说：“五经也只是史书。史书是用来辨明善恶，显示训戒的。善的可以用来教化，因而特地保存善事来供人效法。恶的可以用来警戒，因而保留警戒而删削恶事来杜绝奸邪。”

徐爱说：“保存善的事迹来供人效法，就是保存天理的本来面目。删削恶事来杜绝奸邪，就是为了把私欲抑制在萌芽状态吗？”

先生说：“圣人作经，本来就是这个意思。然而又不必在文句上拘泥执著。”

徐爱又问：“恶的可以用来警戒，所以保留警戒而删削恶事来杜绝奸邪。为什么唯独在《诗经》中不删削《郑风》和《卫风》呢？朱熹先生说‘恶的可以惩戒人们放纵的心志’，这样理解对吗？”

先生说：“现存的《诗经》已经不是孔子编定的旧本了。孔子说：‘禁绝郑国乐曲，郑国乐曲淫秽。’又说‘用郑国的淫乐破坏宫廷的雅乐是可厌恶的’，‘郑国、卫国的乐曲是亡国的乐曲呀’。这才是孔门的家法。孔子编定的三百篇诗，都是雅乐。都可以在郊庙祭祀时演奏，也可以在乡里聚会时演奏，都是用来陶冶性情，涵养品德，移风易俗的，怎么会有《郑风》和《卫风》呢？这种诗是在助长淫乱、倡导奸邪呀！《郑风》和《卫风》一定是秦始皇焚书之后，世俗儒者加以附会来凑足三百篇的数目的。淫乱泆乐的文辞，世上的俗人大都喜欢传播，现在的街头巷尾也还都是这样的？所谓‘恶的可以惩戒人们放纵的心志’的说法，是寻求不到正确解说，不得已而加以辩解。”

“知者行之始，行者知之成。圣学只一个功夫，知行不可分作两事。”

【译文】先生说：“认识是实践的开始，实践是认识的结果。圣人的学说只有一个功夫，认识和实践是统一的，不能截然分开。”

问：“知至然后可以言诚意。今天理、人欲知之未尽，如何用得克己工夫？”

先生曰：“人若真实切己用功不已，则于此心天理之精微，日见一日，私欲之细微，亦日见一日。若不用克己工夫，终日只是说话而已，天理终不自见，私欲亦终不自见。如人走路一般，走得一段，方认得一段。走到歧路处，有疑便问，问了又走，方渐能到得欲到之处。今人于已知之天理不肯存，已知之人欲不肯去，且只管愁不能尽知，只管闲讲，何益之有？且待克得自己无私可克，方愁不能尽知，亦未迟在。”

【译文】有人问：“《大学》中说认识明确之后才可以讲意念真诚。如今天理和人欲还没有彻底认识，如何能用克己功夫呢？”

先生说：“人如果切实不断用功，对于人心天理的精微处，就能一天天地认识，对于私欲的细微处，也能一天天地认识。如果不用克己功夫，那整天只是说说废话而已，天理自己永远看不到，私欲自己也永远看不到。就像人行路一样，走了一段路，才认识一段路。走到岔路口，有疑问就打听，打听明白又走，才能慢慢到达想到的地方。现在的人们对已知的天理不肯存养，对已知的私欲不肯摒弃，却只是忧虑不能完全知晓，只是讲空话，这有什么益处呢？且等自己把私欲克得无私可克，再忧虑不能完全知晓道，也为时不晚。”

问：“名物度数，亦须先讲求否？”

先生曰：“人只要成就自家心体，则用在其中。如养得心体，果有‘未发之中’，自然有‘发而中节之和’，自然无施不可。苟无是心，虽预先讲得世上许多名物度数，与己原不相干，只是装缀临时，自行不去，亦不是将名物度数全然不理，只要‘知所先后则近道’。”

又曰：“人要随才成就，才是其所能为。如夔之乐，稷之种，是他资性合下便如此。成就之者，亦只是要他心体纯乎天理，其运用处皆从天理上发来，然后谓之才。到得纯乎天理处，亦能‘不器’，使夔、稷易艺而为，当亦能之。”

又曰：“如‘素富贵，行乎富贵，素患难，行乎患难’，皆是‘不器’。此惟养得心体正者能之。”

【译文】有人问：“名物度数，也需要预先研究吗？”

先生说：“人只要能成就自己的心体，用也就在其中了。如果把心体修养得真有一个尚未表现出来的中，自然有表现出来以后符合常理的和，自然是做什么都能行。假如没有这种心体，即使预先讲了世上许多名物度数，那也与自己本来没有关系，只是一时地装饰，自然行不通。当然，也不是说全然不理睬名物度数，只是要‘知道本末、终始的先后次序，就接近道了’。”

先生又说：“人要根据自己的才能成就自己，这才是他所能做到的。例如，夔精通音乐，稷擅长种植，是他们资质天性就是这样。成就一个人，也只是要他心的本体完全是天理，他们处事应物的地方，都是从天理上表现出来，然后称他为‘人才’。达到纯天理的境界，也就能做到‘不像器具只有有限的用途’。即使让夔和稷变换工作，应当也能行。”

先生又说：“如《中庸》说‘现在处于富贵，就做富贵人该做的事；现在处于忧患灾难的境遇，就做忧患灾难境遇中可以办到的事’，都属于‘不像器具只有有限的用途’。这种境界只有把心的本体修养得纯正的人才能做到。”

蔡希渊问：“文公《大学》新本，先格致而后诚意，工夫似与首章次第相合。若如先生从旧本之说，即诚意反在格致之前，于此尚未释然。”

先生曰：“《大学》工夫，即是‘明明德’。‘明明德’只是个‘诚意’。‘诚意’的工夫只是‘格物致知’。若以‘诚意’为主，去用‘格物致知’的工夫，即工夫始有下落。即为善去恶无非是‘诚意’的事。如新本先去穷格事物之理，即茫茫荡荡，都无著落处，须用添个‘敬’字，方才牵扯得向身心上来，然终是没根源。若须用添个‘敬’字，缘何孔门倒将一个最要紧的字落了，直待千余年后要人来补出？正谓以‘诚意’为主，即不须添‘敬’字。所以提出个‘诚意’来说，正是学问的大头脑处。于此不察，直所谓毫厘之差，千里之谬。大抵《中庸》工夫只是‘诚身’，‘诚身’之极，便是‘至诚’。《大学》工夫只是‘诚意’，‘诚意’之极，便是‘至善’。工夫总是一般，今说这里补个‘敬’字，那里补个‘诚’字，未免画蛇添足。”

【译文】蔡希渊问：“朱熹先生在《大学》新本中，先有‘格物致知’后有‘诚意’功夫，似乎和第一章的次序相符合。如果像先生依据旧本的主张，那么，‘诚意’反而在‘格物致知’的前面。对此，我还有不明白的地方。”

先生说：“《大学》的功夫就是‘明明德’，‘明明德’只是个‘诚意’，‘诚意’的功夫只是‘格物致知’。如果以‘诚意’为主，用‘格物致知’功夫，那功夫才有着落。就是说为善去恶都是‘诚意’的事。如果按照新本，先去穷究事物之理，就会茫然空旷，都没有着落处。必须要增添一个‘敬’字，才能拉扯到身心上来，然而毕竟是没有根源。如果必须要增添个‘敬’字，为什么孔子门人倒把这个最要紧的字给遗漏了，一直等到千年之后要别人补上呢？这正是说，以‘诚意’为主，就不用增添‘敬’字。所以，提出一个‘诚意’，正是学问的关键处。对这一点不能明察，真可谓‘差之毫厘，谬以千里’了。大体说来，《中庸》的功夫只是‘诚身’，‘诚身’的极至，就是‘至诚’。《大学》的功夫只是‘诚意’，‘诚意’的极至就是‘至善’。功夫都是一样的，现在说在这里补一个‘敬’字，在那里补一个‘诚’字，未免画蛇添足。”

有一属官，因久听讲先生之学，曰：“此学甚好。只是簿书讼狱繁难，不得为学”。

先生闻之，曰：“我何尝教尔离了簿书讼狱，悬空去讲学？尔既有官司之事，便从官司的事上为学，才是真格物。如问一词讼，不可因其应对无状，起个怒心；不可因他言语圆转，生个喜心；不可恶其嘱托，加意治之；不可因其请求，屈意从之；不可因自己事务烦冗，随意苟且断之；不可因旁人谮毁罗织，随人意思处之。这许多意思皆私，只尔自知，须精细省察克治，惟恐此心有一毫偏倚，杜人是非，这便是格物致知。簿书讼狱之间，无非实学，若离了事物为学，却是著空。”

【译文】有一位下属官员，由于长期听先生讲学，就说：“这个学问很好。只是我文书诉讼繁杂，没有时间去学。”

先生听后，说：“我什么时候教你撇开文书诉讼去凭空学习啦？你既然忙官司的事，就从官司的事上学习，这才是真正的格物。比如你审讯时，不能因为对方的回答无礼而产生恼怒的心；不能因为对方说话圆滑而产生高兴的心；不能因为厌恶对方的请托而有意整治他；不能因为对方的哀求而屈意听从他；不能因为自己的事务烦冗而随意马虎地判案；不能因为别人的诋毁和陷害而随别人的意愿去处理。这种种情况，都是自私的表现，只有你自己清楚。你必须仔细省察克服，唯恐心中有丝毫偏颇从而歪曲了是非，这就是格物致知。处理文书诉讼，都是实际的学问。如果离开事物去学，反而落空。”

朱本思问：“人有虚灵，方有良知。若草、木、瓦、石之类，亦有良知否？”

先生曰：“人的良知，就是草木瓦石的良知。若草木瓦石无人的良知，不可以为草木瓦石矣。岂惟草木瓦石为然？天地无人的良知，亦不可为天地矣。盖天地万物与人原是一体，其发窍之最精处，是人心一点灵明，风雨露雷，日月星辰，禽兽草木，山川土石，与人原只一体，故五谷禽兽之类，皆可以养人；药石之类，皆可以疗疾。只为同此一气，故能相通耳。”

【译文】朱本思问："人有空明的灵魂，才有良知。而像草木瓦石之类，也有良知吗？"

先生说："人的良知就是草木瓦石的良知。如果草木瓦石没有人的良知，就不成其为草木瓦石了。岂只是草木瓦石如此？天地要是没有人的良知，也不能成其为天地了。天地万物和人，原来都是一个整体。这个整体的最精粹的开窍处，就是人心的那一点灵明。风雨露雷、日月星辰、禽兽草木、山川土石，和人类原来都是一个整体，所以五谷禽兽之类，都可以供养人类；而药物石针之类，都可以治疗疾病。只因为同属一气，所以能够相通。"

问："大人与物同体，如何《大学》又说个厚薄？"

先生曰："惟是道理自有厚薄。比如身是一体，把手足捍头目，岂是偏要薄手足？其道理合如此。禽兽与草木同是爱的，把草木去养禽兽，又忍得？人与禽兽同是爱的，宰禽兽以养亲，与供祭祀，燕宾客，心又忍得？至亲与路人同是爱的，如箪食豆羹，得则生，不得则死，不能两全，宁救至亲，不救路人，心又忍得？这是道理合该如此。及至吾身与至亲，更不得分别彼此厚薄。盖以仁民爱物皆从此出，此处可忍，更无所不忍矣。《大学》所谓厚薄，是良知上自然的条理，不可踰越，此便谓之义；顺这个条理，便谓之礼；知此条理，便谓之智；终始是这条理，便谓之信。"

【译文】问："伟大的人和物同为一体，为什么《大学》又说什么'所厚者薄，所薄者厚'呢？"

先生说："只因为道理本来就有厚薄，比如人的身体是一个整体，拿手脚去捍卫头和眼睛，难道是有意地轻视手脚？道理本该如此。禽兽与草木同是可爱的，却拿草木去喂禽兽，又于心何忍呢？人和禽兽同是可爱的，却杀禽兽去供养父母、祭祀和招待宾客，于心却能忍？最亲近的人和过路人同是可爱的，但如果得到一箪食一豆羹，吃了就活，不吃就死，不能两全，就宁可救最亲近的人而不救过路人，于心却能忍？这是因为道理本该如此。说到我们的身体和最亲近的人，更不能分别彼此厚薄，大约'仁民爱物'的心，都是从这里生发出来的。这里都能忍心，就没有什么不能忍的了。《大学》所说的厚薄，是良知上自然的道理，不能逾越的，就称为'义'；顺应这个道理的，就称为'礼'；懂得这个道理的，就称为'智'；始终保持这个道理的，就称为'信'。"

问："古人论性，各有异同，何者乃为定论？"

先生曰："性无定体，论亦无定体。有自本体上说者，有自发用上说者，有自源头上说者，有自流弊处说者。总而言之，只是一个性。但所见有浅深尔。若执定一边，便不是了。性之本体，原是无善无恶的，发用上也原是可以为善，可以为不善的，其流弊也原是一定善、一定恶的。譬如眼，有喜时的眼，有怒时的眼，直视就是看的眼，微视就是觑的眼。总而言之，只是这个眼。若见得怒时眼，就说未尝有喜的眼；见得看时眼，就说未尝有觑的眼。皆是执定，就知是错。孟子说性，直从源头上说来，亦是说个大概如此。荀子性恶之说，是从流弊上说来，也未可尽说他不是。只是见得未精耳。众人则失了心之本体。”

问：“孟子从源头上说性，要人用功在源头上明彻。荀子从流弊说性，功夫只在末流上救正，便费力了。”

先生曰：“然。”

【译文】问：“古人评论人性时，各有异同。哪一种是定论？”

先生说：“评论人性没有一个固定的角度，也就没有哪一种是定论。人性，有从本体上说的，有从生发运用上说的，有从源头上说的，有从流弊上说的。总而言之，人性只是一个人性，但人们所见有浅有深。你如果执著于一点就不行了。人性的本体，原来是无所谓善，无所谓恶的。在生发运用上，原来也是可以为善，也可以为恶的。譬如眼神，有喜悦时的眼神；也有发怒时的眼神；当它直视时，就是看的眼神；微视时，就是眯着的眼神。总而言之，只是这个眼睛，如果人们看见的是发怒时的眼神，就说没有过喜悦时的眼神；看见它直视时，就说没有过眯着的眼神。就都是执著僵化了，就知道这是错误的。孟子说的人性，是直接从源头上说的，也只是说个大概如此；荀子的‘性恶’之说，是从其流弊上说的，也不能说他完全不对，只是看得还不全面精深而已。众人则失去了心的本体。”

那人道：“孟子从源头上说性，要人在源头上用功，在源头上明彻；荀子从流弊上说性，只在末流上补救，就有些费力了。”

先生说：“对。”

理学治要卷二

理学三十八家

宋元以来各家论学名著

此类之立，其说与《诸子编》之为《诸子论学名著》类同，惟彼上溯隋唐以往，此则下穷宋元以来。而其选辑之难易，亦有不同者耳。何以言之？盖宋元以来之著述，辞义明显，篇章完整（惟语录则失之繁碎，故所取特少）。其依讬窜乱之事，皆不多见。但作者则百倍古昔，卷帙繁芜，醇驳杂出，故网罗难周，论定须时，此其难易之辩也。今之所录，于易者固不敢忽，于难者当更加尽心，用是详考各集，不主一家，都计选存若干篇。其大要有推衍理学之绪余者；有立论切实或卓越，不专以理学为名，亦不外于前七家者；又有自成家派，特与理学诸儒相抗，而其著述确有心得者；有其人虽不以讲学名家，而评论诸家之得失，谈言微中，深入肯綮者。凡此等类，以篇数並少，不复细分子目，而一以时代为次，惟《宋元明学案序录》等篇，因其以书为主，其文于近代儒林之宗派，及学说之异同，略其梗概，故取附卷末，俾学者循源讨流，与前所录各家之说同观而互证焉。

【译文】确定这一卷内容的初衷，与《诸子编》编定《诸子论学名著》是一样的，只是《诸子论学名著》选定的文章都是隋唐以前的，而这一部分所选的文章都是宋元以来的，文章辞意明白，篇幅完整（只有语录部分，因为比较繁琐，所以选得比较少）。本卷所选文章很少有依讬、窜改、混乱的情况。只是由于作者太多，是古人的百倍有余，所以卷帙繁芜，错误不断，很难全部收进来，给予定论也需要时间，这是本卷选择文章时面临的困难与容易之处。本卷所收文章，秉持不忽略内容浅显的，文意艰涩的更加用心的原则，仔细考察各种文集，不专主某一家学说，都选择若干篇。这些文章有继承、发展理学的；有提出的理论切实或者高明，不专门以理学自居，但也不超出前七家理学家的学说范围的；也有自成一家，专门与理学家对抗，然而他们的学说确实是源自心得的；也有虽然不是专门讲学，但评论诸儒的得失，语言委婉而中肯，又切中要害的。所有这些文章，因为篇幅都不太长，不再细分出子目，一律以时代的先后为次序，只有《宋元明学案序录》等篇，因为它的内容以书为主，对于近代儒家学者的宗派传承，他们学说的同与异，简略地做了概括，所以拿来附在本卷的末尾，便于读书人遵循本源，考察流派，与前面所集录的各家学说相互印证。

邵 雍

宋范阳人，字尧夫。读书苏门山百源上，北海李之才摄共城令，授以《图》《书》、先天象数之学（《宋史·儒林传》谓之才学易于穆修，修受之种放，放受之陈抟）。神契妙悟，多所自得。寓洛阳四十年，富弼、司马光、吕公著退居洛中，恒相从游。程颢兄弟皆以父执事之。雍名其居曰安乐窝，自号安乐先生。卒年六十七，赐谥康节。著有《击壤诗》，专以韵语述怀，浅率之中，饶有理趣，为后世理学家所宗。又有《皇极经世》，旧列儒家，清《四库》以其说借易以推衍，而实无关于易，乃改隶术数类。

【译文】宋代范阳（今属河北）人，字尧夫。在苏门山百源湖读书，北海人李之才代理共城县令，传授给他《河图》《洛书》、先天象数的学问（《宋史·儒林传》记载说，李之才跟穆修学习《周易》，穆修从种放那里学习到《周易》的知识，种放从陈抟那里学习到《周易》的知识）。邵雍领悟到很多道理。他在洛阳居住了四十年，富弼、司马光、吕公著退休后也居住在洛阳，就经常在一起切磋学问。程颢、程颐兄弟二人都把他当做长辈对待。邵雍把自己的房子命名为安乐窝，自称为安乐先生。享年六十七岁，谥号康节。他写了一本《击壤诗》，专门用押韵的语言叙述自己的情怀，简单的语言中含有丰富的道理，被后世学习理学的学者所推崇。还著有一部《皇极经世》，过去被列为儒家著作，清代的《四库全书》认为它的说法是借助《周易》的名字推论衍绎，实际上跟《周易》没有关系，就把它列为术数类书籍了。

击壤集诗四十八首

龙门道中作

物理人情自可明，何尝戚戚问平生。

卷舒在我有成算，用舍随时无定名。
满目云山俱是乐，一毫荣辱不须惊。
侯门见说深如海，三十年来掉臂行。

【译文】事物的道理与人的性情都可以自己去懂得，生活中从没有以此而忧愁。放眼望去，白云高山都能带来快乐，一丝一毫的荣辱没必要惊异。听人说侯门有深似海的说法，三十年来甩动胳膊走开，对仕途无所眷恋。

答人书言

无位立事难，逢时建功易。求全自有毁，举大须略细。
去恶虑伤恩，存恶忧害义。徒有仁者心，殊无仁者意。

【译文】没有地位建立事业困难，生逢其时建立功业就容易。凡事追求全面必定会有遗憾，兴办大事情需要仔细谋略。去除恶行思虑伤及恩情，姑息存恶担忧伤害大义。徒然有仁者之心，却没有仁者之意。

后图即事

年来得疾号诗狂，每度诗狂必命觞。
乐道襟怀忘检束，任真言语省思量。
宾朋款密过从久，云水优闲兴味长。
始信渊明深意在，北窗当日比羲皇。

【译文】近年以来得了一种疾病叫做诗狂，每次诗兴发狂的时候一定要喝酒。心中喜欢大道常常忘了约束，说诚实的话就省去许多思考。宾朋款待殷勤因为交往已久，在云水之间悠游自在趣味长远。开始理解陶潜的深意所在，北窗下当日成了羲皇上人。

仁者吟

仁者难逢思有常，平居慎勿恃无伤。
争先径路机关恶，退后语言滋味长。
爽口物多须作疾，快心事过必为殃。
与其病后能求药，不若病前能自防。

【译文】仁人难以见到而思虑却是常存的，平日一定不要认为无伤大雅的事就可去行。争先抢夺路径必定有险恶的机关，经过深思的语言才更有滋味。美味的食物吃多了容易导致疾病，率性而为的事做过之后一定会带来祸殃。与其生病之后去寻求良药，不如生病之前多做防御。

诏三下答乡人不起之意

平生不做皱眉事，天下应无切齿人。
断送落花安用雨？装添旧物岂须春？
幸逢尧舜为真主，且放巢由作外臣。
六十病夫宜揣分，监司无用苦开陈。

【译文】平生不做那令人心烦的事情，天下应该没有对我切齿痛恨的人。断送飘落的花朵哪里需要雨水？装添旧东西也没必在总在春季。有幸遇到了像尧舜一样贤明的真正明王，暂且任由巢父、许由这样的隐士做朝外之臣。像我这样的六十岁病夫应该学会掂量自己的能力，监司没必要辛苦地劝慰我入朝为官。

逍遥吟

人生忧不足，足外更何求。吾身虽未足，亦也却无忧。

天和将酒养，真乐用诗勾。不信年光会，催人早白头。

【译文】人的一生总在忧虑不足，得到满足之后又追求什么呢？我的生活中也有许多不足之处，然而却没有因此感到忧愁。天气和暖的时候用酒滋养身体，真正感到快乐就作诗勾绘。从不相信时间会匆匆而过，可是岁月已经让我早早有了白发。

安乐窝中自贻

物如善得终为美，事到巧图安有公。
不作风波於世上，自无冰炭到胸中。
灾殃秋叶霜前坠，富贵春华雨后红。
造化分明人莫会，花荣消得几何功。

【译文】财物如果是正当方法取得的始终是件好事情，事情若是到了图谋巧取去获得的程度怎么能有公道存在？不做那兴风作浪的事情传扬与世，自然没有冰炭不相容般的煎熬留在心中。灾殃就像秋叶会在严霜前坠落，富贵犹如春天的花朵在雨后更显得红艳。万物的命运都可以看到的，但是没有人能够领会，为贪图荣华还要再消磨多少功夫呀！

乐乐吟

吾常好乐乐，所乐无害义。乐天四时好，乐地百物备。
乐人有美行，乐已能乐事。此数乐之外，更乐微微醉。

【译文】我常喜欢快乐的乐着，所喜好的快乐没有任何害处。看到四季的转换我感到快乐，看到各种事物的齐备我感到快乐。看到别人有美好的德行我感到快乐，对自己能快乐地对待任何事情也感到快乐。如此几种快乐之外，更有一乐就是喜欢微微地醉着。

诫子吟

善恶无佗在所存，小人君子此中分。
改图不害为君子，迷复终归作小人。
良药有功方利病，白圭无玷始称珍。
欲成令器须追琢，过失如何不就新。

【译文】一个人是成为善人还是恶人，关键在于他的心里所想，除此再没其他的。人的心里所想是区分小人与君子标准。改恶为善不妨碍恶人成为君子，如果执迷不悟就始终是小人。良药有功效才能有利于治病，洁白的美玉没有瑕疵才可称为珍奇。想要成为优秀的人才必须去磨练自己，有了过失怎么能不想着去改正呢？

知幸吟

鸡职在司晨，犬职在守御。二者皆有功，一归于报主。
我饥亦享食，我寒亦受衣。如何无纤毫？功德补于时！

【译文】公鸡的职责在于主管时令，狗的职责在于防御。这两者都有功劳，一同回报给饲养他们的主人。我饥饿了就享受食物，感到寒冷就添加衣服。我对于国家社稷没有任何功劳该怎么办呢？就用功德补救当今的时弊吧！

天意吟

天意无佗只自然，自然之外更无天。
不欺谁怕居暗室，绝利须求在一源。
未吃力时犹有说，到收功处更何言。
圣人能事人难继，无价明珠正在渊。

【译文】上天的意志没有其他只是自然，自然之外再没有天的意志。没有欺诈的行为有谁会害怕居住在幽暗隐蔽的地方呢？杜绝谋求私利应该寻求一个动力源头。自己不辛苦努力还对别人说三道四，到了别人收获功绩时还有什么话可说？圣人能做出的事业凡人也能做到，只是没人愿意去继承，人的善性像宝贵的明珠一样正在深渊里等待发出光亮。

教子吟

为人能了自家身，千万人中有一人。
虽用知如未知说，在乎行兴不行分。
该通始谓才中秀，杰出方名席上珍。
善恶一何相去远，也由资性也由勤。

【译文】一个能对自己有深刻认识的人，在千万人之中也难以见到一。虽然人有“知道与不知道”的区别，但真正把人区分开来的是“实践还是不实践”。只有知识博通的人才能称为秀才，比别人出色才能叫做酒席上的珍品美味。善与恶距离多么遥远，想要为善去恶既由人的天性来决定，也由付出的勤劳程度来决定。

旋风二首

安有太平人不平，人心平处固无争。
棋中机械不愿看，琴里语言时喜听。
少日挂心唯《帝典》，老年留意只《羲经》。
自知别得收功处，松桂隆冬始见青。

【译文】生活在太平盛世的人怎么会感到不公平呢？人的心一旦平静就不会与别人争权夺利。下棋中的巧诈是我不愿意看到的，琴声中的深意我是我喜欢听到的。少年时期念念不忘的只有《尧典》、《舜典》，进入老年只留心伏羲氏的《易经》。意识到自己另外获得取得成功的方法，只要有松桂越寒冷越青翠的精神定然能够成功。

松桂隆冬始见青，蒿莱盛夏亦能荣。
光阴去后绳难系，利害在前人必争。
万事莫于疑处动，一身常向吉中行。
人心相去无多远，安有太平人不平。

【译文】松桂在隆冬季节才开始变得苍翠，野草在盛夏季节也能够茂盛。时光的流逝是用绳子拴不住的，在涉及到利害关系时每个人都会去争夺。任何事情都不要在有所怀疑的时候就开始行动，应该只做那些能预见到益处的事情。人的感情都是相似的，生活在太平盛世的人怎么会感到不公平呢？

心安吟

心安身自安，身安室自宽。心与身俱安，何事能相干？
谁谓一身小，其安若泰山。谁谓一室小，宽如天地间。

【译文】内心安适坦然身体自然平安，身体平安居于斗室也感觉是个巨大的空间。内心与身体都安适坦然，有什么事情能来干预呢？谁说一个人身躯微小，他安然的神态就如同泰山一般。谁说一个斗室很小，心宽就如同有天地一样大的空间。

论诗吟

何故谓之诗，诗者言其志。既有言成章，遂道心中事。
不止炼其辞，抑亦炼其意。炼辞得奇句，炼意得余味。

【译文】诗为什么叫做诗呢？诗是用来表达内心思想的。既然用语言写成篇章，就说出了心中所想的事情。作诗不仅要锤炼辞句，也要锤炼意境。锤炼辞句就会得到奇妙的句子，锤炼意境就会耐人寻味。

为善吟

人之为善事，善事义当为。金石犹能动，鬼神其可欺。
事须安义命，言必道肝脾。莫问身之外，人知与不知。

【译文】人之所以去做善事，是因为从道义的角度讲应该去做善事。人行善事，金子和石头都能为之感动，何况洞察秋毫的鬼神呢？人做事情应该服从道义的命令，说话一定要说真心话。不要怀疑自己做的事情，别人会不会知道。

男子吟

欲作一男子，须了四般事。财能使人贪，色能使人嗜。
名能使人矜，势能使人倚。四患既都去，岂在尘埃里。

【译文】想为一个真正的男子汉，就必须了却四种事情。财富能使人产生贪欲，美色能使人产生不良嗜好。名声能使人骄矜，权势能使人倚仗。这四种隐患如果都能去除，怎么还会在尘事里挣扎呢？

观陈希夷先生真及墨迹三首

未见希夷真，未见希夷迹。止闻希夷名，希夷心未识。
及见希夷迹，又见希夷真。始知今与古，天下长有人。
希夷真可观，希夷墨可传。希夷心一片，不可得而言。

【译文】没有见到过希夷先生的肖像，也没有见过希夷先生的墨迹。只是听闻过希夷先生的美名，对希夷先生的心迹没什么了解和认识。现在见到了希夷先生的墨迹，又见到了希夷先生的肖像。才开始明白现在与过去，世上经常出现真实的能人奇士。希夷先生的肖像值得观看，希夷先生的墨迹可以流传后世。然而对于希夷先生的思想，没有人可以理解。

自作真赞

松桂操行，莺花文才。江山气度，风月情怀。
借尔面貌，假尔形骸。弄丸馀暇，闲往闲来。

【译文】松桂般的操行分，莺花般的文才。有江山一样的气度，有风月一样的情怀。借用这个面貌，假借这个形骸。闲暇时候观赏弄丸，无所事事地来了又往，往了又来。

治乱吟

财利为先，笔舌用事。饥馑相仍，盗贼蜂起。
孝悌为先，日月长久。时和岁丰，延年益寿。

【译文】是首先想到财富利益，就会引发争议。百姓饥饿连续不断，盗贼四处猖獗。凡是首先想到孝敬友悌，就会长久永远。社会和谐五谷丰登，寿命延长增加。

太平吟

老者得其养，幼者得其仰。劳者得其饷，死者得其葬。

【译文】年老的人得的适当的赡养，年幼的得到适当的照顾。劳动的得到应得的报酬，过世的得的应有的安葬。

极论

下有黄泉上有天，人人许住百来年。
还知虚过死万遍，都似不曾生一般。
要识明珠须巨海，如求良玉必名山。
先能了尽世间事，然后方言出世间

【译文】人脚下有黄泉头上有青天，每个人活在世上不过一百来年。要知道虚度光阴地死过一万遍，都好像从来没有出生过一样。要见识明珠就必须要到大的海里，如果想求得美玉必须要去名山。要首先对人世间的事情都有深刻了解，然后方能说自己已经摆脱世俗杂念。

安乐窝铭

安莫安于王政平，乐莫乐于年谷登。
王政不平年不登，窝中何由得康宁。

【译文】没有比天下太平更平安的平安，没有比五谷丰收更能让人快乐的快乐。天下不太平，收成不丰登，我的家也得不到安宁啊！

学佛吟

饱食丰衣不易过，日长时节奈愁何。
求名少日投宣圣，怕死老年亲释迦。
妄欲断缘缘愈重，徼求去病病还多。
长江一片常如练，幸自无风又起波。

【译文】丰衣足食的安逸日子也不容易度过，时间太久就有了忧愁无处排遣。少年时代为求功名投靠于孔子门下，老年到来害怕死去开始亲近佛陀。妄想断绝尘缘尘缘却越加沉重，追求远离疾病疾病却越发繁多。心境宛如白练般的长江一片宁静，正在庆幸没有风吹，江面却又兴起层层风波。

观事吟

一岁之事慎在春，一日之事慎在晨。
一生之事慎在少，一端之事慎在新。

【译文】一年的事情要慎重地在春天做出决定，一天的事情要慎重地在清晨做出决定。一辈子的事情要慎重地在少年时代做出决定，做一件事情要在开始慎重考虑。

君子吟八首

君子与义，小人与利。与义日兴，与利日废。
君子尚德，小人尚力。尚德树恩，尚力树敌。
君子作福，小人作威。作福福至，作威祸随。
君子乐善，小人乐恶。乐恶恶至，乐善善归。
君子好誉，小人好毁。好毁人怒，好誉人喜。
君子思兴，小人思坏。思兴召祥，思坏召怪。
君子好与，小人好求。好与多喜，好求多忧。
君子好生，小人好杀。好生道行，好杀道绝。

【译文】君子懂得的是义，小人懂得的是利。懂得义就会一天天地兴旺起来，懂得的是利就会一天天地衰败下去。君子崇尚道德，小人崇尚力量。崇尚道德会树立恩惠，崇尚力量会树立敌人。君子创造幸福，小人创造威风。创造幸福，幸福就会来到；创造威风，灾祸就会追随。君子喜欢善，小人喜欢恶。喜欢善，善就会到来；喜欢恶，恶就会归来。君子喜好赞美他人，小人喜好诋毁他人。喜好诋毁他人，他人就会对他愤怒；喜好赞美他人，他人就会对他喜爱。君子总想着创造，小人总想着破坏。想着创造，招致吉祥；想着破坏，招致鬼怪。君子喜欢给与他人，小人喜欢向他人索求。喜欢给与，就会有很多人喜欢；喜欢索求，就会有很多人担忧。君子爱好生命，小人爱好杀生。爱好生命大道就会顺利运行，爱好杀生大道就会断绝。

爽口吟

爽口之物少茹，爽心之行少虑。爽意之言少语，爽身之事少做。

【译文】美味的事物要少吃，使心情愉快的行为要少考虑，使心意畅快的话要少说，是身体舒爽的事情要少做。

至诚吟

不多求故得，不杂学故明。欲得心常明，无过用至诚。

【译文】没有过多的奢求才能有所得，不旁观杂学心志才能明白。想要心志经常明白，没有比至诚更重要的方法了。

无苦吟

平生无苦吟，书翰不求深。行笔因调性，成诗为写心。
诗扬心造化，笔发性园林。所乐乐吾乐，乐而安有淫。

【译文】我作诗从来不会反复吟咏，苦心推敲，读书也不求有深刻了解。动笔写作是为了调节性情，作诗也是为了抒发心意。我用诗赞扬心的对万物的造化作用，用笔写出开发本性的文章。我所感到快乐的是能够快乐自己的快乐，快乐怎么会过分呢？

十分吟二首

所谓十分人，须有十分真。非为能写字，非谓能为文。
非谓眉目秀，非谓衣服新。欲行人世上，直须先了身。
所谓十分人，须有十分事。事苟不十分，终是未完备。
事父尽其心，事兄尽其意。事君尽其忠，事师尽其义。

【译文】一个称得上完美的人，必须要完全真诚。完美的人不是指他会写字、会做文章。也不是指他眉清目秀，衣服崭新。一个人活在世上，应该先对自己有所认识、了解。一个称得上完美的人，必须要完美行事。行事不认真，终究称不上完美。侍奉父亲要完全尽心，侍奉兄长要完全尽意。事奉君主要完全尽忠，事奉老师要完全尽义。

多事吟

多事招忧，多疑招闷。多与招吝，多取招损。

【译文】事情多了只能招致忧虑，怀疑多了只能招致烦闷。给予多了招致别人说自己吝啬，索取多了招致损害。

处身吟

君子处身，宁人负己，己无负人。
小人处事，宁己负人，无人负己。

【译文】君子待人处世，宁愿别人对不起自己，也不能让自己对不起别人。小人做事则不然，宁可自己对不起别人，也不能让别人对不起自己。

观物吟

居暗观明，居静观动。居简观繁，居轻观重。
所居者寡，所观则众。匪居匪观，众寡何用？

【译文】处于昏暗的地方观察光明，处于静止的地方观察运动。处于简单的地方观察繁杂，处于轻巧的地方观察繁重。所处的地方少，所要观察的地方多。没有所处的地方，也没有所观察的地方，多与少有什么用处呢？

谈诗吟

诗者人之志，非诗志莫传。人和心尽见，天与意相连。
论物生新句，评文起雅言。兴来如宿构，未始用雕镌。

【译文】诗是用来表达内心思想的，没有诗思想就没办法传达。人心平和本心就会显现，天意赞许意思就会相连。议论事物产生新奇的佳句，评说文章兴起雅致的语言。诗兴到来的时候仿佛经过了一晚上的构思，从没有刻意去雕刻修饰。

得失吟

时难得而易失，心虽悔而何追。不知老之已至，不知志与愿违。

【译文】时机难以获得却容易失去，心中即使懊悔也难以挽回。不知不觉已进入老年，不知不觉心中所想已经与最初的愿望相违背了。

自余吟

身生天地后，心在天地前。天地自我出，自余何足言。

【译文】身体出生在天地形成以后，心却出现于天地形成之前。天地都是从我的心里生出的，其余的东西还用得着说吗？

首尾吟

尧夫非是爱吟诗，诗是尧夫渐老时。
每用风骚观物体，却因言语漏天机。
林间车马自稀到，尘处杯觞不浪飞。
六十一年无事客，尧夫非是爱吟诗。

【译文】我并不是从来就喜爱吟诗，喜爱吟诗是在我渐渐进入老年的时候才开始的。每次用诗歌去观察事物的本体，却因为语言泄漏了上天的机密。偶尔乘坐车马到林间，闲居时杯中的酒从不会浪费。六十一岁的我是天地间无事可做的过客，我并不是从来就喜爱吟诗。

司马光

陕州夏县涑水乡人，字君实，历仕仁宗英宗，至神宗时，以议王安石新法之害，不合，出居洛。哲宗即位，光入为相，尽改新法，旋卒，年六十八，赠太师温国公，谥文正。光学行诚笃，操守廉洁，自谓平生无事不可对人言，为宋代名臣纯儒之表率，著有《温公易说》《书仪》《资治通鉴》《潜虚传家集》等种。

【译文】陕州夏县涑水乡人，字君实，任职于宋仁宗、英宗和宋神宗时期，由于论及王安石新法的害处，与王安石不和，就外出居住在洛阳。宋哲宗即位后，司马光为宰相，完全更改新法，不久就去世了，时年六十八岁，朝廷赠为太师温国公，谥号为文正。司马光学问品行诚厚笃实，节操清廉，自己曾说平生所作没有不可对人，是宋代名臣儒士的代表。著作有《温公易说》《书仪》《资治通鉴》《潜虚传家集》等数种。

答刘蒙书

昔张伯松语陈孟公曰："人各有性，长短自裁，子欲为我亦不能，吾而效子亦败矣。"马文渊戒兄子，欲其效龙伯高之周慎谦俭，不欲其效杜季良忧人之忧，乐人之乐也。光愚无似，何足以望万一于古人，然私心所慕者伯松、伯高，而不敢为孟公、季良之行也。况幼时始能言，则诵儒书，习谨敕；长而为吏，则读律令，守绳墨；龊龊然为鄙细之人，侧足于庸俗之间，不为雄俊奇伟之士所齿目，为日久矣。

【译文】以前，张柏松对陈孟公说："人人都有自己的性情，是非得失由自己裁决，别人想效法我不可能，我想效法别人也不会成功的"。马文渊告诫侄子要他效法龙柏高的谨慎谦虚和节俭，不要效法杜季良对别人的忧苦感到担忧，对别人的快乐感到高兴的做法。我愚笨不能和他们相比，又怎敢希望做到古人的万分之一呢？但是私心向往柏松，柏高的做法，而不希望效法孟公、季良的做法。何况小的时候，能说话时就诵读儒家的典籍，学习谨慎小心；长大以后为官，则学习法律规章，恪守制度，谨慎得作为一个卑微的人，处在平常人之间，不被那些有名的人所注意已经好久了。

不意去岁，足下自大河之北，洋洋而来，游于京师，负其千镒之宝，欲求良工大贾而售之。乃幸顾于陋巷，因得窃读足下之文，窥足下志。文甚高，志甚大，语古则浩博而渊微，论今则明切而精至，诚不能不口夸而心服，譬如窭人之子，终日环绕爱玩，咨嗟传布，讫无一钱，敢问其直之高下，亦终于无益而已矣。

今者足下忽以亲之无以养，兄之无以葬，弟妹嫂侄之无以恤，策马裁书，千里渡河，指某以为归，且曰："以鬻一下婢之资，五十万畀之，足以周事。"何足下见期待之厚，而不相知之深也!光得不骇且疑乎？方今豪杰之士，内则充朝廷，外则布郡县，力有余而人可仰者，为不少矣。足下莫之取，乃独左顾而抵于不肖，岂非见期待之厚哉？光虽窃托迹于侍从之臣，月俸不及数万，爨桂炊玉，晦朔不相续。居京师已十年，囊储旧物皆竭，安所取五十万，以佐从者之蔬粝乎？夫君子虽乐施予，亦必己有余，然后能及人；就其有余，亦当先亲而后疏，先旧而后新。

【译文】想不到去年你从河北得意而来，在京城游览，以你博学的知识，希望能够得到赏识。于是在简陋的住所拜访了我，因而得以能够私下读到你的文章，了解你的志向。文章写得很好，志向也很远大，叙述古代广博而精微，谈论当今则清楚而精当，确实不能不口上赞扬，心里佩服，就像穷人的孩子，虽然整日和自己喜爱的玩物相伴，感叹宣传，只是没有一文钱敢问它价格的高低，最终也没有用处啊。

现在你突然由于亲人无法奉养，兄长无法安葬，弟妹嫂侄无能养育，骑马千里渡过黄河，写书与我，视我为归宿。并且说："用卖一个最下等的奴婢的钱，有五十万给我，足足够我使用。"为什么你期望这么高，却对我了解的不深呢？我能不感到惊奇和迷惑吗？现在有能力的人，遍及朝廷内外，能力有余而且可以仰仗的不在少数。你不找他们，而只找我这个没有才能的人，难道不是期望太高了吗？我虽然担任侍从的大臣，但是月薪也不及数万，物价昂贵，甚至不能相续。我居住在京城数十年，储备的旧物都用光了，去哪里得到五十万来帮助你维持简朴的生活呢？君子虽然乐于施舍，也必然是自己有多余的然后才能照顾别人：即使有多余的，也应当先亲近的后疏远的，先旧友后新相识的。

光得侍足下裁周岁，得见不过四五，而遽以五十万奉之，其余亲戚故旧，不可胜数，将何以待之乎？光家居，食不敢常有肉，衣不敢纯衣帛，何敢以五十万市一婢乎？而足下忽以此责之，岂非不相知之深哉？光视地而后敢行，顿足而后敢立，足下一旦待之为陈孟公、杜季良之徒，光能无骇乎？足下服儒衣，谈孔、颜之道。啜菽饮水，足以尽欢于亲。箪食瓢饮，足以致乐于身。而遑遑焉以贫乏有求于人，光能无疑乎？足下又责以韩退之所为，若光者何人，敢望韩退之哉？韩退之能为文，其文为天下贵，凡当时王公大人庙碑墓碣，莫不请焉，故受其厚谢，随复散之于亲旧，此其所以能行义也。若光者何人？敢望退之哉？光自结发以来，虽能行无所长，实不敢锱铢妄取于人。此众人所知也。取之也廉，则其施之人也靳，亦其理宜也。若既求其取之廉，又责其施之厚，是二行者，诚难得而兼矣。足下又欲使光取之于他人，其尤不可之大也。微生高乞醯于邻人，以应求者，孔子以为不直；况己不能施，而敛之于人，以为己惠，岂不害于恕乎？足下之命，既不克承，又费辞以释之，其为罪尤深。足下所称韩退之亦云："文章不足以发足下之事业，钱财不足以賙左右之匮急，捆载而往，垂橐而归。"足下亮之而已。

【译文】我认识你也才不到一年，见面也不过四五次，而突然给你五十万，那其余的亲戚故交，不可胜数，将又怎么对待呢？我在家，吃饭不敢经常带肉，不敢穿纯丝绸，又怎敢用五十万来买一个奴婢呢？而你现在忽然提出这样的要求，岂不是对我太不了解了。我一向做事小心谨慎，而你视为陈孟公、杜季良这些人，我能够不惊讶吗？你穿儒者的衣服，讲着孔子、颜回的道理，简单的饮食，完全可以使父母高兴，自己快乐，而现在却以贫困向别人求助，我能不感到困惑吗？你拿韩愈来要求我，我是什么人，敢与韩愈比？韩愈善于写文章，为当时人重视，当时凡王公大人的各类碑文墓志铭，都请他写，因此得到很高的报酬，他随又散给亲友故旧，他之所以那样做，是有条件的。而我是什么人，怎么敢和韩愈相比呢？我自小虽然品行才能无过人之处，但丝毫不妄取于人，这一点，人所共知。取得少，出手就小气，也是理当如此。如果既要求取得少，又要求出手阔绰，这两种都做到，确实是很难的。你又希望我向别人索取，尤其不应该这样。微生高向邻居借醋给向他要的人，孔子认为这样不正确。何况我自己不能施舍，又要向别人聚敛，来作为自己的恩惠，岂不是不合于恕道吗？你的要求，既不能答应你，又多费了一些话来解释，罪过尤其的大。你说的韩愈也说过："文章不能发扬你的事业，钱财不能急救你的匮乏，满怀希望而来，却大失所望而归"。希望你能见谅。

训俭示康

吾本家寒，世以清白相承。吾性不喜华靡，自为乳儿，长者加以金银华美之服，辄羞赧弃去之。二十忝科名，闻喜宴独不戴花。同年曰："君赐不可违也。"乃簪一花。平生衣取蔽寒，食取充腹；亦不敢服垢弊，以矫俗干名，但顺吾性而已。众人皆以奢靡为荣，吾心独以俭素为美。人皆嗤吾固陋，吾不以为病。应之曰：孔子称“与其不逊也宁固”；又曰“以约失之者鲜矣”；又曰“士志于道，而耻恶衣恶食者，未足与议也。”古人以俭为美德，今人乃以俭相诟病。嘻，异哉！近岁风俗尤为侈靡，走卒类士服，农夫蹑丝履。吾记天圣中，先公为群牧判官。客至未尝不置酒，或三行、五行，多不过七行。酒酤于市，果止于梨、栗、枣、柿之类；肴止于脯、醢、菜羹，器用瓷、漆。当时士大夫家皆然，人不相非也。会数而礼勤，物薄而情厚。近日士大夫家，酒非内法，果、肴非远方珍异，食非多品，器皿非满案，不敢会宾友，常数月营聚，然后敢发书。苟或不然，人争非之，以为鄙吝。故不随俗靡者，盖鲜矣。嗟乎！风俗颓弊如是，居位者虽不能禁，忍助之乎！

昔李文靖公为相，治居第于封丘门内，厅事前仅容旋马，或言其太隘。公笑曰：“居第当传子孙，此为宰相厅事诚隘，为太祝奉礼厅事已宽矣。”参政鲁公为谏官，真宗遣使急召之，得于酒家，既入，问其所来，以实对。上曰：“卿为清望官，奈何饮于酒肆？”对曰：“臣家贫，客至无器皿、肴、果，故就酒家觞之。”上以无隐，益重之。张文节为相，自奉养如为河阳掌书记时，所亲或规之曰：“公今受俸不少，而自奉若此。公虽自信清约，外人颇有公孙布被之讥。公宜少从众。”公叹曰：“吾今日之俸，虽举家锦衣玉食，何患不能？顾人之常情，由俭入奢易，由奢入俭难。吾今日之俸岂能常有？身岂能常存？一旦异于今日，家人习奢已久，不能顿俭，必致失所。岂若吾居位、去位身存、身亡，常如一日乎？”呜呼！大贤之深谋远虑，岂庸人所及哉！

【译文】我本来出身在贫寒的家庭，一代一代都凭借清白的家风相继承。我生性不喜欢豪华奢侈，从做婴儿时起，长辈把饰有金银的华美的衣服加在我身上，我总是因害羞而脸红并扔掉它。二十岁那年忝列在进士的科名之中，参加闻喜宴时，只有我不戴花，同年说：“花是君王赐戴的，不能违反不戴。”我才在帽檐上插上一枝花。我一向衣服只求抵御寒冷，食物只求填饱肚子，也不敢故意穿肮脏破烂的衣服以表示与一般人不同，以此取得人们的赞扬。只是顺着我的本性行事罢了。许多人都把奢侈浪费看作光荣，我心里独自把节俭朴素看作美德。别人都讥笑我固执，不大方，我不把这作为缺陷，回答他们说：“孔子说：‘与其骄纵，毋宁固陋。’又说：‘因为俭约而犯过失很少。’又说：‘有志于探求真理但却以吃得不好，穿得不好，为羞耻的读书人，是不值得跟他谈论的。’古人把节俭作为美德，现在的人却因节俭而相讥议，认为是缺陷，嘻，真奇怪呀！”

近年风气尤其奢侈浪费，当差的大都穿士人的衣服，农夫穿丝织品作的鞋。我记得天圣年间我的父亲作群牧司判官时，客人来了未尝不摆设酒席，但有时斟酒三次，有时斟五次，最多不超过七次就不斟了。酒是向市上买的，水果限于梨、栗子、枣、柿子之类，下酒菜限于干肉、肉酱、菜汤，食具用瓷器和漆器。当时士大夫家都这样，人们并不互相讥笑非议。那时聚会次数多而礼意殷勤，食物少而感情深厚。近来士大夫家庭，酒如果不是照宫内酿酒的方法酿造的，水果、下酒菜如果不是远方的珍贵奇异之品，食物如果不是很多品种，食具如果不是摆满桌子，就不敢约会招待客人朋友。为了约会招待往往先要用几个月的时间准备，然后才敢发请柬。如果有人不这样做，人们都争着非议他，认为他没有见过世面、舍不得花钱。因此不跟着习俗顺风倒的人，就少了。唉，风气败坏得像这样，即使是居高位有权势的人不能禁止，难道忍心助长这种恶劣风气吗?

又听说从前李文靖公作宰相时，在封丘门内修筑住宅，厅堂前面仅仅能够让一匹马转个身。有人说它太狭窄，李文靖公笑笑说："住宅是要传给子孙的，这里作为我当宰相的厅堂，确实是狭窄，但是将来用作当太祝、奉礼的我的子孙的厅堂却已经宽敞了。"参政鲁公当谏官时，真宗派人紧急召见他，后来在酒馆里找到他，鲁公入宫以后，真宗问他从哪里来，他如实地回答真宗。皇上说："你担任的官职属于清望官，为什么在酒馆里喝酒?"他回答说："小臣家里贫寒，客人来了没有食具、下酒菜、水果，所以就到酒馆请客人喝酒。"皇上因为鲁公不隐瞒实情，越发器重他。张文节当宰相时，自己生活享受如同以前当河阳节度判官时一样，亲近的人有的劝他说："您现在领取的俸禄不少，可是自己生活享受却像这样节俭，您虽然自己知道自己确实是清廉节俭，但是外人对您很有讥评，说您如同公孙弘盖布被子那样矫情作伪，您应该稍稍随从众人的习惯做法才好。"张文节公叹息说："我今天的俸禄这样多，即使全家穿绸缎的衣服，吃珍贵的饮食，还怕不能做到吗?但是人们的常情，由节俭进入奢侈是容易的，由奢侈进入节俭却困难了。我今天的高俸禄哪能长期享有呢?我自己的健康哪能长期保持呢?如果有一天我罢官或病死了，情况与现在不一样，家里的人习惯于奢侈生活已经很久，不能立刻节俭，那时候一定会因为挥霍净尽而弄到饥寒无依，哪里比得上我作大官或不作大官，活着或死亡，家中的生活标准都固定像同一天一样呢?"唉，大体有道德才能的人的深谋远虑，哪里是凡庸的人所能比得上的呢!

吕大钧

汲郡人，徙蓝田，字和叔，嘉祐进士，从张载学，能守其师说。兄弟四人，长大忠，字进伯，次大防，字微仲，皆仕于神宗朝，敢言有为。三即大均，四大临，字与叔，先后从张载二程学。兄弟同居相切磋，论道考礼，冠婚丧祭一本于古，关中化之。

【译文】汲郡人，迁移到陕西蓝田，字和叔，嘉祐年间进士，他学习于张载，能够坚守师说。吕大钧兄弟四人，老大吕大忠，字进伯，老二吕大防，字微仲，都在神宗朝做官，老三就是吕大钧，老四吕大临，字与叔，先后向张载和二程学习。他们兄弟一起互相切磋，讲论大道，考察礼仪，冠礼、婚礼、丧礼、祭礼都按照古代施行，关中因之而得到教化。

吕氏乡约（据朱熹增删本照录）

凡乡之约四：一曰德业相劝，二曰过失相规，三曰礼俗相交，四曰患难相恤。众推有齿德者一人，为都约正，有学行者二人副之。约中月轮一人为直月，（都副正不与）置三籍，凡愿入约者，书于一籍；德业可劝者，书于一籍；过失可规者，书于一籍，直月掌之。月终，则以告于约正，而授于其次。

【译文】吕氏乡约有四条大纲：一是“德业相劝”，二是“过失相规”，三是“礼俗相交”，四是“患难相恤”。由众人推选一个年高德重的人，做为都里的约正；推选有学问德行的两人为副手。规约中规定每月轮换一人当值（都中约正和副手不参与）。乡约规定置备了三本册子，凡是愿意加入乡约管理的，记在一个册子里；德行操业值得加以鼓励的，记在一个册子里；犯了过失可以规劝改过的，记在一个册子里。这三个册子由每月当值的人保管，每月月终时，则将相关情况报告给约正，然后再移交给下月当值的人。

德业相劝

见善必行。闻过必改。能治其身。能治其家。能事父兄。能待妻妾。能教子弟。能御童仆。能事长上。能睦亲故。能择交游。有守廉介。能广施惠。能受寄托。能救患难。能导人为善。能规人过失。能为人谋事。能为众集事。能解斗争。能决是非。能兴利除害。能居官举职。至于读书、治田、营家、济物，畏法令，谨租赋，好礼乐射御书数之类，皆可为之；非此之类，皆为无益。右件德业，同约之人，各自进修，互相劝勉，会集之日，相与推其能者书于籍，以警励其不能者。

【译文】遇到能做的善事必定去做，听到别人指出自己的过错一定要改。能够自我修身，能够治理好家务；能够服侍父兄，能够善待妻妾；能够管教子弟，能够约束下人；能够服侍长辈，能够和睦亲友；能够慎重交友，能够守律廉洁；能够好善乐施，能够信守承诺，能够救助患难；能够教人为善，能够劝人改过；能够为人出谋划策，能够为集体办事；能够化解纷争，能够决断是非；能够为人兴利除害，能够居官为民尽职。至于读书、经营田亩、料理家业、救济他人，遵守法令，谨缴租税，学习礼、乐、射、御、书、数等类的知识，我们都可以去做；此外的事，对人对社会都没有益处。上面所说这些德行与功业，乡约中人要各自修持，互相劝勉。乡人集会之时，大家相互推举做得好的贤能者登记在册，以警诫、勉励那些后进之人。

过失相规

（犯义之过六，不修之过五。）

酗博斗讼（酗谓纵酒喧竞、博谓赌博财物、斗谓斗殴骂詈、讼谓告人罪恶、意在害人、诬赖争诉、得已不已者、若事干负累、及为人侵损而诉之者非。）

行止踰违（踰礼违法、众恶皆是。）

行不恭逊（悔慢齿德者、持人短长者、恃强陵人者、知过不改、闻谏愈甚者。）

言不忠信（或为人谋事，陷人于恶，或与人要约，退即背之，或妄说事端，荧惑众听者。）

造言诬毁（诬人过恶，以无为有，以小为大，面是背非。或作嘲咏匿名文书，及发扬人之私隐，无状可求，及喜谈人之旧过者。）

营私太甚（与人交易，伤于掊克者，专务进取、不恤余事者；无故而好干求假贷者，受人寄托而有所欺者。以上犯义之过。）

【译文】乡约中所列违犯义之过有六种，不修习的行为过失有五种。

六种犯义之过，一是酗、博、斗、讼（酗，是纵酒喧闹；博，是赌博钱财；斗，是斗殴打骂；讼，是告发别人罪责，意在害人，栽赃诬告，已经可以了结却不愿罢休的。如果是因为受别人事件连累，或是利益被人侵害而打官司的，不在此类）；二是行为举止违规（违犯逾越礼、法，各种恶行都属此列）；三是行不恭逊（侮辱怠慢年高德重的，计较他人是非短长的，仗势欺人的，知错不改的，因受批评而变本加厉的，都属此列）；四是言不忠信（或者是为别人做事却陷人于险境，或者是与人约定却违约弃信的，或者是乱说事端迷惑别人的，都属这一类）；五是造言诬毁（诬陷他人，无中生有，小题大做，表里不一，或者是写歌作词、写匿名信来讥讽别人，揭露宣扬别人隐私，或者是游手好闲，喜欢谈论他人以前过失的，都属此列）；六是营私太甚（与人交易时过于贪敛钱财的，只顾自己进取而不顾其他的，无故经常向别人借钱求贷的，受人委托却欺诈别人的，都属这一类）。

以上这些都是犯义之过。

交非其人（所交不限士庶、但凶恶及游惰无行众所不齿者，而已朝夕与之游处，则为交非其人，若不得已而暂往还者非。）

游戏怠惰（游谓无故出入、及谒见人止务闲适者，戏谓戏笑无度、及意在侵侮、或驰马击鞠而不赌财物者，怠惰谓不修事业、及家事不治、门庭不洁者。）

动作无仪（谓进退太疏野及不恭者，不当言而言、及当言而不言者，衣冠太华饰、及全不完整者，不衣冠而入街市者。）

临事不恪（主事废忘、期会后时、临事怠惰者。）

用度不节（谓不计有无、过为多费者，不能安贫、非道营求者。以上不修之过。）

【译文】（五种不修之过）一是交非其人（所交往的虽不限士人和平民，但是凶恶或游手好闲、品行不端之人，为众人所不齿。如果自己要是朝夕与这样的人相处，就属于交友不慎了。如果是因为不得已暂时与此类人交往的，不属此列）；二是游戏怠惰（游，是无事到处闲逛，去拜见他人也只是为了享受安逸。戏，是无度嬉戏，以及故意侮辱别人，或是纵马打球，狂欢取乐。怠惰，指不务正业，不理家事，不清洁门户）；三是动作无仪（指与人交往行为粗野，态度不恭敬；或不该说话时乱说，该说话时又不出声；或衣帽服饰过于华丽，或衣冠不整洁；或衣冠不整而在公众场所抛头露面）；四是临事不恪（指忘记正事，与人约时迟到，遇事懈怠懒惰）；五是用度不节（是说不管家产多少，奢侈浪费，或不能安于贫困而通过非法渠道获取钱财的行为）。

以上讲述的是不修之过。

右件过失，同约之人，各自省察，互相规戒。小则密规之，大则衆戒之。不听，则会集之日，直月告于约正，约正以义理诲谕之。谢过请改，则书于籍以俟。其争辨不服，与终不能改者，听其出约。

【译文】以上所说种种过失，同受乡约的人，应当各自省察，互相规戒。过失小的则应私下加以规劝，所犯过失大的则应当众告诫他改正。如果有不听的，那么应当在乡人集会之日，由当月轮值者报告给约正，由约正用义理教诲、晓谕。认错请求改过的，则登记在籍留意其行为。那些经过教育依旧为自己辩解不服的，与最终不能改正的，可任其退出乡约。

礼俗相交

尊幼辈行（与父同行、及长于己三十岁以上曰尊者，长于己十岁以上、与兄同行曰长者，年上下不满十岁曰敌者，少于己十岁以下曰少者，少于己二十岁以下曰幼者。以上凡五等。）

【译文】尊幼辈份称呼礼节（与父同辈，以及大于自己三十岁以上的，称尊者；大于自己十岁以上，与兄长同辈的，称长者；年龄上下相差不到十岁的，称敌者；比自己年轻十岁以下的，称少者；比自己年轻二十岁以下的，称幼者。尊幼辈份关系，一般分为以上五等）。

造请拜揖（凡少者幼者于尊者长者，岁首冬至四孟月朔、辞见贺谢、皆为礼见，此外候问起居、质疑白事，及赴请召、皆为燕见，尊者受谒不报，长者岁首冬至具牓子报之，余令子弟以己名牓子代行。○凡敌者,岁首冬至、辞见贺谢相往还。○凡见尊者长者、门外下马、俟于外、次升堂、礼见四拜、燕见不拜、退则主人送于庑下。○凡见敌者门外下马、俟于庑下、礼见则再拜、退则主人请就阶上马。）

【译文】造请拜揖礼仪（凡是少者、幼者，在岁首、冬至、四孟、月朔之时，向尊者、长者辞别、拜见、祝贺、酬谢，都要以正礼相见。此外，向尊者、长者问候、服侍起居，请求解疑答惑，禀报事情，以及出席宴请，都以私礼相见。尊者见晚辈时，不必通报；长者造访晚辈，在岁首、冬至时需用札子进行通报，其他情况下，（长者）可令子弟拿着自己的名帖代行拜访。凡是敌者之间，在岁首、冬至辞别、拜见、祝贺、酬谢时，要相互往还谢礼。凡是去拜见尊者、长者时，要在门外下马，等候于堂外；进入厅堂后，行四拜见礼，平时私下拜见时可不拜；离开时则由主人送到屋外走廊。凡是拜见敌者，要门外下马，等候于堂下廊屋，如果是礼见则行两拜礼，离开时则主人请客人在阶下上马）。

请召迎送（凡请尊长饮食、亲往投书。既来赴、明日亲往谢之，召敌者以书简，明日交使相谢。召少者用客目，明日客亲往谢。〇凡聚会皆乡人，则坐以齿；若有亲，则别叙；若有他客有爵者，则坐以爵、若特请召、或迎劳出饯、皆以专召者为上客、如婚礼则姻家为上客、皆不以齿爵为序。〇凡有远出远归者，则迎送之，或五里三里各期会于一处，有饮食则就饮食之，少者以下，俟其既归，又至其家省之。）

【译文】请召迎送之礼（凡是请尊长吃饭，需亲自去送邀请书；尊长来赴宴后，第二天要亲自前往尊长处答谢。招请敌者时可以书简相传，第二天时应相互使人来答谢。招请少者时可让迎客负责人去通请，第二天时客人再亲自去少者家答谢。聚会时如果都是同乡人，则按年龄大小顺序依次就坐。如果有亲人同在，则另当别论。若有别的客人在，有官职的，则按官职级别大小顺序就坐。如果是特别宴请，那么迎接、饯行，都应以宴请对象为上客。如举行婚礼时，则应以联姻的家人为上客，不按年龄、官职大小顺序排座。凡是亲人乡邻有远出的或远出归来的，则大家应当出门迎接或送别。大家或五里或三里，约定到某一处相会，如有条件设宴饮食，大家就一起设宴为他接风或饯行。少者以下的人，在远出者回家后，还应当到他家去看望他）。

庆吊赠遗（凡同约、有吉事则庆之，有凶事则吊之。每家只家长一人，与同约者俱往、其书问亦如之，若家长有故、或与所庆吊者不相接，则其次者当之。〇凡庆礼如常仪，有赠物，或其家力有不足，则为之借助器用，及为营干。〇凡吊礼，初丧未易服，则率同约深衣往哭之。且助其凡百经营之事，主人成服，则相率素服、具酒果食物往奠之。及葬又相率致赙，俟发引，则素服而送之。〇凡丧家不可具酒食衣服、以待吊客。吊客亦不可受。）

【译文】庆吊赠遗（凡同约中人家有吉庆之事，则大家应当为他庆贺；如家中有丧事，则大家应当前往吊唁。每家只要家长一人为代表，与同约的人一起前往就行了。如果是书信慰问，也按这个办法。如果家长有事，或是与所庆贺或吊唁的人不熟悉，那么可让家长下面的人前往。凡是庆贺之礼，如通常的仪式，都会赠送礼物。倘若对方家财力难以维持生计，大家可以借器物给人家，并为他们谋划、操办礼事。凡吊唁之礼，如果是初丧，还没有更换衣服，那么大家应率同约着礼服前往哭吊，并且帮助他准备各种丧事应备之事。主人换上丧服后，那么大家要相继换上丧服，准备好酒水、水果、食物前往祭奠死者；到出殡前，大家又相继送上灵车、灵马、灵屋等物；等到出殡时，大家着丧服出送灵柩。凡是办理丧事的人家，不可以用酒食和穿着平常衣服来招待吊唁的客人，吊客也不能接受酒食，着常服）。

右礼俗相交之事，直月主之。有期日者为之期日。当纠集者督其违慢，凡不如约者，以告于约正而告之，且书于籍。

【译文】上述礼仪习俗相交的事，由当值之人主持；有固定日期的，按固定日期进行；没有固定日期需要纠集的，当值之人要督促大家尽快进行。凡是不按约定时间来的，要报告给约正，由约正告诫相关人员，并且记录在册。

患难相恤

水火（小则遣人救之，甚则亲往，多率人救、且吊之。）

盗贼（近者同力追捕，有力者为告之官司、其家贫、则为之助出募赏、）

疾病（小则遣人问之，甚则为访医药，贫则助其养疾之费。）

死丧（阙人则功其干办，乏财则赙赠借贷。）

孤弱（孤遗无依者，若能自赡、则为之区处，稽其出内。或闻于官司，或择人教之，及为求婚姻。贫者协力济之，无令失所，有侵欺之者，力为辩理。稍长而放逸不检，亦防察约束之，无令陷于不义。）

诬枉（有为人诬枉过恶，不能自伸者，势可以闻于官府，则为言之。有方略可以救解、则为解之。或其家因而失所者、众共以财济之。）

贫乏（有安贫守分，而生计大不足者，众以财济之。或为之假贷置产、以岁月偿之。）

【译文】患难的事有七种，一是水火（如难灾小，那么派人前去救助即可；如果是大灾，就必须多带些人亲自前去相救，同时对受灾者进行慰问）。二是盗贼（如果是住得近，就协助抓捕盗贼；有权势或财力条件的，就协助他报告官府缉拿。遭遇盗贼且家里贫困的，可以资助他并为他募集款项）。三是疾病（要是小病，派人去问候即可；如是重病，就要为他帮忙求医问药。对方家里贫困的，则可为对方提供医药费用）。四是死丧（如果丧家缺少人手则可出力协助丧家办事。如果丧家缺少钱财，则可以送给丧家布帛、车马等或借给钱财）。五是孤弱（对于无依无靠的孤儿，如果是家产能自给自足的，那么可以帮助对方打理，经营收支，或者是报告官府，或者是帮他择请老师，并为他安排婚事。如果是贫困孤儿，大家应协力共同救助，不要让他流离失所。如果有人欺负孤儿，大家要尽力为他讨回公道。孤儿长大后，如果其行为不检，大家也应监督管教，不要让他误入歧途，陷于不义）。六是被人诬枉（如果同约人遭人诬陷，自己无力澄清的，有权势的人可以帮他报告官府，为他申诉；如果有人有办法可以帮他解决，那么就帮他解决。要是因这事造成这家人流离失所的，大家应当共同出钱救济他）。七是贫乏（有些安分守己的人，生活贫困，无以维继，大家应当出钱救济，也可以借钱给他购置田产，以后按年按月偿还）。

右患难相恤之事。凡同约者，财物器用车马人仆，皆有无相假。若不急之用，及有所妨者，则不必借。可借而不借，及踰期不还，及损坏借物者，书于籍。邻里或有缓急，虽非同约，而闻知亦当救助；或不能救助，则为之告于同约而谋之。有能如此者，则亦书其善于籍，以告乡人。

【译文】以上这些应患难相恤的事情，凡是同约之人，财物、器用、车马、仆人，都应当相互借用。如果不是急需用钱或是不宜外借的，那么可以不借。可以外借而不借，或是借后过期不还，以及损坏所借物品的，都要登记在册加以处罚。邻居有需要相助的事，虽然不是乡约中人，但听说后也应当给予帮助；如果能力不足，帮不上忙的，那么应当告诉同约人一起为他谋划。有能够这样做的人，应当将他的善行记录在册，告诉乡人。

李 侗

南剑人，字愿中，年二十四。闻郡人罗从彦得河洛之学，遂从受业，朱熹少尝师之。侗之言曰：学问之道，不在多言；但默坐澄心，体认天理。久之，则自觉天下之理赅摄洞贯，以次融释，各有条序。世称延平先生。卒年七十一。谥文靖。有延平答问及语录。

【译文】福建南平人，字愿中，二十四岁的的时候，听说同郡人罗从彦通达河洛之学，于是就跟随他学习，朱熹在少年时期也曾经以他为老师。李侗曾说："学问之道，不在多言；但默坐澄心，体认天理。久之，则自觉天下之理赅摄洞贯，以次融释，各有条序。"世人称他为延平先生。他去世时七十一岁。谥文靖。传世的著作有《延平答问》及《语录》。

谒罗从彦书

侗闻之，天下有三本焉：父生之，师教之，君治之，阙其一则本不立。古之圣贤，莫不有师。其肄业之勤惰，涉道之浅深，求益之先后，若存若亡，其详不可得而考。惟洙泗之间，七十二弟子之徒，议论问答，具在方册，有足稽焉，是得夫子而益明矣。孟氏之后，道失其传，枝分派别，自立门户，天下真儒不复见于世。其聚徒成羣，所以相传授者，句读文义而已尔，谓之熄焉可也。

【译文】李侗听说，天下有三个根本，父亲生养儿子，老师教授学生，君主治理国家，缺其中之一则根本就不能树立。古代的圣贤没有谁没有老师，他们学习的勤奋与懒惰，涉及道学的浅显与深邃，求取得益的先与后，是存还是亡，其详细情况不可能去考查。惟有洙水、泗水之间，孔子的七十二弟子之中的贤徒，议论问答，全部记录在简册上，有足够的根据可以稽查，是因为凭借孔夫子而更加明白了。孟子以后，儒家道统失掉了传承，分成了各个派别，自立门户，天下真儒再没有出现于世。其聚徒讲学成群的人，他们所相传教授的，只是做些句读、解释文字而已，说儒家道统熄灭、失传是可以了。

其惟先生，服膺龟山先生之讲席有年矣。况尝及伊川先生之门，得不传之道于千五百年之后，性明而修，行完而洁，扩之以广大，体之以仁恕，精深微妙，各极其至。汉唐诸儒无近似者，至于不言而饮人以和，与人并立而使人化，如春风发物，盖亦莫知其所以然也。凡读圣贤之书，粗有识见者，孰不愿得授经门下，以质所疑。至于异端之人，固当置而勿论也。

【译文】惟有先生衷心信服龟山先生的讲席已有一年多了，况且曾经从学于伊川先生的门下，得到没有传承的孔孟之道于一千五百年之后，性情明而修，行为完而洁，扩其道以广大，体验其道以仁恕，精深微妙，各终其极致，汉朝、唐代的各位儒生没有与之相近似的。至于不发表自己的意见而以谦感人，和别人一起就能感化别人，如春风吹发万物，大概也没有谁知道其所以然了。凡是读圣贤之书的人、粗有见识的，谁不希望能够跟随你学习经典，以询问疑难，至于有不同意见的人，本应当放置一旁而不议论他。

侗之愚鄙，徒以习举子业，不得服役于门下，而今日拳拳欲求教者，以谓所求有大于利禄也。抑侗闻之，道可以治心，犹食之充饱，衣之御寒也。人有迫于飢寒之患者，皇皇焉为衣食之谋，造次颠沛未始忘也。至于心之不治，有没世不知虑，岂爱心不若口体哉，弗思甚矣！

【译文】李侗愚钝、鄙陋，仅仅是学习科考举子之业，不能够从学于您的门下，而今天诚恳地想来求教，是因为所寻求的东西大于利禄。李侗还听说，道可以治心，就如同吃了食物使人肚腹饱满，就像穿衣服而可以抵御寒流。人有迫于饥饿、寒冷的忧虑，因此，忙碌地谋取衣食，造次颠沛，始终没有忘记。至于心之不治，如面临末世的危险而不知道去忧虑，岂不是爱心不如爱口与身体吗？这样不去关心自己的内心也太过了。

侗不量资质之陋，徒以祖父以儒学起家，不忍坠箕裘之业，孜孜矻矻为利禄之学。虽知真儒有作，闻风而起，固不若先生亲炙之得于动静语默之间，目击而意全也。今生二十有四岁，茫乎未有所止，烛理未明，而是非无以辨，宅心不广，而喜怒易以摇。操履不完，而悔吝多。精神不充，而智巧袭。拣焉而不净，守焉而不敷。朝夕恐惧，不啻如饥寒切身者，求充饥御寒之具也。不然，安敢以不肖之身为先生之累哉？

【译文】李侗没有考虑自己的天资浅陋，只是想到祖父以儒学起家，我不忍让祖先之业到我这一代就荒废了，于是忙忙碌碌地追求利禄之学，虽知道真儒有所作为，闻风而起，本不如先生亲自动手所得于动静语默之间，亲眼看见而意思周全。现在我已有二十四岁，茫然间而又没有停止学习，显明的道理没有弄清而是非无以辨别，宅心不广而喜怒情绪容易变化，行为不完美而悔吝很多，精神不充实而智巧袭用，选择了而不干净，遵守了而不足够，从早到晚恐惧忧虑，就像忍饥挨饿受冻的人寻求充饥御寒的器具。不然的话，哪里敢以不肖的身份来成为先生的拖累负担呢。

胡宏

胡宏（崇安人，字仁仲，安国子，幼事杨时侯仲良，而卒传其父之学，优游衡山下，二十余年。玩心神明，不舍昼夜，张栻师事之。绍圣中，以荫补承务郎，不调。秦桧死，宏被召，以疾辞。著书曰《知言》，栻谓其言约义精，道学之枢要，制治之蓍龟。有诗文集《皇王大纪》，学者称五峰先生。（案胡宏之论心性，在宋代别为一派，不与程门同趣，故朱熹尝与吕祖谦及宏门人张栻，互相辨论，作《知言疑义》附于卷后。今采《知言》，即以朱熹已作疑义者录前，无疑义者隶之。俾学者了然于当时学派之异同，而考其得失焉。）

胡宏（福建崇安人，字仁仲，胡安国的儿子，幼年的时候跟随杨时和侯仲良学习，之后继承了其父亲的学问，在衡山下隐居了二十余年。玩心神明，不舍昼夜，张栻以师礼事奉他。绍圣年间，以父亲的德荫补承务郎，尚未调任。秦桧去世后，胡宏被召进京，他以身体有病为由辞了。著书《知言》，张栻认为这本书言约义精，是学习道学的枢要，制治之蓍龟。有诗文集《皇王大纪》，世人称他为五峰先生。（案:胡宏对于心性的认识，在宋代别为一派，和程门的看法不一样，故朱熹曾经和吕祖谦及胡宏的学生张栻，互相辨论，作《知言疑义》附于卷后。今采《知言》，就把朱熹已作疑义的录在前面，无疑义的放在后面。方便学者快速了解当时学派之异同，而考察他们的得失。）

知言节录（附朱熹疑义）

天命之谓性。性，天下之大本也。尧、舜、禹、汤、文王、仲尼六君子先后相诏，必曰心而不曰性，何也？曰心也者，知天地，宰万物，以成性者也。六君子，尽心者也，故能立天下之大本。人至于今赖焉。不然，异端并作，物从其类而瓜分，孰能一之！

熹谓:“‘以成性者也’，此句可疑，欲作‘而统性情也’，如何？”

栻曰:“‘统’字亦恐未安，欲作‘而主性情’如何？”

熹谓："所改'主'字极有功。然凡言删改者，亦且是私窃，讲贯议论，以为当如此耳。未可遽涂其本编也，如何？熹按，孟子尽心之意，正谓私意脱落，众理贯通，尽得此心无尽之体，而自其扩充，则可以即事即物，而无不尽其全体之用焉尔。但人虽能尽得此体，然存养不熟，而于事物之间一有所蔽，则或有不得尽其用者。故孟子既言尽心知性，又言存心养性，盖欲此体常存，而即事即物，各用其极，无有不尽。夫以《大学》之序言之，则尽心知性者，致知格物之事；存心养性者，诚意正心之事；而'夭寿不贰、修身以俟之'者，修身以下之事也。此其次序甚明，皆学者之事也。然程子尽心知性，不假存养，其唯圣人乎者？盖惟圣人则合下尽得此体，而用处自然无所不尽，中间更不须下存养充扩节次功夫。然程子之意，亦指夫始条理者而为言，非便以'尽心'二字就功用上说也。今观此书之言尽心，大抵皆就功用上说，又便以为圣人之事，窃疑未安。"〔旧说未明，今别改定如此〕

祖谦曰："'成性'固可疑，然今所改定，乃兼性情而言，则与本文设问不相应。来谕以尽心为集大成者之始条理，则非不可以为圣人事。但胡子下'者也'两字，却似断定尔，若言六君子由尽其心，而能立天下之大本如此。"

熹谓："论心必兼性情，然后语意完备。若疑与所设问不相应，而'者也'二字亦有未安，则熹欲别下语云'性固天下之大本，而情亦天下之达道也，二者不能相无。而心也者，知天地，宰万物，而主性情者也。六君子惟尽其心，故能立天下之大本，行天下之达道。人至于今赖焉。'〔云云〕不知更有病否。若所谓"由尽其心"者，则词恐太狭，不见程子所谓不假存养之意。"

【译文】上天所赋予人的是性。性，是世上最根本的东西。尧、舜、禹、汤、周文王、孔子六位君子先后告诫，只说心而不说性，为什么呢？心，知道天地的道理，主宰万物，是成就性的。尧舜等六位君子，按照心的要求做事，所以能确立天下最根本的东西，人类到现在还依赖它。如果不是这样，异端邪说并起，各自有自己的主张，谁还能统一意见呢？

朱熹说："'以成性者也'这句话值得怀疑，想把它改成'而统性情也'，怎么样？"

张栻说："'统'这个字恐怕还不是很妥当，想要改为'而主性情'，怎么样？"

朱熹说："把'统'字改为'主'，非常好。凡是要对文章进行删改的，都算是私下偷窃，讲习议论，应该像这样。不能随便涂改本编的文字，您认为怎样？按：孟子尽心的意思，是说把个人的私意抛弃，然后各种道理就能相互贯通，完全获得心无穷无尽的全体，而心的扩充，可以接近事物，能穷尽心体的发用。人虽然可以完全获得这个本心，然而由于存养不熟练，在接近事物时，一旦有所蒙蔽，就不能完全发挥心的作用。所以孟子既说尽心知性，又说存心养性，大概是想长久地保持这个心体，在接近事物时，能完全发挥其作用。用《大学》序言的话来讲，尽心知性就是致知格物的事情；存心养性，就是诚意正心的事情；而'不论寿命是长是短都不改变态度，只是修身养性等待天命'，是修身、齐家、治国、平天下的事情。这个次序非常清楚，将得都是学习者的事情。程颐说的不经过存养，就能尽心知性，大概只有圣人才能做到吧！因为只有圣人才能当下完全得到心体，发用处无所不能，这中间不需要存养、扩充等功夫。然而程颐讲尽心，也是针对智慧而言的，不仅仅是就功用上才说的。现在看这本书，基本上都是就功用上说的，如果认为这是圣人的事情，恐怕不妥吧！”（不明白原来讲的是什么，现在改定如上）

吕祖谦说：“‘成性’二字固然值得商榷，然而现在所改定的，是性与情同时讲的，这样就与本文的设问不符合。来信认为尽心是孔子智慧之事，这样就是说它也是圣人的事，但胡宏用“者也”两个字，好像是下断定。好像在说尧舜等六君子由于能尽其心，所以才能确立天下天下最根本的事东西。”

朱熹说：“谈论心必定得兼谈性情，这样才能语意完备。如果怀疑与文章的设问不相应，对‘者也’二字也觉得不妥当，那么他想要换一个说法，即‘性当然是天下最根本的东西，然而情也是天下通行不变之道，二者不能分开讲。心，知晓天地之理，主宰万物，也主宰性与情。尧舜等六君子正因为能尽其心，所以才能建立天下最根本的东西，实行在天下都通行的大道。人类至今还要依赖它。’不知这样说是否还有毛病？‘尽由其心’这样的讲法，恐怕意思太狭隘了，不能体现程颐“不假存养”的意思。”

天理人欲，同体而异用，同行而异情。进修君子，宜深别焉。

熹按：此章亦性无善恶之意，与“好恶，性也”一章相类，似恐未安。盖天理，莫知其所始，其在人，则生而有之矣；人欲者，梏于形，杂于气，狃于习，乱于情，而后有者也。然既有而人莫之辨也，于是乎有同事而异行者焉，有同行而异情者焉，君子不可以不察也。然非有以立乎其本，则二者之几，微暧万变，夫孰能别之？今以天理人欲混为一区，恐未允当。

祖谦曰：“天理人欲，同体而异用者，即似未失。盖降衷秉彝，固纯乎天理，及为物所诱，人欲滋炽，天理泯灭，而实未尝相离也。同体异用，同行异情，在人识之耳。”

熹再详此论，胡子之言盖欲人于天理中拣别得人欲，又于人欲中便见得天理。其意甚切，然不免有病者，盖既谓之同体，则上面便著人欲两字不得。此是义理本原极精微处，不可少差。试更子细玩索，当见本体实然只一天理，更无人欲。故圣人只说克己复礼，教人实下工夫，去却人欲，便是天理，未尝教人求识天理于人欲汩没之中也。若不能实下工夫，去却人欲，则虽就此识得未尝离之天理，亦安所用乎？

【译文】天理和人欲是同一个本体的不同作用，同一个行为的不同的感情。君子想要修身应该对其区别有深刻把握。

朱熹的按语：这一章也是说性本身没有善恶的意思，与“好恶，性也”那一章类似，其意义值得商榷。天理，不知道它是怎样开始的，但从人的角度看，从人出生的那天就已经具备了。人欲是由于天理被桎梏在形体之内，与气质混杂，又被习惯、感情扰乱才形成的。人欲形成后，人就不能辨别它，于是对待同一件事，就有了不同的行为，对同一个行为也有不同的感情，君子不能不有所察觉。然而如果没有可立为根本的东西，那么天理人欲之间的微妙区别，有谁能分得清呢？现在把天理与人欲混合在一起，恐怕不太妥当。

吕祖谦说："天理与人欲是同一个本体的不同作用，这个说法好像没有什么错误。上天把天性赋予人，人秉持常道，这时人心中的天理当然是纯粹的，等到被事物诱惑时，人欲增长，甜蜜就开始泯灭，但实际上并没有与人欲相分离。同一个本体的不同作用，同一个行为的不同感情，关键在于人有没有认识到。"

朱熹再次详细论述了自己的看法：胡宏的说法是叫人在天理中辨别出人欲，又在人欲中辨别出天理。他的用意是真切的，然而不免有错误，大概既然说是同一个本体，就不能再说人欲二字。这是义理本源极其精微的地方，不能有所差错。如果仔细地体会，就能知道本体实际上只是天理一个，人欲不是本体。所以圣人只是说克己复礼，让人真正地下功夫去除人欲，这样天理就能显现出来；从没有叫人在人欲之中寻找天理。如果不能下功夫去除人欲，那么即使认识了实际上并没有与人分离的天理，又有什么用处呢？

好恶，性也。小人好恶以己，君子好恶以道。察乎此，则天理人欲可知。

熹按：此章即性与善恶之意。若果如此，则性但有好恶，而无善恶之别矣。"君子好恶以道"，是性外有道也。"察乎此，则天理人欲可知"，是天理人欲同时并有，无先后宾主之别也。然则所谓"天生蒸民，有物有则，民之秉彝，好是懿德"者，果何谓乎？龟山杨子曰："天命之谓性，人欲非性也"。却是此语直截。而胡子非之，误矣。

栻曰："'好恶，性也'，此一语无害，但著下数语则为病矣。今欲作：好恶，性也，天理之公也。君子者，循其性者也。小人则以人欲乱之，而失其则矣。"

熹谓："好恶固性之所有，然直谓之性则不可。盖好恶，物也，好善而恶恶，物之则也。有物必有则，是所谓'形色，天性也'。今欲语性，乃举物而遗则，恐未得为无害也。"

【译文】爱好与厌恶，是人的本性。没有道德的人以自己为标准来决定爱好与厌恶，君子用道作标准来决定自己的爱好与厌恶。知道了这个，天理和人欲就可以辨别了。

朱熹的按语：这一章是讲性无善恶的意思。如果真是这样，那么就是说性只要爱好与厌恶，并没有判别的原则了。"君子好恶以道"，这是说性之外还有个道。"察乎此，则天理人欲可知"，这是说天理和人欲可以同时并有，并没有先与后，宾与主的区别。然而"上天生养万民，事物都有法则。百姓把握常规，喜爱美好品德"这句话，究竟是什么意思呢？杨时说："上天所赋予的是性，人欲并不是性"。这句话说得很直接，胡宏竟然还批评他，这是很错误的啊！

张栻说："'爱好与厌恶，是人的本性'，这一句没有什么问题，但接下来几句话就有毛病了。现在想要把它改为：爱好与厌恶，是人的本性，是天理的公正所在。君子就是遵循自己本性的人，没有道德的人就用人欲扰乱本性，失去天理的原则。"

朱熹说："爱好或者厌恶，当然是人性固有的，然而直接把它说成性是不可以的。爱好或厌恶，是爱好或厌恶具体的事物，喜好善而厌恶恶，是事物的原则。有事物必定就有原则，就是所谓的'形体容貌是天生的'。现在如果谈论性，只说事物而忽略原则，恐怕是害处的。"

心无不在，本天道变化，为世俗酬酢，参天地，备万物。人之为道，至大也，至善也。放而不知求，耳目闻见为己蔽，父子夫妇为己累，衣裘饮食为己欲。既失其本矣，犹皆曰我有知，论事之是非，方人之短长，终不知其陷溺者，悲夫？故孟子曰："学问之道无他，求其放心而已矣"。

熹按："人之为道，至善也，至大也"，此说甚善。若性果无善恶，则何以能若是邪？

栻曰："论性而曰善不足以名之，诚为未当，如元晦之论也，夫其精微纯粹，正当以至善名之。龟山谓'人欲非性也'，亦是见得分明，故立言直截耳。《遗书》中所谓'善固性也，恶亦不可不谓之性也'，则如之何？譬之水，澄清者，其本然者也。其或浑然，则以夫泥滓之杂也。方其浑也，亦不可不谓之水也。夫专善而无恶者，性也，而其动则为情。情之发，有正有不正焉。其正者，性之常也，而其不正者，物欲乱之也，于是而有恶焉。是岂性之本哉！其曰"恶亦不可不谓之性"者，盖言其流如此，而性之本然者，亦未尝不在也。故善学者化其滓以澄其初而已。"

熹详此论性甚善，但明道所谓"恶亦不可不谓之性"，是说气禀之性，观上下文可见。

熹又看此章云"本天道变化，为世俗酬酢"，疑"世俗"字有病，犹释子之谓父母家为俗家也，改作"日用"字如何？

熹又细看，虽改此字，亦为未安，盖此两句大意自有病。圣人下学而上达，尽日用酬酢之理，而天道变化行乎其中耳。若有心要本天道以应人事，则胸次先横了一物，临事之际，著意将来把持作弄，而天人之际终不合矣。大抵自谢子以来，虽说以洒扫应对为学，然实有不屑卑近之意，故才说洒扫应对，便须急作精义入神意思，想象主张，惟恐其滞于小也。如为朱子发说《论语》，乃云圣门学者敢以天自处，皆是此个意思。恐不免有病也。

【译文】心无处不在，掌握天道的变化，应付世俗的交往，参与天地的生育，是万物都得齐备。人用来修道的这个心，是至大至善的。如果心被放失了，而不知道寻回，那么眼睛看到的、耳朵听到的都可能成为蒙蔽自己的东西，父子夫妇也会当做自己的累赘，衣裘饮食会成为自己渴求的东西。已经失去了本心，还说自己有知识，谈论事情的是与非，评论别人的长与短，终究不知道自己已经陷溺其中，这种人不是很可悲吗？所以孟子说："学问之道没有别的，就是找回来那丧失了的善心罢了。"

朱熹的按语："'人用来修道的这个心，是至大至善的。'这句话说得非常好。如果性真的无善无恶的，怎么能像这样呢？"

张栻说："谈论性的时候，说善不足以形容性，这确实不恰当。就像朱熹讲性的精微纯粹，用至善来形容就非常合适。杨时说'人欲并不是性'，他看得很明白，所以话也说得很直接。《二程遗书》中讲'性当然是善的，然而恶也不能不说是性'，这句话该怎样理解呢？譬如水的本来状态时澄清的，但也有浑浊的水，这是因为有泥滓混杂在里面。在水浑浊的时候，不能不说它也是水。性是纯粹至善的，它一旦发动就成了情。情有两种，一种是正当的，另一种是不正当的。正当的，就是性的正常发作；不正当的，是受到了物欲的扰乱。这样恶就产生了。但恶不能说是性的本来状态。《二程遗书》说'恶也不能不说是性'，指的是性的不正常状态，而性的本来状态，也何尝不存在呢？所以，善于学习的人对待性应该像对待水一样，要恢复它的澄清状态，化去它的泥滓。"

我（朱熹）仔细看这一段，觉得这里讲性讲得非常好，但程颢所讲的"恶也不能不说是性"，是说气质之性，结合上下文就能看出来。

我（朱熹）看到这一章讲到"掌握天道的变化，应付世俗的交往"，怀疑"世俗"二字用得不太妥当，就像佛教弟子把父母的家称为俗家一样，改用"日用"二字应该更好吧？

我（朱熹）认真揣摩，虽然改用"日用"二字，仍然觉得不够妥当，大概这两句话本来就有毛病。圣人通过学习平常的知识，就可以获得深刻的道理，日常交际中也能体现天道变化的道理。如果故意要掌握天道以应付人事，这就仿佛胸中多出了一个东西，遇到事情的时候，特意搬来使用，这样天与人的关系就终究不能合一。大概从谢良佐开始，他虽然承认日常劳动、往来应酬也是为学，实际上对此颇有不屑之意，所以刚说到日常劳动、往来应酬，就立刻主张精研事物的微义，达到神妙的境地，想象主张，害怕学者滞留精神在细微事物之上。例如他为朱震讲解《论语》就说孔门学者敢以天自居，都是这个意思。这大概也是一个弊病吧！

胡子喟然叹曰："至哉！吾观天地之神道，其时无愆，赋形万物，无大无细，各足其分，太和保合，变化无穷也。凡人之生，粹然天地之心，道义完具，无适无莫，不可以善恶辨，不可以是非分，无过也，无不及也。此中之所以名也。夫心宰万物，顺之则喜，逆之则怒，感于死则哀，动于生则乐。欲之所起，情亦随之，心亦放焉。故有私于身，蔽于爱，动于气，而失之毫厘，缪以千里者矣。众人昏昏，不自知觉，方且为善恶乱，方且为是非惑。惟圣人超拔人群之上，处见而知隐，由显而知微，静与天同德，动与天同道，和顺于万物，浑融于天下，而无所不通。此中和之道，所以圣人独得，民鲜能久者矣。为君子者奈何？戒谨于隐微，恭敬乎颠沛，勿忘也，勿助长也，则中和自致。天高地下而位定，万物正其性命而并育，成位乎其中，与天地参矣。”

或问性。曰：“性也者，天地之所以立也。”曰：“然则孟轲氏、荀卿氏、扬雄氏之以善恶言性也，非欤？”曰：“性也者，天地鬼神之奥也，善不足以言之，况恶乎？”或者问曰：“何谓也？”曰：“宏闻之先君子曰：‘孟子所以独出诸儒之表者，以其知性也。’宏请曰：‘何谓也？’先君子曰：‘孟子道性善云者，叹美之辞也，不与恶对’。”

或问：“心有死生乎？”曰：“无死生。”曰：“然则人死，其心安在？”曰：“子既知其死矣，而问安在邪！”或曰：“何谓也？”曰：“夫惟不死，是以知之。又何问焉？”或者未达，胡子笑曰：“甚哉，子之蔽也。子无以形观心，而以心观心，则知之矣。”

熹按：“性无善恶”、“心无死生”两章似皆有病。“性无善恶”，前此论之已详。“心无死生”，则几于释氏轮回之说矣。天地生物，人得其秀而最灵。所谓心者，乃夫虚灵知觉之性，犹耳目之有见闻耳。在天地，则通古今而无成坏；在人间，则随形气而有始终。知其理一而分殊，则亦何必为是心无死生之说，以骇学者之听乎？

栻曰：“‘心无死生’章亦当删去。”

【译文】胡宏感叹道：“多么伟大啊！天地神奇的道，最初完全是善的，赋予万物形状，无论大小，都能拥有它，冲和之气能保持住，变化就没有穷尽。人刚出生的时候，拥有纯粹的天地之心，完全的道义，对任何事都不厚此薄彼，不能用善恶来分辨，也不能用是非来分辨，没有过头的，也没有达不到的。这就是中被命名的含义。心主宰万物，顺从它就会感到喜悦，违逆它就会感到愤怒，感受到死亡就会悲哀，感受生命就会欢乐。欲望产生了，情也跟随出现，心也就被放失了。所以一旦有了私欲，被爱蒙蔽，愤怒动气，就会因很小的失误，酿制重大灾祸。世人昏聩，不能认识这个道理，才会被善恶、是非迷惑，扰乱身心。只有圣人能超越芸芸众生，能够由显现的事物而推知隐微的事理，安静的时候与天有相同的德性，行动的时候也符合天的神道，与万物和顺相处，与天下浑融无间，没有什么是不能通达的。这就是中和之道被圣人独得，民众很少能得到的原因。怎样才能成为君子呢？在隐微的地方能保持谨慎，在颠沛流离之时能不忘恭敬，时刻不忘记，也不助长，这样中和之道自然可以获得。天高地下方位就得以确定，万物端正自己的性命而共同生长，在这中间定位好自己，就可以与天地并列为三了。”

有人请教关于性的知识，胡宏说：“性，是天地确立的原因。”问：“然而孟子、荀子、扬雄用善恶来谈论性，难道不对吗？”胡宏说：“性，是天地鬼神的奥妙之处，善不足以形容它，何况恶呢？”有人问：“这是什么意思呢？”胡宏说：“我曾听父亲说：‘孟子比一般的儒者杰出的地方，正是因为他了解性。’我问：‘什么意思？’父亲回答说：‘孟子所说的性善，是感叹赞美的形容词，不是与恶相对的意思。’”

有人问：“心有没有死与生？”胡宏说：“没有死与生。”问：“那么人死之后，他的心在哪里呢？”胡宏说：“你既然知道他死了，还问他的心在哪里做什么呢？”有人问：“什么意思？”胡宏说：“心没有死，所以才知道。这还需要问吗？”还有人不明白，胡宏笑着说：“你被蒙蔽的多厉害啊！你不要用有形的心去观察心，要用心去观察心，就会明白了。”

朱熹按语：“性没有善与恶的区分”、“心没有死与生”这两章都有问题。“性没有善与恶的区分”，前面已经详细讨论过。“心没有死与生”，这种说法几乎跟佛教轮回之说是一样的。天地生育万物，人禀赋了气的精华，是最有灵觉的。心，就是空灵、能感觉的性，就像耳朵能听、眼睛能看一样。从天地的角度看，心是亘古长存、没有成与坏的；从人的角度看，随着人的形气的聚散，而有开始与终结。如果知道理一分殊的道理，哪里还需要编造心无生死的讲法，骇人听闻？

张栻说：“‘心没有死与生’这一章应该删去。”

凡天命所有，而众人有之者，圣人皆有之。人以情为有累也，圣人不去情；人以才为有害也，圣人不病才；人以欲为不善也，圣人不绝欲；人以术为伤德也，圣人不弃术；人以忧为非达也，圣人不忘忧；人以怨为非宏也，圣人不释怨。然则何以别于众人乎？圣人发而中节，而众人不中节也。中节者为是，不中节者为非。挟是而行则为正，挟非而行则为邪。正者为善，邪者为恶。而世儒乃以善恶言性，邈乎辽哉！

熹按：“圣人发而中节”，故为善；“众人发不中节”，故为恶。“世儒乃以善恶言性，邈乎辽哉”，此亦性无善恶之意。然不知所中之节，圣人所自为邪？将性有之邪？谓圣人所自为，则必无是理。谓性所固有，则性之本善也明矣。

栻曰：“所谓‘世儒’殆指荀、扬，荀、扬盖未知孟子所谓善也。此一段大抵意偏而词杂，当悉删去。”

熹详此段不可尽删，但自“圣人发而中节”以下删去。而以一言断之云，亦曰“天理人欲之不同尔。”

栻曰：“所谓轻诋世儒之过，而不自知其非，恐气未和而语伤易。析理当极精微，毫厘不可放过。至于尊让前辈之意，亦不可不存也。”

熹观此论切中浅陋之病，谨已删去讫。

【译文】凡是上天赋予给普通民众的，圣人也被赋予。普通人把情看做累赘，圣人没有想着去除；普通人把气看做有害于修道，圣人不归罪于气；普通人把欲望看做不善，圣人没有断绝欲望；普通人认为学习末流技艺妨碍德性，圣人没有放弃学习技艺；普通人认为忧虑是不够豁达，圣人常怀忧虑；普通人认为抱怨是心胸狭隘，圣人不放下抱怨。那么圣人和普通人的区别之处在哪里呢？圣人一切的行动都是符合中庸的要求的，而普通人做不到中庸。符合中庸的要求就是正确的，不符合就是错误的。正确地行动就是正义，错误地行动就是邪恶；正确地行动是善，错误地行动是恶。世俗儒者认为性有善有恶，错得太离谱了！

朱熹按：“圣人一切的行动都是符合中庸的要求”，这就是善；“普通人做不到中庸”，这就是恶。“世俗儒者认为性有善有恶，错得太离谱了”，这是性没有善恶之分的意思。但我不知道圣人行动符合中庸之道，是他自发动的行为，还是他的本性就是如此？如果说是圣人自发的行为，这是没道理的。如果说是圣人本性使然，那么人的本性是善的就是明确的事实了！

张栻说：“所谓‘世俗的儒者’大概是指荀子、扬雄，荀子、扬雄不懂得孟子所讲的善。这一段话意思偏颇，语句杂乱，应该全部删除。”

我（朱熹）认为这一段不能全部删除，但从“圣人一切的行动都是符合中庸的要求”以下可以删去。如果用一句话给它作断语，那就是：“天理与人欲是没有不同的。”

张栻说：“诋毁世俗儒者的过失，却不能认识到自己的错误，只怕是不能心平气和而一语中伤他人。分析道理应该非常细心，丝毫不能大意。那也不能没有尊敬前人的态度。”

我（朱熹）认为这段话有见识贫乏、浅薄，已经把它删除了。

彪居正问：“心无穷者也，孟子何以言尽其心。”曰：“惟仁者能尽其心。”居正问为仁，曰：“欲为仁，必先识仁之体。”曰：“其体如何？”曰：“仁之道弘大而亲切，知者可以一言尽，不知者虽设千万言亦不知也；能者可以一事举，不能者虽指千万事亦不能也。”曰：“万物与我为一，可以为仁之体乎？”曰：“子以六尺之躯，若何而能与万物为一。”曰：“身不能与万物为一，心则能矣。”曰：“人心有百病一死，天下之物有一变万生，子若何而能与之为一？”居正竦然而去。他日，某问曰：“人之所以不仁者，以放其良心也。以放心求心可乎？”曰：“齐王见牛而不忍杀，此良心之苗裔，因利欲之间而见者也。一有见焉，操而存之，存而养之，养而充之，以至于大，大而不已，与天地同矣。此心在人，其发见之端不同，要识之而已。”

熹按：“欲为仁，必先识仁之体”，此语大可疑。观孔子答门人问为仁者多矣，不过以求仁之方告之，使之从事于此而自得焉尔，初不必使先识仁体也。又“以放心求心”之问甚切，而所答者反若支离。夫心操存舍亡，间不容息，知其放而求之，则心在是矣。今于已放之心，不可操而复存者，置不复问，乃俟异时见其发于他处，而后从而操之，则夫未见之间，此心遂成间断，无复有用功处。及其见而操之，则所操者亦发用之一端耳。于其本源全体，未尝有一日涵养之功，便欲扩而充之与天同大，愚窃恐其无是理也。

栻曰：“必待识仁之体，而后可以为仁，不知如何而可以识也。学者致为仁之功，则仁之体可得而见，识其体矣，则其为益有所施而无穷矣。然则答为仁之问，宜莫若敬而已矣。”

祖谦曰：“仁体诚不可遽语，至于答放心求心之问，却自是一说。盖所谓‘心操存舍亡，间不容息，知其放而求之，则心在是矣’者，平昔持养之功也；所谓‘良心之苗裔，因利欲而见’、‘一有见焉，操而存之者’，随事体察之功也，二者要不可偏废。苟以此章欠说涵养一段，‘未见之间，此心遂成间断，无复用功处’是矣。若曰‘于已放之心，置不复问，乃俟其发见于他处，而后从而操之’，语却似太过。盖‘见牛而不忍杀’，乃此心之发见，非发见于他处也。又所谓操者，亦发用之一端，胡子固曰‘此良心之苗裔’。固欲人因苗裔而识本根，非徒认此发用之一端而已。

熹谓：“二者诚不可偏废，然圣门之教，详于持养而略于体察，与此章之意正相反。学者审之，则其得失可见矣。孟子指齐王爱牛之心，乃是因其所明而导之，非以为必如此，然后可以求仁也。夫必欲因苗裔而识本根，孰若培其本根，而听其枝叶之自茂耶。”

【译文】彪居正问：“心是无穷无尽的，孟子为什么说要穷尽自己的心呢？”答：“只有仁德的人才能穷尽自己的心。”彪居正问怎样实践仁德，胡宏说：“想要实践仁德，必须先要对什么是仁有所认识。”弟子问：“什么是仁呢？”胡宏说：“关于仁的道理宏大而又令人感到亲近，了解它的人用一句话就能说清楚，不了解它的人即使千言万语不说不清楚；了解它的人，举一个事例就能说明它，不了解它的举再多的事例也说不明白。”弟子问：“宇宙万物与自己是同一个本体，可以用仁德去体会吗？”胡宏说：“你只是个身高六尺的人，怎么能与宇宙万物合为一体呢？”弟子答道：“身体不能与宇宙万物合为一体，心却是可以的。”胡宏说：“人的心会有很多疾病，也会有死亡，而世上的事物都是有变化有生长的，你怎么能与万物合二为一？”彪居正恭敬地走了。过了几天，我问胡宏：“人之所以没有仁德，是因为把自己的良心放失了。从放失的良心入手寻找本心，可以吗？”胡宏说：“齐宣王看到用于祭祀的牛表情恐惧，就不忍杀害，这就是良心的端倪，是在有利欲的情况下显现的。一旦良心显现，就要把握它、保养它、扩充它，直到它变得与天地一样大。良心在人身上，它显现的端倪是不一样的，重要的是要学会认识它。”

朱熹按：“想要有仁德，必须先要对什么是仁有所认识”，这句话值得怀疑。孔子回答弟子关于怎样才能有仁德的问题经书记载了很多，但孔子只是告诉他们获得仁德的方法，让他们按照方法做，自己体会，并没有要求弟子首先对仁本身有所认识。还有，能否“从放失的良心入手寻找本心”这个提问非常地诚恳，而胡宏的回答却很没条理。对于良心是把握保养还是舍去丢失，是瞬间的事情，如果能知道它是放失的良心而追求它，那么良心就是没有丢失的。如果对已放失、不能把握保养的心，不管不问，等它再次显现的时候才去再去把握，那么它没有显现的时候，这个心不是成了有间断的了吗？在这期间也没有可用功之处了。等到它显现才去把握，那么所把握的也只是它发出的很小的一部分作用。从没有付出过涵养的功夫去把握心的本源、全体，就想把它扩充到与天地一样大，我担心世上没有这样的道理！

张栻说："如果一定要等到对仁本身有所认识，然后才能实行仁德，那么怎样才能对仁本身有所认识呢？学者只要实践仁德，仁本身就会显现，就能对仁本身有所认识，仁德的好处也就有了可以体现的地方，永远没有结束。至于如何回答怎样'实践仁德'这个问题，我认为最好方法是敬畏。"

吕祖谦说："仁本身确实不容易说清楚，至于对能否从放失的良心入手寻找本心这个问题的回答，也算得上是一种说法。'对于良心是把握保养还是舍去丢失，是瞬间的事情，如果能知道它是放失的良心而追求它，那么良心就是没有丢失的'，这讲的是平时保养善心的方法；'良心的端倪，是在有利欲的情况下显现的'、'一旦良心显现，就要把握它、保养它、扩充它'，这讲的是在事物上体会、观察良心的方法，这两种方法都应该被重视，不能有所偏向。如果认为这一章节没有说到平时涵养的功夫，'没有显现的时候，这个心不是成了有间断的了吗？在这期间也没有可用功之处了'，这个批评是对的。但'对已放失、不能把握保养的心，不管不问，等它再次显现的时候才去再去把握'，这句话说得似乎有点过头了。'看到用于祭祀的牛表情恐惧，就不忍杀害'，这就是善心的显现，而不是在其它什么地方显现。还有，所谓的'把握'，也是良心显现的一个方面，所以胡宏才说'这就是良心的端倪'。他是想要人从良心的端倪而认识道良心的本根，而不是仅仅只知道良心作用的一个端倪而已。"

朱熹说："这两个方法确实都应该被重视，不能有所偏向。然而儒家的教育方法是对怎样保持良心讲得比较详细，而对怎样体会、观察讲得很少，与这一章节表达的意思正好相反。学者仔细阅读，对它的得与失就能有所见解。孟子指明齐宣王爱牛之心是良心的发端，是根据齐威王已经懂得的而引导他，并不是认为必须这样，才能获得仁德。如果一定要根据良心显现的端倪去认识良心的本根，还不如只培养良心的本根，就像植树一样，根本固定，枝叶自然茂盛。"

天地，圣人之父母；圣人，天地之子也。有父母则有子矣，有子则有父母矣，此万物之所以著见、道之所以名也。非圣人能名道也，有是道则有是名也。圣人指明其体曰性，指明其用曰心。性不能不动，动则心矣。圣人传心，教天下以仁也。

熹按：心性体用之云，恐自上蔡谢子失之。此云"性不能不动，动则心矣"，语尤未安。凡此心字，皆欲作"情"字，如何？

栻曰："心性分体用，诚为有病。此若改作'性不能不动，动则情矣'一语，亦未安。不若伊川云'自性之有形者谓之心，自性之有动者谓之情'，语意精密也。此一段似亦不必存。"

熹详此段诚不必存，然"性不能不动"，此语却安，但下句却有未当尔。今欲存此以下，而颇改其语云："性不能不动，动则情矣。心主性情，故圣人教人以仁，所以传是心而妙性情之德。"又按：伊川有数语说"心"字皆分明，此一段却难晓。不知"有形"二字合如何说。

【译文】天地，是圣人的父母。圣人，是天地的子女。有父母就会有子女，有子女会有父母，这是宇宙万物能够被认识、道得以命名的原因。不是圣人能够给道命名，而是有了道才有了道的名字。圣人指明道的本体是性，作用是心。性不能不运动，一旦运动就成为心。圣人传授的是关于心的学问，用仁来教育天下民众。

朱熹按：性是本体，心是作用的讲法，大概是从谢良佐开始的。这里说“性不能不运动，一旦运动就成为心”，对这句话我真的不能苟同。把“心”改作“情”字，会怎样呢？

张栻说：“把心与性分别说成本体与作用，确实不妥。如果改成‘性不能不运动，一旦运动就成为情’，似乎也不妥当。都不如程颐说的‘从性有形状的角度来说，称为心，从性有感动的角度来说，称为情’意思表达精确严密。这一段话似乎也应该删除。”

我（朱熹）也认为这一段话应该删除，但“性不能不运动”这句话还是可以保留的，下面的话就说得不妥当了。如果想要下面的话也保留，应该改为：“性不能不运动，一旦运动就成为情。心主宰性与情，所以圣人用仁来教育天下民众，传授心主宰性情的学问。”又按：程颐有许多关于心的言论，都意思明确，然而这一段话却令人费解，不知“有形”这两个字应该怎样理解。

诚者，命之道乎？中者，性之道乎？仁者，心之道乎？惟仁者为能尽性至命。

【译文】诚，是生命的规律吗？中，是性的规律吗？仁，是心的规律吗？只有仁德的人才能彻底研究天下万物的本性、直到生命。

仁者，天地之心也，心不尽用，君子而不仁有矣。

【译文】仁，是天地的心，心是不能被使用穷尽的，君子之中不仁的人是有的。

释氏之学，必欲出死生者，盖以身为己私也。天道有消息，故人理有始终。不私其身，以公于天下，四大和合，无非至理；六尘缘影，无非妙用。何事非真？何物非我？生生不穷，无断无灭，此道之固然，又岂人之所能为哉？夫欲以人为者，吾知其为邪矣。

【译文】佛教的学问，总想着超出生死轮回，大概是因为把身体当成了私己的东西。天的规律是有增有减，所以人的规律是有始有终。不把身体看作私己的东西，而看做是世界公共的一部分，四种元素组合成世界，就是真理；六种境界缘于幻影，也是奇妙的作用。什么事情不是真的呢？什么事物不是我呢？生生不息，没有断灭，这是固然的规律，不是人为做成的。如果有人认为这些都是人为造成的，我知道这肯定是异端邪说。

法制者，道德之显尔；道德者，法制之隐尔。天地之心，生生不穷者也。必有春秋冬夏之节、风雨霜露之变，然后生物之功遂。有道德结于民心，而无法制者为无用。无用者亡〔刘虞之类〕。有法制系于民身，而无道德者为无体，无体者灭〔暴秦之类〕。是故法立制定，苟非其人，亦不可行也。

【译文】法制，是道德的显著；道德，是法制的隐微。生生不息是天地的心。有了春夏秋冬四季的转化，风雨霜露气候的变化，然后天地生育万物的功业才得以完成。民心产生了道德，没有法律遏制就不能产生作用。不能产生作用就会导致灭亡（就像刘虞等人）。有法制控制百姓，而没有道德的是没有本体，没有本体也导致灭亡（比如暴虐的秦朝），所以即使法律被制定了，没有合适的人执行，也不能产生作用。

圣人尚贤，使民知劝；教不能，使民不争；明善恶之归，如日月之照白黑，然民犹有惑于欲而陷于恶。故孔子观上世之化，喟然而叹曰："甚哉，知之难也。"虽尧舜之民比屋可封，能使之由而已，亦不能使之知也。夫人目于五色，耳于五声，口于五味，其性固然，非外来也。圣人因其性而导之，由于至善，故民之化之也易。老子曰："不见可欲，使心不乱。"夫可欲者，天下之公欲也，而可蔽之使不见乎？天地之生生万物，圣人之生生万民，固其理也。老聃用其道，计其成，而以不争行之，是舞智尚术，求怙天下之权以自私也。其去王事远矣。

【译文】圣人崇尚贤德之人，使民众知道勉励；教育没有才能的人，使他们不相互争夺；阐明善恶的区别，就像日月昼夜的不同，然而民众还是受到欲望的诱惑而陷于罪恶。所以孔子看到上古时代的教化，感叹地说："使民众有知识是多么困难啊！"即使尧舜时代的民众，家家都有德行，也只是让他们跟着走，也不能使他们知道为什么。人的眼睛能看到五种颜色，耳朵能听到五种声音，嘴巴能品尝出五种味道，这是人性本来具备的，不是从外部得来的。圣人只是顺着人的本性加以引导，跟从最善的人，教化民众也就容易。老子说："不显露足以引起贪欲的物事，心思就不至于被扰乱。"能够引起欲望的东西，对天下人都能引起欲望，怎么能隐藏它使天下人都看不见呢？天地的本性是生育万物，圣人的本性是教化万民，这是当然的道理。老子使用自己的学说，盘算自己的成功，却以与世无争姿态展示与人，这是舞弄智慧、崇尚权术，依仗治理天下的权利为自己谋利啊。他的思想距离王者之事差远了。

气主乎性，性主乎心。心纯，则性定而气正；气正，则动而不差；动而有差者，心未纯也。告子不知心，而以义为外，无主于中，而主于言，言有不胜，则惑矣，而心有不动乎？北宫黝、孟施舍以气为本，以果为行。一身之气，有时而衰，而心有不动乎？曾子、孟子之勇原于心，在身为道，处物为义，气与道义同流，融合于视听言动之间，可谓尽性者矣。

【译文】气受性的主宰，性受心的主宰。心是纯净的，性与气就会安定；气安定，行动就不会有差错；行动有差错，是因为心不够纯净。告子不懂心而把义看做是外在的，内心没有主宰，却把语言当做主宰，争辩不过别人时就会迷惑，这样心能不动吗？北宫黝、孟施舍以气为根本，用果敢去做事。身上的气有时候会衰竭的，心怎么能不动呢？曾子、孟子的勇气源于良心，在身体上表现为道，对待人与事物时表现为义，气与道、义交汇在一起，在行为举止间融合，可称得上穷尽本性了。

有德而富贵者，乘富贵之势以利物；无德而富贵者，乘富贵之势以残身。富贵，人之所大欲；贫贱，人之所大恶。然因贫贱而修益者多，因富贵而不失于昏淫者寡。则富贵也，有时而不若贫贱矣。

【译文】有德性而且富贵的人，能够凭借富贵做有利于他人的事情；没有德性而富贵的人，凭借富贵残害自身。富贵，是人人都向往的；贫贱，是人人都厌恶的。然而因为贫贱而修德的人会多，因为富贵而变得昏庸、淫逸的也很多。所以富贵有时候还不如贫贱。

学欲博，不欲杂；守欲约，不欲陋。杂似博，陋似约，学者不可不察也。

【译文】学问应该广博，不应该驳杂；操守应该简约，不应该简陋。驳杂与广博相似，简陋与简约相似，学者不能不仔细分辨。

荀子曰："有治人，无治法。"窃譬之欲拨乱反之正者，如越江湖，法则舟也，人则操舟者也。若舟破楫坏，虽有若神之技，人人知其弗能济矣。故乘大乱之时，必变法。法不变而能成治功者，未之有也。

【译文】荀子说："有使国家安定的人，没有使国家自行安定的法制。"我私下用来比喻那些想要治理混乱局面，恢复正常秩序的人，比如要渡过大江大湖，法律就是船，人就是舵手。如果船与楫都坏掉了，即使他有神仙一样的技术，也不能渡到对岸。在遇到天下动荡的时候，一定要改革法制。从没有不改变法制而能治理天下成功的人。

欲拨乱兴治者，当正大纲。知大纲，然后本可正，而末可定。大纲不知，虽或善于条目，有一时之功，终必于大纲不正之处而生大乱。然大纲无定体，各随其时。故鲁庄公之大纲在于复仇也，卫国之大纲在于正名也。仇不复，名不正，虽有仲尼之德，亦不能听鲁、卫之政矣。

【译文】想要治理混乱局面，恢复正常秩序的人，应当先端正主要的法纪。对主要的法纪有了解，然后才能知道什么是根本的东西，什么是次要的东西。对主要的法纪都没有了解，即使在具体条目上制定得很完美，能够取得一时的成效，终究会在主要的法纪没有端正的地方产生大的动乱。治理国家的主要法纪是没有固定内容的，随着时代的变化也应该有变化。所以鲁庄公治国的主要法纪主要是为了报仇，卫国的主要法纪主要是纠正名分。仇不报，名分不纠正，即使有孔子那样的品德，也不能治理好鲁国和卫国。

人之于天地，有感必应，犹心之于身，疾痛必知焉。

【译文】人对天地的感受一定会得到响应，就像心对身体的疼痛一定会知道一样。

天下莫大于心，患在不能推之尔；莫久于性，患在不能顺之尔；莫成于命，患在不能信之尔。不能推，故人物内外不能一也；不能顺，故死生昼夜不能通也；不能信，故富贵贫贱不能安也。

【译文】世上最大的东西是心，只是人不能把它推及到极致；最长久的东西是性，只是人不能顺从它的要求；最现成的是命运，只是有人不相信。不能把心推及到极致，所以人与事物、内心与外界事物都不能统一；不能顺从心的要求，所以生与死、白天与黑夜不能相通；不能相信命运的安排，所以富贵之人与贫贱之人都不得安宁。

大哉性乎！万理具焉，天地由此而立矣。世儒之言性者，类指一理而言之尔，未有见天命之全体者也。

【译文】伟大的性，具备所有的道理，天地由于它才得以确立。世俗儒者谈论性，都是用一个具体道理去说明它，没有认识到性的整体。

万物不同理，死生不同状，必穷理，然后能一贯也。知生，然后能知死也。人事之不息，天命之无息也。人生在勤，勤则身修、家齐、国治、天下平。虽然，勤于道义，则刚健而日新，故身修、家齐、国治、天下平也。勤于利欲，则放肆而日怠，终不能保其身矣。

禹、汤、文、武，丹朱、桀、纣可以为鉴戒矣。贵为天子，富有天下，尚不能保其身，而况公卿大夫士庶人乎？

【译文】万物各自有各自的道理，生与死也具有不同的形态，只有穷究它们的道理，然后才能融会贯通；了解生命，才能懂得死亡。人世间的事永远不会停止，是天命永不停息的表现。人生的意义在于勤劳，勤劳就能使身心得到修养，家庭得到整治，国家得到治理，天下得到安宁。虽然勤于道德正义，就会刚健而日日更新，能够身心得到修养，家庭得到整治，国家得到治理，天下得到安宁。但勤于私利欲望，就会放纵而日渐倦怠，最终连自己的生命都不能保住。夏禹、商汤、周文王、武王，丹朱、夏桀、商纣这些人就是例子。贵为天子，拥有天下的财富，还不能保住自己的生命，何况那些公、卿、大夫、士，以及普通人呢？

学，即行也。非礼，勿视听言动。学也，行之也，行之行之，而又行之。习之不已，理与神会，能无悦乎！学，行之上也，言之次也，教人又其次也。是以识前言往行，为学而已。扬雄何其陋之甚也！此大驳也，非小疵也。

【译文】学习，就是实践。不符合礼仪的，就不能看、不能听、不能说、不能动。学习，就是实践，反复地实践。永远不停止实践，理与心神交会，不是很值得高兴吗？对于学习，最高的层次是实践它，其次是谈它，最低的层次是用它教育别人。所以如果想了解古人的言行，学习它就行了。扬雄的学习方法实在太简陋了！这不是小的瑕疵，而很大的斑驳啊！

张栻

绵竹人，迁居衡阳。字敬夫。累官户部侍郎右文殿修撰，卒年四十八，谥宣。栻颖悟夙成，长师胡宏，以古圣贤自期，尤严于义利之辨，学者称南轩先生。有《南轩易说》《癸巳论语解》《癸巳孟子说》《南轩集》。

【译文】绵竹（四川绵竹县）人，迁居衡阳（今属湖南）。字敬夫。官做到户部侍郎右文殿修撰，去世时四十八岁，谥号为宣。张栻很小就天资聪颖，跟从胡宏学习，把成为圣贤作为自己的志向，尤其对义利之辨这个问题很重视，读书人称他为南轩先生。著作有《南轩易说》《癸巳论语解》《癸巳孟子说》《南轩集》等。

孟子讲义序

学者潜心孔孟，必得其门而入，愚以为莫先于义利之辨，盖圣学无所为而然也。无所为而然者，命之所以不已，性之所以不偏，而教之所以无穷也。凡有所为而然者，皆人欲之私，而非天理之所存，此义利之分也。自未尝省察者言之，终日之间鲜不为利矣，非特名位货殖而后利也。斯须之顷，意之所向，一涉于有所为，虽有浅深之不同，而其狥己自私则一而已，如孟子所谓内交要誉恶其声之类是也。是心日滋，则善端遏塞，欲迩圣贤之门墙以求自得，岂非却行以望及前人乎？使谈高说妙，不过渺茫臆度，譬犹无根之木，无源之水，其何益乎？学者当立志以为先，持敬以为本，而精察于动静之间，毫厘之差，审其为霄壤之判，则有以用吾力矣。学然后知不足，平时未觉吾利欲之多也。灼然有见于义利之辨，将日救过不暇，由是而不舍，则趣益深，理益明，而不可以已也。孔子曰："古之学者为己，今之学者为人。"为人者无适而非利，为己者无适而非义。曰利，虽在己之事，亦为人也；曰义，则施诸人者，亦莫非为己也。嗟乎！义利之辨大矣，岂特学者治己之所当先，施之天下、国家，一也。王者所以建立邦本，垂裕无疆，以义故也；而伯者所以陷溺人心，贻毒后世，以利故也。《孟子》当战国横流之时，发挥天理，遏止人欲，深切著明，拨乱反正之大纲也。其微辞奥义，备载七篇之书，如某者，虽日服膺而学力未充，何足以窥究万一，试以所见与诸君共讲之，愿无忽深思焉。

【译文】求学者潜心于孔孟理论的学习，定要寻到入学的门径，我认为应从义利之辨入手。大约圣贤的作为并非是一种刻意的追求。不刻意追求而成为圣贤，命运因此而不停止，人性因此而不偏颇，教育因此而不穷困。凡是刻意追求的行为，都是人的私欲，天理不存其中，这是义与利的分界。对那些没有领悟到这一点的人来说，每天的活动很少不是为了利的，并不是仅指取得了名誉地位，货财有了增长才算为利的，顷刻之间，有所向往，只要是刻意的行为，即使程度有浅深的不同，徇私的结果都是一样的。像孟子所说的“内交”、“要誉”、“恶其声”就是这一类的事情。徇私之心日益滋长，“善端”就被阻塞，要想接近圣贤的门墙以求“自得”之道，岂不等于倒退着走却期望能追上前面的人吗？即使能谈高论远，释说微妙，也不过是漫无边际的主观猜测，好比是无根之木，无源之水，能有什么益处吗？求学者应当以立志为先务，以持敬为根本，洞察情欲发动之际，毫厘之差，即当做天壤之别而审慎地对待，这样就有努力的方向了。经过学习才能发现自己的不足。平时很难觉察自己的利欲是如此之多，对义利的分界有了明白透彻的认识后，会整日挽救过失都来不及，如此坚持不懈，志趣就会深入，对天理的认识就更加明确，进步就不会停止。孔子说：“古代人学习是为了修身，现代人学习是为了取悦于人。”“为了取悦于人”，无论做什么都归于利；“为修身”，无论做什么都归于义。归于利，即使在自身上下了工夫也是“为取悦人”；归于义，即使是施之于他人也是为了“修身”。唉！义利之辨的意义是重大的，不仅求学者应作为修身的先务，用在对天下国家的治理上也是一样的。王者之所以能建邦立本，功业永传，是实行义的结果；霸者之所以腐蚀人心，贻毒后世，是追求利的结果。在物欲横流的战国时代，《孟子》这部书，揭示天理，遏止人欲，深刻且明确，成了拨乱反正的纲领。其七篇之中，尽皆微辞奥义，像我这样的人，即使每日牢记心中，学习能力却有限，难于窥见其很小的一部分。这里，尝试着以我的见解与大家来共同讲习，望能重视，并予以深思。

陆九韶

金溪人，字子美。与弟九龄、九渊相为师友。尝讲学于梭山，因号梭山居士。其学以切于日用为要，昼之言行，夜必书之。清李绂志《学编》曰：“《梭山老圃集》四十卷，见《宋史·艺文志》，明季内阁书目尚有之，今购求不可得。只从其家谱录出《居家正本制用》四篇，而修身齐家之要，已大备矣。”按此四篇，今《象山全集》亦附载有之。

【译文】金溪（今属江西）人，字子美。与他的弟弟陆九龄、陆九渊互为师友。曾经在梭山讲学，因而号称梭山居士。他的学问以贴近生活为特点，白天的言行举止，到夜晚一定要记录下来。清代李绂在《学编》上记述：“《宋史·艺文志》记载有《梭山老圃集》四十卷，明代内阁还保存有书目，现在已经买不到了。只能从陆氏家谱里面摘录《居家正本制用》共四篇，关于修身齐家的要点，已经很完备了。”这四篇文章，现在《象山全集》也附载了。

居家正本上篇

古者民生八岁，入小学，学礼乐射御书数。至十五岁，各因其材而归之四民。故为农工商贾者，亦得入小学七年，而后就其业。其秀异者，入大学而为士，教之德行。凡小学大学之教，俱不在言语文字。故民皆有实行，而无诈伪。自井田废坏，民无所养。幼者无小学之教，长者无文学之师，有国者设科取士，其始也投名自荐，其终也糊名考校。礼义廉耻，绝灭尽矣。学校之养士，非养之也，贼夫人之子也。父母之教子，非教之也。是驱而入争夺倾险之域也。愚谓人之爱子，但当教之以孝悌忠信。所读须先《六经》《语》《孟》，通晓大义。明父子君臣夫妇昆弟朋友之节，知正心修身齐家治国平天下之道。以事父母，以和兄弟，以睦族党，以交朋友，以接邻里，使不得罪于尊卑上下之际。次读史，以知历代兴衰，究观皇、帝、王、霸，与秦汉以来为国者，规模措置之方。此皆非难事，功效逐日可见，惟患不为耳。

【译文】古代的人，在八岁时要进入小学，学习礼仪、音乐、射箭、驾车、文字、数学。到了十五岁，根据他们的才智把他们分为士农工商四种职业。所以士农工商四种职业的人，都能进入小学学习。七年后开始从事自己职业。其中优秀的，进入太学，成为读书人，教他们进修德行。当时不论是小学还是太学的教学，都不专注于教语言文字，而注重道德的培养，所以人们朴实而不诈伪。自从井田制废除以后，百姓没有生活的来源，幼儿没有初级教育的学校来接受教育，年纪大的人没有教写文章的老师，有的诸侯国，设立科举考试，最初是投名自己推荐自己，最终是糊名考试。礼义廉耻，全部被灭尽。学校本来是培养读书人，现在却并不是真正的培养，而是在误人子弟。父母教育孩子，却也不是在真正的教育，而是在驱使他进入歧途。我认为如果真爱自己的孩子，应该教会他孝弟忠信等美德。他读的书，应该先从《六经》开始，然后是《论语》《孟子》，要知道经典的意义所在。懂得父子、君臣、夫妇、昆弟、朋友之间的礼节，知晓正心、修身、齐家、治国、平天下的道理。懂得怎样侍奉父母，与兄弟友爱相处，与宗族和睦，懂得怎样结交朋友，接待相邻，在与尊卑、上下各方面的人交往之际，不致得罪他人。然后阅读史书，以便知道朝代的更替，考察皇、帝、王、霸四个阶段，以及秦汉以来的君主是治理国家的方法。这样学习的效果就会逐渐显现出来，只是担心不这样做啊！

世之教子者，不知务此，惟教之以科举之业。志在于荐举登科，难莫难于此者。试观一县之间，应举者几人，而与荐者有几。至于及第，尤其希罕，盖是有命焉，非偶然也。此孟子所谓求在外者，得之有命，是也。至于止欲通经知古今，修身为孝弟忠信之人，特恐人不为耳。此孟子所谓求则得之，求在我者也。此有何难，而人不为耶。况既通经知古今，而欲应今之科举，亦无难者。若命应仕宦，必得之矣。而又道德仁义在我，以之事君临民，皆合义理，岂不荣哉！

【译文】世上父母教诲子女，不知道这样做，只教他们应试科举。志向定在荐举登科上，困难也集中在这一点上。想想看，一个县应举的有多少人，真能成功的又有几人。至于考中进士的，那就更少了。大概这是命中注定了的，不是偶然的。这就是孟子所说的要想在外当官，必须有命运和机遇。至于教子女做一个通晓经术知道古今变化，加强自身修养成为孝弟忠信的人，还害怕别人不这样做。这是孟子所说的是通过主观努力可以达到的，这又有什么难处呢？但人们不向这方面努力。何况，你既然精通经术知道古今变化，那么参加科举考试也就没有困难。如果命令我当官，也是得心应手的事情。自己拥有道德仁义的高度修养，用它事俸君王、统治百姓，都可符合义理要求，难道不是一件荣耀的事情吗？

居家正本下篇

人孰不爱家、爱子孙、爱身?然不克明爱之之道,故终焉适以损之。请试言其略。一家之事,贵于安宁和睦悠久也。其道在于孝弟谦逊。重仁义而轻名利,夫然后安宁和睦,可安而享也。今则不然,所谓逊让仁义之道,口未尝言之。朝夕之所从事者,名利也。寝食之所思者,名利也。相聚而讲究者,取名利之方也。言及于名利,则洋洋然有喜色。言及于孝悌仁义,则淡然无味而思卧。幸其时数之遇,则跃跃以喜。小有阻意,则躁闷若无容矣。如其时数不偶,则朝夕忧煎,怨天尤人。至于父子相夷,兄弟叛散,良可悯也。岂非爱之适以损之乎?

【译文】谁不爱家,爱子孙,爱自己?但不知道爱的道理,所以到头来,反而害了家庭、子女和自己。我简单地说明一下吧!一个家庭,可贵的是安宁和睦长久。这要靠孝悌、谦逊来维持。重仁义而轻名利,然后才可以安享安宁和睦。现在的人却不是这样,逊让仁义的道理,从没有苦口婆心地说过。朝夕从事的是名利,睡觉吃饭想的是名利,聚集在一起讨论的是如何取得名利。谈到名利,就得意洋洋。谈到孝悌仁义,就索然无味。只想躺在那里,等待好运,沾沾自喜。遇到小的障碍,就急躁,无地自容。如果运气不好,就朝夕忧虑,怨天尤人。甚至父子闹翻,兄弟叛散,实在可悲啊!难道不是爱他反而害了他吗?

夫谋利而遂者,不百一。谋名而遂者,不千一。今处世不能百年,而乃徼幸于不百一、不千一之事,岂不痴甚矣哉!就使遂志,临政不明仁义之道,也何足为门户之光耶?愚深思熟虑之日久矣,而不敢出诸口。今老矣,恐一旦先朝露而灭,不及与乡曲父兄子弟语及于此,怀不满之意于冥冥之中,无益也。故辄冒言之,幸垂听而择焉!

【译文】谋利而如愿的人,百人中间没有一个。谋名而如愿的人,千人中间没有一个。人活不到一百年,而侥幸想获取成功率不高的名和利,难道不是太愚蠢了吗?即使是如愿获取了名利,但参与管理国家事务时不知道仁义的道理,这怎么可称得上是家门的光荣呢?我深思熟虑了很长的时间了,而一直没有开口说出。现今老了,恐怕一旦去世,来不及跟乡亲父兄子弟谈到这一想法,心怀不满,在九泉之下,也不甘心。所以就提出这一想法,希望你们认真听取,慎重选择。

夫事有本末，知愚贤不肖者本，贫富贵贱者末也。得其本，则末随。趋其末，则本末俱废。此理之必然也。何谓得其本则末随？今行孝弟，本仁义，则为贤为知。贤知之人，众所尊仰。箪瓢为奉，陋巷为居，己固有以自乐，而人不敢以贫贱而轻之。岂非得其本，而末自随之。夫慕爵位，贪财利，则非贤非知。非贤非知之人，人所鄙贱。虽纡青紫，怀金玉，其胸襟未必通晓义理。亦无以自乐，而人亦莫不鄙贱之。岂非趋其末，而本末俱废乎。

【译文】凡事都是有本有末的，智慧、愚蠢、贤明、不肖是根本，贫穷、富裕、高贵、贫贱是枝叶。得到了根本，也就得到了枝叶。如果一味地追逐枝叶，就会本末都失去。这是必然的道理。什么叫得到了根本，也就得到了枝叶？如果有人实行孝悌，以仁义为根本，就会成为贤人、智慧之人。贤人、智慧之人是人们都仰慕的。像颜回一样，靠箪食瓢饮维持生活，居住在陋巷，自己有自己的追求，别人也不敢因贫贱而轻视他。那些羡慕爵位，贪图财富利益的人，就不是贤人、智慧之人。不是贤人、智慧之人，人们就会鄙视他。即使他身居高位，富有金玉，他也不一定懂得仁义道德。自己没有自己的追求，别人都会鄙视他。这难道不是追逐枝叶而本末都是去了吗？

况贫富贵贱，自有定分。富贵未必得，则将陨获而无以自处矣。斯言往往招人怒骂，然愚谓或有信之者，其为益不细。相信者稍众，则贤才自此而盛，又非小补矣。

【译文】况且人的富贵贫贱，都是命中注定的。往往富贵还没得到，死亡就已临近，即使得到了也没法享受。我这些话往往招人怒骂，但是如果有人相信，一定会获益不小。如果相信的人很多，那么天下就会产生很多的贤才，这对于国家社稷是很有帮助的。

居家制用上篇

古之为国者，冢宰制国用。必于岁之杪，五谷皆入，然后制国用。用地大小，视年之丰耗。三年耕必有一年之食，九年耕必有三年之食。以三十年之通制国用，虽有凶旱水溢，民无菜色。国既若是，家亦宜然。故凡家有田畴，足以赡给者，亦当量入以为出。然后用度有准，丰俭得中，怨讟不生，子孙可守。

【译文】古时冢宰管理国家经济，在年末收成后，制定国家下一年的用度。费用多少，要根据收成的好坏。三年的收成要留一年储备，九年就要留三年的储备。如果作长远打算，留足储备，虽然发生战乱或水旱灾害，就不会有饥民。治国这样，治家也是如此。所以有田地足以供给生活的人家，也应当量入为出，然后用度才有标准。无论多少，用度都要适中，这样做不仅不生怨谤，而且子孙也可以守业。

今以田畴所收，除租税及种盖粪治之外，所有若干，以十分均之。留三分为水旱不测之备，一分为祭祀之分，六分分十二月之用。取一月合用之数，约为三十分，日用其一。可余而不可尽。用至七分为得中，不及五分为太啬。其所余者，别置簿收管，以为伏腊裘葛，修葺墙屋，医药宾客，吊丧问疾，时节馈送。又有余，则以周给邻族之贫弱者，贤士之困穷者，佃人之饥寒者，过往之无聊者，毋以妄施僧道。盖僧道本是蠹民，况今之僧道，无不丰足，施之适足以济其嗜欲，长其过恶，而费农夫血汗勤劳所得之物，未必不增吾冥罪，果何福之有哉？

【译文】现在我们在一年的收人中扣去租税等费用，把剩下的平均分成十份。留三份作应付意外事情的储备，一份作年中祭祀费用，六份为十二个月生活费用。然后把一月费用分三十份，每天用一份，可以剩余但不可用完。剩余的要立帐管好，以作节日及医药等用。再有剩余，可接济贫穷之人，但不可随便施舍给和尚、道士，因为和尚、道士是白吃饱的人。何况现在的和尚、道士，无不丰足，如施舍他们必将助长他们的贪心和恶行，而白费了农夫用血汗勤劳而获得的财物，而且施舍与和尚、道士只能增加罪过，有什么福可得呢？

其田畴不多，日用不能有余，则一味节啬。裘葛取诸蚕绩，墙屋取诸蓄养，杂种蔬果，皆以助用。不可侵过次日之物，一日侵过，无时可补，则便有破家之渐，当谨戒之。

【译文】如果田产不多，每天所用不能有剩余，就要加以节省。穿衣要自己养蚕，自己织布，修葺房屋的费用，则从饲养家畜中来。间种蔬菜果品，都用以辅助日用。日常开销头一天不可挪用第二天的财物，因为一天挪用了，很难再补上，这是败家的开端。应当警惕。

其有田少而用广者，但当清心俭素，经营足食之路。于接待宾客，吊丧问疾，时节馈送，聚会饮食之事，一切不讲。免至于求亲旧，以滋过失。责望故索，以生怨尤。负讳通借，以招耻辱。家居如此，方为称宜。而远吝侈之咎。积是成俗，岂惟一家不忧水旱之灾，虽一县、一郡、通天下皆无忧矣。其利岂不溥哉！

【译文】如果田地少而开销大，便应清心节俭，开发解决生计的财源。要免去招待宾客、吊丧问候、节日馈赠、聚会宴饮等用钱多的事。这样既可以免去求人而产生的过失，又可避免亲朋旧故因款待不周而产生的怨恨，更可避免多方借债而遭受的耻辱。这样做才是持家的好方法。能够做到不吝啬，不奢侈，一旦形成风气，不仅一家一户不用担忧水旱之灾，普天之下也都不会有忧愁了。这益处不是很大吗？

居家制用下篇

居家之病有七：曰笑，曰游，曰饮食，曰土木，曰争讼，曰玩好，曰惰慢。有一于此，皆能破家。其次贫薄而务周旋，丰余而尚鄙啬，事虽不同，其终之害，或无以异，但在迟速之间耳。夫丰余而不用者，疑若无害也，然己既丰余，则人望以周济。今乃恝然，必失人之情。既失人情，则人不佑。人惟恐其无隙，苟有隙可乘，则争媒蘖之。虽其子孙，亦怀不满之意。一旦入手，若决堤破防矣。

【译文】居家的害处有七种，这就是笑骂戏谑、乱交游、大吃大喝、大兴土木、与人争讼、讲究玩乐、懒惰散漫。有了其中某一方面，就足以破家。其次就是家庭贫穷、底子薄，却爱好应酬，家庭丰余而一味吝啬，这两种情况不同，但其有害的结果是一样的，只是时间的快慢不同罢了。家庭丰余，不随便乱花，好像没有害处。但你既然有了余财，那么别人就指望你予以周济。你却无所谓的样子，一定会得罪人。既然得罪了别人，那么别人就不会帮助你。甚至只担心你没有空子可钻，一旦有了可钻的空子，那么就会有人争着构陷诬害你。即使他的子孙，也会心怀不满，一旦有了动手的机会，那你就难逃厄运了。

前所言存留十之三者，为丰余之多者制也。苟所余不能三分，则存二分亦可。又不能二分，则存一分亦可。又不能一分，则宜撙节用度，以存赢余，然后家可长久。不然，一旦有意外之事，必遂破家矣。

【译文】前面所说的存留十分之三，是为富裕人家制定的。如果所剩余的不能分为三份，二份也可以；如不能分为二份，存一份也可以。如果连一份也不能分，就应当节省用度，以便能有所结余，这样家道才可长久。否则万一碰到意外的事，会立即破家。

前所谓一切不讲者，非绝其事也，谓不能以货财为礼耳。如吊丧，则以先往后罢为助。宾客则樵苏供爨，清谈而已。至如奉亲最急也，“啜菽饮水尽其欢，斯之谓孝”。祭祀最严也，“蔬食菜羹”，足以致其敬。凡事皆然，则人固不我责，而我亦何歉焉？如此，则礼不废而财不匮矣。

【译文】前边所说一切不讲究的，并不是说什么事情都不做，而是指不以钱财作礼物。比如人家有丧事，帮忙可以先去后走。如有来客可以粗茶淡饭待客。至于侍奉双亲，只要能使其心顺尽欢，即使吃豆喝白水也算是做到了孝。祭祀有严格的要求，蔬食菜羹足以表示敬意。凡事都如此办理，别人就不会责怪你，你也没有什么亏欠。这样既不失礼仪，钱财也不会匮乏。

前所言以其六分为十二月之用，以一月合用之数约为三十分者，非谓必于其日用尽，但约见每月每日之大概。其间用度，自为赢缩。惟是不可先次侵过，恐难追补。宜先余而后用，以无贻鄙啬之讥。

【译文】前边说以总数中的六份作一年的费用，把一月所用数分三十份，不是说一定要在当日用完，而是估计大致的费用。其中的用度，要在数内增减，决不可事先挪用，用了就很难再补上。应先有剩余而后去用，这样别人就不会说你吝啬。

世所用度，有何穷尽？盖是未尝立法，所以丰俭皆无准则。好丰者，妄用以破家；好俭者，多藏以敛怨。无法可依，必至于此。愚今考古经国之制，为居家之法，随赀产之多寡，制用度之丰俭。合用万钱者，用万钱不谓之侈；合用百钱者，用百钱不谓之吝。是取中可久之制也。

【译文】人们日常生活费用是没有穷尽的，因为这方面又没有立法，所以没有统一的标准。奢侈的，妄用以致败家；节俭的，多聚敛以致积怨。没有法律加以规范，势必变化无常，冷热不均。我现在参考古代治国的办法，制定居家的法规，是根据财产的多少而制定用度的多少。该多花销的就多花销，不能说是奢侈；该少花销的就少花销，不能说是吝啬。这是采用适中可保长久的办法。

陈　亮

永康人，字同甫。才气超迈，喜谈兵，志存经济。隆兴初，上中兴论五首，不报。淳熙中，更名同，诣阙上书，极言时事。帝将官之，亮即渡江而归。光宗策进士，问礼乐刑政之要，亮以君道师道对，御笔擢为第一，授签书建康府判官，未之官卒。亮尝自言其文：“研穷义理之精微，辨析古今之异同，于诸儒或有所愧，至堂堂之阵，正正之旗，推倒一世之智勇，开拓万古之心胸，自谓差有一日之长。”著有《龙川集》三十卷。

【译文】永康（今属浙江）人，字同甫。才气异于常人，喜欢谈论军事，以经邦济国作为自己的志向。隆兴初年，上奏朝廷《中兴五论》，奏入不报。淳熙中期，把名字改为亮，再次给朝廷上书，竭力陈说时事。皇帝打算给他授予官职，他就渡过长江回家乡去了。光宗以礼乐刑政的要点策问进士，陈亮用君道、师道对答，被皇帝钦点为状元，授予签书建康府判官，没有赴任就去世了。陈亮曾经自己评价自己的文章：“如在理论研究上极尽精深微妙，对古今的同异辨析入微，我在这些方面与“诸儒”相比的确是感到惭愧的。若是部署宏大的战阵，使部伍整肃有序，怀抱足以推倒一世的智慧果敢，具有开拓万古的博大胸襟，在这些方面，我自以为还是稍胜一筹的。”著作有《龙川集》三十卷。

与朱元晦秘书书

比者匆匆奉状，聊以致其平时所欲言者耳，非敢与长者辨。乃承谆复下谕，所宜再拜受教，而纸末之谕，尤使人恻然有感。自当一切不论，然其间亦有不可不言者。

【译文】近来几次通信，是想讲一些一直想讲的话，不是想与你争辩。承你不厌其烦再次给我回信，理当接受你的教诲，特别是信末说的话，使人深有感触。本当不必讲了，然而看了来信却使我不得不再讲几句。

如亮之本意，岂敢求多于儒先？盖将发其所未备，以窒后世英雄豪杰之口而夺之气，使知千涂万辙，卒走圣人样子不得；而来谕谓亮“推尊汉唐，以为与三代不异，贬抑三代以为与汉唐不殊”，如此则不独不察其心，亦并与其言不察矣。某大概以为三代做得尽者也，汉、唐做不到尽者也，故曰：“心之用有不尽而无常泯，法之文有不备而无常废。”惟其做得尽，故当其盛时，三光全而寒暑平，无一物之不得其生，无一人之不遂其性；惟其做不到尽，故虽其盛时，三光明矣而不保其常全，寒暑运矣而不保其常平，物得其生而亦有时而夭阏者，人遂其性而亦有时而乖戾者。本末感应，只是一理。使其田地根本无有是处，安得有来谕之所谓“小康”者乎？只曰“获禽之多”，而不曰“随种而收”，恐未免于偏矣！

【译文】照我的本意，怎么敢苛求儒家先辈呢！我不过是阐发儒家先辈讲得不完备的地方，来堵塞后世那些信口雌黄之辈并驳倒他们，告诫他们论学立说，不要走掉了圣人的样子。你来信说我推崇汉、唐，认为与三代没有什么不同，贬低三代，认为与汉、唐没有什么两样。这样，不但没有领会我的本意，连我的话也被误解了。我大体认为三代做得彻底，汉、唐做得不彻底，所以说：“人心有不完善的地方，但不会泯灭；法律条文有不齐全的地方，但也不会完全废而不用。”只是因为三代做得彻底，所以在它兴盛时，三光俱全，岁月平安，万物繁荣茂盛，百姓安乐。只是因为汉、唐做得不彻底，所以虽然兴盛，三光明亮，但不能长久俱全；岁月平安，但不能长期保持；万物繁茂，但有时也遭摧折；人们安乐，但有时也有动乱。动机与效果互相联系，就是这个道理。假使汉、唐的帝王一无是处的话，怎么会有你来信所说的小康社会呢？只讲打猎获得禽兽很多，不讲先有播种才有收获，恐怕太片面了。

孔子之称管仲曰：“桓公九合诸侯，不以兵车，管仲之力也。如其仁，如其仁。”又曰：“一匡天下，民到于今受其赐。微管仲，吾其被发左衽矣。”说者以为孔氏之门，五尺童子，皆羞称五霸；孟子力论霸者以力假仁；而夫子称之如此，所谓“如其仁”者，盖曰似之而非也。观其语脉，决不如说者所云。故伊川所谓“如其仁”者，称其有仁之功用也。“仁人明其道，不计其功”，夫子亦计人之功乎？若如伊川所云，则亦近于来谕所谓“喜获禽之多”矣。功用与心不相应，则伊川所论“心迹元不曾判”者，今亦有时而判乎？圣人之于天下，大其眼以观之，平其心以参酌之，不使当道有弃物，而道旁有不厌于心者。九转丹砂，点铁成金，不应学力到后，反以银为铁也。前书所谓“搅金银铜铁，镕作一器”者，盖措辞之失耳。

【译文】孔子称赞管仲说：“齐桓公多次会盟诸侯不靠武力，是管仲的力量，象这样做就是仁。”又说：“管仲帮助齐桓公治好天下，人民至今还受着他们的恩惠，没有管仲，我们就要变成野蛮人了。”有人说孔子的门徒中连小孩子都认为称赞五霸是羞耻的事，还以为孟轲也极力说霸者是借用仁义的名义来使用武力的，至于孔子把管仲和齐桓公称赞得这样，说他们“这样做就是仁”，不过是表面相似罢了。推究孔子的话，含意并不象那些人所说的那样。所以程颐说孔子讲“这样做就是仁”，是称赞管仲施政有仁的效果。说“仁人只是阐明事情的道理，而不计较事情的功效”，那么孔子不是也计较人的功效吗？而像程颐所说的，也近于你来信中被你所指责的那些话了。效果与动机如两不搭界，那么程伊川过去说动机与效果本不曾分开过，现在不是也要分开了？圣人治理天下，观察问题从大处着眼，考虑问题公平合理，不使当朝的人被弃置不用，在野的人也对政治满意。九转丹砂，穷究道学，本应学到点铁成金的功夫，到头来反而辨银为铁，歪曲历史，把汉、唐说得一无是处。上次信中“搅金银铜铁熔作一器”一语，用词不当。

王通有言：“《皇坟》《帝典》，吾不得而识矣。不以三代之法统天下，终危邦也。如不得已，其两汉之制乎！不以两汉之制辅天下者，诚乱也已。”仲淹取其以仁义公恕统天下，而秘书必谓其假仁借义以行之。心有时而泯可也，而谓千五百年常泯，可乎？法有时而废可也，而谓千五百年常废，可乎？至于“全体只在利欲上”之语，窃恐待汉、唐之君太浅狭，而世之君子有不厌于心者矣。

【译文】王通说过：“《皇坟》和《帝典》中说了些什么，我无法知道，但如果不用三代的办法来统治天下，那么最终是要危害国家的。如果实在没有办法，就只能用两汉的制度了，如果不用两汉的制度作为统治天下的辅助方法，那么天下确实要乱了。”王通赞成两汉以仁义公恕统治天下，可你却硬说两汉是假借仁义统治的。人心有时可能泯灭，但不可能一千五百年之间一直灭绝人心；法律制度有时废弃是可能的，但不可能一千五百年之间一直都是无法无制。至于你说汉、唐帝王的行为“全部都是出于利欲”，我认为这对汉、唐帝王恐怕太刻薄了吧，世上有识之士都不会同意你的武断。

匡章通国皆称其不孝，而孟子独礼貌之者，眼目既高，于驳杂中有以得其真心故也。波流奔迸，利欲万端，宛转于其中而能察其真心之所在者，此君子之道所以为可贵耳。若于万虑不作，全体洁白，而曰真心在焉者，此始学之事耳。一生辛勤于尧、舜相传之心法，不能点铁成金，而不免以银为铁，使千五百年之间成一大空阙，人道泯息，而不害天地之常运，而我独卓然而有见，无乃甚高而孤乎？宜亮之不能心服也。

【译文】全国的人都讲匡章不孝，只有孟轲对他以礼相待，这是由于孟轲能在混杂的现象中看出他的真心。水流奔腾四溅，欲望各种各样，在错综复杂的现象之中能看到一个人的真心，这就是君子所以可贵的地方。假如一个人什么杂念都没有，专行天理而毫无人欲，才说他有真心，这是初学者的见识。你一生辛勤于领悟尧、舜相传的心法，结果不但不能正确地评价历史人物，反而歪曲历史，贬低汉祖唐宗，使得一千五百年在历史上成为一个大空缺，在你看来，人道灭绝而世局照旧，这实在是稀世少有的卓见，真是曲高和寡，莫此为甚了。

来书所谓“天地无心而人有欲，是以天地之运行无穷，而在人者有时而不相似”，又谓“心则欲其常不泯，而不恃其不常泯；法则欲其常不废，而不恃其不常废”，此常言也。而谓“指其须臾之间偶未泯灭底道理，以为只此便可与尧、舜、三代并隆，而不察其所以为之田地根本，无有是处”者，不知高祖、太宗何以自别于魏、宋二武哉？来书又谓“立心之本，当以尽者为法，不当以不尽者为准”，此亦明言也。而谓汉、唐不无愧于三代之盛时，便以为欺罔，不知千五百年之间，以何为真心乎？

【译文】你来信说“天地没有欲望而人有利欲要求，所以人就不能象天地一样”，又说“人心要求永不灭绝而不该只求不常灭绝，法律制度要求永不废置而不该只求不常废置”，这可是名言啊。你说我抓住了汉、唐有些地方的做法合乎天理，就认为汉、唐可以与三代比美，而看不到汉、唐的功业完全是出于私欲。照你这种说法，那么汉祖、唐宗与魏、宋二武怎么相区别呢？来信又说“人心，应当以完善为标准，不应当以不完善为标准”，这也是名言啊。你说认为汉、唐与三代比无逊色，就是欺世，那么请问一千五百年之间的天理在哪里呢？

亮辈根本工夫自有欠阙，来谕诚不诬矣。至于畔去绳墨，脱略规矩，无乃通国皆称其不孝，而因谓之不孝乎？此夷齐所以蒙头塞眼，柳下惠所以降志辱身。不敢望一人之或知者，非敢以浅待人也，势当如此耳。亮不敢有望于一世之儒先，所深恨者，言以人而废，道以人而屈，使后世之君子不免哭途穷于千五百年之间，亮虽死而目不瞑矣！

【译文】我的学问自然有欠缺的地方，来信这一点是讲对了。至于说我背离准则，不讲规矩，这不是和全国都说匡章不孝就认为他不孝一样吗？这和伯夷、叔齐不食周粟，柳下惠降志辱身的情况是一样的。我不敢埋怨责备你们这些先辈，令人遗憾的是，因为我地位低下，就把我的言论也否定了，道理从我口里讲出就是错的。以后的有识之士会为一千五百年的历史被抹煞被歪曲而感到悲愤。对于这一点，我是死不瞑目的。

程端蒙 董铢

端蒙，德兴人，一作鄱阳人。字正思，朱熹门人。当时禁为洛学，端蒙持书上谏议大夫王月然，责之。著有《性理字训》《毓蒙明训》。铢，德兴人。字叔重，亦熹门人。有《性理注解》《易书注》。人称盘涧先生。二人尝共推其师《鹿洞揭示》之意，而作《学则》。其条文颇简明切实，为初学入德之门。

【译文】程端蒙，德兴人（今属江西），也有说他是鄱阳（今属江西）人。字正思，是朱熹的弟子。当时朝廷禁止学习洛学，程端蒙上书谏议大夫王月然，遭到斥责。著作有《性理字训》《毓蒙明训》。董铢，德兴（今属江西）人。字叔重，也是朱熹的弟子。著有《性理注解》《易书注》。人们把他称为“盘涧先生”。他们两人根据朱熹《鹿洞揭示》的意思，写成了《学则》一文。这篇条文简明，符合实际，是学生开始学习、修身的入门指南。

学 则

凡学于此者，必严朔望之仪。

其日昧爽，值日一人，主击板。始击，咸起，盥漱，总栉，衣冠。再击，皆着深衣或凉衫，升堂。师长率弟子诣先圣像前，再拜，焚香，讫。又再拜，退。师长西南向立，诸生之长者率以次东北向，再拜，师长立而扶之。长者一人，前致辞，讫。又再拜，师长入于室。诸生以次环立，再拜，退，各就案。

【译文】凡是在这里学习的，必须这里的礼仪。

每日拂晓时分，值日生一人主管敲板。敲第一下的时候，全体学生起床洗脸漱口、梳头、穿衣服。敲打第二下的时候，所有学生都应穿着深衣或者凉衫，进入大堂，由老师等人率领到孔子像前，跪拜两次，焚香，结束以后，再跪拜两次，然后退下。老师等面向西南方站立，由学生之中年龄较大的率领，依次向老师跪拜两次，老师把学生扶起来。由一个年龄较大的学生上前问候，然后学生再跪拜两次。老师进入教室以后，学们依次围着老师站立，跪拜两次，然后各自回到自己座位上。

谨晨昏之令。

常日，击板如前。再击，诸生升堂序立，俟师长出户，立定皆揖。次分两序，相揖而退。至夜，将寝，击板会揖，如朝礼。会讲、会食、会茶亦击板如前。朝揖、会讲，以深衣或凉衫，余以道服褙子。

【译文】平时，值日生击板。敲第二下的时候，所有学生进入大堂按秩序站立，等到老师走出去的时候，都要站立作揖。作揖两次后，学生相互作揖退出大堂。夜晚，将要睡觉的时候，值日生击板，所有学生聚集在一起，像早上的礼仪一样，向老师作揖。老师讲课、吃饭、喝茶的时候也要击板、早上向老师作揖及老师讲课的时候要穿深衣，其它时候穿道服、褙子。

居处必恭。

居有常处，序坐以齿。凡坐，必直身正体，勿箕踞、倾倚、交胫、摇足。寝，必后长者，既寝勿言，当昼勿寝。

【译文】平日的举止必须恭敬

平日举止有一定的要求，按照年龄来排定座位。坐下的时候，一定要端正身体，上身直立，不能伸着腿而坐、不能倾斜、不能让小腿交叉、不能晃脚。睡觉的时候，要等年龄大的人睡下以后自己再睡，睡下后不能说话，白天的时候不能睡觉。

步立必正。

行必徐，立必拱，必后长者。毋背所尊，毋践阈，毋跛倚。

【译文】行走、站立一定端正

行走的时候一定要慢，站立的时候一定要两手相合，一定在跟在年龄大的人后面。不要背对着比自己年长位尊的人，不能脚踏在门槛上，不能只用一只脚站着。

视听必端。

毋淫视，毋倾听。

【译文】看东西的时候要端正

不能眼睛流转斜视，不能侧着耳朵听别人说话。

言语必谨。

致详审，重然诺。肃声气，毋轻，毋诞，毋戏谑、喧哗。毋论及乡里人物长短及市井鄙俚无益之谈。

【译文】说话要严谨

说话严谨就是要慎重考虑对别人做出许诺。说话要严肃，不能轻浮，不能说荒诞的话，不能打闹玩耍、不能大声喧哗。不能谈论别人的是非以及市井无赖粗野庸俗、没有好处的说法。

容貌必庄。

必端严凝重，毋轻易放肆，毋粗豪狠傲，毋轻有喜怒。

【译文】表情要庄重

一定要端庄、严肃、凝重，不能随便放纵，不能粗野傲慢，不能随便显露出或喜或怒的情绪。

衣冠必整。

毋为诡异、华靡。毋致垢敝简率。虽燕处，不得裸、袒、露顶。虽盛暑，不得辄去鞋袜。

【译文】不能穿奇怪、奢华的衣服。不能肮脏、随便。即使是闲居的时候，也不能裸露身体、裸露上胸、不戴帽子。即使是盛夏时候，也不能随便地脱掉鞋子、袜子。

饮食必节。

毋求饱，毋贪味。食必以时，毋耻恶食。非节、假及尊命，不得饮酒。饮，不过三爵，勿至醉。

【译文】饮食要有节制

不能吃得太饱，不能贪图美味。吃饭要按时，不要以食物不好为耻。不是节日、假日、或者奉命，不能喝酒。喝酒不能超过三杯，不能喝醉。

出入必省。

非尊长呼唤、师长使令及己有急干，不得辄出学门。出必告，返必面。出不易方，入不逾期。

【译文】进出学校一定要告诉老师

如果没有家中长辈、老师的要求，或者有亟待处理的事情，不能随便地走出校门。出去的时候，要告诉老师；返回的时候，也要告诉老师。出去后，不能随便有所改动；回学校，不能超过所请假期。

读书必专一。

必正心肃容。记遍数。遍数已足而未成诵，必须成诵。遍数未足，虽已成诵，必满遍数。一书已熟，方读一书。毋务泛观，毋务强记。非圣贤之书勿读，无益之文勿观。

【译文】读书要专心

一定要内心专正，表情严肃。要记下读书的遍数。达到要求的遍数还不能背诵的，必须想办法记住。遍数还没达到要求，即使已经会背诵，也一定要达到要求的遍数。读一本书已经熟悉之后，才能读另一本书。不要乱看其它书，不要强制记忆。不是圣贤的著作不能读，对自己没好处的文章也不要看。

写字必楷敬。

勿草，勿欹倾。

【译文】写字一定要工整

不能潦草，不能倾斜。

几案必整齐。

位置有伦，简帙不乱。书箧、衣笥，必谨扃钥。

【译文】书桌一定要整齐

物品摆放要有一定的秩序，书不能乱放。书箧、衣笥用过后要锁上。

堂室必洁净。

逐日值日，再击板如前。以水洒堂上，良久，以帚扫去尘埃，以巾拭拭几案。其余悉令斋仆扫拭之。别有污秽，悉令扫除，不拘早晚。

【译文】大堂和教室一定要洁净

每天都要有值日生，负责击板。把水洒在大堂的地面上，过一会儿，再用扫帚扫走灰尘，再用毛巾擦拭书桌。其它的要学斋里的服务人员去打扫、清理。如果还有其它的脏东西，不管是什么时间，都要让学斋里的服务人员去清除。

相呼必以齿。

年长倍者以丈，十年长者以兄，年相若以字，勿以尔汝。书问称谓，亦如之。

【译文】按年龄的大小确定称呼

比自己年龄大上一倍的要称呼他为长，比自己大十岁的称他为兄，年龄差不多一样大的要称呼他的字，不要用“你”、“尔”这些称呼。书信里面的称谓也和这一样。

接见必有定。

凡客请见师长，坐定，值日击板，诸生如其服升堂、序揖、立侍。师长命之退则退。若客于诸生中，有自欲相见者，则见师长毕，就其位见之。非其类者，勿与亲狎。

【译文】接见客人有一定的要求

如果有客人要求拜见老师，请他先坐下，值日生击板，所有学生穿着一定的服装进入大堂，向客人作揖，然后站立旁边。如果老师命令学生退下，就可以退下。如果客人想见某一位学生，在跟老师见面以后，再跟相见学生见面。如果客人跟自己没有共同的志趣，就不要跟他过去亲密。

修业有余功，游艺以适性。

弹琴、习射、投壶，各有仪矩，非时勿弄。博奕鄙事，不宜亲学。

【译文】研读书籍要有空余的时间，以从事娱乐活动来称心。

弹琴、习射、投壶，各有仪规，不在规定的时间内不能做，赌博这种粗俗之事，不应该。

使人庄以恕，而必专所听。

择谨愿勤力者，庄以临之，恕以待之。有小过者诃之。甚则白于师长惩之。不悛，众禀师长遣之。不许直行己意。

【译文】使唤别人的时候态度要庄重宽仁，听别人讲话要专心。

给学校挑选工作人员的时候，要挑选那些诚实、勤劳的人，对待他们要庄重、宽仁。他们有了小的过失，就斥责他们。如果犯的错误很大，就告诉老师惩罚他吗。再不肯悔改，就禀明老师辞退他。不准擅作主张。

苟日从事于斯而不敢忽，则入德之方，庶乎其近之矣。

【译文】如果每天遵守这个准则，没有丝毫懈怠，那么就差不多找到了修养德性的方法。

真德秀

宋浦城人，字景元，后更景希。理宗时，拜参知政事，立朝有直声。卒年五十八，谥文忠。学者称西山先生。其学以朱熹为宗，颇多发明。自韩侂胄立伪学之名，以锢善类，其后正学得以复显者，德秀之力也（宁宗时，韩侂胄秉政，欲除异己，以快己私，因目道学为伪学，乃禁用伪学之党，削朱熹官，贬蔡元定于道州，朝廷正士一空。旋因众议沸腾，恐不免报复，乃弛其禁）。著有《大学衍义》《读书记》《心经》《西山文集》。

【译文】宋代浦城（今属福建人），字景元，后改为景希。宋理宗时，被任命为参知政事，在朝廷当官有正直的名声。去世时五十八岁，谥号文忠。读书人把他称为西山先生。真德秀的学问来源于朱熹，对朱熹的学问有很多发展。自从韩侂胄给理学定了伪学的名称后，许多正直的士人遭到禁锢，后来理学得以重新称为显学，是真德秀的功劳（宋宁宗时期，韩侂胄把持朝政，想要铲除与自己不同政见的官僚，以满足自己的私欲，于是把理学看成虚假的学问，并禁止任用学习理学的士人，剥夺朱熹的官职，把蔡元定贬谪到道州，这样朝廷中正直的士人几乎没有了。不久因为许多人议论这件事，韩侂胄害怕遭到报复，就解除了禁令）。著作有《大学衍义》《读书记》《心经》《西山文集》等。

大学衍义序

臣始读《大学》一书，见其自格物、致知、诚意、正心、修身、齐家、至于治国平天下，其本末有序，其先后有伦，盖尝抚卷三叹曰：为人君者不可以不知《大学》；为人臣者不可以不知《大学》。为人君而不知《大学》，无以清出治之源；为人臣而不知《大学》，无以尽正君之法。既又考观在昔帝王之治，未有不本之身而达之天下者。然后知此书所陈实百圣传心之要典，而非孔氏之私言也。三代而下，此学失传，其书虽存，概以传记目之而已。求治者既莫之或考，言治者亦不以望其君。独唐韩愈、李翱尝举其说，见于《原道》《复性》之篇，而立朝论议曾弗之及。盖自秦、汉以后，尊信此书者惟愈及翱，而亦未知为圣学之渊源、治道之根柢也，况其它乎？

【译文】我刚开始读《大学》这本书时，看到该书从格物开始讲起，然后致知、诚意、正心、修身、齐家直到治国平天下，根本与末枝都有秩序，先与后也有条理，就抚摸书本感叹不已：作为君主，不能不知道《大学》；作为大臣，不能不知道《大学》。作为君主如果不知道《大学》，就搞不清楚治理天下的源头；作为大臣，如果不知道《大学》，就没有办法完全纠正君主的法律。然后有又考察到古代帝王治理天下，没有不以自身为根本而能达到治理天下的目的的，这样才认识到《大学》所列举的道理，实际上是古代许多圣贤传授心得的重要典籍，而并不仅仅孔门弟子的一家之言。夏商周以来，这门学问失去传承，书本虽然保存下来，也只是把它当作《礼记》中的一篇传记而已。追求治理天下的君主既然不能用它作为参考的，谈论治理天下的人也就不能以《大学》所讲的方法去期望他的君主。只有唐代的韩愈、李翱曾经提到过大学的内容，这件事记载在《原道》《复性》里面，而并没有在朝廷议论时提及。大概从秦代、汉代以来，尊崇信奉《大学》这本书的只有韩愈、李翱二人，但他们也不了解这本书就是儒学的渊源，治理天下方法的根本，何况其他人呢？

臣尝妄谓《大学》一书，君天下者之律令格例也。本之则必治，违之则必乱。近世大儒朱熹尝为《章句》《或问》，以析其义。宁皇之初，入侍经帷，又尝以此书进讲。愿治之君，倘取其书玩而绎之，则凡帝王为治之序、为学之本，洞然于胸次矣。臣不佞，窃思所以羽翼是书者，故剟取经文二百有五字，载于是编。而先之以《尧典》《皋谟》《伊训》与《思齐》之诗、《家人》之卦者，见前圣之规模不异乎此也；继之以子思、孟子、荀况、董仲舒、杨雄、周敦颐之说者，见后贤之议论不能外乎此也。（以上论帝王为治之序）。

【译文】我曾经把《大学》说成是君主的的律令格例。以它为根本一定能治理好天下，违背它必定会天下大乱。近代伟大的儒者朱熹曾经写过《章句》《或问》两本书，分析大学的含义。宁宗即位初年，朱熹进入经帷，也曾经用这本书向皇帝进讲。希望天下得到治理的君主，如果把这本书拿来，细细体味，就会对帝王治理国家的次序、做学问的根本，了然于胸了。我没有什么才能，摘取《大学》中关键的部分二百零五个字，收录在这本书之中。在它前面又增加了《尧典》《皋谟》《伊训》与《思齐》之诗、《家人》之卦，这是为了表明古代圣人的学说范围也没有与这不同；在它的后面有也增加了思、孟子、荀况、董仲舒、杨雄、周敦颐的学说，也是用来表明后世贤人的讨论也没有超出这个范围（以上议论的是帝王治理天下的顺序）。

尧、舜、禹、汤、文、武之学，纯乎此者也；商高宗、周成王之学，庶几乎此者也；汉、唐贤君之所谓学，已不能无悖乎此矣；而汉孝元以下数君之学，或以技艺，或以文辞，则甚谬乎此者也。（以上论帝王为学之本）

【译文】尧、舜、禹、汤、周王文、周武王的学问，是完全符合《大学》主旨的；商高宗、周成王的学问，差不多还算符合；汉代、唐代贤明的君王的学问，已经开始违背悖《大学》的主旨了；而西汉孝元帝以后的几位帝王的学问，有的擅长技艺，有的擅长文学辞令，已经非常与《大学》宗旨相背离了（以上议论的是帝王做学问的根本）。

上下数千载间，治乱存亡，皆由是出，臣故断然以为君天下之律令格例也。虽然，人君之学必知其要，然后有以为用力之地。盖明道术、辨人材、审治体、察民情者，人君格物致知之要也；（明道术之目有四：曰天性人心之善，曰天理人伦之正，曰吾道异端之分，曰王道霸术之异。辨人材之目亦有四：曰圣贤观人之法，曰帝王知人之事，曰奸雄窃国之术，曰憸邪罔上之情。审治体之目有二：曰德刑先后之分，曰义利重轻之别。察民情之目亦有二：曰生灵向背之由，曰田里戚休之实。）崇敬畏、戒逸欲者，诚意正心之要也；（崇敬畏之目有六：曰修己之敬，曰事天之敬，曰临民之敬，曰治事之敬，曰操存省察之功，曰规儆箴诫之助。戒逸欲之目有五：曰沉湎之戒，曰荒淫之戒，曰盘游之戒，曰奢侈之戒。而先之以总论者，所以兼戒四者之失也。）谨言行、正威仪者，修身之要也；（一事无其目。）重妃匹、严内治、定国本、教戚属者，齐家之要也。（重妃匹之目有四：曰谨选立之道，曰赖规儆之益，曰明嫡媵之辨，曰惩废夺之失。严内治之目有四：曰宫闱内外之分，曰宫闱预政之戒，曰内臣忠谨之福，曰内臣预政之祸。定国本之目有四：曰建立之计宜早，曰谕教之法宜豫，曰嫡庶之分宜辨，曰废夺之失宜监。教戚属之目有二：曰外家谦谨之福，曰外家骄溢之祸。）四者之道得，则治国、平天下在其中矣。每条之中，首以圣贤之明训，参以前古之事迹，得失之鉴，炳焉可观。昔时入侍迩英，盖尝有志乎是。比年以来，屏居无事，乃得翻阅经传，汇而缉之。畎亩微忠，朝思暮绎，所得惟此，秘之巾衍，以俟时而献焉。其书之旨，皆本《大学》，前列二者之纲，后分四者之目，所以推衍《大学》之义也，故题之曰《大学衍义》云。

【译文】几千年间来，天下经历多次治乱存亡，要解决这些问题可以从《大学》里面找到答案。所以我肯定地把它看做是治理天下的法令、规则条例。虽然如此，君主要学习它，一定要知道它的要点，这样才能用它来治理国家。弘扬道术、分辨人才、审查治国体制、体察民情，这些是君主格物致知的要点（弘扬道术包括四个条目，分别是：天性与人性的善，天理与人伦的正，儒学与异端的分歧，王道与霸术的差别。分辨人才包括四个条目，分别是：圣贤观察人的方法，帝王了解人才的事例，奸雄窃取国家政权的权术，奸邪之人欺骗君主的情形。审查治国体制有两个条目，分别是：德教与刑罚先后的区别，道义与功利轻重的区别。体察民情包括两个条目，分别是：民心向背产生的缘由，农民忧愁或快乐产生的实情)；崇尚敬畏，警戒安逸嗜欲，这些是诚意正心的要点(崇尚敬畏包括六个条目，分别是：自我修养的敬畏，事奉上天的敬畏，治理民众的敬畏，处理事情的敬畏，操存省察的功夫，规儆箴戒的帮助。警戒安逸嗜欲包括五个条目，分别是：沉湎的警戒，荒淫的警戒，游乐的警戒，奢侈的警戒。把总论放在前面，是为了同时警戒四个方面的过失)。言行谨慎，端正威仪，这是修养身心的要点(只有一件事情，没有条目)。重视对后妃选择，严格对后宫的治理，确立太子，教育皇亲国戚，这些事齐家的要点(重视后妃的选择包括四个条目，分别是：严谨选立的方法，仰赖规劝警戒的益处，明确嫡媵的区别，惩罚废夺的过失。严格对后宫的官吏包括四个条目，分别是：宫闱内外的反别，宫闱干预朝政的警戒，内臣忠诚谨慎的幸福，内臣干预朝政的灾祸。确立太子包括四个条目，分别是：确立计划应尽早，教育的方法应预先，嫡庶的区别应辨析，废夺的过失应借鉴。教育皇亲国戚包括两个条目，分别是：外戚谨慎的福气，外戚骄溢的灾祸)。如果处理这四个方面方法得当，那么治国、平天下就已经做到了。每一个条目之中，先说明圣贤的教训，在列举古代的事例，这样以来该条目得与失就可以很清楚的看出来。从前进入迩英阁的时候，就已经有了这个志向。近些年来，隐居无事可做，就有机会翻阅经传，汇集相关文字，编辑成这本书。我对您的忠心，朝思暮想得来的表现方式就是写出这本书。我把它藏在箱子里面，等待恰当的时机谨献给您。这本书的意思，都来源于《大学》。书的前半部分列举两个方面的大纲，后半部分分为四个条目，用来推衍《大学》的含义，所以题名叫《大学衍义》。

程端礼

元庆元人，字敬叔。从史蒙卿游（蒙卿，鄞人，字景正，号果斋，宗朱熹之学）。传朱熹明礼达用之旨，官衢州路教授。尝因辅广（广，庆源人，字汉卿，师事吕祖谦、朱熹）所辑朱子读书法而增修之。著《读书分年日程》，国子监取以颁示郡县，有《畏斋集》。

【译文】元代庆元（今浙江鄞县）人，字敬叔。跟从史蒙卿学习（史蒙卿，鄞县人，字景正，号果斋，以朱熹的学问为学术宗旨）。转播朱熹明礼达用的思想主旨，曾任衢州路教授。曾经对辅广（辅广，庆源人，字汉卿，师从吕祖谦、朱熹）所编辑的《朱子读书法》有所增加。程端礼写的《读书分年日程》，国子监曾用来颁布给各郡县学校阅读，他的著作有《畏斋集》等。

集庆路江东书院讲义

端礼窃闻之朱子曰："为学之道，莫先于穷理；穷理之要，必在于读书；读书之法，莫贵乎循序而致精；而致精之本，则又在于居敬而持志。此不易之理也。"其门人与私淑之徒，会粹朱子平日之训，而节取其要，定为读书法六条：曰循序渐进，曰熟读精思，曰虚心涵泳，曰切己体察，曰著紧用力，曰居敬持志。

【译文】我曾经从朱熹的著作中得知，他讲道："做学问的途径，最重要的就是要弄懂事物的道理；而要弄懂事物的道理，必须读书；读书的方法，最重要的就是要循序渐进，最后达到精通。而达到精通的根本，在于严肃认真而持之以恒，这是永远不变的道理。"他的学生和景仰他而向他学习的人，把朱熹平常的教导汇集在一起，加以精炼综合，编定了《朱子读书法》六条，即循序渐进，熟读精思，虚心涵泳，切己体察，着紧用力，居敬持志。

其所谓循序渐进者，朱子曰："以二书言之，则通一书而后及一书；以一书言之；篇章句字，首尾次第，亦各有序而不可乱也，量力所至而谨守之。字求其训，句索其旨。未得乎前，则不敢求乎后；未通乎此，则不敢志乎彼。如是，则志定理明，而无疏易陵躐之患矣。若奔程趁限，一向趱看了，则看犹不看也。近方觉此病痛不是小事。元来道学不明，不是上面欠工夫，乃是下面无根脚。"其循序渐进之说如此。

【译文】什么是循序渐进呢？朱熹说："用二部书来作例子，就是应当先学完一部书，再去学习另一部书；用一部书来作例子，则这部书的章节段落，前后次序，都是有规律的，读的时不能混乱次序。应根据自己的水平，谨慎认真地学习。每一个字要弄清它的音义，每一句要弄清它的意思。前边的没有弄懂的时候，不要去贪求学它的后边；这一段没有弄懂的时候，不要去贪求学另一段。如果能够这样，就志向坚定，掌握住学习的方法，可以避免粗枝大叶、一知半解、疏漏百出的毛病了。如果只贪多求快，走马看花，那么学习了一部书和不学一样没什么收获。近来我才觉得这毛病不是什么小事。原来学习时有不少道理弄不明白，这不是在学习上欠缺下工夫，而是因为基础没有扎牢固的原因。"所以学习必须循序渐进，道理就是这样的。

所谓熟读精思者，朱子曰："荀子说：'诵数以贯之。'见得古人诵书，亦记遍数。乃知横渠教人读书，必须成诵，真道学第一义。诵数已足，而未成诵，必欲成诵；遍数未足，虽已成诵，必满遍数。但百遍时，自是强五十遍时；但二百遍时，自是强一百遍时。今所以记不得，说不去，心下若存若亡，皆是不精不熟之患，今人所以不如古人处，只争这些子。学者观书，读得正文，记得注解，成诵精熟。注中训释文意，事物名件，发明相穿纽处，一一认得，如自已做出来底一般，方能玩味反复，向上有通透处。"若不如此，只是虚设议论，非为已之学也。其熟读精思之说如此。

【译文】什么是熟读精思呢？朱熹说："荀子曾经说过：'读一篇文章要读上好多遍，直到记熟能背诵为止。'由此可见古人读书也是要记遍数的。因此知道张载先生教导人读书必须会背诵的意义，这真是治学的第一要紧处。虽然读的遍数够了，但还不能背诵下来，就必须再读下去，直到会背诵为止；遍数还没有读够，虽然已达到能背诵的程度，仍应当读够遍数。因为读够一百遍时，当然比只读五十遍为强；读二百遍，自然亦胜过读一百遍。现在有些读书人，所以对书记不住，讲解不下去，心里印象模糊，似有似无，这都是读书没达到精熟的缘故，所以不如古人。学者读书，不仅能熟读正文，并且对注解亦记得很清楚，可以很精熟地背诵原文。对于书中讲解注释中的意思、典故、名称，以及阐明全书的大旨和各章节段落之间的穿插的关系，都能一一讲得很透彻，好像这部书（或这篇文章）就是自己所作的一样，只有这样，才能深入体会出原书的精髓，并且能进一步发挥，而为自己所适用。”如果如果达不到这种程度，就只是说空话，并不是学习修身的学问。这就是朱熹关于熟读精思的说法。

所谓虚心涵泳者，朱子曰：“庄子说：‘吾与之虚而委蛇’。既虚了，又要随他曲折去。读书须是虚心方得。圣贤说一字是一字。自家只平着心，去秤停他，都使不得一毫杜撰。学者看文字，不必自立说，只记前贤与诸家说便了。今人读书，多是心下先有个意思了，却将圣贤言语来凑他底意思。其有不合，便穿凿之使合。”其虚心涵泳之说如此。

【译文】什么是虚心涵泳呢？朱熹说：“庄子说过：“要心中万念皆空，没一点杂念，顺随着事物自然发展。”心中要空虚，又要随着事物的曲折变化走去。所以读书必须从虚心开始。圣贤书本中说的一个字，就是一个字，自己只能平心静气地去理解研究，不能丝毫无根据地编造它的意思。读书人看书，不需要发表自己的见解，只需要记住就行了。现在的读书人往往是心里先有一个意思，便把古代圣贤的话拼凑起来，用来证明自己的说法；如与自己的想法不合，便穿凿附会地胡乱解释，使之合乎自己的意思。”这种学习方法，怎能够真正体会圣贤们的原意实质呢？所以学习必须从虚心开始，才能深入体会原著的精髓。

所谓切已体察者，朱子曰：“入道之门，是将自个己身入那道理中去，渐渐相亲，与己为一。而今人道在这里，自家在外，元不相干。学者读书，须要将圣贤言语，体之于身，如‘克己复礼’，如‘出门如见大宾’等事，须就自家身上体覆：我实能克己复礼、主敬行恕否？件件如此，方有益。”其切己体察之说如此。

【译文】什么是切己体察呢？朱熹说：“掌握道德学问的门径，就是要把自己的言行融合到书中的道理里去，慢慢地使自己的言行接近书中的道理，最后融为一致，才算真正学到手。现在有些读书人，嘴里能说一套，自己的行为却是另一套，两者互不相干。学者读书，要把圣贤的道德思想体现到自身行动上来。比如孔子说过，要能束约自己言行合乎礼仪，出门时要衣帽整洁，彬彬有礼，好像去会见重要宾客一样地庄重，这些都要自己身体力行，考察自己能不能按书上教导去指挥自己的言行，能不能做到严以律己，宽以待人？如果能件件事都如此去努力，才算真正获得了读书的益处。”所以对学到的东西身体力行，严格要求自己，才算真正学到了东西。

所谓著紧用力者，朱子曰：“宽著期限，紧著课程。为学要刚毅果决，悠悠不济事。且如发愤忘食，乐以忘忧，是什么精神？什么骨肋？今之学者，全不曾发愤。直要抖擞精神，如救火治病然。如撑上水船，一篙不可放缓。”其著紧用力之说如此。

【译文】什么是著紧用力呢？朱熹说：“学习上期限要宽，不必急于求成，但课程上却要抓紧用力，不可松懈。对待学习的态度应是刚毅果敢，悠悠荡荡是不会成功的。古人努力学习到发愤忘食、乐而忘忧的程度。有好的精神，才能得到好的筋骨。现在不少读书人不懂得发奋读书的重要，必然学习不好。应当在学习上抖擞精神，好像去救火去治病一样使尽气力。这好比在水上撑船一样，一篙不用力去撑，就可能倒退。”所以读书学习必须著紧用力，是非常重要的。

所谓居敬持志者，朱子曰：“程先生云：‘涵养须用敬，进学则在致知。’此最精要。方无事时，敬以自持，凡心不可入无何有之乡，须是收敛在此。及应事时，敬于应事，读书时，敬于读书。便自然该贯动静，心无不在。今学者说书，多是捻合来说，却不详密活熟。此病不是说书上病，乃是心上病。盖心不专静纯一，故思虑不精明。须要养得虚明专静，使道理从里面流出方好。”其居敬持志之说如此。

【译文】什么是居敬持志呢？朱熹说：“程颢先生说过，一个人的思想修养关键在于严肃认真，读书做学问的目的在于获取知识。这是最精要的见解。一个人在没有事时，要严肃地把持自己的心身，不可把精力放到一些无聊无益的事上去，要会收敛心身，不使放纵。这样，遇到正事时，才能严肃稳重地处理事情；在读书时，才能认真地读书，自然专心致志，不会思想上开小差。现在的一些学者讲解书的内容，往往是杂乱无章地揉合各家的见解，但对原著却并不能讲得详细灵活和熟悉深入。这种毛病的根源不在于书本，而在于读书人心中有毛病。由于心不能专一纯净，所以思考便不精明。应该养成专心一致的习惯，使道理自然地在读书中获得才好。”所以读书必须严肃专心。

愚按：此六条者，乃朱子教人读书之要，故其诲学者，告君上，举不出此，而自谓其为平日艰难已试之效者也。窃尝论之，自孔子有“博学于文，约之以礼，亦可以弗畔矣夫”之训，以颜子之善学，其赞孔子“循循善诱”，亦不过曰“博我以文，约我以礼”而已。是孔子之教，颜子之学，不越乎博文、约礼二事，岂非以学者舍是无以为用力之地欤？盖盈天地间，万事万物，莫非文也。其文出于圣人之手，而存之于书者，载道为尤显，故观孔子责子路“何必读书，然后为学”之语，可为深戒，岂非读书为博文之大而急者欤？朱子曰：“约礼则只是这些子，博文各有次序，当以大而急者为先。”盖谓是也。

【译文】按：以上所列六条，是朱熹教人读书方法的要点，所以他教诲读书人，劝告君主的都没有超过这个范围，而且自称这已经被那些读书艰难的人试验过且确实有效。我认为，自从孔子有了“广泛地学习文献，再用礼节来加以约束，也就可以不致于离经叛道了”的教诲，像颜回这样的善于学习的人，他称赞孔子“善于有步骤地引导别人学习”，也只是说“广泛地学习文献，再用礼节来加以约束”罢了。这就是说，孔子教育弟子的内容，颜回的学习内容，都没有超过广泛地学习文献，用礼节来加以约束这两件事，这难道不是他们认为读书人除了这些就没有其它的努力途径了吗？大概充满天地间的万事万物，都是属于学习的对象。这些学习的对象被圣人写进书里面，书里面的知识就很显著了，所以只要看孔子责备子路“为什么定要读书才叫做学问呢”的提问而说的话，就应该引以为戒，真难到不是说读书是广泛地学习知识中最重要、最急需的吗？朱熹说：“用礼加以约束很简单，广泛地学习却需要很费很长时间，应当先进行最重要、最急需的事情。”说的就是这个意思吧！

然则博文岂可不以读书为先？而读书又岂可不守朱子之法？朱子平日教人，千言万语，总而言之，不越乎此六条。而六条者，总而言之，又不越乎“熟读精思”、“切已体察”之两条。盖熟读精思，即博文之功；而切已体察，即约礼之事。然则欲学颜子之学者，岂可不由是而求之戴！今幸其说具存，学者读书，能循是六者，以实用其力，则何道之不可进？何圣贤之不可为？使朱子复生，身登其门，耳闻其诲，未必若是之详且要也，学者可不自知其幸欤？

【译文】广泛地学习文献知识怎能不把读书作为最重要的事呢？而读书又怎么能不遵守朱熹的读书方法呢？朱熹平时教育门人说了很多话，但总而言之，都没有超出以上六条的范围。这六条的意思，又可以概括为“熟读成诵，深刻思考”、“把学到的知识结合到自己身上来体会、领悟和实践”这两条。熟读成诵、深刻思考，就是广泛学习文献知识的方法；而把学到的知识结合到自己身上来体会、领悟和实践，就是用礼仪加以约束的事情。如果想学习颜回的学问，怎么能不通过这两条方法就能达到呢？朱熹的方法能保存到现在是一件值得庆幸的事情，读书人读书，如果能够遵循这六条，努力实践，什么样的学问做不到呢？什么样的圣贤不能成就呢？即使朱熹重新活过来，亲自向他登门请教，听他的教诲，也不一定能说得比这六条更详细、更重要的了，读书人怎么能不感觉到幸运呢？

世之读书，其怠忽间断者，固不足论。其终日勤劳，贪多务广，终身无所得者，盖以读之不知法故也。惟精庐初建，端礼荒陋匪材，夫岂其任！承乏之初，敢以朱子读书法，首与同志讲之，期相与确守焉，以求共学之益，使他日义精仁熟，贤才辈出，则朱子之训不为虚语，精庐不为虚设，顾不美欤！

【译文】世上的读书人，那些懈怠、不持之以恒的就不用说了。那些每天辛勤，贪多务广的读书人，最终却没有取得什么成就，其原因就是没有掌握读书的方法。精庐刚刚建成，我学术浅陋，没有什么才能，怎么能担任这样的任务呢？所以就首先把朱熹的读书方法，告诉志同道合的你们，期待你们能够牢牢遵守，这样就能获得相互学习的好处，假如日后你们对仁义都有了精深的理解，贤才出现很多，那么朱熹的教训就不再是空话了，精庐也就不是白建了，这难道不是很美的事情吗？

吴澄

元崇仁人，字幼清。用力圣贤之学，以兴起斯文为己任。至大初，为国子监司业，四方之士负笈从学者以千数。暇即著书，于《易》《书》《春秋》《礼记》各有纂言，著《学基》《学统》二篇，又校正《老》《庄》《太玄经》《皇极经世》《乐律》《八阵图》《葬书》。所居草屋，程钜夫题曰草庐，故世称草庐先生。卒年八十五，谥文正。案：有元一代先后名儒，宗朱者有姚枢、许衡、金履祥等；宗陆者有陈苑、赵偕等。惟澄不主一家，所学尤博，论者以为驾姚、许诸子而上之。

【译文】吴澄，元代崇仁（今江西崇仁县）人，字幼清。学习圣贤之学，把振兴儒学作为己任。至大初年间授国子监司业，跟从他学习的学子达数千人。休闲的时间就用来著述，有《易纂言》《书纂言》《春秋纂言》《礼记纂言》等著作，《学基》《学统》二篇文章，还校正了《老子》《庄子》《太玄经》《皇极经世》《乐律》《八阵图》《葬书》等书。他居住的草屋，程钜夫给它题名为草庐，所以人们称他草庐先生。去世时八十五岁，谥号为文正。案：元代有名的儒者，以朱熹为宗师的有姚枢、许衡、金履祥等；以陆九渊为宗师的有陈苑、赵偕等。只有吴澄不专注于一家，学问广博，有人认为他在姚枢、许衡之上。

尊德性道问学斋记

天之所以生人，人之所以为人，以此德性也。然自孟氏以来，圣传不嗣，士学靡宗，谁复知有此哉？汉唐千余年间，儒者各矜所长，奋迅驰骛而不自知其缺。董韩二子依稀数语近之，而原本竟昧昧也，则亦汉唐之儒而已矣。

【译文】天用来生人，人以之为人的是德性。然而自孟子以来，道统断绝，学者没有宗旨，有谁还能知道这个呢？汉唐以来一千余年，那些儒生自以为有所长处，肆意发挥却没有意识到自己的缺陷。董仲舒、韩愈二人有些语句接近德性之学，但终究含糊不清，汉唐时代的儒者不过如此罢了。

宋初，如胡如孙首明圣经以立师教，一时号为有体有用之学。卓行异材之士多出其门，不为无补于人心世道。然稽其所极，度越董韩者无几。是何也？于所谓德性未尝知所以用其力也。逮夫周程张邵兴，始能上通孟氏而为一。程氏四传而至朱，文义之精密，句谈而字议，又孟氏以来所未有者。而其学徒往往滞于此，而溺其心。夫既以世儒记诵词章为俗学矣，而其为学亦未离乎语言文字之末，甚至专守一艺，而不复旁通它书，掇拾腐说而不能自遣一辞，反俾记诵之徒嗤其陋，词章之徒议其拙。此则嘉定以后朱门末学之弊，而未有能救之者也。

【译文】宋代初年，胡瑗、孙复开始以解读儒家经典授学，一时之间被称为有体用的学问。其门下出现许多有卓越品行的人才，不能说他们的努力对于人心世道没有贡献。然而考察他们的学问，超越董仲舒与韩愈的没有多少。为什么呢？对于德性不知道该怎样用功。直到周敦颐、二程、张载、邵雍出现，才能上接孟子之学，达至一致。从二程开始，传了四代到朱熹，他对经典文义的理解非常得精密，对章句均有阐释，这些是孟子以来所从未有过的。但是他的弟子大都停留在这个阶段，用力于此。他们既然把记忆、背诵辞章称为俗学，但自己做学问也没有脱离语言、文字之类的末学，甚至专注于其中之一种，对其它经书不了解，注释前人的说法自己没有创见，反而鄙视那些以记诵为主或是专注词章的学者。这些是嘉定时代以来朱子后学的弊端，却没有能挽救他们的人。

夫所贵乎圣人之学，以能全天之所以与我尔。天之与我，德性是也。是为仁义礼智之根株，是为形质血气之主宰。舍此而他求，所学果何学哉？假而行如司马文正公、才如诸葛忠武侯，亦不免为习不著、行不察，亦不过资器之超于人，而谓有得于圣学，则未也。况止于训诂之精、讲说之密，如北溪之陈、双峰之饶，则与彼记诵词章之俗学，相去何能以寸哉！汉唐之儒无责焉，圣学大明于宋代，而踵其后者如此，可叹已！

【译文】圣人之学的宝贵之处在于能够成全上天所赋予我的禀性，即德性，它是仁义礼智的根本，也是肉体的主宰。舍此而求它，还有其它学问吗？即使行为磊落如司马光，才高如诸葛亮，也不免于对自己的习性有所不察，只不过天资超于常人，如果说他们于圣学有所心得则是不对的。更不用说那些只从事训诂、讲说达到精密程度的学者，如陈淳、饶鲁，他们与那些记诵词章的世俗之学，相差不过毫厘。汉唐时代的儒者不必苛求，宋代以后，圣学昌明于世，再从事词章之学，实在值得叹息。

清江皮公字其子曰“昭德”。其师名其读书之斋曰“学”。从吾游，请以“尊德性道问学”更其扁名，合父师所命而一之。噫，父所命，天所命也。学者学此而已。抑子之学，词章则云至矣，记诵则云富矣。虽然，德性无预也。姑置是。

【译文】清江的皮先生用“昭德”作为他儿子的字。他儿子的老师把他的书斋命名为“学”。他跟从我学习，请求用“尊德性道问学”来更换书斋的匾名，把他父亲和老师的命名结合在一起。父亲所命名的，也就是天所命名的，学习的内容也就是学习这些。大概你的知识在词章、记诵方面已经很多了，即使这样，这些和德性却是不相干。先说到这些吧。

澄也，钻研于文义，毫分缕析，每犹以陈为未精，饶为未密也。堕此科臼之中垂四十年而始觉其非，因子之请，惕然于岁月之已逝，今之语子，其敢以昔之自误者而误子也哉!自今以往，一日之内，子而亥，一月之内，朔而晦，一岁之内，春而冬，常见吾德性之昭昭，如天地之运转，如日月之往来，不使有须臾之断间，则于尊之之道，殆庶几乎。于此有未能，则问于人，学于己，而必欲其至。若用力之方，非言之可喻，亦味乎《中庸》首篇、《订顽》终篇而自悟可也。夫如是，齐于圣，跻于圣，如种之有获，可必其然也。愿与子偕之。

【译文】我呀，专研文义，毫分缕析，常常认为陈淳、饶鲁之学还不够精密，于是沉浸于其中达四十年，还没有意识到它的错误所在，借你请求的机会，惊觉到岁月的流逝，现在对你所说的，怎么敢用过去误导自己的再误导你呢？从现在以后，每一日、每一月、每一年，都要经常意识到德性的存在，就像天地的运行，日月的往来一样，不能有一刻的停止，这样对于尊德性的学问，大概就可以了。对于这些有达不到的，就请教别人，反躬自省，一定要达到。至于用功的方法，不是用言语可以说明白的，可以细细体味《中庸》的第一章和《订顽》的最后一章，自己领悟就可以。这样的话，学圣人，与圣人看齐，就像种子有了收获，一定会如此的。愿意与你共同进步。

若夫为是标榜，务以新美其名，而不务允蹈其实，是乃近代假托欺枉之儒，所以误天下、误国家而自误其身，使异己之人得以藉口而谓之伪学者，其弊又浮于末学之外，而子不为是也。

文正公此记，自叙用功得失，悔悟深切，有志于圣学者，反覆此篇，门径了然矣。

【译文】如果做这些是为了标榜自己，只追求新奇的形式，而不注重实践德性，是近代那些虚伪的俗儒贻误天下、国家、自己的原因，使不同主张之人有了借口斥为虚假的学问，这样的弊端，又在末学之上，你不要这样做。

吴澄这篇短文，自叙求学之路的得与失，感情真切，凡有志于圣人之学之人，反复阅读，对于做学问的方法会有所了解的。

方孝孺

明宁海人，字希直，一字希古。从宋濂游，宗朱子之学，辟异端，名其室曰正学。建文时，为侍讲学士。燕王入南京，召使草即位诏。孝孺衰绖至，号哭彻殿陛，终不从，被杀，时年四十有六。有《侯成集》《希古堂稿》。福王时追谥文正。

【译文】方孝孺是明代宁海县人，字希直，另一字希古。师从宋濂，以朱熹的学问为学术宗旨，排斥其它学说，还把自己的书房命名为正学。建文帝在位时，为侍讲学士。燕王到了南京，命令方孝孺起草即位诏书，他穿着丧服来到宫殿前，痛哭流涕，最终因为不肯屈从被杀，死时四十六岁。著作有《侯成集》《希古堂稿》等。明末福王时，被追谥为文正。

求古斋记

生乎古者岂皆善人乎？生乎今者岂皆不善人乎？使生乎古者皆善人，则舍今而求古可也。使今之人亦有善焉者，安得遽舍之而不求，而必务于古乎？今而视乎百岁之前，古也。生乎百岁之前者，自视则今矣。远而千载之上，古也。千载之上之人自视，则亦今矣。孔子以为古者三代之盛，而其时之人视三皇二帝则又为古矣。三皇二帝，三代以为古，而其时亦尝以为今矣。然则今与古何定名乎？随人号之耳。

【译文】古代的人都是善人吗？当代的人都是不善之人吗？假如古代的人都是善人，那么就可以舍弃当代，只向古人学习就可以了。但假如当代的人也有善人，怎么能突然舍弃他们而一定要向古人求教呢？现在的人看待一百年前的事情，认为是古代。生在一百年以前的人，把自己的时代称做当代。一千年前，是古代了，然而千年之前的人把自己的时代也称作当代。孔子认为夏商周三代是盛世，但生在三代的人又把三皇二帝看做古人。三皇二帝时代被三代之人看做古代，但他们也曾经把自己的时代看做当代。那么当代于古代究竟是如何命名的，不过是随着不同时代人的称呼罢了。

今与古无定名，安知今之非古？古之非今耶？安得谓古之人皆善，而今之人皆不善乎？故遗今而专乎古，则其失为固；遗古而务乎今，则其失为妄。固与妄，其失一也，君子不贵也。君子之学，取其善，不究其人，师其道，不计其时，善诚足称也。其人虽非圣贤，不知其为不可也，取其善而已。道诚足师也。其人虽非圣贤，虽生与吾同时，居与吾同巷，不以其易见而遗之也，师其道而已。

【译文】当代与古代没有固定的所指，怎么能知道当代不会成为古代，古代也曾经是当代呢？怎么能说古代的人都是善人，而当代的人都是不善之人呢？所以忽视当代而只专注古代，弊端是顽固；忽视古代而只专注当代，弊端是狂妄。顽固与狂妄，弊端是一样的，君子不会这样做。君子的学习之道是学习他人的优点，而不管这个人是谁。学习道，不计较时化，值得称赞，这个人虽然不是圣贤，不知道他的缺点，采用他的好处就可以了，道实在值得学习。如果他是善人，即使不是圣贤，和自己生活在同一个时代，又和自己比邻而居，也不能因为是自己常见之人而忽视他，要学习的是他的优点罢了。，

天下之善一也。古与今之道均也，何以其人与时论之耶？苟必惟古之求也，则孔子于礼不问于老聃，必求周公而问之。琴不问于师襄，必求师旷而问之。官不问于郯子，必求古之命官者而问之。求其人而不可得，则卒无所闻矣。必得圣人而后取其言，则荷蒉丈人之语，孔子必将掩耳而过之。与时人歌，必默然而不和之。沧浪之孺子，耦耕之隐者，必鄙之以为老农小子而不听之。七十子之流，必不与之往复答问。而以道告之。何以为圣人乎？善学圣人者。古之善，吾学之。今之善，吾亦学之。今之不善，吾恶之。古之不善，吾亦恶之。古之事合乎道，固将取以为法也。如使不若后世之美，则舍古而取后世可也。后世之不近乎道者，固所弃也，如古之不合乎道者，安得以其古而取之乎？曰：然则孔子何以好乎古而取之也？曰：吾之言，固孔子求古之谓。善学者之求古，犹良匠之求木焉。木之生乎山，有千岁者矣，有百岁者矣。使生乎千岁者而材，固取之也；使不若百岁之材，岂以历年多而取之乎？二帝之辂，古于殷也。伏羲氏之建时，古于夏也。黄帝之冕，古于周也。孔子不取其古之甚者，而取乎三代，何欤？惟其善而已。孟子不取夏之贡而取殷之助。武成之书，取其二三策，曾谓孟子非好古者乎？圣贤之于古，固如此也。使圣贤生乎今之世，其所去取，又可知也。

【译文】世上的善古今是相同的。古与今的道也是相同的，为什么要以人和时间来讨论呢？如果一定要以古代为善，那么孔子不必问礼于老聃，一定要向周公请教。学琴一定要向师旷请教，而不是师襄。学习官制一定要向命官者请教，而不是郯子。假如找不到这些人，那么就没有人能够请教了。假如只听取圣人的教诲，那么对于荷蒉丈人的话，孔子一定掩耳不闻。听到当时的人唱歌，一定默然而不跟着唱。唱沧浪之歌的孩子，二人并耕

的隐者，一定被鄙视为老农小孩而不理睬。对于众弟子，也一定不与他们讨论或回答他们。而是以道义告诉，怎样的人才能成为圣人呢？是善于向圣人学习的人。古代的长处，我要学习，当代的长处，我也要学习。当代的短处我厌恶，古代的短处我也厌恶。古代的事情是合乎道义的，当然要拿来学习。若古代不如后世的美好，那么就有必要舍弃古代而学习后世。后世所不接近道义的，固然要舍弃，就像古代不合乎道义的一样。为什么因为它是古代的就要学习它呢？问：“为什么孔子喜欢取法古代呢？”回答是：“我说的话当然就是孔子说的学习古代。善于学习的人取法古代，就像优秀的工匠寻找木材一样。树木生长在山中，有活了一千年的，也有活了一百年的。如果活了上千年的可以用来作为木材，当然要用它；但如果它不如活了百年的树木，怎么能因为它活得久就用它呢？尧舜的车子要比殷商时的古老。伏羲氏创建的历法早于夏代，黄帝的冠冕要比周代的古老，孔子并没有赞同那些更古的，却主张取法夏商周三代的，为什么呢？不过因为它们的优点罢了。孟子不赞成取法夏代的赋税制度，却赞成取法商代的。对于《武成》，只是取其两三片策简罢了，（并不完全信之），难道能说孟子不是爱好古代的人吗？圣贤对于古代的态度，就是如此。如果圣贤生活在当今，他们对古代的取与舍，又是可以推知的。”

慈溪孙君元礼，笃学而慎行，取孔子求古之语，名其读书之斋。予喜其异世俗之学也，推其说以告之，使自择焉。

【译文】慈溪的孙元礼，笃志于学习并且行为谨慎，用孔子求古的话命名他的书斋。我喜爱他不同于世俗的学习态度，按照他的想法加以引导，提供建议，由他自己选择吧。

家人箴十五首并序

论治者常大天下而小一家。然政行乎天下者，世未尝乏。而教洽乎家人者，自昔以为难。岂小者固难，而大者反易哉？盖骨肉之间，恩胜而礼不行，势近而法莫举。自非有德而躬化，发言制行，有以信服乎人，则其难诚有甚于治民者。是以圣人之道，必察乎物理，诚其念虑，以正其心，然后推之修身。身既修矣，然后推之齐家，家既可齐，而不优于为国与天下者无有也。故家人者，君子之所尽心，而治天下之准也，安可忽哉！余病乎德无以刑乎家，然念古之人自修有箴戒之义，因为箴以攻己缺，且与有志者共勉焉。

【译文】谈论治理国家的人常常认为天下是大事，而一家是小事。然而政令行于天下的，各代都不缺乏，而教化感化家人的，在从前就认为难。难道是小的本来困难而大的反而容易吗？大概是骨肉之间，恩情多而不能实行礼治，距离近而没法实行法治。除非有道德而亲身感化，发言做事有办法使别人信服，那么，它的难度确实超过了治理人民。因此，圣人之道必须考察事物的道理，使思虑精诚，用来端正自己的心，然后推广到修身。身已经修了，然后推广到把家庭治理好。家庭既然治理好，而不善于治理国家天下的人是没有的。故对家人，是君子用尽心思的地方，并且是治理天下的标准。怎么可以忽视呢！我担忧自己的道德不能在家里做示范，然而思想古代的人自我修身有箴戒的内容，因而写箴来批评自己的不足，并且与有志者共勉。

正伦

人有常伦，而汝不循。斯为匪人，天使之然。而汝舍旃，斯为悖天。天乎汝弃，人乎汝异。曷不思耶？天以汝为人，而忍自绝，为禽兽之归耶。

【译文】人有固定的伦理，而你不遵循，就是坏人。天使它这样，而你放弃，就是违背天。对天，你抛弃。对人，你又和别人不同。为什么不思考呢？天让你当人，而你忍心自绝于人，那要和禽兽同一归宿了。

重祀

身乌乎生？祖考之遗。汝哺汝歠，祖考之资。此而可忘，孰不可为。尚严享祀，式敬且时。

【译文】身体怎样生出？是祖宗和父亲遗留的。你吃你喝的，是祖宗和父亲的资产。这个可以忘，什么不可做？请严格地进行祭祀，要恭敬并且按时。

谨礼

纵肆怠忽，人喜其佚。孰知佚者，祸所自出。率礼无愆，人苦其难。孰知难者，所以为安。嗟时之人，惟佚之务。尊卑无节，上下失度。谓礼为伪，谓敬不足行。悖理越伦，卒取祸刑。逊让之性，天实锡汝。汝手汝足，能俯兴拜跽。曷为自贼，恣傲不恭。人或不汝诛，天宁汝容。彼有国与民，无礼犹败。矧予眇微，奚恃弗戒。繇道在己，岂诚难邪。敬兹天秩，以保室家。

【译文】放纵、懈怠、马虎，人们喜欢它的安逸。谁知安逸，就是祸产生的地方。遵循礼而没有过失，人们感到困难。谁知难的，才能保持安宁。叹息当代人，只图安逸。尊卑没有礼节，上下没有规矩。认为礼是虚伪的，认为恭敬不值得实行。违背礼节，超越辈分，终于招祸。逊让的性情，天确实赐给了你。你的手，你的脚，能够实行拜跽等礼节。为什么自己残害自己，放肆骄傲不恭敬。人们也许不杀你，天难道能容你？那些有国有民的人，无礼还要失败。况且我渺小，依仗什么而不警戒？按道办事在凭自己，难道真难吗？恭敬地按上天安排的秩序办事，来保全自己的家庭。

务学

无学之人，谓学为可后。苟为不学，流为禽兽。吾之所受，上帝之衷。学以明之，与天地通。尧舜之仁，颜孟之智。圣贤盛德，学焉则至。夫学可以为圣贤、侔天地，而不学不免与禽兽为归。乌可不择所之乎？噫！

【译文】没有学问的人，认为学习可以放在后面。如果不学习，就要变成禽兽。我所接受的，是上帝降给的善。用学习来弄明白，与天地相通。尧舜的仁爱，颜渊孟子的智慧，圣贤的美德，学习就会达到。学习可以成为圣贤，与天地并列。而不学习不免跟禽兽同一归宿。怎么可以不选择所走的道路呢！哎！

笃行

位不若人，愧耻以求。行不合道，恬不加修。汝德之凉，侥幸高位。只为贱辱，畴汝之贵。孝弟乎家，义让乎乡，使汝无位，谁不汝臧。古人之学，修己而已。未至圣贤，终身不止。是以其道，硕大光明。化行邦国，万世作程。汝曷弗效，易自满足。无以过人，人宁汝服。及今尚少，不勇于为，迨其将老，虽悔何追。

【译文】地位不如人家高，感到惭愧羞耻而去追求。行为不合乎道，恬不知耻，不加修养。你的道德很差，侥幸登上高位。只是卑贱和耻辱，谁认为你尊贵？在家里实行孝涕，在乡里实行正义和谦让，即使你没有地位，谁不认为你好？古人的学习，修养自己罢了。没有达到圣贤的境界，终身不停止。因此他的道，正大光明。转变人心风俗，全国推行，成为万世的榜样。你为什么不效法，容易自我满足。没有过人的地方，人们怎能服你。趁今天年纪还小，不勇敢地去做，等到了年老的时候，即使后悔，又有什么办法补救？

自省

言恒患不能信，行恒患不能善，学恒患不能正，虑恒患不能远，改过患不能勇，临事患不能辨，制义患乎巽懦，御人患乎刚褊。汝之所患，岂特此耶？夫焉可以不勉。

【译文】说话经常担心没有信用，行为经常担心不能善，学问经常担心不能端正，思虑经常担心不能久远，改过担心不能勇敢，临事担心不能分辨是非，文章担心懦弱，管理别人担心刚愎自用、片面。你所担心的，难道只是这些吗？怎么可以不勉励。

绝私

厚己薄人，固为自私。厚人薄己，亦匪其宜。太公之道，物我同视。循道而行，安有彼此。亲而宜恶，爱之为偏。疏而有善，我何恶焉。爱恶无他，一裁以义。加以丝毫，则为人伪。天之恒理，各有当然。孰能无私，忘已顺天。

【译文】厚己薄人，固然是自私。厚人薄己，也不合适。太公之道，对物对我同样看待。按照道来办事，哪里有什么彼此。亲近的人应该憎恶，因为爱他，而偏袒。疏远的人有善行，我为什么憎恶他？爱和憎恶没有例外，一律按照义来裁决。有丝毫的偏向，就是人为的。天的常理，各有各的理所当然。谁能无私，忘记自己，顺从上天。

崇畏

有所畏者，其家必齐。无所畏者，必怠而睽。严厥父兄，相率以听。小大祗肃，靡敢骄横。于道为顺，顺足致和。始若难能，有美实多。人各自贤，纵私殖利，不一其心，祸败立至。君子崇畏，畏心畏天，畏己有过，畏人之言。所畏者多，故卒安肆。小人不然，终履忧畏。汝今奚择，以保其身。无谓无伤，陷于小人。

【译文】有所畏惧的，他的家必定搞得很好。无所畏惧的，必定懈怠背理。父兄严厉，大家都听话。小事大事都敬肃，没有人敢骄横。对于道来说是顺应的，顺应能导致和睦。开始像很难办到，它的好处确实很多。人们各自认为自己贤能，放纵私欲，聚敛财富，不一心，祸败马上就到。君子崇敬畏惧，畏惧的是心，畏惧的是天，畏惧的是自己有过错，畏惧的是别人的言论。所畏惧的多，所以终于安宁。小人不然，终于走上了忧畏的道路。你今天选择什么，来保全自身？不要说不妨碍，陷入小人堆里。

惩忿

人言相忤，遽愠以怒。汝之怒人，彼宁不恶？恶能兴祸，怒实招之。当忿之发，宜忍以思，彼言诚当，虽忤为益，忤我何伤，适见其直。言而不当，乃彼之狂，狂而能容，我道之光。君子之怒，审乎义理。不深责人，以厚处己。故无怨恶，身名不隳。轻忿易忤，小人之为。人之所慕，实在君子。考其所由，君子鲜矣。言出乎汝，乌可自违。以道制欲，毋纵汝私。

【译文】别人的话触犯了自己，很快就恼怒。你对人发怒，他难道不憎恶？憎恶能给你带来灾祸，实在是你发怒招来。当发怒的时候，应该忍耐和思考。他的话真正恰当，虽然触犯了你，也是有益的。触犯我有什么妨碍？恰可看出他的直率。说得不恰当，那是他的狂妄。对他的狂妄而能容忍，是我的道的光荣。君子的怒，要审察合乎义理。不要深切地要求别人，要以厚道来要求自己。所以没有怨恨和憎恶，身体和名声不毁坏。轻易地就发怒，很容易就与人不合，是小人的行为。人们所仰慕的，实在是君子。考察其原因。是君子少。话从你嘴里说出，怎么任己所为。用道来控制欲望，不要放纵你的私心。

戒惰

惟古之人，既为圣贤，犹不敢息。嗟今之人，安于卑陋，自以为德。舒舒其学，肆肆其行。日月迈矣，将何成名？昔有未至，人闵汝少。壮不自强，忽其既耄。于呼汝乎，进乎止乎？天实望汝，云何而忍无闻以没齿乎？

【译文】古代的人，已经成为圣贤。还不敢停息。叹息今天的人，安于浅陋，自以为是好品德。慢慢地学习，放肆地行动。日月过去了，将怎样成名？从前没有达到，人家可怜你年少。成年了，还不自强，转眼就老了。啊呀你呀，是前进，还是停止？天在看着你，为什么忍心一辈子默默无闻呢？

审听

听言之法，平心易气。既究其详，当察其意。善也吾从，否也舍之。勿轻于信，勿逆于疑。近习小夫，闺阁嬖女，为谗为佞，类不足取。不幸听之，为患实深。宜力拒绝，杜其邪心。世之昏庸，多惑乎此。人告以善，反谓非是。家国之亡，匪天引人。尚审尔听，以正厥身。

【译文】听人说话的方法，是平心静气。既详细研究，还应考察他的意图。善的我听从，恶的扔掉。不要轻信，不要预先猜疑。皇帝的近臣，平民百姓中的男性，闺阁中被宠爱的婢妾，搞谗言，用花言巧语谄媚人，概不足取。不幸听了他们的，为害实深。应该尽力拒绝，杜绝他们的邪心。世上昏庸的人，多被他们迷惑。人家告诉你的是善，你反而认为不是。家庭和国家的灭亡，不是由天，而是由人决定的。请你谨慎听人说话，以使自身端正。

谨 习

引卑趋高，岁月劬劳。习乎污下，不日而化。惟重惟默，守身之则。惟诈惟佻，致患之招。嗟嗟小人，以患为美。侧媚倾邪，矫饰诞诡。告以礼义，谓人己欺，安于不善，莫觉其非。彼之不善，为徒孔多。慎其化汝，不慎如何。

【译文】从低处往高处走，整年都很劳苦。学习污浊低下的东西，不几天就变了。庄重、沉默，是守身的准则。奸诈，轻佻，是招来祸患的靶子。那些小子，把祸患当作美事。用不正当的手段讨好人，狡诈，做作，怪诞奇异。告诉他们礼义，说人家欺负自己。安于不善，不感到错。他们的不善，人数不少。害怕他们同化了你。为什么不谨慎?

择 术

古之为家者，汲汲于礼义。礼义可求而得，守之无不利也。今之为家者，汲汲于财利。财利求未必得，而有之不足恃也。舍可得而不求，求其不足恃者，而以不得为忧。咄嗟乎若人，吾于汝也奚尤?

【译文】古代管理家庭的人，对礼义很急切。礼义可求而得，守之没有不利的事。今天管理家庭的人，对财利很急切。追求也不一定得到，有了也不值得依靠。舍掉可得到的东西而不追求，追求不值得依靠的东西，而为得不到犯愁。叹息这个人，我对你还责备什么?

虑 远

无先己私而后天下之虑，无重外物而忘天爵之贵，无以耳目之娱而为心腹之蠹，无苟一时之安而招终身之累。难保而易纵者，情也。难完而易毁者，名也。贫贱而不可无者，节之贞也。富贵而不可有者，意气之盈也。

【译文】不要先考虑自己的利益而后考虑天下利益，不要重视外物而忘了天爵的宝贵。不要因为耳目的娱乐而成为心腹的蛀虫，不要贪图一时的安宁而招来对终身的连累。难以掌握而容易放纵的，是感情。难以完满而容易毁掉的，是名誉。贫贱的时候而不可没有的，是坚贞的志节。富贵的时候而不可有的，是得意洋洋。

慎言

义所当出，默也为失。非所宜言，言也为愆。愆失奚自，不学所致。二者孰得，宁过于默。圣于乡党，言若不能，作法万年，世守为经。多言违道，适贻身害。不忍须臾，为祸为败。莫大之恶，一语可成。小忿弗思，罪如丘陵。造怨兴戎，招尤速咎，孰为之端，鲜不自口。是以吉人，必寡其辞。捷给便佞，鄙夫之为。汝今欲言，先质乎理。于理或乖，慎勿启齿。当言则发，无纵诞诡。匪善曷陈，匪义曷谋。善言取辱，则非汝羞。

【译文】根据义，应该说话，沉默就是过失。不应该说的，说话就是过失。过失从哪里产生？不学所致。二者哪个更好？宁可过于沉默。圣人孔子在乡里，像是不善于说话的人。制定了可实行万年的法则，世世代代坚持，当作经典。多言违背道，恰恰给自身带来害处。不忍一会儿，就会招来祸患，招来失败。最大的罪恶，一句话就可造成。有小怒不加思考，有可能罪如丘陵。产生怨恨，发动战争，招来过失，招来罪咎，哪个是它产生的原因？很少不来自口。因此善人，必须少说话。应对敏捷，口齿伶俐，花言巧语，阿谀奉迎，是鄙陋浅薄的人干的。你今天要说话，先考虑合不合理，也许违背正理，千万不要启齿。该说的就说，不要搞怪诞奇异的东西。不是善的为什么要说？不合乎义的为什么考虑？说善言而招来侮辱，就不是你的羞耻。

薛 瑄

明河津人，字德温，号敬轩。永乐进士。英宗朝，累官至礼部侍郎，兼翰林院学士，入阁预机务，寻致仕。卒年七十三，谥文清。其学一本程朱，以复性为主，不侈谈著作。尝言乐有雅郑，书亦有之。圣贤之书，雅也，嗜者常少，以其味之淡也；百家小说，郑也，嗜者常多，以其味之甘也。淡则人心平而天理存，甘则人心迷而人欲肆。著有《读书录》《续录》，即本斯旨，皆躬行心得之言，为明代理学家之名著。坊刻有《薛子道论》，题为瑄撰，实乃后人自其读书录中摘出，别立一名，非瑄本有二书也。

【译文】明代河津（今属山西）人，字德温，号敬轩。永乐年间进士。英宗时期，被任命为礼部侍郎，兼翰林院学士，入内阁参与机务，不久就退休了。享年七十三岁，谥号文清。薛瑄的学问以程、朱理学为根本，以复性为主要内容，不随便谈论写作。曾经说音乐有高雅与低俗的区分，书也有高低之分。圣贤的书，就是高雅的，然而喜欢的人却很少，因为它的味道太清淡了；诸子百家与小说家言，就是郑声般低俗，喜欢它们的人很多，因为它们的味道甘甜。书的味道清淡能使人心平静，保存天理。甘甜就会迷惑人心，放纵人欲。薛瑄写的《读书录》《续录》，就是以这个思想为宗旨，都是亲身实践后获得的心得，是明代理学的代表性著作。书坊出售有刻印的《薛子道论》，题名为薛瑄撰，实际上是后世从他的书录中摘录出来，另起了一个名字，并不是薛瑄原本有两本不同的书。

读书录三十七则

人心有一息之怠，便与天地之化不相似。

【译文】人心有片刻的懈怠，就和天地化生万物的精神不相符。

万物不能碍天之大，万事不能碍心之虚。

【译文】万物不能妨碍天地的广大，万事不能妨碍本心的虚灵。

修德行义之外，当一听于天，若计较利达，日夜思虑万端，而所思者又未必遂，徒自劳扰，只见其不知命也。

【译文】除了修养德性实践仁义之外，其它的都应当听天由命，如果在意利益与亨达，一天到晚思考很多事情，这样所思考的问题并不一定能解决，反而自寻烦恼，这样就是不知天命的表现。

万起万灭之私，乱吾心久矣。今当悉皆扫去，以全吾湛然之性。功夫切要，在宿夜饮食，男女衣服，动静语默，应事接物之间，于此事事皆合天则，则道不外是矣。

【译文】不断产生又不断消失的私心念头，扰乱我的心已经很久了。现在应当把它们全部清除，以便恢复我清澈的本性。恢复本性的功夫很重要，在晚上就寝，吃饭喝水，男女关系，穿衣解服，行动或安静、说话或沉默、与人交往周旋的时候，在所有的事情上都能符合天理的要求，这样道就显现在其中了。

人知天下事皆分内事，则不以功能夸人矣。天无不包，地无不载，君子法之。

【译文】如果一个人认识到天下所有的事情都是与自己有相关的事情，就不会再向他人夸耀自己的能力了。天包容万事万物，地承载一切，君子应该效法天地这种广博的胸怀。

人有负才能而见于辞貌者，其小也可知矣。

【译文】如果有人以自己的才能而自负，并且表现在语言、表情上，就能知道这个人胸怀的狭小。

中夜以思，只公字一字，乃见克己之效验。

【译文】半夜里思考问题，只想到公正，这样克制私欲的效果已经显现出来了。

人所以千病万病，只为有己。为有己故，计较万端。惟欲己富，惟欲己贵，惟欲己安，惟欲己乐，惟欲己生，惟欲己寿，而人之贫、贱、危、苦、死、亡，一切不恤，由是生意不属，天理灭绝。虽曰有人之形，其实与禽兽奚以异？若能克去有己之病，廓然大公，富贵贫贱，安乐生寿，皆与人共之，则生意贯彻，彼此各得分愿。而天理之盛，便是与万物为一体矣。

【译文】人之所以有各种毛病，是因为心中只想到自己。凡是只想到自己，所以就会在各种事情上跟人计较。只想让自己富有、高贵、安全、快乐、生存、长寿，而对别人的贫穷、低贱、危险、痛苦、死亡不敢不问，毫不关心，因为这个原因导社会变得麻木不仁，灭绝天理。虽然他还有人的形状，实际上跟禽兽有什么区别？如果能克制、去掉自己的私心，扩充自己的大公之心，无论富贵、贫贱、安乐、生寿都跟其他人共享，那么这个社会就不再是麻木不仁的，每个人都能实现自己的愿望。天理的顶点，就是与宇宙万物融为一体。

张南轩“无所为而为之”之言，其义甚大。盖无所为而为之者皆天理，有所为而为之者皆人欲。如日月间大事小事，只道我合当如此作，作了心下平平如无事一般，便是无所为而为；若有一毫求知求利之意，虽作得十分中理，十分事业，总是人欲之私，与圣人之心，绝不相似。

【译文】张栻“没有特定目的去做而有所成就”的讲法，有很深刻的含义。没有特定目的去做事情，这是出自天理的行为；抱有特定目的去做事情，这是出自人欲的行为。对于世界上的所有事情，认为自己应该去做，做的时候心中很平静，就像没有做任何事情，这就是没有特定目的去做事情；如果有一丝一毫追求知识、追求利益的目的，即使做得完全符合理的要求，成就很了不起的功业，也只是人欲的私心所致，这与圣人纯粹天理的心，完全不一样。

为学能使理胜气，则可以变化气质之性，而及天地之性，若气胜理则不能矣。

【译文】做学问如果能用天理制约习气，就可以使气质的性质得到改变。如果习气胜过天理就不能达到天地之性。

人之威仪，须臾不可不严整，盖有物有则也。

【译文】人的外表，不能有片刻的不庄重，大概“天地间所有事物皆有其法则、规律。”

挺持刚介之志常存，则有以起偷惰而胜人欲。一有颓靡不立之志，则甘为小人，流于卑污之中，而不能振拔矣。

【译文】树立保持刚强的志向，就能杜绝懒惰的习惯，战胜人欲。一旦没有志向，萎靡不振，就会成为小人，沦落到卑贱污秽的习惯之中，难以自拔、振奋。

志故难持，气亦难养，主敬可以持志，少欲可以养气。

【译文】人的志向很难长时间坚持，浩然之气也很难存养；主于敬畏可以保持人的志向，减少欲望可以存养浩然之气。

心如镜，敬如磨镜。镜才磨，则尘垢去而光彩发；心才敬，则人欲消而天理明。

【译文】人的心像一面铜镜，敬畏就像磨镜子。镜子被磨，才能去掉灰尘，焕发光亮；心保持敬畏，就能消灭人欲，使天理复明。

千古为学要法，无过于敬。敬则心有主而诸事可为。

【译文】自古以来做学问的方法，没有比敬畏更重要的了。敬畏，人的心才会有所主，任何事情都可以去做。

常人见贵人则加敬，见敌己者则敬稍衰。于下人则慢之而已。圣人于上下人己之间，皆一诚敬之心。

【译文】普通人见到高贵的人，就对他表现出敬畏之情；见到与自己相当的人，敬畏之情稍微衰减一些；对于不如自己的人，只会表现出傲慢的表情。圣人对于高贵的人与低贱的人，都能保持一颗真诚敬畏的心。

古人衣冠伟博，皆所以庄其外而肃其内。后人服一切简便短窄之衣，起居动静，惟务安适，外无所严，内无所肃，鲜不习而为轻佻浮薄者。

【译文】古人的衣服、冠冕都很宽大，是为了使自己的外表庄严，内心肃静。后世之人只穿那些简便、短窄的衣服，日常生活，只追求舒适，这样一来，外表不庄重，内心也不肃静，很少有人不养成轻佻、轻薄的毛病。

锦衣玉食，古人谓惟辟可以有此，以其功在天下，而分所当然也。世有一介之士，得志一时，即侈用无节，甚至袒衣皆绫绮之类，宜其颠覆之无日。此曾目睹其事，可为贪侈之戒。

【译文】锦衣玉食，古人说只有帝王才能享用，因为他治理天下，理所当然该享用。世上还有一些人，一时间实现了自己的愿望，就生活奢侈，没有节制，甚至便衣都是用绫和绮制成，难怪他很快就要被颠覆。我曾亲眼目睹这样的事情，可以对贪婪、奢侈之人起到警戒作用。

戏谑甚则气荡，而心亦为所移；不戏谑，亦存心养气之一端。

【译文】打闹、开玩笑过头了就会使气荡漾开来，而心也会跟着不平静；不打闹、不开玩笑，也是存心养气的一个方法。

轻言戏谑最害事。盖言不妄发，则言出而人信之；苟轻戏谑，后虽有诚实之言，人亦弗信矣。

【译文】说话轻率最有害于办事。如果不随便说话，一旦说话人家就容易相信；如果说话轻率，后来即使说的都是诚实的话，人们也不会相信的。

凡与人言，即当思其事之可否。可则诺，不可则无诺。若不思可否而轻诺之，事或不可行，则必不能践厥言矣。有子曰：“信近于义，言可复也。”意盖如此。

【译文】凡是跟人交谈，就应该思考对方所说的事情是否可行。如果可行，就答应他，不可行就不要答应。如果不思考事情是否可行，就轻易答应下来，事情一旦做不成，就不能兑现自己的承诺。有子说：“所守的约言符合义，说的话就能兑现。”大概讲得就是这个意思。

大丈夫心事，当如青天白日，使人得而见之可也。

【译文】大丈夫心里面想的事情，要像蓝天上有太阳一样光明磊落，要使每个人都能看到。

酒色之类，使人志气昏酣荒耗，伤生败德，莫此为甚。俗以为乐，余不知果何乐也。

惟心清欲寡，则气平体胖，乐可知矣。

【译文】好酒美色之类的东西，能使人沉醉、消耗人的志气，既伤害身体又败坏道德，没有比这更糟的事情了。然而世俗之人把它们当做乐趣，我不明白究竟有什么值得欢乐的。只要清心寡欲，就能使气平静，外貌安详，快乐也就能得到了。

读书不体贴向自家身心上作功夫，虽尽读古今天下之书，无益也。

【译文】读书不自己用心体会，即使把天下的书全部读完了，对自己也没有什么好处。

将圣贤言语，作一场话说，学者之通患。

【译文】说话时引用圣贤的言语，没有深刻体会，这是读书人的通病。

作诗、作文、写字，皆非本领功夫，惟于身心上用力最要，身心之功有余，游焉可也。

【译文】写诗，写文章，书法，这些都算不上什么本领，只有在从事内心修养才是最重要的事情。从事修养内心的功夫闲暇的时刻，可以学习一些艺术。

万金之富，不以易吾一日读书之乐。

【译文】用万两黄金跟我换一天的读书时间，我也不愿意。

凡读书思索之久，觉有倦意，当敛襟正坐，澄定此心。少时再思，则心清而义理自见。

【译文】读书思考问题时间久了，就会感到疲倦，这时候应当端正地坐着，使心安定下来。过片刻时间再去思考，就会思维清楚，义理也会自己显露出来。

凡国家礼文制度，法律条例之类，皆能熟观而深考之，则有以酬应世务，而不戾乎时宜。

【译文】对于国家的礼文制度，法律条例之类的事情，都能仔细观察、深刻思考，就能应付当前的事态，而不与当前的形势相违背。

有欲则人得而中之，惟无欲则无自而入。

【译文】一个人有欲望的话，别人就能找到中伤他的理由，如果没有欲望，别人就没办法伤害他。

心不可有一毫之偏向，有则人必窥而知之。余尝使一走卒，见其颇敏捷，使之稍勤，下人即有趋重之意，余遂逐去之。此虽小事，以此知当官者当正大光明，不可有一毫之偏向。

【译文】人不能有偏心，有的话别人一定会知道，我曾经使用一个跟从的仆人，见他做事麻利，就是用得比较多，下人就认为我偏重他，于是我就把他赶走了。这虽然是一件小事情，但通过它可以知道当官的应该心地正大光明，不能有丝毫偏心。

立法之初，贵乎参酌事情，必轻重得宜，可行而无弊者，则播告之。既立之后，谨守勿失。信如四时，坚如金石。则民知所谓而不敢犯矣。或立法之初，不能参酌事情，轻重不伦，遽施于下，既而见其有不可行者，复遽废格，则后有良法，人将视为不信之具矣。令何自而行？禁何自而止乎？法者，因天理，顺人情，而为之防范禁制也。当以公平正大之心，制其轻重之宜，不可因一时之喜怒而立法，若然，则不得其平者多矣。

【译文】制定法律的时候，最重要的是参考、斟酌事情，一定要轻重合适，如果可以实行，没有什么弊病，就把它推行下去。法律一旦确立，就应该严格遵守，使它像四季转换一样信实，像金石一样坚固。这样民众就知道畏惧而不敢犯罪了。如果在立法的时候，不能参考、斟酌事情，刑罚的轻重也不合情理，就突然推行下去，不久又发现它有不合适的地方，就又废除，这样的话，即使后来重新制定了完善的法律，民众也只是把它看做没有诚信的工具而已。法律应当怎样制定呢？法律，是按照天理、人情的需要，确定哪些是要防范、要禁制的。应当秉持一颗公平正大的心，制定出惩罚轻重合适的法律，不能因为一时的高兴或愤怒就去立法，如果这样，不能得到公平对待的人就太多了。

正以立心，廉以律己，忠以侍君，恭以侍长，信以接物，宽以待下，敬以处事，居官之七要也。

【译文】用公正挺立自己的心，用廉洁规范自己，用忠诚事奉君主，用恭敬侍奉长辈，用诚信去对待他人，用宽仁对待下人，用恭敬去处理事情，这是做官的七个要点。

不欺君，不卖法，不害民，此做官持己之三要也。

【译文】不欺骗君主，不出卖法律，不伤害民众，这是做官把握自己言行的三个要点。

作事快心，必慎其悔。盖消息循环，自然之理，持之有道，则虽亢而非满矣。

【译文】做事情只追求内心的畅快，一定要后悔的。事物的减少与增加，都有一定的规律，掌握规律是有一定方法的，即接近极点不要追求完满。

士之气节，全在上之人奖激。奖激则气节盛。苟乐软熟之士，而恶刚正之人，则人务容身，而气节消矣。

【译文】士人的气节怎样，要看地位高的人怎样激励。有了上面的激励，士人的气节就会旺盛。如果上面的人喜欢性情柔和圆熟的士人，而厌恶刚正的人，那么人人都想保全自己，就没人有气节了。

为官者切不可厌烦恶事，苟视民之冤抑，一切不理，曰我务省事，则民不得其死者多矣。可不戒哉！

【译文】做官的人一定不能厌烦不好的事，如果对民众的冤屈不理不问，说自己图省事，那么民众受冤枉而死的人将会很多。能不警惕吗！

罗钦顺

明泰和人，字允升，号整庵。弘治进士。世宗立，擢吏部尚书。时张璁、桂萼以议礼骤贵，树党屏逐正人。钦顺耻与同列，乃辞不拜。里居二十余年，潜心格物致知之学。著《困学记》，辨析精审。卒年八十三，谥文庄。

【译文】明代泰和（今属江西）人，字允升，号整庵。弘治年间进士。世宗即位以后，把他提拔为吏部尚书。当时张璁、桂萼二人因为在大礼之争中支持世宗而突然变得很得宠，就树立党羽，排斥正直大臣。罗钦顺感到与他同朝为官是很羞耻的事情，就没有接受任命。在家归隐二十多年，努力修习格物致知的学问。著作有《困学记》等，辨析道理非常严密仔细。享年八十三岁，谥号为文庄。

与王阳明书

昨拜书，后一日始获奉领所惠《大学古本》《朱子晚年定论》二编。珍感，珍感。

【译文】昨天给您写信，过了一天后才收到您所赠的《大学古本》《朱子晚年定论》两本书。非常感谢！

某无似，往在南都，尝蒙诲益。第苦多病，怯于话言，未克倾吐所怀，以求归于一是，恒用为歉。去年夏，士友有以《传习录》见示者。亟读一过，则凡向日所闻，往往具在；而他所未闻者尚多。乃今又获并读二书，何其幸也！顾惟不敏，再三寻绎，终未能得其旨归；而向日有疑，尝以面请而未决者，复丛集而不可解。深惟执事所以惠教之意，将不徒然，辄敢一二条陈，仰烦开示。率尔之罪，度弘度之能容也。

【译文】我生性愚钝，从前在南京的时候，曾经受到您的教诲。只是因为体弱多病，害怕说话，不能把自己想说的全部表达出来，以便获得意见的统一，经常感到遗憾。去年夏天，有位好友把《传习录》借给我看。匆匆一读，往日从您那里听到的话，仿佛就在耳边萦绕；但还有其它许多没有听说过的。现在又获得同时读您所赠的两本书的机会，多么的幸运啊！只是因为我比较愚钝，再三思考，也终究不能把握主旨；而且往日就有疑虑，曾经当面向您请教而没有解决的问题，又聚集在一起不知怎样解答。我知道您赐教的心意不是虚假的，所以才敢提出一些问题，希望能得到您的指导。这种轻率的行为，我想您不会介意的。

切详《大学古本》之复：盖以人之为学，但当求之于内；而程、朱格物之说，不免求之于外。圣人之意，殆不其然。于是遂去朱子之分章，而削其所补之传。直以支离目之，曾无所用。夫当仁之让，可谓勇矣。——窃惟圣门设教，文行兼资；"博学于文"，厥有明训。颜渊称夫子之善诱，亦曰"博我以文"。文果内耶？外耶？是固无难辨者。凡程、朱之所为说，有戾于此者乎？如必以学不资于外求，但当反观内省以为务，则正心诚意四字，亦何不尽之有？何必于入门之际，便困以格物一段工夫也？顾经既有此文，理当尊信，又不容不有以处之，则从而为之训曰："物者，意之用也。格者，正也。正其不正，以归于正也。"其为训如此；要使之内而不外，以会归一处。亦尝就以此训推之，如曰："意用于事亲，即事亲之事而格之；正其事亲之事之不正者以归于正，而必尽夫天理。"盖犹未及知字，已见其缴绕迂曲而难明矣。审如所训，兹惟《大学》之始，苟能即事即物，正其不正以归于正，而皆尽夫天理；则心亦既正矣，意亦既诚矣。继此诚意、正心之目，无乃重复堆叠而无用乎？

【译文】仔细阅读关于《大学古本》的回复：大概认为凡是做学问，只应当向内心寻求；而二程、朱熹格物的说法，是主张向外界事物寻求道理。圣人的意思，大概不是这样的。于是修改朱熹给《大学》分的章节，并且删除他给致知所补充的传。直接把它看做太琐碎，没有用处。为了仁德，一点也不谦让，真正可称得上有勇气啊。——我认为儒学教学的主张是知识、实践并行使用；"广泛地学习文化知识"，确实有明确的训诫。颜渊称孔子善于诱导学生，也说"使我的文化知识变得广博"。文化知识真的是内心固有的吗？还是外在的事物？这是不需要辩论就能明白的道理。二程、朱子所有的学说，有违背这个道理的吗？如果说做学问不需要向外物求索，只应该反观、内省，那么不直接说正心诚意？为什么要在为学入门的时候，还要加上格物这一条浪费学生时间？顾虑到经典里面有这样一段文字，理应尊重信奉，但又不能不处理它，就把它解释为："物，就是意念的作用对象。格，就是纠正的意思。把不正纠正为正，以恢复为正。"您的解释就是这样；要使学者到内心寻找道理而不是外部，以便把注意的中心都归集到一个地方。还曾经用这样的解释去推论，例如："意念在于事奉双亲，接近事奉双亲的事纠正它；把事奉双亲的事情中不正的纠正过来，以恢复为正，这样必定能穷尽天理。"还没有谈及到"知"字，就已经能发现它意思曲折迂回让人难以理解了。如果真的像您的解释那样，只要在《大学》的开始，接近事情、事物，纠正它不正的地方以恢复为正，穷尽它的天理；那么心既然已经是正的了，意念也已经是诚实的了，在诚意、正心之后的那些条目，不就成为重复、堆叠而没有用处的了吗？

"大哉乾元，万物资始"；"至哉坤元，万物资生"。——凡吾之有此身，与夫万物之为万物，孰非出于乾坤？其理固皆乾坤之理也。自我而观，物固物也；以理观之，我亦物也。浑然一致而已，夫何分于内外乎？所贵乎格物者，欲即其分之殊，而有见乎理之一，无彼无此，无欠无余，而实有所统会，夫然后谓之知至，亦即所谓知止，而大本于是乎可立，达道于是乎可行，自诚正以至于治平，庶乎可以一以贯之而无遗矣。然学者之资禀不齐，工夫不等，其能格与否，或浅或深，或迟或速，讵容以一言尽哉！

【译文】"盛大啊！天的元气，万物靠着它有了开始"；"至善啊！《坤》卦的元始，万物靠它生长"。我的身体，以及宇宙万物，哪一个不是出自乾坤的创造？它们所含之理就是乾坤之理。从自我的角度观察万物，事物只是事物；从理的角度来看，自我也是事物中的一个。把人与万物看做浑然一体的事物就行了，为什么要分为心内与心外呢？重视格物的原因，是想要从事物所分有的道理开始研究，直到认识到整个宇宙的道理只有一个，没有彼与此的区别，没有不足与有余的不同，实际是有统率会合的道理存在的，这样才能称为知识已经获得，也就是所说的知识止于此，这样根本的东西就可以确立了，通行不变之道就可以施行了，从诚意、正心以至于治国、平天下，都可以用一个道理贯穿而没有遗漏。然而学者的资质、禀赋是不一样的，所下的功夫也是不相等的，他们有谁能穷究这个道理，穷究的程度是深还是浅，穷究的速度是快还是慢，不是用就一句话就能说清楚的！

惟是圣门《大学》之教，其道则无以易此。学者所当由之以入，不可诬也。外此，或夸多而斗靡，则溺于外而遗其内；或厌繁而喜径，则局于内而遗其外。溺于外而遗其内，俗学是已；局于内而遗其外，禅学是已。凡为禅学之至者，必自以为明心见性；然于天、人、物、我，未有不二之者，是可谓之有真见乎？使其见之果真，则极"天下之至赜而不可恶"，一毛一发皆吾体也，又安肯叛君父，捐妻子，以自陷于禽兽之域哉？今欲援俗学之溺，而未有以深杜禅学之萌，使夫有志于学圣贤者，将或昧于所从，恐不可不过为之虑也。

【译文】儒学《大学》的教育，其方法是不能被改变的。学者应该根据它的方法进入做学问的境界，这是不能被欺骗的。如果不这样做，学者们可能会以文章篇幅多、辞藻华丽夸耀争胜，这是就会沉溺于对外部事物关注而遗漏对内心的省察；也能会厌恶学习方法的繁多而喜欢直截了当的捷径，这就会局限于对内心的省察而遗漏对外部事物的关注。沉溺于对外部事物关注而遗漏对内心的省察，这是世俗的学问；局限于对内心的省察而遗漏对外部事物的关注，这不过是禅学罢了。凡是修习禅学到了极端境地的人，一定自以为对心性已经很了解了；然而他们把天与人、事物与自我的关系，都看成是分离的，这样怎么能称说他们的见解是正确的呢？假如他们的见解是正确的，那么“说到天下事物的极其复杂却不可讨厌”，连一草一木都是自己身体的一部分，他们又怎么能背叛君主、父亲，抛弃妻子儿女，使自己陷入与禽兽同类的地步呢？如果想要拯救沉溺于关注外部事物的世俗学问，却不能杜绝他们向禅学发展的苗头，这样将导致立志学习圣贤的学者不知何所是从，这是必须得考虑的事情。

又详《朱子定论》之编，盖以其中岁以前，所见未真，爰及晚年，始克有悟。乃于其论学书尺三数十卷之内，摘此三十余条。其意皆主于向里者，以为得于既悟之余，而断其为定论。斯其所择，宜亦精矣。第不知所谓晚年者，断以何年为定？羸躯病暑，未暇详考。偶考得何叔京氏卒于淳熙乙未，时朱子年方四十有六尔，后二年丁酉，而《论孟集注》《或问》始成。今有取于答何书者四通，以为晚年定论，至于《集注》《或问》，则以为中年未定之说，窃恐考之欠详，而立论之太果也。又所取《答黄直卿》一书，监本止云此是向来差误，别无“定本”二字。今所编刻，增此二字，当别有据。而《序》中又变“定”字为“旧”字，却未详本字同所指否？朱子有《答吕东莱》一书，尝及“定本”之说，然非指《集注》《或问》也。凡此，愚皆不能无疑，顾犹未足深论。

【译文】仔细考察《朱子定论》的编辑，大概是认为朱熹中年以前的见解不正确，等他到了晚年，才开始有所开悟。于是从他讨论学问的三十余卷书信中，摘录三十几条编成此书。它们的意思的都是主张向内心用功，被认为是朱熹觉悟之后所发表的言论。这本书所选择的书信，含义都非常精深。我只是不明白所谓的晚年，是从哪一年开始断定的。因为身体瘦弱，患了病热，没有时间详细考察。偶尔考察得知何叔京死于淳熙乙未年，这一年朱熹才四十六岁，两年后的丁酉年，《论孟集注》《或问》才著作完成。《朱子定论》选取了朱熹给何叔京的四封回信，被认为是属于他晚年定论时期的，而《集注》《或问》却被认为是朱熹中年学术思想没有确定时期的著作，我私下认为这没有经过详细考察，下结论太草率了。还有选录的《答黄直卿》这封信，国子监的版本只是说它原来就有错误，并没有“定本”这两个字。现在编辑的这本书，增加了这两个字，应当是另有根据吧？但是《序》中又把“定”字变成了“旧”字，不知道这两个字指的是不是同一个意思？朱熹有一封信《答吕东莱》，涉及到“定本”的说话，然而并非指《集注》《或问》。所有这些，我都不能不有所怀疑，只是还不能深入讨论。

窃以执事天资绝出，而日新不已。向来恍若有悟之后，自以为证诸五经、四子，沛然若决江河而放诸海。又以为精明的确，洞然无复可疑，某固信其非虚语也。然又以为独于朱子之说有相抵牾。揆之于理，容有是邪？他说姑未敢请，尝读《朱子文集》，其第三十二卷，皆与张南轩答问书，内第四书，亦自以为“其于实体似益精明，因复取凡圣贤之书，以及近世诸老先生之遗语，而读验之，则又无一不合。盖平日所疑而未白者，今皆不待安排，往往自见洒落处”。与执事之所以自序者，无一语不相似也。书中发其所见，不为不明。而卷末一书，提纲振领，尤为详尽。窃以为千圣相传之心学，殆无以出此矣；不知何故，独不为执事所取，无亦偶然也耶？——若以此二书为然，则《论孟集注》《学庸章句》《或问》，不容别有一般道理。虽或其间小有出入，自不妨随处明辨也。如其以为未合，则是执事精明之见，决与朱子异矣。凡此三十余条者，不过姑取之以证成高论，而所谓“先得我心之所同然者”，安知不有毫厘之不同者为祟于其间，以成抵牾之大隙哉？恐不可不详推其所以然也。

【译文】我认为您天资超过一般人，而且每日都有更新进步。自从您好像有所顿悟之后，您认为自己从顿悟中所得到道理可以和五经、四书所讲相互印证，好像江河之水决口流入大海一般盛大充沛。又认为所得道理清楚明了，确凿无疑，我当然相信这并不是说谎话。然而您又认为自己的学说与朱熹的学问有相互矛盾的地方。用道理来考察，怎么会有这种事呢？其它的例子暂且不提，我曾读《朱子文集》，这本书的第三十二卷，都是朱熹给张栻的回信，其中的第四封，朱熹也自认为“对于真实的本体似乎更加明白了，于是又拿来所有的圣贤之书，以及近代以来诸位先辈儒者留下的著作，阅读并加以验证，没有一处不相互符合的。平时有所怀疑，不能理解的地方，现在都不需要刻意思考，就豁然开悟了。”这段记载与您的自序所述，意思几乎一样。朱熹在信中描述自己的见解，已经很说得很清楚了。这本书的最后一封信，抓住要领，阐述得非常详细。我私下认为众多圣人代代相传的心学，没有比这里说得更好的了。但不知什么原因，却没有得到您的认可，这难道是偶然的情况吗？如果您认可这两封信，那么《论、孟集注》《学、庸章句》《或问》这些书也一定能得到您的认可。虽然在有些地方可能稍有不同，也不妨碍整体的统一。如果您认为这些书信与您的思想并不符合，那么就是您高明的见解，与朱熹的思想完全相反了。《朱子定论》所收录的三十余条言论，只不过是您用来证明自己见解的高明罢了！而您所称的“比我先得到跟我的心一样的东西”，怎么能肯定没有很小的不同夹杂在中间，最终成为与之相反的大不同呢？恐怕不能不仔细考察其中的原因吧？

又执事于朱子后，特推草庐吴氏，以为见之尤真，而取其一说，以附于三十余条之后。窃以草庐晚年所见端的与否，良未易知。盖吾儒昭昭之云，释氏亦每言之，毫厘之差，正在于此。即草庐所见果有合于吾之所谓昭昭者，安知非其四十年间钻研文义之效？殆所谓真积力久而豁然贯通者也。盖虽以明道先生之高明纯粹，又早获亲炙于濂溪，以发其吟风弄月之趣，亦必反求诸六经而后得之。但其所禀邻于生知，闻一以知十，与他人极力于钻研者不同耳。又安得以前日之钻研文义为非，而以堕此科臼为悔？夫得鱼忘筌，得兔忘蹄可也。矜鱼兔之获，而反追咎筌蹄，以为多事，其可乎哉？然世之徒事鑽研而不知反说约者，则不可不深有儆于斯言也。抑草庐既有见夫所谓昭昭者，又以不使有须臾之间断为庶几乎尊之之道，其亦然矣。而下文乃云："于此有未能，则问于人，学于已，而必欲其至。"夫其须臾之间，间断与否，岂他人之所能与？且既知所以尊之之道在此，一有间断，则继续之而已；又安得以为未能，而别有所谓学哉？是则见道固难，而体道尤难。道诚未易明，而学诚不可不讲，恐未可安于所见，而遂以为极则也。

【译文】您除了朱熹之外，还特别推崇吴澄，认为他的见解很正确，选取他的一篇文章，附录在朱熹三十余条言论之后。我认为吴澄晚年的见解究竟正确与否，确实难以判断。我们儒家的光明的道理，佛教也经常说，细微的差别，就体现在这里。即使吴澄的见解真的跟我所说的光明道理相同，又怎么能够知道不是因为他四十年钻研文章义理造成的效果呢？大概是长久地努力而导致的豁然贯通吧。即使像程颢那样资质高明纯粹，又在早年亲自向周敦颐请教过，激发了他吟风弄月的志趣，也一定会回头钻研六经然后再获得到它。但因为他的禀赋接近于那些生来就能知道的圣人，听到一个道理就能举一反十，和那些努力专研的人不相同。怎么能把以前钻研文章义理看做错误，而把已经这样做了当做后悔的事情呢？得到了鱼而忘记了筌，得到了兔而忘记了蹄，这是可以的。收获了鱼、兔，反而怪罪筌蹄多事，这样合适吗？世上那些只知道专研书本而不懂得回到简约中的，不能不警惕这番话啊！或者吴澄对光明的道理已经有了见解，又把不使这个道理有片刻间断看做尊崇它的方式，也是可能的。而下文却说："做不到这个，就要向别人请教，自己努力，一定要得到它。"道在片刻之间，间断还是不间断，难道是他人所能干预的吗？况且既然已经知道尊崇它的方式就在这里，一旦有了间断，就接续它就可以了；又怎么能认为自己做不到，而认为另有其它的学问呢？这就是所说的看见道很难，而体会道更加困难。道确实不容易说清楚，但学问却不能不做，只怕还没有对自己所见的道有深刻的把握，就径直把它作为终极的原则。

某非知道者，然黾勉以求之，亦有年矣。骎寻衰晚，茫无所得，乃欲与一代之英论学，多见其不知量也。虽然，执事平日相与之意，良不薄矣。虽则驽钝，心诚感慕而乐求教焉。一得之愚，用悉陈之而不敢隐。其他节目所欲言者颇多。笔砚久疏，收拾不上，然其大要亦略可睹矣。伏惟经略之暇，试一观焉，还赐一言，以决其可否。幸甚。

【译文】我对于道并没有认识，然而勤勉地追求它已经很多年了。渐渐进入了老年，还是茫然没有收获，还想跟您这样的一代英豪讨论学问，真是自不量力啊。即使如此，您平时待我情谊确实不薄。我虽然愚钝，心中确实充满感激并且喜欢向您请教。一旦有所心得，就全部陈述出来，不敢有所隐瞒。还有其它想说的话很多。很长时间没有执笔，所写文字也顾不上整理，然而文章的大概意思已经说清楚了。希望您筹划治理国家大事的闲暇时间，尝试着看一下这份封信，如果您能回信，判决一下我的想法是对还是错，那将是我的幸运。

又与王阳明书（戊子冬）

侧闻旌麾伊迩，计不日当临弊邑。甚欲一瞻德范，以慰多年渴仰之怀。奈病骨支离，艰于远出。咫尺千里，怅惘曷胜！伏惟亮察。

【译文】我听说您的军队就在不远处，大概很快就来到我这个地方。我非常想一睹您的风采，以满足我多年渴望的心情。怎奈病体难以支持，不能远出。虽然距离您只有咫尺之遥，我却感到犹如相距千里，心中甚是失意！希望得到您的谅解。

去年尝辱手书，预订文会，殆有意乎左提右挈，相与偕之大道。为爱良厚，感戢无已；但无若区区之固滞何！夫固滞者，未免于循常；而高明者，恒妙于独得。窃恐异同之论，有非一会晤间之所能决也。然病既有妨，盛意何可虚辱？辄以近来鄙说数段，奉尘尊览；及尝反覆高论有不能无疑者，亦条为一段，具如别幅。固知未能仰契尊旨，将不免为覆瓿之具，亦姑效其愚而已。虽然，愚者千虑，容有一得；先睽后合，尚不能无望于高明，伏希裁择，幸甚。

【译文】去年您曾经写信，约定要跟我见面，大概是想帮助我，与您一起追求真理。对于您的厚爱之情，我深表感激；但我还是有一些疑惑！这些疑惑，还是属于常规的问题；而您资质高明，经常有一些独特的心的。我担心我们之间不同的见解，不是一个会面就能解决的。虽然尚在病中，您的好意怎能辜负？于是就把最近的一些想法，写出来供您检察；对于曾经反复讨论而不能解决的问题，也列为条目别为一段，单独成篇。我知道自己的意见不能与您的主张完全相符，极有可能不被重视，但还是想献出自己浅薄意见。即使如此，愚者千虑，必有一得；先有分歧，才能有所统一，希望您权衡选择，这是我的荣幸。

“物者，意之用也；格者，正也，正其不正以归于正也。”——此执事格物之训也。向蒙惠教，有云：“格物者，格其心之物也，格其意之物也，格其知之物也。正心者，正其物之心也。诚意者，诚其物之意也。致知者，致其物之知也。”——自有《大学》以来无此议论。此高明独得之妙，夫岂浅陋之所能窥也邪？然诲谕之勤，两端既竭，固尝反复推寻，不敢忽也。夫谓“格其心之物，格其意之物，格其知之物”，凡其为物也三。谓“正其物之心，诚其物之意，致其物之知”，其为物也，一而已矣。就三物而论，以程子格物之训推之，犹可通也。以执事格物之训推之，不可通也。就一物而论，则所谓物者，果何物邪？如必以为“意之用”，虽极安排之巧，终无可通之日。此愚之所不能无疑者，一也。

【译文】“事物，是意念的作用对象；格，就是纠正的意思。把不正纠正为正，以恢复为正。”这是您对于格物的解释。从前您曾教导我说：“格物，就是纠正心中的事物，纠正意念中的事物，纠正知识中的事物。正心，就是对待纠正事物的心。诚意，就是对待事物的意念真诚。致知，就是纠正对于事物的认知。”自从《大学》问世以来，从没有这样的讲法；这是您独有的心得，不是一般人能理解的。为了不辜负您殷勤的教诲，我反复思考，从问题的首尾两头盘问，不敢有所忽怠。“格物，就是纠正心中的事物，纠正意念中事物，纠正知识中的事物”，总共讲了三个事物。“纠正对待事物的心，对待事物的意念真诚，纠正对于事物的知识”，只讲了一个事物。就前面所讲的三个事物而言，用程颐对格物的解释推究，还是可以说得通的。用您对格物的解释去推究，却是说不通的。就后面说的一个事物而言，那么这个事物，究竟是什么呢？如果非要把它看做“意见作用的对象”，即使语句说得再漂亮，也是讲不通的。这是第一个让我不能不产生忧虑的地方。

又执事尝谓：“意在于事亲，即事亲是一物。意在于事君，即事君是一物。”诸如此类，不妨说得行矣。有如《论语》“川上”之叹，《中庸》“鸢飞鱼跃”之旨，皆圣贤吃紧为人处。学者如未能深达其义，未可谓之知学也。试以吾意着于川之流、鸢之飞、鱼之跃，若之何“正其不正以归于正邪”？此愚之所不能无疑者，二也。

【译文】您还说过：“意念停留在事奉双亲上面，事奉双亲就是一个事物。意念停留在侍奉君主上面，侍奉君主就是一件事物。”像这类的话，还是说的通的。就像《论语》中孔子在“川上”的感叹，《中庸》“鹰在天空飞翔，鱼在水中腾跃”的主旨，都是圣贤切中做人处世接物要害的地方，学者如果不能深刻地理解其中所包含的深意，就算不上了解学问。但如果尝试着把自己的意念用于山川中的流水、天空中翱翔的苍鹰、水中腾跃的鱼儿上面，怎样能“把不正纠正为正，以恢复为正”呢？这是第二个让我不能不产生忧虑的地方。

又执事答人论学书有云：“吾心之良知，即所谓天理也。致吾心良知之天理于事事物物，则事事物物皆得其理矣。致吾心之良知者，致知也；事事物物各得其理者，格物也。”——审如所言，则《大学》当云“格物在致知”，不当云“致知在格物”；当云“知至而后物格”，不当云“物格而后知至”矣。且既言：“精察此心之天理，以致其本然之良知”；又言：“正惟致其良知，以精察此心之天理”；然则天理也，良知也，果一乎？果非一乎？察也，致也，果孰先乎？孰后乎？此愚之所不能无疑者，三也。

【译文】您在给别人的谈论学问的回信中说：“我心中的良知，就是天理。把我心中的良知、天理扩充到宇宙万物上面，那么宇宙万物就都获得自己的天理了。扩充我的良知，就是致知；宇宙万物各自获得自己的天理，就是格物。”如果真是这样，那么《大学》应该说“格物在致知”，不应该说“致知在格物”；应该说“知至而后物格”，而不应该说“物格而后知至”。况且既然已经说：“自己观察心中的天理，以便扩充原有的良知”；又说：“扩充自己的良知，以便仔细观察心中的天理”；那么天理与良知，到底是同一个东西呢？还是两个不同的东西？观察与扩充，到底先进行哪一个？后进行哪一个？这是第三个让我不能不产生忧虑的地方。

初作此书，将以复阳明往年讲学之约；书未及寄，而阳明下世矣。惜哉！鄙说数段，皆《记》中语也。念非一家私议，因录之。

【译文】写完这封信后，就打算去赴王阳明去年的约定；信还没来得及寄出去，王阳明就已经过世了。太令人惋惜了！我的这几段说法，都来源于《礼记》中的话。想到这不是私人的问题，就记下来供大家参考。

胡直

明泰和人，字正甫，号庐山。嘉靖进士，官至福建按察使。万历中卒。直少攻古文词，后从欧阳德及罗洪先游，以王守仁为宗。尝与门人讲学螺水上，有《胡子衡斋》《衡庐精舍藏稿》（清《四库·子部·儒家存目》《胡子衡斋》提要略曰："大要以理在心，而不在天地万物，意在疏通守仁之旨。然守仁本谓我与天地万物一气流通，无有碍隔，故人心之理，即天地万物之理。而直乃谓吾心所以造天地万物，匪是，则黝没荒忽，而天地万物息矣。是竟指天地万物为无理，与守仁亦不相合，未免太失之高远"云云）。

【译文】明代泰和（今属江西）人，字正甫，号庐山。嘉靖年间进士，官至福建按察使。万历中期去世。胡直少年时期专心于古诗词，后来跟从欧阳德及罗洪先学习，学术宗旨归宗于王阳明。他曾经与弟子在螺水讲学，著作有《胡子衡斋》《衡庐精舍藏稿》（清《四库·子部·儒家存目》《胡子衡斋》提要说："他的学问大致是认为理在心中，而不在天地万物之中，目的是为了与王阳明的思想疏通。然而王阳明的本意是我与天地万物都是有气组成，没有隔碍，所以人心中的理，就是天地万物的理。而胡直是说天地万物都是由心造成的，如果没有心，天地万物也将不存在。这是认为天地万物都没有理，与王阳明的思想并不吻合，胡直学说的缺点是太玄虚。"）

六锢（节录）

弟子曰："旦旦乎，先生之语理！弟子已冰化矣。然而世儒之训，熟烂乎耳目，徽纆乎腑脏。譬诸层崖阴黯，非太阳为之曲照，莫能覩也；沟浍积淖，非霖雨为之终日，莫能涤也。盖二三子之锢于中者有六，请竟宣之，以瘳承学。"

胡子曰："何哉，六锢？"

曰："世儒之所为争而未肯降者，则虚实也，天人也，心性也，体用也，循序与格物也。此六者彼方挟以攻我，我又安能令彼之有入者？夫彼之挟以攻我者，非其故为也，彼固有似是而难明者以锢于中也。而近儒者语之未竟，则是我固未尽于彼，而欲彼之有入于我，无异乎其矐然明而滃然塞也。”

胡子曰：“然。”

【译文】弟子说：“老师解释什么是理，非常清楚了，我已经领悟了。然而世俗儒者的讲法，依然萦绕心头。就像山崖的阴暗处，如果不是太阳光的反照，是看不见的；又像田间水道中的烂泥，没有大雨不能冲洗干净。我的心中有六种痼疾，请允许我一一说明，以便治疗和继承师说。”

胡直说：“是哪六种痼疾呢？”答：“世俗儒者争执不下，不肯轻易服输的是虚实，天人，心性，体用，循序与格物六种痼疾。这六种痼疾携同起来攻击我，我又怎么能让它们进入我的心中呢？它们携同攻击我，并不是故意的，它们本来就具有似是而难明的道理禁锢于我的心中。近代以来的儒者语焉不详，这样就是我没有完全了解它们，而想要它们进入我的内心，这就跟烟雾弥漫，忽明忽暗一样。”

胡直说：“是这样的。”

“然则何谓虚实之锢？”

曰：昔者世儒立教，以万理为实，是天地实天地，万物实万物，父子实父子，君臣实君臣。夫唯其实，而后天下不以幻视。若唯求理于心，则将幻天地万物于无何有矣，又何有于父子君臣哉？此与释氏所称“三界惟心”、“山河大地皆妙明心中物”又何以殊也？

胡子曰：“然，非也。夫万物之实，岂端在物哉？其谓实理即实心是也。孟子曰“万物皆备于我”，而下文即继之曰“反身而诚，乐莫大焉”。若实理皆在于物，则万物奚与于我？又奚能反身以求诚哉？何则？人心唯诚，则其视天地也实天地，视万物也实万物。父子之亲、君臣之义不可解于心者，皆实理也。若人心一伪，彼且视父子君臣浮浮然也，其极至弑父与君而弗之忌，彼乌覩父子君臣之为实理哉？彼其视天地万物梦梦然也，其极至亵天渎地而弗之顾，彼乌覩天地万物之为实理哉？故曰：‘不诚无物’者，此也。子欲求实理乎？孩提之爱亲敬长，则实理较著焉！今人乍见孺子入井，有怵惕恻隐之心，则实理较著焉。见牛觳觫而不速杀，则实理较著焉。岂当求实理于亲长孺子以逮牛羊哉？故理莫实于尽心，而莫幻于索物。而世儒者，自幻视其本实之心，而反瞿瞿焉，猎猎焉，索物以求理，认外以为实。曾不知其所索而认者，乃其口吻之为名也，楮墨之为书也，影响之为传也，意念之为执也，而自谓实也，而实固不居乎此也。是所谓以幻求幻，其幻不可以究竟矣。而强以为实，而不亦左乎？若夫释氏所称“三界惟心”、“山河大地为妙明心中物”，其言虽少偏，而亦不至大缪。盖释氏者，虽知天地万物之不外乎心，而卒至于逃伦弃物。若是异者，非心之不实也，则不尽心之过也。盖释氏主在出世，故其学止于明心；明心，则虽照乎天地万物，而终归于无有。吾儒主在经世，故其学贵尽心；尽心，则能察乎天地万物，而常处之有则，是吾儒与释氏异者，则尽心与不尽心之分也。所谓毫厘千里者此也。而奚以罪心哉？今夫心之能察物，犹水之能流、火之能炎也。苟有人焉，潴水不流而欲其常澄，宿火不炎而欲其常煴，亦岂水火之罪哉？而世乃独以虚幻不实归罪于人心，则又乌取实哉？虽然，使世儒诚有得于《尽心》之旨，则实者未尝不虚，而虚者乃所为实也。实无不虚，费而隐也，无声无臭是也；虚无不实，微之显也，三千三百是也。其究一也，而世儒未达也。”

【译文】胡直问："那么什么是虚实之痼疾呢？"

弟子答："过去儒家创立学说，把万物的道理看作实在的，天地是实在的天地，万物是实在的万物，父子是实在的父子，君臣是实在的君臣。他们只关注实在，所以后世学者都不幻想。如果只在心中求理，就是把天地万物都幻想成虚无的了，连父子君臣也是虚无的。这与佛教所说的'三界唯心'、'山河大地都是心变现出的事物'有什么区别呢？"

胡直说："不是这样的。万物的实质，不是真的在万物本身，真实的理就是真实的心的说法是正确的。孟子说'万物的道理我都具备'，下文又接着说'反躬自问诚实无欺，便是最大的快乐'。如果理都是在事物里面的，那么万物又怎么能都具备与我身上呢？又怎么反躬自问以追求诚实无欺呢？为什么这样说呢？人心如果做到了诚，看天地万物就都是真实的天地万物。父子之间的亲情，君臣之间的忠义这些人不能片刻脱离的道理都是真实的道理。如果人心是虚伪的，他就会把父子、君臣都看做虚无的事物，发展到极端时就是杀害父亲与君主也不会有所忌讳，他哪里把父子、君臣之理看做真实的道理了？他把天地万物都看做虚无的事物，发展到极端时就是亵渎天地也不会有所忌讳，他哪里把天地万物之理看做真实的道理了？所以说：'不诚就没有万物存在'，说的就是这个道理。你想要追求实理么？小孩子知道亲爱父母、尊敬兄长，这就是明显的实理！有人看到小孩子掉入井中，有害怕怜悯的感情，这就是明显的实理！看到用于祭祀的牛恐惧，不忍杀害，这就是明显的实理！难道能从双亲、兄长乃至牛的身上寻求实理吗？所以理的真实存在于心中，从事物上面寻求都是虚幻的道理。那些世俗的儒者，把自己的本心看做虚幻的，却到处寻找，从事物上面寻求实理，把心外之物看做实在的。竟然不知道他索求的东西，是从他口中叫出的名字，用纸与墨书写出的字，相互影响的传言，意念的执着，而他自己还看做真实，真实却不体现在这里。用幻想追求幻想的东西，终究不知幻想之物究系何物。如果强制把它看做真实的东西，不是太激进了吗？至于佛教所说的'三界唯心'、'山河大地都是心变现出的事物'，他们的说法虽然有所偏颇，但也不算大错。大概佛教虽然知道天地万物不超出心的范围，而最终逃伦弃物，如此不同之处，不是心不真实，而是不能尽心的过错。大概佛教主张超出尘世，所以他们的学问讲究澄明心体；澄明心体，虽然能洞察天地万物的道理，然而终究是虚无的。我们儒学主张经世致用，所以学问崇尚尽心；尽心就能观察天地万物，尽心是有原则的，所以儒学与佛教的不同之处，就是尽心与不尽心的区分。所谓差之毫厘谬以千里，说的就是这个吧。为什么怪罪心呢？心能观察万物，就像水能流动，火能燃烧一样。如果有人堵住流水却想要它经常清澈，隔夜的火不加燃料却想要它保持温度，这怎么能怪罪水和火呢？世人把人心看做虚幻不实的东西，那究竟到哪里寻找真实的东西呢？虽然如此，如果世俗儒者真能对于《尽心》的主旨有所心得，那么他们认为真实的东西未尝不是虚幻的，而他们认为虚幻的东西才是是真实的。真实的东西都是虚幻的，微妙隐藏的，没有声音、气味的；虚幻的东西都是实在的，能显现的，是威仪三千、礼仪三百。终究是只有一个道理，世俗儒者没有领会罢了。

何谓心性之锢？

曰："先儒以为心者止于知觉，而知觉所具之理为性，故其言曰'能觉者心，所觉者理'。意者觉虚而理实，则心虚而性实，此心性大较也。故心性虽不可离，而尤不可混。其果然欤？"

胡子曰："然非也。夫先儒以知觉为心，以实理为性，固可谓不混矣。然以理为在物，则性亦当为在物。是性虽不与心混，而不免与物淆矣。其可通乎？"

曰："先儒有言'性者心之理'，又曰'心统性情'，则未尝不以性具于心者也，独未认知觉为性耳。"

曰："若是，则先儒之语理与性也，一以为在物，一以为在心，是在物在心其各相半焉已矣。其又可通乎？"

曰："然则子将奚析？"

曰："心性奚能析？尝试譬之，心犹之火，性犹之明，有一星之火，即有一星之明，明不在火之表。性犹火之明，情犹明之光，有一星之明，即有一星之光,光不在明之后。故谓火与明与光异号则可，谓为异物则不可也。谓心与性与情异文则可谓为异体则不可也。子不见性之文从心从生？夫人心惟觉则生，弗觉则弗生，惟生则理，弗生则弗理。假令捧土揭木，俨若其形，蒙以衮舄，载以轩冕，立传而告之曰，是为父子之亲、君臣之义，盖块如也，而况物理？何者？以土木无觉故也。是以舍人心之觉，则无性矣，又焉有理哉？是故蕴而仁义礼智藏焉。始非有物焉，以分贮于中也，则觉为之宰也，感之恻隐羞恶辞让是非形焉；亦非有物焉以分布于外也，则觉为之运也，方其宰也而无不运，虽天下之至虚而无不实也；方其运也而无不宰，虽天下之至实而无不虚也。故觉即性，非觉之外有性也；性即理，非性之外有理也。又乌有夫觉虚理实、心虚性实之谓哉？夫觉何以若是至哉？帝降之衷，天命之性，灵而能生，生而能理故也。是故帝尧之谓钦明，帝舜之谓浚哲，文王之谓缉熙，太甲之谓明命，成王之谓光明，伊尹之谓先觉，《大学》之谓明德，卫武之谓有觉德行，程伯子之谓明觉自然，紫阳夫子亦谓之本体之明，畴非是也。曩子所谓五伦五教、五事三物、九德四术、五礼六乐、六府三事、九畴九经，以迨天地万物，无有端崖，畴非是也。然则所觉者，即能觉者为之也。向无能觉者，则亦捧土揭木已尔，亦乌有夫所觉者哉？”

曰：“先儒又言：‘觉于理则为道心，觉于欲则为人心’。今先生以觉语性，安知不觉于欲而为人心欤？”

曰：“审如先儒之言，是乌足以言觉？古者医书以手足痿痹为不仁，言弗觉也。诚觉，则痛痒流行，而仁理在其中矣。岂觉之外而别有痛痒，别有仁理哉？是故觉即道心，亦非觉之外而别有道心也。人惟蔽其本觉，而后为多欲，为人心。当其为多欲，为人心，则虽有闻见知识辨别物理，亦均为痿痹而已，而奚其觉？然则谓觉为觉于欲者，非也。”

曰：“释氏以作用为性。若是，则胡以异也？”

曰：“吾儒之语性，有专以体言者，《记》所谓‘生而静’者是也；有专以用言者，孟子所谓恻隐羞恶辞让是非是也。若独以作用罪释氏，则孟子亦失矣。此未可以正其非。夫觉性者，儒释一也。而所以异者，则尽与未尽繇分也。吾尝比释氏于宿火潴水，而水火奚罪哉？今柰何嫌于觉性之相近，乃至骈拇物理以相别也，可乎？昔汉廷欲尽诛中常侍，而滥及于无须者。他凡无须者惧及己也，乃皆画须以自别。今之儒者惧近释氏，而必求物理以自别，是亦画须者之自为赘也，岂不过甚矣哉？”

曰：“子固合心性而一之矣。然夫子称回曰‘其心三月不违仁’，孟子又以芻豢喻理义，若是乎析也，何哉？”

曰：“世儒之藉口也久矣。甚哉，其泥文牵义之无瘳也！信如世儒之疑，则仁亦为在物矣，颜子又安得挽在物之仁而不违于心哉？不知仁人心也，心存则仁自不违，非心外索仁也。颜子虽大贤，或不能尽存于三月之后，夫子所以称而激之，岂谓仁与心为二物哉？若夫理义芻豢，人孰不知孟子之取辟也，岂诚以理义之在物哉？世儒外理而物之，而义又可外乎？甚哉，泥文牵义之莫瘳也！子姑反观，无滞嗱吃，惑也终身。”

【译文】胡直问：“什么是心性的痼疾？”

弟子问：“先辈儒者认为心的作用是知觉，而知觉具有的理是性，所以他们说‘能知觉的是心，所感觉到的是理’。大概知觉是虚假的而理是实在的，也就是心是虚假而性是实在的，这是心与性的不同之处。所以心性虽然不可分离，然而也不能混淆。真是这样吗？”

胡直答：“不是这样的。先辈儒者把知觉当做心，把实理看做性，当然可以说没有混淆。然而认为理在事物上，那么性也应该在物上面。这样性虽然没有与心混淆，却与物混淆了。这怎么能说得通呢？”

弟子说："先辈儒者说'性是心中的理'，又说'心包括性与情'，他们并不是不承认性也是心中具有的，只是不认为知觉是性罢了。"

胡子说："如果是这样，那么先辈儒者讲理与性，一方面认为在事物上面，另一方面又认为在心中，这是认为在事物与心中各占一半。这又怎么能讲得通呢？"

弟子问："那么您将怎么分别心与性呢？"

胡直说："心与性怎么能分别？比如说，心就像火，性就是明亮，有一点火，具有一点明亮，明亮并不在火的表面。性就像火的明亮，情就像明亮的光，有一点明亮，就有一点光，光不在明亮后面。所以说火与明亮、与光有不同的名字是可以的，说是不同的事物就不可以。说心与性、与情是不同的文字是可以的，说是不同的物体就不可以。你没有看见性这个字是由心与生组成的吗？人的心有知觉才是有生命的，不会知觉就没有生命，有了生命才有理，没有生命就没有理。如果用土与木头做成人的形状，给他穿上衮服舄履，坐在大夫的车子里面，告诉别人是为了父子之间的亲情，君臣之间的忠义，没人会理会他，何况事物的道理？为什么呢？因为土木没有知觉的缘故。所以舍去人心的知觉，就没有性了，又怎么还会有理呢？所以心蕴含了理就有了仁义礼智藏于其中。并不是起初有什么东西，贮藏在心中，知觉是它的主宰。感觉到它恻隐、羞恶、辞让、是非就开始形成；也不是有什么事物分布在人心之外，知觉是它的运行，当它作主宰的时候，没有什么不运行，即使是世上最空虚的东西也没有不实在的；当它运行的时候没有什么不被它主宰，即使是世上最实在的东西也没有不空虚的。所以说知觉就是性，并不是知觉之外又有性；性就是理，不是性之外又有理。哪里还有什么知觉虚、道理实，心是虚性是实的说法呢？知觉为什么如此至极呢？上帝降下的善，老天命定的性，感应而生，生而能理会道理的缘故。所以尧帝说的钦明，大舜说的浚哲，周文王说的缉熙，太甲说的明命，周成王说的光明，伊尹说的先觉，《大学》说的明德，卫武公说的有觉德行，程颢说的明觉自然，朱熹也把它称为本体之明，无不是这个知觉。从前的人说的五伦五教、五事三物、九德四术、五礼六乐、六府三事、九畴九经，以至于天地万物，无穷无尽，无不是这个知觉。然而所知觉到的东西，就是能知觉的东西造成的。倘若没有能知觉的东西，不过就是用土木做成的塑像罢了，那里还有所能知觉的东西存在呢？"

弟子问："先辈儒者又说：'觉察到理的心是道心，觉察到人欲的心是人心'。现在您把知觉说成性，怎么能知道觉察到的不是人欲，这个心不是人心呢？"

胡直答："假如确实像先辈儒者说的那样，怎么能跟他谈论知觉呢？古时候的医书把手足失去知觉成为不仁，意思是不能知觉。如果能知觉，就能感受到痛痒，仁也就在其中了。难道说知觉之外，还有痛痒，仁理存在吗？所以知觉就是道心，也不是知觉之外另有一个道心。人只是被蒙蔽了本来的知觉，才会有许多欲望，就是人心。当他有人欲，有人心的时候，即使有许多知识能辨别事物的道理，也都被痿痹了，哪里还有知觉？把知觉说成知觉到人欲，这是不对的。"

弟子问："佛教把作用说成性。如果他是对的，怎么还有跟他不同的说法？"

胡直说："我们儒学谈论性，有从本体的角度谈论的，就是《礼记》所说的'本性是安静的'；又从作用的角度谈论的，孟子所说的恻隐、羞恶、辞让、是非就是如此。如果因为以作用为性批评佛教，那么孟子也是错误的。这并不能匡正他的错误。儒学、佛教都觉察到性的存在。两家的区别，在于有没有把性讲得很透彻。我曾经把佛教的说法比作隔夜的火、聚积的水，水和火哪里有过错呢？现在为什么嫌弃佛教对性的察觉与儒家相似，以至于增加多余的事物道理，以区别于佛教，这样合适吗？从前汉代朝廷想把中常侍全部杀光，以至于波及到很多没有胡须的人。那些没有胡须的人害怕自己也牵涉进去，就给自己画上胡须。现在的儒者害怕自己学问近似佛教，就寻求事物的道理与之区别，这也是给自己画胡须的行为，难道不是很错误吗？"

弟子问："您当然把心与性看做同一个东西了。然而孔子称赞颜回'他的心三个月不违背仁的要求'，孟子也用蒭豢比喻理义，这样就是把心与性看成两个东西了，为什么呢？"

胡直说："世俗的儒者借别人之口说话已经很久了。他们拘泥文字、牵强附会的弊病很难治愈！如果真像世俗儒者怀疑的那样，那么仁也是外在的事物了，颜回怎么能挽留住外在的仁而不违背自己的心呢？他们不懂得仁就是人的本心，本心存自然也不违背仁，不是在心之外寻找仁。颜回虽然是大贤人，也不能三个月保持本心不违背仁的要求，这是孔子称赞他的原因，怎么能说仁与心是两个不同的事物呢？至于把理义比作蒭豢，谁不知道不过是孟子的比喻而已，难道他真的认为理义是外在的事物？世俗的儒者把理看做外在的事物，义难道也可以看做外在的吗？拘泥文字、牵强附会的弊病真的很难治愈啊！你姑且反观，不要凝滞于说梦话，不然会终身疑惑。

何谓循序之锢？

曰："古者学不躐等，教不凌节，贵有序也。否则欲益而贼之者至矣。以孔子上圣，犹曰'下学而上达'，其教人也曰'中人以上，可以语上；中人以下，不可以语上'。是孔子且不能躐等而学，凌节而教，而况众人乎？故古之小学，必习于《少仪》《曲礼》，学于《诗》《书》《礼》《乐》，未有先从事心性也。今子嘐嘐然，唯心性之务先，灵觉之独切，吾恐先后序紊，而中下者惘然弗之入矣。然则《书》所称学于古训，《易》所言多识蓄德，则又何也？"

胡子曰："'然非也。不闻《大学》之教曰："物有本末，事有终始。知所先后，则近道矣。'古人以先本后末、先始后终为序，未闻先末与终之为序也。犹之种树，必先植其根而为之培灌，积日而累月焉，然后其枝干叶葩从而敷茂。其为序何渐也！犹之治水，必先浚其源而为之疏决，积日而累月焉，然后江、淮、河、汉从而涵浸。其为序何渐也！心性者，学之根与源也。古之大学，欲明明德于天下国家者，乃推极其本曰先修其身，而修身先正心，正心先诚意，诚意先致知，而知即性也。然则君子曷尝不务先于心性哉？其为序亦何异于植根浚源，而积日累月者之为渐也？世儒乃反以先本为非，必欲穷索物理，而豫求于末终，又何异种树者先求其葩叶，导水者先事于江、河？非独凌节躐等，亦将莫究其所底矣。是不为紊也，孰紊哉？夫本末非二物也。立本固以丰末，而颛末未有能生本者也。若孔子所谓语上语下、下学上达，要亦本末之间均有上下，非谓以本为上、以末为下也。盖自用力者而言，谓之下；自得力者而言，谓之上。孔子告颜渊、仲弓，则并其得力者而语之，是所谓可语上者也；若樊迟、司马牛，则止曰恭忠敬，曰讱言，而未尝及得力之事，是所谓不可语上者也。然仁即心也，性也；恭忠敬、讱言，即存心也，养性也。孔门曷尝不以心性教？亦曷尝不以心性学哉？盖心性自不离乎言行，而言行固皆出于心性。第曰心性本也，而末可后焉尔，非离言行为心性者也。小学者习于《少仪》《曲礼》，治于《诗》《书》《礼》《乐》，皆将以收摄其心，磨砻其性，禁于未然，而非专求其文义已也。故《曲礼》发篇，曰'毋不敬'；《风》《雅》大旨，曰"思无邪"；孔子教弟子，入孝出弟、谨信亲仁最先，而学文特余力耳。然则圣人教学先后之序，盖可睹已，岂尝以先末为序哉？且学于古训者，其孰为古欤？盖莫古于'精一执中'之学，而人君尤务先焉。人君者，虽未可以废书，然一日二日万几，若必如经生学究，以讨求乎物理，其势不可得矣。尧舜之智，不能徧物，况后世乎？《经》曰："自天子至于庶人，壹是皆以修身为本。"若以理为在物，从物物而索之，则上必不能通于天子，下必不能通于庶人，又奚足以言理？若夫前言往行，亦莫非自古人心性出也。故君子多识前言往行，专以蓄德，非曰泛然驰骛物理者伦也。昔者，谢显道举史不遗一字，程伯子讥之曰玩物丧志。然则古人之学古多识，又可睹已，亦岂以先末为序哉？而世儒迄不自知其为紊也。嗟嗟！"

【译文】胡直问："什么是循序的痼疾？"

弟子说："古时候人们学习不跨越阶段，老师教育也不激进，崇尚按秩序进行。否则欲望多了有害的东西也就来了。孔子这样的大圣人，尚且说'先学习人情事理，进而认识自然的法则。'他教育弟子说'中等资质以上的人，可以告诉他深奥的道理；中等资质以下的人就很难让他了解深奥的道理了'。孔子尚且不能跨越阶段地学习，激进地教学，何况普通人呢？所以古代的小学，一定学习《少仪》《曲礼》，学习《诗经》《尚书》《礼记》《乐经》，没有先学习心性之学的。现在您志向远大，只要求先学习心性之学，只关切灵觉，我害怕这样学习的顺序就错乱了，而那些资质中下等的人就会茫然不知如何入手。况且《尚书》说的学习古代的典籍，《周易》说的多学习，积累德性，又是怎么回事呢？"

胡直说："不是这样的。你没有看过《大学》上怎么说的吗？'万物皆有本有末，凡事都有开始和终了，能够明白本末、终始的先后次序，就能接近修己治人的道理了。'古人把凡事重视根本、开始，其次再进行末枝、结束看作秩序，没有相反的情况。就像植树，必定先先把树根栽进去，然后培土、灌溉，时间久了，它的枝叶就会变得茂盛。它的秩序多么渐进！再如治理洪水，一定要先疏通水源和决口，时间长了，长江、淮河、黄河、汉江都变得水量充沛。它的秩序多么渐进！心与性，是学问的根本与源泉。古代的大学，想要在天下国家彰显光明的德行，就推及到根本说，要先使自己有修养，使自己有修养就要先使心端正，要使心端正，就要先使意念真诚，要使意念真诚就要先获得知识，知识就是性。君子做学问不都是先从心性开始的吗？他们为学的秩序，与植树先栽根、治水先疏源有什么区别？世俗儒者竟然反过来认为先从根本入手是错误的，想要穷究事物的道理，喜欢追求末枝、结尾的东西，这和种树先追求枝叶繁茂，治理洪水先治理长江、黄河有什么区别？这不但是超越阶段，追究起来还将不知道自己的底线。这还不算是紊乱吗？本与末并不是两个事物。根本坚固，末枝就会丰茂，而专注于末枝却不能使根本生长。至于孔子所说的高深或肤浅的知识，'先学习人情事理，进而认识自然的法则'，是说根本的知识与末枝的知识之中也都有高深与肤浅的区分，并不是说根本的知识就是高深的，末枝的知识就是肤浅的。对资质高的人而言是肤浅的东西，对资质低的人来说，可能是高深的知识。孔子对颜渊、仲弓这样资质高的人说的话，就是高深的知识；对樊迟、司马牛这些资质偏低的人，只教他们恭敬、忠信、敬畏，谨慎讲话，没有涉及跟资质高的人所讲的话，这就是所谓的'不能跟他谈及高深知识'。然而仁，就是心，就是性；恭敬、忠信、敬畏，谨慎讲话，就是保存善心、修养本性。儒家难道没有关于心性的教育内容吗？难道不学习心性知识吗？心性是不能与人的言行分离的，而言行都出自心性的活动。说心性是根本，不能不重视它，并不是说脱离人的言行而谈论心性。小学阶段学习《少仪》《曲礼》，以及《诗经》《尚书》《礼记》《乐经》，都是为了收摄人心，磨练人性，防患于未然，而并非是专门研究这些典籍的含义。所以《曲礼》的开篇说'不要没有敬畏'；《诗经》的《风》与《雅》两部分，其主旨是'思想纯正'；孔子教育弟子，首先就教他们孝悌，谨信、亲仁，而学做文章之类的事只不过学有余力才做的事。这样孔子教学的先后顺序就可以清楚了，他何尝把先从事末学作为学习的顺序？况且说学习古代的规范，到底哪一个才算古？大概没有比'精一执中'的说法更古的了吧，这是作为君主尤其要先学习的。作为君主，虽然不可以不看书，然而他日理万机，如果要他像经生、学究一样探究事物的道理，这是不可能的。像尧舜这样的圣人，尚且不能研究所有事物的道理，何况后世普通之人呢？《大学》说：'上自国家君主，下至平民百姓，人人都要以修养品性为根本。'如果认为理在事物的里面，从各种事物里面寻找理，那么对上一定不能与君主通达，对下也一定不能与庶民通达，这样还能被称为理吗？古人的言行，都是出自古人的心性。所以君子学习古人的言行，是用来积蓄德性，不是那些泛滥地追求事物道理的人可以相比的。从前，谢良佐谈话时引证史书，一字不漏，程颢批评他玩物丧志。然而古人学习的内容也很广泛，这是有目共睹的，但他们哪里把先进行末学作为学习的顺序了？世俗的儒者直到现在还没有意识到自己的错误。多么令人叹息啊！"

何谓格物之锢？

曰："弟子荷明训，内反诸心，外印诸经，其于致知之旨瞭矣。何则？知也者，即经文所谓"明德"是已；致知者，即经文所谓"明明德"是已。以是知东越"致良知"之训，虽孔、曾复生，无以易也。然东越训“格物”曰“正其不正，以归于正”，则似与“正心”义相涉引，初学者猝难了也。盖尝闻之，仓颉观鸟迹而作字，奚仲观转蓬而造车。中古圣人，仰观俯察，制器尚象，莫不取诸物观。冠员象天，履方效地，聘取圭璋，乐征律吕，婚陈鸿鴈，贽用雉羔，授时假诸璇玑，考祥验诸蓍龟，三公拟自三台，五等法乎五行，帝尧之十二章，咸有取义。故曰：‘天生神物，圣人则之；天地变化，圣人效之；天垂象，见吉凶，圣人象之；河出图，洛出书，圣人则之。’圣人者，虽未尝索物求理，亦鲜不因物触心哉！然则致吾良知而无遗物，岂亦其旨与？”

胡子曰：“然非也。夫以经训经，则经可明；移经就己，则义益晦。世儒以‘至’训‘格’矣，乃转而为‘穷’，以物语物矣，乃增而为理，是正所谓移经以就己，经安得不晦焉？经上文不曰‘物有本末’，而下文即以“格物”应？是寧有二物哉？‘格’有‘通’之义。‘致知在格物’者，盖言古人之致其良知，虽曰循吾觉性，无感不应，而犹惧其泛也，则恒在于通物之本末，而无以末先其本。夫是，则知本即格物，而致知之功不杂施矣。故其下文曰：‘壹是皆以修身为本，其本乱而末治者否矣。’其卒语曰：‘此谓知本，此谓知之至也。’吁，亦明甚矣！异时，夫子曰‘反求诸其身’。孟子曰‘反求诸己’，又曰‘万物皆备，反身而诚’，皆格物疏义也，括而言之，曰知本而已。夫致知非遗本也，而其求端用力，兹兹反顾，尤在于本，而后能不泛也。而末学者，未尝一力其本，乃先以穷索物理为事，滥焉浩焉，如贾舶之无所归，不倒置而拂经也哉！彼既倒置矣，而犹自以为知序，不尤倒乎？而子又以制字造车、仰观俯察、制器尚象者言之，是特以语圣王开物成务之故，而无裨于学者求端用力之方。此正谓先末后本、先终后始，其于大学之道不尤倒而重伤乎？”

曰：“格物则然，穷理何居？”

曰：“穷之义，尽也，极也，而非谓穷索也。《易·系》曰‘穷神知化’，夫神不可致思，矧可索乎？故‘穷神’有‘极神’之义焉，穷理则亦然矣。《记》曰‘穷人欲，灭天理’，得非谓极欲而灭理者耶？诚使极天理，则灭人欲矣。穷理者，即极夫天理之谓也，岂在物哉？是即所谓致知，所谓明明德。故程伯子曰：‘才穷理，即尽性至命，更无次第，不可以穷理属知之事。’而世之言穷索物理者远哉！”

曰：“先儒曰：理有所当然、所以然。此非独自人身，虽一草一木亦皆有之。”

曰：“一草一木，则乌覩夫所当然、所以然者哉？儒者岂不曰：‘草木之生有时，而形有定，此所谓理也’。然而有春花产乎冬实，樗质生乎人面，仆而髭，伐而血者，何哉？人曰：此草妖木怪也。然谓有怪理，可乎？彼其所当然、所以然，则奚以穷也？岂不曰：天清地寧，日晨月夕，此所谓理也。然而有裂陷朓朒、仄慝晕珥、昼星而夜日、乌夹而蜺贯，其极则有双月两日、日中见人马战斗之异，又有山移数里而虫鱼猝生、雨毛陨石、穴犬井羊之殊者，何哉？人曰：此变象也。然谓有变理，可乎？彼其所当然、所以然，则奚以穷也？岂不曰：大德受命，作善降祥，此所谓理也。然而孔子旅人、下惠三黜、颜回夭折、仲弓癞死者，何哉？人曰：此异数也。而谓有异理，可乎？彼其所当然、所以然，则奚以穷也？”

曰：“弟子闻诸，阴阳人物之失，传《洪范》者皆归咎于人事。乃至春秋以降，明王不作，则何疑于尼、惠之不遇？”

曰：“若是，则理之在人，不在物也，益瞭矣。知本之学，可后乎哉？”

【译文】胡直问：“什么是穷究事物道理的痼疾？”

弟子说：“我谨记您的教诲，反观内心，又从经典中寻找印证，对于获得知识的主旨已经了解。是什么呢？知识，就是经文里说的‘光明正大的品德’；获得知识就是经文里面说的‘彰显光明正大的品德’。所以我认为王阳明‘致良知’的说法，即使孔子、曾子活在世上，也不会表示异议。然而王阳明把‘格物’解释为‘纠正它不端正的地方，使它回归端正’，这样似乎与‘正心’的意义重叠了，刚开始学习的人很难一下了解。我曾经听说，仓颉观察鸟的足迹而发明了文字，奚仲观察随风飞转的蓬草而创造了马车。中古时代的圣人，仰观天文，俯察地理，制造各种器物，都是从观察事物获得灵感。圆形的冠冕形似天，方正的鞋履相似地，下聘与结婚用圭与璋，礼乐征伐用律和吕演奏音乐，结婚是要摆设鸿雁，给长辈送礼要用羊羔，颁布历书要利用璇玑，占卜吉凶要用蓍草与龟甲，朝廷设三公是模范天空的三台星，五等爵位是效法五行，帝尧章服上的十二种纹理都有具体的含义；所以说‘上天生出蓍草。龟甲等神物，圣人仿效它。天地变化，圣人仿效它。天垂示各种象，现出或吉或凶，圣人用卦象效仿它。’黄河出现了图画，洛河出现了书册，圣人就效法它。’圣人虽然没有到事物上去穷究道理，然而却很少不因接触事物而有感于心！这样的话扩充自己的良知而不放弃对事物的观察，难道是圣人的主张吗？”

胡直说：“不是这样的。用经典去解释经典，就可以明白经典的含义；用自己的意思解释经典，经典的含义就变得晦涩。世俗儒者用‘至’解释‘格’，后来又用‘穷’作解释，这是用事物解释事物，徒增道理而已，这正是所谓的用自己的意思解释经典，怎能不晦涩？经典的上文不是说‘物有本末’，下文就用‘格物’回应吗？这哪里是说有两个事物？‘格’有‘通晓’的意思。‘致知在格物’，大概是说古人致其良知，虽然说是遵循自己的知觉与性，无感不应，但还是害怕太泛滥，就常强调要通晓事物的本与末，不要用重视末枝超过根本。这样知道根本就是格物，致知的功夫也不白费。所以经的下文又说：‘人人都要以修养品性为根本。若这个根本被扰乱了，处于末枝的东西要治理好是不可能的。’最后又说：‘这就叫做知道什么是根本，这就是最高的智慧。’这讲得非常清楚啊！不仅如此，孔子也说‘返回自身找原因’。孟子说‘返回自己身上’，又说‘万物的道理自己都具备，反躬自问能得到诚’，这些都是解释格物的，概括地说，就是要知道什么是根本。孟子的致知不是遗弃根本，他追求四端，一切努力都没有脱离根本，这样就不至于泛滥。而那些末流的学者，从没有花费一点力气用于根本，却把穷究物理作为大事，泛滥无尽，就像商船没有归处，好像本末不倒置就违反常理了！他们已经本末倒置，还自以为知道学习的先后顺序，这不也是倒置吗？而你还举发明文字，制造马车，仰观俯察，制造器物作为例子，这只不过是说明了古代圣王通晓事物之理，而成就各种事情的缘故，对于学者寻求善端、努力的方法没有任何帮助。这正是所谓的先末后本、先终后始，这难道不是对《大学》所讲道理的倒置和重创吗？”

弟子问：“对于格物的含义已经明白了，穷理又怎么解释呢？”

胡直说：“穷就是尽头、极点的意思，而不是穷索的意思。《周易·系辞》说：‘穷神知化’，神是不能思考的，怎么能寻找呢？所以‘穷神’有‘极神’的意思，穷理也是这样。《礼记》说‘穷人欲，灭天理’，难道能说欲望道了极点就灭绝天理了？实际是说如果天理到了极点，人欲就消失了。穷理，就是天理到了极点的说法，怎能在事物上面呢？这就是所谓的致知，彰显明德。所以程颢说：‘刚刚说到穷理，就是说已经尽性至命，这中间没有次第，不能把它看做追求知识的事情。’世上那些把穷理解释为索求事物道理的人错得太远了！”

弟子说：“先辈儒者说：‘理有两种，一种是所当然的道理，一种是所以然的道理。这并不是只有人才有的，一草一木，乃至万物都有。’”

胡直说：“一草一木也有所当然、所以然的道理，从哪里可以看到呢？儒者不是说过吗？草木的生产都在一定的时间，其形状也是固定的，这就是所谓的理。然而如果有树木在春天开花的时候结出冬天的果实，樗树长出人脸的模样，倒了长出胡须，砍伐流出鲜血，就会有人说，这是草木中的妖怪。然而如果说有怪理，可不可以呢？怪理的所当然、所以然，怎么去穷究呢？有人说，天清净，地安宁，太阳早晨生起，月亮晚上升起，这就是理。然而日月也有盈与不足的变化，还有灰慝、晕珥、昼星、夜日、乌夹、蜺贯的现象出现，更有甚者还会同时出现两个月亮、两个太阳，在太阳中间可以看到人马战斗的异象，还有山会移动，虫鱼突然死去，天上降下毛发、陨石，地穴里面出现狗、羊等诡异情况，有人会说这是变象。然而如果说有怪理，可不可以呢？怪理的所当然、所以然，怎么去穷究呢？不是有这样说法吗，有大德的人必然会有上天的任命，平日行善，就可获得吉祥，这是说的理。然而孔子一生到处漂泊，柳下惠三次被罢官，颜回短命，仲弓得癞病而死，为什么呢？有人说，这是异数。然而如果说有怪理，可不可以呢？怪理的所当然、所以然，怎么去穷究呢？”

弟子说：“我听说，对于阴阳以及人物的过失，《洪范》里面都把他们归咎于人的原因。从春秋时期以后，圣明的君王不再兴起，孔子、柳下惠不被知遇还用得着怀疑吗？”

胡直说：“这样的话，理在人的心中，而不在事物之中的说法就可以更加肯定了。知本的学问，怎么能不重视呢？”

吕坤

明宁陵人，字叔简，号心吾，万历进士。历官内外，留意风教，主持正义，为小人所不容，致仕卒，年八十三。坤少时资质鲁钝，读书不能成诵，继乃澄心体认，久之了悟，其学不语精微，不谈高远，所著文字，皆切进浅显，以躬行实践为本。（案清陈宏谟有《养正训俗》等遗规五种，所收此类文字甚多，学者可取备参阅。）著有《呻吟语》《闺范实政录》《去伪斋文集》。

【译文】明朝宁陵人，字叔简，号心吾，万历年间进士。在朝中和地方上都做过官，他注意风俗教化，主持正道，为小人不容，去世时退休在家，终年八十三岁。吕坤年少的时候天资愚钝，读书不能够背诵。他就继而静心体会，长久有所领悟。他讲学不谈论精微高远的内容，所写的文字都是浅显易懂，以亲自实践作为根本。（清代陈宏谟有《养正训俗》等五种前人遗留的规范，收录此类文字很多，学者可以拿来参考。）

好人歌

天地生万物，惟人最为贵。人中有好人，更出人中类。好人先忠信，好人重孝弟。好人知廉耻，好人守礼义。好人不纵酒，好人不恋妓。好人不赌钱，好人不尚气。好人不仗富，好人不倚势。好人不欠粮，好人不侵地。好人不教唆，好人不妒忌。好人不说谎，好人不谑戏。好人没闲言，好人不谤议。好人没歹朋，好人没浪会。好人不村野，好人不狂悖。好人不懒惰，好人不妄费。好人不轻浮，好人不华丽。好人不邋遢，好人不跷蹊。好人不强梁，好人不暗昧。好人救患难，好人施恩惠。好人行方便，好人让便宜。恶人骂好人，好人不答对。恶人打好人，好人只躲避。不论大小人，好人不得罪。不论大小事，好人合天理。富人做好人，阴功及后世。贵人做好人，乡党不咒詈。贫人做好人，说甚千顷地。贱人做好人，不数王侯贵。少年做好人，德望等前辈。老年做好人，遮尽一生罪。

弱汉做好人，强人自羞愧。恶人做好人，声名重千倍。好人乡邦宝，好人家国瑞。好人动鬼神，好人感天地。不枉做场人，替天出口气。吁嗟乎！百年一去永不还，休做恶人浼世间。

【译文】天地生育万物，只有人是最珍贵的。人中的好人，更是超出普通人。好人讲求忠信，重视孝悌。好人知道廉耻，遵守礼义。好人不放纵饮酒，不贪恋歌妓。好人不赌钱，好人不好胜。好人不依仗钱财，不依仗权势。好人不欠人粮食，不侵人土地。好人不怂恿人，不忌妒人。好人不说谎话，不戏弄人。好人不说人闲话，不诽谤别人。好人没有坏的朋友，好人没有放浪的约会。好人不粗野，好人不狂妄。好人不懒惰，好人不浪费。好人不轻率，好人不华丽。好人不邋遢，好人不怪异。好人不蛮横，好人不昏庸。好人救人困难，好人乐于施舍。好人多行方便，好人谦让好处。恶人骂好人，好人不回应。恶人打好人，好人只躲避。不论人物大小，好人都不去得罪。不论事情大小，好人所为都要合乎天理。富人做一个好人，阴德就会延及后世。贵人做一个好人，乡邻就不会咒骂。穷人做一个好人，快乐胜于有千顷天地。低贱的人做一个好人，不亚于王侯的尊贵。少年做一个好人，德性声望等于前辈。老年人做一个好人，就会掩盖一生的不足。弱者做一个好人，强者都会羞愧。恶人做一个好人，名声千倍重于人。好人是乡邻的宝贝，是国家的祥瑞。好人感动天地鬼神。要不枉为人，替天出气。啊！生命一去不返，不要做坏人来玷污世间。

为善记

问吉凶于卜筮者，惑也。善则吉，不善则凶。登泰山、造浮图、衣冠土木、谄事鬼神者，亵也。善则福，不善则祸。求人之誉、怨人之毁者，劳也。善则誉，不善则毁。虽然，此理也，圣人教人不得已之说也。至其自为则不然。善者皆凶，而君子不敢避善以趋吉；善者皆祸，而君子不敢忘善以激福；善者百毁，而君子不敢违善以要誉。父慈子孝，兄爱弟敬，夫义妇顺，家人和，姻族睦，不伤人，不害物，安常处顺，以求无负于民彝，如斯而已矣！其吉也、福也、誉也，君子之为善自若也。反是，君子之为善，亦自若也。吾为所当为，如饥之食、渴之饮耳；吾不为所不当为，如饥不食堇、渴不食鸩耳。吉凶、祸福、毁誉，听其自来也，于我何与焉？

【译文】占卜吉凶是迷惑不清的表现。为善就吉祥，不善就凶。信奉道教、佛教，逢迎鬼神，是轻慢不庄重的表现。为善就有福，不善就有祸害。希求得到声誉，怨恨别人的诋毁是徒劳的。善就自然会有声誉，不善就会被诋毁。即使这样，这一道理是古圣贤教化民众不得已的做法。等到自己做这些的时候不都是这样。若为善导致不祥，那么君子不敢躲避善而趋向吉利；为善导致祸害，那么君子不敢忘记善来达到福佑；为善导致诋毁，君子不敢违背善来追求名誉。父亲慈爱儿子孝顺，兄长仁爱弟弟恭敬，丈夫仁义妻子和顺，家庭族人和睦。不害人害物，安于普通生活，处于顺境之中，希望能够不辜负秉有的德性，做到这就行了。我做应当做的事，就像饿了要吃饭，渴了要喝水一样。我不做不应当做的事，就像饿了不吃乌头，渴了不喝毒酒。吉凶、祸福、毁誉，任凭自来，与我有何干？

黄宗羲

清余姚人，字太冲，号梨洲。明将亡，奔走营救，卒无功。入清，隐居教授，数征不起。其学推本姚江，而综会诸家，博考经史，力矫王学末流之弊，尝言：“读书不多，无以证理之变化，多而不求诸心，则为俗学”。晚年著《明夷待访录》，以箕子自比，其议论纵横透辟，顾炎武极叹服之。卒年八十六，门人追谥曰文孝，学者称南雷先生，又有《南雷文定》《明儒学案》等书。

【译文】清朝余姚人，字太冲，号梨洲。明朝快灭亡的时候，他奔走营救，最终没有成功。入清以后，他隐居教书，朝廷数次征聘都不去。他学问以阳明为本，综合各家，广博考察经史，极力矫正王学末流的弊端，他曾经说：“读书不多，不能够求证道理的变化；读书多而不验证于自身，就是俗学。”晚年著《明夷待访录》一书，以箕子自比，议论精辟透彻，顾炎武读后极其佩服。八十六去世，门人追加谥号为“文孝”，学者称他为“南雷先生”，还著有《南雷文定》《明儒学案》等书。

原君

有生之初，人各自私也，人各自利也；天下有公利而莫或兴之，有公害而莫或除之。有人者出，不以一己之利为利，而使天下受其利；不以一己之害为害，而使天下释其害；此其人之勤劳必千万于天下之人。夫以千万倍之勤劳，而己又不享其利，必非天下之人情所欲居也。故古之人君，量而不欲入者，许由、务光是也；入而又去之者，尧、舜是也；初不欲入而不得去者，禹是也。岂古之人有所异哉？好逸恶劳，亦犹夫人之情也。

后之为人君者不然。以为天下利害之权皆出于我，我以天下之利尽归于己，以天下之害尽归于人，亦无不可；使天下之人，不敢自私，不敢自利，以我之大私为天下之公。始而惭焉，久而安焉。视天下为莫大之产业，传之子孙，受享无穷；汉高祖所谓“某业所就，孰与仲多”者，其逐利之情，不觉见之于辞矣。此无他，古者以天下为主，君为客，凡君之所毕世而经营者，为天下也。

今也以君为主，天下为客，凡天下之无地而得安宁者，为君也。是以其未得之也，屠毒天下之肝脑，离散天下之子女，以博我一人之产业，曾不惨然。曰：“我固为子孙创业也。”其既得之也，敲剥天下之骨髓，离散天下之子女，以奉我一人之淫乐，视为当然。曰：“此我产业之花息也。”然则为天下之大害者，君而已矣。向使无君，人各得自私也，人各得自利也。呜呼！岂设君之道固如是乎？

古者天下之人爱戴其君，比之如父，拟之如天，诚不为过也。今也天下之人怨恶其君，视之如寇仇，名之为独夫，固其所也。而小儒规规焉以君臣之义无所逃于天地之间，至桀、纣之暴，犹谓汤、武不当诛之，而妄传伯夷、叔齐无稽之事，乃兆人万姓崩溃之血肉，曾不异夫腐鼠。岂天地之大，于兆人万姓之中，独私其一人一姓乎！是故武王圣人也，孟子之言，圣人之言也；后世之君，欲以如父如天之空名，禁人之窥伺者，皆不便于其言，至废孟子而不立，非导源于小儒乎！

虽然，使后之为君者，果能保此产业，传之无穷，亦无怪乎其私之也。既以产业视之，人之欲得产业，谁不如我？摄缄縢，固扃鐍，一人之智力，不能胜天下欲得之者之众，远者数世，近者及身，其血肉之崩溃在其子孙矣。昔人愿世世无生帝王家，而毅宗之语公主，则曰：“若何为生我家！”痛哉斯言！回思创业时，其欲得天下之心，有不废然摧阻者乎！是故明乎为君之职分，则唐、虞之世，人人能让，许由、务光非绝尘也；不明乎为君之职分，则市井之间，人人可欲，许由、务光所以旷后世而不闻也。然君之职分难明，以俄顷淫乐不易无穷之悲，虽愚者亦明之矣。

【译文】人类社会开始之后，人都是自私的，也是自利的。社会上对公众有利的事却无人兴办它，对公众有害的事也无人去除掉它。有这样一个人出来，他不以自己一人的利益作为利益，却让天下人得到他的利益；不以自己一人的祸患作为祸患，却让天下人免受他的祸患。那个人的勤苦辛劳，必定是天下人的千万倍。拿出千万倍的勤苦辛劳，而自己却又不享受利益，这必然不是天下常人之情所愿意的。所以古时的君主，考虑后而不愿就位的，是许由、务光等人；就位而又离位的，是尧、舜等人；起先不愿就位而最终却未能离位的，是大禹了。难道说古代人有什么不同吗？喜好安逸，厌恶劳动，也像常人情况一样啊。

后代做人君的却不是这样了。他们认为天下的利害大权都出于自己，我将天下的利益都归于自己，将天下的祸患都归于别人，也没有什么不可以的。让天下的人不敢自私，不敢自利，将自己的大私作为天下的公利。开始时对此还觉得惭愧，时间久了也就心安理得了，将天下看作是广大的产业，把它传给子孙，享受无穷。正如汉高祖所说的“我的产业所达到的成就，与二哥相比，究竟谁多呢？”他的追逐利益的心情，不知不觉已流露于言辞了。

这没有其他原因，古时将天下看成是主，将君主看作是客，凡是君主一世所经营的，都是为了天下人。现在将君主看作主，将天下看作是客，凡是天下没有一地能够得到安宁的，正是在于为君主啊。因而当他未得到天下时，使天下的人民肝脑涂地，使天下的子女离散，以增多自己一个人的产业，对此并不感到悲惨，还说："我本来就是为子孙创业呀。"当他已得到天下后，就敲诈剥夺天下人的骨髓，离散天下人的子女，以供奉自己一人的荒淫享乐，把这视作理所当然，说："这些都是我的产业的利息呀。"既然这样，作为天下最大的祸害，只是君主而已！当初假使没有君主，人们都能得到自己的东西，人们都能得到自己的利益。唉！难道设立君主的道理本来就是这样的吗？

古时候天下的人都爱戴他们的君主，把他比作父亲，拟作青天，实在是不算过分。如今天下的人都怨恨他们的君主，将他看成仇敌一样，称他为"独夫"，本来就是他应该得到的结果。但小儒死守旧义，认为君臣间的关系存在于天地之间，难以逃脱，甚至像夏桀、殷纣那样残暴，竟还说商汤、周武王不应杀他们，而编造流传伯夷、叔齐的无从查考之事，把千千万万老百姓的死，看成与老鼠的死没有什么两样。难道天地这样大，却在千千万万的百姓之中，只偏爱君主的一人一姓吗？所以说周武王是圣人啊，孟子的话，是圣人的言论啊。后代那些想要凭着他像父亲一般、像老天一般的空名，禁止别人窥测君位的君主，都感到孟子的话对自己不利，直到废除孟子配祀孔子的地位，这难道不是来源于小儒吗？

虽是这样，如果后代做君主的，果真能保住这产业，把它永远传下去，也不怪他将天下当作私有了。既然将它看作产业，旁人想得到产业的念头，有谁不像自己呢？于是用绳捆紧，用锁加固，但一个人的智慧和力量，并不能战胜天下要得到它的众多的人。远的不过几代，近的就在自身，他们血肉的崩溃，就应在子孙的身上了。过去南朝宋顺帝愿以后世世代代都不要投生到帝王家中，而明毅宗对公主所讲的话，也说："你为什么要生在我家！"这话真可痛惜啊！回想他们祖上创业之时，志在占据天下的雄心，哪有不垂头沮丧的呢？因此明白作君主的职责，那么唐尧、虞舜的时代，人人都能推让君位，许由、务光也并非超尘绝俗的人；不明了作君的职责，那么就连市井之间，人人都想得到君位，许由、务光因而绝迹于后世而听不到了。虽然君主的职分难以明了，但用片刻的荒淫享乐，不值得换取无穷的悲哀，即使是愚蠢的人也能明白这一道理的。

原臣

有人焉，视于无形，听于无声，以事其君，可谓之臣乎？曰：否。杀其身以事其君可谓之臣乎？曰：否！夫视于无形，听于无声，资于事父也；杀其身者，无私之极则也。而犹不足以当之，则臣道如何而后可？曰：缘夫天下之大，非一人之所能治，而分治之以群工。故我之出而仕也，为天下，非为君也；为万民，非为一姓也。吾以天下万民起见，非其道，即君以形声强我，未之敢从也，况于无形无声乎？非其道，即立身于朝，未之敢许也，况于杀其身乎？不然，而以君之一身一姓起见，君有无形无声之嗜欲，吾从而视之听之，此宦官、宫妾之心也。君为己死而为己亡，吾从而死之亡之，此其私昵者之事也。是乃臣不臣之辨也。

世之为臣者，昧于此义，以谓：臣为君所设者也；君分吾以天下，而后治之；君授吾以人民，而后牧之；视天下民为人君橐中之私物。今以四方之劳扰，民生之憔悴，足以危吾君也，不得不讲治之牧之之术；苟无系于社稷之存亡，则四方之劳扰，民生之憔悴，虽有诚臣，亦以为纤芥之疾也。

夫古之为臣者，于此乎？于彼乎？盖天下之治乱，不在一姓之兴亡，而在万民之忧乐。是故桀、纣之亡，乃所以为治也。秦政、蒙古之兴，乃所以为乱也。晋、宋、齐、梁之兴亡，无与于治乱者也。为臣者，轻视斯民之水火，即能辅君而兴，从君而亡，其于臣道，固未尝不背也。

夫治天下，犹曳木然，前者唱“邪”，后者唱“许”，君与臣，共曳木之人也。若手不执绋，足不履地，曳木者唯娱笑于曳木者之前，从曳木者以为良，而曳木之职荒矣。

嗟乎！后世骄君自恣，不以天下万民为事，其所求乎草野者，不过欲得奔走服役之人。乃使草野之应于上者，亦不出夫奔走服役；一时免于寒饿，遂感在上之知遇，不复计其礼之备于不备，跻之仆妾之间，而以为当然。

万历初，神宗之待张居正，其礼稍优，此于古之师傅，未能百一，当时论者骇然，居正之受无人臣礼。夫居正之罪，正坐不能以师傅自待，听指使于仆妾，而责之反是，何也？是则耳目浸淫于流俗之所谓臣者，以为鹄矣，又岂知臣之与君，名异实同耶！

或曰：子不与臣并称乎？曰：非也。父子一气，子分父之身而为身。故孝子虽异身，而能日近其气，久之无不通矣；不孝之子，分身而後，日远日疏，久之而气不相似矣。君臣之名，从天下而有之者也。吾无天下之责，则吾在君为路人。出而仕於君也，不以天下为事，则君之仆妾也；以天下为事，则君之师友也。夫然，谓之臣，其名累变。夫父子固不可变者也。

【译文】有一种人，在君主还没有在神色及言语上表示意思的时候，就知道他的心向，用这样来事奉君主，这样可是算是臣子吗？答案是：不可以。那么牺牲自己的性命来事奉君主，这样可以算是臣子吗？答案是：不可以。在还没有在神色和言语上表示意思，就知道其心向，这是用来事奉父母的；为对方牺牲性命，这是没有私心的最高表现；这样都还不能算是好臣子，那么为臣的态度应该怎么样才可以呢？答案是：因为天下的广大，不是国君一个人所能治理的，因此才把它分给百官管理。因此，我们出来做官，是为天下百姓服务，而不是为君主一人服务；是为万民苍生工作，不是为一姓一朝工作。我是为了天下百姓的福利着眼，如果不是这样，即使是国君以行动语言来强迫我，我也不敢听从，更何况没有明确的行动或语言呢？如果不是这样，就算是在朝廷中做官，我也不愿意，更何况为国君牺牲生命呢？如果不是这样，竟以国君一人一姓的福利着眼，国君一有未经明确表示的喜好嗜欲，我就善加体察，曲意奉承，那不就和宦官仆妾一样吗。国君为一己的私心而身死家亡，我也跟着身死家亡，这是感情亲密者才能有的行为啊！怎么是臣子该做的呢？这就是真的臣子与不是臣子的分别啊。

一般当臣子的人，不了解这个道理，他们认为：臣子是为了君主而设置的；国君把土地分给我，然后让我治理它；把人民赐给我，然后让我管理他们；把天下的人民当作国君私人的财产。今天，因为四处劳苦纷乱，人民生活困顿，会危害到君主的权位，才不得不研究统治管理的方法；如果没有关系到朝廷的存亡，那么四处的劳苦纷乱，人民的生活困顿，虽然是忠心的臣子，也会认为这些只是微不足道的小毛病罢了。

古代做臣子的，是以天下万民为念呢？还是视天下人民为人君之私物呢？其实天下的安定混乱，关键不是在于皇室一姓的兴亡，而是在于千万百姓的忧患安乐；所以夏桀、商纣的灭亡，正是让天下走向安定的局面；秦始皇、元人的兴起，正是让天下走向紊乱的局面；晋、宋、齐、梁的兴亡，因为都是一姓一家的篡夺，与天下的兴亡并无关联。做臣子的如果不重视百姓的疾苦，即使能辅佐君王兴起，随着国君牺牲，对于做臣子应有的道理，仍然是背道而驰的。

治理天下，就像牵拉大木头一样，前面的人出力喊“耶”，后面的人就要跟着出力喊“许”，君主和臣子，就是一起拉木头的人啊！如果手不拉紧绳索，脚不踏稳地面，在前面带路的人（指君主）只是在嬉戏，而在后面跟随的人（指臣子）还认为是对的，那么就会荒废了牵拉木头的工作。

唉！后世骄傲的君主自我放纵，不把天下万民的福利当一回事，他们寻求登用未任官的人，只不过是想要个供他驱使的人罢了。而未任官的人帮君主做的事，也不过是一些到处奔走的琐事；他们一时能够免于挨饿受冻，于是就感谢君主的知遇之恩，不再计较礼节的周不周到，跻身于妾之辈，而认为这是理所当然的。

万历初年，神宗对张居正优待有加，这种礼遇在古时候的师傅中百个才会有一个。当时的论者都十分骇然，以为张居正受此待遇是无视人臣之礼。其实，张居正的罪过恰恰就在于他不能以师傅之职正视自己，而听从于仆隶、宫妾的指使。论者之责问刚好与此相反，这是什么缘故呢？这是因为他们为流俗之见耳濡目染，以为“臣者，鹄也”，又怎么知道臣与君只不过是称呼有异而实质相同。

有的人说：“臣子难道不应该与人子一样吗？”“不是的，父亲和儿子是一脉相承的，儿子分裂了父亲的躯体才有了躯体，所以孝子虽然不再和父亲是一个躯体但却能每天亲近父亲的气息，时间久了也就和父亲心意想通了。不孝子，离开了父亲的身体，每天与父亲渐渐疏远，时间久了他们的气质也就没什么相似的了。君臣的名分是根据天下产生的。（一个人）要是没有担当天下的责任，哪么对于君主来说也不过是个过路人。如果出仕成为了君王的臣子的人，却不能以天下大道我为行事准则，哪么也不过是君主的仆妾罢了；但如果是能够以天下大道为行事准则，那就可以算是君王的帝师挚友了。这样说来，虽然都被称为臣，但他的名分却有多种变化，而父子的关系确实永久不可变更的。”

原法

三代以上有法，三代以下无法。何以言之？二帝、三王知天下之不可无养也，为之授田以耕之；知天下之不可无衣也，为之授地以桑麻之：知天下之不可无教也，为之学校以兴之，为之婚姻之礼以防其淫，为之卒乘之赋以防其乱。此三代以上之法也，固未尝为一己立也。

后之人主，既得天下，唯恐其祚命之不长也，子孙之不能保有也，思患于末然以为之法。然则其所谓法者，一家之法，而非天下之法也。是故秦变封建而为郡县，以郡县得私于我也；汉建庶孽，以其可以藩屏于我也；宋解方镇之兵，以方镇之不利于我也。此其法何曾有一毫为天下之心哉！而亦可谓之治乎？

三代之法，藏天下于天下者也。山泽之利不必其尽取，刑赏之权不疑其旁落，贵不在朝廷也，贱不在草莽也。在后世方议其法之疏，而天下之人不见上之可欲，不见下之可恶，法愈疏而乱愈不作，所谓无法之法也。

后世之法，藏天下于筐箧者也。利不欲其遗于下，福必欲其敛于上。用一人焉则疑其自私，而又用一人以制其私。行一事焉则虑其可欺，而又设一事以防其欺。天下之人共知其筐箧之所在，吾亦鳃鳃然日唯筐箧之是虞，向其法不得不密。法愈密而天下之乱即生于法之中，所谓非法之法也。

论者谓一代有一代之法，子孙以法祖为孝。夫非法之法，前王不胜其利欲之私以创之，后王或不胜其利欲之私以坏之。坏之者固足以害天下，其创之者亦未始非害天下者也。乃必欲周旋于此胶彼漆之中，以博宪章之余名，此俗儒之剿说也。即论者谓天下之治乱不系于法之存亡。

夫古今之变，至秦而一尽，至元而又一尽，经此二尽之后，古圣王之所恻隐爱人而经营者荡然无见，苟非为之远思深览，一一通变，以复井田、封建、学校、卒乘之旧，虽小小更革，生民之戚戚终无已时也。

即论者谓有治人无治法，吾以谓有治法而后有治人。自非法之法桎梏天下人之手足，即有能治之人，终不胜其牵挽嫌疑之顾盼，有所设施，亦就其分之所得，安于苟简，而不能有度外之功名。使先王之法而在，莫不有法外之意存乎其间。其人是也，则可以无不行之意；其人非也，亦不至深刻罗网，反害天下。故曰有治法而后有治人。

【译文】夏商周三代以前有法，三代以后没有法。为什么这么讲？炎、黄二帝和夏禹、商汤、周文王三王知道天下人不能没有养生活命的手段，于是授给他们田地，让他们耕种。知道天下之人不能没有衣服，于是给他们土地，让他们种植桑麻。知道天下之人不能没有教养，于是设立了学校来教育他们，设立了婚姻嫁娶的礼节来防止淫乱，设立了按户征收赋税的制度来防止混乱。这些是三代以上的法，可见没有为君主一己私利而建立的。后世的君主，既然夺得了天下，唯恐自己的统治不能长久，自己的子孙不能保住江山，想要防患于未然而建立了法度。然而，这样建立的所谓的法只是一家之法，并非天下之法。所以，秦朝改变分封诸侯为郡县制，以为郡县的官员会为了保守个人的利益而依附于皇帝。汉朝分封诸侯，以为他们能作皇帝的护卫屏障。宋朝解除了主管一方的军政长官节度使的兵权，是认为节度使兵权在握会不利于朝廷。这些帝王的法度何尝有一丝一毫为天下人打算的心思啊!而又能怎称得上是法？

三代之法藏天下之财于天下之人。山林川泽的生利不必全被君主占有，刑罚赏赐的权力也不怀疑会旁落，尊贵的不一定非是朝廷君主官吏，卑贱的也不一定就是平民百姓。到了后世，才有议论说三代之法太疏阔了，可是那时天下之人谁也看不到在上者有什么欲望，也看不到在下之人有什么可恶之处。可见，当时法度越是疏阔，而祸乱越是不会发生，这就是所谓无法之法。

后世的法把天下之利藏于筐子箱子里。利益不想留给在下之人，福分一定要收到君主手里。用一个人就怀疑他会徇私，于是再用一个人去钳制他徇私。办一件事就怀疑他会欺骗君主，于是再派人办一件事去防止欺君。天下之人都知道藏利的筐子箱子在哪里，君主我也感到惶惶不可终日，就怕筐子箱子被盗，所以立法不得不十分繁琐细密。法度越是细密而天下的祸乱就是产生于这种法度之中，这就是所谓的非法之法。

议论者说一代有一代的法，子孙应该以效法祖制为孝顺。那末，上面所说的非法之法是前面的君王无法克服自己的利欲之心才创立的，后面的君王有的是无法克服自己的利欲之心，使之更为败坏。败坏的人固然足以祸害天下，那创立的人又未必不是祸害天下的啊。明知如此，仍然坚持在恪守祖制上打转转，以此来博得遵守发扬祖制的一点名声，这是庸俗的读书人的抄袭之说。还有的人说天下的治乱不取决于法的好坏。

然而，古今法度的变化，到秦朝是一次大变化，几乎完全革除了前朝的法度。到了元朝又是一次大变化。经过这两次大变化之后，古代圣明君王们出于恻隐爱人而建立的法度荡然无存，假如不是为了天下国家而深思远虑，对现存之法一一加以变革，来恢复古代的井田、分封诸侯、学校和赋税旧制，虽然搞些小小的变革，民众的悲惨境遇终究是得不到改善的。就有些议论者说的，有治理好天下的人，没有治理好天下的法这一点来说，我认为是有了能够治理好天下的法，才有治理好天下的人。自从非法之法桎梏了天下人的手足之后，即使那些有能力治理好天下的人，最终因为无法承受牵制、嫌疑而顾盼不前。即使想有所作为，也得按照自己地位名分的规定，安于过得去，而不可能去建立额度之外的功名。假使仍实行先王之法，无不有法度没有规定，却允许人发挥的意思。如果执法的人是好人，就可以去发挥才干。如果执法的人是坏人，也不至于用繁琐细密的条文陷人以罪，祸害天下。所以，我说先有治天下之法，才能有治天下之人。

顾炎武

清昆山人，初名绛，字宁人，号亭林，明诸生，奉母遗命，不事二姓。入清后，周游四方，载书自随。康熙间，荐应鸿博，修《明史》，皆不就，后卒于华阴，年七十。其学主于博文有耻，不悦以理学立名。尝谓经学即理学。其非王学尤甚，又长于考证，为清代汉学所宗。著有《日知录》《音学五书》《天下郡国利病书》《诗文集》数十种。

【译文】清朝昆山人，初名绛，字宁人，号亭林，明朝诸生。他遵照母亲的遗命，不在清朝做官。到清朝后，他周游四方，随身携带书籍。康熙年间，举荐为博学鸿辞科，撰修《明史》，都不赴任，后在华阴去世，享年七十岁。他为学主张广博地学习，要有羞耻之心，不喜欢以理学自名。他曾经说经学就是理学。他十分排斥王阳明的学说，又擅长考据，为清代汉学家所宗仰。著作有《日知录》《音学五书》《天下郡国利病书》《诗文集》等数十种。

与友人论学书

比往来南北，颇承友朋推一日之长，问道于盲。窃叹夫百余年以来之为学者，往往言心言性，而茫乎不得其解也。命与仁，夫子之所罕言也；性与天道，子贡之所未得闻也。性命之理，著之《易传》，未尝数以语人。其答问士也，则曰："行己有耻"；其为学，则曰："好古敏求"；其与门弟子言，举尧舜相传所谓危微精一之说一切不道，而但曰："允执其中，四海困穷，天禄永终。"呜呼！圣人之所以为学者，何其平易而可循也！故曰："下学而上达。"颜子之几乎圣也，犹曰："博我以文。"其告哀公也，明善之功，先之以博学。自曾子而下，笃实无若子夏，而其言仁也，则曰："博学而笃志，切问而近思。"今之君子则不然，聚宾客门人之学者数十百人，"譬诸草木，区以别矣"，而一皆与之言心言性，舍多学而识，以求一贯之方，置四海之困穷不言，而终日讲危微精一之说，是必其道之高于夫子，而其门弟子之贤于子贡，祧东鲁而直接二帝之心传者也。我弗敢知也。

孟子一书，言心言性，亦谆谆矣，乃至万章、公孙丑、陈代、陈臻、周霄、彭更之所问，与孟子之所答者，常在乎出处、去就、辞受、取与之间。以伊尹之元圣，尧舜其君其民之盛德大功，而其本乃在乎千驷一介之不视不取。伯夷、伊尹之不同于孔子也，而其同者，则以“行一不义，杀一不辜，而得天下不为”。是故性也，命也，天也，夫子之所罕言，而今之君子之所恒言也；出处、去就、辞受、取与之辨，孔子、孟子之所恒言，而今之君子所罕言也。谓忠与清之未至于仁，而不知不忠与清而可以言仁者，未之有也；谓不忮不求之不足以尽道，而不知终身于忮且求而可以言道者，未之有也。我弗敢知也。

愚所谓圣人之道者如之何？曰：“博学于文”，曰：“行己有耻”。自一身以至于天下国家，皆学之事也；自子臣弟友以出入、往来、辞受、取与之间，皆有耻之事也。耻之于人大矣！不耻恶衣恶食，而耻匹夫匹妇之不被其泽，故曰：“万物皆备于我矣，反身而诚。”呜呼！士而不先言耻，则为无本之人；非好古而多闻，则为空虚之学。以无本之人，而讲空虚之学，吾见其日从事于圣人而去之弥远也。虽然，非愚之所敢言也，且以区区之见，私诸同志，而求起予。

【译文】近来，我南来北往，承蒙朋友认为我年长一点而来请教，这好像是向盲人问路一样。我个人感叹这一百多年以来做学问的人，往往只是主观随意的空谈心性，因而令人迷茫，无法理解。命运与仁德，是圣人孔子都很少谈及的言论；人性与天命，是子贡从圣人那儿没有听到过的言论。

性命的原理，圣人只是在《易传》中作过阐述，却没有经常在别人面前讲述。圣人在回答如何为人和做官的问题时，只是说：“用羞恶之心来约束自己的行为”。圣人讲到做学问时，则说：“喜好古学而勉励求学”。他在跟弟子谈论时，列举尧舜相传下来的所谓：“人心惟危，道心惟微，惟精惟一，允执厥中”的“危微精一”学说。（孔子）圣人面对一切不实行中正道统的人，只是说：“让你执掌天下，如果天下人民陷入了贫穷困苦，你身上的天禄也就尽了”。呜呼！圣人做学问，多么简明易懂，而且可遵循来行动。所以圣人说：“从普通的知识学起，才能明白最高深的道理，达到崇高的境界”。颜渊可以说差不多是圣人了，他还长叹道：“用文献典籍丰富我”。圣人曾经告诉鲁哀公：要了解善的道理，先要有丰富的知识。自从曾参以后，笃实没有比得上子夏的，然而子夏在解说仁时，就说：“广泛地学习各种知识，按照自己的志向坚定不移地去做，恳切地去请教别人，多方面思考当前的问题”。

如今的君子却不是这样做的，集合一堂前来求学的宾客门人几十上百人，“好比那些花草树木一样，应该区别对待”，然而，如今的君子却（不加区分）一概都谈论思想和人的本性。舍弃广泛地学习并且能够牢记的知识，只求寻求一个高深莫测的所谓贯穿一切的东西；抛开天下苍生的贫穷困顿的实际问题不谈，而整天讲危微精一的学说。这必定是当今的这些君子的学问超过了圣人，而且他们的弟子也比子贡贤明，有能继承孔子而接续尧舜的十六字心传的人。我还不敢随便谈论这些。

《孟子》一书，谈到心性问题，同样也是诚恳而慎重的。甚至万章（孟子学生）、公孙丑（孟子学生）、陈代（孟子学生）、陈臻（孟子学生）、周霄（魏国人）、彭更（孟子学生）等所问的问题，以及孟子所回答的内容，常常在于告诉弟子出去做官与归隐山林、离去与留下、辞官与受禄、索取与给予等行事做人的道理。像伊尹这样的圣人（辅助商汤治国）使君民都像在尧舜时代一样，表现出他的大功大德。而这根源在于伊尹修养德性，不求富贵。伯夷、伊尹的学说与孔子的不相同，然而，他们的相同之处在于：要他们去做一件不道义的事，杀死一个无罪的人而换取天下，他们都不会去做。这些旧有的人性、命运、天命等，是孔子很少谈论的，却是当今君子们整天挂在口上的。做官与归隐、离去与留下、辞官与受禄、索取与给予等的辩论和言谈，是孔子、孟子经常说到的言论，然而当今君子们却很少说到。（孔子）说尽忠和廉洁还没有达到仁德的标准，然而，我不知道连尽忠和廉洁都不懂得的人，却可以大谈仁德，这是从来就没有过的事情。圣人说不嫉妒不贪求还不符合道，然而，我不知道连一生都在嫉妒并且贪求的人，却可以大谈道，这是从来就没有过的事情。我还不敢随便谈论这些。

我所谓的圣人的道又是什么呢？就是“从丰富的文献典籍中学习”，就是“用羞恶之心来约束自己的行为”。从自身到天下国家，都有学问，都需要不断地学习。从父子、君臣、兄弟朋友，以及出去做官与归隐、离去与留下、辞官与受禄、索取与给予等等之间的关系的处理，都需要“用羞耻之心来约束自己的行为”。羞耻对于人来说，关系重大啊！人们不会认为你穿破旧的衣服、吃粗劣的食物是羞耻，而会以人们没有受到你仁德的恩泽为羞耻。所以说：“万事万物的道理都在我心中具备了，如果反躬自问确实心诚，就可确保人心所固有的善性”。

唉！做官却不用羞耻之心来约束自己，那么就是失去了做人的根本；如果不是爱好古学才来掌握更多言论，那么（学到的）也只是一些空泛的东西。凭借没有根本的人，讲些空洞无用的学问，我看他每天讲着圣人的道理，做的事情离圣人更远了。虽然，这些不是愚笨的我所胆敢言语的。这里只是谈些不重要的个人见解，私下与各位同仁交流，望你们能给我启发。

张尔岐

清济阳人，字稷若，号蒿庵，明诸生。清时隐居教授，恪守程朱之说，笃志力行，卓然经师。尤精三礼，顾炎武自以为不如。卒年六十六。著有《仪礼郑注句读》《周易说略》《春秋传义》《蒿庵闲话》。

【译文】张尔岐，清代济阳人，字稷若，号蒿庵，明代的诸生。清代建立后，隐居并教书为业。信奉程朱理学，志向坚定并努力实践，是一位很有成就的研究儒学经典的学者。尤其对《仪礼》《周礼》《礼记》研究精深，顾炎武自认为比不上他。去世的时候六十六岁。著作有《仪礼郑注句读》《周易说略》《春秋传义》《蒿庵闲话》等。

辨 志

人之生也，未始有异也，而卒至于大异者。

【译文】人刚出生的时候，是没有差异的，而最终出现大的差异。

何也人，生而呱呱以啼，哑哑以笑，�革蠕以动，惕惕以息，无以异也。出而就傅，朝授之读，暮课之义，同一圣人之《易》《书》《礼》《春秋》也。及其既成，或为百世之人焉，或为天下之人焉，或为一国、一乡之人焉；其劣者为一室之人、七尺之人焉；至于最劣则为不具之人、异类之人焉。言为世法，动为世表，存则仪其人，没则传其书，流风余泽，久而愈新者，百世之人也。功在生民，业隆匡济，身存则天下赖之以安，身亡则天下莫知所恃者，天下之人也。恩施沾乎一域，行能表乎一方，业未大光，立身无负者，一国一乡之人也。若夫智虑不离乎钟釜，慈爱不外乎妻子，则一室之人而已。耽口体之养，徇耳目之娱，膜外概置，不通痾痒者，则七尺之人而已。笃于所嗜，瞀乱荒遗，则不具之人。因而败度灭义，为民蠹害者，则为异类之人也。岂有生之始遽不同如此哉？抑且有驱迫限制，为之区别致然哉？习为之耳！习之不同，志为之耳！志在乎此，则习在乎此矣；志在乎彼，则习在乎彼矣。

【译文】人出生的时候呱呱地啼哭，哑哑地微笑，慢慢地爬动，恐惧地睡觉，没有不同的。长大后拜师读书，早上教授给他们句读，下午给他们讲解意义，学的都是圣人的《周易》《尚书》《礼记》《春秋》。等到他们学业完成，有的人留名青史，有的人属于国家，有的人属于家乡；差的只是生活于家庭中普通的人；最差的是没有做人的基本准则、不属人类的人。说话能被别人效法，行动能为别人的表率，活着的时候对他尊敬有礼，死去后传诵他的著作，遗留下的作风、恩惠，时间长了反而更加鲜明，这样的人就是留名青史的人。他的功业在于使人们安居乐业，辅佐朝廷，活着的时候国家依赖他才能获得安宁，死去后国家不知道该依靠谁，这样的人是属于国家的人。他的恩泽能施行在一个区域，行为能够代表一个地方，功业虽然没有很光辉，道德没有亏欠的，是属于家乡的人。至于那些整天思考收入、薪俸的，慈爱局限于妻子儿女的，就是属于家庭的人。沉溺于保养自己的身体，顺从自己的欲望，自身之外一概不问，认为对自己无关紧要的人，仅仅是个人而已。坚定沉湎与嗜好，昏乱荒唐，这样的人不能完全称做人。这样再破坏法度、灭绝道义的，就是人们的害虫，是不属于人类的人。哪里有刚出生就有这么大差别的人？或者有外界迫使他们产生差别？是学习不同所造成的！学习的不同，是志向造成的！志向在这里，学习就在这里；志向在那里，学习就会在那里。

子曰："苟志于仁矣，无恶矣。"言志之不可不定也，故志在乎道义，未有入于货利者也；志在乎货利，未有幸而为道义者也。志乎道义，则每进而上，志乎货利，则每趋而下。其端甚微，其效甚巨；近在胸臆之间，而远周天地之内；定之一息之顷，而著之百年之久。志之为物，往而必达，图而必成。及其既达，则不可以返也；及其既成，则不可以改也。世之诵周公、孔子之言，通其义以售于世者，项相望也。周公、孔子之遗教，未闻有见诸行事，被于上下者，岂少而习之，长而忘之欤？无亦诵周公、孔子，志不在周公、孔子也。志不在周公、孔子，则所志必货利矣。以志在货利之人，而乘富贵之资，制斯人之命，吾悲民生之日蹙也！

【译文】孔子说："假如立定志向实行仁德，总没有坏处。"说的是不能没有志向，所以志向在于实行道义，没有从事赚钱行业的；志向在于赚钱，没有幸运地也成就道义的人。志向在于道义，就会一天天进步，志向在于赚钱，则会一步步倒退。志向的发端非常地微小，效果却非常地巨大；近时如同就在胸中，远时如同遍及于天地之间；立定就在一息之间，而显著却有百年之久。志向就是往去一定要达到，谋划一定要完成。等它已经达到，就不可以返回；等它已经完成，就不可以改变。世上诵读周公、孔子言语，通晓他们的意思并在世间出售的人很多。周公、孔子遗留的教训，没听说被施行，施及上下等级的人，难道是年少的时候学习，成人后却忘记了吗？没有忘记也诵读周公、孔子的言语，只因为志向不在于周公、孔子的事业。志向不在于周公、孔子的事业，那么他的志向一定是赚钱。志向在于赚钱，凭借富贵的资本，掌握人民的命运，我为民众的生活日益艰难而感到悲伤啊！

今夫种之播于地也，种粱菽，则粱菽矣；种乌附，则乌附矣。雨露之滋，壅培之力，各视所种以成效也。粱菽成，则人赖其养，乌附成则人被其毒。学不正志，而勤其占毕，广其闻见，美其文辞，以售于世，则所学于古之人者，皆其毒人自利之藉也。呜呼！学者一日之志，天下治乱之原，生人忧乐之本矣。《学记》曰："凡学，官先事，士先志。"故未官者必使正其志。教而不知先志，学而不知尚志，欲天下治隆而俗美，何繇得哉？

【译文】种子被播种在地下，种谷类、豆类，就会收获谷类、豆类；种乌附，就会收获乌附。雨露的滋养，壅培的劳动，都要根据所种植的种子才能产生效果。谷类、豆类成熟后，人们依赖它才能生存，乌附成熟后，人们则会被它毒害。学习不端正志向，即使勤学苦读，见闻广博，文辞华丽，出售给世人，他们从古人那里学到的，都是毒害别人、为自己谋利的凭借。啊！学者的志向，是国家治理或者动乱的根源，人们生活忧愁或者快乐的根本啊。《学记》说："凡是学习，做官的要先学职务所需之事，士人要先立志。"所以一定要使还没有做官的人端正志向。教育学生不知道先要教育他们立志，学生学习不知道崇尚志向，想要使国家治理得隆盛、民风淳美，有什么其它方法呢？

故人之漫无所志，安坐饱食而已者，自弃者也；舍其道义，而汲汲货利，不知自返者，将致毒于人以贼其身者也。自弃，不可也；毒人而以贼其身，愈不可也。且也，志在道义，未有不得乎道义者也，穷与达均得焉；志在货利，未必货利之果得也，而道义已坐失矣。苟审乎内与外之分，必得与不必得之数，亦可以定所志矣。

【译文】所以那些没有志向，终日坐着吃饱的人，是自己放弃自己的人；舍弃道义，急切地追求金钱，不知道悔改的人，是将要毒害他人、同时也伤害自己的人。自我放弃，当然不可取；毒害他人、同时也伤害自己，更加地不可取。况且，只想在于道义，没有不得到道义的，无论是穷或达，都能或得道义；志向在于获得金钱，不一定就能获得金钱，而道义却已经失去了。如果明白道义是内、赚钱是外的区分，一定能得到和不一定能得到的定数，也可以裁定应该立定什么样的志向了。

答顾宁人书

辱惠教言，训励谆切，多所奖牖。且示以康成、泰山、徂徕三先生之遗烈，而期之修述，此岂猥陋敢希万一！

【译文】您的来信，教诲勉励，真诚恳切，多有夸奖。还列举了郑玄、孙复、石介的事迹与功业，希望我学习并阐述、传授，这岂是我的能力能办到的！

虽然，自有识来，于六经亦尝稍涉其流矣。见诸儒先之言经者，后先继出，注疏之典核，程、朱之深醇，语详而择精，似已各极其至。学者苟能席其成业，尊所闻而行所知，上者可至于圣贤，下者亦足以效一官、济一隅、名一善而无难。私谓士生今日，欲倡正学于天下，似不必多所著述，正当以笃志力行为先务耳。不识高明以为何如？

【译文】虽然如此，我自从能读书以来，对于六经也略微地研究过。看到众多的儒者谈论六经，名儒辈出，他们注疏的确实而有根据，二程、朱熹学问的深刻醇美，说得详细而选择也很精当，似乎都已经达到了极致。学者如果能凭借他们已经成就的功业，尊崇所听到的并且实践所知道的，优秀的可以达到圣贤，稍差的也足以成为官员的表率，救济一方百姓，因善行而获得名声，这是没有什么难度的。我私下里想，读书人生活在今天，想要在整个国家倡导真正的学问，似乎没有必要多写作、著述，应当把立定志向、努力实践作为首要任务。不知道您是怎么看待的？

《论学书》，粹然儒者之言。特拈“博学”、“行己”二事以为学鹄，确当不易，真足砭好高无实之病。“行己有耻”一语，更觉切至。学之真伪，只以行己为断。行己果有耻也，博学固以考辨得失，即言心言性，亦非窕语。行己未必果有耻也，言心言性固恍惚无据，即博学亦未免玩物丧志之失。此愚见所以于二语中，更服此语之有裨世教也。尔岐老矣，于博学已无及，敢不益励其耻，以终余年乎？

【译文】《论学书》，是一部真正的儒家学者的书。该书特意把“广泛地学习”、“亲身实践”两件事作为做学问的关键，这确实了不得，足以治愈学者好高骛远、无实际行动的弊病。“自己行为保持羞耻之心”这句话，更让人感觉非常到位。学术的真假，只应该用自己的行为来判断。自己的行为如果真的有可耻的地方，广泛的学习当然可以考察辨析所得与所失，即使是谈论心性，也不是空话。自己的行为如果没有可羞耻的地方，谈论心性当然没有依据，即使广泛地学习也是根玩物丧志一样的过失。这是在这两句话中，我更信服这句话有助于教化世人的原因。我已经老了，已经不能再去广泛地学习了，怎能不更加激励自己保持羞耻之心，直到生命的终结呢？

在愚见又有欲质者。性命之理，夫子固未尝轻以示人，其所与门弟子详言而谆复者，何一非性命之显设散见者欤？苟于博学有耻，真实践履，自当因标见本，合散知总，心性天命将有不待言而庶几一遇者。故性命之理，腾说不可也，未始不可默喻；侈于人不可也，未始不可验诸己；强探力索于一日不可也，未始不可优裕渐渍以俟自悟。如谓于学人分上，了无交涉，是将格尽天下之理，而反遗身以内之理也。恐其知有所未至，则行亦有所未尽，将令异学之直指本体，反得夸耀所长，诱吾党以去，此又留心世教者之所当虑也。寡昧之质，乐求师资，不敢苟异，亦不敢苟同，惟幸裁正。

【译文】我还有想要请教的。关于天性、命运的道理，孔子当然没有轻易地指示给别人，然而他对他的弟子详细说明、反复教诲的，哪一个不是天性、命运明显的陈设而零散地被见到的？如果对于自己的博学有所遗憾，就真正地实践，自然能由枝叶见其根本，集合零散而知道总体，心性、天命的道理自然也可能遇到。所以关于天性、命运的道理，径直地说明不可以，然而可以通过沉默告诉别人；对别人放纵当然不可以，然而可以用自己来验证；用很短的时间强制地探索当然不可以，然而可以悠游自得、逐渐地领会直到自己领悟。如果学者对于自己的内心，没有一点涉及，就是穷尽了世上的道理，反而忘记了自己心中的天理。担心学者知识还有没有达到的，行动也没有尽心，这样就会使异端邪说直指本体的说法反而夸耀，诱骗学者，这也是关心世人教化的学者应当考虑的。我资质愚昧，喜欢请求师长的帮助，不敢随便表示不同见解，也不敢随便赞同别人，希望您斟酌。

拙作本欲请教，既承近日不作文字，遂亦不敢复以此等相渎。所以然者，欲先生永不破除此戒耳。独《中庸论》一篇，似与《论学书》旨有偶似者，谨录奉览，倘肯一涉笔绳削乎？

【译文】我的拙作本打算向您请教，正赶上您最近不写文章，所以不敢轻易打扰。这样做的原因是希望您永远保持这个习惯。只有《中庸论》这篇文章，似乎与《论学书》的主旨有相似之处，于是谨慎地誊录供您浏览，不知您是否愿意帮助修改一下？

陆世仪

清太仓人，字道威，明诸生，尝从刘宗周学，博洽无所不通，穷居教授。明亡，拓地十亩，筑亭其中，自号曰桴亭，不通宾客。其学主敦守礼法，不虚谈诚敬之旨，与陆陇其并称二陆，年六十二卒，门人私谥曰“尊道先生”，亦曰“文潜先生”，有《思辨录》《桴亭全集》等种。

【译文】清朝太仓人，字道威，明诸生，曾经学习于刘宗周。学问广博无所不通，名声不达以教书为业。明朝灭亡以后，开辟田地十亩，在其中建造一个亭子，称之为桴亭，不和客人来往。他为学主张恪守礼法，不空谈诚敬，与陆陇其并称为二陆，卒年六十二岁，他的门人私下给他的谥号是“尊道先生”，也有“文潜先生”。他著作有《思辨录》《桴亭全集》等数种。

论读书

古之学圣贤易，今之学圣贤难。只如读书一节，书籍之多，千倍于古。学者苟欲学为圣贤，非博学不可。然苟欲博学.，则此汗牛充栋者将何如耶。偶思得一读书法，将所读之书，分为三节。自五岁至十五为一节，十年诵读。自十五岁至二十五为一节，十年讲贯。自二十五至三十五为一节，十年涉猎。使学有渐次，书分缓急。庶几学者可由此而程工。朝廷亦可因之而试士矣。所当读之书，约略开后。

十年诵读。

小学　四书　五经　周礼　太极通书西铭　纲目　古文　古诗　各家歌诀

十年讲贯。

四书　五经　周礼　性理　纲目　本朝事实　本朝典礼　本朝律令　文献通考　大学衍义　天文书　地理书　水利农田书　兵法书　古文　古诗

十年涉猎。

四书　五经　周礼　诸儒语录　二十一史　本朝实录及典礼律令诸书　诸家经济类书　诸家天文　诸家地理　诸家水利农田书　诸家兵法　诸家古文　诸家诗

以上诸书，力能兼者兼之。力不能兼，则略其涉猎，而专其讲贯。又不然，则去其诗文。其余经济中，或专习一家。其余则断断在所必读，庶学者俱为有体有用之士。今天下之精神皆耗于帖括矣，谁肯为真读书人，而国家又安得收读书之益哉。

【译文】古代学习圣贤容易，现今学习圣贤困难。就拿读书这一件事来说，现今书籍浩多，千倍于古代。学者想要成为圣贤，非博学不可。想做到博学，那如何对待汗牛充栋的书籍呢？偶然思考得到一读书方法。将所读的书，分为三个层次。自五岁至十五为第一层次，是这十年要诵读的。自十五岁至二十五为第二个层次，是这十年要讲习的。自二十五至三十五为第三个层次，是这十年要涉猎的。使学习有所先后，读书有所急缓。学者或许可以由此来学习，国家也可按此可考试。所应当读的书，大概列在下面。

要求十年诵读的书有：

小学　四书　五经　周礼　太极通书西铭　通鉴纲目　古文　古诗　各家歌诀

要求十年讲习的书有：

四书　五经　周礼　性理大全　通鉴纲目　本朝的事实　本朝的典礼　本朝的律令　文献通考　大学衍义　天文书　地理书　水利农田书　兵法书　古文　古诗

要求十年涉猎的书有：

四书　五经　周礼　诸儒语录　二十一史　本朝实录及典礼律令诸书　各家经邦济国的书　各家天文　各家地理　各家水利农田书　各家兵法　各家古文　各家诗

以上这些书籍，有能力做到兼习的就要兼习。若是做不到，则要有所涉猎，专门讲习。若还做不到，就去掉古文。其余各家经邦济国的书，或要专门学习一家。剩余的绝对都要学习，这样学者才能成为体用兼备的人。现在天下人的精力都耗费在科举的文章上，有谁肯做真正的读书人，国家又怎能收到读书的好处呢。

张履祥

清桐乡人，字考夫，明诸生，从刘宗周闻慎独之学，晚年专意程朱，立身端直，躬习农事，学者称“杨园先生”。卒年六十四，有《杨园全书》。

【译文】清朝桐乡人，字考夫，是明代的诸生，向刘宗周学习“慎独”之学，晚年专注于程朱学问，亲自从事农事。学者称他为“杨园先生”，六十四岁去世，著作有《杨园全书》。

与何商隐书

《论语》一书，谨言慎行为多，不亟亟于头脑也。颜子所述善诱之功，则曰“博文约礼”而已，他日所请为仁之目，则曰“非礼勿视、听、言、动”而已。窃谓此即所谓约礼之实也。博文约礼，三千之徒，莫不从事于此，非独为颜子教也。曾子所示一贯之指，则曰“忠恕”而已。子思受曾子之学者也，《中庸》所述，与《论语》曾子之言，如合符节，故曰：“忠恕，违道不远”。孟子传子思之学者也，其言曰“居仁由义”，曰“求放心”，其曰“持其志，无暴其气”者即“求放心”之谓也。“求放心”则中庸“戒慎恐惧”之谓。而《论语》“日省其身”，“如临深渊如履薄冰”之指也。“仁义“二字，论语未尝并举，见于《易传》，则曰：“立人之道曰仁与义”；见于中庸则曰：“仁者人也，亲亲为大；义者宜也，尊贤为大”，则亦夫子之言也。至云“反身而诚，乐莫大焉。强恕而行，求仁莫近”，则与曾子、子思先后一辙矣。三代而下，在濂溪则曰“主静，立人极”，在关中则曰“知礼成性”，在程门则曰“敬义夹持”，曰“存心致知”，曰“理一而分殊”，在朱子则曰“居敬穷理”。

【译文】《论语》一书中，讲到言行要谨慎的很多，不只是关于知识。颜回讲到孔子善于引导，就说：“夫子用广博的知识扩充我，用礼来约束我”，他日向孔子请教“仁”的条目，孔子就说："不符合礼的就不看，不听，不说，不行"。我以为这就是用礼来约束的具体内容。广泛的学习，用礼来约束，孔子教导弟子都要这样，不只是对颜回一人。曾子所说的孔子"一以贯之"的具体内容是"忠恕"之道。子思曾向孔子学习，《中庸》中所讲述的，和《论语》中曾子所说的，完全符合，因此《中庸》中说："能够做到忠恕，就离道不远了。"孟子传授了子思的学说，他说"心怀仁爱，行为符合道义"，还说"找到失去的本心"，他说的"保持自己的志向，不要放弃血气"说的就是"找到失去的本心"的意思。"找到失去的本心"是《中庸》中说的"对别人看不到的也保持谨慎警惕"的意思。《论语》中讲的"每天反省自己"就是"处于深渊边缘一样，如若在薄冰上行走一般"的意思。"仁义"这两个字《论语》没有出现在一起，二字并提首先出现在《易传》中，是这样说的"人之所以为人就在于仁义"，在《中庸》里面则说："仁就是人的意思，主要是亲爱亲人；义就是合宜的意思，主要是尊敬贤者"，这都是孔子的话。至于孟子说的"快乐没有超过反躬自身而诚实无欺，追求仁德没有超过勉力去实行忠恕之道"，与曾子、子思讲的前后一致。三代以后，周敦颐则说"建立人道的根本在于主静"，张载则说"通过学习、知礼来完全实现人性"，在二程则说"主敬和集义并行"，就是"存心获得知识"，就是"理一而分殊"，在朱子则说"保持内心恭敬，探究道理"。

要而论之，岂有异指哉？居敬，所以存心也；穷理，所以致知也。惟居敬，故能直其内；惟穷理，故能方其外。惟内之直，故能立天下之大本；惟外之方，故能行天下之达道。然居敬穷理，又非截然有两种工夫也。博学、审问、慎思、明辨，是为穷理；其不敢苟且以从事，或勤始怠终，及参以二三，即为居敬。故又曰："学者用功，当在分殊上"，其曰"知礼成性"即约之以礼之谓。亲亲之杀，尊贤之等，皆天理也，故曰："礼所生也。三百三千，皆所从出也。所谓分殊也。"其曰"主静立极者，定之以中正仁义而已也"。仁义而不轨以中正，则仁之或流于兼爱，义之或流于为我，而人极不立矣。礼以敬为本，则自无非僻之干，人欲退而天理还矣。欲退理还，则终日言言其所当言，终日行行其所无事而静矣，故又曰："无欲故静"。然则茂叔，子厚虽不言主敬，而敬在其中矣。由是而上质之邹、鲁，岂不同条而共贯哉？象山教人以扩充四端，以孩提知爱，稍长知敬，为人皆尧舜。学者先立乎大，则小者不能夺，未尝非孟子之指。但孟子之言心，有等有杀之心也。故曰："老吾老以及人之老，恩及禽兽，功不至百姓，以为失权度之甚。"又曰："圣人，人伦之至"。遵先生之法而过着，未之有也。象山信其心知，而谓本四端以行，即尧舜所行不过是。夫恻隐而无权度，则其弊恒至摩顶放踵而为之。羞恶而无权度，则其弊恒至拔一毛而不为。故穷理为要也，苟理明而义精，则或出或处，或默或语，皆将合乎规矩方圆之至，而时措之宜矣。象山黜穷理为非是，欲舍规矩而自为方圆也。正使离娄公输之复生，有难任其目力者矣。知其理之一，而不知其分之殊，所由流入于二氏，而其势不可以止也。若下此以佛老之真，剽吾儒之似，以文其奸言，遂其无忌惮者，又无论已。

【译文】总之而言，这些讲的难道有区别吗？内心恭敬就是保存本心；穷理就是获取知识，只有内心恭敬，只有内心保持真诚，才能确立天下的根本原则“中道”；只有规范自己的外在行为，才能实行天下遵循的“和”。然而“内心恭敬、探究道理”，并非两种截然分开的功夫。广博地学习，周密地询问，谨慎地思考，清楚地辨别就是穷究道理，不敢行事随意，不敢开始勤劳后来就怠慢不专一，就是内心恭敬，因而又说“学者做功夫，应当在分殊上”，所说的“用知识和礼法来实现人性”就是用礼来约束行为的意思。有亲疏远近的区别，贤能高低的不同，这就是天理。因而说：“这就是礼产生的依据。不管大的礼仪还是小的礼仪，都是由此产生的，这就是分殊的内涵。”周敦颐说“圣人确立为人的根本原则就是中正仁义和主静”。只做到仁义但不合于中正，则仁或许就会流于兼爱无别，义或许就会流于自私，这样为人的根本原则就不会确立。礼以恭敬为根本，恭敬就不会有邪恶触犯，人欲就会消失天理就会恢复。人欲消退天理恢复，那么就会整日说应当所说之言，终日行所应当行之事，就会做到静，因而说没有欲望就会做到静。虽然周敦颐、张载不说主敬，但是敬已在其中。由此而上至孔孟。难道不是事理一贯吗？陆九渊教人扩充四端，在孩子时就知道爱父母，稍长就知道尊敬兄长，人人可以成为圣人，学者应该先确立本心，那么感官之类的欲求就不会诱惑了自己，这未尝不是孟子的意思。但孟子所说的心，是有等级和差别的心，因而他说：“尊敬我的父母以至于别人的父母。恩惠达到了禽兽，但是却没有到达百姓，以为这很不合于法度”，孟子又说：“圣人是人伦关系完全实现了的人。”就没有按照你所说的方法来实行的。陆九渊相信心知，以为依照四端来行事，即使尧舜也不过这样，如果怜悯而没有法度，则弊端就会像墨子一样不顾辛劳；羞恶而没有法度，弊端就会像杨朱一样自私自利。因而穷理的关键在于，如果明白精深道理，那么不管是出行还是居处，是沉默还是言语，都会合乎规矩，因时制宜。陆九渊贬斥穷理以为它不正确，就好比舍弃画方圆的工具而来画方圆一样。即使离娄、鲁班再生，也不能胜任。只知道万物理的相同，而不知道每一物道理的不同，就会流入佛老，这一趋势不可阻止。若是自此之下，就像佛老剽窃儒学的相识处，来掩饰奸邪的言说，以至于无所忌惮的人，就更不用说了。

近世学者祖尚其说，以为捷径，稍及格物穷理，则谓之支离烦碎。夫恶支离则好直捷，厌烦碎则乐径省。世儒动称孟子直捷简易。“夫动容周旋中礼者，盛德之至”，“义，路也。礼，门也。君子能由是路，出入是门”，非孟子之言乎？抑何不思之甚也！然则吾人学问，舍“居仁由义”四字，更无所谓学问；吾人工夫，舍“居敬穷理”四字，更无所谓工夫。凡先儒之言，若志伊尹之所志，学颜子之所学，若“为天地立心，为生民立命”，若“以兴起斯文为己任”种种道术，举不外是矣。夫居敬穷理之方，朱子以其躬行心得者，谆复言之，至详至备矣。吾人遵而守之，日夕从事于此，则亦可以有获矣。入门而升堂，升堂而入室，循之有其阶，导之有其相也。或者信之不笃，不免徙倚于歧途。志之不勇，不免徘徊于方轨，以至日暮途远，进退失据耳。今以朋侪中攸好之深，矢志之固，如仁兄者，盖已不多矣。生平所致力于六行之修者，岂非仁义之事？其事之克修，岂非本于仁义之心哉。本仁义之心，以力行仁义之事，所以立人之道者，岂有他哉？而更欲头脑之是求，古人骑驴觅驴之喻，是之谓矣！特患居敬之不熟，则有或得或失之忧；穷理之未精，则有或然或不然之虑。要亦无他道也，有不熟，则勉进于熟而已；有未精，则勉求其精而已。《易》曰：“三人行，则损一人。一人行，则得其友，言致一也”。九州万国而统于一王，千流万派而归于一海。故曰：“礼仪三百，威仪三千”，无一而非仁也。仁，人心也，义，人路也。源深则流长，根凝则实茂。清明在躬，则志气如神。

【译文】现在的学者崇尚这一说法，以之为捷径，稍微研究事物探究道理，就说成是支离破碎。如果讨厌支离破碎就会喜好简易捷径。儒者动辄就说孟子直捷简易。“举止、仪容和进退揖让都符合礼的要求，乃是道德的最高境界。”还说：“义就好比是道路，礼就好比是门，只有君子沿着这条路走，出入这个门”，难道这些不是孟子的话吗？为何一点也不思考呢？我们的学问，舍弃“居仁由义”，就没有其他学问了。我们的修养功夫，舍弃“居敬穷理”，就没有其它功夫了。凡是先儒所说的，像立志有伊尹的志向，学习颜回之好学者，像“为宇宙找到一终极本原，为百姓找到一安身立命之所”，像“以振兴这一文化为己任”等种种学问都不外于此。“居敬穷理”的具体方法，朱子亲自实行有所自得，陈淳又再次详细完备地加以了说明。我们只要加以遵循，早晚实践，就会有所收获。循循渐进，升堂入室，这样有台阶遵循，有向导引路。有的并不深信，不免在歧路上徘徊；有的志向不坚定，也不免在道路上徘徊，以至于处境危险，进退两难。现在朋友中像你这样喜好美德、立志坚定的已经不多了。平生所致力的六行难道不是有关仁义方面的吗？事情的修行，难道不是以仁义之心为根本吗？以仁义之心为根本，努力做仁义之事，这就是确立为人之道的根本原则，难道还有其它吗？除此而还想用头脑来追求是非，古人骑驴找驴的比喻说的就是这啊！只是担忧居敬不熟练，那就会有得失之忧；穷理不精深，就会有或对或错的顾虑。总之，没有其他别的方法，不熟练就要努力做到熟练；不精深，就要努力做到精深。《周易》里说：“三个人同行，则有一个人会离去，一个人独自出行，可以得到朋友。这是说天下事理必须专心致一。”九州万国由一个君王统治，千万江河皆归于大海，因而说大的礼节和小的礼节都是仁德的表现。仁就是人的本心，义就是人做事的准则。源头深厚就会长流，树根深厚果实就会繁茂。头脑清晰、心底光明，精神面貌就会很好。

平日工夫，惟在涵养其本原，以为制事酬物之主尔矣。朋友讲习养也；独居思索亦养也。读书考究养也；饮食动作亦养也。念兹在兹，释兹在兹，如伏雌之抱卵；其退不舍，其进不锐，如日月之贞恒；修其疆畔，时其耔耘，如农夫之力穑。而后可致其精也，而后可几于熟也。必若先儒云:“满腔子皆恻隐之心,盎然若太和元气之流行于天地之间”,必若先儒云:“在我之权度,精切不差,截然如万物之各正其性命”。子思所云“择善固执”,孟子所云“深造自得”,其或以此也与?夫学问者,将以尽性命之理也。苟不本于天之所赋,物之所受,非学问之正也,安可使之有两截乎?事物者,身心之准则也,苟事至物来,而处之不当其分,正身心之病也,安可视为两途乎?自世儒以在物为理,处物为义之言为不然,而体用内外,始判而二之矣。自世儒不明于动静不失其时之义,而以堕黜聪明为静,不明于心存斯是敬之义,而但以严威俨恪为敬,而人伦庶物之外,若别有一种学问矣。

【译文】平时修养功夫,只在于涵养本心,使成为应对万事万物的主宰。和朋友互相讲论学习,这是涵养本心;读书考察也是涵养本心;日用饮食这也是涵养本心。时刻想念,就像母鸡孵卵一样不离;后退却不放弃,进取却不露锋芒,就好像日月永恒如一。整理田界,时刻耕耘,就像农夫辛勤耕作一样,其后就会达到精深和熟练。就一定会像先儒所说:“满腔都是怜悯之情,就好比太和元气在天地之间流行一样”,也会像先儒所说:“以我来衡量,丝毫不差,万物都获得了自己本有的价值”。子思所说的“选择正确的就加以坚持”,孟子所说的“坚持学习有所收获”,说的就是这吧。学问,就是要实现自身本性的道理。如果不以上天所赋予的德行、万物所具有取的道理为根本,就不是学问的正道,又怎能使它有不同两方面呢?事物是自身行为的准则;若是面对事物,处理的不合规范,正是自身的不对,又怎能视为两种不同的方法?自儒者不认为道理在事物之中、处理万事万物为合宜是正确的,这样体用内外就分开了;自儒者不明了动静要合乎时宜,而将抛弃思维活动视为静,不明了内心存有是恭敬,而将严格威仪视为敬,这就是在人伦万物以外另立学问了。

夫事物之不能不日至者,势也,迎之非也,拒之亦非也,以其皆不免于自私而用智也,非顺应之道也。无事则读书,读书者,所以维持此心,而不使其或怠也,非以务博也。默坐则思索,思索者,所以检点其身,而不使其有阙也,非以耽寂也。事至则泛应,泛应者,所以推行天理于事事物物,而不使其有过、有不及也,非以外驰也。无众寡,无小大,无敢慢,则一矣。无有事无事,无有人无人,无敢慢,则一矣。一则穷通一矣,寿夭亦一矣,死生亦一矣。然则仁兄所忧心之粗而气之昏者,或恐不一之故,未必皆不能读书之故也。上蔡诵史不遗一字,程子责其玩物丧志,上蔡面赤,程子曰:“此即是恻隐之心”。由是思之,读书只是功夫之一种,非不能读书,便无功夫也,但择善之功,惟读书为得益之易,故以为先务耳。然即读书而论,亦不可以不一矣。耳目一,则心志专而义理纯熟,杂则意分而气散,即日力亦有所不给矣。夫数学至康节,非小道矣,程子已能得其概,然不以学,后竟忘之,曰:“吾所知者,惠迪从逆而已”。吾人聪明不逮古人远甚,约之使归于一，犹惧不克遂其处志，况敢旁搜而遐览乎？夫孟子之言，暴其气者，非独应事酬物，言语动作之间，与夫喜怒哀乐之感也。书亦一物也，读之亦一事也。物至而人化物，灭天理而穷人欲，惟读书亦有之。故敬之道，不可须臾舍也。颜子惟敬之纯熟，故有不善，未尝不知，知之未尝复行，孟子之睟面盎背，四体不言而喻，此物此志也。

【译文】万事万物整日都会有，这是必然的，逢迎它不对，拒接它也不对，因为这都不能免于自私而运用智谋，不是顺应之道。没事就读书，读书目的是要保持本心，而不使它有所懈怠，并不是追求渊博。默默静坐就要思考，思考就是约束自身，不使它有所缺失，而并不是要沉溺于死寂之中。事情来了就去应对，应对就是要将天理推行于万事万物，不使有所过分和不及，而并不是要分散本心。没有多少，小大的区别，不敢怠慢，这样就会一视同仁。没有有事，也没有无事，没有人存在，也没有人不存在，不敢怠慢，这样就会一视同仁。一视同仁，那么困厄与显达都是一样的，长寿和夭折也都是一样的，生和死也都是一样的。你担忧自己心思粗拙，禀赋不高，或担心不能专一，这未必不是不能读书。谢良佐读史书一字不漏，程颢责备他为玩物丧志，谢良佐羞愧地面目发红，程颢说这就是恻隐心。由此可知，读书也只是修养功夫的一种，不是不读书就无功夫可做。但是读书是最好的功夫，是最容易受益的，因而要先去做。然而就读书来说，也必须要专一。耳目专一，那么志向思维就专一，所得义理就纯熟；耳目杂乱，精神就分散，即使整日用功也会有所不成。象数学到了邵雍时，就不是旁门小道，二程已经得到他的大概，然而不去学习，后来又竟然都忘掉了，说：“我所知道的就是顺从道就吉祥，顺从恶就不吉祥。”我们的聪明远不及古人，使身心收敛归一，还担心不能够实现志趣，何况怎敢多方搜集浏览呢？孟子说的放弃血气，不只是对于应酬事物，也说的是言语动作和喜怒哀乐的感触。书也只是一物，读书也只是一事。事物来了就要应对，泯灭天理穷尽私欲之事，即使读书也会产生。因此，恭敬之道，一刻也不能离开，颜回熟于恭敬，因而不对之处，没有不知道的，知道后没有不去做的。孟子讲的内在德行明显地表现在外表上，就说的是这一情况。

朱用纯

清昆山人，字致一，明诸生，父集璜，殉国难死。用纯慕王裒攀之义，自号柏庐。其学恪守程朱，知行并进，而一以主敬为要。或欲以鸿博荐，固辞，乃免。卒年七十一。所著有《愧讷集》。其《治家格言》一篇，辞义浅近，妇孺传诵，世有以为宋朱子所作者，误也。

【译文】清朝昆山人，字致一，明代的诸生，父亲是朱集璜，死于国难。他仰慕晋人王裒攀柏的孝道，就自号为柏庐。他学问上恪守程朱之说，主张知行并进，而关键在于主敬。有人以博学鸿词举荐他，他坚决推辞，于是才免于出仕。七十一岁去世，著作有《愧讷集》。其中《治家格言》这一篇，文辞浅显，妇孺皆知，世人以为是朱熹所作，这是错误的。

治家格言

黎明即起，洒扫庭除，要内外整洁；既昏便息，关锁门户，必亲自检点。一粥一饭，当思来处不易；半丝半缕，恒念物力维艰。宜未雨而绸缪，勿临渴而掘井。自奉必须俭约，燕客切勿流连。器具质而洁，瓦缶胜金玉；饮食约而精，园蔬愈珍馐。勿营华屋，勿谋良田。

【译文】每天早晨黎明就要起床，先用水来洒湿庭堂内外的地面然后扫地，使庭堂内外整洁；到了黄昏便要休息并亲自查看一下要关锁的门户。对于一顿粥或一顿饭，我们应当想着来之不易；对于衣服的半根丝或半条线，我们也要常念着这些物资的产生是很艰难的。凡事先要准备，像没到下雨的时候，要先把房子修补完善，不要临时抱佛脚，像到了口渴的时候，才来掘井。自己生活上必须节约，聚会在一起吃饭切勿留连忘返。餐具质朴而干净，虽是用泥土做的瓦器，也比金玉制的好；食品简单而精美，虽是园蔬也可胜过山珍海味。丽的房屋，不要图买良好的田园。

三姑六婆，实淫盗之媒；婢美妾娇，非闺房之福。奴仆勿用俊美，妻妾切忌艳装。祖宗虽远，祭祀不可不诚；子孙虽愚，经书不可不读。居身务期质朴；训子要有义方。勿贪意外之财，莫饮过量之酒。与肩挑贸易，毋占便宜；见贫苦亲邻，须加温恤。刻薄成家，理无久享；伦常乖舛,立见消亡。

【译文】社会上不正派的女人，都是邪淫和盗窃的媒介；美丽的婢女和娇艳的姬妾，不是家庭的幸福。家僮、奴仆，不可雇用英俊美貌的，妻、妾切不可有艳丽的妆饰。祖宗虽然离我们年代久远了，祭祀却要虔诚；子孙虽然愚笨，五经、四书，却要诵读。自己生活节俭，以做人的正道来教育子孙。不要贪不属于你的财，不要喝过量的酒。和做小生意的挑贩们交易，不要占他们的便宜，看到穷苦的亲戚或邻居，要关心他们，并且要对他们有金钱或其它的援助。对人刻薄而发家的，决没有长久享受的道理。行事违背伦常的人，很快就会消灭。

兄弟叔侄，需分多润寡；长幼内外，宜辞严法肃。听妇言，乖骨肉，岂是丈夫？重资财，薄父母，不成人子。嫁女择佳婿，毋索重聘；娶妇求淑女，勿计厚奁。见富贵而生谄容者最可耻，见贫穷而作骄态者贱莫甚。居家戒争讼，讼则终凶；处世戒多言，言多必失。勿恃势力而凌逼孤寡，毋贪口腹而恣杀牲禽。乖僻自是，悔误必多；颓惰自甘，家道难成。狎昵恶少，久必受其累；屈志老成，急则可相依。轻听发言，安知非人之谮诉？当忍耐三思；因事相争，焉知非我之不是？需平心暗想。

【译文】兄弟叔侄之间要互相帮助,富有的要资助贫穷的；一个家庭要有严正的规矩，长辈对晚辈言辞应庄重。听信妇人挑拨，而伤了骨肉之情，那里配做一个大丈夫呢？看重钱财，而薄待父母，不是为人子女的道理。嫁女儿，要为她选择贤良的夫婿，不要索取贵重的聘礼；娶媳妇，须求贤淑的女子，不要贪图丰厚的嫁妆。看到富贵的人，便做出巴结讨好的样子，是最可耻的，遇着贫穷的人，便作出骄傲的态度，是鄙贱不过的。居家过日子，禁止争斗诉讼，一旦争斗诉讼，无论胜败，结果都不吉祥。处世不可多说话，言多必失。不可用势力来欺凌压迫孤儿寡妇，不要贪口腹之欲而任意地宰杀牛羊鸡鸭等动物。性格古怪，自以为是的人，必会因常常做错事而懊悔；颓废懒惰，沉溺不悟，是难成家立业的。亲近不良的少年，日子久了，必然会受牵累；恭敬自谦，虚心地与那些阅历多而善于处事的人交往，遇到急难的时候，就可以受到他的指导或帮助。他人来说长道短，不可轻信，要再三思考。因为怎知道他不是来说人坏话呢？因事相争，要冷静反省自己，因为怎知道不是我的过错？

施惠无念，受恩莫忘。凡事当留馀地，得意不宜再往。人有喜庆，不可生妒忌心；人有祸患，不可生喜幸心。善欲人见，不是真善；恶恐人知，便是大恶。见色而起淫心，报在妻女；匿怨而用暗箭，祸延子孙。家门和顺，虽饔飧不继，亦有馀欢；国课早完，即囊橐无馀，自得至乐。

【译文】对人施了恩惠，不要记在心里，受了他人的恩惠，一定要常记在心。论做什么事，当留有余地；得意以后，就要知足，不应该再进一步。他人有了喜庆的事情，不可有妒忌之心；他人有了祸患，不可有幸灾乐祸之心。做了好事，而想他人看见，就不是真正的善人。做了坏事，而怕他人知道，就是真的恶人。看到美貌的女性而起邪心的，将来报应，会在自己的妻子儿女身上；怀怨在心而暗中伤害人的，将会替自己的子孙留下祸根。家里和气平安，虽缺衣少食，也觉得快乐；尽快缴完赋税，即使口袋所剩无余也自得其乐。

读书志在圣贤，非徒科第；为官心存君国，岂计身家？守分安命，顺时听天。为人若此，庶乎近焉。

【译文】读圣贤书，目的在学圣贤的行为，不只为了科举及第；做一个官吏，要有忠君爱国的思想，怎么可以考虑自己和家人的享受？我们守住本分，努力工作生活，上天自有安排。如果能够这样做人，那就差不多和圣贤做人的道理相合了。

王夫之

清衡阳人，字而农，号薑斋，明崇祯举人。入清，浪游不仕，后愈隐晦，最后归衡阳，筑室石船山，杜门著书。其论学以汉儒为门户，宋五子为堂奥，尤神契张载《正蒙》之说，所著有《船山全书》凡三百二十四卷。

【译文】清朝衡阳人，字而农，号薑斋，明朝崇祯年间举人。入清以后，四处游荡，不去做官，之后行迹更加不明，在石船山居住，闭门著述。他讲学以汉儒作为入门，以宋五子所讲为深奥之理，尤其神会张载的《正蒙》中所说，著作有《船山全书》，共三百二十四卷。

俟解七则

一

读史亦博文之事，而程子斥谢上蔡为玩物丧志。所恶于丧志者，玩也。玩者，喜而弄之之谓。如《史记·项羽本纪》及窦婴、灌夫传之类，淋漓痛快，读者流连不舍，则有代为悲喜，神飞魂荡而不自持。于斯时也，其素所志尚者不知何往，此之谓丧志。以其志气横发，无益于身心也，岂独读史为然哉！经亦有可玩者，玩之亦有所丧。如玩《七月》之诗，则且沈溺于妇子生计、盐米布帛之中。玩《东山》之诗，则且淫泆于室家嚅呢、寒温拊摩之内。《春秋》传此类尤众。故必约之以礼，皆以肃然之心临之，一节一目，一字一句皆引归身心，求合于所志之大者，则博可弗畔，而礼无不在矣。近世有《千百年眼》《史怀》《史取》诸书及屠纬真《鸿苞》，陈仲淳《古文品外录》之类，要以供人之玩。而李贽《藏书》，为害尤烈，有志者勿惑焉，斯可与于博文之学。

【译文】阅读史书是扩充知识之事，但是大程子却责备谢良佐为玩物丧志，他所厌恶导致丧志的是喜玩。玩就是高兴并把玩的意思。比如《史记·项羽本纪》及窦婴、灌夫列传之类，写得酣畅淋漓，读后恋恋不舍，就会受书中人物悲喜左右，神魂飞荡不能控制，在这时，平时所追求的就不知到哪里去了，这就是玩物丧志。由于志气发散，对身心没有帮助，难道只有读史书会这样吗？经书也可以把玩，把玩也会丧志的。把玩《七月》这首诗，就会沉溺于妇人子女的生计、盐米布帛之中。把玩《东山》这首诗，就会放纵于家室的欢笑、寒暖抚摸之中。《春秋》三传中这一类尤其多。因此必须用礼来约束，必须用严肃之心来面对，身心专注于每一节、每一目、每一字、每一句，希求能够和我追求的符合，这样博学可以不会有偏差，而礼就无所不在了！近世有《千百年眼》《史怀》《史取》这些书和屠纬真的《鸿苞》，陈仲淳的《古文品外录》等，都是供人把玩的，而李贽的《藏书》，危害尤其大，有志向的不要被他所迷惑，这样才可以学习知识。

二

人之所以异于禽兽者，君子存之，则小人去之矣。不言小人而言庶民，害不在小人而在庶民也。小人之为禽兽，人得而诛之。庶民之为禽兽，不但不可胜诛，且无能知其为恶者，不但不知其为恶，且乐得而称之，相与崇尚而不敢逾越。学者但取十姓百家之言行而勘之，其异于禽兽者，百不得一也。营营终日，生与死俱者何事？一人倡之，千百人和之，若将不及者何心？芳春昼永，燕飞莺语，见为佳丽。清秋之夕，鹃啼蛩吟，见为孤清。乃其所以然者，求食、求匹偶、求安居，不则相斗已耳；不则畏死而震摄已耳。庶民之终日营营，有不如此者乎？二气五行，抟合灵妙，使我为人而异于彼，抑不绝吾有生之情而或同于彼，乃迷其所同而失其所异，以负天地之至仁以自负其生，此君子所以忧勤惕厉而不容已也。庶民者，流俗也。流俗者，禽兽也。明伦、察物、居仁、由义，四者禽兽之所不得与。壁立万仞，止争一线，可弗惧哉！

【译文】人和禽兽不同的地方在于德性，君子就保有这些，小人就放弃这些。孟子不说小人而说庶民，因为祸害不在小人而在百姓。小人有禽兽行为，人人都会杀他，但是百姓做禽兽般的行为，不但杀不净，而且不知道他在作恶，不但不知道他在作恶，而且还会得意的宣扬，互相赞赏而不敢逾越。学者只需拿十姓百家的言语行为考察一下，他们的行为和禽兽不同的很少。整日奔走，从生到死不知在做什么？一人提倡，千百人随声附和，就是那些不如的怎么办呢？芬芳的春日，燕飞莺语，谈论佳人；清秋之夜，猿猴鸣啼蟋蟀吟叫，谈说孤清。之所以会这样，是为了求得饮食、配偶、安居，不互相争斗则罢，不然就怕死不敢出门。百姓整日这样追逐求取，有不这样的吗？阴阳二气，水木金火土五行相合而成为灵秀的人，使我成为人而和其他万物不同，但也没有断绝人和禽兽都有好生的情欲，于是就沉迷于这相同的情欲中，失去了那些和禽兽不同之处，辜负了天地的至仁之德和此生，这就是君子整日警戒而不停止的原因。百姓就是流俗，流俗就是禽兽。明于人伦，考察物理，内心仁爱，做事合乎规范，这四方面禽兽是做不到的。万仞之高的山壁，只争一线，能不谨慎吗？

三

堂堂巍巍，壁立万仞，心气自尔和平。如强壮有力者，虽负重任行赤日中，自能不喘，力大气必和也。毋以箪豆竿牍为恩怨，毋以妇人稚子之啼笑、田夫市贩之毁誉为得失，以之守身，以之事亲，以之治人，焉往而生不平之气哉！故曰“未有小人而仁者也”，卑下之必生于惨刻也。学道节修之士，自命为豪杰，于此亦割舍不下，奚足以与于仁！王龙溪家为火焚，其往来书牍，言之不置，平生讲良知，至此躁气浮动，其所谓良知者，非良知也。夫子厩焚不问马，故之恻怛心专注于人，人幸无伤，则太和自在圣人胞中，以之事亲则底豫，以之立身则浩然，以之治理人则天下归之，此之谓良知。

【译文】堂堂正正，像万仞之壁一样，心气自然就会平和。强壮有力的，即使背负重物行走在烈日下，也不会喘气，力量大气就必然平和。不要因为一点小事就结下恩怨，不要将妇人、小孩、农夫、商贩的毁誉看得很重，以此来修养自己，侍奉父母，治理百姓，怎会生不平之气呢？因此说“不会有小人能够做到仁爱的”，凶狠刻毒就一定做不到这些。学习大道喜好修身的人，自以为豪杰的，如果这些都放不下，又怎能做到仁呢？王畿家里失火，他和朋友往来书信中不停的说，平生讲“良知”，到这时候就心浮气躁，可见他所讲的良知不是真的良知。孔子在马厩烧了以后，不问马，因而恻隐之心只专注在人身上，幸好人没有伤害，则知太和之气在圣人心中，以此侍奉父母，父母就会欢乐；以此修身，就光明正大；以此治理天下，人民就会归顺，这才是良知。

四

吝似俭，鄙似勤，懦似慎。吝者贪得无已，何俭之有！鄙者销磨岁月精力于农圃箪豆之中，而荒废其与生俱生之理，何勤之有！懦者畏祸而避之，躬陷于大恶而不恤，何慎之有！俭者，节其耳目口体之欲，节己而不节人。勤者，不使此心昏昧偷安于近小，心专而志致。慎者，畏其身入于非道，以守死持之而不为祸福利害所乱。能俭、能勤、能慎，可以为豪杰矣。庄生非知道者，且曰“人莫悲于心死，而身死次之”，吝也、鄙也、懦也，皆以死其心者也。

【译文】吝啬与节俭相似，鄙陋与勤快相似，懦弱与谨慎相似。吝啬的人贪得无厌，怎能说节俭！鄙陋的人将岁月消耗在农事之中，而荒弃于生具有的天理，怎能说勤快！软弱的人害怕祸端就逃避，自己陷于大的罪恶之中也不担忧，怎能说谨慎！节俭就是节制感官的欲求，节制自己而不节制别人，勤快就是不让人心昏暗不明苟安于眼前，就是专心致志。谨慎就是担心自身进入邪道，以生命来坚守而不被祸害、福利所扰乱。能够做到节俭、勤快、谨慎就是豪杰。庄子不是懂得大道的人，而且还说：“人最大的悲哀莫过于心死，其次才是身死”，这是吝啬、鄙陋、懦弱，这都是他心死造成的。

五

王介甫以经义易诗赋，其意良善，欲使天下之为士者，为自习于圣贤之言，虽未深造，而心目之间，常有此理作镜中之影，以自知妍媸而饰之。自王守溪以弱肉强食之句，为邱琼山所赏拔，而其所为呼应开合、裁翦整齐之法，群相奉为大家。不知天地间要此文字何为。士风日流于靡，盖此作之俑也。子曰：“辞达而已矣。”有意不达，达而不已，拙也。无意可达，惟言是饰，是谓言不由衷。王守溪、薛方山之经义，何大复、王元美之诗，皆无意可达者也。为士于今日，不能不以此为事，能达其意，如顾泾阳可矣。黄石斋之文狂，黄蕴生之文狷，殆其次乎！

【译文】王安石在科举取士中，用经义来取代诗赋，这一想法很好，是希望天下人学习圣贤之说，在内心中时常存有这一道理，就像镜子中的影子一样，可以自知美丑从而来打扮。自从王鏊以弱肉强食为邱浚所欣赏而提拔后，他所讲得写文章浅深开合、首尾呼应，安排整齐的方法，大家群起奉为大家。不知道天地之间写这种文章何用？世风日益糜烂，这大概就是始作俑者吧！孔子说：“文字能表达意思就行了。”意思不能表达出来，或是不能表达完全，就是拙劣的。空洞无物，只是用语言来修饰，这就是言不由衷。王鏊、薛应旂的经义，何大复、王元美的诗歌，都是空洞无物之文。作为士人，现在不能不留意这件事，能够清晰得表述意思，就像顾宪成一样。黄道周的文字狂傲，黄蕴生的文字偏极，大概就在这下面了。

六

“侮圣人之言”，小人之大恶也。自苏明允以斗筲之识，将孟子支分条合，附会其雕虫之技，孙月峰于《国风》《考工记》《檀弓》《公羊》《谷梁》效其尤，而以纤巧拈弄之；皆所谓侮圣人之言也。然侮其词，犹不敢侮其义。至姚江之学出，更横拈圣言之近似者，摘一句一字以为要妙，窜入其禅宗，尤为无忌惮之至。读五经、四书，但平平读去，涵泳中自有无穷之妙。心平则敬，气平则静，真如父母师保之临其上，而何敢侮之有！

【译文】轻慢圣人的言论，这是小人的大罪。自从苏洵以浅短的学识，将孟子分割糅合，附会上他的雕虫小技；孙月峰对于《国风》《考工记》《檀弓》《公羊传》《谷梁传》等效法他这一错误做法，用精细的文字技巧摆弄，这些都是所谓的轻慢圣人的言论。然他们轻慢圣人文字，还不敢轻慢意思。到王阳明一出，更是将圣人之学相近的，摘录一字一句以为关键，加入他的禅学内容，肆无忌惮到了极点。读《五经》《四书》，慢慢阅读，沉浸其中，自有无穷的妙趣。心平则恭敬，气平则安静，就好像父母、老师在其上一样，怎敢轻慢呢？

七

陶渊明“读书但观大意”。盖自汉以后，注疏家琐琐训诂，为无益之长言，如昔人所诮“曰若稽古”四字，释至万余言，如此者不得逐之以泛滥失归。陶公善于取舍，而当时小儒惊为迥异。乃此语流传，遂为慵惰疏狂者之口实。韩退之谓“《尔雅》注虫鱼”为非磊落人，而其讥苟、扬择不精、语不详，则自矜磊落者必至之病。读书者以对父母师保之心临之，一謦欬、一欠伸皆不敢忽，而加以视于无形、听于无声之情，将顺于意言之表，方可谓畏圣人之言。以疎慵之才而效陶公，自命为磊落，此之谓自暴。

【译文】陶渊明说：“读书只看大意”。大概从汉朝以来，注疏者解释繁琐，就想过去人们嘲笑的“曰若稽古”四个字就解释了万余字，像这样不得不泛滥而无所归了。陶渊明善于取舍，当时小儒以此迥异而惊奇。这一话流传后，成为那些懒惰疏浅狂傲的人的话柄。韩愈就说注《尔雅》鱼虫的不是光明磊落的人，而他讥讽荀子、扬雄选择不精，语焉不详，是自以为磊落的人所犯下的毛病。读书时就好像父母老师在面前一样，对他们的言笑、哈欠都不敢疏忽，再加上有看无形之物，听无声之物的恭敬态度，顺应言意之表，才可称得上是畏圣人之言，以疏浅的才能效法陶渊明，自以为光明磊落，这就是自我糟蹋。

汤斌

清睢州人，字孔柏，一字荆岘，号潜菴，顺治进士，累擢江苏巡抚，澄清吏治，口碑载道，官至工部尚书，卒年六十一，谥文正。斌受业于容城孙奇逢，其论学颇宗阳明，而能持朱陆之平，以刻厉实行讲求日用为主，有《洛学篇》《睢州志》《汤子遗书》《明史稿》等种。

【译文】清朝睢州人，字孔柏，一字荆岘，号潜菴，顺治年间进士，累擢江苏巡抚，肃清吏治，口碑很好，任官至工部尚书，六十一去世，谥号为文正。汤斌从学于容城的孙奇逢，他学问宗奉王阳明，然而能对朱陆之说持论平和，他为学重视严格践行、注重日用，著作有《洛学篇》《睢州志》《汤子遗书》《明史稿》等数种。

理学宗传序

“天之所以赋人者无二理，圣人之所以承天者无二学。盖天命流行，化育万物，秀而灵者为人，本性之中，五常具备。其见于外也，见亲则知孝，见长则知弟，见可矜之事则恻隐，见可耻之事则羞恶，不学不虑之良人，固无异于圣人也。惟圣人为能体察天理之本然，而朝乾夕惕，自强不息，极之尽性至命，而操持不越日用饮食之间；显之事亲从兄，而精微逐至穷神知化之际。盖其知明处当，乃吾性中自有之才能；参天赞化，亦吾性中自有之功用，止如其本性之分量，而非有加于毫末也。尧、舜、禹之相授受曰：‘人心惟危，道心惟微，惟精惟一，允执厥中。’其为教之目曰：‘父子有亲，君臣有义，夫妇有别，长幼有序，朋友有信。’此圣学之渊源，王道之根柢也。由汤、文、武、周公、孔子，以至颜、曾、思、孟，成己成物，止有此道，在上在下，止有此学。秦、汉而后，道丧文敝，赖江都、文中、昌黎衍其端绪，至濂溪周子崛起舂陵，直接邹、鲁。程、张、邵、朱中所自得，道合心符，针芥不爽。盖“道之大原出于天，天不变，道亦不变”。苟得其本心之同，然则千百世之上、千百世之下固无异亲授受于一堂者矣，如高曾祖祢与嫡子嫡孙精气贯通，谱帙昭然，而旁流支派，虽贵盛一时，而不敢与大宗相抗，盖诚有不可紊者在也。近世学者或专记诵而遗德性，或重超悟而略躬行，又有为儒佛合一之说者。不知佛氏之言心言性，似与吾儒相近，而外人伦、遗事物，其心起于自私自利，而其道不可以治天下国家。吾儒之道，本格物诚正以为修，而合家国天下以为学。自复其性谓之圣学，使天下共复其性谓之王道，体用一原，显微无间，岂佛氏所可比而同之乎？

【译文】上天赋予人的只有一种道理，圣人能够承奉上天的并没有两种学问。上天流动不已，化育万物，其中灵秀者为人，具备五常之性。表现在外，见到父母知道孝敬，见到兄长敬重，见到怜惜的事物就会表示同情，见到可耻的事物就会表示羞愧，不学而知不虑而能的良知，人人和圣人没有区别。只是圣人能够体会到天理的必然，整日勤勉谨慎，自强不息，达到尽性知命，但这些行为都不超过日用饮食之间，这些外显为侍奉父母，遵从兄长，而精微处则可达到穷尽事物的神妙，了解事物的变化。智慧本明，行为合宜，这是我天性中本有的才能；助天地变化而达到与天地并列为三，也是我本性中固有的能耐，这些对于本性，并没有有所增加。尧舜禹传授道："人心叵测，道心精微，思虑精微专一，固守中正之道"，他们递向教化的内容是："父子要亲爱，君臣要有仁义，夫妇要有分别，长幼要有次序，朋友要有诚信。"这是圣学的渊源，王道的根本。由商汤传授与周文王、武王、周公、孔子以至于颜回、曾子、子思、孟子，成就自己和万物，只有这一道理，在上在下，只有这一学问。秦汉以后，大道丧失，依靠董仲舒、王通、韩愈推演源流，到春陵周敦颐直接孔孟道统，二程、张载、邵雍、朱熹到王阳明，虽然他们学问程度有深浅之别，气象也有差别，但是心中所得，互相印证，丝毫也没有差错。大概"大道本出于天，天不变，道也不会变。"如果本心的相同处，即使在千百世之前、千百世之后也亲自受学，就像高祖、曾祖、父亲和嫡长子、嫡孙血气贯通一样，秩序井然，而那些旁流支派，即使能够兴盛一时，但是也不敢和大宗相抗衡，确实不可紊乱。近世的学者或专门记诵而忘记了德行，或重视体悟却忽略了实践，还有儒佛合一的说法。他们不知道佛教所说的心、性，好像和儒家谈的相似，其实佛教所讲的却抛弃人伦、遗忘事物，其动机出于自私自利，不可以治理天下。儒家所讲的道，将格物、诚心、正意作为修养功夫，以达到和国家、天下合一。自己恢复本有之性称为圣人之学，以希望天下都能恢复其本性称为王道，体用一源，显明精微没有区别，佛家岂能与之相比，而说和佛教相同呢？

容城孙先生集《理学宗传》一书，自濂溪以下十一子为"正宗"，后列《汉隋唐儒考》《宋元儒考》《明儒考》，端绪稍异者为《补遗》。其大意在明天人之归，儒释之辨，盖吾儒传心之要典也。八十年中躬行心得，悉见于此。斌谢病归田，从学先生之门，受而读之。其折衷去取，精义微言，幸承面诲，而得有闻焉。

【译文】容城孙先生编《理学宗传》一书，将周敦颐以下十一个人列为正宗，后面列有《汉隋唐儒考》《宋元儒考》《明儒考》，源流稍有不同的列在《补遗》中。主要意图是要明了天人的归向，辨明儒释的不同，是儒者心心相传的关键内容。他八十余年的实践心得，都在于此。我自托病辞职回家后，向先生学习，得到他的教诲。其中内容调和各家，精于取舍，精深的道理，有幸能得到他亲自教诲，才有所知道。

先生命斌为序，斌何言哉？惟曰天下同志读是书者，无徒作书观也，止由此以复天之所与我者耳。吾之身，天实生之，无一体之不备；吾之性，天实命之，无一理之不全。吾性实与万物为一体，而民胞物与，不能浑合无间焉，吾性未尽也。吾性实与尧舜同量，而明伦察物，不能细大克全焉，吾性未尽也。吾性实与天地合德，而戒慎恐惧，不能如乾健不息焉，吾性未尽也。诚由濂、洛、关、闽以上达孔、颜、曾、孟，由孔、颜、曾、孟而证诸尧、舜、汤、文，得其所以同者，返而求之人伦日用之间，实能省察克治，体验扩充，使此心浑然天理，而返诸纯粹至善之初焉，则寂然不动，感而遂通，中和可以位育，而大本达道在我矣。不然，徒取先儒因时补救之言，较短絜长，横分畛域，不几负先生论定之苦心乎？斌惟与天下学者共勉之而已矣。

【译文】孙先生命令我为此书作序，我说些什么呢？我只想说天下的人读这本书时，不要仅作为一本书来读，要由此书来恢复上天所赋予我的德行。我的身体是上天所生，没有一体不具备；我的本性是上天所赋予，没有一理不具备。我的本性和万物为一体，万民是我同胞，万物与我同类，如果不能和万民、万物合而为一，则就说我的本性还没有充分实现。我的本性和尧舜相同，若察明人伦、物理，不能够精细周全，则就说我的本性还没有充分实现。我的德行本与天地一样刚健、包容，在别人看不到之处也谨慎警惕，如果做不到自强不息，则就说我的本性还没有充分实现。由周敦颐、二程、张载、朱熹来达到孔子、颜回、曾子、孟子的境界，再由孔子、颜回、曾子、孟子来求证于尧、舜、商汤、周文王，求得他们所相同的道理，再返回于日用人伦之中，不断反省，克服毛病，体察扩充本性，使心与天理浑然合一，返回到纯粹至善的本初，则会寂然不动，就能够感知万物的变化，中和使万物各得其位，各得其养，实现自我保有中和的德行。如果不这样，只是选取先儒补救一时的言论，比较长短，分划界限，难道不是辜负了先生著述的苦心了吗？我希望和天下的学者共勉。

答陆稼书书

先生正学清德，为人伦师表，仆私心向慕久矣。承手教及大作，仰见崇正道，辟邪说至意，嘉惠良深，敬谢敬谢。台谕云：“孔、孟之道至朱子而大明，学者但患其不行，不患其不明。但当求人其堂奥，不当又自辟门户。”此不易之定论也。再读《学术辨》云：“天下有立教之弊，有末学之弊。”又云：“泾阳、景逸未能尽脱姚江之藩篱，圣人复起不能易也。”皆极精当非先生体认功深，何能言之凿凿如此？独谓仆不欲学者诋毁先儒，是诚有之，然有说焉。仆少无师承，长而荒废，茫无所知。窃尝泛滥诸家，妄有论说。其后学稍进，心稍细，其悔之。反复审择，知程、朱为吾儒之正宗，欲求孔、孟之道，而不由程、朱，犹航断港绝潢而望至于海也，必不可得矣。故所学虽未能望程、朱之门墙，而不敢有他途之归。若夫姚江之学，嘉隆以来几遍天下矣。近来有一二巨公，倡言排之，不遗余力，姚江之学遂衰，可谓有功于程朱矣。然海内学术浇漓日甚，其故何与？盖天下相尚以伪久矣。巨公倡之于上随声附和者实多。更有沉溺利欲之场，毁弃坊隅。节行亏丧者，亦皆著书镂板，肆口讥弹，曰吾以趋时局也。亦有心未究程、朱之理，目不见姚江之书，连篇累牍，无一字发明学术，但抉摘其居乡居家隐微之私，以自居卫道闲邪之功。

【译文】先生您学问醇正，德行清明，可谓是人伦师表，我私自羡慕很久了。接到你的教诲和大作，见你崇奉大道，驱除邪说，我受惠很多，十分感谢！你说到：“孔孟之道到朱子时大明，学者担忧的是不去实践，而不是大道不明，应当去理解别人的深奥精义，不当另立门户。”这确实是不可更变的定论啊！再读《学术辨》说：“天下有立教的弊端，有末流学问的弊端。”又说：“顾宪成、高攀龙不能完全摆脱王阳明的规矩，即使圣人复起也不能改变。”若不是你体察深刻，怎能说得如此明确呢？只是说我不愿学习，诋毁先儒，这确实有，然而是有原因的。我年少的时候，没有师承，长大后又荒废掉了，茫然无所知。私下曾经广泛博览诸家学问，胡乱讲说。之后学问稍有进步，心思稍有精细，后悔以前所说。反复考察、选择，知道程朱所说为儒学正宗，想要求取孔孟之道，如果不由程朱，就好像航行在绝路上而达到大海，一定不可能的。因而所学虽然不能达于程朱门下，但不敢舍此而有其它路径。至于王阳明的学问，嘉靖、隆庆以来，几乎风行天下。近来有一二著名者，不遗余力而尽力排斥，阳明学术于是衰落，可以说是对圣门有功啊！然而天下的学问已经浅薄很久了，这为何呢？大概天下崇尚虚伪已经很久了。现在天下虽然了解理学的很多，但多是随声附和的人。甚至有沉溺于名利之涂。品节有亏的人，也著述立说，任意讥讽，说我与时俱进。他们没有细心考察程朱所讲，也没有看阳明之书，连篇累牍，没有一点新意，但是却揭发别人的隐私，以护卫正道、防止邪恶之功自居。

夫讦以为直，圣贤恶之。惟学术所关，不容不辨，如孟子所谓不得已者可也。今舍其学术而毁其功业，更舍其功业而讦其阴私，岂非以学术精微未尝探讨，功业昭著未易诋诬，而发隐微无据之私，可以自快其笔舌？此其用心，亦欠光明矣。在当年桂文襄之流，不过同时忌其功名，今何为也？责人者，贵服人之心。自古讲学，未有如今之专以谩骂为能者也。或曰孟子尝辟杨、墨矣，杨、墨何至无父无君，孟子必究其流弊而极言之。此圣贤卫道之苦心也，何怪今之君子与？夫阳明之果为杨墨否，姑未暇论，窃以谓，孟子得孔子之心传者，以其知言养气、性善、尽心之学，为能发明圣人之蕴也。盖有所以为孟子者，而后能辟杨、墨，熄邪说，闲先圣之道。若学术不足继孔子，而徒日告于人曰“杨、墨无父无君也，率兽食人也”，恐无以服杨、墨之心，而熄其方张之焰矣。孟子曰：“今之与杨、墨辨者，如追放豚，既入其笠，又从而招之。”则知当日之与杨、墨辨者，亦不乏人矣，今无片言只字之存，则其不足为轻重可知也。然则杨、墨之道不传于今者，独赖有孟子耳。今不务为孟子之知，言养气、崇仁义、贱功利，而但与如追放豚之流相颉颃焉，其亦不自重也矣。

【译文】若以揭发别人的隐私为正直，圣贤厌恶这样做。只是这关系到学术，不可不去辨别，就好比孟子所说的“不得已”一样。现今抛弃学问毁弃事业，甚至毁弃事业来揭发别人的隐私，难道不是学术的精微处没有探究而事业显著而不容易诋毁，就揭发那些没有凭据的隐私，来炫耀自己的言论吗？这种用心，不太光明。当年桂萼之流，当时人们忌怕他的功名，现在是为何呢？责备人，关键在于使人心服。自古以来讲学，没有像现在专门视谩骂为才能的情况。有的说孟子驳斥杨朱、墨子，杨朱、墨子怎能达到无父无君这一地步，而是孟子就这一弊端的严重性而说，可见圣贤护卫正道的苦心，为何要责怪现今的君子呢？阳明果真为杨墨吗？姑且无暇评论，我认为孟子得孔子的心传，讲述养气、性善、尽心的学问，能够发明圣人的内涵。成为孟子，才可以攻击杨朱、墨子，扑灭邪说异端，捍卫圣人之道。若学术不足以继承孔子，而只是整日对人说：“杨朱、墨子所讲是无父无君的行为，是驱赶野兽吃人的行为”，恐怕不会让杨朱、墨子心服，熄灭他们的嚣张气焰。孟子说：“现在和杨朱、墨子辩论的人，就好像追赶跑掉的猪一样，已经追到了圈了，还要绑住它。（这太过分了）”可知当时和杨、墨辩论的，不乏其人，然而现在却没有一点记载流传下来，可以看出这些人不足为重。杨、墨之道今日不再流传，这独赖于有孟子。现在不追求孟子的知识，讲论养气、崇尚仁义、轻视功利，而只是和那些作法过分的人一样较量，也是不自重啊！

来谕云：“阳明尝比朱子于洪水猛兽，是诋毁先儒，莫阳明若也。”今亦黜夫毁先儒者耳，庸何伤？窃谓阳明之诋朱子也，阳明之大罪过也，于朱子何损？今人功业文章未能望阳明之万一，而止效法其罪过，如两口角骂，何益之有？恐朱于亦不乐有此报复矣。故仆之不敢诋斥阳明者，非笃信阳明之学也，非博长厚之誉也，以为欲明程、朱之道者，当心程、朱之心，学程、朱之学。穷理必极其精，居敬必极其至，喜怒哀乐必求中节，视听言动必求合理，子臣弟友，必求尽分。久之人心咸孚，声应自众。即笃信阳明者，亦晓然知圣学之有真也，而翻然从之。若曰能谩骂者，即程、朱之徒，则毁弃坊隅，节行亏丧者，但能鼓其狂舌，皆将俎豆洙、泗之堂矣，非仆之所敢信也。仆年已衰暮，而学不加进，实深自愧。惟愿默自体勘，求不愧先贤。或天稍假以年，果有所见，然后徐出数言，以就正海内君子未晚，此时正未敢漫然附和也。今天下真为程、朱之学者，舍先生其谁归？故仆将奉大教为指南焉。道本无穷，学贵心得，胸中欲请教者甚多，容专图晤，求先生尽教之。

【译文】你说到：“阳明曾经将朱子比作洪水猛兽，可见诋毁先儒没有超过阳明。”现在排斥那些诋毁先儒的人，有什么伤害呢？我自以为阳明诋毁朱子，这是阳明的大罪过，对于朱子有什么损伤呢？现今的人事功、学问不能达到阳明的万分之一，而却只是效法他的过错，好比夫妻吵架，有什么好处呢？恐怕朱子也不会乐于报复。我所以不敢诋毁阳明，并不是由于相信阳明的学问，并不是要博取宽厚的名誉，只是以为学习程朱之道，就要会心于程朱之心，学习程朱之学。穷理必须达到精微之处，居敬必须达到极致，喜怒哀乐必须合于规矩，行为规范必须合乎道理，作为儿子、臣下、兄弟、朋友，必须尽到本分。时间久了，人心都会诚信，这样的人就会多起来。即使相信阳明学问的，也知道圣人之学的真实，而会迅速改正，遵从圣学。如果说那些谩骂的人都是程朱的门人，那么毁弃名节，品行有亏的人，都将被尊崇于圣人之门，不是我敢相信的。我已到晚年，学问不能进步，深感惭愧。只希望独自默默体察，希望能够无愧于先贤。若是上天能够让我多活几年，有所收获，然后慢慢讲出，向天下君子求正也不算晚，但现在却不敢随意附和。现在天下真正的程朱学者，除了你还有谁呢？因而我将你对我的教诲视为行动的指导。大道原本没有穷尽，学问贵于自得于心，我想向你请教的问题很多，只是近来很早上朝，晚上才下班，容他日专门会面，希望你多加教导。

陆陇其

清平湖人，字稼书，康熙进士。先后官嘉定、灵寿知县，惠政颇多。卒年六十三，谥清献。其学以居敬穷理为主，推尊程朱，而力辟王阳明、顾泾阳，谓为禅学之流，败坏天下之人心风俗。其言不无偏激，然论者以为程朱之统，自明薛瑄后，独陇其为得其传。所著曰《四书大全》《困勉续录》《松阳讲义》《三鱼堂文集》等种。

【译文】清代平湖（今属浙江）人，字稼书，康熙年间进士。曾先后任嘉定、灵寿等地知县，做了很多有利于百姓的事情。享年六十三岁，谥号为清献。陆陇其的学问以居敬穷理为主，尊奉程朱理学，非常排斥王阳明、顾宪成的学问，把他们称为像禅学一样的末流学说，认为他们败坏了天下的人心、风俗。陆陇其的观点不免偏激，然而有评论认为，自从明代薛瑄以后，只有他得到了程朱理学的真传。陆陇其的著作有《四书大全》《困勉续录》《松阳讲义》《三鱼堂文集》等。

学术辨上

汉唐之儒，崇正学者，尊孔孟而已。孔孟之道尊，则百家之言熄。自唐以后，异端曲学，知儒者之尊孔孟也，于是皆托于孔孟以自行其说。我曰孔孟，彼亦曰孔孟，而学者遂莫从而辨其是非！程朱出而崇正辟邪，然后孔孟之道复明，而天下尊之。

【译文】汉唐时代崇尚正统学问的儒者，只尊崇孔子、孟子。孔、孟的学问受到尊崇，其他诸子的言论就不能盛行。唐代以后的异端学说，知道儒者都尊崇孔孟，于是都假托孔孟之言而宣传自己的学说。彼此都自称是孔孟的学问，就使得学者无所适从，不能辨别谁是谁非！二程、朱熹兴起后，崇尚正学，排除异端，使得孔孟之学重新被世人所知，天下尊崇。

自宋以来，异端曲学，知儒者之尊程朱也，于是又托于程朱以自行其说。我曰程朱，彼亦曰程朱，学者又莫从而辨其是非。程朱言天理，则亦言天理。天理之名同，而其所指则霄壤矣！程朱言至善，则亦言至善，至善之名同，而其所指则冰炭矣！程朱言静、言敬，则亦言静、亦言敬，静敬之名同，至所以为静敬，则适越而北辕矣！程朱之言有可假借者，则曰程朱固若是也；有不可假借者，则曰此其中年未定之论也。黑白淆而雅郑混，虽有好古笃志之君子，力扶正学，亦止知其显叛程朱之非；至其阳尊而阴篡之者，则固不得而尽绝矣！盖其弊在宋元之即有之，而莫甚于明之中叶。

【译文】自从宋代以来，异端邪说知道儒者尊崇程朱理学，于是又假托程朱之言而宣传自己的主张。彼此都自称是程朱的学问，就使得学者无所适从，不能辨别谁是谁非！程朱理学讲天理，异端邪说也讲天理。天理的名称虽然相同，而其所指则有天壤之别！程朱理学讲至善，异端邪说也讲至善。至善的名称虽然相同，而其所指则形同冰炭！程朱理学讲静、敬，异端邪说也讲静、敬。静、敬的名称虽然相同，而其所指则是南辕北辙！程朱理学有可以拿来用的，就说程朱本意就是如此。又不可以拿来用的，就说这是程朱中年时期还没有确定的言论。正学与邪说相混，就像黑与白，雅乐和郑声混淆在一起一样，虽然有爱好古代学术，志向笃实的君子，努力匡扶正统的学问，也只是知道异端邪说明显与儒学不同的地方；至于那些表面尊崇，暗自篡改的部分，就不能完全排除了。这种弊病在宋元时代就已经存在，而在明代中叶最为严重。

自阳明王氏倡为良知之说，以禅之实，而托儒之名，且辑《朱子晚年定论》一书，以明己之学与朱子未尝异，龙溪、心斋、近溪、海门之徒，从而衍之，王氏之学遍天下，几以为圣人复起！而古先圣贤下学上达之遗法，灭裂无余。学术坏而风俗随之，其弊也至于荡轶礼法，蔑视伦常，天下之人，恣睢横肆，不复自安于规矩绳墨之内，而百病交作！于是泾阳、景逸起而救之，痛言王氏之弊，使天下学者复寻程朱之遗规。向之邪说诐行为之稍变。然至于本源之际，所谓阳尊而阴篡之者，犹未能尽绝之也。治病而不能尽绝其根，则其病有时而复作。故至于启、祯之际，风俗愈坏，礼仪扫地，以至于不可收拾。其所从来，非一日矣！故愚以为明之天下，不亡于寇盗，不亡于朋党，而亡于学术！学术之坏，所以酿成寇盗朋党之祸也。

【译文】自从王阳明倡导良知的说法，假托儒学的名字，用禅学的实质，编辑《朱子晚年定论》一书，以表明自己的学问和朱熹的一样，他的门人龙溪、心斋、近溪、海门这些人，都跟着鹦鹉学舌，传播开来，使得王阳明的学术遍行天下，人们几乎把王阳明看做另一位圣人。古代圣贤学习人情事理，进而认识自然的法则的为学方法，被破坏殆尽。学术被破坏，风俗也跟着改变，它的弊端达到抛弃礼仪法律，蔑视人伦纲常的地步，天下之人恣意放纵，不愿再服从法律礼仪，各种社会问题跟着相继出现！于是顾泾阳、高景逸等人兴起想要拯救天下，他们痛斥王阳明学说的弊端，促使天下的学者重新寻找程朱留下规矩。原来的异端邪说，奸邪不正的行为也因此而稍微有所改变。然而问题的源泉，也就是所谓的表面被尊崇，暗自被篡改的学问，还没有被完全弃绝。治病如果不能治愈病根，那么病就有可能再次发作。所以到了明末天启、崇祯年间，社会风俗更加败坏，礼仪被弃之如履，以至于没法拯救。这个问题的产生，并不是短时间内造成的！我认为明朝的覆亡，不是亡与农民起义，而是亡于学术！是学术的败坏，才造成了农民起义与朋党之祸。

今之说者犹曰："阳明与程朱，同师孔孟，同言仁义，虽意见稍异，然皆圣人之徒也，何必力排而深拒之乎？"夫使其自外于孔孟，自外于仁义，则天下之人皆知其非，又奚待吾之辨？惟其似孔孟而非孔孟，似仁义而非仁义，所谓"失之毫厘，差以千里"，此其所以不容不辨耳！或又曰："阳明之流蔽，非阳明之过也，学阳明之过耳！程朱之学，岂独无流弊乎？今之学程朱者，未必皆如敬轩、敬斋、月川之丝毫无疚也！其流入于偏执固滞，以至偾事者，亦有矣！则亦将归罪程朱乎？"是又不然：夫天下有立教之弊，有末学之弊。末学之弊，如源清而流浊也。立教之弊，如源浊而流亦浊也。学程朱而偏执固滞是末学之弊也。若夫阳明之所以为教，则其源先已病矣！是岂可徒咎末学哉？

【译文】现在有人说："王阳明与二程、朱熹，都向孔孟学习，都宣讲仁义，即使他们的意见有所不同，然而都是圣人的弟子，为什么要排斥他呢？"王阳明那些使自己偏离孔孟，偏离仁义之道，天下人都知道的错误，哪里还需要我去与他争辩！只有那些似是而非，并不属于孔孟、仁义的东西，也就是所谓的"细微的失误，可导致巨大的差错"的东西，才是我不能不辩驳的。也许还有人说："阳明后学的弊端并不是王阳明的过错，是学习王阳明的人的过错！程朱的学问，难道就没有弊病吗？现在学习程朱理学的人，不一定都能像敬轩、敬斋、月川那样没有一丝错误，程朱末学沦为偏执固滞，以至于败坏事情的，大有人在！真难道能把责任推到程朱身上吗？"事实不是这样的：世上有两种弊端，一种是立教时就有的弊端，一种是末学的弊端。末学的弊端，就像源泉是清澈的，而支流却变得浑浊。立教的弊端，就像源泉是浑浊的，它的支流也跟着浑浊。学习程朱而变得偏执固滞，这属于末学之蔽。而王阳明的用来教育弟子的东西，在源头就已经浑浊了，是有弊病的，这怎么能归罪于他的后学呢？

学术辨中

阳明以禅之实而托于儒，其流害固不可胜言矣。然其所为禅者如之何？曰："明乎心性之辨则知禅矣，知禅则知阳明矣"。今夫人之生也，气聚而成形，而气之精英又聚而为心。是心也，神明不测，变化无方，要之亦气也。其中所具之理，则性也，故程子曰："性即理也"，邵子曰："心者性之郛郭"，朱子曰："灵处是心，不是性"。是心也者，性之所寓而非即性也；性也者，寓于心而非即心也。先儒辨之亦至明矣。若夫禅者，则以知觉为性，而以知觉之发动者为心。故彼之所谓性，则吾之所谓心也；彼之所谓心，则吾之所谓意也。其所以灭彝伦、离仁义、张皇诡怪而自放于准绳之外者，皆由不知有性而以知觉当之耳。何则？既以知觉为性，则所欲保养而勿失者，惟是而已，一切人伦庶物之理，皆足以为我之障，而惟恐其或累，宜其尽举而弃之也。

【译文】王阳明的学问实际是禅学，却托名儒学，他的害处当然不能说尽。那么他的学说哪些是禅学的内容呢？"对于心与性的区别能够辨明就知道什么是禅学，知道什么是禅学就能了解王阳明的学说"。人是由于气的凝集而形成的，而气中的精华部分有凝聚成心。这个心，神奇之极，变化莫测，总之它还是气。心中所具有的理，就是性，所以程颐说："性即理也"，邵雍说："心是性的外城"，朱子说："人身灵敏的地方是心，不是性"。这个心，是性的寓所而并不是性；性，居住在心之中而不是心。先辈儒者把它们分辨得很清楚。至于王阳明的禅学，把人的知觉看作性，把知觉的发动处看作心。所以他们所说的性，就是我们所说的心；他们所说的心，就是我们说的意。他们之所以泯灭人伦道德，偏离仁义，行为古怪，放荡于礼法之外，都是因为他们不知道什么是性，而错把知觉当做性了。为什么会这样呢？他们既然把知觉当做性，那么他们想要保养而不失去的就是这个东西，所有的人伦、道理，都成了他的障碍，唯恐成为他的累赘，当然就全部丢弃了。

阳明言无善无恶，盖亦指知觉为性也。其所谓良知、所谓天理、所谓至善、莫非指此而已。故其言曰："佛氏本来面目即我们所谓良知"；又曰："良知即天理"；又曰："无善无恶，乃所谓至善"，虽其纵横变幻，不可究诘，而其大旨亦可睹矣。充其说，则人伦庶物固于我何有，而特以束缚于圣人之教，未敢肆然决裂也。则又为之说曰："良知苟存，自能酬酢万变，非若禅家之遗弃事物也。"其为说则然，然学者苟无格物穷理之功，而欲持此心之知觉以自试于万变，其所见为是者果是、而见为非者果非乎？又况其心本以为人伦庶物初无与于我，不得已而应之；以不得已而应之心，而处夫未尝穷究之事，其不至颠倒错谬者几希！其倡之者，虽不敢自居于禅，阴合而阳离；其继起者则直以禅自任，不复有所忌惮，此阳明之学，所以为祸于天下也。

【译文】王阳明说性是无善无恶的，就是把知觉当作了性。他所说的良知、天理、至善，都指的是知。所以他说："佛教所说的本性就是我们所说的良知"；又说："良知即天理"；又说："无善无恶，就是至善"，虽然他的说法很多，不可完全弄清楚，但他的主旨是可以看到的。按照他的说法，人伦及一切事物跟自己是没有关系的，只是因为被圣人的教训束缚着，才没有敢于无所顾忌地与之决裂。又说："如果良知存在，自然能够应付所有的事物、变化，而不是像佛家一样对所有事物都放下不管。"他虽然这样说，然而学者如果没有格物穷理的实践功夫，而想要用这个良知尝试着应付万变的事物，那么他认为是对的真的是对的吗？他认为是错误果真是错误的吗？况且他的心本来认为人伦道德、万事万物原本就跟自己不相干，不得已才应付的；以不得已才去应付的心，去处理自己没有穷究的事情，而不会搞颠倒、犯错误的大概没有吧！倡导这种学说的人，虽然不敢承认自己是禅学，暗地吻合，表面分离；他的传人就直接把自己看做禅学，不再有所顾忌，这就是王阳明的学问祸害天下的原因。

泾阳、景逸深惩其弊，知夫知觉之非性，而无善无恶不可以言性。其所以排击阳明者，亦可谓得其本矣。然其学也，专以静坐为主，则其所重，仍在知觉。虽云事物之理乃吾性所固有，而亦当穷究，然既偏重于静，则穷之未必能尽其精微，而不免于过不及。是故以理为外，而欲以心笼罩之者，阳明之学也。以理为内，而欲以心笼罩之者，高顾之学也。阳明之病在认心为性，高顾之病在恶动求静。我观高子之谕学也，言一贯则以为是入门之学，言尽心则以为尽心然后知性，言格物则曰知本之谓物格，与程朱之论往往龃龉而不合者，无他：盖欲以静坐为主，则凡先儒致知穷理，存心养性之法，不得不为之变易。夫静坐之说，虽程朱亦有之，不过欲使学者动静交养，无顷刻之离耳。非如高子《困学记》中所言，必欲澄神默坐，使呈露面目，然后有以为下手之地也。由是观之，则高顾之学，虽箴砭阳明，多切中其病，至于本源之地，仍不能出其范围，岂非阳明之说浸淫于人心，虽有大贤，不免犹蹈其弊乎？

【译文】顾宪成、高攀龙对阳明之学的弊端有深刻的认识，知道知觉并不是性，而且也不能认为性是无善无恶。他们对王阳明的批评，可谓击中要害。然而他们做学问，以静坐为主，这样他们所重视的仍然是知觉。他们虽然认为事物的道理是人的本性固有的，也应该穷究，然而既然偏重于静坐，所以即使穷究物理也未必能穷尽其精微之处，还有可能做过头或者达不到。所以，凡是认为理是外在的，想要用心包括理的学者，其学问都属于王阳明的学问。凡是认为理是内在的，想要用心包括理的学者，其学问都属于高攀龙、顾宪成的学问。王阳明的弊病是错把心认作性，高、顾的弊病是厌恶动，专注于静。我看过高攀龙对怎样学习做的说明，他认为忠恕是入门之学，说到尽心就认为尽心然后才能知性，说到格物就认为知本就是已把物格，与程朱的讲法有很多不一致的地方，这没有别的原因：大概想要以静坐为主，那么先辈儒者致知穷理、存心养性的方法，不能不因此而改变。关于静坐的说法，二程、朱熹虽然也有，但不过是想要学者动静交互修养，不能有片刻的停止。这和高攀龙在《困学记》中所讲的，一定要使心神澄净，默坐无语，使它呈露出本来面目，然后才有可以用来下手的地方。从这里看，高攀龙虽然评判王阳明，而且很多都有针对性，但其学问的根本之处，仍然没有超出王阳明的范围，这难道不是因为王阳明的学说对人心影响很大，即使是大贤之人，也不免重蹈其错误之覆辙吗？

吾尝推求其故，天下学者所以乐趋于阳明而不可遏者有二：一则为其学者，可以纵肆自适，非若程朱之履绳蹈矩，不可假借也；一则其学专以知觉为主，谓人身有生死，而知觉无生死，故其视天下一切皆幻，而惟此为真。故不贤者既乐其纵肆，而贤者又思求其无生死者，此所以群趋而不能舍。呜呼！纵肆之不可易明也，至于无生死之说，则真禅家之妄耳！学者取程朱阴阳屈伸往来之论，潜心熟玩焉，其理亦彰彰矣。奈何不此之学而彼之是惑乎？

【译文】我曾经推究天下学者喜欢王阳明学问而不能遏制的原因，总结了两条：一是学者可以假借阳明之学放纵自己，而程朱理学则相反，规矩太多；另一原因是，王阳明的学问以知觉为主，认为人的身体有生死，而知觉却没有生死，所以他把世上万物都看做虚幻，而只有知觉是真实的。这样一来，不肖之人既然已经喜欢王学的放纵，贤人又喜欢他无生死的说法，所以就群体趋向王学而不能停止。咳！放纵的说法不容易讲明白，至于没有生死的说法，真正是佛家的妄说！学者如果能对二程、朱熹关于阴阳屈伸往来的说法，潜心研究一番，它的道理自然会彰显出来，为什么不学习这个而迷惑于阳明的学问呢？

学术辩下

自阳明之学兴，从其学者，流荡放佚固有之矣。亦往往有大贤君子出于其间，其功业足以润泽生民，其名节足以维持风俗。今曰阳明之学非正学也，然则彼皆非与？若夫明之末季，溃败不振，盖气运使然，岂尽学术之故也？明之衰可以咎阳明，则宋之衰亦将咎程朱，周之衰，亦将咎孔孟乎？是又不然。周、宋之衰，孔孟程朱之道不行也；明之衰，阳明之道行也。自嘉隆以来，秉国钧作民牧者，孰非浸淫于其教者乎？始也，倡之于下；继也，遂持之于上。始也，为议论、为声气；继也，遂为政事、为风俗。礼法于是而弛，名教于是而轻，政刑于是而紊，僻邪诡异之行于是而生，纵肆轻狂之习于是而成，虽曰丧乱之故不由于此，吾不信也。

【译文】自从王阳明的学问兴起后，跟从他学习的人，言行放荡不羁的人很多。然而其中也出现一些贤德的人，他们创立的功业能够造福百姓，他们名声可以为人们学习。现在说王阳明的学问不是正统的学问，难道它真的一无是处吗？明代末年，国家一蹶不振，大概是气数已尽，难道全部是学问的过错吗？明代的衰亡可以归咎于王阳明，那么宋代的衰亡也可以归咎于二程、朱熹，周代的衰亡可以归咎于孔子、孟子吗？这是不同的事情。周代、宋代的衰亡，是因为孔孟、程朱的学问不施行于世；而明代的衰亡，恰是因为王阳明学问的盛行。自从嘉靖、隆庆年间以来，掌管国家政权的官员，哪一个不是沉浸于王阳明的学术？刚开始，阳明的学问被底层人民倡导，被拿来讨论，用来培养志趣；然后又被上层人士用来治理国家，就变成政治上的事情、成为一种风俗。道德礼仪因此被忽略，朝政刑法由此而紊乱，邪僻诡异的行为因此而产生，纵肆轻狂的陋习因此而形成，如果还有人说明代的丧亡不是因为这个缘故，我是相信的。

若其间大贤君子学问虽偏，而人品卓然者，则又有故。盖天下有天资之病，有学术之病。有天资僻而学术正者，有学术僻而天资美者，恒视其胜负之数以为其人之高下。如柴之愚、参之鲁、师之僻、由之喭，而卒为圣门高弟，此以学术胜其天资者也。如唐之颜鲁公、宋之富郑公、赵清献，皆溺于神仙浮屠之说，而志行端方，功业显赫，为唐宋名臣，此以天资胜其学术者也。人见颜富诸公之志行功业，则以为神仙浮屠之无损于人如此，且以为诸公之得力于神仙浮屠如此，是何异见！气盛之人，冒风寒而不病，而谓不病之得力于风寒；善饮之人，多饮而惺然，而谓惺然之得力于多饮，岂其然乎？

【译文】至于学习王阳明学问的人也有成为人品高尚的贤德君子的，这是有原因的。世上的人有的天资不足，有的是学习的内容有问题。有天资不高而学习的内容很纯正的人，有学习的内容有问题而天资很高的人。一个人成就的高低要看他在天资和学术两个方面哪一个处于优势。高柴愚直、曾参迟钝、颛孙师偏激、仲由粗鲁，但他们都成为孔子的杰出弟子，这是用学习弥补了天资的不足。唐代的颜真卿，宋代的富弼、赵抃，都沉溺于道教、佛教的陋说，然而他们志向、行为端正，功业显赫，成为当时有名的大臣，这是用天资弥补了学问的不足。有人看到颜真卿、富弼等人的志向、功业都很杰出，就认为佛道思想对人没有害处，反而认为颜真卿等人的成功正是因为受到佛道思想的帮助，多么荒谬的见解！血气旺盛的人，受到风寒也不生病，就说不生病是因为风寒；能喝酒的人，喝很多也不会醉，就说不醉是因为喝得多，真的是这样吗？

今自阳明之教盛行，天下靡然从之。其天资纯粹，不胜其学术之僻，流荡忘返者，不知凡几矣。间有卓越之士，虽从其学，而修身励行，不愧古人，是非其学之无弊也？盖其天资之美，而学术不能尽蔽之，亦如颜富诸公，学于神仙浮屠，而其人其行，则非神仙浮屠之可及也。是故不得因其学而弃其人，亦岂可因其人而遂不敢议其学哉？且人但见颜富之品行卓荦，而不知向使其不溺于异学，则其所成就，岂特如此而已！但见明季诸儒为王氏之学者，亦有大贤君子出其间，而不知向使其悉遵程朱遗法，不谈良知，不言无善无恶，不指心为性，不偏于静坐，不以一贯尽心为入门，不以物格为知本，则其造诣，亦岂仅如是而已耶！譬诸日月之蚀然，不知其所亏之已多，而但指其仅存之光，以为蚀之无伤于光，岂不误乎？呜呼！正学不明，人才陷溺。中人以下，既汩没而不出，而大贤者，亦不能自尽其才，可胜叹哉？

【译文】自从王阳明的学说盛行以后，天下的人都跟着学习。那些天资朴实的，受到王阳明邪僻学说的蛊惑，不能认识到自己问题所在的人有很多。也有一些很杰出的人，虽然学习王阳明的学问，却培养自己的品格，勉励而行，不辜负圣人的教诲，这是因为他的学问没有弊端吗？这大概是因为这些人天资很高，王阳明的学问不能使完全受他蒙蔽，就像颜真卿、富弼等人虽然学习佛道思想，而他们的人品、行为却超过佛道之徒。不能因为有些人的学问不正就否认他的人品，难道就能因为他的人品杰出就不能批评他的学问吗？人们只看到颜真卿、富弼等人品行杰出，却从没想过假如他们没有沉溺于异端邪说，那么他们的成就，就不是仅此而已了！只看到明代学习王阳明学问的儒者，也出现有贤德的君子，却从没想过假如他们都尊奉程朱理学，不谈论良知之学，不讲性无善无恶，不把心错认作性，不专主静坐，不把一贯尽心作为入门之学，不把物格当作知本，那么他们的学术造诣，怎么可能只是这个水平！就像有人看到日食或月食，不知道太阳和月亮的光线失去的已经很多，只看到剩余的光线，就认为日食或月食无损于太阳和月亮的光线，这不是大错特错吗？咳！纯正的学问不被认识，人才陷溺于异端邪说。中等以下资质的人，已经沉溺其中不能自拔，而那些非常杰出的贤人，也不能充分发挥自己的才能，多么令人扼腕叹息啊！

颜　元

清博野人。字易直，一字浑然，号习斋。明末，父戍辽东，没于关外，元家贫，百计觅骨归葬，世称孝子。顺治中补诸生。后弃去，主讲肥乡之漳南书院，为立规制，有文事武备经史艺能等科。尝曰："尧舜之道，在六府三事，周礼教士以三物，孔子以四教，非主静、专诵读、流为禅宗、俗学者所可依讬。"故于宋明理学各家之说，皆在排斥之列。卒年七十。有《存性》《存学》《存治》《存人》四编，后德清戴望辑为《颜氏学记》。

【译文】清博野（今属河北）人。字易直，又字浑然，号习斋。明代末年，他的父亲在辽东服兵役，死在关外，颜元家庭贫困，但颜元想了各种办法找到父亲的遗骨，带回家安葬，被人称为孝子。顺治中期补为诸生。后来又辞去，在肥乡漳南书院担任主讲老师，并为书院制定了规章制度，设立了文事、武备、经史、艺能等多种学科。颜元曾经说："尧舜之道，体现在六府三事之中，《周礼》教育士人用三件事，孔子用四个学科教育弟子，不是主静、专门诵读经书而沦落为禅学、俗学的学者可以伪托的。"所以对于宋明理学各家的学说，都加以排斥。享年七十岁。著作有《存性》《存学》《存治》《存人》四编，后来德清戴望编辑了《颜氏学记》。

明亲

《大学》首四句，吾奉为古圣真传。所学无二理，亦无二事，只此仁、义、礼、智之德，子、臣、弟、友之行，《诗》《书》《礼》《乐》之文，以之修身，则为明德；以之齐治，则为亲民。明矣而未亲，亲矣而未止至善，吾不敢谓之道也；亲矣而未明，明矣而未止至善，吾亦不敢谓之道也。亲而未明者，即谓之亲，非《大学》之亲也；然既用其功于民，皆可曰亲。其亲而未明者，汉高帝与唐太宗之类也；其亲且明而未止至善者，汉之孝文、光武之流也。凡如此者，皆宋明以来儒者所共见，皆谓之非道者也。其明而未亲，明且亲而未止至善者，则儒者未之言也。非不肯言也，非不敢言也，尧、舜不作，孔、孟不生，人无从证其为道者。

【译文】《大学》的开头四句，我把他尊奉为古代圣贤留下的真正的传言。学习的内容只有一个道理，做要实践的事情也是只有一个，这个仁、义、礼、智的德性，子、臣、弟、友的行为，《诗》《书》《礼》《乐》的典籍，用它们来修身，就是光明的德性；用它们来齐家、治国，就是亲近民众。有光明的德性却不亲近民众，亲近民众却不能达到至善的境界，我不敢称之为道；亲近民众却没有光明的德性，有光明的德性却没有达到至善的境界，我也不敢称之为道。亲近百姓却没有光明的德性，即使成为亲近，也不是《大学》所讲的亲近；然而既然已经为民众做了很多事情，都能成为亲近百姓。那些亲近百姓而没有光明的德性的人，就是汉高祖、唐太宗之类的人；那些由于亲近百姓从而有了光明的德性，但却没有达到至善的境界的人，就是西汉孝文帝、东汉光武帝之类的人。所有这些人，宋明以来的儒者都知道，都被称为没有得道的人。那些有光明的德性却没有亲近民众，由于有光明的德性从而亲近民众但却没有达到至善境界的人，儒者没有说过。并不是他们不愿意说，也不是不敢说，尧、舜、孔子、孟子不出现，就没有人可以证明他是得道的人。

一二聪明特杰者出，于道略有所见，粗有所行，遽自谓真孔、孟矣，一时共尊为孔、孟焉，嗣起者以为我苟得如先儒足矣。是以或学训解纂集，或学静坐读书，或学直捷顿悟，至所见所为，仿佛于前人而不大殊，则将就冒认，人己皆以为大儒矣，可以承先启后矣。或独见歧异，恍惚道体，则辄称发先儒所未发，得孔、颜乐处矣。又孰知其非《大学》之道乎！此所以皆未之言也。天下人未之言，数百年以来之人未之言，吾独于程、朱、陆、王之外别有大学之道焉，岂不犯天下之恶，而受天下僇乎？然吾之所惧，有甚于此者，以为真学不明，则生民将永被毒祸，而终此天地不得被吾道之泽；异端永为鼎峙，而终此天地不能还三代之旧。是以冒死言之，望有志继开者之一转也。

【译文】有一两个聪明杰出的人出现了，对道略微有些见识，稍微有些道德实践，就把自己看做孔子、孟子，一时间其他人也把他推崇为孔子、孟子式的人物，他的门生后学就认为自己如果能够像自己的前辈一样就很满足了。所以他们有的学习训诂解经、编纂文集，有的学习怎样静坐、读书，有的追求便捷的顿悟，直到他们的所见所为，能够跟他们的前辈差不多相同时，就勉强凑合，轻率认定，其他人与自己也都认为他们是伟大的儒者了，可以继承圣人启发后世了。也有的人自认为见到了奇异的东西，仿佛就是道体，就轻率地宣称发现了先辈儒者所没有发现的东西，得到了孔子、颜回的快乐所在。又有谁认识到这并不是《大学》所讲的道呢？这可能是大家都没有说的原因。天下的人都没有说，几百年来也没有人说，如果只有我程朱理学、陆王心学之外还有《大学》所讲的道，这不是让天下人厌恶自己，自寻其辱吗？然而我所担心的还有比这更严重的。我认为真正的学问没有被明确，百姓将永远遭受毒害灾祸，天地之间都不能感受到真道的光明；只要异端存在，就不可能回到夏商周的时代。随意冒着死亡的危险把它说出来，希望有志于继往开来的学者能够转变不正的学术风气。

夫明而未亲即谓之明，非《大学》之明；然既用其功于德，皆可曰明。其明而未亲者，庄周、陈抟之类也；其明且亲而未止至善者，周、程、朱、陆、薛、王之俦也。何也？吾道有三盛：君臣于尧、舜，父子于文、周，师弟于孔、孟。尧、舜之治，即其学也，教也，其精一执中，一二人秘受而已。百官所奉行，天下所被泽者，如其命九官、十二牧所为耳。禹之治水，非禹一身尽治天下之水，必天下士长于水学者分治之而禹总其成；伯夷之司礼，非伯夷一身尽治天下之礼，必天下士长于礼学者分司之而伯夷掌其成。推于九官、群牧咸若是，是以能平地成天也。文、周之治，亦即其学也，教也，其阴阳天人之旨，寄之于易而已。百官所奉行，天下所被泽者，如其治岐之政，制礼作乐耳。其进秀民而教之者，六德、六行、六艺仍本唐、虞敷教典乐之法，未之有改，是以太和宇宙也。孔、孟之学教，即其治也。孔子一贯性道之微，传之颜、曾、端木而已。其当身之学，与教及门士以待后人私淑者，庸言庸德、兵农礼乐耳，仍本诸唐、虞、成周之法未有改。故不惟期月、三年、五年、七年胸藏其具，而且小试于鲁，三月大治，暂师于滕，四方归之，单父、武城亦见分体，是以万世永遵也。

【译文】有光明的德性却没有亲近民众即使被称为光明的德性，也不是《大学》所讲的光明的德性；然而既然已经花费了精力在修养品德之上，都可以称为光明的德性。有光明的德性却没有亲近民众的人，就是庄子、陈抟之类的人；那些由于有光明的德性从而亲近民众但却没有达到至善境界的人，就是周敦颐、程颢、程颐、朱熹、陆九渊、薛瑄、王阳明之类的人。为什么这样说呢？我们儒家所讲的道有三次兴盛的时期：尧、舜为君臣关系的时期，周文王、武王父子相继的时期，孔子、孟子为师承关系的时期。尧、舜治理天下，就是他们的学说，就是他们的教育，"精一执中"，就是他们二人之间秘密传授的东西。百官奉行旨意，天下百姓被施与恩泽的例子，就是他们命令九官十二牧所做的事情。大禹治水，并不是大禹一个人把天下的洪水治理好了，一定是天下懂得治水的人各自负责一部分工作，而大禹总结了他们的成就；伯夷执掌礼仪，并不是伯夷一个人就能治理好天下的礼仪，一定是天下懂得礼仪的人各自执掌一部分礼仪，而伯夷执掌他们的成就。以此类推，九个部门的官员、各地的长官都是这样。所以尧、舜能够治理大地、安就天下。周文王、武王治理天下，也就是他们的学说，阴阳、天人之间的关系就是他们的教育，这些都记录在《周易》里面。百官奉行旨意，天下百姓被施与恩泽的例子，就是他们治理岐地的政绩、制礼作乐。他们选拔优秀的民众，用六德、六行、六艺教育他们，这些都来源尧、舜实施教化、主管礼乐的方法，没有改变，所以能够使天下太平和睦。孔子、孟子的学问与教育，就是他们治理地方的政绩。孔子一以贯之的精微学说，只传给了颜回、曾子、端木赐而已。他们自己亲身实践的学问以及教给弟子、留待后世学他们学习的学问，就是普通的言语、普通的道德以及军事、农业、礼仪、音乐等方面的学问，仍然来源于唐尧、虞舜、成周的方法，并没有改变。这些学问不仅仅能在一个月、三年、五年、七年的时间内记在心中，而且在鲁国试验时，三个月时间就已经使鲁国有了很大的改变，曾短暂地把军队驻扎在滕国，周围国家的百姓都想来到鲁国，单父、武城两个地方也出现成效，所以后世都遵守他们的学问。

秦汉以降，则著述讲论之功多而实学实教之力少。宋儒惟胡子立经义、治事斋，虽分析已差而其事颇实矣；张子教人以礼而期行井田，虽未举用而其志可尚矣。至于周子得二程而教之，二程得杨、谢、游、尹诸人而教之，朱子得蔡、黄、陈、徐诸人而教之，以主敬致知为宗旨，以静坐读书为工夫，以讲论性命、天人为授受，以释经注传、纂集书史为事业。嗣之者若真西山、许鲁斋、薛敬轩、高梁溪，性地各有静功，皆能著书立言，为一世宗。信乎为儒者，煌煌大观，三代后所难得者矣！而问其学其教，如命九官、十二牧之所为者乎？如《周礼》教民之礼明乐备者乎？如身教三千，今日习礼，明日习射，教人必以规矩，引而不发，不为拙工改废绳墨者乎？此所以自谓得孔子真传，天下后世亦皆以真传归之，而卒不能服陆、王之心者，原以表里精粗，全体大用，诚不能无歉也。

【译文】秦汉以后，学者们对于著述、讲论下得功夫越来越多，而对于实践的学问、教育却很少下工夫。宋代儒者胡宏建立经义斋、治事斋两个学斋，虽然对义理的分析不够完善，但他做的事情却很有实践性；张载教人礼仪，并希望推行井田制，虽然他没有被朝廷起用，但他的想法是值得尊重的。至于二程师承周敦颐，杨时、谢良佐、游酢、尹焞师承二程，蔡元定、黄干、陈淳、徐范等人师承朱熹，都是以主敬致知为学术宗旨，以静坐读书为实践方法，以讲论性命、天人关系作为师徒间授受的内容，以注释经传、编辑史书作为一生事业。继承他们的人，如真德秀、许衡、薛瑄、高攀龙等，都有静坐的为学功夫，都能著书立说，成为一代宗师。儒者辈出，如此之众，确实是夏商周以后很少见的事情！但如果问他们所学习、所教授的，像任命九官、十二牧的目的那样吗？像《周礼》教育人民那样礼仪明确音乐完备吗？像亲自教育三千弟子，今天学习礼仪，明天学习射箭，教育他人一定用规矩，拉开弓却不把箭射，善于启发引导，不为了笨拙的工人就改变废弃规矩吗？这就是那些自称得到孔子真传，天下以及后世之人也都认为他们得到了真传，然而始终不能使从事陆王心学的人感到心服的学者，追究他们学问的表面与内部，精密与粗疏，本体与作用，不能不感到亏欠的原因。

陆子分析义利，听者垂泣，先立其大，通体宇宙，见者无不竦动。王子以致良知为宗旨，以为善去恶为格物，无事则闭目静坐，遇事则知行合一。嗣之者若王心斋、罗念庵、鹿太常，皆自以为接孟子之传，而称直捷顿悟，当时后世亦皆以孟子目之。信乎其为儒中豪杰，三代后所罕见者矣！而问其学其教，如命九官、十二牧之所为者乎？如《周礼教民之礼明乐备者乎？如身教三千，今日习礼，明日习射，教人必以规矩，引而不发，不为拙工改废绳墨者乎？此所以自谓得孟子之传，与程、朱之学并行中国，而卒不能服朱、许、薛、高之心者，原以表里精粗，全体大用，诚不能无歉也。

【译文】陆九渊分析义与利的区别时，听他演讲的人也愧疚的落泪，他主张做学问要先确立大的方面，全世界的人，见到他的人没有不感到震动的。王阳明的学问以"致良知"作为宗旨，把为善去恶当做格物，没有事情做的时候就闭目静坐，遇到事情就说要知行合一。他的后学如王艮、罗洪先、鹿善继，都认为自己接续了孟子的学说，称他们的学问直捷了当，顿悟见性，当时以及后世的学者都把他们看成孟子一样的人。他们确实是儒者中的豪杰人物，夏商周以后很少见到的人物！但如果问他们所学习、所教授的，像任命九官、十二牧的目的那样吗？像《周礼》教育人民那样礼仪明确音乐完备吗？像亲自教育三千弟子，今天学习礼仪，明天学习射箭，教育他人一定用规矩，拉开弓却不把箭射，善于启发引导，不为了笨拙的工人就改变废弃规矩吗？这就是那些自称得到孟子真传，与程朱理学异同流行于中国，然而始终不能使从事程朱理学的人感到心服的学者，追究他们学问的表面与内部，精密与粗疏，本体与作用，不能不感到亏欠的原因。

他不具论，即如朱、陆两先生，倘有一人守孔子下学之成法，而身习夫礼、乐、射、御、书、数以及兵农、钱谷、水火、工虞之属而精之。凡弟子从游者，则令某也学礼，某也学乐，某也兵农，某也水火，某也兼数艺，某也尤精几艺，则及门皆通儒，进退周旋无非性命也，声音度数无非涵养也，政事文学同归也，人已事物一致也，所谓"下学而上达"也，合内外之道也。如此，不惟必有一人虚心以相下，而且君相必实得其用，天下必实被其泽，人才既兴，王道次举，异端可靖，太平可期。正书所谓府修事和，为吾儒致中和之实地，位育之功，出处皆得致者也；是谓明亲一理，大学之道也。以此言学，则与异端判若天渊而不可混，曲学望洋浩叹而不敢拟，清谈之士不得假鱼目之珠，文字之流不得逞春华之艳。惟其不得于此，故既卑汉、唐之训诂而复事训诂，斥佛、老之虚无而终蹈虚无，以致纸上之性天愈透而学陆者进支离之讥，非讥也，诚支离也；心头之觉悟愈捷而宗朱者供近禅之诮，非诮也，诚近禅也。

【译文】其他的人就不一一列举了。以朱熹、陆九渊两位先生作为例子来说，如果他们有一人遵守孔子关于人情事理的教导，亲身实践礼仪、音乐、射箭、驾驶、书本知识、数学以及军事农业、经济、水利消防、技艺山林之类的活动并且精通。所有跟从他们学习的弟子，也命令他们有的学习礼仪，有的学习音乐，有的学习兵法，有的学习水利消防、有的同时学习几门技艺，有的精通几种技艺，这样所有的弟子都是精通几门学问的儒者，人际交往也就是性命之学，声乐、测算也就是涵养功夫，政治之事与文字学问殊途同归，自己与他人、事物也没有分歧，这就是“从学习人情事理，进而认识世界的法则”，就是把内心与外部世界合二为一的方法。这样一来，不仅一定有人愿意虚心向不如自己的人请教，而求君主、丞相也一定能得到治理国家的人才，天下百姓也一定会蒙受他的恩泽，人才既然已经有了，王道也就可以实行了，异端邪说也就可以平息，太平盛世的到来就是可以期望的是事了。这正是书上所讲的政治清明，天下太平，是儒者达致中和的实际地方，是使天地有条不紊，万物发育生长的功劳，无论是行动还是安处都能达致；就是《大学》所讲的“明明德、亲民”的道理。用这个去谈论学问，就会跟异端邪说有天壤之别，不能相互混淆，歪曲的学说只能望洋兴叹而不敢相比，清谈的士人也不能实行他们鱼目混珠的伎俩，墨客骚人也不能卖弄才华的艳丽。只是因为儒者们不能跳出这个窠臼，所以他们虽然鄙视汉唐的训诂之学，却又步他们的后尘，排斥佛、道二教的虚无，自己却又陷入虚无，以至于在纸面上谈论性天的道理越透彻而学习陆九渊的学者就越讥笑他们为支离破碎，这并不是讥笑，是他们的学问确实是支离破碎的；心头的觉悟越敏捷而归宗朱熹的学者就越讽刺他们接近禅学，这不是讽刺，而是他们的学说确实是接近禅学。

或曰：诸儒勿论，阳明破贼建功，可谓体用兼全，又何弊乎？余曰：不但阳明，朱门不有蔡氏言乐乎？朱子常平仓制与在朝风度，不皆有可观乎？但是天资高，随事就功，非全副力量，如周公、孔子专以是学，专以是教，专以是治也。或曰：新建当日韬略，何以知其不以为学教者？余曰，孔子尝言：“二三子有志于礼者，其于赤乎学之。”如某可治赋，某可为宰，某达某艺，弟子身通六艺者七十二人，王门无此。且其擒宸濠，破桶冈，所共事者皆当时官吏、偏将、参谋，弟子皆不与焉。其《全书》所载，皆其门人旁观赞服之笔，则可知其非素以是立学教也。

【译文】也许有人说：诸位儒者不要再争论了，王阳明击败寇贼，建立了不世之功业，他的学问称得上本体作用都具有了，又有什么弊端呢？我认为：不光王阳明能这样做，朱熹门人不是有蔡元定可以谈论音律吗？朱熹对常平仓制度的革新和他在朝廷所表现出的风度，难道不值得钦佩吗？但是有人天资高明，在任何事上都能创立功业，并非全部靠力量来办到，就像周公、孔子专门做学问、专门从事教育，专门从事政治。或许有人说：“怎么能知道王阳明不把文韬武略当做可以学可以教的呢？”我的看法是，孔子曾经说：“你们有谁想学习礼仪知识，可以跟着公孙赤学习。”比如某人可以管理赋税，某人可以做一地之宰，某人精通某项技艺，孔子的弟子精通六艺的多达七十二人，王阳明门下却没有。况且王阳明擒拿朱宸濠，攻破桶冈，跟他共事的人都是当时的官吏、偏将、参谋，而他的弟子没有一个参与其中。《全书》所记载的王阳明的言行，都是他的门人在他身旁观察、赞美叹服所做记录，从这里就能知道文韬武略并不是王阳明平日学习与教育弟子的内容。

是以感孙征君《知统录说》有“陆、王效诤论于紫阳”之语，而敢出狂愚，少抑后二千年周、程、朱、陆、薛、王诸先生之学，而伸前二千年尧、舜、禹、汤、文、武、周、孔、孟诸先圣之道，亦窃附效诤论之义。而愿持道统者，其深思熟计，而决复孔、孟以前之成法，勿执平生已成之见解而不肯舍，勿拘平日已高之门面而不肯降，以误天下后世，可也。

【译文】阅读孙奇逢《知统录说》，对其中“陆九渊、王阳明直言规劝朱熹”这句话深有感触，所以才敢说出狂妄的话，贬低孔子以后两千年间周敦颐、二程、朱熹、陆九渊、薛瑄、王阳明诸位先生的学问，而褒扬孔子以前两千年间尧、舜、禹、汤、文王、武王、孟子诸位先圣的学说，也私下效法“陆九渊、王阳明直言规劝朱熹”的用意。我希望秉持道统的人物，能够深思熟虑，坚决地恢复孔孟之前的法令制度，不要坚持自己的成见不肯舍弃，不要拘泥于自己的身份不肯纡尊降贵，以至于延误天下后世之人。

李 塨

清蠡县人，字刚主，号恕谷。康熙举人。学于颜元，又从毛奇龄论乐律。其学恪守颜氏，以艰苦耐劳、应世实用为主。解释经义，多与宋儒不同。卒年七十五。有《大学辨业》《圣经学规》《小学稽业》《瘳忘编》《习斋年谱》《恕谷后集》等种。又有《恕谷年谱》记其一生言行之大略，则为其门人所纂者也。

【译文】清代蠡县（今属河北）人，字刚主，号恕谷。康熙年间举人。跟从颜元学习，有跟从毛奇龄学习音乐理论。他在学问上严格遵守颜元的学说，以艰苦耐劳、满足社会需求，讲究实用为主要内容。他对经典的理解与宋代儒者不一样。享年七十五岁。著作有《大学辨业》《圣经学规》《小学稽业》《瘳忘编》《习斋年谱》《恕谷后集》等多种。还有《恕谷年谱》记载李塨一生语言与行动的大概，是他的弟子编纂的。

与许西山先生书

塨尝问道于博陵颜习斋先生，今遇有道，所见多合，故不敢不尽其愚，以求指示。

【译文】我曾经跟从颜元先生学习，现在遇到你，我们的见解有很多相同之处，所以我把自己的观点写出来，请求您的指教。

后儒之学，所依据者，曰尊德性，曰道问学。德性，《中庸》自注之矣，曰知仁勇。《易》言君子四德，《周礼》六德，《皋陶》言九德，《洪范》三德。孟子以仁义礼知统之，直指曰："形色天性也，唯圣人然后可以践形。"践形者，践其肃乂哲谋圣，以全形色之天，形色全则性全矣。故孔子诏为仁也，曰"非礼勿视听言动"，曰"居处恭，执事敬，与人忠"；论崇德也，曰"主忠信、徙义。"要使躬行日用，事事自强不息，念念参前倚衡，是谓之先立其大。未尝有所谓静坐观空，致思于无极、太极，生天、生人之始，以为尊德性也。即用力久，上达如孔子五十知天命，亦听其自致耳。

【译文】后世儒者的学问，其根据有两个，即是尊崇德性和讲求学问。德性，《中庸》本身已经作了解释，就是智慧、仁德、勇气。《周易》说君子有四德，《周礼》说有六德，《皋陶》说有九德，《洪范》说有三。孟子他它们概括为仁、义、礼、智，并指出："形体容貌是天生的，只有圣人才能无愧于他的形体容貌。"践形，就是实践他的严肃、治理、昭晰、善谋、圣明，以成全上天给予的形体容貌。形体容貌得以成全，天性也就得以成全了。所以孔子在告诫弟子怎样实践仁德时说："不符合礼仪的就不要去看、去听、去说、去做"，还说："日常起居要态度端庄，担任工作要敬慎认真，和人交往要忠心诚恳"；在谈论崇敬道德时说："以忠诚信实为主，唯义是从。"如果平时亲自实践，做任何事都努力向上，永不松懈，每一个念头产生时都仿佛能看到"忠信敬笃"四个字出现在眼前，这样就能称为先树立了大的方面。没有人把静坐观空，想象无极、太极以及天地与人怎样出现看做是尊崇德性的。像这样努力，时间长久，就能像孔子一样到五十岁时，就能知道自己的天命，做到这个是自然而然的事情。

而其始固立焉，学焉不之骤也，故曰"下学而上达。"其教人也，罕言命仁，性天不可得闻。孟子虽不得已与乱性者辩，而皆就才情言，非专以言性立教也。乃后儒或以顿悟为宗，或教人以性为先，闭目静坐，息念观空，帝王孔孟，何尝有此？诚先生所谓"戴儒巾之禅和子也"。是后儒之尊德性，不可即谓古圣贤之尊德性也。

【译文】学者刚开始确立志向时，学习也是有步骤的，所以孔子说："学习人情事理，进而认识自然的法则。"孔子教育弟子，极少谈到天命、仁德，关于性与天的说法在他那里是听不到的，孟子虽然迫不得已与乱讲人性的人辩论，但都是从才情的角度讲的，并非专门谈论性。后来的儒者或者以顿悟为宗旨，或者先教人什么是性，闭目静坐，停止思考，观察空虚，古代的圣王和孔子、孟子，哪里是这样做的？真的就像您说的那样，是"头戴儒巾的和尚"。不能把后世儒者的尊崇德性，与古代圣贤的尊崇德性混为一谈。

《大戴礼·保傅篇》曰："古者年八岁出就外舍，履小节，学小艺。束发就大学，履大节，学大艺。"故《内则》罗列为学次第，自能食食，以及四十出仕，皆修已治人之事。《周官》取士，六德继以六行、六艺，曰孝友睦姻任恤，礼乐射御书数。孔门传习，由以兵，求以足民，赤以礼乐，未尝有所谓先读某书、后读某书，训诂翰墨也。即有时诵读，则诵《诗》以习乐，观《书》以知政耳。夫人精力有几，乃不力礼乐兵农之学、水火工虞之业，而徒骛于诵读著述，何为哉？孔子删修，乃晚年不得用，恐兴王既远，圣道遂湮，故删繁就简，以诏及门，曰：“后世使其效吾行耳，非谓皆效吾言而言也。”且道犹路也，书所以指路也，天下群欲为指路之人，而不为行路之人，将指之谁而行乎？况所指者，更有非路而陷人于荆棘者乎？

【译文】《大戴礼·保傅篇》说：“古时候的人八岁开始上小学，履行小的礼节，学习小的技艺。到十五岁的时候，履行大的礼节，学习大的技艺。”所以《内则》列举学习的次序时，从人能够自己吃饭，直致四十岁出任官职，讲的都是修养身心、治理社会的事情。《周官》选拔士人，在六种德性之后又说了六种行为标准、六种技艺，就是对父母孝顺、对朋友友爱、对邻里和睦、对妻子以礼相待、对社会有责任感、对百姓体恤，以及礼仪、奏乐、射箭、驾驶、文化知识、数学。孔门传授与学习的内容，子路用来治理军队，冉有用来使民民众富足，公西华用来演习礼乐，从没有教授先读某本书，再读某本书，以及怎样做注解、写文章。即使有时诵读，也只是诵读《诗经》演习礼乐，观看《尚书》了解政治罢了。人的精力能有多少呢？怎么能不努力学习礼乐、军事、农业以及水利，防火、工艺、山泽等方面的知识，只追求诵读、写作呢？这样做是为了什么呢？孔子删定《诗经》、修纂《春秋》，是因为晚年不被起用，担心距离古代圣王太遥远，圣人之道湮没无闻，所以才把繁琐的典籍加以削减，并告诉弟子们说：“要使后世学者仿效我的行动，不要学习我怎样说话。”道就像路，书里面就是路的意思，世上的人都想成为给别人指路的人，而不愿意成为走路的人，那么指挥谁走路呢？况且指给别人的路，还不一定就是路，还有可能是荆棘丛生之地呢！

先生谓注经诸贤，不离曲学局面，则后儒之道问学，不可即谓古圣贤之道问学也。先生既灼见流弊，必宜力复古辙，以忠言笃敬为德，以诗、书、礼、乐为学，使位天地、育民物者，实有其事，则《大学》明亲之道实见今日，而塨亦得依门墙以有成矣。

【译文】您说给经书作注解的儒者们，并没有摆曲解经文的习俗，这样后世儒者讲求学问，不能说跟古代圣贤讲求学问是相同的。您既然已经对这样流行的弊病有所洞察，就应该努力恢复古代的方法，把忠言、笃敬看做美德，把诗书礼乐当做学问，使位于天地之中、养育民众的君子，做出有实质内容的事情，这样《大学》“彰显光明德性、亲爱民众”的说教才能在今天实现，而我也能有所凭借而做出成就。

上颜习斋先生书

宋儒学术之误，实始周子。周子尝与僧寿涯、道士陈抟往来，其教二程以寻孔、颜乐处，虽依附儒说，而虚中玩弄，实为二氏潜移而不之觉。二程承之，遂以其依稀恍惚者，为窥见性天，为汉唐儒者所未及。不知汉、唐儒者原任传经，其视圣道固散寄于天下也。宋儒于训诂之外，加以体认性天，遂直居传道，而于圣道乃南辕而北辙矣。于是变旧章者有八：

一太极。乃《参同契》《水火匡廓》《三五至精》二图合之，为丹家修炼之用，《道藏》真元品明载之，《易经》无此也；一、伪传河洛图书。上古图书，自周骊戎之难已失。而宋之陈抟，乃出二图以误儒者，遂载大易之首。《周易玩辞》曰："姚小彭氏谓，'今所传戴九履一之图，乃《易·乾凿度》九宫法。本朝刘牧长民以为《河图》，而又以郑康成"大衍"注，生数就成数，依五方图之，为洛书，伪关子明《洞极经》又两易之。'"宜世儒有夔魖罔象之讥也；一静坐。《十三经》未有其说，宋儒忽立课程。半日静坐，则几几乎蒲团打坐之说矣。一教人以性为先。明与圣门"不可得闻"、"不可语上"相反矣；一朱子言古者八岁入小学，教之洒扫应对进退之节，礼乐射御书数之文，十五入大学，教之以穷理正心修已治人之道。又曰："小学学其事，大学明其理"，此前无所承，凭臆创说者也，《内则》历载学习六艺岁时，《大戴礼》、贾谊皆言小学学小艺，大学学大艺。盖礼乐六艺，正格致诚正修齐治平之事，非二端也，但年有少长，则习有小大耳。今举其事，尽归之小学，至大学乃专以读书明理为务，则遍考三代教法，未之见也。故自居道学，而于学字误解，以致数百年学术尽误也；一曰致良知，《说命》曰："知之匪艰，行之维艰。"宋儒则以"真知"为重，言人有真知，所行自然无失，不能行祗是不能知。至明王阳明遂专以为心源澄澈，诸事可办，创为致良知之说。而今之儒者亦群议其为禅矣；一立道学名。子贡曰："贤者识大，不贤者识小，莫不有文武之道。"盖世无全局负荷之人，则分寄道者必不可少，自朱门立道学名，《宋史》遂专立道学一传，但取注经讲性天者为道学，而文学如韩欧，以为浮华。言语如陆贾，以为捷给。德行如陈寔、司马光，以为木强。政事如萧曹房杜，以为粗浅。而道学中遂相率为迂腐无用之学矣；一立书院。古大小学皆称学，书院之名自宋始，是专以诵读为学矣。

【译文】宋代儒者学术上的错误，实际是从周敦颐开始的。周敦颐曾经与和尚寿涯、道士陈抟有所交往，他教程颢、程颐兄弟二人思考孔子、颜回感到快乐的是什么，虽然采用的是儒家的说法，而实际内容已经受到寿涯、陈抟的影响还没有觉察。二程继承了他的学说，就把自己自己在神志不清的状况下感受到的东西，错认为性，认为是汉唐以来的儒者所没有达到的。二程不了解汉唐儒者本来的责任是传授经典，他们认为道本来就分散在世界万物之中。宋代儒者除了给经书作注解，还主张体会认识性与天道，自认为是传授圣贤之道，实际上对于圣人之道的理解是错误的。宋代儒者对汉唐以来儒学的改变体现在八个方面：

第一，太极图。太极是《参同契》里面的《水火匡廓》《三五至精》两幅图合二为一组成的，本来是道家用于修炼的，《道藏》真元品有明确记载，《易经》并没有提及；第二，伪造《河图》与《洛书》。上古时代的图书，自从周幽王在骊山被犬戎族杀害以后，已经全部丢失。宋代的陈抟，伪造《河图》与《洛书》误导儒者，而儒者竟然不知，还把这两幅图放在《周易》的首章。《周易玩词》记载："姚小彭说过，现在相传的《戴九履一》图，就是《易·乾凿度》中的九宫法。当朝的刘牧（字长民）把它错认为《河图》，又窃取郑玄"大衍"的注文，把生数与成数放在一起，依照五个方位排列成图画，制成《洛书》，伪书关子明《洞极经》又把《河图》《洛书》互换了名字。"怪不得儒者都讥笑他们荒诞；第三，静坐。《十三经》里没有这个说法，宋代儒者忽然提出来。半天的时间安静地坐着，这几乎就是佛教的坐禅、打坐了；第四，教人先学习关于性理的知识。这明显与儒学"不能听到"、"不能跟他说高深的知识"的说法相反；第五，朱熹说古人八岁进入小学学习，教会他们日常劳动、人际交往的礼节，以及礼、乐、射、御、书、数方面的知识，十五岁时进入大学学习，教会他们穷究事物道理、端正心性、修养自己的方法。又说："小学阶段学习做事，大学阶段学习事物道理"，这种讲法前人没有说过，是凭空臆想出来的，《内则》详细记载学习六艺的年龄，《大戴礼》、贾谊都说小学应学习较容易的技艺，大学学习教难的技艺。大概礼乐等六艺，就是格物、致知、诚意、正身、修身、齐家、治国、平天下这些事情，并不是两回事，知识因为年龄有大小的区别，所以学习的东西也有难易之分。如果把六艺之事全部归到小学应学习的内容，到大学阶段只把读书、明白事理作为任务，那么考察夏商周三代以来的教育方法，从没有这样的。所以自认为自己从事的是道学，而对于什么是学习却没有正确的认识，才导致了几百年来学术的错误；第六，致良知的说法。《说命》说："获取知识并不困难，实践知识才是困难的。"宋代儒者重视"真知"，认为人有了"真知"，实践起来就不会有失误，如果不能实践恰是因为没有真正有所认识。到了明代，王阳明认为只要心的本源是纯净的，任何事都能办成，提出了"致良知"的说法。现在的儒者都把他的说法看做是禅学；第七，创立道学的名称。子贡说："贤能的人看到事物大的方面，不贤能的人只知事物看小的细节，没有地方没有周文王、武王之道。"世界上没有能掌握全部真理、担负传道重任的人，那么道被个人掌握的只能是局部的，自从朱熹门人创立道学的名称，《宋史》就专门设了《道学传》这一章，只收录那些注解经书、讲论性理的儒者，而从事文学创作的韩愈、欧阳修等人，被认为浮华无实。从事语言文字研究的陆贾与贾谊，被认为思维敏捷。品德行为就如陈寔、司马光一样高尚，也只是被认为质直刚强。政治上取得像萧何、曹参、房玄龄、杜如晦一样的成就，也被认为学识粗浅。这样一来从事道学研究的儒者就一个接一个地继续这样迂腐无用的学问。第八，建立书院。古代无论大学的教学内容还是小学的教学内容，都被称为学习，书院这一名称起源于宋朝，它只把诵读经书看作学习。

方苞

清桐城人，字灵皋，号望溪，康熙进士，累官礼部侍郎，以事落职者再。其学以宋儒为宗，所释经义，皆推衍程朱之说，尤致力于《春秋》《三礼》，文章师仿韩欧，严于礼法，为桐城派古文之初祖，卒年八十二，有《望溪文集》等种。

【译文】清朝桐城人，字灵皋，号望溪，康熙年间进士，升任礼部侍郎，因事贬官多次。他的学问宗奉宋儒，他所解释的经义，都是演绎程朱的学说，尤其是致力于《春秋》《三礼》，他做文章效法韩愈、欧阳修。恪守礼法，为桐城派古文的初祖，八十二岁去世，著作有《望溪文集》等数种。

原人上

孔子曰："天地之性，人为贵。"董子曰："人受命于天，固超然异于群生。"非于圣人贤人征之，于途之人征之也。非于途之人征之，于至愚极恶之人征之也。何谓圣人贤人？为人子而能尽其道于亲也，为人臣而能尽其道于君也。而比俗之人，循妻子则能竭其力，纵嗜欲则能致其身，此途之人能为尧舜之验也。妇人之淫，男子之方窃，非失其本心者莫肯为也。而有或讦之，则怍于色，怒于言。故禽兽之一其性，有人所不及者矣，而偏且塞者不移也。人之失其性，有禽兽之不若者矣，而正且通者具在也。宋元凶劭之诛也，谓臧质曰："覆载所不容，丈人何为见哭？"唐柳灿临刑自詈曰："负国贼，死其宜矣？"由是观之，劭之为子，灿之为臣，未尝不明于父子君臣之道也。惟知之而动于恶，故人之罪视禽兽为有加。惟动于恶而犹知之，故人之性视禽兽为可反。孟子曰："人之所以异于禽兽者几希！"痛哉言乎！非明于天性，岂能自反于人道哉！

【译文】孔子说："天地之间人最宝贵。"董仲舒说："人接受上天的禀赋，与万物超然不同。”不从圣人、贤人身上考察，在普通人身上来考察就可以看出；不从普通人身上考察，从极其愚昧凶恶的人身上考察也可以知道。什么是圣人和贤人，就是作为人子能够对父母尽孝道，作为人臣能对人君行忠道。世俗之人，为了妻子儿女能够竭尽全力，为了放纵私欲就能够不顾自身，这就是人人都可以成为尧舜的明证。妇女的淫荡、男子的盗窃，没有丧失了他的本心的人就不会这样做的。如果有人揭发，他脸上就有愧疚之色，说话就会发怒。禽兽性情相同，有人所不如之处，但是禽兽气质偏斜阻塞是不可改变的。人失去了本性，也有禽兽不如之处，人的气质正直通达都在。宋代元凶劭被杀时，对臧质说：“我天地不容，你为何要哭？”唐人柳灿临死时自骂说：“我是负国贼，死的正好。”由此可以看出，刘劭作为人子，柳灿作为人臣，并不是不明白作父子君臣的道理。知道还作恶，因而人的罪恶比禽兽还多；作了恶知道不对，因而说人性和禽兽相比还可以返归。孟子说：“人和禽兽区别的地方很少。”说的很悲痛！如果不明了天性，怎能返回人道呢！

原人下

自黄帝、尧、舜至周之中叶，仅二千年，其民繁祉老寿，恒数百年不见兵革。虽更姓易代，而祸不延于民。降及春秋，天下大乱，尚赖先王之遗泽以相维持，会盟讨伐，征辞执礼。且其时，战必以车，而长兵不过弓矢。所谓败绩，师徒奔溃而已。其俘获至千百人，则《传》必特书以为“大酷”焉。自战国至元、明，亦二千年。无数十年而无小变，百年二百年而不驯至于大乱者。兵祸之连，动数十百年，杀人之多，每数十百万。历稽前史所载民数，或十而遗其四三焉，或十而遗其一二焉。何天之甚爱前古之民而不念后世之民也？《传》曰：“人之于天也，以道受命。不若于道者，天绝之也。”三代以前，教化行而民生厚，舍刑戮放流之民，皆不远于人道者也。是天地之心之所寄，五行之秀之所钟，而可多杀哉！人道之失，自战国始。当其时，篡弑之人列为侯王，暴诈之徒比肩将相，而民之耳目心志移焉。所尚者机变，所急者嗜欲，薄人纪，悖理义，安之若固然。人之道既无以自别于禽兽，而为天所绝，故不复以人道待之。草薙禽狝，而莫之悯痛也。秦汉以还，中更衰乱。或有数十百年之安，则其时政事必少修明焉，人风必少淳实焉。而大乱之兴，必在政法与礼俗尽失之后。盖人之道，几无以自立，非芟夷荡涤不可以更新。至于祸乱之成，则无罪而死者，亦不知其几矣。然其间得自脱于疮痍之余，剥尽而复生者，必于人道未尽失者也。呜呼！古之人日夜劳来其民，大惧其失所受于天耳。失所受而不自知，任其失而不为之所。其积也，遂足以干天祸，而几尽其类。此三王之德，所以侔于天地也与!

【译文】自从黄帝、尧舜到周朝的中叶,仅两千年,百姓长寿多福,数百年不见战乱。即使改朝换代,祸乱也不会波及百姓。等到春秋,天下大乱,尚且依赖先王遗留的恩泽来维持,会盟征战,责备以礼,况且当时作战必用战车,而长距离兵器也不过是弓箭。所谓的战败,就是逃散溃败。当时俘虏千百人,《春秋传》必定特意记述为十分残酷。从战国到元明也是两千年,没有数十年没有变故的,没有一百年、两百年而逐渐招致大乱的。战争祸乱,动辄数十上百年;杀人之多,每每数十百万。考察以前史书记载的民众,或十有三四,或十有一二能够存活。为何上天对前代百姓厚爱而不顾后世的百姓呢?人对于上天,接受的是上天所赋予的道。如果不顺应道,上天就要背弃他。三代以前,教化实行民生敦厚,除了刑杀流放的人,都离人道不远。这是天地的根本所寄托,五行的灵秀所凝聚,怎能多杀!人道丧失从战国开始。当时,篡位杀戮的人成为王侯,暴虐奸诈的人成为将相,于是百姓的心志就变了。他们崇尚的是权变,视为紧要的是私欲,轻视纲纪,违反道义,视此心安理得就好像原本就应该这样。人道既然就和禽兽没有区别,因此为上天所抛弃,因而不在用人道来对待。肆意屠杀而不怜悯痛心。秦汉以后更加衰乱,即使有数十百年的安定,则当时的政治一定很少清明,人心一定很少淳朴笃实。而大的祸乱的兴起一定在法度和礼俗完全丧失之后。为人之道,几乎不能确立,除非消除清洗掉这些就不能更新。至于祸乱酿成后,无罪而死的,也不知有多少。这期间能够在这严重创伤中存留,转危为安的,一定是人道还没有完全丧尽者。失去了上天所赋予的却不知晓,任其失去而不有所作为,逐渐积累,于是完全可以导致天祸,几乎丧失本性。这就是三王之德,之所以能够和天地相等。

李刚主墓志铭

李塨,字刚主,直隶蠡县人。其父孝悫先生,与博野颜习斋为执友,刚主自束发即从之游。习斋之学,其本在忍嗜欲,苦筋力,以勤家而养亲,而以其余习六艺,讲世务,以备天下国家之用。以是为孔子之学而自别于程、朱其徒皆笃信之。余尝谓刚主:“程、朱之学,未尝不有事于此,但凡此乃道之法迹耳,使不由敬静以探其根源,则于性命之理知之不真,而发于身心,施于天下国家者,不能曲得其次序。”刚主色变,而默然者久之。

吾友王源昆绳，恢奇人也，所慕惟汉诸葛武侯明王文成，而目程、朱为迂阔。见刚主而大说，因与共师事习斋，时年将六十矣。余诘之，曰：“众谓我目空并世人，非也。果有人，敢自侈大乎？”刚主尝为其友治剧邑，期年，政教大行，用此名动公卿间。诸王延经师主阃外者，争欲致之，坚不就。康熙庚午，尝举乙科，晚岁授通州学正，浃月，以母老告归，长官不能夺也。

昆绳慨不快意，既葬二亲，遂漫游，将求名山大壑而隐身焉，虽妻子不知其所之，予与刚主每蹙然长怀而无从迹之。数年，忽至予家，曰：“予求天下士四十年，得子与刚主，而子笃信程、朱之学，恨终不能化子。为是以来。”留兼旬，尽发程、朱之所以失，习斋之所以得者。予未尝与之争。将行，怃然曰：“子终守迷，吾从此逝矣。使百世以下聪明杰魁之士，沉溺于无用之学而不返，是即程、朱之罪也。”予作而言曰：“子之言尽矣，吾可以言乎？子毋视程、朱为气息奄奄人，观朱子上孝宗书，虽晚明杨、左之直节，无以过也。其备荒浙东，安抚荆湖，西汉赵、张之吏治，无以过也。而世不以此称者，以道德崇闳，称此转渺乎其小耳。吾姑以浅事喻子：非其义也，虽三公之贵，避之若浼，子之所能信于程、朱也。今中朝如某某，子夙所贱恶，倘一旦扬子于朝，以学士或御史中丞征，子将亡命山海而义不反顾乎？抑犹踌躇不能自决也。吾愿子归视妻孥，流行坎止，归洁其身而已矣。”昆绳自是终其身，口未尝非程、朱。

其后予出刑部狱，刚主来唁，以语昆绳者语之，刚主立起自责。取不满程、朱语载经说中已镌版者，削之过半。因举习斋《存治》《存学》二编未惬予心者告之，随更定曰：“吾师始教，即以改过为大。子之言然。吾敢留之为口实哉？”

习斋无子，刚主中岁迁博野，为葺祠堂，以收召学者，博野去京师三百里，刚主自来唁后，复三至予家：一问吾母之疾，再吊丧，终则自计衰疲，恐不能更出而就别。驱柴车，长子习仁御，往返刍秣皆载车中，知予时窭且艰也。呜呼！即是而刚主之勤于身，式于家，施于人，而措注于事物者，居可知矣。

刚主言语温然，终日危坐，肃敬而安和，近之者不觉自敛抑。以昆绳之气，既老而为刚主屈；以刚主之笃信师学，以余一言而翻然改，其志之不欺与勇于从善，皆可为学者法，故备详之，而余行则不具焉。

铭曰：习斋矢言，检身不力。口非程朱，难免鬼责。信斯言也，趋本无歧。各从所务，安用诋娸君承师学，固守樊垣。老而大觉，异流同源。不师成心，乃见大原。改过为大，前闻是尊。琢瑕葆瑜，有耀师门。九原相见，宜无间言。

【译文】李塨字刚主，直隶蠡县人。他的父亲孝悫先生，与博野县颜习斋是志同道合的朋友，刚主自少年时就跟随颜习斋游学。习斋的学说，它的根本在于克制嗜好和欲念，劳苦筋骨气力，用来尽力帮助家庭、待奉父母，而用剩余的时间和精力学习六艺，钻研当代事务，用来准备在国家中得以施展运用。习斋认为这就是孔子的学说而又和程朱理学相区别，他的门人弟子也都深信这个学说。我曾对刚主说：“程朱的学说，未尝不也从事这些，但是所有这些都不过是道之法规罢了，如果不凭借精心专一、身心恭敬的方法去探究道的根源，那么就对性命的理法了解得不全面。而从内心出发，运用到天下国家的所做所为，便不能全部做到次序适当。”刚主听完之后脸色大变，长时间默不作声。

我的朋友王源王昆绳，是一位特殊奇伟的人，他所景仰的只有后汉诸葛武侯诸葛亮、明朝王文成，而以为程朱的学说不切实情。王源见到刚主后十分高兴，于是和他一起以师礼事奉习斋，那时王源已经快六十岁了。我反问他，他说：“大家都说我目空无人，其实不是这样，假如真有贤人，又哪敢自大放肆呢？”刚主曾帮助他的朋友治理繁杂难办的郡县，满一年以后，那里的社会刑赏和教化普遍推行，所以此事他的名声也震动了公卿大夫。那些延请经师主持阃外的藩王，争相邀请刚主到他们那里去，刚主坚决推辞不去就任。康熙庚午年，曾中乙科举人。晚年官授通州学正之职，满月后，刚主由于母亲年老而辞官回家，即使上级长官也不能改变他的主意。

昆绳心中感叹，很不得意。埋葬双亲以后，他就随意遨游，要寻找名山大川在那里隐姓埋名，即使是他的妻子儿女也不知道他到哪里去了。我和刚主每每想起来都蹙然常久思念而又无所追寻他的踪影。几年之后，昆绳忽然来到我家，对我说：“我寻找天下贤士四十年，得到了你和刚主，而你笃信程、朱理学，我一直遗憾不能感化你。为此我到你这里来。”逗留了二十天，向我全面阐释程、朱理学的不足和习斋学说的正确。我不曾和他争论。在他就要走的时候，他茫然自失地说：“你始终执迷不悟，我从此就要离去了，让百代以后杰出聪明的魁伟贤士都沉溺在没有用处的学说之中而不知返悟，这就是程、朱的罪过。”我站起来对他说：“你的话说完了，我可以说了吗？你不要以为程、朱是气息奄奄的人，读一读朱子的《上孝宗书》，就是晚晛的杨、左的正直节操也没有超过他的。朱子在浙东备荒，安抚荆湖百姓，就是西汉的赵、张等人的治理功绩也超不过他。但是世人不因此称颂朱子，这是由于他道德伟大崇高，称颂这些反而会使他显得渺小。我姑且用浅显的事情向你说明：假如不合道义，即使是三公这样的高位，躲避它就如同躲避污秽，这是你对程、朱信得过的地方。现在朝中如某某人，你一向所憎恶的，倘若他一旦在朝中把你称颂，用学士或御史中丞的官职征召你入朝，你是亡命山川而毫不回头呢？还是踌躇犹豫不能决定呢？我期望你回去探望你的妻子儿女，顺流而行，遇坎则止，独善其身而已。”昆绳从此以后一直到他生命结束，嘴中不再非难程、朱了。

那之后我从刑部的狱中出来，刚主来慰问我，我把对昆绳说的话告诉给他，刚主马上站起来责备自己。他把已经刻版的著作中不满程、朱的话删去了大半。因此我又把习斋《存治》《存学》两编中我觉得不满意的地方告诉他，他随后更加坚定地说：“我的老师最初教导我的就是以能勇于改正过错为治学最首要的。你说的话是正确的，我怎么能还敢留下那些给人以话柄的语言呢？”

习斋没有儿子，刚主中年迁居博野，修葺了习斋族氏的柯堂用来召收求学的人。博野距离京师有三百里，刚主自从来京师看望我，以后又三次到我的家里：一次是来看望我母亲的病情，第二次是来吊丧，最后一次是他想到自己已年老体衰，恐怕不能再出远门因此来和我告别。他们坐着简陋无饰的车子，长子习仁驾车，牛马来回的草料都在车上载着，他知道我当时生活困窘而且艰苦呀，唉！由此刚主勤于修身，治家有方，施恩于人，并且关注于事物的种种品质德行，都可以了解了。

刚主言谈态度和蔼，他整日端坐，严肃恭谨而又安定平和，接近他的人都不觉受之感染也自我约束起来。凭着昆绳的才气，已经年老了，却为刚主的学识而折服；凭刚主深信老师学说的信念，为我的一席话而翻然悔悟，他们的不自欺欺人和勇于从善的品质都可以为学者效法，所以我详细叙述了这些，其它的品行就不详细说了。

铭文如下：习斋言语坦率，约束自身还不尽力。反对程朱理学，难免受到鬼魂斥责。深信这些言论，趋向根本而无分歧。各自研读自己所从事的学问，又哪里用得上訾毁它呢？李君禀承老师的学说，顽固坚守自己的偏见。老来反倒大梦觉醒，不同的流派归于同一源头。不师承故有的偏见，因此就能看到大的原野。改正过错最为重要，前人的学说都应尊敬。去掉缺点保持美德，光耀老师之门。就是九泉相见，也应没有什么非议。

李 绂

清临川人。字巨来，号穆堂。康熙进士。官至直隶总督工部侍郎。为田文镜所陷，几死，不屈，人叹为铁汉。其学推本象山、阳明，博闻强识，下笔千言。论者谓其能集江西诸先生之长。卒年七十八。有《陆子学谱》《朱子晚年全论》《阳明学录》《穆堂类稿》等书。

【译文】清代临川（今属江西）人。字巨来，号穆堂。康熙年间进士。官至直隶总督和工部侍郎。后来被田文镜陷害，几乎要被处死，坚强不屈，人们称叹他为“铁汉”。他的学问归宗于陆九渊、王阳明，知识丰富，记忆力超群，文思泉涌，提笔成书。有人评论说他集中了江西诸学者的长处。享年七十八岁。著作有《陆子学谱》《朱子晚年全论》《阳明学录》《穆堂类稿》等数种。

原 教

教之说何昉乎？《中庸》言“修道之谓教”。道恶在？君臣、父子、夫妇、昆弟、朋友是也。道在于是，则教在于是矣。教莫古于唐虞，其使契为司徒，敬敷五教也，亦曰：“父子有亲，君臣有义，夫妇有别，长幼有序，朋友有信而已。”孟子叙述三代之教，谓设为庠序学校以教之，皆所以明人伦也。人伦明于上，小民亲于下。然则舍五达道，弃人伦，无所谓教也。《鲁论》称子以四教，文行忠信。文者，修五伦之礼节也；行者，践五伦之实也；忠信者，以亲义序别信之实心，而修其礼践其事也。《周礼·大司徒》以乡三物教万民，而宾兴之。一曰六德：智仁圣义中和。即中庸之知仁勇，所以行此五达道者也。二曰六行：孝友睦姻任恤。孝即父子，友即兄弟，睦者兄弟之推，姻者夫妇之党，任恤者朋友之交。其教之而兴之者君，而承其教而升焉者，皆臣也。三曰六艺：礼乐射御书数。皆五伦之所有事，所以相治相养，而遂其亲义序别信之心者也。圣人继作，其教递详，教之以佃以渔焉；教之以耒耨焉；教之以懋迁交易焉；教之以衣冠焉；教之以舟楫焉，服牛乘马焉；断木为杵、掘地为臼焉；教之以重门击柝，以待暴客，弧矢之利，以威天下焉；教之以上栋下宇焉；教之以葬以封以树、丧期有数焉；教之以书契、百官治万民察焉。其为教甚繁，而总其艺之概，则曰礼乐射御书数，皆五伦之所有事而已。

【译文】关于教育的说法是怎样开始的呢？《中庸》说“按照道的原则修养叫做教”。道在哪里呢？道存在于君臣、父子、夫妇、昆弟、朋友的关系之中。道在这些关系之中，那么教育也就从这里开始。教育最早是从唐尧、虞舜开始的，他们任命契做司徒，敬畏地布施五种教化，也说：“父子之间有亲情，君臣之间有忠义，夫妇之间有区别，长幼之间秩序，朋友之间有诚信而已。”孟子叙述夏商周三代的教育，说当时设立庠序这样的学校教育百姓，都是用来阐明人伦道德的。国家宣扬道德，百姓就会互相亲睦。然而如果舍弃这五种教化，背弃人伦，就没办法教化百姓了。《鲁论》说孔子文行忠信教育弟子。文，就是修行五伦的礼节，行，就是实践五伦；忠信，就是用亲情、忠义、区别、诚信的心，去实行礼仪，付诸实践。《周礼·大司徒》说要用乡学教授的三种事教化人们，从中选贤任能。第一种是六德：智、仁、圣、义、中、和，也就是《中庸》说的智、仁、勇，这是用来实践五种道德的。第二种是六行：孝、友、睦、姻、任、恤。孝指父子关系，友指兄弟关系，睦是由兄弟之情推及宗族，姻是夫妇二人的亲属，任、恤是朋友之间交往应该遵循的原则。教育百姓、使百姓兴起礼仪的是君主，承受教化、升华礼仪的是臣子。第三种是六艺：礼、乐、射、御、书、数。都是五伦所涉及到的事，用来使百姓相互治理、教养，满足他们亲情、忠义、区别、诚信的心。圣人辈出，教育的内容逐渐详细，从教会人们狩猎捕鱼，然后从事农业；开展贸易；穿戴服装；制作舟船；建造房屋；使用牛马作为运输工具；使用杵臼加工粮食；加强防御，抵御歹徒，制造武器，威慑天下；教会人们建造宫殿；教会人们丧葬礼仪；教会官员、百姓使用文字。圣人教育的范围非常的繁多，而对它们加以概括，就是礼、乐、射、御、书、数，都是五伦所涉及到的事。

其人之等，虽有君卿大夫士庶人之分；其人之业，虽有士农工商贾之别，而总其人之类，则曰君臣父子夫妇昆弟朋友，皆五伦之所缀属而已。是故天下无伦外之道，即无道外之人；天下无道外之人，即无人外之教。自二帝三王以来，莫之或易也。沿及后世，乃独目圣人之教为儒，而又有异端邪说，与儒者之道，分行畸立，而多为教之名者，何也？曰二帝三王之时，教主于上，作之师者，即作之君者。至周文武而下，道在周公，则移而之臣矣，然犹行其道于朝廷之上也，至孔子而移于士矣。儒者士之别称，不必皆能为圣人者也，故孔子谓子夏曰：“汝为君子儒，无为小人儒”。儒行出于汉，不必实为孔子之言，然哀公问儒服，而孔子犹不以儒自居。

【译文】人的等级虽有君、卿、大夫、庶人的分别；所从事的职业也有士、农、工、商、贾的区别，然而对所有这些人的关系加以概括，不外乎君臣、父子、昆弟、朋友，都是与五伦有连属关系的。所以天下没有在五伦之外的道，也没有处于道外之人；天下没有处于道外之人，就是没有无关乎人的教育。自从尧舜、夏禹、商汤、周武王以来，没有不是这样的。到了后来，只把圣人的教育看做儒学，然而又有异端邪说兴起，与儒学对立，也多自称是教育，这是为什么呢？在尧舜、夏禹、商汤、周武王的时候，教育由朝廷主持，百姓的老师，就是百姓的君主。从周文王、武王以来，道由周公体现，这就是下移到臣子身上了，然而也还算实行于朝廷。到了孔子，道就下移到士人身上了。儒就是士人的别称，不是每个士人都能成为圣人的，所以孔子对子夏说："你要去做君子式的儒者，不要去做小人式的儒者"。儒者这一行业出现在汉代，不一定就是孔子说过的，然而鲁哀公请教孔子什么是儒服，孔子还不认为自己是儒者。

至战国时，有杨墨之言，然后以学周公孔子之道者为儒，墨者夷之，所称儒者之道是也。而孟子亦曰："逃墨必归于杨，逃杨必归于儒"，而儒之名于是乎乃立。杨氏为我，墨氏兼爱，未尝遗弃五伦也，而推其流弊之所极，至于无父无君。孟子以其有害于人伦也，故辞而辟之。至后世，乃有所谓道与释者出焉，而后天下乃有伦外之道，乃有道外之人，乃有人外之教。夫所谓伦外之道者，何也？人之一身，有理有神，有气有形。仁义礼智信者，理也；知觉运动者，神也；屈伸呼吸者，气也；耳目口鼻四肢者，形也。以理宰神，以神运气，以气连形，施之身，措之世，而人伦出焉，所谓道也。若释之道，则静守其神而已。知有神而不知有理，唯恐一物之扰吾神，故空诸所有，虽遗弃五伦之人而不顾也，极其静之明，可以彰往察来，而动则昏。道之道，专致其气而已。知有气不知有理，唯恐一事之损吾气，故清静无为，虽遗弃五伦之事，而不顾也，极其专之用，可以却病延年，而劳则败。是所谓伦外之道也。伦外之道，无与于家国天下，故曰道外之人；道外之人无与于修齐治平，故曰人外之教。昌黎韩子欲塞而止之，则孟子放距之说也；欧阳子欲修其本以胜之，则孟子反经之说也。然吾谓不必塞而止之也，彼不塞而吾之教无不流也，彼不止而吾之教无不行也，亦不必修其本以胜之也，不修而吾本自在也。吾本在而无不可以胜之也，何也？吾儒之教，圣人之教也；圣人之教，修五达道之教也。圣人之教，而有一日不流不行不修焉，则不足以为圣，何也？无君臣焉，则强凌弱，众暴寡，而天下乱矣；无父子夫妇焉，则生人之道灭，而乾坤或几乎息矣；有父子夫妇，自不能无兄弟，而朋友则亦彼之所不能无也。是吾儒之道，固万古流行于天地，何必取彼二氏者塞而止之，而后流且行哉？

【译文】到了战国时代，有杨朱、墨翟出现，他们把学习周公、孔子学说的人称为儒，墨家所要消除的，就是儒家的学问。孟子也说过："脱离墨家就要归于杨朱，脱离杨朱就要归于儒学”，儒这一名称由此而立。杨朱主张只为自己，墨翟主张无差别的爱，也并没有抛弃五伦，然而他们学说的弊端发展到极点时，达到了不承认父亲、君主的地步。孟子正因为害怕他们危害人伦道德，所以才批判他们。再到后来，又有了道教和佛教的出现，这时才有不在五伦范围之内的道，也有了道外之人，人外之教。什么是伦外之道？人的身体。包含理与神，气与形。理就是仁义礼智信；神就是知觉，使身体运动的；气就是能收缩延伸、呼吸的；形就是耳目口鼻以及四肢。用理主宰神，用神使气运行，用气连接形体，在身体中施行，在社会中运用，这样人伦就产生了，也就是所谓的道。佛教所说的道，就是安静地保持人的神。知道人有神而不知道人也有理，害怕有什么东西扰乱了自己的神，所以把世间一切看做是空虚的，即使抛弃五伦的关系也在所不惜，认为等到安静到了极点时可以用神明彰往察来，而一旦动了就会变得昏聩。道家的道，专门致力于养气而已。只知道有气而不知道有理，害怕有什么事损害了自己的气，所以主张清静无为，即使抛弃五伦的关系，也在所不惜，认为专心养气到了极点时，可以却病延年，而一旦劳神就会失败。这就是所谓的伦外之道。伦外之道，不关心家国天下，所以称之为道外之人；道外之人和修齐治平没有关系，所以称之为人外之教。韩愈想要阻止他们，是和孟子批判杨朱墨翟一样的行为；欧阳修想要修炼根本以便胜过佛道，正是孟子所主张回归到儒家之常道的说法。但我认为没有必要阻止佛道二教，他们没有被阻止，我们儒学仍然在任何地方都能被施行，也没有必要修炼根本胜过他们，不用修炼我们的根本仍然在。我们的根本仍然在，且可以胜过一切邪说，为什么呢？我们儒家的教育，是圣人的教育；圣人的教育，是研究五种常道的学问。圣人的教育，如果有一天不被施行，不被研究，就称不上圣明，为什么呢？如果没有君臣之区分，就会倚强凌弱，以众欺寡，天下就会大乱；没有父子、夫妇的区别，人伦就会灭绝，天地大概也不会存在了；有了父子、夫妇的区别，自然也会有兄弟之间的关系产生，而朋友之间的关系也是不能或缺的。所以我们儒学的道，一定会永远在世间被施行，为什么认为只有阻止佛教、道教之后，儒学才能流行于世间呢？

或谓圣人之教，后世未必能如二帝三王之修之也。本之不足，则从彼者众，乌在其能必胜也？曰：本固未尝不修也。后世之修之，虽实心实政，亦与时为盛衰，然未有舍五伦之说，而可以治天下者也。是吾之本，无日而不修也。本无日而不修，则儒者之教，无人而不遵，而胜不胜，不足道矣。子疑二氏之众，而守儒教者之少耶？儒不必冠章甫而衣逢掖也。凡南面而临天下者，君也，即儒者也；承流宣化于下者，公卿大夫士也，即儒者也；趋走而在官者，府史胥徒也，即儒者；耕且敛者，农也，即儒者也；懋迁有无，執艺事以食其力者，商也，工也，即儒者也。何也？彼皆有君臣父子夫妇昆弟朋友之道者，即皆圣人之教也。彼遗弃五达道，而为道与释者，特养神养气之一术，盖千万人而一二人者也。千万人而一二，亦焉能为有无，而又何胜不胜之足言乎？吾故曰天下无伦外之道，即无道外之人；天下无道外之人，即无人外之教也。

【译文】有人说后人不一定能像尧舜、夏禹、商汤、周武王一样研究、施行圣人的教育。根本没有修足，这样流入佛道二教的人就会很多，怎么能说儒学一定会胜过二教呢？根本当然没有不修。后人的修行，虽然是实心实政，然而也会与时代一起变化，有盛有衰，但从没有舍弃五伦的学说，还可以治理天下的。这是我们的根本，没有一天不研究、实行。根本没有一天不被研究、实行，那么我们儒学的教育，就是无人不遵守，这样能不能胜过二教，还用说吗？你疑虑信奉二教的信徒多，而信奉儒学的人少吗？儒家信徒穿着特定的服装。所有南面称王的君王，都是儒者；帮助君王治理天下的公卿大夫，也是儒者；在官府活动的各种官吏，也是儒者；劳动的农夫，也是儒者；从事贸易，靠技艺谋生的商人、工人，也是儒者。为什么这样说呢？他们都遵行君臣、父子、夫妇、昆弟、朋友之道，也就是圣人之道。那些抛弃五伦大道，而成为二教信徒的人，不过学会了养身养气的技术，千万人中不过才有一两个人。千万人与一两个人，可有可无，哪里还用说能不能胜过！所以我说天下无伦外之道，就是无道外之人；无道外之人，就是无人外之教。

原学上

学字古文作𡥈，其为字从爻，今学字中亦从爻。《易传》谓爻也者，效此者也，故朱子释《论语》，谓学之为言效，确不可易，而效之义则未全也。《诗》称“天之蒸民，有物有则”。《弟子职》谓“先生施教，弟子是则”，惟有则是以可效，惟能则乃谓之学，此学之所由以名也。

【译文】学这个字古代也写成𡥈，从属于爻部，今天的学字中间也有爻字。《易传》说爻，就就是效法的意思，所以朱熹解释《论语》，把学习说成效法，的确非常正确，然而效法的说法还不够完全。《诗经》说“上天生养众民，有事物便有法则”。《弟子职》说要把老师教育的内容，拿来作为效法的原则，有了原则才可以效法，有了原则才称作学习，这是学字的由来。

效天生之则，则孟子所谓“凡有四端，扩而充之者是也”。效先生之教，则颜子所谓步亦步、趋亦趋是也。效有二义，故曰效之义未全。朱子之训，得其一而遗其一者也。学主于效法，就行言，不就知言。盖天生之则，本于良知，孩提之童，无不知爱其亲，及其长也，无不知敬其兄，惟患不行，不患不知。亲亲敬长，达之天下，而天下可平。尧舜之道，孝悌而已矣，此学之大规也。至于效先生之教，亦非导之以知，止于亲书册而勤讨论也。孔子谓无行不与，又曰："天何言哉？四时行焉，百物生焉"，皆不在语言之告教，书册之咿唔。圣门好问者无若曾子，而夫子所告在于一贯；博学者无若子贡，而多学而识，夫子非之。其教弟子也，以孝悌信亲爱为主，必余力乃学文，其在成人也，以志道据德依仁为先，而游艺则居末。故先以敏事慎言，而后就正于有道，则以为好学。夫子拱而尚右，二三子亦尚右，则以为嗜学。孔门弟子好学，夫子独称颜渊，其好学之实，则曰"不迁怒，不贰过"。行也，非知也。

【译文】人效法天生的原则，就是孟子所说的人有四种道德的端倪，扩充它们而已。效法老师的教导，就是颜回所说的跟着漫步或快走。效法有两个意思，所以才说朱熹的解释不够完全，只得到一种意思而忽略了另一种意思。学习主要是指效法，针对实践而言，不针对知识。天生的原则存在于人的良知之中，小孩子没有不知道亲爱父母的，等他长大以后，也知道尊敬兄长，这些道理没有人不知道的，就怕不实践它。亲爱双亲，尊敬兄长，推而及于天下，天下就可以获得太平。尧舜相传的道，就是孝悌而已，这是学习的大准则。至于效法老师的教导，也不只是教会知识，亲近书本，勤于讨论。孔子对弟子没有什么隐瞒的，又说："天说了什么呢？四季照样运行，百物照样生长"，都不是只用语言、书本教育弟子。孔门弟子最好学的是曾子，他说孔子的教育的主张一以贯之的是忠恕而已；最博学的是子贡，他博闻强识，孔子并不赞许。孔子教育弟子，以孝、悌、信、亲、爱为主，学习有剩余精力才学习做文章，目的在于成就人的品格，把志道、据德、依仁作为首先的要求，游艺是次要的。所以把那些敏于做事，谨慎说话，然后受教育的弟子成为好学之人。孔子拱着手且崇尚右边，弟子们也跟着学，这样孔子就认为是非常好学。孔子认为弟子中最好学的是颜回，他学习的内容不过是"不迁怒别人，同样的错误不会再犯"。这都指实践而言，而不是书本知识。

盖古未有以学为知之事者，至朱子始以学、问、思、辨俱属知，因以穷致事物之理为格物。又以《大学》未详言格致之事也，因疑其义亡而为传以补之，于是古人为学之法乃一变。寻章摘句之弊，流为玩物丧志。断断于口耳之间，举古人躬行实践之学，不得而见之矣。《学记》称"大学之教也，时教必有正业，退息必有居学。不学操缦，不能安弦；不学博依，不能安诗；不学杂服，不能安礼；不兴其艺，不能乐学。"四者之中，并无诵读讲论穷理格物之说。其论学之弊也，则曰"今之教者，呻其占毕，多其讯。"又曰"记问之学不足以为人师。"然则专务读书讲论，博闻强记，以为穷理格物之事者，皆大学之所戒也。其始教也，时观而弗语，幼者听而弗问，弗语弗问，始教犹然，乌有学为圣贤而专于讲论，以为穷理格物之事者哉？"大学之法，禁于未发之谓豫，当其可之谓时，不陵节而施之谓孙，相观而善之谓摩。"四法之中，皆论行，不及知。今之以穷致事物之理，极处无不到为格物致知之学者，自有《大学》以来，无此学也。然则《大学》所谓格物致知之说奈何？曰古本在《礼记》注疏中，无庸辨也，致知即致其知先后之知，格物即格其有本末之物。知本即为知至，如是而已矣。且朱子之以效释学也，曰后觉必效先觉之所为，乃可以明善而复其初，是先行而后知也。其补格致传，则曰大学始教，必使学者即凡天下之物，莫不因其已知之理，而益穷之，以求至乎其极，是又先知而后行也。物理固不可穷，又一人所著，彼此互异，后学之士，何所遵守！然则效吾心之天则，效先觉之遗训，恪遵训效之解，而一力于躬行，虽违大学之章句，而合于论语之集注，学之义既不荒，其于朱子之说，亦可以无戾矣。

【译文】古代没有把学习纳为知识的范围之内的，到了朱熹才开始把学、问、思、辨都归入知识的范围，于是把研究事物的道理称为格物。又因为《大学》没有详细阐述格物的意义，就怀疑它失传了并且做了传补充它，这样古人学习的方法就有了很大的变化。寻章摘句这样的弊病，直接就成为玩物丧志的行为。只专心于文字功夫，把古人亲身实践的学习内容，全都抛诸脑后。《学记》说“大学的教学，是按照时序来安排课程的。教授的内容都是先王遗留的经典，学生在课后休息时一定要经常温习。如果不先拿一些小调来练习指法，就不能学好弹奏琴瑟；如果不广泛地学习譬喻，也就不能学好《诗经》。如果不从洒扫应对这类琐碎小事学起，也就不能学好礼仪；如果对所学课程缺乏兴趣，也就不会高高兴兴地去学。”这四者当中，并没有诵读及讲论穷理格物的内容。它讲到学习的弊病时，就说“今天的教师，只知拉长声调地照本宣科，不等学生发问，一味填鸭式地灌输，贪求进度。”又说“东拚西凑地记住一些连自己也没有弄懂的学问，这样的人是不配作教师的。”这样看来只知道读书辩论，博闻强记，以为这样就可以穷理格物的学习方法，是《大学》一再警戒的。《大学》教育人的方法是，刚开始的时候，只看而不说话，儿童听讲而不发问。不说话不发问，刚开始学习就这样，哪里有学习圣贤却只知道辩论，还认为这样就是格物穷理的事情呢？“大学的教育方法：在学生的错误想法还没有露出苗头时就能够加以禁止，这叫防患于未然。当学生正好处于可以教导的年龄而给予教导，这叫合乎时宜。按部就班地施教，这叫循序渐进。使学生互相观摩取长补短，这叫切磋琢磨。”这四种方法，都是讨论实践的，并没有谈到知识。现在把研究事物的道理称为格物致知的学习方法，从《大学》成书以来，从没有这样。那么《大学》所讲的格物致知究竟是怎么回事呢？古代的版本存在于《礼记》的注疏之中，这是毋庸置疑的，致知就是致其知先知后的知，格物就是格那些有本有末的事物。知道的根本就是知至，如此而已。况且朱熹把学习理解为效法，说后觉之人必须效法先觉之人，才能够使善心复明，这是把实践放在前面，知识放在后面啊。他给《大学》补充格致传，又说“大学开始教育学生，必定要学生接近天下的事物，根据自己已经知道的道理，加以扩充，达到极致，”这又变成把知识放在前面，实践放在后面！事物的道理当然不可能被研究穷尽，一个人的著作，前后互异，后世读书之人，怎么还能信奉它呢？然而如果用自己心中的天则，效法先觉之人遗留的教训，恪守把学习解释为效法的解释，努力实践，即使与《大学章句》有所违背，却与《论语集注》相符合，学习的本意不会被抛弃，与朱熹的说法也不会有冲突。

原学下

学训效，其义虽有二，而以效吾心之天则为本义。效先生之教，则余力学文之事耳。盖仁义礼智，我固有之，非由外铄，察识而扩充之，则圣学无余蕴矣。亲师取友，特提撕而使吾察识，鞭策而使吾扩充焉耳，非有加于吾性之外也。自宋南渡以后，学者不务其所当务，而疑其所不必疑；不汲汲然患其知之而不行，而鳃鳃然患其行之而不知；溺其志于章句训诂之烦，而驾其说于意见议论之末；置其身于日用彝常之外，而劳其心于名物象数之中；未尝一日躬行实践，而诩诩然自以为讲学。吾不知其所讲者何学也，试取孟子所谓本心良心者一体察焉。有不茫然思惕然惧者，必非人矣。杨龟山谓学者所以学为人也，乌乎学为人？孟子曰："仁也者，人也。"学为仁，所以学为人也。乌乎学为人？孟子曰："仁，人心也"。又曰："学问之道无他，求其放心而已"。吾一日之间，自昧旦而起，至寝息而止，吾心发一念，即自加审察，为理耶，即奋然直前；为欲耶，即毅然断绝。由是推之行事，必求一而无欲，而心之理得矣。心之理得，而全乎其为人矣。此夫妇之愚不肖可以与知，可以能行，而人皆可以为尧舜也。反是则谓之放其良心，反之则谓之失其本心，放其良心，失其本心，则孟子所谓近于禽兽，而非人矣。至于所行之是非，则吾心自有良知，且余力以学文，亦既知其大端矣。其措注，则必临事而后见，其细微曲折，则必行之而后知，非事未至而揣度想象者所能得之也。即如事亲，孩提知爱，本心自具此良知，常守此本心良心，即大舜终身之慕矣。其所以尽孝之道，则《戴记》所云"有深爱者必有愉色，有愉色者必有婉容"，以至于视无形、听无声，莫不本此深爱之心。是故昏而爱亲，则必思定；晨而爱亲，则必思省；冬而爱亲，则必思暖；夏而爱亲，则必思清；推之事长事上使众，无不皆然。岂有舍固有之良心，而求之书册，求之讲论，以为外铄之学者哉？若谓事上使众，天下国家之事，繁重难知，必须豫为讲习，不知家国天下无异理也。

【译文】把学解释为效法，它的含义虽然有两个，却以效法自己心中的天则为根本意义。效法老师的教育，都是学有余力用来学习做文章之类的事情。仁义礼智是自己心中原本就存在的东西，不是由外部强加给自己的，能够发现它们并且扩充它们，那么对于儒学就没有什么不能理解的地方了。亲戚、老师、朋友，只不过是提醒我发现自己的良知，激励我对它进行扩充而已，并不是有什么东西加在了我的本性之上。自从南宋建立之后，读书人不从事自己应当做的事情，而对没必要怀疑的东西加以怀疑；不忧心自己有知识不能实践它，却害怕能实践却没有知识；沉溺于繁琐的章句训诂之中，把自己的意见凌驾于别人之上；对日常道理不闻不问，却醉心于名物象数之中；从没有片刻实践功夫，却自以为在研究学问。我不知道他们所讲的是什么学问，尝试着用孟子所讲的本心良心考察一下，如果有人不感到茫然、害怕，一定不是人类。杨时说读书人学习怎样成为人，怎样才能成为真正的人呢？孟子说："仁的意思，就是人。"学习仁，是为了学习怎样做人。怎样学习做人呢？孟子说："仁，就是人的心。"又说："学习的方法不是别的，就是把丢失的良知找回来。"我平时从早上起床，到晚上就寝，只要心中产生意念，就加以审察，如果符合理，就勇敢做下去；如果是出自私欲，就断然放弃。这样去做任何事，都追求没有私欲，心中天理也就复明了。心中天理的复明，人也就成为完全的人了。这些道理愚夫愚妇、不贤之人都能明白，都能实践，是人成为尧舜那样的圣人的方法。反之就是放任自己的良心、丢失自己的良心，放任、丢失自己的良心，就是孟子所说的跟禽兽差不多，就不是人类了。至于所行之事的对与错，自己的良心自然能判断，况且平时学习做文章的时候，也应该知道大概了。良心处置作用，在事情到来之时就会显现，它的细微曲折，在实践之后才能懂得，不是那些没有经事、只靠想象的人所能得到的。例如事奉双亲，这是连小孩子也懂得的、人的本心原本具有的良知，能经常持守这个本心，就是舜帝一生所钦慕的。他用来尽孝的方法，就是《礼记》所记载的"对父母有深深的爱，心中就必然会表现出和颜悦色，脸上有和颜悦色，就一定会表现为屈意承欢的样子"，以至于父母能在无声之中有所听闻，能在无形之中有所察见，这都是根源于深爱父母的心。所以爱父母，黄昏时刻必定想着服侍就寝，早晨必定想着省视问安；冬天必定想着给父母温暖，夏天必定想着给父母清凉；推及事奉年长位尊之人，都是这样。难道有舍去固有的灵心，而去向书本、议论寻求良知，认为良知是从外部来的读书人吗？如果说事奉尊上、使唤百姓以及天下国家的事情太多，难以尽知，必须预先学习，这是不懂得家国天下的道理只有一个的缘故。

昔鲁哀公问政，孔子对以"文武之政，布在方策"，言不待问也。一朝之兴，各有会典、当官之职，各有掌故。时至事起，虚心延访，实意推寻，未有不能知者。《大学》谓"心诚求之，不中不远，未有学养子而后嫁者"，如必豫为讲习，是学养子而后嫁也。至于常变经权，其理皆一，不过以此心权度之而已。昔顾东桥疑经事可以理推，变事非精义不能，恐须平时讲解，因举舜不告而娶，周公大义灭亲二事为问。阳明先生答以舜、周公亦止临时以心度其轻重，并非平时预为讲习，见古人有不告而娶大义灭亲者，而因而效法之也。盖心之为用，万物皆备，苟能治心，无施不可。《中庸》论治国平天下，不过曰絜矩。曾子答一贯，不过曰忠恕。己欲立而立人，己欲达而达人，能近取譬，而仁不待外求矣。伊川程子论学，谓学也者，使人求于内也，不求于内而求于外，非圣人之学也，以文为主者是也。学也者，使人求于本也。不求于本而求于末，非圣人之学也。考详略采异同者是也，是二者皆无益于吾身，君子弗学。若明道程子则明言不可将穷理作知之事。又曰："存久自明"，何待穷索。朱子教人乃云："穷理以致其知，固异于明道之说"，其为格致补传，谓大学始教，必使学者即凡天下之物，莫不因其已知之理，而益穷之，以求至乎其极。夫即物穷理，岂非伊川所谓求之于外、求知欲末者乎？以是为窃取程子之意，正恐程子不受。

【译文】昔日鲁哀公询问治国政策，孔子回答说："周文王、武王的政策，都记载在典籍理，"意思是说不需要询问。一个朝代的兴起，都有会典、当官的职位，各有旧制。有事情到来，虚心请教，诚意寻求，一定会有懂得的人。《大学》说："存心真诚地做，虽不能做到与目标完全相合，也相差不远了，女人没有先学怎么抚养孩子，然后再去嫁人的"，如果一定预先学习，就是先生孩子然后嫁人。至于常与变，经与权的道理，都是一样的，不过是用此良心权衡而已。昔日顾东桥对遇到事情都可以用理推断，变通事情须精通义理表示怀疑，认为应该平时研讨学习，就举了大舜不告知父母就娶亲，周公旦大义灭亲这两件事向老师提问，王阳明回答他说大舜、周公旦也只是临时用心权衡事情的轻重，并不是平时预先学习，见到古人有不告而娶、大义灭亲的，才因而效法。人的心具备万物的道理，如果能加以治理，在任何事情上都可施行。《中庸》说治国平天下，不过就是絜矩罢了。曾子说孔子的学问一以贯之，就是忠恕而已。自己想要站得住也要使他人站得住，自己欲事事行得通也应使他人事事行得通，能推己及人，替别人着想，仁还需要向外部寻求吗？程颐谈到学习时说，学习就是向人的内心寻求道理，不向内心寻求而求之于外，是舍本逐末，不是圣人的学问，这是以做文章为主。学习就是使人从根本寻求道理。不从根本而从末梢寻求，不是圣人的学问。只是做考证、采编的事情，都对修身没有益处，君子不是这样学习的。程颢更明白地说，不能把穷究事物的道理当做求知的事情。又说："存养久了道理就会自己显露出来"，哪里还需要穷索呢？朱熹对人说："我穷究事物的道理以获取知识的讲法，与程颢的讲法是有区别的"，他为《大学》格致补传，说大学开始教育学生，要使他们接近天下的事物，因自己已知的道理，进一步加深，到达极致。接近天下的事物，穷究其道理，这不正是程颐所说的向外部寻求道理，舍本逐末吗？这是歪曲程颐的原意啊！

盖自《大学》改格致传补，而孔孟之学乃失传矣。虽然，朱子晚年固已尽觉其误。余尝辑朱子晚年全论三百七十余条，并以尊德性求放心为主。而元明陋儒，专取其中未定之书，用以取士。明初附益之，编写大全，科举之学，因陋就简。朱子全书，未尝寓目，遂以讲章训诂之学，为足以师承朱子，此亦朱子所不欲受也。

【译文】从朱熹给《大学》补格致传以来，孔子、孟子的学术就失传了。虽然如此，朱熹到了晚年已察觉到自己的错误。我曾经编辑《朱子晚年全论》，收录朱熹语录三百七十余条，以尊德性求放心为主。元明两代以来的浅陋儒者，专门取朱熹早年没有成熟的著作，用以选拔士人。明代初年更加变本加厉，编纂《性理大全》，应付科举考试的学习，更加简陋。朱熹全部的著作，他们不能全部看完，就认为只看讲章训诂的部分，可以完全学习到朱熹的学说，这大概也不是朱熹愿意接受的吧？

刘大櫆

清桐城人，字才甫，号海峰。副贡生。晚官黟县教授。喜读庄周、韩愈之书，工古文辞，方苞许为国士。卒年八十三。有《海峰诗文集》。

【译文】清代桐城（今属安徽）人，字才甫，号海峰。副贡生。晚年任歙县教授。喜爱阅读庄子、韩愈的著作，擅长古文辞，方苞称他为国士。去世的时候八十三岁。著作有《海峰诗文集》。

息争

昔者孔子之弟子，有德行，有政事，有言语、文学。其鄙有樊迟，其狂有曾点。孔子之师，有老聃，有郯子，有苌弘、师襄。其故人有原壤，而相知有子桑伯子。仲弓问子桑伯子，而孔子许其为简，及仲弓疑其太简，然后以雍言为然。是故南郭惠子问于子贡曰：“夫子之门，何其杂也？”呜呼！此其所以为孔子欤？

【译文】过去孔子的弟子各有特长，有的品德出众，有的擅于理政，有的擅长辩论、熟悉古代文献。质朴、浅薄的是樊迟，偏激狂妄的是曾点。孔子的老师，有老子、郯子、苌弘、师襄。老朋友有原壤，而知己有子桑伯子。仲弓问到子桑伯子这个人，孔子说他简约、不繁琐，等到仲弓怀疑他太简单的时候，孔子又认为冉雍说得对。所以南郭惠子问子贡，说：“老师的弟子，为什么这样杂？”啊！孔子难道是这样的吗？

至于孟子乃为之言曰：“今天下不之杨则之墨，杨墨之言不息，孔子之道不著，能言距杨墨者，圣人之徒。”当时因以孟子为好辩。虽非其实，而好辩之端，由是启矣。唐之韩愈，攘斥佛老，学者称之。下逮有宋，有洛、蜀之党，有朱、陆之同异。为洛之徒者，以排击苏氏为事；为朱之学者，以诋諆陆子为能。吾以为天地之气化，万变不穷，则天下之理，亦不可以一端尽。昔者曾子之一以贯之，自力行而入；子贡之一以贯之，自多学而得。以后世观之，子贡是，则曾子非矣。然而孔子未尝区别于其间，其道固有以包容之也。夫所恶于杨墨者，为其无父无君也；斥佛老者，亦曰弃君臣，绝父子，不为昆弟夫妇，以求其清净寂灭。如其不至于是，而吾独何为訾謷之？大盗至，胠箧探囊，则荷戈戟以随之，服吾之服，而诵吾之言，吾将畏敬亲爱之不暇。今也操室中之戈而为门内之斗，是亦不可以已乎？

【译文】到了孟子才为孔子辩解说："当今的世上的学者不是跟从杨朱就是向墨翟学习，杨朱、墨翟的学问不熄灭，孔子的学说就得不到发扬，能用辩论排斥杨朱、墨翟的人，是孔子的弟子。"于是当时的人都认为孟子喜欢与人辩论。这虽然不是真实情况，然而喜欢辩论的端倪从此开启。唐代的韩愈，排斥佛教、道教，学者们都称赞他。等到了宋代，出现了洛党与蜀党，也有朱子与陆九渊的辩论。学习洛学的学者，把排斥苏学作为自己的事业；学习朱子学问的学者，又把诋毁陆九渊的学说作为自己的事业。我认为阴阳之气（物质本原）化生万物，变化永远没有结束的时候，那么世上的道理，也不可能用一种学问穷尽。从前曾子的学说用一个根本的原则贯穿起来，是从努力实践开始的；子贡的学说用一个根本的原则贯穿起来，是由广泛地学习而获得的。从后世的观点看，子贡是对的，而曾子错误了。然而孔子并没有在二者之间做出区分，他的学问可以包容二者。那些厌恶杨朱、墨翟的人，是因为他们主张不承认父亲、君主的权威；排斥佛教、道教的人，也说他们弃绝君臣、父子、兄弟、夫妇之间的人伦，只追求清净寂灭。如果他们不是背弃人伦到这个地步，我为什么非议、诋毁他们呢？强盗来了，撬开箱箧，把手伸进口袋里，实施偷盗，就扛着戈戟跟随他，穿着自己的服装，说着自己的语言，我敬畏君上、亲爱父母还没有时间，哪里还有精力管其他的呢？现在学者们同室操戈，同门相斗，这都是不能停止的吗？

夫未尝深究其言之是非，见有稍异于己者，则众起而排之，此不足以论人也。人貌之不齐，稍有巨细长短之异，遂斥之以为非人，岂不过哉？北宫黝、孟施舍，其去圣人之勇盖远甚，而孟子以为似曾子、似子夏，然则诸子之迹虽不同，以为似曾子、似子夏可也。居高以临下，不至于争，为其不足与我角也。至于才力之均敌，而惟恐其不能相胜，于是纷纭之辩以生。是故知道者，视天下之歧趋异说，皆未尝出于吾道之外，故其心恢然有余；夫恢然有余，而于物无所不包，此孔子之所以大而无外也。

【译文】那些没有深入研究别人言论是非对错的人，只是看到和自己的讲法稍有不同，就群起而攻之，这是没有资格议论他人的。人的外貌是不完全一样的，稍微地有胖瘦、高矮的差异，于是就斥责他们不是人，不是很过分吗？北宫黝、孟施舍，他们比起孔子的勇气相差太远了，然而孟子认为他们与曾子、子夏相似，孔子弟子们的行迹当然是不相同的，孟子认为北宫黝、孟施舍与曾子、子夏相似，算是可以了。站在高处，俯瞰下边，不与下边的人争论，因为他们不配与自己较量。那些才能、力量势均力敌的，害怕不能胜过对方，于是不断的争辩就开始了。所以通晓大道的人，把世上不同的学说，看做都没有超出自己坚守的大道之外，所以他的心弘大、宽阔；因为弘大、宽阔，所以对于世间万物无所不包，这就是孔子学说至大无外的原因。

附录 朱琦辨学中

或曰：子之言学，而恶夫近利，似矣。其曰：学不病其杂者，得毋惑于卑近之说，而不繇其统乎？曰：非谓是也，夫杂者乃所以为一者也。孔子曰："天下同归而殊途，一致而百虑。"《传》曰："穷乡多异，曲学多辩。"不知而不疑，异于己而不非，公焉而求众善者也。

【译文】或许会有人说：孔子讲学，厌恶提到追逐功利，这话似乎是对的。如果他说：做学问如果不把杂乱的其它学说看做弊病，难道不会受到卑陋浅近的学说的迷惑，而不遵守自己的学术传统吗？我会这样回答：不是这样的。其它的学说也是统一真理的一部分。孔子说："天下人走不同的路，到达同一个地方；经过多种考虑，达到同一个目的。"《传》上说："穷困的乡野多怪事，偏颇浅陋的学说喜欢辩驳。"对自己不知道的东西不去怀疑，和自己不同的见解也不非议的人，才是公正、追求众善的人。

今夫京师，衣冠之所会也，中国政教之所出也，远方百贾之所观赴也。天下辐辏而至者有二涂焉，一自东，一自西，二者皆大道也。苟循其途，虽以万里之远，山砠水涯，车舆舟挽，而可以至焉。是故均之至京师也，出于东与出于西，无以异也，此不待智者而决也。今使东道者必与西道者争，曰：彼所由之途非也。西者亦复之曰：彼所由之途非也，可乎？不可乎？夫道犹京师也，学者所从入之途，或义理，或考订，犹途有东西之分，其可以适于京师一也。今之人不知从入之有殊途也，执其所先入者而争之，是东西交閧之类也。

【译文】京都是贵族、士大夫聚集的地方，是对全中国实施政治教化的中心，也是众多商人不远千里要赶赴的地方。天下之人想到去京都有两个路径，或者经由东路，或者走西路，这两条路径都是顺畅宽阔的道路。如果顺着道路走，即使有万里之遥，又居住在荒僻的地方，借助车辆和船只也可以达到。所以都是去京都，走东路和走西路没有什么区别，这是很容易理解的事情。假如走东路的人与走西路的人相互争执，都说对方所走的路不是正规的道路，这样合适吗？道就像京都，学者获得道的途径，可以通过辨析义理，可以通过考证，就像去京都的道路有东、西路之分，都可以到达京都。现在的人不懂的获得道的方法可以是不同的，就先入为主地认为自己的方法是对的，别人的都是值得辩论的，这跟分走东西两路去京都却相互争执谁的路是正路的人是同一类人啊！

且今之争者，吾异焉。彼义理、考订，犹其显殊者也。程、朱、陆、王同一义理，同师孔孟，奚不相悦如是？为朱之徒者，未必俯首读陆之书也，而日与陆之徒争；为陆之徒者。未必敛己读朱之书也，而日与朱之徒争。夫不考其实，但恶其异己而与之争，使他途者得以抵巇，非第交閧之为患也？又如远适者，未涉其途，但执日程指曰：某至某所，若干里而已。某地所经某山某水，其间形状险夷，弗之悉也；其有歧路，弗之知也；而况京都宫阙之壮，百官之富。睹所绘之图而遥揣焉，其庸有当乎？

【译文】今天所争论的东西，让我感到很奇怪。义理与考证之争就是非常明显的例子。二程、朱熹、陆九渊、王阳明同属于研究义理的学者，都是学习孔子、孟子的学问，为什么要相互仇视呢？学习朱熹的儒者，并不一定读过陆九渊的书，却每天与陆九渊的后学争执不下；学习陆九渊的儒者，并不一定读过朱熹的书，也每天与朱熹的后学辩论不已。不考察实际情况，只是厌恶别人跟自己不同，就与之争辩，使对方有借口攻讦自己，真难道不是仅仅以为相互攻击而造成的灾祸吗？例如一个打算进行长途旅行的人，还没有出发，只是拿着日程计划书说：我到这个地方，不过多少里罢了。至于达到目的地要经过什么山，渡过什么河，当地的地势又如何，都不知道；是否有其它的路可走，也不知道；何况京都拥有壮丽的宫殿，富丽的官署。只是拿着描绘的地图就揣测，这合适吗？

古人有言：义虽相反，犹并置之，党同门，妒道真，最学者大患。又曰：道一而已。自其异者观之，不独传记殊也，即《书》有伏生、欧阳、大小夏侯，《易》有施、孟、梁丘，《诗》则齐、鲁、韩、毛、郑，皆各为说。而唐、宋以后之笺注者，悉数不能终也。自其同者观之，则义理、考订，即识大识小之谓，程、朱、陆、王，与分道接轸而至都邑者何异哉？朱子亦言：某与彼常集其长，非判然立异者也。是故善学者，不独陆、王可合，汉、宋可合，即世所谓旁径曲说，如申、商、老、庄之说，其书多传古初遗制，圣人复起，必不尽取其籍而废之也。故曰：无病其杂也。然则学将安从？曰：予固已言之矣，以圣人之道为归而已。然此又非始学所能知也，此又向者涂人交閧者之所笑也。

【译文】古人曾经说过：意义虽然相反，不如一同留下，与同门结党，妒忌别人道理的真实，这些都是做学问的人最大的隐患。又说：道只有一个。从不同的角度来看，不仅仅经典的传、记都是不一样的，即使是《尚书》，也有伏生、欧阳生、夏侯胜、夏侯建所传的不同版本。《周易》也有施仇、孟喜、梁邱贺不同的传承，《诗经》也有申培、辕固、韩婴、毛亨、毛苌、郑玄所传的不同版本，都各自坚持自己的学问。唐、宋以后给经典作注释的，数不胜数。从他们相同的一面来看，可以分为义理与考据两大学派，也就是常说的认识大的方面与认识小的方面，二程、朱熹、陆九渊、王阳明（同属义理派，却争论不休），跟分走东西两路去京都却相互争执谁的路是正路的人有什么区别？朱熹也曾经说过，我和他（指陆九渊）经常借鉴对方的长处，并不是完全对立的。所以善于学习的人，不光可以融合陆九渊与王阳明、汉代与宋代的学问，即使被世俗之人称为异端邪说的申不害、商鞅、老子、庄子的学说，由于他们的书记载古代很多古代的制度，假如圣人重新活过来，也不会把他们的书完全废弃。所以说：做学问如果不把杂乱的其它学说看做弊病。那么做学问应当信从哪家学说呢？我已经说过了，以孔子的学说为归宿。然而这个道理又不是那些刚开始做学问的人能理解的，这又是被过去分东西两路去京都却相互争执谁的路是正路的人所嘲笑的！

袁枚

清钱塘人，字子才，号简斋。乾隆进士。出宰江宁。少年弃官，佚宕不羁，筑随园于江宁城西，吟咏著作为乐。其文章好出新意，不屑为拘谨因袭之说，亦颇有名言。卒年八十二。有《随园全集》数十种。

【译文】袁枚，清代钱塘人（今浙江杭州）人，字子才，号简斋。乾隆进士。曾任江宁知县。很早就放弃官职，为人狂放不羁，在江宁城西边修筑了随园，以吟诗写作为乐。他的文章屡出新意，鄙视刻板、无新意的学问，有很多有名的文章。享年八十二岁，有《随园诗话》等几十种著作。

代潘学士答雷翠庭祭酒书

前以一家言求教，书来如发蒙。且云由周公而上，道统在上；由孔、孟以至程、朱，道统在下；汉、唐君臣无与焉。是说也，蒙不谓然。

【译文】不久前以自家观点向您请教，回信对我启发很大。并且说周公以前，道统由帝王传承；自孔子、孟子直到二程、朱子，道统由庶人传承；汉代、唐代的君主于大臣没有能够传承道统的。这种说法，我不赞同。

夫道无统也，若大路然。尧、舜、禹、汤、孔子，终身由之者也。汉、唐君臣履乎其中，而时轶乎其外者也。其余则偶一至焉者也。天不厌汉、唐而享其郊祀，孔子不厌汉、唐而受其烝尝。亦曰：彼合乎道，则以道归之；彼不合乎道，则自弃乎道耳。道固自在，而未尝绝也。后儒沾沾于道外增一“统”字，以为今日在上，明日在下，交付若有形，收藏若有物。道甚公，而忽私之；道甚广，而忽狭之。陋矣！三代之时，道统在上，而未必不在下。三代以后，道统在下，而未必不在上。合乎道，则人人可以得之；离乎道，则人人可以失之。昔者秦烧《诗》《书》，汉谈黄、老，非有施雠、伏生、申公、瑕丘之徒负经而藏，则经不传；非有郑元、赵岐、杜子春之属琐琐笺释，则经虽传不甚明。千百年后，虽有程、朱奚能为？程朱生宋代，赖诸儒说经都有成迹，才能参己见成集解；安得一切抹摋，而谓孔、孟之道直接程、朱也？

【译文】道是没有传承系统的，就像宽广的路一样。尧、舜、禹、汤、孔子，终其一生遵循的就是道。汉、唐的帝王大臣也是遵循道德，只是有时违背了。其它的时代只是偶尔遵循道的要求。上天不厌恶汉、唐时代的人奉献的祭祀，孔子也没有不接受汉、唐时代的人的秋冬祭祀。这就是说：他的行为合乎道的要求，道就在他的那边；他的行为不符合道的要求，就是他放弃了道。道是客观存在的，从来没有断绝过。后世儒者喜欢在“道”字的旁边增加一个“统”字，认为道今天在上层人士那里，明天在下层民众中间，好像是可以拿孔子、来交给别人，可以用来收藏的东西。道本来是最公共的，却突然被看成私有的东西；到本来是最广大的，却突然被当成狭隘的事物。这种见识是多么鄙陋啊！夏商周的时候，道统在上层人士手里，然而也不是不在下层民众手里。夏商周以后，道统在下层民众手里，然而也不是不在上层人士那里。凡是行为符合道的要求，人人都可以称为得到了道；凡是行为与道的要求相背离，人人都可能失去道。秦朝的时候，焚烧《诗经》《尚书》，汉代初年盛行黄帝、老子的学说，如果没有施雠、伏生、申公、瑕丘这些人把经书藏起来，那么今天就看不到经书了；如果没有郑玄、赵岐、杜子春这些人给经书作看似繁琐无用的注释，那么经书虽然流传下来也不会有人明白它们的意思。千百年以后即使出现了程颢、程颐、朱熹，也会无能为力。程颢、程颐、朱熹生活在宋代，依靠先辈儒者们解释经书已取得的成就，才能把自己的见解参入进去写成《集解》；怎么能把先辈儒者的功劳一概抹杀，却说什么孔子、孟子的学说直接传给了程颢、程颐、朱熹呢？

夫人之所得者大，其所收者广；所得者狭，其所弃者多。以孔子视天下才，如登泰山察丘陵耳。然于子产、晏婴、宁武子等，无不称许。至孟子于管、晏，则薄之已甚，此孟子之不如孔子也。孟子虽学孔子，然于伯夷、伊尹、柳下惠均称为圣。至朱子则诋三代下无完人，此朱子之不如孟子也。王通称孔明能兴礼乐，邵伯温作论驳之。康节怒曰：“尔乌知孔明之不能兴礼乐乎？”此伯温之不如邵子也。夫尧、舜、禹、汤、周、孔之道所以可贵者，正以易知易行，不可须臾离故也。必如修真炼药之说，以为丹不易得，诀不易传，钟离而后，惟有吕祖，愈珍秘愈矜严，则道愈病。我皇上文集中不远称尧、舜，而屡举汉文帝、唐太宗者，亦以言汉、唐则年代近，而政事易于核实了；言唐、虞则年代远，而空言难以引据。先生来书尊皇上为尧、舜，尧、舜之言，先生又不以为然，何也？书中斥陆、王为异端，亦似太过。《周易》曰：“仁者见之谓之仁，智者见之谓之智。”子曰：“仁者乐山，智者乐水。”夫道一而已，何以因所见而异，因所乐而异哉？然仁者之乐山，固不指智者之乐水为异端也。颜渊问仁，曰：克复。仲弓问仁，曰：敬恕。樊迟问仁，曰：爱人。随其人各为导引。使生后世，则仲弓必以颜渊为异端，颜渊又必以仲弓为异端矣。

【译文】一个人所取得的成就越巨大，他能容纳的东西也就越广泛；所取得的成就越狭小，他放弃的东西也就越多。以孔子这样的圣人去看待天下芸芸众生，就如同登上泰山去俯瞰众丘陵一样。然而孔子对于子产、晏婴、宁武子等人，都加以赞许。但是到了孟子，他对于管仲、晏婴等人，已经很鄙视了，这是孟子比不上孔子的地方。孟子虽然学习孔子的学问，但他把伯夷、伊尹、柳下惠等人都称为圣人。到了朱熹，他认为夏商周以后就再没有品德完美的人了，这是朱熹比不上孟子的地方。王通认为诸葛亮也能振兴礼乐制度，邵伯温就发表议论反驳他。邵雍怒斥邵伯温说："你怎么知道诸葛亮不能振兴礼乐制度？"这是邵伯温比不上邵雍的地方。尧、舜、禹、汤、周公、孔子之道的可贵之处，正是在于它的通俗易懂、简单易行，不能片刻离开的缘故。如果一定像道教修真炼药一样，认为丹药不容易获得，秘诀也不应该轻易传给他人，汉钟离以后，只传吕洞宾，越珍视秘藏、越矜持严整，那么道也就越会出问题。我们的皇上，在他的文集中不提尧、舜，却经常提起汉文帝、唐太宗，也是因为汉代、唐代年代相距较近，当时的政事容易核实；如果提尧、舜，年代就太久远了，留下的没经过考证的话也不适合引用。您的来信中，把皇上尊称为当今的尧、舜，尧、舜的话，您又不认同，这是为什么呢？信中把陆九渊、王阳明斥为异端，也好像太过了。《周易》说："仁者见它说是仁，智者见它说是智。"孔子说："有智慧的人喜欢水，有仁德的人喜欢山。"道只有一个，为什么要因为事情不是自己愿意看到的、不是自己喜欢的就视它为异端呢？有仁德的人喜欢山，并没有把有智慧的人喜欢水看作异端。颜渊请教孔子什么是仁，孔子回答他说："克己复礼"。仲弓向孔子请教什么是仁，孔子回答他："爱人"。这是按照个人的资质去引导他们。如果颜渊与仲弓生活在后世的时代，仲弓一定会把颜渊视为异端，颜渊也一定把仲弓视为异端。

大抵古之人以行胜，后之人以言胜。以行胜者，未之能行，惟恐有闻，不暇争也；以言胜者，矜矜栩栩，守一先生之言，无所不争也。圣人知其如此，故谆谆戒之曰"先行其言"，曰"讷于言"，"敏于行"，曰"君子无所争"。宋儒之语录，皆言也；所驳辨，皆争也，非圣人意也。士幸生宋儒争定之后，宜集长戒短，各抒心得，不必助一家攻一家。

【译文】大概古代的人擅长实践，后世的人擅于言语。擅于实践的人，在他还没有把已知的知识付诸实践的时候，总担心再听到新的知识，更来不及实践，所以就没时间跟别人争辩；擅于言语的人，小心翼翼又欣然自得地信守某位先生的学说，对其它的学说没有不与之争辩的。圣人料想到后人会这么做，所以恳求、耐心地警戒道："先要实践知道的知识”，好说：“言语要谨慎迟钝”、“行事要勤劳敏捷”，又说：“君子对什么都不争”。宋代儒者的语录，都是言语；他们进行的辩驳，都是跟别人在争论，这并不是圣人的意思。今天的读书人幸运地生活在宋代儒者的争论安定下来的时候，应该集中各种学中学说的长处，警戒自己的短处，各自抒发自己的心得，不要去帮助一家学说去攻击另一家学说。

今有赴长安者，或曰舟行，或曰骑行，其主人之心，不过皆欲至长安耳。苍头、仆夫，各尊其主，遂至戟手嚷詈。及问其路之曲折，而皆不知也。今之排陆、王者，皆此类也。愿先生勿似之也。

【译文】如果有一个人想去长安，有的人告诉他可以乘船，有人说可以骑马，但总之这个人是想去长安。苍头、仆夫，都尊重自己主人的看法，互不相让，甚至于相互谩骂。等到问他们去长安的路是否好走时，就都不知道了。现在那些排斥陆王心学的人，就像这些指路之人。但愿您不是这样的人。

戴震

清休宁人，字东原。乾隆举人。四库馆开，纪昀裘曰修荐之于朝，充纂修官。其学长于考证，尤精小学。晚年著《孟子字义疏证》《原善》，复畅言性命理欲之故，以攻宋儒之说，为失经传本谊，自谓乃平生著述之最大者。卒年五十五，有《戴氏遗书》若干种。

【译文】清代休宁人，字东原。乾隆举人。四库馆开办后，纪昀、裘曰修把他推荐给朝廷，充任纂修官。他擅长考证，尤其精通小学。晚年著有《孟子字义疏证》《原善》，重新阐述对性命、理欲问题的看法，攻击宋代儒者的说法，为经典传述其本来的意义，自称是其一生最重要的著作。享年五十五岁，著作有《戴氏遗书》若干种。

答问性（《孟子字义疏证》）

问：《论语》言性相近，《孟子》言性善，自程子、朱子始别之，以为截然各言一性，（朱子于《论语》引程子云："此言气质之性，非言性之本也。若言其本，则性即是理。理无不善，孟子之言性善是也，何相近之有哉！"）反取告子"生之谓性"之说为合于孔子，（程子云："性一也，何以言相近？此止是言气质之性，如俗言性急性缓之类。性安有缓急？此言性者，生之谓性也。"又云："凡言性处，须看立意如何。且如言人性善，性之本也；生之谓性，论其所禀也。孔子言性相近，若论其本，岂可言相近？止论其所禀也。告子所云固是，为孟子问他，他说便不是也。"）创立名目曰"气质之性"，而以理当孟子所谓善者为生物之本，（程子云："孟子言性，当随文看。不以告子'生之谓性'为不然者，此亦性也，被命受生之后谓之性耳，故不同。继之曰'犬之性犹牛之性，牛之性犹人之性与'，然不害为一。若乃孟子之言善者，乃极本穷源之性。"）人与禽兽得之也同，（程子所谓"不害为一"，朱子于《中庸》"天命之谓性"释之曰："命，犹令也；性，即理也。天以阴阳五行化生万物，气以成形而理亦赋焉，犹命令也。于是人物之生，因各得其所赋之理以为健顺五常之德，所谓性也。"）而致疑于孟子。（朱子云："孟子言

‘人所以异于禽兽者几希’，不知人何故与禽兽异；又言‘犬之性犹牛之性，牛之性犹人之性与’，不知人何故与牛犬异。此两处似欠中间一转语，须著说是‘形气不同故性亦少异’始得。恐孟子见得人性同处，自是分晓直截，却于这些子未甚察。”）是谓性即理，于孟子且不可通矣，其不能通于《易》《论语》固宜。孟子闻告子言“生之谓性”，则致诘之；程、朱之说，不几助告子而议孟子欤？

【译文】问：《论语》说人性是相近的，《孟子》说性是善的，从二程、朱熹开始，对这两种说法做了区分，认为他们说的是两种不同的性，（朱熹在给《论语》做注时引用程颐的话：“这里说的是气质之性，不是说人的本性，若说到人的本性，则本性就是天理。天理完全是善的，孟子所讲的性善就是指人的本性，本性哪里还有相近的说法！”）反而认为告子“生来具备的性”的说法跟孔子的说法相似，（程颐说：“性是相同的，为什么说相近呢？这里只是讲气质之性，好象俗话所说的性急性慢之类。性怎么会有缓和急呢？这里所讲的性，是指人出生以后的一种生理本能。”又说：“凡是讲性的地方，必须看立意是什么。例如说人性善，这是讲性的根本；生之谓性，是指人和动物禀受气形成形体后所具有的性。孔子讲性相近，如果说是讲性的根本，那怎么可以说相近？这只是讲禀受气形成形体后所具有的性罢了。告子所讲的固然不错，由于孟子用性的根本责问他，他说的就显然不对了。”创立新的名词叫“气质之性”，用理来充当孟子所讲的善，并把它作为人和动物的本性，（程颐说：“孟子所说的性，应按照文章的意思来理解。不认为告子‘生之谓性’是错误的，因为这也是性，是人出生之后所具有的性，所以与本性不同。然后说‘狗的性与牛的性相似，那么牛的性与人的性也相似吗？’然而这并不妨碍两者是同一个性。孟子所说的性，是终极的天地之性。”）人与禽兽具有的本性是相同的，（程颐所说的“不妨碍是同一个本性”看，朱熹给《中庸》“天命之谓性”作解释说：“命，就是命令；性，就是天理。上天用阴阳五行化生万物，气形成了万物的身体而天理也附于在万物身上，就像遵循命令。这样人类与万物被赋予天理，用来实行刚健柔顺及仁、义、礼、智、信五种道德观念，也就是本性。”）从而怀疑孟子。（朱熹说：“孟子说“人所以不同于禽兽的地方很少。”不知道人为什么与禽兽不同；又说“狗的性就好象牛的性，牛的性就好象人的性吗”，不知道人为什么与狗和牛不同。这两个地方中间似乎缺少一句转接的话，应当说是“由于形体气质的不同，所以性也少许有差异”，才讲得通。恐怕孟子看人性相同的地方，是非常清楚和直接了当的，却在这些方面没有仔细研究。”）这里程朱讲性就是理，与孟子讲的性善，尚且不能相通，那么，它不能通于《周易》《论语》更是必然的了。孟子听到告子讲“生之谓性”，就责问告子；现在程朱的说法，不是几乎等于帮助告子反对孟子吗？

曰：程子朱子其初所讲求者，老、庄、释氏也。老、庄、释氏自贵其神而外形体，显背圣人，毁訾仁义。告子未尝有神与形之别，故言“食色，性也”，而亦尚其自然，故言

“性无善无不善”；虽未尝毁訾仁义，而以桮棬喻义，则是灾杞柳始为桮棬，其指归与老、庄、释氏不异也。凡血气之属，皆知怀生畏死，因而趋利避害；虽明暗不同，不出乎怀生畏死者同也。人之异于禽兽不在是。禽兽知母而不知父，限于知觉也；然爱其生之者及爱其所生，与雌雄牝牡之相爱，同类之不相噬，习处之不相啮，进乎怀生畏死矣。一私于身，一及于身之所亲，皆仁之属也。私于身者，仁其身也；及于身之所亲者，仁其所亲也；心知之发乎自然有如是。人之异于禽兽亦不在是。告子以自然为性使之然，以义为非自然，转制其自然，使之强而相从，故言“仁，内也，非外也：义，外也，非内也”，立说之指归，保其生而已矣。陆子静云：“恶能害心，善亦能害心。”此言实老、庄、告子、释氏之宗指，贵其自然以保其生。诚见穷人欲而流于恶者适足害生，即慕仁义为善，劳于问学，殚思竭虑，亦于生耗损，于此见定而心不动。其“生之谓性”之说如是也，岂得合于孔子哉!

【译文】戴震说：二程、朱熹最初研究、追求的是老庄道学、佛教的学说。老庄道学、佛教的学说是重视自己的精神而轻视形体的，这显然是违背圣人，诋毁仁义。告子未曾把精神与形体分开，所以说“饮食男女等生理欲望是人的本性”，而他也是主张性是自然而然的，所以说“性没有善与不善的区别”；他虽然没有诋毁仁义，然而他用柳条做成杯盘来比喻义，那就是伤害杞柳才能做成杯盘，其精神实质与老、庄、释氏没有什么不同。人与动物，都渴望生存，害怕死亡，趋利避害；虽然人与动物的知觉能力有高低之分，怀生畏死却是人和动物的共同特性。这不是人区别于动物的地方。禽兽只知其母而不知其父，这是受到知觉的限制；然而它们爱自己的父母和子女，及异性之间的爱慕、同类之间不相互咬，相处不互相争斗，接近怀生畏死。一种是爱自己，一种是进而爱自己的亲人，都属于仁的范围。爱自己，是对本身的仁；进而爱自己的亲人!是对亲人的仁；思想感情的自然表现，就是这样。这也不是人区别于动物的地方。告子认为人有自然情欲是性的本来面目，义不是性本来所有，是外在而限制性的，是强制性顺从它的东西，所以告子说“仁是内在的东西，不是外在的东西；义是外在的东西，不是内在的东西。”这种理论的实质，不过是为了保存自己的生存罢了。陆九渊说：“善恶都能害心。”这句话实际上是老子、庄子、告子、释氏的基本主张，就是看重自然本性以保全自己的生命。实际上只见放纵人欲会滑到罪恶泥坑而损害生命，甚至爱慕仁义而做好事，刻苦学习而费尽心思，都会损耗生命，认定情况确实是这样而不动脑筋去思想。告子“生之谓性”的学说就是这样，怎么能同孔子的学说一致呢?

《易》《论语》《孟子》之书，其言性也，咸就其分于阴阳五行以成性为言；成，则人与百物，偏全、厚薄、清浊、昏明限于所分者各殊，徒曰生而已矣，适同人于犬牛而不察其殊。朱子释《孟子》有曰：“告子不知性之为理，而以所谓气者当之”，“盖徒知知觉运动之蠢然者，人与物同，而不知仁义礼智之粹然者，人与物异也。”如其说，孟子但举人物诘之可矣，又何分牛之性犬之性乎？犬与牛之异，非有仁义礼智之粹然者，不得谓孟子以仁义礼智诘告子明矣。在告子既以知觉运动为性，使知觉运动之蠢然者人与物同，告子何不可直应之曰“然”？斯以见知觉运动之不可概人物，而目为蠢然同也。凡有生，即不隔于天地之气化。阴阳五行之运而不已，天地之气化也，人物之生生本乎是，由其分而有之不齐，是以成性各殊。知觉运动者，统乎生之全言之也，由其成性各殊，是以本之以生，见乎知觉运动也亦殊。气之自然潜运，飞潜动植皆同，此生生之机肖乎天地者也，而其本受之气，与所资以养者之气则不同。所资以养者之气，虽由外而入，大致以本受之气召之，五行有生克，遇其克之者则伤，甚则死，此可知性之各殊矣。本受之气及所资以养者之气，必相得而不相逆，斯外内为一，其分于天地之气化以生，本相得，不相逆也。气运而形不动者，卉木是也；凡有血气者，皆形能动者也。由其成性各殊，故形质各殊；则其形质之动而为百体之用者，利用不利用亦殊。知觉云者，如寐而寤曰觉，心之所通曰知，百体皆能觉，而心之知觉为大。凡相忘于习则不觉，见异焉乃觉。鱼相忘于水，其非生于水者不能相忘于水也，则觉不觉亦有殊致矣。闻虫鸟以为候，闻鸡鸣以为辰，彼之感而觉，觉而声应之，又觉之殊致有然矣，无非性使然也。若夫乌之反哺，雎鸠之有别，蜂蚁之知君臣，豺之祭兽，獭之祭鱼，合于人之所谓仁义者矣，而各由性成。人则能扩充其知至于神明，仁义礼智无不全也。仁义礼智非他，心之明之所止也，知之极其量也。知觉运动者，人物之生；知觉运动之所以异者，人物之殊其性。

【译文】《易》《论语》《孟子》这些书中，谈到性，都是就人和物分于阴阳五行形成的性来讲的；成性就是指人与物由于所分得的那部分，偏全、厚薄、清浊、昏明的不同而形成的区别，如果仅仅说生就是性的话，那恰恰是把人与犬牛混同起来而看不到它们的区别。朱熹解释《孟子》时说：“告子不懂得性就是理，而用所谓的气来代替理”，“这是由于他只知道人和物在笨拙的知觉运动上是相同的，而不知道在仁义礼智这些美好的道德方面，人和物是不同的。”按照朱子这种说法，孟子只要举出人和物的区别来驳斥告子就行了，又何必区分牛的性和狗的性呢？牛和狗的差别不是有没有仁义礼智这些美好的德性的问题，所以不能讲孟子是用仁义礼智来责问告子，就很明显了。在告子那方面，既然认为知觉运动是性，假使蠢然的知觉运动是人与物的共同特性，那末，告子为什么不直接回答说“是”呢？由此可见，用知觉运动不能够概括人性与物性，认为它们在这方面是相同的。凡是生物，都不能脱离自然界的运动变化。阴阳五行的不断运动，就是自然界的运动变化，人和物生长与繁殖都来源于这里，由于它们从阴阳五行分得的那一部分参差不齐，所以形成的性也各不相同。知觉运动是概括一切生物来说的，由于各自形成的性的不同，所以用它作为生存的依据和由此表现出来的知觉运动也各不相同。气的固有的潜在运动，所有的动植物都是一样的，这种维护生存、繁殖的生命力与自然界的运动变化是一致的，但它们分于阴阳五行而形成形体的气和用来维持生存和繁殖的气则不相同。所用来维持生存和繁殖的气，虽然由外面输入，但大致是由分于阴阳五行而形成形体的气所需要而吸收进来的。五行有互相促进和互相排斥的两种情况，遇到后一种情况，被排斥者就要受伤，甚至死亡，由此可知道，人和物的性是各不相同的，分于阴阳五行而形成形体的气与用来维持生存和繁殖的气，一定要互相协调而不能互相冲突，这样就内外一致了，这两种气都是从自然界的运动变化过程中分化而产生的，本来就是互相协调而不互相排斥的。气在运行而形体不能移动的，是花草树木；凡是有血气的，形体都是能活动的。由于动物各自形成的性不同，所以形体气质也各不相同；那末，它们的形体气质的活动作为各个器官的功能来说，便不便利于用，也不相同。拿知觉来说，睡醒叫觉，心里明白叫知，所有的肢体都能感觉，而心的知觉是最灵敏的。习惯成自然之后，就不会有察觉，见到不同的情况才会恢复察觉。鱼儿在水中互相不认识，然而如果它们不是生活在水中，就不能相互不认识。这样察觉与不察觉也是不一样的。虫鸟对于节气，鸡对于时辰的感觉和反应也不同，这都是由于性的不同所造成的。乌鸦的反哺，雎鸠的夫妻有别，蜂蚁的知君臣之礼，豺的祭兽，獭的祭鱼，是与人类的仁义相符合的地方，是由于它们的性造成的。人则能发展他的认识能力，达到理性思维的高度，仁义礼智无不具备。仁义礼智不是别的，就是指思维活动达到最高境界，认识能力发挥到最大限度。知觉运动是人和动物生来都具有的；知觉运动的结果所以不同，是由人和动物的性各不相同造成的。

孟子曰：“心之所同然者，谓理也，义也；圣人先得我心之所同然耳。”于义外之说必致其辨，言理义之为性，非言性之为理。性者，血气心知本乎阴阳五行，人物莫不区以别焉是也；而理义者，人之心知，有思辄通，能不惑乎所行也。“孟子道性善，言必称尧舜”，非谓尽人生而尧舜也。自尧舜而下，其等差凡几？则其气禀固不齐，岂得谓非性有不同？然人之心知，于人伦日用，随在而知恻隐，知羞恶，知敬恭辞让，知是非，端绪可举，此之谓性善。于其知恻隐，则扩而充之，仁无不尽；于其知羞恶，则扩而充之，义无不尽；于其知恭敬辞让，则扩而充之，礼无不尽；于其知是非，则扩而充之，智无不尽。仁义礼智，懿德之目也。孟子言“今人乍见孺子将入井，皆有怵惕恻隐之心”，然则所谓恻隐，所谓仁者，非心知之外别“如有物焉藏于心”也。己知怀生而畏死，故怵惕于孺子之危，恻隐于孺子之死，使无怀生畏死之心，又焉有怵惕恻隐之心？推之羞恶、辞让、是非亦然。使饮食男女与夫感于物而动者脱然无之，以归于静，归于一，又焉有羞恶，有辞让，有是非，此可以明仁义礼智非他，不过怀生畏死，饮食男女，与夫感于物而动者之皆不可脱然无之，以归于静，归于一，而恃人之心知异于禽兽，能不惑乎所行，即为懿德耳。古贤圣所谓仁义礼智，不求于所谓欲之外，不离乎血气心知，而后儒以为别如有物凑泊附著以为性，由杂乎老、庄、释氏之言，终昧于《六经》、孔、孟之言故也。

【译文】孟子说："心的共同爱好是什么？就是理，就是义。圣人最先觉悟到我们人心的相同爱好罢了。"对于告子认为义是后天加给人的观点一定要辩驳，认为理义同人的情感欲望一样，都是性的组成部分，不认为天理是先验地存在于人身上的本性。性，是来源于阴阳五行的形体精神，而使人和物有所区别；理义，是指人心经过思考而透彻理解客观事物的法则，从而使自己的行动不发生迷乱。"孟子谈性善，开口闭口必定称述尧舜"，这并不是说所有的人生下来都象尧舜一样。从尧舜到一般人，差别总是有些吧？这就是说人所禀受的气质实际上并不一样，怎么能说各个人的性没有不同呢？然而人的思维对于人们日常生活和人与人之间相互关系，随着所接触的情况不同而知道同情怜悯，知道羞耻厌恶，知道恭敬辞让，知道正确错误，条目可一一列举，这就是性善。人的思维从懂得恻隐、羞恶、辞让、是非开始，经过不断地接触外物，不断地学习，"扩而充之"就可全部掌握仁义礼智这些美德的条目。孟子说："现在突然看到一个小孩将要跌到井里去，任何人都会有害怕和怜悯的心情。"然而这里所说的恻隐，所说的仁，并不是在思维之外"另有一个什么东西藏在心中"。由于自己怀生畏死，所以对小孩碰到危险就感到害怕，对小孩将要死，就产生同情，假使自己没有怀生畏死之心，又怎么会对小孩遇到危险产生害怕和同情的心情呢？由此可以推断，羞恶、辞让、是非这些美德的产生也是类似情况。假使饮食男女以及接触外物而产生的感情欲望全部没有，而归于静寂和无欲，又怎么会有羞恶，谦让和是非的观念？由此可以明白，仁义礼智不是别的，不过怀生畏死，饮食男女，以及接触外物产生的感情欲望，都不可完全没有，归于静寂和无欲，而靠人的思维不同于禽兽，人的行动不受外界的迷惑，这就是所谓美德。古代的圣贤讲仁义礼智，从不脱离人的欲望、形体和精神，而后世儒家学者把仁义礼智看成"别如有物"附着于人而为性，由于他们是集老、庄、释氏谬论的大杂烩，所以最终不明白《六经》、孔孟的学说。

孟子言"人无有不善"，以人之心知异于禽兽，能不惑乎所行之为善。且其所谓善也，初非无等差之善，即孔子所云"相近"；孟子所谓"苟得其养，无物不长；苟失其养，无物不消"，所谓"求则得之，舍则失之；或相倍蓰而无算者，不能尽其才者也"，即孔子所云习至于相远。不能尽其才，言不扩充其心知而长恶遂非也。彼悖乎礼义者，亦自知其失也，是人无有不善，以长恶遂非，故性虽善，不乏小人。孟子所谓'梏之反复"，"违禽兽不远"，即孔子所云"下愚之不移"。后儒未审其文义，遂彼此扞格。孟子曰："如使口之于味也，其性与人殊，若犬马之与我不同类也，则天下何耆皆从易牙之于味也？"又言"动心忍性"，是孟子矢口言之，无非血气心知之性。孟子言性，曷尝自歧为二哉，二之者，宋儒也。

【译文】孟子说"人性没有不善"的，认为人的思维不同于禽兽，行动能不受外界的迷惑，叫做善。而且他所说的善，原来不是没有等差的善，这就是孔子说的"性相近"；孟子所说的“假若得到滋养，就没有什么东西不生长；假若失掉滋养，就没有什么东西不消亡”，以及他所说的“探求便会得到，放弃便会失掉；人与人的善性有相差一倍、五倍甚至无数倍的，这是不能充分发挥他的才质的缘故”，这就是孔子所说的由于习惯和环境的影响以至人与人之间差别很远的意思。不能充分发挥人的才质，说的是不发展人的正常的认识能力，反而助长和放纵恶劣和错误的思想言行。那些违背礼义的人，自己也知道错了，这就证明人没有不善的，由于助长和放纵恶劣和错误的思想言行，所以虽说人性是善的，也不缺少小人。孟子说的“反复地搅乱人的本性”，“距离禽兽不远”，就是孔子说的“下等的愚人决不可能有所改变”。后世儒家学者没有审查文字的意思，就认为两种说法相互抵触。孟子说：“假使口对于味道，他的嗜好跟人不同，就象狗马和我们人类不同一样，那么为什么天下的人都喜欢易牙烹调的味道？”又说：“触动他的心灵，坚韧他的情性”，孟子这些十分肯定的言论，无不是指血气心知之性。孟子论性，何尝把性分为二种？把性分为二种的是宋儒。

答问理欲之辩

（《孟子字义疏证》）

问：宋以来之言理也，其说为“不出于理则出于欲，不出于欲则出于理”，故辨乎理欲之界，以为君子小人于此焉分。今以情之不爽失为理，是理者存乎欲者也，然则无欲亦非欤？

【译文】问：宋代以来谈理的，他们主张“不是出于理就是出于欲，不是出于欲就是出于理”，所以把辨别理欲的界限，作为划分君子与小人的标准。现在你把情欲得到适当的满足而不出差错称之为理，认为这种理存在于情欲之中，然而无欲也是不对的吗？

曰：孟子言“养心莫善于寡欲”，明乎欲不可无也，寡之而已。人之生也，莫病于无以遂其生。欲遂其生，亦遂人之生，仁也；欲遂其生，至于戕人之生而不顾者，不仁也。不仁，实始于欲遂其生之心；使其无此欲，必无不仁矣。然使其无此欲，则于天下之人，生道穷促，亦将漠然视之。己不必遂其生，而遂人之生，无是情也，然则谓“不出于正则出于邪，不出于邪则出于正”，可也；谓“不出于理则出于欲，不出于欲则出于理”，不可也。欲其物；理其则也。不出于邪而出于正，犹往往有意见之偏，未能得理。而宋以来之言理欲也，徒以为正邪之辨而已矣，不出于邪而出于正，则谓以理应事矣。理与事分为二而与意见合为一，是以害事。夫事至而应者，心也；心有所蔽，则于事情未之能得，又安能得理乎!

【译文】戴震说：孟子说："保养善心最好的办法是尽量减少欲望"，明白地指出欲望是不可消除的，只是要减少而已。对人生来说，没有比无法满足自己生存欲望更痛苦的了。想满足自己生存欲望，也要满足别人的生存欲望，这就是仁；为了满足自己的生存欲望，以至于伤害别人的生存也在所不顾，这就是不仁。不仁实际上是由于人想要满足自己的生存欲望；如果人没有了这个欲望，就没有不仁了。然而如果人没有了这种欲望，那么就会对天下之人生活条件的极其困难，冷淡地看待。自己不需要满足自己的生存欲望，而要满足别人的生存欲望，没有这种情况，然而如果说"不出于正则出于邪，不出于邪则出于正"，这是可以的；说"不出于理则出于欲，不出于欲则出于理"，则是不可以的。欲，就是客观存在的事物；理，就是客观事物的法则。不出于邪则出于正，还往往有意见上的偏颇之处，没有明白事理。然而宋以来谈理欲的，只是把理欲作为正邪的区别罢了，意见不出于邪而出于正，就说是用理来对待事情。把理与事对立起来，而与偏见合成一个东西，这样就危害事情了。事情来了能够产生反应的，是心；心蔽塞了，那么对于事情的表面现象都不能看清，怎么能掌握事物的法则呢!

自老氏贵于"抱一"，贵于"无欲"，庄周书则曰："圣人之静也，非曰静也善，故静也；万物无足以挠心者，故静也。""水静犹明，而况精神，圣人之心静乎!""夫虚静恬淡，寂寞无为者，天地之平，而道德之至。"周子《通书》曰："'圣可学乎？'曰，'可。''有要乎？'曰，'有。''请问焉。'曰，'一为要。一者，无欲也；无欲则静虚动直。静虚则明，明则通；动直则公，公则溥。明通公溥，庶矣哉!'"此即老、庄、释氏之说。朱子亦屡言"人欲所蔽"，皆以为无欲则无蔽，非中庸"虽愚必明"之道也。有生而愚者，虽无欲，亦愚也。凡出于欲，无非以生以养之事，欲之失为私，不为蔽。自以为得理，而所执之实谬，乃蔽而不明。天下古今之人，其大患，私与蔽二端而已。私生于欲之失，蔽生于知之失；欲生于血气，知生于心。因私而咎欲，因欲而咎血气；因蔽而咎知，因知而咎心，老氏所以言"常使民无知无欲"；彼自外其形骸，贵其真宰；后之释氏，其论说似异而实同。

【译文】自从老子崇尚"抱一"，"无欲"，庄子就说："圣人守静，并不是因为说静是善的，所以才守静：而是因为万物不足以扰乱他的思想，所以才守静。""水静尚且明彻，何况精神呢？圣人的心是多么安静呀！""虚静恬淡、寂寞无为那种境界，就是天地的准则和道德的最高标准。"周敦颐的《通书》说："圣人可以通过学习达到吗？"答，"可以，”“有要领吗？”答，“有。”请问要领。答，“一就是要领。一，就是无欲；无欲就能在安静时虚怀若谷，行动时正直有力。安静空虚，思想就明白，思想明白以后，道理就通达；行动正直有力就能无私，无私就能普施于人。做到了这些也就和圣人差不多了！”这就是老子、庄子、佛陀的说法。朱熹也多次说“人性变坏是由于被人欲蒙蔽听造成的”，都认为没有欲望就不会被蒙蔽，不是《中庸》“虽然愚笨也会变得聪明”的讲法。有生来就是愚笨的人，他即使没有欲望也是愚笨。欲望的产生，无非是为了生存，过分地追求欲望就是私了，不是被蒙蔽所致。自认为符合理的要求，实际上是错误的，才是被蒙蔽。天下古今的人，最大的祸害是私与蔽两项而已。私产生于欲望的过分，蔽产生于认识的错误；欲望根源于人体的需要，认识根源于人心。把私归罪于人的欲望，把欲望归罪于人的肉体；把思想蔽塞归罪于人的认识，把认识归罪于人心，老氏所以讲“常使老百姓无知无欲”；他轻视肉体，重视精神；后来的佛教，他们的学说似乎与老氏不同，而实质是一样的。

宋儒出入于老、释，（程叔子撰明道先生行状云：“自十五六时，闻周茂叔论道，遂厌科举之业，慨然有求道之志，泛滥于诸家，出入于老、释者几十年，返求诸六经，然后得之。”吕与叔撰《横渠先生行状》云：“范文正公劝读《中庸》，先生读其书，虽爱之，犹以为未足，又访诸释、老之书，累年尽究其说，知无所得，返而求之《六经》。”《朱子语类》廖德明《录癸巳所闻》：“先生言：二三年前见得此事尚鹘突，为他佛说得相似，近年来方看得分晓。”考朱子慕禅学在十五六时，年二十四，见李愿中，教以看圣贤言语，而其后复入于释氏。至癸巳，年四十四矣。）故杂乎老、释之言以为言。

【译文】宋代儒家学者都学习过老庄、佛教的思想，（程颐撰写《明道先生行状》说：“在十五六岁的时候，听到周敦颐讲论道学，就厌倦科举，发奋以学习道学为志向，广泛研究诸家的学说，学习老庄、佛教思想将近十年，然后回头研究《六经》，有所心得。”）吕大临撰写《横渠先生行状》说：“范仲淹劝告他读《中庸》，先生读它，虽然喜爱，但仍认为不够完美，有阅读佛教、道家的书籍，全部研究了二家学说，意识到不会有所收获，才回头研究《六经》。”《朱子语类》廖德明《录癸巳所闻》记载：“朱先生说：两三年前看到儒家格物居敬的修养功夫还觉得糊涂不清楚，因为与佛教的说法很相似，近年来才看出它们的区别。”考察了解到朱熹喜欢佛学是在十五六岁时，在二十四岁时，见到了李侗，李侗教他看儒家圣贤之书，然后朱熹再次倾心佛家之说。癸巳年，朱熹已经四十四岁了。）所以他们的学说都参杂着道家与佛教的思想。

《诗》曰：“民之质矣，日用饮食。”《记》曰：“饮食男女，人之大欲存焉。”圣人治天下，体民之情，遂民之欲，而王道备。人知老、庄、释氏异于圣人，闻其无欲之说，犹未之信也；于宋儒，则信以为同于圣人；理欲之分，人人能言之。故今之治人者“视古贤圣体民之情，遂民之欲，多出于鄙细隐曲，不措诸意，不足为怪；而及其责以理也，不难举旷世之高节，著于义而罪之。尊者以理责卑，长者以理责幼，贵者以理责贱，虽失，谓之顺；卑者、幼者、贱者以理争之，虽得，谓之逆。于是下之人不能以天下之同情、天下所同欲达之于上；上以理责其下，而在下之罪，人人不胜指数。人死于法，犹有怜之者；死于理，其谁怜之!呜呼，杂乎老、释之言以为言，其祸甚于申、韩如是也！《六经》、孔孟之书，岂尝以理为如有物焉，外乎人之性之发为情欲者，而强制之也哉！孟子告齐、梁之君，曰“与民同乐”，曰“省刑罚，薄税敛”，曰“必使仰足以事父母，俯足以畜妻子”，曰“居者有积仓，行者有裹粮”，曰“内无怨女，外无旷夫”，仁政如是，王道如是而已矣。

【译文】《诗经》说：“人民纯朴善良，有的吃有的穿。”《礼记》说：“饮食和男女关系是人的两大最基本的欲望。”圣人治理天下，体贴老百姓的感情，满足老百姓的欲望，这样就具备王道了。人人都知道老庄、佛陀不同于圣人，听到他们无欲的说法，都不相信；对于宋代儒者的说法，就信服且认为和圣人的说法相同；天理与人欲的分别，每个人都能说出来。所以现在的统治者，把古代贤人圣人体民之情、遂民之欲，看作出于民间生活琐事，不把它放在心上，这并不值得奇怪；而当他们用理来责备人时，不难举出当代无可比拟的遵守纲常的典范，以“义”的名义而加给人们以各种罪名。位尊的用理来责备位卑者，年长者用理责备年幼者，富贵者用理责备贫贱者，虽然责备得错误，也被认为是适合的；位卑、年幼、贫贱的人用理与他们争辩，即使是正确的，也被认为是悖逆的。这样处于下位的人，即使博得天下人的同情，也不能处于上风；处于上位的人用理责备处下之人，他的罪行人人都可以指摘、数落。人死于法，还有怜悯的人；死于理，又有谁怜悯呢？咳！那些参杂着道家、佛教思想的理学，它的祸害要超过申不害，韩非的法家之学吧！《六经》和孔孟的书，难道曾经把理当作物，离开性所表现的自然情欲而独立存在，强制人们服从吗？孟子告诉齐宣王、梁惠王说：“与民同乐”，“减少刑罚，降低税敛”，“一定要使他们对上能够孝敬父母，对下可以养活妻子儿女”，“家居的人仓库有积粮，旅途之人包裹里有干粮”，“没有未及时婚嫁的男女”，仁政与王道，不过如此罢了。

答问辟宋儒之言

（《孟子字义疏证》）

问：孟子辟杨墨，韩退之辟老释，今子于宋以来儒书之言，多辞而辟之，何也？

【译文】问：孟子驳斥杨墨，韩愈驳斥老释，现在你对宋以来儒书的话，写了许多文章来驳斥，这是为什么？

曰：言之深入人心者，其祸于人也大，而莫之能觉也；苟莫之能觉也，吾不知民受其祸之所终极。彼杨墨者，当孟子之时，以为圣人贤人者也；老释者，世以为圣人所不及者也；论其人，彼各行所知，卓乎同于躬行君子，是以天下尊而信之。而孟子韩子不能已于与辨，为其言入人心深，祸于人大也，岂寻常一名一物之讹舛比哉！孟子答公孙丑问“知言”曰：“詖辞知其所蔽，淫辞知其所陷，邪辞知其所离，遁辞知其所穷。生于其心，害于其政；发于其政，害于其事。圣人复起，必从吾言矣。”答公都子问“外人皆称夫子好辩”曰：“邪说者不得作。作于其心，害于其事；作于其事，害于其政。圣人复起，不易吾言矣。”孟子两言“圣人复起”，诚见夫詖辞邪说之深入人心，必害于事，害于政，天下被其祸而莫之能觉也。使不然，则杨、墨、告子其人，彼各行所知，固卓乎同于躬行君子，天下尊而信之，孟子胡以恶之哉！杨朱哭衢途，彼且悲求诸外者，歧而又歧；墨翟之叹染丝，彼且悲人之受染，失其本性。

【译文】戴震说：那深入人心的邪说，对于人们的危害大，而且人们不能觉悟；如果不能觉悟，我不知道老百姓受他们的害要到那一天才能完结。杨朱、墨翟，在孟子那个时代，人们以为他们是圣人贤人；至于老释，一般人更认为圣人贤人还不如他们；论他们的为人，他们都是按照他们自己的那一套学说行事，高明得象躬行君子一样，所以天下人尊重和信仰他们。孟子、韩子不能不反复地同他们辨论是非，是因为他们的言论深入人心，危害极大，这难道是平常的一个名称一个事物的差错能相比的吗？孟子在回答公孙丑问什么叫“知言”时说“对片面的言论，我知道它不全面的地方；对过分的言论，我知道它失误之处；对邪恶的言论，我知道它背离正道的所在；对躲闪的言论，我知道它的理屈在哪里。思想上产生这些毛病，必然危害政治；这些毛病从政治上表现出来，必然危害天下各种事情。即使圣人再出现，也一定会同意我的话。”孟子在回答公都子问“别人都说老师好辩”时说：“我辩论是为了不让那些邪说兴起。邪说在思想上产生了，便会危害天下的事情；它在国家各项事务上起了作用，就会危害国家的政治。就是圣人再出现，也不会改变我的话。”孟子两次讲“圣人复起”，是由于他的确看到了那些歪理邪说深入人心，一定会危害国家的各项事务，危害国家的政治，天下人受了害还不能觉悟。假使不是这样的话，那么，杨、墨、告子这些人，他们各自按照自己的学说行事，高明得象躬行君子一样，天下人也都尊重和相信他们，孟子又怎么会厌恶他们呢？杨朱哭衢途，他尚且为外出寻羊而遭遇歧途的人而感到悲伤；墨翟之叹染丝，他也知道为人们受到污染、迷失本性而感到伤心！

老释之学，则皆贵于“抱一”，贵于“无欲”；宋以来儒者，盖以理之说。其辨乎理欲，犹之执中无权；举凡饥寒愁怨、饮食男女、常情隐曲之感，则名之曰“人欲”，故终其身见欲之难制；其所谓“存理”，空有理之名，究不过绝情欲之感耳。何以能绝？曰“主一无适”，此即老氏之“抱一”、“无欲”，故周子以一为学圣之要，且明之曰，“一者，无欲也”。天下必无舍生养之道而得存者，凡事为皆有于欲，无欲则无为矣；有欲而后有为，有为而归于至当不可易之谓理；无欲无为，又焉有理？老、庄、释氏主于无欲无为，故不言理；圣人务在有欲有为之咸得理。是故君子亦无私而已矣，不贵无欲。君子使欲出于正，不出于邪，不必无饥寒愁怨、饮食男女、常情隐曲之感；于是谗说诬辞，反得刻议君子而罪之，此理欲之辨使君子无完行者，为祸如是也！

【译文】老子、佛陀的学说，都是重视“抱一”，重视“无欲”；宋以来儒者则把这些说成是“理”。宋儒这种把理和欲绝对割裂开来、对立起来的观点，就象“坚持中和而不知权变”一样；凡是饥寒愁怨、饮食男女和常情隐曲等人们这些感情欲望，他们都把它说成是“人欲”，所以他们一辈子看到的是人欲难以压制；他们所说的“存理”，这个理是空有其名的，不过是要灭绝人的情欲而已。怎样断绝欲望呢？说要“主一无适”，这就是老子的“抱一”、“无欲”，所以周敦颐把“一”作为圣学的要点，并且直白地说：“一，就是无欲”。天下一定没有离开生存发展的生活条件而能够活下去的，凡是人们日常生活中的一切活动，都是由欲望引起的，没有欲望就没有人的活动；有了欲望以后才有活动，人的活动达到非常恰当而不可变更的程度就是理；没有人的欲望和活动，哪里还有理呢？老、庄、释氏都是主张无欲无为的，所以他们不谈理；圣人则致力于有欲有为得到理。所以君子也不过无私罢了，并不主张无欲。君子使自己的欲望出于正，不出于邪，不必没有饥寒愁怨、饮食男女、常情隐曲的感情欲望；但是宋儒反而能以毁谤诬蔑的言论尖刻地讥议君子有罪，这种理欲对立的观点，使得君子没有完美德行，祸害就是如此啊！

以无欲然后君子，而小人之为小人也，依然行其贪邪；独执此以为君子者，谓“不出于理则出于欲，不出于欲则出于理”，其言理也，如有物焉，“得于天而具于心”，于是未有不以意见为理之君子；且自信不出于欲，则曰“心无愧怍”。夫古人所谓不愧不怍者，岂此之谓乎？不寤意见多偏之不可以理名，而持之必坚；意见所非，则谓其人自绝于理。此理欲之辨，适成忍而残杀之具，为祸又如是也！

【译文】以无欲然后才算是君子，那么小人之为小人，依然还要干他们贪邪的事情；只有抓住这个“无欲”而自以为君子的人，说“不出于理就出于欲，不出于欲就出于理”，他们说这个理好象独立存在的一个东西，“来自上天而藏在人心中”，这样就没有一个不把自己意见当作理的君子了；而且他们由于自信为不出于欲，因此就说“心里不感到惭愧”。古人所讲的不惭愧，难道是讲这种情况吗？他不懂得个人意见往往片面不能叫做理，因而坚持己见十分顽固；如果有人反对他们以偏见为理，就说这个人自绝于理。这种理欲对立的谬论，正好成了他们残忍的杀人工具，它的祸害又是如此严重啊！

夫尧舜之忧四海困穷，文王之视民如伤，何一非为民谋其人欲之事？惟顺而导之，使归于善。今既截然分理欲为二，治己以不出于欲为理，治人亦必以不出于欲为理，举凡民之饥寒愁怨、饮食男女、常情隐曲之感，咸视为人欲之甚轻者矣。轻其所轻，乃曰“吾重天理也，公义也”，言虽美，而用之治人，则祸其人。至于下以欺伪应乎上，则曰“人之不善”，胡弗思圣人体民之情，遂民之欲，不待告以天理公义，而人易免于罪戾者之有道也！孟子于民之“放辟邪侈，无不为以陷于罪”，犹曰，“是罔民也”；又曰，“救死而恐不赡，奚暇治礼义！”古之言理也，就人之情欲求之，使之无疵之为理；今之言理也，离人之情欲求之，使之忍而不顾之为理。此理欲之辨，适以穷天下之人尽转移为欺伪之人，为祸何可胜言也哉！其所谓欲，乃帝王之所尽心于民；其所谓理，非古圣贤之所谓理；盖杂乎老释之言以为言，是以弊必至于此也。

【译文】尧舜为天下人的困穷感到忧虑，周文王像对待受伤的人一样看待老百姓，他们的所作所为哪一个不是为人了满足人民的欲望？只要因势利导，使人们的欲望归于正道。今天宋儒既然把理欲分为对立的两个东西，因此认为自己的思想不出于欲就是理，别人的思想也是不出于欲就是理，凡是提到老百姓的饥寒愁怨、饮食男女、常情隐曲的感情欲望，他们都看成是微不足道的人欲。轻视他们所轻视的人欲，却说“我是重天理的，重公义的”，话虽然漂亮，而用来治理人，就要危害人。下面的人用欺骗的方法应付上面的人，宋儒就说是“下面的人不善良”，那怎么不想想古代圣人体民之情，遂民之欲，用不着用天理、公义来教训人们，而人们都容易避免犯罪，这样治理人才符合正道呢？孟子对于“老百姓违法乱纪，无所不为，以至犯了罪”这种情况，还说，“这是害了老百姓”；孟子又说：“老百姓用尽全力来求得活命，都怕来不及，哪里还有空闲来学习礼义呢？”古人所讲的理，是按照人的情欲去寻求的，使人的情欲正当而无毛病就是理；今天宋儒所说的理，是离开人的情欲去寻求的，使老百姓忍受饥寒之苦而不顾就是理。这种理欲对立的谬论，正是使天下人都变成欺诈虚伪的人，它所造成的危害怎么能说得完啊！宋儒所说的人欲，就是帝王所尽心为人民谋求的；宋儒所说的理，并不是古代圣贤所说的理；因为宋儒的学说夹杂了老释的学说，所以必然造成如此弊病。

然宋以来儒者皆力破老释，不自知杂袭其言，而一一傅合于《经》，遂曰《六经》、孔孟之言；其惑人也易而破之也难，数百年于兹矣。人心所知，皆彼之言，不复知其异于《六经》、孔孟之言矣；世又以躬行实践之儒，信焉不疑。夫杨、墨、老、释，皆躬行实践，劝善惩恶，救人心，赞治化，天下尊而信之，帝王因尊而信之者也。孟子韩子辟之于前，闻孟子韩子之说，人始知其与圣人异，而究不知其所以异。至宋以来儒书之言，人咸曰："是与圣人同也；辩之，是欲立异也。"此如婴儿中路失其父母，他人子之而为其父母，既长，不复能知他人之非其父母，虽告以亲父母而决为非也，而怒其告者，故曰，"破之也难"。呜呼！使非害于事、害于政，以祸人，方将敬其为人，而又何恶也。恶之者，为人心惧也。

【译文】宋以来的儒者都尽力批判老释，而他们却不知道自己的学说是夹杂和承袭了老释的言论，而把这些言论一一拿来附合于《经》，于是就说这是《六经》、孔孟的学说；这种东西很容易迷惑人，要破除它却很难，这种情况到现在已经几百年了。现在深入人心的都是程朱的那一套言论，不再知道这些话是与《六经》、孔孟不同了；社会上一般的人又把他们看作是躬行实践的儒者，相信他们而毫不怀疑。杨、墨、老、释在人们的心目中都是躬行实践，劝善惩恶，拯救人心，赞助治化的人，当时天下人都尊敬并相信他们，帝王也因而尊敬和相信他们。孟子、韩子在以前批判了杨、墨、老、释，人们看到了孟子、韩子的学说，才知道杨、墨、老、释是与圣人不同的，但不知道为什么不同。对宋以后的儒书上的话，人们都说："这同圣人所说的话是一样的；谁要辩论，就是想标新立异"。这就象一个婴儿在中途离开了他的父母，别人把他当作自己的儿子抚养，成为他的父母，等他长大了，再也不会知道收养他的人不是他的父母，即使有人告诉他谁是他的亲父母，他一定会坚决否认，并且要责怪告诉他的人，所以说"破之也难"。咳！假使理学不危害事情、危害政治，祸害百姓，为什么要厌恶它呢？厌恶它，是因为它是人心感到恐惧。

陆耀

清吴江人，字朗夫，一字青来。乾隆间累官湖南巡抚，清勤自励，所至有声。辑《切问斋文钞》，多经世之文。道光以来，贺长龄等先后辑《经世文编》及《续编》《三编》，大抵取法于其书。所著有《切问斋文集》。

【译文】清代吴江（今属江苏），字朗夫，另一字青来。乾隆年间官至湖南巡抚，清廉勤恳，自我勉励，凡是他做过官的地方，都留下好的名声。他编辑的《切问斋文钞》，收录了许多经世致用的文章。道光年间以来，贺长龄等先后编辑的《经世文编》及《续编》《三编》等书，基本上都是效法陆耀的《切问斋文钞》。著作有《切问斋文集》等。

复戴东原书

来教举近儒理欲之说，而谓其以有蔽之心发为意见，自以为得理，而所执之理实谬，可谓切中俗儒之病。乃原其病之所起，则骛名之一念实为之。

【译文】您的来信列举了近代以来儒者关于天理与人欲的说法，说他们虽然发表意见，实际上根本不懂得什么是天理或人欲，还自以为懂得，所以他们的讲法就是错误的，您的观点很有针对性，指出了世俗儒者的弊病所在。考察这种弊病的由来，实际是追求名誉导致的。

盖自宋儒言理，而历代推尊以为直接孔、孟者，程、朱数大家而已，未可以虚而附也。夫理悬于虚，事征于实；虚者易冒，实者难欺。唯言理而著之于事，证之以迹，空虚无实之谈，庶不得而妄托。西山《大学衍义》，此其宗乎！

【译文】从宋代儒者谈论天理以来，受到历代推崇、被认为是直接继承孔子、孟子学说的只有程颢、程颐、朱熹几个伟大的儒者而已，然而也不能凭空就附和他们学说。理是抽象的，事情是实在的；抽象的东西容易被冒充，实在的事物很难被欺骗。在实际的事情中去发现理，去验证理，空虚无实的妄谈很容易被识破。真德秀的《大学衍义》，就是这种学风的根源吧？

至于朱陆、朱王之辨，近世尤多聚讼，其所讼者皆在毫厘影响之间。若尽举朱子之创社仓、行荒政、难进易退、知无不言，与象山之孝友于家、化行于民，阳明之经济事功、彪炳史册，以为理学真儒之左契，则矍相之圃仅有存者矣。顾以此求之，讵易多得？而择其言之切于今者，莫如顾昆山“行己有耻”，田篑山“利之一字蚀人最深”二语，为废疾膏肓之药石。能用力于此，庶几于风俗之盛衰，吏治之得失，民生之疾苦，在在与民同好恶而不私。于阁下之教得毋近之，而不止以其名乎！

【译文】近代以来关于朱熹与陆九渊、朱熹与王阳明学问的区别争论得很多，然而引起他们争论的问题其实差别很小。如果认为朱熹创立社仓，救济灾民，无心仕途，凡是知道的没有不说的，与陆九渊在家行孝顺、友悌之道，感化民众，王阳明经邦治国，建立莫大功勋，留名青史都是理学家若合符契的地方，那么像在矍相圃所进行的一类事情就都被遗忘了。只从这个方面去寻求学问，怎么会有更多的收获？如果想选择学习切中当代实情的学问，没有比顾炎武“自己行为保持羞耻之心”，田兰芳“利益这个词侵蚀人的思想最严重”这两句话说得更好的了，实在是拯救当今社会各种问题的良药。如何能努力学习它们，对于社会风气的盛与衰，治理官吏的得与失，民众生活的疾与苦，处处为民众考虑而没有私心这些事都差不多可以处理好了。这与您的教诲不是很相近，不仅仅因为名声的缘故吗？

近日从事文抄一编，大指如此。惟是所见不多，网罗难尽，浅人易眩，决择未精，其中不无遗憾，是以未敢邮正。今大教谆谆，似欲匡其所不逮者，又可不献其丑拙耶！

【译文】最近一段时间一直在编辑《文钞》，我编辑此书的目的也是为了这个。只是因为能见到的文章不多，很难全部收录进来，我见识浅薄，选择的文章也可能不够精准，这将是令人遗憾的事情，所以不敢给您邮过去过目。现在您的来信似乎想要匡正我的不足之处，我怎能因为害怕出丑而不敢说出自己的想法呢？

洪 榜

清歙人，字汝登，一字初堂，乾隆举人，粹于经学。江藩《汉学师承记》曰："戴震著《孟子字义疏证》，当时读者莫能尽其义，惟洪榜好焉；榜为震行状，载《与彭尺木书》。朱珪见之，谓'可不载！戴氏所传不在此。'榜遗书力争不得。震子中立，卒将此书删去。"案戴氏性理之说，与颜李二子之学，皆于宋明理学外别为一派，其说自有可观，而不能废置。惟当时儒者笃于尊古，故多非之。而晚近时势大殊，学风一变，凡事无不惟新异是尚，故颜李戴三子之说，喜称道之者转盛。要之，三子之说，与宋明诸儒之书俱在，其异同之旨，长短之故，学者贵虚心察之，自加判断，慎不可人云亦云，如盲人之道黑白也。

【译文】清朝歙县人，字汝登，一字初堂，乾隆年间举人，精于经学研究。江藩在《汉学师承记》中说："戴震著《孟子字义疏证》，当时的人都不能完全理解，只有洪榜喜欢；洪榜为戴震写行状，收有戴震《与彭尺木书》一文。朱珪见到后，说：'可以不记载，戴震学问不在此。'洪榜写信给他力争而不得。戴震儿子中立，最终将此文删去。"戴震的性理之学，和颜元、李塨二人的学问，都在宋明理学外别立一派，他们的学说自有值得看的地方，不能够完全废弃。只是当时的儒者一心于尊古，因而多非难他。而最近形势不同，学风变化，凡事无不崇尚新奇，因而颜元、李塨、戴震三人的学说，人们喜欢称道，反而变盛。总之，这三人的学说，和宋明诸儒的著述都在，他们思想的不同、优劣，学者应当虚心体察，自己加以判断，不可人云亦云，就好比盲人言说黑白。

上朱笥河书

洪榜顿首笥河先生阁下：前者具状戴先生行实，俾其遗孤中立，稽首阁下之门，求志其墓石。顷承面谕，以状中所载《答彭进士》书可不必载，性与天道不可得闻。何图更于程、朱之外复有论说乎？戴氏所可传者不在此。榜闻命唯唯，惟惕于尊重，不敢有辞。退念阁下今为学者宗，非漫云尔者，其指大略有三：其一谓程朱大贤，立身制行卓绝，其所立说，不得复有异同。疑于缘隙奋笔，加以酿嘲，夺彼与此。其一谓经生贵有家法，汉学自汉，宋学自宋，今既详度数，精训故，乃不可复涉及性命之旨，反述所短，以揜所长。其一或谓儒生可勉而为，圣贤不可学而至，以彼矻矻，稽古守残，谓是渊渊，闻道知德，曾无溢美，必有通辞。盖阁下之旨出是三者，仰见阁下论学之严，制辞之慎，然恐阁下尚未尽察戴氏所以论述之心，与榜所以表章戴氏之意，使榜且得罪，不可以终无辞。夫戴氏《与彭进士书》，非难程朱也，正陆王之失耳。非正陆王也，辟老释之邪说耳。非辟老释也，辟夫后之学者实为老释而阳为儒书，援周孔之言，入老释之教，以老释之似，乱周孔之真，而皆附之于程朱之学。阁下谓程朱大贤，立身制行卓绝；岂独程朱大贤，立身制行卓绝，陆王亦大贤，立身制行卓绝，即老释亦大贤，立身制行卓绝也。惟其如是，使后儒小生闭口不敢道。宁疑周孔，不敢疑程朱。而其才智少过人者，则又附援程朱以入老释。彼老释者，幸汉唐之儒抵而排之矣，今论者乃谓先儒所抵排者，特老释之粗，而其精者，虽周孔之微旨，不是过也。诚使老释之精者，虽周孔不是过也，何以生于其心，发于其事，缪戾如彼哉！

【译文】洪榜向笥河先生顿首：先前详细记载了戴震的生平事迹，使他的遗孤戴中立，到你门下，求你为他写墓志铭。刚得到你的告示："行状中所收的的戴震《答彭进士》可以不必记载，性命和天道很难知道，更何况在程朱以外还会有其他立教？戴震学问可传之于后世的不在这里。"我听到后恭敬地接受，出于尊重，不敢有异议。事后考虑到你为今日学者宗奉，绝不是随意而说。你的意思大约有三个方面：其一说程朱大贤，立身行事超群，他们的学说，没有不同之处。怀疑那些人趁机讨伐，加以嘲讽。其二说经生学问贵有家法，汉学源于汉，宋学源于宋，现在既然已经详于度数，精于训诂，就不可再涉及性命方面，反而记述不擅长处，抛弃擅长处。其三说儒生是通过努力可以做到的，圣贤则是不可以通过学习就能达到，像他那样勤勉不倦，考察古代，知识深邃，知晓大道，没有过度赞美。大概你的意思是在这三方面，从中可以看到你论学之严谨，言论之谨慎，然而担忧你还没有体察到戴震之所以著述的原因和我所以表彰戴震的用意，我就暂且得罪你，因为在这上面不能不说话表态。戴震的《与彭进士书》，并不是非难程朱的，而是纠正陆王的偏失。不只是纠正陆王的偏失，而是驳斥佛老的邪说。不只是驳斥佛老的邪说，而是驳斥后学中那些表面上为儒者其实是佛老，引用儒家学说入于佛老的学说中，用佛老学说的相似处来冒充儒学，都将这些附于程朱之学中的做法。你说程朱是大贤，立身行事超群，难道只有程朱大贤，立身行事超群吗？陆王也是大贤，他们的立身行事也超群绝伦，即是老、释也是大贤，立身行事超群绝伦。只有这样，才能使后生闭口不敢谈论大道。宁可怀疑周孔，而不敢怀疑程朱，而才智稍微超出众人者，则又援引程朱以入释。佛教、道教，幸亏有汉唐的儒者谴责排斥，现在的人以为先儒所排斥的只是道教、佛教粗劣的部分，至于精微的部分，即使周、孔的微言大义，也不过如此。真如所说，老、释的精微部分，即使周孔也没有超过，怎会有这样的想法，如此的荒谬！

况周孔之书具在，苟得其解，皆不可以强通，使程朱而闻后学者之言如此，知必急急然正之也。然则戴氏之书，非故为异同，非缘隙醖嘲，非欲夺彼与此，昭昭甚明矣。至谓治经之士，宜有家法，非为宋学，即为汉学，心性之说，贾、马、服、郑所不详。今为贾、马、服、郑之学者亦不得详。夫言性言心，亦不自宋以后兴也，周末诸子及秦、汉间著书立说者多及之。其辞虽殊，其意究无大异，凡以劝学立教而已。惟老聃、庄周之书，乃有冲虚之说、真宰之名，不寄于事，不由于学，谓之返其性情而复其初。魏、晋之间，此学盛兴，而诸佛书流入中土，亦适于此时为盛。其书本浅妄无足道，译者杂以老庄之旨，缘饰其说，大畅玄风。唐傅弈曾言其事矣，然而未敢以入儒书也。至乎昌黎韩氏，力辟佛老，作为《原道》等书，使学者昭然知二氏之非。而其时佛氏之说，入人既深，则又有柳子厚之徒，谓韩氏“所罪者其迹也，忿其外而遗其中，譬之知石而不知韫玉。彼其不可斥者，往往与《易》《论语》合，不与孔子异道也。”此说一出，后之学者，往往执是说，以求之《易》《论语》，而所谓《易》《论语》者，则又专用魏王氏之注，与何氏之集解，其人本深于老释，其说亦杂于二家，此则宜其有合也。历唐之末，逮宋之初，此论纷纭，固结而不可解。于是读《易》《论语》书者，或往往先从事于二氏，因即以其有得于二氏之精者，以说《易》《论语》之书。是以眉山苏氏作《六一居士集序》曰：“新学以佛、老之似，乱周孔之真，识者忧之也”。宋熙宁以后，此弊日深。至于姚江王氏之学行，则直以佛书释论孟矣。彼贾马服郑当时盖无是弊，而今学者束发受书，言理言道，言心言性，所谓理道心性之云，则皆六经孔孟之辞，而其所以为理道心性之说者，往往杂乎老释之旨，使其说之果是，则将从而发明之矣，如其说之果非，则治经者固不可以默而已也。如使贾、马、服、郑生于是时，则亦不可默而已也。前之二说，阁下苟详察之，亦知戴氏之非私于其学，而榜之非私于戴氏矣。

至于闻道之名不可轻以许人，犹圣贤之不可学而至。如阁下以此为虑，此其犹存乎后儒之见也。孟子谓“圣人人伦之至”，首阳之义，孔子称曰“古之贤人”。夫圣贤不可至，盖在是矣。虽然，安可以自弃乎哉！若夫高谈深远者谓之知道，不言而躬行者谓之未闻道；及夫治经训者谓之儒林，明性道者谓之道学。此固戴氏所不道，而榜所望于阁下表扬之者，亦不在是也。夫戴氏论性道，莫备于其论孟子之书，而所以名其书者，曰《孟子字义疏证》焉耳。然则非言性命之旨也，训故而已矣，度数而已矣。要之，戴氏之学，其有功于六经、孔孟之言甚大，使后之学者无驰心于高妙，而明察于人伦庶物之间，必自戴氏始也。惟阁下裁察焉。

【译文】况且周孔的著述都在，如果能够真正理解，都不可以勉强理解，假使程朱知道后学者这样说，一定会急切地纠正。然而戴震的著述，不是故意立说不同，也不是趁机嘲讽，并不是贬低一方赞扬一方，这很明显。至于说研究经学，应该有家法，不是宋学，就应该是汉学。心性学说，贾逵、马融、服虔、郑玄这些人也不知道；那现在遵从汉学的，也应该不去知道。关于心性的学问，也不是从宋以后才兴起的，西周末年的诸子和秦汉时期著述立说的人也多有涉及。他们言辞虽然不同，但内涵并没有大的区别，都是有关劝学、立教方面的。只是老子、庄子，学主恬淡虚静，有真宰一说，不寄托于事物，不主张学习，以希望返回人的性情恢复本初状态。魏晋时期，这一学说盛行，而佛教传入中国也正好在这一时期。这些书原本浅显虚妄不足以言说，翻译者夹杂老庄立说内涵，文饰佛教，玄学大昌。唐朝傅奕曾讲过这事，然而不敢将此加到儒学之中。等到韩愈的时候，竭力排斥佛老，写《原道》等文，使学者明确得知道佛老的错误。当时佛教，深入人心已深，又有柳宗元认为韩愈排斥的是佛教的事迹，是不满佛教的外象却忘掉了它的实质，就好比知道石头却不知其中包藏的美玉。佛教之中有不可排斥的地方，往往和《周易》《论语》所讲相同，与孔子之道不相违背。这一看法一经说出，后来的学者往往坚持这一看法，并在《周易》《论语》中寻找，而他们所用的《周易》《论语》，又只用王弼的《周易注》和何晏的《论语集解》，他们本来深通佛道学说，著述中也夹杂着佛道观点，这也应该又和儒学相合的地方。经历唐末到宋初，论说纷纷，坚固结实而不可解开。于是读《周易》《论语》的，往往先学习佛老，用从佛老中学得的精华来解释《周易》《论语》。因而眉山苏轼在《六一居士集序》中说："王安石的学问以佛老的相似处来冒充周孔，有识之士为之担忧。"北宋熙宁年间以后，这一弊端日益加深。至到王阳明学问兴起以后，就直接用佛学解释孔孟学说。在贾逵、马融、服虔、郑玄的时候没有这一弊端，而现在儿童上学，谈论物理、大道，谈论心性，他们所说的理道心性，都不是六经、孔孟所讲。他们所讲的理道心性，往往夹杂有佛老的学说。假使他们的说法果然正确，就宜加以发明；假使他们的说法不正确，治经者就不应该默默不言。假如贾逵、马融、服虔、郑玄生于现在，也不会默默不言。前面所说的两方面，你如果能够详细考察，可知戴震并不是偏向他的学说，也可知我并不是偏向戴震。

至于说不可以轻易许人明了大道就好比是圣贤不可通过学习而达到的。如果你是这样考虑的，这说明你有后儒的看法。孟子说"圣人是人伦的充分实现者"，孔子称伯夷、叔齐为"古代的贤人"。你说的圣贤不可学习，大概就说的是这些吧。即使这样，又怎能自弃呢！如果只以为大谈高深的道理才算是知晓大道，不谈论而作亲自实践的就是没有知晓大道；以至于研究经学训诂的称为儒林，明了性命天道的称为道学，这些原不是戴震所说的，而我希望你能够表扬的也不是这些。戴震讲性命天道方面的内容，完全在论述孟子的书中，而他给书叫的名字为《孟子字义疏证》。然而书中不是讨论天道性命的，只是谈训诂、法度。总之，戴震的学问对六经、孔孟立说的阐发有很大功绩，使以后的学者不会留心于高深精妙之学，而能够明了人伦、万物，必定从戴震开始。希望你能够判断审查。

宋 史

元托克托等撰，托克托一作脱脱，蒙古人，字大用，顺宗时贤相，时诏修宋辽金元诸史，托克托为都总裁官。案自来正史叙录学者，除自有列传者外，多立《儒林传》以类收之。惟元托克托等作《宋史》，因欲特示表彰性理之学，遂于《儒林传》外，复为《道学传》。一说此传之作，实本于朱子所作《伊洛渊源录》，而稍加修补，故虽理学，如陆九渊亦在所摒，盖纯为程朱一派之学术也。其后元明二史，皆不之从，仍还自来正史之例，其识较为卓越。今存其序，第以识后世道学门户之争之所由起耳。

【译文】元朝托克托等人撰写。托克托又称脱脱，是蒙古族人，字大用，元顺宗时期的贤相。当时皇帝命令撰写宋辽金元各朝的史书，脱脱负责监管裁决。历来正史记述学者，除去各自的列传外，其余的大多分类收在《儒林传》中，只有元朝托克托等人写得《宋史》，想特别表彰性理之学，于是在《儒林传》外，另立《道学传》。有的说，《道学传》的写作，其实是依据朱熹作的《伊洛渊源录》略加修改，因此即使是关于理学，像陆九渊也排除在外，完全是关于程朱一派的学问。之后《元史》和《明史》都不遵从这一写法，仍依照以前正史的体例，见识较高。现今选录序文，只是想要了解后世道学门户之争的由来。

《道学传》序

“道学”之名，古无是也。三代盛时，天子以是道为政教，大臣百官有司以是道为职业，党庠、术序师弟子以是道为讲习，四方百姓日用是道而不知。是故盈覆载之间，无一民一物不被是道之泽，以遂其性。于斯时也，道学之名，何自而立哉。文王、周公既没，孔子有德无位，既不能使是道之用渐被斯世，退而与其徒定礼乐，明宪章，删《诗》，修《春秋》，赞《易》《象》，讨论《坟》《典》，期使五三圣人之道昭明于无穷。故曰：”夫子贤于尧、舜远矣。”孔子没，曾子独得其传，传之子思，以及孟子，孟子没而无传。两汉而下，儒者之论大道，察焉而弗精，语焉而弗详，异端邪说起而乘之，几至大坏。

【译文】“道学”这一称谓，以前是没有的。三代昌明之时，天子以”道”实行政治教化，大臣百官将”道”作为职业，各级学校老师学生都讲解、学习”道”，天下的百姓日常接触”道”却没有感到它的存在，因此在天地之间，没有一人一物不接受”道”的恩泽来实现它的本性。在这个时候，”道学”这个名称，还需要确立吗？文王、周公去世后，孔子具有圣王的品德但却没有圣王的位置。既然不能将”道”的功用慢慢地实行于当世，就退居和徒弟订正礼乐，昌明法度，删定《诗经》，撰写《春秋》，称赞周易，讨论坟、典，希望三皇五帝之道能够明于后世，因此说：”孔子远比尧舜贤能。”孔子去世后，只有曾子得到孔子真传，他就传于子思，子思传于孟子，孟子去世后淹没不传。两汉以后，儒者谈论大道，考察但不精深，讲论却不详尽，异端邪说乘之而起，”道”几乎完全败坏。

千有余载，至宋中叶，周敦颐出于舂陵，乃得圣贤不传之学，作《太极图说》《通书》，推明阴阳五行之理，命于天而性诸人者，了若指掌。张载作《西铭》，又极言理一分殊之情，然后道之大原出于天者，灼然而无疑焉。仁宗明道初年，程颢及弟颐实生，及长，受业周氏，已乃扩大其所闻，表章《大学》《中庸》二篇，与《语》《孟》并行，于是上自帝王传心之奥，下至初学入德之门，融会贯通，无复余蕴。

迄宋南渡，新安朱熹得程氏正传，其学加亲切焉。大抵以格物致知为先，明善诚身为要，凡《诗》《书》、六艺之文、与夫孔、孟之遗言，颠错于秦火，支离于汉儒，幽沉于魏、晋六朝者，至是皆焕然而大明，秩然而各得其所。此宋儒之学所以度越诸子，而上接孟氏者欤。其于世代之污隆，气化之荣悴，有所关系也甚大。道学盛于宋，宋弗究于用，甚至有厉禁焉。后之时君世主，欲复天德王道之治，必来此取法矣。

邵雍高明英悟，程氏实推重之，旧史列之隐逸，未当，今置张载后。张栻之学，亦出程氏，既见朱熹，相与博约又大进焉。其他程、朱门人，考其源委，各以类从，作《道学传》。[按道学传所录，共二十三人，其姓名如下，周敦颐、程颢、程颐、张载（弟戬附）、邵雍、刘绚、李籲、谢良佐、游酢、张绎、苏昞、尹焞、杨时、罗从彦、李侗（以上十人皆程氏门人）朱熹、张栻、黄榦、李燔、张洽、陈淳、李方子、黄灏（以上六人皆朱氏门人）。]

【译文】千余年后，到宋代中叶，舂陵的周敦颐，得到了圣贤长久淹没不传的学问，写《太极图说》和《通书》，阐明阴阳五行的道理，通晓天命所赋予人的本性。张载作《西铭》，又穷尽理一分殊的内涵，此后人们确然无疑地知道”道”原本来自于天。宋仁宗明道初年，程颢和弟弟程颐出生，长大后，学习于周敦颐，这增广他们的见闻，表彰《礼记》中《大学》和《中庸》这两篇，使和《论语》《孟子》并列，于是上至圣王传授的深奥道理，下至初学道理的门径，都融会贯通，不再隐而不发。

等到宋朝南渡以后，新安朱熹得到了二程的正传，他的学问更加真实贴切，大都以格物致知、明善诚身为根本，凡是流传下来的六经和孔孟遗言，在秦焚书后出现颠倒错乱，被汉儒解释得四分五裂，在魏晋、六朝隐而不明的，到朱熹时，都焕然大明，秩序井然，各得其所。这也是宋儒之所以超越汉唐之儒，能够上接孟子不传的学问原因。这和世道的兴衰有巨大的关系。"道学"兴盛在宋朝，宋终究没有实行，甚至还严厉禁止。后世的君王，想要恢复天德王道的治理，必定取法"道学"。

邵雍高明聪颖，二程很是推重，以前的史书将他列在《隐逸传》，这不恰当，现今列在张载之后。张栻的学问，也来自二程，又和朱熹相识，互相切磋大长学问。其他的程朱门人，考察他学说源流，按类划分，作《道学传》。

宋元学案

清黄宗羲原本，全祖望修定。宗羲里字见前。祖望鄞人，字绍衣，一字谢山，雍正举人。其学推本程朱，博览无方，而尤以网罗文献，表彰忠义为事，著有《经史答问》，《鲒埼亭集》。是编之作，大抵取材于宋元两代诸家之文集语录，而别为体例。每家之中，先述其人之事略，次举其重要之著作，而加以评语，又以各家前冠以其人之师友弟子表，用明夫学术授受之本末。裁剪有法，论述详尽，凡二百卷，学者皆称便焉。

【译文】原为清代黄宗羲所著，全祖望在其基础上修补增订而成。黄宗羲籍贯、字号介绍参见前面。全祖望是鄞县人，字绍衣，另一字是谢山，雍正年间的举人。他的学问以程朱为本，博学无所不限，尤其在搜集文献、表彰忠义方面着力很多。他著作有《经史答问》，《鲒埼亭集》。这本书的编著，大多取材于宋元两代学者的文集和语录，加以分类组织体例。在每一家之中，先记述他本人的生平事迹，接着列举他重要著作并加以评语，又在各家之前列师友弟子表，以显明学术传授的源流。本书选择得法，论述详尽，共二百卷，学者都以为使用方便。

宋元儒学案序录

祖望谨案：宋世学术之盛，安定、泰山为之先河，程、朱二先生皆以为然。安定沈潜，泰山高明，安定笃实，泰山刚健，各得其性禀之所近。要其力肩斯道之传，则一也。安定似较泰山为更醇。小程子入太学，安定方居师席，一见异之。讲堂之所得，不已盛哉！述《安定学案》。（第一卷）。

【译文】宋代学术的昌盛，胡瑗和孙复是先导，二程和朱熹都这样认为的。胡瑗深沉，孙复高大光明；胡瑗敦厚实在，孙复刚健进取；各自都得到了所禀赋的天性。总之，他们竭力担当大道的传授都是一样的，胡瑗似乎比孙复更为纯粹。小程初入太学，胡瑗还是讲师，相见则大为惊奇。学堂所得，不是很盛大吗？

泰山之与安定，同学十年，而所造各有不同。安定，冬日之日也；泰山，夏日之日也。故如徐仲车，宛有安定风格；而泰山高弟为石守道，以振顽懦，则岩岩气象，倍有力焉。抑又可以见二家渊源之不紊也。述《泰山学案》。（第二卷）。

【译文】胡瑗和孙复，同学十年，所得各有不同。安定就好比冬天的太阳一样（温暖）；孙复就好比夏天的太阳一样（光耀）。徐积宛然有胡瑗的风格，而孙复的高徒石介，振兴愚顽，气象高大，倍加有力。这又可以看到两家渊源不乱。

晦翁推原学术，安定、泰山而外，高平范魏公其一也。高平一生粹然无疵，而导横渠以入圣人之室，尤为有功。孝宗尝以朝臣之请，将与欧阳兖公并入泽宫，已而不果。今卒举行之，公是为不泯矣。述《高平学案》。（第三卷）。

【译文】朱熹推本溯源学术发展脉络，胡瑗和孙复以外，还有高平范仲淹。范仲淹一生纯粹而无过错，他功劳尤其在于引导张载进入圣人之学。宋孝宗时期，曾应朝中大臣的请求，将他和欧阳修同供奉在泽宫，最终没有成行。现今最终实行，先生因此而不泯灭。

杨文靖公有言："佛入中国千余年，祗韩、欧二公立得定耳。"说者谓其因文见道。夫见道之文，非圣人之徒亦不能也。兖公之冲和安静，盖天资近道，稍加以学，遂有所得。使得遇圣人而师之，岂可量哉！述《庐陵学案》。（第四卷）。

【译文】杨时说过："佛教传入中国千余年来，只有韩愈和欧阳修两个人不沉溺于其中。"有人以为从他的文章中可以发现孔孟之道，能够在文字中彰显孔孟之道的，不是圣人的门徒是做不到的。欧阳修性情淡泊安宁，大概天生近于道，稍微加以学习，就有所得。假若遇到圣人向其学习，结果不可限量。

安定、泰山并起之时，闽中四先生亦讲学海上，其所得虽未能底于粹深，然而略见大体矣，是固安定、泰山之流亚也。宋人溯导源之功，独不及四先生，似有阙焉。或曰："陈烈亦尝师安定。"未知所据。述《古灵四先生学案》。（第五卷）。

【译文】在胡瑗、孙复并起讲学之时，闽中的陈襄、郑穆、周希孟、陈烈也在南方讲学。他们所讲虽然没有达到纯粹精深的程度，但也能够基本涉及关键处，这些仅次于胡瑗、孙复之辈。宋人追溯源头，独独没有提及这四位，似乎有所缺失。有的说："陈烈也曾经向胡瑗学习。"不知道依据在何处。

庆历之际，学统四起。齐、鲁则有士建中、刘颜夹辅泰山而兴。浙东则有明州杨、杜五子，永嘉之儒志、经行二子，浙西则有杭之吴存仁，皆与安定湖学相应。闽中又有章望之、黄晞，亦古灵一辈人也。关中之申、侯二子，实开横渠之先。蜀有宇文止止，实开范正献公之先。筚路蓝缕，用启山林，皆序录者所不当遗。述《士刘诸儒学案》。（第六卷）。

【译文】庆历年间，学者四起。在山东有士建中、刘颜与胡瑗并时而兴。浙东有明州杨适、杜醇、王致、王说、楼郁五人，永嘉有儒志、经行二人，浙西有杭州的吴存仁，都与胡瑗的"湖学"相应。福建又有章望之、黄晞，亦古灵等人。关中的申、侯二人，实为张载的先导。四川有宇文止止，实为范祖禹的先导。艰难初创时期的这些人，都是著述所不应当遗漏的。

小程子谓："阅人多矣！不杂者，司马、邵、张三人耳。"故朱子有"六先生"之目，然于涑水微嫌其格物之未精，于百源微嫌其持敬之有歉，《伊洛渊源录》中遂祧之。（今本补入康节，非朱子原本也。）草庐因是敢谓涑水尚在"不着""不察"之列。有是哉？其妄也！述《涑水学案》。（第七卷、八卷。）

【译文】程颐说："我观察好多人了。纯而不杂的只有司马光、邵雍和张载。"因而朱熹有"六先生"之说，只是略微嫌司马光格物说不精深，邵雍持敬功夫有所欠缺，因而在《伊洛渊源录》中将此二人排除在外。（现今补入邵雍，并不是朱子的原本。）吴澄由此说司马光还在"不着"、"不察"之列中。是这样吗？不是的。

康节之学，别为一家。或谓《皇极经世》祇是京、焦末流，然康节之可以列圣门者，正不在此。亦犹温公之造九分者，不在《潜虚》也。述《百源学案》。（第九卷、十卷。）

【译文】邵雍的学问，自成一家。有的以为《皇极经世》只是京房、焦延寿的末流，但是邵雍能够列于圣人之中，不在这些。就好比司马光造九分不在《潜虚》一书中。

濂溪之门，二程子少尝游焉。其后伊、洛所得，实不由于濂溪，是在高弟荥阳吕公已明言之，其孙紫微又申言之，汪玉山亦云然。今观二程子终身不甚推濂溪，并未得与马、邵之列，可以见二吕之言不诬也。晦翁、南轩始确然以为二程子所自出，自是后世宗之，而疑者亦踵相接焉。然虽疑之，而皆未尝考及二吕之言以为证，则终无据。予谓濂溪诚入圣人之室，而二程子未尝传其学，则必欲沟而合之，良无庸矣。述《濂溪学案》。（第十一卷、十二卷。）

【译文】二程年轻时曾向周敦颐学习。此后二程学问所得者，并不是来自周敦颐。这在他的高徒吕希哲已经明说，他的孙子吕本中又再次申说，汪玉山也这样说。现今看二程终生并不十分推崇周敦颐，没有将他和司马光与邵雍并列，可知吕希哲、吕本中所言不错。自朱熹、张轼开始以为二程所学出自周敦颐，此后后世学者都信奉这一看法，但怀疑者也不断。然而即使怀疑，都没有引述二吕的言谈作为左证，所疑终究没有证据。我以为周敦颐确实已经进入了圣学之门，但是二程并没有传授他的学问。若是一定要将他们合在一起，并没有用处。

大程子之学，先儒谓其近于颜子，盖天生之完器。然哉！然哉！故世有疑小程子之言若伤我者，而独无所加于大程子。述《明道学案》。（第十三卷、十四卷。）

【译文】程颢的学问，先儒以为接近于颜回，是天生的完人。确实如此啊！确实如此啊！因而世人有怀疑小程所说对人有所伤害，却独独不认为大程会这样。

大程子早卒，向微小程子，则洛学之统且中衰矣！蕺山先生尝曰："小程子大而未化，然发明有过于其兄者。"信哉！述《伊川学案》。（第十五卷、十六卷。）

【译文】大程子去世过早。假如没有小程子，那么洛学的传承就会中道衰落。刘宗周说："小程学问博大，只是还没有达到融会的境界，但他学问上的阐发创造要超过大程。"确实如此！

横渠先生勇于造道，其门户虽微有殊于伊洛，而大本则一也。其言天人之故，间有未当者，梨洲稍疏证焉，亦横渠之忠臣哉！述《横渠学案》。（第十七卷、十八卷。）

【译文】张载在学问上勇于创造，虽然和二程稍有差别，但根本上是一致的。他讲的天人关系，偶有不太准确的，黄宗羲稍为疏解考证，也是有功于张载！

庆历以后，尚有诸魁儒焉，于学统或未豫，而未尝不于学术有功者，范蜀公、吕申公、韩持国，一辈也；吕汲公、王彦霖，又一辈也；丰相之、李君行，又一辈也。尚论者其敢忽诸！述《范吕诸儒学案》。（第十九卷。）

【译文】庆历以后，还有一些大儒，虽然没有进入学统之列，而未尝不有功于学术。范缜、吕公著、韩维这些人是同一辈；吕大防、王岩叟这是同一辈，丰稷、李潜是同一代人。又怎敢忽略这些人呢！

涑水弟子，不传者多。其著者，刘忠定公得其刚健，范正献公得其纯粹，景迂得其数学，而刘、范尤为眉目。忠定之《语录》《谭录》《道护录》，今皆无完本，然大略可考见矣。述《元城学案》。（第二十卷。）

【译文】司马光的弟子，后世不传的很多，其中著名的有刘安世，他学得了司马光品格刚健的一面，范祖禹得到了司马光品格纯粹的一面，晁说之得了司马光的象数学，刘世安和范祖禹尤其杰出。刘世安的《语录》《谭录》《道护录》，今都没有完本，然而大致情况仍可考见。

范正献公之师涑水，其本集可据也。其师程氏，则出自鲜于绰之讹。《伊洛渊源录》既疑之，而又仍之，误矣。陈默堂答范益谦曰："向所闻于龟山，乃知先给事之学与洛学同。"则其非弟子明矣。述《华阳学案》。（第二十一卷。）

【译文】范祖禹学习于司马光，他的文集可以证明。他向二程学习，则是出于鲜于绰的错误。朱熹在《伊洛渊源录》中已经怀疑，但仍沿袭这一看法，是错误的。陈渊回答范益谦说："以前听杨时说，才知道你祖上（范祖禹）和二程的学问相同。"

涑水尝令景迂续成《潜虚》，景迂谢不敢，然《易玄星纪》之谱，足以绍师门矣。景迂又私淑康节，惜其晚年之好佛也。然元城亦不免此。吕成公曰："景迂虽驳，其学有不可废者。"述《景迂学案》。（第二十二卷。）

【译文】司马光曾让景迂续写《潜虚》，景迂推辞不敢写，但是他的《易玄星纪谱》，完全可以继承师门。晁说之同时又私淑邵雍，可惜的是他晚年喜好佛教。刘安世晚年也不能免于此。吕祖谦说："刘渊虽然驳杂，但他的学问不能废弃。"

荥阳少年，不名一师。初学于焦千之，庐陵之再传也。已而学于安定，学于泰山，学于康节，亦尝学于王介甫，而归宿于程氏。集益之功，至广且大。然晚年又学佛，则申公家学未醇之害也。要之，荥阳之可以为后世师者，终得力于儒。述《荥阳学案》。（第二十三卷。）

【译文】吕希哲年少时，没有固定的老师，最初学习于焦千之，他是欧阳修的再传弟子。后来又学于胡瑗、孙复、邵雍，也曾向王安石，旨趣最后归宿于二程。他汇集诸家的功绩大而广。但他晚年又学佛教，可见他的学问有不纯粹的弊病。总之，吕希哲之所以能够为后世效法的原因还在于儒学。

洛学之魁，皆推上蔡，晦翁谓其英特过于杨、游，盖上蔡之才高也。然其堕入葱岭处，决裂亦过于杨、游。或曰：是江民表之书误入《上蔡语录》中。述《上蔡学案》。（第二十四卷。）

【译文】洛学传人第一人，都认为是谢良佐。朱熹以为他才智超过杨时和游酢，可见才气之高。但他学问偏离正说，和老师的决裂也超过了杨时和游酢。有的以为是江望的文章误入《上蔡语录》中。

明道喜龟山，伊川喜上蔡，盖其气象相似也。龟山独邀耆寿，遂为南渡洛学大宗，晦翁、南轩、东莱皆其所自出。（五峰、紫微皆尝学于龟山之门。）然龟山之夹杂异学，亦不下于上蔡。述《龟山学案》。（第二十五卷。）

【译文】程颢喜欢杨时，程颐喜好谢良佐，大概是他们气象相似的原因。杨时独享高寿，为洛学南传的大宗，朱熹、张轼、吕祖谦都出于他门中。（胡宏和吕本中也曾学习于杨时。）但是杨时学问中夹杂有异端之学，这一点不亚于谢良佐。

廌山游肃公在程门鼎足谢、杨，而遗书独不传，其弟子亦不振。五峰有曰："定夫为程门罪人。"何其晚谬一至斯与！予从诸书稍搜得其粹言之一二。述《廌山学案》。（第二十六卷。）

【译文】游酢在程门和谢良佐、杨时鼎足而立，然而遗书却没有流传，他的弟子也不兴盛。胡宏说："游酢是程门的罪人。"年老昏愦何以至此！我从各种书中搜集了他部分粹言。

和靖尹肃公于洛学最为晚出，而守其师说最醇。五峰以为程氏后起之龙象，东发以为不失其师传者，良非过矣。述《和靖学案》。（第二十七卷。）

【译文】尹焞在"洛学"中所出最晚，但是坚守师说最为纯粹。胡宏以为他是程门中后起的俊秀，黄震以为没有丢掉老师所传，所说确实并非过誉。

兼山以将家子，知慕程门，卒死王事。白云高蹈终身，和靖所记党锢后事，恐未然也。郭门之学虽孤行，然自谢艮斋至黎立武，绵绵不绝。述《兼山学案》。（第二十八卷。）

【译文】郭忠孝作为将门之子，羡慕程门学问，最终死于政事。终生隐居，尹焞所记载党锢以后的事情恐怕不是那样。郭门学问虽然特行，但是从谢艮斋至黎立武，绵绵不绝。

洛学之入秦也以三吕，其入楚也以上蔡司教荆南，其入蜀也以谢湜、马涓，其入浙也以永嘉周、刘、许、鲍数君，而其入吴也以王信伯。信伯极为龟山所许，而晦翁最贬之，其后阳明又最称之。予读信伯集，颇启象山之萌芽，其贬之者以此，其称之者亦以此。象山之学，本无所承，东发以为遥出于上蔡，予以为兼出于信伯。盖程门已有此一种矣。述《震泽学案》。（第二十九卷。）

【译文】洛学因吕大临、吕大忠、吕大均传入秦地，因谢良佐传入楚地，因谢湜、马涓传入蜀地，因永嘉周行己、刘安节、安上、许景衡、鲍若雨传入浙地，因王蘋传入吴地。杨时极为称许王蘋，但是朱熹却极力贬低，之后阳明又极力称赞。我读王蘋的书，有启发陆九渊的征兆，贬低他的原因在此，称赞他的原因也在此。陆九渊的学问，没有承袭，黄震以为远出于谢良佐，我以为同时处于王蘋。大概程门已经有这一倾向了。

程子弟子最著者，刘，李诸公以早卒，故其源流未广；晋陵周氏兄弟亦为和靖所许；其后马伸、吴给以大节见。亦有不称其薪传者，如邵溥之委蛇伪命，李处廉之以墨败。至于邢恕，则古公伯寮之伦也与！述《刘李诸儒学案》。（第三十卷。）

【译文】程门弟子中著名的刘绚、李吁因为去世过早，学问流传不广。晋陵周孚先、周恭先兄弟也为尹焞称许，之后马伸、吴给也因行有节操而著名。在程门传人中也有不称职的，就像邵溥虚情假意，李处廉则因贪污而入狱。至于邢恕，就是像古代的公伯寮一样（品行不端，为人不齿）。

关学之盛，不下洛学，而再传何其寥寥也？亦由完颜之乱，儒术并为之中绝乎？《伊洛渊源录》略于关学，三吕之与苏氏，以其曾及程门而进之，余皆亡矣。予自范侍郎育而外，于《宋史》得游师雄、种师道，于《胡文定公语录》得潘拯，于《楼宣献公集》得李复，于《童蒙训》得田腴，于《闽书》得邵清，及读《晁景迂集》，又得张舜民，又于《伊洛渊源录》注中得薛昌朝，稍为关学补亡。述《吕范诸儒学案》。（第三十一卷。）

【译文】关学的兴盛，不在洛学之下，为何再传弟子却寥寥无几？难道是由于金朝战乱，儒术因此而断绝吗?《伊洛渊源录》对于关学三吕和苏氏略有记载，因为他们曾经向二程学习过，其余的都没有记载。我除了记载范育外，从《宋史》中搜集了游师雄、种师道的记载，于《胡文定公语录》中搜集了关于潘拯的记载，于《楼宣献公集》中搜集了有关李复的记载，于《童蒙训》中搜集了有关田腴的记载，于《闽书》中搜集了有关邵清的记载，读《晁景迂集》后，又搜集了关于张舜民的记载，又在《伊洛渊源录》注中找到了有关薛昌朝的记载。这些稍稍为补足关学所失的记载。

世知永嘉诸子之传洛学，不知其兼传关学。考所谓“九先生”者，其六人及程门，其三则私淑也。而周浮沚、沈彬老又尝从蓝田吕氏游，非横渠之再传乎?鲍敬亭辈七人，其五人及程门。晦翁作《伊洛渊源录》，累书与止斋求事迹，当无遗矣，而许横塘之忠茂，竟不列其人，何也?予故谓为晦翁未成之书。今合为一卷，以志吾浙学之盛，实始于此。而林竹轩者，横塘之高弟也，其学亦颇启象山一派。述《周许诸儒学案》。(第三十二卷。)

【译文】世人都知道永嘉诸学人传授洛学，不知道他们同时传授关学。所说的“永嘉元丰九先生中”，其中六人曾就学于程门，三人则是私淑。周行己和沈躬行又曾经向蓝田诸吕学习，难道不是张载的再传弟子吗?鲍若雨等七人，其中有五人学习于程门。朱熹作《伊洛渊源录》，多次述及陈傅良事迹，但对于许景衡，竟然没有记述其人。我因此说朱熹的书没有完成。现将他们列在一卷，记述浙学的兴盛，实际是从这时开始的。林季仲是景衡的高徒，他的学问对陆九渊一派很有启发。

百源弟子承密授者，曰王豫，曰张缙，皆早死，故不传。伯温虽受辟咡负剑之教，然所得似浅。东发谓《渔樵问答》乃伯温作，其中亦有名言，所惜者《闻见录》之溺于轮回也。予又为旁搜，得杨、周等数人。述《王张诸儒学案》。(第三十三卷。)

【译文】邵雍弟子得到秘传的有王豫和张缙，他们早死，因而学问不传。邵伯温虽然从小受到邵雍教导，但所得较浅。黄震以为《渔樵问答》是邵伯温所写，其中也有精到处，可惜的是《闻见录》又沉溺于佛教了。我又广泛搜求，又找到了周长孺　、杨贤宝等人的材料。

私淑洛学而大成者，胡文定公其人也。文定从谢、杨、游三先生以求学统，而其言曰：“三先生义兼师友，然吾之自得于遗书者为多。”然则后儒因朱子之言，竟以文定列谢氏门下者，误矣，今沟而出之。南渡昌明洛学之功，文定几侔于龟山，盖晦翁、南轩、东莱皆其再传也。(朱、吕皆尝从籍溪。)述《武夷学案》。(第三十四卷。)

【译文】胡安国私淑洛学而有大成就。胡安国为了得到洛学学统，向谢良佐、杨时、游酢学习。他说："这三先生是我的朋友也是我的老师，然而我从二程遗书中自得的最多。"后来儒者由于朱熹的看法，竟然将胡安国列在谢良佐的门下，这是错的，现今从中取出。南渡以后，发扬壮大洛学的功绩，胡安国几乎与同于杨时，朱熹、张栻、吕祖谦都是他的再传弟子。

私淑洛学而未纯者，陈了斋、邹道乡也。唐允之、关止叔，又其次也。了斋兼私淑涑水、康节，学徒最盛，建炎后多归龟山。述《陈邹诸儒学案》。（第三十五卷。）

【译文】私淑洛学但是并不纯粹的有陈瓘和邹浩。唐广仁和关治又在其下。陈瓘私淑司马光和邵雍，学生最多，建炎以后多归于杨时门下。

大东莱先生为荥阳冢嫡，其不名一师，亦家风也。自元佑后诸名宿，如元城、龟山、廌山、了翁、和靖以及王信伯之徒，皆尝从游，多识前言往行以畜其德。而溺于禅，则又家门之流弊乎！述《紫微学案》。（第三十六卷。）

【译文】吕本中为荥阳吕希哲的嫡长孙，他没有固定的老师，也是他的家风。元祐以后诸位名人，像刘安世、杨时、游酢、了翁、尹淳以及王蘋这些人，都曾交往过。他多方面学习前人的言语行为，培养自己的德行。然而他沉溺于禅学，这又是他家门学问的弊端。

上蔡之门，汉上朱文定公最著。三《易》象数之说，未尝见于上蔡之口，而汉上独详之。尹和靖、胡文定、范元长以洛学见用于中兴，汉上实连茹而出，顾世之传其学者稍寡焉。述《汉上学案》。（第三十七卷。）

【译文】谢良佐的门生中，以汉上朱震最为著名。他关于《周易》象数的看法，谢良佐没有讲到，是他一人详细解说的。尹淳、胡安国、范冲中兴洛学，朱震实际上也是同时而起的，只是世上传授他的学问的人较少。

龟山弟子遍天下，默堂以爱壻为首座。其力排王氏之学，不愧于师门矣。惜其早侍了齐，禅学深入之，而龟山亦未能免于此也，所以不得不输正统于豫章，述《默堂学案》。（第三十八卷）

【译文】杨时的弟子遍布天下，其中默堂学派的他的爱婿居于首位。竭力排斥王氏的学说，不愧师门。可惜早早地，深入禅学的研究，杨时也不能避免于此，所以不得不输给了正统的豫章学派。

豫章之在杨门，所学虽醇，而所得实浅，当在善人、有恒之间。一传为延平则邃矣，再传为晦翁则大矣，豫章遂为别子。甚矣，弟子之有光于师也！述《豫章学案》。（第三十九卷。）

【译文】罗从彦在杨时门下，所学虽然纯粹，只是所得实在浅显，在善人和有心向善之间。他一传弟子李侗学术转为深邃，再传弟子朱熹集诸家大成，罗从彦因之而显。弟子对老师学问的光大很有关系啊！

龟山弟子以风节光显者，无如横浦，而驳学亦以横浦为最。晦翁斥其书，比之洪水猛兽之灾，其可略哉！然横浦之羽翼圣门者，正未可泯也。述《横浦学案》。（第四十卷。）

【译文】杨时的弟子中因节操而显著的，没有比得上张九成的，但学问最驳杂的也是他。朱熹排斥他的著作，以为危害极大，可以省去。然而张九成是维护辅助圣人之学的，这一点是不可以抹去的。

武夷诸子，致堂、五峰最著，而其学又分为二。五峰不满其兄之学，故致堂之传不广。然当洛学陷入异端之日，致堂独皭然不染，亦已贤哉，故朱子亦多取焉。述《衡麓学案》。（第四十一卷。）

【译文】胡安国的儿子辈中，以胡寅和胡宏最为著名，他的学问由此一分为二。胡宏不满他兄长胡寅的学问，因而胡寅的学问流传不广。然而在洛学陷入异端的时候，只有胡寅洁然自好不受影响，可谓贤能，因此朱子也多有采纳他的看法。

绍兴诸儒所造，莫出五峰之上。其所作《知言》，东莱以为过于《正蒙》，卒开湖湘之学统。今豫章以晦翁故祀泽宫，而五峰阙焉，非公论也。述《五峰学案》。（第四十二卷。）

【译文】绍兴的各位儒者，学问造诣没有超过胡宏的。他所写的《知言》，吕祖谦以为超过了张载的《正蒙》，最终开启了湖湘学派。现在罗从彦由于朱熹的缘故从祀在泽宫，然而胡宏却没有，这并不公平。

白水、籍溪、屏山三先生，晦翁所尝师事也。白水师元城，兼师龟山；籍溪师武夷，又与白水同师谯天授；独屏山不知所师。三家之学略同，然似皆不能不杂于禅，故五峰所以规籍溪者甚详。其时闽中又有支离先生陆佑者，亦于三先生为学侣焉。述《刘胡诸儒学案》。（第四十三卷。）

【译文】刘勉之、胡宪、刘子翚三人，朱熹曾向他们学习过。刘勉之学习于刘世安，同时学习于杨时。胡宪学习于胡安国，又和刘勉之一同学习于谯定。只有刘子翚不知道老师是谁。他三人学问大致相同，但是好像都夹杂有禅学，因此胡安国劝诫他很多。同时期，闽中还有陆佑，和上面三人为学友。

中兴二相，丰国赵公尝从邵子文游，魏国张公尝从谯天授游。丰公所得浅，而魏公则惑于禅宗，然伊洛之学从此得昌。魏公以曾用陈公辅得谤，或遂疑其阻塞伊洛之学，与丰公有异同，未必然也。陈公良翰、芮公煜之徒，亦吾道之疏附也。述《赵张诸儒学案》。（第四十四卷。）

【译文】孝宗时期的二位宰相，赵鼎曾学习于邵伯温，张浚曾向谯定学习。赵鼎所学较浅，而张浚则被禅学迷惑，但是洛学，却从此而昌盛。张浚由于起用陈公辅而得人诽谤，有的怀疑他禁绝洛学，与赵鼎不一致，其实并不是这样。陈良翰、芮煜也是亲附大道的。

伊洛既出，诸儒各有所承。范香溪生婺中，独为崛起，其言无不与伊洛合，晦翁取之。又有襄陵许吏部，得中原之文献，别为一家，萧三顾则尝学于伊洛，而不肯卒业，自以其所学孤行，亦狷者邪？述《范许诸儒学案》。（第四十五卷。）

【译文】洛学以后，儒者各有承袭。范浚生于婺中，一人崛起，他的学说无不与二程相合，朱熹有所吸取。还有襄陵的许翰，学习于二程的书籍。自成一家。萧楚向学习过洛学，但没有最终完成，以他所学特立独行，也是孤傲的人吧！

玉山汪文定公少受知于湍石，其本师为横浦，又尝从紫微。然横浦、紫微并佞佛，而玉山粹然一出于正，斯其为干蛊之弟子也。述《玉山学案》。（第四十六卷。）

【译文】汪应辰年少时曾学习于喻樗，他的老师本为张九成，又曾学习于吕本中。然而张九成、吕本中都喜好佛教，然而汪应辰却纯粹无邪，他能胜任大任啊！

和靖高弟，如吕如王如祁，皆无门人可见。盐官陆氏独能传之艾轩，于是红泉、双井之间，学派兴焉。然愚读艾轩之书，似兼有得于王信伯，盖陆氏亦尝从信伯游也。且艾轩宗旨，本于和靖者反少，而本于信伯者反多，实先槐堂之三陆而起。特槐堂贬及伊川，而艾轩则否，故晦翁于艾轩无贬词。终宋之世，艾轩之学，别为源流。述《艾轩学案》。（第四十七卷。）

【译文】尹淳的高徒，像吕翉中、王時敏、祁宽这些人，都没有门生。陆景端独独能够传于林光朝，于是在红泉、双井地区，学派并起。然而我读他的书，好像他学问有得于王蘋，大概他也曾经向王蘋学习过。况且林光朝学问宗旨，本于尹淳的反而少，本于王蘋的反而多，实为先于陆九韶、陆九龄、陆九渊三人而起。只是三陆否定程颐，林光朝则不这样，因而朱熹对他没有贬低的看法。终其宋朝，林光朝的学问，自有源流。

杨文靖公四传而得朱子，致广大，尽精微，综罗百代矣！江西之学，浙东永嘉之学，非不岸然，而终不能讳其偏。然善读朱子之书者，正当遍求诸家，以收去短集长之益。若墨守而屏弃一切焉，则非朱子之学也。述《晦翁学案》。（第四十八卷、四十九卷。）

【译文】杨时四传为朱熹，他学术渊博广大，极尽精妙，包罗百代！江西的学术，浙东永嘉的学术，也不是不伟大，但终究也不能忌讳他的偏失，但是善于读朱子书的，应当广泛了解各家，以达到去短取长的效益。如果墨守朱子而摒弃其它一切学问，这并不是朱子的学问。

南轩似明道，晦翁似伊川。向使南轩得永其年，所造更不知如何也。北溪诸子必欲谓南轩从晦翁转手，是犹谓横渠之学于程氏者。欲尊其师，而反诬之，斯之谓矣。述《南轩学案》。（第五十卷。）

【译文】张轼与程颢相似，朱熹与程颐相似。假如张轼能得高寿，造诣则就不可限量了。陈淳等人一定以为张轼学于朱子，这就好比是认为张载学习于二程一样。想要尊崇他的老师，反倒最后玷污了老师，说的就是这种情况。

小东莱之学，平心易气，不欲逞口舌以与诸公角，大约在陶铸同类以渐化其偏，宰相之量也。惜其早卒，晦翁遂日与人苦争，并诋及婺学。而《宋史》之陋，遂抑之于《儒林》。然后世之君子终不以为然也。述《东莱学案》。（第五十一卷。）

【译文】吕祖谦的学问，平和冷静，不想凭口舌和别人辩论，大概在陶冶同类以达到慢慢教化偏颇之处的效果，这是宰相的雅量。可惜的是他去世过早，朱熹于是和他苦争，并诋毁婺学。而且《宋史》作者浅陋，将他列在《儒林传》中。可是后人都不认为这样正确。

永嘉之学统远矣，其以程门袁氏之传为别派者，自艮斋薛文宪公始。艮斋之父学于武夷，而艮斋又自成一家，亦人门之盛也。其学主礼乐制度，以求见之事功。然观艮斋以参前倚衡言持敬，则大本未尝不整然。述《艮斋学案》。（第五十二卷。）

【译文】永嘉之学源远流长，作为二程门人袁道洁的别传，从薛季宣开始的。他的父亲薛父徽言曾学习于胡安国，而他又自成一家，家门兴盛。他的学问主要在于礼乐制度方面，希望能够切合实际功用。看薛季宣言行处事都讲"持敬"，根本处未尝不有条理。

永嘉诸子，皆在艮斋师友之间，其学从之出，而又各有不同。止斋最称醇恪，观其所得，似较艮斋更平实，占得地步也。述《止斋学案》。（第五十三卷。）

【译文】永嘉各位学人，和薛季宣亦师亦友。但他们学问所出，各不相同。陈傅良最为纯粹本分，观他所得，似乎比薛季宣更为平实，很有根底。

水心较止斋又稍晚出，其学始同而终异。永嘉功利之说，至水心始一洗之。然水心天资高，放言砭古人多过情，其自曾子、子思而下皆不免，不仅如象山之诋伊川也。要亦有卓然不经人道者，未可以方隅之见弃之。乾、淳诸老既殁，学术之会，总为朱、陆二派，而水心龂龂其间，遂称鼎足。然水心工文，故弟子多流于辞章。述《水心学案》。（第五十四卷、五十五卷。）

【译文】叶适比陈傅良又稍稍晚出，他们学问开始相同最终却有差别。永嘉功利学说，到叶适时焕然一新。然而叶适天分高超，过分贬低古人，曾子、子思以下都不能免，不像陆九渊只诋毁程颐那样。但是也有超群之处，不可以一偏之见抛弃。乾道淳熙年间诸位儒者去世后，学术汇合，宗和为朱熹和陆九渊两派，叶适与其互相争辩，于是学术鼎立为三。然而叶适善于文辞，因而弟子多数趋向于文学辞章方面。

永嘉以经制言事功，皆推原以为得统于程氏。永康则专言事功而无所承，其学更粗莽抡魁，晚节尤有惭德。述《龙川学案》。（第五十六卷。）

【译文】永嘉学术以钻研礼仪制度来追求实际效用，追本溯源都认为得于二程。永康学派则专言实际功用却无所承袭，他学问粗鲁，晚节更是有愧。

三陆子之学，梭山启之，复斋昌之，象山成之。梭山是一朴实头地人，其言皆切近，有补于日用。复斋却尝从襄陵许氏入手，喜为讨论之学。《宋史》但言复斋与象山和而不同，考之包恢之言，则梭山亦然。今不尽传，其可惜也。述《梭山复斋学案》。（第五十七卷。）

【译文】三陆的学问，陆九韶开启，陆九龄广大，陆九渊完成。陆九韶，他言论平易，对日常生活有好处。陆九龄曾经向襄陵许忻学习，喜好讨论。《宋史》只说陆九龄和陆九渊不同，但从包恢言论看，陆九韶也是这样（和陆九渊学问不同）。现在记载没有完全流传下来，真是可惜。

象山之学，先立乎其大者，本乎孟子，足以砭末俗口耳支离之学。但象山天分高，出语惊人，或失于偏而不自知，是则其病也。程门自谢上蔡以后，王信伯、林竹轩、张无垢至于林艾轩，皆其前茅，及象山而大成，而其宗传亦最广。或因其偏而更甚之，若世之耳食雷同，自以为能羽翼紫阳者，竟诋象山为异学，则吾未之敢信。述《象山学案》。（第五十八卷。）

【译文】陆九渊的学问，讲求"先立乎其大"，这本源于孟子，足以规劝支离破碎的口耳之学。但是陆九渊天资过高，语出惊人，有时失之于偏颇自己却不知道，这是他的弊病。程门自谢良佐以后，从王蘋，林季仲、张无垢一直到林光朝，都是陆九渊先驱，等到陆九渊时才集大成，他的学术也流传最广。有的学他学问偏颇之处而更加极端，就好比轻信传闻者，自以为能够有助于朱熹学问的广大，竟然诋毁陆九渊的学问为异端，这是我所不敢相信的。

朱、张、吕三先生讲学时，最同调者，清江刘氏兄弟也。敦笃和平，其生徒亦遍东南。近有妄以子澄为朱门弟子者，谬矣！述《清江学案》。（第五十九卷。）

【译文】朱熹、张栻、吕祖谦讲学之时，与他们学说最相似的是清江的刘靖之、刘清之兄弟。他们敦厚笃实，性情平和，门生遍布东南地区。近来有人乱以为陆清之是朱熹门人，这是错的。

永嘉诸先生讲学时，最同调者，说斋唐氏也。而不甚与永嘉相往复，不可解也。或谓永嘉之学，说斋实倡之，则恐未然。述《说斋学案》。（第六十卷。）

【译文】永嘉诸位讲学的时候，与他们学问最相似的就是唐仲友了。他和永嘉诸人不怎么往来，不知何因。有的以为，永嘉之学是唐仲友首先提出的，这一说恐怕并不对。

三陆先生讲学时，最同调者，平阳徐先生子宜、青田陈先生叔向也。陆氏之谱竟引平阳为弟子，则又谬矣！述《徐陈诸儒学案》。（第六十一卷。）

【译文】三陆讲学的时候，和他们学问最相似的是平阳徐谊、青田陈葵。陆氏年谱竟将徐谊作为弟子，这错了。

西山蔡文节公领袖朱门，然其律吕象数之学，盖得之其家庭之传。惜夫《翁季录》之不存也。述《西山蔡氏学案》。（第六十二卷。）

【译文】蔡元定被称为"朱门领袖"，但他的音乐和象数学，大概是得家传。可惜的是《翁季录》已经佚失不存了。

嘉定而后，足以光其师传，为有体有用之儒者，勉斋黄文肃公其人与！玉峰、东发论道统，三先生之后，勉斋一人而已。述《勉斋学案》。（第六十三卷。）

【译文】嘉定以后，能够发扬师传的，做到体用兼具的，就是黄榦吧！车若水、黄震谈论道统，以为蔡元定、陈淳、真德秀之后只有黄榦一人。

庆源辅氏，亦沧洲之最也。遗书散佚，世所葺《语溪宗辅录》者，特其糟粕。述《潜庵学案》。（第六十四卷。）

【译文】辅广，也是沧州学者中佼佼者。他的著述散失了，世人所整理的《语溪宗辅录》只是他学问的糟粕。

永嘉为朱子之学者，自叶文修公与潜室始。文修之书不可考，《木钟集》犹有存焉。自是而永嘉学者渐祧艮斋一派矣。述《木钟学案》。（第六十五卷。）

【译文】永嘉地区学习朱熹学说的，自叶文修和陈埴开始。叶文修的书已不可见，陈埴的《木钟集》还有保存。此后永嘉学者逐渐承接薛季宣一派学说。

南湖杜氏兄弟之在沧洲，亦其良也。再传而有立斋，为嘉定以后宰辅之最，声望几侔于涑水矣，其学传之车氏。是时天台学者皆袭篔窗、荆溪之文统，车氏能正之。述《南湖学案》。（第六十六卷。）

【译文】南湖杜煜、杜知仁兄弟在沧州，也是优秀者。再传门人为杜范，他是嘉定以后宰辅中最为著名的，声望几乎可以和司马光相比，他的学问传于车若水。当时天台学者都承袭陈耆卿、吴子良的文统，只有车若水能够做到端正。

蔡氏父子、兄弟、祖孙，皆为朱学干城，而文正之《皇极》又自为一家。述《九峰学案》。（第六十七卷。）

【译文】蔡沈父子、兄弟、祖孙都是捍卫朱熹学术的干将，而他的《皇极》又自成一家。

沧洲诸子，以北溪陈文安公为晚出。其卫师门甚力，多所发明，然亦有操异同之见而失之过者。述《北溪学案》。（第六十八卷。）

【译文】沧州诸位学人，以陈淳最晚出。他极力捍卫师说，多有创发，但也有对于不同意见者批评过甚的过错。

朱门授受，遍于南方，李敬子、张元德、廖槎溪、李果斋皆宿老也，其余亦多下中之士，存之以附青云耳。李、张诸子之书，吾不得而见之矣。述《沧洲诸儒学案》。（第六十九卷、七十卷。）

【译文】朱熹的门人，遍及南方，李燔、张洽、廖德明、李方子都是宿老，其余的学问都居中下等，现今记载下来附在这些德高望重之后。李燔、张洽这些人的书，我没有能够见到。

宣公身后，湖湘弟子有从止斋、岷隐游者，然如彭忠肃公之节概，吴文定公之勋名，二游文清庄简公之德器，以至胡盘谷辈，岳麓之巨子也。再传而得漫塘、实斋。谁谓张氏之后弱于朱乎！述《岳麓诸儒学案》。（第七十一卷。）

【译文】张轼以后，湖湘学派中向陈傅良、戴溪学习的人，像以节操闻名的彭龟年，以功勋闻名的吴猎，还有以德行闻名的游九言、游九功以及胡大时等人，都是岳麓地区学者的巨匠。再传弟子还有刘宰、王遂。谁说张栻后学不如朱熹后学呢！

宣公居长沙之二水，而蜀中反疏。然自宇文挺臣、范文叔、陈平甫传之入蜀，二江之讲舍不下长沙。黄兼山、杨浩斋、程沧洲砥柱岷、峨，蜀学之盛，终出于宣公之绪。述《二江诸儒学案》。（第七十二卷。）

【译文】张栻居于长沙讲学，四川地区反而疏远了。然而自从宇文绍节、范仲黼、陈概将学问传入四川后，四川学术之盛不亚于长沙地区。黄裳、杨子谟、程公许成为四川学术的关键人物。蜀学的兴盛，终是出于张栻的。

明招学者，自成公下世，忠公继之，由是递传不替。其与岳麓之泽，并称克世。长沙之陷，岳麓诸生荷戈登陴，死者十九，惜乎姓名多无考。而明招诸生历元至明未绝，四百年文献之所寄也。述《丽泽诸儒学案》。（第七十三卷。）

【译文】明招地区的学者，自从吕祖谦去世后，吕祖俭继承他的学术，递相传授而不衰。南宋陷落后，湖湘地区学者出阵作战，多数战死，遗憾的是姓名多不可考。而浙东地区的学术历经元朝一直到明朝没有断绝，从这四百年的学术著作可以看出。

象山之门，必以甬上四先生为首，盖本乾、淳诸老一辈也。而坏其教者实慈湖。然慈湖之言不可尽从，而行则可师。黄勉斋曰："《杨敬仲集》皆德人之言也，而未闻道。"予因采其最粹且平易者，以志去短集长之意，则固有质之圣人而不谬者。述《慈湖学案》。（第七十四卷。）

【译文】陆九渊的门生中，以杨简、袁燮、舒璘、沈焕为著名，大概是和黄干、陈淳为同一辈学者，然而破坏他学问的实际上是杨简。杨简的言说不可尽从，他的行为可以效法。黄干说："《杨敬仲集》都是有德行者所讲，只是还没有闻道。"我因而选择他言论纯粹且平实的部分，取于取短补长的意思，这样即使质问于圣人也不会错的。

慈湖之与絜斋，不可连类而语。慈湖泛滥夹杂，而絜斋之言有绳矩，东发先我言之矣。述《絜斋学案》。（第七十五卷。）

【译文】杨简和袁燮不可合在一起讲。杨简学问广泛而驳杂，袁燮则言说有规矩，黄震在这之前已经说过了。

杨、袁之年辈后于舒、沈，而其传反盛，岂以舒、沈之名位下之与？嘻！是亦有之。然舒、沈之平实，又过于杨、袁也。四先生中，沈先生师复斋，《宋史》混而列之。述《广平定川学案》。（第七十六卷。）

【译文】杨简、袁燮年龄辈分晚于舒璘、沈焕二人，然而他们学问传授反而兴盛，难道是舒璘、沈焕的名声不如吗？是这样的。然而舒璘、沈焕平易切实，过于杨简、袁燮二人。这四位之中，沈焕曾经向陆九龄学习过，《宋史》记载却将此混在了陆九渊门下。

槐堂之学，莫盛于吾甬上，而江西反不逮。如曾潭，如琴山，以及黄、邓之徒，今其绪言渺矣！甬上之西，尚有严陵，亦一大支也。述《槐堂诸儒学案》。（第七十七卷。）

【译文】陆九渊的学问的传播，没有比上浙西兴盛了，江西反而不如了，就像傅梦泉、傅子云以及邓约礼、黄裳等人，他们的言说已经茫然不知。浙西还有严陵地区的学者，也是一大分支。

康节之学不得其传，牛氏父子自谓有所授受，世弗敢信也。张行成疏通其纰缪，遂成一家，玉山汪文定公雅重之。其后如祝子泾，又稍不同。至于廖应淮之徒，则益诞矣。康节本出于希夷，其后卒流而为应淮，所谓“必复其始”者与？述《张祝诸儒学案》。（第七十八卷。）

【译文】邵雍的学问没有得到流传，牛师德、牛思纯自称得到他的传授，然而世人并不相信。张行成疏通他学说错误之处，于是自成一家，汪应辰很是器重。之后像祝泌和他又稍有不同。至于像廖应淮更加荒诞。邵雍之学原本出于陈抟，最终流于廖应淮，这就是所谓的“必定返回到原始”的意思吧？

自淳熙至嘉定，疏附先后诸家者，有若丘忠定公、刘文节公、楼宣献公之徒，虽不入诸先生之学派，然皆能用先圣之道，而柴献肃公尤醇。述《丘刘诸儒学案》。（第七十九卷。）

【译文】从淳熙到嘉定年间，附在各家学案的有丘崈、刘光祖、楼钥这些人。他们虽然不属于诸家学派，但都能遵行圣贤之道，柴中行尤其纯粹。

嘉定而后，私淑朱、张之学者，惟鹤山魏文靖公。兼有永嘉经制之粹，而去其驳。世之称之者以并之西山，有如温公、蜀公，不敢轩轾。梨洲则曰：“鹤山之卓荦，非西山之依门傍户所能及。”予以为知言。述《鹤山学案》。（第八十卷。）

【译文】嘉定年间以后，私淑朱熹、张轼的学者，有魏了翁，他兼具永嘉学者注重经世之学的精粹，而去其驳杂处。世人多以和西山先生真德秀相并称，就好比司马光和范镇，而不敢褒贬。黄宗羲则说：“魏了翁卓然独立，不是依傍别人的真德秀所能比的。”我以为这说的很对。

西山之望，直继晦翁，然晚节何其委蛇也！东发于朱学最尊信，而不满于西山，《理度两朝政要》言之详矣，《宋史》亦有微辞。述《西山真氏学案》。（第八十一卷。）

【译文】真德秀的声望，直随朱熹，然而晚节确实虚情假意！黄震极为信奉朱学，但对真德秀很不满，理宗、度宗两朝政要已经说的很详细了。《宋史》对真德秀已经有不满了。

勉斋之传，得金华而益昌。说者谓北山绝似和靖，鲁斋绝似上蔡，而金文安公尤为明体达用之儒，浙学之中兴也。述《北山四先生学案》。（第八十二卷。）

【译文】黄干学术在金华地区传播得更加昌盛。有人以为何基极像林逋，王柏极像谢良佐，而金履祥更是明体达用之人，这是浙中地区学术兴盛的表现啊！

双峰亦勉斋之一支也，累传而得草庐。说者谓双峰晚年多不同于朱子，以此诋之。予谓是未足以少双峰也，独惜其书之不传。述《双峰学案》。（第八十三卷。）

【译文】饶鲁也是黄干学术的一支，多次传授后有吴澄。有人以为饶鲁学说晚年与朱熹多不相同，并以此而诋毁他。我以为这并不足于降低他的地位，只是可惜的是他的书没有流传下来。

鄱阳汤氏三先生，导源于南溪，传宗于西山。而晦静由朱而入陆，传之东涧；晦静又传之径畈。杨袁之后，陆学之一盛也。（方回以为东涧晚年始宗陆，误也。）述《存斋晦静息庵学案》。（第八十四卷。）

【译文】鄱阳汤千、汤巾、汤中三人的学问，渊源于柴中行，而得真德秀之传。汤巾由朱学转入陆学，后传于汤汉；汤巾又传于徐霖。这是杨简、袁燮之后，陆学的又一兴盛。

四明之学多陆氏，深宁之父亦师史独善以接陆学。而深宁绍其家训，又从王子文以接朱氏，从楼迂斋以接吕氏。又尝与汤东涧游，东涧亦兼治朱、吕、陆之学者也。和齐斟酌，不名一师。《宋史》但夸其辞业之盛，予之微嫌于深宁者，正以其辞科习气未尽耳！若区区以其《玉海》之少作为足尽其底蕴，陋矣！述《深宁学案》。（第八十五卷。）

【译文】四明地区学者多宗陆九渊，王应麟的父亲也向史弥巩学习以接承陆九渊学说。王应麟继承家训，又向王野学习承接朱熹，向楼昉学习承接吕祖谦，又曾经和汤汉交往，汤汉也是兼治朱学、吕学、陆学的学者。他调和各家，互相比较，学无专师。《宋史》只是赞颂他辞章之学兴盛，我对于他稍微不满处也在他的辞章习气。若只是以为他年轻时的著述《玉海》就能够尽显他的根底，这是很浅陋的看法。

四明之专宗朱氏者，东发为最。《日钞》百卷，躬行自得之言也。渊源出于辅氏。晦翁生平不喜浙学，而端平以后，闽中、江右诸弟子，支离、舛戾、固陋无不有之，其能中振之者，北山师弟为一支，东发为一支，皆浙产也。其亦足以报先正惓惓浙学之意也夫！述《东发学案》。（第八十六卷。）

【译文】四明地区专门宗奉朱熹学问的，以黄震为最早。百余卷的《黄氏日钞》，是他身体力行而有所得的记载。黄震学术渊源于辅广。朱熹平生不喜欢浙江的功利之学，端平年间以后，福建、江西的学者学说支离破碎、错误不断、闭塞浅陋的无不有之，其中能振兴朱学的，北山学者为一支，黄震为一支，这都是浙江地区的。这也足以回报他对浙学的失意之情。

四明史皆陆学，至静清始改而宗朱，渊源出于莲荡暖氏。然尝闻深宁不喜静清之说《易》，以其嗜奇也，则似乎未必尽同于朱。其所传为程畏斋兄弟，则纯于朱者。述《静清学案》。（第八十七卷。）

【译文】四明地区的学者都宗奉陆学，到史蒙卿时才改为宗奉朱学，这最早出自渊暖。然而曾经听说王应麟不喜欢史蒙卿解说的《周易》，因为他过于好奇了，看来他未必完全与朱熹所说相同。他学说传授于程端礼、程端学兄弟，就是纯粹的朱学学者了。

巽斋之宗晦翁，不知所自。考之沧洲弟子，庐陵有欧阳谦之，实尝从游，巽斋其后人邪？其遗书宗旨不可考见。然巽斋之门有文山，径畈之门有迭山，可以见宋儒讲学之无负于国矣。述《巽斋学案》。（第八十八卷。）

【译文】欧阳守道宗奉朱熹，不知道根据何在。程公许的诸位弟子中，庐陵地区有欧阳谦之，曾经向他学习，欧阳守道难道是他的后人吗？他的遗书、学说已经不可考见了。欧阳守道门下有文天祥，徐霖门下有谢枋得，可见宋儒讲学无负于国家。

勉斋之传，尚有自鄱阳流入新安者，董介轩一派也。鄱阳之学，始于程蒙斋、董盘涧、王拙斋，而多卒业于董氏。然自许山屋外，渐流为训诂之学矣。述《介轩学案》。（第八十九卷。）

【译文】黄干后学，还有从鄱阳传入新安的董梦程一派。鄱阳地区学术，开始于程端蒙、董铢、王大受，多数学成于董梦程。然而除了许月卿以外，都渐渐转为训诂学了。

河北之学，传自江汉先生，曰姚枢，曰窦默，曰郝经，而鲁斋其大宗也，元时实赖之。述《鲁斋学案》。（第九十卷。）

【译文】北方学术，由赵复传授给姚枢、窦默、郝经，而许衡是最重要的，元代学问依赖于他。

静修先生亦出江汉之传，又别为一派。蕺山先生尝曰："静修颇近乎康节。"述《静修学案》。（第九十一卷。）

【译文】刘因学问也是赵复所传授，而又自成一派。刘宗周曾说："刘因很像邵雍。"

草庐出于双峰，固朱学也，其后亦兼主陆学。盖草庐又师程氏绍开，程氏尝筑道一书院，思和会两家。然草庐之著书，则终近乎朱。述《草庐学案》。（第九十二卷。）

【译文】吴澄学术传授来自饶鲁，原本属于朱学一派，后来也曾兼习陆学。吴澄又向程绍开学习，程氏曾经建造道一书院，希望能够会和朱陆两家学说。然而吴澄的著述，始终偏向朱学。

径畈殁而陆学衰。石塘胡氏虽由朱而入陆，未能振也。中兴之者，江西有静明，浙东有宝峰。述《静明宝峰学案》。（第九十三卷。）

【译文】徐霖去世后，陆学衰微，胡长孺虽然由朱学转入陆学，但也没能振兴陆学。中兴陆学的，江西有陈苑，浙东有赵偕。

继草庐而和会朱、陆之学者，郑师山也。草庐多右陆，而师山则右朱，斯其所以不同。述《师山学案》。（第九十四卷。）

【译文】继吴澄之后，会和朱学和陆学的有郑玉。吴澄多尊崇陆学，郑玉则多尊崇朱学，这是他们的不同。

有元立国，无可称者，惟学术尚未替，上虽贱之，下自趋之，是则洛、闽之沾溉者宏也。如萧勤斋、同矩庵辈，其亦许、刘之徒乎？述《萧同诸儒学案》。（第九十五卷。）

【译文】元朝没有可以称赞的，只是学术上还没有衰落。朝廷虽然不重视，然而民间依然讲习不止，可见二程、朱子对后人恩惠之大！像萧勤斋、同恕等人，也是像许衡、刘因一样吧。

元佑之学，二蔡、二惇禁之，中兴而丰国赵公弛之。和议起，秦桧又禁之，绍兴之末又弛之。郑丙、陈贾忌晦翁，又启之，而一变为庆元之锢籍矣。此两宋治乱存亡之所关。嘉定而后，阳崇之而阴摧之，而儒术亦渐衰矣。其事迹已散见诸公传，又放大事表之意，述《元佑》《庆元党案》。以至晚宋如周密之徒，凡诋詈诸儒者皆附之。（第九十六卷、九十七卷。）

【译文】元祐党人的学问，蔡卞、蔡京，安惇、章惇曾经禁止，高宗中兴时期宰相赵鼎又解禁，绍兴和议后，秦桧又禁止。郑丙、陈贾忌恨朱熹，又加以禁止，从而变为庆元党禁。这关系到两宋的治乱存亡。嘉定年间以后，名为尊崇实为摧毁，而儒学也渐渐衰落。这些事迹散见于各位的记载中，将其放大表彰，记述在《元佑学案》《庆元党案》中。以至于宋末像周密这些人，凡是毁谤詈骂诸儒的都列在这里。

荆公《淮南杂说》初出，见者以为《孟子》。老泉文初出，见者以为《荀子》。已而聚讼大起。《三经新义》累数十年而始废，而蜀学亦遂为敌国。上下《学案》者，不可不穷其本末也。且荆公欲明圣学而杂于禅，苏氏出于纵横之学而亦杂于禅，甚矣西竺之能张其军也！述《荆公新学》及《蜀学略》。（第九十八卷、九十九卷。）

【译文】王安石的《淮南杂说》刚出来时，看到者将其比作《孟子》。苏洵文章刚为世人所见时，人们还以为是荀子所作。不久争论纷纷。王安石《三经新义》作为取士的标准实行数十年而废除，蜀学也与之对立。上下《学案》不可不穷尽他的源流终始。王安石像阐明圣道而夹杂了禅学，蜀学出于纵横之学也夹杂有禅学，天竺之学都很能为他们鼓张声势。

关、洛陷于完颜，百年不闻学统，其亦可叹也！李屏山之雄文而溺于异端，敢为无忌惮之言，尽取涑水以来大儒之书，恣其狂舌，可为齿冷，然亦不必辩也，略举其大旨，使后世学者见而嗤之。其时河北之正学且起，不有狂风怪雾，无以见皎日之光明也。述《屏山鸣道集说略》。（第一百卷。）

【译文】中原地区沦陷于金朝，百余年不知学统，很是惋惜！李屏山文章雄壮但沉溺于异端之学，言说肆无忌惮，对司马光以后的大儒著述任意妄评，为人耻笑，但也不必辩解，现略举其主要内容，使后世学者看到后而嘲讽。当时河北正学正兴起，没有狂风怪雾，不能看到明日的光亮。

明儒学案

清黄宗羲撰，凡六十二卷，是编体例，除无表外，与宋元学案相同，其书皆汇合数百年各家之学说，提要钩玄，披览粲然，不愧称为吾国学术史之创作。道光时，唐鑑作《国朝学案小识》以续黄书，唐乃恪守程朱之学，以攻陆王者，甄别序录，失之过隘，然其书于当时之为程朱之学者网罗颇富，亦未可竟废也。

【译文】清朝黄宗羲撰写的，共六十二卷，体例上除了没有表外，和《宋元学案》相同，汇合了明朝数百年的学说，探求精微，摘录关键，阅读起来清楚明白，不愧是我国学术史上创举之作。清道光年间，唐鑑所写《国朝学案小识》接续黄宗羲之书，然而唐鑑恪守程朱之学，攻击陆王之学，选择范围过于狭隘，但他的书对于当时程朱一派学者搜罗得很丰富，也不可完全废弃。

明儒学案序录

康斋倡道小陂，一禀宋人成说。言心，则以知觉而与理为二，言工夫，则静时存养，动时省察。故必敬义夹持，明诚两进，而后为学问之全功。其相传一派，虽一斋、庄渠稍为转手，终不敢离此矩矱也。白沙出其门，然自叙所得，不关聘君，当为别派。於戏！椎轮为大辂之始，增冰为积水所成，微康斋，焉得有后时之盛哉！（崇仁学案）

【译文】吴与弼在家乡提倡大道，完全秉承宋人学说，讲到心时，则将直觉和理划分开来；讲功夫时，则静止时就存心养性，运动时就反省体察。因而敬和义互相帮助，明与诚齐头并进，之后才可以说是求得了学问的整体。他的传人，即使娄谅、魏校有所改变，始终没有离开这一法度。陈献章出于吴与弼门下，然而自有所得，与吴与弼无关，自成一派。啊！无辐的车轮是大车的初始，厚冰是由水积累而成，没有吴与弼，怎会有后面学问的昌盛呢？

有明之学，至白沙始入精微。其喫紧工夫，全在涵养。喜怒未发而非空，万感交集而不动，至阳明而后大。两先生之学，最为相近，不知阳明后来从不说起，其故何也。薛中离，阳明之高第弟子也，于正德十四年上疏请白沙从祀孔庙，是必有以知师门之学同矣。罗一峰曰："白沙观天人之微，究圣贤之蕴，充道以富，崇德以贵，天下之物，可爱可求，漠然无动於其中。"信斯言也，故出其门者，多清苦自立，不以富贵为意，其高风之所激，远矣。（白沙学案）

【译文】明代的学问，从陈献章开始进入精微。他修养功夫的关键点全在于涵养上。喜怒哀乐没有表现出来但并不是空无，百感交集但不运动，到了王阳明后变得明显。这两位的学问比较接近，然而后来王阳明从没有说起过，不知道原因何在。薛中离是王阳明的高徒，在正德十四年上奏请求将陈献章从祀孔庙，必定知道他和师门之学相同。罗伦说："陈献章考察天人之间的微妙，探究圣贤的深意，视道、德为富贵，天下可爱可求之物，他对此都漠然无动于衷。"这说的是实事，因而他门下者，多数都生活清苦，不在意于富贵，这一高尚风气所影响很远。

河东之学，悃愊无华，恪守宋人矩矱，故数传之后，其议论设施，不问而可知其出于河东也。若阳明门下亲炙弟子，已往往背其师说，亦以其言之过高也。然河东有未见性之讥，所谓"此心始觉性天通"者，定非欺人语，可见无事乎张皇耳。（河东学案）

【译文】薛瑄的学问朴实无华，恪守宋人的法度，因而数传以后，言说法度，不问就仍知道出于薛瑄门下。至于王阳明的亲炙弟子，也往往违背师说，这是由于他言之过高的缘故。薛瑄有没有深入进去的讥评，然而他所说的"我心已觉悟，性通于天"绝不是欺人之言，可见所谓的讥评者只是无事夸张而已。

关学大概宗薛氏，三原又其别派也。其门下多以气节着，风土之厚，而又加之学问者也。（三原学案）

【译文】明代关学学者宗奉薛瑄，王恕也是他的一个分支。他门下学者多数以气节著名，这由于当地风俗敦厚，再加上学问熏陶的原因。

有明学术，白沙开其端，至姚江而始大明。从前习熟先儒之成说，未尝反身理会，推见至隐，所谓"此亦一述朱耳，彼亦一述朱耳"。高忠宪云："薛敬轩、吕泾野《语录》中，皆无甚透悟。"亦为是也。自姚江指点出"良知人人现在，一反观而自得"，便人人有个作圣之路。故无姚江，则古来之学脉绝矣。然"致良知"一语，发自晚年，未及与学者深究其旨，后来门下各以意见搀和，说玄说妙，几同射覆，非复立言之本意矣。先生之格物，谓“致吾心良知之天理於事事物物，则事事物物皆得其理。以圣人教人只是一个行，如博学、审问、慎思、明辨皆是行也。笃行之者，行此数者不已是也”。先生致之于事物，致字即是行字，以救空空穷理。只在知上讨个分晓之非，乃后之学者测度想像。求见本体，只在知识上立家当，以为良知，则先生何不仍穷理格物之训，先知后行，而必欲自为一说耶？天泉问答：“无善无恶者心之体，有善有恶者意之动，知善知恶是良知，为善去恶是格物。”今之解者曰：“心体无善无恶是性，由是而发之为有善有恶之意，由是而有分别其善恶之知，由是而有为善去恶之格物。”层层自内而之外，一切皆是粗机，则良知已落后著，非不虑之本然，故邓定宇以为权论也。其实无善无恶者，无善念恶念耳，非谓性无善无恶也。下句意之有善有恶，亦是有善念有恶念耳，两句只完得动静二字。他日语薛侃曰：“无善无恶者理之静，有善有恶者气之动。”即此两句也。

【译文】明朝的学术的特色从陈献章开始，到王阳明时完全彰显。这之前学习先儒成说，而没有反躬自身仔细体察，考见细微的地方，都在沿袭朱子的说法。高攀龙说：“薛瑄、吕柟的《语录》中，都没有透彻的道理，”这说的没错。自从王阳明发明“人人都有良知，反观自身就能得到”的学说后，使人人都有了学习做圣贤的门径。因而没有王阳明，古来的学脉就会断绝。然而“致良知”这一思想是在晚年提出的，并没有和学者深刻辩论他的内涵，后来他的门人各自又掺入自己的意见，玄妙难知，几乎等于猜谜，已不是教化的原意。先生所说的“格物”，就是指“在万事万物上考见吾心良知，那么万事万物就各得其理，圣人教育人在于要实践，博学、审问、慎思、明辨都说的是实践。笃行，就是要实践这些永不停止。”先生在事物上求人心良知，求就是实践的意思，这是要挽救在空虚之物上求得道理。只在认识上辨明是非，这是后学的猜想。只在认识上立说考见根本处，就将此当作是良知，那么先生为何不沿袭“穷理格物”的古训，讲先认识后实践，而另立一说呢？在天泉正道中，王阳明回答道：“无善无恶是心的本体，有善有恶是意念的发动，明辨善恶就是良知，做善弃恶就是格物。”现在人理解为：“心体无善无恶这就是指性，由性就会发出善恶的意念，由此就有分别善恶的良知说，再进一步就有做善弃恶的格物之说。”这都是层层由内向向外，一切都是粗机，那么良知已成为后天的，并不是先天的不虑而知的良知了，因此邓定宇以为这只是暂且理解罢了。其实无善无恶说的是没有善恶的意念，而不是说人本性没有善恶之别。下一句说的意念有善有恶，也说的是有善恶的意念，这两句是说动静二字。薛侃曾说：“无善无恶讲的是理在静止状态中的表现，有善有恶说的是气在运动状态中的表现”，也就是这两句的意思。

所谓知善知恶者，非意动于善恶，从而分别之为知，知亦只是诚意中之好恶，好必于善，恶必于恶，孰是孰非而不容已者，虚灵不昧之性体也。为善去恶，只是率性而行，自然无善恶之夹杂。先生所谓"致吾心之良知于事事物物也"四句，本是无病，学者错会，反致彼以无善无恶言性者，谓无善无恶斯为至善。善一也，而有有善之善，有无善之善，无乃断灭性种乎？彼在发用处求良知者，认已发作未发，教人在致知上著力，是指月者不指天上之月，而指地上之光，愈求愈远矣。得羲说而存之，而后知先生之无弊也。（姚江学案）

【译文】所谓的"知善知恶，"并不是对于意念中的善恶进行分别才是"知"，"知"只是心中的好恶，喜好的必定是善，厌恶的必定是恶，谁对谁错并不容止息，是本心的表现。"为善去恶"只是按照本性去做，自然不会有善恶夹杂其中。先生所说的"在万事万物上考见我的良知"这四句，本来没有不对，只是学者误解了。他用无善无恶来言说人的本性，将无善无恶称为"至善"。"善"本只有一种，现却分出"有善之善"和"无善之善"，难道不是断灭了本性吗？在实践运用过程中求见良知，将"已发"视为"未发"，教人在致知上用功夫，这就好比看月亮不是看天上之月，而是看地上之光，越求越远。将我的看法保留在此，就会知道先生所说没有弊端。

姚江之教，自近而远，其最初学者，不过郡邑之士耳。龙场而后，四方弟子始益进焉。郡邑之以学鸣者，亦仅仅绪山、龙溪，此外则椎轮积水耳。然一时之盛，吾欲尚讲诵、习礼乐，絃歌之音不绝，其儒者不能一二数。若山阴范瓘，字廷润，号栗斋，初师王司舆、许半圭，其后卒业于阳明。博考群经，恍然自悟，以为"孔孟的传，惟周程得之、朱陆而下，皆弗及也"。家贫不以关怀，曰："天下有至宝，得而玩之，可以忘贫。"作古诗二十章，历叙道统及太极之说，其奥义未易测也。余姚管州，字子行，号石屏。官兵部司务。每当入直，讽咏抑扬，司马怪之。边警至，司马章皇，石屏曰："古人度德量力，公自料才力有限，何不引退以空贤路。"司马谩为好语谢之。以京察归大洲，有宿四祖山诗："四子堂堂特地来"，谓蔡白石、沈古林、龙溪、石屏也。范引年号半野，讲学于青田，从游者颇众。夏淳字惟初，号复吾，以乡举卒官。思明府同知魏庄渠，主天根天机之说，复吾曰："指其静为天根，动为天机，则可；若以静养天根，动察天机，是歧。动静而二之，非所以语性也。"柴凤字后愚，主教天真书院，衢、严之士多从之。孙应奎字文卿，号蒙泉，历官右副都御史，以《传习录》为规范，董天真之役。闻人铨字邦正，号北江，与绪山定《文录》，刻之行世。即以寒宗而论，黄骥字德良，尤西川纪其言阳明事。黄文焕号吴南，开州学正，阳明使其子受业。有《东阁私钞》记其所闻。黄嘉爱字懋仁，号鹤溪，正德戊辰进士，官至钦州守。黄元釜号丁山，黄夔字子韶，号后川，皆笃实光明，墨守师说。以此推之，当时好修一世湮没者，可胜道哉！（浙中王门学案）

【译文】王阳明学说传播，由近至远，最初从学的不过是当地之人。龙场悟道后，各地弟子逐渐多起来。当地弟子中以学问著名的，只有钱德洪和王龙溪，除此之外都是不知名者。然而一时兴盛在越地，这里崇尚讲学，传习礼乐，教化不绝，有名的不在少数。像山阴范瓘，字廷润，号栗斋，最初学习于王司舆、许半圭，其后学习于阳明。他广泛考察群经，突然领悟，认为"孔孟的真传，只有周敦颐和二程领悟了，朱熹、陆九渊以下都没有领悟"。家里贫困，并不放在心上，说道："天下有至宝，获得它并体味，可以忘掉贫困。"作古诗二十首，叙述道统和太极之说，其中深意不易理解。余姚的管州，字子行，号石屏，曾任官兵部司务。每次值班时，讽刺褒贬，司马责怪他。边患来后，司马仓皇不安，石屏就说："古人考量自己德行和能力，你自知能力有限，为何不退位让贤于人？"司马就欺骗以好言推辞。京察后回归大洲时，有"宿四祖诗"中说："四人堂堂特地而来"，所说四人指蔡汝楠、沈古林、王龙溪和他自己。范引年号半野，在青田讲学，跟随他学习的人很多。夏淳字惟初，号复吾，死于乡试任上。思明府的同知魏校有"天根天机"一说。郭良说："静时称为天根，动时称为天机是可以的。如果静止的时候存养天根，运动时体察天机，就不对了。将动静分开，就不可以言性。"柴凤字后愚，在天真书院教学，衢州、严州地区学人多学习于他。孙应奎字文卿，号蒙泉，历任右副都御史，将《传习录》作为自己行为规范，管理天真书院的事务。闻人铨字邦正，号北江，与钱德洪一并编定阳明《文录》，加以刊刻，使流传世上。黄骥字德良，尤时熙记载他和阳明的事迹。黄文焕号吴南，曾出任开州学正，阳明曾让其儿子前往学习，《东阁私抄》中有记载。黄嘉爱字懋仁，号鹤溪，正德戊辰年间进士，官至钦州知州。黄元釜号丁山，黄夔字子韶，号后川，都是行为笃实光明磊落之人，能够固守师说。以此可见，当时注重道德修养而淹没者，怎可胜说！

姚江之学，惟江右为得其传，东廓、念菴、两峰、双江其选也。再传而为塘南、思默，皆能推原阳明未尽之旨，是时越中流弊错出，挟师说以杜学者之口，而江右独能破之，阳明之道赖以不坠。盖阳明一生精神，俱在江右，亦其感应之理宜也。（江右王门学案）

【译文】王阳明的学问，只有江西的学者得其真传，邹守益、罗洪先、刘文敏、聂豹都是代表。再传弟子王时槐、万廷言都能够推究阳明没有发挥的内容。这时越中地区出现错误流弊，挟持师说堵塞学者言论，只有江右地区的学者能够打败他们，阳明的学问赖此不至于坠落。大概阳明一生学问的精华都在江西地区保存，感应的道理也应该是这样。

南中之名王氏学者，阳明在时，王心斋、黄五岳、朱得之、戚南玄、周道通、冯南江，其著也。阳明殁后，绪山、龙溪所在讲学，于是泾县有水西会，宁国有同善会，江阴有君山会，贵池有光岳会，太平有九龙会，广德有复初会，江北有南谯精舍，新安有程氏世庙会，泰州复有心斋讲堂，几乎比户可封矣。而又东廓、南野、善山先后官留都，兴起者甚众。略载其论学语于后。其无语录可考见者附此。

【译文】南中地区的王门学者，阳明在世时，著名的有王艮、黄省曾、朱得之、戚南玄、周道通、冯南江。阳明去世后，钱德洪、王畿到处讲学，在泾县有水西会，在宁国有同善会，在江阴有君山会，在贵池有光岳会，在太平有九龙会，在广德有复初会，在江北有南谯精舍，在新安有程氏世庙会，在泰州有心斋讲堂，一时风俗大淳。还有邹守益、欧阳德、何廷仁先后在京都任官，从学者很多，在后面简略记载他论学言论。没有语录可见的附在此处。

戚贤字秀夫，号南元。江北之全椒人。嘉靖丙戌进士。仕至刑科都给事中，以荐龙溪，失贵溪指，谪官致仕。阳明在滁州，南元以诸生旅见，未知信向。其后为归安令，读论学诸书，始契于心，遂通书受学。为会于安定书院，语学者“千圣之学，不外于心，惟梏于意见，蔽于嗜欲，始有所失。一念自反，即得本心。”在京师会中，有谈二氏者，即正色阻之。龙溪偶举黄叶止儿啼公案，南元勃然曰：“君是吾党宗盟，一言假借，便为害不浅。”龙溪为之愧谢。南元谈学，不离良知，而意气激昂，足以发之。

【译文】戚贤字秀夫，号南玄，江北全椒人，嘉靖丙戌年进士，官至刑部都给事中，由于推荐王畿，不合于夏言意图，贬官退休。王阳明在滁州时，戚贤曾以生员的身份在旅途中拜见过王阳明，但不知他是否相信阳明所说。之后他出任归安县令，读王阳明论学之书，开始有所契合于自己，于是和他联系，向他学习。聚会在安定书院中，对求学者说：“圣人学问，不外于心，只是被意见束缚了，被欲望蒙蔽了，才有所缺失。一旦自反，就会得到本心。”在京师聚会中，有谈论佛老者，立刻严肃制止。王畿有时举“黄叶止儿啼”这一公案时，戚玄就生气地说：“你是我们的领袖，一旦借用佛教所说，便会危害不浅。”王畿为之感谢。戚贤论学，不离“良知”说，意气高昂，完全可以激发它。

冯恩字子仁，号南江，华亭人。嘉靖丙辰进士。阳明征思、田，南江以行人使其军，因束脩为弟子。擢为南道御史，劾都御史汪鋐、大学士张孚敬，下诏狱。会审，鋐执笔，南江立而庭辩，论死。其后减戍赦归。贡安国字元略，号受轩，宣州人。师南野、龙溪。主水西、同善之会。绪山与之书曰：“昔人言鸳鸯绣出从君看，莫把金针度与人。吾党金针是前人所传，实未绣得鸳鸯，即哓哓然空持金针，欲以度人，人不见鸳鸯，而见金针，非徒使之不信，并愿绣鸳鸯之心，亦阻之矣。”后官山东州守，讲学于志学书院。

【译文】冯恩字子仁，号南江，华亭人，嘉靖丙戌科进士。王阳明出征思恩、田州等地，冯恩作为行人参与军中，因而成为阳明弟子，后提拔为南道御史，弹劾都御史汪鋐、大学士张孚敬，关入诏狱。在审判时，汪鋐正好执笔，冯恩立而辩论，判为死刑，后来减为戍边赦免回来。贡安国字元略，号受轩，宣州人，从学于欧阳德、王畿，主持水西、同善之会。钱德洪写信给他说："鸳鸯绣好任凭欣赏，就是不把手艺传于人。我们的方法心得是前人所传授，实际还没有具体实践，就喋喋不休用这方法来教育人，人们没见到具体实践，只见到心得方法，不仅不能使他们相信，而想要学习的意愿也会被打消掉了。"其后任官山东州守，在志学书院讲学。

查铎字子警，号毅斋，泾县人。嘉靖乙丑进士。为刑科给事中。不悦于新郑，外转至广西副使。学于龙溪、绪山，谓"良知简易直截，其他宗旨，无出于是。不执于见即曰虚，不染于欲即曰寂，不累于物即曰乐，无有无，无始终，无阶级，俛焉日有孳孳，终其身而已。"

【译文】查铎字子警，号毅斋，泾县人，嘉靖乙丑科进士，曾任为刑部给事中，不为高拱所喜欢，外出任广西副使，学习于王畿、钱德洪，说："'良知说'简单直接，其它学说，没有超出这的。不执著于偏见是为虚，不为欲望所染是为寂，不为外物所累就是快乐，没有有和无，没有结束和开始，没有阶层区分，终日勤勉不懈，一生就这样。"

沈宠字思畏，号古林，宣城人。登嘉靖丁酉乡书。官至广西参议。师事受轩，受轩学于南野、龙溪而返，谓古林曰："王门之学在南畿，盍往从之？"于是古林又师南野、龙溪。在闽建养正书院，在蕲黄建崇正书院。近溪立开元之会于宣州，古林与梅宛溪主其席。疾革，有问其胸次如何？曰："已无物矣。"宛溪名守德，字纯甫。官至云南左参政。其守绍兴时，重修阳明讲堂，延龙溪主之。式祕图杨珂之间，非俗吏也。

【译文】沈宠字思畏，号古林，宣城人，嘉靖丁酉年中秀才，官至广西参议。学习于受轩，受轩向欧阳德、王畿学习回来后，对沈宠说："王学在南边流传，为何不前往学习呢？"于是沈宠又向欧阳德、王畿学习。在福建建养正书院，在蕲州黄州建崇正书院。罗汝芳在宣州建立开元之会，由沈宠和梅宛溪主持。病危之际，有人问他心中如何，他说已经没有什么了。宛溪名守德，字纯甫，官至云南左参政，在绍兴为官时，重修阳明讲堂，聘王畿主持。拜访杨珂的居所，不是一般的官吏。

萧彦号念渠，户部侍郎，谥定肃，泾县人，师事绪山。萧良幹字以宁，号拙斋，仕至陕西布政使，师绪山、龙溪。水西讲学之盛，萧氏之力也。戚衮字补之，号竹坡，宣城人。项城知县。初及东廓、南野之门，已受业龙溪。龙溪语之曰："所谓志者，以其不可夺也。至于意气，则有时而衰。良知者，不学不虑，自然之明觉，无欲之体也。吾人不能纯于无欲，故有致知之功。学也者，复其不学之体也；虑也者，复其不虑之体也。故学虽博而守则约，虑虽百而致则一，非有假于外也。若见闻测识之知，从门而入，非良知之本然矣。吾人谨于步趋，循守方圆，谓之典要，致知之学，变动周流，惟变所适。盖规矩在我，而方圆自不可胜用，此实毫釐之辩也。”竹坡往来出入，就正于师友者，凡七八年，于是始知意气不可以为志，闻识不可以为知，格式不可以为守。志益定，业益精，其及人益广也。

【译文】萧彦号念渠，曾任户部侍郎，谥号为定肃，泾县人，就学于钱德洪。萧良幹字以宁，号拙斋，任官至陕西布政使，就学于钱德洪和王畿。水西地区讲学兴盛，都是萧彦的功劳。戚衮字补之，号竹坡，宣城人，任项城知县。最初学习于邹守益、欧阳德，后又学习于王畿。王畿对他说：“志就是不可以丢失的东西，至于意气，就会不时衰竭。良知，就是不学习就能做到，不思考就能知道，天然就具有的，是无欲的。我们不能做到完全无欲，因此才有致知的功夫。学习、思考就是恢复不思、不虑的良知。因而学习虽然要广博，所守则要简约，思虑虽然繁多，但结果却是一样，不需要求助于外在。若靠感官得到的知识，循循渐进，就不是良知的本性。我们恪守规矩法度，称这些为恒久准则。致知之学，变化不居，适应各种变化。规矩标准在我自己，那么具体操作就灵活运用，这区别其实很细微。”戚衮出入往来，求正于老师朋友者共七八年，于是知道意气不可以为志，感官知识不可以称为知，固定模式不可以墨守。此后，志更加坚定，学问更加精炼，对人影响也越大。

张棨字士仪，号本静，泾县人。五岁口授诸书，即能了了。夜闻鸡声，呼其母曰：“《小学》云：‘事父母，鸡初鸣，咸盥漱。’今鸡鸣矣，何不起？”母笑曰：“汝才读书，便晓其义耶？”曰：“便当为之，岂徒晓焉而已？”南野为司成，因往从之，累年不归。继从东廓、绪山、龙溪，归而聚徒讲学。以收敛精神为切要，以对景磨莹为实功，以万物一体为志愿，意气眉睫之间，能转移人心。

【译文】张棨字士仪，号本静，是泾县人。五岁时教授知识，就能明白。夜间听到鸡鸣声音，就对他母亲说：“《小学》说：‘侍奉父母，在鸡初鸣之时，盥洗漱口。’现在鸡已叫过，为何不起？”他母亲笑着说：“你刚读书，就知道其中意思？”他回答：“还应该去做，难道就只是知道吗？”欧阳德担任司成时，前往学习，数年不回家，接着又向邹守益、钱德洪、王畿学习，回来后就聚徒讲学。他讲学以收敛精神为主要内容，以刻苦磨砺为主要功夫，以万物一体为主旨，意气容貌间，能够转移人心。

章时鸾号孟泉，青阳人。河南副吏。学于东廓。程大宾字汝见，号心泉，歙人。贵州参政，受学绪山。绪山谓之曰："古人学问，不离七情中用功，而病痛亦多由七情中作。"程默字子木，休宁人。广州府同知。负笈千里，从学阳明。疾革，指《六经》谓其子曰："当从此中寻我，莫视为陈言也。"郑烛字景明，歙人。河间府通判。及东廓之门。人见其衣冠质朴，以为率真者，曰："率真未易言，先须识真耳。"

【译文】章时鸾号孟泉，青阳人，曾任河南副吏，学习于邹守益。程大宾字汝见，号心泉，歙县人，担任贵州参政，学习于钱德洪。钱德洪对他说："古人的学问，用功离不开七情，同时病痛也多在七情中发作。"　程默字子木，休宁人，任广州府同知，负笈千里，向阳明学习。病危时，指着《六经》对他儿子说："你应当从其中寻找大道，不应视为陈言。"郑烛字景明，歙县人，任河间府通判，就学于邹守益。人们看到他衣冠简朴，以为他性情率真，他说："率真不是轻易就能做到，应先要认识真是什么。"

姚汝循字叙卿，号凤麓，南京人。嘉靖丙辰进士。官终嘉定知州。近溪尝论明德之学，凤麓举日说云："德犹鑑也，匪翳弗昏，匪磨弗明。"近溪笑曰："明德无体，非喻所及。且公一人耳，为鑑为翳，复为磨者，可乎？"闻之遂有省，浸浸寤入。有妄子以阳明为诟病，凤麓曰："何病？"曰："恶其良知之说也。"曰："世以圣人为天授，不可学久矣。自良知之说出，乃知人人固有之，即庸夫小童，皆可反求以入道，此万世功也，子曷病？"殷迈字时训，号秋溟，留守卫人。历官礼部侍郎。与何善山游，与闻绪言，所著有《惩忿窒欲编》。姜宝字廷善，丹阳人。历官南礼部尚书。受业荆川之门。（南中王门学案）

【译文】姚汝循字叙卿，号凤麓，南京人，嘉靖丙辰科进士，官至嘉定知州。罗汝芳曾讲说明德之学，姚汝循以太阳为例说："德行就好比镜子，不遮蔽就不会昏暗不明，不磨就不会明亮。"罗汝芳笑着说："明德没有固定的形式，不是比喻说能说清楚的。且你一个人，是镜子呢又是遮蔽物，还要去磨，可以吗？"他听到后反省自己，渐渐有所领悟。有狂妄者以为阳明所讲不对，他问："错在何处？"对方回答道："讨厌他的良知说。"他说："世人以为圣人是天生的，不可以通过学习来达到。自从阳明发明良知说以后，才知道人人原本就有，即使庸人孩童，都可以反求自身进入大道，这是万世之功，有何不对？"殷迈字时训，号秋溟，留守卫人，任礼部侍郎，与何廷仁交往，听过他的言说，著有《惩忿窒欲编》。姜宝字廷善，丹阳人，历任南京礼部尚书，学习于荆川门下。

楚学之盛，惟耿天台一派，自泰州流入。当阳明在时，其信从者尚少。道林、暗斋、刘观时出自武陵，故武陵之及门，独冠全楚。观徐曰仁《同游德山诗》，王文鸣应奎、胡珊鸣玉、刘瓛德重、杨衲介诚、何凤韶汝谐、唐演汝渊、龙起霄止之，尚可考也。然道林

实得阳明之传，天台之派虽盛，反多破坏良知学脉，恶可较哉！（楚中王门学案）

【译文】楚地学问的兴盛，只有耿定向一派，是由王艮所传。阳明在世时，信奉的人还很少。蒋信、冀元亨、刘观时出自武陵地区，因此武陵的弟子，在楚地是最多的。从徐曰仁《同游德山》的诗中，王文鸣应奎、胡珊鸣玉、刘瓛德重、杨礿介诚、何凤韶汝谐、唐演汝渊、龙起霄止之这些人尚可考见。然而蒋信实际上是得到了阳明所传，耿定向一派虽然兴盛，但是对于良知学说破坏较多，怎能相比呢！

北方之为王氏学者独少，穆玄菴既无问答，而王道字纯甫者，受业阳明之门，阳明言其“自以为是，无求益之心”，其后趋向果异，不可列之王门。非二孟嗣响，即有贤者，亦不过迹象闻见之学，而自得者鲜矣。北方王门学案

【译文】北方王门学者很少，穆孔晖没有留下语录文字，而王纯甫从学于阳明，阳明说他“自以为是，没有进取心”，之后倾向果然不同，不可以列入王学之列。若不是孟秋、孟化鲤二人有所继承，即使有贤能者，也不过是有所听说，而有自得者很少。

岭、海之士，学于文成者，自方西樵始。及文成开府赣州，从学者甚众。文成言：“潮在南海之涯，一郡耳。一郡之中，有薛氏之兄弟子姪，既足盛矣，而又有杨氏之昆季。其余聪明特达，毅然任道之器，以数十。”乃今之著者，唯薛氏学耳。西樵名献夫，字叔贤。弱冠举进士。为吏部主事，迁员外郎。阳明起自谪所，为主事，官阶亚于西樵。一日与语，西樵有当于心，即进拜称弟子。未几引疾归。将十余年，而大礼议起，西樵自家上疏，请追崇兴献帝后。召入，擢侍讲学士，至礼部尚书，加太子太保，复引疾归。越年兼武英殿大学士，未几请归。归十余年卒。赠太保，谥文襄。薛尚贤以学行著于乡，中离自虔归，述其所闻于阳明者，尚贤说之，遂禀学焉。后官国子助教。杨骥字仕德。初从甘泉游，卒业于阳明。阳明方征横水，谓之曰：“破山中贼易，破心中贼难。”未几卒。甘泉谓其是内非外，失本体之自然，为文哀之。（《皇明书》言志墓，非也）杨仕鸣与兄同学，初录所闻，备载阳明之语，阳明以为不得其意。其后直书己意，所得反印可之。仕鸣言：“日用讲求功夫，只是各依自家良知所及，自去其障，扩充以尽其本体，不可迁就气习，以趋时好。”又谓东廓曰：“公往治举子业，竭其才否？”东廓曰：“然。”曰：“今致良知，亦竭其才否？”东廓曰：“未能也。”曰：“微竭才，曷克见卓尔？竭才二字，希贤之的也。”东廓每举斯语以告学者，亦未几卒。

【译文】岭南、南海学人，向王阳明学习的，从方献夫开始。阳明在赣州开府后，从学者甚多。阳明说：“潮州在南方的边际，只是一郡而已。一郡之中，有薛尚贤兄弟子姪，就

已经是兴盛了，而且还有杨仕德、杨仕鸣兄弟。其余聪明英达，能担当大任的有十余人。”现在著名的，只有薛尚贤。西樵名献夫，字叔贤，二十岁中进士，担任吏部主事，后升迁为员外郎。阳明当时贬官回来，担任主事，官位低于献夫。一天，两人谈话，方献夫有会于心，当即就拜为阳明弟子，不久因病回家，近十余年后，大礼议兴起，方献夫就从家上疏，希望追封兴献帝和皇后。皇帝就将他召进宫中，提升为侍讲学士，后为吏部尚书加太子太保，后再次因病回家。后起用兼任武英殿大学士，不久请求回，之后十余年去世，赠太保，谥号为文襄。薛尚贤以学问、品行闻名于乡里，薛侃从赣州回来后，讲述他所听到的阳明事迹，尚贤就很高兴，于是向他学习，后任国子助教。杨骥字仕德。最初学习于湛若水，终学于阳明。阳明征讨横水时，对他说：“破山中贼易，破心中贼难。”不久就去世了。湛若水称他内对外错，失去了本体的自然状态，作文悼念他。（《皇明书》认为写的是墓志铭，不对。）杨仕鸣和兄长杨仕德同学于阳明，开始听阳明所讲，就详细地记载下来，阳明以为不得要旨。之后直接表述自己意思，所得反而能够印证。杨仕鸣说：“日常的功夫，就是依照自己良知所到达之处，去除其中的障碍，扩充良知完全实现本体，不可以迁就习气，趋向时下所好。”又对邹守益说：“你以前致力于科举考试，能够穷尽你的才能吗？”邹守益回答道：“能。”又问：“你现在致良知，能够穷尽你的才能吗？”邹守益回答道：“不能。”他说：“不能穷尽你的才能，怎能够卓尔不群呢？说到穷尽才能，是仰慕贤德之人，人才啊！”邹守益经常拿这话告诉学生，也是不久就去世了。

梁焯字日孚，南海人。登进士第。官至职方主事，以谏南巡被杖。武宗畜外国人为驾下人，日孚以法绳之，不少贷。日孚尝过赣，从阳明学，辨问居敬穷理，悚然有悟。同门冀暗斋死诏狱，日孚棺殓之。郑一初字朝朔，揭阳人。弘治乙丑进士。居紫陌山，闭门习静，召为御史。阳明在吏部，因陈世杰请受学。闻其说，以为昔多岐而今大道也。时朝朔已病，人劝其缓学，曰：“夕死可矣。”卒于浙。闽中自子莘以外无著者。马明衡字子莘，莆人也。父思聪，死宸濠之乱。子莘立志勇猛，与郑善夫为古文。阳明曰：“草木之花千叶者无实，其花繁者其实鲜。”嘉靖三年，以御史谏上隆兴国而薄昭圣为非礼，下狱削籍归。（粤闽王门学案）

【译文】梁焯字日孚，南海人，进士出身，官至职方主事，因进谏劝阻明武宗南巡而受到杖责，武宗蓄养外国人为驾下人，梁焯就将他绳之以法，并不宽恕。梁焯曾经过赣州，学习于阳明，辨明居敬穷理之说，惊恐有所领悟。同门冀元亨死于诏狱，梁焯用棺材为他收殓。郑一初字朝朔，揭阳人，弘治乙丑年进士，他居于紫陌山，闭门静习，后朝廷召为御史。阳明在吏部任官时，因陈世杰所请，学于阳明，听到他所讲以后，以为先前多有不通，现今所闻才是正道。当时郑一初已经有病，人们劝他以后再学，他说：“能够听到大道，晚上死也安心。”在浙中去世。福建除了明衡以外没有著名的弟子。马明衡字子莘，莆田人，父亲思聪，死于朱宸濠叛乱中。马明衡志向勇猛，和郑善夫善于写文章。阳明说：“草木花多的没有果实，花朵繁盛的果实就少。”嘉靖三年，以御史上疏劝说明世宗尊崇其生母为兴国太后，就是贬低昭圣皇后，这样做不合礼制，因而被关进监狱，革去官职。

见罗从学于邹东廓，固亦王门以下一人也。而别立宗旨不得不别为一案。今讲止修之学者，兴起未艾，其以救良知之弊，则亦王门之孝子也。（止修学案）

【译文】李材学习于邹守益，也算是王门弟子，然而他别立学说，因而不得不另立为一学案。现今讲李材学说者，兴起还没停止，其说能救良知说的弊端，也对王学有功啊！

阳明先生之学，有泰州、龙溪而风行天下，亦因泰州、龙溪而渐失其传。泰州、龙溪时时不满其师说，益启瞿昙之秘而归之师，盖跻阳明而为禅矣。然龙溪之后，力量无过于龙溪者，又得江右为之救正，故不至十分决裂。泰州之后，其人多能以赤手搏龙蛇，传至颜山农、何心隐一派，遂复非名教之所能羁络矣。顾端文曰：“心隐辈坐在利欲胶漆盆中，所以能鼓动得人，只缘他一种聪明，亦自有不可到处。”羲以为非其聪明，正其学术也。所谓祖师禅者，以作用见性。诸公掀翻天地，前不见有古人，后不见有来者。释氏一棒一喝，当机横行，放下拄杖，便如愚人一般。诸公赤身担当，无有放下时节，故其害如是。今之言诸公者，大概本弇州之《国朝丛记》，弇州盖因当时爰书节略之，岂可为信？羲考其派下之著者，列于下方。

【译文】阳明的学说，因王艮、王畿而风行天下，也因他二人渐渐失其真传。王艮、王畿经常不满师说，发明释氏之说而将其归于师说，大概想将阳明所讲变为禅学。然而王畿以后，叛逆没超过他，又得到江右学者的补正，所以还不至于和阳明学说决裂。王艮以后诸传人，多是行侠仗义之士，传到颜钧、何心隐一派时，名教也不能束缚他们了。顾宪成说：“何心隐醉心名利，之所以能够鼓动人，只是由于他很聪明，但也有不足之处。”我以为不是由于他聪明，而是他的学术的原因。所谓的祖师禅，就是以见性为要。这些人叛逆之甚，空前绝后。佛教的棒喝，机锋盛行，但是放下这种强烈刺激后，如同愚人一般。这些人赤身担当，没有放下之时，因而才会出现这种危害。现在谈论这些人的，大多都是依据王世贞的《国朝丛记》的记载，而王世贞的记载则是对爰书的节略，怎能够相信呢？我对此一派著名者进行了考察，列在下面。

颜钧，字山农，吉安人也。尝师事刘师泉，无所得，乃从徐波石学，得泰州之传。其学以人心妙万物而不测者也。性如明珠，原无尘染，有何睹闻？著何戒惧？平时只是率性所行，纯任自然，便谓之道。及时有放逸，然后戒慎恐惧以修之。凡儒先见闻，道理格式，皆足以障道。此大旨也。尝曰：“吾门人中，与罗汝芳言从性，与陈一泉言从心，余子所言，只从情耳。”山农游侠，好急人之难。赵大洲赴贬所，山农偕之行，大洲感之次骨。徐波石战没沅江府，山农寻其骸骨归葬。颇欲有为于世，以寄民胞物与之志。尝寄周恭节诗云：“蒙蒙烟雨锁江垓，江上渔人争钓台。夜静得鱼呼酒肆，湍流和月掇将来。若得春风遍九垓，世间那有三归台。君仁臣义民安堵，雉兔刍荛去复来。”然世人见其张皇，无贤不肖皆恶之，以他事系南京狱，必欲杀之。近溪为之营救，不赴廷对者六年。近溪谓周恭节曰：“山农与相处，余三十年。其心体精微，决难诈饰。不肖敢谓其学直接孔孟，俟诸后圣，断断不惑。不肖菲劣，已蒙门下知遇，又敢窃谓门下，虽知百近溪，不如今日一察山农子也。”山农以戍出，年八十余。

【译文】颜钧，字山农，江西吉安人，曾向刘邦采学习而无所得，又向徐波石学习，得王艮之传。他的学说以为人心为万物之精妙而不可测，人性就好比明珠一样，原本没有尘埃，有什么可以听到？也什么可以惧怕呢？平时只要率性而为，由着本性之自然，就是道。即使偶有放纵，其后就以警戒、恐惧来修养自己。凡是先见，先闻，条条框框，都会遮蔽大道。这是他学问的主旨。他曾经说：“我门人中，只和罗汝芳谈论性，和陈一泉谈论心，和其余的人，所说的只是情。”颜钧是游侠，喜好急人所难。赵贞吉前往贬官之地，颜钧和他一同前往，赵贞吉感激不尽。徐樾战死在沅江府，颜钧就寻找他的骸骨为他安葬。他很想在世上有一番作为，来抒发自己万物一体的志向。曾经写给周怡的诗中说：“蒙蒙细雨笼罩江边，江上打渔人争夺钓台。夜静时刻来到酒馆吃鱼，激流伴着月色等将来。若是天下太平，世上就不会有三归台。君王仁慈，臣子重义，百姓安定，山鸡野兔、砍柴者走了还会来。”然而世人以为他轻狂，人人都厌恶他，由于别事而下南京狱中，一定要杀他。近溪为了营救他六年不赴廷对，他对周怡说：“我和颜钧相处三十余年，他内心精微，绝不会欺骗。我敢说他的学问直接孔孟，即使等到后世圣者，也不会怀疑的。我材质低劣，受到先生赏识器重，又私居门下，即使智力百倍于我，也不如向颜钧学习。”颜钧以戍边外出，时年八十余岁。

梁汝元字夫山，其后改姓名为何心隐，吉州永丰人。少补诸生，从学于山农，与闻心斋立本之旨。时吉州三四大老，方以学显，心隐恃其知见，辄狎侮之。谓《大学》先齐家，乃搆萃和堂以合族，身理一族之政，冠婚丧祭赋役，一切通其有无，行之有成。会邑令有赋外之征，心隐贻书以诮之，令怒，诬之当道，下狱中。孝感程后台在胡总制幕府，檄江抚出之。总制得心隐，语人曰：“斯人无所用，在左右能令人神王耳。”已同后台入京师，与罗近溪、耿天台游。一日遇江陵于僧舍，江陵时为司业，心隐率尔曰：“公居太学，知大学道乎？”江陵为勿闻也者，目摄之曰：“尔意时时欲飞，却飞不起也。”江陵去，心隐舍然若丧，曰：“夫夫也，异日必当国，异日国必杀我。”心隐在京师，辟各门会馆，招来四方之士，方技杂流，无不从之。是时政由严氏，忠臣坐死者相望，卒莫能动。

【译文】梁汝元字夫山，其后来改姓名为何心隐，吉州永丰人。年少时增补为诸生，学习于颜钧，得以听到王艮学说的关键。当时吉州三四个名士，正以学问著称，何心隐自恃才能，就轻慢他们，说《大学》所讲先要齐家，集合一家以至于一族，亲身管理一族的事务，冠礼、婚礼、丧礼、祭祀、赋役等，一切通其有无，行之而成。遇上当时县令有赋税向外征，何心隐写书讥讽他，县令发怒就将他关于监狱。程学颜当时在胡宗宪幕府中，写信给江抚救了他。胡宗宪得到何心隐以后说："这个人没有其他用处，留在身边能够使精神高昂。"后和程学颜一同到京师，和罗汝芳、耿定向交往。一天，在僧舍遇到张居正，当时张居正还担任司业，何心隐就直接问："你在太学，知道大学之道吗？"张居正回答说没听说过，就眼对着他说："你总是想飞，却飞不起来。"张居正走后，何心隐若有所失地说："他它日必定主持国事，那时一定会杀我。"何心隐在京师时，开辟会馆，招揽各方人士，三教九流无不追从。当时严嵩把持朝政，忠臣犯罪处死的很多，但都没办法。

有蓝道行者，以乩术幸上，心隐授以密计，侦知嵩有揭帖，乩神降语，今日当有一奸臣言事，上方迟之，而嵩揭至，上由此疑嵩。御史邹应龙因论嵩败之。然上犹不忘嵩，寻死道行于狱。心隐踉跄，南过金陵，谒何司寇。司寇者，故为江抚，脱心隐於狱者也。然而严党遂为严氏仇心隐，心隐逸去，从此踪迹不常，所游半天下。江陵当国，御史傅应祯、刘台连疏攻之，皆吉安人也，江陵因仇吉安人。而心隐故尝以术去宰相，江陵不能无心动。心隐方在孝感聚徒讲学，遂令楚抚陈瑞捕之，未获而瑞去。王之垣代之，卒致之。心隐曰："公安敢杀我？亦安能杀我？杀我者张居正也。"遂死狱中。心隐之学，不堕影响，有是理则实有是事，无声无臭，事藏于理，有象有形，理显于事，故曰："无极者，流之无君父者也，必皇建其有极，乃有君而有父也。必会极，必归极，乃有敬敬以君君也，乃有亲亲以父父也。又必《易》有太极，乃不堕于弑君弑父，乃不流於无君无父，乃乾坤其君臣也，乃乾坤其父子也。"又曰："孔孟之言无欲，非濂溪之言无欲也。欲惟寡则心存，而心不能以无欲也。欲鱼、欲熊掌，欲也，舍鱼而取熊掌，欲之寡也。欲生、欲义，欲也，舍生而取义，欲之寡也。欲仁非欲乎？得仁而不贪，非寡欲乎？从心所欲，非欲乎？欲不踰矩，非寡欲乎？此即释氏所谓妙有也。"盖一变而为仪、秦之学矣。

【译文】有个叫蓝道行的人，以占卜术为皇上宠幸，何心隐给他一个密计，当得知严嵩有文书上呈，就占卜问神说，现在有一个奸臣要言事，皇上在迟疑时，严嵩拿着文书就来了，皇上由此怀疑严嵩。御史邹应龙弹劾严嵩最终除掉了严嵩，但是皇上并没有忘记严嵩，不久就让蓝道行死于狱中。何心隐路过南京，拜谒何司寇，也就是以前曾经将他从监狱中救出的江抚，然而严嵩党羽仇视他，他就逃走了，以后行踪不定，走遍了半个中国。张居正主持国事时，御史傅应祯、刘台接连上疏攻击，由于他们都是吉安人，张居正因此就仇恨吉安人。何心隐以前曾经用计谋出掉了宰相严嵩，张居正不能不警惕。当何心隐刚在孝感聚徒讲学时，张居正就令湖北巡抚陈瑞逮捕他，还没捉到他陈瑞已经调走了。后来王之垣担任湖广巡抚时逮捕了何心隐。何心隐说："你怎敢杀我呢？你又怎能杀我呢？杀我的是张居正。"于是死于监狱中。何心隐的学问，不落于报应说中。有此理就有此事。无声无臭，事藏于理中；有具体形象，理在事中呈现。因而说："无极，就流于没有君父的异端之学，因而必须建立中正的最高原则，就会有君王、父亲。必定要会于大道，归于大道，才会敬爱该敬爱着，以君为君；才会亲爱亲人，以父为父。易有太极，才会不出现弑君杀父的情况，才不会流于无父无君的谬论，这样乾坤就好比作君臣父子。"还说："孔孟所讲的无欲，和周敦颐所讲的无欲不同。欲望少了就会保有本心，但是心不能没有欲求。想要鱼，想要熊掌，这就是欲求，舍弃鱼而取熊掌，这就是寡欲。想要生存，想追求仁义，舍弃生命追求仁义，这就是寡欲。获得了仁德而不贪婪，难道不是寡欲吗？从心所欲，难道不是欲求吗？欲望不能逾越法度规矩，难道不是寡欲吗？这难道是佛教所说的非有之有吗？"这样一变而成为游说之学。

邓豁渠初名鹤，号太湖，蜀之内江人。为诸生时，不说学。赵大洲为诸生，谈圣学于东壁，渠为诸生讲举业于西序，朝夕声相闻，未尝过而问焉。已渐有入，卒抠衣为弟子。一旦弃家出游，遍访知学者，以为性命甚重，非拖泥带水可以成就，遂落发为僧。访李中溪元阳于大理，访邹东廓、刘师泉于江右，访王东涯於泰州，访蒋道林于武陵，访耿楚倥于黄安。与大洲不相闻者数十年，大洲起官过卫辉，渠适在焉，出迎郊外。大洲望见惊异，下车执手徒行十数里，彼此潸然流涕。大洲曰："误子者，余也。往余言学过高，致子于此，吾罪业重矣。向以子为死，罪恶莫赎，今尚在，亟归庐而父墓侧终身可也。吾割田租百石赡子。"因书券给之。时有来大洲问学者，大洲令渠答之。大洲听其议论，大恚曰："吾藉是以试子近诣，乃荒谬至此。"大洲入京，渠复游齐、鲁间，初无归志。

【译文】邓豁渠最初名叫鹤，号太湖，四川内江人，为诸生时，不喜好学习。但是赵大洲为诸生讲论圣人之学在房屋东侧，邓豁渠就为诸生讲论科举在西侧，朝夕相闻，而没有曾经过去向赵大洲询问。一旦有所领悟，就拜为赵大洲弟子。一旦离家外出，遍访知名学者，以为"性命"很重要，不是心有所累有所牵挂可以成就的，于是就出家为僧。在大理拜访李元阳，在江西拜访邹守益、刘邦采，在泰州拜访王东涯，在武陵拜访蒋信，在黄安拜访耿定理。和赵大洲数十年没有往来，赵大洲任官经过卫辉，刚好他也在，就到郊外迎接。赵大洲看到后，惊奇得下了车，和他牵手徒步十余里，彼此都潸然流泪。赵大洲说："贻误你的人是我啊！以往我讲学过高，导致你成这样，我罪业深重啊！以前以为你死了，我的罪恶难以弥补，现在你还活着，赶快回家终老家乡就行了。我给你田租一百担供养你。"于是就写下凭证交给他。当时有向大洲学习的人，他就让邓豁渠代为回答。赵大洲听到他言论后，发怒道："我是借此试探你的看法，为何如此荒谬！"赵大洲进京时，他就遊于山东地区，并没有回家的愿望。

大洲入相，乃来京候谒，大洲拒不见。属宦蜀者携之归，至涿州，死野寺中。渠自序为学云："己亥礼师，闻良知之学，不解。入青城山参禅十年。至戊申，入鸡足山，悟人情事变外，有个拟议不得妙理。当时不遇明师指点，不能豁然通晓。癸丑，抵天池，礼月泉，陈鸡足所悟，泉曰：'第二机即第一机。'渠遂认现前昭昭灵灵的，百姓日用不知，渠知之也。甲寅，庐山礼性空，戊午，居洋州八年，每觉无日新之益，因入黄安，居楚倥茅屋，始达父母未生前的、先天地生的、水穷山尽的、百尺竿头外的所谓不属有无，不属真妄，不属生灭，不属言语，常住真心，与后天事不相联属。向日鸡足所参人情事变的，豁然通晓，被月泉所误二十余年。丙寅以后，渠之学日渐幽深玄远。如今，也没有我，也没有道，泛泛然如虚舟飘瓦而无著落，脱胎换骨实在于此。渠学之误，只主见性，不拘戒律，先天是先天，后天是后天，第一义是第一义，第二义是第二义，身之与性，截然分为二事，言在世界外，行在世界内，人但议其纵情，不知其所谓先天第一义者，亦只得完一个无字而已。嗟乎！是岂渠一人之误哉？"

【译文】赵大洲成为宰相后，邓豁渠就来京城等候谒见，然而赵大洲拒不相见，就托付在四川做官的人和他一起回，到涿州时，死于荒野寺庙之中。他自述为学经历："己亥年拜见老师，听到良知之学，不理解。到青城山参禅十年，到戊申年，到鸡足山，体悟到人情事变以外，要是有所比拟就不能理解道理的精妙处，不能遇到名师，就不能豁然通达。癸丑年，到达天池拜见月泉，陈说鸡足山的体悟。月泉说：'第二机即是第一机'我就认为眼前明亮，百姓日用却感受不到，我却体会到了。甲寅年，庐山拜会性空。等到戊午年，在洋州居住八年，经常觉得没有长进。到黄安以后，居住在耿定理的茅屋中，开始明白父母未生以前、先于天地、山穷水尽、百尺竿头以外的不属于有无，也不属真实虚妄，生生灭灭，无法以言语道。真心常住，和后天事情不相关联。以前鸡足山所参悟的人情事变，豁然通晓，被月泉贻误了二十余年。丙寅年以后，我的学问日渐深远。现在，没有我自己，也没有道，就会像虚舟飘荡不定没有着落，脱胎换骨是在于这里啊！我先前所学的错误正在于只是主张发明本心，观见本性，不拘于戒律，将先天视为先天，后天视为后天，第一义视为第一义，第二义视为第二义，将身与性，截然分为二种，将言语视为世界外，行动视为世界内，人只是议论，不知道所谓的先天、第一义，都是无。啊！这岂止是我一个人理解错了？"

方与时字湛一，黄陂人也。弱冠为诸生，一旦弃而之太和山习摄心术，静久生明。又得黄白术于方外，乃去而从荆山游，因得遇龙溪、念菴，皆目之为奇士。车辙所至，缙绅倒屣，老师上卿，皆拜下风。然尚玄虚，侈谈论。耿楚倥初出其门，久而知其伪，去之。一日谓念菴曰：“吾侪方外学，亦有秘诀，待人而传，谈圣学何容易耶？”念菴然之。湛一即迎至其里道明山中，短榻夜坐，久之无所得而返。后台、心隐大会矿山，车骑雍容，湛一以两僮舁一篮舆往，甫揖，心隐把臂谓曰：“假我百金。”湛一唯唯，即千金惟命。已入京师，欲挟术以干九重，江陵闻之曰：“方生此鼓，从此挝破矣。”无何，严世蕃闻其炉火而艳之，湛一避归。胡庐山督楚学，以其昔尝诳念菴也，檄有司捕治，湛一乃逃而入新郑之幕。新郑败走，匿太和山，病瘵死。

【译文】方与时字湛一，黄陂人，二十岁为诸生，但突然抛弃这些到太和山学习摄心术，安静久了就心底澄明。又向道士学习炼丹术，于是就到荆山游玩，因而遇见王畿、罗洪先，都称他为奇士。他所到之处，官员、老师都十分尊崇欢迎，自愧不如。但他喜欢玄虚，言谈夸张。耿定理最早在他门下学习，时间久了，发现他很虚伪就离开了。一天，他对罗洪先说：“我们的方外之学，也有秘诀，等待人来传授，那谈论圣学怎会容易呢？”罗洪先很认可。方与时就邀请他到家乡道明山中，夜坐低床，很久却没有收获。程学颜、何心隐在矿山集会，车马很多，方与时就用两个童仆抬着座椅前往，刚做完礼，何心隐就拉着他胳膊说：“借我百金”。方与时就答应了，说就是千金也会答应的。到了京城后，打算凭着道术在朝廷谋事，张居正知道后说：“方与时的这一做法，从此会被识破。”不久，严世蕃听说他会炼丹就很羡慕，方与时知道后就回家躲避了。胡直在湖北督学，以方与时曾经欺骗罗洪先，就叫有关部门抓捕他，他于是就逃入高拱的府中。高拱败落后，他隐藏在太和山，因病而死。

程学颜字二蒲，号后台，孝感人也。官至太仆寺丞。自以此学不进，背地号泣，其笃志如此。心隐死，其弟学博曰：“梁先生以友为命，友中透于学者，钱同文外，独吾兄耳。同文字怀苏，福之兴化人。知祁门县，入为刑部主事，累转至郡守。与心隐友善，怀苏尝言：“学道人堆堆，只在兄弟款中，未见有挣上父母款者。”

【译文】程学颜字二蒲，号后台，孝感人，官至太仆寺丞。他自以为学问不长进，就私下哭泣，志向就是如此专注。何心隐死后，他弟弟程学博说：“何心隐视朋友为生命，在朋友中渗透着学问的，除了钱同文以外，只有我兄长程学颜了。同文字怀苏，福建莆田人，任祁门县县令，后入为刑部主事，多次后担任郡守，与何心隐交好，他曾经说：“学道的人，只见在兄弟一伦上用功，没有见对父母用功的。”

管志道字登之，号东溟，苏之太仓人。隆庆辛未进士。除南京兵部主事，改刑部。江陵秉政，东溟上疏条九事，以讥切时政，无非欲夺其威福，归之人主。其中有宪纲一条，则言两司与巡方抗礼，国初制也，今之所行，非是。江陵即出之为广东佥事以难之，使之为法自敝也。果未几，御史龚懋贤劾之，谪盐课司提举。明年，外计，以老疾致仕。万历戊申卒，年七十三。东溟受业于耿天台，著书数十万言，大抵鸠合儒释，浩汗而不可方物。谓“乾元无首之旨，与《华严》性海浑无差别，《易》道与天地准，故不期与佛老之祖合而自合，孔教与二教峙，故不期佛老之徒争而自争。教理不得不圆，教体不得不方，以仲尼之圆，圆宋儒之方，而使儒不碍释，释不碍儒。以仲尼之方，方近儒之圆，而使儒不滥释，释不滥儒。唐、宋以来，儒者不主孔奴释，则崇释卑孔，皆于乾元性海中自起藩篱，故以乾元统天，一案两破之也。”其为孔子阐幽十事，言“孔子任文统，不任道统，一也。居臣道，不居师道，二也。删述六经，从游七十二子，非孔子定局，三也。与夷、惠易地，则为夷、惠，四也。孔子知天命，不专以理，兼通气运，五也。一贯尚属悟门，实之必以行门，六也。敦化通于性海，川流通于行海，七也。孔子曾师老聃，八也。孔子从先进，是黄帝以上，九也。孔子得位，必用桓、文做法，十也。”按东溟所言，亦只是三教肤廓之论。平生尤喜谈鬼神梦寐，其学不见道可知。泰州张皇见龙，东溟辟之，然决儒释之波澜，终是其派下人也。（泰州学案）

【译文】管志道字登之，号东溟，苏州太仓人。隆庆辛未年进士，授予南京兵部主事一职，后改为刑部主事。张居正主持朝政时，他上疏条陈九件事，劝谏时政，意图夺掉张居正的威信，使归于皇上。其中有宪纲一条，说两司和地方巡抚权利相当，是国初的规定，而现在却不是这样。张居正就将他外调为广东佥事一职来为难他，使他自己作法，自受弊害。果然不久，御史龚懋贤弹劾他，就被贬为盐课司提举。第二年，以年老有病退休，万历戊申年去世，享七十三岁。管志道学习于耿定向，著述数十万言，大多是汇集儒佛言论，内容繁多却不能辨明事理。说“乾元中讲的群龙无首的内涵和《华严经》讲的性海没有差别，易道包罗天地，因而能够和佛老讲的不期而合，儒教和佛老对立，因而不想和佛老争论而实际有争论。教理不得不圆，教体不得不方。以孔子的圆融来消融宋儒的特色，使得儒学不妨碍佛教，佛教不妨碍儒学，用孔子的学说来使近儒学说的融通变得有特色，使得儒学不冒充佛教，佛教不冒充儒学。唐宋以来，儒者不是尊崇儒学贬低佛教，就是尊崇佛教贬低儒学，都是在乾元性海中自设条框，因而以乾元统天，一举两得。”他还为孔子十件所说不明的道理阐发出来。他说：“孔子传承了文统，而不是道统，这是第一；孔子行的是臣道，而不是师道，这是第二；孔子删定六经，七十二门人从学，并不是孔子最后的结局，这是第三；处伯夷、柳下惠的境地，也会那样做，这是第四；孔子知天命，不专讲理，同时还讲气，这是第五；一以贯之尚属于体悟，要充实它必须实践，这是第六；大德通于性海，小德通于行海，这是第七；孔子曾向老子学习，这是第八；孔子说的向先学习礼乐的人学习，这先进于礼乐的是黄帝时代以上的事，这是第九；孔子有机会居于王位，一定会行齐桓公、晋文公之道，这是第十。”管志道所说的，只是三教肤浅的道理。他平生很喜欢谈论鬼神睡梦之类，可知他并没有理解大道。王艮要实现教化平民的想法，管志道就驳斥他，然而决胜儒佛争论的，终究是他门下之人。

王、湛两家，各立宗旨。湛氏门人虽不及王氏之盛，然当时学于湛者，或卒业于王，学于王者，或卒业于湛，亦犹朱、陆之门下递相出入也。其后源远流长，王氏之外，名湛氏学者，至今不绝。即未必仍其宗旨，而渊源不可没也。（甘泉学案）

【译文】王阳明、湛若水两人各立门派。湛若水一派虽然没有王阳明一派兴盛，然而当时向湛氏学习的，有的最后在王氏门下学习，向王氏学习的，有的最终则在湛氏门下，就好像朱熹、陆九渊门人一样，互相出入学习。他门下也源远流长，王阳明之外，以湛氏学问而闻名的，至今不绝。即使未必能够遵守他的宗旨，但是渊源不可以淹没。

诸儒学案者，或无所师承，得之于遗经者；或朋友夹持之力，不令放倒，而又不可系之朋友之下者；或当时有所兴起，而后之学者无传者，俱列于此。上卷则国初为多，宋人规范犹在。中卷则皆骤闻阳明之学而骇之，有此辨难，愈足以发明阳明之学，所谓他山之石，可以攻玉也。下卷多同时之人，半归忠义，所以证明此学也，否则为伪而已。（诸儒学案）

【译文】诸儒学案是对于没有师承，学问自得于文字中的；或者受到朋友帮助，但是又不能列在朋友学案之下；或者是当时兴起，但是没有传人的都记载于此。上卷多是国初诸儒，宋人的法度影响还在；中卷记载的多是突然听到阳明学说后大为惊异，互相辩难，也足以促进阳明学问的，正所谓考察别人，对自己会有帮助的。下卷则多同时代的人，多为忠义之士，也是想证明他学问有根底，否则就是虚伪。

今天下之言东林者，以其党祸与国运终始，小人既资为口实，以为亡国由于东林，称之为两党，即有知之者，亦言东林非不为君子，然不无过激，且依附者之不纯为君子也，终是东汉党锢中人物。嗟乎！此寐语也。东林讲学者，不过数人耳，其为讲院，亦不过一郡之内耳。昔绪山、二溪，鼓动流俗，江、浙南畿，所在设教，可谓之标榜矣。东林无是也。京师首善之会，主之为南皋、少墟，于东林无与。乃言国本者谓之东林，争科场者谓之东林，攻逆阉者谓之东林，以至言夺情奸相讨贼，凡一议之正，一人之不随流俗者，无不谓之东林，若似乎东林标榜，遍于域中，延于数世，东林何不幸而有是也？东林何幸而有是也？然则东林岂真有名目哉？亦小人者加之名目而已矣。论者以东林为清议所宗，祸之招也。子言之：“君子之道，辟则坊与。”清议者天下之坊也。夫子之议臧氏之窃位，议季氏之旅泰山，独非清议乎？清议熄而后有美新之上言，媚阉之红本，故小人之恶清议，犹黄河之碍砥柱也。熹宗之时，龟鼎将移，其以血肉撑拒，没虞渊而取坠日者，东林也。毅宗之变，攀龙髯而蓐蝼蚁者，属之东林乎？属之攻东林者乎？数十年来，勇者燔妻子，弱者埋土室，忠义之盛，度越前代，犹是东林之流风余韵也。一堂师友，冷风热血，洗涤乾坤，无知之徒，窃窃然从而议之，可悲也夫！（东林学案）

【译文】现在天下谈论东林党人，由于阉党祸乱和国运相始终，因此小人就将此作为话柄，以为亡国是由于东林党人，并与阉党并称。即使那些有识之士，也说东林党人不可不说是君子，但是他们不无过激之处，况且依附他们的不纯粹为君子，终究是像东汉党锢之祸中的人一样。

啊！这真是无稽之谈！东林党人中讲学的不过数人，他们书院，也不过是在一郡之中。以前钱德洪、王畿、罗汝芳鼓动大众，江浙南方，处处设教，可谓是标榜！东林学人没有这样做。京师最好的聚会，是由邹元标、冯从吾主持的，东林学人并没有参与。将谈论国本的称为东林党人，将官场争夺的称为东林党人，将攻击阉党的称为东林党人，以至言论讨伐奸贼，凡是言论正直、不随流俗的，无不称之为东林党人。以东林党人标榜，遍及国中，若经数世，东林有如此不幸会像这样，东林党人又会有如此幸运而像这样？但是这是东林党人的真实情况吗？还是小人给它加的？有以为东林党人崇尚清议，由此招致祸害。孔子说："君子治民之道，打个比方，就好像阻止河水漫过堤防。"清议就好比天下的堤防一样。孔子说臧文仲窃位，议论季孙氏祭祀泰山，难道不是清议吗？清议消失才会有阿谀王莽、谄媚阉党的言论，因此小人厌恶清议，就好比黄河妨碍了砥柱一样。明熹宗时期，帝位将换，以血肉之躯支撑局面，挽狂澜于既倒正是东林党人；崇祯帝变故时，敢于触怒龙颜，捉拿奸贼的是东林党人呢，还是攻击东林党的人呢？数十年以来，勇敢者烧毁妻子儿女，懦弱者填埋土屋，忠义之风气兴盛，超过了前代，也是东林党的遗风。师友一起，以热血洗涤乾坤，无知之徒还私下议论，悲哀啊！

今日知学者，大概以高、刘二先生，并称为大儒，可以无疑矣。然当《高子遗书》初出之时，羲侍先师于舟中，自禾水至省下，尽日翻阅。先师时摘其阑入释氏者以示羲。后读先师《论学书》，有答韩位云："古之有朱子，今之有忠宪先生，皆半杂禅门。"又读忠宪《三时记》，谓："释典与圣人所争毫发，其精微处，吾儒具有之，总不出无极二字；弊病处，先儒具言之，总不出无理二字。其意似主于无，此释氏之所以为释氏也。"即如忠宪正命之语，本无生死，亦是佛语。故先师救正之，曰："先生心与道一，尽其道而生，尽其道而死，是谓无生死。非佛氏所谓无生死也。"忠宪固非佛学，然不能不出入其间，所谓大醇而小疵者。若吾先师，则醇乎其醇矣。后世必有能辩之者。

【译文】现在学者，大概高攀龙、刘宗周二人可以称为大儒，这一说没有异议。然而当《高子遗书》刚流布时，我在船中侍奉老师，从禾水到省下，整日翻阅。老师就时常将混杂佛教的内容摘录出来让我看，后来读到老师的《论学书》，其中回答韩位的话有说："古有朱子，今有高攀龙，学问中都夹杂禅学。"又读到他的《三时记》中说："佛教和儒学所争论的很少，佛教精微之处，儒学都具备，不处于无极二字，佛教的弊端，先儒都说过了，不出于无理二字。它主要讲的是无，这就是佛教之所以为佛教的原因。"就像他在自溺前说的"本来就没有生死"，也是佛教话语。因而先师就纠正道："先生心和道合一，尽其道而生，尽其道而死，这就是没有生死的区分，并不是佛教所说的生死。"高攀龙学问固然不是佛学，然而却受其影响，可说是大体纯正，而略有缺点。至于我老师刘宗周，则就十分醇正，后世一定有能够辨别的

戊申岁，羲与恽日初同在越半年。日初，先师高第弟子，其时为《刘子节要》，临别拜于河浒，日初执手谓羲曰："知先师之学者，今无人矣，吾二人宗旨不可不同。但于先师言意所在，当稍浑融耳。"羲盖未之答也。及《节要》刻成，缄书寄羲，曰："子知先师之学者，不可不序。"嗟乎！羲岂能知先师之学著？然观日初《高刘两先生正学说》云："忠宪得之悟，其毕生黾勉，祗重修持，是以乾知统摄坤能；先师得之修，其末后归趣，亟称解悟，是以坤能证入乾知。"夫天气之谓乾，地质之谓坤，气不得不凝为质，质不得不散为气，两者同一物也。乾知而无坤能，则为狂慧；坤能而无乾知，则为盲修。岂有先后？彼徒见忠宪旅店之悟，以为得之悟，此是禅门路径，与圣学无当也。先师之慎独，非性体分明，慎是慎个恁么？以此观之，日初亦便未知先师之学也。使其知之，则于先师言意所在，迎刃而解矣。此羲不序《节要》之意也。惜当时不及细论，负此良友。今所录，一依原书次第，先师著述虽多，其大概具是。学者可以无未见之恨矣。（蕺山学案）

【译文】我和恽日初同在浙江半年。日初是老师的高足，当时正在编写《刘子节要》，在河边临别时，日初拉着我的手说："知道老师学问的人，现在已经没有了，我们两个的看法不可不一致。但对于老师的学说，应当有所融合。"我没有回答他。等到《刘子节要》刻成以后，他写信寄给我说："你知道老师的学问，不可不写序啊！"啊！我怎是知道老师学问的学生呢？然而看到日初在《高刘两先生正学说》中讲："高攀龙学问得之于体悟，他一生勤勉，只重视修行，是用乾知统领坤能；先师学问得之于修行，最后旨趣归于体悟，是由坤能达到乾知的。""天气"称为乾，"地质"称为坤，气凝结为质，质分散为气，二者是同一物。只有乾知而无坤能，则是浅慧；只有坤能而没有乾知，则是盲目修行。难道有先后的区别吗？他只见到高攀龙在旅店的体悟，就以为他学问得之于体悟，这是禅学的方法，和圣人之学没有关系；先师讲的"慎独"，如果不是性体明了，那是对什么谨慎呢？以此看来，日初也是不了解老师的学问啊。假如他了解，那对于老师所讲的本义就会清楚知晓。这些是我不为《刘子节要》写序的原因。遗憾的是当时没有详细论述，辜负了这位好朋友。现在所述，仍按照原书的次序，老师的著作虽然很多，大致内容都在此，学者不会有没看到的遗憾。

國學治要今譯

第六册

古文治要（下）

张文治 编纂
石岗等 今译

UNITY PRESS 團結出版社

目 录

古文治要下（卷四）历代小说名著

古文治要下（卷二）

历代论文名著

历代论文名著 序

古人不以文名家，文即语言辞命之载于竹帛者也。故间有论之者，皆零星而不成篇。汉扬雄尝自悔所作，有似雕虫之技，其《法言·吾子》篇中，深以淫丽为戒，殆可谓论文篇章之嚆矢矣。魏晋以后，文笔寖盛，推论渐详。而梁刘勰之《文心雕龙》，尤卓然为古今论文专书之冠。降及唐、宋，论文之语，多讬之书牍，或指示途径、或摘抉利病，要多原本经史，折衷韩、欧，与六朝文人持论之境域，少变异耳。清自方、姚起于桐城，古文中乃有门派之争。阮氏力阐文笔之说，而骈、散复见对垒。惟李兆洛《文钞》一书，持论平允。朱一新《答问》，更指示切近，然大率皆各有所明，互为补苴。故今特采自汉扬雄以下，讫于清季，不分门户，第择其论述之尤笃实者，按时编录，俾读者详究乎斯文之源流正变，而审其工拙得失之由，庶不致盲从附哄，遗笑于大方之家。都计为篇若干，若其已见于古文十七家者，则不重及。其未见者，盖又不徒以论文胜，即就其词章而言，以之补续历代各家名文之未备，亦未始不可为其讽诵揣摩之轨范焉。

【译文】古人都用“文”来命名学问者，“文”就是那些记载在竹简布帛上的语言、言辞。所以偶尔也有讨论“文”的，但都残缺不完整，没有整篇的。汉代的扬雄曾经后悔自己所作，就像雕虫小技一般，他的《法言·吾子》篇中，深深地以言辞华丽繁琐为戒，真可以说是论文章问题的起源了。魏晋以后，书写的内容越来越多，各种论文逐渐详审起来。以萧梁刘勰的《文心雕龙》最是讨论古今论文专书的翘楚。到了唐、宋，论文的文章，有很多都寄托在书信简牍之中，有的指出作文方法、路径，有的指出文章利弊，很多都是源自于经史，在韩愈、欧阳修等人的基础上进行深入探讨，和六朝时期文人们所讨论的问题、领域稍有变化。清代自从方苞、姚鼐在桐城发起古文运动，古文之中就产生了门派之争。阮元极力阐述“文笔”的论断，但是骈体、散文再一次成为了对头。只有李兆洛《文钞》这本书，讨论十分公允。朱一新《答问》，更加从切近处进行指导，然而大概都各有其所明了之处，互相补缀。所以特别采取自从汉代扬雄以下，一直到清末，不分门户，按次进行论述那些特别笃实的文章，按照时间顺序进行编排、采录，为了使读者能够详尽研究文章的源流变化，检审文章的工整还是拙劣，或许不至于导致盲从、附和的情况，乃至于贻笑大方。统计整个篇幅，如果在“古文十七家”中已经采编的，就不再重复采录了。“古文十七家”中没有采录的文章，也就是那些不仅仅以论文取胜而就其文词来说，也可以用来弥补历代各家有名的文章所没有齐备的，也不能不说可以为朗诵揣摩古文的规范了。

扬 雄

扬雄小传见古文十七家。

【译文】扬雄的小传参见“古文十七家”。

吾子篇

（《法言》卷第二）

或问：“吾子少而好赋。”曰：“然。童子雕虫篆刻。”俄而曰：“壮夫不为也。”或曰：“赋可以讽乎？”曰：“讽则已，不已，吾恐不免于劝也。” 或曰：“雾縠之组丽。”曰：“女工之蠹矣。”《剑客论》曰：“剑可以爱身。”曰：“狴犴使人多礼乎？”

【译文】有人问：“您年少的时候喜欢辞赋？”回答道：“是的！那不过是与小孩子们雕刻鸟虫书、篆书相类的小技而已。”过一会接着说：“那是大男人不值得做的。”那人又问：“赋能起到讽谕的作用吗？”回答道：“讽谕就应该使对方停止所讽谕的行为；不能停止，我担心赋反而起到的是鼓励的作用啊！”对方又说：“辞赋的文彩像薄雾般的绉纱一样华美啊！”回答到：“文以害意，正像雾縠贼害女工一样。”那人接着发问：“《剑客论》说：剑可以保护自身。”回答道：“牢狱难道使人多礼吗？”

或问：“景差、唐勒、宋玉、枚乘之赋也，益乎？”曰：“必也淫。”“淫则奈何？”曰：“诗人之赋丽以则，辞人之赋丽以淫。如孔氏之门用赋也，则贾谊升堂，相如入室矣。如其不用何？”

【译文】有人问：“景差、唐勒、宋玉、枚乘的赋有益处吗？”回答说：“如果一定要回答的话，那就是过度了”。对方又问：“过度怎么讲？”回答道：“《诗经》中那些诗人的赋体，不失文丽却有法则，而辞赋家的赋却文辞华丽、泛滥无际了。假如孔子的门下也用赋为教，那么贾谊堪称登堂，司马相如算是入室了。然而孔门不用，赋写得再好也没用。”

或问“苍蝇红、紫”。曰：“明视。”问“郑卫之似”。曰：“聪听。”或曰：“朱、旷不世，如之何？”曰：“亦精之而已矣。”

【译文】有人问“苍蝇”“红紫”旧典的含义。回答说：“对于谗佞淫色，要明视以辨明是非。”又问：“郑、卫之声与雅乐如何区别。”回答道：“精听则耳朵灵敏”。那人说：“朱离、师旷不世出，能够明视精听的贤才难有，那该怎么办？”回答道：“精视则明，精听则聪，精心去做就行了。”

或问：“交五声、十二律也，或雅或郑，何也？”曰：“中正则雅，多哇则郑。”“请问本。”曰：“黄钟以生之，中正以平之，确乎郑、卫不能入也！”

【译文】有人问：“都合五声十二律，但有的就是雅乐，有的就是郑声，是怎么回事？”回答道：“中正就是雅乐，邪辟就是郑声。”“请问什么是音乐之本？”回答道：“黄钟滋生五声十二律，用中正之情志平和它，雅乐的根本就会坚固，郑卫之声就不能侵入。”

或曰：“女有色，书亦有色乎？”曰：“有。女恶华丹之乱窈窕也，书恶淫辞之淈法度也。”

【译文】有人问：“女人有画妆修饰，书也有文藻修饰吗？”回答道：“有的，对于女性，讨厌浓妆艳抹扰乱本形本性之美；对于书，讨厌放滥之辞扰乱法度。”

或问：“屈原智乎？”曰：“如玉如莹，爰变丹青。如其智！如其智！”

【译文】有人问：“屈原能说是智吗？”回答道：“象美玉的璀灿，岂能像丹砂、空青那么易变呢！谁能像他那样智呢！谁能像他那样智呢！”

或问：“君子尚辞乎？”曰：“君子事之为尚。事胜辞则伉，辞胜事则赋，事、辞称则经。足言足容，德之藻矣！”

【译文】有人问：“君子重视文辞吗？”回答说：“君子重视事实。事实胜过了文辞则言之不文，文辞胜过了事实则虚华浮夸，事实与文辞相符才是典范。文辞足以言用，就算得上德的藻饰了。”

或问：“公孙龙诡辞数万以为法，法与？”曰：“断木为棋，梡革为鞠，亦皆有法焉。不合乎先王之法者，君子不法也。”

【译文】有人问：“公孙龙诡辩虚辞数万言用以制定名家的纲领法则，也能算得上是法则吗？”回答道：“砍断木料制成棋，刮磨皮革制成鞠也都有法则的。只是与先王之法不合的，君子不以为法。”

观书者譬诸观山及水，升东岳而知众山之逦迤也，况介丘乎？浮沧海而知江河之恶沱也，况枯泽乎？舍舟航而济乎渎者，末矣；舍五经而济乎道者，末矣。弃常珍而嗜乎异馔者，恶睹其识味也？委大圣而好乎诸子者，恶睹其识道也？”

【译文】读书就像观览山和水，登上泰山就知道众山的连绵细小了，何况是小丘呢？浮泛沧海就知道江河的细缓了，何况是小水泽呢！舍弃舟船却想渡过大河，那是本末倒置。舍弃了五经却喜欢大道，怎么看得出他的知了大道？舍弃日常的珍味却喜欢怪异的饮食，怎么看得到他的知味？

山岖之蹊，不可胜由矣；向墙之户，不可胜入矣。曰：“恶由入？”曰：“孔氏。孔氏者，户也。”曰：“子户乎？”曰：“户哉！户哉！吾独有不户者矣？”

【译文】山坡小路，难以经由通过；面墙而立的门户，难以经由进入室内。有人问：“经由哪里进入呢？”回答说：“孔氏儒学。孔氏的儒学，是通大道的门户。”对方问：“您算得上是门户吗？”回答道：“是门户，是门户，我岂有不是门户的？”

或欲学《苍颉》、《史篇》。曰：“史乎！史乎！愈于妄阙也。”

【译文】有人想学《苍颉》、《史篇》之类文字之学。回答道：“信实啊！信实啊！比胡言乱语和守缺无知要好得多。”

或曰：“有人焉，自姓孔而字仲尼，入其门，升其堂，伏其几，袭其裳，则可谓仲尼乎？”曰：“其文是也，其质非也。”“敢问质。”曰：“羊质而虎皮，见革而说，见豺而战，忘其皮之虎矣。”

【译文】有人说："有这样一个人：自称姓孔、字仲尼，入孔氏之门，登孔氏之堂，伏倚孔氏之几，穿孔氏的衣裳，能说他就是仲尼了吗？"回答道："他的外表是，他的本质不是。""敢问本质是什么？""羊的本质却披着虎的皮，看见草就高兴，见了豺就哆嗦，忘记了外皮是虎了。"

圣人虎别，其文炳也。君子豹别，其文蔚也。辩人狸别，其文萃也。狸变则豹，豹变则虎。

【译文】圣人如虎的斑纹，他的文章彪炳光明；君子如豹的斑纹，他的文章斐然清朗；辩人如狸的斑纹，他的文章繁缛华丽。狸变化就成了豹，豹变化就成了虎。

好书而不要诸仲尼，书肆也。好说而不见诸仲尼，说铃也。君子言也无择，听也无淫，择则乱，淫则辟。述正道而稍邪哆者有矣，未有述邪哆而稍正也。

【译文】喜好著书却不以孔子学说为要领，就像书肆一样群书杂然乱陈。喜好立说却不以仲尼之说为要领，就像小铃一样声音繁小琐屑。君子出口无败乱之言，听乐无过度不节。道败乱之言则坏事，听过度无节之乐则邪僻。著述正道却稍有偏颇的情况是有的，却从来没有著述邪僻却稍归于正的。

孔子之道，其较且易也。或曰："童而习之，白纷如也，何其较且易？"曰："谓其不奸奸，不诈诈也。如奸奸而诈诈，虽有耳目，焉得而正诸？"

【译文】"孔子的儒学，既明晰又易学！"有人说："孩童时学起，到头发白了还是乱纷纷的，哪里明晰易学呢？"回答说："是说它不以奸道治奸，不以诈道治诈，正己以正人。如果以奸道治奸，以诈道治诈，奸人、诈人既使有耳目，又怎么能使他们改过呢？"

多闻则守之以约，多见则守之以卓。寡闻则无约也，寡见则无卓也。

【译文】博学多闻才能把握要领，博学多见才能远见卓识。浅学少闻则不得要领，浅学少见则无远见卓识。

绿衣三百，色如之何矣！纻絮三千，寒如之何矣！君子之道有四易：简而易用也，要而易守也、炳而易见也，法而易言也。

【译文】绿衣三百，衣虽多却非正色不能用于宗庙，有什么用呢？纻麻的絮三千，虽然多对于风寒又能有什么用呢？ 君子的学说有四易：“简明而易于运用，扼要而易于把握，明显而易于看见，有法而易于言说。

震风陵雨，然后知夏屋之为帡幪也；虐政虐世，然后知圣人之为郛郭也。

【译文】经历了怒风暴雨，然后才知道大屋广厦的遮挡功用；经历了暴政乱世，然后才知道圣人的学说可以抵御奸宄、保护百姓。

古者杨墨塞路，孟子辞而闢之，廓如也。后之塞路者有矣，窃自比于孟子。

【译文】古时侯杨朱、墨翟的邪说充塞道路，孟子著书立说开辟阻塞之路，使得空旷畅达。孟子之后阻塞道路的大有人在，我私下自比为孟子。

或曰：“人各是其所是，而非其所非，将谁使正之？”曰：“万物纷错则悬诸天，众言淆乱则折诸圣。”或曰：“恶睹乎圣而折诸？”曰：“在则人，亡则书，其统一也。”

【译文】有人说：“人们各自把自认为是对的当作对的，把自认为是错的当作错的，那将让谁来纠正他们呢？”回答说：“万物纷然错杂，就用天文天象来纠正它；众言杂错混乱，就折中于圣人。”那人又问：“哪里见到圣人而由他折中呢？”回答是：“圣人在世就求教于他本人，圣人去世就用他的书，道理是一样的。”

王充

王充，后汉上虞人，字仲任，师班彪，博学强记，仕为郡功曹，以数谏诤不合去，著《论衡》八十余篇，其言多警切新颖，蔡邕秘之以为谈助。

【译文】王充是东汉上虞人，字仲任，师从班彪，他博学强识，官至郡功曹，因为屡次进谏不合上意去职，著有《论衡》八十几篇，其中言论多处都有警戒、切中时弊而且很新颖，蔡邕十分看重秘而不传，作为谈资。

《论文》四则

或曰："士之论高，何必以文？"

答曰：夫人有文质乃成。物有华而不实，有实而不华者。《易》曰："圣人之情见乎辞。"出口为言，集札为文，文辞施设，实情敷烈。夫文德，世服也。空书为文，实行为德，著之于衣为服。故曰：德弥盛者文弥缛，德弥彰者人弥明。大人德扩其文炳。小人德炽其文斑。官尊而文繁，德高而文积。华而睆者，大夫之箦，曾子寝疾，命元起易。

【译文】有人说："士人的议论高明，为什么一定要依靠借助文采呢？"

回答说："人要具备文和质两个方面才算完美。物有只开花不结果的，有只结果不开花的。《易》上说："圣人的情感通过文辞表达出来。"说出口就成了语言，把简札编在一起就成了文章，文辞书写出来，真实的情感就显现了。体现德行的文采，就是社会的服饰。只见之于文字叫"文"，实际去做叫"德"，装饰在衣上叫"服"。所以说：道德越高的文饰就越多采，道德越明显的文饰就越鲜明。官大位尊的人道德丰盈，他的文饰就鲜明；君子的道德高尚，他的文饰就华丽。官高位尊文饰就繁多，道德高尚文饰就丰盛。华丽而又光滑的，是大夫享用的席子，曾子病重卧床，让儿子把这种席子换掉。

由此言之，衣服以品贤，贤以文为差。愚杰不别，须文以立折。非唯于人，物亦咸然。龙鳞有文，于蛇为神；凤羽五色，于鸟为君；虎猛，毛蚡蚖；龟知，背负文：四者体不质，于物为圣贤。且夫山无林，则为土山，地无毛，则为泻土；人无文，则为朴人。土山无麋鹿，泻土无五谷，人无文德，不为圣贤。上天多文而后土多理。二气协和，圣贤禀受，法象本类，故多文彩。瑞应符命，莫非文者。晋唐叔虞、鲁成季友、惠公夫人号曰仲子，生而怪奇，文在其手。

【译文】由此说来，以穿的服饰来区别贤人，贤人是以文采的多少来区分高低。愚昧杰出不能分别，必须要靠文采来判断。不仅人类是如此，万物也都是这样。龙的鳞上有花纹，在蛇类中是神物；凤的羽毛有五色，在鸟类中是首领；老虎威猛，毛色花纹很多；龟智慧，背甲上有花纹。这四种动物的躯体花色华丽，在动物类中是圣贤。如果山没有林木，就是土山；地上不长草木，就是潟土；人没有文采，就是质朴的人。土山上不会有麋鹿，潟土上不会生五谷，人没有体现德行的文采就不会是圣贤。上天多日月星辰而大地多山川陵谷，阴阳二气协和，圣贤承受此二气，仿效天地，所以文采繁多。祥瑞吉兆，没有不以文采来显现的。晋唐叔虞，鲁成季友，惠公夫人名叫仲子，他们生下来就很奇怪，有字样在他们手上。

张良当贵，出与神会，老父授书，卒封留侯。河神，故出图，洛灵，故出书。竹帛所记怪奇之物，不出潢洿。物以文为表，人以文为基。棘子成欲弥文，子贡讥之。谓文不足奇者，子成之徒也。

【译文】张良命该显贵，出逃时与神人相会，黄石老人授以兵书，终于被封为留侯。黄河神异，所以出现河图；洛水神灵，所以出现洛书。书籍所记载的怪奇的事物，不会出现在小水坑中。物以文采为外表，人以文采为根基。棘子成想取消文采，子贡就讥讽他。认为文采不足为奇的，是棘子成这类人。

夫俗好珍古不贵今，谓今之文不如古书。夫古今一也。才有高下，言有是非，不论善恶而徒贵古，是谓古人贤今人也。案东番邹伯奇、临淮袁太伯袁文术、会稽吴君高周长生之辈，位虽不至公卿，诚能知之囊橐，文雅之英雄也。观伯奇之《元思》，太伯之《易章句》，文术之《咸铭》，君高之《越纽录》，长生之《洞历》，刘子政、扬子云不能过也。

【译文】社会习惯喜好珍贵古代而不重视现代，认为现代的书不如古代的书。实际上古代现代是一样的，著书人的才能有高有低，言论有对有错，不分好坏而只是珍贵古代的书，就说古人比今人贤明。考察东番的邹伯奇、临淮的袁太伯和袁文术、会稽的吴君高和周长生这些人，地位虽然达不到公卿那么高，但确是才智博大精深，是一批文雅的英雄人物。看邹伯奇的《元思》、袁太伯的《易章句》、袁文术的《咸铭》、吴君高的《越纽录》、周长生的《洞历》等书，连刘向、扬雄也不能超过他们。

善才有浅深，无有古今；文有真伪，无有故新。广陵陈子迴、颜方，今尚书郎班固，兰台令杨终、傅毅之徒，虽无篇章，赋颂记奏，文辞斐炳：赋象屈原、贾生，奏象唐林、谷永，并比以观好，其美一也。当今未显，使在百世之后，则子政、子云之党也。

【译文】人的才智有浅有深，这是不分古今的；文章有假有真，这是不分新旧的。广陵的陈子迴和颜方，当今的尚书郎班固，兰台令史杨终、傅毅这些人，虽然没有大部头著作，但他们写的赋颂记奏，言辞极有文采，赋就同屈原、贾谊的一样，奏就同唐林、谷永的一样，把它们放在一起来比较长处，其优美程度是一样的。当今他们没有出名，假如在百代以后，他们就是刘子政和扬子云一类的人物了。

夫文由语也，或浅露分别，或深迂优雅，孰为辩者？故口言以明志，言恐灭遗，故著之文字。文字与言同趋，何为犹当隐闭指意？狱当嫌辜，卿决疑事，浑沌难晓，与彼分明可知，孰为良吏？夫口论以分明为公，笔辩以荴露为通，吏文以昭察为良。深覆典雅，指意难睹，唯赋颂耳！经传之文，贤圣之语，古今言殊，四方谈异也。当言事时，非务难知，使指闭隐也。

【译文】写文章如同说话一样，有的通俗易懂条理清楚，有的深奥曲折隐晦不明，哪一种属于善辩的人呢？说话是为了表达人的思想，说过的话恐怕遗忘消失，所以就用文字记录下来。文字与说话是同一个目的，为什么写文章要把宗旨隐蔽起来呢？狱吏审理疑难案件，廷尉处理有疑问的事情，有的含糊不清，和那办得清楚明白的相比，哪一个是好法官呢？说话以明白流畅为精妙，写文章以宗旨清楚为畅通，公文以明白准确为优秀。深奥隐晦，使人难以明白其宗旨的，只有像“赋”、“颂”这类文体。经传上的文章，圣贤的语言之所以不容易懂，是由于古今的语言不一样，各地的方言不相同的缘故。古人说话论事的时候，并不是竭力要让人难懂，把含意隐蔽起来。

后人不晓，世相离远，此名曰语异，不名曰材鸿。浅文读之难晓，名曰不巧，不名曰知明。秦始皇读韩非之书，叹曰：“朕独不得此人同时。”

【译文】后人看不懂古人的文章，是由于时代相距太远了，这只能说是语言不同，不能称古人才智博大。内容肤浅的文章如果叫人难于读懂，这叫做笨拙，不能称为才智高明。秦始皇读了韩非的书，赞叹说：“我怎么偏偏不能和这个人生活在同一时代呢！”

其文可晓，故其事可思。如深鸿优雅，须师乃学，投之于地，何叹之有？夫笔著者，欲其易晓而难为，不贵难知而易造；口论务解分而可听，不务深迂而难睹。孟子相贤以眸子，明了者察文以义可晓。

【译文】正是由于韩非的文章可以使人读懂，所以他讲的事情才能引人深思。如果韩非的文章深奥难懂，必须有老师指导才能读懂，那么秦始皇就会把它扔在地上，还有什么赞叹可言呢？写文章的人，应该力求作品读起来通俗易懂而写的时候却很费力，不应该推崇那种读起来晦涩难懂而写的时候却不费力的文章；口头论述要力求解释明白，使人可以听懂，而不能为了追求深奥曲折，使人难于听懂。孟子看一个人贤与不贤，是以瞳人清亮与否作为标准，同样，考察文章好坏，要以道理明白与否作为标准。

充书文重。或曰：“文贵约而指通，言尚省而趋明。辩士之言要而达，文人之辞寡而章。今所作新书，出万言，繁不省，则读者不能尽；篇非一，则传者不能领。被躁人之名，以多为不善。语约易言，文重难得。玉少石多，多者不为珍；龙少鱼众，少者固为神。”

【译文】王充的著作篇幅多份量大。有人说：“文章以字句简练主题明确为好，说话以语言简要思想清楚为高，长于辩论的人，他的话必然扼要周到；善于写文章的人，他的文辞必然简洁鲜明。现在你所著的新书，超出了万言，繁琐而不省略，读者没有耐心读完；篇幅太多，注释者不能一一领会。你所以落了个“躁人”的名声，是因为文章写得过多就不好。说话简短容易说好，文章长了就不容易写得恰当。玉少石头多，多的就不珍贵；龙少鱼多，少的就必然神奇。”

答曰：有是言也。盖寡言无多，而华文无寡。为世用者，百篇无害；不为用者，一章无补。如皆为用，则多者为上，少者为下。累积千金，比于一百，孰为富者？盖文多胜寡，财寡愈贫。世无一卷，吾有百篇；人无一字，吾有万言，孰者为贤？今不曰所言非而云泰多，不曰世不好善而云不能领，斯盖吾书所以不得省也。夫宅舍多，土地不得小；户口众，簿籍不得少。今失实之事多，华虚之语众，指实定宜，辩争之言，安得约径？

【译文】王充回答说：确有这样的说法。内容充实的文章再多也不嫌多，华而不实的文章，再少也不算好。只要对社会有用，即使写一百篇也没有害处；如果对社会无用，即使只写一篇也没有补益。如果全都对社会有用，那么就越多越好，少了就不好。积累了千金，和只有百金的相比，谁是富者呢？所以文章多胜过文章少，钱财多胜过钱财少。世人拿不出一卷，而我有百篇；别人没有写一个字，我却写了上万字，哪一个好呢？现在有人不说我的文章有什么不对，而说我的文章太多；不说世人不喜欢好文章，却说他们不能接受我的文章，这正是我写的书不能简略的原因。房屋多，占地就不能小；人口多，户口册就不能少。现在失实的事情多，华而不实的言论多，那么指明真实情况判断是非，进行争辩的言辞，怎么能够简短呢？

王逸

王逸，后汉宜阳人，字叔师，顺帝时为侍中，著《楚辞章句》，明张溥《汉魏六朝百三家集》中有其集。

【译文】王逸是东汉宜阳人，字叔师，汉顺帝时为侍中，著有《楚辞章句》，明代张溥的《汉魏六朝百三家集》中有王逸的文集。

楚辞章句序

叙曰：昔者孔子叡圣明哲，天生不群，定经术，删《诗》《书》，正《礼》《乐》，制作《春秋》，以为后王法。门人三千，罔不昭达。临终之日，则大义乖而微言绝。

【译文】从前孔子神圣而明智，天生不凡，他厘定经典，删选《诗经》、《尚书》，修正《仪礼》、《乐经》，撰写《春秋》，用以作为后代帝王的准则。他收受弟子三千人，无不明晓精通《六经》。从孔子去世那天起，《六经》的基本精神被歪曲而精微的言辞也就断绝了。

其后周室衰微，战国并争，道德陵迟，谲诈萌生，于是杨、墨、邹、孟、孙、韩之徒，各以所知著造传记，或以述古，或以明世。而屈原履忠被谮，忧悲愁思，独依诗人之义，而作《离骚》，上以讽谏，下以自慰。遭时闇乱，不见省纳，不胜愤懑，遂复作《九歌》以下凡二十五篇。楚人高其行义，玮其文采，以相教传。

【译文】此后周王朝衰微，战国并争，道德败坏，诡诈发生，于是杨朱、墨翟、邹衍、孟轲、荀卿、韩非这些人，各以自己所知道的东西著书立说，或者用以论述古代，或者用以说明当代。而屈原尽忠被谗，忧伤悲痛哀愁思念，独自遵从诗人的写作原则，而作《离骚》，对上用以讽谏，对下用以自慰。时值怀王昏庸朝政腐败，不见审察接纳，无比愤懑，于是又作《九歌》以下共二十五篇。楚国人民崇拜他的操行道义，珍爱他的骚赋辞采，用来相互教诲传扬。

至于孝武帝，佈廓道训，使淮南王安作《离骚经章句》。则大义粲然。后世雄俊，莫不瞻慕，舒肆妙虑，缵述其词。逮至刘向典校经书，分为十六卷。孝章即位，深弘道艺，而班固、贾逵复以所见改易前疑，各作《离骚经章句》。其余十五卷，阙而不说。又以壮为状，义多乖异，事不要括。今臣复以所识所知，稽之旧章，合之经传，作十六卷章句。虽未能究其微妙，然大指之趣略可见矣。

【译文】到了汉武帝，注重发展学术训诂，使淮南王刘安作《离骚经章句》，这样它的主题思想就非常明白了。后代俊杰，莫不仰慕，抒发精深的构思，继写骚体作品。及至刘向从事考订《楚辞》，开始将它分成十六卷。汉章帝即位，更着力发展学术技能，而班固、贾逵就又以自己的见识修改从前的疑难处，各作《离骚经章句》。而对其余的十五卷，则没有进行注解。并且以"壮"为"状"，意思多与原作相悖，事实也不精要简括。今臣我再以我的所见所知，用旧本来考校它，用经传来验核它，写成十六卷《章句》。虽然还未能探究它的精微深奥，但其大旨的意味还是粗略可以看到的。

且人臣之义，以忠正为高，以伏节为贤。故有危言以存国，杀身以成仁。是以伍子胥不恨于浮江，比干不悔于剖心，然后忠立而行成，荣显而名著。若夫怀道以迷国，详愚而不言，颠则不能扶，危则不能安，婉娩以顺上，逡巡以避患，虽保黄耇，终寿百年，盖志士之所耻，愚夫之所贱也。

【译文】况且做人臣的原则，以忠贞廉正为高尚，以殉节而死为贤良。所以才有直言谏君来保存国家，"勇敢牺牲来成全仁义"。因此伍子胥尸浮江中而无恨，比干剖心就死而不悔。然后忠贞树立而行为完成，荣耀显赫而名声卓著。假若心怀谋略而使国家混乱，装傻而不说，颠倒时却不能扶持它. 危难时却不能使它安定，用柔顺的模样顺从君上，用模棱两可的态度来逃避灾祸，尽管能保护自己到老年，以至长命百岁，而那是为有志之士所耻笑，敦厚的人所鄙视的。

今若屈原，膺忠贞之质，体清洁之性，直若砥矢，言若丹青，进不隐其谋，退不顾其命，此诚绝世之行，俊彦之英也。而班固谓之露才扬己，竞于群小之中，怨恨怀王，讥刺椒、兰，苟欲求进，强非其人，不见容纳，忿恚自沈，是亏其高明，而损其清洁者也。昔伯夷、叔齐让国守分，不食周粟，遂饿而死，岂可复谓有求于世而怨望哉？且诗人怨主刺上曰："呜呼小子，未知臧否。匪面命之，言提其耳。"讽谏之语，于斯为切。然仲尼论之，以为大雅。引此比彼，屈原之词，优游婉顺，宁以其君不智之故，欲提携其耳乎？而论者以为露才扬已，怨刺其上，强非其人，殆失厥中矣。

【译文】现在像屈原，禀受忠贞不渝的本质。怀抱清明高洁的品性，正直犹如磨石和箭，言论好像丹砂和青蠖。做官不隐瞒自己的谋略，罢官不顾及自己的性命．这诚然是冠绝当代的品行，才智出众的人中的英豪啊！而班固却说他“显露才能炫耀自己，在一群小人中竞争，怨恨楚怀王，讥刺（比喻小人的）椒、兰，一心想求得禄位．顽固地非难他人，不被接受采纳，就怨恨而自沉江中”。这是败坏他的高尚光明，而又损害他的清正廉洁的论调。从前伯夷和叔齐兄弟俩互让君位安守本分，不吃周朝的粮食，终于饿死，难道可以又说他们是有求于世而怨恨不满吗？况且诗人怨刺主上说：“唉呀小子！不知善恶。我不但当面教训你，还要提着你的耳朵。”讽谏的话语，竟如此直切。然而孔子编次它，把它作为《大雅》。拿这个比那个，屈原的文词，从容和顺，难道因为他的君王不明智的原故，而想揪起他的耳朵吗？而评论的人却认为“显露才能炫耀自己，怨恨讽刺他的国君，顽固地非难他人”，实在是失于中正了。

夫《离骚》之文，依托五经以立义焉。“高阳之苗裔”，则“厥初生民，时惟姜嫄”也。“纫秋兰以为佩”，则“将翱将翔，佩玉琼琚”也。“昔揽洲之宿莽”，则《易》“潜龙勿用” 也。“驷玉虬而乘鷖” ，则“时乘六龙以御天” 也。“就重华而陈词”，则《尚书》咎繇之谋谟也。

【译文】《离骚》这篇作品，是依据《五经》而确立主旨的。“我是古帝高阳的后代子孙”，就是“最初养育周人祖先，是那伟大母亲姜螈”。“编织秋天的兰草当作佩物”，就是“快乐如鸟儿飞翔，美玉佩带在身上”。“夜晚采摘宿莽在河洲”，就是“圣人隐藏不可用世”。“用玉龙作马凤凰当车”，就是“及时跨上六龙飞上天”。“对古帝虞舜倾诉衷肠”，就是《尚书》的皋陶献谋。

登昆仑而涉流沙，则《禹贡》之敷土也。故智弥盛者其言博，才益多者其识远。屈原之词，诚博远矣。自终没以来，名儒博达之士，著造词赋，莫不拟则其仪表，祖式其模范，取其要妙，窃其华藻。所谓金相玉质，百世无匹，名垂罔极，永刊不灭者矣。

【译文】登昆仑山而跋涉大沙漠，就是《禹贡》篇的分治九州山水。所以智慧越多的人语言就丰富，才华越大的人见识就高远。屈原的作品，的确是丰富高远。自他去世以来，著名文人和广博通达的人，创作词赋，没有不仿效他的法则，模仿他的榜样，采用他的精要微妙，吸收他的华美词藻。所谓有如精雕细琢的金玉，百代无双，名声流传不止，永远不会磨灭的作品。

魏文帝

小传见《历代各家名文》。

【译文】曹丕的简略介绍参见《历代各家名文》。

典论·论文

文人相轻，自古而然。傅毅之于班固，伯仲之间耳，而固小之，与弟超书曰：“武仲以能属文为兰台令史，下笔不能自休。”夫人善于自见，而文非一体，鲜能备善，是以各以所长，相轻所短。里语曰：“家有弊帚，享之千金。”斯不自见之患也。

【译文】文人互相轻视，自古以来就是如此。傅毅和班固两人文才相当，不分高下，然而班固轻视傅毅，他在写给弟弟班超的信中说：“傅武仲因为能写文章当了兰台令史的官职，（但是却）下笔千言，不知所止。大凡人总是善于看到自己的优点，然而文章不是只有一种体裁，很少有人各种体裁都擅长的，因此各人总是以自己所擅长的轻视别人所不擅长的，乡里俗话说：“家中有一把破扫帚，也会看它价值千金。”这是看不清自己的毛病啊。

今之文人：鲁国孔融文举、广陵陈琳孔璋、山阳王粲仲宣、北海徐幹伟长、陈留阮瑀元瑜、汝南应瑒德琏、东平刘桢公干，斯七子者，于学无所遗，于辞无所假，咸自以骋骥騄于千里，仰齐足而并驰。以此相服，亦良难矣！盖君子审己以度人，故能免于斯累，而作论文。王粲长于辞赋，徐干时有齐气，然粲之匹也。如粲之初征、登楼、槐赋、征思，干之玄猿、漏卮、员扇、橘赋，虽张、蔡不过也，然于他文未能称是。琳、瑀之章表书记，今之隽也。应瑒和而不壮；刘桢壮而不密。孔融体气高妙，有过人者；然不能持论，理不胜辞；至于杂以嘲戏；及其所善，扬、班俦也。

【译文】当今的文人，（也不过）只有鲁人孔融孔文举、广陵人陈琳陈孔璋、山阳人王粲王仲宣、北海人徐干徐伟长、陈留人阮瑀阮文瑜、汝南人应玚应德琏、东平人刘桢刘公干等七人。这“七子”，于学问（可以说）是（兼收并蓄）没有什么遗漏的，于文辞是（自铸伟辞）没有借用别人的，（在文坛上）都各自像骐骥千里奔驰，并驾齐驱，要叫他们互相钦服，也实在是困难了。我审察自己（之才，以为有能力）以衡量别人，所以能够免于（文人相轻）这种拖累，而写作这篇论文。王粲擅长于辞赋，徐干（文章）不时有齐人的（舒缓）习气，然而也是与王粲相匹敌的。如王粲的《初征赋》、《登楼赋》、《槐赋》、《征思赋》，徐干的《玄猿赋》、《漏卮赋》、《圆扇赋》、《橘赋》，虽是张衡、蔡邕也是超不过的。然而其他的文章，却不能与此相称。陈琳和阮瑀的章、表、书、记（几种体裁的文章）是当今特出的。应玚（文章）平和但（气势）不够雄壮，刘桢（文章气势）雄壮但（文理）不够细密。孔融风韵气度高雅超俗，有过人之处，然而不善立论，词采胜过说理，甚至于夹杂着玩笑戏弄之辞。至于说他所擅长的（体裁），是（可以归入）扬雄、班固一流的。

常人贵远贱近，向声背实，又患闇于自见，谓己为贤。夫文本同而末异，盖奏议宜雅，书论宜理，铭诔尚实，诗赋欲丽。此四科不同，故能之者偏也；唯通才能备其体。

【译文】一般人看重古人，轻视今人，崇尚名声，不重实际，又有看不清自己的弊病，总以为自己贤能。大凡文章（用文辞表达内容）的本质是共同的，而具体（体裁和形式）的末节又是不同的，所以奏章、驳议适宜文雅，书信、论说适宜说理，铭文、诔文崇尚事实，诗歌、赋体应该华美。这四种科目文体不同，所以能文之士（常常）有所偏好；只有全才之人才能擅长各种体裁的文章。

文以气为主，气之清浊有体，不可强而致。譬诸音乐，曲度虽均，节奏同检，至于引气不齐，巧拙有素，虽在父兄，不能以移子弟。盖文章，经国之大业，不朽之盛事。年寿有时而尽，荣乐止乎其身，二者必至之常期，未若文章之无穷。是以古之作者，寄身于翰墨，见意于篇籍，不假良史之辞，不托飞驰之势，而声名自传于后。

【译文】文章是以“气”为主导的，气又有清气和浊气两种，不是可以出力气就能获得的。用音乐来作比喻，音乐的曲调节奏有统一的衡量标准，但是运气行声不会一样整齐，平时的技巧也有优劣之差，虽是父亲和兄长，也不能传授给儿子和弟弟。文章是关系到治理国家的伟大功业，是可以流传后世而不朽的盛大事业。人的年龄寿夭有时间的限制，荣誉欢乐也只能终于一身，二者都终止于一定的期限，不能像文章那样永久流传，没有穷期。因此，古代的作者，投身于写作，把自己的思想意见表现在文章书籍中，就不必借史家的言辞，也不必托高官的权势，而声名自然能流传后世。

故西伯幽而演易，周旦显而制礼，不以隐约而弗务，不以康乐而加思。夫然，则古人贱尺璧而重寸阴，惧乎时之过已。而人多不强力；贫贱则慑于饥寒，富贵则流于逸乐，遂营目前之务，而遗千载之功。日月逝于上，体貌衰于下，忽然与万物迁化，斯志士之大痛也！融等已逝，唯干著论，成一家言。

【译文】所以周文王被囚禁，而推演出了《周易》，周公旦显达而制作了《礼》，（文王）不因困厄而不做事业，（周公）不因显达而更改志向。所以古人看轻一尺的碧玉而看重一寸的光阴，这是惧怕时间已经流逝过去罢了。多数人都不愿努力，贫穷的则害怕饥寒之迫，富贵的则沉湎于安逸之乐，于是只知经营眼前的事务，而放弃能流传千载的功业，太阳和月亮在天上流转移动，而人的身体状貌在地下日日衰老，忽然间就与万物一样变迁老死，这是有志之士痛心疾首的事啊！孔融等人已经去世了，只有徐干著有《中论》，成为一家之言。

陆 机

小传见《历代各家名文》。

【译文】陆机的简略介绍参见《历代各家名文》。

文赋

余每观才士之所作，窃有以得其用心。夫放言遣辞，良多变矣。妍蚩好恶，可得而言。每自属文，尤见其情。恒患意不称物，文不逮意。盖非知之难，能之难也。故作《文赋》，以述先士之盛藻，因论作文之利害所由，他日殆可谓曲尽其妙。至于操斧伐柯，虽取则不远；若夫随手之变，良难以辞逮。盖所能言者，具于此云。

【译文】每当我阅读有才之士的文章，自感可以悟到作者的创作用心。他们遣词造句，的确变化丰富。对于文章的美丑好坏，我能体会，还能加以评说。而我自己写作时，虽然也很动感情，却常困惑于我的文学意象还不能称意地表现所感之物，辞也不够达意。总之，不是知理之难，而是难在都能做到啊。所以，我作《文赋》，阐述先前贤士的文章之华美，借此谈论作文时的利与害的缘由，期待他日作文可近于所谓完美。至于向前人学习，就像把树枝做成斧柄，虽然看上去与标准相差不远，但随手应变的把握之妙，实在难以尽述。而语言所能讲出的创作体会，都在这里了。

伫中区以玄览，颐情志于典坟。遵四时以叹逝，瞻万物而思纷。悲落叶于劲秋，喜柔条于芳春，心懔懔以怀霜，志眇眇而临云。咏世德之骏烈，诵先人之清芬。游文章之林府，嘉丽藻之彬彬。慨投篇而援笔，聊宣之乎斯文。

【译文】久立天地之间，深入观察万物；博览三坟五典，以此陶冶性灵。随四季变化感叹光阴易逝，目睹万物盛衰引起思绪纷纷。临肃秋因草木凋零而伤悲，处芳春由杨柳依依而欢欣。心意肃然台胸怀霜雪，情志高远似上青云。歌颂前贤的丰功伟业，赞咏古圣的嘉行。漫步书林欣赏文质并茂的佳作，慨然有感投书提笔写成诗文。

其始也，皆收视反听，耽思傍讯，精骛八极，心游万仞。其致也，情曈昽而弥鲜，物昭晰而互进。倾群言之沥液，漱六艺之芳润。浮天渊以安流，濯下泉而潜浸。于是沈辞怫悦，若游鱼衔钩，而出重渊之深；浮藻联翩，若翰鸟缨缴，而坠曾云之峻。收百世之阙文，采千载之遗韵。谢朝华于已披，启夕秀于未振。观古今于须臾，抚四海于一瞬。

【译文】开始创作，精心构思。潜心思索，旁搜博寻。神飞八极之外，心游万刃高空。文思到来，如日初升，开始朦胧，逐渐鲜明。此时物象，清晰互涌。子史精华，奔注如倾。六艺辞采，荟萃笔锋。驰骋想象，上下翻腾。忽而漂浮天池之上，忽而潜入地泉之中。有是吐辞艰涩，如衔钩之鱼从渊钓出；有时出语轻快，似中箭之鸟坠于高空。博取百代未述之意，广采千载不用之辞。前人已用辞意，如早晨绽开的花朵谢而去之；前人未用辞意，象傍晚含苞的蓓蕾启而开之。整个构思过程，想象贯穿始终。片刻之间通观古今，眨眼之时天下巡行。

然后选义按部，考辞就班。抱景者咸叩，怀响者毕弹。或因枝以振叶，或沿波而讨源。或本隐以之显，或求易而得难。或虎变而兽扰，或龙见而鸟澜。或妥帖而易施，或岨峿而不安。罄澄心以凝思，眇众虑而为言。笼天地于形内，挫万物于笔端。始踯躅于燥吻，终流离于濡翰。理扶质以立干，文垂条以结繁。信情貌之不差，故每变而在颜。思涉乐其必笑，方言哀而已叹。或操觚以率尔，或含毫而邈然。伊兹事之可乐，固圣贤之所钦。课虚无以责有，叩寂寞而求音。函绵邈于尺素，吐滂沛乎寸心。言恢之而弥广，思按之而逾深。播芳蕤之馥馥，发青条之森森。粲风飞而猋竖，郁云起乎翰林。

【译文】完成构思，布局谋篇。选辞精当，事理井然，有形之物尽绘其形，含声之物尽现其者。葳者层层阐述，由隐至显或者步步深入，从易 到难，有时纲举目张，如猛虎在山百兽驯伏，有时偶遇奇句，似蛟龙出水海鸟惊散。有时信手拈来辞意贴切，有时煞费苦心辞意不合，这时要排除杂念专心思考，整理思诉诸语言，将天地概括为形象，把万物融会于笔端，开始好象话在干唇难以出口，最后酣畅淋漓泻于文翰。事理如树木的主体，要突出使之成为骨干，文辞象树木析枝条，干壮才能叶茂校繁。情貌的确非常一致，情绪变化貌有表现。内心喜悦面露笑容，说到感伤不禁长。有时提笔一挥而就，有时握笔心理感到茫然。写作充满着乐取，一向为圣贤们推尊。它在虚无中搜求形象，在无声中寻找声音。有限篇幅容纳无限事理，宏大思想出自小小寸心。言中之意愈扩愈广，所含内容越挖越深像花朵芳香四溢，象柳条郁郁成荫。光灿灿如旋风拔地而起，沉甸甸如积支笔下生文。

体有万殊，物无一量。纷纭挥霍，形难为状。辞程才以效技，意司契而为匠。在有无而黾勉，当浅深而不让。虽离方而遯员，期穷形而尽相。故夫夸目者尚奢，惬心者贵当。言穷者无隘，论达者唯旷。

【译文】文章体式千差万别，客观事物多种多样，事物繁多变化无穷，圆满此很难描摹形象。辞采如同争献技艺的能互，文意好比掌握蓝图的巧匠，文辞当不当用他要仔细斟酌文章或深或浅他都分豪不让。即或违反写作常规，也要极力描绘形象。因此喜欢渲染的人，崇沿华丽词藻；乐于达理的人，重视语言精当。言辞过于简约，文章格局不大论述充分畅达，文章气势旷放。

诗缘情而绮靡，赋体物而浏亮。碑披文以相质，诔缠绵而凄怆。铭博约而温润，箴顿挫而清壮。颂优游以彬蔚，论精微而朗畅。奏平彻以闲雅，说炜晔而谲诳。虽区分之在兹，亦禁邪而制放。要辞达而理举，故无取乎冗长。

【译文】诗用以抒发感情，要辞采华美感情细腻，赋用以铺陈事物。要条理清晰，语言清朗。碑用以刻记功德，务必文质相当，诔用以哀悼死者，情调应该缠绵凄怆。铭用以记载功劳，要言简意深，温和顺畅。箴用以讽谏得失，抑杨顿挫，文理清壮。颂用以歌功倾德，从容舒缓，繁采华彰，论用以评述是非功过，精辟缜密，语言流畅。奏对上陈叙事，平和透彻，得体适当。说明以论辨说理，奇诡诱人，辞彩有光，文体区分大致如此，共同要求禁止邪放。辞义畅达说理全面，但要切记不能冗长。

其为物也多姿，其为体也屡迁。其会意也尚巧，其遣言也贵妍。暨音声之迭代，若五色之相宣。虽逝止之无常，固崎锜而难便。苟达变而识次，犹开流以纳泉。如失机而后会，恒操末以续颠。谬玄黄之秩叙，故淟涊而不鲜。

【译文】客观事物千姿百态，文章体式也常变迁。为文立意崇尚冷气巧，运用文辞贵在华妍、音调高低错落有致，好象五色配合鲜艳。虽说取舍本无定律，文辞安排很难合适；但要通晓变化的规律、次序，就象开泉纳流吻自然。假如错过变化时机再去凑合，犹如以尾续首，颠倒混乱。如果颜色配搭不当，就会混浊不清色泽有艳。

或仰逼于先条，或俯侵于后章。或辞害而理比，或言顺而意妨。离之则双美，合之则两伤。考殿最于锱铢，定去留于毫芒。苟铨衡之所裁，固应绳其必当。或文繁理富，而意不指适。极无两致，尽不可益。立片言而居要，乃一篇之警策。虽众辞之有条，必待兹而效绩。亮功多而累寡，故取足而不易。

【译文】有时下文对上文有损害，有时上文对下文影响。有时语言不顺而事理连贯，有时语言连贯而事有妨。把它分开两全齐美，合在一起互相损伤。所用辞意严格考较，去留取舍他细衡量。如用法度加以权衡，丝毫不差合乎词章。有时辞藻繁多义理丰富，欲达之意却不清楚。文章主题只有一个，意思说尽不再赘述。关键地方简要几句，突出中心这是警语。尽管讲得条条有理，借助警句才更有力。文章果能利多弊少，就该满足不再改易。

或藻思绮合，清丽千眠。炳若缛绣，凄若繁弦。必所拟之不殊，乃暗合乎曩篇。虽杼轴于予怀，怵他人之我先。苟伤廉而愆义，亦虽爱而必捐。

【译文】有时组织词义如编彩绘，严密漂亮光泽鲜艳。辞采富丽象斑烂锦秀，情调凄婉如乐器和弦。果真自己没有独创，恐怕就要雷同前贤。虽出自个人锦心绣口，也怕别人用于我先。假如确能有伤品誉，虽然心爱一定削删。

或苕发颖竖，离众绝致。形不可逐，响难为系。块孤立而特峙，非常音之所纬。心牢落而无偶，意徘徊而不能揥。石韫玉而山辉，水怀珠而川媚。彼榛楛之勿翦，亦蒙荣于集翠。缀下里于白雪，吾亦济夫所伟。

【译文】有时个别句子出类拔萃，象芦苇开花禾苗秀稳。如声不可拴，影不可追，佳句孤零零超然独立，绝非庸言能够相配。心茫然很难再寻佳句，犹豫徘徊又不忍将客观存它舍弃。文有奇就象石中藏玉使山岭坐辉，又象水中含珠令河川秀媚。未经整枝的灌木踢然不美，招来翠鸟也会为它增加。将俚俗的下里巴人和高雅的阳春白雪一起演奏，也能够相映生辉。

或讬言于短韵，对穷迹而孤兴。俯寂寞而无友，仰寥廓而莫承。譬偏弦之独张，含清唱而靡应。或寄辞于瘁音，言徒靡而弗华。混妍蚩而成体，累良质而为瑕。象下管之偏疾，故虽应而不和。或遗理以存异，徒寻虚而逐微。言寡情而鲜爱，辞浮漂而不归。犹弦么而徽急，故虽和而不悲。或奔放以谐合，务嘈囋而妖冶。徒悦目而偶俗，固高声而曲下。寤防露与桑间，又虽悲而不雅。或清虚以婉约，每除烦而去滥。阙大羹之遗味，同朱弦之清氾。虽一唱而三叹，固既雅而不艳。

【译文】有的文章篇幅短小，内容贫乏而缺乏趣味。下文孤零零无辞句相应，上文空荡荡无语承接。就像独弦单奏，没有回应。有时佳句杂入庸音，词虽美而乏光彩。美丑相混，美亦沾上瑕疵。就像堂下乐曲与堂上舞蹈，虽然相应，因曲调急促不和谐。有时理缺而辞怪，徒然寻求虚浮细微。语无情而乏爱憎，辞轻浮而不逼真。就像琴弦小而弹急，即便和谐也不动听。有时文辞奔放和谐，声韵杂辞而浮词妖艳。虽应俗而赢得喝彩，声调虽高而曲调低俗。就象民间小调，虽然动人却不雅观。有时文章清淡柔美，虽除掉多余修饰，但象白水煮肉寡味，象琴弦弹奏单调。虽然一人唱三人和，典雅却不艳美动听。

若夫丰约之裁，俯仰之形。因宜适变，曲有微情。或言拙而喻巧，或理朴而辞轻。或袭故而弥新，或沿浊而更清。或览之而必察，或研之而后精。譬犹舞者赴节以投袂，歌者应弦而遣声。是盖轮扁所不得言，故亦非华说之所能精。

【译文】至于繁简的剪裁，上下文的布局，应随机应变化，其中也有微妙差异。有时语言粗糙而比喻精巧，有时思想质朴而语辞轻佻，有时因袭旧辞而出新意，有时依循浊清而出清声，有时略观而能明察，有时深研方可精萃。就像舞者随节拍摆动衣袖，歌者和弦而放开歌喉。奥妙轮扁也不能说出，华美言辞更不能说透。

普辞条与文律，良余膺之所服。练世情之常尤，识前修之所淑。虽浚发于巧心，或受欠于拙目。彼琼敷与玉藻，若中原之有菽。同橐籥之罔穷，与天地乎并育。虽纷蔼于此世，嗟不盈于予掬。患挈瓶之屡空，病昌言之难属。故踸踔于短韵，放庸音以足曲。恒遗恨以终篇，岂怀盈而自足。惧蒙尘于叩缶，顾取笑乎鸣玉。

【译文】所有文章作法，我确实铭记在心。熟悉凡人写作缺陷，就知前人的长处。文章虽然发自内心，精巧安排，也不免为平庸者耻笑。那些象琼花玉藻的美文，象地的大豆，不难采集。丰富的文辞如风箱鼓风无穷尽，和天地同在。世上好文辞虽多，可惜我难得一捧。我发愁文思贫乏，象汲水的小瓶常空，恨美言难于组成文章。艰难地作成短文，象平庸的音调凑成曲调。写完后总觉遗憾，岂能骄傲自足。怕自己的文章象蒙尘的瓦盆，被悦耳的鸣玉所笑。

若夫应感之会，通塞之纪。来不可遏，去不可止。藏若景灭，行犹响起。方天机之骏利，夫何纷而不理。思风发于胸臆，言泉流于唇齿。纷威蕤以馺遝，唯毫素之所拟。文徽徽以溢目，音泠泠而盈耳。及其六情底滞，志往神留。兀若枯木，豁若涸流。揽营魂以探赜，顿精爽于自求。理翳翳而愈伏，思乙乙其若抽。是以或竭情而多悔，或率意而寡尤。虽兹物之在我，非余力之所戮。故时抚空怀而自惋，吾未识夫开塞之所由。

【译文】至于灵感到来时，文思畅达或阻塞，无法阻止，也无法挽留。藏如影子消失，来象声音响起。一旦文思开窍，纷繁而不能整理。思绪就象风从胸向外吹，言辞就象泉从唇齿涌出。思绪纷繁而沓来，任凭纸笔挥洒。文彩溢于眼前，声音盈于耳际。等到情思凝滞，神志木呆，象枯树伫立，象河床干枯。振作精神到幽深处探索，整顿心神再去寻求。文理愈加模糊不清，文思阻塞就象抽丝时断时续。所以，写文章有时精心构思反而多误，有时随意却少错谬。虽然文由我生，却非我能强求。所以我常常扪心而叹息，因为无从认识文思的畅达与阻塞之因。

伊兹文之为用，固众理之所因。恢万里而无阂，通亿载而为津。俯贻则于来叶，仰观象乎古人。济文武于将坠，宣风声于不泯。涂无远而不弥，理无微而弗纶。配沾润于云雨，象变化乎鬼神。被金石而德广，流管弦而日新。

【译文】文章功用巨大，万物之理都依它发挥。文章能通行万里不受阻碍，能通亿万年而作为文化传承桥梁。往下可垂范后世，往上可取法古人。文章能把周文王、周武王的道统传承而不至于堕落，能宣传风化使圣贤遗教不会毁灭。任何广大的范围，文章都能包括进去；任何精微的道理，文章都能阐发出来。可以和滋润万物的云雨相比，又象鬼神变化莫测。文章刻在金石可推广德化，可配上音乐永远新鲜。

挚虞

挚虞，晋长安人，字仲洽，才学博通，举贤良，武、惠间擢太子舍人，历光禄、太常卿。怀帝时京洛荒乱，以馁卒。著有《文章志》，论者谓为总集之权舆，今已不传。又有《文章流别论》，亦残缺，《汉魏六朝百三家集》中有其集。

【译文】挚虞是晋代长安人，字仲洽，他才学博通，被举荐为贤良，晋武帝、惠帝间被擢升为太子舍人，历官光禄、太常卿。晋怀帝时长安、洛阳混乱，被饿死了。挚虞著有《文章志》，讨论的人都认为这是总集的开端，现在已经失传了。还著有《文章流别论》，也有残缺，《汉魏六朝百三家集》中有他的文集。

《文章流别论》十一则

文章者，所以宣上下之象，明人伦之叙，穷理尽性，以究万物之宜者也。王泽流而诗作，成功臻而颂与，德勋立而铭著，嘉美终而诔集。祝史陈辞，官箴王阙。

【译文】文章是用来宣扬天地间法则，明晰人世伦理纲常的。如果能够究极各种法则和性理，就可以深刻了解到万事万物生存发展的条件。君主们实施教化就产生了诗歌，取得各种功勋“颂”这种题材也就兴起了，功德确立就产生了“铭”这种文体，赞美其生平往事盖棺定论就产生了“诔”这种文体。巫祝史官们陈说，官员们也以箴戒之辞来暗示王的过失。

周礼太师掌教六诗：曰风，曰赋，曰比，曰兴，曰雅，曰颂。言一国之事，系一人之本，谓之风。言天下之事，形四方之风，谓之雅。颂者美盛德之形客。赋者，敷陈之称也。比者，喻类之言也。兴者，有感之辞也。后世之为诗者多矣，其功德者谓之颂，其余则总谓之诗。颂，诗之美者也。古者圣帝明王，功成治定而颂声兴。于是史录其篇，工歌其章，以奏于宗庙，告于鬼神，故颂之所美，者圣王之德也，则以为律吕，或以颂形，或以颂声，其细也甚，非古颂之意。

【译文】周礼规定太师掌管诗歌的六种题材，分别是："风"、"赋"、"比"、"兴"、"雅"和"颂"。谈论一个国家的政事，记载一个人的本源，就是"风"；谈论天下之事，形成达于四方的风俗，就是"雅"；而"颂"则是用来形容赞美高尚道德的。"赋"是指铺陈辞藻的手法；"比"是指比喻之类的言辞；"兴"是指有感而发的文辞。后世作诗的人很多，赞美功德的叫做"颂"，其他的就笼统称之为"诗"；"颂"是诗歌中最为美好的部分。古代的圣王明君，到大的功德建立之后，才会有"颂"产生。于是史官就进行了记录，工整地记录诗歌的篇章，用来在宗庙中唱诵，告诉自己的祖先，所以说"颂"所赞美的是圣王的美德。有的只具备"颂"的外形，有的只有"颂"的名称，但是已经十分琐碎，并非古人的本意了。

昔班固为《安丰戴侯颂》，史岑为《出师颂》、《和熹邓后颂》，与《鲁颂》体意相类，而文辞之异，古今之变也。扬雄《赵充国颂》，颂而似雅，傅毅《显宗颂》，文与《周颂》相似，而杂以风雅之意。若马融《广成》、《上林》之属，纯为今赋之体，而谓之颂，失之远矣。

【译文】以前班固作《安丰戴侯颂》，史岑作《出师颂》和《和熹邓后颂》，都和《鲁颂》的体材、内涵相似，但是语言、词汇方面的差异，古今是不同的。扬雄作《赵充国颂》，文体是"颂"但是类似"雅"，傅毅的《显宗颂》，文章和《周颂》相似，但是又夹杂着"风"、"雅"的意涵。就像马融的《广成》、《上林》之类的著作，单纯是现在的"赋"的问文体，但偏偏被称之为"颂"，这样就及其不合适了。

《书》云："诗言志，歌永言"，言其志谓之诗，古有采诗之官，王者以知得失。古之诗，有三言、四言、五言、六言、七言、九言。古诗率以四言为体，而时有一句两句，杂在四言之间，后世演之，遂以为篇。古诗之三言者，"振振鹭，鹭于飞"之属是也，汉郊庙歌多用之；五言者，"谁谓雀无角，何以穿我屋"之属是也，于徘谐倡乐多用之；六言者，"我姑酌彼金罍"之属是也，乐府亦用之；七言者，"交交黄鸟止于桑"之属是也，于徘谐倡乐时间之；古诗之九言者，"泂酌彼行潦挹彼注兹"之属是也。不如歌谣之章，故世希为之，夫诗虽以情志为本，而以成声为节，然则雅音之韵，四言为正，其余虽备曲折之体，而非音之正也。

【译文】《尚书·尧典》说"是用来表达志向，歌用来诵言辞。"表达志向的叫做

“诗”，古代有专门负责采诗的官员，君主们依赖这些诗才能知道自己的得失。诗的形式有三言诗、四言诗、五言诗、六言诗、七言诗、九言诗。古诗都是四言诗，但是偶尔会有一两个句子夹杂在四言诗之中，后世沿袭了这种做法，于是就形成了诗篇。古诗中的三言诗比如《诗经·振鹭》中的“振振鹭，鹭于飞”就是这一类的；五言诗有《诗经·国风·召南》“谁谓雀无角，何以穿我屋”之类的；六言诗有《诗经·卷耳》“我姑酌彼金罍”一类的；七言诗有《诗经·秦风·黄鸟》“交交黄鸟止于桑”之类的；九言诗有《诗经·洞酌》“洞酌彼行潦挹彼注兹”之类。诗虽然以感情和心志作为根本，进而形成韵律，但是雅乐得韵律，都以四言诗为主，其他的虽然具备了曲折的形态，都不是最好的韵律。

《七发》始于枚乘，借吴楚以为客主。先言：“出舆入辇，蹷痿之损；深宫洞房，寒暑之疾；靡曼美色，宴安之毒；厚味暖服，淫曜之害。宜听世之君子要言妙道，以疏神导体，蠲淹滞之累。”既设此辞，以显明去就之路，而后说以声色逸游之乐，其说不入，乃陈圣人辩士讲论之娱，而霍然疾瘳。此因膏梁之常疾以为匡劝，虽有甚泰之辞，而不没其讽谕之义也。其流遂广，其义遂变，率有辞人淫丽之尤矣。崔骃既作《七依》，而假非有先生之言曰：呜呼！扬雄有言，童子雕虫篆刻，俄而曰：壮夫不为也。孔子疾小言破道，斯文之族，岂不谓义不足而辨有余者乎？赋者将以讽，吾恐其不免于劝也。

【译文】《七发》肇始于枚乘，假借吴楚两国作为客主两方。开始说：“出入都有车辆，因为有跛瘸等疾患；深居宫内房中，是因为害怕冷热；奢靡散漫的美色，是因为长久地享受了安定的局面；美味华衣，都是促成人们欲望增长的原因。应该听一听这世界上道德高尚之人的微妙言语，来疏导自己的精神，放松自己的身体，免除停滞阻塞的累赘。”说完了这番话，是为了说明自己的志向，然后才为了劝诫那些过着声色犬马生活之人，他的学说没有被采纳，反而将圣人、说客们讲谈的话作为游戏来进行娱乐，这样就会病入膏肓。这完全是用高官厚禄之人普通的疾患来进行匡正劝诫，虽然有巍巍然不可侵犯的言辞，但是没有包含讽劝的内容。这种潮流逐渐广播，它的含义就产生了变化，都有写辞人自己繁杂琐碎荒诞不羁到了极点。崔骃后来又作了《七依》，而假托“非有先生”的话“啊！扬雄曾经说过，童子的雕虫小技。后来又说，大人们是不屑于趣作的。”孔子以短短的几句能破坏大道的话为忧患，文士们难道不是因为道义的不足而辩词有余吗？“赋”是要起到“讽喻”的作用，我恐怕它也没有办法避免其讽劝的作用。

赋者，敷陈之称，古诗之流也。古之作诗者，发乎情，止乎礼义，情之发，因辞以形之，礼义之旨，须事以明之，故有赋焉，所以假象尽辞，敷陈其志，前世为赋者，有孙卿、屈原，尚颇有古诗之义，至宋玉则多淫浮之病矣。《楚词》之赋，赋之善者也。故扬雄称赋莫深于《离骚》；贾谊之作，则屈原俦也。

【译文】“赋”是铺陈辞藻的诗，也是古代诗的一种流变形式。古代作诗，要求感情产生于真实，止于礼仪。感情的产生，用辞藻来进行描述，礼仪的宗旨，也需要事物来表达，所以就产生了“赋”，所以假借比喻的言辞，铺陈他的志向，前代作赋的人，有荀子、屈原，还很有古代的诗的含义，到宋玉就有很多繁琐萎靡的弊病了。《楚辞》中的“赋”，是“赋”中最好的。所以扬雄称赞没有比屈原《离骚》更深刻的“赋”作；贾谊所作的“赋”，就和屈原是一类的。

古诗之赋，以情义为主，以事类为佐，今之赋以事形为本，以情义为助，情义为主，则言省而文有例矣，事形为本，则言当而辞无常矣，文之烦省，辞之险易，盖由于此，夫假象过大，则与类相远，逸辞过壮，则与事相远，辩言过理，则与义相失，丽靡过美，则与情相悖，此四过者，所以背大体而害政教，是以司马迁割相如之浮说，扬雄疾辞人之赋丽以淫也。

【译文】古诗中的赋 是以情感义理为主的，以事物为辅助的，现在的“赋”以事物的形态作为根本，以情义作为佐助，是以情感为主的，而语言简省文字自有体例，事物的形态作为根本，则言辞合适但是没有常态，文章的繁简，文辞的难易程度，都是由这个来决定的。假借的对象过于远大，就和本体距离太远，言辞过于壮丽，就和事实距离太远，争辩胜过说理，就和原来要表达的意思失之交臂，文采华丽淫靡，就和感情相违背，这四种错误，都背离了礼教有害于教化，所以司马迁割裂司马相如的浮华的言辞，扬雄对于辞藻华丽者深恶痛绝。

扬雄依《虞箴》作《十二州箴十二官箴》而传于世，不具九官。崔氏累世弥缝其阙，胡公又以次其首目而为之解，署曰《百官箴》。

【译文】扬雄依靠《虞箴》作《十二州箴十二官箴》才流传于世，于九官没有具备，崔瑗累世弥补其所出现的缺漏，胡公又对其篇目进行了调整、排序，署名叫做《百官箴》。

夫古之铭至约，今之铭至烦，亦有由也。质文时异，则既论之矣，且上古之铭，铭于宗庙之碑。蔡邕为杨公作碑，其文典正，末世之美者也。后世以来，器铭之佳者，有王莽《鼎铭》，嘉量，诸侯大夫铭太常，勒锺鼎之义，所言虽殊，而令德一也。李尤为铭，自山河都邑至于刀笔符契，无不有铭，而文多秽病；讨论而润色，亦可采录。

【译文】古代的“铭”都十分简约，现在的“铭”都极其繁琐，这是有原因的。实质和文字产生了变化，就在这里进行一点探讨，上古的“铭”，是刻在祖宗庙堂里的碑刻。蔡邕为杨震作碑铭，文字十分精到简要，是东汉末期的精品。后世中载器物上刻铭中较好的有王莽的《鼎铭》，审慎考量，诸侯大夫的“铭”是由太常来议定的。刊刻碑石自有其真正目的，它们的言辞虽然不同，但是赞美功德的作用是一致的。李尤所写的“铭”，从山河都城到倒闭效力以至于契约符箓都有“铭”，但是他的文辞有很多弊病；如果进行检讨、润色，只谈论那些可以采用的。

诗颂箴铭之篇，皆有往古成文，可放依而作。惟诔无定制，故作者多异焉。见于典籍者，《左传》有鲁哀为孔子诔。

【译文】“诗”、“颂”、“箴”、“铭”等文体，都有以往既成的文章可以参考，只有“诔”这种文体没有议定的规制，以前所做差异都很大。现在能在典籍中见到的，《左传》中记载了有鲁哀公为孔子所做的“诔”。

哀辞者，诔之流也。崔瑗、苏顺、马融等为之，率以施于童殇夭折不以寿终者。建安中，文帝与、临菑侯各失稚子，命徐干、刘祯等为之哀辞。哀辞之体，以哀痛为主，缘以叹息之辞。

【译文】“哀辞”是“诔”一类的问题，崔瑗、苏顺、马融等人都作过，用来给那些夭折的孩子以及没有长成人的进行悼念。建安年间，曹丕和临淄后都痛失爱子，就命令徐干、刘祯等人作哀辞。哀辞的文体，就是以悼念为主，因为其毕竟是哀恸的言辞。

若《解嘲》之宏缓优大，《应宾》之渊懿温雅，《达旨》之壮厉慷慨。《应间》之绸缪契阔，郁郁彬彬，靡不有长焉矣。

【译文】像《解嘲》一样援引宏大，《应宾》那样道德深厚温文尔雅，《达旨》辞气豪迈慷慨。像《应间》那样未雨绸缪艰辛劳苦，都是文辞郁郁彬彬，没有不擅长于这种文体的。

图谶之属，虽非正文之制，然以取其纵横有义，反覆成章。

【译文】图谶一类的文体，虽然不是正经的问文体形制，但是可以采取其中纵横抑扬大有深意的，反复探讨而形成文章。

古有宗庙之碑，后世立碑于墓，显之衢路，其所载者，铭辞也。

【译文】古代的铭刻都是宗庙中的碑刻，后来才树立在坟墓之前，显扬在大路之上，它的主要承载的内容，就是“铭”。

沈约

沈约，南朝梁武康人，字休文，仕宋及齐，武帝篡齐自立，为尚书仆射，迁尚书令，卒年七十三，谥隐。约历仕三代，该悉旧章，博物洽闻，当时取则。时谢玄晖善为诗，任彦昇工于笔，约兼而有之，又撰《四声谱》，穷其妙旨，自谓入神之作，今不传。有《晋书》、《宋书》、《齐纪》及《文集》等书。

【译文】沈约是南朝梁武康人，字休文，在南朝宋、齐为官。梁武帝萧衍篡夺萧齐建立萧梁，沈约作了萧梁尚书仆射，升迁为尚书令，死时七十三岁，谥“隐”。沈约经历了宋、齐、梁三代，十分熟悉这些王朝的典章制度吗，而且闻见十分广博，当时都把他作为榜样。那时候谢玄晖善长作诗，任彦昇擅长书法，沈约两者兼具，他还著有《四声谱》，认真探究其中的奇妙的宗旨，自己认为是神作，没有流传下来。他还著有《晋书》、《宋书》、《齐纪》及《文集》等书。

《宋书·谢灵运传》论

史臣曰：民禀天地之灵，含五常之德，刚柔迭用，喜愠分情。夫志动于中，则歌咏外发，六义所因，四始攸系，升降讴谣，纷披风什。虽虞夏以前，遗文不睹，禀气怀灵，理无或异。然则歌咏所兴，宜自生民始也。

【译文】史臣曰：人民禀受天地的灵气，包含金、木、水、火、土五常的德行，人的性分刚和柔更迭搭配，人的情感分喜、怒、哀、惧、爱、恶、欲七种表现。情感在内心激动，那么就会有歌咏发表于外。这是赋、比、兴、风、雅、颂六义的依据，是与风、大雅、小雅、颂四始相关联的。盛衰的讴歌吟咏，风、雅中纷披繁多。虽说虞夏以前的没有见到遗留下的文字，但是禀承天地正气，心怀萌生灵感，道理是不会有什么不同。造就是说歌咏的兴起，应该是从民间开始的。

周室既衰，风流弥著，屈平宋玉导清源于前，贾谊相如振芳尘于后，英辞润金石，高义薄云天。自兹以降，情志愈广。王褒刘向杨班崔蔡之徒，异轨同奔，递相师祖。虽清辞丽曲，时发乎篇，而芜音累气，固亦多矣。若夫平子艳发，文以情变，绝唱高踪，久无嗣响。至于建安，曹氏基命，三祖陈王，咸蓄盛藻，甫乃以情纬文，以文被质。

【译文】周室衰败后，教化流行更加显著，屈平、宋玉开导清正的源流在前，贾谊、司马相如激扬芳香的尘土在后，美好的言辞铭刻在钟、鼎、石碑上，崇高的义理直冲云天。从这以后，情感志趣的表达愈来愈宽广。王褒、刘向、扬雄、班固、崔骃、蔡邕之类，各自走的道路虽有不同，但都朝着同一个方向奔跑，他们竞相仿效。虽然清美的辞藻，华丽的曲调，不时在篇章中表现出来，但是芜杂的声音，混浊的气韵原本也很多。像张衡那样华美的文章，文采随着情感的变化而焕发，《四愁诗》那样的高踪绝唱，嗣后很久没有音响了。至于建安时代，曹氏始承天命，魏武帝曹操、魏文帝曹丕、陈思王曹植，都蕴蓄满腹文才，才开始根据情感来组织文辞，用文辞来润饰内容，互相配合，交织成完美的统一体。

自汉至魏，四百余年，辞人才子，文体三变。相如工为形似之言，二班长于情理之说，子建仲宣以气质为体。并標能擅美，独映当时。是以一世之士，各相慕习，源其飚流所始，莫不同祖风骚。徒以赏好异情，故意制相诡。

【译文】自汉至魏，四百多年，辞人才子，诗文的体裁风格，经历了三次大变化。司马相如擅长辞赋，能巧妙地将物体的形态描写得维妙维肖，班固擅长于抒情、言志、说理相结合，阐说情理很透彻，曹子建、王仲宣以各自本身不同的才性气质形成作品的不同风格，他们都能标榜才华，表现其特有的美好，独自光耀当时。因此一时的文士，各各仰慕仿效，推究其教化流行的初始，没有不都是以《风》、《骚》为祖宗的。只不过因为欣赏爱好的情感不同，因而文章的内容和体裁也就不相同。

降及元康，潘陆特秀，律异班贾，体变曹王，缛旨星稠，繁文绮合。缀平台之逸响，采南皮之高韵，遗风余烈，事极江右。在晋中兴，元风独扇，为学穷于柱下，博物止乎七篇。驰骋文辞，义殚乎此。自建武暨于义熙，历载将百，虽比响联辞，波属云委，莫不寄言上德，讬意玄珠，遒丽之辞，无闻焉尔。仲文始革孙许之风，叔源大变太玄之气。

【译文】后退到晋惠帝元康年间，潘岳、陆机的诗文特别秀美，表现手法不同于班固、贾谊，变更了曹植、王粲的体裁风格，星稠绮合，极富辞采，但缚旨繁文，过于浓艳堆砌。

承袭汉梁孝王平台文士如邹阳等人的辞赋风格，吸取当年常到南皮游赏的曹丕、吴质等人的诗赋风格，这种风尚愈传愈盛，直到西晋。晋室中兴之后，老庄的学说独自兴盛，从事学识研究的，穷尽了柱下史老子的学说，博学多知的，也只局限于庄子的七篇。虽然极尽文章辞采表现之能事，但是文章的义理却限于抽象说理这一单调的格局。从晋元帝建武时起，到晋安帝义熙年间，历经将近百年，虽说文学作品连绵不断，如波涌水上，似云积天空，没有不是依据老子的哲学，阐述庄子的道义的，而劲拔华美的文章，在这期间没有听说啊。殷仲文开始革新孙绰、许询的风格，谢叔源大变太元年间孙绰、许询之流的玄言诗风。

爰逮宋氏，颜谢腾声，灵运之兴会標举，延年之体裁明密，并方轨前秀，垂范后昆。

【译文】于是到了宋代，颜延年、谢灵运的声名噪起。谢灵运诗歌的兴会高超，颜延年诗歌体裁的密丽而拘谨，都可以同前代的优秀作品并驾齐驱，给后世高人留作规范。

若夫敷衽论心，商搉前藻，工拙之数，如有可言。夫五色相宣，八音协畅，由乎元黄律吕，各适物宜。欲使宫羽相变，低昂舛节，若前有浮声，则后须切响。一简之内，音韵尽殊；两句之中。轻重悉异。妙达此旨，始可言文。至于先士茂制，讽高历赏，子建函京之作，仲宣灞岸之篇，子荆零雨之章，正长朔风之句，并直举胸情，非傍诗史，正以音律调韵，取高前式。自灵均以来，多历年代，虽文体稍精，而此秘未睹。至于高言妙句，音韵天成，皆暗与理合，匪由思至。张蔡曹王，曾无先觉，潘陆谢颜，去之弥远。世之知音者，有以得之，此言非谬。如曰不然，请待来哲。

【译文】至于说到席地而坐，衣襟铺地，促膝谈心，商讨品评前人作品，写作技巧的精妙与粗劣，是有必要说一说。各种颜色互相显示，各种乐器的音响协调和畅，是由于颜色声音各依它相适宜的器物。要使得一联诗句中的平声仄声前后变化，高低对称互换，前一句是平声，那麽后一句就须用仄声。一行之内，五个字音韵各异，两句之中，角徵清浊全不相同。只有领悟这些奥妙，才可以谈论诗歌的写作。至于前代文人学士的好作品，前人讽咏的高唱，历代词人共同传赏的佳句，如曹子建“从军渡函谷，驱马过西京”的大作，王仲宣“南登霸陵岸，回首望长安”的名篇，孙子荆“晨风飘歧路，零雨被秋草”的诗章，王正长“朔风动秋草，边马有归心”的佳句，这些人都是直抒胸臆的辞章，不是依傍别人的诗句或是运用史实来作诗，可是音律韵调高出前人的法式。自从《骚》体诗以来，经历了许多年代，虽然诗文体裁风格逐渐精妙，然而音律的奥秘却仍然没有发现。至于高言妙句，音韵天然成就，都暗暗与音律的法则相符合，而不是自觉地经过思虑来达到。张衡、蔡邕、曹植、王粲。不曾在此之前觉察到，潘岳、陆机、谢灵运、颜延年离此就更远了。世界上懂得音韵的人，有机会看到这篇文字，就知道我说的话不错。假如说不是这样，就只有等待后世高明的人。

萧 统

萧统，南朝梁兰陵人，字德施。武帝长子。生而聪睿，读书过目皆忆。天监中立为皇太子，东宫有书三万卷，引纳贤士，相与商搉古今，一时名才并集。所撰《文选》一编，裒集秦汉以来诗文甚富，实为见行总集之祖。自唐以来，皆宝重之，年三十一而卒，谥“昭明”。有《文集》及《文苑英华》等书。

【译文】萧统是南朝梁兰陵人，字德施，是梁武帝萧衍的长子。他生性聪明睿智，读书过目不忘。梁天监年间他被立为皇太子，太子东宫有三万卷书，于是萧统就招引贤才，和他们一对古今进行商讨，一时之间有名的贤才都聚集起来。他所编撰的《文选》一书，这部书聚集了秦汉以来的诗文内容丰富，实在是现在流行的总集的鼻祖。从唐代以来，为世人所看重，他死时三十一岁，谥号“昭明”。有《文集》及《文苑英华》等书。

文选序

式观元始，眇觌元风，冬穴夏巢之时，茹毛饮血之世，世质民淳，斯文未作。逮乎伏羲氏之王天下也，始画八卦，造书契，以代结绳之政，由是文籍生焉。《易》曰：“观乎天文以察时变，观乎人文以化成天下。”文之时义远矣哉！若夫椎轮为大辂之始，大辂宁有椎轮之质；增冰为积水所成，积水曾微增冰之凛。

【译文】我看那原始时代的远古风俗，人类处在冬住窟夏居巢、连毛带血吃生肉的时期，世风质朴，民情淳厚，文字文章还没有产生。到了“伏羲氏治理天下的时候，才开 始画八卦，造文字，用来代替结绳记事的方法，从此以后文章典籍就应运而生了。”《易经》上说：“观察日月星辰，用来考察四季的变化；观察诗书礼乐，用来教 化人民使之有成就。”诗书礼乐的意义真深远广大啊！椎轮这种简陋的车子是帝王乘坐的大辂的原始模样，但大辂哪有椎轮的质朴？厚厚的冰层是积水凝结而成的，但积水并没有厚冰的寒冷。

为什么呢?

何哉?盖踵其事而增华，变其本而加厉。物既有之，文亦宜然。随时变改，难可详悉。尝试论之曰:《诗序》云:“诗有六义焉:一曰风，二曰赋，三曰比，四曰兴，五曰雅，六曰颂。”至于今之作者，异乎古昔。古诗之体，今则全取赋名，荀宋表之于前，贾马继之于末。自兹以降，源流实繁述，邑居则有凭虚亡是之作，戒畋游前有《长杨》《羽猎》之制。若其纪其事，咏一物，风云草木之兴，鱼虫禽兽之流，推而广之，不可胜载矣。又楚人屈原，含忠履洁，君匪从流，臣进逆耳，深思远虑，遂放湘南。耿介之意既伤，壹郁之怀靡诉，临渊有怀沙之志，吟泽有憔悴之容。骚人之文，自兹而作。诗者，盖志之所之也。情动于中而形于言。《关雎》《麟趾》，正始之道著;桑间濮上，亡国之音表，故风雅之道，粲然可观。

【译文】大概是由于承继那造车之事却增加了文饰，改变了水的本来状态却变得更加寒冷。事物既然有这种现象，文章也应当如此。文 章随着时代的发展而变化，我们难以全部搞清它的变化规律。让我尝试议论一下这个问题吧:《毛诗序》上说:“《诗经》有六义:第一叫做风，第二叫做赋，第三叫做比，第四叫做兴，第五叫做雅，第六叫做颂。”至于现代 的作者，跟古代大不一样。赋本是古代诗歌中的一种表现手法，现在却发展成为用“赋”命名的独立文体。荀卿、宋玉率先标明创作赋体，贾谊、司马相如跟在后面 继续发扬。从此以后，这类作品源远流长确实繁富。描写城市园囿，有张衡《西京赋》和司马相如《上林赋》这样的作品;劝戒帝王不要沉湎游猎，有扬雄《长杨赋》《羽猎赋》一类的创作。如果论起那些记一事、咏一物，寄兴风云草木和鱼虫禽兽之类的作品，推广扩大其题材，就不能一一尽述了。又有楚国诗人屈原，心怀忠贞，志行清正，因为楚王不是从善如流的国君，臣下所进献的忠言他听不顺耳，屈原为国家百姓深谋远虑，却反而被放逐在湘水之南。刚直忠正之心已经遭到伤害，抑郁不平的感情无处申诉，面对江水产生投江报国的决心，行吟泽畔面带憔悴的神色。骚人的作品从此兴起了。诗歌，是心志达到一定的程度的表现，感情在内心激荡而表现在语言上。《关雎》、《麟趾》是端正初始之道的表达，桑间濮上是亡国之音的流露。所以《诗经》的正道，光彩照人，值得鉴赏。

自炎汉中叶，厥涂渐异，退传有“在邹”之作，降将著“河梁”之篇，四言五言，区以别矣。又少则三字，多则九言，各体互兴，分镳并驱。颂者所以游扬德业，褒赞成功，吉甫有穆若之谈，季子有至矣之叹。

【译文】自从汉朝中叶以来，诗歌发展的道路又渐渐不同了，有韦孟退居邹县讽谏的诗作，有降将李陵“携手上河梁”这样的篇什。四言诗和五言诗区分开来，又产生了少则三字、多则九字的诗歌，各种诗体一齐出现，象分镳共驰的马车一样同时并起。“颂”是用作歌功颂德、赞美成功的体裁，从前尹吉甫有“穆若清风’那样的赞辞，季札有“至矣哉”那样的赞叹。

舒布为诗，既言如彼；总成为颂，又亦若此。次则箴兴于补阙，戒出于弼匡，论则析理精微，铭则序事清润，美终则诔发，图像则赞兴。又诏诰教令之流，表奏笺记之列，书誓符檄之品，吊祭悲哀之作，答客指事之制，三言八字之文，篇辞引序，碑碣志状，众制锋起，源流间出。譬陶匏异器，并为入耳之娱；黼黻不同，具为悦目之玩。作者之致，盖云备矣。

【译文】抒发感情形成诗歌，正如上面所说风雅和韦、李的诗歌；总括成功形成颂体，也就象这里所说的尹吉甫、季札的作品了。其次，“箴”是为弥补过失而产生的，“戒”是由于辅佐君王纠正其过失而出现的；“论”要求剖析事理精当细微；“铭’要求叙述事情清爽温润；赞美寿终的人，那么就产生厂“诔”；为画像题辞，那么“赞”就兴起了。又有诏诰教令、表奏笺记、书誓符檄、吊祭哀文等类文体，“答客”、“指事’之类作品，“三言”、“八字”一类文辞，还有篇辞引序、碑碣志状，各种作品象蜂一样成群涌现，新老文体的发展呈现错综纷繁的局面。就好象埙和笙虽是不同的乐器，但都能发出动听悦耳的乐曲；黼和黻虽然色彩各异，但都能成为美丽悦目的珍品。由于有如此众多的文体，作者的各种情致意趣，都能得到充分的表现。

余监抚余闲，居多暇日。历观文囿，泛览辞林，未尝不心游目想，移晷忘倦。自姬汉以来，眇焉悠邈，时更七代，数逾千祀。词人才子，则名溢于缥囊；飞文染翰，则卷盈乎缃帙。自非略其芜秽，集其清英，盖欲兼功，大半难矣。

【译文】我在监国抚军之余，平日有许多空闲时光，广泛阅读各类文章。总是眼睛在浏览，心里在默想，一读就是老半天，竟然没有倦意。自从周、汉以来，年代久远，朝代经历七个，时间超过千年。这期间词人才子誉满文坛，他们才思敏捷，铺纸挥毫，文章多得充满书套。如果不删除其糟粕，采集其精华，要想事半功倍，多半是很困难的了。

若夫姬公之籍，孔父之书，与日月俱悬，鬼神争奥 ，孝敬之准式，人伦之师友，岂可重以芟夷，加之剪截老、庄之作，管、孟之流 ，盖以立意为宗 ，不以能文为本。今之所撰，又以略诸。

【译文】至于周公旦撰写的那些典籍，孔尼父编订的那些书籍，能跟太阳、月亮一起高悬空中，能与鬼神较量深奥玄妙，它们是道德方面的准则法式，人伦方面的导师良友，难道可以加以删削，加以剪裁？老子、庄子、管子、孟子等先秦诸子的著作，大概以表达思想见解为宗旨，并不以善于作文当作目的。所以我现在编纂这部《文选》，略去不收它们。

若贤人之美辞，忠臣之抗直，谋夫之话，辩士之端，冰释泉涌，金相玉振。所谓坐狙邱，议稷下，仲连之却秦军，食其之下齐国，留侯之发八难，曲逆之吐六奇，盖乃事美一时，语 流千载，概见坟籍，旁出子史。若斯之流，又亦繁博，虽传之简牍，而事异篇章，今之所集，亦所不取。

【译文】至于圣贤的美好辞句，忠臣的耿直言论，谋士的话语，雄辩家的言辞，象冰雪消融、泉水奔涌一样滔滔不绝，又象黄金为质、玉声铿锵一般文质兼美。人们听说的古代辩士辩于狙邱，议于稷下，高谈阔论，折服众人，鲁仲连的辩才迫使秦军退兵五十里，郦食其的劝说降服了齐国七十余城，张良一连提出八大难题，陈平献出六条奇计，他们的事迹美显于当时，言辞流传千载，大略都已见于典籍，或出自诸子及历史著作。象这一类事迹且又繁富，即使记载在书籍中，但是跟文艺作品毕竟不同。我现在的这部文集，也不收入。

至于记事之史，系年之书，所以褒贬是非，纪别异同，方之篇翰，亦已不同。若其赞论之综缉辞采，序述之错比文华，事出于沈思，义归乎翰藻，故与夫篇什，杂而集之。远自周室，迄于圣代，都为三十卷，名曰《文选》云耳。

【译文】至于象那些记事和编年的史书，是用来褒贬是非，记清历史事件发生的时间的，和文学作品相比也有所不同。象那些“赞论”综合联缀华丽的辞藻，“述赞”组织安排漂亮的文词，因为事情、道理出自深刻的构思，最后表现为优美的文采，所以算得上是文艺作品，我就旁搜博采，选辑入书。远自周朝，下至当代，这些入选的作品总共分为三十卷，取名为《文选》。

凡次文之体，各以汇聚。诗赋体既不一，又以类分；类分之中，各以时代相次。

【译文】大致编排的体例，各按门类集在一起。诗赋二类体制既有多种，又按小类分别排列。每类之中，各以时代先后编次。

梁简文帝

梁简文帝，名纲，字世讃，武帝第三子，昭明太子母弟也。武帝崩，即位。时政权悉属于侯景，帝为景所废，寻更害之，在位凡二年。帝识悟过人，文章富丽，所为诗自谓伤于轻体，当时号为“宫体”，有《文集》。

【译文】梁简文帝，名梁纲，字世讃，是梁武帝萧衍第三个儿子，昭明太子萧统的同母弟弟。梁武帝死后，继位为帝。当时政权全部属于侯景，简文帝也被他所废黜，不久就被谋害了，在位一共二年。简文帝意识悟性过人，文章内容丰富华丽，他所作的诗因为体裁清漫而有所损伤，当时称之为“宫体”，还著有《文集》。

与湘东王论文书

吾辈亦无所游赏，正事披阅，性既好文，时复短咏，虽是庸音，不能阁笔，有惭伎痒，更同故态。比见京师文体，儒钝殊常，竞学浮疏，争为阐缓，玄冬修夜，思所不得，既殊比兴，正背风骚。

【译文】我辈也没有别的可以游览欣赏的，只是从事于读书批阅文章之事，天性喜好文章，时时反复进行朗诵，虽然是平凡的韵律，也没有办法放下笔，停止著述，不久之后因为有所擅长而难以忍受，就恢复到以前的常态了。等见到京师中的文章，十分迂腐，文人们的学习都非常肤浅、疏漏，争相阐述援引典故。隆冬时分，认真思考而无法想通，既然比、兴都已经殊途，反复进行吟诵。

若夫六典三礼，所施则有地，吉凶嘉宾，用之则有所，未闻吟咏情性，反拟内则之篇，操笔写志，更摹酒诰之作，迟迟春日，翻学归藏，湛湛江水，遂同大传。吾既拙于为文，不敢轻有掎摭，但以当世之作，历方古之才人，远则杨马曹王，近则潘陆颜谢，而观其遗辞用心，了不相似。

【译文】就像《六典》、《三礼》一样，它们都有所施行之处，吉凶军嘉宾等“五礼”也都有使用之处，还没有听说吟咏的性情，反而想要把它置入文章之中，提起笔来，再模仿《酒诰》等作品，春日迟迟，反过来学习《归藏》，江水湛清碧绿，就和《尚书·大传》一样。既然我作起文章来比较拙朴，不敢轻易之间进行摘取，只好将当今的著作，比作古代的才贤。远追扬雄、司马相如、曹植、王粲，近人则有潘岳、陆机、颜延之、谢灵运等人。观察它们的著作，其遗词用心，和古人一点都不一样。

若以今文为是，则古文为非，若昔贤可称，则今体宜弃，俱为盍各，则未之敢许。又时有效谢康乐、裴鸿胪文者，亦颇有惑焉。何者？谢客吐言天拔，出于自然，时有不拘，是其糟粕。裴氏乃是良史之才，了无篇什之美。

【译文】如果将现在的文体作为准则，则古代的文章就没有道理了，如果以前的俊贤可被称许，则现今的文体就可以被抛弃了，都各有其不同之处，这样做似乎也不合适。现今有谢灵运、裴子野，也对这个问题有疑惑之处。是什么呢？谢灵运法言谈吐自然，时时没有拘束，是他的糟粕所在。而裴子野是十分优秀的治史人才，他的作品却也没有文章的篇章之美了。

是为学谢则不届其精华，但得其冗长，师裴则蔑绝其所长，惟得其所短，谢故巧不可阶，裴亦质不宜慕，故胸驰臆断之侣，好名忘实之类，方分肉于仁兽，逞却克于邯郸，入鲍忘臭，效尤致祸，决羽谢生，岂三千之可及，伏膺裴氏，惧两唐之不传。故玉徽金铣，反为拙目所嗤，巴人下里，更合郢中之听，阳春高而不和，妙声绝而不寻，竟不精讨锱铢，核量文质，有异巧心，终愧妍手。（《南史》作妍耳。）是以握瑜怀玉之士，瞻郑邦而知退，章甫翠履之人，望闽乡而叹息。

【译文】因此治学问学习谢灵运但是没有穷尽他的精华之处，只得到了他的冗长的弊病，师从裴子野则鄙视拒绝修习他的长处，只得到裴子野治学的短处，谢灵运的整体风格是巧妙难以企及，裴子野的质朴不应当钦慕，所以在自己主观臆断者，喜好名声但是忘却真实一类的人，就可以被比作与仁慈的猛兽分肉，自我炫耀。进入鲍鱼之肆却忘记气味的难闻，学习起来就会导致灾祸到来，效法谢灵运，难到是孔子三千门徒可以企及的？向裴子野学习，就恐怕唐尧虞舜的传统失传。所以玉徽金铣之类的宝物，反而会被具有拙劣眼光的人嗤之以鼻，适合下里巴人的应该是楚地的乐章，阳春白雪却曲高和寡，奇妙的音乐失传了却不去找寻，也不锱铢计较，考核打量文质之间的变化，这就是和奇思妙想没有关系了，最终也会愧对作文的高手的（《南史》之作是很精妙的）。因此那些自以为高雅的儒士，看见所谓“郑声”所在地也都吓地退了回去。在作品上追求华美新意的面对握瑜怀玉之士，也会生出“无所用”的感叹了。

诗既若此，笔又如之。徒以烟墨不言，受其驱染，纸札无情，任其摇襞，甚矣哉，文之横流，一至于此！至如近世谢朓沈约之诗，任昉陆倕之笔，斯实文章之冠冕，述作之楷模，张士简之赋，周升逸之辩，亦成佳手，难可复遇。文章未坠，必有英绝领袖之者，非弟而谁？每欲论之，无可与语，思言子建，一共商榷，辨兹清浊，使如泾渭，论兹月旦，类彼汝南，朱丹既定，雌黄有别，使夫怀鼠知惭，滥竽自耻，譬斯袁绍，畏见子将，同彼盗牛，遥羞王烈。相思不见，我劳如何。

【译文】诗既然是这样，下笔也是一样的。徒然因为笔墨不说话，受到其驱使、感染，纸张没有人的感情，任其挥洒，文章放纵恣睢的风气已经很严重了，以至于此！如同现今的谢朓、沈约的诗，任昉、陆倕的文章，都是文章中首屈一指的作品，是著述的模范，张率的赋，周升逸的辩论文章，也都是佳作，难以再见到。文章之法没有败亡，就一定会有英俊雄豪的领导者，不是兄弟你又是谁呢？每当想讨论这件事，就没有话说，想一想说曹植，我可以和你一起探讨，辨别文章清浊，就可以使之成为泾渭那样分明。在“月旦评”时讨论，就像汝南所作的那样，文章既然已经写定，是非也就确定了。假使那些死死抱住腐鼠，以为得到了宝贝的人，能够明白过来，心生惭愧之情。滥竽充数之人也会感到耻辱，就好像袁绍那样害怕看见许劭，又好像被盗了牛的王烈一样羞惭。虽然没有和兄弟你的相见，但我依然十分怀念，我的劳累也没有什么。

刘 勰

刘勰，梁莒人，字彦和，天监中监东宫通事舍人，笃志好学，昭明太子深爱接之。撰《文心雕龙》十卷，沈约谓其深得文理。清《四库简明目录》曰："是书分上下二篇，上篇二十有五，论体裁之别；下篇二十有四，论工拙之由，合序志一篇，亦为二十五篇。其书于文章利病，穷极微妙，挚虞流别，久已散逸。论文之书，莫古于是编，亦莫精于是编矣。"后出家为沙门，改名慧地。

【译文】刘勰是南朝梁时期莒人，字彦和，梁武帝天监年间的台太子东宫通事舍人，读书志向很是坚决。昭明太子（萧统）很喜欢和他交往。他撰写了《文心雕龙》十卷，沈约评价说他对文学理论理解深刻。清代《四库全书简明目录》说："这部书分为上下两篇，上篇共二十五章，讨论文学体裁的区别；下篇二十四章，讨论文字工整愚笨的原因，再加上一篇志序，也是二十五章。这部书对于文章的利弊得失讨论地十分精妙希细微。晋代挚虞一派的学问，散佚已经很久了。论文章、文字的书，都比不过这书，也都没有这书精到。"后来刘勰出了家当了和尚，法名慧地。

征圣第二（《文心雕龙》，下并同）

夫作者曰圣，述者曰明。陶铸性情，功在上哲，夫子文章，可得而闻，则圣人之情，见乎文辞矣。先王圣化，布在方册；夫子风采，溢于格言。是以远称唐世，则焕乎为盛；近褒周代，则郁哉可从。此政化贵文之征也。郑伯入陈，以立辞为功；宋置折俎，以多方举礼：此事迹贵文之征也。褒美子产，则云"言以足志，文以足言"；泛论君子，则云"情欲信，辞欲巧"：此修身贵文之征也。然则志足而言文，情信而辞巧，乃含章之玉牒，秉文之金科矣。

【译文】所谓“圣”，就是能够认识自然之道而独立创作的人；所谓“明”，就是能够理解圣人的著作而加以阐述其学说的人。用著作来陶冶人的性情，先哲在这方面有很大的功劳。孔子的学生子贡说，“孔子的文章是可以看得到的。”就是说这些著作里，表达了圣人的某些意见或者主张。古代圣王的教训，在古籍上面记载着；孔夫子的言行，都表现在那些富于教导人的格言里面。所以，远古的文章，孔子曾称赞过唐尧之世，说“多么兴盛焕发啊！”对于近世，他褒扬过周代的文章，说“多么丰富多彩啊，十分值得效法！”这就是政令教化方面重视文章的例证。春秋时郑国攻入陈国，在对待晋国的责问中，郑国的子产因善于言辞而立了功劳。宋国用最隆重的礼仪来接待晋国的赵文子，宾主言辞都很有文采，孔子特使弟子记录下来。这些都是事业上以文为贵的例证。孔子褒扬赞美子产就说：“不仅能用语言成功地表达自己的思想，又能用文采成功地将语言修饰得很漂亮”；孔子一般地谈到有才德的人就说：“情感应该真实可信，文辞应该巧妙精美。”这些都是个人的学习修养也应重视文采的证明。由此可见，思想要充实而言辞要有文采，感情真诚而文辞巧妙精美，这些就是写作的基本法则了。

夫鉴周日月，妙极机神；文成规矩，思合符契；或简言以达旨，或博文以该情，或明理以立体，或隐义以藏用。故《春秋》一字以褒贬，丧服举轻以包重，此简言以达旨也。《邠诗》联章以积句，《儒行》缛说以繁辞，此传文以该情也。书契断决以象夬，文章昭晰以象离，此明理以立体也。四象精义以曲隐，五例微辞以婉晦，此隐义以藏用也。故知繁略殊形，隐显异术，抑引随时，变通会适，征之孔周，则文有师矣。

【译文】圣人能够全面地考察自然万物，并深入探究各种精深奥妙的变化；这样才能写成堪称楷模的文章，其表达的思想内容才会与客观事物相符。圣人的著作或者用简练的语言来表达旨意，或者用广博的文辞来备述情理，或者用明白的道理来建立文章的主体，或者用含蓄的语义来隐藏文章的作用。如像《春秋》就常用极少的字来表示对某人某事的赞扬或批评，《礼记》里常用轻丧服的礼仪规则来讲述重丧服的礼仪规则，这就是用简练的语言来表达主要思想的例子。又如《豳风·七月》用很多的章句联章成篇，《礼记·儒行》也用复杂的叙述和丰富的词句来记载，这就是流传的文辞来完备地叙述情理的例子。此外，有的文字决断万事像《夬卦》那样果断干脆，有的文章说明事理仿效《离卦》那样的明白清楚，这就是用明白的道理来表述文章要点的例子。《易经》的四种卦象，道理精深，意义迂回隐蔽，《春秋》所运用的五种纪事体例，也是委婉隐晦，意义婉转，这就是用含蓄的语义来隐藏文章作用的例子。根据上述我们知道，各种文章在表现手法上，有繁缛和简略，隐晦和明显的区别，对这些不同体制和不同手法，或者抑制，或者援发，都随着时机而定；写作时的千变万化，既要注意融会贯通圣人写作的经验，又要适应具体情况的变化灵活运用。如果我们以周公、孔子的文章作为标准，那写作上就找到老师了。

是以子政论文必征于圣，稚圭劝学必宗于经。《易》称“辨物正言，断辞则备”；《书》云“辞尚体要，弗惟好异”。故知正言所以立辩，体要所以成辞，辞成无好异之尤，辩立有断辞之义。虽精义曲隐，无伤其正言；微辞婉晦，不害其体要。体要与微辞偕通，正言共精义并用；圣人文章，亦可见也。颜阖以为仲尼饰羽而画，徒事华辞。虽欲訾圣，弗可得已。然则圣文之雅丽，固衔华而佩实者也。天道难闻，犹或钻仰；文章可见，胡宁勿思？若征圣立言，则文其庶矣。

【译文】所以刘向谈论文章，一定要以圣人为标准来进行验证；匡衡上书劝学，一定要以经典为根据。《周易》里说：“辨别事物并给以恰当的说明，有了明确的辞语就可以充分表达了。”《尚书》说：“文辞应抓住重要的内容，不应一味追求奇异。”因此，正确的说明才能使文章辩理成立，抓住要点才能安排好文章的词句，如能这样安排文辞，便避免了爱好奇异的过失；辩理成立就能得到文辞明确的优点。这样即使精深的义理隐蔽曲折，也不会影响说明的恰当；即使微妙的文辞晦隐委婉，也不会影响到抓住要点。抓住要点与微妙的辞语并不矛盾，正确的说明同精深也可以并存。这些情形，在圣人的文章中都可以看到。颜阖说：“孔子好比在已有自然文采的五彩的羽毛上再加装饰似的，只是追求华丽的辞藻。”他虽然想以此来指责圣人，但是事实上是做不到的。因为圣人的文章内容雅正而又文辞绚丽，本来就兼有动人的文辞和充实的内容。自然之道那么难以弄懂，尚且要钻研；圣人的文章是显而易见的东西，为什么不去思索探究呢？如果能根据圣人的著作来进行写作，那做的文章就接近于成功了。

赞曰：妙极生知，睿哲惟宰。精理为文，秀气成采。鉴悬日月，辞富山海。百龄影徂，千载心在。

【译文】总结：神妙之极啊！圣人，只有圣人懂得精妙的道理。精心顺从自然之理写作文章，灵秀的气质构成闪耀的文采。宝镜高悬好似日月之明，言辞丰富犹如山海。百岁圣人虽然如影逝去，千载之后精神依然存在。

宗经第三

三极彝训，其书言经。经也者，恒久之至道，不刊之鸿教也。故象天地，效鬼神，参物序，制人纪，洞性灵之奥区，极文章之骨髓者也。皇世《三坟》，帝世《五典》，重以《八索》，申以《九丘》，岁历绵暧，条流纷糅。自夫子刊述，而大宝咸耀。于是《易》张《十翼》，《书》标七观，《诗》列四始，《礼》正五经，《春秋》五例，义既极乎性情，辞亦匠于文理，故能开学养正，昭明有融。然而道心惟微，圣谟卓绝，墙宇重峻，而吐纳自深。譬万钧之洪钟，无铮铮之细响矣。

【译文】说明天、地、人三才经常的道理的书籍叫“经”。所谓“经”，就是永恒的、绝对的道理，不可改易的伟大的教导。圣人创制经典，取法于天地，证验于鬼神，探究事物排列的秩序，从而制定出人伦纲纪。这样的经典，可以说是深入到了人类灵魂的深处，探究掌握了文章的根本。三皇时出现的《三坟》，五帝时出现的《五典》，加上《八索》《九丘》这些经典，因为时代绵延久远，流传越来越不清楚，后来的著作也纷糅杂乱。自从经过孔夫子对古书的删削整理，这些经典才放射出光辉。于是《周易》的意义由《十翼》来发挥，《尚书》中标立了“七观”，《诗经》中列出了“四始”，《礼记》确定了五种主要的礼仪，《春秋》提出了五项条例。所有这些，在内容上既能陶冶人的性情，在用辞上也可称为写作的典范。因此，它能启发学习，培养正道，这些作用永远历历分明。然而自然之道的精神又十分的微妙，圣人的见解十分的高深，而且他们的道德学问高超，因此他们的著作就能体现出深刻的自然之道。这就好比千万斤重的大钟，不会发出细微的响声一样。

《易》惟谈天，入神致用。故《系》称旨远辞文，言中事隐；韦编三绝，固哲人之骊渊也。《书》实记言，而诂训茫昧，通乎尔雅，则文意晓然。故子夏叹《书》，“昭昭若日月之明，离离如星辰之行”，言昭灼也。《诗》主言志，诂训同《书》，摛风裁兴，藻辞谲喻，温柔在诵，故最附深衷矣。《礼记》一作以立体，据事制范，章条纤曲，执而后显，采掇圣言，莫非宝也。《春秋》辨理，一字见义，五石六鹢，以详略成文；雉门两观，以先后显旨；其婉章志晦，谅以邃矣。《尚书》则览文如诡，而寻理即畅；《春秋》则观辞立晓，而访义方隐。此圣文之殊致，表里之异体者也。

至根柢槃深，枝叶峻茂，辞约而旨丰，事近而喻远；是以往者虽旧，余味日新，后进追取而非晚，前修文用而未先，可谓太山遍雨，河润千里者也。

【译文】《周易》是专门研究自然变化的道理的，它十分的精深细微，并且完全可以在实际中加以运用。所以《系辞》里说：“它的旨意远深，言辞有文采，它的语言中肯符合实际，它讲的事理隐晦难懂。”孔子读这部书时，穿订竹简的牛皮条都读断了三次，可见这部书是圣人深奥哲理的宝库。《尚书》主要记的是先王的谈话，只是它的文字难懂，读起来不易理解，但是只要通过《尔雅》这部工具书，懂得了古代的语言，那它的意思也就很明白了。所以子夏赞叹《尚书》说：“《尚书》的论事，像日月那样明亮，像星辰那样清晰。”这就是说《尚书》记得很清楚明白。《诗经》主要是抒发作者思想感情的，同《尚书》一样不易理解，里面有《风》《雅》等不同类型的诗篇，写作采用了比、兴、赋等写作手法，文辞华美，比喻委婉，诵读起来就会感受到它温柔敦厚的特点，所以《诗经》是最切合圣人内心深处的思想感情的了。《礼计》的著述可以建立体制，它根据实际需要来制定法规，各种条款非常详细，为的是执行起来明确有效，从中选取圣贤的言语，没有不是十分珍贵的。《春秋》辨析事理，一个字便能表现它赞誉和批判来。例如关于“石头从天上落到宋国的有五块”“六只鹢鸟退着飞过宋国的都城”的记载，就以文字的详尽来显示写作的技巧；又关于“雉门和两观发生火灾”的记载，就用先后秩序的不同来显示了作者区分主次的意思；《春秋》用委婉曲折、用意隐晦的方法写成，确实有很深刻的含义。《尚书》虽则读起来文辞似乎深奥，但一寻究它的内容，道理却明白易懂；《春秋》的文辞似乎很容易通晓明白，但当你要探访它的意义时又深奥难懂了。由此可见，这就是圣人的文章丰富多彩、各有特色，形式和内容都不尽相同。经书和树一样根柢盘结深固，枝长就会叶茂，言辞简约而包含的意义丰富，取事平凡而喻理远大。所以虽然这些著作历时久远，但意义却日日新颖，后世学者去追求探取一点也不迟晚，前代先贤用了很久也不嫌过早。经书的作用好比泰山的云气使雨水洒遍天下，黄河的河水灌溉千里沃野一样啊！

故论说辞序，则《易》统其首；诏策章奏，则《书》发其源；赋颂歌赞，则《诗》立其本；铭诔箴祝，则《礼》总其端；纪传铭檄，则《春秋》为根：并穷高以树表，极远以启疆，所以百家腾跃，终入环内者也。若禀经以制式，酌雅以富言，是仰山而铸铜，煮海而为盐也。故文能宗经，体有六义：一则情深而不诡，二则风清而不杂，三则事信而不诞，四则义直而不回，五则体约而不芜，六则文丽而不淫。扬子比雕玉以作器，谓五经之含文也。夫文以行立，行以文传，四教所先，符采相济。励德树声，莫不师圣，而建言修辞，鲜克宗经。是以楚艳汉侈，流弊不还，正末归本，不其懿欤！

【译文】因此，论、说、辞、序等体裁都从《周易》开始；诏、策、章、奏等体裁都发源于《尚书》；赋、颂、歌、赞等体裁以《诗经》为根本；铭、诔、箴、祝等体裁，都从《礼记》开端；纪、传、盟、檄等体裁都以《春秋》为根源。它们都为文章树立了很好的榜样，替文章的发展开辟了广阔的领域。所以任凭诸子百家如何的驰骋踊跃，但终于还是超不出经书的范围。如果根据经书的体式去制定各种体裁的文章格式，参照“五经”雅正的词汇来丰富写作的语言，那作文就像靠近矿山冶炼，在海边熬煮海水制盐一样啊！所以，如果做文章能够学习“五经”，这样的文章具有六种特点：一是思想感情深挚而不诡谲，二是文风纯正而不杂乱，三是叙事真实可信而不虚诞，四是义理正直而不歪曲，五是文体简约而不繁杂，六是文辞华丽而不过分。扬雄用玉石之有雕琢才能成玉器做比喻，说明“五经”里也应包含着文采。人的德行决定文章的好与坏，而德行又是通过文辞才得以表现而加以流传，孔子的文辞、德行、忠诚、信义这“四教”中，将文辞放在了首位，正如玉石必须有精致的花纹一样，相济相成，文辞也必须与德行、忠诚、信义三者互相结合。后来人们勉励道德、树立声名，都向圣人学习，只是于文章的写作方面却很少向圣人的经典学习。所以楚辞就比较艳丽，汉赋就过度地侈华，它们的弊病流传下来，越发展越厉害，其势不可回还。纠正这些错误，使文风回归到经书的正路上去，不是就正确了吗？

赞曰：三极彝道，训深稽古。致化归一，分教斯五。性灵镕匠，文章奥府。渊哉铄乎，群言之祖。

【译文】总结：经书阐述了天、地、人三才的常道，道理深刻又稽考到远古。教化民众是它们总的目的，分类教导分为五经。它们真是培养人性灵的巨匠，它们真是探究文章奥秘的宝库。多么精微，多么灿烂啊，真是一切文章的宗祖。

神思第二十六

古人云：“形在江海之上，心存魏阙之下。”神思之谓也。文之思也，其神远矣。故寂然凝虑，思接千载，悄焉动容，视通万里；吟咏之间，吐纳珠玉之声；眉睫之前，卷舒风云之色：其思理之致乎？故思理为妙，神与物游，神居胸臆，而志气统其关键；物沿耳目，而辞令管其枢机。枢机方通，则物无隐貌；关键将塞，则神有遁心。是以陶钧文思，贵在虚静，疏瀹五藏，澡雪精神；积学以储宝，酌理以富才，研阅以穷照，驯致以怿辞，然后使元解之宰，寻声律而定墨；独照之匠，窥意象而运斤：此盖驭文之首术，谋篇之大端。

【译文】古人说："身子住在江海的边上，心思却想到朝廷中去了。"这就是说的想象的方法！文章的构思，它神奇的想象可以不受任何约束，飞翔得十分遥远。只要默默地聚精会神的思考，那念头便可以接通千年之间；悄悄地改变容颜，视线便好像能够看到万里之外。在吟哦咏唱中间，可以发出如珠似玉般的悦耳声音；在你凝神思想之间，眼前就展现出风云变幻的景色。这些都是作文构思时发挥想象力所构成的啊。所以写作构思很奇妙，可以使内心的想象与外物相交接。神奇的想象由作者内心来主宰，而意志和体气是支配它们活动的关键；外物由作者的耳目来接触，而语言是掌管它们的表达机构。当这个机构灵活通畅的时候，那事物的形貌便可以描绘出来，没有隐蔽得了的；如果支配想象的机构受到阻塞，那神奇的想象就会逃遁隐蔽，也就精神涣散了。所以酝酿文思，着重在虚静心志，清除心里的成见，宁静专一。这就要努力学习，积累学识来储存珍宝，要斟酌辨析各种事理来丰富增长自己的才学；要研究阅历各种情况来进行彻底的观察；要顺着作文构思去寻求恰当美好的文辞。然后才能使深通妙道的心灵，按照声律来安排文辞；就像有着独到看法的工匠能自如挥斧一样，凭着想象来进行创作：这就是驾驭文思的首要方法，也是谋篇作文的重要开端。

夫神思方运，万涂竞萌，规矩虚位，刻镂无形。登山则情满于山，观海则意溢于海，我才之多少，将与风云而并驱矣。方其搦翰，气倍辞前，暨乎篇成，半折心始。何则？意翻空而易奇，言征实而难巧也。是以意授于思，言授于意，密则无际，疏则千里：或理在方寸而求之域表，或义在咫尺而思隔山河：是以秉心养术，无务苦虑，含章司契，不必劳情也。

【译文】想象刚刚开始运转活动的时候，各种各样的思路、物象都纷纷呈现在眼前，要在没有形成的文思中孕育内容，要在没有定型的文思中雕刻形象。登上高山，情思中就充溢着山间的景色；看到大海，情意就出现了海涛汹涌澎湃的风光。想象的才能，好像飞鸟同风云一起并驾齐驱而无法计量。刚刚拿起笔的时候，比起在行文之前要气势充足倍增；可是等到写成篇章后，开始想的东西已经打了一半折扣。为什么会这样呢？想象凭空而起，容易想得奇特，而语言文字却比较实在，所以很难巧妙地表现作者的想象。所以文章的内容受作者的思想感情支配，而言辞又受文章内容的支配。如果文章的内容、作者的思想感情和文章的言辞三者结合得很紧密，那文章就贴切而天衣无缝，反之，疏漏就会相差千里。有的道理就在心里却要到很远很远的地方去搜求；有的意思就在眼前，却像远隔着高山大河。所以要秉持虚空宁静心思、加强修养的方法，不在于冥思苦想，要体悟外物的美好，不必去劳心累情。

人之禀才，迟速异分，文之制体，大小殊功。相如含笔而腐毫，扬雄辍翰而惊梦，桓谭疾感于苦思，王充气竭于思虑，张衡研京以十年，左思练都以一纪。虽有巨文，亦思之缓也。淮南崇朝而赋骚，枚皋应诏而成赋，子建援牍如口诵，仲宣举笔似宿构，阮瑀据案而制书，祢衡当食而草奏。虽有短篇，亦思之速也。

【译文】每个人的才能禀赋不同，则文思就存在迟缓与迅速的差异；文章的体制多种多样，则规模有大有小，功力各异。司马相如笔浸在墨汁里把毫毛都泡烂了文章才写出来，扬雄写文章用力过度，刚停下笔就睡着做了噩梦；桓谭常常因为苦苦思索，以致感疾生病；王充著作由于思虑过度，耗尽了自己的气力精神；张衡用了十年时间精研写作《二京赋》；左思花了十二年光阴创作锤炼《三都赋》。上述名家，虽写的是长篇巨作，但是也说明了其文思的迟缓。淮南王刘安接受汉文帝的诏令一个早晨就写完了《离骚赋》，枚皋总能很快地完成汉武帝的诏令写成赋作；曹植铺开纸做文章就像背诵文章；王粲举笔便成好似写预先写好的文章；阮瑀凭据着马鞍也能很快写好书信；祢衡在宴席上便起草奏书。上述的作家虽说写的都是短篇，但是也说明了他们文思的敏捷。

若夫骏发之士，心总要术，敏在虑前，应机立断；覃思之人，情饶歧路，鉴在疑后，研虑方定：机敏故造次而成功，虑疑故愈久而致绩。难易虽殊，并资博练。若学浅而空迟，才疏而徒速，以斯成器，未之前闻。是以临篇缀虑，必有二患：理郁者苦贫，辞溺者伤乱。然则博闻为馈贫之粮，贯一为拯乱之药，博而能一，亦有助乎心力矣。

【译文】至于文思敏捷的人，心里总览着创作的方法要点，感觉敏速是在事前有过深思熟虑，所以能够当机立断。文思迟缓的人，思绪纷乱时徘徊不定，想要鉴明事理，所以要经过研究考虑才能作出决定：文思敏捷，所以文章能在仓促中写成功；疑虑多，所以文章要很久才能写成。快和慢、难和易似乎各有不同，但都靠学习广博和技巧熟练。如果学识浅薄而只是慢慢写，才学粗疏却只要写得快，像这样写出好的文章，从来没有听说过。所以创作时酝酿文思，必然有两个困难：文思抑郁阻塞的人苦于想象的贫乏，文辞泛滥的人苦于文理紊乱，那么，可见广博见闻就成为补救想象贫乏的粮食，贯通统一就成为拯救文理紊乱的药方，能够做到既广闻博见又中心一贯，对创作构思的能力也大有帮助啊！

若情数诡杂，体变迁贸，拙辞或孕于巧义，庸事或萌于新意，视布于麻，虽云未费，杼轴献功，焕然乃珍。至于思表纤旨，文外曲致，言所不追，笔固知止。至精而后阐其妙，至变而后通其数，伊挚不能言鼎，轮扁不能语斤，其微矣乎！

【译文】如果作品的情思是非诡奇混杂，体制不当而变化多端，拙劣的文辞或许包含精巧的义理，平庸的事物中或许透露出新颖的意思。我们看看布之出于麻吧，原料的麻虽然质地并不比布贵重，但经过织布机的加工，布便会焕发出光彩而成为珍贵之物。至于文思以外的细微奥妙的旨意，文辞之外的隐幽委曲的情趣，这些都是语言所不能言明，笔墨不能表达的。达到最精通的境界才能阐明它的奥妙，掌握它的微妙变化之后才能精通它的规律，这好比厨师伊挚不能说出鼎中调味的微妙，巧匠轮扁不能说出运用斧头的规律一样，真是微妙啊！

赞曰：神用象通，情变所孕。物以貌求，心以理应。刻镂声律，萌芽比兴。结虑司契，垂帷制胜。

【译文】总结：神奇的想象靠物象来贯通，思想感情变化所育孕的。外物以它的形貌来打动作家，作家的心用情理作为反应。雕刻描绘各种事物形象，萌芽于那《诗经》的比和兴。运用思虑来构成文章，垂下帷幕发愤构思才能取胜。

体性第二十七

夫情动而言形，理发而文见；盖沿隐以至显，因内而符外者也。然才有庸俊，气有刚柔，学有浅深，习有雅郑；并情性所烁，陶染所凝，是以笔区云谲，文苑波诡者矣。故辞理庸俊，莫能翻其才；风趣刚柔，宁或改其气；事义浅深，未闻乖其学；体式雅郑，鲜有反其习：各师成心，其异如面。

【译文】人的感情如果激动了，就形成为语言，道理如果要表达，便体现为文章。这是把隐藏在心中的情和理发表为明显的语言文字，表里应该是一致的。不过人的才华有平凡和杰出之分，气质有刚强和柔弱之别，学识有浅薄及湛深之异，习惯有雅正跟邪僻之差。这些都是由人的情性所决定，并受后天的熏陶而成；这就造成创作领域内千变万化，奇谲如天上流云，诡秘似海上波涛。那么，在写作上，文辞和道理的平凡或杰出，总是同作者的才华相一致的；作品的教育作用和趣味的刚健或柔弱，难道会和作者的气质有差别？所述事情和意义的浅显或湛深，也不会和作者的学识相反；所形成的风格的雅正或邪僻，很少和作者的习惯不同。各人按照自己本性来写作，作品的风格就像人的面貌一样彼此互异。

若总其归涂，则数穷八体：一曰典雅，二曰远奥，三曰精约，四曰显附，五曰繁缛，六曰壮丽，七曰新奇，八曰轻靡。典雅者，镕式经诰，方轨儒门者也。

【译文】归根到底，不外八种风格：第一种是“典雅”，第二种是“远奥”，第三种是“精约”，第四种是“显附”，第五种是“繁缛”，第六种是“壮丽”，第七种是“新奇”，第八种是“轻靡”。所谓“典雅”，就是向经书学习，与儒家走相同的路的。

远奥者，馥采典文，经理玄宗者也。精约者，核字省句，剖析毫厘者也。显附者，辞直义畅，切理厌心者也。繁缛者，博喻酿采，炜烨枝派者也。壮丽者，高论宏裁，卓烁异采者也。新奇者，摈古竞今，危侧趣诡者也。

【译文】所谓“远奥”，就是文采比较含蓄而有法度，说理以道家学说为主的。所谓“精约”，就是字句简练，分析精细的。所谓“显附”，就是文辞质直，意义明畅，符合事物，使人满意的。所谓“繁缛”，就是比喻广博，文采丰富，善于铺陈，光华四溢的。所谓“壮丽”，就是议论高超，文采不凡的。所谓“新奇”，就是弃旧趋新，以诡奇怪异为贵的。

轻靡者，浮文弱植，缥缈附俗者也。故雅与奇反，奥与显殊，繁与约舛，壮与轻乖。文辞根叶，苑囿其中矣。

【译文】所谓“轻靡”，就是辞藻浮华，情志无力，内容空泛，趋向庸俗的。这八种风格中，“典雅”和“新奇”相反，“远奥”和“显附”不同，“繁缛”和“精约”有异，“壮丽”和“轻靡”相别。文章的各种表现，都不出这个范围了。

若夫八体屡迁，功以学成；才力居中，肇自血气。气以实志，志以定言；吐纳英华，莫非情性。是以贾生俊发，故文洁而体清；长卿傲诞，故理侈而辞溢；子云沈寂，故志隐而味深；子政简易，故趣昭而事博；孟坚雅懿，故裁密而思靡。

【译文】这八种风格常常变化，其成功在于学问；但才华也是个关键，这是从先天的气质来的。培养气质以充实人的情志，情志确定文章的语言；文章能否写得精美，无不来自人的情性。因此，贾谊性格豪迈，所以文辞简洁而风格清新；司马相如性格狂放，所以说理夸张而辞藻过多；扬雄性格沉静，所以作品内容含蓄而意味深长；刘向性格坦率，所以文章中志趣明显而用事广博；班固性格雅正温和，所以论断精密而文思细致。

平子淹通，故虑周而藻密；仲宣躁锐，故颖出而才果；公幹气褊，故言壮而情骇；

嗣宗俶傥，故响逸而调远；叔夜俊侠，故兴高而采烈；安仁轻敏，故锋发而韵流；士衡矜重，故情繁而辞隐。触类以推，表里必符。岂非自然之恒资，才气之大略哉？

【译文】张衡性格深沉通达，所以考虑周到而辞采细密；王粲性急才锐，所以作品锋芒显露而才识果断；刘桢性格狭隘急遽，所以文辞有力而令人惊骇；阮籍性格放逸不羁，所以作品的音调就不同凡响；嵇康性格豪爽，所以作品兴会充沛而辞采犀利；潘岳性格轻率而敏捷，所以文辞锐利而音节流畅；陆机性格庄重，所以内容繁杂而文辞隐晦。由此推论，内在的性格与表达于外的文章是一致的。这不是作者天赋资质和作品中所体现的才气的一般情况吗？

夫才有天资，学慎始习；斫梓染丝，功在初化；器成彩定，难可翻移。故童子雕琢，必先雅制；沿根讨叶，思转自圆。八体虽殊，会通合数；得其环中，则辐辏相成。故宜摹体以定习，因性以练才；文之司南，用此道也。

【译文】作者的才华虽有一定的天赋，但学习则一开始就要慎重；好比制木器或染丝绸，要在开始时就决定功效；若等到器具制成，颜色染定，那就不易再改变了。因此，少年学习写作时，应先从雅正的作品开始；从根本来寻究枝叶，思路便易圆转。上述八种风格虽然不同，但只要能融会贯通，就可合乎法则；正如车轮有了轴心，辐条自然能聚合起来。所以应该学习正确的风格来培养自己的习惯，根据自己的性格来培养写作的才华。所谓创作的指南针，就是指的这条道路。

赞曰：才性异区，文体繁诡。辞为肤根，志实骨髓。雅丽黼黻，淫巧朱紫。习亦凝真，功沿渐靡。

【译文】总结：由于作者的才华和性格有区别，因而作品的风格也多种多样。但文辞只是次要的枝叶，而作者的情志才是主要的骨干。正如古代礼服上的花纹是华丽而雅正的，过分追求奇巧就会使杂色搅乱正色。写作上作者的才华和气质可以陶冶而成，不过需要长期地观摩浸染才见功效。

风骨第二十八

诗总六义，风冠其首，斯乃化感之本源，志气之符契也。是以怊怅述情，必始乎风；沈吟铺辞，莫先于骨。故辞之待骨，如体之树骸，情之含风，犹形之包气。结言端直，则文骨成焉；意气骏爽，则文风清焉。若丰藻克赡，风骨不飞，则振采失鲜，负声无力。是以缀虑裁篇，务盈守气，刚健既实，辉光乃新，其为文用，譬征鸟之使翼也。

【译文】《诗经》包括风、雅、颂三种体裁和赋、比、兴三种表现手法，“风”排在第一位。之所以这样是因为它是感化的根本力量，是志气的具体体现。所以，深感动人的叙述情怀，必须从有感化力量的风力开始；反复沉吟地铺陈文辞，没有比注意骨更重要的了。所以文辞需要有骨力，好像人的形体需要竖起骨架一样；表达感情的需要含有风力，犹如人的形体要包含有生气一样。措辞端庄正直，正确有力，是文章的骨力形成的缘故；表现思想感情明快爽朗，有力感人，是文风清新的缘故。如果文辞藻艳丰富，而风骨不能飞动，那振振的辞采是暗淡而不鲜明的，也不会有声韵之美。所以运思谋篇，务必充分保持充沛的生气，刚健的文辞切实地表达思想感情，文章才有新的光辉。“风”、“骨”对文章的作用，好比健飞的飞鸟使用有力的双翼一样。

故练于骨者，析辞必精；深乎风者，述情必显。捶字坚而难移，结响凝而不滞，此风骨之力也。若瘠义肥辞，繁杂失统，则无骨之征也；思不环周，索莫乏气，则无风之验也。昔潘勖锡魏，思摹经典，群才韬笔，乃其骨髓峻也；相如赋仙，气号凌云，蔚为辞宗，乃其风力遒也。能鉴斯要，可以定文，兹术或违，无务繁采。

【译文】所以熟练把握文章骨力的人，辨析文辞一定精当；能够神通文风的人，表述情志一定明显。字锤炼得准确而难于更换，声调韵味凝聚有定却不黏滞，这就是文章有风骨的力量。如果文章命意贫乏，辞藻臃肿，非常繁杂而没有条理，那就是文章缺乏骨力的凭证。如果考虑得不周到，勉强创作而缺乏生气，那就是文章没有风力的证明。从前潘勖作《策魏公九锡文》，构词模拟经典文诰，在他的这篇文章面前，众多才人都为之搁笔而不敢再写，就是因为他的文章骨力峻峭挺拔。司马相如写的《大人赋》，称为飘飘然有凌云之气，富有文才而成为辞赋的典范，就是因为它感染人的风力强劲。如果能够借鉴这些要点，就可以写出好的文章；如果违背这一原则，一味追求繁缛的文采，那将毫无益处。

故魏文称“文以气为主，气之清浊有体，不可力强而致。”故其论孔融，则云“体气高妙”；论徐幹，则云“时有齐气”；论刘桢，则云“时有逸气”。公幹亦云：“孔氏卓卓，信含异气；笔墨之性，殆不可胜。”并重气之旨也。夫翚翟备色，翾翥百步，肌丰而力沈也；鹰隼乏采，翰飞戾天，骨劲而气猛也。文章才力，有似于此。若风骨乏采，则鸷集翰林；采乏风骨，则雉窜文囿：唯藻耀而高翔，固文笔之鸣凤也。

【译文】所以魏文帝曹丕在《典论·论文》中说：“文章以风格为主宰，风格的或清或浊由于气质禀赋，不是勉强所能达到的。”所以他评论孔融，就说他“风格气质都很高妙”；评论徐幹，就说他“时常有齐园地方人舒缓的风格气质”；评论刘桢，就说他“有超逸的气质风格”。刘桢也说：“孔融很是杰出，确实具有不同寻常的风格，他的文章妙处，几乎不可赶上。”这些评论，都是重视文章作者的气质禀赋的意思。野鸡具备了各种羽毛，却只能小飞百步那么远，那是因为它们的肌肉太丰满而力量不够。鹰隼没有华美的羽毛却能高飞到云天之际，那是因为它们的骨力强劲而气势猛厉。文章才力，也和这相仿。假如只有风骨而缺乏文采，那就像文艺园林中鹰隼之类凶猛的鸷鸟；只有文采而缺乏风骨，那就像五彩的野鸡在文艺的园林中乱窜，只有既有藻丽耀眼的羽毛而又能翱翔上天的，才算得上是文章中的凤凰。

若夫镕冶经典之范，翔集子史之术，洞晓情变，曲昭文体，然后能孚甲新意，雕画奇辞。昭体，故意新而不乱，晓变，故辞奇而不黩。若骨采未圆，风辞未练，而跨略旧规，驰骛新作，虽获巧意，危败亦多。岂空结奇字，纰缪而成轻矣。《周书》云：“辞尚体要，弗惟好异。”盖防文滥也。然文术多门，各适所好，明者弗授，学者弗师；于是习华随侈，流遁忘反。若能确乎正式，使文明以健，则风清骨峻，篇体光华。能研诸虑，何远之有哉！

【译文】至于依照经书的规范来镕冶提炼创作，吸取诸子史传创作的方法，洞彻通晓感情的变化，详尽明白文章的体制，然后才能像草木百果萌芽新生一样，创造新颖的文意，修饰不平常的文辞。明白了各种体制，那么才能做到文意虽新颖而不用不恰当的文体；通晓写作上的变化，那么才能做到文辞虽奇巧但并不违反严正的修辞手法。倘若骨力和文采还没有圆熟，有关驾驭风力言辞的方法还没有提炼，却要超越旧有的规范，好高骛远去追逐新的创作，虽然能够获得奇巧的文意，然而遭到失败的也很多，难道徒然用了一些奇特的字句，就能把错误看成正常吗？《尚书·毕命》里说：“言辞重在体察要领，不只是爱好奇异。”就是为了防止文风的伪滥。然而写作方法多种多样，各人都应当有自己所爱好的方法，所以会写作的人不必把自己的喜好强加于人，善学的人也不用去请教。于是，有的人习染华艳的习气，跟随侈靡的文风跑，流连在侈靡的文风中不知道回头。倘若能够确立正确的体式，使文辞鲜明而又刚健，那么可望风力清新爽朗，骨力高超峻拔，使整篇文章具有光彩。只要能很好地研究上述各种问题，那么达到那种境界又怎么会远呢？

赞曰：情与气偕，辞共体并。文明以健，珪璋乃聘。蔚彼风力，严此骨鲠。才锋峻立，符采克炳。

【译文】总结：情思与气质相同偕，文辞和风格相齐并。文章要写得鲜明强劲，才有如珪璋宝玉受到珍重。增强文章强盛有力之风，加强语言文辞严密拔挺之骨。作家锋颖的文才高峻卓立，文章闪烁的华彩显耀。

情采第三十一

圣贤书辞，总称文章，非采而何！夫水性虚而沦漪结，木体实而花萼振：文附质也。虎豹无文，则鞟同犬羊；犀兕有皮，而色资丹漆：质待文也。若乃综述性灵，敷写器象，镂心鸟迹之中，织辞鱼网之上，其为彪炳，缛彩明矣。故立文之道，其理有三：一曰形文，五色是也；二曰声文，五音是也；三曰情文，五性是也。五色杂而成黼黻，五音比而成韶夏，五情发而为辞章，神理之数也。

【译文】古代圣贤的著作，总称做“文章”，这不是说文章要有文采又是什么呢？像水有虚柔的性质，所以才会起波纹；树木有充实的质体，所以开出鲜艳的花来：可见文采要依附于一定的质地上。如果虎豹没有花纹色彩，那它们的皮毛就同狗和羊的相似；犀和兕的皮虽然坚硬可做战甲，但还靠涂上丹红的漆来显示它们的色彩：可见质地还需要文采。至于抒写性情，描写万物的形象，在文字上用心琢磨，组织好文辞写在纸上，它们之所以光彩焕发，就是因为它们的文采丰富、光明显著啊！所以构成文采的方法，共有三种：一是形象的文采，这就是红、黄、蓝、白、黑五色构成；二是声音的文采，这就是宫、商、角、徵、羽五音构成；三是情感的文采，这就是喜、怒、哀、乐、怨五性构成。五色杂糅在一起就成为彩色的花纹，五音排列配合在一起就成为动听的音乐，五性抒发出来就成为美好的辞章。这些都是先天形成的复杂事物。

孝经垂典，丧言不文；故知君子尝言，未尝质也。老子疾伪，故称“美言不信”，而五千精妙，则非弃美矣。庄周云“辩雕万物”，谓藻饰也。韩非云“艳采辩说”，谓绮丽也。绮丽以艳说，藻饰以辩雕，文辞之变，于斯极矣。研味孝老，则知文质附乎性情；详览庄韩，则见华实过乎淫侈。若择源于泾渭之流，按辔于邪正之路，亦可以驭文采矣。夫铅黛所以饰容，而盼倩生于淑姿；文采所以饰言，而辩丽本于情性。故情者文之经，辞者理之纬；经正而后纬成，理定而后辞畅：此立文之本源也。

【译文】《孝经》留传下教训，要求居丧期间不说有文采的话；所以从这里可以知道士大夫平常说话，也不是朴质的。老子厌恶虚伪，所以说“漂亮的话不可靠”，但是五千余言的《道德经》却文辞精巧，可见他也并不是厌弃文采的了。庄周说，“用巧妙的语言来细致地刻画万事万物”，这是说用辞藻来修饰。韩非说，“辩说在于艳丽”，也说的是讲究华丽和文采。用绮丽的文辞来辩说，用巧妙的辞藻来描绘万物，文章辞采的变化在这里达到极点了。研究体味《孝经》《老子》，就可以知道文采或朴质分别依附于人的性情；详细阅览《庄子》《韩非子》，就可以看见文辞和内容重于浮夸。如果能从源头上分清泾水和渭水的清浊，在驾驶上辨别偏邪和正确道路的方向，那也就可以驾驭文采了。铅粉和黛色是用来美化容颜的，可是顾盼倩美却来自自己美好的风姿；辞藻是用来美化言辞的，而文章的巧妙华丽却本源于性情的真挚。所以情理是文章的经线，文辞是文章的纬线，经线要端直之后纬线才能织上去，情理要确定之后文辞才能畅达：这就是写作的根本。

昔诗人什篇，为情而造文；辞人赋颂，为文而造情。何以明其然？盖风雅之兴，志思蓄愤，而吟咏情性，以讽其上，此为情而造文也；诸子之徒，心非郁陶，苟驰夸饰，鬻声钓世，此为文而造情也。故为情者要约而写真，为文者淫丽而烦滥。而后之作者，采滥忽真，远弃风雅，近师辞赋，故体情之制日疏，逐文之篇愈盛。故有志深轩冕，而泛咏皋壤；心缠几务，而虚述人外。真宰弗存，翩其反矣。夫桃李不言而成蹊，有实存也；男子树兰而不芳，无其情也。夫以草木之微，依情待实；况乎文章，述志为本，言与志反，文岂足征？

【译文】从前诗人的诗篇是为了抒情而创作；汉代辞赋的作者写作赋颂，是为了创作而虚构感情。用什么来说明这点呢？我们知道《诗经》中国风和大雅、小雅的创作，有情志，有怨愤，于是把感情唱出来，用来讽刺上位的人，这就是为抒情而创作。可是汉代辞赋的作者，心情精神并不郁结忧闷，只是随便运用夸张的言辞，沽名钓誉，这就是为了创作而虚构感情。所以为抒发感情而创作，语言简练，写出真实的感情；为了创作而虚构感情，文辞浮华，内容杂乱而虚夸。而后来的作者却学习讹滥的文风，忽略轻视写真实的感情，抛弃了远古时代国风、大小雅的作者的好传统，效法近代的辞赋，所以抒写真情的作品越来越少了，追求辞藻的作品越来越多。所以有的人热衷于高官厚禄，却空泛地歌咏山林水泽的田园隐居生活，有的人一心牵挂着繁忙的政务，却虚假地叙述人世之外的情趣。这些文章中真实的思想感情都不存在了，全是和内心完全相反的东西啊！桃树和李树不会说话，但树下却形成了小路，那是因为它有香甜的果实；男子虽然种植了兰草，但并不芳香，那是因为他没有和花相应的情味。就是草木这样微小的东西，也要依靠美好真诚的感情，凭借香甜的果实，何况以抒情言志为根本的文章呢，说的话和情志相反，这样的文章难道可以相信吗？

是以联辞结采，将欲明理，采滥辞诡，则心理愈翳。固知翠纶桂饵，反所以失鱼。“言隐荣华”，殆谓此也。是以“衣锦褧衣”，恶文太章；贲象穷白，贵乎反本。夫能设谟以位理，拟地以置心，心定而后结音，理正而后摛藻，使文不灭质，博不溺心，正采耀乎朱蓝，间色屏于红紫，乃可谓雕琢其章，彬彬君子矣。

【译文】所以组织文辞，织结藻采，是想要用来阐明道理抒发感情；如果文采泛滥，文辞诡异，那情和理就会受到掩蔽。像用装饰有翡翠的纶线垂钓、用肉桂做钓饵，反而钓不到鱼。庄子所说：“言语的真实含意被辞采隐蔽了。”说的大概就是这种情况。因此“穿着漂亮的锦缎衣服再罩上件麻布衫”，怕的是文采过于显耀；《贲卦·象辞》的卦象探索到本源是用白色来装饰的，这说明最可贵的在于保持原来的本色。要是能够建立规格像选择体裁那样来安顿思想，要能拟定一种基本的格调来抒发感情，感情确定之后才配合音律，思想端正之后才运用辞藻铺陈开去，使文章既有文采又不掩盖内容，材料虽然广博但并不淹没作者的感情，这样的文章就会闪耀发光，一切妖容冶态就会被扫除。这样才算是善于修饰文辞，成为文质彬彬的君子。

赞曰：言以文远，诚哉斯验。心术既形，英华乃赡。吴锦好渝，舜英徒艳。繁彩寡情，味之必厌。

【译文】总结：靠文采语言才能流传久远，确实是啊这话就是灵验。运用文思的方法既然明确，作品中的文采才会丰富新鲜。美丽鲜艳的锦绣容易变色，朝开暮谢的木槿空白华艳。文辞华丽缺少内容的作品，看起来必然令人讨厌。

声律第三十三

夫音律所始，本于人声者也。声含宫商，肇自血气，先王因之，以制乐歌。故知器写人声，声非学器者也。故言语者，文章神明，枢机吐纳，律吕唇吻而已。古之教歌，先揆以法，使疾呼中宫，徐呼中徵。夫商徵响高，宫羽声下；抗喉矫舌之差，攒唇激齿之异，廉肉相准，皎然可分。今操琴不调，必知改张，摘文乖张，而不识所调。响在彼弦，乃得克谐，声萌我心，更失和律，其故何哉？良由内听难为聪也。故外听之易，弦以手定，内听之难，声与心纷：可以数求，难以声逐。

【译文】音律的起始产生，原本根据人发出的声音。人的声音包含宫、商、角、徵、羽五音，本于人的生理气血的活动，古先圣王就是仿照它来创作爵乐歌曲的。所以我们知道乐器模仿的是人的声音，而并不是人的声音去仿效乐器。所以有声的语言，是构成文章的关键，表达情思的机构；吐词发音要符合音律，在调节唇吻等发音机关罢了。古代教唱，要先树立一个标准来衡量发音是否准确：使强音合乎宫调，使弱音合乎徵调。宫调商调的音调高，徵音羽音的声调低；声纽方面，有发喉音和发舌音时喉头和舌头的差异，发唇音和齿音时嘴唇和牙齿的不同，另外还有韵部元音发音窄宽、瘦肥、细洪，人的发音同乐器的音或者饱满或者尖锐相合，音的强弱明白的可以分别。今天有人弹琴如果不协调，弹琴者知道把琴重新改装过，可是作文的音调不协调，却不知道使它协调。那琴弦上的音响，能够调得和谐；而心声发自我内心里，却失掉了和谐的声律。这是什么缘故呢？实在是因为听内心的声调难于听得明白啊！所以听身外的琴音容易辨认它合不合调，琴弦的协调可以用手来调定；而听内在的心声困难，声韵与内心的情思复杂；前者可以根据乐律来衡量，后者难于根据声韵来考求。

凡声有飞沈，响有动静。双声隔字而每舛，叠韵杂句而必睽；沈则响发而断，飞则声飏不还：并辘轳交往，逆鳞相比，迂其际会，则往蹇来连，其为疾病，亦文家之吃也。夫吃文为患，生于好诡，逐新趣异，故喉唇纠纷；将欲解结，务在刚断。左碍而寻右，末滞而讨前，则声转于吻，玲玲如振玉；辞靡于耳，累累如贯珠矣。是以声画妍蚩，寄在吟咏，吟咏滋味，流于字句，气力穷于和韵。异音相从谓之和，同声相应谓之韵。韵气一定，故余声易遣；和体抑扬，故遗响难契。属笔易巧，选和至难，缀文难精，而作韵甚易。虽纤意曲变，非可缕言，然振其大纲，不出兹论。

【译文】所有的声音都有飞扬和下沉两种，字词的音响有双声和叠韵两种。两个双声字中隔断了读起来就不顺口，两个叠韵字离开了，念起来一定别扭；一句之中全用沉抑的仄声字读起来很不方便，声响的发出就像要中断了一样；一句中全是飞扬的平声字读起来也不顺口，声调就好像飞扬出去回不来一样。配合起来就像辘轳一样上下圆转，像鳞片难于紧密排列；如果违反了声律配合的规律，念起来那就会佶屈聱牙，这种病症，好像作家得了口吃病一样。文章之所以有口吃病，是写作的人爱好诡奇造成的，文辞过于追逐新奇趋向怪异，所以弄得声韵纠纷杂乱。想要解开这个疙瘩，主要在于坚决果断地去掉癖好。左边有了障碍，也可以从右边去寻找毛病，末尾阻滞不畅，也可以从上面去调整。这样，那声调念起来就很圆转，清脆得像是宝玉发出的声响，那词语听起来就很悦耳，圆转得像贯穿起来的累累相连的珍珠一样。所以文章声韵的美恶好坏，寄托在吟咏里面，韵味从安顿句子上流露出来，气力尽用在求和谐和押韵上。句内的音调随从协调叫做和谐，句末相同的声韵相呼应叫做押韵。押韵的规则有一定，所以收声相同的音容易安排；声调和谐要注意抑扬平仄变化，所以遗下的音响难于协调恰当。拿起笔写文章易于工巧，然而选择声调的协调却是十分困难；连缀词语成为文章难于精致，然而押韵却甚为容易。虽然其中细微曲折的变化难于详述，然而它们大略的纲要，不会超出这些论述。

若夫宫商大和，譬诸吹籥；翻回取均，颇似调瑟。瑟资移柱，故有时而乖贰；籥含定管，故无往而不壹。陈思、潘岳，吹籥之调也；陆机、左思，瑟柱之和也。概举而推，可以类见。又诗人综韵，率多清切，《楚辞》辞楚，故讹韵实繁。及张华论韵，谓士衡多楚，《文赋》亦称知楚不易，可谓衔灵均之声余，失黄钟之正响也。凡切韵之动，势若转圆，讹音之作，甚于枘方；免乎枘方，则无大过矣。练才洞鉴，剖字钻响，疏识阔略，随音所遇，若长风之过籁，南郭之吹竽耳。古之佩玉，左宫右徵，以节其步，声不失序，音以律文，其可忘哉！

【译文】至于音位固定而宫、商、角、徵、羽五音谐和的，就好比吹笛一样；反复地调音以求合乐的，又颇似调瑟一样。调整瑟弦要靠移动瑟的弦柱，所以有时调不准便会音调不合，笛子的孔在管上是固定的，所以无论怎样吹出来的音是一定的。曹植和潘岳的作品的声韵，就是吹笛的调子，陆机和左思的作品的声韵，是瑟柱的调子。约举两例加以推求，别的也可类推了。再有《诗经》的作者运用声韵，大多清楚明确，《楚辞》夹杂着楚国的方言，所以它的音韵不够清楚明白的实在繁多。到了西晋的张华论述用韵，说陆机的作品多用楚音，陆机的《文赋》也说用韵不容易，可以说继承屈原的用韵，却失去了《诗经》黄钟正调的音响。大凡音韵运用得正确贴切，那文势大都圆转自如而和畅无碍；但如果文章的音律发生讹变，比把方木榫插进圆孔还更加的不合适。能避免这种不和的现象，那么用韵就没有大毛病了。作家才识精深的，会剖析字句、钻研音响声韵、掌握调和声律的方法，如果学识疏浅，用韵就像偶然碰上的，如同长风吹过箫管眼孔，必然发出杂音，像南郭先生吹竽，只好滥竽充数罢了。古代的人佩戴玉石饰品，走路的时候左边的玉器碰击发出宫、羽的音调，右边的玉器碰击发出徵、角的音调，用来调节走路的步子，使其声调不失应有的秩序；何况在写作上音调构成文章的声律，怎么可以忽视呢？

赞曰：标清务远，比音则近。吹律胸臆，调钟唇吻。声得盐梅，响滑榆槿。割弃支离，宫商难隐。

【译文】总结：表明情志务必高远，调配音韵则要求细密。声音节律从胸中发出，调和音调在于唇吻。文章有了声律这调味的盐梅，那音响就像榆槿一样柔滑。摒除追逐新奇的不正之音，那文章的声律就更加动听。

卷三十四 章句

夫设情有宅，置言有位；宅情曰章，位言曰句。故章者，明也；句者，局也。局言者，联字以分疆；明情者，总义以包体。区畛相异，而衢路交通矣。夫人之立言，因字而生句，积句而为章，积章而成篇。篇之彪炳，章无疵也；章之明靡，句无玷也；句之清英，字不妄也；振本而末从，知一而万毕矣。

【译文】创作要把情意安排在合适的处所，语言安置在适宜的位置上。把情意内容安顿在一定的地方叫做分章，把语言安顿好就叫做造句。所以，“章”就是明白的意思；“句”就是分界的意思。把语言分界，就是把一个个字词联缀起来构成各自分别的单位；把情意内容叙述明白，就是总括所要包容的思想，把它蕴涵在选定的体裁之中。这样句和章的区域界限虽然互相不同，可是却像有道理连接那样彼此相通。人们的写作，用字造句，积累句子成为章，积累章成为一篇。全篇写的昭明卓著，也是由于每章都没有瑕疵；每章都写得明白而细致，是因为每个句子都没有毛病；句子写的清新挺拔，也是由于每个字词都不乱用。这就像振摇树木的根本枝叶就会随之而摆动一样，懂得事物的根本原则，各种各样的事例都可以概括进去了。

夫裁文匠笔，篇有小大；离章合句，调有缓急：随变适会，莫见定准。句司数字，待相接以为用；章总一义，须意穷而成体。其控引情理，送迎际会，譬舞容回环，而有缀兆之位；歌声靡曼，而有抗坠之节也。寻诗人拟喻，虽断章取义，然章句在篇，如茧之抽绪，原始要终，体必鳞次。启行之辞，逆萌中篇之意；绝笔之言，追媵前句之旨；故能外文绮交，内义脉注，跗萼相衔，首尾一体。若辞失其明，则羁旅而无友；事乖其次，则飘寓而不安。是以搜句忌于颠倒，裁章贵于顺序，斯固情趣之指归，文笔之同致也。

【译文】创作韵文和散文，作品的篇幅有大有小；作品的章句或者分离或者合一，它们的声调有缓有急。这些都要随文章的内容变化而加以调配，没有一定的规矩。一个句子不管有多少个字词，要把字词相互连接才能发挥作用；作品的一章总括一个完整的意思，必须把一个意思表达完整了才能成为一个段落。其中要掌握所表达的情意，有时放开，有时接住，要切合命意。例如舞蹈的回旋环绕，要有一定的行列和位子；又好比歌声婉柔摇曳，要有忽高忽低的节奏。考查诗人用诗句来比拟譬喻，虽然是断章取义，然一章一句都在全篇之中，好比蚕茧抽出丝绪一样。诗文从开始到结束，在体制上必须像鱼鳞一样按秩序紧密排列。行文开始的言辞，就要为中篇埋下伏笔；结尾的言辞，要呼应前文语句的意旨，所以能够做到文字像织绮的花纹那样交接，内在的意义一脉贯通，好像花房和花萼一样相互衔接，首尾连成一个整体。倘若辞句没有配合恰当，上下脱节，那就好像羁留异乡的旅客孤独无友；叙述要是违反了顺序，那就像漂泊寓居在外的人一样不安定。因此造句切忌颠倒，裁断分章要重视行文有顺序，这本来是表达情意的要求，无论韵文和散文写作中共同一致的要求。

若夫笔句无常，而字有条数：四字密而不促，六字格而非缓，或变之以三五，盖应机之权节也。至于诗颂大体，以四言为正，唯祈父肇禋，以二言为句。寻二言肇于黄世，竹弹之谣是也；三言兴于虞时，元首之诗是也；四言广于夏年，洛汭之歌是也；五言见于周代，行露之章是也；六言七言，杂出诗骚；而体之篇，成于两汉：情数运周，随时代用矣。

【译文】至于章、句的变化虽没有一定的常规，而一句之中字数多少的作用可以分别说明：四字的句短，虽然密凑但音节并不急促，六字句长，虽然宽裕但音节并不迂缓。有时变成三言、五言的句子，大概是适应情势变化的权宜节拍。至于《诗经》中《雅》《颂》这一类郑重的体裁，以四言诗为正宗，唯有《小雅·祈父》《周颂·维清》，用了二言的句子。考查二言诗开始于黄帝时代，《竹弹谣》就是二言的歌谣；三言诗是从虞舜时代兴起的，《元首诗》就是三言的诗歌；四言诗在夏朝时候多用，《洛汭之歌》便是四言的诗歌；五言诗出现在周代，《行露》便是五言诗歌。六言诗和七言诗，夹杂在《诗经》和《楚辞》中间，运用这种句式的诗歌体裁，到西汉时才发展成为完整的诗篇。由于情势趋向于复杂，表达要求得更周详，随着时代的发展，复杂长句的运用就逐渐代替了简单的短句。

若乃改韵从调，所以节文辞气。贾谊枚乘，两韵辄易；刘歆、桓谭，百句不迁：亦各有其志也。昔魏武论赋，嫌于积韵，而善于资代。陆云亦称“四言转句，以四句为佳。”观彼制韵，志出枚贾。然两韵辄易，则声韵微躁，百句不迁，则唇吻告劳；妙才激扬，虽触思利贞，曷若折之中和，庶保无咎。

【译文】至于辞赋的改换音韵使适合情调，是为了调节文辞，配合气势。贾谊和枚乘的作品，喜欢用两韵脚之后就改韵；刘歆和桓谭的作品，写了一百句也不换韵。这也是各有自己的用意和志趣啊！从前魏武帝曹操论诗，对同韵的字用多了表示不满，却赞美换韵。陆云也说，四言诗的转韵，以四句一转为好。看他对用韵的主张，同枚乘和贾谊是相同的。可是用两韵之后即改韵，存声韵上就显得稍微有些急躁；如果一百句都不换韵又太单调，读起来嘴巴也会感到疲劳。富有才华的作家能使音韵激荡抑扬，这样虽然在用韵上很好地触动思想，有利表达真诚的感情，但不如加以折中，根据具体情况变换音韵，这样几乎可以保证在用韵上没有过失。

又诗人以兮字入于句限，楚辞用之，字出于句外。寻兮字成句，乃语助余声。舜咏南风，用之久矣，而魏武弗好，岂不以无益文义耶！至于夫惟盖故者，发端之首唱；之而于以者，乃劄句之旧体；乎哉矣也，亦送末之常科。据事似闲，在用实切。巧者回运，弥缝文体，将令数句之外，得一字之助矣。外字难谬，况章句欤？

【译文】再有《诗经》作者在句内用“兮”字，《楚辞》中大量用了“兮”字，而且“兮”字已可以用在句子之外。考查“兮”字构成句子，作为承接语气的成分，乃是一种语助词，用来延缓语气的。虞舜咏唱的《南风歌》里，早就用了“兮”字了，可是魏武帝曹操却不喜欢用“兮”字，难道不是他认为“兮”字在文义上没有什么作用吗？至于夫、惟、盖、故这些虚词，是句子开头的发语词；之、而、于、以，是造句中的常用虚词；乎、哉、矣、也这些虚词，是句末的常用助词。照叙议的事理来看这些虚词似乎是闲余的，就作用而言它们却很实在管用。巧妙的作者善于回环婉转地运用，使文辞更加严密，将要在使用实词构成几句外，又得到一个虚词的帮助。实字之外的虚字的运用都不允许有谬误，何况是实字构成的章句呢！

赞曰：断章有检，积句不恒。理资配主，辞忌告朋。环情草调，宛转相腾。离合同异，以尽厥能。

【译文】总结：断分章节有一定的法度，积句成章却没有常规。每个章节的内容要配合主题，用辞切忌不注意关系变得孤立。围绕思想感情来安排韵调，使文辞抑扬婉转相互发扬。从实际需要出发分章遣句，尽量发挥章句的功能。

卷三十五 丽辞

造化赋形，支体必双，神理为用，事不孤立。夫心生文辞，运裁百虑，高下相须，自然成对。唐虞之世，辞未极文，而皋陶赞文："罪疑惟轻，功疑惟重。"益陈谟云："满招损，谦受益。"岂营丽辞，率然对尔。《易》之文系，圣人之妙思也。序乾四德，则句句相衔；龙虎类感，则字字相俪；乾坤易简，则宛转相承；日月往来，则隔行悬合：虽句字或殊，而偶意一也。至于诗人偶章，大夫联辞，奇偶适变，不劳经营。自扬马张蔡，崇盛丽辞，如宋画吴冶，刻形镂法，丽句与深采并流，偶意共逸韵俱发。至魏晋群才，析句弥密，联字合趣，剖毫析厘。然契机者入巧，浮假者无功。

【译文】自然所赋予的形体、肢体都一定是成双成对的，这是造化的作用，它说明事物都不是孤立存在的。人的心思需要表达因而产生了文辞，创作文辞多方面的裁剪考虑，高低上下相互配合，自然便构成对偶。唐尧、虞舜的时代，文辞还没有很讲究文采，而皋陶就曾经赞助虞舜出主意说："罪过大小不能确定的就从轻处理，功劳大小不能确定的就从重奖赏。"益也向夏禹贡献意见说："自满的招致损失，谦虚的受到益处。"这些难道是有意造成的对偶吗？不经意自然相对罢了。《易经》中的《文言》《系辞》，是圣人精思的表现。序述《乾卦》的元、亨、利、贞这"四德"，就字字相对；讲到同类互相感应，例如"云随从龙，风随从虎"，就是字字都相骈俪；讲到天地的道理简要平易，就非常婉转地相互承接；说的"日往则月来，月往则日来"，就是隔行隔句遥相对仗。虽然这些句子的字数不一样，可是用意构成对偶却是一致的。至于《诗经》的作者在作品中相对偶的章句，东周列国士大夫在外交上应对时使用的联偶的言辞，有单句有偶句，都适应内容变化的需要，不用劳费心思去安排经营。自从扬雄、司马相如、张衡、蔡邕推崇华丽对偶的文辞，大加运用，如宋人的讲究画画，吴人的讲究铸剑一样，注意文辞的雕饰，所以在他们的作品中，骈俪的句子与丰富的文采一起流传，对偶的意思和超逸的声韵一起显耀。到了魏、晋时代的许多作者，造句更加精密，联缀字词，情趣配合，讲究对仗，辨析毫厘。然而契合时机用得适当的才巧妙，浮泛造作的没有效果。

故丽辞之体，凡有四对：言对为易，事对为难，反对为优，正对为劣。言对者，双比空辞者也；事对者，并举人验者也；反对者，理殊趣合者也；正对者，事异义同者也。长卿《上林赋》云：“修容乎礼园，翱翔乎书圃。”此言对之类也；宋玉《神女赋》云：“毛嫱鄣袂，不足程式；西施掩面，比之无色。”此事对之类也；仲宣《登楼》云：“钟仪幽而楚奏，庄舄显而越吟。”此反对之类也；孟阳《七哀》云：“汉祖想枌榆，光武思白水。”此正对之类也。凡偶辞胸臆，言对所以为易也；微人之学，事对所以为难也；幽显同志，反对所以为优也；并贵共心，正对所以为劣也。又以事对，各有反正，指类而求，万条自昭然矣。张华诗称：“游雁比翼翔，归鸿知接翮。”刘琨诗言“宣尼悲获麟，西狩泣孔丘”。若斯重出，即对句之骈枝也。

【译文】骈俪对偶的体例，大概有四种：言对是容易的，事对是困难的，反对是优，正对是差的。言对，就是对偶的双方都用抽象的言辞而不用事例；事对，就是并列举出人事证验的事实；反对，就是事理相反而又旨趣相合的对偶；正对，就是事实不同而意义相合的对偶。司马相如的《上林赋》中说：“在礼仪的殿堂上修饰，在书圃之中翱翔飞舞。”这就是属于言对这一类。宋玉的《神女赋》中说：“美女毛嫱用袖遮着脸蛋，自愧不够标准；美人西施以手掩着面庞，相比没有光彩。”这是事对这一类。王粲的《登楼赋》说：“楚人钟仪被晋国幽禁为囚，仍然弹奏楚国的音乐；越人庄舄在楚国做大官，犹尚吟咏越国的歌曲。”这是反对这一类的。张载的《七哀诗》说：“汉高祖怀念家乡的枌榆社，光武帝思念故乡的白水县。”这就是正对这一类的例子。只要把心里话组成对偶就行，这就是言对之所以容易的原因；事对要考验一个人的学问，所以它就比较困难；钟仪和庄舄虽然一个幽囚一个显达，但他们不忘故国的志气却是相同的，所以反对是好的。汉高祖和光武帝都很荣贵，思念家乡的感情也相同，所以说正对是差的。事对也有正对和反对的区别，按照各类来考求，各种各样的对偶自然看得清楚明白了。张华的《杂诗》说：“远游的大雁比翼飞翔，归去的鸿雁连翅而飞。”刘琨的《重赠卢谌诗》说：“孔子听晓捕获到了麒麟很悲伤，孔子听说在西郊狩猎到了麒麟而哭泣。”像这类意思重复的句子，就是对句中重复多余的部分。

是以言对为美，贵在精巧；事对所先，务在允当。若两事相配，而优劣不均，是骥在左骖，驽为右服也。若夫事或孤立，莫与相偶，是夔之一足，趻踔而行也。若气无奇类，文乏异采，碌碌丽辞，则昏睡耳目。必使理圆事密，联璧其章，迭用奇偶，节以杂佩，乃其贵耳。类此而思，理斯见也。

【译文】因此言对是美好的，好在对得精致巧妙；事对是好的，好在用事公允恰当。倘若两件事情相配对偶，而一好一坏优劣不相称，那就像驾车，把千里马套在马车的左边作骖马，把劣马套在马车的右边作服马。至于要是只有孤零零的一件事情，没有可以相配对的，那就像夔只有一只脚一样，只能跳着走路了。倘若文意气势毫无创新之处，文辞缺乏新异的文采，只是些平庸的骈俪之辞，那就只能使人看了昏昏欲睡。因此，一定要使对偶的句子文理圆通，事义周密，像双联的璧玉呈现文采，共同放在一篇文章里。再加上交错地运用奇句和偶句，像用各种佩戴着的玉石来调节它，这才算是可贵的。类似这样去思考，怎样用对偶的道理自然就明白了。

赞曰：体植必两，辞动有配。左提右挈，精味兼载。炳烁联华，镜静含态。玉润双流，如彼珩佩。

【译文】总结：事物的生长自然成双成对，文辞的运用也往往对偶。创作中能上下左右兼顾，精义与韵味就能共同表现。像光彩闪烁并联的花朵，如明镜照物含有千姿百态。玉石的光泽和声韵双双传流，如那佩戴着的美玉杂佩。

卷三十七 夸饰

夫形而上者谓之道，形而下者谓之器。神道难摹，精言不能追其极；形器易写，壮辞可得喻其真：才非短长，理自难易耳。故自天地以降，豫入声貌，文辞所被，夸饰恒存。虽诗书雅言，风格训世，事必宜广，文亦过焉。是以言峻则嵩高极天，论狭则河不容舠，说多则子孙千亿，称少则民靡孑遗；襄陵举滔天之目，倒戈立漂杵之论；辞虽已甚，其义无害也。且夫鸮音之丑，岂有泮林而变好；荼味之苦，宁以周原而成饴；并意深褒赞，故义成矫饰。大圣所录，以垂宪草，孟轲所云“说诗者不以文害辞，不以辞害意”也。

【译文】超乎形象而抽象的叫做道理，有形象而具体的叫做器物。神妙的道理难于描摹，用精深的语言也不能写出它的妙极之点；具体的器物容易描绘，壮丽的文辞就可显示它的真相。这并不是作者的才能有什么高低，只不过事理的表达自有其难易区别罢了。因此，自从开天辟地以来，描叙到事物的声音形貌的，只要用文辞表现的地方，夸张的修饰长期被运用。即使《诗经》《尚书》是典雅之言，用来教化世俗，训导世人，因此用事理应该广博，文辞也要求有夸饰。所以形容高峻就说，“山高能够顶到天”；评论狭窄就说“黄河里放不下一条小船”；说到多就说“子子孙孙有千亿”，说到少就说“人民没有一个留下来”；讲洪水围上了山陵，举出了“滔滔的洪水淹没天空”的说法；讲敌人前军倒戈杀得血流成河，就说“血多得可以把杵棒都漂浮起来了”。这些言辞虽然很是夸大，但对表达文义并没有妨害。况且，猫头鹰丑恶的声音，哪有因为它停在学宫树上而变得好听呢？苦菜的苦味，哪有因为长在周氏家族肥美的平原上就变成了甘甜的饴糖？这些话用意都在于加强赞美，所以从义理上来讲就似乎成了违反常情的夸饰。这些都是伟大的圣人所记录，用做传世的典范。这正如孟轲所说的：“解说诗不要因为文字损害了言辞的意义，不要拘泥辞义来损害作者的用意。”

自宋玉景差，夸饰始盛。相如凭风，诡滥愈甚。故上林之馆，奔星与宛虹入轩；从禽之盛，飞廉与鹪鹩俱获。及扬雄甘泉，酌其余波，语瑰奇则假珍于玉树，言峻极则颠坠于鬼神。至东都之比目，西京之海若，验理则理无可验，穷饰则饰犹未穷矣。又子云校猎，鞭宓妃以饷屈原；张衡羽猎，困玄冥于朔野。娈彼洛神，既非魍魉，惟此水师，亦非魑魅；而虚用滥刑，不其疏乎！此欲夸其威，而饰其事，义睽剌也。

【译文】从战国末期的宋玉和景差以来，夸张修饰开始大量运用。到西汉司马相如架空立说，诡谲讹滥就更加厉害了。所以他写上林苑馆囿的宏大，就夸张说流星与宛虹飞进了它的栏杆；描写猎取飞禽的众多，就夸张说飞廉和凤凰都同时抓到了。到扬雄作《甘泉赋》，受到司马相如的影响，说到树木的珍奇，就假借那珍贵的珊瑚为枝、碧玉为叶的玉树；谈及宫殿的高峻极高，就说鬼神也上不去而掉下来。至于班固《西都赋》里谈到的比目鱼，张衡《西京赋》里说到的海若神，凭事理去检验就没有可验证的，就极度夸张，也谈不上夸张到了极点。再有扬雄的《羽猎赋》说，鞭打洛水之神宓妃，要她给屈原送饭，张衡的《羽猎赋》说，把管水的神玄冥囚困在北方的原野。那美好的洛神宓妃，既不是妖精；这水之族之师的玄冥，也不是怪物；作者没有根据地加以浮夸的形容，不是太疏忽了吗？这只是想夸大它的声势和事件，却违反了事例。

至如气貌山海，体势宫殿，嵯峨揭业，熠耀焜煌之状，光采炜炜而欲然，声貌岌岌其将动矣。莫不因夸以成状，沿饰而得奇也。于是后进之才，奖气挟声，轩翥而欲奋飞，腾掷而羞跼步；辞入炜烨，春藻不能程其艳，言在萎绝，寒谷未足成其凋；谈欢则字与笑并，论戚则声共泣偕，信可以发蕴而飞滞，披瞽而骇聋矣。

【译文】至于描写山海的气势形状，宫殿的格局形势，或突兀高大，或富丽辉煌，光彩照耀像要燃烧似的，形势巍峨像要飞动起来。这些都是靠着夸张来形成惊人的形状，顺着增饰来获得奇突的表现。于是后起之秀靠着这种夸饰的手法奋力高飞于青云之上，跳跃奔腾都羞于蹋促的小步。如果用文辞描写炜烨明亮的光彩，就是春天的花卉也不能比它鲜艳；如果用语言形容萎绝枯萎的景色，荒山寒谷也不能比它萧条。谈到欢乐，文字里面带着笑声；论到悲戚，就好像声音里面带着哭泣。实在可以展露出内心的奥秘，使停滞的文势飞动起来，使瞎子开眼，使聋子震惊啊！

然饰穷其要，则心声锋起，夸过其理，则名实两乖。若能酌诗书之旷旨，剪扬马之甚泰，使夸而有节，饰而不诬，亦可谓之懿也。

【译文】然而如果夸饰能够尽量抓住事物的要点，恰到好处，那读者的共鸣就会蜂拥而起；如果夸张违背了事物的常理，那语言和实际便会两相乖违了。倘若能够斟酌《诗经》《尚书》这些经典深远的旨意，剪除去掉扬雄、司马相如这些辞赋家过分的形容，使夸张有一定的节制，修饰而不虚假，那也可以算是美好啊！

赞曰：夸饰在用，文岂循检。言必鹏运，气靡鸿渐。倒海探珠，倾昆取琰。旷而不溢，奢而无玷。

【译文】总结：夸张修饰的作用在于得用，文辞哪有可以依循的条条款款。语言的气魄一定要像鲲鹏海运，气势不要像鸿雁逐渐起迁缓。倒干大海去探寻语言的珍珠，反转昆仑去觅取宝玉。含意旷远但并不满溢过分，语言夸张但并无瑕疵缺点。

卷三十九 练字

夫文象列而结绳移，鸟迹明而书契作，斯乃言语之体貌，而文章之宅宇也。仓颉造之，鬼哭粟飞；黄帝用之，官治民察。先王声教，书必同文，輶轩之使，纪言殊俗，所以一字，体总异音。周礼保氏，掌教六书。秦灭旧章，以吏为师。及李斯删籀而秦篆兴，程邈造隶而古文废。

【译文】象形文字的出现与使用改变了上古结绳记事，仓颉受到鸟兽足迹的启发才发明创造了文字，它是语言的符号，构成文章的材料。相传仓颉造字的时候，鬼神夜哭，天上落下小米雨来；黄帝使用仓颉造的文字，使百官办好事物，万民分清事物。前代王者传播教化，书写必须用统一的文字；坐着轻车外出寻访的使臣，要到各地去记录方言的发音和文字书写的不同习俗，这些是为了统一文字字体，汇集各地不同的方言。据《周礼》记载，周代的保氏官，是掌管教授文字的官。秦统一六国后，烧掉各国旧有的规章，主张以官吏为师。到李斯删改籀书，秦朝的小篆得以兴起；后来程邈又把小篆改造为隶书，而周代的古文字被废去了。

汉初章律，明著厥法，太史学童，教试六体；又吏民上书，字谬辄劾。是以马字缺画，而石建惧死，虽云性慎，亦时重文也。至孝武之世，则相如撰篇。及宣成二帝，征集小学，张敞以正读传业，扬雄以奇字纂训，并贯练雅颂，总阅音义，鸿笔之徒，莫不洞晓。且多赋京苑，假借形声，是以前汉小学，率多玮字，非独制异，乃共晓难也。暨乎后汉，小学转疏，复文隐训，臧否大半。

【译文】汉朝初年，萧何创制法律，明白地写出有关文字的法令，太史考试学童背诵文字，又用六种文体来测验；另外还规定官吏、百姓上书，书写的字有错误就要受到弹劾。所以郎中令石建因为奏书中的马字缺了一画，就吓得要死，虽说他的小心谨慎，也是由于当时看重文字的缘故。到了汉武帝的时候，司马相如作《凡将篇》，其中撰写的每个字都不重复。及至汉宣帝和汉平帝时，征集研究文字的学者，张敞跟随他们学习正音释义，扬雄以采集他们的各种奇字写作了《训纂篇》，他们都熟悉《尔雅》和《仓颉》这些文字学的典籍，全面阅读掌握了它们的字音字义。当时创作鸿篇巨制的人，没有不深通文字学的。并且多写赋颂京都苑囿的作品，喜欢用假借字来描绘形象声音；因此西汉的文字学，大多有很多玮奇的字，这不独是作家喜欢制造异样的字体，乃是当时大家都通晓这些难识的文字。到了东汉，文字研究反而疏忽了，异体字和诡异解释都产生了，正确和不正确的也各有一半。

及魏代缀藻，则字有常检，追观汉作，翻成阻奥。故陈思称："扬马之作，趣幽旨深，读者非师传不能析其辞，非博学不能综其理。"岂直才悬，抑亦字隐。自晋来用字，率从简易，时并习易，人谁取难？今一字诡异，则群句震惊，三人弗识，则将成字妖矣。后世所同晓者，虽难斯易，时所共废，虽易斯难，趣舍之间，不可不察。

【译文】到曹魏时代的写作，文字的运用就有了一定的规格；用这种规格去阅读汉代作品，反而觉得汉代的作品深奥难懂了。因此陈思王曹植说："扬雄和司马相如的著作，文意旨趣深远，读者没有老师的讲授不能辨析它的辞义，不是学识渊博的人便不能掌握它的内容。"难道只是因为读者和扬雄、司马相如的才智悬殊，也是由于他们用的文字太隐晦诡僻的缘故。从晋代以来所用的文字，都相率遵从简单平易的原则，当时都用容易认识的字，谁还去采用难字僻字呢？到现在用字只要有一个怪异，就使人对许多句子都感到震惊；三个人都不认识的字，那就要成为字妖啊！后世共同都能明白理解的字，即使是难字也成为容易了；为时代所共同废除的字，即使容易也成为难懂的一类。写作的文人在取舍文字的时候，不可不明白这个道理。

夫尔雅者，孔徒之所纂，而诗书之襟带也；仓颉者，李斯之所辑，而鸟籀之遗体也；雅以渊源诂训，颉以苑囿奇文，异体相资，如左右肩股，该旧而知新，亦可以属文。若夫义训古今，兴废殊用，字形单复，妍媸异体，心既托声于言，言亦寄形于字，讽诵则绩在宫商，临文则能归字形矣。

【译文】《尔雅》是孔子的后学所编纂著作的，它像衣服的襟和带一样，是《诗经》《尚书》的辅助读物；《仓颉》是秦丞相李斯所编辑的，保留着原始文字鸟书和史籀的籀书遗传下来的字体。《尔雅》是解释古语的渊源，《仓颉》是收集奇异的文字的园地。这两种工具书体裁不同，却又互相配合，如像人的左右肩膀和股腿一样，通过研究它们来总括了解旧学，也有助于懂得新意，在文字创作上也是有用的。至于字义古今的训诂解释，有新兴发展的，有衰旧废亡的，作用不同，要区别运用。字的形体分简单复杂，排列起来有好看难看的分别，用字造句时要注意文字的不同形体。作者的心思既然通过声音用语言来表达，语言又通过字体用文字来记录；讽吟诵读的动听，在于文字的声律和谐，看起来美观在于字形的对称。

是以缀字属篇，必须练择：一避诡异，二省联边，三权重出，四调单复。诡异者，字体瓌怪者也。曹摅诗称："岂不愿斯游，褊心恶讻呶。"两字诡异，大疵美篇。况乃过此，其可观乎！联边者，半字同文者也。状貌山川，古今咸用，施于常文，则龃龉为瑕，如不获免，可至三接，三接之外，其字林乎！重出者，同字相犯者也。诗骚适会，而近世忌同，若两字俱要，则宁在相犯。故善为文者，富于万篇，贫于一字，一字非少，相避为难也。单复者，字形肥瘠者也。瘠字累句，则纤疏而行劣；肥字积文，则黯黕而篇暗；善酌字者，参伍单复，磊落如珠矣。凡此四条，虽文不必有，而体例不无。若值而莫悟，则非精解。

【译文】因此联字作文，对使用的字必须选择：第一要避免"诡异"，第二要减少"联边"，第三要权衡"重出"，第四要调配"单复"。"诡异"，就是字体怪异。曹摅的诗说："我难道不愿意参加游乐，只是褊狭的心胸讨厌那里的吵嚷。"诗里用"讻呶"这两个诡怪的字，大大的损害了美好的篇章，何况那些用诡怪文字比这还多的作品，难道还有什么可观的呢？"联边"，就是半边相同的字联在一起用。描山范水，古今多用些山旁和水旁的"联边"字，用在平常的文章里，便显得不相协调而成为缺点，如果实在不能避免用"联边”字，最多可用到三字“联边”，三字以上的“联边”，那要成为字书了吧？“重出”，就是相同的字在句中重复的用。《诗经》《离骚》中都恰当地用相同的字，可是近代把用相同的字看成忌讳；假如“重出”的两个字都是必要的，那就宁肯重复。所以善于做文章的人，即使胸中富有文章万篇，也常常苦于换一个重复的字，并非是找不到那一个字，而是因为要避免重复字的困难。“单复”，就是笔画字形的多或者少。笔画简单的字联接成句子，就会因它们笔迹纤细疏散而行款使之单薄，就不好看；笔画复杂的字联接起来组成章节，就会因它们笔迹繁密而篇章臃肿昏暗不美观。善于斟酌用字的人，注意交错配搭运用简单和复杂的字形，使字形圆转像连贯的珠子。上面说的这四条，虽然文章里不一定都碰到，可是就文字体例的应用上却不一定没有这些情况。如果遇到这些情况却不懂得应该如何处置，那就不是精通练字了。

至于经典隐暧，方册纷纶，简蠹帛裂，三写易字，或以音讹，或以文变。子思弟子，於穆不祀者，音讹之异也。晋之史记，三豕渡河，文变之谬也。尚书大传有“别风淮雨”，帝王世纪云“列风淫雨”。别列淮淫，字似潜移，淫列义当而不奇，淮别理乖而新异。傅毅制诔，已用淮雨，固知爱奇之心，古今一也。史之阙文，圣人所慎，若依义弃奇，则可与正文字矣。

【译文】至于说经典中文字隐晦暧昧，书籍简册中文字纷繁众多，简册容易遭蛀虫之害，帛书也容易损坏破裂，几经传抄就会发生错误，或者因为字音相近而发生错误，或者因为字形相近而发生错误。子思的学生孟仲子把“於穆不已”读成“於穆不似”，就是字音讹变产生的差异；晋国的史记，把晋军“己亥渡河”写成“三豕渡河”，就是字形相似发生的谬误。《尚书大传》有“别风淮雨”的记载，而《帝王世纪》则作“列风淫雨”。“别”和“列”，“淮”和“淫”，字形相似，无意中抄错了。“列风淫雨”中“淫”字和“列”字的意义恰当倒并不奇怪，“别风淮雨”中“淮”字与“别”字意义不合却很新奇。傅毅在写作《北海靖王兴诔》时，就已经用了“淮雨”；可见文人爱奇，古今相同。要知道史书上缺了的文字，圣人谨慎地对待它，弄不清楚，宁肯缺着，倘使能够依照文字本来意义去理解运用，放弃好奇心理，那样的人就可以跟他订正文字了。

赞曰：篆隶相镕，苍雅品训。古今殊迹，妍媸异分。字靡异流，文阻难运。声画昭精，墨采腾奋。

【译文】总结：隶书从篆中演变发展而来，《仓颉》、《尔雅》对文字作了全面解释。古今文字运用的不同形迹，其好坏标准就有相异的区分。用字为世所通晓才易于传流，为世所共废则难以行运。文字把思想表达得明白而精确，笔墨的华彩定然飞扬突出。

卷四十二 养气

昔王充著述，制养气之篇，验己而作，岂虚造哉！夫耳目鼻口，生之役也；心虑言辞，神之用也。率志委和，则理融而情畅；钻砺过分，则神疲而气衰：此性情之数也。夫三皇辞质，心绝于道华；帝世始文，言贵于敷奏；三代春秋，虽沿世弥缛，并适分胸臆，非牵课才外也。战代枝诈，攻奇饰说；汉世迄今，辞务日新，争光鬻采，虑亦竭矣。故淳言以比浇辞，文质悬乎千载；率志以方竭情，劳逸差于万里；古人所以余裕，后进所以莫遑也。

【译文】从前王充著《养性》书，写作了论述养气的篇章。那完全是自己体验后写出的，难道是凭空造作吗？耳、目、鼻、口五官，是为人的生存服务的；心思言语，是属于精神活动的。要是心意情志自然谐和，那就会事理融洽而情意舒畅；钻研磨砺用心过分，那就会使精神疲劳而气力衰竭，这是属于体气性情方面的变化。"三皇"时代文辞朴质，思想和华靡绝缘。"五帝"时代开始具有文采，敷陈进奏时很重视语言。从夏商周三代到春秋时代，虽然各代相沿愈来愈讲究文采繁缛，但思想还都是从心中发出，分量恰当，不是勉强扯到才力外去。战国时代思想分歧而好诡诈的技能，专门研究奇谲的道理和文饰游说的言辞。从汉代到今天，修饰文辞每天都务求新奇，竞逐光华，炫耀文采，心思也用空了。所以用淳厚质朴的言辞来和华丽浮夸的文辞相比，文采和质朴相差千里；用顺着心志写作和竭尽思虑苦写比较，劳累和安逸要相差万里。这是古人所以从容，后代所以忙碌的原因。

凡童少鉴浅而志盛，长艾识坚而气衰，志盛者思锐以胜劳，气衰者虑密以伤神，斯实中人之常资，岁时之大较也。若夫器分有限，智用无涯，或惭凫企鹤，沥辞镌思，于是精气内销，有似尾闾之波；神志外伤，同乎牛山之木：怛惕之盛疾，亦可推矣。至如仲任置砚以综述，叔通怀笔以专业，既暄之以岁序，又煎之以日时；是以曹公惧为文之伤命，陆云叹用思之困神，非虚谈也。

【译文】大凡青少年阅历较浅而志气旺盛，年长的人识力坚定而体气衰弱。志气旺盛的人因文思敏锐而不感劳累，体气衰弱的人因思虑周到便损伤精神，这实是一般人经常的资质，由于年龄的大小而出现的大概情况。至于各人的才能天分是有限的，智力的运用是无穷的，有的对自己的足胫像鸭一样短感到惭愧，羡慕鹤足胫的长，练辞运意，呕心沥胆，于是使精气消耗，好像水波流到无底洞中；神志斫伤，如同牛山上的树木被砍光一样，这样因悲苦惊恐造成疾病，也是可以推想的。至于像王充著《论衡》那样在住宅内到处放着笔墨纸砚，像曹褒专门研究礼仪那样睡觉时也怀抱纸笔，既按年按季来自己督促自己，又按日按时来自己煎熬自己，因此曹操惧怕做文章会缩短生命，陆云感叹运思的伤害精神，并非空话。

夫学业在勤，故有锥股自厉；和熊以苦之人志于文也，则申写郁滞：故宜从容率情，优柔适会。若销铄精胆，蹙迫和气，秉牍以驱龄，洒翰以伐性，岂圣贤之素心，会文之直理哉！且夫思有利钝，时有通塞，沐则心覆，且或反常，神之方昏，再三愈黩。是以吐纳文艺，务在节宣，清和其心，调畅其气，烦而即舍，勿使壅滞；意得则舒怀以命笔，理伏则投笔以卷怀，逍遥以针劳，谈笑以药倦。常弄闲于才锋，贾余于文勇，使刃发如新，凑理无滞，虽非胎息之万术，斯亦卫气之一方也。

【译文】学问的事业在于勤奋，所以有用锥子刺股来激励自己的；至于做文章则不相同，那要舒畅心头的郁闷，应当从容不迫地顺着感情，宽舒不急地去适应时会。倘使消耗精力，损伤和顺的体气，拿着纸张去驱催性命，挥洒着笔墨来损害本性，难道这是圣人贤人平素的本心，做文章的正确理论吗？况且作者的文思有的锐敏有的迟钝，写作的时机有时通畅有时阻塞，这正像洗头的时候弯着身子心的位置翻覆，甚至会违反常情去考虑问题一样，在神志正昏 的时候，如果再三用它做文章，只会越加的昏乱。所以抒写文辞，务必在调节疏导上下工夫，使内心清明和顺，性气调和畅通，如果心烦意乱就立即放开，不要使思路壅塞阻滞，心情舒畅时便命笔写作，文思潜伏时，就把笔放下不再思索，用逍遥自在的方法来解除劳累，用谈笑风生的方法来赶走疲倦。这样常常超脱有闲暇来培养才华的锋芒，在写作上保持多余的精力，使自己的笔锋像新磨过的刀刃一样，宰牛时解开肌肉的纹理没有一点迟钝，这虽然不是气功的技术，也是养气的一个方法。

赞曰：纷哉万象，劳矣千想。玄神宜宝，素气资养。水停以鉴，火静而朗。无扰文虑，郁此精爽。

【译文】总结：纷繁复杂啊万事万物，劳累啊创作的千思百想。玄妙的精神应当珍惜，恒常的精气有待保养。水流停止不动可以更加的清明，火焰平静那便更加的明亮。不要扰乱创作的思虑，应当保持文思茂盛精神清爽。

卷四十五 时序

时运交移，质文代变，古今情理，如可言乎！昔在陶唐，德盛化钧，野老吐何力之谈，郊童含不识之歌。有虞继作，政阜民暇，薰风诗于元后，烂云歌于列臣。尽其美者，何乃心乐而声泰也！至大禹敷土，九序咏功，成汤圣敬，猗欤作颂。逮姬文之德盛，周南勤而不怨；太王之化淳，邠风乐而不淫；幽厉昏而板荡怒，平王微而黍离哀。故知歌谣文理，与世推移，风动于上，而波震于下者。

【译文】随着时代的交替推移，崇尚文采或者质朴各代不同，古往今来的情理发展，似乎可以谈一谈吧！从前在唐尧的时代，道德高尚，教化普及，田野的老人吐出了"尧对我们有什么贡献"的言谈，郊外的儿童口里唱着"不识不知"的歌谣。虞舜继承唐尧的事业，政治清明，百姓安闲，元首大舜唱出了《南风歌》，列位臣子相和歌唱起了《卿云歌》。这些作品为什么都极其美好？乃是因为大家心里快乐声音和畅啊！到了夏禹治理水土有了成就，有九种有益民生的事物发挥作用而被加以歌颂；成汤圣哲英明，尊敬贤德，《商颂·那》篇作出了"美啊"的颂辞。到了周文王姬昌的德政盛行，《周南》的民歌便反映了勤劳而不怨恨的精神；周的太王教化淳厚，《邠风》的民歌便充满了欢乐而不过分的情调。周幽王、周厉王昏庸无能，所以《诗经·大雅》里的《板》诗和《荡》诗便表达了愤怒的感情，周平王东迁后宗室衰微，《王风·黍离》便表现了哀怨的感情。所以我们知道歌谣的文采与情理随着时世转变，政治教化像风那样在上面吹动，歌诗就像水波在下面震荡一样。

春秋以后，角战英雄，六经泥蟠，百家飚骇。方是时也，韩魏力政，燕赵任权；五蠹六虱，严于秦令；唯齐楚两国，颇有文学；齐开庄衢之第，楚广兰台之宫，孟轲宾馆，荀卿宰邑；故稷下扇其清风，兰陵郁其茂俗；邹子以谈天飞誉，驺奭以雕龙驰响；屈平联藻于日月，宋玉交彩于风云。观其艳说，则笼罩雅颂，故知炜烨之奇意，出乎纵横之诡俗也。

【译文】春秋以后，七国角逐争战竞相称雄，六经被抛弃，诸子百家风起云涌像狂飚一样使人吃惊。那个时候，韩国、魏国使用武力征战，燕国、赵国任用权谋；商鞅、韩非反对儒家，把文学看做“五种蛀虫”、“六种虱子”之一的法治主张，命令严加禁止；只有在齐楚两国里，富有文化学术。齐国在四通八达的大街上开设了府第招待学者，楚国广建兰台宫，用来延纳文人学士，孟轲作为齐国的贵宾住在客馆，荀卿当了兰陵县令；所以齐国的稷门之下掀起了清新的学风，楚国的兰陵地方培养成了美好的风俗，邹衍因为能谈天说地而声名远扬，驺奭因为有“雕龙”似的文采驰骋文坛，屈原的作品可与日月争光，宋玉色彩相交的作品可与风云辉映。看看他们艳丽的文辞，就要笼罩住《诗经》中的雅颂，所以我们知道文采照耀的诡异文思，是从战国时诡异风俗中产生出来的。

爰至有汉，运接燔书，高祖尚武，戏儒简学；虽礼律草创，诗书未遑，然大风鸿鹄之歌，亦天纵之英作也。施及孝惠，迄于文景，经术颇兴，而辞人勿用；贾谊抑而邹枚沉，亦可知已。逮孝武崇儒，润色鸿业，礼乐争辉，辞藻竞骛：柏梁展朝宴之诗，金堤制恤民之咏，征枚乘以蒲轮，申主父以鼎食，擢公孙之对策，叹倪宽之拟奏，买臣负薪而衣锦，相如涤器而被绣；于是史迁寿王之徒，严终枚皋之属，应对固无方，篇章亦不匮，遗风余采，莫与比盛。越昭及宣，实继武绩，驰骋石渠，暇豫文会，集雕篆之轶材，发绮縠之高喻；于是王褒之伦，底禄待诏。自元暨成，降意图籍，美玉屑之谭，清金马之路。子云锐思于千首，子政雠校于六艺，亦已美矣。爰自汉室，迄至成哀，虽世渐百龄，辞人九变，而大抵所归，祖述楚辞，灵均余影，于是乎在。

【译文】到了汉代，处在秦始皇焚书之后，汉高祖刘邦崇尚武功，戏弄儒生怠慢学者。虽然礼法和律法已经开始创作，但还没有来得及去整理《诗经》《尚书》这些经典，尽管如此，但汉高祖的《大风歌》和《鸿鹄歌》，也算得上是天才的杰作了。汉高祖的尚武影响到孝惠帝，直到汉文帝、汉景帝时，经学稍稍兴起，可是文人还是不受重用，这只要看看贾谊遭到贬抑，邹阳和枚乘的地位低下不得志，也可以知道了。到了汉武帝尊崇儒家学说，要用文采来粉饰他鸿大的功业，制礼做乐，争放光辉，文辞与华藻竞相纷驰。汉武帝在柏梁台上与群臣开宴联句而成《柏梁诗》，在瓠子河堤上作了忧民的《金堤咏》，用安稳的蒲轮车去征聘枚乘，给主父偃以鼎食高官的待遇，公孙弘的对策好，就擢升为第一加以任用，赞叹倪宽拟写的奏书非同凡俗，卖柴为生的朱买臣，让他穿上了官服锦衣，开酒馆洗杯碗的司马相如，让他披上了皇家绣袍做使节，于是司马迁、吾丘寿王这些人，严安、终军、枚皋一类人，他们的回应对答确实灵活没有一定，他们写的文章也并不匮乏，风流文采遗传下来，没有比那时更兴盛的了。越过汉昭帝到了汉宣帝的时代，确实继承了汉武帝的事业，他召集群儒在石渠阁展开对经学的辩论，文士在文会上从容讨论，既聚集了创作辞赋的杰出人才，又发出贬低辞赋尊重经书的高论。在这个时候，王褒这些有文才的人，凭着文采等待皇帝的诏令得到高官厚禄。从汉元帝到汉成帝，都很重视收集整理图书典籍，赞美像珠玉般美好的言辞，为文人们扫清了通向金马门的道路，因此扬雄在上千首的赋上用尽心思，刘向父子整理校订了包括《六艺略》的群书目录《七略》，做得很到家。自从汉家王朝建立以来，到汉成帝、汉哀帝为止，虽然时代经历了一百余年，文人写作的变化很多，然而他们仍然继承了《楚辞》的传统，屈原留下的影响，在这些作品里就可以看到。

自哀平陵替，光武中兴，深怀图谶，颇略文华，然杜笃献诔以免刑，班彪参奏以补令，虽非旁求，亦不遐弃。及明章叠耀，崇爱儒术，肄礼璧堂，讲文虎观；孟坚珥笔于国史，贾逵给札于瑞颂，东平擅其懿文，沛王振其通论，帝则藩仪，辉光相照矣。自安和已下，迄至顺桓，则有班傅三崔，王马张蔡，磊落鸿儒，才不时乏，而文章之选，存而不论。然中兴之后，群才稍改前辙，华实所附，斟酌经辞，盖历政讲聚，故渐靡儒风者也。降及灵帝，时好制辞，造羲皇之书，开鸿都之赋，而乐松之徒，招集浅陋，故杨赐号为驩兜，蔡邕比之俳优，其余风遗文，盖蔑如也。

【译文】自从西汉的哀帝、平帝时汉朝趋向没落衰微，到光武帝中兴，他非常推崇图箓谶纬之学，而对文辞却颇为忽略。然而杜笃因献《大司马吴汉诔》而让光武帝免去了他的刑罚；班彪为西河大将军窦融写的奏章写得好，也被增补为徐县的县令。虽然不是广泛的搜求人才，然而也可以看到汉光武帝对文人也并不远远的抛弃。到了汉明帝和汉章帝时期，在文章写作方面可算得是东汉叠璧双耀的时代，他们都崇尚经学，明帝在大学里学习了礼仪，章帝在白虎观里讲论经书。班固帽侧插上笔杆，撰写出汉代的国史；贾逵接到纸札，写作了瑞祥的颂文；东平王刘苍发挥专长，写下了许多美好的礼文；沛献王刘辅振扬笔杆，写出了阐述“五经”的《沛王通论》。皇帝立下准则，藩王做出规范，像光辉般互相辉映。自和帝、安帝以下，到顺帝、桓帝为止，在文坛上便有班固、傅毅和崔骃、崔瑗、崔寔、王延寿、马融、张衡和蔡邕，众多的大学者时时产生，并不缺乏，对他们的文章作品的选录，我们暂且不谈。然而自从光武帝中兴之后，历代众多的文人在文章写作上渐渐改变了从前的道路，在文采和内容的结合中，酌量采用经典中的辞藻，这大概是因为几代以来都聚集学者儒生讲经，所以便逐渐受了儒家风气影响的缘故。下传到了汉灵帝，当时的风尚爱好是写作辞赋，他也亲自写作了《皇羲篇》五十章，开放鸿都门来接待写作辞赋的文人。后来乐松之徒，招集了些浅俗鄙陋的文人，也在那里写辞作赋，所以杨赐把他们称为害人的驩兜，蔡邕把他们比为小丑。他们余留下来的习气和文字，是不值得讲的。

自献帝播迁，文学蓬转，建安之末，区宇方辑。魏武以相王之尊，雅爱诗章；文帝以副君之重，妙善辞赋；陈思以公子之豪，下笔琳琅：并体貌英逸，故俊才云蒸。仲宣委质于汉南，孔璋归命于河北，伟长从宦于青土，公幹徇质于海隅；德琏综其斐然之思；元瑜展其翩翩之乐；文蔚休伯之俦，于叔德祖之侣，傲雅觞豆之前，雍容衽席之上，洒笔以成酣歌，和墨以藉谈笑。观其时文，雅好慷慨，良由世积乱离，风衰俗怨，并志深而笔长，故梗概而多气也。至明帝纂戎，制诗度曲，征篇章之士，置崇文之观，何刘群才，迭相照耀。少主相仍，唯高贵英雅，顾盼合章，动言成论。于时正始余风，篇体轻淡，而嵇阮应缪，并驰文路矣。

【译文】自从汉献帝流离迁移，文士也像蓬草一样随风飘荡辗转四方，到了建安末年，北方地区方才安定。魏武帝曹操以丞相和魏王的崇高地位，一向爱好诗歌辞章；魏文帝曹丕以太子的重要地位，善于写作精妙的文辞诗赋；陈思王曹植以大家公子的豪华，文采像珠玉般美好。他们都殷勤地接待杰出的文士，所以一时文采极盛。王粲从汉水之南来归顺，陈琳从黄河之北来归附，徐幹从青州来做官，刘桢从海边来投奔，应 综合他辞采华美斐然的文思，阮瑀施展了他风度翩翩的书记才能。还有路粹、繁钦这类文人，邯郸淳、杨修这些文友，他们都常在酒杯前吟咏诗篇，在座席上从容谈艺，挥洒毫笔便写成了酣畅的歌，调和墨汁便可借以言谈欢笑。观察那时的文章，一向都喜欢慷慨激昂，实在因为当时长期战乱，风气败坏，人们仇怨，这些作者都感慨深沉，下笔沉重，所以他们的作品便慷慨激昂而又富有气势！到了魏明帝继承祖业，制作诗辞，谱度乐曲；召集会做文章的人士，设置崇文观作为讲学作文的地方，于是何晏、刘劭这一群有才华的文人，文采互相照耀。以后年少的君主相继即位，其中唯有高贵乡公曹髦，有才华学问，他顾盼之间就形成文章，一发言就成为议论。在这个时期，受到正始余风的影响，文体轻浮淡泊，只是嵇康、阮籍、应璩、缪袭这些作家显得不同，都在文学的大路上奔跑前进了。

逮晋宣始基，景文克构，并迹沉儒雅，而务深方术。至武帝惟新，承平受命，而胶序篇章，弗简皇虑。降及怀愍，缀旒而已。然晋虽不文，人才实盛：茂先摇笔而散珠，太冲动墨而横锦，岳湛曜联璧之华，机云标二俊之采。应傅三张之徒，孙挚成公之属，并结藻清英，流韵绮靡。前史以为运涉季世，人未尽才，诚哉斯谈，可为叹息！

【译文】到了晋宣帝司马懿开始打下开国的基础，晋景帝司马师、晋文帝司马昭继承父业；他们在行动上忽略儒学和风雅，致力于钻研篡夺皇位的阴谋权术。至晋武帝司马炎建立新王朝，在太平时代称帝，但是学校和辞章，还没有引起他的注意。下传到晋怀帝和晋愍帝，皇帝只成了装饰品罢了，哪里谈得上提倡文章事业！然而，晋代的皇帝虽然不重视文学事业，但有才华的文人实际上很多；张华摇动笔杆像会落下珍珠，左思挥洒墨汁创作作品就像展开锦绣，潘岳、夏侯湛的文章像双璧般光彩照耀，陆机、陆云显示出两位才人的文采，应贞、傅玄、张载、张协、张亢之徒，孙楚、挚虞、成公绥之辈，文章辞藻清新英俊，有风韵而华艳细密。以前史学家认为时代进入末世，这些人都没有发挥才华，确实是这样啊，这个话很正确，这些人的遭遇真可以使人们叹息！

元皇中兴，披文建学，刘刁礼吏而宠荣，景纯文敏而优擢。逮明帝秉哲，雅好文会，升储御极，孳孳讲艺，练情于诰策，振采于辞赋；庾以笔才逾亲，温以文思益厚，揄扬风流，亦彼时之汉武也。及成康促龄，穆哀短祚；简文勃兴，渊乎清峻，微言精理，函满玄席；淡思浓采，时洒文囿。至孝武不嗣，安恭已矣；其文史则有袁殷之曹，孙干之辈，虽才或浅深，珪璋足用。自中朝贵玄，江左称盛，因谈余气，流成文体。是以世极迍邅，而辞意夷泰，诗必柱下之旨归，赋乃漆园之义疏。故知文变染乎世情，兴废系乎时序，原始以要终，虽百世可知也。

【译文】晋元帝中兴建立了东晋王朝，提倡文章写作的事业，兴建了经学考试的制度。文人刘隗、刁协由于是精通礼法的官吏而受到皇帝的尊敬；郭璞因为文思敏捷而被皇帝从优提拔。到了晋明帝的时候，天资聪明，向来爱好文人学士的会聚，他从立为太子到继承皇位，都孜孜不懈地讲求六经，在写作诰书、策书上注意研讨，在辞赋上发挥文采，庾亮因为有写作的才华越发得到亲近，温峤因文思敏捷而越发受厚待。晋明帝这样对待文才，确实算得上那个时代的汉武帝了。到了孝成帝康帝寿命短促，穆帝哀帝的在位时间也不长。简文帝时文学事业勃然兴起，气度深沉，风格清俊，微妙的语言，精深的道理，常常充满了玄学清淡的讲席；道家的思想，浓厚的文采，时时流布到文学园地上来。到了孝武帝的时候，政权逐步被刘裕篡夺，没有人继承，到安帝和恭帝，东晋就完结了。这段时期文学家兼史学家的有袁宏、殷仲文诸人，孙盛、干宝等辈，他们的才智虽然有浅有深，但也像宝贵的玉器一样，足够朝廷使用了。自从晋朝看重文学清谈，到东晋偏安长江以南便更为流行了，这种清谈玄学的风气影响到了文学，便形成了一种新的文风。所以世道虽然极度的艰难，而文辞却写得平静宽缓，诗歌一定以老子庄子的思想作为宗旨和归宿，辞赋只能是老子庄子著作义理的解释。所以知道文章的变化受到时代情况的感染，不同文体的兴衰和时代的兴衰有关，探究它的开始，总归它的终结，即使是百世的文学流变也是可以推知的。

自宋武爱文，文帝彬雅，秉文之德，孝武多才，英采云构。自明帝以下，文理替矣。尔其缙绅之林，霞蔚而飚起；王袁联宗以龙章，颜谢重叶以凤采，何范张沈之徒，亦不可胜也。盖闻之于世，故略举大较。暨皇齐驭宝，运集休明：太祖以圣武膺箓，高祖以睿文纂业，文帝以贰离含章，中宗以上哲兴运，并文明自天，缉遐景祚。今圣历方兴，文思光被，海岳降神，才英秀发，驭飞龙于天衢，驾骐骥于万里。经典礼章，跨周轹汉，唐、虞之文，其鼎盛乎！鸿风懿采，短笔敢陈；扬言赞时，请寄明哲。

【译文】自从南朝的宋武帝爱好文学，宋文帝也儒雅彬彬倡导文学，宋武帝具有宋文帝的德才，多才多艺，辞采丰富。从宋明帝以下，文辞儒学便衰废了。在刘宋时代的士大夫中，文士像云霞般众多，狂风般突起。王姓、袁姓宗族中接连地出现文才；颜姓、谢姓世家也有好几代以文采著名；还有何逊、范云、张邵、沈约等，多得都不可全部列举。这里只就在当时著名的，约略说一下大概的情况。

到大齐建国，国运昌盛：齐太祖以他圣明的武功膺受天命而继位，齐高祖以他的深通文学继承了父亲的大业，齐文帝以他的明智使文章得以孕育，齐高宗以他上等的智慧使国运因之兴盛。他们的文雅明智都是天生的，光照皇位。现在国运正在昌隆，文教遍及各地，四海五岳都降下了神明，人才突出，像驾驭飞龙在天上飞，驾驰骏马跑万里路。现在的经书、典籍、礼乐、文章，可说是跨过了周朝，压倒了汉代，唐尧虞舜时代的文风，是正在兴盛了吧！当今宏伟的文风，美好而丰富的辞采，拙劣之笔岂敢陈述，扬言评赞当代文章的这个任务，请寄托给明智的人来完成吧！

赞曰：蔚映十代，辞采九变。枢中所动，环流无倦。质文沿时，崇替在选。终古虽远，旷焉如面。

【译文】总结：十个朝代文学蔚然有采，文章的发展历来多变。时代就像门枢为中心，文学环绕它变化不断演变。文风的质朴和华丽沿时代发展，文学的兴盛衰亡和时代紧连。往古的时代虽然相去久远，通过文章却清楚得如在眼前。

颜之推

颜之推，北朝齐临沂人，字介。初在梁，后奔齐，官黄门侍郎。隋开皇中，太子召为学士，寻卒。之推博览群书，词情典实，著有《家训》传世，论学评文，皆颇可观。

【译文】颜之推是北齐临沂人，字介。他一开始在南朝梁，后来逃难到北齐，官至黄门侍郎。隋文帝开皇年间，太子杨勇召颜之推为学士，不久就去世了。他博览群书，使用词汇典章翔实，他所著的《颜氏家训》流传后世，讨论学术、文章，都有可观之处。

颜氏家训·文章篇

夫文章者，原出五经：诏命策檄，生于《书》者也；序述论议，生于《易》者也；歌咏赋颂，生于《诗》者也；祭祀哀诔，生于《礼》者也；书奏箴铭，生于《春秋》者也。朝廷宪章，军旅誓诰，敷显仁义，发明功德，牧民建国，施用多途。至于陶冶性灵，从容讽谏，入其滋味，亦乐事也。行有余力，则可习之。然而自古文人，多陷轻薄：屈原露才扬己，显暴君过；宋玉体貌容冶，见遇俳优；东方曼倩，滑稽不雅；司马长卿，窃赀无操；王褒过章童约；扬雄德败美新；李陵降辱夷虏；刘歆反复莽世；傅毅党附权门；班固盗窃父史；赵元叔抗竦过度；冯敬通浮华摈压；马季长佞媚获诮；蔡伯喈同恶受诛；吴质诋訶乡里；曹植悖慢犯法；杜笃乞假无厌；路粹隘狭已甚；陈琳实号麤疏；繁钦性无检格；刘桢屈强输作；王粲率躁见嫌；孔融、祢衡，诞傲致殒；杨修、丁廙，扇动取毙；

【译文】文章起源于《五经》、诏书、致命、对策、梭文之类的文章，源于《尚书》；叙述事件、议论道理之类的文章，源于《易经》诗歌辞赋之 类的文章，源于《诗经》；祭礼前人，追念其生平，以示悼念的哀沫之类的文章，产生于《礼记》；上书、奏章铭文之类的文章，产生于《春 秋》。朝廷的重要法令，军中的号令誓词，在弘扬仁义道德，阐述功业德行，治理民众，建设国家等方面，用途是很广泛的。至于陶冶性情， 婉言劝谏，体味文章的妙趣，也是一件赏心乐事。生平行有余力，也可以学作文章。然而自古以来的文人，大多陷于轻浮放荡。例如：屈原就显露才华，表现自己，显扬暴露君主的过错；宋玉体态容貌艳冶出众，被人看作戏子；东方溯滑稽可笑，不够庄重；司马相如图谋资财，没有操守；王褒接近寡妇，还将此事公然写进《僮约》；扬雄作《剧秦美新》，向王莽献媚邀宠；李陵辱没身份，投降匈奴；刘歆在王莽执政时摇摆不定；傅毅依附结党于权贵；班固剽窃父亲写的史书；赵壹过分持才傲物；冯敬通华而不实遭排挤；马季长奸巧陷媚被讥诮；蔡依附董卓 被杀；吴质横行霸道而触怒乡里；曹植傲慢无礼而触犯国法；杜笃死皮赖脸；路粹心胸狭隘。陈琳粗疏狂放；繁钦无法无天；刘桢彝敖不训被罚做苦役；王彝轻率浮躁而遭人厌恶；孔融、祢衡狂放傲慢因而被害；杨修、丁廙蛊惑生事而遭殃。

阮籍无礼败俗；嵇康凌物凶终；傅玄忿斗免官；孙楚矜夸凌上；陆机犯顺履险；潘岳乾没取危；颜延年负气摧黜；谢灵运空疏乱纪；王元长凶贼自殆；谢玄晖侮慢见及。凡此诸人，皆其翘秀者，不能悉纪，大较如此。至于帝王，亦或未免。自昔天子而有才华者，唯汉武、魏太祖、文帝、明帝、宋孝武帝，皆负世议，非懿德之君也。自子游、子夏、荀况、孟轲、枚乘、贾谊、苏武、张衡、左思之俦，有盛名而免过患者，时复闻之，但其损败居多耳。每尝思之，原其所积，文章之体，标举兴会，发引性灵，使人矜伐，故忽于持操，果于进取。今世文士，此患弥切，一事惬当，一句清巧，神厉九霄，志凌千载，自吟自赏，不觉更有傍人。加以砂砾所伤，惨于矛戟，讽刺之祸，速乎风尘，深宜防虑，以保元吉。

【译文】阮籍因无礼败坏风俗；稽康因欺物不得善终；傅玄因愤争而免官；孙楚因夸耀而欺上；陆机因作乱而冒险；潘岳因侥幸取利而致危；颜延年因负气而被免职；谢灵运因空疏而作乱；王元长因凶逆而被杀；谢玄晖因侮慢而遇害。以上这些人物，都是文人中杰出的，其他不能统统的记起，大体如此。至于帝王，有的也未能避免这类毛病。从古当上天子并有才华的，只有汉武帝、魏太祖、魏文帝、魏明帝、宋孝武帝，都被世人讥议，不算有美德的君王。从孔子的学生子游、子夏到荀况、孟轲、枚乘、贾谊、苏武、张衡、左思等一流人物，享有盛名而免于过失祸患的，也时常听到，只是其中损丧败坏的占多数。对此我常思考，寻找病根，当是由于文章这样的东西，要高超兴致，触发性灵，这就会使人夸耀才能，从而忽视操守，敢于追求名利。在现在文士身上，这种毛病更加深切，一个典故用得恰当，一个句子做得清巧，就会心神上达九霄，意气下凌千年，自己吟咏自我欣赏，不知道身边还有别人。加以砂砾般的伤人，会比矛戟伤人更狠毒；讽刺而招祸，会比刮风更迅速。应该认真思考防范，来保有大福。

或问扬雄曰：“吾子少而好赋？”雄曰：“然。童子雕虫篆刻，壮夫不为也。”余窃非之曰：虞舜歌南风之诗，周公作鸱鸮之咏，吉甫、史克雅、颂之美者，未闻皆在幼年累德也。孔子曰：“不学诗，无以言。”“自卫返鲁，乐正，雅、颂各得其所。”大明孝道，引诗证之。扬雄安敢忽之也？若论“诗人之赋丽以则，辞人之赋丽以淫”，但知变之而已，又未知雄自为壮夫何如也？著《剧秦美新》，妄投于阁，周章怖慑，不达天命，童子之为耳。桓谭以胜老子，葛洪以方仲尼，使人叹息。此人直以晓算术，解阴阳，故著《太玄经》，为数子所惑耳；其遗言余行，孙卿、屈原之不及，安敢望大圣之清尘？且太玄今竟何用乎？不啻覆酱瓿而已。

【译文】有人问扬雄说：“你从小就喜欢作辞赋吗？”扬雄回答说：“是的.这不过是小时候的雕虫小技，成年人是不屑于作辞赋的。”我各人是不同意这种说法的；虞舜所作的《南风》，周公所作的《鸱鸮》，尹吉甫、史克作作的《雅》、《颂》，没听说这些都是他们在小时候写的，而且连累过自己的德行。孔子说：“不学诗就不善辞令。”我从卫国回到鲁国，便开始整理乐章，将《雅》、《颂》的诗篇明确规类，各得其所 。”孔子弘扬孝道，引用《诗经》为证，扬雄怎么甘于轻视这样的诗赋呢？我认为“古人诗赋美丽而可供效法，令人的诗赋华艳而过分荒唐。”这只是提出古代诗赋与现在诗赋的差别，我不知道扬雄成年时候都写了些什么？他那本向王莽讨好的《剧秦美新》，害得自己投阁自杀而不成，整日惊惶失措，恐惧不安，一个人不达天命，不识去就，这才真是小孩子得作为啊！恒谭认为扬雄胜过老子，葛洪认为扬雄可以与孔子相提并论，这种见解让人感到遗憾。这个扬雄只不过是通晓术数，懂得点阴阳，因而撰写《太玄经》，有些人就被他迷惑了。他一声得所作所为，连荀子、屈原都赶不上，怎么取企望与步大圣人的后尘呢？再说《太玄经》现在看来又有什么价值呢？也只能用来覆盖酱瓿而已。

齐世有辛毗者，清干之士，官至行台尚书，嗤鄙文学，嘲刘逖云：“君辈辞藻，譬若荣华，须臾之翫，非宏才也；岂比吾徒十丈松树，常有风霜，不可凋悴矣！”刘应之曰：“既有寒木，又发春华，何如也？”辛笑曰：“可矣！”

【译文】齐代有个人叫辛毗者，是位清廉能干之士，官居行台尚书。他瞧不起文学，就嘲笑刘逖说：“你们这类人卖弄词藻就像花丛一样，只能供人赏玩片刻，不是栋梁之材，怎么能比得上我这样得常遇风霜而不凋零的十丈松树呢？”刘逖回答说：如果既是栋梁之材，又能表现出如春花般的才情，怎么样？”辛笑了笑说：“那就可以了！”

凡为文章，犹人乘骐骥，虽有逸气，当以衔勒制之，勿使流乱轨躅，放意填坑岸也。

【译文】撰写文章，就像人骑着骏马，虽然有一种飘逸之气，却要勒紧缰绳，有所约束，不能放任自流，不守规则，一味地纵意而行，以至于坠入沟中。

文章当以理致为心肾，气调为筋骨，事义为皮肤，华丽为冠冕。今世相承，趋末弃本，率多浮艳。辞与理竞，辞胜而理伏；事与才争，事繁而才损。放逸者流宕而忘归，穿凿者补缀而不足。时俗如此，安能独违？但务去泰去甚耳。必有盛才重誉，改革体裁者，实吾所希。古人之文，宏材逸气，体度风格，去今实远，但缀疏朴些，这未为密致耳。今世音律谐靡。章句偶对，避讳精详，贤于往昔多矣。宜以古之制裁为本，今之辞调为末。并须两存，不可偏弃也。

【译文】文章应该以义理、情致为心情，以气韵才调为筋骨，以叙事、措辞为皮肤，以华美奇丽为冠冕。现在世代相承的文风，弃本求末，大多过 于浮艳，言辞与义理相争，突出文辞，掩盖义理；叙事与才调相争，叙事繁复，损害了才调。肆意飘逸的，则放任自流，忘掉了文章的本旨；穿凿拘泥的，则东修西补，文意不通。时尚如此，怎么能独自违背呢？只要做到不能太离谱。一定要有一位才华横溢、有崇高声誉的人出来，要改变这种文风，这是在是我所期望的。古人所做的文章，题材宏大，气韵飘逸、奔放，格局、气度、风格，都超过今天很远；但是在收集整理和注疏上，却不够精密细致。今天的文章韵律和谐靡丽，章节句子整齐对称，严格避讳文章写作的禁忌，这些又远远超过了古代。所以应当以古文的体裁样式、风格作为根本，以今天的文辞、韵调为次要形式。并且要把两者都保留下来，不可以偏向一方而丢弃另一方。

沈隐侯曰：“文章当从三易：易见事，一也；易识字，二也；易读诵，三也。”邢子才常曰：“沈侯文章，用事不使人觉，若胸忆语也。”深以此服之。祖孝征亦尝谓吾曰：“沈诗云：‘崖倾护石髓。’此皆似用事邪？”

【译文】沈隐候曰：“文章应该遵循‘三易’的原则，一是用典明白易懂，二是文字容易认识，三是易于诵读计议。”邢子才常说：沈约的文章， 用典隶事，使人觉察不出来，就像直抒胸臆一般。”这一点让人非常佩服。祖孝征也曾对我说：“沈约的诗作中写道‘崖倾护石髓’，这难道看不出诗中引用了关于‘石髓’的典故？”

邢子才、魏收俱有重名，时俗准的，以为师匠。邢赏服沈约而轻任昉，魏爱慕任昉而毁沈约，每于谈宴，辞色以之。邺下纷纭，各有朋党。祖孝征尝谓吾曰：“任、沈之是非，乃邢、魏之优劣也。”

【译文】邢子才、魏收都很有名望，当时的人都将他们视为楷模，奉为宗师。邢子才欣赏佩服沈约，而轻视任昉，魏收爱戴钦佩服任昉而诋毁沈约，他们在一起宴饮聊天时，常常为此争论得面红耳赤。邺都的任对此也众说纷纭，各处形成宗派。祖孝征曾对我说：“任昉、沈约谁是谁非， 只要看一看邢子才、魏收二人，谁优谁劣就知道了。

王通

王通，隋龙门人，字仲淹，隐居河汾，受业者千余人。卒年三十五，谥文中子，著有《中说》等种。

【译文】王通是隋代龙门人，字仲淹，在河汾一带隐居，跟着他学习的有千余人。王通去世时三十五岁，谥号“文中子”，著有《中说》等著作。

《文中子·论文》九则

子曰：“学者，博诵云乎哉？必也，贯乎道。文者，苟作云乎哉？必也，济乎义。”

【译文】文中子说：“学习，仅指博览群书吗？一定要贯穿大道。文章仅是指创作而言吗？一定要贯通仁义。”

房玄龄问史。子曰：“古之史也辩道，今之史也耀文。”问文，子曰：“古之文也约以达，今之文也繁以塞。”

【译文】房玄龄向文中子问史。文中子说：“古代的史是用来指明‘道’的，现在的史只不过成为一种炫耀的工具。”房玄龄又问文，文中子说：“古代的文体裁简约但是意涵通达，现在的文繁杂但阻塞文意。”

子谓荀悦：“史乎，史乎。”谓陆机：“文乎，文乎。”皆思过半矣。

【译文】文中子评价荀悦：“史啊史啊。”评价陆机说：“文啊是啊。”都已经领悟了一半了。

子谓文士之行可见，谢灵运小人哉。其文傲，君子则谨。沈休文小人哉，其文冶，君子则典。鲍照、江淹，古之狷者也，其文急以怨。吴筠、孔珪，古之狂者也，其文怪以怒。谢庄、王融，古之纤人也，其文碎。徐陵、庾信，古之夸人也，其文诞。

【译文】文中子说文人的品行可以看到。谢灵运小人啊，他文辞傲慢，君子则严谨。沈休文是小人，其文辞艳冶，君子则典雅。鲍照、江淹是心胸狭窄之人，故其文辞多急躁、多怨尤。吴药、孔硅是狂妄之人，故其文风多怪异、多怒气。谢庄、王融是吝音之人，故其文辞琐碎。徐陵、庾信是志大虚妄之人，故其文辞荒诞。

或问孝绰兄弟。子曰："鄙人也，其文淫。"或问湘东王兄弟。子曰："贪人也，其文繁。谢朓，浅人也，其文捷。江总，诡人也，其文虚。皆古之不利人也。"

【译文】有人问刘孝绰、孝威兄弟文辞怎样。文中子说："他们是庸俗之人，其文淫逸。"有人问湘东王肖绎、肖纲兄弟文辞怎样？文中子说："此二人贪得无天，其文繁褥。谢眺为浅陋之人，其文急促。江总为诡俊之人，其文虚空。这些人都是古时不善之人，或丧身，或丧国。

子曰："君子哉思王也，其文深以典。"

【译文】文中子说："陈思王曹植真是谦谦君子啊，他的文章因为用典而文意深刻。"

子谓颜延之、王俭、任昉，有君子之心焉，其文约以则。

【译文】文中子说颜延之、王俭、任昉诸人都有谦谦君子之心，他们的文风简约可以成为规范。

李伯药见子而论诗。子不答。伯药退谓薛收曰："吾上陈应、刘，下述沈、谢，分四声八病，刚柔清浊，各有端序，音若埙篪。而夫子不应我，其未达欤？"薛收曰："吾尝闻夫子之论诗矣：上明三纲，下达五常。于是征存亡，辩得失。故小人歌之以贡其俗，君子赋之以见其志，圣人采之以观其变。今子营营驰骋乎末流，是夫子之所痛也，不答则有由矣。"

【译文】李伯药见文中子谈论《诗经》，文中子不回答。伯药告退后对薛收说："我上述应、刘，下言沈、谢，又区分四声八病，语健旨远刚柔相及，标逸质实清浊有别，各有其头绪，若埙音刚而浊，若篪竹柔而清，他老人家却不与我答声，我说得不清楚吗？"薛收说："我曾听他老人家论《诗》，说《诗》上可明确三纲，下可通达五常，可以用来验证存亡，辨明得失，所以小人唱诗可以告其习俗，君子赋诗可以见其志向，圣人设官采诗可以观察民风变化。今日你所谈者皆限于文辞、形式等齐梁流弊，不涉及诗旨之道，这正是夫子痛心之处。他老人家不回答是有原由的。"

薛收问《续诗》。子曰："有四名焉，有五志焉。何谓四名？一曰化，天子所以风天下也；二曰政，蕃臣所以移其俗也；三曰颂，以成功告于神明也；四曰叹，以陈诲立诫也。凡此四者，或美焉，或勉焉，或伤焉，或恶焉，或诫焉，是谓五志。"

【译文】薛收问《续诗》。文中子说："包含四个部分，五种情感意志。四部分是什么呢？第一部分是'化'，天子以此而风化天下。第二部分是'政'，诸臣以此来改变风俗。第三部分是'颂'，把成就功绩上告神灵。第四部分是'叹'，用来教导、告诫。凡此四部分，或赞美，或勉励，或低毁，或厌恶，或自诫，这就是五'志'"。

薛收问曰："今之民胡无诗？"子曰："诗者，民之情性也，情性能亡乎？非民无诗，职诗者之罪也。"

【译文】薛收问："今日民众为何没有诗歌？"文中子说："诗歌，是百姓性情的表露，情性怎会消亡？并非民众无诗，而是采诗官失职。"

柳冕

柳冕，唐河东人，字敬叔，芳之子，博学富文辞。世为史官，父子复并居集贤院。贞元中以言论剀切，当道恶之，出为婺州刺史，寻徙福建观察使，卒。

【译文】柳冕是唐代河东人，字敬叔，柳芳之子，博学富于文辞。时世代作史官，柳冕父子都位列集贤院。贞元年间因为言论符合事实，被当权者所厌恶，就把他罢黜为婺州刺史，不久又迁往福建作为观察使，在任上去世。

与滑州卢大夫论文书

别后九年，年已老大。平生好文，老亦兴尽，日为外事所挠。有笔语两大卷，或不得已而为之，或有为而为之。即为颇近教化，谨录呈上，望览讫一笑。

【译文】顿首下拜。你我分别之后九年，年纪已经很大了。我生平喜好作文，老了也没有这种兴致了，每天都为外边的事情所干扰。作了两卷散文，有的是不得已才作的，有的是为写而写的，而且十分接近于教化的风格，现在恭谨地誊录在此，希望看后能博得你笑一笑。

夫文生于情，情生于哀乐，哀乐生于治乱。故君子感哀乐而为文章，以知治乱之本。屈、宋以降，则感哀乐而亡雅正。魏、晋以还，则感声色而亡风教。宋、齐以下，则感物色而亡兴致。教化兴亡，则君子之风尽。故淫丽形似之文，皆亡国哀思之音也。自夫子至梁、陈，三变以至衰弱。

【译文】文产生于性情，性情产生于喜怒感情，喜怒感情产生于世道治乱。所以君子有感于喜怒哀乐才作文章，用来了解兴衰治乱的根本。屈原、宋玉以下，则感受悲哀、欢乐的感受反而失去了高雅公正。魏晋以来，则感受于声色而失去了教化的作用。南朝宋、齐以下，则感受到事物的表面而没有兴起教化。教化的衰落，导致君子风采失去殆尽。所以繁琐淫靡形似的文章，都是寄托亡国哀思的作品。自从孔子到南朝梁、陈，经过三次巨大的变化，文风终于变弱。

嗟乎！《关雎》兴而周道盛，王泽竭而诗不作，作则王道兴矣。天其或者肇往时之乱，为圣唐之治，兴三代之文者乎？老夫虽知之，不能文之，纵文之，不能至之。况已衰矣，安能鼓作者之气，尽先王之教？在吾子复而行者，鼓而生之。冕顿首。

【译文】啊！《诗经·关雎》兴起而西周的治理变得兴盛，王竭泽而渔的话就不会产生这样的诗，这样的诗做出来，则说明王道兴盛。上天或许是开始于以往的乱世，我朝盛唐的治理，是兴盛夏商周三代的“文”吗？老夫我虽然知道，但是不能作文，即便作文写出来，也没有办法写得完满。何况已经衰落之后，又怎么能一鼓作气，详尽先王们的教化呢？关键在于你能继承然后身体力行，尽力来作。柳冕顿首下拜。

与徐给事论文书

文章本于教化，形于治乱，系于国风。故在君子之心为志，形君子之言为文，论君子之道为教。《易》云：“观乎人文，以化成天下。”此君子之文也。

【译文】文章源于教化，表象为世道治乱，关联于《国风》。所以在于君子内心的志向，将道德高尚的君子们说过的话形成文字，作为君子们教化之道。《易》说：“观察人文治乱，才能教化形成全天下。”这正是君子的“文”。

自屈宋以降，为文者本于哀艳，务于恢诞，亡于比兴，失古义也。虽扬、马形似，曹、刘骨气，潘、陆藻丽，文多用寡，则是一技，君子不为也。昔武帝好神仙，而相如为《大人赋》以讽，帝览之，飘然有凌云之气。故扬雄病之曰：“讽则讽矣，吾恐不免于劝也。”盖文有余而质不足则流，才有余而雅不足则荡。流荡不返，使人有淫丽之心。此文之病也。雄虽知之，不能行之；行之者惟荀、孟、贾生、董仲舒而已。

【译文】自从屈原、宋玉以下，作文者本源于哀怨、艳丽，务求滑稽、荒诞，消亡于比兴这两种文体，逐渐失去了古老的意涵。虽然后世者有扬雄、司马相如的文风相似，曹植、刘祯饱含风骨，潘岳、陆机辞藻华丽，其文章的用处不大，则是一样的，有德君子是不作这样的文章的。以前汉武帝喜好求仙问神，而司马相如作《大人赋》来进行委婉的劝诫，武帝看了之后，飘飘然有腾云驾雾的感觉。所以扬雄讽刺说："委婉的劝诫是委婉的劝诫，但是却无法起到劝诫的效果。"因此说文章文采丰沛但其实质却是不足，因此也是枉然，文才有余但风雅不足就流俗一般了。流俗于一般之后，使人产生了淫靡繁琐的心态。这就是作文的弊病，扬雄虽然知道这种弊病，但是没有办法解决问题；能够解决问题的只有荀子、孟子、贾谊、董仲舒这几个人。

仆自下车，为外事所感，感而应之，为文不觉成卷。意虽复古而不逮古，则不足以议古人之文。噫！古人之文，不可及之矣。得见古人之心，在于文乎！苟无文。又不得见古人之心，故未能亡言，亦志之所之也。

【译文】我自从上任以来，被诸多繁杂的事情所拖累，有感而发，作文不知不觉写成了卷。意思虽然在复古但却比不上古人，也不足以议论古人的文章。噫！古人的文章，没有办法比得上。能够在古人的文章之中见到古人的心情。如果没有文章，就无法见到古人的心情，所以也没有办法不说，也是志向所在。

裴 度

裴度，唐闻喜人，字中立。贞元进士。累官中书侍郎，以讨平淮蔡策勋，封晋国公，加中书令。正色立朝，言无不尽，以身系天下安危者三十年。后因阉宦擅权，力请罢职，治第东都，作别墅曰“绿野堂”。野服萧散，与白居易、刘禹锡等觞咏其间，不问世事，卒谥文忠。

【译文】裴度是唐代闻喜县人，字中立。他是贞元年间进士，累官至钟书侍郎，因在讨平淮蔡藩镇势力进行策划而建立功勋，因此封晋国公，加中书令。裴度在朝廷上十分正直，知无不言，言无不尽，用自己的一身牵挂着全天下的安危有三十余年。后来因为宦官专权。他就极力请求辞职，在东都洛阳建造屋舍，建造的别墅名叫“绿野堂”，穿着普通百姓的衣服优哉游哉，他和白居易、刘禹锡等在那里喝酒吟诗，从此不问世事，裴度去世后赠给的谥号是“文忠”。

寄李翱书

前者，唐生至自滑，猥辱致书札，兼获所贶新作十二篇。度俗流也，不尽窥见。若《愍女碑》、《烈妇传》，可以激扬教义，焕于史氏。《钟铭》谓以功伐名于器非为铭。《与弟正辞书》谓文非一艺。斯皆可谓救文之失，广文之用也。甚善，甚善！

【译文】以前，唐生到了滑这个地方，我十分荣幸他给我写信，并随信寄来他新作的十二篇文章。我猜测都是流于庸俗的作品，也没有完全看完。像《愍女碑》、《烈妇传》两篇，文辞十分激烈有助于教益，可以列名史册。《钟铭》说将讨伐战争的功德记载在器物上不能叫做“铭”。《与弟正辞书》一篇说作文并不是一种技艺。这些都可以挽救文章的缺失，增广文章的作用。真是幸事，真是幸事啊！

然仆之知弟也，未知其他，直以弟敏于学而好于文，就六经而正焉。故每遇名辈，称弟不容于口。自谓弥久益无愧词，窃料弟亦以直谅见待，不以悦媚相容，故不惟嗟悒，亦欲商度其万一耳。若弟摈落今古，脱遗经籍，斯则如献白豕，何足采取？若犹有祖述，则愿陈其梗概，以相参会耳。

【译文】但是我所知道的兄弟，也不知道其他，只知道兄弟你好学喜好作文，而且都比照六经来进行校正。所以每当遇见那些具有名望之人，我对你的赞叹不绝于口。自认为这么长时间没有什么可以愧疚之处，私下里认为你也会因为忠直宽厚为人所称，不会容忍那些阿谀奉承之辈，所以也不会慨叹优愁，也想商量忖度其中的一些内容。如果你区别摒弃古今文章，对经典内容有所脱漏，就会像辽东进献白头猪而不知猪都是白头那样，这又有什么用呢？如果在文章方面还有继承了前辈之处，在此，我愿意陈述一些自己思考的细节，以供大家相互参考。

愚谓三、五之代，上垂拱而无为。下不知其帝力，其道渐被于天地万物，不可得而传也。夏、殷之际，圣贤相遇，其文在于盛德大业，又鲜可得而传也。厥后周公遭变，仲尼不当世，其文遗于册府，故可得而传也。于是作周、孔之文。荀、孟之文，左右周、孔之文也。理身，理家，理国，理天下，一日失之，败乱至矣。骚人之文，发愤之文也，雅多自贤，颇有狂态。

【译文】我认为在三皇五帝的时代，君主们都以无为而治理天下。而臣下不知道君主们的功德，他们的“道”逐渐扩散于天地万物，没有办法传承下来。夏、商相交之际，能够得到圣贤辅佐的，记录他们的文章在于记录其崇高的道德和伟大的功业，也只有很少一部分流传下来。之后周公制礼作乐，孔子不被世人所重用，他们的文章存留在官府文书之中，所以可以得到流传。于是有关周公、孔子的文章被记录，荀子、孟子的文章，也是周公、孔子的辅助。修身、齐家、治国、平天下的治理，一旦失去了，败亡散乱就继踵而来。文人墨客的文章，书法自己忧愤心理的文章，很多都是自认为自己是贤人，多少有些狂傲的样子。

相如、子云之文，谲谏之文也，自为一家，不是正气。贾谊之文，化成之文也，铺陈帝王之道，昭昭在目。司马迁之文，财成之文也，驰骋数千载，若有余力。董仲舒、刘向之文，通儒之文也，发明经术，究极天人。其余擅美一时，流誉千载者多矣。不足为弟道焉。然皆不诡其词而词自丽，不异其理而理自新。若夫典、谟、训、诰、《文言》、《系辞》、国风、雅、颂，经圣人之笔削者，则又至易也，至直也。

【译文】司马相如、扬雄的文章，都是些委婉的讽谏文章，自成一家，无法表达文章正气。贾谊的文章属于教化君主的文章，其内容浦城君主的治理办法，还十分明显能看到。司马迁的文章，是节制的文章，在世上流传千百年还能够流露出巨大的力量。董仲舒、刘向的文章，都是通达儒者的文章，发挥经典经义，探究天人关系。他们都被世人称赞褒美一时，流芳百世的有很多。不足以跟你说道。但是都不使用偏狭的文辞但他们的文辞自然华丽。不标新立异而他们所要表达的道理自然就是最新的。就像典、谟、训、诰、《文言》、《系辞》、国风、雅、颂这些东西，经过圣人们的删改，又变得十分简单，十分直接。

虽大弥天地，细入无间，而奇言怪语，未之或有。意随文而可见，事随意而可行。此所谓文可文，非常文也。其可文而文之，何常之有？俾后之作者，有所裁准。而请问于弟，谓之何哉？谓之不可，非仆敢言；谓之可也。则大学之道，在明明德，在止至善矣。能止于止乎？若遂过之，犹不及也。

【译文】虽然大道弥漫在天地之间，连最普通人之间都充溢着。但是奇怪的言语，也不是没有。文意跟随着文章本身能够显现，事情随着意念才能得以实行。这就是所谓的文就是文，但不是平常的文，只有那些可以被称作文才被称作文，又有什么常规呢？能够使得后继的作者在作文时有所遵循。我现在问你，这说的是什么呢？说是不行的，不是我不敢说；说也可以。也就是说至大学问的精要所在在于清楚地明了德行，施行教化使人的行为举止都能按照“善”的标准来运行。能够这样吗？如果过了头，还不如不去追求它。

观弟近日制作，大旨常以时世之文，多偶对俪句，属缀风云，羁束声韵，为文之病甚矣，故以雄词远致，一以矫之。则是以文字为意也。且文者，圣人假之以达其心，心达则已，理穷则已，非故高之、下之、详之、略之也。愚欲去彼取此，则安步而不可及，平居而不可逾，又何必远关经术，然后骋其材力哉？昔人有见小人之违道者，耻与之同形貌、共衣服，遂思倒置眉目、反易冠带以异也，不知倒之反之之非也。虽非于小人，亦异于君子乎。故文之异，在气格之高下，思致之深浅，不在磔裂章句，隳废声韵也。人之异，在风神之清浊，心志之通塞，不在于倒置眉目，反易冠带也。庶几高明，少纳庸妄。若以为未，幸不以苦言见革其惑。唯仆心虑荒散，百事罢息，然意之所在，敢隐于故人邪？

【译文】看到你进来所作的文章，大意都是寻常文章，多运用对偶、排比，约束压制声韵，作文的弊病已经很严重了。所以用豪装的言辞来表达深远的志向，都被改正过来了。这就是文章中字句的意涵所在，而且文章，本来就是圣人们借助用来表达自己心声的，表达出来，所想说的道理就穷尽了，并非要表达文章高下、详略的意思。我想去掉这些，采取那些，要做到安安稳稳是不可能的。既然安稳不可能，又何必远远地追究经术，然后任意驰骋在文字之间发挥自己的聪明才智？以前见过那些违背道义的小人，和他们长得相似、穿一样的衣服都觉得耻辱，于是改换面目装束来和他们区别开来，反而不知道这样正好犯了矫枉过正的毛病了。这样的做法，虽然是表达自己不耻于和小人为伍，但具体做法却并非君子所为。所以说文章的差别，在于辞气高下，思虑的深浅，不在于割裂文句，破坏音韵。各人的差异在于区分文气的清浊，通达心志中的阻塞之处，不在于改换面目装束。如果这种方法能够被高明君子所使用，就会减少平庸、狂妄。如果不是这样那就希望不会因为痛苦的言辞被废除的困惑了。只是我的心智荒乱散离，所有的事情都限于停滞，但意思就在这里，怎么敢不跟自己的好友知己言说呢？

昌黎韩愈，仆识之旧矣，中心爱之，不觉惊赏。然其人信美材也！近或闻诸侪类云：恃其绝足，往往奔放，不以文立制，而以文为戏。可矣乎？可矣乎？今之作者，不及则已；及之者，当大为防焉尔。

【译文】韩愈我以前认识，内心十分喜爱他，不知不觉之间觉得惊讶欣赏。但是这个人确实很有才华，近来听同辈人说：他凭借着他才气卓绝，能力过人，行文往往奔放不会制约于文章的规制，反而将作文当做游戏。能这样吗？能这样吗？现今的作文之人，达不到韩愈那样的水平就算了。如果能够达到他那样的水准，还是要小心提防其作文的弊病。

弟索居多年，劳想深至，穷阴凝沍，动息何如？入奉晨昏之欢，出参帷幄之画，固多适耳。昨弟来字，欲度及时干进。度昔岁取名，不敢自高。今孤茕若此，游宦谓何，是不复能从故人之所勖耳。但寘力田园，省过朝夕而已。然待春气微和，农事未动，或当策蹇谒贤大夫，兼与弟道旧。未尔间，犹希尺牍。珍重，珍重。力书无余。从表兄裴度奉简。

【译文】我离群索居很多年，深思熟虑，待到天气继位寒冷之时，还有什么举动呢？入朝就时刻陪伴在君王周围奉事，出朝就运筹帷幄筹谋划策，很多都十分合适。昨天你来信，像要让我帮忙你进取。我以前所取得的名声，不敢妄自尊大。现在穷苦孤独，在游学做官之间，因此没有办法遵从故人们的勉励了。但是归隐田园之后，朝夕之间都在是自我反省。但是等到春暖花开微风轻拂而农忙时节还没有到来之际，或许还可以骑着驴子去拜见各位贤人君子，再和兄弟你交谈叙旧。在这些间隙之中，还十分稀罕往来的书信。请你珍重再珍重，就写到这里。从表兄裴度奉上书信。

李 翱

李翱，唐赵郡人，字习之，贞元进士。官国子监博士史官修撰。卒谥文。翱学古文于韩愈，持论率有根柢。清储欣因明茅坤之《唐宋八大家文钞》，定为《唐宋十家全集录》，即益以翱及孙樵二家。后高宗辑《唐宋文醇》，又因储书而芟订之，仍为十家。可以知翱文之所至矣，有《李文公集》。

【译文】李翱是唐代赵郡人，字习之，是真元年间进士。官至国子监博士史官修撰，死后谥号“文”。李翱跟随韩愈学习古文，所论都有根有据。清代的储欣在明代茅绅《唐宋八大家文钞》基础上，编定《唐宋十家全集录》，就是增入李翱及其孙李樵二家著作。后来清高宗乾隆辑录《唐从文醇》，又在储欣基础上删定，仍定为十家。因此可知李翱文章的完美，李翱有《李文公集》传世。

答王载言书

翱顿首，足下不以翱卑贱无所可，乃陈词屈虑，先我以书。且曰：“余之艺及心不能弃于时，将求知者，问谁可，则皆曰，其李君乎？告足下者过也；足下因而信之，又过也。果若来陈，虽道备德具，且犹不足辱厚命；况如翱者，多病少学，其能以此堪足下所望博大而深宏者耶？虽然，盛意不可以不答，故敢略陈其所闻。

【译文】李翱在此顿首下拜。您不因为我地位卑贱一无是处，竟然屈从自己的意愿陈说，先给我写信，说：“我所遵从的文艺和心灵在这个时候没有办法抛弃掉，还想求取知识，问谁能满足我的愿望，都说非李翱莫属”我要是告诉了您，就是我的过错了。告诉了您，您信服了就更是我的错了。如果真是前来陈说，虽然具备道德因素，而且能够不辱使命；况且像我这样的，身体多病学识寡陋，真的能够当得上您所期望的那些宏大的愿望吗？虽然如此，您的盛情厚意也不能不做出答复，所以胆敢在这里约略地提及我的所见所闻。

盖行己莫如恭，自责莫如厚，接众莫如弘，用心莫如直，进道莫如勇，受益莫如择友，好学莫如改过，此闻之于师者也。相人之术有三：迫之以利而审其邪正，设之以事而察其厚薄，间之以谋而观其智与不才，贤不肖分矣，此闻之于友者也。列天地，立君臣，亲父子，别夫妇，明长幼，侠朋友，六经之旨也。浩乎若江海，高乎若邱山，赫乎若日火，包乎若天地，掇章称咏，津润怪丽，六经之词也。

【译文】行为都不如谦恭，自责莫不如宽厚，对待众人不如宏大，用心不如忠直，行进不如勇敢，接受教益莫不如选择朋友，好学莫不如改正过错，这些都是从师父们那里听说的。给人相面的方法有三个：用利禄来考察其是正是邪，让他们处理事情来观察其为人宽厚还是浅薄，偶尔使用谋略来观察是智者还是愚者，贤者和不贤者就区分开来了，这是我从朋友那里听说的。排列天地顺序，树立君臣地位，使父子间亲近，明确夫妇的区别，处事长幼有序，对待朋友肝胆相照，这都是六经的宗旨。这些宗旨浩大如江河湖海，崇高如崇山峻岭，显赫如熊熊大火，宽广如天地。这样作文称颂歌咏，能够产生柔润奇异华丽的表现，则是六经的文辞。

创意造言，皆不相师，故其读《春秋》也，如未尝有《诗》也；其读《诗》也，如未尝有《易》也，其读《易》也，如未尝有《书》也，其读屈原、庄周也，如未尝有六经也。故义深则意远，意远则理辩，理辩则气直，气直则辞盛，辞盛则文工。如山有恒华嵩衡焉，其同者高也，其草木之荣，不必均也；如渎有淮济河江焉，其同者出源到海也，其曲直浅深色黄白，不必均也；如百品之杂焉，其同者饱于肠也，其味咸酸苦辛，不必均也。此因学而知者也。此创意之大归。

【译文】作文创意言辞都不是相互师从的，所以读《春秋》，就像是没有《诗》一样；读《诗》的，也像是没有《易》，读《易》的也像是没有《书》的。读屈原、庄子的作品，就像是六经不存在一样。所以本义深则意思远，意思深远则道理分明，道理分明则辞气充溢，辞气充溢则文章工巧，就像是山有恒华嵩衡四山，和这些山一样高的是生长在其上的草木丰茂，不必等同看待；就像水一样有淮济河江四河都出于同样的源头最终都流入大海，它们的曲折深浅颜色各不相同；就像各种食物的最终归宿是在吃饱的人的肠胃之中，它们味道的酸甜苦辣，也不一定要等同起来。这是通过学习而得来的知识，这是文章创意的最终归宿。

天下之语文章，有六说焉。其尚异者则曰：文章辞句奇险而已；其好理者则曰：文章叙意苟通而已；其溺于时者则曰：文章必当对；其病于时者则曰：文章不当对；其受难者则曰：文章宜深不当易；其爱易者则曰：文章宜通不当难。此皆情有所偏滞而不流，未识文章之所主也。义不深不至于理，言不信不在于教劝，而词句怪丽者有之矣，《剧秦美新》、王褒《僮约》是也。

【译文】天下说文章的，共有六种说法。那些崇尚怪异的说："文章词句只不过是追求奇异险峻而已"那些喜好说理者就说："文章侧重于叙述通顺就可以了"那些耽溺于时务者就说："文章必须针对时弊而作"那些批评时弊的说："文章不应该针对时弊"主张文章应该深刻的说："文章应该深刻不应该简单"，那些喜好简易的就说："文章应该通顺易懂不应该难以理解"这都是自己的感情有所偏好因而被阻滞没有变化的说法，还没有认识到文章的主旨。意涵不深刻没有办法说理，言辞不真实没有办法劝诫，而词句奇怪靡丽的也有，比如扬雄的《剧秦美新》及王褒《僮约》都是这样。

其理往往有是者，而词章不能工者有之矣，刘氏《人物表》、王氏《中说》、俗传《太公家教》是也。古之人能极于工而已，不知其词之对与否易与难也。《诗》曰："忧心悄悄，愠于群小。"此非对也。又曰："构闵既多，受侮不少。"此非不对也。

【译文】其实这种情况很多，而且词句章节不工正的也有很多，刘氏《人物表》、王通《中说》、世俗间流传的《太公家教》就是这一类的，古人能够究极文章的工巧，却不知道他们的言辞是对是错是难是易。《诗经·邶风·柏舟》中说："优心悄悄，愠于群小。"这不是正确的，又说："构闵既多，受侮不少。"这又并非不对。

《书》曰："朕圣谗说殄行，震惊朕师。"《诗》曰："菀彼桑柔，其下侯旬，捋采其刘，瘼此下人。"此非易也。《书》曰："允恭克让，光被四表，格于上下。"《诗》曰："十亩之间兮，桑者闲闲兮，行与子旋兮。"此非难也。学者不知其方而称说云云，如前所陈者，非吾之敢闻也。

【译文】《尚书》说："朕圣谗说殄行，震惊朕师。"《诗经》说："菀彼桑柔，其下侯旬，捋采其刘，瘼此下民。"这都不是容易的。《尚书》说："允恭克让，光被四表，格于上下。"《诗经》说："十亩之间兮，桑者闲闲兮，行与子旋兮。"这也不是难。学者们不知道它们所要表达的内涵就这样说，就像前边所铺陈的，这都不是我所敢听闻的。

六经之后，百家之言兴，老聃，列御寇、庄周、鹖冠、田穰苴、孙武、屈原、宋玉、孟轲、吴起、商鞅、墨翟、鬼谷子、荀况、韩非、李斯、贾谊、枚乘、司马迁、相如、刘向、扬雄，皆足以自成一家之文，学者之所师归也。故义虽深，理虽当，词不工者不成文，宜不能传也。

【译文】六经之后，百家的言说兴起。老子，列子、庄子、鹖冠子、田穰苴、孙子、屈原、宋玉、孟子、吴起、商鞅、墨子、鬼谷子、荀子、韩非、李斯、贾谊、枚乘、司马迁、司马相如、刘向、扬雄等人都是足以成一家之言的，也都是学者所从师的归宿。所以其含义虽然深刻，道理也很适当，文词不工巧的没有办法形成文字，也就没有办法流传下来。

文理义三者兼并，乃能独立于一时。而不泯灭于后代，能必传也。仲尼曰："言之无文，行之不远。"子贡曰："文犹质也，质犹文也，虎豹之鞟，犹犬羊之鞟。"此之谓也。陆机曰："怵他人之我先。"韩退之曰："惟陈言之务去。"假令述笑哂之状，曰"莞尔"，则《论语》言之矣；曰"哑哑"，则《易》言之矣，曰"粲然"，则《谷梁子》言之矣，曰"攸尔"，则班固言之矣，曰"辴然"，则左思言之矣，吾复言之，与前文何以异也？此造言之大归。

【译文】文理义三者兼具，才能独立于时代，如果不泯灭于后代，就一定能够传之后世，孔子说："文章没有文采，就不会流传很久"子贡说："文彩如同本质一样重要，本质也如同文彩一样重要。（如果去掉了有文彩的毛，）虎豹的皮革就和犬羊的皮革无所区别了。"就是这一类的说法。陆机说："害怕他人抢在我的前边。"韩愈说："陈旧的言词一定要去掉。"假装叙述嬉笑的样子就说"莞尔"，这是《论语》说的；说"哑哑"，则是《易经》说的了，说"粲然"，则就是《谷梁春秋》所说的，说"攸尔"则是班固所说的，说"辴然"则是左思所说的，我再说一遍，和前边所说的有什么不同吗？这就是创制文字的大归宿了。

吾所以不协于时而学古文者，悦古人之行也；悦古人之行者，爱古人之道也。故学其言，不可以不行其行；行其行，不可以不重其道；重其道，不可以不循其礼。古之人相接有等，轻重有仪，列于经传，皆可详引。如师之于门人则名之，于朋友则字而不名，称之于师则虽朋友亦名之。子曰："吾与回言。"又曰："参乎，吾道一以贯之。"又曰："若由也，不得其死然。"是师之名门人验也。

【译文】我之所以不将现在学习古文的人协调起来，是因为喜欢古人的言行，喜欢古人的言行，是因为爱好古人的道义。所以学习他们的言辞，就不能不用他们的行为准则作为自己行为的准则，既然已经这样做，就不能不重视他们的道义，重视他们的道义，不能不遵循他们的礼制。古人相互交往，是轻是重都有礼制可以遵守，都记在在经和传之中，这些都是可以详细援引的。比如老师称呼自己的门人只称呼名字，对于朋友则称字而不称名，对于老师来说虽然徒弟是朋友也是以名来称呼的，孔子说过：“我和颜回说话”又说：“曾参啊，我的道义一以贯之”又说：“像子路一样，没有死得其所”，这些都是老师称呼门徒的名字。

夫子于郑，兄事子产；于齐，兄事晏婴平仲。传曰：“子谓子产有君子之道四焉。”又曰：“晏平仲善与人交。”子夏曰：“言游过矣。”子张曰：“子夏云何？”曾子曰：“堂堂乎张也！”是朋友字而不名验也。子贡曰：“赐也何敢望回？”又曰；“师与商也孰贤？”子游曰：“有澹台灭明者，行不由径。”是称于师虽朋友亦名验也。

【译文】孔子到了郑国，像对待兄弟一样对待子产；到了齐国又像对待兄弟一样对待晏子。《左传》说：“孔子对子产说君子有四条道路”又说：“晏子善于和别人交往”子夏说：“子游说的太过了”子张说：“子夏说什么”曾子说：“堂堂广大的样子”这是说起朋友时只说字而不说名的实例。子贡说：“我端木赐又怎能比得上颜回呢”又说：“师和商哪一个更为贤明呢？”子游说：“有澹台灭明，他的行为不按着规则来”这都是虽然称呼朋友但是朋友也要提及名字。

《孟子》曰：“天下之达尊三：曰德爵年。恶得有其一以慢其二哉？"足下之书曰“韦君词、杨君潜”，足下之德与二君未知先后也，而足下齿幼而似卑，而皆名之。传曰：“吾见其与先生并行，非求益者，欲速成。”窃惧足下不思，乃陷于此。韦践之与翱书，亟叙足下之善，故敢尽辞以复足下之厚意，计必不以为犯。李翱顿首。

【译文】《孟子》说：“天下最为尊贵的有三件：即品德、爵位、年岁。又怎么能只看其中一个而轻慢其他呢？”你来信中说：“韦君写词，杨君就被轻视了”您的德行和这两位还不分先后高下，而您年岁较小，却直呼其名。《左传》说：“我看见了他和先生一起走，并非追求更加美善之处，还想速成”我私下里没有考虑，才中了圈套。韦践和我的往来书信，又怎么能叙述您的好处，所以才敢于在重复说出您的深情厚谊，估计不会冒犯到您。李翱顿首下拜。

皇甫湜

皇甫湜，唐新安人，字持正，元和进士，仕至工部郎中。湜与李翱皆韩愈弟子，其文各得一体。愈文谨严而奇崛。翱得其谨严，而湜得其奇崛，有《皇甫持正集》。

【译文】皇甫湜是唐代新安人，字持正，是元和年间进士，官至工部侍郎。皇甫湜和李翱都是韩愈的弟子，他们的文风各得韩愈的一点，韩愈的文风严谨而且奇特。李翱文体严谨，皇甫湜文体奇特，有《皇甫持正集》传世。

答李生第二书

湜白：生之书辞甚多，志气甚横流，论说文章，不可谓无意。若仆愚且困，乃生词竞于此，固非宜。虽然，恶言无从，不可不卒，勿吝。

【译文】皇甫湜在此对您说：你李生的书信文辞很多，志气浩荡，议论文章，不能说没有意义。像我现在这样愚昧困窘，而李生你所作的言辞竟能到达我这里，实在是不合时宜。虽然如此，我所说的话即便无法信从，也就不能不把话说完了，也不会吝啬。

夫谓之奇，则非正矣，然亦无伤于正也。谓之奇，即非常矣。非常者，谓不如常者；谓不如常，乃出常也。无伤于正而出于常，虽尚之亦可也。此统论奇之体耳，未以文言之失也。

【译文】说道文章的奇特，虽无法做到“正”，但是也并不妨碍“正”。说文章的奇特，也就是不同于一般，不同于一般也就是说和平常的不同；和平常的不同，就是超出平常。但是也并不妨碍“正”而超出平常，虽崇尚这种也是可以的。这是笼统的讨论文体的奇特，并没有用文字说出其失误之处。

夫文者非他，言之华者也，其用在通理而已，固不务奇，然亦无伤于奇也。使文奇而理正，是尤难也。生意便其易者乎？夫言亦可以通理矣，而以文为贵者非他，文则远，无文即不远也。以非常之文，通至正之理，是所以不朽也。生何嫉之深耶？夫绘事后素，既谓之文，岂苟简而已哉？圣人之文，其难及也，作《春秋》，游、夏之徒不能措一辞，吾何敢拟议之哉？

【译文】作文不是做其他的事情，是言辞的华美，其作用在于通达情理，固然不在于以奇特为首要追求目标，但是也不妨碍于“奇”。假使文章奇特但情理顺正，是尤其难以办到的。生存的道理是那么简单的吗？言辞是可以通达情理的，而文章之所以被看重不是因为别的原因，有“文”则可以致远，无“文”则无法致远。用非同一般的“文”来通达十分正确的道理，是其之所以不朽的原因。你怎么能这样深刻忌恨呢？有良好的质地，才能进行锦上添花的加工，既然已经说是“文”，又怎么能只以简洁表现呢？圣人的“文”，是很难达到的，孔子作《春秋》，子游、子夏一类的门徒们也没有办法再说一句，我又怎么敢凭空议论呢？

秦、汉以来至今，文学之盛莫如屈原、宋玉、李斯、司马迁、相如、扬雄之徒，其文皆奇，其传皆远。生书文亦善矣，比之数子，似犹未胜，何必心之高乎？

【译文】秦汉以来到现在，文学的兴盛莫过于屈原、宋玉、李斯、司马迁、司马相如、扬雄一类的人物，他们的文章都很奇异，传播地十分久远。你的文章写得也很好，但是和以上这些人相比较，似乎还有所不如，又何必心高气傲呢？

传曰：“言之不出，耻躬之不逮也。”生自视何如哉？《书》之文不奇。《易》之文可为奇矣，岂碍理伤圣乎？如“龙战于野，其血玄黄”；“见豕负途，载鬼一车”；“突如其来如，焚如，死如，弃如”，此何等语也！

【译文】《论语》说：“古人不轻易把话说出口，是因为他们以说出来做不到为可耻啊。”你自己人为怎样呢？《尚书》的内容并不奇特。《易经》的内容可以说是很奇特的了，但是又岂能妨碍到圣道呢？比如：“龙战于野，其血玄黄”；“ 猪正贪着污泥打滚呢，一辆巨车满载鬼怪呼啸而来”；“ 突然间发出万道光芒，犹如燃烧的烈火，但顷刻之间又烟消云散，不复存在，落得个被抛弃的下场”，这些都是什么样的话语！

生轻宋玉而称仲尼、班、马、相如为文学。按司马迁传屈原曰："虽与日月争光可矣。"生当见之乎？若相如之后，即祖习不暇者也。岂生称误邪？将识分有所至极耶？将彼之所立卓尔，非强为所庶几，遂仇嫉之耶？其何伤于日月乎！

【译文】你轻视宋玉而称道孔子、班固、司马迁、司马相如的文学作品。司马迁在《屈原贾生列传》中说："屈原的志向，即使和日月争辉，也是可以的。"你可曾见识过？就像司马相如之后的人，即便是向先辈们学习都是自顾不暇。岂不是你说的有些问题？他们之所以能够卓尔不群，并不是因为他们勉强能够达到这样的程度，而是因为他们心中有仇恨和妒忌吗？这对于日月星辰等天理变化又有什么妨碍呢？

生笑"紫贝阙兮珠宫"，此与诗之"金玉其相"何异？天下人有金玉为之质者乎？"披薜荔兮带女萝"，此与"赠之以芍药"何异？文章不当如此说也。岂谓怒三四而喜四三，识出之白而性入之黑乎？生云"虎豹之文非奇"。夫长本非长。短形之则长矣，虎豹之形于犬羊，故不得不奇也。他皆仿此。生云"自然者非性"。不知天下何物非自然乎？

【译文】你笑屈原"紫贝砌城阙朱红涂满室宫"这和《诗经》中"如金如玉品质佳"有什么不同？天下之人有如金玉一样的好品质的吗？"身披薜荔啊腰束女萝"和"赠之以芍药"又有什么不同呢？文章不应该这样来说。岂不是恼怒三四而喜好四三这样朝秦暮楚，认识出去的是穿白衣服的而回来时穿上黑衣服却感到奇怪呢？你说"说虎说豹的那些文字并不算奇"。那么长本来并不是绝对的长，而是和短比较起来才显得长，虎豹和羊狗比较起来所以不得不显得奇异。其他的道理也是和这相类似的。你说："自然并不是其本性"，反而不知道天下还有不是自然界的东西吗？

生又云"物与文学不相侔"。此喻也。凡喻必以非类，岂可以弹喻弹乎？是不根者也。生称以"知难而退为谦"。夫无难而退，谦也，知难而退，宜也，非谦也；岂可见黄门而称贞哉？生以一诗一赋为非文章。抑不知一之少便非文章耶？直诗赋不是文章邪？如诗赋非文章，三百篇可烧矣，如少非文章，汤之《盘铭》，是何物也？

【译文】你又说："事物和文章是不一样的"。这就是比喻。凡是比喻都必须是不同类的事物，难道可以用弹子比喻弹子吗？这是完全没有根据的。你声称："子难而退就是谦逊的品德"，没有困难而后退才是谦逊，知难而退是时事所迫必须要采取的举动，也不是谦逊；难道可以做见到黄门宦官而称呼自己是忠贞之臣吗？你认为一首诗、一篇赋都不是文章，也不知道像这样小的篇幅就不能称之为文章吗？难道诗赋不是文章吗？如果诗赋不是文章，那么《诗经》三百篇就可以烧掉了，如果说篇幅小就不是文章，那么商汤的《盘铭》又是什么东西呢?

孔子曰:“先行其言。”既为甲赋矣,不得称不作声病文也。孔子云:“必也正名乎。”生既不以一第为事,不当以进士冠姓名也。夫焕乎郁郁乎之文,谓制度,非止文词也。前者捧卷轴而来,又以浮艳声病为说,似商量文词,当与制度之文,异日言也。

【译文】孔子说:“先去实践自己想要说的话。”既然已经作了第一等的赋,就不能不称赞没有发出声音而批评文章了,孔子说:“首先应该确立名分”你既然不以想作第一为要务,就不应该把“进士”两个字放在姓名之前。文章风气浓郁是十分耀眼的,讲到典章制度,就不知说道文辞可以办到的。曾经有人捧着书卷前来,又以艳丽的声韵为说法,似乎是商讨文辞,应当是陈说制度的文字,改天再详说。

近风教偷薄,进士尤甚,乃至有一谦三十年之说,争为虚张,以相高自谩。诗未有刘长卿一句,已呼阮籍为老兵矣;笔语未有骆宾王一字,已骂宋玉为罪人矣;书字未识偏旁,高谈稷、契;读书未知句度,下视服、郑。此时之大病,所当嫉者。生美才,勿似之也。传曰:“惟善人能受善言。”孔子曰:“君子无所争,必也射乎。”问于湜者多矣,以生之有心也,聊有复,不能尽,不宣。湜再拜。

【译文】近来风俗、教化浅薄,进士这类人尤其严重,以至于有谦逊三十年的说法,争抢着虚夸,相互自视甚高欺诳蒙蔽。他们的诗中连刘长卿一句都没有,但是已经称呼阮籍为文坛老兵了;文章之中也没有罗宾王一个字,就已经开始责骂宋玉为文坛罪人了;写字还不识得偏旁部首,就对稷、契的事迹高谈阔论;读书还不知道标点符号,就看不起郑玄、服虔。这就是时代的大弊病了,所以应当憎恨的人。你是很有才华的人才,不要像他们一样。《礼记》说:“只有善人才能接纳善言”孔子说:“君子是不争任何东西的,如果要争,那就要比比谁射得多”。向我提问的人很多,即便还有像你这样的有心人,也是无法穷尽的,就不说了。皇甫湜再拜。

李德裕

李德裕，唐赞皇人，字文饶，少力学，卓荦有大节。敬宗朝为牛僧儒等所摈，不得进。后相武宗，当国六年，藩镇之乱渐清。宣宗立，为忌者所构，贬卒，年六十三，有《会昌一品集》。

【译文】李德裕是唐代赞皇人，字文饶，少年时代勤奋好学，卓越突出有节操。唐敬宗朝被牛僧儒等人所排挤，没有办法升任。后来李德裕在唐武宗朝作了宰相，治理国家六年，藩镇叛乱逐渐平息。唐宣宗继位，李德裕被忌恨他的人陷害，被贬官，后来就去世了，死时六十三岁，著有《会昌一品集》。

文章论

魏文《典论》，称文以气为主，气之清浊有体。斯言尽之矣。然气不可以不贯，不贯，则虽有英词丽藻，如编珠缀玉，不得为全璞之宝矣。鼓气以势壮为美，势不可以不息，不息则流宕而忘返，亦犹丝竹繁奏，必有希声窈眇，听之者悦闻，如川流迅激，必有洄洑逶迤，观之者不厌。

【译文】魏文帝曹丕的《典论》中声称文章以文气为主，文气各有清浊。这种说法已经很透彻了。但是文气不能不连贯，一旦文气不连贯，就虽有华丽的辞藻，作文像编珠缀玉一样，就没有办法成为完整的璞玉。鼓动其来的气势雄壮，气势也不能不停止，不停止就会流宕而忘记返回，也像各种乐器相互叠奏，肯定会有一些细微的声音飘渺，闻听者喜欢听说，就像河水湍流，一定会有曲折起伏，看的人也不会厌倦。

从兄翰尝言文章如千兵万马，风恬雨霁，寂无人声，盖谓是也。近世诰命，惟苏廷硕叙事之外，自为文章，才实有余，用之不竭，沈休文独以音韵为切，重轻为难，语虽甚工，旨则未远矣。夫荆璧不能无暇，隋珠不能无纇，文旨高妙，岂以音韵为病哉？此可以言规矩之内，未可以言文外意也，较其师友，则魏文与王陈应刘讨论之矣。

【译文】我的从兄李翰曾经说文章就像千军万马一样，风雨停息，寂静无声就是这些。当今的文诰策命，只有苏廷硕的文章是叙述事件，自己写文章，才力有余就会使用不竭；而沈约独独能将音韵使用恰当，是轻是重都很困难，词语虽然很工整，意旨却很深远。不管是荆璧、隋珠都不能避免有瑕疵，文章旨意的高远奇妙，难道能以音韵来批评吗？这是可以在规矩之内讨论的事情，还没有办法讨论文章的言外之意，和他们的师友相比较，那么魏文帝曹丕就可以和王粲、陈琳、应瑒、刘祯四人并行讨论了。

江南惟于五言为妙，故休文长于音韵，而谓灵均以来，此秘未睹，不亦诬人甚矣。古人辞高者，盖以言妙而工，适情不取于音韵。（曹植《七哀诗》有徊泥谐依四韵，王粲诗有攀原安三韵，班固《汉书·赞》及当时词赋，多用协韵，猗欤元勋佐汉举信是也。）意尽而止，成篇不拘于双耦。（《文选》诗有五韵、七韵、十一韵、十三韵、二十一韵者，今之文自四韵六韵以至百韵，无有双者。）故篇无定曲，词寡累句，譬诸音乐，古辞如金石琴瑟，高于至音。

【译文】江南地区都是以五言体为巧妙，所以沈约擅长于音韵，而说自从屈原以来，这个秘诀还没有人认识到。古人辞气高涨的，都以言辞巧妙而工整，因而情趣不取决于音韵（曹植的《七哀诗》有“徊、泥、谐、依”四个韵脚，王粲的诗歌有“攀、缘、安”三个韵脚，班固《汉书·赞》以及当时的诗词歌赋，多使用押韵，即“猗、欤、元、勋、佐、汉、举、信”之类的）言辞穷尽意旨，成文之后也不拘泥于对偶（《文选》中选录的诗有五韵、七韵、十一韵、十三韵、二十一韵，现在的文章从四韵、六韵到百韵，没有奇数韵的。）所以文篇没有固定的曲调，词语寡少但句子繁多，就和音乐的韵律一样，古代的辞就像金石乐器等一样，比最崇高的音韵还要高妙。

今文如丝竹鞞鼓，迫于促节，则知声律之为弊也甚矣。世有非文章者曰：“词不出于风雅，思不越于‘离骚’，模写古人，何足贵也。”余曰：譬诸日月，虽终古常见，而光景常新。此所以为灵物也。余尝为文箴，今载于此曰：“文之为物，自然灵气，惚恍而来，不思而至。杼轴得之，澹而无味，琢刻藻绘，弥不足贵，如彼璞玉，磨砻成器，奢者为之。错以金翠，美质既雕，良宝斯弃，此为文之大旨也。”

【译文】现在的词章就像是各种乐器，被节拍所逼迫，就知道声韵的弊端很严重了。世间有批评文章的人说：“文词不源自于《风》、《雅》，思虑不能超出《离骚》，模仿古人的做法，又有什么可值得宝贵的。”我说：将此比作日月，虽然从古至今经常见到，但是光线和影子都是新的。这就是其之所以成为有灵性的东西。我曾经做过一些箴言，现在记录在这里：“文章需要自然界的灵性，在恍惚之间到来，无意之间就出现了。精心排布文章结构才能得到，但是味道淡而无味，用心雕琢刻画，也不足以珍贵，就像还没有进行雕琢的璞玉，经过打磨之后才能成为美玉，奢侈的人才这样做。给器物镀上金玉，其美好的本质虽然已经成型了，但是珍贵的宝物却被抛弃了，这就是文章的大要旨意所在。”

杜 牧

杜牧，小传见历代各家名文。

【译文】杜牧，简短的介绍参见历代各家名文。

答庄充书

某白庄先辈足下：凡为文以意为主，以气为辅，以辞彩章句为之兵卫，未有主彊盛而辅不飘逸者，兵卫不华赫而庄整者。四者高下，圆折步骤，随主所指，如鸟随凤，鱼随龙，师众随汤、武，腾天潜泉，横裂天下，无不如意。苟意不先立，止以文彩辞句，绕前捧后，是辞愈多而理愈乱，如入阛阓，纷然莫知其谁，暮散而已。是以意全胜者，辞愈朴而文愈高，意不胜者，辞愈华而文愈鄙。是意能遣辞，辞不能成意，大抵为文之旨如此。

【译文】我答复您庄进士足下。大凡写文章以立意为主导，文气为辅助，以辞藻文采词句作为兵卫，没有主帅强盛而辅助不飘逸的，兵卫不华丽威武而严整的。四者进退方圆，步伐跟随主帅的指挥，如同百鸟随从凤凰，鱼虾跟随蛟龙，军队追随成汤、周武，升腾上天下潜深渊，横行天下，没有不如意的。假如文意不先立起来，仅以文采辞句。前后吹绕。这样说得愈多而条理愈紊乱，象钻入市井巷间，乱纷纷不知是谁，暮色涣散而已。这样凭文意高深充足的，文辞愈质朴而文章愈高古；文意不高远充足的，辞藻愈华丽而文章愈鄙下。这样是文意能够调遣文辞，仅有文辞却不能构成文章，大抵写文章的宗旨如此。

观足下所为文百余篇，实先意气而后辞句，慕古而尚仁义者，苟为之不已，资以学问，则古作者不为难到。今以某无可取，欲命以为序，承当厚意，惕息不安。复观自古序其文者，皆后世宗师其人而为之，《诗》《书》《春秋》《左氏》以已降，百家之说，皆是也。古者其身不遇于世，寄志于言，求言遇于后世也。自两汉以来，富贵者千百，自今观之，声势光明，孰若马迁相如贾谊刘向扬雄之徒。

【译文】看过您所写的文章百余篇，确实是先立意有文气而后遣词造句，仰慕古人而且崇尚仁义的，假如继续写下去，辅资以学向，那古作者的水平不难达到。现在我没有可取之处，您想命我为你作序，承蒙您的深厚情意，我惶恐不安。又看自古以来为别人文章作序的人，都是后代以他为宗师这样人作的，《诗经》、《书经》、《春秋》、《左氏》以下，诸子百家学，都是如此。古代的人有生不逢时，寄托志向于著书立说中，希求所立之说在后世遇到知音。从两汉以来，富贵的人成百上千，从现在看来，声名显耀，谁又像司马迁、司马相如、贾谊、刘向、扬雄这些人。

斯人也，岂求知于当世哉！故亲见扬子云著书，欲取覆酱瓿，雄当其时亦未尝自有夸目。况今与足下并生今世，欲序足下未已之文，此固不可也。苟有志，古人不难到，勉之而已。某再拜。

【译文】这些人难道希求在当时知名吗？旧交刘歆看见杨雄著书，说别人可能用来盖酱钵，扬雄在当时，也不曾自我夸耀何况我与您同时生活在同时代，准备为您继续发展的文章作序，这样确实不可以。假如有大志。古人的水平不难达到。勤勉罢了。我再次致谢。

孙 樵

孙樵，唐关东人，字可之，大中进士。僖宗时官职方郎中上柱国，为韩愈三传弟子，故其文具有典型。惟刻意求奇，不及愈之自然高古耳，有《孙可之集》。

【译文】孙樵是唐代关东人，字可之，是大中年间进士，唐僖宗时孙樵官至职方郎中、上柱国，他是韩愈的三传弟子，所以其文风很有韩文的特色。只不过刻意追求独特，比不上韩愈文章自然高明的古意，著有《孙可之集》传世。

与王秀才书

太原君足下：《雷赋》逾六千言，推之大易，参之元象，其旨甚微，其辞甚奇。如观骇涛于重溟，徒知褫魄眙目，莫得畔岸，诚谓足下怪于文。方举降旗，将大夸朋从间，且疑子云复生。无何，足下继以《翼旨》及《杂题》十七篇，则与《雷赋》相阔数百里。足下未到其壶，则非樵所敢与知，直入其城，设不如意，亦宜上下铢两，不当如此悬隔。不知足下以此见尝耶，抑以背时戾众，且欲餔粕啜醨，以期苟合耶？何自待则浅，而徇人反深。鸾凤之音必倾听，雷霆之声必骇心。龙章虎皮，是何等物，日月五星，是何等象，储思必深，摛词必高。道人之所不道，到人之所不到，趋怪走奇，中病归正。以之明道，则显而微；以之扬名，则久而传。

【译文】太原王君足下：晋李颙所作《雷赋》超过六千多字，推衍易经，并参考象数，其旨意十分微妙，辞藻也很奇妙。就像在大海边观看惊涛骇浪，只感到神思恍惚，被夺去了魂魄，无边无际。这实在是足下你太过苛责于文章了。正当举起降旗准备投降，将要在亲友之间大加夸耀，还怀疑扬雄能够重生。不久之后，你又作了《翼旨》及《杂题》等十七篇文章，这却和《雷赋》相差甚巨。你没有将箭投进壶中，这是我所不敢知道的，直接进入了这个领域，假如不诚心如意，就应该上下计较，不应该相差悬殊成这样。不知道你能够认识到这一点吗？或者因为违背乖戾众议，而且文字优美，令人陶醉，还要苟合众人做什么？为什么对待自己这样浅薄，而将他人看待得如此深刻。鸾凤的音乐一定要仔细倾听，雷霆的声音一定会惊骇人心。龙纹虎皮是什么样的事物呢，日月五星是怎样的形象呢，内心存贮的思虑肯定十分深刻，舒展开来所作的词句一定会旨趣高妙。说别人所不说的，到达别人所没有到达的地方，驱除怪异驱赶妖奇，使得文蔽得以归正。用来指明大道，则可以显微知著；用来显扬其名号，就会长久流传下去。

前辈作者正如是，譬玉川子《月蚀诗》、杨司城《华山赋》、韩吏部《进学解》、冯常侍《清河壁记》，莫不拔地倚天，句句欲活。读之如赤手捕长蛇，不施控骑生马，急不得暇，莫可捉搦。又似远人入太兴城，茫然自失。讵比十家县，足未及东郭，目已极西郭耶？樵尝得为文真诀于来无择，来无择得之于皇甫持正，皇甫持正得之于韩吏部退之。然樵未始与人言及文章，且惧得罪于时。

今足下有意于此，而自疑尚多，其可无言乎？樵再拜。

【译文】前辈作者们正是如此，比如卢仝的《月蚀诗》，杨敬之的《华山赋》，韩愈的《进学解》以及冯定的《清河壁记》，都是顶天立地，每句话似乎都要活起来。读起来就像赤手去追捕长蛇，骑上没有加装鞍辔的骏马，急急忙忙没有空闲，不可捉摸。又好像边远地区的人进入长安城，茫茫怅然若失。岂能比得上只有十户人民的县，脚还没有到东城，眼睛已经看尽西城？我孙樵曾经有感于作文的诀要源自于来鹄，来鹄得来于皇甫湜，皇甫湜则是从韩愈那里得来。但是我始终没有和别人说起过文章的事情，就是怕获罪于当世。

现在足下你有意于讨论文章，而且自己疑惑之处还有很多，难道没有别的要说的吗？孙樵再次下拜。

与友人书

尝与足下评古今文章，似好恶不相阔者。然不有所竞，顾樵何所得哉！古今所谓文者，辞必高然后为奇，意必深然后为工，焕然如日月之经天也，炳然如虎豹之异犬羊也。是故以之明道，则显而微，以之扬名，则久而传。今天下以文进取者，岁丛试于有司，不下八百辈。人人矜执，自大所得，故其习于易者，则斥涩艰之辞。攻于难者，则鄙平淡之言。至有破句读以为工，摘俚语以为奇。

【译文】我曾经和你评论过古今的文章，好的和坏的似乎相差不远。但是最后没有坚持到底，我也没有什么所得。古今被称作“文”的，词句必定十分高远然后才能做到奇特，意旨深刻然后才能工整，光明的就像日月从天上经过，光彩的就向虎豹等猛兽于羊狗的不同之处。因此用来阐明治平的大道，就会彰显而后微弱，用它来扬名，虽然时间久远但是得以流传。现在那些用文章来博取功名之人，每年都在官府进行可科考，不少于八百人。每个人都自以为能且固执己见，他们之所以自大是由于其平时平淡、平易的文风。就对艰涩深刻的文辞进行驳斥；那些专攻艰深、奥涩文风的，就鄙视那些平淡的文辞。以至于出现破坏固有句读还以为工整，采用俗语以竞新奇的现象出现。

秦汉已降，古人所称工而奇者，莫若扬、马。然吾观其书，乃与今之作者异耳。岂二子所工，不及今之人乎？此樵所以惑也。当元和、长庆之间，达官以文驰名者，接武于朝，皆开设户牖，主张后进，以磨定文章。故天下之文，薰然归正。洎李御史甘以乐进，后士飘然南迁。

【译文】秦汉以来，古人所称工整而奇特的文章，莫过于扬雄、司马相如。但是我看他们所写的文章，确实和现在的作者不同。难道二人的工整还不如现在的人吗？这就是我疑惑所在。在元和、长庆年间，达官贵人们因为文章驰名天下之人，在朝廷上络绎不绝，都各自开宗立派，奖掖后进，用以雕琢文章。所以天下的文士，都受到熏陶，归于正宗。自从李甘因为乐曲得官，后来的文士们都逐渐南迁了。

由是达官皆阖关齰舌，不敢上下后进。宜其为文者得以盛任其意，无所取质，此诚可悲也。足下才力雄健，意语铿耀。至于发论，尚往往为时俗所拘，岂所谓以黄金注者昏耶？自顾顽朴无所知晓。然尝得为文之道于来公无择，来公无择得之皇甫公持正，皇甫持正得之韩先生退之。其于闻者，如前所述，岂樵所能臆说乎？

【译文】于是达官贵人们咬着舌头，悔恨自己多嘴，不敢迁贬自己的门人后进。作文者应该以文章能够胜任他们的意旨作为首要目标，但是没有一个可以选取的标准，这真是可悲的事情。你才学雄健，词语铿锵耀人。至于提出论断，还往往为当时的流苏所拘泥，难道是所谓的在文学上的声誉越大，受到时俗的拘牵越多？想必是那些顽劣质朴无法意识到问题的人。但是我曾经于作文之道源自于来鹄，来鹄得来于皇甫湜，皇甫湜则是从韩愈那里得来。听说的人，就如同我前边所述，难道是我孙樵能够编造那些没有根据的无稽之谈吗？

柳 开

柳开，宋大名人，字仲涂，开宝进士，累官殿中侍御史，真宗时终忻州刺史。为文章步趋韩、柳，力涤排偶，论者谓有宋一代矫五代之弊，而振兴古体，实自开始，惟体近艰涩，是其所短也，有《河东集》。

【译文】柳开是宋代大名府人氏，字仲涂，是开宝年间进士，官至殿中侍御史。真宗时死于忻州刺史任上。他些文章学习韩愈、柳宗元，努力排斥骈体、对偶的文风，议论者说宋代能够矫正五代时期文风的弊病，最终振兴了古文体裁，实在是由柳开开始的，只是文风比较艰涩难懂，是他的不足之处，他著有《河东集》。

应责

或责曰：子处今之世，好古文与古人之道，其不思乎？苟思之，则子胡能食乎粟、衣乎帛、安于众哉？众人所鄙贱之，子独贵尚之，孰从子之化也，忽焉将见子穷饿而死矣。柳子应之曰：於乎！天生德于人，圣贤异代而同出。其出之也，岂以汲汲于富贵，私丰于己之身也，将以区区于仁义，公行于古之道也。己身之不足，道之足，何患乎不足；道之不足，身之足，则孰与足？今之世与古之世同矣，今之人与古之人亦同矣。古之教民，以道德仁义；今之教民，亦以道德仁义。是今与古，胡有异哉？古之教民者，得其位，则以言化之，是得其言也，众从之矣；不得其位，则以书于后，传授其人，俾知圣人之道易行，尊君敬长，孝乎父，慈乎子。大哉斯道也，非吾一人之私者也，天下之至公者也。是吾行之，岂有过哉？且吾今栖栖草野，位不及身将已言化于人，胡从于吾矣。故吾有书自广，亦将以传授于人也。

【译文】有人批评我：你生活在当今的社会，却爱好古文与古人的思想学说这事就不考虑吗？如果考虑这事，那么你怎么能吃小米、穿丝帛，与众人和睦相处呢？众人所鄙贱的东西，你偏偏贵重地提倡它，谁听从你的教化呢，很快就会看到你穷饿而死了。柳子回答说：啊！上天把仁德降于人，在不同时代都出现圣贤。这些圣贤出世，哪能急切于富贵，只求自身富足，而要真诚而恳切地施行仁义，公开推行古圣贤的思想学说，自己不富足，而道富足，又何患不富足呢；道不富足，而个人富足，哪里算得上富足呢？现在的社会与古代的社会一样，现在的人与古代的人也一样。古代以道德仁义来教化人民。现在也以道德仁义教化人民。今与古，有什么不同呢？古人教化人民，在其位，就用话语感化，听到他的话，人们就照着去做；不在其位，就写下来留于后世，使他们知道圣贤之道而改变行为，尊崇君王，恭敬长者，孝顺父母，慈爱子女。宏大啊圣人之道，它不是我们哪一个人所私有的，而是天下广大的人所公有的。我们推行它，难道有过错吗？再说我们现今忙忙碌碌于草野，没有担任什么职位，要是用言语去教化别人，谁听从我们呢。所以我们著书推广，也就是要用来传授于人。

子责我以好古文。子之言，何谓为古文？古文者，非在辞涩言苦，使人难读诵之；在于古其理，高其意，随言短长，应变作制，同古人之行事，是谓古文也。子不能味吾书，取吾意，今而视之，今而诵之，不以古道观吾心，不以古道观吾志，吾文无过矣。吾若从世之文也，安可垂教于民哉？亦自愧于心矣。欲行古人之道，反类今人之文。譬乎游于海者，乘之以骥，可乎哉？苟不可，则吾从于古文。吾以此道化于民，若鸣金石于宫中，众且曰丝竹之音也，则以金石而听之矣。

【译文】你批评我爱好古文。你说说，什么叫古文？古文这种文体，不是要求言辞艰涩佶屈，使人难以诵读；而在于吸取古人的道理，文章的寓意高尚，词句的长短根据内容灵活运用，适应实际的变化而采用或散或骄的文体，取法古代圣贤的行事，这就叫做古文。你不能体味我的著作，领会我的心意，像看今文一样，像读今文一样，而不根据古人的学说来看我的心意，不根据古人的学说来看我的思想，我的文章是没有过错的。我如果依照世上流行的文章，怎么能够对人民施行教化呢？也自己于心有愧了。想要施行古圣贤的学说，反而模仿今人的文章，好像游于大海的人，让他骑上骏马，这能行吗？如果不行，那么我们就要依照古文。我们以古圣贤学说教化人民，如同在宫中鸣奏钟磬，众人哪能说是管弦之音，自然就会当作钟磬来听的。

食乎粟，衣乎帛，何不能于众哉？苟不从于吾，非吾不幸也，是众人之不幸也；吾非以众人之不幸，易我之幸乎？纵吾穷饿而死，死则死矣，吾之道岂能穷饿而死之哉？吾之道，孔子、孟轲、扬雄、韩愈之道，吾之文，孔子、孟轲、扬雄、韩愈之文也。子不思其言，而妄责于我。责于我也即可矣，责于吾之文，吾之道也，即子为我罪人乎！

【译文】吃粮食，穿丝帛，又有什么不能与众人相安的呢？如果不赞同我们，不是我们的不幸，而是众人的不幸；我们怎么能以众人的不幸，去换个人的幸运呢？纵然我们穷饿而死，死就死吧，我们的道难道能因穷饿而消逝吗？我们的道，是孔子、孟子、扬雄、韩愈的道，我们的文，是孔子、孟子、扬雄、韩愈的文。你不思考他们的言论，而对我妄加批评。批评我也就算了，而批评我们的文，我们的道，你就为批评我而成为有罪人了！+

苏 辙

苏辙，洵次子，字子由，晚年自称颍滨遗老，与兄轼同举进士，累官翰林学士门下侍郎，在朝先后与王安石、章惇不合，屡谪出外。徽宗时致仕，卒年七十四，谥文定。辙性沉静简洁，为文章汪洋淡泊，似其为人，即旧称“唐宋古文八大家”之一也，有《栾城集》及《诗传》、《春秋传》、《古史》等种。

【译文】苏辙是苏洵次子，字子由，晚年自称“颍滨遗老”，和哥哥苏轼一同考中进士，官至翰林学士门下侍郎，在朝廷上先后和王安石、章惇不合，经常被贬斥外出做官。苏辙在宋徽宗时退休，死时七十四岁，谥“文定”。苏辙性格沉稳安静，写文章洋洋洒洒十分平淡，像他的为人一样，他是以前的“唐宋古文八大家”之一，著有《栾城集》及《诗传》、《春秋传》、《古史》等书。

上枢密韩太尉书

太尉执事：辙生好为文，思之至深。以为文者气之所形，然文不可以学而能，气可以养而致。孟子曰：“吾善养吾浩然之气。”今观其文章，宽厚宏博，充乎天地之间，称其气之小大。太史公行天下，周览四海名山大川，与燕、赵间豪俊交游，故其文疏荡，颇有奇气。此二子者，岂尝执笔学为如此之文哉？其气充乎其中而溢乎其貌，动乎其言而见乎其文，而不自知也。

【译文】太尉执事：辙生性喜好写文章，对此想得很深。我认为文章是气的外在体现，然而文章不是单靠学习就能写好的，气却可以通过培养而得到。孟子说：“我善于培养我的浩然之气。”现在看他的文章，宽大厚重宏伟博大，充塞于天地之间，同他气的大小相衬。司马迁走遍天下，广览四海名山大川，与燕、赵之间的英豪俊杰交游，所以他的文章疏放不羁，颇有奇伟之气。这两个人，难道曾经执笔学写这种文章吗？这是因为他们的气充满在内心而溢露到外貌，发于言语而表现为文章，自己却并没有觉察到。

辙生十有九年矣。其居家所与游者，不过其邻里乡党之人；所见不过数百里之间，无高山大野可登览以自广；百氏之书，虽无所不读，然皆古人之陈迹，不足以激发其志气。恐遂汩没，故决然舍去，求天下奇闻壮观，以知天地之广大。过秦、汉之故都，恣观终南、嵩、华之高，北顾黄河之奔流，慨然想见古之豪杰。

【译文】辙出生已经十九年了。我住在家里时，所交往的，不过是邻居同乡这一类人。所看到的，不过是几百里之内的景物，没有高山旷野可以登临观览以开阔自己的心胸。诸子百家的书，虽然无所不读，但是都是古人过去的东西，不能激发自己的志气。我担心就此而被埋没，所以断然离开家乡，去寻求天下的奇闻壮观，以便了解天地的广大。我经过秦朝、汉朝的故都，尽情观览终南山、嵩山、华山的高峻，向北眺望黄河奔腾的急流，深有感慨地想起了古代的英雄豪杰。

至京师，仰观天子宫阙之壮，与仓廪、府库、城池、苑囿之富且大也，而后知天下之巨丽。见翰林欧阳公，听其议论之宏辩，观其容貌之秀伟，与其门人贤士大夫游，而后知天下之文章聚乎此也。太尉以才略冠天下，天下之所恃以无忧，四夷之所惮以不敢发，入则周公、召公，出则方叔、召虎。而辙也未之见焉。

【译文】到了京城，抬头看到天子宫殿的壮丽，以及粮仓、府库、城池、苑囿的富庶而且巨大，这才知道天下的广阔富丽。见到翰林学士欧阳公，聆听了他宏大雄辩的议论，看到了他秀美奇伟的容貌，同他的学生贤士大夫交游，这才知道天下的文章都汇聚在这里。太尉以雄才大略称冠天下，全国人依靠您而无忧无虑，四方异族国家惧怕您而不敢侵犯，在朝廷之内像周公、召公一样辅君有方，领兵出征像方叔、召虎一样御敌立功。可是我至今还未见到您呢。

且夫人之学也，不志其大，虽多而何为？辙之来也，于山见终南、嵩、华之高，于水见黄河之大且深，于人见欧阳公，而犹以为未见太尉也。故愿得观贤人之光耀，闻一言以自壮，然后可以尽天下之大观而无憾矣。

【译文】况且一个人的学习，如果不是有志于大的方面，即使学了很多又有什么用呢？辙这次来，对于山，看到了终南山、嵩山、华山的高峻；对于水，看到了黄河的深广；对于人，看到了欧阳公；可是仍以没有谒见您而为一件憾事。所以希望能够一睹贤人的风采，就是听到您的一句话也足以激发自己雄心壮志，这样就可以看遍了天下的壮观而不会再有什么遗憾了。

辙年少，未能通习吏事。向之来，非有取于斗升之禄，偶然得之，非其所乐。然幸得赐归待选，使得优游数年之间，将以益治其文，且学为政。太尉苟以为可教而辱教之，又幸矣！

【译文】辙年纪很轻，还没能够通晓做官的事情。先前来京应试，并不是为了谋取微薄的俸禄，偶然得到了它，也不是自己所喜欢的。然而有幸得到恩赐还乡，等待吏部的选用，使我能够有几年空闲的时间，将用来更好地研习文章，并且学习从政之道。太尉假如认为我还可以教诲而屈尊教导我的话，那我就更感到幸运了。

黄庭坚

黄庭坚，宋分宁人，字鲁直，号山谷道人。举进士，绍圣初知鄂州，为章惇、蔡卞所恶，贬宜州。卒年六十一。庭坚文章天成，与张耒、晁補之、秦观俱游苏轼之门，天下称为“四学士”，而庭坚尤长于诗，为江西诗派之祖，有《山谷全集》。

【译文】黄庭坚是宋代分宁人，字鲁直，号“山谷道人”，被推举为进士。绍圣初年为章惇、蔡卞所厌恶，被贬到了宜州，死时六十一岁。黄庭坚的文章浑然天成，和张耒、晁補之、秦观一起在苏轼门下游学，天下称他们为“苏门四学士”，而黄庭坚尤其擅长作诗，是江西诗派的鼻祖，著有《山谷全集》。

与王观复书

蒲元礼来辱书，勤恳千万。知在官虽劳勩，无日不勤翰墨，何慰如之！即日初夏，便有暑气，不审起居何如？所送诗皆兴寄高远，但诗生硬不谐律吕，或词气不逮初造意时，此病亦只是读书未精博耳。长袖善舞，多钱善贾，至语也。南阳刘勰，尝论文章之难云：“意翻空而易奇，文征实而难工。”此语亦是沈、谢辈为儒林宗主时，好作奇语，故后生立论如此。好作奇语，自是文章病，但当以理为主，理得而辞顺，文章自然出群拔萃。观杜子美到夔州后诗，韩退之自潮州还朝后文章，皆不烦绳削而自合矣。

【译文】蒲元礼这次来，带来您赐我的书信，写得万分殷勤恳挚。知道您虽然为宫劳苦，但没有一天不努力写作，真是感到欣慰之至！近日初夏，就有暑气。不知起居怎样？您所送来的诗歌新作，都寄托高远。但语句生硬，音韵不和谐，有些诗的词语盒味达不到开始创作时的意图。这些毛病，也只是读书不精罢了。“长袖善舞，多钱善贾”，不是空话。南朝刘勰曾经论述文章的难写说：“意象凭空构造容易奇巧，语言征实的难以巧妙。”这话也对。沈约、谢朓等人是文坛领袖，常常喜欢写一些奇丽的语句，所以后辈的立论这样。喜欢作奇语，自然是文章的毛病。但应当以说理为主，道理对，文辞通顺，文章自然就超出众人。看杜甫到夔州以后的诗作，韩愈从潮州到还朝后的文章，都不劳琢磨而自然切合。

往年尝请问东坡先生作文章之法，东坡云："但熟读《礼记·檀弓》，当得之。"既而取《檀弓》二篇读数百过，然后知后世作文章不及古人之病，如观日月也。文章盖自建安以来好作奇语，故其气象苶然，其病至今犹在，唯陈伯玉、韩退之、李习之，近世欧阳永叔、王介甫、苏子瞻、秦少游，乃无此病耳。公所论杜子美诗，亦未极其趣，试更深思之。若入蜀下峡年月，则诗中自可见，其曰："九钻巴巽火，三蛰楚祠雷"，则往来两川九年，在夔府三年可知也，恐更须改定乃可入石。适多病少安之余，宾客妄谓不肖有东归之期，日月到门，疲于应接。蒲元礼来告行，草草具此。世俗寒温礼数，非公所望于不肖者，故皆略之。

【译文】前些年，曾经向东坡先生请教做文章的方法。东坡说："只需熟读《礼记·檀弓》，就能得到它。"随后拿《檀弓》上、下篇阅读了几百遍，然后知道后代人做文章不如古人的毛病所在，像观看日月一样清楚。大概文章从建安以来喜欢作奇语，所以它的气象衰疲。它的毛病，至今还在。只有陈子昂、韩愈、李翱，近代欧阳修、王安石、苏轼、秦观才没有这一毛病。您所讨论杜甫诗，也没有能够充分理解其中的旨趣。试着再深人思考它，比如他从入川和下三峡的年月，就在诗中可以见到。诗句说："九钻巴巽火，三蛰楚祠雷。"那他往来于东川、西川有九年，在巫山地区三年，可以知道。恐怕再需要改定，才可以刊刻传播我适逢多病，稍稍安好些，宾客们又妄言我要起复东归的时日，天天到家门来看望，应接起来感到疲惫。蒲元礼来向我辞行，就草率地写了这些。世俗间的寒喧礼节，不是您所希望于我的，所以都省略了。

答洪驹父书

驹父外甥教授：别来三岁，未尝不思念。闲居绝不与人事相接，故不能作书，虽晋城亦未曾作书也。专人来，得手书。审在官不废讲学，眠食安胜，诸稚子长茂，慰喜无量。

【译文】驹父外甥教授：分别已有三年，十分想念。我自避人独居以来根本不与外界接触，所以不能写信，即使晋城也不曾给写过信。你派专人来，使我得以看到你的亲笔信，知道你身为学官而并未荒废讲学，睡眠和饮食安好，几个小孩子也茁壮成长，深感快慰。

寄诗语意老重，数过读，不能去手；继以叹息，少加意读书，古人不难到也。诸文亦皆好，但少古人绳墨耳，可更熟读司马子长、韩退之文章。凡作一文，皆须有宗有趣，终始关键，有开有阖。如四渎虽纳百川，或汇而为广泽，汪洋千里，要自发源注海耳。老夫绍圣以前，不知作文章斧斤，取旧所作读之，皆可笑。绍圣以后，始知作文章。但以老病惰懒，不能下笔也。外甥勉之，为我雪耻。

【译文】你寄来的的几首诗意蕴深厚，读过数遍，不能释手；继而感叹，若稍微留意读书，古人文章的境界是不难达到的。几篇文章也都好，但缺少古人的章法，可进一步熟读司马迁和韩愈的文章。但凡作文，一定要有主旨和趣味，自始至终的关键是要放得开又收得拢。就好比长江、黄河、淮河和济水四条大河，虽然容纳百川，或汇聚众水而成为广大的湖泊，汪洋千里，但总归要从源头开始然后才流向大海的。我在绍圣年间以前，不懂写文章的方法，拿旧作来读，感到都很可笑。绍圣年间以后，才知道如何作文，但因为年老多病且生性懒惰，故不能下笔。外甥你可要好好努力，替我一雪前耻。

《骂犬文》虽雄奇，然不作可也。东坡文章妙天下，其短处在好骂，慎勿袭其轨也。甚恨不得相见，极论诗与文章之善病，临书不能万一。千万强学自爱，少饮酒为佳。所寄《释权》一篇，词笔纵横，极见日新之效。更须治经，深其渊源，方可到古人耳。《青琐》祭文，语意甚工，但用字时有未安处。自作语最难，老杜作诗，退之作文，无一字无来处。盖后人读书少，故谓韩、杜自作此语耳。古之能为文章者，真能陶冶万物，虽取古人之陈言入于翰墨，如灵丹一粒，点铁成金也。

【译文】《骂犬文》一篇，虽然雄伟奇特，然此类文章不作也好。苏东坡的文章妙绝天下，然而其缺点在于喜好指责时弊，千万不要效仿他的做法。我很遗憾不能与你相见，当面尽情讨论诗文的好坏，而在信上是不能道其万一的。你一定要勤勉学习，爱护自己，少喝酒为好。你寄送的《释权》这篇文章，文笔奔放自如，很能表现出你的确是日日有所长进。然而更应研读经典，使自己的根基更加深厚，唯此才可以追上古人。《青琐》这篇祭文，构思精巧，但用字还有不妥帖之处。写文章自己遣词造句最难，杜甫作诗，韩愈作文，没有一个字没有出处。只是因为后人读书少，所以就以为是韩愈、杜甫自己写出这样的句子罢了。古代能写文章的人，都是能够真正地熔铸万物于一炉，即使引用古人的语句用于自己的文中，也都如一粒灵丹，有化腐朽为神奇之功效。

文章最为儒者末事，然索学之，又不可不知其曲折，幸熟思之。至于推之使高，如泰山之崇崛，如垂天之云；作之使雄壮，如沧江八月之涛，海运吞舟之鱼。又不可守绳墨、令俭陋也。

【译文】对于尊崇儒学的人来说，写文章实在是最小的事了，然而既然要探求写文章的方法，就不可不了解其中的曲折奥妙，希望你能仔细思考这个问题。至于要使文章高妙，如巍然崛起的泰山似自天上垂挂下来的云彩；倘若要使文章气势雄壮，如八月大江上的波涛似海动时能吞没大船的巨鲸，那就不可死守所谓的规矩，令文章浅陋了。

张耒

张耒，宋淮阴人，字文潜，第进士，绍圣初知润州，坐党谪官。徽宗立，召为太常少卿，出知颍汝二州，又坐党藉落职。卒年六十一，有《宛邱集》。

【译文】 张耒是宋代淮阴人，字文潜，进士及第。绍圣初年治理润州，因为是元祐党人而被贬官。徽宗继位，召张耒为太常少卿，出朝任颍汝二州，又因为党争而被罢免。张耒死时六十一岁，著有《宛邱集》。

答李推官书

南来多事，久废读书，昨送简人还，忽辱惠及所作《病暑赋》及杂诗等，诵咏爱叹，既有以起其竭涸之思，而又喜世之学者，比来稍稍追求古人之文章述作体制，往往已有所到也。耒不才，少时喜为文词，与人游，又喜论文字，谓之嗜好则可，以为能文，则世自有人，决不在我。

【译文】 南下以后因为诸事繁杂，很长时间没有读书了。昨天送信的人回来，承蒙您送给我您写的《病暑赋》和杂诗等文章，我吟咏诵读爱惜不已。既而就有挽救枯竭文思的想法，又喜好世间的学者，近来稍稍追求古人写文章著述的体裁、规制，往往能够达到一定的境界。我十分不才，小时候喜好作为填诗词，又喜好讨论文字，说这是嗜好也行，因为能够作文，在这个世上大有人在，不在于我孤身一人。

足下与耒平居饮酒笑语，忘去屑屑，而忽持大轴细书题官位姓名，如卑贱之见尊贵，此何为者？岂妄以耒为知文，谬为恭敬，若请教者乎？欲持纳而贪而爱玩，势不可得舍，虽怛然于以自宁，而既辱勤厚，不敢隐其所知于左右也。

【译文】足下你和我平常住在一起喝酒谈笑，忘却那些劳瘁匆迫，但忽然有人来捧着大棒轴写着小字的官位、姓名，就像是身份卑微之人见到尊贵之人一样。这是为什么呢？难道是慌乱之中认为我深刻了解文章的本质，才装作毕恭毕敬的样子，像是来向我请教的吗？想要有所采纳但是贪图自己的喜好进行玩赏，势必没有办法取舍，虽然忧伤悲苦无法安宁下来，但也只得恭谨敦厚，不敢隐讳我自己所知道的一切。

足下之文，可谓奇矣，捐去文字常体，力为瑰奇险怪，务欲使人读之如见数千岁前科斗鸟迹所记，弦匏之歌，钟鼎之文也。足下之所嗜者如此，固无不善者，抑耒之所闻所谓能文者，岂谓其能奇哉！能文者固不能以奇为主也。夫文何为而设也？知理者不能言，世之能言者多矣，而文者独传。岂独传哉？

【译文】您的文章，可以说形式很奇特啊！放弃文字的常态，极力去写（形式）奇特不同寻常的文字，一定要使人读了您的文章之后，就像见到几千年以前的蝌蚪文，弦歌之声、钟鼎文一样。您的爱好像这样，没有什么不好。可是我听说的，人们所说的会写文章的人，哪里是说他善于追求语言形式上的奇特呢？擅长写文章的人，本来就不能把语言形式奇特作为主要追求的。文章为什么而写呢？懂得道理的人不擅长说话，世上的擅长说话的人有很多，单单文章得以流传。哪里是单单文章流传呢？

因其能文也而言益工，因其言工而理益明，是以圣人贵之，自《六经》以下，至于诸子百氏、骚人辩士论述，大抵皆将以为寓理之具也。是故理胜者，文不期工而工；理诎者，巧为粉泽而隙开百出。此犹两人持牒而讼，直者，操笔不待累累，读之如破竹横斜反覆自中节目；曲者，虽使假词于子贡，问字于扬雄，如列五味而不能调和，食之于口，无一可惬。

【译文】因为擅长写文章的人，他的语言也越发的工巧，因为他的语言工巧而道理更加鲜明，因此圣人看重它。自《六经》以来，到诸子百家、骚人辩士的论述，大多都把文章当做阐明道理的工具。因此道理鲜明的文章，在形式上不追求工巧却能达到工巧；道理不明的文章，即使巧妙地加以粉饰润泽也会漏洞百出。这就好像两个人拿着诉状诉讼：公正的人执笔（写出来的文章），不靠洋洋洒洒的文字，读着却势如破竹，纵横反推，自然句句切中要害；不公正的人执笔（写出来的文章），即使向子贡借词语，向杨雄询问词汇，就像五味俱全却不擅长调和，吃到嘴里，没有一点是让人满意的。

何况使人玩味之乎？故学文之端，急于明理。夫不知为文者，无所复道。如知文而不务理，求文之工，世未尝有是也。夫决水于江、河、淮、海也，水顺道而行，滔滔汩汩，日夜不止，冲砥柱，绝吕梁，放于江湖而纳之海，其舒为沦涟，鼓为涛波，激之为风飙，怒之为 雷霆，蛟龙鱼鼋喷薄出没，是水之奇变也。而水初岂如此哉！顺道而决之，因其所遇而变生焉。

【译文】更不用说让人反复咀嚼了呢？所以学习写文章的最初阶段，最重要的是要使道理鲜明。不懂得写文章的人，没有什么反复说的。如果懂得写文章却不探求道理显明，想达到文章精美，世上还未曾有这样的事。从江河淮海疏通水道，使水流出去，水顺渠而下，滔滔不绝，冲刷砥柱，横渡吕梁，纵横江湖而流归大海，浩浩汤汤，奔腾不息，水在平稳时微波徐徐，高起时波涛汹涌，受阻遏时犹为暴风，气势盛大如洪大而急发的雷声，蛟龙鱼鼋皆汹涌出没，这是水的奇特变化。可是水起初哪里像这样呢？这是疏通水道，使水顺流出去的（原因），因为他们遇到的情况不同而有所变化。

沟渎东决而西竭，下满而上虚，日夜激之，欲见其奇，彼其所至者，蛙蛭之玩耳。江、河、淮、海之水，理达之文也，不求奇而奇至矣。激沟渎而求水之奇，此无见于理，而欲以言语句读为奇之文也。六经之文，莫奇于《易》，莫简于《春秋》，夫岂以奇与简为务哉，势自然耳。传曰："吉人之辞寡。"彼岂恶繁而好寡哉，虽欲为繁，而不可得也。

【译文】小水沟的水，在东面放水，西面却没有水，下游的水满了，上游的水却枯竭了，（如果）日夜冲激，想看到奇特之景，（实际上）水到的地方，也就是青蛙和水蛭嬉戏的场所而已。江河淮海的水，就是道理通达的文章，不期求形式奇特却奇特（的景观）自然而然而来。冲激小河沟的水，却期求形成水的奇观，这就像不在道理方面显明，却想凭借言语句读来形成奇特文章的做法一样。六经的文章，莫过于《易经》最为奇特，莫过于《春秋》最为简洁，难道是以奇特和简洁为主要目标吗，只不过是自然而然罢了。《易经·系辞上传》说："贤明的人话少。"那难道是厌恶繁琐而喜好简洁吗，即便是想作出繁琐之文，也没有办法达成愿望。

自唐以来至今，文人好奇者不一，甚者或为缺句断章，使脉理不属，又取古书训诂希于见闻者，衣被而说合之，或得其字不得其句，不知其章，反覆咀嚼，卒亦无有，此最文之陋也。足下之文，虽不若此，然其意靡靡，似主于奇矣，故预为足下陈之，愿无以仆之言质俚而不省也。

【译文】从唐以后到现在，文人追求文章形式奇特的人不少，追求也不一样。严重的是，有的人写出一些缺句断章，使脉络不连贯；又有从少见的见闻中选取古书训诂的人，有的只见其中的字词，却不见句子，不见片断整体，反复考证咀嚼，最终也没有什么收获，这是最糟糕的文章。您的文章，虽然没有像这样，是文意不振作，似乎还是注重形式奇特啊。所以先向您陈述一下我的看法，希望您不要因为我的话语朴素粗陋而不省悟啊。

陆 游

陆游，宋山阴人，字务观，号放翁。孝宗朝擢编修，出知夔、严二州，官至宝章阁待制，致仕。年八十六，卒。游才气超逸，尤长于诗，为南宋一大家，有《渭南文集》、《剑南诗稿》等种。

【译文】陆游是南宋山阴人，字务观，号放翁。孝宗时被选拔为史馆编修，出朝任职夔、严二州，官至宝章阁待制，退休。陆游八十六岁去世。他才华横溢，尤其擅长作诗，是南宋诗歌大家，著有《渭南文集》、《剑南诗稿》等。

上辛给事书

某官阁下：君子之有文也，如日月之明，金石之声，江海之涛澜，虎豹之炳蔚，必有是实，乃有是文。夫心之所养，发而为言，言之所发，比而成文。人之邪正，至观其文，则尽矣决矣，不可复隐矣。爝火不能为日月之明，瓦釜不能为金石之声，潢污不能为江海之涛澜，犬羊不能为虎豹之炳蔚，而或谓庸人能以浮文眩世，乌有此理也哉。使诚有之，则所可眩者，亦庸人耳。

【译文】某官阁下：德才超众的人所写的文章，像是日月放射的明辉，金石发出的宏声，江海卷起的波澜，虎豹长有的花纹，一定是现有这样的修养，才会有这样的妙文。心中所积蓄的感情，抒发出来就是言辞，言辞既发，连缀起来就成了文章。一个人是邪恶还是正直，只要仔细地阅读他的文章，就完全可以了解，可以判明了，不会再有什么能隐藏。火把不能放出日月的光芒，瓦盆不能奏出金石的音响，积水不能掀起江海的波澜，犬羊不能长出虎豹的花纹。有人说庸人可以用华美的辞藻迷惑世人，哪有这样的道理？即便真有这样的事，那么所可迷惑的，也是庸人而已。

某闻前辈以文知人，非必巨篇大笔，苦心致力之词也。残章断稿，愤讥戏笑，所以娱忧而舒悲者，皆足知之。甚至于邮传之题咏，亲戚之书牍，军旅官府仓卒之间，符檄书判，类皆可以洞见其人之心术才能，与夫平生穷达寿夭。前知逆决，毫芒不失，如对棋枰而指白黑，如观人面而见其目衡鼻纵，不待思虑搜索而后得也。何其妙哉。故善观晁错者，不必待东市之诛，然后知其刻深之杀身。善观平津侯者，不必待淮南之谋，然后知其阿谀之易与。方发策决科时，其平生事业，已可望而知之矣。贤者之所养，动天地，开金石，其胸中之妙，充实洋溢，而后发见于外，气全力余，中正闳博，是岂可容一毫之伪于其间哉。

【译文】我听说前辈凭借文章来了解人，不一定要苦费心机的鸿篇巨制，那些残章断稿，嬉笑怒骂，用以排遣忧思，抒发悲愤的文字，都足以了解其为人。甚至连驿站的题咏之词，亲戚的往来书简，军队、官府紧急情况下的檄文、判词，都可以清楚地看出那人的心术如何、才能怎样，以及一生的命运好坏、寿命长短。可先知，能预料，毫厘不差。就好像是面对棋盘而能马上指出哪是黑，哪是白；又像是看着人脸，而能一目了然，眼睛是横的，鼻子是竖的；不用等待斟酌思考以后再下结论。这是多么地奇妙啊！所以善于观察晁错的人，不用等到他在东市被杀，然后才知道他因精细而亡身；善于了解平津侯公孙弘的人，不必等到他在淮南谋反，然后才明白他的阿谀奉承反复无常。当一个人在回答策问，选择科名时，他的生平事业，已经可以了如指掌了。圣贤之人所养蓄的情感，惊天动地，开金裂石，他胸中的蕴藏，充实饱满，而后表露于外，才气全备，笔力充沛，纯正而广博，这怎么能容得一丝一毫的虚伪藏在其中呢？

某束发好文，才短识近，不足以望作者之藩篱，然知文之不容伪也，故务重其身而养其气。贫贱流落，何所不有，而自信愈笃，自守愈坚，每以其全自养，以其余见之于文。文愈自喜，愈不合于世。夫欲以此求合于世，某则愚矣。而世遂谓某终无所合，某亦不敢谓其言为智也。

【译文】我自束发以来就喜好作文，但才识短浅，难以进入作者行列。可我知道文章是容不得虚伪的，所以非常重视自身的才德，并积养自己的浩然之气。贫穷困窘，四处流落，而自己的信念越发笃实，信心越发坚定。总是以那浩然正气的全部来充实自己，以它的所余表现在文章里，文章越是自己感到满意，就越不合于世俗。要是想用文章去随波逐流，那我就太愚蠢了。于是世人都说我始终不能迎合世态，我也并不认为他们说的有道理。

恭惟阁下以皋陶之谟，周公之《诰》。清庙。生民。之诗，启迪人主而师表学者，虽乡殊壤绝，百世之下，犹将想望而师尊焉。某近在属部，而不能承下风，望余光，则是自绝于贤人君子之域矣。虽然，非敢以文之工拙为言也。某心之为邪为正，庶几阁下一读其文而尽得之。唐人有曰：士之致远，先器识而后文艺。是不得为知文者。天下岂有器识卑陋，而文词超然者哉。狂率冒犯，死有余罪。

【译文】阁下您用《尚书·皋陶谟》、《尚书·大诰》和《诗经·清庙·生民》等诗来教授君主而体现出为人师父的表率作用，虽然有很大悬殊，但是几百代以后，还会向往于您的教导的尊重的。我在属下的部门，但是却无缘得见您的风采、得到您光芒的照耀，于是就自我隔离于贤者和君子的群体了。虽然如此，我也不敢妄言文章的工整、拙劣。我的内心世界是正是邪，或许您读一读我的文章就可以知道了。唐人说过：士人的情趣是否高远，首先取决于他们的见识然后才是文采。也就是说能够了解文章本意者是无法达到的。普天之下哪里有见识鄙陋但文采超凡的呢？我说这些十分狂妄轻率，如有冒犯，就死有余辜了。

陈 骙

陈骙，宋临海人，字叔进，绍兴中举进士第一，宁宗即位，知枢密院事，兼参知政事，以忤韩侂胄提举洞霄宫。卒年七十四，谥文简，所著文则，评论文章体制，指示作法，大率准经立制，条列义例，于初学颇为切近。

【译文】陈骙是宋代临海人，字叔进，是绍兴年间第一名进士，宋宁宗即位之后，担任枢密院枢密使，兼任参知政事（副宰相），因为违逆韩侂胄而被贬为洞霄宫提举。陈骙死时七十四岁，谥号“文简”，他所写文章，评论文章的体材格局，并指出文章写法，大多都以经典为准则，条分缕析含义、体例，对于初学者来说是很重要的。

文则·论取喻之法

《易》之有象，以尽其意，《诗》之有比。以达其情。文之作也，可无喻乎？博采经传，约而论之，取喻之法，大概有十。略条于后：

【译文】《易经》有了象辞，得以充分阐明它的意义，《诗经》有了比兴，得以表达它的感情。撰写文章，可以没有比喻吗？广泛地采录经书和它的传注（其中的比喻方法），集中起来研讨一下，他们运用比喻的方法。大概有十种，简略地分条陈述在后面：

一曰直喻。或言“犹”，或言“若”，或言“如”，或言“似”，灼然可见。《孟子》曰：“犹缘木而求鱼也。”《书》曰：“若朽索之驭六马”《论语》曰：“譬如北辰。”《庄子》曰：“凄然似秋” 此类是也。

【译文】第一种叫做直喻。或者说“犹”，或者说“若”’或者说“如”。或者说“似”，这类比喻显明易见。《孟子》说："好象爬到树上去捉鱼一祥。"《尚书》说"如同用朽烂的缰绳去驾驭六匹马一样。"《论语》说："好象北极星一样。"《庄子》说："冷清寂寞好像秋天。"这一类比喻就是直喻。

二曰隐喻。其文虽晦，义则可寻。《礼记》曰："诸侯不下渔色。"（国君内取国中，象捕鱼然，中网取之，是无所择。）《国语》曰："没平公，军无秕政。"（秕，谷之不成者，以喻政。）又曰："虽蝎谮，焉避之。"（蝎，木虫，谮从中起，如蝎食木，木不能避也。）《左氏传》曰：'是豢吴也夫。"（若人养牺牲。）《公羊传》曰："其诸为其双双而俱至者与？"（言齐高固及子叔姬来，其双行匹至似兽。《山海经》有兽名双双。）此类是也。

【译文】第二种叫做隐喻。它的文辞虽然隐晦，它的含义却可以探求到。《礼记》说："诸侯不得（贪好美色）向下娶卿大夫之女。"（诸侯在国内娶卿大夫之女，就象捕鱼一样，凡是进网的都取来，这徉就无所选择了。）《国语》说："直到晋平公死为止，（由于祁午治军有方）军队没有错误的法令措施。"（秕，不成熟不饱满的谷粒，用它比喻政事。）又说："虽然明知馋言从宫中生起，如同蠹虫从木心吃木一样，那能避免得了产（蝎，木中蠹虫。谗言从官内兴起，好象蠹虫吃木材一样，木材本身不能避开它。）《左传》说："这是在养肥吴国啊。"（如同人们饲养性畜。）《公羊传》说："那是因为他们双双对对一起来到吗？"（这里讲的是齐国高固及子叔姬来鲁国，他们成对成双，同行井至，犹如野兽一般不知礼节。《山海经》里记载一种野兽名叫"双双"。）这一类比喻就是隐喻。

三曰类喻。取其一类，以次喻之。《书》曰："王省惟岁，卿士惟月，师尹惟日。"岁、月、日，一类也。贾谊《新书》曰："天子如堂，群臣如陛，众庶如地。"堂、陛、地，一类也。此类是也。

【译文】第三种叫做类喻。选取同类的事物，依次做比喻。《尚书》说："国君有了过失，就会影响一年；卿士有了过失，就会影响一月；官吏有了过失，就会影响一天。"年、月、日是同类的。贾谊《新书》说："天子好比是宫段的正厅，群臣好比是官殿的台阶，百姓好比是官殿前的土地。"堂、陛、地是同类的。这一类比喻就是类喻。

四曰诘喻。虽为喻文，似成诘难。《论语》曰"虎兕出于柙，龟玉毁于椟中，是谁之过欤？"《左氏传》曰："人之有墙，以蔽恶也，墙之隙坏，谁之咎也。"此类是也。

【译文】第四种叫诘喻。虽然是比喻的文辞，看起来却好象是反诘质问。《论语》说"老虎、犀牛从笼子里跑了出来，龟壳、美玉在匣子里毁坏了，这是谁的过错呢？"《左传》

说："人们所以筑墙壁，是用来遮挡坏人的。墙壁裂缝而倒塌，这是谁的过错呢？"这一类比喻就是诘喻。

五曰对喻。先比后证，上下相符。《庄子》曰："鱼相忘乎江湖，人相忘乎道术。"《荀子》曰："流丸止于瓯臾，流言止于智者。"此类是也。

【译文】第五种叫做对喻。先比喻后印证，上下（喻体与本体）相符合。《庄子》说："鱼游于江湖之中，悠然自得而忘记了一切，人游于大道之中，怡然自适而忘记了一切。"《荀子》说："滚动的弹丸到低坳处就停住不动了，流言蜚语到明白人那里就停止传播了。"这一类比喻就是对喻。

六日博喻。取以为喻，不一而足。《书》曰："若金，用汝作砺，若济巨川，用汝作舟楫，若岁大旱，用汝作霖雨。"《荀子》曰："犹以指测河也，犹以戈舂黍也，犹以锥飧壶也。"此类是也。

【译文】第六种叫做博喻。选取来做比喻的，不止一个，而是很多。《尚书》说："我好比是金属，用你做磨刀石，才能成利器；又好比我想要渡过大河，用你做船和桨；又好比大旱之年，把你当做连绵的大雨。"《荀子》说："如同用手指去测量河水，如同用长矛去舂谷子，如同用锥子去取饭食。"这一类比喻就是博喻。

七日简喻。其文虽略，其意甚明。《左氏传》曰："名，德之舆也。"《扬子》曰："仁，宅也。"此类是也。

【译文】第七种叫做简喻。它的文词虽然简略，它的意义却很明白。《左传》说："好的名声，好比是美德的车子（能把美德传送远方。）"《扬子》说："仁，好比是人们的住宅。"这一类比喻就是简喻。

八曰详喻。须假多辞。然后义显。《荀子》曰："夫耀蝉者，务在乎明其火，振其树而已。火不明，虽振其树无益也。今人主有能明其德，则天下归之，若蝉之归明火也。"此类是也。

【译文】第八种叫做详喻。需要借助很多词句，然后意义才明显。《荀子》说："凡是用火去照蝉的人，务必使火光明亮，然后摇动树干，诱蝉扑向火光。如果火光不明亮，虽然摇动树干也没有用处。现在做国君的如果能使自己道德明达，那么，天下的人归顺他，就会象蝉扑向火光一样。”这一类比喻就是详喻。

九曰引喻。援取前言，以证其事。《左氏传》曰：谚所谓‘庇焉而纵寻斧焉’者也。”《礼记》曰：“‘蛾子时术之’其此之谓乎？”此类是也。

【译文】第九种叫做引喻。引用前人的话，来证实所说的事。《左传》说：“这就象谚语所讲的‘树木能遮荫了，却要用斧头砍伐它’的情况一样”。《礼记》说：“‘幼小的蚂蜕时时学衔土筑垤，终成蚁冢。’那是比喻求学要不断积累才能达到很高水平。”这一类比喻就是引喻。

十曰虚喻。既不指物，亦不指事。《论语》曰：“其言似不足者。”《老子》曰：飂兮似无所止。”此类是也。

【译文】第十种叫做虚喻。既不确指具体的东西，也不实指具体的事情。《论语》说：“（孔子经过国君坐位时）说起话来也好像底气不足似的。”《老子》说：“高空中的风吹起来好象没有停止的池方。”这一类比喻就是虚喻。

文则·论援引之法

凡伯刺厉之诗，而曰：“先民有言。”（《板》三章曰：“先民有言，询于刍荛。”郑康成云：“此古贤者有言也。”）吉甫美宣之诗，而曰“人亦有言。”《蒸民》五章曰：“人亦有言，柔则茹之，刚则吐之。”此亦谓前人有言如此。允侯之征，乃举《政典》。（《政典》曰“先时者杀无赦，不及时者杀无赦。”孔安国云：“《政典》，夏后为政之典籍”）盘庚之诰，亦载迟任。（迟任有言曰：“人惟求旧，器非求旧，惟新。”孔安国云：“迟任，古贤人。”）或称古人言，（《泰誓》曰：“古人有言曰‘抚我则后，虐我则雠。’”此类是也。）是皆有所援引也。《诗》、《书》而降。传记籍籍，援引之言，不可具载。且左氏采诸国之事以为经传，戴氏集诸儒之篇以成礼志，援引《诗》、《书》，莫不有法。推而论之，盖有二端：一以断行事，二以证立言。二者又各分三体，略条于后。

【译文】凡伯讥刺周厉王的诗，却说“古代贤人曾经说过这样的话。”（《板》诗第三章说：“古代贤人曾经说过这样的话，几事向割草打柴的人请教。”郑康成说：“这是古代贤人说的话。”）尹吉甫赞美周宣王的诗，却说“人们说过这样的话。”（《蒸民》诗第五章说：“人们说过这祥的话，柔软的东西就吞下，坚硬的东西就吐出。”这也是说前人有过这祥的话。）允侯讨伐羲和的檄文（即誓词）中，就引用了《政典》里的话，（《政典》说：“历书所定四时节气如先于自然时令，那么。掌管历法的官员一定要杀掉，不能赦免，历书所定四时节气如后于自然时令，那么，掌管历法的官员一定要杀掉，不能赦免。”孔安国说：“《政典》，是夏朝帝王执政所依循的法典文献。”）盘庚的文告，也引用了迟任的话，（迟任说过：“人以故交旧知为好，器物则不要旧的，而是以新的为好。”孔安国说：“迟任，是古代贤明的人。”）或者引用古人的话，（《泰誓》说：“古人说过这样的话：‘抚慰我们百姓的人就可以做我们的君王，虐待我们百姓的人会得到我们的回应。’”这一类就是例子。）以上这些都是有所引证的例子。《诗经》、《尚书》以下，解释经典记述史实的繁多的书籍中，都有许多引用的话，不能一一列举。而左丘明采录各诸侯国的史实来为《春秋》经作注释，戴圣集中许多儒生的文章编辑成《礼记》，他们在引用《诗经》、《书经》的文句时，都有一定的法则。推究起来谈，大体上有两种方法：第一是用引文来判断所做的事;第二是用引文来证实所说的话。这两种方法又各分为三种体例，简略地分条陈述在后面：

《左氏传》载：“《诗》曰：‘自诒伊戚’，其子臧之谓矣。”此独引《诗》以断之，是一体也。《左氏传》载：“《诗》曰：‘于以采蘩于沼于沚，于以用之，公侯之事。’秦穆有焉。‘夙夜匪懈，以事一人。’孟明有焉。‘诒厥孙谋，以燕翼子。’子桑有焉。”此各引《诗》以合断之，是二体也。（《表记》载《诗》曰：‘莫莫葛藟，施于条枚，岂弟君子，求福不回。’其舜、禹，文王、周公之谓与。”此又一诗总断之体也。）

【译文】《左传》记载：“《诗经》说：‘自己给自己找来忧愁悲伤，’这话正说的是子臧这样的人啊！”，这里单独引《诗经》来论断某一事物，是一种引证的体例。《左传》记载“《诗经》说：‘到哪里去采蒿子？在池塘边。在小洲上。在哪里使用它？在公侯祭祀的典礼上。’秦穆公就是这样做的。早晨晚上努力不懈，用尽心力来奉事一个人。’孟明就是这样做的。‘把顺应民心的谋略留传下来，用以安抚佐助那庄敬的子孙。’子桑就是这样做的。”这里分别引诗来综合论断事物，这是引证的第二种体例。（《表记》记载：“《诗经》说：‘茂密的葛藟藤条长，缘着树干往上长。平易近人贤君子，不违祖德求福祥。’这说的是虞舜、夏禹、周文王和周公他们吧！”这是又一种用一首诗综合论断的体例。）

《国语》载：“《诗》曰：‘其类维何？室家之壶。君子万年，永锡祚允’‘类’也者，不忝前哲之谓也。‘壸’也者，广裕民人之谓也。‘万年’也者，令闻不忘之谓也。‘祚允’也者，子孙蕃育之谓也。单子朝夕不忘成王之德，可谓不忝前哲矣。膺保明德，以佐王室，可谓广裕民人矣。若能类善物以混厚民人者，必有章誉蕃育之祚，则单子必当之矣。”此既引《诗》文，又释其义以断之，是三体也。

【译文】《国语》记载“《诗经》说：‘他的善行怎么样？遍及宫室及深巷。君子延嗣千万年，永赐子孙幸福长。’类的意思。就是善行施于族类，不辱没前代贤哲。壸的意思，就是使广大人民能够富裕。万年的念思，就是让他知道祖先的善德，永远不要忘记。祚的意思，就是子子孙孙繁衍不绝。单子朝夕不忘成就王命的高尚品德，可称得上是不辱前贤了。胸中保持着光明的品德，来辅佐国王，可算得是广泛给人民带来好处了。如果说能效法美好的事物，使人民同享丰厚生活的人，必然会有美好的声誉和繁育子孙的福气的话，那么，单子必定能得到这样的荣誉和幸福。”这里既引用了《诗经》的诗句，又解释了它的含义来论断事物。这是引证的第三种体例。

《大学》载：“《康诰》曰：‘克明德。’《太甲》曰：‘顾諟天之明命。’《帝典》曰：‘克明峻德。’皆自明也。汤之《盘铭》曰：‘苟日新，日日新，又日新。’《康诰》曰：‘作新民。’《诗》曰：‘周虽旧邦，其命维新。’是故君子无所不用其极。”此则采综群言，以尽其义，是一体也。

【译文】《大学》记载，“《康诰》说：‘（周文王）能够使品德光明高尚。’《太甲》说：‘（先王成汤每当办大事时）必定回顾这上天给予的明白的启示，敬奉天命以承顺天地。’《尧典》说：‘尧能使其伟大的品德彰明于世，推及天下。’以上都是说使自己品德光明高尚啊！商汤的《盘铭》说：‘如果有一天能做到除旧习而自新的话，那么，就要在此新的基础上，一天一天出现新貌，不间断地更新，以达崭新的境界。’《康诰》说‘教育振起殷商民众，使他们革除旧习，成为新人。’《诗经》说：‘周虽然是古老的邦国，（到了文王时）却受天命更新其德而代商。’所以说，君子为达到至善的境界，什么方法都要试，什么途径都要探讨啊。”这里是采录、综合各种相关的言论，来详尽表述思想。这是引文来论证观点的第一种体例。

《缁衣》曰：“好贤如《缁衣》，恶恶如《巷伯》，则爵不渎而民作愿，刑不试而民咸服。《大雅》曰：‘仪刑文王，万邦作孚。’”此则言终引证，是二体也。（《孝经》诸篇，悉用此体。）《左氏传》曰：“《周书》所谓‘庸庸祇祇’者，谓此物也夫。”又曰：“《泰誓》所谓‘商兆民离，周十人同’者，众也。”此乃断析本文，以成其言，是三体也。

【译文】《缁衣》说："（人君）喜爱贤明的人如能象《诗经·缁衣》描述的那样深切真诚爱护贤才，憎恶坏人如能象衣《诗经·巷伯》所描述的那徉疾恶如仇，那么言员们就不会玩忽职守，而百姓中也会兴起诚实谨俱的风气。这样一来，不用施用刑罚，百姓就都归服了。《大雅》说：'应该效法文王，万邦就会信任你。'"这里是论述完了才引诗作证。这是引文来论证的第二种体例。（《孝经》里许多文章都用这种体例。）《左传》说："《周书》所说的'任用那些可用的人，尊敬那些值得尊敬的人'。这些话，讲的就是（晋侯赏赐功臣）这徉的事情吧。"还有"《泰誓》所说的'商纣虽有亿兆民众，但他们都离心离德；周朝有辅政的十个大臣，他们都同心同德。'这句话的意思是，翻能服众（君王有德，众必归之）。'"这是从原文中摘取片断语句缩写成文来证实所说的话。这是引文来论证的第三种体例。

夫取《诗》即云《诗》，取《书》即云《书》，盖常体也。观以《康诰》为先王之令，（《国语》称"先王之令曰：'天道赏善而罚淫。故凡我造国，无从非彝。'"，此引《汤诰》文。）以《周书》为西方之书，（《国语》称西方之书，盖《逸周书》。韦昭云："《诗》言'西方之人兮'，则西方为周也。"。）以《咸有一德》为《尹告》，（《礼记》称《尹告》曰："惟尹躬暨汤，咸有一德。康成云："《尹告》，伊尹之诰。"）以《大禹谟》为《道经》，《荀子》称《道经》曰："人心惟危，道心惟微。"杨倞云："此在《虞书》，曰《道经》者，言有道之经也。"）不曰《仲虺之诰》而曰《仲虺之志》，（《左氏传》曰："《仲虺之志》云：'乱者取之，亡者侮之。'"）不曰《五子之歌》而日《夏训》有之，（《左氏传》曰："《夏训》有之：'有穷后羿。'"直言《郑诗》、《曹诗》，（《国语》称《郑诗》曰"仲可怀也。"又称《曹诗》曰"彼其之子，不遂其媾。"）

【译文】从《诗经》中选取的诗句就说它是《诗经》，从《尚书》中选取的文句就说它是《尚书》，这大概是文章中常见的体例。看看以下的例子：把《康诰》称为前代国君的政令（《国语》称引"前代国王的政今说：'上天的规律是：奖赏善良的人，惩罚淫恶的人。凡是创建邦国，不要做那违反常规，不合法度的事。'"这是引用《汤诰》里的文句。），把《周书》称为"西方之书"（《国语》所说的西方之书，实际上是《逸周书》。韦昭说："《诗经》说过'西方的人啊，'那么，西方就是周朝了。"），把《咸有一德》作为《尹告》（《礼记》引《尹告》说，"伊尹自身和成汤一样，都保持着纯正的好品德。"郑康成说"《尹诰》，就是伊尹写的文告。"），把《大禹谟》叫做《道经》（《荀子》称引《道经》说："人心贪欲自私，会干糊涂事，所以危险，道心深奥微妙，所以不显露。"杨倞说"这句话本是在《虞书》里之所以叫它《道经》。是认为它是有道德义理的经典啊。"），不叫《仲虺之诰》而叫《仲虺之志》。（《左传》说："《仲虺之志》说'政治荒乱的就攻取它，国将衰亡的可凌辱共国人。'"），不叫《五子之歌》而说《夏训》有这样的话（《左传》说："《夏训》有这样的话：‘有穷国的后羿。”）。有的径直称《郑诗》、《曹诗》（《国语》引《郑诗》说“仲子啊，多么值得我想念啊！”又引《曹诗》说：“那些受宠爱的小人啊.享受优厚待遇还不开心。”）

止称《汋》曰《武》曰，（《左氏传》：“《汋》曰：‘於铄王师。’《武》曰：‘无竞惟烈。’”）或称芮良夫，（《左氏传》曰：“周芮良夫之诗曰：‘大风有隧，贪人败类。’”）或称周文公，（《国语》：“周文公之颂曰：‘载戢干戈，载櫜弓矢。’”）指《那》颂卒章为乱辞，（《国语》曰：“具戢之乱曰：‘自古在昔，先民有作。’”韦昭云：“凡作篇章义既成，撮其大要，以为乱辞。”）摘《小宛》首章为篇目。（《国语》曰：“秦伯赋《鸠飞》。”韦昭云：“《小宛》之首章，‘宛彼鸣鸠，翰飞戾天，是也。”）数章之末章，既谓之卒章，（《左氏传》曰：“赋《绿衣》之卒章。”此类是也。）一章之末句，亦谓之卒章，（《左氏传》曰：“作《武员》卒章曰：‘耆定尔功。’”）凡此似亦略施雕琢，少变雷同，作者考焉，毋诮无补。

【译文】有的只称《汋》诗说，《武》诗说诗说：‘武王克商功业实在大，没有谁能比过他。’”）。成者称举芮良夫（《左传》说：“周朝卿士芮良夫写的诗说：‘大风吹起有来路，贪鄙的人败坏宗族！’”），或者称举周文公（《国语》：“周文公作的颂歌说，‘收藏起盾牌和长柄横刀，储存起强弓和利箭’”）。有的把《商颂·那》的最后一章叫做乱辞（《国语》说：“《那》诗在讲完主旨之后，在乱辞中说：‘远古近古源远流长，创此条礼的是先祖成汤。”韦昭说：“凡写作诗篇，主旨完成后，提炼它的要点，写成乱辞。”），有的摘取《小宛》第一章中的词语做诗篇的题目。（《国语》说：‘秦伯朗诵《鸠飞》。’韦昭说：“《小宛》的第一章是指该章中‘小小的班鸡叫不停，展翅高飞至天庭’的两句诗。”），包含几章的诗的最后一章，既然叫做结束章（《左传》说“朗诵《绿农》的结束章。”这类例子就是），那么，独章诗的最后一句，也叫做结束章（《左传》说：“作《武员》诗，它结尾的一章说：‘使你奠定了不朽的功业’”）。大凡这些引证好象都在文词上作过一些修饰，稍微改变了一下引证方式的雷同，作者是花了一些工夫推敲的，不能讥诮它们对人无所裨益。

《左氏传》载诸国燕飨赋《诗》之事，但云赋某《诗》，或云赋某《诗》之卒章，皆不载《诗》文，而意自具。其曰“赋《棠棣》之七章以卒”，则知赋七章已卒尽八章也。其曰“在《扬水》卒章之四言矣”，则知取“我闻有命”也。《左氏》于此等文，最为得体。

【译文】《左传》记载各国诸侯宴会赋《诗》的事实，只说朗诵某首诗，或考说朗诵某首诗的最后一章，都不记载所读《诗经》的原文，而它的意思自然都包含了。其中有的说“朗诵《棠棣》这首诗的第七意到最后一章。”那就知道朗诵完第七章后又读完了第八章。其中有的说“在《扬之水》最后一章的四个字上了”。那就知道赋诗的人选取的是“我听从你的命令”这句诗。《左传》在这类文笔的运用上，是最恰当的。

真德秀

真德秀，宋浦城人，字景元，后更字景希，庆元进士。理宗时，拜参知政事，卒谥文忠，学者称西山先生。德秀学宗朱熹，以昌明道学为己任。所编《文章正宗》，大要以明理切用为主，否则词虽工亦不录，与《文选》一派之总集，盖判然两途焉。

【译文】真德秀是宋代浦城人，字景元，后来改为字景希，是庆元年间的进士。理宗朝拜为参知政事，死后谥号“文忠”，学者们多称之为“西山先生”。真德秀以朱熹为楷模，以弘扬道学为己任。他所编的《文章正宗》，大致是以明白道理实用为主，不然即便语言十分工整也不采录，和《文选》一派的总集，大概是截然不同的两条路。

文章正宗纲目

正宗云者，以后世文辞之多变，欲学者识其源流之正也。自昔集录文章者众矣，若杜预、挚虞诸家，往往湮没弗传，今行于世者，惟梁《昭明文选》、姚铉《文粹》而已。由今视之，二书所录，果皆得源流之正乎？夫士之于学，所以穷理而致用也。

【译文】所谓文章的正宗，因为后世文辞变化很大，想要学习者一定要意识到它的源流的正统。自以往以来，辑录文集的就有很多，像杜预、挚虞等诸位，往往就被湮没不传，现在流传于世的，只有梁萧统编著的《昭明文学》、我朝姚铉编著的《唐文粹》等几部而已。站在现在来看，两部书所辑录的内容，都能得到文章源流的正道吗？学士追求学问，是为了究极道理而达到经世致用的目的的。

文虽学之一事，要亦不外乎此。故今所辑，以明义理、切世用为主，其体本乎古，其指近乎经者，然后取焉；否则辞虽工，亦不录。其目凡四，曰辞命，曰议论，曰叙事，曰诗赋，今凡二十余卷云。绍定执除之岁，正月甲申，学易斋书。

【译文】文章虽然是学者的事情之一，其要旨也莫过于此。所以现在辑录的，是用来明白义理、切合世道经世致用。它的文体源自于古代，意旨接近于经典，然后才进行选取；否则即便词章工整，也不进行采录。条目一共有四，分别是辞命、议论、叙事和诗赋，一共是二十几卷。绍定年正月甲申日，学易斋所书写。

辞命：按周官太祝作六辞以通上下，亲疏远，近曰辞（郑氏曰辞谓辞令） 曰命（谓裨谌草创之命）曰诰（谓康诰、盘庚之属）曰会（谓胥命于蒲之命）曰祷（谓如卫太子战祷）曰诔（谓如哀公诔孔子之诔）内史，凡命诸侯及孤卿大夫，则策命之。（策谓以简策书王命。）御史掌赞书。（若今尚书作诏文。）质诸先儒注释之说，则辞命以下皆王言也，太祝以下掌为之辞，则所谓代言者也。

【译文】辞命：按，《周官》太祝作六辞来通达上下，使疏远的关系亲近，近世叫做“辞”（郑氏将“辞”叫做“辞令”）、叫做“命”（据说是裨谌草创时期的策命）、叫做“诰”（有康诰、盘庚之类的诰命）、叫做“会”（即诸侯约见时的言辞）、叫做“祷”（比如卫国太子战争之前向鬼神祷告的文辞）、叫做“诔”（比如鲁哀公哀悼孔子所作的诔文）。内史记载，凡是命令诸侯以及卿大夫都要颁布策命（策就是所谓的简册，有发布王命之用）御史职掌赞书（就像现今的《尚书》中制作诏命的文章），仔细核对先儒们对于经典的注释等内容，可以看出，辞命以下的内容都是王说的话，太祝以下的内容是其职掌的言辞，这既是所谓的“代言”。

以书考之，其可见者有三：一曰诰，以之播告四方，汤诰、盘庚、大诰、多士、多方、康王之诰是也；二曰誓，以之行师誓众，甘誓、泰誓、牧誓、费誓、秦誓是也；三曰命，以之封国命官，微子、蔡仲、君陈、毕命、君牙、冏命、吕刑、文侯之命是也。他皆无传焉。意者王言之重，惟此三者，故圣人录之以示训乎？汉世有制，有诏，有册，有玺书，其名虽殊，要皆王言也。

【译文】用《尚书》来进行考察，见于记载的有三类：第一类叫“诰”，用来像四面八方传播宣告，比如《汤诰》、《盘庚》、《大诰》、《多士》、《多方》、《康王之诰》等等；第二类叫做“誓”，用于作为行军打仗之前的誓众之用，比如《甘誓》、《泰誓》、《牧誓》、《费誓》、《秦誓》等；第三类叫做“命”，用来分封诸侯、册立官员，《微子》、《蔡仲》、《君陈》、《毕命》、《君牙》、《冏命》、《吕刑》、《文侯之命》等。其他的都没有流传下来。意思是说王说的话中最重要的是以上三种，圣人们将这些言辞记录下来是为了垂训后世的吗？汉代的王命有“制”、“诰”、“册”、“ 玺书”，虽然名称有不同的地方，但都是王者所说的话，即王命。

文章之施于朝廷，布之天下者，莫此为重，故今以为编之首。书之诸篇，圣人笔之为经，不当与后世文辞同录。独取春秋内外传所载周天子谕告诸侯之辞，列国往来应对之辞，下至两汉诏册而止。盖魏晋以降，文辞猥下，无复深纯温厚之指。至偶俪之作兴，而去古益远矣。学者欲知王言之体，当以书之诰誓命为祖，而参之以此编，则所谓正宗者，庶乎其可识矣。

【译文】在朝廷内部施用的文章、流传于天下的文章，都是最为重要的，所以将其置于篇首。各篇书录，经过圣人之手进行笔削，不应该和后世的文辞一同采录。在这里只采取合称为“春秋内外传”的《左传》和《国语》中记载的周天子诏告诸侯的言辞，各诸侯国往来交流应对的言辞，以下一直到两汉的诏命策命为止。自从魏晋以来，文辞逐渐鄙陋、低下，再也没有深厚纯朴的意旨了。到了对偶、骈俪文体的兴盛时代，就越发离古代的文体远离了。学者们想了解王命言辞的体裁，应该将《尚书》的“诰”、“誓”、“命”等文体作为鼻祖，然后参考这些篇章，则所谓文章的正宗，差不多就可以有所了解了。

议论：按议论之文，初无定体，都俞吁咈，发于君臣会聚之间，语言问答，见于师友切磋之际，与凡秉笔而书、缔思而作者皆是也。大抵以六经、语、孟为祖，而书之大禹、皋陶、谟益稷、仲虺之诰、伊训、太甲、咸有一德、说命、高宗肜日、旅獒、召诰、无逸、立政，则正告君之体，学者所当取法。

【译文】议论：按，议论文体，一开始没有固定的体裁，同意还是不以为然，开始于君臣聚会的时候所进行的言语问答，见于和老师、朋友们切磋技艺的时候，仔细思量才进行著述的都是这些体裁。大致上六经、《论语》、《孟子》是这一类文体的鼻祖，而《尚书》中的《大禹》、《皋陶》、《谟益稷》、《仲虺之诰》、《伊训》、《太甲》、《咸有一德》、《说命》、《高宗肜日》、《旅獒》、《召诰》、《无逸》、《立政》等篇，都是义正词严地和君主问答的体裁，都是学者们所应该效法、学习的。

然圣贤大训，不当与后之作者同录，今独取春秋内外传所载谏争论说之辞，先汉以后诸臣所上书疏封事之属，以为议论之首。他所纂述，或发明义理，或敷析治道，或褒贬人物，以次而列焉。书记往来，虽不关大体，而其文卓然为世脍炙者，亦缀其末。学者之议论，一以圣贤为准的，则反正之评，诡道之辩，不得而惑，其文辞之法度，又必本之此编，则华实相副，彬彬乎可观矣。

【译文】然而古代圣贤的伟大训示，是不应该和后世的作品著录在一起的。现在只采取《左传》、《国语》中所记载的有关规劝的议论、言辞，西汉以后那些臣子们给君主们上书奏事一类的文章，作为议论篇章的开端。其他的著述，有的发明义理，有的仔细研讨治理天下的方法、有的批评人物，那些卓尔不群、脍炙人口的文章也一并附在篇末。学者们的议论，都将圣贤的言辞作为标准，那么正反两个方面的评论，有关诡道的辩论，都不会引起疑惑，这些文辞的规则、法度，肯定会以这些篇章作为根本，于是华丽、质朴就会名实相符，文雅而可以观看了。

叙事：按叙事起于古史官，其体有二，有纪一代之始终者，书之尧典、舜典与春秋之经是也，后世本纪似之；有纪一事之始终者，禹贡、武成、金縢、顾命是也，后世志记之属似之。又有纪一人之始终者，则先秦盖未之有，而昉于汉司马氏，后之碑志事状之属似之。

【译文】叙事：按，叙事的文体起源于古代的史官，大概有两种体裁，有记载一个朝代开始、终结的，《尚书》中的《尧典》、《舜典》和《春秋》这部经典都属于这一类，后代史书"本纪"与之相似；有记载一件事情始终的，如《尚书》中《禹贡》、《武成》、《金縢》、《顾命》就是这一类，后代史书中的"志"、"记"与之相似。又有记载一个人生平的，先秦时期没有这种文体，是从司马迁《史记》开始的，后代的碑志家状等之类的与之相似。

今于书之诸篇，与史之纪传皆不复录，独取左氏、史、汉叙事之尤可喜者，与后世记序传志之典则简严者，以为作文之式。若夫有志于史笔者，自当深求春秋大义，而参之以迁、固诸书，非此所能该也。

【译文】现在《尚书》内的各篇章，以及史书中的纪、都不再重复采录，只采取《左传》、《史记》、《汉书》中那些叙述事件十分生动喜人的，以及后世"记"、"序"、"志"等典章制度中简洁严整的，作为作文的法则。那些立志书写史书的人，应该自觉地探求春秋大义，而和司马迁、班固等人的书相互参校，没有这些就是无法完备的。

诗赋：按古者有诗，自虞赓歌夏五子之歌始，而备于孔子所定三百五篇；若楚辞，则又诗之变而赋之祖也。朱文公尝言古今之诗凡有三变，盖自书传所记虞夏以来，下及汉魏，自为一等；自晋宋间颜、谢以后，下及唐初，自为一等；自沈、宋以后定着律诗，下及今日，又为一等。然自唐初以前，其为诗者，固有高下，而法犹未变，至律诗出而后诗之古法始皆大变矣。

【译文】诗赋：按，古代已经有诗了，自从《虞赓》以及夏的《五子之歌》开始，到孔子时期删定《诗经》三百零五篇；到楚辞兴盛之时，诗又变成为赋的鼻祖了。朱熹曾经说过：古今诗经过了三次大的变化，大概自从《尚书》、《左传》记录唐虞、夏代以来，以下到汉魏时期，自然而然经过了一次变化；自从东晋、南朝刘宋的颜延之、谢灵运以后，到唐初也经历了一次变化；自从沈佺期、宋之问以后律诗才最终确定下来，这又是一次变化。但是一直到初唐以前，作诗的各自有自己的高低，而法则也没有什么变化，到律诗出现之后诗的古法才开始发生巨大变化。

故尝欲抄取经史诸书所载韵语，下及文选古诗，以尽乎郭景纯、陶渊明之作，自为一编，而附于三百篇、楚辞之后，以为诗之根本准则。又于其下二等之中择其近于古者，各为一编，以为之羽翼舆卫。其不合者则悉去之，不使其接于胸次，要使方寸之中，无一字世俗语言意思，则其为诗，不期于高远而自高远矣。

【译文】所以我曾经想把经史子集各书中所记载的韵语，以下涉及到《文选》、古诗，详尽摘录郭璞、陶渊明的住所，编成一编，附在《诗经》、《楚辞》后边，使之成为作诗的根本准则。又在它们下边第二类中选择接近于古代的著述，编成一编，用来起到辅助的作用。其他不合于这些选择标准的一概舍去，不让它们接近于人们的心灵，务必使得书中没有一个世俗的言辞或意思，然后再作诗，不再主动期待意义高远而自然就会高远了。

今惟虞夏二歌与三百五篇不录外，自余皆以文公之言为准，而拔其尤者列之此编。律诗虽工，亦不得与。若箴、铭、颂、赞、郊庙、乐歌、琴操，皆诗之属，间亦采摘一二，以附其间。至于辞赋，则有文公集注楚辞后语，今亦不录。或曰，此编以明义理为主，后世之诗，其有之乎？

【译文】现在只有虞夏二首诗和《诗经》没有采录之外，其余的都以朱熹所说的为准则，从其中选拔那些最好的列在所编书中。律诗虽然工巧，也没有收录其中。像箴、铭、颂、赞、郊庙、乐歌、琴操之类，都是诗歌的体裁，也偶尔采录一两篇，附录在其中。至于辞、赋，则有朱熹集注的《楚辞后语》，现在也不予收录。有人说：这部书所编录的都是以申明义理为主要目的，那么后世的诗歌，还有没有呢？

曰：三百五篇之诗，其正言义理者盖无几，而讽咏之间，悠然得其性质之正，即所谓义理也。后世之作，虽未可同日而语，然其间兴寄高远，读之使人忘宠辱，去系吝，翛然有自得之趣，而于君亲臣子大义亦时有发焉。其为性情心术之助，反有过于他文者，盖不必颛言性命而后为关于义理也。读者以是求之，斯得之矣。

【译文】说：《诗经》三百零五篇，其中正言义理大致上都所剩无几了，在讽诵吟咏之时，悠悠然端正自己的性情。后代作诗的，虽然不可同日而语，其中性情寄托高远，读起来让人忘记荣宠与耻辱，远离难以割舍的感情，那样无拘无束的超然自得的样子和旨趣，对于道德高尚的君子亲人君主臣子也时时能够有所发挥。他们都可以为性情心术的辅助作用，反而对其他的文章有害了，大致上说不必要明说天理性命然后让他们关联于义理。读者们借助这部书来进行求索，就可以得到了。

苏伯衡

苏伯衡，明金华人，字平仲，辙九世孙。洪武初擢国史院编修，以疾辞归。伯衡博洽群藉，为古文有声，宋濂尝称其蔚赡有法，不求似古人而未尝不似，有《苏平仲集》。

【译文】苏伯衡是明代金华人，字平仲，是苏辙九世孙。明太祖朱元璋洪武初年被选拔为国史院编修，因为患病辞官回家。苏伯衡十分博学遍及群书，作古文很有名。宋濂曾经称赞他说他作文蔚蔚然有章法，不刻意模仿古人但却有古人的格调，著有《苏平仲集》。

答尉迟楚问文（空同子瞽说）

尉迟楚好为文，谓空同子曰："敢问文有体乎？"曰："何体之有？《易》有似《诗》者，《诗》有似《书》者，《书》有似《礼》者，何体之有？""有法乎？"曰："初何法？典谟训诰，国风雅颂，初何法？""难乎易乎？"曰："吾将言其难也，则古诗三百篇多出于小夫妇人；吾将言其易也，则成一家言者一代不数人。""宜繁宜简？"曰："不在繁，不在简，状情写物在辞达。辞达则一二言而非不足，辞未达则千百言而非有余。"

【译文】尉迟楚喜欢写文章，就去拜访空同子。问："写文章重视体裁吗？"答："有什么固定的体裁呢。《易》和《诗》不相同，《诗》和《书》不相同，《书》和《礼》也不相同，你说体裁影响作品的成就吗？"问："有可以模仿的范文吗？"答："如果可以模仿，那么，典谟训诰，国风雅颂，那些最早的文章刻意模仿什么呢？"问"是困难的还是容易的？"曰："如果说写文章是难事，那么《诗经》三百篇大多出于小百姓小妇人手里，你说困难不？如果说写文章是容易的事情，那么自成一家者，一代没有几个人。你说容易不？"问："语言应该铺张为好，还是简洁为好？"答："不在铺张，也不在简洁。状情写物在于辞达。如果言辞达意，那么几句话就足够了，如果辞不达意，那么成千成百句地叙述，难道不多余吗。”

“宜何如？”曰：“如江河。”“何也？”曰：“有本也。如键之于管，如枢之于户，如将之于三军，如腰领之于衣裳。”“何也？”曰：“有统摄也。如置阵，如构居第，如建国都。”“何也？”曰：“谨布置也。如草木焉，根而干，干而枝，枝而叶而葩。”曰：“何也？”曰：“条理精畅而有附丽也。如手足之十二脉焉，各有起，有出，有循，有注，有会。”“何也？”曰：“支分派别而荣卫流通也。如天地焉，包涵六合而不见端倪。”“何也？”曰：“气象沉郁也。如涨海焉，波涛涌而鱼龙张。”

【译文】问：“那么应该怎么写呢？”答：“就好像江河。有源头可以作为根本。问：“那是什么呢？”就好像门锁必然有横闩，转动的门户必然有主轴，有战斗力的三军必然有出众的将军，合体的衣裳必然有合身的腰领 。有明确的主题统摄全文。问：“那是什么呢？”就好像三军布列阵势，就好像建造高楼大厦，就好像一个国家建造国都。要谨慎小心地布局。”问：“那是什么呢？”就好像草木，由根及干，由干及枝，由枝及叶，由叶及花。条理精畅，每个章节都有附丽。问：“那是什么呢？”就好像手足的十二脉络，有起，有出，有循，有注，有会。虽然支分派别，但是融汇贯通。问：“那是什么呢？”就好像天和地，包涵六合而不见端倪。气象沉郁。问：“那是什么呢？”就好像上涨海浪，波涛汹涌，鱼龙贲张。

“何也？”曰：“浩汗诡怪也。如日月焉，朝夕见而令人喜。”“何也？”曰：“光景常新也。如烟雾舒而云霞布。”“何也？”曰：“动荡而变化也，如风霆流而雨雹集。”“何也？”曰：“神聚而冥会也。如重林，如邃谷。”“何也？”曰：“深远也。如秋空，如寒冰。”“何也？”曰：“洁净也。如太羹，如玄酒。”“何也？”曰：“俊永也。如濑之旋，如马之奔。”“何也？”曰：“回复驰骋也。如羊肠，如鸟道。”“何也？”曰：“萦迂曲折也。如孙吴之兵。”“何也？”曰：“奇正相生也。如常山之蛇。”“何也？”曰：“首尾相应也。如父师之临子弟，如孝子仁人之处亲侧，如元夫硕士端冕而立乎宗庙朝廷。”“何也？”曰：“端严也，温雅也，正大也。如楚庄王之怒，如杞梁妻之泣，如昆阳城之战，如公孙大娘之舞剑。”“何也？”曰：“激切也，雄壮也，顿挫也。如菽粟，如布帛，如精金，如美玉，如出水芙蓉。”“何也？”曰：“有补于世也，不假磨砻雕琢也。”

【译文】问：“那是什么呢？”浩汗诡怪就好像日月，朝夕见而令人喜。光景常新。问：“那是什么呢？”就好像烟雾舒而云霞布。动荡变化。就好像风霆流而雨雹集。神聚而冥会。问：“那是什么呢？”就好像重林邃谷。深远。就好像蓝空寒冰。洁净。问：“那是什么呢？”就好像太羹玄酒。隽永。问：“那是什么呢？”就好像濑之旋，马之奔。回复驰骋就好像羊肠鸟道。萦迂曲折。问：“那是什么呢？”就好像孙吴之兵。奇正相生。问：“那是什么呢？”就好像常山之蛇。首尾相应。问：“那是什么呢？”就好像师父面对着子弟。端庄严肃。问：“那是什么呢？”就好像孝子仁人侍立在高堂的旁边。温文尔雅。问：“那是什么呢？”就好像渊博的贤士戴着帽子站在宗庙里，朝廷上。公正博大。问：“那是什么呢？”就好像楚庄王之怒，孟姜女哭长城。激切。问：“那是什么呢？”就好像昆阳城大战。雄壮。问：“那是什么呢？”就好像公孙大娘舞剑。顿挫。问：“那是什么呢？”就好像是菽粟，布帛，精金，美玉，出水芙蓉。虽然不借磨礲雕琢，但是于世有补。

“将乌乎以及此也？”曰：“《易》、《诗》、《书》、三《礼》、《春秋》所载，丘明、高、赤所传，孟、荀、老、庄之徒所著，朝焉夕焉，讽焉咏焉习焉，斯得之矣。虽然，非力之可为也。圣贤道德之光华，积于中而发乎外，其言不期文而文。譬犹天地之化，雨露之润，物之魂魄，以生华蔓羽毛，极人力所不能为，孰非自然哉？故学于圣人之道，则圣人之言莫之致而致之矣；学于圣人之言，非惟不得其道，并其所谓言亦且不能至矣。”

【译文】问：“那怎么样才能达到这样高的成就呢？”答：“《易》、《诗》、《书》、三《礼》、《春秋》所记载的，左丘明著作《春秋左传》、公羊高著作《春秋公羊传》、谷梁赤著作《春秋谷梁传》，孟、荀、老、庄等人的作品，早晚朗读、体味、摩习，这样才能提高写作的水平。即使这样，也并非单凭努力能够达到的。圣贤道德之光，郁积在心中，久而久之，表达出来，那么他的话即使没有文法也是一篇优秀的文章。就好像天地的变化，雨露的润泽，生物的魂魄，树木上花蔓，禽鸟的毛羽，竭尽全力也造不出来，难道不是凭着自然的力量吗？所以应该学习圣人的思想和行为，那么圣人的话不用刻意模仿，自然会得到；如果单单学习圣人的话，那么不只是得不到其思想，而且会夸夸其谈，做不到言行一致。”

尉迟楚出，以告公乘丘曰：“楚之于文也，其犹在山径之间欤？微空同之导吾出也，吾不知大道之恢恢。于是尽心焉，将于文僩焉无难能者矣。”

【译文】尉迟楚离开后，告诉公乘丘说：“我写文章，就好像走在山间小路上，只有空同子引导我出来，我不知大路如此宽广。听了他的引导，当沉浸在文思中的时候，感觉写文章轻松闲适，毫不费力了。”

唐顺之

唐顺之，明武进人，字应德，嘉靖进士。官至淮扬巡抚右佥都御使。卒年五十四，谥文襄。顺之学问渊博，其文研求古法，循轨途，故不似李梦阳之学秦汉，描摹面貌；亦不似茅坤之学唐宋，掉弄机锋。古文一派，屹为大宗，有《荆川集》。

【译文】唐顺之是明代武进人，字应德，是嘉靖年间进士。后来官至淮扬巡抚右佥都御使。他死的时候五十四岁，谥号“文襄”。唐顺之的学问渊博，他的文章研讨古文的作法，条理出古文演变的轨迹。所以不想李梦阳学习秦汉文章那样，注重描摹表面（注重修饰）；也不像茅坤那样学习唐宋，卖弄机巧文锋。使得古文一派遂蔚为可观，他著有《荆川集》。

与茅鹿门主事论文

熟观鹿门之文，及鹿门与人论文之书，门庭路径，与鄙意殊有契合；虽中间小小异同，异日当自融释，不待喋喋也。

【译文】熟阅鹿门的文章和鹿门与人论述文章的书信，觉得其中所言主张和方法，不少地方与鄙意十分契合。虽然中间有些小小的不同，它日当自能融解消释，在此不待赘言。

至于鹿门所疑于我本是欲工文字之人，而不语人以求工文字者，此则有说。鹿门所见于我者，殆故吾也，而未尝见夫槁形灰心之吾乎？吾岂欺鹿门者哉！其不语人以求工文字者，非谓一切抹杀，以文字绝不足为也；盖谓学者先务，有源委本末之别耳。文莫犹人，躬行未得，此一段公案，姑不敢论，只就文章家论之。

【译文】至于像鹿门对于我本是想求工于文字的人，而从不要求人讲究文字的怀疑，这里则有说明的必要。鹿门看到我的，恐怕是过去的我，而没有看到身如枯木、心如死灰的我吧？我难道是欺骗你鹿门的人吗！我不要求人讲究文字，不是说要抹杀一切，以为文字绝不值得研求。而是说学者的当务之急，有本末主次的分别罢了。我的文章不如别人，实践中也没有满意的收获，这样一个有纠纷的问题，在此暂且不敢置论，现只从文章家的角度谈谈。

虽其绳墨布置，奇正转摺，自有专门法师；至于中一段精神命脉骨髓，则非洗涤心源、独立物表、具今古只眼者，不足以与此。今有两人，其一人心地超然，所谓具千古只眼人也，即使未尝操纸笔呻吟，学为文章，但直抒胸臆，信手写出，如写家书，虽或疏卤，然绝无烟火酸馅习气，便是宇宙间一样绝好文字；其一人犹然尘中人也，虽其专专学为文章，其于所谓绳墨布置，则尽是矣，然番来覆去，不过是这几句婆子舌头语，索其所谓真精神与千古不可磨灭之见，绝无有也，则文虽工而不免为下格。此文章本色也。

【译文】虽然文章的规矩布置，正变转折，自有专门的师承法则；至于其中存在的一种精神、命脉和骨髓，则不是洗净心底的陈见、超然于事物的外表、具有不同于古今的独到之见的人，是不足以与他谈到这种境界的。现在有这样两人：其中一人心地超凡拔俗，所谓有不同于古今一般识见的人，即使没有持纸笔苦思冥想，学做文章，只是直抒胸臆，随手写出，如写家信，虽然时有粗疏，然而决没有世间的俗气和迂腐寒酸的味道，便是存在于宇宙间的一种绝好文字；另一人却还是世尘中人，他虽然专门钻研学写文章，对文章的规矩布置，则尽其所能，然而翻来覆去，终不过是这么几句老妇人的舌上常语，要寻求其中所谓的真精神和千古不可磨灭的识见，是绝对没有的，这样文章虽然工整，却仍不免是格调低下的。这是文章的本色问题。

即如以诗为谕，陶彭泽未尝较声律，雕句文，但信手写出，便是宇宙间第一等好诗。何则？其本色高也。自有诗以来，其较声律、雕句文、用心最苦而立说最严者，无如沈约，苦却一生精力，使人读其诗，只见其綑缚齷齪，满卷累牍，竟不能道出一两句好话。何则？其本色卑也。本色卑，文不能工也，而况非其本色者哉！

【译文】即以诗为例，陶彭泽没有专门计较作诗的声律，雕琢句子文字，只是随手写出，便是宇宙间第一等好诗。这是什么道理？是他的本色高卓。自从有诗以来，追求声律、雕琢句文、用心最苦且创立学说最严格的人，没有比得上沈约的。他苦苦化费了一生的精力，使人读他的诗只见种种束缚和限制，整卷累篇，竟没有说出一两句好话。这是什么原因？是他的本色卑下。本色卑下，文章自然不能完善，何况不是他本色的那些作品呢！

且夫两汉而下，文之不如古者，岂其所为绳墨转折之精之不尽如哉？秦汉以前，儒家者有儒家本色，至如老庄家有老庄本色，纵横家有纵横本色，名家、墨家、阴阳家皆有本色。虽其为术也驳，而莫不皆有一段千古不可磨灭之见。是以老家必不肯剿儒家之说，纵横家必不肯借墨家之谈，各自其本色而鸣之为言。其所言者，其本色也。是以精光注焉，而其言遂不泯于世。唐宋而下，文人莫不语性命，谈治道，满纸炫然，一切自托于儒家。然非其涵养畜聚之素，非真有一段千古不可磨灭之见，而影响剿说，盖头窃尾，如贫人借富人之衣，庄农作大贾之饰，极力装做，丑态尽露。是以精光枵焉，而其言遂不久湮废。

【译文】况且两汉以下，文章不如古代的人，难道是他们的所谓规矩转折的精稔程度不能尽如古人吗？秦汉以前，儒家学者有儒家的本色，至于像老庄家有老庄的本色，纵横家有纵横的本色，名家、墨家、阴阳家都有自己的本色。虽然他们奉行的学术很驳杂，然而无不都有一种千古不可磨灭的独特的见识。因此老庄一派学者必然不愿因袭、套用儒家的学说，纵横家必定不愿借用墨家的谈论，而是各自依据自己的本色相互争论，发为言论。他们所说的，都是他们的本色。因此其中凝聚着他们思想精华的光彩，而他们的学说于是能不灭于世。唐宋以下，文人无不谈论人的自然属性和命运，讲述治世的道理，满纸光彩炫目，一切自然依托于儒家。然而不是他们平时有很深的道德修养和学识积累，不是真有一种千古不可磨灭的识见，而是附合因袭他人的学说，掩头取尾，像贫困者借穿富人的衣服，农夫扮成大商人的装饰，虽然极力装做，终究会丑态毕露。因此精神光彩空虚，他们的言论不久就湮没废弃了。

然则秦汉而上，虽其老、墨、名、法、杂家之说而犹传，今诸子之书是也；唐宋而下，虽其一切语性命、谈治道之说而亦不传，欧阳永叔所见唐四库书目百不存一焉者是也。后之文人，欲以立言为不朽计者，可以知所用心矣。

【译文】那么秦汉以上，虽然是老、墨、名、法、杂家的学说而还在流传，即现在所见的诸子之书；唐宋以下，虽然是一切谈论人的属性命运、讲述治世之道的学说也未能流传，即是欧阳永叔所见到的唐四库书目内百不存一的那部分。后代的文人，打算用建立学说来使自己不朽的人，是可以知道他们所应用心的地方了。

然则吾之不语人以求工文字者，乃其语人以求工文字者也，鹿门其可以信我矣。虽然吾槁形而灰心焉久矣，而又敢与知文乎！今复纵言至此，吾过矣，吾过矣！此后鹿门更见我之文，其谓我之求工于文者耶，非求工于文者耶？鹿门当自知我矣，一笑。

【译文】那么我的不以工于文字要求人，实是对人说要求工于文字啊，鹿门该可以相信我了吧。虽然我身如枯木、心如死灰为日已久，又哪敢再参与议论文章写作呢！今又无拘束地谈论到这里，实是我的过错，我的过错啊！此后鹿门再见到我的文章，他会说我是求工于文章的人呢，还是不求工于文章的人呢？鹿门自然是应当知道我的了，一笑。

记李方叔论文语

文章之不可无者有四，一曰体，二曰志，三曰气，四曰韵。述之以事，本之以道，考其理之所在，辨其义之所宜，卑高巨细，包括并载而无所遗，左右上下，各在有职而不乱者，体也。

【译文】文章不能没有的有四条：一是文体，二是志气，三是气魄，四是神韵。叙述事物，探究本原，考证其义理所在，辩论其适当的主旨，不论是文字高下宏大还是琐碎，都包括在内，文章四方就像各司其职那样不会发生混乱，这就是文体。

体立于此，折衷其是非，去取其可否，不循于流俗，不谬于圣人，抑扬损益，以称其事，弥缝贯穿，以足其言，行吾学问之力，从吾制作之用者，志也。

【译文】文体先被确立，就可以按照一定的准则对是非曲直进行评判，采取可行而摒弃不可行，不再遵循流俗，不再迷信权威，在经过了仔细甄别进而有所损益之后，就可以弥补不足并使之连贯，使其言辞圆满，发挥自己学问的能力，遵从自己起初作文的用意，这就是志气。

充其体于立意之始，从其志于造语之际，生之于心，应之于言，心在和平，则温厚曲雅，心在安敬，则矜庄威重，大焉可使如雷霆之奋，鼓舞万物，小焉可使如脉络之行，出入无间者，气也。

【译文】在文章立意刚刚开始，文体逐渐确立，遵从志气也是在作文一开始，志气在内心产生，表达于言辞。内心平和，言辞就温文尔雅，内心安恬恭敬，文辞就庄重有威仪，大的可以像雷霆一样剧烈，对万事万物起到鼓舞激励的作用，小的也可以像细小的脉络运行一样，进进出出毫无阻塞，这就是气魄。

如金石之有声，而玉之声清越，如草木之有华，而兰华之臭芬芗，如鸡骛之间，而有鹤清而不群，犬羊之间而有麟，仁而不猛，如登培塿之丘，以观崇山峻岭之秀色，涉潢污之泽，以观寒溪澄潭之清流，如朱弦之有遗音，太羹之有遗味者，韵也。

【译文】就好像金石乐器能发出乐声，而玉的声音清脆，就像草木都有花一样，兰花的气味芳香，就好像鸡鸭在奔跑，白鹤夹杂其间卓尔不群，又像狗、羊之间的麒麟，充满了智慧而不鲁莽，就好像登上小土丘看到崇山峻岭的景色，渡过一潭死水看见寒冷的溪流碧潭的清澈，就好像朱红色的琴弦还有余音绕梁，原汤还有可供回味一样，这就是神韵。

文章之无体，譬之虽知耳目口鼻，不能成人。文章之无志，譬之虽有耳目口鼻，而不知视听臭味所能，若土木偶人，形质皆具而无所用之。

【译文】那些没有文体的文章就像人没有耳目口鼻五官，没有办法称之为"人"。那些没有志气的文章比如虽有耳目口鼻五官，但是却没有听、看、闻、尝等功能一样，像木偶一样，虽然外形已经具备了，但还是没有办法表现出生气。

文章之无气，譬之虽知视听臭味，而血气不充于内，手足不卫于外，若奄奄病人，支离憔悴，生意消削。文章之无韵，譬之壮夫，其躯干枵然，骨强气盛，而神色昏瞢，言动凡浊，则庸俗鄙人而已。有体有志有气有韵，夫是谓之成全。

【译文】那些没有气魄的文章，就像即便能够看见听见闻见尝到，但血气不能充盈在体内一样，手脚没有办法在外防御，就像奄奄一息的病人，神情散乱、憔悴，活着的感觉也渐渐消失。那些没有韵律的文章就像强壮的汉子，但是腹中空空，鼓气虽然强盛，但神色黯淡，说话、举动表现出浑浊感，这都是庸俗粗鄙的人罢了。文章凡有文体、有志气、有气魄、有韵律的，才能叫做完整。

四者成全，然于其间各因天姿才品以见其情状。故其言迂疏矫厉，不切事情，此山林之文也。其人不必居薮泽，其间不必论岩谷也，其气与韵则然也。其言鄙俚猥近，不离尘垢，此市井之文也。其人不必坐廛肆，其间不必论财利也，其气与韵则然也。其言丰容安豫，不俭不陋，此朝廷卿士之文也。其人不必列官守，其间不必论职业也，其气与韵则然也。

【译文】只有这四种全都具备才算是完备的文章，但是其中又因为各人的天资才气不同而表现其情态。所以那些言辞迂腐矫情刻薄但没有切中事物实质的，都是一些山林老叟之类所作的文章。这种人虽然不一定就生活在沼泽湖泊地带，文中也不一定要讨论岩石山谷等事物，其所表达出来的气魄和神韵也与之相似；那些言辞鄙陋粗俗不正经的文章，没有摆脱尘世束缚，这就是市井之徒一类的人的文风，这些作者们不一定要处在市井之中，文字中也不一定要讨论钱财利益，其气魄与神韵也与之像类似；语言文辞丰满安恬平和，既不过于简省又不过于粗略，这就是朝廷上那些文士们所作的文章。他们不一定要在朝廷中当官，文章中也不一定要讨论他们的职业，则所表达出来的志气和韵律也与之相同了。

其言宽仁忠厚，有任重容天下之风，此庙堂公辅之文也。其人不必位台鼎，其间不必论相业也，其气与韵则然也。正直之人，其文敬以则；邪谀之人，其言夸以浮；功名之人，其言激以毅；苟且之人，其言懦以愚；捭阖纵横之人，其言辩以私；刻核忮忍之人，其言深以尽。则士欲以文章传后世者，不可不谨。其所言之文不可不谨乎，所养之德也。

【译文】那些言辞仁义忠厚，有责任肩负天下大任的风气的文章，是庙堂之中国位列宰辅之人所作。他们不一定位列台阁，文中也不一定要出现谈论辅佐君王的事情，其气魄和神韵都与之相似；正直的人其文章恭敬有法度；奸邪之人，其文章言辞夸大飘飘然；功成名就之人的文章言辞激烈刚毅；优柔寡断之人的言辞懦弱愚蠢；纵横捭阖之人的言辞辩论气十足而且偏私；内心苛刻嫉妒残忍之人的言辞绝对。那么士人想要借助自己的文章留名后世，就不能不谨慎行事了。之所以说作文时不能不谨慎小心，是因为文章是可以提高修养，增进道德水平的。

茅 坤

茅坤，明归安人，字顺甫，号鹿门，嘉靖进士，累官广西兵备佥事，破猺贼十七砦，一方以宁。后落职，卒年九十。坤善古文，心折唐顺之。所编《唐宋八大家文钞》，盛行于世。（八家之名，定自明初朱右，右有《唐宋八先生集》，而其书不传，世称“八家”，实沿坤此编也。）有《白华楼藏稿》、《玉芝山房稿》、《耄年录》。

【译文】茅坤是明代归安人，字顺甫，号鹿门，是嘉靖年间进士，官至广西兵备佥事，大破猺民十七寨，安定一方。后来罢官，死时九十岁。茅坤擅长古文，内心十分折服唐顺之。茅坤所编《唐宋八大家文钞》，一直流行于世。（“唐宋八大家”的名称，是明初的朱右提出来的，朱右有《唐宋八先生集》，但是此书没有流传下来，所以世称的“唐宋八大家”实际上是从茅坤《唐宋八大家文钞》中沿用的。）茅坤著有《白华楼藏稿》、《玉芝山房稿》、《耄年录》等。

唐宋八大家文钞总序

孔子之系《易》，曰：“其旨远，其辞文。”斯固所以教天下后世为文者之至也。然而及门之士，颜渊、子贡以下，并齐、鲁间之秀杰也。或云：身通六艺者七十余人焉，文学之科并不得与，而所属者仅子游、子夏两人焉。何哉？盖天生贤哲，各有独禀，譬则泉之温，火之寒，石之结绿，金之指南。人于其间，以独禀之气而又必为之专一，以致其至。伶伦之于音，裨灶之于占，养由基之于射，造父之于御，扁鹊之于医，僚之于丸，秋之于弈，彼皆以天纵之智加之以专一之学，而独得其解。斯固以之擅当时而名后世、而非他所得而相雄者。

【译文】孔子在《易·系辞下》中说：“旨意深远，文辞优美”这固然是教育后世做文章的至理名言。但是到他门下学习的人，有颜回、子贡等以及齐、鲁等地的颇具才学者。有人说：能够以一身兼通六经的只有七十二人，并没有完全得到文学之科的教诲，只有子游、子夏两人善于作文。这是为什么？对于学习者来说，各自有各自的禀赋，就像加热温泉、令火冷却，岩石上生长青苔以及指南针一样，充分利用自己的禀赋再加以勤学苦练，才能发挥到极致。这就像伶伦作乐，禆灶占卜，养由基善于射箭，造父善于驾车，扁鹊擅长医术，僚擅长弄丸，秋擅长下棋一样，他们都是因为天资聪颖而用心学习一门技艺，才能独独掌握其中的内涵。这就足以扬名当时传于后世，而并非其他人所能比拟的了。

孔子没而游、夏辈各以其学授之诸侯之国，已而散逸不传；而秦人焚经坑学士，而六艺之旨几辍矣。汉兴，招亡经，求学士，而晁错、贾谊、董仲舒、司马迁、刘向、扬雄、班固辈始乃稍稍出，而西京之文，号为尔雅。崔、蔡以下，非不矫然龙骧也，然六艺之旨渐流失。魏、晋、宋、齐、梁、陈、隋、唐之间，文日以靡，艺日以弱，强弩之末，且不及鲁缟矣，而况于穿札乎？

【译文】孔子死后子游、子夏等人都将他们所学到的传授给各诸侯国的学者，后来就散佚没有流传下来；经过秦的焚书坑儒，六经的旨意险些中断了。到了汉代，搜罗那些亡佚的经书，求之于学者，而晁错、贾谊、董仲舒、司马迁、刘向、扬雄、班固等人才逐渐得以显名，而西汉的文章是被誉为十分典雅的。自从崔瑗、蔡邕之后，并非没有威武的气概，但是六经的旨意渐渐失传了。魏、晋、宋、齐、梁、陈、隋、唐之间文章日复一日变的靡丽，技艺日复一日变的微弱，强弩之末连鲁国最轻薄的绢都无法射穿，更何况穿透铠甲上的叶片呢？

昌黎韩愈，首出而振之，柳柳州又从而和之，于是始知非六经不以读，非先秦两汉之书不以观。其所著书、论、序、记、碑、铭、颂、辩诸什，故多所独开门户，然大较并寻六艺之遗，略相上下而羽翼之者。贞元以后，唐且中坠；沿及五代兵戈之际，天下寥寥矣。宋兴百年，文运天启，欧阳公修从隋州故家覆瓿中偶得韩愈书，手读而好之，而天下之士始知通经博古为高，而一时文人学士彬彬然附离而起。苏氏父子兄弟及曾巩、王安石之徒，其间材旨小大、音响缓亟虽属不同，而要之于孔子所删六艺之遗，则共为家习而户眇之者也。由今观之，譬则世之走騕褭骐骥于千里之门而中及二百里、三百里而辍者有之矣，谓涂之蓟而辕之粤则非也。世之操觚者往往谓文章与时相高下，而唐以后且薄不足为。噫！抑不知文特以道相盛衰，时，非所论也。其间工不工，则又系乎斯人者之禀与其专一之致否何如耳。如所云，则必太羹玄酒之尚，茅茨土簋之陈，而三代而下明堂玉带、云罍牺樽之设皆骈枝也已！孔子之所谓“其旨远”，即不诡于道也；“其辞文”，即道之灿然若象纬者之曲而布也。斯固庖牺以来人文不易之统也，而岂世之云乎哉！

【译文】韩愈首先振作了文章的衰颓之风，柳宗元继之而起参与其中，于是才知道书非六经而不能读，非先秦两汉而不能看。他们所著的书、论、序、记、碑、铭、颂、辩各种题材，多数能够别开生面，大规模比较搜索六经所遗留，并且相互比较进而使之成为作文的辅助。韩、柳之后，唐代文风再次衰颓；直到五代战乱，天下为文者也很少了。宋代建国百年，开启了文章的运道，欧阳修在随州老家中无意之间得到了韩愈的文章，读过之后十分喜爱，而全天下的文士才开始知道通经博古的极其重要性，而一时间文人们也纷纷起来效仿。三苏父子兄弟以及曾巩、王安石这些人，其中才气大小，名声大小虽然各有不同，却都紧紧抓住孔子删定六经所遗留下来的重要经义，共同修习观看。由此可以看出，他们就像是骑着骏马能到达二百里、三百里之外才停止的也是有的。也就是说，南辕北辙者是极端错误的。世间操笔著述者往往认为文章的好坏是由其所处时代决定的，进而认为唐代以后就十分鄙薄不足以称道了。噫！或者是他们不知道文章就是由于时代决定盛衰的，时代却并不是文章所论的对象。这其中的工巧还是不工巧，完全取决于作者的天生禀赋和是否能够擅长专一精深的程度如何。如果真是这样的话，则对于原汤和玄酒的好尚，茅屋与土制盛器的陈列，而夏商周三代以下明堂玉带、酒器等等设置都是多余的了！孔子所谓的"意涵深远"，指的是文章不取诡诈之道；"文采优美"即指大道光辉灿烂像《象》、《纬》一样曲折排布。固然丛稿伏羲以来的文士作文不容易的传统，难道就说其和世道相关吗？

我明弘治、正德间，李梦阳崛起北地，豪隽辐凑，已振诗声，复揭文轨，而曰：吾《左》、吾《史》与《汉》矣。

【译文】我朝（明朝）弘治、正德年间，李梦阳在北方崛起，豪杰俊士都聚集在其旗下学习，然后振作诗风，还揭示了文章的正轨，还说：我就是《左传》、我就是《史记》和《汉书》所揭示的道统所在。

已而又曰：吾黄初、建安矣。以子观之？特所谓词林之雄耳，其于古六艺之遗，岂不湛淫涤滥而互相剽裂已乎！予于是手掇韩公愈，柳公宗元，欧阳公修，苏公洵、轼、辙，曾公巩，王公安石之文而稍为批评之，以为操觚者之券，题之曰《八大家文钞》，家各有引，条疏如左。嗟乎！之八君子者，不敢遽谓尽得古六艺之旨，而予所批评亦不敢自以得八君子者之深。要之大义所揭，指次点缀，或于道不相戾已。谨书之以质世之知我者。

【译文】然后又说：我就代表着黄初、建安的风格，现在看来，其所强调的诗词文界的最为高超者，其对于六经所遗留下来的意旨，难道不是琐碎泛滥互相剽窃吗？我于是亲手采掇韩愈、柳宗元、欧阳修、苏洵、苏轼、苏辙、曾巩、王安石的文章而稍稍进行评论，用来作为执笔著述者手头必备的参考。这部书取名为《八大家文钞》，每一家都有索隐条目，并在下文条分缕析，不敢仓促之间说自己已经完全得到了六经的意旨，而我所批评的也不敢自以为完全得到了八大家的深刻内涵。只不过抓住大意所揭示的，按照顺序进行指点、评论，或者于治世之道没有什么罪过吧。我恭谨地写下这些给那些了解我的世人。

与蔡白石书

自罪黜以来，恐一旦露零于茂草之中，谁为吊其衷而悯其知？以是益发愤为文辞。而上采汉马迁、相如、刘向、班固，及唐韩愈，柳宗元，宋欧阳修、曾巩、苏氏兄弟，与同时附离而起，所为诸家之旨而揣摩之。

【译文】自从我获罪被贬黜以来，唯恐一旦死去，又有谁人能够哀悼我的衷心怜悯我的智慧？于是就更加努力作文。向上采取汉代司马迁、司马相如、刘向、班固，中及唐代韩愈、柳宗元，宋代的欧阳修、曾巩以及苏氏兄弟，以及和他们同时声名鹊起者，将各家的大概旨要仔细进行揣摩。

大略琴瑟柷敔。调各不同，而其中律一也。律者，即仆曩所谓万物之情各有其至者也。近代以来，学士大夫之操觚为文章，无虑数十百家。其以云吻雾噏、虎啸鸷攫之材扬声艺林者，亦星见踵出。然于其所谓万物之情各有其至者，或在置而未及也。近独从荆川唐司谏上下其论，稍稍与仆意相合。

【译文】大概琴瑟等各种乐器，由于其音调的不同，而其最基本的乐律是相同的。所谓的“律”就是我以前所说的万事万物千姿百态的终极表现。近代以来，文人学士执笔写作，毫无疑问有数十百家之多。其中云气张合吞吐，像虎豹雄鹰一样扬名文学界的，也像繁星一样不断出现。但是他所说的万事万物的情态至极者，有的搁置下来无顾及。近来只是遵从唐顺之来讨论文章，还稍微符合我的心意。

仆少喜为文，每谓当跌宕激射似司马子长。字而比之，句而亿之，苟一字一句不中其累黍之度，即惨恻悲凄也。唐以后若薄不足为者。独怪荆川疾呼曰：“唐之韩，犹汉之马迁，宋之欧、曾、二苏，犹唐之韩。子不得致其至，而何轻议为也？”。仆闻而疑之，疑而不得，又蓄之于心而徐求之，今且三年矣。近乃取百家之文之深者按覆之，卧且吟，而餐且噎焉，然后徐得其所谓万物之情，自各有其至，而因悟曩之所谓司马子长者，眉也，发也。而唐司谏及仆所自持，始两相印而无复同异。

【译文】我年轻时作文，每每说应该像司马迁那样文风跌宕起伏饱含感情。逐字进行比较，每句都进行预料、猜测，如果每一字一句都没有达到及其细微的程度，就会悲伤凄切。唐以后文风就鄙薄不足看了。只是奇怪唐顺之大声疾呼：“唐代的韩愈，就如同汉代的司马迁，宋代的欧阳修、曾巩、苏洵、苏轼，就像是唐代的韩愈。你没有办法做到极致。又何必轻率德评价他们呢？”我听到此话之后十分疑惑，但是想不通，又处心积虑慢慢探求，距今已经三年了。近来才采取逐字百家的文章来考察，躺下吟诵，吃饭时都噎着了，然后才慢慢弄明白其中所说的万事万物的情态，各有其极致之处，而且了解到以前所说的司马迁，是眉毛、是头发，而唐顺之和我所持有的论断，才开始能够两相印证没有差异了。

今仆不暇博举，姑取司马子长之大者论之。今人读《游侠传》，即欲舍生；读《屈原贾谊传》，即欲流涕；读《庄周、鲁仲连传》，即欲遗世；读《李广传》，即欲力斗；读《石建传》，即欲俯躬；读《信陵平原君传》，即欲好士。若此者，何哉？盖各得其物之情而肆于心故也，而固非区区句字之激射者。昔人尝谓善诗者画，善画者诗，仆谓其于文也亦然。

【译文】我现在无暇多举出例子，姑且采取司马迁那些经常为人所传诵的篇章进行讨论。现在的人读《游侠传》，就想着舍生取义；读《屈原贾谊传》，就想哭泣流泪；读《庄周、鲁仲连传》，就想弃世归隐；读《李广传》，就想着勇敢战斗；读《石建传》，就想着亲身经历；读《信陵平原君传》，就想着喜好人才。诸如此类，是为什么呢？或许是因为每一篇章所记述的人物是由心而发的缘故，而并非因为受到区区几个字的刺激。以前的人说擅长作诗之人作画，擅长作画之人作诗，我觉得对于作文来说也是一样的。

今夫天地之间，山川之所以寥廓，日月之所以升沉，神鬼之所以幽眇，草木之所以蕃翳，鼪鼯之所以悲啸，九州之所以声名文物，四裔之所以椎髻被发，以及圣帝明王、忠贤孝子、羁臣寡妇、谗夫佞幸、幽人处士、释友仙子之异其行，礼乐、律历、兵革、封禅，天官、卜筮、农书、稗史之异其术，宴歌、游览、行旅，搜狩、问释、讥嘲，咏物、赋情、吊古伤今、成败得失之异其感，彼皆各有其至，而非借耳佣目，所可紊乱增葺于其间者。

【译文】现在天地之间的山川之所以呈现出辽阔的景象、日月之所以升降，鬼神之所以幽深渺小，草木之所以繁衍成为大片的阴翳，各种鼠类之所以发出悲鸣，九州之所以有各种名物的名称，四周之所以有梳头编发者，以及圣明的君王、忠臣孝子、羁旅流窜之臣、寡妇谗人佞幸、隐士、佛教徒、道教徒的奇异言行，礼乐、律历、兵革、封禅，天官、卜筮、农书、稗官野史的奇术，宴歌、游览、行旅，搜狩、问释、讥嘲，咏物、赋情、吊古伤今、成败得失的奇异感情，它们都各有其极致，不是那些不加思考就接受之徒可以从中使之紊乱的。

学者苟各得其至，合之于大道，而迎之于中，出而肆焉，则物无逆于其心，心无不解于其物，而譬释氏之说佛法，种种色色，逾玹逾化矣。呜呼！盛矣。此庖羲氏画卦以来相传之秘。所谓“其旨远，其辞文，其言曲而中。”固非专一以致其至者，不可与言也。

【译文】学者们如果能够各自得到它们所学的极致，最终能够符合大道，而在内心欢迎，外在则尽其意，那么事物将不会违背自己的心灵，内心如果不了解这些事物，而按照佛教的说法，各种各样行事，那么就会越来越臻于化境了。啊！这是多么繁荣啊。这就是伏羲划定六十四卦以来代代相传的秘诀。也就是所谓的：“文辞旨意深远，文辞美丽，言辞委婉表达心声”固然并非专一能达到极致者，不可以跟他们说的。

顾炎武

顾炎武，清昆山人，字宁人，居亭林镇，明末诸生。康熙间荐举鸿博，修《明史》，皆不就。晚年卜居于华阴，年七十卒。著述甚富，而《日知录》三十二卷尤有名，为清代朴学之祖。论文之语，亦根本经史，切中肯要，非浅学剿说者可比。

【译文】顾炎武是清代昆山人，字宁人，居住在亭林镇，是明末的生员。康熙年间被举荐为鸿词科博士，修撰《明史》，都没有就任。晚年在华阴择地而居，七十岁时去世。顾炎武著述丰富，以《日知录》三十二卷最为有名，是清代乾嘉朴学的开创者。他议论文章的话语，也是从经史的根本出发的，都切中要害，并非那些学识浅陋的人可以比拟的。

《〈日知录〉论文》六则

文须有益于天下

文之不可绝于天地者，曰明道也，纪政事也，察民隐也，乐道人之善也。若此者，有益于天下，有益于将来。多一篇，多一篇之益矣。若夫怪力乱神之事，无稽之言，剿袭之说，谀佞之文，若此者，有损于己，无益于人，多一篇，多一篇之损矣。

【译文】文章不能在天地之间断绝，是因为它可以阐明道理，记述政事、体察百姓困苦、乐于称道别人的善行啊。像这样，有益于天下，有益于将来。多一篇，就多一篇的好处啊。如果涉及那些怪异、斗恨、悖乱、鬼神之事，写无从考察的话，抄袭别人的观点，作奉承谄媚的文字，像这样，对自己有害，对别人无益，多一篇，就多一篇的损害啊。

先生与友人书曰，孔子之删述六经，即伊尹太公救民于水火之心。而今之注虫鱼、命草木者，皆不足以语此也。故曰，载之空言，不如见之行事。夫春秋之作，言焉而已，而谓之行事者，天下后世用以治人之书，将欲谓之空言而不可也。愚不揣有见于此，故凡文之不关于六经之指、当世之务者，一切不为。而既以明道救人，则于当今之所通患而未尝专指其人者，亦遂不敢以避也。

【译文】先生在给友人的书信中说，孔子删定六经，那就是像伊尹和太公望一样救黎民百姓于水深火热之中的心思啊。而现在给花鸟鱼虫作注解，给草木命名的人，都无法当得起这样的称呼。所以说，记录空洞的言语，不如身体力行来实践。《春秋》成书，只不过记录言论，而其中记录行动的内容，是为了后世能够教化万民的，即便是把它叫做空话也不不可能的。我没有考虑到这一点，所以凡是和六经旨意、当时的重大事件无关的文章，所有的不采取。那么既然明白大道是为了匡救世人，则今人所谓的通病也就不会专门指某人了，所以也就不敢避免出现这些弊病了。

文人模仿之病

近代文章之病，全在模仿。即使逼肖古人，已非极诣，况遗其神理而得其皮毛者乎？且古人作文，时有利钝。梁简文《与湘东王书》云：今人有效谢康乐、裴鸿胪文者，学谢则不届其精华，但得其冗长；师裴则蔑弃其所长，惟得其所短。宋苏子瞻云：今人学杜甫诗，得其粗俗而已。金元裕之诗云：少陵自有连城璧，争奈微之识碔砆。夫文章一道，犹儒者之末事，乃欲如陆士衡所谓“谢朝华于已披，启夕秀于未振”者，今且未见其人。进此而窥著述之林，益难之矣。

【译文】现在文章的弊病在于模仿。即便是和古人十分相像，已经不是登峰造极了，更何况排比义理而仅仅得到古人文章皮毛的？而其古人作文，有时也会有好坏。梁代简文帝《与湘东王书》中说：现在模仿谢灵运、裴子野的人，学习谢灵运但是不能尽得其精华之处，只继承了谢灵运的繁冗；学习裴子野的人则鄙薄其擅长之处，只继承裴子野的短处。宋代苏轼说：现在学习杜甫诗的人，只得到其皮毛而已。金代元好问说：杜甫的诗，自有其抽撤连环的妙处，那些浅薄之人又怎么能见识到其词赋的精深呢？写文章这门技艺，是儒者们所不屑的小道，真的像陆机所说的那样能够“谢朝华于已披，启夕秀于未振”的人，现在还没有能看到。得到了这些启发再来看整个文学界，就更加难了。

效《楚辞》者，必不如《楚辞》。效《七发》者，必不如《七发》。盖其意中先有一人在前，既恐失之，而其笔力复不能自遂，此寿陵余子学步邯郸之说也。

【译文】模仿《楚辞》的，肯定不如《楚辞》。模仿枚乘《七发》的，肯定不如《七发》。或许是因为前人已经达到很高的高度而恐怕自己无法比拟，其下笔时就会有所顾忌而不能做到随心所欲，这就像邯郸学步一样，模仿人不到家，反把原来自己会的东西忘了。

洪氏《容斋随笔》曰：枚乘作《七发》，创意造端，丽辞腴旨，上薄骚些，故为可喜。其后继之者，如傅毅《七激》、张衡《七辩》、崔駰《七依》、马融《七广》、曹植《七启》、王粲《七释》、张协《七命》之类，规仿太切，了无新意。傅玄又集之以为《七林》，使人读未终篇，往往弃之几格。

【译文】洪迈在《容斋随笔》中说：枚乘作《七发》，还算是有些创意，文辞华丽意旨丰满，还能上追《离骚》，所以还不错。后来相继者比如如傅毅的《七激》、张衡的《七辩》、崔駰的《七依》、马融的《七广》、曹植的《七启》、王粲的《七释》、张协的《七命》之类的著述，都属于模仿太过，一点新意都没有。傅玄又集录作了《七林》，让读者还没有看完，就想仍在桌上。

柳子厚《晋问》乃用其体，而超然别立机杼，激越清壮，汉、晋诸文士之弊，于是一洗矣。东方朔《答客难》，自是文中杰出，扬雄拟之为《解嘲》，尚有驰骋自得之妙。至于崔駰《达旨》、班固《宾戏》、张衡《应间》，皆章摹句写，其病与《七林》同。及韩退之《进学解》出，于是一洗矣。其言甚当，然此以辞之工拙论尔。若其意，则总不能出于古人范围之外也。

【译文】柳宗元的《晋问》才真正做到利用这种体裁但是超脱别出新意，辞采激奋清丽豪壮，汉晋以来文士们的弊病一扫而光。东方朔的《答客难》，自然也是文章中较为杰出的，扬雄模仿它作《解嘲》，还留下一些纵横驰骋了然自得的神妙。至于崔駰的《达旨》、班固的《宾戏》、张衡的《应间》，都是逐级逐句进行模仿，他们所犯的毛病和《七林》是一样的。等到韩愈《进学解》一篇写成，又将前代的文风弊病一扫而光。言辞十分恰当，但是这是按照文辞的工巧与否来看的。如不能做到这一点，就总不能逃出古人已经设定好的范围了，落入其窠臼之中了。

如扬雄拟《易》而作《太玄》，王莽依《周书》而作《大诰》，皆心劳而日拙者矣。《曲礼》之训毋剿说，毋雷同。此古人立言之本。

【译文】比如扬雄模仿《易经》作《太玄》，王莽模仿《周书》作《大诰》，都是费尽心机但是日渐拙劣的例子。《礼记·曲礼》曾教导说：不能抄袭、不能类同。这就是古人记载言论、做文章的根本所在。

文章繁简

韩文公作《樊宗师墓铭》曰："维古于辞必已出，降而不能乃剽贼，后皆指前公相袭，从汉迄今用一律。"此极中今人之病。若宗师之文，则惩时人之失而又失之者也。作书须注，此自秦汉以前可耳；若今日作书而非注不可解，则是求简而得繁，两失之矣。子曰："辞达而已矣。"

【译文】韩愈所作的《樊宗师墓铭》中讲到："只有古人能做到言辞完全由自己心中所发，后来无法作到这一点的就开始抄袭，后来者总是指责前人抄袭，从汉代到现在都是一样的。"这种说法对于现在存在的文人的弊病十分到位。就拿那些大家的文章来说，就是为了起到惩戒前人弊病目的而作，但随之自己又产生了许多毛病。文章、著述需要注解，这是秦汉之前就开始流向的；像现在的人一样还是不能不做注解，则是为了追求简洁但反而更加繁琐了，两个方面都犯了错误。孔子说："文章一定要能够首先表达自己的意思。"

辞主乎达，不论其繁与简也，繁简之论兴，而文亡矣，《史记》之繁处必胜于《汉书》之简处，《新唐书》之简也，不简于事而简于文，其所以病也。

【译文】文辞必须要通达，不管其是繁琐还是简洁，如果一开始探讨繁简问题，那么文章就完蛋了。《史记》的繁琐之比《汉书》的简洁之处还要出彩，《新唐书》的简洁，不是对事件简洁而是文辞简洁，这就是它的毛病所载。

"时子因陈子而以告孟子，陈子以时子之言告孟子"，此不须市见而意已明。"齐人有一妻一妾而处室者，其良人出，则必餍酒肉而后反。其妻问所与饮食者，则尽富贵也，其妻告其妾曰：'良人出，则必餍酒肉而后反。问其与饮食者，尽富贵也，而未尝有显者来。吾将瞷良人之所之也。'""有馈生鱼于郑子产，子产使校人畜之池。校人烹之，反命曰：'始舍之，圉圉焉，少则洋洋焉，悠然而逝。'子产曰：'得其所哉？得其所哉！'校人出，曰：'孰谓子产智？予既烹而食之，曰：得其所哉！得其所哉！'"此必须重叠而情事乃尽，此孟子文章之妙。使入《新唐书》，于齐人则必曰："其妻疑而瞷之"，于子产则必曰："校人出而笑之"，两言而已矣，是故辞主乎达，不主乎简。

【译文】《孟子·公孙丑下》有"时子便托陈子把这话转告给孟子。陈子也就把时子的话告诉了孟子。"这种说法不需要讨论，意思很明白。《孟子·万章上》记载了这样一件事："齐国有一个人，家里有一妻一妾。那丈夫每次出门，必定是吃得饱饱地，喝得醉醺醺地回家。他妻子问他一道吃喝的是些什么人，据他说来全都是些有钱有势的人。他妻子告诉他的妾说：'丈夫出门，总是酒醉肉饱地回来；问他和些什么人一道吃喝，据他说来全都是些有钱有势的人，但我们却从来没见到什么有钱有势的人物到家里面来过，我打算悄悄地看看他到底去些什么地方。'"《孟子·万章上》记载了这样一件事"有人送条活鱼给郑国的子产，子产叫主管池塘的人把它畜养在池塘里。那人却把鱼煮来吃了，返回来禀报说：'刚放进池塘里时， 它还困乏懒动的样子；一会儿便悠闲地离开了。'子产说：'它找到它适合的地方了！它找到它适合的地方了！'那人从子产那里出来后说："谁说子产聪明呢？我明明已经把鱼煮来吃了，可他还说'它去了它应该去的地方啦！它去了它应该去的地方啦！'"这些叙事都必须要重复才能把事情说清楚，这就是孟子篇章的妙处。如果将这两则事情记入《新唐书》，那么齐大概会说："他的妻子十分怀疑于是就伺机窥探"而子产那一条或许会被记作："那个人出去就嘲笑子产"，也就这两句话就完了，因此文辞是为了用来表达意涵的，不能太过简洁。

刘器之曰："《新唐书》叙事好简略其辞，故其事多郁而不明，此作史之病也。且文章岂有繁简邪？昔人之论谓如风行水上，自然成文；若不出于自然，而有意于繁简，则失之矣。"当日《进〈新唐书〉表》云："其事则增于前，其文则省于旧。"《新唐书》所以不及古人者，其病正在此两句上。

【译文】刘器之说："《新唐书》在叙述方面喜欢简略，导致很多事情不够明确，这是著史的弊病。而且文章难道真的有繁简之分吗？前人作品就像顺风顺水，自然就做成文章；如果不是出于自然，而故意进行繁简化处理，就要出问题了。"就在以前《进〈新唐书〉表》中有这样的话："《新唐书》中所记载的内容比以前更多了，而文辞比以前更简洁了。"《新唐书》之所以无法和古人进行比拟，毛病就正好在这两句话上体现。

《黄氏日钞》言："苏子由《古史》改《史记》，多有不当。如《樗里子传》，《史记》曰：'母，韩女也。樗里子滑稽多智。'《古史》曰：'母，韩女也，滑稽多智。'似以母为滑稽矣，然则'樗里子'三字其可省乎？《甘茂传》，《史记》曰：'甘茂者，下蔡人也。事下蔡史举，学百家之说。'《古史》曰：'下蔡史举学百家之说。'似史举自学百家矣，然则

‘事’之一字其可省乎？以是知文不可以省字为工，字而可省，太史公省之久矣。”

【译文】黄震在其《黄氏日钞》中说：“苏轼改造《史记》而成《古史》一书，有很多地方不恰当。比如《樗里子传》，《史记》记载：‘母，韩女也。樗里子滑稽多智。’而《古史》则记作：‘母，韩女也，滑稽多智’，似乎是说樗里子的母亲‘滑稽多智’，那么‘樗里子’这三个字能省略吗？又比如《甘茂传》，《史记》这样记载：‘甘茂者，下蔡人也。事下蔡史举，学百家之说’，而《古史》则记作：‘下蔡史举学百家之说。’似乎是说史举自己修习诸子百家。那么‘事’这个字能够省略吗？由此可知，文章不能以简省字词作为工巧的标准，如果字能简省的话，司马迁自己早就省略掉了。”

文人求古之病

《后周书·柳虯传》：时人论文体有今古之异，虯以为时有今古，非文有今古。此至当之论。夫今之不能为二汉，犹二汉之不能为《尚书》、《左氏》。乃剿取《史》、《汉》中文法，以为古甚者，猎其一二字句，用之于文，殊为不称。

【译文】《后周书·柳虯传》说：现在的人们议论文体有古今的差别，柳虯认为时代分古今，文章不分古今。这真是十分恰当的言论。现在距离两汉已经很久远了，就像两汉距离《尚书》、《左氏》的西周、春秋也十分久远了。今人抄袭《史记》、《汉书》中的古体，以为自己的文章风格就很古远了，抄录几个字句，在文章中使用，是很不恰当的。

以今日之地为不古，而借古地名；以今日之官为不古，而借古官名；舍今日恒用之字，而借古字之通用者。皆文人所以自盖其俚浅也。

【译文】因为现在的地名不够古，借用古代地名；因现在的官职名称不够古，借用古代官名；舍弃现在常用的字词，使用古代的通假字。都是现在那些鄙俗、浅薄的文士所作的。

《唐书》：郑余庆奏议类用古语，如“仰给县官马万蹄”，有司不晓何等语，人訾其不适时。

【译文】《唐书》记载郑余庆在写奏折时经常使用古语，比如“仰给县官马万蹄”，官府不知道他想说什么，人们就指责他言语使用不恰当。

宋陆务观《跋前汉通用古字韵》曰：古人读书多，故作文时偶用一二古字，初不以为工，亦自不知孰为古、孰为今也。近时及或钞掇《史》、《汉》中字入文辞中，自谓工妙，不知有笑之者。偶见此书，为之太息，书以为后生戒。

【译文】宋代陆游在其《跋前汉通用古字韵》中所：古人读书很多，所以写作时偶尔使用一两个古字，开始时也不认为十分工巧，自己也不知道什么是古什么是今。现在有的人抄袭《史记》、《汉书》中的字到文章之中，自认为十分工巧，岂不知被人笑话。我见到这一类的文章，就为之叹息，写下来告诫后来人。

元陶宗仪《辍耕录》曰：凡书官衔，俱当从实。如廉访使、总管之类，若改之日监司、太守，是乱其官制，久远莫可考矣。

【译文】元代的陶宗仪在《辍耕录》中说：凡是书写官职名称，应该如实记录。比如廉访使、总管之类，如果改成监司、太守，就是扰乱官制，时间一长就没有办法考证明白了。

何孟春《余冬序录》曰：今人称人姓，必易以世望；称官，必用前代职名；称府州县，必用前代郡邑名，欲以为异。不知文字间著，此何益于工拙，此不惟于理无取，且于事复有碍矣。李姓者称陇西公，杜曰京兆，王曰琅琊，郑曰荥阳，以一姓之望而概众人，可乎？此其失自唐末、五季间孙光宪辈始。《北梦琐言》，称冯娟为长乐公。《冷斋夜话》称陶毂为五柳公。类以者人之号而概同姓，尤是可鄙。官职、郡邑之建置，代有沿革。今必用前代名号而称之，后将何所考焉？此所谓于理无取，而事复有碍者也。

【译文】何孟春在《余冬序录》中说：现在的人称呼别人的姓氏，一定会用籍贯来代替；称呼官名，肯定会使用前代的职称名；称呼府州县等行政单位，也意一定要用前代的郡名县名，只是想表示和别人不同。但是他们不知道这样做对于文章工巧是没有任何帮助的，这样做不但没有任何道理，反而会阻碍交流。姓李的就称作陇西李氏，姓杜就称京兆杜氏，姓王就叫琅琊王氏，姓郑就说荥阳郑氏，用一个大姓聚集的地名来概括众人，行吗？这就是从唐末、五代的孙光宪一类的人开始的。孙光宪在其《北梦琐言》中称呼冯娟为长乐公，《冷斋夜话》称呼陶毂为五柳公，将同姓者归属于相同籍贯，十分浅薄。官职、郡县的建制每一时代都有所沿革。叙述现在而使用以前的名称，那么后人又将如何看待、如何考察呢？这就是所谓的没有任何意义，反而会阻碍交流。

于慎行《笔麈》曰："《史》、《汉》文字之佳，本自有在，非谓其官名地名之古也。今人慕其文之雅，往往取其官名地名以施于今，此应为古人笑也。《史》、《汉》之文如欲复古，何不以三代官名施于当日，而但记其实邪？文之雅俗，固不在此，徒混淆失实，无以示远，大家不为也。予素不工文辞，无所模拟，至于名义之微，则不敢苟。寻常小作，或有迁就。金石之文，断不敢于官名地名以古易今，前辈名家亦多如此。”

【译文】于慎行在《笔麈》中说：“《史记》、《汉书》之所以文辞优美，自有其原因，并不是因为他们使用了古代的官名、地名。现在的人仰慕他们的文雅，往往选取其中的官名、地名用在现在，这就应该替古人笑话他们了。《史记》、《汉书》如果真的想复古，为什么不讲夏商周三代的官名地名用于当时呢，反而对于当时如实记录呢？文章的雅俗，本质不在这里，只不过混淆之后失去了事实，没有办法流传后世，大家才不这样做而已。我平素就不擅长文辞，所以也没有办法模仿。至于说名义隐晦这种说法，实在是不敢苟同。寻常的小文章，或许还会有迂阔迁就的地方。但是对于金石文字之类的，千万不敢用前代的官名地名来取代现在的官名地名，前辈有很多大家都这样做过。”

古人集中无冗复

古人之文，不特一篇之中无冗复也。一集之中亦无冗复。且如称人之善，见于祭文则不复见于志，见于志则不复见于他文。后之人读其全集，可以互见也。又有互见于他人之文者，如欧阳公作《尹师鲁志》，不言近日古文自师鲁始，以为范公祭文已言之，可以互见，不必重出。盖欧阳公自信己与范公之文并可传于后世也。亦可以见古人之重爱其言也。

【译文】古人的文章，不仅一篇之中没有重复，一部文集中也没有重复。就像赞美他人的言辞，记入祭文中就不再出现在墓志中了，记入墓志中就不再出现于其他文章中了。后人看他所著的全集，全都可以看到，还可以相互参看。还有相互出现在别人的文章中的情况出现，比如欧阳修所作《尹师鲁志》，没有说现在的古文学习于尹师鲁，因为在为范公作祭文时已经说过了，可以互相参看，没有必要再说一次。这样看来，欧阳修的确自信自己的文章和范公的文章都可以流传后世，也可见古人对于文章的看重和珍惜了。

刘梦得作《柳子厚文集序》曰：“凡子厚名氏与仕与年暨行己之大方，有退之之志若祭文在。又可见古人不必其文之出于己也。”

【译文】刘梦得作《柳子厚文集序》说：“但凡是柳宗元的名姓以及他做官的时间、年龄已经十分流行了，有韩愈的祭文在。又可见古人并不在乎文章一定要自己写出来才能传世。”

引古必用原文

凡引前人之言，必用原文。《水经注》引盛弘之《荆州记》曰：“江中有九十九洲。楚谚云：洲不百，故不出王者。桓玄有问鼎之志，乃增一洲，以充百数，僭号数旬，宗灭身屠，及其倾败，洲亦消毁。今上在西，忽有一洲自生，沙流迴薄，成不淹时，其后未几，龙飞江汉矣。”注乃北魏郦道元作，而记中所指“今上”，则南宋文帝以宜都王即旁位之事，古人不以为嫌。

【译文】凡是引用前人的话，一定要使用原文。《水经注》引用盛弘之《荆州记》说：“楚国的谚语书：江里有九十九个沙洲，不到一百个沙洲，就没有王者出现。桓玄为了谋反，就增加了一个沙洲，加起来一百个，桓玄称帝不久，就被消灭。等到他失败之后，沙洲也被夷平。现今的皇上在西部作宜都王的时候，忽然有一个沙洲自己出现，流沙十分细薄，但是不久之后他就成为君主了。”注是北魏的郦道元作的，其中指的“现在的皇帝”指的是南朝宋文帝刘义隆以宜都王身份登上帝位的事情，这样的注释，古人都觉得没有什么可以嫌弃的。

侯方域

侯方域，清商邱人，字朝宗，性豪爽，多大略。明末随父居京师，与桐城方以智，如皋冒襄，宜兴陈贞慧，称“四公子”。以东都清议自持。入清，中顺治副榜，初放意声伎，已而悔之。发愤为古文，取法韩、欧，才气横溢。卒年三十七，有《壮梅堂文集》。

【译文】侯方域是清代商丘人，字朝宗，他性格豪爽，很有谋略。明末侯方域跟随父亲住在京师，和桐城方以智，如皋冒襄，宜兴陈贞慧合称“四公子”。侯方域参加“复社”，主持清议。进入清朝之后，侯方域得中顺治副贡，起初他放浪形骸于声色犬马之中，后来很后悔，于是发愤作古文，效法韩愈、欧阳修，才华横溢。侯方域死时年仅三十七岁，著有《壮梅堂文集》传世。

与任王谷书

仆少年溺于声伎，未尝刻意读书，以此文章浅薄，不能发明古人之旨。然其大略，亦颇闻之矣：大约秦以前之文主骨，汉以后之文主气。秦以前之文若六经，非可以文论也。其他如《老》、《韩》诸子，《左传》、《战国策》、《国语》，皆运敛气于骨者也。汉以后之文，若《史》、若《汉》、若八家，最擅其胜，皆运骨于气者也。

【译文】我年轻时沉溺于声妓，没有用心读书，因此文章浅薄，没有发挥古人的意旨。但是其中的大略还是听说过的；大致在秦以前的文章以风骨为主，汉代以后的文章以气韵为主。秦以前的文章如六经，是不能以文章来讨论的。其他的比如《老子》、《韩非子》等诸子文章，《左传》、《战国策》、《国语》的美好，都是将气韵运用于风骨之中的。汉代以后的文章，比如《史记》、《汉书》，比如八家《后汉书》，其最擅长的，是将风骨运用于气韵之中的。

敛气于骨者，如泰、华三峰，直与天接，层岚危蹬，非仙灵变化，未易攀陟，寻步计里，必蹶其趾。姑举明文如李梦阳者，亦所谓蹶其趾者也。运骨于气者，如纵舟长江大海间，其中烟屿星岛，往往可自成一都会，即飓风忽起，波涛万状，东泊西注，未知所底，苟能操舵觇星，立意不乱，亦自可免漂溺之失。此韩、欧诸子所以独嵯峨于中流也。

【译文】在风骨之中敛气，就像泰山、华山的三座山峰一样，直接和天相接，层峦叠嶂，不是仙界圣灵进行变化，是很难攀登的。走多少路计算路程，一定会折损脚趾。这里姑且举明代李梦阳的文章，也就是所谓折损了自己脚趾的。运用风骨到气韵之中的，就像将小船放到长江大海之中，其中星罗棋布的小岛，往往都可以自成都会，即便是飓风突然刮起，波涛万里，东边的湖泊注入西边，还不知道流往哪里，如果能够驾着小船暗中查看星相，自己的立意并产生混乱，自己也可以免除漂流溺水的失误。这就是韩愈、欧阳修之所以能够蔚然屹立于中流之中的原因所在了。

六朝选体之文，最不可恃。士虽多而将嚣，或进或止，不按部伍。譬如用兵者，调遣旗帜声援，但须知此中尚有小小行阵，遥相照应，未必全无益，至于摧锋陷敌，必更有牙队健儿，衔枚而前，若徒恃此，鲜有不败。今之为文，解此者罕矣。高者又欲舍八家，跨《史》、《汉》而趋先秦，则是不筏而问津，无羽翼而思飞举，岂不怪哉？

【译文】六朝如文选一般的骈体文，最不可凭恃。士人虽然多而且轻浮，有进有退，也不按照排列来进行。就像行军打仗一样，调遣部队旗帜进行声援，但必须知道这其中还有一个小小的队伍，可以用来遥相呼应，也未必没有一点好处，至于冲锋陷阵，就更必须要有先锋部队，衔枚前进，如果仅仅这样的话，也很少有不失败的。现在作文的人，很少有了解这一点的。高明的还想舍弃唐宋八大家，跨越《史记》、《汉书》而直趋先秦，这就是舍弃木筏而想渡河，没有翅膀就想飞翔的举动了，难道不奇怪吗？

顷见足下所为杜周、张汤诸论，奇确圆畅，若有余力，仆目中所仅见，殚思著述，必当成名。然亦少有失，觉引天道报施汤、周处，稍涉觎缕。行文之旨，全在裁制，无论细大，皆可驱遣。当其闲漫纤碎处，反宜动色而陈，凿凿娓娓，使读者见其关系，寻绎不倦。至大议论，人人能解者，不过数语发挥，便须控驭归于含蓄。若当快意时，听其纵横，必一泻无复余地矣。譬如渴虹饮水，霜隼搏空，瞥然一见，瞬息灭没，神力变态，转更夭矫。足下以为何如？

【译文】不久就见到足下为杜周、张汤所作的绪论，确实十分圆润通畅，如果还有余力，就我眼睛所见，殚精竭虑进行著述，就一定会成名。然而也稍微有些过失，觉悟到援引天道来报效商汤、西周之处，稍微涉及到详细陈述。行文的主旨在于裁制篇幅，不论细小还是宏大，都要能够驾驭。在那些闲散散漫琐碎的地方，反而适宜变动神色来陈述，就能够言之凿凿而且能够十分动听，没有穷尽。至于大的议论，每个人都能够了解，不过三言两语就能发挥，也需要驾驭地十分含蓄。就像是十分快意之时，要听任其纵横驰骋，必将一泻千里没有遗漏。就像是长虹贯日饮水，霜隼搏击长空，只能瞥见一眼，瞬息间就消失了，神力的变化，就更加曲曲伸伸，足下以为怎样呢？

仆十五岁时学为文，金沙蒋黄门鸣玉方为孝廉，有盛名。每见必称佳，仆窃自喜。又得同学吴君伯裔日来逼索，尽日且酬和数首，以此得不废。然皆从嬉游之余纵笔出之，以博称誉塞诋让。间有合作亦不过春花烂熳，柔脆飘扬，转目便萧索可怜。近得贾君开宗、徐君作肃共相磋磨，乃觉文章有分毫进益。贾精于论，徐老于法。二君尝言“此系何等事，君不惨淡经营便轻率命笔？”仆佩其言，不敢忘。足下当行文快意时，每一回思之，必赏此言之不谬也。

【译文】我十五岁时学习写文章，当时金沙黄门侍郎蒋鸣玉是孝廉，负有盛名。每次见到我写的文章都要称赞，我心中暗喜。又有同学吴伯裔每天前来逼着索取文章，每天尽和他们酬和诗文，因此没有中断。然而都是从游戏之余才下笔书就的，用来博得赞誉来阻塞斥责而已。间或有合作的也不过是春花烂漫，轻柔飘扬，转瞬就变得萧杀可怜。近来得以和贾宗、徐作肃二位共同切磋讨论，才觉得文章有了一点进步。贾开宗精通于议论，徐作肃擅长文法。两位曾说过“这算么事，您不经过深思熟虑就能轻率下笔？”我钦佩他们的话，不敢忘记。足下在写文章写得快意的时候，每每回想起来，就会欣赏这种说法是没错的。

魏禧

魏禧，清宁都人，字冰叔。兄详，一名际瑞，字善伯。弟礼，字和公。皆以文章称，时人号为“宁都三魏”。而禧尤为有名。明亡弃诸生，结庐翠微峰，讲学不仕。康熙间荐应博学鸿儒科，终不就而归。卒年五十七，有《文集》、《左传经世》。

【译文】魏禧是清代宁都人，字冰叔。其兄魏详，又名魏际瑞，字善伯。魏禧弟魏礼，字和公。三人都因善于作文章，当时人号称“宁都三魏”。而魏禧最为有名。明亡之后，魏禧抛开诸生，在翠微峰上结庐而居，讲学不做官。康熙年间被举荐为博学鸿词科，最终没有上任就回来了。魏禧死时五十七岁，著有《文集》、《左传经世》。

论文

门人问曰：“古人言文章与世运递降，果然乎？”

【译文】门人问我：“古人说文章和时代交替影响变化，果真如此吗？”

曰：“古今文章，代有不同，而其大变有二：自唐虞至于两汉，此与世运递降者也；自魏晋以迄于今，此不与世运递降者也。三代之文不如唐虞，秦汉之文不如三代，此易见也。上古纯庞之气因时递开，其自简而之繁、质而之文、正而之变者，至两汉而极。故当其气运有所必开，虽三代圣人不能上同于唐虞；平而变之初极，虽降于两汉犹为近古，故曰与世运递降也。魏晋以来，其文靡弱，至隋、唐而极。

【译文】回答说：“古今文章因为时代的不同，其间较大的变化有两次：第一次是从唐虞时代到两汉，这是文章和时代互相交替影响变化的时代；第二次时魏晋一直到现在，这是文章和时代不相互影响交替变化的时代。夏商周三代的文不如唐尧虞舜时期，而秦汉时期的文又不如三代，这是显而易见的。上古时期敦厚谨慎的风气因此随着时间而发生变化，由简变繁、由质而文，矫正的变化到了两汉达到一个高峰。所以当文风气韵到了必须要改变的时候，虽然夏商周三代没法和唐尧虞舜时期箱体并录；平和但变化之初很极端，虽然以至于两汉还算 是比较接近上古的时期，所以说文章和时代相互影响交替变化。魏晋以来，文风靡丽孱弱，到隋唐时期有到达一个高峰。

而韩愈、李翱诸人，崛起八代之后以振之，在下翕然敦古。梁、唐以来无文章矣，而欧、苏诸人崛起六代之后，古学于是复振。若以世代论，则李忠定之奏议，卓然高出于陆宣公。王文成之文章，又岂许衡、虞集诸人所可望？盖天下之运必有所变，而天下之变必有所止；使变而不止，则日降而无升。自魏晋靡弱，更千数百年以至于今，天下尚有文章乎？故曰不与世运递降者也。”

【译文】而韩愈、李翱诸人，崛起于唐宋八大家之后并且重振文风，我十分称颂好古。梁、唐以来是没有沿革意义上的文章的，而欧阳修、苏轼等诸人崛起于六代之后，古文又一次被振兴。如果以时代来讨论，则李纲的奏议，肯定要比陆挚高超。王阳明的文章，也不是许衡、虞集等人所能比肩的。所以说天下的运势一定会有所变化，而天下的变化一定会有停止之时，假如变化不停止，那么文风就会一天天衰颓下去没有重振的那一天。自从魏晋的靡丽孱弱的文风到现在期间经历了数百年的变化，天下还有真正的文章存在吗？所以说文章不同时代相互交替变化。

曰：“古之文章足以观人，今之文章不足以观人者，何也？”

【译文】问：“古代的文章能够用来看人，现在的文章不足以看人，为什么呢？”

曰：“古人文章无一定格例，各就其造诣所至，意所欲言者，发抒而出，故其文纯杂瑕瑜，犂然并见。至于后世，则古人能事已备，有格可肖，有法可学。忠孝仁义有其文，智能勇功有其文，孰者雄古，孰者卑弱，父兄所教，师友所传，莫不取其尤工而最笃者日夕揣摩，以取名于时。是以大奸能为大忠之文，至拙能袭至巧之论。呜呼！虽有孟子之‘知言’，亦孰从而辨之哉！”

【译文】回答说：“古人的文章没有一定的成例，都是各自凭借自己的造诣随兴所至，想着什么就说什么，从内心深处抒发出来，所以文章淳朴芜杂瑕瑜互见，释然的样子随处可见。到了后世，则古人已经为后人立下规矩、法则可供遵循。忠孝仁义自有其文风，智能勇功自有其文法，哪一个更为雄古，哪一个更加卑弱，经过父兄的教授，师友传授，”全都取其中最为工巧最为深刻的整日揣摩，最终在世上博得美名。因此大奸大恶之徒反而能作出大忠大勇的文章来，笨拙不堪者能抄袭出最为工巧的论断。啊！虽然有孟子的‘知言’之说，又能从哪里开始进行辩驳呢？

宗子发文集序

今天下治古文者众矣。好古者株守古人之法，而中一无所有，其弊为优孟之衣冠；天资卓荦者师心自用，其弊为野战无纪之师，动而取败。蹈是二者，而主以自满假之心，辅以流俗谀言，天资学力所至，适足助其背驰，乃欲卓然并立与古人，呜呼难哉！虽然，师心自用，其失易明；好古而终无所有，其故非一二言尽也。

【译文】现在全天下治古文的人很多。好古的人像守株待兔一样守着古人定下的文法，但实际上确实一无所有，就像优孟的衣冠一样一味模仿；天资聪颖者难免师心自用，其弊病就像在野战中没有纪律的军队一样，只要稍加动作就会失败。蹈袭这两者，就会增长自大的心理，再加上流俗的阿谀奉承的话，就足以使得与真正的目的地背道而驰了，还说自己想要和古人比肩，岂不是很难吗？虽然如此，师心自用很容易失去判断力；好古者最终一无所有，其中的原因不是三言两语就能说明白的。

吾则以为养气之功，在于集义；文章之能事，在于积理。今夫文章，《六经》、《四书》而下，周秦诸子、两汉百家之书，于体无所不备。后之作者，不之此则之彼。而唐、宋大家，则又取其书之精者，参和杂糅，镕铸古人以自成，其势必不可以更加。故自诸大家后，数百年间，未有一人独创格调，出古人之外者。然文章格调有尽，天下事理日出而不穷，识不高于庸众，事理不足关系天下国家之故，则虽有奇文与《左》、《史》、韩、欧阳并立无二，亦可无作。古人具在，而吾徒似之，不过古人之再见，顾必多其篇牍，以劳苦后世耳口，何为也？

【译文】我则认为养气的作用在于积聚道义；文章最大的作用在于积累理性。现在的文章，《六经》、《四书》以下，经过周秦诸子，两汉诸子百家及史书的积累，文体已经很完备了。后来的作者不遵从这个就遵从那个。而唐宋时期的大家们，则又在其中选取最为精彩的，相互搀和杂糅到一起，将古人的文章熔铸成自己的风格，这样的现象自然不会变的再次发生。所以自从各位大家之后，几百年的时间里，没有一个人能够独创出一种全新的格调，能够超出古人。然而文章的风格文体自有穷尽的那一天，天下的事理每日必出无穷无尽，见识一般的庸人，其对于事理的认识没有与国家天下相互联系，则虽然有奇妙的文章可以和《左传》、《史记》、韩愈、欧阳修并立在一起，但是也做不出什么来。古人还在，而我们只不过是模仿他们，不到古人再次出现，势必要出现很多连篇累牍的现象，肯定会使后代的口耳劳苦万分，这是为什么呢？

且夫理固非取办临文之顷，穷思力索，以求其必得。钟太傅学书法曰："每见万类，皆画象之。"韩退之称张旭书，变动犹鬼神不可端倪，天地事物之变，可喜可愕，一寓于书。人生平耳目所见闻，身所经历，莫不有其所以然之理，虽市侩优倡大猾逆贼之情状，灶婢丐夫米盐凌杂鄙亵之故，必皆深思而谨识之，酝酿蓄积，沈浸而不轻发。及其有故临文，则大小浅深，各以类触，沛乎若决陂池之不可御。辟之富人积财，金玉布帛竹头木屑粪土之属，无不豫贮，初不必有所用之。而当其必需，则粪土之用，有时与金玉同功。

【译文】而且道理并不能够取决于面临着文章的时刻，竭尽思索，以求必然得到。钟繇学习书法时说："每当看见万事万物，就会描摹起来。"韩愈称赞张旭的书法说，文意变动就像鬼神一样，没有办法全然了解，天地之间的变化，既可欢喜也可惊异，都寄托在书法之中。一个人生平耳朵所听见的眼睛所看到的，亲身所经历的，所有使其之所以成为那样的理由，虽然是唯利是图的人、优伶娼妓、大奸大恶之人、叛逆的贼人他们的情状，还是烧饭的女婢、叫花子、杂乱细碎和粗鄙猥亵的原因，都必须神思熟虑并恭谨地意识到，并进行蓄积酝酿，不能轻易间就发出。直到因故要作文的时候，则大小深浅，各种触类旁通，丰富得就像泄了洪的水一样势不可挡。就像妇人平时积累资财，金玉布帛竹头木屑粪土之类的东西，都要预先贮存，一开始不一定会有用，但当到真正要用的时候，即便是粪土的作用，也是和金玉一样有价值的。

吾盖尝见及于是，恨力薄不能造其藩篱，自易堂诸子外，不敢轻语人。而长安王筑夫、宝应朱秋厓、兴化宗子发，尝相与反覆。一日子发持其文属予叙，论旨原本《六经》，高者规矩两汉，与欧阳、苏、曾相出入。子发持高节，独行古道，而虚怀善下人，他日所极，吾乌能测其涯涘，故为述平日所与论议者，以弁其端。呜呼！天下之可语于此者，盖多乎哉？

【译文】我也曾经有鉴于此，遗憾自己力量薄弱不能达到其境界，除了易堂诸子之外不敢轻易和别人说。而长安王岩、宝应朱克生、兴化宗子发，曾经和我有过反复谈论。有一天宗子发拿着他些的文章让我给他写序，他讨论的旨意本之《六经》，高见迭出以两汉作为规范，和欧阳修、苏轼、曾巩等不相上下。子发持论高超节操纯正，独独大行古道，而且胸怀宽广，谦虚待人。他日前途不可限量，所以我将平日里赫特所讨论的内容写在前边作为弁言。啊！全天下能把话说到这份上的，能有多少人呢？

答计甫草书

伏承下问某公文得失，似不以禧为狂惑，而可与言，敢言其所及见以相质。

【译文】承蒙你问我江琬文章的得失情况，似乎并不因为我狂惑，还值得和我讨论，所以在这里我敢于将我所闻所见都说与你。

禧尝好侯君、姜君及某公文，今又得足下。窃谓足下文多高论，读之爽心动魄，失在出手易而微多。韩子曰：及其醇也，然后肆焉。侯肆而不醇，某公醇而未肆，姜醇肆之间，惜其笔性稍驯，人易近而好意太多，不能舍割。然数君子者，皆今天下能文之人，故其失可指而论。某公之不肆，非不能肆，不敢肆也。夫其不敢肆何也？盖某公奉古人法度，犹贤有司奉朝廷律令，循循缩缩，守之而不敢过。今夫石所以量物，衡所以称物，天下有日蚀、星变、山崩、水涌，衡之所不能称，石之所不能量者矣。是故春生夏长、秋杀冬藏者，天地之法度也。哀乐喜怒中其节，圣人之法度也。然且春夏之间，草木有忽枯槁，秋冬有忽萌发。

【译文】我曾经喜好侯方域、姜宸英及江琬的文章，现在又得到了足下你的。私下里认为您的文章确有很多高明之处，读起来让人感到惊心动魄，但是失误在于轻易出手而且瑕疵较多。韩愈曾说：等到酝酿得差不多了，然后再肆意挥洒。等待酝酿的过程中不会醇洌，江琬的文章就不够醇厚，姜宸英在醇厚肆意之间，可惜他的笔头稍稍驯顺，为人比较容易接近好意太多，不忍心割舍。但是这几位谦谦君子，都是现今天下擅长作文的，所以他们的失误之处是可以之处并进行讨论的。江琬的不能恣肆，并不是他不能，而是不敢。那么他为什么不敢呢？江琬信奉股古人文法，就像认为有关部门依奉朝廷的律法一样，循规蹈矩，尽力坚守而不敢有丝毫超越。现在使用石来衡量物品的，度量衡之所以能够称量物品，天下有日蚀、星变、山崩、水涌，而度量衡没有办法称量，是因为石没有办法称量罢了。因此春天草木发芽，夏天草木茂盛，秋天萧杀冬天就不出来了。这是自然界的法度。喜怒哀乐要做到协调、恰到好处，是圣人的法度，但是还存在春夏之际，草木突然枯死、秋冬时节草木发芽的现象。

子之武城，闻弦歌之声，笑曰：割鸡焉用牛刀？遇旧馆人之丧而出涕，是有过乎喜与哀者矣。盖天地之生杀，圣人之哀乐，当其元气所鼓动，性情所发，亦间有其不能自主之时；然世不以病天地圣人，而益以见其大。文章亦然。古人法度犹工师规矩，不可叛也。而兴会所至，感慨悲愤愉乐之激发，得意疾书，浩然自快其志，此一时也。虽劝以爵禄不肯移，惧以斧钺不肯止，又安有左氏、司马迁、班固、韩、柳、欧阳、苏在其意中哉！至传志之文，则非法度必不工。此犹兵家之律，御众分数之法，不可分寸恣意而出之。生动变化，则存乎其人之神明，盖亦法中之肆焉者也。

【译文】孔子到了武城，听教案弦歌的声音，笑着说：杀鸡还用得着牛刀吗？孔子遇见旧馆人出殡就哭了，这就是有点过分的喜怒了。天地执掌生杀大权，圣人的哀乐，应该是由于其元气受到了打动由其性情之中生发出来，也偶尔会有不由自主的时候；但是却不因为这个而责怪天地圣人，而更加能够见到圣人的伟大。文章也是这样。古人的法度就像是工匠们的绳墨曲尺不能违背。但是兴致所至，感慨悲愤开心快乐被激发出来，于是就奋笔疾书，十分爽快能够满足自己一时的快意。虽然有高官厚禄也不肯改变，有斧钺刀剑也不肯停下来，又怎么会有左丘明、司马迁、班固、韩愈、柳宗元、苏轼在其心中呢？至于转志一类的文章，则一旦缺乏法度就无法作到工巧。就像兵家的兵法军规纪律，统帅即组织编制，一点也不能由着性子恣意乱来。生动便阿虎，就存在于人的灵感之中，这就是法度之中的恣意了。

某公文得力在欧王之间，而碑志最工，法度紧严，于碑志最得宜，是以冠于诸体。然禧所尤赏者，又在《复仇》一篇。韩柳有此作，能不相袭，而其文甚类西京，此禧所以笃好，而欲有以告之也。虽然此犹夫枝叶之论，盖极其工，不过文人之能事，若夫文章根本，则又有说也。

【译文】江琬的文章在欧阳修、王安石之间是很得力的，他的碑志文章是最为工巧的，法度十分严谨，他在碑志上罪能发挥到极致，因此排在其他各个文体之前。但是我尤其欣赏的是他的《复仇》这一片文章。韩愈、柳宗元有这样的著作，可以不做到相互沿袭，而其文字和西汉时期的文风很像，这就是我特别喜欢的原因了，想要要告诉你的，但是虽然这就像有关枝叶关系的争论一样。极其工巧，也不过是文人的专能之事，假若从文章的根本叹气，则就是另外一回事了。

彭士望

彭士望，清南昌人，字躬庵。黄道周下狱，士望承父遗命，倾身营救，几陷不测。明亡徙宁都，与魏禧兄弟讲学翠微峰，在易堂中，为易堂九子之一。有《耻躬堂文集》。

【译文】彭士望是清代南昌人，字躬庵。黄道周被捕下狱之后，他奉父亲遗命，倾尽全力进行营救，自己几乎也遭遇不测。明亡之后彭士望迁居到了宁都，和魏禧兄弟们在翠微峰讲学。他的名字在“易堂”之中，是“易堂九子”之一。彭士望著有《耻躬堂文集》。

与魏冰叔书

昨偶忆《藏弆集》，载侯朝宗《论涛文书》三首，即取阅。属兴士钞之。更昧昼反复玩绎，其言之至者，殆无以易。其《与任王谷书》中有云：“行文之旨，全在裁制。无论巨细，皆可驱遣。当其闲漫纤碎处，反宜动色而陈，凿凿娓娓，使读者见其关系，寻绎不已。至大议论，人人能解者，不过数语发挥，便须控驭归于含蓄。若当快意时，听其纵横，必一泄无复余地。”此最高之论。朝宗学《史记》，写生得神髓处，全在于此。《壮悔集》有二吴、徐、张传，出没超脱，咸用此法。

【译文】昨天偶然想起《藏弆集》中载有侯方域的《论涛文书》三首诗，就祝福兴士抄录。一晚上都在反复玩味，其中的言辞的确当，是无疑的。侯方域在与任王谷书》中说：“行文的主旨在于裁制篇幅，不论细小还是宏大，都要能够驾驭。在那些闲散散漫琐碎的地方，反而适宜变动神色来陈述，就能够言之凿凿而且能够十分动听，没有穷尽。至于大的议论，每个人都能够了解，不过三言两语就能发挥，也需要驾驭地十分含蓄。就像是十分快意之时，要听任其纵横驰骋，必将一泻千里没有遗漏。”这真是至高的论断。侯方域学习《史记》，描写十分传神，刻画到了人物的精髓，理由都在此处。《壮悔集》中有二吴、徐、张等人的传，来回超脱，都用的是这种方法。

而愚意则又以为未尽然。吾辈今日立言，明悉理事，指陈利弊，将救世觉民之为急。故于古今成败得失、邪正是非之际，往复留连，疾呼痛詈，犹恐疲癃聋聩之夫，藐然而不一听：苟仅数语发挥，便归含蓄，只可以动明哲，而不可警天下之中才。《孟子》七篇，已不同于二论，三百篇《风》、《雅》之变，必不同于《关雎》、《葛覃》。世则有然，文从而变。

【译文】但是以我的愚见认为还有不尽完善的地方。我辈现今立言，是为了通达明晰事理，指出世道利弊，以拯救世道人心为首要任务。所以对于古今成败得失来来回回进行商讨，高声疾呼或者进行痛斥，尚且恐怕那些年老衰弱多病的聋哑之人，不屑一顾；仅仅只有几句话，就归结于含蓄，恐怕只能起到明哲保身的作用，而无法警示天下的平庸之辈。《孟子》的七篇已经和二论不同了，三百零五篇《诗经》中《风》《雅》的变化，肯定不同于《关雎》、《葛覃》的变化。世间的反则就是这样，文章会随之变化。

而作文者之用心弥苦弥曲，弥曲弥厉，如天地之噫气，郁不获舒，激为震霆，凝为怪雹，动荡摧陷，为水溢山崩。夫岂不欲为卿云旦日、甘雨和风，势有所穷，不得已也。即文字写生处，亦须出之正大自然。最忌纤佻。甚或诡诬，流为稗官谐史，敝乡徐巨源之《江变纪略》，王于一之《汤琵琶李一足传》，取炫世目，不虑伤品，其文纵工，未免携琬琰易羊皮，终必为明者所唾弃，而巨源更颠倒是非，罗织口语，快其私怨。虞山已痛言之，属其毁去，巨源不听。卒死横折。

【译文】而作者的用心越是艰苦越是曲折，越是曲折越是严苛，就像天地间的气韵，由于聚集而得不到舒缓，就激励为雷霆，凝结为冰雹，动荡摧陷，于是山崩水溢。难道不愿意为你整日说尽，霖雨和风，是因为形势所迫，不得已罢了。即便是以文字描画，也必须显示出正大自然之气。最忌讳的是细微轻佻，甚或诡词诬陷，流为稗官野史，我同乡徐世溥的《江变纪略》，王猷定的《汤琵琶李一足传》，博取世人眼球，完全不考虑会不会伤害品格，他们文章虽然工巧，未免只是带着美玉来换羊皮，最终肯定会被有识者所唾弃，而徐世溥更是颠倒是非，罗织口语，发表其私人恩仇。虞山已经沉痛地说过了，嘱咐他毁去，但是他不听，最终也是横死。

惟朝宗闲漫纤碎动色而陈之言，不善用之，其流必为徐、王之失。即朝宗诸小传亦不免见其疵类。盖文人之文，与志士之文，本末殊异。文人志在希世取名，即深自矜负，工其巧于容悦。间或谈世务，植名教，文焉已耳。以文固非此不传也。

【译文】只有侯方域的文章闲散散漫纤碎动声色而说出的话，不好好利用聚会流为徐、王那样的弊病。即便侯方域的各个小传也不免出现瑕疵。文人的文章和志士的文章，本来就有很大不同。文人的志向在于博取世间名声，既已深深地骄矜自负，工巧也是为了取悦别人。偶尔也会谈到一些世道问题，植入名教之中的只有文字而已。这就是文章固然不这样也会流传的原因了。

俳优登场，摹拟古人，俯仰毕肖，观者抚手，悲愉递出。及其既过，彼我判殊，了不相及。志士之文，如乐出虚，如蒸成菌，有大气以鼓之，一听其天倪自动：其心与力之所至，而言至焉；其心与力之所不至，而言亦至焉。其嬉笑怒骂，以至痛哭流涕，无不有百折不挫之愚诚，贯彻中际。其行文出没，无纂组雕削之劳。不知世目非笑之为非笑。

【译文】比如排忧粉墨登场，模仿古人，俯仰之间惟妙惟肖，观看的人拍手称赞，悲情喜悦一时都表达出来。等到完结之后，就完全忘却，一点感觉也没有了。志士的文章，就像乐章出自于太虚之境，像蒸汽熏细菌一样，有较大的空气鼓起来，听凭它在天的尽头活动；其心灵和力量所到的地方，话语也到达了；心灵和力量所没有到达的地方，话语也到达了。嬉笑怒骂，以至于痛哭流涕，没有不经历百折之后不对其忠诚有所挫伤的，一直贯彻到天际。行文出没，没有编排雕饰的劳累，不知道世人将非笑当作非笑的缘由。

此即立韩、欧、班、史于其前，肖之则赏，不肖则随手刑。要亦不能强其所不同，以求必肖，况下此区区者乎？故言必发于心，而文亦必以其实。重心与实之所出，斯历千百世而不磨。而天下人得之为有用。此士望与叔子日孳孳焉求之而或未至焉者也。因朝宗一妄言之。

【译文】将韩愈、欧阳修、班固、司马迁列在前边，模仿的像了就赞赏，不像的就随手删改，重要的是不能强调他们之间的不同，而务必求同，何况比不上这的呢？所以言辞一定要发自内心，而文章一定要合乎事实。重视内心和事实的由来，即便是经历千百代也不会磨灭。而天下人得到了也会有用。这是士望与叔子日夜孜孜以求但还没有得到的。以上就是借着侯方域的著作妄言的内容。

邵长蘅

邵长蘅，清武进人，字子湘，别号青门山人，诸生。康熙间游京师，与诸名士交。后客苏抚宋荦幕最久。工古文，与侯方域、魏禧有鼎足之称。有《青门集》。

【译文】邵长蘅是清代武进人，字子湘，别号“青门山人”，生员。康熙年间，邵长蘅游学于京师，和诸位名士交往。后来客居江苏巡抚宋荦的幕府很长时间。邵长蘅擅长古文，和侯方域、魏禧不相上下，有“鼎足”之称。他著有《青门集》。

与魏叔子论文书

某顿首叔子先生足下：向辱示论文数书，学者作文之法綦备。独疑于文章之源，尚蓄而未发，意善《易》者不谭《易》耶，抑有所秘也？仆于文亦学而未至者，顾衷所自志，敢一质之左右。

【译文】我在这里叩首，魏禧先生：以前蒙你寄示论文数篇，文法十分齐备。惟独关于文章之源的问题，你还没有谈到，内心所蓄的见解尚未发表。难道是擅长《易》而不谈《易》？还是有所保留？我对于文学是没有做到极致的，只能就自己所记得所想到的，求教于您了。

闻之先辈曰：夫文者，非仅辞章之谓也，圣贤之文以载道，学者之文蕲弗畔道。故学文者必先浚文之源，而后究文之法。浚文之源者何？在读书，在养气。夫《六经》，道之渊薮也，故读书先于治经。愚意欲画以岁月，《易象》、《诗》、《书》、《春秋》、《三礼》诸书以渐而及，不必屑屑拘牵注疏，务融液其大指所在。

【译文】听先辈们说：所谓的文，并不仅仅指词章，圣贤用文来承载世道，学者的文也要力求不叛道。所以学习写文章的人一定要先探寻文的本源，然后穷究文法。探寻文章本源应该怎么办呢？在于养气。《六经》是道的源泉，所以读书应该先于研治经学，我的愚见是划分读书的阶段，《易象》、《诗》、《书》、《春秋》、《三礼》等书循序渐进，没有必要拘泥牵制于琐碎的注疏，务必要得到其中的要旨。

然后综贯诸史，以验其兴废治忽之由，旁及子集，以参其邪正得失之故。又恐力不能兼营，史自左氏、司马、班、范、三国、南北五代而外，子自庄、列、荀、扬、韩非、吕氏、贾、董而外，集自韩、柳、欧、苏、曾、王而外，或略加节抄，可备采择，此读书之渐也。韩愈氏有言：“气，水也；言，浮物也；水大而物之浮者大小毕浮。”

【译文】然后才能贯通各种史书，用来验证历代兴亡兴衰的原由，旁征于诸子、集部，用来参证其正邪、得失的缘故。但又恐怕气力不足不能兼及，史书由《春秋左氏传》、司马迁《史记》、班固《汉书》、范晔《后汉书》、陈寿《三国志》及《南史》、《北史》、《五代史》入手。诸子从《庄子》、《列子》、《荀子》，扬雄、《韩非子》、《吕氏春秋》、贾谊、董仲舒入手。集部由韩愈、柳宗元、欧阳修、苏洵、苏轼、苏辙、曾巩、王安石的著作入手，或者略加节录，就可供参考。这就是读书循序渐进的办法。韩愈说过：“气，就像水一样；言辞，就像漂浮物一样；水大物体就漂起来了。”

是故其气盛者，其文畅以醇；其气舒者，其文疏以达；其气矜者，其文砺以纰；其气恧者，其文诐以刓；其气挠者，其文剽以瑕。是故涵泳道德之途，菑畬六艺之圃，以充吾气也；泊乎寡营，浩乎自得，以舒吾气也；植声气，急标榜，矜吾气者也；投贽干谒，蝇附蚁营，恧吾气者也；应酬轇轕，谀墓攫金，挠吾气者也。此养气之说也。二者所以浚文之源也。

【译文】因此文气盛，文章就畅通醇正；文气舒畅，文章就疏朗而顺达；文气骄矜，文章就坚硬而散软；文气惭愧，则文章就邪僻而无棱角；文气阻挠，则文章就剽窃而有污疵。因此沉浸于道德的办法，耕耘开垦六经这个大花园，就是为了注入文气的；单薄少所营务，就会浩浩然有所得，这样也就可以舒畅文气；培植声气，着急标榜著述，会矜夸文气；进呈诗文或礼物以求见，为追求名利而到处钻营，就会是文气惭愧；应酬等各种纠葛，以写谀墓的文字攫取金钱报酬会阻挠文气的产生。这就是养气的说法。两者都是疏浚文气的源头。

至于文之法，有不变者，有至变者。文体有二：曰叙事，曰议论，是为定体。辞断意续，筋络相束，奔放者忌肆，雕刻者忌促，深赜者忌诡，敷衍者忌俗，是谓定格。言道者必宗经，言治者必宗史，道情欲婉而畅，述事欲法而明，是谓定理。此法之不变者也。若夫川横驰骛，变化百出，各视工力之所及，巧拙不相师，后先不相袭，此法之至变者也。吾得其所为不变者，不《左》、《史》，不班、范，不韩、柳、欧、苏，而不可骇其刱也。吾得其所为至变者，即《左》、《史》，即班、范，即韩、柳、欧、苏，而不可訾其袭也。二者所以究文之法也。

【译文】至于文法，有不变化的，有变化极大的。文体有两种：叙事和议论，都是固定的。言辞断开而文意连贯，是因为脉络联系在一起，文体奔放的忌讳放纵，文体雕琢的忌讳过于紧迫，深奥的忌讳诡异，叙述发挥的忌讳低俗，这都是确定的格式。谈论“道”的一定以六经为圭臬，谈论治道的一定会以史书作为奉行的原则。道的本性是婉转而顺畅，即遵循法则而又明白晓畅。这是固定的道理。也是文法中不变的内容。如果江河奔腾，千变万化，每个人都会认为自己力所不能达到，工巧还是拙劣都没有办法师从、学习，后者也不会学习前者，这就是文法变化的极端了。我认为其中不变的内容是，不像《左传》、《史记》，不像班固、范晔，不像韩愈、欧阳修、苏轼，就会惊骇于我的新创；像《左传》、《史记》，像班固、范晔，像韩愈、欧阳修、苏轼，这样的话，就没有办法非议其因袭了。这两者都是至高的文法。

是故不浚其源而言文，譬之扬蹄涔之波者，不识渤澥之广；炫萤尾之照者，不睹日月之明，几文之成，不能也。不究其法而言文，譬之骤新羁之驷而弛其衔辔，操匠郢之斤而辍其规矩，几文之成，不能也。

【译文】因此不能穷其源流而谈论文章，就像是在牛脚印里的雨水中扬起波浪，没有办法见识到渤海的宽广；就像是在炫耀萤火虫尾巴上的亮光，没有办法见识到日月的光明。这样希望为文能成也是不可能的。不探究文法，就像新马未驯而放纵奔跑，就像没有匠郢的规矩而硬要操匠郢的斧头，这样希望为文能成也是不可能的。

仆持此说藏胸中久，与流俗人言，未免疑骇哗笑，惟先生为当今文匠，而又疑向者之论尚有所秘也，辄敢竭其愚陋，冀相叩质。虽然，仆仅能言之耳，仆才气蹇劣，又苦人事，虽心蕲至于是，力不能赴，岁月荏苒，恐遂无成，惟先生进而教之。

【译文】我所持的这样的论点在我胸中已经很久了，和普通的俗人说，不免要惊骇到他们、引起他们的笑话，现在先生你是当今文坛巨匠，而又怀疑以前所论的还有保留，竭尽全部向我问询。即便是这样，我所说的也仅仅是能说的，我的才气有限，又苦于人事，虽然自己心中很想做到既能“浚文之源”，又能合乎为文之法，竭尽全力也没有办法达到，时光飞逝，恐怕也没有机会成功了。希望先生你能够采纳修习。

汪 琬

汪琬，清长洲人，字苕文，号钝庵，又号尧峰。顺治进士，累官刑部郎中，缘事左迁。康熙中举鸿博，授编修，与修《明史》。其文根柢经典，出入庐陵震川之间。时魏禧、侯方域并以古文擅名，与琬称为“三家”。宋荦尝合钞其文行世，而说者谓琬尤不失为儒者之文也。年六十七卒，有《尧峰文钞》。

【译文】汪琬是清代长洲人，字苕文，号钝庵，又号尧峰，是顺治年间的进士，逐渐做官至刑部郎中，因事被贬。康熙年间被举荐为博学鸿词博士，授史官编修，参与修撰《明史》。汪琬的文章基于经典，文风在欧阳修、归有光之间。汪琬和当时的魏禧、侯方域都因古文博得大名，他们三人合称“三家”。宋荦曾经合钞他们的文章流传于世，论说者都认为汪琬的文章不愧是儒家的文章。汪琬六十七岁去世，著有《尧峰文钞》。

答陈霭公书

琬启：前仓猝报书，愧无以仰副足下之意。兹者休沐少暇，故愿更竭其愚。

【译文】汪琬在此陈说：前仓促之间给您回信，恐怕没有办法符合您的心意。现在我能够休息沐浴有一些空闲时间，所以想竭尽所思告诉给您。

来书论文以明道立说，仆一读再读，叹为知言。窃意足下于此，必当上述孔、孟，次陈濂、洛、关、闽之书，最下亦当旁采前明薛文清、王文成、陈公甫、罗达夫诸贤之说，为之折衷其异同，研晰其醇驳，而相与致辨于微芒疑似之间，庶乎于道无负矣。而不虞书末，乃泛及于晚近诸君子也。然则足下之意，固不在于道，亦止以其文而已。

【译文】您来信论文阐明儒家之道，我一读再读，慨叹这确实是深有见地的话。私下里我认为你对于此，一定会往上追溯到孔子、孟子，其次到周敦颐、程颀、程颐、张载和朱熹等人，最后旁采明朝的薛瑄、王阳明、陈献章、罗洪先等人，调和而取其中，研讨其醇正与驳杂，详细辨别其中十分细微接近的地方，差不多应该对于"道"就没有什么遗漏了。但是没想到您在文章末尾才泛泛提及晚近的这些大儒们。但是您的主旨既然不在于"道"，那么也就说到此为止了。

如以文言之，则大家之有法，犹奕师之有谱，曲工之有节，匠氏之有绳度，不可不讲求而自得者也。后之作者，惟其知字而不知句，知句而不知篇；于是有开而无阖，有呼而无应，有前后而无操纵顿挫。不散则乱，譬诸驱乌合之市人，而思制胜于天下，其不立败者几希。古人之于文也，扬之欲其高，敛之欲其深，推而远之欲其雄且骏。其高也如垂天之云，其深也如行地之泉，其雄且骏也如波涛之汹涌，如万骑千乘之奔驰，而及其变化离合，一归于自然也。又如神龙之蜿蜓，而不露其首尾，盖凡开阖呼应操纵顿挫之法无不备焉。

【译文】如果按照文来说，则文章大家自有其法度，就像棋师有棋谱，演奏音乐的艺人有节拍，匠人有墨绳抑扬，不能不讲求然后才能有所得。后来的作者，只知道字而不知道句，只知道句而不知道篇章；于是就会产生只有分开论述而没有综合论述的现象，前后没有呼应的现象，前后有呼应但是没有抑扬顿挫的感觉。还有有散开自己就先乱了，文章头绪繁杂、结构紊乱就行驱逐市集上的乌合之众一样。还想着要用自己的思想在天下取胜，这样做不失败的很少。古文的文章，需要把文章气势推向高潮时，要尽量推扬开去，需要敛气蓄势时，要尽量做到精炼深刻，由近及远推论事理，就会达到内容博大，气势雄放的效果。古人文章的高妙就像云彩那样，深刻就像深潭中的泉水，雄骏就像波涛汹涌，就像千军万马气势恢宏地奔跑，而其中变化分合的神态，完全取决于自然。又像蜿蜒的神龙，看不见头尾，那么凡是开合呼应抑扬顿挫的法度就没有不完备的了。

则今之所传，唐、宋诸大家举如此也。前明二百七十余年，其文尝屡变矣，而中间最卓卓知名者，亦无不学于古人而得之。罗圭峰学退之者也；归震川学永叔者也；王遵岩学子固者也；方正学、唐荆川学二苏者也。其他杨文贞、李文正、王文恪又学永叔、子瞻而未至者也。

【译文】则现今所流传下来的，唐、宋的各个大家也都是如此。明朝一共二百七十几年，文风就屡屡发生变化，其中最为知名的，也都是学习古文才能有所成就。罗玘学的是韩愈，归有光学的是欧阳修，王慎中学的是曾巩，方孝孺、唐顺之学的是苏轼、苏辙。其他如杨士奇、李东阳、王鏊又学欧阳修、苏轼而没有学到极致。

前贤之学于古人者，非学其词也，学其开阖呼应操纵顿挫之法，而加变化焉，以成一家者是也。后生小子不知其说，乃欲以剽窃模拟当之，而古文于是乎亡矣。

【译文】前辈学者们学习古人，不是学习他们的言辞，而是学习其开合呼应抑扬顿挫的方法，在此基础上加以变化，就可以自成一家了。后生小子不知道的，还想抄袭模仿来作文，于是古文就逐渐衰颓了。

今足下之言曰：无寄托而专求之章法词令，则亦木偶之形，支离之音。是见后生之剽窃模拟，而故为有激之言也固。由仆观之，非穷愁不能著书，古人之文，安得有所谓无寄托者哉！要当论其工与否耳。工者传，不工者不传也；又必其尤工者，然后能传数千百年而终于不可磨灭也。孔子曰："言之无文，行而不远。"夫有篇法，又有字句之法，此即其言而文者也，虽圣人犹取之，而足下顾得用"支离"、"木偶"相鄙薄乎？噫！何其过论也。

【译文】现在足下您说：没有寄寓作者的思想感情为而专门追求文章的篇章结构，最终将形成木偶一样的文风，支离破碎的音韵。因此看见后生们剽窃模仿，而且故意发出激愤的言辞就很正常了。我看不穷困窘迫是没有办法著述的，古人的文章，又怎么会没有寄寓自己感情的呢？主要还是讨论其文章是否工巧。工巧的文章就会流传下来，不工巧者就不会流传下来；还有就是其中尤其工巧的，可以流传千百年还不会磨灭。孔子说："文章没有文采，就不会流传很久。"有了处理篇章的法度，又有了遣词造句的规则，这就是孔子所说的"文采"，虽然是圣人尚且都这么说，而足下您又怎么能用"支离破碎"、"形同木偶"来鄙视呢？唉，说的有点过分了。

仆不佞，不足与知乎此，语狂且直，祈赐裁答。

【译文】我不才，不应当与有学问的人谈这些自谦之词，言语狂妄直率，希望能得到您的回复。

朱彝尊

朱彝尊，清秀水人，字锡鬯，号竹垞。康熙间以布衣举鸿博，授检讨，与修《明史》，体例多从其议。彝尊博极群书，考据诗词古文，无不工胜。年八十一卒，有《曝书亭全集》。

【译文】朱彝尊是清代秀水人，字锡鬯，号竹垞。康熙年间朱彝尊以布衣平民身份被举荐为博学鸿词科博士，参与编修《明史》，有关修撰史书的体例很多都是采纳他的意见。朱彝尊博览群书，考据诗词古文，没有不工整精彩的。朱彝尊八十一岁去世，著有《曝书亭全集》。

答胡司臬书

读执事之文，其辞闳以达，其体变而不穷，乃来教偻偻，抑何其语之谦也。古文之学不讲久矣，近时欲以此自鸣者，或摹仿司马氏之形模，或拾欧阳子之余唾，或局守归熙甫之绪论，未得古人之百一，辄高自位置，标榜以为大家，然终不足以眩天下之目而塞其口，集成而诋谟随之矣。

【译文】读了执事的文章，言辞宏大通达，文体变化无穷，才来承教的恭谨，是多么谦虚的言辞。古文之学不讲求已经很久了，近来想借助它扬名的，有的模仿司马迁的外形，有的拾掇欧阳修的牙慧，有的局限于归有光的绪论，都没有办法达到古人的百分之一，就高看自己的地位，标榜自己为大家，然而最终也不足以迷惑天下人的眼睛、堵塞天下人的悠悠之口，集合起来诋毁就随之而来了。

仆之于文，不先立格，惟抒己之所欲言，辞苟足以达而止。恒自笑曰：平生无大过人处，惟诗词不入名家，文不入大家，庶几可以传于后耳。虽然，仆之为此，非名是务也，实也，其于文也非作伪也，诚也。来教谓法乎秦汉，不失为唐，法乎唐，不失为宋，于理诚然，若仆之所见秦汉唐宋，虽代有升降，要文之流委而非其源也。

【译文】我作文章时，不会先定下格式，只是抒发自己想说的，言辞只要能达到表达自己的意思就行了。经常笑自己：生平没有什么特别的过人之处，诗词入不了名家的法眼，文章也无法和大家相提并论，几乎没有什么可以流传后世的。即便是这样，我之所以这样所，也不是为了名望而是为了务实，我作文并不是为了作伪，真的是这样。来教谕说是取法于秦汉，也不失唐人法度，效法唐人，也不失宋人法度，在理论上确实是这样的，就像我所见的秦汉唐宋，虽然朝代有所升降，但是文章的流变原委而并非是他的源头。

颜之推曰："文章者，原出五经。"而柳子厚论文亦曰："本之《书》以求其质，本之《诗》以求其恒，本之《礼》以求其宜，本之《春秋》以求其断，本之《易》以求其动。"王禹偁曰："为文而舍六经，又何法焉？"李涂曰："经虽非为作文设，而千万代文章从是出。"是则六经者，文之源也，足以尽天下之情之辞之政之心，不入于虚伪，而归于有用。

【译文】颜之推说："文章原本出于五经"而柳宗元论文也说："根本于《尚书》来推求其实质，根本于《诗经》则追求其永恒，根本于《周礼》则推求其适宜，根本于《易经》则追求其变化。"王禹偁说："作文舍弃六经，还有什么能够遵循的呢？"李涂说："六经虽然并非专门为作文而设，但是千百代文章都是从六经那里肇始的。"这就是说六经是文章的源头，足以竭尽天下的感情、言辞、政治、民心，不会归入到虚无无用，而是很有用的。

执事诚欲以古文名家，则取法者莫若经焉尔矣。经之为教不一，六艺异科，众说之郛，大道之管，得其机神而阐明之，则为秦为汉为六朝为唐宋为元明，靡所不有，亦靡所不合，此谓取之左右而逢其原也。至于体制，必极其洁，于题，必择其正。

【译文】执事如果真的想学习古文名家，则在取法方面还是应该以六经为准。六经的教化作用不尽相同，六种技艺也不一样，为众多种说法规定了界限，大道管窥，能够得到其中机微玄妙然后进行阐明，则不管是效法秦汉六朝唐宋还是元明，没有不成的，也没有不符合的，这就是左右逢源。至于文体规制，一定要达到简洁，对于文题来说，一定要选择那些正的。

每见南宋而后士人文集往往多颂德政上寿之言，览之令人作恶，此固执事之所不屑为，而仆恐有嬲执事为之者，冀执事力为淘汰，斯谷园之编足以不朽矣。

【译文】每当见到南宋以后的文士文集往往有很多称颂德政的祝愿言辞，看了让人恶心，这就是执事你所不屑于做的事情，而我恐怕有戏弄执事你让你作这样文章的，希望执事你能够力排众议，那么谷园之编就足以流传不朽了。

方苞

方苞，清桐城人，字灵皋，号望溪。康熙进士，坐戴名世《南山集》下狱，后官至礼部右侍郎。文章宗法韩、欧，谨严简洁，为桐城派之祖。年八十二卒，有《望溪文集》。

【译文】方苞是清代桐城人，字灵皋，号望溪，他是康熙年间的进士，因为戴名世的《南山集》文字狱案牵涉被捕下狱，后来官至礼部右侍郎。方苞的文章效法韩愈、欧阳修，十分严谨而且简洁，是桐城派的鼻祖。方苞死时八十二岁，著有《望溪文集》。

与孙以宁书

昔归震川尝自恨足迹不出里闬，所见闻无奇节伟行可记。承命为征君作传，此吾文托记以增重也，敢不竭其愚心。

【译文】以前归有光曾经遗憾自己的足迹没有出过里门，故而见闻不丰富，没有奇特伟迹供他书写。我现在受命给孙奇逢作传，这是寄托在我的文章中以增加厚重，又怎么能不竭心尽力呢。

所示群贤论述，皆未得体要。盖其大致不越三端：或详讲学宗指及师友渊源，或条举平生义侠之迹，或盛称门墙广大，海内向仰者多。此三者，皆征君之末迹也，三者详而征君之事隐也。

【译文】以前给我看的对孙奇逢事迹的记述评论，都没有能得到主旨。笼统的说，大致不超出三种情况：有的详细记述其讲学的宗旨和师友的渊源，有的条列出他平生的侠义行为，有的极力称赞他桃李满天下，四海之内仰慕的人很多。这三个方面，都是孙奇逢生平事迹中最微不足道的，这三个方面被叙述清楚了而他的真正的事迹却被埋没了。

古之晰于文律者，所载之事，必与其人之规模相称。太史公传陆贾，其分奴婢、装资，琐琐者皆载焉。若萧、曹世家而条举其治绩，则文字虽增十倍，不可得而备矣。故尝见义于《留侯世家》，曰："留侯所从容与上言天下事甚众，非天下所以存亡，故不著。"此明示后世缀文之士以虚实详略之权度也。宋元诸史，若市肆簿籍，使览者不能终篇，坐此义不讲耳。

【译文】古代那些明白文章法则的人，所记载的事件，一定要和传主本人的才具气概相称。司马迁给陆贾作传，把陆贾分奴婢、装资等琐碎的事情都记下来。像萧何、曹参世家而按条罗列他们的治国功绩，则文字虽然增加了十倍，但也没有办法完备。所以曾经在《留侯世家》中见到为文之义法，说："留侯和皇帝从容讨论的天下大事很多，但并非都与天下存亡有关，所以没有都写入传中。"这就是明示后世补缀文辞的士人虚实详略之间要有选弃的标准。宋元各种史书，就像市场上的流水帐簿，使读者难以遍览，就是因为不讲求这个义法。

征君义侠，舍杨、左之事，皆乡曲自好者所能勉也，其门墙广大，乃度时揣已，不敢如孔、孟之拒孺悲、夷之，非得已也；至论学，则为书甚具。故并弗采著于传上，而虚言其大略。昔欧阳公作《尹师鲁墓志》，至以文自辩。而退之之志李元宾，至今有疑其太略者。夫元宾年不及三十，其德未成，业未著，而铭辞有曰："才高乎当世，而行出乎古人。"则外此尚安有可言者乎？仆此传出，必有病其太略者，不知往昔群贤所述，惟务征实，故事愈详而义愈狭。今详者略，实者虚，而征君所蕴蓄转似可得之意言之外，他日载之家乘，达于史官，慎毋以彼而易此。惟足下的然昭晰，无惑于群言，是征君之所赖也，于仆之文无加损焉。如别有欲商论者，则明以喻之。

【译文】孙奇逢的侠义，除了逢营救杨涟、左光斗的事之外，其他的都是乡里好事之徒所依附上去的，他的门徒众多，就可以忖度时势，不会像孔子拒见孺悲、孟子拒见夷之一样，不得已而为之；至于论学，则他的著述很多。所以并不兼采著于他的传记之中，只是简略地说说大概。以前欧阳修作《尹师鲁墓志》，还曾专门作文为自己辩护。而韩愈为李观写墓志，现在还有人认为太简略了。那是李观还不到三十岁，事业功德都没有建立起来，而志文中出现"才高于世，品行比于古人"这样的话，除此之外还有别的可以说的没有？我为孙奇逢所作的传一旦流传出去，肯定有批评说简略的，但是他们不知道以往群贤的著述，务求纪实，所以事情记载越是详细而义法越是狭窄。现在详细的简略，实在的化虚，而孙奇逢所蕴含的意思可以从表面的文辞之外来探求，以后记录进家谱之中，到了史官手中，就千万不要用这个办法来替换了。只是你自己明白就行，不要因为其他人的说法而产生疑惑，就是孙奇逢所依赖的，对于我的文章也没有任何损害。如果还有别的要商讨的，就明确说出来。

书韩退之平淮西碑后

碑记、墓志之有铭，犹史有赞论，义法创自太史公，其指意辞事，必取之本文之外。班史以下，有括终始事迹以为赞论者，则于本文为复矣。此意惟韩子识之，故其铭辞未有义具于碑志者。或体制所宜，事有覆举，则必以补本文之间缺。如此篇兵谋战功详于序，而既平后情事，则以铭出之，其大指然也。前幅盖隐括序文，然序述比数世乱，而铭原乱之所生；序言官怠，而铭兼民困；序载战降之数，铭具出兵之数；序标洄曲、文城收功之由，而铭备时曲、陵云、邵陵、郾城、新城比胜之迹。

【译文】碑记、墓志有铭文，就像史书有论赞一样，这种义法创始于司马迁，他所指事含义都在本文之外选取。班固《汉书》之后，有对人物事迹进行概括作为论赞内容的，则对于史书本文来说是一种重复。这个现象只有韩愈认识到了，所以在他给别人写的志文中没有赋予志文更多的内容。有的是因为形制所限，不得不有所选择，则一定会将本文之间的遗漏补充起来。比如这一篇说军事谋略比序言要详尽，然而平定淮西之后的事情就在志文中表达，其大致的旨意就是这样。在志文正文之前对文章的素材加以裁剪组织，但是序言的叙述和乱世相并列，而碑铭内容探究乱世的原因；序言中说是由于官吏懈怠，而碑铭中说是人民困窘；序言中记载参加战斗的兵力、投降人数，碑铭中出具出兵的数字；序言中标注洄曲、文城两城被收复的原因，而铭文中具体记载了洄曲、陵云、邵陵、郾城、新城等地的胜败情况。

至于师道之刺，元衡之伤，兵顿于久屯，相度之后至，皆前序所未及也。欧阳公号为入韩子之奥窔，而以此类裁之，颇有不尽合者。介甫近之矣，而气象则过隘。

【译文】至于李师道被刺，武元衡被杀，军队困于长久屯驻而不进军。宰相裴度到后，都是序中所没有提及的内容。欧阳修被誉为能得到韩非子文章深奥微妙，而用这一类事件来看，还有一些不能全部契合的地方。王安石和他相近，但是气象方面比欧阳修就更加狭隘了。

夫秦、周以前，学者未尝言文，而文之义法无一不备焉。唐、宋以后，步趋绳尺，犹不能无过差。东乡艾氏乃谓文之法，至宋而始备，所谓“强不知以为知”者邪？

【译文】周秦之前，学者们都没有说到“文”，但是“文”的义法却五一没有完备的。唐宋以来，学者们严守尺度，不敢稍有逾越，就是这样也还不能避免差错。艾南英才说文法到了宋代才开始具备，是所谓的“明明不知道却还要装作知道”的吗？

书归震川文集后

昔吾友王昆绳目震川文为肤庸，而张彝叹则曰：“是直破八家之樊，而据司马氏之奥矣。”二君皆知言者，盖各有所见而特未尽也。震川之文，乡曲应酬者十六七，而又徇请者之意，袭常缀琐，虽欲大远于俗言，其道无由。其发于亲旧及人微而语无忌者，盖多近古之文。至事关天属，其尤善者，不俟修饰，而情辞并得，使览者恻然有隐，其气韵盖得之子长，故能取法于欧、曾，而少更其形貌耳。

【译文】以前我的朋友王源认为归有光的文章很肤浅，而张自超则说：“归有光的文章直接破除了唐宋八大家的藩篱，完全领会了司马迁的秘诀。”这二位都是善于深入观察才说话的，应该是各自见到实物的一个方面，才出现这样的差别。归有光的文章，乡曲之间的应酬之作占十分之六七，而又曲从请他写文章者的意思，经常因袭常用的套话，缀合琐屑的事件，虽然想远离流俗，但是却没有办法。那些发自于他的亲朋以及没有什么身份地位者的没有忌讳的话，很多都接近于古文。至于那些有关自己亲属的事情，是他尤其擅长的，可以不经过修饰加工，而情态辞藻并茂，使看的人产生同情，怜悯之感，其气韵都能盖得住司马迁了，所以能够在欧阳修、曾巩他们那里获得文章的义法，只是稍稍改变了一下外貌而已。

孔子于《艮》五爻辞，释之曰：“言有序。”《家人》之《象》，系之曰：“言有物。”凡文之愈久而传，未有越此者也。震川之文于所谓有序者，盖庶几矣，而有物者，则寡焉。又其辞号雅洁，仍有近俚而伤于繁者。盖于时文既竭其心力，故不能两而精与？抑所学专主于为文，故其文亦至是而止与？此自汉以前之书所以有驳有纯，而要非后世文士所能及也。

【译文】孔子在《艮》中显示五爻辞，就解释说："说话条理分明。"《家人》卦中的《象》，联系说："语言应有具体内容。"凡是文章历久而得以流传，没有超越以上说法的。归有光的文章中所谓"条理分明"的，也是相似的，而"具体内容"方面就很少了。又因为他的言辞虽号称典雅简洁，但仍然有接近于俚语的部分，因此实际上因为繁琐而有伤文体。是由于对于当下的科举应制文章既然已经殚精竭虑，所以不能两个方面都顾及到吗？还是因为他所学专攻作文，而他所作文章也就止于此了？这是从汉代以前的书之所以有驳杂有淳朴，而后来者是完全无法超越的地方。

刘大櫆

刘大櫆，清桐城人，字才甫，号海峰，副贡生。晚官黟县教谕，工古文，喜庄子，尤力追昌黎。尝游京师，以文谒方苞，苞大惊服，语人曰："吾文何足言！邑子刘生乃国士耳！"自是名大著，姚鼐实从之游，世遂有桐城派之目。有《海峰诗文集》。

【译文】刘大櫆是清代桐城人，字才甫，号海峰，是一名副贡生。晚年曾在黟县做教谕，擅长古文，喜好庄子，最推崇韩愈的文章。刘大櫆曾经游学京师，用自己写的文章来拜见方苞，方苞大惊表示佩服，对人说："我的文章算什么！刘大櫆才是真正的国家栋梁啊！"从此以后刘大櫆的名声鹊起，姚鼐实际上也是跟着他一起游学的，所以世间才有了"桐城学派"这个名目。刘大櫆著有《海峰诗文集》。

论文偶记六则（照原本略加归并）

行文之道，神为主，气辅之。曹子桓、苏子由论文，以气为主，是矣。然气随神转，神浑则气灏，神远则气逸，神伟则气高，神变则气奇，神深则气静。故神为气之主。至专以理为主者，则犹未尽其妙也。盖人不穷理读书，则出词鄙倍空疏；人无经济，则言虽累牍；不适于用。故义理、书卷、经济者，行文之实；若行文自另是一事。譬如大匠操斤，无土木材料，纵有成风尽垩手段，何处设施？然即土木材料，而不善设施者甚多，终不可为大匠。故文人者，大匠也；神气音节者，匠人之能事也。

【译文】行文的法则，以文章所显示的内在精神为主，由音节语气所显示的气势为辅。曹丕、苏辙讨论文章就是以气势为主，这就是了。但是气势是随着神韵而变化的，神韵浑厚气势就会广大，神韵深远气势飘逸，神韵伟大则气势高超，神韵变化则气势奇伟。所以神韵是气势的主导。至于专门以天理作为主导者，则还没有完全掌握其中的奥妙。人如果不为了究极天理，那么写出的文章浅陋粗疏。人如果没有治理国家的才能，那么就会连篇累牍，不适用。所以义理、书卷和经世治国的才能，都是行文的实在方面；如果行文是另外一回事。比如工匠拿着斧子，却没有土木材料，纵然是挥斧如风，技艺娴熟，又有什么用呢？然而即便有土木材料，而不善于布置规划，也最终不会成为好的工匠。文人也就是一种工匠；神韵音节，也就是这样的工匠的能作成之事了。

文章最要气盛，然无神以主之，则气无所附，荡乎不知其所归。神气者，文之最精处也；音节者，文之稍粗处也，字句者，文之最粗处也。然论文而至于字句，则文之能事尽矣。盖音节者，神气之迹也；字句者，音节之矩也。神气不可见，于音节见之；音节无可准，以字句准之。音节高则神气必高，音节下则神气必下，故音节为神气之迹。一句之中，或多一字，或少一字；一字之中，或用平声，或用仄声；同一平字仄字，或用阴平、阳平、上声、去声、入声，则音节迥异，故字句为音节之矩。积字成句，积句成章，积章成篇，合而读之，音节见矣，歌而咏之，神气出矣。近人论文，不知有所谓音节者；至语以字句，则必笑以为末事。此论似高实谬。作文若字句安顿不妙，岂复有文字乎？

【译文】文章最重要的就是气势要盛，但是没有神韵来主导，气势也就无处归附了，荡然不知道往哪里去了。神韵气势也是文章最为精深的地方；音韵则是文章中稍微粗疏的地方，字句是文章中最为粗疏的。然而从论文到字句，则文章才能都穷尽。音节是神韵气势的轨迹，字句则是音节的规矩。神韵气势看不见，可以在音节中见到；音韵无法作为标准，则以字句作为标准。音韵高则神韵气势高，音韵低则神韵气势肯定会敝下，所以音节是神韵气势的轨迹。一句话中，有的多一个字，有的少一个字；一个字有念平声的，有念仄声的；同一个平字仄字，有用阴平、阳平、上声、去声、入声，则音节迥然不同，所以字句就是音节的规矩。字积累成为句子，句子积累成为章，章积累成为篇。合起来读，就能见到音节了，可以用来吟诵。现在人的论文，不知道有所谓的音节；以至于以字句为语，则肯定会将这个论断作为微不足道的事。这个论断看起来似乎很高明但实际上却是错误的。作文如果字句都安排不周，那里还有文字呢？

凡行文字句短长抑扬高下，无一定之律，而有一定之妙。可以意会，不可以言传。学者求神气而得之音节，求音节而得之字句，思过半矣。其要只在读古人文字时，设以此身代古人说话，一吞一吐，皆由彼而不由我，烂熟后我之神气即古人之神气。古人之音节都在我喉吻间，合我喉吻者便是与古人神气音节相似处，自然铿锵发金石。

【译文】凡是行文字句长短抑扬高下，都没有一定的规则，但是有一定的高妙之处。只能意会却不能言传。学者在音节求得神韵气势，在字句中求得音节，已经考虑了一大半了。其要旨仅仅在于读古人文字的时候，将自己本身当做古人来说话，每一个字句都是由着古人而不由着自己，等待十分熟练的时候自己的神韵气势就是古人的神韵气势。古人的音节都在自己的喉舌之中，符合自己的音节就是和古人音节相似的地方，就自然会铿锵有力像是金石撞击发出的声响。

唐人之体较之汉人微露圭角，少浑噩之象，然陆离璀璨，犹似夏商彝鼎。宋人文虽佳而万怪惶惑处少矣。荆川云：唐之韩犹汉之班马，宋之欧曾二苏犹唐之韩，此自其同者言之耳。然气味有厚薄，力量有大小，时代使然，不可强也。然学者宜先求其同而后别其异，不宜伐其异而不知其同耳。

【译文】唐热的文体较之汉人稍微露出锋芒，但是缺少浑厚的气象，但是光怪陆离璀璨光明就像夏商时期的彝、鼎一样。宋人的文章虽然好但是怪异惶惑的地方少。唐顺之说：唐代的韩愈就是像是汉代的司马迁班固，宋代的欧阳修、曾巩、苏轼苏辙就像唐代的韩愈，者是就其相似的地方而言的。但是文气有厚有薄，力量有大有小，这是时代所造成的，不能勉强。但是学者应该先探究他们之间的相似之处然后才能辨别他们的不同，不应该鄙薄其不同之处但是不知道他们之间的相同之处。

文贵奇。所谓珍爱者必非常物。然有奇在字句者，有奇在意思者；有奇在笔者，有奇在邱壑者；有奇在气者，有奇在神者。字句之奇不足为奇，气奇则真奇矣。读古人文，于起灭转接之间，觉有不可测识处，便是奇气。

【译文】文章以奇丽为贵，所谓珍爱的肯定是非同寻常的事务。但是有字句奇丽的，有意思奇丽的；有笔触起奇丽的，有胸怀奇丽的；有气势奇丽的，有神韵奇丽的。字句的奇丽不足以称之为奇丽，气势的奇丽才是真的奇丽。读古人的文章，在起承转折之间，感觉有高深莫测之处，这就是奇丽的气韵。

文贵高。穷理则识高，立志则骨高，好古则调高。文贵大。道理博大，气脉洪大，邱壑远大。邱壑中必峰峦高大，波澜阔大，乃可谓之远大。文贵远。远必含蓄，或句上有句，或句下有句，或句中有句，或句外有句，说出者少，不说出者多，乃可谓远。

【译文】文章以高明为贵，穷尽道理见识高远，立志于文则风骨高雅，喜好古典则格调高明。文章以宏大为贵，道理博达，气势脉络宏大，心胸开阔，山丘高大，山丘高大中一定以峰峦最为高大，波澜壮阔，才可以称之为远大。文章以远大为贵，远大就会含蓄，有的句子之上还有句子，有的句子下边还有句子，有的句子之中还有句子，有的句子之外还有句子，说出来的少，不说出来的多，才能称之为高远。

文贵简。凡文笔老则简，意真则简，辞切则简，理当则简，味淡则简，气蕴则简，品贵则简，神远而含藏不尽则简，故简为文章尽境。文贵疏。凡文力大则疏。宋画密，元画疏；颜柳字密，钟王字疏；孟坚文密，子长文疏。凡文气疏则纵，密则拘；神疏则逸，密则劳；疏则生，密则死。文贵变。《易》曰：虎变文炳，豹变文蔚。又曰：物相杂，故曰文。故文者变之谓也。一集之中篇篇变，一篇之中段段变，一段之中句句变。神变、气变、境变、音变、节变、句变、字变，唯昌黎能之。

【译文】文章以简洁为贵，凡是文笔老练就会简洁，情真意切就会简洁，言辞贴切就会简洁，说理适当就会简洁，文味淡泊就会简洁，气势包蕴就会简洁，品格高贵就会简洁，神韵高远含而不漏就是简洁，所以简洁是文章的至高境界。文章贵在粗疏，凡是文章力大者就粗疏，宋代的画很细密，元代的画就粗疏；颜真卿、柳公权的字体绵密，钟繇、王羲之的字体粗疏；班固的文风绵密，司马迁的文风粗疏。凡是文气粗疏就会放纵，绵密就会拘泥；神韵粗疏就会飘逸，神韵绵密负担就重；粗疏就有生气，绵密就会失去生机。文章贵在变化，《易经》说：像老虎一样变化文章就会灿烂，像豹一样变化文章就会可观。又说：事物相互杂处，所以叫做文。文也就是所谓的变化。一个文集之中每篇都能有变化，每一篇之中每一段都有变化，每一段之中每一句都有变化。神韵变化、气势变化、意境变化、音节变化、句子变化、字词变化，只有韩愈能做到这一点。

文贵瘦。须从瘦出而不宜以瘦名，盖文至瘦则笔能屈曲尽意，而言无不达，然以瘦名则文必狭隘。公、谷、韩非、王半山之文，极高峻难识，学之有得，便当舍去。文贵华。华正与朴相表里。以其华美，故可贵重。所恶于华者，恐其近俗耳；所取于朴者，谓其不著粉饰耳。不著粉饰而精彩浓丽，自《左传》、《庄子》、《史记》而外，其妙不传。

【译文】文章贵在体瘦，必须做到形瘦而不因瘦为名，文章体瘦道极致能够委婉地表达意涵，而所言及都会通达，但是因体瘦则文章必会狭隘。《公羊传》、《谷梁传》、《韩非子》和王安石的文章，都极其高峻难以体认，学习了一段后就必须舍弃掉。文章贵在辞藻华丽。辞藻华丽和质朴互为表里。因为其华美，所以十分贵重。之所以厌恶华丽，是因为害怕太过华丽就会庸俗；而有所取于质朴的，是因为他不进行修饰润色。不修饰润色而能够做到精彩浓艳，只有《左传》、《庄子》、《史记》能做的到，其中的玄妙没能流传下来。

文贵参差。天之生物，无一无偶，而无一齐者，故虽排比之文，亦以随势屈曲贯注为佳。文贵去陈言。昌黎论文，以去陈言为第一要义。《樊宗师志铭》云：惟古于词必己出，降而不能乃剽贼。后皆指前公相袭，自汉迄今用一律。令人行文反以用古人成语，自谓有出处，自矜为典雅，不知其为袭也，剽贼也。文字是日新之物，若陈陈相因，安得不为腐臭？

【译文】文章贵在参差，天生的事物，没有一对的，也没有一样的，所以虽然排比作文，也要随着情势变化而采用委婉屈曲通达的最为可贵。帷帐贵在摈弃陈旧的言辞。韩愈论文，以摒弃陈旧言辞为第一要务。他在《樊宗师志铭》中说：只有古人在处理辞藻方面必定保证由自己来作出，以后的人都无法做到只好进行剽窃。后来者都指责其前辈们相互沿袭，自从汉以来都是一样的。今人行文时反而喜欢使用古语，还说是有出处，自己矜夸为经典、高雅，还不知道这就是蹈袭的剽窃行为。文字是每天都会更新的事物，如果陈陈相因，又怎么能够不变的腐臭不可闻呢？

原本古文意义，到行文时却须重加铸造一样言语，不可便直用古人，此谓去陈言。未尝不换字，却不是换字法。行文最贵品藻。无品藻不成文字，如曰浑、曰浩、曰雄、曰奇、曰顿挫、曰跌宕之类，不可胜数。然有神上事，有气上事，有体上事，有色上事，有声上事，有味上事，有识上事，有情上事，有才上事，有格上事，有境上事，须辨之甚明。文章品藻最贵者，曰雄曰逸。欧阳子逸而未雄，昌黎雄处多逸处少，太史公雄过昌黎，而逸处更多于雄处，所以为至。

【译文】原本古文的意义，到下笔行文时却重新加以锤炼成为另外一种言辞，这样就不能直接引用古人了，这就是所谓的摒弃陈旧的言辞。不是说不换字，却又不是换字的方法。行文最可贵的是品评鉴定。没有品评就成不了文字。比如浑厚、浩大、雄壮、神奇、抑扬顿挫、跌宕起伏之类的，无法数清。然而有关神韵、气势、文体、颜色、声韵、体味、见识、情态、才气、风格、意境之类都辨别清楚了。文章品评最高超的是雄奇、飘逸。欧阳修文章飘逸但不雄奇，韩愈文章雄奇之处多而飘逸之处上，司马迁文章雄奇超过韩愈，而其飘逸之处又比雄奇之处多，所以达到了至高的境界。

袁枚

袁枚，清钱塘人，字子才，号简斋。乾隆进士，改庶吉士，出知江浦沭阳江宁等县。年四十即告归，作随园于江宁小仓山下，以吟咏著述为乐。古文纵横跌宕，自成一格。诗尤有名，卒年八十二，有《随园集》。

【译文】袁枚是清代钱塘人，字子才，号简斋。他是乾隆年间进士，后来改为翰林院庶吉士，出朝做江浦、沭阳、江宁等地知县。年仅四十岁就告归乡里，在江宁小仓山下建“随园”，以吟诗作文为乐事。他的古文纵横跌宕，自成一格。他的诗尤其有名，死时八十二岁，著有《随园集》。

答友人论文第二书

客冬蒙寄古文七篇，读毕，思有所献替，匆匆少暇。入春来，归妹于扬州，筮日宾婿，劳不可支。比来稍闲，敢白所怀以诤足下。

【译文】客居的冬天承蒙你寄来七篇古文。看完之后，因为时光飞逝没有闲暇。今春以来，带妹妹一起回到扬州，选择黄道吉日成婚，劳累难以支撑。进来稍稍清闲下来，财敢于将所所想的告诉给您。

窃谓足下之为古文，是也；足下之论古文，非也。足下之言曰：“古文之途甚广，不得不贪多务博以求之。”此未为知古文也。夫古文者，途之至狭者也。唐以前无“古文”之名，自韩、柳诸公出，惧文之不古而“古文”始名。

【译文】我私下里认为你作的古文很不错，但是你所论的古文却有问题。你说过：“古文的路径很广大，不能够贪多追求博雅来寻求。”这是不知道古文。古文呢，其途径是很狭窄的。唐以前甚至没有“古文”这个称呼，自从韩愈、柳宗元之后，害怕文章不够古才有了“古文”的名称。

是古文者，别今文而言之也。划今之界不严，则学古之词不类。韩则曰：“非三代、两汉之书不观。”柳则曰：“惧其昧没而杂也”，“廉之欲其节”。二公者，当汉、晋之后，其百家诸子未甚放纷，犹且惧染于时。今百家回冗，又复作时艺，弋科名，如康昆仑弹琵琶，久染淫俗，非数十年不近乐器，不能得正声也。

【译文】因此对于古文，区别于今文来说，划分的界限不是很严格，学习古文辞藻没有具体的类别。韩愈说：“只有夏商周三代和两汉的数我才看。”柳宗元说：“害怕被流俗所感染而导致混杂”、“清廉是为了成全期气节”。这两位，在汉、晋之后，诸子百家还没有百花齐放的时候，仍然害怕被流俗所污染，现在诸子百家回复到繁冗的局面，还要重新学习它们，追求科举名利，就像唐代琵琶家康昆仑一样，非得几十年时间不接近乐器，不能得到音乐的正声。

深思而慎取之，犹虑勿暇；而乃狃于庞杂以自淆，过矣！盖尝论之，古书愈少，文愈古；后书愈多，文愈不古。商书浑浑尔，夏书噩噩尔。作《诗》者不知有《易》，作《易》者不知有《诗》。下此，《左》、《谷》以序事胜，屈、宋以词赋胜，庄、列以论辨胜，贾、董以对策胜。就一古文之中，犹不肯合数家为一家以累其朴茂之气、专精之神，此岂其才力有所不足，而岁月有所偏短哉？

【译文】经过深刻思考然后慎重选择，还害怕没有空闲，更何况那些拘泥于庞杂者的自我混淆呢，太过分了。我曾经进行过讨论，古书越少，文章越古；后来的书越多，文章越不古。商书浑浊纷乱，夏书严肃严正。作《诗》的人不知道有《易》的存在，作《易》的人不知道有《诗》的存在。往下，《左传》、《谷梁传》都以叙事胜出，屈原、宋玉以辞赋胜出，贾谊、董仲舒以对策胜出。就一篇古文之中，还不肯合并几家来扩大自己的朴素茂盛的神气、专精的神气。这难道是因为才力大不大，而岁月住家蹉跎所致的吗？

荀子曰：“不独则不诚，不诚则不形。”天下事，不徒文章然也。郑康成以《礼》解《诗》，故其说拘。元次山好子书，故其文碎。苏长公通禅理，故其文荡。之数公者，皆抱万夫之禀者也，偶有所杂，其弊立见；而况其下焉者乎？今将登骚坛，树旗帜，召海内方闻缀学之徒，而谈论角逐，以震耀乎口耳，此非烦称博引不可也。

【译文】荀子说：“不够独特就不够诚恳，不够诚恳即无法成型”，天下间的事，不只文章是这样的。郑玄用《礼》来解释《诗》，所以他的说法比较拘泥。唐代的元结喜好诸子的著作，所以他写出来的文章十分琐碎。苏轼精通禅宗义理，所以他的文章十分激荡。以上各位都是才气十分出众的，但是偶尔有些驳杂，文章中马上就会出现瑕疵了；跟个何况不如他们的人呢？而今那些即将登上文坛，树立自己大旗，召唤海内外刚听说不再学习者，反而竞相大谈，以震惊显耀别人口耳的人，就必须要进行一番繁琐的广征博引不行了。

邯郸淳之见东阿王，李锴之遇梁武帝是也。若夫传一篇之工，成一集之美，闭户覃思，不蹈袭前人一字，而卓然为行远计，此其道诚不在是矣。足下擅盐筴名，居淮南之四冲。四方之士，于于焉来请谒者，或经或史，或诗或文，或性理，或经济，或虫鱼笺注，或阴阳星历医卜，日呈其伎于左右。

【译文】邯郸淳见曹植，李锴之遇到梁武帝就是这样。如果一篇文章能够做到工巧，就能成就一部文集之美，关门沉思，不蹈袭前任一个字，而显现出卓越的气质，这是他的文道的确不在此处。足下你在记录食盐者的户口册籍方面很擅长，掌管淮南各地。四方的文士，都悠然自得地前来拜见你，有的谈论经史、有的谈论诗文，有的谈论治国安邦之术，有的为虫鱼等事物作笺注，有的从事医卜星相，每天都在你的面前摆弄他们的学问技艺。

足下不涉猎而遍览焉，几懵乎为酬应；而又以好贤之心，好胜之气，日习于诸往来者之咻染。不觉耳目心胸，常欲观五都而游武库。然藉此多闻多见，使人一谈论，一晋接，惊而诧于四方曰名士名士，则可也；竟从此以求古文之真，而拒专门者之谏，则不可也。

【译文】足下你不涉猎但是全部阅览过，几乎都是懵懵懂懂为了应酬而写作；而且喜好贤才的心态、好强好胜的志气，每天被那些和你交往的人所濡染，不知不觉之间，耳目胸臆常常都想游览五都、武库。然而借助这种办法能使人增长见闻，使人一经交谈、一经接触，就惊诧于四方名士，也是可以的。最终用这种办法来探求古文的真谛，而拒接那些专门提出意见的，就很不可行。

足下之答绵庄曰："散文多适用，骈体多无用，《文选》不足学。"此又误也。夫高文典册，用相如；飞书羽檄，用枚皋，文章家各适其用。若以经世而论，则纸上陈言，均为无用。古之文，不知所谓散与骈也。《尚书》曰："钦明文思安安"，此散也；而"宾于四门，纳于大麓"，非其骈焉者乎？《易》曰："潜龙勿用"，此散也；而"体仁足以长人，嘉会足以合礼"，其非骈焉者乎？

【译文】足下你回复绵庄的书信中说："散文有很多用处，但骈体文用处不大，所以《文选》根本不用学。"这又错了。高明的文章典策，可以像司马相如那样；书信之类，可以像枚皋那样。文章各有各适用的范围、用处。如果以治理世道来说，则纸上的陈旧言辞，都是没有用处的。古人的文章，并不知道分为散文、骈文。《尚书》说："严肃恭谨，明察是非，善于治理天下"，这是散文；而"舜在明堂四门迎接四方宾客，四方宾客都肃然起敬，担任守山林的官，在暴风雷雨的恶劣天气也不迷误"，难道不是骈体文吗？《易经》说："事物在发展之初，虽然势头较好，但比较弱小，所以应该小心谨慎，不可轻动"，这又是散文体；而"体仁足以长人，嘉会足以合体"，难道不是骈体文吗？

安得以其散者为有用，而骈者为无用也？足下云云，盖震于昌黎"起八代之衰"一语，而不知八代固未尝衰也。何也？文章之道，如夏、殷、周之立法，穷则变，变则通。西京浑古，至东京而渐漓。一二文人，不得不以奇数之穷，通偶数之变。

【译文】又怎么能认为散文有用而骈体文没有用呢？足下你所说的，是震慑于苏轼评价韩愈"文起八代之衰"这句话哦，但不知道八代的文体并没有衰落。这是为什么呢？文章之道，在夏、商、周三代确立的普遍的法则，使用穷尽了机会谋划变化，有了变化就会活跃。西汉文风浑厚古朴，到了东汉就逐渐浅薄起来。一两个文人，不得不使用一些奇异的办法，使文风变得通达。

及其靡曼已甚，豪杰代雄，则又不屑雷同，而必挽气运以中兴之。徐、庾、韩、柳，亦如禹、稷、颜子，易地则皆然者也。然韩、柳亦自知其难，故镂肝鉥（shù刺）肾，为奥博无涯涘；或一两字为句，或数十字为句，拗之，练之，错落之，以求合乎古。

【译文】等到文词靡丽清曼到极点，英雄豪杰，则又都没有雷同，而一定会挽救文章气韵而且得到兴盛。徐陵、庾信、韩愈、柳宗元，也像大禹、后稷、颜回，换了地方也会做出一样的举动。但是韩愈、柳宗元自己也知道其中的难处，所以苦心钻研，为了能够达到无边无际的效果，有的用一两个字成为句子，有的用十几个字作为句子，转换、锻炼、错落其中，为的是合乎古人的法度。

人但知其戛戛独造，而不知其功苦，其势危也。误于不善学者，而一泻无余。盖其词骈，则征典隶事，势难不读书；其词散，则言之无物，亦足支持句读。吾尝谓韩、柳为文中五霸者，此也。然韩、柳琢句，时有六朝余习，皆宋人之所不屑为也。惟其不屑为，亦复不能为，而古文之道终焉。

【译文】人们只知道他们在艰难之中独自发奋创作，而不知道他们的功劳，这种情势就很危殆了。都是被不善于学习的人所误导，然后一泻千里没有剩余。遣词造句需要在典章制度之中征询，势必难以不读书；词句散漫，即便是言之无物，也足以支持句子、章句。我曾经将韩愈、柳宗元比作文章届的霸主，就是因为这个原因。然而韩愈、柳宗元雕饰词句，时不时还有六朝残留下来的习惯，都是宋人所不屑作的。因为他们的不屑，也就再也无法做到了，而古文的法度也就终结了。

且贤者之大患，在乎有意立功名；而文人之大患，在乎有心为关系。古之圣人，兵农礼乐，工虞水火，以至赞《周易》，修《春秋》，岂皆沾沾自喜哉？时至者为之耳！若欲冒天下难成之功，必将为深源之北征、安石之新法；欲著古今不朽之书，必将召崔浩刊史之灾、熙宁伪学之禁。今天下文明，久已圣道昌而异端息矣。而于此有人焉，褒衣大袑，犹以孟轲、韩愈自居，世之人有不怪而嗤之者乎？

【译文】而且贤明大臣的大的忧患在于刻意追求建功立业；而文人最大的忧患在于有心作出能够有助于治理天下的文章。古代的圣人，无论在兵农礼乐、工虞水火各方面乃至赞美《周易》、编修《春秋》，难道都会沾沾自喜吗？只不过是因为时机成熟而已！如果敢于冒天下之大不韪做那些难以成功之事，就一定会和殷浩北伐、王安石变法一样；想要著述万古不朽的文章，就必定会招致崔浩刊刻史书一样的灾难、熙宁伪学也会遭到禁止。现在天下文章之道昌明，圣人的道德昌盛很久而异端邪说停息也很久了。而现在还有人，穿着宽大衣服，还以孟子、韩愈自居，世人还会有不责怪而嗤之以鼻的吗？

夫物相杂谓之文。布帛菽粟，文也；珠玉锦绣，亦文也；其他浓云震雷、奇木怪石，皆文也。足下必以适用为贵，将使天地之大、化工之巧，其专生布帛菽粟乎？抑能使有用之布帛菽粟，贵于无用之珠玉锦绣乎？人之一身，耳目有用，须眉无用。足下其能存耳目而去须眉乎？是亦不达于理矣。

【译文】事物相互杂处叫做“文”。布帛粮食是“文”，珠玉锦绣也是“文”；其他如浓云雷电、奇木怪石都是“文”。足下你必定会因为适用而尊贵，将会使天地之大化成万物的工巧，难道只是专门化生出布帛粮食吗？抑或使有用处的布帛粮食，比没有用处的珠玉锦绣还要贵重吗？人的身上，耳朵、眼睛自有其用处，胡须、眉毛没有用。足下能够存留耳朵眼睛而拔掉胡须眉毛吗？这也是说不通的。

韩退之晚列朝参，朝廷有大著作，多出其手。如《淮西碑》、《顺宗实录》等书，以为有绝大关系，故传之不衰。而何以柳州一老，穷兀困悴，仅形容一石之奇、一壑之幽，偶作《天说》诸篇，又多谲诡悖傲，而不与经合；然其名卒与韩峙，而韩且推之畏之者，何哉？文之佳恶，实不系乎有用与无用也。

【译文】韩愈晚年列位朝廷，朝廷中的重要著述，很多都出于他手。比如《淮西碑》、《顺宗实录》等书，认为和他有莫大的关系，所以流传不息。而为什么像柳宗元这样一位的老人，困窘憔悴，职能形容一块石头的奇巧，一条沟壑的幽深，偶然间作《天说》等篇章，又有很多奇怪而且有悖常理、孤傲之处，和经典不同；然而却能和韩愈齐名，而且韩愈对他推崇备至，这是为什么？文章的好坏，实在和有用没用没有什么必然关系。

即足下论文如射之有志，可谓识所取舍者矣。而何以每见足下于庄、屈之荒唐，则爱之而诵之；于程、朱之语录，则尊之而远之，岂足下之行与言违哉？盖以理论，则语录为精；以文论，则庄、屈为妙。足下所爱在文，而不在理，则持论虽正，有时而嗒然自忘。若夫比事之科条，薪米之杂记，其有用更百倍于古文矣。而足下不一肄业及之者，何也？

【译文】也就是足下论文张想射箭一样有目标，可以说是见识到一定要有所取舍。但是为什么每每看到足下对于庄子、屈原的荒唐，反而爱好非常而经常诵习；对于程颐程颢朱熹等人的语录，则尊崇但远离，岂不是足下的行为和言论相互违背吗？如果以道理论，则语录体十分精微；按照文章来说，则庄子、屈原最为精妙。足下的喜好在文而不在理，则持论虽然公正，但时而有沮丧的样子以至于忘记自己。比如按条上奏，薪米之资等杂记，岂不是比古文更为有用上百倍了。而足下不以一个完成学业者能够达到，这是为什么呢？

三代后，圣人不生，文之与道离也久矣。然文人学士，必有所挟持以占地步，故一则曰“明道”，再则曰“明道”，直是文章家习气如此。而推究作者之心，都是道其所道，未必果文王、周公、孔子之道也。夫道若大路然，亦非待文章而后明者也。仁义之人，其言蔼如，则又不求合而合者。若矜矜然认门面语为真谛，而时时作学究塾师之状，则持论必庸而下笔多滞，将终其身得人之得，而不自得其得矣。窃为足下忧之。

【译文】夏商周三代以后，没有圣人降世，则文和道的背离就很久了。然而文人学士，必定有所依靠才能站稳脚跟，所以一说就是“明道”，再说还是“明道”，不过是文章家的习惯如此而已。而推究作者的本意，都是说出他们想要说出的，未必就是周文王、周公、孔子所说的道。道就像大路一样，也不是非得著于文章之后才能明了的。有仁义的人，他们的言辞和蔼可亲，则即便是不刻意追求合于古人而最终也合于古人。如果骄矜地将门面文章当作是道的真谛所在，而时不时做出学究、私塾老师那样，则其所持议论肯定会平庸而且下笔会多有滞碍，终其一生也只能得到别人已经得到的，而不能得到自己想得的。我私下里为足下你担忧。

绵庄文多说经，绝不类《选》体；而以之勖足下者，彼见足下笔气近弱，不宜散文，故以六朝绵丽之体进，非得已也。足下不善用其短而拒之过坚，仆爱足下过于绵庄，安得不再为忠告！

【译文】绵庄的文章有很多是说经的，和《文学》绝不相似；而用它来激励足下你的，就足以见到下笔时的文笔气势衰弱，不适宜作散文，所以用六朝绵密华丽的骈体文体，也是不得已而为之。足下你不善于利用其短处而拒绝地过于坚决，和绵庄相比我喜好足下你的文章，又怎么能不再次对足下你说出我的忠告呢？

朱仕琇

朱仕琇，清建宁人，字斐瞻，号“梅崖”。乾隆进士，官夏津知县，改福宁教授，主讲鳌峰书院，卒。工古文，始学韩愈，后更博采秦汉以来诸家之长。自名一家，有《梅崖居士集》。

【译文】朱仕琇是清代建宁人，字斐瞻，号“梅崖”。他是乾隆年间进士，官至夏津知县，后来改授福宁教授，在鳌峰书院主讲，并卒于此处。他擅长古文，开始时学习韩愈，后来更加博采秦汉以来各家的长处，自成一家，著有《梅崖居士集》。

答王西庄书

熟复大集，穿穴经史，剖别精核，其记序铭志歌诗，法度不失，而风趣尤胜，正所谓有书有笔者，钦服何似。承询以仕琇所处，拘墟之见，岂敢上陈。要亦循古人所云，力体之，时忧其不足耳。古人所云多矣，体之无不验者，而大旨则韩子所谓无人之见者是也。一技之微，古人尝遗耳目爵赏非誉以求之，及其至也，皆与道通。故曰：百工之事，皆圣人之作也。伯牙学琴，成连栖之海上以移其情。以海上者，无人之处也，精神寂寞，百感皆息，而真者出焉，而琴以名，斯其为学之要耶！

【译文】熟读王鸣盛的文集，他的著作穿凿经史，剖析辨别精审完备，他的记、序、铭文、志文、歌、诗，都不失法度，而难能可贵的是十分风趣幽默，正所谓有书有笔的文士，产生怎样的钦佩之情。承蒙您询问我，我见识浅薄，怎么敢回答您的问题。只要还是因循古人所说过的话，身体力行，时时以自己存在的不足之处为忧。古人所说过的很多，体会起来没有不应验的。但是大的旨意就是韩愈所说的没有人理解的意思了。一技之长，古人曾经将耳目放在爵位赏赐等不名誉的东西上来追求，等到达一定的极致，就和道相通了。所以说：各种工艺只要达到最高境界，都可视为圣人之作。伯牙学琴于成连先生，三年不成，成连乃使他随自己到东海蓬莱山，他闻海水澎湃、群鸟悲号之声，心有所感，乃援琴而歌，从此技艺大进。因为海上是荒无人烟的地方，精神寂寞各种感官处于停滞状态，自然的本真就会迸发，因此伯牙最终弹琴成名。这就是治学最为紧要的地方。

若文者，古人所以自著也。扬子云曰："言，心声也。"苏子由曰："文者，气之所形。"太史公曰："读其书，未尝不想见其人。"孟子曰："颂其诗，读其书，不知其人可乎？"故韩子曰："君子慎其实。"柳子曰："文以行为本。"斯其为文之要耶？诚知二者之为要而力体之，其必有自知者矣。夫子曰："人不知而不愠。"斯又君子之所以自立也。古之垂教者，圣人不具论，其有言立于此，而后事自应，世世可称者。

【译文】像文章这样的东西，古人都是自己亲自著述的。扬雄说："言由心生"苏辙说："文章是气韵的凝结。"司马迁说："读了他的书，就很想见见这个人了。"孟子说："诵读他的诗，读他写的文章，不了解这个人难道可以吗？"所以韩愈说："君子对于事实都很谨慎。"柳宗元说："文章以品行为根本。"孔子说："别人不知道就不要怨恨他。"这又是君子之所以能够立足于天地之间的原因了。古代垂训教化的人，圣人没有明说，但是有这些话在这里，而后边的事情就自然响应，世世代代可以被称道。

若迟任、史佚、周任、臧文仲、子产、叔向之流是也；他若百家杂术，孙武之论兵，《灵素》之医经，皆非有所专主也，然百世莫能外焉。至眉山苏氏于仁庙时为兴作之言，神宗时则进休养之说，皆随时为之辞，而学者或以病其言之不纯信；他若刘歆、陈元、贾逵，古学见排；桓谭、郑兴，非识为罪；韩愈以讳辩，史册垂讥；欧阳修、韩琦持濮议，贻诮学者，是非之难定也如此。则所云切于时者，亦岂易言也哉。

【译文】像迟任、史佚、周任、臧文仲、子产、叔向之流的就是这样；其他的像诸子百家的杂术，孙武论兵书，《灵素》是医书，都不是有所专长的，然而百世都是这样。到苏轼于宋仁宗时在《策略》等文中提出许多振兴国势的改革措施，于宋神宗时却在《上神宗皇帝书》等文中主张罢除诸项新法而与民休养生息，这都是因时势不同而提出的不同建议，而学者竟认为这是前后矛盾。其他的比如汉代经学家刘歆、陈元、贾逵所从事的古文经学，受到今文经学派的排斥。东汉学者桓谭、郑兴被人以所谓识见乖忤，为其罪名。韩愈在《讳辨》一文中对避讳问题作了精确辨论，却受到讥讽。宋英宗为濮安懿王之子，仁宗朝，立为皇子。即位后，诏议崇奉濮王典礼，欧阳修等以为为人后者为之子，应称仁宗为皇考，濮王为皇伯，而帝及中书诸官则议称濮王为考，卒以考定议，受到后世学者责备。则所说的切合实际，也是很不容易得到。

仕琇蒙阁下意援接，故敢悉其愚。窃见近时人不说学，士多疏陋，故豪杰之士，率以博览自喜。夫经言精奥，史籍纷繁，加人自为之书，与世而增，虽有上智，岂能遍理。至传闻回互，文义点窜，先后相积，疑窦牛毛，但当存而不论，岂能穷其自出。古人于事讹误未有折衷者，但云当考，或云慎取，如是而已，其言诚有味也。夫子曰："我知之矣，如尔所不知何。"此圣人所以为万世法也。

【译文】我承蒙阁下接近的意思，所以才敢全盘说出心中所想。私下里看见现代的人不喜欢学习，很多士人孤陋寡闻，所以豪杰之士，都喜欢博览群书暗自欣喜。经书的言论精微深奥，史书纷乱驳杂，再加上自己所著，与世具增，虽有绝好的智力，又怎么能都看尽呢？至于传闻相互抵触，文义窜乱，前后所聚集起来的疑问像牛毛一样多，但应该存而不论，又怎么能穷尽他的出现呢。古人对于事情的讹误还没有折衷辨析，只说一句"应该考证"，或者说应该谨慎选择就完事了，这些话很有意思。孔子说："我知道的，也不过是一些你们不知道的。"这就是圣人为后世确立亘古不变的法则。

近世士多奋其私智，以诬古籍，凿空立说，日出新奇，征引繁富，足佐其谬。其弊始宋之一二名人自喜之过，后遂益甚。尝怪孔氏删《诗》、《书》，古有是言，自司马迁以来无异辞，而近世有云《诗》无删者；《风》、《雅》、《颂》之名，见于《周官》、《左氏》、卜商之传，而云《诗》有《南》无《风》；司马迁、韩愈、柳宗元、李翱皆称《左氏》文采，法其所为，而或以为衰世之文；汉初《春秋》学官专立《公羊》，董生以之名家，唐殷侑欲继何氏作注，韩子与书钦叹之，而或直诋为邪说；章怀太子《后汉书注》，自集一时属官所为，非苟作者，而或以为章怀少年读书不多，故多遗误；又因《嘉祐集》目无《辨奸论》，遂直指张文定《墓志》及东坡谢书、子由志文定之文，皆为伪作。其悍而自遂，无所顾藉如此，岂古人谨厚之义耶！

【译文】近世的文士多以其自己的智力来诬陷古籍，每天都出现新奇的说法，旁征博引，以满足于佐助他们谬误的观点。这种弊端开始于宋代一两个理学家的自己爱好。后代于是就更加严重了。我曾经认为孔子删定诗书这件事很奇怪，古代就有人怀疑这事了，但是司马迁在《史记·孔子世家》中对孔子删《诗》、《书》一事也有肯定性记载。而近世有说孔子没有删定；《风》、《雅》、《颂》的名称，见于《周官》、《左传》、卜商所作的传之中，而说《诗经》有《周南》、《召南》，但是没有"国风"；司马迁、韩愈、柳宗元、李翱都称赞《左传》的文采，效法《左传》的文风，但是有的人却认为《左传》是衰颓世道下的产物；汉初《春秋》的学官专门立《公羊传》为学官，董仲舒因此成为春秋学的名家，韩愈在《答殷侍御书》中，对殷侑欲继何休之后为《公羊传》作注，表示钦佩叹服。而有的人直接诋毁《公羊传》为伪书；唐章怀太子李贤注《后汉书》，集合当时的才俊属官，并不是真正的作者，但是有的人认为李贤年轻时读书不多，所以会产生很多遗漏；又有只顾凭借《嘉祐集》而不知道有《辨奸论》的，于是乎直接指责张方平的《墓志》、苏轼的《谢张太保撰先人墓碣书》以及苏辙曾为张安道写过多篇文字都是伪造。其之所以能够这样猖狂无所顾忌，难道是尊奉了古人谨慎宽厚的美德了吗？

扬子云曰："多闻则守之以约，多见则守之以卓。"寡闻则无约也，寡见则无卓也，孤陋固不足以尽道，然荀况载孔子论士之言曰："不务多知，务审其所知。"则所以主乎闻见者必有道矣。

【译文】杨雄说："见多识广就会用简约和卓越来守内。"孤陋寡闻就没有简约可言了，孤陋寡闻就无法卓越，固然也就不足以通达于道；额。然而荀子记载孔子议论士人的言论说："不一定要多增加识见，一定要对将要了解的对象进行审慎地了解。"那么之所以要力主闻见的人有一定的理论依据了。

古人治经，非专门名家教授者，皆取大义通，不为章句。若孟子、荀卿、李斯、贾生、司马迁、刘向、扬雄、班固是也。故迁称李斯知六艺之归，固谓向父子、扬雄为湛深经术，谓优于其义也。至于物名器械之详，则季汉通儒徐伟长之流亦知鄙之矣，学者幸不为君子所鄙，又安畏世俗之讥耶！

【译文】古人治经学，非但专门的名家教授，都取其中的大意，不对章句进行探索。像孟子、荀卿、李斯、贾生、司马迁、刘向、扬雄、班固都是这样。所以司马迁说李斯了解六经的旨归，班固说刘向歆父子、扬雄的经术精通，还说优于他们的义理。至于名物器械的详尽情况，则汉末通达的大儒徐幹之类的人也知道地很少了。学着侥幸不被君子所鄙视，有怎能畏惧世俗的讥讽呢？

至著文之道，第本其所得于古人者，调剂心气，诚一以出之，齐庄以持之，优游以深之，曲折以昌之，援引古昔以矜重之，使其言粲然各识其职而不乱，澹然各止其所而不过，则虽寻常问讯起居之辞，而人宝之如金玉，袭之如兰芷，听之如笙瑟，味之如牢醴，有不忍去者矣。何也？则以其心气之清和恻怛，感人于微，而人乐之，亦自得其志也。

【译文】珠玉作文之道，追根溯源可以从古人那里得到的，要用来调节心性神气，如果一旦发出就必须严肃而庄敬，悠闲地来加深它，委婉曲折地来发扬它，援引古今来慎重对待它，使得所说出来的话十分明晰各司其职而不混乱，恬淡地止于其无法通过的地方，则虽是寻超问候起居的话，也会使人如获至宝，像触碰到兰草一样，听上去像美妙的音乐，不忍心离去。是什么呢？应该就是心中的清幽淡然和忧伤的感觉，十分感人，也能完成自己的心愿。

故自贵者人贵之，自爱者人爱之，传曰：“芷兰生于空林，不以无人而不芳。”斯所为自著者也。后之作者，夸严自喜，动曰言思可法，或曰言必有用，故所为皆依仿缘饰，以动于世。二者岂非教之所崇，第以古人出之，皆流于内足之余，其言信也。后之人未必然也，而驰骛心气，以逐于外，色取声附，以事观听，中枵源醨，美先尽矣，又何以永学者之思慕乎。此仕琇有感于近世学与文之弊，妄献其愚，以求大人先生之折衷也。

【译文】所以自己尊重自己别人才会得到别人尊重，自爱的人别人才会爱他，《荀子·宥坐》说：“兰草生长在空旷的林间，不因为没有人观赏就不发出芬芳。”这就是自己著述的。后来的作者，喜欢自我夸耀，动辄就说言论思索可以效法，有的说言论一定要有用，所以所作都是在模仿、文饰，想用来震动世间。这两者难道不是推崇教化，按照顺序从古人那里来，最后都流落到作者有充足的内在修养之外了，这种说法很确切。后来的人就未必会这样了，反而奔走趋赴自己的心气，来追名逐利，动颜色来随声附和，用事情来察言观色，就像腹中空空却饮下薄酒，畅快很快就结束了。还有怎样能使得学者的思慕之情持续下去。这是我有感于近世学和文的弊端，妄自在此向您说出自己的愚见，恳请大人您能批评并且能够有所折衷辨析。

钱大昕

钱大昕，清嘉定人，字晓徵，号辛楣，又号竹汀。乾隆进士，累官少詹事，督学广东，历主钟山娄东紫阳书院，博通经史小学，为清代朴学大师，论文不喜方苞，卒年七十七，有《潜研堂诗文集》。

【译文】钱大昕是清代嘉定人，字晓徵，号辛楣，又号竹汀。他是乾隆年间进士，官至少詹事，监督广东教育，曾主持钟山娄东紫阳书院，他博通经史，是清代乾嘉朴学的大师，论文方面不喜好方苞，死时七十七岁，著有《潜研堂诗文集》。

与友人论文书

前晤我兄，极称近日古文家以桐城方氏为最。予常日课诵经史，于近时作者之文，无暇涉猎。因吾兄言，取方氏文读之，其波澜意度，颇有韩、欧阳、王之规橅，视近世冗蔓抭杂之作，固不可同日而语，惜乎未喻古文之义法尔。

【译文】前一段时间和您会晤，您极度称赞近来的顾古文家以桐城方苞最为高明。我日常以诵读经史为课业，对于近年来作者的文章，没有时间涉及。听了您的话，拿来方苞文章看过，其中意气澎湃，很有韩愈、欧阳修、王安石的规模，比较现在一些繁杂的作品，确实是没有办法与之相提并论的。但是可惜没有提出写作古文的准则

夫古文之体，奇正、浓淡、详略，本无定法，要其为文之旨有四：曰明道，曰经世，曰阐幽，曰正俗。有是四者，而后以法律约之，夫然后可以羽翼经史，而传之天下后世；至于亲戚故旧聚散存殁之感，一时有所寄托而宣之于文，使其姓名附见集中者，此其人事迹原无足传，故一切阙而不载。非本有可纪而略之，以为文之义法如此也。

【译文】古文的文体，变化与平允、浓烈与淡泊、详细与简略，本没有一定的规则，作文的主旨有四条：阐明王道、治理国家、发扬潜德、匡正风俗，有了这四条，然后再以一定的法度进行约束，就可以辅佐经史、流传于全天下、流传于后世了。至于老朋友聚散生死的感情，是一时之间产生的感情，写在文章之中，将姓名也记录其中，这些人的事迹本就没有必要流传下来，所以就缺而不录，并非原来有传记而故意省略的，我以为文章的义例法则就是这样。

方氏以世人诵欧公《王恭武》、《杜祁公》诸志，不若《黄梦升》、《张子野》诸志之熟，遂谓“功德之崇，不若情辞之动人心目。”前则使方氏援笔而为王、杜之志，亦将舍其勋业之大者而徒以应酬之空言予之乎？《六经》、《三史》之文，世人不能尽好，间有读之者，仅以供场屋饾饤之用，求通其大义者罕矣。至于传奇之演绎，优伶之俳诨，情辞动人心目，虽里巷小夫妇人，无不为之歌泣者，所谓“曲弥高则和弥寡”，读者之熟与不熟，非文之有优劣也。文有繁有简，繁者不可减之使少，犹之简者不可增之使多，《左氏》之繁，胜于《公》、《谷》之简，《史记》、《汉书》，互有繁简。谓“文未有繁而工者”，亦非通论也。

【译文】方苞认为世人诵读欧阳修的《王恭武》、《杜祁公》各篇，比不得《黄梦升》、《张子野》各篇熟悉，所以说“功德的崇高，比不上辞采情感动人”前者假如方苞操笔作王、杜的志，也会舍弃他们的功勋而只以应酬的空话来作吗？《六经》、《史记》、《汉书》、《后汉书》的文章，世人不一定认可。间或也有读者，仅仅是供科举考场之用，追求其中大义的人很少。至于唐代传奇，杂剧演员的插科打诨，滑稽逗趣，情感和言辞都十分打动人心，虽然是解街巷中的小民妇女，也没有不为之歌唱、哭泣的，这就是所谓的“曲高和寡”。读者熟悉还是不熟悉，并不是因为文章本身的优劣。文章有繁有简，繁琐的文章不能缩减，就像简洁的文章无法增加一样，《左传》虽然繁琐，但是仍然要优于《公羊传》、《谷梁传》的简洁，《史记》、《汉书》有繁有简。说“文章没有因为繁琐而工巧”的话，并不是通达而正确的议论。

章学诚

章学诚，清会稽人，字实斋，乾隆进士，以修县志有名，所著《文史通义》、《校雠通义》，今行于世。

【译文】章学诚是清代会稽人，字实斋，他是乾隆年间进士，因为修纂县志而出名，他所著《文史通义》、《校雠通义》，到现在还流行于世。

文史通义·文德

凡言义理，有前人疏而后人加密者，不可不致其思也。古人论文，惟论“文辞”而已矣。刘勰氏出，奉陆机氏说而昌论“文心”；苏辙氏出，本韩愈氏说而昌论“文气”，可谓愈推而愈精矣。未见有论“文德”者，学者所宜深省也。夫子尝言“有德必有言。”又言“修辞立其诚。”孟子尝论“知言养气，本乎集义”，韩子亦言“仁义之途，诗、书之源”，皆言德也。今云未见论文德者，以古人所言，皆兼本末，包内外，犹合道德文章而一之；未尝就文辞之中，言其有才、有学、有识，又有文之德也。凡为古文辞者，必敬以恕。临文必敬，非修德之谓也。论古必恕，非宽容之谓也。敬非修德之谓者，气摄而不纵，纵必不能中节也。恕非宽容之谓者，能为古人设身而处地也。嗟乎！知德者鲜，知临文之不可无敬恕，则知文德矣。

【译文】大凡论述儒家的经义道理，有前人粗疏而后人变得精密的地方，不可不多加注意。古人论述文章，只谈论文辞而已。自从刘勰出现，他依据陆机之说而首先提倡言“文心”，苏辙出现后，又依据韩愈之说而首先提倡“文气”，可说是越推求越精密了。但是未见有人论述“文德”，这是学者们所应该深思的。孔子曾说“有道德的人一定有好言辞”，又说“修饰言辞应出于诚挚的感情”；孟子曾经论述过“知言”、“养气”，认为都产生于道义的积累；韩愈也曾说过“仁义的道路”，“《诗》、《书》的源泉”，他们都谈到了道德。现在说没看见有人论述文德，是因为古人所说的，都兼括本末，包含内外，仍是把道德与文章合而为一；而从来没有人在文辞之中论述它有才，学、识，又有为文之德。凡是对待古代的文章，必须抱着“敬”和“恕”的态度。下笔行文必须待之以“敬”，并不是指品德修养；评论古人必须心怀“恕”道，并不是要宽容的意思。“敬”不是指品德修养，是指“气”被收束而不放纵，放纵则必定不能合乎礼义法度；“恕”不是说要宽容待人，是指能为古人设身处地地考虑。哎，懂得道德的人太少了！知道下笔行文不可没有“敬恕”，那就知道文德了。

昔者，陈寿《三国志》纪魏而传吴、蜀，习凿齿为《汉晋春秋》，正其统矣。司马<<通鉴》仍陈氏之说，朱子《纲目》又起而正之。“是非之心，人皆有人”。不应陈氏误于先，而司马再误于其后，而习氏与朱子之识力偏居于优也。而古今之讥《国志》与《通鉴》者，殆于肆口而骂詈，则不知起古人于九原。肯吾心服否邪！陈氏生于西晋，司马生于北宋，苟黜曹魏之禅让，将置君、父于何地？而习与朱子，则固江东南渡之人也，惟恐中原之争天统也。诸贤易地则皆然，未必识逊今之学究也。是则不知古人之世，不可妄论古人文辞也。知其世矣，不知古人之身处，亦不可以遽论其文也。身之所处，固有荣辱、隐显、屈伸、忧乐之不齐，而言之有所为而言者，虽有子不知夫子之所谓，况生千古以后乎？圣门之论恕也，“己所不欲，勿施于人。”其道大矣。今则第为文人论古，必先设身，以是为文德之恕而已尔。

【译文】从前，陈寿《三国志，对魏帝采用本纪而对吴、蜀二主则采用列传，习凿齿撰写《汉晋春秋》，则纠正了《三国志》以魏为正统的作法，司马光《资治通鉴》沿袭陈氏之说，朱子的《通鉴纲目》又起来纠正《通鉴》。“是非之心，人皆有之”，不应该陈氏已经错在前面，司马光在后又出此错，而认为习氏与朱子的见识特别高明。古今讥讽《三国志》与《通鉴》的人，简直是在肆意漫骂，却不知道如果让古人从坟墓中站起来，是否会心服我们呢？陈氏生于西晋，司马光生于北宋，如果贬黜曹魏的禅让，那将把晋、宋两朝皇帝受禅置于什么地位呢？习氏与朱子气则固然都因是江东南渡之人，唯恐中原之国要与他们争夺正统的地位（此说前人已有论述）。诸位贤者变换一下位子都会如此的，未必他们的学识就比今天那些迂腐的儒生差。这样说来不了解古人所处的时代，便不可妄自评论古人的文章。了解他们所处的时代，却不了解古人所处的境况，也不可以仓促评论他们的文章。古人所处的境况，固然有荣耀与屈辱、隐晦与显达、委屈与舒扬、优虑与欢乐的不同，而言辞是有所为而发的，即使是有子也不知道孔子说话所针对的是什么，何况千古之后的人呢！孔门论述的“恕”道“己所不欲，勿施与人”，它蕴含的道理真大呀。今天但说文人评论古人必须先为他们设身处地，只是把这当作文德之“恕”而已。

韩氏论文，迎而拒之，平心察之。喻气于水，言为浮物。柳氏之论文也，不敢轻心掉之，怠心易之，矜气作之，昏气出之。夫诸贤论心论气，未即孔、孟之旨，及乎天人性命之微也。然文繁而不可杀，语变而各有当。要其大旨，则“临文主敬”一言以蔽之矣。主敬则心平而气有所摄，自能变化从容以合度也。夫史有三长，才、学、识也。古文辞而不由史出，是饮食不本于稼穑也。夫识，生于心也；才，出于气也；学也者，凝心以养气，炼识而成其才者也。心虚难恃，气浮易弛，主敬者，随时检摄于心气之间，而谨防其一往不收之流弊也。夫缉熙敬止，圣人所以成始而成终也。其为义也广矣。今为临文检其心气，以是为文德之敬而已尔。

【译文】韩愈论述古文说：“迎面拒绝它，平心静气考察它”，把“气”比喻为水，把言辞比作漂浮的物体。柳宗元论述古文说“不敢以轻视之心摆弄它”，“以懈怠之心轻慢它”，“以骄矜之气对待它”，“以昏馈之气发表它”。诸位贤人论心论气，没有切中孔、孟的宗旨。涉及到精微的天人性命之学。但是，文辞虽然策复却不可减省，语言变化不同却各有所宜。总括它的大意，那么下笔行文时注重恭敬的态度，用这一句话便作了概括。注重恭敬则心中平静而气有所约束，自然能从容变化合乎法度。史家有三长，即史才、史学和史识。如果认为古代的文章不是从史学中产生，那就如同说饮食不是从庄稼中来的一样。见识从心里产生，才情从气中培育，学，就是集中心思来培养气，磨练见识来使其成才。心虚便难以依赖，气浮则容易松懈。注重恭敬，是为了随时在心气之间有一种检束，谨防心气一放而不可收的通病。心地光明而又恭谨，这就是圣人之所以能善始善终的原因，它的含义是非常深广的。现在认为下笔行文要约束作者的心气，只是把这当作文德之“敬”而已。

文史通义·文理

偶于良宇案间，见《史记》录本，取观之，乃用五色圈点，各为段落。反覆审之，不解所谓，询之良宇，哑然失笑，以谓已亦厌观之矣。其书云出前明归震川氏，五色标识，各为义例，不相混乱，若者为全篇结构，若者为逐段精彩，若者为意度波澜，若者为精神气魄，以例分类，便于拳服揣摩，号为古文秘传，前辈言古文者所为珍重授受而不轻以示人者也。又云：此如五祖传灯，灵素受箓，由此出者，乃是正宗，不由此出，纵有非常著作，释子所讥为野狐禅也。余幼学于是，及游京师，闻见稍广，乃知文章一道，初不由此，然意其中或有一二之得，故不遽弃，非珍之也。

【译文】我偶然在左良宇的书桌上见到一种《史记》的手抄本，取来一看，竟是用五色圈点的，各自分为段落。反复审察，也没明白它的意思。向良宇请教，他也不禁嘿嘿发笑，说自己对它也看厌烦了。此书说是出自明朝的归震川，用五色作标志，各为义例，互不混乱。哪种表示全篇结构，哪种表示逐段格彩，哪种表示意境风格与跌宕起伏，哪种表示精神气魄，按例分类，以便读者揣摩体会，诚恳信奉，号称为古文秘传。前辈讲古文的人，所请慎重传授，而不轻易拿给人看的就是这部书。又说："这就像禅宗五祖传法，道家灵素授予符篆，由他们这里传授出去的，就是正宗，不是从这里传授的，即使有非同凡响的著作，也要被佛门弟子讥讽为'野狐禅'。我幼时学习此书，到游学京师之后，见闻逐渐广博，才知道文章这门学问，并非从这儿人手。但猜想其中或许会有一两点可取之处，所以没有马上抛弃它，并不是我珍视它。"

余曰：文章一道，自元以前衰而且病，尚未亡也。明人初承宋、元之遗，粗存规矩，至嘉靖、隆庆之间，晦蒙否塞，而文几绝矣。归震川氏生于是时，力不能抗王、李之徒，而心知其非，故斥凤洲以为庸妄，谓其创为伪体秦、汉，至并官名、地名而改用古称，使人不辨作何许语，故直斥之曰文理不通，非妄言也。然归氏之文气体清矣，而按其中之所得，则亦不可强索。故余尝书识其后，以为先生所以砥柱中流者，特以文从字顺，不汩没于流俗，而于古人所谓闳中肆外，言以声其心之所得，则未之闻尔，然亦不得不称为彼时之豪杰矣。但归氏之于制艺，则犹汉之子长、唐之退之，百世不祧之大宗也，故近代时文家之言古文者，多宗归氏唐、宋八家之选，人几等于五经、四子所由来矣。惟归、唐之集，其论说文字皆以《史记》为宗，而其所以得力于《史记》者，乃颇怪其不类。盖《史记》体本苍质，而司马才大，故运之以轻灵。今归、唐之所谓疏宕顿挫，其中无物，遂不免于浮滑，而开后人以描摩浅陋之习。故疑归、唐诸子得力于《史记》者，特其皮毛，而于古人深际，未之有见。今观诸君所传五色订本，然后知归氏之所以不能至古人者，正坐此也。

【译文】我说：文章这门学问，自元代以前，已经开始衰败并且得了重病，但尚未消亡。明朝人开始时继承了宋、元遗留下来的传统还大致保存了一些规矩，到了嘉靖、隆庆之间，昏暗不明，闭塞不通，文章便几乎灭绝了。归震川生活在这个时候，力量上不能与王世贞、李攀龙之流抗衡而心中知道他们的错误，故斥责王世贞为平庸虚妄。说他们创作的是秦、汉伪体，以至于官名、地名都改用古代的名称，使人分不清他们在说些什么话，所以径直斥责他们文理不通，这并不是狂妄之言。但归氏的文章，风格清朗，而要考察他文中的心得，那也不可勉强寻求。所以我曾经在其文集之后写过一篇书跋，认为归先生之所以能成为中流砥柱，只因为他的文章文从字顺，没有淹没在流俗之中，但对于古人所说的蓄积宏富、用笔豪放，言辞是传达心灵的声音这方面的心得，则没有听说过。尽管如此也不得不称其为当时的豪杰。但是归氏对于八股文，就像汉代的司马迁，唐代的韩愈，都是百世不祧之祖所以近代时文家讲古文，多尊崇归氏。唐、宋八大家的文选，人们几乎把它与四书五经等同起来，确是有来由的。只不过归有光、唐顺之的文集，在讨论文章方而，都以《史记》为宗旨；而对它们所得力于《史记》的地方，竟又很奇怪它们与《史记》的不同大概是《史记》的风格本来就雄健质朴，而司马迁才力雄大，所以能轻灵地驾御它。现在归、唐二人所说的疏放顿挫，其中没有什么东西，于是不免流于浮滑，而开了后人描摹的浅陋习气。所以我疑心归、唐诸人得力于《史记》的地方，只是得到了《史记》的一些皮毛，而对于古人深层的东西，却没有看见。现在看到诸君所传的五色评点本，然后才明白归氏之所以追不上古人，正是由于这个缘故。

夫立言之要，在于有物。古人著为文章，皆本于中之所见，初非好为炳炳烺烺，如锦工绣女之矜夸采色已也。富贵公子，虽醉梦中不能作寒酸求乞语；疾痛患难之人，虽置之丝竹华宴之场，不能易其呻吟而作欢笑。此声之所以肖其心，而文之所以不能彼此相易，各自成家者也。今舍己之所求，而摩古人之形似，是杞梁之妻善哭其夫，而西家偕老之妇亦学其悲号；屈子自沉汨罗，而同心一德之朝，其臣亦宜作楚怨也，不亦慎乎！

【译文】著述立说的根本，在于言之有物。古人撰写文章，都是出自于自己内心的见解，原来不喜欢追求绚丽的文采，如同织锦的工匠、绣花的女工炫耀彩色一般。富贵公子，即使在醉梦中，也说不出寒酸乞求的话；疾病缠身、遭遇灾害的人，即使置身于歌舞宴会的场所中，也无法改变他的痛苦呻吟而发出欢声笑语。这就是声音之所以表达心灵，文章之所以不能彼此对换，而各自成家的道理。现在舍弃自己的追求而从外表的相像上来描事古人，这就像杞梁之妻善于为夫痛哭，而西边邻居白头偕老的妇人也来学她那样悲伤地号叫。屈原自沉于汨罗江，而在同心同德的朝代，他的臣子也应该发出《楚辞》那样的哀怨，不也太荒谬了吗？

至于文字，古人未尝不欲其工。孟子曰：“持其志无暴其气。”学问为立言之主，犹之志也；文章为明道之具，犹之气也。求自得于学问，固为文之根本；求无病于文章，亦为学之发挥。故宋儒尊道德而薄文辞，伊川先生谓“工文则害道”，明道先生谓“记诵为玩物丧志”，虽为忘本而逐末者言之，然推二先生之立意，则持其志者不必无暴其气，而出辞气之远于鄙倍，辞之欲求其达，孔、曾皆为不闻道矣。但文字之佳胜，正贵读者之自得，如饮食甘旨，衣服轻暖，衣且食者之领受，各自知之，而难以告人。如欲告人衣食之道，当指脍炙而令其自尝，可得旨甘；指狐貉而令其自被，可得轻暖，则有是道矣。必吐己之所尝而哺人以授之甘，搂人之身而置怀以授之暖，则无是理也。

【译文】至于文字，古人未尝不想追求它的工巧。孟子说：“要坚定自己的思想，不要滥用自己的意气感情。”学问是著书立说的根本，如同孟子所说的“志”；文章为阐明思想的工具，犹如孟子所说的“气”。对学问追求自己的心得，固然是作文章的根本；对文章讲求无病无疵，这也是治学的一种发挥。所以宋代的理学家尊崇道德而鄙视文辞，伊川先生认为追求文字工巧则会损害儒家之道，明道先生说博闻强记是在玩物丧志，虽然此话是针对舍本逐末者而说的，但推求二位先生的用意，那么“持其志”者不一定非得“无暴其气”，而曾子说讲话的时候多考虑言辞和声调，这样就可以远离粗野和错误；孔子说言辞要追求达意，孔子、曾子也都成了没有领会这一道理的人了。但是文字的精彩优美，正贵在读者自己的心得，如饮食的甘美，衣服的轻暖，穿衣、吃饭人的体验各自心里知道，却难以告诉别人。如果想要告诉他人衣食之法，应当指着脍鱼烤肉让他自己去品尝，便可以尝到美味；指着狐裘让他自己去穿，便可以感觉到它的轻便暖和，这种方法是有的。一定要把自己尝过的东西吐出来喂人以便给他甜味，把别人的身子拼进自己怀里以便给他温暖，这种道理是没有的。

韩退之曰：“记事者必提其要，纂言者必钩其玄。”其所谓钩玄提要之书，不特后世不可得而闻，虽当世籍、湜之徒，亦未闻其有所见果何物哉？盖亦不过寻章摘句以为撰文之资助耳。此等识见，古人当必有之。如左思十稔而赋三都，门庭藩溷，皆著纸笔，得即书之。今观其赋，并无奇思妙想，动心骇魄，当藉十年苦思力索而成，其所谓得即书者，亦必标书志义，先掇古人菁英，而后足以供驱遣尔。然观书有得，存乎其人，各不相涉也。

【译文】韩愈说“记事的著作一定要能抓住它的要点，汇纂言论的著作一定要探取其中的精微。”他所说的“钩玄提要’的书，不只后世人没有听到过，即使是当时的张籍、皇甫湜之流也没听说他们看见过这类书。究竟是什么样的东西呢？大概也不过是些寻章摘句之类的书，以便作为撰写文章的参考帮助罢了。这类标记摘抄的东西，古人是一定有的。如左思用十年写成《三都赋》，庭院厕所，都安放了纸笔，一有所得便书写下来。现在考察一下他的赋，并无什么奇思妙想，也不令人心动神摇，当是凭借着十年苦思努力搜索而成。他所说的一有心得便书写下来，也必定是指从前人的著作中寻求妙处作好标记，先摘取古人的精华，然后任凭作者驱使罢了。但是看书有无心得，在于各人本身，互不相关。

故古人论文，多言读书养气之功，博古通经之要，亲师近友之益，取材求助之方，则其道矣。至于论及文辞工拙，则举隅反三，称情比类，如陆机《文赋》、刘勰《文心雕龙》、钟嵘《诗品》，或偶举精字善句，或品评全篇得失，令观之者得意文中，会心言外，其于文辞，思过半矣。至于不得已而摘记为书，标识为类，是乃一时心之所会，未必出于其书之本。然比如怀人见月而思，月岂必主远怀？久客听雨而悲，雨岂必有愁况？然而月下之怀，雨中之感，岂非天地至文？而欲以此感此怀藏为秘密，或欲嘉惠后学，以谓凡对明月与听霖雨，必须用此悲感，方可领略，则适当良友乍逢及新昏宴尔之人，必不信矣。是以学文之事，可授受者规矩方圆，其不可授受者心营意造。至于纂类摘比之书，标识评点之册，本为文之末务，不可揭以告人，只可用以自志；父不得而与子，师不能以传弟，盖恐以古人无穷之书，而拘于一时有限之心手也。

【译文】所以古人谈论文章，大多说到读书养气的功夫，通晓古代谙熟经书的重要，与师友交往的益处。取材求助的方法，这耽是学作文章的方法。至于论及文辞的工巧与拙劣，则举一反三，根据文情依类排比，如陆机的《文赋》，刘勰的《文心雕龙》，钟嵘的《诗品》，有时偶尔举出精字嘉句，有时品评全篇得失，使读者从文中得悉作者的本意，同时又能会心言外，这类书对于文辞的认识大体上就比较正确了。至于不得已而摘抄为书，标志分类，这也是一时心中有所感悟，未必是由于这类书本来如此。比如想念亲友的人看见月亮而产生怀念之情，月亮难道一定关系着远方的怀念？久在他乡的客人听到雨声而产生悲伤之意，雨中难道一定含有愁苦的情形？然而月下的怀念，雨中的感触，难道不是天地间最美的文字吗？如果想把这种感触和情怀作为秘密珍藏起来，或想把它当作恩惠施予后来的学子，认为凡是遥对明月与耳听霖雨，必须以这种悲伤的情怀才可领略，那么正当好友突然相逢以及宴尔新婚之人，必定不会相信的。因此学习文章这种事情，可以传授和接受的是规矩法度，无法传授和接受的是作者的匠心独运。至于按类编纂、摘抄排比的书籍，圈圈点点的册子，本是学习文章的细枝末节，不可揭示出来告诉他人，只可自己用来帮助记忆，父亲不可把它传给儿子，老师不能把它传给弟子。这是害怕把古人无穷无尽的书籍，局限在某人一时有限的领会之中。

律诗当知平仄，古诗宜知音节，顾平仄显而易知，音节隐而难察，能熟于古诗，当自得之。执古诗而定人之音节，则音节变化，殊非一成之诗所能限也。赵伸符氏取古人诗为《声调谱》，通人讥之，余不能为赵氏解矣。然为不知音节之人言，未尝不可生其启悟，特不当举为天下之式法尔。时文当知法度，古文亦当知有法度。时文法度显而易言，古文法度隐而难喻，能熟于古文，当自得之。执古文而示人以法度，则文章变化非一成之文所能限也。

【译文】讲津诗应当知道平仄，讲古诗应该知道音节。但平仄显而易知，音节隐晦难察，如果能熟悉古诗，应当自然能从中体会到。根据古诗来向人规定音节，那么音节变化多端，完全不是几篇不变的古诗所能框限住的。赵仲符根据古人的诗歌撰成《声调谱》，学识渊博者讥讽他，我不能为赵氏作什么辩解。但是对不知道音节的人来说，未尝不可让他得到一些启发，只是不应该把它奉为天下的法式而已。讲八股文应当知道法度，古文也应当知道有法度。八股文的法度显而易言，古文的法度则隐晦难以说清，能熟悉古文，应当自然能从中体会到。用古文来向他人揭示法度，那么文章变化多端，不是几篇固定不变的范文所能框限得了的。

归震川氏取《史记》之文，五色标识，以示义法。今之通人如闻其事，必窃笑之，余不能为归氏解也。然为不知法度之人言，未尝不可资其领会，特不足据为传授之秘尔。据为传授之秘，则是郢人宝燕石矣。夫书之难以一端尽也，仁者见仁，智者见智。诗之音节，文之法度，君子以谓可不学而能。如啼笑之有收纵，歌哭之有抑扬，必欲揭以示人，人反拘而不得歌哭啼笑之至情矣。然使一己之见，不事穿凿过求，而偶然浏览，有会于心，笔而志之，以自省识，未尝不可资修辞之助也。乃因一己所见，而谓天下之人皆当范我之心手焉，后人或我从矣，起古人而问之，乃日余之所命，不在是矣，毋乃冤欤！

【译文】归震川根据《史记》的文字，进行五色圈点，以便揭示义例法度，今天的博学者如果听到此事，一定会私下取笑他，我也不能为归氏作什么辩解。但是对不知法度的人来说，未尝不可以帮助他深人领会，只是不值得把它作为传授的秘诀罢了。把它当作传授的秘诀，那就如同楚国人把燕地的石头当作宝石来珍藏一样。书籍是难以从一个方面穷尽的，仁者见仁，智者见智。诗歌的音节，文章的法度，君子认为可以不学就会，如同啼叫欢笑有收有放，歌吟哭泣有抑有扬，如果一定要揭示出来告诉别人，别人反会受到限制而不能得到歌哭啼笑的最真实的情感。但是如果个人的见识，不穿凿附会强为解人，而是偶然浏览，有心领神会之处。则用笔记下它，以便自己记忆，未尝不可作为修饰言辞的帮助。如果根据个人的所见，而认为天下之人，都应该限制在我的见识范围内，后人也有的要追随我，但把古人从九泉之下叫起来一问，竟回答说："我的立意，不在这里呀！"不是很冤枉吗？

文史通义·文集

集之兴也，其当文章升降之交乎？古者朝有典谟，官存法令，风诗采之闾里，敷奏登之庙堂，未有人自为书，家存一说者也。（刘向校书，叙录诸子百家，皆云出于古老某官某氏之掌，是古无私门著述之征也。余详外篇。）自治学分途，百家风起，周、秦诸子之学，不胜纷纷，识者已病道术之裂矣。

【译文】文集的兴起，大概正当文章盛衰变化之际吧。古时侯朝廷有《尚书》一类的经典，官府有法令制度，民歌采自民间闾巷，奏章上呈给皇帝，没有个人独自写书，人人自创一说的情况。（刘向校书，为诸子百家撰写提要，都指明是出于古代某官某氏主管，这是古代没有私家著述的一个证明。其余详见外篇。）自从政治与学术分道扬镳，诸子百家如风起云涌，周、秦诸子学说，不胜纷纷扰扰，有识之士对治道与学术分裂的情形已经有过不满。

然专门传家之业，未尝欲以文名，苟足显其业，而可以传授于其徒（诸子俱有学徒传授，《管》、《晏》二子书，多记其身后事，《庄子》亦记其将死之言，《韩非·存韩》之终以李斯驳议，皆非本人所撰。盖为其学者，各据闻见而附益之尔），则其说亦遂止于是，而未尝有参差庞杂之文也。两汉文章渐富，为著作之始衰。然贾生奏议，编入《新书》（即《贾子书》。唐《集贤书目》始有《新书》之名）；相如词赋，但记篇目（《艺文志》《司马相如赋》二十九篇，次《屈原赋》二十五篇之后，而叙录总云，诗赋一百六家，一千三百一十八篇。盖各为一家言，与《离骚》等）；皆成一家之言，与诸子未甚相远，初未尝有汇次诸体，裒焉而为文集者也。

【译文】但那些世代相传的专门学说，并未曾想用文章来扬名。如果足以表现他的学说而可以传授给他的弟子（诸子都有弟子传授，《管子》、《晏子》两部书多记载有他们身后的事情，《庄子》也记载了他临死的话，《韩非子·存韩篇》以李斯的驳议殿后，都不是本人所撰。大概是继承他们的学说的弟子，各自根据自己的见用而增添进去的），那么他的学说也只限于在弟子中流传，而未曾有那些参差抵牾、庞杂混乱的文章。两汉时期文章渐渐丰富起来，这正是著作开始衰落的时侯。然而贾谊的奏议，编人《新书》（即《贾子书》，唐代《集肾书目》上才开始有《新书》之名），司马相如的词赋，只记篇目（《汉书·艺丈志》载《司马相如赋》二十九篇，编排在《屈原斌》二十五篇之后，而《艺文志·诗赋略序》总称诗赋一百零六家，一千三百一十八篇，大概各自都被看作是一家之言，与《离骚》等同），都自成一家之言，与诸子相去不是太远，原本未曾有汇纂各种文体，聚在一起而编为文集的。

自东京以降，讫乎建安、黄初之间，文章繁矣。然范、陈二史（《文苑传》始于《后汉书》），所次文士诸传，识其文笔，皆云所著诗、赋、碑、箴、颂、诔若干篇，而不云文集若干卷，则文集之实已具，而文集之名犹未立也（《隋志》：“别集之名，《东京》所创。”盖未深考)。自挚虞创为《文章流别》,学者便之,于是别聚古人之作,标为别集。则文集之名,实仿于晋代(陈寿定《诸葛亮集》二十四篇,本云《诸葛亮故事》,其篇目载《三国志》,亦子书之体。而《晋书·陈寿传》云,定《诸葛集》,寿于目录标题,亦称《诸葛氏集》,盖俗误云)。

【译文】自从东汉之后,到建安、黄初之间,文章已经很繁盛了,但范晔、陈寿的两部史书(《文苑传》开始于《后汉书》),所编纂的那些文人列传,记载他们的文章,都说所著诗、赋、碑、箴、颂、诔若干篇,而不说文集若干卷,那么可说文集之实已经具备,而文集之名尚未确立(《隋书·经籍志》说:“列集之名,是东汉所创立的。”大概没有深入考察)。自从挚虞首创《文章流别集》这种形式,学者感到很方便,于是另外汇聚古人的作品,标为“别集”,那么文集的名称,实际上始于晋代(陈寿编定《诸葛亮集》二十四篇,本来名为《诸葛亮故事》,其篇目载于《三国志·蜀书·诸葛亮传》,也是子书的体例。而《晋书·陈寿传》则说定名为《诸葛集》,陈寿在目录标题上也称为《诸葛氏集》,大概是世俗误传)。

而后世应酬牵率之作,决科俳优之文,亦泛滥横裂,而争附别集之名,是诚刘《略》所不能收,班《志》所无可附;而所为之文,亦矜情饰貌,矛盾参差,非复专门名家之语无旁出也。夫治学分而诸子出,公私之交也;言行殊而文集兴,诚伪之判也。势屡变则屡卑,文愈繁则愈乱。苟有好学深思之士,因文以求立言之质,因散而求会同之归,则三变而古学可兴,惜乎循流者忘源,而溺名者丧实,二缶犹且以钟惑,况滔滔之靡有底极者!

【译文】而后世应酬草率的作品,科举策问、戏谑逗笑的文辞,也泛滥成灾而争相依附在文集的名称之下,这诚然是刘歆的《七略》所不能收,班固的《汉书·艺文志》所无可附加的。而他们所作的文章,也矜夸修饰、矫揉造作,参差矛盾,不再象有专门传授而能自成一家者的言辞那样没有旁门左道的东西。政治与学术分离便产生了诸子百家,这正当公私交替之际;言辞与行动不一致便出现了文集,这是真诚与虚假区分的标志。形势屡变则屡衰,文章越繁就越乱。如果有好学深思的人,根据文章来探求创立学说的目的,根据分离来寻求回归会合的途径,那么经历三次变革便可以复兴古学。可惜的是,沿水流而行者忘记了它的源头,沉溺于名分者丢掉了它的实质,对二缶与一钟的容量大小犹且感到疑惑,又何况面对那些滔滔不绝而漫无边际的问题呢。

昔者向、歆父子之条别,其《周官》之遗法乎?聚古今文字而别其家,合天下学术而守于官,非历代相传有定式,则西汉之末,无由直溯周、秦之源也(《艺文志》有录无书者，亦归其类，则刘向以前必有传授矣。且《七略》分家，亦未有确据，当是刘氏失其传）。班《志》而后，纷纷著录者，或合或离，不知宗要；其书既不尽传，则其部次之得失，叙录之善否，亦无从而悉考也。荀勖《中经》有四部，诗赋图赞，与汲冢之书归丁部。王俭《七志》，以诗赋为文翰志，而介于诸子军书之间，则集部之渐日开，而尚未居然列专目也。至阮孝绪撰《七录》，惟技术、佛、道分三类，而经典、纪传、子兵、文集之四录，已全为唐人经、史、子、集之权舆；是集部著录，实仿于萧梁，而古学源流，至此为一变，亦其时势为之也。呜呼！著作衰而有文集，典故穷而有类书。学者贪于简阅之易，而不知实学之衰；狃于易成之名，而不知大道之散。江河日下，豪杰之士，从狂澜既倒之后，而欲障百川于东流，其不为举世所非笑，而指目牵引为言词，何可得耶？

【译文】过去，刘向、刘歆父子对群书进行分类整理，大概是《周礼》遗传下来的方法吧！聚集起古今的文字来辨别它们的学术流派，会合天下的学术而由官府掌管，如果不是历代相传有固定的方式，那么在西汉末年，便无从直溯到周、秦的源头（《汉书·艺文志》中有目录而无书的也将它归了类。那么刘向以前一定是有传授的。但是《七略》对各家的分类也没有说明确凿的根据，当是从刘氏开始失传的）。班固《艺文志》之后，纷纷纭纭的目录著作，著录分类或合或离，不知宗旨。既然那些书没有全部流传下来，那么它们分类编排的得失，著录的完善与否，也无从详细考察了。荀勖《中经》有四部分类，诗赋、图赞与汲冢书归人丁部;王俭《七志》以诗赋为“文翰志”，介于诸子与兵书之间，那么可见集部的演变正在逐渐定型，但尚未明显标出专门的名称。到阮孝绪撰《七录》，对方技历法、佛教、道教等分为三类，而“经典”、“纪传”、“子兵”、“文集”等四录，则已经完全成了唐人经、史、子、集四部分类的开始，这样看来集部的著录实际上开始于萧梁时代，而古代学术的源流，至此出现一次巨变，这也是那个时代的形势所造成的。唉！著作衰落因而有了文集，典故陷入了窘境便有了类书。学者贪图于检阅的便利，却不知实学的衰退，习惯于容易成就的虚名，而不知儒家大道的衰落。江河日下，豪杰之士，在狂澜既倒之后，要想阻挡滔滔东流的江河，他们不为举世所非难讥笑，不被众人指指点点而留下话柄，又怎么能够避免呢？

且名者，实之宾也；类者，例所起也。古人有专家之学，而后有专门之书；有专门之书，而后有专门之授受（郑樵盖尝云尔）。即类求书，因流溯源，部次之法明，虽三坟五典，可坐而致也。自校雠失传，而文集类书之学起，一编之中，先自不胜其庞杂；后之兴者，何从而窥古人之大体哉？夫《楚词》，屈原一家之书也，自《七录》初收于集部，《隋志》特表《楚词》类，因并总集别集为三类，遂为著录诸家之成法。充其义例，则相如之赋，苏、李之五言，枚乘之《七发》，亦当别标一目，而为赋类、五言类、《七发》类矣。

【译文】况且名称，是服从于内容的，类别，是依据体例而确定的。古人有独立门户、世代传习的学问，然后才有自成一家的著作;有自成一家的著作，然后才有专门的传授学习(郑樵曾经这样说过)。根据门类来探求书的内容，沿着水流来追溯源头，分类编排的方法明确了，即使是远古时代的三坟五典，也可以毫不费力地找到它自从校雠学失传而文集、类书兴起之后，一册之中，先已不胜庞杂。后世的人，又从哪里能窥见古人著述的重要义理呢?《楚词》，是屈原一家之书。自从《七录》开始收归集部，《隋书·经籍志》特地标明"楚词"类。因而与"总集"、"别集"并列为集部的三类，于是便成了诸家著录的固定法式。推衍它的义例，那么司马相如的赋，苏武、李陵的五言诗，枚乘的《七发》，也应当另外标明类目，称为赋类、五言类、七发类了。

总集别集之称，何足以配之?其源之滥，实始词赋不列专家，而文人有别集也。《文心雕龙》，刘勰专门之书也。自《集贤书目》收为总集(《隋志》已然)。《唐志》乃并《史通》、《文章龟鉴》、《史汉异义》为一类，遂为郑略、马《考》诸子之通规(《郑志》以《史通》入通史类，以《雕龙》入《文集》类。夫渔仲校雠，义例最精，犹舛误若此，则俗学之传习已久也)。

【译文】总集、别集的名称哪能完全与之相配呢?校雌学源头的泛滥无边，实际上是从词赋不列为专门的一家而文人各有别集开始的。《文心雕龙》，是刘勰自成一家的著作。自从《集贤书目》收人总集之后，(《隋书·经籍志》已经如此。)《新唐书·艺文志》便把它与《史通》、《文章龟鉴》、《史汉异义》合为一类，于是成了郑樵《通志。艺文略》、马端临《文献通考·经籍考》诸书著录的通则(郑樵《通志》把《史通》归入通史类。把《文心雕龙》归入文集类。渔仲对于校雠。义例最为精审，仍有这样的讹误。那么可见世俗目录学的传习已经很久了)。

充其义例，则魏文《典论》，葛洪《史钞》，张骘《文士传》(《典论·论文》如《雕龙》，《史钞》如《史汉异义》，《文士传》如《文章龟鉴》，类皆相似)，亦当混合而入总集矣，史部子部之目何得而分之?(《典论》，子类也;《史钞》、《文士传》，史类也)。其例之混实由文集难定专门，而似者可乱真也。著录既无源流，作者标题，遂无定法。郎蔚之《诸州图经集》，则史部地理而有集名矣(《隋志》所收);王方庆《宝章集》，则经部小学而有集名矣(《唐志》所收);玄觉《永嘉集》，则子部释家而有集名矣(《唐志》所收)。百家杂艺之末流，识既庸暗，文复鄙俚，或抄撮古人，或自明小数，本非集类，而纷纷称集者，何足胜道?(虽曾氏《隆平集》，亦从流俗，当改为传志，乃为相称)。然则三集既兴，九流必混，学术之迷，岂特黎丘有鬼，歧路亡羊而已耶?

【译文】推衍它的义例，那么魏文帝的《典论》，葛洪的《史钞》，张骘的《文士传》（《典论·论文篇》如《文心雕龙》，《史钞》如《史汉异义》，《文士传》如《文章龟鉴》，类别都很相似。）也应当混合起来归人总集了。史部、子部的类别怎么能够区分开呢？（《典论》，属于子类；《史妙》、《文士传》，属于史类）。著录义例的混乱，实在是由于文集难以确定为专门的一类，而貌似者又可以乱真造成的。著录既然没有源流可寻，作者标立书名，便没有固定的方法。郎蔚之的《诸州图经集》，本属于史部地理类著作而用了文集之名（为《隋书·经籍志》所收）；王方庆的《宝章集》，则为经部小学类著作而用了文集之名（为《新唐书·艺丈志》所收）；玄觉的《永嘉集》，则为子部释家书而用了文集之名（为《新唐书·艺文志》所收）。百家杂说及各种技艺的末流之辈，见识既平庸肤浅，文辞又鄙陋粗俗，或者是摘抄古人的东西，或者是说明自己的一个雕虫小技，本不属于集部却纷纷争着以“集”来命名的著作，哪里值得一一列举呢。（即使是曾氏的《隆平集》，也顺从世俗以“集”命名，应当改为传或志，才算相称）。但是集部的三类既已产生，各家学说必然混杂难辨，学术上的迷惑混乱，难道只是像黎丘有鬼、歧路亡羊那样简单吗？

文史通义·诗教上

周衰文弊，六艺道息，而诸子争鸣。盖至战国而文章之变尽，至战国而著述之事专，至战国而后世之文体备。故论文于战国，而升降盛衰之故可知也。战国之文，奇邪错出而裂于道，人知之；其源皆出于六艺，人不知也。后世之文，其体皆备于战国，人不知；其源多出于《诗》教，人愈不知也。知文体备于战国，而始可与论后世之文；知诸家本于六艺，而后可与论战国之文；知战国多出于《诗》教，而后可与论六艺之文；可与论六艺之文，而后可与离文而见道；可与离文而见道，而后可与奉道而折诸家之文也。

【译文】周代衰落，文化破败，六经的道止息不通，而诸子争鸣。大概到故国时文章的变化穷尽，到战国时著述的事专门化，到战国时后世的文体完备。因此，讨论战国时的文章，可以知道文章升降盛衰的原因。战国的文章，奇异不正的东西错杂出现，分裂了道，人们是知道的；它们的源头都出自六经，人们不知道。后世的文章，体裁都在战国完备，人们不知道；它们的源头大多出自《诗》教，人们更不知道了。知道文体在故国完备，才可以和他谈论后世的文章；知道诸子根源于六经，然后可以和他谈论战国的文章；知道战国文章大多出自《诗》教，然后可以和他谈论六经的文章；可以和他谈论六经的文章，然后可以和他分析文章而见到道；可以和他分析文章而见到道，然后可以和他尊奉道而评判诸子的文章。

战国之文，其源皆出于六艺，何谓也？曰：道体无所不该，六艺足以尽之。诸子之为书，其持之有故而言之成理者，必有得于道体之一端，而后乃能恣肆其说，以成一家之言也。所谓一端者，无非六艺之所该，故推之而皆得其所本，非谓诸子果能服六艺之教，而出辞必衷于是也。老子说本阴阳，庄、列寓言假象，《易》教也。邹衍侈言天地，关尹推衍五行，《书》教也。管、商法制，义存政典，《礼》教也。申、韩刑名，旨归赏罚，《春秋》教也。其他杨、墨、尹文之言，苏、张、孙、吴之术。拼其源委，挹其旨趣，九流之所分部，《七录》之所叙论，皆子物曲人官得其一致，而不自知为六典之遗也。

【译文】战国的文章，它们的源头都出自六经，是什么意思呢？解答是：道的本休没有什么不具备的，六经完全可以包括道的本体。诸子的著书，他们主张有根据、言论有道理的，必定是在道体的一个方面有所得，然后才能够放纵自己的学说，用来成为一家之言。所谓一个方面，没有不是六经所具备的，因此，推究它就都能求得它的根本，不是说诸子果真能信服六经的教化，出言辞必定与六经适合。老子学说根据阴阳说，庄子、列子寄托言论假借形象，是《易》教。邹衍夸张地谈天说地，关尹子推衍五行的说法，是《书》教。管仲、商鞅的法制，意思存留在治国典章里，是《礼》教。申不害、韩非的刑名说，意旨归向赏罚，是《春秋》教。其他杨朱、墨子、尹文的言论，苏秦、张仪、孙武、吴起的策略，辨别他们的源流，吸取他们的意旨，是九流所区分类别的，《七录》所排列评述的，他们对于六典所述自然界物的效用和人世官的才能，都有相同的趋向，却不自知是六典的遗留。

战国之文，既源于六艺，又谓多出于《诗》教，何谓也？曰：战国者，纵横之世也。纵横之学，本于古者行人之官。观春秋之辞命，列国大夫聘问诸侯，出使专对，盖欲文其言以达旨而已。至战国而抵掌揣摩，腾说以取富贵，其辞敷张而扬厉，变其本而加恢奇焉，不可谓非行人辞命之极也。孔子曰："诵《诗》三百，授之以政，不达；使于四方，不能专对，虽多奚为？"是则比兴之旨，讽谕之义，固行人之所肄也。纵横者流，推而衍之，是以能委折而人情，微婉而善讽也。九流之学，承官曲于六典，虽或原于《书》、《易》、《春秋》，其质多本于《礼》教，为其体之有所该也。及其出而用世，必兼纵横，所以文其质也。古之文质合于一，至战国而各具之。质当其用也，必兼纵横之辞以文之，周衰文弊之效也。故曰：战国者，纵横之世也。

【译文】战国的文章，既说源头出自六经，又说大多出自《诗》教，是什么意思呢？解答是：战国是纵横术的时代。纵横学说，源出古代行人之官。看春秋时期的应对言辞，各国大夫访问别的诸侯国，出使独立应对，大概要文饰自己的言辞来表达意思罢了。到战国时就有击掌揣摩的事情，驰聘说词来取得富贵，他们的说词铬张扬厉，改变原来的样子而更加奇特，不可以说不是行人应对言辞的极致。孔子说："诵读《诗》三百篇，授予政事，却不通晓；出使四方，却不能独立应对，即使读得再多，又有什么用呢？"那么，比兴的含意，讽谕的意义，本来就是行人所练习的。纵横家一类，推究而加以发展，所以能曲折回旋而打动人情，精微委婉而善于讽谕。九流的学说，继承了六典关于人世官和自然界物的叙述，虽然有的源出《尚书》、《易》、《春秋》，而它们的实质大多根据《礼》教，因为《礼》的本体有所包括。等到它们出来运用于世，必定要兼有纵横术，用来文饰它们的实质。古时文采和实质是统一的，到战国时却各自存在。实质当运用的时候，必定要兼有纵横家的文辞来文饰，这是周代衰落文化破败的结果。所以说：战国是纵横术的时代。

后世之文，其体皆备于战国，何谓也？曰：于、史衰而文集之体盛，著作衰而辞章之学兴。文集者，辞章不专家，而萃聚文墨，以为蛇龙之菹也（详见《丈集》篇）。后贤承而不废者，江河导而其势不容复遏也。经学不专家，而文集有经义；史学不专家，而文集有传记；立言不专家（即诸子书也），而文集有论辨。后世之文集，舍经义与传记、论辨之三体，其余莫非辞章之属也。而辞章实备于战国，承其流而代变其体制焉。学者不知，而溯挚虞所哀之《流别》（挚虞有《文章流别传》），甚且以萧梁《文选》举为辞章之祖也，其亦不知古今流别之义矣。

【译文】后世的文章，体裁都在战国完备，是什么意思呢？解答是：子书、史书衰落而文集的形式兴盛，学术著作衰落而文学兴起。文集这种形式，文学不是专门家，而汇聚起文章，作为龙蛇生活的大泽（详见《文集》）。后世贤能继承而不废止，就像江河畅通而那势头不容许再阻拦住。经学不是专门家，而文集里有说经之文；史学不是专门家，而文集里有传记；立言不是专门家（就是诸子书），而文集里有论辩文。后世的文集，去掉说经之文、传记和论拼文三种体裁，其余没有不是文学一类的。而文学实在是在战国时完备，后世接续那源流而世代改变它的形式。学者不知道这些，却上溯挚虞编集的《流别》（挚虞有《丈章流别传》），甚至把南朝梁时编的《文选》推举作文学之祖，他们只是不知道古今文章流派的意思。

今即《文选》诸体，以征战国之赅备。（挚虞《流别》，孔逭《文苑》，今俱不传，故据《文选》）京都诸赋，苏、张纵横六国，侈陈形势之遗也。《上林》、《羽猎》，安陵之从田，龙阳之同钓也。《客难》、《解嘲》，屈原之《渔父》、《卜居》，庄周之惠施问难也。韩非《储说》，比事征偶，连珠之所肇也（前人已有言及之者）。

【译文】现在就《文选》各种体裁，用来验证战国时文体的完备（挚虞《流别》，孔逭《文苑》，都没有流传下来，因此根据《文选》）。京都诸斌，是苏秦、张仪在六国间合纵连横、夸张地谈论地形的遗留。《上林赋》、《羽猎赋》，类似安陵君随行田猎，龙阳君陪同钓鱼。《答客难》、《解嘲》，类似屈原的《渔父》、《卜居》，庄周所写的惠施诘问。韩非的《储说》，排比故事，寻求对偶，是连珠休的开端（前人已经有说到这点）。

而或以为始于傅毅之徒（傅玄之言），非其质矣。孟子问齐王之大欲，历举轻暖、肥甘、声音、采色，七林之所启也，而或以为创之枚乘，忘其祖矣。邹阳辨谤于梁王，江淹陈辞于建平，苏秦之自解忠信而获罪也。《过秦》、《王命》、《六代》、《辨亡》诸论，抑扬往复，诗人讽谕之旨，孟、荀所以称述先王、儆时君也（屈原上称帝喾，中述汤、武，下道齐桓，亦是）。淮南宾客，梁苑辞人，原、尝、申、陵之盛举也。

【译文】有的人认为是从傅毅等人开始（傅玄的话），这就不符合实际了。孟子问齐王的大欲望，一一列举轻暖、肥甘、声音、采色，是七林的开始，而有的人认为是由枚乘创始，这就数典忘祖了。邹阳向梁王申辩所受的毁谤，江淹向建平王上书陈辞，类似苏秦的自我辩解忠信反而得罪。《过秦》、《王命》、《六代》、《辨亡》等论，抑扬往复，有《诗经》作者讽谕的意旨，而《诗经》是孟子、荀子用来述说先王功业、告诫当代君主的（屈原上称帝喾，中述商汤、周武，下过齐桓，也是这祥）。淮南王招致宾客，梁孝王聚集文人，类似平原君、孟尝君、春申君、信陵君的盛举。

东方、司马，侍从于西京，徐、陈、应、刘，征逐于邺下，谈天雕龙之奇观也。遇有升沉，时有得失，畸才汇于末世，利禄萃其性灵，廊庙山林。江湖魏阙，旷世而相感，不知悲喜之何从，文人情深于《诗》、《骚》，古今一也。

【译文】东方朔、司马相如，在西京侍从汉武帝，徐干、陈琳、应玚、刘桢，在邺城相聚游乐宴饮，类似邹衍、邹奭谈天雕龙的奇观。际遇有升有沉，时机有得有失，奇特的人才汇聚在没落的时代，利禄填满了人的心灵，朝廷和山林，江湖和魏阙，年代久远而引发感触，不知道悲伤或喜悦从哪里来。文人对《诗经》、《离骚》有深沉的情感，从古到今是一样的。

至战国而文章之变尽，至战国而后世之文体备，其言信而有征矣。至战国而著述之事专，何谓也？曰：古未尝有著述之事也，官师守其典章，史臣录其职载。文字之道，百官以之治，而万民以之察。而其用已备矣。是故圣王书同文以平天下，未有不用之于政教典章。而以文字为一人之著述者也（详见外篇《校雠略·著录先明大道论》）。道不行而师儒立其教，我夫子之所以功贤尧舜也。然而“予欲无言”，“无行不与”，六艺存周公之旧典，夫子未尝著述也。《论语》记夫子之微言，而曾子、子思，俱有述作以垂训，至孟子而其文然后闳肆焉，著述至战国而始专之明验也。（《论语》记曾子之没，吴起尝师曾子，则曾子没于战国初年，而《论语》成于战国之时明矣。）

【译文】到战国时文章的变化穷尽，到战国时后世的文体完备，这话真实而有验证了。到战国时著述的事专门化，是什么意思呢？解答是：古时未曾有著述的事，官师掌管自己的典章，史臣录写自己的职务记载。文字的规律，百官用它治理，百姓用它观察，它的用处已经完备了。因此圣王统一文字来平定天下，没有不是用在政教典章上，却用文字进行个人著述的（详见外篇《校禅略·著述先明大道论》）。道不能实行而儒家建立了教化，这是我们的孔夫子功绩胜过尧舜的原因。然而孔子说“我想不说话”，“我所作没有不和各位共同的”，六经保存了周公遗留的典章，孔夫子未曾著述。《论语》记录孔子的精微言论，而曾子、子思都有著作以流传教诲，到孟子，他的文章就恢宏恣肆了。这是著述到战国开始专门化的明显证据（《论语》记载曾子的去世，吴起曾经师从曾子。那么，曾子卒于战国初期，《论语》成书在战国时期此明显了）。

春秋之时，管子尝有书矣（《鬻子》、《晏子》，后人所托）；然载一时之典章政教，则犹周公之有《官礼》也。记管子之言行，则习管氏法者所缀缉，而非管仲所著述也（或谓管仲之书，不当称桓公之谥，阎氏若璩又谓后人所加，非《管子》之本文。皆不知古人并无私自著书之事，皆是后人缀辑，详《诸子》篇。）兵家之有《太公阴符》，医家之有《黄帝素问》，农家之《神农》、《野老》，先儒以谓后人伪撰，而依托乎古人。其言似是，而推究其旨，则亦有所未尽也。盖末数小技，造端皆始于圣人，苟无微言要旨之授受，则不能以利用千古也。三代盛时，各守人官物曲之世氏，是以相传以口耳，而孔、孟以前，未尝得见其书也。至战国而官守师传之道废，通其学者，述旧闻而著于竹帛焉。中或不能无得失，要其所自，不容遽昧也。

【译文】春秋时期，管子曾有著述（《鬻子》、《晏子》，是后人伪托）。但记载的是当时的典章制度、政治教化，就像周公有《周礼》，记载管子的言行，就是研习管子学说的人所编辑的，而不是管仲本人所著述的（有人说管仲的书不应当称呼齐桓公的谥号。阎若璩又说是后人增加的，不是《管子》的原文。都不知道古人并没有个人著书的事，他们的书如是后人所编辑的。详见《诸子》篇）兵家有《太公阴符》，医家有《黄帝素问》，农家有《神农》、《野老》，前代儒者认为是后人伪作而假托古人。这话似乎正确，而推究他们的意思，则也有没有说尽的地方。大概不重要的技艺方术，创立头绪都从圣人开始，如果没有精微言论重要意旨的传授和接收，就不能用它们数千年发挥效能。复商周三代兴盛的时候，官员各自守住有关人间官和自然界事物的世袭官职，所以知识用口耳相传，在孔子、孟子以前，未曾见到他们的书。到战国时，官师传授知识的办法废止，通晓那学说的人，记述过去所听到的而写成文字。其中也许不可能没有疏误，总括它的来源，不容许仓促弄迷乱。

以战国之人，而述黄、农之说，是以先儒辨之文辞，而断其伪托也；不知古初无著述，而战国始以竹帛代口耳（外史掌三皇五帝之书，及四方之志，与孔子所述六艺旧典，皆非著述一类，其说已见于前）。实非有所伪托也。然则著述始专于战国，盖亦出于势之不得不然矣。著述不能不衍为文辞，而文辞不能不生其好尚。后人无前人之不得已，而惟以好尚逐于文辞焉，然犹自命为著述。是以战国为文章之盛，而衰端亦已兆于战国也。

【译文】以战国时的人来记述黄帝、神农的言论，因此前代儒者辨别它们的文辞，判断它们是伪托的，不知道古代本来没有著述这回事，到战国才用文字代替了口耳相传（《周礼》外史掌管三皇五帝的书，及各国史书，与孔于所记述的六经旧典籍，都不是著述一类。这说法已见前面），实在不是有伪托的地方。那么著述在战国开始专门化，大概也是由于趋势不得不这样了。著述不能不发展为文辞，而文辞不能不产生对它的爱好。后人没有前人那样的不得已，却只是凭着爱好在文辞方面竞争，但是还自称是著述。所以战国是文章兴盛的时期，而衰落的开端也已经在战国有了预兆。

张惠言

张惠言，清武进人，字皋文，嘉庆进士。官编修，卒年四十二。惠言少好词赋，常拟司马相如、扬雄所作。及壮，为古文，则力追韩愈、欧阳修。其波澜义度，往往逼肖，与同邑恽敬齐名，尤深《易》、《礼》之学，词亦有名，有《茗柯诗文集》。

【译文】张惠言是清代武进人，字皋文，是嘉庆年间的进士，官至翰林院编修，死时四十二岁。张惠言年轻时喜好词赋，曾经模拟司马相如、扬雄的作品。等到年长，作古文，就尽力追求韩愈、欧阳修的文风。他的文章风格波澜壮阔，栩栩如生。张惠言和同乡恽敬齐名，更专精于《易》、《礼》等经学，他作的词也很有名，著有《茗柯诗文集》。

送钱鲁斯序

鲁斯长余二十四岁，以尝从先君子受经，故余幼而兄事之。鲁斯以工作书为诗名天下，交友遍海内。余年十六七岁，时方治科举业。间以其暇学鲁斯为书，书不工；又学鲁斯为诗，诗又不工。然鲁斯尝诲之。越十余年，余学为古辞赋。乾隆戊申，自歙州归，过鲁斯而示之。鲁斯大喜，顾而谓余："吾尝受古文法于桐城刘海峰先生，顾未暇以为，子傥为之乎？"余愧谢未能。已而余游京师，思鲁斯言，乃尽屏置曩时所习诗赋若书不为，而为古文，三年乃稍稍得之。而余留京师六年，归更太孺人之忧，复游浙中，转入歙。而鲁斯客湖南北，久乃归，参差不得见者十三年。

【译文】钱鲁斯比我年长二十四岁，因为曾经跟随我父亲学习经典，所以我自幼就以兄弟视之。鲁斯因为擅长书法名扬天下，海内朋友很多。我十六七岁那年，刚刚准备考科举，在学习的间歇偶尔向鲁斯学习书法，但是我的书法并不工整；又向他学习作诗，也不成。但是鲁斯经常教诲我。过了十几年，我又学古文词赋。乾隆五十三年，从安徽歙州回来，过访鲁斯将自己所写给他看。鲁斯大喜，对我说："我曾经在桐城刘大櫆先生那里学习作古文的方法，还没有来得及作文，你很有希望作成啊。”我很惭愧。后来我游学京师，思忖鲁斯所说的话，才能将往日所作诗赋等完全摒弃，专攻古文，三年之后才有一些眉目。而我留居京师已经有六年之久，回家居太夫人丧，再次游历浙江，转入安徽歙县，而那时鲁斯已经搬到湖北去了，很久之后才回来，我俩相互阻隔差不多有十三年没有见面。

今年夏，余自歙来杭州，留数月。一日方与客语，有䙰然而来者”，则鲁斯也。其言曰：“吾见子古文，与刘先生言合。今天下为文，莫子若者。子方役役于世，未能还乡里。吾幸多暇，念久不相见，故来与子论古文。”

【译文】今年夏天，我从歙县来到杭州，住了几个月，一天正和一位客人谈话，突然鲁斯就来了。他说：“我看见你写的古文，和刘先生说的十分契合。现在天下的文章没有比得上的。你现在还忙着经营生活，不能回到乡里。幸亏我还有些时间，想着很长时间没见了，所以特地来和你讨论讨论古文。”

鲁斯遂言曰：“吾曩于古人之书，见其法而已。今吾见拓于石者，则如见其未刻时；见其书也，则如见其未书时。夫意在笔先者，非作意而临笔也。笔之所以人，墨之所以出，魏晋唐宋诸家之所以得失，熟之于中而会之于心。当其执笔也，繇乎其若存，攸攸乎其若行，冥冥乎，成成乎，忽然遇之而不知所以然，故曰‘意’。意者，非法也，而未始离乎法。其养之也有源，其出之也有物，故法有尽而意无穷。吾于为诗，亦见其若是焉。岂惟诗与书，夫古文亦若是则已耳！”

【译文】鲁斯于是说：“我以前学习古人的书法，只见其方法。闲杂能够看见拓片，就能看见它还没有刊刻时候的样子；看见这些书法，就能看见它们还没有被写出来时的样子。意念在下笔之前就有了，并不是为了下笔才寻找灵感。笔依靠人来挥动，墨汁也要依靠人来挥洒。魏晋唐宋各家之所以能有所得，是因为他们现在心中熟悉然后才聚集恰里。当他们拿起笔时，优哉游哉在他们的意念之中，悠悠然在其中运转，昏昏沉沉之中，忽然就灵机一动但不知道为什么，这就是‘意境’。意境不是方法，但无法独立于方法存在。意境的养成也是有其渊源的，意境产生于事物，所以方法有穷尽的时候而意境无穷。我作诗也就像是这样。难道只有诗和书法是这样，古文应该也是这样的。”

呜呼！鲁斯之于古文，岂曰法而已哉！抑余之为文，何足以与此！虽然，其倦倦于余，不远千里而来，告之以道，若惟恐其终废焉者，呜呼，又可感也！于是留数日，将去，送之于西湖，书其言而志之，且以为别。

【译文】啊！鲁斯对于古文，难道之说了方法吗？我作的文章，又怎么能得到他这样的教导呢？即便如此，鲁斯对于我的恳切，不远千里来告诉我为文之道，是怕我最终荒废掉作文，呜呼，这是多么感人啊。于是鲁斯留住了几天，要走的时候，我送他到西湖，特意记下这件事情，作为告别。

恽 敬

恽敬，清阳湖人，字子居，乾隆举人，历知当阳江山二县，迁江西吴城同知，以事去官，为人负气，矜尚名节。目言所学非汉非宋，不主故常。治古文得力于韩非、李斯，与苏明允相上下，世称其文为阳湖派，有《大云山房文集》。

【译文】恽敬是清代阳湖人，字子居，是乾隆年间的举人，先后担任当阳、江山二县知县，后迁为江西吴县同知，因事离官。恽敬为人意气豪迈，十分重视自己的名声节操。他认为自己所学既非汉学也非宋学，不主张蹈袭前代。恽敬作古文学的是韩非、李斯，他的名气和苏明允不相上下。世人将他的文章归入阳湖派，他著有《大云山房文集》。

大云山房文稿二集序录

昔者班孟坚因刘子政父子《七略》为《艺文志》，序六艺为九种，圣人之经，永世尊尚焉。其诸子则别为十家，论可观者九家，以为虽有蔽短，合其要归，亦六经之支与流裔。至哉此言，论古之圭臬也。

【译文】以前班固在刘向歆父子《七略》基础上作《汉书·艺文志》，将六种技艺分为九种，圣人的经典，得到后世的尊重和崇尚。诸子方面则分为十家，其中议论可观的有九家，认为虽然有写弊病短处，大体上合于旨要，也是六经的支流以及演化的旁支。这个论点说的很完满，也是讨论经典的不刊之论。

敬尝通会其说，儒家体备于《礼》及《论语》《孝经》，墨家变而离其宗，道家、阴阳家支骈于《易》，法家、名家疏源于《春秋》，从横家、杂家、小说家适用于《诗》《书》，孟坚所谓“《诗》以正言”，“《书》以广听也”，惟《诗》之流复别为诗赋家，而乐寓焉。农家、兵家、术数家、方技家，圣人未尝专语之，然其体亦六艺之所孕也。是故六艺要其中，百家明其际会；六艺举其大，百家尽其条流。

【译文】我曾经融会贯通这种说法，儒家大体由于《礼》及《论语》《孝经》而完备，墨家进行了变化离开了他的鼻祖，道家、阴阳家派生于《易》，法家、名家起源于《春秋》，纵横家、杂家、小说家适用于《诗经》、《尚书》，班固所谓的"《诗经》是为了端正言辞。"、"《尚书》的作用是增广见闻。"只有《诗经》的流派重复流为诗赋家，而乐寓于其中了。农家、兵家、术数家、方技家，圣人没有用专门的言辞来归纳，但是他们的形态也是由六艺之中所孕育出来的。因此六艺在中央处于极其重要的位置，而诸子百家可以明白其风云际会；六艺举其荦荦大端，而诸子百家都是其中的支流。

其失者，孟坚已次第言之；而其得者，穷高极深，析事剖理，各有所属。故曰修六艺之文，观九家之言，可以通万方之略。后世百家微而文集行，文集敝而经义起，经义散而文集益漓。学者少壮至老，贫贱至贵，渐渍于圣贤之精微，阐明于儒先之疏证，而文集反日替者，何哉？盖附会六艺，屏绝百家，耳目之用不发，事物之赜不统，故性情之德不能用也。

【译文】其中的失误，班固已经逐次指出；而其中但凡是有所得的，能够穷尽深刻，剖析事件、情理，各有其所从属。所以说修习六经，看九家的言论，可以通达所有的方略。后世百家衰落所以文集才得以盛行，文集衰落之后经义继起，经义散失而文集再次泛滥。学者们不管是年少还是年老，贫贱还是富贵，都逐渐在圣贤的精微言辞中受到感化，在先儒的疏证之中阐明义理，而文集反而逐渐兴替，是为什么呢？大概是因为附会于六经，摒弃诸子百家，耳目的作用没有得到彰显，事物的深奥之处没有被统一，所以性情的德行也没有办法发挥作用。

敬观之前世，贾生自名家、从横家入，故其言浩汗而断制；晁错自法家、兵家入，故其言峭实；董仲舒、刘子政自儒家、道家、阴阳家入，故其言和而多端；韩退之自儒家、法家、名家入，故其言峻而能达；曾子固、苏子由自儒家、杂家入，故其言温而定；柳子厚、欧阳永叔自儒家、杂家、词赋家入，故其言详雅有度；杜牧之、苏明允自兵家、从横家入，故其言纵厉；苏子瞻自从横家、道家、小说家入，故其言逍遥而震动。至若黄初、甘露之间，子桓、子建，气体高朗，叔夜、嗣宗，情识精微，始以轻隽为适意，时俗为自然，风格相仍，渐成轨范，于是文集与百家判为二途。

【译文】恭敬地看其前世，贾谊是名家、纵横家，所以他的言论浩大而果断；晁错是法家、兵家，所以他的言论峭直；董仲舒、刘向是儒家、道家、阴阳家，所以其言辞和缓而头绪众多；韩愈是儒家、法家、名家，所以其言论温和安定；柳宗元、欧阳修是儒家、杂家、辞赋家，所以其言论详备典雅有法度；杜牧、苏洵是兵家、纵横家，所以其言辞纵横严厉；苏轼是纵横家、道家、小说家，所以其言论逍遥而有气势。在黄初、甘露之间，曹丕、曹植的文章，气韵高朗，嵇康、阮籍，情态见识精微，才开始以清新隽永作为文章合适的风格，当时崇尚自然，风格之间相沿袭，逐渐成为一定的规范模式，于是文集和诸子百家就俨然走上了两条路。

熙宁、宝庆之会，时师破坏经说，其失也凿；陋儒襞积经文，其失也肤；后进之士，窃圣人遗说，规而画之，睇而斫之，于是经义与文集并为一物。太白、乐天、梦得诸人，自曹魏发情；静修、幼清、正学诸人，自赵宋得理。递趋递下，卑冗日积。是故百家之敝，当折之以六艺；文集之衰，当起之以百家。其高下远近华质，是又在乎人之所性焉，不可强也已。敬一人之见，恐违大雅，惟天下好学深思之君子教正之。

【译文】熙宁、宝庆之际，当时的经师破坏经义，这种过失是很确凿的；陋儒堆砌经文，其过失也很大；后进的士人，窃取圣人遗留下来的义理，进行规划，按照自己的意愿进行删改，于是经义和文集成为一种事物。李白、白居易、刘禹锡等人，继承曹魏以来文思情理；刘因、吴澄、方孝孺等人，从宋代获取义理。时代逐渐往下，卑微冗杂之物日渐沉积。于是诸子百家的弊端，要用六经来进行评断；文集的衰落，继之而起的应该是诸子百家。其高下远近华丽质朴，又是由人的性情所决定的，不能够勉强。在此恭敬地将我一个人的见解陈述，恐怕和高雅相违背，希望天下好学深思的君子们都能进行指教来改正其中的谬误。

上曹俪笙侍郎书

俪笙先生阁下，前者敬在宁都上谒，先生过听彭临川之言，谆然以昔人之所以为古文者下问，侍坐之顷，未能达其心之所欲言。回县后，窃愿一陈其不敏。而下官之事上者，如古之奏记，如笺，如启，皆束于体制，涂饰巧伪，殊无足观。至前明之禀，几于胥隶之辞矣。古者自上宰相至于侪等相往复，皆曰书，其言疏通曲折，极其所至而后已，谨以达之左右，惟先生教正之。

【译文】偭笙先生阁下：从前在江西宁都县得以拜见您，先生去听过彭临川的话，谆谆然以从前作古文的人问您的文体向他请教，坐了一会，没有能够达到他的心声。回到县衙之后，私下里希望表达一下不满。而下级官员从事于上级，就像古代的奏记、信笺、启，都受到格式的制约，雕饰其诈巧虚伪，一点也不足观。到前明时期，几乎很接近胥吏的言辞了。古代从宰相到像我们一样的人相互往复，都叫做书，。其言辞疏朗通顺曲折，一定要陈述尽理才肯罢休，在这里恭谨地将自己的想法告知，希望先生能够教正。

古文，文中之一体耳，而其体至正，不可余，余则支；不可尽，尽则敝；不可为容，为容则体下。方望溪先生曰："古文虽小道，失其传者七百年。"望溪之言若是，是明之遵岩、震川，本朝之雪苑、勺庭、尧峰诸君子，世俗推为作者，一不得与乎望溪之所许矣。望溪谨厚，兼学有源本，岂妄为此论耶？

【译文】古文是文体中的一种，而其体裁十分纯正，不能有多余的词句，有多余的字句就支蔓了；不能说的国语详尽，话说得过于详尽就疲败了；不能过于修饰，过于修饰容貌就体格卑下了。方苞说："古文虽然是小道，却失去传统七百余年。"方苞这样说，则明代的王慎中、归有光，本朝的侯方域、魏禧、汪琬等人，世间推其为作古文者，都不在方苞推许之列。方苞为人严谨敦厚，难道会说这样的妄语吗？

盖遵岩、震川常有意为古文者也，有意为古文，而平生之才与学，不能沛然于所为之文之外，则将依附其体而为之；依附其体而为之，则为支、为敝、为体下，不招而至矣。是故遵岩之文赡，赡则用力必过，其失也，少支而多敝；震川之文谨，谨则置辞必近，其失也，少敝而多支；而为容之失，二家缓急不同，同出于体下，集中之得者十有六七，失者十而三四焉。此望溪之所以不满也。

【译文】王慎中、归有光有意作古文，有意做古文，则其生平的才思和学识，无法充分发挥在所作文章之外，则职能依附在文体中；依附在文体之中，就会产生枝蔓、弊病、体裁卑下，不用招引就会产生这些现象。因此王慎中的文章之所以丰富，是因为用力太过，这就是他的失误所在，缺少枝蔓就会产生很多弊病；归有光的文章严谨，严谨就要求设置言辞一定要贴切，这也是失误，失误在于少有弊病但是枝蔓太多；而修饰的失误两家的程度不同，同处于卑下的体裁，文集之中有心得的有十分之六七，失误的十分之三四。这就是方苞之所以不满的原因了。

李安溪先生曰："古文，韩公之后，惟介甫得其法。"是说也，视望溪之言，有加甚焉。敬当即安溪之意推之，盖雪苑、勺庭之失，毗于遵岩，而锐过之，其疾征于三苏氏；

尧峰之失，毗于震川，而弱过之，其疾征于欧阳文忠公。欧与苏二家所畜有余，故其疾难形；雪苑、勺庭、尧峰所畜不足，故其疾易见。噫，可谓难矣！然望溪之于古文，则又有未至者，是故旨近端而有时而歧，辞近醇而有时而窳。近日朱梅厓等于望溪有不足之辞，而梅厓所得，视望溪益庳隘。文人之见，日胜一日，其力则日逊焉，是亦可虞者也。

【译文】李光地说："古文在韩愈之后，只有王安石能得其法"这种说法，那方苞的话来看，就言之更过了。应该按照李光地的意思来推球，那么侯方域、魏禧文章的缺失近于王慎中，而其文章锋芒锐利又超过王，其病症的迹象见之于三苏；汪琬文章的缺失近于归有光，而其文章之弱又超过归，其病症的迹象见之于欧阳修。欧阳修和三苏两家都储蓄颇为丰富，所以这种弊病难以显现；而侯方域、魏禧、汪琬所积蓄的不足，就很容易显示出来。噫，真是很难啊！然而方苞对于古文的说法，还有没穷尽的次方，因此其意旨切近反而时时还有分歧，言辞接近醇厚但时不时还有羸弱。近来朱仕琇认为方苞在文辞上颇有不足之处，而朱仕琇所得，与方苞比显得更加低下狭窄。文人的见识，一天比一天强烈，则其气势一日日逊色，也是令人忧心的。

敬生于下里，以禄养趋走下吏，不获与世之大人君子相处，而得其源流之所以然。同州诸前达，多习校录，严考证，成专家，为赋咏者，或率意自恣。而大江南北，以文名天下者，几于昌狂无理，排溺一世之人，其势力至今未已。敬为之动者数矣。所幸少乐疏旷，未尝捉笔，求若辈所谓文之工者而浸渍之，其道不亲，其事不习，故心不为所陷，而渐有以知其非。

【译文】尊敬生民于下里，用俸禄来驱使小吏，是无法和世间大人君子相处的，而得到其源流之所出。和我一个州的诸位先辈，多研习校录，严于考证，成为这些学问的专家，而作诗赋的，有的率性放纵。在大江南北，因为文学而知名天下的，几乎都是猖狂无理，排斥他人的人，他们的势力现在还没有形成气候。恭敬而为之动心的有很多人，辛亏我年轻时疏懒慵旷没有提笔著述，求诸这些所谓作文工巧的进行渐染，则道没有被亲近，作文也没有熟练，所以心没有被陷进去，才能逐渐了解到其中的是非曲直。

后与同州张皋文、吴仲伦、桐城王悔生游，始知姚姬传之学出于刘海蜂，海峰之学出于方望溪；及求三人之文观之，未足以餍其心之所欲云者。由是由本朝推之于明，推之于宋、唐，推之于汉于秦，断断焉析其正变，区其长短，然后知望溪之所以不满者，盖自厚趋薄，自坚趋瑕，自大趋小，而其体之正，不特遵岩、震川以下未之有变，即海峰、姬传亦非破坏典型、沉酣淫诐者，不可谓传之尽失也。

【译文】后来和同州张惠言、吴德旋、王灼一起交往，才知道姚鼐的学问出自于刘大櫆，刘大櫆出自于方苞；等到拿来三人的文章看过之后，并未能满足我的内心欲望。于是从本朝开始向上追溯到明朝、推求到宋、唐，推求到汉、秦，不断进行争辩要辨析其中的"正""变"之道，区分其中的长短，然后才知道方苞之所以不满是因为秦、汉以来古文总的发展趋势是由浑厚趋向单薄，由坚韧趋向虚脆，由宏大趋向狭小。而其体裁的纯正，不论是李慎中还是归有光往下也没有发生变化，即就是刘大櫆、姚鼐也没有对其产生破坏的作用，沉迷于邪僻的，不能说传统都失去了。

若是，则所谓为支、为敝、为体下，皆其薄、其瑕、其小为之；如能尽其才与学以从事焉，则支者如山之立，敝者如水之去腐，体下者如负青天之高，于是积之而为厚焉，敛之而为坚焉，充之而为大焉，且不患其传之尽失也。然所谓才与学者何哉？曾子固曰："明必足以周万事之理，道必足以适天下之用，智必足以通难知之意，文必足以发难显之情。"如是而已。皋文最渊雅，中道而逝，仲伦才弱，悔生气败。敬蹉跎岁时，年及五十，无所成就必矣。天下之大，当必有具绝人之能，荒江老屋，求有以自信者，先生能留意焉，则斯事之幸也。

【译文】如果是这样的话，则所谓的旁支、疲惫、卑下的文体，都是那些浅薄、瑕疵、狭窄者作的；如果能竭尽其才学来从事著述，支蔓者就会像一座完整的山挺立在那里，疲败者就会像去腐后的水那样清澈，体格卑下者就会像背负青天那样躯体高大，于是积累起来就成为厚重，收敛起来就十分坚固，充盈起来就会庞大，而且不会因他失传殆尽而忧患。然而所谓的才和学又怎样呢？曾巩说："明智必将足以周全万事的情理，道必足以符合天下的效用，智必足以通达难以了解的意思，文必足以发挥难以显露的幽情。"如此而已。张惠言最渊博高雅，可惜在四十二岁时就去世了。吴仲伦才思柔弱，懊悔就产生了气馁。我一辈子蹉跎岁月，年纪已经块五十岁了，必定无法成就人任何事业了。天下这么大，一定有人有超绝人类的能力，荒江边的老屋，只有那些自信的人才会来求教，先生能留意这些事情，则是这些问题的幸运了。

阮 元

阮元，清仪徵人，字伯元，号芸台，乾隆进士，道光时官至体仁阁大学士，加太傅。所至提倡学术自任，卒谥文达。论文主文笔之说，谓如《昭明文选》所载，使得名为文。韩、柳以下所作，皆子史之流，所谓笔也，同时福州章钜著《退庵论文》，颇推阐其说，有《研经室集》。

【译文】阮元是清代仪徵人，字伯元，号芸台，是乾隆年间进士，道光时阮元官至体仁阁大学士，加太傅。他每到一处都提倡学术自由，死后谥号“文达”。阮元论说文章主张“文笔”之说，说就如同梁萧统《昭明文选》所记载的那样，才使得其成为“文”。韩愈、柳宗元以下所作文章，都是子、史之类，就是所谓的“笔”，和阮元同时的章钜著《退庵文集》，十分推崇阮元的说法，阮元还著有《研经室集》。

文言说

古人无笔砚纸墨之便，往往铸金刻石，始传久远。其著之简策者，亦有漆书刀削之劳，非如今人下笔千言，言事甚易也。许氏《说文》：“直言曰言，论难曰语。”《左传》曰：“言之无文，行之不远。”此何也？古人以简策传事者少，以口舌传事者多；以目治事者少，以口耳治事者多。故同为一言，转相告语，必有愆误。（《说文》：“言，从口从辛。辛，愆也。”）是必寡其词，协其音，以文其言，使人易于记诵，无能增改，且无方言俗语杂于其间，始能达意，始能行远。此孔子于《易》所以著《文言》之篇也。古人歌、诗、箴、铭、谚语，凡有韵之文，皆此道也。《尔雅·释训》，主于训蒙，“子子孙孙”以下，用韵者三十二条，亦此道也。

【译文】古人没有笔墨方面的便利，往往在金石上面刻字，才能将文字流传久远，在简牍文策之上著书立说，也要付出漆来涂写、削刻的劳动，不像现在的人那样容易。许慎的《说文解字》说："直截了当的说叫'言'，讨论辩难则叫'语'。"《左传》说："没有文采的文章无法流传久远。"这是为什么？古人用简册传播的事情少，用口耳相传的方式传播的多；亲眼见到的事情少，耳闻的事情多，所以同样一句话，辗转传播肯定会出现错误之处。(《说文解字》记载："言"字从口、从辛，"辛"就是脱误的意思。)因此一定会减少篇幅，统一声韵，使得文章显得有文采，让人容易记诵，而没有办法再进行增改，并且没有方言俗语夹杂其中，才能明白其中想要表达的意思，才能流传地久远。这就是孔子之所以在《易》中著录《文言》的缘故。古人的歌、诗、箴、铭、谚语等，凡是有韵律的文章，都遵从这个办法。《尔雅·释训》主旨在于对幼童进行启蒙，"子子孙孙"这条以下，用了三十二条韵，也是这个道理。

孔子于《乾》《坤》之言，自名曰"文"，此千古文章之祖也。为文章者，不务协音以成韵，修词以达远，使人易诵易记，而惟以单行之语，纵横恣肆，动辄千言万字，不知此乃古人所谓直言之言，论难之语，非言之有文者也，非孔子之所谓文也。《文言》数百字，几于句句用韵。孔子于此发明乾坤之蕴，诠释四德之名，几费修词之意，冀达意外之言。(《说文》曰："词，意内言外也。"盖词亦言也，非文也。《文言》曰："修辞立其诚。"《说文》曰："修，饰也。"词之饰者，乃得为文，不得以词即文也。)要使远近易诵，古今易传，公卿学士皆能记诵，以通天地万物，以警国家身心。

【译文】孔子在"乾"、"坤"卦中，自己说的所谓"文"，就是千百年来文章的始祖，写文章的人，不以协韵构成韵律为要务，修饰言辞来表达深意，士人易于记诵，而只以单独流传的语言，纵横肆意，动不动旧事千言万字，不知道这才是古人所谓的"直言"的"言"，议论辩难的话语，不是说那些有文采的，不是孔子所谓的"文"。《文言》只有区区几百字，几乎每句都用韵，孔子在这其中发挥了天地的深意，对四种德行进行了阐释，耗费修词的意旨，希望获得意外的话语(《说文解字》说："词"的意思是含义于内而言之于外，也就是说，词也是"言"而不是"文。《文言》说："修"就是修饰，修饰词语才成为文章，不能直接将言辞作为文章)。要让文章传播久远容易记诵，古往今来，容易传播，公卿学士都能够记诵，以达到通达天地万物的目的，警示国家治理及自身心性。

不但多用韵，抑且多用偶。即如"乐行忧违"，偶也；"长人合礼"，偶也；"和义干事"，偶也；"庸言庸行"，偶也；"闲邪善世"，偶也；"进德修业"，偶也；"知至知终"，偶也；"上位下位"，偶也；"同声同气"，偶也；"水湿火燥"，偶也；"云龙风虎"，偶也；"本天本地"，偶也；"无位无民"，偶也；"勿用在田"，偶也；"潜藏文明"，偶也；"道革位德"，偶也；"偕极天则"，偶也；"隐见行成"，偶也；"学聚问辩"，偶也；"宽居仁行”，偶也；“合德合明，合序合吉凶”，偶也；“先天后天”，偶也；“存亡得丧”，偶也；“馀庆馀殃”，偶也；“直内方外”，偶也；“通理居体”，偶也。凡偶，皆文也。于物两色相偶而交错之，乃得名曰文，文即象其形也。（《考工记》曰：“青与白谓之文，赤与黄谓之章。”《说文》曰：“文，错画也”，象交文。”）

【译文】不但多多使用韵律，而且还多用对偶，比如“乐行忧违”，是对偶；“长人合礼”，是对偶；“和义干事”，是对偶；“庸言庸行”，是对偶；“闲邪善世”，是对偶；“进德修业”，是对偶；“知至知终”，是对偶；“上位下位”，是对偶；“同声同气”，是对偶；“水湿火燥”，是对偶；“云龙风虎”，是对偶；“本天本地”，是对偶；“无位无民”，是对偶；“勿用在田”，是对偶；“潜藏文明”，是对偶；“道革位德”，是对偶；“偕极天则”，是对偶；“隐见行成”，是对偶；“学聚问辩”，是对偶；“宽居仁行”，是对偶；“合德合明，合序合吉凶”，是对偶；“先天后天”，是对偶；“存亡得丧”，是对偶；“馀庆馀殃”，是对偶；“直内方外”，是对偶；“通理居体”，是对偶。只要是对偶的，都是“文”，对于事物两类能够相对交错的才能叫“文”，“文”就是形象化的表现（《考工记》说：青和白叫做“文”，赤和黄叫做“章”。《说文解字》说：“文”交错刻画，就像交错的文字。）

然则千古之文，莫大于孔子之言《易》。孔子以用韵比偶之法，错综其言而自名曰“文”。何后人之必欲反孔子之道，而自命曰“文”，且尊之曰古也？

【译文】但是千百年来的文章，没有比空子的《易》更宏大的了。孔子用韵律和对偶的方法错综其言论并自称之为“文”，为什么后代的人一定要违背孔子的办法，自称为“文”，还要尊崇这种办法，说是复古呢？

文韵说

福问曰：《文心雕龙》云：今之常言，有文有笔。以为无韵者笔也，有韵者文也。据此，则梁时恒言有韵者乃可谓之文，而《昭明文选》所选之文，不押韵脚者甚多，何也？曰：梁时恒言所谓韵者，固指押脚韵，亦兼谓章句中之音韵，即古人所言之宫羽，今人所言之平仄也。福曰：唐人四六之平仄，似非所论于梁以前。曰：此不然，八代不押韵之文，其中奇偶相生，顿挫抑扬，咏叹声情，皆有合乎音韵宫羽者。《诗骚》而后，莫不皆然。

【译文】福问我说：《文心雕龙》说：现在的通行语，有“文”有“笔”，以为没有韵律的就是“笔”，有韵律的就是“文”，据此可知，萧梁时期的通行语中有韵律的可以称之为“文”，但是《昭明文选》中所选取的文章，不押韵的有很多，这是为什么呢？回答说：萧梁时期的通行语所谓的韵律，固然是指压脚韵，同时也指章句中的音韵，也就是古人所谓的“宫商角徵羽”五音，现在人所谓的平仄。福说：唐人四六文的平仄，似乎和梁以前的有所不同。回答说：不是这样的，八代没有押韵的文章之中有奇有偶共生，能够产生效果，咏叹表达感情，都有符合音韵中的五音的。《诗经》、《离骚》之后，都是这样。

而沈约矜为创获，故于《谢灵运传论》曰：夫五色相宣，八音协畅，由乎玄黄律吕，各适物宜，欲使宫羽相变，低昂舛节，若前有浮声，则后须切响，一简之内，音韵尽殊，两句之中，轻重悉异，妙达此旨，始可言文。又曰：自灵均以来，此秘未睹，至于高言妙句，音韵天成，皆暗与理合，匪由思至。

【译文】沈约自恃为自己所独创，所以在《谢灵运传论》中说：无塚颜色相互搭配，八种音符相互协调，取决于黄钟大吕的乐器，各得其所，想要让“宫”、“羽”的调子相混杂，就像前边有漂浮的声音一样，那么后边的都必须和其相互贴切，一篇文章之中，音韵都不一样，两句话中，轻重也都不同，只有深知这一点，才能说到文采，又说：自从谢灵运以来，这个诀窍没有被重视，以至于高神玄妙的语句、天籁般的音韵，都和“天理”暗中相合，并非只有思考就能达到。

又沈约《答陆厥书》云：韵与不韵，复有精粗，轮扁不能言之，老夫亦不尽辨此。休文此说，乃指各文章句之内有音韵宫羽而言，非谓句末之押脚韵也（即如雌霓连蜷，霓字必读仄声是也）。是以声韵流变而成四六，亦只论章句中之平仄，不复有押脚韵也。四六乃有韵文之极致，不得谓之为无韵之文也。昭明所选不押韵脚之文，本皆奇偶相生，有声音者，所谓韵也。休文所矜为创获者，谓汉魏之音韵，乃暗合于无心，休文之音韵，乃多出于意匠也。岂知汉魏以来之音韵，溯其本原，亦久出于经哉。

【译文】还有沈约的《答陆厥书》中说：押韵还是不押韵，也是有精细粗疏之分的，不能一概而论，我也没有办法详尽讨论这个问题。沈约这种说法，是指出文章句子中的“五音”而言，而不是句末的押韵（比如“雌霓连蜷”，霓字肯定是读仄声，就是这样）因此声韵经过流变之后就形成了四六体骈文，也只讨论章句中的平仄问题，不会再有句末押韵的情况了。四六体的骈文是韵文发展的一个极致，不能说那是没有韵律的文章。《昭明文选》所选的不押韵脚的文章，本来都是奇偶相生，有声韵、音律的，就是所谓的韵律。沈约自负的所谓独创，也是汉魏时期的音韵，也是无心之中的暗合，沈约的音韵，多是出自于独具的匠心。哪知汉魏以来的音韵，追本溯源，也是从《六经》就开始流传很久了。

孔子自名其言《易》者曰文，此千古文章之祖。《文言》固有韵矣，而亦有平仄声音焉。即如湿燥龙虎作睹上下八句，何等声音，无论龙虎二句不可颠倒，若改为虎龙燥湿睹作，即无声音矣。无论其德其明其序其吉凶四句不可错乱，若倒不知退于不知亡不知丧之后，即无声音矣。此岂圣人天成暗合，全不由于思至哉？由此推之，知自古圣贤属文时，亦皆有意匠矣。然则此法肇开于孔子，而文人沿之。

【译文】孔子自称《易》有文采，是千古以来文章的始祖，《文言》本来是有音韵的，也有平仄、音调。比如《周易·乾》中“湿燥龙虎作睹”上下八句，是何等的声韵，不管是“龙虎”两句不能颠倒，如果改成“虎龙燥湿睹作”，就不存在押韵了。无论“其德”、“其明”、“其序”、“其吉凶”这四句也不能颠倒错乱，如果放到“不知亡”、“不知丧”之后就不存在押韵了。这难道是圣人在冥冥之中的巧合，完全与巧思无关？由此推之，才知道自古圣贤作文时，也都是匠心独运，但是这个方法开始于孔子，后来人都沿用它。

休文谓：灵均以来，此秘未睹，正所谓文人相轻者矣。不特《文言》也，《文言》之后，以时代相次，则及于卜子夏之《诗·大序》。序曰：情发于声，声成文谓之音。又曰：主文而谲谏。又曰：长言之不足，则嗟叹之。郑康成曰：声谓宫商角徵羽也。声成文者，宫商上下相应。主文，主与乐之宫商相应。此子夏直指诗之声音而谓之文也，不指翰藻也。

【译文】沈约说：自从谢灵运以来，这个诀窍没有被重视，也就是文人相轻的道理。不但《文言》是这样，自从《文言》之后，历代相仍，以至于卜子夏的《诗·大序》，他在这个序中说：情感发于声韵，声韵形成文章，就叫做“音”。又说：文的任务在于巧妙进谏，又说：发表长篇大论无法达成，就采用嗟叹的办法。郑玄说：声韵就是“宫商角徵羽”五音，声韵形成文字，宫调商调前后呼应。以文为要，则与乐律的宫调、商调像呼应。这就是子夏直接指出的诗歌，也就是所谓的“文”，而并非指文章辞藻。

然则孔子《文言》之义益明矣。盖孔子《文言》、《系辞》，亦皆奇偶相生，有声音嗟叹以成文者也，声音即韵也。《诗·关雎》鸠洲逑押脚有韵，而女字不韵，得服侧押脚有韵，而哉字不韵，此正子夏所谓声成文之宫羽也。此岂诗人暗与韵合，匪由思至哉（王怀祖先生云：《三百篇》用韵，有字字相对极密，非后人所有者。如有瀰，有鷕，济盈，不濡轨，雉鸣，求其牡，风皇，梧桐，鸣矣，生矣，于彼，于彼，高冈，朝阳，菶菶，雍雍，萋萋，喈喈，无一字不相韵，此岂诗人天成暗合，全无意匠于其间哉？此即子夏所谓声成文之显然可见者）。

【译文】但是孔子的《文言》的含义十分明确。孔子的《文言》、《系辞》也是奇偶相生，有声韵乐律的嗟叹才成为文章，声音就是音韵。《诗经·关雎》篇“鸠”、“洲”、“逑”三字压脚韵，而“女”字不押韵，“得”、“服”、“侧”三字压脚韵，而“哉”字不押韵，这正是子夏所谓的声音形成文字的宫调、羽调，这难道是诗人不经意中和韵律相合，而非由巧思所致吗？（王念孙说：《诗经》三百篇使用韵律，有的字字相对十分绵密，并非后世所能做到的。比如“有瀰”，“有鷕”，“济盈”，“不濡轨”，“雉鸣”，“求其牡”，“凤凰”，“梧桐”，“鸣矣”，“生矣”，“于彼”，“于彼”，“高冈”，“朝阳”，“菶菶”，“雍雍”，“萋萋”，“喈喈”没有一个字不押韵的，这难道是诗人不经意间相合，一点也没有运用匠心在其中吗？这就是子夏所谓的声韵形成文的道理之中，明显可见）。

子夏此序，《文选》选之，亦因其中有抑扬咏叹之声音，且多偶句也（乡人邦国偶一，风教偶二，为志为诗偶三，手之足之偶四，治世乱世亡国偶五，天地鬼神偶六，孝敬人伦教化风俗偶七、八，化下刺上偶九，言之闻之偶十，礼义政教偶十一，国异家殊偶十二，伤人伦哀刑政偶十三，发乎情止乎礼义偶十四，谓之风谓之雅偶十五，系之周系之召偶十六，正始王化偶十七，哀窕窈思贤才偶十八，偶之长者，如周公召公一节，后世四书文即基于此。）

【译文】子夏这篇序言，《文选》选录了，也是因为其中的抑扬顿挫咏叹的声韵，而且多处使用对偶句（“乡人邦国”是第一处对偶，“风教”是第二处对偶，“为志为诗”是第三处对偶，“手之足之”是第四处对偶，“治世乱世亡国”是第五处对偶，“天地鬼神”是第六处对偶，“孝敬人伦教化风俗”是第七、第八处对偶，“化下刺上”是第九处对偶，“言之闻之”是第十处对偶，“礼义政教”是第十一处对偶，“国异家殊”是第十二处对偶，“伤人伦哀刑政”是第十三处对偶，“发乎情止乎礼义”是第十四处对偶，“谓之风谓之雅”是第十五处对偶，“系之周系之召”是第十六处对偶，“正始王化”是第十七处对偶，“哀窕窈思贤才”是第十八处对偶，对偶之中篇幅比较长的，比如“周公召公”一节，后世《四书》的文字就基于这个原理。）

综而论之，凡文者在声为宫商，在色为翰藻。即如孔子《文言》云龙风虎一节，乃千古宫商翰藻奇偶之祖，非一朝一夕之故一节，乃千古嗟叹成文之祖，子夏《诗序》情文声音一节，乃千古声韵性情排偶之祖。吾固曰韵者即声音也，声音即文也（韵字不见于《说文》，而王复斋《楚公钟》篆刻内实有韵字，从音从匀，许氏所未收之古文也）。然则今人所便单行之文，极其奥折奔放者，乃古之笔，非古之文也。沈约之说，或可横指为八代之衰体，孔子子夏之文体，岂亦衰乎？是故唐人四六之音韵，虽愚者能效之，上溯齐梁，中材已有所限，若汉魏以上至于孔卜，非上哲不能拟也。乙酉三月阅兵香山阳风，舟中笔以训福。

【译文】综合起来看，凡有文采的体现在声韵上为“宫”、“商”调，在形式上体现为辞藻，即像孔子《文言》中说：就是千古以来的“宫”、“商”调、辞藻奇偶的鼻祖，“非一朝一夕之故”这一节，就是千古以来用嗟叹的办法成文的。子夏的《诗序》中“情文声音”一节，是千古以来声韵感情对偶的开始，我固然说声韵就是声音，声音就是“文”（“韵”字没有在《说文解字》中记录，而王厚之《楚公钟》的篆书刻中确实有“韵”这个字，从音、从匀，是许慎的《说文解字》所没有收的文字）。但如今人所便利单行的文字，极尽其深奥曲折奔放的，就是古代的笔法，而不是古代的文法。沈约的说法，或者可以横加指斥为八代以来的衰颓之体，孔子、子夏的文体，难道是衰颓的文体吗？所以唐代人四六骈文的音韵，即便是愚笨之人也能仿效，而上溯到南朝齐、梁，智力、文才中等的人已经不多了，如果上溯到汉魏以上孔子、子夏以下，那么除非是有大贤、大智慧的人，没有办法做到。乙酉三月我在香山阅兵受到大风阻碍，在船中写下来以上这些内容来训导阮福。

李兆洛

李兆洛，清武进人，字申耆，嘉靖进士，官凤台知县，罢官后，主讲暨紫阳书院，工诗、古文，尤长舆地之学，所编《骈体文钞》，自秦讫隋，区为三类。治合骈、散二体，别裁至当。于萧《选》姚《纂》外，独立为一名。著有《李氏地理五种》、《种养一斋集》。

【译文】李兆洛是清代武进人，字申耆，是嘉靖年间进士，官至凤台知县，罢官之后，就在紫阳书院讲学，他擅长作诗、作古文，尤其擅长古代地理学，他所编的《骈体文钞》，将古今骈体文从秦到隋划分为三类。治学却综合骈体、散文两种体裁，区分、综合地十分恰当。在萧统《文选》、姚鼐《古文辞类纂》之外，《骈体文钞》独树一帜。李兆洛著有《李氏地理五种》、《种养一斋集》。

骈体文钞序

少读《文选》，颇知步趋齐、梁。后蒙恩入庶常，台阁之制，例用骈体，而不能致。因益搜辑古人遗篇，用资时习，区其巨细，分为三编。《序》而论之曰：天地之道，阴阳而已，奇偶也，方圆也，皆是也。阴阳相并俱生，故奇偶不能相离，方圆必相为用。道奇而物偶，气奇而形偶，神奇而识偶。

【译文】我年轻时读《文选》，也颇为知道模仿齐、梁文风。后蒙恩做了庶吉士，知道台阁体按例是要用骈体的，反而无法达到了。所以更加搜索辑佚古人留下来的篇章，用来辅助平日的学习，区分其中大小，分为三编。《序》中讨论说：天地之道，就是阴阳二气，奇偶，方圆等都是其表象。阴阳共生，所以奇偶相互之间不能脱离，方圆也必须和在一起使用。道齐而物偶，文气奇而文体偶，奇就会被认为很神妙，偶也会被认识。

孔子曰："道有变动，故曰爻；爻有等，故曰物；物相杂，故曰文。"又曰："分阴分阳，迭用柔刚。”故易六位而成章，相杂而迭用。文章之用，其尽于此乎！《六经》之文，班班具存。自秦迄隋，其体递变，而文无异名。自唐以来，始有古文之目，而目六朝之文为骈俪。而为其学者，亦自以为与古文殊路。既歧奇与偶为二，而于偶之中，又歧六朝与唐与宋为三。夫苟第较其字句，猎其影响而已，则岂徒二焉三焉而已，以为万有不同可也。

【译文】孔子说：“道有变动，故曰爻；爻有等，故曰物；物相杂，故曰文。”他又说：“分阴分阳，迭用柔刚。”所以说六个方位成为章法，相互混杂而被利用。文章的用处，难道就是这些吗？《六经》中的文，还赫赫具在。自从秦大隋，文体的变化，而文却没有改变叫法。自从唐以来，才开始有了“古文”的称呼，而后来人将六朝时期的文称作“骈俪”之文。学习古文者，也自以为和古文要走的路子不同。既然已经发生奇与偶分开为二者，而在“偶”中，又将六朝、唐、宋分为三个阶段，第一个阶段校勘文字章句，只不过获得其相应的影响而已，难道仅仅只有“二”和“三”而已，我认为应该有很多种不同才对。

夫气有厚薄，天为之也；学有纯驳，人为之也；体格有迁变，人与天参焉者也；义理无殊途，天与人合焉者也。得其厚薄纯杂之故，则于其体格之变，可以知世焉；于其义理之无殊，可以知文焉。文之体，至六代而其变尽矣。沿其流，极而溯之，以至乎其源，则其所出者一也。吾甚惜夫歧奇偶而二之者之毗于阴阳也。毗阳则躁剽，毗阴则沉膇，理所必至也，于相杂迭用之旨均无当也。

【译文】气有厚有薄，上天的安排；学问有纯粹有驳杂，是人所为；体格有迁转变化，是人和天交互作用的结果；义理没有第二条路，天人合一。就能得到文章厚薄纯杂，则对于体格的变化，就可以为世人所知了；对于义理没有歧义的，就可以了解文章了。文章的体格，到六朝时期还没有完全变化。沿着其演变的轨迹，反而追溯其上，就呢个到达它的源头，则其出发点都是以一样的。我十分可惜歧奇偶然辅助阴阳，辅助阳就轻捷强悍，辅助阴就滞重飞不起来，这就是道理达到一定的境界所形成的效果，对于那些驳杂迭用的意旨来说都是不恰当的。

上编著录若干首，皆庙堂之制、奏进之篇垂诸典章，播诸金石者也。夫拜飏殿陛，敷颂功德，同德封越，表里《诗》《书》，义必严以闳，气必厚以愉。然后纬以精微之思，奋以瑰烁之辞。故高而不槬，华而不缛，雄而不矜，逶迤而不靡。马、班已降，知者盖希。或猥琐补叙以为平通，或诘屈雕琢以为奇丽。朴即不文。华即无实。未有能振之者也。至于诏令奏章，固亦无取俪词，而古人为之，未尝不沉详整静，茂美渊懿，训词深厚，实见于斯。岂得以唐宋末流，浇訙浮庛，兼病其本哉？故亦略存大凡，使源流可知耳。

【译文】本书上编所著录若干篇章，都是记录朝廷庙堂制度、奏章进表之类能够流传下来的典章制度，借助金石文字流传下来的。那些在宫廷陛阶下拜、歌功颂德同心同德一起被封赏的等等记载，都是为了探究《诗经》、《尚书》，“义”一定要严肃而宏大，“气”就会宽厚愉悦。然后再参证以精妙的想法，用瑰丽光辉的文辞来激励众人。所以崇高而不宽大，华丽而不繁琐，雄健而不骄矜，飘逸而不淫靡。司马迁、班固以来，能够了解这些的人确实很少。有的繁琐猥杂地进行补叙还以为能做到平实通达，有的诘屈聱牙地进行雕琢还以为能做到奇异瑰丽。朴实就没有文采，华丽就没有实质。也没有能够重振文风的。至于那些诏令奏议，也完全没有必要采取骈俪的辞藻，但是古人这样做，也未尝没有达到沉重详实工整，美丽的高尚的道德，训令的辞藻身后，也确实可以在这里见到。又怎么能以唐宋以来的末流，使得本来就残缺的躯体更加筋疲力尽呢？所以简略地存其大略，使其源流能够为人知晓。

中编著录若干篇，指事述意之作也，或缜密而端慤，或豪侈而詄荡。盖指事欲其曲以尽，述意欲其深以婉。泽以比兴，则词不迫切，资以故藉。故言为典章也。韩非、淮南，已导先路，王符、应劭，其流孔长。立言之士，时有取焉。然枝叶已繁，或披其本，以仲宣之覃精，而子桓病其体弱。亦学者之通患也。碑志之文，本于史殊体，中郎之作，质其有文。可为后法，故录之尤备焉。

【译文】本书中编所采录的若干篇章，都是借助事件来抒发己意的作品，有的思维构思缜密而正直诚谨，有的豪华奢侈而遗忘殆尽。都是为了借助事件来委婉地叙述其中的曲折，叙述己意就想着深刻委婉。采用比兴之法，则词不达意，就借助以往的典籍。所以在言及典章制度方面，韩非子、淮南王刘安已经开了先河，王符、应劭，接着往下流传。著书立说的文士，也偶尔会有所采纳。但是枝叶已经繁盛，只是披露其根本，来表达王粲的精妙神思，而曹丕却指责说他的文风过于柔弱。也是学者们的通病。碑志之类的问题，本来和史书体裁不同，但是袁宏道所作的，都是有文有质，可以作为后世的准则，所以收录地十分详备。

下编著录若干篇，多缘情讬兴之作。战国诙谐辨谲者流，实肇厥端，其言小，其旨浅，其趣博，往往讬思于言表，潜神于旨里，引情于趣外，是故小而能微，浅而能永，博而能检。就其徧者。亦润里内苞，秀采外溢，不徒以镂绘为工，遒峭取致而已，后之作者，乃以为游戏恌侧。洸荡忘其所归，遂成俳优，病尤甚焉。尺牍之美，非关造作，妍媸雅郑，每肖其人，齐梁启事短篇，藻丽间见，既非具体，无关效法，十而存一，概可知矣。

【译文】本书下编所著录的若干篇章，大多是依托情趣有感而发的作品。战国时期的诙谐辩士诡谲者一类，实在是开启了这样的端倪，它们的文辞篇幅较小，旨意比较浅近，但是趣味却很广大，王哇嘎寄托思乡于外表，运转内在的神韵在意旨之中，引导感情到情趣之外，因此虽小但却能包括全面，浅近才能永久流传，既能广博又能简洁。就那些狭隘的来说，也浸润着内在的华美种子，俊秀的神采才能洋溢出来，不单单是以镂刻绘画作为工巧，远离峭直而发挥极致，后来的作者，反而将其作为十分不庄重的游戏，飘飘然忘记自己的归宿，于是就沦落成为戏子一类的人物了，这是尤其被诟病的地方。尺牍书信之美不在于有意造作，美丑雅俗都惟妙惟肖，齐、梁的短篇启示中也夹杂着骈俪的辞藻，内容说的既吧具体，也没有办法进行效法，只存留下十分之一，大概就可以知道了吧。

包世臣

包世臣，清泾人，字慎伯，号倦翁，嘉庆举人，官新喻知县，论文独辟畦径，尤工书，有《安吴四种》，其《艺舟双楫》一种，盛行于世，则专论诗文与书法者也。

【译文】包世臣是清代安徽泾县人，字慎伯，号倦翁，是嘉靖年间的举人，曾做过新喻知县。他的论文独辟蹊径，尤其擅长书法，有《安吴四种》，其《艺舟双楫》一种盛行于世，是专门讨论诗文和书法的著作。

文谱

余尝以隐显、回互、激射说古文，然行文之法，又有奇偶、疾徐、垫拽、繁复、顺逆、集散。不明此六者，则于古人之文，无以测其意之所至。而第其诣之所极，垫拽繁复者，回互之事；顺逆集散者，激射之事；奇偶疾徐，则行于垫拽繁复顺逆集散之中，而所以为回互激射者也，回互激射之法备而后隐显之义见矣。

【译文】我曾经用“隐显”、“回互”、“激射”来讨论古文，但是行文的的法则，还有“奇偶”、“ 疾徐”、“繁复”、“顺逆”、“集散”之说，不明白这六者，则对于古人的文章，没有办法窥测其含意所达之处。而排列其旨意所能到达的极致，“垫拽繁复”是和“回互”有关的；“顺逆集散”是和“激射”有关的；“奇偶疾徐”则表现在“垫拽繁复顺逆集散”之中，之所以成为“回互激射”，是“回互激射”的法则具备之后其隐含的意义显现出来而已。

是故讨论体势，奇偶为先，凝重多出于偶，流美多出于奇，体虽骈必有奇以振其气，势虽散必有偶以植其骨。仪厥错综，致为微妙。《尚书》“钦明文思”，一字为偶，“安安"，叠字为偶，"允恭克让"二字为偶。偶势变而生三，奇意行而若一。

【译文】因此讨论文章体格势态，应该以奇偶为首，对偶很多情况下产生凝重的感觉，奇则多产生美妙，体格虽然是骈体但有奇就会使得气势得到重振，气势虽然散漫但是有对偶就会安置其风骨。辞藻错综杂处，是很奇妙的。《尚书·尧典》中的"钦明文思"使用一个字作为对偶，"安安"，则是叠字对偶，"允恭克让"是两个字对偶。对偶的形势变化产生了三的变化，奇的意涵得到实现就会显示出一个整体的感觉。

"光被四表"，"格于上下"，语奇也，而意偶，"克明峻德"四字一句奇，"以亲九族"十六字四句偶，"协和万邦"十字三句奇，而"万邦"与"九族"、"百姓"语偶，"时雍"与"黎民于变"意偶，是奇也而偶寓焉。"乃命羲和"节奇，"若天授时"隔句为偶，中六字纲目为偶，"分命"、"申命"四节，体全偶而词悉奇。

【译文】"光被四表"，"格于上下"，是说奇的，而意思是偶，"克明峻德"四字一句是奇，"以亲九族"十六字四句时对偶，"协和万邦"十字三句是奇，"万邦"与"九族"、"百姓"等话对偶，"时雍"与"黎民于变"意思是偶，这种奇中寄寓着偶。"乃命羲和"是奇，"若天授时"隔句为偶，中六字纲目是偶，"分命"、"申命"四节，文体全是偶而词都是奇。

"帝曰咨"节奇，"期三百"十七字参差为偶，"允厘"八字，颠倒为偶而意皆奇，故双意必偶，"钦明"、"允恭"等句是也；单意可奇可偶，"光被"、"允厘"等句是也。虽文字之始基，实奇偶之极轨。批根为说，而其类从，慧业所存，斯为隅举。

【译文】"帝曰咨"一节是奇，"期三百"十七字参差是偶，"允厘"八字，颠倒为偶而意含都是奇，所以双意肯定是偶，"钦明"、"允恭"等句就是这样；单意可奇也可偶，"光被"、"允厘"等句就是这样。虽然文字地开端，实在是奇偶的极致。批驳根柢的学说，而其类相互追随，智慧的文章之业所存在，在这里举出以上的例子。

次论气格，莫如疾徐。文之盛在沈郁，文之妙在顿宕，而沉郁顿宕之机，操于疾徐，此之不可不察也。《论语》"觚不觚"句，疾也，"觚哉觚哉"句，徐也，"其然"句，徐也，"岂其然乎"句，疾也，此两句为疾徐也。《大学》"一家仁一国兴仁"节，疾也，"尧舜帅天下以仁"节，徐也。《孟子》"王曰何以利吾国"节，徐也，"未有仁而遗其亲" 节，疾也，此两节为疾徐也。"天子适诸侯曰巡守"一百四十九字徐，"先王无流连之乐"十六字疾，"国君进贤"一百二十二字徐，"故曰国人杀之"十七字疾，"尊贤使能俊杰在位"五节徐，"信能行此五者"一节疾，此通篇为疾徐也。有徐而疾不为激，有疾而徐不为纡，夫是以峻缓交得，而调和奏肤也。

【译文】其次是讨论文章的气格，文章的气格莫过于快慢。文章之盛在于沉闷忧郁，文章之妙在于跌宕起伏，而沉郁跌宕的玄机，则被快慢所掌握，这是不能不考虑的。《论语》中“觚不觚”一句，是快，“觚哉觚哉”一句，是慢，“其然”一句，是快，“岂其然乎”一句，是快，这两句组成一个“快慢”的组合。《大学》“一家仁一国兴仁”一节，是快，“尧舜帅天下以仁”一节，是慢。《孟子》“王曰何以利吾国”一节，是慢，“未有仁而遗其亲”一节，是快，这两节也组成“快慢”的组合。“天子适诸侯曰巡守”一百四十九字是慢，“先王无流连之乐”十六字是快，“国君进贤”一百二十二字是慢，“故曰国人杀之”十七字是快，“尊贤使能俊杰在位”五节是慢，“信能行此五者”一节是快，这通篇都是快慢。有慢而快就不会激奋，有魁岸而慢就不会曲折，因此缓急得以相交融，而进行调和。

垫拽者，为其立说之不足耸听也。故垫之使高，为其抒议之未能折服也；故拽之使满。高则其落也峻，满则其发也疾。垫之法有上有下。《孟子》：“知而使之，是不仁也，不知而使之，是不知也，仁智，周公未之尽也。”又曰：“且以文王之德百年而后崩，犹未洽于天下，武王周公继之，然后大行。”《韩非》：“今有不才之子，父母怒之弗为改，乡人谯之弗为劝，师长教之弗为变。”又云：“禹利天下，子产存郑，皆以得谤。”又云：“视锻锡察青黄，区冶不能以必剑，发齿吻形容，伯乐不能以必马。”又云：“侈而惰者贫，而力而俭者富，今征敛于富人，以施布于贫家。”

【译文】所谓的铺垫，就是因为其说法不足以唤起大家的兴趣而故意进行拔高，为了抒发议论中不能折服的部分；所以拔高让它丰满。高的话落下来也就快了，满的话发出也就快了。铺垫的方法有上有下。《孟子》说“周公派管叔去监察殷人，管叔却带着殷人叛乱。（如果周公）知道他会反叛还派他去，这是不仁；如果不知道他会反叛而派他去，这是不智。”又说：“凭文王的德行，寿近百岁才去世，尚且没能（使仁政）遍及天下；武王、周公继承他的事业，这才（使仁政）遍及到天下。”《韩非子》说“现在假定有这么一个不成材的儿子，父母对他发怒，他并不悔改；乡邻们加以责备，他无动于衷；师长教训他，他也不改变。”又说：“大禹使天下人获得利益，子产使郑国得以保全，但都受到人们的诽谤。”又说：“观察锻造则必须查勘青黄颜，冶铸不能必定要用剑来试验，头发牙齿是外部特征，伯乐也不一定能够相马。”又云：“奢侈而懒惰的洒贫困，勤奋而节俭的洒富裕，现在将在富人那里征收的赋税，施舍给穷人。”

《史记》“尝以十倍之地，百万之众，叩关而攻秦。秦人开关延敌，九国之师，逡巡逃遁，而不敢进。”又云：“非有仲尼、墨翟之贤，陶朱、猗顿之富者。”皆上垫也。《孟子》："管仲、曾西之所不为也。"又云"非所以纳交于孺子之父母也，非所以要誉于乡党朋友也，非恶其声而然也。"《韩非子》："磐石千里，不可谓富，象人百万，不可谓强。"《史记》："藉使子婴有庸主之才，仅得中佐。"又云："向使二世有庸主之行，而任忠贤，臣主一心，而忧海内之患。"又云："是所重者，在于色、乐、珠玉，而所轻者，在于人民者。"皆下垫也。拽之法有正有反。

【译文】《史记》记载"他们曾经用十倍于秦的土地，上百万的军队，攻打函谷关来攻打秦国。秦人打开函谷关口迎战敌人，九国的军队有所顾虑徘徊不敢入关。"又说："并没有孔丘、墨翟那样的贤德，也不像陶朱、猗顿那样富有。"这都是上垫的做法。《孟子》"管仲是曾西都不愿跟他相比的人。"又说："（有人忽见一个小孩将跌入井中，都有很惊恐、怜悯、隐痛的心理，要去救他。）这并不是因为想与他的父母攀个交情，并不是向乡里人、朋友们博取名誉，并不是厌恶他的哭声才这么做的。"《韩非子》说："拥有巨石千里，不能算富有；拥有俑人百万，不能算强大。"《史记》说："假使子婴有一般君主的才能，仅仅得到中等的辅佐之臣。"又说："如果二世有一般君主的德行，任用忠贞贤能的人，君臣一心，为天下的苦难而忧心。"又说："所重视的是美色、音乐、珠宝、美玉，而所轻视的是人才。"都是下垫。拽的方法有正有反。

《孟子》："万取千焉，千取百焉，不为不多矣，苟为后义而先利。"又云："文王以民力为台为沼，而民欢乐之。""子及汝偕亡，民欲与之偕亡。"又云："此惟救死而恐不赡。"《荀子》："蚓无爪牙之利，筋骨之强，上食槁壤，下饮黄泉，用心一也。蟹六跪而二螯，非蛇蟮之穴无可托足者，用心躁也。是故无冥冥之志者，无昭昭之明，无惛惛之用者，无赫赫之功。"又云："今之学者入乎耳，出乎口，口耳之间，则四寸耳，安能美七尺之躯。"

【译文】《孟子》说："万中取千，千中取百，不能算不多了。倘若不顾义而看重利（那不夺取全部是不会满足的）。"又说："周文王虽然用了老百姓的劳力来修建高台深池，可是老百姓非常高兴。""你和我一起灭亡，人民也会和你一起灭亡的。"又说："这是救人家于危境而且怕不彻底。"《荀子》说："蚯蚓没有锋利的爪牙，坚强的筋骨，却能上吃泥土，下饮泉水，是因为它心专一；螃蟹有六条腿，两只大夹，然而没有蛇鳝的洞穴就无处容身，是因为它心浮躁的缘故。因此没有刻苦钻研的心志，学习上就不会有显著成绩；没有埋头苦干的实践，事业上就不会有巨大成就。"又说："现在的学者听到的就说出来，口耳之间只有四寸距离，又怎么能使得七尺之躯更美好呢？"

《韩非》："今有构木钻燧于夏后之世者，必为鲧禹笑矣；有决渎于殷周之世者，必为汤武笑矣。”又云：“人主之左右不必智也，人主于人有所智而听之，因与左右论其言，是与愚人论智也。人主之左右不必贤也，人主于人有所贤而礼之，因与左右论其行，是与不肖论贤也。”《吕览》：“民农则朴，朴则易用，易用则边境安，主位尊。民农则重，重则少私义，少私义则公法立，力专一。民农则其产复，其产复则重徙，重徙则死其处而无二虑。”又云：“马者，伯乐相之，造父御之，贤主乘之，一日千里，无御相之劳而有其功。”

【译文】《韩非子》说：“现在有钻木取火的人，一定会被鲧、禹笑时期的人所笑；有疏调水道得人，会被汤、武时期的人所笑。”又云：“君王身边的近臣不一定都有才智啊，君王对有才智之人而听取他们的意见，借此与身边的近臣讨论他们的言论，这是和愚蠢的人讨论才智；君王身边的近臣不一定都贤能啊，但君王对有贤能之人而以礼相待，借此与身边左右近臣讨论他们的行为，这是和不肖之人讨论贤能。”《吕氏春秋》说：“持重就会很少私下发表议论，很少私下发表议论，国家的法制就能确立，民力就能专一。百姓从事农业家产就繁多，家产繁多就会害怕迁徙，害怕迁徙就会老死故乡而没有别的考虑。”又说：“好马，由伯乐来相它，造父来驱使它，贤能的主君来乘坐它，一天就可以跑千里的路程，不用有驾驭和相马的辛劳就可以有一日千里的功效。”

《史记》：“天下以定，秦王之心，自以为关中之固，金城千里，子孙帝王万世之业也。秦王既没，余威振于殊俗。”又云“二世不行此术，而重之以无道”者，皆正拽也。《孟子》：“天子能荐人于天，不能使天与之天下；诸侯能荐人于天子，不能使天子与之诸侯；大夫能荐人于诸侯，不能使诸侯与之大夫。”又云：“而居尧之宫，逼尧之子，是篡也。”又云：“将戕贼杞柳而后以为杯棬，如将戕贼杞柳而以为杯棬。”又云：“金重于羽者，岂谓一钩金。”又云：“是君臣父子兄弟，终去仁义，怀利以相接。”

【译文】《史记》说：“天下已经安定，始皇心里自己认为这关中的险固地势、方圆千里的坚固的城防，是子孙万代的帝王基业。”又说“二世不实行这种办法，却比始皇更加暴虐无道。”的，都是正拽。《孟子》说：“天子能够向天推荐人，但不能强迫天把天下授与人；诸侯能够向天子推荐人，但不能强迫天子把诸侯之位授与这人；大夫能够向诸侯推荐人，但不能强迫诸侯把大夫之位授这人。”又说：“如果先前舜就占据尧的宫室，逼迫尧的儿子让位，那就是篡夺，而不是天授与他的了。”又说：“你能顺着杞柳的性 状把它做成杯盘呢，还是要伤害了它的性状把它做成杯盘呢？”又说：“金属比羽毛重，难道是就一只金属带钩。”又说：“这样的君臣、父子、兄弟最终丧失仁义的品德，心怀功利的心思来互相接触。”

《荀子》："乐姚冶以险，则民流僈鄙贱矣，流僈则乱，鄙贱则争，争乱则兵弱城犯，敌国危之。"又云："且夫暴国之君，谁与至哉？彼其所与至者，必其民也，而其民之亲我，欢若父母，其好我，芬若椒兰。彼反顾其上，则若灼黥，若仇雠。人之情，虽桀跖，又岂肯为其所恶，贼其所好。"《韩非》："法术之士，操五不胜之势，以岁数而又不得见；当涂之人，乘五胜之资，而旦暮独说于前。"又云："智士者远见而畏于死亡，必不从重人矣；廉士者修而羞与佞臣欺其主，必不从重人矣。是当涂之徒属，非愚而不知患，即污而不避奸者也。大臣挟愚污之人，上与之欺主，下与之收利侵渔。"

【译文】《荀子》说："音乐妖冶轻浮而邪恶，那末民众就 淫荡轻慢卑鄙下贱了。民众淫荡轻慢，就会混乱；卑鄙下贱，就会争夺。混乱又争夺，那就会兵力衰弱、城池被侵犯，敌国就会来危害了。"又说："再说那暴虐国家的君主，他所依靠的是什么呢？只能是他的百姓。而他的百姓爱我就如同爱他的父母，喜欢我就如同喜欢芬芳的椒兰；反之，想起他的君主好似畏惧遭受烧灼黥刑，好似面对不共戴天的仇敌一般。人之常情，即便是夏桀、盗跖，也不会为他所厌恶的人去残害他所喜爱的人！"《韩非子》说："由于知法制法的人这五个不利条件又常年见不到国君，擅权人却借这五个有利条件，朝晚都能在国君面前为自己狡辩。"又说："聪时人看得深远，伯犯死罪，必定不会跟从重臣；品德好的人洁身自爱，耻于和奸臣共同欺骗君主，必定不会跟从重臣。这些当权者的门徒党羽，不是愚蠢而不知祸害的人，必是腐败而不避奸邪的人。大臣挟持愚蠢腐败的人，对上和他们一起欺骗君主，对下和他们一起掠夺财物。"

《史记》："秦并海内，兼诸侯，南面称帝，以四海养，天下斐然向风。"又云："今秦二世立，天下莫不引领而观其政。夫寒者利裋褐，饥者甘糟糠。民之嗷嗷，新主之资也"者，皆反拽也。《孟子》"知虞公之不可谏而去之秦"一百二十二字，《荀子》"凡生于天地之间者有血气之属必有知"一百八十一字，旋垫旋拽，备上下反正之致，文心之巧，于斯为极。是故垫拽者，先觉之鸿宝，后进之梯航。未悟者既望洋而不知，闻声者复震惊而不信。然得之则为蹈厉风发，失之则为朴樕辽落。姬、嬴之际，至工斯业，降至东京，遗文具在，能者仅可十数，论者竟无片言，千里比肩，百世接踵，不其谅已。

【译文】《史记》说："秦统一天下，吞并诸侯，临朝称帝，供养四海，天下的士人顺服地慕风向往。"又说："当今秦二世登上王位普天之下没有人不伸长脖子盼望他能施行仁政。受冻的人穿上粗布短袄就觉得很好挨饿的人能吃上糟糠也觉得香甜。天下苦苦哀叫的百姓正是新皇帝执正的凭借"的，都是反拽。《孟子》"百里奚知道虞公的不可谏正，就去了上秦国"的一百二十二个字，《荀子》"凡是出生在天地之间有血有肉的物种都会又有知觉"的一百八十一个字，回旋铺垫回旋反拽，以备上下反正可以到达极致，文心的精巧，在这里表现得最为充分。因此垫拽，是先用宏大的秘宝来启发，然后用梯船进行引导。没有领悟这一点的就会望洋兴叹而不知所措，即便是听闻到了而且感到震惊也还是不相信。然而如果掌握了就会意气风发，失去了就会则为变得质朴寂寥。战国末年，这种技巧十分专业，到了东汉，留下的文章都在，能这样做到的只有十几个人了，论者竟然没有只言片言，千里比肩，百世接踵，也不会原谅自己。

至于繁复者，与垫拽相需而成，而为用尤广。比之诗人，则长言咏叹之流也。文家之所以极情尽意，茂豫发越也。孙武子“声不过五，五声之变，不可胜听也；色不过五，五色之变，不可胜观也；味不过五，五味之变，不可胜尝也。战胜不过奇正，奇正之变，不可胜穷也”者，繁也。奇正相生如循环之无端，孰能穷之者，复也。

【译文】至于繁复，适合垫拽相辅相成的，但用途更为广泛。用诗人来作比喻，就是擅长言咏的那些。文章家之所以能够感情发挥到极致，气势越盛发挥的越充分。孙武说“声不过宫、商、角、徵、羽，而五声的变化却听之不尽；色不过青、黄、红、白、黑，而五色的变化却观之不尽；味不过酸、甜、苦、辣、咸，而五味的变化却尝之不尽。其战术变化，就像天地万物那样无穷无尽，像江河之水那样通流不竭。”，就是繁。奇正相生就像循环一样没有尽头，能够穷尽它的，就是重复。

《孟子》：“谷与鱼鳖不可胜食，材木不可胜用。七十者衣帛食肉，黎民不饥不寒。”又云“天下之欲疾其君者，皆欲赴诉于王”者，繁也。“然则一羽之不举，为不用力焉”，又曰“昔者禹抑洪水而天下平”，又曰“口之于味也，有同嗜焉”，又曰“乡为身死而不受，今为宫室之美为之”者，复也。“离娄之明”节，繁也，“圣人既竭目力”节，复也。“乐民之乐者，民亦乐其乐；忧民之忧者，民亦忧其忧。乐以天下，忧以天下。”又云“君子以仁存心，以礼存心。仁者爱人，有礼者敬人，爱人者人恒爱之，敬人者人恒敬之”，繁而兼复也。

【译文】《孟子》说：“粮食和鱼鳖吃不完，木材用不完，老人们有衣服穿，有食物吃，百姓们不感到饥饿，不感到寒冷。”又说：“各国痛恨他们国君的人都想跑来向您诉说”的，就是繁。“一根羽毛举不起来，是因为他不用力”，又说“当初，大禹制伏洪水而使天下平定下来”，又说“口对于味道，有相同的嗜好”，又说“先前（有人为了大义）宁肯死也不愿接受（一箪食一豆羹），现在（有人）为了熟识的穷人感激自己却接受了（万钟俸禄）”的，就是复。“离娄之明”一节，是繁，“圣人既竭目力”一节，就是复。“执政者如果以顺应民众的快乐为快乐，民众就会为执政者的快乐而快乐；如果把民众的忧苦当做自己的忧苦，民众也会为执政者的忧苦而忧苦”，又说“君子内心所怀的念头是仁，是礼。仁爱的人爱别人，礼让 的人尊敬别人。爱别人的人，别人也经常爱他；尊敬别人的人，别人也经常尊敬他”，既有繁也有复。

“得道者多助，失道者寡助。寡助之至，亲戚畔之；多助之至，天下顺之。以天下之所顺，攻亲戚之所畔”，复而兼繁也。《荀子》之《议兵》《礼论》《乐论》《性恶》篇，《吕览》之《开春》《慎行》《贵直》《不苟》《似顺》《士容》论，《韩非》之《说难》《孤愤》《五蠹》《显学》篇，无不繁以助澜，复以鬯趣。复如鼓风之浪，繁如卷风之云。浪厚而荡，万石比一叶之轻；云深而酿，零雨有千里之远。斯诚文阵之雄师，词囿之家法矣。

【译文】“施行仁政的君主，得到帮助支持他的人就多，不施行仁政的君主，得到帮助支持他的人就少。帮助他的人少到了极点，内外亲属都背叛他。帮助他的人多到了极点，天下人都归顺他。凭借天下人都归顺他的条件，攻打被内外亲属背叛的人”，既有繁也有复。《荀子》的《议兵》、《礼论》、《乐论》、《性恶》各篇，《吕氏春秋》的《开春》、《慎行》、《贵直》、《不苟》、《似顺》、《士容》各论，《韩非》的《说难》、《孤愤》、《五蠹》、《显学》篇，全都是用繁来推波助澜，再来晓畅鬯旨趣。复就像鼓风的浪一样，繁就像卷风的云。浪厚就鼓荡起来，万石之重就好比一片叶子那么轻；云深就氤氲浮荡，飘洒千里的雨点。这就是文字排列而成的战阵、百万雄师，词却被家法所限制了。

然而文势之振，在于用逆；文气之厚，在于用顺。顺逆之于文，如阴阳之于五行，奇正之于攻守也。《论语》“公叔文子之臣大夫僎”，逆而顺也。“君取于吴为（去声）同姓谓之吴孟子”，顺而逆也。《孟子》“无恒产而有恒心者，惟士为能”，本言当制民产，先言取民有制，又先言民之陷罪，由于无恒心，而无恒心，本于无恒产，并先言惟士之恒心，不系于恒产则逆之逆也。“天下大悦而将归已”章，“桀纣之失天下”章，全用逆。“君子之所以异于人者”章，全用顺。深求童习之编，自得伐柯之则。略举数端，以需善择。

【译文】然而文章气势的重振，在于使用“逆”；文气的厚实，在于用“顺”。顺逆对于文章，就像阴阳对于五行，奇正对于攻守。《论语》说“公叔发的家臣僎做了卫国的大夫”，是先逆然后顺。“鲁国国君娶同姓女子为妻，为掩人耳目，竟给她取个吴孟子的名子”，是先顺然后逆。《孟子》说“没有固定的资产而有一定的道德水准，只有士人才能做到”，本来是说应该限制人民产业，先说取之于民自有制度，又先说人民的罪过，由于没有恒心，而没有恒心，本之于没有固定的产业，并先说只有士人有恒心，不关系固定产业就是逆上加逆。“天下大悦而将归已”一章，“桀纣之失天下”一章，全都是用逆。“君子之所以异于人者”一章，全是用顺。深求于童子学子学习的编章之重，自然能够得到伐柯的准则。

略举几条，还需要进行谨慎选择。

集散者，或以振纲领，或以争关纽，或奇特形于比附，或指归示于牵连，或错出以表全神，或补述以完风裁。是故集则有势有事，而散则有纵有横，《左传》：“君将纳民于轨物者也。故讲事以度轨量谓之轨，取财以章物采谓之物。不轨不物，谓之乱政。”又云：“将修先君之怨于郑，而求宠于诸侯，以和其民。”

【译文】所谓的集散，或者用来提纲挈领，或者用来争夺关键，或者与奇特的外形进行比附，或者指归示于牵连，或者杂错发出以表示全神，或者补缀著述以完备风格体裁。因此集就有势和事，而散就有纵和横，《左传》说：“国君是引导百姓遵守礼仪法度和器物体制的人。所以演习祭祀、军事等大事来衡量礼仪法度叫做“轨”，选取材料来表明祭器、兵器等器物的体制叫做“物”。事情不合于法度，器物不合于体制，就是政治紊乱”又说：“准备向郑国报复前代国君结下的怨恨，而求宠于诸侯以和其民”。

《孟子》：“是故君子有终身之忧，无一朝之患。”又云：“彼陷溺其民，王往而征之，夫谁与王敌。”又云：“仁不可为众也。夫国君好仁，天下无敌。”又云：“或劳心，或劳力，劳心者治人，劳力者治于人。治于人者食人，治人者食于人。”《韩非子》：“是以赏莫如厚而信使民利之，罚莫如重而必使民畏之，法莫如一而固，使民知之。”又云：“夫离法者罪，而诸先生以文学取；犯禁者诛，而群侠以私剑养。故法之所非，君之所取，吏之所诛，上之所养也。”又云：“故明主之国，无书简之文，以法为教；无先生之语，以吏为师；无私剑之捍，以斩首为勇。”又云：“强则能攻人者也，治则不可攻者也，治强不可责于外，内政之修也。”是集势者也。

【译文】《孟子》说：“一生担心对社会国家所负的责任没有做好，因而终身都处于忧虑之中”又说：“秦王和楚王使他们的百姓陷于水深火热之中，王（梁惠王）若发兵前往征讨，谁能与您抗衡呢？”又说：“仁的威力是不可以人数多少计算的。一个国家君主爱好仁，那就会天下无敌的”又说：“有的人脑力劳动， 有的人体力劳动；脑力劳动者统治人，体力劳动者被人统治；被统治者养活别人，统治者靠别人养活。”《韩非子》说：“所以奖赏莫过于丰厚而且守信，让人民获利；惩罚莫过于重而且一定，让人民畏惧；法莫过于始终如一而且稳定，让人民知道（法的尊严）。”又说：“犯法的本该判罪，而那些儒生却靠着文章学说得到任用；犯禁的本该处罚，而那些游侠却靠着充当刺客得到豢养。”又说：“在明君的国家里，不用有关学术的文献典籍。而以法令为教本；禁绝先王的言论，而以官吏为老师；没有游侠刺客的凶悍，而只以杀敌立功为勇敢。”又说：“兵强就能打败别国。国安就不可能被人侵犯。而国家的强 盛和安定并不能通过外交活动取得，只能靠搞好内政”都是集势。

《孟子》引经始灵台“时日曷丧”，征古以明意；说“不违农时”、“五亩之宅”，缘情以比事。《吕览》专精证验，《韩非》旁通喻释。《史记》载祠石坠履，而西楚遂以迁鼎；述厕鼠惊人，而上蔡无所税驾。曲逆意远，见于俎上。淮阴志异，得之城下。临昂窃资，好畤分橐。炫晦既殊，心迹斯别。右游侠之克崇退让，而知在位之专恣睚眦。称权利之致于诚壹，而知居上之不收穷民。是集事者也。

【译文】《孟子》引用修建灵台的事情说：“时日曷丧”说明古人的意思；说“不违农时”、“五亩之宅”，是通过情理来进行类比。《吕氏春秋》专门精于验证，《韩非子》触类旁通进行比喻解释。《史记》记载祠庙中的石头以及楚昭王坠履的事情，而西楚霸王于是失去了逐鹿中原的机会。叙述李斯年轻时经历的厕鼠的故事，于是上蔡地区就少了一个小吏。曲折逆转的意义深远，可以在砧板上看见。韩信心怀异志，最后死于吕后之手。明显的和隐晦的时事件，各种心境也是不一样的。他崇尚游侠的崇高谦逊，而且知道当政者的专横和睚眦必报的习惯。号称权利到至极是在至诚专一的情况下，而知道当政者不会理睬贫民的。这就是集事。

二帝同典，止纪都俞，五臣共谟，乃书陈告。是纵散者也。然龙门帝纪，已属有心避就，金华臣传，遂至仅存阀阅（宋濂作《九国春秋》，事迹悉详纪中，诸臣列传，势难重出。寂寥已甚。今吴任臣书，即窃其本也）。求其继声，未易屈指。《史记》廉将军矜功争列，与避车连文，以美震悔之忠；长平侯重揖客，讳击伤，于本传不详，以叹尊容之广。

【译文】尧舜两位帝王共同出现在一个典记之中，记载都很详备。舜帝的五个臣子记录在一起，于是共相陈述。这就是纵散。然而龙门帝纪，已经心有避讳，金华臣传，于是只能仅存一些功勋了（宋濂作《九国春秋》，这些人的事迹在其中都很详细，各位臣子的列传，势必难以再次出现。已经十分寂寥了，现在的吴任臣的书，就是窃取了这部书的内容）。追求其中继往开来的续韵，不容易屈指来数。《史记》廉颇争功的事迹，和避车连起来成文，以美化震悔的忠诚；卫青看重门客，避讳被李敢击伤，在本传中没有详细记载，来使人慨叹其尊贵。

程、李名将，而行酒辨其优劣；汲、郑长者，而廷论讥其局趣。是横散者也。然而六法备具其于文也，犹鱼兔之筌蹄，肤发之脂泽也。《易》曰：“观乎人文，以化成天下。”士君子能深思天下所以化成者，求诸古，验诸事，发诸文，则庶乎言有物，而不囿于藻采雕绘之末技也夫。

【译文】程不识与李广都是汉代的名将，而论酒就可以辨别其优劣；汲黯和郑当时都是忠厚长者，在廷议时就可以看出其局促之处了。然而六经具备于其文，就像捕鱼和兔的网一样，也像毛发下边的脂肪油泽一样。《易经》说：“观测天文，从而察知季节的变化；观察人文，从而用文明手段进行教化，把天下组织成一个和谐和的整体。”君子能够深思天下之所以被教化形成现在的样子，推求古今，征验各种事物，写在文章之中，估计就会言之有物，而不会被辞藻雕饰的微末技巧所拘束。

与杨季子论文书

辱书询为古文之要，词意勤恳，世臣何可以当此耶。足下性嗜古书，尤耽齐梁诸子，而下笔顾清迥柔厚，骎骎有西汉之意。世臣偻陋偃蹇，何足以称盛指。谨言其所知，而足下择之。

【译文】承蒙您写信给我询问研习古文的要领，文意恭敬恳切，我怎么能够承受呢？您天性喜爱古籍，尤其痴迷于齐梁诸子的文章，而您自己所写文章读起来清远温厚，都快有西汉那些大家的风韵了。本人琐屑疏陋，怎么配得上你这样美好的赞扬。我只能把我知道的说一说，您自己来选择辨别它。

窃谓自唐氏有为古文之学，上者好言道，其次则言法，说者曰，言道者言之有物者也，言法者言之有序者也。然道附于事，而统于礼。子思叹圣道之大曰：礼仪三百，威仪三千。

【译文】我私下认为唐代创立的古文流派，首先强调“道”，其次就说到要讲究“法”。评论者说，说到“道”就是要言之有物，说到“法”就是要讲究章法结构。然而“道”是依附于实事的（即“道”与现实生活紧密联系），并最终要回归到“礼”。子思曾经感叹圣道的宏大丰富说：“礼”的总纲有三百条之多，细目有三千多条。

孟子明王道，而所言要于不缓民事，以养以教。至养民之制，教民之法，则亦无不本于礼。其离事与礼而虚言道以张其军者，自退之始，而子厚和之。至明允、永叔，乃用力于推究世事，而子瞻尤为达者。然门面言道之语，涤除未尽，以致近世治古文者，一若非言道则无以自尊其文，是非世臣所敢知也。天下之事，莫不有法。法之于文也，尤精而严。夫具五官，备四体，而后成为人，其形质配合乖互，则贵贱妍丑分焉，然未有能一一指其成式者也。夫孟、荀，文之祖也；子政、子云，文之盛也。典型具在，辙迹各殊。然则所谓法者，精而至博。严而至通者也。又有言为文不可落人窠臼，托于退之尚异之旨者。夫窠臼之说，即记所讥之剿说雷同也。比如有人焉，五官端正，四体调均，遍视数千万人，而莫有能同之者，得不谓之真异人乎哉。而戾者乃欲颠倒条理，删节助字，务取诘屈以眩读者，是何异自憾状貌之无以过人，而抉目截耳，折筋刲胁，蹒行于市，而矜诩其有异于人人也耶。

【译文】孟子阐述王道，他所说的最重要的是百姓的事是不能懈怠的，这样来来蓄养教导他们。至于说到养育百姓的规定，教导百姓的办法，也就没有不归到“礼”的。那些离开实事和礼教，而用空话来大谈他们所说的“道”的，是从韩愈开始的，并且柳宗元附和他。到苏洵、欧阳修，就转而全力推动文章探究现实社会的事理，而苏轼成为他们中间特别突出的。但是那些做面子说“道”的言论，并没有清除干净，以致于到了近代，那些研习古文的人，竟至于到了如果不说“道”就看不出文章好的地步，这就不是我敢去胡乱揣摩他们真实意图的了。天下任何事情，都有自己的法度。对于写文章的法度，尤其精深严谨。就像只有具备了五官和四肢，然后才能成为人，他们的外表内质相配或别扭，就分出了贵贱美丑，但是没有哪个去具体详细的说出那一层不变的模式来的。孟子、荀子是文章的祖师；刘向、杨雄把文章推向鼎盛。那些经典给后人留下了行文的规范，而他们成功的轨迹却是不同的。既然这样，那么所谓的章法，它是精妙而丰富，严谨而且交融的。又有人说写文章不能够落入陈旧的格调，去拘泥于韩愈都不以为然的东西。落入窠臼，就是《礼记》中所嘲讽的抄袭仿照一类。比如有一个人，五官端正，四肢协调，看遍几千几万人，而没有一个与他一样的，大概不会真的把他当着怪人吧？而那些偏执的人却想要颠倒章法，增删字句，一定要把文章搞得艰涩难读让读者摸不着头脑，这与自己感觉体貌比不过人家，就想通过挖眼割耳，折断筋骨，一瘸一拐的走在街市上，而来夸耀自己与众不同有什么两样。

至于退之诸文，序为差劣，本供酬酢，情文无自，是以别寻端绪仿于策士讽谕之遗，偶著新奇，旋成恶札，而论者不察、推为功宗。其有挦绎前人名作，摘其征疵，抑扬生议以尊己见，所谓蠹生于木而反食其木。又或寻常小文，强推大义。二者之蔽，王曾尤多。

【译文】至于韩愈的文章，他所作的序言是比较劣质的，本来就是为了应酬而作，感情和文采都没有投入，因此在战国时期的谋士们讽喻君王们所遗留下来的东西中寻找端绪，偶尔作出新奇的文章，很快就成为劣质的文章了。议论的人没有明察这一点，只是一味推崇其作为文章大家的开山地位。那些反复推求前人名作的人，指摘出其中的瑕疵，发表自己对于文章的意见，就是所谓的蠹虫生长在木头之中反而要食用木头的道理。又或者寻常的小文章，勉强推导大义，这两种弊端，以王安石和曾巩最多。

夫事无大小，苟能明其始卒究其义类，皆足以成至文，固不必悉本忠孝，攸关家国也。凡是陋习，染人为易，而熙甫、顺甫乃欲指以为法，岂不谬哉。文类既殊，体裁各别，然惟言事与记事为最难。言事之文，必先洞悉所事之条理原委，抉明正义，然后述现事之所以失，而条画其补救之方。记事之文，必先表明缘起，而深究得失之故，然后述其本末，则是非明白，不惑将来。凡此二类，固非率尔所能，而古今能者，必宗此法。机势万变，枢栝无改。至纪事而叙入其人之文则为尤难。

【译文】事情没有大小之分，只要是能够明究其中始终和其义理，都能够成为好文章，固然不必要内容都和重孝节义、国家政治有关。凡是陋习，人们被浸染的可能性就很大，而归有光和茅坤竟然想用这种方法来作文，岂不是很荒谬吗？文章类别既然不同，体裁又各异，然而只有说事和记事的是最难的。说事的文章，一定要先洞悉这件事的条例和前后因果，指明正义所载，然后对现在这件事的得失进行叙述，而依次策划其进行补救的办法。记事的文章，一定要先表明为什么要做的宗旨，然后叙述其事情前因后果，那么是非就十分明白了。凡是这两种，固然不是草草就能作好的，但是古今能够做到这些的，一定是遵从这个方法。文势的变化万端，其关键所在没有变化。至于纪事而又叙述进那些人的文章时则更加困难。

《史记》点窜内外传，《战国策》诸书，遂如已出。班氏袭用前文，微有增损，而截然为两家。斯如制药冶金，随其镕范，形依手变，性与物从，非具神奇，徒嫌依傍。马班纪载旧文，多非原本，故《史记》善贾生推言之论，而班氏典引，直指以为司马，《始皇纪》后亦兼载贾、马之名。贾生之文入《汉书》者已属摘略，而其局度意气，与《过秦》殊科，则知其出于司马删润无疑也。比及陈范所载全文，多形芜秽，或加以删薙，辄又见为碎缺。故子瞻约赵抃之牍以行己意，而介甫叹为子长复出者，盖深知其难也。

【译文】《史记》将内传、外传进行点窜，《战国策》等各书，就像是自己写的一样。班固沿袭司马迁的做法，稍微进行了增减，但是看上去却像是截然不同的两种。这就像是制药炼金一样，随着铁范中的东西慢慢融化，要铸的形状就慢慢出现了。不是非常神奇，徒然增加了依赖。司马迁、班固记录旧本书，很多都不是原来的面貌了，所以《史记》认为贾谊的推论是很好的，但班固引经据典，直接指责司马迁，《史记·秦始皇本纪》之后又兼着记录了贾谊、司马迁的名字。贾谊的文章，收入《汉书》的都是属于被删改过的，而这些文章的布局气度，和他的《过秦论》是不一样的，那么就知道是司马迁进行了删改润色无疑了。陈寿、范晔在著史的时候记录下了全文，但是看上去有些繁芜驳杂，有的就进行了删削，但是又感觉琐碎破散。所以苏轼对赵抃的文牍进行了简化来表达自己的意思，而王安石慨叹称之为司马迁再世，就知道其中的难度了。

《通鉴》删采忠宣，能使首尾完具，利害毕陈，原父炉锤，斯为可尚。世臣从前纂《汪容甫遗集》，曾采未成互异之稿，足为完篇，笔势一如容甫。容甫故工文，体势又略与予近，犹易为力。至作谷西阿传，采录其奏议三篇。西阿人能自立，而文笔芜靡不及其意，世臣因其事必宜传，又恐一加润色，将与国史互异，致启后人之疑，故止为之删削移动，较量篇幅，十不存五，而未尝改易一字。醇茂痛快，顿可诵读，既与原文殊观，又不乱以己意。较之子瞻所作，难易倍蓰，非足下其谁与喻此耶。世臣自幼失学，惟好究事物之情状，足下所志，略同鄙人。前后杂文数十百篇，足下大都见之，其是否有合古人立言之旨，以及与近世闻人所言古文相承之法，是否同异，世臣不能自知，又将何以为足下告耶。

【译文】《资治通鉴》对那些忠良之辈的言论进行了删改，还能使得文字叙述首尾完备，完全陈述其中的利害，都要归功于不断进行锤炼，这是十分可贵的。我以前编纂《汪容甫（汪中）遗集》，曾采用过他没有写完的稿子，足以成为完整的文章，笔试就像汪中一样。汪中的文章十分工整，体势又和我的风格很接近，因此就很容易办到。至于给谷际岐作传，采录其三篇上奏的奏议。谷际岐人尚能自立，但其文笔杂乱分散无法满足我的新意，因为我觉得他的事迹必须进行宣传，有害怕一旦经过润色，就和国史的体例不同了，就会导致后人的疑惑，所以进行了删削移动，比较其篇幅，剩下不到一半了，但是还没有改动一个字。改过之后再读，就觉得淳厚有力十分痛快淋漓，抑扬顿挫十分上口，和原文相比有很大改观，但又不会用自己的意思来混乱原文的意思。和苏轼的作品相比，更是难上加难，如果不是您谁愿意用这个来做比较呢？我自幼失去读书的机会，只是喜好推求事情的情态、形状，您所说的，就像是粗鄙的人一样了。前后杂文十几篇，您大多数都见过了，其中是否有符合古人“立言”说的宗旨，以及和现在的名人们所说的古文相承的方法相比，一样还是不一样，我自己无法知晓，又怎么能将这些告诉您呢？

再与杨季子论文书

辱赐还答，知不以前书为差谬，幸甚幸甚。然奖借逾分，又有未甚喻意之处，故复进以相开，惟足下照察。足下谓圣道即王道，研究世务，擘画精详，则道已寓于文，故更无道可言，固非世臣所任，而亦非世臣意也。

【译文】您回了我的信，我知道不会因为我前边书信中的差错，感觉十分幸运。但是过分褒奖了，还有没有说清楚喻意的地方，所以再写一封信，希望您能够明察。您所谓的圣道就是王道，研究世间的一一切事情，规划地十分详细，那么“道”就已经隐含在文章之中了，所以就没有什么“道”可言了，这固然是我所引发的，但是并不是我的本意。

世臣生乾隆中，比及成童，见百为废弛，贿赂公行，吏治污而民气郁，殆将有变，思所以禁暴除乱，于是学兵家。又见民生日蹙，一被水旱，则道殣相望，思所以劝本厚生，于是学农家。又见齐民跬步即陷非辜，奸民趋死如鹜，而常得自全，思所以饬邪禁非，于是学法家。既已，求三家之学，于古而饥驱奔走者数十年，验以人情地势，殊不相远。斟古酌今，时与当事论说所宜，虽补偏救弊之术，偶蒙采纳，皆有所效。

【译文】我出生在乾隆年间，等到长成孩童，看见世道废弛，公开贿赂成为风气，官吏贪污人民怨愤，恐怕就会有大的变化，想着应该学以致用以后能够平定天下，所以学习兵家学说。但是又看见人民日益穷困，一旦出现水旱灾害，道路上饿死的人都看不到边际，所以想劝农归本，于是又学习农家学说。又看见人民举动就会于无辜之中被陷害，奸佞的顽民将生死置之度外，但是却经常获得保全，所以想整饬邪恶禁止胡作非为，于是又学习法家学说。完了之后，推求这三家学说，在世上半饥半饱地奔走了几十年，用人情地势等内容来验证所学的，也不是很疏远。斟酌古今变化，偶尔和当政者陈说一些趋利除弊的事宜，虽然是一些修修补补的小道，但偶然被采用，也都还有些效果。

然极世臣学识之所至，尚未知其能为富强否耶。民富则重犯法，政强则令必行，故过富强者为霸，过霸者为王。诗人之颂王业曰“如茨如梁”，又曰“莫不震叠”，未有既贫且弱，而可言王道者也。故谓富强非王道之一事者，陋儒也。若遂以富强为王道，古先其可诬乎。荀子曰学始于诵诗，终于安礼，学至于礼而止。孟子曰动容周旋中礼者，盛德之至也。孔子曰齐之以礼，有礼则安。以礼为国乎何有。世臣溯自有识，迄于中身，非礼之念，时生于心，非礼之行，时见于事，惟不敢荡检逾闲，窃自附于乡党，自好之末而已。

【译文】然而究极我所学的，还没有能够真正使人民达到富强。人民富裕就会出现很多犯法行为，政风强硬则政令一定会推行，所以过于富强就成为“霸”了，过于“霸”的就成为王。士人称颂王道的业绩说“如茨如梁”，还说“莫不震叠”，没有又穷又弱还能称王的。所以说富强不是王道唯一要做的事情，这就是浅陋儒士的态度。如果将富强的社会等同于王道，古代那些显现们岂不是要被诬蔑了。荀子说学习应从诵读诗书开始，最后学习礼制，学习到了礼这一层面就要结束了。孟子说动容在礼制之中周旋的，就是最大的道德。孔子说用立法来宣教，有了礼法就会安定。以礼法治国那里存在呢？我赘述那些名士们，在自己身上，不合礼制的举动也要偶尔出现，不合礼制的事情也偶尔会发生，只是不敢放荡不守礼法，私下里将自己附着在乡党之中，也是没有办法的事情。

而足下乃取文以载道之卮言，致其推崇，前书方以言道自张，为前哲之病，而足下更为此说，是重吾过也。足下又谓苦学彦升、季友而不能近，以致词气生涩，非能入汉。夫太白俯首宣城而不珍建安，子美诗亲子建而苦学阴、何，智过其师，事有天授，故足下之近汉也得于天，而好彦升、季友由于学。

【译文】而您竟然采取“文以载道”的自然无心之言，对其十分推崇，前边的书信谈论大道自然伸张，是前代哲人的弊病，而您反而更加力主这种说法，这就是加重我的罪孽了。您又说苦于学习任昉、傅亮而无法与之接近，以至于言辞生涩，连汉人的水平都达不到了。李白佩服谢朓而不够重视建安文学，杜甫的诗作与曹植接近，也苦于学习何逊、阴铿，而在学习上喜好任昉、傅亮。

然彦升、季友独到之处，亦汉人所无，足下好之，无庸更疑也。至询及晋卿往复论文之旨，足下疑世臣之别有秘密乎。晋卿古文之学出于其舅氏张皋文先生。皋文受于刘才甫之弟子王悔生，盖即熙甫、望溪相承之法，而晋卿才力桀骜，下笔辄能自拔。然世臣识晋卿时，晋卿未弱冠，迄今二十年，每论文，则判然无一语相合，而读其文则必叹赏无与比方。晋卿亦以世臣一览便见其深，每有所作，必以相示，不以论议殊途为意，是殆所谓能行者未必能言也。又询及选学与八家优劣，及国朝名人，孰为近古。

【译文】然而任昉、傅亮的独到之处，也是汉代人所没有的，您十分喜好这个，也毋庸置疑。至于询问到董士锡的往复论文的旨意，您怀疑我还有别的秘诀吗？董士锡的古文是从他的舅舅张惠言那里学来的。张惠言受教于刘大櫆的弟子王灼，也就是归有光、方苞的桐城派一脉相承的方法，但是董士锡才力雄奇，下笔还能自拔。然而我认识董士锡的时候，他还没有成年，到现在已经二十年了，每当作文，就决然没有一句话可以相契合，而读他的文章就肯定会赞叹无与伦比。董士锡也是我一看就能知道其深意的，每当有作品，就会给我看，不因为议论不同，这就是所谓的能践行但是未必能够用语言文字表达了。又询问《文选》学和唐宋八大家的优劣，以及我朝的名人谁更加接近古代的风格。

夫《文选》所载，自周秦以及齐梁，本非一体，八家工力至厚，莫不沈酣于周秦两汉子史百家，而得体势于韩公子、《吕览》者为尤深。徒以薄其为人，不欲形诸论说，然后世有识饮水辨源，其可掩耶。自前明诸君，泥子瞻文起八代之言，遂斥选学为别裁伪体，良以应德、顺甫、熙甫诸君，心力悴于八股，一切诵读，皆为制举之资，遂取八家下乘，横空起议，照应钩勒之篇，以为准的，小儒目眯，前邪后许，而精深闳茂，反在屏弃，于是有反其道以求之者。

【译文】《文选》所收录的，自从周秦直到齐梁时代，本来就不是一种文体，八家功力十分深厚，都沉迷在周秦两汉子史百家之中，而在韩非、《吕氏春秋》那里获得了许多体裁、气势上的心得。只能是轻视他们的为人，不想在议论上说他们，然后世间才知道饮水思源，这是可以掩盖的吗？明代的各位文章家，拘泥于苏轼文章奋起八代的衰颓之势的说法，于是斥责《文选》学是伪学，实在是由于唐顺之、茅坤、归有光等各位，醉心力于八股文，所有的诵读文章，都成为科举考试的内容，于是八家的地位下降，只能照应勾勒的篇章，作为标准了。小小儒生眼光狭窄，面前非议背后赞许，而深厚的宏大旨意，反而被摒弃了，于是有人反其道来进行追求。

至谓八家浅薄，务为藻饰之词，称为选学，格塞之语，诩为先秦。夫六朝虽尚文采，然其健者，则缓急、疾徐、纵送、激射，同符《史》《汉》，貌离神合，精彩夺人。至于秦汉之文，莫不洞达骀宕，刿目怵心。间有语不能通，则由传写讹误，及当时方言。以此为师，岂为善择。退之酷嗜子云碑版，或至不可读，而《书说》健举浑厚，宜为宗匠。子厚劲厉无前，然时有摹拟之迹，气伤缜密。永叔奏议，怵怛明畅，得大臣之体，翰札纡徐易直，真有德之言，而序记则为庸调。

【译文】至于说八家浅薄，以修饰辞藻为务称之为“《选》学”，阻滞的言论，自诩为先秦的古风。六朝虽然崇尚文采，但是其中的健硕的，也有缓急、疾徐、纵送、激射之分，和《史记》、《汉书》是契合的，貌合神离却显示出精彩夺目的样子。至于秦汉的文章，没有不通达洞见使人舒畅的，触目惊心。偶尔也会有不通顺的，则是由于传写过程中造成的讹误所致，以至于影响了当时的方言。将这些作为老师，难道是好的选择吗？韩愈十分喜欢扬雄的文章，但是有时也读不通，而其《书说》雄健后浓厚，可以作为遵循的标准。柳宗元文风凌厉无比，但是偶尔也会有模仿的痕迹，气势实际上被缜密所伤害。欧阳修的奏议，谨慎明快，得到了大臣的文体的精髓，其文墨作品屈从于直言，都是极具德行的言辞，而其所作序、记都很普通。

明允长于推勘，辨驳一任峻急。介甫词完气健，饶有远势。子固茂密安和，而雄强不足。子瞻机神敏妙，比及暮年，心手相忘，独立千载。子由差弱，然其委婉敦缛，一节独到，亦非父兄所能掩。足下试各取其全集读之，凡为三百年来选家所遗者，大抵皆出入秦汉，而为古人真脉所寄也，其与选学殊途同归。贵乡汪容甫颇有真解，惜其骛逐时誉，耗心饾饤。然有至者，固足为后来先路矣。

【译文】苏洵擅长推理磨戡，辨驳事理就放人急峻起来。王安石词章气势雄健，很有远见。曾巩文章绵密平和，但是雄奇不足。苏轼匠心独具十分神妙，到了晚年，能够做到忘乎一切，千百年难得。苏辙比较差，但是叙事委婉，也有其独到之处，也不是其父兄可以掩盖的。您尝试将以上这些人的全集拿来读，这都是三百年来《文选》学所遗留下的，大致上都出入秦汉风气，而确实是古人风气文脉寄托的所在，和《文选》学路不一样，但是目的一致。您乡里的汪中有很多真知灼见，可惜为人桀骜追逐名利，在对其辞藻方面费心不少。但是如果有十分完美的，固然就足以为后来者开风气了。

国初名集，所见甚鲜，就中可指数者，侯朝宗随人俯仰，致近俳优。汪钝翁简点瞻顾，仅足自守。魏叔子颇有才力，而学无原本，尤伤拉杂。方望溪视三子为胜，而气仍寒怯。储画山典实可尚，度涉市井。刘才甫极力修饰，略无菁华。姚姬传风度秀整，边幅急促。张皋文规形抚势，惟说经之文为善。恽子居力能自振，而破碎已甚，碑志小文，乃有完璧。凡此九贤，莫不具标能擅美，独映当时之志，而盖棺论定，曾不足以塞后人之望。白驹过隙，来者难诬。足下齿方弱冠，秀出时流。然生材非难，成材为难。惟望以世臣之荒落为鉴，及时自效，则斯文之幸也。

【译文】国初有名的文集，十分少见，其中可以细细数来的有，侯方域随着人群浮沉，有点近似俳优。汪琬瞻然可观，但是只能自守文章事业。魏禧很有才力，但是学习没有本原，有些拉拉杂杂。方苞比以上这三位要胜出，但是气势仍然不足。储大文典雅可以尊尚，但是又有市井之气。刘大櫆尽力修饰，一点菁华都没有。姚鼐风气修理工整，但是边幅有些急促。张惠言重视规划形势，只是解说经文的文章最好。恽敬才力足以自相振作，但是已经十分破碎了，碑传之类的小品文，才能见到全貌。以上这九位，都是标榜才能擅长撰美文，只是反映当时的志向，最后盖棺定论，也不足以满足后人的要求。时光飞逝如白驹过隙，后来者是难以诉说的。您年纪正盛，在同辈之中已经十分杰出。但是天生才气不难，成为人才却很难。只希望能以为的落魄处境作为借鉴，及时努力，那就是斯文的大幸事的。

刘　开

刘开，清桐城人，字明东，号孟塗，诸生。从姚鼐游，工诗、古文，与同门方东树、梅曾亮、管同称“方刘梅管”。家贫，公卿间，声名日盛，而以士节自持，有《刘孟塗诗文集》。

【译文】刘开是清代桐城人，字明东，号孟塗，生员。他跟从姚鼐游学，和同门方东树、梅曾亮、管同合称为“方刘梅管”。刘开家中贫困，在公卿之间声望美名日渐繁盛，但是他因为士人的节操而自我节制，著有《刘孟塗诗文集》。

与阮芸台宫保论文书

本朝论文，多宗望溪，数十年来，未有异议。先生独不取其宗派，非故为立异也，亦非有意薄望溪也，必有以信其未然而奋其独见也。夫天下有无不可达之区，即有必不能造之境；有不可一世之人，即有独成一家之文。此一家者，非出于一人之心思才力为之，乃合千古之心思才力变而出之者也。非尽百家之美，不能成一人之奇；非取法至高之境，不能开独造之域。此惟韩退之能知之，宋以下皆不讲也。五都之市，九达之衢，人所共由者也；昆仑之高，渤海之深，人必不能至者也，而天地之大有之。锦绣之饰，文采之辉，人所能致者也，云霞之章，日星之色，人必不能为者也，而天地之大有之。夫文亦若是而已矣。无决堤破藩之识者，未足穷高邃之旨；无摧锋陷阵之力者，未足收久远之功。纵之非忘，操之非勤。夫宇宙间自有古人不能尽为之文，患人求之不至耳。众人之效法者，同然之嗜好也。同然之嗜好，尚非有志者之所安也。

【译文】本朝的论文，多以方苞为鼻祖，数十年以来，没有人提出异议。先生您独独不这样认为，并非是为了标新立异，也不是故意要贬斥方苞，一定是有自己独到的见解相信不是这样。天下原本就没有无法到达的地方，但是一定会有无法到达的境界；有不可一世的人，也就有自成一家的文章。这里所说的“一家”，并不是出自于自己一个人的文才心思作出文章，而是合众人之心力才思才能作成。在没有穷尽诸子百家的美善之前，也就无法成就自己一个人的奇特；在没有达到至高境界之前，也就无法自己开门立户别开生面。这些只有韩愈自己知道，宋以后的人都不说了。大都市中的通衢大道，是人们都要走的路；昆仑高山、渤海深洋，就不是每一个人都能达到的了。但是以天地的宽广却能够包含这些高山深海。锦绣的壮装饰使得文采熠熠生辉，人们都能做得到，像云霞一样的文章，呈现出来日月之色，就不是每个人都能达到的境界了，而在广阔的天地之中则包含着这一切。文章跟这是一个道理。没有决堤坝破藩篱的见识，就没有办法穷尽高远的意旨；没有无坚不摧冲锋陷阵的力气，也没有办法收到长远的效果。放掉它并非由于忘怀，控制它也并不勤苦。宇宙之间自然存在古人没有办法写尽的文章，只是恐怕人们没有办法找到而已。众人纷纷效法，是因为有想通过的爱好。即便有相同的爱好，如果没有远大的志向也是无法做到的。

夫先生之意，岂独无取于望溪已哉，即八家亦未必尽有当也。虽然，学八家者卑矣，而王遵岩、唐荆川等皆各有小成，未见其为尽非也。学秦汉者优矣，而李北地、李沧溟等竟未有一获，未见其为尽是也。其中得失之故，亦存乎其人，请得以毕陈之。

【译文】您的意思难道是说不取方苞而已吗，即便是唐宋八大家也是有他们的不当之处的。即便如此，学八家者就卑微了，而王慎中、唐顺之德国都各有所小成，也没有说他们一点毛病也没有。学习秦汉者较之来说比较得天独厚，但李梦阳、李沧溟等人竟然一无所获，也不是一点毛病都没有的。其中得失的原因，完全在于人，请让我在这里详细陈述。

盖文章之变，至八家齐出而极盛；文章之道，至八家齐出而始衰。谓之盛者，由其体之备于八家也，为之者各有心得，而后乃成为八家也；谓之衰者，由其美之尽于八家也，学之者不克远溯而亦即限于八家也。夫专为八家者，必不能如八家。其失有三：韩退之约六经之旨，兼众家之长，尚矣。柳子厚则深于《国语》，王介甫则原于经术，永叔则传神于史迁，苏氏则取裁于《国策》，子固则衍派于匡、刘，皆得力于汉以上者也。今不求其用力之所自，而但规仿其辞，遂可以为八家乎？此其失一也。汉人莫不能文，虽素不习者，亦皆工妙，彼非有意为文也。忠爱之谊，悱恻之思，宏伟之识，奇肆之辨，诙谐之辞，出之于自然，任其所至而无不咸宜，故气体高浑，难以迹窥。八家则未免有意矣。夫寸寸而度之，至丈必差。效之过甚，拘于绳尺而不得其天然。此其失二也。自屈原、宋玉工于言辞，庄辛之说楚王，李斯之谏逐客，皆祖其瑰丽。及相如、子云为之，则玉色而金声；枚乘、邹阳为之，则情深而文明。由汉以来，莫之或废。韩退之取相如之奇丽，法子云之闳肆，故能推陈出新，征引波澜，铿锵镗石，以穷极声色。柳子厚亦知此意，善于造练，增益辞采，而但不能割爱。宋贤则洗涤尽矣。夫退之起八代之衰，非尽扫八代而去之也，但取其精而汰其粗，化其腐而出其奇，其实八代之美，退之未尝不备有也。宋诸家叠出，乃举而空之，子赡又扫之太过，于是文体薄弱，无复沉浸醲郁之致，瑰奇壮伟之观。所以不能追古者，未始不由乎此。夫体不备不可以为成人，辞不足不可以为成文。宋贤于此不察，而祖述之者，并西汉瑰丽之文而皆不敢学。此其失三也。

【译文】文章的变化，到唐宋八大家出齐之时到达极盛；文章之道，也是到八家齐出之时开始衰落的。说极盛，是由于文体尽含在八家之中，他们各有心得，然后才成为八家；说衰落，是由于美文都是八家所作，学习他们的人只能远远跟在后边而无法超越。专门学习八家文风者，肯定不如八家。其中的失误有三点：韩愈简约了六经的主旨，兼采各家所长，真是高明。柳宗元对于《国语》的研治很精深，王安石则探究经术欧阳修著述史书能得到司马迁的神韵，苏氏则取裁于《战国策》，曾巩衍化于匡衡、刘向，他们都于汉以上的著述十分精深。现在的人不去推求他们所关注的主要内容，只知道一味模仿其文词，难道能成为八家吗？这是失误之一。汉代人都能作文，虽然平素不进行修习的，也可以做到工巧，他们并不是真心有意作文的。忠爱的情谊，缠绵悱恻的思念，宏伟的见识，奇异纵横的辩论，诙谐的言辞，都是出于自然。不管他们写到哪里，没有不合适的，所以文气高尚浑厚，难以探究。八家也不免于有意了。按照一寸一寸来度量，到一丈必然有误差。效仿的太过分，就会拘泥于标准而无法得到天然了，这是第二个失误的地方。自从屈原、宋玉擅长言辞，庄辛说楚王，李斯谏逐客令，都开辟了瑰丽的文辞。等到司马相如、扬雄作文，就生出一种如玉的色彩，如金属一样的声韵；枚乘、邹阳再作文，则感情深挚含义明白。从汉代以后，就没有这样的人，文风也有所衰颓。韩愈采取司马相如的奇丽，效法扬雄的宏大纵横，所以才能推陈出新，旁征博引，作出如铿锵镗石一般犀利的文章来，并且能够穷尽其中的声韵色彩。柳宗元也深刻了解这一点，他善于遣词造句，增加自己的文采，反而不能割舍掉自己所喜好的词句。宋代的贤人么就洗涤殆尽了。韩愈振作文章八代的衰颓之势，并非将八代的弊病完全扫去，只不过采取那些精妙的舍弃哪些粗略的，之所以韩愈能够化腐朽为神奇，成全文章八代之美，并不是毫无尊准备的。宋代各家络绎而出，想重振此风，但是又很空泛，苏轼又清除的太过，于是文体薄弱，再也不能出现浓郁丰厚、瑰丽豪壮奇伟的文章极致了。之所以不能远追古人，未尝不是由此开始的，文体不具备就没有办法成为真正的文人，辞藻不足也不能成为文章。宋代的贤者们没有注意到这一点，而他们所遵从的，连西汉的瑰丽文章都不敢学习，这是其第三个失误的地方。

且彼嘉谟谠议，著于朝廷，立身大节，炳乎天壤，故发为文辞，沛乎若江河之流。今学之者，无其抱负志节，而徒津津焉索之于字句，亦末矣。此专为八家者，所以必不能及之也。然而有志于为文者，其功必自八家始。何以言之？文莫盛于西汉，而汉人所谓文者，但有奏对封事，皆告君之体耳。书序虽亦有之，不克多见。

【译文】而且美好的谋略，刚正的议论，在朝廷上出现，是从立身的大气节出发，必将彪炳于天地之间，所以发出言辞，充沛地好像江河的水一样。现在的学者，没有什么抱负志气，只不过探索写字句，也是微末的小道而已。这就是专门学习八家的，所作肯定不如八家的原因了。但是对于那些有做文章志向的人来说，他的功劳必须要从八家开始。为什么这样说？文章之盛，莫过于西汉，但是汉人所谓的"文"，只有奏对封事，都是一些和君主交流的文体。给书写序虽然也有，但毕竟还不多见。

至昌黎始工为赠送碑志之文，柳州始创为山水杂记之体，庐陵始专精于序事，眉山始穷力于策论。序经以临川为优，记学以南丰称首。故文之义法，至《史》、《汉》而已备；文之体制，至八家而乃全。彼固予人以有定之程式也。学者必失从事于此，而后有成法之可循。否则虽锐意欲学秦汉，亦茫无津涯。然既得门径，而犹囿于八家，则所见不高，所挟不宏，斯为明代之作者而已。故善学文者，其始必用力于八家，而后得所从入；其中又进之以《史》、《汉》，而后克以有成。此在会心者自择之耳。然苟有非常绝特之才，欲争美于古人，则《史》、《汉》犹未足以尽之也。夫《诗》、《书》，退之既取法之矣。退之以六经为文，亦徒出入于《诗》、《书》，他经则未能也。

【译文】到韩愈开始擅长赠送碑志一类的文体，柳宗元则创始了山水杂记的体裁，欧阳修专精于叙事，苏氏则在策论方面十分用力。给经书作序以王安石为最好，记录学术渊源以曾巩为最优。所以作文的义理、方法，到《史记》、《汉书》时已经齐备了；文章的体制，要到八大家时期才最终形成。他们肯定对别人有一定的要求。学者们肯定在这个问题上出现了失误，以后就有成法可供遵循了。否则的话，虽然锐意想学子前汉文章，也必然茫茫然无所措。但是既然已经的到了治学的门径，后来却拘泥于八家的成式，可见其见识并不高明，所学到的并不广博，这就是明代的作文者了。所以说善于学习文章的人，其一开始肯定会孜孜不倦地学习八大家文章，然后才能进入一片广阔天地；其中还有通过修习《史记》、《汉书》后来终于获得成功的。这就完全在于是否能够领会精神了。但是即使是有天资聪颖的人才，相和古人争夺美名，那么《史记》、《汉书》似乎就不足以依凭了。《诗经》、《尚书》，韩愈是从中获取方法的。他将六经的精神融入文章，但是也只是从《诗经》、《尚书》来获取，其他的经书他就没有精通。

夫孔子作《系辞》，孟子作七篇，曾子阐其传以述《大学》，子思困于宋而述《中庸》，七十子之徒，各推明先王之道以为《礼记》。岂独义理之明备云尔哉？其言固古今之至文也。世之其好学者，必实有得于此，而后能明道以修辞。于是乎从容于《孝经》以发其端，讽诵于典谟训诰以庄其体，涵泳于国风以深其情，反复于变雅、《离骚》以致其怨。如是而以为未足也，则有《左氏》之宏富，《国语》之修整，益之以《公羊》、《穀梁》之情深。

【译文】孔子作《系辞》，孟子作七篇，曾子阐发其所流传作有《大学》，子思困于宋而作《中庸》，孔子七十弟子，各自推衍先王的大道作《礼记》，难道仅仅是为了申明大义以备不时之需吗？他们所讨论的是古今最好的文章。世间喜好这些文章者，肯定能从其中学到一些东西，然后能申明大道作修辞之用。于是从容不迫地从《孝经》发端，讽诵各种典章制度体裁，涵泳《诗经》来加深自己的情感，反复于大雅、小雅，《离骚》充分发挥出其幽怨。如果这样还不满足，那么还有《左传》的宏大丰厚，《国语》的修整，加之《公羊传》、《穀梁传》那样加深感情。

如是而以为未足也，则有《大戴记》之条畅，《考工记》之精巧，兼之以荀卿、扬雄之切实。如是而又以为未足也，则有老氏之浑古，庄周之骀荡，列子之奇肆，管夷吾之劲直，韩非之峭刻，孙武之简明，可以使之开涤智识，感发意趣。如是术艺既广，而更欲以括其流也，则有《吕览》之赅洽，《淮南》之瑰玮，合万物百家以泛滥厥辞，吾取其华而不取其实。如是众美既具，而更改以尽其变也，则有《山海经》之怪艳，《洪范传》之陆离，《素问》、《灵枢》之奥衍精微，穷天地事物以错综厥旨，吾取其博而不取其侈。

【译文】如果这样还嫌不足的话，则有《大戴礼记》的条理清晰流畅，《周礼·考工记》的精巧，综合荀子、扬雄的切实。如果这样还嫌不足的话，则有老子的浑朴古风，庄子的放纵恣肆，列子的奇异纵心，管子的刚直有力，韩非的峭正尖刻，孙子的简明扼要，可以开启智慧，引发兴趣，而更能促使人想概括他们的源流，则有《吕览》的完备适中，《淮南子》的瑰丽奇伟，综合万事万物诸子百家采取辞藻，我辈采取其中的华美而不取其朴实的。这样的话，众家之长都被聚拢在一起，然后进行创造，则有《山海经》的离奇古怪，《洪范传》的光怪陆离，《素问》、《灵枢》的奥妙精微，究极天地万物来综合考索，我辈取其中博通的部分而不去其过分奢华的部分。

凡此者，皆太史公所遍观以资其业者也，皆汉人所节取以成其能者也。以之学道，则几于杂矣；以之为文，则取精多而用愈不穷，所谓聚千古之心思才力而为之者也。而变而出之，又自有道。食焉而不能化，犹未足为神明其技者也。有志于文章者，将殚精竭思于此乎？抑上及《史》、《汉》而遂已乎？将专求之八家而安于所习乎？夫《史》、

《汉》之于八家也，其等次虽有高低，而其用有互宜，序有先后，非先生莫能明也。且夫八家之称何自乎？自归安茅氏始也。韩退之之才，上追扬子云，自班固以下皆不及，而乃与苏子由同列于八家，异矣。韩子之文，冠于八家之前而犹屈；子由之文，即次于八家之末而犹惭。使后人不足于八家者，苏子由为之也；使八家不远于古人者，韩退之为之也。

【译文】凡以上种种，都是司马迁都遍观过来辅助自己创作《史记》之用的，都是汉代人在其中节取并最终能够成就其事业的。这样来学习道，近乎于驳杂了；用这样的方法来作文，则应该采取精要越多越是受用不尽，所谓聚集千百年的心理才思来作文。而又能从其中有所创见，还有自己的一套白办法。吃东西又怎么能不消化呢，还是没有完全掌握这门技巧。有志于文章的人，还要竭尽思虑在这上边吗？还是以上的《史记》、《汉书》已经竭尽了呢？还要专门求教于八大家的文章而安心修习吗？《史记》、《汉书》和的八大家相比，等级各有高低，而且在具体使用过程中还能相互参详，序有先有后，只有先生你能明了其中的厉害关系。而且八大家的称呼是从哪里来的呢？是从归安茅坤那里开始的。韩愈的才气，往上直追阳西欧冠，从班固以下都比不上他，才仅仅和苏轼等人同列于的八大家之列，很奇怪啊。韩愈的文章，即便是列于八大家之首也还是很委屈的；苏辙的文章，即便是列于八大家末尾也还是惭愧的。假如后人贬低八大家，那就是因为苏辙的关系；相反使得八大家能和古人相提并论的，就一定是韩愈的原因了。

吾乡望溪先生，深知古人作文义法，其气味高淡醇厚，非独王遵岩、唐荆川有所不逮，即较之子由，亦似胜之。然望溪丰于理而啬于辞，谨严精实则有余，雄奇变化则不足，亦能醇不能肆之故也。夫震川熟于《史》、《汉》矣，学欧、曾而有得，卓乎可传，然不能进于古者，时艺太精之过也，且又不能不囿于八家也。望溪之弊与震川同。先生所不取者，其以此与？然其大体雅正，可以楷模后学，要不得不推为一代之正宗也。

【译文】我同乡方苞，深刻地知晓古人作文的方法，他的文章意蕴高淡淳厚，除非王慎中、唐顺之才比得上，即就和苏辙比较也还似乎略胜一筹。但是方苞对于文辞太过吝啬，严谨精确有余而雄奇变化不足，也就是他的文章能够淳厚但无法飘逸的原因了。归有光熟悉《史记》、《汉书》，学习欧阳修、曾巩而有所得，确实很高明，但没有办法和古人相提并论，是由于他受八股文的影响太深，所以又不能不拘泥于八大家。方苞的弊病和归有光是一样的。先生所不取的，是和这个理由一样吗？然而他文章的大体还是高雅工整的，也足可以作为后世学习的楷模了，所以才不能不把他推选为一代宗师了。

梅曾亮

梅曾亮，清上元人，字伯言，道光进士。官户部尚书，古文绍姚鼐之传，为一世推服，告归。主扬州书院，有《柏岘山房文集》。

【译文】梅曾亮是清代上元人，字伯言，道光年间进士。官至户部尚书，他的古文继承姚鼐的风格，被当世所推崇、钦佩。辞官归家后，他执掌扬州书院，著有《柏岘山房文集》。

论文七则

管异之文集书后

曾亮少好为骈体文，异之曰："人有哀乐者，面也，今以玉冠之，虽美，失其面矣。此骈体之失也。"余曰："诚有是。然《哀江南赋》、《报杨遵彦书》，其意固不快耶？而贱之也？"异之曰："彼其意固有限，使孟、荀、庄周、司马迁之意，来如云兴，聚如车屯，则虽百徐、庾之词，不足以尽其一意。"余遂稍学为古文词。异之不尽谓善也，曰："子之文病杂，一篇之中，数体驳见。武其冠，儒其服，非全人也。"余自信不如信异之深，得一言为数日忧喜。

【译文】我年轻的时候喜欢作骈体文，管异之说："人都有悲哀、欢乐，这是面相，现在给他戴上玉作的帽子，虽然很美丽，但是失去了本来的面目。这就是骈体文的失误之处。”我说：“确实是这样的。但是庾信的《哀江南赋》、徐陵的《报杨遵彦书》，其中的意境难道不是很痛快吗？为什么要轻视它呢？”管异之说：“这些人的已经确实是很有限的，假使孟子、荀子、庄子、司马迁的意境，就像云气出现，像车辆聚集在一起，那么即便有徐陵、虞信一百篇骈文，也没有办法说尽其中的意思。”我于是稍为学习古文词章。管异之不完全赞同，说：“你的文章弊病在于庞杂，一篇文章之中，好几种体裁交替出现。带着武士的冠冕，穿着儒生的衣服，很明显不是一个完整的人。”我自信自己不会像管异之说的那样犯这么大的毛病，听了一句话就会忧虑或高兴好几天。

舒伯鲁集序

凡诗阅一二字，可意得其全句者，非佳诗也。文气贵直而其体贵屈，不直则无以达其机，不屈则无以达其情，为文词者，主乎达而已矣。

【译文】凡是诗歌看上几个字，就可以体会到整句的意思，就不是好诗。文气以正直文体以委婉为贵，不正直的没有办法通达其中的要旨，不委婉没有办法通达其感情，写文辞的，只是以通达作为主要目的。

送陈作甫序

文有世禄之文，有豪杰之文。模山记水，叙述情事，言应《尔雅》，如世家贵人，珍器玩好，皆中度程，应故实，此世禄之文也。开张王霸，指陈要最，前无所袭于古，而言当乎时，论不必稽于人，而事核其实，如鱼盐版筑之夫，经历险阻，致身遭时，虽居庙堂之上，匹夫匹妇之嚬笑，可得而窥也，此豪杰之文也。

【译文】文章之中有世禄的文章，有豪杰的文章。模仿记录山水，叙述情态事务，言语应对《尔雅》，就像世家贵人，珍宝玩物，都切中符合法度程式，所以应该符合事实，这就是世禄的文章。张大王道霸道，指出陈述其中的要旨，前人没有蹈袭于古人，而言辞符合当下的时势，就一定不会蹈袭古人，而事情核实，就像贩卖鱼盐修筑房屋的走卒工匠一样，经历许多险阻，置身于当世之中，虽然在庙堂之上，则普通人的欢喜也可以窥见，这就是豪杰的文章。

姚姬傅先生尺牍序

先生尝与学者为文，不可有注疏语录即尺牍之体，有别于文矣。

【译文】先生曾经和学者讨论写文章，不能有注疏、语录以及尺牍的体裁，这是有别于文的体裁。

与孙芝房书

古文与他体异者，以首尾气不可断耳。有二首尾焉，则断矣。退之谓六朝文杂乱无章，人以为过论。夫上衣下裳相成而不复也，故成章。若衣上加衣、裳下有裳，此所谓无章矣。其能成章者，一气者也。欲得其气，必求之于古人，周、秦、汉及唐、宋人文，其佳者皆成诵乃可。夫观书者，用目之一官而已，诵之则入于耳，益一官矣，且出于口，成于声，而畅于气。夫气者，吾身之至精者也。以吾身之至精，御古人之至精，是故浑合而无有间也。国朝人文，其佳者固有得于是矣，诵之而成声，言之而成文。而空疏寡情实者盖亦有焉，则闻见少而蓄理不富也。

【译文】古文和其他文体不一样的，因为首尾的气势不能中断。有两个首尾的，就中断了。韩愈说六朝的文章杂乱无序，人们都认为他议论过度。上身穿衣，下身着裳，相辅相成的现象不再重复，才能成为篇章。如果在衣服之外再加衣服，裳下还穿着裳，这就是所谓的杂乱无章。其之所以能成为篇章，是因为能一气呵成。想得到这种气韵，一定要在古人那里寻求，周、秦、汉以及唐、宋时期的人文，其中好的都能记颂才好。看书的人，只用眼睛这一种器官，记诵就要进入耳朵，增加了一个器官，而其出自于嘴，形成声响，而能够畅达气韵。气韵就是我们自身最为精华的部分。用我们自身中最为精华的，来驾驭古人最为精华之处，因此才能浑然天成没有间隙。我朝的人文，其中好的固然有深刻理解此点的，念诵而形成声韵，谈说而形成文章。而空疏寡情的就很少了，因此见闻少就没有办法蕴含丰富的道理。

与姚柏山书

文章至极之境，非可骤喻以言有用，则论事者为要耳。宋人文明健酣适，然时失之冗。战国策士文，可谓雄矣，然抑扬大甚，有矜气，令人生不信心。简而明，多而不令人厌生者，惟汉人耳。苟得其意，而为宋人之文从字顺，论事之道，莫善于是矣。

【译文】文章至极的境界，不是以比喻等内容为有用，而是以议论为要旨。宋人的文章明白稳健酣畅适当，但是有繁冗的毛病。战国策士们的文章可谓是雄奇了，但是抑扬的太过，有骄矜的神气，叫人产生不相信之心。简洁明快，繁多但是不让人生厌的，只有汉代人能做到。如果能得到其中的大意，同时能做到宋人那样文从字顺，议论的方法，莫过于以此最为美妙。

与朱丹木书

文章之事，莫大乎因时。立吾言于此，虽其事之至微，物之甚小，而一时朝野之风俗好尚，皆可因吾言而见之。使为文于唐贞元、元和时，读者不知为贞元、元和人，不可也；为文于宋嘉祐、元祐时，读者不知为嘉祐、元祐时人，不可也。韩子曰：“唯陈言之务去。”岂独其词之不可袭哉？夫古今之理势，固有大同者矣；其为运会所移，人事所推演，而变异日新者，不可穷极也。执古今之同而概其异，虽于词无所假者，其文亦陈矣。

【译文】文章的事情，最大莫过于凭借时势。我将自己的话记在这里，对然事情十分细微，事务虽然很小，而一时之间朝野风俗的爱好，都可以在我这些话中见到。假使在唐代贞元、元和年间作文，读者不知道什么是贞元、元和间的人，是不行的；在宋代宋嘉祐、元祐之时，读者不知道宋嘉祐、元祐时的人是怎样的，也不行。韩愈说：“那些陈旧言辞必须被废去”难道只有其中的言辞是不能沿袭重蹈的？按照古今的情理和形势，本来就有很多十分相似之中；其因为世运际会的变化，而变化每天都是新鲜的，没有办法究极。用古人的相似之处而概括其不同，虽然不借助它们，也是陈旧的文辞。

吴敏树

吴敏树，清巴陵人，字本琛，号南屏，道光举人，官浏阳训导，工古文辞。初游京师，往还梅曾亮处，甚相得，然论文不主桐城派之名。卒其所得，与姚氏无乎不合，有《柈湖诗文集》。

【译文】吴敏树是清代巴陵人，字本琛，号南屏，是道光年间的进士，曾做过浏阳训导，擅长古文。一到京师，吴敏树就和梅曾亮相互来往，都得到很大启发，但是论文却不以自己为桐城派的名号。但是最终的所得，和姚鼐没有相符合的，著有《柈湖诗文集》。

与筱岑论文派书

承复寄示才郎功甫遗稿，令更审存。老弟前年所圈别处，今覆之，诚不免过隘。盖使功甫而在，弟以是绳之，以持文章家论，犹可也。今遗稿无几，而多没之，则使人不尽见其所用心，宜兄之有阙然也。研生老兄所点存，实皆足以问之当世，就以此本付刊良可。至卷首曾侍郎一序，其文甚奇纵，有伟观，而叙述源流，皆以发功甫平生之志意。然弟于桐城宗派之论，则正往时所欲与功甫极辩而不果者，今安得不为我兄道之。

【译文】承蒙您寄来欧阳勋的遗稿，叫我审定保存。你前年所圈改的地方，重新再看，也难免有过于狭隘之处。如果欧阳勋还在世，我肯定会进行审改，用来赞助文章家的观点，也是可以的。现在遗稿没有多少，很多都湮没了，则没有办法让人全面了解其用心，兄台你那里估计也是有所缺略的。罗汝怀老兄所保存的，实在足以问世了。这个版本中进行刊刻就可以了。至于卷首曾国藩的序言，文章十分奇异纵横捭阖，有宏大的见解，而且叙述文章源流，都用来发明欧阳勋生平的志愿。但是我对于桐城派的论点，就是以往想要和欧阳勋尽力辩驳而没有结果的，现在又怎么能够不跟您说呢。

文章艺术之有流派，此风气大略之云尔，其间实不必皆相师效，或甚有不同；而往往自无能之人，假是名以私立门户，震动流俗，反为世所诟厉，而以病其所宗主之人。如江西诗派，始称山谷、后山，而为之图列，号传嗣者，则吕居仁。居仁非山谷、后山之流也。今之所称桐城文派者，始自乾隆间姚郎中姬传称私淑于其乡先辈望溪方先生之门人刘海峰，又以望溪接续明人归震川，而为《古文辞类纂》一书，直以归、方续八家，刘氏嗣之，其意盖以古今文章之传，系之已也。如老弟所见，乃大不然。姚氏特吕居仁之比尔，刘氏更无所置之；其文之深浅美恶，人自知之，不可以口舌争也。

【译文】文章伊苏自有其派别，这是大概的风气。其中实在是没有必要全都相互效仿、学习，有的有很大的不同；往往那些无能的人，就假借名义自立门户，震惊流俗，反而被世人所诟病，因而诟病宗主。比如江西诗派，开始时称道黄庭坚、陈师道，还绘制了图牒，号称要继承流传的，就是吕居仁。吕居仁本人和黄庭坚、陈师道并不属于同一品级、流别。现在被称之为桐城派的，开始于乾隆年间姚鼐声称私自受教于前辈方苞的门人刘大櫆，又将方苞续接明代的归有光，作《古文辞类纂》一书，直接使得归有光、方苞接续唐宋八大家，刘大櫆就是其后学，其大概的意旨在于将古今文章和自己产生关联。就像老弟你所看到的，其实完全不是这么回事。姚鼐还可与吕居仁相比。至于刘大櫆，则更是等而下之，在“派”中无法安置其位置了。他们文章的深浅美丑，看的人自己明白，不用耗费口舌进行争论。

自来古文之家，必皆得力于古书。盖文体坏而后古文兴，唐之韩、柳，承八代之衰；而力挽之于古，始有此名。柳不师韩，而与之并起。宋以后则皆以韩为大宗，而其为文所以自成就者，亦非直取之韩也。韩尚不可为派，况后人乎？乌有建一先生之言，以为门户涂辙，而可自达于古人者哉！

【译文】自古以来的古文家们，都必力攻古文。文体崩坏之后古文才兴起，唐代的韩愈、柳宗元，承接起文坛八代的衰运，力挽狂澜，才博得这样的称号。柳宗元没有师从韩愈，但是和韩愈一起兴起。宋代以后都把韩愈作为文章大家，而他的文章之所以能够自我成就，也并不是直接取自韩愈。韩愈尚且不能独立成为一派，更何况韩愈的后学呢？难道说随便建立起来一位文章家的言论，就把它当做门户的途径，凡是这样的，又能够直接续接古人的吗？

弟生居穷乡，少师友见闻之益，亦幸不遭声习濡染之害。自年二十时，辄喜学为古文。经、子、《史》、《汉》外，惟见有八家之书，以为文章尽于此尔；八股文独高归氏。已乃于村塾古文选本中见归氏一二作，心独异之。求访其集于长沙书肆中，则无有，因托书贾购之吴中。既得其书，别钞两卷，甲辰入都，携之行箧。不意都中称文者，方相与尊尚归文，以此弟亦妄有名字与在时流之末。此兄之所宿知也。又见《望溪文集》，亦欲钞之，而竟未暇。

【译文】我居住在穷乡僻壤，缺乏师友以及见闻的增长，但是也庆幸没有受到流俗的影响。二十岁时，突然喜欢做起古文来，除经书、诸子、《史记》、《汉书》外，只看八大家的书，认为文章已经被他们作到极致了。而归有光是其中做八股文的高手。后来再村里私塾的古文选本中看见归有光的一两篇朱总，感到十分奇怪。就自爱长沙的书坊市肆间访求归有光的文集，竟然没有，所以就托付书商到吴中无购买。得到书之后，我又另外抄录两部，甲辰年进京时，随着行李带在身边，当时正当世人尊崇归有光的文章，因此我的名字也偶然被附在时流的末尾。这是您所尽知的，又见到《望溪文集》，也想抄录，但是最终因为没有空闲而作罢。

盖归氏之文，高者在神境，而稍病虚，声几欲下；望溪之文，厚于理，深于法，而或未工于言。然此二家者，皆断然为一代之文，而莫能尚焉者也。其所以能尔者，皆自其心，得之于古，可以发人，而非发于人者。往时见功甫喜寻时人之论，称姚、刘之学，以为习于名而未稽其实，私欲进之；其于论诗，述梅伯言之说，云当自荆公人，尤为害道。此等言议，殆皆得之陈广尃。广尃才虽高，不能为文士，而论说多未当于人心。今侍郎序文所称诸人学问本末，皆大略不谬；独弟素非喜姚氏者，未敢冒称；而果以姚氏为宗，桐城为派，则侍郎之心，殊未必然。然弟岂区区以侍郎之言为枉，而急自明哉？惜乎不及与功甫究论之耳。

【译文】归有光的文章其高妙之处在于境界，但是声韵方面就稍微有一点毛病，声韵不是很高雅；方苞的文章，在于说理深刻，深得文法。但是这两家都孤单单为一代的文章，无人能超过他们。之所以能够这样，是因为他们都从自己内心出发，既从古人那里学习到东西，又可以自由发挥，发明前人所没有发现的东西。以前曾看见欧阳勋喜欢寻找当时人的论著，称赞姚鼐、刘大櫆的学问，以为处于名望的考虑而没有那样的实质，所以私下里去学习；对于讨论诗歌，叙述梅曾亮的言论，说自己是王安石后起，尤其违背大道运行。这一类的言论，都是从陈广尃那里来的。陈广尃才气虽高，但是不是文士，他的很多议论并不能满足于心灵。现在侍郎序文所称赞的各位学位大小，都大致没有什么问题；只有我平素就不喜欢姚鼐，不敢冒称自己为桐城派的一员；如果真的以姚鼐为宗师，以桐城派为自己的宗派，就完全没有必要了。但是我难道仅仅是认为侍郎的言语不准确，而急着自我表明态度吗？可惜来不及和欧阳勋探讨有关论文的问题了。

附录——王先谦曰：宗派之说，良为误人，此文足以开拓学者心胸。至论姚氏，未为允当。曾文正有致南屏书一通，附录于此云：‘去岁辱惠书，久未奉报。尊书以弟所作《欧阳生集序》中你引并世文家，妄将大名胪于诸君子之次，见谓不伦。李耳与韩非同传，诚为失当；然赞末一语曰，‘而老子深远矣。’子长胸中，固非全无泾、渭。今之属辞连类，或亦同科。

【译文】附录——王先谦说：宗派的说法，实在是害人不浅，这篇文章足以使得学者的心胸大为开阔。至于议论到姚鼐，则不很公允。曾国藩有一篇《致南屏书》，附录在这里："去年溽暑时节回赠我的来信，许久还没有回复。你所作的书用我所作的《欧阳生集序》中你引用世间文章家，企图扬名立万，这是不合规矩的。老子和韩非放在一个传中国，固然是不太恰当，但是司马迁在文末说：'而老子更加深远'难道是司马迁心中毫无区别对待的意思吗？现在的做文章往往联系同类，或者一起中举者。"

至姚惜抱氏，虽不可遽语于古之作者，尊兄至比之吕居仁，则亦未为明允。惜抱于刘才甫，不无阿私，而辨文章之源流，识古书之正伪，亦实有突过归、方之处。尊兄鄙其宗派之说，而并没其笃古之功，揆之事理，宁可谓平？至尊缄有云：‘果以姚氏为宗，桐城为派，则侍郎之心，殊未必然。’斯实搔著痒处。往在京师，雅不欲溷入梅郎中之后尘，私怪阁下幽人贞介，何必追逐名誉，不自闷惜！昔睹醆蔑之面，今知君子之心。吾乡富人畏为命案所汙累，至靡钱五百千，摘除其名。尊兄畏拙文将来援案据，何不捐输巨赀，摘除大名，亦一法也。见示诗文诸作，质雅劲健，不盗袭前人字句，良可诵爱。中如《书西铭讲义后》，鄙见约略相同。然此等处，颇难于著文。

【译文】对于姚鼐来说，虽然不能仓促之间说他是古文家，但是您将他比作吕居仁，就未免不那么公允了。姚鼐对于刘大櫆，不能说没有袒护，但是辨别文章源流，认识古文的正伪，确实是比归有光、方苞有过人之处的。您鄙视他的宗派之说，但是并没有埋没他好古的功劳，这样探究事理，能说是怀着公允的态度吗？皇上曾经说过：'如果以姚鼐为一代宗师，桐城为古文一派，则侍郎你的心态，就未必是这样了。'这确实是探究到了问题的实质。以前我在京师的时候，以不步梅曾亮的后尘作为一件雅事，私下里责怪阁下你为人耿直，又何必追名逐利，不是自寻烦恼吗？以前看见釜蔑的面目，才能知道君子的内心。我家乡那些夫人们怕被人命官司所连累，以至于出钱五十万，把自己的姓名抹去。您害怕文章将来会被原援引作为证据，为什么不拿出一大笔钱，把名字抹去呢？这也是一种办法。您给我看的诗文著作，文质高雅道劲，绝不抄袭前人，实在是令人喜爱读诵。其中如《书西铭讲义后》的粗略的见解大致相同。然而这些地方，都是很难属文的地方。

虽以退之著论，日光玉洁，后贤犹不免有微辞。故仆尝称古文之道，无施不可，但不宜说理耳。送人序，退之为之最多且善，然仆意宇宙间乃不应有此一种文体。后世生日有寿序，迁官有贺序，上樑有序，字号有序，皆此体滥觞，至于不可究诘。昔年作《书归熙甫文集后》，曾持此论，讥世人不能纠正退之之谬，而逐其波，而拾其渖，异时当就尊兄畅发斯旨。往岁见寄之书，似尚不逮今秋惠书暨复筱岑书之雅深。国藩自癸丑以来，久荒文字，去岁及今兹，作得十余首，都不称意，兹钞录五六首，奉呈教正。平生好雄奇瑰玮之文，近乃平浅无可惊喜，一则精神耗竭，不克穷探幽险，一则军中卒卒，少闲适之味。惟希严绳而详究之。诗则八年不作，今岁仅作次韵七律十六首，不中尺度。尊兄诗骨劲拔，迥越时贤，姚惜抱氏谓诗文宜从声音证人，尝有取于大历及明七子之风。尊兄睥睨姚氏，亦颇欲参用其说否？

【译文】虽然以汉语的著述论，像阳光一样闪耀，后代的贤人们还是不免有些微词。所以我曾经说过古文之道，没有什么是不能写的，只是不适宜说理。送别的序，韩愈写的最多也最好，但是我认为天地间应该不止只有这一种文体。后世的生日有贺寿的序，升官有贺序，房屋上樑也有序，开店铺也有序，都是这种文体的先导，以至于没有办法穷究。往年我所做的《书归熙甫文集后》，测光主张过这一点，讥讽世人不能就这个韩愈的弊病，反而随波逐流，俯拾其墨笔遗留，以后会就这一地啊向您发挥这样的意旨。以往您寄给我的书信，似乎还不及于今年秋天所寄书信那样高雅、深刻。我自从癸丑年以来，荒废学习时间太久了，去年到现在，才作了十几首诗，都不满意，在此抄录五六首给您请您指教。我平生爱好雄奇瑰丽的文章，文意浅近不足喜好，一来精力被虚耗，不能探究本原，二来军中诸事繁杂，没有空闲时间来品味。只希望能够严肃地进行比较、研究。八年不作诗，今年才作韵诗、七律诗十六首，不合乎规则尺度。您的诗风骨遒劲，远远超出当世贤者，姚鼐说诗文应该遵从声音来辩证其人，曾经也认可唐代大历年间以及明代七子的文风。您傲视姚鼐，是否也要参看他的说法呢？”

记钞本归震川文后

敏树自少读书，喜文事。弱冠忽若有悟文章之为者。读《易》《诗》《书》皆以文读之。自是落笔为时文，辄高异。而古文之道，且跃然其胸中矣。时文独高明之震川归氏，及我朝方舟百川，以为超绝。真得古人文章之意。间从塾童《古文观止选本》，见归氏文数篇，心独异之，思窥其全稿。而湖南书肆中无有。托书贾购之吴门以来，乃掇录其可喜者。以鄙意评骘，且叙论焉。

【译文】我从小读书，爱好作文。二十来岁时忽然若有所悟如何做文章。读《易》《诗》《书》时都以文章来读，从此以后下笔作文时，动辄气态高远。而古文之道，就跃然在胸中了。当时的文章只是看好归有光，以及我清朝的方舟，认为十分高超。真是得到古人文章的内含了。偶然间在私塾中看到《古文观止选本》上有几篇归有光的文章，内心是分惊异，想看他的全部文稿。但是湖南的书市上没有，我就委托书商在家江南去买，于是采摘、抄录其中我喜欢的。然后按着我的意思取评价、排布，而且叙上他所论的问题。

后以此本得名京师。世之谈古文家者，皆以余独宗仰归氏，桐城姚姬传氏《类纂》之绳墨，争欲观其钞本。邑子杜君仲丹，欲借此本刊刻行之。余弗许也，盖近时为古文以仿归氏，故喜为闲情眇状，摇曳其声，以取姿媚，以为归氏学史之遗。而文章始衰矣。余是以有《史记别钞》之选，欲正之也。韩子云：文无定体，惟其是而已。又曰：辞不备不可以成文。

【译文】后来在京师我因为这个选本闻名。时间谈论古文家的，都认为我以归有光为宗，桐城姚鼐《古文辞类纂》是作文的规矩，人们都争抢着要看这个抄本。我同乡杜仲丹，想借走这个抄本刊刻印行。我没有同意。近来世人作古文皆模仿归有光，所以有了闲情逸致，摇曳其声韵，以获取媚态，并认为是归有光学问的遗留。这样文章之道开始衰落了。我所以又有《史记别钞》，像改变这种邪风。韩愈说：“文章没有固定体例。”还说：“文辞不详备不能称之为文章。”

又曰：惟陈言之务去，戛戛乎其难哉？后百余年，宋有欧阳子，宗韩子为古文，而风神独妙，又非韩之所有。余以身居野逸，为文不免类欧，且喜且惭。归氏特与我同此性质耳。焉可为天下倡乎？欧有旧本韩文，珍之如异宝，而为文辄不类之，真豪杰矣。是可师也。余拟刊《史记》，本此姑置之。世有知古文之道者，虽不喜归氏可也。同治八年秋八月中秋前之六日，柈湖乐生翁记尾。

【译文】（韩愈）又说：“陈言务去，难道是很难的事情吗？”后来百年，宋代有欧阳修，以韩愈为宗学古文，而风格神态独独神妙，又不是韩愈可以做到的。我因为住在荒野之地，作文不免有点像欧阳修，真是又欢喜又惭愧。国有光和我是同样的类型。又怎么能作为天下文士的倡导，欧阳修就古本韩愈问扎根，珍贵地像宝贝一样，但是作文却一点也不像韩愈，这才是真正的豪杰。是可以作为老师向他求教的。我打算刊布《史记别钞》，本来的出发点就是这样。时间有了解做古文之道的，虽然不喜欢归有光也没有关系。同治八年秋八月中秋前之六日，柈湖乐生翁吴敏树记于文末。

张裕钊

张裕钊，清武昌人，字濂卿，道光举人，官内阁中书，主讲武昌经心院，工古文，受知于曾国藩，有《濂亭文钞》。

【译文】张裕钊是清代武昌人，字濂卿，道光年间的举人，官至内阁中书，在武昌经心院主讲，擅长古文，被曾国藩所器重，著有《濂亭文钞》。

答吴挚甫书

春间奉到往岁除夕惠书，承示已改官畿甸，将以儒者之学，泽我民萌，敬贺敬贺。六月初旬，李佛笙太守复递到三月晦一函，适裕钊有悼亡之戚，先期归里，一昔始来鄂城，匆匆未及报。所需姚氏评点《汉书》，一时未遑钞寄，请以异日可耳。来书过以文事见推，且虚怀谘度，谆谆无已，裕钊则何足以知此？虽然，既承下问，不敢不竭其愚。

【译文】春天的时候接到去年你寄给我的书信，信中说已改任京官，将会以儒学来教化民众，祝贺祝贺。六月初，李佛笙太守又寄来一篇三月将要会晤的书信，刚好我家中有人去世，就在此之前回到家中，然后才到鄂城县来，来去匆匆来不及写信告知。所需要的姚鼐点评的《汉书》，一时间没法寄给你，请求改日再寄。来信中以写作的事情推许，而其谦虚咨询，谆谆嘱咐不已，我又怎么知道呢？虽然这样，既然您不耻下问，我也不好有送保留了。

古之论文者曰：文以意为主，而辞欲能副其意，气欲能举其辞。譬之车然，意为之御，辞为之载，而气则所以行也。欲学古人之文，其始在因声以求气，得其气则意与辞往往因之而并显，而法不外是矣。是故契其一而其余可以绪引也。盖曰意，曰辞，曰气，曰法，之数者，非判然自为一事，常乘乎其机而绲同以凝于一，惟其妙之一出于自然而已。自然者，无意于是，而莫不备至，动皆中乎其节，而莫或知其然，日星之布列，山川之流峙是也。宁惟日星山川，凡天地之间之物之生而成文者，皆未尝有见其营度而位置之者也，而莫不蔚然以炳，而秩然以从。夫文之至者，亦若是焉而已。观者因其既成而求之，而后有某者某者之可言耳。夫作者之亡也久矣，而吾欲求至乎其域，则务通乎其微。

【译文】古人论文章说：文章以文意为主，而辞藻想要符合文意，气势如果想举起言辞，就像驾车一样，文意是驾驶，言辞是承载物，则文气就可以畅行了。想学习古文的文章，一开始要凭借着声韵来追求气势，得到其气势则文意和文辞往往同时因之而显达，而方法不外乎就是这样。所以提纲挈领其中之一其他的就都可以被引出。所以文意、文辞、气势、法度，都出乎自然。出乎自然的办法是在无意之间，但是没有不完备的。举动符合细节，或者不知道其其所以然，星罗棋布，山川流转之类的都是。凡天地之间的事务一出现就能成文的，都没有见过有排列不知的，但是全都蔚蔚然灿烂，而秩序井然。至高无上的文章，也不过如此。看的人凭借着完成的文章而追求其法，后来就有人能说清楚了。作者死去很久了，我还想追寻他所能到达的境界，就必须要通达各个细微的方面。

以其无意为之而莫不至也，故必讽诵之深且久，使吾之与古人诉合于无间，然后能深契自然之妙，而究极其能事。若夫专以沉思力索为事者，固时亦可以得其意，然与夫心凝形释，冥合于言议之表者，则或有问矣。故姚氏暨诸家“因声求气”之说为不可易也。吾所求于古人者，由气而通其意以及其辞与法，而喻乎其深。及吾所自为文，则一以意为主，而辞气与法胥从之矣。阁下以为然乎？

【译文】因为在无意之中完成的才能达到至高境界，所以必须要讽诵深刻而且时间长，假使我和古人完全融合没有间隙，然后才能到达深刻契合的自然妙境，才能究极事务。如果专门以沉思努力求索作为要务，固然偶尔可以达到要求，但是和心情凝滞涣散，冥冥之中系那个符合的言论表达，则或者还有疑问。所以姚鼐各位古文家所说的“因声求气”的说法很不容易达到。我之所以探求于古人，是因为气势到文意的通达关涉到辞藻和文法，而明白文章的深刻，以及我自己所写的文章，则都是以文意为主的，辞气好法则都从属于这些。你以为这样对吗？

阁下谓苦中气弱，讽诵久则气不足载其辞。裕钊迩岁亦正病此。往在江宁，闻方存之云：长老所传，刘海峰绝丰伟，日取古人之文纵声读之。姚惜抱则患气羸，然亦不废哦诵，但抑其声使之下耳。是或亦一道乎？

【译文】阁下苦于文章中气孱弱，讽诵时间长了，就会产生文章气韵不足的弊病。我近年来也正以此为苦恼。以前在江宁的时候，听方宗诚说：那些文章大家们所流传下来的，以刘大櫆最为丰厚奇伟，每天选取古人的文章来读。要闹则嫌弃文气羸弱，但是也绝不停止诵读，只是抑制这种生气让它卑下而已，这或者是一种方法了吧？

裕钊比所遇多乖舛，又迫忧患，于此事恐终无所就。阁下才高而志远，年盛而气锐，它日必能绍邑中诸老盛业。用敢进其粗有解于文事者，以为涓埃之裨。惟亮詧不宣。

【译文】我近来所遇见的有很多坎坷不平，又迫于忧患，在写文章方面恐怕最终会一事无成。阁下你才情高志向远大，年轻气盛，以后肯定能够继承乡邑中各位前辈的学业。所以才敢将这些粗略的关于文章的见解告知，作为可以对你有细微的帮助。请您明察。

答刘生书

晓堂足下。早春承寄示文数首，入秋又得手书，勤拳恳至，足下之用心，何其近古人也。足下诸文，所为《尊君事略》，最肫挚可爱，《读老子》中一段词甚高，闯然入古人之室矣；前幅微觉用力太重，少自然之趣。他文识议，并超出凡近，而亦时不免病此。

【译文】晓堂足下早春时节承蒙你寄给我几篇文章，入秋后又得到亲笔书信，十分恳切，足下的心思，和古人多么接近。足下的各篇文章，都很诚挚可爱，《读老子》中有一段话意境十分高远，就像是伸出头来进入古人的内堂，《读老子》文前面部分稍微觉得有些过于用力，缺少一些自然的趣味。其他文章的见识、议论，都超凡脱俗，但是也不能避免这种小毛病。

夫文章之道，莫要于雅健。欲为健而厉之已甚，则或近俗。求免于俗而务为自然，又或弱而不能振。古之为文者，若左丘明、庄周、荀卿、司马迁、韩愈之徒，沛然出之，言厉而气雄，然无有一言一字之强附而致之者也。措焉而皆得其所安，文惟此最为难。知其难也，而以意默参于二者之交，有机焉以寓其间，此固非朝暮所能企，而亦非口所能道。治之久，而一旦悠然自得于其心，是则其至焉耳。至之之道无他，广获而精导，熟讽而湛思。舍此则未有可以速化而袭取之者也。

【译文】文章之道，没有比雅正健劲而又有自然之趣更为重要的了。想追求健而过于猛壮，就会近俗而不雅。意为想避免俗而追求自然，又力弱不振，即不健。古代作文者，像左丘明、庄子、荀子、司马迁、韩愈这些人，都是气韵充沛然后发自内心，言辞激烈而气势雄浑，没有一字一句牵强附会的。放到那里都能合适，文章能够作成这样是最难的。知道作文的难处，而静心参悟雅与健的交汇之处，有机会将事物发动之所由寄寓其中，这却不是朝夕之间就能达到的，也不是通过口述能传达的。作文的时间长了，自然有朝一日会融汇于心，那时候就水到渠成了。到达这种境界没有其他的办法，只有通过博采众长然后精心选择，熟练讽诵而深刻思考。不这样就没有其他可以速成而获取的办法了。

吾告子，止于是矣。夫文之为事，至深博，而裕钊所及知者，止于是；其所不及知者，不敢以相告也。以足下之才，循而致之以不倦，他日必卓有所就。此乃称心而言，非相誉之辞也，足下勿以疑而自沮焉可也。足下文，知友中多求观者，故且欲留此，俟他日再奉还耳。惟亮督。不宣。

【译文】我告诉你这些，也就止于这里了。文章是一项极其深刻博大的事，而我所能知道的，也就是这些了；我所不知道的也不敢跟你说。以足下你的才学，循序渐进孜孜不倦地进行求取，日后肯定会大有作为的。这是我的真心话，不是故意赞美的话，你不要因为我说了你文章的病症而对自己的才能产生怀疑，以至于停止前进。你的文章，在知心朋友至总很多人都想看，我姑且想留在手中，等到以后再还给你。希望你明察，就写到这里。

吴汝纶

吴汝纶，清桐城人，字挚甫，同治进士，久客曾国藩、李鸿章幕，掌奏议，官冀州知州。光绪末，充北京大学堂总教习。游日本，考察教育制度，后称病引归。汝纶博通时务，工古文辞，为桐城派之后劲。有《东游丛录》、《诗文集》。

【译文】吴汝纶是清代桐城人，字挚甫，他是同治年间进士，长时间作为曾国藩、李鸿章的幕僚，官至冀州知州。光绪末年，他在北京大学堂作总教习。他曾游历日本，考察现代教育制度，后来称病退隐。吴汝纶博学通达于当世的事务，擅长古文诗词，是桐城派的强有力的后继者，著有《东游丛录》、《诗文集》。

与姚仲实书

大著匆匆读竟，所附记者，大抵得于所闻，非有心得相益。文事利病，亦有不必人言，徐乃自知者，从此不懈，所诣必日进。

【译文】您的大作匆匆忙忙读完，其中附记的内容，大至少都是些所见所闻的东西，不是自己的心得。文章的优劣，也是不必说的，慢慢就会自己体悟到，从此以后坚持不懈，所努力的就会日日有所进步。

桐城诸老，气清体洁，海内所宗，独雄奇瑰玮之境尚少。盖韩公得扬、马之长，字字造出奇崛。欧阳公变为平易，而奇崛乃在平易之中。后儒但能平易，不能奇崛，则才气薄弱，不能复振，此一失也。曾文正公出而矫之，以汉赋之气运之，而文体一变，故卓然为一代大家。近时张廉卿又独得于《史记》之谲怪，盖文气雄俊不及曾，而意思之恢诡，辞句之廉劲，亦能自成一家。是皆由桐城而推广，以自为开宗之一祖，所谓“有所变而后大”者也。

【译文】桐城派的各位古文大家，他们的文章风气清新洁净，为海内所尊崇，只不过雄奇瑰丽的境界较少。韩愈得到扬雄、司马相如的优点，每个字的使用都十分奇妙、欧阳修的文章则变得更加易懂，而奇妙就蕴含在简易之中。后代的儒者，无法做到奇崛，才气十分微弱，无法重新振作，这是一个失误。曾国藩出来进行了矫正，用汉赋的气韵来运行，使得文体有所变化，所以能够成为一代文章大家。近人张廉卿又从《史记》那里学到变幻、奇健的风格，虽然文章气度比不上曾国藩，但以其意思的奇异，辞句的峻峭精健，也能自成一家。这些都是由桐城派进而发展起来的，自以为都是开宗派的鼻祖，就是所谓的“进行变化然后能够有所成就。”

说道说经，不易成佳文。道贵正，而文者必以奇胜。经则义疏之流畅，训诂之繁琐，考证之该博，皆于文体有妨。故善为文者，尤慎于此。退之自言执圣之权，其言道止《原性》、《原道》等三篇而已。欧阳修辨《易》、论《诗》诸篇，不为绝盛之作，其他可知。至于常理凡语，涉笔即至者，用功深则不拒自远，无足议也。

【译文】谈论道德经书，不容易作成好的文章。道贵在正，而文章是以奇崛取胜的。经典就会诠释起来流畅，训诂起来繁琐，考证起来广博，都对文章有所妨害。所以善于写文章的人，在这一点上尤其慎重。韩愈说自己行使圣人（指孔子）的权力，他所谈论“道”的文章只有《原性》、《原道》等三篇而已。欧阳修辩证《易经》，讲论《诗经》的各篇，都不是最好的作品，其他的也就可以知道了。至于道理不见精彩，语言平庸之作，提起笔来就可以达到，所使用的功力自然也不需要太深，就更不用说了。

答严几道书

来示谓新旧二学，当并存具列，且将假自它之耀以袪蔽揭翳，最为卓识。某前书未能自达所见，语辄过当，本意谓中国书籍猥杂，多不足行远；西学行，则学人目力夺去太半，益无暇浏览向时无足轻重之书，而姚选古文则万不能废，以此为学堂必用之书，当与六艺并传不朽也。

【译文】来信中所指出的所谓“新、旧”两种学问，应该都被提出，而且应该借助它们来有所发挥，这才是有远见的看法。其边的书信中没有表达清楚自己的见解，词语动辄过分，本意是说中国书籍数量浩瀚，很多没有办法流传久远；西学流行，则学者们经历就被抢过去大半，就更没有时间来浏览以前那些所谓的无足轻重的书了，而姚鼐的《古文辞类纂》则千万不能废止，应该被作为学校中的指定用书，和六经一起流传、不朽。

若中学之精美者，固亦不止此等，往时曾太傅言：六经外有七书，能通其一，即为成学，七者兼通，则间气所钟，不数数见也。七书者：《史记》、《汉书》、《庄子》、《韩文》、《文选》、《说文》、《通鉴》也。某于七书，皆未致力，又欲妄增二书：其一姚公此书，余一则曾公《十八家诗钞》也。但此诸书，必高材秀杰之士，乃能治之，若资性平钝，虽无西学，亦未能追其途辙。独姚选古文，即西学堂中，亦不能弃去不习，不习，则中学绝矣。世人乃欲编造俚文，以便初学，此废弃中学之渐，某所私优而大恐者也。区区妄见，敬以奉质。

【译文】像"中学"中精美的部分，应该也不止这些，以前曾国藩成说过：六经之外还有七种书，能学通其中之一就能成就学问，七种都精通，就会有所大成就，这是不多见的。七种书分别是：《史记》、《汉书》、《庄子》、《韩非子》、《文选》、《说文解字》、《资治通鉴》。对于这其中书，我都没有努力学习，还想私自再加上两种，一个是姚鼐的《古文辞类纂》，另一种就是曾国藩选编的《十八家诗钞》。但是这些书，都必须是高才秀杰之士才能修习，如果资质平庸、迟钝，虽然没有西学的底子，也未必能够学上正途。姚鼐所选编古文，即便是在专门教西学的学堂中也不能抛弃不学，不学的话，中学就断绝了。世人想选择写一些俗语俚文，为初学者提供方便，这就开始逐渐废弃中学了，就是我所私自担忧而大为恐惧的。我的一些小小的妄见，在此向您讨教。

别纸垂询数事，某浅学，不足仰副明问，谨率陈臆说，用备采择。欧洲文字与吾国绝殊，译之似宜别创体制，如六朝人之译佛书，其体全是特创，今不但不宜袭用中文，亦并不宜袭用佛书。窃谓以执事雄笔，必可自我作古。又妄意彼书固自有体制，或易其辞而仍其体，似亦可也。不通西文，不敢意定，独中国诸书，无可仿效耳。

【译文】您在信中询问的事情，我学问浅薄，没有办法回答，只好随意陈说自己的见解，以备您参考。欧洲的文字语言和我国完全不同，翻译起来应该重新创立别的文体，就像六朝时期人们翻译佛经，其体裁全都是独创的，现在不但不适宜沿用中文，也不宜袭用佛经。群殴私下里认为翻译者笔力雄劲，一定可以做到古色古香。又有妄自猜度那些书本来就有的体制，有的改变了言辞但袭用文体，似乎也是可以的。对于中文、西文不精通，不敢主观判断，只有中国的各种书，才可以效仿。

来示谓：行文欲求尔雅，有不可阑入之字，改窜则失真，因仍则伤洁，此诚难事。鄙意：与其伤洁，毋宁失真。凡琐屑不足道之事不记何伤！若名之为文，而俚俗鄙浅，荐绅所不道，此则昔之知言者无不悬为戒律，曾氏所谓辞气远鄙也。

【译文】您的来信说：行为想追求典雅，有不能交错进去，改窜之后就失真伤害到文章的简洁，这是很难的事情。我的意思是：与其伤害文章的简洁，不如失真。凡是琐碎微不足道的事情不进行记载又有什么妨碍！如果将之称为“文”，而俚俗浅薄，是缙绅先生所无法认同的，这就是以前那些有深刻简洁的人没有不谨慎小心作为鉴戒的，曾国藩所谓的辞气鄙薄的情况。

文固有化俗为雅之一法，如左氏之言“马矢”，庄生之言“矢溺”，公羊之言“登来”，太史之言“伙颐”。在当时固皆以俚语为文，而不失为雅。若范书所载“铁胫”、“尤米”、“大抢”、“五楼”、“五蟠”等名目，窃料太史公执笔，必皆芟薙不书，不然胜、广、项氏时，必多有俚鄙不经之事，何以《史记》中绝不一见。如今时鸦片馆等比，自难入文，削之似不为过。倘令为林文忠作传，则烧鸦片一事，固当大书特书，但必叙明源委，如史公之记平准，班氏之叙《盐铁论》耳，亦非一切割弃，至失事实也。

【译文】文章固然有变俗为雅的方法之一，比如《左传》中所说的“马粪”，《庄子》中所说的“屎尿”，《公羊传》中的“得来”，司马迁所说的“伙颐（表示感叹的词）”。这些词在当时固然都以为是将俚俗语言写尽史书，但也不失为典雅。就像范晔书中所记载的“铁胫”、“尤来”、“大抢”、“五楼”、“五蟠”等内容，估计司马迁在写的时候，一定都进行了删除，不然陈胜、吴广、项羽时期，肯定有很所粗俗荒诞不经的事情，为什么《史记》中一个都见不到。就像现在的鸦片烟馆等东西，自然无法写进文章，删削也似乎不足为过。如果为林则徐作传记，那么虎门销烟这件事，固然应该大写特写，但一定要说明原委，就像司马恰《平准书》、班固《盐铁论》一样，也不是都要舍弃，以至于失去事情真相。

姚郎中所选文，似难为继，独曾文正《经史杂抄》能自立一帜，王、黎所续，似皆未善。国朝文字，姚春木所选《国朝文录》较胜于廿四家。然文章之事，代不数人，人不数篇。若欲备一朝掌故，如文粹、文鉴之类，则世盖多有，若谓足与文章之事，则姚郎中之后，止梅伯言、曾太傅，及近日武昌张廉卿数人而已，其余盖皆自郐也。

【译文】姚鼐所选的文章，似乎难以为继，只有曾国藩的《经史杂抄》能够独树一帜，王先谦、黎庶昌所续作的选集，似乎也不完善。国朝（清朝）的文章，姚椿所作的《国朝文录》比二十家文选较为胜出。但是对于好的文章来说，一代之中不过几个人，一个人也不过几篇而已。如果像要尽览一个朝代的典章制度，比如文粹、文鉴之类的著作，世间流传很多，如果说足以作文章这件事，则姚鼐之后，只有梅曾亮和曾国藩了，以及近来的武昌张廉卿等几个人，其余都是从缘起于河南。

来示谓《欧洲国史略》似中国所谓长编、纪事本末等比，然则欲译其书，即用曾太傅所称叙记、典志二门，似为得体。此二门，曾公于姚郎中所定诸类外，特建新类，非大手笔不易办也。欧洲纪述名人，失之过详，此宜以迁、固史法裁之。文无剪裁，专以求尽为务，此非行远所宜。中国间有此体，其最著者，则孟坚所为《王莽传》，若《穆天子》、《飞燕》、《太真》等传，则小说家言，不足法也。欧史用韵，今亦以韵译之，似无不可，独雅词为难耳。中国用韵之文，退之为极诣矣。私见如此，未审有当否？不具。

【译文】来信中所说似乎是将《欧洲国史略》和中国的长编、纪事本末等体裁进行类比，但是想要翻译这些书，即使用曾国发所说的叙记、典志体。这两种，是曾国藩在姚鼐所指定的各类体裁之外，创制出来的，如果不是大手笔不不容易办到的。欧洲纪录名人，记载地太过详细，这就应该用司马迁、班固的方法进行裁制。文章没有裁减，专门以力求叙述尽实为目的，这中方法如果没有经验的也不适合这样做。中国也偶尔会有这种体裁，其中最为著名的就是班固所作《王莽传》、还有像《穆天子》、《飞燕》、《太真》等传，都是小说家的言辞，不足以效法。欧洲历史纪录使用韵律，现在也按韵律进行翻译，似乎也没有什么不可以的，但对于雅词就比较难了。中国用韵的文章，以韩愈为登峰造极。我的愚见就是这样，不知道有什么不当之处。就写到这里。

朱一新

朱一新，清义乌人，字鼎甫，号蓉生，光绪进士，官至监察御史，乞归。掌教广雅书院，课诸生以经史文理有用之学。所著《无邪堂答问》，即为院中答诸生之作，其言多适而切至，为后学指示门径之一要藉。又有《佩结诗文杂著》若干卷。

【译文】朱一新是清代义乌人，字鼎甫，号蓉生，是光绪年间进士，官至监察御史，乞求辞官归家。他掌管广雅书院，为诸生教授经史文学等有用的学问，他所著的《无邪堂答问》，就是为回答书院中诸生的著作，其中言论恳切、合适，是后来学习者的重要参考。他还著有《佩结诗文杂著》若干卷。

论古文

问桐城派为古文正宗，与南丰之原本经术同否？然初每苦冲淡。《古文辞类纂》流别甚精，其斥《萧选》为破碎，允否？《骈体文钞》谓凡文必偶，欲引学者由骈以复古，有所矫而言否？答：桐城名学八家，实则祖欧阳而祢震川，高者间法《史记》。（姚郎中、梅郎中往往有之）

【译文】问桐城派是古文正宗，和曾巩的本原于经术是否一样呢？然而每每因冲虚淡泊为患，《古文辞类纂》辨别流派十分精当，而且斥责《文选》破碎，这样公允吗？《骈体文钞》说凡是文章必定遵循骈体文的规律，想要引用古人的骈体文借以复古，有没有一些矫正的话？回答说：桐城古文派八家，实际上是以欧阳修为远足，以归有光为近祖的，高明者偶尔还效法《史记》（姚鼐、梅曾亮往往就是这样）。

但法其隽峭者多，雄伟者少，归太仆之家法固如是也。宋文惟介甫最高而最难学。

（李安溪谓古文韩公之后，惟介甫得其法是也）

【译文】但他们的方法十分俊秀峭直，雄伟的很少，归有光的家法固然也是这样的。宋代的文章之中只有王安石的最高明最难学习。（李光地说古文自从韩愈之后，只有王安石最得其法）

次则南丰，源出匡、刘，渊懿质厚，南宋人多效之，朱子尤为具体，而稍缓弱。（叶水心亦工，近时龙翰臣多效之）。震川兼师欧、曾，然不逮南丰之厚实，虽时代为之，亦由经术浅深之异耳。桐城冲淡，乃其佳处。文境惟冲淡最难，但未学雄奇，专学冲淡，易流薄弱（若吴仲伦辈多如此），桐城之不能为班、马、韩、柳者亦以此。

【译文】其次就属曾巩了，曾巩文风来源于汉代匡衡、刘向，渊源深厚而且朴质深厚，南宋人多效仿他，朱熹尤其学到他的大体，但是稍微缓和柔弱一点。（叶适的文章也很工巧，近来龙翰臣多有效仿）归有光兼学欧阳修、曾巩，但是比不上曾巩的厚实。虽然是由时代造成的，但也是由于经术深浅不同的缘故了。桐城派文风冲虚淡泊，这是他们的好处。文章的境界以冲虚淡泊最难达到，还没有学习如何使文章雄起的办法，先学冲虚淡泊，容易流于薄弱（就像吴仲伦等人都是这样），桐城派无法做出班固、司马迁、韩愈、柳宗元那样的成就就是由于这个缘故了。

马虽不能至，而其向往恒在斯。班则步趋者寡，惟曾文正善蓄气势，实深于班史者，故其文能救桐城末流之失（刘霞仙《养晦堂》亦可诵）。望溪论文之旨曰：言有序，言有物。有序要矣，有物尤要，非多读书而明于事理不能也。桐城之文，有序者多，其有物者，方、姚而外，惟刘海峰、管异之、鲁通甫、曾文正诸家，（海峰经术尚浅，才气独盛，卷首论多奇辟，而言之太尽〔古人不欲尽言者，盖有深意存焉，海峰未之思耳〕其论文则佳，管鲁文善论事势，姚硕甫亦主经世，而文不工，盖谓公牍所累，与蓝鹿州略同）

【译文】虽然无法到达司马迁那样的境界，但是他们的愿望还在那里。效法班固的很少，只有曾国藩懂得怎样蓄养气势，实在是深得班固、司马迁精髓者，所以他的文章能够挽救桐城派末流的流弊（刘蓉的《养晦堂》也可以诵读）。方苞论文章的主旨说：言之有序，言之有物。言之有序很重要，言之有物尤其重要，必须多读书而且明于事理才能达到这个标准。桐城派的古文，言之有序的多，言之有物的，除了方苞、姚鼐之外，只有刘大櫆、管同、鲁一同、曾国藩等人了（刘大櫆经术方面还很浅薄，只是才气深厚，卷首的论有很多奇异怪辟之处，而且说的太过透彻了〔古人都不会说的太透彻，还要留下一些深意供人们品味，刘大櫆则没有考虑到〕，他的论文虽好，管同善于讨论事物发展变化的情势，姚莹也主

张经世致用，但是文章不够工巧，应该是被公文所连累的，和蓝鼎元大致相同）

余不多得，微特不逮古人，视国初汪、魏二家，亦往往瞠乎其后。（钝翁湛深经术，瓣香南丰文自精实，三魏文自有理致〔如《里言偶书》诸篇，时有见道之言杂记中，论文亦造微〕叔子笔势尤雄放，其论事叙事之作，多得史迁遗志〔易堂九子，邱邦士彭躬庵亦佳，邦士笔力拗折，微嫌其碎，躬庵真气涌溢，虽辞多愤激，足见性情之厚〕

【译文】我没有得到多少，所以比不上古人，看国初的汪琬、魏禧两家，也往往瞠目结舌于其后。（汪琬精通经术，以曾巩作为效法的对象，文章十分精熟言之有物，三魏的文章也自有其清理〔比如《里言偶书》各篇，时不时有创见杂记于其文章，也十分精微〕魏禧笔势尤其雄壮豪放，他的那些叙述论述的文章，很多都得到了司马迁的意旨〔易堂九子之中，邱邦士、彭士望文笔也极佳，邱邦士笔力转折，略微有些琐碎，彭士望真气不断涌出，虽然言辞有些激愤，但是足见其感情的深厚。〕

国初三家并称，惟雪苑蚤卒，根柢逊于汪、魏，而识解特超，才高固不可及〔雪苑《与任王谷论文书》谓文之旨，全在裁制，当其闲漫纤碎处，反宜动色而陈，至大议论人人能解者，不过数语发挥，便当控驭，归于含蓄，其言固是，然间漫纤碎处过多，易落稗官窠臼，邵子湘袁简斋辈每喜为之，此不善学《史记》之过也，震川固不至此，而亦间有过碎处，吴南屏诸人专师一家，易犯此弊，盖无大气以举之故耳〕

【译文】国朝（清朝）初年侯方域、汪琬、魏禧三家并称于世，只是侯方域早早去世，没有汪琬、魏禧的根底深厚，而见识超越不凡，才高无法企及〔侯方域《与任王谷论文书》论文章的主旨全在于裁剪排序，正好要在闲散纤碎的地方，反而更应该震动声色来陈述，至于大的议论则每个人都了解，不过是几句话的发挥，就应该进行驾驭控制，最终归于含蓄，这种说法固然不错，但是夹杂的清曼琐碎过多，就容易陷入到稗官野史的固定格式之中了，归有光就不是这样子，但是也偶然有些过于细碎的地方，吴敏树等人专门师从一家，也很容易犯这种毛病，或许是因为没有推举起来大的生气的原因吧。〕

其次则西溟、竹垞，皆善学北宋，余如尺木、惕甫诸人，佳者尚不少，可依类以求也。近时龚定庵、魏默深，纵横学《国策》，廉悍学《韩非》，颇足补桐城所未逮，龚胜于魏，而伪体尤多〔定庵才气一时无两，好为深湛之思，而中周秦诸子之毒，有时为彼教语，亦非真有得于彼教，聊以佐其荡肆而已，刻深峭厉，既关性情，荡简踰闲，亦伤名教，学之颇多流弊，魏氏虽不及其精深，尚未至如其横决〕

【译文】其次像姜宸英、朱彝尊等，等善于学习北宋，其余的像萧云从、王艺孙等人，好的还有不少，可以以此类推。近代的龚自珍、魏源等人，纵横之说学习《战国策》，峻峭精悍则学习《韩非子》，就很能够弥补桐城派所没有达到的水平，龚自珍胜于魏源，但是文章伪体很多〔龚自珍的才气一时间没有任何他相比较，而且喜欢深入思考，所以深中周秦诸子之毒，有时竟然写出一些异端的话语，也并非就是一定在异端那里修习有所得，只不过聊以佐助自己的恣肆而已，严苛峭直既关乎性情，在其中游荡，也会有伤于名教的，学习中会有很多流弊，魏源虽然不如他那么精深，但是还没有到达这样蛮横决绝文风的程度〕

大抵不由唐宋，专摹秦汉者，蔽每坐此，明七子诗可读，而文不尽可读，以诗学真唐人，文学伪秦汉耳〔王李并称，弇洲读书多而才雄，非李所及，沧溟喜为诘屈，而鲜精义，明人纤碎之蔽，多自沧溟开之。〕

【译文】大致上文章不由唐宋，而专门模仿秦汉的，出现的弊病往往是由于这个原因，明七子的诗能读，但是文章就不是都能读的了。他们的诗学唐人很像，但是文章却只不过是拙劣的模仿秦汉的产物〔王世贞、李攀龙并称，王世贞读书很多所以有雄才大略，李攀龙无法与之比拟，李攀龙文章喜欢作写诘屈聱牙的内容，而很少有精到的意涵在其中，明代文人的纤碎的毛病，很多是从李攀龙开始的。〕

文不法六经，而法诸子，已属次乘，故词胜不如意胜，意胜不如理胜，理其干也，意其枝也，词其叶也，三者具而后可以成文。为伪体者，理不足而欲以奇胜，是为霸才，历代皆有之，不如是，不足见天地之大也。近人为汉学者，好诋八家，而文多冗沓，惟汪容甫、戴东原独工，东原本学八家，困于考据未极其才，容甫酝酿较深，笔敛而不敢纵，故雅洁而酿馘，但文得苍茫雄俊之气者贵，专效此体。

【译文】文章不效法六经，而效法诸子百家，已经是次一个等级了，所以文词繁盛不如含义丰富，含义丰富不如说理透彻，理是主干，含义是枝杈，文词是树叶，这三者都满足、具备才能成就完整的文章。作伪体的文章，理不足以出奇还想要制胜，就是所谓的王霸之才，历代都有这样的人物，不这样做，不足以见天地之大。今人治汉学者，喜欢诋毁唐宋八大家，而他们的文章多繁冗拖沓，只有汪中和戴震可以做到工巧，戴震本来学习唐宋八大家，因为困于考据才没有发挥他所有的才智，汪中酝酿地比较深刻，笔锋收敛不敢纵情，所以典雅简洁而且富有文采，只有文章得到苍茫雄奇的气势者，才专门效仿这种体裁。

则边幅易窘，或谓由此可上窥魏晋，合骈散而为一，是也。惟魏晋文气疏宕，容甫如深闺名媛，举止矜贵，所乏者林下风耳，至其叙事诸作，并未改八家面目，而故为大言，卑视韩学者，毋为所吓。）

【译文】则文章的广度很容易就受到窘迫，或者说由此可以向上窥见魏晋风度，综合骈体、散文于一体，是这样的。只有魏晋文风气韵放达不羁，汪中就像藏在深闺中的名媛一样，举止矜持高贵，缺乏所谓的恬淡自然风度，至于他的叙述类著作，则没有改换八大家的面貌，所以故意放出大言，鄙视学习韩愈文风的人，千万不要被他吓到。）

若姚氏斥《萧选》，是固有之。《萧选》兼综周、秦以下之作，体制不同，有雄伟者，有嘽缓者，要莫不有浓郁之味。桐城所短，乃正在此，亦不必是丹非素也。古人本不分骈散，东汉以后，骈文之体格始成，唐以后古文之名目始立。流别虽殊，波澜莫二。

【译文】像姚鼐斥责《文选》，也是有的。《文选》兼并综合周秦以下的著作，体裁和规制各不相同，有雄伟的，有柔缓的，总之都有浓郁的韵味。桐城派所缺少的，正式这些东西，也不是一定要遵从丹朱浓彩而非议素面无妆。古人的文体本来不分骈体文、散文，是从东汉以后，骈体文的体裁格式才开始形成，唐以后的古文名目才得以确立。源流和派别虽然不一样，但是所激起的波澜是一样的。

李氏志在复古，斯选绝精。其自制文，亦多上法东京，力宗崔、蔡，骈文境界之最高者。（《养一斋集》非自定故甚芜杂。西京之文，莫盛于两司马，史公源出左《国》、长卿源出《诗》、《骚》，皆以为气为之主，气有毗阳毗阴之分，故其文一纵一敛，一疏一密，一为散体之宗，一为骈体之宗，皆文家之极轨，班、杨多学相如，崔、蔡学班、杨，而气已渐薄，遂成骈偶之体矣。）

【译文】李兆洛志愿复古，所选的都是十分精彩的文章。他自己写文章，也很多是效法东汉，尽力模仿崔瑗、蔡邕这两位骈体文境界最高的。（《养一斋集》不是他自己编订的，所以显示出烦乱芜杂。西汉的文章，以司马迁、司马相如最为高超，司马迁源出于《国语》，司马相如源出于《诗经》、《离骚》，都是以文章气韵为主，气韵有辅助阴、阳的分别，所以他们俩的文章一个纵横捭阖一个绵密，一个是散文体的开创者，一个事骈体的开创者，都是文章的极致。班固、杨雄多学司马相如，崔瑗、蔡邕又学班固、杨雄，而气韵已经逐渐稀薄了，于是就成为了骈文体了。）

第初学先知骈散之分，乃能知骈散之合。诸生课艺，间有不古不今绝无文律者，未必非学步邯郸有以误之。若李氏之言，固非矫也。（有阳则有阴，有奇则有偶，此自然之理，古文参以排偶，其气乃厚，马班韩柳皆如此。今人莫不然，日由之而不知耳。然非骈四俪六之谓，凡文必偶，意虽是而语稍过，若《揅经室集》诸论则偏矣，国朝古文选本，通行者如《二十四家文钞》、《湖海文传》之类，均不佳，李氏、姚氏皆有《国朝文录》。李不及姚，姚《选》颇得因文见道之旨，论与书取舍皆不苟，惟序跋所取未精，李《选》未免学究气，亦未免乡曲之私，然采摭颇富。诸集少传本者，藉此可见崖略。）

【译文】对于那些初学者来说应该先知道骈体文、散文的分别，然后才能知道两者的综合。诸位生员的课业，偶尔还有不古不今毫无文章韵律的，未必没有因邯郸学步而导致失误。像李兆洛所说的，是不错的。（有阳就有阴，有奇就有偶，这是自然规律，古文掺杂尽排比、对偶，文气才厚实起来，司马迁、班固、韩愈、柳宗元都是这样。现在的人也都是这样，每天都任由其发展但却浑然不知。然而骈体文的四、六规则，必须要对仗，意思虽然是这样，但话说的过分了一点，像《揅经室集》中的各篇论断就有些以偏概全了。我超的古文选本，通行的如《二十四家文钞》、《湖海文传》之类的，都不是分好，李兆洛、姚鼐都有《国朝文录》，但是李兆洛不如姚鼐，姚鼐的《文选》很注意通过文章见到道的意旨，论和书都舍弃不与之苟同，只有所选取的序跋还不够精到，李兆洛的《选集》则不免学究气太重，也不免受到乡里私人关系影响过多，但是所选取、掇拾的还是很丰富的。各种选集传本比较少，通过这件事可以看出一些大致的轮廓了。）

论骈文

问：骈文导源汉、魏，固不规规于声律对偶。百三家时有工拙，惟徐、庾能华而不靡，质而不腐。取法贵上，似当以风骨为主。骈体正宗多作棘吻语。文之古与不古，当论气格，虽有拗句，亦行乎不得不行，何诸作有未尽然耶？陈检讨浑成富健，尤西堂倾筐倒箧，要非俭腹所能。洪北江气极畅茂，吴圣征稍觉婉弱，而曾选乃首西河，西河正多棘吻，窃昧于从入矣。愿略举学骈文之要。

【译文】问：骈体文起源于汉、魏，固然不太重视规矩声律对偶，《史记》一百三十篇有的工巧有的拙劣，只有徐陵、庾信能做到华丽但不淫靡，质朴但不腐败。选取的方法以上为贵，似乎应当以风骨稳住。正宗的骈体文多像棘吻鱼那样的言语。文章古还是不古，应该来讨论其中的气质品格，虽然有些拗口的句子，也是不得不流行于世，为什么还有在文章中没有说完的意思呢？陈维崧的诗词浑然天成丰富健硕，尤侗的文章就像是将筐箧倒过来翻腾，必须要搜索枯肠才行。洪亮吉气势极为通畅茂盛。吴锡麒的文章稍微觉得有些委婉孱弱，而曾国藩首选乃是毛奇龄的文章，毛奇龄文章有很多像棘吻鱼一样突出的地方，我不知道从哪里入手。愿意简略例句学习骈文的重要性。

答：骈文萌芽于周秦，具体于汉魏，沿及初唐，袭其体制，韩、柳复古，斯道寝微，至宋而体格一变矣。天地之道，有奇必有偶。周秦诸子之书，骈散互用，间多协韵。六经亦然。西京扬、马诸作，多用骈偶，皆已开其先声。顾时代递降，体制亦复略殊。同一骈偶也，魏晋与齐梁异，齐梁与初唐异。

【译文】答：骈体文萌芽于周秦时期，在汉魏形成较为完备的文体，沿袭着这种文体形制，韩愈、柳宗元发起了“古文运动”，这种微弱而不受重视的学问，到了宋代文体风格大变。天地的天理，在于有奇必有偶。周秦诸子百家的著述，既用骈体也用散文，中间还夹杂着押韵的地方。六经也是这样，西汉扬雄、司马相如的的著作，很多就采用骈体对偶的方式，都已经开了骈偶的先声了。随着时代的递降，体制也就随着变化不同。同一种骈体对偶，魏晋好齐梁不同，齐梁和初唐也不同。

同一初唐齐、梁也，徐、庾与任、沈异，四杰与燕许异。（六朝文气骫骳，自是衰世之作，但骈体不能不宗之，汉文为骈俪之祖，崔、蔡诸公体格已成，建安近东汉，西晋近建安。故魏晋自为一类，东晋与刘宋自为一类。永明以后，益趋繁缛，至萧梁诸帝王之作，而靡丽极矣，文章关乎运会。

【译文】同样是初唐和齐、梁相，徐陵、庾信和任昉、沈约有区别，“初唐四杰”和张说、苏颋也有所不同。（六朝时期文风骨端弯曲，自然是世道衰微时期的著述，但是骈体文的文体不能不以之为开端，汉代的文章是骈体文的来源，崔瑗、蔡邕等人的体裁格式都已经形成，建安时期的文体接近东汉，西晋时期的文体又接近建安。所以魏晋时期尅放在一起来看待，东晋和刘宋可以划分为一类。齐永明之后，文章日趋繁琐、猥杂，以至于到梁各位帝王的作品都淫靡至极，文章是关乎时运际会的。

东汉清刚简质，适如东京风尚，建安藻绘而雄俊，魏武偏霸，才力自与六代不同，晋宋力弱，特多韵致，亦由清谈之故，其体较疏，犹有东汉遗意。至永明则变而日密，故骈文之有任、沈，犹诗家之有李杜也。李存古意，杜开今体。任、沈亦然，任体疏，沈体密。梁陈犹密，遂日趋于绮靡。

【译文】东汉文体清丽刚正简洁质朴，如同东汉的风尚，建安时期开始多采用文藻气势雄峻，魏武帝偏霸，才力自然也和六代不同，晋、宋势力弱小，因此情韵多细致，也是由于清谈的缘故，这种文体比较疏朗，还留有东汉遗风。到齐永明时期则日渐绵密，所以骈体文有任昉、沈约，就如同诗有李白、杜甫，李白诗风存有古意，而杜甫开启后代文体。任昉、沈约也是这样，任昉文体疏朗，而沈约文体绵密。梁、陈也是比较绵密的，并日渐趋向绮丽淫靡。

惟北朝文体稍正，而不为南朝所重，北人亦自愧弗如，盖是时群以繁丽相尚也，物极必反，至徐、庾而清齐渐出，庾尤清于徐，遂为骈文大宗，六朝文如干令升、范蔚宗，诗如左太冲、陶靖节、鲍明远，皆不为风气所囿，故可贵也。）

【译文】只有北朝文体稍正，但是不为南朝所重视，被超人也自愧不如，那时候都以繁琐靡丽为风尚，物极必反，到徐陵、庾信时清理整齐的文风才出现，庾信的清丽尤其比徐陵更胜，于是成为骈体文的大宗师，六朝文章家如干宝、范晔，诗歌如左思、陶潜、鲍照，都不为这种时代的风气所困，实在是难能可贵。）

徐、庾清新富丽，诚为骈文正轨，然已渐趋便易。厥后变为四杰，再变而为燕、许，又变而为义山，又变而为宋人。故义山者，宋人之先声也。（宋人章奏多法陆宣公，宣公降格以从时，源亦出于东汉）

【译文】徐陵、庾信的文章清新富丽，实在是骈体文的正规，然而已经逐渐产生变化。以后变化为“初唐四杰”，再变化成为张说、苏颋，再变为李商隐，再变为宋人。所以李商隐是宋人文体的先声。（宋人的奏章多效法陆挚，陆挚降格以求，遵从当时风尚，其实源头出自东汉。）

宋人名骈文曰四六，其名亦起于义山。（见《樊南甲乙集》自序）四字六字，相间成文。宋齐以下乃如此。其对偶但取意义联贯，并不以骈四俪六平仄相间为工。永明以前，本无四声之说，要其节奏自然，初无所为钩棘也。六代初，唐语虽襞積，未有生吞活剥之蔽，至宋而此风始盛。（此不可学，宋文佳处不在此）

【译文】宋人将骈体文命名为“四六文”，这种叫法也是始于李商隐的（参见李商隐《樊南甲乙集》自序），以四字、六字相间隔成为文章。宋齐以下才变成这样。对偶但是意义要连贯，并不是说骈四俪六平仄相间就是工巧。齐永明以前，本没有四声韵的说法，只要是节奏自然，一开始是不会产生艰涩、不流利的情况的。六代之初，唐人的语言虽然像是衣服上的褶皱一样，结结巴巴，但是还没有产生生吞活剥的现象，到了宋代这种风气才开始盛行。（这种文风不能学习，宋人文章的妙处可不在这里）

然宋文之佳者，固自不可磨灭，飞书驰檄，其体最宜。（彭文勤有《宋四六选》，其自作经进文亦多类此，体格虽卑，取其易晓。）国朝古文不竞（佳者未及唐荆川、宋景濂，毋论遗山、道园之上，赖有桐城一派，正法眼藏，犹未尽绝耳〔荆川为明文之冠，景濂根柢深厚，未出山时尤胜，近人学史、汉八家，往往为其所敷，学周秦诸子，又往往为其所溺，景濂兼学二者，而无二者之蔽，虽亦有肤沓之词，为明台阁体滥觞，然精邃处固非后来所及，国朝古文多归抚震川，震川洁净精微，荆川则兼雄奇博大，才尤高学尤博也〕）

【译文】然而宋文章中的佳品，固然也不会磨灭的，书信驰传的檄文等文体是最适宜的。（彭元瑞有《宋四六选》，其自己作文时也多和此相类同，文体格式虽然局促，但是其通俗易懂还是可取的。）我朝古文没有继承下来（作的好的不如明朝唐顺之、宋濂，更不要说金元时期的元好问、虞集之上，还有桐城古文一派，可以作为得到了正途，还是仍然没有穷尽〔唐顺之文章家中的翘楚，宋濂根底深厚，还没有出山的时候就已经很优胜了，今人学习《史记》、八家《汉书》，往往被这些所覆盖，或者拘泥于它们，宋濂兼通两种学问，但是没有二者的弊端，虽然仍有繁荣拖沓的言辞，但是仍成为明代“馆阁体”的源头，然而其精髓指出固然是后来人没有办法企及的，我朝古文多归于归有光，归有光言辞结晶精微，唐顺之则兼雄奇博大，才气越高学识越是渊博。〕）

而工骈文者独多，胡稚威、洪稚存、汪容甫、孔巽轩、邵叔宁、董方立诸人其最也。陈、吴为应酬所累。（明末四公子。以王谢子弟自拟，其年濡染家学，南史最熟，文亦如之，其模仿邺下诸作，虽嫌太似，而功力甚深，刻《全集》时，乃以此入于古文，遂为程叔恭注本所遗，其年古文不入格，独此数篇为佳，曾选取之是也，縠人自是清才，体格太弱，汪、洪并称，洪不逮汪之厚，汪不逮洪之奇，洪文疏纵，汪文狷洁，邵文清简，皆可相见其为人。）

【译文】而擅长作骈体文者是很多的，胡稚威、洪亮吉、汪容甫、孔巽轩、邵叔宁、董方立等人是作的最好的。陈、吴二人为应酬所拖累（明末四公子，以王道谢安子弟自居，不断濡染家学，对于南史是最为熟悉的，作文也是这样，虽然嫌弃有些过头，但是其功力很深，刊刻《全集》，用这来学习古文，于是以程叔恭注本所遗留，那些古文不入行格的，只有这几篇比较好，曾经选出来过，縠人是清流才俊，但提体格太弱，汪、洪并称，洪比不上汪的宽厚，汪比不上洪的奇骏，洪的文章疏朗，汪的文章狷洁，邵文清丽简洁，都可以从中看出他们的为人。）

西堂熟于《骚》、《选》，拟骚及游戏文独工，虽或有伤大雅，以之启发初学则可。（袁简斋才笔纵放，胜于荔裳诸人，惟根柢不深，偶用古语多成赘疣。若《修于忠肃庙碑》之类，故是杰作〔庙碑用辨难之体，虽非古法，犹或可为，若吴巢松《祭吴季子文》亦用之，则误甚〕。

【译文】尤侗熟悉《离骚》、《文选》，比拟骚体以及游戏中作的文章都十分工巧，虽然间或也有伤于大雅的，但是用它们们启发后学还是可以的。（袁枚笔力奔放，胜于宋琬等人，但是根底不深，偶然使用古语也多成为累赘。像《修于忠肃庙碑》之类的，所以成为杰作〔庙碑之类的文体采用辨难的文体，虽然不是古人的方法，但是还可以这样做。像吴慈鹤《祭吴季子文》也用这种文体，就大错特错了。〕）

曾选之佳者，尚有刘圃三、王介子、孙渊如、吴山尊、彭甘亭、刘芙初、吴巢松、乐莲裳诸人。甘亭选学最深，亦颇为选所累。挦撦太多，真气不出，要是骈文正宗，芙初、巢松诸人，婉约峭蒨，至足赏心，而文气已薄，孙王才高，未竟其所学也〔文章未论工拙，先论雅俗，如莲裳《答王痴山书》有云：眼与碧疏，意将红断，欲学齐梁，乃落俗调，凡此皆可类推〕）

【译文】曾国藩选出的佳品，还有刘圃三、王介子、孙星衍、吴山尊、彭兆荪、刘嗣绾、吴慈鹤、乐钧等人，彭兆荪等人《文选》学最为深厚也颇为之所连累。关键在于率意割裂，取用多台，真正的气韵出不来。像是骈体文的正宗，如刘嗣绾、吴慈鹤等人，文风婉约俏丽，赏心悦目，但是文气已经单薄，孙星衍王介子才高，但是没有达到至极的境界〔文章先不论工巧拙劣，先看雅俗，比如乐钧的《答王痴山书》就说：眼光和碧玉流俗相疏朗，意念将红断绝，想学习齐梁文风，竟然落入俗套，凡是这样的情况都可以以此类推。〕

曾选之首西河，盖以时代为次，西河不以骈文名，而颇合六朝矩矱，整散兼行，并非钩棘。（如《沈云英传》，入后人手，易为呕哕恶语，此独无之，《平滇颂》，用唐人李元宾吕和叔文体，鍜鍊未纯，而笔力高迈。）惟才力薄弱者，苟欲为此，易至举鼎绝膑不若效徐庾义山一派，可免举止羞涩也。（曾《选》中，如郭频迦诸人，故为拗体，笔意似雅，边幅甚窘，此外若王仲瞿，虽有奇气，乃野狐禅，姚复庄欲开生面，亦颇犯此蔽。）

【译文】曾国藩所选文集中首推尤侗，以时代作为顺序进行排列，尤侗不以骈体文知名，但是颇有合于六朝规矩指出，整体、散文兼具，并非文字艰涩不流利的文章。（如《沈云英传》，到了后人的手中，就容易引来骂声恶语，这却是没有的。《平滇颂》，用的是唐人李观、吕温的文体，虽然文字锻炼方面还不纯熟，但是笔力已经很高远了）只有才力薄弱者，才想着做这样的文章，简单的像举起大鼎折断髌骨一样还不如效仿徐陵、庾信、李商隐一派，也能免于举止艰涩（曾国藩所选之中，如郭频迦等人，故意作那些佶屈聱牙的文章，笔意似乎很雅，但是边幅很窄，此外像王昙，虽然有奇骏的气势，实际上乃是歪门邪道，姚复庄也想别开生面，也频频犯这个毛病。）

骈文自当以气骨为主，其次则词旨渊雅，又当明于向背断续之法。向背之理易显，断续之理则微。语语续而不断，虽悦俗目，终非作家。（公牍文字如笺、奏、书、启之类，不得不如此，其体目义山开之。）

【译文】骈体文自然应当以气势风骨为主，其次照顾到文词意旨的渊博高雅，还应该命脉相背断续的法则，相背的道理很容易、明显，但是断续的法则就很微妙了。语言连续不断，虽然赏心悦目，终究不是文章家所应该作的（公牍文章比如笺、奏、书、启之类，有时候不得不这样，这种体例、名目是李商隐所开辟的。）

惟其藕断丝连，乃能回肠荡气。骈文体格已卑，故其理与填词相通。（文与诗异流而同源，骈文尤近于诗，倚声亦诗之余也，风雅本性情之事，惟深于情者，乃可为诗，特用情有邪正之不同，温柔敦厚，诗教也，缘情绮靡，非诗教也。至如雍容揄扬之作，铿锵镗鞳之词，源出于颂，别是一格，以骈文论，则与此异，则曾《选》中刘圃三最工此。）

【译文】只有文气藕断丝连，才能做到荡气回肠。骈体文的文体格式已经很卑微了，所以道理和填词是相通的。（文章和诗歌虽然是不同流派，但是源头是一样的，骈体文尤其和诗歌相近，依凭这声韵也是诗歌遗留下的产物，风雅本来就是性情的产物，只有深思屡屡才能发乎情理，才能作诗，感情的发挥有正邪的不同，温柔敦厚是诗歌索要教化的目的，缘情绮丽淫靡，就不是诗歌的教化了。至于像有容华贵的赞扬之作，铿锵有理如钟鼓声，源自于《颂》，别具一格，以骈体文论，就和此不同，则曾国藩所编的《文选》中以刘圃三最擅长此道。）

潜气内转，上抗下坠，其中自有音节，多读六朝文则知之。（四杰用俳调，故与此异，燕许尚皆如此，至中唐后而始变。）国朝精于此者，惟稚威、叔宁，汪、洪诸家亦时有之。劈轩以下文虽工，而此意则寡矣。

【译文】潜藏气势转向内资啊，则上下相互对抗，其中自然就会产生音节，多读六朝文章的人就知道了（初唐四杰使用戏谑调笑的口吻，故意和这显示出不同，张说、苏颋尚且都是这样，到中唐以后才开始发生变化，只有胡稚威、邵叔宁，汪、洪等各家才时不时出现，孔广森以后文章能够虽然工巧，但能领会这个意思的人就很少了。）

古文治要下（卷四）

历代小说名著

历代小说名著 序

小说之书，《汉志》附于诸子之末。以其记录杂事，混入史部。要之，小说所载，不外轶事琐闻，与寓言神话数端而已。言史则无关国家大故，言子则不能自名一家。由是李唐以还，单篇盛行，藻饰弥加，遂一变而入于文。历代古文名家集中，所在多有。今日泰西学者，盛言小说为文艺之事。其说亦颇有要印证者，然而推究本原，则小说实滥觞于子、史。（古代文与子、史不分，谓子、史为文亦可）庄列喻言，齐谐志怪。固无庸摘举。即如子长《史记》滑稽、游侠诸传，事本琐杂，半出藻饰。（如《滑稽传》，优孟为楚庄王时人，而称述赵韩魏国名，与史实矛盾，即作者藻饰过甚之逗漏处）亦与小说无异，后汉张衡赋曰："小说九百，本自虞初。"虞初为汉武帝时人，与子长同时，或者子长之《史记》，亦颇采虞初之说。与今录小说即讬始《史记》。（庄、列诸子之文，间有为小说之滥觞者，然已多采及，附见诸子治要编中，故不赘录）以后循次精择，其篇数约与历代名家文相等。孔子曰："虽小道，必有可观者焉。"盖斯选也。不独博闻清谈，聊为资助，即藉以考论古今篇章之究变，亦有心文学者所不能废也。（按：类别小说之事，以体裁论，则有章回、传记之殊；以文字论，则有文言平话不同；惟章回小说，多属平话；平话小说，则不尽为章回。其体皆起于宋元之时。是编名曰古文治要，其平话小说，言不雅驯，若以之附录于后，则不类实甚。况章回小说，篇幅繁重，世俗亦多有通行本，故今一切删除，惟据历代之文言传记小说。小说以实质分类，则有社会伦理、武侠士女、神仙怪异等名。是选择尤而录，大要各类略备。择尤编次，庶几不蔓不枝，以辅历代各家名文并行而无愧也）

【译文】小说一类的书，在《汉书·艺文志》中附录在诸子之后。因此小说记录的杂事，混进了史部。总体来说，小说所记载的内容，无非是一些轶闻琐事，以及寓言神话等几类而已。记录历史但与国家大事无关，记载诸子并不能自成一家。从李唐王朝以来，单篇盛行于世，藻饰越来越严重，于是突然一变而成为"文"。历代的古文名家文集中，有很多这种单篇。现在西洋学者流传一种说法，说小说和文艺有关。这种说法也有很值得印证之处，但是追根溯源，小说确实是源自于诸子、史部。（古人文与子、史不分，说子、史是文也可以）庄子、列子的寓言故事、齐谐志怪。固然没有必要在此举例。就像司马迁《史记》中的滑稽列传、游侠列传，记载的内容本就很琐碎芜杂，一半要归咎于藻饰的缘故。（比如《滑稽列传》中的优孟，他是楚庄王时代的人，但是记述时却出现了赵魏韩三国的名字，这是与历史事实相矛盾的，也就是作者过分藻饰留下的漏洞）也和小说没有什么差别，东汉张衡的赋中提到："小说九百多种，源自于虞初。"虞初是汉武帝时期的人，和司马迁同时代，有人说司马迁的《史记》，也有多处采用虞初的小说内容。（庄子、列子等诸子的文章，偶尔也夹杂着小说的雏形，但是应经采取很多了，附在《诸子治要》之中，这里不再赘述）以后按照一定顺序精心选择，其中的篇数大致与历代名家的文章相等。孔子说："虽然只是小道，也必然自有其可观之处。"说的就是本篇所选的内容。不单单能够增长见闻谈资，聊以作为资助，即便借着讨论古今文章体裁变化的究竟，也是醉心文史的人所不能偏废的。（按：将小说进行分类这件事，以体裁论，就有章回体、传记体地不同；以文字论，就有文言文、平话体地不同；惟有章回体小说多属于平话；而平话体小说则不全是章回体。它的体裁都起源于宋元。这一篇章叫做《古文治要》其中的平话小说，语言并不华美，如果附在后边，会感觉不伦不类。何况章回体小说，篇幅繁重，世间多有通行的版本，所以在此一概删除，只是根据历代文言小说。小说按其实质来划分，有社会伦理、武侠士女、神仙怪异等名称。这一篇选择其中的优秀篇章，大致使各种类别都被选进去。择优选取编排，或许不会出现枝蔓繁琐的现象，用来辅助历代各家名篇才能没有愧疚吧）

司马迁

司马迁，汉龙门人，字子长，武帝时为太史令，作《史记》一百三十卷，世称实录。然迁书好采摭异闻轶事，而复出以传神之笔，如《游侠》、《滑稽》诸传，及他传中之类似者，皆近于小说者流，非实录体裁之本然也。

【译文】司马迁是汉代龙门人，字子长，是汉武帝时的太史令，作《史记》一百三十卷，时代都称赞这部书为“实录”。但是这书好采撷传闻轶事，再加上司马迁传神的笔法，比如《游侠》、《滑稽》等传记，以及其他传中相似的内容，都近似于小说家流派，实在不是“实录”体裁本来的面貌。

史记游侠传·郭解

郭解，轵人也，字翁伯，善相人者许负外孙也。解父以任侠，孝文时诛死。解为人短小精悍，不饮酒。少时阴贼，慨不快意，身所杀甚众。以躯借交报仇，藏命作奸剽攻，休乃铸钱掘冢，固不可胜数。

【译文】郭解是轵县人，字翁伯。他是善于给人相面的许负的外孙子。郭解的父亲因为行侠，在汉文帝时被杀。郭解为人个子矮小，精明强悍，不喝酒。他小时候残忍狠毒，心中愤慨不快时，亲手杀的人很多。他不惜牺牲生命去替朋友报仇，藏匿亡命徒去犯法抢劫，停下来就私铸钱币，盗挖坟墓，他的不法活动数也数不清。

适有天幸，窘急常得脱，若遇赦。及解年长，更折节为俭，以德报怨，厚施而薄望。然其自喜为侠益甚。既已振人之命，不矜其功，其阴贼著于心，卒发于睚眦如故云。而少年慕其行，亦辄为报仇，不使知也。

【译文】但却能遇到上天保佑，在窘迫危急时常常脱身，或者遇到大赦。等到郭解年纪稍长，就改变行为，检点自己，以德报怨，多多地施舍别人，而且对别人怨恨很少。但他自己喜欢行侠的思想越来越强烈。已经救了别人的生命，却不自夸功劳，但其内心仍然残忍狠毒，为小事突然怨怒行凶的事依然如故。当时的少年仰慕他的行为，也常常为他报仇，却不让他知道。

解姊子负解之势，与人饮，使之嚼。非其任，强必灌之。人怒，拔刀刺杀解姊子，亡去。解姊怒曰："以翁伯之义，人杀吾子，贼不得。"弃其尸于道，弗葬，欲以辱解。解使人微知贼处。贼窘自归，具以实告解。解曰："公杀之固当，吾儿不直。"遂去其贼，罪其姊子，乃收而葬之。诸公闻之，皆多解之义，益附焉。

【译文】郭解姐姐的儿子依仗郭解的势力，同别人喝酒，让人家干杯。如果人家的酒量小，不能再喝了，他却强行灌酒。那人发怒，拔刀刺死了郭解姐姐的儿子，逃跑了。郭解姐姐发怒说："以弟弟翁伯的义气，人家杀了我的儿子，凶手却捉不到。"于是她把儿子的尸体丢弃在道上，不埋葬，想以此羞辱郭解。郭解派人暗中探知凶手的所在。凶手窘迫，自动回来把真实情况告诉给郭解。郭解说："你杀了他本来应该，这孩子无理。"于是放走了凶手，把罪责归于姐姐的儿子，并收尸埋葬了他。人们听到这消息，都称赞郭解的道义行为，更加依附于他。

解出入，人皆避之。有一人独箕倨视之，解遣人问其名姓。客欲杀之，解曰："居邑屋至不见敬，是吾德不修也，彼何罪！"乃阴属尉史曰："是人，吾所急也，至践更时脱之。"每至践更，数过，吏弗求。怪之，问其故，乃解使脱之。箕踞者乃肉袒谢罪。少年闻之，愈益慕解之行。

【译文】郭解每次外出、归来，人们都躲着他，只有一个人傲慢地坐在地上看着他，郭解派人去问他姓名。门客中有人要杀那人，郭解说："居住在乡里之中，竟至于不被人尊敬，这是我自己道德修养得还不够，他有什么罪过。"于是他就暗中嘱托尉史说："这个人是我最关心的，轮到他服役时，请加以免除。"以后每到服役时，有好多次，县中官吏都没找这个人。他很奇怪，问其原因，才知道是郭解使人免除了他的差役。于是，他就袒露身体，去找郭解谢罪。少年们听到这消息，越发仰慕郭解的行为。

洛阳人有相仇者，邑中贤豪居间者以十数，终不听。客乃见郭解。解夜见仇家，仇家曲听解。解乃谓仇家曰："吾闻洛阳诸公在此间，多不听者。今子幸而听解，解奈何乃从他县夺人邑中贤大夫权乎！"乃夜去，不使人知，曰："且无用，待我去，令洛阳豪居其间，乃听之。”

【译文】洛阳有互相结仇的人，城中有贤人豪杰居中调解，两方始终不听劝解。门客们就来拜见郭解，说明情况。郭解就对仇家说：“我听说洛阳诸公为你们调解，你们不肯接受。如今你们幸而听从了我的劝告，郭解怎能从别的县跑来侵夺人家城中贤豪大夫们的调解权呢？”于是郭解当夜离去，不让人知道，说：“暂时不要听我的调解，等我离开后，让洛阳豪杰居中调解，你们就听他们的。”

解执恭敬，不敢乘车入其县廷。之旁郡国，为人请求事，事可出，出之；不可者，各厌其意，然後乃敢尝酒食。诸公以故严重之，争为用。邑中少年及旁近县贤豪，夜半过门常十余车，请得解客舍养之。

【译文】郭解保持着恭敬待人的态度，不敢乘车走进县衙。他到旁的郡国去替人办事，事能办成的，一定把它办成，办不成的，也要使有关方面都满意，然后才敢去吃人家酒饭。因此大家都特别尊重他，争着为他效力。城中少年及附近县城的贤人豪杰，半夜上门拜访郭解的常常有十几辆车，请求把郭解家的门客接回自家供养。

及徙豪富茂陵也，解家贫，不中訾，吏恐，不敢不徙。卫将军为言“郭解家贫不中徙”。上曰：“布衣权至使将军为言，此其家不贫。”解家遂徙。诸公送者出千余万。轵人杨季主子为县掾，举徙解。解兄子断杨掾头。由此杨氏与郭氏为仇。

【译文】待到汉武帝元朔二年，朝廷要将各郡国的豪富人家迁往茂陵居住，郭解家贫，不符合资财三百万的迁转标准，但迁移名单中有郭解的名字，因而官吏害怕，不敢不让郭解迁移。当时卫青将军替郭解向皇上说：“郭解家贫，不符合迁移的标准。”但是皇上说：“一个百姓的权势竟能使将军替他说话，这就可见他家不穷。”郭解于是被迁徙到茂陵。人们为郭解送行共出钱一千余万。轵人杨季主的儿子当县椽，是他揭发迁徙郭解的。郭解侄子砍掉杨县椽的头。从此杨家于郭家结下了仇。

解入关，关中贤豪知与不和，闻其声，争交欢解。解为人短小，不饮酒，出未尝有骑。已又杀杨季主。杨季主家上书，人又杀之阙下。上闻，乃下吏捕解。解亡，置其母家室夏阳，身至临晋。临晋籍少公素不知解，解冒，因求出关。籍少公已出解，解转入太原，所过辄告主人家。

【译文】郭解迁移到关中，关中的贤人豪杰无论从前是否知道郭解，如今听到他的名声，都争着与郭解交友。郭解个子矮，不喝酒，出门不乘马。后来又杀死杨季主。杨季主的家人上书告状，有人又把告状的在宫门下给杀了。皇上听到这消息，就向官吏下令捕捉郭解。郭解逃跑，把他母亲安置在夏阳，自己逃到临晋。临晋籍少公平素不认识郭解，郭解冒昧会见他，顺便要求他帮助出关。籍少公把郭解送出关后，郭解转移到太原，他所到之处，常常把自己的情况告诉留他食宿的人家。

吏逐之，迹至籍少公。少公自杀，口绝。久之，乃得解。穷治所犯，为解所杀，皆在赦前。轵有儒生侍使者坐，客誉郭解，生曰："郭解专以奸犯公法，何谓贤！"解客闻，杀此生，断其舌。吏以此责解，解实不知杀者。杀者亦竟绝，莫知为谁。吏奏解无罪。御史大夫公孙弘议曰："解布衣为任侠行权，以睚眦杀人，解虽弗知，此罪甚于解杀之。当大逆无道。"遂族郭解翁伯。

【译文】官吏追逐郭解，追踪到籍少公家里。籍少公自杀，口供断绝。过了很久，官府才捕到郭解，追究他的犯法罪行，发现一些人被郭解所杀的事，都发生在赦令公布之前。一次，轵县有个儒生陪同前来查办郭解案件的使者闲坐，郭解门客称赞郭解，他说："郭解专爱做奸邪犯法的事，怎能说他是贤人呢？"郭解门客听到这话，就杀了这个儒生，割下他的舌头。官吏以此责问郭解，令他交出凶手，而郭解确实不知道杀人的是谁。杀人的人始终没查出来，不知道是谁。官吏向皇上报告，说郭解无罪。御史大夫公孙弘议论道："郭解以平民身份侠，玩弄权诈之术，因为小事而杀人，郭解自己虽然不知道，这个罪过比他自己杀人还严重，应该治他大逆不道之罪。"于是就诛杀了郭解翁伯的家族。

史记滑稽列传·优孟

优孟，故楚之乐人也。长八尺，多辩，常以谈笑讽谏。楚庄王之时，有所爱马，衣以文绣，置之华屋之下，席以露床，啖以枣脯。马病肥死，使群臣丧之，欲以棺椁大夫礼葬之。

【译文】优孟原是楚国的老歌舞艺人。他身高八尺，富有辩才，时常用说笑方式劝诫楚王。楚庄王时，他有一匹喜爱的马，给它穿上华美的绣花衣服，养在富丽堂皇的屋子里，睡在设有帐幔的床上，用蜜饯的枣干来喂它。马因为得肥胖病而死了，庄王派群臣给马办丧事，要用棺椁盛殓，依照大夫之礼来葬埋。

左右争之，以为不可。王下令曰："有敢以马谏者，罪至死。"优孟闻之，入殿门，仰天大哭。王惊而问其故。优孟曰："马者王之所爱也，以楚国堂堂之大，何求不得，而以大夫礼葬之，薄，请以人君礼葬之。"王曰："何如？"对曰："臣请以雕玉为棺，文梓为椁，楩枫豫章为题凑，发甲卒为穿圹，老弱负土，齐赵陪位于前，韩魏翼卫其后，庙食太牢，奉以万户之邑。诸侯闻之，皆知大王贱人而贵马也。"

【译文】左右近臣争论此事，认为不可以这样做。庄王下令说："有谁再敢以葬马的事来进谏，就处以死刑。"优孟听到此事，走进殿门，仰天大哭。庄王吃惊地问他原因。优孟说："马是大王所喜爱的，就凭楚国这样强大的国家，有什么事情办不到，却用大夫的礼仪来埋葬它，太薄待了，请用人君的礼仪来埋葬它。"庄王问："那怎么做呢？"优孟回答说："我请求用雕刻花纹的美玉做棺材，用细致的梓木做套材，用楩、枫、豫、樟等名贵木材做护棺的木块，派士兵给它挖掘墓穴，让老人儿童背土筑坟，齐国、赵国的使臣在前面陪祭，韩国、魏国的使臣在后面护卫，建立祠庙，用牛羊猪祭祀，封给万户大邑来供奉。诸侯听到这件事，就都知道大王轻视人而看重马了。"

王曰"寡人之过一至此乎？为之奈何？"优孟曰："请为大王六畜葬之。以垅灶为椁，铜历为棺，赍以姜枣，荐以木兰，祭以粮稻，衣以火光，葬之于人腹肠。"于是王乃使以马属太官，无令天下久闻也。

【译文】庄王说："我的过错竟然到这种地步了吗？那应该怎么办呢？"优孟说："请大王准许按埋葬畜牲的办法来葬埋它：在地上堆个土灶当做套材，用大铜锅当做棺材，用姜枣来调味，用香料来解腥，用稻米作祭品，用火作衣服，把它安葬在人的肚肠中。"于是庄王派人把马交给了主管宫中膳食的太官，不让天下人长久传扬此事。

楚相孙叔敖知其贤人也，善待之。病且死，属其子曰："我死，汝必贫困。若往见优孟，言我孙叔敖之子也。"居数年，其子穷困负薪，逢优孟，与言曰："我，孙叔敖子也。父且死时，属我贫困往见优孟。"优孟曰："若无远有所之。"即为孙叔敖衣冠，抵掌谈语。

【译文】楚国宰相孙叔敖知道优孟是位贤人，待他很好。孙叔敖患病临终前，叮嘱他的儿子说："我死后，你一定很贫困。那时，你就去拜见优孟，说'我是孙叔敖的儿子。'"过了几年，孙叔敖的儿子果然十分贫困，以卖柴为生。一次路上遇到优孟，就对优孟说："我是孙叔敖的儿子。父亲临终前，嘱咐我贫困时就去拜见优孟。"优孟说："你不要到远处去。”于是，他就立即缝制了孙叔敖的衣服帽子穿戴起来，模仿孙叔敖的言谈举止，音容笑貌。

岁余，像孙叔敖，楚王及左右不能别也。庄王置酒，优孟前为寿。庄王大惊，以为孙叔敖复生也，欲以为相。优孟曰：“请归与妇计之，三日而为相。”庄王许之。三日后，优孟复来。王曰：“妇言谓何？”孟曰：“妇言慎无为，楚相不足为也。如孙叔敖之为楚相，尽忠为廉以治楚，楚王得以霸。今死，其子无立锥之地，贫困负薪以自饮食。必如孙叔敖，不如自杀。”

【译文】过了一年多的某一天，（优孟）假扮成孙叔敖的样子，连楚庄王左右近臣都分辨不出来。楚庄王设好酒宴，优孟上前为庄王祝酒。庄王大惊，以为孙叔敖又复活了，想要让他做楚相。优孟说：“请允许我回去和妻子商量此事，三日后再来就任楚相。”庄王答应了他。三日后，优孟回来。庄王问：“你妻子怎么说的？”优孟说：“妻子说千万别做楚相，楚相不值得做。像孙叔敖那样地做楚相，忠正廉洁地治理楚国，楚王才得以称霸。如今死了，他的儿子竟无立锥之地，贫困到每天靠打柴谋生。如果做楚相要到孙叔敖那样，还不如自杀。”

因歌曰：“山居耕田苦，难以得食。起而为吏，身贪鄙者余财，不顾耻辱。身死家室富，又恐受赇枉法，为奸触大罪，身死而家灭。贪吏安可为也！念为廉吏，奉法守职，竟死不敢为非。廉吏安可为也！楚相孙叔敖持廉至死，方今妻子穷困负薪而食，不足为也！”于是庄王谢优孟，乃召孙叔敖子，封之寝丘四百户，以奉其祀。后十世不绝。

【译文】接着唱道：“住在山野耕田辛苦，难以获得食物。出外做官，自身贪脏卑鄙的，积有余财，不顾廉耻。自己死后家室虽然富足，但又恐惧贪脏枉法，干非法之事，犯下大罪，自己被杀，家室也遭诛灭。贪官哪能做呢？想要做个清官，遵纪守法，忠于职守，到死都不敢做非法之事。唉，清官又哪能做呢？像楚相孙叔敖，一生坚持廉洁的操守，现在妻儿老小却贫困到以打柴为生。清官实在不值得做啊！”于是，庄王向优孟表示了歉意，当即召见孙叔敖的儿子，把寝丘这个四百户之邑封给他，以供祭祀孙叔敖之用。自此之后，传承了十世都没有断绝。

刘 向

刘向，汉楚元王四世孙，字子政，成帝时领校中秘群书，作群书《别录》，又采录春秋至汉初故事，可资法戒者，为《战国策》，又为《新序》《说苑》《列女传》等书。

【译文】刘向，汉楚元王刘交的四世孙，字子政，汉成帝时领衔中秘校勘群书，作《别录》，又采录春秋到汉初的旧事，可以用来作借鉴用途的，作《战国策》，又作《新序》《说苑》《列女传》等书。

说苑二则·楚庄王

楚庄王赐群臣酒，日暮酒酣，灯烛灭，乃有人引美人之衣者，美人援绝其冠缨，告王曰："今者烛灭，有引妾衣者，妾援得其冠缨，持之，趣火来上，视绝缨者。"王曰："赐人酒使醉失礼，奈何欲显妇人之节而辱士乎？"乃命左右曰："今日与寡人饮，不绝冠缨者不欢。"群臣百有余人皆绝去其冠缨而上火，卒尽欢而罢。居二年，晋一与楚战，有一臣常在前，五合五获首，却敌，卒得胜之。庄王怪而问曰："寡人德薄，又未尝异子，子何故出死不疑如是？"对曰："臣当死。往者醉失礼，王隐忍不暴而诛也。臣终不敢以荫蔽之德，而不显报王也。常愿肝脑涂地，用颈血湔敌久矣。臣乃夜绝缨者也。"遂斥晋军，楚得以强。比有阴德者必有阳报也。

【译文】楚庄王赏赐群臣饮酒，天已黑了，酒兴正浓，灯烛一时灭了，有人拽美人的衣服，美人顺手扯断了那人帽上的带子，告诉庄王说："刚才灯烛灭，有拽我衣裳的人，我已扯得了他帽上的带子，拿着它，取灯火上来，看看谁是断了带子的人。"楚庄王说："赐人饮酒，使他们醉后失礼，怎么能为了显示妇人的贞节就羞辱勇士呢？"于是命令左右的人说："今天与我饮酒，不扯断帽上带子的人不算尽兴。"群臣有百多人都扯断了自己帽上的带子，然后才上火点灯，最后都尽兴而散。过了两年，晋国与楚国打仗，有一个臣子总冲杀在前，五次交战五次擒获甲首，打退敌军，最后取得胜利。楚庄王感到奇怪，就问他说：“我德行浅薄，又未曾特别礼待你，你为什么像这样毫不犹豫地拼死战斗呢？”那人回答说：“我本该死罪。从前醉后失礼，大王您克制忍耐，没有使我出丑并杀死我。我终究不能因为这是暗中给我的恩惠，而不公开地回报大王。我常怀着肝脑涂地、用颈上的鲜血溅洒到敌人身上的愿望，这已有很久时间了。我就是那夜里被美人扯断了帽上带子的人。”结果驱逐了晋军，楚国因此强盛。这就是有阴德的人必定会得到显著回报的事例。

说苑二则·韩厥

晋赵盾举韩厥，晋君以为中军尉；赵盾死，子朔嗣为卿。至景公三年，赵朔为晋将，朔取成公姊为夫人，大夫屠岸贾，欲诛赵氏，初赵盾在梦见叔带持要而哭甚悲，已而笑拊手且歌，盾卜之占兆，垂绝而后好，赵史援占曰：此甚恶非君之身，及君之子，然亦君之咎也。

【译文】晋国赵盾举荐韩厥，晋君让韩厥作了中军尉。赵盾死后，他的儿子赵朔继承了他的上卿职位。至晋景公三年，赵朔作了晋国将军，娶了成公的姐姐作夫人。大夫屠岸贾想要诛灭赵氏。当初，赵盾还在世的时候，曾梦见先祖叔带扶着腰哭泣，很悲痛，接着又发笑，拍手唱歌。赵盾占卜这个梦，兆纹断裂后来又复合。赵史援看了这个占兆说：“这个梦的征兆很险恶，不是应验在你的身上，而是应验在你的儿子身上，但也是由于你的过错。”

至子赵朔，世益衰，屠岸贾者，始有宠于灵公，及至于晋景公，而贾为司寇，将作难，乃治灵公之贼以至，赵盾遍告诸将曰：“赵穿弑灵公，盾虽不知犹为首贼，臣杀君，子孙在朝，何以惩罪，请诛之！”韩厥曰：“灵公遇贼，赵盾在外，吾先君以为无罪，故不诛；今诸君将诛其后，是非先君之意而后妄诛；妄诛谓之乱臣，有大事而君不闻，是无君也。”屠岸贾不听，厥告赵朔趋亡，赵朔不肯，曰：“子必不绝赵祀，朔死且不恨。”韩厥许诺，称疾不出，贾不请而擅与诸将攻赵氏于下宫，杀赵朔、赵括、赵婴齐，皆灭其族；朔妻成公姊有遗腹，走公宫匿，后生男乳，朔客程婴持亡匿山中，居十五年。

【译文】到了他的儿子赵朔这一代就更加衰落了。屠岸贾这个人，开始在晋灵公面前受宠，等到了晋景公时，屠岸贾就作了司寇，准备制造祸乱，就以惩治谋害晋灵公的凶手来罗致赵盾的罪名。他遍告所有的将领说："赵穿杀了灵公，赵盾虽然不知道，但仍是首犯。臣下杀了国君，子孙还在朝中作官，凭什么来惩治犯罪？请求诛灭他们。"韩厥说："灵公遇害，赵盾在外，先君成公认为他没有罪，所以不杀他；现在各位打算诛杀他的后人，这是认为先君的作法不对然后又乱加诛杀，乱杀无辜的人叫做乱臣。有重大的事情却不让国君知道，这是目无国君。"屠岸贾不听他的。韩厥告诉赵朔赶快出逃，赵朔不肯，他说："你一定不会让赵氏绝后，我死了也没有什么遗憾。"韩厥答应了他，便托病不出。屠岸贾不向国君请示就擅自与众将军将赵氏围攻在祖庙，杀死赵朔、赵同、赵括、赵婴齐，全部消灭了赵氏的族人。赵朔的妻子是成公的姐姐，身有遗腹子，逃到景公宫内躲藏，后来生了一个男孩，还在哺乳时，赵朔的门客程婴就带着他逃往山中躲藏。过了十五年。

晋景公疾，卜之曰："大业之后不遂者为祟。"景公疾问韩厥，韩厥知赵孤在，乃曰："大业之后，在晋绝祀者，其赵氏乎！夫自中衍皆嬴姓也，中衍人面鸟喙，降佐殷帝大戊及周天子，皆有明德，下及幽厉无道，而叔带去周适晋，事先君文侯，至于成公，世有立功，未尝有绝祀；今及吾君独灭之，赵宗国人哀之，故见龟策，唯君图之。"景公问曰："赵尚有后子孙乎？"韩厥具以实对，于是景公乃与韩厥谋立赵孤儿，召而匿之宫中，诸将入问疾，景公因韩厥之众，以胁诸将而见赵孤，孤名曰武，诸将不得已乃曰："昔下宫之难屠岸贾为之，矫以君令，并命群臣，非然孰敢作难，微君之疾，群臣固且请立赵后，今君有令，群臣之愿也。"于是召赵武、程婴遍拜诸将军，将军遂返与程婴赵武攻屠岸贾，灭其族，复与赵武田邑如故。故人安可以无恩，夫有恩于此故复于彼；非程婴则赵孤不全，非韩厥则赵后不复。韩厥可谓不忘恩矣。

【译文】晋景公生了病，占卜的人说："大业的后代中有冤情的人在作怪。"晋景公立即问韩厥，韩厥知道赵氏的孤儿还在，就说："大业的后代在晋国断绝了祭祀的人，那不是赵氏吗？他们从中衍那一代起都属嬴姓。中衍人面鸟嘴，投靠并辅佐殷帝太戊，直到西周天子，都有显著的德行。往下传到周厉王、周幽王这两个无道昏君时，叔带就离开西周到了晋国，事奉先君晋文侯。直到晋成公，每代都建有功劳，未曾有断绝祭祀的。现在到了国君您这一代，唯独您诛灭了赵氏宗族，都城的人都为他们悲哀，所以显现在龟甲蓍草上。希望国君认真想想这件事。"晋景公问道："赵氏还有后代子孙吗？"韩厥全部将实情回禀了他。于是晋景公就与韩厥商量要立赵氏孤儿，并将赵氏孤儿召回藏在宫中。众将入宫问病，晋景公凭借韩厥人多势众来胁迫众将，并让他们面见赵氏孤儿，这孤儿名叫赵武。众将无可奈何，就说："从前在下宫发生的祸乱，是屠岸贾造成的，他假传君王的命令，来号令群臣，要不是这样，谁敢作乱？如果不是国君生病，我们本来也要请求立赵氏之后；现在国君有令，这也是我们的心愿。”于是召来赵武、程婴，逐个拜见众将军。将军们便反戈与程婴、赵武攻打屠岸贾，诛灭了他的家族。晋景公又赐给赵武田地采邑，跟从前一样。可见，人怎么能够不给别人恩惠呢？在此时此地施恩，才会在彼时彼地得到回报。没有程婴，赵氏孤儿就不能保全，没有韩厥，赵氏的后人就不能再立，韩厥可称得上是不忘恩的人了。

新序·公孙杵臼、程婴

公孙杵臼、程婴者，晋大夫赵朔客也。晋赵穿弑灵公，赵盾时为贵大夫，亡不出境，还不讨贼，故春秋责之，以盾为弑君。屠岸贾者，幸于灵公，晋景公时，贾为司寇，欲讨灵公之贼，盾已死，欲诛盾之子赵朔，遍告诸将曰：“盾虽不知，犹为贼首，贼乃弑君，子孙在朝，何以惩罚？请诛之。”韩厥曰：“灵公遇贼，赵盾在外，吾先君以为无罪，故不诛。今请君将妄诛，妄诛谓之乱臣，有大事君不闻，是无君也。”屠岸贾不听，韩厥告赵朔趣亡，赵朔不肯。曰：“子必不绝赵祀，予死不恨。”韩厥许诺，称疾不出。贾不请而擅与诸将攻赵氏于下宫，杀赵朔，赵同，赵括，赵婴齐，皆灭其族。赵朔妻成公姊，有遗腹，走公宫匿。

【译文】公孙杵臼和程婴，是晋国大夫赵朔的门客。晋国大夫赵穿刺杀晋灵公，当时赵盾是晋国的执政大夫，逃亡而没有逃出国境，返回朝廷后又不讨伐刺杀灵公的元凶，因此受到《春秋》的责备，认为赵盾是弑君者。屠岸贾受到晋灵公的宠爱，到晋景公时，当了司寇，要惩罚谋杀灵公的凶手，当时赵盾已死，想把赵盾的儿子赵朔处死，告诉那些将军们说：“赵盾虽然不知道刺杀灵公的事，但仍然是刺杀灵公的元凶，让弑君凶手的子孙在朝廷做官，这怎么能惩罚罪人呢？我要求把弑君凶手的子孙处死。”韩厥说“灵公遇刺时，赵盾不在都城，我们死去的成公认为他没有罪过，所以不杀他。现在各位要随便杀人，随便杀人叫做乱，当臣子的要做什么大事，而不叫君主知道，这是不把君主放在眼里。”屠岸贾不听，韩厥告诉赵朔叫他快点逃走，赵朔不答应，说：“您一定不会让赵氏断了香火，这样我就死而无憾了。”韩厥答应了他，就借口生病闭门不出。屠岸贾不经请示就擅自和将军们到下宫围攻赵氏。把赵朔、赵同、赵括、赵婴齐都杀了，而且全都满门抄斩。赵朔的老婆是晋成公的姐姐，已经怀孕，跑到景公的宫殿里躲藏。

公孙杵臼谓程婴曰："胡不死。"婴曰："朔之妻有遗腹，若幸而男，吾奉之，即女也，吾徐死耳。"无何而朔妻免生男。屠岸贾闻之，索于宫，朔妻置儿袴中，祝曰："赵宗灭乎，若号；即不灭乎，若无声。"及索，儿竟无声。已脱，程婴谓杵臼曰："今一索不得，后必且复之，奈何？"杵臼曰："立孤与死，庸难？"婴曰："立孤亦难耳！"杵臼曰："赵氏先君遇子厚，子强为其难者，吾为其易者，吾请先死。"而二人谋取他婴儿，负以文褓匿山中。婴谓诸将曰："婴不肖，不能立孤，谁能予吾千金，吾告赵氏孤处。"诸将皆喜，许之，发师随婴攻杵臼。杵臼曰："小人哉程婴！下宫之难不能死，与我谋匿赵氏孤儿，今又卖之。纵不能立孤儿，忍卖之乎？"抱而呼天曰："赵氏孤儿何罪？请活之，独杀杵臼也。"诸将不许，遂并杀杵臼与儿。

【译文】公孙杵臼对程婴说："为什么不殉难？"程婴说："赵朔老婆有遗腹子，如果有幸是个男孩，我就保护他，如果是个女孩，我只不过迟死几天罢了"没多久，赵朔老婆分娩了，生了个男孩。屠岸贾得到消息，就在宫里搜索，赵朔老婆把婴儿藏在裤子里，祈祷道："要是赵氏宗族该绝，你就哭；如果不该绝，你就不出声。"到搜到这里时，婴儿居然不出声。脱险后，程婴对杵臼说："今天这回没搜索到，日后一定会再来，怎么办？"杵臼说："抚养孤儿长大成人和自杀殉主，哪一样更难呢？"程婴说："抚养孤儿困难。"柞臼说，"赵氏死去的家长待你恩义最重，就请你勉为其难，我去做容易的，让我先死吧。"于是两人想办法找到别家的一个婴儿，用绣花的小被子包着，藏在山里。程婴对那些将军说："我不长进，不能抚养孤儿长大成人，谁肯给我富贵，我就把赵氏孤儿藏身的地方告诉谁。"将军们都很高兴，答应了他，派兵跟着程婴去打杵臼。柞臼道："程婴！你这个小人！下宫出事，你舍不得你的命，跟我合谋掩藏赵氏孤儿，现在又出卖他。即使你不敢抚养赵氏孤儿，难道就忍心出卖他吗？"杵臼抱着孩子叫道："天哪！赵氏孤儿有什么罪过？烧他一命吧！就杀我一个人吧！"将军们不答应，就把两个人都杀了。

诸将以为赵氏孤儿已死，皆喜。然赵氏真孤儿乃在，程婴卒与俱匿山中，居十五年。晋景公病，卜之，大业之胄者为祟，景公问韩厥，韩厥知赵孤存，乃曰："大业之后，在晋绝祀者，其赵氏乎？夫自中行衍皆嬴姓也。中行衍人面鸟噣，降佐帝大戊及周天子，皆有明德，下及幽厉无道，而叔带去周适晋，事先君缪侯，至于成公，世有立功，未尝绝祀。今及吾君，独灭之赵宗，国人哀之，故见龟策出现，唯君图之。"景公问赵尚有后子孙乎？韩厥具以实告。景公乃以韩厥谋立赵氏孤儿，召匿之宫中。

【译文】将军们认为赵氏孤儿已经死了，都很高兴但真正的赵氏孤儿还在，程婴终于和他一起藏身在山里。过了十五年，晋景公生了重病，占卦的结果，说是大业的后人当中不如意的在作祟。景公问韩厥大业的后人中谁过得不称心，韩厥知道赵氏孤儿还活着，就说："大业的后人，在晋国断了香火的，大概就是赵氏了吧？从中衍以来就都姓嬴，中衍人面鸟嘴，悦服并辅佐商朝天子大戊。他的子孙辅佐周朝历代天子，都表现了光明的品德，到了幽王、厉王，暴虐昏庸，叔带就离开周王朝到晋国去，在我们的先君缪侯手下办事，从那时到成公，赵氏每一代人都曾建有功勋，没有断过香火。现在传到主上，偏偏灭绝了赵氏宗族，国内人民都为赵氏悲痛，所以显现在卦象上，希望主上好好对待这件事。"景公问："赵氏还有嫡系子孙吗？"韩厥把实情原原本本告诉了景公。景公和韩厥商量恢复赵氏孤儿的地位，把孤儿召来，藏在宫里。

诸将入问病，景公因韩厥之众以胁诸将，而见赵氏孤儿，孤儿名武，诸将不得已乃曰："昔下宫之难，屠岸贾为之，缴以君命，并命群臣。非然，庸敢作难？微君之病，群臣固将请立赵后，今君有命，群臣愿之。"于是乃召赵武，程婴遍拜诸将，遂俱与程婴赵氏攻屠岸贾，灭其族。复兴赵氏田邑如故。赵武冠为成人，程婴乃辞大夫，谓赵武曰："昔下宫之难皆能死，我非不能死，思立赵氏后，今子既立为成人，赵宗复故，我将下报赵孟与公孙杵臼。"赵武号泣，固请曰："武愿苦筋骨以报子至死，而子忍弃我而死乎？"程婴曰："不可，彼以我为能成事故，皆先我死，今我不下报之，是以我事为不成也。"遂以杀。赵武服衰三年，为祭邑，春秋祠之，世不绝。君子曰："程婴公孙杵臼，可谓信交厚士矣。婴之自杀下报亦过矣。"（按此事，《说苑》、《新序》并见，而文各有详略，可资参稽，今亦并录之。）

【译文】将军们来探望卧病的景公，景公借着韩厥的兵力来逼迫将军们，叫赵氏孤儿出来，孤儿的名字叫做武。将军们无计可施，就说"从前下宫的叛乱是屠岸贾操纵的，他伪造主公的命令，把我们全都召去，不然，谁敢作乱？如果不是主上您生病我们本来就打算要求恢复赵氏嫡传后代的地位，现在主公既下了命令，我们都愿意服从"于是叫赵武、程婴一个一个地拜谢将军们，将军们就跟程婴、赵氏一起攻打屠岸贾，把他满门抄斩。赵氏原来享有的封地，也如数还给了赵氏。赵武二十岁行了冠礼，取得了成年人的资格，程婴就辞去大夫职务，对赵武说"从前下宫事变，大家都不惜性命，我不是怕死，只是想把赵氏的后代拉扯大，现在您已经长大成人，赵氏也恢复了原有的她位，我要下黄泉去，向赵孟和公孙杵臼报告了。"赵武失声痛哭，苦苦哀求道："我愿意尽心竭力报答您一辈子，您忍心丢下我去死吗？"程婴说："不行。他们认为我能够把抚养你这件事办成，所以都在我之前殉难了，假如我不下黄泉向他们报告，那他们就会认为我没把事情办好。"于是就自杀了。赵武为他穿了三年孝服，划出祭田，春秋两季按时拜祭，世世代代没有断过。君子说："程婴和公孙杵臼，可以说是笃守信义的忠诚之士了。程婴的为了向死者报告而自杀也有些过头了。"（按：这件事，《说苑》、《新序》中都有，但文字各有详略的不同，可供参考，现在都抄录在此。）

列女传二则·鲁义姑姊

鲁义姑姊者，鲁野之妇人也。齐攻鲁至郊，望见一妇人，抱一儿，携一儿而行，军且及之，弃其所抱，抱其所携而走于山，儿随而啼，妇人遂行不顾。齐将问儿曰："走者尔母耶？"曰："是也。""母所抱者谁也？"曰："不知也。"齐将乃追之，军士引弓将射之，曰："止，不止，吾将射尔。"妇人乃还。齐将问所抱者谁也，所弃者谁也。对曰："所抱者妾兄之子也，所弃者妾之子也。见军之至，力不能两护，故弃妾之子。"齐将曰："子之于母，其亲爱也，痛甚于心，今释之，而反抱兄之子，何也？"妇人曰："己之子，私爱也。兄之子，公义也。夫背公义而向私爱，亡兄子而存妾子，幸而得幸，则鲁君不吾畜，大夫不吾养，庶民国人不吾与也。夫如是，则胁肩无所容，而累足无所履也。子虽痛乎，独谓义何？故忍弃子而行义，不能无义而视鲁国。"

【译文】鲁国义姑姊，是鲁国边鄙的一名妇女。齐国攻打鲁国到乡下，看见一个妇女，抱着一个小孩，拉着一个小孩走，军队就要追上她们了，那女人抛下抱着的孩子，抱着她拉着的孩子逃往山里，被丢弃的孩子哇哇大哭，妇女一直前行头也不回。齐国的将军问被抛弃的小孩说："逃跑的是你母亲吗？"小孩说："是的"。"你母亲抱的是谁？"回答说："不知道"齐国的将领就追那个女人，士兵们拉开弓做出要射箭的样子，说："别跑，再跑就放箭了。"那个女人只得回头。齐将就问她抱的是谁，丢下的是谁。回答说："抱的是我哥哥的孩子，丢弃的是我的孩子。看见你们大军到了，我没有力量同时保护他们两个，于是抛弃了自己的孩子。"齐将说："儿子对于母亲来说，是最心爱的，母亲心疼孩子甚至超过心疼自己，现在你抛下自己的孩子，却抱着哥哥的孩子，为什么呢？"女人说："保护自己的孩子，是自私的爱。保护哥哥的孩子，是合乎道义的事情。放弃了正义的事情选择自私的偏爱，牺牲哥哥的孩子保全自己的孩子，就算幸而不死，鲁国的国君也不会允许这样的人放牧生产，鲁国的大臣不会给我们生活的东西，鲁国平民百姓也不会理睬我们的。要是那样的话，会没有立足之地，立身之本。失去儿子虽然悲痛，又怎么比得上失去正义呢？所以宁可放弃自己的孩子也要行使正义，不能让别人认为鲁国是一个不讲道义的国家。"

于是齐将按兵而止，使人言于齐君曰："鲁未可伐也。乃至于境，山泽之妇人耳，犹知持节行义，不以私害公，而况于朝臣士大夫乎！请还。"齐君许之。鲁君闻之，赐妇人束帛百端，号曰义姑姊。公正诚信，果于行义。夫义，其大哉！虽在匹妇，国犹赖之，况以礼义治国乎！诗云：“有觉德行，四国顺之。”此之谓也。颂曰：齐君攻鲁，义姑有节，见军走山，弃子抱侄，齐将问之，贤其推理，一妇为义，齐兵遂止。

【译文】齐将听了这番话，便命令军队停下，派人对齐君说：“不能攻伐鲁国。部队刚到边境，鲁国山野草泽里的妇女都知道坚守节操，按大义办事，不去以私害公，何况鲁国的朝臣士大夫呢？请求撤回部队。”齐君答应。鲁国国君听说了这件事，将束帛百端赏赐给那个妇女，称她为义姑姊。义姑姊无私正直，坦诚忠信，果于行义。义的作用真是巨大呵！虽然体现在平民妇女身上，国家还要加以依赖，更何况去采取礼仪治理国家呢？《诗经》里说：“高大正直有德行，四方之人均顺从。”说的就是这种情况。颂说：齐君发兵攻鲁，义姑姊节义坚执。看见军队往山跑，丢下儿子抱起侄。齐将追上问起她，称她公正好言辞。一位妇女把义行，齐军进攻便停止。

列女传二则·邹孟子母

邹孟轲之母也。号孟母。其舍近墓。孟子之少也，嬉游为墓间之事，踊跃筑埋。孟母曰：“此非吾所以居处子也。”乃去舍市傍。其嬉戏为贾人炫卖之事。孟母又曰：“此非吾所以居处子也。”复徙舍学宫之傍。其嬉游乃设俎豆揖让进退。孟母曰：“真可以居吾子矣。”遂居之。及孟子长，学六艺，卒成大儒之名。君子谓孟母善以渐化。诗云：“彼姝者子，何以予之？”此之谓也。

【译文】邹国人孟轲的母亲，人称孟母，开始她家住在一个靠近坟墓的地方。孟子小时候经常在坟墓间嬉戏游玩，爱做些筑墓埋棺之类的事情。孟母说：“这里不是适合儿子居住的地方。”就离开那里，搬到一个市场附近。孟子常在嬉笑游戏中学习商人炫耀叫卖。孟母又说：“这里不是适合儿子居住的地方。”便再次迁居，住在一所学校旁边。孟子在游玩中摆弄写俎豆祭器，学习揖让进退的礼仪。孟母说：“这里的确是适合儿子居住的地方。”于是就在那里住了下来。孟子长大后，学习六艺，终于成了儒家大师，名扬天下。仁人君子都称赞孟母善于用逐渐濡染的方法进行教化。《诗经》里说：“那位忠顺贤才之士，什么礼品送给你？”说的就是这种情况。

孟子之少也，既学而归，孟母方绩，问曰："学何所至矣？" 孟子曰："自若也。"孟母以刀断其织。孟子惧而问其故，孟母曰："子之废学，若吾断斯织也。夫君子学以立名，问则广知，是以居则安宁，动则远害。今而废之，是不免于厮役，而无以离于祸患也。何以异于织绩而食，中道废而不为，宁能衣其夫子，而长不乏粮食哉！女则废其所食，男则堕于修德，不为窃盗，则为虏役矣。"孟子惧，旦夕勤学不息，师事子思，遂成天下之名儒。君子谓孟母知为人母之道矣。诗云："彼姝者子，何以告之？"此之谓也。

【译文】孟子小时候外出求学，刚离家不久就回来了。孟母正在纺线，问他："学习怎么样？"，孟子回答："还是那样。"孟母拿过剪刀割断织机上的线。孟子很害怕，赶忙问为什么。孟母说："你废弃学业，就像我割断织线一样。君子通过学习才能立身扬名，通过问才能增长知识，所以君子坐则安心宁静，动则远避祸害。现在你废弃学业，将来免不了成为做劳役供使唤的下人，难以逃避祸患。这就像织布缉麻，为人提供衣物，却中途停顿，怎么能让丈夫孩子穿上衣服从而长期不缺粮食呢？女子停止提供衣物，男子不能培养德义，他们不是沦为盗贼，就是变为奴婢。"孟子很害怕，从此一天到晚勤奋学习，没有停顿。他拜子思为师，后来成为非常著名的儒士。君子赞扬孟母深知做母亲的道理。《诗经》里说："那位忠顺贤才之士，向你提什么建议？"说的就是这种情况。

孟子既娶，将入私室，其妇袒而在内，孟子不悦，遂去不入。妇辞孟母而求去，曰："妾闻夫妇之道，私室不与焉。今者妾窃堕在室，而夫子见妾，勃然不悦，是客妾也。妇人之义，盖不客宿。请归父母。"于是孟母召孟子而谓之曰："夫礼，将入门，问孰存，所以致敬也。将上堂，声必扬，所以戒人也。将入户，视必下，恐见人过也。今子不察于礼，而责礼于人，不亦远乎！"孟子谢，遂留其妇。君子谓孟母知礼，而明于姑母之道。

【译文】孟子结婚之后，到自己卧室里去，碰上妻子脱了上衣，露着身子在里面，孟子不高兴了，就往回走。他妻子向孟母辞别，请求离开，说："我听说夫妇之道，卧室内是没包括进去的。刚才我躺在屋里，夫子看见我，勃然大怒，很不高兴，这是把我当客人对待了。作为妇人，恐怕是不能作为客人住宿的。我请求回到娘家去。"于是孟母叫来孟子，对他说："按照礼的规定，快进门的时候，问一问谁在里边，以表示尊敬；到堂屋的时候，必须发出声音，以提醒别人；推开内室门的时候，眼睛要往下看，以免发现别人的隐私。今天你自己没弄清楚礼，却用礼来责备别人，这不是离礼的要求差得太远了吗？"孟子连忙道歉，留住妻子。君子称誉孟母懂得礼仪，明晓做婆母的准则。

孟子处齐，而有忧色。孟母见之曰："子若有忧色，何也？"孟子曰："不敏。"异日闲居，拥楹而叹。孟母见之曰："乡见子有忧色，曰不敏，今拥楹而叹，何也？"孟子对曰：

"轲闻之：君子称身而就位，不为苟得而受赏，不贪荣禄。诸侯不听，则不达其上。听而不用，则不践其朝。今道不用于齐，愿行而母老，是以忧也。"孟母曰："夫妇人之礼，精五饭，幂酒浆，养舅姑，缝衣裳而已矣。故有闺内之修，而无境外之志。"

【译文】孟子在齐为官时，曾面露忧色。孟母看见了，问："你好像面有忧色，为什么呀？"孟子回答："没什么。"有一天，孟子在家没事，靠着柱子叹息起来。孟母发现后问道："上次我看见你面带忧色，问你，你说'没什么'，今天你却又靠在柱子上叹息，这是为什么？"孟子答道："我听说，君子考虑自己的才能后再去就任官职，不苟且求得封赏，不贪图荣禄，诸侯不听自己的主张就不到他那里去，听了却不采用就不再登上他的朝廷。现在齐国不能施行我的主张，我想到别的地方去，但母亲您年纪大了，所以我感到很为难。"孟母说："礼对妇人的要求，只不过是做好五饭，暖好酒浆，赡养公婆，缝制衣服罢了，因而她们只能料理闺内的事务，不能过问闺外的事情。"

易曰：'在中馈，无攸遂。'诗曰：'无非无仪，惟酒食是议。'以言妇人无擅制之义，而有三从之道也。故年少则从乎父母，出嫁则从乎夫，夫死则从乎子，礼也。今子成人也，而我老矣。子行乎子义，吾行乎吾礼。"君子谓孟母知妇道。诗云："载色载笑，匪怒匪教。"此之谓也。颂曰：孟子之母，教化列分，处子择艺，使从大伦，子学不进，断机示焉，子遂成德，为当世冠。

【译文】《易经》里说："妇女在家中料理家务，不要失职。"《诗经》里说："不要违背礼仪，一心操持家务。"这是说妇女不应独擅专制，而应遵行三从之道。因此妇女年少时听命于父母，出嫁后听命于丈夫，丈夫死后听命于儿子，这是礼的规定。现在你已成人，而我已经老了。你行你的义，我行我的礼。"君子赞扬孟母深知做一个妇女的道理。《诗经》里说："态度温和面带笑容，从不发怒善于教导。"说的就是这种情况。颂说：邹国孟子的母亲，注意教化善于诱导。安排儿子选择技艺，使其行伦常大道。儿子学习无所长进，剪短织线加以劝告，儿子后来持德义，成为大儒以及为天下所效法的对象。

列仙传二则·务光

务光者，夏时人也。耳长七寸，好琴，服蒲韭根。殷汤将伐桀，因光而谋。光曰："非吾事也。”汤曰：“孰可？”曰：“吾不知也。”

【译文】务光是夏朝时候人。耳朵长七寸，喜爱弹琴，吃菖蒲和韭菜根。商汤将要讨伐夏桀，同务光商议谋划。务光说：“这不是我应做的事。”汤说：“谁可以胜任？”务光说：“我不知道。”

汤曰：“伊尹何如？”曰：“强力忍诟，吾不知其它。”汤既克桀，以天下让于光，曰：“智者谋之，武者遂之，仁者居之，古之道也。吾子胡不遂之！”

【译文】汤说：“伊尹怎么样？”务光回答说：“伊尹勉强自己忍受耻辱，别的我就不知道了。”汤战胜夏桀以后，要把天下让给务光，说：“有智慧的人谋划占有天下，有武力的人实现这一计划，有仁德的人统治天下，这是古来就有的道理，您何不顺其自然呢！”

光辞曰：“废上非义也，杀人非仁也，人犯其难，我享其利，非廉也。吾闻非义不受其禄，无道之世不践其位，况于尊我，我不忍久见也。”遂负石自沉于蓼水，已而自匿。

【译文】务光拒绝说：“废掉君主是不义之举，屠杀百姓非仁德之功，别人作事犯难，我坐享其利，是不知廉耻。我听说，不合道义的奉禄不能接受，身处无道乱世不能居职做官，何况要使我高居尊位，我不忍心久活于世。”于是身背大石自沉到蓼水里，随即就消失了。

后四百余岁，至武丁时，复见。武丁欲以为相，不从。逼不以礼，遂投浮梁山，后游尚父山。务光自仁，服食养真。冥游方外，独步常均。武丁虽高，让位不臣。负石自沉，虚无其身。

【译文】四百多年以后，到商王武丁时，务光又出现了。武丁想请他为相，务光不愿意。武丁不以礼相请而硬逼，务光就逃到浮梁山中，后来又漫游在尚父山中。务光怀抱仁德，服食修养真性。远离世俗之外，造化之中独行。武丁贵为君王，让位不愿作臣。负石自沉蓼水，务光匿迹灭身。

列仙传二则·箫史

箫史者秦穆公时人也。善吹箫，能致孔雀白鹤于庭。穆公有女，字弄玉，好之，公遂以女妻焉。日教弄玉作凤鸣，居数年，吹似凤声，凤凰来止其屋。

【译文】箫史是秦穆公时人，善吹箫，能使孔雀、白鹤闻声飞落庭院。穆公有个女儿叫弄玉，喜欢箫史，穆公就把她嫁给了箫史。箫史每天教弄玉吹箫，模仿凤的叫声。这样过了几年，弄玉吹箫声与凤鸣声非常相似，凤凰听到箫声，都飞来停息在他们的屋上。

公为作凤台，夫妇止其上，不下数年。一旦，皆随凤凰飞去。故秦人为作凤女祠于雍宫中，时有箫声而已。箫史妙吹，凤雀舞庭。嬴氏好合，乃习凤声。遂攀凤翼，参翥高冥。女祠寄想，遗音载清。

【译文】穆公就替他们造了一座台，名为凤台。箫史夫妇居住台上达数年之久，一天早上，他们随着凤凰一同飞去。为此，秦国替弄玉在雍宫内造了一座祠堂，名为凤女祠，还时时能听到箫声在祠内回荡。箫史吹妙音，凤雀舞内庭。嬴女成佳配，秦宫学凤声。一旦攀凤翼，飞举入高冥。女祠寄遐想，遗音沥沥清。

刘 歆

刘歆，汉刘向子，字子骏，清《四库书目》子部小说家有《西京杂记》，其提要曰："旧本题汉刘歆撰，或题晋葛洪撰，实则梁吴均撰，讬言葛洪得刘歆《汉书遗稿录》，班固所不载，为此书也。"

【译文】刘歆是汉代刘向之子，字子骏，清代的《四库书目》子部小说家有《西京杂记》，提要言道："以前的旧本题作汉代刘歆撰，有的题作晋代葛洪撰，实际上是梁吴均撰写的，托名葛洪得到刘歆的《汉书遗稿录》，都是班固所没有记载的，后来成为这部书。"

西京杂记二则·匡衡

匡衡，字稚圭，勤学而无烛。邻居有烛而不与，衡乃穿壁引其光，以书映之而读之。邑人大姓文不识，家富多书，衡乃与其佣作而不求偿。主人怪，而问之，衡曰："愿得主人书遍读之。"主人感叹，资给以书，遂成大学。

【译文】匡衡，字稚圭，勤奋好学，但家中没有蜡烛照明。邻家有灯烛，只是光亮照不到，匡衡就把墙壁凿了一个洞引来邻家的光亮，让光亮照在书上来读。同乡有个大户人家姓文名不识，家中有很多书。匡衡就到他家去做雇工而不要报酬。主人奇怪，问他，匡衡说："我希望能得到你家的书，通读一遍。"主人听了，十分感叹，就把书供给他读。最终匡衡学有所成。

能说《诗》，时人为之语曰："无说《诗》，匡鼎来；匡说《诗》，解人颐。"鼎，衡小名也。时人长服之如是。闻者皆解颐欢笑。衡邑人有言《诗》者，衡从之与语，质疑。邑人挫服，倒屣而去。衡追之，曰："先生留听，更理前论！"邑人曰："穷矣！"遂去不顾。

【译文】匡衡能够讲解《诗经》，人们为他编写了一首歌谣说："没有人会讲解《诗经》，请匡鼎来。匡鼎来讲授《诗经》，能解除人们的疑问。""鼎"是匡衡的小名。当时的人们竟如此敬佩他，听他讲解《诗经》的人都开颜欢笑。街上有个人讲解《诗经》，匡衡前去听讲，与这个人讨论《诗经》中的疑难问题，这个人辩论不过，对他十分佩服，倒穿着鞋子跑了。匡衡追上去说："先生请留步，听听我和你讨论刚才的问题。"那个人说："我讲不出什么来了。"于是就跑了，不再返回。

西京杂记二则·王嫱

元帝后宫既多，不得常见，乃使画工图形，案图召幸。诸宫人皆赂画工，多者十万，少者亦不减五万。独王嫱不肯，遂不得见。匈奴入朝，求美人为阏氏，于是上案图以昭君行。及去，召见。貌为后宫第一，善应对，举止闲雅。帝悔之，而名籍已定，帝重信于外国，故不复更人，乃穷案其事。画工皆弃市，籍其家资皆巨万。

【译文】汉元帝刘奭后宫妃嫔很多，皇帝不能每个都看，就让画匠把她们的相貌画下来，按照画上的美丑召来宠幸她们。宫女们都贿赂画匠，多的给十万钱，少的也不下五万钱。只有王嫱（昭君）不肯贿赂画匠，所以得不到皇帝的召见。匈奴来朝拜汉元帝，请求赏赐一个美人作为他们的阏氏（相当于皇后）。于是皇帝按照画像让王昭君出嫁。等到出发的时候，召见了昭君，原来昭君的容貌在后宫没有能比得上的，而且善于应对问话，举止优雅大方。元帝后悔了但是名字已经定了下来。元帝注重对外国讲诚信，所以没有换人。于是追究这件事，画匠们都被处死，抄没他们的家产有许多钱财。

画工有杜陵毛延寿。为人形。丑好老少必得其真。安陵陈敞、新丰刘白、龚宽，并工为牛马飞鸟众势。人形好丑。不逮延寿。下杜阳望亦善画。尤善布色。樊育亦善布色。同日弃市。京师画工。于是差稀。

【译文】画匠里有杜陵毛延寿，为人画画，不管丑的，好的，老人.少年，都能画得真真切切。安陵陈敞、新丰刘白、龚宽都是专攻飞鸟之类的画，画容貌的美丑，不及毛延寿；下杜阳望也善画画，尤其善于用颜色；樊育也善于上色彩，他们都同一天处死。京城的画匠于是就稀少了。

应 劭

应劭，后汉南顿人，字仲远，笃学博览，拜泰山太守，连破黄巾，郡内以安，撰《风俗通义》（省名《风俗通》）以辨物类名号，释时俗嫌疑，后世服其洽文，清《四库》著录杂家。

【译文】应劭是东汉南顿人，字仲远，勤奋学习博览群书，封为泰山太守，连连攻破黄巾军，整个南顿郡都安顿下来，撰写了《风俗通义》（省略名为《风俗通》）用以辨别事物种类、名号，解释当时风俗习惯产生怀疑的地方，后世都很佩服他的博洽文章，清代《四库》著录为杂家。

风俗通二则·鲍君神

汝南鲖阳有于田得麏者，其主未敢取也，商车十余乘，经泽中行，望见此麏着绳，因持去，念其不事，持一鲍鱼置其处。有顷，其主往，不见所得麏，反见鲍鱼，泽中非人道路，怪其如是，大以为神，转相告语，治病求福，多有效验，因为起祀舍，众巫数十，帷帐钟鼓，方数百里，皆来祷祀，号鲍君神。

【译文】汝南鲖阳有个人在田野里设网捕到一头獐子，主人没有前去取回。十几辆商车经过沼泽，有人看见被困住的獐子，就拿走了。又觉得太不够意思，就把带着的鲍鱼放一只在那里。不久主人来后没有看见网住的猎物，反而看见了鲍鱼，沼泽之地少有人来，于是就惊奇地认为这是神，就相互转告，有人在此地祈福禳病，经常会很灵验。就在得鱼的地方建了个祠庙，还有来了十几个巫师，庙里挂起帷帐，设置钟鼓。方圆数百里的人都闻讯前来祈祷，号称是“鲍君”神。

其后数年，鲍鱼主来，历祠下，寻问其故，曰：“此我鱼也，当有何神。”上堂取之，遂从此坏。传曰：“物之所聚斯有神。”言人共奖成之耳。

【译文】几年后，那个当初放鲍鱼的人经过祠庙，问是怎么回事，村人就如实告诉了他。这人说：“这是我的鱼，哪来什么神？”于是上堂去取走了鲍鱼，从此人们才不再敬奉“鲍君”了。《传》说：“凡是事物聚集的地方都有神灵。”意思是说人为造成的神。

风俗通二则·李君神

汝南南顿张助，于田中种禾，见李核，意欲持去，顾见空桑中有土，因殖种，以余浆溉灌。后人见桑中反复生李，转相告语。有病目痛者息荫下，言：“李君令我目愈，谢以一豚。”目痛小疾，亦行自愈。

【译文】汝南郡南顿人张助在田间种稻谷，看见一枚李子的核，想把它拿走，回头看见桑树的空洞里有泥土，就把这枚李子的核种在里边，并浇了一点余下的水。后来有人看见桑树里边竟然长出了李树，就相互转告。有一个患眼疼病的人在树下休息，对着树说：“如果李树神能治好我的眼疼，我就奉上一只小猪作为祭品。”眼疼病本来就是小病，很快自己就好了。

众犬吠声，因盲者得视，远近翕赫，其下车骑常数千百，酒肉滂沱。间一岁余，张助远出来还，见之，惊云：“此有何神，乃我所种尔。”因就斮也。

【译文】众人听到这个消息也就随声附和起来，说是瞎子在这里重见光明，闹得远近沸沸扬扬，树下经常停着很多车子，作为贡品的酒肉也摆满一地。一年多以后，张助出远门回来，看见了，惊讶地说：“有什么李子神，明明就是我种在桑树里的。”因此事情就平息下来了。

张华

张华，晋方城人，字茂先，学业优博，以参赞伐吴功成，封庶武侯，拜侍中，著《博物志》十卷，时人比之子产。

【译文】张华是晋代方城人，字茂先，学业优秀广博，对于讨伐东吴的战争颇有助益，封为庶武侯，并被拜为侍中，著有《博物志》十卷，当时的人都把他比作子产。

博物志十二则

夷海内西北有轩辕国，在穷山之际，其不寿者八百岁。渚沃之野，鸾自舞，民食凤卵，饮甘露。

【译文】东方海内地区西北部有个轩辕国，在穷山的附近，这里最短命的也有八百岁。在沃民居住的、号称“沃野”的富饶的原野上，鸾鸟凤鸟自由自在地歌舞，人们吃凤鸟生的蛋，喝天降的甘美雨露。

白民国，有乘黄，状如狐，背上有角，乘之寿三千岁。

【译文】白民国有乘黄兽，形状像狐狸，背上长着两只角，若是有人骑了它，寿命可望达到三千岁。

君子国，人衣冠带剑，使两虎。民衣野丝，好礼让，不争。土千里，多薰华之草。民多疾风气，故人不番息，好让，故为君子国。

【译文】君子国的人穿戴整齐，腰间佩剑，役使两匹花斑老虎在身旁。百姓穿着野丝织成的衣裳，讲究礼貌谦让，从不争斗。国土方圆千里，长有不少早晨开花、傍晚凋谢的薰华草。这里的人多数怕风，所以不易繁衍，由于好让不争，因此叫君子国。

三苗国，昔唐尧以天下让与虞，三苗之民非之。帝杀之，有苗之民叛，浮入南海为三苗国。

【译文】三苗国，先前帝尧把天下礼让给虞，三苗的部族首领反对。帝尧杀死了他，于是三苗的人民就反叛了，后来他们乘船漂流到南海定居下来，建立了三苗国。

驩兜国，其民尽似仙人。帝尧司徒。驩兜民常捕海岛中，人面鸟口，去南国万六千里，尽似仙人也。

【译文】驩兜国，这里的人都像是仙人。祖先驩兜当过帝尧的司徒。驩兜国的百姓常常在海上捕鱼，他们是人的面孔，鸟的嘴巴。这个国家离中国南方有一万六千里。从画像上看，这些人确实像是仙人。

大人国，其人孕三十六年生，白头其儿则长大，能乘云而不能走，盖龙类。去会稽四万六千里。

【译文】大人国的人胎儿要在母腹中孕育三十六年才生下来。孩子一生下来便是白头发，身材高大，能乘云驾雾而不能步行，可能是属于龙种一类。大人国离会稽山有四万六千里。

厌光国民，光出口中，形尽似猿猴，黑色。

【译文】厌火国的人，口中能吐出火来，从画像上看其人身子像猿猴，浑身黑色。

结胸国，有灭蒙鸟。奇肱民善为拭扛，以杀百禽，能为飞车，从风远行。汤时西风至，吹其车至豫州，汤破其车，不以视民。十年东风至，乃复作车遣返，而其国去玉门关四万里。

【译文】结胸国有一种灭蒙鸟。奇肱国的人虽是独臂，但善于做各种捕鸟的灵巧装置，来搏杀鸟禽。又能做飞车，乘风远行。商汤时一阵西风刮来，把飞车连人一起吹到了豫州。汤王毁掉了他们的车，为的是不让当地百姓看见。十年后又刮来一阵东风，汤王打发他们重新做好飞车飞回去。这个奇肱国离玉门关有四万里。

羽民国，民有翼，飞不远。多鸾鸟，民食其卵。去九疑四万三千里。

【译文】羽民国的人长有翅膀，但飞不远。当地多凤凰鸟，人们吃凤鸟的蛋。羽民国离九嶷山四万三千里。

穿胸国，昔禹平天下，会诸侯会稽之野，防风氏后到，杀之。夏德之盛，二龙降之，禹使范成光御之，行域外。既周而还至南海，经房风，房风氏之二臣以涂山之戮，见禹使怒而射之，迅风雷雨，二龙升去。二臣恐，以刃自贯其心而死。禹哀之，乃拔其刃，疗以不死之草，是为穿胸民。

【译文】关于穿胸国的来历：从前夏禹平定了天下，召各路诸侯到会稽山野聚会，一个叫防风氏的部落酋长迟到了，禹便杀了他。夏禹很有德政，以至两条神龙降临到了他的朝廷上。禹便派范成光驾驭两条龙，出游境外。走遍境外后回到南海，在经过防风氏辖地时，防风氏的两个臣子怀着主子先前被禹杀害在涂山的深仇，一见禹便怒从中起，拔箭朝他射去。突然狂风大作，雷电交加，两条龙飞升而去。这两个臣子见状十分恐惧，便用刀刺穿了自己的心胸而死去。禹怜悯他们，就把刺胸的刀拔了出来，用不死草给他们治疗。这样，他们的后代就成了穿胸民。

交趾民，在穿胸东。

【译文】交趾国的人，两只脚的脚胫是相互交叉的。交趾国在穿胸国的东面。

孟舒国民，人首鸟身。其先主为虞氏，训百禽。夏后之世，始食卵。孟舒去之，凤凰随焉。

【译文】孟舒国的人，人头鸟身。先代君王叫虞氏，曾驯服上百种鸟。夏朝的时候，他们开始吃鸟的蛋。后来，当孟舒人离开夏朝时，凤凰都跟随着他们。

昔刘玄石于中山酒家酤酒，酒家与千日酒，忘言其节度。归至家大当醉，而家人不知，以为死也，权葬之。酒家叶千日满，乃忆玄石前来酤酒，醉向醒耳。往视之，云玄石亡来三年，已葬。于是开棺，醉始醒。俗云：“玄石饮酒，一醉千日。”

【译文】从前，刘玄石在中山郡的一家酒店里买酒，酒店主人卖给他名酒“千日酒”，而忘记把应掌握的喝酒分寸告诉他。刘玄石回到家里，喝得大醉，好几天都没醒过来，但家里人不知道是醉酒，以为他死了，就备办棺材将他装殓安葬了。酒店主人到满一千天的那一天，才回忆起刘玄石以前来买过酒的事，料想醉酒也该醒过来了。前往刘家去看望，刘家的人说玄石死去至今已三年了，早已安葬。于是打开棺材，醉酒的玄石方始醒了过来。人们流传说：“玄石饮酒，一醉千日。”

旧说云天河与海通。近世有人居海渚者，年年八月有浮槎，去来不失期。人有奇志，立飞阁于槎上，多赍粮，乘槎而去。十余日中，犹观星月日辰，自后芒芒忽忽，亦不觉昼夜。去十余日，奄至一处，有城郭状，屋舍甚严，遥望宫中多织妇。见一丈夫，牵牛渚次饮之。牵牛人乃惊问曰：“何由至此？”此人具说来意，并问此是何处。答曰：“君还至蜀郡，访严君平则知之。”竟不上岸，因还如期。后至蜀，问君平，曰；“某年月日，有客星犯牵牛宿。”计年月，正是此人到天河时也。

【译文】相传天上的银河与地上的大海是相通的。近代有人住在海岛上，每年八月有木筏往来于银河与大海之间，从来不误时限。有个胸怀奇志的人，在木筏上建了一座高阁，带上不少粮食，乘上木筏向银河漂去。开始十几天里，还能观看日月和星星，后来就恍恍忽忽，也分不出白天和黑夜。走后十多天，突然到了一个地方，有城市的样子，房屋十分整齐，远远望去房子里有很多织布的女子。又看见一位男子，正牵着牛，在河中小岛的水边让牛饮水。牵牛人见到来客，便惊奇地问道：“你怎么到这里来了？”这人详细说明了来意，并且询问这是什么地方。牵牛人回答说：“你回到蜀郡去拜访严君平就知道了。”这人最终没有上岸，因而按照木筏来去的时间如期回家了。后来到了蜀郡，去问严君平，严说：“某年某月某日，有一颗客星触犯了牵牛星。”算一算年月，正是这人到达银河的时候。

皇甫谧

皇甫谧，晋朝歌人，字士安，号玄晏先生，博学寡欲，著《高士传》以见志。

【译文】皇甫谧是晋代朝歌人，字士安，号“玄晏先生”，学问渊博清心寡欲，著有《高士传》来表达他的志愿。

高士传二则·严遵

严遵，字君平，蜀人也。隐居不仕，常卖卜于成都市，日得百钱以自给。卜讫，则闭肆下帘，以著书为事。杨雄少从之游，屡称其德。李强为益州牧，喜曰：“吾得君平为从事足矣！”雄曰：“君可备礼与相见，其人不可屈也。”王凤请交，不许。

【译文】严遵，字君平，蜀地（四川）人。他隐居起来不去做官，常在成都闹市给人算卦，每天可也获得百钱来维持自己的生计；算卦结束，关了店铺放下帘子，专事写作。扬雄年轻时曾和他交往过，屡屡称赞他的德行。李强作益州牧守，高兴地说：“能够得到严遵做我的佐吏我就心满意足了！”扬雄对他说：“您可以准备周到的礼仪才能和他相见，这个人是从不屈从的。”王凤请求和他交往，也没有答应。

蜀有富人罗冲者，问君平曰：“君何以不仕。”君平曰：“无以自发。”冲为君平具车马衣粮，君平曰：“吾病耳，非不足也。我有余而子不足，奈何以不足奉有余。”冲曰：“吾有万金，子无儋石，乃云有余，不亦谬乎！”

【译文】蜀地有个富人叫罗冲，问严遵：“你为什么不做官。”严遵回答说：“没有什么用来准备出发的东西。”罗冲就为严遵准备了车马衣服食粮。严遵说：“我的忧虑不在于资财不足，我的资财充足而你的不足，怎么拿你的不足来供给我呢？”罗冲说：“我家财万贯，您的资财装不满一石，还说充足，不是很荒谬吗？”

君平曰：“不然。吾前宿子家，人定而役未息，昼夜汲汲，未尝有足。今我以卜为业，不下床而钱自至，犹余数百，尘埃厚寸，不知所用。此非我有余而子不足邪？”冲大惭。君平叹曰：“益我货者损我神，生我名者杀我身，故不仕也。”时人服之。颂曰：君平卖卜，子云所师，聃文是阐，乃作指归，牧不可屈，钱常有余，真人淡泊，亹哉匪虚。

【译文】君平说：“不是这样。我从前夜里住在你家，半夜还没休息，夜以继日的忙碌而不曾有过满足。现在我靠算卦为生，不下床而钱自至，还剩下百余个，尘土有几寸厚，不知道干什么用，这不是我富裕你贫乏吗？”罗冲很惭愧。君平叹道：“给我财物的人，是在损害我的精神；给我扬名的人，是在毁灭我的身体。所以不做官。”当时的人都很钦佩他。颂扬他的话说：“严遵在市集上卖挂，扬雄以之为师，沉溺于阐释词章，才能有所指向，州牧没有办法使之屈从，钱财经常有剩余的，真正的高人总是那么淡泊名利，真是一点都不假。”

高士传二则·韩康

韩康字伯休，京兆霸陵人也。常游名山采药，卖于长安市中。口不二价者三十余年。时有女子买药于康，怒康守价，乃曰：“公是韩伯休邪？乃不二价乎？”康叹曰：“我欲避名，今区区女子皆知有我，何用药为？”遂遁入霸陵山中，博士公车连征不至。

【译文】韩康，字伯休，是京城霸陵人。常游走于名山大川采药，去长安集市上叫卖，口不二价，三十余年不变。有一次，一个女子向韩康买药，韩康不让分毫。女子发火道：“你莫非就是韩伯休？才口不二价！”韩康长叹一声道：“我隐匿三十多年，本想逃避现实，隐姓埋名。不料今日连女人都知道我，我何必再卖药！”于是收拾行囊，逃入霸陵山中隐居去了。朝廷得知此事，一连几次派人进山寻访，征召韩康出来做官，韩康死活不肯。

桓帝时，乃备玄纁安车以聘之，使者奉诏造康，康不得已，乃佯许诺。辞安车，自乘柴车，冒晨先发至亭。亭长以韩征君当过，方发人牛修道桥。及见康柴车幅巾，以为田叟也，使夺其牛，康即释驾与之。有顷，使者至，夺牛翁乃征君也。使者欲奏杀亭长，康曰：

"此自老子与之，亭长何罪！"乃止。康因中路逃遁，以寿终。颂曰：伯休谢俗，斸药青冥，通都树价，细女举名，飘然改业，遐蔽霸陵，佯随国聘，俄蹈虚真。

【译文】汉桓帝亲自准备了一份厚礼，派专员驾着驷马高车，去聘请他。当使者捧着圣旨来到造访，韩康身不由己，只好答应出山。但是他坚辞不乘官车，自己驾着一辆破牛车，天不亮就先于使者起程。到了一个驿亭，正逢亭长因奉命为朝廷命官韩征君修路架桥，向民间征召壮丁牲口。亭长见韩康布衣方巾，驾牛车而来，不认识他，以为是乡村野老，不召自来，便命手下抢他的牛。韩康也不动声色，卸车缴牛。一会儿，使者大车接踵而至，才知道老头就是韩征君，亭长吓得面如土色。使者请示韩康，要斩杀亭长。韩康淡然道："牛是我自己交给他的，亭长有什么罪过呢？"阻止了使者的淫威。在进京途中，韩康想办法逃入深山老林，以高寿无疾而终。颂扬的话说："韩康决绝与世俗同流，在山间采药来卖，整个长安城市场上不二价，一个女子都知道他的姓名，于是乎只好不再卖药，归隐霸陵，随后国家征召，不久就逃归自然。"

干宝

干宝，晋新蔡人，字令升，以才气闻天下，著有《晋记》，直而能婉，咸称良史，又作《搜神记》，刘惔以为鬼之董狐。

【译文】干宝是晋代新蔡人，字令升，才气名闻天下，著有《晋记》，能秉笔直书也能婉言记录，都称赞他是好的史家，又作《搜神记》，刘惔认为他是为鬼怪作记载的董狐。

《搜神记》八则

范式

汉，范式，字巨卿，山阳金乡人也，一名汜，与汝南张劭为友，劭字符元伯。二人并游太学，后告归乡里，式谓元伯曰“后二年，当还。将过拜尊亲，见孺子焉。”乃共克期日。

【译文】东汉的范式，字巨卿，是山阳郡金乡县人，又名汜（泛的通假），他和汝南郡的张劭是好友。张劭，字元伯，两人曾一起在京城里的太学学习。后来范式请假回家时，对张劭说：“两年后我回来，一定来拜访你的双亲，看看你的孩子。”两人就共同约定了日期。

后期方至，元伯具以白母，请设馔以候之。母曰：“二年之别，千里结言，尔何相信之审耶！”曰：“巨卿信士，必不乖违。”母曰：“若然，当为尔酝酒。”至期，果到。升堂，拜饮，尽欢而别。

【译文】后来，约定的日期就要到了，张劭就把这事全告诉了母亲，请她准备饭菜来迎接范式。他母亲说："两年的离别，相隔千里的诺言，你怎么会相信得这样认真呢？"张劭说："巨卿是个重信用的人，一定不会违背的。"母亲说："如果是这样，应该为你们酿酒了。"到了约定的日期，范式果然来了。他登堂拜见了张劭的父母，就一起饮酒，极尽了欢乐后才和张劭告别。

后元伯寝疾，甚笃，同郡郅君章、殷子征晨夜省视之。元伯临终，叹曰："恨不见我死友。"子征曰："吾与君章尽心于子，是非死友，复欲谁求？"元伯曰："若二子者，吾生友耳。山阳范巨卿，所谓死友也。"寻而卒。式忽梦见元伯，玄冕，垂缨，屣履，而呼曰："巨卿！吾以某日死，当以尔时葬。永归黄泉。子未忘我，岂能相及！"

【译文】后来张劭卧病不起，病情很重，同郡的郅君章、殷子征从早到晚照料看护他。张劭临死时，叹息道："遗憾的是还没能见一下我那生死与共的朋友。"殷子征说："我与郅君章对您尽心竭力，我们如果不是你生死与共的朋友，那么你再想找谁来与你相见呢？"张劭说，"你们这两个人，只是我活着时的朋友罢了，山阳郡的范巨卿，才是我所说的生死与共的朋友。"一会儿张劭便死了。范式忽然梦见张劭穿着黑祭服，帽子也没系好，垂挂着帽带，拖着鞋子叫道："巨卿，我在某日死了，该在某日下葬，永远回到地下去了，您如果没有忘记我，是否能再见我一面？"

式恍然觉悟，悲叹泣下。便服朋友之服，投其葬日，驰往赴之。未及到而丧已发引。既至圹，将窆，而柩不肯进。其母抚之曰："元伯！岂有望耶？"遂停柩移时，乃见素车，白马，号哭而来。

【译文】范式恍恍惚惚之间醒过来，悲痛地叹息着，禁不住哭泣起来，眼泪直往下掉，于是他就穿上了给朋友服丧时穿的衣服，按照张劭的安葬日期，赶马前去奔丧。范式还没有赶到而灵车已经启行了。一会儿灵车就到了墓穴，马上要把棺材下葬到墓穴中去了，而棺材却不肯朝前了。他母亲抚摸着棺材说："元伯，你是否还有什么愿望呢？"于是就把棺材停下。过了一会儿，便看见白车白马，有人痛哭着奔来。

其母望之，曰："是必范巨卿也。"既至，叩丧，言曰："行矣元伯！死生异路，永从此辞。"会葬者千人，咸为挥涕。式因执绋而引柩。于是乃前。式遂留止冢次，为修坟树，然后乃去。

【译文】张劭的母亲望着那车马说："这一定是范巨卿了。"一会儿范式就到了，他磕头吊唁，说道：“走吧元伯，死者和生者走不同的路，从此我们永远分别了。”参加葬礼的上千人，都为他们的别离而流泪。范式便握着牵引棺材的绳索向前拉，棺材这才向前移动了。范式就留在坟边，给张劭垒了坟，种了树，然后才离去。

干将莫邪

楚干将、莫邪为楚王作剑，三年乃成。王怒，欲杀之。剑有雌雄，其妻重身当产，夫语妻曰：“吾为王作剑，三年乃成，王怒，往必杀我。汝若生子是男，大，告之曰：‘出户望南山，松生石上，剑在其背。’”于是即将雌剑往见楚王。王大怒，使相之，剑有二，一雄一雌，雌来，雄不来。王怒，即杀之。

【译文】楚国的能工巧匠干将和莫邪夫妻二人给楚王铸造宝剑，用了好几年的工夫才制成。楚王因时间久了而发怒，想要杀死铸剑人。干将的妻子当时怀孕就要生孩子了，丈夫便对妻子诉说道：“我替楚王铸造宝剑，好多年才获得成功，楚王为此发怒，我要前去送剑给他的话，他必杀死我。你如果生下的孩子是男孩的话，等他长大成人，告诉他说：‘走出家门看到南山，一棵松树生长在一块巨石上，我留下的另一把剑就藏在巨石的背后面。’”随后就拿着一把雌剑前去觐见楚王。楚王非常忿怒，命令人来察看宝剑，发现剑原有两把，一把雄的，一把雌的，雌剑被送呈上来，而雄剑却没有送来。楚王暴怒，立即把铸剑的干将杀死了。

莫邪子名赤，比后壮，乃问其母曰：“吾父所在？”母曰：“汝父为楚王作剑，三年乃成，王怒，杀之。去时嘱我：‘语汝子：出户望南山，松生石上，剑在其背。’”于是子出户南望，不见有山，但睹堂前松柱下石砥之上，即以斧破其背，得剑。日夜思欲报楚王。

【译文】莫邪的儿子名叫赤，等到他后来长大成人了，就向自己的母亲询问道：“我的父亲究竟在哪里呀？”母亲说：“你的父亲给楚王制作宝剑，用了好几年才铸成，可是楚王却发怒，杀死了他。他离开时曾嘱咐我：‘告诉你的儿子：出家门后看到南山，一棵松树生长在一块巨石上，宝剑就在石头的背后面。’”于是，儿子走出家门向南望去，不曾看见有什么山，只是看到屋堂前面松木柱子下边的石块，就用斧子击破它的背后面，终于得到了雄剑。从此以后，儿子便日思夜想地要向楚王报仇。

王梦见一儿，眉间广尺，言欲报仇。王即购之千金。儿闻之，亡去，入山行歌。客有逢者，谓：“子年少，何哭之甚悲耶？”曰：“吾干将、莫邪子也，楚王杀吾父，吾欲报之。”客曰：“闻王购子头千金，将子头与剑来，为子报之。”儿曰：“幸甚！”即自刎，两手捧头及剑奉之，立僵。客曰：“不负子也。”于是尸乃仆。

【译文】一天，楚王在梦中恍惚看到一个男儿，双眉之间有一尺宽的距离，相貌出奇不凡，并说道定要报仇。楚王立刻以千金悬赏捉拿他。男儿听到这种情况，逃亡而去，躲入深山唱歌。路过的客旅中有一个遇到他悲歌的，对他说：“你年纪轻轻的，为什么痛哭得如此悲伤呢？”男儿说：“我是干将、莫邪的儿子，楚王杀死了我的父亲，我定要报这杀父之仇。”客人说：“听说楚王悬赏千金购买你的头，拿你的头和剑来，我为你报这冤仇。”男儿说：“太好了！”说罢立即割颈自刎，两手捧着自己的头和雄剑奉献给客人，自己的尸体僵直地站立着，死而不倒。客人说：“我不会辜负你的。”这样，尸体才倒下。

客持头往见楚王，王大喜。客曰：“此乃勇士头也，当于汤镬煮之。”王如其言。煮头，三日三夕不烂，头踔出汤中，嗔目大怒。客曰：“此儿头不烂，愿王自往临视之，是必烂也。”王即临之，客以剑拟王，王头随堕汤中；客亦自拟己头，头复堕汤中。三首俱烂，不可识别，乃分其汤肉葬之。故通名三王墓，今在汝南北宜春县境界。

【译文】客人拿着男儿的头前去进见楚王，楚王非常欣喜。客人说：“这是勇士的头，应当在热水锅中烧煮它。”楚王依照客人的话，烧煮头颅，三天三夜竟煮不烂。头忽然跳出热水锅中，瞪大眼睛非常愤怒的样子。客人说：“这男儿的头煮不烂，希望楚王亲自前去靠近察看它，这样头必然会烂的。”楚王随即靠近那头。客人用雄剑砍楚王，楚王的头随着落在热水锅中；客人也自己砍掉自己的头，头也落入热水锅中。三个头颅全都烂在一起，不能分开识别，众人于是分开它们的汤与骨肉，而埋葬了它们。总称为“三王墓”，在现在的汝南郡北宜春县境内。

管辂

管辂至平原，见颜超貌主夭亡。颜父乃求辂延命。辂曰：“子归，觅清酒鹿脯一斤，卯日，刈麦地南大桑树下，有二人围棋，次但酌酒置脯，饮尽更斟，以尽为度。若问汝，汝但拜之，勿言。必合有人救汝。”

【译文】管辂来到平原县，看见颜超的面色异常，预示着他不到成年就会死去。颜超父亲就求管辂延长颜超寿命。管辂对颜超说："您回家，去准备好一壶清彻的酒，一斤鹿肉干。在逢卯的那一天，割掉麦子的田地南边大桑树下，有两个人在下围棋，您只管给他们斟酒，并把肉干端上去，他们喝完了杯里的酒，您就再给他们斟上，直到把酒喝完为止。如果他们问你，你只管向他们磕头作揖，不要说话。这样，一定会有人来搭救你的。"

颜依言而往，果见二人围棋，频置脯，斟酒于前。其人贪戏，但饮酒食脯。不顾数巡，北边坐者忽见颜在，叱曰："何故在此？"颜惟拜之。南面坐者语曰："适来饮他酒脯，宁无情乎？"北坐者曰："文书已定。"南坐者曰："借文书看之。"见超寿止可十九岁，乃取笔挑上语曰："救汝至九十年活。"颜拜而回。

【译文】颜超按照管辂的话去了，果然看见两个人在下围棋。颜超频频拿出肉干斟了酒放在他们面前。那两个人贪图玩耍，一心扑在下棋上，只管喝酒吃肉，也不回头看看这酒、肉是什么地方来的。酒斟了好几次，坐在北边的人忽然看见颜超在边上，就责问道："你为什么待在这儿？"颜超只管向他磕头作揖。坐在南边的人说道："刚才还吃他的酒肉，难道能不领情吗？"坐在北边的人说："他的寿命在文书上已经写定了。"坐在南边的人说："把你的文书借给我看一下。"他看见文书上所记载的颜超寿命只有十九岁，就拿起笔来把"九"字勾到"十"字之上，对颜超说："我挽救你一下，让你活到九十岁。"颜超拜谢后就回去了。

管语颜曰："大助子，且喜得增寿。北边坐人是北斗，南边坐人是南斗。南斗主生，北斗主死。凡人受胎，皆从南斗过北斗；所有祈求，皆向北斗。"

【译文】管辂对颜超说："这真是大大地帮助了您，我也很高兴您能增加寿限。坐在北边的人是北斗星，坐在南边的人是南斗星。南斗星管生，北斗星管死。人只要成了胎，都在南斗星那边定好生日，再在北斗星那边定好死日；有什么请求，都得向北斗星诉说。"

韩凭

宋康王舍人韩凭，娶妻何氏，美。康王夺之。凭怨，王囚之，论为城旦。妻密遗凭书，缪其辞曰："其雨淫淫，河大水深，日出当心。"既而，王得其书，以示左右，左右莫解其意。臣苏贺对曰："其雨淫淫，言愁且思也；河大水深，不得往来也；日出当心，心有死志也。"俄而凭乃自杀。

【译文】宋康王的舍人韩凭，娶何氏女为妻，容貌美丽，宋康王便将何氏抢夺占有。韩凭怨恨，康王就下令把韩凭抓起来，罚作筑城的奴隶。何氏秘密写信给韩凭，故意隐晦其辞："其雨淫淫，河大水深，日出当心。"不久，康王得到了这封信，拿来让左右近侍看，都不明白其含意，大臣苏贺说："其雨淫淫，是说心中的哀愁和思念像连绵的大雨一样无尽无休；河水深深，是说夫妻被拆分两地无法相会；日出当心，是说自己死志已定。"不久，韩凭自杀而死。

其妻乃阴腐其衣。王与之登台，妻遂自投台；左右揽之衣，不中手而死。遗书于带曰："王利其生，妾利其死，愿以尸骨，赐凭合葬！"

【译文】何氏暗中设法腐蚀自己的衣服。一天，康王和何氏登高台游览，何氏于是自己跳下高台。在旁的人抓住何氏的衣服，衣服经不住拉扯，何氏摔死。何氏死前在衣带上留下遗言："君王希望我活着，我却愿意死去。希望把我的尸骨，与韩凭合葬。"

王怒，弗听，使里人埋之，冢相望也。王曰："尔夫妇相爱不已，若能使冢合则吾弗阻也。"宿昔之间，便有大梓木生于二冢之端，旬日而大盈抱。屈体相就，根交于下，枝错于上。又有鸳鸯雌雄各一，恒栖树上，晨夕不去，交颈悲鸣，音声感人。宋人哀之，遂号其木曰相思树。相思之名，起于此也。南人谓此禽即韩凭夫妇之精魂。今睢阳有韩凭城。其歌谣至今犹存。

【译文】康王恼怒，不按何氏遗嘱办理，命令同乡将二人分开埋葬，两坟摇摇相望，康王说："你们夫妻相爱，如果能将两坟合在一起，我不阻拦你们。"一夜之间两个坟上便各长起一棵梓树，十天左右就长得一抱粗细而且根干皆相向而生，地下根脉相连，地上枝干交错。又有一对鸳鸯长久栖息在树上，清晨夜晚也不离开，交颈悲鸣，声音凄切哀婉，使听的人也感到悲伤。 宋人哀怜韩凭夫妇的不幸，就称两树为"相思树"，"相思"之名由此产生。南人都说鸳鸯鸟是韩凭夫妇的精魂化成的。现在睢阳那边有韩凭城，关于他们的歌谣至今仍然在流传。

狐怪

张华，字茂先，晋惠帝时为司空。于时燕昭王墓前，有一斑狐，积年，能为变幻，乃变作一书生，欲诣张公。过问墓前华表曰："以我才貌，可得见张司空否？"华表曰："子之妙解，无为不可。但张公智度，恐难笼络。出必遇辱，殆不得返。非但丧子千岁之质，亦当深误老表。"狐不从，乃持刺谒华。

【译文】晋朝人张华，字茂先，惠帝时任司空。当时，在燕昭王的墓地，住着一只花色斑纹的狐狸，经过千年的修炼，这只狐狸可以随意变化。一天，花狐狸变成一个书生，准备去拜访张华。它问燕昭王墓前的华表："以我现在的相貌和才能，能不能去拜访张司空？"华表回答说："你能言善辩，没有什么做不到的，但是，张华博学睿智，不易受骗。你这一去，必定会自取其辱，你也不可能再回来了。这样，你不但会丧失已经修炼了千年的本体，还会连累我遭受祸害。"但花狐狸不听华表的劝告，还是拿着名帖拜访张华去了。

华见其总角风流，洁白如玉，举动容止，顾盼生姿，雅重之。于是论及文章，辨校声实，华未尝闻。比复商略三史，探赜百家，谈《老》《庄》之奥区，披《风》《雅》之绝旨，包十圣，贯三才，箴八儒，擿五礼，华无不应声屈滞。乃叹曰："天下岂有此年少！若非鬼魅则是狐狸。"

【译文】张华见来访的少年书生英俊潇洒，肤色洁白如玉，举止优雅，神态大方，对他非常看重。于是，张华同他一起探讨文章，分析有关名声与实际的问题，张华以前从未听到如此精辟见解。随后，少年书生品评前朝史书，谈论诸子百家，分析老庄学说，揭示《诗经》的精妙，归纳古代圣人的哲理，精通天文地理，熟悉儒家各个学派，了解各种礼仪，对此，张华竟无词应对。于是，张华喟然长叹，说："世上不可能有这样的少年，如果这不是鬼怪，就一定是狐狸。"

乃扫榻延留，留人防护。此生乃曰："明公当尊贤容众，嘉善而矜不能，奈何憎人学问？墨子兼爱，其若是耶？"言卒，便求退。华已使人防门，不得出。既而又谓华曰："公门置甲兵栏骑，当是致疑于仆也。将恐天下之人卷舌而不言，智谋之士望门而不进。深为明公惜之。"华不应，而使人防御甚严。

【译文】张华打扫卧榻，请少年书生留下来，同时派人对他严加看管。少年书生对张华说："您应当尊重人才，广纳贤士，提携优秀者，扶持弱者。怎么能忌恨有学问的人呢？墨子所说的兼爱，难道是这样的吗？"说完，便向张华告辞，但门口有人把守，走不出去。于是，他又对张华说："您让士兵带着武器守在门口，一定是对我有所怀疑。我担心天下的人从此将卷起舌头不说话，有才能的儒士望着你的大门而不敢走进。我为你感到惋惜。"但张华不为所动，只是对他看管更加严密。

时丰城令雷焕，字孔章，博物士也，来访华；华以书生白之。孔章曰："若疑之，何不呼猎犬试之？"乃命犬以试，竟无惮色。狐曰："我天生秀智，反以为妖，以犬试我，遮莫千试，万虑，其能为患乎？"华闻，益怒曰："此必真妖也。闻魑魅忌狗，所别者数百年物耳，千年老精，不能复别；惟得千年枯木照之，则形立见。"孔章曰："千年神木，何由可得？"华曰："世传燕昭王墓前华表木已经千年。"乃遣人伐华表。

【译文】丰城县令雷焕，字孔章，是一个知识渊博的人，此时来拜访张华。张华给他讲了少年书生的事，雷焕说："如果对他有所怀疑，为什么不用猎犬来测试呢？"张华就派人把猎犬牵来测试，书生竟毫无惧色。狐狸说："我的聪明才智是天生的，你却怀疑我是妖怪，居然用猎犬来对我进行测试，哪怕你测试千遍万遍，也不能给我造成丝毫的伤害！"听狐狸这样说，张华更加愤怒，说："这肯定是鬼怪，人们说鬼怪怕狗，但狗只能识别成精几百年的怪物，而对那些成精上千年的老怪物，狗是无法识别的。但只要用千年以上的枯木燃火来照它，它就会原形毕露。"雷焕问："在哪里可以找到千年的神木呢？"张华说："世上流传，燕昭王墓前的华表木，就是千年的神木。"于是，张华立即派士兵到燕昭王的墓地去砍伐华表。

使人欲至木所，忽空中有一青衣小儿来，问使曰："君何来也？"使曰："张司空有一少年来谒，多才，巧辞，疑是妖魅；使我取华表照之。"青衣曰："老狐不智，不听我言，今日祸已及我，其可逃乎！"乃发声而泣，倏然不见。使乃伐其木，血流；便将木归，燃之以照书生，乃一斑狐。华曰："此二物不值我，千年不可复得。"乃烹之。

【译文】被派去的士兵即将达到墓地的时候，忽然，一个青衣小孩自空而降，他向士兵问道："你来这里干什么？"士兵说："张司空那里来了一个能言善辩的少年，怀疑他是妖怪，就派我砍伐华表木去照他。"青衣小孩说："这个老狐狸太不明智了，他不听我的劝告，灾祸现在已经殃及到我，哪里还能逃掉呢？"说完，青衣小孩放声大哭，不一会儿，青衣小孩便消失了。士兵砍伐华表木时，木里流出许多血来。华表木取回来后，张华把它烧燃后去照少年书生，书生立即现出原形，原来是一只花斑狐狸。张华说："这两个畜生如果不遇上我，千年之内都不可能捕获。"于是，张华烹杀了这只千年狐狸。

马异

旧说太古之时，有大人远征，家无余人，唯有一女。牡马一匹，女亲养之。穷居幽处，思念其父，乃戏马曰："尔能为我迎得父还，吾将嫁汝。"

【译文】过去流传太古时候，有个大人远征，家里在没有别人，只有一个女儿。有一匹公马由这个女孩子亲自养着，住在偏僻的地方。女孩想念父亲，就对马开玩笑说："你要是能把我父亲接回来，我就嫁给你！"

马既承此言，乃绝缰而去。径至父所。父见马，惊喜，因取而乘之。马望所自来，悲鸣不已。父曰："此马无事如此，我家得无有故乎！"亟乘以归。为畜生有非常之情，故厚加刍养。马不肯食。每见女出入，辄喜怒奋击。如此非一。父怪之，密以问女，女具以告父："必为是故。"父曰："勿言。恐辱家门。且莫出入。"于是伏弩射杀之。暴皮于庭。

【译文】马听了这番话以后，就挣断缰绳，一直找到父亲在的地方，父亲看到马很惊喜，便骑了上去。马只是望着自己来的方向不停悲鸣。父亲说这匹马以前不会这样，我家难倒发生什么事了吗？马上骑着马回来了。他认为这个畜牲非常讲情谊，就更加的优待它，但是马就是不肯吃东西，每看见女儿进出，就会兴奋得乱蹬。父亲很奇怪，悄悄问女儿，女儿就把一切都告诉了他。父亲说："不要说了，这么不体面的事情，你先不要进出了。"于是偷偷设下弓弩，把马给射杀，并剥下马匹，晒在庭院里。

父行，女以邻女于皮所戏，以足蹙之曰："汝是畜生，而欲取人为妇耶！招此屠剥，如何自苦！"言未及竟，马皮蹶然而起，卷女以行。邻女忙怕，不敢救之。走告其父。父还求索，已出失之。

【译文】有天父亲走后，女儿和邻居家女子一起在庭中玩，女儿用脚踢着马皮说："你是畜牲，还想娶人做妻子吗？招来杀戮剥皮，为什么自讨苦吃啊！"话还没说完，马皮突然飞起，把女儿卷走了，邻女很害怕，也不敢救她，就去告诉了这个父亲，父亲回家找的时候已经不知所踪了。

后经数日，得于大树枝间，女及马皮，尽化为蚕，而绩于树上。其茧纶理厚大，异于常蚕。邻妇取而养之。其收数倍。因名其树曰桑。桑者，丧也。由斯百姓竞种之，今世所养是也。言桑蚕者，是古蚕之余类也。

【译文】后来过了几天，在大树枝里，女儿和马皮已经化为蚕，在树上做茧了。这个茧纹理很厚很大，和一般的蚕虫不一样。邻居的妇女取下来养，收获数倍。因为这个缘故，把这个树叫作桑，桑有死丧的意思。由此，百姓竟相养蚕，一直到今天。现在养蚕的人还说蚕是这个古蚕的种。

案《天官》："辰，为马星。"《蚕书》曰："月当大火，则浴其种。"是蚕与马同气也。《周礼》："教人职掌，禁原蚕者。"注云："物莫能两大，禁原蚕者，为其伤马也。"汉礼皇后亲采桑祀蚕神，曰："菀窳妇人，寓氏公主。"公主者，女之尊称也。菀窳妇人，先蚕者也。故今世或谓蚕为女儿者，是古之遗言也。

【译文】《天官》里说："辰宿也叫马星"《蚕书》说："二月是大火之月，要浸洗蚕种"是因为蚕和马同是大火，具是辰星的缘故。《周礼》说养马的人不能洗蚕，怕会伤到马匹。汉礼，皇后亲自采桑祭祀蚕神，称为菀窳妇人，寓氏公主。公主是对女子的尊称，菀窳妇人，都是养蚕的神，所以现在说蚕是女的，是古时留下的说法。

紫玉

吴王夫差小女，名曰紫玉，年十八，才貌俱美。童子韩重，年十九，有道术，女悦之，私交信问，许为之妻。重学于齐、鲁之间，临去，属其父母，使求婚。 王怒，不与女。玉结气死，葬阊门之外。三年，重归，诘其父母。

【译文】吴王夫差的小女儿，名叫紫玉，十八岁，美貌和才学都很好。男孩韩重，十九岁，在学习道术，女孩很喜欢他，私下里写信谈（婚事），答应做他的妻子。韩重要到齐鲁之地学习，临走前嘱咐他的父母，让他们（向吴王）求亲。吴王很生气，不把女儿下嫁。女气结而死，埋葬在阊门外面。过了三年，韩重回家，责备父母。

父母曰："大王怒，玉结气死，已葬矣。"重哭泣哀恸，具牲币往吊于墓前。玉魂从墓中出，见重，涕泣谓曰："昔尔行之后，令二亲从王相求，度必克从大愿，不图别后遭命，奈何。"

【译文】父母说："大王愤怒（不准许专门亲事），女孩气结而死已经埋葬了。"韩重（听后），哭泣哀伤，准备了牲畜和纸钱到（紫玉）坟前（祭祀）。紫玉的灵魂从坟墓中走了出来，看到韩重，流着眼泪说："以前你走了之后，让二老到大王那里求亲，想一定可以实现我们的愿望，没想到分别后会遇到这样的厄运，怎么办呢？"

玉乃左顾，宛颈而歌曰：南山有乌，北山张罗。乌既高飞，罗将奈何？意欲从君，谗言恐多。悲结生疾，没命黄垆。命之不造，冤如之何？羽族之长，名为凤凰。一日失雄，三年感伤。虽有众鸟，不为匹双。故见鄙姿，逢君辉光。身远心近，何尝暂忘！歌毕，歔欷流涕，邀重还冢。

【译文】紫玉把脸转向了左面（不愿再看韩重），（她）弯着脖子唱道："南山有乌为居，却在北山张罗捕捉。原本想跟你在一起，却害怕谗言太多。太多的悲伤郁积在一起，就是病，因为病重而逝去在黄垆。是命不好啊，即使有冤那又能如何呢？鸟族的君主，名字叫凤凰。如果有一天，雌性失去了雄性，那么感伤将绵延三年之久。虽然身边有众多的鸟类为伴，却不是足以匹对的那一个啊。所以，我那卑鄙的姿态，因为遇到你而生辉发光。现在距离虽远，但心在一起，又何必在意暂时的相忘呢？ "唱完之后，叹息流泪，不能够控制（感情），邀请韩重到坟墓里。

重曰："死生异路，惧有尤愆，不敢承命。"玉曰："死生异路，吾亦知之。然今一别，永无后期，子将畏我为鬼而祸子乎？欲诚所奉，宁不相信？"重感其言，送之还冢。玉与之饮宴，留三日三夜，尽夫妇之礼。

【译文】韩重说："现在我们生死不同，恐怕会有什么罪过，不敢答应你。"紫玉说："生死不同，我也知道。但是今日分开，就没有机会再见了，你是害怕我做了鬼会给你带来灾祸吗？（我）把一颗诚心都送到你的面前，你难道还不相信我吗？"韩重被她的话感动了，把紫玉送回坟冢。紫玉给他设宴饮酒，留他住了三天三夜，处处都以夫妻之礼对待他。

临出，取径寸明珠以送重，曰："既毁其名，又绝其愿，复何言哉！时常自爱。若至吾家，致敬大王。"重既出，遂诣王，自说其事。王大怒曰："吾女既死，而重造讹言，以玷秽亡灵。此不过发冢取物，托以鬼神。"趣收重。重走脱，至玉墓所，诉之。

【译文】（韩重）临走前，（紫玉）取出直径有寸许的明珠送给韩重，对他说："现在我的名节已经毁坏了，又了解了我的心愿，还有什么可以说的呢？希望郎君照顾好自己。如果到了我家，请向大王问好。"韩重一出了坟冢，就去拜见大王。向大王说了（祭祀紫玉所发生的）事情。吴王大怒，说："我的女儿已经死了，而韩重却编造谎话来玷污亡灵。这个明珠不过是打开坟墓偷出来的，却说成是鬼神（之事）。"吴王下令抓韩重，韩重逃跑了，到了紫玉的坟冢，（把事情）告诉了紫玉。

玉曰："无忧，今归白王。"王妆梳，忽见玉，惊愕悲喜，问曰："尔缘何生？"玉跪而言曰："昔诸生韩重来求王，大王不许。玉名毁义绝，自致身亡。重从远还，闻玉已死，故赍牲币，诣冢吊唁。感其笃终，辄与相见，因以珠遗之。不为发冢，愿勿推治。"夫人闻之，出而抱之，玉如烟然。

【译文】紫玉说："不用担心，我现在就去告诉大王。"吴王正在梳妆整理，忽然看到紫玉，心里惊愕悲喜交加，闻到："（女儿）怎么又活过来了呢？"紫玉跪下来对大王说："以前诸生韩重来向大王求娶紫玉，大王不同意。紫玉（因失信与韩重而）名节被毁，情谊决绝，以至于气绝身亡。韩重从远方归来，知道紫玉已死，所以带上牲畜和纸钱到坟冢来吊唁。我被他的笃诚感动，所以出来与他相见，又把明珠送给他。并不是打开坟冢偷盗的，请大王不要治他的罪。"母亲听到紫玉的话，走出来抱住紫玉，紫玉像青烟一样飞散而去。

左慈

左慈，字元放，庐江人也。少有神通。尝在曹公座，公笑顾众宾曰："今日高会，珍羞略备。所少者，吴松江鲈鱼为脍。"放云："此易得耳。"因求铜盘贮水，以竹竿饵钓于盘中，须臾，引一鲈鱼出。公大拊掌，会者皆惊。公曰："一鱼不周坐客，得两为佳。"放乃复饵钓之。须臾，引出，皆三尺余，生鲜可爱。

【译文】左慈，字元放，是庐江人。少年时就学会神术。曾是曹操的座上客，曹操笑着对众宾客说："今天高朋满座，山珍海味都准备得差不多了，只差吴淞江的鲈鱼脍肉。"元放说："这事好办。"于是他要了一个铜盘，盛满水，用竹竿挂上鱼饵，一会儿，就从盘中钓出一条鲈鱼来。曹操拍手叫好，众宾客感到十分惊奇。曹操又说："一条鱼不够招待大家，有两条就好了。"于是元放再用竹竿鱼饵在盘中垂钓，一会儿，又钓出一条鱼来。两条鱼都有三尺多长，新鲜活泼。

公便自前脍之，周赐座席。公曰："今既得鲈，恨无蜀中生姜耳。"放曰："亦可得也。"公恐其近道买，因曰："吾昔使人至蜀买锦，可敕人告吾使；使增市二端。"人去，须臾还，得生姜。又云："于锦肆下见公使，已敕增市二端。"

【译文】曹操准备亲自下厨烹调，一一赏赐在座宾客。曹操说："现在鲈鱼有了，可惜没有蜀地的生姜作调料。"元放说："这也好办。"曹操恐怕他到附近去买，因此说："我已经派人到蜀地买彩锦，你告诉我的使臣，叫他多买四丈。"元放去了，一会儿就带回生姜。

还对曹操说："在蜀锦市场见到了你的使臣，已告诉他多买四丈彩锦。"

后经岁余，公使还，果增二端。问之，云："昔某月某日，见人于肆下，以公敕敕之。"后公出近郊，士人从者百数，放乃赍酒一罂，脯一片，手自倾罂，行酒百官，百官莫不醉饱。公怪，使寻其故。行视沽酒家，昨悉亡其酒脯矣。公怒，阴欲杀放。

【译文】一年以后，使臣回来，果然多买了四丈。曹操问他，他说："去年某月某日，我在市场见到一个人，把你的命令传达给了我。"后来曹操到近郊游玩，随从官员有一百多人，元放拿着一坛酒，一片肉干，亲自为官员们倒酒，一百多个官员都酒醉肉饱。曹操觉得很奇怪，派人查找原因。巡视到一家酒店，得知昨晚这家酒店的酒肉全都不见了。曹操生气了，心想杀元放。

放在公座，将收之，却入壁中，霍然不见。乃募取之。或见于市，欲捕之，而市人皆放同形，莫知谁是。后人遇放于阳城山头，因复逐之。遂走入羊群。公知不可得，乃令就羊中告之，曰："曹公不复相杀，本试君术耳。今既验，但欲与相见。"

【译文】元放在宴会上，曹操想捉拿他，他却隐入墙壁之中，忽然不见了。于是曹操悬赏众人，见到元放就捉拿他。而一街的人都同元放一个模样，谁也认不出他。后来有人在阳城山头见到元放，曹操派人去捉他。元放混入羊群。曹操知道元放不容易捉住，就叫人对羊群说："曹操不再杀你，只想试一试你的神术，现在已经应验了，只想与你见面。"

忽有一老羝，屈前两膝，人立而言曰："遽如许。"人即云："此羊是。"竞往赴之。而群羊数百，皆变为羝，并屈前膝，人立，云："遽如许。"于是遂莫知所取焉。老子曰："吾之所以为大患者，以吾有身也；及吾无身，吾有何患哉。"若老子之俦，可谓能无身矣。岂不远哉也。

【译文】忽然有一只老公羊，弯着两只前脚，像人一样站起来说："看我们慌忙成这个样子。"那个人立刻说："这只羊就是元放。"那些人竞相扑向这只羊。而百只羊都变成了老公羊，并弯着两只前脚，像人一样站起来说："看我们慌忙成这个样子。"终于无法能将元放捉住。老子说："我之所以有忧患，是因为我有形体。如果我无形体，我还有什么忧患呢？"像老子之类的人，可以说能够做到没形体了。难道不应该敬而远之吗？

葛洪

葛洪，晋句容人，字稚川，从郑隐学炼丹术，悉得其法，后隐居罗浮山炼丹，丹成尸解，年八十一，有《抱朴子》《神仙经》。

【译文】葛洪，晋代句容人，字稚川，跟随郑隐学习炼丹术，得到了真传，后来隐居在罗浮山炼丹，练成之后就尸解了，当时已经八十一岁了。

《神仙传》三则

壶公

壶公者，不知其姓名也。今世所有召军符、召鬼神治病玉府符，凡二十余卷，皆出自公，故总名“壶公符”。时汝南有费长房者，为市掾，忽见公从远方来，入市卖药。人莫识之，卖药口不二价，治病皆愈。

【译文】壶公，不知他的姓名叫什么。当今世上所有的召军符和召鬼神、治疾病的玉府符共二十多卷，都出自壶公之手，所以总称为“壶公符”。当时河南汝南有个当市掾的人叫费长房，忽然看见壶公从远方来到街上卖药。人们都不认识壶公，他卖药不许还价，他的药服后不管什么病都能治好。

语买人曰：服此药必吐某物，某日当愈。事无不效。其钱日收数万，便施与市中贫乏饥冻者，唯留三五十。常悬一空壶于屋上，日入之后，公跳入壶中。人莫能见，唯长房楼上见之，知非常人也。

【译文】壶公把药卖出之后，总要嘱咐买药的人，说服了药之后会吐出什么东西，哪一天病会好，他说的话每一次都很应验。他每天卖药都能挣好几万钱，然后就把钱施舍给街上那些饥寒贫穷的人，只留下三五十个钱。经常把一个空壶挂在屋顶上，太阳落山之后，他就跳进壶里。这事谁也没发现，只有费长房在楼上看见了，由此而知壶公不是凡人。

长房乃日日自扫公座前地，及供馔物，公受而不辞。如此积久，长房尤不懈，亦不敢有所求。公知长房笃信，谓房曰："至暮无人时更来。"长房如其言即往，公语房曰："见我跳入壶中时，卿便可效我跳，自当得入。"长房依言，果不觉已入。

【译文】费长房就天天清扫壶公的屋子，供给壶公吃的东西，壶公并不推辞。日子长了费长房仍坚持不懈地照常扫地供食，也不敢对壶公有所请求。壶公看出来费长房心地很虔诚，有一次就对他说："到晚上没人的时候你到我这儿来吧。"费长房晚上来到壶公屋里，壶公对他说："你看我跳进壶里时，你也和我一样跳，那个时候你就进入了壶中。"费长房照他的话一跳，果然不知不觉地已在壶中了。

入后不复是壶，唯见仙宫世界。楼观重门阁道，公左右侍者数十人。公语房曰："我仙人也，昔处天曹，以公事不勤见责，因谪人间耳。卿可教，故得见我。"长房下座顿首曰："肉人无知，积罪却厚，幸谬见哀悯，犹入剖棺布气，生枯起朽。但恐臭秽顽弊，不任驱使。若见哀怜，百生之厚幸也。"公曰："审尔大佳，勿语人也。"

【译文】进去后才发现不是壶，而是进入了一个神仙的世界。只见楼台殿阁林立在道旁，还看见壶公带看好几十个随从。壶公对费长房说："我是神仙，当年在天界因为处理公务不够勤勉，受到上界的责备把我贬到人间。我看你有道根可以受教，才让你接近我。"费长房立刻离座下拜磕头说："我这俗人凡胎十分愚昧，积下了很多罪孽，幸亏得到你的怜悯关怀，就像劈开棺木给死尸送去仙气，使枯朽的的尸骨起死回生。我只怕自己愚笨顽劣，不能为大仙效力。如果大仙继续指引点化，真是我百世难遇的大幸啊！"壶公说："我看你这人很不错，但你千万不许泄露天机。"

公后诣长房于楼上曰："我有少酒，相就饮之。"酒在楼下，长房使人取之，不能举盎，至数十人莫能得上。乃白公，公乃下，以一指提上。与长房共饮之，酒器如掌许大，饮之至暮不竭。

【译文】壶公后来到楼上去看费长房，对他说："我这里有点酒，咱们俩喝几杯吧。"壶公的酒在楼下装在一个酒坛里，费长房就让人到楼下取来，但几十个人也抬不动那坛子，只好来告诉壶公，壶公下楼去，用一个手指把酒坛子拎到楼上来了。两个人对饮，酒器只有拳头大，但喝到天黑也喝不尽。

告长房曰："我某日当去，卿能去乎？"房曰："欲去之心，不可复言，欲使亲眷不觉知去，当有何计？"公曰："易耳。"乃取一青竹杖与房，戒之曰："卿以竹归家，便可称病，以此竹杖置卿所卧处，默然便来。"房如公言。去后，家人见房已死，尸在床。乃向竹杖耳，乃哭泣葬之。

【译文】壶公告诉费长房："我不久要回上仙界，你愿意和我同去吗？"费长房说："可还用说？不过我想让家里人不要发现我出走，有没有什么办法呢？"壶公说："这很简单。"他就给了费长房一支青竹杖，告诫他说："你拿这支竹杖归家后，就对家人说你病了，然后把竹杖放在你的床上，就悄悄到我这里来。"费长房按照壶公的话做了，离开家后，京里人见费长房已死在床上了。其实床上的尸首就是壶公的那支竹杖，家人痛哭后就把费长房埋葬了。

房诣公，恍惚不知何所，公乃留房于群虎中，虎磨牙张口欲噬房，房不惧。明日，又内于石室中，头上有一方石，广数丈，以茅绹悬之，又诸蛇来啮绳，绳即欲断，而长房自若。公至，抚之曰："子可教矣。"又令长房啖屎，兼蛆长寸许，异常臭恶。房难之，公乃叹谢遣之曰："子不得仙道也。赐子为地上主者，可得寿数百岁。"为传封符一卷付之，曰："带此可主诸鬼神，常称使者，可以治病消灾。"房忧不得到家，公以一竹杖与之曰："但骑此，得到家耳。"

【译文】费长房跟着壶公，恍恍惚惚不知到了什么地方，壶公故意把他放在一群虎中，老虎张牙舞爪要吃掉他，他也没害怕。第二天，壶公又把费长房关在一个石洞里，头顶上用草绳挂着一块几丈宽的大石头，又让几条蛇咬那草绳，绳眼看要断了，下面的费长房仍泰然自若。壶公来到石洞看见这情景，就安抚他说："你可以受教学道了。"后来壶公又让费长房吃屎，屎里还有一寸多长的蛆，又臭又脏，费长房这次可为了难。壶公就打发他回去，对他说，"看来你还是得不了仙道啊。我让你当地上的人主吧，可以活好几百岁。"说罢给了他一卷封着的符说："你有了这符就能驱使鬼神，长期当天神的使者，还可以治病消灾。"费长房担心到不了家，壶公又给他一支竹杖，说骑着它就可以到家了。

房骑竹杖辞去，忽如睡觉，已到家。家人谓见鬼，具述前事，乃发棺视之，唯一竹杖，方信之。房所骑竹杖，弃葛陂中，视之乃青龙耳。初去至归谓一日，推问家人，已一年矣。房乃行符，收鬼治病，无不愈者。每与人同坐共语，常呵责嗔怒，问其故，曰："嗔鬼耳。”

【译文】费长房骑上竹杖，忽然像大梦初醒，一看已经在家里了。家里以为他是鬼，他就详细讲述了经过，家人去墓地打开棺材一看，里面只是一支竹杖，这才相信了他的话。费长房骑回来的那支竹杖扔在龙竹林，一看原来是一条青龙。费长房说他从离家到回来只是一天的事，家里人一算，已是一年了。费长房就带着符收鬼治病，没有治不好的。有时他和病人坐着谈话，忽然就大声呵斥起来，病人奇怪地问怎么回事，他说刚才是呵斥鬼呢。

时汝南有鬼怪，岁辄数来郡中，来时从骑如太守，入府打鼓，周行内外，尔乃还去，甚以为患。房因诣府厅事，正值此鬼来到府门前。府君驰入，独留房。鬼知之，不敢前。房大叫呼曰：“便捉前鬼来。”乃下车伏庭前，叩头乞曰改过。

【译文】当时汝南有个妖怪，一年里动辄要到郡里来几回，来时带着骑马的随从，变成太守的样子，进到太守府内敲动堂鼓，然后在府内外转悠，随后就走了，太守十分讨厌也没办法。恰好费长房进太守府，那鬼怪也来到府门前。太守跑进府内，只把费长房留在大厅里。鬼怪知道后不敢进府，费长房就大喊一声：“把那个鬼给我抓起来。”鬼吓得赶快下车趴在大厅前，不停地磕头乞求，保证改过。

房呵之曰：“汝死老鬼，不念温良，无故导从，唐突官府，自知合死否？急复真形。”鬼须臾成大鳖，如车轮，头长丈余。房又令复人形。房以一札符付之，令送与葛陂君，鬼叩头流涕，持札去。使人追视之，乃见符札立陂边，鬼以头绕树而死。

【译文】费长房喝斥道：“你这个该死的老鬼，不老老实实呆在阴曹，竟敢带着随从冒犯官府，该不该死？还不快现出原形来？”鬼立现了原形变成一只大乌龟，身子有车轮大，头有一丈多长。费长房又让它变成人形，交给鬼一道竹符，命他把符送交葛陂君，鬼流泪磕头，拿着竹符扬长而去。费长房派人在后面看，只是竹符在草滩下，鬼把颈子缠在树上死了。

房后到东海，东海大旱三年。谓请雨者曰：“东海神君前来淫葛陂夫人，吾系之，辞状不测，脱然忘之，遂致久旱，吾今当赦之，令其行雨。”即便有大雨。房有神术，能缩地脉，千里存在，目前宛然，放之复舒如旧也。

【译文】费长房后来到东海郡，东海郡已经三年大旱。费长房对求雨的人们说：“东海神君前来奸淫葛陂君的夫人，被我扣压了，因为没有核查他的口供，我也因为推脱忘记了处理，结果造成这里久旱，现在我立刻放掉他让他马上行雨。”接着果然下起了大雨。费长房有神术能把大地缩成一小块，千里之远的情景就在眼前，放开就又恢复原状了。

魏伯阳

魏伯阳者，吴人也，本高门之子，而性好道术。后与弟子三人，入山作神丹。丹成，知弟子心怀未尽，乃试之曰："丹虽成，然先宜与犬试之，若犬飞，然后人可服耳；若犬死，即不可服。"

【译文】魏伯阳，是吴地人，本来是富贵人家的公子，但他生性喜爱道。后来，魏伯阳与三个弟子在山里隐居炼神丹。这一天，神丹炼成了，但是魏伯阳知道弟子对俗世还有留恋，于是试探他们："丹药虽然炼成了，但是先应该给狗吃，来试探是否有效。如果狗飞升了，那么人就可以服下这丹药，如果狗死了，我们也就不能吃这丹药。"

乃与犬食，犬即死，伯阳谓诸弟子曰："作丹唯恐不成，今既成而犬食之死，恐是未合神明之意，服之恐复如犬，为之奈何？"弟子曰："先生当服之否？"伯阳曰："吾背违世路，委家入山，不得道亦耻复还，死之与生，吾当服之。"乃服丹，入口即死。

【译文】于是魏伯阳把丹药喂给狗吃，狗吃下立刻死了。伯阳对弟子说："炼丹的时候唯独害怕炼不成金丹。现在炼成了金丹，但是狗吃了就死了，恐怕是没有使神明满意的缘故罢。人服了它，怕又要像先前那条狗一样死去，这可让我怎么办啊？"弟子也觉犹疑不定，便问："先生决定服下它吗？"伯阳说："我违背世间人们处事的习惯离开家人到山里，没有得到仙道，也耻于再回去。对我来说是生是死没有什么差别，我决定服下它算了。"于是服下丹药，立即就死了。

弟子顾视相谓曰："作丹以求长生，服之即死，当奈此何？"独一弟子曰："吾师非常人也，服此而死，得无意也。"因乃取丹服之，亦死。余二弟子相谓曰："所以得丹者，欲求长生耳，今服之即死，焉用此为？不服此药，自可更得数十岁在世间也。"遂不服，乃共出山，欲为伯阳及死弟子求棺木。

【译文】弟子互相看看，说："炼丹是为了寻求长生，可服了这丹就死了，这怎么办呢？”三个弟子中只有一个人说：“我们的师父是不同一般的人，虽然看上去吃了这丹药就死了，难道这其中没有其他含义吗？”于是这弟子就自己拿了丹药服下，立刻，他也倒地死了。剩下的两位弟子相互商量说：“吃金丹是为了追求长生，现在吃了它却死了，干什么还要吃它呢？不吃这金丹，自己在人世间还能够多活十多年呢。”于是二人再不敢吃金丹，一起出山，想要给师父和师兄找两副棺木。

二子去后，伯阳即起，将所服丹内死弟子及白犬口中，皆起。弟子姓虞，遂皆仙去。道逢入山伐木人，乃作手书与乡里人，寄谢二弟子，乃始懊恨。

【译文】这两位弟子离开以后，伯阳却立即活过来了。他把真的丹药放入死去的弟子和狗口中，弟子和狗立刻醒来了。这位吃金丹的弟子姓虞，和师父、狗一起成了神仙。在路上他们碰上进山伐木的人，原来是本乡本土的熟人，魏伯阳于是写下一封亲笔书信，托付他们代谢两位出山寻棺木的弟子。两位弟子看到师父手书，这才悔恨不迭。

伯阳作《参同契五行相类》，凡三卷，其说是《周易》，其实假借爻象，以论作丹之意。而世之儒者，不知神丹之事，多作阴阳注之，殊失其旨矣。

【译文】魏伯阳在仙去前，曾写下《周易参同契》《五相类》等书，共有三卷。书中的学说，似乎是在解释《周易》，实际上是假借爻象，来讨论炼丹的原理。但是一般的儒生不知道炼神丹的方法，大多用阴阳学说来解释它，失去了炼丹的要旨了。

左慈

左慈字元放，庐江人也。明五经，兼通星气，见汉祚将衰，天下乱起，乃叹曰：“值此衰乱，官高者危，财多者死。当世荣华，不足贪也。”乃学道，尤明六甲，能役使鬼神，坐致行厨。精思于天柱山中，得石室中《九丹金液经》，能变化万端，不可胜记。

【译文】左慈，字元放，是东汉末年的方术之士，庐江郡（今安徽省合肥市）人。年轻时来到天柱山中炼丹修道，同时熟读《五经》，通晓天文。他见当时世道混乱，战火连绵，知道汉朝气数已尽，慨然叹曰：“在这种国家即将衰亡的时代，官做得大的危险，财聚得越多的死，当今的荣华富贵，是万万享受不得的啊！”于是他愈加刻苦修身养性，愈加勤奋修炼五行方术。在天柱山的石穴中，他得到了一部《九丹金液经》，依照此书中的方法修道，左慈的道术有了明显的提高，他能够役使鬼神，还能随心所欲地变化形态。

魏曹公闻而召之，闭一石室中，使人守视，断谷期年，乃出之，颜色如故。曹公自谓生民无不食道，而慈乃如是，必左道也，欲杀之。慈已知，求乞骸骨。

【译文】曹操听说了便派人请来左慈，把他单独关在一间石屋里，而且不给左慈一粒粮食。就这样，左慈在屋子里被关了一年。一年后，曹操令人打开屋门，见左慈气色如故，好像刚进屋里时一样。曹操认为凡是平民都要吃饭，而左慈这样必定是旁门的妖道，于是起了杀左慈的心。左慈已经知道了他的心思，就向曹操请辞。

曹公曰："何以忽尔？"对曰："欲见杀，故求去耳。"公曰："无有此意，公却高其志，不苟相留也。"乃为设酒，曰："今当远旷，乞分杯饮酒。"公曰："善。"是时天寒，温酒尚热，慈拔道簪以挠酒，须臾，道簪都尽，如人磨墨。初，公闻慈求分杯饮酒，谓当使公先饮，以与慈耳，而拔道簪以画，杯酒中断，其间相去数寸。即饮半，半与公。公不善之，未即为饮，慈乞尽自饮之。饮毕，以杯掷屋栋，杯悬摇动，似飞鸟俯仰之状，若欲落而不落，举坐莫不视杯，良久乃坠，既而已失慈矣。寻问之，还其所居。

【译文】曹操说："先生为何要忽然离去？"左慈说："你想杀我，所以要走了。"曹操道："没有这个意思呀？ 一定是先生志向高远，不愿意留下，我也不勉强了。"于是为左慈设宴。左慈说："今日，要长久分别，应该分杯来饮。"曹操道："好。"这时候，天气很冷，酒还温热。左慈将头上的道簪拔下在酒中搅动，一会儿，道簪没有了，就像研墨一样。开始，曹操听左慈要求分杯饮酒，就说让左慈先饮，就将酒杯交给左慈，左慈在酒杯中一划，酒杯从中间断开，中间距离有几寸远。左慈先喝了半杯，而后将另半杯酒递给曹操。曹操不善饮酒，左慈就要回来一饮而尽，将杯子向房梁上扔去。杯子倒悬在房梁上，像鸟儿上下翻飞一样摇摇晃晃，像要落下又不落下来。所有在座的人没有不抬头观看，杯子很久才落下来。这时候已经找不见左慈了。再一问，原来他已经回到住处了。

曹公遂益欲杀慈，试其能免死否。乃敕收慈，慈走入群羊中，而追者不分，乃数本羊，果余一口，乃知是慈化为羊也。追者语主人意，欲待见先生，暂还无怯也。

【译文】于是曹操更想杀左慈了，试试看他能否幸免。曹操派兵捉拿左慈。左慈跑到了一群羊里。追赶的人分不清，就数数羊的数目，果然多出来一只，才知道是左慈变化的。追赶的人说了曹操的意思，说是想见他，请他回去，不要害怕。

俄而有大羊前跪而曰："为审尔否？"吏相谓曰："此跪羊，慈也。"欲收之。于是群羊咸向吏言曰："为审尔否？"由是吏亦不复知慈所在，乃止。后有知慈处者，告公，公又遣吏收之，得慈。慈非不能隐，故示其神化耳。于是受执入狱。狱吏欲拷掠之，户中有一慈，户外亦有一慈，不知孰是。公闻而愈恶之，使引出市杀之。

【译文】不一会儿就有一只大羊往前跪倒在地说："能相信你吗？"追赶的官吏互相说说："这只跪着的羊就是左慈。"于是就准备收捕他。突然之间，一群羊都向着官吏说："能相信你吗？"因此兵将也没有办法知道哪一个才是左慈，就回去了。后来有知道左慈踪迹的人，向曹操报告，曹操又派人去收捕他，抓住了左慈。并不是说左慈不能隐藏自己，而是为了要来显示他的神妙变化。于是左慈被捕入狱，狱卒想要拷问他，但是屋内出现一个左慈，屋外又有一个左慈，不知道那个是真的。曹操听说了更加厌恶左慈，让押送到市场上去处死。

须臾，忽失慈所在，乃闭市门而索。或不识慈者，问其状，言眇一目，著青葛巾青单衣，见此人便收之。及尔，一市中人皆眇目，著葛巾青衣，卒不能分。公令普逐之，如见便杀。后有人见知，便斩以献公，公大喜，及至视之，乃一束茅，验其尸，亦亡处所。

【译文】不久之后，左慈就不见了。于是关闭市场的门进行搜索，有不认识左慈的人，问他长什么样子，回答说是瞎了只眼睛，穿着青葛布单衣，看见这样的人就抓住他。到了市场上，看见市场上所有人都瞎一只眼睛，穿着青葛布单衣，又没有办法区分了。曹操命追上他，看见就杀死他。后来有人看见左慈，就杀死了他，砍下头献给曹操，曹操大喜，等到他看的时候，只看见一束茅草，再去检查他的尸首，也找不到了。

后有人从荆州来，见慈。刺史刘表，亦以慈为惑众，拟收害之。表出耀兵，慈意知欲见其术，乃徐徐去，因又诣表云："有薄礼，愿以饷军。"表曰："道人单侨，吾军人众，安能为济乎？"慈重道之，表使视之，有酒一斗，器盛，脯一束，而十人共举不胜。慈乃自出取之，以刀削脯投地，请百人奉酒及脯，以赐兵士，酒三杯，脯一片，食之如常脯味，凡万余人，皆周足，而器中酒如故，脯亦不尽，坐上又有宾客千人，皆得大醉。表乃大惊，无复害慈之意。数日，乃委表去，入东吴。

【译文】后来有人从荆州来，说见过左慈。荆州刺史刘表认为左慈以妖术惑众，也想杀左慈。刘表阅兵邀请左慈观摩。左慈早已看透了刘表阅兵的用意是想见识自己的手段，就慢吞吞地来了，对刘表说："我有一份薄礼奉献给三军将士。"刘表说："我这三军将士，加起来有数万人，先生只有一个人，恐怕无法犒劳官兵吧？"刘表让人看，只有一坛酒和一束肉干，都不够十个人吃的。左慈不慌不忙地从腰间拔出一把刀，握住那束肉干，凡遇一个军卒，便削下一块肉干，并赐酒三杯。不一会，刘表手下数万军兵每人都得到肉干一块，美酒三杯，不但军兵每人酒足饭饱，就连刘表请来的近千名嘉宾，每人也喝得酩酊大醉。刘表看那束肉干和那坛酒，仍与先前抬上来的一样，数量丝毫未见减少。刘表大惊，于是打消了加害左慈的念头，恭恭敬敬地善待左慈。数日之后，往东吴而去。

有徐堕者，有道术，居丹徒，慈过之。堕门下有宾客，车牛六七乘，欺慈云："徐公不在。"慈知客欺之，便去。

【译文】东吴有一位姓徐名堕的人，颇有些道术，平素住在丹徒。一天，左慈路过徐宅，想进去拜见，便上前叩门。徐堕有几位客人在拜访，有六七辆牛车。一位客人开门谎称："徐公不在。"左慈心知对方在欺骗自己，就转身走了。

客即见牛在杨树杪行，适上树即不见，下即复见行树上。又车毂皆生荆棘，长一尺，斫之不断，推之不动。客大惧，即报徐公，有一老翁眇目，吾见其不急之人，因欺之云："公不在，"去后须臾，牛皆如此，不知何等意。

【译文】客人看见有几只牛在树梢上行走，刚上树又不见了，下了树又看见牛在树上。还发现自己牛车车轮上长出了荆棘，一尺多长，斧子都斩不断，推也推不动。宾客很害怕，禀告徐堕，说："刚才有人敲门，我出去一看，原来是个瞎了一只眼的老头，我以为他是没有急事的闲人，就欺骗他说你不在。他刚走了不久，牛就上树了，车轮也长出荆棘了，不知怎么回事。"

公曰："咄咄，此是左公过我，汝曹那得欺之，急追可及。"诸客分布逐之，及慈，罗布叩头谢之。慈意解，即遣还去。及至，车牛等各复如故。慈见吴王孙讨逆，复欲杀之。

【译文】徐随叫到："哎呀！这是左慈路过，你们怎敢骗他，快去追还来得及。"客人们分头去追，等追上了左慈，围着左慈磕头道歉。左慈这才原谅他们，让他们回去。回到了徐宅，只见牛和车一切如故。左慈去拜见吴主孙权，孙权也想要杀他。

后出游，请慈俱行，使慈行于马前，欲自后刺杀之。慈在马前，著木履，挂一竹杖，徐徐而行，讨逆着鞭策马，操兵逐之，终不能及。讨逆知其有术，乃止。后慈以意告葛仙公，言当入霍山，合九转丹，遂乃仙去。

【译文】一天，孙权外出围猎，请左慈同行，让他在马前走，想在后边刺杀他。左慈在马前，穿着一双木鞋，手持一根青竹杖，慢慢走着。孙权催马持枪，从后面追杀上去。却始终没办法追上。孙权知道左慈真有法术，这才作罢。后来，左慈将道术传与了葛玄，然后到霍山中炼制九转仙丹。丹药炼成后，左慈便升天为仙了。

王 嘉

王嘉，东晋前秦安阳人，字子年，清虚服气，不与世人交，凿崖穴居，弟子数百人，苻坚累征不起，后为姚苌所杀，嘉死之日，有人于陇上见之，著有《拾遗记》。

【译文】王嘉，东晋、前秦安阳人，字子年，为人清净谦虚，不和世人交往，在悬崖上凿洞居住，有徒弟数百人，苻坚数次征召他来做官，后来被姚苌所杀，王嘉死的那天，有人在陇上见过他，著有《拾遗记》。

《拾遗记》一则·周穆王

穆王即位三十二年，巡行天下，驭黄金碧玉之车，傍气乘风，起朝阳之岳，自明及晦，穷寓县之表。有书史十人，记其所行之地。又副以瑶华之轮十乘，随王之后，以载其书也。王驭八龙之骏：一名绝地，足不践土，二名翻羽，行越飞禽，三名奔霄，夜行万里，四名超影，逐日而行，五名逾辉，毛色炳耀，六名超光，一形十影；七名腾雾，乘云而奔；八名挟翼，身有肉翅。递而驾焉，按辔徐行。以匝天地之域。王神智远谋，使迹毂遍于四海，故绝异之物，不期而自服焉。

【译文】周穆王继位三十二年时，开始周游天下。他乘坐着黄金、青玉装饰的御车，驾雾乘风般地疾驰，从那朝阳升起的高山动身，从白昼到黑夜，不辞辛苦地走遍天下。并有十名史官，记载各地见闻。还配备十辆饰有美玉的彩车，跟随在穆王的后面，装载各种书籍。穆王驾驭着八匹龙驹骏马：第一匹名叫绝地，疾驰起来足不沾尘；第二匹名叫翻羽，奔驰速度超过飞鸟；第三匹名叫奔霄，夜间赶路远行万里，第四匹名叫越影，追逐太阳并驾齐驱；第五匹名叫逾辉，毛色油润光彩焕发；第六匹名叫超光，飞闪而过一形十影；第七匹名叫腾雾，乘云驾雾奔腾不息；第八匹名叫挟翼，长有肉翅驰骋如飞。每当穆王依次换马时，就收紧缰绳慢慢前行。终于环绕天地一周。穆王聪明而有才智，又能深谋远虑，天下各处都留下了他的车辙马迹，因此就连那些桀骜不驯的远方诸侯，也都不约而同地归附穆王麾下。

三十六年，王东巡大骑之谷，指春宵宫，集诸方士仙术之要，而螭、鹄、龙、蛇之类，奇种凭空而出。时已将夜，王设长生之灯以自照，一名恒辉。又列璠膏之烛，遍于宫内。又有凤脑之灯。又有冰荷者，出冰壑之中，取此花以覆灯七八尺，不欲使光明远也。西王母乘翠凤之辇而来，前导以文虎、文豹，后列雕麟、紫麏。曳丹玉之履，敷碧蒲之席，黄莞之荐，共玉帐高会。荐清澄琬琰之膏以为酒。又进洞渊红花，嵰州甜雪，崐流素莲，阴岐黑枣，万岁冰桃，千常碧藕，青花白桔。素莲者，一房百子，凌冬而茂。黑枣者，其树百寻，实长二尺，核细而柔，百年一熟。

【译文】周穆王三十六年的时侯，穆王向东巡游大骑谷，到春宵宫休息，招集众方士探求长生不老的要术。这时，螭、鹄、龙、蛇等奇禽异兽突然在空中出现。当时已经将近夜晚，穆王添设了长生灯给自己照明，另取名叫作恒辉灯。还成排地点燃璠膏烛，遍布宫内。同时设有凤脑灯。还有出自冰山雪谷的冰荷，用冰荷罩在距离灯火七八尺高的地方，目的是使灯光不能远照。西王母乘坐翡翠装饰的凤车到来了，车前有纹虎、纹豹引导开道，车后有花麒麟、紫獐子列队保镖。西王母穿着红玉镶嵌的鞋，地上铺陈着碧绿的香蒲草和嫩黄的水葱草编织的席子，和穆王一起在玉饰的帷帐里举行盛会。西王母拿出清澈的琼浆玉液当作美酒。又端出了洞渊的红花，嵰州的甜雪，崐流的素莲，阴岐的黑枣，万年的冰桃，千丈的碧藕，还有开青花的白桔。素莲，一个子房结一百个莲子，越冬时节也依然枝叶茂盛。黑枣，树高八十丈，果实长二尺，枣核既细小又柔软，一百年才成熟一次。

扶桑东五万里，有磅磄山。上有桃树百围，其花青黑，万岁一实。郁水在磅磄山东，其水小流，在大陂之下，所谓“沉流’，亦名“重泉”。生碧藕，长千常，七尺为常也。条阳山出神蓬，如篙，长十丈。周初，国人献之，周以为宫柱，所谓“蒿宫”也。中有白桔，花色翠而实白，大如瓜，香闻数里。奏环天之和乐，列以重霄之宝器。器则有岑华镂管，㳅泽雕钟，员山静瑟，浮瀛羽磬，抚节按歌，万灵皆聚。环天者，钧天也。和，广也。岑华，山名也，在西海，山有象竹，截为管吹之，为群凤之鸣。㳅泽出精铜，可为钟铎。员山其形员也，有大林，虽疾风震地，而林木不动，以其木为琴瑟，故日“静瑟”。浮瀛，即瀛州也，上有青石，可为磬，磬者长一丈，轻若鸿毛，因轻而鸣。西王母与穆王欢歌既毕，乃命驾升云而去。

【译文】在扶桑神树以东五万里的地方，有一座高大的磅磄山。山上长着一百围粗的大桃树，开黑色的桃花，一万年才结一次桃子。郁水在磅磄山东侧，河水带涩难以流淌，积淀在大山坡下，就是所说的“沉流”，也叫作“重泉”。水中生长着碧绿的莲花，藕长足有一千常，七尺是一常。条阳山出产仙蓬草，长得像青蒿，草茎长达十丈。周代初年，国内有人奉献这种草，周王用它做宫室的柱子，因此称为蒿宫。水中还生有白桔树，花色青翠，果实雪白，白桔个大如瓜，香飘几里之外。西王母与穆王在一起，演奏那环天的和乐，周围摆设着天官的珍贵乐器。这些乐器有岑华山的镂管、旆泽山的雕钟、员山的静瑟、浮瀛的羽磐。他们打着节拍高歌，各种灵性之物闻声赶来。所谓“环天”，指的就是天的中央。所谓“和乐”，就是传播极广的曲调。岑华是山名，耸立在西海边上，山上生有象竹，截断竹子制成笛箫吹奏，悠扬的乐声就象成群的凤凰在鸣唱。旆泽山出产优质的青铜，可以用来制造编钟和大铃。员山是圆形的，山上有大森林，即使猛烈的大风吹得地动山摇，可是员山上的林木却岿然不动。人们用山上的树木制造琴瑟，所以称它为“静瑟”。浮瀛就是海外仙山瀛洲，岛上有黑色石头，可以制造成磐，磐虽长达一丈，可是却轻如鸿毛，因为体轻，所以能随风自鸣。当西王母和穆王欢乐的弹唱结束后，西王母就吩咐从人驾起祥云，飞升而去。

刘义庆

刘义庆，南北朝宋宗室，袭封临川王。所著《世说新语》，取后汉讫东晋间轶事琐闻，分为三十八门，叙论名隽，为清言之渊薮，小说之名集也。

【译文】刘义庆是南北朝时期刘宋宗室，沿袭受封临川王，他所著的《世说新语》采取东汉到东晋之间的逸闻琐事，分为三十八个门类，叙述、论说有名的士人，是清谈的开端，小说中闻名的集子。

《世说新语》七则

曹娥婢

魏武尝过曹娥碑下，杨修从。碑背上见题作“黄绢幼妇外孙齑臼”八字，魏武谓修曰：“卿解不？”答曰：“解。”魏武曰：“卿未可言，待我思之。”行三十里，魏武乃曰：“吾已得。”令修别记所知。修曰：“黄绢，色丝也，于字为‘绝’；幼妇，少女也，于字为‘妙’；外孙，女子也，于字为‘好’；齑臼，受辛也，于字为‘辞’；所谓‘绝妙好辞’也。”魏武亦记之，与修同，乃叹曰：“我才不及卿，乃觉三十里。”

【译文】魏武帝（曹操）曾路过曹娥碑，杨修跟从。看到碑的背面题写着“黄绢幼妇外孙齑臼”八个字，魏武帝对杨修说：“你明白它的意思吗？”杨修回答：“明白。”魏武帝说：“你先别说，待我想想。”走出去三十多里，武帝才说：“我也知道答案了。”他让杨修单独写下答案，杨修写道：“黄绢，是有颜色的丝，合在一起是‘绝’字；幼妇，是少女，合在一起是‘妙’字；外孙，是女儿的孩子，合在一起是‘好’字；齑臼，是承受辛辣的器物，合在一起是'辤'（辭的异体字），连在一起就是'绝妙好辤'啊。" 魏武帝也写了下来，和杨修的一样，他感叹道："我的才华不如你呀，和你差了三十里。"

魏武帝

魏武常言："人欲危己，己辄心动。" 因语所亲小人曰："汝怀刃密来我侧，我必说心动，执汝使行刑。汝但勿言其使，无他，当厚相报。" 执者信焉，不以为惧，遂斩之。此人至死不知也。左右以为实，谋逆者挫气矣。

【译文】魏武帝（曹操）曾说："如果有人要谋害我，我就会心跳得厉害。"他随即对他的贴身仆人说："你揣着刀，悄悄走到我身边，我一定会说我心跳得厉害，然后就把你抓起来送去受刑。你只要不说是我指使你的，就不会有什么事，我还会重重报答你。"仆人相信了他的话，也没觉得害怕，结果就被杀了。此人到死也不明原因。左右的人也以为这是真的，想谋害他的人从此就泄气了。

刘伶

刘伶病酒，渴甚，从妇求酒。妇捐酒毁器，涕泣谏曰："君饮太过，非摄生之道，必宜断之！"伶曰："甚善。我不能自禁，唯当祝鬼神自誓断之耳。便可具酒肉。"妇曰："敬闻命。"供酒肉于神前，请伶祝誓。伶跪而祝曰："天生刘伶，以酒为名，一饮一斛，五斗解酲。妇人之言，慎不可听！"便引酒进肉，隗然已醉矣。

【译文】刘伶喝醉了，渴得厉害，就向妻子要酒喝。妻子把酒都倒了，把喝酒的用具也全砸了，哭着劝阻刘伶道："你喝酒太过分了，这不是养生的办法，应该戒掉！"刘伶说："很好。不过我自己不能戒了，只有在鬼神面前祷告，自己再发誓戒酒，这样才行。你去准备酒肉吧。"妻子说："遵命。"于是就把酒肉供奉在神像前，让刘伶祷告发誓。刘伶跪下祷告道："天生刘伶，以酒为命，一饮一斛，五斗除病。夫人之言，万不可听！"说罢就拿起酒肉吃喝起来，晃晃悠悠又醉了。

司马德操

南郡庞士元闻司马德操在颍川，故二千里候之。至，遇德操采桑，士元从车中谓曰："吾闻丈夫处世，当带金佩紫，焉有屈洪流之量，而执丝妇之事？"德操曰："子且下车。子适知邪径之速，不虑失道之迷。昔伯成耦耕，不慕诸侯之荣；原宪桑枢，不易有官之宅。何有坐则华屋，行则肥马，侍女数十，然后为奇？此乃许、父所以慷慨，夷、齐所以长叹。虽有窃秦之爵，千驷之富，不足贵也。"士元曰："仆生出边垂，寡见大义，若不一叩洪钟，伐雷鼓，则不识其音响也！"

【译文】南郡庞士元（庞统）听说司马德操（司马徽）在颍川，特地从两千里之外赶来看望他。到了那里，正遇上司马德操采桑叶，庞士元在车里对他说："我听说大丈夫处世，应当带金印佩紫绶，哪能窝窝囊囊，做这些妇人做的事呢！"德操说："你先下车吧。你只知道抄小路便利，却不考虑迷路的危险。从前伯成宁愿种地，也不羡慕诸侯的荣华；原宪桑枢瓮牖，也不愿做官住毫宅。哪有住在华丽屋子里，出门骑着高头大马，几十个侍女环绕的人，能做出一番伟业呢？这就是为什么许由、巢父慷慨辞让，伯夷、叔齐感叹国家灭亡，饿死首阳山的原因呀。即使吕不韦窃取了相国那样的高官，齐景公有四千匹马的财富，也不显得珍贵啊。"庞士元说："我出生在边鄙之地，没听到什么高深道理，如果不是亲自敲洪钟、击雷鼓，就不会知道它们的轰鸣声了。"

谢太傅

谢太傅寒雪日内集，与儿女讲论文义，俄而雪骤，公欣然曰："白雪纷纷何所似？"兄子胡儿曰："撒盐空中差可拟。"兄女曰："未若柳絮因风起。"公大笑乐。即公大兄无奕女，左将军王凝之妻也。

【译文】谢太傅（安）在一个寒冷的雪天召集家人，给晚辈们探讨文章义理，一会儿雪下得急起来，太傅欣然说道："白雪纷纷像什么？"哥哥的儿子胡儿（谢胡）说："空中撒盐有些像。"哥哥的女儿（谢道韫）说："不如柳絮被风吹起。"太傅高兴得大笑。这个女子是太傅大哥谢无奕的女儿，左将军王凝之的妻子。

荀巨伯

荀巨伯远看友人疾，值胡贼攻郡，友人语巨伯曰："吾今死矣，子可去！"巨伯曰："远来相视，子令吾去，败义以求生。岂荀巨伯所行邪！"贼既至，谓巨伯曰："大军至，一郡尽空，汝何男子，而敢独止？"巨伯曰："友人有疾，不忍委之，宁以吾身代友人命。"贼相谓曰："我辈无义之人，而入有义之国"遂班军而还，一郡并获全。

【译文】荀巨伯到远处探望朋友的病，正好碰上胡人攻打郡城，朋友对巨伯说："我这下活不成了，您可以走了！"巨伯说："我远道来看您，您却叫我走；损害道义来求活命，这难道是我荀巨伯干的事吗！"强盗进了郡城，对巨伯说："大军到了，全城的人都跑光了，你是什么样的男子汉，竟敢一个人留下来？"巨伯说："朋友有病，我不忍心扔下他，宁愿我自己代朋友去死。"强盗听了互相议论说："我们这些不讲道义的人，却侵入有道义的邦郡！"强盗于是就把军队撤回去了，全城也因此得以保全。

周处

周处年少时，凶强侠气，为乡里所患。又义兴水中有蛟，山中有邅迹虎，并皆暴犯百姓，义兴人谓为"三横"，而处尤剧。或说处杀虎斩蛟，实冀"三横"唯余其一。处即刺杀虎，又入水击蛟，蛟或浮或没，行数十里，处与之俱，经三日三夜，乡里皆谓已死，更相庆。竟杀蛟而出。闻里人相庆，始知为人情所患。有自改意，乃自吴寻二陆，平原不在，正见清河，具以情告，并云："欲自修改而年已蹉跎，终无所成。"清河曰："古人贵朝闻夕死，况君前途尚可。且人患志之不立，亦何忧令名不彰邪？"处遂改厉，终为忠臣孝子。

【译文】周处年轻时，凶悍霸道，成了家乡的祸害。另外，义兴河里还有一条蛟龙，山上有一只跛足虎，他们一起侵害百姓，义兴人称之为"三横"，尤其是周处更为厉害。有人劝说周处杀掉猛虎，斩掉蛟龙，目的是希望“三横”只留下一个。周处就杀掉老虎，接着又跳入水中杀蛟龙，周处追随蛟龙，时而浮出水面，时而潜入水中，一起漂游了几十里，经过三天三夜，乡民们都说周处已经死了，大家互相庆贺。结果周处竟杀死蛟龙从水里出来了。他听到庆贺的消息后，才知道自己已经成了乡里的祸害了。周处决心重新做人，就到吴郡去找陆氏兄弟，陆机不在，只见到陆云，他把自己的情况详细告诉了陆云，并说：“我想重新做人，可惜虚度了大好时光，至今一事无成。”陆云对他说：“古人看重的是，朝闻道，夕死可矣。何况你的前途还是大有作为的。另外，人最可怕的是不能立志，如果志向远大，又何必担心不能名声远扬呢？”于是周处洗心革面，最终成为忠臣孝子。

吴 均

吴均，南北朝梁吴兴故鄣人，字叔庠，有《续齐谐志》，卷帙不多，而所载异闻，恒为唐人所引用。

【译文】吴均，南北朝时期梁吴兴故鄣人，字叔庠，著有《续齐谐志》，篇幅不大，但其中所载的奇闻异事，经常被唐代的人所引用。

《续齐谐志》三则

华阴黄雀

弘农杨宝，性慈爱。年九岁，至华阴山，见一黄雀为鸱枭所搏，逐树下，伤瘢甚多，宛转复为蝼蚁所困。宝怀之以归，置诸梁上。夜闻啼声甚切，亲自照视，为蚊所啮，乃移置巾箱中，啖以黄花。逮十余日，毛羽成，飞翔，朝去暮来，宿巾箱中，如此积年。忽与群雀俱来，哀鸣绕堂，数日乃去。是夕，宝三更读书，有黄衣童子曰："我，王母使者。昔使蓬莱，为鸱枭所搏，蒙君之仁爱见救，今当受赐南海。"别以四玉环与之，曰："令君子孙洁白，且从登三公，事如此环矣。"宝之孝大闻天下，名位日隆，子震，震生秉，秉生彪，四世名公，及震葬时，有大鸟降，人皆谓真孝招也。

【译文】弘农华阴人杨宝，九岁时在华阴山北面，看见一只黄雀被鸱鹰攻击。黄雀不敌，受伤坠落树下，全身爬满蝼蚁。于是杨宝将黄雀抱入怀中带回家，放置在房梁上。夜晚听到其啼叫更凄切，便亲自起来照看，原来是被蚊虫所叮咬，于是便将其放入巾箱中，用黄花喂食，十几天后，羽毛已经长好，便可以自由飞翔，每天早上飞出去晚上在飞回来，就这样持续了一年。突然有一天一群黄雀飞来，绕着房梁悲痛哀伤的鸣叫，数日之后才飞走。当天夜里，杨宝梦见一个黄衣童子向他再三拜谢，说："我是西王母的使者，过去曾在蓬莱，与鸱枭相搏所伤，承蒙你仁慈救治我的生命，现在把南海赏赐给了我。"黄衣童子说完，拿出四只白玉环赠送给他，并说："希望你的子孙品德高洁，就如白玉环般，而且位登三公。"杨宝的孝行天下闻名，他的名望和地位一天比一天兴盛，他的儿子杨震，杨震的儿子杨秉，杨秉的儿子杨彪，四世都是朝廷重臣，到杨震死后埋葬的时候，有一只大鸟从天而降，人都说这是纯正的孝行所招致的。

阳羡书生

阳羡许彦，于绥安山行，遇一书生，年十七八，卧路侧，云脚痛，求寄鹅笼中。彦以为戏言。书生便入笼，笼亦不更广，书生亦不更小，宛然与双鹅并坐，鹅亦不惊。

【译文】（东晋年间），阳羡县（即今江苏宜兴）有位叫许彦的人，在绥安山中行走，遇见一个书生，年纪不过十七八岁。躺在路旁，说自己脚痛，请求许彦将他放入许彦手提着的鹅笼子里。许彦以为他开玩笑，结果，那书生真的就钻了进去。奇怪的是，那笼子也没有变大，书生也没有变小，他却安然地与一对鹅并坐在一起，竟然也没有惊动笼子里面的鹅。

彦负笼而去，都不觉重。前行息树下，书生乃出笼，谓彦曰："欲为君薄设。"彦曰："善。"乃口中吐出一铜奁子，奁子中具诸肴馔，珍馐方丈。其器皿皆铜物，气味香旨，世所罕见。

【译文】许彦提起那鹅笼子行走，也并没有感觉重起来，来到一棵大树底下休息，书生这时走出笼子，对许彦说："我想为你设一薄宴。"许彦说："好啊！"于是，那书生从嘴里吐出一只大铜盒子，盒子中有各种精美的饭菜，山珍海味罗列在一起，在地上摆了大方桌那么一大块。那些盛饭菜的器皿全是铜的，光彩照人，饭菜色香味俱全，世上少见。

酒数行，谓彦曰："向将一妇人自随，今欲暂邀之。"彦曰："善。"又于口中吐一女子，年可十五六，衣服绮丽，容貌殊绝，共坐宴。俄而书生醉卧，此女谓彦曰："虽与书生结妻，而实怀怨。向亦窃得一男子同行，书生既眠，暂唤之，君幸勿言。"彦曰："善。"女子于口中吐出一男子，年可二十三四，亦颖悟可爱，乃与彦叙寒温。

【译文】两人酒喝了数巡，那书生对许彦说道："本来我带着一个女人，天天跟随着我，今天我想暂时把她叫来陪我们喝酒。"许彦说："好的。"于是，书生又从嘴里吐出一个女子，年纪大约十五六岁，衣服华丽，容貌美绝，同他们坐在一起饮酒。过了一会，书生酒喝醉，倒在地上睡着了。那女子对许彦说："我虽然与书生结为夫妻，可我实际上却怀有怨思，我早就偷偷地同另外一个男子相处一道。书生既然睡着了，我想暂时把他叫出来，希望你不要说。"许彦说："好吧。"于是，女子便从口中吐出一个男人来，年纪大约二十三四岁，也显得十分聪颖可爱，并同许彦寒暄畅叙。

书生卧欲觉，女子口吐一锦行障，遮书生。书生乃留女子共卧。男子谓彦曰："此女子虽有心，情亦不甚，向复窃得一女人同行，今欲暂见之，愿君勿泄。"彦曰："善。"

【译文】书生睡觉将要醒来，那女子连忙吐出一道绸缎做的鲜艳华美且可移动的屏风，把书生遮挡起来，书生于是叫女子同他一道重又睡觉。另外那个男人对许彦说："这女子与我虽然有情，但也非一心一意。方才我还偷着约一个女子前来，现在想趁此机会看看她。希望你不要泄露此事。"许彦说："好吧！"。

男子又于口中吐一妇人，年可二十许，共酌，戏谈甚久。闻书生动声，男子曰："二人眠已觉。"因取所吐女人，还内口中。须臾，书生处女乃出，谓彦曰："书生欲起。"乃吞向男子，独对彦坐。

【译文】于是，这个男子又从口中吐出一个女子，年纪大约在二十岁左右，与他们一道同宴共饮，嬉戏谈笑好长时间，接着，他们听见屏风内睡着的书生有动静，这男子说："他们已经睡醒了。"然后迅速将所吐出的女子放入口中吞回去。不一会儿，书生处的那个小女子就出来了，对许彦说："书生快要起来了！"然后将那个男子吞进口中，单独与许彦对坐。

然后书生起，谓彦曰："暂眠遂久，君独坐，当悒悒邪？日又晚，当与君别。"遂吞其女子，诸器皿悉纳口中。留大铜盘，可二尺广，与彦别曰："无以藉君，与君相忆也。"彦大元中为兰台令史，以盘饷侍中张散。散看其铭题，云是永平三年作。

【译文】书生起来后对许彦说："这一小觉睡得太久了，让你单独坐着，挺难受吧？天已经很晚了，只好跟你告别。"说罢，便将那小女子连同所有铜的器皿全吞进口中，只留下一个二平方尺大小的铜盘送给许彦，并告别道："没有什么东西可以留给你作纪念，就把这个盘子留给你，作个纪念吧！”太元年间，许彦任兰台令史，用那个大铜盘来宴请侍中张散。张散看上面的印记，说是东汉永平三年制作的。

紫荆树

京兆田真兄弟三人共议分财生赀，皆平均，惟堂前一株紫荆树，共议欲破三片。明日，就截之，其树即枯死，状如火然。真往见之，大惊，谓诸弟曰：“树本同株，闻将分斫，所以憔悴。是人不如木也。”因悲不自胜，不复解树，树应声荣茂。兄弟相感，合财宝，遂为孝门。真仕至太中大夫。

【译文】京兆田真与弟弟田庆、田广三人分家，别的财产都已分妥，剩下堂前的一株紫荆树不好处理。夜晚，兄弟三人商量将荆树截为三段，每人分一段。第二天，田真去截树时，发现树已经枯死，好像是被火烧过一样，十分震惊，就对两个弟弟说：“这树本是一条根，听说要把它截成三段就枯死了，人却不如树木，反而要分家。” 兄弟三人都非常悲伤，决定不再分树，荆树立刻复活了。他们大受感动，把已分开的财产又合起来，从此不提分家的事，成为一门忠孝，后来田真官至太中大夫。

王 度

王度，隋人，里字未详。

【译文】王度，隋代人，籍贯、字号不详。

古镜记

隋汾阴侯生，天下奇士也。王度常以师礼事之。临终，赠度以古镜，曰："持此则百邪远人。"度受而宝之。镜横径八寸，鼻作麒麟蹲伏之象，绕鼻列四方，龟龙凤虎，依方陈布。四方外又设八卦，卦外置十二辰位，而具畜焉。辰畜之外，又置二十四字，周绕轮廓，文体似隶，点画无缺，而非字书所有也。

【译文】隋朝汾阴县有个叫侯生的人，是很有些奇特的本事的人。我一直把他当作老师一样尊重。他去世之前，送了我一面古镜，并对我说："有了这面镜子各种邪魔就不敢靠近你了"。于是，我便拿它当宝贝收下了。这面镜子直径有八寸，镜柄上雕刻着一只蹲伏的麒麟，镜身四角则是龟龙凤虎，而与四角对应的是八卦，八卦之外设十二辰肖。最特别的是在辰肖外围，镜子轮廓上写着二十四个字，像是隶书，点画分明，但却一个都不是字典上能查到的。

侯生云："二十四气之象形。"承日照之，则背上文画，墨入影内，纤毫无失。举而扣之，清音徐引，竟日方绝。嗟乎，此则非凡镜之所同也。宜其见赏高贤，自称灵物。侯生常云："昔者吾闻黄帝铸十五镜其第一横径一尺五寸，法满月之数也。以其相差各校一寸，此第八镜也。"虽岁祀攸远，图书寂寞，而高人所述，不可诬矣。昔杨氏纳环，累代延庆，张公丧剑，其身亦终。今度遭世扰攘，居常郁怏，王室如毁，生涯何地？宝镜复去，哀哉！今具其异迹，列之于后。数千载之下，倘有得者，知其所由耳。”

【译文】侯生说那是二十四气的象征。镜子要是放在太阳下一照，背面的图案和文字就显露在影子里，纤毫毕露，一丝不差。用手敲它，清脆的声音徐徐飘散，余音袅袅，竟然小半天才完全消失。哎呀！总之这面镜子来历不凡，据说能看它一眼的都必须是高人，更何况是得到它的人呐。关于镜子的来历，侯生也曾对我说起过，他说：“我听说黄帝当年铸过十五面镜子，第一面直径一尺五寸，那是效法十五月圆而作的；其后，每面镜子都小一寸，而这就是第八面镜子。”虽然这传说历时久远，但从高人嘴里说出来，应该不是假的。昔日，杨氏得到玉环，风光了好几代，张公丢了宝剑，不久连命都保不住；而今，我在纷扰的尘世里浮沉，直到岁月老去，事业不在，而宝镜也终于离我而去，想想便有些悲伤。现在，我将关于宝镜的一些奇异事情写出来，也好让千百年后得到的人，知道它的来历。

大业七年五月，度自御史罢归河东，适遇侯生卒，而得此镜。至其年六月，度归长安。至长乐坡，宿于主人程雄家。雄新受寄一婢，颇甚端丽，名曰鹦鹉。度既税驾，将云：“不敢住。”

【译文】大业七年五月，我卸任御史回河东老家，正好遇到侯生去世，便得到了宝镜。六月，我复归长安，途经长乐坡，晚上在程雄家借宿。恰好有人在程雄家寄放了一个婢女，长得端庄秀丽，名字叫鹦鹉。我投宿的时候，整理衣裳，就拿镜子出来照一照。鹦鹉在远处看见了，马上伏倒在地，血流不止，嘴里还说：“不敢住了，不敢住了。”

度因召主人问其故，雄云：“两月前，有一客携此婢从东来。时婢病甚，客便寄留，云，‘还日当取。’比不复来，不知其婢由也。”度疑其精魅，引镜逼之。便云：“乞命，即变形。”度即掩镜，曰：“汝先自叙，然后变形，当舍汝命。”

【译文】我感到十分惊奇，就把程雄找来问。程雄说：“两个月前，有一个客人带着她从东面来，当时她病得厉害，客人便留她下来，并说‘回来时带她走’，但到现在客人也没回来，因此我也不太清楚她的来历。”我怀疑她是妖精，就拿镜子逼迫她。她立刻叫道：“饶命，我现原形。”我收起镜子说：“你先老实交待来历，再变回原形，我就饶你性命。”

婢再拜自陈云：“某是华山府君庙前长松下千岁老狸，大形变惑，罪合至死。遂为府君捕逐，逃于河渭之间，为下邽陈思恭义女，蒙养甚厚。嫁鹦鹉与同乡人柴华。鹦鹉与华意不相惬，逃而东，出韩城县，为行人李无傲所执。无傲，粗暴丈夫也，遂劫鹦鹉游行数岁。昨随至此，忽尔见留。不意遭逢天镜，隐形无路。”

【译文】婢女再次叩拜，并讲述起来：“我是华山府君庙前长青松树下的一只千年狸猫，由于变形惑世而遭到府君的追捕。我逃到渭水河畔，作了下邽陈思恭的养女，思恭的妻子郑氏为人糊涂，把我嫁给了一个叫柴华的同乡。我与柴华过不到一起，就往东逃，到了韩城县外被一个叫李无傲的人捉住。李无傲是个脾气暴躁的男人，带着我在外游荡了好几年，前些日子到这里，却忽然把我丢下。不曾想我在这里遇到宝镜，再也无法隐藏了。”

度又谓曰：“汝本老狸，变形为人，岂不害人也？”婢曰：“变形事人，非有害也。但逃匿幻惑，神道所恶，自当至死耳。”度又谓曰：“欲舍汝，可乎？”鹦鹉曰：“辱公厚赐，岂敢忘德。然天镜一照，不可逃形。但久为人形，羞复故体。愿缄于匣，许尽醉而终。”

【译文】我又问她：“你原本是狸猫，变形成人，难道不是来害人的吗？”婢女答：“我变成人，与人相处，从来没有害过人。但逃跑躲藏，制造幻相，却惹得神仙们讨厌，所以我知道自己是该死的。”我听完，说：“我要是愿意放过你呢？”鹦鹉说：“恩公宽厚，感激不尽，但宝镜一照，就不能再遁形逃脱了。不过，做人时间长了，恢复原形感觉羞耻，希望能把镜子放回盒子里，准许我一醉到死。”

度又谓曰：“缄镜于匣，汝不逃乎？”鹦鹉笑曰：“公适有美言，尚许相舍。缄镜而走，岂不终恩？但天镜一临，窜迹无路。惟希数刻之命，以尽一生之欢耳。”度登时为匣镜，又为致酒，悉召雄家邻里，与宴谑。婢顷大醉，奋衣起舞而歌曰：“宝镜宝镜，哀哉予命！自我离形，于今几姓？生虽可乐，死不必伤。何为眷恋，守此一方！”歌讫，再拜，化为老狸而死。一座惊叹。

【译文】我又问：“我收了宝镜，你不会逃跑吧？”鹦鹉笑着回答：“恩公刚才已经放过我了，我何必让您收了镜子再逃，那不是辜负了您的好意恩德？其实宝镜一照，已经无路可逃，我只希望在有限的生命里，能享受人生最后的欢愉罢了。”我马上拿出镜盒，又取美酒，召来程雄家人和街坊邻里一起设宴畅饮。没过多久，婢女就醉了，只见她挥起衣袖，翩翩起舞，并哀婉地唱道：“宝镜啊宝镜，让我哀伤自己的命运。自从离开我的原形，已走过了多少人间坎坷？活着固然有许多的快乐，但死去也不必有太多的悲伤。什么才是我最眷恋的啊，也就是这一方天地难以忘怀。”歌唱完，再次拜谢，她随即化为狸猫死去了。在座的人无不感到惊异和叹息。

大业八年四月一日，太阳亏。度时在台直，昼卧厅阁，觉日渐昏。诸吏告度以日蚀甚。整衣时，引镜出，自觉镜亦昏昧，无复光色。度以宝镜之作，合于阴阳光景之妙。不然，岂合以太阳失曜而宝镜以无光乎？怪叹未已。俄而光彩出，日亦渐明。比及日复，镜亦精朗如故。

【译文】大业八年四月一日，发生了日蚀。我正在官府值班，躺在客厅里休息，觉得太阳渐渐昏暗下来。下属的官吏跑来告诉我发生日蚀了。我整理衣服，拿起镜子，觉得镜子也昏浊不清，光彩不在。我觉得宝镜可能是采撷天地阴阳之气的，否则为什么太阳黯淡，它也无光呢？正在琢磨时，宝镜渐渐明亮起来，而户外的阳光也明朗了。等到日蚀过去，阳光普照，宝镜也恢复了原状。

自此之后，每日用薄蚀，镜亦昏昧。其年八月十五日，友人薛侠者获一铜剑，长四尺，剑连于靶，靶盘龙凤之状。左文如火焰，右文如水波。光彩灼烁，非常物也。侠持过度，曰："此剑侠常试之，每月十五日，天地清朗，置之暗室，自然有光，旁照数丈。侠持之有日月矣。明公好奇爱古，如饥如渴，愿与君今夕一试。"度喜甚。

【译文】从那以后，每逢云遮雾绕，日月无光，宝镜也同样昏昧不清。这年的八月十五，我的朋友薛侠说他得到一把铜剑，剑长四尺，剑身与剑柄连为一体，柄上刻有龙凤，左边纹路如火焰，右边纹路似水波，光彩夺目，一看就知道不是寻常之物。薛侠拿着它对我说："这剑我曾经试过，每月十五，天地清朗，放在暗室里，能发出夜光，可以照好几丈远。我得到它有些日子了。我知道你喜欢新奇古怪的东西，就拿来今晚试给你看。"我听了很高兴。

其夜，果遇天地清霁。密闭一室，无复脱隙，与侠同宿。度亦出宝镜，置于座侧，俄而镜上吐光，明照一室，相视如昼。剑横其侧，无复光彩。侠大惊，曰："请内镜于匣。度从其言，然后剑乃吐光，不过一二尺耳。侠抚剑，叹曰："天下神物，亦有相伏之理也。"是后每至月望，则出镜于暗室，光尝照数丈。若月影入室，则无光也。岂太阳太阴之耀，不可敌乎？

【译文】当天晚上，天气很好。我封闭了一间暗室，和薛侠一起进去。我拿出宝镜，放在身旁。不一会儿镜子就亮了起来，能把整个屋子照得像白天一样。铜剑横放在边上，则一点光彩都看不出来了。薛侠看了大为惊异，说："把镜子收起来试试。"我收起镜子，然后剑亮了起来，不过光照才一两尺远。薛侠抚摸着铜剑叹息道："天底下的神物，也有互相降服的啊！"此后，每到月圆之夜，我就拿宝镜到暗室，镜子的光总是可以照耀好几丈远，但如果月光一照进来，宝镜就立刻失去了光彩。难道是因为太阳和月亮的光华，宝镜抵挡不住吗？

其年冬，兼著作郎，奉诏撰国史，欲为苏绰立传。度家有奴曰豹生，年七十矣。本苏氏部曲，颇涉史传，略解属文。见度传草，因悲不自胜，度问其故。谓度曰："豹生常受苏公厚遇，今见苏公言验，是以悲耳。郎君所有宝镜，是苏公友人河南苗季子所遗苏公者。苏公爱之甚。

【译文】这一年冬天，我兼任著作郎，奉皇帝之命编撰国史，准备为苏绰写传记。我有一个家奴叫豹生，已经七十岁了。他原来在苏家当差，知道不少历史掌故，还能写一点文章。他看见我替苏绰写的传记，竟然悲伤的把持不住，对我说："苏绰老爷对我有知遇之恩，今天看见老爷写他过往的事迹，所以感到悲伤。老爷的宝镜是苏老爷一位河南的朋友苗季子留给他的。苏老爷非常喜爱。

苏公临亡之岁，戚戚不乐。常召苗生谓曰："自度死日不久，不知此镜当入谁手，今欲以蓍筮一断，先生幸观之也。"便顾豹生取蓍，苏生自揲布卦。卦讫，苏公曰："我死十余年，我家当失此镜，不知所在。然天地神物，动静有征。今河汾之间往往有宝气，与卦兆相合，镜其往彼乎？"季子曰："亦为人所得乎？"苏公又详其卦，云："先入侯家，复归王氏。过此以往，莫知所之也。"豹生言讫涕泣。度问苏氏，果云旧有此镜。苏公薨后亦失所在，如豹生之言。故度为苏公传，亦具其事于末篇，论苏公蓍筮绝伦，默而独用，谓此也。

【译文】苏老爷临终之前，郁郁不乐，曾把苗季子叫去，说：'我知道自己不久于人世，我死了不知道这个宝镜会落到谁的手上。今天打算算一卦，你在旁边看着吧'我便取来著草，苏老爷自己摆布卦象。卦象出来后，他说：'我死十多年后，我家会丢失这宝镜，不知道它流落到哪里。但像这样的神物，无论怎样都会有征兆。如今汾河附近，经常有宝气升腾，与卦象吻合，宝镜大概会到那里去吧？'苗季子问：'也是被人得到吗？ '苏老爷又仔细地看了看卦象，说：'先到姓侯的家中，然后被姓王的人得到。再往后，就不知道了。'"豹生说完，便哭了。我询问了苏家的人，说原来是有宝镜的，苏老爷去世后，就丢失了，和豹生说的一样。所以，我为苏绰写的传记，也把这件事写在了末尾。苏绰算卦的本事天下无双，但很使用，这就是证明吧。

大业九年正月朔旦，有一胡僧行乞而至度家。弟勣出见之。觉其神采不俗，更邀入室，而为具食，坐语良久，胡僧谓勣曰："檀越家似有绝世宝镜也，可得见耶？"勣曰：

"法师何以得知之?"僧曰:"贫道受明录秘术,颇识宝气。檀越宅上每日常有碧光连日,绛气属月,此宝镜气也。贫道见之两年矣。今择良日,故欲一观。"

【译文】大业九年正月初一的早晨,有一个和尚来讨饭,我兄弟王绩看见了,觉得他气质不俗,便邀请他到家中,不仅招待他吃饭,还与他聊了很久。和尚对王绩说:"施主家好像藏着一面绝世宝镜,能不能让我看一看呢?"王绩说:"你怎么知道的?"和尚说:"我学过一些法术,懂得看风水。你家房上有青气升腾,直冲蓝天,这青气与月亮气息相通,是宝镜发散出来的。我已经观察快两年了,选择在今天这样的吉日来,就是为了能看一眼宝镜。"

勣出之,僧跪捧欣跃。又谓勣曰:"此镜有数种灵相,皆当未见。但以金膏涂之,珠粉拭之,举以照日,必影彻墙壁。"僧又叹息曰:"更作法试,应照见腑脏,所恨卒无药耳。但以金烟薰之,玉水洗之,复以金膏珠粉如法拭之,藏之泥中,亦不晦矣。"遂留金烟玉水等法。行之,无不获验。而胡僧遂不复见。

【译文】王绩听了,便取来宝镜。和尚虔诚地跪在地上,手捧着宝镜,脸上露出欣喜悦然的表情。之后,他又对王绩说:"这面宝镜有许多灵幻的变化,通常都不显露出来。但如果涂上金膏,拿珍珠粉擦试它,阳光一照,绚丽的光影便会在墙壁上呈现出来。"和尚还叹息着说:"还有一种办法,能让宝镜像透视光一样,照出五脏六腑,那人就不怕无药可救了。不过,如果先香火熏蒸,再涂上面膏和珍珠粉,就是把它藏在泥里,光影也不会晦暗的。"按照和尚说的办法做,真的都灵验了,但这之后这个和尚却再也没有见过。

其年秋,度出兼芮城令。今厅前有一枣树,围可数丈,不知几百年矣,前后令至,皆祠谒此树,否则殃祸立及也。度以为妖由人兴,淫祀宜绝。县吏皆叩头请度。

【译文】这年秋天,我做了芮城县令。县衙大院里有一棵腰围数丈的百年枣树,每一任县令来都要祭拜它,否则就会立即有祸事发生。我觉得应该杜绝迷信风气,但手下人却都磕头要我遵守老规矩。

度不得已,为之以祀。然阴念此树当有精魅所托,人不能除,养成其势。乃密悬此镜于树之间。其夜二鼓许,闻其厅前磊落有声若雷霆者。遂起视之。则风雨晦瞑,缠绕此树,电光晃耀,忽上忽下。至明,有一大蛇,紫鳞赤尾,绿头白角,额上有王字,身被数创,死于树。度便收镜,命吏出蛇,焚于县门外。仍掘树,树心有一穴,于地渐大,有巨蛇蟠泊之迹。既而实之,妖怪遂绝。

【译文】我不得已，只好装装样子祭拜了一下，但心里却琢磨，这棵树里肯定有妖精，于是就悄悄地把宝镜悬在树上。当天晚上二更时分，就听到院子里噼里啪啦有打雷似的动静，我爬起来一看，只见树周围风雨交加，电闪雷鸣。天亮之后，在树下发现一条大蛇，身体上的鳞片是紫色的，尾巴却火焰一样的赤红，绿色的蛇头上长着白角，额头上有一个王字，但它身上有好几处伤痕，已经死了。我把宝镜拿了下来，命令县吏把蛇拿到县衙门口烧掉，然后又把树干挖开，在里面发现一个洞，越往地下越大，有大蛇盘踞的痕迹。把洞填埋之后，这里就太平了。

其年冬，度以御史带芮城令，持节河北道，开仓粮赈给陕东。时天下大饥，百姓疾病，蒲陕之间疠疫尤甚。有河北人张龙驹，为度下小吏，其家良贱数十口一时遇疾。

【译文】这年冬天，我作了御史兼任芮城县令，主持河北一带工作。当时，正遇上自然灾害，民间闹饥荒，蒲陕一带疫病流行。有一个叫张龙驹的河北人，在我手下当差，他一家几十口人，都得了病。

度悯之，赍此镜入其家，使龙驹持镜夜照。诸病者见镜，皆惊起，云："见龙驹持一月来相照，光阴所及，如冰著体。冷彻腑脏。"即时热定，至晓并愈。以为无害于镜，而所济众。令密持此镜，遍巡百姓。

【译文】我很同情他，便去他家慰问，并且让他晚上拿着宝镜照一照。这些病人看见镜子，都吃惊地跳起来，说："看见龙驹举着月亮，月光照在身上，像冰一样清凉到心里。"很快燥热就平复，当天晚上病都好了。我觉得宝镜既不会受损，又可以救治百姓，就命令手下悄悄地拿着镜子到各家巡视。

其夜，镜在匣中冷然自鸣，声甚彻远，良久乃止。度心独怪。明早，龙驹来谓度曰："龙驹昨忽梦一人。龙头蛇身，朱冠紫服，谓龙驹，我即镜精也，名曰紫珍。常有德于君家，故来相托。为我谢王公，百姓有罪，天与之疾，奈何使我反天救物？且病至后月，当见愈，无为我苦。"度感其灵怪，因此志之。至后月，病果渐愈，如其言也。

【译文】夜里，宝镜在盒子里发出嘶鸣的声音，很长时间才停下来。我感到有些奇怪。第二天早上，龙驹对我说："我昨晚梦见一个龙头蛇身的人，戴红帽子，穿紫色的衣裳，对我说：'我就是镜子里的神灵，名字叫紫珍。我曾经帮助过你，所以来托你办件事。请替我告诉王先生，老百姓得罪了天神，所以上天才降下疫病，可是王先生却让我违反天命去救老百姓！而且再过一个来月，疫病会消失，就不要再让我劳苦受累了。'"我相信这是神灵托言，所以记住了。到了一个月后，果然像他说的，疫情消失了。

大业十年，度弟绩自六合丞弃官归，又将遍游山水，以为长往之策。度止之曰："今天下向乱，盗贼充斥，欲安之乎？且吾与汝同气，未尝远别。此行也，似将高蹈！"。昔尚子并游五岳，不知所之。汝若追踵前贤，吾所不堪也。"便涕泣对勣曰："意已决矣，必不可留。兄今之达人，当无所不体。

【译文】大业十年，做六合丞的弟弟王绩辞官归来，又准备游历山水，并以此作为生活理想。我劝他说："现在天下纷乱，盗贼横行，在外游历怎么能安全呢？而且我和你同枝连气，从来没有长时间分别过。这一次你远游，似乎会走得很远。昔日尚子平游历五岳，最后不知道跑到哪里去了。你要是追随先辈贤人的脚步，那叫我该怎么办啊！"说到这里，我已经泣不成声。王绩则说："我已经决定，不会留下来了。哥哥是个豁达的人，一定能体谅我的。

孔子曰："匹夫不可夺其志矣。人生百年，忽同过隙。得情则乐，失志则悲。安遂其欲，圣人之义也。"度不得已，与之决别，绩曰："此别也，亦有所求。兄所宝镜，非尘俗物也。绩将抗志云路，栖踪烟霞，欲兄以此为赠。"度曰："吾何惜于汝也。"即以与之。勣得镜，遂行，不言所适。

【译文】孔子说过："一个人实现志愿的权利是不该被剥夺的。人生不过百年，也就匆匆眨眼之间，做自己喜欢的事就有乐趣，不能做就是悲哀。让一个人按照自己的意愿行事，才是圣贤的主张。"我没有办法，只好与他告别。临行前，王绩又对我说："这次分别，我还有件事想求哥哥。你的那面宝镜，不是普通的东西。我这次翻山越岭，在云霞间游走，希望哥哥能把宝镜送给我。"我说："我怎么能对你吝惜呢！"马上把宝镜给了他。王绩拿了宝镜上路，并没有说他会去哪里。

至大业十三年夏六月，始归长安。以镜归，谓度曰："此镜真宝物也。勣辞兄之后，先游嵩山少室，降石梁，坐玉坛。属日暮，遇一嵌岩。有一石堂，可容三五人，勣栖息止焉。

【译文】到了大业十三年六月，夏，王绩回到了长安。他把宝镜还给我，并对我说："这镜子真是宝物啊！和哥哥分别之后，我先去了嵩山的少室山，从石梁峰往下，在玉坛坪休息。到了日暮黄昏之际，走到一个山崖下，那里有一个天然的石堂，可以容纳三五个人，我就躲在里面过夜。

月夜二更后，有两人，一貌胡，须眉皓而瘦，称山公。一面阔，白须，眉长，黑而矮，称毛生，谓勣曰：‘何人斯居也？’勣曰：‘寻幽探穴访奇者。’二人坐与勣谈久，往往有异义出于言外。勣疑其精怪，引手潜后开匣取镜。镜光出，而二人失声俯伏。矮者化为龟，胡者化为猿。悬镜至晓，二身俱殒。龟身带绿毛，猿身带白毛。即入箕山，渡颍水，历太和，视玉井。井傍有池，水湛然绿色。

【译文】当晚，二更时分，来了两个人：一个长得像胡人，须发浓密，身形瘦削，自称山公；另一个脸庞宽阔，蓄白胡子，眉毛很长，长得又黑又矮，自称毛生。他们问我：‘你是谁，为什么住在这里？’我说：‘我来旅游，经过这里而已。’两个人就坐下来和我聊天，可是说话往往词不达意。我怀疑他们是妖怪，就悄悄背过手，从包袱里取出宝镜。宝镜的光芒刚一射出来，两人就惊呼一声，匍匐在地上。那个矮子变成了乌龟，胡人则变成了猿猴。我把宝镜悬挂起来，等到了天亮，两个家伙就都被照死了。我一看，原来是一只绿毛龟和一头白眉猿。之后，我又去过箕山，在颍水漂流，登上太和，去观赏玉井泉。玉井旁边有一个水池，池水清澈碧绿。

问樵夫，曰：‘此灵湫耳。村间每八节祭之，以祈福佑。若一祭有阙，即池水出黑云大雹伤稼，白雨流树浸堤坏阜。’引镜照之，池水沸涌，有雷如震，忽尔池水腾出池中，不遗涓滴。可行二百余步，水落于地。有一鱼，可长丈余，粗脔大于臂。首红额白，身作青黄间色。无鳞有涎，龙形蛇角，嘴尖，状如鲟鱼，动而有光。在于泥水，因而不能远去。勣谓蛟也，失水而无能为耳。刃而为炙，甚膏，有味，以充数朝口腹。遂出于宋汴。

【译文】当地的樵夫告诉我：‘这池里住着神灵，附近的村庄每逢节气都要祭拜，求取赐福平安。假如哪一次祭拜没做好，水池立刻会升起黑云，大冰雹从天而降，水漫过堤坝，冲毁码头。’我拿出宝镜对着水池一照，只见水池里的水沸腾翻涌，声音像打雷一样巨大；忽然，池里的水腾空而起，形成一个水柱，涌落在二百步远的地方。水柱落地后，看见一条鱼，有一丈多长，鱼身粗得两个手抱不过来；鱼头呈红色，额上有白点，鱼身青黄相间；它没有鱼鳞，但像泥鳅似的有一层粘液；头长得像蛇，但有龙一样的角；嘴巴尖尖的，和鲟鱼差不多。当时它周身还泛着耀眼的光，只是陷在泥里，不能游走。我觉得它是条蛟，你知道蛟离开了水就没什么能耐了。我拿刀把它宰了，然后用火烤，作成干粮，味道还蛮好的，当了好几天的早饭。接着，我去了宋汴。

汴主人张琦家有女子患，入夜，哀痛之声实不堪忍。勣问其故，病来已经年岁。白日即安，夜常如此。勣停一宿，及闻女子声，遂开镜照之。痛者曰：‘戴冠郎被杀。’其病者床下，有大雄鸡死矣。乃是主人七八岁老鸡也。

【译文】当地的主人张琦家有一个女子生病了，每天晚上痛苦的哀叫，声音凄厉悲惨，让人听不下去。我就问他们原因。他们说病了已经一年，白天总是好好的，每到晚上就这样痛苦。我当晚住在那里，听到女子的叫声时，就拿宝镜对着照。病人叫道：'杀了那个戴帽子的男人吧！'而后，从病人的床底下发现一只死了的大公鸡，原来是主人家已经养了七八年的鸡。

游江南，将渡广陵扬子江，忽暗云覆水，黑风波涌。舟子失容，虑有覆没。勣携镜上舟，照江中数步，明朗彻底。风云四敛，波涛遂息。须臾之间，达济天堑。跻蹑山趋芳岭。或攀危顶，或入深洞。逢其群鸟环人而噪，数熊当路而蹲。以镜挥之，熊鸟奔骇。

【译文】在游历江南的时候，我正从广陵横渡扬子江。忽然天空乌云压境，狂风大作，波涛汹涌，船夫吓得脸色煞白，害怕有翻船的危险。我拿了宝镜站在船头，对着江面照去，立刻眼前一片明朗，风云都飘散开去，浪潮也不再汹涌，不一会儿的功夫，就到达了岸边的青山。之后，我或攀岩而上，或循洞而行，路上遇到鸟群，在四周鼓噪鸣叫，还碰到几只狗熊蹲在路边上，但只要我拿着宝镜一挥，它们就都被吓跑了。

是时利涉浙江，遇潮出海，涛声振吼，数百里而闻。舟人曰：'涛既近，未可渡南。若不回舟，吾辈必葬鱼腹。'出镜照，江波不进，屹如云立。四面江水，豁开五十余步。水渐清浅，鼋鼍散走，举帆翩翩，直入南浦。然后却视，涛波洪涌，高数十丈，而至所渡之津也。

【译文】有一天赶路去浙江，涨潮的时候出海，涛声震天怒吼，几百里之外都能听到。船家说：'潮水已经快到跟前了，不能再往南去。要是再不回头，我们肯定会掉到海里喂鲨鱼。'我就拿出宝镜一照，潮水就不能往前涌，而是像云一样立了起来，四周排开五十多米的一条江路，江水清澈，水面平静，鼋鼍四散奔逃，于是我们扬帆速行，一路直达南浦。上岸后回头一看，只见汹涌的巨浪高达数十丈，一下子就把刚才渡过来的水路给吞没了。

遂登天台，周览洞壑。夜行佩之山谷，去身百步，四面光彻，纤微皆见，林间宿鸟，惊而乱飞。还履会稽，逢异人张始鸾，授勣《周髀九章》及《明堂六甲》之事。与陈永同归。更游豫章！见道士许藏秘，云是旌阳七代孙，有咒登刀履火之术。说妖怪之次，更言丰城县仓督李敬慎家，在三女遭魅病，人莫能识。藏秘疗之无效。

【译文】随后，我去了天台山，游览那里的洞府深沟。晚上我把宝镜别在身上，穿越山谷，光线直达百步之外，什么都看得清清楚楚，而枝头的小鸟则被强烈的光线惊得到处乱飞。后来，我在会稽遇到一个高人叫张始鸾，他传授了我一些奇门遁甲的法术。我和陈永一起往回走，顺便游了游豫章，遇见一个叫许藏秘的道士。他说自己是旌阳第七代孙子，会踩刀吐火的本领。他在说奇闻轶事之余，提到丰城县粮仓督监李敬慎家有三个女儿，得了怪病，没有人见过这种病，更不会医治。他去疗救过，但也没有成功。

勣故人曰赵丹，有才器，任丰城县尉。勣因过之。丹命祗承人勣指停处。勣谓曰：‘欲得仓督李敬慎家居止。’丹遽命敬慎为主，礼因问其故，敬曰：‘三女同居堂内阁子，每至日晚，即靓妆衒服。黄昏后，即归所居阁子，灭灯烛。听之，窃与人言笑声。及至晓眠，非唤不觉。日日渐瘦，不能下食。制之令不妆梳，即欲自缢投井，无奈之何。’

【译文】我有个老朋友叫赵丹，很有才干，在丰城县担任县尉，所以我就顺道从那里经过。赵丹准备安排我住宿，我对他说：‘我想住到李敬慎家。’赵丹随即就让李敬慎来接待我。于是我就问起了他女儿生病的事。他说：‘三个女儿都住在内堂的阁楼，每天一到晚上就打扮得花枝招展。黄昏之后就躲在阁楼里既不开灯，也不出来。在楼下仔细听，能听到她们在与人说笑。到了天亮，不去叫她们就不能醒过来。而且天天不好好吃饭，人渐渐消瘦下去。我也曾阻止她们梳妆打扮，可她们就闹着要跳井自杀，实在一点办法都没有。’

勣谓敬曰：‘引示阁子之处。’其阁东有窗。恐其门闭，固而难启，遂昼日先刻断窗棂四条，却以物支柱之如旧。至日暮，敬报勣曰：‘妆梳入阁矣。’至一更，听之，言笑自然。

【译文】我对李敬慎说：‘请带我到小姐住的阁楼去。’阁楼的东面有窗户。我怕大门关了打不开，就先弄断了几根窗户上的横木，再拿东西顶住，看上去和原来一样。到了傍晚，李敬慎来告诉我：‘她们化完妆，回阁楼了。’到了一更多，听见谈笑的声音。

勣拔窗棂子持镜入阁照之。三女叫云：‘杀我婿也。’初不见一物，悬镜至明，有一鼠狼，首尾一尺三四寸，身无毛齿。有一老鼠亦无毛齿，其肥大可重五斤。又有守宫，大如人手，身披鳞甲，焕烂五色，头上有两角，长可半寸，尾长五寸以上，尾头一寸色白，并于壁孔前死矣。从此疾愈。其后寻真至庐山，婆娑数月，或栖息长林，或露宿草莽。虎豹接尾，豺狼连迹。举镜视之，莫不窜伏。

【译文】我拔开窗户，拿着宝镜闯进了阁楼，朝里面一照。三个女子叫道：‘杀我丈夫了。’最初什么也看不见，后来等宝镜把里面照亮，便看见一只黄鼠狼，有一尺三四寸那么长，全身光洁无毛；有一只老鼠也不长毛，居然有五六斤重的样子；还有一只壁虎，和人的手差不多大，全身长满鳞甲，颜色绚丽，头上长着两只半寸来长的角，尾巴有五寸以上，尾巴顶端有一寸左右是白色的。他们都在墙壁前死了。从那以后三个女子的病就好了。之后，我在庐山住了几个月，有时在树林里扎营，有时在草丛里露宿，那里豺狼虎豹多得不得了，但只要我拿出宝镜，就都吓得趴在地上动也不敢动了。

庐山处士苏宾，奇识之士也。洞明《易》道，藏往知来。谓勣曰：‘天下神物，必不久居人间。今宇宙丧乱，他乡未必可止。吾子此镜尚在，足自卫，幸速归家乡也。’勣然其言，即时北归。

【译文】庐山有个隐士叫苏宾，是个博学的人，精通《易经》，能洞悉过去，预测未来，他对我说：‘天下的神物，肯定不会一直留在人间。现在世道纷乱，在异乡不是很安全，你手里拿着宝镜，可以自卫防身，但还是早些回家乡的好。’我不太相信他的话，还是按照原计划往北走。

便游河北，夜梦镜谓勣曰：‘我蒙卿兄厚礼，今当舍人间远去，欲得一别，卿请早归长安也。’勣梦中许之。及晓，独居思之，恍恍发悸，即时西首秦路。今既见兄，勣不负诺矣。终恐灵物亦非兄所有。”数月，勣还河东。

【译文】在走到河北的时候，有一天晚上在梦里，宝镜对我说：‘你哥哥对我不错，但现在我要离开人间了，想和他告个别，请你早点回长安吧。’我答应了。到了早上，我一个人坐在那里回想经过的这些事，觉得后怕，所以匆匆回来了。现在看见了哥哥，总算实现了诺言。不过我觉得宝镜这样具有灵气的宝物，恐怕也最终并不属于哥哥的。”几个月后，王绩回了河东。

大业十三年七月十五日，匣中悲鸣，其声纤远。俄而渐大，若龙咆虎吼，良久乃定。开匣视之，即失镜矣。

【译文】大业十三年七月十五日，匣子中发出悲哀的鸣叫声，声音开始很微小，后来慢慢变大，像虎啸龙吟一样，很久才停下来，完了打开匣子一看，古镜就不见了。

张说

张说，唐洛阳人，字道济，又字说之，永昌中策贤良方正第一，累官同平章事，封燕国公，朝廷大制作，多出其手，与许国公苏颋齐名，时称燕许，有《张燕公集》。

【译文】张说，唐朝洛阳人，字道济，又字说之，永昌中通过贤良方正考试取得第一名，后来官至同平章事，封为燕国公，朝廷里许多重大政策多是由他来制定的，和许国公苏颋齐名，当时称为“燕许”，著有《张燕公集》。

虬髯客传

隋炀帝之幸江都也，命司空杨素守西京。素骄贵，又以时乱，天下之权重望崇者，莫我若也，奢贵自奉，礼异人臣。每公卿入言，宾客上谒，未尝不踞床而见，令美人捧出，侍婢罗列，颇僭于上，末年愈甚，无复知所负荷、有扶危持颠之心。

【译文】隋炀帝巡幸扬州，命司空杨素留守都城长安。杨素位尊而骄横，又认为时局混乱，天下掌握大权、有重望的人，没有谁比得上自己，因而生活奢侈骄贵，礼节排场也超出臣子所应有的，每逢公卿大臣言事，宾客拜谒，杨素都两脚岔开坐在床榻上接见，态度傲慢无礼，又令美女簇拥而出，侍婢排列两旁，排场享用超越本分仿效皇帝。晚年这种情景更加厉害，不再知道自己担负的责任，不再有拯救艰危局势的想法。

一日，卫公李靖以布衣上谒，献奇策。素亦踞见。公前揖曰：“天下方乱，英雄竞起。公为帝室重臣，须以收罗豪杰为心，不宜踞见宾客。”素敛容而起，谢公，与语，大悦，收其策而退。当公之骋辩也，一妓有殊色，执红拂，立于前，独目公。公既去，而执拂者临轩，指吏曰：“问去者处士第几？住何处？”公具以对。妓诵而去。

【译文】一天，卫国公李靖以平民的身份去谒见杨素，献上奇策。杨素也是以轻慢无礼的态度接见。李靖上前作揖，说："天下正乱，英雄竞相崛起。您身为王室重臣，必须把网罗豪杰的事放在心上，不该如此傲慢地接见宾客。"杨素收敛脸上的神色，并站起身，向李靖道歉，和他交谈，谈得非常高兴，接受李靖献纳的策书才从正堂退出。正当李靖滔滔不绝辩论之时，有一女子相貌出众，手执红色拂尘，站在前面，独自看着李靖。李靖走了之后，手拿拂尘者凭栏指派士卒说："问走的那个未做官的读书人排行第几？住在哪里？"李靖一一回答了。女子口里念着离开了。

公归逆旅。其夜五更初，忽闻叩门而声低者，公起问焉。乃紫衣戴帽人，杖揭一囊。公问谁？曰："妾，杨家之红拂妓也。"公遽延入。脱衣去帽，乃十八九佳丽人也。素面画衣而拜。公惊答拜。

【译文】李靖回到旅馆。那晚的五更刚过，忽然听见轻声叩门，李靖起来询问。是一个紫衣戴帽的人，杖上挂着个包裹。李靖问："谁？"答道："我是杨家执红拂的女子。"李靖于是请她进来。脱去紫衣摘去帽子，是一个十八九岁的美丽女子。未施脂粉，身着花衣向前拜礼，李靖吃惊地还礼。

曰："妾侍杨司空久，阅天下之人多矣，无如公者。丝萝非独生，愿托乔木，故来奔耳。"公曰："杨司空权重京师，如何？"曰："彼尸居余气，不足畏也。诸妓知其无成，去者众矣。彼亦不甚逐也。计之详矣。幸无疑焉。"问其姓，曰："张。"问其伯仲之次。曰："最长。"观其肌肤仪状、言词、气性，真天人也。

【译文】女子说："我侍奉杨素这么久，看天下的人也多了，没有比得上你的。菟丝、女萝不能独自生长，愿意托身于乔木之上，所以跑来了。"李靖说："杨司空在京师的权势很重。怎么办？"红拂女答："他不过是垂死之人，不值得害怕。众女子知道他成不了事，走的人多了。他追得也不厉害。考虑已很周详了，希望你不要疑虑。"李靖问她的姓，答："姓张。"问她排行，答："最长。"看她的肌肤、仪容举止、脾气性情，真是天仙一般。

公不自意获之，愈喜愈惧，瞬息万虑不安，而窥户者无停屦。数日，亦闻追讨之声，意亦非峻。乃雄服乘马，排闼而去。将归太原。

【译文】李靖意外获得这样一个女子，越高兴也越害怕，瞬息间又十分忧虑不安，不停地窥视屋外是否有人追踪而至。几天里，也听到了追查寻访红拂女的消息，但没有严厉追索的意思。于是红拂女着男装推门而出，乘马和李靖一道回太原。

行次灵石旅舍，既设床，炉中烹肉且熟。张氏以发长委地，立梳床前。公方刷马，忽有一人，中形，赤髯如虬，乘蹇驴而来。投革囊于炉前，取枕欹卧，看张梳头。公怒甚，未决，犹亲刷马。

【译文】途中住宿在灵石的一旅舍中，摆好几案，炉中煮的肉将熟了。张氏将长发放下垂至地上，站在案前梳头。李靖正在刷马。忽然有一个人，中等身材，满腮卷曲的红胡须，骑驴而来。把皮革的包裹扔在炉前，拿过枕头倚卧着，看着张氏梳头。李靖非常生气，但没有发作，还在刷马。

张熟视其面，一手握发，一手映身摇示公，令勿怒。急急梳头毕。敛衽前问其姓。卧客答曰："姓张。"对曰："妾亦姓张。合是妹。"遽拜之。问第几。曰："第三。"问妹第几。曰："最长。"遂喜曰："今夕幸逢一妹。"张氏遥呼："李郎且来见三兄！"公骤拜之。

【译文】张氏注目细看来者的面容，一手握着头发，一手放在身后向李靖摇手示意，让他不要发怒。张氏急忙梳完头，整理衣襟上前问其姓。卧在那儿的客人答："姓张。"张氏回答道："我也姓张。应该是妹。"于是向他行礼。问排行第几。答："第三。"他就问张氏第几，答："最长。"虬髯客于是高兴地说："今天真幸运遇上一妹。"张氏远远地叫道："李郎快来拜见三哥。"李靖急忙拜见。

遂环坐。曰："煮者何肉？"曰："羊肉，计已熟矣。"客曰："饥。"公出市胡饼。客抽腰间匕首，切肉共食。食竟，余肉乱切送驴前食之，甚速。

【译文】于是三人环绕桌子坐下。客问："煮的什么肉？"答："羊肉，估计已熟了。"客说："饿了。"李靖出去买烧饼。客人抽出腰间的匕首，切肉大家一起吃。吃完，剩下的肉乱切了几刀递到驴前喂给驴吃，速度很快。

客曰："观李郎之行，贫士也。何以致斯异人？"曰："靖虽贫，亦有心者焉。他人见问，故不言，兄之问，则不隐耳。"具言其由。曰："然则将何之？"曰："将避地太原。"曰："然。故非君所致也。"曰："有酒乎？"曰："主人西，则酒肆也。"公取酒一斗。既巡，客曰："吾有少下酒物，李郎能同之乎？"

【译文】客人说："看李靖的样子，是贫士。怎么得到这样的美妇人？"李靖说："我虽贫困，也是有心的人。他人问我，我故意不说。兄长问，就不瞒你。"一一说出事情的由来。客问：“那么将去哪？”李靖说：“将到太原躲避。”客说：“好，我本就不是你要投奔的人。”又问：“有酒吗？”李靖说：“客店西边就是酒肆。”李靖取来一斗酒。斟过一遍酒后，客说：“我有些下酒物，你能和我一起吃吗？”

曰：“不敢。”于是开革囊，取一人头并心肝。却头囊中，以匕首切心肝，共食之。曰：“此人天下负心者，衔之十年，今始获之。吾憾释矣。”

【译文】李靖说：“不敢。”客打开革制的包裹，取出一个人头和心肝。把头扔回囊中，用匕首切心肝，一块吃。说：“这人是天下的负心人，恨他十年了，今天才抓到。我的恨消除了。”

又曰：“观李郎仪形器宇，真丈夫也。亦闻太原有异人乎？”曰：“尝识一人，愚谓之真人也。其余，将帅而已。”曰：“何姓？”曰：“靖之同姓。”曰：“年几？”曰：“仅二十。”曰：“今何为？”曰：“州将之子。”曰：“似矣。亦须见之。李郎能致吾一见乎？”曰：“靖之友刘文静者，与之狎。因文静见之可也。然兄何为？”

【译文】又说：“看李郎你的仪表气度，是真正的男子汉大丈夫。也听说太原有个不寻常的人吗？”李靖答：“曾经认识一个人，我认为他是真命天子。其余的人不过可作将帅罢了。”客问：“姓什么？”李靖答：“和我同姓。”客说：“多大年纪？”答道：“仅二十岁。”客说：“现在做什么？”李靖说：“是州将的儿子。”客说：“像是了。我也须见他。你能让我见他一面吗？”李靖说：“我的朋友刘文静和他亲近。凭借刘文静可以见他。但是你为什么要见呢？”

曰：“望气者言太原有奇气，使访之。李郎明发，何日到太原？”靖计之日。曰：“期达之明日，日方曙，候我于汾阳桥。”言讫，乘驴而去，其行若飞，回顾已失。公与张氏且惊且喜，久之，曰：“烈士不欺人。固无畏。”促鞭而行。

【译文】客说：“望气的人说太原有奇异的气象，让我寻访这王气。你明天出发，何日能到太原？”李靖计算到达的日子。客说：“到达的第二天，天刚亮时在汾阳桥等我。”说完，骑驴而去，速度如飞，回头间再看就看不见了。李靖和张氏又惊又喜，很久才说：“豪侠之士不会骗人。本来就不要畏惧。”于是快马加鞭赶路。

及期，入太原。果复相见。大喜，偕诣刘氏。诈谓文静曰：“有善相者思见郎君，请迎之。”文静素奇其人，一旦闻有客善相，遽致使迎之。使回而至，不衫不履，裼裘而来，神气扬扬，貌与常异。虬髯默然居末坐，见之心死，饮数杯，招靖曰：“真天子也！”

【译文】到了预期的日子，进入太原。果然又相见了。十分高兴，一同前去拜见刘文静。对刘文静谎称：“有个善相面的人想见李世民，请你迎他来。”刘文静平素就觉得李世民非同常人，一旦听说有客人善相面，就立即派人把李世民迎来。使者回时，李世民也到了，服装不整，披着裘衣而来，神采飞扬，仪态与常人不同，虬髯客默不作声，坐在末位，看见他就死了心，饮酒饮了数杯，招李靖过来对他说：“是真命天子！”

公以告刘，刘益喜，自负。既出，而虬髯曰：“吾得十八九矣。然须道兄见。李郎宜与一妹复入京。某日午时，访我于马行东酒楼，楼下有此驴及瘦驴，即我与道兄俱在其上矣。到即登焉。”又别而去，公与张氏复应之。

【译文】李靖把这话告诉刘文静，刘文静更高兴了，更自命不凡了。从刘文静家出来之后，虬髯客说：“吾得到十之八九了，但必须道长兄见他。李郎你应该和妹妹再入京。某日的午时，到马行东酒楼下找我。下面有这头驴和一瘦驴，就是我和道兄都在楼上了。到了就上楼。”说完又告别离去。李靖和张氏又答应下来。

及期访焉，宛见二乘。揽衣登楼，虬髯与一道士方对饮，见公惊喜，召坐围饮，十数巡，曰：“楼下柜中，有钱十万。择一深隐处驻一妹。某日复会于汾阳桥。”如期至，即道士与虬髯已到矣。

【译文】到了约定的日子去寻访，清楚地看见两头坐骑。提着衣襟登上楼，虬髯与一道士正在对饮，见李靖很是惊喜，招呼坐下，围坐饮酒。酒斟过十多遍，客说：“楼下的柜中有钱十万。选一隐秘处把一妹留下。某日再到汾阳桥会我。”李靖在约定的日子到了汾阳桥，道士和虬髯客已经到了。

俱谒文静。时方弈棋，揖而话心焉。文静飞书迎文皇看棋。道士对弈，虬髯与公傍待焉。俄而文皇到来，精采惊人，长揖而坐。神气清朗，满坐风生，顾盼炜如也。道士一见惨然，下棋子曰：“此局全输矣！于此失却局哉！救无路矣！复奚言！”罢弈而请去。

【译文】一同去拜见刘文静，刘文静当时正在下棋。作揖之后就谈心了。刘文静赶紧写信派人请李世民来看棋。道士和刘文静下棋，虬髯客和李靖在一旁陪着。不一会儿，李世民到来，神采惊人，作了个长揖坐下。神清气爽满坐气氛顿时活跃，眼睛炯炯有神。道士一见十分伤心，下了一棋子说：“这局全输了！在此失掉全局了！无路可救！还说什么！”

停止下棋，请求离去。

既出，谓虬髯曰："此世界非公世界。他方可也。勉之，勿以为念。"因共入京。虬髯曰："计李郎之程，某日方到。到之明日，可与一妹同诣某坊曲小宅相访。李郎相从一妹，悬然如磬。欲令新妇祗谒，兼议从容，无前却也。"言毕，吁嗟而去。

【译文】出了府，道士对虬髯客说："这个世界不是你的世界，别的地方可以。勉力为之；不要把这放在心上。"于是共同入京。分别的时候虬髯客对李靖说："计算你的行程，某日才到。到的第二天，可与大妹同往某个里巷的小屋中找我。你和大妹相从，结为夫妇，贫穷得什么都没有。想让我的妻子出来拜见，顺带随便谈谈，不要推辞。说完，叹息而去。

公策马而归。即到京，遂与张氏同往。至一小版门，扣之，有应者，拜曰："三郎令候李郎、一娘子久矣。"延入重门，门愈壮。婢四十人，罗列廷前。奴二十人，引公入东厅。厅之陈设，穷极珍异，巾箱、妆奁、冠镜、首饰之盛，非人间之物。

【译文】李靖策马而回。一到京城，就与张氏同去拜访虬髯客。见到一小板门，敲门，有人应声，说："三郎让我们恭候李郎和娘子已多时了。"请进里门，门更壮阔。四十位婢女，排列庭前。二十位奴仆引领李靖进入东厅，厅上的陈列摆设，都是极为珍贵稀有的东西。箱子中的装扮的饰物非常多，不是人间寻常之物。

巾栉妆饰毕，请更衣，衣又珍异。既毕，传云："三郎来！"乃虬髯纱帽裼裘而来，亦有龙虎之状，欢然相见。催其妻出拜，盖亦天人耳。四人对馔讫，陈女乐二十人，列奏于前，若从天降，非人间之曲。

【译文】装饰完毕，又请去换衣，衣服也非常珍奇。换好衣服，有人传话道："三郎来了！"正是虬髯客，头戴纱帽，身着裘衣而来，也有龙虎之气，相貌不凡。大家高兴地相见。客催促他的妻子出来拜见，也是天仙一般的人。于是引进中堂，摆设下的酒筵非常丰盛，即使王公贵族之家也不能相比。四人入席后，又叫出二十位歌舞女，在面前排列演奏，乐声似从天降，不是人间的曲子。

食毕，行酒。家人自堂东舁出二十床，各以锦绣帕覆之。既陈，尽去其帕，乃文簿钥匙耳。虬髯曰："此尽宝货泉贝之数。吾之所有，悉以充赠。何者？欲以此世界求事，当或龙战三二十载，建少功业。今既有主，住亦何为？太原李氏，真英主也。三五年内，即当太平。

【译文】吃完饭，又行酒令。家人从东堂抬出二十个几案，每个都用锦绣织成的巾帕盖着。排列摆放好后，全部揭去巾帕，是文簿和钥匙。虬髯客说："这是全部的宝物钱币的数量。我所有的东西，全部赠送给你。为什么？想要在这世界求得成事，就当征战三、二十年，建少许功业。现在既然天下有主，还住在这里干什么？太原的李氏，是真正的英明的君王！三五年内，就能遇上太平。

李郎以奇特之才，辅清平之主，竭心尽善，必极人臣。一妹以天人之姿，蕴不世之艺，从夫之贵，以盛轩裳。非一妹不能识李郎，非李郎不能荣一妹。起陆之渐，际会如期，虎啸风生，龙吟云萃，固非偶然也。持余之赠，以佐真主，赞功业也，勉之哉！

【译文】你凭着奇特的才能，辅佐太平君主，全力为善，一定会做上最高的官。大妹凭着天仙般的容貌，藏有不寻常的才艺，随着丈夫富贵，可以享受荣华富贵的生活。不是大妹，就不能使李郎受到赏识，不是李郎，就不能使大妹享受荣华。帝王的兴起，就会有一些辅佐他的人像有诚约一样如期而至，就像虎啸生风，龙吟云中一样，本来就不是偶然的。拿着我的赠送，辅佐真命天子，帮助他成就功业，勉力为之吧！

此后十年，当东南数千里外有异事，是吾得事之秋也。一妹与李郎可沥酒东南相贺。"因命家童列拜，曰："李郎一妹，是汝主也！"言讫，与其妻从一奴，乘马而去。数步，遂不复见。

【译文】这之后再过十年，东南方数千里之外有不寻常的事，就是我得以成事的时候。大妹和李郎可以向东南方洒酒恭贺我。"于是命家中童仆排列叩拜，说："李郎、大妹是你们的主人。"说完，和他的妻子带着一个奴仆，骑马离去。走了几步，就看不见了。

公据其宅，乃为豪家，得以助文皇缔构之资，遂匡天下。贞观十年，公以左仆射平章事，适南蛮入奏曰："有海船千艘，甲兵十万，入扶余国，杀其主自立。国已定矣。"公心知虬髯得事也。归告张氏，具衣拜贺，沥酒东南祝拜之。

【译文】李靖拥有了这个宅子，就成了豪富之家，得以用资财资助李世民创业，于是平定天下。贞观十年，李靖任左仆射平章事，适逢南蛮入朝上奏说："有千艘海船，十万兵士，进入扶余国，杀死它的君王，自立为王。现在国家已经平定了。"李靖心知是虬髯客得以成事。回来告诉张氏，穿着礼服一同拜贺，向东南方洒酒祝祷叩拜。

乃知真人之兴也，非英雄所冀。况非英雄者乎？人臣之谬思乱者，乃螳臂之拒走轮耳。我皇家垂福万叶，岂虚然哉。或曰：“卫公之兵法，半乃虬髯所传也。”

【译文】这就知道真命天子的出现，（是受命于天），不是英雄所能希望的，何况那些不是英雄的人呢！作为别人的臣子而荒谬地妄想作乱的人，就是螳臂挡车罢了。我皇家垂福于万世，哪里是虚的！有人说：“卫国公李靖的兵法，半数是虬髯客所传授的。”

李泌

李泌，唐京兆人，字长源，七岁能文，张九龄称为奇童，历事肃宗、代宗、德宗，多所匡救，封邺侯卒。

【译文】李泌是唐代长安京兆人，字长源，七岁就能写文章，张九龄称其为神童，在朝为官历任肃宗、代宗、德宗，多有能匡救时弊的举动，封为邺侯而卒。

枕中记

开元七年，道士有吕翁者，得神仙术，行邯郸道中，息邸舍，摄帽弛带，隐囊而坐。俄见旅中少年，乃卢生也。衣短褐，乘青驹，将适于田，亦止于邸中。与翁共席而坐，言笑殊畅。

【译文】（唐）开元七年，有个叫吕翁的道士，获得了神仙之术，行走在邯郸的路上，住在旅舍中，收起帽子解松衣带靠着袋子坐着，一会儿见一个旅途中的少年，他名叫卢生。身穿褐色粗布短衣，骑着青色的马，准备去田间（劳作），也在旅舍中停下，和吕翁同坐在一张席子上，言谈非常畅快。

久之，卢生顾其衣装敝亵，乃长叹息曰："大丈夫生世不谐，困如是也！"翁曰："观子形体，无苦无恙，谈谐方适，而叹其困者，何也？"生曰："吾此苟生耳，何适之谓？"翁曰："此不谓适，而何谓适？"

【译文】时间长了，卢生看见他的衣服装束破烂肮脏，便长声叹息道："大丈夫生在世上不得意，困窘成这样啊！"吕翁说："看您的样子，没有痛苦没有灾病，言谈有度，谈话舒适，却叹贫困，为什么啊？"卢生说："我这是苟且偷生啊，哪有什么舒适之说？"卢翁说：

“这样还不能说舒适，那么什么是你说的舒适呢？”

答曰：“士之生世，当建功树名，出将入相。列鼎而食，选声而听，使族益昌而家益肥，然后可以言适乎。吾尝志于学，富于游艺，自惟当年青紫可拾。今已适壮，犹勤畎亩，非困而何？”言讫，而目昏思寐。时主人方蒸黍，翁乃探囊中枕以授之，曰：“子枕吾枕，当令子荣适如志。”

【译文】回答说：“壮士有生之年，应当建功立名，进入朝廷做宰相，出了朝廷作战将，用来盛装食物的鼎应该排成列，听的音乐应该可以选择地听，让家族更加昌盛家庭更加富裕，这样才可以说是否舒适啊。我曾经致力于学习，娴熟于六艺（礼、乐、射、御、书、数），自己觉得高官可以容易地得到。现在已经是壮年了，还在农田里耕作，不是困还是什么？”说完，就眼睛迷蒙想睡觉。当时店主正蒸黍做饭。吕翁从囊中取出枕头给他，说：“您枕着我的枕头，可以让您如您的志向那样实现您的荣耀。”

其枕青甆，而窍其两端，生俛俯首就之，见其窍渐大，明朗。乃举身而入，遂至其家。数月，娶清河崔氏女，女容甚丽，生资愈厚。生大悦，由是衣装服驭，日益鲜盛。明年举进士，登第，释褐秘校，应制转渭南尉，俄迁监察御史，转起居舍人知制诰。

【译文】那枕头是青色的瓷器，并在两端开有空，卢生侧过头去睡在枕头上，看见那孔渐渐变大，并且空中明亮有光。便投身进入，于是回到了家。几个月后，他娶清河姓崔的女人做妻子，这女人容貌很美丽，嫁妆很丰厚。卢生非常高兴，于是衣服装束和车马，日渐鲜亮隆重。第二年，科举考进士，他通过了科举考试脱去平民的衣装，任秘书校官，奉皇帝的旨意，转到渭南当县尉，不久迁升做监察御史，转而做起居舍人知制诰的衔位。

三载，出典同州，迁陕牧。生性好土功，自陕西凿河八十里，以济不通。邦人利之，刻石纪德。移节卞州，领河南道采访使。征为京兆尹。是岁，神武皇帝方事戎狄，恢宏土宇，会吐蕃悉抹逻及烛龙莽布支攻陷瓜沙，而节度使王君毚新被杀，河湟震动。

【译文】三年过后，到同州当地方长官，升迁到陕当牧，他生性喜好水利建筑，从陕西开河八十里，解决了交通，当地的人们获利，刻石碑记录他的功德，改任卞州的地方长官，到河南道当采访使，应皇帝的命令到京城当尹。当年，神武皇帝（唐玄宗）正用武力对付戎狄（泛指边境的少数民族），拓展疆土，当时吐蕃的悉抹逻（人名）和烛龙莽布支（人名）攻陷了瓜州、沙州，节度使王君毚被杀，黄河、湟水一带告急。

帝思将帅之才，遂除生御史中丞、河西道节度使。大破戎虏，斩首七千级，开地九百里，筑三大城以遮要害。边人立石于居延山以颂之。归朝册勋，恩礼极盛，转吏部侍郎，迁户部尚书兼御史大夫。时望清重，群情翕习。大为时宰所忌，以蜚语中之，贬为端州刺史。

【译文】皇帝想要具有将帅才能的人，于是授予卢生御史中丞、河西（地名）节度使的官职。（他）大破戎虏（对少数民族的蔑称），斩杀了七千个首级（头），拓展了疆土九百平方里，建筑了三座大城来把守要害，边疆的老百姓在居延山（地名，在今天的甘肃境内）立石碑歌颂他。回到朝廷按照功劳受到封赏爵位，赏赐的礼仪非常盛大，官职转为吏部侍郎，千升为户部尚书并兼任御史大夫，一时之间名望清高而尊重，大家都安然服帖。（这样一来）大为当时的宰相所妒忌，（宰相）用流言蜚语中伤他，（他）被贬做端州（地名）刺史（官名）。

三年，征为常侍。未几，同中书门下平章事。与萧中令嵩、裴侍中光庭，同执大政十余年。嘉谟密令，一日三接，献替启沃，号为贤相。同列害之，复诬与边将交结，所图不轨。制下狱。府吏引从至其门而急收之。

【译文】三年后，应皇帝的命令到皇帝身边当常侍（官名），没多久，当上了宰相。和宰相萧嵩、宰相裴光庭共同执掌朝政大权十多年，高妙的谋略严谨的命令，每天接连发布，不断启发皇帝，（卢生）被人们称为贤相。同朝的官僚害他，又诬陷他和边疆的将领勾结，图谋不轨。皇帝下诏把他关进监狱。官吏带着随从到他家马上将他抓起来了。

生惶骇不测，谓妻子曰：“吾家山东，有良田五顷，足以御寒馁，何苦求禄？而今及此，思衣短褐，乘青驹，行邯郸道中，不可得也。”引刃自刎。其妻救之，获免。其罹者皆死，独生为中官保之，减罪死，投驩州。数年，帝知冤，复追为中书令，封燕国公，恩旨殊异。

【译文】卢生惊惶恐怕自己将要没命，对妻子说：“我老家在山东，有良田五顷，足以御寒防饥谨，何苦要求官受禄呢？如今落得如此，向往（当初）穿短的粗布衣服，骑青色的小马，行走在邯郸的路上，想不到了啊！”拿刀抹脖子自杀。他的妻子（赶紧）抢救，没有死。受他牵连的人全部死了，只有卢生被宦官求情保住了性命，免了死罪，流放到驩州。几年以后，皇帝知道他是冤枉的，又恢复了官职当了宰相，册封为燕国公，特别受到恩宠。

生五子：曰俭、曰傳、曰位，曰倜、曰倚，皆有才器。俭进士登第，为考功员外；傳为侍御史；位为太常丞；倜为万年尉；倚最贤，年二十八，为左衮。其姻媾皆天下望族。有孙十余人。

【译文】（他）生了（几个）儿子名叫俭、传、位、倜、倚，都很有才能。俭中了进士，当上了考功员外（官名），传当上了侍御郎（官名），位当上了太常丞（官名），倜当上了万年（地名）的尉（官名），依是最出色的，年龄二十八岁，当上了左襄（官名），他所结的亲都是名门望族。有孙子十多个。

两窜荒徼，再登台铉，出入中外，徊翔台阁五十余年，崇盛赫奕。性颇奢荡，好佚乐。后庭声色，皆第一绮丽。前后赐田、甲第、佳人、名马不可胜数。后年渐衰迈，屡乞骸骨，不许。病，中人侯问，相踵于道，名医上药，无不至焉。

【译文】（卢生）两次流放到荒凉的边塞，一再登上宰相高位，出入朝野，徘徊于高官爵位之间，五十多年，崇高显赫非常。（如今）性情颇为奢侈放荡，很喜欢放浪淫乐，后院的妻妾，都是天下第一的美色，先后赏赐的良田、宅第、美女、名马，数都数不清。后来年纪渐渐衰老，多次要求告老辞官，都没有得到允许。病了，皇帝身边的宦官前来探病，接踵而至，名医和上等的药材，没有不是最好的。

将殁，上疏曰："臣本山东诸生，以田圃为娱。偶逢圣运，得列官叙，过蒙殊奖，特秩鸿私，出拥节旌，入升台辅，周旋内外，锦历岁时。有忝天恩，无裨圣化。负乘贻寇，履薄增忧，日惧一日，不知老至。今年逾八十，位极三公，钟漏并歇，筋骸俱耄，弥留沈顿，待时益尽，顾无成效，上答休明，空负深恩，永辞圣代。无任感恋之至。谨奉表陈谢。"

【译文】将要死了，上奏书说："我本来是山东一般的儒生，以在田圃中劳作而自得其乐。偶尔遇上皇上的恩宠，得以名列官员的位置。承蒙皇帝过分特殊的嘉奖，得到特别的俸禄和太多的家私，出门拥有隆重的仪式，进朝当上了宰相的高职，与朝中内外（的皇亲国戚）结交，锦绣人生多年。有负于皇帝的恩宠，对皇帝圣明的教化没有什么帮助。我不过是个小人却居了圣贤的位置，遗留不少祸害，如履薄冰诚惶诚恐，一天比一天担心，不知不觉我已经老了。今年已经超过八十岁了，我的官位高到了三公的极点，命岁到头了，筋骨都老了，弥留之际身体沉重困顿，等待的时间马上要完了，管不成什么事情的了，非常感谢皇上的无限圣明，白白辜负了皇帝的恩宠，永远歌颂当今皇帝这年代。非常感激和留恋。我非常诚恳地奉上此表（书）陈述我的感谢。"

诏曰：“卿以俊德，作朕元辅，出拥藩翰，入赞雍熙，升平二纪，实卿所赖。比婴疾疹，日谓痊平。岂斯沈痼，良用悯恻。今令骠骑大将军高力士，就第候省。其勉加针石，为予自爱，犹冀无妄，期于有瘳。”是夕，薨。

【译文】皇帝下诏书说：“你以美好的德行，作我的首席辅佐，出可以作我的保障和护翼，入朝帮我实施和谐光明的朝政。平安繁盛二纪（两个十二年），完全是靠你啊，原以为你得的疾病，马上就可以痊愈。没想到病久难治，（令我）非常担心痛惜。现在命令骠骑大将军（官名）高力士（人名）去你家探望，好好治疗，为了我你要珍惜生命，还要心存希望，期望能够痊愈。”当天晚上就死了。

卢生欠伸而寤，见其身方偃于邸舍，吕翁坐其傍，主人蒸黍未熟，触类如故。生蹶然而兴，曰：“岂其梦寐也？”翁谓生曰：“人生之适，亦如是矣。”生怃然良久，谢曰：“夫宠辱之道，穷达之运，得丧之理，死生之情，尽知之矣。此先生所以窒吾欲也。敢不受教！”稽首，再拜而去。

【译文】卢生伸个懒腰醒来，看见自己的身体还睡在旅社之中，吕翁坐在自己身旁，店主蒸的黍还没有熟，接触到的东西跟原来一样。卢生急切起来，说：“难道那是个梦吗？”吕翁对卢生说：“人生所经历的，不过如此啊。”卢生惆怅良久，谢道：“恩宠屈辱的人生，困窘通达的命运，获得和丧失的道理，死亡和生命的情理，全知道了。这是先生你遏止我的欲念啊，我哪能不接受教诲啊！”一再磕头拜谢后离开。

陈鸿祖

东城老父传

老父，姓贾名昌，长安宣阳里人。开元元年癸丑生。元和庚寅岁，九十八年矣。视听不衰，言甚安徐，心力不耗，语太平事历历可听。父忠，长九尺，力能倒曳牛，以材官为中宫幕士。

【译文】老人姓贾名昌，是长安宣阳里人，生于唐朝开元元年即癸丑年，到元和庚寅年已九十八岁，他的视力和听力都没衰退，言谈安详从容，思维能力也没减退，谈起太平公主时期的事情清楚又好听。贾昌的父亲叫贾忠，身高九尺，力大能拉住向前走的牛，以此能力当官担任皇后住处的卫士。

景龙四年，持幕竿随玄宗入大明宫，诛韦氏，奉睿宗朝群后，遂为景云功臣。以长刀备亲卫。诏徒家东云龙门。

【译文】景龙四年，贾忠拿着挑帐幕用的长竿跟随唐玄宗进入大明宫，杀了韦氏，拥戴睿宗登上皇位后，就成为景云年间的功臣，被选入长刀队做了皇帝的侍卫。皇帝下令让他把家迁到东云龙门。

昌生七岁，蹻捷过人，能抟柱乘梁，善应对，解鸟语音。玄宗在藩邸时，乐民间清明节斗鸡戏。及即位，治鸡坊于两宫间。索长安雄鸡，金毫铁钜高冠昂尾千数，养于鸡坊，选六军小儿五百人，使驯扰教饲。上之好之，民风尤甚。诸王世家，外戚家，贵主家，侯家，倾帑破产市鸡，以偿鸡直。都中男女，以弄鸡为事，贫者弄假鸡。

【译文】贾昌长到七岁时，矫健敏捷超过一般人，能顺着柱子爬上房梁，他还善于回答问话，能听懂鸟语。玄宗住在藩王府时，喜欢民间清明节斗鸡的游戏。等到做了皇帝后，在两宫之间修建养鸡场，挑选长安的公鸡。长着金黄色长而尖的羽毛，铁一般的爪子，高大的鸡冠翘起的尾巴的大公鸡共有一千多只，养在鸡场里。又从卫队中选出五百位少年，让他们饲养教练它们。皇帝喜欢这种游戏，民间就更加盛行。各位亲王皇族，帝王的母亲和后妃的亲族家、公主家、封侯之家，都倾家荡产地买鸡，或偿还买鸡的钱。京城中的男女老少，都把摆弄鸡作为营生干，贫穷的人家就玩弄假鸡。

帝出游，见昌弄木鸡于云龙门道旁，召入，为鸡坊小儿，衣食右龙武军。三尺童子，入鸡群，如狎群小，壮者，弱者，勇者，怯者，水谷之时，疾病之候，悉能知之。举二鸡，鸡畏而驯，使令如人。护鸡坊中谒者王承恩言于玄宗。召试殿庭，皆中玄宗意。即日为五百小儿长。加之以忠厚谨密，天子甚爱幸之。金帛之赐，日至其家。

【译文】一次，皇帝外出游玩，见贾昌在云龙门外道边玩弄木鸡，把他召入皇宫，当鸡场的驯鸡少年，待遇超过禁军士兵。三尺高的孩子，进入鸡群，就像驯养一群小孩，健壮的、瘦弱的、勇敢的、怯懦的，饮食的时间，疾病的征兆，都能知道。拿起两只鸡，都很畏怯而驯服，像指挥人那样服从。监督鸡场的太监王承恩把情况报告给了玄宗。玄宗把贾昌召来在宫殿台阶前的平地验证，非常合乎皇上的心意，当天就任命他担任五百驯鸡少年的首领。加上贾昌忠厚谨慎周到，天子更宠幸他，金帛之类的赏赐，每天都送到他家。

开元十三年，笼鸡三百，从封东岳。父忠死泰山下，得子礼奉，尸归葬雍州。县官为葬器丧车，乘传洛阳道。

【译文】开元十三年，宫里用笼子装了三百只鸡，跟着玄宗到东岳泰山去封禅。贾昌的父亲在泰山脚下去世，得到儿子的礼敬，护送遗体回雍州安葬。县官备办了殡葬用品和丧车，乘坐驿车走洛阳大道。

十四年三月，衣斗鸡服，会玄宗于温泉。当时天下号为“神鸡童”。时人为之语曰：“生儿不用识文字，斗鸡走马胜读书。贾家小儿年十三，富贵荣华代不如。能令金钜期胜负，白罗绣衫随软舆。父死长安千里外，差夫持道挽丧车。”

【译文】开元十四年三月，贾昌穿上斗鸡的衣服，在温泉与玄宗相见。当时天下人把他称为“神鸡童”。当时人们为他编的歌谣说：“生下儿子用不着识文断字，会斗鸡会赛马胜过读书。贾家的小儿子才十三岁，享受的富贵荣华我们几代都不如。他能让长着利爪的公鸡取得胜利，他穿着白罗绣衫跟随着皇帝的软舆。他的父亲死在离长安千里之外，皇家的差人站在路边拉着丧车。”

昭成皇后之在相王府，诞圣于八月五日。中兴之后，制为千秋节。赐天下民牛酒乐三日，命之曰酺，以为常也。大合乐于宫中，岁或酺于洛。元会与清明节，率皆在骊山。每至是日，万乐具举，六宫毕从。昌冠雕翠金华冠，锦袖绣襦袴，执铎拂道。群鸡叙立于广场，顾眄如神，指挥风生。树毛振翼，砺吻磨距，抑怒待胜，进退有期，随鞭指低昂，不失昌度。胜负既决，强者前，弱者后，随昌雁行，归于鸡坊。角抵万夫，跳剑寻橦，蹴球踏绳，舞于竿颠者，索气沮色，逡巡不敢入。岂教猱扰龙之徒欤？

【译文】昭成皇后在相王府时，唐玄宗出生在八月五日。国家复兴后，把这天定为千秋节，赏给百姓牛和酒，娱乐三天，把这称作“酺”，以后成为定制。在宫中举行大规模的音乐合奏，有时还到洛阳举行聚饮。元宵节和清明节，大都在骊山度过。每到这些日子，各种娱乐活动同时举行，六宫粉黛都跟随着。贾昌头戴雕翠金花的帽子，穿着锦袖绣花的衣服，手拿带刃的兵器，在前清道。雄鸡们依次序排列站在广场上，贾昌往回看眼睛炯炯有神，指挥雷厉风行。雄鸡竖毛振翅，磨嘴蹭爪，抑住怒气等待夺取胜利，进退都符合章法；随着鞭子的指挥时而低头时而昂首，不偏离贾昌的号令。胜负决出后，胜者在前，败者在后，跟随贾昌像雁阵一样，回到鸡场。摔跤冠军、耍剑的、爬竿的、踢球的、走绳索的、在竿顶表演的，都垂头丧气，神情沮丧，因顾虑而徘徊不敢上场。难道他是教练猕猴、驯养飞龙的人吗？

二十三年，玄宗为娶梨园弟子潘大同女，男服佩玉，女服绣襦，皆出御府。昌男至信、至德。

【译文】二十三年，玄宗为贾昌娶了歌舞艺人潘大同的女儿作妻子，新郎的衣服佩着玉，新娘穿着绣袄，都出自帝王府库中。贾昌有两个儿子，一个叫至信，一个叫至德。

天宝中，妻潘氏以歌舞重幸于杨贵妃。夫妇席宠四十年，恩泽不渝，岂不敏于伎，谨于心乎？上生于乙酉鸡辰，使人朝服斗鸡，兆乱于太平矣。上心不悟。

【译文】天宝年间，贾昌的妻子凭借能歌善舞深受杨贵妃的宠爱。贾昌夫妇得宠四十年，皇恩一直没改变，难道不是他们技艺高超而又谨慎行事吗？皇上生在乙酉年属鸡，让人穿朝服斗鸡，祸乱的兆头在太平时期就显露出来了，但皇上却没有省悟。

十四载，胡羯陷洛，潼关不守。大驾幸成都，奔卫乘舆。夜出便门，马踣道阱。伤足，不能进，杖入南山。每进鸡之日，则向西南大哭。禄山往年朝于京师，识昌于横门外。及乱二京，以千金购昌长安、洛阳市。昌变姓名，依于佛舍，除地击钟，施力于佛。洎太上皇归兴庆宫，肃宗受命于别殿，昌还旧里。居室为兵掠，家无遗物。布衣憔悴，不复得入禁门矣。明日，复出长安南门，道见妻儿于招国里，菜色黯焉。儿荷薪，妻负故絮，昌聚哭，诀于道。

【译文】天宝十四年，安史之乱爆发，洛阳被攻陷，潼关也失守，皇帝逃亡成都。贾昌奔跑着保护皇帝，夜晚从便门出来，马跌倒在道路中的土坑里。他伤了脚，不能再走了，拄着拐杖进入南山。每到斗鸡的日子，贾昌就面向西南放声痛哭。安禄山当年到京城朝见皇帝时，在横门外认识了贾昌。等到他攻下东西二京后，就在长安洛阳用千金悬赏征求贾昌的下落。贾昌改名换姓，藏匿在佛寺。扫地敲钟，一心礼佛。等到太上皇回到兴庆宫，肃宗已在别的殿中受天之命登上皇位，贾昌回归故里。他家被抢掠一空。贾昌穿着粗布衣服，面容憔悴，不能再进皇宫了。第二天，他又出了长安南门，在招国里的路上遇见了妻子和儿子，他们脸色深黑营养不良，儿子背着柴禾，妻子穿着旧棉袄。贾昌和他们抱头痛哭，与他们在路上诀别。

遂长逝息长安佛寺，学大师佛旨，大历元年，依资圣寺大德僧运平住东市海池，立陁罗尼石幢。书能纪姓名、读释氏经，亦能了其深义至道，以善心化市井人。建僧房佛舍，植美草甘木。昼把土拥根，汲水灌竹，夜正观于禅室。

【译文】于是就遁居在长安佛寺，跟随高僧学习佛教教义。大历元年，贾昌随着资圣寺的高僧运平住在东市海池，建造了刻有陀罗尼经咒的石柱。他已能写自己的名字、读佛经，也能明了经中的深刻含义和高妙的道理，并以善心感化世俗之人。建造僧房佛舍，种上美丽的花草和甘甜的树木。白天用土培根，提水浇竹；晚上就在禅室中打坐。

建中三年，僧运平人寿尽。服礼毕，奉舍利塔于长安东门外镇国寺东偏，手植松柏百株。构小舍，居于塔下，朝夕焚香洒扫，事师如生。

【译文】建中三年，运平和尚仙逝，贾昌服丧礼后，就在长安东门外的镇国寺东边建了一座舍利塔，亲手栽了一百棵松柏树，在塔下建了一个小房子，住在里面，早晚烧香洒水扫地，侍奉师父如同生前。

顺宗在东宫，舍钱三十万，为昌立大师影堂及斋舍。又立外层，居游民，取佣给。昌因日食粥一杯，浆水一升，卧草席，絮衣。过是，悉归于佛。妻潘氏后亦不知所往。

【译文】顺宗做太子时，施舍三十万钱，替贾昌建造奉祀高僧遗像的厅堂和斋戒的房子。又在外围建了屋子，让流离失所的人居住，收取租费。贾昌每天吃一碗粥，喝一升浆水，睡在草席上，穿的是棉衣。超出这些的，都用来供佛。贾昌的妻子潘氏后来也不知道到何处去了。

贞元中，长子至信衣并州甲，随大司徒燧入觐，省昌于长寿里。昌如已不生，绝之使去。次子至德归，贩缯洛阳市，来往长安间，岁以金帛奉昌，皆绝之。遂俱去，不复来。

【译文】贞元年间，贾昌的长子至信在并州当兵，随着大司徒燧进京朝见皇上，到长奉里探望贾昌，贾昌像不是自己生的，绝断地离他而去。次子至德回来了，在洛阳的市面上贩卖丝织品，来往于洛阳和长安之间，每年都给贾昌送上钱物，他一次也没要。于是两个儿子都走了，再没来过。

元和中，颍川陈鸿祖携友人出春明门，见竹柏森然，香烟闻于道，下马觐昌于塔下。听其言，忘日之暮。宿鸿祖于斋舍，话身之出处，皆有条贯。遂及王制。鸿祖问开元之理乱。

【译文】元和年间，颍川的陈鸿祖带一个朋友出春明门，见竹柏繁密，焚香的味道在路上都能闻到，二人下马在塔下拜见贾昌。听贾昌说话，不知不觉天色已晚，贾昌便让鸿祖二人留宿在戒房中，叙述自身的经历，讲得有条有理，还涉及到朝廷的制度。陈鸿祖询问开元年间国家制度纷乱的情况。

昌曰：“老人少时，以斗鸡求媚于上。上倡优畜之，家于外宫，安以知朝廷之事？然有以为吾子言者。老人见黄门侍郎杜暹出为碛西节度，摄御史大夫，始假风宪以威远。见哥舒翰之镇凉州也，下石堡，戍青海城，出白龙，逾葱岭，界铁关，总管河左道，七命始摄御史大夫。见张说之领幽州也，每岁入关，辄长辕挽辐车，辇河间、蓟州庸调缯布，驾轊连軏，坌入关门。

【译文】贾昌说：“老夫年青时，以斗鸡讨好皇上，皇上把我当戏子养着，家住在外宫，哪能知道朝廷的事情？然而还有能跟您谈的事情。老夫看见黄门侍郎杜暹出朝担任碛西节度使，并代理御使大夫，开始凭借国家的风纪法度来威名远扬；看见了哥舒翰镇守凉州时，攻下石堡，保卫青海城，从白龙城出发，越过葱岭，使铁门关成为边界，总管河左道，七次任命才代理御史大夫。看见了张说统辖幽州时，每年入关，总是用长辕拉着大车，运送河间、蓟州百姓交纳的丝绸和布匹，车辆连续不断聚集在城门口。

输于王府，江淮绮縠、巴蜀锦绣、后宫玩好而已。河州敦煌道岁屯田，实边食，余粟转输灵州，漕下黄河，入太原仓，备关中凶年。关中粟米，藏于百姓。天子幸五岳，从官千乘马骑，不食于民。老人岁时伏腊得归休，行都市间，见有卖白衫白叠布。行邻比廛间，有人禳病，法用皂布一匹，持重价不克致，竟以幞头罗代之。

【译文】运进王府的只有江淮的丝织品、巴蜀的锦绣、供后宫妃嫔们玩赏的奇珍异宝而已。河州敦煌道每年都开荒种地，充实戍边的粮食，多余的小米转运到灵州，再由黄河东运，存入太原的粮库，以备关中的荒年使用。关中的小米，都储藏在百姓家里。皇帝亲临五岳，跟随的官员车队庞大，都不吃百姓的东西。老人在四季时节更换之时都回家休息，走在市场上，常看见有卖便服和棉布的；走到邻居之中，有人祈祷消除疾病，方法是用黑布一匹，如果出重价还买不到，就用男子轻软的丝织头巾代替。

近者，专人扶仗出门，阅街衢中，东西南北视之，见白衫者不满百。岂天下之人皆执兵乎？开元十二年，诏三省侍郎有缺，先求曾任刺史者。郎官缺，先求曾任县令者。及老人见四十，三省郎吏，有理刑才名，大者出刺郡，小者镇县。自老人居大道旁，往往有郡太守休马于此，皆惨然，不乐朝廷沙汰使治郡。开元取士，孝弟理人而已。不闻进士、宏词、拔萃之为其得人也。大略如此。”

【译文】近来派专人拄杖出门，走到十字街头，向四下细看，穿便服的不满一百人。难道天下的人都打仗去了吗？开元十二年，皇帝下令：中书省、门下省、尚书省的侍郎有缺额时，先选用曾经担任过刺史的人；郎官缺额时，先选用曾担任过县令的人。到老夫四十岁时，三省官员，都有治理刑狱的才能和声望，官职大的便到州郡去做刺史，官职小的做县令。从老夫住在大道旁边以来，时常看到有州郡长官在此歇脚，都心里悲痛，不高兴朝廷的拣选，让他们去管理州郡里的事。开元年间科举考试，只看孝顺父母、尊敬兄长和治理百姓的才能而已，没听说用‘进士’、‘宏词’、‘拔萃’就可以选出人才的。大概就这些。”

因泣下。复言曰：“上皇北臣穹庐，东臣鸡林，南臣滇池，西臣昆夷，三岁一来会。朝觐之礼容，临照之恩泽，衣之锦絮，饲之酒食，使展事而去，都中无留外国宾。今北胡与京师杂处，娶妻生子。长安中少年，有胡心矣。吾子视首饰靴服之制，不与向同，得非物妖呼？”

【译文】他流下眼泪。又说：“太上皇在位时，北面使游牧之民称臣，东面使鸡林国磕头，南面使滇池国称臣，西面使昆夷降服，三年来朝见一次。朝见时的礼制仪容很讲究，君王的恩德也很优厚，给他们穿上锦絮，供给他们酒饭，让他们办完事再回国，京都不留外国来宾长住。现在胡人和京都的人混居在一起，娶妻生子，长安的少年都有胡人的思想了。您看看首饰靴鞋服装的样式，已跟过去不一样了，这能不算怪异现象吗？”

鸿祖默不敢应而罢去。

【译文】鸿祖默然无语，不敢应声就离开了。

陈　鸿

长恨传（附白居易长恨歌）

开元中，泰阶平，四海无事。玄宗在位岁久，倦于旰食宵衣，政无大小，始委于丞相。稍深居游宴，以声色自娱。先是，元献皇后、武惠妃皆有宠，相次即世；宫中虽良家子千万数，无悦目者。上心忽忽不乐。

【译文】唐玄宗开元年间，天下太平无事。玄宗在位时间很长了，倦怠于起早贪黑处理国事，开始托付给丞相来处理。自己则稍稍身居后宫游乐宴会之间，用声色犬马来愉悦自己。此前，元献皇后杨氏、武惠妃都被玄宗宠爱，但她们也相继辞世；宫中虽然有无数平民女子数以万计，并没有赏心悦目的。玄宗心情失意，闷闷不乐。

时每岁十月，驾幸华清宫，内外命妇，焜耀景从，浴日余波，赐以汤沐，春风灵液，淡荡其间。上心油然，恍若有遇，顾左右前后，粉色如土。诏高力士，潜搜外宫，得弘农杨玄琰女于寿邸。

【译文】每年十月份，玄宗都要驾临华清宫温泉，皇宫内外的命妇们，光彩夺目也一同追随，在太阳的余光照耀下，玄宗赐给他们用作洗浴的城邑，春风微醺，温泉水波粼粼，玄宗就和她们徜徉其间。玄宗内心油然生出一种恍然有所遇见的神态，但是环顾左右前后，那些六宫粉黛黯然失色。于是玄宗命令宦官高力士暗中在皇宫内外搜寻美女，终于在寿王李瑁府邸中得到了弘农杨玄琰的女儿杨玉环。

既笄矣，鬓发腻理，纤秾中度，举止闲冶，如汉武帝李夫人。别疏汤泉，诏赐澡莹。既出水，体弱力微，若不任罗绮，光彩焕发，转动照人。上甚悦。

【译文】杨玉环那时候刚刚十五岁，头发又细又滑，身材纤弱中等身材，举动文雅艳丽，就像汉武帝李夫人一样。于是命令她到别处的温汤中洗浴，并诏令赐给她澡莹。杨玉环出水之后，体态轻盈虚弱无力，似乎无法胜任身上的衣服，她容光焕发、光彩照人。玄宗十分高兴。

进见之日，奏《霓裳羽衣》以导之。定情之夕，授金钗钿合以固之。又命戴步摇，垂金珰。明年，册为贵妃，半后服用。由是冶其容，敏其词，婉娈万态，以中上意，上益嬖焉。

【译文】杨玉环觐见玄宗的日子，乐师奏着霓裳羽衣曲来引导。玄宗、玉环定情的那天晚上，给了她金钗头饰合起来增进他们的爱情。玄宗又命玉环戴上华丽的头饰，垂下黄金的流苏。第二年，玉环就被册立为贵妃，并享受皇后特别使用的服装、器物的一半待遇。从此重视梳妆打扮，使自己的言辞敏捷起来，加之年少美貌仪态万千，更加使玄宗满意，玄宗更加宠爱玉环了。

时省风九州，泥金五岳，骊山雪夜，上阳春朝，与上行同辇，止同室，宴专席，寝专房。虽有三夫人、九嫔、二十七世妇、八十一御妻、暨后宫才人、乐府妓女，使天子无顾盼意。自是六宫无复进幸者。

【译文】当时视察九天天下，给五月三山涂上金泥。每当骊山雪夜，上阳宫的春晨，玉环就和玄宗一同乘车，住在一起，吃在一起，睡在一起，并且只和她睡在一起。虽然皇宫内苑有三夫人、九嫔、二十七世妇、八十一御妻、暨后宫才人、乐府妓女等人也没有办法吸引玄宗的注意力了。从此以后六宫粉黛再也没有得到玄宗宠幸的机会了。

非徒殊艳尤态，独能致是；盖才知明慧，善巧便佞，先意希旨，有不可形容者焉。叔父昆弟皆列在清贵，爵为通侯，姊妹封国夫人，富埒主室。车服邸第，与大长公主侔，而恩泽势力，则又过之。出入禁门不问，京师长吏为之侧目。

【译文】除非神态尤其妍丽，才能办到；大概是由于才智聪慧，善于巧言令祠迎合玄宗的意旨，绝不可能做到这一点。玉环的叔父昆弟们都被封作大官，封赏侯爵，玉环的姐妹都封为郡国夫人，其家财富比得上公主家了。车马衣服宅邸等物，和大长公主也不相上下，而得到玄宗的宠幸后得到的势力比她们又多。他们随意出入宫门也没人敢阻拦，京城里的大小官员也敢怒不敢言。

故当时谣咏有云："生女勿悲酸，生男勿喜欢。"又曰："男不封侯女作妃，君看女却为门楣。"其为人心羡慕如此。天宝末，兄国忠盗丞相位，愚弄国柄。及安禄山引兵向阙，以讨杨氏为辞。潼关不守，翠华南幸。

【译文】所以当时有民间歌谣说："生了女孩子不要过分悲伤，生了男孩子也不要过度欢喜"，还说："男孩子没有办法封侯而女孩子像杨玉环那样的却能当上贵妃，君子之家也要依靠女孩子来光耀门楣了。"人们羡慕杨氏一门一至于此。天宝末年，玉环长兄杨国忠窃取丞相之位，玩弄国家至高无上的权力。等到安禄山带领叛军攻向京师，就以诛讨杨家作为借口。潼关失守后，玄宗就准备往南方逃亡。

出咸阳道，次马嵬亭，六军徘徊，持戟不进。从官郎吏伏上马前，请诛错以谢天下。国忠奉牦缨盘水，死于道周。左右之意未惬，上问之，当时敢言者，请以贵妃塞天下之怒。上知不免，而不忍见其死，反袂掩面，使牵而去之。仓皇展转，竟就绝于尺组之下。

【译文】大队人马出了咸阳古道，驻扎在马嵬坡，军队徘徊不前，从官郎吏拜倒在玄宗的马前，请求诛杀罪魁祸首来向天下人谢罪。杨国忠捧着帽带去接水，被杀死在道旁。左右大臣还不满意，玄宗问他们，敢说话的请玄宗割爱杀死贵妃来平息天下的怒气。玄宗知道没有办法避免，但是又不忍心看着玉环被杀，就用衣袖擦拭着眼泪，让兵士把玉环带走。玉环仓皇不知所措，最后被尺长的丝带勒死。

既而玄宗狩成都，肃宗受禅灵武。明年，大凶归元，大驾还都，尊玄宗为太上皇，就养南宫，自南宫迁于西内。时移事去，乐尽悲来。每至春之日、冬之夜，池莲夏开，宫槐秋落，梨园弟子，玉管发音，闻《霓裳羽衣》一声，则天颜不怡。

【译文】玄宗逃亡成都，肃宗接受禅位在宁夏灵武继位。第二年，安史之乱被平定。玄宗才回到长安，被尊为太上皇，养活在南宫，后来又被前往西内。世殊时异，乐极生悲。没每到春日、冬夜，池中莲藕夏天开花、宫中槐树秋天落叶之时，歌伶舞伎们奏出霓裳羽衣曲，玄宗的脸色就闷闷不乐。

左右欷歔三载一意，其念不衰。求之梦魂，杳杳而不能得。适有道士自蜀来，知上心念杨妃如是，自言有李少君之术。玄宗大喜，命致其神。方士乃竭其术以索之，不至。又能游神驭气，出天界，没地府，以求之，又不见。又旁求四虚上下，东极大海，跨蓬壶，见最高仙山。

【译文】玄宗反反复复唏嘘悲叹三年，他的意念没有衰落。曾想追查玉环的鬼魂，但是无影无声没有办法达成。刚好有个道士从蜀地前来，知道玄宗思念杨贵妃到这种地步，自己说有像汉人李少君一样的法术。玄宗十分高兴，命他找出贵妃的灵魂。方士竭尽全力去寻找，也没有找到。方士还能神游驾驭灵气，跑出天界，进入地府来寻找，都没有找到。方士又在四方天地寻找，东到天涯海角，跨过蓬莱仙山，看见一座最高的仙山。

上多楼阁，西厢下有洞户，东向，阖其门，署曰"玉妃太真院"。方士抽簪扣扉，有双鬟童出应门。方士造次未及言，而双鬟复入。俄有碧衣侍女至，诘其所从来。方士因称唐天子使者，且致其命。碧衣云："玉妃方寝，请少待之。"于时云海沈沈，洞天日晚，琼户重阖，悄然无声。

【译文】山上有很多亭台楼阁，西边厢房之下有一个门洞，面向东边，窥探这扇门，上方题着"玉妃太真院"。方士抽下玉簪敲门，有一个梳着双鬟的童子出来应答。方士急忙之间来不及说话，而童子又回去了。过了一会有一位穿着绿色衣服的侍女来了，问方士从哪里来。方士这时候才说自己是大唐天子的使臣，又交代了自己此行的目的。绿衣侍女说："玉环贵妃刚刚睡着，请您稍稍等一等。"于是云气氤氲，洞天的日头偏西，琼门被掩上了，悄然没有任何响动了。

方士屏息敛足，拱手门下。久之而碧衣延入，且曰："玉妃出。"俄见一人，冠金莲，披紫绡，珮红玉，曳凤舄，左右侍者七八人，揖方士，问皇帝安否。次问天宝十四载已还事，言讫悯然。指碧衣女，取金钗钿合，各析其半，授使者曰："为谢太上皇，谨献是物，寻旧好也。"方士受辞与信，将行，色有不足。

【译文】方士屏住呼吸收住脚步，在门下拱手作揖。过了很久绿衣侍女将方士引进来，并且说："玉环贵妃来了。"一会儿就看见一个人，她头戴金莲冠，身披紫绡衣，身佩红玉，穿着凤鞋，左右侍者有七八个人，给方士作揖见礼，问玄宗是否安好。然后又问天宝十四年之后到现在的事情，说完之后神情凄惨。玉环让绿衣侍女拿来金钗佩饰，各拆除一般，递给方士说："为了感激玄宗太上皇，在此恭谨地献上此物，是为了继续以前的美好史时光。"方士记下她说的话，接过东西，将要走的时候，脸上显出不满意的神色。

玉妃因徵其意，复前跪致词："乞当时一事，不闻于他人者，验于太上皇。不然，恐钿合金钗，负新垣平之诈也。"玉妃茫然退立，若有所思，徐而言曰："昔天宝十年，侍辇避暑骊山宫，秋七月，牵牛织女相见之夕，秦人风俗，夜张锦绣，陈饮食，树花燔香于庭，号为乞巧。宫掖间尤尚之。时夜始半，休侍卫于东西厢，独侍上。上凭肩而立，因仰天感牛女事，密相誓心，愿世世为夫妇。言毕，执手各呜咽。此独君王知之耳。"

【译文】玉环询问他是什么意思，方士再次上前跪倒说："请您跟我说一件别人不知道（只有您和玄宗知道）的事情，我好回去找太上皇验证。否则，恐怕金钗配合上佩饰，像新垣平一样遭遇欺骗"，玉环茫然无所措的退了一步站定，若有所思，慢慢地说："以前在天宝十年的时候，我陪在玄宗左右到骊山温泉避暑，当年秋天七月份，是牛郎织女相见的夜晚，秦人的风俗是在这一晚张灯结彩，铺陈酒食，在庭院里竖起鲜花并焚香祈祷，称为'七巧'。宫廷之中也很崇尚这种风俗。那天晚上半夜时分，让侍卫下班离开东西宫，我一个人侍奉玄宗皇上。皇上靠在我的肩膀上，仰天感慨牛郎织女的古故事，于是我们两人就私下发誓永结同心，愿意世世代代结为夫妻。说完之后，互相握着双手呜呜咽咽地哭起来。这是一件只有玄宗和我知道的事情。"

因自悲曰："由此一念，又不得居此，复堕下界，且结后缘。或为天，或为人，决再相见，好合如旧。"因言"太上皇亦不久人间，幸唯自安，无自苦也。"使者还奏太上皇，上心嗟悼久之。

【译文】玉环还十分悲伤地说："因为有这个念想，所以我不能住在这里，还要下去凡间，等待以后继续和玄宗皇上的缘分。不管是在天上、在人间，还会相见和好如初的。"并说："太上皇在人间也待不了多长时间了，不要自己想不开啊。"方士回来如实报告给玄宗，玄宗内心嗟叹惋惜了很久。

余具国史。至宪宗元和元年，周至县尉白居易为歌，以言其事。便前秀才陈鸿作传，冠于歌之前，目为《长恨歌传》。居易歌曰：

汉皇重色思倾国，御宇多年求不得。
杨家有女初长成，养在深闺人未识。
天生丽质难自弃，一朝选在君王侧。
回眸一笑百媚生，六宫粉黛无颜色。

【译文】我仔细书写国史。到宪宗元和元年，周至县县尉白居易作《长恨歌》来说明这件事，将秀才陈鸿所写的《长恨传》放在篇首，题目就叫《长恨歌传》，白居易的《长恨歌》内容是这样的：

唐明皇好色，日夜想找个绝代佳人；
统治全国多年，竟找不到一个称心。
杨玄琰有个女儿才长成，十分娇艳；
养在深闺中，外人不知她美丽绝伦。
天生就的一身丽质，很难长久弃置；

有朝一日，被选在皇帝身边做妃嫔。
她回眸一笑时，千姿百态娇媚横生；
六宫妃嫔，一个个都黯然失色万分。

春寒赐浴华清池，温泉水滑洗凝脂。
侍儿扶起娇无力，始是新承恩泽时。
云鬓花颜金步摇，芙蓉帐暖度春宵。
春宵苦短日高起，从此君王不早朝。
承欢侍宴无闲暇，春从春游夜专夜。
后宫佳丽三千人，三千宠爱在一身。

【译文】春寒料峭，皇上赐她到华清池沐浴；
温泉水润，洗涤着凝脂一般的肌身。
侍女搀扶她，如出水芙蓉软弱娉婷；
初蒙皇恩润泽时，就这般娇娆涔涔。
鬓发如云颜脸似花，头戴着金步摇；
芙蓉帐里，与皇上度着温暖的春宵。
情深春宵恨太短，一觉睡到日高起；
君王深恋儿女情，从此再也不早朝。
承受君欢侍君饮，终日陪伴无闲时；
春从春游夜专守，双双形影不分离。
后宫妃嫔有三千，个个姿色象女神；
三千美色不动心，皇上只宠她一人。

金屋妆成娇侍夜，玉楼宴罢醉和春。
姊妹弟兄皆列土，可怜光彩生门户。
遂令天下父母心，不重生男重生女。
骊宫高处入青云，仙乐风飘处处闻。
缓歌慢舞凝丝竹，尽日君王看不足。
渔阳鼙鼓动地来，惊破霓裳羽衣曲。
九重城阙烟尘生，千乘万骑西南行。
翠华摇摇行复止，西出都门百余里。

【译文】金屋中阿娇妆成，夜夜娇侍不离分；

玉楼上酒酣宴罢，醉意伴随着春心。
姊妹封夫人兄弟封公卿，封地受奖；
杨家门户生光彩，令人羡慕又向往。
使得天下的父母，个个改变了心愿；
谁都看轻生男孩，只图生个小千金。
骊山北麓华清宫，玉宇琼楼耸入云；
清风过处飘仙乐，四面八方都可闻。
轻歌慢舞多合拍，管弦旋律尽传神；
君王终日都观看，欲心难足无止境。
忽然渔阳战鼓响，惊天动地震宫阙；
惊坏跳舞的歌伎，停奏霓裳羽衣曲。
九重城楼与宫阙，烽火连天杂烟尘；
千军万马护君王，直向西南急逃奔。
翠华龙旗一路摇，队伍走走又停停；
西出都城百来里，来到驿站马嵬亭。

六军不发无奈何，宛转蛾眉马前死。
花钿委地无人收，翠翘金雀玉搔头。
君王掩面救不得，回看血泪相和流。
黄埃散漫风萧索，云栈萦纡登剑阁。
峨嵋山下少人行，旌旗无光日色薄。
蜀江水碧蜀山青，圣主朝朝暮暮情。
行宫见月伤心色，夜雨闻铃肠断声。
天旋地转回龙驭，到此踌躇不能去。
马嵬坡下泥土中，不见玉颜空死处。

【译文】龙武军和羽林军，六军不走无奈何；
缠绵委屈的美人，最终马前丧了生。
贵妃头上装饰品，抛撒满地无人问；
翠翘金雀玉搔头，珍贵头饰一根根。
君王宠爱救不了，掩面哭成个泪人；
回头再看此惨状，血泪交和涕淋淋。
秋风萧索扫落叶，黄土尘埃已消遁；
回环曲折穿栈道，队伍登上了剑门。

峨嵋山下路险隘，蜀道艰难少人行；
旌旗黯黯无光彩，日色淡淡近黄昏。
泱泱蜀江水碧绿，巍巍蜀山郁青青；
圣主伤心思贵妃，朝朝暮暮恋旧情。
行宫之内见月色，总是伤心怀悲恨；
夜雨当中闻铃声，谱下悲曲雨霖铃。
天旋地转战乱平，君王起驾回京城；
到了马嵬车踌躇，不忍离去断肠人。
萋萋马嵬山坡下，荒凉黄土坟冢中，
美人颜容再不见，地上只有她的坟。

君臣相顾尽沾衣，东望都门信马归。
归来池苑皆依旧，太液芙蓉未央柳。
芙蓉如面柳如眉，对此如何不泪垂。
春风桃李花开日，秋雨梧桐叶落时。
西宫南内多秋草，落叶满阶红不扫。
梨园弟子白发新，椒房阿监青娥老。
夕殿萤飞思悄然，孤灯挑尽未成眠。
迟迟钟漏初长夜，耿耿星河欲曙天。
鸳鸯瓦冷霜华重，翡翠衾寒谁与共。

【译文】君看臣来臣望君，相看个个泪沾衣；
东望京都心伤悲，任凭马儿去驰归。
回到长安进宫看，荷池花苑都依旧；
太液池上芙蓉花，未央宫中垂杨柳。
芙蓉恰似她的面，柳叶好比她的眉；
睹物怎能不思人，触景不免双目垂。
春风吹开桃李花，物是人非不胜悲；
秋雨滴落梧桐叶，场面寂寞更惨凄。
兴庆宫和甘露殿，处处萧条长秋草；
宫内落叶满台阶，长久不见有人扫。
当年梨园的弟子，个个新添了白发；
后妃宫中的女官，红颜退尽人衰老。
夜间殿堂流萤飞，思想消沉心茫然；

终夜思念睡不着，挑尽了孤灯心草。
细数迟迟钟鼓声，愈数愈觉夜漫长；
遥望耿耿星河天，直到东方吐曙光。
冷冰冰的鸳鸯瓦，霜花覆盖了几重；
寒刺刺的翡翠被，谁与皇上来共用？

悠悠生死别经年，魂魄不曾来入梦。
临邛道士鸿都客，能以精诚致魂魄。
为感君王辗转思，遂教方士殷勤觅。
排空驭气奔如电，升天入地求之遍。
上穷碧落下黄泉，两处茫茫皆不见。

【译文】生离死别远悠悠，至今已经过一年；
美人魂魄在何方，为啥不曾来入梦？
四川有个名道士，正到长安来做客；
能用虔诚的道术，招引贵妃的魂魄。
辗转相思好伤神，叫人对王表同情；
就叫方士去努力，专意殷勤去找寻。
驾驭云气入空中，横来直去如闪电；
升天入地去寻求，天堂地府找个遍。
找遍了整个碧空，找遍了整个黄泉；
天茫茫来地苍苍，找遍天地没看见。

忽闻海上有仙山，山在虚无缥缈间。
楼阁玲珑五云起，其中绰约多仙子。
中有一人字太真，雪肤花貌参差是。
金阙西厢叩玉扃，转教小玉报双成。
闻道汉家天子使，九华帐里梦魂惊。
揽衣推枕起徘徊，珠箔银屏迤逦开。
云鬓半偏新睡觉，花冠不整下堂来。
风吹仙袂飘飘举，犹似霓裳羽衣舞。
玉容寂寞泪阑干，梨花一枝春带雨。

【译文】忽然听说东海上，有座仙山蓬莱山；

仙山耸立在云端，云来雾去缥渺间。
玲珑剔透楼台阁，五彩祥云承托起；
天仙神女多无数，个个绰约又多姿。
万千娇美仙女中，有个芳名叫太真；
肌肤如雪貌似花，仿佛是要找的人。
方士在金阙西厢，叩开白玉的大门；
他托咐侍女小玉，叫双成通报一声。
猛然听到通报说：唐朝天子来使者；
九华帐里太真仙，酣梦之中受震惊。
推开睡枕揽外衣，匆忙起床乱徘徊；
珍珠廉子金银屏，一路层层都敞开。
乌去发髻半偏着，看来刚刚才睡醒；
花冠不整都不顾，匆匆跑到堂下来。
轻风吹拂扬衣袖，步履轻轻飘飘举；
好象当年在宫中，跳起霓裳羽衣舞。
寂寞忧愁颜面上，泪水纵横四处洒；
活象春天新雨后，一枝带雨的梨花。

含情凝睇谢君王，一别音容两渺茫。
昭阳殿里恩爱绝，蓬莱宫中日月长。
回头下望人寰处，不见长安见尘雾。
惟将旧物表深情，钿合金钗寄将去。
钗留一股合一扇，钗擘黄金合分钿。

【译文】含情凝视天子使，托他深深谢君王：
马嵬坡上长别后，音讯颜容两渺茫。
昭阳殿里恩爱情，年深月久已断绝；
蓬莱宫中度时日，仙境幽幽万古长。
回头俯身向下看，滚滚黄尘罩人间；
只见尘雾一层层，京都长安看不见。
只有寄去定情物，表表我深情一往；
钿盒金钗寄你去，或许能慰藉君王；
金钗儿我留一半，钿合儿我留一扇；
擘金钗来分钿盒，一人一半各收藏。

但教心似金钿坚，天上人间会相见。
临别殷勤重寄词，词中有誓两心知。
七月七日长生殿，夜半无人私语时。
在天愿作比翼鸟，在地愿为连理枝。
天长地久有时尽，此恨绵绵无绝期。

【译文】但愿我们两颗心，有如钗钿一样坚；
不管天上或人间，终有一日会相见；
临别殷勤托方士，寄语君王表情思。
寄语之中有誓词，唯有他俩心里知。
当年七月七日夜，我俩相会长生殿；
夜半无人两私语，双双对天立誓言：
在天上，我们愿作比翼齐飞鹣鹣鸟；
在地上，我们甘为永不分离连理枝。
即使是天长地久，总会有终了之时；
唯有这生死遗恨，却永远没有尽期。

郑怀古

杜子春传

杜子春者，周（北周）、隋间人。少落魄，不事家产，以心气闲纵，嗜酒邪游。资产荡尽，投于亲故，皆以不事事之故见弃。方冬，衣破腹空，徒行长安中，日晚未食，彷徨不知所往，于东市西门，饥寒之色可掬，仰天长吁。

【译文】杜子春是南北朝北周至隋朝时的人。少年时放浪不羁，没心思积累家业，心志很高，把一切看得很淡，每天纵酒闲游。把家产花光后去投奔亲友，但亲友们都认为他不是个办正事的人，拒绝收留他。当时已是冬天，他衣衫破烂腹中无食，徒步在长安街上游荡，天快黑了，还没吃着饭，徘徊着不知该去哪里。他从东街走到西街，饥寒交迫孤苦无靠，不由得仰天长叹。

有一老人策杖于前，问曰："君子何叹？"子春言其心，且愤其亲戚之疏薄也。感激之气，发于颜色。老人曰："几缗则丰用？"子春曰："三五万则可以活矣。"老人曰："未也，更言之。""十万。"曰："未也。"乃言："百万。"亦曰："未也。"曰："三百万。"乃曰："可矣。"于是袖出一缗，曰："给子今夕，明日午时俟子于西市波斯邸，慎无后期。"及时，子春往，老人果与钱三百万，不告姓名而去。

【译文】这时有位老人拄着拐杖来到他面前，问他为什么叹息，杜子春就说了他的处境和心情，怨恨亲友们对他如此无情无义，越说越愤慨，十分激动。老人问他："你需要多少钱就能够用呢？"杜子春说："我若有三五万钱就可以维持生活了。"老人说："不够吧，你再多说一些！""十万。"老人说："还不够吧！"杜子春就说："那么，一百万足够了。"老人还说不够。杜子春说："那就三百万。"老人说："这还差不多。"老人就从袖子里掏出一串钱说："今晚先给你这些，明天中午我在西街的波斯府宅等你，你可别来晚了啊。"第二天中午杜子春如期前往，老人果然给了他三百万钱，没留姓名就走了。

子春既富，荡心复炽。自以为终身不复羁旅也，乘肥衣轻，会酒徒，征丝竹歌舞于倡楼，不复以治生为意。一二年间，稍稍而尽。衣服车马，易贵从贱，去马而驴，去驴而徒，倏忽如初。既而复无计，自叹于市门。

【译文】杜子春有了这么多钱，浪荡之心又燃烧起来，自己认为有这么多钱一生也不会受穷了。从此他乘肥马穿轻裘，每天和朋友们狂饮，叫来乐队给他奏乐开心，到花街柳巷鬼混，从来不把以后的生计放在心上。只一二年的工夫就把老人给他的钱挥霍个精光，只好穿着很便宜的衣服，把马换成驴，后来驴也没有只好徒步，转眼间又像他刚到长安时那样，成了个穷光蛋。穷途末路，无可奈何，又仰天长叹起来。

发声而老人到，握其手曰："君复如此，奇哉！吾将复济子，几缗方可？"子春惭不对，老人因逼之，子春愧谢而已。老人曰："明日午时，来前期处。"子春忍愧而往，得钱一千万。未受之初，发愤以为从此谋生，石季伦、猗顿小竖耳。钱既入手，心又翻然，纵适之情，又却如故。不三四年间，贫过旧日。

【译文】刚一长叹，那位老人就出现在面前，拉着他的手说："你怎么又弄到这个地步了？真怪。没关系，我还要帮助你，你说吧，要多少钱？"杜子春羞愧难当，不好意思开口。老人再三逼问，杜子春只是惭愧地赔礼。老人说："明天中午，你还到从前我约见你的地方去吧。"第二天杜子春很羞愧地去了，老人这次给了他一千万。杜子春没接钱就再三表决心，说这次一定要奋发向上置办家业，今后会成为大富翁，让石崇、猗顿这些古时候的大富翁和他相比，都算个小角色。老人就把钱给了他。钱一到手，杜子春心又变了，又开始挥霍无度花天酒地了。不到一二年间，又是两手空空，比上次还惨。

复遇老人于故处，子春不胜其愧，掩面而走，老人牵裾止之，曰："嗟乎！拙谋也。"因与三千万，曰："此而不痊，则子贫在膏肓矣。"子春曰："吾落魄邪游，生涯罄尽。亲戚豪族，无相顾者，独此叟三给我，我何以当之？"因谓老人曰"吾得此，人间之事可以立，孤孀可以衣食，于名教复圆矣。感叟深惠，立事之后，唯叟所使。"老人曰："吾心也。子治生毕，来岁中元，见我于老君双桧下。"

【译文】这时，他在长安街上遇到老人的地方又是见到了老人，由于太羞愧，就用手捂上脸躲开了老人。老人却一把抓住他的衣襟止住他说："你能躲到哪里去？这是最笨的办法。"然后又给了他三千万说："这次你要还不改过自新，你就永远受穷吧！" 杜子春心想，自己放荡挥霍，最后弄得身上一文莫名，亲戚朋友中有的是豪富的人，但谁也不理睬我，唯独这位老人三次给我巨款，我该怎样做才担当得起呢？想到这里他就对老人说：

“我得到你这三次教训，应该能够在世上自立了。我不但今后要自立，还要周济天下孤儿寡母，以此来挽回我失去的名誉和教化。我深深感激你老人家对我的恩惠，就是将来我干成一番事业也完全是因为你对我的教诲和资助。”老人说：“这正是我对你的期望啊！你有了成就以后，明年七月十五中元节时，你在老君庙前那两棵桧树下等我吧。”

子春以孤孀多寓淮南，遂转资扬州，买良田百顷，塾中起甲第，要路置邸百余间，悉召孤孀分居第中，婚嫁甥侄，迁祔旅榇，恩者煦之，仇者复之。既毕事，及期而往。

【译文】杜子春知道孤儿寡母大多流落在淮南，就来到扬州，买了一百顷良田，在城中盖了府宅，在重要的路口建了一百多间房子，遍召孤儿寡母分住在各个府宅里。对于他自己家族里的亲戚，婚丧嫁娶、迁移牌位改葬者，不分近亲和远亲，过去对他有恩的都给以报答，有仇的，也进行了报复。完成了自己的心愿后，杜子春按期来到了老君庙前。

老人者方啸于二桧之阴，遂与登华山云台峰。入四十里余，见一居处，室屋严洁，非常人居。彩云遥覆，鸾鹤飞翔，其上有正堂，中有药炉，高九尺余，紫焰光发，灼焕窗户。玉女九人环炉而立，青龙白虎，分据前后。

【译文】老人正在桧树下吹口哨唱歌。见到杜子春后，就领他登上华山云台峰。进山四十多里后来到一个地方，见到一幢严整干净的房舍，看样子不是凡人住的。仙鹤绕屋顶飞翔，彩云在上空缭绕。屋子的正堂中间有一个九尺多的炼丹炉，炉内紫光闪耀，映亮了门窗。有九个玉女环绕着炉子侍立着，炉子前后有青龙、白虎盘踞着。

其时日将暮，老人者不复俗衣，乃黄冠绛帔士也。持白石三丸，酒一卮遗子春，令速食之讫。取一虎皮铺于内西壁，东向而坐，戒曰：“慎勿语，虽尊神、恶鬼、夜叉、猛兽、地狱，及君之亲属为所囚缚，万苦皆非真实，但当不动不语耳，安心莫惧，终无所苦。当一心念吾所言。”言讫而去。子春视庭，唯一巨瓮，满中贮水而已。

【译文】这时天快黑了，再看那老人，身上穿的已不是凡间的衣服，而是穿着绛色道袍戴着黄道冠的仙师了。仙师拿了三个白石丸和一杯酒给了杜子春，让他赶快吃下去。仙师又拿了一张虎皮铺在内屋西墙下，面朝东坐下，告诫杜子春道：“你千万不要出声。这里出现的大神、恶鬼、夜叉或者地狱、猛兽；以及你的亲属们被绑着受刑遭罪，这一切都不是真事。你不论看见什么惨状，都不要动不要说话，安心别害怕，那就绝不会对你有什么伤害，千万要想着我这些嘱咐！”仙师去后，杜子春向院里看，院里有一个装满了水的大瓮，此外没看到什么。

道士适去，而旌旗戈甲，千乘万骑，遍满崖谷来，呵叱之声动天地，有一人称大将军，身长丈余，人马皆着金甲，光芒射人。亲卫数百人，拔剑张弓，直入堂前，呵曰：“汝是何人，敢不避大将军！”左右竦剑而前，逼问姓名，又问作何物，皆不对。问者大怒，催斩，争射之，声如雷，竟不应。将军者拗怒而去。

【译文】道士刚走，杜子春就听见外面人喊马叫震天动地，只见满山满谷都是士兵，旌旗飘飘，戈矛闪闪，千乘万骑蜂拥而来。有一个人自称大将军，身高一丈多，他本人和他的马都披着金铠甲，光芒耀眼。大将军的卫士就有几百人，都举着剑张着弓，一直来到屋前，大声呵斥杜子春说：“你是什么人？大将军到了怎么竟不回避！”有些卫士还握剑逼着杜子春问他的姓名，还问他在做什么，他都一声也不吭。见他不出声，卫士们大怒，一声声喊叫着“杀了他！”“射死他！”杜子春仍是不出声，那个大将军只好怒气冲冲地带着队伍走了。

俄而猛虎、毒龙、狻猊、狮子、蝮蛇万计，哮吼拿攫而争前，欲搏噬，或跳过其上。子春神色不动。有顷而散。既而大雨滂澍，雷电晦暝，火轮走其左右，电光掣其前后，目不得开。须臾，庭际水深丈余，流电吼雷，势若山川开破，不可制止，瞬息之间，波及坐下。子春端坐不顾。未顷而散。

【译文】过了片刻，又来了一群群的猛虎毒龙、狮子蝮蛇和毒蝎，争先恐后地扑向杜子春要撕碎他吞食他，有的还在他头顶跳来跳去张牙舞爪，杜子春仍是不动声色，过了一会儿，这些毒蛇猛兽也都散去了。这时突然大雨滂沱雷电交加，天昏地暗，不一会儿又有大火轮燃烧着在他左右滚动，光在身前身后闪耀，亮得眼都睁不开。片刻之间，院子里水深一丈多，空中雷声隆隆电光闪闪，像要让山峰崩塌河水倒流，其势不可挡。一眨眼的工夫滚滚的浪涛涌到杜子春的坐位前，他仍是端端正正坐着连眼皮也不眨一下。

将军者复来，引牛头狱卒，奇貌鬼神，将大镬汤而置子春前，长枪刃叉，四面周匝，传命曰：“肯言姓名即放，不肯言，即当心叉取置之镬中。”又不应。因执其妻来，捽于阶下，指曰：“言姓名免之。”又不应。乃鞭捶流血，或射或斫，或煮或烧，苦不可忍。

【译文】接着那位大将军又来了，领着一群地狱中的牛头马面和狰狞的厉鬼，将一口装满开水的大锅放在杜子春面前，鬼怪们手执长矛和两股铁叉，命令道：“说出你的姓名，就放了你，如果不说，就把你放在锅煮！”杜子春仍不说话。这时鬼怪们又把他的妻子抓来绑在台阶下，指着他妻子向杜子春说：“说出你的姓名，就放了她。”杜子春还是不作声。于是鬼怪们鞭打他的妻子，用刀砍她，用箭射她，一会儿烧，一会儿煮，百般折磨惨不忍睹。

其妻号哭曰：“诚为陋拙，有辱君子。然幸得执巾栉，奉事十余年矣，今为尊鬼所执，不胜其苦。不敢望君匍匐拜乞，但得一言，即全性命矣。人谁无情，君乃忍惜一言。” 雨泪庭中，且咒且骂，子春终不顾。将军曰：“吾不能毒汝妻耶？”令取锉碓，从脚寸寸锉之。妻叫哭愈急，竟不顾之。将军曰：“此贼妖术已成，不可使久在世间。”敕左右斩之。

【译文】他妻子苦不堪忍就向杜子春哭号道：“我虽然又丑又笨，配不上你，但我毕竟给你作了十几年妻子了。现在我被鬼抓来这样折磨，我实在受不了啦！我不敢指望你向他们跪下求情，只希望你说一句话，我就能活命了。人谁能无情，丈夫你就忍心不出声，让我继续受折磨吗？”他妻子边哭边喊又咒又骂，杜子春始终不理不睬。那位大将军也说：“你不说话，我还有更毒辣的手段对付你老婆！”说着命令抬来了锉碓，从脚上开始一寸寸地锉他的妻子。妻子哭声越来越高，杜子春还是连看也不看。大将军说：“这个家伙有妖术，不能让他在世上！”于是命令左右，把杜子春斩了。

斩讫，魂魄被领见阎罗王，王曰：“此乃云台峰妖民乎？”促付狱中，于是熔铜、铁杖、碓捣、硙磨、火坑、镬汤、刀山、剑林之苦，无不备尝。然心念道士之言，亦似可忍，竟不呻吟。狱卒告受罪毕，王曰：“此人阴贼，不合得作男身，宜令作女人。”配生宋州单父县丞王勤家，生而多病，针灸医药之苦，略无停日。亦尝坠火堕床，痛苦不济，终不失声。

【译文】斩杀后把他的魂魄带着去见阎王。阎王一见杜子春就说：“这不是云台峰的那个妖民吗？给我把他打入地狱里去！”于是杜子春受尽了下油锅、入石磨、进火坑、上刀山所有的地狱酷刑。然而由于他心里牢记着那位仙师的叮嘱，咬着牙都挺过来了，连叫都不叫一声。后来，地狱的鬼卒向阎王报告，说所有的刑罚都给杜子春用完了。阎王说：“这个家伙阴险恶毒，不该让他当男人，下辈子让他做女人！”于是让杜子春投胎转世到宋州单父县的县丞王勤家。杜子春转世为女子，一生下来就多病，扎针吃药一天没断过，还掉进火里摔到床下，受了无数的苦，但杜子春始终不出声。

俄而长大，容色绝代，而口无声，其家目为哑女，亲戚相狎，侮之万端，终不能对。同乡有进士卢珪者，闻其容而慕之，因媒氏求焉。其家以哑辞之，卢曰：“苟为妻而贤，何用言矣，亦足以戒长舌之妇。”乃许之。卢生备礼亲迎为妻，数年，恩情甚笃，生一男，仅二岁，聪慧无敌。卢抱儿与之言，不应。多方引之，终无辞。

【译文】转眼间杜子春长成了一个容貌绝代的女子，但就是不说话，县丞王勤的全家认为她是个哑女。有些人对她百般调戏侮辱，杜子春总是一声不吭。县丞的同乡有个考中了进士的人叫卢生，听说县丞的女儿容貌很美，就很倾慕，就求媒人去县丞家提媒。县丞家借口是哑女，把媒人推辞了。卢生说："妻子只要贤惠就好，不会说话又有什么关系呢？正好给那些长舌妇作个榜样。"县丞就答应了婚事。卢生按照规矩施行了六礼，和杜子春办了婚事。两个人过了几年，感情非常好，生了一个男孩，男孩已经两岁了，十分聪明。卢生抱着孩子和她说话，她不吭声，想尽办法逗她也不说话。

卢大怒曰："昔贾大夫之妻鄙其夫才不笑尔。然观其射雉，尚释其憾。今吾陋不及贾，而文艺非徒射雉也，而竟不言。大丈夫为妻所鄙，安用其子！"乃持两足，以头扑于石上，应手而卒，血溅数步。子春爱生于心，忽忘其约，不觉失声云："噫！"

【译文】卢生大怒说："古时贾大夫的妻子瞧不起他，始终不笑，但后来妻子看见贾大夫射了山鸡，也就对他无憾了。我虽然地位不如贾大夫，但我的才学比会射山鸡不强百倍吗？可是你却不屑于跟我说话！大丈夫被妻子瞧不起，还要她的儿子做什么！"说着就抓起男孩的两腿扔了出去，孩子的头摔在石头上，顿时脑浆迸裂，鲜血溅出好几步远。杜子春爱子心切，一时间忘了仙师的嘱咐，不觉失声喊道："啊呀！……"

"噫"声未息，身坐故处，道士者亦在其前，初五更矣。其紫焰穿屋上天，火起四舍，屋室俱焚。道士叹曰："措大误余乃如是！"因提其髻投水瓮中。未顷火息。

【译文】声还没落，发现他自己又坐在云台峰的那间道观中，仙师也在面前。这时是黎明时分，突然紫色的火焰窜上了屋梁，转眼间烈火熊熊，把屋子烧毁了。仙师说："你这个穷酸小子，可把我坑苦了！"就提着杜子春的头发扔进水瓮里，火立刻就灭了。

道士前曰："吾子之心，喜怒哀惧恶欲，皆能忘也。所未臻者，爱而已。向使子无'噫'声，吾之药成，子亦上仙矣。嗟乎，仙才之难得也！吾药可重炼，而子之身犹为世界所容矣。勉之哉！"

【译文】仙师说："在你的心里，喜、怒、哀、惧、恶、欲都忘掉了，只有爱你还没忘记。卢生摔你孩子时你若不出声，我的仙丹就能炼成，你也就能成为上仙了。可叹啊，仙才真是太难得了！我的仙丹可以再炼，但你却还得回到人间去，以后继续勤奋地修道吧！"

遥指路使归。子春强登台观焉，其炉已坏，中有铁柱大如臂，长数尺。道士脱衣，以刀子削之。子春既归，愧其忘誓，复自效以谢其过，行至云台峰，绝无人迹，叹恨而归。

【译文】说完给他向远方指了路让他回去。临走时，他勉强登上烧毁的房基，看见那炼丹炉已坏了，当中有个铁柱子，有手臂那么粗，好几尺长，那仙师正脱了衣服，用刀子削那铁柱子。杜子春回到家后，非常悔恨他当初忘了对仙师发的誓，想回去找到仙师为他效力以补偿自己的过失。他来到云台峰，什么也没找到，只好怀着惋惜悔恨的心情回来了。

许尧佐

柳氏传

天宝中，昌黎韩翊有诗名，性颇落托，羁滞贫甚。有李生者，与翊友善，家累千金，负气爱才。其幸姬曰柳氏，艳绝一时，喜谈谑，善讴咏，李生居之别第，与翊为宴歌之地。而馆翊于其侧。翊素知名，其所问候，皆当时之彦。柳氏自门窥之，谓其侍者曰："韩夫子岂长贫贱者乎！"遂通意焉。

【译文】天宝年间，昌黎人韩翊以诗闻名，个性放荡不羁，寄居在外，生活贫困。有个姓李的书生，和韩翊要好，家境富有，为人讲义气，爱慕才学。他有个宠妾叫柳氏，美艳无比，喜欢谈笑逸趣，善于歌唱吟咏。李生把她安置在另外一所住宅里，作为和韩翊一起宴饮咏歌的地方，还让韩翊住在旁边。韩翊向来很有名，前来拜访问候的人，都是当时的杰出人物，柳氏从门缝里偷偷地看，并对她的侍从说："韩夫子难道会是一直处于贫贱的人吗！"就对他有了好感。

李生素重翊，无所吝惜。后知其意，乃具膳请翊饮。酒酣，李生曰："柳夫人容色非常，韩秀才文章特异。欲以柳荐枕于韩君，可乎？"翊惊栗，避席曰："蒙君之恩，解衣缀食久之，岂宜夺所爱乎？"李坚请之。柳氏知其意诚，乃再拜，引衣接席。李坐翊于客位，引满极欢。李生又以资三十万，佐翊之费。翊悦柳氏之色，柳氏慕翊之才，两情皆获，喜可知也。

【译文】李生素来器重韩翊，对他从不吝惜什么。后来知道了柳氏的心思，便备好席请韩翊来喝酒，喝到高兴时，李生说："柳夫人美貌非比寻常，韩秀才文才出众，我想让柳氏伺候韩君，行吗？"韩翊惊慌颤栗，离席而起说："承蒙您的恩情，我分享您的衣食这么久了，我怎么可以再夺您所爱？"李生坚持要他答应。柳氏知道他的诚意，便拜了又拜，整衣入席。李生请韩翊坐在客席上，斟满酒畅饮尽欢。李生又拿出三十万钱，作为韩翊的生活费用。韩翊爱慕柳氏的美色，柳氏仰慕韩翊的才学，双方都如愿以偿，非常高兴是可想而知的了。

明年，礼部侍郎杨度擢翊上第，屏居间岁。柳氏谓翊曰："荣名及亲，昔人所尚。岂宜以濯浣之贱，稽采兰之美乎？且用器资物，足以待君之来也。"翊于是省家于清池。岁余，乏食，鬻妆具以自给。天宝末，盗覆二京，士女奔骇。柳氏以艳独异，且惧不免，乃剪发毁形，寄迹法灵寺。是时侯希逸自平卢节度淄青，素藉翊名，请为书记。

【译文】第二年，礼部侍郎杨度选拔韩翊为进士科试的高等，闲居了一年。柳氏对韩翊说："让双亲分享成名的荣耀，这是前人所崇尚的。怎能为我这个地位低贱的女人，耽误您上进？况且生活用品及物资，也足够等您回来了。"韩翊于是回到家乡清池探亲。过了一年，柳氏将粮食都用完了，靠典卖妆奁维持生活。天宝末年，安禄山攻陷东西两京，男女惶恐奔逃。柳氏因貌美出众，害怕无法幸免于难，便剪去头发，毁坏容貌，寄居在法灵寺里。这时侯希逸从平卢调往淄青担任节度使，久闻韩翊大名，请他做书记。

洎宣皇帝以神武返正，翊乃遣使间行求柳氏，以练囊盛麸金，而题之曰："章台柳，章台柳！昔日青青今在否？纵使长条似旧垂，也应攀折他人手。"柳氏捧金呜咽，左右凄悯，答之曰："杨柳枝，芳菲节，所恨年年赠离别。一叶随风忽报秋，纵使君来岂堪折！"

【译文】等到神武英明的肃宗皇帝收复了京城，韩翊便差人绕小路回去找柳氏。他把碎金子用白色丝袋装好，在上面题诗道：

章台柳，章台柳！昔日青青今在否？纵使长条似旧垂，亦应攀折他人手。

柳氏捧着碎金子呜咽哭泣，侍女们都为她伤心。她和诗答道：

杨柳枝，芳菲节，所恨年年赠离别。一叶随风忽报秋，纵使君来岂堪折！

无何，有蕃将沙吒利者，初立功，窃知柳氏之色，劫以归第，宠之专房。及希逸除左仆射，入觐，翊得从行。至京师，已失柳氏之止，叹想不已。偶于龙首冈见苍头以驳牛驾辎軿，从两女奴。翊偶随之，自车中问曰："得非韩员外乎？某乃柳氏也。"使女奴窃言失身沙吒利，阻同车者，请诘旦幸相待于道政里门。及期而往，以轻素结玉合，实以香膏，自车中投之，曰："当遂永诀，原置诚念。"乃回车，以手挥之，轻袖摇摇，香车辚辚，目断意迷，失于惊尘。翊大不胜情。

【译文】没多久，有个叫沙咤利的蕃将，曾立过功，私下知道了柳氏的美貌，把她抢回府中，对她非常宠爱，每晚都住在她房中。等到侯希逸官拜左仆射，入京面圣，韩翊才得以随同前往。到了京师，已找不到柳氏的行踪了，令韩翊叹息思念不已。有一天他偶然在龙首冈看到有个奴仆拉着四面被帐幔遮蔽的车子，车后跟着两个女奴。韩翊无意间跟在车后走着。突然车子里有人发问道："您是韩员外吗？我是柳氏啊。"柳氏叫女奴偷偷告诉韩翊，她已失身于沙咤利，因碍于同车的人，所以请韩翊隔天早上到道政里门等她。韩翊依约前往，柳氏把装着香膏的玉盒包起来，从车里交给他，说："以后大概再也见不到了，就用它为这段情缘留做纪念吧。"便掉转车子挥手告别，轻飘飘的衣袖不断摇动，奇香四溢的车子辚辚有声，韩翊望眼欲穿，心意迷茫，直到车子消失在飞扬尘土里。韩翊似乎克制不住内心的激动。

会淄青诸将合乐酒楼，使人请翊。翊强应之，然意色皆丧，音韵凄咽。有虞候许俊者，以材力自负，抚剑言曰："必有故。愿一效用。"翊不得已，具以告之。俊曰："请足下数字，当立致之。"乃衣缦胡，佩双鞬，从一骑，径造沙吒利之第。候其出行里余，乃被衽执辔，犯关排闼，急趋而呼曰："将军中恶，使召夫人！"仆侍辟易，无敢仰视。

【译文】正巧淄青的几位将军一起在酒楼上欢聚，派人来请韩翊。韩翊勉强答应，但是心情脸色都很沮丧，声音也凄然呜咽。有个武将许俊，对自己的才能和勇武十分自负，抚剑说道："您这样悲伤，一定有什么原因。我愿为您效劳。"韩翊不得已，就把这事全都告诉了他。许俊说："请您写几个字，我立即把她带来。"于是穿上军服，带了一对弓囊箭袋，带一个卫兵，径自到沙咤利的府第。等走出了一里多路，便敞开衣襟拉着马缰绳，闯过大门直奔二门，长驱而入并高声道："将军得了急病，派我来叫夫人去！"仆人侍从惊恐后退，没有人敢抬头看。

遂升堂，出翊札示柳氏，挟之跨鞍马，逸尘断鞅，倏忽乃至。引裾而前曰："幸不辱命。"四座惊叹。柳氏与翊执手涕泣，相与罢酒。是时沙吒利恩宠殊等，翊、俊惧祸，乃诣希逸。希逸大惊曰："吾平生所为事，俊乃能尔乎？"

【译文】他便登上厅堂，拿出韩翊的手书展示给柳氏看，并把她抱上马，一路尘土飞扬，连马脖子上的皮带都跑断了，不一会儿便到了酒楼。拉着衣襟上前说："幸亏没有辱没使命！"四座皆惊。柳氏和韩翊执手相对而哭，让其他人也食不知味了。这时沙咤利十分受皇帝恩宠，韩翊、许俊怕遭致祸害，就谒见侯希逸。侯希逸吃惊地说："我平生所做的胆大事，许俊一下做到了！"

遂献状曰："检校尚书、金部员外郎兼御史韩翊，久列参佐，累彰勋效，顷从乡赋。

有妾柳氏，阻绝凶寇，依止名尼。今文明抚运，遐迩率化。将军沙吒利凶恣挠法，凭恃微功，驱有志之妾，干无为之政。臣部将兼御使中丞许俊，族本幽蓟，雄心勇决，却夺柳氏，归于韩翊。义切中抱，虽昭感激之诚，事不先闻，固乏训齐之令。”寻有诏，柳氏宜还韩翊，沙吒利赐钱二百万。柳氏归翊，翊后累迁至中书舍人。

【译文】于是侯希逸上奏章道：“检校尚书、金部员外郎兼御史韩翊，长期担任僚属，功勋十分卓著。不久前参加由地方保荐的科举考试。他有个妾叫柳氏，因凶寇阻隔而分离，投靠了有名的尼姑庵。如今文明教化天下太平昌盛，远近的百姓相率驯化，将军沙咤利却凶狠地任意破坏法令，凭着些微功劳，便抢来他所中意的姬妾，干扰了时政。我的部将东御史中丞许俊，家族源于幽州、蓟州。他雄壮勇敢，帮忙夺回柳氏，归还给韩翊。正义充斥着他的心胸，虽然诚意惊人，但却没事先禀明，是我管教无方。”不久有诏书下来，柳氏应当归还韩翊，沙咤利赐钱二百万文。柳氏回到了韩翊的身边。韩翊后来升到中书舍人。

论曰柳氏，志防闲而不克者；许俊，慕感激而不达者也。向使柳氏以色选，则当熊、辞辇之诚可继；许俊以才举，则曹柯、渑池之功可建。夫事由迹彰，功待事立。惜郁堙不偶，义勇徒激，皆不入于正。斯岂变之正乎？盖所遇然也。

【译文】然而说到柳氏，是个立志守礼而未能做到善始善终的人；许俊，是个正义感强烈但仍有欠缺的人。假如让柳氏因美貌而选入宫庭，那么可以继承冯婕妤挡熊、班婕妤辞辇的忠诚；许俊因有才能被提拔至高位，那么曹沫在柯拿着匕首与齐桓公讲理、蔺相如在渑池迫使秦王击缶的功勋也可再次建立。可见事件是由功绩而彰显出来的，而功业则必须有这些事件才能建立。可惜柳氏、许俊都被埋没而不得志，道义勇气突然激越，全都不合正道。这难道是王道衰退的正道吗？这大概就是他们的遭遇。

李公佐

谢小娥传

小娥姓谢氏，豫章人，估客女也。生八岁丧母，嫁历阳侠士段居贞。居贞负气重义，交游豪俊。小娥父蓄巨产，隐名商贾间，常与段婿同舟货，往来江湖。小娥年十四，始及笄，父与夫俱为盗所杀，尽掠金帛。段之弟兄，谢之生侄，与同仆辈数十悉沉于江。小娥亦伤脑折足，漂流水中，为他船所获。经夕而活。因流转乞食至上元县，依妙果寺尼净悟之室。初父之死也，小娥梦父谓曰："杀我者，车中猴，门东草。"又数日，复梦其夫谓曰："杀我者，禾中走，一日夫。"小娥不自解悟，常书此语，广求智者辨之，历年不能得。

【译文】小娥，姓谢，豫章人，她是一个贩运商的女儿。八岁时，死了母亲；后来嫁给了历阳的一个侠士段居贞。居贞勇武而重义气，擅于结交豪侠英杰。小娥的父亲积蓄了巨额财富，在商人中隐姓埋名，常和女婿段氏同船做生意，往来于江湖之上。到小娥十四岁，开始戴簪子的时候，她的父亲和丈夫都被强盗杀害，并且抢走全部金银绸缎。段家兄弟、谢家徒弟和侄子，再加上几十个小仆人都被沉入江中。谢小娥也伤了胸部，折断了脚，漂到水中，后来被别的船救出，几天后才活过来。接着辗转他乡，流浪乞讨来到了上元县，住在沙果寺尼姑庵净悟的房里。起初，父亲死后不久，小娥就梦见父亲对她说："杀死我的人，是車中猴，门东草。"几天后，又梦见她的丈夫对她说："杀死我的人是禾中走，一日夫。"小娥自己不能解出其中谜底，便常写下这几句话，广泛寻求博学多才之人为她解释，但一年过去了，竟没有一个人能解出其中真意。

至元和八年春，余罢江西从事，扁舟东下，淹泊建业。登瓦官寺阁，有僧齐物者，重贤好学，与余善，因告余曰："有孀妇名小娥者，每来寺中，示我十二字谜语，某不能辨。"余遂请齐公书于纸，乃凭槛书空，凝思默虑，坐客未倦，了悟其文。令寺童疾召小娥前至，询访其由。小娥呜咽良久，乃曰："我父及夫，皆为贼所杀。迩后尝梦父告曰：'杀我者车中猴，门东草。'又梦夫告曰：'杀我者，禾中走，一日夫。'岁久无人悟之。"

余曰："若然者，吾审详矣，杀汝父是申兰，杀汝夫是申春。且'車中猴'，車字去上下各一画，是'申'字，又申属猴，故曰'車中猴'；'草'下有'门'，'门'中有东，乃蘭字也；又'禾中走'，是穿田过，亦是'申'字也。'一日夫'者，'夫'上更一画，下有日，是'春'字也。杀汝父是申蘭，杀汝夫是申春，足可明矣。"小娥恸哭再拜，书"申蘭、申春"四字于衣中，誓将访杀二贼，以复其冤。娥因问余姓氏官族，垂涕而去。

【译文】到了元和八年的春天，我辞去江西从事之职。坐扁舟东下，在建业泊舟停留，登游瓦官寺亭阁。这里有个叫齐物的僧人，崇尚贤德喜欢钻研，和我很好。他告诉我说："有个寡妇名叫谢小娥，曾来寺院，给我看一个十二个字的谜语，我没有解出。"于是我请齐公写在纸上，接着我靠在栏杆上，用手指在空中比划着这几个字，凝思默想。没有多大功夫便领悟了这几句话的意思。于是吩咐寺里的小和尚赶快叫来谢小娥，询问事情的经过。小娥呜呜咽咽地哭了很久，才说："我父亲和丈夫，都是被盗贼杀害的。之后曾梦见父亲告诉我说：'杀我的人，是車中猴，门东草。'又梦见丈夫对我说：'杀我的人，是禾中走，一日夫。'一年多都无人了解其中之意。"我回答说："如果是这样，我就知道得很清楚了。杀你父亲的是申兰，杀你丈夫的是申春。"車中猴"是说車字去掉上下各一划就是申字；又因申属猴，所以叫做"車中猴"。而草字下有门字，门字中有東字，这是蘭字。又因为禾中走是穿田而过，这也是个申字。"一日夫"是指夫字上面加一划，下面又有个日字，这是春字。这就很清楚了：杀你父亲的是申兰，杀你丈夫的是申春。"小娥听完放声大哭，向我拜了两拜，写下申兰、申春四个字放入怀中，发誓要找到两个凶手并杀了他们，为亲人报仇。谢小娥又询问我的姓名、官职，然后流着泪走了。

尔后小娥便为男子服，佣保于江湖间，岁余，至浔阳郡，见竹户上有纸榜子，云召佣者。小娥乃应召诣门，问其主，乃申兰也。兰引归，娥心愤貌顺，在兰左右，甚见亲爱。金帛出入之数，无不委娥。已二岁余，竟不知娥之女人也。

【译文】从此以后，谢小娥女扮男装，到江湖上做雇工。一年后，到了浔阳郡，看见一家竹屋上帖着一张启示，上写："召雇工"。谢小娥就到门前去应召，一问主人，就是那个申兰。于是申兰把小娥带回家。小娥心中倍加愤恨但表面上却很顺从，在申兰的左右侍候，很受他的宠爱。金银绸缎的进进出出，每次都委派小娥办理。两年多了，竟然不知小娥是个女子。

先是谢氏之金宝锦绣，衣物器具，悉掠在兰家。小娥每执旧物，未尝不暗泣移时。兰与春，宗昆弟也，时春一家住大江北独树浦，与兰往来密洽。兰与春同去经月，多获财帛而归。每留娥与兰妻兰氏同守家室，酒肉衣服，给娥甚丰。或一日，春携文鲤兼酒诣兰，娥私叹曰："李君精悟玄鉴，皆符梦言，此乃天启其心，志将就矣。"是夕，兰与春会，群贼毕至，酣饮。暨诸凶既去，春沉醉，卧于内室，兰亦露寝于庭。小娥潜锁春于内，抽佩刀，先断兰首，呼号邻人并至。春擒于内，兰死于外，获赃收货，数至千万。初，兰、春有党数十，暗记其名，悉擒就戮。时浔阳太守张公，因而行覆其事，廉吏旌表，乃得免死而已。时元和十二年夏岁也。

【译文】从前，谢家的金银财宝、锦帛绸缎、衣物、器具，都被抢来放在兰家，小娥每次拿起旧物，都禁不住偷偷地哭上一阵子。申兰和申春是堂兄弟。当时申春一家住在长江北面的独树浦，与申兰交往密切而融洽。申兰和申春一同出去几个月，每次都抢夺大量财宝绸缎回来。常常留下谢小娥和申兰的妻子兰氏看守家门，不管是吃的穿的都给小娥很多。有一天，申春拿着鲤鱼和酒来到申兰家。谢小娥私下赞叹道："李先生深切的体会和神妙的判断，都很符合梦中所说的话。这是天意启发了他的心（使他解出谜语），我报仇雪恨的愿望就要实现了。"当天晚上申兰和申春宴请群贼，他们个个开怀豪饮。当各凶贼刚刚离去，申春已经烂醉如泥，躺在内室之中，申兰也在庭院睡着了。小娥潜入房中把申春锁在内室，抽出短刀先砍断申兰的脑袋，然后大声呼喊叫来邻居诸人，逮住了室内的申春，申兰死在外面，抓获盗贼数人，赃物数千万。当初，申兰、申春有同伙几十人，小娥偷偷地把他们的名字记下，都被抓获并砍头。当时浔阳太守张公，很赞赏她的志气和行为，把这些事全部写在了给皇帝的旌表上，才使小娥免去一死。当时是元和十二年夏天。

复父夫之仇毕，归本里，见亲属。里中豪族争求聘，娥誓心不嫁，遂剪发披褐，访道于牛头山，师事大士尼将律师。娥志坚行苦，霜舂雨薪，不倦筋力。十三年四月，始受具戒于泗州开元寺，竟以小娥为法号，不忘本也。

【译文】为父亲、丈夫复仇之后，回到家乡，拜见亲戚朋友，当地的豪门大户争相向小娥求婚，她都表白自己心迹不嫁。不久则剪掉长发，穿上粗布衣服，到牛头山求道，拜大士尼姑和精通戒律的尼姑为师。谢小娥意志坚定行为辛苦，冒着风霜舂米，顶着雨雪打柴，劳苦操作，毫不倦怠。元和十三年四月，谢小娥在泗州开元寺开始接受足戒，竟然以小娥为自己的法号，意在不忘根本。

其年夏五月，余归长安，途经泗滨，过善义寺，谒大德尼令操。见新戒者数十，净发鲜帔，威仪雍容，列侍师之左右。中有一尼问师曰："此官岂非洪州李判官二十三郎者乎？"师曰："然。"曰："使我获报家仇，得雪冤耻，是判官恩德也。"顾余悲泣。余不之识，询访其由。娥对曰："某名小娥，顷乞食孀妇也。判官时为辨申兰、申春二贼名字，岂不忆念乎？"余曰："初不相记，今即悟也。"娥因泣。具写记申兰、申春，复父夫之仇，志愿粗毕，经营终始艰苦之状。小娥又谓余曰："报判官恩，当有日矣，岂徒然哉。"

【译文】当年夏天，我开始回长安，途中经过泗滨，到善义寺拜见大德尼的时候，看到有几十个新来的拿着戒律的尼姑，她们个个剃光头发，身披袈裟，举止威仪端庄，列队服侍在大师左右。其中有一尼姑问大师道："这个大官难道不是洪州李判官二十三郎吗？"大师回答说："是。"然后她说："使我得以报仇雪恨，为父亲、丈夫雪耻伸冤，是李判官的大恩大德呀。"看看我痛哭起来。我没认出她是谁，询问她到底为什么哭。谢小娥对我说："我名叫小娥，不久前还是个要饭的寡妇。判官当时为我认出申兰、申春两个盗贼的名字，难道您不记得了？"我说："开始没想起来，现在已经知道了。"小娥哭着，把她怎样写上申兰、申春的名字，为父夫报仇，志愿基本完成，苦心筹划的艰苦过程都告诉了我。小娥又对我说："不多久，我当报答您的恩德。"小娥历尽艰辛，报仇雪恨并不是徒劳无功的！

嗟乎！余能辨二盗之姓名，小娥又能尽复父夫之仇冤，神道不昧，昭然可知。小娥厚貌深辞，聪敏端特，炼指跛足，誓求真如。爰自入道，衣无絮帛，斋无盐酪；非律仪禅理，口无所言。后数日，告我归牛头山。扁舟泛淮，云游南国，不复再遇。君子曰：誓志不舍，复父夫之仇，节也；佣保杂处，不知女人，贞也。女子之行，唯贞与节，能终始全之而已，如小娥，足以儆天下逆道乱常之心，足以观天下贞夫孝妇之节。余备详前事，发明隐文，暗与冥会，符于人心。知善不录，非《春秋》之义也，故作传以旌美之。

【译文】哎呀！我能辨认出两个盗贼的姓名，小娥竟然又能为父夫报仇伸冤，很明显，这是神灵的启示。小娥容貌忠厚，言语却十分深刻，聪明敏捷，性情正直而具有杰出的才能，炼指跛足，誓求得到永世不变的真理。她自从削发为尼，不穿绸锻之衣，不吃盐酪之食，非佛教戒律禅理不说。几天后，和我告辞回牛头山，荡扁舟泛流淮河之上，云游南方，从此我再也没有见到过她。君子道："抱定志愿.发奋不舍，为父亲、丈夫报仇雪恨，这是"节气"；为报仇，做佣工与他人杂居而竟然未被识破女子之身，这是"贞操"：女子的行为只有贞和节两者具全才是圣女。象谢小娥这个人的行为，足以告诫那些有背判道德，违反伦常之心的人，足以显示天下贞夫孝妇的气节。"我已经详细讲出了前面的事，破解了隐语，暗中和鬼神托梦所说的话符合，是为了符合民心。知道善事不记下来，不是《春秋》的精神。所以作传以赞扬谢小娥。

南柯记

东平淳于棼，吴楚游侠之士。嗜酒使气，不守细行。累巨产，养豪客。曾以武艺补淮南军裨将，因使酒忤帅，斥逐落魄，纵诞饮酒为事。家居广陵郡东十里，所居宅南有大古槐一株，枝干修永，清阴数亩。淳于生日与群豪，大饮其下。

【译文】东平人淳于棼，是吴楚一带仗义行侠之士。他喜欢喝酒，使性子，不拘小节。家里积攒了巨大的家产，收养了许多豪侠的门客。他因为精通武艺，曾经在淮南节度使部下当副将，由于酒后撒疯，冒犯了主帅，受了斥责革了官，很不得意。以后，他生活越发放荡，天天饮酒解闷。他家住在广陵郡以东十里的地方，住宅南面有一棵极大的古槐树，枝干又长又密，绿荫沉沉，盖住了好几亩地面。淳于棼天天和他的豪侠朋友在这槐树底下喝酒。

贞元七年九月，因沉醉致疾。时二友人于座扶生归家，卧于堂东庑之下。二友谓生曰："子其寝矣！余将秣马濯足，俟子小愈而去。"生解巾就枕，昏然忽忽，仿佛若梦。见二紫衣使者，跪拜生曰："槐安国王遣小臣致命奉邀。"生不觉下榻整衣，随二使至门。见青油小车，驾以四牡，左右从者七人，扶生上车，出大户，指古槐穴而去。使者即驱入穴中。

【译文】唐德宗贞元七年九月，有一天，淳于棼因为喝醉了酒，病了。当时两个朋友把他从座位上扶起来，送他回家，躺在客堂东面的廊檐下。两个朋友对他说："你睡一觉吧，我们在这里喂喂马，洗洗脚，等你好一点了再走。"淳于棼脱下头巾，睡下了，迷迷糊糊地，好像做梦了。他看见有两个穿紫衣的使者，向他跪拜，说："槐安国国王派小臣来传达命令，邀请您前去。"淳于棼不知怎么就下了床，整整衣服，跟随两个使者走到门口。看见有辆青色的小车，驾着四匹马，车旁边有七八个侍从的人。他们把淳于棼扶上马车，车子出了大门，向古槐树的洞口奔过去。使者就赶车跑进树洞里。

生意颇甚异之，不敢致问。忽见山川风候草木道路，与人世甚殊。前行数十里，有郛郭城堞。车舆人物，不绝于路。生左右传车者传呼甚严，行者亦争辟于左右。又入大城，朱门重楼，楼上有金书，题曰"大槐安国"。执门者趋拜奔走。旋有一骑传呼曰："王以驸马远降，令且息东华馆。"因前导而去。

【译文】淳于棼心里觉得很奇怪，却又不敢开口问。忽然发现这里的山川、景物、草木、道路，和人世间不一样。马车向前走了几十里，就看见了外城，城墙上还有矮墙。路上，车辆和行人不断来往。在他车子左右护送车子的人，连声吆喝，声音严厉，路上的行人，都争先向两旁退避。又进入大城墙，城楼有两重，红漆的大门，楼上挂着金字匾额，题的是：大槐安国。守门的卫士一见车来，马上赶过来行礼。接着来了个骑马的，传达命令，叫道："大王顾念驸马远来，路途辛劳，请大人先到东华馆休息！"说完，他就在前面带路，车子继续前行。

俄见一门洞开，生降车而入。彩槛雕楹；华木珍果，列植于庭下；几案茵褥，帘帏肴膳，陈设于庭上。生心甚自悦。复有呼曰："右相且至。"生降阶祗奉。有一人紫衣象简前趋，宾主之仪敬尽焉。右相曰："寡君不以弊国远僻，奉迎君子，托以姻亲。"生曰："某以贱劣之躯，岂敢是望。"右相因请生同诣其所。行可百步，入朱门。矛戟斧钺，布列左右，军吏数百，辟易道侧。

【译文】不一会，车到一处敞开着的门口，淳于棼下车进门去。只见屋宇雕梁画柱，非常壮丽，庭院里秀美的树木，珍异的果树，排列着种植在那里。屋子中间，桌椅上铺着绣垫，还有窗帘、帏帐，又陈列了各种食品。他看了心里很高兴。又听见外面高叫："右丞相到！"他马上下台阶去恭敬地迎接。看见有一个人身穿紫色官服，手执象牙朝板，走上前来。宾主相互致礼。右丞相说："我王不自量敝国地处偏远，特派使者恭迎君子来此，高攀婚姻。"淳于棼回答说："棼低贱无能，怎敢有此奢望。"右丞相就邀请淳于棼一同去朝见国王。走了百余步，进入一个朱漆大门。门里手拿矛、戟、斧、钺的武士，夹道列队；文武官员几百人，退在路边。

生有平生酒徒周弁者，亦趋其中。生私心悦之，不敢前问。右相引生升广殿，御卫严肃，若至尊之所。见一人长大端严，居王位，衣素练服，簪朱华冠。生战栗，不敢仰视。

【译文】他看见有个平日酒友周弁，也站在迎接的队伍里。他心里暗自高兴，但不敢上前去问话。右丞相引导淳于棼走上大殿，殿旁警卫森严，像是皇帝的宫廷。只见有个人身材高大，相貌端庄，坐在王位上，穿着洁白的绸衣，戴着华丽的帽子。淳于棼战战兢兢，不敢抬头去看。

左右侍者令生拜。王曰："前奉贤尊命，不弃小国。许令次女瑶芳奉事君子。"生但俯伏而已，不敢致词。王曰："且就宾宇，续造仪式。"有顷，右相亦与生偕还馆舍。生思念之，意以为父在边将，因投虏中，不知存亡。将谓父北蕃交逊，而致兹事。心甚迷惑，不知其由。是夕，羔雁币帛，威容仪度，妓乐丝竹，肴膳灯烛，车骑礼物之用，无不咸备。有群女，或称华阳姑，或称青溪姑，或称上仙子，或称下仙子，若是者数辈。皆侍从数十，冠翠凤冠，衣金霞帔，彩碧金钿，目不可视。

【译文】左右的侍从官命令他向国王行礼。国王说："从前得到你令尊的同意，不嫌弃我这小国，允许让我将二女儿瑶芳，终生侍奉你。"淳于棼只是低头拜谢，不敢回答一句。国王又说："现在暂且先回宾馆，以后再行大礼。"并下旨：右丞相伴同淳于棼回宾馆。淳于棼心想，我父亲是驻守边疆的将军，前一时落到敌人手里，死活不知。是不是父亲已和北方敌人讲和了，才发生了这样的事情呢？他越想越不明白，找不到根由。这一天晚上，行大礼的聘物羔羊、大雁、钱币、绸绢，以及各种仪仗，歌妓乐队，酒宴灯烛，车马礼品等需用的一切，全都备齐。来了一群姑娘，有的叫华阳姑，有的叫青溪姑，有叫上仙子的，有叫下仙子的，来了好几位，每个都带着几十个侍女。她们头戴翠凤冠，身穿金霞衣，满身彩色衣妆，镶嵌黄金的首饰，金光闪闪，叫人睁不开眼。

遨游戏乐，往来其门，争以淳于郎为戏弄。风态妖艳，言词巧艳，生莫能对。复有一女谓生曰："昨上巳日，吾从灵芝夫人过禅智寺，于天竺院观石延舞《婆罗门》。吾与诸女坐北牖石榻上，时君少年，亦解骑来看。君独强来亲洽，言调笑谑。吾与穷英妹结绛巾，挂于竹枝上，君独不忆念之乎？又七月十六日，吾于孝感寺侍上真子，听契玄法师讲《观音经》。吾于讲下舍金凤钗两只，上真子舍水犀合子一枚。时君亦讲筵中于师处请钗合视之，赏叹再三，嗟异良久。

【译文】她们东游西逛，笑语喧哗，在屋里进进出出，都争着跟淳于棼开玩笑。她们个个年轻貌美，巧言利舌，淳于棼没法答对。其中有个姑娘对他说："去年三月初三，我随着灵芝夫人到禅智寺，在天竺院看石延跳《婆罗门舞》。我和姐妹们坐在北窗下的石床上。那天你这个少年郎，也下马来看，你一定要和我们亲近，说了许多玩笑话。我和穷英妹妹还把一块红纱巾打了结挂在竹枝上，你就想不起这件事了？七月十六，我在孝感寺跟着上真子，听契玄法师讲《观音经》。我在讲席下布施了两只金凤钗，上真子施舍了一只水犀角做的盒子，那时你也在讲席里，到法师那里要来金凤钗和水犀盒，又是赏玩又是赞叹，认为真是珍品，看了很久。

顾余辈曰："人之与物，皆非世间所有。"或问吾氏，或访吾里。吾亦不答。情意恋恋，瞩盼不舍。君岂不思念之乎？"生曰："中心藏之，何日忘之。"群女曰："不意今日与君为眷属。"复有三人，冠带甚伟，前拜生曰："奉命为驸马相者。"中一人与生且故。

生指曰：“子非冯翊田子华乎？”田曰：“然。”生前，执手叙旧久之。生谓曰：“子何以居此？”子华曰：“吾放游，获受知于右相武成侯段公，因以栖托。”生复问曰：“周弁在此，知之乎？”子华曰：“周生，贵人也。职力司隶，权势甚盛。吾数蒙庇护。”言笑甚欢。

【译文】又看着我们说：‘施舍的宝物和施舍宝物的人，都不是人世间能有的啊！’你还问我姓什么，哪里人，我都没有回答。那时候，你对我一片深情，恋恋不舍，盯住我看着，现在你难道想不到这件事？”淳于棼说：“我把它藏在心底里，哪一天也不忘记！”好多姑娘都说：“想不到今天和你攀了亲戚！”接着，有三个男人，穿戴端庄，上来拜见，说：“奉大王命，来作驸马傧相。”其中有一个人是淳于棼老相识，他指着说：“你不是冯翊郡的田子华？”田子华说：“正是。”淳于棼走上前，拉着他的手，和他说过去交往的情景，说了好久。又问他：“你怎么在这里？”田子华说：“我到处漫游，到这里，得到了右丞相武成侯段公的赏识，因此就住了下来。”淳于棼又问：“周弁也在这里，你可知道？”田子华说：“周弁，他地位高贵着呢，官叙司隶，权势很盛，我几次承他庇护过。”两个又说又笑，很高兴。

俄传声曰：“驸马可进矣。”三子取剑佩冕服，更衣之。子华曰：“不意今日获睹盛礼。无以相忘也。”有仙姬数十，奏诸异乐，婉转清亮，曲调凄悲，非人间之所闻听。有执烛引导者，亦数十。左右见金翠步障，彩碧玲珑，不断数里。生端坐车中，心意恍惚，甚不自安。田子华数言笑以解之。向者群女姑娣，各乘凤翼辇，亦往来其间。至一门，号“修仪宫”。群仙姑姊亦纷然在侧，令生降车辇拜，揖让升降，一如人间。

【译文】一会儿，传来了喊声：“请驸马进！”三个人马上取来佩剑、礼服、礼帽，给淳于棼换上了。田子华说：“想不到今天能目睹你的盛礼，以后你不要忘了我。”这时，几十个美女，吹奏起美妙的乐曲来，乐声清亮婉转，调子凄凉悲怆，不是人世间所能听到。车子前面，有几十个仪仗队员举着巨烛引路，车子左右的仪仗，有装饰着黄金和翡翠的行幕，色彩鲜丽，制作精巧，前后仪仗有几里路长。淳于棼端正地坐在车里，心里恍恍惚惚的，感到局促不安。田子华几次和他说笑，让他不要紧张。刚才见到的那些姑娘们，各自乘坐了凤凰车，都排在车队中间。车子拉进一座大门，门楣上大书：“修仪宫”。姑娘们已经下了车，三三两两站在旁边。司仪官叫淳于棼下马车，跪拜，还前前后后打拱作揖，婚礼仪式，和人世间完全相同。

撤障去扇，见一女子，云号“金枝公主”。年可十四五，俨若神仙。交欢之礼，颇亦明显。生自尔情义日洽，荣曜日盛，出入车服，游宴宾御，次于王者。

【译文】礼成，淳于棼揭开新娘障面的纱巾，看见名叫“金枝公主”的新娘，年约十四五岁，容貌艳美，像天仙一般。接下来喝交杯酒，仪式也很隆重。从此，淳于棼和妻子越过越恩爱，他的地位也一天比一天高贵。他以驸马的身份，出入用的车马，交游的宴席，手下的仆役，各种排场，仅次于国王。

王命生与群寮备武卫，大猎于国西灵龟山，山阜峻秀，川泽广远，林树丰茂，飞禽走兽，无不蓄之。师徒大获，竟夕而还。

【译文】国王命令淳于棼和许多文武官员带了警卫，到京师西部的灵龟山去打猎。那里峰峦峻秀，河流宽广，林树茂密，各种飞禽走兽，都生活在其中。这一天大家都猎获了许多禽兽，到傍晚满载而归。

生因他日启王曰：“臣顷结好之日，大王云奉臣父之命。臣父顷佐边将，用兵失利，陷没胡中；尔来绝书告十七八岁矣。王既知所在，臣请一往拜觐。”王遽谓曰：“亲家翁职守北土，信问不绝。卿但具书状知闻，未用便去。”遂命妻致馈贺之礼，一以遣之。

【译文】有一天，淳于棼启奏国王说：“不久前臣成婚之日，大王说婚事是臣父同意的。臣父在边防辅佐将领，因为战事失利，陷落胡人军中，和家中断绝音讯已有十七八年。大王既然知道臣父下落，请准臣下前去一次拜望臣父。”国王立即回答：“亲家公官职在身，守卫北疆，我这里一直与他有书函往来。你可写封信去告知一切，不必急急前去。”淳于棼就叫妻子准备了孝敬他父亲的礼物，连同写好的信，一起派人送去。

数夕还答。生验书本意，皆父平生之迹，书中忆念教诲，情意委曲，皆如昔年。复问生亲戚存亡，闾里兴废。复言路道乖远，风烟阻绝。词意悲苦，言语哀伤。又不令生来觐，云：“岁在丁丑，当与汝相见。”生捧书悲咽，情不自堪。

【译文】过了几天，回信来到。淳于棼细读了信，所写到的确实是他父亲生平的事迹。信里有好多思念他、教诲他的话，情深意切，像往年写来的信一样。又问起亲戚的存亡，家乡的兴废；再说到相距遥远，音讯阻绝，言辞悲苦哀伤，又不叫儿子去看望他。只说：“到丁丑年，一定能与你会见。”淳于棼捧着书信，哽咽悲泣，无法克制自己的凄苦之情。

他日，妻谓生曰：“子岂不思为政乎？”生曰：“我放荡者不习政事。”妻曰：“卿但为之，余当奉赞。”妻遂白于王。累日，谓生曰：“吾南柯政事不理，太守黜废，欲籍卿才，可曲屈之。便与小女同行。”生敦受教命。王遂敕有司备太守行李。因出金玉、锦绣、箱奁、仆妾、车马，列于广衢，以饯公主之行。

【译文】有一天，淳于棼的妻子对他说：“你难道不想做官吗？”淳于棼说：“我放荡惯了，不懂得怎样办理政务。”他妻子说：“你尽管做官好了，我会从旁帮助的。”她就去对国王说了。过了几天，国王对淳于棼说：“我国的南柯郡政务办得不好，原任太守已经罢去，现在想借重你的大才，委屈你担任这个官职，你可以和我女儿同去。”淳于棼恭敬地接受了任命。于是国王下令主管官员准备新太守行装，把黄金、宝玉、绸缎、箱笼，还有男仆、女仆，车子、马匹，排满在大路上，用这些为公主送行。

生少游侠，曾不敢有望，至是甚悦。因上表曰：“臣将门余子，素无艺术，猥当大任，必败朝章。自悲负乘，坐致覆餗。今欲广求贤哲，以赞不逮。伏见司隶颍川周弁，忠亮刚直，守法不回，有毗佐之器。处士冯翊田子华清慎通变，达政化之源。二人与臣有十年之旧，备知才用，可托政事。周请署南柯司宪，田请署司农。庶使臣政绩有闻，宪章不紊也。”王并依表以遣之。

【译文】淳于棼年轻时只知仗义行侠，从来不想会大富大贵，现在非常高兴。他向国王上了个奏章，说：“臣是将门后代，素来没有真实的才学，现在担当这样的重任，一定会败坏朝政，想到所负的职责，心中翻腾不安。今欲广求高明人士，以补我的不足。现任司隶颍川人周弁，为人忠诚磊落、刚正直率，守法无私，具有辅佐的才能；冯翊郡田子华，尚未叙官职，为人清廉谨慎，识时通变，深明政治教化的本源。此二人和臣都有十年交谊，臣深知他们的才能，可以委办政务。请委任周弁为南柯郡司宪，田子华为南柯郡司农。这样可使臣治下有政绩申报，国家法制能系统贯彻。” 国王就按表准奏，任命了周、田二人，一起派往南柯。

其夕，王与夫人饯于国南。王谓生曰：“南柯国之大郡，土地丰壤，民物豪盛，非惠政不能以治之。况有周田二赞。卿其勉之，以副国念。”夫人戒公主曰：“淳于郎性刚好酒，加之少年；为妇之道，贵乎柔顺。尔善事之，吾无忧矣。南柯虽封境不遥，晨昏有间，今日暌别，宁不沾巾。”生与妻拜首南去，登车拥骑，言笑甚欢，累夕达郡。

【译文】那天晚上，国王和夫人在京城南部设宴送行。国王对淳于棼说：“南柯是我国的大郡，土地肥沃，人才很多，没有好的政治是难以治理的。现在有周、田两人辅佐，望你努力职守，以不负国家的期望。”夫人嘱咐公主说：“淳于郎性情刚强，喜爱喝酒，加上年少气盛；作妻子的本份，最重要的是温柔顺从。你好好侍奉他，我也就放心了。南柯离这里虽不算远，究竟不能早晚见面，今天要分别，怎么能不流泪啊！”淳于棼和妻子向国王和夫人拜别，上了车，由武士保卫着向南起程，一路上说说笑笑，很高兴。几天后到了南柯。

郡有官吏、僧道、耆老、音乐、车舆、武卫、銮铃，争来迎奉。人物阗咽，钟鼓喧哗，不绝十数里。见雉堞台观，佳气郁郁。入大城门，门亦有大榜，题以金字，曰“南柯郡城”。

【译文】郡里的大小官员、和尚道士、父老士绅、乐队、管车的差役、武卫人员、准备好太守的花车，都争先来迎接。欢迎的人群挤得满满的，钟鼓敲奏声音喧闹，队伍排了十多里长。只见城墙、亭台、楼阁，气象壮丽。进入了大城门，门上也有个大匾额，上面大书：“南柯郡城”。

见朱轩棨户，森然深邃。生下车，省风俗，疗病苦，政事委以周、田，郡中大理。自守郡二十载，风化广被，百姓歌谣，建功德碑。立生祠宇。王甚重之，赐食邑，锡爵位，居台辅。周、田皆以政治著闻，递迁显职。生有二男二女。男以门荫授官，女亦聘于王族；荣耀显赫，一时之盛，代莫比之。是岁，有檀萝国者，来伐是郡。王命生练将训师以征之。乃表周弁将兵三万，以拒贼之众于瑶台城。弁刚勇轻敌，师徒败绩，弁单骑裸身潜遁，夜归城。贼亦收辎重铠甲而还。生因囚弁以请罪。王并舍之。

【译文】车子开进一座朱漆窗轩的厅堂，两侧排设仪仗，屋宇庄严幽深，那便是太守府了。淳于棼到任之后，考察风土人情，访贫问苦，政务都委托给周、田二人，没多久，郡中治理得很好。从此他做了二十年太守，百姓都得到了教化，到处歌颂他，给他树立功德碑，建造生祠。国王也极器重他，赏赐给他封地，授予他爵位，相当于丞相。周弁和田子华，都因政绩卓著，几次升迁，官阶都比前更高。淳于棼生了二男二女：儿子都靠门荫封官，女儿也和王族子弟结亲。全家荣华富贵，盛极一时，当时没有人能及得上他。这年，有个檀萝国来侵犯南柯郡。国王命令淳于棼点将练兵出击。于是淳于棼上表保荐周弁领兵三万，在瑶台城抗击敌人。周弁只凭血气之勇，不重视敌人的力量，交战之后，打了大败仗。周弁丢盔弃甲，单骑潜逃，深夜回城。敌人也收拾了辎重铠甲撤兵回去了。淳于棼就把周弁囚禁，上表向国王请求处分；国王赦免了他们。

是月，司宪周弁疽发背，卒。生妻公主遘疾，旬日又薨。生因请罢郡，护丧赴国。王许之。便以司农田子华行南柯太守事。生哀恸发引，威仪在途，男女叫号，人吏奠馔，攀辕遮道者不可胜数。遂达于国。王与夫人素衣哭于郊，候灵舆之至。谥公主曰“顺仪公主”。备仪仗，羽葆鼓吹，葬于国东十里盘龙冈，是月，故司宪子荣信，亦护丧赴国。

【译文】就在这个月，司宪周弁背上发毒疮，死了。淳于棼的妻子金枝公主害病，十天以后也死了。淳于棼上奏章请求交卸太守职务，护送公主灵柩回京，国王批准，派司农田子华代行南柯太守职。淳于棼痛哭不止，公主灵柩启运，丧事的队伍过路时，男女百姓号哭相送，百姓和官员都摆设酒菜路祭，数不清的人拉住车辕阻拦道路，不忍淳于棼离去。灵车到达京都，国王和夫人穿着素服，在城郊哀哭，等候灵车到来。国王封给女儿谥号为“顺仪公主”，重新备了仪仗、灵车上的华盖、乐队，把灵柩葬在京都东十里的盘龙岗上。这个月，已故司宪周弁的儿子周荣信，也护送父柩回京都。

生久镇外藩，结好中国，贵门豪族，靡不是洽。自罢郡还国，出入无恒，交游宾从，威福日盛。王意疑忌之。时有国人上表云：“玄象谪见，国有大恐。都邑迁徙，宗庙崩坏。衅起他族，事在萧墙。”时议以生侈僭之应也。遂夺生侍卫，禁生游从，处之私第。生自恃守郡多年，曾无败政，流言怨悖，郁郁不乐。王亦知之，因命生曰：“姻亲二十余年，不幸小女夭札，不得与君子偕老，良有痛伤。”夫人因留孙自鞠育之。又谓生曰：“卿离家多时，可暂归本里，一见亲族。诸孙留此，无以为念。后三年，当令迎卿。”

【译文】淳于棼长期在外郡做大官，和京师大员很有交情，豪门贵族，没有一个不和他合得来的。自从交卸南柯太守官职回京居住，进出很自由，和宾客交游，威望和权势一天比一天高，国王心里有点不信任他。这时有人上奏章说：“天象有变异，预示国家将有大祸：京城将要迁移，宗庙将会崩坏，事变由外族挑起，在宫廷之内爆发。”众人议论，都说是淳于棼权势超过本分，要应在他身上。国王就下令削去淳于棼的侍卫人员，禁止他和别人交往，命他住在私宅里，不准外出。淳于棼自认为镇守大郡多年，从来不曾有过失职的地方，现在受到诽谤不实的流言，心里郁郁不乐。国王也知道了他的心情，就对他说：“我们做了二十多年的亲戚，不幸小女夭折，不能和你白头偕老，我心中很是悲痛！”夫人就把外孙留在宫中，亲自抚养。国王又对淳于棼说：“你离家多年，可以短期回本乡一次，看看乡亲本族，外孙留在这里，不必挂念，三年之后，我再派人接你回来。”

生曰：“此乃家矣，何更归焉？”王笑曰：“卿本人间，家非在此。”生忽若昏睡，瞢然久之，方乃发悟前事，遂流涕请还。王顾左右以送生。生再拜而去，复见前二紫衣使者从焉。至大户外，见所乘车甚劣，左右亲使御仆，遂无一人，心甚叹异。生上车，行可数里，复出大城。宛是昔年东来之迳，山川原野，依然如旧。所送二使者，甚无威势，生逾怏怏。生问使者曰：“广陵郡何时可到？”二使讴歌自若，久乃答曰：“少顷即至。”

【译文】淳于棼说："这里就是我的家，叫我回到什么地方去？"国王笑着说："你是人世间来的，你的家不在这里。"淳于棼听了，迷糊了半天，才醒悟过来，记起了以前来这里的事，就流下眼泪，请求回乡。国王叫左右的人去送他，淳于棼再拜辞别，看见又是他来时的两个紫衣使者跟随着他。出宫门之外，看见让他坐的车子很不象样，他平时使唤的手下人、车夫一个也不见，心中十分感叹。上车后，车子走了几里路，出了大城，仍然是当年东来走的道路，山川原野，景色依旧。送他的两个使者，已经没有了来时的威风，淳于棼更加感到不愉快。他问使者："什么时候可以到广陵郡？"两个使者只管哼哼唱唱，好一会才回答："快要到了。"

俄出一穴，见本里闾巷，不改往日，潸然自悲，不觉流涕。二使者引生下车，入其门，升其阶，己身卧于堂东庑之下。生甚惊畏，不敢前近。二使因大呼生之姓名数声，生遂发悟如初。见家之僮仆拥篲于庭，二客濯足于榻，斜日未隐于西垣，余樽尚湛于东牖。梦中倏忽，若度一世矣。生感念嗟叹，遂呼二客而语之。惊骇。因与生出外，寻槐下穴。

【译文】一会儿，车子驶出一个洞穴，淳于棼看见自己的本乡里巷，全和过去一样，禁不住悲从中来，流下眼泪。车到家门口，两个使者扶他下车，走进门，走上台阶，看见自己的身子躺在大堂东面的廊檐下。淳于棼又惊又怕，不敢走向前。两个使者就大声呼叫他的姓名几声，淳于棼忽然醒过来了。看见家里的仆人正拿着扫帚打扫庭院，两个朋友正坐在榻边洗脚，斜阳正照在西墙上，杯中剩酒还放在东窗窗台。他做梦的短短时间，在梦里已经过一世了，淳于棼感叹不止，就叫两个朋友过来，把梦里的经历全都告诉他们。他们也觉得惊奇。就和他一起走出去，寻到了大槐树下的洞穴。

生指曰："此即梦中所经入处。"客将谓狐狸木媚之所为祟。遂命仆夫荷斤斧，断拥肿，折查枿，寻穴究源。旁可袤丈，有大穴，洞然明朗。可容一榻。上有积土壤，以为城郭台殿之状。有蚁数斛。隐聚其中。中有小台，其色若丹。二大蚁处之，素翼朱首，长可三寸。左右大蚁数十辅之，诸蚁不敢近。此其王矣。即槐安国都也。

【译文】淳于棼指着洞穴说："这个洞穴就是我梦中闯进去的地方。"两个朋友认为是狐狸精或树妖作怪。他们就叫仆人拿了斧头，砍去树根上的叉枝，除去新生的枝条，查究洞穴里的情况。向旁边挖进去一丈多，发现一个大洞，洞底豁然开朗，可以放得下一张床。上面堆积着泥土，做成了城墙、楼台、宫殿的样子，有数不尽的蚂蚁，聚集在那里。土堆中间有个小台，颜色是朱红的，台上有两个大蚂蚁，白色的翅膀、红色的头，全身长约三寸，周围有几十个大蚂蚁护卫着，别的蚂蚁都不敢走近。这两个大蚁当然就是国王和夫人了。这里也就是槐安国的京都。

又穷一穴：直上南枝，可四丈，宛转方中，亦有土城小楼，群蚁亦处其中，即生所领南柯郡也。又一穴：西去二丈，磅礴空圬，嵌窞！”异状。中有一腐龟，壳大如斗。积雨浸润，小草丛生，繁茂翳荟，掩映振壳，即生所猎灵龟山也。

【译文】又挖到一个洞穴：在大槐树向南的树枝四丈多高的地方，通道曲折，中间有块方地，也有土城和小楼，也有一大群蚂蚁集聚在其中，这就是淳于棼治理的南柯郡了。另外有个洞穴，在西边二丈远地方，凹陷像个地窖，形状很怪，里面有只腐烂的乌龟，龟壳大得很，由于积雨浸润，壳上生了一丛丛小草，长得很茂密，草丛覆盖了整个龟壳，这是淳于棼曾经打猎的灵龟山。

又穷一穴：东去丈余，古根盘屈，若龙虺之状。中有小土壤，高尺余，即生所葬妻盘龙冈之墓也。追想前事，感叹于怀，披穴穷迹，皆符所梦。不欲二客坏之，遽令掩塞如旧。是夕，风雨暴发。旦视其穴，遂失群蚁，莫知所去。

【译文】又找到一个洞穴，往东距离一丈多，老树根弯弯曲曲，像龙蛇一样，中间有个小土堆，有尺把高，这就是淳于棼安葬妻子在盘龙冈的坟墓了。淳于棼回想梦中经历，心中万分感慨，看到发掘所得踪迹，都和梦中相符合，他不忍心让两个朋友去破坏它，立刻吩咐照原样掩盖堵塞好。这天夜里，起了暴风骤雨，天明去看洞穴，全部蚂蚁都不见了，不知迁到哪里去了。

故先言“国有大恐，都邑迁徙”，此其验矣。复念檀萝征伐之事，又请二客访迹于外。宅东一里有古涸涧，侧有大檀树一株，藤萝拥织，上不见日。旁有小穴，亦有群蚁隐聚其间。檀萝之国，岂非此耶？

【译文】梦中有人预言的“国家将有大祸，京都要迁移”，此就是应验了。淳于棼又想起檀萝国来侵犯的事，又请两个朋友同去找那地方。发现住宅东去一里有条枯干的山涧，边上有株大檀树，树上缠绕着藤萝，大树把阳光都遮盖住了，树旁有个蚂蚁洞，也有许多蚂蚁聚集在里边。檀萝国，难道不就是这里吗？

嗟呼！蚁之灵异，犹不可穷，况山藏木伏之大者所变化乎？时生酒徒周弁、田子华并居六合县，不与生过从旬日矣。生遽遣家僮疾往候之。周生暴疾已逝，田子华亦寝疾于床。生感南柯之浮虚，悟人世之倏忽，遂栖心道门，绝弃酒色。后三年，岁在丁丑，亦终于家。时年四十七，将符宿契之限矣。

【译文】啊，蚂蚁也有这样的灵异，叫人弄不清怎么回事，何况藏在山里伏在树丛里的大禽大兽兴妖作怪的事呢？那时淳于棼的酒友周弁、田子华都住在六合县，和他十多天没有来往了，他立即派仆人去探望他们，才知周弁生急病已死，田子华也病卧在床。淳于棼感到南柯一梦的虚幻，由此懂得了人生一世，也不过是弹指即逝，就信奉道教，戒绝酒色。三年之后，正是丁丑年，他病死在家，终年四十七岁，正好符合梦中父亲信中说过的话。

公佐贞元十八年秋八月，自吴之洛，暂泊淮浦，偶觌淳于生儿楚，询访遗迹，翻覆再三，事皆摭实，辄编录成传，以资好事。虽稽神语怪，事涉非经，而窃位著生，冀将为戒。后之君子，幸以南柯为偶然，无以名位骄于天壤间云。

【译文】作者在贞元十八年秋八月，从吴郡到洛阳，船在淮水边暂时停留，偶然遇见了淳于棼的儿子淳于楚。我向他问起这件事，又同去考查遗址，再三核对，那件事全都是确实的，就写成本篇，给喜爱奇闻的人阅读。这件事虽然涉及神奇怪异，不合常情，但对钻营功名妄想富贵的人，倒可引为儆戒。后世的先生们，希望你们把功名富贵看作偶然的南柯一梦，不要把名位在人们面前夸耀了！

前华州参军李肇赞曰：贵极禄位，权倾国都，达人视此，蚁聚何殊。

【译文】前华州参军李肇为本文作了四句赞语：做官做到高职位，权势压倒京城，通达的人看这些，就只是蚂蚁窠里梦一场。

裴 说

无双传

唐王仙客者，建中中朝臣刘震之甥也。初，仙客父亡，与母同归外氏。震有女曰无双，小仙客数岁，皆幼稚，戏弄相狎，震之妻常戏呼仙客为王郎子。如是者凡数岁，而震奉孀姊及抚仙客尤至。

【译文】王仙客是唐德宗建中年间朝中大臣刘震的外甥。当初仙客的父亲死了，便和母亲一起回到了舅舅家。刘震有个女儿叫无双，比仙客小几岁，二人都是孩童，所以经常在一块儿亲密地玩耍。刘震的妻子经常开玩笑地喊仙客为"王郎子"。就这样过了好几年，刘震侍奉守寡的姐姐，抚养仙客，都做得很周到。

一日，王氏姊疾，且重，召震约曰："我一子，念之可知也，恨不见其婚宦。无双端丽聪慧，我深念之，异日无令归他族，我以仙客为托。尔诚许我，瞑目无所恨也。"震曰："姊宜安静自颐养，无以他事自挠。"其姊竟不痊。仙客护丧，归葬襄邓。服阕，思念身世，孤孑如此，宜求婚娶，以广后嗣。无双长成矣，我舅氏岂以位尊官显而废旧约耶？于是饰装抵京师。

【译文】有一天，姐姐病了，而且很重，就把刘震叫到面前约定说："我只有一个儿子，惦念他这是可想而知的事，遗憾的是，看不到他结婚成家了。无双端庄美丽，而且很聪明，我也深深地惦记着她，以后不要让她嫁到别的家族去。我就把仙客托付给你了。你如果答应了我，我就没有什么遗憾，死也瞑目了。"刘震说："姐姐应该静下心来，好好调养身体，不要用别的事扰乱自己的心绪。"不久姐姐就去世了。仙客护送灵车，回襄邓安葬。守丧三年后，仙客不免考虑自己的遭遇、前途。心想我老是孤身一人怎么行？应该赶快结婚，以便后代繁盛。无双已经长大了，我舅舅难道不会因为地位尊贵官职显赫而废除原来的婚约吗？于是打扮一番到了京城。

时震为尚书租庸使，门馆赫奕，冠盖填塞。仙客既觐，置于学舍，弟子为伍。舅甥之分，依然如故，但寂然不闻选取之议。又于窗隙间窥见无双，姿质明艳，若神仙中人，仙客发狂，唯恐姻亲之事不谐也。遂鬻囊橐，得钱数百万，舅氏舅母左右给使。达于厮养，皆厚遗之。又因复设酒馔，中门之内，皆得入之矣。诸表同处，悉敬事之。遇舅母生日，市新奇以献，雕镂犀玉，以为首饰。舅母大喜。

【译文】那时刘震已做了尚书租庸使，门庭显赫，做官的来来往往，大门前停满车马。仙客进见舅舅后，被安置在学馆里，与那些学子生活在一起。舅甥的关系，仍像当初那样好，但是关于选女婿的事却一直不提。仙客从窗缝中偷偷看见无双，见她姿态容貌十分艳丽，就像是一位仙女下凡。仙客爱得发狂，惟恐婚姻的事不能成功。于是便卖掉了带来的行装，总共卖得几百万钱。对在舅父舅母身边的随从心腹，直至于粗活的奴仆，都送了厚礼，并摆了酒席招待他们，于是中门以内，仙客都能随便出入了。在和各位表亲相处时，都用恭敬的态度对待他们。遇到舅母生日，就买些新奇的东西作生日贺礼，买了雕犀刻玉的工艺品，给舅母做首饰，舅母因此非常高兴。

又旬日，仙客遣老妪，以求亲之事，闻于舅母。舅母曰："是我所愿也，即当议其事。"又数夕，有青衣告仙客曰："娘子适以亲情事言于阿郎，阿郎云：'向前亦未许之。'模样云云，恐是参差也。"仙客闻之，心气俱丧，达旦不寐，恐舅氏之见弃也，然奉事不敢懈怠。

【译文】又过了十天，仙客派了一位老太太，向舅母提起了求亲的事。舅母说："这是我的愿望，很快就会商量这件事的。"又过了几个晚上，有个婢女来告诉仙客："你舅母刚才把求婚的事对你舅舅说了，舅舅说：'以前我并没答应过呀！'情形如此，恐怕事情有出入了。"仙客听了这个话，心一下子全凉了，从晚到早没有睡觉，惟恐舅舅真的变了心，侍奉舅父舅母更不敢稍有懈怠。

一日，震趋朝，至日初出，忽然走马入宅，汗流气促。唯言"锁却大门，锁却大门。"一家惶骇，不测其由。良久乃言："泾原兵士反，姚令言领兵入含元殿，天子出苑北门，百官奔赴行在。我以妻女为念，略归部署。"疾召仙客："与我勾当家事，我嫁与尔无双。"仙客闻命，惊喜拜谢。乃装金银罗锦二十驮，谓仙客曰："汝易衣服，押领此物，出开远门，觅一深隙店安下；我与汝舅母及无双，出启夏门，绕城续至。"

【译文】一天，刘震去上朝，到太阳刚出来时，忽然骑马跑回家中，汗流满面，呼吸急促，不断说："快锁上大门！锁上大门！"一家人都惊慌害怕，猜不出是什么原因。过了老半天，刘震才说："泾源的士兵造反，姚令言带着军队攻进了含元殿。天子从花园的北门逃出去了，百官都向皇帝去的地方跑。我惦记着妻子儿女，回来稍微安排一下。"又赶快把仙客叫来说："你替我安排一下家里的事，等平静以后我把无双嫁给你！"仙客听到吩咐，又惊又喜，拜谢舅舅。于是刘震装满金银锦缎二十驮，对仙客说："你换换衣服，押着这些东西，从开远门出去，找一个深巷里的旅店安排住下。我与你舅母和无双从启夏门出去，绕城随后赶到。"

仙客依所教，至日落，城外店中待久不至。城门自午后扃锁，南望目断。遂乘骢，秉烛绕城，至启夏门，门亦锁。守门者不一，持白棓，或立或坐。仙客下马徐问曰："城中有何事如此？"又问"今日有何人出此？"门者曰："朱太尉已作天子。午后有一人重戴，领妇人四五辈，欲出此门。街中人皆识，云是租庸使刘尚书。门司不敢放出。近夜追骑至，一时驱向北去矣。"仙客失声恸哭，却归店。

【译文】仙客依照吩咐行动。到太阳落地，在城外店里等了好久，舅舅他们也没到。城门从午后就上了锁，向南极力远望，望到什么也看不见了，也没发现舅父一家。于是骑上青骢马，拿着蜡烛，绕城寻找。到了启夏门，城门也锁着。守门的和平时不同，他们拿着白木棒，有的站着，有的坐着。仙客下马，慢慢问道："城里到底出了什么事情？今天有什么人从这里出城了？"守城门的人说："朱太尉已做了皇帝。午后有一个人带了很多东西，还带了四五个妇女，想从此门出去，街上的人都认识，说是租庸使刘尚书，守城的不敢放行。快到很晚时追赶的骑兵到了，就押送驱赶着他们向北走了。"仙客禁不住痛哭起来，只好又回到店中。

三更向尽，城门忽开，见火炬如昼，兵士皆持兵挺刃，传呼斩斫使出城，搜城外朝官。仙客舍辎骑惊走，归襄阳，村居三年。后知克复，京阙重整，海内无事，乃入京，访舅氏消息。至新昌南街，立马彷徨之际，忽有一人马前拜。熟视之，乃旧使苍头塞鸿也。鸿本王家生，其舅常使得力，遂留之。握手垂涕，仙客谓鸿曰："阿舅阿母安否？"鸿云："并在兴化宅。"仙客喜极云："我便过街去。"鸿曰："某已得从良，客户有一小宅子，贩缯为业。今日已夜，郎君且就客户一宿，来早同去未晚。"遂引至所居，饮馔甚备。

【译文】三更将尽的时候，城门忽然打开，只见火把照耀得如白天一样，士兵都拿着刀枪呼喊传话说："斩斫使出城了！搜索在城外的朝廷官员！"仙客便丢下了辎重车骑，惊慌地逃走了。他回到了襄阳，在乡下住了三年。后来知道叛乱平息京城光复天下太平了，于是动身进京，打探舅舅家的消息。到了京城新昌街，正停下马进退不定时，忽然有一个人在马前下拜，仙客仔细一看，原来是自己过去的老仆人塞鸿。塞鸿本来是王家的家生奴，曾侍奉过仙客的舅舅，舅舅觉得他很得力，就留在自己家里使唤了。现在二人相见，不免感伤地拉着手流泪。仙客问塞鸿道："我舅舅和舅母都平安吗？"塞鸿说："他们都在兴化里的府宅中。"仙客喜出望外说："我马上就过街去看望他们。"塞鸿说："我已经赎身成为平民，租了一间小房子，以卖丝织品为业。现在天快黑了，您就暂时到我那里住一宿，明早一块去您舅舅家也不晚。"塞鸿把仙客领到自己住的地方，准备了丰盛的饭菜。

至昏黑，乃闻报曰："尚书受伪命官，与夫人皆处极刑，无双已入掖庭矣。"仙客哀冤号绝，感动邻里。谓鸿曰："四海至广，举目无亲戚，未知托身之所。"又问曰："旧家人谁在？"鸿曰："唯无双所使婢采苹者，今在金吾将军王遂中宅。"仙客曰："无双固无见期，得见采苹，死亦足矣。"由是乃刺谒，以从侄礼见遂中，具道本末，愿纳厚价，以赎采苹。遂中深见相知，感其事而许之。仙客税屋，与鸿苹居。塞鸿每言郎君年渐长，合求官职，悒悒不乐，何以遣时？仙客感其言，以情恳告遂中。遂中荐见仙客于京兆尹李齐运，齐运以仙客前衔为富平县尹，知长乐驿。

【译文】到了天黑时，塞鸿才对仙客说："您舅舅刘尚书在叛乱后接受过伪政府的官职，光复后，他和你舅母一起被朝廷处死了。无双已送进宫廷当了奴婢。"仙客悲哀怨恨，哭得死去活来，邻居们都被感动了。仙客对塞鸿说："天下极大，举目无亲，我不知道自己托身的地方在哪里！"又问道："原先的仆人谁还在此地？"塞鸣说："只有无双使唤过的婢女采苹，现在还在金吾将军王遂中的家里。"仙客说："无双看来是没有再见的机会了，能见见采苹，死也满足了。"于是递上名片，以堂侄的礼节拜见王遂中，把事情的经过从头到尾都说了，并表示愿用高价赎回采苹。遂中被仙客这种真挚的深情所感动，答应了他的要求。仙客于是租了房子，和采苹、塞鸿同住。塞鸿常常对仙客说："您年龄渐渐大了，应该谋个官职，整天郁郁不乐，怎么过日子？"对他的话，仙客有所感悟，就把自己的心里话诚恳地告诉了王遂中。王遂中于是就带着王仙客去见京兆尹李齐运，向他推荐。李齐运就派仙客去做富平县尹，兼管长乐驿站。

累月。忽报有中使押领内家三十人往园陵，以备洒扫，宿长乐驿。毡车子十乘下讫。仙客谓塞鸿曰："我闻宫嫔选在掖庭，多是衣冠子女，我恐无双在焉，汝为我一窥，可乎？"鸿曰："宫嫔数千，岂便及无双？"仙客曰："汝但去，人事亦未可定。"因令塞鸿假为驿吏，烹茗于帘外，仍给钱三千。约曰："坚守茗具，无暂舍去，忽有所睹，即疾报来。"塞鸿唯唯而去。

【译文】过了几个月，有一天，忽听报告说宫中的太监押着三十名宫女去清扫皇陵，途中要在长乐驿住宿。等宫中的十辆毡车上的人都下来后，仙客对塞鸿说："我听说宫女选入内廷的，多是官宦子女，恐怕无双也在里面。你为我偷偷看一看，好吗？”塞鸿说：“宫女好几千，哪里就会轮到无双！”仙客说：“你只管去，人间常常有意想不到的事。”于是叫塞鸿假扮为驿吏，在帘外煮茶。还给了三千钱，约定说：“牢牢看守着茶具，一会儿也不要离开。稍有所见就赶快来告诉我。”塞鸿连声答应着去了。

宫人悉在帘下，不可得见之，但夜语喧哗而已。至夜深，群动皆息，塞鸿涤器构火，不敢辄寐，忽闻帘下语曰：“塞鸿塞鸿，汝争得知我在此耶？郎健否？”言讫呜咽。塞鸿曰：“郎君见知此驿，今日疑娘子在此，令塞鸿问候。”又曰：“我不久语，明日我去后，汝于东北舍阁子中紫褥下，取书送郎君。”言讫便去。

【译文】宫女全在帘子里面，不能看到她们，晚上只听见嘈杂的说话声音罢了。到了深夜，各种动静都停了，塞鸿洗刷器具，添柴续火，不敢去睡。忽然听到帘子里说：“塞鸿，塞鸿！你怎么知道我在这里呢？郎君身体健康吗？”说完了低声哭起来。塞鸿说：“郎君现在主管这个驿站，今天疑心娘子会在此处，所以叫我来问候。”无双又说：“不能多说话，明天我离开后，你到东北方阁子中的紫色褥子底下取出书信送给郎君。”说完就离开了。

忽闻帘下极闹，云：“内家中恶，中使索汤药甚急。”乃无双也。塞鸿疾告仙客，仙客惊曰：“我何得一见？”塞鸿曰：“今方修渭桥，郎君可假作理桥官，车子过桥时，近车子立，无双若认得，必开帘子，当得瞥见耳。”仙客如其言，至第三车子，果开帘子，窥见，真无双也。仙客悲感怨慕，不胜其情。塞鸿于阁子中褥下得书，送仙客。花笺五幅，皆无双真迹，词理哀切，叙述周尽。仙客览之，茹恨涕下，自此永诀矣。其书后云：“常见敕使说，富平县古押衙，人间有心人，今能求之否？”仙客遂申府。请解驿务，归本官。

【译文】忽然听到帘子里面很吵闹，说是有宫女得了急病，太监要汤药要得很急。原来说话的就是无双。塞鸿急忙把情况告诉了仙客，仙客吃惊的说：“我怎样才能见她一面呢？”塞鸿说：“现在正修渭河桥，郎君可以假充理桥官，车子过桥时，你靠近车子站着，无双如果认出你来，一定会掀开车帘，这样就能见到她了。”仙客按照他的话办了。等到第三辆车经过时，果然掀开了帘子，仙客往里一看，果真是无双。仙客伤感怨恨渴慕，简直承受不了这种复杂的心情。宫女们离开驿站后，塞鸿在阁子中的褥子下面找到了书信，送给了仙客。是五张花笺，上面都是无双亲手写的字，词句十分悲哀恳切，叙述详尽周到。仙客看后，只能含恨落泪，觉得从此以后再也不会见到无双了。那封信结尾处说：“常听见皇帝的使者说，富平县有位姓古的押衙，是位愿意为人排忧解难的人，现在你能去求求他吗？”仙客便向府里提出申请，请求解除驿务，回去做原官。

遂寻访古押衙，闲居于村墅。仙客造谒，见古生。生所愿，必力致之，缯彩宝玉之赠，不可胜纪。一年未开口。秩满，闲居于县，古生忽来，谓仙客曰："洪一武夫，年且老，何所用？郎君于某竭分，察郎君之意，将有求于老夫。老夫乃一片有心人也，感郎君之深恩，愿粉身以答效。"仙客泣拜，以实告古生。

【译文】批准后，便去寻访古押衙。打听后得知，古先生原来住在乡下简陋的房子里。仙客去拜访，见到了古生。以后凡是古先生所希望的，仙客一定努力办到，赠送给古先生的各种颜色的丝织品和珍宝玉石不计其数。这样过了一年，仙客并未开口提什么要求。任满后，仙客闲住在县里，古先生忽然来了，对仙客说："我古洪是一介武夫，人也已经老了，还有什么用呢？郎君对我竭尽情谊，我观察郎君的用意，好像有什么事要求我办。我倒是有一片急人之难的心啊！很感激您的大恩，愿意粉身碎骨来报答！"仙客哭着下拜，把实情告诉了古洪。

古生仰天，以手拍脑数四曰："此事大不易，然与郎君试求，不可朝夕便望。"仙客拜曰："但生前得见，岂敢以迟晚为恨耶？"半岁无消息。一日扣门，乃古生送书，书云："茅山使者回，且来此。"仙客奔马去，见古生，生乃无一言。又启使者，复云："杀却也，且吃茶。"夜深，谓仙客曰："宅中有女家人识无双否？"仙客以采苹对，仙客立取而至。

【译文】古洪仰望天空，用手再三地拍脑袋，说："这事太不容易办了，可是还是要替郎君试一试，但不能指望很快成功。"仙客拜谢说："只要生前能见到无双就行，哪敢限定时间的早晚呢？"此后半年没有消息。有一天，有人敲门，原来是古洪送了信来。信上说："茅山使者回来了，你暂且来我这里一趟。"仙客骑上马就跑去见古洪。古洪竟一句话不说，仙客又问使者，回答说："已经杀掉了，暂且喝茶吧。"夜深的时候，古洪对仙客说："你家里有认识无双的女仆吗？"仙客说采苹认识无双，而且马上把采苹带了过来。

古生端相，且笑且喜云："借留三五日，郎君且归。"后累日，忽传说曰："有高品过，处置园陵宫人。"仙客心甚异之，令塞鸿探所杀者，乃无双也。仙客号哭，乃叹曰："本望古生，今死矣，为之奈何？"流涕歔欷，不能自已。

【译文】古洪仔细看了看，一边笑一边高兴地说："借她留住三五天，郎君暂且回去吧。"过了几天以后，忽然传来消息说，有位大官经过这里，去处置陵园中的一名宫女。仙客心中觉得很奇怪，让塞鸿去打听被杀的人是谁，原来竟是无双！仙客号啕大哭，叹息说："本来寄希望于古先生，现在已经死了，我还能有什么办法呢？"不断流泪叹息，不能控制自己。

是夕更深，闻叩门甚急，及开门，乃古生也，领一篼子入，谓仙客曰："此无双也，今死矣，心头微暖，后日当活。微灌汤药，切须静密。"言讫，仙客抱入阁子中，独守之。至明，遍体有暖气。见仙客，哭一声遂绝，救疗至夜方愈。

【译文】当天晚上夜已很深了，忽然听到急促的敲门声。等开门一看，原来是古洪。只见他领着一乘软轿进来，对仙客说："这就是无双，现在死了，不过心窝微温，后天会活过来。给她灌些汤药，千万要安静保密。"说完话，仙客就把无双抱进了阁子里，一个人伴着她。到了第二天早晨，无双遍身都有了热气，睁眼看见了仙客，哭了一声，就昏死过去，抢救治疗到晚上才缓过来。

古生又曰："暂借塞鸿，于舍后掘一坑。"坑稍深，抽刀断塞鸿头于坑中。仙客惊怕。古生曰："郎君莫怕，今日报郎君恩足矣。比闻茅山道士有药术，其药服之者立死，三日却活。某使人专求得一丸，昨令采苹假作中使，以无双逆党，赐此药令自尽。至陵下，托以亲故，百缣赎其尸。凡道路邮传，皆厚赂矣，必免漏泄。茅山使者及舁篼人，在野外处置讫。老夫为郎君，亦自刎。君不得更居此，门外有担子一十人，马五匹，绢三百匹，五更挈无双便发，变姓名浪迹以避祸。"言讫，举刀，仙客救之，头已落矣，遂并尸盖覆讫。

【译文】古洪又说："暂时借用一下塞鸿，到房后挖个坑。"坑挖得较深的时候，古洪抽出刀来，把塞鸿的头砍落到坑里。仙客又吃惊又害怕。古洪说："郎君不要怕，今天我已经报答了郎君的恩情。前些日子我听说茅山道士有一种药，那种药吃下去，人会立刻死去，三天后却会活过来，我派人专程去要了一丸。昨天让采苹假扮宦官，说因为无双是属于叛逆一伙的人，赐给她这种药命她自尽。尸体送到墓地时，我又假托是她的亲朋故旧，用百匹绸缎赎出了她的尸体。凡是路上的馆驿，我都送了厚礼，一定不会泄漏。茅山使者和抬软轿的人，在野外就把他们处置光了。我为了郎君，也要自杀。郎君不能再住在此地，门外有轿夫十人，马五匹，绢二百匹，五更天时，你就带着无双出发，然后就改名换姓，飘泊远方去避祸吧！"说完就举起了刀，仙客急忙去阻挡，但古洪人头已经落地。于是把古先生的头与身子合到一起埋葬了。

未明发，历四蜀下峡，寓居于渚宫。悄不闻京兆之耗，乃挈家归襄邓别业，与无双偕老矣，男女成群。赞曰：人生之契阔会合多矣，罕有若斯之比，常谓古今所无。无双遭乱世籍没，而仙客之志，死而不夺，卒遇古生之奇法取之，冤死者十余人。艰难走窜后，得归故乡，为夫妇五十年。何其异哉！

【译文】埋完后，趁天没亮就出发了。历经四川、三峡，最后寄居于江陵的渚宫。后来一直也没听到京城有什么不好的消息，于是就带着家眷回到了襄邓别墅。仙客与无双终于白头偕老，子女成群。赞说：人生的离散聚合之事多得很，却很少有可与这件事相比的，常说这是古今都没有的事。无双生逢乱世，财产与人都被没收入了官府，而仙客的志向，至死不改变，终于遇到古洪，用奇特的方法救回了无双。为了成全这件事屈死的人有十多个，艰难逃窜，最后得以回到故乡，做为夫妇一起生活了五十年，真是天下少有的奇事啊。

无名氏

乌将军记

代国公郭元振，开元中下第，自晋之汾，夜行阴晦失道，久而绝远有灯火之光，以为人居也，径往投之。八九里有宅，门宇甚峻。既入门，廊下及堂上灯烛辉煌，牢馔罗列，若嫁女之家，而悄无人。公系马西廊前，历阶而升，徘徊堂上，不知其何处也。俄闻堂中东阁有女子哭声，呜咽不已。公问曰："堂上泣者，人邪，鬼耶？何陈设如此，无人而独泣？"

【译文】代国公郭元振，开元年间科考没中，从晋州到汾州，夜里走路天黑迷失方向，很久看到远处有灯火之光，以为是人家，前往投宿。走了八九里地才看到有房子，大门口的建筑非常高大。进门后，廊下及堂上灯烛明亮，酒食排列，像嫁闺女的家庭，但寂静无人。郭元振把马系在西边的廊前，顺着台阶走上去，徘徊在大堂里，不知是什么地方。一会儿，听到屋中东边阁子里有女子的哭声，不停地呜咽。郭元振问道："屋中哭的人，你是人还是鬼呀？为何如此摆设而又无人独自哭泣？"

曰："妾此乡之祠，有乌将军者，能祸福人，每岁求偶于乡人，乡人必择处女之美者而嫁焉。妾虽陋拙，父利乡人之五百缗，潜以应选。今夕，乡人之女并为游宴者，到是，醉妾此室，共锁而去，以适于将军者也。今父母弃之就死，而已惴惴哀惧。君诚人邪，能相救免，毕身为扫除之妇，以奉指使。"公大愤曰："其来当何时？"曰："二更。"公曰："吾忝为大丈夫也，必力救之。如不得，当杀身以徇汝，终不使汝枉死于淫鬼之手也。"女泣少止。于是坐于西阶上，移其马于堂北，令一仆侍立于前，若为傧而待之。

【译文】回答道："我是这个乡里选出的祭祀之物，我们这里有个乌将军，能给人带来祸福，每年强横地向乡里人求婚，乡里人必须选一漂亮的处女嫁给他。我虽丑陋笨拙，但我父收了乡里人的五十万文钱，他们悄悄地把我选中。今晚，乡下人的女儿成为游乐的对象，到这里来，把我灌醉在这间屋子里，锁门一起去了，让我等着嫁给乌将军。现在被父母抛弃在此等死，令我恐惧哀伤。你是真诚的人，如能救我免除危难，我愿一生做你的小妾，供你指使。”郭元振愤怒地说：“它什么时候来？”回答道：“二更天。”郭元振说：“我有愧于大丈夫的称呼，一定尽力相救。如果不行，就自杀陪你一起死，最终也不让你枉死在淫鬼之手。”一会儿，女子不哭了。他们坐在西边的台阶上，把马拴到屋子的北面，让一仆人在眼前站着，象傧相似的等着。

未几，火光照耀，车马骈阗，二紫衣吏入而复出，曰：“相公在此。”逡巡二黄衣吏入而出，亦曰：“相公在此。”公私心独喜，吾当为宰相，必胜此鬼矣。既而将军渐下，导吏复告之。将军曰：“入。”有戈剑弓矢翼引以入，即东阶下，公使仆前曰：“郭秀才见。”遂行揖。

【译文】不久，火光照耀，车马聚集很多，有两个贵官进来看看又出去，说：“相公在此。”一刹那间，有两个更高级的官员进来看看又出去，也说：“相公在此。”郭元振暗自高兴，我当宰相，一定超过此鬼。不久将军慢慢地下来，引导官又宣告一遍。将军说：“进去。”有兵士手拿戈、剑、弓、矢在旁引导进入，到东边台阶下，郭元振派仆人上前说：“郭秀才求见。”就行礼作揖。

将军曰：“秀才安得到此？”曰：“闻将军今夕嘉礼，愿为小相耳。”将军者喜而延坐，与对食，言笑极欢。公于囊中有利刀，思取刺之，乃问曰：“将军曾食鹿脯乎？”曰：“此地难遇。”公曰：“某有少许珍者，得自御厨，愿削以献。”将军者大悦。公乃起，取鹿脯并小刀，因削之，置一小器，令自取。将军喜，引手取之，不疑其他。

【译文】将军说：“秀才怎么在这里？”郭元振回答：“听说将军今晚举行婚礼，愿做司仪。”将军高兴地请郭元振入坐，与他共同进餐，言谈笑语非常欢快。郭元振的囊中有利刃，想拿出刺杀将军，就问道：“将军可曾吃鹿脯吗？”将军说：“这个地方难得此物。”郭元振说：“我有一点珍藏着，从御厨那里得到的，愿切了献给你。”将军大悦。郭元振起来，取来鹿脯和小刀，切鹿脯，放在一小容器里，让将军自取。将军高兴，伸手去拿，没怀疑其他的。

公伺其无机，乃投其脯，捉其腕而断之。将军失声而走，导从之吏，一时惊散。公执其手，脱衣缠之，令仆夫出望之，寂无所见，乃启门谓泣者曰：“将军之腕已在于此矣，寻其血踪，死亦不久。汝既获免，可出就食。”泣者乃出，年可十七八，而甚佳丽，拜于公前，曰：“誓为仆妾。”公勉谕焉。

【译文】郭元振趁他没有防备，就把鹿脯投向将军，捉住他的手腕将其砍断。将军痛苦失声而逃，引导随从的官吏，一时惊慌四散。郭元振拿着他的手，脱下衣服包上，让仆人出门观望，外面寂静什么都看不见，于是开门对那女子说："将军的手腕已在这里，按血迹追踪寻找，死了也不久。你已经没事了，可以出来吃饭了。"那女子这才出来，她大约十七八岁，非常美丽，拜在郭元振面前，说："我发誓做您的奴仆婢妾。"郭元振劝说她。

天方曙，开视其手，则猪蹄也。俄闻哭泣之声渐近，乃女之父母兄弟及乡中耆老，相与舁榇而来，将收其尸以备殡殓，见公及女，乃生人也。咸惊以问之，公具告焉。乡老共怒残其神，曰："乌将军。此乡镇神，乡人奉之久矣，岁配以女，才无他虞，此礼少迟，即风雨雷雹为虐。奈何失路之客，而伤我明神，致暴于人，此乡何负！当杀公以祭乌将军，不尔，亦缚送本县。"

【译文】天刚亮，他们打开衣服看那只手竟是猪蹄。一会儿，听到哭声渐近，原是女子的父母兄弟和同乡中的老士绅，共同抬着棺材而来，要收尸以准备入殓出殡，看见郭元振和女子，是活着的人。都惊讶地问他们，郭元振详细地说了经过。乡里年高望重的人一起指责他残害神灵，说："乌将军。是镇守这乡的神，我们供奉很久了，每年送给它女子为妻，这才没有别的忧虑，这个礼不太好或送迟了，就风雨冰雹肆虐。为什么你迷路的客人，却伤我神灵，使我们遭受灾难，我们有什么对不起你的！该杀你以祭奠乌将军，不然，也要绑送本县官府。"

挥少年将令执公，公谕之曰："尔徒老于年，未老于事。我天下之达理者，尔众听吾言。夫神，承天而为镇也，不若诸侯受命于天子而疆理天下乎？"曰："然。"公曰："使诸侯渔色于中国，天子不怒乎？残虐于人，天子不伐乎？诚使尔呼将军者，真神明也，神固无猪蹄，天岂使淫妖之兽乎？且淫妖之兽，天地之罪畜也，吾执正以诛之，岂不可乎！尔曹无正人，使尔少女年年横死于妖畜，积罪动天。安知天不使吾雪焉？从吾言，当为尔除之，永无聘娶之患，如何？"乡人悟而喜曰："愿从公命。"

【译文】挥手让年青人抓郭元振，郭元振告诉他们："你白活这么多年了，却不像老年人那样懂得道理。我是懂得天下道理的人，你们听我说。神，承奉天道称为镇，不如诸侯受命于天子而划分治理天下吗？"曰："对。"郭元振说："让诸侯猎取中原的美女，天子能不愤怒吗？残暴狠毒地对待人们，天子能不讨伐吗？假使你称为将军的人，真是神灵，神肯定没猪蹄，苍天怎能用淫荡邪恶的兽类呢？而且淫荡邪恶的兽类，天地都认为是有罪的畜生，我主持公道杀它，怎么不可以！你们没有正直的人，使那些少女年年横死在妖畜手中，积累的罪恶都惊动了苍天。怎么知道不是老天爷让我为她们雪耻？听我的话，应该为你们除掉它，永无订婚之礼的忧患，怎么样？”乡人明白后高兴地说：“愿服从你的命令。”

乃令数百人，执弓矢刀枪锹钁之属，环而自随，寻血而行。才二十里，血入大冢穴中，因围而劚之，应手渐大如瓮口，公令束薪燃火投入照之。其中若大室，见一大猪，无前左蹄，血卧其地，突烟走出，毙于围中。乡人翻共相庆，会钱以酬公。公不受，曰：“吾为人除害，非鬻猎者。”

【译文】就叫来几百人，拿着弓箭刀枪锹镐等东西，跟在郭元振的后面，按血迹而走。才二十里，血迹进入一大墓穴中，围而挖之，随手挖出一个洞大如瓮口，郭元振让人用捆好的柴木燃火投进去照看。里面像一大屋子，见一大猪，没有前左蹄，流血爬在地上，然后从烟火中冲出来，被围住的人打死。乡人一起反复地相互庆贺，凑钱酬谢郭元振。郭元振不接受，说：“我为民除害，不是卖猎物谋生的人。”

得免之女辞其父母亲族曰：“多幸为人，托质血属，闺闱未出，固无可杀之罪。今者贪钱五十万，以嫁妖兽，忍锁而去，岂人所宜！若非郭公之仁勇，宁有今日？是妾死于父母而生于郭公也。请从郭公，不复以旧乡为念矣。”泣拜而从公，公多方援谕，止之不获，遂纳为侧室，生子数人。公之贵也，皆任大官之位。事已前定，虽生远地，而弃于鬼神，终不能害，明矣。

【译文】获救的女子辞别父母亲戚说：“幸亏是人类，托身于人，还没有出过闺房，所以没有可杀的罪名。你们得钱五十万，把我嫁给妖兽，忍心锁门而去，岂是亲人应该做的！如不是郭公的仁义勇敢，那能有今天？是我死于父母之手而被郭公所救。我请求嫁给郭公，我不会怀念故乡的。”哭着向父母跪拜而跟了郭元振。郭元振多次让别人帮忙说亲，始终没合适的，就把她纳为侧室，生了几个儿子。因郭元振的资力，都当了大官。人生前世已定，虽然生在远处，被抛弃给了鬼神，但始终不能加害，这是神灵在保佑。

聂隐娘传

聂隐娘者，贞元中魏博大将聂锋之女也。年方十岁，有尼乞食于锋舍，见隐娘，悦之，云：“问押衙乞取此女。”锋大怒，叱尼。尼曰：“任押衙铁柜中盛，亦须偷去矣。”及夜，果失隐娘所在。锋大惊骇，令人搜寻，曾无影响。父母每思之，相对啼泣而已。

【译文】唐德宗贞元年间，魏博节度使大将聂锋的女儿聂隐娘，才十岁。有个尼姑到聂锋家讨饭，见到了隐娘，特别喜爱。她说："押衙（指聂锋）能不能将女儿交给我，让我教育她。"聂锋很生气，斥责了尼姑。尼姑说："押衙就是把女儿锁在铁柜中，我也能偷去呀。"这天晚上，隐娘果然丢失了，聂锋大吃一惊，令人搜寻，没有结果。父母每思念女儿，便相对哭泣。

后五年，尼送隐娘归，告锋曰："教已成矣，可自领取。"尼亦不见。一家悲喜，问其所习。曰："初但读经念咒，余无他也。"锋不信，恳诘。隐娘曰："真说又恐不信，如何？"锋曰："但真说之。"

【译文】五年后，尼姑把隐娘送回，并告诉聂锋说："我已经把她教成了，把她送还给你。"尼姑须臾不见，一家人悲喜交加，问女儿学些什么。女儿说："开始时也就是读经念咒，也没学别的。"聂锋不相信，又恳切地问女儿。隐娘说："我说真话恐怕你们也不信，那怎么办？"聂锋说："你就说真话吧。"

乃曰："隐娘初被尼挈去，不知行几里。及明，至大石穴中，嵌空数十步，寂无居人。猿猱极多。尼先已有二女，亦各十岁。皆聪明婉丽，不食，能于峭壁上飞走，若捷猱登木，无有蹶失。尼与我药一粒，兼令执宝剑一口，长一二尺许，锋利吹毛可断。遂令二女教某攀缘，渐觉身轻如风。一年后，刺猿猱百无一失。后刺虎豹，皆决其首而归。三年后，能使刺鹰隼，无不中。剑之刃渐减五寸，飞禽遇之，不知其来也。

【译文】隐娘便把真实情况说了一遍。我初被尼姑带走时，也不知走了多少里路，天亮时，到一大石穴中，悬在空中几十步，穴中没人居住，猿猴很多，树林茂密。这里已有两个女孩，也都是十岁，都很聪明美丽，就是不吃东西。能在峭壁上飞走，像猴爬树一样轻捷，没有闪失。尼姑给我一粒药，又给了我一把二尺长的宝剑，剑刃特别锋利，毛发放在刃上，一吹就断。我跟那两个女孩学攀缘，渐渐感觉自己身轻如风。一年后，学刺猿猴，百发百中。后又刺虎豹，都是割掉脑袋拿回来。三年后能飞了，学刺老鹰，没有刺不中的。剑刃渐渐磨减到只剩五寸长，飞禽遇到，有来无回。

至四年，留二女守穴。挈我于都市，不知何处也。指其人者，一一数其过，曰：'为我刺其首来，无使知觉。定其胆，非若鸟之容易也。'受以羊角匕首，刃广三寸，遂白日刺其人于都市，人莫能见。以首入囊，返命则，以药化之为水。

【译文】到了第四年，留下二女守洞穴，领我去城市，我也不知是什么地方。她指着一个人，一一的把这人的罪过说一遍，叫我在那人不知不觉中，把他的头割回来。像鸟飞那么容易，给我一把羊角匕首，三寸长，我就在大白天把那人刺死，别人还看不见，把他的头装在囊中，带回石穴，用药将那头化为水。

五年，又曰：‘某大僚有罪，无故害人若干，夜可入其室，决其首来。’又携匕首入室，度其门隙无有障碍，伏之梁上。至瞑时，得其首而归。尼大怒：‘何太晚如是？’某云：‘见前人戏弄一儿，可爱，未忍便下手。’尼叱曰：‘已后遇此辈，先断其所爱，然后决之。’某拜谢。尼曰：‘吾为汝开脑后，藏匕首而无所伤。用即抽之。’曰：‘汝术已成，可归家。’遂送还，云：‘后二十年，方可一见。’”锋闻语甚惧。

【译文】五年后，尼姑又说，某个大官有罪，无辜害死很多人，你晚间可到他的房中，把他的头割来。于是，我就带着匕首到那房中，从门缝中进去，一点障碍没有，我爬到房梁上，直到天亮，这才把那人的头拿回来。尼姑大怒说，怎么这么晚才回来？我说，我看那个人逗弄一个小孩玩，怪可爱的，我没忍心下手。尼姑斥责说，以后遇到这样的事，先杀了孩子，断其所爱，然后再杀他。我拜谢了尼姑，尼姑说，我把你的后脑打开，把匕首藏在里面，伤不着你，用时很方便。又说，你的武艺已经学成，可以回家了。于是把我送回来了。她还说，二十年后，才能一见。聂锋听隐娘说完后，心中很惧怕。

后遇夜即失踪，及明而返。锋已不敢诘之，因兹亦不甚怜爱。忽值磨镜少年及门，女曰：“此人可与我为夫。”白父，父不敢不从，遂嫁之。其夫但能淬镜，余无他能。父乃给衣食甚丰。外室而居。数年后，父卒。魏帅稍知其异，遂以金帛召署为左右吏。

【译文】以后，每到夜晚隐娘就不见了，天亮才回来，聂锋也不敢追问，因此，也不太怜爱隐娘。有一天，一个磨镜少年来到聂家门前，隐娘说：“这个人可以做我的丈夫。”她告诉了父亲，父亲也不敢不应承。隐娘便嫁给了那少年，她丈夫只能制镜，不会干别样，父亲供给他们吃穿费用很丰厚，只是在外居住。多年后，父亲去世，魏帅知道隐娘的一些情况，便用钱财雇佣他们为侍卫左右警卫。

如此又数年，至元和间，魏帅与陈许节度使刘悟参商不协，使隐娘贼其首。隐娘辞帅之许。刘能神算，已知其来。召牙将，令来日早至城北，候一丈夫一女子各跨白黑卫至门，遇有鹊来噪，丈夫以弓弹之不中。妻夺夫弹，一丸而毙鹊者，揖之云：吾欲相见，故远相祗迎也。

【译文】就这样又过了数年，到了宪宗元和年间，魏帅和陈许节度使刘昌裔关系不睦。魏帅派隐娘割刘昌裔的头。刘昌裔能神算，隐娘刚辞别魏帅时，他就知道她能来，便召集衙将，命令他们在隐娘来时的那天早晨到城北，碰到鹊雀在夫妻二人面前鸣噪，丈夫用弹弓射没有射中。妻子夺夫弹，夺来弹弓，只一丸便射杀了鹊雀的，就对他们行礼一揖，说："我们大人想见两位，所以让我们远远的就出来迎接两位。"

牙将受约束，遇之。隐娘夫妻曰："刘仆射果神人。不然者，何以洞吾也。愿见刘公。"刘劳之，隐娘夫妻拜曰："得罪仆射，合万死。"刘曰："不然，各亲其主，人之常事。魏今与许何异。请当留此，勿相疑也。"隐娘谢曰："仆射左右无人，愿舍彼而就此，服公神明耳。"知魏帅不及刘。刘问其所须。曰："每日只要钱二百文足矣。"乃依所请。

【译文】隐娘夫妻说："刘仆射果然是神人，不然的话，怎么知道我们要来呢。我们愿见刘公。"刘昌裔来了，隐娘夫妻拜过后说："我们很对不起你，真是罪该万死。"刘昌裔说："不能这样说，各亲其主，人之常情，我和魏帅没什么不一样的，我请你们留在这里，不要有疑虑。"隐娘感谢说："仆射左右无人，我们愿意到你这里来，我很佩服你的神机妙算，魏帅不如你。"刘昌裔又问他们需要什么。他们说，每天只要二百文钱就足够了。便答应了他们的要求。

忽不见二卫所在。刘使人寻之，不知所向。后潜于布囊中见二纸卫，一黑一白。后月余，白刘曰："彼未知止，必使人继至。今宵请剪发系之以红绡，送于魏枕前，以表不回。"刘听之，至四更，却返，曰："送其信矣。夜是必使精精儿来杀某及贼仆射之首。此时亦万计杀之。乞不忧耳。"

【译文】一天忽然不见了他们骑来的两匹驴，刘昌裔派人寻找，不知去向。后来在一个布袋中，看见了两个纸驴，一黑一白。一个多月后，对刘昌裔说："魏帅不知我们在这住下了，必定派人来，今天请你剪些头发，用红绸布包上，送到魏帅枕前，表示我们不回去了。"刘昌裔照办。到了四更，隐娘返回来了，对刘昌裔说："信送去了，后天晚间魏帅必派精精儿来杀死我，还要割你的头，我们也要多想办法杀了他，你不用忧愁。"

刘豁达大度，亦无畏色。是夜明烛，半宵之后，果有二幡子，一红一白，飘飘然如相击于床四隅。良久，见一人望空而踣，身首异处。隐娘亦出曰："精精儿已毙。"拽出于堂之下，以药化为水，毛发不存矣。

【译文】刘昌裔豁达大度，毫无畏色。这天晚上，烛光通明，半夜之后，果然看见一红一白两个幡子，互相击打，飘飘然在床的四周转悠。过了很久，见一个人从空中跌下地来，身子和头分开了。隐娘也出现了，说，精精儿现在已被我打死。将精精儿的尸体拽到堂下。用药化成了水。连毛发都不剩。

隐娘曰："后夜当使妙手空空儿继至。空空儿之神术，人莫能窥其用，鬼莫得蹑其踪。能从空虚而入冥莫，善无形而灭影，隐娘之艺，故不能造其境。此即系仆射之福耳。但以于阗玉周其颈，拥以衾，隐娘当化为蠛蠓，潜入仆射肠中听伺，其余无逃避处。"刘如言。

【译文】隐娘又说："后天晚间，他会派空空儿来，空空儿的神术是神不知，鬼不觉，来无影，去无踪。我的武艺是赶不上他，这就看仆射的福份了，你用于阗玉围着脖子，盖着被，我变成一只小蚊虫，潜入你肠中等待时机，其余人不用逃避。"刘昌裔按她所说的办法做了。

至三更，瞑目未熟。果闻项上铿然，声甚厉。隐娘自刘口中跃出，贺曰："仆射无患矣。此人如俊鹘，一搏不中，即翩然远逝，耻其不中耳，才未逾一更，已千里矣。"后视其玉，果有匕首划处，痕逾数分。自此刘转厚礼之。

【译文】到了三更，刘昌裔虽然闭着眼睛却没睡着，果然听到脖子上砰的一声，声音特别大。隐娘从刘昌裔口中跳出，祝贺说："仆射没事了。这个人像雄鹰似的，只是一搏，一搏不中他便远走高飞，他没击中感觉很耻辱，还不到一更，他已经飞出一千多里了。"他们察看了刘昌裔脖颈上的玉石，果然有匕首砍过的痕迹，很深。刘昌裔给隐娘夫妇送了厚礼。

自元和八年，刘自许入觐，隐娘不愿从焉。云："自此寻山水，访至人，但乞一请给与其夫。"刘如约，后渐不知所之。及刘薨于军，隐娘亦鞭驴而一至京师柩前，恸哭而去。

【译文】唐宪宗元和八年，刘昌裔从陈许调到京师。隐娘不愿跟随去京，她说："从此我要游山逛水，遍访圣贤。只求你给我丈夫一个差使便可以了。"刘昌裔照办。后来，渐渐不知隐娘的去处，刘昌裔死时，隐娘骑驴到了京师，在刘的灵前大哭而去。

开成年，昌裔子纵除陵州刺史，至蜀栈道，遇隐娘，貌若当时。甚喜相见，依前跨白卫如故。谓纵曰："郎君大灾，不合适此。"出药一粒，令纵吞之。云："来年火急抛官归洛，方脱此祸。吾药力只保一年患耳。”纵亦不甚信。遗其缯彩，隐娘一无所受，但沉醉而去。后一年，纵不休官，果卒于陵州。自此无复有人见隐娘矣。

【译文】唐文宗开成年间，刘昌裔的儿子刘纵任陵州刺史，在四川栈道上遇见了隐娘，面貌仍和当年一样，彼此很高兴能够重逢，她还像从前那样骑一头白驴。她对刘纵说：“你有大灾，你不应该到这里来。”她拿出一粒药，让刘纵吃下去。她说：“来年你不要做官了，赶紧回洛阳去，才能摆脱此祸。我的药力只能保你一年免灾。”刘纵不太相信，送给隐娘一些绸缎，隐娘没有要，飘飘然而去，如神似仙。一年后，刘纵没休官，果然死于陵州。从那以后再没有人见过隐娘。

杨巨源

杨巨源，唐蒲州人，字景山，贞元进士，累拜国子司业，年七十致仕卒。

【译文】杨巨源是唐代蒲州人，字景山，唐贞元年间进士，数次迁官到国子司业，七十岁退休后就死了。

红线传

潞州节度使薛有嵩有家青衣红线者，善弹阮咸，又通经史，嵩召俾其掌笺表，号曰内记室。时军中大宴，红线谓嵩曰："羯鼓之声颇甚悲切，其击者必有事也。"嵩素晓音律，曰："如汝所言。"乃召而问之，云："某妻昨夜身亡，不敢求假。"嵩遂令归。

【译文】唐代潞州节度使薛嵩家一婢女名红线，她擅长弹琵琶，又懂四书五经。薛嵩让她管理各种文书，称为内记室。有一次军中宴会上，红线对薛嵩说："听这鼓声很悲凉，这打鼓的人必定有心事。"薛嵩平时也懂音乐，说："你说得很对。"于是，找来打鼓人一问，他说："昨晚我妻子死了，我没敢请假。"薛嵩听完就让他回家了。

是时至德之后，两河未宁，以淦阳为镇，命嵩固守，控压山东。杀伤之余，军府草创。朝廷命嵩女嫁魏博节度使田承嗣男，又遣嵩男娶滑台节度使令狐章女；三镇交缔为姻娅，使盖日浃往来。

【译文】这时正是唐肃宗至德年间，河南、河北一带很不安宁。朝廷命令薛嵩守卫淦阳，并控制山东。战争刚过，军府初建，朝廷命薛嵩将女儿嫁给魏博节度使田承嗣的儿子，又让他的儿子娶滑亳节度使令狐章的女儿。使淦阳、魏博、滑亳三镇联姻，经常派使相互往来。

而田承嗣常患肺气，遇热增剧，每曰："我若移镇山东，纳其凉冷，可以延数年之命。"乃募军中武勇十倍者，得三千人，号外宅男，而厚其廪给。常令三百人夜直州宅。卜选良日，将并潞州。嵩闻之，日夜忧闷，咄咄自语，计无所出，时夜漏将传，辕门已闭。杖策庭除，惟红线从焉。

【译文】魏博节度使田承嗣肺部患病，天热就严重。他常说："我若驻守山东，那里天气比较凉快，我还能多活几年。"于是，他从军中选拔了三千勇士，称为外宅男，给其优厚的待遇。他命令三百人在衙门口和宅院内值班，并选择适当时机，想吞并潞州。薛嵩知道这消息后，日夜忧愁，常自言自语，却想不出好办法。一天夜晚，军营的大门已经关闭，薛嵩拄着拐杖到庭院，只有红线跟在身后。

红线曰："主自一月，不遑寝食。意有所属，岂非邻境乎？"嵩曰："事系安危，非汝能料。"红线曰："某诚贱品。亦能解主公忧者。"嵩以其言异，乃曰："我不知汝是异人，我暗昧也。"遂具告其事，曰："我承祖父遗业，受国家重恩，一日失其疆土，则数百年勋伐尽矣。"

【译文】红线说："您这一个多月寝食不安，好像有心事，是不是因为田承嗣的事？"薛嵩说："事关安危，不是你能处理的。"红线说："我虽为奴婢，也能为您解除忧愁。"薛嵩听她的话语不一般，便说："我知你不是一般人，我真是无知。"他便把具体事都告诉了红线："我继承祖父的大业，承受国家的恩惠，一旦将镇守的疆土丢掉了，几百年的功勋都丧失了。"

红线曰："此易与耳。不足劳主忧焉，暂放某一到魏城，观其形势，觇其有无。今一更首途，二更可复命，请先定一走马使具寒暄书，其他则待某却回也。"嵩曰："倘事或不济，反速其祸，又如之何？"红线曰："某之此行，无不济也。"乃人闺房，饬其行具。梳乌蛮髻，贯金雀钗，衣紫绣短袍，着青丝轻履，胸前佩龙纹匕首，额上书太一神名。再拜而行，倏忽不见。

【译文】红线说："这事好办，不用这样忧愁。您先让我去趟魏城，观察下形势，探探虚实。一更上路，二更便可回来。请您先准备好一个使者和一匹马、一封问候信，其它事情等回来再说。"薛嵩说："这事若办不好，反会招来祸，那怎么办？"红线说："我此去定能办好。"说完回到自己屋中，准备行具，梳洗打扮，梳一个乌蛮髻，头插金雀钗，身穿紫色绣花短袍，腰系青丝带，脚登轻便靴，胸前佩龙文匕首，前额上写着太一神名。向薛嵩拜了拜，转眼不见了。

嵩乃返身闭户，背烛危坐。常时饮酒，不过数合，是夕举觞十余不醉。忽闻晓角吟风，一叶坠落，惊而起问，红线回矣。嵩喜而慰劳，询事谐否？红线曰："不敢辱命。"又问曰："无杀伤否？"曰："不至是。但取床头金盒为信耳。"

【译文】薛嵩回屋关门，背灯而坐，独自饮酒，薛嵩平日不善饮酒，但这一晚上喝了很多酒，没醉。忽然听到一阵晨风吹过，好似有片树叶落下来，他惊起，却是红线回来了。薛嵩高兴地问："事办的怎么样？"红线说："我怎敢完不成使命。"薛嵩又问："没伤害人吗？"红线说："用不着，我把田承嗣床头的金盒拿来作为信物。"

红线曰："某子夜前三刻，即达魏城，凡历数门，遂及寝所。闻外宅儿止于房廊，睡声雷动，见中军士卒，步于庭下，传叫风生，乃发其左扉，抵其寝帐。田亲家翁止于帐内，鼓腹酣眠，头枕文犀，髻包前縠，枕前露七星剑。剑前仰开一金盒，内书生身甲子与北斗神名；复以名香美珠，压镇其上。然则扬威玉帐，坦其心豁于生前；熟寝兰堂，不觉命悬于手下。宁劳擒纵，只益伤嗟。时则蜡炬烟微，炉香烬委，侍人四布，兵仗交罗。或头触屏风，鼾而亸者；或手持巾拂，寝而伸者。

【译文】接着又说："我半夜前就到了魏城，过了几道门，便到了他睡觉的地方，听到外宅男在走廊上睡觉，鼾声如雷。中军士兵在院中走动，互相打招呼。我开了左门，到了他床前，您亲家公躺在床上，露着脚睡得正香，头裹黄巾，枕花枕头，枕前露一把短剑，短剑前有一个开着的金盒。盒内写着他的生辰八字和北斗神名，上面盖着香料和珍珠。看他那熟睡的样子，他没想到他的性命就在我手下，杀他是很容易的事，我怕那样惹来麻烦。这时，腊烛快要熄灭，香炉的香已燃烬，他的侍者四散了，兵器扔在了一起，有人头碰屏风，鼾声大作，有的手持汗巾、毛掸睡着了。

某乃拔其簪珥，褰其襦裳，如病如醒，皆不能寤；遂持金合以归。出魏城西门，将行二百里，见铜台高揭，漳水东流；晨鸡动野，斜月在林。忿往喜还，顿忘于行役，感知酬德，聊副于咨谋。所以当夜漏三时往返七百里。入危邦，一道经五六城，冀减主忧，敢言其苦。"嵩乃发使入魏，遗田承嗣书曰："昨夜有客从魏中来，云自元帅床头获一金合，不敢留驻，谨却封纳。"专使星驰，夜半方到。见搜捕金合，一军忧疑。使者以马捶挝门，非时请见。承嗣遽出，使者乃以金合授之，捧承之时，惊怛绝倒。

【译文】我拔他们的头簪、耳环，摸他们的衣服，都像有病似的不能醒来。我便拿金盒回来了。出魏城西门，走了二百多里，隐约看见城墙上的铜台，漳水向东流去，月上林梢，晨鸡鸣动。去时很忿怒，回来时很高兴，忘记了疲劳。为了感谢您的恩德。我不顾半夜三更，往返七百里，不怕危险，走过了五六座城，希望减少您的忧虑，我怎敢说辛苦？”于是，薛嵩派人到魏城，给田承嗣送了一封信，信上说：“昨晚有人从魏城来，从您床头上拿了一个金盒，我不敢留下，特派专使连夜送还。使者半夜到魏城，只是为了寻找金盒，为了搜捕盗金盒的人，军人都在忙碌着。使者用马鞭敲门，他们认为在这非常时刻求见，一定是有要事，田承嗣急忙出来，使者把金盒给他，他捧着金盒，惊异得几乎晕倒。

遂留使者止于宅中，狎以宴私，多其赐赉。明日遣使赍帛三万匹，名马二百匹，东珍异等，以献于嵩，曰：“某之首领，系在恩私。便宜知过自新，不复更贻伊戚。专膺指使，敢议亲姻。往当捧鼓后车来，在麾鞭前马。所置纪纲外宅儿者，本防他盗，亦非异图，今并脱其甲裳，放归田亩矣。”由是一两月之内，河北河南，信使交至。

【译文】留下了使者，请到厅内，设宴款待，给使者很多赏赐。第二天，专门派人带了三万匹布，二百匹好马，还有一些珍贵的东西，献给薛嵩。并转告薛嵩，多亏他不记私怨，我才保住了性命，我要悔过自新，不再连累亲戚，我专门派人去商量孩子的婚事，叫我儿子厚待他的女儿，我招募的外宅儿，本是为防盗，没别的企图，现在叫他们脱掉军装，回家种地。以后的一两个月内，河北、河南信使经常来往。

忽一日，红线辞去。嵩曰：“汝生我家，今将安往？又方赖汝力，岂可议行？”红线曰：“某前本男子，游学江湖间，读神农药书，而救世人灾患。时里有妇孕，又患蛊症，某以芫花酒下之。妇人与腹中二子俱毙。是某一举而杀三人。阴律见诛，陷为女子，使身居贱隶，气禀凡俚，幸生于公家，今十九年矣。身厌罗绮，口穷甘鲜，宠待有加，荣亦甚矣。况国家建极，庆且无疆。此即违天，理当尽弭。

【译文】忽然一日，红线要辞别。薛嵩说：“你生在我家，你想上哪？我还要依靠你，你怎么能走呢？”红线说：“我前世是个男子，周游四方，寻求学问，读过神农的药书，给世人看病消灾。当时有一孕妇，肚内生了虫子，我给她服了芫花酒，妇人和腹中的双胞胎都死了。我一次杀了三个人，阴曹地府为了惩罚我，变为女子，贬为奴婢。幸亏生在您家，已经十九啦，穿够了绸缎，吃尽了美味，您对我特别宠爱，给了我很多荣誉。现在您管辖的疆土太平，人们安居乐业，我应该留在这里，可这样违背了天意。

昨至魏邦，以是报恩。今两地保其城池，万人全其性命。使乱臣知惧，列士谋安，在某一妇人，功亦不小，固可赎其前罪，还其本形，便当遁迹尘中，栖心物外，澄清一气，生死长存。”嵩曰：“不然，以千金为居山之所。”红线曰：“事关来世，安可预谋。”嵩知不可留，乃广为饯别，悉集宾僚，夜宴中堂。嵩以歌送红线酒。请座客冷朝阳为词，词曰：

采菱歌怨木兰舟，送客魂消百尺楼。

还似洛妃乘雾去，碧天无际水空流。

歌竟，嵩不胜其悲。红线拜且泣，伪醉离席，遂亡所在。

【译文】昨天去魏城，是为了报恩。现在两地都保住了城池，人们的性命也安全了。乱臣知道惧怕，刚烈正直的人得到了保障，对我一个女人来说，功也不算小，可以赎我的前罪，还我男儿身，我想离开尘世，成仙得道，生死长存。”薛嵩说：“不能这样，你一个小姐之身怎么能住在山里呢？”红线说：“为了来世，我怎能久留？”薛嵩知道不能留住，便为她饯别，集合宾朋好友，夜宴中堂。为了助酒兴，薛嵩请在座的冷朝阳作词，其词是：采菱歌怨木兰舟，送客魂消百尺楼。还似洛妃乘雾去，碧天无际水空流。唱完，薛嵩非常悲痛，红线向薛嵩拜倒并且哭泣，假装着喝醉离开宴席，于是不见了她的踪影。

元 稹

元稹，唐河南人，工诗，与白居易齐名，时称“元和体”，宫中妃嫔多诵之，呼元才子，著有《长庆集》。

【译文】元稹是唐代河南人，擅长作诗，和白居易齐名，当时称这种诗体为“元和体”，甚至皇宫中的嫔妃们多诵读他的诗歌，称作“元才子”，著有《长庆集》。

莺莺传

唐贞元中，有张生者，性温茂，美丰容，内秉坚孤，非礼不可入。或朋从游宴，扰杂其间，他人皆汹汹拳拳，若将不及；张生容顺而已，终不能乱。以是年二十三，未尝近女色。知者诘之，谢而言曰：“登徒子非好色者，是有淫行耳。余真好色者，而适不我值。何以言之？大凡物之尤者，未尝不留连于心，是知其非忘情者也。”诘者识之。

【译文】唐代贞元年间，有位张生，他性格温和而富于感情，风度潇洒，容貌漂亮，意志坚强，脾气孤僻。凡是不合于礼的事情，就别想让他去做。有时跟朋友一起出去游览饮宴，在那杂乱纷扰的地方，别人都吵闹起哄，没完没了，好像都怕表现不出自己，因而个个争先恐后，而张生只表面上逢场做戏般敷衍着。他从不参与，始终保持稳重。虽然已二十三岁，还没有真正接近过女色。与他接近的人便去问他，他表示歉意后说：“登徒子不是好色的人，却留下了不好的品行。我倒是喜欢美丽的女子，却总也没让我碰上。为什么这样说呢？大凡出众的美女，我未尝不留心，凭这可以知道我不是没有感情的人。”问他的人这才了解张生。

无几何，张生游于蒲，蒲之东十余里，有僧舍曰普救寺，张生寓焉。适有崔氏孀妇，将归长安，路出于蒲，亦止兹寺。崔氏妇，郑女也；张出于郑，绪其亲，乃异派之从母。是岁，浑瑊薨于蒲，有中人丁文雅，不善于军，军人因丧而扰，大掠蒲人。崔氏之家，财产甚厚，多奴仆，旅寓惶骇，不知所托。

【译文】没过不久，张生到蒲州游览。蒲州东十多里，有个普救寺，张生寄住在那里。当时正好有个崔家寡妇，将要回长安，路过蒲州，也暂住在这个寺庙中。崔家寡妇是郑家的女儿，张生的母亲也姓郑，论起亲戚，算是另一支派的姨母。这一年，浑瑊死在蒲州，有宦官丁文雅，不会带兵，军人趁着办丧事进行骚扰，大肆抢劫蒲州人。崔家财产很多，又有很多奴仆，旅途暂住此处，不免惊慌害怕，不知依靠谁。

先是张与蒲将之党有善，请吏护之，遂不及于难。十余日，廉使杜确将天子命以统戎节，令于军，军由是戢。郑厚张之德甚，因饬馔以命张，中堂宴之。复谓曰："姨之孤嫠未亡，提携幼稚，不幸属师徒大溃，实不保其身，弱子幼女，犹君之生也，岂可比常恩哉？今俾以仁兄礼奉见，冀所以报恩也。"

【译文】在此以前张生跟蒲州将领那些人有交情，就托他们求官吏保护崔家，因此崔家没遭到兵灾。过了十几天，廉使杜确奉皇帝之命来主持军务，向军队下了命令，军队从此才安定下来。郑姨母非常感激张生的恩德，于是大摆酒席款待张生。在堂屋的正中举行宴饮，又对张生说："我是个寡妇，带着孩子，不幸正赶上军队大乱，实在是无法保住生命，弱小的儿子年幼的女儿，都是亏你给了他们再次生命，怎么可以跟平常的恩德一样看待呢？现在让他们以对待仁兄的礼节拜见你，希望以此报答你的恩情。"

命其子，曰欢郎，可十余岁，容甚温美。次命女曰莺莺："出拜尔兄，尔兄活尔。"久之辞疾，郑怒曰："张兄活尔之命，不然，尔且虏矣，能复远嫌乎？"久之乃至，常服悴容，不加新饰。鬟垂黛接，双脸断红而已，颜色艳异，光辉动人。张惊为之礼，因坐郑旁。

【译文】便叫她的儿子拜见。儿子叫欢郎，大约十多岁，容貌漂亮。接着叫她女儿拜见："出来拜见你仁兄，是仁兄救了你。"过了好久未出来，推说有病。郑姨生气地说："是你张兄保住了你的命，不然的话，你就被抢走，还讲究什么远离避嫌呢？"过了好久她才出来。穿着平常的衣服，面貌丰润，没加新鲜的装饰，环形的发髻下垂到眉旁，两腮飞红，面色艳丽与众不同，光彩焕发，非常动人。张生非常惊讶她的美貌急忙跟她见礼，之后她坐到了郑姨的身旁。

以郑之抑而见也，凝睇怨绝，若不胜其体。问其年纪，郑曰："今天子甲子岁之七月，终于贞元庚辰，生十七年矣。”张生稍以词导之，不对，终席而罢。张自是惑之，愿致其情，无由得也。崔之婢曰红娘，生私为之礼者数四，乘间遂道其衷。婢果惊沮，腆然而奔，张生悔之。

【译文】因为是郑姨强迫她出见的，因而眼光斜着注视别处，显出很不情愿的样子，身体好像支持不住似的。张生问她年龄，郑姨说：“现在的皇上甲子那年的七月生，到贞元庚辰年，今年十七岁了。”张生慢慢地用话开导引逗，但郑的女儿根本不回答。宴会结束了只好作罢。张生从此念念不忘，心情再也不能平静，想向她表白自己的感情，却没有机会。崔氏女的丫环叫红娘，张生私下里多次向她叩头作揖，趁机说出了自己的心事。丫环果然吓坏了，很害羞地跑了，张生很后悔。

翌日，婢复至，张生乃羞而谢之，不复云所求矣。婢因谓张曰：“郎之言，所不敢言，亦不敢泄。然而崔之族姻，君所详也，何不因其德而求娶焉？”张曰：“予始自孩提，性不苟合。或时纨绮间居，曾莫流盼。不为当年，终有所蔽。昨日一席间，几不自持。数日来，行忘止，食忘饱，恐不能逾旦暮。若因媒氏而娶，纳采问名，则三数月间，索我于枯鱼之肆矣。尔其谓我何？”

【译文】第二天，丫环又来了，张生羞愧地道歉，不再说相求的事。丫环于是对张生说：“你的话，我不敢转达，也不敢泄露，然而崔家的内外亲戚你是了解的，为什么不凭着你对她家的恩情向他们求婚呢？”张生说：“我从孩童时候起，性情就不随便附合。有时和妇女们在一起，也不曾看过谁。当年不肯做的事，如今到底还是在习惯上做不来。昨天在宴会上，我几乎不控制自己。这几天来，走路忘了到什么地方去，吃饭也感觉不出饱还是没饱。恐怕过不了早晚，我就会因相思而死了。如果通过媒人去娶亲，又要‘纳采’，又要‘问名’，手续多得很，少说也得三四个月，那时恐我也就不会在人世了。你说我该怎么办？”

婢曰：“崔之贞顺自保，虽所尊不可以非语犯之，下人之谋，固难入矣。然而善属文，往往沈吟章句，怨慕者久之。君试为喻情诗以乱之，不然则无由也。”张大喜，立缀春词二首以投之。

【译文】丫环说：“崔小姐正派谨慎很注意保护自己，即使所尊敬的人也不能用不正经的话去触犯她。奴才的主意，就更难使她接受。然而她很会写文章，常常思考推敲文章写法，怨恨思慕的情形常持续很久。您可以试探地做些情诗来打动她，否则，是没有别的门路了。”张生非常高兴，马上做了两首诗交给了红娘。

是夕，红娘复至，持彩笺以授张曰："崔所命也。"题其篇曰《明月三五夜》，其词曰："待月西厢下，迎风户半开。拂墙花影动，疑是玉人来。"张亦微喻其旨，是夕，岁二月旬有四日矣。崔之东有杏花一树，攀援可逾。

【译文】当天晚上，红娘又来了，拿着彩信纸交给张生说："这是崔小姐让我交给你的。"看那篇诗的题目是《明月三五夜》，那诗写道："待月西厢下，迎风户半开。拂墙花影动，疑是玉人来。"张也微微地明白了诗的含义，当天晚上，是二月十四日。崔莺莺住房的东面有一棵杏花树，攀上它可以越过墙。

既望之夕，张因梯其树而逾焉，达于西厢，则户半开矣。红娘寝于床上，因惊之。红娘骇曰："郎何以至？"张因绐之曰："崔氏之笺召我矣，尔为我告之。"无几，红娘复来，连曰："至矣！至矣！"张生且喜且骇，必谓获济。

【译文】阴历十五的晚上，张生于是把那棵树当作梯子爬过墙去。到了西厢房，一看，门果然半开着，红娘躺在床上，张生很吃惊。红娘十分害怕，说："你怎么来了？"张生骗她说："崔小姐的信中召我来的，你替我通报一下。"不一会儿，红娘又来了，连声说："来了！来了！"张生又高兴又害怕，以为一定会成功。

及女至，则端服严容，大数张曰："兄之恩，活我之家，厚矣。是以慈母以弱子幼女见托。奈何因不令之婢，致淫逸之词，始以护人之乱，而终掠乱以求之，是以乱易乱，其去几何？诚欲寝其词，则保人之奸，不义；明之于母，则背人之惠，不祥；将寄于婢仆，又惧不得发其真诚。是用托短章，愿自陈启，犹惧兄之见难，是用鄙靡之词，以求其必至。非礼之动，能不愧心，特愿以礼自持，无及于乱。"言毕，翻然而逝。张自失者久之，复逾而出，于是绝望。

【译文】等到崔小姐到了，就看她穿戴整齐，表情严肃，大声数落张生说："哥哥恩德，救了我们全家，这是够大的恩了，因此我的母亲把幼弱的子女托付给你，为什么叫不懂事的丫环，送来了淫乱放荡词？开始是保护别人免受兵乱，这是义，最终乘危要挟来索取，这是以乱换乱，二者相差无几。假如不说破，就是保护别人的欺骗虚伪行为，是不义；向母亲说明这件事呢，就辜负了人家的恩惠，不吉祥；想让婢女转告又怕不能表达我的真实的心意。因此借用短小的诗章，愿意自己说明，又怕哥哥有顾虑，所以使用了旁敲侧击的语言，以便使你一定来到。如果不合乎礼的举动，能不心里有愧吗？只希望用礼约束自己，不要陷入淫乱的泥潭。"说完，马上就走了。张生愣了老半天，不知道怎样才好，只好又翻过墙回去了，于是彻底绝望。

数夕，张君临轩独寝，忽有人觉之。惊欻而起，则红娘敛衾携枕而至。抚张曰："至矣！至矣！睡何为哉？"并枕重衾而去。张生拭目危坐久之，犹疑梦寐，然而修谨以俟。俄而红娘捧崔氏而至，至则娇羞融冶，力不能运支体，曩时端庄，不复同矣。

【译文】一连几个晚上，张生都靠近窗户睡觉，忽然有人叫醒了他。张生惊恐地坐了起来，原来是红娘抱着被子带着枕头来了，安慰张生说："来了！来了！还睡觉干什么？"把枕头并排起来，把被子搭在一起，然后就走了。张生擦了擦眼睛，端正地坐着等了半天，疑心是在做梦，但是还是打扮得整整齐齐，恭恭敬敬地等待着。不长时间红娘就扶着崔莺莺来了。来了后崔莺莺显得妖美羞涩，和顺美丽，力气好像支持不了肢体，跟从前的端庄完全不一样。

是夕旬有八日也，斜月晶莹，幽辉半床。张生飘飘然，且疑神仙之徒，不谓从人间至矣。有顷，寺钟鸣，天将晓，红娘促去。崔氏娇啼宛转，红娘又捧之而去，终夕无一言。张生辨色而兴，自疑曰："岂其梦邪？"及明，睹妆在臂，香在衣，泪光荧荧然，犹莹于茵席而已。

【译文】那晚上是十八日，斜挂在天上的月亮非常皎洁，静静的月光照亮了半床。张生不禁飘飘然，简直疑心是神仙下凡，不认为是从人间来的。过了一段时间，寺里的钟响了，天要亮了。红娘催促快走，崔小姐娇滴滴地哭泣，声音委婉。红娘又扶着走了。整个晚上莺莺没说一句话。张生在天蒙蒙亮时就起床了，自己怀疑地说："难道这是做梦吗？"等到天亮了，看到化妆品的痕迹还留在臂上，香气还留在衣服上，在床褥上的泪痕还微微发亮、晶莹。

是后又十余日，杳不复知。张生赋《会真诗》三十韵，未毕，而红娘适至。因授之，以贻崔氏。自是复容之，朝隐而出，暮隐而入，同安于曩所谓西厢者，几一月矣。

【译文】这以后十几天，关于莺莺的消息一点也没有。张生就作《会真诗》三十韵，还没作完，红娘来了，于是交给了她，让送给崔莺莺。从此莺莺又允许了，早上偷偷地出去，晚上偷偷地进来，一块儿安寝在以前所说的"西厢"那地方，几乎一个月。

张生常诘郑氏之情，则曰："我不可奈何矣，因欲就成之。"无何，张生将之长安，先以情谕之。崔氏宛无难词，然而愁怨之容动人矣。将行之再夕，不可复见，而张生遂西下。数月，复游于蒲，会于崔氏者又累月。崔氏甚工刀札，善属文，求索再三，终不可见。

【译文】张生常问郑姨的态度，莺莺就说："我没有办法告诉她。"张生便想去跟她当面谈谈，促成这件事。不久，张生将去长安，先把情况告诉崔莺莺。崔莺莺仿佛没有为难的话，然而忧愁埋怨的表情令人动心。将要走的第二天晚上，莺莺没有来。张生于是向西走了。过了几个月，张生又来到蒲州，跟崔莺莺又聚会了几个月。崔莺莺字写得很好，还善于写文章，张生再三向她索要，但始终没见到她的字和文章。

往往张生自以文挑之，亦不甚观览。大略崔之出人者，艺必穷极，而貌若不知；言则敏辩，而寡于酬对。待张之意甚厚，然未尝以词继之。时愁艳幽邃，恒若不识；喜愠之容，亦罕形见。异时独夜操琴，愁弄凄恻，张窃听之，求之，则终不复鼓矣。以是愈惑之。

【译文】张生常常自己用文章挑逗，崔莺莺也不大看。大体上讲崔莺莺超过众人，技艺达到极高的程度，而表面上好像不懂；言谈敏捷雄辩，却很少应酬；对张生情意深厚，然而却未用话表达出来；经常忧愁羡慕隐微深邃，却常像无知无识的样子；喜怒的表情，很少显现于外表。有一天夜晚。独自弹琴，心情忧愁，弹奏的曲子很伤感。张生偷偷地听到了，请求她再弹奏一次，却始终没弹奏，因此张生更猜不透她的心事。

张生俄以文调及期，又当西去。当去之夕，不复自言其情，愁叹于崔氏之侧。崔已阴知将诀矣，恭貌怡声，徐谓张曰："始乱之，终弃之，固其宜矣，愚不敢恨。必也君乱之，君终之，君之惠也；则没身之誓，其有终矣，又何必深感于此行？然而君既不怿，无以奉宁。君常谓我善鼓琴，向时羞颜，所不能及。今且往矣，既君此诚。"

【译文】不久张生考试的日子到了，又该到西边去。临走的晚上，张生不再诉说自己的心情，而在崔莺莺面前忧愁叹息。崔莺莺已暗暗知道将要分别了，因而态度恭敬，声音柔和，慢慢地对张生说："你起先是玩弄，最后是丢弃，你当然是妥当的，我不敢怨恨。一定要你玩弄了我，又由你最终娶我，那是你的恩惠。就连山盟海誓，也有到头的时候，你又何必对这次的离去有这么多感触呢？然而你既然不高兴，我也没有什么安慰你的。你常说我擅长弹琴，我从前害羞，办不到。现在你将早走了，让我弹琴，就满足您的意愿。"

因命拂琴，鼓《霓裳羽衣序》，不数声，哀音怨乱，不复知其是曲也。左右皆歔欷，崔亦遽止之。投琴，泣下流连，趋归郑所，遂不复至。明旦而张行。明年，文战不胜，遂止于京，因贻书于崔，以广其意。

【译文】于是她开始弹琴，弹的是《霓裳羽衣曲》序，还没弹几声，发出的悲哀的声音又怨又乱，不再知道弹的是什么曲子，身边的人听了哭了起来，崔莺莺也突然停止了演奏，扔下了琴，泪流满面；急步回到了母亲处，再没有来。第二天早上张生出发了。第二年，张生没有考中，便留在长安，于是写给崔莺莺一封信，要她把事情看开些。

崔氏缄报之词，粗载于此。曰："捧览来问，抚爱过深，儿女之情，悲喜交集。兼惠花胜一合，口脂五寸，致耀首膏唇之饰。虽荷殊恩，谁复为容？睹物增怀，但积悲叹耳。伏承使于京中就业，进修之道，固在便安。

【译文】崔莺莺的回信，粗略地记载于此，信中说："捧读来信，知道你对我感情很深厚。男女之情的流露，使我悲喜交集。又送我一盒花胜，五寸口脂。你送我这些是想使头发增彩，使嘴唇润泽，虽然承受特殊的恩惠，但打扮了又给谁看呢？看到这些东西更增加了想念，这些东西更使悲伤叹息越来越多罢了。你既接受了到京城参加考试的任务，而进身的途径，就应该在长安安下心来。

但恨僻陋之人，永以遐弃，命也如此，知复何言？自去秋已来，常忽忽如有所失，于喧哗之下，或勉为语笑，闲宵自处，无不泪零。乃至梦寝之间，亦多感咽。离忧之思，绸缪缱绻，暂若寻常；幽会未终，惊魂已断。虽半衾如暖，而思之甚遥。一昨拜辞，倏逾旧岁。

【译文】只遗憾怪僻浅陋的我，因为路远而被丢弃在这里。是我的命该如此，还能说什么呢？从去年秋天以来，常常精神恍惚，像失掉了什么。在喧闹的场合，有时勉强说笑，而在清闲的夜晚自己独处时，怎能不偷偷流泪。甚至在睡梦当中，也常感叹呜咽。想到离别忧愁又缠绵，真觉得我们相处的时间太短，虽然很短可又很不平常。秘密相会没有结束，好梦突然中断了。虽然被子的一半还使人感到温暖，但想念你更多更远。好像昨天才分别，可是转眼就过去一年了。

长安行乐之地，触绪牵情，何幸不忘幽微，眷念无斁。鄙薄之志，无以奉酬。至于终始之盟，则固不忒。鄙昔中表相因，或同宴处，婢仆见诱，遂致私诚。儿女之心，不能自固。君子有援琴之挑，鄙人无投梭之拒。及荐寝席，义盛意深，愚陋之情，永谓终托。

【译文】长安是个行乐的地方，不知是什么牵动了你的思绪，还想着我这个微不足道的人。可是我却想念你没有边没有沿，只是我低下卑微的头，无法向你答谢什么。至于我们的山盟海誓，我从来没有改变。我从前跟你以表亲关系相接触，有时一同宴饮相处。是婢女引诱我，于是就在私下与你诚心。青春男女的心不能自我控制，你有时借听琴来挑逗我，我没有象投梭那样的拒绝。等到与你同居，情义很浓，感情很深，我愚蠢浅薄的心，认为终身有了依靠。

岂期既见君子，而不能定情，致有自献之羞，不复明侍巾帻。没身永恨，含叹何言？倘仁人用心，俯遂幽眇；虽死之日，犹生之年。如或达士略情，舍小从大，以先配为丑行，谓要盟为可欺。则当骨化形销，丹诚不泯；因风委露，犹托清尘。存没之诚，言尽于此；临纸呜咽，情不能申。

【译文】哪里想到见了您以后，却不能成婚！以致给我造成了的羞耻，不再有光明正大的做妻子的机会。这是死后也会遗憾的事情，我只能心中叹息，还能说什么呢？如果仁义的人肯尽心尽力，体贴我的苦衷，因而委屈地成全婚事，那么即使我死去了，也会像活着的时候那样高兴。或许是通达的人，把一切事情都看得很随便，忽略小的方面，而只看大的方面，把婚前结合看作丑行，把胁迫订的盟约看作可要挟的条件，那么我形体虽然消失，但诚心也不会泯灭。凭着风借着露，我的灵魂还会跟在你的身边。我生死的诚心，全表达在这信上面了。面对信纸我泣不成声，感情也觉得抒发不出来。

千万珍重！珍重千万！玉环一枚，是儿婴年所弄，寄充君子下体所佩。玉取其坚润不渝，环取其终始不绝。兼乱丝一絇，文竹茶碾子一枚。此数物不足见珍，意者欲君子如玉之贞，俾志如环不解，泪痕在竹，愁绪萦丝，因物达诚，永以为好耳。心迩身遐，拜会无期，幽愤所钟，千里神合。千万珍重！春风多厉，强饭为嘉。慎言自保，无以鄙为深念。”

【译文】只是希望你千万爱惜自己，千万爱惜自己。玉环一枚是我婴儿时带过的，寄去权充您佩带的东西。‘玉’取它的坚固润泽不改变。‘环’取它的始终不断；加上头发一缕，文竹茶碾子一枚。这几种东西并不值得被看重，我的意思不过是想让您如玉般真诚，也表示我的志向如环那样不能解开。泪痕落到了竹子上，愁闷的情绪像缠绕的丝。借物表达情意，永远成为相好。心近身远，相会没有机会了。内心的忧郁也许会与你千里相会合。请你千万爱惜保护自己。不要把我老放在心上。”

张生发其书于所知，由是时人多闻之。所善杨巨源好属词，因为赋《崔娘诗》一绝云：“清润潘郎玉不如，中庭蕙草雪销初。风流才子多春思，肠断萧娘一纸书。”

【译文】张生把她的信给好朋友看了，由此当时有很多人知道了这事。张生的好友杨巨源好写诗填词，他就把这事作了一首《崔娘》绝句诗："清润潘郎玉不如，中庭蕙草雪销初。风流才子多春思，肠断萧娘一纸书。"

河南元稹，亦续生《会真诗》三十韵。诗曰：微月透帘栊，萤光度碧空。遥天初缥缈，低树渐葱胧。龙吹过庭竹，鸾歌拂井桐。罗绡垂薄雾，环佩响轻风。绛节随金母，云心捧玉童。更深人悄悄，晨会雨蒙蒙。珠莹光文履，花明隐绣龙。瑶钗行彩凤，罗帔掩丹虹。言自瑶华浦，将朝碧玉宫。因游洛城北，偶向宋家东。戏调初微拒，柔情已暗通。低鬟蝉影动，回步玉尘蒙。转面流花雪，登床抱绮丛。鸳鸯交颈舞，翡翠合欢笼。眉黛羞偏聚，唇朱暖更融。气清兰蕊馥，肤润玉肌丰。无力慵移腕，多娇爱敛躬。汗光珠点点，发乱绿葱葱。方喜千年会，俄闻五夜穷。留连时有限，缱绻意难终。慢脸含愁态，芳词誓素衷。赠环明运合，留结表心同。啼粉流清镜，残灯远暗虫。华光犹苒苒，旭日渐曈曈。乘鹜还归洛，吹箫亦上嵩。衣香犹染麝，枕腻尚残红。幂幂临塘草，飘飘思渚蓬。素琴鸣怨鹤，清汉望归鸿。海阔诚难渡，天高不易冲。行云无处所，萧史在楼中。

【译文】河南的元稹亦接着张生的会真诗又作才三十韵。诗写道：微微的月光透过窗棂与帘子照入室内，天空也被月色映得有些明亮。在月光之下遥远的天空显得模糊，低处的树木也略露出青翠的颜色。风吹拂着院中的竹子，声如龙吟，鸾鸟的歌声穿过了井旁的桐树。罗绡飘曳像薄雾，身上佩带的玉饰在轻风中发出响声。仪仗随着'西王母'，云中托着'玉童'。夜晚人静无声，早晨相会时却下着傪傪细雨。绣鞋上嵌着珠玉一类的饰物，光闪闪的，并绣有不明显的龙形花纹。行走时头上的凤形首饰颤动着，罗做的披肩胜过红色的虹霓。从'瑶华浦'去到'碧玉宫'。因到洛城北面游览，偶然的机会遇见了'宋玉的东邻女'。调戏时，开头还微微拒绝，实际上心中已默许。低头时像蝉翼似的发髻微微颤动，回来的时候，脚上落了一层灰尘。转过脸来如花之美，如雪之白，上床抱着丝绸被子。像鸳鸯那样脖子相贴舞动，又像翡翠鸟那样聚在一起欢乐。眉上的黛色因羞涩而聚向一边，嘴唇上的红色因温暖已融化。呼出的气像兰花的蕊那样香，皮肤滋润，美好的肌肉很丰满。没有力气懒得移动手腕，呈现多种娇态，喜欢缩着身子。流出的汗聚成了一串串汗珠，头发散乱，呈现闪闪绿色。正为千载难逢的相会高兴，却突然听见已到五更。恋恋不舍时产生遗憾，情意缠绵难以结束。懒洋洋的脸色露出忧愁的神态，用美丽的语言发誓，说 崔莺莺出了肺腑之言。赠送玉环表明命运永远相合。留下同心结象征两心相同。夜晚照镜梳妆，眼泪把脸上的粉都冲掉了，昏暗的灯火下，听得到远处虫子鸣叫的声音。化妆后依然光彩很鲜明，而早晨的太阳也渐渐出来了。乘着野鸭回归洛水，吹箫的人也登上了嵩山。衣服上像沾上了麝香，枕头上滑腻腻还留有红色。密密的塘边上的草，轻轻飘飞就像沙洲的蓬草。弹奏素琴像鹤，仰望天上盼鸿雁归来。大海宽阔难以飞渡，天高，也难飞。像朝为行云的巫山神女一样没有固定处所。只有萧史一个人留在楼中（弄玉已经不知何往）”

张之友闻之者，莫不耸异之，然而张亦志绝矣。稹特与张厚，因徵其词。张曰：“大凡天之所命尤物也，不妖其身，必妖于人。使崔氏子遇合富贵，乘宠娇，不为云为雨，则为蛟为螭，吾不知其所变化矣。昔殷之辛，周之幽，据百万之国，其势甚厚。然而一女子败之，溃其众，屠其身，至今为天下僇笑。予之德不足以胜妖孽，是用忍情。”

【译文】张生的朋友听到这事的，没有不感到惊异的，然而张生的念头断了。元稹与张生特别有交情，便问他关于这事的想法。张生说：“大凡上天差遣的特出的东西，不祸害他自己，一定祸害别人。假使崔莺莺遇到富贵的人，凭借宠爱，能不做风流韵事，成为潜于深渊的蛟龙，，我就不能预测她会变成什么。以前殷朝的纣王，周代的周幽王，拥有百万户口的国家，那势力是很强大的。然而一个女子就使它垮台了，军队崩溃，自身被杀，至今被天下耻笑。我的德行难以胜过怪异不祥的东西，只有克服自己的感情，跟她断绝关系。”

于时坐者皆为深叹。后岁余，崔已委身于人，张亦有所娶。适经所居，乃因其夫言于崔，求以外兄见。夫语之，而崔终不为出。张怨念之诚，动于颜色，崔知之，潜赋一章词曰：“自从销瘦减容光，万转千回懒下床。不为旁人羞不起，为郎憔悴却羞郎。”竟不之见。

【译文】当时在座的人都为此深深感叹。以后一年多，崔莺莺嫁给了别人，张生也娶了亲。一次张生恰好经过崔莺莺住的地方，就通过崔的丈夫转告崔莺莺，要求以表兄的身份相见。丈夫告诉了崔莺莺。可是崔莺莺始终也没出来。张生怨恨思念的诚意，在脸色上表现得很明显。崔莺莺知道后，暗地里写了一首诗：“自从消瘦减容光，万转千回懒下床。不为旁人羞不起，为郎憔悴却羞郎。”最后也未见张生。

后数日，张生将行，又赋一章以谢绝之：“弃置今何道，当时且自亲。还将旧来意，怜取眼前人。”自是绝不复知矣。时人多许张为善补过者。予常于朋会之中，往往及此意者，夫使知者不为，为之者不惑。贞元岁九月，执事李公垂，宿于予靖安里第，语及于是。

【译文】后来又过了几天，张生将要走了，崔莺莺又写了一篇断绝关系的诗：“弃置今何道，当时且自亲。还将旧时意，怜取眼前人。”从此以后彻底断绝了音信。当时的人大多赞许张生是善于弥补过失的人。我常在朋友聚会时，谈到这个意思，是为了让那些明智的人不作这样的事；做这样事的人不被迷惑。贞元年九月，朋友李公佐，留宿在我们靖安里住宅里，我谈起了这件事。

公垂卓然称异，遂为《莺莺歌》以传之。崔氏小名莺莺，公垂以命篇。

歌曰：

伯劳飞迟燕飞疾，垂杨绽金花笑日。

绿窗娇女字莺莺，金雀娅鬟年十七。

黄姑上天阿母在，寂寞霜姿素莲质。

门掩重关萧寺中，芳草花时不曾出。

【译文】李公佐觉得这件事非常出奇，连连称道。于是我便作了《莺莺歌》来传播这件事。崔氏小名叫莺莺，公佐就以此为篇名。

莺莺歌的内容是：

伯劳迟飞燕子疾飞，垂杨绽开金花微笑的时节。

在那绿窗旁的娇女子叫莺莺，戴着金雀鸦鬟年芳十七。

黄姑去世阿母仍在，她那寂寞如霜的姿态如白莲一样的品质。

大门轻掩层层关闭的萧寺之中，芳草花开时节她没有办法出来。

河桥上将亡官军，虎旗长戟交垒门。

凤凰诏书犹未到，满城戈甲如云屯。

家家玉帛弃泥土，少女娇妻愁被虏。

出门走马皆健儿，红粉潜藏欲何处。

呜呜阿母啼向天，窗中抱女投金钿。

铅华不顾欲藏艳，玉颜转莹如神仙。

【译文】河桥上将没有官军，虎旗长戟叠交在辕门。

凤凰台的诏书还没有送到，满城的军械装甲云集。

家家户户金玉布帛都弃之如泥土，少女娇妻也害怕被俘虏。

出门看见骑在马上的都是健壮儿郎，红粉佳人又能藏在何方？

呜呜咽咽的阿母向天啼哭，在窗子里抱着女儿扔掉头饰。

人世间的富贵荣华尚且不顾只顾隐藏自己的娇艳容貌，白玉一样的容貌就像神仙下凡。

此时潘郎未相识，偶住莲馆对南北。
潜叹栖遑阿母心，为求白马将军力。
明明飞诏五云下，将选金门兵悉罢。
阿母深居鸡犬安，八珍玉食邀郎餐。
千言万语对生意，小女初笄为姊妹。

【译文】这个时候还不认识潘郎，偶尔对着南北住在莲馆。
暗中慨叹阿母的凄惶之心，自告奋勇要为白马将军效力。
飞诏一时具下，将军们所选的金门军都被罢止。
阿母深居连鸡犬都获得安定，各种美食摆上桌邀请儿郎来享用。
千言万语对她说千万小心，此时小女儿才十五岁。

丹诚寸心难自比，写在红笺方寸纸。
常与春风伴落花，仿佛随风绿杨里。
窗中暗读人不知，剪破红绡裁作诗。
还把香风畏飘扬，自令青鸟口衔之。
诗中报郎含隐语，郎知暗到花深处。
三五月明当户时，与郎相见花间路。

【译文】一寸丹心难以比拟，都在红信笺的方格纸上。
却时常飘落在春分伴随着的落花之中，仿佛随风飘散在绿杨柳里。
在窗下苦读的读书人还不知道，将红绫剪破裁开作诗。
将害怕香风飘的太远，就让青鸟用嘴衔着投递。
诗文中蕴含着儿郎的含蓄的话语，才知道已经到了花径深处。
每逢十五月圆之夜对着门户，期待和郎君在花间相见低语。

李 翱

李翱，字习之，唐陇西成纪（今甘肃秦安一带）人。唐德宗贞元12年（796年）认识韩愈，结为至友，从韩愈学古文，是古文运动的参与者。贞元14年（798年）中进士。历任国子博士、国史馆修撰、考功员外郎、庐州刺史、终山南东道节度使、检校户部尚书。死后谥文。李翱与韩愈相交29年，又娶韩愈的侄女为妻，文章受其影响，而吸收了韩文较为平易近人的部份，文章平正达畅，曾被清人列入唐宋十大家。著作《李文公集》。

杨烈妇传

建中四年，李希烈陷汴州；既又将盗陈州，分其兵数千人抵项城县。盖将掠其玉帛，俘累其男女，以会于陈州。

【译文】建中四年（公元738年），李希烈攻陷了汴州，接着又将侵袭陈州，分出他的部队几千人，开拔到达项城县。将掠取这里的财物，俘虏捆绑这里的男女，到陈州会合。

县令李侃，不知所为。其妻杨氏曰：“君，县令。寇至当守；力不足，死焉，职也。君如逃，则谁守？”侃曰：“兵与财皆无，将若何？”杨氏曰：“如不守，县为贼所得矣，仓廪皆其积也，府库皆其财也，百姓皆其战士也，国家何有？夺贼之财而食其食，重赏以令死士，其必济。”于是，召胥吏百姓于庭，杨氏言曰：“县令诚主也；虽然，岁满则罢去，非若吏人、百姓然。吏人、百姓，邑人也，坟墓在焉，宜相与致死以守其节，忍失其身而为贼之人耶？”众皆泣，许之。

【译文】县官李侃不知怎么办。他的妻子杨氏说：“您是县官，叛贼到了，就应当守卫，（虽然）力量不足，但你即使死在这件事上，也是应尽的职责。您如果逃跑了，那么谁来守城？”李侃说：“军队与钱财都没有了，该怎么办？”杨氏说：“假如您不守城，县城就会被叛贼得到，粮仓里的粮食都成为他们积聚的了，库房里的财物都成为他们的了，百姓都成为他们的士兵，俘虏，国家还有什么呢？夺取贼寇的财物，吃（夺得的）他们的粮食，用优厚的奖赏来使令不怕牺牲的勇士，看来一定会成功。”于是他把官府中的差使、小吏和百姓召集到房厅里。杨氏说：“县官当然是一城之主，虽然如此，任职的年限满了就要离开，不像官吏百姓那样。官吏百姓是本地人，祖先坟墓在这里，应该相互出力死守在这个县城，怎能忍心丧失忠义品格而充当贼寇的人呢？”众人都流泪答应了她拼死守城。

乃徇曰：“以瓦石中贼者，与之千钱；以刀矢兵刃之物中贼者，与之万钱。”得数百人，侃率之以乘城。杨氏亲为之爨以食之；无长少，必周而均。使侃与贼言曰：“项城父老，义不为贼矣，皆悉力守死。得吾城不足以威，不如亟去，徒失利无益也。”贼皆笑。有蜚箭集于侃之手，侃伤而归。杨氏责之曰；“君不在，则人谁固肯矣，与其死于城上，不犹愈于家乎？” 侃遂忍之，复登陴。

【译文】于是杨氏宣布说：“用砖瓦石块击中贼人的，奖赏他千钱；用刀箭兵器之类击中敌人的，奖赏他万钱。”于是得到了几百人，李侃带领他们登城防守。杨氏亲自烧饭给他们吃，不论年长年轻，一律给他们吃，并且分得很公平，杨氏让李侃对敌人说：“项城父老，守大义而不为贼效力，都尽力守城至死，即使得到我们的城也不足以立威，不如尽快离开，白白地失利，没有好处。”叛贼都（轻蔑的）笑了。这时有飞箭射中李侃的手，李侃受伤回家。杨氏责备他说：“你不在，那么谁能坚持固守阵地！如其死在城上，不是比死在家里还要好吗？”于是李侃忍着伤痛，又登上了城墙。

项城，小邑也，无长戟劲弩、高城深沟之固。贼气吞焉，率其徒将超城而下。有以弱弓射贼者，中其帅，坠马死。其帅，希烈之婿也。贼失势，遂相与散走，项城之人无伤焉。刺史上侃之功，诏迁绛州太平县令。杨氏至兹犹存。

【译文】项城是小地方，没有长戟劲弩等精良的武器，没有坚固的城墙和深深的护城河。攻城的贼兵有气吞项城的傲慢心理，率领他们的士兵将要越过城墙入城。这时有人用普通的弓箭射贼人，射中了他们的统帅，（统帅）落马而死。他们的统帅是李希烈的女婿。叛贼失去大势，于是一个个全都逃跑了。项城的人没有伤亡。刺史把李侃守城的功劳上报朝廷，朝廷下诏升李侃为绛州太平县（今山西襄汾一带）的县令。杨氏到现在还活着。

人之受于其天，何不同也。妇人女子之德，奉父母舅姑尽恭顺，和于娣姒，于卑幼有慈爱，而能不失其贞者，则贤矣。至于辨行阵，明攻守，勇烈之道，此公卿大臣之所难。厥自兵兴，朝廷宠旌守御之臣，凭坚城深池之险，储蓄山积，货财自若；冠胄服甲负弓矢而驰者，不知几人。其勇不能战，其智不能守，其忠不能死，弃其城而走者有矣。彼何人哉！若杨氏者，妇人也，孔子曰：“仁者必有勇。”杨氏当之矣。

【译文】妇女的品德，是要奉养父母公婆，恭敬孝顺，和妯娌关系和睦，对老幼孝敬慈爱，并且能不丧失贞节的，那就是有贤德的妇女了。懂得行军布阵的行列，明白攻守、勇敢刚烈的道理，这是公卿大臣们难以做到的。自从有战事兴起，朝廷褒宠表扬防守、抵抗敌人的大臣，凭借坚固、深险的城池，储存的东西堆积如山，物资钱财像平常一样，戴头盔，穿上铠甲，背着弓箭在战场上奔驰的人，不知道有几个。那些没有作战的勇气，没有坚守的才智，没有效死的忠心，弃城逃跑的那是些什么人啊？像杨氏这样的妇人，孔子说：“有仁德的人必然勇敢，杨氏合乎这句话了。”

赞曰：凡人之情，皆谓后来者不及于古之人。贤者自古亦稀，独后代耶？及其有之，与古不殊也。若高愍女、杨烈妇者，虽古烈女其何加焉？予惧其行事湮灭而不传，故皆叙之，将告于史官。

【译文】评论说：大概人们的观点，都是后来的人比不上古人。有贤能的人从古代就很少，那后代呢？（如果）真的出现了，和古人没有分别。像高愍女、杨烈妇等人，就算是古代的烈女，有多少人比她们强？我担心她们的事迹消失不能流传，所以都记叙下来，打算告诉史官。

蒋 防

蒋防，字子徵（一作子微），又字如城，约公元792年生，唐义兴（宜兴古名）人。蒋防年少时，才思敏捷，聪明过人，能诗善文。蒋防善诗文，有文集1卷，赋集1卷，《全唐诗》录存其诗12首，《全唐文》收录其赋20篇及杂文6篇。其传奇《霍小玉传》尤为著名。该传奇写长安名妓霍小玉与进士李益相爱，后李益变心易志，小玉死后冤魂化为厉鬼，使李益终身不得安宁。该文最早载于《异闻集》，后收入《太平广记》，明代文学家胡应麟推崇为“唐人最精彩动人之传奇”。明戏剧家汤显祖取为剧材，成《紫钗记》，近人又著为《紫玉钗》剧本，流传于世。

霍小玉传

大历中，陇西李生名益，年二十，以进士擢第。其明年，拔萃，俟试于天官。夏六月，至长安，舍于新昌里。生门族清华，少有才思，丽词嘉句，时谓无双；先达丈人，翕然推伏。每自矜风调，思得佳偶，博求名妓，久而未谐。长安有媒鲍十一娘者，故薛驸马家青衣也；折券从良，十余年矣。性便辟，巧言语，豪家戚里，无不经过，追风挟策，推为渠帅。常受生诚托厚赂，意颇德之。

【译文】大历年间，陇西有个叫李益的书生，二十岁，考中了进士。到第二年，参加拔萃科考试，等着由吏部来主持复试。六月盛夏，到达长安，住宿在新昌里。李益门第清高华贵，年轻时就有才气，丽词嘉句，时人都说无双；前辈尊长，都推崇佩服他。他常自夸耀其风流才情，希望得到佳偶。四处寻求名妓，很久未能如愿。长安有个媒婆叫鲍十一娘，是从前薛驸马家的婢女，赎身嫁人，已有十多年了。秉性灵活乖巧，善于花言巧语。富豪之家皇亲国戚的住处，没有一处不曾去打听消息，出谋画策，人们都推她做领头。她常受李益诚心的委托和丰厚的礼品，心里很感激他。

经数月，李方闲居舍之南亭。申未间，忽闻扣门甚急，云是鲍十一娘至。摄衣从之，迎问曰："鲍卿今日何故忽然而来？"鲍笑曰："苏姑子作好梦未？"有一仙人，谪在下界，不邀财货，但慕风流。如此色目，共十郎相当矣。"生闻之惊跃，神飞体轻，引鲍手且拜且谢曰："一生作奴，死亦不惮。"因问其名居。

【译文】几个月后，李益正闲住在房舍的南亭。下午时前后，忽然听到急促的敲门声，仆人说是鲍十一娘到了。李益撩起衣服跟着跑出来，迎上去问道："鲍妈妈今天为什么忽然来了？"鲍十一娘笑着说："苏姑子作了好梦没有？有个仙人，被放逐在人间，不追求财物，只爱慕风流人物。像这样的角色，和您十郎正好匹配啊。"李益听说后惊喜踊跃，神气飞扬，身体轻飘飘的，拉着鲍十一娘的手边拜边谢道："一辈子做你的奴仆，死了也不怕"。于是问她的姓名和住处。

鲍具说曰："故霍王小女，字小玉，王甚爱之。母曰净持。即王之宠婢也。王之初薨，诸弟兄以其出自贱庶，不甚收录。因分与资财，遣居于外，易姓为郑氏，人亦不知其王女。资质秾艳，一生未见，高情逸态，事事过人，音乐诗书，无不通解。昨遣某求一好儿郎格调相称者。某具说十郎。他亦知有李十郎名字，非常欢惬。住在胜业坊古寺曲，甫上车门宅是也。以与他作期约。明日午时，但至曲头觅桂子，即得矣。"

【译文】鲍十一娘详细说道："她是从前霍王的小女儿，字小玉，霍王很喜爱她。母亲叫净持，是霍王宠爱的婢女。霍王刚死的时候，众兄弟因为她是低贱的庶母所生，不太愿意收留。于是分给她些资产，叫她住在外面，改姓郑氏，人们也不知道她是霍王的女儿。她姿质艳美，我一辈子也没有看见过这样漂亮的人；情趣高雅，神态飘逸，处处都超过别人；音乐诗书，没有不精通的。前些时托我寻找一个好郎君，品格情调都要能相称的。我详细介绍了十郎。她也知道李十郎的名字，非常高兴称心。她家住在胜业坊古寺巷里，刚进巷口有个车门的宅子就是。已经和她约好时间，明天午时，只要到巷口找到一个叫桂子的婢女，就可以了。

鲍既去，生便备行计。遂令家僮秋鸿，于从兄京兆参军尚公处假青骊驹，黄金勒。其夕，生浣衣沐浴，修饰容仪，喜跃交并，通夕不寐。迟明，巾帻，引镜自照，惟惧不谐也。徘徊之间，至于亭午。遂命驾疾驱，直抵胜业。至约之所，果见青衣立候，迎问曰："莫是李十郎否？"即下马，令牵入屋底，急急锁门。见鲍果从内出来，遥笑曰："何等儿郎，造次入此。"

【译文】鲍十一娘走后。李益就准备前去的计划。于是派家僮秋鸿，从堂兄京兆参军尚公那里借青黑色的小马和黄金马笼头。晚上，李益换洗衣服沐浴，修饰容貌仪表，高兴得手舞足蹈，整夜睡不着觉。天刚亮，戴上头巾，拿过镜子照照，只怕还不合适。犹豫之间，已到了中午。便命备马疾奔向去，直达胜业坊。到了约会的地方，果然看见一个婢女站着等候，迎上来问道："莫非是李十郎吗？"李益随即下马，让她牵进屋后，急急锁上门。看见鲍十一娘果然从里面出来，远远笑着说："何等儿郎，冒冒失失到这里来。"

生调诮未毕，引入中门。庭间有四樱桃树；西北悬一鹦鹉笼，见生入来，即语曰："有人入来，急下帘者！"生本性雅淡，心犹疑惧，忽见鸟语，愕然不敢进。逡巡，鲍引净持下阶相迎，延入对坐。年可四十余，绰约多姿，谈笑甚媚。因谓生曰："素闻十郎才调风流，今又见仪容雅秀，名下固无虚士。某有一女子，虽拙教训，颜色不至丑陋，得配君子，颇为相宜。频见鲍十一娘说意旨，今亦便令永奉箕帚。"

【译文】李益开玩笑的话还没说完，就被引进中门。庭院间有四株樱桃树，西北角挂着一个鹦鹉笼，看见李益进来，便说道："有人进来，快快放下帘子！"李益本来生性雅静，心里还在疑惧，忽然听见鸟说话，惊讶得不敢向前走了。正在踌躇，鲍十一娘已领着净持走下台阶来迎候他了。 进屋后对面坐下。净持年纪大约四十多岁，绰约多姿，谈笑很迷人。她于是对李益说："一向听说十郎有才情又风流，如今又看到容貌雅秀，果然名不虚传。我有一个女儿，虽然缺少教训，但容貌还不至丑陋，如能配给郎君，甚为相称。鲍十一娘屡次都说到您的心意，今天就让她永远来服侍您。"

生谢曰："鄙拙庸愚，不意顾盼，倘垂采录，生死为荣。"遂命酒馔，即命小玉自堂东阁子中而出。生即拜迎。但觉一室之中，若琼林玉树，互相照曜，转盼精彩射人。既而遂坐母侧。母谓曰："汝尝爱念'开帘风动竹，疑是故人来。'即此十郎诗也。尔终日吟想，何如一见。"玉乃低鬟微笑，细语曰："见面不如闻名。才子岂能无貌？"

【译文】李益答谢道："我笨拙平庸，想不到承您看重，倘蒙收留，生死为荣。"于是命令摆上酒宴，随即让霍小玉从厅堂东面的闺房里出来。李益连忙起来拜迎。顿时只觉得整座堂屋，像琼林玉树一样。相互照耀，眼光转动神采照人。随后就坐在母亲身边。母亲对她说："你经常喜欢念诵的'开帘风动竹，疑是故人来'，就是这位李十郎的诗呀。你整天吟想，怎么比得上见一面呢。"霍小玉便低下头微笑，轻声说道："见面不如闻名。才子怎么能没有英俊的相貌。"

生遂连起拜曰："小娘子爱才，鄙夫重色。两好相映，才貌相兼。"母女相顾而笑，遂举酒数巡。生起，请玉唱歌。初不肯，母固强之。发声清亮，曲度精奇。酒阑，及暝，鲍引生就西院憩息。闲庭邃宇，帘幕甚华。鲍令侍儿桂子、浣沙与生脱靴解带。须臾，玉至，言叙温和，辞气宛媚。解罗衣之际，态有余妍，低帏昵枕，极其欢爱。生自以为巫山、洛浦不过也。

【译文】李益也就接着站起来下拜。道："小娘子爱才情，鄙人重视美色。双方爱好相互映衬，才貌便兼有了。"母亲和女儿相现而笑，便举起杯来劝了几回酒。李益起身，请霍小玉唱歌。开始时她不肯，母亲再三勉强她唱，她才答应，发声清亮，曲调精奇。酒宴结束，已到天黑，鲍十一娘引着李益到西院安息。庭院深邃房子清静，帘帐都很华丽。鲍十一娘让小丫鬟桂子和浣沙替李益脱靴解带。不一会，霍小玉来了，言谈温柔和顺，辞气婉转迷人。脱下罗衣的时候，体态更显得美丽，放下帐子枕上相亲，极其欢爱。李益自认为宋玉提到的巫山神女、曹植遇到的洛水神女也不会超过。

中宵之夜，玉忽流涕观生曰："妾本倡家，自知非匹。今以色爱，托其仁贤。但虑一旦色衰，恩移情替，使女萝无托，秋扇见捐。极欢之际，不觉悲至。"生闻之，不胜感叹。乃引臂替枕，徐谓玉曰："平生志愿，今日获从，粉骨碎身，誓不相舍。夫人何发此言。请以素缣，著之盟约。"玉因收泪，命侍儿樱桃褰幄执烛，授生笔研，玉管弦之暇，雅好诗书，筐箱笔研，皆王家之旧物。

【译文】夜半之时，霍小玉忽然流泪看着李益说："我本是娼妓人家，自己知道不能与你匹配。如今因为姿色而受到你的爱恋，托身给仁贤君子，只怕我一旦年老色衰，君的恩情随即转移衰退。使我像女萝一样没有大树可以依靠，像秋天的扇子一样被抛弃。在欢乐到极点的时候，不觉悲从中来。"李益听了她的话，不胜感叹。于是伸过手臂去让她枕着，慢慢地对霍小玉说；"生平的愿望，今天得以实现，即使粉身碎骨，我发誓绝不丢开你。夫人为什么说出这些话！请拿出白绢来，我写上盟约。"霍小玉也就止住眼泪，让婢女樱桃挑起帐子拿着蜡烛，递给李益笔砚。霍小玉在演奏乐器之余，很喜欢诗书，筐子里箱子里的笔砚，都是霍王家的旧物。

遂取秀囊，出越姬乌丝栏素缣三尺以授生。生素多才思，援笔成章，引谕山河，指诚日月，句句恳切，闻之动人。誓毕，命藏于宝箧之内。自尔婉娈相得，若翡翠之在云路也。如此二岁，日夜相从。

【译文】便拿出锦锈的口袋，取出越地女子织有黑丝直格的三尺白色细绢交给李益。李益一向富有才思，拿过笔来就写成文句，引用山河作比喻，指看日月表示诚心，句句恳切，听了这些话很感动人。书写完毕，便让她收藏在珍宝箱里。从此之后相亲相爱，好像翡翠鸟在云中一样。这样过了两年，日夜相随。

其后年春，生以书判拔萃登科，授郑县主簿。至四月，将之官，便拜庆于东洛。长安亲戚，多就筵饯。时春物尚余，夏景初丽，酒阑宾散，离思萦怀。玉谓生曰："以君才地名声，人多景慕，愿结婚媾，固亦众矣。况堂有严亲，室无冢妇，君之此去，必就佳姻。盟约之言，徒虚语耳。然妾有短愿，欲辄指陈。永委君心，复能听否？"

【译文】后一年的春天，李益因为书判拔萃登科，被授予郑县主簿的官职。到了四月，将要去上任，乘便到东都洛阳探亲报喜。长安的亲戚很多来设宴饯别。当时春天的景色还未消尽，夏天的景色初放光彩，酒席结束宾客散去，离别之情萦绕胸中。霍小玉对李益说："以您的才学和名声，多为人仰慕，愿意和您结婚的人，一定是很多的。何况您堂上有严厉的双亲，室内没有正妻，您这次回家，一定去缔结美满的姻缘。当初盟约上的话，只是空谈罢了。然而我有个小小的愿望，想立即当面陈述，愿它永远记在您心上，不知您还能听吗？"

生惊怪曰："有何罪过，忽发此辞？试说所言，必当敬奉。"玉曰："妾年始十八，君才二十有二，逮君壮士之秋，犹有八岁。一生欢爱，愿毕此期。然后妙选高门，以谐秦晋，亦未为晚。妾便舍弃人事，剪发披缁，夙昔之愿，于此足矣。"

【译文】李益惊怪地说："我有什度罪过，你忽然说出这些话？你有话就说，我一定敬记在心。"霍小玉说；"我年龄方十八，郎君也才二十二岁，到您三十而立的时候，还有八年。一辈子的欢乐爱恋，希望在这段时期内享用完。然后您去挑选名门望族，结成秦晋之好，也不算晚。我就抛弃人世之事，剪去头发穿上黑衣出家为尼，过去的愿望，到那时也就满足了。"

生且愧且感，不觉涕流。因谓玉曰："皎日之誓，死生以之。与卿偕老，犹恐未惬素志，岂敢辄有二三。固请不疑，但端居相待。至八月，必当却到华州，寻使奉迎，相见非远。"更数日，生遂诀别东去。

【译文】李益又惭愧又感动，不觉流下眼泪，于是对霍小玉说："我已对天发誓，不论生死都会信守。和您白头到老，还怕不能满足平生愿望，怎敢就有三心二意。务必求你不要疑虑，只管安心在家等待我。到了八月份，我一定会回到华州，随即派人前来接你，相见的日子不会遥远的。"又过了几天，李益就告别东去了。

到任旬日，求假往东都觐亲。未至家日，太夫人已与商量表妹卢氏，言约已定。太夫人素严毅，生逡巡不敢辞让，遂就礼谢，便有近期。卢亦甲族也，嫁女于他门，聘财必以百万为约，不满此数，义在不行。生家素贫，事须求贷，便托假故，远投亲知，涉历江、淮，自秋及夏。生自以辜负盟约，大愆回期，寂不知闻，欲断期望，遥托亲故，不遗漏言。

【译文】上任后十天，李益请假到东都洛阳去省亲。还未到家时，太夫人已替他和表妹卢氏议亲，婚约都已定好了。太夫人一向严厉固执，李益踌躇不敢推辞，便前去行礼答谢，随即约定好了在近期内成婚。卢家也是名门望族，嫁女儿到他家，聘娶的财礼定要订为百万之数，不满这数目，照理无法办成。李益家中一向贫穷，办这事一定要借贷，于是找个借口请假，到远地去投奔亲戚朋友，渡过长江、淮河，从秋天一查奔到夏天。李益因为自己背弃盟约，长期拖延回去的期限，什么消息也不带给小玉，就想断绝她的希望，远托亲戚朋友，不让泄漏这事。

玉自生逾期，数访音信。虚词诡说，日日不同。博求师巫，遍询卜筮，怀忧抱恨，周岁有余。羸卧空闺，遂成沈疾。虽生之书题竟绝，而玉之想望不移，赂遗亲知，使通消息。寻求既切，资用屡空，往往私令侍婢潜卖箧中服玩之物，多托于西市寄附铺侯景先家货卖。曾令侍婢浣沙将紫玉钗一只，诣景先家货之。

【译文】霍小玉自从李益过期不归，屡次打听音信。虚词诡说，天天不同。她广求巫师，遍访占卦的人，内心忧恨，一年有余。小玉憔悴瘦损独卧空闺，忧郁成疾。虽然李益的书信完全断绝了，但霍小玉的思念盼望却始终不变，送钱财给亲戚朋友，让他们告诉消息。寻访之情这样急切，资财多次用空，经常暗自让婢女偷偷去卖掉箱子里的衣服和珍宝，多数卖给西市寄售店里的侯景先家。一次让婢女浣纱拿了一只紫玉钗，到侯景先家去卖。

路逢内作老玉工，见浣沙所执，前来认之曰："此钗，吾所作也。昔岁霍王小女将欲上鬟，令我作此，酬我万钱。我尝不忘。汝是何人，从何而得？"浣沙曰："我小娘子，即霍王女也。家事破散，失身于人。夫婿昨向东都，更无消息。悒怏成疾，今欲二年。令我卖此，赂遗于人，使求音信。"玉工凄然下泣曰："贵人男女，失机落节，一至于此！我残年向尽，见此盛衰，不胜伤感。"遂引至延先公主宅，具言前事，公主亦为之悲叹良久，给钱十二万焉。

【译文】路上遇见皇家老玉工，看见浣纱拿的钗，上前辨认道："这只钗是我制作的。当年霍王的小女儿将要梳发环加笄，让我制作了这只钗，酬谢我一万文钱。我一直不曾忘记。你是什么人，从哪里得到的？”浣沙说：“我家的小娘子，就是霍王的女儿。家道衰败，沦落嫁了人。夫婿前些时到东都去，再也没有消息了。她抑郁成病，现在快有两年了。让我卖了它，把钱送人，托他们打听夫婿的音信。”玉工凄然流泪说：“显贵人家的子女，落魄失机，竟然到了这般地步：我残年将尽，看到这种盛衰变化，也忍不住伤感万分。”于是带她到延光公主的府上，详细说了这件事。公主也为此悲叹了很久，送了她十二万文钱。

时生所定卢氏女在长安，生即毕于聘财，还归郑县。其年腊月，又请假入城就亲。潜卜静居，不令人知。有明经崔允明者，生之重表弟也。性甚长厚，等岁常与生同饮于郑氏之室，杯盘笑语，曾不相间。每得生信，必诚告于玉。玉常以薪刍衣服，资给于崔。崔颇感之。生既至，崔具以诚告玉。

【译文】这时李益定亲的卢姓姑娘正在长安，李益已经凑足了聘娶的财用，回到郑县。这年腊月，又请假进京城来成亲。秘密地找了一处幽静的住所，不让别人知道。有一个考取了明经科的人叫崔允明，是李益的表弟，很厚道，前些年常和李益一同在小玉家欢聚，吃喝谈笑，彼此亲密无间。每次得到李益的音信，必定老实告诉小玉。小玉常拿些柴草、衣服帮助他。崔允明很感激她。李益已经到了京城，崔允明原原本本地告诉了小玉。

玉恨且叹曰：“天下岂有是事乎！”遍请亲朋，多方召致。生自以愆期负约，又知玉疾候沈绵，惭耻忍割，终不肯往。晨出暮归，欲以回避。玉日夜涕泣，都忘寝食，期一相见，竟无因由。冤愤益深，委顿床枕。自是长安中稍有知者，风流之士，共感玉之多情；豪侠之伦，皆怒生之薄行。

【译文】小玉怨恨地叹息道：“世上竟有这样的事情么！”遍请亲朋好友，千方百计叫李益来。李益自认为拖延归期违背了盟约，又得知小玉病重，惭愧羞耻，索性狠心割爱，始终不肯前去。他早出晚归，想以此回避。小玉日夜哭泣，废寝忘食，一心想见李益一面，竟没有任何机会。冤苦悲愤越来越深，病倒在床上。这时长安城中逐渐有人知道了这件事。风流人士与豪杰侠客，无不感叹霍小玉的多情，愤恨李益的薄幸。

时已三月，人多春游。生与同辈五六人诣崇敬寺玩牡丹花，步于西廊，”递吟诗句。有京兆韦夏卿者，生之密友，时亦同行。谓生曰：“风光甚丽，草木荣华。伤哉郑卿，衔冤空室！足下终能弃置，实是忍人。丈夫之心，不宜如此。足下宜为思之！”叹让之际，忽有一豪士，衣轻黄纻衫，挟弓弹，风神俊美，衣服卿华，唯有一剪头胡雏从后，潜行而听之。

【译文】时节已到三月，人们大多出去春游。李益和同伙五六个人到崇敬寺里去赏玩牡丹花，漫步于西廊，轮番吟咏诗句。京兆人韦夏卿，是李益的亲密朋友，这时也在一起游玩。他对李益说："风光非常美丽，草木繁荣茂盛。可怜郑家姑娘，含怨恨独守空房！足下竟会把她抛弃，实在是狠心的人。大丈夫的心胸，不应当如此。您应当为她着想！"正在叹息责备的时候，忽然有个豪士，穿着淡紫色的麻布衫，挟着弓禅，丰姿神情隽美，穿的服装轻松华丽，只有一个剪成短发的胡族小童跟在后面，暗暗跟着他们，听他们说话。

俄而前揖生曰："公非李十郎者乎？某族本山东，姻连外戚。虽乏文藻，心尝乐贤。仰公声华，常思觏止。今日幸会，得睹清扬。某之敝居，去此不远，亦有声乐，足以娱情。妖姬八九人，骏马十数匹，唯公所欲。但愿一过。"生之侪辈，共聆斯语，更相叹美。

【译文】一会儿上前对李益作揖说："您不是叫李十郎的吗？我的家族本在山东，和外戚结了姻亲。我虽然没有什么文才，心里却一向喜欢贤能的人。仰慕您的声誉，常想一见。今天幸会，得以一睹风采。我简陋的住处，离这里不远，也有乐队歌妓，足以娱悦性情。美女八九个，骏马十多匹，随您怎么玩乐都行。只愿您光临一次。"李益一伙人听到这话，互相感叹赞美。

因与豪士策马同行，疾转数坊，遂至胜业。生以近郑之所止，意不欲过，便托事故，欲回马首。豪士曰："敝居咫尺，忍相弃乎？"乃挽挟其马，牵引而行。迁延之间，已及郑曲。生神情恍惚，鞭马欲回。豪士遽命奴仆数人，抱持而进。疾走推入中门，便令锁却，报云："李十郎至也！"一家惊喜，声闻于外。

【译文】便和这个豪侠策马同行，很快绕过几个坊，就到了胜业坊。李益因为靠近霍小玉的住处，心里不想过去，就推托有事，想回马而去。豪侠说："敝处近在咫尺，能狠心撇下不去么？"便挽着李益的马，牵引着往前走。拖拖拉拉之时，已到了郑家住的小巷。李益神情恍惚，鞭打着马想回去。豪侠当即命令奴仆好几个人，抱着架着往前走。快步上前把李益推进了车门宅内，便让人锁上门，通报道："李十郎到了！"霍小玉全家又惊又喜，声音传到了外面。

先此一夕，玉梦黄衫丈夫抱生来，至席，使玉脱鞋。惊寤而告母。因自解曰："鞋者，谐也。夫妇再合。脱者，解也。既合而解，亦当永诀。由此征之，必遂相见，相见之后，当死矣。"凌晨，请母梳妆。母以其久病，心意惑乱，不甚信之。僶勉之间，强为妆梳。妆梳才必，而生果至。

【译文】在这天的前一个晚上，霍小玉梦见穿黄衫的男子抱着李益来，到了床前，让小玉脱鞋。她惊醒之后，告诉了母亲。并自己解释道："鞋者，谐也。是说夫妻要再次会合。脱者，解也。已经相见了又要分开，也就是永别了。从这个征兆看来。我们一定很快就会见面，见面之后，我就要死了。"到了清晨，请求母亲为她梳妆打扮。母亲认为她长期生病，神志紊乱，不怎么相信这事，在她竭力支撑的一会儿，勉强替她梳妆。梳妆刚结束。李益果然来了。

玉沈绵日久，转侧须人。忽闻生来，欻然自起，更衣而出，恍若有神。遂与生相见，含怒凝视，不复有言。羸质娇姿，如不胜致，时负掩袂，返顾李生。感物伤人，坐皆欷歔。顷之，有酒肴数十盘，自外而来。一坐惊视，遽问其故，悉是豪士之所致也。因遂陈设，相就而坐。

【译文】霍小玉缠锦病榻日久，转身都要有人帮助；突然说李益来了，飞快地自己起了床，换好了衣服走出去，好像有神助似的。于是就和李益见面，含怒凝视，不再说什么了。虚弱的体质娇柔，像是支撑不住的样子，时不时用衣袖掩着脸，回头看李益。感物伤人，四座欷嘘不止。不久，有几十盘酒菜，从外面拿了进来。在座的人都吃惊地看着，忙问原由，原来这些都是豪侠送来的。于是就摆设好，相互靠拢坐下来。

玉乃侧身转面，斜视生良久遂举杯酒酬地曰："我为女子，薄命如斯！君是丈夫，负心若此！韶颜稚齿，饮恨而终。慈母在堂，不能供养。绮罗弦管，从此永休。征痛黄泉，皆君所致。李君李君，今当永诀！我死之后，必为厉鬼，使君妻妾，终日不安！"乃引左手握生臂，掷杯于地，长恸号哭数声而绝。

【译文】霍小玉便侧过身，斜眼看了李益好久，随即举起一杯酒，浇在地上说："我身为女子，薄命如此。君为大丈夫，负心到这种地步。可怜我这美丽的容貌，小小的年岁，就满含冤恨地死去。慈母还在堂上，不能供养。绫罗绸缎、丝竹管弦，从此也永远告别。带着痛苦走向黄泉，这是你造成的。李君啊李君，今天就要永别了！我死以后，一定变成厉鬼，让你的妻妾，终日不得安宁！"说完，伸出左手握住李益手臂，把酒杯掷在地上，高声痛哭了好几声便气绝身亡。

母乃举尸，置于生怀，令唤之，遂不复苏矣。生为之缟素，旦夕哭泣甚哀。将葬之夕。生忽见玉德帷之中，容貌妍丽，宛若平生。著石榴裙，紫袴裆，红绿帔子。斜身倚帷，手引绣带，顾谓生曰："愧君相送，尚有余情。幽冥之中，能不感叹。"言毕，遂不复见。明日，葬于长安御宿原。生至墓所，尽哀而返。

【译文】小玉的母亲抬起尸体，放到李益怀里，让他呼唤她，可小玉再也无法醒来了。李益为她穿上白色丧服，从早到晚哭泣得很悲衷。安葬的头天晚上，李益忽然看见霍小玉在灵帐当中，容貌美丽，像活着的时候一样。穿看石榴裙，紫色罩袍，红绿色的披肩纹巾。斜身靠着灵帐，手握绣带，看着李益说："惭愧蒙你送别，还有未尽的情意。我在阴曹地府，怎么能不感叹呢。"说完，就看不见了。第二天，安葬在长安御宿原。李益到了墓地，痛哭了一场才回去。

后月余，就礼于卢氏。伤情感物，郁郁不乐。夏五月，与卢氏偕行，归于郑县。至县旬日，生方与卢氏寝，忽帐外叱叱作声。生惊视之，则见一男子，年可二十余，姿状温美，藏身映幔，连招卢氏。生惶遽走起，绕幔数匝，倏然不见。生自此心怀疑恶，猜忌万端，夫妻之间，无聊生矣。或有亲情，曲相劝喻。生意稍解。

【译文】一个多月以后，李益和卢氏成了婚。睹物伤情，郁闷不乐。夏季五月，李益和卢氏一起回到郑县。到县里过了十天，李益正和卢氏睡着，忽然帐子外面有嘀嘀咕咕的声音。李益吃惊地一看，初见一个男子，年纪大约二十多岁，姿态温和美丽，躲藏的身影映在帐子上，连连向卢氏招手。李益惊恐地赶快起床，绕看帐子好几圈，身影却忽然不见了。李益从此心怀疑惑和憎恶。猜忌万端，夫妻之间，矛盾产生了。有些亲戚百般解劝，李益的猜忌心意才慢慢平息。

后旬日，生复自外归，卢氏方鼓琴于床，忽见自门抛一斑犀钿花合子，方圆一寸余，中有轻绢，作同心结，坠于卢氏怀中。生开而视之，见相思子二，叩头虫一，发杀觜一，驴驹媚少许。生当时愤怒叫吼，声如豺虎，引琴撞击其妻，诘令实告。卢氏亦终不自明。尔后往往暴加捶楚，备诸毒虐，竟讼于公庭而遣之。

【译文】过后十天左右。李益又从外面回来，卢氏正在床上弹琴，忽然看到从门口抛来一个杂色嵌花犀牛角的盒子，方圆一寸多，中间束有轻绢，打成同心结，落在卢氏怀中。李益打开一看，见有两颗表示相思的红豆，磕头虫一个，发杀觜一个，和少量的驴驹媚。李益当即愤怒地大声吼叫，声音如同豺狼猛虎，夺过琴砸他妻子，盘问并命令她说实话。卢氏怎么说也辩解不清楚。从此之后李益常常粗暴地鞭打妻子，百般虐待，最后诉讼到公堂把她休掉了。

卢氏既出，生或侍婢媵妾之属，暂同枕席，便加妒忌。或有因而杀之者。生尝游广陵，得名姬曰营十一娘者，容态润媚，生甚悦之。每相对坐，尝谓营曰："我尝于某处得某姬，犯某事，我以某法杀之。"日日陈说，欲令惧己，以肃清闺门。出则以浴斛覆营于床，周回封署，归必详视，然后乃开。又畜一短剑，甚利，顾谓侍婢曰："此信州葛溪铁，唯断作罪过头！"大凡生所见妇人，辄加猜忌，至于三娶，率皆加初焉。

【译文】卢氏走后，李益有时同侍妾等人，偶然同一次房，就增加了对她们的嫉妒猜忌，还有因此被杀掉的。李益曾游历广陵，得到一个叫营十一娘的名姬，容貌体态玉润珠媚，李益非常喜欢她。每当对坐时，就对营十一娘说："我曾在某处得到某个女人，她违犯了某一件事，我用某种办法杀了她。"天天这样说，想让营十一娘怕他，以此肃清闺房内淫乱的事。出门便用浴盆把营十一娘倒扣在床上，周围加封条，回家一定详细查看，然后才揭开。又准备了一把短剑，很锋利，他看着对侍婢说："这是信州葛溪出产的钢铁，专门斩断犯有罪过的人的头！"大抵凡是李益所见到的妇女，每一个都要猜忌，娶妻三次，大都像开头一样。

薛用弱

薛用弱，唐河东人，字中胜，太和中自仪曹出守弋阳，著《集异记》四十六则，多述唐代轶闻，亦间涉灵异，序述颇有文彩，足资引据。

【译文】薛用弱是唐代河东人，字中胜，唐太和中从仪曹出朝作为弋阳太守，著有《集异记》四十六则，这部书多记载唐代的轶闻奇事，也偶尔会涉及灵异故事，叙述很有文采，足以被引用。

《集异记》三则

徐佐卿

明皇天宝十三载重阳日猎于沙苑。云间有孤鹤徊翔焉。玄宗亲御弧矢一发而中。其鹤即带箭徐坠，将及地丈许，欻然矫翰，西南而逝。万众极目，良久乃灭。益州城距郭十五里，有明月观焉。依山临水，松桂深寂，道流非修习精悫者莫得而居。观之东廊第一院，尤为幽绝。每有自称青城山道士徐佐卿者，风局清古，一岁率三四而至焉。观之耆旧，因虚其院之正堂，以俟其来。而佐卿至则栖焉，或三五日，或旬朔，言归青城。甚为道流所倾仰。

【译文】唐玄宗在天宝十三年重阳节那天到沙苑打猎，当时云间有一只孤鹤在来回飞翔。唐玄宗亲自拉弓放箭把鹤射中了，那鹤就带着箭慢慢地往下坠落，离地还有一丈来高的时候，它突然一振翅膀，向西南飞去了。千万人都一直望着它，好久好久才消逝。益州城西十五里，有一个道观。这道观依山傍水，松树桂树成片，山深林静。道流之中，如果不是精心谨慎地进行修炼的人是不能住到这里的。这个观的东廊第一院，尤其幽静。有一个自称是青城山道士名字叫作徐佐卿的，样子清纯高古，一年大概能来好几趟。观中的老年人，因此总是空着那院的正堂，等着徐佐卿来。而徐佐卿一来就住在这里，或三五日，或十天半月就走。他说回青城。道流中人都很仰慕他。

一日忽自外至，神爽不怡，谓院中人曰："吾行山中，偶为飞矢所加，寻已无恙矣；然此箭非人间所有，吾留之于壁上，后年箭主到此，即宜付之，慎无坠失。"仍援毫记壁云："留箭之时，则十三载九月九日也。"及玄宗避乱幸蜀，暇日命驾行游，偶至斯观，乐其佳境，因遍幸道室。

【译文】有一天他忽然从外面走进来，神色不怎么高兴。他对院子里的人说："我在山里走路，偶然被飞箭射中，不一会儿就没事儿了。但是这箭不是普通人所有的。我把这支箭挂在墙壁上，后年箭的主人到这里来，就把箭交给他。一定不要弄丢了！"他还拿笔在墙壁上记道："留箭的时候，是天宝十三年九月九日。"等到唐玄宗避难来到四川，闲暇之日坐着车游玩，偶然来到这个观，很喜欢这里的好景致，就遍游所有的道室。

既入此堂，忽睹挂箭，则命侍臣取而玩之，盖御箭也。深异之，因询观之道士。皆以实对。即是佐卿所题，乃前岁沙苑纵畋之日也，佐卿盖中箭孤鹤耳。究其题，乃沙苑翻飞，当日集于斯欤。上大奇之，因收其箭而宝焉。自后蜀人亦无复有逢佐卿者矣。

【译文】走进这个院的正堂之后，忽然看到了那支箭，让侍臣拿过来玩赏。他一看这是一支御用的箭，非常惊奇，于是就询问观里的道士，道士全都如实地回答了。唐玄宗就去看徐佐卿题的字，原来是前年在沙苑打猎射出的那支箭。徐佐卿大概是中箭的那只孤鹤。细究那题字，是它在沙苑中箭之后翩翻飞翔，当日就飞到这里了。唐玄宗非常惊奇，就收藏了那支箭，作为一件宝物。以后蜀地人也没有再遇到过徐佐卿的。

裴珙

裴孝廉珙，家洛阳。仲夏，自郑西归，及端午以觐亲焉。日晚，方至石桥，忽有少年，骑从鹰犬甚众。顾珙笑曰："明旦节日，今当蚤归，何迟迟也。"乃以后乘借之。珙甚喜，谓二童曰："尔可缓驱，投宿于白马寺西表兄窦温之墅，明日徐归可也。"因上马疾驱。

【译文】有一位孝廉叫裴珙，家住洛阳。这年初夏他从郑州往洛阳走，打算端午节到家看望双亲。这天黄昏时他走到一座石桥上，遇见一个少年带着很多随从，架着鹰带着狗迎面而来。少年对裴珙笑着说，“明天就是端午节了，你该早点回家，为什么走得慢慢腾腾的？我把备用的快马借给你吧。”裴珙很高兴，对两个仆人说：“你们可以慢点儿走，到了洛阳就投宿到白马寺西面我表兄温窦的别墅，明天再慢慢回家来就行了。”交待完了就上马飞驰起来。

俄顷，至上东门，归其马，珍重而别。珙居水南，促步而进，及家暝矣。入门，方见其亲与珙之姊妹张灯会食。珙乃前拜，曾莫瞻顾，因俯阶高语曰：“珙自外至。”即又不闻。珙即大呼弟妹之辈，亦无应者。珙心神忿感，思又极呼，皆亦不知。但见其亲叹曰：“珙那今日不至也。”遂涕下，而坐者皆泣。

【译文】不一会儿，就到了洛阳的上东门，把马还给那少年，庄重地和少年道谢告别。裴珙住在河南，急忙往家赶，到家已黄昏时分了。进家后，见父母姐妹们正在张灯宴会，裴珙忙在堂屋的台阶下高声拜见父母说：“儿子从外地赶回来了！”然而堂上的双亲好像没听见。裴珙又大声喊兄弟姐妹的名字，也没有人答应。裴珙心里很奇怪，也有些生气，就又大声地呼喊，屋里的人仍然不理他，而且听见父母叹息说：“珙儿到今天怎么还不回来呢？”说着就哭起来了，兄弟姊妹们也都跟着落泪。

珙私怪曰：“吾岂为异物邪？”因出至通衢，徘徊久之。有贵人导从甚盛，遥见珙，即以鞭指之曰：“彼乃生者之魂也。”俄有佩橐鞬者，出于道左，曰：“地界启事，裴珙孝廉，命未合终。遇昆明池神七郎子，案鹰回，借马送归，以为戏耳。今当领赴本身。”贵人微哂曰：“小儿无理，将人命为戏。明日与尊父书，令笞之。”

【译文】这时裴珙才暗想：“难道我成了鬼了吗？”就来到街上，徘徊了半天。这时有一个带着很多随从的大官从街上经过，用鞭子指指裴珙说：“那是活人的魂灵。”接着有一个佩着箭囊的人来到道旁对他说：“地界神特别通知，孝廉裴珙寿数未尽。由于他走路时遇见了昆明池神的七公子放鹰归来，七公子把马借给他送他回家，那是和他开了个玩笑。现在他的魂魄可以归回本体了。”那个大官生气的说：“七公子太淘气了，拿别人的性命当儿戏，明天我给昆明池神写封信，让他好好管教他那七公子。”

既至而橐鞬者招珙，复出上东门，度门隙中，至窦庄。方见其形僵仆，二童环泣呦呦焉。橐鞬者令其闭目，自后推之，省然而苏。其二童皆云：“向者行至石桥，察郎君疾作，语言大异，惧其将甚，投于此。既至，则已绝矣。”珙惊叹久之，少顷无恙。及时，乃以其宝陈于家。余于上都，自见窦温话其事。

【译文】那佩箭囊的神领着裴珙又出了上东门，从门缝走过去来到窦庄，裴珙才看见自己的尸体僵卧在地上，两个仆人正围在旁边哭泣。神让裴珙闭上眼睛，从身后推了他一下，裴珙才复苏活了过来。后来两个仆人说："刚才走到石桥上时，我们看见你突然发作了急病，说话也迥然区别于平时，我们十分害怕，便赶奔这里，来到这儿，你已断了气。"裴珙惊叹了很久，过了一会就完全恢复正常了。到了时候，才将宝物陈列在家中。我在上都（长安）时，见到窦温时说起了这件事。

王之涣

开元中，诗人王昌龄、高适、王之涣齐名。时风尘未偶，而游处略同。

【译文】唐玄宗开元年间，诗人王昌龄、高适、王之涣齐名，无奈他们命运都不太顺畅，仕途艰难，而生活的经历又颇多相似之处。

一日，天寒微雪，三人共诣旗亭，贳酒小饮，忽有梨园伶官十数人，登楼会宴。三诗人因避席隈映，拥炉火以观焉。

【译文】有一天，冷风飕飕，微雪飘飘。三位诗人一起到酒楼去，赊酒小饮。忽然有梨园掌管乐曲的官员率十余子弟登楼宴饮。三位诗人回避，躲在黑暗的角落里，围着小火炉，且看她们表演节目。

俄有妙妓四辈，寻续而至，奢华艳曳，都冶颇极。旋则奏乐，皆当时之名部也。昌龄等私相约曰："我辈各擅诗名，每不自定其甲乙。今者，可以密观诸伶所讴，若诗人歌词之多者，则为优矣。"

【译文】一会儿又有四位漂亮而妖媚的梨园女子，珠裹玉饰，摇曳生姿，登上楼来。随即乐曲奏起，演奏的都是当时有名的曲子。王昌龄等私下相约定："我们三个在诗坛上都算是有名的人物了，可是一直未能分个高低。今天算是有个机会儿，可以悄悄地听这些歌女们唱歌，谁的诗入歌词多，谁就最优秀。"

俄而，一伶拊节而唱乃曰："寒雨连江夜入吴，平明送客楚山孤。洛阳亲友如相问，一片冰心在玉壶。"昌龄则引手画壁曰："一绝句！"寻又一伶讴之曰："开箧泪沾臆，见君前日书。夜台何寂寞，犹是子云居。"适则引手画壁曰："一绝句！"寻又一伶讴曰："奉帚平明金殿开，强将团扇共徘徊。玉颜不及寒鸦色，犹带昭阳日影来。"昌龄则又引手画壁曰："二绝句！"之涣自以得名已久，因谓诸人曰："此辈皆潦倒乐官，所唱皆巴人下里之词耳！岂阳春白雪之曲，俗物敢近哉？"因指诸妓之中最佳者曰："待此子所唱，如非我诗，吾即终身不敢与子争衡矣！脱是吾诗，子等当须列拜床下，奉吾为师！"

【译文】一位歌女首先唱道："寒雨连江夜入吴，平明送客楚山孤。洛阳亲友如相问，一片冰心在玉壶。"王昌龄就用手指在墙壁上画一道："我的一首绝句。"随后一歌女唱道："开箧泪沾臆，见君前日书。夜台何寂寞，犹是子云居。"高适伸手画壁："我的一首绝句。"又一歌女出场："奉帚平明金殿开，强将团扇共徘徊。玉颜不及寒鸦色，犹带昭阳日影来。"王昌龄又伸手画壁，说道："两首绝句。"王之涣自以为出名很久，就对他们说："这几个都是潦倒下等乐人，所唱不过是'巴人下里'之类不入流的歌曲，那'阳春白雪'之类的高雅之曲，哪是她们唱得了的呢！"于是用手指着几位歌女中最漂亮、最出色的一个说："到这个女子唱的时候，如果不是我的诗，我这辈子就不和你们争高下了；果然是唱我的诗的话，二位就拜倒于座前，尊我为师好了。"

因欢笑而俟之。须臾，次至双鬟发声，则曰："黄河远上白云间，一片孤城万仞山。羌笛何须怨杨柳，春风不度玉门关。"之涣即揶揄二子，曰："田舍奴！我岂妄哉？"因大谐笑。诸伶不喻其故，皆起诣曰："不知诸郎君，何此欢噱？"昌龄等因话其事。诸伶竞拜曰："俗眼不识神仙，乞降清重，俯就筵席！"三子从之，饮醉竟日。

【译文】于是就说笑着等待着。一会儿，轮到那个梳着双髻的最漂亮的女子唱了，她唱道："黄河远上白云间，一片孤城万仞山。羌笛何须怨杨柳，春风不度玉门关。"王之涣得意至极，揶揄王昌龄和高适说："怎么样，乡巴佬，我说的没错吧！"三位诗人开怀大笑。那些歌手们听到笑声，不知道发生了什么事情，纷纷走了过来："请问几位郎君，在笑什么呢？"王昌龄就告诉她们原因。歌女们竞相施礼下拜："请原谅我们俗眼不识神仙，恭请诸位大人赴宴。"三位诗人应了她们的邀请，醉饮一天。

李商隐

李商隐，唐河内人，字义山，号玉溪生，开成进士，工诗文，诗与温庭筠齐名，世称其诗为西昆体，有诗文集行世。

【译文】李商隐是唐代河内人，字义山，号玉溪生，是开成年间的进士，擅长诗文，诗与温庭筠齐名，世人把他诗的风格称为“西昆体”，有诗文集流传于世。

李贺小传

京兆杜牧为李长吉集叙，状长吉之奇甚尽，世传之。长吉姊嫁王氏者，语长吉之事尤备。

【译文】京兆杜牧给李长吉的诗集作序，描绘李长吉的奇特之处很是详尽，在世上流传。李长吉嫁入王家的姐姐，讲述李长吉的事来尤其完备。

长吉细瘦，通眉，长指爪。能苦吟疾书，最先为昌黎韩愈所知。所与游者，王参元、杨敬之、权璩、崔植为密。每旦日出与诸公游，未尝得题然后为诗，如他人思量牵合以及程限为意。恒从小奚奴，骑距驴，背一古破锦囊，遇有所得，即书投囊中。

【译文】李长吉身材纤瘦，双眉相连，手指很长，能苦吟诗，能快速书写。最先他被昌黎人韩愈所了解。与长吉一起参与游历的人，以王参元、杨敬之、权璩、崔植这些人最为密切。长吉每天早上出去与他们一同出游，从不曾先确立题目然后再写诗，如同他人那样凑合成篇，把符合作诗的规范放在心里。他常常带着一个小书童，骑着瘦弱的驴子，背着一个又旧又破的锦帛制作的袋子，碰到有心得感受的，就写下来投入囊中。

及暮归，太夫人使婢受囊出之，见所书多，辄曰："是儿要当呕出心始已尔！"上灯，与食，长吉从婢取书，研墨叠纸足成之，投他囊中。非大醉及吊丧日，率如此。过亦不复省，王、杨辈时复来探取写去。长吉往往独骑往还京、洛，所至或时有著，随弃之。故沈子明家所余，四卷而已。

【译文】等到晚上回来，他的母亲让婢女拿过锦囊取出里面的诗稿，见所写的稿子很多，就说："这个孩子要呕出心才罢休啊！"说完就点灯，送上饭给长吉吃。长吉让婢女取出草稿，研好墨，铺好纸，把那些诗稿补成完整的诗，再投入其他袋子。只要不是碰上大醉及吊丧的日子，他全都这样做。过后也不再去看那些作品，王参元、杨敬之等经常过来从囊中取出诗稿抄好带走。长吉常常独自骑驴来往于京城长安和洛阳之间，所到之处有时写了作品，也随意丢弃。所以沈子明家仅保存下来李贺的诗作只有四卷罢了。

长吉将死时，忽昼见一绯衣人，驾赤虬，持一板，书若太古篆或霹雳石文者，云："当召长吉。"长吉了不能读，欻下榻叩头，言："阿㜷且病，贺不愿去。"绯衣人笑曰："帝成白玉楼，立召君为记。天上差乐，不苦也！"长吉独泣，边人尽见之。少之，长吉气绝。常所居窗中，勃勃有烟气，闻行车嘒管之声。太夫人急止人哭，待之，如炊五斗黍许时，长吉竟死。王氏姊非能造作谓长吉者，实所见如此。

【译文】李长吉快要死的时候，忽然在大白天里看见一个穿着红色丝帛衣服的人，驾着红色的虬龙，拿着一块木板，上面写着类似远古的篆体字或雷击后石头上留下的纹痕，说："要召长吉去。"长吉全然不认识，忽然下床来磕头说："我母亲老了，而且生着病，我不愿意去啊。"红衣人笑着说："天帝刚刚建成一座白玉楼，马上召你去为楼写记。天上的生活快乐，并不痛苦啊！"长吉独自哭泣，旁边的人都看见了。一会儿，长吉气息断绝。他平时所住房屋的窗子里，有烟气向上冒，还听到行车的声音和微微的奏乐声。长吉的母亲赶紧制止他人的哭声，等了如同煮熟五斗小米那么长的时间，长吉最终死了。嫁入王家的姐姐不是那种编造、虚构故事来描述长吉的人，她所见到的确实是这样的。

呜呼！天苍苍而高也，上果有帝耶？帝果有苑囿宫室观阁之玩耶？苟信然，则天之高邈，帝之尊严，亦宜有人物文采愈此世者，何独眷眷于长吉而使其不寿耶？噫！又岂世所谓才而奇者，不独地上少，即天上亦不多耶？长吉生二十七年，位不过奉礼太常，时人亦多排摈毁斥之，又岂才而奇者？帝独重之，而人反不重耶？又岂人见会胜帝耶？

【译文】唉！天空苍茫而高远，天上确实有天帝吗？天帝确实有林苑园圃、宫殿房屋、亭观楼阁吗？如果确实如此，那么上天这么高远，天帝这么尊贵，也应该有文学才华超过这个世上的人物啊，为什么唯独对长吉眷顾而使他不长寿呢？唉，又难道是世上所说的有才华而且奇异的人，不仅仅地上少，就是天上也不多吗？长吉活了二十七年，职位不过奉礼太常，当时的人也多排挤诽谤他。又难道是有才华而且奇异的人，天帝特别重视他，而世人反倒不重视吗？又难道是凡人的见识会超过天帝吗？

韩偓

韩偓，唐万年人，字致尧，小字冬郎，龙纪进士，仕昭宗朝，有节概，所为诗慷慨激昂，迥异当时靡靡之响，旧称其善香奁体，因《唐志》著录其《香奁集》一卷，未见其全故也，有《韩内翰集》。

【译文】韩偓是唐代长安万年人，字致尧，小字冬郎，是龙纪年间进士，在唐昭宗朝为官，有气节，所作的诗歌慷慨激昂，与当时靡靡之音的诗歌风格大相径庭，以前称他擅长香奁体的诗歌，因为《唐书·艺文志》收录了他的《香奁集》一卷，而没有收录他全部的作品，有《韩内翰集》传世。

海山记

隋炀帝生时，有红光烛天，里中牛马皆鸣。先是独孤后梦龙出身中，飞高十余里，龙堕地，尾辄断。以告文帝。帝沉吟默塞不答。帝三岁，戏于文帝前。文帝抱之，玩视甚久，曰："是儿极贵，恐破吾家。"自兹，虽爱帝而亦不快于帝。

【译文】隋炀帝出生时，红光满天，乡间牛马全都嘶叫起来。在此之前，他的母亲独孤皇后曾梦见一条龙从身子中出来，飞起十多里高，然后坠落到地上，折断了尾巴。她把这件事告诉了丈夫隋文帝。文帝沉吟良久，没有回答。炀帝在二岁的时候，有一天在文帝面前玩耍，文帝把他抱起来，逗弄他玩，并端详了很久，然后说："这个孩子的命十分尊贵，恐怕将来会毁了我们的家业。"从此，文帝虽然很喜欢炀帝，但是也因为炀帝而感到不快乐。

帝十岁，好观古今书传，至于方药、天文、地理、伎艺、术数，无不通晓。然而性褊急，阴贼刻忌，好钩索人情深浅。时杨素有战功，方贵用事，帝倾意结之。文帝得疾，内外莫有知者。帝坐便室，召素谋曰：“君国之元老，能了吾家事者君也。”乃私执素手曰：“使我得志，我亦终身报公。”素曰：“待之。当自有计。”

【译文】隋炀帝十岁的时候，喜欢阅读古今书籍，博览群书，甚至连医药、天文、地理、技艺、数学等知识，也无不通晓。但是他性情偏执、急躁，阴险残忍，好猜疑，并且寡言少语，喜欢琢磨人情世故。当时，杨素因有战功，所以正受到朝廷重用，因此炀帝便主动去结交他。隋文帝得了病，宫廷内外没有人知道。炀帝在一个小房间里把杨素召来商量，对他说：“您是国家的元老，能够处理好我们家中的事情只有你。”于是便拉住杨素的手说：“如果能使我达到目的，我一辈子也忘不了您。”杨素说：“请等一下，我自然会有办法。”

素入问疾，文帝见素，起坐，谓素曰：“吾尝亲锋刃，冒矢石，出入死生，与子同之，方享今日之贵。吾自惟不免此疾，不能临天下。汝乃吾族中人，吾不讳，汝立吾儿勇为帝。汝倍吾言，吾去世亦杀汝。此事吾不语人。”素曰：“国本不可屡易，臣不敢奉诏。”

【译文】杨素到宫里探望隋文帝的病，文帝一看见杨素，便坐了起来，对他说：“我曾经亲冒石矢，冲锋陷阵，出生入死，同你一道征战厮杀，才享有今天的荣华富贵。我自己估计，这次得病恐怕难以治愈，不能再君临天下了。你是我们家族里的人，我对你不用避讳，你要拥立我儿子杨勇为皇帝。如果你违背了我的话，我死后也要杀了你！这件事我不会对别人说。”杨素说：“国家的根本不可经常改换，这件事我不敢从命。”

文帝愤懑，乃大呼左右曰：“召吾儿勇来！”乃气哽塞，回面向之不言。素乃出语帝曰：“事未可，更待之。”有顷，左右出报素曰：“帝呼不应，喉中呦呦有声。”帝拜素曰：“以终身累公。”素急入，帝已崩矣，乃不发丧。

【译文】文帝非常气恼，大声呼叫身边的人：“叫我儿杨勇来！”接着喘不上气来，便转过脸朝里不再说话了。杨素便退出来对炀帝说：“事情不行，还得等待。”过了一会儿，文帝身边的人出来向杨素报告：“皇帝叫也不答应了，喉咙里有呦呦的声音。”炀帝便给杨素施礼说：“我这一辈子就麻烦您了。”杨素急忙进去，文帝已经咽气了，他们就秘不发丧。

明日，素袖遗诏立帝。时百官犹未知。素执圭谓百官曰：“大行遗诏立帝，有不从者戮于此！”左右扶帝上殿，帝足弱，欲倒者数四，不能上。素下，去左右，以手扶接帝。帝援之乃上。百官莫不嗟叹。

【译文】第二天，杨素袖中装着遗诏拥立新帝。当时文武百官还不知道情况。杨素手执玉圭对大臣们说："大行黄帝遗诏立新皇帝，有不服从的，就地处死！"左右护卫搀扶着炀帝上殿，炀帝双腿绵软，好几次就要跌倒，难以走上殿来。杨素走下来，叫众卫士退下，自己把手伸给炀帝，炀帝拉着杨素的手才上了殿。见此情景，文武百官无不感叹。

素归，谓家人辈曰："小儿子吾已提起，教作大家。即不知了当得否？"素恃有功，见帝多呼为郎君。时宴内宫，宫人偶覆酒污素衣，素怒，叱左右引下加挞焉。帝颇恶之，隐忍不发。

【译文】杨素回到家里，对家中人说："那小子我已把他扶植起来，当了皇帝，就不知道做得怎样？"杨素自恃有功。见到隋炀帝经常称呼为郎君。一次在内宫饮酒，有个宫女一不小心把酒洒在杨素身上，弄脏了衣服，杨素大怒，喝令左右卫士把宫女拉下殿去，用鞭子抽打。炀帝心中很恼怒，但隐忍不发作。

一日，帝与素钓鱼于池，并坐，左右张伞以遮日。帝起如厕，回见素坐赭伞下，风骨秀异，堂堂然。帝大忌之。帝多欲有所为，素辄请而抑之。由是愈有害素意。

【译文】一天，炀帝与杨素一同在池边钓鱼，二人并肩而坐，侍卫们给打着伞以遮蔽阳光。炀帝起身去上厕所。回来时看见杨素坐在大红伞下，长相身材俊秀奇特，炀帝心里很是疑忌。隋炀帝奢侈多欲，但是一要干什么事情，就总是遭到杨素的阻止。因此，炀帝更有除掉杨素的想法了。

会素死，帝曰："使素不死，夷其九族。"先，素欲入朝，出见文帝执金钺逐之曰："此贼！吾欲立勇，汝竟不从吾言，今必杀汝！"素惊呼入室，召子弟二人而语曰："吾必死矣！出见文帝。"语不移时，素死。

【译文】等到杨素死时，炀帝便说："假如杨素不死，就要被诛灭九族了。"杨素在死之前，想要上朝，出来看见文帝手拿金斧子来追砍自己，并喝道："你这个奸贼！我要立杨勇当皇帝，你竟敢不听从我的话，今天一定要杀了你！"杨素吓得大声惊呼，慌忙跑回屋中，把儿子、弟弟叫来说道："我肯定要死了，出去碰见了文帝。"过不多时，杨素便死了。

帝自素死，益无惮，乃辟地周二百里为西苑，役民力常百万。内为十六院，聚巧石为山，凿池为五湖四海。诏天下境内所有鸟兽草木，驿至京师。

【译文】隋炀帝自从杨素死后，就更加无所顾忌了。便开辟了方圆二百里土地，建成西苑，役使百姓常常达到一百万人。西苑里分为十六个院，堆聚奇石，作为假山；开凿大小水池，修成五湖四海。下令天下把所有鸟兽花木选送到京师来。

天下共进花木鸟兽鱼虫，莫知其数，此不俱载。诏定西苑十六院名：景明一，迎晖二，栖鸾三，晨光四，明霞五，翠华六，文安七，积珍八，影纹九，仪凤十，仁智十一，清修十二，宝林十三，和明十四，绮阴十五，降阳十六，皆帝自制名。

【译文】各地进贡的花卉、草木、鸟兽、鱼虫，不计其数，在这里就不一一记载了。炀帝下诏，为西苑十六院定名，分别是：一、景明院；二、迎晖院；三、栖莺院；四、晨光院；五、明霞院；六、翠华院；七、文安院；八、积珍院；九、影纹院；十、仪凤院；十一、仁智院；十二、清修院；十三、宝林院；十四、和明院；十五、绮阴院；十六、降阳院。这些院名都是炀帝亲自拟定的。

院有二十人，皆择宫中佳丽谨厚有容色美人实之。每一院，选帝常幸御者为之首。每院有宦者，主出入易市。又凿五湖，每湖四方十里。东曰翠光湖，南曰迎阳湖，西曰金光湖，北曰洁水湖，中曰广明湖。

【译文】每院有二十人，全是从宫中挑选的品行端庄、容貌艳丽的美女，并选一个经常陪侍皇帝的妃子为首领。另外，每院还有太监负责外出购买物品。此外，还挖掘了五个湖，每个湖方圆四十里，东边的叫翠光湖，南边的叫迎阳湖，西边的叫金光湖，北边的叫洁水湖，中间的叫广明湖。

湖中积土石为山，构亭殿，曲屈环绕澄碧，皆穷极人间华丽。又凿北海，周环四十里。中有三山，效蓬莱、方丈、瀛洲，上皆台榭回廊。水深数丈，开沟通五湖四海。沟尽通行龙凤舸；帝多泛东湖。

【译文】在湖中堆积土石为山，建造亭台楼阁，屈曲回廊，被碧绿的湖水所环绕，可谓集天下美景于一处。又开凿了北海，周围四十里，中间有三座山，仿效蓬莱、方丈、瀛洲，上面全是楼台水榭回廊，水深数丈。挖一深沟连通五湖、北海，完全可以通行龙凤舟。炀帝经常泛舟东湖。

因制湖上曲《望江南》八阕云：

湖上月，偏照列仙家。水浸寒光铺枕簟，浪摇晴影走金蛇。偏称泛灵槎。光景好，轻彩望中斜。清露冷侵银兔影，西风吹落桂枝花。开宴思无涯。

湖上柳，烟里不胜垂，宿露洗开明媚眼，东风摇弄好腰肢。烟雨更相宜。环曲岸，阴覆画桥低，线拂行人春晚后，絮飞晴雪暖风时。幽意更依依。

湖上雪，风急堕还多。轻片有时敲竹户，素华无韵入澄波。望外玉相磨。湖水远，天地色相和。仰面莫思梁苑赋，朝来且听玉人歌。不醉拟如何？

湖上草，碧翠浪通津。修带不为歌舞缓，浓铺堪作醉人茵。无意衬香衾。晴霁后，颜色一般新。游子不归生满地，佳人远意寄青春。留咏卒难伸。

湖上花，天水浸灵芽。浅蕊水边匀玉粉，浓苞天外剪明霞。只在列仙家。开烂熳，插鬓若相遮。水殿春寒幽冷艳，玉轩晴照暖添华。清赏思何赊。

湖上女，精选正轻盈。犹恨乍离金殿侣，相将尽是采莲人。清唱漫频频。轩内好，嬉戏下龙津。玉管朱弦闻昼夜，踏青斗草事青春。玉辇从群真。

湖上酒，终日助清欢。檀板轻声银甲缓，醅浮香米玉蛆寒。醉眼暗相看。春殿晚，仙艳奉杯盘。湖上风光真可爱，醉乡天地就中宽。帝主正清安。

湖上水，流绕禁园中。斜日缓摇青翠动，落花香暖众纹红。蘋末起清风，闲纵目，鱼跃小莲东。泛泛轻摇兰棹稳，沉沉寒影上仙宫。远意更重重。

帝常游湖上，多令宫中美人歌此曲。

【译文】并亲手写下《湖上曲·望江南》八首：

湖上月，偏照列仙家。水浸寒光铺枕簟，浪摇晴影走金蛇。偏称泛灵槎。光景好，轻彩望中斜。清露冷侵银兔影，西风吹落桂枝花。开宴思无涯。

湖上柳，烟里不胜垂，宿露洗开明媚眼，东风摇弄好腰肢。烟雨更相宜。环曲岸，阴覆画桥低，线拂行人春晚后，絮飞晴雪暖风时。幽意更依依。

湖上雪，风急堕还多。轻片有时敲竹户，素华无韵入澄波。望外玉相磨。湖水远，天地色相和。仰面莫思梁苑赋，朝来且听玉人歌。不醉拟如何？

湖上草，碧翠浪通津。修带不为歌舞缓，浓铺堪作醉人茵。无意衬香衾。晴霁后，颜色一般新。游子不归生满地，佳人远意寄青春。留咏卒难伸。

湖上花，天水浸灵芽。浅蕊水边匀玉粉，浓苞天外剪明霞。只在列仙家。开烂熳，插鬓若相遮。水殿春寒幽冷艳，玉轩晴照暖添华。清赏思何赊。

湖上女，精选正轻盈。犹恨乍离金殿侣，相将尽是采莲人。清唱漫频频。轩内好，嬉戏下龙津。玉管朱弦闻昼夜，踏青斗草事青春。玉辇从群真。

湖上酒，终日助清欢。檀板轻声银甲缓，醅浮香米玉蛆寒。醉眼暗相看。春殿晚，仙艳奉杯盘。湖上风光真可爱，醉乡天地就中宽。帝主正清安。

湖上水，流绕禁园中。斜日缓摇青翠动，落花香暖众纹红。蘋末起清风，闲纵目，鱼跃小莲东。泛泛轻摇兰棹稳，沉沉寒影上仙宫。远意更重重。

隋炀帝经常泛舟湖上，常常令宫女们歌唱这些曲子。

大业六年，后苑草木鸟兽繁息茂盛。桃蹊柳径，翠荫交合；金猿青鹿，动辄成群。自大内开为御道，直通西苑，夹道植长松高柳。帝多幸苑中，去来无时，侍御多夹道而宿。帝往往中夜即幸焉。一夕，帝泛舟游北海，与宦人十数，辈升海山。

【译文】大业六年（公元610年），皇宫后花园里草木茂盛，鸟兽繁殖。桃树、李树下的林间小路，被一片绿荫所覆盖；金丝猴、青花鹿成群结队，往来其间。从内宫开辟了一条御用大道，直达西苑，道两旁栽植了许多高大的松树和柳树。炀帝经常到西苑中游玩，来去无时，随兴而至。道两旁修建了不少妃嫔及侍卫们的住处，炀帝经常深更半夜到这里来住宿。一天夜晚，炀帝乘船游览北海，和十几名太监登上海中的小山。

是时月色朦胧，晚风轻软，浮浪无声，万籁俱寂，恍惚间水上有一小舟，只容两人，帝谓十六院中美人。洎至，首一人先登，赞唱："陈后主谒帝。"帝亦忘其死。帝幼年与后主甚善，乃起迎之。后主再拜，帝亦鞠躬劳谢。

【译文】这时月亮刚刚升起，四周一片朦朦胧胧，晚风轻轻吹来，水面上涟漪阵阵，万籁俱寂，四野无声。隋炀帝在精神恍惚间，看见水面上有一只小船悄悄划来，小船只能坐两个人，炀帝以为是十六院中的美女。小船来到跟前，为首的那个人先登上了岸，高声说道："陈后主拜见皇帝。"炀帝忘了陈后主已经死了。在幼年时他和陈后主两人很要好，所以便起身迎接。陈后主拜了两拜，炀帝也还礼答谢。

既坐，后主曰："忆昔与帝同队游戏，情爱甚于同气。今陛下富有四海，令人钦服。始者谓帝将致理于三王之上，今乃甚取当时之乐以快平生，亦甚美事。闻陛下已开隋渠，引洪河之水，东游维扬，因作诗来奏。"乃探怀出诗上帝。诗曰：

隋室开兹水，初心谋大赊。
一千里力役，百万民吁嗟。
水殿不复反，龙舟成小瑕。
溢流随陡岸，浊浪喷黄沙。
两人迎客至，三月柳飞花。
日脚沉云外，榆梢噪瞑鸦。
如今游子俗，异日便天家。
且乐人间景，休寻海上槎。
人喧舟舣岸，风细锦帆斜。

莫言无后利，千古壮京华。

【译文】落座之后，陈后主说："想起从前同皇帝您一块玩耍，情义胜过兄弟。现在陛下富有四海，一统天下，实在令人钦佩！开始时以为陛下将致力于国事，政绩会超过夏禹、商汤、周文王，现在看来陛下很会及时行乐，以快终生，这也是非常美好的事情。听说陛下已经开凿了隋渠，引来洪河之，可以东游直达扬州，所以我作了一首诗来献给陛下。"说着便从怀里取出一篇诗，递给了隋炀帝。诗是这样写的：

隋室开兹水，初心谋大赊。一千里力役，百万民吁嗟。水殿不复返，龙舟成小瑕。溢流随陡岸。蚀浪喷黄沙。两人迎客至，三月柳飞花。日脚沉云外，榆梢噪螟鸦。如今游子俗，异日便天家。且乐人同景，休寻海上槎。人喧舟觗岸，风细锦帆斜。莫言无后利，千古壮京华。

帝观诗，拂衣怒曰："生死，命也。兴亡，数也。尔安知吾开河为后人之利？"帝怒叱之。后主曰："子之壮气，能得几日？其终始更不若吾。"帝乃起而逐之。后主走，曰："且去，且去。后一年，吴公台下相见。"乃没于水际。帝方悟其死，兀然不自知，惊悸移时。

【译文】隋炀帝看完了诗，很生气地说："生与死，是命运安排的；兴与亡，是气数决定的。你怎么知道我开凿运河带给后人的利益？"把陈后主怒斥了一顿。陈后主说："你这样威风还能有几天？到头来下场还不如我！"隋炀帝站起来驱赶陈后主，后主边走边说："这就走，这就走，一年后吴公台下再见。"说着走到水边上便不见了身影，炀帝这才想起来陈后主已经死了，不禁呆呆发愣，好长时间心里又惊又怕。

一日，明霞院美人杨夫人喜报帝曰："酸枣邑所进玉李，一夕忽长，清阴数亩。"帝沉默甚久，曰："何故而忽茂？"夫人云："是夕，院中人闻空中若有千百人，语言，云：'李木当茂。洎晓看之，已茂盛如此。"帝欲伐去。左右或奏曰："木德来助之应也。"

【译文】一天，明霞院的美人杨夫人非常高兴地向隋炀帝报告说："酸枣县进贡的李子树，一个晚上忽然暴长起来，树荫足有好几亩地。"炀帝听后，沉吟很久，问道："是什么原因突然长得这么茂盛呢？"杨夫人回答说，那天晚上，院里的人听见空中像有成千上百的人吵嚷说"李树应当茂盛"，等到天亮一看。就已经茂盛成这个样子了。炀帝要把李树砍掉，身边有的人便上奏说："这是木德来帮助皇帝的好兆头呀。"

又一夕，晨光院周夫人来奏云："院中杨梅一夕忽尔繁盛。"帝喜，问曰："杨梅之茂，能如玉李乎？"或曰："杨梅虽茂，终不敌玉李之盛。"帝往两院观之，亦自见玉李繁茂。后梅李同时结实，院妃来献。帝问二果孰胜。院妃曰："杨梅虽好，味颇清酸，终不若玉李之甘。苑中人多好玉李。"帝叹曰："恶杨好李，岂人情哉，天意乎！"后帝将崩扬州，一日，院妃报杨梅已枯死。帝果崩于扬州。异乎！

【译文】还有一天傍晚，晨光院的周夫人来禀报说："院子里的杨梅树，一个晚上忽然繁茂起来。"炀帝高兴地问道："杨梅树的茂盛，能赶上那棵李子树吗？"有人回答说："杨梅树虽然很茂盛，但终究赶不上李子树。"隋炀帝亲自到两院去观看、比较，也觉得还是李子树繁茂。后来杨梅与李子树同时结果，院里的妃子进献给炀帝，炀帝问道："两种果子哪个好？"妃子回答："杨梅虽然好，但是味道非常清酸，终究不如李子甘甜，西苑里的人多数喜欢李子。" 炀帝长叹了一口气，说道："恶梅好李，这是人情呢？还是天意呢？"后来炀帝在扬州临死的时候，一天有个院妃报告说，杨梅已经枯死，不久炀帝果然死于扬州，这奇怪吗？

一日，洛水渔者获生鲤一尾，金鳞赭尾，鲜明可爱。帝问渔者之姓。姓解，未有名。帝以朱笔于鱼额书"解生"字以记之，乃投之北海中。后帝幸北海，其鲤已长丈余，浮水见帝，其鱼不没。帝与萧后及诸院妃嫔同看，鱼之额朱字犹存，惟"解"字无半，尚隐隐"角"字存焉。萧后曰："鲤有角，乃龙也。"帝曰："朕为人主，岂不知此意？"遂引弓射之。鱼乃沉。

【译文】又有一次，洛水上的打渔人捉到一条活鲤鱼，金色的鳞片，红色的尾巴，鲜活可爱。隋炀帝问渔夫姓什么，渔夫回答说姓解，没有名字。炀帝便拿红笔在鱼头上写下"解生"，两个字作为记号，把鱼放到了北海中，后来，隋炀帝到北海游玩，那条鲤鱼已经长到一丈多长了，浮在水面上，看见皇帝也不沉到水中去。炀帝与萧皇后以及各院妃嫔一同看那鱼的额头，只见红色字迹还在，只是"解"字少了一半，模模糊糊有个"角"字。萧皇后说："鲤鱼长角便是龙啊。"炀帝说："我是皇帝，难道不知这个道理！"于是拉弓向鱼射了一箭，鱼便沉到了水中。

大业四年，道州贡矮民王义，眉目浓秀，应对甚敏。帝尤爱之。常从帝游，终不得入宫。曰："尔非宫中物也。"义乃自宫。帝由是愈加怜爱，得出入。内寝，义多卧榻下；帝游湖海回，多宿十六院。

【译文】大业四年（公元608年），道州进贡了一个叫王义的侏儒，长得眉清目秀，言语机灵，隋炀帝很喜欢他。王义经常陪炀帝到各处游玩，但是始终没能进到皇宫中去，炀帝对他说："因为你不是宫里的人。"王义听后，便主动作了宫刑，炀帝因此更加怜爱他，于是他便可以出入皇帝的寝宫，经常睡在皇帝的床下。隋炀帝游览西苑的湖海回来，经常在十六院过夜。

一夕，帝中夜潜入栖鸾院。时夏气暄烦，院妃庆儿卧于帘下。初月照轩，颇明朗。庆儿睡中惊魇，若不救者。帝使义呼庆儿，帝自扶起，久方清醒。帝曰："汝梦中何故而如此？"庆儿曰："妾梦中如常时，帝握妾臂，游十六院。至第十院，帝坐殿上，俄时火发。妾乃奔走。回视帝坐烈焰中，惊呼人救帝。久方睡觉。"帝自强解曰："梦死得生。火有威烈之势，吾居其中，得威者也。"大业十年，幸江都被弑。帝入第十院，居火中，此其应也。

【译文】一天晚上，隋炀帝在半夜时悄悄走进栖鸾院。当时正值夏天，天气闷热烦躁。院妃庆儿睡在帘子后边，刚升起的月亮把室内照得很明朗。庆儿做了恶梦，像是要死的样子，隋炀帝让王义把庆儿叫醒，自己亲手把她给扶起来。过了好久，庆儿才清醒过来，炀帝问道："你做了什么梦，吓成这个样子？"庆儿回答说："我梦中和平常一样，被皇上拉着胳膊游览十六院。到第十院时，皇上进去坐在殿上。不一会儿起了大火，我吓得急忙跑开，回头一看皇上还坐在烈火中间，便大声惊呼，叫人救皇上，好长时间才醒过来。"炀帝自己牵强解释说："梦见死是活，火有威烈的气势，我在火中，是得到威势的象征啊。"大业十年（公元614年），隋炀帝在扬州被部下杀死，这是在第十院中炀帝被大火包围的梦境的应验。

龙舟为杨玄感所烧。后敕扬州刺史再造，制度又华丽，仍长广于前舟。江都来进，帝东幸维扬，后宫十六院皆随行。西苑令马守忠别帝曰："愿陛下早还都辇，臣整顿西苑以待乘舆之来。西苑风景台殿如此，陛下岂不思恋，舍之而远游也？"又泣下。帝亦怆然，谓守忠曰："为吾好看西苑，无令后人笑吾不解装景趣也！"左右甚疑讶。帝御龙舟，中道，夜半，闻歌者甚悲。其歌曰：

"我兄征辽东，饿死青山下。
今我挽龙舟，又困隋堤道。
方今天下饥，路粮无些少。
前去三千程，此身安可保。
寒骨枕荒沙，幽魂泣烟草。
悲损门内妻，望断吾家老。
安得义男儿，焚此无主尸。
引其孤魂回，负其白骨归。"

【译文】龙舟被杨玄感烧毁后，炀帝又命令扬州刺史再建造一艘。式样更加豪华美观，比以前那艘又长又宽。龙舟做好后，送到京城。隋炀帝便乘舟东游，南下扬州，后宫及十六院妃嫔全部跟随同行。临行前，西苑总管马守忠向皇帝告别说："愿陛下早点返回京都，臣收拾好西苑等待皇上车驾归来。西苑的楼台风景这样美丽，陛下怎么还能毫不留恋而抛下它去远游呢？"说着，还流下了眼泪。炀帝也感到很伤心，对马守忠说："给我好好看管西苑。不要让后人笑话我不懂得装点景致的乐趣呀。"左右的人听了这话，都感到很惊疑。隋炀帝乘坐龙舟，行至半路，一天深夜听到有人唱歌，声调特别悲哀。歌词是这样的：

"我兄征辽东，饿死青山下；今我挽龙舟，又困隋堤道。方今天下饥，路粮无些少。前去三千程，此身安可保？寒骨枕荒沙，幽魂泣烟草。悲领门内妻，望断吾家老。安得义男儿，焚此无主尸。引其孤魂回，负其白骨归。"

帝闻其歌，遂遣人求其歌者，至晓不得其人。帝颇彷徨，通夕不寐。扬州朝百官，天下朝贡使，无一人至者。有来者，在途，遭兵夺其贡物。帝犹与群臣议，诏十三道起兵，诛不朝贡者。帝知其世祚已去，意欲遂幸永嘉，群臣皆不愿从。帝未遇害前数日，帝亦微识玄象，多夜起观天。乃召太史令袁充，问曰："天象如何？"充伏地泣涕曰："星文大恶，贼星逼帝座甚急。恐祸起旦夕，愿陛下遽修德灭之。"帝不乐，乃起，入便殿，按膝俯首不语。

【译文】隋炀帝听了这首歌，急忙派人去寻找唱歌的人，但是一直到天亮也没有找到。炀帝感到很彷徨，一宿也没有睡觉。隋炀帝在扬州召见文武百官，各地进贡的使臣一个也没有来。有的虽然来了，但是在半路上却因为战乱，被抢去了进贡的礼品。然而，隋炀帝在这时还和大臣们商议，下诏命令十三道发兵。讨伐那些不朝贡的地方。炀帝知道江山已经不保后，想要到永嘉去，但是大臣们都不愿意跟随他。隋炀帝也稍稍懂得一些天象，在他被害的前几天，经常夜里起来观看天象，并找来太史令袁充问："天象怎么样？"袁充跪倒在地，流着泪说："星象太坏了，贼星紧紧逼迫帝星座，恐怕早晚要出祸患，愿陛下快修德行以灭灾祸。"隋扬帝闷闷不乐，便起身走进便殿，双手扶膝而坐，低头不语。

顾语义曰："汝知天下将乱乎？汝何故省言而不告我也？"义泣对曰，"臣远方废民，得蒙上贡，自入深宫，久膺圣泽，又尝自宫，以近陛下。天下大乱，固非今日，履霜坚冰，其来久矣。臣料大祸，事在不救。"帝曰："子何不早告我也？"义曰："臣不早言，言，即死久矣。"帝乃泣下，曰："卿为我陈成败之理。朕贵知也。"

【译文】过一会儿，回头对王义说："你知道天下要大乱吗？你为什么沉默不语，不告诉我一声呢。”王义哭着回答：“我是一个远方的废人，承蒙进贡给皇上，自从进入宫中，一直得到圣上的恩宠，并曾自己动手阉割自己，以亲近服侍陛下。天下大乱，由来已久，并不是从今天才开始的，踩到了霜，就应该想到冰雪即将来临。我估计大灾大难，是难以挽救的了。”隋炀帝说：“你为什么不早点提醒我呢？”王义说：“我没有早说，如果说了，恐怕我早就死了。”隋炀帝于是掉下眼泪说：“你给我讲成功与失败的道理，我是尊重智慧的。”

翌日，义上书云：“臣本出南楚卑薄之地，逢圣明为治之时。不爱此身，愿从入贡，臣本侏儒，性尤蒙滞。出入左右，积有岁华，浓被圣私，皆逾素望，侍从乘舆，周旋台阁。臣虽至鄙，酷好穷经，颇知善恶之本源，少识兴亡之所以。还往民间，周知利害。深蒙顾问，方敢敷陈，自陛下嗣守元符，体临大器，圣神独断，谏谋莫从，独发睿谋，不容人献。

【译文】第二天，王义上了一道奏章，是这样写的：“我本来生长在南方偏僻贫穷之地，遇上圣明的君主治理天下，便不吝惜自己的身体，情愿把自己进献给皇上。我本来是个侏儒，头脑更是呆笨。多年来服侍在皇帝左右，深受圣恩，超过了原来的想象。跟随在皇帝车驾后面，往来于大臣们中间。我虽然非常卑微，但是特别喜欢读书，深深知道善恶的根源，也多少懂得兴亡的原因。经常接近百姓，颇知利害得失。承蒙圣上下问，才敢陈述一番。自从陛下继承皇位，登极坐殿，便独断专行，不听从臣下的意见和建议。

大兴西苑，两至辽东，龙舟逾于万艘，宫阙遍于天下，兵甲常役百万，士民穷乎山谷。征辽者百不存十，殁葬者十未有一，帑藏全虚，谷粟涌贵。乘舆竞往，行幸无时，兵人侍从，常逾万人。遂令四方失望，天下为墟。方今有家之村，存者可数。子弟死于兵役，老弱困于蓬蒿，兵尸如岳，饿殍盈郊，狗彘厌人之肉，鸢鱼食人之余。臭闻千里，骨积高原，膏血草野，狐犬尽肥，阴风无人之墟，鬼哭寒草之下。目断平野，千里无烟。万民剥落，莫保朝昏，父遗幼子，妻号故夫。孤苦何多，饥荒尤甚，乱离方始，生死孰知。人主爱人，一何如此？

【译文】大兴土木，修建西苑，两次出兵至辽东，龙舟超过一万艘，宫殿遍布全天下；兵士经常达到百万，人民穷困于山野；征辽士兵生还者不到百分之十，掩埋的尸体不到十分之一；国库里的金银消耗殆尽。粮食价格迅速上涨；皇帝的车驾来往不停，游乐玩赏没有时限；士兵随从，经常超过万人。因此，使四面八方的人民失望。天下变成了一片废墟。现在，有人烟的村庄，所剩无几；青壮年死于兵役，老弱者困于荒园；士兵的尸体堆积如山，饿死的人漫山遍野；猪狗吃腻了人肉，鹰鸷啄食人的尸体；臭气熏千里。骨头堆如山；

血肉充满了田野，喂肥了狐狸和野狗；阴惨惨的风吹过无人住的废墟，孤魂野鬼在寒草下面哭嚎。放野望去，千里平原无人烟。幸存者以树皮落叶度日，朝不保夕。父亲抛下了年幼的孩子，妻子哭嚎死去的丈夫。孤苦伶仃非常多，而饥荒更是严重。战乱离别才刚刚开始，生死谁能预料？君主爱护百姓，为何竟到了如此地步？

陛下恒性毅然，孰敢上谏。或有鲠言，又令赐死，臣下相顾，箝结自全。龙逄复生，安敢议奏？左右近臣，阿谀顺旨，迎合帝意，造作拒谏，皆出此途，乃逢富贵。陛下恶过，从何得闻？方今又败辽师，再幸东土，社稷危于春雪，干戈遍于四方，生民已入涂炭，官吏犹未敢言。陛下自惟，若何为计？陛下欲幸永嘉，坐延岁月，神武威严，一何销铄陛下欲兴师则兵吏不顺，欲行幸则侍卫莫从。适当此时，如何自处？陛下虽欲发愤修德，特加爱民。圣慈虽切救时，天下不可复得。大势已去，时不再来。巨厦之崩，一木不能支；洪河已决，掬壤不能救。臣本远人，不知忌讳。事急至此，安敢不言？臣今不死，后必死兵，敢献此书，延颈待尽。”

【译文】陛下性格坚毅果断，谁敢提出谏议？即使有直言之士，又被皇上下令处死。臣子们相互顾盼，缄默不语保全自己。就是龙逢再生，又怎么敢发表议论？身边的亲近之臣，阿谀奉承，迎合皇帝的意旨，装模作样地反驳进谏。全都是通过这种途径，获得荣华富贵。陛下的错误过失，从何处能听到呢？现在出兵辽东又失败了，皇帝又驾临江浙游玩，国家的命运比春天的残雪还岌岌可危，战火燃遍四面八方，黎民百姓已入水深火热之中，官吏们仍不敢说实话。皇帝请想，这如何是好？陛下要到永嘉去。勉强拖延时间，神勇威风，为何一下子就消失了？陛下要发兵征讨，则将领不服从；要巡游各地，则侍卫们不跟随。面对这种形势，皇上如何自处？陛下虽然要发奋修养德行，加倍爱惜百姓，满怀仁慈之心，挽救时局，然而天下已经不能复得了。大势已去，时不再来。大厦将要倒塌，一根木头难以支撑；洪水已经决口，一把土怎能堵住？我本是偏远之地的人，不知道忌讳，事情突然到了这种地步，怎能敢不说呢？我今天不被处死。以后也一定死在战乱之中，大胆献上这份奏章，便伸长脖子等死。”

帝省义奏，曰：“自古安有不亡之国，不死之主乎？”义曰：“陛下尚犹蔽饰己过。陛下常言，吾当跨三皇，超五帝，下视商周，使万世不可及。今日之势如何？能自复回都辇乎？”帝乃泣下，再三嘉叹。义曰：“臣昔不言，诚爱生也。今既具奏，愿以死谢也。天下方乱，陛下自爱。”少选，报云：“义自刎矣。”帝不胜悲伤，命厚葬焉。

【译文】隋炀帝看了王义的奏章，说道：“自古以来哪有不亡的国家，不死的国君呢？”王义说：“陛下还在掩饰自己的过失。陛下常说，我要超过三皇五帝，高居商周之上，使万世不可企及，今天的形势如何呢？能平安回到京城吗？”隋炀帝听了，便流下了泪水，不断地叹息。王义说：“我过去不说这些，实在是舍不得性命；今天既然全说了，愿意以死谢罪。天下开始大乱，请陛下多加保重。”不一会儿，有人报告说，王义自刎了。隋炀帝不胜悲伤，下令厚葬王义。

不数日，帝遇害。时中夜，闻外切切有声。帝急起，衣冠御内殿。坐未久，左右伏兵俱起，司马戡携刃向帝。帝叱之曰：“吾终年重禄养汝。吾无负汝，汝何负吾？”帝常所幸朱贵儿在帝旁，谓戡曰：“三日前，帝虑侍卫秋寒，诏宫人悉絮袍裤。帝自临视，数千袍两日毕工。前日赐公等，岂不知也？尔等何敢逼胁乘舆？”乃大骂戡。

【译文】过不几天，隋炀帝便遇害身亡。当时正是半夜时分，听见外边有嚓嚓的响声，隋炀帝急忙起身，穿好衣服，戴上帽子，走到内殿。刚坐下，两旁埋伏的士兵就都冲了出来，司马戡手执利刃奔向隋炀帝，隋炀帝斥责他说：“我成年用优厚的俸禄供养你，我没有对不起你的地方，你为何要背叛我？”当时，隋炀帝平日宠爱的朱贵儿站在皇帝身边，对司马戡说道：“三天前，皇上还考虑到天气渐冷，侍卫们衣裳单薄，下令所有宫女都絮棉衣、棉裤，皇帝亲自前去检查，好几千件棉衣，两天就做好了，前天赏赐给了你们，难道都忘了吗？你们怎么敢侵犯皇帝？”加于是大骂司马戡。

戡曰：“臣实负陛下。但今天下俱叛，二京已为贼据，陛下归亦无终，臣生亦无门。臣已亏臣节，虽欲复已不可得也，愿得陛下首以谢天下。”乃携剑上殿。帝复叱曰：“汝岂不知，诸侯之血入地当大旱，况天子乎？”戡进帛。帝入内阁自经。贵儿犹大骂不息，为乱兵所杀。

【译文】司马戡说道：“我实在对不起皇上，但是当今天下全都反叛，两座京城都已经被叛兵攻占，皇帝想回去都没有退路了，我也没有活路了。我已经失去了作为臣子的气节，即使想改正也已经办不到了。希望得到陛下头颅，以向天下人谢罪！”说着，便提刀奔上殿来，隋炀帝又喝斥道：“你难道不知道诸侯的血流进地里还要大旱，何况是天子的血呢？”司马戡递过来一条丝带，隋炀帝走进里屋，上吊而死。朱贵儿还在那里大骂不休，被乱兵杀死了。

冯延已

冯延已，一名延嗣，字正中，五代南唐广陵人，官至左仆射同平章事工词。有《阳春集》。

【译文】冯延已，一名延嗣，字正中，五代广陵（今江苏省扬州市）人，后又累迁至左仆射同平章事。有《阳春集》。

昆仑奴传

唐大历中有崔生者，其父为显僚，与盖天之勋臣一品者熟。生是时为千牛，其父使往省一品疾。生少年，容貌如玉，性禀孤介，举止安详，发言清雅。一品命伎轴帘召生人室。生拜传父命，一品忻然慕爱，命坐与语。

【译文】唐代宗大历年间，有一位崔生，他父亲是一个地位显赫的官员，与当时的勋臣一品很要好，崔生当时任宫中警卫。一品患病。崔生的父亲命他去探视。崔生很年轻，容貌如玉，性情耿直，举止安详，语言清雅。一品命一姬女卷起门帘，召崔生入室，崔生拜过一品后，传达了他父亲的关怀之情。一品很喜欢崔生，让崔生坐在面前，二人闲谈。

时三伎人，艳皆绝代，居前以金瓯贮绯桃而擘之，沃以甘酪而进。一品遂命衣红绡伎者，擎一瓯与生食。生少年赧伎辈，终不食。一品命红绡伎以匙而进之，生不得已而食，伎哂之。遂告辞而去。

【译文】这时有三个艳丽无比的姬女站在前面，手捧着金饰的食器，食器中盛着用糖水浸过的鲜桃。一品让一位身穿红绡衣的姬女端了一碗给崔生吃，崔生年轻，在姬女面前显得很羞涩，没有吃。一品又让红绡姬用匙喂崔生。他不得已才吃了，姬女笑了，崔生要告辞回去。

一品曰："郎君闲暇，必须一相访，无闲老夫也。"命红绡送出院。时生回顾，伎立三指，又反掌者三，然后指胸前小镜子，云："记取。"余更无言。

【译文】一品说："你要闲暇时，必须经常来看我，可不要疏远了老夫。"命红绡姬送崔生出院。这时，崔生一回头，看见那姬女伸出三个手指，又连续翻了三掌，然后又指了指胸前的小镜子，说："记住。"再没有说其他话。

生归，达一品意，返学院，神迷意夺，语减容沮，然凝思，日不暇食，但吟诗曰：

"误到蓬山顶上游，明珰玉女动星眸。
朱扉半掩深宫月，应照琼芝雪艳愁。"

【译文】崔生回来，先向父亲转达了一品的意思。返回学院后便神迷意乱，脸也瘦了，话也少了，只是痴呆呆地想心事，整天不吃饭，他却吟了一首诗。

"误到蓬山顶上游，明珰玉女动星眸。
朱扉半掩深宫月，应照琼芝雪艳愁。"

左右莫能究其意。时家中有昆仑奴磨勒，顾瞻郎君曰："心中有何事。如此抱恨不已，何不报老奴？"生曰："汝辈何知，而问我襟怀间事？"磨勒曰："但言，当为郎君释解。远近必能成之。"生骇其言异，遂具告知。

【译文】他身边的人都不知道是什么意思。这时，他家有一个叫磨勒的昆仑奴，去看了看崔生，说："你心中有什么事，竟这样抱恨不已？你为什么不和我说。"崔生说："这是我心里的事，你们怎么能知道。"磨勒说："你说吧，我一定能为你解除忧愁，不论什么难事，我都能办成。"崔生觉得这话不一般，便把他这段经历告诉了磨勒。

磨勒曰："此小事耳，何不早言之，而自苦耶？"生又白其隐语。勒曰："有何难会。立三指者，一品宅中有十院歌姬，此乃第三院耳。反掌三者，数十五指，以应十五日之数。胸前小镜子，十五夜月圆如镜，令郎来耳。"

【译文】磨勒说："这是小事一件，何不早说，你自找苦吃。"崔生又把红绡姬的隐语说了。磨勒说："这有什么难的，伸三个手指，是说一品家有十院歌姬，她是第三院的。翻掌三次，正是十五，是说十五日后。胸前小镜子，是说十五的月亮圆如镜，叫你去相会。”

生大喜，不自胜，谓磨勒曰：“何计而能达我郁结耶？”磨勒笑曰：“后夜乃十五夜，请深青绢两匹，为郎君制束身之衣。一品宅有猛犬守歌伎院门外，常人不得辄入，入必噬杀之。其警如神，其猛如虎，即孟海曹州之犬也。世间非老奴不能毙此犬耳。今夕当为郎君挝杀之。”遂宴犒以酒肉，至三更，携炼椎而往。

【译文】崔生一听非常激动，高兴。他对磨勒说：“用什么办法才能解开我心中的郁结，达到我的愿望呢？”磨勒笑了，说：“后天晚上，就是十五夜，请你用两匹青绢，做一套紧身衣服。一品家有猛犬，看守歌姬院门，一般人是进不去的，进去也将被咬死。那犬，其警如神，其猛如虎，是曹州孟海之犬，这个世界上，除了我，别人不能杀死它。为了你，我就要杀死它。”崔生便弄来了酒肉，犒赏磨勒。到了那晚的三更，磨勒拿了炼椎走了。

食顷而回曰：“犬已毙讫，固无障塞耳。”是夜三更，与生衣青衣，遂负而逾十重垣，乃入歌伎院内，止第三门。绣户不扃，金缸微明，惟闻伎长叹而坐，若有所伺。翠环初坠，红脸才舒，幽恨方深，殊愁转结。但吟诗曰：

“深谷莺啼恨阮郎，偷来花下解珠珰。
碧云飘断音书绝，空倚玉萧愁凤凰。”

【译文】只过了吃顿饭的时间他回来了，说：“狗已经叫我打死，这回没有障碍了。”这晚三更后，崔生换上了紧身青衣，磨勒背着他飞过了十多重院墙，到了歌姬院，在第三院停下了，门也没锁，灯还亮着，只看着红绡姬长叹而坐，好像在等待。她不戴头饰，不施脂粉，满腹怨恨，满面悲戚，她在吟诗：

“深谷莺啼恨阮郎，偷来花下解珠珰，
碧云飘断音书绝，空依玉箫愁凤凰。“

侍卫皆寝，邻近阒然。生遂掀帘而入。姬默然良久，跃下榻，执生手曰：“知郎君颖悟，必能默识，所以手语耳，又不知郎君有何神术，而至此？”生具告磨勒之谋，负荷而至。姬曰：“磨勒何在？”曰：“帘外耳。”遂召入，以金瓯酌酒而饮之。

【译文】宫中的侍卫都睡了，周围很寂静。崔生便掀起门帘进去了，过了一会儿，红绡姬认出来人是崔生，便急忙跳下床，拉着崔生的手，说：“我知道你很聪明，一定会悟出我隐语的意思，所以那天才用手语。可我不知道郎君你有什么神术，才能到这深宅大院？”崔生便把磨勒为他出的主意，并背他飞到这里的经过告诉了红绡女。姬女说：“磨勒在哪？”崔生说，在帘外。便把磨勒叫进屋，用金饰杯盛酒叫磨勒喝。

姬白生曰：“某家本居朔方。主人拥旄，逼为姬仆。不能自死，尚且偷生，脸虽铅华，心颇郁结。纵玉箸举馔，金炉泛香，云屏而每近绮罗，绣被而常眠珠翠，皆非所愿，如在桎梏。贤爪牙既有神术，何妨为脱狴牢。所愿既申，虽死不悔。请为仆隶，愿侍光容。又不知郎君高意如何？”

【译文】红绡姬告诉崔生说：“我家原来住在北方，是一品用武力逼迫我做了姬女，没能自杀，苟且偷生，脸上虽然涂脂抹粉，心里却很苦闷。就是吃山珍海味，穿绫罗绸缎，铺金盖玉，这都不是我希望的，我好像在监狱里似的，贤仆磨勒既有这么高明的神术，何不帮我逃出监牢，只要我的愿望实现了，虽死不悔。我情愿为奴仆，侍候在你身旁，可是，我不知道郎君有什么高见？”

生愀然不语。磨勒曰：“娘子既坚确如是，此亦小事耳。”姬甚喜。磨勒请先为姬负其囊橐妆奁，如此三复焉。然后曰：“恐迟明。”遂负生与姬而飞出峻垣十余重。一品家之守御，无有警者。遂归学院而匿之。

【译文】崔生握着双手只是闷闷不语。磨勒说：“娘子既然这么坚决，逃出只是小事一件。”姬女非常高兴，磨勒先为红绡姑娘把随身用的衣服，妆奁背出去三次，然后说：“恐怕晚了就要天亮了。”磨勒便背崔生和姬女，飞出高墙大院十几处，一品家的守卫，都没发现。回来后到学院隐藏起来。

及旦，一品家方觉。又见犬已毙。一品大骇曰：“我家门垣，从来邃密，扃锁甚严，势似飞腾，寂无形迹，此必是一大侠矣。无更声闻，徒为患祸耳。”姬隐崔生家二载。因花时驾小车而游曲江，为一品家人潜志认。遂白一品。一品大异之，召崔生而诘之。生惧而不敢隐，遂细言端由，皆因奴磨勒负荷而去。

【译文】天亮了，一品家才发觉，又看到了犬已死，一品大吃一惊，说：“我家墙高院大，警卫森严，门户紧锁，来人是飞腾而来，没留一点痕迹，必定是大侠所为，这事不要声张，以免惹祸招灾。”红绡姬在崔生家隐居二年，到了春暖花开季节，她坐着小车去游曲江，被一品家人暗中认出来了，告诉了一品。一品有点疑惑，便召来崔生追问此事，崔生胆怯不敢隐瞒，便详细地把前后经过都说了，都是因为磨勒背着才去的。

一品曰：“是姬大罪过。但郎君驱使逾年，即不能问是非。某须为天下人除害。”命甲士五十人，严持兵仗，围崔生院，使擒磨勒。磨勒遂持匕首，飞出高垣，瞥若翅翎，疾同鹰隼，攒矢如雨，莫能中之。顷刻之间，不知所向。然崔家大惊愕。后一品悔惧，每夕多以家童持剑戟自卫。如此周岁方止。十余年，崔家有人见磨勒卖药于洛阳市，容发如旧耳。

【译文】一品说："这个姬女犯了大罪过，但她已服侍你几年了，也不能向她问罪了。但我要为天下人除害。"命令五十名士兵，持兵器包围崔生的院子，叫他们抓捕磨勒。磨勒手持匕首，飞出高墙，轻如羽毛，快如鹰隼。尽管箭矢如雨，却没能射中他，顷刻之间，不知去向。崔家却是一片惊慌，一品也有些后悔和后怕，每到晚上，配备了很多持剑执戟的家童自卫巡逻，这样做了一年多。十多年后，崔家有人看见磨勒在洛阳集市卖药，面貌头发还和从前一样。

韦 庄

韦庄，字端已，长安杜陵(今中国陕西省西安市附近)人，晚唐诗人、词人，五代时前蜀宰相。文昌右相韦待价七世孙、苏州刺史韦应物四世孙。

离魂记

天授三年，清河张镒，因官家于衡州。性简静，寡知友。无子，有女二人。其长早亡；幼女倩娘，端妍绝伦。镒外甥太原王宙，幼聪悟，美容范。

【译文】武则天天授三年，清河郡有个张镒，因为到衡州做官，就在那里安了家。张镒性情简淡好静，少有知音朋友。膝下无子，只有两个女儿。长女早年夭折，幼女名唤倩娘，端庄美丽，无人能及。张镒的外甥王宙是太原人士，从小就聪明有悟性，美貌有风仪。

镒常器重，每曰："他时当以倩娘妻之。"后各长成。宙与倩娘常私感想于寤寐，家人莫知其状。后有宾寮之选者求之，镒许焉。女闻而郁抑；宙亦深恚恨。托以当调，请赴京，止之不可，遂厚遣之。宙阴恨悲恸，决别上船。

【译文】张镒非常器重这个外甥，每每对他说："将来定当把倩娘嫁给你做妻子。"渐渐的，倩娘和王宙各自长大了，他们私下里时时彼此爱慕思念，家人却并不知道。后来张镒的幕僚中有要去选部的人向张家求亲，张镒就同意了。倩娘听闻此事，郁郁寡欢；王宙知道后也深深怨恨，随即托词说应当调任，向张家请辞去京城。张家劝止不住，于是厚礼相待地送走了外甥。王宙与舅舅告别上了船，心中暗暗悲怆。

日暮，至山郭数里。夜方半，宙不寐，忽闻岸上有一人，行声甚速，须臾至船。问之，乃倩娘步行跣足而至。宙惊喜发狂，执手问其从来。泣曰："君厚意如此，寝食相感。今将夺我此志，又知君深情不易，思将杀身奉报，是以亡命来奔。”宙非意所望，欣跃特甚。遂匿倩娘于船，连夜遁去。

【译文】傍晚时分，船行水路穿过山峦几重停在了数里之外。半夜里，王宙正辗转难眠，忽然听到岸上有人赶来，步履非常迅速匆忙，片刻之间就到了船边。一问才知道，是倩娘赤着脚徒步追来。王宙欣喜若狂，抓住倩娘的手问她因何而来。倩娘泣声回答道：“你的情谊是如此厚重，即使在睡梦里我都感应得到。如今父亲将我许给别人，强行改变我的意愿，而我又知道你对我情深似海不会轻易改变，我前思后想惟恐你杀身徇情，所以不顾性命，舍弃了家人来私自投奔。”王宙听完喜出望外，欢欣雀跃。于是就将倩娘隐匿在船中，连夜船行逃走。

倍道兼行，数月至蜀。凡五年，生两子，与镒绝信。其妻常思父母，涕泣言曰：“吾曩日不能相负，弃大义而来奔君。今向五年，恩慈间阻。覆载之下，胡颜独存也？”宙哀之，曰：“将归，无苦。”遂俱归衡州。 既至，宙独身先至镒家，首谢其事。镒大惊曰：“倩娘病在闺中数年，何其诡说也！”宙曰：“见在舟中！”镒大惊，促使人验之。果见倩娘在船中，颜色怡畅，讯使者曰：“大人安否？”家人异之，疾走报镒。室中女闻，喜而起，饰妆更衣，笑而不语，出与相迎，翕然而合为一体，其衣裳皆重。其家以事不常，秘之。惟亲戚间有潜知之者。后四十年间，夫妻皆丧。二男并孝廉擢第，至丞、尉。

【译文】两人加速赶路，不出数月就到了四川。又过了五年，两人生了两个儿子，与张镒更是音信断绝。倩娘思念父母，常常对着王宙哭泣说：“我当年不肯辜负你的情义，背弃了礼仪伦常和你私奔。到如今和双亲隔绝分离，已经足足五年了。可叹我活在天地之下却不能对父母尽孝，还有什么脸面呢？”王宙听了，也为妻子的话伤心，说：“我们这就回去，再也不必为远离双亲而痛苦。”于是夫妻二人一起回到了衡州。等到了衡州，王宙独身一个人先到了舅舅张镒家中谢罪叩头。张镒诧异道：“我女儿倩娘明明卧病家中已经好几年了，你怎么这样胡说呢！”王宙说：“你若不信，可以到船上与倩娘相见！”张镒大惊，忙差家人去看，果然看到倩娘坐在船中，神情怡然欢畅，见到来验看的家人，还询问说：“我父母可否安泰？”家人惊为异事，急忙跑回来告知张镒。此时内室中卧病多年的女儿也听闻后欢喜地起身，梳妆更衣，笑颜逐开却并不说话。这倩娘走出房中与从外归家的倩娘相遇，两人身型叠合融为一体，就连衣服都是重合一样。张家觉得这件事终究算是离奇不正，于是隐瞒不说。只有亲戚中偶有偷偷知道的。后来又过了四十年，王宙倩娘夫妇过世了。他们的两个儿子因为孝廉而获取了功名，当了县丞县尉。

事出陈玄祐《离魂记》云，玄祐少常闻此说，而多异同，或谓其虚。大历末，遇莱芜县令张仲规，因备述其本末。镒则仲规堂叔祖，而说极备悉，故记之。

【译文】我年少的时候常常听说这个故事，或雷同或相异，或有人说是假的。唐代宗大历年末（779年），我遇见了莱芜县令张仲规，他向我详细讲述了这个故事的本末。因为张镒是他的堂叔，而他的讲说也十分细致完备，我因此记录之。

乐史

乐史，宋宜黄人，仕太宗朝，有《仙洞集》，《广卓异记》，又有《太平寰宇记》，卷帙浩博，考据尤精核。

【译文】乐史是宋代宜黄人，在太宗朝为官，有《仙洞集》，广为搜集轶闻，还有《太平寰宇记》，卷数浩繁，考证十分精到准确。

绿珠传

绿珠者，姓梁，白州博白县人也。州则南昌郡，古粤地。秦象郡，汉合浦县地。唐武德初，削平萧铣，于此置南州；寻改为白州，取白江为名。州境有博白山，博白江，盘龙洞，房山，双角山，大荒山。山上有池，池中有婢妾鱼。绿珠生双角山下，美而艳。粤俗以珠为上宝，生女为珠娘，生男为珠儿。绿珠之字，由此而称。

【译文】绿珠，姓梁，是白州博白县人。白州就是南昌郡，是古代百越的地方，秦代叫象郡，汉代属于合浦县。唐代武德初年，平定了萧铣的势力之后，在这里设置南州，又改名为白州。这是因当地有白江，因而改称为白州。在白州境内有博白山、博白江、盘龙洞、房山、双角山、大荒山。山上有池塘，池里有婢妾鱼。绿珠出生在双角山下，长得非常美丽娇艳。当地的风俗，以珍珠为最好的宝物，因此生了女儿通常会取名叫“珠娘”，生了儿子取名叫“珠儿”。绿珠的名字，就是这样来的。

晋石崇为交趾采访使，以真珠三斛致之。崇有别庐在河南金谷涧。涧中有金水，自太白源来。崇即川阜置园馆。绿珠吹笛，又善舞《明君》，明君者，汉妃也。汉元帝时，匈奴单于入朝，诏王嫱配之，即昭君也。及将去，入辞，光彩射人，天子悔焉，重难改更，汉人怜其远嫁，为作此歌。

【译文】石崇在当交趾采访使的时候，用三斛真珠把绿珠买下来。石崇有座别墅，位在河南金谷涧，金谷涧中有金水河，从太白山流下来。石崇就依山傍水建造花园、房子。绿珠会吹笛子，又很会跳《明君》舞。明君是汉代的一个妃子。汉元帝的时候，匈奴呼韩邪单于到中原来朝见皇帝，汉元帝下诏把王嫱许配给他，王嫱就是王昭君。王昭君要随呼韩邪单于回到关外之前，入宫向皇帝辞别。见她相貌光彩照人，皇帝后悔了，但已经没法收回命令了。汉代的人同情她远嫁异乡，为她作了一首《明君歌》。

崇以此曲教之，而自制新歌曰：
我本良家子，将适单于庭。
辞别未及终，前驱已抗旌。
仆御流涕别，辕马悲且鸣。
哀郁伤五内，涕泣沾珠缨。
行行日已远，遂造匈奴城。
延贮于穹庐，加我阏氏名。
殊类非所安，虽贵非所荣。
父子见凌辱，对之惭且惊。
杀身良不易，默默以苟生。
苟生亦何聊，积累常愤盈。
愿假飞鸿翼，乘之以遐征。
飞鸿不我顾，伫立以屏营。
昔为匣中玉，今为粪上英。
朝华不足欢，甘与秋草并。
传语后世人：远嫁难为情。

【译文】石崇用这个曲子教绿珠唱，自己写了新的歌词，歌词说：
我本良家子，将适单于庭。
辞别未及终，前驱已抗旌。
仆御流涕别，辕马悲且鸣。
哀郁伤五内，涕泣沾珠缨。
行行日已远，遂造匈奴城。
延贮于穹庐，加我“阏氏”名。
殊类非所安，虽贵非所荣。

父子见凌辱，对之惭且惊。
杀身良不易，默默以苟生。
苟生亦何聊，积思常愤盈。
愿假飞鸿翼，乘之以遐征。
飞鸿不我愿，伫立以屏营。
昔为匣中玉，今为粪上英。
朝华不足欢，甘与秋草并。
传语后世人，远嫁难为情。

崇又制《懊恼曲》以赠绿珠。崇之美艳者千余人，择数十人，装饰一等，使同视之，不相分别。刻玉为倒龙佩，萦金为凤凰钗，结袖绕楹而舞。欲有所召者，不呼姓名，悉听佩声，视钗色。佩声轻者居前，钗色艳者居后，以为行次而进。

【译文】石崇还写了《懊恼曲》送给绿珠。石崇有一千多个姬妾，都长得非常美艳。他选了几十个，都妆饰得一模一样，若是全部站在一起，看起来几乎没有分别。石崇给她们戴上用玉刻成的倒龙佩、用金丝绕成的凤凰钗，让她们衣袖相连，绕着柱子舞蹈。如果想召唤其中某一人，也不喊她姓名，只听佩的声音，看钗的颜色，佩声轻的排在前面，钗色艳的排在后面，照这样编成队，照次序行进。

赵王伦乱常，贼类孙秀使人求绿珠。崇方登凉观，临清水，妇人侍侧。使者以告，崇出侍婢数百人以示之，皆蕴兰麝而披罗縠。曰："任所择。"使者曰："君侯服御，丽矣。然受命指索绿珠。不知孰是？"崇勃然曰："吾所爱，不可得也。"秀因是谮伦族之。

【译文】赵王司马伦作乱，赵王的党羽孙秀派人来索取绿珠。当时石崇在凉亭中，面对一湾清水，姬妾们站在一边侍候。孙秀派来的人说明来意，石崇叫出好几十个侍婢给他看，一个个都香气馥郁，身穿绫罗，说是任他选择。使者说："君侯的姬妾够漂亮，但我奉命指名要绿珠，不知哪一个是？"石崇勃然大怒，说："那是我所爱的，不能给别人。"孙秀因此在司马伦那里说石崇的坏话，要灭他全族。

收兵忽至，崇谓绿珠曰："我今为尔获罪。"绿珠泣曰："愿效死于君前。"崇固止之，于是坠楼而死。崇弃东市。时人名其楼曰绿珠楼。楼在步庚里，近狄泉。狄泉在王城东。绿珠有弟子宋玮，有国色。善吹笛。后入晋明帝宫中。

【译文】派来捕捉石崇的兵很快就到他府中，石崇对绿珠说："我现在因为你得罪别人了。”绿珠哭道：“我情愿在你面前献出生命。”石崇竭力阻止她，但她还是跳楼了。石崇也被处死，并暴尸东市。当时人称那座楼为“绿珠楼”。楼在步庚里，靠近狄泉。狄泉在洛阳城东面。绿珠有个徒弟叫宋玮，非常美丽，擅长吹笛子，后来被选进宫里侍候晋明帝。

今白州有一派水，自双角山出，合容州江，呼为绿珠江。亦犹归州有昭君滩，昭君村，昭君场；吴有西施谷，脂粉塘：盖取美人出处为名。又有绿珠井，在双角山下。

【译文】现在白州有一条河，从双角山流出来，汇入容州江，称为“绿珠江”。就像归州有昭君滩、昭君场，江东一带有西施谷、脂粉塘一样，都是取美人的出生或生活过的地点作名称。还有个“绿珠井”，在双角山下。

耆老传云：“汲此井饮者，诞女性多美丽。里闾有识者以美色无益于时，因以巨石镇之。尔后虽有产女端妍者，而七窍四肢多不完具。”异哉！山水之使然。昭君村生女皆炙破其面，故白居易诗曰：“不取往者戒，恐贻来者冤。至今村女面，烧灼成瘢痕。”又以不完具而惜焉。

【译文】老年人传说，打这个井里的水喝，生的女儿必定美丽。乡里一些有见识的人认为美女对世上没有好处，就用大石头把井压住，后来，生出来的女孩虽然也有端庄漂亮的，但五官四肢大都残缺。真是奇怪啊！是因为山水使她们变成这样的吗？在昭君村里，生了女孩，都要把她们的脸烧灼成伤。所以白居易的诗写道：

不取往昔戒，恐贻来者冤。

至今村女面，烧灼成瘢痕。

这是对她们的残缺而感到惋惜。

牛僧孺《周秦行记》云：“夜宿薄太后庙，见戚夫人，王嫱，太真妃，潘淑妃，各赋诗言志。别有善笛女子，短鬟窄袖长带，貌甚美，与潘氏偕来。太后以接坐居之，令吹笛，往往亦及酒。

【译文】牛僧孺的《周秦行纪》中说：“他夜里住在薄太后庙中，见到了戚夫人、王嫱、太真妃、潘淑妃，各人作诗表明心里的话。另外还有个会吹笛子的女子，短鬟脚，窄袖衫，腰上束一根长带，容貌很漂亮，是跟潘淑妃一起来的。薄太后让她在旁边坐下，叫她吹笛子，偶尔也叫她同饮一杯。

太后顾而谓曰：‘识此否？石家绿珠也。潘妃养作妹。’太后曰：‘绿珠岂能无诗乎？’绿珠拜谢，作曰：‘此日人非昔日人，笛声空怨赵王伦。红残钿碎花楼下，金谷千年更不春。’太后曰：‘牛秀才远来，今日谁人与伴？’绿珠曰：‘石卫尉性严忌。今有死，不可及乱。’”然事虽诡怪，聊以解颐。

【译文】太后看着她对牛僧孺说：‘认识她吗？这是石家的绿珠，潘妃收养她当妹妹。’太后又说：‘绿珠怎么可以不作诗呢？’绿珠拜谢了太后，作诗道：

‘此日人非昔日人，笛声空怨赵王伦。

红残钿碎花楼下，金谷千年更不春。’

太后说：‘牛秀才远道而来，今天谁去陪伴他？’绿珠说：‘石卫尉性格严厉嫉妒，今天我死也没有办法乱来。’”这事虽然诡异荒诞，但也可以供人一笑。

噫！石崇之败，虽自绿珠始，亦其来有渐矣。崇常刺荆州，劫夺远使，沉杀客商，以致巨富。又遗王恺鸩鸟，共为鸩毒之事。有此阴谋，加以每邀客宴集，令美人行酒，客饮不尽者，使黄门斩美人。

【译文】唉，石崇遭殃，虽然是由绿珠开始，但祸殃的根源早就积累了。他曾经在当荆州刺史时，抢劫远来的使者，杀害过往旅客商人，因此发了横财，成为豪富。又曾经送鸩鸟给王恺，一起干鸩毒害人的坏事。有这些阴谋，再加上他每次请客设宴，都叫美人一一为客人斟酒，客人不把酒喝完，就叫黄门官杀掉美人。

王丞相与大将军尝共访崇，丞相素不能饮，辄自勉强，至于沉醉。至大将军，故不饮以观其变，已斩三人。君子曰：“祸福无门，惟人自召。”崇心不义，举动杀人，乌得无报也。非绿珠无以速石崇之诛，非石崇无以显绿珠之名。

【译文】丞相王导和大将军王敦曾经一起去拜访石崇。王丞相平常不喝酒，只好勉强喝下，以至于大醉。轮到大将军时，他故意不喝，看石崇怎么办。结果石崇竟然斩了三个美人。君子说：“祸福无门，惟人自召。”石崇心怀不义，动不动就杀人，怎么会没有报应呢？若不是因为绿珠，石崇不会招来杀身之祸，若不是因为石崇，绿珠的名声也无法显扬。

绿珠之坠楼，侍儿之有贞节者也。比之于古，则有曰六出。六出者，王进贤侍儿。进贤，晋愍太子妃。洛阳乱，石勒掠进贤渡孟津，欲妻之。进贤骂曰：“我皇太子妃，司徒公女。胡羌小子，敢干我乎？”言毕投河。

【译文】绿珠跳楼，算得上是侍女中贞节不屈的。古代还有一个叫六出的。六出是王进贤的侍女，王进贤是晋代愍太子的王妃。洛阳遇到五胡之乱，石勒掳走进贤，想娶她为妻，进贤骂他："我是皇太子的妻子，司徒公的女儿。你这个胡羌小子，竟敢冒犯我？"说完就投河自杀。

六出曰："大既有之，小亦宜然。"复投河中。又有窈娘者，武周时乔知之宠婢也。盛有姿色，特善歌舞。知之教读书，善属文，深所爱幸。时武承嗣骄贵，内宴酒酣，迫知之将金玉赌窈娘。知之不胜，便使人就家强载以归。

【译文】六出说："既然有这样的主人，我也应该这样。"跟着投河自尽。还有个叫窈娘的，是武则天建立的周朝时代乔知之的得宠婢女，很有姿色，特别善于歌舞。乔知之教她读书，她也很会写文章，深得知之的喜爱。当时武承嗣因得势所以骄横，有一次武承嗣在家里设宴，酒喝的微酣，硬是强迫乔知之拿窈娘和自己打赌。乔知之输了，武承嗣就派人到乔家把窈娘强行用车载到自己家里。

知之怨悔，作《绿珠篇》以叙其怨。词曰：
"石家金谷重新声，明珠十斛买娉婷。
此日可怜无复比，此日可爱得人情。
君家闺阁未曾难，尝持歌舞使人看。
富贵雄豪非分理，骄矜势力横相干。
辞君去君终不忍，徒劳掩面伤红粉。
百年离别在高楼，一旦红颜为君尽。"

【译文】乔知之又怨恨，又懊悔，写了一首《绿珠篇》以表达自己的怨愤。诗写道：
"石家金谷重新声，明珠十斛买娉婷。
此日可怜无复比，此日可爱得人情。
君家闺阁未曾难，尝持歌舞使人看。
富贵雄豪非分理，骄矜势力横相干。
辞君去君终不忍，徒劳掩面伤红粉。
百年离别在高楼，一旦红颜为君尽。"

知之私属承嗣家阉奴传诗于窈娘。窈娘得诗悲泣，投井而死。承嗣令汲出，于衣中得诗，鞭杀阉奴。讽吏罗织知之，以致杀焉。悲夫，二子以爱姬示人，掇丧身之祸。所谓"倒持太阿，授人以柄。"《易》曰："慢藏诲盗，冶容诲淫。"其此之谓乎。

【译文】乔知之私下买通了武承嗣家的家奴，把这首诗传给窈娘。窈娘读到诗后痛哭了一场，投井而死。武承嗣命人把她打捞出来，从衣服里搜出了乔知之写的诗，用鞭子打死私下传讯的家奴，又暗示官吏编造乔知之的罪状，就因此把他杀了。可悲啊！石崇和乔知之把自己的爱姬给人家看，招来杀身之祸。这正是前人所说的“倒持太阿，授人以柄”。《周易》上说：“慢藏诲盗，冶容诲淫（因疏于保管而招致盗窃，因打扮妖艳而引起奸淫）。”大概就是这个意思吧。

其后诗人题歌舞妓者，皆以绿珠为名。庚肩吾曰：“兰堂上客至，绮席清弦抚。自作《明君辞》，还教绿珠舞。”李元操云：“绛树摇歌扇，金谷舞筵开。罗袖拂归客，留欢醉玉杯。”江总云：“绿珠含泪舞，孙秀强相邀。”

【译文】后代诗人描写歌舞妓的，都以绿珠为名。如庾肩吾的诗说：

“兰堂上客至，绮席清弦抚。
自作明君辞，还教绿珠舞。”

李元操的诗中说：

“绛树摇歌扇，金谷舞筵开。
罗袖拂归客，留欢醉玉杯。”

江总的诗是：

“绿珠含泪舞，孙秀强相邀。”

绿珠之没已数百年矣，诗人尚咏之不已，其故何哉？盖一婢子，不知书，而能感主恩，奋不顾身，其烈懔懔，诚足使后人仰慕歌咏也。至有享厚禄，盗高位，亡仁义之行，怀反覆之情，暮三朝四，惟利是务，节操反不若一妇人，岂不愧哉！

【译文】绿珠死去已经几百年了，诗人还一直咏叹不止，为什么呢？这是因为，一个婢女，没读过书，却能感怀主人的厚爱，奋不顾身地报答，志气刚烈，凛然没有办法侵犯，确实足以引起后人的仰慕歌咏。至于有一些人，享有优厚的俸禄占据高位却不讲仁义，反覆无常朝三暮四而唯利是图。他们的节操反而比不上一个女子，难道不应该惭愧吗？

今为此传，非徒述美丽，窒祸源，且欲惩戒辜恩背义之类也。季伦死后十日，赵王伦败。左卫将军赵泉斩孙秀于中书，军士赵骏剖秀心食之。伦囚金墉城，赐金屑酒。伦惭，以巾覆面曰：“孙秀误我也！”饮金屑而卒。皆夷家族。南阳生曰：“此乃假天之报怨。不然，何以枭夷之立见乎！”

【译文】今天我写这篇传记，不只是叙说一个美丽女子的故事，也不只想堵塞祸乱的根源，而是想要惩戒那些忘恩负义的人啊。石崇死后十天，赵王司马伦叛乱失败，孙秀被左卫将军赵泉在中书官府中杀掉，连心都被挖出来吃了。司马伦被囚禁在金墉城，皇帝赐给他金屑酒，要他自杀。司马伦非常羞愧，用头巾盖住脸，说："孙秀害了我啊！"然后就喝下金屑酒而死。他和孙秀都被满门抄斩。南阳生评论这件事说："这是上天的报应。不然的话，怎么会马上就被杀了呢？"

张邦基

张邦基，宋高邮人，字子贤，仕履未详，清《四库书目》子部杂家，载其所著《墨庄漫录》，谓所记轶事，多参以神怪，颇阑入小说家言。

【译文】张邦基是宋代高邮人，字子贤，仕宦的履历不祥，清代的《四库全书总目》子部杂家记载他所著的《墨庄漫录》，说其中所记载的轶闻，掺杂了很多神怪故事，经常被混进小说家的类别。

墨庄漫录·苏子瞻

苏子由在政府，子瞻为翰苑。有一故人与子由兄弟有旧者，来干子由，求差遣，久而未遂。一日来见子瞻，且云："某有望内翰以一言为助。"

【译文】苏辙在宰相府任职，苏轼为翰林学士。有一个和苏辙兄弟旧识的老朋友，来求苏辙，希望谋求一个有实权的官位，但是经过很长一段时间事情未能成功。一天那位旧友来见苏轼，并且说："希望苏公能鼎力美言几句。"

公徐曰："旧闻有人贫甚，无以为生，乃谋伐家，遂破一墓，见一人裸而坐，曰：'尔不闻汉世杨王孙乎？裸葬以矫世，无物以济汝也。'复凿一家，用力弥艰，既入，见一王者，曰：'我汉文帝也，遗制圹中无纳金玉，器皆陶瓦，何以济汝？'"

【译文】苏轼慢慢说："过去听说有一个人非常贫穷，生计都无法维持，于是打算去盗墓。掘开了一座坟，看见一个人裸着身子席地坐着，那人说：'你没听过汉朝有个杨王孙吗？他死后遗命家人裸身埋葬，是为了矫正世俗的不良风气，我就是杨王孙，根本没有东西可以帮助你啊！'于是又掘了另一座坟，挖得非常艰苦，进去之后，看见一个君王模样的人，那人说：‘我就是汉文帝，我留下遗嘱，死后墓穴中不放金银宝物，所有埋葬的器物只有陶器和瓦器，因此我没有可以济助你的。’

复见有二冢相连，乃穿其在左者，久之方透，见一人，曰：‘我伯夷也，瘠羸，面有饥色，饿于首阳之下，无以应汝之求。’其人叹曰：‘用力之勤无所获，不如更穿西冢，或冀有得也。’瘠羸者谓曰：‘劝汝别谋于他所。汝视我形骸如此，舍弟叔齐，岂能为人也？’”故人大笑而去。

【译文】又看见二座坟墓相连，于是挖掘左边的坟墓，挖了很久才挖通，看见一个人，他说：‘我是商朝的伯夷，你看我瘦弱不堪，面带饥色，是饿死于首阳山下的，因此无法给你任何帮助。’那个人叹息着说：‘这么辛苦的挖掘，却毫无所获，不如再挖西边的坟墓看看，或许有希望掘到什么东西。’瘦弱不堪的伯夷开口说：‘劝你到别的地方另谋打算吧！你看我的形貌是这样子，我弟弟叔齐，又能给你什么帮助，可想而知吧！’”老朋友听完了苏轼的故事，大笑离开了。

洪 迈

洪迈，宋鄱阳人，仕高宗、孝宗朝，卒谥文敏，有《容斋随笔》、《夷坚志》、《唐人万首绝句》。

【译文】洪迈是宋代鄱阳人，在高宗、孝宗朝为官，死后谥“文敏”，著有《容斋随笔》《夷坚志》《唐人万首绝句》等。

《夷坚志》二则

毛烈阴狱

泸州合江县赵市村民毛烈，以不义起富。他人有善田宅，辄百计谋之，必得乃已。昌州人陈祈，与烈善。祈有弟三人皆少，虑弟壮而析其产也，则悉举田质于烈。累钱数千缗，其母死，但以见田分为四，于是载钱诣毛氏赎所质。

【译文】泸州合江县赵市村村民毛烈，因为为人不义才得以致富。别人有好的田宅，他动辄就要处心积虑千方百计要得到才肯罢休。昌州人陈祈，和毛烈交好。陈祈有三个弟弟年纪还小，恐怕弟弟长大以后要和他分财产，就把田土抵押给毛烈。积累了几千串钱的时候，陈祈的母亲死了，只把现存的田地分为四份，每人一份，这时候陈祈才带着钱到毛烈那里去赎回自己抵押的土地。

烈受钱有干没心，约以他日取券。祈曰：“得一纸书为证足矣。”烈曰：“君与我待是耶。”祈信之。后数日往，则烈避不出。祈讼于县，县吏受烈贿，曰：“官用文书耳，安得交易钱数千缗而无券者，吾且言之令。”令决狱果如吏旨，祈以诬罔受杖。诉于州、于转运使，皆不得直。

【译文】毛烈想侵吞他的田产，和他约定改天拿回抵押的文契。陈祈说：“写一张字据就可以了”。毛烈说：“你和我还用得着吗？”陈祈相信了他。过了几天就去了，但是毛烈躲起来不见他。陈祈到县衙控告毛烈，县衙里的小吏接受了毛烈的贿赂，对毛烈说：“县令肯定要你们的契约文书，怎么能有交易几千缗钱而没有文书契约的情况发生呢？我先跟县令说说。”县令果然按着小吏的说法断案，陈祈反而因诬告被杖责。陈祈又告上州、告上转运使，都没有得到秉公办理。

乃具牲酒诅于社。梦与神遇，告之曰：“此非吾所能办。盍往祷东岳行宫，当如汝请。”既至殿上，于幡帷蔽映之中，屑然若有言曰：“夜间来。”祈急趋出。迨夜复入拜谒，置状于几上。又闻有语曰：“出去。”遂退。时绍兴四年四月二十日也。如是三日。烈在门内，黄衣人直入捽其胸殴之，奔迸得脱，至家死。又三日牙侩一僧死，一奴为左者亦死，最后祈亦死。

【译文】于是陈祈备办了祭品到土地神那里祈祷。梦见遇见神仙了，神仙对他说：“这不是我能办理的。何不到东岳王的行宫去祈祷呢？他应该能够满足你的要求。”陈祈到了东岳王大殿上，在帷帐遮掩的阴影中，似乎有人对他说：“晚上再来。”陈祈急急忙忙退出去。等待晚上再一次进入东岳王大殿，将自己的状纸放在桌上。又听见说话声：“出去吧。”就退出来了。这时是南宋绍兴四年四月二十日。如此过了三天。毛烈在门内，有穿着黄色衣服的人直接跑进来揪住他的胸口殴打他，挣脱后才得以逃脱，回到自己家里就死了。还有牙行中的一个和尚死了，一个侍候左边的小奴也死了，最后陈祈自己也死了。

少焉复苏。谓家人曰：“吾往对毛张大事，即烈也。善守我七日至十日，勿敛也。”祈入阴府。追者引烈及僧参对，烈犹以无偿钱券为解。狱吏指其心曰：“所凭唯此耳，安用券？”取业镜照之，睹烈夫妇并坐受祈钱状，曰：“信矣。”引入大庭下。兵卫甚盛。

【译文】不一会儿，陈祈又苏醒过来，对家里人说：“我去申辩和毛烈的事情，你们要妥善看管着我的尸体七到十天，先不要入殓。”陈祈就进入了阴间。追命的引来毛烈以及和尚和他对质，毛烈还辩解说没有契约。狱卒指着毛烈的心说：“所凭借的只有这样东西，用契约干什么？”取来业镜一照，就看见毛烈夫妇坐在那里接受陈祈钱财的样子，就说：“没错。”于是将一干人等引入大庭内，周围有许多兵士环列，阵容很大。

其上衮冕人怒叱吏械烈，烈惧乃首服，主者又曰："县令听决不直，已黜官若干；吏受赇者尽火其居，仍削寿之半。"烈遂赴狱，且行泣谓祈曰："吾还无日，为语吾妻，多作佛果救我。君元券在某椟中。又吾平生以诈得得人田，凡十有三，契皆在室中钱积下。幸呼十三家人，并偿之以减罪。"

【译文】在庭上有一个穿戴冠冕的人大声呵斥将毛烈锁起来，毛烈很害怕就招认了，负责这件事的又说："没有公正断案的县令已经被罢免了；那个受贿的小吏家里失火，而且接受了减少一半寿命的惩罚。"于是毛烈被押进监牢，一边走一边哭泣，跟陈祈说："我没有办法还赏你的财物了，你回去跟我妻子说，让她多做佛事救我。你的契约在那个木盒子里。还有我平时用狡诈方法得来别人的田地，一共有十三宗，契约都在家中钱堆下藏着。希望你能跟这十三家人说一声，都偿还给人家来减轻我的罪孽。"

王者又命引僧前，僧曰："但见初质田时事，他不预知也。"与祈俱得释。既出，经聚落屋室，大抵皆囹圄。送者指曰："此治杀降者、不孝者、巫祝淫祠者、逋诳佛事者，其类甚众。自周秦以来，贵贱华夷悉治，不择也。"又谓祈曰："子来七日矣，可急归。"遂抵其家而寤。遣子视县吏，则其庐焚矣。视其僧，荼毗已三日。往毛氏述其事，其子如父言，取券还之。

【译文】东岳王又命将僧人带上殿来，僧人说："我只是知道当时他们抵押田地的事情，其他的事情我都不知道。"于是僧人和陈祈都被释放了。他们出来之后，经过一处聚集在一起的房屋，大多是监牢。送他们出来的人说："这是惩治那些杀害降将的、不孝的、巫婆神汉、怠慢欺骗佛事的，其他还有很多。从周秦以来的，无论贵贱、汉人、蛮夷，都要惩治。"又对陈祈说："你来这已经七天了，赶快回去吧。"于是陈祈到了自己家中，也就醒来了。派他的儿子去看小吏的家，果然被火烧了。看那名僧人，三天前已经被火化了。到毛烈家说了毛烈交代的事情，毛烈的儿子听从父亲的指示，取来契约文书，还给各家。

是夕僧来击毛氏门，骂曰："我坐汝父之故，被逮得还，而身已焚。将何以处我？"毛氏曰："业已至此，惟有为作佛事耳。"僧曰："我未合死，鬼录所不受，又不可为人，虽得冥福无用也。俟此世数尽，方别受生，今只守尔门，不可去矣。"自是每夕必至，久之其声渐远，曰："以尔作福，我稍退舍。然终无生理也。"后数年，毛氏衰替始已。

【译文】这天晚上，僧人的魂魄来敲打毛烈家门，叫骂着："我因为你父亲的事情，被捕现在放还，但是我的肉身已经被火化了。你看我该怎么办呢？"毛氏说："事已至此，没有别的办法，只好为您多做法事超度了。"僧人说："我不应该死的，鬼魂的薄录不接收我，又没有办法托生为人，虽然得到冥间的阴福也没用。等到这辈子的运数用尽，才能去投胎做人，现在只好守在你家，无法离开。”从此每天晚上都到毛烈家来，过了很久僧人的声音才慢慢远去，还说：“因为你们不停地为我祈福，我就稍稍退去。但是也没有办法复生了。”几年之后，毛家的衰败才开始慢慢结束。

张拱遇仙

汴人张拱，举进士不第，家甚贫。母党龚氏世为医，故拱亦能方术。置药肆于宜春门后坊，仍不售。尝晨起披衣栉发，未洗颒，有道士迎日而来，目光炯然，射日不瞬，径造肆中，顾而不揖，振衣上坐，拱颇忿其倨。作色问所来，答曰：“汝无诘吾所从来，正欲见汝耳。”拱意此妄人。

【译文】汴京人张拱，考进士没有及第，家里很穷。他的母亲龚氏家族世代从医，所以张拱也精通医术。在宜春门后坊开办了一家药店，仍然没有办法持家。有一天早上张拱起来穿衣梳头，还没洗脸，有一个道士迎着日光进来，目光炯炯有神，在太阳照射下也不眨眼，径直走进他家药店，四周观望也不作揖见礼，整理下衣服坐在上座，张拱气愤这个道士态度的傲慢。于是就变了脸色问他从哪里来。道士回答说：“你无须问我从哪里来，我正是来这见你的。”张拱以为这是个无知妄为的人。

京师固多其比，掷一钱与之，麾使去。笑曰：“吾无求于人，以汝有道质，故来诲。汝何赐拒之深？”拱悟，起冠巾而出。与之语，及出家事，理致精微，闻所未闻。于是始愧悔曰：“拱鄙人眼凡心惑，仙君幸见临，愿终教之。”道士曰：“汝何来？”曰：“家贫饘粥不继，傥使不食可饱，则上愿也。”

【译文】京师里本来就有很多这种人，张拱扔给他一个钱，挥挥衣袖让他走。道士笑着说：“我并不是有求于你，因为你有修道成仙的资质，所以特地来点拨你的。你为什么要拒人于千里之外呢？”张拱猛然醒悟过来，站起来戴上头巾出来，和道士谈话，说道出家的事情，道理都十分精妙，真是闻所未闻。于是张拱开始惭愧悔恨地说：“我张拱是个粗鄙之人，肉眼凡胎，仙师有幸来此，我愿意求教。”道士问：“那你要达到什么目的呢？”张拱说：“家中贫穷一日三餐稠粥也无以为继，如果能够不吃饭就能饱，就心满意足了。”

俄而鬻蒸枣者来，道士取先所掷一钱买之得七枚，顾谓拱曰："神仙以辟谷为下，然却粒则无滓浊，无滓浊则不漏。由此亦可以入道，张子房诸人，乃以丹药疗饥，固已污矣。汝欲得此道，自此不淫可乎？人不能淫，俗念自息。俗念既息，则仙才也。"

【译文】不一会儿卖蒸枣的过来，道士拿起刚才张拱丢给他的一个钱买了七个枣，对张拱说："神仙都认为辟谷是很低级的修道方式，但是水米不进就不会产生渣滓废物，没有渣滓废物就不用排泄，这样也可以修道成仙，汉代的张良等人，就是通过丹药抑制饥饿感，这本来已经是很迂腐的办法了。你想修习这种道术，从此以后戒除房事行不行？人如果没有欲望，俗念自动就消除了。俗念消除，才能成仙。"

乃取七枣熟视而嘘之，曰："汝啖此，可终身不食。人或强使食亦无禁，复欲不食则如初。但汝有老母妻子，未可相从。然既啖七枣，当应七梦，豫为汝言。汝事亲既终，昏嫁既毕，已能不食，复又何求？宜脱身诣名山，于悬绝处寻石穴深广有容者，自累石塞其门，一念不起，坐卧行立于其间。自有佳趣，仅及半纪，则汝之身如蝉出壳，消遥乎六合之外矣。过此非今日可以语汝也。"

【译文】于是道士拿过七个枣仔细看了看并吁了口气，说："你吃掉这七个早，就可以终身不用吃饭，有人强迫你吃也不用避讳，吃完之后也就不想吃了。但是你还有老母妻子，不一定同意你修习仙道。但是既然你已经吃了这七个枣，就要有七个应验的梦，这里我事先跟你说。你侍奉老母，已经娶过妻子，就可以不吃不喝了。还有什么要求呢？那时就应该从尘世抽身到名山大川，在那些悬崖峭壁处找深广的石洞来容身，自己堆垒石头作为洞门，任何念头都不要有，坐卧行立等活动都在那里，自然有其妙处，只要六年，你的身体就会像金蝉脱壳一样，逍遥在天地之间了。其他的就不是今天可以跟你说的了。"

言竟摄衣而起，拱固留之。不可。起出门，无所见。拱乃知其非常人，怅然有所失者。累月，闻饮食气辄呕，遂不食。逾二年，粪溺俱绝，神气明爽，步趋轻利。每自试其力，从旦至暮，缘京城外郛可匝者五反，盖数百里也。

【译文】道士说完之后就整理衣服站起来，张拱强留道士，道士不答应，起来出门，就不见了。张拱才知道这个道士不是普通人，道士走后张拱感到怅然像失去了什么似的。过了整整一个月，张拱闻道吃的东西动辄就要泛呕，于是开始不吃不喝。过了两年，大小便都没有了，只感到神清气爽，步伐轻盈。每每自己试验他的功力，从早到晚整整一天时间，沿着京师的外城郭绕着五个来回，大概有几百里路。

前后得七梦，如道士言，不小差。母病痔二十年，众药不验，漫以七枣余核进之，一夕而愈。拱既不御内，视其妻如路人。妻郭氏，性刚果，忿恚而卒。家人益忧疑之，逼而馈之食。食兼数人，尔后或食或不食，朋友疑其诈者，扃诸室试之。

【译文】张拱前后做了七个梦，都像道士所说的，一点差错也没有。张母患痔疮二十年，吃什么药都无法治愈，慢慢地把七个枣的枣核喂她吃下，过了一个晚上就痊愈了。张拱戒除了房事，把妻子当做路人看待，妻子郭氏，性格刚烈，羞愤而死。家里人都十分忧虑疑惑，逼迫张拱进食。他的食量相当于好几个人，之后有时进食有时不进食，朋友们怀疑这是诈术，就关上房门进行检验。

不以为苦，人或召医，则携药而往，至则登病者之席，坐于旁。虽逾旬涉月，杯水粒粟无所须。喜饮酒，好作诗，行年六十。而颜色如壮者，后其母没，不知所终。

【译文】但是张拱却不为这事苦恼，有人叫他去治病，就带着药去了，去了之后坐在病人睡的席子旁边。不管是一旬还是一月，一杯水、一一粒米也不需要。张拱喜欢饮酒，喜欢作诗，那时已经六十岁了。而脸色还像青壮年一样，后来他的母亲去世，他也不知所踪了。

沈 俶

沈俶，清《四库》书子部小说家存目，载有其所著《谐史》一卷，云嘉定后人，所录皆汴京旧闻，以多诙谐之语，故名曰《谐史》。

【译文】沈俶，据清代《四库全书》将其载入子部小说家存留目录，载有他所著述的《谐史》一卷，说他是嘉定后人，所著录的都是汴京时期的旧闻，因为语言有很多诙谐滑稽之处，所以叫做《谐史》。

谐史·我来也

京城阛阓之区，窃盗极多，踪迹诡秘，未易根缉。赵尚书尹临安日，有贼每于人家作窃，必以粉书“我来也”三字于门壁，虽缉捕甚严，久而不获。“我来也”之名，哄传京邑，不曰捉贼，但云捉“我来也”。

【译文】京城市区，盗贼很多，行踪诡秘，很难彻底捕捉。赵尚书担任临安府尹时，有一贼每次在他人家作案后，都用白粉在门壁上写下“我来也”三字。虽然追捕很严，但久久捉拿不到。“我来也”的名声，哄动了京城。大家不说捉贼，只说捉“我来也”。

一日，所属解一贼至，谓此即“我来也”。亟送狱鞫勘，乃略不承服，且无赃物可证，未能竟此狱。

【译文】一天，下属押送一个贼犯来，说他就是“我来也”。马上送到监牢审讯，他却一点也不承认，而且没有赃物可作证明，于是不能了却此案。

其人在禁，忽密谓守卒曰：“我固尝为贼，却不是‘我来也’，今亦自知无脱理，但乞好好相看。我有白金若干，藏于宝叔塔上某层某处，可往取之。”卒思塔上乃人迹往来之冲，意其相侮。贼曰：“勿疑，但往，此寺作少缘事，点塔灯一夕，盘旋经夜，便可得矣。”卒从其计，得金大喜。次早入狱，密以酒肉与贼。

【译文】那人在拘禁期间，忽然偷偷地对牢卒说：“我固然经常作贼，但不是‘我来也’，现在明知逃不了，只求你好好照看我。我有白金若干，藏在宝叔塔上某层某处，你可以去把它取来。”牢卒想，塔上是游人往来频繁的地方，以为是戏弄他。贼人说：“别怀疑，只管去。那里正作佛事，点燃一宿塔灯，逗留一整夜，就可以得手。”牢卒听从了，果然得到白金，非常高兴。第二天清早进入监牢，偷偷地送酒肉给这贼人。

越数日，又谓卒曰：“我有器物一瓮，置侍郎桥某处水内，可复取之。”卒曰：“彼处人闹，何以取？”贼曰：“令汝家人以箩贮衣裳，桥下洗濯，潜掇瓮入箩，覆以衣，舁归可也。”卒从其言，所得愈丰。次日复劳以酒食。卒虽甚喜，而莫知贼意。

【译文】过了几天，他又对牢卒说；“我有一坛东西，放在侍郎桥某处的水中，你可以再去取回。”牢卒说：“那里人多，怎么取呢？”贼说：“让你家里人用箩筐装着衣裳，到桥下去洗，偷偷地把坛子放进箩筐，再用衣裳盖好，抬回就行。”牢卒又听从了，这次得到的更多。第二天，又送酒食给贼人，加以慰劳。牢卒虽然很高兴，但不知贼人是什么意思。

一夜，至二更，贼低为为卒曰：“我欲略出，四更尽即来，决不累汝。”卒曰：“不可！”贼曰：“我固不至累汝，设或我不复来，汝失囚必至配罪，而我所遗，尽可为生。苟不见从，却恐悔吝有甚于此。”卒无奈，遂纵之去。卒坐以伺，正忧恼间，闻檐瓦声，已跃而下，卒喜，复桎梏之。

【译文】一天晚上，到了二更。贼人低声对牢卒说；“我想出去一会儿，四更完了就赶回，决不连累你。”牢卒说：“不行！”贼说：“我一定不连累你。即使我不回，你因失掉囚犯必然会受到充军发配的处罚，而我赠送给你的，尽可以维持生活。假若不听从我，恐怕你将来会后悔还有比这更凶的灾祸。”牢卒无可如何，只得把他放走。然后坐下来等候。他正在忧虑烦恼，听到房檐瓦响，贼人跳了下来。牢卒非常高兴，重新给他戴上镣铐。

甫旦，启狱户，闻某门张府有词云：“昨夜三更，被盗失物，某贼于府门上写‘我来也’三字。”赵尚书抚案曰：“几误断此狱，宜乎其不承认也。”止以不合犯夜，从杖而出诸境。

【译文】刚天亮，打开牢门，听到某门张家府上传出话来："昨夜三更被盗，丢失好多器物。贼人在府门上写下'我来也'三字。"赵尚书拍着桌案说："差点儿错断这个案子，他不承认是应该的啊。"只以不应该触犯了夜禁，把在押的那个贼犯打一顿板子，驱逐出境了事。

狱卒回，妻曰："半夜后闻叩门，恐是汝归，亟起开门，但见一人以二布囊掷户内而去，遂藏之。"卒取视，则皆黄白器也。乃悟张府所盗之物，又以赂卒。贼竟逃命。虽以赵尹之明特，而莫测其奸，可谓黠矣。

【译文】牢卒回家，他妻子说："半夜里听见敲门，恐怕是你回来，赶忙起身开门，只见一人把两个布袋丢在屋里走了，我于是把它藏起来。"牢卒打开一看，都是金银器皿。才知道是张府被盗走的东西，贼人又用它来贿赂牢卒。贼人最终因此逃脱性命。虽然凭借赵尹的明察洞见，却猜不透贼人的奸滑，真算得上狡黠了！

卒乃以疾辞狱，享从容之乐终身。没后，子不能守，悉荡焉，始与人言。

【译文】牢卒于是以生病为理由辞去差役，生活优裕地享乐终身。死后，儿子不能守业，把留下的财物都花光了，才对别人说出这件事。

元好问

元好问，金秀容人，字裕之，号遗山，第进士，官至尚书左司员外郎，诗文备有众体，蔚为一代宗匠，有《遗山集》、《中州集》、《唐诗鼓吹》、《续夷坚志》。

【译文】元好问是金代秀容人，字裕之，号遗山，进士及第，官至尚书左司员外郎，他的诗文作品集众家的风格，俨然就是一代宗师，著有《遗山集》《中州集》《唐诗鼓吹》《续夷坚志》等。

续夷坚志·张童入冥

平舆南函头村张老者，以捕鹑为业，故人目为鹌鹑。年已老，止一儿，成童矣，一旦死。翁媪自念老无所倚，号哭闷绝，恨不俱死。明日欲埋之，又复不忍。但累砖作邱，入地一二尺许。云："吾儿还活！"人笑其痴，而亦有哀之者。

【译文】金末，平舆县（今属河南）南函头村有个张老汉，以捕鹌鹑为业，当地人戏称他为"鹌鹑"。他年纪已经很老了，只有一个独生子，因年少，人称张童。一天，张童突然死去。张老汉夫妇感到年老无依靠，哭得死去活来，恨不能随儿子一起死去。到埋葬这一天，张老汉挖地一二尺，上面用砖垒个墓，说："我儿还能活。"人笑其痴，而也有为老汉悲哀的。

三日复墓，恸哭不休。忽闻墓中呻吟声，翁媪惊曰："吾儿果还魂矣！"撤棺砖曳棺木出，舁归其家。儿果复活。俄索汤粥。良久，说初为人摄往冥司，儿哀诉主者：爹娘老可念，乞尽余年，葬送毕，死无所恨！冥官颇怜之，即云："今放汝归。语汝父，能弃打捕之业，汝命可延矣！"

【译文】三天后，张老汉夫妇又到墓地痛哭，忽听墓中有呻吟声，吃惊地说："我儿果还魂了！"赶快扒开棺材，把儿子抬回家。张童醒后，索要汤粥，说："当初，被小鬼带到冥司，儿向冥官哀告：'我爹娘年老无依无靠，请让我服侍余年，等送葬毕，死无所恨。'冥官很怜悯，说：'今放你归，回去告诉你父亲，如能放弃打捕鹌鹑之业，你的命便可以延长。'"

其父闻此语，尽焚网罟之属，挈儿入寺供佛。寺有一僧吕姓者，年未四十，仪表殊伟，曾上州作纲首。张童即前问僧："师亦还魂耶？"吕云："何曾死？"张童言，我在冥中引问次，见师在殿角铜柱上，铁绳系足，狱卒往来以棓撞师腋下，流血淋漓。及放归时，曾问监卒，吕师何故受罪？乃云："他多脱下斋主经文，故受此报。"吕闻大骇。盖其腋下病一漏疮，已三年矣！儿初不知。吕遂洁居一室，日以诵经为课。凡三年，疮乃平。

【译文】其父听他这样说，立即尽焚网罟等捕猎工具。带着儿子到庙里去求神拜佛，庙里有一个姓吕的和尚，年龄不到四十岁，仪表堂堂，曾经做过大州的首席。张童就上前问他："师父您也还魂吗？"和尚说："我什么时候死过？"张童说："我在地府中被引去问话，看见师父您被用铁链锁住双脚绑在殿角的铜柱上，狱卒来来回回用大木棍打师父您的腋下，鲜血淋漓。等到我被放回来的时候，曾问过狱卒，吕师傅为什么受到责打？他们说：'因为他不好好给施主念经，所以要遭受这个报应。'"和尚大惊失色。那时他的腋窝下生了一个大疮，已经三年了。这孩子起初并不知道。吕姓和尚就居住在一处清静的屋子，每日按时念经，做功课，一共三年，疮就好了。

宋本

宋本，元大都人，字诚夫，至治初进士第一。官监察御史、集贤学士兼国子祭酒，卒谥“正献”，有《至治集》。

【译文】宋本是元代大都（今北京）人，字诚夫，至治初年第一名进士。官至监察御史、集贤学士兼国子祭酒，死后谥“正献”，著有《至治集》。

工狱

京师小木局，木工数百人。官什伍其人，置长分领之。一工与其长争，长曲不下，工遂绝不往来。半岁，众工谓口语非大嫌，醵酒肉，强工造长居和解之，乃欢如初。暮醉，散去。

【译文】（元仁宗延佑年间，）京师有小木器作坊，有木工数百人。官府将工匠五人一组十人一队，设置工头进行管理。其中有个木工与工头争执，工头理屈，争执不下。木工就与工头互不来往，半年时间了，其余木工说只是口舌是非没有什么大的矛盾，于是合伙凑钱备办了一些酒肉，强迫木工到工头家中和解。席上，大家言和，和好如初。直喝到深夜，大家酒醉才散去。

工妇淫，素与所私者谋戕良人，不得间。是日以其醉于仇而返也，杀之，仓卒藏尸无所。室有土榻，榻中空，盖寒则以厝火者，乃启榻砖置尸空中，空狭，割为四五始容焉，复砖故所。明日，妇往长家哭曰：“吾夫昨不归，必而杀之！”讼诸警巡院。

【译文】木工之妻淫荡，常常与奸夫谋划杀害丈夫，但是没有机会下手。这天见丈夫从仇人处酒醉回家，就杀了他。但仓促间，找不到藏尸的地方。屋里有个土炕，土炕中间是空的，是天冷的时候烧火的地方，于是，就将炕上面的砖启开，想将尸体放进去，但是空间太小，就将尸体分割成四五块才放得下，又把炕砖恢复好。第二天，这个女人到工头家哭着说："我丈夫昨天没有回来，必定是你杀了他。"而后告到警巡院。

院以长仇也，逮至榜掠不胜毒，自诬服。妇发丧成服，召比丘修佛事，哭尽哀。院诘长尸处？曰："弃壕中。"责仵作二人索之壕，弗得。

【译文】警巡院因为二人有仇，就抓来工头严刑拷打，工头忍受不住，就自己诬陷自己认罪伏法。木工的老婆穿起孝服准备发丧，招来和尚做佛事超度，而且哭得非常哀伤。警巡院问工头将木工尸体藏在哪里？工头说："丢在护城河里。"警巡院就让两名仵作在护城河中寻找，但是，找不到。

仵作本治丧者，民不得良死而讼者主之，是故常也。刑部、御史、京尹交促具狱，甚急。二人者期十日得尸，不得，笞。既乃竟不得，笞。期七日，又不得；期五日，期三日，四被笞，终不得，而期益近。二人叹惋，循壕相语，笞无已时，因谋别杀人应命。

【译文】仵作本来是专管伤亡之事的，百姓中有非正常死亡的，上告后由他们去检验，这是他们的本职工作。刑部、御史和市府长官，都要呈报案情，赶快结案。给两个仵作十天期限找到尸体，如果找不到就打板子。到了期限未找见，挨了打。再给七天期限，又没有找见；又给五天期限，三天期限，接连四次挨打，仍然找不见，新的期限又要到了。两个人哀叹，沿着河边商量说这样下去挨打没完没了。便密谋杀死别人顶替木工来交差。

暮坐水傍，一翁骑驴渡桥，犄角挤堕水中，纵驴去。惧状不类，不敢辄出，又数受笞，涉旬余，度翁烂不可识，举以闻院。召妇审视，妇抚而大号曰："是矣，吾夫死乃尔若耶！"取夫衣招魂壕上，脱笄珥具棺葬之。狱遂成，院当长死，案上，未报可。

【译文】傍晚坐在河边，有个老汉骑着毛驴过桥，两人仵作从一个角落把他挤掉进水里，放跑了驴。还怕样子不像木工，不敢立即打捞，以后又挨了几次板子。过了十几天，估计老汉的尸体已经腐烂得看不出原貌，这才报告警巡院。把木工的老婆召来认尸，妇人伏尸号叫："正是他呀！我丈夫死后成了这个样子？"她拿着丈夫的衣服在河边祭奠招魂，摘下自己戴的簪子耳环，买来棺木埋葬了。 案子就这样了结了，警巡院判处工头死刑，上报后还没有批下来。

骑驴翁之族物色翁不得，一人负驴皮道中过，宛然其所畜，夺而披视，血皮未燥，执诉于邑。亦以鞠讯惨酷，自诬劫翁驴，翁拒而杀之，尸葬某地。求之不见，辄更曰某地，辞数更，卒不见，负皮者瘐死狱中。

【译文】骑驴老汉的家人四处寻找老人，不见其下落。突然看见一个人背着一张驴皮从路上经过，好像是老人骑的驴的皮子，就夺过来看，驴皮上的血还没有干。众人将这人扭送到官府。也是酷刑审讯，这人自己诬陷自己抢了老汉的驴，老汉反抗就杀了老汉，并将尸体埋在一个地方。但是去找尸体，却找不见。这个人又说在另一个地方，这样反复变换，最终还是找不见。背驴皮的最后死在牢里。

岁余，前长奏下，缚出犴犴，众工随而噪若雷。虽皆愤其冤，而不能为之明，环视无可奈何，长竟斩，众工愈哀叹不置。遍访其事无所得，不知为计，乃聚议裒交钞百锭，处处置衢路："有得某工死状者，酬以是。"亦寂然无应者。

【译文】过了一年多，工头的判决批下来了，绑着押出监狱，工人们跟在后边吵闹像雷声一样，虽然大家都为工头受冤感到气愤，可是无法替他说明真相，围着观望干着急。工头终于被杀，工人们哀悼不已，到处查访这件事也没有头绪，不知道该怎么办才好。大家商议凑银一百锭，在大街上公告："如有人得知某木工被害情况，就用这笔钱酬谢。"也是没有前来回信的人。

初妇每修佛事，则丐者坌至求供饭，一故偷常从丐往乞。一日，偷将盗他人家，尚早，不可，既熟妇门户，乃暗中依其垣屋以须。迫钟时，忽醉者踉跄而入，酗而怒妇，詈之，拳之，且蹴之，妇不敢出声。醉者睡，妇微谇烛下曰："缘而杀吾夫，体骸异处土榻下，二岁余矣！榻既不可火，又不敢填治，吾夫尚不知腐尽以否？今乃虐我！"叹息饮泣。

【译文】起初妇人每每做佛事，乞丐们就一起来讨饭，有一个惯偷曾经跟着乞丐们前往乞讨。一天晚上，这个小偷将要去别人家里偷东西，由于时间还早，去不了，小偷对妇人家里门户情况已经很熟悉了，所以就在暗中靠着房垣等着。快打更钟的时候，有一个醉汉踉踉跄跄地进来，醉汉对妇人发怒，责骂她，对她拳打脚踢。妇人也不敢发出声音。醉汉睡着后，妇人在烛光下轻声责骂他："因为你杀死我的夫君，尸体埋在土炕底下，已经两年多了！没有办法烧炕，又不敢请泥瓦匠修理，我夫君的尸体不知道腐烂殆尽没有？你今天竟然如此虐待我！"妇人说着又叹气又哭泣。

偷立牖外悉得之，默自贺曰："奚偷为！"明发入局中，号于众："吾已得某工死状，速付我钱！”众以其故偷，不肯，曰：“必暴著乃可。”遂书合，分支与偷：“且俾众遥随我往！”偷阳被酒入妇舍，挑之。妇大骂：“丐敢尔！”邻居皆不平偷，将殴之。

【译文】小偷在窗外听得真切，心理暗暗庆幸：“还偷什么东西呢？”第二天飞奔到木工坊里，对众人说：“我已经知道那个工匠是怎么死的了，快点给我赏金！”众人因为他是个惯偷，不肯给，还说：“一定要有证据来说明才可以。”于是立下了合同文书，分别交给惯偷，惯偷说：“你们暂且远远地跟着我来！”。惯偷假装喝醉了酒进入妇人家中挑逗她。妇人勃然大怒，说：“你个乞丐竟敢这样！”邻居都因为小偷的无理，要打他。

偷遽去土榻席，扳砖作欲击斗状，则尸见矣。众工突入，偿偷购，反接妇送官。妇吐实，醉者则所私也。官复穷壕中死人何从来？仵作款：“挤何物骑驴翁堕水。”仵作诛，妇洎所私者磔于市，先主长死吏，皆废终身。官知水中翁即乡瘐死者事，然以发之则吏又有得罪者数人，遂寝，负皮者冤竟不白。

【译文】小偷突然揭开炕席，掏出砖块装作要搏斗的样子，尸体就显露出来了。众位工匠冲进屋子，付给小偷赏金，将妇人反绑送官府。妇人说了实话，醉汉是她的奸夫。官府又问壕渠里的尸体是怎么来的？仵作供认：“是把一个骑驴的老翁推下去掉在水里。”仵作因罪被杀，妇人和他的奸夫在市场上被肢解，先前断案的官员，一辈子都不许做官。官府这才了解到堕水的老汉以及过去在狱中囚死负皮人的那件事，但是要全部揭发出来，还要判处一些主办官吏，因此就压下了，负皮人的冤枉终于没有得到平反昭雪。

王 恽

烈妇胡氏传

刘平妻胡氏，滨州渤海县秦台乡田家子。至元庚午，平挈胡洎二子南戍枣阳，垂至，宿沙河岸。夜半，有虎突来，啀平左臑，曳之而去。胡即抽刀前追，可十许步，及之，径刺虎，划肠而出，毙焉。趣呼夫，犹生，曰："可忍死去此，若他虎复来，奈何！"委装车，遂扶伤携幼，涉水而西。

【译文】刘平的妻子胡氏，是滨州渤海县秦台乡农人子弟。至元庚午（1299年）年间，刘平带着胡氏到两个儿子戍守的枣阳。快要到达的时候，就留宿在沙河岸边。半夜时分，突然来了一只老虎，咬住刘平半边腿，拖走了。胡氏抽出刀来追赶，几十步追上老虎，靠近了老虎，径直用刀刺杀，划破老虎的肚子，肠子掉出来，老虎死掉了。胡氏跑过去呼唤他的夫君，刘平还活着，说："快抛下我这个快死的人去逃生吧，如果其他的老虎再来，怎么办啊？"于是重新将行李装车，搀扶着刘平和孩子们，渡水西行。

黎明，及季阳堡，诉于戍长赵侯，为救药之。军中聚观，哀平之不幸，咤胡之勇烈也。信宿，平以伤死。赵移其事上闻，得复役终身。嘻！胡柔懦者也，非不惧兽之残酷，正以援夫之气激于衷，如有夫而不知有虎也。平虽死，其志烈言言，方之太山虢妇，何壮毅哉？

【译文】黎明时分，到了季阳堡，将事情告诉戍长赵侯，备药救治刘平。军队众人聚集起来围观，都哀叹刘平的不幸遭遇，惊讶胡氏的勇敢刚烈。过了两天，刘平因为伤重而死。赵侯将事情报告给上司，胡氏得到了终身免除赋税的待遇。呵！胡氏不过是柔弱怯懦的妇人，并非不害怕猛兽的残酷，只不过因为要救夫君的想法激荡在自己心中，就像是只见夫君而不知道有老虎的存在罢了。刘平虽然死了，但是他夫人的忠贞勇敢，和泰山虢妇比较，岂不是更加壮烈吗？

刘 基

刘基，明青田人，字伯温，元末进士，佐太祖定天下，累官御史中丞，诸大典制，皆刘基与李善长、宋濂计定，封诚意伯，卒谥“文成”，基博通经史，尤精象纬之学，有《郁离子》《覆瓿集》《写情集》《犁眉公集》等书。

【译文】刘基是明代青田人，字伯温，元末中的进士，辅佐明太祖朱元璋平定天下，各种重大典礼仪式制度，都是刘基和李善长、宋濂等人一起谋划设定的，被封为“诚意伯”，死后谥“文成”，刘基对于经史子集都很精通，象数纬候尤其精通，著有《郁离子》《覆瓿集》《写情集》《犁眉公集》等书。

卖桔者言

杭有卖果者，善藏柑，涉寒暑不溃。出之烨然，玉质而金色。剖其中，干若败絮。予怪而问之曰：“若所市于人者，将以实笾豆，奉祭祀，供宾客乎？将衒外以惑愚瞽也？甚矣哉为欺也。”

【译文】杭州有个卖水果的人，很会贮藏柑子，经历一年也不腐烂。拿出它来，依然光泽鲜亮，玉石般的质地，黄金似的颜色。放到市场上，售价高出十倍，人们争相购买。我买了一个，把它剖开，像有股烟尘扑向口鼻，看它的里面，干枯得像破棉絮一样。我感到奇怪，问他说：“你出售给别人的柑子，是准备让他人把它装在盛祭品的容器中，供奉神灵、招待宾客呢？还是要夸耀它的外表来迷惑傻瓜和瞎子呢？干这骗人的勾当，太过分了啊！”

卖者笑曰：“吾业是有年矣，吾赖是以食吾躯。吾售之，人取之，未闻有言，而独不足子所乎？世之为欺者不寡矣，而独我也乎？吾子未之思也。今夫佩虎符、坐皋比者，洸洸乎干城之具也，果能授孙吴之略耶？峨大冠、拖长绅者，昂昂乎庙堂之器也，果能建伊皋之业耶？盗起而不知御，民困而不知救，吏奸而不知禁，法斁而不知理，坐糜廪粟而不知耻。观其坐高堂，骑大马，醉醇醴而饫肥鲜者，孰不巍巍乎可畏，赫赫乎可象也？又何往而不金玉其外，败絮其中也哉！今子是之不察，而以察吾柑！”予默默无以应。退而思其言，类东方生滑稽之流。岂其愤世疾邪者耶？而托于柑以讽耶？

【译文】卖柑子的人笑着说：“我从事这种职业，已有好多年了。我靠它养活自己。我卖它，别人买它，还没听见有说什么的，却唯独不能满足您的需要吗？世上干骗人勾当的人不少，难道就我一个吗？您是没有想过这个问题啊。当今那些佩带兵符、坐虎皮椅子的人，一副威风凛凛的样子，好像是捍卫国家的人才，他们真的能够传授孙武、吴起的韬略吗？那些高高地戴着官帽，腰上拖着长长带子的人，一副神气活现的样子，好像是朝廷的重臣，他们真的能够建立伊尹、皋陶的功业吗？盗贼兴起却不知道抵挡，百姓贫困却不知道解救，官吏狡诈却不知道禁止，法度败坏却不知道整顿，白白地耗费国家仓库里的粮食却不知道羞耻。看看那些坐在高敞的厅堂上，骑着高头大马，喝足了美酒，吃饱了鱼肉的人，哪一个不是庞然大物、令人生畏，哪一个不是威严显赫、可供效法呢？可是无论到哪里，又何尝不是外表像金玉内里像破絮呢？现在您对这些不去分析明辨，却来查究我的柑子！”我沉默着，无言答对。回来再想想他的话，觉得他好像是东方朔一类人物，难道他是对世事表示愤慨，对邪恶表示憎恨的人吗？他是假借柑子来进行讽刺吗？

苏伯衡

苏伯衡，小传见历代论文名著类。

【译文】苏伯衡，简短的传记参见历代论文名著。

瞽说·好利

东郭氏之猫，群聚于庭，首以相枕，足以相拊，尾以相戏，舌以相咶，甚相狎也。投之腐鼠，皆挺而起。得者驰以去，不得者或逐其后，或据其前，或号其右，或玃其左。相与斗且噬矣。空同子曰：利之善移心术也如此。夫物交于前，欲炎于中，恐己不得而人得之也。

【译文】东郭氏的猫，成群结队地聚在庭院里，头相互枕靠，爪子相互抚摩，用尾巴相互嬉戏，舌头相互舔着，十分亲密。把死老鼠扔给他们，猫都站起来。得到老鼠的就跑开了，没有得到的有的在后边追，有的堵在前边，有的在右边叫唤，有的在左边争夺。相互之间争斗、噬咬。空同子说："利益善于改变心境以至于此。将事物摆在面前，内心的欲火就炽热起来，唯恐自己没有得到而他人得到。"

虽腐鼠之微，甚狎之猫，斗而噬弗顾矣，而况有大于鼠者乎？今之人平居相与握手附耳，以致欢忻洽爱，自谓骨肉，良不过是。及乎势位一接，幸于得而忘其所以为义。丑诋而深排，阴挤而阳夺，不得之不已，心术之移于利也如是，则与东郭氏之猫何异哉？

【译文】虽然死老鼠很渺小，但是再亲密的猫也相互争斗、噬咬，更何况比老鼠大许多的东西呢？现在的人平常居住在一起，相互之间握手、附耳说话，十分亲密。以至于欢欣喜悦十分和睦，自认为是亲生骨肉，也不过如此。等到事关势力名望，认为获取是幸运的事就忘记了“仁义”了。于是就采取十分丑恶的言辞进行诽谤从而排挤他人，暗地里排挤表面上公开争夺，不得到决不罢休，心术的变化基于利益就是这样子的，那又和东郭氏的猫有什么不同呢？

方孝孺

方孝孺，明海宁人，字希直，从宋濂游，工古文，建文之难殉节死，有《逊志斋集》。

【译文】方孝孺是明代海宁人，字希直，和宋濂交往，擅长古文，燕王朱棣起兵争夺皇位时为了建文帝殉难而死，著有《逊志斋集》。

吴士

吴士好夸言，自高其能，谓举世莫及。尤喜谈兵，谈必推孙吴。遇元季乱，张士诚称王姑苏，与国朝争雄，兵未决。

【译文】吴地有个读书人喜欢夸夸其谈，自以为才能很高，号称当世谁也比不上他，尤其善于谈论兵法，言必称孙武、吴起。当时正值元朝末年，天下大乱，张士诚在姑苏自称吴王，与本朝争夺天下，战事还未决出胜负。

士谒士诚曰："吾观今天下形势，莫便于姑苏，粟帛莫富于姑苏，兵甲莫利于姑苏，然而不霸者，将劣也。今大王之将，皆任贱丈夫，战而不知兵，此鼠斗耳。王果能将吾，中原可得，于胜小敌何有！"士诚以为然，俾为将，听自募兵，戒司粟吏勿与较赢缩。

【译文】那读书人拜见张士诚说："我看当今天下形势没有比姑苏更便利的了，物产没有比姑苏更富庶的了，武器士兵也没有比姑苏更精锐的了。但是之所以不能称霸天下的原因，是因为将领太无能了。现在大王的将领都任命那些浅陋的人担任，指挥作战而不知道兵法，这简直是鼠类相斗罢了！您大王若真能拜我为将军，便能夺取中原，至于战胜那些小敌就更不在话下了。"张士诚以为他说得对，便拜他为将军，听任他自行招募兵士，并告诫管理钱粮军需的官员不要计较他支取的多少。

士尝游钱塘，与无赖懦人交，遂募兵于钱塘，无赖士皆起从之，得官者数十人，月靡粟万计。日相与讲击刺坐作之法，暇则斩牲具酒，燕饮其所募士，实未尝能将兵也。

【译文】那读书人曾游历过钱塘，与钱塘的一些无才能而又怯懦的人有交往，于是就到钱塘去招募兵士，那些浪荡市井的人都去投靠他，他选拔了几十个人给予官职，每月花费的军饷以万石来计数。他们每天聚坐一堂相互谈论行军作战的兵法，余下的时间就杀牛宰羊大摆酒宴，那些招募来的人实在是不能率领兵士作战的。

李曹公破钱塘，士及麾下遁去不敢少格，蒐得，缚至辕门诛之。垂死犹曰："吾善孙吴法。"

【译文】曹国公李文忠攻占钱塘以后，那读书人及部下都逃跑离去，不敢稍微抵挡一下，后来被搜索捕获，捆绑到辕门诛杀，临死前还在说："我熟读孙、吴兵法。"

越巫

越巫自诡善驱鬼物。人病，立坛场，鸣角振铃，跳掷叫呼，为胡旋舞禳之。病幸已，馔酒食持其资去，死则诿以他故，终不自信其术之妄。恒夸人曰："我善治鬼，鬼莫敢我抗。"恶少年愠其诞，瞯其夜归，分五六人栖道旁木上，相去各里所，候巫过下，沙石击之。巫以为真鬼也，即鸣其角，且角且走，心大骇，首岑岑加重，行不知足所在。稍前，骇颇定，木间沙乱下如初，又鸣其而角，角不能成音，走愈急。复至前，复如初，手慄气慑不能角，角坠振其铃，既而铃坠，唯大叫以行。行闻履声及叶鸣谷响，亦皆以为鬼，号求救于人甚哀。夜半抵家，大哭叩门，其妻问故，舌缩不能言，唯指床曰："亟扶我寝！我遇鬼，今死矣！"扶至床，胆裂死，肤色如蓝。巫至死不知其非鬼。

【译文】越巫假称自己善于驱鬼，有人生病就设立法坛，吹号角，摇铜铃，蹦跳腾跃，大声呼叫，好像跳胡旋舞那样来作法驱鬼。病人侥幸有了好转，吃喝一番，拿了人家的财物离去；如果病死，就用别的理由来推托，总归不让人相信自己法术的虚妄。他经常向人自夸说："我善于惩处鬼怪，鬼怪不敢与我对抗。"有一个喜欢恶作剧的少年恼恨他的虚伪，在夜里偷看他回家，约了五六个人分别躲在路旁的树上，相距各一里左右，等候巫师经过树下，便用砂子石块投击他。巫师以为真的是鬼，马上拿出身边的号角，边吹边跑，心里十分害怕，脑袋胀痛得越来越重，走路也不知道自己的脚踏在什么地方。稍微往前跑了一段路，惊慌略微安定了一点，树上的砂石又像刚才那样乱掷下来，他再拿出号角来吹，却慌得吹不出声音，于是就更急忙地往前跑。又到了前边，还是像刚才一样，他害怕得两手发抖、呼吸屏塞，再也拿不住号角，号角掉了他就摇动铜铃，一会儿连铜铃也掉了，只好大声喊叫着赶路。一路上听到脚步声和树叶摇动、山谷回响的声音，他都以为是鬼，高声向人呼喊求救，音调十分悲伤。半夜里到家，大哭着敲门，他的妻子问他原因，他已恐惧得舌头僵缩，说不出话来，只是指着床说："快扶我躺下！我碰到了鬼，要死了！"他妻子扶他上床，终于胆吓破而死，皮肤像蓝草一般颜色。那巫师直到死也不知道用砂石掷他的是人而不是鬼。

马中锡

马中锡，明故城人，字天禄，成化进士，官至都御使，有《东田漫稿》《别本东田集》。

【译文】马中锡，明代故城人，字天禄，成化年间进士，官至都御使，著有《东田漫稿》《别本东田集》。

中山狼传

赵简子大猎于中山，虞人道前，鹰犬罗后。捷禽鸷兽，应弦而倒者不可胜数。有狼当道，人立而啼。简子垂手登车，援乌号之弓，挟肃慎之矢，一发饮羽，狼失声而逋。

【译文】赵简子在中山声势浩大地打猎，看山的官吏们在前面引路，老鹰和猎狗排在后面，敏捷的鸟凶猛的兽，应着弦的声音而死的不可胜数。有只狼在道上，像人一样站在那号叫。简子吐口唾沫到手上跳上车子，拿起宝弓，搭上利箭，一箭射到羽毛都陷入肉中，狼号叫着逃跑。

简子怒，驱车逐之。惊尘蔽天，足音鸣雷，十步之外，不辨人马。时墨者东郭先生将北适中山以干仕，策蹇驴，囊图书，夙行失道，望尘惊悸。

【译文】简子恼怒，驱赶着车子追赶它。扬起的尘埃遮天蔽日，马蹄之声如同鸣雷，十步之外，看不清人马。当时墨家学者东郭先生要来北方的中山谋官。赶着跛脚驴，袋子装着图书，清早赶路迷了道，望见扬起的尘埃非常害怕。

狼奄至，引首顾曰："先生岂有志于济物哉？昔毛宝放龟而得渡，随侯救蛇而获珠，蛇龟固勿灵于狼也。今日之事，何不使我得早处囊中以苟延残喘乎？异时倘得脱颖而出，先生之恩，生死而肉骨也。敢不努力以效龟蛇之诚！”

【译文】狼突然来到，伸着脑袋看着他说：“先生一定有志于救天下之物的吧？从前毛宝放生小白龟而在兵败落江时得白龟相助得以渡江活命，隋侯救了条蛇而得到宝珠，龟蛇本来就没有狼有灵性，今天这情景，何不让我赶紧待在袋子里得以苟延残喘呢？将来什么时候我如果能出人头地，先生的恩德，是把死救活让骨头长肉啊，怎么会不努力效仿龟蛇的诚心啊！”

先生曰：“嘻！私汝狼以犯世卿、忤权贵，祸且不测，敢望报乎？然墨之道，‘兼爱’为本吾终当有以活汝，脱有祸，固所不辞职也。”

【译文】先生说：“唉。私藏你冒犯世袭公卿、忤逆权贵，祸将不测，那敢指望什么报答啊？然而墨家的宗旨，博爱为本，我一定要救你活命的。即使有祸，本来也不打算回避的。”

乃出图书，空囊橐，徐徐焉实狼其中，前虞跋胡，后恐疐尾，三纳之而未克。徘徊容与，追者益近。狼请曰：“事急矣，先生果将揖逊救焚溺，而鸣銮避寇盗耶？惟先生速图！”

【译文】便拿出图书，空出袋子慢慢地将狼装入其中。前面怕踩着了它的下巴，后面怕压着了它的尾巴，再三装它都没成功。慢条斯理，追赶的人更加近了。狼请求道：“事急啊！先生当真要（这么）斯文有礼地救火救溺水之人、摇响车铃躲避盗贼的吗？还是请先生赶紧动手啊！”

乃跼蹐四足，引绳而束缚之，下首至尾，曲脊掩胡，委缩蠖屈，蛇盘龟息，以听命先生。先生如其指内狼于囊遂括囊口，肩举驴上，引避道左以待赵人之过。

【译文】便蜷缩起四肢，拿绳子（给先生）绑起袋子，低下头弯到尾巴，弓起背埋起下巴，像刺猬一样蜷缩像蛾蛹一样曲身，蛇一样盘曲龟一样屏息，听凭先生（处置）。先生按照它的指示，装狼在袋子中，便拴紧袋口，扛上驴背，退避到路旁，等候赵简子的人过去。

已而简子至，求狼弗得，盛怒，拔剑斩辕端示先生，骂曰：“敢讳狼方向者，有如此辕！”

【译文】不久简子到，寻找狼没找到，非常生气，拔剑斩车辕的顶端给先生看，骂道："敢隐瞒狼的方向的人，就跟这车辕一样！"

先生伏质就地，匍匐以进，跽而言曰："鄙人不慧，将有志于世，奔走遐方，自迷正途，又安能发狼踪以指示夫子之鹰犬也？

【译文】先生将身体趴到了地上，匍匐着前进，一直跪着说："鄙人不是很聪明，（但）有志于对这世界有所贡献，奔走远方，自己迷失了道路，又怎么能发现狼的踪迹来指示给你的鹰犬呢？

然尝闻之，'大道以多歧亡羊'。夫羊，一童子可制之，如是其驯也，尚以多歧而亡；狼非羊比，而中山之歧可以亡羊者何限？乃区区循大道以求之，不几于守株缘木乎？况田猎，虞人之所事也，君请问诸皮冠。

【译文】然而我曾经听说：'大道因为岔道多而丢失羊。'羊，一个孩童就可以制（伏）它，像羊这么驯服，还因为岔道多而丢失；狼不是羊可以比的，而中山的岔道可能丢失羊的数不胜数？这仅仅沿着大路找它，不是正如守株待兔缘木求鱼吗？何况这狩猎，是看山人的事，您请去问戴皮帽的人（看山人）。

行道之人何罪哉？且鄙人虽愚，独不知夫狼乎，性贪而狠，党豺为虐，君能除之，固当窥左足以效微劳，又肯讳之而不言哉？"简子默然，回车就道，先生亦驱驴兼程前进。

【译文】（我这）过路的人有什么罪啊？鄙人虽然愚钝，难道不知道狼吗？生性贪婪而凶狠，和豺为伍作恶，您能除掉它，我本就应当尽力以效微劳，又怎么会隐藏它而不说呢！"简子无言以对，回车上路。先生也赶着驴子以加倍的速度赶路。

良久，羽旄之影渐没，车马之音不闻。狼度简子之去远，而作声囊中曰："先生可留意矣。出我囊，解我缚，拔矢我臂我将逝矣。"

【译文】过了很久，扎着牦牛尾巴的旗子渐渐消失了，车马的声音听不见了。狼估计简子去远了，就在袋子里面发出声音说："先生可考虑了吧。把我从袋子里放出来，解掉绑我的绳子，拔掉我臂上的箭，我要走啊！"

先生举手出狼，狼咆哮谓先生曰："适为虞人逐其来甚速，幸先生生我。我馁甚，馁不得食，亦终必亡而已。与其饥死道路，为群兽食，毋宁毙于虞人，以俎豆于贵家。先生既墨者，摩顶放踵思一利天下，又何吝一躯啖我而全微命乎？"遂鼓吻奋爪，以向先生。

【译文】先生动手放出狼，狼咆哮着，对先生说："刚才被打猎人追赶，他们来的太快，所幸先生救了我，我非常饿，饿了没有食物，也终将死掉。与其饿死在路上，被众野兽吃掉，不如死在打猎人手里，成为贵人家的盘中物。先生既然是墨家学士，累得从头到脚都是伤，（不就）是想为天下作一点贡献吗，又何必吝惜一副身躯让我吃而保全我的小命呢？"便伸嘴舞爪，扑向先生。

先生仓卒以手搏之，且搏且却，引蔽驴后，便旋而走，狼终不得有加于先生，先生亦极力拒，彼此俱倦，隔驴喘息。先生曰："狼负我，狼负我！"狼曰："吾非固欲负汝，天生汝辈，固需吾辈食也。"

【译文】先生慌忙用手和它搏斗，边反抗边退，躲避在驴子后面，绕着圈跑，狼始终不能加害先生，先生也极力抗拒着，彼此都累了，隔着驴喘息。先生说："狼背叛我！狼背叛我！"狼说："我本来不想背叛你的，（可）天生你等，本来就是需要我们吃的啊！"

相持既久，日晷游移。先生窃念；天色向晚，狼复群至，吾死矣夫！因绐狼曰："民俗，事疑必询三老。第行矣，求三老而问之，苟谓我可食即食，不可即已。"狼大喜，即与偕行。

【译文】相持已经很久，日影渐移（西斜），先生私下想："天色就要晚了，狼又会成群来到，我死定了！"因此骗狼说："（按照）民俗，事情有疑问必定问三老。（咱们）只管走，找三个老人问他们，如果说我应当被吃就（给你）吃，不该吃就算了。"狼大喜，就和他一起前行。

逾时，道无行人，狼馋甚，望老木僵立路侧，谓先生曰："可问是老。"先生曰："草木无知，叩焉何益？"狼曰："第问之，彼当有言矣。"先生不得已，揖老木具述始末，问曰："若然，狼当食我耶！"

【译文】过了一会，路上没有行人，狼非常馋，望见老树直立在路旁，对先生说："可以问这老树。"先生说："草木无知，问它有什么用？"狼说："只管问它，他会有话说的。"

先生不得已，向老树作揖，详细叙述（情况）始末，（然后）问道："如此，狼应当吃我吗？"

木中轰轰有声，谓先生曰："我杏也。往年老圃种我时，费一核耳，逾年华，再逾年实，三年拱把，十年合抱，至于今二十年矣。老圃食我老圃之妻食我。外至宾客，下至于仆，皆食我。又复鬻实于市以规利于我其有功于老圃甚巨。

【译文】树中轰轰响发出声音，对先生说："我是杏树，当年老农种我时，只费一颗果核。过了一年开花，再过一年结果，三年有合掌那么粗，十年有合抱粗，到今天，二十年了。老农吃我，老农的老婆孩子吃我，外到宾客，下到仆人，都吃我。还在市场卖我谋利。我对老农有非常大的功劳。

今老矣，不得敛华就实，贾老圃怒。伐我条枚。芟我枝叶，且将售我工师之肆取直焉。噫！樗朽之材，桑榆之景，求免于斧钺之诛而不可得。汝何德于狼，乃觊免乎？是固当食汝。"

【译文】如今我老了，不能花谢结果，惹得老农恼怒，砍伐我的枝条，剪除我的枝叶，还要把我卖给木匠店换钱啊。唉！（我这已）不成材的朽木，老态的光景，但求免除斧凿的杀戮都不行。你对狼有什么功德，就指望免死啊？这样（的情况）本来就应当吃你。"

言下，狼复鼓吻奋爪，以向先生。先生曰："狼爽盟矣。矢询三老，今值一杏，何遽见迫耶？"复与偕行。狼愈急，望见老牸，曝日败垣中，谓先生曰："可问是老。"先生曰："曏者草木无知，谬言害事。今牛，禽兽耳，更何问为？"

【译文】正说着，狼又伸嘴舞爪，扑向先生。先生说："狼违背盟约啊！约定问三位老人，现在（只）遇到一棵杏树，何必马上就逼迫呢？"再一起前行。狼更加着急，望见（一头）老母牛，（正在）断墙之中晒太阳，（就）对先生说："可以问老牛。"先生说："前面草木无知，瞎话坏事。现在是牛，禽兽啊，又问它干什么？"

狼曰："第问之，不问将啗汝"先生不得已，揖老牸，再述始末以问，牛皱眉瞪目，舐鼻张口，向先生曰："老杏之言不谬矣。老牸茧栗少年时，筋力颇健，老农卖一刀以易我，使我贰群牛，事南亩既壮，群牛日益老惫，凡事我都任之。彼将驰驱，我伏田车择便途以急奔趋；彼将躬耕，我脱辐衡，走郊坰以辟榛荆。老农亲我，犹左右手。

【译文】狼说："只管问他，不问就吃了你。"先生不得已，向老母牛作揖，再次叙述（情况）始末来询问。牛皱眉瞪眼，舔鼻子张嘴，向先生说："老杏的话不错啊！（我）老牛角还是如蚕茧栗子一般大的时候，少年时筋骨颇为健壮有力，老农卖一把刀换到了我，让我做群牛的副手耕种田地，等到（我）长壮了，群牛日渐老而无力，凡事都由我来承担。他要奔驰驱使，我背负的是田猎的车，选择便利的道路急速奔驰；他要亲自耕种，我脱去（背上的）车梁走在郊野开辟荆棘。老农对待我犹如左右手。

衣食仰我而给，婚姻仰我而毕，赋税仰我而输，仓庾仰我而实。我亦自谅，可得帷席之蔽如马狗也。往年家储无儋石，今麦收多十斛矣；

【译文】衣食仰仗我供给，嫁娶仰仗我完成，赋税仰仗我交付，粮囤仰仗我装满。我也自信，能够得到帷幄席子遮蔽（风雨），像马、狗一样。原来（他）家储蓄的粮食一石都没有，如今麦子的收成有十斛那么多；

往年穷居无顾藉，今掉臂行村社矣，往年尘卮罂，涸唇吻，盛酒瓦盆半生未接，今酝黍稷，据尊罍，骄妻妾矣；往年衣短褐，侣木石，手不知揖，心不知学，今持兔园册，戴笠子，腰韦带，衣宽博矣。

【译文】从前（他）穷得没人理睬，如今甩着膀子在村社行走；往年（他）灰尘封着酒杯酒坛，嘴唇干，盛酒的碗盆，半辈子没装过酒；如今用粮食酿着酒，拿着酒杯，骄惯着妻妾啊；往年（他）穿着粗布衣服，和树木石头为伴，不知道用手来作揖（以表示对别人的尊重），心里没学问，如今拿着书，戴着帽子，腰扎皮带，衣服宽松啊。

一丝一粟，皆我力也。顾欺我老弱，逐我荒野；酸风射眸，寒日吊影；瘦风如山，老泪如雨；涎垂而不可收，足挛而不可举；皮毛具亡，疮痍未瘥。老农之妻妒且悍，朝夕进说曰：'牛之一身无废物也；肉可脯皮可鞟，骨角且切磋为器。'

【译文】一根丝一粒粟，都是我的功劳啊。但是（如今）欺负我年老体弱，赶我到郊野；冷风吹眼，寒冷天的太阳照着身影；瘦骨嶙峋，老泪如雨；口水流得收不住，脚痉挛得抬不起；皮毛都没有了，疮痍没有痊愈。老农的老婆既嫉恨又凶悍，早晚说服道：'牛的一身没有废物啊：肉可以做肉干，皮可以做皮革，骨头和角还能做成器皿。'

指大儿曰：'汝受业庖丁之门有年矣，胡不砺刃于硎以待？'迹是观之，是将不利于我，我不知死所矣，夫我有功，彼无情，乃若是行将蒙祸；汝何德于狼，觊幸免乎？"言下，狼又鼓吻奋爪以向先生，先生曰："毋欲速。"

【译文】指着大儿子说：'你学徒庖丁的门下有年头了，为什么还不磨好刀等着呢？'照这样的迹象看来，是将要不利于我，我不知道要死在什么地方啊！我（虽）有功，马上就要蒙受灾祸啊。你对狼有什么功德啊，就指望免死啊？"正说着，狼又伸嘴舞爪，扑向先生。先生说："不要急！"

遥望老子杖藜而来，须眉皓然，衣冠闲雅，盖有道者也。先生且喜且愕。舍狼而前，拜跪啼泣，致辞曰："乞丈人一言而生。"丈人问故，先生曰："是狼为虞人所窘求救于我，我实生之。今反欲咥我，力求不免，我又当死之。欲少延于片时，誓定是于三老。

【译文】远远望见一个老人拄着木杖过来，胡子眉毛洁白，衣帽打扮休闲雅致，应该是有道之人。先生又喜又惊，丢下狼上前，啼哭着下跪拜倒，说道："乞求老人一句话来救我活命！"老人询问原故，先生说："这狼被打猎人追赶，向我求救，我确实救了它。现在它反而要吃我，怎么央求都不行，我又要死在它手上。想稍微延迟一下，约定决定这事在于三老。

初逢老杏，强我问之，草木无知几杀我；次逢老牸，强我问之，禽兽无知，又几杀我；今逢丈人，岂天之未丧斯文也！敢乞一言而生。"因顿首杖下，俯伏听命。丈人闻之，欷歔再三，以杖叩狼曰："汝误矣。夫人有恩而背之，不详莫大焉，儒谓受人恩而不忍者，其为子必孝，又谓虎狼之父子。今汝背恩如是，则并父子亦无矣。"乃厉声曰："狼速去，不然，将杖杀汝。"

【译文】最初碰到老杏，强迫我问它，草木无知，几乎杀了我；其次碰上老母牛，强迫我问它，禽兽无知，又要杀我。现在碰上老人，岂不是上天不让斯文人丧命啊！斗胆乞求（您）一句话救我活命。"在手杖之下磕头，爬着听从老人的示下。老人听了，叹息再三，用手杖扣击狼说道："你错啦！别人对你有恩而背叛他，没有比这更不好的啊！儒家说，受人恩而不忍心背叛的人，他为人子必定孝顺，又说虎狼也知道父子之情。如今你背叛有恩的人到如此地步，就是屏除父子之情也没有如此的啊。"便厉声道："狼赶快滚，不然，将用杖打死你！"

狼曰："丈人知其一未知其二，请愬愿丈人垂听。初，先生救我时，束缚我足，闭我囊中，压以诗书，我鞠躬不敢息，又蔓词以说简子，其意盖将死我于囊而独窃其利也。是安可不咥？"丈人顾先生曰："果如是，是羿亦有罪焉。"先生不平，具状其囊狼怜惜之意。狼亦巧辩不已以求胜。

【译文】狼说："老人你只知其一，不知其二。请让我把它说清楚，希望老人您屈尊听一听。当初，先生救我的时候，捆绑我的脚，把我封闭在袋子里，（还）压上诗书，我曲着身子不敢喘息。（他）还编造谎言说服简子，他的意思可能是要让我死在袋子里，而独自窃取这好处。这样（的人）怎么能不吃他？"老人看看先生说："果然这样的话，这后羿也是有罪啊。"先生认为不公平，具体地说出他把狼装到袋子中的怜惜狼的意思。狼也巧辩不停来取得胜诉。

丈人曰："是皆不足以执信也。试再囊之，吾观其状果困苦否。"狼欣然从之，信足先生。先生复缚置囊中，肩举驴上，而狼之未知也。丈人附耳谓先生曰："有匕首否？"先生曰："有。"于是出匕，丈人目先生使引匕刺狼。先生曰："不害狼乎？"丈人笑曰："禽兽负恩如是，而犹不忍杀，子固仁者，然愚亦甚矣，从井以救人，解衣以活友，于彼计则得，其如就死地何？先生其此类乎！仁陷于愚，固君子之所不与也。"言已大笑，先生亦笑遂举手且先生操共殪狼，弃道上而去。

【译文】老人说："这都不足以令人信服。试着再把狼装到袋子里，我看那情状，果然是困苦不？"狼欣然按照他说的办，伸脚给先生。先生又绑了狼放进袋子里，扛到驴背上，而狼没察觉到什么。老人趴在先生的耳朵对他说："有匕首没有？"先生说："有。"于是拿出匕首。老人用眼神示意先生拿匕首刺狼。先生说："不是害狼吗？"老人笑道："禽兽背叛恩德如此，还不忍心杀，您的确是仁者，然而也够愚蠢的啊！跟着一起跳进井里救人，脱下衣服救活朋友，从对方来考虑是好，那和置自己于死地有什么不同！先生就是这类人吗？仁慈得陷入愚蠢，本来就是君子所不赞成的啊。"说完大笑。便抬手帮先生操刀，一起杀死了狼，（将狼）丢弃在路上后离去。

陆 容

陆容，明昆山人，字文量，成化进士，历官浙江参政，有《菽园杂记》。

【译文】陆容，明代昆山人，字文量，是成化年间的进士，担任过浙江参政，著有《菽园杂记》。

阿留传

阿留者，太仓周元素家僮也。性痴呆无状，而元素终畜之。尝使执洒扫，终朝运帚，不能洁一庐。主怒之，则帚掷地，曰："汝善是，曷烦我为？"元素或他出，使之应门；宾客虽稔熟者，不能举其名。问之，则曰："短而肥者，瘦而髯者，美姿容者，龙钟而曳杖者。"后度悉不记，则阖门拒之。家蓄古尊、彝、鼎、敦数物，客至出陈之。留伺客退，窃叩之，曰："是非铜乎？何黯黑若是也？"走取沙石，就水磨涤之。短榻缺一足，使留断木之歧生者为之；持斧锯，历园中竟日。及其归，出二指状曰："木枝皆上生，无下向焉。"家人为之哄然。舍前植新柳数株，元素恐为邻儿所撼，使留守焉。留将入饭，则收而藏之。其可笑事率类此。

【译文】阿留是太仓人周元素的家僮。生来痴呆不可名状，但周元素一直收养着他。主人曾让他负责打扫，（他）整个早晨挥舞扫帚，没能扫干净一间屋。主人冲他发怒，（他）就将扫帚摔在地上，说："你会做这事，为什么要麻烦我呢？"周元素有时到别的地方去，让他照看门户；来的宾客即使是熟悉的，（他）也不能说出名字来。问他，他就说："又矮又胖的，瘦长有胡子的，长得很好看的，老态龙钟拄着拐杖的。"后来的想想都记不住，就干脆关起门拒不接待。（周元素）家里收藏有古尊古彝古鼎古敦等多件古董，客人来了就拿出来陈列一番。阿留等客人走了，偷偷敲一敲，说："这不是铜吧？为什么这样深黑？"跑去拿来沙石，就着水又洗又磨起来。矮榻缺了一只脚，（周元素）要阿留砍一根树的分枝做个榻脚；（阿留）拿着斧头锯子，在园子里走了一整天，等他回来了，（只见他）伸比二根手指比划着说："树枝都向上生长，没有朝向下边的。"家人因此哄堂大笑。房子前新栽了几株柳树，周元素担心邻居家的小孩摇动它，就让阿留守护着。阿留要进屋吃饭，就将柳树拔出来收起来。阿留可笑的事情，大概诸如此类。

元素工楷书，尤善绘事。一日，和粉墨，戏语曰："汝能为是乎？"曰："何难乎是？"遂使为之，浓淡参亭，一若素能，屡试之，亦无不如意者。元素由是专任之，终其身不弃焉。

【译文】周元素善于楷书，尤其擅长绘画。有一天，（他）和好颜料，开玩笑似地对阿留说："你能干这个吗？"阿留说："这事有什么难的呢？"于是（周元素）就让他画起来，（只见他）色彩的浓淡，调和得参互均匀，完全像是素来就会。多次让他调色，也没有不如意的。周元素从此专门要他调色，终身用他，没有遗弃。

传者曰：樗栎不材，蕲者不弃；砂石至恶，玉人赖焉；盖天地间无弃物也。矧灵于物者，独无可取乎？阿留痴呆无状，固弃材耳，而卒以一长见试，实元素之能容也。今天下正直静退之士，每不为造命者所知；迟钝疏阔者，又不为所喜。能知而且喜矣，用之不能当其材，则废弃随之。於戏！今之士胡不幸，而独留之幸哉！

【译文】作传者说：樗栎不成木材，但找木材的人并不嫌弃；沙石非常难看，但雕刻匠们需要它；大概天地间没有可以完全抛弃的东西。况且比其他生物灵巧的人，偏偏就没有可取之处吗？阿留痴呆无比，本来不过是可弃之材罢了：最终却因为一技之长被任用，实则是（因为）周元素能够容人。如今天下那些正直清静的人才，常常不被当权者所了解：不聪明而又迂阔的人，又不被他们所喜欢。能够了解并且喜欢的人，使用他们时又不能适合他们的才能，接着就弃用他们。唉！如今的人才为什么不幸，而只有阿留幸运呢？

田汝成

田汝成，明钱塘人，字叔禾，嘉靖进士，历官西南各省，谙晓先朝遗事，著有《炎徼记闻》《西湖游览志》。

【译文】田汝成是明代钱塘人，他字叔禾，是嘉靖年间的进士，在西南各省都做过官，通晓前朝的掌故，他著有《炎徼记闻》《西湖游览志》。

阿寄传

阿寄者，淳安徐氏仆也。徐氏昆弟别产而居：伯得一马，仲得一牛，季寡妇得阿寄。

【译文】阿寄是淳安县徐家的仆人。徐家兄弟分家单过：老大分得一匹马，老二分得一头牛，老三的寡妇分得了阿寄。

阿寄年五十余矣，寡妇泣曰："马则乘，牛则耕，踉跄老仆，乃费我藜羹！"阿寄叹曰："噫！主谓我力不牛马若耶！"乃画策营生，示可用状。

【译文】阿寄其时已经五十几岁了，老三家的寡妇哭着说："马能骑，牛能用来耕地，这么一个连走路都走不稳的老奴仆，还要浪费我的粮食！"阿寄叹着气说："唉！主人说我的气力不如牛马吗？"于是就出谋划策经营生意，表示自己还是可用的。

寡妇悉簪珥之属，得银一十二两畀寄，寄则入山贩漆，期年而三其息，谓寡妇曰："主无忧，富可立至矣。"又二十年而致产数万金，为寡妇嫁三女，婚两郎，赍聘皆千金。

【译文】寡妇搜罗自己的耳环发簪之类的东西，得到一十二两金交给阿寄，阿寄就用这笔钱进山贩漆，一年之间就生出三倍的利息，他对寡妇说：“主人不要担心，很快就会有钱的。”又过了二十年这些钱增值为几万金，于是给寡妇的三个女儿找了婆家，给两个儿子娶了媳妇，婚聘之时都用了万金。

又延师教两郎，皆输粟为太学生，而寡妇则阜然财雄一邑矣。顷之，阿寄病且死，谓寡妇曰：“老奴马牛之报尽矣。”出枕中二楮，则家计巨细悉均分之。曰：“以此遗两郎君！”可世守也。言讫而终。徐氏诸孙或疑寄私蓄者，窃启其箧，无寸丝粒粟之储焉。一妪一儿，仅敝緼掩体而已。

【译文】阿寄又为主人家两个儿子请来老师，出钱把他们培育成太学生，寡妇的钱财在整个乡里已经是最多的了。不久，阿寄病了快要死了，就对寡妇说：“老奴我做牛做马报答您也只能到这里了。”拿出枕头下两张纸就把家中大大小小的财物分了。他说：“这是留给两位郎君的！”说完就死了。徐家的儿子有怀疑阿寄私藏财物，暗中打开他的箱笼，但是没有发现他藏有一星半点的粮食、财物，阿寄的老婆一个孩子，都穿着破旧的衣服。

呜呼，阿寄之事，予盖闻之俞鸣和云。夫臣之于君也，有爵禄之荣。子之于父也，有骨肉之爱。然垂缨曳绶者，或不讳为盗臣。五都之豪，为父行贾，匿良献楛，否且德色也，乃阿寄村鄙之民，衰迈之叟，相嫠人，抚髫种，而株守薄业，户祚凋落，沟壑在念。非素闻《诗》《礼》之风，心激崇荣之慕也。乃肯毕心殚力，昌振镃基，公而忘私，毙而后已。是岂寻常所可及哉！

【译文】唉，阿寄的事情是俞鸣和告诉我的。君主面前的忠臣享受到官爵俸禄的荣耀。父亲面前的儿子，则具有天生的骨肉之情。然而做了官的人，有的对于作一个逆臣一点也不讳言。吃喝用度的奢华，为父亲作生意，将好的藏起来献上粗劣之物，而且还面露得色。阿寄只不过是村鄙中的老仆，十分衰老，还辅助一名寡妇，抚养她的孩子们，恪守家业，家门虽然凋落，但是所有的事情都记在他的心上。他并不是平常接受《诗》《礼》教化的人，但是心存感激时刻力图回报是十分令人感动的。于是才能做到殚精竭虑，使主人的家业重新昌盛起来，一心只有主人家而没有自己，死而后已。这难道是普通人能做到的吗？

鸣和又曰：“阿寄老矣，见徐氏之族，虽幼必拜，骑而遇诸途，必控勒将数百武以为常。见主母不睇视，女使虽幼，非传言，不离立也。”若然，即缙绅读书明礼达义者，何以加此！移此心也，奉其君亲，虽谓之大忠纯孝可也。

【译文】鸣和又对我说：“阿寄老了，看见徐家人，不管老小都要跪拜，骑马在路上遇见，一定会勒住马向他们行礼。不斜视主母，女侍者虽然很小，但是没有传唤，绝不会进入内宅。”像这样，即便是读书明理通达道义的官宦，也不如他！如果将这样的心思用来侍奉君主傅母，即便将其称之为大忠、纯孝也是可以的。

袁宏道

袁宏道，明公安人，字中郎，万历进士，为诗文主妙悟，矫王李剽窃之蔽，时称“公安体”，有《袁中郎集》。

【译文】袁宏道，明代公安人，字郎中，是万历年间进士，所作诗文奇妙含哲理，矫正了王世贞、李梦阳等人的剽窃之风，他的文章风格称为“公安体”，著有《袁中郎集》。

醉叟传

醉叟者，不知何地人，亦不言其姓字，以其常醉，呼曰醉叟。岁一游荆澧间，冠七梁冠，衣绣衣，高颧阔辅，修髯便腹，望之如悍将军。年可五十余，无伴侣弟子。手提一黄竹篮，尽日酣沉，白昼如寐。百步之外，糟风逆鼻。遍巷陌索酒，顷刻颂十余家，醉态如初。不谷食，唯啖蜈蚣、蜘蛛、癞虾蟆，及一切虫蚁之类。市儿惊骇，争握诸毒以供，每游行时，随而观者常百余人。人有侮之者，漫作数语，多中其阴事，其人骇而返走。篮中尝畜干蜈蚣数十条。问之，则曰：“天寒酒可得，此物不可得也。”

【译文】醉叟，不知是什么地方的人，也不知他姓什么叫什么，因为他经常处于喝醉的状态，就叫他醉叟。有一年他在荆澧一带游历，戴着一品高帽，穿着锦绣衣服，高颧骨阔腮帮，胡须修长，大腹便便，看去像一个勇武的将军。年龄大约五十多岁，没有妻子儿女。手中提着一个黄色的竹篮，整天醉醺醺的，白天好像没有醒过。百步以外的地方，酒气冲鼻。他在街上到处讨酒喝，一会儿就是几十家，喝完后醉态跟没喝前一样。他不吃谷物，只吃蜈蚣、蜘蛛、癞虾和一切小虫蚂蚁之类的东西。市中小儿都很惊奇，争着拿出各种毒虫给他吃。他出行时，跟随观看的人常常有一百多人。有侮辱他的人，他只是轻轻说出几句话，大多击中那人的隐秘私事，那人惊骇转身就走。他的竹篮中曾储备烘干的蜈蚣几十条。询问他，就说："天冷的时候，酒能得到，这个东西可就不能得到。"

伯修予告时，初闻以为传言者过，召而饮之。童子觅毒虫十余种进，皆生啖之。诸小虫浸渍杯中，如鸡在醢，与酒俱尽。蜈蚣长五六寸者，夹以柏叶，去其钳，生置口中，赤爪狞狞曲伸唇髭间，见者肌栗。叟方得意大嚼，如饭熊白豚乳也。问诸味孰佳？叟曰："蝎味大佳，惜南中不可得。蜈蚣次之，蜘蛛小者胜。独蚁不可多食，多食则闷。"问食之有何益？曰："无益，直戏耳。"后与余往来渐熟，每来踞坐砌间，呼酒痛饮，或以客礼礼之，即不乐。信口浪谈，事多怪诞。每数十语，必有一二说入微者。诘之不答，再诘之，即佯以他辞对。

【译文】袁宗道告假还乡的时候，刚开始认为，那些传言言过其实，叫来与他饮酒。仆人找来几十条毒虫给他，他都把它们活吃了。一些小虫泡在酒杯中，就像罐子里炖的鸡，跟酒一起喝下去了。蜈蚣有五六寸长的，就用柏枝夹着，除去它的钳夹，活着放进口中，红色的爪子在嘴唇胡须间扭来扭去，看的人都起了鸡皮疙瘩。而醉叟正得意地大嚼，好像吃的是猪肉米饭。问他毒虫的味道哪一种最好，醉叟说："蝎子的味道最好，可惜南方中原都不能找到。蜈蚣的味道次之，小的蜘蛛的味道优美。只有蚂蚁不能吃得太多，吃多了就闷。"问他吃毒虫有什么益处，回答说："没有益处，只是好玩而已。"后来跟我来往熟悉了，每次来就盘腿坐在台阶上，呼酒痛饮，有时用客人的礼节礼待他，他就不高兴。他随口漫谈，事情大多怪诞，每几十件事情中，一定有一二件事是细致入微、深刻的。询问他，他却不回答了，再问，就假装用其他的话来搪塞。

一日，偕诸舅出游，谈及金、焦之胜，道值叟，二舅言某年曾登金山。叟笑曰："得非某参戎置酒，某幕客相从乎？"二舅惊愕，诘其故，不答。后有人窃窥其篮，见有若告身者，或云曾经为彼中万户，理亦有之。

【译文】一天，带着几个舅舅到外面游玩，说道金、焦的胜景，谈到那个醉叟。二舅说有一年曾跟他一起登金山，醉叟笑着说："如果不是某某参戎，某某怎会做你的幕僚呢？"二舅惊愕，询问原故，醉叟不再回答。后来有人暗中查看他的竹篮，看见好像有一个官职委任状，有人说他曾经是万户（官名），道理也是有的。

叟踪迹怪异，居止无所，晚宿古庙，或阛阓檐下。口中常提"万法归一，一归何处"。凡行住坐眠，及对谈之时，皆呼此二语。有询其故者，叟终不对。往余赴部时，犹见之沙市，今不知在何所矣。

【译文】醉叟的行踪飘忽，行为怪异，居无定所，晚上有时住在古庙，有时就住在别人的屋檐下。口中常说的一句话是“万法归一，一归何处”。凡是行住坐眠，和跟他谈话的时候，都会说这句话。有人询问这句话的缘由，醉叟始终没有回答。我在到户部上任时，还在沙市看见过他，现在不知他在什么地方了。

石公曰：余于市肆间每见异人，恨不得其踪迹。因叹山林岩壑异人之所窟宅，见于市肆者十一耳。至于史册所记、稗官所书，又不过市肆之十一。其人既无自见之心，所与游又皆屠沽市贩游僧乞食之辈，贤士大夫知而传之者几何哉？余往闻澧州有冠仙姑及一瓢道人，近日武汉之间有数人行事亦怪有一人类知道者。噫！岂所谓龙德而隐者哉？

【译文】石公说：“我在市场上也每每遇见一些高人，只是遗憾不知道他们的踪迹。因此慨叹高山茂林是高人们的居所，能在市场上见到的只是十分之一罢了。至于史书记载以及稗官野史的记载，又无法超出市场中的十分之一。高人们既不认为自己是高人，和他们一起的又都是些屠夫卖酒做买卖的以及游方僧乞丐之类的人物，贤士大夫知道并且相互传言的又能有多少呢？我以前听说在澧州有一位冠仙姑还有一位一瓢道人，近来武汉等地也有几个人的事迹，也很奇怪有一种人知道他们的吧。啊！这难道就是所谓有高尚道德而隐居于世的人吗？”

江盈科

江盈科，明桃源人，字进之，号绿罗山人，万历进士，官至四川提学副使，有《明十六种小传》。

【译文】江盈科，明代桃源人，字进之，号“绿罗山人”，是万历年间的进士，官至四川提学副使，著有《明十六种小传》。

雪涛小说·妄心

见卵求夜，庄周以为早计，及观恒人之情，更有早计于庄周者。一市人贫甚，朝不谋夕。偶一日拾得一鸡卵，喜而告其妻曰：“我有家当矣。”妻问安在，持卵示之，曰：“此是。然须十年，家当乃就。”

【译文】见到鸡蛋就贪求报晓的公鸡，庄子认为这是贪欲，对于平常人来说，有比庄子所说的更加贪婪之人。在市场上有一个特别贫穷的人，吃过早饭不知道晚饭还有没有。有一天偶然拣到了一个鸡蛋，特别高兴得去告诉他的妻子说：“我们有家当了！”妻子问他在哪里，这人拿着鸡蛋给妻子看，说：“这就是，只是需要十年之后，我们的家当就完备了。”

因与妻计曰：“我持此卵，借邻人伏鸡乳之，待彼雏成，就中取一雌者，归而生卵，一月可得十五鸡，两年之内，鸡又生鸡，可得鸡三百，堪易十金。我以十金易五牸，牸复生牸，三年可得二十五牛，牸所生者，又复生牸，三年可得百五十牛，堪易三百金矣。吾持此金举责，三年间，半千金可得也。就中以三之二市田宅，以三之一市僮仆，买小妻。我乃与尔优游以终余年，不亦快乎？”

【译文】然后与妻子计划说："我拿着这个鸡蛋，去管邻居借一只鸡，抚养它。等到这鸡长大了，我们取一只母鸡。拿回来生蛋，一个月可以获得十五只鸡。两年之内，鸡长大了又生小鸡，可以得到三百只鸡，可以换来十个金子。然后拿金子买五头母牛，母牛又生小牛，三年可得到二十五头牛，母牛生的牛，又再生母牛，三年之中可以换三百个金子了。我拿着金子放债，三年之中可得五百金。拿其中的三分之二买田地和宅院，剩下的三分之一买仆人和小妾，我与你非常清闲的可以过剩下的日子，那是多快乐的一件事啊！"

妻闻欲买小妻，怫然大怒，以手击卵碎之，曰："毋留祸种！"夫怒，挞其妻。乃质于官，曰："立败我家者，此恶妇也，请诛之。"官司问："家何在？败何状？"其人历数自鸡卵起，至小妻止。官司曰："如许大家当，坏于恶妇一拳，真可诛。"命烹之。妻号曰："夫所言皆未然事，奈何见烹？"官司曰："你夫言买妾，亦未然事，奈何见妒？"妇曰："固然，第除祸欲早耳。"官笑而释之。

【译文】他的妻子听他说要买小妾，怫然大怒，用手把鸡蛋打碎了，说："不能留下祸种。"这人非常愤怒的鞭打了妻子一顿，然后带到衙门见官，说："败坏我的家产的人，就是这个混蛋妇人，请官吏判她死罪。"官吏问他家财在哪里，破败成什么样了。这人于是从鸡蛋讲起，讲到买小妾为止。官吏听完说道："这么多家当竟然被这妇人一拳打毁了，真是可恶，该杀啊！"于是下令烹死。这妇人号叫着说："我丈夫所说的都是没有发生的事情，为什么就要烹死我啊？"官吏说："你丈夫要买小妾也是没有发生的事情，你为什么要嫉妒呢？"妇人说："话虽然这样，，但是祛除祸患要趁早啊！"官吏闻言大笑然后释放了她。

噫，兹人之计利，贪心也。其妻之毁卵，妒心也。总之皆妄心也。知其为妄，泊然无嗜，颓然无起，且见在者且属诸幻，况未来乎！嘻，世之妄意早计希图非望者，独一算鸡卵之人乎！

【译文】啊，这样的人斤斤计较于利益，是因为贪心在作怪。他的妻子打碎鸡蛋，就是嫉妒之心。总而言之都是贪心。知道他们贪心，但是绝对的淡泊不求名利，最终会导致颓败无所成，那么现在能够看见的都是幻象，更何况将来呢？呵，世上因为贪心而贪图利益想得到不属于他们的东西的人，就只有计算鸡蛋的人吗！

魏学洢

魏学洢，明嘉善人，字子敬，父大中，以数劾魏忠贤，得罪下狱毙，学洢微服入都，营救无效，扶榇归，晨夕号泣以卒，崇祯初诏旌为孝子，有《茅檐集》。

【译文】魏学洢，明代嘉靖人，字子敬，他父亲魏大中，因为屡次上书弹劾魏忠贤，获罪被抓下狱，死在狱中。魏学洢变换常服到京城去，但是没有营救出来，于是扶着父亲的棺木回乡，日夜哭泣以至于身亡，崇祯初年诏令表彰他为孝子，著有《茅檐集》。

核舟记

明有奇巧人曰王叔远，能以径寸之木，为宫室、器皿、人物，以至鸟兽、木石，罔不因势象形，各具情态。尝贻余核舟一，盖大苏泛赤壁云。

【译文】明朝有个手艺精巧的人名叫王叔远，（他）能够用直径一寸的细小圆形木头，雕刻出宫殿、杯、盘、碗、碟等生活用具，人物，鸟兽、树木以及石头。全都是按照（材料原来的）形状雕刻成（各种事物的）形象，各有各的神情姿态。（他）曾经赠送我一只用桃核雕成的小船，刻的应当是苏轼游赤壁（的情景）。

舟首尾长约八分有奇，高可二黍许。中轩敞者为舱，箬篷覆之。旁开小窗，左右各四，共八扇。启窗而观，雕栏相望焉。闭之，则右刻“山高月小，水落石出”，左刻“清风徐来，水波不兴”，石青糁之。

【译文】小船从头到尾长度大约八分多一点，大约有两个黄米粒那么高。中间高起而开敞的部分是船舱，用箬竹叶做成的船篷覆盖着它。（船舱）的两旁开有小窗户，左右各四扇，一共有八扇。打开窗子来看，雕刻着花纹的栏杆左右相对。关上窗子，就（看到）右边

（窗门）刻着"山高月小，水落石出"八个字，左边（窗门）刻着"清风徐来，水波不兴"八个字，用石青涂在刻着字的凹处。

船头坐三人，中峨冠而多髯者为东坡，佛印居右，鲁直居左。苏、黄共阅一手卷。东坡右手执卷端，左手抚鲁直背。鲁直左手执卷末，右手指卷，如有所语。东坡现右足，鲁直现左足，各微侧，其两膝相比者，各隐卷底衣褶中。

【译文】船头坐着三个人，中间（戴着）高高的帽子并且（长着）浓密胡须的人是苏东坡，佛印位于（他的）右边，黄鲁直位于（他的）左边。苏东坡和黄鲁直共同看着一幅字画长卷。苏东坡右手拿着画卷的右端，左手抚着鲁直的背。鲁直左手拿着画卷的左端，右手指着手卷，好像在说什么话似的。东坡露出右脚，鲁直露出左脚，身子略微侧斜，他们的互相靠近的两膝（东坡的左膝，鲁直的右膝），都被隐蔽在手卷子下边的衣褶里。

佛印绝类弥勒，袒胸露乳，矫首昂视，神情与苏、黄不属。卧右膝，诎右臂支船，而竖其左膝，左臂挂念珠倚之——珠可历历数也。

【译文】佛印极像佛教的弥勒菩萨，袒露胸脯，露出乳头，抬头仰望，神态表情和苏、黄二人不相类似。他卧倒右膝，弯曲着右臂支撑在船上，竖着他的左膝，左臂挂着一串念珠靠在左膝——念珠子可以一粒粒清清楚楚地数出来。

舟尾横卧一楫。楫左右舟子各一人。居右者椎髻仰面，左手倚一衡木，右手攀右趾，若啸呼状。居左者右手执蒲葵扇，左手抚炉，炉上有壶，其人视端容寂，若听茶声然。

【译文】船尾横放着一支船桨，船桨的左右两边各有一个撑船的人。位于右边的撑船的人，梳着椎形发髻，仰着面，左手靠着一根横木，右手扳着右脚趾头，好像大声呼叫的样子。位于左边的人右手拿着蒲葵扇，左手扶着火炉，火炉上有把茶壶，那个人眼光正视着茶炉，神色平静，好像在听茶水的声音似的。

其船背稍夷，则题名其上，文曰"天启壬戌秋日，虞山王毅叔远甫刻"，细若蚊足，钩画了了，其色墨。又用篆章一，文曰"初平山人"，其色丹。

【译文】那只船的顶部稍平，就在船背上面刻上名字，文字是"天启壬戌秋日，虞山王毅叔远甫刻"，（字迹）细得像蚊子脚，笔画清清楚楚，字的颜色是黑的。还刻着一枚篆字图章，文字是“初平山人”，字的颜色是红的。

通计一舟，为人五；为窗八；为箬篷，为楫，为炉，为壶，为手卷，为念珠各一；对联、题名并篆文，为字共三十有四；而计其长曾不盈寸。盖简桃核修狭者为之。魏子详瞩既毕，诧曰：嘻，技亦灵怪矣哉！庄列所载，称惊犹鬼神者良多，然谁有游削于不寸之质。而须眉了然者。假有人焉。举我言以复于我。亦必疑其诳，乃今亲睹之。由斯以观，棘刺之端。未必不可为母猴也。嘻。技亦灵怪矣哉！

【译文】总计一条船上，刻有五个人；八扇窗；箬篷、船桨、炉子、茶壶、手卷、念珠各一件；对联、题名和图章上的篆字，刻的字共有三十四个。可是计算它的长度，还不满一寸。是挑选长而狭的桃核雕刻制的。魏子详仔细看完核舟以后，惊叹道：噫，技艺也真是神奇啊！《庄子》和《列子》书中所记载的能工巧匠，被称之为是鬼斧神工的很多，可是有谁能在不到一寸的东西上灵活自如地进行雕刻，就连胡须眉毛都刻得清清楚楚的？如果有个人，拿这样的话来告诉我，我也一定会怀疑他在说谎。可现在却是我亲眼所见的事实。由此看来，在棘木刺的尖端，未必不能雕刻出母猴。噫，技艺也真是神奇啊！

王猷定

王猷定，清南昌人，字于一，明末拔贡生，少以豪侠称，晚寓浙中西湖僧舍，工诗文，有《四照堂文集》。

【译文】王猷定，清代南昌人，字于一，明末选拔为贡生，年轻时因豪迈好义著称，晚年住在浙江西湖的僧房中，擅长诗文，著有《四照堂文集》。

义虎记

辛丑春，余客会稽，集宋公荔裳之署斋。有客谈虎，公因言其同乡明经孙某，嘉靖时为山西孝义知县，见义虎甚奇，属余作记。

【译文】辛丑年春天，我到会稽去，和很多人在宋荔裳的官署中集会。有个与会者谈到了老虎，宋荔裳因此说道他的同乡姓孙的明经生，在嘉靖年间曾在陕西省孝义县作知县，曾目睹了一只有道义的老虎，因此吩咐我作一篇《义虎记》。

县郭外高唐、孤岐诸山多虎。一樵者朝行丛箐中，忽失足堕虎穴。两小虎卧穴内。穴如覆釜，三面石齿廉利，前壁稍平，高丈许。藓落如溜，为虎径。樵踊而蹶者数，彷徨绕壁，泣待死。日落风生，虎啸逾壁入，口衔生麇，分饲两小虎。见樵蹲伏，张牙奋搏。俄巡视若有思者，反以残肉食樵，入抱小虎卧。樵私度虎饱，朝必及。昧爽，虎跃而出。停午，复衔一麂来，饲其子，仍投馂与樵。樵馁甚，取啖，渴自饮其溺。如是者弥月，浸与虎狎。

【译文】县城郭城之外的高唐、孤岐各山有很多老虎。有一个樵夫大早上在茂密的竹林里走着，忽然失足跌进虎穴。里边卧着两只小老虎。洞穴就像是一只倒过来的锅，三面石头有棱有角，前边的石壁比较平整，大约一丈多高。苔藓十分光滑，是老虎经常行走的路径。好几次樵夫跳起来又跌落下去，只好失魂落魄地绕着石壁，一边哭一边等死。太阳落山后起风了，大老虎呼啸着跳过石壁进来，嘴里叼着生肉，分别喂给两只小老虎。看见樵夫蹲在那里的样子，张牙舞爪就要扑上来。不一会儿像是若有所思的样子，反而把剩肉喂给樵夫，进去拥着小老虎卧在一旁。樵夫暗自猜度，认为老虎吃饱了才不顾及他，明天早上就会吃他。第二天拂晓，老虎跳出去，中午时分又叼着一只麃鹿，喂养它的孩子，仍然把剩下的肉喂给樵夫。樵夫饿坏了，拿来就吃，渴了就喝自己的尿。这样过了一个多月，逐渐和老虎亲密起来。

一日，小虎渐壮，虎负之出。樵急仰天大号："大王救我！"须臾，虎复入，拳双足俛首就樵。樵骑虎，腾壁上。虎置樵，携子行。阴崖灌莽，禽鸟声绝，风猎猎从黑林生。樵益急，呼"大王"。虎却顾，樵跽告曰："蒙大王活我，今相失，惧不免他患。幸终活我，导我中衢，我死不忘报也。"虎颔之，遂前至中衢，反立视樵。

【译文】一天，小老虎已经很健壮了，大老虎背着小老虎出去。樵夫急忙仰天大喊："老虎大王救命！"一会儿，老虎又进来，握着双脚低着头面对樵夫站着。樵夫骑着老虎，跳上石壁。老虎放下樵夫，又领着小老虎要走，阴暗的崖壁灌木丛生，鸟兽的痕迹一点也没有，风呼呼直刮森林莽莽苍苍。樵夫更加着急了，喊着："老虎大王"。老虎停下看着他，樵夫跪下来对它说："承蒙老虎大王救我的命，现在你走了，害怕难以避免其他祸患，希望你救人救到底，领着我到大路上去，我即便是死也不忘老虎大王的大恩大德。"老虎点点头，于是领着他到大路上，回头看着樵夫。

樵复告曰："小人西关穷民也，今去将不复见。归当畜一豚，候大王西关外邮亭之下，某日时过飨。无忘吾言。"虎点头，樵泣，虎亦泣。迨归，家人惊讯。樵语故，共喜。至期具豚，方事宰割，虎先期至，不见樵，竟入西关。居民见之，呼猎者闭关栅，矛梃锐弩毕集，约生擒以献邑宰。

【译文】樵夫又跟老虎说："小人我是西关的贫民，现在回去可能再也见不到您了。我回去后会准备一头猪，在西关外邮亭下等着大王您，某日某日请您过来享用。千万不要忘记。"老虎点点头，樵夫哭了，老虎也哭了。等到樵夫回到家中，家里人很惊奇。樵夫就把原委细细道来，家人都很高兴。到了日子就准备了一头猪，正要屠宰，老虎来的早了，看不见樵夫，就跑到西关。西关居民看见，招呼猎户关门闭栅，长矛大棒火铳弓箭都用上了，约定生擒老虎献给县令。

樵奔救告众曰；“虎与我有大恩，愿公等勿伤。”众竞擒诣县，樵击鼓大呼。官怒诘，樵具告前事。不信。樵曰：“请验之，如诳，愿受笞！”官亲至虎所，樵抱虎痛哭曰；“救我者大王耶？”虎点头。“大王以赴约入关耶？”复点头。“我为大王请命，若不得，愿以死从大王。”言未讫，虎泪堕地如雨。观者数千人，莫不叹息。官大骇，趋释之，驱至亭下，投以豚，矫尾大嚼，顾樵而去。后名其亭曰“义虎亭”。

【译文】樵夫跑去跟猎户们说：“这只老虎对我有大恩德，希望你们不要伤害它。”众人最终生擒了老虎送到县衙。樵夫在县衙堂上击鼓大喊。县官发怒诘问缘故，樵夫一五一十地把事情说了。县官不信。樵夫说：“请让我来进行验证，如果我骗人，情愿接受鞭打！”县官亲自到关老虎的地方，樵夫抱着老虎一边痛哭一边说：“救我的是不是老虎大王您吗？”老虎点点头。“大王您和我约定到西关来吗？”老虎又点点头。“我现在请求他们饶了大王的性命，如果不行，就跟随大王您一起死。”还没有说完，老虎的眼泪流到地上，像下雨一样。围观的人有几千，都禁不住感慨、叹气。县官十分惊奇，催促释放老虎，将老虎驱赶到亭子下，将猪投给他，老虎摇着尾巴大嚼起来。吃完之后，看了看樵夫就走了。这个亭子后来改名为“义虎亭”。

王子曰：余闻唐时有邑人郑兴者，以孝义闻，遂以名其县。今亭复以虎名，然则山川之气，固独钟于此邑欤？世往往以杀人之事归狱猛兽，闻义虎之说，其亦知所愧哉！

【译文】王先生说：我听说唐代有个邑人叫郑兴，他的孝义之举闻名乡里，于是就用它的名字作为县名。现在这座亭子用老虎作为名字，但是山河的气韵，难道独独钟情于这座亭子吗？世人往往把伤人害人的事情归罪给猛兽，听说了有道义的老虎的古史，能不会产生一点惭愧之情吗！

魏禧

魏禧，小传见历代论文名著类。

【译文】魏禧的简单传记参见历代论文名著。

大铁椎传

大铁椎，不知何许人，北平陈子灿省兄河南，与遇宋将军家。宋，怀庆青华镇人，工技击，七省好事者皆来学，人以其雄健，呼宋将军云。宋弟子高信之，亦怀庆人，多力善射，长子灿七岁，少同学，故尝与过宋将军。

【译文】大铁椎，不知是什么地方人。北平陈子灿到河南去看望他的哥哥，在宋将军家里遇见了大铁椎。宋将军是怀庆青华镇人，擅长武术，七省爱好技击的人都来向他学习武艺，人们因他长得魁梧健壮，所以叫他宋将军。宋将军的徒弟高信之，也是怀庆人，力气大，善射箭，比陈子灿大七岁，小时候同学，因此陈子灿曾经与他一同访问过宋将军。

时座上有健啖客，貌甚寝，右胁夹大铁椎，重四五十斤，饮食拱揖不暂去。柄铁折叠环复，如锁上练，引之长丈许。与人罕言语，语类楚声。扣其乡及姓字，皆不答。

【译文】当时座上有个饭量很大的客人，容貌很丑陋，右腋下夹着个大铁椎，有四五十斤重，吃饭以及拱手行礼时，一刻也不放下它。大铁椎柄上的铁链折迭围绕着，像锁上的链子，把它拉开有一丈多长。他很少跟人们交谈，说话像楚地（今湖南湖北一带）的口音。问他家乡在哪，姓甚名何，都不作回答。

既同寝，夜半，客曰：“吾去矣！”言讫不见。子灿见窗户皆闭，惊问信之。信之曰：

“客初至，不冠不袜，以蓝手巾裹头，足缠白布，大铁椎外，一物无所持，而腰多白金。吾与将军俱不敢问也。”子灿寐而醒，客则鼾睡炕上矣。

【译文】我们同住一个寝室，到半夜，侠客说：“我走了。”话音刚落，人就不见了。陈子灿见窗门都关着，就吃惊地问高信之。高信之说：“客人刚来时，不戴帽子，不穿袜子，用蓝手巾包着头，脚上缠着白布，除了大铁椎外，什么东西都没有携带，而腰带中裹着很多银子。我和宋将军都不敢问他。”陈子灿一觉醒来，侠客却已打着呼噜睡在床上了。

一日，辞宋将军曰：“吾始闻汝名，以为豪，然皆不足用。吾去矣！”将军强留之，乃曰：“吾数击杀响马贼，夺其物，故仇我。久居此，祸且及汝。今夜半，方期我决斗某所。”宋将军欣然曰：“吾骑马挟矢以助战。”客曰：“止！贼能且众，吾欲护汝，则不快吾意。”宋将军故自负，且欲观客所为，力请客。客不得已，与偕行。将至斗处，送将军登空堡上，曰：“但观之，慎弗声，令贼知也。”

【译文】有一天，侠客向宋将军告辞说：“我当初听到你的名声时，把你当作英雄豪杰，然而你的武艺全不顶用，我走了。”宋将军竭力挽留他，他就说：“我曾屡次打杀拦路抢劫的强盗，夺取他们的财物，因此他们很恨我。我若久留此地，灾祸将会牵连到你。今晚半夜，强盗们正约定和我到某个地方决斗。”宋将军高兴地说：“我骑着马带着弓箭来助战。”侠客说：“不要去，强盗本领强且人又多，我想要保护你，就不能杀个痛快。”宋将军向来自以为了不起，并且也很想看看侠客的本领，就竭力请求侠客同往。侠客没办法，就带他一起走。将要到达决斗的地方，侠客送宋将军登上一座荒废无人的堡垒，说：“你只许观看，千万别作声，（以免）让强盗们发觉你。”

时鸡鸣月落，星光照旷野，百步见人。客驰下，吹觱篥数声。顷之，贼二十余骑四面集，步行负弓矢从者百许人。一贼提刀突奔客，客大呼挥椎，贼应声落马，马首裂。众贼环而进，客奋椎左右击，人马仆地，杀三十许人。宋将军屏息观之，股栗欲堕。忽闻客大呼曰：“吾去矣。”尘滚滚东向驰去。后遂不复至。

【译文】这时，鸡叫月落，星光照着空旷的原野，百步之内能够看见人。侠客骑马飞驰而下，吹了几声觱篥。一会儿，二十多个骑马的强盗从四面聚集过来，徒步行走背着弓箭跟在后面的有一百多人。一个强盗提着刀纵马冲向侠客，侠客大喊：“看椎。”挥舞起铁椎，强盗应声坠落马下，马头也被砸得碎裂。那伙强盗向前包围上来，侠客奋力挥舞铁椎左右猛击，强盗们连人带马栽倒在地，三十多人被杀死。宋将军屏住呼吸观看这场恶战，吓得两腿发抖，几乎从堡垒上掉下来。忽然听到侠客大声呼喊道：“我走啦！”尘灰滚滚，朝着东方飞奔而去。之后就再也没有回来。

魏禧论曰：子房得力士，椎秦皇帝博浪沙中。大铁椎其人欤？天生异人，必有所用之。予读陈同甫《中兴遗传》，豪俊、侠烈、魁奇之士，泯泯然不见功名于世者，又何多也！岂天之生才不必为人用欤？抑用之自有时欤？子灿遇大铁椎为壬寅岁，视其貌当年三十，然则大铁椎今年四十耳。子灿又尝见其写市物帖子，甚工楷书也。

【译文】魏禧评论说：张良找到了大力士，在博浪沙用铁椎捶击秦始皇，大铁椎大概也是那种人吧？老天生下有奇异才能的人，一定有用得着他的地方。但我读陈亮的《中兴遗传》，发现那些才智出众、侠义刚烈、雄奇卓异的人，无声无息地不能在当代显露功绩声名的，又为什么这样多呢？是不是上天降生的人才不一定被人任用呢？还是任用他们自会有一定的时机呢？陈子灿遇见大铁椎是壬寅年，看他的相貌应当是三十岁，那么大铁椎今年已有四十岁了。子灿又曾经看见他写买东西的单子，楷书写得非常工整漂亮。

陈鼎

陈鼎，清江阴人，字定九，有《东林列传》、《留溪外纪》、《滇黔纪游》。

【译文】陈鼎，清代江阴人，字定九，著有《东林列传》、《留溪外纪》、《滇黔纪游》。

八大山人传

八大山人，明宁藩宗室，号人屋。“人屋”者，“广厦万间”之意也。性孤介，颖异绝伦。八岁即能诗，善书法，工篆刻，尤精绘事。尝写菡萏一枝，半开池中，败叶离披，横斜水面，生意勃然；张堂中，如清风徐来，香气常满室。又画龙，丈幅间蜿蜒升降，欲飞欲动；若使叶公见之，亦必大叫惊走也。善恢谐，喜议论，娓娓不倦，常倾倒四座。父某，亦工书画，名噪江右，然喑哑不能言。

【译文】八大山人，是明朝宁藩的宗室，号人屋。“人屋”就是“广厦万间”的意思。他生性孤傲，有骨气，聪明绝伦，无人能比。八岁便能作诗，善于书法，长于篆刻，尤其精于绘画。曾经画一枝荷花，半开于池中，败叶散乱，横斜在水面，生气勃勃；张挂在堂中，好像有清风徐徐吹来，香气常充满整个屋子。又曾画龙，在丈幅之中蜿蜒升降，想要飞动一般；如果叶公见到了，也一定会大叫着惊慌逃跑的。他言语诙谐，喜欢议论，总是娓娓而谈，不知疲倦，使四座的人为之倾倒。其父某某，亦长于书画，在长江下游西部地区名声很响，然而喑哑不能说话。

甲申国亡，父随卒。人屋承父志，亦喑哑。左右承事者，皆语以目；合则颔之，否则摇头。对宾客寒暄以手，听人言古今事，心会处，则哑然笑。如是十余年，遂弃家为僧，自号曰：“雪个”。未几病颠，初则伏地呜咽，已而仰天大笑，笑已，忽跌踊跃，叫号痛哭。或鼓腹高歌，或混舞于市，一日之间，颠态百出。市人恶其扰，醉之酒，则颠止。

【译文】甲申年明朝灭亡，父亲随后去世。人屋继承父志，亦喑哑不能说话，他身边跟随的奉命办事的人，都用眼睛给他示意；如果合其心意，人屋就点点头，如果不合心意，人屋就摇摇头。对宾客他用手表示寒暄之意，听人讲古今的事情，听到会心处，则不出声地发笑。这么着过了十多年，他便抛离家庭去做和尚，自己去了个号叫“雪个”。没有多久就生了癫狂病，起初是伏在地上低声哭泣，过了一会儿就仰天大笑，笑完，忽然又不断跳跃，大声叫号痛哭。有时敲着肚皮高歌，有时在市上乱舞。一日之内，癫狂之态种种不一。市上的人讨厌他的扰乱，就用酒将他灌醉，他的癫狂也就停止了。

岁余，病间，更号曰：“个山”。既而自摩其顶曰：“吾为僧矣，何可不以驴名？”遂更号曰：“个山驴”。数年，妻子俱死。或谓之曰：“斩先人祀，非所以为人后也，子无畏乎？”个山驴遂慨然蓄发谋妻子，号“八大山人”。其言曰：“八大者，四方四隅，皆我为大，而无大于我也。”

【译文】过了一年多，他的病有了好转，就更号为“个山”。过了不久又自己抚摸着头顶说：“我已经做了和尚，为什么不用驴命名呢？”便改号为“个山驴”。过了几年，妻子儿女都死了。有人对他说：“断绝对先祖的祭祀，这可不是用来做先祖后代的办法，您难道不有所害怕吗？”个山驴便感慨地蓄发娶妻生育后代，并号为“八大山人”。他自己说：“所谓八大，就是四方四角，都是我为大，而没有比我大的。”

山人既嗜酒，无他好。人爱其笔墨，多置酒招之，预设墨汁数升、纸若干幅于座右。醉后见之。则欣然泼墨广幅间，或洒以敝帚，涂以败冠，盈纸肮脏，不可以目。然后捉笔渲染，或成山林，或成丘壑，花鸟竹石，无不入妙。如爱书，则攘臂搦管，狂叫大呼，洋洋洒洒，数十幅立就。醒时，欲求其片纸只字不可得，虽陈黄金百镒于前，勿顾也，其颠如此。

【译文】山人既已嗜好喝酒，也就没有其他的嗜好。人们喜欢他的画，大多置办了酒来让他作画，预先准备几升墨汁、若干纸张在座右。山人酒醉后见到了，便高兴地泼墨在宽大的画纸上，有时候用破笤帚洒，用坏帽子涂，弄得满地肮脏，不堪入目。这以后他提笔渲染，有的成山林，有的成丘壑，有的成花鸟竹石，无不入妙。如果碰到他爱画，那就捋起袖子，伸出胳膊，提起笔来，狂叫大呼着，数十幅画片刻就画成了。他酒醒来了，要想求他片纸只字都无法得到，将百镒黄金陈放在他的面前，他也不屑一顾，他就癫狂到这样的程度。

外史氏曰："山人果颠也乎哉？何其笔墨雄豪也？余尝阅山人诗画，大有唐宋人气魄。至于书法，则胎骨于晋魏矣。问其乡人，皆曰得之醉后。呜呼！其醉可及也，其颠不可及也！"

【译文】外史氏曰："山人果真颠狂吗？为什么他的笔墨那样雄豪呢？我曾经阅看山人诗画，觉得大有唐宋人的气魄。至于书法，则是从魏晋脱胎而来的。问他的同乡人，都说那些书画都是从他醉后得来的。唉！他的醉可以比得上，他的癫狂却是无法比得上的！"

徐 芳

徐芳，字仲光，以下三篇，皆录自张潮之《虞初新志》，其里居事迹俱未详。

【译文】徐芳，字仲光，以下选取的三篇，都是从张潮的《虞初新志》中选出，他的籍贯住所事迹都不清楚。

换心记

万历中，徽州进士某太翁，性卞急，家故饶赀，而不谐于族。其足两腓瘦削无肉，或笑之曰："此相当乞。"翁心恨之。生一子，即进士公，教之读书，性奇僿，咿唔十数载，寻常书卷，都不能辨句读。或益嘲笑之曰："是儿富贵，行当逼人。"翁闻益恚。

【译文】万历年间，徽州进士某某的父亲，性子急躁，家中本来财货富足，但与族人不和。他的两个腿肚瘦削无肉，有人嘲笑他说："这种相貌日后肯定当乞丐。"太翁心中恨他。生了个儿子，就是进士公，教他读书，生性特别闭塞（不开窍），咿咿唔唔十几年，平常的书卷，都不会分辨句读（断句）。有人更嘲笑他说："这孩子富贵，即将逼人。"太翁听到更加生气。

有远族侄某，负文名，翁厚币延致，使师之。曰："此子可教则教，必不可，当质语予，无为久羁。"侄受命，训牖百方，而懵如故。岁暮辞去，曰："某力竭矣。且叔产固丰，而弟即鲁，不失田舍翁，奈何以此相强？"翁曰："然！"

【译文】有个本族远房侄子某某，享有文名，太翁用厚礼请来，让他做儿子的老师。说："这孩子能教就教，实在不能教，应当如实告诉我，不要为他久留。"侄子领命，千方百计训示诱导，但孩子懵懂一如从前。岁末告辞离去，说："我的力量用尽了。况且叔叔家产本来丰富，因而弟弟即使愚鲁，仍不失做一个（富有的）庄稼汉，为什么拿读书来勉强他？”太翁说道：“是这样！”

退而嗔语妇曰：“生不肖子，乃翁真乞矣！”趣治具饯师，而私觅大梃，靠壁间，若有所待。盖公恨进士辱己，意且扑杀之，而以产施僧寺，作终老计。母知翁方怒，未可返。呼进士窃语，使他避。

【译文】太翁回到内室生气地告诉夫人说：“你生了个不肖的儿子！你老公真的要当乞丐了。”太翁催促备办酒食为老师饯别，而后私下寻找大棒，靠在墙角，像有所等待。大概太翁恨进士公使自己蒙羞，打算将要打死他，然后将家产施舍寺庙，作为终老的打算。夫人知道太翁正在生气，无法劝他回头。喊进士公进来偷偷告诉他，让他去别处躲避。

进士甫新娶，是夜合户筹议：欲留，恐祸不测；欲去，无所之。则夫妇相持大哭，不觉夜半。倦极假寐，见有金甲神拥巨斧，排闼入，捽其胸，劈之，抉其心出，又别取一心纳之，大惊而寤。

【译文】进士公才新婚娶妻，当夜关上房门（与妻子）筹划商议：想要留下，恐怕遭遇不测；想要离去，无处可去。于是夫妇二人相拥大哭，不觉到了半夜。困倦至极而打瞌睡，看见穿金甲的神仙握着大斧，推门而入，揪住进士公胸膛，劈开它，将他的心挖出，又另取一心放入胸膛，进士公大惊而醒。

次日，翁延侄饮为别。翁先返，进士前送至数里，最后牵衣流涕曰：“恻隐之心，人皆有之。师何忍某之归而就死？”师矍然曰：“安得此达者言？”进士曰：“此自某意。且某此时，颇觉胸次开朗，愿更从师卒业。”因述夜来梦。师叩以所授书，辄能记诵，乃大骇，亟与俱返。

【译文】第二天，太翁延请侄儿为他饯别。太翁先返回，进士前去送行，一直送到数里之外，最后牵着老师的衣襟流泪说：“同情之心，人人都有。老师怎么忍心我回去受死？”老师惊讶地看着他说：“（你今天）怎么会说出这样通达的话？”进士说：“这话出自我的本意。而且我此时，特别觉得胸中开朗（神智清醒），希望重新跟随老师完成学业。”于是讲了夜来的梦境。老师将所教之书考问（进士），立即能够记忆背诵，于是极为震惊，赶紧和他一同返回。

翁闻剥啄声，掣梃门俟。已闻师返，则延入。师具以途中所闻告。翁以为谬，试之良然，乃大喜。自是敏颖大著，不数岁，补邑诸生。又数岁，联捷成进士。报至之日，翁坐胡床，大笑曰：“乃公自是免于乞矣！”因张口哑哑而逝。

【译文】太翁听到敲门的声音，拽过大棒在门后等待。后来听到老师返回，就（开门）请进。老师将途中所听到的全都告诉太翁。太翁认为荒唐，一试进士果然这样，于是非常高兴。从此，进士机敏聪颖非常显著，不几年，就中了秀才。又过了几年，接连考中成了进士。喜报到来之日，太翁坐在折叠椅上，大笑说：“你爹从此免于作乞丐了！”于是张嘴哑然而死。

族子某为郡从事，庚辰与予遇山左道中，缕述之。古今未闻有换心者，有之，自此始。精诚所激，人穷而神应之。进士之奇颖，进士之奇愚逼而出也，所谓德慧，存乎疢疾者也。或曰：“今天下之心，可换者多矣，安得一一捽其胸剖之，易其残者而使仁，易其污者而使廉，易其奸回邪佞者而使忠厚正直？”愚山子曰：“若是，神之斧日不暇给矣！且今天下之心皆是矣，又安所得仁者、廉者、若忠、直者而纳之，而因易之哉？”

【译文】同族侄子某某任郡里从事，庚辰日与我在山左道中相遇，细说此事。从古到今还未听说有人换心，有此，从此人开始。真心诚意所激发，人在困境而有神灵感应到他。进士出奇的聪颖，是进士出奇的愚钝逼出来的。所谓的道德智慧，倚存于忧患之中。有人说：“现在天下的心，可换的多了，怎么能一一揪他们的胸膛剖开它，换掉他们残忍的心而使他们仁恕，换掉他们污浊的心而使他们清廉，换掉他们奸恶邪僻的心而使他们忠厚正直呢？”愚山子说：“像这样，神仙的斧头每天就没有空闲了！况且现在天下人的心都是这样，又哪里能够得到仁恕的、清廉的、忠诚的、正直的心放进胸膛，从而因此更换它呢？”

甘表

甘表，字中素。

赵希乾传

赵希乾，南丰东门人，幼丧父，以织布为业。年十七，母抱病月余，日夜祈祷身代，不少愈。往问吉凶于日者，日者推测素验，言母命无生理。又往卜于市，占者复言不吉。希乾踟蹰不去，曰：“何以救母病？”占者恶其烦数，曰：“汝母病必不治，若欲求愈，无乃割心救之耶？”希乾归，侍母左右，见病益危笃。时日光斜射床席，形影孑立，寂寂旁无一人。

【译文】赵希乾是南丰东门人，自幼丧父，以织布为生。十七岁那年，母亲病了一个月，他日夜祈祷希望能用自己的身体代母生病，这样也没有减轻母亲的病痛。他就去询问观察天象的人，那个人根据观察推测说他母亲活不了了。赵希乾又去市集算命，算命的人也说他母亲的病好不了。希乾徘徊不离开，问：“怎样才能挽救母亲于病魔？”占卜的人很厌烦，就说：“你母亲的病无法医治，真的要医治，恐怕只有割下自己的心脏了。”希乾回家之后，伺候在母亲左右，眼见病一天比一天严重，已经十分危急了。有一天日光斜射在床席上，旁边一个人也没有。

希乾忽起去，笥中得剃发小刀，立于窗外，剖胸，深寸许，以手入取其心，不可得。忽风声震飒，门户胥动，以为有人至。四顾周章，急取得肠，抽出，割数寸。盖人惊则心上忡，肠盘旋满胸腹云。希乾置肠于釜上，昏仆就室而卧。顷刻，母姑来视病，见釜上物，以为希乾股肉也，烹而进之母。

【译文】赵希乾忽然起身，在笥盒里拿出剃头的小刀子，站在窗外，剖开自己的胸膛，有几寸深，把手探进去够不到心脏。忽然生起一股风，门窗都被吹动。希乾以为有人进来，四下里看了看，犹豫了一下，一着急把肠子扯出来，割了几寸。大概是因为人一受惊心里就忧虑不安，肠子就充满整个腹腔的缘故。希乾把这截肠子放在锅盖上，昏昏沉沉回到卧室里躺下。不一会儿，姑母来探视病人，看见锅盖上的东西，含义为是希乾从大腿上割的肉呢，就做熟了给他母亲吃。

再视希乾，则血淋漓心腹间，不能出声，始知希乾为割心矣。城邑喧然传其事，闻于令，令亲往视之，命内外医调治母子病。不数日，母病愈；旬日，希乾亦渐次进饮食。胸前肠出不得纳，每日子午间，粪滴沥下。月余后，希乾起无恙，终身矢从胸上出。

【译文】再看赵希乾，心胸之间鲜血淋漓，无法出声，才知道他为了替母治病自己割心。满城都在传说他的事迹，县令也听说了，亲自前往探视，命令各位名医给母子俩治病。不几天，母亲的病治好了；又过了十几天，赵希乾也渐渐能够进饮食了。由于胸口的肠子放不回去，每天子时、午时，粪便就淅淅沥沥落下来。一个多月以后，赵希乾的病也好了，但是他以后粪便只能从胸前排出了。

赵氏故宋裔，为南丰巨族。宗党以为奇孝，供赡其母子，而更教之读书。学使者侯峒曾闻其事，取充博士弟子员。崇祯壬午，以恩诏天下学选一人贡于成均。学使者吴石渠既考试毕，进诸生而告之曰："百行以孝为先。赵希乾割心救母，不死，不可以寻常论。建武多才，校士衡文，希乾不应入选。今欲诸生让贡希乾，以示奖劝。"

【译文】赵氏是原来的宋的后裔，是南丰的大族。宗族认为赵希乾出奇的孝顺，就供给、赡养他们母子，而且还供他读书。学使者侯峒也听说过这件事，就将赵希乾作为博士弟子。崇祯壬午年间，因为特恩诏命天下选取一个人作成均贡生。学使者吴石渠在考试完毕之后，让各位生员进来，对他们说："百善孝为先。赵希乾割心救母竟然不死，这是没有办法以常理来看待的。建立功勋需要才学、衡量文士要拿文章来衡量，这样看来，赵希乾不应该当选。现在想让各位将贡生名额让给赵希乾，以示激励。"

诸生咸顿首悦服。于是以希乾选补壬午恩贡。又三四年而有甲申、乙酉之变。希乾避乱山中，将母不遑，遂卖卜，奔走于四方，以养其母。又十余年，母寿八十余而卒。

【译文】各位生员都心悦诚服。于是赵希乾被选为壬午年间的特科贡生。又过了三四年有甲申、乙酉的变乱。赵希乾在山里躲避战乱，没有时间照顾他的母亲，于是给人算卦挣钱，奔逃于四方，来养活自己的母亲。又过了十几年，他的母亲年过八十才去世。

予自幼时，常见希乾过先君谈，饮食起居如常人，面黎黝，高淮方耳，睛光满眸子，欣然而长，多浑朴之风。与之立久，胸间时闻秽气。予年十岁，先君请希乾入书室，命表肃揖再拜，求解衣开胸视之。两乳正中间，肠突出寸许，色鲜红如血；以丝带系竹筒悬于颈，乘其肠粪出，洗换竹筒，日必再三换，常时滴黄水不绝；盖已三十余年。自是希乾少家居，母死未十年，而希乾亦卒，年六十一。

【译文】我年幼时，曾见过赵希乾和先父谈话，他的饮食起居和普通人一样，面色黝黑，高鼻方耳，眼睛光芒充满眸子，身材修长，透出疑古淳朴的气息。和他站在一起时间长了，胸口时不时闻道一股臭气。我那时候十来岁，先父请赵希乾到书房去，认真地作揖、下拜，请求他解开衣服看一看。他的胸口正中间，突出有一寸长短的肠子，颜色鲜红像血一样；用丝袋系着竹筒挂在脖子上，接着粪便，接完之后就洗干净竹筒，每天都要数次洗、换，而其经常不停地滴下黄水；那已经是三十几年前了。从此赵希乾年稍稍呆在家中，母亲过世还不足十年，赵希乾也故去了，去世时六十一岁。

甘表曰：朝廷不旌毁伤愚孝，尚矣！然希乾一念之诚，若有以通天地、格神鬼也，岂不可嘉哉？汤公惕庵最恶言希乾事，予则以为应出特典，一加旌赏。盖事不可法而可传，使知孝行所感，虽剖胸断肠而不死，岂非天之所以旌之耶？天旌之，谁能不旌之？然旌而不传，不若不旌而传也。安得龙门之书以施于后世哉？呜呼，古今忠孝之士，非愚不能成。而世之身没而名不传者，又何多也？悲夫！

【译文】甘表说："朝廷没有旌表实际上损伤了那些至孝的人，这是很严重的。但是赵希乾一念之诚，若果能够沟通天地、打动鬼神，难道不应该嘉奖吗？汤公惕庵最讨厌说赵希乾的事情，我则认为他应该按照特例褒奖。这件事虽说不足以效法但是可以流传开来，假使他的至孝行为感天动地，即使破开胸口，截断肠子也没有死去，难道不是上天对他的嘉奖吗？上天既然都对他进行了嘉奖，谁还能不嘉奖他呢？但是嘉奖之后而不宣扬他的事迹，还不如不嘉奖他而使他的事迹流产于世。又怎么能在龙门之书上记载并影响后代呢？啊，古往今来的忠贤孝子，只有那些有'大愚'智慧的人没有办法达成。而世间的人身后名字被埋没没有流传下来的，还不知道有多少呢？真是悲哀啊！"

戴 榕

戴榕，字文昭。

黄履庄小传

黄子履庄，予姑表行也。少聪颖，读书不数过，即能背诵。尤喜出新意，作诸技巧。七八岁时，尝背塾师，暗窃匠氏刀锥，凿木人长寸许，置案上能自行走，手足皆自动，观者异以为神。十岁外，先姑父弃世，来广陵，与予同居。因闻泰西几何比例轮捩机轴之学，而其巧因以益进。尝作小物自怡，见者多竞出重价求购。体素病，不耐人事，恶剧嬲，因竟不作，于是所制始不可多得。

【译文】黄子履庄，是我的姑表亲。年少时聪明颖悟，读书几遍，就能背诵。特别喜欢自出新意，制作各种机械。七八岁时，曾经背着私塾的老师，暗地拿来工匠的刀锥，雕凿了一寸来高的木人，放在书案上能自动行走，（木人）手脚都能自己活动，观看的人都觉得神奇。十岁后我的姑父去世，黄履庄来到扬州，和我住在一起。由于听人讲了欧美各国器械制造的技术，他的制造技术更进一步。曾经制作一些小东西自己玩耍，见到的人竞相出高价求购。他经常生病，禁不住俗事，讨厌别人纠缠烦扰，竟然因此不再制造，于是他制造的小东西难以得到。

所制亦多，予不能悉记。犹记其作双轮小车一辆，长三尺许，约可坐一人，不烦推挽能自行；行住，以手挽轴旁曲拐，则复行如初；随住随挽，日足行八十里。作木狗，置门侧，卷卧如常，惟人入户，触机则立吠不止，吠之声与真无二，虽黠者不能辨其为真与伪也。作木鸟，置竹笼中，能自跳舞飞鸣，鸣如画眉，凄越可听。作水器，以水置器中，水从下上射如线，高五六尺，移时不断。所作之奇俱如此，不能悉载。

【译文】他制造的机械很多，我不能全部记得。还记得他制作的一辆双轮小车，长三尺多，大约可以坐一个人，（车子）不须人推就能自己前进。（小车）行走停止了，用手扭动（拉）车轴旁边的弯木棍，那么又能够像原先那样行走。随着车子前进，及时操纵它，一日能走八十里。他制造了木狗，放在门的旁边，像真狗那样圈卧着，只是当人进门，触动机关就马上大叫不止，叫声同真狗没有区别，即使聪明的人也难辨真假。他制作木鸟，放在竹笼中，能自己跳舞飞鸣，像画眉一样鸣叫，凄切清越，声音动听。他制作喷水器，把水装入其中，水从下向上如线一般喷射，有五六尺高，一个时辰不间断。他制作机械的奇特都像这样，我不能全部记载下来。

有怪其奇者，疑必有异书，或有异传。而予与处者最久，且狎，绝不见其书。叩其从来，亦竟无师傅，但曰："予何足奇？天地人物，皆奇器也。动者如天，静者如地，灵明者如人，赜者如万物，何莫非奇？然皆不能自奇，必有一至奇而不自奇者以为源，而且为之主宰，如画之有师，土木之有匠民也，夫是之为至奇。"

【译文】有对他的制作感到奇特的人，怀疑他必定有奇特的书，或者得到奇人传授。可是我和他相处最久也最亲近，绝对没有见到这种书。问他的技巧从哪里得来，也竟然没有师传。他只说："我有什么奇特的。天地人物，都是奇特的东西。活动的像那天，静止的像那地，精灵聪明的像人，纷繁的像那万物，没有什么不是奇特的。但天、地、人和万物的'奇妙'都不是自己固有的，而是受另一个'至奇'的东西（使其奇妙的原理、规律）所支配而产生，并且被它所主宰。就像画有师承，土木有工匠一样。这才是最奇妙的。"

予惊其言之大，而因是亦具知黄子之奇，固自有其独悟，非一物一事求而学之者所可及也。昔人云，天非自动，必有所以动者；地非自静，必有所以静者。黄子之奇，其得其奇之所以然乎？

【译文】我对他言语的深刻感到惊奇，也因此知道黄履庄的奇特，源自他独特的颖悟，这不是为了追求某种事物而求学的人所能达到的。古人说：天不是自己动的，必定有促使它动的（规律）；地也不是自己静止的，必定有使它静止的（规律）。黄履庄的奇特之处，难道是得到了使他像这样奇特的东西吗？

黄子性简默，喜思，与予处，予尝纷然谈说，而黄子则独坐静思。观其初思求入，亦戛戛似难，既而思得，则笑舞从之。如一思碍而不得，必拥衾达旦，务得而后已焉。黄子之奇，固亦由思而得之者也，而其喜思则性出也。

【译文】黄子秉性简易沉默，喜爱思考。和我相处，我曾经侃侃而谈，而黄子却独坐静思。我观察他每当思考进入新的技巧制作，也好像十分困难；不久，有了思路，就手舞足蹈。如果思路不通，必定裹着被子坐着思考到天亮，一定要在想通后有了结果才罢休。黄子的奇特，原本是由深入思考得来的，而喜欢思考出自他的本性啊！

黄子生丙申，于今二十八岁，其年月日时，与予生期毫发无异，亦奇也。因附书之。

【译文】黄子丙申年出生，如今二十八岁，他出生的年月日时，同我的生期竟然没有一丝区别，这也是一件奇特的事。于是我写下这些。

附：奇器目略

一、验器冷热燥湿，皆以肤验，而不可以目验者，今则以目验之。

验冷热器：此器能诊试虚实，分别气候，证诸药之性情。其用甚广，另有专书。

验燥湿器：内有一针，能左右旋，燥则左旋，湿则右旋，毫发不爽，并可预证阴晴。

【译文】附录：奇巧器物名录：

一、检验物品的冷热干燥潮湿，都可以用皮肤来检验，不能用眼睛来检验的，现在用眼睛来观测。

检验冷热的器物：用这种器物能够检测出冷热，区分温度，验证药性，用途很广泛，另有专书记载。

检验干燥潮湿的器物：里边有一根针，能向左右旋转，一遇到干燥就向左转，遇潮湿就向右转，一点差错也没有，而且还可以检验天气阴晴。

一、诸镜德之崇卑，唯友见之；面之媸妍，唯镜见之。镜之用，止于见己，而亦可以见物，故作诸镜以广之。

千里镜：大小不等。

取火镜：向太阳取火。

临画镜

取水镜：向太阴取水。

显微镜

多物镜

瑞光镜：制法大小不等，大者径五六尺，夜以灯照之，光射数里，其用甚巨。冬月人坐光中，遍体生温，如在太阳之下。

【译文】一、品质高尚卑鄙，只有好朋友知道；面容的美丑，只有照了镜子才知道。镜子的用处，仅仅是看见自己，也可以看见其他的东西，所以做了很多种镜子来扩大它的用途。

千里镜：大小各不相同。

取火镜：对着太阳可以生火。

临画镜

取水镜：对着太阴可以取水。

显微镜

多物镜

瑞光镜：制作起来大小各不相同，大的直径有五六尺，夜间用灯光照射，能反光几里之外，用途很广泛。冬天让人坐在反射的光下，浑身温暖，就像是在太阳底下一样。

一、诸画画以饰观，或平面而见为深远，或一面而见为多面，皆画之变也。

远视画

旁视画

镜中画

管窥镜画：全不似画，以管窥之，则生动如真。

上下画：一画上下观之，则成二画。

三面画：一画三面观之，则成三画。

【译文】一、各种画都是用来作为装饰品的，或者是平面能看见深浅，或者是从一个面上能看见很多个面，都是绘画的变化。

远视画

旁视画

镜中画

管窥镜画：一点也不像是画，从细管里看进去，栩栩如生。

上下画：一画从上下来看，好像成为二副画。

三面画：一画从三个方向来看，好像成了三副画。

一、玩器器虽玩而理则诚。夫玩以理出，君子亦无废乎玩矣。

自动戏：内音乐俱备，不烦人力，而节奏自然。

真画：人物鸟兽，皆能自动，与真无二。

灯衢：作小屋一间，内悬灯数盏。人入其中，如至通衢大市，人烟稠杂，灯火连绵，一望数里。

自行驱暑扇：不烦人力，而一室皆风。

木人掌扇

【译文】一、供玩乐的器物虽然是玩物但是原理是一样的。玩物有自己的原理，道德高尚的人也没有必要什么都不玩。

自动戏：内设音乐等设备，不使用人力，节奏很自然。

真画：人物鸟兽，都能自己动起来，与真的没有什么差别。

灯衢：做一个小屋子，里边挂上几盏灯。人走进去，就像走在大街道上，人流涌动，灯火连绵，看上去能看到几里之外的地方。

自行驱暑扇：不需要人力，而满屋子都是风。

木人掌扇

一、水法农必借水而成，水之用大矣，而亦可为诸玩。作水器。

龙尾车：一人能转多车，灌田最便。

一线泉：制法不等。

柳枝泉：水上射复下，如柳枝然。

山鸟鸣：声如山鸟。

鸾凤吟：声如鸾凤。

报时水

瀑布水

一、造器之器"工欲善其事，必先利其器。"况目中所列诸器，有非寻常斤斧所能造者。作造器之器。

方圆规矩

就小画大规矩

就大画小规矩

画八角六角规矩

造诸镜规矩

造法条器

【译文】一、农业需要水才能种植，水的用途很大，也能用来制作玩物。制作水器。

龙尾车：一个人能同时转动很多水车，灌溉起来很便利。

一线泉：制作的方法不一样。

柳枝泉：水向上射出再落下来，就像杨柳枝条一样。

山鸟鸣：声音就像山中的小鸟一样。

鸾凤吟：声音就像凤凰一样。

报时水。

瀑布水。

一、制造的器物“如果要让器物发挥最大的功效，必须先要使器物本身功能强大”况且目录中所罗列的各种器物，非同寻常的斧子等工具是没有办法制造的。还有制造器物的工具。

方圆规矩

就小画大规矩

就大画小规矩

画八角六角规矩

造诸镜规矩

造法条器

李渔

李渔，清钱塘人，字笠翁，康熙时流寓金陵，著一家言，能为唐人小说，精谱曲，时称李十郎，有《风筝误》等传奇十种。

【译文】李渔，清代钱塘人，字笠翁，康熙时流寓到金陵（今南京），成就了一家之言，能作唐人风格的小说，精于谱曲，当时人称李十郎，著有《风筝误》等传奇十种。

秦淮健儿传

嘉靖中，秦淮民间有一儿，貌魁梧，色黝异，生数月便不乳，与大人同饮啜。周岁怙恃交失，鞠于外氏。长有膂力，善拳击，尝以一掌毙一犬，人遂呼为“健儿”。

【译文】明嘉靖年间，秦淮河民间有一个孩子，容貌魁梧，皮肤黝黑，生下来几个月就断奶了，和大人一同饮用食物。满一周岁父母去世，被寄养在舅家。长大之后很有臂力，擅长搏击，曾经一掌打死一条狗，人们就称之为“健儿”。

健儿与群儿斗，莫不辟易。群儿结数十辈攻之，健儿纵拳四挥，或啼或号，各抱头归，诉其父兄。父兄来叱曰：“谁家豚犬！敢与老子相触耶？”健儿曰：“焉敢相触，为长者服步武之劳，则可耳。”乃至父兄前，以两手擎父兄，两胫去地二尺许，且行且止，或昂之使高，或抑之使下，父兄恐颠仆，莫敢如何，但咭咭笑，乡人哄焉。

【译文】和他一块打闹的一群孩子，见到他没有不躲避的。孩子们结成群十几个人来打他，健儿就挥开拳脚四处击打。小孩子们有的哭有的啼叫，都抱头鼠窜而去，回去告诉自己的父亲、哥哥，他们回来大声呵斥：“谁家的小崽子，敢和我们的孩子打架？”健儿说：“我怎么感和你们打架，请求伺候长辈们免除步行的劳顿，就可以了。”于是走到那些大人面前，用双手托起来，两腿离开地面有两尺多，走走停停，有时提起来高举过头，有时低下来，大人害怕落地摔伤，也没有别的办法，只是笑，同乡人都喧哗起来。

健儿性善动，不喜读书。外氏命就外傅，不率教，师夏楚之，则夺朴裂眦曰：“功名应赤手致，焉用琐琐章句为！”师出，即与同塾诸儿斗，诸儿无完肤。又时盗其外氏簪珥衣物，向酒家饮。醉即猖狂生事，外氏苦之，逐于外，为人牧羊，每窃羊换饮，诈言多歧亡。主人怒，复见摈。

【译文】这个健儿天性好动，不喜欢念书。外公家在外为他聘请了老师，但他不听从教导。老师责打他，他夺过木棒，怒目圆睁，说：“念书博取功名应该赤手空拳来达成，用这些琐碎繁杂的章句有什么用呢？”老师出去之后，他就和在一块念书的孩子们打斗，其他小孩都被打得体无完肤。又时不时偷外家的衣物首饰出去想酒馆换酒喝。喝醉后就发狂滋事，外家为此很苦恼，就把它逐出家门，给人家放羊，又偷羊换酒，还骗人家说：“羊走失了”，主人很生气，又把他赶走了。

时已弱冠矣，闻倭入寇，乃大快曰：“是我得意时也！”即去海上从军，从小校擢功至裨将。与僚友饮，酒酣，斗，力毙之，罪当死；遂弃官，逃之泗，易姓名，隐于庖丁。民家有犊，丙夜往盗之。牵出，必剧呼曰：“君家牛我骑去矣！”呼竟，倒骑牛背，以斧砍牛臀，牛畏痛，迅奔如风，追之莫及。

【译文】在他二十岁左右的时候，听说倭寇来犯，就很高兴地说：“这就是我建功立业的时候了！”就到海上参军，从小军校一直升到偏将。和同僚们一块喝酒，喝的很酣畅，打斗之中失手打死了人，罪当抵命；于是弃官逃到泗州，隐姓埋名做了一个厨子。民间有小牛犊的，三更时分他总是去偷窃，牵出牛后，还要大声呼喊：“你家的牛我骑走啦！”喊完了，倒骑在牛背上，拿斧子砍在牛屁股上，牛怕疼就飞快跑起来，追也追不上。

次日，亡牛者适市物色之。健儿曰：“昨过君家，取牛者我也；告而后取，道也，奚其盗？”索之，牛已脯矣，无可凭。市中恶少，推为盟主。昼纵六博，夜游狎斜，自恃日甚。尝叹曰：“世人皆不足敌，但恨生千载后，不得与拔山举鼎之雄一较胜负耳。”

【译文】第二天，丢了牛的人家到市场上找牛。健儿就说：“昨天经过你家，牵走牛的就是我；事先跟你说过了，就是牵走的，怎么能说是偷盗？”问他要牛，已经被作成肉干了，没有任何凭证。市集中的恶少年推选他为盟主。他白天尽情赌博，晚上则去寻花问柳，逐渐自视甚高。曾经慨叹说：“世间没有敌得过我的人，只是遗憾生得太晚，不能和拔山举鼎的项羽、秦武王一较高下。”

邑使者禁屠牛，健儿无所事事，取向所屠牛皮及骨角，往瓜、扬间售之，得三十金。将归，饮于馆中，解金置案头。酒家翁见之，谓曰：“前途多豪客，此物宜善藏之。”健儿掷杯砍案曰：“吾纵横天下三十年，未逢敌手，有能取得腰间物者，当叩首降之。”

【译文】都邑使者禁止宰牛，健儿也无所事事了。拿出以前所杀牛的牛皮、牛骨、牛角，前往瓜州、扬州贩卖，卖得三十金。要回来时，在旅馆里喝酒，解下钱袋放在桌上。店主看见了，对他说：“前边路上有很多强盗，这些东西一定要藏好。”健儿把酒杯摔在桌上说：“我纵横天下三十几年，还没有碰见过对手，有能够从我腰间拿走钱袋的，我就磕头送给他。”

时有少年数人，醵于左席，闻之错愕，起问姓名里居。健儿曰：“某姓名不传，向尝竖功于边陲，今挂冠微服，牛耳于泗上诸英雄。”少年问：“能敌几何辈？”健儿曰：“遇万万敌，遇千千敌；计人而敌，斯下矣。”诸少年益错愕。

【译文】当时有几个年轻人，在旁边的桌子上凑钱饮酒，听说这话感到十分惊讶，就问健儿的姓名籍贯。健儿说：“我只是一个名不见经传的人，曾经在边疆立过尺寸功劳，现在脱下军装换上平常衣服，现在是泗州各位英雄好汉的领头人。”年轻人问：“那你能打得过几个人？”健儿说：“碰见一万人就能敌过万人，碰见千人就能敌过千人；按能碰见的人来看，都能敌得过”各位年轻人更加惊异了。

健儿饮毕，束装上马，不二、三里，一骑追之，甚迅。健儿自度曰：“殆所云豪客耶？”比至，则一后生，健儿遂不介意。后生问：“何之？”健儿曰：“归泗。”后生曰：“予小子亦泗人，归途迷失，望长者指南之。”于是，健儿前驱，马上谈笑颇相得。

【译文】健儿喝完了酒，装束停当就上马前行，不到二三里路有一匹马追上来。健儿暗自猜度：“难不成是店主人刚才说的强盗？”等到追上来已一看，是一个后生，健儿也就不再介意。后生问他：“你去哪啊？”健儿说：“回泗州。”后生说：“我也是泗州人，要回家但是迷了路，希望你能帮忙引引路。”于是健儿在前边引路，两人在马上谈笑十分惬意。

健儿谓后生曰：“子服弓矢，善决拾乎？”后生曰：“习矣，而未闲。”健儿援弓试之，力尽而弓不及彀，弃之，曰：“此物无用，佩之奚为？”后生曰：“物自有用，用物者无用耳！”乃引自试。时，有鹜唳空，后生一发饮羽，鹜坠马前。

【译文】健儿对后生说："你带着弓箭，看来是很擅长弯弓射箭了？"后生说："是的，还不太熟练。"健儿拿过弓箭试着拉弓，使完全身力气也没有办法张满弓弩，就扔在一边，说："这是个没用的东西，带着它干吗？"后生说："东西自然有自己的用处，只是使用它的人没用而已！"自己弯弓，恰巧有一只野鸭鸣叫着飞过，后生只一拉弓就隐没了箭羽，野鸭被射落在马前。

健儿异之。后生曰："君腰短刀，必善击刺？"健儿曰："然。我所长不在彼，在此。"脱以相示。后生视而剧曰："此割鸡屠狗物，将焉用之？"以两手一折，刀曲如钩；复以两手伸之，刀直如故。健儿失色，筹腰间物非复我有矣。虽与偕行，而股栗之状，渐不自持。后生转以温言慰之。

【译文】健儿很奇怪。后生说："你腰间别着短刀，想必擅长舞刀吧？"健儿说："是的，我的长处不在于射箭，而是使刀。"说着把短刀解下来递给后生看。后生看了喊起来："这是杀鸡杀狗用的刀，有什么用啊？"只两手一折，刀就被折弯了；再用两手一拉，刀又被拉直了。健儿大为惊异，思忖着腰间的钱财恐怕很快就不属于自己了。虽然和那个后生一起前行，但是害怕、战栗之情，渐渐地难以控制，后生转而用温和的口吻安慰他。

复前数里，四顾无人，后生纵声一喝，健儿坠马。后生先斩其马，曰："今日之事，有不唯吾命者，如此马！"健儿匍伏请所欲。后生曰："无用物！盍解腰缠来献。"健儿解囊输之，顿首乞命。后生曰："吾得此一囊金，差可十日醉；子犹草莱，何足诛锄？"拨马寻故道去。

【译文】接着往前走了几里路，周围一个人都没有。后生大喊一声，健儿就从马上跌落下来。后生先把健儿的马杀掉，说："今天的事情，有不听从我命令的，就跟这匹马一样！"健儿匍匐在地问生后想要什么。后生说："不要别的。何不解下你腰间的盘缠来献给我。"健儿于是解下钱袋递给他，不断磕头请求饶命。后生说："我得到了这一袋钱，差不多可以喝十天的酒；你就像杂草一样渺小，不值得我杀。"后生说完就骑马顺着来路走了。

健儿神气沮丧，足循循不前。自思："三十金非长物，但半世英雄，败于乳臭儿之手，何颜复见诸兄弟？"遂不归泗，向一郇墅，结庐卖酒聊生。每思往事，则恧恧欲死。一日，春风淡荡，有数少年索饮，裘马甚都，似五陵公子，而意气豪纵，又似长安游侠儿。击案狂歌，旁若无人。且曰："涤器翁似不俗，当偕之。"遂拉健儿入座。

【译文】健儿神情沮丧，迟迟没有挪步。心想：“三十金也不多，但半世英名却毁在这样一个乳臭未干的小儿手中，还有什么脸面回去见诸位弟兄呢？”于是也不回泗州了，于是在一处村庄盖了草棚卖酒为生。每每想起往事就惭愧地想死。有一天，春风和煦，有几个年轻人来要酒喝，这些人身上的衣服和马都十分华美，像是富家公子，而意气豪纵，又像是长安市上的见义勇为的年轻人。他们拍着桌子大声歌唱，旁若无人，还说：“那个洗盘子的老家伙看着不像俗人，应该和他相处。”于是拉着健儿入座。

健儿视九人皆弱冠，唯一总角者，貌白皙若处子，等闲不发一言，一言则九人倾听；坐则右之，饮则先之。健儿不解其故。而末坐一冠者，似尝谋面。睇视之，则向斩马劫财之人也。谓健儿曰：“东君尚识故人耶？”健儿不敢应。

【译文】健儿看着就个人都才二十来岁，只有一个把头发梳成左右两髻，这个人脸色白皙像女孩子一样，不随便说话，一说话九个人都认真听着；把他让在主位上，喝酒也是他先喝。健儿不知道其中的缘故。最末坐着一个戴帽子的，似乎在哪见过。斜着眼睛一看，就是以前杀马强劫他钱财的人。这个人对健儿说：“店家还认识我这个故人么？”健儿也不敢应声。

后生曰：“畴昔途中，解腰缠赠我者，非子而谁？我侪岂攘攫者流？特于邮旁肆中，闻子大言恐世，故来与子雌雄，不意竟输我一筹，今来归赵璧耳。”遂出左袖三十金置案头，曰：“此母也。于今一年，子当肖之。”又探右袖，出三十金，共予之。健儿不敢受。

【译文】那个后生说：“以前在路上，解下腰间盘缠赠送给我的，不是你又是谁呢？我辈难道是抢劫财物的人吗？只是在驿站旁边的酒店里听见你大言不惭，所以才和你一决高下的。没成想你竟然稍逊于我，现在我决定完璧归赵。”于是在左袖口拿出三十金放在桌上，说：“这是本金，到现在为止已经一年了，应该生些利息了。”又从右边袖口拿出三十金。健儿不敢接受。

旁一后生拔剑怒目曰：“物为人攫而不能复，还之又不敢取，安用此懦夫为！”健儿惧，急内袖中。乃治鸡黍为欢。诸后生不肯留。归金者曰：“翁亦可怜矣，峻拒之则难堪。”众乃止。时，爨下薪穷，健儿欲乞诸邻。后生指屋旁枯株谓之曰：“盍载斧斤？”健儿曰：“正苦无斧斤耳。”后生踌躇久之曰：“此事须让十弟，我九人无能为也。”总角者以两手抱株，左右数绕，株已卧矣。遂拔剑斫旁柯燃之。酒至无算，乃辞去。竟不知何许人。

【译文】旁边一个后生拔剑发怒说："东西拿走不能夺回，还给你你又不敢要，这样的懦夫留着有什么用！"健儿十分害怕，急忙把钱拿来放进袖口。于是杀鸡置酒想和这些人欢饮。这些后生们不愿意留下，归还他钱财的人说："老人家您也挺可怜的，坚决拒绝或让他难堪的。"众人才留下来，碰巧锅底下的柴没有了，健儿想到邻家去借一点。后生指着旁边的枯树说："有没有砍柴的斧子？"健儿说："正苦于没有斧子。"后生犹豫了一会儿说："这件事要交给十弟来办，我们九个人实在无能为力。"那个小孩用两只手抱住枯树，左右旋转了几下，树就被放倒了。于是拔出剑来砍树作柴在一旁点着。喝酒喝得酣畅淋漓，也没有算账，就个人就都里去了。最终都不知道他们是些什么人。

健儿自是绝不与人较力，人殴之，则袖手不报。或曰："子曩日英雄安在？"健儿则以衰朽谢之。后得以天年终，不可谓非后生力也。

【译文】健儿从此以后坚决不和别人比拼力量，别人打他，他也不还手。有人说："你以前的英雄风采到哪里去了。"健儿就说自己已经衰朽了。健儿后来得以颐养天年，不能说没有这个后生的原因。

陆次云

陆次云，清钱塘人，字云士，康熙时试鸿博未遇，有《八肱绎史》、《湖壖杂记》、《北墅绪言》、《澄江集》。

【译文】陆次云，清代钱塘人，字云士，康熙年间考博学鸿词科没有考中，著有《八肱绎史》、《湖壖杂记》、《北墅绪言》、《澄江集》。

圆圆传

圆圆陈姓，玉峰歌妓也。声甲天下之声，色甲天下之色。崇祯癸未岁，总兵吴三桂慕其名，赍千金往聘之。已先为田畹所得，时圆圆以不得事吴，怏怏也，而吴更甚。

【译文】圆圆姓陈，是玉峰山下的歌妓。她的歌喉是天下第一，美貌也是天下第一。崇祯癸未（1643）年末，总兵吴三桂钦慕陈圆圆的大名，赠送了千金去求婚。但是却让田畹抢先得到，那时候陈圆圆也因为无法侍奉吴三桂感觉到不高兴，吴三桂更是遗憾。

田畹者，怀宗妃之父也。年耄矣。圆圆度流水高山之曲以歌之，畹每击节，不知其悼知音之希也。甲申春，流贼大炽，怀宗宵旰忧之，废寝食，妃谋所以解帝忧者于父。畹进圆圆，圆圆扫眉而入，冀邀一顾。帝穆然也，旋命之归畹第。

【译文】田畹是崇祯帝妃子的父亲，年纪很大了。陈圆圆谱写了“高山流水”的曲子来唱，田畹就用手打着拍子，却不知道这首曲子是用来惋惜知音稀少的。甲申年（1644年）春天，流民情况十分严重，崇祯帝时刻担忧，废寝忘食。妃子为了缓解崇祯帝的忧愁对田畹说了。田畹就将陈圆圆进献给崇祯帝，陈圆圆描眉画眼，希望能见到皇帝的面。但崇祯帝正襟危坐十分严肃，不久就命令放归陈圆圆回去。

时闯师将迫畿辅矣，帝急召三桂对平台，锡蟒玉，赐上方，托重寄。命守山海关，三桂亦慷慨受命，以忠贞自许也。而寇深矣，长安富贵家胥皇皇，畹忧甚，语圆圆，圆圆曰："当世乱，而公无所依，祸必至。曷不缔交于吴将军，庶缓急有藉乎？"

【译文】那个时候李自成的军队快要逼近京师了，崇祯帝急忙召吴三桂来平台奏对，并赐给他蟒袍玉带、尚方宝剑等物，寄以厚望。崇祯帝命令吴三桂镇守山海关，吴三桂慷慨答应，认为自己是忠臣良将。李自成的军队已经深入，京城有钱人家都惶惶不可终日，田畹也十分忧虑，说给陈圆圆听，陈圆圆说："现在世道很乱，您没有依靠，肯定有祸患临头。何不与吴三桂结交，一旦出现紧急状况岂不是有所依靠？"

畹曰："斯何时，吾欲与之缱绻不暇也。"圆圆曰："吴慕公家歌舞有时矣，公鉴于石尉，不借人看，设玉石焚，时能坚闭金谷耶！盍以此请，当必来，无却顾。"畹然之，遂躬迓吴观家乐，吴欲之而故却也。强而可至，则戎服临筵，俨然有不可犯之色。

【译文】田畹说："这都什么时候了，我想和他建立紧密的关系也没有时间啊。"陈圆圆说："吴三桂钦慕您家中的歌舞有很长时间了。您为了防止石崇因绿珠而死的事情不让他观看。假如有朝一日玉石俱焚，还能紧闭家门固若金汤吗？何不就请他来观赏舞蹈，千万不要推辞。"田畹同意了。于是田畹亲自迎接吴三桂到自己家中观赏舞蹈，吴三桂想去又不想去，勉强到了田府，也是一身戎装来赴宴，俨然有不可侵犯的神色。

畹陈列益盛，礼益恭。酒甫行，吴即欲去。畹屡易席，至邃室，出群姬，调丝竹，皆殊秀。一淡妆者，统诸美而先众音，情艳意娇，三桂不觉其神移心荡也。遽命解戎服，易轻裘，顾谓畹曰："此非所谓圆圆耶？洵足倾人城矣。公宁，勿畏而拥此耶！"畹不知所答，命圆圆行酒。

【译文】田畹大摆筵席，恭恭敬敬地像吴三桂施礼。刚刚开始喝酒，吴三桂就想离开。田畹退了酒席，将吴三桂引入密室，叫出一群歌妓，弹奏音乐，都是十分美艳的女子。有一个画着淡妆的女子，带领着众位美女翩翩起舞，情态十分娇媚，吴三桂也不知不觉心神荡漾。于是脱下戎装，换上轻便的衣服，回头对田畹说："这个女子难不成就是陈圆圆？真是倾国倾城啊。您平时不害怕拥有她吗？"田畹不知道怎样回到，就命陈圆圆给吴三桂斟酒。

圆圆至席，吴语曰：“卿乐甚？”圆圆小语曰：“红拂尚不乐越公，矧不逭越公者耶？”吴颔之。酣饮间，警报踵至，吴似不欲行者，而不得不行，畹前席曰：“设寇至，将奈何？”吴遽曰：“能以圆圆见赠，吾当保公家，先于保国也。”畹勉许之。

【译文】陈圆圆来到酒席间，吴三桂问他她：“你很乐意吧？”陈圆圆小声说：“红佛女尚且不乐意越国公杨素，况且连杨素都比不上的人呢？”吴三桂点点头。饮酒正酣畅，紧急军情就到了，吴三桂似乎不想走，但又不得不走。田畹上前问到：“如果李自成杀来，怎么办呢？”吴三桂就说：“如果能把陈圆圆送给我，我一定会保护你全家，然后才去护国。”田畹勉勉强强答应了。

吴即命圆圆拜辞畹，择细马驮之去。畹爽然，无如何也。帝促三桂出关，三桂父督理御营名骧者，恐帝闻其子载圆圆事，留府第，勿令往。三桂去，而闯贼旋拔城矣。怀宗死社稷，李自成据宫掖。宫人死者半，逸者半，自成询内监曰：“上苑三千，何无一国色耶？”

【译文】吴三桂就命陈圆圆给田畹下拜请辞，选了一匹细马驮着陈圆圆就走了。田畹感觉若有所失，但也没有办法。崇祯帝催促吴三桂出关御敌，吴三桂的父亲吴骧总督御营军队，害怕崇祯帝知道吴三桂得到陈圆圆的侍寝，就把她留在吴府，不让她和吴三桂一起去山海关。吴三桂走后，李自成军队攻克京师，崇祯帝为国家社稷而自杀身亡，李自成占据了皇宫。宫人们死了一半，跑了一半。李自成问宫内太监：“皇帝宫中佳丽三千，为什么没有一个有倾国容颜的？”

内监曰：“先帝屏声色，鲜佳丽。有一圆圆者，绝世所稀，田畹进帝而帝却之，今闻畹赠三桂。三桂留之其父吴骧第中矣。”是时骧方降闯。即向骧索圆圆，且籍其家，而命其作书以招子也。骧俱从命，进圆圆。自成惊且喜，遽命歌，奏吴歈，自成蹙额曰：“何貌甚佳，而音殊不可耐也？”即命群姬唱西调，操阮筝琥珀，己拍掌以和之。

【译文】宫内太监说：“先帝（崇祯帝）摒弃声色犬马，佳丽很少。有一个陈圆圆，世间罕有，田畹曾将她先给皇上，而皇上拒绝了，现在听说田畹送给吴三桂了。吴三桂把她留在父亲吴骧的府中。”那时候吴骧刚刚投降李自成。李自成就向吴骧索要陈圆圆，而且抄没他的家，命令他招降自己儿子。吴骧都听从了，献上陈圆圆，李自成又惊讶又高兴，急忙令她唱歌，奏的乐曲是南方的吴歌。李自成皱着眉头说：“为什么容貌美丽，而歌喉确实如此地难听？”就命令众位歌妓唱起西调，吹起阮、筝，自己则打着拍子来和着。

繁音激楚，热耳酸心，顾圆圆曰："此乐何如？"圆圆曰："此曲只应天上有，非南鄙之人所能及也。"自成甚嬖之，随遣使，以银四万两犒三桂军。三桂得父书，欣然受命矣。而一侦者至，询之曰："吾家无恙耶？"曰："为闯籍矣。"曰："吾至当自还也。"

【译文】纷繁的音调让人耳热心酸，李自成对陈圆圆说："这个音乐怎么样？"陈圆圆说："这样的乐曲应该只有天上有，并非南方鄙俗之人所能达到。"李自成十分宠爱她，就派人用四万两白银犒赏吴三桂的军队。吴三桂得到父亲劝降书，很痛快地接受了。有一个探子到了，吴三桂问他："我家里人安然无恙吧？"回答说："被李自成抄没了。"吴三桂说："我回去之后就会还给我了。"

又一侦者至，曰："吾父无恙耶？"曰："为闯拘絷矣。"曰："吾至当即释也。"又一侦者至，曰："陈夫人无恙耶？"曰："为闯得之矣。"三桂拔剑斫案曰："果有是，吾从若耶。"

【译文】又有一个探马来报，吴三桂又问："我父亲没事吧？"回答说："被李自成抓起来了。"吴三桂说："我回去之后就会被释放的。"又有一个探马来报，吴三桂问："陈圆圆没事吧？"回答说："被李自成占有了。"吴三桂拔出宝剑砍在桌子上说："如果真是这样，我就和李自成势不两立！"

因作书答父，略曰："儿以父荫待罪戎行，以为李贼猖狂，不久即当扑灭。不意我国无人，望风而靡，侧闻圣主晏驾，不胜眦裂。犹意我父奋椎一击，誓不俱生，不则刎颈以殉国难。何乃隐忍偷生，训以非义？既无孝宽御寇之才，复愧平原骂贼之勇。父既不能为忠臣，儿安能为孝子乎？儿与父诀，不早图贼，虽置父鼎俎旁以诱三桂，不顾也。"

【译文】于是吴三桂给父亲写了回信，大意是说："儿子我因为父亲的原因待罪从军，原以为李自成不久就被消灭了。想不到我国没有人才，各地军队都望风披靡，又听说崇祯皇帝自杀殉国，十分忿怒。还想着我的父亲能够尽力作左后一搏，必定是你死我活的，否则也要自刎殉国，为什么隐忍苟活，还用这些歪理邪说来教训我？既然我父亲没有韦孝宽那样有抵御强敌的才能，必然要愧对祢衡击鼓骂曹的豪装勇敢。我的父亲既然做不了忠臣，我又怎能作一个孝子呢？我现在和父亲断绝关系，如不能尽快消灭李自成，就算是李自成把我的父亲放在锅旁准备蒸煮他以此来诱降我，我也顾不了了。"

随效秦庭之泣，乞王师以剿巨寇，先败之于一片石。自成怒，戮吴骧，并其家三十余口。欲杀圆圆，圆圆曰："闻吴将军卷甲来归矣，徒以妾故。又复兴兵，杀妾何足惜，恐其为王死敌不利也。”自成欲挈圆圆去，圆圆曰：“妾既事大王矣，岂不欲从大王行。恐吴将军以妾故，而穷追不已也。王图之，度能敌彼，妾即褰裳跨征骑。”自成乃凝思。

【译文】随后吴三桂仿效申包胥在庭中哭泣，于是乞求向清军借兵来剿灭李自成，李自成军队先被打败在一片石。李自成十分恼怒，杀死了吴骧，将他全家三十几口都杀死了。李自成还想杀陈圆圆。陈圆圆对他说：“我听说吴三桂带领军队来滚归顺，只是因为我的缘故。现在又反过来攻打您，您现在杀我没有什么可以吝惜的，恐怕我死了对你很不利。”李自成想带着陈圆圆一起逃跑，陈圆圆说：“我既然已经侍奉大王您了，不是不想和您一起逃走。恐怕吴三桂将军因为我的缘故，对您穷追不舍。大王您想一想，如果您能敌得过敌军，我马上就提起衣服跨上战马。”李自成陷入了沉思。

圆圆曰：“妾为大王计，宜留妾缓敌。当说彼不追，以报王之恩遇也。”自成然之。于是弃圆圆，载辎重，狼狈西行。是时也，闯胆已落，一鼓可灭。三桂复京师，急觅圆圆，既得，相与抱持，喜泣交集。不待圆圆为闯致说，自以为法戒穷追，听其纵逸而不复问矣。

【译文】陈圆圆说：“我在这里为您打算，应该留下我自己逃跑。我会说服他让他不去追击您，来报答您的知遇之恩。”李自成认为很对。于是李自成抛弃陈圆圆，载着辎重粮草，狼狈向西逃跑了。那个时候，据说李自成的胆气已经十分低落，可以一鼓作气将他消灭。吴三桂收复了京师，急急忙忙寻找陈圆圆，找到之后，相互拥抱，又哭又笑悲喜交集，没有等待陈圆圆为李自成求情，吴三桂自己就认为应该停止追击任凭李自成逃去，于是吴三桂纵容李自成逃走不再过问。

旋受王封，建苏台，营郿坞于滇南，而时命圆圆歌，圆圆每歌大风之章以媚之。吴酒酣恒拔剑起舞，作发扬蹈厉之容。圆圆即捧觞为寿，以为其神武不可一世也。

【译文】不久吴三桂接受封王，在云南修建像吴王阖闾一样的苏台、向董卓一样的郿坞，时常让陈圆圆歌唱、跳舞，陈圆圆每每唱汉高祖刘邦的“大风歌”来逢迎他。吴三桂酒酣耳热时拔剑起舞，精神奋发，意气昂扬。陈圆圆就捧着酒杯为他祝酒，都认为吴三桂的神武英明没有人能比得上。

吴益爱之，故专房之宠，数十年如一日，其蓄异志，作谦恭，阴结天下士，相传多出于同梦之谋，而世之不知者，以三桂能学申胥，以复君父大仇，忠孝人也。

【译文】吴三桂更加宠爱陈圆圆，所以数十年如一日只宠幸她一个人。吴三桂阴谋造反，表面上表现出谦恭的样子，暗地里交结天下豪杰，这些相传都是陈圆圆给他出谋划策，世人不知道的，还以为吴三桂能够学习申包胥，为故君父亲报仇，是一个忠孝的人。

曷知其乞师之故？盖在此而不在彼哉！厥后尊容南面，三十余年，又复浪沸潢池，致劳挞伐，跋扈艳妻，同归歼灭。何足以偿不子不臣之罪也哉。

【译文】又怎么能知道吴三桂向清军借兵的原因呢？大概是由于这样而不是因为那样吧！后来吴三桂被封为平西王，称霸云南三十余年，又反叛清廷，起兵造反，劳民伤财最终被镇压下去。他那飞扬跋扈的妻子，最后和他一起被杀。又怎么能偿还他不忠不孝的罪责呢？

陆次云曰：“语云‘无徵不信’，圆圆之说有徵乎？”曰：“有，徵诸吴梅村祭酒伟业之诗矣。”梅村效琵琶长恨体，作圆圆曲，以刺三桂。曰：“冲冠一怒为红颜”，盖实录也。三桂赍重币，求去此诗，吴勿许。当其盛时，祭酒能显斥其非，却其贿遗而不顾。于甲寅之乱，似早有以见其微者。呜呼！梅村非诗史之董狐也哉！

【译文】陆次云说：“古语有云：‘没有证据就不可信’，有关陈圆圆的事情有证据吗？”有人说：“有证据，证据就是吴伟业的诗作。”吴伟业模仿白居易《琵琶行》、《长恨歌》的体材，作了《圆圆曲》，用来讽刺吴三桂。说吴三桂“冲冠一怒为红颜”，这确是事实。吴三桂当时准备重金厚礼，想让吴伟业销毁这首诗。吴伟业不答应。在吴三桂势力庞大之时，吴伟业能够明显地斥责他的过错，而且推辞不接收吴三桂的厚礼。吴伟业对于甲寅年间的变乱，似乎早就看到其中细微的征兆了。啊！吴伟业并不是诗史上能够秉笔直书的董狐啊！

戴名世

戴名世，清桐城人，字田有，号忧庵，康熙进士，官编修，所以著《南山集》，用明永历年号，坐大逆伏法，其姓名一作宋潜虚，宋出于戴，潜其名而虚拟之，故云，有《南山集》。

【译文】戴名世，清代桐城人，字田有，号忧庵，康熙年间进士，官至翰林院编修，因为所著《南山集》使用了明末永历帝的年号，因此犯了谋大逆的罪名被诛杀，他的姓名又称作宋潜虚，宋出于戴，将其真名隐藏起来而用假名就叫“潜虚”，所以叫“宋潜虚”，著有《南山集》。

画网巾先生传

顺治二年，大兵既定江东南，明唐王自立于福州。其泉国公郑芝龙，阴受大清督师洪承畴旨，弃关撤守备，七闽皆没。而新令剃发更衣冠，不从者死。于是士民以违令死者不可胜数，而画网巾先生事尤奇。

【译文】顺治二年满清平定了江南，南明唐王在福州即位。南明泉国公郑芝龙，暗地里接受大清督师洪承畴的密旨，抛弃关隘撤出军队，于是整个福建都沦陷了。新发布的命令是剃发更换衣装，不遵从的就得死。于是士人民众因为违抗命令而死的多得数不清，其中以画网巾先生的事情尤为奇特。

先生者，其姓名爵里皆不可得而知也。携仆二人，皆仍明时衣冠，匿迹于邵武、光泽山寺中，事颇闻于外，而光泽守将吴镇使人掩捕之，逮送邵武守将池凤阳。凤阳皆去其网巾，留于军中，戒部卒谨守之。先生既失网巾，盥栉毕，谓二仆曰：“衣冠者，历代各有定制，至网巾，则我太祖高皇帝创为之也。今吾遭国破，即死，讵可忘祖制乎？汝曹取笔墨来，为我画网巾额上”。于是，二仆为先生画网巾，画已，乃加冠。二仆亦互相画也。日以为常，军中皆哗笑之。而先生无姓名，人皆呼之曰“画网巾”云。

【译文】先生这个人，他的姓名、官职等级和籍贯都不能知道。（他）带着两个仆人，都仍然穿戴着明代的衣帽，躲藏在邵武、光泽一带的山寺中。他们的事情被人所知，于是光泽守将吴镇派人逮捕了他们，押送到邵武守将池凤阳那里。池凤阳除去他们的网巾，把他们留在军中，告诫手下谨慎看守他们。先生已经失去了网巾，洗漱梳头完毕，对两个仆人说：“衣帽，历代有各自的规定，至于戴网巾则是我朝太祖高皇帝首创实行的。现在我们遭遇国家灭亡就要死了，难道可以忘记祖宗的制度吗？你们拿笔墨来，替我在额上画上网巾。”于是两个仆人替先生画上网巾，画完以后，才戴上帽子，两个仆人也互相画，每天都是这样。军中的将士都笑话他们。先生没有姓名，人们都叫他画网巾的人。

当是时，江西、福建间，有四营之役。四营者，曰张自盛，曰洪国玉，曰曹大镐，曰李安民。先是，自盛隶明建武侯王得仁为裨将，得仁既败死，自盛亡入山，与洪国玉等收召散卒及群盗，号曰恢复”，众且逾万人，而明之遗臣如督师兵部右侍郎揭重熙，詹事府正詹事傅鼎铨等，皆依之。

【译文】那个时候，江西、福建一带有四营军队。这四营军队分别由张自盛、洪国玉、曹大镐、李安民率领。先前，张自盛隶属于明建武侯王得仁，在他麾下做一名偏将。王得仁吃败仗死后，张自盛逃亡进山，和洪国玉等人招收散兵游勇以及强盗，号称“恢复明朝”，聚集了将近万人，南明的遗臣像督师兵部右侍郎揭重熙、詹事府正詹事傅鼎铨等，都要依靠他们。

岁庚寅夏，四营兵溃于邵武之禾坪。池凤阳诡称先生为阵俘，献之提督杨名高。名高视其所画网巾斑斑然额上，笑而置之。名高军至泰宁，从槛车中出先生，谓之曰：“若及今降我，犹可以免死”。先生曰：“吾旧识王之纲，当就彼决之”。

【译文】庚寅那年的夏天，四营军在邵武的禾坪被打败，池凤阳假称先生是阵上的俘虏，把他献给提督杨名高。杨名高看他画的网巾鲜明地在额上，笑着拘留了他。杨名高的军队到了泰宁，把先生从囚车里放出来，对他说：“如果你今天投降我，还可以免除死罪。”先生说：“我原来就认识王之纲，应当到他那里决断此事。”

王之纲者，福建总兵，破四营有功者也。名高喜，使往之纲所。之纲曰：“吾固不识若也”。先生曰：“吾亦不识若也，今特就若死耳”。之纲穷诘其姓名。先生曰：“吾忠未能报国，留姓名则辱国；智未能保家，留姓名则辱家；危不即致身，留姓名则辱身。军中呼我为‘画网巾’，即以此为吾姓名可矣。”之纲曰：“天下事已大定。吾本明朝总兵，徒以识时变知天命，至今日不失富贵。若一匹夫，倔强死，何益？且夫改制易服，自前世已然。”因指其发而诟之曰：“此种种者而不肯去，何也？”先生曰：“吾于网巾且不忍去，况发耶！”之纲怒，命卒先斩其二仆。

【译文】王之纲是福建总兵，是攻破四营军的功臣。杨名高很高兴，押解他到王之纲处。王之纲说：“我原本不认识你。”先生说：“我也不认识你，今天特地到你这里死罢了。”王之纲追问他的姓名，先生说：“我忠心却不能报效国家，留下姓名就是辱国；我有智慧却不能保护家庭，留下姓名就是辱没家庭；国家危难之时不能立即献身于国，留下姓名就是侮辱自身。军中的人叫我为画网巾的，就用这个做我的姓名就可以了。”王之纲说：“天下大事已定，我本是明朝的总兵，只是因为懂得时机变化，知晓天命，到现在还不失去荣华富贵。你一个平民，因为倔强而死，有什么好处呢？再说变更朝制、改换服装，从前代就已经这样。”就指着他的头发骂他说：“这种短短的头发还不肯剪去，为什么呢？”先生说：“我对于网巾尚且不忍心除去，何况头发呢！”王之纲大怒，命令士卒先杀死他的两个仆人。

群卒前捽之，二仆嗔目叱曰：“吾两人岂惜死者？顾死亦有礼，当一辞吾主人而死耳。”于是向先生拜，且辞曰：“奴等得事扫除泉下矣。”乃欣然受刃。之纲复谓先生曰：“若岂有所负耶？义死虽亦佳，何执之坚也？”先生曰：“吾何负？负吾君耳。一筹莫效而束手就擒，与婢妾何异？又以此易节烈名。吾笑夫古今之循例而赴义者，故耻不自述也。”出袖中诗一卷，掷于地，复出白金一封，授行刑者，曰：“此樵川范生所赠也，今与汝。”遂被戮于泰宁之杉津。泰宁诸生谢韩葬其骸于郭外杉窝，题曰：“画网巾先生之墓”，而岁时上冢致祭不辍。

【译文】一群士卒上前揪住他们，两个仆人睁大眼睛叱骂他们说：“我们两个人难道还顾惜一死吗？不过死也应当有礼节，要和我们的主人告别一下再死罢了。”于是向先生下拜，并且告辞说：“我们能够给您打扫黄泉之下的路了！”竟欣然受刃而死。王之纲又对先生说：“你难道还有什么辜负别人的吗？坚持正义而死虽然也很好，可为什么固执到这种程度呢。”先生说：“我辜负什么？辜负我的国君罢了。一个计划都没有进献实行就束手就擒，和奴婢有什么区别呢，又用这个来交换节烈的名声，我耻笑古今以来那些遵循旧例而辜负节义的人，所以感到羞耻，不再说什么了。”于是在泰宁的杉津被杀。泰宁诸生谢韩在郊外的杉窝山埋葬了他的骸骨，墓碑上题写“画网巾先生之墓”，每年到坟墓祭奠的人不断。

当四营之既溃也，杨名高、王之纲复追破之，死逃略尽。而败将有愿降者，率兵受招抚于邵武。行至朱口，一卒独不肯前，伸项谓其伍曰：“杀我！杀我！”其伍怪之，且问故。曰：“吾熟思之累日夜矣，终不能俯仰事降将，宁死汝手”。其伍难之。乃奋袂裂眦，抽刃相拟，曰：“不杀我者，今当杀汝！”其伍乃挥涕斩之，埋其骨而去。揭重熙、傅鼎铨先后被获，不屈死。张自盛、曹大镐等后就缚于泸溪山中。

【译文】就在四营军队即将溃败之际，杨名高、王之纲又在后边追击，导致四营兵被杀、逃亡殆尽。败降的将领，都率领兵士们在邵武接受招抚。走到朱口时，一个小兵不愿再往前走，伸长脖子对其他人说：“杀了我！杀了我！”，整支队伍都感觉很奇怪，就问他原因，回答说：“我日夜细细思考，还是没有办法接受失败的现实投降，还不如死在你们手中。”队友感觉很为难。这个兵卒愤然甩袖，怒目圆睁，抽刀做出要杀人的样子，说：“你不杀我，我就杀你！”队友只好洒泪斩杀了他，埋好尸体后离开揭重熙、傅鼎铨等人被俘，不肯投降也被杀死。张自盛、曹大镐等人接着在泸溪山中也被俘了。

赞曰：自古守节之士，不肯以姓字落人间者，始于明永乐之世。当是时，一夫守义，而祸及九族，故多匿迹而死，以全其宗党。迨崇祯甲申而后，其令未有如是之酷也。而以余所闻，或死或遁，不以姓名里居示人者颇多，有使吊古之士莫能详焉。岂不可惜也夫！如画网巾先生事甚奇。闻当时军中有马耀图者，见而识之，曰：“是为冯生舜也”。至其生平，则又不能言焉。余疑其出于附会，故不著于篇。

【译文】赞说：“自古以来忠贞的志士，不愿意自己的姓名字号流落在民间，开始于明成祖永乐年间。在那个时候，一个人坚守忠义，会祸及九族，所以多数都隐姓埋名而死，进而保全自己的宗族亲党。到明末崇祯甲申年之后，命令没有这样严酷的。而我所听说的，有的死了，有的跑了，不愿意以真实姓名示人的也很多，有凭吊往古之事的士人也没有办法仔细辨认的，难道不可惜吗？像画网巾先生这样的事情可称传奇。听说当时有个人叫马耀图，见面之后原来认识他，说：‘这是冯生舜’，至于生平事迹，又说不上来。我怀疑事出附会，所以不记在这篇文章里。”

蒲松龄

蒲松龄，清淄川人，字留仙，号柳泉，康熙岁贡，所著《聊斋志异》雅俗共赏，风行于世，诗文曰《聊斋集》。

【译文】蒲松龄，清代淄川人，字留仙，号柳泉，康熙年间岁贡生，他所著的《聊斋志异》雅俗共赏，风行于世间，著有诗文集《聊斋集》。

《聊斋志异》四则

画皮

太原王生早行，遇一女郎，抱幞独奔，甚艰于步，生急走趁之，乃二八姝丽。心相爱乐，问："何夙夜踽踽独行？"女曰："行道之人，不能解愁忧，何劳相问。"生曰："卿何愁忧？或可效力不辞也。"

【译文】太原王生早上出行，碰见一个女郎怀抱包袱，独自赶路，步履非常艰难。王生急跑几步赶上她，原来是个十六七岁的美貌女子。心里非常喜欢，就问："为什么天色未明就一个人孤零零地出行？" 女子说："你也是行路之人，不能解除我的忧愁，哪里用得着你费心问我。"王生说："你有什么忧愁？或许我可以为你效力，我决不推辞。"

女黯然曰："父母贪赂，鬻妾朱门。嫡妒甚，朝詈而夕楚辱之，所弗堪也，将远遁耳。"问："何之？"曰："在亡之人，乌有定所。"生言："敝庐不远，即烦枉顾。"女喜从之。生代携幞物，导与同归。

【译文】女子黯然说："父母贪财，把我卖给大户人家作妾。正妻十分妒忌，早晚都辱骂责打我，我不堪忍受，将要向远处逃跑。"王生问："去什么地方？"女子说："在逃亡中的人，哪有确定的地方。"王生说："我家不远，就烦请你屈驾到我家去。"女子很高兴，听从了王生。王生代女子拿着包袱，带着女子一同回家。

女顾室无人，问："君何无家口？"答云："斋耳。"女曰："此所良佳。如怜妾而活之，须秘密勿泄。"生诺之。乃与寝合。使匿密室，过数日而人不知也。生微告妻。妻陈，疑为大家媵妾，劝遣之，生不听。

【译文】女子四面看看室中没有别人，于是问："你怎么没有家眷？"王生回答说："这是书房。"女子说："这地方很好。假如你同情我，想救活我，一定要保守秘密，不要泄露消息。"王生答应了她。于是和女子交合，把女子藏在密室中。过了几天别人不知道，王生就把情况大略地告诉了妻子。妻子陈氏，怀疑女子是大户人家的陪嫁侍妾，劝王生打发女子走。王生不听从。

偶适市，遇一道士，顾生而愕。问："何所遇？"答言："无之。"道士曰："君身邪气萦绕，何言无？"生又力白。道士乃去，曰："惑哉！世固有死将临而不悟者！"生以其言异，颇疑女。转思明明丽人，何至为妖，意道士借厌禳以猎食者。

【译文】王生偶然去集市，遇见一个道士，道士回头看见王生，十分惊愕，就问王生："你遇见了什么？"王生回答说："没有。"道士说："你身上有邪气萦绕，怎么说没有？"王生又尽力辩白。道士这才离开，并说："糊涂啊！世上竟然有死将临头而不醒悟的人。"王生因为道士的话奇怪，有些怀疑那女子；转而又想，明明是漂亮女子，怎么至于成为妖怪，便猜想道士借作法驱妖来骗取食物。

无何，至斋门，门内杜不得入，心疑所作，乃逾垝垣，则室门已闭。蹑足而窗窥之，见一狞鬼，面翠色，齿巉巉如锯，铺人皮于榻上，执彩笔而绘之。已而掷笔，举皮如振衣状，披于身，遂化为女子。睹此状，大惧，兽伏而出。急追道士，不知所往。遍迹之，遇于野，长跪乞救，请遣除之。

【译文】没有多久，走到书房门，门从里面堵住，不能进去。心中怀疑堵门的人，于是翻过残缺的院墙。原来室门也关闭。王生蹑手蹑脚走到窗口窥看，见到一个面目狰狞的鬼，翠色面皮，牙齿长而尖利，像锯子一样。在榻上铺了张人皮，正手拿彩笔在人皮上绘画；不一会儿扔下笔，举起人皮，像抖动衣服的样子，把人皮披到身上。于是鬼变成了女子。看到这种情状，王生十分害怕，像兽伏在地上爬行而出。急忙去追赶道士，却不知他去了哪里。到处寻找，在野外遇见道士，跪在道士面前乞求他解救自己。

道士曰："此物亦良苦，甫能觅代者，予亦不忍伤其生。"乃以蝇拂授生，令挂寝门。临别约会于青帝庙。生归，不敢入斋，乃寝内室，悬拂焉。一更许，闻门外戢戢有声，自不敢窥，使妻窥之。

【译文】道士说："请让我赶走她。这鬼也很苦，刚刚找到替身；我也不忍心伤害她的生命。"于是拿蝇拂交给王生，令王生把蝇拂挂在卧室门上。临别时，约定在青帝庙相会。王生回去，不敢进书房，于是睡在内室，在门上悬挂蝇拂。一更左右，听到门外有齿牙磨动的声音，自己不敢去看，叫妻子去窥看情况。

但见女子来，望拂子不敢进，立而切齿，良久乃去。少时复来，骂曰："道士吓我，终不然，宁入口而吐之耶！"取拂碎之，坏寝门而入，径登生床，裂生肚，掬生心而去。妻号。婢入烛之，生已死，腔血狼藉。陈骇涕不敢声。

【译文】只见到女子来了，远远望见蝇拂不敢进门；站在那儿咬牙切齿，很久才离去。过了一会儿又来，骂道："道士吓我，总不愿意将吃到嘴里的东西再吐出来吧！" 取下蝇拂扯碎它，撞坏卧室门进去。登上王生的床，撕裂王生的肚腹，掬取王生的心而后离去。王妻号哭。婢女进去用烛照，王生已死，腔中血流得处处皆是。陈氏骇怕，只流泪，不敢出声。

明日使弟二郎奔告道士。道士怒曰："我固怜之，鬼子乃敢尔！"即从生弟来。女子已失所在。既而仰首四望，曰："幸遁未远。"问："南院谁家？"二郎曰："小生所舍也。"道士曰："现在君舍。"二郎愕然，以为未有。

【译文】天亮后，叫王生弟二郎跑去告诉道士。道士发怒说："我本来同情她，鬼东西竟然敢这样。"就跟随二郎一起来到王家。女子已经不知道在哪里。道士一会儿仰首向四面眺望，说："幸好逃得不远。"问："南院是谁家？"二郎说："是我住的地方。"道士说："现在在你家里。"二郎十分惊愕，认为家中没有。

道士问曰："曾否有不识者一人来？"答曰："仆早赴青帝庙，良不知，当归问之。"去少顷而返，曰："果有之，晨间一妪来，欲佣为仆家操作，室人止之，尚在也。"道士曰："即是物矣。"遂与俱往。仗木剑立庭心，呼曰："业魅！偿我拂子来！"妪在室，惶遽无色，出门欲遁，道士逐击之。

【译文】道士问道："是否有一个不认识的人来？"二郎回答说："我早上赶赴青帝庙，实在不知道。我将回去问问。"去了一会儿又返回来说："果然有个这样的人。早晨一名老妪来，想要为我们家做仆佣，我妻子留住了她，现在还在我家。"道士说："这就是那个鬼。"于是和二郎一起到他家。拿着木剑，站在庭院中心，喊道："孽魅！赔偿我的蝇拂来！"老妪在屋子里，惶恐害怕地变了脸色，出门想要逃跑。道士追上去击打老妪。

妪仆，人皮划然而脱，化为厉鬼，卧嗥如猪。道士以木剑枭其首。身变作浓烟，匝地作堆。道士出一葫芦，拔其塞，置烟中，飗飗然如口吸气，瞬息烟尽。道士塞口入囊。共视人皮，眉目手足，无不备具。道士卷之，如卷画轴声，亦囊之，乃别欲去。

【译文】老妪倒在地上，人皮哗的一声脱下来。老妪变成了恶鬼，躺在地上像猪一样地嗥叫。道士用木剑砍下恶鬼的脑袋；鬼身变作浓烟，旋绕在地，成为一堆。道士拿出一个葫芦，拔去塞子把葫芦放在浓烟像口吸气一样，浓烟飕飕地进入葫芦，瞬息间浓烟就被吸尽。道士塞住葫芦口，把葫芦放入囊中。大家一同去看人皮，皮上眉目手足，没有一样不具备。道士把人皮卷起来，像卷画轴的声音，卷后也装入囊中，于是告别想要离去。

陈氏拜迎于门，哭求回生之法。道士谢不能。陈益悲，伏地不起。道士沉思曰："我术浅，诚不能起死。我指一人或能之。往求必合有效。"问："何人？"曰："市上有疯者，时卧粪土中，试叩而哀之。倘狂辱夫人，夫人勿怒也。"二郎亦习知之，乃别道士，与嫂俱往。

【译文】陈氏在门口跪拜着迎接他，哭着求问起死回生的办法。道士推辞无能为力。陈氏更加悲伤，伏在起上不肯起来。道士沉思之后说："我的法术尚浅，实在不能起死回生。我指一人，或许能做到这一点，去求他一定会有效果。"陈氏问："什么人？"道士说："集市上有个疯子，常常躺在粪土中。你试着问他哀求他。如果他发狂侮辱夫人，夫人千万不要发怒。"二郎也多次了解这个人，于是告别道士，同嫂嫂一起去找疯子。

见乞人颠歌道上，鼻涕三尺，秽不可近。陈膝行而前。乞人笑曰："佳人爱我乎？"陈告之故。又大笑曰："人尽夫也，活之何为！"陈固哀之。乃曰："异哉！人死而乞活于我，我阎摩耶？"怒以杖击陈，陈忍痛受之。市人渐集如堵。乞人咯痰唾盈把，举向陈吻曰："食之！"陈红涨于面，有难色；既思道人之嘱，遂强啖焉。觉入喉中，硬如团絮，格格而下，停结胸间。

【译文】在集市上，见到一个讨饭的人疯疯颠颠地在道上唱歌，鼻涕流有三尺长，全身肮脏得不能靠近。陈氏跪下来用膝盖行走上前。讨饭的人笑着说："佳人爱我吗？"陈氏告诉讨饭的人来求他的缘故。讨饭的人又大笑说："人人都可以成为你的丈夫，救活他干什么？"陈氏坚决地哀求他。他竟然说："奇怪啊！人死了求我把人救活，我是阎王吗？"怒气冲冲地用杖打陈氏。陈氏忍痛挨打。集市上人们渐渐聚集拢来，围得像堵墙。讨饭的人咯出满把的痰和唾沫，举着送向陈氏口边说："吃了它。"陈氏脸胀得通红有为难的神色，又想起道士的嘱咐，于是勉强吃了下去。觉得那东西进入喉咙中，像团絮那么硬，格格吞下去，停在胸口部位。

乞人大笑曰："佳人爱我哉！"遂起，行已不顾。尾之，入于庙中。迫而求之，不知所在，前后冥搜，殊无端兆，惭恨而归。既悼夫亡之惨，又悔食唾之羞，俯仰哀啼，但愿即死。方欲展血敛尸，家人伫望，无敢近者。陈抱尸收肠，且理且哭。哭极声嘶，顿欲呕，觉鬲中结物，突奔而出，不及回首，已落腔中。惊而视之，乃人心也，在腔中突突犹跃，热气腾蒸如烟然。大异之。急以两手合腔，极力抱挤。少懈，则气氤氲自缝中出，乃裂缯帛急束之。以手抚尸，渐温，覆以衾裯。中夜启视，有鼻息矣。天明竟活。为言："恍惚若梦，但觉腹隐痛耳。"视破处，痂结如钱，寻愈。

【译文】讨饭的人大笑着说："佳人爱我啊！"于是起身，走开来不再回头。陈氏尾随着他，进入庙中，想追上去哀求他，也不知道他在哪里；前前后后细细搜寻，一点儿也没有影子，只有惭愧怒恨地回家。到家后，既伤心丈夫死得凄惨，又后悔受吃人痰唾的羞辱，仰向天、俯向地哀哭，只希望马上就死。正想拭去血迹收殓尸首，家中人站着看，没有谁敢靠近。陈氏抱着尸首，把肠子放入腹中，一边整理一边哭，哭到声嘶力竭，突然想要呕吐。觉得胸腹之间那吞下去的硬物突然从口里奔出来，来不及回头，已经落在王生尸身的腹腔中。陈氏吃惊地去看，竟是人心，在腹腔中还在突突地跳动，还有像烟一样的热气向上冒。陈氏感到十分奇怪，急忙用两只手抱合腹腔，极力把两边挤在一起。稍微松开一点，便有热气从缝中丝丝冒出来。于是撕开缯帛紧紧地缠束腹腔。拿手抚摸尸身，尸身渐渐由凉变温。用被子把尸身盖起来。半夜里打开被子看看，鼻子里已有呼吸了。到天亮，王生竟然活了。对人说："情景恍惚，像在梦中，只觉得腹中隐隐作痛罢了。"看看那被撕破了的地方，结了像铜钱那样的痂，不久就痊愈了。

异史氏曰："愚哉世人！明明妖也而以为美。迷哉愚人！明明忠也而以为妄。然爱人之色而渔之，妻亦将食人之唾而甘之矣。天道好还，但愚而迷者不悟耳。哀哉！"

【译文】异史氏说："蠢啊，世上的人！明明是妖怪，却以为是美人。糊涂啊，愚蠢的人！明明是忠诚之言，却认为是胡说的妄言。然而会爱别人的美色而占有她，自己的妻子也将吃人的唾沫而认为甘美。天道讲究一报还一报，只是愚蠢的人、糊涂的人不醒悟罢了。真值得悲哀啊！"

劳山道士

邑有王生，行七，故家子。少慕道，闻劳山多仙人，负笈往游。登一顶，有观宇，甚幽。一道士坐蒲团上，素发垂颈而神光爽迈。叩而与语，理甚玄妙。

【译文】本县有个姓王的读书人，（在家里）排行第七，是一个世代做官的人家的后代。他从小爱慕学习道术。听说崂山有许多仙人，他就背着书箱出门访道。登上山顶，看见一座道士祀神的庙宇，十分幽静。一个道士坐在草垫上，白发垂到衣领，神情相貌清爽高超。（王生）恭敬地问而道士回答他，（道士的回答）深远高妙不易领会。

请师之。道士曰："恐娇惰不能作苦。"答言："能之。"其门人甚众，薄暮毕集。王俱与稽首，遂留观中。

【译文】（王生）请求拜道士为师。士说："只怕你娇贵懒惰不能吃苦。"（王生）回答说："我可以的。"道士的徒弟十分多，在天色临近昏暗的时候就全都到齐了，王生和他们全都向道士叩头。（王生）就留在观中（学道）。

凌晨，道士呼王去，授以斧，使随众采樵。王谨受教。过月余，手足重茧，不堪其苦，阴有归志。

【译文】将近天亮的时候，道士把王生叫去，给他一把斧子，让他随徒弟们一起上山砍柴。王生恭敬地接受命令。过了一个多月，王生的手脚磨出了很厚的老茧，不能承受这种苦楚了，暗自有了回家的念头。

一夕归，见二人与师共酌，日已暮，尚无灯烛。师乃剪纸如镜，粘壁间。俄顷，月明辉壁，光鉴毫芒。诸门人环听奔走。

【译文】一天傍晚回来，（王生）看见两个人和师父一起喝酒。天色已经昏暗，还没点灯烛，师父就剪了像镜子一般的纸贴在墙壁上。不一会儿，如同明亮的月亮照耀屋内，光亮能照出极细微的东西。各个徒弟环绕着道士听他差使，为他办事。

一客曰：“良宵胜乐，不可不同。”乃于案上取壶酒，分赉诸徒，且嘱尽醉。王自思：七八人，壶酒何能遍给？遂各觅盎盂，竞饮先釂，惟恐樽尽；而往复挹注，竟不少减。心奇之。

【译文】一个客人说：“这样美好的夜晚，这么大的乐趣，不可以不和大家一同享受。”于是拿在桌上的一壶酒，分别赏赐给各个徒弟，并且嘱咐徒弟们尽情痛饮，一醉方休。王生心想：七八个人，一壶酒怎么能都供给到呢？（各个徒弟）就各自找来盛酒的器具，争着喝酒，只怕酒器中的酒喝完。但是酒倒了很多遍，（酒）竟然不减少。（王生）对此感到奇怪。

俄一客曰：“蒙赐月明之照，乃尔寂饮。何不呼嫦娥来？”乃以箸掷月中。见一美人，自光中出。初不盈尺，至地遂与人等。纤腰秀项，翩翩作“霓裳舞”。已而歌曰：“仙仙乎，而还乎，而幽我于广寒乎！”其声清越，烈如箫管。

【译文】一会儿，另一位客人说：“承蒙主人赏赐明亮的月亮的照耀，（我们）却这样寂寞的喝酒（也未免太无趣了），为什么不把嫦娥请来（助兴）呢？”（师父）就把筷子向月亮中抛去。看见一位美人从月光中走出，最开始不满一尺，到了地上，就与常人一般高了。她腰肢纤细，面容秀美，轻盈地跳起霓裳羽衣舞。不久又歌唱道：“仙哪，仙哪！会回来吗？为什么把我幽禁在广寒宫呢？”她的声音清脆高扬，响亮得如同洞箫中吹出的声响。

歌毕，盘旋而起，跃登几上，惊顾之间，已复为箸。三人大笑。又一客曰：“今宵最乐，然不胜酒力矣。其饯我于月宫可乎？”三人移席，渐入月中。众视三人，坐月中饮，须眉毕见，如影之在镜中。移时，月渐暗；门人然烛来，则道士独坐而客杳矣。几上肴核尚故。壁上月，纸圆如镜而已。道士问众：“饮足乎？”曰：“足矣。”“足宜早寝，勿误樵苏。”众诺而退。王窃忻慕，归念遂息。

【译文】歌唱完了，（嫦娥）轻盈旋转而上，一跃登上了桌子，大家正对嫦娥感到惊奇时，（嫦娥）已经又变成了一支筷子。三个人大笑起来。又一位客人说：“今天晚上真快乐，可是我不能再喝酒了，希望你们到月宫为我送行好吗？”于是三个人离开酒席，渐渐进入月中。众徒弟看三人坐在月光中喝酒，胡子眉毛全都看得很清楚，像在镜子里的人影一样。过了好一会儿，月亮渐渐变暗。一个徒弟来点蜡烛，却只见道士一个人坐在桌旁而客人不见踪影，桌上菜肴果品还在，墙壁上的月亮，只是一张像镜子一样圆的纸罢了。道士问众徒弟："喝够了吗？"（众徒弟）回答："足够了。"（道士说：）"（既然）喝够了，就早早睡觉，不要耽误（明天）砍柴割草。"众徒弟答应并且退了出去。王生私下里欣喜羡慕（师父的道术），回家的念头就打消了。

又一月，苦不可忍，而道士并不传教一术。心不能待，辞曰："弟子数百里受业仙师，纵不能得长生术，或小有传习，亦可慰求教之心；今阅两三月，不过早樵而暮归。弟子在家，未谙此苦。"道士笑曰："我固谓不能作苦，今果然。明早当遣汝行。"王曰："弟子操作多日，师略授小技，此来为不负也。"道士问："何术之求？"王曰："每见师行处，墙壁所不能隔，但得此法足矣。"道士笑而允之。乃传以诀，令自咒毕，呼曰："入之！"王面墙，不敢入。又曰："试入之。"王果从容入，及墙而阻。道士曰："俛首骤入，勿逡巡！"王果去墙数步，奔而入；及墙，虚若无物；回视，果在墙外矣。大喜，入谢。道士曰："归宜洁持，否则不验。"遂资斧，遣之归。

【译文】又过了一个月，（王生）实在忍受不了这个苦了，可是道士却仍然不传授（给他）一点点法术。（他）心急不愿意再等待了，（向师父）辞别说："弟子从几百里外来受业于老师，即使不可以得到长生不老的法术，小的法术就传授教习（给我），也可以安慰我这颗求教的心。现在已过了两三个月，（我）每天不过是早早的上山砍柴到天色昏暗才回来，弟子在家时，没受过这种苦楚。"道士笑着说："我本来就说你吃不了这个苦，现在果然如此。明天早上就打发你动身回家吧。"王生说："弟子（在这里）劳动几个月了，请师父传授点小法术给我，也不辜负此行了。"道士问："你想求教什么法术？"王生说："（我）每次看见师父走到的地方，坚硬的墙壁也不能阻隔，只要学到这一法术就足够了。"道士笑着答应了他的要求。就传授给他咒语，让他自己念咒语，念完，喊了声："进去！"王生脸对着墙不敢进去。（道士）又说："（你）试着进去。"王生果然不慌不忙地进去（墙里），到墙根边却受到了阻碍。道士说："低着头猛然朝里进，不要徘徊犹豫不进！"王生照着师傅说的话做，离开墙几步，奔向墙壁并且进去了。到了墙边，就像什么东西也没有似的，回头一看果然已经站在墙外了。（他）心中十分高兴，进去谢过师父。道士说："回家之后，应当洁身自守，不然（咒语）不灵验。"于是送给他路费，打发他回家。

抵家，自诩遇仙，坚壁所不能阻。妻不信。王效其作为，去墙数尺，奔而入，头触硬壁，蓦然而踣。妻扶视之，额上坟起，如巨卵焉。妻揶揄之。王惭忿，骂老道士之无良知而已。

【译文】(王生)到家，自夸遇见了仙人，(学到法术)就是坚硬的墙壁也不能阻挡他。(他的)妻子不信(他的话)，王生模仿在崂山的作法，离开墙几尺处，向墙奔去，一头碰到了坚硬的墙壁，一下子就倒下了。妻子扶起他一看，额头上鼓起一个大包。妻子嘲笑他。王生又惭愧又忿怒，骂老道士不安好心。

异史氏曰："闻此事，未有不大笑者；而不知世之为王生者，正复不少。今有伧父，喜疢毒而畏药石，遂有舐痈吮痔者，进宣威逞暴之术，以迎其旨，紿之曰：'执此术也以往，可以横行而无碍。'初试未尝不小效，遂谓天下之大，举可以如是行矣，势不至触硬壁而颠蹶不止也。"

【译文】作者说：听到此事，没有不大笑的。可是象王生这样的人，世上正经不少。现在有一个卑鄙无聊的家伙，喜欢嗜欲，得了病，却怕用药。接着又有吮痈舔痔的人，进来告诉他有治病的法术，来迎合他的意思，骗他说："拿了这个法术去，可以百病治愈。"当初试验了一下，不能没有小的效果，于是认为天下的事都可以这样行了。看来，他们不到撞墙壁而疼痛时，是不能停止的。

青梅

白下程生性磊落，不为畛畦。一日自外归，缓其束带，觉带沉沉，若有物堕，视之，无所见。宛转间，有女子从衣后出，掠发微笑，丽绝。程疑其鬼，女曰："妾非鬼，狐也。"程曰："倘得佳人，鬼且不惧，而况于狐！"遂与狎。二年生一女，小字青梅。每谓程："勿娶，我且为君生男。"程信之遂不娶，戚友共诮姗之。程志夺，聘湖东王氏。狐闻之大怒，就女乳之，委于程曰："此汝家赔钱货，生之杀之俱由尔，我何故代人作乳媪乎！"出门径去。

【译文】南京有个姓程的书生，性情磊落，不受礼俗的约束。一天，他从外面回来，宽解衣带时，觉得衣带沉重，像有东西往下堕。看了看，并无任何东西。转身之间，有个女子从衣服后面出来，手理秀发向他微笑，长得很美丽。程生怀疑她是鬼。女子说："妾不是鬼，是狐。"程生说："倘若能得到美人，就是鬼也不可怕，更何况是狐呢！"于是和她亲热起来。过了二年，生了个女儿，取小名叫青梅。狐女常对程生说："你不要再娶妻子了，我会为你生个儿子的。"程生相信了狐女的话，就不再娶妻。但是，亲戚朋友们都讽刺讥笑他，程生改变了主意，聘了湖东的王氏为妻。狐女听说后，非常恼怒，抱起女儿喂完奶，抛给程生说："这是你家的赔钱货，愿意养她或杀她，全由你。我何必代人作奶妈呢！"说着出门而去。

青梅长而慧，貌韶秀，酷肖其母。既而程病卒，王再醮去。青梅寄食于堂叔。叔荡无行，欲鬻以自肥。适有王进士者，方候铨于家，闻其慧，购以重金，使从女阿喜服役。喜年十四，容华绝代，见梅忻悦，与同寝处。梅亦善候，能以目听，以眉语，由是一家俱怜爱之。

【译文】青梅长大了，非常聪明，相貌美好秀丽，酷似她的母亲。不久，程生病死了，王氏改嫁走了，把青梅寄养在堂叔家里。她的堂叔品行恶劣，行为放纵，竟想把青梅卖掉得钱自用。恰好有个正在家候选官职的王进士，听说青梅很聪明，便出大价钱把她买来，让她给自己的女儿阿喜当侍女。阿喜十四岁年纪，容貌美丽绝顶。她见了青梅非常高兴，就和她同住在一起。而青梅也善于侍奉人，聪明伶俐，会看眼色行事，因此王家人全都喜爱她。

邑有张生字介生，家窭贫，无恒产，税居王第。性纯孝，制行不苟，又笃于学。青梅偶至其家，见生据石啖糠粥，入室与生母絮语，见案上具豚蹄焉。时翁卧病，生入，抱父而私，便液污衣，翁觉之而自恨。生掩其迹，急出自濯，恐翁知。梅以此大异之。

【译文】城里有个姓张的书生，字介受，家境贫穷，没有财产，租赁了王进士的房子居住。张生非常孝顺，遵守礼仪，品行端正，又勤奋好学。青梅偶然有事到张家，看见张生坐在石头上吃米糠粥；她进屋和张母说话时，却见桌子上摆着味美的猪蹄。当时张翁正卧病在床，张生进屋抱着父亲小便。便液沾脏了张生的衣服，父亲觉察了非常恨自己，而张生却掩盖着脏处，急忙出屋自己洗净，唯恐让父亲知道。青梅看了大为惊奇。

归述所见，谓女曰："吾家客非常人也。娘子不欲得良匹则已，欲得良匹，张生其人也。"女恐父厌其贫。梅曰："不然，是在娘子。如以为可，妾潜告使求伐焉。夫人必召商之，但应之曰'诺'也，则谐矣。"女恐终贫为天下笑。

【译文】回来后就对阿喜讲述在张家见到的情形，并说："咱家的房客，是个不同寻常的人。您若不想得好夫君便罢，想得好夫君，张生就是理想的人。"阿喜恐怕父亲嫌张生贫贱。青梅说："不见得，这事全在您自己。假如您认为合适的话，我可以偷偷地告诉张生，让他家请媒人来提亲。到时候老夫人一定要召您去商量这事，只要您应着'同意'，事情就好办了。”阿喜怕跟了张生穷一辈子让人耻笑。

梅曰：“妾自谓能相天下士，必无谬误。”明日往告张媪，媪大惊，谓其言不祥。梅曰：“小姐闻公子而贤之也，妾故窥其意以为言。冰人往，我两人袒焉，计合允遂。纵其否也，于公子何辱乎？”媪曰：“诺。”乃托侯氏卖花者往。夫人闻之而笑以告王，王亦大笑。唤女至，述侯氏意。女未及答，青梅亟赞其贤，决其必贵。

【译文】青梅说：“我自以为能为天下士人看相，绝不会出错的。”第二天，青梅把意思告诉了张生的母亲，张母大惊，说她说的话不是好兆头。青梅说：“我家小姐听说公子人品好，赞美他有道德有才能，我是因为摸透了她的心意才来这样说的。您请媒人去提亲，我和小姐两人从中帮助，估计王家能够应允。即使王家不同意，对公子来说还有什么辱没吗？”张母说：“行。”于是便托卖花的侯氏前去做媒。王夫人听说就笑了，并把这事告诉了丈夫。王进士也大笑起来。便把女儿叫到面前，说明了侯氏的来意。阿喜还没来得及回答，青梅急忙夸赞张生贤能，并断言他日后必定富贵。

夫人又问曰：“此汝百年事。如能啜糠核也，即为汝允之。”女俯首久之，顾壁而答曰：“贫富命也。倘命之厚则贫无几时，而不贫者无穷期矣。或命之薄，彼锦绣王孙，其无立锥者岂少哉？是在父母。”初，王之商女也，将以博笑，及闻女言，心不乐曰：“汝欲适张氏耶？”女不答；再问，再不答。怒曰：“贱骨子不长进！欲携筐作乞人妇，宁不羞死！”女涨红气结，含涕引去，媒亦遂奔。

【译文】夫人又问女儿：“这可是你的百年大事。假如你愿意吃糠咽菜，就为你答应这门亲事。”阿喜低头沉思了好一会，看着墙壁回答说：“贫富是个命。倘若命厚，就是贫也贫不了几天；而命中注定不贫，那就更不会有多少穷日子了。假如命薄，就是那些富贵子弟，后来穷得无立锥之地的难道还少吗？这事全在父母作主。”最初，王进士叫女儿来商量，是想拿这事来博一笑，听到女儿的话，心里很不高兴，说：“你真想嫁给张家吗？”女儿没回答；再问，还是不回答。王进士非常气愤地说：“贱骨头全不长进！想提着讨饭筐当叫花子媳妇，岂不羞死！”女儿被骂得涨红着脸透不过气来，含着眼泪退去。媒人见事不妙也跑了。

青梅见不谐，欲自谋。过数日，夜诣生，生方读，惊问所来，词涉吞吐。生正色却之，梅泣曰：“妾良家子，非淫奔者，徒以君贤，故愿自托。”生曰：“卿爱我，谓我贤也。昏夜之行，自好者不为，而谓贤者为之乎？夫始乱之而终成之，君子犹曰不可，况不能成，役此何以自处？”

【译文】青梅见为小姐办不成，便想着替自己来谋求。过了几天，她趁夜间到张生家里去。张生正在读书，见她来，非常震惊，问她来干什么，她说话吞吞吐吐。张生很严肃地让她离去。青梅哭着说：“我是好人家的女儿，并不是来私奔；只是因为你贤德，所以我才自愿以身相托。”张生说：“您爱我，说我贤德。然而昏天黑夜里来往，连洁身自爱的人都不愿做，而所谓贤德的人能去做吗？就是起初不正当而最终能成就的事，君子还说不可；更何况不会成就的事！以后你我怎么做人？”

梅曰：“万一能成，肯赐援拾否？”生曰：“得人如卿又何求？但有不可如何者三，故不敢轻诺耳。”曰：“若何？”曰：“卿不能自主，则不可如何；即能自主，我父母不乐，则不可如何；即乐之，而卿之身直必重，我贫不能措，则尤不可如何。卿速退，瓜李之嫌可畏也！”梅临去，又嘱曰：“君倘有意，乞共图之。”生诺。

【译文】青梅说：“万一能成的话，你愿意收留我吗？”张生说：“能得到您这样的人就非常满足了，还要求什么呢？只是眼下有三件难事，因此不敢轻易答应。”青梅问：“什么难事？”张生回答：“您不能自己作主，是一难；即使您能自己作主，若我父母不乐意，是二难；就算我父母乐意，而您的身价必定很高，我家贫拿不出钱，是尤其难。您赶紧走吧，瓜田李下的嫌疑是令人可畏的！”青梅只好回去，临走又嘱咐道：“您若有意，求您和我共同想办法来促成。”张生答应了她。

梅归，女诘所往，遂跪而自投。女怒其淫奔，将施扑责。梅泣白无他，因而实告。女叹曰：“不苟合，礼也；必告父母，孝也；不轻然诺，信也；有此三德，天必佑之，其无患贫也已。”既而曰：“子将若何？”曰：“嫁之。”女笑曰：“痴婢能自主耶？”曰：“不济，则以死继之。”女曰：“我必如所愿。”梅稽首而拜之。又数日谓女曰：“曩而言之戏乎？抑果欲慈悲也？果尔，则尚有微情，并祈垂怜焉。”

【译文】青梅回来，阿喜追问她到哪里去了，她就跪下主动承认去过张家。阿喜非常生气，以为青梅私奔，要用家法责打。青梅哭着说自己没干见不得人的事，于是把实情告诉了她。阿喜赞叹道：“不私自结合，是礼；一定禀告父母，是孝；不轻易许诺，是信。有这三德，老天必定会保佑他的，张生不用再担忧自己贫困了。”随后又说：“你打算怎么办？”青梅回答说：“要嫁给他。”阿喜笑着说：“傻丫头，你能自己作得了主吗？”青梅说：“若不成，就去死！”阿喜说：“我一定满足你的愿望。”青梅便叩头感谢她。又过了好几天，青梅对阿喜说：“以前您说的是玩笑话呢，还是真想发慈悲呢？若当真的话，我还有些难言的隐情，再求您同情帮助。”

女问之，答曰："张生不能致聘，婢子亦无力可以自赎，必取盈焉，嫁我犹不嫁也。"女沉吟曰："是非我之能为力矣。我曰嫁汝且恐不得当，而曰必无取直焉，是大人所必不允，亦余所不敢言也。"梅闻之泣数行下，但求怜拯，女思良久，曰："无已，我私蓄数金，当倾囊相助。"梅拜谢，因潜告张。张母大喜，多方乞贷，共得如干数，藏待好音。

【译文】阿喜问是什么事。青梅回答道："张生拿不出订婚的聘礼，我又没有能力自己赎身，如非要原来身价的话，同意把我嫁给他实际上还是不同意。"阿喜沉吟着说："这不是我能办到的事。我说把你嫁给他，还怕不太合适。再说一定不要你的身价，这是父母绝不会应允的，也是我不敢说的。"青梅听了，难过地流下眼泪，只是求阿喜能同情帮助她。阿喜沉思了好一阵，说："实在没有办法，我自己积攒了一些钱，全部给你吧。"青梅拜谢了阿喜，并把这事偷偷地告诉了张生。张母知道了非常高兴，多处求借，凑齐了身价钱，收藏起来等着听好消息。

会王授曲沃宰，喜乘间告母曰："青梅年已长，今将莅任，不如遣之。"夫人固以青梅太黠，恐导女不义，每欲嫁之，而恐女不乐也，闻女言甚喜。逾两日，有佣保妇白张氏意，王笑曰："是只合耦婢子，前此何妄也！然鬻媵高门，价当倍于曩昔。"女急进曰："青梅侍我久，卖为妾，良不忍。"王乃传语张氏，仍以原金署券，以青梅嫔于生。

【译文】正巧王进士被选任山西曲沃知县，阿喜趁机对母亲说："青梅年龄也不小了，咱们又要随父亲上任，不如打发她走了吧。"母亲本来就认为青梅太伶俐，怕她引导阿喜不走正路，多次想把她嫁出去，就怕女儿不乐意。现在听女儿这么说，心里非常高兴。过了两天，有个佣人的妻子来说了张家想娶青梅的意思。王进士笑着说："这家人也只配找个丫鬟作媳妇，他们前次的做法简直也太荒唐了！不过要把她卖给富贵人家做妾的话，价钱还能比过去高一倍。"阿喜急忙进屋说："青梅侍奉我这么长时间，把她卖给人家做妾，太不忍心了。"王进士于是传话给张家，仍然按原来的身价付钱，还了卖身契，把青梅嫁给了张生。

入门孝翁姑，曲折承顺，尤过于生，而操作更勤，餍糠秕不为苦。由是家中无不爱敬青梅。梅又以刺绣作业，售且速，贾人候门以购，惟恐弗得。得赀稍可御穷。且劝勿以内顾误读，经纪皆自任之。因主人之任，往别阿喜。喜见之，泣曰："子得所矣，我固不如。"梅曰："是何人之赐，而敢忘之？然以为不如婢子，恐促婢子寿。"遂泣相别。

【译文】青梅嫁到张家后，孝敬公婆，尽心周到，胜过了张生。而操持家务更是勤快，糠秕当饭也不觉得苦，因此全家人都非常敬重她。青梅又以刺绣为业，她绣出的东西卖得很快，商贩们等候在张家门前抢购，惟恐得不到手。用刺绣换来的钱多少可以应付穷日子。她还劝张生不要光顾家耽误了读书，家里的事情全由她自己承担起来。因为主人就要上任了，青梅便去与阿喜道别。阿喜见到她，哭着说："你得到了好的归宿，我实在不如你。"青梅说："我知道这是谁赐给我的，怎敢忘了呢？不过您认为不如我，恐怕要折我的寿了。"于是两人哭着惜别。

王如晋半载，夫人卒，停柩寺中。又二年，王坐行赇免，罚赎万计，渐贫不能自给，从者逃散。是时疫大作，王染疾亦卒。惟一媪从女，未几媪亦卒，女伶仃益苦。有邻媪劝之嫁，女曰："能为我葬双亲者，从之。"媪怜之，赠以斗米而去。半月复来，曰："我为娘子极力，事难合也。贫者不能为而葬，富者又嫌子为凌夷嗣。奈何！尚有一策，但恐不能从也。"

【译文】王进士一家到了山西任上，仅半年，夫人就死了，灵柩停在寺庙中。又过了两年，因为行贿罪被免职，罚交赎罪的银两数以万计，因而家道渐渐贫困不能自给，随从们也都四散了。这时，瘟疫流行，王进士染疾病也死了，仅有一个年老的女佣人跟随着阿喜。没过多久，女佣人又死去，只剩下阿喜自己孤苦伶仃，日子越加难过。有个邻居老太婆来劝阿喜出嫁。阿喜说："谁能为我埋葬父母，我就嫁给谁。"老太婆很同情她，送给她一斗米就走了。半月后老太婆又来说："我为你费了很大劲，事情很难办。贫的不能为你葬双亲，富的又嫌你家道败落，怎么办！还有一个主意，只是怕你不会同意。"

女曰："若何？"曰："此间有李郎欲觅侧室，倘见姿容，即遣厚葬，必当不惜。"女大哭曰："我缙绅裔而为人妾耶！"媪无言遂去，日仅一餐，延息待贾，居半年益不可支。一日媪至，女泣告曰："困顿如此，每欲自尽，犹恋恋而苟活者，徒以有两柩在。已辗转沟壑，谁收亲骨者？故思不如依汝所言也。"媪于是导李来，微窥女，大悦。即出金营葬，双槥具举。

【译文】阿喜问："什么主意？"老太婆回答："这地方有个李郎，想讨个二房，若见到你的容貌，即使让他多花钱来厚葬你的父母，他必定在所不惜。"阿喜大哭道："要我这官宦人家的女儿去做妾啊！"老太婆没再说话，就走了。阿喜自此每日只吃一顿饭，勉强维持着等待有人出钱买她。这样过了半年，日子越来越难维持。有一天，老太婆又来了。阿喜哭着对她说："困难到这种地步，常想自杀。所以还能苟活着，仅仅是因为还有双亲的灵柩停在这里。我自己死了填沟壑不要紧，谁来收我父母的尸骨呢？因此想还不如按照你说的主意办吧。"老太婆于是领李郎来，他一见到阿喜，心中大喜，立即出钱为阿喜父母办理安葬。

已，乃迎女去，入参冢室。冢室故悍妒，李初未敢言妾，但托买婢。及见女，暴怒，杖逐而出，不听入门。

【译文】等一切处理完了，就用车把阿喜拉回家，去见他的大老婆。因为这大老婆既厉害又嫉妒，所以李郎起初不敢说阿喜是妾，只是假说买了个侍女。等到见了阿喜，大老婆暴跳怒骂，拿木棍把她打了出去，不让再进门。

女披发零涕，进退无所。有老尼过，邀与同居，喜从之。至庵中拜求祝发，尼不可，曰："我视娘子非久卧风尘者，庵中陶器脱粟粗可自支，姑寄此以待之。时至，子自去。"居无何，市中无赖窥女美，每打门游语为戏，尼不能制止。女号泣欲自死。

【译文】阿喜披头散发痛哭流涕，进退两难。正好有个老尼姑经过这里，见状动了恻隐之心，便邀她一同居住。阿喜转悲为喜，就跟老尼姑走了。到了庵堂中，阿喜拜求削发为尼。老尼不同意。说："我看你并不是久落风尘的人。庵中的粗碗糙米大体上可以自足，你暂且先寄居在这里等待着。只要时机到来，你就走吧。"这样住了不长时间，城市中的一些无赖之辈见阿喜长得美，经常来敲门并说脏话调戏她，老尼也无法制止他们，逼得阿喜又是哭叫又是寻死的。

尼往求吏部某公揭示严禁，恶少始稍敛迹。后有夜穴寺壁者，尼惊呼始去。因复告吏部，捉得首恶者，送郡笞责，始渐安。又年余有贵公子过庵，见女惊绝，强尼通殷勤，又以厚赂啖尼。尼婉语之曰："渠簪缨胄，不甘媵御。公子且归，迟迟当有以报命。"既去，女欲乳药求死。

【译文】为此，老尼前去请求吏部的某官专门贴了告示严厉禁止，这些恶少们才开始稍微有些收敛。后来又有人乘黑夜在庵墙上挖洞，幸被尼姑们发现惊呼才离去。因而再次告到吏部某官那里，捉住了首恶，送郡城中拷打，才渐渐安稳了。又过了一年多，有个贵公子经过庵中，被阿喜的美貌惊呆了，硬求老尼替他通殷勤，又重礼厚赂老尼。但老尼婉言对他说："她是官宦世家的后人，不会甘心给人家作侍妾的。公子暂且回去，推迟几天再去给您报信。"贵公子走后，阿喜想服毒药求死。

夜梦父来，疾首曰："我不从汝志，致汝至此，悔之已晚。但缓须臾勿死，夙愿尚可复酬。"女异之。天明盥已，尼望之而惊曰："睹子面浊气尽消，横逆不足忧也。福且与，勿忘老身矣。”语未已闻扣户声。女失色，意必贵家奴。尼启扉果然。骤问所谋，尼甘语承认，但请缓以三日。

【译文】夜里梦见父亲来，很痛心地说：“以前我没有依从你的心愿，才使你至于此，现在后悔已经晚了！但只要你暂缓片刻不死，夙愿还可以再实现。”阿喜感到非常奇怪。天亮了，阿喜梳洗过后，老尼见了惊讶地说：“看您的脸上，浊气已经全消了，一切艰难和不顺心的事都不用再愁了。您的福气就要来了，不要忘了老身啊。”话未说完，就听到了敲门声。阿喜惊慌失色，知道必定是贵公子的家奴，老尼开门一看果真是他。家奴急问事情的结果，老尼好话应承，再请宽限三日。

奴述主言，事若无成，俾尼自复命。尼唯唯敬应，谢令去。女大悲，又欲自尽，尼止之。女虑三日复来，无词可应。尼曰：“有老身在，斩杀自当之。”

【译文】家奴转达主子的话，事若不成，让老尼亲自向公子回话。老尼毕恭毕敬满口答应，说着感谢话打发家奴走了。阿喜大为伤心，又想自尽。老尼急忙劝止。阿喜担心贵公子过三天再来催，无话可对。老尼说：“有我在，要砍要杀我自己承当。”

次日方晡，暴雨翻盆，忽闻数人挝户大哗。女意变作，惊怯不知所为。尼冒雨启关，见有肩舆停驻，女奴数辈捧一丽人出，仆从煊赫，冠盖甚都。惊问之，云：“是司理内眷，暂避风雨。”导入殿中，移榻肃坐。家人妇群奔禅房，各寻休憩。入室见女，艳之，走告夫人。无何雨息，夫人起，请窥禅舍。尼引，睹女骇绝，凝眸不瞬，女亦顾盼良久。夫人非他，盖青梅也。

【译文】第二天下午，下起了倾盆大雨。忽然听到有好几个人用力敲门，并大声喊叫。阿喜以为发生了什么变故，吓得手足无措。老尼冒着大雨开开门，看见门前停放着一抬轿子。有几名丫鬟从里面扶出一位美人来，随从簇拥，声势显赫，车轿非常漂亮。老尼惊奇地问他们有什么事，回答说：“是司理大人的家眷，想在这里暂时避避风雨。”老尼引导美人进了大殿，移过坐榻恭敬地请她坐下。家人和女佣们全都跑向禅房，各人寻找休息的地方。女佣进屋见到了阿喜，见她很美，连忙跑去告诉了夫人。不多时，雨停了，夫人起身要去禅房看看。老尼领她进屋，夫人见到阿喜惊呆了，两眼盯着一眨也不眨，阿喜也把她端详了好一阵子。这位夫人不是别人，竟是青梅。

各失声哭，因道行踪，盖张翁病故，生起复后，连捷授司理。生奉母之任，后移诸眷口。女叹曰：“今日相看，何啻霄壤！”梅笑曰：“幸娘子挫折无偶，天正欲我两人完聚耳。倘非阻雨，何以有此邂逅？此中具有鬼神，非人力也。”乃取珠冠锦衣，催女易妆。女俯首徘徊，尼从中赞劝之。女虑同居其名不顺，梅曰：“昔日自有定分，婢子敢忘大德！试思张郎，岂负义者？”强妆之，别尼而去。抵任，母子皆喜。

【译文】两人相认都失声痛哭，于是谈起了分别后的经历。原来张翁病故后，张生服丧期满复出做官，连连升迁，被授予司理官职。他先同母亲一起赴任，随后这才来搬家眷。阿喜叹息着说：“今日看来，你我二人可以说是有天壤之别呀！”青梅笑着说：“幸亏您遭受磨难未嫁夫君，老天爷想叫我们两人团聚呢。假如不是遇到这场大雨，怎么会有今天的相逢呢？这其中全有鬼神相助，并非是人力能办到的。”于是拿过珍珠蔻和锦缎绣衣，催促阿喜换装。阿喜低头徘徊不接，老尼从中极力夸赞并劝说她。阿喜担心到张府同居名不正言不顺。青梅说：“咱俩的名位以前早有定分，婢子我哪敢忘了您的大恩大德！试想那张郎岂是忘恩负义的人？”说完硬为阿喜换上装，辞别老尼而去。到了司理官邸，张氏母子见了都很欢喜。

女拜曰：“今无颜见母。”母笑慰之。因谋择吉合卺，女曰：“庵中但有一丝生路，亦不肯从夫人至此。倘念旧好，得受一庐，可容蒲团足矣。”梅笑而不言。及期抱艳妆来，女左右不知所可。俄闻鼓乐大作，女亦无以自主。梅率婢媪强衣之，挽扶而出，见生朝服而拜，遂不觉盈盈而亦拜也。

【译文】阿喜拜见老夫人说：“我今天真没有脸面来见母亲。”张母笑着安慰她。随后商量选择吉日举行婚礼。阿喜对青梅说：“尼庵中只要有一线生路，我也不愿意跟随夫人到这里来。若念往日的友情，能得到一间房子，只要容得下一个蒲团就很满足了。”青梅笑笑没有答话。到了婚礼那天，她把华丽的礼服抱了过来，阿喜左右为难，不知如何是好。忽然听见鼓乐声响了起来，她也身不由己了。青梅带领丫鬟女佣硬给她换上礼服，簇拥着走出来。见张郎身穿朝服在拜，于是自己也不觉盈盈而拜。

梅曳入洞房，曰：“虚此位以待君久矣。”又顾生曰：“今夜得报恩，可好为之。”返身欲去。女捉其裾，梅笑曰：“勿留我，此不能相代也。”解指脱去。

【译文】青梅把她拉入洞房，说：“空着这个位子等待您已经很久了。”又回头对张郎说：“今夜是您报恩的机会，可要好自为之。”说完返身要走，被阿喜捉住了衣襟。青梅笑着说：“不要留我，这事可不能代替。”掰开阿喜的指头脱身而去。

青梅事女谨，莫敢当夕，而女终惭沮不自安。于是母命相呼以夫人。然梅终执婢妾礼罔敢懈。三年张行取入都，过尼庵，以五百金为尼寿，尼不受，固强之，乃受二百金，起大士祠，建王夫人碑。后张仕至侍郎。程夫人举二子一女，王夫人四子一女。张上书陈情，俱封夫人。

【译文】自此，青梅小心谨慎地侍奉阿喜，从不冒犯。而阿喜始终惭愧心中不安。于是张母便叫对她两人都称夫人。但是青梅仍以原来的名分对阿喜行婢妾礼，而且从不懈怠。过了三年，张生由司理职选调进京，经过尼庵，送上五百两银子酬谢老尼。老尼不收。再三强留，于是收下二百两，用来修建了大士祠，立起了王夫人碑。后来张生官职做到侍郎。程夫人青梅生了两个儿子一个女儿，王夫人阿喜生了四个儿子一个女儿。张侍郎又上书皇帝陈述了事情的始末，青梅和阿喜都被封为夫人。

异史氏曰："天生佳丽，固将以报名贤，而世俗之王公，乃留以赠绔袴，此造物所必争也。而离离奇奇，致作合者费无限经营，化工亦良苦矣。独是青夫人能识英雄于尘埃，誓嫁之志，期以必死，曾俨然而冠裳也者，顾弃德行而求膏粱，何智出婢子下哉！"

【译文】异史氏说："天生美貌的女子，固然就是报答有名望的贤者，但是世俗的王公贵族，却将她们赠送给纨绔子弟，这就是造物主所必须要争夺的。反而是其中离离奇奇的变化，使得可以毫无限制的进行经营，使用巧妙奇思也是用心良苦。只有青梅夫人独独能慧眼识得英雄，发誓出嫁张生的志愿，死而后已，那些义正词严配饰冠带的人，只顾抛弃恩德义行而追求富家子弟，她们的智力其实是比奴婢还要低下的啊！"

王成

王成平原故家子，性最懒。生涯日落，惟剩破屋数间，与妻卧牛衣中，交谪不堪。时盛夏燠热，村外故有周氏园，墙宇尽倾，惟存一亭；村人多寄宿其所，王亦在焉。

【译文】王成是世家子弟，为人过于懒惰，生活日渐贫困，仅剩下几间破屋，与妻子睡在盖牛的破布中，因此经常互相贬斥。夏天天气非常炎热，村外有一个周家园子，房屋都已倒塌，只存一个亭子。村里人便到亭中住宿，王成也在其中。

既晓，睡者尽去；红日三竿，王始起，逡巡欲归。见草际金钗一股，拾视之，镌有细字云："仪宾府造"。王祖为衡府仪宾，家中故物，多此款式，因把钗踌躇。欻一妪来寻钗。王虽故贫，然性介，遽出授之。

【译文】一天拂晓，村里睡觉的人都回去了，到太阳升得老高时，王成才起来。正打算回去时，忽然发现草丛里有只金钗。拣起来一看，见上面刻有“仪宾府制”几个小字。王成的祖父曾当过衡王府仪宾，家中收藏的旧物，多半是这个款式。因此，他拿着金钗犹豫不决。忽见一个老太婆来找金钗。王成虽然一直穷，但为人正直，便马上把金钗还给她。

妪喜，极赞盛德，曰：“钗值几何，先夫之遗泽也。”问：“夫君伊谁？”答云：“故仪宾王柬之也。”王惊曰：“吾祖也。何以相遇？”妪亦惊曰：“汝即王柬之之孙耶？我乃狐仙。百年前，与君祖缱绻。君祖殁，老身遂隐。过此遗钗，适入子手，非天数耶！”王亦曾闻祖有狐妻，信其言，便邀临顾。妪从之。王呼妻出见，敝衣蓬首，菜色黯焉。

【译文】老太婆很高兴，并满口称赞王成品行好。她说：“金钗本身值不了多少钱，只因为它是我丈夫的遗物。”王成问她的丈夫是谁，她回答说：“已故去的仪宾王柬之。”王成吃惊地说：“他是我祖父。你是怎么见到他的？”听了这话，老太婆也有几分惊诧，她说：“这样说来，你就是王柬之的孙子啰？我本是一个狐仙，百年前与你祖父结婚。你祖父死后，我就隐身了。不料路过这里时把金钗丢了，碰巧被你拾到了，这真是天意啊！”王成过去曾听说过祖父有个狐妻，于是便相信了她的话，并请她一同回家。老太婆便与王成一起走到家。到了家，王成赶忙呼妻子出来相见。他妻子穿着破衣，脸色菜黄带黑。

妪叹曰：“嘻！王柬之孙子，乃一贫至此哉！”又顾败灶无烟，曰：“家计若此，何以聊生？”妻因细述贫状，呜咽饮泣。妪以钗授妇，使姑质钱市米，三日后请复相见。王挽留之。妪曰：“汝一妻不能自存活；我在，仰屋而居，复何裨益？”遂径去。王为妻言其故，妻大怖。王诵其义，使姑事之，妻诺。逾三日，果至。出数金，籴粟麦各一石。夜与妻现在共短榻。妇初惧之；然察其意殊拳拳，遂不之疑。

【译文】老太婆不禁叹息起来：“唉，想不到王柬之的孙子，竟穷到这等地步！”她看见破灶上什么食物也没有，问道：“家里穷得这样，你们靠什么度日啊？” 王成的妻子便诉说家中的困境，说着说着竟泪眼汪汪，泣不成声。老太婆听了以后便将自己的金钗送给王成的妻子，让她到市上换钱买米，并约好三天后再见面。王成挽留她，她说：“你连自己的妻子都难养活，我如果留下来住，只能望着空房子发愁，有什么好处？”于是她就走了。王成向妻子讲明情况，妻子听了害怕起来。王成称赞老太婆好，要妻子好好侍奉她。妻子答应了。过了三天，老太婆果然来了。她拿出一些银子，买回一石米一石麦。晚上与王妻同睡在短床上。王妻开始有些恐惧，但看她很诚恳、善良，也就不再担心她。

翌日，谓王曰："孙勿惰，宜操小生业，坐食乌可长也？"王告以无资。曰："汝祖在时，金帛凭所取；我以世外人，无需是物，故未尝多取。积花粉之金四十两，至今犹存。久贮亦无所用，可将去悉以市葛，刻日赴都，可得微息。"王从之，购五十余端以归。妪命趣装，计六七日可达燕都。嘱曰："宜勤勿懒，宜急勿缓；迟之一日，悔之已晚。"

【译文】第二天，老太婆对王成说："你不要懒惰，应该做点小生意，坐吃山空怎么能长久？"王成说没本钱做生意。老太婆说："你祖父在世时，钱银随我拿。我因为是个世外人，不需要钱，所以从未多要。节省下来的四十两花粉钱，至今还保存着，你拿去买些葛布，马上进京城去卖，可以赚点钱。"于是，王成买了五十匹葛布回来。老太婆叫他动身，说六七天就可以到京城。她一再嘱咐王成："你一定要勤快些，千万不能偷懒；行动要快，不可拖拖拉拉；要是迟了一天，后悔就来不及了。"

王敬诺，囊货就路。中途遇雨，衣履浸濡。王生平未历风霜，委顿不堪，因暂休旅舍。不意淙淙彻暮，檐雨如绳。过宿，泞益甚。见往来行人，践淖没胫，心畏苦之。待至停午，始渐燥，而阴云复合，雨又大作。信宿乃行。将近京，传闻葛价翔贵，心窃喜。入都，解装客店，主人深惜其晚。

【译文】王成恭敬地答应了。他带着葛布上了路，不料，途中遇雨，衣服和鞋袜都湿透了。王成这辈子还从来没吃过这种苦，几天下来，早已疲惫不堪，只好住进旅店。想不到阴雨连绵，第二天雨下得更大了。他见过往旅客，一个个都被雨淋得狼狈不堪，心里更是叫苦不迭。到了中午，空气刚有点干燥，不一会儿又阴云密布，大雨滂沱。王成无奈又住了一夜。等他快到京城时，听说葛布价钱很贵，心中暗暗高兴。但进京后住进客店一问，才知道为时已晚，连店主都对他晚来一步感到惋惜不已。

先是，南道初通，葛至绝少。京中巨室，购者颇多，价顿昂，较常可三倍。前一日方购足，后来者并皆失望。主人以故告王。王郁郁不得志。越日，葛至愈多，价益下。王以无利不肯售。迟十余日，计食耗繁多，倍益忧闷。主人劝令贱鬻，改而他图。从之。亏资十余两，悉脱去。

【译文】原来，一开始的时候，南边道路才通，葛布很少，而贝勒府急需用布，葛布的价钱顿时涨了三倍。前一天，王府已买足了布，布价自然也就跌下来了。王成得知这一消息后烦闷不安。又过了一天，葛布越来越多，价钱却越来越低。王成认为无利可赚不能卖。又过了十多天，食宿费已花去不少，而布还没卖出去，王成的心中更加烦闷。店主劝他低价卖掉葛布，再做其他生意。王成接受了他的意见，把带来的葛布全卖出去了，但本钱却亏了十几两银子。

早起，将作归计，启视囊中，则金亡矣。惊告主人。主人无所为计。或劝鸣官，责主人偿。王叹曰："此我数也，于主人何尤？"主人闻而德之，赠金五两，慰之使归。自念无以见祖母，蹀躞内外，进退维谷。

【译文】第二天早晨起床，打算收拾收拾回家，但拿出钱袋一看，发现卖布的钱全部被人偷走了。王成赶忙告诉店主，店主也无计可施。有人鼓动他去告店主，要店主赔偿。王成却说："是我命不好，与他无关。"店主听说后很感激他，送他五两银子做路费。王成觉得这样空着手回去没脸见祖母，他思来想去，进退两难。

适见斗鹑者，一赌辄数千；每市一鹑，恒百钱不止。意忽动，计囊中资，仅足贩鹑，以商主人。主人亟怂恿之，且约假寓饮食，不取其直。王喜，遂行。购鹑盈担，复入都。主人喜，贺其速售。至夜，大雨彻曙。天明，衢水如河，淋零犹未休也。居以待晴，连绵数日，更无休止。起视笼中，鹑渐死。

【译文】正在这时候，他看见斗鹑的，一赌就是几千两，而买一只鹑，至少要花百把铜钱。他忽然想到，用身上的钱买鹑子也够了，于是马上同店主商量这件事。店主竭力怂恿他干，并表示不收他的食宿费。王成很高兴，买了一担鹑子又进京城。店主也很高兴，希望他尽快把鹑子卖掉。到了夜里，一场大雨倾盆而下，街道上水流成河，王成只好坐等天晴。但雨连着下了好几天，笼子里的鹑渐渐死去。

王大惧，不知计之所出。越日，死愈多；仅余数头，并一笼饲之；经宿往窥，则一鹑仅存。因告主人，不觉涕堕。主人亦为扼腕。王自度金尽罔归，但欲觅死，主人劝慰之。共往视鹑，审谛之曰："此似英物。诸鹑之死，未必非此鹑之斗杀之也。君暇亦无所事，请把之；如其良也，赌亦可以谋生。"

【译文】王成焦急万分，但一时又想不出好办法。过了一天，鹑子死的更多，一担鹑而今只剩下几只，于是便把它们装在一个笼子里饲养。谁知道一宿后去看，只剩下一只了。告诉店主，不觉泪流满面，店主也为他惋惜。王成考虑到血本无归，就想一死了之。店主一再劝他、安慰他。店主和王成去看那只仅存的鹑子，他仔细观察了鹑子后对王成说："这只鹑非同寻常，那些鹑子 很可能是被它斗死的。你反正没事，不如带它出去斗斗，如果它是善斗的鹑，你靠它也可以谋生。

王如其教。既驯，主人令持向街头，赌酒肉食。鹑健甚，辄赢。主人喜，以金授王，使复与子弟决赌；三战三胜。半年许，积二十金。心益慰，视鹑如命。

【译文】王成觉得店主说得在理，便去认真地驯养鹑子。驯养好鹑子后，店主要他带着鹑子到街上赌酒食。王成养的那只鹑子很勇健，常常大胜而归。店主得知后很高兴，他送钱给王成作赌本，让他的鹑继续与别人的鹑斗。结果，王成的鹑三战三胜。这样过了半年多，王成积攒了二十多两银子。此时，王成的心里觉得宽慰多了，他已把鹑子当作性命一样贵重。

先是，大亲王好鹑，每值上元，辄放民间把鹑者入邸相角。主人谓王曰："今大富宜可立致；所不可知者，在子之命矣。"因告以故，导与俱往。嘱曰："脱败，则丧气出耳。倘有万分一，鹑斗胜，王必欲市之，君勿应；如固强之，惟予首是瞻，待首肯而后应之。"王曰："诺。"

【译文】有个大亲王好斗鹑，每逢上元节，总是让老百姓带着鹑子到府中斗。这一年的上元节快到了。店主对王成说："你发大财的机会来了，只是不知你的运气怎么样。"店主便把大亲王与百姓斗鹑的故事讲给王成听，并带着王成前去亲王府。他嘱咐王成："斗败了，你自认倒霉就是了；如果万幸赢了，亲王必定要买你的鹑子，你先不要答应，如果他强迫你，你就看我的眼色行事，我点头后你才能答应。"王成说："那好。"

至邸，则鹑人肩摩于墀下。顷之，王出御殿。左右宣言："有愿斗者上。"即有一人把鹑，趋而进。王命放鹑，客亦放；略一腾踔，客鹑已败。王大笑。俄顷，登而败者数人。主人曰："可矣。"相将俱登。

【译文】到了亲王府，只见许多斗鹑人站在台阶下。一会儿，亲王出来了。他的随从招呼说："愿意斗鹑的上来。"马上有个人拿着鹑子上前，王爷说放鹑子，那个人也放了鹑子。两只鹑略斗了几下，那人的鹑子便败下阵来。王爷开怀大笑。过了一会儿，已有好几个人的鹑子都被亲王的鹑子斗败了。店主对王成说："该我们上了。"两人一同上殿。

王相之，曰："睛有怒脉，此健羽也，不可轻敌。"命取铁喙者当之。一再腾跃，而王鹑铩羽。更选其良，再易再败。王急命取宫中玉鹑。片时把出，素羽如鹭，神骏不凡。王成意馁，跪而求罢，曰："大王之鹑，神物也，恐伤吾禽，丧吾业矣。"王笑曰："纵之。脱斗而死，当厚尔偿。"成乃纵之。

【译文】王爷看了看王成的鹑子说："满眼杀气，是个善斗的，不可轻敌。"他命令随从放"铁嘴"鹑来斗。只几个回合，"铁嘴"鹑即大败。又换了几只良鹑，同样被斗败了。亲王急忙命令取宫中的玉鹑来斗。那玉鹑长得一身白毛，神态不凡。王成胆怯，跪着请求停斗，他说："大王的鹑子，是神物，若伤了我的鹑子，就砸了我的饭碗。"亲王笑着说："放鹑子。如果你的鹑子斗死了，我会重赏你的。"王成这才再放出鹑子。

王鹑直奔之。而玉鹑方来，则伏如怒鸡以待之；玉鹑健啄，则起如翔鹤以击之；进退颉颃，相持约一伏时。玉鹑渐懈，而其怒益烈，其斗益急。未几，雪毛摧落，垂翅而逃。观者千人，罔不叹羡。王乃索取而亲把之，自喙至爪，审周一过，问成曰："鹑可货否？"答云："小人无恒产，与相依为命，不愿售也。"

【译文】玉鹑见王成的鹑出笼，径直奔过去。当玉鹑刚冲将过来，王鹑像怒鸡伏身待战。玉鹑狠啄时，王鹑像鹤一样腾飞反击。两鹑或进或退，或攻或守，相持近一个时辰也没分出胜负。但后来，玉鹑渐渐松懈，而王鹑则越斗越怒、越急。不一会儿，玉鹑身上的毛像雪花般掉落，垂着翅膀逃走了。观战的人成百上千，他们都赞赏王成的鹑子善战。亲王亲手拿起王鹑，从嘴到爪细细察看一番，然后问王成："卖不卖鹑？"王成回答："我没有任何固定财产，只与鹑相依为命，不想卖。"

王曰："赐而重值，中人之产可致。颇愿之乎？"成俯思良久，曰："本不乐置；顾大王既爱好之，苟使小人得衣食业，又何求？"王请直，答以千金。王笑曰："痴男子！此何珍宝，而千金直也？"成曰："大王不以为宝，臣以为连城之璧不过也。"王曰："如何？"曰："小人把向市廛，日得数金，易升斗粟，一家十余食指，无冻馁忧，是何宝如之？"王言："予不相亏，便与二百金。"成摇首。又增百数。

【译文】亲王说："赏你大价钱，使你拥有中产人的财富，这样你就乐意卖了吧？"王成低头沉思，半晌才说："我本不愿卖，既然王爷喜欢它，又能使小人不愁衣食，我当然愿意。"王爷要他出价，他说要一千两银子。王爷笑着说："痴汉！这是什么宝物价值千金？"王成说："大王不把它当成宝物，我却把它当无价之宝。"王爷问为什么，王成说："我带它到街上斗，每天可赢些柴米钱，一家十几口人就没有挨冻受饿之忧，什么宝物能和它比？"听王成这么一说，王爷也换了口气，说："我不亏待你，给你二百两。"王成摇了摇头。王爷又加了一百两。

成目视主人，主人色不动。乃曰："承大王命，请减百价。"王曰："休矣！谁肯以九百易一鹑者！"成囊鹑欲行。王呼曰："鹑人来，鹑人来！实给六百，肯则售，否则已耳。"

成又目主人，主人仍自若。成心愿盈溢，惟恐失时，曰："以此数售，心实怏怏；但交而不成，则获戾滋大。无已，即如王命。"

【译文】王成看看店主，只见他不动声色，就说："看在王爷的面子上，减一百。"王爷见他不肯多让，不满意地说："算了吧！谁肯花九百两买只鹑。"王成假装要把鹑子带走。这时，王爷喊了一声："你过来，你过来！我出六百两，你同意就卖，不同意就罢了。"王成又看了看店主，见他仍不动声色。王成自己已感到心满意足，怕失去良机，就对亲王说："这个价，实在不乐意卖，但不卖又得罪不起王爷。没办法，就依你说的那个价吧。"

王喜，即秤付之。成囊金，拜赐而出。主人怼曰："我言如何，子乃急自鬻也？再少靳之，八百金在掌中矣。"成归，掷金案上，请主人自取之，主人不受。又固让之，乃盘计饭直而受之。

【译文】王爷大喜，叫人称好银两交给他。王成拿到银两后便告辞王爷，出了亲王府。店主在路上埋怨他说："我是怎么告诉你的？你却急着要卖，否则，再讲讲价，八百两就稳稳地拿到手了。"回到店里，王成把银子放在桌上。他让店主自己拿银子，店主不肯要。王成再三推让，店主就收了他的食宿费。

王治装归，至家，历述所为，出金相庆。妪命置良田三百亩，起屋作器，居然世家。妪早起，使成督耕，妇督织；稍惰，辄诃之。夫妇相安，不敢有怨词。过三年，家益富。妪辞欲去。夫妻共挽之，至泣下。妪亦遂止。旭旦候之，已杳矣。

【译文】王成收拾行李回到家，对家里人讲了详细经过，并把银子拿出来庆贺。祖母叫他买了三百亩良田，修房屋，打家具，使一个穷人家又变得像个世家。每天清晨，祖母早起，督促王成管理田庄，督促王妻织布。王成夫妇稍有懈怠，祖母便训斥他们。夫妇二人对老太婆也不敢有怨言。过了三年，家中更富了。老太婆要离开。夫妇二人哭着挽留她，她答应了。可是，第二天天亮时，她已不见了。

异史氏曰："富皆得于勤，此独得于惰，亦创闻也。不知一贫彻骨，而至性不移，此天所以始弃之而终怜之也。懒中岂果有富贵乎哉！"

【译文】异史氏说："富来自于勤奋，这件事却因为懒惰发家，也算是奇闻了。不知道一贫如洗，而本性不改，这是上天之所以开始的时候抛弃他而最终又钟情于他。懒人中难道真有这样富贵的吗？"

东轩主人

东轩主人，清四库书子部小说家存目，载有其所著《述异记》三卷，云不著名氏，所记皆顺康间之事，多陈神怪，亦间及奇器。

【译文】东轩主人，清《四库全书》列为子部小说家存目，载有其所著《述异记》三卷，说没有记录姓氏，所记载的都是顺治康熙年间的事，多神怪故事，也记录一些奇器之类。

口技记

扬州郭猫儿，善口技，其子精戏术。扬之当事缙绅，无不爱近之。庚申，余在扬州，一友挟猫儿同至寓。比晚酒酣，郭起请奏薄技，于席右设围屏，不置灯烛，郭坐屏后，主客静听。

【译文】扬州有个叫郭猫儿的，擅长表演口技，他的儿子也擅长表演杂耍、魔术。扬州当地的缙绅士人，没有不喜欢观赏口技并接近他的。康熙十九年（庚申年）我在扬州时，一位朋友和郭猫儿一同到寓所。等到晚上酒酣耳热，郭猫儿站起来，请主人允许略献薄技，于是在宴席右侧摆设围屏，不放置灯烛，坐于屏后，主客静静地听着。

久之，无声。俄闻二人途中相遇，揖叙寒暄。其声一老一少。老者拉少者至家饮酒，投琼藏钩，备极款洽。少者以醉辞，老者复力劝数瓯。遂踉跄出门，彼此谢别。主人闭门，少者，履声蹒跚，约可二里许，醉仆于途。忽有一人过而蹴之，扶起。乃其相识也，遂掖之至家。而街栅已闭，遂呼司栅者，一犬迎吠，倾之，数犬群吠。又倾，益多。犬之老者少者远者近者哮者，同声而吠，一一可辨。久之，司栅者出启栅。无何，至醉者之家，则又误叩江西人之门。惊起，知其误也，则江西人以乡音詈之，群犬又数吠。

【译文】很长时间没有声息。一会儿就听见两个人在半道上相遇的声音。两个人互相作揖寒暄。从声音上听是一老一少两个人。老者拉着年轻人去他家里喝酒，酒宴之上掷骰子划拳之声不绝于耳，款待得十分融洽。年轻人说喝醉了要告辞，老者又尽力劝了几杯酒。年轻人于是就踉踉跄跄地出门，彼此之间相互致谢别过。主人家关了门，年轻人步履蹒跚地走了两里多，就醉倒在路上了。忽然有一个人过来被年轻人绊了一下，就把他扶起来。才看见是自己认识的人，于是就搀扶着着送年轻人回家。但是街门已经关上了，于是就喊叫看门的，一条狗扑上前来吠叫不止，不一会一群狗都叫了起来。又过了一会儿，就更多了。老狗、小狗、远处的狗、近处的狗、咆哮的狗，都一起叫，声音能够清清楚楚地辨别。很久之后，看门的出来开了街门。很快就到醉酒之人家中，但又误敲了一户江西人家的门。这户人家被惊起，知道是敲错了门，江西人就用自己的江西方言骂了起来。狗又叫了几声。

比至则，其妻应声出。送者郑重而别。妻扶之登床。醉者索茶。妻烹。茶至。则已大鼾，鼻息如雷矣。妻遂詈其夫，唧唧不休。顷之，妻亦熟寝。两人鼾声如出二口。急闻夜半牛鸣矣。夫起大吐，呼妻索茶。妻作呓语。夫复睡。妻起便，旋纳履，则夫已吐秽其中。妻怒骂。久之，遂易履而起。此时群鸡乱鸣，其声之种种各别，亦如犬吠也。

【译文】到了之后，醉酒者的妻子应声出来相迎。送他回家的人郑重交代之后就告别了。妻子扶着丈夫上了床。但是喝醉酒的人要茶喝。妻子只好去烧茶，等茶烧好了端来，丈夫已经打起很响的呼噜声。呼吸的声音就像打雷一样。妻子于是就骂自己的丈夫，喋喋不休。然后妻子也睡熟了。两个人的鼾声真切得就像从两个口中发出。猛然听见半夜牛叫了一声。丈夫起身狂吐，喊着妻子要喝茶。妻子说梦话。丈夫又睡熟了。妻子起身解手，就要穿鞋，但是丈夫已经吐在鞋子里。妻子生气怒骂丈夫。而后换了双鞋起身。这个时候就听见很多只鸡乱叫，种种不同的声音各有特点，也和狗叫声一样繁乱。

少之，其父来呼其子。曰：“天将明，可以宰猪矣。”始知其为屠门也，其子起至猪圈中饲猪，则闻群猪争食声，吃食声，其父烧汤声，进火倾水声。其子遂缚一猪，猪被缚声，磨刀声，杀猪声，猪被杀声，出血声，焯剥声，历历不爽也。父谓子：“天已明，可卖矣。”闻肉上案声，即闻有卖买数钱声，有买猪首者，有买腹脏者，有买肉者。正在纷纷争闻不已，砉然一声，四座俱寂。

【译文】不一会，父亲过来敲门对少年说：“天快亮了，还不起来杀猪！”少年起身到猪圈里喂猪。只听群猪争食、吃食之声，他父亲烧水、进炉、倒水声，此起彼伏。少年捆来一头猪，那猪被绑时的嘶叫声，少年磨刀、杀猪声，猪被杀、出血声，烫猪退毛声，都历历在耳，没有差错。父亲对少年说：“天已大亮，可以拿去卖了。”不一会，即听见肉上砧板声，有买猪头、猪内脏、猪肉的。正当热闹纷纭之时，突然“啪！”地一声，四座俱寂，表演结束了。

袁 枚

袁枚，小传见历代论文名著类。

【译文】袁枚的简略的传记参见历代论文名著类。

书麻城狱

麻城涂如松，娶杨氏，不相中，归辄不返。如松嗛之而未发也。亡何，涂母病，杨又归，如松复殴之，杨亡不知所往。两家讼于官。

【译文】麻城县涂如松，娶杨氏为妻，两口子不和睦，杨氏回娘家动不动就不回来。开始，涂如松心里讨厌她还没有发作。不久，涂母病了，杨氏又要回娘家，如松又打她，杨氏逃跑不知到哪里去了，两家因此打起官司。

杨弟五荣，疑如松杀之，访于九口塘，有赵当儿者，素狡狯，谩曰："固闻之！"盖戏五荣也。五荣骇，即拉当儿赴县为证，而诉如松与所狎陈文等共杀妻。知县汤应求讯无据，狱不能具。当儿父首其儿故无赖妄言，请无随坐。汤访唆五荣者，生员杨同范——虎而冠也；乃请褫同范，缉杨氏。

【译文】杨氏的弟弟五荣怀疑如松害了姐姐，到九口塘去查访。有个叫赵当儿的，平日狡诈无行，随口说："听说有这么一回事！"这本来是戏弄五荣的话，五荣听后大吃一惊，当即拉着当儿到县作证，上告如松和他相好的陈文等共同谋害了杨氏。知县汤应求经过审讯 ，没有取得证据，案子不能成立。当儿的父亲也告发儿子是个无赖，随便乱说的，请求不要牵连自己坐牢。汤知县查知唆使五荣诬告的，是秀才杨同范——一个凶残如虎为害乡里的劣绅，便请求剥夺同范的功名，通缉杨氏。

先是，杨氏为王祖儿养媳。祖儿死，与其侄冯大奸。避如松殴，匿大家月余。大母虑祸，欲告官。大惧，告五荣；五荣告同范。同范利其色，曰：“我生员也，藏之，谁敢篡取者！”遂藏杨氏复壁中，而讼如松如故。

【译文】早先杨氏是王祖儿的童养媳，祖儿死后，和他侄子冯大通奸。杨氏为了逃避如松殴打，躲在冯大家有一个多月。冯大的母亲怕惹祸，打算报告官府。冯大害怕了，就告诉了五荣；五荣又告诉了同范。杨同范贪她的美色，就说：“我是秀才，把她藏在我家，谁敢来抢！”于是叫杨氏躲在夹壁墙里，仍旧告如松杀妻。

逾年，乡民王某墐其僮，河滩浅，为犬爬嗽。地保请应求往验，会雨，雷电以风，中途还。同范闻之大喜，循其衣衿笑曰：“此物可保！”与五荣谋，伪认杨氏，贿仵作李荣使报女尸，李不可。越二日，汤往，尸朽不可辨，殓而置揭焉。同范、五荣率其党数十人哄于场。事闻，总督迈柱委广济令高仁杰重检。

【译文】过了一年，同村黄某埋葬他的家僮，河滩很浅，尸体被狗拖出来啃咬。地保请汤知县前来验尸，正赶上下雨，打雷闪电刮大风，汤知县走到半路又回衙门去了。同范听说后，非常高兴，抚摸着身上衣领，笑着说：“这件东西可以保住了！”他同五荣密谋，假认那具僮尸就是杨氏，贿赂仵作李荣谎报是女尸。李荣不干。过了两天，汤知县来验尸，尸体已经腐烂无法辨认，就先装敛掩埋，并立了木桩作为标志。同范、五荣率领他们一伙几十人当场起哄。事情被湖广总督迈柱知道了，委派广济县令高仁杰重新审此案。

高，试用令也，觊觎汤缺；所用仵作薛某，又受同范金，竟报女尸肋有重伤。五荣等遂诬如松杀妻，应求受贿，刑书李献宗舞文，仵作李荣妄报。总督信之，劾应求，专委高鞫。高掠如松等，两踝骨见，犹无辞。乃烙铁索使跽，肉烟起，焦灼有声，虽应求不免，皆不胜其毒，皆诬服。李荣死杖下。然尸故男也，无发，无脚指骨，无血裙袴。逼如松取呈；如松瞀乱，妄指认抵拦。初掘一冢 ，得朽木数十片，再掘，并木无有，或长髯巨靴，不知是何男子。

【译文】高仁杰是试用的县令，他想借机夺取汤应求的职位，就用了仵作薛某；而薛某又收了同范的贿赂，假报是女尸，肋部有重伤。五荣一伙借此上告涂如松杀妻，汤应求受贿，师爷李献宗作弊，仵作李荣谎报。总督迈柱信以为真，弹劾汤应求，委派高仁杰主审。高拷打涂如松等人，脚踝骨都露出来了，还是得不到所要的口供。于是就烧红铁链，叫他们跪在上边，烫得皮肉冒烟出声，连汤应求也不能免刑。他们受不住拷打，都被迫招认了。李荣还被刑杖活活打死。但那具死尸本来就是男人，没有留发，没有缠足受折的脚指骨，没有带血的女裙裤。强迫如松写认罪书，他被搞得晕头转向，就乱说搪塞。开始掘了一个坟墓，找到烂掉的几十片棺木，再掘一个，连棺木也没有，有的是长须大鞋，也不知是哪家的男尸。

最后得尸；足弓鞋，官吏大喜，再视髑髅上鬓鬓白发，又惊弃之。麻城无主之墓，发露者以百数，每不得，又炙如松。如松母许氏，哀其子之求死不得也，乃剪己发，摘去星星者为一束；李献宗妻刓臂，血染一裤一裙，斧其亡儿棺，取脚指骨凑聚诸色，自瘗河滩，而引役往掘，果得，狱具。署黄州府蒋嘉年廉其诈，不肯转，召他县仵作再检，皆曰男也。高仁杰大惧，诡详尸骨被换，求再讯。俄而山水暴发，并尸冲没，不复检。总督迈柱竟以如松杀妻，官吏受赃，拟斩绞奏，麻城民咸知其冤，道路汹汹然，卒不得杨氏，事无由明。

【译文】最后找到了一个全尸是缠足弓鞋，主办官员很高兴，可是仔细一看头骨上有许多白头发，又惊慌地丢掉了。麻城县无主的坟墓，被挖掘了上百座，每次找不到，就又用火烤如松。如松的母亲许氏，可怜儿子求死不得，于是剪下自己的头发，从中摘除白发，扎在一块；李献宗的老婆刺破胳臂染红了裙裤，用斧头劈开死去孩子的棺材，取出脚指骨，把几样东西拼凑一起，自己埋在河滩上，随后带着公差去掘，果然得到，案子算了结了。但代理黄州府知府蒋嘉年发觉案情不实，不肯向上转报，又找别县的仵作重新检验，都说是男尸。高仁杰非常害怕，假报尸体被人偷换了，请求复审。隔了不久山洪暴发，尸体冲走，无法再验。总督迈柱还是按涂如松杀妻，主管官员受贿，打算判处杀头或者绞刑上报审批。麻城的老百姓知道这是一个大冤案，都气忿不平，可又找不见杨氏，事情也无法澄清。

居亡何，同范邻妪早起，见李荣血模糊，奔同范家。方惊疑，同范婢突至，曰："娘子未至期遽产，非妪莫助举儿者！"妪奋臂往。儿颈拗胞不得下，须多人掐腰乃下。妻窘，呼："三姑救我！"杨氏闯然从壁间出，见妪大悔，欲避而面已露，乃跪妪前戒勿泄。同范自外入，手十金纳妪袖，手摇不止。妪出语其子曰："天乎！犹有鬼神，吾不可以不雪此冤矣！"即嘱其子持金诉县。

【译文】过了不久，杨同范邻居有个老太婆，清早起来看见李荣满身血污跑进同范家中。正在惊疑不定的时候，同范家的女仆突然赶来叫道："我家夫人还没到临产期就要生产了，只有你帮助才能生下孩子！"老太婆自告奋勇，到了杨家，见小孩头部拗着胞衣下不来，需要几个人掐着腰部向下推动才能生下来。产妇难受得大声叫道："三姑救救我！"杨氏蓦地从壁墙里跑出来，看见老太婆，非常后悔，想再躲避已经露了面，就跪在老太婆面前请求不要泄露。杨同范从屋外进来，拿了十两银子塞进老太婆袖子里，手摇不止，不叫外传。老太婆回到家中，对儿子说："这是天意吗？还是冥冥之中自有鬼神？我不能不去昭雪这件冤案！"她立即叫儿子拿着同范送的钱告到官府。

县令陈鼎，海宁孝廉也，久知此狱冤，苦不得间。闻即白巡抚吴应棻；吴命白总督。总督故迈柱，闻之以为大愚，色忿然无所发怒，姑令拘杨氏。陈阴念拘杨氏稍缓，或漏泄，必匿他处，且杀之灭口，狱仍不具也。乃伪访同范家畜娼，而身率快手，直入毁其壁，果得杨氏。麻城人数万欢呼，随之至公堂，召如松认妻。妻不意其夫状焦烂至此，直前抱如松颈，大恸曰："吾累汝！吾累汝！"堂下民皆雨泣。五荣、同范等叩头乞命，无一言。时雍正十七年七月二十四日也。吴应棻以状奏，越十日而原奏勾决之旨下，迈柱不得已，奏案有他故，请缓决。杨同范揣知总督意护前，乃诱杨氏具状，称身本娼，非如松妻；且自伏窝娼罪。迈复据情奏。天子召吴、迈两人俱内用，特简户部尚书史贻直督湖广，委两省官会讯，一切皆如陈鼎议。乃复应求官，诛同范、五荣等。

【译文】县令陈鼎，是浙江海宁的举人，他早知道这是个冤案，苦于抓不住机会。他得到报告立即上报巡抚吴应棻，吴叫他报告总督。总督还是那个迈柱，他一听说，知道自己上了当，很恼火，可又无处发泄，只好下令逮捕杨氏。陈知县暗想，拘捕杨氏如果下手迟了，或者走露风声，必然把她转移到别处去，甚至杀人灭口，平反冤案也就办不成了。于是他装作查访杨同范家中蓄娼，带了壮丁快差直奔杨家，砸开夹壁，果然捕获杨氏。麻城几万群众欢呼，随同到了县衙，召涂如松认妻。杨氏没有想到她丈夫被折磨成这种焦头烂额的样子，扑上前去 抱住如松大哭起来，连说，"是我害了你！是我害了你！"堂下观众都泪如雨下。五荣、同范等人叩头求饶，没有可讲的了。这是雍正十七年七月二十四日的事情。吴应棻把全部案情上奏皇帝，过了十天，奏章和判决批示下来，迈柱不得已又上奏本案另有差错，请求暂缓执行。杨同范猜想总督有意袒护过去的错判，又诱骗杨氏写状子说她是个妓女，并不是涂如松的老婆，杨同范承认他犯了窝娼的罪过。迈柱根据这些谎言再报朝廷。皇帝调吴应棻、迈柱两人到中央任职，特派户部尚书史贻直接任湖广总督，指示总督、巡抚两署官员会审，所得的一切供词都和陈鼎上报的相同。于是恢复汤应求的县令职位，处死杨同范、杨五荣等人。

袁子曰："折狱之难也。三代而下，民之谲觚甚矣，居官者又气矜之隆，刑何由平？彼枉滥者何辜焉？麻城一事，与元人宋诚夫所书《工狱》相同。虽事久卒白，而纠葛变幻，危乎艰哉！虑天下之类是而竟无平反者正多也。然知其难而慎焉，其于折狱也庶矣。此吾所以书麻城狱之本意也夫！"

【译文】袁枚先生评论说："办案真难哪！自三代以后，人们的欺诈虚伪越来越厉害了，当官的又趾高气扬，作威作福，办案用刑怎么能够公正呢？而那些蒙受冤枉的人有什么罪过呀？麻城发生的这件冤案，和元代宋诚夫所写的《工狱》相似，虽然拖延很久而终于平反，但其间混乱多变，又是多么地不容易呀！细想全国像这样得不到平反的案件，还是不少的。但是知道其中的困难复杂而慎重处理，对于办好案子就比较接近了。这正是我写麻城狱的用意所在！”

纪昀

纪昀，清河间人，字晓岚，乾隆进士，官至协办大学士，贯彻群籍，旁通百家，尝任《四库全书》总纂官，校订整理，每书悉作提要，冠诸简首，称“大手笔”，又奉诏撰《简明目录》，评骘精审，一生精力，备注其中。性坦率，好滑稽，有陈亚子之称，卒谥文达，有《遗集》及《阅微草堂笔记》五种。

【译文】纪昀是清代河间人，字晓岚，乾隆年间进士，官至协办大学士，学识贯通群经，旁通诸子百家，曾经担任过《四库全书》的总纂官，校订整理群书，每部书都写下内容提要，置于卷首，被成为“大手笔”，又奉皇命修撰《四库简明目录》，评价考核精到准确，一辈子的精力都关注在这件事上。他性格坦率，风趣幽默，被称作“陈亚子”，死后谥“文达”，著有《遗集》以及《阅微草堂笔记》。

《阅微草堂笔记》三则

老学究

爱堂先生言，闻有老学究夜行，忽遇其亡友，学究素刚直，亦不怖畏，问君何往，曰：“吾为冥吏，至南村有所勾摄。”适同路耳，因并行至一破屋。鬼曰：“此文士庐也。”问何以知之，曰：“凡人白昼营营，性灵汩没，唯睡时一念不生，元神朗沏，胸中所读之书，字字皆吐光芒，自百窍而出，其状缥渺缤纷，烂如锦绣。学如郑、孔，文如屈、宋、班、马者，上烛霄汉，与星月争辉；次者数丈，次者数尺，以渐而差，极下者亦萤萤如一灯照映户牖，人不能见，唯鬼神见之耳。此室上光芒高七八尺，以是而知。”

【译文】爱堂先生说，他听说有一位老学究在夜里赶路，忽然遇到了他死去的朋友。老学究性情刚直，也不害怕，便问亡友上哪儿去。亡友答："我在阴间当差，到南村去勾人，正巧与你同路。"于是两人一起走。到了一间破草房子前，鬼说："这是文人的家。"老学究说你怎么知道，鬼说："一般人在白天都忙于生计，以致掩盖了本来灵性。只有到了睡着时，什么都不想，灵性才清朗明澈，所读过的书字字都在心中射出光芒，透过人的全身窍孔照射出来。那样子飘飘缈缈，五彩斑斓，灿烂如锦绣。学问像郑玄、孔颖达，文章象屈原、宋玉、班超、司马迁等人，所发出的光芒直冲云霄，与星星月亮争辉。不如他们的光芒有几丈高，或者有几尺高，依次递减。最次的人也有一点儿微弱的光，像一盏小油灯，能照见门窗。这种光芒人看不到，只有鬼能看见。这间破屋上，光芒高大达七八尺，因而知道是文人家。"

学究问，我读书一生，睡中光芒当几许？鬼嗫嚅良久曰："昨过君塾，君方昼寝，见君胸中高头讲章一部，墨卷五六百篇，经六七八十篇，策略三四十篇，字字化为黑烟，笼罩屋上，诸生诵读之声，如在浓云密雾中，实未见光芒，不敢妄语。"学究怒斥之，鬼大笑而去。

【译文】老学究问："我读了一辈子书，睡着时光芒有多高？"鬼欲言又止，沉吟了好久才说："昨天到你的私塾去，你正午睡。我看见你胸中有一部高头讲章、五六百篇黑卷、七八十篇经文、三四十篇策略，字字都化成黑烟，笼罩在屋顶上。那些学生的朗读声，好似笼罩在浓云迷雾之中。实在看不到一丝光芒，我不敢说假话。"老学究听了斥责鬼，鬼大笑着走了。

某甲妇

司庖杨媪言，其乡某甲，将死嘱其妇曰："我生无余资，身后汝母子必冻饿，四世单传，存此幼子，今与汝约，不拘何人，能为我抚孤则嫁之，亦不限服制月日食，尽则行。"嘱讫，闭目不更言，惟呻吟待尽，越半日，乃绝。

【译文】我家的厨娘杨老婆子说，他家乡的某甲临死时，曾嘱咐他女人说："我这辈子没留下什么钱，死后你们母子一定要忍饥挨饿。我家四世单传，如今只剩下这么一个年幼的儿子。今天，咱俩定个约，不管是什么人，只要愿意抚养我儿子的，你就可以嫁给他，也不必管丧期过没过，一旦粮食吃光，你随时都可以嫁过去。"嘱咐完了，某甲闭上眼再也说不出话，只是不停地呻吟，过了半日，他终于死了。

有某乙闻其有色，遣媒妁请如约，妇虽许婚，以尚足自活，不忍行，数月后不能举火，乃成礼。合卺之夜，已灭烛就枕，忽闻窗外叹息声，妇识其声，欻知为故夫之魂，隔窗呜咽语之曰："君有遗言，非我私嫁，今夕之事，于势不得不然，君何以为祟。"魂亦呜咽曰："吾自来视儿，非来祟汝，因闻汝啜泣卸妆，念贫故，使汝至于此，心脾动，不觉喟然耳。"

【译文】有位某乙听说某甲的女人颇有姿色，就请媒婆去她家提亲。某甲的女人答应了这门亲事，但因为家里还有吃的，不忍心立刻就走。过了几个月，家里揭不开锅了，她才与某乙成了亲。合婚之夜，二人上床熄灯，正要休息，忽听窗外发出了叹息声。女人听出了那是某甲的声音，知道前夫的鬼魂到了，隔着窗子正在外面哭泣，就对他说："您不是已经留下话让我改嫁了吗？又不是我私自嫁人。今天晚上，我与新夫同床共枕，不过是势所必然，您为什么还要来作祟呢？"某甲的鬼魂呜呜咽咽的说："我是来看儿子的，并不是来作祟。刚才，因为见你哭着卸了妆，我心中好生凄惨。我思忖着，不是因为穷，怎么会让你落到这般田地，想着想着，不由得叹息起来。"

某乙悸甚，急披衣起曰："自今以往，所不视君子如子者，有如日。"灵语遂寂。后某乙耽玩艳妻，足不出户，而妇恒惘惘如有失，某乙倍爱其子以媚之，乃稍稍笑语。七八载后，某乙病死，无子，亦别无亲属，妇据其赀，延师教子，竟得游泮。

【译文】某乙知道鬼魂在讲话，吓得不得了，急忙披衣起床，对着窗外说："从今以后，我如果不把你的儿子当自己的亲儿子看待，让我有倒霉的那一天。"这话说完，窗外便寂然无声了。后来，某乙因沉缅于妻子的美色，几乎足不出户。那女人却总是怅然若失，某乙加倍疼爱她的儿子，以此来取悦她，这才使她勉强有了笑容。过了七、八年，某乙因病而死，他没有留下孩子，也没有其他亲属。那女人依赖某乙留下的遗产，专门请来老师，对儿子严格施教，使他得以进入府学继续深造。

又为纳妇，生两孙，至妇年四十余，忽梦故夫曰："我自随汝来，未曾离此，因吾子事事得所，汝虽日与彼狎昵，而念念不忘我，灯前月下，背人弹泪，我见之，故不欲稍露形声，惊尔母子，今彼已转轮，汝寿亦尽，余情未断，当随我同归也。"数日果微疾，以梦告其子，不肯服药，荏苒遂卒。

【译文】后来，她又为儿子取了媳妇，并得了两个孙子。在她四十多岁时，忽然有一次梦见前夫某甲对她说："你初嫁某乙时，我就随你进了他家，多少年来一直未离此地。因为我儿子事事如愿，所以尽管你终日与某乙亲昵狎亵，我对你也并不怨恨。况且你虽另有新夫，对我仍念念不忘，常于灯前月下，独自落泪。这些我都看在眼里，记在心中了。因此，我始终不露面，不出声，免得吓着你们母子。如今，某乙已经转轮托生，你的寿数也到了尽头，你与我余情未断，该随我而去了。"几天后，那女人果然得了点儿小病，她把梦中的情形告诉了儿子。从那以后，她不肯服药，又过了些天，她终于离开了人世。

其子奉棺合葬于故夫，从其志也。程子谓饿死事小，失节事大，是诚千古之正理。然为一身言之耳。此妇甘辱一身，以延宗祀，所全者大，似又当别论矣。杨媪能举其姓氏里居，以碎璧归赵，究非完美，隐而不书，闵其遇悲其志，为贤者讳也。

【译文】她儿子备下棺木，将她与某甲合葬在一处，遂了他们的心愿。程颐先生说："饿死事小，失节事大。"这确为千古纯正之理，然而，这是就一个人自身来说的。那女人甘于自己受辱，以延续前夫的后代，这是为全其大义，所以自然应该另眼看待了。杨老婆子能够说出那女人的姓名与籍贯，但我认为，她虽与前夫感情真挚，最终魂魄相随，但必竟是"碎壁归赵。"不能算作很完美，所以就隐去不写了。我怜悯她不幸的遭遇，悲叹她坚韧不拔的意志，然而这些想法都是正人君子们所忌讳的。

又吾乡有再醮故夫之三从表弟者，两家所居，距一牛鸣地，嫁后仍以亲串礼回视其姑，三数日必一来问起居，且时有赡助。姑赖以活。殁后，出赀敛葬，岁恒遣人祀其墓。又京师一妇少寡，虽颇有姿首，而针黹烹饪，皆非所能，乃谋于翁姑，伪称己女，鬻为宦家妾，竟养翁姑终身。

【译文】还有，我的家乡有位女子，丈夫死后她又嫁给了他的三表弟。两家原本相距不远，一家的牛叫起来，另一家都能听到。这位女子再嫁之后，仍以亲戚的礼节探望原来的婆婆，每隔三五天必要回来一趟，回来时总是带着一些生活用品，并留下赡养老人的费用。这位婆婆靠着儿媳的资助得以生存下来。老人死后，这位女子又出钱为她安葬，还派人年年为她祭扫坟墓。再有，京城有位女子，年轻守寡，尽管她颇有姿色，但对于针黹烹饪却一窍不通。于是她与公婆议定，假称是公婆的女儿，然后卖给一个官宦人家作妾，以此来赡养公婆，并为他们养老送终。

是皆堕节之妇，原不足称，然不忘旧恩，亦足励薄俗。君子与人为善，固应不没其寸长。讲学家持论务严，遂使一时失足者，无路自赎，反甘心于自弃，非教人补过之道也。

【译文】这几位女子都可以说是失节之妇，本不足以称道；然而，她们不忘前夫，竭尽全力报答前夫的往日之恩，从这一点上讲，也足以激励微薄的世俗之情。君子应与人为善，因此，不应该埋没她们的哪怕是一点点长处。道学家持论太严，致使偶然失足者无法自赎其过，反而甘心于自暴自弃，这不是教人弥补过失、改过自新的办法啊。

粤东异僧

莆田林教授清标言，郑成功据台湾时，有粤东异僧泛海至，技击绝伦，袒臂端坐，斫以刃，如中铁石。又兼通壬遁风角，与论兵，亦娓娓有条理，成功方招延豪杰，甚敬礼之。

【译文】莆田教授林清标说，郑成功占据台湾时，广东东部一个怪异的和尚过海投奔郑成功。这和尚武艺高强，他光着膀子端坐在那里，用刀去砍，就像砍在铁或石头上。此人还精通六壬、奇门遁甲、风角等道法之术。和他谈起用兵布阵，也能娓娓道来，有条有理。当时，郑成功正在招揽天下豪杰，因此对他礼敬有加。

稍久，渐骄蹇，成功不能堪，且疑为间谍，欲杀之而惧不克。其大将刘国轩曰："必欲除之，事在我。"乃诣僧款洽，忽请曰："师是佛地位人，但不知遇摩登伽，还受摄否？"僧曰："参寥和尚，久心似沾泥絮矣。"刘因戏曰："欲以刘王大体双一验道力。使众弥信心，可乎？"

【译文】可日子一长，这和尚渐渐骄横跋扈起来，郑成功无法忍受，并且怀疑他是间谍，想杀掉他，但又担心不好下手。他手下大将刘国轩说："如果一定要除掉他，就把这事儿交给我来办。"于是，刘国轩就到和尚那里去和他套近乎，待气氛亲切融洽时，忽然发问："大师是神佛一级的人物，但不知遇到女人时，是否还会受到干扰？"和尚说："和参寥和尚一样，我的心早就像沾泥的柳絮，不能随风上下飘飞了。"刘国轩就用玩笑的口气说："我想用刘王'大体双'来验证一下大师的道力，让众人坚定对佛祖的信心，你看怎么样？"

乃选娈童倡女姣丽善淫者十许人，布茵施枕，恣为媟狎于其侧，柔情曼态，极天下之妖惑，僧谈笑自若，似无见闻。久忽闭目不视，国轩拔剑一挥，首已欻然落矣。

【译文】于是选了十几个妖冶的少男妓女，铺褥设枕，在和尚身边恣意戏弄，作出各种柔情昵态，极力诱惑。和尚谈笑自若，好像什么都没看见。过了一阵子，和尚忽然闭上眼睛不看了。刘国轩拔剑一挥，和尚的脑袋欻地一下落到地上了。

国轩曰："此术非有鬼神，特练气自固耳。心定则气聚，心一动则气散矣。此僧心初不动，故敢纵观，至闭目不窥，知其已动而强制，故刀一下而不能御也。"所论颇入微，但不知椎埋恶少，何以能见及此。其纵横黥窟十余年，盖亦非偶矣。

【译文】刘国轩说："这和尚的法术非鬼非神，只是练就了一身硬气功罢了。心定则气聚，心一动则气散。这和尚起初不动心，所以敢自如地观看。到了闭目不看时，我就知道他已心动而极力克制自己，所以剑一下去，他就无法抵御了。"刘国轩所讲的道理精妙入微，但不知这个嗜杀成性的恶少怎么能看到这一点。他能在台湾纵横十几年，也并不是偶然的。

梅曾亮

梅曾亮，小传见历代论文名著类。

【译文】梅曾亮的简略传记参见历代论文名著类。

书杨氏婢

杨氏之寡妾，以贫故，不安于室，嫁有日矣。未嫁前一夕，呼其婢不应者三，怒曰：“汝我婢也，何敢如是！”婢叱曰：“我杨氏婢耳，汝今谁家妇者？曰我婢、我婢！”妾方持剪刀，落于地，起，环走房中。至天曙，呼其婢曰：“汝今竟何如？吾复为尔主矣。”婢叩头泣，妾亦泣，竟谢媒妁不行。后将嫁其婢，婢曰：“人以我一言，故忍死至今，我亦终不去杨氏门。”亦不嫁。妾之夫，杨勤悫公锡绂子也。

【译文】杨家守寡的一个小妾，因为贫穷的缘故，无法在家中安住，不久就再嫁了。还没有出嫁的前一天晚上，屡次召唤她的丫鬟没有回应，于是愤愤地说：“你是我的奴婢，怎么敢这样呢？”侍女呵斥说：“我是杨家的侍女，你现在要嫁往谁家了？还奴婢、奴婢的叫我！”小妾此时手里正拿着剪刀，掉在地上，捡起来之后在屋里来来回回地走。直到天快亮时，呼唤丫鬟说：“现在怎么样呢？我再一次成为你的主人了。”丫鬟跪下磕头，小妾也哭起来，最终没有出嫁。后来丫鬟要出嫁的时候，丫鬟说：“她因为我的一句话，而至死不改嫁到现在，我也不能离开杨家。”也没有出嫁。这个小妾的夫君，就是杨锡绂的儿子。

吴敏树

吴敏树，小传见历代论文名著类。

【译文】吴敏树的简明传记参见历代论文名著。

书义猴事

邑子阮生，言其里有弄猴者，年老无子，以猴为子。猴脱锁逃，弄猴者哭而追之，猴闻其呼，止蹲他道上，弄猴者向之曰："我用汝以活我，汝走我必不活，不如遂死。"将跃入水，猴啼，来抱之。自是益爱猴，不复加锁。

【译文】乡里后生阮生说他们那里有一个耍猴的人，年老没有儿子，就把猴子当做自己的儿子。有一次猴子挣脱锁链逃跑，耍猴的一边哭一边追，猴子听见哭喊声，停下来蹲在路边，耍猴的对它说："因为你能养活我，你要是跑了我也活不了了，干脆死了算了。"说着就要跳进河里自杀，猴子啼叫起来，过来抱住他。自此之后，耍猴的更喜欢这只猴子了，也不再锁住它了。

弄之又十余年，稍积钱，自办棺殓物，余钱数串埋床下。弄猴者有一女早嫁，族人无近亲，一夕弄猴者暴疾死，人莫知，侵晨，猴掩户出，走至其女家，伏地号，女觉其异，随来。猴举钥奉女，开笼取衣，抓土出钱，女乃集族人殓埋其父。

【译文】耍猴者又耍猴为生过了十几年，渐渐积攒下一些钱，自己为自己买了棺木殓葬的东西，剩下的几串钱就埋在床底下。耍猴的有一个女儿早早出嫁了，族人中没有更亲近的人。一天晚上耍猴人突然得病死了，没有一个人知道。第二天一大早，猴子关上门出去，到了耍猴人女儿家中，趴在地上嚎哭，女儿觉得十分奇怪，就跟着它回来。猴子把钥匙递给女儿，打开箱笼取出衣物，刨开床底下的土拿出钱来，女儿就聚集了族人为她的父亲办葬礼。

棺将盖，猴越入棺中，伏尸足旁，叱驱之不去，众异之。即谓猴曰："汝岂欲从汝主人死耶？果欲从者，可起向汝主之灵位前作礼拜。"猴如言起，三拜，号，复跃入棺，遂以殉。

【译文】就在棺盖即将盖上之时，这只猴子跳进棺材，躺在死尸脚旁，呵斥驱赶它都不离去，众人感到很奇怪。就对猴子说："你真的要跟着你的主人一起死吗？如果真是这样，就起来向着他的灵位行礼叩拜。"猴子果然起来，三次叩拜，号叫，又跳进棺材，于是为自己的主人殉葬。

吴子闻而异其事，且论曰："圣贤言人之性善，异于禽兽，则禽兽之性，宜其不能善也。而时有善者，且有大善，杂书言诸物类，以义名者不一。此何以然哉？有人而近禽兽者，有禽兽而近人者。禽兽而人，其能必专。独以至如猴之殉其主，其与忠臣烈女之行何异？嗟夫，忠臣烈女之行，闻者皆为之感泣也，况乎禽兽之于人而有若是者乎？书猴之事，将以感于人也。"

【译文】吴子（吴敏树）听说了这件事感觉很奇怪，就评论说："圣贤们都说人的本性是善的，和禽兽不一样，这样来说，禽兽的本性，应该就不是善的。但是偶然有禽兽也是善的，而且是大善，一些说物一类的书记载过，而且'义'的名称不一而足。这是为什么呢？有些人的本性和禽兽相近，有些禽兽的本性更像人。禽兽本性像人的，一定能够始终不移。特别是像猴子能够为自己主人殉葬的，其品行与忠臣烈女的行为有什么分别呢？唉！忠臣烈女的品行，听说之后都会为之感动哭泣的，更何况本性像人一样的禽兽有这种品行了。记载这只忠义的猴子，是为了感动人类的。"

许孝子传

许孝子，巴陵人，县之学生，名伯泰，康熙间人也。岁大疫，伯泰之父圣行，客长沙而病，伯泰驰侍疾，父病已，而闻母在家病急，时官有施药者其药良，急求得之，犯风下湘，溺死洞庭中。其夕，母见伯泰来，饮已以药，倾而汗出，病大苏，呼伯泰，家人告未至，始言梦，已乃知伯泰死也。

【译文】许孝子是巴陵人，县学学生，名叫伯泰，康熙年间人。有一年瘟疫流行，伯泰的父亲许圣行，客居在长沙得病，伯泰飞奔而至从旁侍候，等到父亲的病好之后，听说母亲又病了。当时官府有为民众施舍药品的，匆忙要到一些药品后，冒着大风下湘江，淹死在洞庭湖中。那天晚上，母亲曾看见伯泰归来，给自己喂药，不一会儿出了一身汗，病情大为好转，就呼唤伯泰，家人说伯泰还没回来，才知道是做了一场梦，但是已经知道伯泰死了。

吴敏树曰："孝子之为孝也，岂不悲哉！方其犯风泛舟，意急归，诚不知择，及溺以死。魂魄犹切切以母病为急，何其孝也！世之人子，或父母病焉，漠然若无有，而许君独至于此耶。夫死而犹存，而孝安穷耶。夫许君之孝，不得生而尽其孝，而以死，而不可悲耶！"

【译文】吴敏树说："孝子之所以作为孝子，难到不让人哀恸吗？当他急急忙忙回家，确实慌不择路，直到淹死之后，灵魂还在着急母亲的病况，这是何等的至孝！世人的孩子，有的父母生病，态度冷漠当什么事也没发生。而只有许孝子能够这样。许孝子的孝，没有办法活着尽孝，只能死后尽孝，难道不是一件很悲哀的事情吗？"

俞 樾

俞樾，清德清人，字荫甫，号曲园，道光进士，官编修，督学河南，罢官后，潜心治经，兼及诸子，主讲杭州诂经精舍三十年，为一时朴学之宗，光绪末卒，年八十六，所著有《春在堂全集》数百卷。

【译文】俞樾是清代德清人，字荫甫，号曲园，道光年间进士，官职翰林院编修，督学河南，罢官之后，就潜心治学，兼修诸子，在杭州诂经精舍主讲三十余年，成为当时朴学的大宗师，光绪末年卒，时年八十六岁，著有《春在堂全集》数百卷。

《右台仙馆笔记》二则

贾慎庵

绍兴老儒王致虚言：乾隆之末，有贾慎庵者，亦老诸生也。尝梦至一处，似大官牙署，重门尽掩，阒其无人。正徘徊间，俄有数人拥一妇自远来，至此门外，将妇人上下衣服尽去之。妇犹少艾，微有姿首，莹然裸立，羞愧之状，殆不可堪。

【译文】绍兴有个老儒士王致虚说：乾隆末年，有一个叫贾慎庵的人，也是个老儒生。曾经梦见到了一个地方，似乎是一个大官的衙署，重重门都虚掩着，寂静无人。正在徘徊之间，突然有几个人从远处拥过一个女人，到了门外，把这个女人浑身衣服脱光。这个女人似乎还年轻貌美，颇有姿色，光溜溜的裸站着，其羞耻的神态，几乎没有办法忍受。

贾素负气，直前叱之曰："若辈何人，敢肆无礼！"众微笑曰："此何足异？"言未毕，门忽启，有数人扛一巨桶出，一吏执文书随其后而去。众即拥裸妇入，贾亦随入。历数门，至一广庭，见男女数百，或坐，或立，或卧，而皆裸无寸缕。

【译文】贾慎庵平时就是一个意气之人，径直上前呵斥："你们是什么人，胆敢这样无礼！"众人微笑着说："这有什么？"还没有说完，门突然打开了，有几个人扛着一个巨大的桶出来，有一个拿着文书的小吏跟在后边离开了。众人就拥着这个女的，贾慎庵也跟着进去。过了几道门，到了一个广阔的庭院中，见到几百个男女，有坐着的，有站着的，还有卧着的，但是都是赤裸一丝不挂的。

堂上坐一官，其前设大榨床，健夫数辈，执大铁叉，任意将男妇叉置槽内，用大石压榨之，膏血淋漓。下承以盆，盆满即挹注巨桶中。如是十余次，巨桶乃满，数人扛之出。官判文书付一吏，与同出。

【译文】堂上坐着一名官员，面前放置榨床一部，强壮汉子数名手持大铁叉，随意将这些男女叉到槽里，拿大石块来压榨，流出的血淋淋沥沥。下边用盆子承接着，装满了一盆就舀到那个大桶里。反复十几次，大桶也满了，几个人扛出去。堂上的官交给小吏一封文书，一起出去了。

贾视吏，乃其已故邻人周达夫也，因前呼之。周惊曰："子胡在此？此岂可久留邪？速从我出。"贾问桶中何物，周曰："鸦片烟膏也。"时鸦片烟未行，贾不知有此名目，因问鸦片烟何物？

【译文】贾慎庵看着那个小吏，竟然是他已经故去的邻居周达夫，就上前招呼。周达夫惊奇地说："你怎么在这里？这里难道是能久留的地方？快跟我出去。"贾慎庵问他桶里是什么东西，周达夫说："是鸦片烟膏"那个时候鸦片还没有盛行，贾慎庵不知道有这个名称，就问他鸦片到底是什么东西。

周曰："方今承平日久，生齿繁衍，宜有大劫销除。而自来大劫，无过水火刀兵之类。遇此劫者，贤愚同尽，福善祸淫之说往往至此而穷。是以上帝命诸神会议，特创鸦片烟劫，借世间罂粟花汁熬炼成膏，供人吸食。食此烟者在劫中，不食此烟者不在劫中，听其人之自取，不得归咎于造物之不仁。而有此劫以销除繁衍之数，则水火刀兵诸劫，可以十減五六矣。

【译文】周达夫说："现在天下太平时间太长，人口繁衍太快，应该就有大的灾劫来减少人口数量。而自来的大劫难，不过是水灾、火灾、兵灾之类。一旦遭遇这些灾害，贤人、愚人都会被消灭，那些宣扬福善祸淫的学说往往到这时候就无计可施了。因此天神命令众神开会，特别创造出鸦片劫难，借助人世间的罂粟花汁水炼成膏状，供给人们吸食。吸食鸦片的就在劫难之中，不吸食的即不受灾劫，任凭人们自愿选择，不能归罪于造物主的不仁。但是同时，有了这种灾劫来减少人口数量，水火兵灾等劫难就可以减少十分之五六了。

然罂粟本属草花，自古有之，其汁淡薄，不能熬膏。故又命九幽主者，于无间地狱中，择取不忠、不孝、无礼义廉耻诸罪魂，录送此间，榨取膏血，转付地上山陵原隰坟衍之神。使将此膏血灌入罂粟花根内，自根而上达花苞，则其汁自然浓郁，一经熬炼，光色黝然。子试识之，数十年后，此烟遍天下矣。”

【译文】但是罂粟本来就是草花一类的植物，自古以来就是，它的汁液又淡又薄，没有办法熬制成膏。所以就命令九幽主，在无间地狱之中，选取那些不忠、不孝、无礼义廉耻的有罪的鬼魂，录名送到这里，榨取他们的膏血，转而交给地上山陵平原湿地即水边的土地神，让他们把这些膏血灌进罂粟花根里，从根部以上一直到花苞，这样它的汁液自然就浓郁起来，一经熬制，颜色黝黑。你试着辨认一下，数十年之后，这种烟土就会遍及天下了。”

贾欲更有所问，忽又有人驱数十男妇至，鞭策甚苦，齐声呼号。贾悸而醒，以语人，人无信者。至道光中叶后，鸦片烟果盛行，而贾已前死矣。然其语犹在人耳，故其时皆言鸦片烟中有死人膏血，实由此语传讹也。

【译文】贾慎庵还想问什么，忽然又有人驱赶着几十个男女来了，被鞭打得很痛苦，齐声呼号。贾慎庵一惊就醒来了，将这件事告诉别人，别人都不信。到了道光中叶以后，鸦片烟果然盛行于世，而贾慎庵早已经死去了。但是他的话还仿佛仍在耳边，所以那时候都说鸦片烟中有死人的膏血，实在是由这个故事流传，以至于以讹传讹的。

童元发

童元发，严州淳安人。其地皆山也，山多猛兽。元发父自城晚归，中途一熊突出攫之，仆焉。同伴者狂奔而免，纠众还救之，熊始去，而元发父碎首刳腹死矣。

【译文】童元发，是严州淳安人。那个地方到处都是山，山里有很多猛兽。元发的父亲有一天从城里很晚回家，在半路上被一只熊扑到在地，其他的同伴都被吓得狂奔而免于被熊袭击，等到大家一起来救人的时候，熊才离开。而这个时候，元发的父亲已经被熊咬破头和肚子而死了。

奔告其家，时元发甫弱冠，日持匕首哭父死所，欲得熊而甘心焉，或数夕不归。母匿其刃，禁不使出。元发哭愈哀，月余复窃刃而逃，村人遍寻之不得，自是踪迹杳然矣。而数十里内，山中居者恒隐隐闻哭声，或夜静，闻霍霍磨刀声。

【译文】大家于是奔走告诉他的家人，那个时候元发还是一个弱冠之童，他每天拿着匕首到父亲死去的地方哭泣，想要杀掉熊报仇才得甘心，甚至于很多天都不回家。他的母亲把他的刀子藏起来，不让他出去，元发就哭得更加哀伤了。过了一个多月，他偷了刀子从家里逃走了，全村人到处找都没有找到，一点踪迹也没有。而在村子的数十里内，山里人经常听到隐约的哭声，或者在深夜，听到霍霍的磨刀声。

去其乡五十里，有地名叶家坂，居人以猎为业。一日入山，见一兽，人面而兽身，以敝衣蔽体。众异焉，发火枪击之，不中，兽奔，众逐之。兽呼曰："吾童元发也，勿伤我。"众人素知其名，呼与俱归，元发腾跃而去，捷于飞隼，俄顷不知所往。于是远近皆知元发不死，且喧传其异矣。

【译文】在他家乡五十里外的地方，有一个叫做叶家坂的地方，那里的人都以打猎为生。有一天猎人进山，见到一头野兽，以人面兽身来遮蔽身体。大家都觉得很奇怪，就拿火枪射击，没有射中，野兽就逃跑了。大家去追赶。野兽大叫说："我是童元发，不要伤我。"大家平素都知道他的名字，就叫他一起回去。元发就一跃而起，身手比飞隼还快，一会就不知去哪儿了。于是，远近的人都知道元发没有死，很快就把他的异事宣传开了。

元发母闻其事，思念甚切。一夕，忽闻扣门声，启之，则元发闯然入，曰："儿今得报父雠矣！"气咻咻喘不止，汗淋漓如雨，肩一物掷地，腥臭不可近，烛之，熊也。母惊喜，邻舍毕集。

【译文】元发的母亲听说了这件事情，思念儿子之情日切。一天晚上，忽然听到有人敲门，把门打开，元发就伸头走进门，说："儿子今天终于报了父仇了。"他气喘吁吁，全身大汗淋漓，把肩膀上背的东西丢到地上，那东西腥臭无比。点上灯烛一看，原来是熊，母亲又惊又喜，周围的邻居都来看了。

时元发去家已一年余矣，问其所历，曰："自入山后，日伏岩穴中。饥则采果实，或掘黄精白术食之，寒则集槲叶松毛为衣。数月后，觉身体轻捷，且生毶毛，如猿猱然，逾坑越谷，无异平地。日夕祷于山神，愿报父仇。昨宿枯庙中，梦神告曰：'杀而父者，去此不远，东行十余里，沿涧伺之，可得也。'如其言，果见熊饮于涧。剚刃其腹，应手而毙，遂负之归。"闻者莫不叹异。

【译文】这时，离元发离开家已经一年多了，问他所经历的，他说："自从入山以后，我每天都藏在岩穴中，饿了就吃野果，或者是挖黄精白术吃，冷了就采集槲叶松毛做衣服。几个月之后，就觉得身体变得非常轻捷，而且身上开始长出毛来，好像猿猴一般，逾坑越谷，和平地一样。我每天向山神祈祷，希望能报父仇。昨天晚上在一个枯庙中睡觉，梦见一个神人告诉我说：'杀害你父亲的，去此不远，你向东行走十里开外，沿着山涧守候，就能够得到。'我就依照神人说的，果然看见熊来山涧饮水。我趁机用刀捅熊的肚子，熊就被我杀死了，于是就把熊背回了家。"听说这件事的人，没有不感到奇异的。

翌日，熟而祭于其父之墓，并具牲醴，酬神于山。嗣后饮食衣服仍复其旧，身亦重坠，与常人无异，惟遍体之毛，竟不脱落。余门下士王梦薇曾于同治十一年见之淳安市上。其人颀而长，年可三十许，肌理黧黑，两颧毛毵毵然。人皆曰："此童孝子也。"惟神识不甚慧，问之多不答，如聋聩者。识者谓积惨伤其心也。粤寇之难，近村多被焚掠，而童孝子一村独无恙。

【译文】第二天，他把熊煮熟了到其父亲的墓前祭拜，并且拿牲畜的肉来酬谢山神。从那以后，他的饮食衣服还是和之前一样，不过身体逐渐笨拙起来，和常人一样。只是身上的毛发竟然没有脱落。我门下的学生王梦薇曾经在同治十一年在淳安市上见到过童元发。他长得非常高大，大概三十岁的样子，全身皮肤黝黑，两颧有很多毛，看他的手臂也是如此。人们都说："这个人是童孝子啊。"惟独反应好像不是很灵敏，问他问题他大多不回答，如同一个聋子一般。明白的人都说，大概是小时候父亲的悲惨遭遇伤了他的心。粤寇之难的时候，邻近的村子都被焚掠，而唯独童孝子一村没有事情。

國學治要今譯

第七册

诗词治要

张文治 编纂

石岗等 今译

团结出版社

目 录

诗词治要卷三
历代论诗名著

附词论

诗词治要卷一

诗词治要

诗十五家

诗十五家 序

吾国诗总集今存者，三百篇外，首以玉台新咏为古，其后唐宋名人，颇有纂录。下至清代，种类尤繁。其通行较便诵读者，世多称渔洋、归愚诸人所选。然案以今日学校生徒所求，论者尚病其未尽善焉。盖前人选诗之蔽，约有二端：一曰标新，标新则好立门户，故所录必隘；二曰逞博，逞博则意在兼收，故每流于杂。虽其间亦有能持中者，别裁至当，又或限于一代，仅及数家，未能溯源穷流。

【译文】我国现存的诗歌总集，除诗三百外，首以玉台新咏为最早，之后唐宋诸人，大都有所编录。下到清代，种类更繁多。便于诵读的通行版本，大都称赞王士禛、沈德潜等人的选本。但如果按照今天学校教授学生的要求，论述还有未尽善尽美的缺点。前人选本的弊病，大概有两点：一是标新，标新目的在于立门户，所以选录的必然狭窄；二是广博，广博就旨在广泛吸收，所以都流于杂多。即使也有能持守中道的，选材精当，但有的只限于一代的，仅提及几家，不能追溯它的源流。

观其会通，至近代湘乡曾氏，始力矫前代选家之蔽，甄录历朝诗作者，而为十八家诗钞。经之以五七古律之体，而纬之以各家专长之篇，行之于今，群推善本。然吾尝三复其书，独谓其所取诗家，尚觉有阙漏未当之处，又嫌其所钞，篇数过多，其经纬亦未安便，用是考之历代选本，及各大家别集，斟酌损益，务求不杂不隘，以公论为归，故有此诗十五家之选。

【译文】能做到兼收并蓄，到近代湘人曾国藩，才力矫前代选本的弊端，甄选编录历朝诗作，结成《十八家诗钞》的集子。以五七古律的体裁和各家专长为编辑顺序，大行天下到现在，大家都认为是好版本。但我曾经多次看这本书，特别认为它所选取的诗家，还有两个漏洞，不当的地方，也不满此本，篇数太多，方式也有不当，用此来考察历代的选本，及其各大家的个人诗文汇编，斟酌改革，力求不繁杂，不狭隘，以公论为归旨，所以才有了这十五家诗选。

所选之人，并为诗学大宗，源流相承，世代全备。其纂录之例，略如本书前编所选之古文十七家，概以作者时代先后为序。每家之诗，众体并录，各以类聚，都计为篇八百有余（连附录古诗乐府古辞在内计算）。以视曾钞及各选本，虽其精其博，未敢自诩有得。要之取舍审慎，详略适中，以应今日学校生徒诵读之求，俾之能溯源穷流，观其会通，未始非一便也。

【译文】所选之人，是诗界的集大成者，有继承吸收，各朝都有收录。编录体例，与本书前编所选古文十七家大致相同，顺序都按作者朝代先后。每家诗，各体例都有收录，各以类相汇，总计八百多篇（连附录古诗乐府古辞在内）。再看曾本及各版本，虽然细致、广博，不敢自夸所有都包含。总之用审慎态度取舍，详略得当，来满足今日学生诵读的要求，使之能追溯源流，兼收并蓄，未必不是一件有利的事。

曹植

曹植，魏谯郡人，字子建，汉丞相操之幼子。年十余，善属文，援笔立成，甚为操所宠爱。操卒，兄丕嗣位，寻篡汉自立，因忌植而疏之，封陈王。植每欲求别见，幸冀试用，终不能得。怅然绝望，遂发疾卒，年四十一，谥曰思，世称陈思王，有曹子建集。

案：吾国之诗，导源于唐虞，而莫盛于三百篇。惟其诗作者，多无姓氏流传。其文句、气体，亦与后世所谓诗者颇异。汉兴，苏李有河梁唱和之篇，枚氏有西北高楼等作，而后诗体始正。浸至建安之际，王璨、刘桢等七子，并时继起，著作繁富，学者之以诗名家者，实盛于此。而植独以八斗之才，抒其郁纡之思，文情斐然，高出当时。故其后梁钟嵘作诗品，特列之上卷，称其卓尔不群，譬人伦之有周孔。近代湘乡曾氏之十八家诗钞，专取历代诗家巨子，亦讬始于植。识者皆以为至当而不可易焉。

【译文】魏国，谯郡人，字子键，汉丞相曹操的幼子。十多岁时，就善于写文章，拿笔速成，很被曹操宠爱。哥哥曹丕承父爵位，不久篡汉自立，因妒忌植才能而疏远他，封为陈王。植每次想要独见，希望被重用，最终都没能实现。怅然绝望，于是发病而死，终年四十一岁，谥号思，世称陈思王，有曹子健集。

按：我国的诗，起于上古，不落后于《诗经》。只是作诗的人，大多没有留下姓名。它的词句、气韵，也和后代所说的诗人不同。汉朝兴盛的时候，苏武和李陵有河梁唱和的诗篇，枚乘有西北高楼等篇章，之后诗的体例才渐渐完备。渐到了建安时期，王璨、刘桢等七个人，相继并起，著作繁多，学者用诗来命名各家，在此时实在兴盛。而曹植单以八斗的文才，抒写惆怅情思，文才斐然，超过时人。所以后梁钟嵘的《诗品》，专门把他列到了上卷，称他卓尔不群，有如人类之有孔子。近代湘人曾氏的《十八家诗钞》，只选历代的诗家巨子，也开始于曹植。有识之士都认为是精当而不可更改的。

箜篌引

（乐府诗集题曰黄雀行）

置酒高殿上，亲友从我游。中厨办丰膳，烹羊宰肥牛。
秦筝何慷慨，齐瑟和且柔。阳阿奏奇舞，京洛出名讴。
乐饮过三爵，缓带倾庶羞。主称千金寿，宾奉万年酬。
久要不可忘，薄终义所尤。谦谦君子德，磬折欲何求。
惊风飘白日，光景驰西流。盛时不可再，百年忽我遒。
生存华屋处，零落归山丘。先民谁不死？知命复何忧。

【译文】我在高殿上摆设酒宴，亲人朋友跟从游玩。
里厨置办丰盛的饮食，烹煮宰杀肥美的牲畜。
秦地古筝多么慷慨激昂，齐地瑟琴温婉并且柔美。
演奏阳阿的奇妙舞蹈，还有出自洛阳的著名歌谣。
伴着歌舞饮酒超过了三杯，换上便服吃尽众多美味的食物。
主人和客人相互行礼，双方献上最美好的祝福。
故友不可以遗忘，始厚终薄受到道义的谴责。
谦虚谨严的君子德行，恭敬并无所求。
疾风在白天刮过，时光奔走向西流逝。
青春盛年不会有两次，死亡突然向人逼近。
活着住在华丽的房室内，死去归葬在荒芜的高岗上。
古来谁能不死？既然知道命该如此，又有什么好担心？

鰕䱇篇

鰕䱇游潢潦，不知江海流。燕雀戏藩柴，安识鸿鹄游。
世士此诚明，大德固无俦。驾言登五岳，然后小陵丘。
俯观上路人，势利惟自谋。雠高念皇家，远怀柔九州。

抚剑而雷音，猛气纵横浮。泛泊徒嗷嗷，谁知壮士忧。

【译文】虾鳝在地上的雨水中浮行，不知道江河大海的水流。
小鸟在篱笆柴门嬉玩，哪里知道和天鹅交往。
世俗之人比照至诚和美德，德行高尚的人本来就没有同伴。
出游攀登五大名山，接着游玩大小土山。
从上往下看尘世的人，只谋求权势和财富。
皇家对内为仇敌相互惦念，对外用笼络手段征服中原。
按剑致使雷声停息，勇猛的气势轻盈、奔放自如。
众声只是漂浮喧杂，谁了解勇士的忧愁。

吁嗟篇

吁嗟此转蓬，居世何独然。长去本根逝，夙夜无休闲。
东西经七陌，南北越九阡。卒遇回风起，吹我入云间。
自谓终天路，忽然下沉渊。惊飙接我出，故归彼中田。
当南而更北，谓东而反西。宕宕当何依，忽亡而复存。
飘飖周八泽，连翩历五山。流转无恒处，谁知吾苦艰。
愿为中林草，秋随野火燔。糜灭岂不痛，愿与根荄连。

【译文】感喟我这随风飘摇的蓬草，处于人世竟然如此孤独。
永远失去根随风摇摆，从早到晚没有闲暇。
交错相通的道路经过了多少，又越过了多少。
突然遇上狂风，把我吹进云中。
我以为到了天路的终点，突然又堕入无尽的深渊。
暴风再次把我卷起，仍旧把我送回那片田中。
我正要往南的时候，却改变向北，正想往东，却被吹到反向的西边。
飘飘荡荡无所依附，一时间突然消失，一时间又突然出现。
我飞遍了八大水泽，也独自游历了五岳山颠。
我孤独流离，没有固定居处，谁了解我的心酸悲苦？
我愿意作林中小草，随着秋天的野火被焚烧。
被焚烧、毁灭难道不痛苦？我也心甘情愿与根茎生死相连。

怨歌行

为君既不易，为臣良独难。忠信事不显，乃有见疑患。
周公佐成王，金縢功不刊。推心辅王室，二叔反流言。
待罪居东国，泣涕常流连。皇灵大动变，震雷风且寒。
拔树偃秋稼，天威不可干。素服开金縢，感悟求其端。
公旦事既显，成王乃哀叹。吾欲竟此曲，此曲悲且长。
今日乐相乐，别后莫相忘。

【译文】做君王并不容易，做臣子确实更加艰难。
做诚实、忠信没有被了解，就有了被怀疑的忧患。
周公辅佐文王武王时候，功绩不可磨灭。
一心辅佐王室，反遭管叔、蔡叔的污蔑。
待罪避居洛阳，时常泪流满面。
天帝降下大的灾祸，雷声阵，狂风寒。
拔起大树，吹倒禾苗，天帝威严不可冲犯。
成王穿上礼服打开金縢，受到感召追索根源。
周公旦的事情显露，成王于是哀伤、悲叹。
我想奏完这首曲，但却太过悲伤绵长。
今天大家一起欢乐，希望散后不要遗忘。

名都篇

名都多妖女，京洛出少年。宝剑直千金，被服丽且鲜。
斗鸡东郊道，走马长楸间。驰骋未能半，双兔过我前。
揽弓捷鸣镝，长驱上南山。左挽因右发，一纵两禽连。
余巧未及展，仰手接飞鸢。观者咸称善，众工归我妍。
归来宴平乐，美酒斗十千。脍鲤臇胎鰕，炮鳖炙熊蹯。

鸣俦啸匹侣，列坐竟长筵。连翩击鞠壤，巧捷惟万端。
白日西南驰，光景不可攀。云散还城邑，清晨复来还。

【译文】著名的城市洛阳盛产香艳的美女和英俊的少年。
佩带的宝剑价值很多钱，身穿的衣服美丽并且鲜艳。
在东郊的道路上斗鸡，骑马奔跑在长满楸树的大路。
骑马驱驰还不到路途的一半，一对野兔蹦到了面前。
弯起弓矢搭上响箭，长途向前追赶到南山。
先左手挽弓，后右手射箭，只射一箭就将双兔射中。
其他技巧还没来得及施展，又迎头射空中飞着的鸢鹰。
观猎的人都齐声喝彩，其他高手对我的射技交口称赞。
打猎归来，在平乐观举行宴会，美酒一斗便值几千钱。
细切鱼肉煲煮鱼汤，烧烤甲鱼兼熊掌。
呼朋引伴前来入座，人多排成长列坐满席子。
马队飞驰玩蹴鞠和击壤，身手矫捷，变化万端。
时光疾驰奔向西南，流逝的光阴不可挽留。
盛宴后人们如云四散，明日清晨再来畅饮游玩。

美女篇

美女妖且闲，采桑歧路间。柔条纷冉冉，落叶何翩翩。
攘袖见素手，皓腕约金环。头上金爵钗，腰佩翠琅玕。
明珠交玉体，珊瑚间木难。罗衣何飘飘，轻裾随风还。
顾盼遗光彩，长啸气若兰。行徒用息驾，休者以忘餐。
借问女安居，乃在城南端。青楼临大路，高门结重关。
容华耀朝日，谁不希令颜？媒氏何所营？玉帛不时安。
佳人慕高义，求贤良独难。众人徒嗷嗷，安知彼所观？
盛年处房室，中夜起长叹。

【译文】那个容貌美丽性格娴静的姑娘，在乡间岔道口采桑。
桑枝柔柔的摇摆纷飞，桑叶翩然飘落。
挽起衣袖可见她的纤纤素手，洁白的手腕戴着金色的手镯。

头上插着雀形的金钗，腰上佩戴着翠绿色的玉。
身饰明珠，珊瑚和宝珠点缀其间。
丝罗衣襟飘舞，轻薄的裙子随风翩飞。
那回首顾盼留下的迷人光彩，低唱时流溢的气息宛若兰花的芳香。
赶路的人停车不肯离去，休憩的人们傻看忘记吃饭。
有人打听这位姑娘家住何处，她的家就在城的正南门。
青漆的楼阁靠近大路，高大的宅门用两道门闩。
姑娘的容光照耀像早晨初生的太阳，谁不钦慕她美好的容颜？
媒人干什么去了，为什么不及时下聘礼，订婚约？
美女钦慕品德高尚的人，寻求一个贤德的良人实在很困难。
众人徒劳议论，哪里知道她看中的是怎样的人？
青春年华在闺房里流逝，半夜传出一声声的长叹。

白马篇

白马饰金羁，连翩西北驰。借问谁家子，幽并游侠儿。
少小去乡邑，扬声沙漠垂。宿昔秉良弓，楛矢何参差。
控弦破左的，右发摧月支。仰手接飞猱，俯身散马蹄。
狡捷过猴猿，勇剽若豹螭。边城多警急，胡虏数迁移。
羽檄从北来，厉马登高堤。长驱蹈匈奴，左顾陵鲜卑。
弃身锋刃端，性命安可怀？父母且不顾，何言子与妻？
名编壮士籍，不得中顾私。捐躯赴国难，视死忽如归。

【译文】白马装饰上金色的络头，行动矫捷向西北奔驰。
请问这是谁家的孩子？是幽州和并州的热血青年。
自小便远离家乡，扬名在遥远的边疆。
拿着往昔备好的弓箭，箭桶里放了很多楛木做的箭。
拉弓就能射中目标，射箭就能打碎箭靶。
飞骑射中了“长臂猿”，转身又去射“马蹄”。
比树上的猿类还敏捷，比林中的豹螭更勇猛轻捷；
数次传来边陲告急的消息，敌兵多次侵扰我们。
征召的檄文从北方来，策马登上高坡；

长驱直入打败匈奴，向左以武力击败鲜卑。
我们一腔热血抛洒国事，怎会吝惜自己的生命安危？
父母尚且不能眷顾，何况妻儿？
名字被记在壮士名册中，心中不能念及个人。
为国血洒疆场，我们视死如归！

远游篇

远游临四海，俯仰观洪波。大鱼若曲陵，承浪相经过。
灵鳌戴方丈，神岳俨嵯峨。仙人翔其隅，玉女戏其阿。
琼蕊可疗饥，仰首吸朝霞。昆仑本吾宅，中州非我家。
将归谒东父，一举超流沙。鼓翼舞时风，长啸激清歌。
金石固易敝，日月同光华。齐年与天地，万乘安足多。

【译文】出外游玩靠近四海，放眼望去都是大波浪。
大鱼就像山陵弯曲处，负载着浪花结伴通过。
神灵的鳖承载着方壶山，方丈山巍峨、高峻、严整。
神仙在方丈山的一角飞翔，仙女在它的角落嬉玩。
琼浆玉蕊可以应付饥饿，抬头可以吸食早晨的云霞。
昆仑山本来是我家的宅院，人间并不是我的家园。
刚刚拜谒东王公归来，一飞就越过西北的沙漠边陲。
振翅随风翩跹飞舞，高声长鸣传出清越的歌曲。
金玉美石虽然坚固也容易削损，而神仙的寿数却像日月一样长久。
与天地同寿，纵使治理一个大国，哪里有比它美呢？

种葛篇

种葛南山下，葛藟自成阴。与君初婚时，结发恩义深。
欢爱在枕席，宿昔同衣衾。窃慕棠棣篇，好乐和瑟琴。
行年将晚暮，佳人怀异心。恩纪旷不接，我情遂抑沉。

出门当何顾，徘徊步北林。下有交颈兽，仰见双栖禽。
攀枝长叹息，泪下沾罗襟。良马知我悲，延颈代我吟。
昔为同池鱼，今为商与参。往古皆欢遇，我独困于今。
弃置委天命，悠悠安可任。

【译文】在南山下种葛，葛藟自然生长繁茂。
与你才结发为夫妻的时候，恩爱情意深厚不疑。
往昔，早晚我们枕席衣衾与共，欢爱不舍；
暗自思慕《诗经》的棠棣篇，希望美好和乐伴随琴瑟。
到了年华逝去，君子怀有二心。
恩情断绝没有消息，我的心情也日渐沉闷抑郁。
走出庭院有什么可看，在北林中踌躇慢步。
低头看到池中鸳鸯游戏，抬头看到树上比翼双栖。
靠着树干长叹，眼泪如线落下沾湿罗衣的前襟。
骏马了解我的悲伤，伸长脖颈代替我悲鸣。
从前是相濡以沫同池中的鱼，现在成了永不相见的参星与商星。
往昔夫妻都在欢乐在一起，今日只我被困孤单一人。
不被重用都是天命所致，忧伤的绵绵我怎么承受。

弃妇篇

石榴植前庭，绿叶摇缥青。丹华灼烈烈，璀彩有光荣。
光荣晔流离，可以处淑灵。有鸟飞来集，拊翼以悲鸣。
悲鸣夫何为，丹华实不成。拊心长叹息，无子当归宁。
有子月经天，无子若流星。天月相终始，流星没无精。
栖迟失所宜，下与瓦石并。忧怀从中来，叹息通鸡鸣。
反侧不能寐，逍遥于前庭。踟蹰还入房，肃肃帷幕声。
搴帷更摄带，抚弦调鸣筝。慷慨有余音，要妙悲且清。
敢泪长叹息，何以负神灵。招摇待霜露，何必春夏成。
晚获为良食，愿君且安宁。

【译文】石榴树栽种在前庭，绿叶摇曳泛起青白色。

花开似火，光泽鲜亮。
晶莹如琉璃般闪耀，可以使神鸟栖居停歇。
鸟飞来落树上，拍翅悲伤啼鸣。
悲鸣是为了什么？叹空花开不结子。
我捶胸长叹，没有孩子就只有被遣归家。
有孩子，就好象在天上运行的明月。没有孩子，就好象一闪而过的星辰。
天和月长存永世，星辰一闪而灭没有光明。
游荡失去适当的位置，象瓦石一样被轻贱。
忧思从胸中升起，终夜叹息直达天明。
翻来覆去不能入睡，彷徨游走在前院。
犹豫不决转身回房，只听见手拉帷幕的声音。
撩起帷帘，系好衣带，调琴弹奏琴筝。
余音悲壮激昂，美好微妙的声音悲凉凄清。
停止哭泣长叹息，我为什么如此辜负神明。
桂树要等到秋天才结果，为什么一定要在春夏就结成。
迟熟晚收才是好果实，祝愿你姑且等待。

赠徐干

惊风飘白日，忽然归西山。圆景光未满，众星灿以繁。
志士营世业，小人亦不闲。聊且夜行游，游彼双阙间。
文昌郁云兴，迎风高中天。春鸠鸣飞栋，流猋激棂轩。
顾念蓬室士，贫贱诚足怜。薇藿弗充虚，皮褐犹不全。
慷慨有悲心，兴文自成篇。宝弃怨何人，和氏有其愆。
弹冠俟知己，知己谁不然。良田无晚岁，膏泽多丰年。
亮怀璠玙美，积久德愈宣。亲交义在敦，申章复何言。

【译文】傍晚的时候急风大作，太阳很快地就落下去了。
月亮明亮但并不圆满，星光熠熠而且众多。
志士仁人积极地为国家建立功业，而那些小人也并不闲着。
姑且在夜间游玩，我游荡在望楼前。
文昌殿如盛云升起，迎风观高耸如云。

春鸟在高梁鸣叫，旋风在窗棂间激荡。
想到居住在草屋的贤人，生活贫苦实在可怜。
吃杂粮尚不能填饱肚子，穿衣还破破烂烂。
情感慷慨愤懑，行文运笔自应写出名篇。
宝物被丢弃该怨恨谁，卞和怀璧本就有过错。
等待知己引荐做官，若是知己谁又会不引荐呢？
好的田地不会有晚获，肥沃的土地多丰收的年景。
诚如你一样的品德高尚，时间愈长德行愈加彰显。
亲近的朋友相互敦促鼓励，写赠这首诗又何必多加言谈呢？

赠丁仪

初秋凉气发，庭树微销落。凝霜依玉除，清风飘飞阁。
朝云不归山，霖雨成川泽。黍稷委畴陇，农夫安所获。
在贵多忘贱，为恩谁能博。狐白足御冬，焉念无衣客。
思慕延陵子，宝剑非所惜。子其宁尔心，亲交义不薄。

【译文】初秋天气多起凉风，庭院树叶开始凋谢。
白石台阶上结寒霜，高阁上飘起清风。
早晨的阴云不散，连绵不断的雨积流成河。
庄稼都倒在田地里，农民还收获什么呢？
身居高位大多不解贫贱家的悲苦，谁又能施恩遍布呢？
身穿狐皮大衣可以抵御寒冷，谁还考虑无衣的贫寒之士？
我思慕延陵子季札的为人，为朋友，宝剑也不吝惜。
朋友啊，你放宽心吧！我们的情谊深厚，毫不浅薄。

赠王粲

端坐苦愁思，揽衣起西游。树木发春华，清池激长流。
中有孤鸳鸯，哀鸣求匹俦。我愿执此鸟，惜哉无轻舟。

欲归忘故道，顾忘但怀愁。悲风鸣我侧，羲和逝不留。
重阴润万物，何惧泽不周。谁令君多念，自使怀百忧。

【译文】端坐着，被愁思折磨，披衣到铜雀园游玩。
树木在春天开满了花，清澈的池水激起长波。
池里有孤独的鸳鸯，悲哀的啼鸣寻求配偶。
我愿意和此鸟交朋友，可惜没有轻舟。
想要回去，却忘记了原路，回首只有忧愁满腹。
悲伤的风在我身旁呼啸，太阳西行不停歇。
密云降雨，润泽万物，哪会怕恩泽不会遍布呢?
谁让你想的那么多，才使你心里满腹忧思。

赠白马王彪七首

序：黄初四年五月，白马王、任城王与余俱朝京师、会节气。到洛阳，任城王薨。至七月，与白马王还国。后有司以二王归藩，道路宜异宿止，意每恨之盖以大别在数日，是用自剖，与王辞焉，愤而成篇。

【译文】序文：黄初四年五月，白马王彪、任城王彰与我一起前往京城朝拜，奉迎节气。到洛阳后，任城王不幸先逝；到了七月，我与白马王返回封地。后来有司以二王返回封地，不在同一处住宿为由，迫使我们分离，每每想起时常痛恨！大概因为离别只在这几日，我便以诗文表白心事，与白马王在此作别。悲愤之下，作成此篇。

谒帝承明庐，逝将归旧疆。清晨发皇邑，日夕过首阳。
伊洛广且深，欲济川无梁。泛舟越洪涛，怨彼东路长。
顾瞻恋城阙，引领情内伤。太谷何寥廓，山树郁苍苍。
霖雨泥我涂，流潦浩纵横。中逵绝无轨，改辙登高岗。
修坂造云日，我马玄以黄。

【译文】我去承明庐朝拜皇帝，发誓将要回到那旧日封地。
清晨从帝都洛阳启程，黄昏经历首阳山的日暮。
伊水和洛水，广阔而且幽深，想要渡过河水，却苦于没有桥梁。

驾着船越过大河，哀叹帝都到鄄城路途的漫长。
回首遥望洛阳的城楼，伸长脖子心中哀伤。
空谷多么浩荡、广阔，山间的树木繁盛苍苍。
暴雨泥湿我的路途，地上的积水纵横流淌。
半道没有了路迹，改道，登临高峻的山冈。
可长坡直入云天，而我的坐骑又身患玄黄病。

玄黄犹能进，我思郁以纡。郁纡将何念，亲爱在离居。
本图相与偕，中更不克俱。鸱枭鸣衡轭，豺狼当路衢。
苍蝇间白黑，谗巧令亲疏。欲还绝无蹊，揽辔止踟蹰。

【译文】马患玄黄，仍能奋蹄向前，可我愁思郁结。
忧郁的愁思受什么牵引？只因我挚爱的兄弟即将别离。
原想偕同并走，中途变化不能一起。
可恨猫头鹰在车上鸣叫，豺狼横挡了要道。
苍蝇之流使得黑白混淆，谗言的浮华使至亲疏离。
想要归去，而路径已经断绝，手握缰绳，不由得徘徊踌躇！

踟蹰亦何留？相思无终极。秋风发微凉，寒蝉鸣我侧。
原野何萧条，白日忽西匿。归鸟赴乔林，翩翩厉羽翼。
孤兽走索群，衔草不遑食。感物伤我怀，抚心长太息。
太息将何为，天命与我违。奈何念同生，一往形不归。
孤魂翔故域，灵柩寄京师。存者忽复过，亡殁身自衰。
人生处一世，去若朝露晞。年在桑榆间，影响不能追。
自顾非金石，咄唶令心悲。

【译文】徘徊犹豫间，此地又有什么可留恋的？我的思念永远没有尽头！
秋风产生微薄的凉意，寒蝉在我身旁哀鸣。
广袤的原野多么萧条，太阳倏忽间向西隐匿。
归鸟飞入密林，翩然地振动着羽翼。
孤单的野兽奔跑着寻觅集体，口衔着野草也无暇食用。
慨叹物象触伤了我的胸怀，以手抚心发出悠长的叹息。
长叹又能有什么用处？天命和我的意志相碰触！
哪能想到，我的同胞兄长，一同前去而形体却永不复归！

孤独的魂魄飞翔在昔日的故土，灵柩却寄存在帝都。
活着的人，因衰老而死，逝去的人，转瞬即去。
人的一生留存世间，倏忽间好比清晨蒸干的露水。
时光的流逝到了迟暮，光影和声响都已经无法追回。
自我省察并非金石之体，嗟叹间令我满心忧悲。

心悲动我神，弃置莫复陈。丈夫志四海，万里犹比邻。
恩爱苟不亏，在远分日亲。何必同衾帱，然后展慇懃。
忧思成疾疢，无乃儿女仁。仓卒骨肉情，能不怀苦辛。
苦辛何虑思，天命信可疑。虚无求列仙，松子久吾欺。
变故在斯须，百年谁能持？离别永无会，执手将何时？
王其爱玉体，俱享黄发期。收泪即长路，援笔从此辞。

【译文】心境的悲伤触动了我的灵魂，弃置忧愁不再陈述。
大丈夫志在四海，纵使相隔万里也如相邻而居。
假若兄弟的情意并无削减，分离愈远，反愈加深我们的情谊。
何必一定要同榻共眠，来传达你我的亲情？
过分的忧思会导致疾病，切莫在儿女之情中沉溺。
在仓卒间割舍骨肉亲情，能不让人愁苦和酸辛！
愁苦与酸辛引起了什么样的愁绪？我的天命的确值得怀疑！
向众仙祈愿终归于虚妄，让神人赤松子长久地把我欺瞒。
人生的灾祸就在短暂的须臾间，谁能享有百年的长寿？
一旦离别永无再会之日，兄弟再执手，将要等到什么时候？ 白马王啊，请珍爱您尊贵的身体，与我共享黄发晚年。
收起眼泪踏上漫漫的长路，从此与君分离，收笔永诀。

送应氏诗二首

其一

步登北邙阪，遥望洛阳山。洛阳何寂寞，宫室尽烧焚。
垣墙皆顿擗，荆棘上参天。不见旧耆老，但睹新少年。

侧足无行径，荒畴不复田。游子久不归，不识陌与阡。
中野何萧条，千里无人烟。念我平常居，气结不能言。

【译文】一步步登上北邙山的山坡，远远望见洛阳的群山。
洛阳显得多么寂寞，昔日的宫室全被焚烧。
尽是断壁颓垣，荒草仿佛上与天齐。
再寻不见旧日的老人，只看到小伙少年。
置足找不到路径，荒芜的土地不再有人来耕田！
游子多年不回，再也不认得交错相同的田地。
中原是多么的萧条，千里见不到人烟。
想起平日一道生活的人，伤心哽咽没有言语。

其二

清时难屡得，嘉会不可常。天地无终极，人命若朝霜。
愿得展燕婉，我友之朔方。亲昵并集送，置酒此河阳。
中馈岂独薄，宾饮不尽觞。爱至望苦深，岂不愧中肠。
山川阻且迥，别促会日长。愿为比翼鸟，施翮起高翔。

【译文】太平的盛世难见，欢乐的聚会不能常逢。
天地悠悠没有穷尽，人的寿命短得就像晨霜。
愿我的好友应氏尽情欢乐，平安去冀州。
亲密的朋友聚集相送，摆酒设宴在孟津渡。
酒宴难道不丰盛，宾客饮酒难道不尽兴吗？
情意越深，离别越苦，怎不使我忧愁忧思？
此去山川既险隘而且漫长，离别近在眼前，而欢会却遥遥无期。
我希望化作比翼鸟，与你们展翅同飞。

杂诗六首

其一

高台多悲风，朝日照北林。之子在万里，江湖迥且深。
方舟安可极，离思故难任。孤雁飞南游，过庭长哀吟。
翘思慕远人，愿欲托遗音。形影忽不见，翩翩伤我心。

【译文】高台多凄厉的悲风，早晨的阳光照耀在北林。
我所思念的人在千里之外，两地的路途既远且深。
舟楫可平安到达远方，久别的愁苦相思却难以承受。
孤飞南去的大雁拜访庭院时，哀厉的长鸣。
我翘首思念着远方的人，想托孤雁带去我的问候。
孤雁的身影转瞬即逝，它的疾飞刺痛了我的心神。

其二

转蓬离本根，飘飖随长风。何意迥飚举，吹我入云中。
高高上无极，天路安可穷！类此游客子，捐躯远从戎。
毛褐不掩形，薇藿常不充。去去莫复道，沉忧令人老。

【译文】飞蓬离开自己的根，飘摇、随风而散。
谁料想暴风突然刮起，把它吹入云中。
高远的天毫无涯际，哪里才是尽处？
像飞蓬一样飘摇的游子，在遥远的边疆戍守、效命。
粗布的短衣不能完全遮蔽身体，时常吃野菜不能喂饱肚子。
抛开这些不要再说，沉郁的心态会使人变老。

其三

西北有织妇，绮缟何缤纷。明晨秉机杼，日昃不成文。

太息终长夜，悲啸入青云。妾身守空闺，良人行从军。
自期三年归，今已历九春。飞鸟绕树翔，嗷嗷鸣索群。
愿为南流景，驰光见我君。

【译文】西北有位哀愁的织妇，机杼上的织物纷繁、杂多。
每天早晨就拿着梭子开工，直到太阳西落都没织成彩布。
她叹息了一个通宵，那悲啸之声直达青云。
闺房里只剩她一人茕茕独立，而丈夫在外行军打仗。
原先说好三年归来，如今已蹉跎了九年的岁月。
鸟儿寻求伴侣绕树飞环，在枝头鸣叫不休。
我情愿化作南驰的月亮去和丈夫相聚。

其四

南国有佳人，荣华若桃李。朝游江北岸，夕宿潇湘沚。
时俗薄朱颜，谁为发皓齿？俯仰岁将暮，荣耀难久恃。

【译文】南方有位倾世佳人，容颜像盛绽的桃花一样绚烂。
白天在江河北岸飘零，夜晚在潇湘的小块陆地中停歇。
当下有鄙薄美貌的风气，能向谁启齿轻歌？
转瞬间一年将近，人生年华难以长久依怙。

其五

仆夫早严驾，吾将远行游。远游欲何之？吴国为我仇。
将骋万里途，东路安足由？江介多悲风，淮泗驰急流。
愿欲一轻济，惜哉无方舟。闲居非吾志，甘心赴国忧。

【译文】车夫老早准备好车驾，我将要离家到远方。
问我远游去哪里？去征伐我们的仇敌吴国。
要驰骋在万里疆场，东行之路哪里值得走？
江边多吹来阵阵悲风，淮河和泗水波浪奔涌激流。
我想轻易地过河，可惜没有船只。
安逸生活并非我的志向，我甘愿舍弃性命为国分忧！

其六

飞观百馀尺，临牖御棂轩。远望周千里，朝夕见平原。
烈士多悲心，小人偷自闲。国仇亮不塞，甘心思丧元。
拊剑西南望，思欲赴太山。弦急悲声发，聆我慷慨言。

【译文】宫门得瞭望楼很高，我倚靠在窗前凭栏远眺。
环望周边千里，早晚之间都能见到平原。
君子常怀忧国的悲壮情思，小人苟且偷安追求安逸生活 。
国仇诚然没有消除，为国家，我甘愿舍弃性命。
按剑望向西南，渴望马革裹尸、战死疆场。
琴瑟的弦发出急切的悲响，请聆听我这慷慨的理想之歌。

七哀诗

明月照高楼，流光正徘徊。上有愁思妇，悲叹有余哀。
借问叹者谁，言为荡子妻。君行逾十年，孤妾长独栖。
君若清路尘，妾若浊水泥。浮沉各异势，会合何时谐。
愿为西南风，长逝入君怀。君怀良不开，贱妾当何依。

【译文】明月照在高楼上，洒下的光芒游移不定。
楼上有一位哀怨的妇人，正在悲哀的叹息。
试问这位叹息的女子是谁，说是远游人的妻子。
丈夫离家超过了十年，她常常孤单独处。
丈夫就像路上的清尘飘忽，我就像是污浊的水中的淤泥。
浮尘和淤泥各自不同，什么时候才能相互和谐融合？
我愿意化作西南风，长久的停留在你的怀中。
你的怀抱良久不开，我该靠什么呢？

七步诗

煮豆持作羹，漉豉以为汁。萁向釜中然，豆在釜中泣。
本是同根生，相煎何太急。
另：
煮豆燃豆萁，豆在釜中泣。本是同根生，相煎何太急。

【译文】煮豆拿来做豆羹，滤过豆豉做豆汁。
豆杆在锅底燃烧，豆子在锅里流泪。
你我本是一根上生长的，相煎煮为何如此着急？
另：
煮豆燃豆茎，豆在锅中流泪。
你我本是一根上生长的，相煎煮为何如此着急？

当墙欲高行

龙欲升天须浮云，人之仕进待中人。众口可以铄金，谗言三至，慈母不亲。
愦愦俗间，不辩伪真。愿欲披心自说陈，君门以九重，道远河无津。

【译文】龙想要飘摇直上必须借助浮云的力量，人要做官必须依靠君王身边的贵人。
众口一词可以将金子熔化，谗言听得次数多了，连慈爱的母亲都会疏离。
昏乱纷杂的人世，不能辨别真假。
想要敞开心怀表白自己的忠诚，奈何君门幽深难进，道路漫长，河流无渡口。

当事君行

人生有所贵尚，出门各异情。朱紫更相夺色，雅郑异音声。

好恶随所爱憎，追举逐虚名。百心可事一君，巧诈宁拙诚。

【译文】人生值得尊重的东西，社会造成个人的情志差异。
正与邪相互较量争夺，雅乐与郑声相互混淆。
喜欢与憎恨都听凭个人喜好，行为都旨在追求虚名。
侍奉君王存有二心，奸诈巧言不如诚信、朴拙。

当车已驾行

坐玉殿，会诸贵客。侍者行觞，主人离席。
顾视东西厢，丝竹与鞞铎。不醉无归来，明灯以继夕。

【译文】我在装饰宏伟的大厅，宴请众位贵宾朋友。
朋友们举起酒杯，主人离开座位。
回首看周围，有各种乐器伴奏。
不醉不归，挑起灯火来欢度晚上。

阮 籍

阮籍，三国魏尉氏人，字嗣宗，父瑀，为建安七子之一。籍容貌瑰杰，志气宏放，博览群书，尤好《老》、《庄》，嗜酒，善鼓琴。曹爽召为参军，以疾辞。及爽诛，时人服其远识，司马懿命为从事郎中，封关内侯，徙散骑常侍。属天下多故，不与闻世事，以酣饮为常。司马昭初欲为子炎求婚于籍，籍沉醉六十日，不得言而止。后为步兵校尉，景元中卒，年五十四。籍能为青白眼，见礼俗之士，以白眼对之。时率意独驾，不由径路，车辙所穷，辄痛苦而返。作咏怀诗八十余首。反覆零乱，兴寄无端，和愉哀怨，杂集于中。论者以为其源自《离骚》来。后世惟唐陈子昂、张九龄感遇等作，颇能得其旨趣。有《阮步兵集》。

【译文】三国魏尉氏人，字嗣宗，父亲阮瑀，是建安七子之一。阮籍容貌俊美奇伟，志气远大，博览群书，特别喜欢读《老》、《庄》，嗜酒，擅长弹琴。曹爽召他做参军，以病为借口拒绝。等到曹爽被诛杀，当时人都佩服他的远见，司马懿任命他从事郎中的职务，封他关内侯，升为散骑常侍。恰逢天下三分的缘故，不问世事，时常酣饮。当初司马昭想替他儿子司马炎向阮籍求亲，阮籍沉醉六十天，司马昭因没法说而作罢。后做步兵校尉，景元年间去世，终年五十四岁。阮籍用青眼、白眼对人区别对待，看见世俗儒生，以白眼相待。独自率性驾车，不走小路，路不通时，就痛苦返回。写了八十多首咏怀诗。反复零乱，寄托无端，哀怨也和悦，内容纷杂。有识之士认为它源自《离骚》。后世只有唐代陈子昂、张九龄等的感遇之作，颇有一些它的旨趣。有《阮步兵集》。

咏怀三十首

夜中不能寐，起坐弹鸣琴。薄帷鉴明月，清风吹我襟。
孤鸿号外野，翔鸟鸣北林。徘徊将何见？忧思独伤心。

【译文】夜深了，我还是不能入睡，索性起床调弹琴筝。

明月透过薄幕映照，夜晚的清风吹动我的衣襟。
离群的大雁在野外哀鸣，归巢的飞鸟在北林啼叫。
他们犹豫徘徊看到了什么？我忧愁哀思，独自伤心。

二妃游江滨，逍遥顺风翔。交甫怀环佩，婉娈有芬芳。
猗靡情欢爱，千载不相忘。倾城迷下蔡，容好结中肠。
感激生忧思，萱草树兰房。膏沐为谁施，其雨怨朝阳。
如何金石交，一旦更离伤。

【译文】两位神女在岸边嬉玩，自由自在，神态像顺风翱翔。
郑交甫怀抱神女送的佩环，可爱美好带有芳香。
情意缠绵，欢乐相爱。郑交甫信誓旦旦，永不相忘。
倾城容颜自可迷惑整个下蔡，喜爱美貌原本发自内心。
爱情的激发，使神女忧愁忧思，把忘忧草种在芬芳的屋门。
离开他，为谁而梳妆打扮，想他而不来，就像企盼下雨却偏出朝阳。
怎么原先的金石交情，突然间散去，令人哀伤。

嘉树下成蹊，东园桃与李。秋风吹飞藿，零落从此始。
繁华有憔悴，堂上生荆杞。驱马舍之去，去上西山趾。
一身不自保，何况恋妻子。凝霜杂野草，岁暮亦云已。

【译文】好树的下面形成了小路，东园的桃树李树就是这样。
秋风吹落豆叶翻飞的时节，桃树李树的厄运也就从此开始。
人间的繁华富贵也是这样憔悴，高大的房屋也会生满杂草。
驾马驱驰赶紧舍弃离开，奔向西山去隐居。
连自己的性命尚且难保，何况念想着妻子家小呢？
寒霜凝结，已经杂染了荒草。这一年也马上就要完了。

天马出西北，由来从东道。春秋非有托，富贵焉常保。
清露被皋兰，凝霜沾野草。朝为媚少年，夕暮成丑老。
自非王子晋，谁能常美好。

【译文】名贵的宝马从西北出产，自东而来要必经道路。
时光流逝没有终极，富与贵又怎能永久保有？

清早的露水覆盖在水边的兰草上，霜冻凝结在田野的荒草。
早晨还是一位俊美的少年，晚上就变得又老又丑。
平凡人都不是王子晋，世间谁能永葆不老。

平生少年时，轻薄好弦歌。西游咸阳中，赵李相经过。
娱乐未终极，白日忽蹉跎。驱马复来归，反顾望三河。
黄金百镒尽，资用常苦多。北临太行道，失路将如何。

【译文】回想我的一生年少时，浮浅喜欢轻歌曼舞，追逐欢乐。
曾经离家到繁华都市，和赵家、李家交往颇深。
哪想欢乐的日子也有尽头，时光倏忽间逝去。
驾马我又来到原来的道路，回首望三河。
黄金白镒瞬间用尽，花费巨大使我心中苦涩。
我像太行驿道上的那个人，走错道路，谁知结局如何？

杨朱泣歧路，墨子悲染丝。揖让长离别，飘颻难与期。
岂徒燕婉情，存亡诚有之。萧索人所悲，祸衅不可辞。
赵女媚中山，谦柔愈见欺。嗟嗟涂上士，何用自保持。

【译文】杨朱为了道路的莫测而哭泣，墨子为染丝的前途变化而悲叹。
贤人禅让的圣明时代已经远去，人民的生活飘摇难以再报希望。
难道只为女子的安顺而受欺骗？国家存亡也确有欺诈行为。
萧索凄凉是人所感到悲凉的事，祸患的根源是不可避免的。
赵国利用美女使代国灭亡，越是谦恭越易受到欺骗。
可叹啊，求取仕途上进的人啊，你们用什么保持自己的高尚操守。

自然有成理，生死道无常。智巧万端出，大要不易方。
如何夸毗子，作色怀骄肠。乘轩驱良马，冯几向膏粱。
被服织罗衣，深榭设闲房。不见日夕华，翩翩飞路旁。

【译文】自然是有必然的归旨，生死之道，变化不定，没有规律的。
计谋和巧诈层出不穷，大旨不改变方向。
为什么夸耀肢体柔软的人，因为发怒，胸怀骄傲。
坐着大夫车，驱驰着好马，依着几案奔向仕路。

穿着轻软丝织品制成的衣服，幽深的亭子旁盖着一座芳香的房屋。
没有看见木槿花，在道路旁翩跹飞舞。

河上有丈人，纬萧弃明珠。甘彼藜藿食，乐是蓬蒿庐。
岂效缤纷子，良马骋龙舆。朝生衢路傍，夕瘗横术隅。
欢笑不终宴，俯仰复欷歔。鉴兹二三者，愤懑从此舒。

【译文】河上有位老人，不用明珠来装饰箫。
甘愿吃着那野菜，高兴的住着茅草房。
岂敢仿效那官宦家的男子，驾着好马，坐着好车。
早晨在小路边，晚上掩埋在角落。
欢笑不会贯穿整个宴会，俯仰间又唏嘘、哀叹。
借鉴这二三个人，悲伤、怨愤从这时开始舒解。

儒者通六艺，立志不可干。违礼不为动，非法不肯言。
渴饮清泉流，饥食天一箪。岁时无以祀，衣服常苦寒。
屣履咏南风，缊袍笑华轩。信道守诗书，义不受一餐。
烈烈褒贬辞，老氏用长叹。

【译文】儒家人士精通他们的六经，立下志愿不可违背。
违背礼法的事绝不干，不合礼的言语绝不说。
口渴就和清澈的流水，饿了凑合吃一箪饭。
过年的时候没有可供祭祀的供品，穿的衣服也时常不能抵御寒冷。
趿拉一双鞋唱着赞美圣人的《南风》，穿着旧袍笑话达官显贵。
笃信儒教，恪守经典，为了大义，不受一饭。
老子批评他们，言辞激烈，只因为他们的迂腐而长叹。

少年学击剑，妙伎过曲城。英风捷云霓，超世发奇声。
挥剑临沙漠，饮马九野坰。旗帜何翩翩，但闻金鼓鸣。
军旅令人悲，烈烈有哀情。念我平常时，悔恨从此生。

【译文】我年轻时喜欢练习剑术，高妙的技艺超过曲城侯张仲。
英雄气概上冲云霄，超越一世传播杰出的名声。
挥剑直指边境荒漠，饮马在九州遥远的边疆。

飘扬的战旗多么轻快，但只听见金鼓齐鸣，却不见战争。
这样的从军经历使我悲哀，以表面的热烈掩盖实质的哀悲。
回想我的一生经历，悔恨、遗憾就是从这时的从军经历开始的。

修涂驰轩车，长川载轻舟。性命岂自然，势路有所由。
高名令志惑，重利使心忧。亲昵怀反侧，骨肉还相雠。
更希毁珠玉，可用登遨游。

【译文】长道上奔驰着豪华的车马，大河上行着轻舟。
性命难道不是自然所为，有着必然的定数。
显赫的名声会使志向受到迷惑，功利心太盛会让人心烦忧。
过分亲近会让人心怀二心，骨肉间还会相互仇视。
后悔毁坏宝物，可以借它自在遨游。

猗欤上世士，恬淡志安贫。季叶道陵迟，驰骛纷垢尘。
宁子岂不类，杨歌谁肯殉。栖栖非我偶，徨徨非己伦。
咄嗟荣辱事，去来味道真。道真信可娱，清洁存精神。
巢由抗高节，从此适河滨。

【译文】多好啊，上古时代的隐士，生活志向恬淡，安于贫困。
没落时代，道路被割裂，圣哲们奔走在尘土间。
甯戚自荐唱歌难道不合诗义，杨朱唱歌有谁肯听信、牺牲？
徘徊不定的人不是我的同伴，惶惶不安的人也不是我的伙伴。
荣辱在瞬息变化之间，在日月运行间体味大道的真纯。
大道的真纯确实令人愉快，素质清白保持大道精髓。
巢父和许由发扬高尚的操守，我和他们一样同处河滨隐逸。

昔闻东陵瓜，近在青门外。连畛距阡陌，子母相钩带。
五色曜朝日，嘉宾四面会。膏火自煎熬，多财为患害。
布衣可终身，宠禄岂足赖。

【译文】从前我听说鲜美的瓜，种的很近，就在长安城的东门。
一大片瓜田由小路隔开，大，小瓜相互勾连。
瓜色斑斓在阳光下闪耀，亲友们从四面聚集。

油脂点燃是自己使自己煎熬，财物太多，给自家带来祸患。
做一介平民，可以安度一辈子，恩宠荣耀怎值得依靠一生？

炎暑惟兹夏，三旬将欲移。芳树垂绿叶，青云自逶迤。
四时更代谢，日月递参差。徘徊空堂上，忉怛莫我知。
愿覩卒欢好，不见悲别离。

【译文】炎热的酷暑只有这个夏季，三十天就想要到别处去。
香树的绿叶倒垂着，天上的青云自在的飘着。
四季更迭，日月变换。
在空堂里徘徊，忧伤、不了解我。
希望自始至终地快乐交往，不会有悲伤离别的时候。

灼灼西隤日，余光照我衣。回风吹四壁，寒鸟相因依。
周周尚衔羽，蛩蛩亦念饥。如何当路子，磬折忘所归。
岂为夸誉名，憔悴使心悲。宁与燕雀翔，不随黄鹄飞。
黄鹄游四海，中路将安归。

【译文】火红的太阳西落，还有余光照在我的衣上。
旋风吹着我的房屋，寒鸟飞来与我做伴。
周周鸟尚且知道衔羽来饮水，蛩蛩兽也知道觅食。
为什么那些达官显贵，贪恋富贵不去隐居。
难道只为浮夸的虚名？使人心神憔悴忧愁。
我宁肯与燕雀一起飞翔，也不愿和黄鹄一起高飞远游。
黄鹄固然可以使我云游四海，但半路无力怎回家乡？

步出上东门，北望首阳岑。下有采薇士，上有嘉树林。
良辰在何许，凝霜沾衣襟。寒风振山冈，玄云起重阴。
鸣鴈飞南征，鶗鴂发哀音。素质游商声，凄怆伤我心。

【译文】我走向洛阳城的上东门，向北眺望首阳山的山峰。
山下安葬着不食周粟的高士，山上长满茂密的树林。
美好的时光在哪里，只看到凝霜沾在我的衣上。
寒风摇撼着山岗上的树木，乌云翻涌，卷起层层阴霾。

鸣叫的雁群向南远飞，鶗鴂发出哀怨的悲鸣。
悲鸣来自于秋天的肃杀，悲怆的声响使我的悲悼心伤。

北里多奇舞，濮上有微音。轻薄闲游子，俯仰乍浮沉。
捷径从狭路，黾俯趋荒淫。焉见王子乔，乘云翔邓林。
独有延年术，可以慰我心。

【译文】北地奇异的舞蹈很多，河上有轻微的声响。
闲散游荡的纨绔子弟，沉浮就在俯仰之间。
狭隘的方式行事，随俗沉浮混沌浮荡。
哪里看见王子乔，乘云驾雾飞翔在邓林。
只有延长寿命的方法，可以宽慰我的心。

湛湛长江水，上有枫树林。皋兰被径路，青骊逝骎骎。
远望令人悲，春气感我心。三楚多秀士，朝云进荒淫。
朱华振芬芳，高蔡相追寻。一为黄雀哀，泪下谁能禁。

【译文】清澈的长江河水啊，两岸种植着一行行枫树。
江边兰草长满路径，江岸青马驰骋。
远望这样的场景令人悲伤，春天的景象创伤我的心。
楚国多产优秀人才，却有咏唱神女劝楚王荒淫。
朱红的花散发香气，襄王在告蔡追逐欢乐。
一旦酿成像黄雀事件的哀伤，泪水都不能止得住阴谋。

昔日繁华子，安陵与龙阳。夭夭桃李花，灼灼有辉光。
悦怿若九春，磬折似秋霜。流盼发姿媚，言笑吐芬芳。
携手等欢爱，宿夕同衣裳。愿为双飞鸟，比翼共翱翔。
丹青着明誓，永世不相忘。

【译文】从前那两个美艳的女子，楚国的安陵君和魏国的龙阳君。
娇媚鲜艳如同桃花，光彩夺目的容颜生发光辉。
她们被君王宠爱，如同阳春般美好，却谦卑屈折像遭遇了秋霜。
顾盼神飞显出姿容的可爱，言谈间吐露芳香。
白天同君王携手游玩，晚上和君王同床共被。

企盼和君王变成一对飞鸟，一起并肩展翅飞翔天空。
用丹青写下清白的誓言，相亲相爱永世不忘。

登高临四野，北望青山阿。松柏翳冈岑，飞鸟鸣相过。
感慨怀辛酸，怨毒常苦多。李公悲东门，苏子狭三河。
求仁自得仁，岂复叹咨嗟。

【译文】登高看四周的郊野，向北眺望青山的起伏。
松柏遮蔽了山岗茔地，飞鸟鸣叫着探望飞过。
我心酸悲苦的慨叹，苦于世俗的怨恨实在太多。
李斯临行前悲叹不能再游上蔡的东门，苏秦得意时，就觉得三河过于狭小。
伯夷、叔齐求仿仁义便得到仁义，他们哪会再叹罗嗦。

开秋兆凉气，蟋蟀鸣床帷。感物怀殷忧，悄悄令心悲。
多言焉所告，繁辞将诉谁。微风吹罗袂，明月耀清晖。
晨鸡鸣高树，命驾起旋归。

【译文】初秋的征兆是寒冷的天气，蟋蟀的床下低鸣。
物候的感触使我忧心忡忡，忧愁使我心怀凄怆。
很多言语向哪里诉说，言辞又向谁倾诉？
微风吹拂我的衣袖，明月照耀它的清亮光辉。
报晓的雄鸡在高树上啼叫，我命令套车起身回家。

昔年十四五，志尚好书诗。被褐怀珠玉，颜闵相与期。
开轩临门野，登高望所思。丘墓蔽山冈，薰莸同一时。
千秋万岁后，荣名安所之。乃悟羡门子，噭噭今自嗤。

【译文】当我还是十四，五岁的时候，志向崇尚儒家的经典。
穿着粗布衣服怀抱高尚理想，期望同颜回、闵子骞齐名。
我打开窗子面对原野，登高眺望思念古代贤人。
一座座坟墓被遮掩在山岗中，香草和臭草都会被埋葬入土。
他们都逝去很多年以后，荣禄名声都到哪里寻找？
我于是明白羡门子的仙人追求，大喊大叫今日的蠢行。

徘徊蓬池上，还顾望大梁。绿水扬洪波，旷野莽茫茫。
走兽交横驰，飞鸟相随翔。是时鹑火中，日月正相望。
朔风厉严寒，阴气下微霜。羁旅无俦匹，俯仰怀哀伤。
小人计其功，君子道其常。岂惜终憔悴，咏言着斯章。

【译文】我在蓬池边上徘徊，回望魏国的古都大梁。
湖水扬起波浪，空旷的原野荒草茫茫。
奔跑的野兽横冲直撞，空中的飞鸟相互跟着飞翔。
这时的鹑火星就在南方的正中，这一天太阳月亮正好相望。
北风刮来寒冷的空气，阴冷的天气降下薄薄的冰霜。
我被搁浅在旅途，没有伴侣，抬头、低头都使我心怀哀伤。
小人斤斤计较盘算得失，君子总在遵循规范。
怎么能怜惜自己而使自己终落憔悴的下场，我就吟唱写下此诗章。

独坐空堂上，谁可与欢者。出门临永路，不见行车马。
登高望九州，悠悠分旷野。孤鸟西北飞，离兽东南下。
日暮思亲友，晤言用自写。

【译文】我独自坐在空空的厅堂，谁可以和我亲近呢？
出门面对着长长的道路，不见车马往来经过。
登高远望天下，远望只见原野被分割。
失群的候鸟向西北飞去，走散的野兽向东南奔走。
每天晚上思念亲友，希望和他们面谈排遣烦恼。

若花耀四海，扶桑翳瀛洲。日月经天涂，明暗不相雠。
穷达自有常，得失又何求。岂效路上童，携手共遨游。
阴阳有变化，谁云沉不浮。朱鳖跃飞泉，夜飞过吴洲。
俯仰运天地，再抚四海流。系累名利场，驽骏同一辀。
岂若遗耳目，升遐去殷忧。

【译文】若花在四海间摇曳，扶桑花荫满瀛洲。
日月盈满着天路，明亮与昏暗不相抵触。
困厄、畅达有着常理，得到与失去又有什么可追求的呢？
难道效仿路上的孩子，手拉手并肩玩耍。

阴阳有着自己变化的规律，谁说只下沉而不会漂浮呢？
红鳖在飞泉跳跃，晚上就飞过吴洲。
俯仰间天地仍在运行，两次追抚，四海依旧奔流。
被名利所牵累，驾着骏马，坐着同一条船。
哪会像丢弃耳目，升入宇宙丢弃深深的忧患。

驾言发魏都，南向望吹台。箫管有遗音，梁王安在哉。
战士食糟糠，贤者处蒿莱。歌舞曲未终，秦兵已复来。
夹林非吾有，朱宫生尘埃。军败华阳下，身竟为土灰。

【译文】我驾车出发前往魏国都城大梁，向南回望曾为歌舞地的吹台。
我似乎听见当年箫管的余音，但昔日的梁王现今在那里？
他让战士吃酒糟糠皮，让贤能的人才住在原野，生活困窘。
他的歌舞还没有演完，秦兵就又攻进了城。
夹林已经不再为魏国保有，昔日的宫殿已经变成荒芜废墟。
魏军被秦兵大败在华阳城下，梁王终于身死国灭成为灰土。

朝阳不再盛，白日忽西幽。去此若俯仰，如何似九秋。
人生若尘露，天道邈悠悠。齐景升丘山，涕泗纷交流。
孔圣临长川，惜逝忽若浮。去者余不及，来者吾不留。
愿登太华山，上与松子游。渔父知世患，乘流泛轻舟。

【译文】朝阳不会一天照耀两次，白天很快就沉默了。
过一天就好像俯仰般短促，怎么能把一天看成九年一般长的呢？
人生就像早晨的露水，天道遥远又悠长。
齐景公登录牛山想到死亡，哭得眼泪鼻涕纵横。
孔圣人面对着一江河水，慨叹时间的流逝。
过去的我不能追回，未来的我也不能留住。
我愿攀登险峻的华山，上天和赤松子往来交游。
那位渔父知道世间的忧患，随着波浪荡着轻舟。

一日复一夕，一夕复一朝。颜色改平常，精神自损消。
胸中怀汤火，变化故相招。万事无穷极，知谋苦不饶。
但恐须臾间，魂气随风飘。终身履薄冰，谁知我心焦。

【译文】过一个白天再过一个晚上，过一个晚上再过一个早晨。
我的脸色变得和平常不一样，精神气也一天天得耗损。
胸膛中似乎怀揣着烈火和沸水，世间的变化都把我招来。
人间万事多端，变化无穷，苦于我的智谋不够。
只怕那一个霎那间，形神随风飘散。
我一辈子走在冰上战战兢兢，有谁知道我的焦虑。

一日复一朝，一昏复一晨。容色改平常，精神自飘沦。
临觞多哀楚，思我故时人。对酒不能言，凄怆怀酸辛。
愿耕东皋阳，谁与守其真。愁苦在一时，高行伤微身。
曲直何所为，龙蛇为我邻。

【译文】过一天再过一个早晨，过一个晚上再过一个早晨。
面容一改平日，精神自在飞扬。
对着酒杯多有哀伤、苦楚，思念我的旧友。
临酒说不出话，凄苦悲怆心怀酸楚。
愿意在东皋阳下耕种，谁和我一起守住心灵的真实呢？
愁苦只是一时，高尚的德行对自己的身体有微小的伤害。
曲与直又有什么关系呢，龙蛇猛兽和我同为邻居。

世务何缤纷，人道苦不遑。壮年以时逝，朝露待太阳。
愿揽羲和辔，白日不移光。天阶路殊绝，云汉邈无梁。
濯发旸谷滨，远游昆岳旁。登彼列仙岨，采此秋兰芳。
时路乌足争，太极可翱翔。

【译文】世间的事物多么繁杂，人际关系杂多，苦于没有闲暇。
壮年时间流逝以时算，就像早晨的露水等待太阳的出现。
盼望拿着羲和的绳辔，白天的阳光不会移动、调转。
天上的阶梯路途十分险绝，云汉飘渺没有支柱。
洗头在旸谷河滨，在昆岳山旁远游。
攀登那列仙岨，摘采秋天的香兰。
那没什么值得相互争抢的，宇宙间可以自在翱翔。

陶渊明

陶潜，晋浔阳人，侃曾孙，本名渊明，字元亮。入宋后，始改名潜。性高尚简贵，尝著《五柳先生传》以自况。家贫亲老，起为州祭酒，不堪吏职，自解归。后为彭泽令，在官八十余日，郡遣督邮至县，吏白应束带见之，潜曰：“吾不能为五斗米，折腰向乡里小儿，”即日解印绶去职，赋《归去来辞》。义熙末，征著作郎，不就。元嘉初卒，年六十三，世称靖节先生。潜博学善属文，尤工于诗，其所为诗，冲穆淡远，而妙造自然，不独高出当时。一扫两晋绮丽浮诞之习。即唐之王孟韦柳，皆学焉而得其一体，遂以名家，而终未有能及之者。有《陶渊明集》、《搜神后记》。

【译文】晋浔阳人，陶侃的曾孙，本名渊明，字元亮。入宋之后，才改名为潜。性格高尚、简傲高贵，曾经写《五柳先生传》来自况。家里贫困，父母俱老，开始做了州祭酒，不能忍受职务，自辞回家。后来做了彭泽县令，在官位八十几天，郡丞派督邮前往此县，上级对他说，应该束带去见官，陶渊明说：“我不能为五斗米，向乡里的一般人弯腰，”当天就丢下印信，解去绶带离职，写了《归去来兮辞》。义熙末年，征召著作郎，不去。元嘉初年，死去，终年六十三岁，世称靖节先生。他博学，善写文章，尤其善于写诗，他的诗作冲淡静穆，而且妙造自然，不单单比时人高出一大截。一扫两晋时期华丽旖旎，浮而不实的风气，到了唐代的王维、孟浩然、韦应物、柳宗元，都学习了他的一个方面，于是成为了名家，但终没有一个人能赶得上他。有《陶渊明集》、《搜神后记》。

形影神三首

贵贱贤愚，莫不营营以惜生，斯甚惑焉。故极陈形影之苦，言神辨自然以释之。好事君子，共取其心焉。

【译文】各种各样的人，都在忙碌奔波，千方百计谋求爱惜自己的生命，这些人十分糊涂啊。所以详细叙述形体和影子的苦楚，讲述精神辨析的自然之理来排遣。关心此事的人，共享这首诗所阐述的道理。

形赠影

天地长不没，山川无改时。草木得常理，霜露荣悴之。
谓人最灵智，独复不如兹。适见在世中，奄去靡归期。
奚觉无一人，亲识岂相思？但余平生物，举目情凄而。
我无腾化术，必尔不复疑。愿君取吾言，得酒莫苟辞。

【译文】天地长存不会消失，山川永恒不会改变。
草木有着自然的规律，寒霜和雨露会使它凋零、繁茂。
虽说人是世界最杰出的灵长，唯独不能长存于世。
刚才还活在人世，转眼就逝去没有归来的时间。
谁会感觉少了一个人？亲友至交才会伤心。
只剩下生前的物件，睹物思人泪流成行。
大家都没有升仙法术，必将会那样死去。
愿你听取我的衷言，喝着酒不要拒绝。

影答形

存生不可言，卫生每苦拙。诚愿游昆华，邈然兹道绝。
与子相遇来，未尝异悲悦。憩荫若暂乖，止日终不别。
此同既难常，黯尔俱时灭。身没名亦尽，念之五情热。
立善有遗爱，胡为不自竭？酒云能消忧，方此讵不劣！

【译文】长世永存并无指望，身体长寿苦于没有好的策略。
真的想要寻访神仙的居处，虚无飘渺道路断绝。
与你相遇以来，彼此一同悲哀欢悦。
在荫影休息承受暂时的分离，在阳光之下便再无分别。
形影不离很难长久，黯然伤神一同寂灭。

身死之后声名也消逝，想起来让人情怀激荡。
立下好的德行恩惠后世，为什么不尽力？
虽说饮酒能消除忧愁，与此相比岂不显得拙劣！

神释

大钧无私力，万理自森著。人为三才中，岂不以我故！
与君虽异物，生而相依附。结托善恶同，安得不相语！
三皇大圣人，今复在何处？彭祖爱永年，欲留不得住。
老少同一死，贤愚无复数。日醉或能忘，将非促龄具？
立善常所欣，谁当为汝誉？甚念伤吾生，正宜委运去。
纵浪大化中，不喜亦不惧。应尽便须尽，无复独多虑。

【译文】天地自然运行并无偏爱，万物生存自有规律。
人与天地并称三才，难道会因为我的缘故！
和你们虽然不同，自生以来就相互依存。
相互依托好恶一致，怎能不诉衷肠！
古代的三皇，人称大圣，时至今日又在哪里？
彭祖虽然享得长寿，想要长存也不能够。
寿长、寿短同是一死，贤人、愚人也没有定数。
整天醉酒或许可以忘记对死的担忧，饮酒会伤身使人短命。
树立善德会使人安慰，死后谁又会称赞？
过分担忧会伤害我的身体，不如顺应自然命运。
在自然变化中，无拘无束，既不欣喜也不忧惧。
命数当尽就尽，不要独自苦思忧虑。

九日闲居（并序）

余闲居，爱重九之名。秋菊盈园，而持醪靡由，空服九华，寄怀于言。

【译文】我在家闲居，喜爱“重九”这个名字。秋菊满园，但没酒可饮，白白地欣赏秋菊，写下此诗，寄托我的情怀。

世短意常多，斯人乐久生。日月依辰至，举俗爱其名。
露凄暄风息，气徹天象明。往燕无遗影，来雁有余声。
酒能祛百虑，菊解制颓龄。如何蓬庐士，空视时运倾！
尘爵耻虚罍，寒华徒自荣。敛襟独闲谣，缅焉起深情。
栖迟固多娱，淹留岂无成？

【译文】人生短促愁绪很多，人人都想要活得长久。
日月轮转又重九，整个社会风俗都喜爱这个名字。
夏去秋至霜露寒冷，空气清新天气晴朗。
南去的燕子已无踪影，从北方来的大雁鸣声不绝。
饮酒能消除很多忧虑，品菊可以增长寿数。
茅屋中的贫士，看着佳节径自空叹。
酒杯的生尘是空酒壶的耻辱，秋菊自己白白地盛开繁荣。
正襟危坐闲自歌唱，遐想间，深情顿起。
长期隐居闲适，难道就一事无成！

归园田居五首

其一

少无适俗韵，性本爱丘山。误落尘网中，一去三十年。
羁鸟恋旧林，池鱼思故渊。开荒南野际，守拙归园田。
方宅十余亩，草屋八九间。榆柳荫后檐，桃李罗堂前。
暧暧远人村，依依墟里烟。狗吠深巷中，鸡鸣桑树巅。
户庭无尘杂，虚室有余闲。久在樊笼里，复得返自然。

【译文】小时候就没有追随俗世的气韵，生性就喜爱山川自然。
谁知会不小心落入仕途俗网，一去这便是好多年。

笼中之鸟怀恋旧林，池中养的鱼儿思念原来的深水。
在南郊野外开垦荒地，守着愚笨的天性在田园耕种。
住宅方圆十余亩地，茅屋有八九间。
榆树、柳树荫蔽后檐，桃树李树在堂前排列。
远处的村落依稀可见，村里的炊烟轻柔飘荡。
深巷传来狗吠之声，雄鸡在桑树顶端打鸣。
庭院清洁没有杂物，心中纯净无比安闲。
长久地被困在笼中，如今又返回自然，自由的生活。

其二

野外罕人事，穷巷寡轮鞅。白日掩荆扉，虚室绝尘想。
时复墟曲中，披草共来往。相见无杂言，但道桑麻长。
桑麻日已长，我土日已广。常恐霜霰至，零落同草莽。

【译文】乡居很少有与世俗交游的机会，偏僻的巷子很少有车马往来。
白天柴门紧闭，心地纯净断绝俗世想法。
常常在偏僻村落，拨开草丛和村里人相互来往。
相见不谈世俗之事，只说田园桑麻的生长状况。
我田里的桑麻日渐长高，我开垦的土地日渐广阔。
经常担心霜雪忽降，庄稼凋零就像草莽。

其三

种豆南山下，草盛豆苗稀。晨兴理荒秽，带月荷锄归。
道狭草木长，夕露沾我衣。衣沾不足惜，但使愿无违。

【译文】在庐山脚下种豆子，杂草茂盛而豆苗稀疏。
早晨起来下地锄草，傍晚月亮出来扛着锄头回家。
道路狭窄草木茂密，夜露沾湿我的衣服。
我的衣服沾湿不值得可惜，只要不违背我的意愿。

其四

久去山泽游，浪莽林野娱。试携子侄辈，披榛步荒墟。
徘徊丘垅间，依依昔人居。井灶有遗处，桑竹残朽株。
借问采薪者："此人皆焉如？"薪者向我言："死没无复余。"
"一世异朝市"，此语真不虚！人生似幻化，终当归空无。

【译文】离开自然很长时间了，纵情在山林荒野游玩。
姑且带着子侄晚辈，拨开树丛漫步在荒废的村落。
徘徊游荡在坟墓之间，依稀可辨旧人的居处。
水井炉灶还有旧迹，桑竹残存枯朽。
向砍柴的人打听："往日的居民迁到哪里去了？"
砍柴人对我说："都死去了，没有残留。"
"三十年间，朝市都变了面貌"，此语真的不假。
人生虚幻变化无常，最终都归于寂灭。

其五

怅恨独策还，崎岖历榛曲。山涧清且浅，可以濯吾足。
漉我新熟酒，只鸡招近属。日入室中闇，荆薪代明烛。
欢来苦夕短，已复至天旭。

【译文】惆怅烦恼，独自拄杖回家，走过崎岖不平荆棒满地的道路。
山涧水浅并且清澈，途中歇息来洗脚。
过滤好家中的新酒，做一只鸡款待近邻。
太阳落山，房室昏暗，点燃柴火代替蜡烛。
高兴中，遗憾夜太短，又开始天亮了。

乞食

饥来驱我去，不知竟何之。行行至斯里，叩门拙言辞。
主人解余意，遗赠岂虚来？谈谐终日夕，觞至辄倾杯。

情欣新知欢，兴言遂赋诗。感子漂母惠，愧我非韩才。
衔戢知何谢，冥报以相贻。

【译文】饥饿逼迫我走出家门，不知究竟要到哪里去。
前行到这个村落，敲门后，却不知说什么好。
主人了解我的来意，慷慨相赠哪里让人白跑。
投机地畅谈终日，每次饮酒总一饮而尽。
新交好友心情欢畅，吟咏赋诗来表达情意。
感念像漂母那样的恩深，没有像韩信那样的才能使我心生愧疚。
牢记胸中知道如何答谢，死后来报答恩惠。

答庞参军

三复来贶，欲罢不能。自尔邻曲，冬春再交，款然良对，忽成旧游。俗谚云："数面成亲旧"况情过此者乎？人事好乖，便当语离，杨公（杨朱也）所叹，岂惟长悲？吾抱疾多年，不复为文；本既不丰，复老病继之。辄依《周礼》往复之义。且为别后相思之资。

【译文】再三阅读您的赠诗，想要放手却不能。自从那次我们成为邻居，现在已经第二年了，诚挚愉快地交谈，很快就成了好友。俗话说："几次见面便成了至亲老友"，何况我们的交情远比这深厚呢？人生容易别离，现在即将又要彼此话别，正如杨朱临歧而叹，哪里仅是一般的悲哀！我患病多年，不再写诗；体质本来就差，又加上年老多病。按照《周礼》"礼尚往来"的意思，同时也作为别后相思时的慰藉，而写下此诗。

相知何必旧，倾盖定前言。有客赏我趣，每每顾林园。
谈谐无俗调，所说圣人篇。或有数斗酒，闲饮自欢然。
我实幽居士，无复东西缘。物新人惟旧，弱毫多所宣。
情通万里外，形迹滞江山。君其爱体素，来会在何年？

【译文】相知何必一定是老友，倾盖如故就足以验证这句话。
您能欣赏我的志趣，经常光顾我的林园。
谈话投机毫不俗气，共爱先人的遗篇。
有时酿酒数斗，悠闲对饮自然欢畅。

我本是个隐居之人，不为求仕而奔忙。
时世虽变旧友难能可贵，常常写信来表达朋友之谊。
情谊能通万里之外，虽然受到万水千山的阻隔。
祝愿先生保重贵体，将来相会不知在何年？

连雨独饮

运生会归尽，终古谓之然。世间有松乔，于今定何间？
故老赠余酒，乃言饮得仙。试酌百情远，重觞忽忘天。
天岂去此哉？任真无所先。云鹤有奇翼，八表须臾还。
自我抱兹独，僶俛四十年。形骸久已化，心在复何言！

【译文】自然运化有生必有死，宇宙自古以来就是如此。
传说松乔二仙，现在究竟又在何处？
老朋友送我美酒，竟说喝下就能成仙。
初饮一杯断绝杂念，继而再饮忘记上天。
苍天哪曾离开过这里？听任自然，没有比这更重要的了。
云鹤生有神奇的翅膀，遨游极远的地方片刻就能回来。
自我抱定听任自然，努力至今已四十年。
身体不断变化，此心未改，有何可言？

移居二首

其一

昔欲居南村，非为卜其宅。闻多素心人，乐与数晨夕。
怀此颇有年，今日从兹役。敝庐何必广？取足蔽床席。
邻曲时时来，抗言谈在昔。奇文共欣赏，疑义相与析。

【译文】从前想在南村居住，不是为了选择好的宅地。
听说这里民风淳朴，很高兴和他们朝夕相伴。
我怀念这里已经很久了，今日迁居南村这里。
陋室为什么一定要宽大？只要能遮床和席就足够了。
邻居时常前来，直言不讳谈论过去。
美妙的文章要一起欣赏，疑难问题一起分析。

其二

春秋多佳日，登高赋新诗。过门更相呼，有酒斟酌之。
农务各自归，闲暇辄相思。相思则披衣，言笑无厌时。
此理如不胜？无为忽去兹。衣食当须几（一作纪），力耕不吾欺。

【译文】春秋之季好天气很多，登山游览作新诗。
路过门前相互呼唤，有酒大家共同分享。
农忙时节各自归家，每有闲暇就相思。
披衣去串门，欢言笑语没有讨厌的时候。
此情此趣难道不美？不要将它轻易抛弃。
衣食须得自行料理，躬耕不会白费力。

和刘柴桑

山泽久见招，胡事乃踌躇？直为亲旧故，未忍言索居。
良辰入奇怀，挈杖还西庐。荒涂无归人，时时见废墟。
茅茨已就治，新畴复应畬。谷风转凄薄，春醪解饥劬。
弱女虽非男，慰情良胜无。栖栖世中事，岁月共相疏。
耕织称其用，过此奚所须？去去百年外，身名同翳如。

【译文】很久已经呼唤我隐居庐山，为何犹豫不前？
只是为我亲友的原因，不忍离群索居独自生活。
良辰美景入胸怀，拄着杖回到西庐间。
沿途荒芜没有路人，处处看到废墟。

简陋茅屋已经修葺，新开垦的田地需要重新整理。
东风寒意渐起，春酒解饥消除疲倦。
薄酒虽然比不上醇酒，总胜无酒使人心安。
在世间忙碌不安，我和人世已经疏远。
耕田织布恰好够用，除此之外，还有什么可追求的呢？
岁月渐渐逝去，人生即将完结，身死名灭一起消隐。

和郭主簿

蔼蔼堂前林，中夏贮清阴。凯风因时来，回飚开我襟。
息交游闲卧，坐起弄书琴（一作息交游闲业，卧起弄书琴）。
园蔬有余滋，旧谷犹储今。营己良有极，过足非所钦。
舂秫作美酒，酒熟吾自斟。弱子戏我侧，学语未成音。
此事真复乐，聊用忘华簪。遥遥望白云，怀古一何深！

【译文】堂前的林木茂盛，仲夏存储清凉。
南风按季节前来，旋风吹开我的衣襟。
离开官场由着兴趣发展，终日读书、弹琴。
园中的蔬菜有富余，往年剩谷留存至今。
经营自己的生活很有问题，超过需求并不值得钦佩。
捣碎的高粱酿造美酒，酒熟后，自斟自饮。
幼子在我身旁玩耍，咿哑学语，吐字不清。
生活淳真、欢乐，暂且忘记功名富贵。
抬头仰望白云悠悠，深深怀念古时的圣人。

始作镇军参军经曲阿

弱龄寄事外，委怀在琴书。被褐欣自得，屡空常晏如。
时来苟冥会，宛辔憩通衢。投策命晨装，暂与田园疏。
眇眇孤舟逝，绵绵归思纡。我行岂不遥，登陟千里余。

目倦川途异，心念山泽居。望云惭高鸟，临水愧游鱼。
真想初在襟，谁谓形迹拘？聊且凭化迁，终返班生庐。

【译文】年少时不关心世事，寄情所在只是琴与书。
身穿粗布衣服也很高兴，安守贫困。
机会来临姑且迎合，放松缰绳，暂时悠游在仕途。
丢弃手杖使人早晨准备行装，暂时和田园分别。
孤舟渐渐远去，归思之情连绵不断地缠绕。
行程难道不远？道路艰难跋涉千里。
途中异乡的风景已经看倦了，一心思念着故居的田园。
天上的飞鸟水中的池鱼，看见使我心生羞惭。
真朴的思想在胸中激荡，难道被形体约束？
姑且听凭自然变化，终将返回隐居的地方。

辛丑岁七月赴假还江陵夜行涂口

闲居三十载，遂与尘事冥。诗书敦宿好，林园无俗情。
如何舍此去，遥遥至西荆！叩枻新秋月，临流别友生。
凉风起将夕，夜景湛虚明。昭昭天宇阔，皛皛川上平。
怀役不遑寐，中宵尚孤征。商歌非吾事，依依在耦耕。
投冠旋旧墟，不为好爵萦。养真衡茅下，庶以善自名。

【译文】在家闲闲居有三十年，因此和世俗断绝。
诗书加深平时的爱好，园林没有世俗之情的纷扰。
为何舍田园生活离开，去那遥远的西荆地方！
叩着船舷望着新秋的月亮，在水边和朋友分别。
临近傍晚凉风渐起，夜中景象澄澈明亮。
天空广阔明亮，江面洁白、宁静。
身负行役没工夫安睡，尚且在半夜独自远行。
官禄不是我的追求，仍旧依恋田园躬耕。
弃官返乡旧居，不想被那官禄烦扰。
在房舍养性修身，希望能保我的好名声。

庚戌岁九月中于西田获早稻

人生归有道，衣食固其端。孰是都不营，而以求自安？
开春理常业，岁功聊可观。晨出肆微勤，日入负耒还。
山中饶霜露，风气亦先寒。田家岂不苦？弗获辞此难。
四体诚乃疲，庶无异患干。盥濯息檐下，斗酒散襟颜。
遥遥沮溺心，千载乃相关。但愿长如此，躬耕非所叹。

【译文】人生归依是有常理的，衣食本来就是首要的。
谁能丢弃不经营，还能使自己身安？
初春处理日常农活，一年收成还可观。
早晨下地去干活，日落扛着农具回家。
山中多霜露，气候也很早就寒冷。
农民劳作难道不辛苦？不能推托这种的艰苦的劳动。
身体确实很疲倦，希望不会惹祸。
在房檐下洗涤休息，嬉笑开颜地喝酒。
长沮、桀溺隐居，将自己的志向隐匿在耕种在耕种中，千年之后，竟然和我心意相通。
但愿能够长久这样，亲自耕种没有叹息。

饮酒七首

余闲居寡欢，兼比夜已长，偶有名酒，无夕不饮。顾影独尽，忽焉复醉。既醉之后，辄题数句自娱。纸墨遂多，辞无诠次。聊命故人书之，以为欢笑尔。

【译文】我隐居很少有欢乐，加上夜晚太长，偶尔会喝酒，不到晚上不喝酒。看着自己的影子独自喝完酒，一次次的喝醉。喝醉之后，总是题写新诗来自我娱乐，所以作品较多，语言没有解释不够完整。姑且让老朋友写下来，聊以作为欢乐的谈资。

其一

结庐在人境，而无车马喧。问君何能尔？心远地自偏。
采菊东篱下，悠然见南山。山气日夕佳，飞鸟相与还。
此中有真意，欲辩已忘言。

【译文】在人世间居住，却没有车马的喧哗。
问我为何能这样？心境渺远连居处也显得偏僻。
在东篱下采菊，庐山在人闲适自得时自然显现。
山间的雾气和夕阳很好，飞鸟结伴归巢。
这里有着自然真纯的意趣，我想要表达却已经忘记了言辞。

其二

秋菊有佳色，裛露掇其英。泛此忘忧物，远我遗世情。
一觞虽独进，杯尽壶自倾。日入群动息，归鸟趋林鸣。
啸傲东轩下，聊复得此生。

【译文】秋天的菊花开的正艳，沾满露水采摘它的花瓣。
以菊泡酒会让人忘酒气，使隐居的情意更浓。
一杯酒一饮而尽，再拿酒壶继续往杯中倒酒。
太阳落下了，万物歇息了，归鸟在林中欢乐的鸣叫。
在东窗下高唱，姑且悠闲适意的度过此生。

其三

清晨闻叩门，倒裳往自开。问子为谁欤？田父有好怀。
壶浆远见候，疑我与时乖。褴褛茅檐下，未足为高栖。
一世皆尚同，愿君汩其泥。深感父老言，禀气寡所谐。
纡辔诚可学，违己讵非迷。且共欢此饮，吾驾不可回。

【译文】清晨听见敲门的声音，不及整衣就去开门。
请问来者是谁？是老农心怀好意。

远道而来拿酒问候，怪我与世道相违背。
破烂的衣服，破旧的茅屋，不值您这样高雅的人置身。
举世以同流合污为贵，愿君随俗不要太过认真。
深深感谢老者的言语，无奈和天生秉性不相符合。
仕途做官真的可以学习，违背初衷难道不是迷心？
姑且一起欢乐地喝酒，我的志向不可逆转！

其四

颜生称为仁，荣公言有道。屡空不获年，长饥至于老。
虽留身后名，一生亦枯槁。死去何所知？称心固为好。
客养千金躯，临化消其宝。裸葬何必恶？人当解意表。

【译文】颜回被人称为仁者，又说荣启期被认为能安贫乐道。
颜回穷困，不得长寿，荣公挨饿至老。
虽然留下身后好的名声，一生憔悴、清贫。
人死之后又知道什么呢？假若恰合生前的愿想就一定会好。
短暂人生需要保养，身死名灭都消失了。
裸葬有什么不好？返归自然才是真意。

其五

故人赏我趣，挈壶相与至。班荆坐松下，数斟已复醉。
父老杂乱言，觞酌失行次。不觉知有我，安知物为贵？
悠悠迷所留，酒中有深味。

【译文】老朋友赏识我的志趣，拿着酒壶结伴前来。
在松树下荆柴铺地，酒过数巡就已经喝醉。
父老相杂胡乱言语，喝酒失去了该有的次序。
迷迷糊糊不知有我存在，哪里知道身外之物的贵重？
精神恍惚沉迷酒中，酒里有深刻意味。

其六

子云性嗜酒，家贫无由得。时赖好事人，载醪祛所惑。
觞来为之尽，是谘无不塞。有时不肯言，岂不在伐国？
仁者用其心，何尝失显默！

【译文】扬雄生性喜欢喝酒，无奈家境贫寒没法得到。
时常依赖多学好问的人，时常拿酒来求学。
斟酒就喝完，有问必答。
有时沉默不肯说，难道不是国事不敢说？
仁者仔细小心，进退之间哪里会失宜！

其七

羲农去我久，举世少复真。汲汲鲁中叟，弥缝使其淳。
凤鸟虽不至，礼乐暂得新。洙泗辍微响，漂流逮狂秦。
诗书复何罪？一朝成灰尘。区区诸老翁，为事诚殷勤。
如何绝世下，六籍无一亲。终日驰车走，不见所问津。
若复不快饮，空负头上巾。但恨多谬误，君当恕醉人。

【译文】伏羲神农距离现在已经很遥远了，世间的朴真已经很少了。
鲁国的孔子心情急切，补救使社会真淳。
虽未遇得太平盛世，礼乐面貌已经焕然一新。
礼乐之乡微言大义已经断绝，时光流逝到了暴虐的秦朝。
诗书典籍有什么罪过？顿时被烧成为灰尘。
汉代为数不多传授经学的长者，为传授经学之事很辛勤。
汉代灭亡至今，无人再和六经亲近。
世人整天为名利奔忙，没人为救世而奔忙急走。
如若不痛饮，白白地辜负头上的漉酒巾。
只是遗憾此言有太多的谬误，望君原谅我这个酒醉之人。

拟古四首

其一

迢迢百尺楼，分明望四荒。暮作归云宅，朝为飞鸟堂。
山河满目中，平原独茫茫。古时功名士，慷慨争此场。
一旦百岁后，相与还北邙。松柏为人伐，高坟互低昂。
颓基无遗主，游魂在何方。荣华诚足贵，亦复可怜伤。

【译文】登上高高的百尺楼，能清楚的看到四方。
晚上把它当作居住的宅邸，白天作为飞鸟聚集的厅堂。
远处的山河满目，平原一片辽阔。
古时热切追求功名的人，竞相争逐在这里。
一旦离世，都归葬在北邙山。
墓边的松柏被人砍伐，坟墓高低不齐。
倒塌毁坏的墓碑没有主人，谁知他的魂魄云游何方？
生前名利的确可贵，死后也实在堪悲！

其二

东方有一士，被服常不完。三旬九遇食，十年著一冠。
辛苦无此比，常有好容颜。我欲观其人，晨去越河关。
青松夹路生，白云宿檐端。知我故来意，取琴为我弹。
上弦惊别鹤，下弦操孤鸾。愿留就君住，从今至岁寒。

【译文】东方有位隐士，衣服破烂。
一月吃九顿饭，十年只戴一顶帽子。
辛勤劳苦无人能比，却安贫乐道。
我想拜访他，清晨出户渡过河关。
青松生长在道路两旁，白云萦绕在檐间。
知我特地前来的意思，取琴为我轻弹。

先弹凄怨的别鹤操，又奏高洁的孤鸾曲。
我愿在这里和你一起住，直到寒冷的冬天。

其三

日暮天无云，春风扇微和。佳人美清夜，达曙酣且歌。
歌竟长叹息，持此感人多。皎皎云间月，灼灼叶中华。
岂无一时好，不久当如何！

【译文】日暮长天没有白云，春风轻吹送来和暖的风。
佳人喜爱良夜，整晚酒酣欢唱。
歌罢凄然长叹，此情此景使人感伤。
皎洁的明月在云间，绿叶之中的花开鲜艳。
虽有一时的风景美好，好景不长又让人无奈！

其四

种桑长江边，三年望当采。枝条始欲茂，忽值山河改。
柯叶自摧折，根株浮沧海。春蚕既无食，寒衣欲谁待？
本不植高原，今日复何悔！

【译文】在江边种植桑树，指望三年后就可以采摘桑叶。
枝叶长出时茂盛，忽然遇到山河的变迁。
枝叶被摧折，树根在大海漂浮。
春蚕已经没有了桑叶可食，冬天靠谁来吐丝做衣？
桑叶的根本应种在高原，如今后悔又有什么用！

咏贫士四首

其一

万族各有托，孤云独无依。暧暧空中灭，何时见余晖？
朝霞开宿雾，众鸟相与飞。迟迟出林翮，未夕复来归。
量力守故辙，岂不寒与饥？知音苟不存，已矣何所悲！

【译文】万物各有倚靠，单单孤云飘荡无依。
昏昏中在空中消散，何日才能见到光辉？
朝霞驱散了夜雾，众鸟急忙结伴同飞。
孤鸟出树林，姗姗来迟，太阳没落就又飞回。
量力而行坚守旧道，哪能不受寒冷、饥饿？
知音如果不存在，万事就算了吧，何必悲伤！

其二

荣叟老带索，欣然方弹琴。原生纳决履，清歌畅商音。
重华去我久，贫士世相寻。敝襟不掩肘，藜羹常乏斟。
岂忘袭轻裘？苟得非所钦。赐也徒能辩，乃不见吾心。

【译文】荣启期年老用绳作带，依然欢乐地弹琴。
子思穿着破烂的鞋，唱着清扬的商颂歌。
圣人离我已经很远了，世间的贫士相继不断。
衣衫破烂不能蔽体，野菜尚且缺少。
谁不想穿轻暖的毛皮衣？不是正道得来我不歆羡。
子贡只是善于巧辩，无人理解我的心愿。

其三

安贫守贱者，自古有黔娄。好爵吾不荣，厚馈吾不酬。

一旦寿命尽，敝服仍不周。岂不知其极？非道故无忧。
从来将千载，未复见斯俦。朝与仁义生，夕死复何求？

【译文】安于贫贱守志的人，自古就有黔娄这样的典范。
高官不贪恋，丰厚的馈赠也不接受。
一旦离世，破衣不能把尸身遮住。
难道不知道他贫困至极？与道无关的事不值得忧虑。
从那以来近千载，不再有这样的高贤。
早晨能与道同生，晚上就死也没什么遗憾。

其四

仲蔚爱穷居，绕宅生蒿蓬。翳然绝交游，赋诗颇能工。
举世无知者，止有一刘龚。此士胡独然？实由罕所同。
介焉安其业，所乐非穷通。人事固以拙，聊得长相从。

【译文】仲蔚喜欢贫居，宅院长满野蒿蓬。
隐居不与世间来往，作诗很好。
举世无人了解他，知音只有一个刘龚。
此人为何会如此孤独？只因很少有人和他相同。
耿介之人使自己的志向固定，不因命运的穷通好坏而悲喜。
不会逢迎世事，姑且永远追随。

咏荆轲

燕丹善养士，志在报强嬴。招集百夫良，岁暮得荆卿。
君子死知己，提剑出燕京；素骥鸣广陌，慷慨送我行。
雄发指危冠，猛气冲长缨。饮饯易水上，四坐列群英。
渐离击悲筑，宋意唱高声。萧萧哀风逝，淡淡寒波生。
商音更流涕，羽奏壮士惊。心知去不归，且有后世名。
登车何时顾，飞盖入秦庭。凌厉越万里，逶迤过千城。

图穷事自至，豪主正怔营。惜哉剑术疏，奇功遂不成。
其人虽已没，千载有余情。

【译文】燕丹太子喜欢结交侠客，立志报仇刺杀嬴政。
召集勇士，年终得到一名荆轲。
君子为知己而死，荆卿拿剑出了燕京。
白色骏马在大路嘶鸣，情绪激昂为他送行。
怒发冲冠，猛气冲长缨。
在易水上饯行，四周都坐着豪杰。
渐离击筑声音悲壮，宋意引吭高歌。
萧瑟的悲风吹过，凄寒的水上升起波纹。
商音凄婉让人流泪，羽调激昂使壮士心惊。
心知一去不返，只将英名留给后世。
义无反顾的登车前往，疾驰如飞直达秦庭。
奋勇向前行走万里，路途曲折经过千城。
地图展尽匕首显露，嬴政惊恐失措。
可惜剑术不精，盖世奇功没有建成。
壮士虽然已经故去，千年之后，仍旧有着不尽的豪情。

读《山海经》

孟夏草木长，绕屋树扶疏。众鸟欣有托，吾亦爱吾庐。
既耕亦已种，时还读我书。穷巷隔深辙，颇回故人车。
欢然酌春酒，摘我园中蔬。微雨从东来，好风与之俱。
泛览周王传，流观山海图。俯仰终宇宙，不乐复何如？

【译文】初夏草木竞相生长，枝叶繁茂环绕房屋。
众鸟因为有了依托而高兴，我也喜爱我的茅庐。
农耕之事已经完毕，有空回家读书。
偏僻的巷子距离大道很远，经常使老朋友的车子调转回头。
心情欢乐畅饮春酒，摘取园中的菜。
蒙蒙细雨自东面而来，好风和它一起前来。

粗略的阅读《穆天子传》，随意翻看《山海经》。
顷刻遍览宇宙，我心不乐又怎么样？

挽歌诗三首

其一

有生必有死，早终非命促。昨暮同为人，今旦在鬼录。
魂气散何之？枯形寄空木。娇儿索父啼，良友抚我哭。
得失不复知，是非安能觉？千秋万岁后，谁知荣与辱？
但恨在世时，饮酒不得足。

【译文】人有生就一定有死，早去并非生命的短促。
昨晚还同在世上活着，今早就命丧黄泉。
人的精神散在何处？枯槁的尸体安放在棺木之中。
娇儿寻找父亲伤心啼哭，好友在灵柩前痛苦。
死去不知得、失，哪还会有是非感？
千万年之后，谁还能记起荣辱。
只是遗憾今生在世时，饮酒不够。

其二

在昔无酒饮，今但湛空觞。春醪生浮蚁，何时更能尝！
肴案盈我前，亲旧哭我旁。欲语口无音，欲视眼无光。
昔在高堂寝，今宿荒草乡。一朝出门去，归来良未央。

【译文】生前贫困没有喝够，今日祭奠的酒盛满酒杯。
春酒上漂浮泡沫，何时再能品尝！
佳肴在我面前满摆满，亲友在我身旁痛哭。
想要说话口无声，想要睁眼眼睛却无光。
往日安睡在高堂，如今长眠黄草丛生的坟场。
一朝归葬离家，想要归来却真的没有尽头。

其三

荒草何茫茫，白杨亦萧萧。严霜九月中，送我出远郊。
四面无人居，高坟正嶕峣。马为仰天鸣，风为自萧条。
幽室一已闭，千年不复朝。千年不复朝，贤达无奈何。
向来相送人，各自还其家。亲戚或余悲，他人亦已歌。
死去何所道，托体同山阿。

【译文】荒草多么无边无际，萧瑟秋风吹着白杨。
已是浓霜的九月，亲人为我送葬。
四周寂寞无人居住，坟墓高耸。
马仰天长鸣，风声萧瑟哀响。
墓穴已关，永远不能看见太阳。
永不见太阳，贤达的人也没办法。
刚才送葬的人，各自回家。
亲戚有的还在悲伤，他人早已忘记开始欢唱。
已经死去还有什么话好说，只能寄身在山陵上。

桃花源诗

嬴氏乱天纪，贤者避其世。黄绮之商山，伊人亦云逝。
往迹浸复湮，来径遂芜废。相命肆农耕，日入从所憩。
桑竹垂余荫，菽稷随时艺。春蚕收长丝，秋熟靡王税。
荒路暧交通，鸡犬互鸣吠。俎豆犹古法，衣裳无新制。
童孺纵行歌，斑白欢游诣。草荣识节和，木衰知风厉。
虽无纪历志，四时自成岁。怡然有余乐，于何劳智慧？
奇踪隐五百，一朝敞神界。淳薄既异源，旋复还幽蔽。
借问游方士，焉测尘嚣外？愿言蹑清风，高举寻吾契。

【译文】秦王暴政使纲纪败坏，贤士纷纷躲避祸患。

商山四皓隐居，他们也来此隐居。
往昔的踪迹已经消失，通往桃花源的路已经荒废。
呼唤着共同耕种，天黑回家各自歇息。
桑竹茂盛，有了浓荫，按节气种植庄稼。
春蚕结茧需要抽取长丝，秋日丰收不纳税。
荒草遮蔽阻挡道路，村中鸡犬互相鸣叫。
祭祀仍遵守礼法，衣裳没有新样式。
儿童无拘无束纵情歌唱，老者高兴地往来游玩。
草木花开知晓春天来到了，草木凋零知道秋天到了。
虽无年历，随着四季变化看年岁。
快乐欢畅其乐无穷，哪还需要动用心机？
奇异的踪迹隐藏了五百年，一朝开放神仙般的世界。
浮薄、淳朴不同源，很快又再次隐匿无处可寻。
请问世人，哪里知道喧杂的尘嚣之外的奇异踪迹？
我愿踏轻云而去，高飞寻找志同道合的朋友。

劝农六章

其一

悠悠上古，厥初生民。傲然自足，抱朴含真。
智巧既萌，资待靡因。谁其赡之？实赖哲人。

【译文】遥远的上古时代，当初的先民；
逍遥自在衣食丰足，生性淳朴。
一旦出现狡诈奸巧，衣食就会匮乏。
谁能供给充裕？全靠贤达之人。

其二

哲人伊何？时为后稷。赡之伊何？实曰播殖。
舜既躬耕，禹亦稼穑。远若周典，八政始食。

【译文】哲人是谁？是后稷。
如何使民富足？教民耕田种谷。
舜帝亲自耕垄亩，大禹也从事农业劳动。
周代的典籍早已记载，八政排列中，食品是首要的。

其三

熙熙令德，猗猗原陆。卉木繁荣，和风清穆。
纷纷士女，趋时竞逐。桑妇宵兴，农夫野宿。

【译文】先民和乐美好的德行，田地的禾稼茂盛。
树木茂盛，送来和风。
男男女女乘着农时，赶忙不停。
养蚕的农妇夜半起床，农夫耕作在田地休息。

其四

气节易迈，和泽难久。冀缺携俪，沮溺结耦。
相彼贤达，犹勤陇亩。矧兹众庶，曳裾拱手！

【译文】时令节气很快过去，和风泽雨很难停留。
冀缺夫妇一同劳作，长沮桀溺结伴耕种。
看看这些贤达人，还能在田间辛勤劳作。
何况我们这样的平常人，哪能束手不干。

其五

民生在勤，勤则不匮。宴安自逸，岁暮奚冀？
儋石不储，饥寒交至。顾尔俦列，能不怀愧？

【译文】人生在世需要勤奋，勤奋衣食就不会有匮乏。
贪图享乐、安逸，生计就很难为系。
家中没有足够的粮食储备，就会饥寒交迫。
看着身边辛勤劳动的人，内心怎能不感到羞愧！

其六

孔耽道德，樊须是鄙。董乐琴书，田园不履。
若能超然，投迹高轨。敢不敛衽，敬赞德美。

【译文】孔丘只沉溺于道德中，鄙视樊须问耕田之事。
董仲舒喜爱琴、书，三年不曾踏入天地。
若能超脱世俗外，效法这些人的高尚道德。
怎敢不恭敬，应当赞颂美德。

鲍 照

鲍照，南北朝，宋东海人，字明远，文辞赡逸。文帝时，为中书舍人。帝好文章，自谓人莫及。照悟其旨，为文多鄙言累句，人咸谓照才尽，实不然也。临海王子顼为荆州，照为前军参军。子顼败，照为乱军所杀。有《鲍参军集》。案南朝诗家，自来多推颜谢，然二子雕琢过甚，殊少真意。照作亦时不免，而气势特盛，故杜工部有俊逸之称。其乐府则奇调独创，《拟行路难》、《梅花落》诸作，实开唐人李白乐府之先，更非颜谢诸子所能为矣。

【译文】南北朝时，宋国人，字明远，文辞华美、俊逸。文帝时，做中书舍人的官职。文帝喜欢写文章，自认为无人能及。鲍照领悟圣意，写文章多言辞浅俗，冗繁连缀，人都认为鲍照江郎才尽，其实不然。临海的王子项管理荆州的时候，鲍照做了前军参军之职。王子项事败，鲍照被乱军所杀。有《鲍参军集》。按南朝的各诗家，素来多推崇颜延之、谢灵运，但二人太过雕琢，很少有自然真意。鲍照的作品也不能免俗，但是它的气势很盛，所以杜甫称他“俊逸”。他的乐府独创奇调，《拟行路难》、《梅花落》等作品，实开李白、白居易乐府诗的先河，更不是颜延之、谢灵运等人所能比的了的。

代东门行

伤禽恶弦惊，倦客恶离声。离声断客情，宾御皆涕零。
涕零心断绝，将去复还诀。一息不相知，何况异乡别。
遥遥征驾远，杳杳白日晚。居人掩闺卧，行子夜中饭。
野风吹草木，行子心肠断。食梅常苦酸，衣葛常苦寒。
丝竹徒满坐，忧人不解颜。长歌欲自慰，弥起长恨端。

【译文】为剑所伤的大雁厌恶听到弓弦拉开的声音，倦游的人讨厌离别的歌声。离别的歌声使人悲伤，送行人也流下了眼泪。

悲伤使人肠断心碎，将要走又转回来话别。
片刻的分离已很难过，更何况是远去异乡长期的别离呢！
远行的车子，渐行渐远，深远幽暗的日光也迫近西落。
妇人将闺门半掩，游子在半夜才开始吃饭。
夜晚的野风击打着路旁的草木，游子的心肠似断裂般疼痛。
吃的梅子苦于感觉味酸，穿的粗葛布苦于难以御寒。
空有满座的人演奏乐曲，也不能使愁人心情快乐。
本想以高声歌唱来宽慰自己，可是反倒引起了更加深重的忧愁。

代放歌行

蓼虫避葵堇，习苦不言非。小人自龌龊，安知旷士怀？
鸡鸣洛城里，禁门平旦开。冠盖纵横至，车骑四方来。
素带曳长飙，华缨结远埃。日中安能止，钟鸣犹未归。
夷世不可逢，贤君信爱才。明虑自天断，不受外嫌猜。
一言分珪爵，片善辞草莱。岂伊白璧赐，将起黄金台。
今君有何疾，临路独迟回？

【译文】蓼虫习惯于寥叶的味道，而不去吃甜美的堇葵。
小人见识不高，哪能了解旷士的感情？
鸡在京城鸣叫，宫门在天刚亮的时候打开。
达官贵人纷至而来，车马从四方前来。
索带被大风飘动，华缨上沾满了尘土。
中午哪里能够阻止，深夜戒严之后还没有回来。
太平之世不可遇见，贤明的君王真的爱护人才。
英明的举措总是出于君王的决断，并不因别人的影响而产生猜疑。
只要有一言就能取得官位，只要有一点好处就让他辞别田野到朝廷来做官。
君王礼贤下士，岂但赏赐白璧，还要为贤士建黄金台！
现在旷士有什么忧伤的，面对着路途迟疑不前。

代挽歌

独处重冥下，忆昔登高台。傲岸平生中，不为物所裁。
埏门只复闭，白蚁相将来。生时芳兰体，小虫今为灾。
玄鬓无复根，枯髅依青苔。忆昔好饮酒，素盘进青梅。
彭韩及廉蔺，畴昔已成灰。壮士皆死尽，余人安在哉。

【译文】自己独自在深深的地下，回忆活着的时候曾经登上高台。
一生中傲视群物，从来不为利益所累。
墓道的门只有两道关闭，白蚂蚁钻进来了。
活着时候的芳香身体，让小虫子们祸害。
鬓角的头发全掉了，只剩一个枯髅依偎着青苔。
忆往昔自己好饮酒，现在只有素盘里摆点青梅。
彭越韩信及廉颇蔺相如，在田地里已经成灰。
壮士都死尽了，其余的人在哪里呢。

代白头吟

直如朱丝绳，清如玉壶冰。何惭宿昔意，猜恨坐相仍。
人情贱恩旧，世议逐衰兴。毫发一为瑕，丘山不可胜。
食苗实硕鼠，点白信苍蝇。凫鹄远成美，薪刍前见陵。
申黜褒女进，班去赵姬升。周王日沦惑，汉帝益嗟称。
心赏犹难恃，貌恭岂易凭。古来共如此，非君独抚膺。

【译文】像红丝绳一样笔直，像玉壶一样清冷。
哪里会为曾经的意趣羞惭，无端受到接连不断的猜忌怨恨。
人情世故，总是好新弃旧；谤议纷纭，总是向着被遗弃的弱者。
出现一点点裂痕，便会酿成山丘般的怨恨和祸害。
食苗的却确实是硕鼠，玷白使黑的确是苍蝇。

明明有害的野鸭、黄鹄，却因来自远方而蒙受珍爱。
申后被废而褒姒却受到优待，班婕伃被冷遇而赵姬就得到了升迁。
周王一天天沉迷美色，汉帝更加称赞。
真心赏爱的，尚且难可凭恃，何况原先就是虚伪的恭敬！
自古以来都是这样，不只是你一个人拊膺长叹。

代东武吟

主人且勿喧，贱子歌一言。仆本寒乡士，出身蒙汉恩。
始随张校尉，召募到河源。后逐李轻车，追虏穷塞垣。
密途亘万里，宁岁犹七奔。肌力尽鞍甲，心思历凉温。
将军既下世，部曲亦罕存。时事一朝异，孤绩谁复论。
少壮辞家去，穷老还入门。腰镰刈葵藿，倚杖牧鸡豚。
昔如鞲上鹰，今似槛中猿。徒结千载恨，空负百年怨。
弃席思君幄，疲马恋君轩。愿垂晋主惠，不愧田子魂。

【译文】主人暂且先不要说话，让我先说一句。
我本是贫寒人家的孩子，承蒙汉朝的恩宠。
开始追随张骞，招募到边缘的地区。
后来追随李蔡，在边远地区抗击匈奴。
近路就的行军万里，本该是安宁的岁数，却时常征战疆场。
为打仗竭尽全力，经历冷暖。
将军已经去世，部下也很少有存活着的。
世事变化，个人功绩谁还言说。
壮年时离家远征，穷苦老迈的时候才回家。
拿着镰刀割野菜，拄着拐杖养家畜。
曾经就像袖套上的鹰一样，现在就像栅栏里的动物一样。
白白地心生遗憾，空怀背负着怨恨。
丢弃席蓐，思念君的帐幕，疲惫的马贪恋君的车驾。
希望继续享受君主的恩惠，无愧于田子讲的话。

代出自蓟北门行

羽檄起边亭，烽火入咸阳。征骑屯广武，分兵救朔方。
严秋筋竿劲，虏阵精且强。天子按剑怒，使者遥相望。
雁行缘石径，鱼贯度飞梁。箫鼓流汉思，旌甲被胡霜。
疾风冲塞起，沙砾自飘扬。马毛缩如蝟，角弓不可张。
时危见臣节，世乱识忠良。投躯报明主，身死为国殇。

【译文】紧急军事公文的通知在边境瞭望哨上响起，军情传到京城。
征发的部队驻扎在山西代县，兵分几路急救前方。
弓弦与箭杆都因深秋的干燥变得强劲有力，敌方部队精锐并且强悍。
天子听闻后大怒，使者往来奔走。
像大雁一样顺着石路行进，鱼贯而入渡过凌空的桥梁。
军乐击打出对国家的眷恋，盔甲上蒙上一层厚厚的霜雾。
劲风在边塞吹起，碎石块径自飘扬。
马毛蜷缩像刺猬一样，牛角做的硬弓不能拉开。
时事危机反映臣子的节气，世道动荡可以识见忠臣、良将。
舍身赴死回报君王，为国献身。

代结客少年场行

骢马金络头，锦带佩吴钩。失意杯酒间，白刃起相雠。
追兵一旦至，负剑远行游。去乡三十载，复得还旧丘。
升高临四关，表里望皇州。九衢平若水，双阙似云浮。
扶宫罗将相，夹道列王侯。日中市朝满，车马若川流。
击钟陈鼎食，方驾自相求。今我独何为，坎壈怀百忧？

【译文】少年骑着配有金笼头的马，锦带上佩着吴钩。
在酒席之间稍不遂心就持刃格斗，互相结成仇敌。

一旦追捕的官兵前来，扛着剑就去远游。
离开家乡三十年，再次回到老家。
登临高地看远方的四关，看着皇城内外。
京城要道极其平坦，宫殿像在空中悬浮。
在宫阙和大道两旁都是一座座王侯将相的住宅。
中午集市聚满人，车马就像流水一样。
那些贵族官僚们击钟列鼎而食，贵族官僚们车马拥挤地忙着去互相逢迎干求。
仅仅剩下我一个，穷困潦倒心怀忧愁。

代边居行

少年远京阳，遥遥万里行。陋巷绝人径，茅屋摧山冈。
不覩车马迹，但见麋鹿场。长松何落落，丘陇无复行。
边地无高木，萧萧多白杨。盛年日月尽，一去万恨长。
悠悠世中人，争此锥刀忙。不忆贫贱时，富贵辄相忘。
纷纷徒满目，何关慨予伤。不如一亩中，高会挹清浆。
遇乐便作乐，莫使候朝光。

【译文】少年远在洛河的的北面，遥远的万里之路。
狭窄的街巷人迹罕至，茅草屋靠近山冈。
不见马车辙，只见麋鹿场。
高松树多么稀疏，田园不复走。
边塞没有高树，多是风吹摇落的白杨树。
少年时光流尽，一去抱憾终生。
悠悠的俗人，为微利而彼此相争奔忙。
不记得贫贱时，富贵就彼此忘记。
只满眼泪水纷纷落下，哪关我慨叹心伤。
不如在一亩田地中，把酒参加盛大宴会。
欢乐便取乐，不要到时光流尽。

与伍侍郎别诗

民生如野鹿，知爱不知命。饮龁且攒聚，翘陆欻惊迸。
伤我慕类心，感尔食苹性。漫漫鄢郢途，渺渺淮海径。
子无金石质，吾有犬马病。忧乐安可言，离会孰能定。
钦哉慎所宜，砥德乃为盛。贫游不可忘，久交念敦敬。

【译文】百姓的生命就像野鹿一样，知道喜欢但不知道自己的命运。
一起聚集吃草喝水，突然在陆地上迸出。
伤害我羡慕的心意，感喟你吃草的生性。
在漫漫的楚都路上前行，渺远的淮海路。
你没有金石的品质，我有甘愿的心态。
忧伤欢乐哪里言语，离别、相聚谁能说定。
钦佩谨慎适度的人，砥砺品德作为重要的事情。
贫困时交往的朋友，不能相忘，老朋友应该敬重。

赠傅都曹别

轻鸿戏江潭，孤雁集洲沚。邂逅两相亲，缘念共无已。
风雨好东西，一隔顿万里。追忆栖宿时，声容满心耳。
落日川渚寒，愁云绕天起。短翮不能翔，徘徊烟雾里。

【译文】轻快的鸿雁在江边嬉玩，孤独的大雁在水中的小块陆地上歇息。
一旦相见便成好友，缘分想法始终如一。
风雨乐于看到分别，一时便相隔万里。
遥想当年一起栖居的时候，音容笑貌还在眼前。
太阳落下，山川陆地显得清冷，愁云惨淡盘绕天际。
翅膀太短不善飞翔，只能在烟雾缭绕中徘徊踯躅。

行京口至竹里

高柯危且竦，锋石横复仄。复涧隐松声，重崖伏云色。
冰闭寒方壮，风动鸟倾翼。斯志逢凋严，孤游值曛逼。
兼途无憩鞍，半菽不遑食。君子树令名，细人效命力。
不见长河水，清浊俱不息。

【译文】树木高耸又令人恐惧，石头坚韧又杂乱的堆放。
幽深的山涧传来隐约的松涛声，重叠的山崖遮挡了云色。
正是寒冷时候，水结成了冰，劲风吹拂之下，鸟儿都要侧着双翼飞翔。
远大的志向遇到了凋零万物的严寒，孤独的行旅恰逢昏黄的暮色。
快马兼程不歇息，军士连杂粮都来不及去吃。
君子为树立良好的名声而操劳，小人要效命于人而奔波。
君子、小人就像长江中的水，清也好，浊也好，都奔流不息。

咏史

五都矜财雄，三川养声利。百金不市死，明经有高位。
京城十二衢，飞甍各鳞次。仕子彯华缨，游客竦轻辔。
明星辰未晞，轩盖已云至。宾御纷飒沓，鞍马光照地。
寒暑在一时，繁华及春媚。君平独寂寞，身世两相弃。

【译文】五都因为财力雄厚而矜夸，三川利于名利的传播。
有百金之人不死于市，通经学者有高官可做。
京城道路四通八达，高屋凌空，如鱼鳞般层层排列。
做官的人飘带飞扬，一般人站在马车上飞奔。
金星刚显，天色未明，奔竞之徒已纷沓而至。
宾者和御者都很多，马鞍上的光亮照地。
无论寒暑都是如此繁荣昌盛，都像春光明媚中繁花及时盛开一样。

严君平独自甘受寂寞，社会和个人相互弃绝。

拟古五首

其一

鲁客事楚王，怀金袭丹素。既荷主人恩，又蒙令尹顾。
日晏罢朝归，鞍马塞衢路。宗党生光辉，宾仆远倾慕。
富贵人所欲，道得亦何惧。南国有儒生，迷方独沦误。
伐木清江湄，设罝守毚兔。

【译文】鲁人辅佐楚王，怀揣金印保有大夫官位。
既承受国主恩惠，又蒙受令尹眷顾。
日晚罢朝回家，车马堵塞了道路。
乡党生荣光，宾朋仆从倾慕。
人都想获得富有和尊贵，取之有道又有何惧。
南方有一位儒生，迷失方向，沉溺于谬误。
在河岸伐木，放捕网，捉狡猾的兔子。

其二

十五讽诗书，篇翰靡不通。弱冠参多士，飞步游秦宫。
侧睹君子论，预见古人风。两说穷舌端，五车摧笔锋。
羞当白璧贶，耻受聊城功。晚节从世务，乘障远和戎。
解佩袭犀渠，卷帙奉卢弓。始愿力不及，安知今所终。

【译文】十五岁能诵读诗、书，各种文辞没有不精通。
二十岁拜谒众多达官显贵，迈着轻快的步伐游京城。
从旁看，有道德学问人的论着，一起来看象古代人那样的品格、风貌。
两次劝说使对方理屈词穷，学识渊博，可以挫折文士们的笔锋。
羞于接受白璧之赠，耻于接受官职。
晚年从事治国大略，以武力征服守护边疆。

解下玉佩，船上犀甲，把盛书的布囊拿来放卢弓。
最初没有实现愿望，只能弃文从武，结果如何，尚不知晓。

其三

幽并重骑射，少年好驰逐。毡带佩双鞬，象弧插雕服。
兽肥春草短，飞鞚越平陆。朝游雁门上，暮还楼烦宿。
石梁有余劲，惊雀无全目。汉虏方未和，边城屡翻覆。
留我一白羽毛，将以分虎竹。

【译文】幽州和并州重视骑射，少年有着尚武的精神。
毡制的腰带上辔、佩戴的一双弓袋子，雕着花纹的箭袋插着象牙装饰的弓。
行走的野兽肥壮春草很短，骑马飞驰。
早晨在雁门关游玩，晚上回去在楼烦住宿。
少年勇力，射技精妙。
汉朝边境不平静，屡屡有战事发生。
要留给一只白羽以作武器，愿分符而为郡守，保卫疆场，立功杀敌。

其四

瑟瑟凉海风，竦竦寒山木。纷纷羁思盈，慊慊夜弦促。
访言山海录，千里歌别鹄。弦绝空咨嗟，形音谁赏录。
辛苦异人状，美貌改如玉。徒畜巧言鸟，不解款心曲。

【译文】海风瑟瑟清凉，寒山里的树木被风吹得飒飒作响。
羁旅的想法纷繁盈满，空虚的夜色下歌弦。
访谈记录山海，千里和鸟歌唱离别。
弦断，只空自叹息，高妙谁会欣赏录用。
辛苦不同常人，美貌变更如玉。
仅仅只是买会巧言学舌的鹦鹉，不解让人心情舒畅的曲子。

其五

暖岁节物早，万萌迎春达。春风夜媥娟，春雾朝晻霭。
软兰叶可采，柔桑条易捋。怨咽对风景，闷瞀守闺闼。
天传愁民命，含生但契阔。忧来无行伍，历乱如覃葛。

【译文】年暖和，季节的风物早早就出现了，万象萌发迎接春意。
春风在夜晚偏偏起舞，春雾在早晨荫蔽。
软兰叶子可以采摘，柔桑的枝条容易抚摸。
面对着景色哀伤悲怨，眼花缭乱守着家门。
天传为民众的命运而忧虑，活着就要在一起。
为没有排队而发愁，纷杂杂乱就像长葛布。

梦归乡

衔泪出郭门，抚剑无人逵。沙风暗空起，离心眷乡畿。
夜分就孤枕，梦想暂言归。孀妇当户叹，缫丝复鸣机。
慊款论久别，相将还绮闱。历历檐下凉，胧胧帐里辉。
刈兰争芬芳，采菊竞葳蕤。开奁夺香苏，探袖解缨徽。
梦中长路近，觉后大江违。惊起空叹息，恍惚神魂飞。
白水漫浩浩，高山壮巍巍。波澜异往复，风霜改荣衰。
此土非吾土，慷慨当告谁。

【译文】满眼含泪从城出来，拿着把剑走在无人的大道。
风裹挟着沙子吹起，离家的人眷恋家乡。
半夜接近枕头，暂时停止实现梦想的脚步。
独居的妇人对着门哀叹，抽丝织布。
感慨怨恨离别而见面恳切，相互搀扶走进内室。
经过房檐下时清晰的感受到凉意侵人，帐里朦胧。
割着芬芳的兰花，采摘茂盛的菊花。

打开镜匣取出香繐，伸出手解开香囊。
梦里的再长的路都显得很近，醒后才知两人犹如大江相隔。
被惊醒空叹，恍恍惚惚感觉魂魄出窍。
大河的阻隔，高山雄壮。江潮来去起落。
一波不同于一波，风霜之中万物由荣转衰。
这个地方不是我的家乡，慷慨激昂该告诉谁。

玩月城西门廨中

始出西南楼，纤纤如玉钩。末映东北墀，娟娟似蛾眉。
蛾眉蔽珠珑，玉钩隔琐窗。三五二八时，千里与君同。
夜移衡汉落，徘徊帷户中。归华先委露，别叶早辞风。
客游厌苦辛，仕子倦飘尘。休澣自公日，宴慰及私辰。
蜀琴抽白雪，郢曲发阳春。肴干酒未阙，金壶启夕沦。
回轩驻轻盖，留酌待情人。

【译文】新月刚出现在西南楼的方向时，细小弯曲，柔弱娇美如玉钩。
新月将落时，像秀丽的细眉，微弱之光映照在东北面的台阶上。
新月的微光被窗户上的珍珠装饰或连锁花纹遮蔽。
月圆光满，能照到千里之外，与对方共同赏玩。
随着夜深，北斗星转，银河众星稀疏，月光也在一点点移动照进挂着帷幕的门中。
露中花落于根，风中叶子掉落。
客居他乡的游子厌倦了辛苦，做官的人厌倦风尘。
从公务中休假，抓紧时间休息。
蜀琴弹奏《白雪》之曲，楚地弹奏《阳春》曲。
酒菜已尽而酒兴未尽，计时铜壶表明夜晚将尽。
天色将明驾车欲返又止，想留下来等待朋友共饮。

望水

刷鬓垂秋日，登高观水长。千涧无别源，万壑共一广。
流驶巨石转，湍回急沫上。苕苕岭岸高，照照寒洲爽。
东归难忖恻，日逝谁与赏。临川忆古事，目孱千载想。
河伯自矜大，海若沉渺莽。

【译文】在秋天洗头，登高远望看长河。
很多的山涧没有别的源头，很多的丘壑都很广阔。
船行大石头轮转，水流很快浪花急促的涌出。
远路显得山岭高，太阳照着水中的陆地显得明亮。
向东回家的路很难揣测，日子一天天过去，和谁一起度过。
面对着河川思忆着过去的世事，思接千载。
大河自我夸耀，大海深沉浩淼。

拟行路难十首

其一

奉君金卮之美酒，玳瑁玉匣之雕琴。七彩芙蓉之羽帐，九华蒲萄之锦衾。
红颜零落岁将暮，寒光宛转时欲沉。愿君裁悲且减思，听我抵节《行路》吟。
不见柏梁铜雀上，宁闻古时清吹音。

【译文】进献君金子酒杯的美酒，有玳瑁玉石装饰盒子的琴。
有用翠鸟羽毛做的帷帐，绣着花纹图案的锦被。
美人年岁渐长，行将暮年，寒光流转将要下沉。
祝愿君减少思虑和悲伤，听我伴奏吟唱《行路》。
不见柏梁台，铜雀台上，哪里还能得到故事的音乐呢！

其二

洛阳名工铸为金博山，千斫复万镂，上刻秦女携手仙。
承君清夜之欢娱，列置帷里明烛前。外发龙鳞之丹彩，内含兰芬之紫烟。
如今君心一朝异，对此长叹终百年。

【译文】洛阳著名的工匠做金博山，
千雕万刻，终于刻上了弄玉夫妻成仙的图景。
承蒙君王眷顾，共度欢愉，坐在帷帐里明亮的蜡烛前。
博山炉龙鳞的篆纹向外散发奇异的光彩，里面升起缕缕的芬芳的紫烟。
现在君王的信息瞬间就变了，面对这只能长叹终了一生。

其三

璇闺玉墀上椒阁，文窗绣户垂绮幕。中有一人字金兰，被服纤罗采芳藿。
春燕参差风散梅，开帏对景弄春爵。含歌揽涕恒报愁，人生几时得为乐！
宁作野中之双凫，不愿云间之别鹤。

【译文】美玉的闺房，玉石的台阶建筑着女子的居处，漂亮的窗户挂着丝质的帷幕。
里面住着一位叫金兰的女子，穿着华丽的罗衣采摘香草。
春燕稀稀落落回来，风吹着梅花散开，打开窗帘对着太阳逗弄春雀。
歌声衔而不发，只是长久的抱怨，人生几何能这么高兴。
宁愿做水中的野鸭，不愿做云间的鹤。

其四

泻水置平地，各自东西南北流。人生亦有命，安能行叹复坐愁？
酌酒以自宽，举杯断绝歌《路难》。心非木石岂无感？吞声踯躅不敢言。

【译文】在平地上倒水，向四面八方流去。
人生自有命数，哪能仅仅座着哀叹？
喝酒来自我宽慰，举杯大口喝酒，连唱着《行路难》也暂时中止了。
人的心不是木石怎能没有感情？忍气吞声踌躇不前。

其五

君不见河边草，冬时枯死春满道。君不见城上日，今暝没尽去。
明朝复更出，今吾何时当得然。一去永灭入黄泉，人生苦多欢乐少。
意气敷腴在盛年，且愿得志数相就。
床头恒有沽酒钱，功名竹帛非我事，存亡贵贱付皇天。

【译文】你看，河边的水草，冬季时候枯萎，春天长满道路。
你看，城上的太阳，今天落下暗淡。
明天有会再次出现，现在的我什么时候可以得到。
一去不返走入黄泉，人生的苦痛很多欢乐的时间却很少。
志向极盛是在壮年，只愿接近、实现愿望。
家里常有买酒的钱。功名政务不是我的事情，存亡和贵贱都随自然造化。

其六

对案不能食，拔剑击柱长叹息。丈夫生世会几时？安能蹀躞垂羽翼。
弃檄罢官去，还家自休息。朝出与亲辞，暮还在亲侧。
弄儿床前戏，看妇机中织。自古圣贤皆贫贱，何况我辈孤且直！

【译文】面对着木盘不能吃饭，拔剑击打柱子空叹息。
男子在世才多少年？哪能迈着小步前行，不飞翔。
抛弃官职离开，回到家中颐养天年。
早晨和亲友辞别，晚上回家在父母身边陪伴。
和孩子在床前嬉玩，看妻子织布。
自古以来圣贤都是贫贱的，何况我们寒门、正直！

其七

愁思忽而至，骑马出北门。举头四顾望，但见松柏园，荆棘郁蹲蹲。
中有一鸟名杜鹃，言是古时蜀帝魂。声音哀苦鸣不息，羽毛憔悴似人髡。
飞走树间啄虫蚁，岂忆往日天子尊？念此死生变化非常理，中心恻怆不能言。

【译文】愁绪突然来到，驾马从北门出去。
抬头向四方看，只看墓园，荆棘密布。
有一只杜鹃鸟，据说是古代蜀帝杜宇的魂魄。
声音悲苦啼叫不停，羽毛憔悴像人的秃顶。
在林间飞翔寻找虫子，那还能想到曾经的尊贵？
想到这里死生变化是自然常理，心中悲怆不能成言语。

其八

中庭五株桃，一株先作花。阳春妖冶二三月，从风簸扬落西家。
西家思妇见悲惋，零泪沾衣抚心叹。初我送君出户时，何言淹留节回换？
床席生尘明镜垢，纤腰瘦削发蓬乱。人生不得恒称意，惆怅徙倚至夜半。

【译文】庭中种植种植了五棵桃树，有一颗先开了花朵。
在阳春三月开的鲜艳明媚，随风吹着飘落在了西家。
西家的思妇看见了，心里悲伤凄怆，落下眼泪沾上衣服手捧着心口叹息。
当初我送丈夫出门时，何尝说到会滞留外地如此之久以至于季节轮换？
独守空床，明镜也暗淡了，腰也细了，头发也乱了。
人生常常不合心意，惆怅徘徊依靠到半夜。

其九

剉蘗染黄丝，黄丝历乱不可治。昔我与君始相值，尔时自谓可君意。
结带与我言，死生好恶不相置。今日见我颜色衰，意中索寞与先异。
还君金钗瑇瑁簪，不忍见之益愁思。

【译文】砍削蘖枝发出新芽，新芽杂乱。
从前我和君才相识，那时说称着君的意。
打结带子和我说话，不管各自的死生好恶。
现在看见我年老色衰，与曾经的情意不同。
把金钗瑇瑁簪还给你，不想看见使心绪更加愁苦。

其十

君不见枯箨走阶庭，何时复青着故茎。君不见亡灵蒙享祀，何时倾杯竭壶罂。
君当见此起忧思，宁反得与时人争。人生倏忽如绝电，华年盛德几时见。
但令纵意存高尚，旨酒嘉肴相胥燕。持此从朝竟夕暮，差得亡忧消愁怖。
胡为惆怅不得已，难尽此曲令君忤。

【译文】君没看见枯树在台阶上，什么时候才能再次恢复绿色。
君没看见故去的灵魂享受着祭祀，什么时候能喝完杯中酒。
君看见这应该会生出忧愁的思绪，哪里来和世间的人相争。
人生短促就像闪电，年少气盛能有多久。
只是想自在的纵情存有高尚的德行，目地只是好酒好菜的宴饮。
终日这样，几乎可以无烦忧，愁绪消散。
为什么愁绪满怀不能尽兴，很难听完这首曲子让您生气。

代鸣雁行

邕邕鸣雁鸣始旦，齐行命侣入云汉。
中夜相失群离乱，留连徘徊不忍散。
憔悴容仪君不知，辛苦风霜亦何为。

【译文】大雁在早晨太阳刚出来时鸣叫，一起结伴入青天。
半夜和群体失去联系，留恋踯躅不忍心离去。
容貌憔悴无人知晓，辛劳悲苦有怎么样。

代淮南王

淮南王，好长生，服食炼气读仙经。琉璃作碗牙作盘，金鼎玉匕合神丹。

合神丹，戏紫房，紫房彩女弄明珰，鸾歌凤舞断君肠。
朱城九重门九闺，愿逐明月入君怀。入君怀，结君佩，怨君恨君恃君爱。
筑城思坚剑思利，同盛同衰莫相弃。

【译文】淮南王刘安，喜欢神仙，服食丹药进行修炼阅读成仙的书。
用象牙做盘子，琉璃碗盛装仙药，炼丹的鼎，玉制的药匙制作长生不死的丹药。
吃丹药，在仙界居住，和仙女玩耍，仙界的鸾歌凤舞令君王伤心。
红墙九重门，又有很多女眷，愿意追逐明月相伴入君怀抱。
到君王的怀抱，成为君王身上的佩饰，怨恨，遗憾都需要依靠君王的宠爱。
思念像筑的城池一样坚固，思念像剑一样锋利，一起昌盛一起衰败不要丢弃。

代春日行

献岁发，吾将行。春山茂，春日明。
园中鸟，多嘉声。梅始发，柳始青。
泛舟舻，齐棹惊。奏《采菱》，歌《鹿鸣》。
风微起，波微生。弦亦发，酒亦倾。
入莲池，折桂枝。芳袖动，芬叶披。
两相思，两不知。

【译文】一年的开始，我要前行。
春天的山上树木茂盛，春天的太阳明亮。
园子里的鸟，美好的叫声很多。
梅子刚发芽，柳树刚抽芽。
一起举桨划船，惊动水波和小鸟。
唱着《采菱歌》，歌唱着《鹿鸣曲》。
渐渐起风，水波也渐渐出现。
还没弹琴，酒已经喝完了。
进入莲花塘，采摘桂花的枝桠。
芬芳的水草叶子在青年男女透着香气的罗袖子的挥动下纷纷向两边倒下。
两方相思，两方却都不知道。

梅花落

中庭杂树多，偏为梅咨嗟。问君何独然？
念其霜中能作花，露中能作实。
摇荡春风媚春日，念尔零落逐寒风，徒有霜华无霜质。

【译文】庭中中的很多树木，偏偏只为梅树咏叹。
问您为什么偏偏这样？
感念它在寒霜中能开花，露中能结果。
杂树之花在和煦的春风、明媚春光里盛开，感念你们和冷风一起飘零坠落，空有霜一样的光色而没霜的耐寒品质。

代北风凉行

北风凉，雨雪雱。京洛女儿多妍妆。遥艳帷中自悲伤，沉吟不语若有忘。
问君何行何当归？苦使妾坐自伤悲。虑年至，虑颜衰，情易复，恨难追。

【译文】北风寒冷，雨雪很大。京城、洛阳的女孩子喜欢装束艳丽。
一位艳丽的女子在帷幕中暗自悲伤，神情恍惚沉吟不语。
问你到什么地方了，什么时候该回来？使我暗自忧虑、悲伤。
考虑到年岁渐长，容颜憔悴，情意容易恢复，青春消逝的遗憾难以弥补。

代空城雀

雀乳四鷇，空城之阿。朝食野粟，夕饮冰河。
高飞畏鸱鸢，下飞畏网罗。辛伤伊何言，怵迫良已多。

诚不及青鸟，远食玉山禾。犹胜吴宫燕，无罪得焚窠。
赋命有厚薄，长叹欲如何。

【译文】雀喂养着四个幼雏。
空城的山脚。
早上吃野米。
晚上喝冰河水。
高空飞翔畏惧猫头鹰。
低空飞翔害怕罗网。
伤心你又何须多言。
害怕的真的很多。
真的不如青鸟。
远离玉山的禾苗。
更胜过吴王宫殿的燕子。
没有什么罪过却落得个窝被焚烧。
命数有薄厚的区分。
长叹息又有什么用。

王 维

王维，唐祁人，字摩诘，与弟缙齐名，资孝友。开元九年进士，擢监察御史。安禄山反，陷京师，迫为给事中，维服药佯瘖，赋《凝碧池》诗，以志悼痛。贼平下狱，弟缙请削官赎维罪，后官至尚书右丞卒，年六十一。维工诗，善画，名盛开元天宝间，时谓其诗中有画，画中有诗。其诗大抵出于陶渊明，而洁净精微，蓄含不尽，实能独树一帜，为后世诗家神韵派之始祖。维兄弟笃志奉佛，食不荤腥，衣不文彩，有别墅在辋川，地奇胜，与裴迪同游处其中，赋诗相酬为乐。有《王右丞集》。

【译文】唐代，祁县人，字摩诘，和弟弟王缙齐名，兄友弟恭。开元九年的进士，做了监察御史。安禄山造反时，被陷京师，被迫就职给事中，王维吃药佯装得病，写《凝碧池》诗，明志悼念沉痛心情。叛军被平定，王维被下狱，弟弟王缙请求削官来赎王维事叛军的过错，后来死在尚书右丞官任上，终年六十一岁。王维善于写诗，善于作画，在开元天宝年间名气很盛，时人称他诗：诗中有画，画中有诗。他的诗大都出于陶渊明，而雅洁精致，含蓄不尽，能独树一帜，成为后世神韵派的始祖。王维兄弟守志奉佛，不食荤腥，不穿华衣，有辋川别墅，地势奇胜，和裴迪在此地同游，写诗相酬唱为乐。有《王右丞集》。

蓝天山石门精舍

落日山水好，漾舟信归风。探奇不觉远，因以缘源穷。
遥爱云木秀，初疑路不同。安知清流转，偶与前山通。
舍舟理轻策，果然惬所适。老僧四五人，逍遥荫松柏。
朝梵林未曙，夜禅山更寂。道心及牧童，世事问樵客。
暝宿长林下，焚香卧瑶席。涧芳袭人衣，山月映石壁。
再寻畏迷误，明发更登历。笑谢桃源人，花红复来觌。

【译文】太阳落下山水很好，任凭风吹着船荡漾。

追求奇异不会觉得远，于是顺着源头到尽头。
喜爱高耸的美树，开始怀疑道路的不对。
哪里知道水的曲折，偶然和面前的山相通。
丢弃船只拿着轻的拐杖，前往真的很清爽。
四五个老和尚，在松柏的树荫下逍遥自在。
早晨天还没亮就念经，夜晚静坐参禅。
佛家出世的思想影响到牧童，世事都在问樵夫。
晚上在林子下面歇息，点着香，在瑶草编织的席子上睡。
山涧的气息沾染在人身上，山里的月光映照在石壁上。
两次寻访畏惧迷路，明早出发再登临。
笑着辞别尘世的人，桃花凋谢了再来查看。

青溪

言入黄花川，每逐青溪水。随山将万转，趣途无百里。
声喧乱石中，色静深松里。漾漾泛菱荇，澄澄映葭苇。
我心素已闲，清川澹如此。请留磐石上，垂钓将已矣。

【译文】一进入黄花川，总要沿着青溪水前行。
水随着山势流转，但走过的路还不到百里。
流过乱石的水声喧腾，而水色在松林中格外洁净。
水波荡漾，浮着菱荇，清澈的溪水映衬着芦苇。
我的心恬淡，像溪水一样澹泊。
还是留在溪边岩石上，垂钓一生，终老于此。

春日田园作

屋上春鸠鸣，村边杏花白。持斧伐远杨，荷锄觇泉脉。
归燕识故巢，旧人看新历。临觞忽不御，惆怅远行客。

【译文】春天屋上的鸟儿鸣叫，村落边开的杏花雪白。
拿着斧头砍去长得太远而扬起的桑条，扛着锄头查探泉眼，
归来的燕子认识旧巢，旧人又翻起新的年历。
对着酒杯忽然停下不再喝，惆怅萦绕我这远行人。

和使君五郎西楼望远思归

高楼望所思，目极情未毕。枕上见千里，窗中窥万室。
悠悠长路人，暧暧远郊日。惆怅极浦外，迢递孤烟出。
能赋属上才，思归同下秩。故乡不可见，云水空如一。

【译文】在高楼上远望，思考，极目远望，感情却没有尽头。
在枕头上能看见千里之外，透过窗户可以看到万家。
看见了悠悠行走于长路之上的行人，远郊的夕阳亦在视野里渐趋模糊。
惆怅得看着远处的水浦之外，远处的孤烟冒出。
能写赋的属于很有才的，想要归家的心情和低微的官职一样。
不能看见家乡，云和水相接为一。

戏赠张五弟諲

吾弟东山时，心尚一何远。日高犹自卧，钟动始能饭。
领上发未梳，妆头书不卷。清川兴悠悠，空林对偃蹇。
青苔石上净，细草松下软。窗外鸟声闲，阶前虎心善。
徒然万象多，澹尔太虚缅。一知与物平，自顾为人浅。
对君忽自得，浮念不烦遣。

【译文】我弟在东山的时候，心志多么广大。
日已高悬天际，他却依旧怡然躺着，等正午的钟声响起，才开始吃饭。
凌乱的发髻，没有打理，散乱的书卷依旧躺在梳妆台上，停留在那一页。

青葱的群山此起彼伏，面对空幽的林子犹自安卧。
簇簇青苔，散布在石上，细嫩的小草趴在松树下。
窗外时而传来鸟声，卧在台阶上的老虎，都变得温顺。
世间万物如此纷繁复杂，心怀恬静淡泊。
认识和物相等，反观自己，认识尚浅。
面对你忽然领悟，忧愁，竟不解自消了。

送别

下马饮君酒，问君何所之。
君言不得意，归卧南山陲。
但去莫复问，白云无尽时。

【译文】下马设酒请您喝，问您想到什么地方去。
您说自己不得志，想要回去隐居终南山。
只管隐去不要再问，白云悠悠没有穷尽。

齐州送祖三

相逢方一笑，相送还成泣。祖帐已伤离，荒城复愁入。
天寒远山净，日暮长河急。解缆君已遥，望君犹伫立。

【译文】才相逢便相对而笑，相送又变成相对啜泣。
祖帐里边已经感伤离别过了，齐州中我更发愁进入。
天寒的季节远处的山显得一片澄净，日暮时刻大河流速格外迅急。
解开缆绳你就要远去，遥望着你我还独自伫立。

宿郑州

朝与周人辞，暮投郑人宿。他乡绝俦侣，孤客亲僮仆。
宛洛望不见，秋霖晦平陆。田父草际归，村童雨中牧。
主人东皋上，时稼绕茅屋。虫思机杼悲，雀喧禾黍熟。
明当渡京水，昨晚犹金谷。此去欲何言，穷边徇微禄。

【译文】早晨离开洛阳，晚上到郑州投宿。
异乡没有伴侣，孤独的客居他乡只能和童仆亲近。
洛阳城已经看不见了，秋天的阴雨连天晦暗到平陆县。
老农从地里归来，村里的孩童在雨中放牧。
主人家在东边的高地上，时令的庄稼环绕着房舍。
蟋蟀鸣叫机杼声响，麻雀聒噪谷物成熟。
明天就要渡京水了，昨晚还住在金谷县。
这一去还想说些什么呢？到边远地界赚些俸禄。

偶然作二首

其一

楚国有狂夫，茫然无心想。散发不冠带，行歌南陌上。
孔丘与之言，仁义莫能奖。未尝肯问天，何事须击壤。
复笑采薇人，胡为乃长往。

【译文】楚国有一位放荡不羁的人，茫然无感情。
散发不戴冠缕，在南面道路上边走边唱。
孔子想要和他说话，仁义都不能劝勉他。
不曾问天，何事需要打板游戏。
还笑采薇之人，为什么去隐居避世。

其二

田舍有老翁，垂白衡门里。有时农事闲，斗酒呼邻里。
喧聒茅檐下，或坐或复起。短褐不为薄，园葵固足美。
动则长子孙，不曾相城市。五帝与三王，古来称天子。
干戈将揖让，毕竟何者是。得意苟为乐，野田安足鄙。
且当放怀去，行行没余齿。

【译文】田舍一位老头，白发花白在陋室。
有时农事闲散，呼喊邻居一起喝酒。
在茅檐下热闹相聚，有的人坐着有的人又站起。
粗布短衣也不单薄，女大当嫁本来就是好事。
动则子孙渐渐长大，不曾在同一城市。
五帝和三皇，自古以来被称天子。
快要战争了却相互行礼，到底何人是对的。
如果得志就快乐，在田为农，哪里会被轻视。
姑且放开心怀奋勇前行，一路前行直到死去。

西施咏

艳色天下重，西施宁久微。朝为越溪女，暮作吴宫妃。
贱日岂殊众，贵来方悟稀。邀人傅脂粉，不自著罗衣。
君宠益娇态，君怜无是非。当时浣纱伴，莫得同车归。
持谢邻家子，效颦安可希。

【译文】天下素来看重艳丽的容貌，西施的美貌怎能长久身处低微？
原先还是越溪的一名浣纱女， 后来却成了吴王宫里的爱妃。
贫贱时难道有什么与众不同？ 富贵时才发现她的貌美是天下稀有。
很多宫女为她搽脂敷粉，她从来不自己穿罗衣。
君王的宠幸使她的姿态更显娇媚， 君王怜爱从不计较她的对错。
昔日一起浣纱的女伴，再不能与她同车回。

奉告那盲目效颦的东施，光学皱眉而想取宠并不容易。

夷门歌

七雄雄雌犹未分，攻城杀将何纷纷。秦兵益围邯郸急，魏王不救平原君。
公子为嬴停驷马，执辔愈恭意愈下。亥为屠肆鼓刀人，嬴乃夷门抱关者。
非但慷慨有奇谋，意气兼将身命酬。临风刎颈送公子，七十老翁何所求！

【译文】战国七雄的胜负还没有决断，攻城、杀人多么纷乱。
秦国军队更是包围了邯郸城，赵国危急，平原君求助，魏国国君不救。
信陵君因为侯嬴停下了四匹马拉的车子，拿着缰绳态度更加谦和有礼。
朱亥是屠宰市场操刀的屠夫，侯嬴是夷门城的守城人。
不但勇敢还有高妙的策略，义气更添了身家性命的酬劳。
迎风自杀来送别信陵君，七十岁的老叟在追求什么呢？

陇头吟

长安少年游侠客，夜上戍楼看太白。陇头明月迥临关，陇上行人夜吹笛。
关西老将不胜愁，驻马听之双泪流。身经大小百余战，麾下偏裨万户侯。
苏武才为典属国，节旄空尽海西头。

【译文】长安的游侠青年，晚上在边防驻军的嘹望楼上看金星。
边疆的明月远离要塞，西北的征人晚上吹着笛子。
京城的年老士兵不能承受烦忧，停马驻留听着笛声双眼泪流。
经历大小百余场战役，将帅的副将有封食万户的大官。

老将行

少年十五二十时，步行夺得胡马骑。射杀山中白额虎，肯数邺下黄须儿！
一身转战三千里，一剑曾当百万师。汉兵奋迅如霹雳，胡骑崩腾畏蒺藜。
卫青不败由天幸，李广无功缘数奇。自从弃置便衰朽，世事蹉跎成白首。
昔时飞雀无全目，今日垂杨生左肘。路傍时卖故侯瓜，门前学种先生柳。
苍茫古木连穷巷，寥落寒山对虚牖。誓令疏勒出飞泉，不似颍川空使酒。
贺兰山下阵如云，羽檄交驰日夕闻。节使三河募年少，诏书五道出将军。
试拂铁衣如雪色，聊持宝剑动星文。愿得燕弓射天将，耻令越甲鸣吾君。
莫嫌旧日云中守，犹堪一战取功勋。

【译文】在少年十五、二十岁的时候，步行就能夺下胡人的马骑。
射杀阴山的白额猛虎，比得上邺下的曹彰。
只身一人能够转战三千里，一把剑抵得过百万人的军队。
汉朝的士兵奋勇迅捷像闪电，敌人的骑兵奔腾前来却害怕铁蒺藜。
卫青不败因为天助，李广打仗没有功劳只因命数不济。
自从不被重用就衰老了，世事蹉跎成了白发老人。
从前射箭，没有鸟能双目保全，如今肘上长了瘤。
学东陵侯在路边卖瓜，门前学陶潜种了柳树。
种着一片苍茫的古树连满深巷，孤寂的的寒山对着敞开的窗子。
发誓让疏勒城中涌出泉水，不像颍川的灌夫只会借酒使气。
贺兰山下的军队密集如云，紧急文书的传送，日夜都可以听到。
拿符节的使臣在三郡招募招兵，皇帝下了五道诏书让将军们出兵。
试着擦得铠甲雪亮，姑且拿着宝剑，剑上的七星文闪闪发光。
愿有一把强弓射杀敌人的大将，羞耻于越国的战马在吴国军队中嘶鸣。
不要嫌弃当年的云中太守，还可以在这次战役中建立功勋。

桃源行

渔舟逐水爱山春，两岸桃花夹去津。坐看红树不知远，行尽青溪不见人。

山口潜行始隈隩，山开旷望旋平陆。遥看一处攒云树，近入千家散花竹。
樵客初传汉姓名，居人未改秦衣服。居人共住武陵源，还从物外起田园。
月明松下房栊静，日出云中鸡犬喧。惊闻俗客争来集，竞引还家问都邑。
平明闾巷扫花开，薄暮渔樵乘水入。初因避地去人间，及至成仙遂不还。
峡里谁知有人事，世中遥望空云山。不疑灵境难闻见，尘心未尽思乡县。
出洞无论隔山水，辞家终拟长游衍。自谓经过旧不迷，安知峰壑今来变。
当时只记入山深，青溪几度到云林。春来遍是桃花水，不辨仙源何处寻。

【译文】渔舟顺流而下，追寻美好的春景，两旁夹岸的桃花映照着渡口。
因为看着两岸的花树，忘记了路程远近；船划完青溪，都没有碰到往来经过的路人。
船行到山口才曲折萦回，再往山前走，不久就视野开阔一片平川。
远望丛丛的树木与云相连，近处看见户户门前的翠竹鲜花。
渔夫初进才传入有汉以后的朝代，村民穿戴的还是秦代衣装。
他们世代聚居在武陵源，在这里建设了自己的世外家园。
明月朗照着松树，房舍一片安宁寂，旭日升起，村中的鸡犬声喧杂。
村人惊讶地把渔夫争相邀请，引着回家询问世上的消息。
清晨的街巷，家家扫路开门，傍晚的溪边，渔樵乘船回村。
当初因躲避乱世离开俗世，等到寻到桃源仙境便不想回归俗世。
隐居此地，再不管世间的变化，世人的寻访，不过是空望云山。
渔夫不怀疑仙境的难得，但凡心未泯挂牵着家园。
出洞后的他，不顾山水的阻隔，又决定辞家来此仙源。
自认为来过的地方就不会迷路，怎知道现在眼前的山川河谷面目全非。
当时只记得山路的幽深，沿着青溪几次弯曲就到了桃花林。
又逢是春天，春水遍流，仙源何处，已不可找寻。

洛阳女儿行

洛阳女儿对门居，才可容颜十五余。良人玉勒乘骢马，侍女金盘脍鲤鱼。
画阁朱楼尽相望，红桃绿柳垂檐向。罗帷送上七香车，宝扇迎归九华帐。
狂夫富贵在青春，意气骄奢剧季伦。自怜碧玉亲教舞，不惜珊瑚持与人。
春窗曙灭九微火，九微片片飞花琐。戏罢曾无理曲时，妆成祇是熏香坐。

城中相识尽繁华，日夜经过赵李家。谁怜越女颜如玉，贫贱江头自浣纱。

【译文】洛阳城里有个少女，和我对门，颜容俏丽，年纪正是十五有余。
迎亲时，夫婿乘骑的是玉勒青骢马，侍女端来的金盘，盛着脍好的鲤鱼。
庭院台榭都相对相望，桃红柳绿垂向屋檐，随风摆动。
她被送上丝绸香木车，精美宝扇迎亲在鲜艳的九华帐。
丈夫富贵，年少轻狂，意气骄奢，大大超过了富豪石季伦。
自己怜爱妻子，亲自教她歌舞，毫不吝惜将稀世珊瑚送人。
彻夜欢娱，拂晓才灭九微灯火；灯花飘落，掉在雕花窗格。
嬉戏之后，她没有温习曲子的功夫，梳妆好了，只坐在香炉边熏衣。
洛阳城中认识的人，都是富贵豪华，日夜往来的，都是大户人家。
西施洁净美丽，谁去怜爱这样姑娘，贫贱的时候，只在若耶溪头浣纱。

酬张少府

晚年惟好静，万事不关心。自顾无长策，空知返旧林。
松风吹解带，山月照弹琴。君问穷通理，渔歌入浦深。

【译文】晚年只图安静，对世事都不太关心。
自认没有高策，只好归隐到幽静山林。
松风吹拂我宽衣解带，山月朗照正好弹琴。
君若问穷尽通达的道理，请到水边深处听听渔歌！

辋川闲居赠裴秀才迪

寒山转苍翠，（转顾可久本作积）秋水日潺湲。倚杖柴门外，临风听暮蝉。
渡头余落日，墟里上孤烟。复值接舆醉，狂歌五柳前。

【译文】寒冬过后的山愈加显得苍翠，秋天的河水缓缓流淌。
我拄杖倚在我家柴屋前，和着风听着日暮时分蝉的鸣叫。

夕阳的余晖洒在渡头上，一缕烟从烟囱中冒出。
又碰上裴迪喝醉了，在我前把酒狂歌。

冬晚对雪忆胡居士家

寒更傅晓箭，（一作寒更催唱晓）清镜览衰颜。隔牖风惊竹，开门雪满山。
洒空深巷静，积素广庭闲。借问袁安舍， 翛然尚闭关。

【译文】寒更声传来报晓，明镜中看到自己衰老的面容。
隔窗听风摇荡竹子，推门见雪覆盖满山。
飘洒满空，使深长小巷宁静，白雪堆积更觉庭院深广清闲。
试问袁安在家怎样？坦然安枕柴门紧闭。

山居秋暝

空山新雨后，天气晚来秋。明月松间照，清泉石上流。
竹喧归浣女，莲动下渔舟。随意春芳歇，王孙自可留。

【译文】空寂的终南山刚下了一场雨，秋天的晚上更添凉爽。
明亮的月光朗照在松树间，清澈的泉水流淌在岩石上。
竹林里传来喧闹声是洗衣的女子回来了，水上的荷叶摇动是打鱼的渔民下船了。
任凭春天的芳香花草消逝，我自己还是可以居留在这里。

终南别业

中岁颇好道，晚家南山陲。兴来每独往，胜事空自知。
行到水穷处，坐看云起时。偶然值林叟，谈笑无还期。

【译文】中年有心研读佛理，晚年移家到南山的边界。
偶然和山林中老头相遇，谈笑中忘了回家的时间。
闲情漫步到水尽头，坐下仰望白云飘浮。
乘兴游玩总是独自前往，快意佳趣只有自己心里知道。

归嵩山作

清川带长薄，（清文苑英华作晴）车马去闲闲。流水如有意，暮禽相与还。
荒城临古渡，落日满秋山。迢递嵩高下，（高文苑英华作山）归来且闭关。

【译文】清澈的河川映带着一片茂盛的草木，离开的车马从这里缓缓前行。
流水如果懂得我的心意，就让黄昏中的鸟儿飞伴我一道回家栖息。
荒凉的城池挨着古老的渡口，落日的余晖洒满秋天的山林。
隐居在高高的嵩山，如今回来了，就关上门吧。

终南山

太乙近天都，连山到海隅。
白云回望合，青霭入看无。
分野中峰变，阴晴众壑殊。
欲投人处宿，隔水问樵夫。

【译文】终南山靠近天都，山势连绵，直达海边。
回头远望，白云连成一片，走近看，山上的青烟反而看不见了。
在中峰，可以看到不同的分野，条条山谷阴晴不一。
想要投宿人家，隔着溪水问对面的樵夫。

辋川闲居

一从归白社，不复到青门。时倚檐前树，远看原上村。
青菰临水拔，白鸟向山翻。寂寞於陵子，桔槔方灌园。

【译文】一旦辞官为民，便不再会进朝为官。
时常倚靠在屋前的树旁，远望原上村。
青菰在水边茂盛高长，白鸟朝着山岭翻越。
陈仲子寂寞啊，正在用桔槔浇灌园子。

送刘司直赴安西

绝域阳关道，胡烟与塞尘。（烟顾元纬本凌本文苑华唐诗品汇俱作沙）三春时有雁，万里少行人。
苜蓿随天马，蒲桃逐汉臣。当令外国惧，不敢觅和亲。

【译文】极远的阳关道，那里是边塞，接近胡人地界，烽烟弥漫，沙土飞扬。
正值三春季节，一路上不时飞过大雁，漫漫的长路上，极少有行人往来。
当年李广利伐大宛得名马，苜蓿与葡萄也相继传入。
应当让西域国家受到震慑，不敢寻求和亲策略。

送崔三往密州觐省

南陌去悠悠，东郊不少留。同怀扇枕恋，独念倚门愁。
路绕天山雪，家临海树秋。鲁连功未报，且莫蹈沧洲。

【译文】去南边的路遥远，东面的路又不能稍作停留。

想要归家探望父母，独自倚靠着门发愁。
道路绕过天山的雪，家与海上相挨。
鲁仲连还没有建功立业，千万不要去沧洲。

送邱为落第归江东

怜君不得意，况复柳条春。为客黄金尽，还家白发新。
五湖三亩宅，万里一归人。知祢不能荐，羞称献纳臣。

【译文】可惜你不被重用，柳条有再次生发。
离家后黄金用尽，回家时满头白发。
有自己的宅地房屋，是远行的归人。
了解你不能举荐，称进献忠言之臣而感到羞愧。

登裴迪秀才小台作

端居不出户， 满目望云山。落日鸟边下， 秋原人外闲。
遥知远林际， 不见此檐间。好客多乘月， 应门莫上关。

【译文】在家里闲居，足不出户，远望着云山。
在鸟归巢时，日落，秋季的平原人分外悠闲。
想象在远离树林的地方，不能看见这座房屋。
嘉宾乘着月色，开门时不要撞到上面的门框。

观猎

风劲角弓鸣，将军猎渭城。草枯鹰眼疾，雪尽马蹄轻。

忽过新丰市，还归细柳营。回春射雕处，千里暮云平。

【译文】角弓上的箭射出了，弦声强风一起呼啸！将军的猎骑，飞驰在渭城的近郊。
枯萎的野草，遮不住尖锐敏捷的鹰眼；积雪溶化了，飞驰的马蹄更像是风追叶飘。
转眼间，猎骑穿过了新丰市，驻马时，已经来到细柳营。
回头看，那打猎的地方，千里无垠的大地啊！暮云笼罩着原野静悄悄。

奉和圣制从蓬莱向兴庆阁道中留春雨中春望之作应制

渭水自萦秦塞曲，黄山旧绕汉宫斜。銮舆迥出千门柳，阁道回看上苑花。
云里帝城双凤阙，雨中春树万人家。为乘阳气行时令，不是宸游玩物华。

【译文】渭河水径自曲折环绕秦地，黄山依旧斜绕着汉宫。
皇帝的车马从夹着重重宫门的垂柳间出现，在阁道上回首看宫苑里的花木。
云雾中的皇家望楼高耸，细柔的春雨散落在万家树上。
皇上出游是乘此顺应春季的时令，不是为了游玩欣赏景色。

酬郭给事

洞门高阁霭余晖，桃李阴阴柳絮飞。禁里疏钟官舍晚，省中啼鸟吏人稀。
晨摇玉佩趋金殿，夕奉天书拜琐闱。强欲从君无那老，将因卧病解朝衣。

【译文】夕阳的光晕缠绕着城楼高阁，桃李繁盛柳絮纷飞。
禁宫中的官舍晚钟稀疏，门下省里的鸟叫人少。
早上身佩玉饰进殿朝拜，晚上捧着诏书退别宫廷。
我想伴您无奈年迈体衰，于是恳请允许我卧病脱掉官服引退。

出塞作

居延城外猎天骄，白草连天野火烧。暮云空碛时驱马，秋日平原好射雕。
护羌校尉朝乘障，破虏将军夜渡辽。玉靶角弓珠勒马，汉家将赐霍嫖姚。

【译文】戍边将士在居延城外打击自称天之骄子的匈奴人，野火烧尽了连天白草。
天气爽朗、广阔大漠任我驱驰，秋天的平原是射雕的好季节。
戍边将士早晨登上遮虏障防守，夜晚渡河打击敌人。
朝廷将镶玉把的剑，饰兽角的弓，马嚼子上镶宝珠的良马赏赐给这些得胜的将军。

送杨少府贬郴州

明到衡山与洞庭，若为秋月听猿声。愁看北渚三湘远，恶说南风五两轻。
青草瘴时过夏口，白头浪里出湓城。长沙不久留才子，贾谊何须吊屈平。

【译文】白天到湖南的衡山、和洞庭湖，如果为秋月听猿猴的声。
满怀愁绪得在北面的水中小块陆地上看远方的三湘地区，不要说南风吹拂五两很轻。
青草潮湿的时候，过夏口，在出现白浪时，出了湓城。
如果长沙地区能让才子长久停留，贾谊哪里还需要凭吊屈原。

积雨辋川庄作

积雨空林烟火迟，蒸藜炊黍饷东菑。漠漠水田飞白鹭，阴阴夏木啭黄鹂。
山中习静观朝槿，松下清斋折露葵。野老与人争席罢，海鸥何事更相疑。

【译文】因为下雨时间太长，林中无风而且湿润，所以做饭的炊烟升起时显得缓慢，做好的粗茶淡饭是送给村东劳作的人。

广阔平坦的水田上一行白鹭掠空而飞，夏日幽静清凉的树林中传来黄鹂宛转的啼鸣。

在山中修身养性，观赏槿花的开落，在松下吃着素食，带着露水折葵。

我已和村里的人相处很随意，明日再往海上，鸥鸟飞舞而不下。

送别

山中相送罢，日暮掩柴扉。春草年年绿，王孙归不归？

【译文】在山中送别了你，太阳落山时把柴门掩上。
春草年年转绿，不知你能不能回来。

临高台送黎拾遗

相送临高台，川原杳何极。日暮飞鸟还， 行人去不息。

【译文】前来送别登临高台，地势平坦望不到尽头。
太阳落下飞鸟回巢，行人离开没有停息。

崔九弟欲往南山马上口号与别

城隅一分手，几日还相见。山中有桂花，莫待花如霰。

【译文】你我在城墙一分别，不知几天后才能再相见？
我所在的山中有美丽的桂花树，不要等花儿像雪一样落下了才回来。

息夫人

莫以今时宠，能忘旧日恩。看花满眼泪，不共楚王言。

【译文】不要以为现在得到你的宠爱，就能够使我忘掉过去息侯的恩情。
每当看到美丽的鲜花，我却流出满眼泪水，你可以征服我的国家，但却无法赢得我的心。

相思

红豆生南国，春来发几枝？愿君多采撷，此物最相思。

【译文】生长于南方的红豆，入春以来不知长出多少枝条。
希望你多多采摘，红豆最能寄寓相思离别之情。

鹿柴

空山不见人，但闻人语响。返景入深林，复照青苔上。

【译文】空寂的山谷中看不见人影，却能听到人讲话的声音。
落日的余辉反射入幽暗的深林，斑斑驳驳的树影映在青苔上。

竹里馆

独坐幽篁里，弹琴复长啸。深林人不知，明月来相照。

【译文】独自坐在幽深的竹林里，我一边弹琴一边打口哨。
竹林深处寂静无人知道，只有明月映照着我。

辛夷坞

木末芙蓉花，山中发红萼。涧户寂无人，纷纷开且落。

【译文】枝条顶端的辛夷花骨朵，在山中绽放着鲜红的花萼。
寂静的山沟里没有人烟，花儿们纷纷开放又纷纷飘落。

欹湖

吹箫凌极浦，日暮送夫君。湖上一回首，山青卷白云。

【译文】吹着箫，声音远达水边，为了在傍晚送我的朋友。
在船上转身回头，山色清浅裹挟着弥漫的白云。

鸟鸣涧

人闲桂花落，夜静春山空。月出惊山鸟，时鸣春涧中。

【译文】人的心闲静下来才能感觉到春天桂花从枝头飘落，宁静的夜色中春山一片空寂。
皎洁的月亮从山谷中升起来，惊动了山鸟，时而在山涧中发出鸣叫声。

田园乐

桃红复含宿雨，柳绿更带朝烟。花落家童未扫，莺啼山客犹眠。

【译文】桃花的花瓣上还留着昨夜的雨珠，雨后的柳树碧绿一片，被笼罩在烟雾之中。被雨打落的花瓣洒满了庭院，家童还没有打扫，黄莺啼鸣，山客还在酣眠。

九月九日忆山东兄弟

独在异乡为异客，每逢佳节倍思亲。遥知兄弟登高处，遍插茱萸少一人。

【译文】独自在他乡作外乡客，每逢佳节到来就不禁加倍思念亲人。
遥想兄弟们登高的地方，插遍茱萸只少我一个人。

送元二使安西

渭城朝雨浥轻尘，客舍青青柳色新。劝君更尽一杯酒， 西出阳关无故人。

【译文】早晨的细雨打湿了渭城的轻尘，旅店显得青绿，柳树显得格外新绿。
请你再喝一杯酒，只因为向西走出了阳关，就再碰不到老朋友了。

送韦评事

欲逐将军取右贤，沙场走马向居延。遥知汉使萧关外，愁见孤城落日边。

【译文】想要追随李广利将军驰骋疆场，战场上都朝着居延塞传递文书。
遥想了解韦评事在萧关外的情形，愁绪满怀地看着太阳在天边落下。

送沈子归江东

杨柳渡头行客稀，罟师荡桨向临圻。惟有相思似春色，江南江北送君归。

【译文】渡口杨柳依依，行旅之人稀少，艄公摇起桨驶向临圻。
只有相思像春色一样，从江南到江北送你回家。

李白

李白，唐蜀之昌明人，字太白，生于青莲乡，号青莲居士。天才英特，然喜纵横击剑，为任侠。贺知章见其文，叹为谪仙。言于玄宗，供奉翰林，甚见爱重。白常侍帝，醉，使高力士脱靴，力士素贵，耻之，摘其清平调诗句，以激杨贵妃。帝欲官白，妃辄阻止，白自此益骜放，求还山，浮游四方。后至江州，永王璘辟为僚佐。璘起兵，逃还，璘败当诛。初白游并州，见郭子仪奇之。子仪尝犯法，白为解免。至是，子仪请解官以赎，诏长流夜郎。会赦还，代宗立，以左拾遗召。而白已卒，年六十四。白所为诗，高妙清逸，与杜甫齐名，后世评诗者谓李以才胜，一气呵成。杜以学胜，惨淡经营。李常放吟于自然之间，乐天玩世，杜则咏叹时事，多存讽刺。李擅空虚缥缈之趣，杜极沉郁顿挫之致。李号诗仙，杜号诗圣。盖诗家之有李杜，犹文家之有韩柳，未易轩轾云。有《李太白集》。

【译文】唐代，蜀地昌明人，字太白，生于青莲乡，号青莲居士。天才英杰，但喜欢击剑，为任侠之士。贺知章看见他的文章，叹为谪仙人。向皇帝推荐，在翰林院供职，很是喜爱，看重。李白时常在皇帝身边侍奉，醉酒，让高力士给他脱靴，力士素来尊贵，以此为耻，摘取他清平调诗中的句子，来激怒杨贵妃。帝想给李白官职，贵妃总是阻止。李白从此之后更加桀骜不驯，请求辞官，云游四方。后来到了江州，永王璘让他做了幕僚。李璘起兵，兵败逃离，永王兵败，被杀。起初李白游并州时，碰见郭子仪，认为他是奇才。郭子仪曾经犯过错，李白替他免除了罪责。到此时，郭子仪请求解官赎李白的罪，皇帝颁诏，长放夜郎。恰逢皇帝大赦天下，代宗即位，召为左拾遗的官职。而李白已经逝去，终年六十四岁。李白的诗歌，清逸高妙，和杜甫齐名，后世评诗认为李白是以才胜，一气呵成。杜甫以才学胜，苦心吟诗。李白诗歌吟咏自然，白乐天玩世，杜甫诗歌咏叹时事，多有讽刺。李白擅于写空虚缥缈的意趣，杜甫诗境沉郁顿挫之致。李号诗仙，杜号诗圣。诗家有李杜，就像散文有韩柳一样，不分高下。现存有《李太白集》。

古风五首

其一

大雅久不作，吾衰竟谁陈？王风委蔓草，战国多荆榛。
龙虎相啖食，兵戈逮狂秦。正声何微茫，哀怨起骚人。
扬马激颓波，开流荡无垠。废兴虽万变，宪章亦已沦。
自从建安来，绮丽不足珍。圣代复元古，垂衣贵清真。
群才属休明，乘运共跃鳞。文质相炳焕，众星罗秋旻。
我志在删述，垂辉映千春。希圣如有立，绝笔于获麟。

【译文】大雅这样的诗歌已经很久不见了，我已经年老，向谁述说呢？
春秋时期京畿地区长满野草，战国的形式混乱。
诸侯征伐，龙争虎斗，直到秦国一统江山的时候。
雅正诗风微弱，只有屈原行吟、哀叹。
汉朝的扬雄与司马相如对当时的文学风气的冲击，开创新风涤荡旧风。
政治体制改变多次，政风已经沦落。
自建安时代以后，诗歌已经走上了绮丽的路子，不值得奇怪。
如今要恢复过去的清净无为，以朴素自然为重要的标准。
士人正处在清明盛世，趁着时机，大展宏图。
文采和内容相得益彰，就像秋季天空的星星一样，闪闪发亮。
我的志向是像孔子一样，让正义辉映千秋。
达到圣人境界，不到获麟决不停笔。

其二

秦皇扫六合，虎视何雄哉。飞剑决浮云，诸侯尽西来。
明断自天启，大略驾群才。收兵铸金人，函谷正东开。
铭功会稽岭，骋望琅琊台。刑徒七十万，起土骊山隈。
尚采不死药，茫然使心哀。连弩射海鱼，长鲸正崔嵬。

额鼻象五岳，扬波喷云雷。鬐鬣蔽青天，何由睹蓬莱。
徐市载秦女，楼船几时回。但见三泉下，金棺葬寒灰。

【译文】秦始皇统一六国，雄姿勃发，多么强势。
气势直达天上，诸侯竞相前来朝拜。
英明的决断从上层来，才能和谋略都胜过其他人。
收集兵器铸造十二金人，和东方交通的咽喉函谷关便可敞开了。
在会稽永记功绩，志盈意满的镌刻石碑，铭记功劳。
发罪犯七十多万人，建骊山墓。
到蓬莱等山，采不死之药，茫然无果，使人悲伤。
拉弓射海里的鱼，今山东烟台附近海面射死一条鲸。
长鲸，看来好似一尊山，水波激扬，云雾弥漫，声如雷霆。
它鬐鬣张开遮蔽了青天，哪里还能看到蓬莱山。
徐福带着秦女子，什么时候回来。
只看见人死后，金子的棺椁里，人已成灰。

其三

庄周梦蝴蝶，蝴蝶为庄周。一体更变易，万事良悠悠。
乃知蓬莱水，复作清浅流。青门种瓜人，旧日东陵侯。
富贵故如此，营营何所求。

【译文】庄子梦见自己成为了一只蝴蝶，还是蝴蝶是庄子。
一种事物，总是不停的变化着，世间万般都在变化。
才知道蓬莱的仙水，又变成了良田。
青门种瓜的人，是原来的东陵侯。
富有和尊贵都是这样，往来奔忙又在追求什么。

其四

松柏本孤直，难为桃李颜。昭昭严子陵，垂钓沧波间。
身将客星隐，心与浮云闲。长揖万乘君，还归富春山。
清风洒六合，邈然不可攀。使我长叹息，冥栖岩石间。

【译文】松柏生来就孤高笔直，很难有桃李一样媚人的容颜。
像那严子陵一样高洁，在烟波浩渺的水波间垂钓。
本是天上的星星，在人间隐姓埋名，视功名富贵如过眼烟云。
长揖不拜君王，回到富春山隐居。
美名像清风传播万里，高远不能达到。
人们无限景仰，追慕不已，又深感他高远而无法企及。他的美好德行令我赞叹不已。我要向他学习隐居山水。

其五

天津三月时，千门桃与李。朝为断肠花，暮逐东流水。
前水复后水，古今相续流。新人非旧人，年年桥上游。
鸡鸣海色动，谒帝罗公侯。月落西上阳，余辉半城楼。
衣冠照云日，朝下散皇州。鞍马如飞龙，黄金络马头。
行人皆辟易，志气横嵩丘。入门上高堂，列鼎错珍馐。
香风引赵舞，清管随齐讴。七十紫鸳鸯，双双戏庭幽。
行乐争昼夜，自言度千秋。功成身不退，自古多愆尤。
黄犬空叹息，绿珠成衅仇。何如鸱夷子，散发棹扁舟。

【译文】洛阳桥的三月，千家万户的桃花李花掩映。
早上还开着窈窕多姿，黄昏枯萎坠入流水。
波浪前后相逐，时间流逝不息。
新人旧人一拨又一拨，年年在此地游玩。
鸡鸣时分，天亮了，公侯们罗列拜谒皇上。
月落在上阳宫的时候，霞光照亮洛阳半边城楼。
王公们身穿绚丽夺目的衣服，朝霞洒满京城。
鞍马奔腾，黄金做的络头金光闪耀。
路人纷纷让路，飞扬跋扈。
王公们回家后，高朋满坐，山珍海味，一同共饮。
赵国歌女舞动香风，齐国歌姬和着清笛入云。
庭内有七十二对鸳鸯，成双成对在静处嬉玩，
终日宴饮，以为可以永远这样。
功成名就而不退隐，自古以来就有很多抱怨。，
看看李斯死前后悔没有带黄犬打猎，看看石崇因为绿珠而遭祸患。

何如范蠡无拘无束，携西子江湖泛舟。

长干行

妾发初覆额，折花门前剧。郎骑竹马来，绕床弄青梅。
同居长干里，两小无嫌猜。十四为君妇，羞颜未尝开。
低头向暗壁，千唤不一回。十五始展眉，愿同尘与灰。
常存抱柱信，岂上望夫台。十六君远行，瞿塘滟滪堆。
五月不可触，猿声天上哀。门前迟行迹，一一生绿苔。
苔深不能扫，落叶秋风早。八月蝴蝶黄，双飞西园草。
感此伤妾心，坐愁红颜老。早晚下三巴，预将书报家。
相迎不道远，直至长风沙。

【译文】记得她刘海长到前额的时候，常常折花在门前玩。
他总是跨竹竿当马骑，手持青梅绕着井栏追赶。
一起住在长干里，天真无邪从不相互猜疑。
十四岁做妻子，成婚时羞得不敢把抬头。
低头面向昏暗的墙角，千呼万唤也不回头。
十五岁才高兴地开颜，发誓和你白头偕老。
存有尾生抱柱般的约定，怎会登上望夫台。
十六岁那年你外出，经过瞿塘峡的滟滪堆。
五月水涨担心触礁，猿猴两旁的山上嘶鸣。
门前离去的足印，日子久了长满青苔。
苔藓太厚不能扫除，秋风早到，落叶纷纷。
八月秋高的黄蝴蝶，双双飞过西园的草丛。
看到这使我伤心，终日忧愁，红颜早衰。
终有一天，你离开三巴，要写信，寄到家来。
为接你，我不说路途遥远，哪怕走到七百里的长风沙！

妾薄命

汉帝重阿娇，贮之黄金屋。咳唾落九天，随风生珠玉。
宠极爱还歇，妒深情却疏。长门一步地，不肯暂回车。
雨落不上天，水覆难再收。君情与妾意，各自东西流。
昔日芙蓉花，今成断根草。以色事他人，能得几时好？

【译文】汉武帝很爱阿娇，说要为她建造黄金屋。
一朝做了天子，有很多珠宝。
宠到了极点，就不再有爱了，嫉恨渐渐加深，感情不再。
距离长门只有一步，皇帝却不肯回车前往。
雨落下落不会上天，泼出的水很难再收回。
郎情妾意，各自奔流。
昨天娇美的荷花，今天已经变成了断根草。
用容颜来别人过日子，能有多久？

春思

燕草如碧丝，秦桑低绿枝。
当君怀归日，是妾断肠时。
春风不相识，何事入罗帏？

【译文】燕地的春草，细得像丝一样，秦地的桑树，浓绿的枝桠低垂。
当你心里想着回家的日子，正是我思念你肠断之时。
春风与我不认识，为什么要吹到我的罗帐？

月下独酌

花间一壶酒，独酌无相亲。举杯邀明月，对影成三人。
月既不解饮，影徒随我身。暂伴月将影，行乐须及春。
我歌月徘徊，我舞影零乱。醒时同交欢，醉后各分散。
永结无情游，相期邈云汉。

【译文】在花丛中喝酒，自斟自饮，身边没有一个亲近的人。
举杯向天，邀请明月，与我的影子相对，便成了三人。
明月不理解畅饮的乐趣，只有影子伴随着我。
我只能伴着明月、清影，趁此美景良辰，及时欢乐。
我吟诵，月亮随我移动，我手舞足蹈，影子也因此而纷乱。
清醒时一同欢乐，醉后各自分离。
让我们的友情长存，他日在高远的银河相会。

春日醉起言志

处世若大梦，胡为劳其生？所以终日醉，颓然卧前楹。
觉来眄庭前，一鸟花间鸣。借问此何时？春风语流莺。
感之欲叹息，对酒还自倾。浩歌待明月，曲尽已忘情。

【译文】在世上立身就像做了一场大梦，为什么使人一生辛劳。
所以整日喝醉，在庭前醉醺醺的睡下。
酒醒斜眼看前庭，一只鸟在花丛中鸣叫。
请问现在是什么季节？春风告诉了黄鹂。
感慨间想要叹息，自斟自酌，把酒喝完。
放声高歌看天上的明月，吟唱完，就忘却了世情。

望终南山寄紫阁隐者

出门见南山，引领意无限。秀色难为名，苍翠日在眼。
有时白云起，天际自舒卷。心中与之然，托兴每不浅。
何当造幽人，灭迹栖绝巘。

【译文】出门就能看见终南山，艳羡隐居的生活。
终南山色，不可名状，苍翠满目。
白云时时涌起，在天际自卷自舒。
心境和云一样悠游自在，借云彩寄托着深情。
什么时候去拜访隐士，一样在深山隐居。

下终南山过斛斯山人宿置酒

暮从碧山下，山月随人归。却顾所来径，苍苍横翠微。
相携及田家，童稚开荆扉。绿竹入幽径，青萝拂行衣。
欢言得所憩，美酒聊共挥。长歌吟松风，曲尽河星稀。
我醉君复乐，陶然共忘机。

【译文】傍晚时下终南山，山月一路跟来。
回望下山的路，在青翠的山坡中隐现。
与斛斯山人携手到他家，小孩出来打开柴门。
绿竹掩映着幽静的小路，藤蔓时时拂着路人的衣裳。
笑谈中得到放松，畅饮美酒。
高歌《松风曲》，唱罢，天已经黑了。
我喝醉了但主人非常高兴，高兴中忘了人世的诡诈。

寻阳紫极宫感秋作

何处闻秋声，翛翛北窗竹。回薄万古心，揽之不盈掬。
静坐观众妙，浩然媚幽独。白云南山来，就我檐下宿。
懒从唐生决，羞访季主卜。四十九年非，一往不可复。
野情转萧洒，世道有翻覆。陶令归去来，田家酒应熟。

【译文】在什么地方听到秋天的声响，在北窗边的高竹那里。
更新的永恒心意，不能捧得一手。
寂然静坐，看着万物的规律，浩然之气亲近自然。
从终南山来的白云，在我房檐下停留。
惰于顺唐生断绝怀疑，羞于拜访占卜的司马季主。
蘧伯玉到五十岁才知到四十九年都是虚度的，时光流逝，不能追回。
在郊外自由自在，世道有着变化。
陶渊明回到乡间，那里应该到了熟酒的时节。

赠何七判官昌浩

有时忽惆怅，匡坐至夜分。平明空啸咤，思欲解世纷。
心随长风去，吹散万里云。羞作济南生，九十诵古文。
不然拂剑起，沙漠收奇勋。老死阡陌间，何因扬清芬。
夫子今管乐，英才冠三军。终与同出处，岂将沮溺群？

【译文】常常心情惆怅，正坐失眠到夜半。
天亮徒然地大声呼号，想要解决世间纷争。
让心随着长风而逝，把漫天的乌云吹散。
不愿像伏生那样，九十岁还是一位儒生。
不如挥剑直指边疆，在沙场建功立业。
如果老死田园，凭什么流芳千古。
你如今发达了，勇冠三军。

想要和你一起建立功业，不能像沮溺一样隐居终生。

蜀道难

噫吁嚱，危乎高哉！蜀道之难，难于上青天！蚕丛及鱼凫，开国何茫然？
尔来四万八千岁，不与秦塞通人烟。西当太白有鸟道，可以横绝峨嵋巅。
地崩山摧壮士死，然后天梯石栈方钩连。
上有六龙回日之高标，下有冲波逆折之回川。
黄鹤之飞尚不得过，猿猱欲度愁攀援。青泥何盘盘，百步九折萦岩峦。
扪参历井仰胁息，以手抚膺坐长叹。问君西游何时还？畏途巉岩不可攀。
但见悲鸟号古木，雄飞从雌绕林间。又闻子规啼夜月，愁空山。
蜀道之难，难于上青天，使人听此凋朱颜。
连峰去天不盈尺，枯松倒挂倚绝壁。飞湍瀑流争喧豗，砯崖转石万壑雷。
其险也若此，嗟尔远道之人，胡为乎来哉。
剑阁峥嵘而崔嵬，一夫当关，万夫莫开。所守或匪亲，化为狼与豺。
朝避猛虎，夕避长蛇，磨牙吮血，杀人如麻。锦城虽云乐，不如早还家。
蜀道之难，难于上青天，侧身西望长咨嗟。

【译文】啊！多么险峻，多么高！蜀道难走，比上天还难。蚕丛和鱼凫两个蜀王，开国的事情多么渺茫不清。从那以后经过四万八千年，才和秦地的人有交通。西边挡着太白山，只有鸟道，高飞的鸟才可以横渡峨嵋山顶。直到地崩山塌壮士都被压死，然后才有了天梯与石栈相互连接。上面有即使是拉车的六龙也要绕弯的最高峰，下面有冲激高溅的波浪逆折的漩涡。高飞的黄鹤尚且飞不过去，猿猴想过去，发愁没有地方可以攀援。青泥山迂回曲折，很短的路程内要转很多弯，盘绕着山峰。屏住呼吸伸手可以摸到星星，用手摸着胸口空叹息。问你西游什么时候回来？可怕的路途，陡峭的山岩难以攀登。只见鸟儿叫声凄厉，在古树上悲鸣，雌的和雄的在林间环绕飞翔。又听见杜鹃在月夜里啼叫，哀愁充满空山。蜀道难走啊，比上天还难，让人听了这话红颜衰谢。连绵的山峰离天不到一尺，枯松靠着陡直的绝壁倒挂着。急流瀑布争着喧嚣而下，撞击山崖使石头翻滚发出雷鸣般声响。就是这么危险，你这远道的人，为什么来到这里？剑阁高峻崎岖而突兀不平，一个人守住关口，万人也打不开。守关的如果不可靠，就会变成当道的豺狼。早晨要躲避猛虎，晚上要提防长蛇，磨着牙齿吸人血，杀的人数不清。锦城虽然是个安乐的地方，还是不如回家好。蜀道难走啊，比上天还难，侧过身向西望着，长长地叹息。

战城南

去年战，桑干源，今年战，葱河道。洗兵条支海上波，放马天山雪中草。
万里长征战，三军尽衰老。匈奴以杀戮为耕作，古来唯见白骨黄沙田。
秦家筑城避胡处，汉家还有烽火燃。烽火燃不息，征战无已时。
野战格斗死，败马号鸣向天悲。乌鸢啄人肠，衔飞上挂枯树枝。
士卒涂草莽，将军空尔为。乃知兵者是凶器，圣人不得已而用之。

【译文】去年在桑干河发生战事，今年在葱岭河发生战争。

在条支国的河边擦洗兵器，在天山的雪地里放马，在相隔万里的地方征战，三军都已经垂垂老矣。

匈奴以杀掠为职业，就像汉人种田一样。

自古以来，只看见在黄沙地里的白骨。

秦始皇修筑长城来防备匈奴，汉朝时，修筑烽火台，通报军情。

烽火台上的烽火不熄灭，打仗还没有停止。

在外打仗而死，战马向天悲鸣。

乌鸦大鸟吃尸体，叼着飞上枯树上。

士兵在外抛洒性命，将军在此无所作为。

才知道兵器是凶器，圣人说在不得已的情况下才会使用。

箜篌谣

攀天莫登龙，走山莫骑虎。贵贱结交心不移，惟有严陵及光武。
周公称大圣，管蔡宁相容！汉谣一斗粟，不与淮南舂。
兄弟尚路人，吾心安所从？它人方寸间，山海几千重。
轻言托朋友，对面九疑峰。多花必早落，桃李不如松。
管鲍久已死，何人继其踪！

【译文】要升天成仙，千万不要骑龙，要游历山川，千万不能骑虎。朋友相交不分贵贱，也不改变，只有东汉严子陵和刘秀。周公旦被称大贤，管叔和蔡叔为什么不能相容？汉代歌谣的“一斗粟”，文帝不容淮南王。骨肉兄弟尚且如同路人，我要结交的知己哪里有？朋友虽然表面亲近，心却相隔着千山万水。轻易谈论交朋友，结交如同对着九疑山不可琢磨。多花必定早谢，桃李花开，却不如松柏常青。管仲和鲍叔牙早已死去，后世还有什么人来追随他们的踪迹。

白头吟

锦水东北流，波荡双鸳鸯。雄巢汉宫树，雌弄秦草芳。
相如去蜀谒武帝，赤车驷马生辉光。一朝再览大人作，万乘忽欲凌云翔。
闻道阿娇失恩宠，千金买赋要君王。相如不忆贫贱日，官高金多聘私室。
茂陵姝子皆求见，文君欢爱从此毕。泪如双泉水，行堕紫罗襟。
五起鸡三唱，清晨白头吟。长吁不整绿云鬓，仰诉青天哀怨深。
城崩杞梁妻，谁道土无心。东流不做西归水，落花辞枝羞故林。
头上玉燕钗，是妾嫁时物。赠君表相思，罗袖幸时拂。
莫卷龙须席，从他生网丝。且留琥珀枕，还有梦来时。
鹔鹴裘在锦屏上，自君一挂无由披。妾有秦楼镜，照心胜照井。
愿持照新人，双对可怜影。覆水欲收不满杯，相如还谢文君回。
古来得意不相负，只今惟见青陵台。

【译文】锦江的水向东北方向流，碧波中荡漾着一对鸳鸯。雄的在汉宫边树上造巢穴，雌的在芳草上嬉戏。司马相如离开四川去京城，很光耀地坐着四匹马拉的红车。皇帝看他作品的时候，突然发达了。听说陈阿娇失去皇帝的宠爱，向相如以千金买赋来向君王邀宠。相如忘记了贫贱的日子，高官厚禄置办外室。茂陵的美女都前来拜见，文君的快乐生活从此终结。双眼泪如泉涌，不关注衣容。五更鸡打鸣，起床，清晨吟唱着白头吟。长叹无暇整理头发，抬头向天申诉深深的怨恨。杞梁妻子哭倒了长城，谁还会说死物没有心。世事流逝，不去挽回，落花从树枝凋谢，羞于见到旧林。头上的玉燕钗，是我的嫁妆。送给你表达相思，罗衣高兴的时候把玩。不再留恋龙须席上的温暖，任他生出罗网。只留下琥珀枕，有可能会有梦中相会的时候。鹔鹴裘衣挂在锦屏上，从你挂在那里就没有穿过。覆水难收不满杯子，相如回去道歉，请求文君回心转意。古来得意就是互不相欠的，只有今日看见青陵台上那两颗相思树。

乌夜啼

黄云城边乌欲栖，归飞哑哑枝上啼。
机中织锦秦川女，碧纱如烟隔窗语。
停梭怅然忆远人，独宿孤房泪如雨。

【译文】黄云城边，乌鸦想要停歇，飞回的乌鸦在树上哑哑啼叫。
在织布的秦川妇女，在蒙蒙的纱窗下低语。
停下工作心情惆怅的思念丈夫，独眠泪如雨下。

将进酒

君不见黄河之水天上来，奔流到海不复回。君不见高堂明镜悲白发，朝如青丝暮成雪。人生得意须尽欢，莫使金樽空对月。天生我材必有用，千金散尽还复来。烹羊宰牛且为乐，会须一饮三百杯。

岑夫子，丹丘生，将进酒，君莫停。与君歌一曲，请君为我侧耳听。钟鼓馔玉不足贵，但愿长醉不愿醒。古来圣贤皆寂寞，惟有饮者留其名。陈王昔时宴平乐，斗酒十千恣欢谑。主人何为言少钱，径须沽取对君酌。五花马，千金裘，呼儿将出换美酒，与尔同销万古愁!

【译文】你难道没有看见，汹涌奔腾的黄河之水，有如从天上倾泻而来？它滚滚东去，奔向东海，永远不会回还。你难道没有看见，在高堂上面对明镜，深沉悲叹那一头白发？早晨还是满头青丝，傍晚却变得如雪一般。因此，人生在世每逢得意之时，理应尽情欢乐，切莫让金杯空对皎洁的明月。既然老天造就了我这栋梁之材，就一定会有用武之地，即使散尽了千两黄金，也会重新得到。烹羊宰牛姑且尽情享乐，今日相逢，我们真要干杯三百。

岑夫子，丹丘生，请快喝不要停，我为你唱一首歌，请你们侧耳为我细细听。在钟鼓齐鸣中享受丰美食物的豪华生活并不值得珍贵，但愿永远沉醉不愿清醒。自古以来那些圣贤无不感到孤独寂寞，唯有寄情美酒的人才能留下美名。陈王曹植过去曾在平乐观大摆酒宴，即使一斗酒价值十千也在所不惜，恣意畅饮。主人啊，你为什么说钱已经不多，快快去买酒来让我们一起喝个够。牵来名贵的五花马，取出价钱昂贵的千金裘，统统用来换美酒，让我们共同来消融这无穷无尽的万古长愁！

行路难三首

其一

金樽清酒斗十千，玉盘珍羞直万钱。停杯投箸不能食，拔剑四顾心茫然。
欲渡黄河冰塞川，将登太行雪满山。闲来垂钓碧溪上，忽复乘舟梦日边。
行路难！行路难！多歧路，今安在？长风破浪会有时，直挂云帆济沧海。

【译文】金杯、美酒价值很高，玉盘、佳肴则值万钱。
放下杯子和筷子，不能下咽，抽剑，四顾，心中一片茫然。
想渡黄河，可冰雪冻封了河川，准备登上太行山，大雪又封山了。
闲来无事在水边学姜太公垂钓，又想象是伊尹梦见驾船经过太阳旁边。
行路难啊！行路难！岔路多，如今又在哪里？
会有乘着风破万里浪的时候，高挂着风帆渡过茫茫大海。

其二

大道如青天，我独不得出。羞逐长安社中儿，赤鸡白雉赌梨栗。
弹剑作歌奏苦声，曳裾王门不称情。淮阴市井笑韩信，汉朝公卿忌贾生。
君不见昔时燕家重郭隗，拥篲折节无嫌猜。
剧辛乐毅感恩分，输肝剖胆效英才。昭王白骨萦蔓草，谁人更扫黄金台？
行路难，归去来！

【译文】人生道路很宽广，只我没出路。
不愿意追随长安城中的富家子弟，去干斗鸡走狗的赌博活动。
像冯谖那样弹剑作歌发牢骚，在权贵之门卑躬屈膝不合我心意。

当年淮阴人笑韩信怯懦，汉朝大臣嫉妒贾谊才能。
你看，古时燕昭王重用郭隗，拥篲折节、谦恭下士，毫不猜忌。
剧辛和乐毅感激知遇的恩情，竭忠尽智，报效君主。
燕昭王坟地长满荒草，还有谁能那样重用贤人呢？
人世艰难，我还是回去吧。

其三

有耳莫洗颍川水，有口莫食首阳蕨。含光混世贵无名，何用孤高比云月？
吾观自古贤达人，功成不退皆殒身。子胥既弃吴江上，屈原终投湘水滨。
陆机雄才岂自保？李斯税驾苦不早。华亭鹤唳讵可闻？上蔡苍鹰何足道？
君不见吴中张翰称达生，秋风忽忆江东行。且乐生前一杯酒，何须身后千载名？

【译文】不要学许由用颍水洗耳，不要学伯夷、叔齐隐居，采薇而食。
贵在韬光养晦，为什么要隐居，自比云月？
我看自古以来的贤人，建功立业之后，不知退隐，都死于非命。
伍子胥被吴王丢在吴江，屈原最终自沉汨罗江。
陆机的雄才大略也无法自保，李斯苦于不早早隐退。
陆机是否能听见华亭的鹤声？李斯是否能在上蔡东门牵鹰打猎？
你看，吴中的张翰是个旷达人，因见秋风起而想到江东去。
活着就该及时行乐，哪还在意身后千年的虚名？

江上吟

木兰之枻沙棠舟，玉箫金管坐两头。美酒樽中置千斛，载妓随波任去留。
仙人有待乘黄鹤，海客无心随白鸥。屈平词赋悬日月，楚王台榭空山丘。
兴酣落笔摇五岳，诗成笑傲凌沧洲。功名富贵若长在，汉水亦应西北流。

【译文】木兰做桨，乘坐沙棠船，歌女坐在船两边。
喝杯子里千杯万盏美酒，坐着歌女，随着波涛荡漾飘荡。
神仙只能坐黄鹤，我常与海鸥同游。
屈原的词赋与日月同光，楚王曾经的奢华宫殿，现在只有空荡的山丘。

乘着诗兴写下摇撼五岳的诗作，作成后，高歌，超越江海。
如果功名富贵永世保有，汉水也会向西北流去。

白云歌送刘十六还山

楚山秦山皆白云，白云处处长随君。
长随君，君入楚山里，云亦随君渡湘水。
湘水上，女萝衣，白云堪卧君早归。

【译文】不论楚地，还是秦地，都是白云，处处的白云都追随着你。
一直都跟随着你，你去楚山隐居，白云也跟随你渡过湘江水。
湘江上，穿着隐士服，可以在那里享受白云，你还是早早前去吧。

梦游天姥吟留别

海客谈瀛洲，烟涛微茫信难求。越人语天姥，云霓明灭或可睹。天姥连天向天横，势拔五岳掩赤城。天台四万八千丈，对此欲倒东南倾。

我欲因之梦吴越，一夜飞度镜湖月。湖月照我影，送我至剡溪。谢公宿处今尚在，渌水荡漾清猿啼。脚著谢公屐，身登青云梯。半壁见海日，空中闻天鸡。千岩万转路不定，迷花倚石忽已暝。熊咆龙吟殷岩泉，栗深林兮惊层巅。云青青兮欲雨，水澹澹兮生烟。列缺霹雳，丘峦崩摧。洞天石扇，訇然中开。青冥浩荡不见底，日月照耀金银台。霓为衣兮风为马，云之君兮纷纷而来下。虎鼓瑟兮鸾回车，仙之人兮列如麻。忽魂悸以魄动，怳惊起而长嗟。惟觉时之枕席，失向来之烟霞。

世间行乐亦如此，古来万事东流水。别君去时何时还？且放白鹿青崖间，须行即骑访名山。安能摧眉折腰事权贵，使我不得开心颜？

【译文】来往于海上的人谈起仙人居住的瀛洲，烟雾，波涛迷茫无际，实在难以寻求。越地的人谈起天姥山，在云雾霞光中时隐时现有时还能看见。天姥山高耸入云，连着天际，横向天外。山势高峻超过五岳，盖过赤诚山。天台山高四万八千丈，对着天姥山好像要向东西倾斜拜倒一样。

我因此想梦游吴越，一天夜里，飞渡过了明月映照的镜湖。镜湖的月光照着我的影子，一直送我到了剡溪。谢灵运住的地方如今还在，清水荡漾，猿猴清蹄。脚上穿着谢公当年特制的木鞋，攀登像青云梯一样险峻的石梯。半山腰就看见了海上的日出，空中传来天鸡的叫声。山路盘旋弯曲，方向不定，倚石欣赏迷人的山花忽然天色已经昏暗。熊咆龙吟震动了山岩清泉，茂密的森林为之战栗，层层山峰为之惊颤。云层黑沉沉的，像是要下雨，水波动荡生起了烟雾。电光闪闪，雷声轰鸣，山峰好像要被崩塌似的。神仙洞府的石门，訇然一声从中间裂开。天色昏暗看不到洞底，日月照耀着金银台。用彩虹做衣裳，将风作为马来乘，云中的神仙们纷纷下来。老虎弹琴，鸾凤拉车。仙人门排成列，多如密麻。忽然惊魂动魄，恍惚间惊醒起来而长长地叹息。醒来时只有身边的枕席，刚才梦中的绮丽仙境已经消失。

人世间的欢乐也不过如此，自古以来万事都像东流水一去不复返。与君分别何时才能回来，暂且把白鹿放牧在青崖间，等到游览时就骑上它访名山。怎么能够，弯腰低头去侍奉权贵，使我自己不能快乐开颜。

答王十二寒夜独酌有怀

昨夜吴中雪，子猷佳兴发。万里浮云卷碧山，青天中道流孤月。
孤月沧浪河汉清，北斗错落长庚明。怀余对酒夜霜白，玉床金井冰峥嵘。
人生飘忽百年内，且须酣畅万古情。君不能狸膏金距学斗鸡，坐令鼻息吹虹霓。
君不能学哥舒，横行青海夜带刀，西屠石堡取紫袍。
吟诗作赋北窗里，万言不值一杯水。世人闻此皆掉头，有如东风射马耳。
鱼目亦笑我，谓与明月同。骅骝拳跼不能食，蹇驴得志鸣春风。
《折杨》《黄华》合流俗，晋君听琴枉《清角》。
《巴人》谁肯和《阳春》，楚地犹来贱奇璞。
黄金散尽交不成，白首为儒身被轻。一谈一笑失颜色，苍蝇贝锦喧谤声。
曾参岂是杀人者？谗言三及慈母惊。与君论心握君手，荣辱于余亦何有？
孔圣犹闻伤凤麟，董龙更是何鸡狗！一生傲岸苦不谐，恩疏媒劳志多乖。
严陵高揖汉天子，何必长剑拄颐事玉阶。达亦不足贵，穷亦不足悲。
韩信羞将绛灌比，祢衡耻逐屠沽儿。君不见李北海，英风豪气今何在！
君不见裴尚书，土坟三尺蒿棘居！少年早欲五湖去，见此弥将钟鼎疏。

【译文】昨晚吴中下了一场雪，子猷的兴致高涨。浮云万里，笼罩着绿山，月亮在天空中运行。月亮清寒，银河清明。北斗星暗淡，长庚星变亮，喝酒一直到天亮。井边的栅栏上冰柱铮铮，人生也就是百年之间。只需要畅饮万古情怀，你不能用狐狸的油脂和金距来学习斗鸡。观斗人的鼻息声，冲犯天气，你不能学哥舒翰在青海任意纵行，夜晚带刀。强攻石堡城，获得高官，在窗下吟诗唱和。几万句话还不值一杯水的价值，世人听到这，都不忍心再停下去了。就像东风吹拂着马耳，连鱼眼看来都在嘲笑我。想要和珍珠等量齐观，骏马受到约束，不能吃够，跛驴在春风中，自鸣得意。《折杨》、《黄华》称合世人的意趣，晋平君强硬听《清角》而遭受祸患。世人哪愿意和贤人唱和，楚地当初就轻贱奇异的玉石。黄金散尽不能做成好友，一直做书生到白头。谈笑之间稍有不慎，就会被进谗的人作为罪过进行诽谤。曾参哪里是杀人凶手，谗言说的多了，连慈母也被吓到了。和你说知心话，相互握手，荣辱对我来说有什么区别呢？孔子还听闻被凤所伤，董龙更是什么人。一生傲岸，苦于不能随俗，君恩疏远，使得引荐的人徒费苦心，总是事与愿违。严陵只是长揖天子，哪里用的着以高的待遇接待他？通达的时候也不应该自矜，困厄的时候，也不应该感到悲伤。韩信羞于和绛侯周勃、颍阴侯灌婴等并列，弥衡更是耻于和低贱者为伍。你看，李北海曾经的豪情英姿现在又在哪里？你看裴尚书的坟头荒草丛生。少年时，就有隐居的想法，看见这更坚定了我远离富贵的念头。

宣州谢朓楼饯别校书叔云

弃我去者，昨日之日不可留；乱我心者，今日之日多烦忧。
长风万里送秋雁，对此可以酣高楼。蓬莱文章建安骨，中间小谢又清发。
俱怀逸兴壮思飞，欲上青天览明月。抽刀断水水更流，举杯销愁愁更愁。
人生在世不称意，明朝散发弄扁舟。

【译文】弃我而去的昨天已不可挽留，扰乱我心绪的今天使我极为烦忧。

万里长风吹送南归的鸿雁，面对此景，正可以登上高楼开怀畅饮。

你的文章就像蓬莱宫中储藏的仙文一样高深渊博，同时还兼具建安文学的风骨。而我的诗风，也像谢朓那样清新秀丽、飘逸豪放。

我们都满怀豪情逸兴，飞跃的神思像要腾空而上高高的青天，去摘取那皎洁的明月。

好像抽出宝刀去砍流水一样，水不但没有被斩断，反而流得更猛了。我举起酒杯痛饮，本想借酒排遣烦忧，结果反倒愁上加愁。

人生在世竟然如此不称心如意，还不如明天就披散了头发，乘一只小舟在江湖之上自在地漂流。

赠孟浩然

吾爱孟夫子，风流天下闻。红颜弃轩冕，白首卧松云。
醉月频中圣，迷花不事君。高山安可仰，徒此揖清芬。

【译文】我钟爱孟浩然，潇洒的风度，天下人都知道。
年轻的时候就抛弃了功名，晚年在自然中隐居。
在月光下喝醉，迷恋景色不愿意侍奉君王。
你的品格像高山一样，哪里能够仰望得到？我只能羡慕你清香的德行。

赠崔秋浦二首

其一

吾爱崔秋浦，宛然陶令风门前。（一作栽）门前五杨柳，井上（一作夹）二梧桐。
山鸟下厅事，檐花落酒中。怀君未忍去，惆怅意无穷。

【译文】我爱秋浦的崔县令，宛然有陶渊明的品质。
陶渊明门前栽着五棵柳树，崔县令井上栽着二棵梧桐树。
县庭无讼事，檐花落在清酒中。
敬重你的品德，不忍离去，临别惆怅无穷。

其二

崔令学陶令，北窗常昼眠。抱琴时弄月，取意任无弦。
见客但倾酒，为官不爱钱。东皋春事起，种黍早归田。（一作东皋春事起，种黍早归田）

【译文】崔令模仿陶令，白天常常在北窗下安眠。
在月下报琴，心情适宜的弹奏无弦琴。
有客人前来，就忙着劝酒，为官清廉，不爱钱财。
田地大都种着黍稷，劝勉早早回家。

渡荆门

远渡荆门外，来从楚国游。山随平野尽，江入大荒流。
月下飞天镜，云生结海楼。仍怜故乡水，万里送行舟。

【译文】远道而来渡过荆门之外，来到楚地游玩。
山随着低平的原野渐渐消失，江水在一望无际的原野中奔流。
月亮在水中的倒影好像天上飞下来的一面镜子，云雾升起，形成了海市蜃楼。
我还是喜欢故乡的水，流过万里送我远行。

送友人

青山横北郭，白水绕东城。此地一为别，孤蓬万里征。
浮云游子意，落日故人情。挥手自兹去，萧萧班马鸣。

【译文】青山阻挡在城郭的北面，明净的河水环绕在东方。
在这里一别，就要像孤飞的蓬草一样踏上万里征途。
白云飘浮不定，就像游子的心绪，西落的太阳，就像老朋友一样的依恋。
挥手告别，从这里离开，分别的马儿嘶鸣。

送友人入蜀

见说蚕丛路，崎岖不易行。山从人面起，云傍马头生。
芳树笼秦栈，春流绕蜀城。升沉应已定，不必问君平。

【译文】听说去蜀国的道路，崎岖艰险不易通行。
山崖摩擦着人的脸面，云气依傍着马头上升翻腾。
花树笼罩着栈道，春水绕流成都。
进退都有命数，不用去询问善卜的君平。

寻雍尊师隐居

群峭碧摩天，逍遥不记年。拨云寻古道，倚石听流泉。
花暖青牛卧，松高白鹤眠。语来江色暮，独自下寒烟。

【译文】群山峻峭，和天相接，逍遥自在，不知年数。
拨开云霞，寻访古道，倚靠着石头，听着泉水流淌的声音。
青牛歇息在花开暖和的地方，白鹤在高大的松树下安眠。
被告知天色将晚，独自去下江。

夜泊牛渚怀古

牛渚西江夜，青天无片云。登舟望秋月，空忆谢将军。
余亦能高咏，斯人不可闻。明朝挂帆席，枫叶落纷纷。

【译文】晚上在西江的牛渚山停泊，天气晴朗，没有浮云。
登上船看秋天的月亮，突然想起谢尚将军。

我只是能高歌的诗人，这样的人现在很难碰到。
明早扬帆远行，枫叶纷纷落下。

金陵二首

其一

地拥金陵势，城回江水流。当时百万户，夹道起朱楼。
亡国生春草，离宫没古丘。空余后湖月，波上对瀛洲。

【译文】金陵地势险要，江水回流于城下。
曾经人口众多，两边高楼林立。
六朝灭亡已久，春草年年再生，离宫人，都埋在了古坟中。
空对着玄武湖，波涛上的五块陆地。

其二

六代兴亡国，三杯为尔歌。苑方秦地少，山似洛阳多。
古殿吴花草，深宫晋绮罗。并随人事灭，东逝与沧波。

【译文】六朝亡国迅速，为它们喝三杯酒。
秦地的苑囿很少，山却和洛阳一样多。
吴国宫殿的花草树木，晋朝深宫的美丽衣服。
都随着时代的消亡而不在，和海水一样流逝。

塞下曲二首

其一

五月天山雪，无花只有寒。笛中闻折柳，春色未曾看。
晓战随金鼓，宵眠抱玉鞍。愿将腰下剑，直为斩楼兰。

【译文】五月天山仍在下雪，看不见花开，只有彻骨的寒冷。
笛子吹着折杨柳的曲调，不曾看到春天的景色。
白天随金鼓迎战，晚上枕着马鞍入眠。
只想拿宝剑，打败敌人。

其二

骏马似风飚，鸣鞭出渭桥。弯弓辞汉月，插羽破天骄。
阵解星芒尽，营空海雾消。功成画麟阁，独有霍嫖姚。

【译文】骏马飞驰就像风呼啸，扬鞭出了渭桥。
弯弓辞别故乡，插上剑羽射杀敌人。
将敌阵解除，海上的云雾散尽。
功成封高官，只有霍去病。

登金陵凤凰台

凤凰台上凤凰游，凤去台空江自流。吴宫花草埋幽径，晋代衣冠成古丘！
三山半落青天外，二水中分白鹭洲。总为浮云能蔽日，长安不见使人愁！

【译文】凤凰台上曾有凤凰翔游，凤凰飞去了，而今凤凰台空，长江水依然不停地奔流。

吴国昔日繁华的宫廷已经荒芜，东晋贵族早已进入坟墓。
三山隐落矗立在天边，白鹭洲把江水分为两道。
浮云总是遮蔽日月，不能回到长安，使人心情抑郁。

送贺监归四明应制

久辞荣禄遂初衣，曾向长生说息机。真诀自从茅氏得，恩波宁阻洞庭归。
瑶台含雾星辰满，仙峤浮空岛屿微。借问欲栖珠树鹤，何年却向帝城飞。

【译文】辞别官位很多次，这次终于得偿所愿成为百姓，曾经喜欢仙道的寂灭。
从茅氏得到法门，皇帝的恩宠，怎能阻挡回归洞庭湖的心愿呢？
瑶台，云雾缭绕星辰满天，仙峤浮在空中，仙岛微茫。
请问打算在琼树上栖息的仙鹤，何时才会飞回京城。

别中都兄明府

吾兄诗酒继陶君，试宰中都天下闻。东楼喜奉连枝会，南陌愁为落叶分。
城隅渌水明秋日，海上青山隔暮云。取醉不辞留夜月，雁行中断惜离群。

【译文】你继承陶渊明爱诗和酒的遗风，管理中都的业绩，名闻天下。
你在东楼喜开连枝兄弟的送别会，我马上就要在南方，为我们的分别而忧伤。
清澈的河水在秋日的照耀下更加明亮，海上的青山却遮隔着暮云。
大醉一场，只留明亮的月光，可惜的是，一只大雁单飞，离开雁群。

玉阶怨

玉阶生白露，夜久侵罗袜。却下水晶帘，玲珑望秋月。

【译文】玉石砌的台阶上生起了露水，深夜独立很久露水浸湿了罗袜。回房放下水晶帘，仍然隔着帘子望着玲珑的秋月。

夜思

床前明月光，疑是地上霜。举头望明月，低头思故乡。

【译文】明亮的月光洒在床前的窗户纸上，好像地上泛起了一层霜。我禁不住抬起头来，看那天窗外空中的一轮明月，不由得低头沉思，想起远方的家乡。

敬亭独坐

众鸟高飞尽，孤云独去闲。相看两不厌，只有敬亭山。

【译文】鸟儿们高飞，没有踪迹，天上的孤云向远处飘去。对视，都不会觉得厌烦的事物，只有敬亭山了。

劳劳亭

天下伤心处， 送客劳劳亭。春风知别苦， 不遣柳条青。

【译文】天下最让人伤心的地方，就是那送人远行的劳劳亭了。春风也知道离别的愁苦，不肯让柳条发出嫩枝。

下江陵

朝辞白帝彩云间，千里江陵一日还。两岸猿声啼不住，轻舟已过万重山。

【译文】清晨，我告别高入云霄的白帝城，江陵远在千里，船行只一日时间。两岸猿声，还在耳边不停地啼叫，不知不觉，轻舟已穿过万重青山。

舟下荆门

霜落荆门烟树空，布帆无恙挂秋风。此行不为鲈鱼鲙，自爱名山入剡中。

【译文】霜落在荆门，显得烟雾迷蒙，顺着秋风扬帆起航。
这次远行不是为了鲈鱼鲙，因想要游玩名山大川，才想要去剡中。

望天门山

天门中断楚江开，碧水东流至此回。两岸青山相对出，孤帆一片日边来。

【译文】天门山被长江之水劈开，碧绿的江水向东流到这里就转变方向。
两岸的青山相对耸立，一叶孤舟从水天相接的地方飞速飘来。

陪族叔刑部侍郎晔及中书贾舍人至游洞庭二首

其一

洞庭西望楚江分，水尽南天不见云。日落长沙秋色远，不知何处吊湘君。

【译文】洞庭湖向西将长江分割，水流到南天边，还没看见云朵。
日落长沙秋色分明，不知道什么地方凭吊湘君？

其二

南湖秋水夜无烟，耐可乘流直上天？且就洞庭赊月色，将船买酒白云边。

【译文】洞庭湖的秋水夜晚没有雾气，哪能够顺着它直达天空？
姑且靠近洞庭湖借些月光，将船停靠在天边去买酒。

送孟浩然之广陵

故人西辞黄鹤楼，烟花三月下扬州。孤帆远影碧空尽，唯见长江天际流。

【译文】老朋友在西面的黄鹤楼与我辞别，在烟雾迷漫、繁花似锦的三月去扬州。
孤船、帆影渐渐远去，消失在碧空的尽头，只看见长江浩浩荡荡地向天边流去。

巴陵赠贾舍人

贾生西望忆京华，湘浦南迁莫怨嗟。圣主恩深汉文帝，怜君不遣到长沙。

【译文】贾生回首西望，想起繁华的京城，被贬到湘浦之南，也不要抱怨。
皇帝对你的恩宠，超过了汉文帝对贾谊，怜惜你，没有把你贬到长沙。

闻王昌龄左迁龙标遥有此寄

杨花落尽子规啼，闻道龙标过五溪。我寄愁心与明月，随风直到夜郎西。

【译文】柳絮落尽，杜鹃还在不停地啼叫，听说你被贬到龙标，还要经过五溪。我把忧愁与思念交付给天上的明月，伴随着你一直走到那夜郎以西！

春夜洛阳闻笛

谁家玉笛暗飞声，散入春风满洛城。此夜曲中闻折柳，何人不起故园情。

【译文】不知道从谁家传来的玉笛声，随着春风传遍洛阳城。
在这个夜晚中听到《折杨柳》，谁会不想念家乡。

越中怀古

越王勾践破吴归，战士还家尽锦衣。宫女如花满春殿，只今惟有鹧鸪飞。

【译文】越王勾践打败吴国，班师回朝，战士们回家，身上都穿着鲜艳华美的衣服。
曾经如花的宫女站满了宫殿，如今却只有几只鹧鸪在王城上盘旋了。

苏台览古

旧苑荒台杨柳新，菱歌清唱不胜春。只今惟有西江月，曾照吴王宫里人。

【译文】曾经的繁华，杨柳的鲜艳，采菱女唱着的婉转的民歌。
现在只有那城西河中的明月，曾经照耀过吴王宫殿。

山中答俗人

问余何意栖碧山，笑而不答心自闲。桃花流水杳然去，别有天地非人间。

【译文】问我为什么要在碧山居住，只笑不答，心里安然自在。
桃花随水，不知道飘到什么地方去，别有洞天不是人世间。

山中与幽人对酌

两人对酌山花开，一杯一杯复一杯。我醉欲眠卿且去，明朝有意抱琴来。

【译文】在山花丛中，两人对饮，喝了一杯一杯又一杯。
我喝醉想要睡去，你可暂且离开，如果有意明天再把琴报来。

长门怨二首

其一

天回北斗挂西楼，金屋无人萤火流。月光欲到长门殿，别作深宫一段愁。

【译文】天上的北斗七星挂在西方，金屋没人居住，只有萤火虫，到处飞舞。
月光想照到长门殿，只是深宫中的一段愁绪事情。

其二

桂殿长愁不记春，黄金四屋起秋尘。夜悬明镜青天上， 独照长门宫里人。

【译文】桂殿没人前往都已经不知道何年了，黄金屋在秋天都已经产生了尘土。

晚上天上悬挂着月亮，单单照长门殿里的人。

清平调三首

其一

云想衣裳花相容，春风拂槛露华浓。若非群玉山头见，会向瑶台月下逢。

【译文】云霞都想做她的衣裳，牡丹花都想做她的容颜，春风吹拂栏杆，露珠润泽花色更艳。

如果不是在群玉山头看见，那一定只有在瑶台月下，才能相逢！

其二

一枝秾艳露凝香，云雨巫山枉断肠。借问汉宫谁得似，可怜飞燕倚新妆。

【译文】您真像一支沾满雨露、芳香浓郁的牡丹花啊！楚王与神女在巫山的欢会，哪比得上皇上对您的恩宠？

试问在汉朝宫殿里谁能够和她相似，只可惜飞燕还要借助化妆。

其三

名花倾国两相欢，长得君王带笑看。解释春风无限恨，沉香亭北倚阑干。

【译文】牡丹与贵妃都如此美丽动人，使得皇上笑着欣赏。

化解心中的遗憾，就是和贵妃一起来到这沉香亭畔的牡丹园。

杜 甫

杜甫，唐襄阳人，字子美，居杜陵，自称杜陵布衣，又称少陵野老。少贫，举进士，不第。玄宗时，以献赋待制集贤院。安禄山作乱，玄宗入蜀，肃宗立，甫自鄜州走凤翔上谒，拜右拾遗，房琯败陈涛斜，罢相。甫疏救，出为华州司功参军。关辅饥，辄弃官去。客秦州，流落剑南，依严武。武表为检校工部员外郎。大力中，避乱荆楚，游衡山，寓居耒阳。一夕大醉卒，年五十九。甫博极群书，善为诗歌，浑涵汪洋，千态万状，大抵以忧国念乱吊古伤今为本旨，世人谓之诗史。元稹为作墓志铭，称诗人以来，未有如子美者。至今以为确论。有《杜工部集》。

【译文】唐代襄阳人，字子美，住在杜陵，自称杜陵布衣，又称少陵野老。少家贫，应试进士，都没有考中。玄宗时，以献诗在集贤院等待皇帝诏命。安禄山作乱时，玄宗入蜀地，肃宗即位，杜甫从鄜州走凤翔去拜谒皇帝，做了右拾遗的官，房琯在陈涛兵败，被罢免丞相。杜甫疏救房琯，做了华州司功参军。关中饥荒，就弃官离去。客居秦州，流落到剑南，依附严武。严武做检校工部员外郎的官。大力年间，到荆楚间避乱，游历衡山，寓居耒阳。一晚大醉，逝去，终年五十九岁。杜甫博览群书，善写诗歌，汪洋恣肆，千态万状，大都以忧国忧民吊古伤今为宗旨，世人认为是诗史。元稹给他写墓志铭，称诗人以来，还没有比得上杜甫的。至今以为确论。有《杜工部集》。

赠卫八处士

人生不相见，动如参与商。今夕复何夕，共此灯烛光。
少壮能几时，鬓发各已苍。访旧半为鬼，惊呼热中肠。
焉知二十载，重上君子堂。昔别君未婚，儿女忽成行。
怡然敬父执，问我来何方。问答未及已，儿女罗酒浆。
夜雨剪春韭，新炊间黄粱。主称会面难，一举累十觞。
十觞亦不醉，感子故意长。明日隔山岳，世事两茫茫。

【译文】挚友间，难得相见，好比永不相见的参星和商星一样。
今天日子多么美好，能和你挑灯共叙？
青春壮年没有多久，不觉间你我已经满头白发。
好多故友都已经不在了，听到你之后，惊呼，胸中激荡。
哪知二十年后，还有机会重聚。
当年离别时，你还没有成婚，今日见到你已经儿女成行。
和顺地敬重父亲的好友，热情地问我从哪里来？
还没有说完，便设酒筵款待。
雨夜割春韭，刚烧好黄梁饭。
你说难得有机会见面，一举就接连地喝了十杯。
十几杯酒，也没有喝醉，谢谢你的情深意长。
明朝你我又要被山水阻隔，人情世事苍茫。

自京赴奉先县咏怀五百字

杜陵有布衣，老大意转拙。许身一何愚，窃比稷与契。
居然成濩落，白首甘契阔。盖棺事则已，此志常觊豁。
穷年忧黎元，叹息肠内热。取笑同学翁，浩歌弥激烈。
非无江海志，潇洒送日月。生逢尧舜君，不忍便永诀。
当今廊庙具，构厦岂云缺。葵藿倾太阳，物性固莫夺。
顾惟蝼蚁辈，但自求其穴。胡为慕大鲸，辄拟偃溟渤？
以兹误生理，独耻事干谒。兀兀遂至今，忍为尘埃没！
终愧巢与由，未能易其节。沉饮聊自遣，放歌破愁绝。
岁暮百草零，疾风高冈裂。天衢阴峥嵘，客子中夜发。
霜严衣带断，指直不得结。凌晨过骊山，御榻在嵽嵲。
蚩尤塞寒空，蹴踏崖谷滑。瑶池气郁律，羽林相摩戛。
君臣留欢娱，乐动殷胶葛。赐浴皆长缨，与宴非短褐。
彤庭所分帛，本自寒女出。鞭挞其夫家，聚敛贡城阙。
圣人筐篚恩，实欲邦国活。臣如忽至理，君岂弃此物？
多士盈朝廷，仁者宜战栗。况闻内金盘，尽在卫霍室。
中堂舞神仙，烟雾蒙玉质。暖客貂鼠裘，悲管逐清瑟。

劝客驼蹄羹，霜橙压香橘。朱门酒肉臭，路有冻死骨。
荣枯咫尺异，惆怅难再述。北辕就泾渭，官渡又改辙。
群冰从西下，极目高崒兀。疑是崆峒来，恐触天柱折。
河梁幸未坼，枝撑声窸窣。行旅相攀援，川广不可越。
老妻寄异县，十口隔风雪。谁能久不顾？庶往共饥渴。
入门闻号咷，幼子饿已卒。吾宁舍一哀，里巷亦呜咽。
所愧为人父，无食致夭折。岂知秋禾登，贫窭有仓卒？
生常免租税，名不隶征伐。抚迹犹酸辛，平人固骚屑。
默思失业徒，因念远戍卒。忧端齐终南，澒洞不可掇。

【译文】杜陵，有我这个布衣，年纪越大，反而越发不合时宜。
对自己的要求，多么愚蠢可笑，私自下了决心，要向贤人看齐。
这种想法不合实际，落得个到处碰壁，头都白了，不肯休息。
等到盖上棺材，便停止了，只要还活着，志向就不能转移。
一生都在为老百姓叹息，想到他们，心里像火烧似的焦虑。
惹得同辈人嘲讽，却更加激昂无比。
并不是没有隐居的打算，在江海之间打发日子。
只是碰上个像尧舜那样贤明的皇帝，不忍心轻易地抛下，自己去逍遥。
如今的朝堂上，有的是栋梁之材，还会缺少我？
连葵藿都朝着太阳，天性，又怎能轻易改掉。
回想，那些蚂蚁般的小人，只为谋求舒适的小窝。
我为什么要羡慕长鲸，常在大海里驰骋？
从这受到启发，以巴结权贵为耻。
到现在穷困潦倒，怎忍心埋没在尘埃中？
没有像许由、巢父那样，实在惭愧，却不愿改变我的操行。
只好喝几杯酒排遣烦闷，作几首诗放声高唱，排解忧愤。
年末，草木凋零，狂风怒吼，像要把高山荡平。
黑云阴沉，我这个孤零零的人，半夜里离开京城。
扑落满身寒霜，断了衣带，想绑它，指头儿却冻僵。
天刚亮，我走到骊山脚下，骊山高处，那里有皇帝的御榻。
大雾塞满寒冷的天空，我踩踏在打滑的山上。
瑶池仙暖气蒸腾，羽林军密密麻麻。
乐声响彻天空，君臣纵情饮乐。
赐浴温泉的，都是高官，宴饮的不会有百姓。

达官显宦，分到的绸帛，都出自贫寒妇女的劳动。
她们的丈夫和公公，被鞭打绳捆，被运到京城。
皇帝把绸帛分赏群臣，指望他们感恩救国。
臣子忽略了皇帝好意，岂不等于把财物白扔。
朝廷里挤满了贤才，稍有良心的，应该惊惧。
何况皇宫内的宝物，都移到国舅家的厅堂。
美人在堂上舞蹈，轻薄的罗衣遮不住玉体。
供客人的，是貂鼠皮袄，乐器正演奏美妙的乐章。
劝客人品尝的，是驼蹄羹汤，香橙、金橘，来自遥远的南方。
富人家的酒肉飘散出诱人的气味，大路上，有穷人的白骨。
相隔才几步，境况不同，人间的不平事，使我很难再讲下去。
我向北前行，在泾、渭河边，交汇的渡口，又改了路线。
河水冲激冰块，放眼远望，山岭接天。
我疑心崆峒山是从天上来的，怕要把天柱碰断。
桥梁幸好还没被毁，柱子吱吱呀呀声响。
河面这么宽，谁能度过，行人只好相互搀扶渡河。
老婆和孩子寄居在奉先，无依无傍，漫天风雪，把一家人隔在两个地方。
受冻挨饿的穷生活，我怎能长久不管？
这一次去探望，就为了有难同当。
一进门就听见哭声酸楚，我那小儿子，已活活饿死！
我怎能压抑住满腔悲痛，邻居们也呜呜咽咽，泪流不止！
说不出内心里多么惭愧，做父亲的人，竟然没本事养活孩子！
谁能料到：今年的秋收还算不错，穷苦人家，却仍然弄不到饭吃！
我好歹是个官儿，享有特权：既不服兵役，又没有交租纳税的负担。
还免不了这样悲惨的遭遇，那平民百姓的日子啊，就更加辛酸。
想想失去土地的农民，已经是倾家荡产，又想想远守边防的士兵，还不是缺吃少穿。
忧民忧国的情绪啊，千重万叠，高过终南，浩茫无际，又怎能收敛！

述怀

去年潼关破，妻子隔绝久；今夏草木长，脱身得西走。
麻鞋见天子，衣袖露两肘；朝廷愍生还，亲故伤老丑。

涕泪受拾遗，流离主恩厚；柴门虽得去，未忍即开口。
寄书问三川，不知家在否。比闻同罹祸，杀戮到鸡狗。
山中漏茅屋，谁复依户牖？摧颓苍松根，地冷骨未朽。
几人全性命？尽室岂相偶？嵚岑猛虎场，郁结回我首。
自寄一封书，今已十月后。反畏消息来，寸心亦何有？
汉运初中兴，生平老耽酒。沉思欢会处，恐作穷独叟。

【译文】去年潼关沦陷，和妻子、孩子隔绝很久。
今年草木茂盛，能够向西逃脱。
穿着麻鞋拜谒天子，衣服破烂，露出胳膊。
朝廷怜悯我，亲友不弃我。
淌着眼泪接受左拾遗的官职，在历经流离，更觉得皇帝的恩重。
妻子逃脱，不忍心就开口问信。
寄信问三川，不知道家人是否安好。
听闻也遭到祸患，连鸡狗都没有放过。
在山中的茅草房，谁还会倚靠在门上？
撑柱狼藉，希望能够收到妻子的骨头。
这年头有几个人能活着？希望全家团聚岂非作梦？
山高岭峻，贼寇凶残，我心里郁结，摇头叹息。
寄了一封家信，到现在已经过了十个月。
反而担心听到消息，连一点希望都没有了。
洛阳还没有收复，沉溺于喝酒。
想象全家欢会的场景，担心成为孤老的惨局。

彭衙行

忆昔避贼初，北走经险艰。夜深彭衙道，月照白水山。
尽室久徒步，逢人多厚颜。参差谷鸟吟，不见游子还。
痴女饥咬我，啼畏虎狼闻。怀中掩其口，反侧声愈嗔。
小儿强解事，故索苦李餐。一旬半雷雨，泥泞相牵攀。
既无御雨备，径滑衣又寒。有时经契阔，竟日数里间。
野果充糇粮，卑枝成屋椽。早行石上水，暮宿天边烟。

少留周家洼，欲出芦子关。故人有孙宰，高义薄曾云。
延客已曛黑，张灯启重门。暖汤濯我足，翦纸招我魂。
从此出妻孥，相视涕阑干。众雏烂熳睡，唤起沾盘飧。
誓将与夫子，永结为弟昆。遂空所坐堂，安居奉我欢。
谁肯艰难际，豁达露心肝。别来岁月周，胡羯仍构患。
何当有翅翎，飞去堕尔前。

【译文】回想当初避祸的时候，向北前行经历艰难险阻。
夜深在彭衙堡，月亮照着白水的山。
全家长久的徒步行进，碰到人很不好有意思。
山谷里鸟儿啁哳，不见游子返回。
女孩饿了咬我，害怕哭声招来猛兽。
抱在怀里捂着她的嘴，挣扎间，声音越大。
小儿们自以为比小妹懂事些，故意前来要吃路旁的苦李。
半个月里都是雷雨天气，在泥泞的路上相互搀扶行走。
也没有准备抵御风雨的用具，路滑，身冷。
碰到特别难走的地方，整天行走也就是几里而已。
吃着野果当饭食，低矮的树当作房屋。
早上赶路，石上的露水还在，晚上睡时，山里的烟霞还在。
在孙县丞家里，短暂停留，想要北出芦子关。
有一位孙县丞的朋友，义薄云天。
一直招待到晚上天黑，点灯开门。
暖水洗脚，剪纸招徕我的魂魄。
他的妻子、孩子出来，相顾涕泪纵横。
孩子睡的十分香甜，叫起吃晚饭。
和你起誓，永结为兄弟。于是在空房，让我安心居住。
谁肯在他人困窘的时候，慷慨豁达，给以帮助。
分别已经很久了，战祸还没有停歇。
那得有一双翅膀，飞到你的身边。

羌村三首

其一

峥嵘赤云西，日脚下平地。柴门鸟雀噪，归客千里至。
妻孥怪我在，惊定还拭泪。世乱遭飘荡，生还偶然遂！
邻人满墙头，感叹亦歔欷。夜阑更秉烛，相对如梦寐。

【译文】西天布满重峦叠嶂的红云，阳光透过云斜射在地上。
到家，听到鸟雀的聒噪声，我从千里外回来。
妻子和孩子没想到我还能活着，愣了一会儿才喜极而泣。
在这兵荒马乱之际，能够活着回来，确实偶然。
邻居挤满低墙，无不感慨叹息的。
夜深了，夫妻在灯下，相对而坐，仿佛在做梦。

其二

晚岁迫偷生，还家少欢趣。娇儿不离膝，畏我复却去。
忆昔好追凉，故绕池边树。萧萧北风劲，抚事煎百虑。
赖知禾黍收，已觉糟床注。如今足斟酌，且用慰迟暮。

【译文】到晚年，感觉是苟且偷生，终日郁郁寡欢。
孩子整日缠在膝旁，害怕我又要离开。
回忆往昔追随皇帝的情景，在池边的树下漫步。
一阵北风吹来，百感交集，备受煎熬。
幸好已经秋收了，家酒正在酿造。
现在这些酒已足够喝的了，姑且用来麻醉一下自己。

其三

群鸡正乱叫，客至鸡斗争。驱鸡上树木，始闻叩柴荆。

父老四五人，问我久远行。手中各有携，倾榼浊复清。
莫辞酒味薄，黍地无人耕。兵戈既未息，儿童尽东征。
请为父老歌：艰难愧深情！歌罢仰天叹，四座泪纵横。

【译文】成群的鸡乱叫，客人来了，鸡又争又斗。
鸡赶上树，才听到有人敲门。
四五位村民，来慰问远归的我。
手里都带着礼物，倒上一杯杯的酒。
一再解释说，酒味淡薄，是因为田地没人耕耘。
战争还没有停止，孩儿全都打仗去了。
请让我为父老吟诗，在艰难的日子里，感谢父老的慰问。
吟完，我不禁仰天长叹，在座的客人，热泪不绝。

石壕吏

暮投石壕村，有吏夜捉人。老翁逾墙走，老妇出门看。
吏呼一何怒，妇啼一何苦！听妇前致词：三男邺城戍。
一男附书至，二男新战死。存者且偷生，死者长已矣。
室中更无人，惟有乳下孙。有孙母未去，出入无完裙。
老妪力虽衰，请从吏夜归。急应河阳役，犹得备晨炊。
夜久语声绝，如闻泣幽咽。天明登前途，独与老翁别。

【译文】傍晚我投宿到石壕村，有官吏在夜晚抓人。老翁翻墙逃走，老妇开门前看。

官吏吆喝多么愤怒，老妇啼哭得多么凄苦。听到老妇上前说，我三个儿子都服役，戍守邺城。

其中一个儿子托人捎信回来，两个在最近的战争中刚死。活着的人姑且活着，死的人永去。

家中再没有男人了，只剩下吃奶的孩子。因为有孩子，所以儿媳妇没有离开，但进进出出没有完整的衣服穿。

老妇我虽然身体衰弱，请允许我跟从您走。赶紧去河阳服役，还能够做早饭。

深夜了，说话的声音已经消失，好像听到低声哭泣抽咽声音。天亮后我继续赶路，只能与逃走回来的老翁告别。

新婚别

兔丝附蓬麻，引蔓故不长。嫁女与征夫，不如弃路旁。
结发为君妻，席不暖君床。暮婚晨告别，无乃太匆忙。
君行虽不远，守边赴河阳。妾身未分明，何以拜姑嫜？
父母养我时，日夜令我藏。生女有所归，鸡狗亦得将。
君今往死地，沉痛迫中肠。誓欲随君去，形势反苍黄。
勿为新婚念，努力事戎行。妇人在军中，兵气恐不扬。
自嗟贫家女，久致罗襦裳。罗襦不复施，对君洗红妆。
仰视百鸟飞，大小必双翔。人事多错迕，与君永相望。

【译文】菟丝缠绕着蓬草和桑麻，它的枝蔓怎么能爬得远！
把女儿嫁给就要从军的人，还不如早先就丢在大路旁边。
做了结发夫妻，还没能睡暖。
昨天晚上成亲，今天早晨便匆匆告别，这婚期岂不是太短。
你虽然离家不远，可还是去河阳戍守。
我们还没有举行大礼，怎好去拜公婆？
父母养我的时候，从不让我抛头露面。
女孩子有了归宿，即使是鸡狗，都的追随。
你今天要上战场，我只能把痛苦掩藏。
想跟你一块儿去，只怕是形势紧急。
你不用为新婚离别而难过，要为国出力。
妇女跟着军队，恐怕会影响士气。
我本是穷人家女儿，好不容易才制办了这身丝绸嫁衣。
罗衣不再穿，当面洗掉脂粉。
看天上的鸟儿都自由自在地飞翔，都成对成双。
可人世间不如意的事儿本来就多，你和我同心，永不相忘！

无家别

寂寞天宝后，园庐但蒿藜。我里百余家，世乱各东西。
存者无消息，死者为尘泥。贱子因阵败，归来寻旧蹊。
久行见空巷，日瘦气惨凄。但对狐与狸，竖毛怒我啼。
四邻何所有，一二老寡妻。宿鸟恋本枝，安辞且穷栖。
方春独荷锄，日暮还灌畦。县吏知我至，召令习鼓鞞。
虽从本州役，内顾无所携。近行止一身，远去终转迷。
家乡既荡尽，远近理亦齐。永痛长病母，五年委沟溪。
生我不得力，终身两酸嘶。人生无家别，何以为蒸黎。

【译文】天宝以后，寂寞荒凉，家园里只长满蒿草。
我的乡里百余户人家，因世道离乱，都各奔东西。
活着的没有消息，死了的已化为尘土。
因为邺城兵败，我回来寻找家乡。
走了很久只见空巷，一片萧条凄惨。
只能面对着野鼠狐狸，竖起毛来向我怒号。
四邻还剩些什么人？只有一两个老寡妇。
宿鸟总是留恋本枝，哪能辞乡而去，在这里栖宿。
正值春季，我扛起锄头下田，到了天晚还忙着浇田。
县吏知道我回来了，征召我去练习敲军鼓。
虽然在本州服役，家里也没什么可带。
近处去，我只身一人，远行终究也会迷失。
家乡已然空荡，远近对我来说都是一样。
永远伤痛我长年生病的母亲，死了五年也没有好好埋葬。
她生了我，却得不到我的服侍，母子二人终身忍受辛酸。
人活在世上却无家可别，这老百姓怎么当？

佳人

绝代有佳人，幽居在空谷。自云良家子，零落依草木。
关中昔丧乱，兄弟遭杀戮。官高何足论，不得收骨肉。
世情恶衰歇，万事随转烛。夫婿轻薄儿，新人美如玉。
合昏尚知时，鸳鸯不独宿。但见新人笑，那闻旧人哭。
在山泉水清，出山泉水浊。侍婢卖珠回，牵萝补茅屋。
摘花不插发，采柏动盈掬。天寒翠袖薄，日暮倚修竹。

【译文】有位美人，隐居在空旷的山谷。
她说自己是高门府第的女子，飘零到与草木为伴。
过去关中遭遇战乱，亲人全被乱军杀害。
做了高官又有什么用？亲人的尸骨都无法收埋。
世人都厌恶衰败的人家，万事就像随风而转的烛火。
丈夫是个轻薄人，抛弃了我，又娶了个新人。
合欢花都知道朝开夜合，鸳鸯成双从不独宿。
丈夫只看见新人欢笑，哪里听得到旧人哭泣？
泉水在山里是清澈的，出了山就浑浊了。
让侍女卖珠宝维持生计，用枝条修补茅屋。
摘花不愿插在头上，喜欢采折满把的柏树叶。
天气寒冷，衣衫单薄，黄昏时，独自倚靠高竹上。

梦李白二首

其一

死别已吞声，生别常恻恻。江南瘴疠地，逐客无消息。
故人入我梦，明我长相忆。君今在罗网，何以有羽翼？
恐非平生魂，路远不可测。魂来枫林青，魂返关塞黑。

落月满屋梁，犹疑照颜色。水深波浪阔，无使蛟龙得。

【译文】死别往往使人泣不成声，而生离令人更加伤悲。
江南是瘴疠流行的地方， 被贬谪的人毫无消息。
老朋友忽然来到我梦里，因为你知道我时常想你。
你如今身陷囹圄，哪有羽翼飞来北地？
担心你不会是鬼魂吧，路途遥远，不可计量。
灵魂从西南青枫林飘来，灵魂由秦陇归来。
月光洒满了房屋，月光下，你的颜容憔悴。
水深浪阔，多加小心，不要失足落水。

其二

浮云终日行，游子久不至。三夜频梦君，情亲见君意。
告归常局促，苦道来不易。江湖多风波，舟楫恐失坠。
出门搔白首，若负平生志。冠盖满京华，斯人独憔悴。
孰云网恢恢，将老身反累。千秋万岁名，寂寞身后事。

【译文】云朵终日飘荡，游子长久不回。
几夜我频频梦见你，可见对你我的情谊深厚。
每次梦你都匆匆离去，苦于路途艰难，不容易。
你说江湖风波险恶，担心失事葬身水里。
出门时搔着白首，好象是辜负了平生志向。
京城官僚很多，只你面容憔悴。
谁说天网恢恢？你已年高反被牵连。
千秋万代定有你的声名，那是对寂寞身后的安慰。

前出塞二首

其一

磨刀呜咽水，水赤刃伤手。欲轻肠断声，心绪乱已久。

丈夫誓许国，愤惋复何有！功名图麒麟，战骨当速朽。

【译文】在水里磨刀的呜咽声响，刀子割了手，水变成了红色。
想要忽视肠断的感觉，情绪已经败坏多时了。
男子发誓为国效力，现在只剩下叹息、哀婉。
想要建立功业，必须放弃性命。

其二

挽弓当挽强，用箭当用长。射人先射马，擒贼先擒王。
杀人亦有限，列国自有疆。苟能制侵陵，岂在多杀伤！

【译文】拉弓要用硬弓，用箭就要用长箭。
要射杀敌人，先要射敌人的马匹，要抓敌人，先得抓敌人的首领。
杀人也应该有个限度，各国都有自己固定的疆域。
只要能制止敌人的侵犯就可以了，难道打仗就是为了多杀人吗？

后出塞二首

其一

男儿生世间，及壮当封侯。战伐有功业，焉能守旧丘。
召募赴蓟门，军动不可留。千金买马鞭，百金装刀头。
闾里送我行，亲戚拥道周。斑白居上列，酒酣进庶羞。
少年别有赠，含笑看吴钩。

【译文】男儿活着，趁壮年谋求封侯。
杀伐建功立业，哪能老守在家乡。
征兵前往蓟门，队伍行进不能停留。
千金买来马鞭，花百金装饰刀头。
邻里送行，亲戚围在路四周。

花白头发的在最上列，喝酒尽兴佳肴吃够。
青年伙伴另外有礼相送，含笑看着宝刀吴钩。

其二

朝进东门营，暮上河阳桥。落日照大旗，马鸣风萧萧。
平沙列万幕，部伍各见招。中天悬明月，令严夜寂寥。
悲笳数声动，壮士惨不骄。借问大将谁，恐是霍嫖姚。

【译文】早晨进入上东门营地，傍晚过了河阳大桥。
西落的霞光映照大旗，战马嘶鸣伴随萧萧风声。
平沙上列着万千帐幕，各队伍各自相招。
天空高挂一轮明月，军令森严在夜晚更觉凄凉。
传来凄厉的胡笳声，壮士也感到凄惨豪气不再。
请问大将是哪位？恐怕就象汉代霍去病。

写怀二首

其一

劳生共乾坤，何处异风俗。冉冉自趋竞，行行见羁束。
无贵贱不悲，无富贫亦足。万古一骸骨，邻家递歌哭。
鄙夫到巫峡，三岁如转烛。全命甘留滞，忘情任荣辱。
朝班及暮齿，日给还脱粟。编蓬石城东，采药山北谷。
用心霜雪间，不必条蔓绿。非关故安排，曾是顺幽独。
达士如弦直，小人似钩曲。曲直我不知，负暄候樵牧。

【译文】辛苦劳累的人生共处在宇宙，何处有不同风俗。渐渐地互相竞争，走啊走最终困顿。
不因贵贱而悲伤，不够富贵也知足。万古最终只留一具骸骨，邻居间相互哭你。
自己到巫峡，三年如风摇烛火不定。 甘于羁留此地，情感羁留，任自承受荣辱。

早朝及其晚年，天天还给糙米。在石城东的茅屋，在山北谷采药。
在霜雪间用心，枝蔓不必显绿意。不关曾经的安置，我心情舒畅。
君子如弦一样正直，小人似钩一样弯曲。我不知曲直，去隐居晒太阳。

其二

夜深坐南轩，明月照我膝。惊风翻河汉，梁栋已出日。
群生各一宿，飞动自俦匹。吾亦驱其儿，营营为私实。
天寒行旅稀，岁暮日月疾。荣名忽中人，世乱如虮虱。
古者三皇前，满腹志愿毕。胡为有结绳，陷此胶与漆。
祸首燧人氏，厉阶董狐笔。君看灯烛张，转使飞蛾密。
放神八极外，俯仰俱萧瑟。终契如往还，得匪合仙术。

【译文】夜深独坐南亭，明月照着我的膝。劲风卷河汉，房屋在朝阳下映现。
一切生物都各自回家，一群群结伴而去。我也驱使自己的孩子，疾走奔忙为自己的富足。
天寒路人稀少，岁末发觉时间急速。普通人突然得了名誉，世道太乱了，人如虱子。
从前三皇五帝之前，满腹的志向都实现了。为什么有结绳记事，让人陷入胶着状态。
祸首是燧人氏，祸端是董狐笔。你看烛火升起，大批飞蛾旋转飞舞。
驰骋心神在四境之外，俯仰间觉得萧瑟凄凉。契约终了，我就回来，不合仙术道化。

兵车行

车辚辚，马萧萧，行人弓箭各在腰。耶娘妻子走相送，尘埃不见咸阳桥。牵衣顿足拦道哭，哭声直上干云霄。道旁过者问行人，行人但云点行频。或从十五北防河，便至四十西营田。去时里正与裹头，归来头白还戍边。边庭流血成海水，武皇开边意未已。君不闻汉家山东二百州，千村万落生荆杞。纵有健妇把锄犁，禾生陇亩无东西。况复秦兵耐苦战，被驱不异犬与鸡。长者虽有问，役夫敢申恨？且如今年冬，未休关西卒。县官急索租，租税从何出？信知生男恶，反是生女好。生女犹得嫁比邻，生男埋没随百草。君不见，青海头，古来白骨无人收。新鬼烦冤旧鬼哭，天阴雨湿声啾啾。

【译文】兵车隆隆作响，战马嘶鸣，征夫们弓箭挂在腰上。爹娘妻儿追来相送，尘埃迷漫看不见咸阳桥；牵衣顿足拦路痛哭，哭声凄惨直冲云霄。过路人向征夫来探听，征夫诉说：这些年点兵征调没个完。十五岁的少年北去守河防，四十岁再调到河西去屯田；记得出发时里长帮他扎头帕，归来头发已白又被派去镇守边城。边境上的鲜血淌成了海水，皇帝开边拓土始终不肯休兵。您没听说，汉家关东二百州，千万个村落长满了荆棘。纵然有壮年妇女下地锄犁，可那零落的田禾已长得杂乱稀疏。更因为西北兵能征惯战，调来遣去就好比赶狗驱鸡。多承您老人家关心询问，役夫我怎敢尽情吐出心头忿恨！只说今冬这时光，关西士卒正在边关打仗；官府还逼着家中交纳租税，请问哪一家能把税交上？这年岁生了男孩实在太晦气，生个女儿反倒命好；女儿还能平安嫁到近邻，男儿却死在异乡埋入荒草。您没见过那青海湖边，自古以来累累白骨无人收。新鬼叫冤旧鬼哭泣，天阴下雨哭声更是凄惨。

醉时歌

诸公衮衮登台省，广文先生官独冷。甲第纷纷厌梁肉，广文先生饭不足。
先生有道出羲皇，先生有才过屈宋。德尊一代常坎坷，名垂万古知何用！
杜陵野客人更嗤，被褐短窄鬓如丝。日籴太仓五升米，时赴郑老同襟期。
得钱即相觅，沽酒不复疑。忘形到尔汝，痛饮真吾师。
清夜沉沉动春酌，灯前细雨檐花落。但觉高歌有鬼神，焉知饿死填沟壑？
相如逸才亲涤器，子云识字终投阁。先生早赋归去来，石田茅屋荒苍苔。
儒术于我何有哉，孔丘盗跖俱尘埃。不须闻此意惨怆，生前相遇且衔杯！

【译文】无所事事的人个个身居高位，广文先生的官职却很清冷。豪门之家吃厌了米和肉，广文先生的饭食反而不足。

先生的品德超出羲皇，先生的才学胜过屈宋。德高一代的人往往不得志，扬名万古却又有何用？

我杜陵野客更受人们讥笑，身穿粗布衣裳两鬓如丝。穷得天天在官仓买米五升，经常拜访郑老，我们胸襟默契。

得了钱我们往来相见，买些好酒毫不迟疑。乐极忘形，呼唤我和你，痛饮的豪情真是我的老师！

深沉的清夜我们劝饮春酒，灯前闪烁的屋檐细雨如花落。狂欢高歌像有鬼神相助，哪知道人饿死还要填沟壑。

司马相如有才能亲自洗食器，扬雄能识字终于要跳下天禄阁。先生早些赋一篇《归去来》，免得瘠田茅屋长满青苔。

儒术对我有什么用？孔丘、柳下跖都已化成尘埃。听了这些话，心里莫悲伤，我们生前相遇，把酒喝个畅快！

哀江头

少陵野老吞声哭，春日潜行曲江曲。江头宫殿锁千门，细柳新蒲为谁绿？
忆昔霓旌下南苑，苑中万物生颜色。昭阳殿里第一人，同辇随君侍君侧。
辇前才人带弓箭，白马嚼啮黄金勒。翻身向天仰射云，一箭正坠双飞翼。
明眸皓齿今何在？血污游魂归不得。清渭东流剑阁深，去住彼此无消息。
人生有情泪沾臆，江草江花岂终极。黄昏胡骑尘满城，欲往城南望城北。

【译文】春日里我不禁吞声哭泣，悄悄行走在曲江的幽僻角落。
江边的宫殿千门尽锁，细柳嫩蒲却为谁抽出新绿？
忆当初霓旌彩仗降临南苑，苑中的景物万象更新。
昭阳殿里第一美女，侍候着君王同辇随身。
宝辇前的女官佩带着弓箭，白马咬着的勒口金光闪闪。
在马上翻身向天一箭仰射，美人笑看那云中落下飞鸟双双。
当日的明眸皓齿现今何在？血污游魂归不了家乡。
渭水东流呵剑阁遥远，相隔了彼此生死茫茫。
人生有情难禁泪沾胸襟，江水江花依旧是往昔风光。
黄昏时胡骑的尘土满城飞扬，心里想去城南，却走往了城北的方向。

哀王孙

长安城头头白乌，夜飞延秋门上呼。又向人家啄大屋，屋底达官走避胡。
金鞭断折九马死，骨肉不得同驰驱。腰下宝玦青珊瑚，可怜王孙泣路隅。
问之不肯道姓名，但道困苦乞为奴。已经百日窜荆棘，身上无有完肌肤。
高帝子孙尽隆准，龙种自与常人殊。豺狼在邑龙在野，王孙善保千金躯。

不敢长语临交衢，且为王孙立斯须。昨夜东风吹血腥，东来橐驼满旧都。
朔方健儿好身手，昔何勇锐今何愚。窃闻天子已传位，圣德北服南单于。
花门剺面请雪耻，慎勿出口他人狙。哀哉王孙慎勿疏，五陵佳气无时无。

【译文】无数只白头乌鸦栖息在长安城垣，夜晚来飞到延秋门上不住悲鸣；
又落向高门大户人家频频乱啄，屋主人逃亡四散躲避胡兵。
累死了骏马、折断了金鞭，亲骨肉也顾不上相携逃难。
玉佩珊瑚还悬挂腰间，可怜这些王孙哭泣在路边。
路人询问姓名，死活不肯吐露。
只说历经困苦，甘愿作仆为奴；
百来天逃窜在荆棘丛里，折磨受尽，体无完肤。
高帝的子孙全都是鼻梁高出，龙种相传自有不同寻常的仪容。
豺狼盘踞都邑，真龙逃奔在野，王孙您要把千金之躯善自保重。
哪敢在交通道口与您长谈，只说上三言两语此刻稍停。
昨夜里东风吹过血腥阵阵，东来的骆驼队挤满京城。
朔方健儿本是好身手，先前何等勇锐，这回却多么迟钝。
听说天子已经传位给新君，圣德仁恩使异族都感动。
回纥割面宣誓，正请求讨伐叛军。
您可要处处说话留神，提防被坏人捕获难以脱身。
王孙呵，切莫疏忽千万谨慎，要知道五陵佳气终久是郁郁葱葱不会中断。

洗兵马

中兴诸将收山东，捷书夜报清昼同。河广传闻一苇过，胡危命在破竹中。
祇残邺城不日得，独任朔方无限功。京师皆骑汗血马，回纥喂肉葡萄宫。
已喜皇威清海岱，常思仙仗过崆峒。三年笛里关山月，万国兵前草木风。
成王功大心转小，郭相谋深古来少。司徒清鉴悬明镜，尚书气与秋天杳。
二三豪俊为时出，整顿乾坤济时了。东走无复忆鲈鱼，南飞觉有安巢鸟。
青春复随冠冕入，紫禁正耐烟花绕。鹤驾通宵凤辇备，鸡鸣问寝龙楼晓。
攀龙附凤势莫当，天下尽化为侯王。汝等岂知蒙帝力，时来不得夸身强。
关中既留萧丞相，幕下复用张子房。张公一生江海客，身长九尺须眉苍。
征起适遇风云会，扶颠始知筹策良。青袍白马更何有，后汉今周喜再昌。

寸地尺天皆入贡，奇祥异瑞争来送。不知何国致白环，复道诸山得银瓮。
隐士休歌紫芝曲，词人解撰河清颂。田家望望惜雨干，布谷处处催春种。
淇上健儿归莫懒，城南思妇愁多梦。安得壮士挽天河，净洗甲兵常不用。

【译文】中兴诸将的努力下，已光复华山以东包括河北大片土地，捷报昼夜频传。

河广两地迅速收复，安史乱军的覆灭已成破竹之势。

只有邺城仍陷敌手，只任用朔方节度使郭子仪在平叛中无限的功绩。

长安街上出入的官员们，都骑着产于边地的名马，春风得意；助战有功的回纥兵则在“蒲萄宫”备受款待，大吃大喝。

高兴山东地区大片收复，常思曾经往来崆峒山的艰难日子。

三年笛咽关山月，万国兵千前兵惊草木。

收复两京的大功后要更加小心谨慎，郭子仪的谋略古来少。

司徒李光弼的明察光鉴日月，尚书王思礼气度如秋天高远。

他们应运而生，本来就为重整乾坤。

东走不再想鲈鱼，才发觉南飞安家的燕子。

春天的繁华景象正随朝仪之再整而重新回到宫禁，京城地区正在庆贺放烟火。

太子、皇帝车驾常备，鸡鸣起居龙楼天亮。

攀龙附凤的习气大行，曾经人投机都变成了功臣。

你们哪知仰仗皇帝，时机到了不要太自负。

已经在关中留下了萧何，帐下再次起用张良。

张良一生为扬州人，身高九尺，眉须灰白。

被征召入仕恰好在风云际会的时代，扶持危局才找张良谋划。

更哪有青袍白马的侯景，汉代周朝现在再次昌盛。

小片土地所产都进贡朝廷，珍奇物品都争相来送。

不知何国送来白玉环，又在诸山寻得银质酒杯。

隐士们不要在唱《紫芝曲》，词人忙于写《河清颂》。

农家期盼下雨，布谷鸟到处啼鸣催促春耕。

淇水的男儿归来不要偷懒，城南的思妇愁于梦多。

哪得壮士挽下银河，把甲胄、兵器全部清洗，永不再用！

乾元中寓居同谷县作歌七首

其一

有客有客字子美，白头乱发垂过耳。
岁拾橡栗随狙公，天寒日暮山谷里。
中原无书归不得，手脚冻皴皮肉死。呜呼一歌兮歌已哀，悲风为我从天来！

【译文】有个游子字子美，满头蓬乱的头发盖过了耳朵。
终日跟在猿猴后面捡些橡树籽充饥，天冷山谷里太阳也下山了。
中原音信不通回不去，手脚冻裂，失去感觉。
啊唱一首歌就悲伤不已，凄凉的风从天上朝我吹来。

其二

长镵长镵白木柄，我生托子以为命！黄独无苗山雪盛，短衣数挽不掩胫。
此时与子空归来，男呻女吟四壁静。呜呼二歌兮歌始放，闾里为我色惆怅！

【译文】长铲长铲，白木头的杆，我靠你活命。
山上雪大找不到土芋苗，衣服怎扯也盖不住小腿。
我和你空手回来，屋里除了哀嚎声外，再无其他声响。
啊，我刚唱起第二只歌来，邻居也为我惆怅不堪。

其三

有弟有弟在远方，三人各瘦何人强？生别展转不相见，胡尘暗天道路长。
东飞驾鹅后鹙鸧，安得送我置汝旁！呜呼三歌兮歌三发，汝归何处收兄骨？

【译文】弟弟啊弟弟在远方，三人都很瘦弱，有谁是强壮的。
活着离别流转不见，道路遥远天阴路长。
东飞駕鹅后秃鹫，哪能送我到你身旁！

啊把第三首歌唱三遍，你又到哪儿去收我的骨头呢？

其四

有妹有妹在钟离，良人早殁诸孤痴。长淮浪高蛟龙怒，十年不见来何时？
扁舟欲往箭满眼，杳杳南国多旌旗。呜呼四歌兮歌四奏，林猿为我啼清昼！

【译文】妹妹啊妹妹在安徽，丈夫早亡，诸多孩子还小。
淮水浪高蛟龙怒号，十年不见，又到何时再见？
想坐船前往，苦于满都是战祸，南国渺远战事频仍。
啊把第四首歌唱四遍，林猿为我在白天啼鸣。

其五

四山多风溪水急，寒雨飒飒枯树湿。黄蒿古城云不开，白狐跳梁黄狐立。
我生何为在穷谷？中夜起坐万感集！呜呼五歌兮歌正长，魂招不来归故乡！

【译文】四面环山，风大水急，寒雨飘落，枯树变湿。
古城满生黄蒿云雾晦冥，白狐跳跃，黄狐站立。
我为什么生在深谷？半夜起坐百感焦虑！
啊第五首歌唱得正长，早返归故乡，招魂不来。

其六

南有龙兮在山湫，古木巃嵸枝相樛。木叶黄落龙正蛰，蝮蛇东来水上游。
我行怪此安敢出，拔剑欲斩且复休。呜呼六歌兮歌思迟，溪壑为我回春姿！

【译文】南边龙潭有龙，古木繁茂，树枝相连。
叶黄落下，龙在伏藏，蝮蛇从东来在水上出游。
我看现象奇怪哪敢出去，拔剑想砍姑且停止。
啊第五首歌唱得想来迟缓了，溪壑也好像为我带有了春意。

其七

男儿生不成名身已老，三年饥走荒山道。长安卿相多少年，富贵应须致身早。
山中儒生旧相识，但话宿昔伤怀抱。呜呼七歌兮悄终曲，仰视皇天白日速！

【译文】男子还没成名身已老了，三年艰苦在荒山游荡。
长安多少年的大官，富贵应该早早当官。
山中的书生早就相识，只说过去伤怀。
啊第五首歌已经唱完，仰看白天又过去了。

百忧集行

忆年十五心尚孩，健如黄犊走复来。庭前八月梨枣熟，一日上树能千回。
即今倏忽已五十，坐卧只多少行立。强将笑语供主人，悲见生涯百忧集。
入门依旧四壁空，老妻睹我颜色同。痴儿不知父子礼，叫怒索饭啼门东。

【译文】年少之时，无忧无虑，体魄健全，精力充沛，真是朝气蓬勃。
庭前，八月梨枣熟，一天爬树上千回。
可又想现在由于年老力衰，行动不便，因此坐卧多而行立少。
一生不甘俯首低眉，老来却勉作笑语，迎奉主人。不禁悲从中来，忧伤满怀。
一进家门依旧四壁空空，家无余粮一贫如洗。
老夫老妻相对无言，满面愁倦之色。
只有痴儿幼稚无知，饥肠辘辘，对着东边的厨门，啼叫发怒要饭吃。

茅屋为秋风所破歌

八月秋高风怒号，卷我屋上三重茅。茅飞度江洒江郊，高者挂罥长林梢，下者飘转沉塘坳。

南村群童欺我老无力，忍能对面为盗贼。公然抱茅入竹去，唇焦口燥呼不得，归来倚杖自叹息。

俄顷风定云墨色，秋天漠漠向昏黑。布衾多年冷似铁，骄儿恶卧踏里裂。床床屋漏无干处，雨脚如麻未断绝。自经丧乱少睡眠，长夜沾湿何由彻。

安得广厦千万间，大庇天下寒士俱欢颜，风雨不动安如山。呜呼何时眼前突兀见此屋，吾庐独破受冻死亦足。

【译文】八月秋深，狂风怒号，卷走了我屋顶上好几层茅草。茅草乱飞，渡过浣花溪，散落在对岸江边。飞得高的茅草悬挂在高高的树梢上，飞得低的飘飘洒洒沉落到水塘里。

南村的一群儿童欺负我年老没力气，竟忍心这样当面作贼抢东西，毫无顾忌地抱着茅草跑进竹林去了。我喊得唇焦口燥也喝止不住，只好回来，拄着拐杖，自己叹息。

一会儿风停了，天空中乌云黑得像墨，深秋天色灰蒙蒙的，渐渐黑下来。布被盖了多年，又冷又硬，像铁板似的。孩子睡相不好，把被子蹬破了。整个屋子都没有干地方了，但雨还是像下垂的垂线一样密集并下个不停。自从安史之乱以来，睡眠的时间很少，长夜漫漫，屋漏床湿，怎能挨到天亮。

怎么才能得到千万间宽敞高大的房子，普遍地庇覆天下间贫寒的读书人，让他们个个都开颜欢笑，（房子）不为风雨中所动摇，安稳得像山一样！唉！什么时候眼前出现这样高耸的房屋，（即使）唯独我的茅屋被吹破，自己受冻而死也甘心！

短歌行

王郎酒酣拔剑斫地歌莫哀，我能拔尔抑塞磊落之奇才。

豫章翻风白日动，鲸鱼跋浪沧溟开。且脱佩剑休裴回，西得诸侯棹锦水。

欲向何门趿珠履，仲宣楼头春色深。青眼高歌望吾子，眼中之人吾老矣。

【译文】王郎在江陵不得志，趁着酒兴正浓，拔剑起舞，斫地悲歌，把你这个俊伟不凡的奇才从压抑中推举出来。豫、章的枝叶在大风中摇动时，可以动摇太阳，鲸鱼在海浪中纵游时可以使沧茫大海翻腾起来，因此不必拔剑斫地，徘徊起舞，可以把剑放下来，休息一下，向西可以得到重用。此去西川，去投奔哪一位地方长官，用饮佩的眼光望着王郎，高歌寄予厚望，希望他入川能够施展才能。王郎啊王郎，你正当年富力强，大可一展宏图，我却已衰老无用了！

丹青引赠曹将军霸

将军魏武之子孙，于今为庶为清门。英雄割据虽已矣，文采风流今尚存。
学书初学卫夫人，但恨无过王右军。丹青不知老将至，富贵于我如浮云。
开元之中常引见，承恩数上南薰殿。凌烟功臣少颜色，将军下笔开生面。
良相头上进贤冠，猛将腰间大羽箭。褒公鄂公毛发动，英姿飒爽来酣战。
先帝御马五花骢，画工如山貌不同。是日牵来赤墀下，迥立阊阖生长风。
诏谓将军拂绢素，意匠惨澹经营中。斯须九重真龙出，一洗万古凡马空。
玉花却在御榻上，榻上庭前屹相向。至尊含笑催赐金，圉人太仆皆惆怅。
弟子韩干早入室，亦能画马穷殊相。干惟画肉不画骨，忍使骅骝气凋丧。
将军画善盖有神，必逢佳士亦写真。即今漂泊干戈际，屡貌寻常行路人。
途穷反遭俗眼白，世上未有如公贫。但看古来盛名下，终日坎壈缠其身。

【译文】曹将军是魏武帝曹操后代子孙，而今却沦为平民百姓成为寒门。
英雄割据的时代一去不复返了，曹家文章丰采却在你身上留存。
当年为学书法你先拜师卫夫人，只恨得没有超过王羲之右将军。
你毕生专攻绘画不知老之将至，荣华富贵对于你却如空中浮云。
开元年间你常常被唐玄宗召见，承恩载德你曾多次登上南薰殿。
凌烟阁的功臣画象年久褪颜色，曹将军你挥笔重画又别开生面。
良相们的头顶都戴上了进贤冠，猛将们的腰间皆佩带着大羽箭。
褒公鄂公的毛发似乎都在抖动，他们英姿飒爽好象是正在酣战。
开元时先帝的天马名叫玉花骢，多少画家画出的都与原貌不同。
当天玉花骢被牵到殿中红阶下，昂首屹立宫门更增添它的威风。
皇上命令你展开丝绢准备作画，你匠心独运惨淡经营刻苦用功。
片刻间九天龙马就在绢上显现，一下比得万代凡马皆成了平庸。
玉花骢图如真马倒在皇帝榻上，榻上马图和阶前屹立真马相同。
皇上含笑催促左右赏赐你黄金，太仆和马倌们个个都迷惘发怔。
将军的门生韩干画技早学上手，他也能画马且有许多不凡形象。
韩干只画外表画不出内在精神，常使骅骝好马的生气凋敝失丧。
将军的画精美美在画中有神韵，偶逢真名士才肯为他动笔写真。
而今你漂泊沦落在战乱的社会，平常所画的却是普通的行路人。

你到晚年反而遭受世俗的白眼，人世间还未有人象你这般赤贫。
只要看看历来那些负盛名的人，有谁不终日坎坷穷愁纠缠其身？

古柏行

孔明庙前有老柏，柯如青铜根如石。霜皮溜雨四十围，黛色参天二千尺。
君臣已与时际会，树木犹为人爱惜。云来气接巫峡长，月出寒通雪山白。
忆昨路绕锦亭东，先主武侯同閟宫。崔嵬枝干郊原古，窈窕丹青户牖空。
落落盘踞虽得地，冥冥孤高多烈风。扶持自是神明力，正直原因造化功。
大厦如倾要梁栋，万牛回首丘山重。不露文章世已惊，未辞翦伐谁能送？
苦心岂免容蝼蚁，香叶终经宿鸾凤。志士幽人莫怨嗟，古来材大难为用。

【译文】孔明庙前有一株古老的柏树，枝干色如青铜根柢固如盘石。
树皮洁白润滑树干有四十围，青黑色朝天耸立足有二千尺。
刘备孔明君臣遇合与时既往，至今树木犹在仍被人们爱惜。
柏树高耸云雾飘来气接巫峡，月出寒光高照寒气直通岷山。
想昔日小路环绕我的草堂东，先生庙与武侯祠在一个闭宫。
柏树枝干崔嵬郊原增生古致，庙宇深邃漆绘连绵门窗宽空。
古柏独立高耸虽然盘踞得地，但是位高孤傲必定多招烈风。
它得到扶持自然是神明伟力，它正直伟岸原于造物者之功。
大厦如若倾倒要有梁栋支撑，古柏重如丘山万年也难拉动。
它不露花纹彩理使世人震惊，它不辞砍伐又有谁能够采送？
它虽有苦心也难免蝼蚁侵蚀，树叶芳香曾经招来往宿鸾凤。
天下志士幽人请你不要怨叹，自古以来大材一贯难得重用。

房兵曹胡马

胡马大宛名，锋棱瘦骨成。竹批双耳峻，风入四蹄轻。
所向无空阔，真堪托死生。骁腾有如此，万里可横行。

【译文】房兵曹的马是著名的大宛马，瘦骨棱棱，好比刀锋。
两耳尖锐，如同削竹，四蹄轻快，犹如劲风。
所向之地，空阔广漠，不怕险阻，可托生死。
有如此健壮、如此奔腾快捷的良马，足可横行万里之外.

春日忆李白

白也诗无敌，飘然思不群。清新庾开府，俊逸鲍参军。
渭北春天树，江东日暮云。何时一樽酒，重与细论文。

【译文】李白的诗作无人能敌，他那高超的才思也远远地超出一般人。

俗话说的好“笔落惊风雨，诗成泣鬼神”他的诗作清新、俊逸，和南北朝时两位著名诗人庾信、鲍照的作品一样。

李白啊，如今，我在渭北独对着这无语的春之绿树，你在江东远望那日暮薄云，天各一方，只能遥相思念。

我们什么时候才能同桌共饮，再次探讨一下我们的诗作呢？

重过何氏

落日平台上，春风啜茗时。石栏斜点笔，桐叶坐题诗。
翡翠鸣衣桁，蜻蜓立钓丝。自今幽兴熟，来往亦无期。

【译文】太阳的余辉照在平台上，在春风中喝茶。
在石栏上点比作画，以桐叶来作诗。
翡翠鸟在晾衣杆上鸣叫，蜻蜓在钓竿上站在。
自此幽兴天气开始变热，以后就不知道什么时候会再见面。

月夜

今夜鄜州月，闺中只独看。遥怜小儿女，未解忆长安。
香雾云鬟湿，清辉玉臂寒。何时倚虚幌，双照泪痕干。

【译文】今夜，鄜州的天空，有一轮皎洁的明月，妻子一定一个人在闺房中望月。
遥想幼小的孩童，还不了解想念长安的意蕴。
香雾沾湿了妻子的头发，清冽的月光照着她的双臂。
什么时候才能和她一起倚着窗帷，让月光照干我们彼此的泪痕呢?

春望

国破山河在，城春草木深。感时花溅泪，恨别鸟惊心。
烽火连三月，家书抵万金。白头搔更短，浑欲不胜簪。

【译文】京城沦陷，山河依旧，春天来临，荒草茂盛。
感叹时局，看到花开也不由得流下眼泪，怨恨别离，听到鸟鸣也禁不住心中悸动。
战火连绵，如今已是暮春三月，家书珍贵，足抵得上万两黄金。
痛苦中我的白发越搔越短，要插不上头簪。

月夜忆舍弟

戍鼓断人行，秋边一雁声。露从今夜白，月是故乡明。
有弟皆分散，无家问死生。寄书长不达，况乃未休兵。

【译文】戍楼上的鼓声隔断了人们的来往，秋天的边塞，孤雁鸣叫。
从今夜就进入了白露节气，月亮应该还是故乡的最明亮。

兄弟都各自分散了，没有家无法探问生死。
家书常常不能送到，何况战乱频繁没有停止。

天末怀李白

凉风起天末，君子意如何。鸿雁几时到，江湖秋水多。
文章憎命达，魑魅喜人过。应共冤魂语，投诗赠汨罗。

【译文】天边吹来凉风，不知你的心境怎样。
鸿雁什么时候带来书信？江湖上风浪迭起。
绝世奇才，命途不顺，水灵精怪喜欢不幸者经过。
你该向屈子申诉，投一首诗到汨罗江上。

遣意二首

其一

啭枝黄鸟近，泛渚白鸥轻。一径野花落，孤村春水生。
衰年催酿黍，细雨更移橙。渐喜交游绝，幽居不用名。

【译文】近处的黄鸟啁哳，远处白鸥在水中的小块陆地上轻飞。
路旁的野花凋零，春水在村里流动。
晚年急着酿酒，在细雨中移橙树。
慢慢喜欢交往游玩，不用再幽居其中。

其二

檐影微微落，津流脉脉斜。野船明细火，宿鹭起圆沙。
云掩初弦月，香传小树花。邻人有美酒，稚子夜能赊。

【译文】房檐的影子落下，渡口的水流缓慢。
闲船照在微火下，在园沙下，白鹭飞起。
云遮挡着新出的月亮，小树的花香传遍。
邻居家里有好酒，夜晚让小孩子前去买。

江亭

坦腹江亭暖，长吟野望时。水流心不竞，云在意俱迟。
寂寂春将晚，欣欣物自私。故林归未得，排闷强裁诗。

【译文】心胸开阔，江河渐暖，在郊外远望，长叹。
水动，不能激起心中情绪，云朵飘摇，心绪平和。
春天已经到了季末了，万物欣欣向荣。
没有能够回到故乡，强自写诗，排遣忧思。

旅夜书怀

细草微风岸，危樯独夜舟。星垂平野阔，月涌大江流。
名岂文章著，官应老病休。飘飘何所似？天地一沙鸥。

【译文】岸边微风低拂细草，高桅杆在船上高耸。
广阔的原野上，星辰低垂，月下，河水奔涌。
难道要借助文章扬名，因为年老多病而停职。
我漂泊一生，像什么？就像那茫茫天地间一只孤飞的沙鸥一样。

秋野

易识浮生理，难教一物违。水深鱼极乐，林茂鸟知归。
吾老甘贫病，荣华有是非。秋风吹几杖，不厌此山薇。

【译文】了解人间处世的道理很容易，很难使一事违背。
水深鱼儿快乐，树林茂盛，鸟儿知道回归山林。
我这一生甘于贫困、多病，荣华之间，会有对错。
秋风吹着，不会不满足在山上吃着野菜。

登岳阳楼

昔闻洞庭水，今上岳阳楼。吴楚东南坼，乾坤日夜浮。
亲朋无一字，老病有孤舟。戎马关山北，凭轩涕泗流。

【译文】早就听说洞庭湖，水势浩大，今天终于登上了岳阳楼。
吴地和楚地，似乎被割成两国，天与地，日日夜夜在波涛上升起。
亲友连一点消息也没有，我年老多病，栖息在这孤船上。
在关山以北征战，凭着楼窗远眺，涕、泪交横。

题张氏隐居

春山无伴独相求，伐木丁丁山更幽。涧道馀寒历冰雪，石门斜日到林丘。
不贪夜识金银气，远害朝看麋鹿游。乘兴杳然迷出处，对君疑是泛虚舟。

【译文】在春山里没有同伴，只有孤独一人，伐木的丁丁声显得山更加寂静。

山涧的道路经历冰雪，还很冷，西斜的阳光照在树林。
我不贪恋财物，全身远害去隐居。
尽兴在幽深的树林间游玩，忘记归时，看着你，怀疑不是在船上。

曲江二首

其一

一片花飞减却春，风飘万点正愁人。且看欲尽花经眼，莫厌伤多酒入唇。
江上小堂巢翡翠，苑边高冢卧麒麟。细推物理须行乐，何用浮名绊此身。

【译文】一片花落减掉了春色，风吹着闷杀人。
暂且想看尽从眼前经过的花，不要喝太多的酒伤身。
江边小屋翡翠鸟在此建巢，胜景芙蓉花旁边，高大的坟墓上有麒麟在此。
细细推究事理，要及时欢乐，哪里要用虚名牵绊自己。

其二

朝回日日典春衣，每向江头尽醉归。酒债寻常行处有，人生七十古来稀。
穿花蛱蝶深深见，点水蜻蜓款款飞。传语风光共流转，暂时相赏莫相违。

【译文】每天上朝回来典当春衣，每次都朝着江头喝醉归来。
到处欠人酒钱，人活到七十岁古来罕见。
蝴蝶从花丛深处现身，蜻蜓点水，慢慢飞。
传话给流转的春光，暂时观赏，不要错过。

蜀相

丞相祠堂何处寻，锦官城外柏森森。映阶碧草自春色，隔叶黄鹂空好音。

三顾频烦天下计，两朝开济老臣心。出师未捷身先死，长使英雄泪满襟！

【译文】丞相的祠堂要到哪里寻找？在锦官城外柏树繁茂的地方。
映着石阶的绿草自成一片春色，隔着树叶的黄鹂徒有好听的声音。
三顾茅庐频繁讨论天下大计，两朝的开创与辅佐老臣竭尽忠心。
出师还没有取得最后胜利就先病死了，常使后世的英雄泪满衣襟。

江村

清江一曲抱村流，长夏江村事事幽。自去自来堂上燕，相亲相近水中鸥。
老妻画纸为棋局，稚子敲针作钓钩。多病所须唯药物，微躯此外更何求。

【译文】清澈的江水曲折环绕着流经村子，盛夏的江村，显得安静。
梁上的燕子自由自在地飞来飞去，水中的鸥鸟互相追逐。
妻子在纸上画着棋盘，小儿敲针作鱼钩。
我老了，多病的身体需要的只是药物，除此之外，还有别的什么奢求呢？

恨别

洛城一别四千里，胡骑长驱五六年。草木变衰行剑外，兵戈阻绝老江边。
思家步月清宵立，忆弟看云白日眠。闻道河阳近乘胜，司徒急为破幽燕。

【译文】洛阳一别，身距四千里远之后，叛军长驱直入也已经有五六年了。
草木由青便衰，我来到蜀地以后，战争的阻隔，我在江边慢慢老去。
我思念家乡，在清冷的月夜，独自徘徊，想念弟弟，在冷落的白天看云，倦极而眠。
听说近来司徒已攻克河阳，正乘胜追击，急于要拿下幽燕。

南邻

锦里先生乌角巾，园收芋栗未全贫。惯看宾客儿童喜，得食阶除鸟雀驯。
秋水才深四五尺，野航恰受两三人。白沙翠竹江村暮，相送柴门月色新。

【译文】成都的先生带着四方有角的头巾，园子里收获的蔬菜，并不是完全贫困。
习惯于看到客人，孩子高兴的样子，得到食物在台阶上喂食鸟雀。
秋水才四五尺深，只能承载两三个人远航。
翠竹白沙在江村的夜晚，在新月下的门口，送宾客。

客至

舍南舍北皆春水，但见群鸥日日来。花径不曾缘客扫，蓬门今始为君开。
盘飧市远无兼味，樽酒家贫只旧醅。肯与邻翁相对饮，隔篱呼取尽余杯。

【译文】房前屋后都环绕着春水，只见成群的鸥鸟天天来。
花径因为客人少没有打扫过，柴门今天为了你打开。
因为离市集远，盘中的菜种少，由于家贫，酒杯中只有陈酒。
如果你愿意和邻居的老翁对饮，隔着篱笆喊他过来。

闻官军收河南河北

剑外忽传收蓟北，初闻涕泪满衣裳。却看妻子愁何在，漫卷诗书喜欲狂。
白日放歌须纵酒，青春作伴好还乡。即从巴峡穿巫峡，便下襄阳向洛阳。

【译文】在剑外忽然听说，收复蓟北的消息，初听到时悲喜交集，涕泪沾满了衣裳。
回头再看看妻子儿女，忧愁哪里还在。胡乱收卷诗书，我高兴得快要发狂！

白天我要开怀痛饮，放声纵情歌唱；明媚春光和我作伴，我好启程还乡。
我立即从巴峡穿过了巫峡；很快便到了襄阳，随即又奔向洛阳。

登楼

花近高楼伤客心，万方多难此登临。锦江春色来天地，玉垒浮云变古今。
北极朝廷终不改，西山寇盗莫相侵。可怜后主还祠庙，日暮聊为梁甫吟。

【译文】满眼花枝，高楼上触景伤情，形势危急，远游到此登临。
悠悠天地，锦江的美丽春色，茫茫今古，变幻玉垒浮云。
朝廷犹如北极星始终高悬天空，西山的吐蕃不要侵犯中原。
可叹刘禅还立庙祠祭，日暮时分，我姑且学那孔明低唱《梁父吟》。

宿府

清秋幕府井梧寒，独宿江城蜡炬残。
永夜角声悲自语，中天月色好谁看！
风尘荏苒音书绝，关塞萧条行路难。
已忍伶俜十年事，强移栖息一枝安。

【译文】清秋将军幕府井边的梧桐有了寒意，独自呆在江城，蜡烛快要烧完了。
长夜中的角声悲凉，就像自己低语，天上的月光美好，但有谁欣赏呢？
战乱不绝家乡的音讯断绝，道路艰难不通。
已经孤单地生活了十年，勉强谋到份差事暂且求得平安。

咏怀古迹五首

其一

支离东北风尘际，漂泊西南天地间。三峡楼台淹日月，五溪衣服共云山。
羯胡事主终无赖，词客哀时且未还。庾信平生最萧瑟，暮年诗赋动江关。

【译文】在战乱中，流离在长安东北一带，在西南地区飘零。
长久地停留在三峡的房屋中，穿着五溪衣服住在山里。
安禄山狡猾反复无常，诗人伤怀的时候还没有返回。
庾信一生最凄凉，晚年作的诗震动了江关。

其二

摇落深知宋玉悲，风流儒雅亦吾师。怅望千秋一洒泪，萧条异代不同时。
江山故宅空文藻，云雨荒台岂梦思。最是楚宫俱泯灭，舟人指点到今疑。

【译文】草木摇落才深深的知道宋玉的感伤，他学问、文辞算是我的老师。
相隔千秋追怀怅望叫人不免流泪，我和他相似却生非同时。
江山、故宅仍在，只有文采空留，他的云雨楼台岂是说梦？
最可感慨的是当年楚宫早已毁掉，至今船夫还怀疑这些古迹。

其三

群山万壑赴荆门，生长明妃尚有村。一去紫台连朔漠，独留青冢向黄昏。
画图省识春风面，环佩空归月夜魂。千载琵琶作胡语，分明怨恨曲中论！

【译文】群山万壑随着江流奔赴荆门，昭君生长的地方现在还有村落。
一离开紫台就和沙漠连在一起，只留下一座长着青草的坟墓对着黄昏。
只凭画图约略地看宫女的容貌，环佩声响，只有魂魄月夜归来。
千年琵琶弹奏胡调，分明是怨恨之情从乐曲中抒发出来。

其四

蜀主窥吴幸三峡，崩年亦在永安宫。翠华想像空山里，玉殿虚无野寺中。
古庙杉松巢水鹤，岁时伏腊走村翁。武侯祠堂常邻近，一体君臣祭祀同。

【译文】刘备攻打东吴驾临三峡，驾崩那年也是在永安宫中。
在空山里还可以想像他的行仗，野寺中还能隐约回忆起行宫。
古庙的杉松上，有野鹤作巢，每逢节气，村里的人来祭祀。
武侯祠紧紧相邻在一起，君臣一体祭祀相同。

其五

诸葛大名垂宇宙，宗臣遗像肃清高。三分割据纡筹策，万古云霄一羽毛。
伯仲之间见伊吕，指挥若定失萧曹。运移汉祚终难复，志决身歼军务劳。

【译文】诸葛亮的英名千古流芳，重臣遗像，令人肃然起敬。
天下三分的局势，是经他策划运筹，千百年来，他像凌霄的飞鸟。
他辅佐刘备，同伊尹吕尚难分上下，指挥从容镇定，萧何曹参不能超过。
时运不济，汉朝帝业难复兴，心志虽坚，终因军务繁艰死于积劳。

小寒食舟中作

佳辰强饮食犹寒，隐几萧条戴鹖冠。春水船如天上坐，老年花似雾中看。
娟娟戏蝶过闲幔，片片轻鸥下急湍。云白山青万余里，愁看直北是长安。

【译文】小寒食节勉强还是吃点冷饭，戴着帽子靠在小桌上。
春来水涨，江流浩漫，所以在舟中漂荡起伏犹如坐在天上云间；诗人身体衰迈，老眼昏蒙，看岸边的花草犹如隔着一层薄雾。
打开幔帐，蝴蝶翩翩飞舞，鸥雁飞过湍急的急流。
潭州距离长安有一万里，它的正北是长安。

归雁

春来万里客，乱定几年回？肠断江城雁，高高向北飞。

【译文】春天来了，我这远离家乡的人，什么时候才能回到家乡呢？最令我悲伤的是，江城的大雁，高高地向北飞去。

绝句漫兴

肠断春江欲尽头，杖藜徐步立芳洲。颠狂柳絮随风去，轻薄桃花逐水流。

【译文】都说春江景物美好，而三春将尽，拄者拐杖，站在芳洲上。只看见柳絮如颠似狂地随风飞舞，轻薄不自重的桃花追逐流水而去。

江畔独步寻花

江深竹静两三家，多事红花映白花。报答春光知有处，应须美酒送生涯。

【译文】江水深广，竹林寂静，有两三户人家，多事的红花映衬着白花。知道有地方报答春光，应该准备好酒慰藉人生。

赠花卿

锦城丝管日纷纷，半入江风半入云。此曲只应天上有，人间能得几回闻。

【译文】锦官城里的音乐声轻柔悠扬，一半随着江风飘去，一半飘入了云端。这样的乐曲只应该天上有，人间里哪能听见几回？

承闻河北诸道节度入朝欢喜口号绝句

英雄见事若通神，圣哲为心小一身。燕赵休矜出佳丽，宫闱不拟选才人。

【译文】英雄遇到事情像神一样，圣人们小心谨慎。
燕赵地区多出美人，宫廷选才人不拘一格。

江南逢李龟年

岐王宅里寻常见，崔九堂前几度闻。正是江南好风景，落花时节又逢君。

【译文】过去在岐王府中经常和你见面，多次在崔九堂前听你唱歌。
现在正是江南景色美好的时候，落花时节又和你相逢。

白居易

白居易，唐下邽人，字乐天，贞元中，进士拔萃。元和初，入翰林为学士，迁左拾遗，奏凡十余上，后封殿中，论执强硬，罢拜左赞善大夫，出为江州司马，累迁杭苏二州刺史。文宗立，迁刑部侍郎。二李党事兴，居易耻缘党入升，乃移病分司东都，以太子少傅进冯翊候。会昌初，以刑部尚书致仕，与香山僧如满结香火社，自称香山居士。卒年七十五，谥文。居易文章精切，尤工诗，其咏叹时事，多存讽刺，与杜甫相似，惟措辞平易，老妪都解。世称鸡林行贾，售其国相，率篇易一金，间有伪作者，亦能辨之。初与元稹倡和，号元白，又与刘禹锡齐名，号刘白。然其后张为作《诗人主客图》，独推居易为广大教化主，元刘皆在堂室之列。后世皆以张氏为知言。著有《白氏长庆集》。

【译文】唐代，下邽人，字乐天，贞元年间，进士超群。元和初年，入翰林院作学士，做左拾遗的官，奏请了十几道折子，后来封了殿中的职位，发表自己强硬的观点，罢免做了左善赞大夫，出京作江州司马，几次升官做了杭苏二州的刺史。文宗即位，升迁做了刑部侍郎。二李党争发生之后，白居易耻于因党缘故而升迁，于是因病去管理东都，以太子少傅封为冯翊候。会昌初年，以刑部尚书辞官归家，和香山僧如满结成香火社，自称香山居士。终年七十五岁，谥文。白居易的文章精切，尤其善写诗，他咏叹世事，多存讽刺，和杜甫相类似，只是措辞平实，老妇能懂。世人有称鸡林国的游商，把白居易的作品卖给国相，每篇卖一金，夹杂有伪作的，也都能识别。开始和元稹唱和，称元白。又和刘禹锡齐名，称刘白。之后，张为写《诗人主客图》，独推白居易的诗歌为第一类的广大教化主，元稹和刘禹锡也都在此。后世都以张为知言。著有《白氏长庆集》。

秦中吟十首（录六首）

贞元、元和之际，予在长安，闻见之间，有足悲者。因直歌其事，命为《秦中吟》。

重赋

厚地植桑麻，所要济生民。生民理布帛，所求活一身。
身外充征赋，上以奉君亲。国家定两税，本意在忧人。
厥初防其淫，明敕内外臣。税外加一物，皆以枉法论。
奈何岁月久，贪吏得因循。浚我以求宠，敛索无冬春。
织绢未成匹，缫丝未盈斤。里胥迫我纳，不许暂逡巡。
岁暮天地闭，阴风生破村。夜深烟火尽，霰雪白纷纷。
幼者形不蔽，老者体无温。悲端与寒气，并入鼻中辛。
昨日输残税，因窥官库门。缯帛如山积，丝絮似云屯。
号为羡余物，随月献至尊。夺我身上暖，买尔眼前恩。
进入琼林库，岁久化为尘！

【译文】大地上种植桑麻，目地在于养活百姓。
人民做衣服，要求的是能够存活。
多余的被朝廷征收，来奉养君父。
朝廷实行的两税法，本意在为民解忧。
当初防止浪费，明令诏敕臣民。
在两税法之外，另行征收，都以藐视法令处置。
奈何时间太长，贪官借此得到好处。
剥削我，来求得荣宠，横征暴敛不分季节。
还没有织成一匹布，还没有抽到一斤的丝。
官长强迫我纳税，不允许延迟。
年末天气寒冷，阵阵冷风席卷入村。
夜深了，烟火断绝，雪花纷纷落下。
小孩子衣不蔽体，老人身体没有温度。
冷气和凄苦，一齐吸入冰冷的鼻子里。
昨天缴纳了部分税费，趁此机会到官府仓库去看。
收缴的丝帛堆积的像山一样，生丝就像云一样积压。
称美慕我的东西，每月都要缴纳。
抢夺我的衣裳，来换取你的恩宠。
进入到这里，时间久远，就变成了尘土。

伤宅

谁家起甲第，朱门大道边？丰屋中栉比，高墙外回环。
累累六七堂，栋宇相连延。一堂费百万，郁郁起青烟。
洞房温且清，寒暑不能干。高堂虚且迥，坐卧见南山。
绕廊紫藤架，夹砌红药栏。攀枝摘樱桃，带花移牡丹。
主人此中坐，十载为大官。厨有臭败肉，库有贯朽钱。
谁能将我语，问尔骨肉间：岂无穷贱者，忍不救饥寒？
如何奉一身，直欲保千年？不见马家宅，今作奉诚园。

【译文】谁家盖的红色良宅，在大路边？
密集的高大房屋，在外有高墙包围。
有六七间大房，房屋相挨连接。
一间房屋建设大概高达百万两，青云迭起。
高大深邃的房屋温暖、清净，寒暑无忧。
高堂幽深，在里面可以看见终南山。
紫藤缠绕在房廊，路两旁有芍药花。
爬树摘樱桃，移栽牡丹花。
这里的房主，做了很多年大官。
厨房有腐烂的肉，钱库有风化了的钱绳。
谁能听我的言语，问他的亲人。
难道没有贫贱困厄的人，能不救人于困厄？
怎样才能保全自己，知道千年？
曾经的马家宅，现在变成了奉诚园。

伤友

陋巷孤寒士，出门苦栖栖。虽云志气高，岂免颜色低。
平生同门友，通籍在金闺。曩者胶漆契，迩来云雨睽。
正逢下朝归，轩骑五门西。是时天久阴，三日雨凄凄。
蹇驴避路立，肥马当风嘶。回头忘相识，占道上沙堤。
昔年洛阳社，贫贱相提携。今日长安道，对面隔云泥。
近日多如此，非君独惨凄。死生不变者，唯闻任与黎。

【译文】身居陋巷的贫寒儒生，苦于出门忙碌不安。
虽说志气奇高，难免会有难堪的时候。
同门的朋友，现在身居显赫。
从前关系坚固的朋友，现在也不相见。
正值下朝归来，作者高头大马从建福门出来。
这几天天气阴冷，下了三天的雨。
跛驴在路旁站立躲雨，肥马在风中站立嘶鸣。
转身就忘记了故友，以沙铺路，征占道路。
过去在洛阳的白社，我们相互帮助。
现在在京城的道路上，装作不认识。
现在大多这样，不仅仅是我一个人这样凄惨。
一生不变的人，只听说过任公叔他俩。

轻肥

意气骄满路，鞍马光照尘。借问何为者，人称是内臣。
朱绂皆大夫，紫绶或将军。夸赴军中宴，走马去如云。
樽罍溢九酝，水陆罗八珍。果擘洞庭橘，鲙切天池鳞。
食饱心自若，酒酣气益振。是岁江南旱，衢州人食人！

【译文】好胜逞强的气质在路上尽显，鞍马上的装饰品明亮发光。
请问这人是干什么的，人家说是一位高管。
穿的红衣的都是大官，系着紫色绶带的可能是将军。
在军队的宴饮中，骄纵，仆人很多。
酒杯被酒盛满，各种美味陈列。
拨开剥开洞庭湖出产的橘子，细切海里的鱼肉。
吃饱心理安然，酒尽兴，情绪更加激昂。
这一年的江南大旱，衢州发生人吃人的事件。

歌舞

秦中岁云暮，大雪满皇州。雪中退朝者，朱紫尽公侯。
贵有风云兴，富无饥寒忧。所营唯第宅，所务在追游。

朱轮车马客，红烛歌舞楼。欢酣促密坐，醉暖脱重裘。
秋官为主人，廷尉居上头。日中为一乐，夜半不能休。
岂知阌乡狱，中有冻死囚！

【译文】秦地到了年末，大雪覆盖着京城。
在雪中退朝的人，都是高官。
尊贵要风得风，富有没有饥寒交迫的担忧。
只管置办府第，追逐游乐作为正事。
坐着红车的贵族，在歌舞场游乐。
宴饮娱乐，喝醉了脱去贵重的衣裘。
刑部官员做主，上面还有大理寺卿。
白天欢乐，夜晚也不停歇。
难道不知道河南灵宝的监狱，还有犯人被冻死的事件吗？

买花

帝城春欲暮，喧喧车马度。共道牡丹时，相随买花去。
贵贱无常价，酬直看花数：灼灼百朵红，戋戋五束素。
上张幄幕庇，旁织巴篱护。水洒复泥封，移来色如故。
家家习为俗，人人迷不悟。有一田舍翁，偶来买花处。
低头独长叹，此叹无人谕：一丛深色花，十户中人赋！

【译文】京城春天快完了，车马络绎不绝。
正值牡丹开放，相携去买花。
没有贵贱，只拿花朵数量定价。
美艳的红花，很是价高。
上面有帐子遮掩，旁边有栅栏相护。
洒着水，还用泥来保护，移栽后，花容依然如故。
家家习以为常，人人都很痴迷。
有一位田间老头，偶然到卖花的地方。
低头长叹息，这一叹没有人能了解意思。
一束花，价值十家中产人家的田赋。

燕歌示刘叟

叟有爱子，背叟逃去，叟甚悲，念之。叟少年时，亦尝如是。故作燕歌以喻之。

梁上有双燕，翩翩雄与雌。衔泥两椽间，一巢生四儿。四儿日夜长，索食声孜孜。
青虫不易捕，黄口无饱期。觜爪虽欲敝，心力不知疲。须臾十来往，犹恐巢中饥。
辛勤三十日，母瘦雏渐肥。喃喃教言语，一一刷毛衣。一旦羽翼成，引上庭树枝。
举翅不回顾，随风四散飞。雌雄空中鸣，声尽呼不归。却入空巢里，啁啾终夜悲。
燕燕尔勿悲，尔当返自思。思尔为雏日，高飞背母时。当时父母念，今日尔应知。

【译文】老人有一个儿子，独自离家出走，老人很伤心，思念他。老人年少的时候，也曾这样。所以写这篇文章来述说。

房梁上有一对燕子，雌雄双飞。在房梁间建巢，一窝生了四个燕雏。小燕子一天天长大，嗷嗷待哺。青虫不容易逮到，小燕子没有吃饱的时候。燕子虽然爪子很疲敝了，但是心里不觉得辛劳。很快的多次往返，还担心小燕子们饥饿。辛苦了三十天，雌燕渐渐瘦弱，小燕子们慢慢肥大。教它们言语，给它们整理羽毛。一旦羽翼丰满，就带到庭前的树枝上。振翅不回头，随着风儿四处飞舞。雌鸟和雄鸟在空中啼鸣，再喊都不理会。只得独自回到空巢，每晚啁哳哀鸣。你不要悲伤，你应当回来自我思量。想你还是雏鸟的时候，展翅飞翔，离开父母的怀抱。当日父母的思念，现在你该知道了。

放鱼

晓日提竹篮，家僮买春蔬。青青芹蕨下，叠卧双白鱼。
无声但呀呀，以气相煦濡。倾篮写地上，拨剌长尺余。
岂唯刀机忧，坐见蝼蚁图。脱泉虽已久，得水犹可苏。
放之小池中，且用救干枯。水小池窄狭，动尾触四隅。
一时幸苟活，久远将何如。怜其不得所，移放于南湖。
南湖连西江，好去勿踟蹰。施恩即望报，吾非斯人徒。
不须泥沙底，辛苦觅明珠。

【译文】早晨提着竹篮，仆人去买菜。
青色的水草下面，有一对白鱼。
没有声响，用气来相互濡湿。
将篮子放在地上，拿起它身长一尺多。
难道只担心工具，盯着看蝼蚁搬家的图景。
离开水很久了，重新入水还可以活。
放到小水塘里，从没水的状况中解救。
水塘狭小，一活动就会碰壁。
幸运的是一时存活，长久的该怎么办。
可怜它没有地方，移放到南湖里。
南湖和西江相接，离去间不要迟疑。
给以恩惠就渴望的到回报，我不是这种人。
不需要呆在底层，辛苦的寻觅珍珠。

观刈麦

田家少闲月，五月人倍忙。夜来南风起，小麦覆陇黄。
妇姑荷箪食，童稚携壶浆，相随饷田去，丁壮在南冈。
足蒸暑土气，背灼炎天光，力尽不知热，但惜夏日长。
复有贫妇人，抱子在其旁，右手秉遗穗，左臂悬敝筐。
听其相顾言，闻者为悲伤。家田输税尽，拾此充饥肠。
今我何功德，曾不事农桑。吏禄三百石，岁晏有余粮。
念此私自愧，尽日不能忘。

【译文】庄稼人很少有闲暇，五月里，人更加繁忙。
夜晚吹起一场南风，那小麦成熟，铺满田埂。
妇女们担着饭食，孩童们提着汤水。
相携去给田里人做饭，小伙子们正在南冈操劳。
双脚受地面热气熏蒸，脊背受炎热的阳光烘烤。
力气耗尽了不觉得热，只是可惜夏日的漫长。
更有那些穷苦的妇女，抱着孩子在一旁。

右手去捡丢掉的麦穗，左臂挂着破烂的扁筐。
听她们的言谈，引起我的感伤。
家里的收成，全缴了税，拾这点充饥。
如今我有什么功劳，从不曾从事农业耕种。
有三百担的俸禄，年底还有存粮。
想到这些，暗自惭愧，整天，都不能忘记。

玩止水

动者乐流水，静者乐止水。利物不如流，鉴形不如止。
凄清早霜降，淅沥微风起。中面红叶开，四隅绿萍委。
广狭八九丈，湾环有涯涘。浅深三四尺，洞彻无表里。
净分鹤翘足，澄见鱼掉尾。迎眸洗眼尘，隔胸荡心滓。
定将禅不别，明与诚相似。清能律贪夫，淡可交君子。
岂唯空狎玩，亦取相伦拟。欲识静者心，心源只如此。

【译文】智者喜欢流动的水，仁者喜欢平静的水。
使用需要流动的水，观水要看平静的水面。
凄清的早霜来临，淅沥的微风渐渐产生。
中间的红花开放，四面的绿叶枯萎、败落。
广阔的有八九丈大，弯弯曲曲有着边际。
有三四尺深，洞很深。
澄净的可以看见鹤的脚，澄澈的可以看见鱼儿游动。
用眼去看，会受到洗涤，用心去看，会受到净化。
必然和禅定一样，明净程度和人的诚心一样。
清净可以约束小人，恬淡可以结交君子。
难道只是一味的亲近、玩乐，也该去学习。
想要达到澄心定慧的境界，但也只能到达这种境地。

池上篇

东都风土水木之胜在东南偏，东南之胜在履道里，里之胜在西北隅，西閈北垣第一第，即白氏叟乐天退老之地。

【译文】洛阳的风土水木之胜在偏东南方向，东南之胜在履道里，此地之胜在西北角，西北墙垣是建府第最好的地方，就是白乐天老头退休养老的地方。

地方十七亩，屋室三之一，水五之一，竹九之一，而岛树桥道间之。初，乐天既为主，喜且曰：虽有池台，无粟不能守也，乃作池东粟廪。又曰：虽有子弟，无书不能训也。乃作池北书库。

【译文】地方园十七亩，屋室占了三分之一，池塘占了五分之一，竹子占了九分之一，夹杂着亭台，小桥。开始，乐天已经入主，高兴地说：即使有池塘，亭台，没粮也不行，于是在池东见了一座粮仓。又说：即使有子弟，没书不能教育他。于是在池北捡了一座图书馆。

又曰：虽有宾朋，无琴酒不能娱也。乃作池西琴亭，加石樽焉。乐天罢杭州刺史，得天竺石一、华亭鹤二以归。始作西平桥，开环池路。罢苏州刺史时，得太湖石五、白莲、折腰菱、青板舫以归。

【译文】又说：即使朋友，没有音乐和酒来助兴。于是在池塘西边建了一座西琴亭，加了石杯在旁。乐天被罢免杭州刺史，得到一块天竺石，二个华亭的鹤并带回。才建西平桥，修了绕池路。被罢苏州刺史，得到了五块太湖石头，白莲，折腰菱、青板舫并带回。

又作中高桥，通三岛迳。罢刑部侍郎时，有粟千斛，书一车，洎臧获之习管磬弦歌者指百以归。先是，颖川陈孝仙与酿酒法，味甚佳。博陵崔晦叔与琴，韵甚清。蜀客姜发授《秋思》，声甚澹。弘农杨贞一与青石三，方长平滑，可以坐卧。

【译文】有建了一座中高桥，沟通三道的路。罢刑部侍郎时，有千斛的粮食，一车书，从奴婢中会音乐的人中挑出百人带回。此前，颖川陈孝仙的酿酒之法，味道很好。博陵崔晦叔的弹琴，琴韵清越。蜀地人姜发写的《秋思》，声音很恬淡。弘农杨贞一的三块青石，方长平滑，可以坐卧。

大和三年夏，乐天始得请为太子宾客，分秩于洛下，息躬于池上。凡三任所得，四人所与，洎吾不才身，今率为池中物。每至池风春，池月秋，水香莲开之旦，露清鹤唳之夕，拂杨石，举陈酒，援崔琴，弹《秋思》，颓然自适，不知其他。

【译文】大和三年的夏天，乐天才请得太子做客，按官位分别在洛阳暂住，在池上亭子停歇。凡三位所得，四人所给，连我不才之人算上，今天都成了池中之物。每到池中春，池月秋，水香莲开的早晨，清露，鹤鸣的傍晚，擦过杨石，举起陈酒，拿起崔琴，弹起《秋思》，安然自适，不管其余。

酒酣琴罢，又命乐童登中岛亭，合奏《霓裳散序》，声随风飘，或凝或散，悠扬于竹烟波月之际者久之。曲未竟，而乐天陶然石上矣。睡起偶咏，非诗非赋，阿龟握笔，因题石间。视其粗成韵章，命为《池上篇》云尔。

【译文】畅饮酒后，弹完琴，又命乐童登上中岛亭，合奏《霓裳散序》，声随风飘，或凝或散，悠扬的在竹烟波月之间留驻很久。曲未完，而乐天已经在石上陶醉。醒来所咏，非诗非赋，阿龟握笔，就题写在了石上。看它用律不够谨严，起名《池上篇》。

十亩之宅，五亩之园。有水一池，有竹千竿。
勿谓土狭，勿谓地偏。足以容膝，足以息肩。
有堂有庭，有桥有船。有书有酒，有歌有弦。
有叟在中，白须飘然。

【译文】十亩的宅第，五亩的园子。
有一座池塘，有千根竹子。
不要说土地面积太小，不要说地方偏僻。
足以放膝，足以放肩。
有堂室有庭院，有桥有船。
有书有酒，有音乐。
其中有老头，白须飘飘。

识分知足，外无求焉。如鸟择木，姑务巢安。
如龟居坎，不知海宽。灵鹤怪石，紫菱白莲。

皆吾所好，尽在吾前。时饮一杯，或吟一篇。
妻孥熙熙，鸡犬闲闲。优哉游哉，吾将终老乎其间。

【译文】知足满意，别无所求。
如鸟择良木而栖，尚且一定要安巢。
如龟在偏狭地方，不知海的宽大。
灵鹤怪石，紫菱白莲。
都是我喜欢的，都在我面前。
不时喝一杯，有时再写一篇文章。
妻子孩子温和欢乐，鸡狗闲散。
优哉游哉，我将终老于此。

新乐府五十首（录十五首）

序曰：凡九千二百五十二言，断为五十篇。篇无定句，句无定字，系于意，不系于文。首句标其目，卒章显其志，《诗》三百之义也。其辞质而径，欲见之者易谕也。其言直而切，欲闻之者深诫也。其事核而实，使采之者传信也。其体顺而肆，可以播于乐章歌曲也。总而言之，为君、为臣、为民、为物、为事而作，不为文而作也。

【译文】总共九千二百五十二个字，总共五十个篇章。篇目中没有雷同的句子，句子里，没有雷同的汉字，不用华丽的词藻承接，而重意义。首句作为题目，到末尾才表明意义，类似《诗经》的大义。字词清浅，都能轻易看懂。它的言语恳切，看到的人，应该引以为戒。它是真实的，来自采诗官的调查。它的体制顺畅，可以当作歌词谱曲演唱。总而言之，目地在于为国、为民、为臣、为事、为物而写，不为彰显华美词采而写。

海漫漫（戒求仙也）

海漫漫，直下无底旁无边；云涛烟海最深处，人传中有三神山；
山上多生不死药，服之羽化为天仙。秦皇汉武信此语，方士年年采药去；
蓬莱今古但闻名，烟水茫茫无觅处；海漫漫，风浩浩，眼穿不见蓬莱岛；
不见蓬莱不敢归，童男丱女舟中老。徐福文成多诳诞，上元太一虚祈祷。

君看骊山顶上茂陵头，毕竟悲风吹蔓草！何况玄元圣祖五千言：
不言药，不言仙，不言白日升青天。

【译文】云海漫漫，一望无际。云海深处，传言说有方丈、蓬莱、瀛洲三座仙山。山上出产不死之药，吃了它就会羽化成仙。秦始皇和汉武帝听信了传言，方士年年前去采药。从古到今，只听说过蓬莱山的名字，烟波浩渺，无处可寻。云海漫漫，风波浩然，望眼欲穿没有看见蓬莱山，不看见蓬莱山不敢返回。童男童女在船上带到死，徐福和文成都是骗子。上元夫人和太乙神空自祈祷，你看，骊山和茂陵的坟头，风吹着长满了荒草的坟头。不如老子的《道德经》，不说吃药，不说成仙，不说大白天里飞上天空。

上阳白发人（愍怨旷也）

上阳人，上阳人，红颜暗老白发新。
绿衣监使守宫门，一闭上阳多少春。
玄宗末岁初选入，入时十六今六十。
同时采择百余人，零落年深残此身。
忆昔吞悲别亲族，扶入车中不教哭。
皆云入内便承恩，脸似芙蓉胸似玉。
未容君王得见面，已被杨妃遥侧目。
妒令潜配上阳宫，一生遂向空房宿。
宿空房，秋夜长，夜长无寐天不明。
耿耿残灯背壁影，萧萧暗雨打窗声。
春日迟，日迟独坐天难暮。
宫莺百啭愁厌闻，梁燕双栖老休妒。
莺归燕去长悄然，春往秋来不记年。
唯向深宫望明月，东西四五百回圆。
今日宫中年最老，大家遥赐“尚书”号。
小头鞵履窄衣裳，青黛点眉眉细长。
外人不见见应笑，天宝末年时世妆。
上阳人，苦最多。
少亦苦，老亦苦，少苦老苦两如何！
君不见昔时吕向《美人赋》，
又不见今日上阳白发歌！

【译文】上阳宫人啊，上阳宫人，当年的花容月貌已经暗暗消失；

如今垂暮之年，白发如银。绿衣监使守着宫门，一下就关闭了上阳人多少个春天。

说起来，还是玄宗末年被选进皇宫，进宫时刚十六，现在已是六十。

一起被选的本有一百多人，然而，日久年深，凋零净尽，如今剩下只老身一人。

想当初，吞声忍泪，痛别亲人，被扶进车子里不准哭泣。

都说进了皇宫便会承受恩宠，因为自己是那样的如花似玉。

哪晓得一进宫，还没等到见君王一面，就被杨贵妃远远地冷眼相看。

我遭到嫉妒，被偷偷地送进上阳宫，落得一辈子独守空房。

住在空房中，秋夜那样漫长，长夜无睡意，天又不肯亮。

一盏残灯，光线昏昏沉沉，照着背影，投映在墙壁上；只听到夜雨萧萧，敲打着门窗；春日的白天是那样慢，那样慢啊，独自坐着看天，天又黑得那样晚。

宫里的黄莺儿百啭千啼，本该让人感到欣喜，我却满怀愁绪，厌烦去听；

梁上的燕子成双成对，同飞同栖，是多么地让人羡慕，但我老了，再也引不起丝毫的嫉妒。黄莺归去了，燕子飞走了，宫中长年冷清寂寥。就这样送春，迎秋，已记不得过了多少年。只知对着深宫，望着天上月，看它东边出来，西边落下，已经四五百回圆缺。

现如今，在这上阳宫中，就数我最老。皇帝听说后，远远地赐了个“女尚书”的称号。我穿的还是小头鞋子、窄窄的衣裳；还是用那青黛画眉，画得又细又长。外边的人们没有看见，看见了一定要笑话，因为这种妆扮，还是天宝末年的时髦样子。

上阳宫人哪，苦可以说是最多：年轻也苦，老了也苦。一生孤苦，可又能怎样？你不曾看到那时吕向的《美人赋》？你又没见到今日的《上阳宫人白发歌》。

胡旋女（戒近习也）

胡旋女，胡旋女，心应弦，手应鼓。弦鼓一声双袖举，回雪飘摇转蓬舞。
左旋右转不知疲，千匝万周无已时。人间物类无可比，奔车轮缓旋风迟。
曲终再拜谢天子，天子为之微启齿。胡旋女，出康居，徒劳东来万里余。
中原自有胡旋者，斗妙争能尔不如。天宝季年时欲变，臣妾人人学圜转。
中有太真外禄山，二人最道能胡旋。梨花园中册作妃，金鸡障下养为儿。
禄山胡旋迷君眼，兵过黄河疑未反。贵妃胡旋惑君心，死弃马嵬念更深。
从兹地轴天维转，五十年来制不禁。胡旋女，莫空舞，数唱此歌悟明主。

【译文】胡旋女啊，胡旋女，心和弦呼应，手和鼓配合。音乐响起，开始舞蹈，象雪花般飘摇，象蓬草迎风飞舞。左旋右转不知疲倦，千圈万周还在转个不停。世间的万物都不能比拟，连飞奔的车轮都觉的比她缓慢。跳罢，拜了两拜，答谢皇帝，皇帝还礼。胡旋女从康居前来，向东徒步了万里有余。中原地区有跳胡旋舞的人，你不如她高妙。天宝末年，实事流转，人人都在学习圆滑处世。朝廷里有杨玉环，边疆有安禄山，二人是最会跳胡旋舞的人。在梨园里被册封为妃子，在帷帐下，将安禄山当作儿子。安禄山，用跳胡旋舞迷惑君王，部队度过黄河都没有怀疑他造反。杨玉环用跳胡旋舞使君王受到诱惑，被赐死在马嵬坡下后，更加思念。从何时候实事世事变化，天地换转，五十年后，都没能缓过来。胡旋女，不要只空跳舞蹈，多次的唱这首歌呼唤明君。

新丰折臂翁（戒邀功也）

新丰老翁八十八，头鬓眉须皆似雪。玄孙扶向店前行，左臂凭肩右臂折。
问翁臂折来几年，兼问致折何因缘。翁云贯属新丰县，生逢圣代无征战。
惯听梨园歌管声，不识旗枪与弓箭。无何天宝大征兵。户有三丁点一丁。
点得驱将何处去？五月万里云南行。闻道云南有泸水，椒花落时瘴烟起。
大军徒涉水如汤，未过十人二三死。村南村北哭声哀，儿别爷娘夫别妻。
皆云前后征蛮者，千万人行无一回。是时翁年二十四，兵部牒中有名字。
夜深不敢使人知，偷将大石锤折臂。张弓簸旗俱不堪，从兹始免征云南。
骨碎筋伤非不苦，且图拣退归乡土。此臂折来六十年，一肢虽废一身全。
至今风雨阴寒夜，直到天明痛不眠。痛不眠，终不悔，且喜老身今独在。
不然当时泸水头，身死魂飞骨不收。应作云南望乡鬼，万人冢上哭呦呦。
老人言，君听取。君不闻开元宰相宋开府，不赏边功防黩武？
又不闻天宝宰相杨国忠，欲求恩幸立边功？边功未立生民怨，请问新丰折臂翁！

【译文】新丰有个八十八岁的老人，头发、胡子、眉毛全都像雪一样白。
他的右臂已经断了，只得将左臂搭在他玄孙的肩上，由他的玄孙扶着向店前走来。
我问他右臂折断有多久了，又问他是因何折断的。
他说：“我的籍贯就在新丰县，我出生在太平盛世，没有遭遇过战争。
经常欣赏梨园子弟的歌唱演奏，连什么是旗枪和弓箭都不知道。
谁知不久就赶上了天宝年间朝廷的大征兵，有三个成年男子的家庭，就要抽取一个当兵。”
抽取这些壮丁以后，要驱赶着他们去哪儿呢？要在五月里远征万里之外的云南。
听说云南有一条泸水，夏季椒花凋谢之时，泸水就会烟瘴弥漫。
大军徒步渡河的时候，河水会热得像滚汤一样，渡不过十个人就会有二三个死掉。
当时村里到处都是儿子告别爹娘、丈夫告别妻子那哀痛的哭声。

大家都说，前后几次远征云南的人足有千千万万，却没有一个能活着回来！

我那年二十四岁，名字也在兵部征兵的名册之中。

我不敢让人知道，趁着夜深的时候，偷偷地用一块大石头捶断了自己的右臂。

于是，我就因为既不能拉弓也不能摇旗，得以避免被远征云南。

我不是感觉不到伤筋碎骨的痛苦，只是希望能够在选征兵丁时被淘汰，从而留在家乡。

这条胳膊已经折断了六十年，我虽然残废了一肢，但保全了性命。

如今每逢刮风下雨的寒夜，我的断臂都使我疼得彻夜难眠。

疼得睡不着，但我不后悔，为自己能够活到现在而欣喜。

否则我也会死在泸水旁，连尸骨都没人收，只能成为身死云南的望乡鬼，在万人坟里呦呦地哭号。”

这个老人的话，你一定要认真地听一听。

你难道没听说过，开元年间的宰相宋璟，为了避免边将穷兵黩武而不赏边疆的战功？

你难道也没听说过，天宝年间的宰相杨国忠，为了得到皇帝的恩宠而鼓励征战？

还没有立下战功，人民就会怨恨四起，若是不信，就请问问新丰的折臂老人吧。

道州民

道州民，多侏儒，长者不过三尺余。市作矮奴年进送，号为道州任土贡。

任土贡，宁若斯？不闻使人生别离，老翁哭孙母哭儿！

一自阳城来守郡，不进矮奴频诏问。城云臣按《六典书》：任土贡有不贡无。

道州水土所生者，只有矮民无矮奴。吾君感悟玺书下，岁贡矮奴宜悉罢。

道州民，老者幼者何欣欣！父兄子弟始相保，从此得作良人身。

道州民，民到于今受其赐，欲说使君先下泪。仍恐儿孙忘使君，生男多以阳为字。

【译文】道州身材矮小的人很多，身材高的人，不过三尺多，买来当作矮奴年年进贡给朝廷，称作是道州进的土贡。进献这些，难道就一定要吗？没有听见让人生离死别的，老人为自己的孙子哭泣母亲为自己的孩子哭泣。自从阳城管理道州，不进献矮奴，受到朝廷的多次询问。阳城说是按照《六典》书办事，有的就进贡，没有就不进贡。道州水土养的，是低矮的人民，不是矮奴。贤明的君主受到感化，下达诏书，全部废除了进献矮奴的项目。道州的民众，全都很高兴。男子都得到了保全，从此之后，恢复了良民的身份。道州的民众，到了现在受到了这样的恩赐，说到刺史，先流下泪水。还担心后代忘记阳城刺史的恩惠，生下男孩，大多用“阳”字作名字。

缚戎人（达穷民之情也）

缚戎人，缚戎人，耳穿面破驱入秦。天子矜怜不忍杀，诏徙东南吴与越。
黄衣小使录姓名，领出长安乘递行。身被金创面多瘠，扶病徒行日一驿。
朝餐饥渴费杯盘，夜卧腥臊污床席。忽逢江水忆交河，垂手齐声呜咽歌。
其中一虏语诸虏，尔苦非多我苦多。同伴行人因借问，欲说喉中气愤愤。
自云乡管（贯）本凉原，大历年中没落蕃。一落蕃中四十载，遣著皮裘系毛带。
唯许正朝服汉仪，敛衣整巾潜泪垂。

【译文】抓盗兵，抓贼兵，打着耳洞，脸面脏兮来到秦地。
天子怜爱不忍心杀了他们，下诏书让迁居东南。
一位少年记录姓名，带领他们出长安。
身上有伤，面容疲敝，带病徒步走了一站。
早晨吃饭很耗费盘子，晚上腥臊，把床铺抹脏。
忽然看到江水，想到了曾经的河水，神情悲伤的呜咽。
其中一人说其他的人，你的苦楚没有我的深重。
同伴路人于是问询，想要言说胸中的气愤。
说他的家乡本来在凉原，大历年间被番邦所劫掠。
呆在番邦四十年，要穿着皮衣系着毛带。
只准许穿着汉服，整理衣服暗自擦泪。

誓心密定归乡计，不使蕃中妻子知。暗思幸有残筋力，更恐年衰归不得。
蕃候严兵鸟不飞，脱身冒死奔逃归。昼伏宵行经大漠，云阴月黑风沙恶。
惊藏青冢寒草疏，偷渡黄河夜冰薄。忽闻汉军鼙鼓声，路傍走出再拜迎。
游骑不听能汉语，将军遂缚作蕃生。配向东南卑湿地，定无存恤空防备。
念此吞声仰诉天，若为辛苦度残年。凉原乡井不得见，胡地妻儿虚弃捐。
没蕃被囚思汉土，归汉被劫为蕃虏。早知如此悔归来，两地宁如一处苦。
缚戎人，戎人之中我苦辛。自古此冤应未有，汉心汉语吐蕃身。

【译文】暗地里谋划回乡，不让深陷敌营的妻子知道。
暗地里庆幸还有些力气，只害怕年老不能回乡。
敌营的兵容严整鸟都飞不出去，冒着身死的危险，奔逃回来。
白天歇息晚上赶路，经过沙漠，夜晚阴云低垂，有大的风沙。

藏身在稀疏寒冷的草丛里，晚上在结了薄冰的黄河偷渡。
突然听到汉家军队的军鼓声，从路边走出来行礼。
骑兵听不懂汉语，将军于是把我当作敌人绑缚。
发配到东南的潮湿地区，没有任何防护。
想到这里，停住了，向天倾诉，为什么要这么辛苦的度过晚年。
凉原的家乡不能回去，白白地抛弃了滞留胡地的妻儿。
被抓到敌营，思恋故土，回到故乡又被认敌人被绑。
早知道这样，后悔回来，两地痛苦不如在一处苦痛。
抓盗兵，兵士之中，我最痛苦。
自古以来，不曾有这样的冤屈，心怀汉地，说着汉话，却是敌国人。

青石（激忠烈也）

青石出自蓝田山，兼车运载来长安。工人磨琢欲何用？石不能言我代言。
不愿作人家墓前神道碣，坟土未干名已灭。
不愿作官家道旁德政碑，不镌实录镌虚辞。
愿为段氏颜氏碑，雕镂太尉与太师。刻此两片坚贞质，状彼二人忠烈姿。
义心若石屹不转，死节名流确不移；如观奋击朱泚日，似见叱呵希烈时。
各于其上题名谥，一置高山一沉水。陵谷虽迁碑独存，骨化为尘名不死。
长使不忠不烈臣，观碑改节慕为人。慕为人，劝事君。

【译文】青色的石头是从蓝天出产的，日夜兼程运来长安。
工人打磨、雕琢用来干什么？石头不能说话，我来代为传达。
不愿意作为墓碑，坟地还在，字迹已毁。
不愿意作为官道上的叙述功德的石碑，
不刻真话，刻假话。
愿意做颜氏或者段氏的石碑，为太尉和太师雕刻。
在这两个的高洁品质，更增添了这两个人忠烈的英姿。
志向就像这石头不动，为名节而死不会转移。
如果看同样奋激的朱泚，似乎可以看见他威武的样子。
在各自的石碑上写名字，一座放到高山，一座沉入水底。
坟地迁移，可石碑仍旧保留了下来，骨头化为了尘土，名字保留。
假使让不忠不烈的臣子，看到这座石碑，返归求节气歆羡他们。

羡慕他们，劝勉好好辅佐君王。

西凉伎（刺封疆之臣）

西凉伎，假面胡人假狮子。刻木为头丝作尾，金镀眼睛银贴齿。
奋迅毛衣摆双耳，如从流沙来万里。紫髯深目两胡儿，鼓舞跳粱前致辞。
应似凉州未陷日，安西都护进来时。须臾云得新消息，安西路绝归不得。
泣向狮子涕双垂，凉州陷没知不知？狮子回头向西望，哀吼一声观者悲。

【译文】西凉地区以歌舞为业的女子，带着胡人、狮子的面具。
用木做头，丝来做尾巴，金子镶的眼睛，银做的牙齿。
整理衣服，摆动耳朵，从万里的地方前来。
两个紫色胡子，双目深陷的胡人，打鼓跳舞前来致辞。
应该是凉州还没有沦陷的时候，安西都护进献的。
顷刻得到消息，安西的道路断绝，不能回去。
对着狮子哭泣垂泪，凉州沦陷知不知道。
狮子回过头来，向西看去，哀伤的吼叫一声，使人听着悲伤。

贞元边将爱此曲，醉坐笑看看不足。享宾犒士宴三军，狮子胡儿长在目。
有一征夫年七十，见弄凉州低面泣。泣罢敛手白将军，主忧臣辱昔所闻。
自从天宝兵戈起，犬戎日夜吞西鄙。凉州陷来四十年，河陇侵将七千里。
平时安西万里疆，今日边防在凤翔。今蕃汉使来，悉在陇州交易也。
缘边空屯十万卒，饱食温衣闲过日。遗民肠断在凉州，将卒相看无意收。
天子每思长痛惜，将军欲说合惭羞。奈何仍看西凉伎，取笑资欢无所愧！
纵无智力未能收，忍取西凉弄为戏？

【译文】贞元年间的士兵喜欢这种歌舞，笑醉观看，还看不够。
犒劳兵士，宴请三军，狮子、胡人在旁边。
有一位七十岁的老兵，看见凉州的杂耍低头拭泪。
哭完擦手对长官说，从前听说皇帝担忧臣子受辱。
自从天宝年间的兵患后，犬戎天天蚕食西部边疆。
凉州自从沦陷都四十年了，河陇地区被吞食了近七千里。
原来安西万里疆土，现在在凤翔设立边防。
现在外邦来的使者，都在陇县交易。

边境屯兵十万人，吃饱喝足安闲度日。
遗民们肠断凉州，将士们相顾没有收复的意愿。
天子每每想到此都很痛惜，将军想要言说，却感到羞惭。
奈何还在看西凉的杂耍，言谈欢笑没有愧疚。
纵使智慧和力量不够不能收复，哪里有心来看凉州的杂耍？

牡丹芳（美天子忧农也）

牡丹芳，牡丹芳，黄金蕊绽红玉房。千片赤英霞烂烂，百枝绛焰灯煌煌。
照地初开锦绣段，当风不结兰麝囊。仙人琪树白无色，王母桃花小不香。
宿露轻盈泛紫艳，朝阳照耀生红光。红紫二色间深浅，向背万态随低昂。
映叶多情隐羞面，卧丛无力含醉妆。低娇笑容疑掩口，凝思怨人如断肠。
秾姿贵彩信奇绝，杂卉乱花无比方。石竹金钱何细碎，芙蓉芍药苦寻常。
遂使王公与卿相，游花冠盖日相望。庳车软舆贵公主，香衫细马豪家郎。
卫公宅静闭东院，西明寺深开北廊。

【译文】牡丹花啊，牡丹花，黄花蕊，红花瓣儿。
千朵灿烂的红色牡丹花，像百枝火红的火焰。
牡丹的光彩照地生辉，似一段锦绣。但却结不出硕果。
仙人琪树暗然失色，王母种的桃花小而不香。
夜间，露珠浸润，花瓣泛起醉人的紫晕。早上，朝阳照耀，花面生出夺目的红光。
红紫相杂，千姿万态，呈现着不同的色调。向背低昂，变幻出无数的形状。
在叶子的映衬下显得多情、害羞，在丛中显得娇柔，含醉意。
娇弱常掩口而笑，凝神苦思如怨断肠少女。
牡丹的秾姿贵彩，的确超然奇绝，那些杂乱的花卉，怎能与它媲美。
即使石竹、金钱花相比之下，显得何等细碎。即使芙蓉、芍药相比之下，也显得寻常无奇。
引逗着王公卿相，穿着贵族服饰天天游玩相望。
贵族公主乘着轻便舒适的车子，豪家儿郎穿着华衣乘着美车终日赏玩。
王公卿相倾家出动，都去赏花了，宅院关闭显得异常寂静。平时异常寂静的西明寺，到了牡丹盛开的季节，也开放北廊，霎时热闹起来。

戏蝶双舞看人久，残莺一声春日长。共愁日照芳难驻，仍张帷幕垂阴凉。
花开花落二十日，一城之人皆若狂。三代以还文胜质，人心重华不重实。

重华直至牡丹芳，其来有渐非今日。元和天子忧农桑，恤下动天天降祥。
去岁嘉禾生九穗，田中寂寞无人至。今年瑞麦分两歧，君心独喜无人知。
无人知，可叹息！我愿暂求造化力。
减却牡丹妖艳色，少回卿士爱花心， 同似吾君忧稼穑。

【译文】那花间双双起舞的戏蝶好象有意地陪伴着游客，不愿离去。那花间的残莺的叫声好象有意地挽留春光。

养花的、卖花的都担心骄阳会晒损了牡丹的芳姿，便搭起布帐为其遮阴。

花开花落，仅仅二十来天，在这一年一度的花开时节，满城的人看花，就像发狂了似的。

夏、商、周三代以后，形式胜过了内容，人心重视虚华而不重质实，直到看重视牡丹的芳菲。

流弊一直持续到今日，但起源已久。

皇帝怜悯老百姓，感动了上天便降下了吉祥。

去年，地里的谷子长出了九穗，但是群臣不关心百姓疾苦，以致田野里很寂寞，无人前往问津。

今年的麦子分出两枝，真是祥瑞的征兆，但是这些却无人理会，唯独天子一个人感到喜悦。

没人理会，真叫人叹息！我愿暂求掌握造化的主宰者。

减却牡丹妖艳的颜色，冷却一下卿士们爱花的心情，都象天子一样关心农业生产，人民就都得到幸福了。

红线毯（忧蚕桑之费也）

红线毯，择茧缫丝清水煮，拣丝练线红蓝染；染为红线红于蓝，织作披香殿上毯。披香殿广十丈余，红线织成可殿铺；彩丝茸茸香拂拂，线软花虚不胜物；美人踏上歌舞来，罗袜绣鞋随步没。太原毯涩毳缕硬，蜀都褥薄锦花冷；不如此毯温且柔，年年十月来宣州。宣州太守加样织，自谓为臣能竭力；百夫同担进宫中，线厚丝多卷不得。宣州太守知不知？一丈毯，千两丝！地不知寒人要暖，少夺人衣作地衣！

【译文】红线毯，是南方女子经过采桑养蚕、择茧缫丝、拣丝练线、红蓝花染制等重重工序，日夜勤织而织就的。这费尽了心血和汗水的作品却被铺在宫殿地上当做地毯，松软的质地、幽幽的芳香、美丽的图案无人爱惜欣赏，美人们在上面任意踩踏歌舞，随便践踏。太原出产的毛毯硬涩，四川织的锦花褥又太薄，都不如这种丝毯柔软暖和，于是宣州岁岁上贡线毯。宣州太守为表对上位者的尽心竭力，令织工翻新花样、精织勤献。线毯线厚丝多不好卷送，费就千百劳力担抬入贡。得享高官厚禄的宣州太守怎会想到，织就一丈毯，需费千两丝，多么劳民伤财，不要再夺走人民赖以织衣保暖的丝去织就地毯，地不知冷暖，劳苦人民却靠这生存啊。

杜陵叟（伤农夫之困也）

杜陵叟，杜陵居，岁种薄田一顷余。三月无雨旱风起，麦苗不秀多黄死。
九月降霜秋早寒，禾穗未熟皆青乾。长吏明知不申破，急敛暴征求考课。
典桑卖地纳官租，明年衣食将何如？剥我身上帛，夺我口中粟。
虐人害物即豺狼，何必钩爪锯牙食人肉？不知何人奏皇帝，帝心恻隐知人弊。
白麻纸上书德音，京畿尽放今年税。昨日里胥方到门，手持敕牒榜乡村。
十家租税九家毕，虚受吾君蠲免恩。

【译文】杜陵老头居住在杜陵，每年种了贫瘠的田地一顷多。
三月份没有雨刮着旱风，麦苗不开花不多枯黄死。
九月份降霜秋天寒冷早，禾穗没熟都已经干枯。
官吏明明知道但不报告真相，急迫收租、凶暴征税以求通过考核得奖赏。
典当桑园、出卖田地来缴纳官府规定的租税，明年的衣食将怎么办？
剥去我们身上的衣服，夺掉我们口中的粮食。
虐害人伤害物的就是豺狼，何必爪牙象钩、牙齿象锯一样地吃人肉！
不知什么人报告了皇帝，皇帝心中怜悯、了解人们的困苦。
白麻纸上书写着施恩布德的诏令，京城附近全部免除今年的租税。
昨天里长才到门口来，手里拿着公文张贴在乡村中。
十家缴纳的租税九家已送完，白白地受了我们君王免除租税的恩惠。

缭绫（念女工之劳也）

缭绫缭绫何所似？不似罗绡与纨绮。应似天台山上明月前，四十五尺瀑布泉。
中有文章又奇绝，地铺白烟花簇雪。织者何人衣者谁？越溪寒女汉宫姬。
去年中使宣口敕，天上取样人间织。织为云外秋雁行，染作江南春水色。
广裁衫袖长制裙，金斗熨波刀剪纹。异彩奇文相隐映，转侧看花花不定。
昭阳舞人恩正深，春衣一对直千金。汗沾粉污不再着，曳土踏泥无惜心。
缭绫织成费功绩，莫比寻常缯与帛。丝细缫多女手疼，扎扎千声不盈尺。
昭阳殿里歌舞人，若见织时应也惜。

【译文】缭绫像什么呢？它不像罗绡与纨绮。
应是月光下，天台山上四十五尺的瀑布。
缭绫的花纹独一无二、美妙绝伦，白烟的底子，如雪的花。
织它的是谁，穿它的又是谁？越溪的寒女，唐宫的美女。
去年，中使传来皇帝的命令，并拿来皇宫的图案命令民间织就。
织成秋雁在云外飞的图案，染成江南春水的颜色。
宽的裁成衫袖，长的制成裙，用金斗熨布，用剪刀剪布。
不同的色彩、花纹相互映照，翻转来看，花还是原来的花。
昭阳的舞姬正受恩宠，身着价值千金的衣裙。
衣裙沾上汗、粉便不再穿，穿着行走时并不爱惜。
缭绫织成之后便无人爱惜了，虽然它是一般缯、帛比不上的。
丝太细，抽丝太多使女工手疼，织机“轧轧”千声万声还不满一尺。
昭阳殿里的舞姬，如果看见织时的情景应该也珍惜了。

卖炭翁（苦官市也）

卖炭翁，伐薪烧炭南山中。满面尘灰烟火色，两鬓苍苍十指黑。
卖炭得钱何所营？身上衣裳口中食。可怜身上衣正单，心忧炭贱愿天寒。
夜来城外一尺雪，晓驾炭车辗冰辙。牛困人饥日已高，市南门外泥中歇。
翩翩两骑来是谁？黄衣使者白衫儿。手把文书口称敕，回车叱牛牵向北。
一车炭，千余斤，宫使驱将惜不得。半匹红绡一丈绫，系向牛头充炭直。

【译文】一个卖炭的老翁，在终南山里一年到头地砍柴，烧炭。

他满脸灰尘，完全是烟熏火燎的颜色；两鬓的头发已经斑白，十个指头却像乌炭一样黑。

卖了炭得到一点钱，拿来做什么用呢？只不过是为了身上的衣裳和口中的饭食。

可怜他身上的衣服破旧又单薄，但他却担心炭价太低，只盼望天气更加寒冷。

昨天夜里，长安城外下了一尺多深的雪。一大清早，他就装好木炭，套上牛车，辗着冰雪，赶往京师集市。

牛已十分疲倦，人也很饿了，日头已出来很高。便在市外南门泥泞的路歇息。

有两人骑马扬鞭，翩翩而来，那是谁呀？是皇宫里派出来的采办，穿黄绸衣裳的是头儿，着白绸衫的是随从。

他们走到卖炭翁前，手持文书凭证，装模做样，自称是奉旨办货。说着，就让车子掉转方向，吆喝着牛，往北边皇宫方向赶去。

那一车木炭，足足有一千多斤重啊，就这样眼睁睁地被宫使拉走。老翁虽然捶胸顿足，万般不舍，却也无可奈何。

结果他们只给了半匹红色生丝和一丈白绫，把它搭在牛角上边，说是用来充抵炭钱。

隋堤柳（悯亡国也）

隋堤柳，岁久年深尽衰朽。风飘飘兮雨萧萧，三株两株汴河口。
老枝病叶愁杀人，曾经大业年中春。大业年中炀天子，种柳成行夹流水。
西自黄河东至淮，绿阴一千三百里。大业末年春暮月，柳色如烟絮如雪。
南幸江都恣佚游，应将此柳系龙舟。紫髯郎将护锦缆，青娥御史直迷楼。
海内财力此时竭，舟中歌笑何日休？上荒下困势不久，宗社之危如缀旒。
炀天子，自言福祚长无穷，岂知皇子封酅公。龙舟未过彭城阁，义旗已入长安宫。
萧墙祸生人事变，晏驾不得归秦中。土坟数尺何处葬？吴公台下多悲风。
二百年来汴河路，沙草和烟朝复暮。后王何以鉴前王？请看隋堤亡国树。

【译文】隋堤的柳树，年代久远都已经衰朽了。
风飘遥，雨淅沥，三两棵树在汴河的沿岸。
老树病叶闷杀人，曾经历过隋代的大业年间。
大业年间的的隋炀帝，在和两旁种着柳树。
西边从黄河到东边的淮河，种了一千三百里的树。
大业晚年，春季晚上的月下。柳枝蒙蒙柳絮纷飞。
到南方巡幸游玩，用这些柳树来拉龙船。
侍卫护卫着皇帝的龙船，众人一行纸醉金迷。
国家的财力全都用在了这里，船上的歌舞什么时候停止？
上层荒淫，人民困苦，国不久矣，国家危险，帝位不保。
隋炀帝，自己说福寿万年，哪里知道会有酅国公？
龙舟没有经过彭城阁，起义军已经进入了宫殿。
内部生乱，人事变动，皇帝回不到京城。
在什么地方葬身？吴公台下多有悲风。
汴河旁的道路有二百年，沙草、烟霞还是那样。
后世怎样借鉴前代？请看隋堤这棵亡国树木。

采诗官（监前王朝亡之由也）

采诗官，采诗听歌导人言。言者无罪闻者诫，下流上通上下泰。周灭秦兴至隋氏，十代采诗官不置。郊庙登歌赞君美，乐府艳词悦君意。若求兴谕规刺言，万句千章无一字。不是章句无规刺，渐及朝廷绝讽议。诤臣杜口为冗员，谏鼓高悬作虚器。一人负扆常端默，百辟入门两自媚。夕郎所贺皆德音，春官每奏唯祥瑞。君之堂兮千里远，君之门兮九重闭。君耳唯闻堂上言，君眼不见门前事。贪吏害民无所忌，奸臣蔽君无所畏。君不见厉王胡亥之末年，群臣有利君无利。君兮君兮愿听此，欲开壅蔽达人情，先向歌诗求讽刺。

【译文】采诗官，采诗官调查民歌，劝导民言。说的人无罪，听的人应该引起重视，民众诉求顺畅，上层通达，关系稳定。周代灭亡，秦代兴盛，一直到隋朝，采诗官的官职已经搁置很多代了。朝拜先祖登高赞美，乐府的歌词使君王高兴。如果想要重振纲纪，很多作品都用不上。不是没有劝世导言的作品，而是朝廷上的讽谏之风已经绝迹。诤义直言的官员闭口不谈，成为冗官，为谏议而设的鼓高悬成为虚物。一个人沉默的依靠在门上，诸侯们进来，两两亲近。众人都在为美德朝贺，官员每每都在朝奏喜事。君王的朝堂距离千里远，君王的门户紧闭。君王只听到朝堂上奏议的事情，却看不到眼前发生的事。贪官污吏欺压人民，无所顾忌，奸臣当道，蒙蔽君王，不会担心。你看，周厉王和秦二世胡亥末年，对众大臣有利，却对朝政无利。皇帝啊皇帝，请听我说，想要疏导民情，应该先在诗歌中，寻求刺世良言。

长恨歌

汉皇重色思倾国，御宇多年求不得。杨家有女初长成，养在深闺人未识。
天生丽质难自弃，一朝选在君王侧。回眸一笑百媚生，六宫粉黛无颜色。
春寒赐浴华清池，温泉水滑洗凝脂。侍儿扶起娇无力，始是新承恩泽时。
云鬓花颜金步摇，芙蓉帐暖度春宵。春宵苦短日高起，从此君王不早朝。
承欢侍宴无闲暇，春从春游夜专夜。后宫佳丽三千人，三千宠爱在一身。
金屋妆成娇侍夜，玉楼宴罢醉和春。姊妹弟兄皆列土，可怜光彩生门户。
遂令天下父母心，不重生男重生女。骊宫高处入青云，仙乐风飘处处闻。
缓歌慢舞凝丝竹，尽日君王看不足。

【译文】唐玄宗喜爱女色，想得到美人，统治天下多年还没有找到。
杨家有个女儿刚刚长大成人，娇养在深闺里，别人不知道。
天生的美色很难自我放弃，有一天被选入宫侍侯在君王身边。
眼珠一转，轻轻一笑，千娇百媚，后宫里嫔妃都失去了美色。
初春赐她到华清池洗浴，润滑的温泉洗她白嫩细腻的肌肤。
侍女扶起她显得娇弱无力，这正是她刚刚得到皇帝宠爱的时候。
乌云似的鬓花，如花的容颜，头戴金步摇，在温暖的芙蓉帐里度过春宵。
只恨春宵太短，太阳升得老高才起床，从此后皇帝不再上早朝。
受到喜爱，陪着皇帝宴饮，从未有空闲的时间，春天随着游玩，夜里得到专宠。
后宫的美女虽有三千人，但三千人的宠爱都集于她一个人。
在金屋里梳妆打扮好，娇艳地侍奉过夜，五楼宴会散了醉意和着春意。
兄弟姐妹都得到了封赏，光耀了杨家的门庭令人羡慕。
于是让天下作父母的都改变了想法，不重视生男孩而重视生女孩。
骊宫高耸入云，美妙的音乐声随风飘扬，到处都可以听到。
节拍缓慢的歌曲和舞蹈配合着管弦乐演奏，皇帝整天也看不够。

渔阳鼙鼓动地来，惊破霓裳羽衣曲。九重城阙烟尘生，千乘万骑西南行。
翠华摇摇行复止，西出都门百余里。六军不发无奈何，宛转蛾眉马前死。
花钿委地无人收，翠翘金雀玉搔头。君王掩面救不得，回看血泪相和流。
黄埃散漫风萧索，云栈萦纡登剑阁。峨嵋山下少人行，旌旗无光日色薄。
蜀江水碧蜀山青，圣主朝朝暮暮情。行宫见月伤心色，夜雨闻铃肠断声。
天旋地转回龙驭，到此踌躇不能去。马嵬坡下泥土中，不见玉颜空死处。
君臣相顾尽沾衣，东望都门信马归。

【译文】渔阳叛乱的战鼓惊天动地而来，打断了霓裳羽衣的歌舞。
京城到处升起了烟尘，成千上万的车辆马匹护卫着皇帝向西南方向逃。
皇帝的仪仗摇摇晃晃，车马走着却停下来，这时出了京城西门大约有一百多里。
护驾的军队不肯前进，皇帝也没有办法，只好将杨贵妃赐死。
花钿落在地上无人收拾，还有翠翘、金雀、玉搔头。
皇帝遮住脸，不忍心看，无法相救，回头看，止不住的血泪流下来。
黄土弥漫，萧索的风吹拂，沿着高耸的栈道盘旋曲折登上剑阁。
峨嵋山下行人稀少，旌旗没有了光彩，日光黯淡。
四川的水一片碧绿，山一片青翠，皇帝日日夜夜都在思念。

在行宫里望见月亮，心中亦惆怅。
雨夜里听到风铃声更是伤心不已，悲痛欲绝。
战乱平定后，皇帝回到长安，到了杨贵妃赐死处，徘徊不前。
在这马嵬坡的泥土里，没有看到美人的容颜，只看到她惨死的地方。
君臣们相互看着，眼泪都沾湿了衣裳，向东望着京都，听任马自己向前走。

归来池苑皆依旧，太液芙蓉未央柳。芙蓉如面柳如眉，对此如何不泪垂。
春风桃李花开夜，秋雨梧桐叶落时。西宫南内多秋草，落叶满阶红不扫。
梨园弟子白发新，椒房阿监青娥老。夕殿萤飞思悄然，孤灯挑尽未成眠。
迟迟钟鼓初长夜，耿耿星河欲曙天。鸳鸯瓦冷霜华重，翡翠衾寒谁与共。
悠悠生死别经年，魂魄不曾来入梦。临邛道士鸿都客，能以精诚致魂魄。
为感君王辗转思，遂教方士殷勤觅。排空驭气奔如电，升天入地求之遍。
上穷碧落下黄泉，两处茫茫皆不见。忽闻海上有仙山，山在虚无缥缈间。
楼阁玲珑五云起，其中绰约多仙子。中有一人字太真，雪肤花貌参差是。
金阙西厢叩玉扃，转教小玉报双成。闻到汉家天子使，九华帐里梦魂惊。

【译文】回京以后，看到园林还和从前一样，太液池里栽着荷花，央秧宫前种着柳树。
荷花就像她美丽的容颜，柳叶像她的眉毛，面对这景物又怎能不伤心垂泪呢？
春风吹开桃李的花朵，秋雨打落梧桐的叶子。
如今西宫，南内长满了枯黄的杂草，落叶洒满了台阶没人清扫。
梨园弟子们头发都要白了，后妃宫里的侍女，太监容颜已经衰老。
晚上看着流萤在宫前飞过，愁闷不语，孤灯都要烧尽了还是睡不着。
报更的钟鼓声徐徐响起，夜越来越漫长，看着微明的星河，天终于快亮了。
鸳鸯瓦上盖上了一层厚厚的白霜，翡翠被里冷冰冰的与谁共眠？
生死离别差不多经过一年了，她的魂魄不曾在梦中出现。
临邛有个道士在京城坐客，能以精诚招来魂魄。
因为感念皇帝，对贵妃辗转不眠的思念，就让道士们尽力去寻找。
腾云驾雾像闪电一样快速地奔驰，上天入地找了个遍。
上面找到了天界，下边找到了黄泉，两个地方都没找到。
他突然听说海上有一座仙山，仙山座落在渺茫空幻之间。
精巧细致的楼阁立在五彩云里，里面住着许多美丽的仙女。
其中一个叫太真，雪的肌肤，花样的容貌，像是杨贵妃。
轻轻地敲着金屋西厢的玉石门，让小玉转告双成，听说汉家的使臣来，在九华帐里惊醒过来。

揽衣推枕起徘徊，珠箔银屏逦迤开。云髻半偏新睡觉，花冠不整下堂来。
风吹仙袂飘摇举，犹似霓裳羽衣舞。玉容寂寞泪阑干，梨花一枝春带雨。
含情凝睇谢君王，一别音容两渺茫。昭阳殿里恩爱绝，蓬莱宫中日月长。
回头下望人寰处，不见长安见尘雾。唯将旧物表深情，钿合金钗寄将去。
钗留一股合一扇，钗擘黄金合分钿。但教心似金钿坚，天上人间会相见。
临别殷勤重寄词，词中有誓两心知。七月七日长生殿，夜半无人私语时。
在天愿作比翼鸟，在地愿为连理枝。天长地久有时尽，此恨绵绵无绝期。

【译文】迅速穿好衣服，推开枕头，下床徘徊了一下，珠帘屏风一道道打开。
云鬓半偏着，刚刚睡醒，衣冠不整就下堂来。
风吹着她的衣袖飘飘飞扬，好像当年跳霓裳羽衣舞的样子。
美丽的容颜冷静凄凉泪水纵横，就像一枝春天的梨花带着雨珠。
深情注视着感谢君王，自从离别后，声音容貌都无法相通。
朝阳殿里的恩爱已经断绝，蓬莱宫里的岁月无限漫长。
回头向下望望人间，看不见长安，只见尘雾弥漫。
只能拿着当年的旧物表达深情，钿合金钗请使臣带去。
金钗留下一股，钿合留下一扇，掰开金钗，分开钿合。
只要心像金钿一样坚定，天上人间总有一天会相见。
临别时，又殷勤地请使臣带上几句话语，话中的誓言只有两个人知道。
七月七日的长生殿里，夜深没有人时说的话。
在天上愿意做比翼双飞的鸟，在地上愿做枝干相连的连理枝。
天地虽然长久，也有终结的时候，这愁恨绵长没有终结。

琵琶行

元和十年，予左迁九江郡司马。明年秋，送客湓浦口，闻舟中夜弹琵琶者。听其音，铮铮然有京都声。问其人，本长安倡女，尝学琵琶于穆、曹二善才。年长色衰，委身为贾人妇。遂命酒，使快弹数曲。曲罢悯然，自叙少小时欢乐事，今漂沦憔悴，转徙于江湖间。予出官二年，恬然自安，感斯人言，是夕始觉有迁谪意。因为长句，歌以赠之，凡六百一十六言。命曰《琵琶行》。

【译文】唐宪宗元和十年，我被贬为九江郡司马。第二年秋季的一天，送客到湓浦口，夜里听到船上有人弹琵琶。铮铮有京都的声韵。探问这个人，原来是长安的歌女，曾经向穆、曹两位大师学艺。后来年纪大了，容颜已逝，嫁给商人。于是命人摆酒叫她畅快弹几曲。她弹完后，有些闷闷不乐，说起了少年时欢乐事，但现在漂泊，面容憔悴，在江湖之间辗转流浪。我离京调外两年来，自得其乐，而今被这个人的话打动，这天夜里才有被降职的感觉。于是撰写一首长诗赠送给她，共六百一十六字，题为《琵琶行》。

浔阳江头夜送客，枫叶荻花秋瑟瑟。主人下马客在船，举酒欲饮无管弦。
醉不成欢惨将别，别时茫茫江浸月。忽闻水上琵琶声，主人忘归客不发。
寻声暗问弹者谁？琵琶声停欲语迟。移船相近邀相见，添酒回灯重开宴。
千呼万唤始出来，犹抱琵琶半遮面。转轴拨弦三两声，未成曲调先有情。
弦弦掩抑声声思，似诉平生不得志。低眉信手续续弹，说尽心中无限事。

【译文】我在浔阳江头送一位朋友，枫叶和芦花被秋风吹的瑟瑟声响。
我和朋友下马，在船上饯别，举起酒杯要喝却没有音乐。
喝得不痛快，更为分别而感伤，临别时明月倒映在夜晚的江面上。
江面上忽然传来琵琶声；我忘却了回去，朋友也不想动身。
顺着声音，探问弹琵琶的是什么人？琵琶停了，却迟迟没有动静。
我们将船靠近，请她相见；叫下人添酒回灯重新摆起酒宴。
千呼万唤她才缓缓地走出来，怀抱着琵琶半遮着脸面。
转紧琴轴拨动琴弦试弹了几声，未成曲调但却非常有情态。
弦弦凄楚，声音含着沉思，似乎在诉说着她平生的不得志；
她低着头随手连续地弹，用琴声把心中的往事说尽。

轻拢慢捻抹复挑，初为《霓裳》后《六幺》。大弦嘈嘈如急雨，小弦切切如私语。
嘈嘈切切错杂弹，大珠小珠落玉盘。间关莺语花底滑，幽咽泉流冰下难。
冰泉冷涩弦凝绝，凝绝不通声暂歇。别有幽愁暗恨生，此时无声胜有声。
银瓶乍破水浆迸，铁骑突出刀枪鸣。曲终收拨当心画，四弦一声如裂帛。
东船西舫悄无言，唯见江心秋月白。

【译文】轻轻地拢，慢慢地捻，一会儿抹，一会儿挑，初弹《霓裳羽衣曲》再弹《六幺》。

大弦悠长像暴风骤雨，小弦和缓像人低语。
声音错杂，就像大珠小珠掉落玉盘。
像花底下宛转的鸟鸣，又像水在冰下流动受阻的声音。
水泉冷涩，琵琶声开始凝结，凝结之后，声音渐渐地停止。
暗暗滋生出愁思；此时无声却比有声更动人。
突然间好像银瓶破裂，水花四溅，铁甲骑兵厮杀刀枪鸣响。
奏罢一曲，她在琴弦中心划拨，四弦只做一声，好像布帛被撕裂。
人们都静静聆听，只见江心的映着月影白白。

沉吟放拨插弦中，整顿衣裳起敛容。自言本是京城女，家在虾蟆陵下住。
十三学得琵琶成，名属教坊第一部。曲罢曾教善才服，妆成每被秋娘妒。
五陵年少争缠头，一曲红绡不知数。钿头银篦击节碎，血色罗裙翻酒污。
今年欢笑复明年，秋月春风等闲度。弟走从军阿姨死，暮去朝来颜色故。
门前冷落鞍马稀，老大嫁作商人妇。商人重利轻别离，前月浮梁买茶去。
去来江口守空船，绕船月明江水寒。夜深忽梦少年事，梦啼妆泪红阑干。

【译文】她收起拨片插在琴弦，整顿衣裳，整理情绪。
说自己原是京城的歌女，住在长安城东南的虾蟆陵。
十三岁就已学成琵琶，教坊乐团第一队中有我。
弹罢都令艺术大师们叹服，妆成都被姐妹们嫉妒。
京都豪富子弟争先前来捧场，收来的红绡数不清。
钿头银篦常常被打碎，红色罗裙被染污也不后悔。
一年年，都在欢笑中度过，秋去春来，时光消磨。
亲人相继参军，死亡，年复一年我也渐渐地年老色衰。
门前车马冷落、稀少，我只得嫁给商人。
商人重利，轻易别离，上个月他去浮梁做茶叶的生意。
留下我在江口守空船，月明朗照，秋水凄寒。
夜晚常梦少年时的欢乐，梦中哭醒涕泪纵横。

我闻琵琶已叹息，又闻此语重唧唧。同是天涯沦落人，相逢何必曾相识！
我从去年辞帝京，谪居卧病浔阳城。浔阳地僻无音乐，终岁不闻丝竹声。
住近湓江地低湿，黄芦苦竹绕宅生。其间旦暮闻何物？杜鹃啼血猿哀鸣。
春江花朝秋月夜，往往取酒还独倾。岂无山歌与村笛，呕哑嘲哳难为听。
今夜闻君琵琶语，如听仙乐耳暂明。莫辞更坐弹一曲，为君翻作《琵琶行》。

感我此言良久立，却坐促弦弦转急。凄凄不似向前声，满座重闻皆掩泣。
座中泣下谁最多？江州司马青衫湿。

【译文】当我听琵琶声时，就开始叹息，又听到她这番悲凄的陈述。
同是沦落天涯的可悲人，今日相逢又何必问曾经相识！
自从去年我离开京城，被贬居住在浔阳城常常卧病。
浔阳这地方没有音乐，一年到头听不到乐器声。
住在这个低洼潮湿的地方，第宅周围黄芦和苦竹丛生。
早晚能听到的是什么声呢？都是杜鹃、猿猴那些悲凄的哀鸣。
春江花朝秋江月夜的美景，也无奈常常取酒独饮。
难道这里就没有音乐吗？只是那音调嘶哑实在难听。
今晚我听你弹奏琵琶诉说衷情，就像听到仙乐一样的眼亮耳明。
请你不要推辞坐下来再弹一曲，我要为你创作一首《琵琶行》。
被我所感动，她站立了好久，回身坐下再弹了一曲。
凄切不再像从前的声音，在座的人都掩面哭泣。
要问在座谁流的眼泪最多？是我江州司马泪水湿透青衫衣襟！

放旅雁

九江十年冬大雪，江水生冰树枝折。百鸟无食东西飞，中有旅雁声最饥。
雪中啄草冰上宿，翅冷腾空飞动迟。江童持网捕将去，手携入市生卖之。
我本北人今谴谪，人鸟虽殊同是客。见此客鸟伤客人，赎汝放汝飞入云。
雁雁汝飞向何处？第一莫飞西北去。淮西有贼讨未平，百万甲兵久屯聚。
官军贼军相守老，食尽兵穷将及汝。健儿饥饿射汝吃，拔汝翅翎为箭羽。

【译文】九江十年间的冬季都会下大雪，江面结冰，树枝折断。
鸟儿都四处乱飞寻找食物，其中行旅的大雁最饥饿。
在雪地里吃草，在冰上歇息，翅膀冰冷，腾飞无力。
渔童拿着网抓它离开，手拿着到集市卖活鸟。
我本是贬谪到这里的北方人，人和鸟不同，但都是客人。
看到这个客居此地的鸟儿，同样使可居此地的我伤心，拿钱赎买你，放你离去。
大雁啊，你要飞到哪里去？最重要的是别到西北区。

那里朝廷在征伐作战，还没平定，屯兵百万聚集在那里。
两方长久对立，没什么吃的了，就要祸及到你身上了。
士兵饥饿把你射下来吃，拔你的毛来做箭上的羽毛。

浩歌行

天长地久无终毕，昨业今朝又明日。鬓发仓浪牙齿疏，不觉身年四十七。
前去五十有几年，把镜照面心茫然。既无长绳系白日，又无大药驻朱颜。
朱颜日渐不如故，青史功名在何处？欲留年少待富贵，富贵不来年少去。
去复去兮如长河，东流赴海无回波。贤愚贵贱同归尽，北邙冢墓高嵯峨。
古来如此非独我，未死有酒且酣歌。颜回短命伯夷饿，我今所得亦已多。
功名富贵须待命，命若不来争奈何！

【译文】天长地久没有穷尽，时间一天天过去。
满发花白，牙齿稀疏，不知不觉间已经四十七岁了。
距离五十岁还有几年，照镜子心里茫然。
没有拉太阳的绳子，也没有驻颜的药方。
容颜一天天变化，功业又在什么地方？
年少时，想要得到富贵，富贵不来，年龄渐长。
时间像长河一样流逝，向东流向大海，没有波澜。
富贵贤愚都是一样的结果，北邙山的坟墓巍峨高大。
古来都是这样，不止我一个人，活着有酒高歌。
颜回命短，伯夷饿死，我如今得到的也很多了。
功名富贵都有命数，命里如果没有，在努力都无能无力。

雪中晏起偶咏所怀兼呈张长侍韦庶子皇甫郎中

穷阴苍苍雪雰雰，雪深没胫泥埋轮。东家典钱归碍夜，南家贳米出凌晨。
我独何者无此弊，复帐重衾暖若春。怕寒放懒不肯动，日高眠足方频伸。
瓶中有酒炉有炭，瓮中有饭庖有薪。奴温婢饱身晏起，致兹快活良有因。

上无皋陶伯益廊庙材，的不能匡君辅国活生民。
下无巢父许由箕颍操，又不能食薇饮水自苦辛。
君不见南山悠悠多白云，又不见西京浩浩唯红尘。
红尘闹热白云冷，好于冷热中间安置身。三年侥幸忝洛尹，两任优稳为商宾。
非贤非愚非智慧，不贵不富不贱贫。冉冉老去过六十，腾腾闲来经七春。
不知张韦与皇甫，私唤我作何如人。

【译文】冬季天苍苍，雪花纷纷落下，雪没过小腿，轮子深埋学下。
到东家典当东西换钱，深夜归来，到南家赊米到凌晨。
为什么我独独如此没有这样的待遇，围华丽夹帐，盖两层被子，温暖如春。
怕寒懒散不肯动，日高升睡足才频伸腰。
瓶中有酒炉子有炭火，瓮里有饭厨房有柴。
奴婢温饱皆足很晚起床，达到这样快乐实出有因。
上无皋陶、伯益的治国之才，真的不能辅佐君王治理国家，管理百姓。
下没有巢父、许由去隐居的品行，又不能饮水、采薇而食这样的苦辛日子。
君不见南山悠悠多白云，又不见西京浩荡之间红尘俗世。
红尘繁盛白云凄冷，比夹在冷热之中安身要好。
三年侥幸有愧洛尹，优裕安逸做商人和宾客。
非贤非愚非智慧，不贵不富不贱贫。
渐渐老去年过六十，闲来无事热血，激情澎湃，又过了七年。
不知张长侍、韦庶子、皇甫郎中，暗地里把我叫作什么人。

赋得古原草送别

离离原上草，一岁一枯荣。野火烧不尽，春风吹又生。
远芳侵古道，晴翠接荒城。又送王孙去，萋萋满别情。

【译文】原野上的青草繁茂，一年一度枯萎了又会繁茂起来。
不管烈火怎样无情地焚烧，只要第二年春风一吹，又是遍地青青的野草。
蔓延到远方的一片野草，占据了古老的道路，在晴天里，阳光照耀一片绿色连接着荒城。
今天我又来送别老朋友，连繁茂的草儿也满怀离别之情。

宴散

小宴追凉散，平桥步月回。笙歌归院落，灯火下楼台。
残暑蝉催尽，新秋雁戴来。将何还睡兴，临卧举残杯。

【译文】宴饮在凉爽的时候结束，在月下的平桥上来来回回。
音乐在院落停歇，楼阁的灯火熄灭。
蝉催促着夏季结束，新一季的秋雁前来。
什么时候能好好睡觉，临睡前再喝一杯酒。

久不见韩侍郎戏题四韵赠之

近来韩阁老，疏我我心知。户大嫌甜酒，才高笑小诗。
静吟乖月夜，闲醉旷花时。还有愁同处，春风满鬓丝。

【译文】近年来，韩侍郎，疏远我，我心里知道。
富贵人家嫌弃甜酒，才高的人，轻视小诗。
在月夜，静静独吟，在花间，随性的喝酒。
满怀愁绪，春风吹起发丝。

西楼

小郡大江边，危楼夕照前。青芜卑湿地，白露寂寥天。
乡国此时阻，家书何处传？仍闻陈蔡戍，转战已三年。

【译文】在江边的一个小城，夕阳照着高楼。

青草长在湿地边，白露寂寥的生长。
故乡的道路被阻隔，家信什么时候能传达？
听说还在陈蔡戍守，战乱已经持续了三年了。

苦热

何以消烦暑，端居一院中。眼前无长物，窗下有清风。
散热由心静，凉生为室空。此时身自得，难更与人同。

【译文】用什么来消除燥热的夏季，住在平常的院中。
眼前没有什么东西，只有窗下的清风。
心静就会消除暑热，室内空寂，自然会凉快。
这须自己体验，很难有一致的认同。

欲与元八卜邻先有是赠

平生心迹最相亲，欲隐墙东不为身。明月好同三径夜，绿杨宜作两家春。
每因暂出犹思伴，岂得安居不择邻。可独终身数相见，子孙长作隔墙人。

【译文】平生的最亲近的知心朋友，想向往隐居生活。
夜晚明月照在隐居地方，绿杨很合适做两家的界限。
每回外出，还想念同伴，哪的安心居住不选择邻居。
一生还可以再见好多次，后代长作邻居。

自河南经乱关内阻饥兄弟离散各在一处因望月有感聊书所怀寄上浮梁大兄於潜七兄乌江十五兄兼示符离及下邽弟妹

时难年荒世业空，弟兄羁旅各西东。田园寥落干戈后，骨肉流离道路中。
吊影分为千里雁，辞根散作九秋蓬。共看明月应垂泪，一夜乡心五处同。

【译文】时势艰难，家业空荡，兄弟漂泊，各自分散。
战乱以后，田园荒芜，骨肉漂泊，在途中失散。
像分隔千里的孤雁，只能形影相互慰藉，兄弟随风飞散，就像秋天的蓬草。
一起看月流泪，今夜大家思想的心理相同。

赠杨秘书巨源

早闻一箭取辽城，相识虽新有故情。清句三朝谁是敌？白须四海半为兄。
贫家薙草时时入，瘦马寻花处处行。不用更教诗过好，折君官职是声名。

【译文】很早就听闻一举就夺得辽城，虽然刚认识，但是有旧交情。
历经三朝和谁有仇？人老了，在全国有一半的朋友。
穷困家庭的荒草时常光顾，瘦马到处行走寻花。
不是你的诗歌创作的不好，是你的声名造成你官职不高。

钱塘湖春行

孤山寺北贾亭西，水面初平云脚低。几处早莺争暖树，谁家新燕啄春泥。
乱花渐欲迷人眼，浅草才能没马蹄。最爱湖东行不足，绿杨阴里白沙堤。

【译文】行走在西湖边，从孤山寺的北面到贾亭的西面，湖面春水刚与堤平。白云重重叠叠，同湖面上的波澜连成一片。

几处早出的黄莺争着飞向向阳的树木，谁家新来的燕子衔着春泥在筑巢。

繁茂而多彩缤纷的春花渐渐要迷住人的眼睛，浅浅的春草刚刚能够遮没马蹄。

我最喜爱西湖东边的美景，游览不够，就再去看那绿色杨柳下迷人的白沙堤。

春题湖上

湖上春来似画图，乱峰围绕水平铺。松排山面千重翠，月点波心一颗珠。

碧毯线头抽早稻，青罗裙带展新蒲。未能抛得杭州去，一半勾留是此湖。

【译文】春天的西湖看起来像画一样，参差不齐的山峦被平铺入地。

山上的松树伫立，就像千层的绿浪，月亮投影在湖心，就像一颗明珠。

新生的早稻秧苗似一幅碧毯抽出的线头，新蒲如美人的裙带在风里飘扬。

还是不愿离开杭州，一半是因为西湖的缘故。

病中多雨逢寒食

水国多阴常懒出，老夫饶病爱闲眠。三旬卧度莺花月，一半春销风雨天。

薄暮何人吹觱篥，新晴几处缚秋千。彩绳芳树长如旧，唯是年年换少年。

【译文】南方地区阴天很多，懒于出门，人老了，缠绵病榻，爱睡懒觉。

三十天躺着看自然景物，春天的一般都消耗在了风雨天气上。

薄暮下，谁在吹令人发抖的笛子，天气刚晴，有几个地方，绑起了秋千。

彩色的绳子青树还是那样生长如故，只是一年年的人不同罢了。

编集拙诗成一十五卷因题卷末戏赠元九李二十

一篇长恨有风情，十首秦吟近正声。每被老元偷格律，苦教短李伏歌行。
世间富贵应无分，身后文章合有名。莫怪气粗言语大，新排十五卷诗成。

【译文】一篇《长恨歌》，充满感情，十首《秦中吟》接近讽喻的目地。
总被元稹偷得格律，十分认真地教李申学歌行体。
人世间的富贵有命，死后的文章也是一样。
语气很大，不要见怪，新排的十五卷诗歌刚编成。

池畔二首

其一

结构池西廊，疏理池东树。此意人不知，欲为待月处。

【译文】在池塘西边的建廊，在池塘东修整树木。
这个意思，无人了解，想要等待月出。

其二

持刀间密竹，竹少风来多。此意人不会，欲令池有波。

【译文】拿着刀在竹林里，竹子稀少，风很大。
这个意思，无人了解，想要池塘中有波澜。

闺怨词二首

其一

珠箔笼寒月，纱窗背晓灯。夜来巾上泪，一半是春冰。

【译文】珠帘被寒月笼罩，纱窗对着灯光。
昨夜，枕上的泪痕，一半是春冰。

其二

关山征戍远，闺阁别离难。苦战应憔悴，寒衣不要宽。

【译文】征发到边远的关山戍边，和妻子离别难舍。
在那里征战会很艰难，天气寒冷，不要脱轻易脱衣服。

同李十一醉忆元九

花时同醉破春愁，醉折花枝作酒筹。忽忆故人天际去，计程今日到梁州。

【译文】在花间，一同喝醉来解除春天带给人的愁绪，醉了攀折一根树枝作为行酒令的筹子。忽然想到老朋友到远方去了，计算行程，今天应该到了梁州。

邯郸至夜思亲

邯郸驿里逢冬至，抱膝灯前影伴身。想得家中夜深坐，还应说着远行人。

【译文】我住在邯郸客栈的时候，正好是冬至，晚上，我抱着双膝坐在灯前，只有影子与我作伴。想着家中的亲人今天相聚到深夜，还应该谈论着我。

白云泉

天平山上白云泉，云自无心水自闲。何必奔冲山下去，更添波浪向人间！

【译文】天平山的白云泉，白云随风飘荡，泉水从容自得。
何必要冲到山下，给是对人间推波助澜？

赠江客

江柳影寒新雨地，塞鸿声急欲霜天。愁君独向沙头宿，水绕芦花月满船。

【译文】江边的柳树，在雨中显得清寒，边塞来的大雁嘶鸣，像秋天快来了。
为你独自在沙头居住而发愁，月光洒在环绕着长满芦花的水边的船上。

别种东坡花树

三年留滞在江城，草树禽鱼尽有情。何处殷勤重回首？东坡桃李种新成。

【译文】在江城呆了三年，对这里的草木、飞鸟都有了感情。
在什么地方殷勤光顾？是东边坡地上新种的桃树、李树。

苏轼

苏轼，宋眉山人，字子瞻，博通经史。嘉佑，中试礼部。欧阳修擢置第二，曰：“吾当避此人出一头地，签书凤翔府判官，召直史官。熙宁中，王安石创行新法，轼上书论其不便，王安石怒，使御史谢景温论奏其过，穷治无所得。轼遂请外，通判杭州，再徙知湖州。言者抚其诗语，以为讪谤，逮赴台狱，欲置之死，锻炼久不决，以黄州团练副使安置。轼筑室于东坡，自号东坡居士，移汝州。元佑中，累官翰林学士兼侍读，以龙图阁学士知杭州，召为翰林承旨。历端明殿翰林侍读两学士，出知惠州。绍圣中，累贬琼州别驾，赦还。建中靖国初，卒于常州，年六十六，谥文忠。轼工古文，与父洵弟辙所作，并为大家。世称三苏。又工诗，才气横溢，不主一格，于李杜外，自辟门庭，后世论宋诗者，皆首屈一指焉。有《东坡全集》若干种。

【译文】宋代眉山人，字子瞻，博通经史。嘉佑年间，报考礼部官职。欧阳修把苏轼选拔放置在第二名，说：“我当避免此人夺得第一名，任职作凤翔府的判官一职，只是召为史官。熙宁年间，王安石实行变法，苏轼上书皇帝认为不好，王安石大怒，派御史谢景温上书言奏他的过错，竭尽全力，毫无作用。于是苏轼请求外放，到杭州作通判，两次转徙管理湖州。好事者看到他的文章，认为有诽谤嫌疑，抓捕前往狱中，想置他于死地，拖延没有结案，以黄州团练副使来安置他。苏轼在东坡建房，自号东坡居士，迁居到汝州。元佑年间，积功升官到翰林学士兼侍读的职位，以龙图阁学士的身份管理杭州，召为翰林承旨。任端明殿翰林侍读两学士，出任管理惠州。绍圣年间，被贬琼州别驾，大赦放还。建中靖国初年，在常州逝世，终年六十六岁，谥号文忠。苏轼善写古文，和父亲苏洵，弟弟苏辙的作品，并称大家。世称三苏。又善写诗，才华横溢，不偏斜一类，在李杜之外，另立门户，后代论及宋诗的人，都认为他是第一位。有《东坡全集》若干种。

夜泊牛口

日落红雾生，系舟宿牛口。居民偶相聚，三四依古柳。

负薪出深谷，见客喜且售。煮蔬为夜餐，安识肉与酒。
朔风吹茅屋，破壁见星斗。儿女自咿呀，亦足乐且久。
人生本无事，苦为世味诱。富贵耀吾前，贫贱独难守。
谁知深山子，甘与麋鹿友。置身落蛮荒，生意不自陋。
今予独何者，汲汲强奔走。

【译文】太阳西落，红霞渐起，将船系在叫做牛口的渡口。
居民偶然相遇，三三俩俩的倚靠老柳树。
背着柴火从深谷出来，见到有客前来高兴的出售。
为晚上做饭食，哪里会有肉和酒。
北风吹着破烂的茅草屋，破败的房屋可以看见天上的星星。
孩子自顾自的咿呀学话，让人很长时间的高兴快乐，也很知足。
人生本来就没什么可忧愁的事情，人苦于被世事诱惑。
富有与高贵迷惑我们的眼目，贫困与低贱真的很难让人持守。
谁了解深山里的人，甘愿和麋鹿做朋友。
置身处在荒蛮的地方，生活志向不自我鄙薄。
现在的我独自没有方向的前行，急切的为功名而奔走。

李氏园

朝游北城东，回首见修竹。下有朱门家，破墙围古屋。
举鞭叩其户，幽响答空谷。入门所见夥，十步九移目。
异花兼四方，野鸟喧百族。其西引溪水，活活转墙曲。
东注入深林，林深窗户绿。水光兼竹净，时有独立鹄。
林中百尺松，岁久苍鳞蹙。岂惟此地少，意恐关中独。
小桥过南浦，夹道多乔木。隐如城百雉，挺若舟千斛。
阴阴日光淡，黯黯秋气蓄。尽东为方池，野雁杂家鹜。
红梨惊合抱，映岛孤云馥。春光水溶漾，雪阵风翻扑。
其北临长溪，波声卷平陆。北山卧可见，苍翠间硗秃。
我时来周览，问此谁所筑。云昔李将军，负险乘衰叔。
抽钱算间口，但未榷羹粥。当时夺民田，失业安敢哭。

谁家美园圃，籍没不容赎。此亭破千家，郁郁城之麓。
将军竟何事，虮虱生刀蜀。何尝载美酒，来此驻车谷。
空使后世人，闻名颈犹缩。我今官正闲，屡至因休沐。
人生营居止，竟为何人卜。何当力一身，永与清景逐。

【译文】早晨在北城东游玩，回头看到高竹。
竹林后面有一户红门人家，破败的墙壁围着旧房。
拿着鞭子敲门，幽幽声音在空谷回响。
进门看到的东西很多，移步换物。
四面都种植着奇异的花，野鸟在空中鸣叫。
房屋从西面引来溪水，活水顺着墙壁弯曲。
向东进入深林，树林的幽深显得窗户绿色。
河水清澈还有竹子的清幽，时常有野鸟独立在河边停留。
林子里有近百尺的松树，年岁太久，绿色的松针攒聚。
哪管这个地方数量偏少，只担心独独只有关中有。
小桥通往南面的渡口，两旁多种植乔木。
树林像城市一样密集，象装了千斛重的船一样沉重。
树影暗淡，秋天的气息减弱。
东面的尽头是方池，家鸭和野雁混杂。
被红梨树能合抱住而惊奇，倒影的孤云幽香。
春光在水光荡漾，风裹挟这雪飞扬。
它的旁边是长溪，水波的声音传到岸边。
躺着可以看到北山，苍翠的林间可以看到秃地。
我遍览此地，问这是谁建的。
说是过去的李将军，承受着艰险趁着衰微末世。
抽钱养家，只没有商讨羹饭问题。
那时取得群众的土地，失去土地哪敢哭泣。
不论哪家的良田，官收籍没不允许赎买。
建造这座亭子，拆散了很多人家，多的就像这里的山麓。
将军最终什么事，虱子生满了军刀。
何曾喝着好酒，在这个山里驻兵。
名声存留到后世，听到他的名声，还缩脖子。
我现在是个空职，屡次被贬谪到此休假。
人生何时终结，最后被什么人预测到。
何如争此一生，永随美好山林。

颍州初别子由二首

其一

征帆挂西风，别泪滴清颍。留连知无益，惜此须臾景。
我生三度别，此别尤酸冷。念子似先君，木讷刚且静。
寡词真吉人，介石乃机警。至今天下士，去莫如子猛。
嗟我久病狂，意行无坎井。有如醉且坠，幸未伤辄醒。
从今得闲暇，默坐消日永。作诗解子忧，持用日三省。

【译文】顺着西风扬帆，在清颍这个地方离别。
知道眷恋没有用处，瞬间里和这景色话别。
我已经三次被贬了，而这次最为凄伤。
想到你很想父亲，言语木讷，性格刚直并且喜欢安静。
少言寡语是一位好人，机警方正。
现今的世人，离你相差很远。
感慨我生病很久，执意而行没有小的灾祸。
有次喝醉了从马上坠落，幸好没有受伤就酒醒了。
使得今日有了闲暇的时光，独自无语，来消磨时光。
作诗来解忧，每天多次省察自身。

其二

近别不改容，远别涕沾胸。咫尺不相见，实与千里同。
人生无离别，谁知恩爱重。始我来宛丘，牵衣舞儿童。
便知有此恨，留我过秋风。秋风亦已过，别恨终无穷。
问我何年归，我言岁在冬。离合既循环，忧喜迭相攻。
悟此长太息，我生如飞蓬。多忧发早白，不见六一翁。

【译文】近别不改变容颜，远别涕泪沾衣服。

相距很近也不能相见，实则和相隔万里一样。
假若人生没有离别，谁能了解恩爱的深重。
当初我来河南，还是牵衣玩耍的孩子。
便知道会有这样的遗憾，将我留在这里度过秋天。
秋天已经过去，离别的愁绪注定没有穷尽。
问我什么时候回去，我说就在冬季。
离别、相聚反反复复，忧愁和欢喜反复袭来。
想到这就开始叹息，我的人生就像无定的蓬草。
忧愁太多，头发先白了，没有看到欧阳修先生。

过云龙山人张天骥

郊原雨初足，风日清且好。病守亦欣然，肩舆白门道。
荒田咽蛩蚓，村巷悬梨枣。下有幽人居，闭门空雀噪。
西风高正厉，落叶纷可扫。孤僮卧斜日，病马放秋草。
墟里通有无，垣墙任摧倒。君家本冠盖，丝竹闹邻保。
脱身声利中，道德自濯澡。躬耕抱羸疾，奉养百岁老。
诗书膏吻颊，菽水媚翁媪。饥寒天随子，杞菊自撷芼。
慈孝董邵南，鸡狗相乳抱。吾生如寄耳，归计失不早。
故山岂敢忘，但恐迫华皓。従君学种秫，斗酒时相劳。

【译文】郊外刚下够雨水，云淡风清天气很好。
抱病在身还是很高兴，坐着轿子前行。
荒野的虫鸣，村子里的树上悬挂着果实。
旁边有人居住，门紧闭只有麻雀聒噪的鸣叫。
西风正当行，叶子纷纷落下需要打扫。
童仆在落日下歇息，在秋季的草地放养着病马。
村里通有道路，任凭断壁颓垣倒塌。
君家房屋本来很好，音乐声音吵闹。
从功名中脱身，任凭道德自然洗涤、发展。
羸弱的身体亲自耕种，奉养双亲。
整天温习诗书，吃着粗食，和村里的老头、老太太亲近。

寒天里自由自在，自己采摘作物。
董永的孝顺，动物也懂得。
我的一生就寄托在此，回家的计划不会太早。
故乡哪敢忘记，只害怕受到年华的胁迫。
鼓励君学种庄稼，一起喝酒慰藉。

雨中过舒教授

疏疏帘外竹，浏浏竹间雨。窗扉静无尘，几砚寒生雾。
美人乐幽独，有得缘无慕。坐依蒲褐禅，起听风瓯语。
客来淡无有，洒扫凉冠屦。浓茗洗积昏，妙香净浮虑。
归来北堂暗，一一微萤度。此生忧患中，一饷安闲处。
飞鸢悔前笑，黄犬悲晚悟。自非陶靖节，谁识此闲趣。

【译文】帘外的竹子稀疏，竹子间的雨水滴沥。
窗户洁净没有尘土，案几上的砚台产生了寒雾。
美人喜欢独自幽静，有缘分就不要羡慕。
坐着蒲团，坐起倾听风声。
客人来了，就整理自己的着装。
浓茶提神，点香净化自己的思虑。
回来北堂黯淡，飞着两两的萤火虫。
这一生在忧患中度过，只留片刻安闲。
飞鸟为以前的快乐而后悔，李斯为没有牵着黄狗游猎的觉悟太晚而悲叹。
自己不是陶潜，谁了解这样的乐趣。

梵天寺见僧守诠小诗清婉可爱次韵

但闻烟外钟，不见烟中寺。
幽人行未已，草露湿芒屦。
惟应山头月，夜夜照来去。

【译文】只听到远方的钟声，没看见远方的寺庙。
高人没有停止前行的脚步，草上的露水浸湿了鞋子。
只有山上的月亮回应，每天晚上都出现。

书焦山纶长老壁

法师住焦山，而实未尝住。我来辄问法，法师了无语。
法师非无语，不知所答故。君看头与足，本自安冠屦。
譬如长鬣人，不以长为苦。一旦人或问，每睡安所措？
归来被上下，一夜着无处。展转遂达晨，意欲尽镊去。
此言虽鄙浅，故自有深趣。持此问法师，法师一笑许。

【译文】大师在焦山修行，实际上未曾住在此地。
我前来总是询问佛理，大师总是不言语。
大师并不是不说话，不知晓回答的结果的缘故。
君看头和脚，本分地呆在自己的位置上。
比如长胡子的人，不把长得太长当作痛苦的事。
一旦有人问询，每天晚上怎么睡觉？
回家辗转反侧，一晚上没睡着。
辗转反侧直达天明，想法全部驱散。
这话虽然浅陋，却又有着深厚的意蕴。
秉持这种想法问大师，大师一笑了之。

石鼓歌

冬十二月岁辛丑，我初从政见鲁叟。旧闻石鼓今见之，文字郁律蛟蛇走。
细观初以指画肚，欲读嗟如箝在口。韩公好古生已迟，我今况又百年后。
强寻偏傍推点画，时得一二遗八九。我车既攻马亦同，其鱼维鱮贯之柳。

古器纵横犹识鼎，众星错落仅名斗。模糊半已隐瘢胝，诘曲犹能辨跟肘。
娟娟缺月隐云雾，濯濯嘉禾秀稂莠。漂流百战偶然存，独立千载谁与友。
上追轩颉相唯诺，下揖冰斯同鷇彀。忆昔周宣歌鸿雁，当时籀史变蝌蚪。
厌乱人方思圣贤，中兴天为生耆耇。东征徐虏阚虓虎，北伏犬戎随指嗾。
象胥杂沓贡狼鹿，方召联翩赐圭卣。遂因鼓鼙思将帅，岂为考击烦矇瞍。
何人作颂比嵩高，万古斯文齐岣嵝。勋劳至大不矜伐，文武未远犹忠厚。
欲寻年岁无甲乙，岂有名字记谁某。自从周衰更七国，竟使秦人有九有。
埽除诗书诵法律，投弃俎豆陈鞭杻。当年何人佐祖龙，上蔡公子牵黄狗。
登刻石颂功烈，后者无继前无偶。皆云皇帝巡四国，烹灭强暴救黔首。
六经既已委灰尘，此鼓亦当遭击剖。传闻九鼎沦泗上，欲使万夫沉水取。
暴君纵欲穷人力，神物义不污秦垢。是时石鼓何处避，无乃天工令鬼守。
兴亡百变物自闲，富贵一朝名不朽。细思物理坐叹息，人生安得如汝寿。

【译文】冬十二月岁辛丑，我刚开始做官去拜谒孔子像。

曾听石鼓现在终于见到，石鼓文字时而像炊烟上升，时而像蛟蛇走动。

初细看以指画肚，想要读口却如钳子一样被夹住。

韩愈好古但生得太迟，而今我又在他之后百年。

强寻偏旁预测字，时而能认对一两个，错八九个。

我的车驾攻击马也一样，用杨柳枝将鱼、鱮贯穿起来。

那么多的字不可识，只识六句，好像纵横陈列的古器中只认识鼎，天上数不清的星星，只认识北斗。

石鼓一半已残破，石鼓上的文字半以模糊，在剩下的一部分石鼓文字中，还能曲折辨认一些字的笔画。

石鼓文字就像美好的月牙儿隐藏在云雾之中，清秀旺盛的禾苗，长在良莠之间。

历经战火还能偶尔幸运存留下来，在过去独自流传的千年中，石鼓与谁伴?

往上溯源继承黄帝、仓颉的精神，往下延续，恭请李斯、李阳冰他们进来，哺育了他们。

回忆过去周宣王，人们用《鸿雁》诗来赞美他，当时籀史改革蝌蚪文为大篆。

厌周夷王、厉王之乱，人开始怀念周宣王的贤治，再盛之时，又出现了一代贤臣。

徐虏东征像咆哮怒吼的虎，北伐犬戎，士兵都由他调动。

犬戎不断派使者进贡狼、鹿，接着方叔，召虎不断征伐立功。

制军鼓是为了思念将帅，难道只是为了自我取乐而麻烦乐师奏乐?

什么人写了《石鼓文》这篇可以比美《嵩高》的歌颂周宣王的赞誉文字，此文可以和《岣嵝碑》万古齐名。

居功甚伟但并不自夸，距离文王、武王不远，古风尚存。
想在石鼓文上寻找年月，却找不到，作者的名字也找不到。
周衰微以后，更有了七国争雄的局面，最后使秦国保有了全国。
废除诗、书背诵律令，废弃礼器，起用刑具。
当时谁在帮助秦始皇，上蔡的想要牵狗的李斯。
登临大山歌颂功德，后人办不了，前人也没有第二个。
都写的始皇巡游天下的事，烹灭强暴，消灭六国，救了百姓。
六经已被焚毁，成为灰尘，此石鼓也当遭到击剖的命运。
传言一鼎飞入了泗水中，想让千人沉入泗水中，把它取出来。
暴君秦始皇随意穷尽人力，神器洁白，不愿遭受污辱。
此时石鼓能藏到哪里，是上天派鬼神守护它。
兴亡百变，物依然，曾经一度荣耀过，所以其名不朽。
细想事物的变化，只叹息，人的寿命哪能和它相比。

石苍舒醉墨堂

人生识字忧患始，姓名粗记可以休。何用草书夸神速，开卷惝怳令人愁。
我尝好之每自笑，君有此病何年瘳。自言其中有至乐，适意无异逍遥游。
近者作堂名醉墨，如饮美酒销百忧。乃知柳子语不妄，病嗜土炭如珍羞。
君于此艺亦云至，堆墙败笔如山丘。兴来一挥百纸尽，骏马倏忽踏九州。
我书意造本无法，点画信手烦推求。胡为议论独见假，只字片纸皆藏收。
不减钟张君自足，下方罗赵我亦优。不须临池更苦学，完取绢素充衾裯。

【译文】人的一生忧愁苦难是从识字开始的，因此，只要能写能认自己的姓名就可以了。
更何况用草书来夸耀书法的神奇和快速，让人看了模糊恍惚令人发愁。
我每每自笑曾经爱好草书，不想你也有这个“毛病”，不知道哪年才能病愈？
还说这里面有什么最大的快乐，非常称心合意，和庄子的逍遥游没有什么不同。
最近，先生建造了醉墨堂，就像啜饮美酒能消愁销除烦恼一样。
看先生这个样子，我才领会到柳宗元说得不错：嗜好土炭的病人吃起土炭就像美味佳肴一样。
先生在书法艺术也可以说达到了最高境界，用坏的笔堆在墙边像山丘一样高。
兴致来时，挥动笔墨多少纸都用得完，就好像骏马一转眼就踏遍九州大地。

我的书法都是凭借想象力创造的，本来就没有什么章法，一点一画随手写来，也懒得去仔细推敲琢磨。

为什么我的随口议论独独被先生所容纳，就连只字片纸也会收藏起来？

如果用“不低于钟繇、张芝”来评价先生，先生完全当得起；如果用“向下和罗晖、赵袭差不多”来评价我，我似乎还要好些。

从今后，先生不用再像张芝那样临池苦学，池水尽黑了；那些未曾染色的白绢与其先写字后再染色做衣服，不如直接拿来做被褥床帐。

送安惇秀才失解西归

旧书不厌百回读，熟读深思子自知。他年名宦恐不免，今日栖迟那可追。
我昔家居断还往，著书不复窥园葵。朅来东游慕人爵，弃去旧学従儿嬉。
狂谋谬算百不遂，惟有霜鬓来如期。故山松柏皆手种，行且拱矣归何时。
万事早知皆有命，十年浪走宁非痴。与君未可较得失，临别惟有长嗟咨。

【译文】读旧书百读不厌，深思熟虑才能有所体会。
立志日后的做好官，现在再认真也不为过。
我和从前的家里断了来往，只管读书而不事稼穑。
到处游玩羡慕他人的高官，丢弃曾经的学问归家享受弄儿之乐。
诡谲狡诈事事不顺，只有年老如期而至。
家乡的松柏都是自己亲手种的，坟上的树木快两手合抱般粗时要到什么时候。
世间万般都是命数，十年奔走难道不是执念所为。
不要过分计较得失，临别之际只有长叹息。

辛丑十一月十九日既与子由别于郑州西门之外马上赋诗一篇寄之

不饮胡为醉兀兀，此心已逐归鞍发。归人犹自念庭帏，今我何以慰寂寞。

登高回首坡垅隔，但见乌帽出复没。苦寒念尔衣裘薄，独骑瘦马踏残月。
路人行歌居人乐，童仆怪我苦凄恻。亦知人生要有别，但恐岁月去飘忽。
寒灯相对记畴昔，夜语何时听萧瑟？君知此意不可忘，慎勿苦爱高官职。

【译文】醉得昏昏沉沉，神不守舍，诗人的心已随着弟弟的“归鞍”而回到京城去了，烘托出因离别而精神恍惚的神态。

弟弟即将见到亲人都还思念不已，现在的我用什么来排遣寂寞？
登高远望相隔着千山，只看见黑帽往来其间。
苦于天气寒冷而穿衣单薄，独自在弯月下骑着一匹瘦马。
旅人边走边唱，居民高兴，童仆怨恨我满怀凄伤。
我也知道各人的人生不同，只担心时光倏忽间流逝。
在灯下怀念往昔，夜话什么时候听起来如此感伤。
相约这样的情意不能忘记，一定不要贪恋高官。

自金山放船至焦山

金山楼观何耽耽，撞钟击鼓闻淮南。焦山何有有修竹，采薪汲水僧两三。
云霾浪打人迹绝，时有沙户祈春蚕。我来金山更留宿，而此不到心怀惭。
同游尽返决独往，赋命穷薄轻江潭。清晨无风浪自涌，中流歌啸倚半酣。
老僧下山惊客至，迎笑喜作巴人谈。自言久客忘乡井，只有弥勒为同龛。
困眠得就纸帐暖，饱食未厌山蔬甘。山林饥卧古亦有，无田不退宁非贪。
展禽虽未三见黜，叔夜自知七不堪。行当投劾谢簪组，为我佳处留茅庵。

【译文】金山的楼阁多么高峻，撞钟击鼓的声响传到淮南。
焦山地界有高竹子，两三个和尚打柴挑水。
阴云密布，海浪翻涌，很少有人烟，不时有沙洲上的人来祈求蚕能卖的好价钱。
我来到金山住下，但不到这里心怀羞惭。
同游的人都回去了，我决然独自前往，命数困窘福气浅薄轻视江河。
早晨没风，海浪自然兴起，在江河中段喝的半醉高歌。
老和尚下山，使香客感到惊奇，喜笑相迎，谈论着百姓的言语。
自我述说客居他乡太久了，已经忘记了故乡，只和弥勒为伴。
困乏时候就在顺势休息，吃饱就行，不会厌倦山里的粗茶淡饭。

自古以来，就有隐士，没有田地，不去退隐，难道不是贪恋红尘。
柳下惠虽然多次被黜免，嵇康心知才能不称。
应当弃官离去，替我在好地方留一处茅屋。

腊日游孤山访惠勤惠思二僧

天欲雪，云满湖，楼台明灭山有无。水清出石鱼可数，林深无人鸟相呼。
腊日不归对妻孥，名寻道人实自娱。道人之居在何许？宝云山前路盘纡。
孤山孤绝谁肯庐？道人有道山不孤。纸窗竹屋深自暖，拥褐坐睡依团蒲。
天寒路远愁仆夫，整驾催归及未晡。出山回望云木合，但见野鹘盘浮图。
兹游淡薄欢有余，到家恍如梦蘧蘧。作诗火急追亡逋，清景一失后难摹。

【译文】天要下雪，云影子洒满湖面，山和楼阁隐隐约约。
河水清澈露出石头，鱼都能看清楚，幽深的林子，没有人烟，只有鸟相鸣叫。
腊八节不回家和妻子孩子团聚，去寻访隐士自己欢乐。
隐士住在哪里？在山路曲折的宝云山。
孤山独绝谁肯在那里居住？只要隐士有志向，就不会显得山的孤独。
住在着陋室竹屋也很知足，拥着被子在蒲团上休息。
天气寒冷，路途遥远，使驾车人发愁，不到三点就整理车驾急忙回家。
出山回头看云木一体，只看见野鸟在高塔盘旋。
此番游玩淡然，很欢乐，到家就像梦一样恍惚。
在家火速作诗，留住逃走的时光，美好的时光一去就很难追回。

和蔡准郎中见邀游西湖

城市不识江湖幽，如与蟪蛄语春秋。试令江湖处城市，却似麋鹿游汀洲。
高人无心无不可，得坎且止乘流浮。公卿故旧留不得，遇所得意终年留。
君不见抛官彭泽令，琴无弦，巾有酒，醉欲眠时遣客休。

【译文】城市的人不知道乡村生活的幽静，就像和蝉谈论春秋的变化。
假使让乡村人在城市里居住，就像麋鹿在小洲行走。
高人一切顺其自然，碰到挫折就停止顺着流水漂浮。
当官的朋友不能长久交往，遇到知心的就长久交往。
你看啊弃官的陶渊明，琴上无弦，头巾用来过滤酒，喝醉后想要睡觉时，才驱赶宾客。

朱寿昌郎中少不知母所在刺血写经求之五十年去岁得之蜀中以诗贺之

嗟君七岁知念母，怜君壮大心愈苦。羡君临老得相逢，喜极无言泪如雨。
不羡白衣作三公，不爱白日升青天。爱君五十著彩服，儿啼却得偿当年。
烹龙为炙玉为酒，鹤发初生千万寿。金花诏书锦作囊，白藤肩舆帘蹙绣。
感君离合我酸辛，此事今无古或闻。长陵朅来见大姊，仲孺岂意逢将军。
开皇苦桃空记面，建中天子终不见。西河郡守谁复讥，颍谷封人羞自荐。

【译文】叹息你七岁时候开始想自己的母亲，怜惜你年岁渐长，心也越来越悲苦。
高兴你年老了，和母亲相逢了，喜极而泣，说不出话。
不羡慕平民当了高官，也不想青天白日。
喜欢你五十岁穿着华丽的衣服，孩子哭泣得偿所愿。
吃着美味，喝着美酒，初生白发，祝愿长寿。
黄色的诏书，用彩色丝织品做的袋子，白藤的车，挂着美丽的帘子。
感慨你们的分离相聚让我心酸悲苦，这样的事情古代也许听说过，但现今没有了。
远途前往看望母亲，董仲孺哪想会养出将军。
隋文帝苦桃空空记下面容，终见不到唐德宗的面。
西河郡守谁还挖苦，颍考叔羞于自己推荐自己。

寓居定惠院之东杂花满山有海棠一株土人不知贵也

江城地瘴蕃草木，只有名花苦幽独。嫣然一笑竹篱间，桃李漫山总粗俗。
也知造物有深意，故遣佳人在空谷。自然富贵出天姿，不待金盘荐华屋。
朱唇得酒晕生脸，翠袖卷纱红映肉。林深雾暗晓光迟，日暖风轻春睡足。
雨中有泪亦凄怆，月下无人更清淑。先生食饱无一事，散步逍遥自扪腹。
不问人家与僧舍，拄杖敲门看修竹。忽逢绝艳照衰朽，叹息无言揩病目。
陋邦何处得此花，无乃好事移西蜀。寸根千里不易致，衔子飞来定鸿鹄。
天涯流落俱可念，为饮一樽歌此曲。明朝酒醒还独来，雪落纷纷那忍触。

【译文】黄州地带潮湿闷热，草木生长茂盛，只有名花寂寞独放。

在竹林间嫣然开放，满山的桃李花开是俗气的。

也知道造物者有深意，所以将名花种在这人迹罕至的幽谷。

海棠花的富贵姿态，出自天然，不必等待人们放在金盘子里进献住在华丽的屋子里的富贵人家，方才显得出它的高雅尊贵。

美女饮酒后，白皙的脸上，泛起红晕，美人褪去轻纱，卷起翠袖，脸上的红晕，映在光洁的皮肤上，这就是海棠花的情状。

海棠花生在深林中，早上雾气笼罩，阳光迟迟才到来。

春天阳光下暖和，风儿轻吹，睡的很饱。

在雨中洒泪更加悲伤，月光下更显得纯洁。

我吃饱了没事干，自在散步轻抚肚子。

不去拜访寺庙串门，拄着拐杖敲门看高竹。

突然看到曾经非常美丽，现在衰败景物，只能无言的叹息擦眼睛。

偏僻的黄州看到海棠花，只怕是愿意贡献的人来到了西蜀。

相隔千里不容易得到，叼着后代来此定居。

海棠花和我都值得感念，为此喝一杯酒唱此歌。

明天酒醒还会再次前来，海棠花凋落哪里会忍心触碰。

月夜与客饮杏花下

杏花飞帘散馀春，明月入户寻幽人。褰衣步月踏花影，炯如流水涵青苹。
花间置酒清香发，争挽长条落香雪。山城薄酒不堪饮，劝君且吸杯中月。
洞箫声断月明中，惟忧月落酒杯空。明朝卷地春风恶，但见绿叶栖残红。

【译文】杏花飞扬春将尽，明月透窗照见我。
整衣在月亮的影子下，月明如水月影清晰。
在花间设美酒，挽起柳枝飘下柳絮。
这里的酒酒薄，不堪饮，劝你吸食杯子里的月光。
洞箫在明月中停止，只担心月亮落下，酒杯空置。
明天春风吹起地上的杂物，只看见绿叶上稀疏的残花。

鹤叹

园中有鹤驯可呼，我欲呼之立坐隅。鹤有难色侧睨予，岂欲臆对如鹏乎。
我生如寄良畸孤，三尺长胫阁瘦躯。俯啄少许便有余，何至以身为子娱。
驱之上堂立斯须，投以饼饵视若无。戛然长鸣乃下趋，难进易退我不如。

【译文】园中有鹤驯服可呼唤，我想喊他站在角落里。
鹤显得十分为难侧眼看我，怎么能像对猫头鹰一样对他。
我生来就是暂居的孤单，三尺长腿撑着纤瘦的躯体。
俯身啄食一会儿就够了，怎么用身体来给你娱乐。
赶到了上堂耸立羽毛，用饵料投食就像没看见一样。
忽然长鸣向下飞去，难以前进却容易退却的地方是我比不上的。

吴中田妇叹

今年粳稻熟苦迟，庶见霜风来几时。霜风来时雨如泻，杷头出菌镰生衣。
眼枯泪尽雨不尽，忍见黄穗卧青泥！茅苫一月垅上宿，天晴获稻随车归。
汗流肩赪载入市，价贱乞与如糠粞。卖牛纳税拆屋炊，虑浅不及明年饥。
官今要钱不要米，西北万里招羌儿。龚黄满朝人更苦，不如却作河伯妇！

【译文】今年的粮食成熟的太迟，风霜时常前来。
风霜前来，大雨来袭，造成农具发霉，镰刀生锈。
眼泪苦尽雨水还不停止，哪里忍心看见粮食泡水。
在田地的茅棚里住了一个月，天晴了，收割粮食跟车回家。
汗流浃背推到市场卖，价格低贱就和碎米一样。
卖牛纳税，拆下屋子的木料烧饭，顾不得明年的饥荒。
现在纳税只要钱不要粮，万里之外的西北招抚羌族部落。
满朝的清官人民更加苦楚，还不如去嫁河神的好。

书晁说之考牧图后

我昔在田间，但知羊与牛。川平牛背稳。如驾百斛舟。舟行无人岸自移，我卧读书牛不知。前有百尾羊，听我鞭声如鼓鼙。我鞭不妄发，视其后者而鞭之。泽中草木长，草长病牛羊。寻山跨坑谷，腾越筋骨强。烟蓑雨笠长林下，老去而今空见画。世间马耳射东风，悔不长作多牛翁。

【译文】曾经的我在乡村，只认识羊和牛。路途平坦，在牛背上很稳定，就好象划着百斛粮食的船。骑在牛背上，随着牛走。我在牛背上读书，它不知道。前面有很多羊，我的鞭子就像军鼓那样有节奏。我不随便抽鞭子，看到走在后面的才抽打。水中生长的草木，环境贫瘠，牛羊肥壮。跨越坑谷，寻找山地，腾跃使筋骨强健。广阔的草原上烟雨婆娑，人到已经故去，到现在只空留画作。言语不入耳，后悔为仕途奔忙，而没有做牛翁的生活。

送刘邠倅海陵

君不见阮嗣宗，臧否不挂口，莫誇舌在齿牙牢。是中惟可饮醇酒，读书不用多，作诗不须工，海边无事日日醉，梦魂不到蓬莱宫，秋风昨夜入庭树，莼丝未老君先去。君先去，几时回，刘郎应白发，桃花开不开。

【译文】君不见阮籍，不提及人物好坏，不自吹舌在齿牙才牢固。此中只可喝酒，不用读太多书，作诗不需要精巧，海边无事天天醉酒，梦魂不到蓬莱宫中，昨夜秋风吹到庭树，莼菜未老君先去，君先去，几时回，刘禹锡都长了白发，桃花开还是不开。

薄薄酒二首

胶西先生赵明叔，家贫，好饮，不择酒而醉。常云：

薄薄酒，胜茶汤，丑丑妇，胜空房。

其言虽俚，而近乎达，故推而广之以补东州之乐府；既又以为未也，复自和一篇，聊以发览者之一噱云耳。

【译文】胶西的赵明叔先生，家里贫苦，喜好喝酒，不挑酒就喝。常说：

“薄薄酒，胜茶汤；丑丑妇，胜空房。”

他的言语虽然很俗，但却很达观，所以推广了，来弥补密州的民间歌舞。

我所做的那一首，还不足以把我的意思全部表达出来。所以有再写了一首，姑且让读者大笑罢了。

其一

薄薄酒，胜茶汤；粗粗布，胜无裳；丑妻恶妾胜空房。

五更待漏靴满霜，不如三伏日高睡足北窗凉。

珠襦玉柙万人相送归北邙，不如悬鹑百结独坐负朝阳。

生前富贵，死后文章，百年瞬息万世忙。

夷齐盗跖俱亡羊，不如眼前一醉是非忧乐都两忘。

【译文】味道单薄的酒，胜过茶水，粗布衣服，胜过没有衣服穿，貌丑讨厌的配偶，胜过独自一人。等到五更天，鞋上沾满了霜露，还不如三伏天里的陶潜生活。贵族的殓服，万人送到北邙山归葬，不如衣衫破烂，向着太阳露背。活着时富贵，死后的赞歌，百年转瞬即逝，后世忙乱，不要计较伯夷叔齐盗跖谁是谁非。不如当下喝醉，是非忧乐都忘记。

其二

薄薄酒，饮两钟；粗粗布，著两重；美恶虽异醉暖同，丑妻恶妾寿乃公。
隐居求志义之从，本不计较东华尘土北窗风。
百年虽长要有终，富死未必输生穷。
但恐珠玉留君容，千载不朽遭樊崇。
文章自足欺盲聋，谁使一朝富贵面发红。
达人自达酒何功，世间是非忧乐本来空。

【译文】味道单薄的酒，和两杯，粗布衣服，穿两层，喜欢、讨厌虽然不一样，喝醉后，都一样。丑陋、讨厌的配偶，使我长寿。

隐居寻求理想达到道的境界，但愿意隐居后，能顺意，本不计较在不在朝廷。
百年虽然很长，要有始有终，有钱的人死未必输给生来就穷困的人。
只担心珠玉可使身体长存，千年不腐朽却遭到盗贼光顾。
文章只足以欺骗盲聋，却不能垂名有世。谁能瞬间富贵，红得发紫？
通达事理的人是自然使然，酒又有什么功劳，世间的是非快乐忧虑本来就是虚妄。

太白山下早行至横渠镇书崇寿院壁

马上续残梦，不知朝日开。乱山横翠嶂，落月淡孤灯。
奔走烦邮吏，安闲愧老僧。再游应眷眷，聊亦记吾曾。

【译文】在马上继续残破的睡梦，不知道太阳的升起。

石头杂乱挡住绿幛，月亮落下，孤灯显得疏淡。
奔走繁忙邮差，按显得样子愧疚老和尚。
再次前来应该眷恋，姑且录下我的过往。

发广州

朝市日已远，此身良自如。三杯软饱后，一枕黑甜余。
蒲涧疏钟晓，黄湾落木初。天涯未觉远，处处各樵渔。

【译文】早市已经很晚了，这副身板真的很自在。
三杯酒后，一觉酣眠到晚。
在蒲草沟稀疏的钟声中，天亮了，黄湾的落木初落下叶子。
咫尺天涯也没觉得很远，处处都有樵夫渔民。

广倅萧大夫见赠复和答之

生还粗胜虞，早退不如疏。垂死初闻道，平生误信书。
风涛惊夜半，疾病送灾余。赖有萧夫子，幽怀得少摅。

【译文】活着回来尚有担忧，早辞官，不如渐离。
临死才听闻道，平生被信服书本误导。
在半夜被风生惊起，病痛给我带来灾祸。
幸亏有萧先生，一改曾经情感丰富而很少表达的习惯。

和刘道原寄张师民

仁义大捷径，诗书一旅亭。相夸绶若若，犹诵麦青青。

腐鼠何劳吓，高鸿本自冥。颠狂不用唤，酒尽渐须醒。

【译文】仁义的大道，诗书只是一小部分。
相互夸耀，声势显赫，还诵读青青麦。
腐鼠哪里用的着吓唬，高鸟本来就来自天空。
癫狂的习性不用招呼，酒喝完了，慢慢就该醒了。

和子由渑池怀旧

人生到处知何似，应似飞鸿踏雪泥。泥上偶然留指爪，鸿飞哪复计东西。
老僧已死成新塔，坏壁无由见旧题。往日崎岖还记否，路长人困蹇驴嘶。

【译文】人生也充满了不可知，就像鸿雁在飞行过程中，偶一驻足雪上。
留下印迹，而鸿飞雪化，一切又都不复存在。
老和尚却已死，寺里替老僧盖了一座新塔，庙壁也坏了，再不能看到旧诗。
往昔的挫折还记得吗，路途太长，人被困，只剩跛驴嘶鸣。

病中闻子由得告不赴商州

病中闻汝免来商，旅雁何时更著行。远别不知官爵好，思归苦觉岁年长。
著书多暇真良计，从宦无功漫去乡。惟有王城最堪隐，万人如海一身藏。

【译文】在病中听闻你不用前往商州，前行的大雁什么时候会再次启程。
远别不知道做官的好处，想要返回才发觉时间太久了。
多闲暇来写诗真是好方法，从做官起，没有任何的功绩，离家乡越来越远。
只有京城最容易隐藏，万人聚集就像大海一样，只我一人藏身。

次韵柳子玉过陈绝粮

如我自观犹可厌，非君谁复肯相寻。图书跌宕悲年老，灯火青荧语夜深。
早岁便怀齐物志，微官敢有济时心。南行千里何事成，一听秋涛万鼓音。

【译文】像我一样，自我评定，还较满足，不是你谁还肯来找我。
诗富于变化，为年老而悲伤，灯火婆娑夜话到很晚。
早年就心怀万物等量齐观的思想，小官有着经邦济世的情怀。
向南被贬，成了什么事情呢？只听到波浪如万鼓击打的声音。

除夜野宿常州城外

行歌野哭两堪悲，远火低星渐向微。病眼不眠非守岁，乡音无伴苦思归。
重衾脚冷知霜重，新沐头轻感发稀。多谢残灯不嫌客，孤舟一夜许相依。

【译文】在路上歌唱在野外哭泣两件事都值得悲伤，远处的微火星星低垂渐渐微弱。
眼睛不眠不休并非是在守岁，在他乡没有同伴，为想要回家而苦恼。
厚厚的被子脚仍旧很冷，知晓是因为霜露太深，刚洗过，头很轻感到头发稀疏。
深深地感谢孤灯不嫌弃客居他乡之人，只有孤舟相伴一晚。

雪后书北台壁

黄昏犹作雨纤纤，夜静无风势转严。但觉衾裯如泼水，不知庭院已堆盐。
五更晓色来书幌，半夜寒声落画檐。试扫北台看马耳，未随埋没有双尖。

【译文】黄昏时分，还下着细雨，夜晚安静没有风声，天气转为寒气凛冽。

只感觉被子像泼了水一般，不知晓庭院中已经积雪成堆。
五更时间，书斋里的窗帘被太阳光照亮，半夜雪在房檐落下声响。
尝试着打扫城墙上的台，来看马耳山，还没有埋没马耳山的双峰。

寄题刁景纯藏春坞

白首归来种万松，待看千尺舞霜风。年抛造物陶甄外，春在先生杖屦中。
杨柳长齐低户暗，樱桃烂熟滴阶红。何时却与徐元直，共访襄阳庞德公。

【译文】白头返家种植很多松树，等待着看在霜风中飞舞。
丢弃了培养人才，春天在先生的手中。
杨柳长的高，人家很低暗，樱桃烂熟掉落，将台阶染红。
什么时候和徐庶一起，一同寻访襄阳的庞德公。

初到黄州

自笑平生为口忙，老来事业转荒唐。长江绕郭知鱼美，好竹连山觉笋香。
逐客不妨员外置，诗人例作水曹郎。只惭无补丝毫事，尚费官家压酒囊。

【译文】笑话自己平生因写诗而获罪，老了以后，行事就转向了荒唐。
长江环绕着外城才知道鱼的丰美，连山的竹林感觉到竹笋的香味。
贬谪之人属于定额之外的官员，诗人总是要做做水部的郎官。
只是惭愧没有做事情，还花费了官府的酒袋子。

侄安节远来夜坐

心衰面改瘦峥嵘，相见惟应识旧声。永夜思家在何处，残年知汝远来情。

畏人默坐成痴钝，问旧惊呼半死生。梦断酒醒山雨绝，笑看饥鼠上灯檠。

【译文】人已经衰老，容颜改变，瘦骨嶙峋，相见只凭旧声来认识。

长夜想家在什么地方，晚年知道你远来的情意。

害怕不说话，变得木讷，询问曾经的事情惊叹半生已经过去。

酒醒梦断山雨断绝，笑着看饥饿的老鼠爬上烛台。

正月二十日与潘郭二生出郊寻春忽记去年是日同至女王城作诗乃贺前韵

东风未肯入东门，走马还寻去岁村。人似秋鸿来有信，事如春梦了无痕。

江城白酒三杯酽，野老苍颜一笑温。已约年年为此会，故人不用赋招魂。

【译文】春天的东风还不肯吹进东面的城门，我们骑马出城，寻找去年我们游玩的村落。

人就好像秋天的大雁一样，来去都会有音信痕迹可寻，往事就好像春天的一场大梦一样，一点痕迹都没留下。

让我们去江城边上的酒馆，喝上三杯好酒，乡间的老人会用饱经沧桑的脸孔上温暖的笑容来欢迎你的。

我们已经约定了，每年春季的时候都要出东门踏青，所以，你们就不必因为此事劳心牵挂。

赠善相程

心传异学不谋身，自要清时阅搢绅。火色上腾虽有数，急流勇退岂无人。

书中苦觅元非诀，醉里微言却近真。我似乐天君记取，华颠赏遍洛阳春。

【译文】学着不能自我谋生的和正道相悖的学说，自我约束，学习高官。

人生得意是有着命数的，为了避祸需要及时引退。

书本里的东西苦苦寻觅根本不是捷径，醉话才近似真实。
我像你想象中的那么高兴，欢快的遍赏洛阳春景。

六月二十日夜渡海

横斗转欲三更，苦雨终风也解晴。云散月明谁点缀？天容海色本澄清。
空余鲁叟乘桴意，粗识轩辕奏乐声。九死南荒吾不恨，兹游奇绝冠平生。

【译文】夜已经很深了，久雨不停，终日刮风的天气也转晴朗了。
云散了月亮出来了谁在点缀着？天色、海色本就是澄净的。
单单地留下孔子一人乘船，粗略的了解了黄帝的玄思。
在荒凉的南方逝去，我不遗憾，贬谪海南这件事是我平生最值得称赞的事情。

过岭

暂著南冠不到头，却随北雁与归休。平生不作兔三窟，今古何殊貉一丘。
当日无人送临贺，至今有庙祀潮州。剑关西望七千里，乘兴真为玉局游。

【译文】暂时被当作没有尽头的囚徒，却追随北方的大雁一同回去。
平生不会像兔子一样有多个暂居处，现在和过去有什么区别，都是一丘之貉。
那天到临贺，无人前来送别，现在在潮州有祭祀的地方。
向西七千里回望剑门关，趁着兴致到玉局观游玩。

嘲子由

堆几盏埃简，攻之如蠹虫。谁知圣人意，不在古书中。

【译文】堆放着几卷落上灰尘的书籍，像蛀虫一样钻研它。
谁了解圣人的意思，不在书本里。

轩窗

东邻多白杨，夜作雨声急。窗下独无眠，秋虫见灯入。

【译文】东边种了很多白杨树，晚上下着很急的雨。
只我一人在床下睡不着，看见虫子顺着灯光前来。

鱼

湖上移鱼子，初生不畏人。自从识钩饵，欲见更无因。

【译文】湖上的鱼儿游荡，开始不害怕人。
自从认识了钩上的鱼饵，想要看见更是不可能了。

六月二十七日望湖楼醉书二绝

其一

放生鱼鳖逐人来， 无主荷花到处开。水枕能令山俯仰， 风船解与月徘徊。

【译文】放生的鱼鳖跟随人来，池塘里荷花到处开放。
从水中看山如倒了过来，开船随风在月下徘徊。

其二

未成小隐聊中隐，可得长闲胜暂闲。我本无家更安往，故乡无此好湖山。

【译文】没能隐居山林，姑且只成为了一位闲官，能得到长久的悠闲时光，聊胜于短暂的闲暇时光。

我本就没有家，这下子更是要到哪里去，家乡没有这样的好风景。

饮湖上初晴后雨

水光潋滟晴方好，山色空濛雨亦奇。欲把西湖比西子，淡妆浓抹总相宜。

【译文】潋滟水光是她浓艳的粉脂，空蒙山色是她淡雅的妆饰。

我想最好把西湖比作西施，不管她怎样打扮，总能很好地烘托出天生丽质和迷人的神韵。

陌上花

游九仙山，闻里中儿歌《陌上花》。父老云：吴越王妃每岁春必归临安，王以书遗妃曰："陌上花开，可缓缓归矣。"吴人用其语为歌，含思宛转，听之凄然，而其词鄙野，为易之云。

【译文】游览九仙山，听闻二儿子在唱《陌上花》，父老乡亲说：吴越的妃子每年都到临安春游，王给给妃子留下字："田间路上的花开了，就该回来了。"吴地的人用这句话作歌，思绪婉转，听起来凄伤，而他的词语不雅，给它改词。

陌上花开蝴蝶飞，江山犹似昔人非。遗民几度垂垂老，游女长歌缓缓归。

【译文】田间小路上的花开，蝴蝶翩翩起舞，江山还在，物是人非。
遗民们和后代们，一代代变老，出游陌上的女子慢慢回家。

单同年求德兴俞氏聚远楼诗二首

云山烟水苦难亲，野草幽花各自春。赖有高楼能聚远，一时收拾与闲人。
无限青山散不收，云奔浪卷入帘钩。直将眼力为疆界，何啻人间万户侯。

【译文】苦于自然难以亲近，野草和香花各有各的春天。
好在有高楼能远望，一时间丢给闲人去摆弄。
青山无限各自分散，云奔忙浪花卷入屋内。
只将视力所及的地方作为边界，何止人间的万户侯。

望云楼

阴晴朝暮几回新，已向虚空付此身。出本无心归亦好，白云还似望云人。

【译文】一天中，天气不定，几番转换，已经将人生托付给了虚妄的事情。
刚来的时候没有心思，希望结果是好的，白云和望云人一样彼此相望。

披锦亭

烟红露绿晓风香，燕舞莺啼春日长。谁道使君贫且老，绣屏锦帐咽笙簧。

【译文】红色烟霞，柳叶吐出嫩芽，暖风吹来阵阵花香，燕子飞舞黄莺鸣叫，春天万物复苏。

谁说使君既穷又老，华美的屏风和罗帐里悠然自得。

东栏梨花

梨花淡白柳深青，柳絮飞时花满城。惆怅东栏一株雪，人生看得几清明。

【译文】淡白色的梨花，柳条透露出浓郁的青色，柳絮飞扬时，花已经开满城。我怀着惆怅的心情看着东边栅栏美好的梨花，人生又能有几度清明啊！

南堂

扫地焚香闭阁眠，簟纹如水帐如烟。客来梦觉知何处，挂起西窗浪接天。

【译文】扫地烧香关闭屋门睡觉，睡在席子，就像漂在水上一样柔软，帷帐就像烟霞一样轻柔。

客人醒来不知身在何处，挂起西面的窗帘浪和天相接。

题西林壁

横看成岭侧成峰，远近高低各不同。不识庐山真面目，只缘身在此山中。

【译文】从正面看庐山山岭连绵起伏，从侧面看庐山山峰耸立，从远处、近处、高处、低处看庐山，庐山呈现各种不同的样子。

人不清楚庐山本来的面目，只因为自己在庐山中。

书李世南所画秋景

野水参差落涨痕，疏林攲倒出霜根。扁舟一棹归何处？家在江南黄叶村。

【译文】水面高低不平，落留下的痕迹，稀疏的树木倾倒根茎受到风霜的侵袭。一叶小船不知吹到何处，家住江南的黄叶村。

赠刘景文

荷尽已无擎雨盖，菊残犹有傲霜枝。一年好景君须记，正是橙黄橘绿时。

【译文】荷花已经残败，没有了荷叶的支撑了，菊花也已经枯萎，但它还有傲霜挺拔的菊枝。

你得记住，一年最美，是在初冬橙黄橘绿的时节。

臂痛谒告作示四君子

公退清闲如致仕，酒余欢适似还乡。不妨更有安心病，卧看萦帘一炷香。

【译文】你脱身官场，一身清闲，酒后欢乐就像回到家乡。

不妨使自己的心静下来，躺着看帘旁烧的一炷香。

黄庭坚

黄庭坚，宋洪州分宁人，字鲁直，号涪翁，幼警悟。举进士，知太和县。哲宗立，诏为校书郎。神宗实录检讨官，迁著作郎，擢起居舍人。绍圣初，知宣州，改鄂州。章惇、蔡卞恶之，贬涪州别驾，黔州安置，徙戎州。徽宗初，起知太平州，复谪宜州，卒年六十一，私谥文节先生。庭坚文章天成，与张耒、晁補之、秦观俱游苏轼门，天下称为四学士。而庭坚尤长于诗，世号苏黄。其诗得法杜甫，而苍劲奇巧，自出机杼，遂别开江西诗派，为后世所祖。初游灊皖山谷寺石牛涧，乐其泉石之胜，因自号山谷道人。有山谷内外集，别集，词年谱。

【译文】宋代，洪州分宁人，字字鲁直，号涪翁。年幼时，聪慧。中进士，管理太和县。哲宗登基，诏他做校书郎，神宗实录检讨官。升著作郎，升做了起居舍人的官。绍圣初年，管理宣州，该任鄂州。章惇、蔡卞讨厌他，贬作涪地别驾官，在黔州安家，迁移到了戎州。徽宗初，起用管理太平州，又被贬到宜州，终年六十一岁，自谓谥号文节先生。他的文章浑然天成，和张耒、晁補之、秦观都在苏轼门下学习，人称四学士。但黄庭坚更加擅长诗，世号苏黄。他的诗作效法杜甫，而苍劲奇巧，自出一格，于是另创立了江西诗派，被后世效法。曾经在安徽潜县山谷寺石牛涧，很高兴看大泉石丰富，于是自号山谷道人。有山谷内外集，别集，词年谱。

古风二首上苏子瞻

其一

江梅有佳实，托根桃李场。桃李终不言，朝露借恩光。
孤芳忌皎洁，冰雪空自香。古来和鼎实，此物升庙廊。
岁月坐成晚，烟雨青已黄。得升桃李盘，以远初见尝。
终然不可口，掷置官道傍。但使本根在，弃捐果何伤。

【译文】江边的梅子质美味佳，把根置身在桃李的周围。
桃李始终不言语，早晨的露水受到阳光的赏识。
孤独绽放，其他花妒忌它的洁白，在冰雪中空散出香气。
自古以来，就是鼎里所盛的东西，这个物件就成为太庙祭祖的供物。
结果需要很长时间，在黄梅雨中成熟。
能够被和桃李一样盛放在盘子中，因为距离远，才初次被吃到。
最后发现它不可口，被弃置在官路旁。
只要让它的根活着，纵使将果实丢弃又有什么妨碍呢？

其二

青松出涧壑，十里闻风声。上有百尺丝，下有千岁苓。
自性得久要，为人制颓龄。小草有远志，相依在平生。
医和不并世，深根且固蒂。人言可医国，可用太早计。
小大材则殊，气味固相似。

【译文】青翠的松树在山涧的沟壑里生长，十里之外都能听到风吹着它的声音。
上面有很长的蜘蛛网，根下寄生着长有千年的茯苓。
顺着自然本性能够长久生存，在暮年被人改造。
小草们有远大的志向，相依相守一生。
医和不同存于世，根扎得很深，茎、枝相连的部分也很稳固。
有人说可以医治国家，应该很早就谋划。
才能大小不同，气味本来却是相近似的。

寄裴仲谟（纶）

交游二十年，义等亲骨肉。风雨漂我巢，公亦未有屋。
寄声来问安，足音到空谷。我家辇毂下，薪桂炊白玉。
在官与影俱，衣绽发曲局。天机行日月，春事勤草木。
念公笃行李，野饭中道宿。惊沙卷旆旗，乌尾城角谡。
骚骚家治具，夫子且归沐。作书寄後乘，为我遣臣仆。

起居太夫人，并问相与睦。

【译文】你我已经是二十年的老友，已经结成了像兄弟一样的情义。
风雨淋湿我的巢穴，你也一样没有地方可住。
寄言来问我是否安好，在空谷中传响着问候声。
我家的车轮下，用丛生的柴草，做饭。
做官和自己的影子同在，衣服破了，开始卷曲。
季节变换，春季开始勤于劳作。
想着你，拿着很多东西，在半路上吃饭、睡觉。
被沙卷起旗帜的事而吃惊，乌尾在城角的谡谡风中。
行动急切的给家里置办器具，回家去洗头发。
写信给随从在后面的车马，给我拉佣人。
母亲的生活作息，问候互相间是否和睦友好。

次韵秦观过陈无己书院观鄙句之作

陈侯大雅姿，四壁不治第。碌碌盆盎中，见此古罍洗。
薄饭不能羹，墙阴老春荠。惟有文字性，万古抱根柢。
我学少师承，坎井可窥底。何因蒙赏味，相享当牲醴。
试问求志君，文章自有体。玄钥锁灵台，渠当为君启。

【译文】陈师道的人品高雅，家徒四壁，没有宅第。
在凡俗常见的器物中，看到这件古旧的盆子。
蔬食没有肉汤，房子潮湿长了野菜。
只有学习文字的本事，是万古以来学子的根本。
我的学业很少有师承的缘故，学术很浅薄，可以一眼望穿。
哪里能承蒙你的赏识，能受到如供奉神明一样的礼敬。
请问你，文章自有自己的体式。
奥秘的钥匙锁住了心门，他应当为你开启。

又答斌老病愈次韵遣闷

百病从中来，悟罢本谁病。西风将小雨，凉入居士径。
苦竹绕莲塘，自悦鱼鸟性。红妆倚翠盖，不点禅心净。

【译文】刚从病中缓过来，悔悟完了到底是谁生病了。
刮着西风，将要下雨，凉爽的气息吹到居士家的路上。
苦竹环绕着荷塘生长，鱼鸟顺着自然天性很快乐。
荷花映着翠绿的荷叶，不用其他装点，人心明澄澈。

题李亮功戴嵩牛图

韩生画肥马，立仗有辉光。戴老作瘦牛，平生千顷荒。
觳觫告主人，实已尽筋力。乞我一牧童，林间听横笛。
【译文】韩干画的肥马，作为仪仗有荣光。
戴嵩画的瘦牛，可使大片田地荒芜。
惊惧颤抖的告诉主人，真的已经竭尽全力了。
求把我给牧童，在树林间听着笛声畅游。

颜徒贫乐

衡门低首过，环堵容膝坐。四旁无给侍，百衲自缠裹。
论事直如弦，观书曲肱卧。饥来或乞食，有道无不可。

【译文】简陋的房屋，需要低头才能过去，四壁环绕，只能容一个人坐下。
周围没有佣人，衣服破烂，只能自己缠绕裹扎。
谈论大事像弓弦一样直，看书时弯着胳膊作枕头般的躺着。
肚子饿的时候就讨饭，只要有德行，没有什么不行的。

晁张和答秦觏五言予亦次韵

山林与心违，日月使鬓换。儒衣相诟病，文字奉娱玩。
自古非一秦，六籍盖多难。诗书或发冢，熟念令人惋。
秦君锐本学，骥子已血汗。相期骖天衢，伯乐尝一盼。
士为欲心缚，寸勇辄尺懦。要当观此心，日照云雾散。
扶疏万物影，宇宙同璀璨。置规岂惟君，亦自警弛慢。

【译文】在山林中，和自己的意志相违背，日月轮转让自己的头发变白。
书生互相嘲笑，用文字来游戏。
自古以来不是只有一个秦代，六籍经典真的很难、很难。
诗书类的经典被从坟墓里挖出来，深思间令人叹息。
秦人对书目要求很严格，良马已经出了汗血马。
期待马任意通行，盼望着被伯乐发现。
人被贪心束缚，勇气屈服于怯懦。
应当看看这个心意，太阳照耀下，云开雾散。
树影斑驳，天地同光。
难道仅仅为你设置准则，也在于自我的省察。

次韵吴宣义三径怀友

佳眠未知晓，屋角闻晴哢。万事颇忘怀，犹牵故人梦。
采兰秋蓬深，汲井短绠冻。起看冥飞鸿，乃见天宇空。
甚念故人寒，谁省机与综。在者天一方，日月老宾送。
往者不可言，古柏守翁仲。

【译文】一夜好眠不知天亮，听到屋外的鸟鸣声。
忘记一切，却还在梦中牵挂着老友。

在秋季的蓬草很高的时候采摘兰草，打水但绳链短而且被冻。
起来抬头看天上的飞鸟，才发现天空。
很担心老友的保暖，谁想机和织。
天各一方，只有日月往来相送。
过去的就不要说了，只有古柏和阮翁仲作伴。

次韵子瞻题郭熙画秋山

黄州逐客未赐环，江南江北饱看山。玉堂卧对郭熙画，发兴已在青林间。
郭熙官画但荒远，短纸曲折开秋晚。江村烟外雨脚明，归雁行边余叠巘。
坐思黄柑洞庭霜，恨身不如雁随阳。熙今头白有眼力，尚能弄笔映窗光。
画取江南好风日，慰此将老镜中发。但熙肯画宽作程，十日五日一水石。

【译文】苏轼被贬黄州，还没有被赦免赴京，饱看祖国的大好河山。
在翰林院躺着看着郭熙的画，已经触发了我归隐的情绪。
郭熙的画作描绘荒远地区，秋天的晚景已经在小幅纸上显露。
江村外，雨绵延不断，归雁的路途中，层峦叠嶂。
想着洞庭结霜时节，黄柑成熟，遗憾自己不能随大雁南飞。
如今郭熙头发花白，但眼力依旧，还能作画。
将江南的好风光画下来，来慰藉镜中映现的白发。
只要郭熙肯宽限几天画期，十天画一水，五天画一石。

送王郎

酌君以蒲城桑落之酒，泛君以湘累秋菊之英。
赠君以黟川点漆之墨，送君以阳关堕泪之声。
酒浇胸次之磊块，菊制短世之颓龄。
墨以传万古文章之印，歌以写一家兄弟之情。
江山千里俱头白，骨肉十年终眼青。

连床夜语鸡戒晓，书囊无底谈未了。
有功翰墨乃如此，何恨远别音书少。
炒沙作縻终不饱，缕冰文章费工巧。
要须心地收汗马，孔孟行世目杲杲。
有弟有弟力持家，妇能养姑供珍鲑。
儿大诗书女丝麻，公但读书煮春茶。

【译文】说要用蒲城的美酒请王纯亮喝，在酒中浮上几片屈原喜欢吞嚼的“秋菊之落英”。

要用歙州黟县所产的好墨送王，用王维《渭城曲》那样“阳关堕泪”的歌声来饯别。

酒可用来浇消王郎胸中的不平，菊可以用来控制人世因年龄增而早衰。

墨好才能让王郎传写万古文章的心印，歌声以表兄弟般的亲情。

相隔千里都头发花白，骨肉间分离十年仍旧会青眼相对。

同卧夜话直达天明，书籍和言谈都没有终了。

翰墨的功绩就在这里，哪里遗憾远离音信很少？

蒸石做饭，无法填饱肚子，像镂刻冰块，不能持久。

应该收敛心神，潜心道义，战胜虚华，才能体会出孔子、孟子之道如日月经天。

弟弟能替他管理家事，妻子能烹制美餐孝敬婆婆。

儿子能读诗书，女儿能织丝麻，家中无内顾之忧，可以好好烹茶读书，安居自适。

双井茶送子瞻

人间风日不到处，天上玉堂森宝书。想见东坡旧居士，挥毫百斛泻明珠。
我家江南摘云腴，落硙霏霏雪不如。为公唤起黄州梦，独载扁舟向五湖。

【译文】人间的气息不能到达的地方，天上的翰林院里有很多的好书。

想象东坡这位旧居士，挥毫泼墨，如百斛明珠倾泻而出。

江南我家摘得茶，碾磨茶末的场景连雪都比不上。

为你唤起黄州之梦，独自驾着船四海遨游。

演雅

桑蚕作茧自缠裹，蛛蝥结网工遮逻。燕无居舍经始忙，蝶为风光勾引破。
老鶬衔石宿水饮，稺蜂趋衙供蜜课。鹊传吉语安得闲，鸡催晨兴不敢卧。
气陵千里蝇附骥，枉过一生蚁旋磨。虱闻汤沸尚血食，雀喜宫成自相贺。
晴天振羽乐蜉蝣，空穴祝儿成蜾蠃。蛣蜣转丸贱苏合，飞蛾赴烛甘死祸。
井边蠹李螬苦肥，枝头饮露蝉常饿。天蝼伏隙录人语，射工含沙须影过。
训狐啄屋真行怪，蠨蛸报喜太多可。鸬鹚密伺鱼虾便，白鹭不禁尘土涴。
络纬何尝省机织，布谷未应勤种播。五技鼯鼠笑鸠拙，百足马蚿怜跛鳖。
老蚌胎中珠是贼，醯鸡瓮里天几大。螳螂当辙恃长臂，熠燿宵行矜照火。
提壶犹能劝沽酒，黄口只知贪饭颗。伯劳饶舌世不问，鹦鹉才言便关鏁。
春蛙夏蜩更嘈杂，土蚓壁蟫何碎琐。江南野水碧于天，中有白欧闲似我。

【译文】蚕作茧自缚，蜘蛛结网自我遮掩。
燕子没有居处时常忙乱，蝴蝶总是被风光迷惑。
老鸟叼着石头在水边居住喝水，幼蜂向着总署索要蜜汁。
喜鹊传播吉祥的话语哪里得空，鸡催促着天明，哪里敢睡。
神气的蝇依附着良马，也好过一生像蚂蚁跟着磨盘运转一样。
虱子闻到肉汤滚沸，还喝血，雀高兴巢成相互庆贺。
蜉蝣高兴地在晴天挥翅膀，没有巢穴，庆贺后代成了蜾蠃。
屎壳郎团转屎球，还认为苏合树低贱，飞蛾扑火甘愿承受灾祸。
井边吃过的李子的螬虫很肥壮，枝头喝露水的蝉时常很饥饿。
天蝼隐藏着偷听人言，射工含着沙子，纵使影子也会中招。
猫头鹰啄屋的事件真的很奇怪，蠨蛸报喜很多是可以。
鸬鹚伺机等待着鱼虾的前来，白鹭不能忍受尘土的玷染。
编织的纵线哪里会节省织机的编织，布谷鸟没有及时报告人播种。
五技的鼯鼠嘲笑鸠的拙劣，百足的马陆同情鳖的跛足。
老蚌的肚子中珍珠是贼，醋瓮中的鸡能感受到几天。
螳螂依靠长臂挡车，萤火虫同情点火。
鹈鹕鸟还可以勉励买酒，雏鸟只知道贪吃。
伯劳鸟饶舌世人不管，鹦鹉一说话就被关。

春天的蛙、夏天的蝉更聒噪，土蚓、书虫多么碎小。
江南的春水比天还亮，有白鸥向我一样悠闲自得。

戏答赵伯充劝莫学书及为席子泽解嘲

平生饮酒不尽味，五鼎馈肉如嚼蜡。我醉欲眠便遣客，三年窥墙亦面壁。
空余小来翰墨场，松烟兔颖傍明窗。偶随儿戏洒墨汁，众人许在崔杜行。
晚学长沙小三昧，幻出万物真成狂。龙蛇起陆雷破柱，自喜奇观绕绳床。
家人骂笑宁有道，污染黄素败粉墙。诚不如南邻席明府，蛛网锁砚蜗书梁。
怀中探丸起九死，才术颇似汉太仓。感君诗句唤梦觉，邯郸初未熟黄粱。
身如朝露无牢强，翫此白驹过隙光。从此永明书百卷，自公退食一炉香。

【译文】平生喝酒不尽兴，五鼎煮的肉味同嚼蜡。
我醉了想睡就遣散客人，三年的时间对着墙壁，反省。
闲暇时间来书卷地，倚靠着窗户拿着笔墨。
偶尔弄儿洒了墨汁，众人称赞是崔瑗、杜操一类的书法家。
晚年开始学习佛教修行，痴迷于万物的变化。
蛇开始活动，雷开始产生，为此景象很神奇而绕着床边的绳子。
家人的嘲讽，难道是有道理的，用黄素色将白墙污染。
真的还不如南边的席家的县府，蜘蛛网结满砚台，蜗牛爬上房梁。
怀里的药丸使人活着，才能和汉代淳于意医术相近。
你的诗使我梦醒，邯郸还未到达，黄梁饭已经蒸熟。
人生就像早晨的露水没有勉强，在这白驹过隙的时光中，尽情畅玩。
从今以后百卷的书永远放置，从你走后就只放一炉香。

送石长卿太学秋补

长卿家亦但四壁，文君窥之介如石。胸中已无少年事，骨气乃有老松格。
汉文新览天下图，诏山采玉渊献珠。再三可陈治安策，第一莫上登封书。

【译文】司马相如也是家徒四壁，文君看上他耿介如石的品性。
心里已经没有了年少轻狂，骨格才有了老松柏的气质。
汉文帝新即天下大位，诏各地采玉，进献深河里的珍珠。
可以多次陈述治国方略，但最重要的是不要奏请登泰山祭祀天地之事。

送咏子舟画两竹两鸲鹆

风晴日暖摇双竹，竹间相语两鸜鹆。鸜鹆之肉不可肴，人生不材果为福。
子舟之笔利如锥，千变万化皆天机。未知笔下鸜鹆语，何似梦中胡蝶飞。

【译文】天晴风朗，摇动竹子，竹林间有两只鸜鹆鸣叫。
鸜鹆的肉不能吃，人不成材或许是一件幸事。
子舟的画笔就像锥一样锋利各种变化都是奥秘。
不知笔下的鸲鹆之语，是否和梦中的飞舞蝴蝶相似。

次韵文潜

武昌赤壁吊周郎，寒溪西山寻漫浪。忽闻天上故人来，呼船凌江不待饷。
我瞻高明少吐气，君亦欢喜失微恙。年来鬼祟覆三豪，词林根柢颇摇荡。
天生大材竟何用，只与千古拜图像。张侯文章殊不病，历险心胆原自壮。
汀洲源雁未安集，风雪牖户当塞向。有人出手办兹事，政可隐几穷诸妄。
经行东坡眠食地，拂拭宝墨生楚怆。水清石见君所知，此是吾家秘密藏。

【译文】在武昌的赤壁凭吊周瑜，在西山寒冷的溪流边追寻着不受世俗约束的自由。
忽然听闻天上的老友前来，划着船渡江不到一会儿。
我看见张耒稍微吐了口气，他也很高兴暂时忘记了病患。
想到今年三位好友的过世，词坛的根基受到振荡。
天生大材最终又有什么用，只能受到后代的祭拜。
张耒的文章毫无衰弱之气。历经艰险，气韵更加宏壮。
汀州的百姓尚未安集，风雪从窗户进来，应当堵住北面的窗户来避风雪。

现在朝廷中，应当有人身担这份职责，自己只倚几静心学道。
现在经过东坡曾经贬谪的地方，擦着墨台产生悲怆的感情。
你知道水愈清澈石头会自然映现，这是我的秘密，别人不解。

次韵元实病目

道人尝恨未灰心，儒士苦爱读书眼。要须玄览照镜空，莫作白鱼钻蠹简。
阅人朦胧似有味，看字昏涩尤宜懒。范侯年少百夫雄，言行一一无可柬。
看君眸子当了然，乃称胸次常坦坦。如何有物食明月，泪睫陨珠衣袖满。
金篦刮膜会有时，汤熨取快术诚短。君不见岳头懒瓒一生禅，鼻涕垂颐渠不管。

【译文】学道之人为不灰心而遗憾，书生苦于喜爱读书的眼睛。
要遍览群书，就像镜子一样的空荡，不要作虫子凿书简。
看人有感觉，但很朦胧，看字昏暗，最适合偷懒。
范侯年少无人能敌，言行没有什么可指摘的地方。
看你的眼睛一切都明了了，于是说胸中时常怀有坦荡。
怎么说有东西吃了月亮，眼眶落泪沾满衣袖。
金篦子刮膜终有一天，烫熨的方式真的很短。
你看，岳头的懒瓒和尚一生向佛，鼻涕流到脸颊，他也不管。

书摩崖碑后

春风吹船著浯溪，扶藜上读《中兴碑》。平生半世看墨本，摩挲石刻鬓成丝。
明皇不作苞桑计，颠倒四海由禄儿。九庙不守乘舆西，万官已作鸟择栖。
抚军监国太子事，何乃趣取大物为？事有至难天幸耳，上皇蹰蹐还京师。
内间张后色可否？外间李父颐指挥。南内凄凉几苟活，高将军去事尤危。
臣结春秋二三策，臣甫杜鹃再拜诗。安知忠臣痛至骨，世上但赏琼琚词。
同来野僧六七辈，亦有文士相追随。断崖苍藓对立久，冻雨为洗前朝悲。

【译文】东风吹着船到浯溪，拄着拐杖看北岸摩崖石刻的《中兴碑》。
大半生看得都是字帖，此时看摩崖石刻已经年老。
唐明皇不顾国家根本大计，任由安禄山造成国家大乱。
长安不保，乘舆奔蜀，百官已经择木而栖。
抚军监国本就是太子的职责，不应当急于夺取皇位。
万幸的是国家安定，人主保全唐明皇小心翼翼的班师回京。
看皇后的脸色行事，看李辅国的下颌示意。
兴庆宫里凄凉、苟延残喘的活着，高力士离开后，情形更加艰难。
我元结用春秋的竹简，我杜甫读有关杜宇的诗歌。
哪里懂得他们痛彻肺腑的忠君之情，世人只知道欣赏他们诗句的精妙。
有僧俗两界的六七个朋友，也有文人前往欣赏。
对着长满苔藓的断崖站立许久，用暴雨来洗涤前朝的悲剧。

答明略并寄无咎

可以忘忧惟有酒，清圣浊贤皆可口。前日过君饮不多，明日解醒无五斗。
古木清阴丹井栏，夜来凉月屋头还。论文拨置形骸外，得意相忘樽俎间。
冰壶不可与夏虫飨，秋月不可与俗士赏。已得樽前两友生，更思一士济阳城。
虽无四至九卿之规画，犹有千秋万岁之真荣。空名未食太仓米，今作斑衣老莱子。
卿家嗣宗望尔来，不独我闻足音喜。西风索寞叶初乾，长铗归来亦罢弹。
穷巷蓬蒿深一尺，朱门廉陛高难攀。吾侪相逢置是事，百世之下仰高山。

【译文】只有酒才能让人忘记忧愁，圣贤之人都这样认为。
前天拜访你喝的不多，明天酒醒了，不会为五斗米而折腰。
古木的阴凉下，红色的井栏，夜晚的凉月照在屋里。
交流思想丢弃在人之外，欢乐相忘在杯酒间。
冰壶不能和夏天的昆虫同享，秋月不能和俗人欣赏。
已经有了酒桌上的两位好友更加想念济阳城的一位朋友。
即使没有做大官的规划，却还有着不尽的荣耀。
只担着空名声，没有吃到太仓的米，现在做了穿着彩衣的老子。
你家的阮籍希望你前来，不只我听闻后很高兴。
西风萧索，叶刚干，长铗归来也停止了弹唱。

困顿的巷子蓬蒿高一尺，大官家的门庭很难追求。
我们这些人相聚的事情，会成为后世仰望的高大山峰。

寄题安福李令爱竹堂

渊明喜种菊，子猷喜种竹。托物虽自殊，心期俱不俗。
千载得李侯，异世等风流。为官恐是陶彭泽，爱竹最知王子猷。
寒窗对酒听雨雪，夏簟烹茶卧风月。小僧知令不凡材，自扫竹根培老节。
富贵于我如浮云，安可一日无此君。人言爱竹有何好，此中难为俗人道。
我于此物更不疏，一官窘束何由到。

【译文】陶渊明喜欢种菊花，王徽之喜欢种竹子。
虽然种的不一样，但心意都不同凡俗。
难得的李侯，虽然不同时代，但风流气度是一样的。
做官像陶渊明一样，喜欢竹子，和王徽之情意相通。
在寒冷的窗下喝酒听风雪声，睡在月下的夏席上，煮茶喝。
小和尚知道他的才能不俗，自己去维护竹根下的竹节。
富与贵对我来说，就像浮云，哪里能忍受一天没有它。
有人说喜爱竹子有什么好处，这里面的道理很难对世人言说。
我对竹子的感受更是深刻，做官哪里约束到这种地步。

老杜浣花溪图引

拾遗流落锦官城，故人作尹眼为青。碧鸡坊西结茅屋，百花潭水濯冠缨。
故衣未补新衣绽，空蟠胸中书万卷。探道欲度羲皇前，论诗未觉国风远。
干戈峥嵘暗宇县，杜陵韦曲无鸡犬。老妻稚子且眼前，弟妹飘零不相见。
此公乐易真可人，园翁溪友肯卜邻。邻家有酒邀皆去，得意鱼鸟来相亲。
浣花酒船散车骑，野墙无主看桃李。宗文守家宗武扶，落日蹇驴驮醉起。
愿闻解鞍脱兜鍪，老儒不用千户侯。中原未得平安报，醉里眉攒万国愁。

生绡铺墙粉墨落，平生忠义今寂寞。儿呼不苏驴失脚，犹恐醒来有新作。
常使诗人拜画图，煎胶续弦千古无。

【译文】杜甫流落到成都，好友给了他很大的恩惠。
在碧鸡坊的西面盖了间茅屋，在浣花溪的上游洗自己的官帽。
旧衣服还没有补，新衣服就开裂了，空鼎中放了万卷的书。
想要在鲜明的君王殿前干一番大事，写诗没觉得国风很远。
住在京城，战争动荡，长安没有人烟。
妻子、孩子在眼前，兄弟离乱，不能见面。
他真诚快乐，合人心意，选择老头们做邻居。
隔壁都邀请去喝酒，鱼鸟都来和人亲近。
在浣花喝酒的船上，放着车马，房屋没有主人，要去看桃李。
老大长家，小儿子帮扶，日落跛驴驮着喝醉的自己。
想要戴上头盔征战，老生不想当千户侯。
中原地区还没有传来安定的捷报，喝醉了眉头紧蹙替国家忧虑。
生绢画展挂墙头，墨粉脱落，一生忠胆节义，而今孤独寂寞。
孩子呼喊没有醒来，而驴倒，还担心酒醒有忧生念乱之作。
时常让诗人拜读杜甫的作品，交情深厚千古以后，都不会有后继者。

薄薄酒二章

苏密州为赵明叔作薄薄酒二章，愤世疾邪，言甚高。予观赵君之言，近乎知足不辱，有马少游之余风，故代作二章，以终其意。

【译文】苏轼在密州给赵明叔写了薄薄酒二章，愤世嫉俗，言语不凡。我看赵君的话，近乎知足，不耻辱，有马少游的余风，所以再作两章，来表达意绪。

其一

薄酒可与忘忧，丑妇可与白头。徐行不必驷马，称身不必狐裘。
无祸不必受福，甘餐不必食肉。富贵于我如浮云，小者谴诃大戮辱。
一身畏首复畏尾，门多宾客饱僮仆。美物必甚恶，厚味生五兵。

匹夫怀璧死，百鬼瞰高明。丑妇千秋万岁同室，万金良药不如无疾。
薄酒一谈一笑胜茶，万里封侯不如还家。

【译文】喝薄酒可以解除人的烦恼，丑妇可以和她白头到老。漫步不需要四匹马拉的车，穿合适的衣服，不需要狐裘衣。没有祸患就行，不必要一定享福，吃饱就行，不必要一定要吃肉。富与贵对我来说就像浮云，小的会受到谴责呵斥，大的会遭到杀戮羞辱。一生，瞻前顾后，有很多朋友，使仆人吃饱。好的事物一定有坏的方面，浓的会产生五兵。匹夫因为怀有璧玉而死，天狗看着天上的明月。和丑妇永远同在，贵重的好药不如没有疾病。在谈笑间喝薄酒，胜过喝茶，封侯拜相不如早早回家。

其二

薄酒终胜饮茶，丑妇不是无家。醇醪养牛等刀锯，深山大泽生龙蛇。
秦时东陵千户食，何如青门五色瓜。传呼鼓吹拥部曲，何如春雨池蛙。
性刚太傅促和药，何如羊裘钓烟沙。绮席象床琱玉枕，重门夜鼓不停挝。
何如一身无四壁，满船明月卧芦花。吾闻食人之肉，可随以鞭朴之戮；
乘人之车，可加以鈇钺之诛。不如薄酒醉眠牛背上，丑妇自能搔背痒。

【译文】喝薄酒胜过喝茶，家有丑妇并不是没有家庭。
味道醇厚的美酒养牛等待着刀锯，深山大川产生蛇。
秦代食邑千户的东陵侯，不如城东卖五色瓜。
吹吹打打欢迎军队，不如春雨池塘里的青蛙。
气性刚硬的太傅使用药丸，不如在烟雨下，穿着羊皮衣服钓鱼。
睡在精美的屋室里，晚上宫门鼓声敲打不断。
不如自由自在无拘无束，躺在明月照耀下的芦苇荡里。
我听闻吃人肉，可以夹杂着鞭打的刑戮；
乘别人的车，可施以砍头的刑罚。
不如喝着薄酒睡在马背上，丑妇还可以给背上搔痒。

十二月十九日夜中发鄂渚晓泊汉阳亲旧携酒追送聊为短句

接淅报官府，敢违王事程。宵征江夏县，睡起汉阳城。
邻里烦追送，杯盘泻浊清。祇应瘴乡老，难答故人情。

【译文】接到官府的命令，连做饭的工夫也没有，不敢耽搁国家的政务、行程。
连夜从武昌出发，天亮的时候，已泊舟在对岸的汉阳了。
邻里仓促赶来送别，杯盘狼藉。
只身前往南方瘴气极盛的地方，难以报答好友的情意。

次韵德孺五丈新居病起

潭潭经略府，寂寂闭门居。京洛圣贤宅，江湖鱼鳖潴。
官如一梦觉，话胜十年书。稍喜过从近，扶筇不驾车。

【译文】军事官员的住所幽深，关着门孤独的居住。
京城、洛阳圣贤们的宅院，江河是鱼鳖聚集的地方。
做官就像一场梦醒，经历胜过读十年的书。
从它身边经过很少有高兴的时候，拄着拐杖不坐车。

和文潜舟中所题

云横疑有路，天远欲无门。信矣江山美，怀哉谴逐魂。
长波空冫往记，佳句洗眵昏。谁奈离愁得，村醪或可尊。

【译文】横着的云彩似乎有路径，天高好像没有途径。

江山真的很美，遭贬的人依旧心怀志向。
长虹横空，好的文章能够消除眼花的状况。
谁能够忍受离愁的苦闷，村里酿造的酒或许可以选择。

次韵崔伯易席上所赋因以赠行

老惜交情别，追随车马勤。临朝思共理，治郡复斯文。
讼息常休吏，民贫更劝分。西湖千顷月，自比汉封君。

【译文】年老很珍惜离别，车马劳顿。
在朝堂一起共事，治理郡县使用文雅。
没有诉讼，官吏时常休息，百姓贫困，劝导他们相互帮助。
大西湖的明月，自我比作汉代的封臣。

次韵柳通叟寄王文通

故人昔有凌云赋，何意陆沈黄绶间。头白眼花行作吏，儿婚女嫁望还山。
心犹未死杯中物，春不能朱镜里颜。寄语诸公肯湔祓，割鸡今得近乡关。

【译文】古人曾经有凌云赋，哪里想在置身大官中间。
头昏眼花还在担任吏职，儿女已经婚嫁，想要隐居山林。
爱酒的心思未灭，即使春天也不能把镜中面色变红。
如果朝廷诸公肯提携，那就让他在离家近的地方做官吧。

次韵几复和答所寄

海南海北梦不到，会合乃非人力能。
地褊未堪长袖舞，夜寒空对短檠灯。
相看鬓发时窥镜，曾共诗书更曲肱。
作个生涯终未是，故山松长到天藤。

【译文】做梦梦不到全国，相聚不是人力所能达到的。
地方偏僻，不能看到长袖舞，夜晚寒冷空对着短灯。
看着镜子里的白发，曾经一起枕着胳膊看书。
做一生的官都觉得不合心意，故乡的山上的松树已经长得很高了。

送顾子敦赴河东

头白书林二十年，印章今领晋山川。紫参可掘宜包贡，青铁无多莫铸钱。
劝课农桑诚有道，折冲樽俎不临边。要知使者功多少，看取春郊处处田。

【译文】做了二十年白发的书生，现在拿到印章去山西。
紫参可以栽种，当作贡品，青铜不多，不要过度铸造钱币。
劝农种桑真的很有道理，在酒桌上不用动武就使事成功得到解决。
要了解使者有多少功劳，看看春天外面到处的农田。

和答元明黔南赠别

万里相看忘逆旅，三声清泪落离觞。
朝云往日攀天梦，夜雨何时对榻凉。
急雪脊令相并影，惊风鸿雁不成行。

归舟天际常回首，从此频书慰断肠。

【译文】看着万里河山，忘记了被贬谪的经历，泪滴落到了离别的酒杯中。
往日早晨的白云登天的梦想，夜晚的雨滴什么时候使得床凉。
雪下的很急，和影相行，风使鸿雁不能成排。
船行了很远，还时常回头看，以后时常写信慰藉肠断人。

和高仲本喜相见

（按东坡集亦载此诗，题云赠仲勉子女）

雨昏南浦曾相对，雪满荆州喜再逢。有子才如不羁马，知君心是後凋松。
闲寻书册应多味，老傍人门似更慵。何日晴轩观笔砚，一樽相属要从容。

【译文】雨天天气昏暗，离别之地曾相对，大雪覆盖了江陵，很高兴再相见。
您的儿子风华正茂，如同不受拘束的骏马，您的精神旺盛，正如不畏严寒的松柏。
您闲来无事快乐地翻检书籍，年老之后，您懒得去依傍别人。
什么时候能在晴朗的轩窗下细读您的文章，杯酒相对，从容谈笑。

追和东坡题李亮功归来图

今人常恨古人少，今得见之谁谓无。欲学渊明归作赋，先烦摩诘画成图。
小池已筑鱼千里，隙地仍栽芋百区。朝市山林俱有累，不居京洛不江湖。

【译文】现在的人时常遗憾古人好东西少，现在见到了谁还说没有呢。
想学习陶渊明作《归去来兮辞》，先要学习王维画《辋川图》。
小小的池水，也能有游巡千里江湖的快乐，边角地头的空隙之中，还能栽得百棵的芋。
无论在朝还是山林都会觉得累，住在经常京城和身处山林也没什么不同。

次韵答柳通叟问舍求田之诗

少日心期转谬悠，蛾眉见妒且障羞。但令有妇如康子，安用生儿似仲谋。
横笛牛羊归晚径，卷帘瓜芋熟西畴。功名可致犹回首，何况功名不可求。

【译文】年少时的远大志向，变得荒诞不经，貌美遮掩尚且被妒忌。
只要有像康子这样的妻子，哪还用生像孙权那样的儿子。
吹着笛子，赶着牛羊走在傍晚的路上，卷起帘子，西边地里的芋瓜熟了。
已经得到了功名，还想着回头，何况功名很难求得。

登快阁

痴儿了却公家事，快阁东西倚晚晴。落木千山天远大，澄江一道月分明。
朱弦已为佳人绝，青眼聊因美酒横。万里归船弄长笛，此心吾与白鸥盟。

【译文】我并非大器，只会敷衍官事，忙碌了一天了，趁着傍晚雨后初晴，登上快阁来放松一下心情。

举目远望，时至初冬，万木萧条，天地更显得阔大。而在朗朗明月下澄江如练分明地向远处流去。

友人远离，早已没有弄弦吹箫的兴致了，只有见到美酒，眼中才流露出喜色。

想想人生羁绊、为官蹭蹬，还真不如找只船坐上去吹着笛子，漂流到家乡去，在那里与白鸥做伴逍遥自在岂不是更好的归宿。

喜太守毕朝散致政

膏火煎熬无妄灾，就阴息迹信明哉。功名富贵两蜗角，险阻艰难一酒杯。

百体观来身是幻，万夫争处首先回。胸中元有不病者，记得陶潜归去来。

【译文】大火烧灼不会无端受灾，靠近潮湿，停止走路真的很明智。
功名和富贵就像蜗牛头上的两个犄角，艰难险阻只需要一杯酒。
从万物上来看，人生是变化的，万人争前应该先转身。
心里没有功名观缠身的人，要记得陶渊明的《归去来兮辞》。

初望淮山

风裘雪帽别家林，紫燕黄鹂已夏深。三釜古人干禄意，一年慈母望归心。
劳生逆旅何休息，病眼看山力不禁。想见夕阳三径里，乱蝉嘶罢柳阴阴。

【译文】在风雪天，穿着裘大衣，戴着帽子，离别家乡，晚夏的紫燕、黄鹂。
菲薄的俸禄是古人做官的意图，慈母一年盼望儿子回家的心愿。
一生劳碌，哪里有时间停息，生病的眼睛看山力气不够。
想象着山林里的夕阳，蝉在柳荫之下嘶鸣。

答龙门潘秀才见寄

男儿四十未全老，便入林泉真自豪。明月清风非俗物，轻裘肥马谢儿曹。
山中是处有黄菊，洛下谁家无白醪。相得秋来常日醉，伊川清浅石楼高。

【译文】四十岁的男子还没有完全老，到林间是真的勇敢。
明月和清风不是平常之物，穿着单衣，骑着肥马告别亲人。
山里到处有菊花，洛阳城里谁家没有酒。
打算在秋天里喝醉，伊川的河水清浅石楼很高。

赠谢敞王博谕

高哉孔孟如秋月，万古清光仰照临。千里特来求骥马，两生於此敌南金。
文章最怨随人後，道德无多只本心。废轸断弦尘漠漠，起予惆怅伯牙琴。

【译文】孔孟的学问就像秋月一样很高大，万古都在敬仰崇拜。
千里之外特地前来求取好马，两个人想在此和优秀人才对抗。
文章最不愿追随人后，道德没有什么夸赞的，只是出于本心。
废车丝段，尘土飞扬，引起我对知音的无限惆怅。

和凉轩

打荷看急雨，吞月任行云。夜半蚊雷起，西风为解纷。

【译文】雨打着荷叶，我看着大雨，吞没了月亮，任凭白云浮动。
半夜被蚊子惊醒，西风为我解除了烦忧。

谪居黔南二首（摘乐天句）

其一

相望六千里，天地隔江山。十书九不到，何用一开颜。

【译文】隔着六千里相望，就像天地间隔着人间一样。
看了不到十分之九的书，哪会开颜一笑。

其二

冥性齐远近，委顺随南北。归去诚可怜，天涯住亦得。

【译文】迷惑的程度是一样的，任自随顺南北。
回去真的值得怜惜，纵使住在天涯也是可以的。

鄂州南楼书事

四顾山光接水光，凭栏十里芰荷香。清风明月无人管，并作南楼一味凉。

【译文】站在南楼上靠着栏杆向四周远望，只见山色和水色连接在一起，辽阔的水面上菱角、荷花盛开，飘来阵阵香气。

清风明月没有人看管自由自在，月光融入清风从南面吹来，使人感到一片凉爽和惬意。

题小景扇

草色青青柳色黄，桃花零落杏花香。春风不解吹愁却，春日偏能惹恨长。

【译文】青绿色的草，黄色的柳叶，桃花凋落杏花飘香。
春风不理解还没有停止吹着愁绪，春日还能招惹人的无限惆怅。

雨去登岳阳楼望君山

投荒万死鬓毛斑，生出瞿塘滟滪关。未到江南先一笑，岳阳楼上对君山。

【译文】头发花白被贬到偏僻的地方，活着走出瞿塘峡滟滪关。
还没到长江的下游南岸，就已欣然一笑，在岳阳楼上看着君山。

题东寺柱

竹风松月牢于锁，关闭人心物外情。燕雀闻经俱已惯，归来不怕读书声。

【译文】自然风致下的竹子、松树被禁圄，外物被关闭在人心之外。
燕雀已经听习惯了读经声，回来不怕读书的声音。

次韵王稚川客舍

五湖归梦常苦短，一寸客愁无奈多。慈母每占乌鹊喜，归人应付庭崖多。

【译文】常苦于归乡情思太短，只一寸的客居他乡的愁思还觉得很多。
慈母心每被喜鹊的报喜而占据，归乡的人路途还很遥远。

陆 游

陆游，宋山阴人，字务观，早有文名。以荫補登仕郎。举试荐送屡前列，为秦桧所妒。桧死，始为宁德主簿。孝宗称其力学有闻，言论峻切，除枢密院编修。后知夔严二州，皆有建白。范成大帅蜀，奏游为参议官，以文字交，不拘礼法。人识其颓放，因自号放翁。以宝章阁待制致仕，卒年八十六。游才气超逸，其诗在杜甫、白居易之间，感时遣兴之作，本乎性情，寄托遥深，风骨遒上。当时与之齐名者，虽有范成大、杨万里、尤袤诸人，而日久论定，皆推游为大宗。有《渭南文集》、《剑南诗稿》、《放翁词》、《入蜀记》、《南唐书》、《老学庵笔记》。

【译文】宋代，山阴人，字务观，很早就有才名。因恩荫走上仕途。多次考试名列前茅，被秦桧嫉恨。桧死，才做了宁德主簿。孝宗说他的才学出众，言语峻切，被授予枢密院编修的官职。后来管理夔、严二州，都有所建树。范成大入蜀，上奏让陆游作参议官，以文字结交，不拘礼法。人看到他颓放，于是自己起名放翁。官至宝章阁待制，终年八十六岁。陆游才气超群，他的诗歌在杜甫和白居易之间，被现实感发，出自性情，寄托幽深，风骨遒劲。当时和他齐名的人，虽有范成大、杨万里、尤袤等人，而长久论定，都推举陆游为大家。有《渭南文集》、剑南诗稿》、《放翁词》、《入蜀记》、《南唐书》、《老学庵笔记》。

送曾学士赴行在

二月侍燕觞，红杏寒未拆。四月送入都，杏子已可摘。
流年不贷人，俯仰遂成昔。事贤要及时，感此我心恻。
欲书加餐字，寄之西飞翮。念公为民起，我得怨乖隔。
摇摇跂前旌，去去望车轭。亭鄣郁将暮，落日澹陂泽。
敢忘国士风，涕泣效臧获。敬输千一虑，或取二三策。
公归对延英，清问方侧席。民瘼公所知，愿言写肝膈。
向来酷吏横，至今有遗螫。织罗士破胆，白著民碎魄。

诏书已屡下，宿蠹或未革。期公作医和，汤剂穷络脉。
士生恨不用，得位忍辞责。并乞谢诸贤：努力光竹帛。

【译文】在二月喝酒，聚会，杏花因为寒冷还没有开放。
四月到京城，杏子已经可以采摘了。
时间像水般流逝，俯仰之间已经成为了过去。
要及早的侍奉贤能，想到这里我就心有戚戚。
想要写好好吃饭的信，寄给向西飞的鸟。
想你因为人民请命，我被恨而且相隔很远。
车前的旗帜飘摇，望着远去的车。
亭旁的树在日暮时分，葱笼茂盛，西落的太阳倒影在湖水中摇荡。
哪敢忘记杰出人物的风度，象奴婢一样哭泣。
敬佩那些献出只有千分之一失误的智者，和采用二三个计谋的一般人。
曾几回朝堂，被询问后才侧身而坐。
你了解人民疾苦，希望写出自己的内心想法。
酷吏一直以来都很蛮横，到现在还流毒。
虚构罪名无限好人的坏人吓破了胆，对人民进行搜刮的人被吓破胆。
已经多次下达诏书，久已形成的弊病未根除。
期望您是医和这样的大夫，只用汤药就可以使经络和血脉通畅。
贤人为自己不被重用而遗憾，得到了职位，怎忍心推辞掉。
告知诸君这样的贤人，尽力辅佐国家。

观大散关图有感

上马击狂胡，下马草军书。二十抱此志，五十犹癯儒。
大散陈仓间，山川郁盘纡。劲气钟义士，可与共壮图。
坡陀咸阳城，秦汉之故都，王气浮夕霭，宫室生春芜。
安得从王师，汛扫迎皇舆？黄河与函谷，四海通舟车。
士马发燕赵，布帛来青徐。先当营七庙，次第画九衢。
偏师缚可汗，倾都观受俘。上寿大安宫，复如正观初。
丈夫毕此愿，死与蝼蚁殊。志大浩无期，醉胆空满躯。

【译文】驾马抗击金兵，平时起草文书。
二十岁的时候心怀这样的志向，到了五十岁的时候还只是一个文弱的书生。
在大散关的陈仓地区，山川迂回盘曲。
前线的将士义气贯注，一起图谋伟大的策略。
险阻的咸阳城，秦汉时期的京城。
王气浮于黄昏的烟雾之中，春天旧京宫室里长了杂草。
追随南宋军队，清理后，迎接皇帝车驾。
黄河和函谷关，全国道路相通。
队伍向燕赵地区行进，布帛来自青州和徐州。
最先该建立礼庙，依次进行交通规划。
部分军队去打敌人，城中所有的居民去看受降仪式。
进酒庆贺朝廷，又回复到了贞观时期。
男子完成这个愿望，是和渺小的蝼蚁之死不同。
志向广大，没有限度，满身是胆，终日无事，徒有壮志。

古意

绁足饲饥鹰，鹰饱意未平。伏枥岂不安，老骥终悲鸣。
士生固欲达，又惧徒富贵。素愿有未伸，五鼎淡无味。
茅屋秋雨漏，稻陂春水深。长歌倾浊酒，举世不知心。

【译文】绑上足才喂饥饿的老鹰，老鹰吃饱了，但是心难平息。
趴在马槽也不会觉得安稳，老马最后发出凄伤的鸣叫。
人本来就想要通达、顺畅，有担心只有富贵。
平时的愿想没有实现，五鼎煮的东西还觉得淡而无味。
秋天茅草建的房屋漏雨，低地里的稻子深陷在春水里。
高歌喝完了浊酒，世人都不知道我的心意。

书叹

三代藏宝器，世守参河图。埋湮则已矣，可使列市区。
文章有废兴，盖与治乱符。庆历嘉佑间，和气扇大炉。
数公实主盟，浑灏配典谟。开辟始欧王，菑畬逮曾苏。
大驾初渡江，中原皆避胡。吾犹及故老，清夜陪坐隅。
论文有脉络，千古著不诬。俯仰四十年，绿发霜蓬枯。
孤生尊所闻，秉节不敢渝。久幽士固有，速售理则无。
世方乱珉玉，吾其老江湖！

【译文】三代间藏的贵重器物，世代守护参河图。
已经沉寂很久了，可以摆在市区。
文章有兴盛衰亡，大致和治世和乱世相合。
庆历嘉佑年间，社会一片清明。
文坛盟主是贤人，雄浑浩大和圣人之言相合。
开一代新风始于欧阳修、王安石，等到曾巩和苏轼继续广大。
南渡初年，中原都为避难。
我还和其他遗老，清夜中坐在一角。
写文有条理，千古后验证都不虚。
转瞬四十年过去，曾经的青丝变成灰白的头发。
我尊崇他们，秉持节操不敢改变。
长久不合外界沟通，是书生固有的，快速施展的机会那就没有。
世我道败坏好坏不分，我还是在江湖中终老一生吧！

书志

往年出都门，誓墓志已决。况今蒲柳姿，俯仰及大耋。
妻孥厌寒饿，邻里笑迂拙。悲歌行拾穗，幽愤卧啮雪。
千岁埋松根，阴风荡空穴。肝心独不化，凝结变金铁。

铸为上方剑，衅以佞臣血。匣藏武库中，出参髦头列。
三尺粲星辰，万里静妖孽。君看此神奇，丑虏何足灭！

【译文】曾经从城门出来，发誓不再为官。
何况现在已经老了，转眼间已经八十岁了。
妻子和孩子不能忍受寒冷、饥饿，邻里间嘲笑迂腐。
在路上捡麦穗，一路悲歌，睡着吃雪，一直幽愤。
松根埋在地下千年，冷风吹荡在空洞里。
只有一颗痴心不会改变，凝结以后变成坚硬的铁。
铸造成好剑，用佞臣的血来祭奠。
匣子放在仓库里，君王出游，武士披发前驱。
三尺之上的熠熠的星辰，万里之外的妖孽安静。
你看这多么神奇，哪里还用为破敌而忧虑！

送子龙赴吉州掾

我老汝远行，知汝非得已。驾言当送汝，挥涕不能止。
人谁乐离别，坐贫至于此。汝行犯胥涛，次第过彭蠡。
波横吞舟鱼，林啸独脚鬼。野饭何店炊？孤棹何岸檥？
判司比唐时，犹幸免笞箠；庭参亦何辱，负职乃可耻。
汝为吉州吏，但饮吉州水；一钱亦分明，谁能肆谗毁？
聚俸嫁阿惜，择士教元礼。我食可自营，勿用念甘旨。
衣穿听露肘，履破从见指；山门虽被嘲，归舍却睡美。
益公名位重，凛若乔岳峙；汝以通家故，或许望燕几，
得见已足荣，切勿有所启。又若杨诚斋，清介世莫比，
一闻俗人言，三日归洗耳；汝但问起居，余事勿挂齿。
希周有世好，敬叔乃乡里，岂惟能文辞，实亦坚操履；
相从勉讲学，事业在积累。仁义本何常，蹈之则君子。
汝去三年归，我傥未即死，江中有鲤鱼，频寄书一纸。

【译文】我老了，你去远方赴任，了解你不得已。

驾车送你远行，挥泪不能停止。
有谁为离别而高兴，贫困到了这样的地步。
你此去冲犯了钱塘江，依次渡过鄱阳湖。
水波很大，吞没了船，山林里的独角夔长啸。
野饭在什么地方煮，孤舟停靠在什么地方停泊靠岸？
司判文牍的官员和唐时一样，还幸运的躲过了用鞭捶打。
拜谒长官什么可羞辱，辜负了职务才是真的可羞耻的。
你作为吉州的官长，只喝吉州的水。
一分钱都要明白，谁能肆意诋毁？
当官的俸禄为阿惜做嫁妆，为元礼选择老师教课。
我能自己养活自己，不要牵挂我。
穿露着肘的衣服，穿着露着脚趾的鞋。
出门虽然被嘲笑，但回家后睡得很香。
周必大的权势很高，向山一样耸峙，高大。
你因为两家友好的缘故，或许能够被接见。
能够相见，已经足够荣耀，千万不要有所请求。
又像杨万里一样，清白耿介世上无双。
听一次俗人的话语，洗三天的耳朵。
你只管问家常，其他的事情不要提及。
和陈希周有旧好，和杜敬叔是同乡。
难道仅仅因为文辞，其实也是坚持正直耿介的操行。
相互勉励学习，事业在于积累。
仁和义原本有什么规律，躬行实践就是君子。
你离开后，三年回来，假使我还没有死。
江里有鲤鱼，频频向你寄信。

文章

文章本天成，妙手偶得之。粹然无疵瑕，岂复须人为。
君看古彝器，巧拙两无施。汉最近先秦，固已殊淳漓。
胡部何为者，豪竹杂哀丝。后夔不复作，千载谁与期？

【译文】文章本是天然而成的，是技艺高超的人偶然间所得到的。
纯白没有瑕疵，并不需要人力去刻意追求。
你看古代的彝器，精巧、笨拙都不能改变。
汉代离先秦最近了，但文章的深厚、浅薄已有了很大的差异。
胡人的音乐是怎样的？就是一些管弦与丝竹。
后夔不再写音乐了，千年以来，谁又能跟他相比拟呢？

雨霁出游书事

十日苦雨一日晴，拂拭拄杖西村行。清沟泠泠流水细，好风习习吹衣轻。
四邻蛙声已合合，两岸柳色争青青。辛夷先开半委地，海棠独立方倾城。
春工遇物初不择，亦秀燕麦开芜菁。荠花如雪又烂熳，百草红紫那知名。
小鱼谁取置道侧，细柳穿颊危将烹。欣然买放寄吾意，草莱无地苏疲氓。

【译文】苦于十日雨天只一日晴天，擦拐杖向西边的村子行走。
清冷的水沟，水流很细，习习凉风，吹起衣服。
四邻的蛙声迭起，两岸的柳树竞相争艳。
辛夷花先开，已经落地，海棠花独放倾城。
初春天时节万物都发芽了，燕麦花繁盛开放。
荠花很白很绚烂，很多颜色的花哪里知道名字。
谁将小鱼放在了道路旁边，细柳拂面的时节就要烹煮小鱼。
买了之后，很高兴的放生，来寄托我的心意，草地里农民疲劳耕种。

游锦屏山谒少陵祠堂

城中飞阁连危亭，处处轩窗临锦屏。涉江亲到锦屏上，却望城郭如丹青。
虚堂奉祠子杜子，眉宇高寒照江水。古来磨灭知几人？此老至今原不死。
山川寂寞客子迷，草木摇落壮士悲。文章垂世自一事，忠义凛凛令人思。
夜归沙头雨如注，北风吹船横半渡。亦知此老恨未平，万窍争号泄悲怒。

【译文】四川阆中的高阁连着高耸的亭子，所有的廊屋窗户都面对着锦屏山。
渡江亲自到锦屏山上，看到阆中就像图画。
空堂里祭放着杜甫先生，塑像风貌高古清俊面对着嘉陵江。
自古以来有多少人还没有被历史埋没，杜甫到现在还没有离去。
自然零落，杜甫痴迷，草木凋零，杜甫悲壮。
只有文章流传人间，忠义让人敬畏，惹人思绪。
晚上回家大雨如注，北风吹船横在江面。
也知道他老了，但是悲愤之心还没有失去，万谷齐号像是为杜甫在发泄悲愤。

长歌行

人生不作安期生，醉入东海骑长鲸。犹当出作李西平，手枭逆贼清旧京。
金印煌煌未入手，白发种种来无情。成都古寺卧秋晚，落日偏傍僧窗明。
岂其马上破贼手，哦诗长作寒螿鸣？兴来买尽市桥酒，大车磊落堆长缾。
哀丝豪竹助剧饮，如钜野受黄河倾。平时一滴不入口，意气顿使千人惊。
国雠未报壮士老，匣中宝剑夜有声。何当凯还宴将士，三更雪压飞狐城。

【译文】我这一辈子不愿作仙人安期生，喝醉酒到东海骑着鲸鱼游。
我要在世上做个李西平那样的人物，亲手斩杀逆贼光复旧京。
黄金印没有到手，却满头长起白发。
秋天的傍晚，我躺在成都的古庙里，落日明亮地照在僧房的窗子上。
难道让一个骑马杀贼的能手，就这样永远吟诗，像寒蝉那样哀鸣吗？
我兴致一来，把市桥酒家的酒全都买下，大车上高高低低堆满了酒瓶。
有悲壮的音乐助兴，我尽情痛饮，就像把黄河水倾泻到钜野泽里一样。
我平日滴酒不沾，此刻豪饮的气概使很多人吃了一惊。
国仇还没有报，壮士已衰老了，剑鞘中的宝剑夜夜发出悲鸣。
哪时能够在飞狐城的雪夜里，欢宴胜利归来的将士呢？

醉中长歌

阑干斗柄摇天东，人间一夜回春风。注桃染柳岁相似，惟我衰颜非昔红。
可怜逢春不自感，更欲使气惊儿童。烟郊射雉锦臆碎，水亭供鲙金盘空。
归穿南市万人看，流星突过连钱骢。高楼作歌醉自写，墨光烛焰交长虹。
人生未死贵适意，万里作客元非穷。故人夜直金銮殿，僵卧独听宫门钟。

【译文】北斗柄闪烁横斜在天东，人间一夜春天就来了。
桃花开放柳色遍染，年年都相似，只我面容渐老青春不再。
可怜遇春没有感知，更想任意使气，连儿童都吃惊。
烟雾迷蒙的郊野射野鸡却射坏了美丽的羽毛，池塘供给鲙鱼，如今餐盘已空。
归来穿过南市万人来看，流星超过了连钱骢马。
高楼上醉着写歌，墨光映着烛火，和长桥交错。
人生活着贵在适意自在，身在万里他乡并非终结。
故友在金銮殿晚上值班，独卧横躺听宫门钟声。

题明皇幸蜀图

天宝政事何披猖，使典相国胡奴王。弄权杨李不足怪，阿瞒手自裂纪纲。
八姨富贵尚有理，何至诏书褒五郎。卢龙贼骑已汹汹，丹凤神语犹琅琅。
人知大势危累卵，天稔奇祸如崩墙。台省诸公独耐事，歌咏功德卑虞唐。
一朝杀气横天末，疋马西奔几不脱。向来谄子知几人，贼前称臣草间活。
剑南万里望秦天，行殿春寒闻杜鹃。老臣九龄不可作，鱼蠹蛛丝金监编。

【译文】天宝年间的政事多么混乱，胥吏辅国胡奴称王。
杨李弄玩弄权术不足为怪，阿瞒自己亲手使朝纲败坏。
八姨富贵还很在理，哪里用的着下诏书来褒奖五郎。
贼寇骑马汹汹犯关，丹凤殿里依旧恩爱缠绵。
大家都知道大势危如累卵，上天知道祸患紧急，像墙瞬间崩塌。

台省的各位官员居功甚伟，歌颂功德使虞唐卑下。
一朝的杀气横冲天际，马匹到处奔走不停止。
一向以来有几个谄媚的人，来自民间，人前是紧守本分的臣子，人后是贼子。
剑南关相隔万里远对着秦地，大殿里春天寒冷听见杜鹃啼鸣。
年老的张九龄不能再用，金殿里结满了蛛网。

对酒

闲愁如飞雪，入酒即消融。好花如故人，一笑杯自空。
流莺有情亦念我，柳边尽日啼春风。长安不到十四载，酒徒往往成衰翁。
九环宝带光照地，不如留君双颊红。

【译文】闲愁就像飞舞的雪花一样，落到酒里就消融了。
美好的花朵就像旧友一样，笑着喝下酒杯就空了。
飞舞的莺鸟有情应该想我，在柳树接近太阳的地方春天的鸟儿啼鸣。
长安城不到十四年，曾经的酒徒都成了老翁。
宝贝被光环笼罩，照亮大地，不如留下你的红脸。

大雪歌

长安城中三日雪，潼关道上行人绝。黄河铁牛僵不动，承露金盘冻将折。
虬须豪客狐白裘，夜来醉眠宝钗楼。五更未醒已上马，冲雪却作南山游。
千年老虎猎不得，一箭横穿雪皆赤。拏空争死作雷吼，震动山林裂崖石。
曳归拥路千人观，髑髅作枕皮蒙鞍。人间壮士有如此，胡不来归汉天子。

【译文】长安城下了三天的雪，潼关的道路上都没人了。
黄河的铁牛被冻僵不动了，承露之盘都快被冻折了。
虬须的侠客穿着狐裘大衣，夜晚喝醉了住在了宝钗楼。
五更时分已经出发，踏着雪去终南山游玩。
千年的老虎不能射杀，一箭射穿雪都变成了红色。

箭都没了，虎啸像雷一样，山林振动石头震裂。
拖着身体行路，很多人观望，虎骨作枕头，虎皮作马鞍。
人间有这样的勇士，为什么不来归顺汉朝。

游诸葛武侯书台

沔阳道中草离离，卧龙往矣空遗祠。当时典午称猾贼，气丧不敢当王师。
定军山前寒食路，至今人祠丞相墓。松风想像梁甫吟，尚忆幡然答三顾。
出师一表千载无，远比管乐盖有余。世上俗儒宁办此，高台当日读何书?

【译文】沔阳的路上草茂盛，卧龙已经离开。空留祠堂。
当时的司马懿狡猾，锐气丧失不敢对抗蜀国军队。
定军山前的寒食节，到现今留有丞相的墓穴。
松树的声响像《梁甫吟》，还在想念当年的三顾茅庐之恩。
出师表千年回荡，远远超过管仲、乐毅。
世上的一般儒士到了这种地步，诸葛亮当年度的是什么书?

舟中对月

百壶载酒游凌云，醉中挥袖别故人。依依向我不忍别，谁似峨嵋半轮月?
月窥船窗挂凄冷，欲到渝州酒初醒。江空袅袅钓丝风，人静翩翩葛巾影。
哦诗不睡月满船，清寒入骨我欲仙。人间更漏不到处，时有沙禽背船去。

【译文】很多的酒壶，在云上遨游，醉梦中挥动袖子告别好友。
依依不忍心别离，谁像峨嵋一样的缺月。
月亮从船窗进来凄凉，想到渝州才酒醒。
江上空渺，有一丝风吹过，人安静，只有翩翩的粗布影子。
月光洒满船时，吟诗不睡，清冷的寒风刺骨我欲成仙。
人间不到的地方，不时有害鸟飞过。

妾命薄

（原注，太白作此篇，言长门宫事，予反之）

妾命薄，早入天家侍帷幄。君王勤俭省宴游，宝柱朱弦尘漠漠。
日长别殿承恩稀，旱昃犹闻亲万机。宫中虽无珠玉赐，塞上不见烟尘飞。
不须悲伤妾命薄，命薄却令天下乐。

【译文】我的福命很薄，很早就嫁给皇家。
君王很勤俭不去宴游，乐器上生尘，寂寥无人管理。
长久的离开宫庭，受到恩泽的机会很少，深夜还日理万机。
宫里虽然没有赏赐珠宝，边疆不见战火飞扬。
不用为我的福薄而感伤，我一人福薄却让天下安宁。

陇头水

陇头十月天雨霜，壮士夜挽绿沉枪。卧闻陇水思故乡，三更起坐泪数行。
我语壮士勉自强，男儿堕地志四方，裹尸马革固其常，岂若妇女不下堂。
生逢和新最可伤，岁辇金絮输胡羌。夜视太白收光芒，报国欲死无战场。

【译文】六盘山十月天下霜，勇士晚上拿着绿沉枪。
躺着听到泾河水想念家乡，三更时分坐起来泪流成行。
我勉励战士要自强，男子落地就注定了志在四方。
马革裹尸本来就是本分，哪里像妇女一样不离开厅堂。
最让人悲愤的是活在求和的年岁，每年向金国进送黄金和布匹。
夜晚看太白金星没有了光芒，没有了报国杀身的机会。

邻水延福寺早行

化蝶方酣枕，闻鸡又着鞭。乱山徐吐日，积水远生烟。

淹泊真衰矣，登临独惘然。桃花应笑客，无酒到愁边。（原注，酒偶尽市酤不可饮）

【译文】我正酣睡，做着美梦，听到窗外的鸡鸣声，乘坐着马儿早行。

群山缓缓地吐出一轮旭日，河水远远地生出一片云雾。

令人留恋，但是时不我待，我独自登上延福寺，内心感到一片愁思。

延福寺的桃花应笑我这个过客，无酒能浇灌我心中的抑郁。

晓发金牛

客枕何时稳，匆匆又束装。快晴生马影，新暖拆花房。

沮水春流绿，嶓山晓色苍。阿瞒狼狈地，千古有遗伤。（原注，自金牛以西，皆明皇幸蜀路）

【译文】我什么时候睡的安稳，又匆忙的穿上衣服。

天马上要亮了，出现了马的影子，天气暖和了要拆花房。

沮水在春天的绿色中穿梭，嶓山在早晨的天色中显得苍绿。

曹操曾经狼狈的地方，千古间都留有遗憾。

江楼

急雨洗残瘴，江边闲倚楼。日依平野没，水带断槎流。

捣纸荒村晚，呼牛古巷秋。腐儒忧国意，此际入搔头。

【译文】大雨洗刷了残留的瘴气，在江边的楼上悠闲的倚靠着。

太阳暗淡，田野隐没，水浮着段木流淌。
在晚上的荒村捣纸，在秋天的古巷赶牛。
寒士忧患国家命运的心思，在这个时候只能挠头。

池亭夜赋

池上小亭幽，清宵秉烛游。荷盘时泻露，萤火早知秋。
有感岁时速，无声河汉流。殊方不堪住，归梦绕沧洲。

【译文】池塘上幽静的小亭子，安静的夜晚拿着烛火游玩。
时常的蜡油滴漏。萤火很早就知道秋天来了。
有感于时间的转瞬即逝，银河逝去无声。
不同的地方不能住，回家的梦萦绕沧州。

初春杂兴

水长鸥初泛，山寒茗未芽。深林闻社鼓，落日照渔家。
渡远呼船久，桥倾取路斜。客愁慵远眺，不是怯风沙。

【译文】江水宽广，海鸟开始飞舞，山上寒冷，茶还没发芽。
山林深处传来社日祭神的鼓乐，落日照在了打渔人家。
过河要喊船很久，桥跟随着路倾斜。
客人愁苦懒于远望，不是担心风沙的吹袭。

村夜

寂寂山村夜，悠然醉倚门。月昏天有晕，风软水无痕。

迹为遭谗远，身由不仕尊。敢嗟车马绝，同社自鸡豚。

【译文】山村的夜晚寂静，闲散的喝醉了倚靠着门。
月亮暗淡，天上昏暗，微风吹拂水面没有动静。
因为遭到谗言而受到疏远，不做尊贵的官位。
门前的车马断绝，和百姓一起同食鸡、猪。

示友

道向虚中得，文从实处工。凌空一鹗上，赴海百川东。
气骨真当勉，规模不必同。人生易衰老，君等勿匆匆。

【译文】道要在虚空的地方求得，文章要从现实入手。
一只鸟凌空而上，很多河流汇集向东流入大海。
骨气真的该勉励，不一定要模仿规制。
人生很容易变得苍老，你们不要它虚度。

度浮桥至南台

客中多病废登临，闻说南台试一寻。九轨徐行怒涛上，千艘横系大江心。
寺楼钟鼓催昏晓，墟落云烟自古今。白发未除豪气在，醉吹横笛坐榕阴。

【译文】客人多病很久不登山了，听闻南台想要尝试。
很多车辆慢慢行驶，波涛涌出，千艘大船横在江中。
天宁寺的钟鼓声催促着天黑，自古到今，村里的烟火依旧。
白发没有清理，豪气还在，醉了在榕树下吹笛子。

游山西村

莫笑农家腊酒浑，丰年留客足鸡豚。山重水复疑无路，柳暗花明又一村。

箫鼓追随春社近，衣冠简朴古风存。从今若许闲乘月，拄杖无时夜叩门。

【译文】不要笑话农家的酒浑浊，丰收之年有佳肴招待客人。

重重的山，道道的水，怀疑无路可走之际，忽见柳色浓绿，花色明丽，一个村庄出现在眼前。

吹箫，击鼓，春社祭日临近，衣着简朴，古风依旧保存。

从今日起，如果允许乘着月光闲游，我也要拄着拐杖，敲开柴门。

黄 州

局促常悲类楚囚，迁流还叹学齐优。江声不尽英雄恨，天意无私草木秋。

万里羁愁添白发，一帆寒日过黄州。君看赤壁终陈迹，生子何须似仲谋。

【译文】局促是不得志，很窘迫的样子，常常悲哀，自己就像古代的楚囚，到处漂泊就和齐优差不多。

江声滔滔不绝，像英雄不能表达自己的遗憾一样，天地不偏私，草木又到了秋天，一年又要过去了。

为万里的羁旅而愁得长出白发，在寒冷的天气过黄州。

你看赤壁最终成为陈迹，生子像孙权，有什么用呢！

夜登白帝城楼怀少陵先生

拾遗白发有谁怜，零落歌诗遍两川。人立飞楼今已矣，浪翻孤月尚依然。

升沉自古无穷事，愚智同归有限年。此意凄凉谁共语，夜阑鸥鹭起沙边。

【译文】杜甫长了白发有谁会怜惜，零散的诗歌遍洒两川地区。
高楼、故人都不再了，波浪翻涌，明月依旧。
人世沉浮无常，愚笨、聪慧都是一样的。
这份凄凉和谁诉说，夜晚欧鹭在江边飞起。

临安春雨初霁

世味年来薄似纱，谁令骑马客京华？小楼一夜听春雨，深巷明朝卖杏花。
矮纸斜行闲作草，晴窗细乳戏分茶。素衣莫起风尘叹，犹及清明可到家。

【译文】这些年世态人情淡薄得似纱，可谁让我要骑马客居京城享受这份繁华？
只身于小楼中，听春雨淅淅沥沥了一夜。幽深的小巷中明早还会传来卖杏花的声音。
纸张短小，闲时写写草书。在小雨初晴的窗边，望着煮茶时水面冒起的白色小泡沫，阵阵茶香飘来。
身着白衣，不要感叹会被风尘之色所玷污，我回家仍会身着它赶上清明。

夜登千峰榭

夷甫诸人骨作尘，至今黄屋尚东巡。度兵大岘非无策，收泣新亭要有人。
薄酿不浇胸垒块，壮图空负胆轮囷。危楼插斗山衔月，徙倚长歌一怆神！

【译文】奸臣的骨头已经成了粉末，现在高宗渡江建立政权。
并不是没有收复河山的计划，收复山河需要贤人。
喝酒不足以消愁，空怀有一腔伟大的志向。
千峰榭像插向月上的都一样，伤心的徘徊长歌。

老学庵

（自注，予取师旷老而学，如秉烛夜行之语名庵）

穷冬短景苦匆忙，老学庵中日自长。名誉不如心自肯，文辞终与道相妨。
吾心本自同天地，俗学何知溺秕糠？已与儿曹相约定，勿为无益费年光。

【译文】苦于冬季匆忙，时间很短，在老学庵里感觉时间很长。
名誉不如自己内心真的接受，文章最终和大道相悖。
我本来有着和天地大义一样的心志，哪里知道俗世的学问把粮食都淹没了？
已经和他们相互约定好了，不要为没有好处的事情浪费时间。

书愤

白发萧萧卧泽中，秪凭天地鉴孤忠。厄穷苏武餐毡久，忧愤张巡嚼齿空。
细雨春芜上林苑，颓垣夜月洛阳宫。壮心未与年俱老，死去犹能作鬼雄。

【译文】头发斑白睡在水泽中，只要天地凭证见证自己的忠义。
苏武在边外穷途困厄住了很久，张巡忧愤牙齿都咬碎了。
上林苑细雨下的春草，洛阳宫夜月下坍圮的墙。
理想没实现，而自己已经老了，死去了还能成为英雄。

齐中弄笔偶示子聿

左右琴樽静不哗，放翁新作老生涯。焚香细读斜川集，候火亲烹顾渚茶。
书为半酣差近古，诗虽苦思未名家。一窗残日呼愁起，袅袅江城咽暮笳。

【译文】旁边的琴和酒杯都停止了，我老年的新作点着香细细品读斜川集，还顾着用河水煮茶。
看书入神和唐代诗歌相近，虽然是苦思得来，不是名家作品。
残阳过窗，愁绪升起，晚上江城，升起笳悲凉的声响。

观画山水

古北安西志未酬，人间随处送悠悠。骑驴白帝城边雨，挂席黄陵庙外秋。
大纲截江鱼可脍，高楼临路酒如油。老来无复当年快，聊对丹青作卧游。

【译文】曾经北方的安西，没有实现自己的理想，人间到处都很悠闲。
白帝城下雨天骑着驴，黄陵庙外秋天挂旗。
大网拦截江面捕鱼，面对着大路的高楼，酒像油一样。
年老了不能回复过去的快意，姑且用笔画游玩的图景。

倚楼

千里江山入倚楼，高吟聊复写吾忧。诗书幸有先人业，贫贱初非学者羞。
数掩槿篱端可老，一杯藜粥尚何求？东陂未插青秧遍，且与邻翁卜雨鸠。

【译文】倚靠着门，远望千里的河山，姑且高声吟唱排解我的愁绪。
幸好有诗书这样古人的方式，贫贱并不能使学人感到羞耻。
闭着木槿篱笆终老一生，除了吃饱肚子还有什么所求呢？
东边的高地青秧还没有插完，还是和邻居老头一起抓雨鸠鸟。

幽居遣怀

习气深知要扫除，时时褊忿独何欤？呼童不应自生火，待饭未来还读书。

世态讵堪闲处看？俗人自与我曹疏。作诗未必能传后，要是幽怀得小摅。

【译文】不好的习气深深的知道要改掉，时常的生气叹息还能怎么样？
呼喊仆人不回应，自己生火，等待饭熟，去读书。
世间百态冷眼观望？世俗之人和我这样的人疏远。
写诗未必能够流传后世，如果隐藏内心的情感得到宣泄。

晚兴

并檐幽鸟语璁珑，一榻萧然四面风。客散茶甘留舌本，睡余书味在胸中。
浮云变态吾何与，腐骨成尘论自公。剩欲与君谈此事，少须明月出溪东。

【译文】房檐上的鸟叽叽喳喳，一觉睡醒在四面漏风的房里。
客人离开，留下满口茶香，胸中尚自有书意。
云变换我能怎么办，骨头成尘自由公论。
想和你探讨这件事情，一会儿明月从溪水的东边升起。

病少愈偶作

萧条白发卧蓬庐，虚读人间万卷书。
遇事始知闻道晚，抱痾方悔养生疏。
高门赫赫何关我，薄俗纷纷莫问渠。
羸疾少苏思一出，夕阳门巷驾柴车。

【译文】满头白发住在茅草屋子，空读了人间的万卷书。
碰见事才知道了解的太晚了，抱病才后悔自己疏于养生。
高门显赫和我有什么关系，世俗的鄙薄不要来问我。
病稍微好了点，就像出门，夕阳下的小巷前驾着柴车。

书生

书生事业苦难成，点检常忧害至诚。
梦寐未能除小忿，文辞犹欲事虚名。
圣言甚远当深考，古义虽闻要力行。
汉世陋儒吾所斥，若为青紫胜归耕？

【译文】儒士苦于事业难以成就，回溯时常忧患妨害至诚。
晚上睡觉还没有消气，文章还想要获得虚名。
圣人的言辞很深远需要考究，古代大义学了就要身体力行。
汉代鄙陋的儒生是我批评的，作公卿胜过回家种地？

梅花

春信今年早，江头昨夜寒。已教清彻骨，更向月中看。

【译文】今年春天来的很早，昨晚江边还很冷。
清白已经透彻它的精髓，面对着月亮相互对比。

柳桥晚眺

小浦闻鱼跃，横林待鹤归。闲云不成雨，故傍碧山飞。

【译文】站立岸边，听到鱼儿从水面跃起，在密林里，等待鹤鸟的归来。
空中飘浮的云朵，不能凝聚成雨，因此只好依傍着碧绿的山飘荡。

夜归

疏钟渡水来，素月依林上。烟火认茅芦，故倚船篷望。

【译文】疏散的钟声隔着江水传来，惨白的月光照在树林上。
烟火认识草屋，所以倚靠着船篷远望。

和高子长参议道中

梁州四月晚莺啼，共忆扁舟罨画溪。莫作世间儿女态，明年万里驻安西。

【译文】梁州四月的鸟儿鸣叫，一起追忆被遗忘的画溪。
不要像世间的小儿女的样子，明年到万里之外的安西驻守。

高秋亭

三日山中醉复醒，径归回首愧山灵。从今惜取观书眼，长看天西万叠青。

【译文】在山里三天后酒醒，回家的路上回头看感到愧对山神。
从今开始珍惜看书的机会，长久的看着西方青翠的山。

枕上

香冷灯昏梦自惊，清愁冉冉带余酲。夜长谁作幽人伴，惟是蛩声与月明。

【译文】香燃尽了，昏暗的灯光下梦醒，清淡的愁绪升起带着迷蒙。
夜太长谁和我作伴，只有蟋蟀声鸣和明月相伴。

月下

月白庭空树影稀，鹊栖不稳绕枝飞。老翁也学痴儿女，扑得流萤露湿衣。

【译文】月亮惨白庭院空寂只有稀疏的树影，鹊鸟不停驻树上绕着树飞舞。
老头也学小儿女的样子，扑飞舞的萤火虫而沾湿衣服。

初冬杂题二首

其一

风横云低雨脚斜，一枝柔舻暮咿哑。昏昏醉卧知何处，推起船篷忽到家.。

【译文】云低雨顺着风吹斜落飘下，船桨在傍晚发出咿呀的声响。
喝醉躺下昏昏欲睡不知道什么地方，推起船篷发觉已经到家了。

其二

荒郊寒雨晚凄凄，四壁穿颓旋补泥。物我元须各安稳，自苫牛屋织鸡栖。

【译文】荒郊晚上的雨凄冷落下，四壁漏雨临时用泥补。
物我原本是各自稳定，自己修补牛棚盖鸡窝。

小雨极凉舟中熟睡至多

舟中一雨扫飞蝇，半脱纶巾卧翠藤。清梦初回窗日晚，数声柔橹下巴陵。

【译文】船里漏雨清除了到处乱飞的苍蝇，半脱下头巾躺在藤床上。
刚醒来窗外已经昏暗，听到几声向巴陵摇橹的声响。

小舟自红桥之南过吉泽归三山

霏霏寒雨数家村，鸡犬萧然昼闭门。它日路迷君勿恨，人间随处有桃源。

【译文】寒雨凄迷降落在很多地方，白天鸡狗骚动而关门。
以后你迷路了不要抱怨，人间到处有桃源世界。

夜读范至能揽辔录言中原父老见使者多挥涕感其事作绝句

公卿有党排宗泽，帷幄无人用岳飞。遗老不应知此恨，亦逢汉节解沾衣。

【译文】重臣里有人排挤宗泽，军帐里没人敢起用岳飞。
沦陷区的人不曾了解投降的恨事，碰见使节眼泪沾湿衣服。

一壶歌

长安市上醉春风，乱插繁花满帽红。看尽人间兴废事，不曾富贵不曾穷。

【译文】提酒壶，走在春风扑面的长安街面上，头上插满红色绚烂的繁花，怡然自得。

看遍人间的起起伏伏，没有谁富贵也没有谁贫穷。

喜晴

江湖春末多风雨，点滴空阶实厌听。剩喜今朝有奇事，一窗晴日写黄庭。

【译文】江湖到了春末有很多的风雨，滴落在台阶上真的听够了。
幸好今天有好事，晴朗的阳光洒满庭院。

秋怀

诗如水淡功差进，身似云孤累转轻。落叶拥篱门巷晚，一枝藤杖且闲行。

【译文】诗歌像水一样寡淡是功夫不到，身体像云一样孤单就会感到劳累减轻。
晚上小巷的茅舍前落满树叶，姑且拄着拐杖悠闲前行。

烟波即事

雕胡炊饭芰荷衣，水退浮萍尚半扉。莫为风波羡平地，人间处处是危机。

【译文】用美厨具做饭在荷叶出水时，水退了，浮萍还在水面。
不要因为风吹的波纹而羡慕平坦的陆地，人间到处充满危险。

示儿

死后元知万事空，但悲不见九州同。王师北定中原日，家祭无忘告乃翁。

【译文】我本来就知道人死了以后就什么都不存在了，只是悲伤看不到国家的统一。朝廷军队收复中原的时候，祭拜时，一定不要忘记告诉你们的父亲。

元好问

元好问，金，秀容人，字裕之，号遗山。七岁能诗，稍长淹贯经传百家。下太行，渡大河，为箕山琴台等诗。礼部赵秉文见之，以为近代无此作。中兴定进士，仕至行尚书省左司员外郎。入元后，隐居不仕，晚年构亭于家，著述其上，名其亭曰野史。凡金源君臣遗言往行，采摭所闻，有所得辄为纪录，至百余万言。其诗则原本李杜，高古沉郁，歌行尤慷慨，挟幽并之气，蔚然为金元间作者之宗匠。卒年六十八，有《遗山集》、《中州集》、《续夷坚志》、《唐诗鼓吹》。

【译文】金代，秀荣人，字裕之，号遗山。七岁能诗，稍长读完经传百家书籍。到太行山，渡大河，写了箕山、琴台等诗。礼部赵秉文看到，认为近代没有这样的作品。中兴年间，中进士，官至行尚书省左司员外郎。入元后，隐居不出，晚年在庭院建了一座亭子，在上面写作，命名它为野史，凡是金源君臣过去的言语、行为，摘录听到的，得到就去记录，达百余万言。他的诗歌继承李杜，高古沉郁，歌行尤其慷慨，拥有幽州、并州的品质，蔚蔚然成为金元年间诗家大宗。终年六十八岁，有《遗山集》、《中州集》、《续夷坚志》、《唐诗鼓吹》。

箕 山

幽林转阴崖，鸟道人迹绝。许君栖隐地，唯有太古雪。
人间黄屋贵，物外只自洁。尚厌一瓢喧，重负宁所屑。
降衷均义禀，汩利忘智决。得陇又望蜀，有齐安用薛？
干戈几蛮触，宇宙日流血。鲁连蹈东海，夷齐采薇蕨。
至今阳城山，衡华两丘垤。古人不可作，百念肝肺热。
浩歌北风前，悠悠送孤月。

【译文】幽深茂密的树林突然在背阳的崖前掉转，鸟的路径，人迹断绝。
许由隐居的地方，只和远古的雪作伴。

人间的黄金屋子很贵重，事物之外，只自己洁身自好。
还厌倦世间的烦扰，难道把小事当作沉重的负担。
减少衷心和天生的禀性相称，淡泊名利完全忘记智慧。
得到甘肃还顾盼着四川，有了齐国哪还想着薛国。
触、蛮两国打仗惨烈，天地每天都在流血。
鲁仲连跳东海，伯夷、叔齐采薇而食。
现在阳城的山，高大的山上两座坟墓。
古人很难为，想得情绪激动。
在北风前高歌，迎送悠悠孤独的月亮。

颍亭留别

故人重分携，临流驻归驾。乾坤展清眺，万景若相借。
北风三日雪，太素秉元化。九山郁峥嵘，了不受陵跨。
寒波澹澹起，白鸟悠悠下。怀归人自急，物态本闲暇。
壶觞负吟啸，尘土足悲咤。回首亭中人，平林淡如画。

【译文】老朋友珍惜临别时节，在水边停下回家的车驾。
天地晴朗开拓了我的视野，万物与人亲如一家。
北风吹起，下了三天的雪，造化主宰事物的变化。
九座大山葱茏峥嵘，丝毫不被践踏欺凌。
水上的清波渐渐升起，洁白的鸥鸟悠悠飞下。
回家的人心绪焦急，事物的情态悠然闲暇。
痛饮辜负吟啸之心，黄尘滚滚令人悲叹、惊诧。
回望亭中的友人，只见一片平林恬澹如画。

杂诗四首

其一

相士如相马，灭没深天机。区区铜马法，徒识牝与骊。
人言当涂公，恶人知其微。如何许劭语，受之不复疑。
知人固不易，人亦未易知。媸妍在水镜，铅粉徒自欺。
孰为仁义人，未假已不归。伯乐不可作，思与曹瞒期。

【译文】看人就像看马，隐没有着很深的天机。
小小的铜马，只认识雌马和黑马。
人说当涂公，坏人知道的很少。
怎样获得许劭的好评，安心得到不再被怀疑。
了解人本来就不容易，人也不容易了解。
在水镜里能看出美丑，涂抹铅粉白白地欺瞒自己。
谁是仁义的人，没借已经不回了。
伯乐不好作，想着和曹操约定。

其二

世事如大弩，人若材官然。乘势易发机，非时劳控弦。
又如大水中，置彼万斛船。虽有帆与樯，亦须风动天。
不见问公瑾，弱龄已飞骞。不见师尚父，鹰扬在华颠。
彼非生而材，此岂晚乃贤。鎡基喻智慧，要必有待焉。
叹息狂驰子，尝为愚者怜。

【译文】世事就像一把大弓，人就像材官一样。
顺势容易发动拨矢机，不是时机老老控制着弦。
又像大水中，放置了装载万斛的船.
虽然有帆和桨，也需要风的吹动。
不见去问周瑜，二十岁已经领兵。

不见学习姜子牙，像鹰一样在天上飞翔。
他不是天才，这是后天的贤能。
农具代表的是智慧，一定要有依靠。
为狂热奔竞钻营的人叹息，曾经替笨人哀怜。

其三

昆山有璞玉，外质而内美。唯其不自衒，故与顽石齿。
和也速于售，再献甘灭趾。在玉庸何伤，惜君两足耳。

【译文】昆山有好玉，外表坚硬里面美好。
因为不自我夸耀，所以和顽石是不一样的。
卞和想要尽快出售，两次进献甘愿断脚。
对玉有什么伤害呢，只是可惜了他的两只脚。

其四

堂堂明堂柱，根节几岁寒。使与蒲柳同，扶厦良券难。
我衣敝缊袍，我饭苜蓿盘。天公方试我，剑铗勿妄弹。

【译文】明亮的大堂上的柱子，根茎经受了多少年的严寒。
和蒲柳一样，顺着大厦拱券很难。
我穿着破旧的丝棉袍，我吃着苜蓿粗饭。
上天才考验我，不要再妄弹剑铗。

与张仲杰郎中论文

文章出苦心，谁以苦心为？正有苦心人，举世几人知？
工文与工诗，大似国手棋。国手虽漫应，一著存一机。
不从著著看，何异管中窥。文须字字作，亦要字字读。
咀嚼有余味，百过良未足。功夫到方圆，言语通眷属。

只许旷与夔，闻弦知雅曲。今人诵文字，十行夸一目。
阏颤失香臭，瞀视纷红绿。毫厘不相照，觌面楚与蜀。
莫讶荆山前，时闻刖人哭。

【译文】文章出自一颗经历困厄的心灵，谁用苦心作？
真有苦心的人，全国有几个人知道？
语言精美，诗歌精妙，很像善于下棋的人。
技艺超群的人，虽然很慢，一步暗藏着玄机。
不从明显的地方看，和管中窥豹有什么分别。
文字需要一字字的写，也要一字字的读。
咀嚼之间，回味无穷，很多瑕疵真的不够。
下到一定功夫，言语畅达。
只允许广阔、严肃，听弦就知道是雅乐。
现今的人读文字，一目十行。
阻塞，无法分辨香味和臭味，色盲无法分辨红色和绿色。
毫厘相互间不照应，蜀地和楚地不会迎面。
不要在荆山前吃惊，时常听见砍脚人的哭喊声。

别李周卿三首

其一

行路涩于棘，单车望千山。歌君归云曲，清涕留余潸。
六年河朔州，动辄得谤讪。惟君笃高义，日来款柴关。
古交松柏心，今交桃李颜。古人去不返，古道挽不还。
相思一尊酒，幽恨寄山间。

【译文】归乡之路阻塞艰难更甚于荆棘遍布，坐车回望千山。
为你唱歌送别，流下清亮的眼泪。
六年前的朔州，动不动就被讥讽。
只有你忠实于高尚正义，每天敲柴门。
古人的友谊就像松柏一样坚定不移，今人唯利是图。

古人一去不返，古时的道义挽留不能回还。
一杯酒来表达相思之情，将深沉的怨恨埋在山林间。

其二

风雅久不作，日觉元气死。诗中柱天手，功自断鳌始。
古诗十九首，建安六七子。中间陶与谢，下逮韦柳止。
诗人玉为骨，往往堕尘滓。衣冠语俳优，正可作婢使。
望君清庙瑟，一洗筝笛耳。

【译文】很长时间已经不写风、雅之类的作品，一天天觉得精神生活死去。
诗里撑天的大手，是从鳌的腿断开始的。
古诗十九首，建安七子。
中间隔着陶渊明和谢灵运，下到韦庄、柳宗元为止。
诗人以玉作骨，往往落入世俗琐事。
穿着，说着倡优的衣服，言语，恰好可以作奴婢使用。
希望你清除庙里的瑟，扫除筝笛的声响。

其三

城居日蛙龟，局促复局促。去作山中客，放浪谁检束。
溪光淡于冰，山骨净如玉。怀我同心人，团茅住深竹。
垂纶鲜可食，种秫酒亦足。石坛三万丈，醉眼天一粟。
安得万里风，相从两黄鹄？（自注，周卿学有渊源，东州诗人未见其比，与予约西游，如诗中所说）

【译文】蛙和龟住在城里，除了拘谨还是拘谨。
去做山里人，放浪形骸谁会去约束。
溪水比冰还寡淡，山的肌骨比玉还要洁净。
想和我抱有一样心思的人，住在幽深树林的圆形茅屋里。
钓鲜美的鱼吃，种秫，酒也就解决了。
有三万丈的石坛，醉眼看天就像一粒粟米。
哪里乘着万里的风，两只黄鹄结伴同飞？

灅亭

春物已清美，客怀自幽独。危亭一徘徊，翛然若新沐。
宿云淡野川，元气浮草木。微茫尽楚尾，平远疑杜曲。
生平远游赋，吟讽心自足。朅来著世网，抑抑就边幅。
人生要适情，无荣复何辱。乾坤入望眼，容我谢羁束。
一笑白鸥前，春波动新绿。

【译文】春天的景色很清冷美丽，客人心怀安宁、幽静。
在高亭徘徊行走，舒快像刚沐浴一样。
夜晚的云气使田野山川迷蒙，宇宙自然的气息笼罩着草木。
微茫之气洒满豫西，平远怀疑是杜曲。
一生远游的作品，吟唱心里感到满足。
来去间都被世事牵累，谨慎靠近尺度。
人生要适度，没有荣耀又哪里来的耻辱。
天地在我的眼中，容留我谢绝羁旅困顿。
对着白鹭发笑，波纹在绿林间动荡。

虞坂行

虞坂盘盘上青石，石上车踪深一尺。当时骐骥知奈何，千古英雄泪横臆。
龙蟠于泥易所叹，麟非其时圣为泣。玄龟竟堕余且网，老凤常饥竹花实。
天生神物似有意，验以乖逢知未必。若论美好是不祥，正使不逢何足惜。
孙阳骐骥不并世，百万亿中时有一。乃知此物非不逢，辕下一鸣人已识。
我行坂路多阅马，敢谓群空如冀北？孙阳已矣谁汝知，努力盐车莫称屈。

【译文】青石上的槽曲折萦回，石头上的车印深有一尺。
当时良马哪里知道，千古英雄泪从心里流出。

龙蛇占据此地，很容易感慨，麒麟不是时候，高人为它哀伤哭泣。
大龟最后进入了余且的渔网，老凤凰饥饿吃竹花实害虫。
天生神奇的物种好像是有意的，用不和谐来检验了解并不是这样。
如果讨论美好是不祥的，恰是不能碰见，哪里值得珍惜。
孙阳的良马不存于世，百万上亿中可能才有一匹。
才知道它并不是不逢时，车前一声，人就已经认识了。
我在斜坡上，看见了很多马，哪敢说像冀北一样没有马群？
孙阳已去，谁知道你，努力赶车不要受屈。

赤壁图

马蹄一蹴荆门空，鼓声怒与江流东。曹瞒老去不解事，误认孙郎作阿琮。
孙郎矫矫人中龙，顾盼叱咤生云风。疾雷破山出大火，旗帜北卷天为红。
至今图画见赤壁，仿佛烧虏留余踪。令人长忆眉山公，载酒夜俯冯夷宫。
事殊与极忧思集，天淡云闲今古同。得意江山在眼中，凡今谁是出群雄？
可怜当日周公瑾，憔悴黄州一秃翁。

【译文】曹操大军南下，踩踏荆门山大开，鼓声汹汹，怒向顺江东流。
曹操老去不能了解世事，误认为孙权是刘琮。
孙权英姿矫健，是人中雄杰，环视怒喝，便云生起。
吴军势如暴雷，摧毁大山，发出大火把半边天照得通红，曹军旗帜裹挟，在红光中向北溃逃。
在今天从图画看到赤壁，就像看到当年火烧曹军所留的踪迹。
让人回想起苏轼，携带着酒，晚上前往水上。
世事变迁，兴致勃发，百忧交集，天疏淡云闲散今古相同。
造就风流人物的江山就在眼前，如今谁是出类拔萃的英雄？
可惜苏轼当年有像周瑜那样的才华，竟然会神情憔悴成为黄州一个秃发老头。

阎商卿还山中

阿卿去月从我来，今日西山成独往。野人不是城中物，涧饮岩栖梦余想。
翰林湿薪爆竹声，待诏履穿沾雪行。兰台从事更闲冷，文书如山白发生。
孤灯静照寒窗宿，北风夜半歌黄鹄。田家闭门风雪深，梅花开时酒应熟。
半世虚名不疗贫，栖迟零落百酸辛。凭君莫向山中说，白石清泉笑杀人。

【译文】上月，你还和一同前往，今天去西山只我一人独自前往。
农夫不习惯城市生活，喝着山涧的水，住在山里，梦着，想着。
鸟林，湿柴，爆竹声响，等待召见穿着沾雪的鞋前行。
从事文职更增添了安闲凄冷，像山一样的文书堆积，长出来白头发。
住在孤灯安静照着的寒窗下，半夜北风呼啸，黄鹄鸣叫。
农家关门，风雪很深了，梅花开的时节，酒也该熟了。
半世的虚名，不能摆脱贫困，失落孤独很是心酸悲苦。
拜托你不要询问山里的事情，石头，泉水笑死人。

荆棘中杏花

墙东荒溪抱村斜，荆棘狼藉盘根芽。何年丹杏此留种，小红濈濈争春华。
野人惯见谩不省，独有诗客来咨嗟。天真不到铅粉笔，富艳自是宫闱花。
曲池芳径非宿昔，苍苔浊酒同天涯。京师惜花如惜玉，晓担卖彻东西家。
杏花看红不看白，十日忙杀游春车。谁家园亭有此树？郑重已著重帏遮。
阿娇新宠贮金屋，明妃远嫁愁清笳。落花萦帘拂床席，亦有飘泊沾泥沙。
天公无心物自物，得意未用相陵夸。黄昏人归花不语，惟有落月啼栖鸦。

【译文】城东的溪水环绕着小村子，荆棘遍布盘根错节。
丹杏什么时候留下的种子，红花茂盛争夺春天的阳光。
农夫习惯了，轻视不理睬，仅仅有诗人来感叹。
天真不到铅粉笔，富贵并且艳丽的就是后宫的花朵了。

不是过去的曲折的池塘香路，青苔浊酒就是一生。
京城爱花就像爱惜玉石一样，早晨担着走遍道路。
讲究看红杏花不看白杏花，十天忙死了游春的车子。
谁家的庭院有这种树？很正式的已经用双层的布幔盖住了。
新宠的阿娇住在金屋，昭君远嫁听到清冷的笳声满怀愁绪。
落花绕帘在床席上，也有飘落沾染了泥沙的。
天公无心物体凭借自己的造化，志得意满不需要超越、夸耀。
黄昏时分人们回家花不言语，只有落月下，歇息的乌鸦。

王右丞《雪霁捕鱼图》

江云澒澒阴晴半，沙雪离离点江岸。画中不信有天机，细向树林枯处看。
渔浦移家愧未能，扁舟萧散亦何曾？白头岁月黄尘底，笑杀高人王右丞。

【译文】江上的青云无边无际，雪后的天气阴晴各半，沙滩的积雪密集点染江岸。
你不信王维的画里蕴藏天机，细细朝着树林枯处深处仔细看。
很愧疚我不能移居渔浦，也不曾有过驾着扁舟萧散心绪的时候。
老年白发还在红尘中奔走，笑死那高人王维。

送张君美往南中

南朝词臣北朝客，栖迟零落无颜色。阳平城边握君手，不似铜驼洛阳陌。
去年春风吹雁回，今年雁逐秋风来。春风秋风雁声里，行人日暮心悠哉。
长江大浪金山下，吴儿舟船疾于马。西湖十月赏风烟，想得新诗更潇洒。

【译文】南朝的文臣客居北朝，漂泊失落，没有精神。
在阳平城边和你握手，不像洛阳道路上的铜驼一样。
去年的春风把大雁吹回来了，今年大雁被逐秋风来到。
大雁的声音在秋风和春风里，暮色下行人的心悠闲。
长江的大浪吹到了金山脚下，吴地少年划船比马还快。

在十月观赏西湖的景色，想来新写的诗会增添俊朗潇洒的气质。

送李参军北上

五日过居庸，十日渡桑乾。受降城北几千里，出塞入塞沙漫漫。
古来丈夫泪，不洒别离间。今朝送君行，清涕留余潸。
生女莫作王明君，一去紫台空佩环。生男莫作班定远，万里驰书望玉关。
我知骥子堕地无齐燕，我知鸿鹄意气青云端。草间尺鷃亦自乐，扶摇直上何劳抟。
一衣敝缊袍，一饭苜蓿盘，岁时寿翁媪，团栾有余欢。
就令一朝便得八州督，争似彩衣起舞春斓班。去年雒阳人，今年指天山。
地远马鞯破，霜重貂裘寒。朔风浩浩来，客子惨在颜。
扼胡岭上一回首，未必君心如石顽。君不见，桓山鸟，乳哺不得须臾闲。
众雏一朝散，孤雌回顾声悲酸。寒雁来时八九月，白头阿母望君还。

【译文】五天过居庸关，十天度过桑干河。受降城的北面几千里，关里关外黄沙漫天。

自古以来，男子的眼泪都不在离别时流眼泪。今天给你送别，泪流满面。

不要生像王昭君这样的女孩子，离开皇宫，空戴着环佩。也不要生像班超这样的男孩子，万里遥望，奔驰寄信。

我知道良马落地就没有了齐燕之地，我知道天鹅的意气直冲云端。即使是在草间的尺鷃鸟也会自己高兴，扶摇直上哪里需要向高空盘旋.

穿着破旧的丝棉袍，吃苜蓿这样的粗食，年老成为老头，老太太，有着团聚的欢乐。

纵使一天就变成八州的首脑，在春天晴朗时，穿着彩衣起舞争夺。去年还是洛阳人，今年直指天山。

路途遥远，马鞍的垫子破烂，风霜太重，大衣凄寒，北风呼呼吹来，刮在游子的脸上。

在野狐岭上一回头，，你的心意也不像石头一样万股坚硬。你看桓山鸟，一直在哺育雏鸟，没有一丝闲暇。

鸟群一散，孤鸟回头声音悲苦心酸。八九月间，寒燕飞来，白头母亲盼望你早早回家。

天门引

秦王深居不得近，从破衡成欲谁信。白头游客困咸阳，憔悴黄金百斤尽。
海中仙人黄鹤举，大笑人间争腐鼠。丈夫何意作苏秦，六印才堪警儿女。
古来多为虚名老，不见阿房净如扫。千年虎豹守天门，一日牛羊卧秋草。

【译文】秦王身居宫里，不能靠近，攻破了楚城后，又能信任谁。
白头的羁旅他乡的游子被困在咸阳城，已经把百斤的黄金用完，变得憔悴。
海里的仙人驾黄鹤飞行，看见人间相互争夺腐败的老鼠大笑。
男子想作苏秦出于什么想法，六国相印才能警示人们。
自古以来人多为虚名牵累到老，没看见阿房宫干净的像被打扫了一样。
千百年间都在用虎豹守卫，一天牛羊卧在秋草上。

蛟龙引

古剑咸阳墓中得，抉开青云见白日。蛟龙地底气如虹，土花千年不敢蚀。
洪炉烈焰初腾精，横海已觉无长鲸。世上元无倚天手，匣中谁解不平鸣。
割城恨不逢相如，行酒恨不逢朱虚。尚方未入朱云请，盟盘合与毛生俱。
谁念田文坐中客？只将弹铗叹无鱼。

【译文】在咸阳的古墓中得到一把剑，拨开青云看到白日。
蛟龙腾踔，气势如虹，苔藓千年不被腐蚀。
大炉子的火焰升腾，发觉大海已经没有了大鲸。
世上原来没有撑天的手，谁了解盒子里不平的声响。
割城池遗憾没有和相如同时代，喝酒遗憾没有和朱虚侯同时代。
尚方官还没赐剑朱云前去求请，盛牲口血的盆子要和毛发一起。
谁想孟尝君的门客？只弹击剑把感叹没有鱼吃。

西楼曲

游丝落絮春漫漫，西楼晓晴花作团。楼中少妇弄瑶瑟，一曲未终坐长叹。
去年与郎西入关，春风浩荡随金鞍。今年匹马妾东还，零落芙蓉秋水寒。
并刀不翦东流水，湘竹年年泪痕紫。海枯石烂两鸳鸯，只合双飞便双死。
重城车马红尘起，乾鹊无端为谁喜。
镜中独语人不知，欲插花枝泪如洗。

【译文】空中游荡着游丝柳絮，无边的春色融合，早晨西楼晴空万里，花团锦簇。
楼中的少妇拨弄着美瑟，没弹完一曲就长叹。
回想去年和丈夫向西进入潼关，伴随着精美的马鞍，春风荡漾。
今年只剩我一人东回，满怀忧郁，荷花掉落，秋水惨寒。
并州的刀具不能剪断东流的水，湘妃竹年年泪痕红紫点点。
海枯石烂的鸳鸯，双双同飞，双双同死。
车马欢腾，红尘扬起，喜鹊枝上无由鸣叫，为谁高兴。
对着镜子自语没人了解心事，想往头上插花，不禁泪流满面。

少室南原

地僻人烟断，山深鸟语哗。清溪鸣石齿，暖日长藤芽。
绿映高低树，红迷远近花。林间见鸡犬，直拟是仙家。

【译文】地方偏僻，人烟断绝，山深邃，鸟喧哗。
清冷的流水鸣溅在溪石的齿角，和煦的阳光使藤蔓发芽。
绿色映衬出高高低低的树，红色迷蒙了远近的山花。
在树林间听见鸡狗的叫声，真以为是神仙的居处。

送母受益自潞府归嵩山

薄俗科名贱，孤生志愿违。正须谋独往，何暇计群飞。
泌水真堪乐，荆州况可依。青山吾旧隐，此日羡君归。

【译文】世俗认为功名低贱，我的心愿和他们不一样。
计划独自前往，哪有时间顾及群鸟。
泌阳河真的让人欢乐，何况还可以依傍荆州。
青山是我旧时的隐居处，今天羡慕你回归。

送崔振之迎家汴梁

老伴不易得，残年唯有闲。桑麻一村落，鸡犬两柴关。
樊守能供酒，周侯许买山。从今钓溪上，日日望君还。

【译文】好友难得，只有晚年有闲暇时光。
村落桑麻一类的农作物，柴门的鸡狗。
樊天胜供给酒水，周梦卿允许买山。
从今以后在钓鱼的溪水旁，天天盼着你归来。

遣兴

几案满书史，欣然忘百忧。一篇诗遣兴，三盏酒扶头。
千载陶元亮，平生马少游。但留强健在，老矣复何求？

【译文】桌上放满了，高兴的忘记了烦恼。
写一篇诗来尽兴，三杯酒就喝醉了。

羡慕陶渊明的高洁，和马少游的一生。
只要身体强健，年老了还有追求呢？

八月并州雁

八月并州雁，清汾照旅群。一声惊晚笛，数点入秋云。
灭没楼中见，哀劳枕畔闻。南来还北去，无计得随君。

【译文】八月并州的大雁，清澈的汾水映着群雁。
一声雁鸣惊破了晚上吹笛的人，几只大雁被秋天的云遮蔽。
在楼上看见隐没的大雁，枕边听到大雁的哀鸣声。
从南方来，还会到北方去，没有什么办法只能追随你。

怀益之兄

牢落关河雁一声，干戈满眼若为情。三年浪走空皮骨，四海相望只弟兄。
黄耳定从秋后到，白头新自夜来生。西楼日日西州道，欲赋穷愁竟不成。

【译文】孤寂的关河大雁一声鸣叫，满眼战事似乎为情感所系。
三年间奔走，身体瘦脊，四海之内，只有兄弟相望。
黄耳一定会秋后来，白发从夜晚长出来。
西楼每天面对着西州的道路，想要作诗苦于愁绪满怀，最后没有达成。

李屏山挽章二首

其一

世法拘人虱处裈，忽惊龙跳九天门。牧之宏放见文笔，白也风流余酒尊。
落落久知难合在，堂堂元有不亡存。中州豪杰今谁望，拟唤巫阳起醉魂。

【译文】世俗法则约束人，就像虱子在裤裆里，龙忽然跳回了天上。
像杜牧把恢弘雄放气概表现在文章，似李白不拘礼法，借酒消愁。
性格孤傲，久难与世俗合群，光明磊落，原本就有不朽的正义存在。
如今看谁还能当得起中州豪杰的重望，拟请巫阳招还他那最死的英魂。

其二

谈尘风流二十年，空门名理孔门禅。诸儒久已同坚白，博士真堪补太玄。
孙况小疵良未害，庄周阴助恐当然。遗编自有名山在，第一诸孤莫浪传。

【译文】谈佛二十年自成一派，佛门辨析名和理，孔门谈论佛理。
儒士们坚定自己的学说，博学的人真的该去补黑色。
荀子小瑕疵真的不是坏处，庄子暗地里帮助或许是自然的。
留下的作品会有不朽的藏书地，首要的是不要妄传。

岐阳

百二关河草不横，十年戎马暗秦京。岐阳西望无来信，陇水东流闻哭声。
野蔓有情萦战骨，残阳何意照空城。从谁细向苍苍问，争遣蚩尤作五兵？

【译文】秦人的关河二万兵抵挡天下，野草不能在地上蔓延，十年兵马进入秦都城。
向西望岐阳没有消息，东流的陇水听到哭声。

野草有情缠绕战士的骨头，残阳照着空城是什么意思。
是谁向苍天发问，谴责蚩尤发动战争？

围城病中文举相过

扰扰长衢日往回，病中聊得避喧埃。愁多顿觉无诗思，计拙唯思近酒杯。
潘岳镜中浑白发，江淹门外即苍苔。生涯若被傍人问，但说经年鼠不来。

【译文】纷乱的长路日复一日，病中勉强可以躲避世俗的喧闹。
愁绪太多，才发觉没有文思，技巧拙劣只想着喝酒。
潘岳在镜中发现白发，江淹的没有了诗文想法。
生命如果被别人询问，只说好长时间鼠不来。

壬辰十二月车驾东狩后即事

惨澹龙蛇日斗争，干戈真欲尽生灵。高原水出山河改，战地风来草木腥。
精卫有冤填瀚海，包胥无泪哭秦庭。并州豪杰知谁在，莫拟分军下井陉。

【译文】龙蛇整天斗争的很凄惨，战祸真的想要杀尽天下百姓。
水从高山流出，山河变样，风从战场吹过，草木发出腥气。
精卫有冤去填东海，申包胥痛哭招来秦军。
并州的豪杰还有谁，不要计划派兵去井陉。

癸巳四月二十九日出京

塞外初捐宴赐金，当时南牧已骎骎。只知灞上真儿戏，谁谓神州竟陆沉。
华表鹤来应有语，铜盘人去亦何心。兴亡谁识天公意？留著青城阅古今。

【译文】朝廷刚向北方边境各部拿出宴会的金钱，那时南下放牧的马匹走得很快。
只认为灞桥兵事是儿戏，谁知道中原最后沦陷。
化鹤归来有话说，国家已去，还有什么心思。
兴亡谁知道天的意思？留在青城看世事变化。

梦归

憔悴南冠一楚囚，归心江汉日东流。青山历历乡国梦，黄叶萧萧风雨秋。
贫里有诗工作祟，乱来无泪可供愁。残年兄弟相逢在，随分齑盐万事休。

【译文】困顿萎靡的一名囚犯，时间流逝，想回到长江和汉江地区。
梦中的故国青山依旧，秋天风急雨骤黄叶落地。
诗文精典是因为作家困厄导致的，再没有眼泪来为愁绪而哭。
晚年亲人都还在，随便过清贫的生活，不管其他。

眼中

眼中时事益纷然，拥被寒窗夜不眠。骨肉他乡各异县，衣冠今日是何年？
枯槐聚蚁无多地，秋水鸣蛙自一天。何处青山隔尘土，一庵吾欲送华颠。

【译文】眼里众多的政事，夜晚寒窗下，抱着被子不睡觉。
亲人在远离家乡的外地，故国家园现在是什么时候？
枯老的槐树下，蚂蚁聚集没有其他，秋天蛙鸣一整天。
什么地方的青山能阻隔尘世，我想要在书斋里到白头。

外家南寺

（自注，在至孝社，予儿时读书处也）

郁郁秋梧动晚烟，一庭风露觉秋偏。眼中高岸移深谷，愁里残阳更乱蝉。
去国衣冠有今日，外家梨栗记当年。白头来往人间遍，依旧僧窗借榻眠。

【译文】阴森的梧桐树在秋日的晚烟中摇动，满庭寒凉的风露，更感到秋天特地来到这儿了。

看到高大的山变成深谷，西坠的残阳，加上乱噪的蝉声，使人更添愁绪了。

离开了国都的衣冠之士，终于落到今天这个下场。

来到外家，不禁回忆起少年时摘梨栗的往事了。

我到了年老头白，走遍了人间，但仍在寺院的窗下，借榻而眠。

哀李钦叔

赤县神州坐陆沉，金汤非粟祸侵寻。当官避事平生耻，视死如归社稷心。
文采是人知子重，交朋无我与君深。悲来不待山阳笛，一忆同衾泪满襟。

【译文】中原沦陷，城池不是粮食，不就遭受祸患。

做官躲避战事是一生可耻的，对国家抱有视死如归的心意。

文采让别人知道你的价值，结交的朋友没有比我和你感情更深厚的了。

怀念故友悲从中来，一想到同被的友谊，泪水就沾满衣襟。

追录旧诗

潦倒聊为陇亩民，一犁分得雨声春。功名何物堪人老，天地无心谁我贫？
颍上云烟随处好，洛阳桃李几番新。悠悠世事休相问，牟麦今年晚得辛。

【译文】贫困潦倒姑且成为种田的农民，到了春雨时节开始犁地。
功名是什么东西，让承受年老，天地没有心，谁致使我贫困？
颍上的遍地的好云烟，洛阳城的桃李已经开了几次了。
世事悠悠不要计较，大麦今年成熟的很晚。

山居杂诗四首

其一

瘦竹藤斜挂，丛花草乱生。林高风有态，苔滑水无声。

【译文】藤蔓斜缠绕着细竹，草生长在茂密的花间。
树林高密，能看到风的形状，溪水从青苔的涧底无声流过。

其二

石润云先动，桥平水渐过。野阴添晚重，山意向秋多。

【译文】玉石润泽，白云翻滚，桥平河水缓慢流过。
野外的晚上更添了一份阴冷，山的情态在秋季表现的更加丰富。

其三

川迴枫林散，山深竹港幽。疏烟沉去鸟，落日送归牛。

【译文】山川曲折回环，枫林稀疏，山深竹林幽静。
疏散的雾遮蔽了飞鸟，西落的太阳迎送晚归的牛。

其四

鹭影兼秋静，蝉声带晚凉。陂长留积水，川阔尽斜阳。

【译文】飞鹭的影子，使秋天更加安静，蝉鸣声，使夜晚更加清凉。
山坡上的水沟里有积水，山川开阔，洒满斜阳。

杂著三首

其一

青盖朝来帝座新，岂知卫瓘是忠臣。洛阳荆棘千年后，愁绝铜驼陌上人。

【译文】新帝登基，早晨使用青色车盖，哪知道卫瓘是忠实的臣子。
千年后洛阳城荆棘遍布，铜铸的骆驼使路上的行人发愁。

其二

昨日东周今日秦，咸阳烟火洛阳尘。百年蚁穴蜂衙里，笑煞昆仑顶上人。
【译文】昨天还是东周列国纷争，今天就到了秦朝，咸阳城烟火四起，洛阳已作尘。
百年的蚁穴、蜂巢里，使昆仑山上的仙人发笑。

其三

半纸虚名百战身，转头高家卧麒麟。山间曾见渔樵说，辛苦凌烟阁上人。

【译文】身经百战得到一纸虚名，死后坟头的石麒麟倒地。
山里面曾经听到渔樵的言谈，使凌烟阁上的仙人感到辛苦。

内乡杂诗

行吟溪北复溪南，风日烘人酒易酣。无限春愁与谁语， 梅花娇小杏花憨。

【译文】从溪水北面到溪南边走边吟唱，晴天的风吹人，喝酒很容易尽兴。无限的春愁能和谁说，梅花娇小可爱，杏花憨笑。

梦中作

（梦人请赋四禽语，其一泥滑滑也）

春泥滑滑满春山，惭愧幽禽唤客还。安得便乘双翼去，绿阴清昼伴君闲。

【译文】春天的竹鸡鸟满山，感谢安静的鸟儿召唤故人回乡。
哪里能乘着双翅离开，白天在树荫下陪伴着你安闲。

同儿辈赋未开海棠

枝间新绿一重重，小蕾深藏数点红。爱惜芳心莫轻吐，且教桃李闹春风。

【译文】树枝间又新发了芽，有几朵红色的花苞深埋绿叶间。
要珍重自己的内心想法，不要轻易吐露，暂且让那些桃李们在春风中得意吧。

榆社硖口村蚤发

瘦马长途懒著鞭，客怀牢落五更天。几时不属鸡声管，睡彻东窗日影偏？

【译文】瘦马在远道上，我懒得抽鞭，在五更天还心怀索寞。什么时候不受到鸡鸣的约束，一直睡到东窗上日影西偏。

杨柳

杨柳青青沟水流，莺儿调舌弄娇柔。桃花记得题诗客，斜倚春风笑不休。

【译文】杨柳青青，沟边流水汩汩，黄莺调转如簧巧舌、逞弄着美妙娇柔的歌喉。桃花对昔日题诗客记得很清楚，桃花倚傍着春风笑不停。

高 启

高启，明长洲人，字季迪，张士诚据吴，名士乡集，启独依外家，居吴淞江之青丘，自号青丘子。洪武初，为编修，与修《元史》，复命教授诸王。寻擢户部右侍郎，启自陈年少，不敢当重任，乃赐白金放还。启尝赋诗有所讽刺，帝嗛之，未发也。及归居青丘，授书自给，知府魏观为移其家郡中，旦夕延见甚欢，观以改修府治，获谴。帝见启所作上梁文，因发怒，腰斩于市，时年三十有九。启警敏，有文武才，书无不读，尤工诗，雄健浑涵，上逼古人，一洗元季织靡之弊，为明代作者之冠。有《大全集》、《凫藻集》。

【译文】明代，长洲人，字季迪，张士诚占吴时，名士云集，只有高启在妻家，住在吴淞江的青丘上，自号青丘子。洪武初年，做编修，修元史，又命教诸王。不久升为户部右侍郎，高启自说年少，不敢当此重任，皇帝于是赐金放还。高启曾经写过讽刺诗，皇帝很生气，但却没有追究。等到回去在青丘定居，靠教书过活，知府魏观因搬家到郡中，早晚相见很是高兴，魏观因改修府治，获皇帝谴责。皇帝看见高启所写的上梁文，于是发怒，把他腰斩于市，时年三十九岁。高启聪敏，有文武之才，没有不读的书，尤其擅长写诗，雄健浑涵，能和古人相比，一洗前代华丽不实的文风弊病，居明代作家之首。有《大全集》、《凫藻集》。

寓感

天旋海水運，日月驰奔辉。不知此往来，伊谁斡其机。
谅由任元气，推迁不嫩违。人生处宇内，行止无定依。
唯当乘大化，逍遥随所归。志士徇功业，贪夫诧轻肥。
亦有逃群子，矫矫与时违。彼此更共笑，不知谁是非。
远人体自然，出处两忘机。浮云游天表，舒卷有余辉。

【译文】天旋海水世事沧桑，日月奔驰。

不知此往来，谁在底下斡旋。
任由元气飘荡，推移变化不违背食物的发展变化.
人处在房屋，行止没有一定的规律。
只有随着大化而行，逍遥自在，终其所由。
志士为功业不顾生死，贪人为轻肥而斤斤计较。
也有半途而废的人，卓尔不然与世相违。
彼此相视一笑，不知谁对谁错。
远离人群更能体味自然旨趣，出处间忘记了心机。
浮云的天际飘荡，舒卷之间和余辉相映。

送刘明府

贱士寡谐世，放居江海边。朋俦渐乖暌，憔悴不自妍。
顾影鲜欢趣，恶离倍当年。它人亦以悲，况复如子贤。
荒途风霜交，岁宴增慨然。乱雀噪业棘，惊鸿逝长天。
斗酒岂足陈，薄意聊以宣。出处道既殊，不得长周旋。
谁谓非遐方，浮云阻山川。何以慰饥渴，令名期可传。

【译文】身份卑贱之士和世事相违，放居到江海边。
朋友间渐渐疏离，人变得憔悴而不再漂亮。
顾影很少有快乐的时候，讨厌离别更甚曾经。
别人也很感伤，何况又像你这样贤能的人。
在风霜交加的荒途中，年末的宴席更增添感慨。
雀声聒噪乱鸣，惊鸿在天际消失。
斗酒岂够陈说，薄意聊以言说。
处世之道就不同，不能长久的周旋。
谁说不是远方，浮云覆盖着山川。
用什么来解饥渴，盼好的名声可以长久流传。

读书所为锡山朱隐居子敬赋

高士寡所嗜，雅情竹素间。北窗夏阴敷，散帙欣燕间。
流观古始来，治忽俨未删。重华去已远，鸣凤何时还。
微言虽能寻，往躅那可攀。当感既拊怀，遇得亦解颜。
咏歌南风前，至乐孰与班。方尔对圣贤，俗子毋扣关。

【译文】高人的嗜好很少，优雅的趣味在竹间。
北窗夏天阴凉，在有燕子的地方读书。
看古往今来，治理还很庄重。
离上古贤君已经很遥远了，鸣凤何时回来。
微言大义虽然能找寻，陈迹那能追回。
感动时拊心怀，遇得也能眉开眼笑。
在南风中咏歌，至乐与谁共。
对着圣贤书，俗人不要烦扰。

西台恸哭诗

越人谢翱尝为宋丞相文山公之客，公死之十二年，等钓台祭公以苦，自为文职其哀，曰西台恸哭记。东阳张兼持示求诗，仆感其谊，遂赋一首。

【译文】越人谢翱曾经作了宋丞相文山公的宾客，公死了十二年之后，在钓台伤心的祭拜文山公，自认为担任文职堪伤，说西台恸哭记。东阳张兼持此来求诗，我被他的诚意所感动，于是写了一首诗。

峨峨子陵台，其下大江奔。何人此等高，恸哭白日昏。
哀哉宋遗臣，旧客丞相门。丞相既死节，有身耻空存。
北望万里天，再拜奠酒尊。险云暮飞来，恍如载忠魂。
所哭岂穷途，中抱千古冤。上悲宗周陨，下念国士恩。
凄凉当年事，感慨平生言。空山谁知哀，惟有猴与猿。

岂不畏众惊，声发不忍吞。人言天有耳，此哭宁不闻。
愿因长风还，吹此血泪痕。往堕燕山隅，一泪宿草根。
田横去已远，兹道不复论。作歌悼往事，无使薄俗敦。

【译文】巍峨的子陵台，其下大江奔腾。
何人这样高峻，恸哭使得白天昏沉。
宋遗臣很悲哀，丞相府第的旧客。
丞相为节义而死，耻于徒然地身存。
北望万里的天，酒杯两拜祭酒。
晚上来了高云，恍然像搭载了忠魂。
难道只在穷途哭泣，心怀千古的冤仇。
在上悲叹周的消亡，在下感念士兵的恩情。
当年的凄凉事，平生的感慨话。
谁知空山哀愁，只有猿和猴。
难道不害怕惊惧众人，不忍发出声响。
人说天有耳，此哭宁愿听不见。
希望随长风而逝，吹此血泪痕迹。
掉落在燕山的一角，一滴泪掉落在草上。
田横已经远去，此道不复说。
写诗悼念往事，不要使坏习气加重。

送家兄西迁

昔别归有期，此别去何极。西迁属事变，咎责非已得。
家贫无行资，空橐辞故国。匆匆逐徒旅，宛宛谢亲识。
牵攀不能留，恸哭野水侧。离鸿为迴翔，浮云愁暮色。
别时虽云苦，未若别后忆。愿行勿忧家，养亲自我职。
殊方气候异，炎雾秋未息。委命毋怨尤，长年强餐食。

【译文】昔别有归期，此次离别何时再见。
西迁因事变，没有获罪。
家贫没有行李，空囊辞别故土。

急速的行旅，和亲人相识辞别。
牵缠不能留，在野水边恸哭。
离鸿留恋徘徊，不忍离去，暮色浮云使人烦愁。
别时虽然苦痛，不如别后想念。
放心离去不要担心家里，奉养父母是我的职责。
不同地方不同气候，大雾秋天还没有消歇。
寄托姓名不要有怨恨，长年强自吃食。

答内寄

落月入晓闺，相思不须啼。我非秋胡子，君岂苏秦妻。
风从故乡来，吹诗达京县。读之见君心，宁徒见君面。
拔草不易绝，割水终难开。行云会有时，飞下巫阳台。
莫信长安道，花枝满楼好。白马系春风，离愁坐将老。

【译文】月落入早晨的闺房，相思不要啼鸣。
我不是秋胡，你难道是苏秦的妻子。
风从故乡来，吹诗到京畿。
读了看出君心，情愿见你一面。
拔草不易绝断，割水很难割断。
会有欢聚的一天，飞下巫阳台。
不要信长安道，花枝满楼。
白马在春风中，因离愁而渐渐老去。

效乐天

谁言我久贱，明时已叨禄。谁言我苦贫，空仓尚余粟。
辞阙是引退，还乡岂迁逐。旧宅一架书，荒园数丛菊。
俗缘任妻子，家事烦童仆。性懒宜早闲，何须暮年促。

犹著朝士冠，新裁野人服。杯深午醉重，被暖朝眠熟。
旁人笑寂寞，寂寞吾所欲。终老亦何求，但惧无此福。
功名如美味，染指已云足。何待厌饱余，肠胃生疢毒。
请看留侯退，远胜主父族。我师《老子》言，知足故不辱。

【译文】谁说我会长久低贱，清平时代入仕做官。
谁说我苦于贫贱，空仓还有多余的粮。
辞别宫殿退隐，还乡难道被贬谪。
旧宅里的一架子的书，荒园数丛的的菊花。
尘缘的妻子，家事麻烦童仆。
性子懒散应该早早退隐，哪需暮年的仓促。
还穿着朝服，新作的隐士服。
沈醉一直到中午，被暖早上还睡的很熟。
旁人笑孤独，寂寞是我想要的。
终老致死有什么所求，只怕没有这样的福气。
功名如美味，染指已经很满足了。
哪等满足饱食，肠胃生疾病。
请看张良退隐，远远胜过主父偃他们。
我学《老子》的言行，知足所以不会受辱。

塞下曲

日落五原塞，萧条亭堠空。汉家讨狂虏，籍役满山东。
去年出飞狐，今年出云中。得地不足耕，杀人以为功。
登高望衰草，感叹意何穷。

【译文】日落在五原边塞，凉亭空虚萧条。
汉朝讨伐匈奴，征役满东山。
去年出飞狐县，今年出云中县。
得地不足耕种，杀人作为功劳。
登高只见衰草，感叹没有穷尽。

登西城门

登城望神州，风尘暗淮楚。江山带睥睨，烽火接楼橹。
并吞何时休，白骨易寸土。向来禾黍地，雨露长榛莽。
不见征战场，那知边人苦。马惊西风笳，鸟散落日鼓。
呜呜城下水，流恨自今古。

【译文】登城望中原，风烟暗藏淮楚之地。
江山带女墙，烽火接高楼。
战争何时停止，用白骨换寸土。
向来禾黍之地，雨露满草莽。
不见征战场，哪里了解守边人的苦。
西风胡笳中马惊，落日鼓声中鸟散。
城下的呜呜水声，从古的遗恨到今。

广陵孙孝子爱日堂

昔自中原兵甲动，志士忧时久心痛。千村杀戮鸡狗无，骨肉谁家保相共。
扬州受祸闻最深，徒恃坚城铁为瓮。城中义丁一百万，坐委沟谷不成用。
至今草长髑髅台，月黑精灵尚哀恸。君时负亲独窜匿，何异网鱼逢脱纵。
远道秋风旧橐空，长江暮雨孤帆重。朅来吾乡今十年，孝友争传似张仲。
虽嗟故里未能归，却喜新堂还可奉。尽欢惟啜小人羹，致养宁须大官俸。
只愁老景苦骎骎，义驭西驰疾飞鞚。昼省花影愿迟移，晚听角声惊早弄。
长绳未解系飞乌，每计余年忧且恐。嗟予少已失庭闱，宰木乱来无地种。
欲娱朝夕难再得，谁惜流光去如梦。自惭不及君庆多，洒泪《蓼莪》空废诵。
寸心犹愿时早平，重为河清作歌颂。万国同看化日长，生能养亲死能送。

【译文】从昔日中原战事开始，志士忧时，长久伤心。

千村杀戮连鸡狗都不剩，谁家能保全骨肉亲人。
听闻扬州受战祸最深，只依靠像铁瓮一样的坚城。
城中一百万义士，抛弃不用沟溪。
至今草长骷髅台，夜黑精魂还哀恸。
你曾经负了父母独自逃窜藏匿，和鱼逃网有什么不一样。
秋风远道旧囊空空，长江暮雨孤帆沉重。
来我的家乡已经十年，孝名争相传扬堪比张仲。
虽叹未能回家乡，却高兴还可以侍奉父母。
尽欢只喝小人物的肉汤，养父母难道需要大官侍奉。
只苦于晚景急速，太阳驾走马飞驰向西。
白天看花影希望缓缓，晚上听角声惊早上的曲子。
长绳未解系着飞鸟，每念此就感到担忧害怕。
嗟叹我年少就失去父亲，冢木无处可放。
想要朝夕欢乐已难再，谁会珍惜如梦而逝的时光。
自叹和你欢聚时日太少，洒泪空念《蓼莪》。
一片寸心还想早日平定，再写河清歌颂。
同看万国时日长久，活着能养父母，死了还能送葬。

温陵节妇行

（泉州陈氏妇，夫泛舟溺死，守志）

妾家温陵近南浦，嫁得良人业为贾。良人长年爱远游，不敢新妆映门户。
贩宝遥闻去百蛮，朝朝海上望青山。不仁无奈蛟龙横，漂没孤舟不得远。
君非渡河老狂夫，波涛如山何不顾。寻死便欲赴穷渊，膝下娇儿谁与哺。
十载空闺守寸心，沧溟水浅恨情深。愿身不化山头石，化作孤飞精卫禽。

【译文】我家在温陵和南浦很近，嫁给了一位从商的人。
丈夫常年远行，不敢穿新衣出门。
听闻去南方买卖，每天在海上望青山。
无奈蛟龙蛮横不仁，孤舟漂没不远。
他不是渡河的老手，波涛滚滚都不管。
寻死便去了黄泉，膝下的孩子谁哺育。

十年空闺守着一片心，大海水浅恨情很深。
希望化作山头石，化作孤飞的精卫鸟。

北郭秋夜喜徐卿远来兼南游

东海徐君我同里，月共周旋接冠履。斯人自是真可人，不见心忧见之喜。
岂容远别间山岳，两岁仅收书一纸。颇闻微禄不自养，雾雨南方疫时起。
谁能忽送千里来，旧有飞鸿渡江水。虫声今夜空馆凉，秉烛相看疑梦里。
琼枝何以失声色，客路风尘亦老矣。我今不解出门行，病眼流眵肉生髀。
与夺得丧未足较，惟有一贫聊复尔。暂来即去何使然，抚琴东西觅知音。
当时结交岂不多，下车相揖今无几。愿君穷达存此心，勿使千年笑余耳。

【译文】东海徐君我的同乡，月共运转，冠履相接。
此人认为是真的可心之人，见他心不烦忧，反而很高兴。
哪里容的下相隔千山，两年仅仅收到一封信。
颇听闻微薄的俸禄不能养活自己，雾雨的南方疫病频发。
谁能瞬间就能从千里之外送来信，原来还有渡过江水的飞鸿。
今夜空馆微凉，只听虫鸣，持烛相看疑是梦中。
美树何以失去外表，在外乡路经历风尘也变老了。
我现今出门不停歇，病眼流眼屎，髀上长肉。
赐予、剥夺不足计较，只有贫困就这样吧。
刚来就去何使然，抚琴四方寻觅知音。
当时结交的朋友难道很少，下车行礼今天没有几个。
愿你困厄和畅达时都抱有这样的心，不要让千年之后的人嘲笑我。

明皇秉烛夜游图

华萼楼头日初堕，紫衣催上宫门锁。大家今夕燕西园，高爇银盘百枝火。
海棠欲睡不得成，红妆照见殊分明。满庭紫焰作春雾，不知有月空中行。
新谱《霓裳》试初按，内使频呼烧烛换。知更宫女报铜籤，歌舞休催夜方半。

共言醉饮终此宵，明日且免群臣朝。只忧风露渐欲冷，妃子衣薄愁成娇。
琵琶羯鼓相追续，白日君心欢不足。此时何暇化光明，去照逃亡小家屋。
姑苏台上长夜歌，江都宫里飞萤多。一般行乐未知极，烽火忽至将如何。
可怜蜀道归来客，南内凄凉头尽白。孤灯不照返魂人，梧桐夜雨秋萧瑟。

【译文】花萼相辉的楼头太阳刚落，紫衣宦官催促锁宫门。
唐明皇今晚在西园宴饮，银盘高放上面点着百根蜡烛。
海棠花想睡而不得，很清晰得照明美人。
满庭院的紫色烟火像春天的雾气，不知天上有月运行。
试跳新谱写的《霓裳》曲，内侍频繁更换银盘烛火。
管报更漏的宫女传更签于殿中，半夜歌舞休催。
共言通宵醉酒，明天姑且免群臣朝拜。
只忧虑风露渐渐变冷，妃子担忧衣服单薄成娇矜。
琵琶羯鼓相接连，只白天君王欢娱不足。
此时哪有时间化作太阳，去照逃亡的小屋。
姑苏台上唱整夜歌，江都宫里萤火虫多。
一般的行乐没有终点，忽然战火涌起该如何处世？
可叹从蜀道归来的人，在兴庆宫凄伤头尽白。
孤灯不照杨贵妃，在萧瑟秋雨下的梧桐树滴沥。

王明君

都门尘拂春风面，临别看花泪如霰。君王惆怅惜蛾眉，不似前时画中见。
白发呼韩感汉恩，宁胡谩号阏支尊。毡裘肉食本异俗，不如但嫁巫山村。
黄沙白雪无城阙，手冷鹍弦夜弹歌。相随万里到穹庐，只有长门旧时月。
妾语还冯归使传，妾身没虏不须怜。愿君莫杀毛延寿，留画商岩梦里贤。

【译文】都门前，尘拂春风，离别看花泪如小雪。
君王惆怅惜美人，不像之前在画中见的样子。
白发的呼韩邪单于感激汉家恩德，不要说宁胡阏支位份尊贵。
睡毡裘吃肉本是不同习俗，不如只嫁到巫山村。
黄沙白雪没有宫殿，夜晚手冷弹着鹍弦琴。

相随万里到了蒙古包，只有长门旧时的月光。
我的话语还靠汉使传达，我身在少数民族的敌营不须怜。
愿君不要杀毛延寿，留着在梦中的商岩贤能的画。

车遥遥

鹍鸡啼霜海城白，征夫趣装牛上轭。天生两毂转长途，那得令君不为客。
出门已远第一程，耳中鸣铎渐无声。房户宁嗟寂寞守，山川唯念苦辛行。
欲车不行愿车覆，还愁损我车中玉。安得身如芳草多，相随千里车前绿。

【译文】霜天鹍鸡啼鸣，海城天亮，征夫收拾行李套上牛轭。
天生的两轮行走长途，那得让你不成客。
出门很远是第一程，耳中的木铎声渐渐听不见了。
房中嗟叹守着寂寞，只想在山川中辛苦前行。
想让车听，想车翻倒，还担心损坏车里的贵重物品。
躯体怎样才能如芳草一样多，在车前相伴千里。

大梁行

大梁四面平如砥，西去咸阳一千里。魏王此地昔为都，宫阙中天碧云起。
车声辘辘夜未休，带甲十万名苍头。撞钟列鼎宴上客，奉金走币连诸侯。
信陵真是贤公子，富贵不骄天下士。已访侯嬴到里门，复迎朱亥经屠市。
倾身折节世莫同，缓急竟赖斯人功。邯郸秦军一椎破，七国震动闻英风。
古城重过为搔首，几度秋风落杨柳。沼上应无鸿雁来，苑中只有狐狸走。
立马尘沙日欲昏，悲歌慷慨向夷门。豪华多少同销歇，独有高名今尚存。

【译文】大梁四面平如磨刀石，向西距离咸阳一千里。
昔日魏王在此地建都，宫阙离天碧云升起。
车声辘辘夜未深，带兵器的青巾裹头十万兵。

奢侈豪华的盛宴宴请客人，捧着财物联合诸侯。
信陵君真是贤公子，人虽富贵对天下名士不骄矜。
已经在里门访寻了侯嬴，又迎朱亥过屠场。
全身折节不同于世，缓急最后全靠此人的功劳。
邯郸的秦兵一锤而破，七国震动威名远扬。
再过此城搔首，秋风几度让杨柳掉落。
池上应没有了飞来的鸿雁，苑囿中只有狐狸奔走。
在尘沙中驻马太阳西斜，唱着慷慨悲歌走向夷门。
多少豪华都一同消散，只有美名流传至今。

张中丞庙

延秋门上乌啼霜，羯奴晓登天子床。江头老臣泪暗滴，万乘西去关山长。
公卿相率作降虏，草间拜泣如群羊。当时不识颜平原，岂复知有张睢阳。
孤城落日百战后，瘦马食尾人裹疮。男儿竟为忠义死，碧血满地嗟谁藏。
贺兰不斩上方剑，英雄有恨何时忘。千年海上见祠庙，古苔丛木秋风荒。
摩挲画壁尘网里，勇气烨烨虬鬒张。巫歌大招客酹酒，忠魂或能来故乡。

【译文】禁院西门上的乌啼霜，早晨少数民族登上天子椅。
江头的老臣子泪水暗流，西去车马万乘关山长。
公卿相互作了降臣，像群羊一样在草间拜别哭泣。
当时不识颜平原，哪里知道有张睢阳。
落日在孤城百战后升起，瘦马吞食自己的尾巴人裹着伤。
男儿最后为忠义而死，碧血满地嗟叹藏谁。
贺兰山不斩杀尚方宝剑，英雄有遗憾何时忘记。
千年海上看见祠堂，在秋风中的古苔众木荒败。
抚摸有画的墙壁上罗网尘生，勇气彪炳胡子卷曲。
巫歌大唱客洒酒，忠魂或许能够返归故乡。

牧牛词

尔牛角弯環，我牛尾秃速。
共拈短笛与长鞭，南陇东冈去相逐。日斜草远牛行迟，牛劳牛饥唯我知。
牛上唱歌牛下坐，夜归还向牛边卧。长年牧牛百不忧，但恐输租卖我牛。

【译文】你的牛角弯曲成环，我的牛角尾巴稀疏。
一起拿着短笛和长鞭，到农田高地去赛牛。
太阳西斜草地很远牛行很慢，只我知道牛很劳顿很饿。
在牛背上唱歌在牛旁坐下，夜晚归来还在牛身边睡下。
长年累月的牧牛，没有什么忧愁，只怕交租卖我的牛。

卖花词

绿盆小树枝枝好，花比人家别开早。陌头担得春风行，美人出簾闻叫声。
移去莫愁花不活，卖与还传种花诀。余香满路日暮归，犹有蜂蝶相随飞。
买花朱门几迴改，不如担上花长在。

【译文】绿盆中的小树每枝都很好，花比别家开得早。
田间担着春风前行，美人听到吆喝声出帘。
移栽不要担心花死，卖人还教给种花诀窍。
花香满路暮色降临才回家，还有蜂蝶相尾随。
高户买花几回改路，不如在担上花时常都在开放。

空城雀

空城雀，何局促。城头飞，城下宿。百匝得一枝，千啄逢一粟。众趋随啾啁，所欲各易足。不须羡彼珍羽禽，翩翩高集珠树林。一朝深陷虞罗里，回首空城不如尔。

【译文】空城雀，多么局促。城头飞，城下住。绕树百圈栖在一枝，千啄得一粟，众鸟追随鸣叫，所欲很容易满足。不需羡慕其他贵重的鸟类，翩翩栖在高贵树上。一朝深陷在罗网里，回首空城不过如此。

青丘子歌

江上有青丘，予徙家其南，因自号青丘子。闲作青丘子歌言其意，以解诗之嘲。

【译文】江上有绿草的高地，我把家搬到它的南面，于是自名青丘子。闲作青丘子歌抒情，来解嘲。

青丘子，臞而清，本是五云阁下之仙卿。何年降谪在世间，向人不道姓与名。蹑屩厌远游，荷锄懒躬耕。有剑任羞涩，有书任纵横。不肯折腰为五斗米，不肯掉舌下七十城。但好觅诗句，自吟自酬赓。

【译文】青丘子，清瘦，本来是五云阁的仙人。何年贬谪到人间，向人不说姓名。脚穿草鞋厌恶远行，扛着锄头懒于亲自下地。有剑任凭生锈，有书任纵横。不肯为五斗米弯腰，不肯费口舌说服七十座城池。只喜欢写诗，自吟自唱和。

田间曳杖复带索，傍人不识笑且轻。谓是鲁迂儒、楚狂生，青丘子闻之不分意，吟声出吻不绝咿咿鸣。朝吟忘其饥，暮吟散不平。当其苦吟时，兀兀如被酲。头发不暇栉，家事不及营。儿啼不知怜，客至不果迎。不忧回也空，不慕猗氏盈。不惭被宽褐，不羡垂华缨。不问龙虎苦战斗，不受乌兔忙奔倾。

【译文】在田野里拄着拐杖，垂着衣带，旁人不解嘲笑蔑视。认为是鲁地迂腐的儒生，佯狂避世的隐士，青丘子听闻不满意，不绝出口吟声。早吟忘饿，暮吟排解不平之气。当苦吟时，昏昏沉沉如同醉酒。头无暇梳理，家事无暇管理。孩子啼哭不知抚慰，客到竟然不去迎接。不会因颜回那样贫穷而忧，不羡慕猗顿那样的巨富。不因穿着宽大的粗布衣服而羞惭，不羡慕仕宦者华美的衣冠。不问乱世英杰苦战斗，不受日月的奔忙。

向水际独坐，林中独行。斫元气，搜元精，造化万物难隐情。冥茫八极游心兵，坐令无象作有声。微如破悬虱，壮若屠长鲸。清同及沆瀣，险比排峥嵘。霭霭晴云披，轧轧冻草萌。高攀天根探月窟，犀照牛渚万怪呈。妙意俄同鬼神会，佳景每与江山争。星虹助光气，烟露滋华英。听音谐韶乐，咀味得大羹。世间无物为我娱，自出金石相轰铿。

【译文】在水边独坐，林间独行。砍斫，搜寻天地精气，造化万物难以言说。神思驰骋于苍茫无际间，使难以形容的情景有声有色。击中空中悬挂的微如虱样的东西，杀壮若鲸鱼的东西。和夜间露气一样洁净，和高峻山峰一样险要。霭霭的晴云覆盖，生机勃发的冬草。向高处攀爬到氐宿探寻中月归宿，犀角照亮光怪陆离的采石矶。瞬间妙会鬼神，江山美景相争。星辰闪烁明亮，烟雾滋养花朵。听着像《韶》乐一样优美的曲子，品味肉汤。世间没有什么东西可以娱乐，自产钟鼓铿锵声。

江边茅屋风雨时，闭门睡足诗初成。叩壶自高歌，不顾俗耳惊。欲呼君山老父携诸仙所弄之长笛，和我此歌吹月明。但愁欻忽波浪起，鸟兽骇叫山摇崩。天帝闻之怒，下遣白鹤迎。不容在世作狡狯，复结飞佩还瑶京。

【译文】江边风雨时的茅屋，闭门睡饱新诗成。敲击唾壶高歌，不顾及俗人惊奇的目光。想呼喊君山老父携诸仙所吹的长笛，和我一起在明月下高吹。只愁忽然起波浪，鸟兽惊叫山川摇晃。天帝听到发怒，请白鹤下界前来相迎。不容在世间的百般变化，还结飞佩到仙界。

登金陵雨花台望大江

大江来从万山中，山势尽与江流东。钟山如龙独西上，欲破巨浪乘长风。
江山相雄不相让，形胜争夸天下壮。秦皇空此瘗黄金，佳气葱葱至今王。
我怀郁塞何由开，酒酣走上城南台。坐觉苍茫万古意，远自荒烟落日之中来！
石头城下涛声怒，武骑千群谁敢渡？黄旗入洛竟何祥，铁锁横江未为固。
前三国，后六朝，草生宫阙何萧萧。英雄乘时务割据，几度战血流寒潮。
我生幸逢圣人起南国，祸乱初平事休息。从今四海永为家，不用长江限南北。

【译文】长江从万山中流出，山势都和江流顺东而下。
紫金山似蟠龙独西上，想要乘风破浪。

江山雄壮不相让，江山形胜，都夸天下雄伟。
秦始皇曾徒劳地在此地埋下金玉杂宝，金陵的“王气”至今依然旺盛。
我心怀愁绪怎么排遣，酣饮走去雨花台。
自然而觉苍茫的万古情，从远处荒烟落日中来！
石头城下的怒涛涌起，千群的军队谁敢渡江而来？
吴军去洛阳称帝最终有什么好事，铁链横锁江面依然挡不住进攻。
三国、六朝，宫廷生野草，多么冷清。
乘时事努力在长江天险割据一方的“英雄”，只能让血流如潮。
我幸运的生活在圣人在南国起事的时候，刚平定战乱，与民休息。
从今四海成一家，不用长江来分南北。

林间避暑

自爱蛮藤滑，闲舒卧石苔。松风催暑去，竹月送凉来。
石气生琴荐，泉香入茗杯。欲怜行路子，愁暍向黄葵。

【译文】很喜欢南方光滑的簟席，扑在石苔上，安闲舒适的睡在上面。
松涛催促夏天离去，竹间风送来凉爽。
环绕山石的雾气滋生出垫琴之草，用好泉水入茶杯。
想怜惜外出的游子，为热发愁看向黄葵。

秋夜宿周记室草堂送王才

相别还相恋，秋宵暂对床。人情贫后见，客况醉中忘。
池柳疏含翠，江云薄护霜。离舟待明发，愁思剧茫茫。

【译文】离别还恋恋不舍，秋夜暂床对。
人情穷后相见，在醉后彼此相记。
池边柳树稀疏碧绿，江边的薄云护着秋霜。
明天要发船，茫茫愁思加剧。

送谢恭

凉风起江海，万树尽秋声。摇落岂堪别，踌躇空复情。
帆过京口渡，砧响石头城。为客归宜早，高堂白发生。

【译文】江海边起了凉风，万树都传来秋。
哪里能承受掉落、别离，犹豫不绝空有情感。
船过了京口的渡口，捣衣声响石头城。
作客该早早归去，父母都生了白发。

郊墅杂赋

幽事向谁誇，孤吟对晚沙。浣衣江动月，系艇岸垂花。
行蚁如知路，归凫自识家。一尊茅屋底，随意答春华。

【译文】隐秘的事向谁言说，独自吟唱对着傍晚的沙地。
江边洗衣月影摇动，系着船岸边低垂着花。
蚂蚁如果知道回家的路，鸟自知归家的路。
一座茅屋房，随意应答春花。

送舒征士考礼毕归四明

寄语关门吏，休轻尚布衣。叔孙聊应召，周党竟辞归。
赤日京城远，苍烟海树微。送君还自叹，老却故山薇。

【译文】传给关门官的话，不要轻视布衣之士。
叔孙通勉强应召，周党最后辞别回家。

炎热的京城遥远，苍茫云雾使得海树迷离。
送你还自叹惜，吃家乡的野菜渐渐老去。

客舍喜姪庸至

客里逢人喜，相过况阿宜。远游惊岁晚，多难惜门衰。
帆落江桥近，钟来野店迟。一杯灯下语，浑似在家时。

【译文】离乡在外恰遇别人的喜事，超越何况相当。
远游直到年末，多难可惜门庭衰落。
降帆停靠江桥，到乡村旅店，时间很晚。
灯下一杯时间的谈话，完全就像在家的样子。

牧

一笛去茫茫，平郊绿草长。但知牛背稳，应笑马蹄忙。
度陇冲朝雨，归村带夕阳。相逢休挟策，回首恐忘羊。

【译文】笛声远去，平原的绿草茂盛。
只知牛背稳当，应笑话马蹄的奔忙。
越过高地在早晨的雨里，归村带着夕阳。
相遇不要拄着拐杖，回首担心亡羊。

登涵空阁

滚滚波涛漠漠天，曲栏高栋此山巅。置身直在浮云上，纵目长过去鸟前。
数杵秋声荒苑树，一帆暝色太湖船。老僧不识兴亡恨，只向游人说往年。

【译文】滚滚的波涛迷茫的天际，这座山顶像曲栏高房。
置身其中就像在浮云上，极目远望高过跟前的飞鸟。
数棒秋声的荒芜苑囿的树上，暮色中太湖上的一条船。
老和尚不知兴亡遗恨，只对往来经过的人说当年事。

送张征君南游

故人多去不堪留，况复看君更远游。流落正逢摇落景，乱离还值别离愁。
夕阳亭上匆匆酒，寒雨江边渺渺舟。此后衡门应独掩，诗篇寂寞有谁酬。

【译文】故友多去不能留下，何况又看你再远游。
流落正恰逢落叶飘零的时节，动荡还正值别离的愁绪。
夕阳斜照的亭上匆忙的喝了酒，寒雨满江时，船显得迷蒙。
以后应该自己关住房门，诗篇寂寞有谁可以唱和。

岳王墓

大树无枝向北风，千年遗恨泣英雄。班师诏已来三殿，射虏书犹说两宫。
每忆上方谁请剑，空嗟高庙自藏弓。栖鸦岭上今回首，不见诸陵白露中。

【译文】大树没有树枝向着北风，十年遗恨常常流泪为英雄痛惜。
班师诏来十二道从殿里出来，岳飞信上对金人说归还徽钦两位皇帝。
每想起有谁再请上方宝剑，徒然地哀叹高宗庙里将良弓藏。
栖霞岭上常回头，诸位帝陵被白露埋没不见。

送徐山人还蜀山兼寄张静居

我因解绂远辞京，君为修琴暂入城。偶尔相逢春酒熟，飘然忽去暮烟生。
山头学啸犹闻响，世上留诗不写名。西涧烦询张静者，年来注《易》几爻成。

【译文】我因辞官离开京城到远方，你因为修琴才进城。
偶然相逢在春酒酿成的时节，在傍晚烟雾升起时，悄然离开。
在山头呼喊的声音还在耳边回响，留在世上的诗歌不写名。
在西边山涧多次打听张静，年来注《易》有几爻成功。

逢倪征士

数千里外久相违，十八滩头偶独归。自说病来辞幕府，只因愁绝念庭闱。
吴歌重把还乡酒，蛮布犹穿过嶺衣。话尽三年游历事，满庭风雨送斜晖。

【译文】数千里外很久没有见面，十八滩头同伴独自度过。
自从得病就辞别了幕府的职务，只因为愁绪满怀想念父母。
回乡重新把酒唱吴歌，还穿着南方过嶺的衣服。
说尽三年间游历的事情，满院的风雨送斜阳。

阖闾墓

水银为海接黄泉，一穴曾劳万卒穿。
谩说深机防盗贼，难令朽骨化神仙。
空山虎去秋风后，废榭乌啼夜月边。
地下应知无敌国，何须深葬剑三千。

【译文】大量的水银，地接黄泉，一座墓穴曾劳民挖掘。
不要说设置机关为了防盗贼，终难令朽骨化成神仙。
秋风后虎离开空山，夜晚月下破旧的亭台楼榭只有乌啼。
应该知道地下没有敌国，哪里还需要将三千剑深埋地下。

题杂画

空山万株木，霭霭秋多晦。屋在白云中，人归白云外。

【译文】空山里的万科树，雾气霭霭秋天多暗淡。
屋子在白云中，人却住在白云外。

渊源堂夜饮

悬灯照清夜，叶落堂下雨。客醉已无言，秋蛩自相语。

【译文】吊灯照在凄清的夜晚，厅堂外落叶、下雨。
客人醉了，没有言语，只有秋天蟋蟀的鸣叫。

梦中作

悠悠众扰去，寂寂孤吟歇。雨过满窗凉，高林上明月。

【译文】众多袭扰消散，悄悄孤吟停歇。
雨过一室清凉，月亮上了高林。

题楞伽山寺壁

惆怅空山里，寒梅应自闭。云中何处觅，须待雪晴来。

【译文】惆怅的空山里，寒梅应该还没开放。
在云中什么地方找寻，须到雪后天晴。

秋 柳

欲挽长条已不堪，都门无复旧毵毵。此时愁煞桓司马，暮雨秋风满汉南。

【译文】想要卷起长枝已不能，都门的柳条不再像旧日那样的生机勃发。
此时可愁死了司马桓温，傍晚的汉南秋风挟雨。

送贾麟归江上

别泪纷纷逐断猿，贫交无赠只多言。离愁正似蘼芜草，一路随君到故园。

【译文】离别的泪水纷纷，堪比猿鸣，贫交没有什么赠物只叮嘱很多。
离愁就像蘼芜草，一路追随你到故乡。

废宅芍药

昔年花发要人催，今日无人花自开。犹有园丁怜国色，时容闲客借看来。

【译文】从前开花要人催促，今天花自觉开放。
还有园丁怜爱国色，时常允许看客前来赏花。

湖上见月忆家兄

望月思兄意转迷，孤帆应宿楚云西。夜深愁向湖边立，为有寒鸿相并栖。

【译文】望月思兄情意迷离，孤帆应在楚地的西面停靠。
夜深了，在湖边满怀愁绪的伫立，看见寒鸿相互栖息。

送陈秀才归沙上看墓

满衣血泪与尘埃，乱后还乡亦可哀。风雨梨花寒食过，几家坟上子孙来。

【译文】满身的血泪和尘埃，乱后回乡也是很堪伤的。
梨花历经寒食节的风雨，几家子孙来上坟祭拜。

荀彧

晚惜彤弓势已难，空期魏武作齐桓。犹缘死沮奸雄意，窃鼎迁延到五官。

【译文】惋惜红弓大势已去，白白地把魏武当作了齐桓公。
还因冒死阻止曹操的意愿，拖延窃位贬到了五官中郎。

春暮西园

绿池芳草满晴波，春色都从雨里过。知是人家花落尽，菜畦今日蝶来多。

【译文】绿草倒映在池塘，春色都被雨淋过。
知道人家花都落尽，菜地今天蝴蝶特别多。

凉州曲

关外垂柳早揣秋，行人落日旆悠悠。陇山高处愁西望，只有黄河入海流。

【译文】关外的垂柳早过了秋天，落日行人很自在，旗帜也悠悠飘荡。
站在陇山高处愁绪满怀的向西望去，只见黄河流入大海。

吴伟业

吴伟业，明太仓人，字骏公，号梅村，崇祯进士，官至少参事，与马士英、阮大铖不合，假归。清康熙初，有司力迫入都，累官国子祭酒。工诗，年六十三卒。遗命葬于灵严邓尉间，碣曰诗人吴梅村之墓，曰吾诗虽不足传，而诗中之寄托良苦，后世读吾诗而知吾心，则吾不死矣。案伟业之诗，专学唐人格调。少时才华艳发，所作多婉丽风流，迨阅历兴亡，暮年萧瑟，乃苍凉激楚，兴象深微，论者方之庾信。当时与之齐名者，有钱谦益，龙鼎孳，称江左三大家。然独伟业所作，尤脍炙于人口，为海内学者宗仰焉。有《梅村集》、《太仓十子诗选》。

【译文】明代，太仓人，，字骏公，号梅村，崇祯进士，官至少参事，与马士英、阮大铖不合，借口辞官。清康熙初，有司逼迫入京，多次升官作了国子祭酒。善写诗，终年六十三岁。遗命葬于灵严邓尉间，碑上写：诗人吴梅村之墓，碑文：我的诗作即使不足以流传后世，但诗中所寄托的真的悲苦，后世之人看到我的诗作而了解到我的心志，那我死而无憾。吴伟业的诗歌，专学唐人格调。少时才华出众，所作多婉丽浪漫之作，到了看尽明朝衰亡，晚年萧瑟，诗作才变得苍凉凄楚，兴象深远，论者将他和庾信相比较。当时和他齐名的人，有钱谦益，龙鼎孳，称为江左三大家。但只有他的作品，尤其脍炙人口，被国内学人仰慕。有《梅村集》、《太仓十子诗选》。

毛子晋齐中读吴匏庵手钞宋谢翱西台恸哭记

扁舟访奇书，夜月南湖宿。主人开东轩，磊落三万轴。别庋加收藏，前贤矜手录。
北堂学士钞，南宋遗民牍。言过富春渚，登望文山哭。子陵留高台，西面沧江绿。
妇翁为神仙，天子共游学。携家就赤城，高举凌黄鹄。尚笑君房痴，宁甘子云辱。
七里溪光清，千仞松风谡。庐陵赴急难，幕府从羁仆。运去须武侯，君存即文叔。
臣心誓弗谖，汉祚忧难复。昆阳大风雨，虎豹如猬缩。诡谲滹沱冰，仓卒芜亭粥。
所以恢黄图，无乃资赤伏。即今钱塘潮，莫救崖山麓。空坑战士尽，柴市孤臣戮。

一死之靡它，百身其奚赎。龚生夭天年，翟公湛家族。会稽处士星，求死得亦足。
安能期故人，共卧容加腹。巢许而萧曹，遭遇全高躅。文山竟以殉，赵社终为屋。
海上悲田横，国中痛王蠋。门人蒿里歌，故吏平陵曲。彼存君臣义，此制朋友服。
相国诚知人，举事何颠蹙。丈夫失时命，无以辞碌碌。看君书一编，俾我愁千斛。
禹绩荒烟霞，越台走麋鹿。不图叠山传，再向严滩续。配食从方干，丰碑继梅福。
主人更命酒，哀吟同击筑。四坐皆涕零，霜风激群木。嗟乎诚义士，已矣不忍读。

【译文】乘小船寻访名篇，晚上在南湖草堂居住。主人打开有窗的小房，藏有三万多册书卷。对前代名人的手抄本格外珍爱，单另置放与收藏。虞世南的《北堂书钞》，南宋遗民的文章。自叙渡过富春江，登上钓台，遥望北方，哭祭文天祥。严子陵在高台隐居，西面是青绿的富春江。丈人化为了神仙，和天子同学习。携带全家住到了赤城山，凌驾天鹅隐居。尚且嘲笑君房的三公大臣，哪会像扬雄一样因贪恋官位而招来羞辱？七里溪水光清浅，极高的地方，松下风疾劲有力。文天祥闻讯组织护卫临安，忠心的臣仆跟从政府调遣。国家危亡之时，必须仰仗诸葛亮那样的忠臣才士，只要刘章、刘兴等可以做君主的人在，就要像拥戴刘秀一样拥戴他。为臣之心发誓不改变，忧心宋朝皇位难以复兴。昆阳县大的风雨，虎豹如刺猬缩成一团。滹沱河的冰块欺诈，在芜亭匆促喝粥。能恢复汉室的原因，大约就是凭借赤伏所预示的运气吧。纵使领导的保卫斗争，也无法阻止南宋在厓山麓的灭亡。在空坑战士溃散，在柴市孤立无助的臣子被杀死。只愿一死，没有其他打算，虽愿一百个人去赎生命，又怎么能办到？龚胜在早亡于自然年寿，翟氏被诛灭三族。会稽的处士星，能够求得一死也很满足了。怎能期望故人，同卧允许足加腹上。巢父、许由和萧何、曹参，遭际不同，却一样可以保留高尚节操。文天祥最终以死殉国，宋朝最终覆灭。部下和国人为田横悲伤，部下和国人为王蠋痛哭。门人唱着《蒿里歌》，故友唱着《平陵曲》。他以身殉国体现君臣大义，为朋友穿丧服悼念。文天祥确实知人善任，举兵抗元却多么忙乱急迫。男儿失去时运，没法逃避无所作为。在毛子晋斋中看吴宽手抄《西台恸哭记》，使我愁绪万千。大禹治水的业绩在烟水云霞的变幻中荒芜湮没，勾践的越台现今麋鹿遍跑。不想谢枋得死去，写诗流传，再学严子陵的隐居。和方干配享，高大的丰碑和梅福并齐。主人更劝酒，一边哀吟，一边击筑。四座之人都落泪，秋风震动群树。哎呀，确实是义士，算了吧，不忍再读一遍《西台恸哭记》。

阆州行赠杨学博尔绪

四坐且勿喧，听吾歌阆州。阆州天下胜，十二锦屏楼。

歌舞巴渝盛，江山士女游。我有同年翁，阆州旧乡县。
送客苍溪船，读书玉台观。忽乘相如车，谓受文翁荐。
游宦非不归，十载成都乱。只君为爱子，相思不相见。
相见隔长安，干戈徒步难。金牛盘七坂，铁马断千山。
敢辞道路难，早向妻儿诀。一身上鸟道，全家傍虎穴。
君自为尊章，岂得顾妻子。分携各努力，妾当为君死。
凄凄复切切，苦语不能答。好寄武昌书，莫买秦淮妾。
巴水急若箭，巴船去如叶。两岸苍崖高，孤帆望中没。
二月到汉口，三月下扬州。扬州花月地，烽火似边头。
驿路逢老亲，迁官向闽越。谓逼公车期，蚤看长安月。
再拜不忍去，趣使严装发。河山一朝异，复作他乡别。
别后竟何如，飘零少定居。

【译文】四坐不要喧哗，听我唱阆州。阆州天下闻名，十二座锦屏楼。
歌舞在巴蜀之地最为出名，江山贵族妇女游玩。我有一位同年老翁，阆州旧乡县人。
送客坐上去苍溪县的船，在玉台观读书。忽然坐上了相如的车，说受到文翁推荐。
不是不归而是在外做官，十年成都动荡。知君爱子，但想念却不能相见。
相隔长安不能相见，动荡不能通达前行。金牛盘踞在多处斜坡，铁马阻断着千山。
道路艰险，早早向妻儿辞别。一人上鸟道，全家依傍在虎穴。
君自为公婆，哪得顾妻子。离别各自努力，我当为君死。
凄凄切切，苦言不能回答。好寄武昌书，不要买秦淮的妾。
巴水迅疾若箭，巴船离去若一片叶子。两岸的青崖高，孤帆在远望中离去不见。
二月到汉口，三月下到扬州。扬州是烟花三月，烽火似边地。
驿路上碰见旧亲，被贬到闽越地区。说官车时间迫近，早看京城的月色。
两拜不忍离去，催促整装出发。一朝改朝换代，又遇到离别。
最终别后会怎样，漂泊流荡，居无定所。

愁中乡信断，不敢望来书。尽道是葭萌，杀人满川陆。
积尸峨嵋平，千村惟鬼哭。客有自秦关，传言且悲喜。
来时闻君妇，贞心视江水。江水流不极，猿声哀岂闻。
将书封断指，血泪染罗裙。五内为崩摧，买舟急迎取。
相逢惟一恸，不料吾见汝。拭眼问舅姑，云山复何处。
泪尽日南天，死生不相遇。汝有亲弟兄，提携思共济。
姊妹四五人，扶持结衣袂。怀里孤雏痴，啼呼不知避。

失散苍皇间，骨肉都抛弃。悠悠彼苍天，于人抑何酷。
城中十万户，白骨满崖谷。官军收成都，千里见榛莽。
设官尹猿猱，半以饲豺虎。尚道是阆州，此地差安堵。
民少官则多，莫恤蜀人苦。凄凉汉祖庙，寂寞滕王台。
子规叫夜月，城郭生蒿莱。只有嘉陵江，江声自浩浩。
我欲竟此曲，流涕不复道。

【译文】愁绪中家乡消息断绝，不敢看来信。蒹葭水满道，杀人满水路。
堆积的尸体和峨眉山一样高，千村只听见鬼哭。有来自秦地的人，传话既悲又喜。
来时听妻子，坚定不移的心意看江水可知。江水无穷，猿声哀伤哪能听闻。
拿信处理指上伤口，血和泪沾染罗裙。五脏为之摧裂，买船急迎接。
相见只有恸哭，不想我见到了你。擦眼问公婆，云山又在哪里。
太阳在南边时，泪才流完，死生都不相遇。你有亲弟兄，相互扶持一起共度。
姐妹四五人，衣袖相结扶持互助。怀里还有痴幼儿，啼哭不知避。
仓皇间失散，骨肉都被丢弃。你，悠悠的苍天，对人还是多么冷酷。
城中十万户人家，白骨堆积满崖谷。官军收复成都，千里只见草莽。
设猿猴做官吏，半数都喂了豺虎猛兽。还说是阆州，此地不够安居。
民少官多，不体恤蜀人的苦痛。凄凉的汉祖庙祠，落寞的腾王台。
夜月下子规啼鸣，城中长满蒿草。只有嘉陵江，江声浩荡声。
我想唱完这首曲子，但涕泪纵横说不出来。

读史杂诗

东汉昔云季，黄门擅权势。积忿召外兵，痈决身亦溃。
虽自拨本根，庶几荡残秽。谁云承敝起，仍出刑余裔。
孟德沾丐养，门资列朝贵。凭藉盗弄兵，岂曰唯才智。
追王故长秋，无须而配帝。钩党诸名贤，子孙为皂隶。

【译文】当年东汉末年，黄门宦官擅权。
愤懑在外征兵，脓包溃烂身体也不舒服。
即使自属本根，大概残败污秽都被清除。
谁说从破败开始，还惩罚末流。

曹操被收养，而得到门第和贵族并列的机会。
凭借兵权，肆意战争，难道说只有才能和智慧。
追忆原来的长秋宫，无须而配祭。
多位名人结为同党，而子孙成为衙门里的差役。

下相怀古

驱车马陵山，落日见下相。忆昔楚项王，拔山气何壮。
太息取祖龙，大言竟非妄。破釜救邯郸，功居入关上。
杀降复父仇，不比诸侯将。杯酒释沛公，殊有君人量。
胡为去咸阳，遭人扼其吭。亚父无诤言，奇计非所望。
重瞳顾柔仁，隆准至暴抗。脱之掌握中，骨肉俱无恙。
所以哭鲁兄，仍具威仪葬。古来名与色，英雄不能忘。
力战兼悲歌，西风起酸怆。废庙枕荒冈，虞兮侍帷帐。
乌骓伏坐傍，蹄地哀鸣状。我来访遗迹，登高见芒砀。
长陵竟坏土，万事同惆怅。

【译文】驾车到马陵山，落日时候，见到想到项羽。
回想昔日楚霸王，力大无比，气度多么不凡。
大声叹息取代秦皇，此言最后得到印证。
捣毁炊锅解救邯郸，因功入定关中。
杀死头像秦兵为叔父报仇，不像诸侯将吏。
鸿门宴放了刘邦，很有君王肚量。
为什么离开咸阳，遭人控制要害。
范增没有率直规劝，虽出奇计，但在此上无作为令人失望。
眼中有两个瞳子的人心怀仁慈，高鼻子的人非常骄横粗暴。
刘邦多次逃脱项羽掌控，父母妻子都无病无伤。
所以哭项羽，仍用鲁公礼节安葬项羽。
自古以来，声名和美女，英雄不能过。
一边奋力打仗，一边和美人唱和，西风中心怀悲怆。
项羽庙靠着废弃的高冈，虞姬在军帐中侍奉左右。
乌骓马伏在一旁，伏地哀鸣的样子。

我前来访寻旧迹，登高看到芒山和砀山。

刘邦的长陵墓最后也只剩小小的坟堆，万事同哀伤。

矾清湖

矾清湖者，西连陈湖，南接陈墓，其先褚氏之所居也。“矾清”者，土人以水清，疑其下有矾石，故名；或曰范蠡去越，取道于此，湖名“范迁”，以音近而讹，世远莫得而考也。太湖居吾郡之北，有大山冲击，风涛湍悍，而陈湖诸水，渟泓演迤，居人狎而安焉。烟村水市，若凫雁之着波面，千百于其中。土沃以厚，亩收二钟，有鱼虾菱芡之利，资船以出入，科徭视他境差缓，故其民日以饶，不为盗。

【译文】矾清湖，向西连陈湖，南接陈墓镇，之前是褚氏在此居住。“矾清”的名字，是当地土著居民因为水清，怀疑水下有矾石的缘故，故名；有的人说范蠡离开越国，从此路过，湖名“范迁”，因音近而误传，距今太远无法进行考证。太湖位于苏州北面，大山直耸湖中，与水相击。风急浪猛，而陈湖诸水水面阔大，水流窈窕，村民安居乐业于此。烟雾濛濛的水村，若鸟雁掠过水面，千百只集于此处。土地肥沃，亩收五百一十二升。水产丰富，船只出入收费，赋税徭役与其他地方相比较轻。故当地居民一天天富裕起来，没有盗窃事件的发生。

吾宗之繇倩、青房、公益兄弟居于此四世矣。余以乙酉五月闻乱，仓黄携百口投之。中流。风雨大作，扁舟掀簸，榜人不辨水门故处，久之始达。

【译文】我的宗族繇倩、青房、公益兄弟世居于此已经四代了。我在乙酉年五月清兵攻破南京时，慌乱地携家带口投奔青房。中途下起了大风雨，小船颠簸晃动，船夫不能认出原来的水栏，经过很长时间才到目的地。

主人开门延宿，鸡黍酒浆，将迎洒扫。其居前荣后寝，蒹芦掩映，榆柳萧疏，月出柴门，渔歌四起，杳然不知有人世事矣。是时姑苏送款，兵至，不戮一人。消息流传，缓急互异，湖中烟火晏然，予将卜筑买田，耦耕终老。

【译文】主人开门迎客居住，鸡黍酒浆招待，为迎接打扫房屋。房室分布前面厅堂，后面寝室。葭芦环绕，稀疏的榆柳相间。柴门外一轮明月升起，四面渔歌响起，环境优雅以至于忘记了人世的纷繁复杂。此时苏州归顺，清兵未杀一人。消息传来，缓急不同，湖中烟火依然平静。我打算买地建房，耕田种地终了一生。

居两月而陈墓之变作，于是流离迁徙，慬而后免。事定，将践前约，寻以世故牵挽，流涕登车，疾病颠连，关河阻隔。

【译文】居此两月，发生了陈墓的抗清事件，于是流离迁居，迫近危机，幸得解脱。事件平定，想要践行之前的打算，但不久因世事牵绊。哀痛登车启程赴京，加上抱病而困顿不堪，关塞河山的阻隔。

比三载得归，而青房过访草堂，见予发白齿落，深怪早衰，又以其穷愁茕独，妻妾相继下世，因话昔年湖山兵火，奔走提携，心力枉枯，骨肉安在？太息者久之。青房亦以毁家纾役，旧业荡然。水鸟树林，依稀如故，而居停数椽，断砖零甓，罔有存者。

【译文】等到三年后，准许返乡，青房来寓所拜访，见我发白齿落，很以我的早衰为怪，又因困窘、苦愁、孤独，妻妾相继离世，于是说起了当年湖山的兵祸。拖儿带女四处奔走，心理白白地耗尽，而今骨肉亲人何在？只有长久叹息。青房也因繁重赋税而破产，基业荡然无存。水鸟树林，仿佛如曾，而几间住房，断壁残垣，已经没有完整的了。

人世盛衰聚散之故，岂可问耶！抚今追昔，诠次为五言长诗，用识吾慨，且以明旧德于不忘也。

【译文】人世聚散离合，兴亡无常，哪里可问！抚今追昔，以五言长诗抒写，用来表达心志，而且表明自己不忘旧恩的感情。

吾宗老孙子，住在砚清湖。湖水清且涟，其地皆膏腴。
隄栽百株柳，池种千石鱼。教僮数鹅鸭，绕屋开芙蕖。
有书足以读，有酒易以沽。终老寡送迎，头发可不梳。
相传范大夫，三徙由中吴。一舸从此去，在理或不诬。

【译文】我同宗兄弟，住在砚清湖边。湖水产生清波，它周围都是肥沃土地。

堤坝边栽着成百的柳树，池中水产能卖千石鱼。让仆人拘管鹅鸭不要乱跑，环屋开满荷花。

有足够的书读，买酒很容易。终老一生很少和俗世往来，头发散乱不去打理。

传说范蠡，三迁经过吴中。乘小船从此离去，理由充分可能不假。

嗟予遇兵火，百口如飞凫。避地何所投，扁舟指菰蒲。
北风晚正急，烟港生模糊。船小吹雨来，衣薄无朝哺。
前村似将近，灯转忽又无。仓皇值渔火，欲问心已孤。

【译文】叹我遇兵祸，百口人似野鸭乱飞。投奔何处避祸？乘小船到水草丛生的矾清湖。

晚上北风急吹，河汉处濛濛的水汽。雨打小船，衣单连早饭都没吃。

眼前马上要到一个村落，路途辗转忽然不见。在渔火升起时慌乱，想询问，但心已凄怆悲苦。

俄见葭菼边，主人出门呼。开栅引我船，扫室容我徒。
我家两衰亲，上奉高堂姑。艰难总头白，动止需人扶。
妻妾病伶仃，呕吐当中途。长女仅九龄，余泣犹呱呱。
入君所居室，灯火映窗疏。宽闲分数寝，嬉笑喧诸雏。

【译文】一会儿看到出生芦荻旁，主人出门招唤。打开水栏延引船停靠，打扫房屋容留我们。

我家的两位老人，上前侍奉祖母。艰难地都白头了，走路都需要人扶。

妻妾病体瘦弱，半路上呕吐不止。长女只九岁，还呱呱啼哭。

进入居室，灯火稀疏掩映窗上。宽敞的几间房屋，小孩们已经吵吵嚷嚷嬉笑玩耍了。

缚帚东西厢，行李安从奴。前窗张罟网，后壁挂耒锄。
苦辞村地僻，客舍无精粗。翦韭烹伏雌，斫鲙炊彫胡。
床头出浊醪，人倦消几壶。睡起日已高，晓色开烟芜。
渔湾一两家，点染江村图。沙嘴何人舟，消息传姑苏。
或云江州下，不比扬州屠。

【译文】打扫房屋，童仆安置行李。前窗挂着小渔网，后墙挂农具。

一再抱歉地说地方偏僻，居室分不出精致与粗陋。田间割韭菜，烹煮母鸡，切鱼片，煮菰饭。

从床头拿出浊酒，人困倦喝完了几壶酒。睡醒时，太阳高升，阳光照耀烟雾笼罩的草从。

渔港的一两户人家，像画家笔下点染而成的江村图画。沙嘴地何人的船停靠此处，消息传到了苏州。

有的人说吴江县也被攻陷，没有发生像扬州的屠城事件。

早晚安集掾，鞍马来南都。或云移民房，插箭下严符。
囊橐归他人，妇女充军俘。里老独晏然，催办今年租。
馌耕看赛社，醵饮听呼卢。军马总不来，里巷相为娱。
而我游其间，坦腹行徐徐。见人尽恭敬，不识谁贤愚。
鱼虾盈小市，凫雁充中厨。月出浮溪光，万象疑沾濡。
放棹凌沧浪，笑弄骊龙珠。夷犹发浩唱，礼法胡能拘。
东南虽板荡，此地其黄虞。

【译文】迟早政府的安集掾，会鞍马前来南京。有的人说百姓搬离，把箭插上民房上，让给官军。

清兵占有了财物，妇女被抓为军俘。只有里中头目一人安适自在，催促今年的租税。

停耕看赛社活动，聚众饮酒赌博。战事未发生，里巷间相欢娱。

我参与其间，自在安闲，走路舒缓。见人都很恭敬，不识贤愚鲁钝。

满市场的鱼虾水产，野鸭大雁充满厨房。月亮空蒙似乎水汽浮动，怀疑万物都被沾湿了。

放船在江上游荡，笑对乱世。从容不迫，放声高歌，怎能被礼法拘束。

东南虽动荡，此地平静，就像黄帝、虞舜那样的太平盛世。

世事有反覆，变乱兴须臾。草草十数人，盟歃起里闾。
兔园一老生，自诡读穰苴。渔翁争坐席，有力为专诸。
舴艋饰于(于当作余)皇，蓑笠装犀渠。大笑掷钓竿，赤手搏于菟。
欲夺夫差宫，坐拥专城居。予又出子门，十步九崎岖。
脱身白刃间，性命轻锱铢。我去子亦行，后各还其庐。
官军虽屡到，尚未成丘墟。生涯免沟壑，身计谋樵渔。
买得百亩田，从子学长沮。天意不我从，世网将人驱。
亲朋尽追送，涕泣登征车。吾生罹干戈，犹与骨肉俱。
一官受逼迫，万事堪欷歔。倦策既归来，入室翻次且。
念我平生人，惨澹留罗襦。秋雨君叩门，一见惊清癯。
我苦不必言，但坐观髭须。岁月曾几何，筋力远不如。

遭乱若此衰，岂得胜奔趋。十年顾妻子，心力都成虚。

【译文】世事反覆，瞬间发生陈墓之变。临时凑合的十几个人，在乡间盟誓。

一位乡野浅陋的老儒，谎称自己读过兵书。渔翁争抢职位，孔武有力，只是一帮莽汉。

小船装成战船，蓑笠装成盾牌。大笑抛弃捕鱼事业，赤手空拳和强敌搏斗。

想要夺取苏州，专主一城，坐镇其中。我走出青房家门，十步中九步都很艰难。

从战乱中脱身，性命像锱铢一样轻贱。我离开，你也走开，之后各自回家。

官军虽然多次前来，还没有被毁成废墟。一生免于死亡，靠砍柴、打渔为生。

买到百亩田地，和你同游隐居。天不从人愿，尘世牵绊。

亲朋好友都来送别，落泪登车赴京。我生逢战争，还能和骨头同在。

被逼出仕，万事都哀叹面对。厌倦奔波，重回故里，回家反而犹豫不决。想我的妻妾，悲惨凄伤，只剩丝质短袄。秋雨时节你来敲门，因见清瘦而吃惊。

我的苦痛不必言说，只坐着看白胡须就知道了。没过多久，精力大不如前。

假若再遭遇动乱，像我这样衰弱，还怎么能奔跑得动。照顾妻妾孩子十余年，心力都成空。

分离有定分，久暂理不殊，翻笑危急时，奔走徒区区。
君时听我语，颜色惨不舒。乱世畏盛名，薄俗容小儒。
生来远朝市，谓足逃沮洳。长官诛求急，姓氏属里胥。
夜半闻叩门，瓶盎少所储。岂不惜堂构，其奈愁征输。
庭树好追凉，翦伐存枯株。池荷久不开，岁久填泥淤。
废宅锄为田，荞麦生阶除。当时栖息地，零落今无余。
生还爱节物，高会逢茱萸。好采篱下菊，且读囊中书。
中怀苟自得，外物非吾须。君观鸱夷子，眷恋倾城姝。
千金亦偶然，奚足称陶朱。不如弃家去，渔钓山之隅。
江湖至广大，何惜安微躯。挥手谢时辈，慎勿空踌躇。

【译文】分离是命中注定的，无论长久和短暂，道理是一样的。清兵南下时反笑，白白地奔走劳累。

你听我的话，脸色惨淡愁眉不展。乱世中最怕身负盛名，浅薄的世俗，只能容忍我这样的小儒。

生来就远离名利场，自以为可以避居此地，过安定日子。长官急收税务，乡里小吏敲诈勒索。

半夜听到敲门声，粮罐储藏很少的粮食。难道不爱惜父祖基业，无奈为缴纳赋税发愁。

大树好乘凉，剪伐留有枯枝。很久没有闻到池塘荷花的香味，时间太久积满淤泥。

废宅院被辟为耕田，荠菜绵延长在了台阶。当年的居处，现今零落荒败。

乱后余生更加热爱自然万物，盛会恰逢重阳节。一边好采摘篱笆边的菊花，一边读囊里的书。

心中如果自满，身外之物不是我需要的。你看鸱夷子范蠡，爱慕着倾城美女西施。

千金对人来说不过偶然，何必要有陶朱公之富呢？不如抛家业离去，在山的角落垂钓。

江湖非常广大，何愁安置微贱的身躯。挥手告诉时人，切勿徒然地犹豫不决。

直溪吏

直溪虽乡村，故是尚书里。短棹经其门，叫声忽盈耳。
一翁被束缚，苦辞橐如洗。吏指所居堂，即贫谁信尔。
呼人好作计，缓且受鞭箠。穿漏四五间，中已无窗几。
屋梁记日月，仰视殊自耻。昔也三年成，今也一朝毁。
贻我风雨愁，饱汝歌呼喜。官逋依旧在，府帖重追起。
旁人共唏嘘，感叹良有以。东家瓦渐稀，西舍墙半圮。
生涯分应尽，迟速总一理。居者今何栖，去者将安徙。
明岁留空村，极目唯流水。

【译文】直溪虽然是乡村，曾经是兵部尚书凌云翼的乡里。
小船过村前，忽然叫声满耳。
一位老翁被绑缚，苦苦哀告家中一贫如洗。
官吏指着居住的房屋，“你说贫困，谁会信？”
叫人来好好商量，稍微迟缓就会受到杖打。
四五间都漏雨，其中已经没有窗户。
屋梁空荡，仰看十分羞愧。
曾经也是三年才修成，今天一朝就毁了。
留给我一家的是不避风雨的忧愁，却让你们歌呼狂喜。
还在拖欠官府的租税，追讨租税的文告重新贴起。

旁人共唏嘘，感叹确实是有缘故的。
东边房瓦渐渐稀疏，西边房舍半墙坍圮。
看来活路已经断绝，早晚都会是一样的结果。
在的人现在要住在哪里，离开的人将要迁移到哪里？
明年只空村，纵目远望只有流水。

临顿儿

临顿谁家儿？生小矜白皙。阿爷负官钱，弃置何仓卒！
贻我适谁家，朱门临广陌。嘱侬且好住，跳弄无知识。
独怪临去时，摩首如怜惜。三年教歌舞，万里离亲戚。
绝伎逢侯王，宠异施恩泽。高堂红氍毹，华灯布瑶席。
授以紫檀槽，吹以白玉笛。文锦缝我衣，珍珠装我额。
瑟瑟珊瑚枝，曲罢恣狼藉。我本贫家子，邂逅道抛掷。
一身被驱使，两口无消息。纵赏千黄金，莫救饿死骨。
欢乐居他乡，骨肉诚何益！

【译文】临顿里谁家的孩子，自小白净值得夸耀。
父亲欠官银，抛弃多么突然！
哄骗到谁家？面朝大道的高门。
嘱咐我好好的住在这里，蹦跳玩耍，懵懂无知。
单单临走时奇怪，抚摸头顶怜惜的样子。
三年教歌舞，离亲人万里之外。
绝妙的舞蹈技艺碰到王侯，施以恩泽恩宠非常。
高堂上的红毛毯，华灯布置着珍美的酒席。
弹拨名贵乐器，吹奏精美笛子。
带花纹的锦缎缝衣，珍珠装饰额际。
碧色宝石装饰的珊瑚枝，曲终满地狼藉。
我本是贫家子，一旦遭到抛弃。
一身被驱使，父母无消息。
纵使赏赐千两黄金，也没法挽救饿死的人。
欢乐的住在他乡，有了我这样的亲生骨肉对父母又有什么好处。

行路难

君不见无须将闾叫呼天，赐钱请葬骊山边。父为万乘子黔首，不得耕种咸阳田。
君不见金墉城头高百尺，河间成都弄刀戟。草木萌芽杀长沙，狂风烈烈吹枯骨。
人生骨肉那可保，富贵荣华几时好。龙子作事非寻常，夺枣争梨天下扰。
金床玉几不得眠，一朝零落同秋草。

【译文】你看，将闾极端痛苦，向天呼喊求救，赐钱请求葬在骊山旁。
父亲是皇帝，儿子是百姓，不能在咸阳呆。
你看，金墉城头高百尺，成都河间玩刀戟。
新长草木闷杀长沙，烈烈狂风吹白骨。
人生骨肉哪能保全，富贵荣华能得几时好。
龙子处世不寻常，兄弟夺权天下骚乱。
纵使金床玉几还是不成眠，一朝和秋草一样凋零。

永和宫词

扬州明月杜陵花，夹道香尘迎丽华。旧宅江都飞燕井，新侯关内武安家。

【译文】扬州明月照着杜陵花，夹道香尘欢迎当年的张丽华。
江都旧宅还有飞燕喝过水的井，新起的显贵是关内的田家。

雅步纤腰初召入，钿合金钗定情日。丰容盛鬋固无双，蹴踘弹棋复第一。
上林花鸟写生绡，禁本钟王点素毫。杨柳风微春试马，梧桐露冷夜吹萧。
君王宵旰无欢思，宫门夜半传封事。玉几金床少晏眠，陈娥卫艳谁频侍。
贵妃明慧独承恩，宜笑宜愁慰至尊。皓齿不呈微索问，蛾眉欲蹙又温存。
本朝家法修清宴，房帷久绝珍奇荐。敕使惟追阳羡茶，内人数减昭阳膳。
维扬服制擅江南，小阁炉烟沈水含。私买琼花新样锦，自修水递进黄柑。

中宫谓得君王意，银镮不妒温成贵。早日艰难护大家，比来欢笑同良娣。

【译文】腰肢纤细优雅走向君王，钿合、金钗是定情物。
娇艳容颜、浓密鬓发当时无双，蹴鞠、下棋人间又是第一。
上林苑的花鸟能花在绢上，宫中临写钟王书法。
春天杨柳风吹试马，暮夜梧桐露水轻寒吹箫。
君王早晚忙碌没有情思，宫门半夜还传事。
玉几金床很少休歇，宫里的妃嫔谁能长伴陪侍。
只有聪慧的贵妃独自承恩，会同忧同乐安抚皇帝。
没有露出洁白的牙齿，只是轻询，弯眉好像皱着又是一番温存。
本朝的家法节俭到宴饮，一向不让珍奇异宝呈送。
派出使者只为征收阳羡名茶，还多次裁减皇后的御膳。
只有贵妃能穿扬州服饰压倒江南，小阁里的熏炉有含有香沉水。
买来琼花的锦绣，还让水路送来黄桔。
皇后说贵妃能得君王心意，召幸从不妒忌。
早年和君王共度艰难，此时欢乐应和贵妃一起。

奉使龙楼贾佩兰，往还偶失两宫欢。虽云樊嫕能辞令，欲得昭仪喜怒难。
绿绨小字书成印，琼函自署充华进。请罪长教圣主怜，含辞欲得君王愠。
君主内顾惜倾城，故剑还存敌体恩。手诏玉人蒙诘问，自来阶下拭啼痕。
外家官拜金吾尉，平生游侠多轻利。缚客因催博进钱，当筵便杀弹筝伎。
班姬才调左姬贤，霍氏骄奢窦氏专。涕泣微闻椒殿诏，笑谭豪夺灞陵田。
有司奏削将军俸，贵人冷落宫车梦。永巷传闻去玩花，景和门里谁陪从！
天颜不怿侍人愁，后促黄门诏共游。初劝官家佯不应，玉车早到殿西头。

【译文】宫女奔走像当年贾佩兰，往来间不小心失欢两宫。
虽然说能像樊嫕那样善讲话，想要贵妃转怒为喜真的很难。
绿绢上写字盖印，讲究的信函上署名传递。
请罪的言辞总会得到君王垂怜，可目的是想要激起皇帝对皇后的恼怒。
君王怜爱贵妃的姿容俏丽，可两人曾经患难与共，恩深结发。
于是下诏向贵妃问询，贵妃只好前来擦拭泪痕。
贵妃父亲官阶金吾尉，喜欢行为放恣的游侠行为。
把人绑缚逼取赌资，宴席上杀掉弹筝的乐伎。
贵妃有班姬才调左姬贤德，她父亲却像霍氏骄横、窦氏专权。

贵妃落泪规劝皇帝，父亲却仍在笑语中强夺人田。
官吏上奏请减她父亲的官俸，贵妃也被冷落，长期不见。
天宫永巷传言君王要看花，景和宫里有谁能陪同。
君王不高兴，侍从发愁，皇后催促宦官召贵妃同游。
初时，劝君王还假装不理睬，可送贵妃的车子早已到了殿西头。

两王最小牵衣戏，长者读书少者弟。闻道群臣誉定陶，独将多病怜如意。
岂有神君语帐中，漫云王母降离宫。巫阳莫救苍舒恨，金锁雕残玉箸红。
从此君王惨不乐，丛台置酒风萧索。已报河南失数州，况经少子伤零落。
贵妃瘦损坐匡床，慵髻啼眉掩洞房。豆寇汤温冰簟冷，荔支浆热玉鱼凉。
病不轻秋泪沾臆，裴回自绝君王膝。苔没长门有梦归，花飞寒食应相忆。
玉匣珠襦启便房，薤歌无异葬同昌。君王欲制哀蝉赋，诔笔词臣有谢庄。

【译文】贵妃两个孩子年纪小牵衣玩耍，大的读书小的也懂得敬重兄长。
听闻臣子在称赞定陶，可是更怜爱多病的如意。
难道真有神君传话到帐中，不要乱说王母降临人间。
为巫阳救不了仓舒而遗憾，金锁雕残，玉筋带红流下。
从此君王不见欢乐只见愁闷，丛台备酒也萧索。
已接连收到河南丢了好几州，外加悲痛小儿早夭。
贵妃瘦弱躺在床上，头发乱散，泪眼愁眉闭上房门。
尽管豆蔻汤温，冰席阴凉，荔支热又含玉鱼透凉。
病体禁不住泪水沾湿，绝命在君王之膝。
长门宫青苔满长，梦中相见，飞花寒食节君王还忆。
穿贵重的丧服在房室中，奏起《薤歌》如同埋葬同昌。
君王念贵妃，想要写《哀蝉赋》，撰写悼词的文臣不输于当年谢庄。

头白宫娥暗嚬蹙，庸知朝露非为福。宫草明年战血腥，当时莫向西陵哭。
穷泉相见痛苍黄，还向官家问永王。幸免玉环逢丧乱，不须铜雀怨兴亡。
自古豪华如转毂，武安若在忧家族。爱子虽添北渚愁，外家已葬骊山足。
夜雨椒房阴火青，杜鹃啼血濯龙门。汉家伏后知同恨，止少当年一贵人。
碧殿凄凉新木拱，行人尚识昭仪冢。麦饭冬青问茂陵，斜阳蔓草理残垅。

【译文】白头宫娥私下愁眉紧蹙，怎知生命如朝露白般短暂无福。
宫草两年就沾血，此时再无人向西陵痛苦。

黄泉下相见哀痛慌张，还向君王问永王。
幸亏没有像杨贵妃一样深遭乱世，不用学铜雀歌伎哀叹。
自古以来荣华像轮转一样迅速，武安侯如不早死也要招致灭族之祸。
挂念孩子会添愁苦，幸运的是外家已葬骊山山脚。
夜雨中当年椒房阴火青葱，在濯龙宫门前杜鹃啼血。
汉家伏皇后了解此恨，只是少了当年的一位贵人。
碧殿凄凉新栽陵树已长得茂盛，过路人还认得贵妃的陵墓。
麦饭冬青重问茂陵，斜阳蔓草已埋没残败陵墓。

昭丘松槚北风哀，南内春深拥夜来。莫奏霓裳天宝曲，景阳宫井落秋槐。

【译文】昭丘松槚被北风摇荡，南都禁宫春意深重拥抱薛夜。
不要在奏天宝年间的霓裳曲了，景阳宫井边秋槐落叶飘落。

鸳湖曲

鸳鸯湖畔草粘天，二月春深好放船。柳叶乱飘千尺雨，桃花斜带一溪烟。
烟雨迷离不知处，旧堤却认门前树。树上流莺三两声，十年此地扁舟住。

【译文】春天来了，碧草连绵，二月春意浓重，正好可以游船。
千尺细雨中，柳叶乱摆，桃花映着一溪轻雾。
烟雨迷蒙不知何处，从旧堤认出门前大树。
树上的莺鸟叫了三两声，十年前一叶扁舟曾经驻留此地。

主人爱客锦筵开，水阁风吹笑语来。画鼓队催桃叶伎，玉箫声出柘枝台。
轻靴窄袖娇妆束，脆管繁弦竞追逐。云鬟子弟按霓裳，雪面参军舞鸜鹆。
酒尽移船曲榭西，满湖灯火醉人归。朝来别奏新翻曲，更出红妆向柳堤。

【译文】主人好客摆开盛宴，水阁中顺风吹来的笑语欢声。
画鼓响起催促桃叶歌伎，玉箫声从跳少数民族歌舞的柘枝台发出。
轻靴窄袖娇艳的装束，脆管繁弦竞相追逐。
男扮女装跳起霓裳曲，白净的参军戏中有鸜鹆舞。

酒宴完毕，把船摇到曲榭西面，满湖灯火送醉人回去。
第二天另奏新乐曲，让歌妓再去柳堤边。

欢乐朝朝兼暮暮，七贵三公何足数！十幅蒲帆几尺风，吹君直上长安路。
长安富贵玉骢骄，侍女薰香护早朝。分付南湖旧花柳，好留烟月伴归桡。

【译文】朝朝暮暮寻欢作乐，就算高官也比不上。
十幅蒲帆借风，把主人送上进京的路途。
长安富贵连好马都变得骄横，侍女熏香侍候主人早朝。
吩咐好南湖旧时的花柳，好好地等待主人回来找寻。

那知转眼浮生梦，萧萧日影悲风动。中散弹琴竟未终，山公启事成何用！
东市朝衣一旦休，北邙抔土亦难留。白杨尚作他人树，红粉知非旧日楼。
烽火名园窜狐兔，画阁偷窥老兵怒。宁使当时没县官，不堪朝市都非故！

【译文】谁知浮生若梦，日影斑驳风已吹动。
嵇中散弹琴弹不到曲终，山公启事又有什么用？
晁错穿着朝衣就被杀掉，连北邙山的一抔黄土也无法保留。
连白杨都成了别家的树，歌妓也转入别家画楼。
经历烽火的名园如今也狐兔乱跑，偷看画楼，看守老兵就发怒。
宁可当时都被没入县官，哪能忍受朝廷受到大变故。

我来倚棹向湖边，烟雨台空倍惘然。芳草乍疑歌扇绿，落英错认舞衣鲜。
人生苦乐皆陈迹，年去年来堪痛惜。闻笛休嗟石季伦，衔杯且效陶彭泽。
君不见白浪掀天一叶危，收竿还怕转船迟。世人无限风波苦，输与江湖钓叟知。

【译文】我到此地把船停靠湖边，烟雨濛濛楼台空旷更使我惘然。
只有芳草好似歌扇艳绿，落花也会舞衣鲜亮。
人生苦乐都成为过往，年年经历使人哀伤。
听到笛声不要替石崇叹息，举杯学一学陶渊明。
你看，白浪翻滚中的一叶扁舟多么危急，收起竿还怕船头转得慢。
世间说不尽的苦风波，都早让钓翁知道了。

圆圆曲

鼎湖当日弃人间，破敌收京下玉关。恸哭六军俱缟素，冲冠一怒为红颜。
红颜流落非吾恋，逆贼天亡自荒宴。电扫黄巾定黑山，哭罢君亲再相见。

【译文】黄帝在荆山下铸鼎成功后离开人间，吴三桂让开山海关破敌收京。
全军恸哭身披白衣，将军冲冠一怒都为美人。
红颜流落他不眷恋，贼寇灭亡是因为迷醉。
迅疾的像平定黄巾般平定黑山，哭完君王、父老再和她相见。

相见初经田窦家，侯门歌舞出如花。许将戚里箜篌伎，等取将军油壁车。
家本姑苏浣花里，圆圆小字娇罗绮。梦向夫差苑里游，宫娥拥入君王起。
前身合是采莲人，门前一片横塘水。横塘双桨去如飞，何处豪家强载归。
此际岂知非薄命，此时只有泪沾衣。薰天意气连宫掖，明眸皓齿无人惜。
夺归永巷闭良家，教就新声倾坐客。坐客飞觞红日暮，一曲哀弦向谁诉？
白皙通侯最少年，拣取花枝屡回顾。早携娇鸟出樊笼，待得银河几时渡？
恨杀军书底死催，苦留后约将人误。

【译文】初次相见是在周奎家，侯门歌舞像繁花。
周奎把擅长音乐的陈圆圆送给将军，只等娶上油壁车。
她家本在姑苏浣花里，小名圆圆穿上罗绮更加娇美。
曾梦中到夫差宫中游玩，被宫娥簇拥进入宫殿。
她前世应是西施，门前对着横塘水。
横塘船动迅疾如飞，哪家豪富强买她。
此时谁知不是福命浅薄，此时只有泪水沾衣。
熏天意气直达宫廷，可明眸皓齿无人怜惜。
从宫里出来仍在周家，教她流行歌舞倾倒贵客。
贵客宴饮直达傍晚，哀伤的心弦向谁倾诉。
只有翩翩少年平西伯，捡中花枝频频回头。
早点把娇鸟带出牢笼，何时才能飞过银河。
可恨军书底死督，只好把人耽搁留下音信。

相约恩深相见难，一朝蚁贼满长安。可怜思妇楼头柳，认作天边粉絮看。
遍索绿珠围内第，强呼绛树出雕阑。若非壮士全师胜，争得蛾眉匹马还？

【译文】恩深相约，相见艰难，一朝贼寇攻陷京城。
可怜她那思妇楼头的杨柳，却被人看作天边杨花。
如索取绿珠那样围住内宅，强行把她带出画楼。
如果不是将军大获全胜，哪能载马迎回她？

蛾眉马上传呼进，云鬟不整惊魂定。蜡炬迎来在战场，啼妆满面残红印。
专征萧鼓向秦川，金牛道上车千乘。斜谷云深起画楼，散关月落开妆镜。

【译文】她在马上一路传呼行进，头发散乱不及梳理，惊魂方定。
在战场上点蜡相迎，满面啼痕留着红印迹。
奏着箫鼓一路向秦川，金牛道上有千乘车马。
斜谷云深的地方是画楼，散关月落打开梳妆镜。

传来消息满江乡，乌桕红经十度霜。教曲伎师怜尚在，浣纱女伴忆同行。
旧巢共是衔泥燕，飞上枝头变凤皇。长向尊前悲老大，有人夫婿擅侯王。

【译文】消息传遍江南，乌桕泛红历经十年秋霜。
可怜当年教她歌舞的老师还在，和她一同的女伴还惦记着她。
本来都是旧巢里衔泥之燕，她却飞上了枝头变成了凤凰。
时常在宴会上慨叹年老，而她的夫婿贵为侯王。

当时衹受声名累，贵戚名豪竞延致。
一斛珠连万斛愁，关山漂泊腰肢细。
错怨狂风飏落花，无边春色来天地。

【译文】当年恰因声名而受到牵累，贵戚豪富都竞相抢夺。
一斛明月带来万斛的愁绪，关山漂泊瘦了她的腰肢。
不必怨恨狂风摇荡落花，无边春色来临使天地一变。

尝闻倾国与倾城，翻使周郎受重名。
妻子岂应关大计，英雄无奈是多情。

全家白骨成灰土，一代红妆照汗青。

【译文】曾听闻倾国倾城的美人，反而使周郎英名受损。
妻子怎能事关国家大计，无奈英雄多情。
全家白骨早已化成尘土，一代美人光耀史册。

君不见，馆娃初起鸳鸯宿，越女如花看不足。香径尘生乌自啼，屟廊人去苔空绿。
换羽移宫万里愁，珠歌翠舞古梁州。为君别唱吴宫曲，汉水东南日夜流！

【译文】君不见馆娃宫刚建成，双栖双宿，如花西施怎都看不够。
采香径尽都是尘土，只有乌啼，屟廊人去，空长苔藓。
改朝换代万里生愁，在古梁州珠歌翠舞依旧热闹。
为君另唱吴宫之曲，汉水在东南日夜奔流。

捉船行

官差捉船为载兵，大船买脱中船行。中船芦港且潜避，小船无知唱歌去。
郡符昨下吏如虎，快桨追风摇急橹。村人露肘捉头来，背似土牛耐鞭苦。
苦辞船小要何用？争执汹汹路人拥。前头船见不敢行，晓事篙师敛钱送。
船户家家坏十千，官司查点侯如年。发回仍索常行费，另派门摊云雇船。
君不见官舫嵬峨无用处，打鼓插旗马头住。

【译文】官吏强征民船为运兵，大船主买通官吏被免于征用，中船被征用。
中船在长满芦苇的港湾偷偷躲藏，小船无知唱歌离去。
昨天郡府下了文告，官吏如虎，船桨快划迅即如风。
村人被抓来，背如土牛能耐苦劳。
苦苦哀求船小征用有何用？争执汹汹路人围观。
前头船见不敢前行，懂事的船工头聚钱迎送。
家家船户破费十千，官长点查久久不还度日如年。
发还被扣船只通常需缴纳行船费用，再派按户分摊雇船税。
君不见官府所有高大船只无用处，插旗打鼓住码头。

退谷歌

我家乃在莫厘之下，具区之东。洞庭烟鬟七十二，天际杳杳闻霜钟。岂无巢居子，长啸呼赤松。来高卧不可得，无乃此世非鸿蒙。元气茫茫鬼神凿，黄虞既没巢由穷。逆旅逢孙登，自称北海翁。携手共上徐无峰，仰天四顾指而笑。此下即是宜春宫，若教天子广苑囿，吾地应入甘泉中，丈夫踪迹贵狡狯。何必万里游崆峒，君不见抱石沈、焚山死，被发佯狂弃（无字）妻子。匡庐峰，成都市，欲逃名姓竟谁是。少微无光客星暗，四皓衣冠只如此。使我山不得高，水不得深，鸟不得飞，鱼不得沈，武陵洞口闻野哭。

【译文】我家是在莫厘山下，具区的东边。洞庭七十二处云雾缭绕的峰峦，天际幽静深远，只听见钟响。难道没有巢父，长啸呼喊赤松子。前来安枕不能够，无奈这不是世界的原初状态。元气茫茫的鬼斧神工，黄帝、虞舜已经故去，巢父、许由已经困窘。旅店适逢孙登，自称北海翁。携手共上徐无峰，仰天四看大笑。之下便是宜春宫，若教天子扩大苑囿，此地应划入甘泉宫，男子的踪迹贵于狡猾。何必万里去游崆峒，君不见抱石沉江的屈原，焚山而死的介子推，披发装狂杀妻的徐文长，匡庐峰，成都市，想要逃脱名姓的束缚，到头来到底是谁。少微无光星光暗淡，只如商山四皓的衣冠样式。使我山不高，水不深，鸟不飞，鱼不沈，只听武陵洞口的野哭声。

萧斧斫尽桃花林，仙人得道古来宅。劫火到处相追寻，不如三辅内，此地依青门，非朝非市非沈沦。鄠杜岂关萧相请，茂陵不厌相如贫。饮君酒，就君宿，羡君逍遥之退古，花好须随禁苑开。泉清不让温汤浴，中使敲门为放鹰，羽林下马因寻鹿。我生亦胡为？白头苦碌碌。送君还山识君屋，庭草仿佛江南绿，客心历乱登高目。噫嚱乎，归哉！我家乃在莫厘之下，具区之东，侧身长望将安从。

【译文】斧头砍尽桃花林，仙人得道都在古宅中。到处劫火相追寻，不如三辅以内的此地依傍着青山。非朝非市非沉沦，鄠杜哪关萧何的奏请，茂陵不厌弃相如的贫贱。喝你的酒，靠近你住，羡慕你的不同于古的逍遥，花美需要在宫苑中开放。泉清比得上温汤浴，宦官敲门为放鹰。因寻鹿，而让羽林军下马。我活着也有乱行？但苦于到白头还碌碌无为。送你回山认识了你家，庭院的草仿似江南的绿草，客心历经战乱登高远望。唉呀，回来吧！我家是在莫厘山下，具区的东边，侧身长望将置身何处？

悲歌赠吴季子

人生千里与万里，黯然销魂别而已。君独何为至于此，山非山兮水非水，生非生兮死非死。

【译文】人生行路千万里，黯然销魂的只有离别而已。你为什么落得如此地步，山不是山水不是水的地步，生不是生死不是死。

十三学经并学史，生在江南长纨绮。词赋翩翩众莫比，白璧青蝇见排诋。一朝束缚去，上书难自理，绝塞千里断行李。送吏泪不止，流人复何倚？彼尚愁不归，我行定已矣。

【译文】十三岁就学遍经史，出生在江南，长在富足的家庭。翩翩辞赋无人能及，白璧招来青蝇受到排挤。一旦捆绑押走，上书难申辩，塞外边远很少有行旅。衙役都泪流不止，流放之人还有什么依凭？你尚且还愁不能回去，我肯定没法改变了。

八月龙沙雪花起，橐驼垂腰马没耳。白骨皑皑经战垒，黑河无船渡者几？前忧猛虎后苍兕，土穴偷生若蝼蚁。大鱼如山不见尾，张鬐为风沫为雨。日月倒行入海底，白昼相逢半人鬼。

【译文】八月龙沙堆上雪花飘起，骆驼垂腰马耳耷拉。战垒一片皑皑白骨，黑河里没有船只有几人过？前怕狼后怕犀牛，土穴偷生好似蝼蚁。如山大鱼不见尾，鲸鱼起风唾沫变成大雨。日月倒走入海，白天相逢半人半鬼。

噫嘻乎悲哉！生男聪明慎莫喜，仓颉夜哭良有以。忧患只从读书始，君不见，吴季子！

【译文】噫嘻乎悲哉！生男聪明不要太高兴，仓颉造字鬼夜哭，确实有道理。从读书开始吃苦遭灾，君不见，吴季子！

读史杂感三首

其一

北寺谗成狱，西园贿拜官。上书休讨贼，进爵在迎銮。
相国争开第，将军罢筑坛。空余苏武节，流涕向长安。

【译文】北司进谗言制造冤狱，西园立库以贿赂钱财入库。上书奏请讨贼，朝廷不理，在拥立新王之际，进升爵位。马士英争着建造相国府第，路振飞被罢免职务。空留着苏武出使所持的符节，对着长安方向涕泪纵横。

其二

闻筑新宫就，君王拥丽华。尚言虚内主，广欲选良家。
使者螭头舫，才人豹尾车。可怜青冢月，已照白门花。

【译文】听闻三阁筑造建成，陈后主拥抱着张丽华。
还说缺少皇后，要在良家中大选淑女。
派往各地选淑女的宦官左着雕绘龙头图案的船只，用豹尾装饰着妃子的车乘。
可怜昭君墓的明月，已照建康宣阳门的花朵。

其三

偏师过采石，突骑满新林。已设牵羊礼，难为刑马心。
孤军摧韦粲，百战死王琳。极目芜城远，沧江莫雨深。

【译文】一部分军队过采石矶，冲锋陷阵的精锐骑兵围满新临浦。
已经准备投降，纵有决心，也难有所作为。
孤军百战韦粲被杀，孤军百战王琳被杀。
极目远望荒远的扬州城，长江暮雨深深。

送王子彦

失意独焉往，自怜归计非。无家忘别苦，多难爱书稀。
白首投知己，青山负布衣。秋风秣陵道，惆怅素心违。

【译文】失意独自前往，自怜回家的打算不对。
无家忘记离别之苦，多灾多难喜欢的书越来越少。
白首追寻知己，在青山中，当百姓。
秋风吹在秣陵的路上，心情惆怅和真心违背。

遇旧友

已过才追问，相看是故人。乱离何处见，消息苦难真。
拭眼惊魂定，衔杯笑语频。移家就吾住，白首两遗民。

【译文】乱离刚过才询问，相看竟是故人。
离乱间何处相见，期间消息很难判定真假。
擦眼惊魂方定，举杯笑语频频。
搬家到我家附近居住，白头的两位遗民。

湖中怀友

渺渺晴波晚，青青芳草时。远帆看似定，独树去何迟。
花落刘根庙，云生柳毅祠。香莼正可撷，欲寄起相思。

【译文】阳光下濛濛水波，芳草青青时。

远帆看似不动，独树离开多么迟缓。
刘根庙的花落，柳毅祠云起。
香草正是采摘的时节，想寄时，突然生起了相思。

送湘阴沈旭轮谪判深州

岂不贪高卧，其如世路非。故园先业在，多难几时归。
遇事愁官长，逢人羡布衣。君看洞庭雁，日夜向南飞。

【译文】难道不想隐居不仕，它就像世间路途败坏一样。
故园的基业还在，多灾多难几时能回。
遇事使官长发愁，见人羡慕布衣百姓。
你看洞庭边的大雁，日夜朝南飞。

送穆苑先南还

舍弟今年别，临分恰杪秋。苦将前日泪，重向故人流。
海国愁安枕，乡田喜薄收。相期裁数纸，春雨便归舟。

【译文】在今年和舍弟分别，临别时恰好秋末。
苦将昨天的泪水，再向故人洒泪。
海国为安稳发愁，家中田地收成不好。
相约裁几刀纸，春雨时节便回家。

过韩蕲王墓

访古思天堑，江声战鼓中。全家知转斗，健妇笑临戎。

汗马归诸将，疲驴念两宫。凄凉岳少保，宿草起悲风。

【译文】访寻韩蕲王墓不由想起当年大战长江，涛声、鼓声相应的激烈场面。
全家辗转战斗，梁红玉亲临战场鼓舞士气。
汗马功劳归众大将，骑着疲惫的驴还想着两宫皇帝。
岳飞凄凉死去，草上经年的野草被风吹起。

哭亡女三首

其一

丧乱才生汝，全家窜道边。畏啼思便弃，得免意加怜。
儿女关馀劫，干戈逼小年。兴亡天下事，追感倍凄然。

【译文】丧乱时，你才出生，全家在路边避祸。
害怕你啼哭想要丢弃，免于被弃后更加疼爱。
儿女和劫难相关联，战乱造成了女儿的寿命。
兴亡是天下大事，追忆倍感凄凉。

其二

一恸怜渠幼，他乡失母时。止因身未殒，每恨见无期。
白骨投怀抱，黄泉诉别离。相依三尺土，肠断孝娥碑。

【译文】一哭怜惜你年幼，他乡失去母亲的时候。
只因自己没有死，每每恨相见无期。
逝后才得以和母亲相聚，在黄泉诉说离别之情。
相依在坟墓，在碑前无限悲伤。

其三

扶病常闻乱，漂零实可忧。危时难共济，短算亦良谋。
决绝频携手，伤心但举头。昨宵还劝我，不必泪长流。

【译文】带病做事时常听闻战乱，漂零是在堪伤。
危难很难一起度过，不想活太久也是一个很好的方法。
诀别频频携手，伤心只抬头。
昨晚还劝我，不必长流泪。

梅村

枳篱茅舍掩苍苔，乞竹分花手自栽。不好诣人贪客过，惯迟作答爱书来。
闲窗听雨摊诗卷，独树看云上啸台。桑落酒香卢橘美，钓船斜系草堂开。

【译文】枳树篱笆围着房屋掩映青苔，向别人讨取竹子和花亲手种。
喜欢别人前来，不愿前去别家，别人来信，习惯迟做回信。
闲窗听雨摊开诗书，上高台独树看云。
桑落酒香美金橘，钓船斜系，草堂门开。

悼亡

秋风萧索响空帏，酒醒更残泪满衣。辛苦共尝偏早去，乱离知否得同归。
君亲有愧吾还在，生死无端事总非。最是伤心看稚女，一窗灯火照鸣机。

【译文】秋风萧索响彻空帐子，夜将尽时，酒醒，泪沾衣。
同甘共苦偏偏早早故去，离乱中不知是否可以同回家中。
朝廷灭亡，父母故去，而我还活着，是在有愧，生死难料事事不合心意。

最是伤心看着小女，一窗灯火照着旧时用过的织布机。

陈青雷以半圃索题走笔戏赠

半间茅屋半床书，半赋闲游半索居。领略溪山应不尽，平分风月复何如？
黠痴互有才忘世，廉让中间好结庐。自是图全非易事，与君随意狎樵渔。

【译文】半间茅屋半床的书，半生写诗、闲游半离群索居。
领略了不尽的山水，平分风月怎么样？
狡猾、痴傻兼有才能忘却世情，清廉逊让间好相处。
只是保全不是容易事，与君随意亲近樵夫。

投赠督府马公

十年重到石头城，细雨孤帆载客愁。累檄久应趋幕府，扁舟今始识君侯。
青山旧业安常税，白发衰亲畏远游。惭愧荐贤萧相国，邵平只合守瓜丘。

【译文】十年后再游石头城，细雨孤船承载着我的愁绪。
写了很多文书应该去幕府工作，今日扁舟上才认识君侯。
青山旧业安于稳定的租税，白发衰老畏惧远游。
多谢举荐贤能的萧何，邵平只合守着瓜田。

自叹

误尽平生是一官，弃家容易变名难。松筠敢厌风霜苦，鱼鸟犹思天地宽。
鼓枻有心逃甫里，推车何事出长干！旁人休笑陶弘景，神武当年早挂冠。

【译文】误尽了平生只因这官，抛弃家庭容易，改变声名很难。
松筠哪敢厌倦风霜凄苦，鱼鸟还想着宽广的天地。
拿起船桨本打算隐居乡里，推车为何事出长干？
旁人莫笑陶弘景，当年神武门上也曾挂冠。

台城

形胜当年百战收，子孙容易失神州。金川事去家还在，玉树歌残恨未休。
徐邓功勋谁甲第，方黄骸骨总荒丘。可怜一片秦淮月，曾照降幡出石头。

【译文】形胜之地曾经也要百战才能攻克，传到子孙容易失去江山。
金川门大事已去，但大明天下还在，玉树歌唱不完遗恨不尽。
徐达、邓愈功勋如今被谁占，方孝孺、黄子澄骸骨终究成为荒丘。
可怜秦淮河边的那轮明月，曾经照在矗立山头的降旗上。

将至京师寄当事诸老二首

其一

柴门秋色草萧萧，幕府惊传折简招。敢向烟霞坚笑傲，却贪耕凿久逍遥。
杨彪病后称遗老，周党归来话圣朝。自是玺书修盛举，此身只合伴渔樵。

【译文】柴门秋色一片，秋草萧索，惊闻幕府里折简来招。
哪敢留连烟霞不改笑意，只图躬耕长久逍遥。
当年杨彪病后自称遗老，周党归来歌颂圣朝。
征用玺书自然是圣举，我身只适渔樵工作。

其二

平生踪迹尽由天，世事浮名总弃捐。不召岂能逃圣代，无官敢即傲高眠。
匹夫志在何难夺，君相恩深自见怜。记送铁崖诗句好，白衣宣至白衣还。

【译文】生平都听凭上天，世事浮名都统统丢掉。
不征召岂能背离圣意，不任官职怎能孤傲自眠。
匹夫志向很难改变，君相的恩深自会有怜悯。
记得赠送杨铁崖的好诗句，叫做白衣宣至白衣放还。

赠辽左故人二首

其一

短辕一哭暮云低，雪窖冰天路惨凄。青史几年朝玉马，白头何日放金鸡。
燕支塞远春难到，木叶山高鸟乱啼。百口总行君莫叹，免教少妇忆辽西。

【译文】暮云低垂在简陋小车上哭泣，严寒地区道路凄惨。
历史上那些远去的贤臣，一去不知几年，已是满头白发，来日无多，却不知何时才能遇到大赦。
东北边塞遥远春天很难到达，山高木叶鸟乱啼鸣。
全家一起流放你不要叹息，免得让少妇想辽西边地。

其二

齐女门前万里台，伤心砧杵北风哀。一官误汝高门累，半子怜渠快婿才。
失母况经关塞别，从夫只好梦魂来。摩挲老眼千行泪，望断寒云冻不开。

【译文】齐女在门前远眺万里高台，北风凄吹伤心捣衣。

同官翰林，误将你嫁给显贵之家，不想反受牵累，女婿怜他称心如意女婿的才能。

何况历经失去母亲，和边塞的丈夫分别，只能在梦中追随丈夫。

揉搓眼睛的千行泪，望断寒云，却不能融化。

怀古兼吊侯朝宗

河洛风尘万里昏，百年心事向夷门。气倾市侠收奇用，策动宫娥报旧恩。

多见摄衣称上客，几人刎颈送王孙。死生终负侯嬴诺，欲滴椒浆泪满樽。（自注，朝宗，归德人，贻书，约终隐不出。余为世所逼，有负夙诺，故及之）

【译文】河洛久经战乱万里风尘，一生的心事向夷门诉说。

当年令世上游侠倾尽全力帮忙，为宠姬报仇能使报恩。

常见揭衣引进待为座上宾，有几人能刎颈自杀送别。

死生辜负对侯嬴的许诺，用椒酒，眼泪滴入杯中祭奠。（自述，朝宗，归德人，留下书作，终身隐居不出。我被世事逼迫，有负平生夙愿，所以后来跟上）

萧何

萧相营私第，他年畏势家。岂知未央殿，壮丽只栖鸦。

【译文】萧何建造私宅，只怕侵夺来自权势人家。

哪知汉家未央宫，曾经壮丽如今却栖居这乌鸦。

采石矶

石壁千寻险，江流一矢争。曾闻飞将上，落日吊开平。

【译文】石壁险峻有千寻高，江流险疾一箭毙命。
曾听闻在飞将军李广之上，落日时分凭吊开平王。

子夜词

忆欢教侬书，少小推无力。别郎欲郎怜，修笺自雕饰。

【译文】回想教你读书的欢乐，年龄小读书无力。
别他希望的到他的怜惜，写信自会修饰。

古 意

欢似机中丝，织作相思树。依似衣上花，春风吹不去。

【译文】欢乐就像机杼上的丝，织成相思树。
我像衣上的花，春风吹不走。

乱后过湖上山水尽矣感赋一绝

柳榭桃蹊事已空，断槎零落败垣风。莫嗟客鬓重游改，恰有青山似镜中。

【译文】植柳的亭台，桃径繁华不再，船只破败零散，风吹过倒塌的墙。
不要叹息自己的头发在重游西湖时已变白，倒映在湖中的青山变得荒凉萧瑟，如自己的鬓发。

观棋和韵

莫将绝艺向人夸，新势斜飞一角差。局罢儿童闲数子，不知胜负落谁家？

【译文】不要将绝技向人夸耀，新势斜飞只差一角。
棋下完，儿童数子，不知谁家胜，谁家输？

临清大雪

白头风雪上长安， 短褐疲驴帽带宽。 辜负故园梅树好， 南枝开放北枝寒。

【译文】白头风雨上京城，穿粗布衣服，帽带宽大，骑着疲倦的驴。
辜负了旧宅的好梅树，南枝花开，北枝尚寒未开。

题二禽图

旧巢虽去主人空，翦雨捎风自在中。却笑雪衣贪玉粒，羽毛憔悴闭雕笼。

【译文】旧巢虽去主人空，剪雨捎风自在巢中。
又笑白鸟贪食吃，羽毛暗淡被抓住关在精美的笼里。

送友人出塞

此去流人路几千，长虹亭外草连天。不知黑水西风雪，可有江南问渡船？

【译文】发配的人这一走道路有几千里地，长虹古亭的外面荒草连接远处的天际。不是道黑龙江边西风吹拂的雪花中，会不会有江南那样的喊渡船的景象。

一舸

霸越亡吴计已行，论功何物赏倾城？西施亦有弓藏惧，不独鸱夷变姓名。

【译文】越国称霸灭亡吴国计策已定，用什么论功行赏赏赐西施？
西施也有功成被害的恐惧，不只范蠡改名换姓。

出塞

玉关秋尽雁连天，碛里明驼路几千！夜半李陵台上月，可能还似汉宫圆？

【译文】秋末玉门关大雁连天，沙漠里善走的骆驼要走几千里！
半夜李陵台上的月光，可能和汉宫中的一般园？

古意

豆蔻梢头二月红，十三初入万年宫。可怜同望西陵哭，不在分香卖履中。

【译文】二月含苞待放的一朵红豆蔻花，十三初年进入万年宫。
可怜同望西边陵墓啼哭，临死念念不忘妻儿。

王士禛

清山东新城人，字贻上，号阮亭，别号渔洋山人。顺治进士，由扬州司理累官刑部尚书，卒年七十八，谥文简。士禛善古文，兼工词，其干济风节，多有可传，而尤以诗鸣当时。其诗大抵推本严羽妙悟之说，宗尚王孟，以神韵为主，当时与之颉颃者，惟秀水朱彝尊，屹然分立南北诗坛者五十年，而得名之盛，终无如士禛。赵执信独著《谈龙录》与之龃龉，然核赵所得，更莫能及。其后纪昀尝评士禛之诗，曰：括其宗旨，不出神韵之一言。虽末流剿袭，使模山範水之语，处处可移，论者不能无同异，要其选言新秀，吐属天然，不能不推为诗家一大宗也。有《带经堂集》、《渔洋诗文集》、《精华录古诗选》、《唐人万首绝句》、《选感旧集》等书。

【译文】清代，山东新城人，字贻上，号阮亭，别号渔洋山人。顺治进士，由扬州司理多次升官到刑部尚书，终年七十八，谥号文简。善古文，兼善词，其关涉风节，多有可传，更用诗来表达时事愤激之情。他的诗作大都追随严羽的妙悟之说，崇尚王孟，以神韵为主，当时和他并驾齐驱的人，只有秀水朱彝尊，屹然分峙南北诗坛五十年，而得名之盛，没有超过士禛。赵执信独著谈龙录的不自然，但核查赵的作品，更比不上。其后纪昀曾评士禛之诗，说：概括他诗歌特点，不出神韵二字。虽然有偷袭前人的嫌疑，写出一些雷同的话语，处处可变，论者不能没有同异之变，在文章里选择新语，天成自然的诗句，不能不推举为一位大家。有《带经堂集》、《渔洋诗文集》、《精华录古诗选》、《唐人万首绝句》、《选感旧集》等书。

怀古（辕固里）

汉初尚黄老，儒术闇不章。齐鲁诞诸儒，五经如载阳。
遐哉清河传，卓为群伦倡。抵掌论汤武，大义非荒唐。
曲学诫孙弘，微言诒后苍。训词列学官，星日同琅琅。
我生睽千载，桑梓宁异乡。寤寐思哲人，流风一何长。

生惭齐鲁学，私淑附师匡。

【译文】汉初国家崇尚黄老之说，儒学不能得到发扬。
齐鲁的诸儒放诞不经，五经如太阳温暖。
给清河王长久教授，卓越成为典范。
击掌谈论汤武革命，是大义并不荒唐。
学识浅薄告诫孙弘，微言大义传给后苍。
训词列教官，和星日同光。
我孤独的生存了千年，故乡却还在异乡。
不论醒和睡都在想贤人，好风气多么长久的被保留。
使齐鲁儒生羞愧，私自敬仰依附师旷。

广武山

朝登广武山，四望古战场。黄河泱漭流，寒日无晶光。
孤兽索其群，惊鸟乱无形。平沙转飞藿，白骨堆严霜。
昔者英雄人，于此分霸王。强弱理无恒，得失争敖仓。
名骓蹶阴陵，万乘入咸阳。东指芒砀云，五色成龙章。
大风沛上来，游子悲故乡。

【译文】早上登山广武山，四望古战场。
黄河水势浩荡奔流，寒日无光亮。
独兽寻找兽群，鸟惊乱了阵形。
广阔的沙原豆叶凋零，白骨沾染寒霜。
曾经的英雄，在此分出了霸与王。
强弱不是永恒不变的，成败的关键在是否占据敖仓。
名骓的骏马在阴陵跌倒，在关中作了天子。
东边芒山和砀山之间的云彩，五色成不凡的风采。
大风从沛上刮来，远离家乡的人凄伤。

沈周秋林读书图

白露变丹叶，枫林飒高寒。青山出白云，严壑增孱颜。
何人坐林中，长日颓巾冠。尧舜禹武汤，如栉罗简编。
最爱青牛翁，至哉五千言。山风日萧条，枫叶随我前。
瀑布挐蛟龙，赴谷为奔川。川上小石矶，矶头插纶竿。
卷书即垂钓，得意遂忘筌。我本山中人，见此心依然。
何当及秋风，归翦茅三间。

【译文】白露变红叶，枫林在高寒的风下，飒飒声响。
青山白云出，深谷增加了险峻。
何人呆在林中，整日巾冠破败。
尧舜禹武汤，浩如烟海大量的简略著作。
最爱骑着青牛的老头，五千言的至理名言。
山风一天天萧条，枫叶跟随着前行。
瀑布牵引蛟龙，前往谷地为奔河。
河上的小石矶，矶上插着钓竿。
卷起书籍就去垂钓，得意却忘记了渔网。
我本是山中隐居者，看见这心依旧。
哪得追上秋风，归来三间茅屋已被风吹散。

梁曰缉为言辋川雪中之游

少志爱山水，梦想怀蓝田。终南西峰下，水石余清妍。
忆昔维摩诘，于此曾挂冠。挥手谢时辈，草堂常宴眠。
辋水遶舍下，湖光明云端。绳床间药铛，清齐日萧然。
春鸥渐矫翼，夏木纷绵芊。时寻名僧会，自泛湖中船。
叹息古人没，风物随变迁。仙令妙文笔，慨然追昔贤。
积雪曜严阪，秀色暧林峦。数里入谷口，石流已溅溅。

水鸟相哀鸣，双垞渺人烟。却登华子冈，辋水犹沦涟。
花竹散已久，亭馆供诸天。王裴杳千载，丘壑亦凋残。
来着复为谁，斯言良足叹。

【译文】青年爱山水，梦想在蓝田怀有。
终南山的西峰下，水石很清澈美丽。
回想维摩诘，在此挂冠离去。
挥手辞别同辈，草堂常宴饮、安眠。
辋水绕着房舍，湖光映云端。
绳床间的药锅，清净一天天冷落荒凉。
春天鸥鸟羽翼渐丰满，夏天树木茂盛。
时找名僧聚会，自己在湖中泛舟。
叹息古人离世，风物变迁。
县令的文章精美，感慨追思先贤。
积雪映高坡，美丽景色隐蔽在山林。
几里就到了谷口，山石中的溪流急速流动。
水和鸟声哀伤相呼应，双丘和人间渺远。
登临华子山岗，辋水水波起伏。
花竹荒败很久了，亭馆祭天。
王裴杳然无闻千年，丘谷也荒败了。
来着是谁，此言真的让人叹息。

定军山诸葛公墓下作

高密起南阳，文终从高祖。暴系本见疑，数衄亦非武。
堂堂诸葛公，鱼水讬心膂。二表匹谟训，一德追伊吕。
视操但如鬼，畏蜀还如虎。嗟彼巾帼徒，与公岂侪伍。
紫色复蛙声，抵隙各为主。火并方三炎，赤伏更典午。
志士耻帝秦，祭器犹存鲁。阴平一失险，面缚忘奔莒。
知公抱遗恨，龙卧成千古。峨峨定军山，悠悠沔阳浒。
郁郁冬青林，哀哀号杜宇。耕余拾败镞，月黑闻军鼓。
谯侯宁足诛，激昂泪如雨。

【译文】从南阳到高密，文中侯萧何一直追随汉高祖。
勇武本来就被怀疑，多次争端也没有打仗
堂堂的诸葛公，君臣相得托孤给亲信。
前后出师表和圣人言论相抵，德行和伊尹、吕尚匹敌。
看曹操只如鬼，惧蜀国还如怕老虎一样。
叹那个巾帼英雄，和公都是伙伴。
紫色和蛙声齐光，相互抨击各位其主。
三方相互攻击，赤伏符变更到司马氏手上。
志士耻辱尊秦为王，祭拜的器物还保留着鲁国习俗。
阴平一失守，被绑，死命逃奔到莒地。
知道您怀有遗憾，高士隐居千古。
巍峨的定军山，悠悠在沔阳水边。
茂盛的冬青林，杜鹃鸟哀伤啼鸣。
劳动后，捡拾坏箭头，月黑的时候听见军鼓声响。
文钦哪里该被杀，激昂得泪如雨下。

龙门阁

众山如连鳌，突兀上龙背。鳞鬣中怒张，风雨昼晦昧。
出爪作之而，神奇始何代。乱水趋嘉陵，波涛势交汇。
万壑争一门，雷霆走其内。直跨背上行，四顾气什倍。
夕阳下岷峨，天彭光破碎。咫尺剑门关，益州此绝塞。
子阳昔跃马，妖梦成佁儗。区区王与孟，泥首终一概。
李特亦雄儿，攒窃竟何在。

【译文】众山如同连鳌，突兀上龙背。
鳞毛怒张，风雨白天晚上暗淡。
伸爪作之，神奇从何时开始？
水流流向嘉陵江，水势波涛汇聚。
万谷都流到一处，雷霆声响徘徊其中。
直跨背上前行，四顾气势很大。

夕阳落下岷山和峨眉山，天彭地区阳光暗淡。
距剑门关很近，益州度越边塞。
子阳昔日跨马，反常之梦成犹豫。
区区王和孟，一律都成顿首置地。
李特也是一位好男儿，夺取政权最终何处。

送徐武令

人生如飞蓬，飘转不得住。与君十载别，紫髯已非故。
邂逅蔓草间，为君歌零露。歌声未及已，离觞忽复御。
淼淼江上波，离离海门树。怅望秋风时，客帆此中去。
雁飞京口驿，潮落西兴渡。几时罢清砧，闺中理纨素。

【译文】人生似飞扬的蓬草，飘转不定。
和君离别十年，已不似曾经的紫髯。
相遇在蔓草中，向你降落的露水。
歌声还没完，离别的酒宴有开始了。
江上烟波浩淼，海门树木茂盛。
怅然望秋风的时候，客船远去。
大雁飞往京口驿站，潮水退去，从西向东渡河。
几时停止捣衣，闺房里整理洁白的绢布。

初入五老峰谒白鹿洞呈汤佐平先生

忽忽远城市，浩浩临沧州。良辰惬奇赏，始遂庐山游。
威纡屡转壑，窈窕时经丘。潺潺风瀑泻，苍苍石川流。
骑牛缅往迹，眠鹿钦前修。风景宛犹昔，年运倏已遒。
唯有五老峰，屹立忘春秋。紫芝惊汉帝，黄石招留侯。
泉石不我遐，桂树生山幽。

【译文】急速的离开城市，浩荡来到沧州。
好时节惬意赏玩，刚到就去庐山游玩。
绵延曲折山谷多次流转，幽深时经过山丘。
潺潺的水流泻下，青深色的石河间流淌。
骑牛前往缅怀陈迹，隐居思前贤。
风景一如曾经，岁月转眼间迫近。
只有五老峰，屹立此次忘记春秋。
紫芝使汉帝惊叹，黄石等待留侯。泉石离我不远，桂树长在幽山里。

彭泽雨泊有怀陶公

陶公令彭泽，柴桑一舍耳。犹对匡庐山，共饮西江水。
一朝悟昨非，扁舟归栗里。笑指故山云，吾心亦如此。
我来彭泽县，秫田没沙嘴。急雨送寒潮，三叹颜延诔。

【译文】陶渊明为彭泽县令，离家乡柴桑只有三十里而已。
还去隐居庐山，共饮西江水。
一朝悔悟曾经的过错，扁舟回到栗里原。
笑指故乡云，我心也这样。
我来彭泽县，当年的秫田已被积沙淹没。
急雨送寒来，三叹颜延之的悼文。

丹徒行吊宋武帝

曲阿之北京口东，寄奴王者真英雄。新洲伐荻杀龙子，大业遂建丹徒宫。
桓家小儿乱天纪，投袂勤王夜中起。樗蒲百万皆人豪，龙行虎步非凡理。
从兹大运属彭城，中原赵魏归经营。硖口千军五龙涸，蓝田一战二崤平。
南北推移几千载，太息雄图竟何在。宿梦寒原少昔人，神鸦社鼓成空塞。
王气销残帝宅荒，悠悠江水不胜长。忠臣徒叹袁开府，天命还归萧建康。

【译文】曲阿的北面，京口的东面，寄奴王是真英雄。
伐荻新洲杀龙子，大业已成建了丹徒宫殿。
桓家小儿乱天纲，挥袖尽于王事半夜起来。
百万樗蒲都是人中豪杰，龙行虎步不是常理。
从此大运属彭城，中原赵魏都要打理。
硖口的千军五龙水干涸，蓝田一站二崤打平。
南北推移几千年，叹息远大抱负最后何在。
曾梦寒原的年轻人，神鸦社鼓成了空地。
王气消减帝宫荒败，悠悠的江水很长。
忠臣只叹息袁开府，天命还回萧建康。

叶纫庵自吴中寄予长歌并示金山见忆之作奉答

昔者我登浮玉山，大江骇浪流潺湲。岷峨万里在眼底，荆门郢树浮杯间。
彭城兰陵一朝尽，今我慨叹愁心颜。此时侧望天北极，渔阳莽荡连雄关。
玉堂美人侍帝侧，两年不见飞鸿翼。海内冯谁论素心，梦里思君见颜色。
苍梧惨淡云气深，九疑锦邈潇湘阴。重瞳南巡忽寂寞，园花陵草俱沾襟。
闻道高陵变深谷，即看碧海飞黄尘。云霄侍从几人在，飞蓬落叶愁春心。
夫子盛年何婉娈，日夕含香玉皇殿。众中献赋欲凌云，御前骑马如飞电。
即今蕉萃百不如，落拓江湖复相见。吁嗟哉，人生遇合亦偶然，雄飞雌伏皆可怜。
不见东方曼倩号大隐，金门据地歌向天。又不见开元天子盛文藻，陇西王孙称谪仙。
调羹未罢夜郎谪，至今青山采石垂千年。君家况近昆山麓，二陆台边结茅屋。
放鹤朝从西鹿归，采莼夜向南湖宿。感遇终怀国士恩，忧时莫效长沙哭。
三山图画一江分，何日题诗共夕曛。妙高台上江如练，南望姑苏是白云。

【译文】曾经我登临浮玉山，大江骇浪流水潺潺。
岷山、峨眉山万里在眼前，荆门、郢树浮在杯间。
彭城兰陵一夕就消失，令我慨叹心情和面色愁思。
此时侧望天的北面，渔阳震荡，连着雄伟险要关隘。
玉堂的美人侍立王侧，两年不见飞鸿。

国内凭谁说本心，梦里思君见姿色。
苍梧惨淡云气重，九疑山渺远潇湘的南面。
皇帝南巡忽感寂寞，园子里的花草都沾在衣襟。
听闻高陵变成深谷，看碧海黄尘飞。
云霄中有几位侍从在，飞蓬落叶使人愁思。
夫子盛年多么貌美，日夕含香在玉皇殿中侍奉。
众人想凌云献赋，御前骑马如飞电奔驰。
现在憔悴都不知，落魄江湖再相见。
哎呀，人生遭逢也是偶然，雄飞雌随都很可怜。
不见东方曼倩号大隐，据地金门向天歌。
又不见开元天子文藻非凡，陇西王孙李白称谪仙。
调羹未完贬谪夜郎，至今青山采石流传了千年。
君家距离昆山山麓很近，二陆在台岸建了茅屋。
早晨放鹤，从西鹿回来，才莼菜夜晚在南湖住下。
感遇怀抱国士的恩情，忧时不要仿效贾谊长沙哭泣。
三山图画一江分隔，何日题目共黄昏。
高台上江水如练，南望姑苏只见白云。

南将军庙行

（自注，在泗州，南霁云乞师处）

范阳战鼓如轰雷，东都已破潼关开。山东大半为贼守，常山平原安在哉！
睢阳独遏江淮势，义激诸军动天地。时危战苦阵云深，裂眦不见官军至。
谁欤健者南将军，包胥一哭通风云。抽矢誓仇已慷慨，拔剑堕指何嶙峋！
贺兰未灭将军死，呜呼南八真男子。中丞侍郎同日亡，碧血斓斑照青史。
淮山峨峨淮水深，庙门遥对青枫林。行人下马拜秋色，一曲《淋铃》万古心。

【译文】范阳战鼓如雷鸣，洛阳已沦陷，潼关洞开。
太行山以东大片国土被叛军攻占，常山、平原现在何处？
仅睢阳势单力薄在江淮抵抗，诸军义激感天动地。
形势危急战争残酷似阵的浓云，望眼欲穿盼官军。
勇武的南将军啊，包胥秦庭一哭同风云感应。

慷慨地抽箭报仇，拔剑断指气度多么不凡。
贺兰进明未收将军先死，唉呀，南霁云刚直有骨气。
张巡、姚訚同日而死，忠烈之臣血迹斑驳载入史册。
淮山高峻淮水幽深，庙门远对青枫林。
路人下马拜秋色，一曲《淋铃》写尽万古人心。

仇英画九成宫图

（自注，唐九成宫即隋仁宫）

君不见隋皇初作仁寿宫，累榭穹庐宛相属。夷山堙堑几百里，役卒崩腾死崖谷。
功成厌见独孤公，不知怨自封郎筑。宫晚车出凡几载，已见迷楼起相续。
虬鬚真人西入关，削平六合营长安。青山碧水自无恙，雕墙峻宇犹人间。
年年清暑备法驾，千盛万骑骧孱颜。醴泉瀵出如沆瀣，下入泾渭为通川。
步檐周流凿山翠，云窗雾阁当空悬。化人之台屹中天，铜乌六月雄风寒。
披襟万仞待飚驭，咸阳宫阙如云烟。宫娃笑语翠微上，阿监络绎青冥边。
羽林千牛万万辈，解牛放马纷华旃。从来世事有倚伏，太平倏过开元年。
白头拾遗此驻马，愁闻林薮啼哀猿。画图想见全盛日，今我涕泪双阑干。

【译文】君不见隋皇初建仁寿宫，亭台楼榭众多和似乎和天相连。
夷山塌陷几百里，役卒因山崩死在了崖谷。
功成厌见独孤公，不知抱怨自封为筑郎。
宫晚车出总几年，已见迷楼相连。
虬髯客已从西入关，灭六国建长安。
青山碧水自无病，装饰墙壁，高峻房屋犹似人间。
年年避暑准备天子车驾，千乘万骑疾驰参差。
甘泉从地下冒出如露水，下到泾渭为流通的河川。
门闾外步檐周流凿山叠翠，窗阁高悬如入云雾。
仙人之台屹立天中，六月铜乌在劲风中寒吹。
敞开万仞衣襟待神驾，咸阳宫殿如云烟。
宫女笑语在半坡上，阿监络绎不绝在青天边。
羽林的千牛官万万代，解牛放马华旗繁多。
世事从来都有倚靠，太平刚过开元年。

白头拾遗在此地停马，听到林间猿猴哀鸣而发愁。
想看曾经的全盛时候的图画，现在的我泪流纵横。

秦镜词为袁松篱作

荧荧古镜双盘龙，流传本出咸阳宫。秦时明月至今在，剥落泥沙露光彩。
当年秦并六国时，后宫闭置千双眉。守宫注臂镜照膽，三十六年君不知。
华阴道上逢山鬼，輼輬东来祖龙死。美人钟鼓散如烟，此镜苍凉阅朝市。
忆昔大收天下兵，十二金人初铸成。还今余事作奁鉴，太乙下视蛟龙惊。
刘兴嬴蹶何仓卒，金鉴千秋如一发。秦镜虚夸照膽寒，不照长城多白骨。
（自注：汉祖入咸阳宫，得方镜，广四尺九寸。照见五藏。见《西京杂记》）

【译文】双盘龙的古镜光亮，传闻本来出自咸阳宫。
秦时明月至今依然明亮，泥沙脱落露出光华。
当年秦国吞并六国时，后宫关着很多美人。
受宫看臂镜映胆，三十六年君不知。
华阴道上碰见山鬼，车驾东来秦始皇死去。
掠夺的美人如烟散去，此镜看尽朝市的苍凉。
回想曾经大收天下兵器，十二铁人初铸造成。
现在余绪变成了梳妆镜，太乙下看蛟龙受惊。
汉代兴盛秦代灭亡多么短暂，金镜照千秋如一发。
秦镜虚照胆生寒，不照长城的累累白骨。（自述，汉高祖进咸阳宫，得到一方镜，四尺九寸大小，能照见五脏。见《西京杂记》）

元祐党籍碑

天津桥上啼杜鹃，耕父已见清泠渊。宫中尧舜不可作，厚陵社饭悲年年。
二惇二蔡秉国轴，同文馆狱纷钩连。衣冠相望走岭表，一纲尽矣嗟群贤。
司空手籍元祐党，大书深刻相磨镌。彗星下埽文德殿，毁碑夜半何喧阗。
攸攸狒狒一儿戏，可惜宋社成南迁。潭州死骨尚有臭，党人名字光中天。

西南荒徼八桂郡，此碑千载人争传。上云垂戒万万世，其词何异诛共驩。
从来青蝇乱白黑，三代遗直今如弦。小人勿用易所戒，崇宁偾辙无忘旃。

【译文】天津桥上杜鹃啼鸣，农民已经在清冷谷耕种。
宫中尧舜不可作，社饭厚葬年年悲伤。
二惇二蔡秉持国家大纲，同文馆狱案牵连甚重。
衣冠相望去岭外，一纲完了群贤嗟叹。
司空亲手登记元祐党人，大写深刻相镌写。
彗星从文德殿下来，半夜毁坏碑子多么热闹。
忧愁忧思当作玩笑，惋惜宋朝最终南渡。
潭州的死尸还有臭味，党人的名字光照中天。
西南荒原边城的八桂郡县，此碑千年人人争传。
上说留给万代训诫，它的文章和杀共工与驩兜有什么不同。
从来蝇子使黑白颠倒，三代遗风现在如弦一样直。
小人不用容易变成戒律，崇宁覆辙不要忘记旌旗。

采石太白楼观萧尺木画壁歌

落帆向牛渚，直上太白楼。锦袍乌帽太潇洒，回看四壁风飕飕。萧生何年画此雪色壁，峰峦出没烟岚稠。元气淋漓真宰妒，江湖澒洞蛟龙愁。吴观越观上海日，苍烟九点横齐州。祝融诸峰配朱鸟，潇湘洞庭放远游。峨眉雪照巫峡水，匡庐瀑下彭湖流。须臾使我行万里，瞥如怒隼凌清秋。我生海隅近岱畎，西游会上瞿唐舟。昨登五老弄瀑布，却临三峡窥龙湫。七十二峰身未到，苍梧已略天南头。太白游踪徧四海，晚爱青山采石聊淹留。丈夫当为黄鹄举，下视燕雀徒啁啾。

【译文】停靠在牛渚，直上太白楼。锦袍黑帽太洒脱，回望四壁风飕飕。箫生何年画此白色壁，峰峦叠起，烟云众生。精神畅快，真的主妒，江湖混沌蛟龙愁绪。吴看越看上海太阳，苍茫的云雾弥漫齐州。祝融诸峰配朱雀，远游潇湘洞庭之外。峨眉山的残雪照着巫峡的江水，庐山瀑布之下澎湖水流。一会儿使我远行万里，粗略地看怒鸟飞过深秋。我出生在海边靠近泰山田地，乘船在瞿塘西游。昨天登临五老峰观瀑布，却临三峡看深潭。七十二峰，没有前临，苍梧已到天的南面。李白踪迹遍及四方，晚年喜欢青山采石姑且羁留。男儿当为黄鹄飞，下看燕雀只啁啭。

阮亭秋霁有怀西山寄徐五

孤亭新霁后，藤竹夜凉生。忽忆西峰寺，会经采药行。
夕阳云木秀，秋雨石泉清。不见烟霞侣，相思空复情。

【译文】孤亭在雨后天晴，藤竹在夜晚开始变得冰凉。
忽然想起西峰寺，恰好采药路过。
夕阳下云相映木更加生动，秋雨后石泉干净。
不见烟霞陪伴，空被相思之情不断缠绕。

武侯琴堂

竹条娟娟静，江流漠漠阴。至今筹笔地，独见出师心。
遗恨成衔璧，元声有故琴。千秋弦指外，仿佛遇高深。

【译文】竹条明媚安静，江流广阔阴沉。
至今筹笔驿这个地方，依旧能看到出师北伐的愿望。
遗憾最终君王亡国、投降，黄钟声和古琴声相和。
千年的弹琴外，仿佛碰到了高人。

瀼西谒少陵祠二首

其一

白发三川客，新诗百炼功。飘零逐猿鸟，得失感鸡虫。
弟妹干戈里，朝廷涕泪中。浣花形胜地，回首雪山风。

【译文】白发客居三川地区，好诗需要多下功夫。
漂泊追随猿鸟，被鸡虫触动得到灵感。
亲人还在动乱地方，朝廷还不稳定。
种浣花的好地方，回头雪山的风吹来。

其二

浩劫遗祠在，依然白帝城。岸连巫峡影，门对蜀江声。
太息隆中业，平生庾信情。艰难诗万首，夔府至今名。

【译文】历经战乱祠堂还在，白帝城依旧。
岸连着巫峡影，门对着蜀江水声。
叹息隆中的规划，平生庾信的情怀。
艰难写下的万首诗歌，夔州府至今尚在。

与赵秋水话申凫盟遗事感赋

滏水去涓涓，东流绕墓田。忽惊辰巳梦，重忆甲申年。（自注，谓凫盟尊人节愍公甲申殉节）
夜雨啼山鬼，青春叫杜鹃。平生赵元叔，白首话灯前。

【译文】滏水涓涓流淌，向东流去环绕墓田。
忽然被辰巳时分的梦惊醒，再忆甲申年的世事。（自述，说伟人申涵光烈士在甲申年殉节）
雨夜山鬼啼叫，春草唤醒杜鹃。
赵元淑平生，白头在灯下闲谈。

过长沮桀溺耦耕处

曾读陶公传，寮寮沮溺心。耦耕余故迹，流水抱寒岑。
鸟下日将夕，云归山半阴。从来避世者，不厌入林深。

【译文】曾读陶公的传记，距离古代隐士的心境还差的很远。
曾经农耕的痕迹，流水环绕着寒天的山。
鸟儿归巢将要日落，云儿散去半山阴霾。
从来隐居的人，都不会厌倦山林幽深。

晓雨后燕子矶绝顶

岷涛万里望中收，振策危矶最上头。吴楚青苍分极浦，江山平远入新秋。
永嘉南渡人皆尽，建业西风水自流。洒酒重悲天堑险，浴凫飞鹭满汀洲。

【译文】万里长江尽收眼底，在高耸的燕子矶上扬鞭走马。
青苍遥远的水滨分界，初秋看江山远阔。
永嘉南渡的人现在都已故去，建业西风，水自空流。
在险要的长江祭奠须重悲，飞鹭和水中嬉玩的野鸭集满小洲。

华州齐云楼

（自注，唐昭宗望京处）

齐云楼上望京师，渭水东流无尽时。父老尚传行幸日，教坊会谱断肠词。
城空只见双飞燕，劫败犹争一局棋。莫问寒烟十六宅，土花凝碧至今悲。

【译文】齐云楼上远望京城，渭水东流无穷无尽。

乡亲还流传着皇帝出游日，教坊会谱写断肠的词曲。
城空只见双飞的燕子，掠夺还在为一局棋而争斗。
不要问寒烟的十六宅，苔藓碧绿悲伤至今。

年来钱牧齐友吴梅村周栎园诸先生趋吁士陈伯玑方尔止董文友诸同人相继徂谢栈道感怀怆然有赋

载酒题襟处处同，平生师友廿年中。九原可作思随会，四海论交忆孔融。
春草茫茫人代速，落花寂寂墓门空。白头骑马嘉陵路，惟有羊昙恨未穷。

【译文】载酒唱和处处相同，平生师友二十年。
若可复生想要继续受教，想孔融那样喜交天下长者，令人渴慕。
春草茂盛，人世过往转瞬即逝，落花寂寞墓前空荡。
白头在嘉陵路上骑马，只有像晋羊昙念谢安一样悲伤无限。

拜李元礼墓

颍水东流去不回，汉家司禁氾城隈。西园官爵归常侍，北部髡钳记党魁。
一代荀陈师友谊，千秋蕃武死生哀。几寒谡谡松声里，犹似龙门御李来。

【译文】颍水东流不回，汉家的管理禁泛城角。
西园的官爵归了常侍，北部的剃发铁圈束颈施加在党首身上。
如果表达一代师友的情谊，千年间为战争而死堪伤。
几声风劲吹松树的声音，好似龙门中亲近的贤人前来。

和徐健庵宫赞喜吴汉槎入关之作

丁零绝塞鬓毛斑，雪窖招魂再入关。万古穷荒生马角，几人乐府唱刀镮。天边魑魅愁迁客，江上莼鲈话故山。太息梅村今宿草，不留老眼待君还。（自注，吴梅村先生昔有送汉槎出塞长句，见集中）

【译文】边塞漂泊白发斑白，人生困苦再入关启用。
万代困苦生马角，乐府几人还在拿刀镮歌唱。
在边远地区，客居之人惆怅，江山吃着莼菜和鲈鱼谈论故乡。
叹息吴伟业故去，不等老眼等待着你的归来。
（自注，吴梅村先生曾有送汉槎出塞长句，见集中）

赣州谒王文成公祠

新建当年此誓师，森然松柏见灵祠。军声不藉条侯壁，筹策为应汉相知。万古许孙同庙食，一时张桂太倾危。后来论定烦青史，岘首犹存堕泪碑。

【译文】当年新建在此誓师，松柏森森露出贤臣祠堂。
不借当年周亚夫军队坚守不出抵抗吴军，文章能和汉代相如相比。
准许子孙万代庙飨，一时张桂危急。
后来人评定翻看史册，岘首山前现在还留存着落泪碑。

晚登夔府东城楼望八阵图

永安宫殿莽榛芜，炎汉存亡六尺孤。城上风云犹护蜀，江间波浪失吞吴。鱼龙夜偃三巴路，蛇鸟秋悬八阵图。搔首桓公凭吊处，猿声落日满夔巫。

【译文】永安宫殿里如今野草茂盛，盛汉存亡留下六尺孤儿。
城上风云突变，还在挽救蜀国，江间波浪翻滚失吞并吴国。
夜晚巴蜀路途上鱼龙混杂倾倒，秋天八阵图上的蛇鸟。
在凭吊桓公的地方，搔首踯躅，日落时分猿声满夔巫。

紫柏山下谒留侯祠

万木萧萧风昼吹，深山忽见留侯祠。清流白石阅古今，雪柏霜筠无岁时。
辟谷真从赤松隐，授书偶作帝王师。也知鸟喙逃勾践，未屑鸱夷学子皮。

【译文】万树萧萧白天风劲吹，在深山忽然看见留后张良的祠堂。
白石溪水看尽古今世事，霜打雪散柏树筠篁。
追随赤松子辟谷隐居，曾经书匠却偶然做了帝王之师。
也知道勾践如鸟喙者逃离，不屑学习勾践。

雪后忆家兄西樵

竹林上斜照，陋巷无车辙。千里暮相思，独对空庭雪。

【译文】夕阳余辉照在竹林，简陋的巷子无车痕。
傍晚千里相思，独自看满院白雪。

青山

晨雨过青山，漠漠寒烟织。不见秣陵城，坐爱秋江色。

【译文】早上下雨路过青山，迷蒙的寒烟笼罩。

不见南京城，只爱秋天江面的景色。

国士桥

国士桥边水，千年恨不穷。如闻柱厉叔，死报莒敖公。

【译文】国士桥旁边的河，千年不尽的遗憾。
如过柱厉叔听到，会拼死报答莒敖公的恩情。

石城桥示倪雁园太史

昔作秦淮客，朱楼赋洞箫。白头故人尽，重上石城桥。

【译文】曾经作客秦淮，朱楼上吹奏洞箫。
白头旧友都已不再，再上石城桥上。

夜雨题寒山寺寄西樵礼吉二首

其一

日暮东塘正落潮，孤蓬泊处雨潇潇。疏钟夜火寒山寺，记过吴枫第几桥。

【译文】在东塘河日暮正值退潮期，孤舟停泊的地方潇潇小雨。
夜半灯火时，寒山寺传来稀疏的钟声，记得曾过第几座枫桥。

其二

枫叶萧条水驿空，离居千里怅难同。十年旧约江南梦，独听寒山半夜钟。

【译文】水路驿站空阔，枫叶寂寞冷落，离家千里之外，很难释怀。
十年同游江南的约定，恍如一梦，夜半独自倾听寒山寺的钟声。

秦淮杂诗

其一

当年赐第有辉光，开国中山异姓王。莫问万春园旧事，朱门草没大功坊。

【译文】当年赐给徐达宅第很是荣耀，徐达开国封为异姓王。
不要问当年的万春园的旧事，中山王府邸如今长满荒草。

其二

新歌细字写冰纨，小部君王带笑看。千载秦淮呜咽水，不应仍恨孔都官。
（自注，弘光时，阮司马以吴绫作朱丝兰书《燕子笺》诸剧进宫中）

【译文】在洁白的细绢上，写出《燕子笺》这样的作品，君王带笑看歌舞。
千年秦淮流水呜咽，不该还痛恨孔范。（自注，弘光年间，司马阮大铖以细绢写成《燕子笺》等作品进献宫中）

真州绝句

晓上江楼最上层，去帆婀娜意难胜。白沙亭下潮千尺，直送离心到秣陵。

【译文】早晨登上江桥顶端，帆船袅袅远去，情谊难以自持。
白沙亭下潮水千丈，直追离别之心到秣陵。

赵北口见秋柳感成二首

顺治己未，予上公车，与家兄吏部傅彤臣御史赋柳枝词于此。忽忽十余年矣。隄柳婆娑，无复曩时。不胜攀枝折条之感，因赋是诗。

【译文】顺治已未年，我上官车，和兄长吏部御史傅彤臣在此处赋杨柳词。恍然间已经十多年了。隋堤的柳树婆娑，不复从前。不胜攀枝折柳的感伤，于是写下此诗。

其一

十二年前乍到时，板桥一曲柳千丝。而今满目金城感，不见柔条踠地垂。

【译文】十二年前初到此处，板桥处柳条千丝。
而今金城满目的感触。不见柳条低垂在地。

其二

六载隋堤送客骖，树犹如此我何堪。
销魂桥上重相见，一树依依似汉南。
（自注，予旧赋杨柳枝有云：销魂桥上销魂树，不到飞花魂亦销。）

【译文】六年前在隋堤送客骖，树依然，我何堪。
在桥上再见时无限感伤，满树青葱好似汉南。
（自注，我曾经这样写杨柳枝：销魂桥上销魂树，不到飞花魂亦销。）

马嵬怀古

巴山夜雨却归秦，金粟堆边草不春。一种倾城好颜色，茂陵终傍李夫人。

【译文】夜雨东山回到秦地，金粟山旁草不长。
一位倾城的美人，茂陵旁边有李夫人依傍。

蟂矶灵泽夫人祠

霸气江东久寂寥，永安宫殿莽萧萧。都将家国无穷恨，分付浔阳上下潮。

【译文】江东霸气长久寂寥，永安宫中野草茂盛。
家国都将无尽的惆怅，分别寄给浔阳的潮水。

灞桥寄内

太华终南万里遥，西来无处不魂销。闺中若问金钱卜，秋雨秋风过灞桥。

【译文】华山终南山相隔万里远，西来无地不哀愁。
闺中妻子用金钱问卜丈夫的形行程，秋雨秋风吹过灞桥。

东平思王墓

东平几驿是咸阳，松柏依然指故乡。帝子不须还怅望，汉家陵阙久凄凉。

【译文】东平到咸阳有几站，松柏依旧指向着故乡的方向。
不须帝子还怅望着，汉家陵阙长久的荒败。

下五组山

雪满空山下翠微，娱人千里尽清辉。野梅香破半溪水，翠羽一双相背飞。

【译文】空山满雪下到了翠微，别人欢乐都是清辉。
野梅香散半边溪水都融化，一对鸟儿相对飞着。

谒文忠烈公祠

精神如破贝州时，晚节犹能劝四夷。天遣不同韩富没，姓名留重党人碑。

【译文】精神就像攻陷贝州的时候，
晚节还能劝勉四方的蛮夷。
遭受各种打击韩富都不在乎，
留下姓名使党人墓碑受到敬重。

附录

古诗一十九首

行行重行行

行行重行行，与君生别离。相去万余里，各在天一涯。
道路阻且长，会面安可知。胡马依北风，越鸟巢南枝。
相去日已远，衣带日已缓。浮云蔽白日，游子不顾返。
思君令人老，岁月忽已晚。弃捐勿复道，努力加餐饭。

【译文】你的越走越远，和你像生离死别一样。
你与我相隔千万里，各在天的两边。
路途艰险、遥远，见面不知道是什么时候。
南来的胡马依恋著北风，北飞的越鸟筑着南面的窝。
分离的时间越长，衣服越发宽大。
游云遮住了太阳，游子不想回来。
想你使我容颜变老，又到了一年的年关。
还有许多话都不说了，只愿你多保重，努力加餐。

青青河畔草

青青河畔草，郁郁园中柳。盈盈楼上女，皎皎当窗牖。
娥娥红粉妆，纤纤出素手。昔为倡家女，今为荡子妇。
荡子行不归，空床难独守。

【译文】河边青青的草地，园里茂盛的柳树。
楼上那位姿态优美的女子站在窗前，洁白的肌肤可比明月。

打扮得漂亮， 伸出纤细的手指。

想当年曾经是能歌善舞的乐伎，现今却嫁给了游子家做了媳妇。

薄幸的丈夫长年在外不知回家，长夜寂寥，骄人怎好独守。

青青陵上柏

青青陵上柏，磊磊涧中石。人生天地间，忽如远行客。

斗酒相娱乐，聊厚不为薄。驱车策驽马，游戏宛与洛。

洛中何郁郁，冠带自相索。长衢罗夹巷，王侯多第宅。

两宫遥相望，双阙百余尺。极宴娱心意，戚戚何所迫？

【译文】荒凉的山陵墓地上生长的柏树，是那么青绿葱翠、郁郁苍苍，山涧溪流里日夜被流水冲刷的石头，那样错落有致、聚敛成堆。

人生长存活在茫茫天地之间，就好比是从不知名的远处飘来的一个匆匆过客，碌碌无为的一生也就只是那么一个瞬间。

区区斗酒足以彼此相慰，娱乐心意，酒淡菜少却也不觉寒酸，在我的眼中还胜过豪华的宴席。

驾起破车扬鞭驱赶着劣马，我们照样在宛洛之间徜徉游戏，阅尽繁华。

洛阳城里是多么的热闹，人来人往熙熙攘攘，达官贵人彼此相互探访不与圈外人士来往。

通达的大路两边夹杂着或宽或窄的小巷穿插其间，这些巷子口大路边，随处可见王侯贵族的朱门大院豪华宅第。

据南坐北有两个帝王的宫殿，隔着繁华热闹的城市街区遥相对望，两宫的望楼角阁巍峨耸立，看上去高达百尺有余。

达官贵人们豪奢饮宴，尽情享乐，但是却个个看上去都像是忧愁满面欢颜难展，不知被什么所驱使逼迫。

今日良宴会

今日良宴会，欢乐难具陈。弹筝奋逸响，新声妙入神。

令德唱高言，识曲听其真。齐心同所愿，含意俱未申。

人生寄一世，奄忽若飙尘。何不策高足，先据要路津？

无为守穷贱，轗轲长苦辛。

【译文】今天这么好的宴会真是美极了，这种欢乐的场面简直说不完。
这场弹筝的声调多么的飘逸，这是最时髦的乐曲出神又妙化。
有美德的人通过乐曲发表高论，懂得音乐者便能听出其真意。
音乐的真意是大家的共同心愿，只是谁都不愿意真诚说出来。
人生像寄旅一样只有一世犹如尘土，刹那间便被那疾风吹散。
为什么不想办法捷足先登，先高居要位而安乐享富贵荣华呢？
不要因贫贱而常忧愁失意，不要因不得志而辛苦地煎熬自己。

西北有高楼

西北有高楼，上与浮云齐。交疏结绮窗，阿阁三重阶。
上有弦歌声，音响一何悲！谁能为此曲？无乃杞梁妻。
清商随风发，中曲正徘徊。一弹再三叹，慷慨有余哀。
不惜歌者苦，但伤知音稀。愿为双鸿鹄，奋翅起高飞。

【译文】那西北方有一座高楼矗立眼前，堂皇高耸恰似与浮云齐高。
高楼镂着花纹的木条，交错成绮文的窗格，四周是高翘的阁檐，阶梯有层叠三重。
楼上飘下了弦歌之声，那音响是何其的悲哀！
谁能弹此曲，是那悲夫为齐君战死，悲恸之声竟使杞之都城为之倾颓的女子。
商声清切而悲伤，随风飘飘多凄凉！这悲弦奏到“中曲”，便渐渐舒徐迟荡回旋。
那琴韵和“叹”息声中，抚琴堕泪的佳人慷慨哀痛的声息不已。
不叹惜铮铮琴声倾诉声里的痛苦，更悲痛的是对那知音人儿的深情呼唤。
愿我们化作心心相印的鸿鹄，从此结伴高飞，去遨游那无限广阔的蓝天白云！

涉江采芙蓉

涉江采芙蓉，兰泽多芳草。采之欲遗谁，所思在远道。
还顾望旧乡，长路漫浩浩。同心而离居，忧伤以终老。

【译文】渡过江水去采莲花，兰泽有茂密的香草。
采花要送给谁，送给那在远方的人。
回头遥望故乡，长路漫漫无边无际。
心意相通，但两地分离，愁苦忧伤以至终老。

明月皎夜光

明月皎夜光，促织鸣东壁。玉衡指孟冬，众星何历历。
白露沾野草，时节忽复易。秋蝉鸣树间，玄鸟逝安适。
昔我同门友，高举振六翮。不念携手好，弃我如遗迹。
南箕北有斗，牵牛不负轭。良无盘石固，虚名复何益？

【译文】皎洁的明月照亮了仲秋的夜色，在东壁的蟋蟀低吟清唱着。

夜空北斗横转，那由玉衡、开阳、摇光三星组成的斗杓，正指向天象十二方位中的孟冬，闪烁的星辰，更如镶嵌天幕的明珠，把仲秋的夜空辉映得一片璀璨！

深秋，朦胧的草叶上，竟已沾满晶莹的露珠，深秋已在不知不觉中到来。时光之流转有多疾速啊！

而从那枝叶婆娑的树影间，又听到了断续的秋蝉流鸣。怪不得往日的鸿雁（玄鸟）都不见了，原来已是秋雁南归的时节了。

京华求官的蹉跎岁月中，携手同游的同门好友，先就举翅高飞，腾达青云了。

今却成了相见不相识的陌路人。在平步青云之际，把我留置身后而不屑一顾了！

遥望星空那“箕星”、“斗星”、“牵牛”的星座，它们既不能颠扬、斟酌和拉车，为什么还要取这样的名称。

想到当年友人怎样信誓旦旦，声称著同门之谊的“坚如磐石”；而今“同门”虚名犹存，磐石友情安在？叹息和感慨世态炎凉、虚名又有何用呢？

冉冉孤生竹

冉冉孤生竹，结根泰山阿。与君为新婚，兔丝附女萝。
兔丝生有时，夫妇会有宜。千里远结婚，悠悠隔山陂。
思君令人老，轩车来何迟！伤彼蕙兰花，含英扬光辉。
过时而不采，将随秋草萎。君亮执高节，贱妾亦何为！

【译文】荒野里孤生的竹子，长在大山偏僻的山窝。
想当年你我刚成婚，犹如菟丝草缠绕女萝藤。
菟丝草生长茂盛，也有时限，夫妻要珍惜生活。
相隔千里也要娶我，不管山山相连，坡坡相挨。
思念令我容颜憔悴，为什么接我的轩车还不见。

叹息美丽的春蕙幽兰，含苞待放，蓬勃生长。
花儿正艳而不采摘，要随秋草一同在风中凋落。
只要你守志不移，我就不猜疑你，等你回来。

庭中有奇树

庭中有奇树，绿叶发华滋。攀条折其荣，将以遗所思。
馨香盈怀袖，路远莫致之。此物何足贵，但感别经时。

【译文】庭院里一棵美树，绿叶的衬托下开满了花。
攀折摘下最好看的一串树花，要把它送给思念的人。
花香染满了襟怀衣袖，路途遥远，让人无奈。
花为什么这么珍贵，只是因为别离太久思念堆积。

迢迢牵牛星

迢迢牵牛星，皎皎河汉女。纤纤擢素手，札札弄机杼。
终日不成章，泣涕零如雨。河汉清且浅，相去复几许。
盈盈一水间，脉脉不得语。

【译文】那边遥远、亮洁的牵牛星，对岸皎洁、遥远的织女星。
织女正摆动柔长洁白的双手，织布机声札札不停。
整天也织不出布匹，泪水像雨一样滴落。
隔着清浅的银河，相距难道能有几里？
银河的一水之隔，只能含情脉脉，相视无言。

回车驾言迈

回车驾言迈，悠悠涉长道。四顾何茫茫，东风摇百草。
所遇无故物，焉得不速老。盛衰各有时，立身苦不早。
人生非金石，岂能长寿考。奄忽随物化，荣名以为宝。

【译文】驾马车向故乡，登上漫漫长路。

环顾一片苍茫，春风摇荡着百草。
眼见的已经不是原来的景物，人生怎能不迅速变老？
繁盛和衰朽都有一定的时限，只恨没有趁早建立功业。
人命并非能坚如金石，怎能长久葆有年华？
岁月匆匆身体终将化成尘，只有好的名声才是珍宝。

东城高且长

东城高且长，逶迤自相属。回风动地起，秋草萋已绿。
四时更变化，岁暮一何速！晨风怀苦心，蟋蟀伤局促。
荡涤放情志，何为自结束？燕赵多佳人，美者颜如玉。
被服罗裳衣，当户理清曲。音响一何悲！弦急知柱促。
驰情整中带，沉吟聊踯躅。思为双飞燕，衔泥巢君屋。

【译文】洛阳城东面高高的城墙，曲折绵长，从鳞次栉比的楼宇、房舍外绕过一圈，又回到原处。

转眼又有秋风在大地上激荡而起，空旷地方自下而上吹起的旋风，犹如动地般地吹起，使往昔葱绿的草野霎时变得凄凄苍苍。

四季轮回，转眼一年又过去了！

在怅然失意的心境中，就是听那天地间的鸟啭虫鸣，也会让人苦闷。晨风在风中苦涩地啼叫，蟋蟀也因寒秋降临而伤心哀鸣。

何不早些涤除烦忧，放开情怀，去寻求生活的乐趣呢！

那燕赵之地本来就有很多的美女，美女容颜如玉般的洁白秀美。

穿着罗裳薄衣随风飘逸拂动，仪态雍容端坐正习练着清商之曲。

因为琴瑟之柱调得太紧促，那琴间竟似骤雨急风，听来分外悲婉动人。

体味曲中的含义，手在弄着衣带，无以自遣怅惘的心情，沉吟之余双足为之踯躅不前。

被佳人深沉的音响感动，心里遥想着与佳人成为“双飞燕”，衔泥筑巢永结爱侣。

驱车上东门

驱车上东门，遥望郭北墓。白杨何萧萧，松柏夹广路。
下有陈死人，杳杳即长暮。潜寐黄泉下，千载永不寤。
浩浩阴阳移，年命如朝露。人生忽如寄，寿无金石固。

万岁更相迭，圣贤莫能度。服食求神仙，多为药所误。

不如饮美酒，被服纨与素。

【译文】驱车出了上东门，回头遥望城北，看见邙山墓地。

邙山墓地的白杨树，长风摇荡着枝条，万叶翻动发出萧萧的声响，松柏树长满墓路的两边。

陵墓的下面，是早已死去的先人，人死去就像堕入漫漫长夜。

寄身于永恒的黑暗中，沉睡于黄泉之下，千年万年，再也无法醒来。

春夏秋冬，流转无穷，而人的一生，却像早晨的露水，太阳一晒就消失了。

人生好像旅客寄宿，匆匆一夜，就走出店门，一去不返。人的寿命，并不像金子石头那样坚牢，经不起多少跌撞。

岁去年来，千岁万岁，往复不已；即使是圣人贤人，也无法超越，长生不老。

神仙是不死的，然而服药求神仙，又常常被药毒死贻误此生。

还不如喝点好酒，穿些好衣服，只图眼前快活吧！

去者日以疏

去者日以疏，来者日以亲。出郭门直视，但见丘与坟。

古墓犁为田，松柏摧为薪。白杨多悲风，萧萧愁杀人。

思还故里闾，欲归道无因。

【译文】死去的人岁月长了，印象不免由模糊而转为空虚、幻灭。新生下来的一辈，原来自己不熟悉他们，可经过一次次接触，就会印象加深而更加亲切。

走出郭门，看到遍野古墓，油然怆恻，萌起了生死存亡之痛。

他们的墓被平成耕地了，墓边的松柏也被摧毁而化为禾薪。

白杨为劲风所吹，发出萧萧的哀鸣，肃杀的秋意愁煞了人们的心。

人生如寄，岁月消逝得如此迅速，长期在外的游子，怎不触目惊心。只有及早返回故乡，以期享受乱离中的骨肉团圆之乐。

想要归返故里，寻找过去的亲情，就是这个原因了。

生年不满百

生年不满百，常怀千岁忧。昼短苦夜长，何不秉烛游！

为乐当及时，何能待来兹？愚者爱惜费，但为后世嗤。

仙人王子乔，难可与等期。

【译文】人生只有短短的数十载，却常常怀有着千年的忧愁。
及时行乐怨恨白昼太短夜晚太长，那为什么不拿蜡烛夜晚游乐。
时光易逝，行乐要及时，又怎可等到来年。
愚笨的人锱铢必计，逝世两手空空被后人笑。
世间哪有像王子乔驾鹤升天，难以期待那种日子的到来。

凛凛岁云暮

凛凛岁云暮，蝼蛄夕鸣悲。凉风率已厉，游子寒无衣。
锦衾遗洛浦，同袍与我违。独宿累长夜，梦想见容辉。
良人惟古欢，枉驾惠前绥。愿得常巧笑，携手同车归。
既来不须臾，又不处重闱。亮无晨风翼，焉能凌风飞。
眄睐以适意，引领遥相希。徒倚怀感伤，垂涕沾双扉。

【译文】天寒又到了年末，夜晚蝼蛄悲凄鸣叫。
嗖嗖的寒风还将刮得更猛，游子在外还没有过冬的棉衣。
锦被可是赠给了洛阳美女？忘却了你我恩爱和我远离。
我独自熬过漫漫长夜，梦见你亲切的容貌光辉。
你一如往昔对我百般情意缠绵，亲迎递给我当年车索。
希望常见你美丽笑靥，让我们牵手同车回家。
美梦只是一会儿，很快就消失在深闺。
我没有鹏鸟善飞的双翼，哪能乘风而飞？
斜眯眼回忆来求得宽慰，还出门远眺寻觅你的身影。
怅惘地徘徊在门边无限感伤，泪如泉涌沾湿门扉。

孟冬寒气至

孟冬寒气至，北风何惨慄。愁多知夜长，仰观众星列。
三五明月满，四五詹兔缺。客从远方来，遗我一书札。
上言长相思，下言久离别。置书怀袖中，三岁字不灭。
一心抱区区，惧君不识察。

【译文】农历十月，寒气逼人，呼啸而来的北风多么凛冽，一片肃杀之气。
满怀愁思，夜晚更觉漫长，抬头仰望天上罗列的星星。
十五月圆，二十月缺。
有客人从远地来，带给我一封信函。
信中先说他常常想念着我，后面又说已经分离得太久了。
信收藏在怀袖里，至今已过三年字迹仍不曾磨灭。
我一心一意爱着你，只怕你不知道这一切。

客从远方来

客从远方来，遗我一端绮。相去万余里，故人心尚尔。
文彩双鸳鸯，裁为合欢被。著以长相思，缘以结不解。
以胶投漆中，谁能别离此。

【译文】有一位从远地来的客人，捎给我半匹罗琦。
相隔一万多里，他心里还惦念着我。
罗绮上织着成对的鸳鸯，裁成合欢被。
填进的丝棉是我绵长的相思，密缝是结而不解的意思。
用稠胶投进浓漆，谁还能将它们分离。

明月何皎皎

明月何皎皎，照我罗床帏。忧愁不能寐，揽衣起徘徊。
客行虽云乐，不如早旋归。出户独彷徨，愁思当告谁！
引领还入房，泪下沾裳衣。

【译文】月亮多么明亮，照在我罗绮床帐上。
心怀愁绪难以入眠，披衣下床彷徨绕床。
羁旅他乡纵是很快乐，不如早早返回故乡。
推门出户独自徘徊，向谁诉说满腔的愁思？
抬头无奈还是回房，泪如雨下沾湿了衣裳。

李陵与苏武三首

良时不再至，离别在须臾。屏营衢路侧，执手野踟蹰。
仰视浮云驰，奄忽互相逾。风波一失所，各在天一隅。
长当从此别，且复立斯须。欲因晨风发，送子以贱躯。

【译文】美好的时光不会再来，离别就爱眼前。
你我徘徊在大路边，手拉手踌躇不前。
抬头看浮云漂流不断，一会儿又相互追赶。
风吹瞬间就消散，各吹到天的一边。
从此以后，你我久别，相聚时间短暂。
愿意驾晨风鸟一起迸发，我亲自前往送你。

嘉会难再遇，三载为千秋。临河濯长缨，念子怅悠悠。
远望悲风至，对酒不能酬。行人怀往路，何以慰我愁。
独有盈觞酒，与子结绸缪。

【译文】相聚的好时光很难再碰见，过去时光应永久怀念。
在河边洗刷长缨，离别惆怅心绪不断。
远望着悲风不停地吹，面对着酒杯又不愿意劝酒。
要走的人想着将去的路，用什么来宽慰我的愁绪？
只有满杯的美酒，要和你永结不解情缘。

携手上河梁，游子暮何之。徘徊蹊路侧，悢悢不得辞。
行人难久留，各言长相思。安知非日月，弦望自有时。
努力崇明德，皓首以为期。

【译文】手拉手走在河堤上，天色渐晚游子要到哪里去？
徘徊在小路旁，内心惆怅说不出来。
要走的人很难再久留，各自把相思说出来。
怎知不会像太阳月亮，分别再久也有相见的时候。
努力崇扬明德，直到白头也不变样。

苏武古诗四首

骨肉缘枝叶，结交亦相因。四海皆兄弟，谁为行路人。
况我连枝树，与子同一身。昔为鸳和鸯，今为参与辰。
昔者常相近，邈若胡与秦。惟念当离别，恩情日以新。
鹿鸣思野草，可以喻嘉宾。我有一樽酒，欲以赠远人。
愿子留斟酌，叙此平生亲。

【译文】骨肉之间像枝叶一样，朋友相交也一样。
四海之内如同兄弟一样，谁是陌路人？
连理树相互缠绕，就像你我一样不分。
往昔相处就像一对鸳鸯，现在离别就像参、辰二星。
以前我们亲近，以后就像胡秦一样。
一想到将要分离，日后的情谊更深长。
鹿鸣野草思念同伴，能比作设宴来敬嘉宾。
我准备了酒，也想赠给远去的人。
愿你留下来饮完这杯酒，叙说平生的情感。

黄鹄一远别，千里顾徘徊。胡马失其群，思心常依依。
何况双飞龙，羽翼临当乖。幸有弦歌曲，可以喻中怀。
请为游子吟，泠泠一何悲。丝竹厉清声，慷慨有余哀。
长歌正激烈，中心怆以摧。欲展清商曲，念子不能归。
俯仰内伤心，泪下不可挥。愿为双黄鹄，送子俱远飞。

【译文】黄鹄鸟分别，飞行千里还回望犹豫。
胡马和同伴失散，但心意时常留恋。
更何况远离故乡的你我，还要面临分别。
幸好还有琴来吟歌，可以表明心怀。
请弹首《楚引》，清凉凄切多么哀怨。
丝竹高低徐疾变化，激昂中有哀愁。
随着琴声，人也感到激昂，心中悲怆足以摧残身心。
想要换轻快的民间音乐，又想起你不能再回来。

忽然心里很感伤，泪如雨下，都来不及擦。
想化作一对黄鹄鸟，送你一同到远方。

结发为夫妻，恩爱两不疑。欢娱在今夕，嬿婉及良时。
征夫怀往路，起视夜何其。参辰皆已没，去去从此辞。
行役在战场，相见未有期。握手一长叹，泪为生别滋。
努力爱春华，莫忘欢乐时。生当复来归，死当长相思。

【译文】束发成为夫妻，互相恩爱不怀疑。
欢乐只有在今夜，良时的欢好不能再不能得。
征人就要去远行了，起来看是夜晚什么时候。
参星、辰星已经隐没在天边，我不得不和你辞别。
到战场上服役远行，不知道什么时候才能团聚。
与你依依不舍长时间的握着手，为生离死别而流很多的泪。
倍加珍惜现在的时光，永远不忘记欢乐的时光。
有幸活着，一定回来，不幸死了，也会想着你。

烛烛晨明月，馥馥秋兰芳。芬馨良夜发，随风闻我堂。
征夫怀远路，游子恋故乡。寒冬十二月，晨起践严霜。
俯观江汉流，仰视浮云翔。良友远别离，各在天一方。
山海隔中州，相去悠且长。嘉会难再遇，欢乐殊未央。
愿君崇令德，随时爱景光。

【译文】清晨的月亮明亮，秋兰发出扑鼻的幽香。
香气在美好的夜晚发出，随风吹到我的庭堂。
征战的人怀念去路，游子思念着故乡。
十二月是寒冬季节，清晨赶路受到寒霜侵袭。
低头看长江汉水长流，抬头望浮云漂泊飞翔。
好友远行，从此天各一方。
山和海的隔阻了中州，两地距离很长。
美好的相会难再遇到，欢乐时光还没享尽。
愿你从此崇扬美德，时刻珍惜流逝的美好时光。

玄冥

以下三首为郊庙歌辞之汉郊祀歌，案宋郭茂倩纂《乐府诗集》一百卷，总括历代乐府。上起陶唐，下迄五代，分为十二类，一郊庙歌辞，二燕射歌辞，三鼓吹歌辞，四横吹曲辞，五相和歌辞，六清商曲辞，七舞曲歌辞，八琴曲歌辞，九杂曲歌辞，十近代曲辞，十一杂谣歌辞，十二新乐府辞。网罗赅博，每题以古辞居前，拟作居后。其古辞多汉魏六朝间无名氏所作，措辞叙事，别饶风趣。与《古诗十九首》及苏李诸篇，同工异曲，并为历代诗家沉浸含咀之所资。今因据郭集各类中，采其尤佳而可诵者九十余首，以示一斑焉。

【译文】以下三首为郊庙歌辞之汉代祭祀乐章，宋朝郭茂倩编纂的《乐府诗集》一百卷，囊括了历代乐府。上起追溯到陶唐，下到五代，分为十二类，一是郊庙歌辞，二是燕射歌辞，三是鼓吹歌辞，四是横吹曲辞，五是相和歌辞，六是清商曲辞，七是舞曲歌辞，八是琴曲歌辞，九是杂曲歌辞，十是近代曲辞，十一是杂谣歌辞，十二是新乐府辞。总括庞大，每题把古辞放前，拟作放后。古辞多为汉魏六朝间无名氏所作，行文叙事，别有一番风趣。与《古诗十九首》及苏李唱和等篇章，异曲但同样工巧，并且被历代诗家借鉴吸收。于是在《乐府诗集》的各类篇章中，采纳最好且可诵读篇九十多首，来看其中的一小部分。

玄冥

玄冥凌阴，蛰虫盖藏，草木零落，只冬降霜。易乱除邪，革正异俗，兆民反本，抱素怀朴，修理信义，望礼五岳，籍敛之时，掩收嘉谷。

【译文】黑天藏冰的地窖，蛰伏的虫子被掩藏着，草木零落，只是冬季的降霜。除邪治乱，革新二俗，百姓复归农业，心怀朴素，重振礼义气，去五岳观礼，收税的时候，收割好谷。

天马

太一况（同贶），天马下，沾赤汗，沫流赭。志俶傥，精权奇，籋（音业）浮云，晻上驰。体容与，迣（即逝字）万里，今安匹，龙为友。

【译文】天神太一赐福，使天马飘然下凡。这天马真是与众不同，它奔驰时流出的汗是红色的，好像满脸红血，此马因而被人们称为汗血宝马。这天马的状态不同凡响，情志洒脱不受拘束，它步伐轻盈，踏着浮云，一晃就飞上了天。它放任无忌，超越万里，凡间没有什么马可以与它匹敌，它志节不凡，唯有神龙才配做它的朋友。

天马徕，从西极，涉流沙，九夷服。天马徕，出泉水，虎脊两，化若鬼。天马徕，历无草，径千里，循东道。天马徕，执徐时，将摇举，谁与期？天马徕，开远门，竦予身，逝昆仑。天马徕，龙之媒，游阊阖，观玉台。

【译文】天马从西方极远之处来到，经过了沙漠之地。众多的少数民族和外国都降服了。天马出自水中，长有双脊，皮毛颜色像老虎一样。天马能变化，如同鬼神那样灵异。天马穿越千里，迅速越过无草的区域，在辰年来到东方。将驾着天马，高飞到遥远的地方，无可限期。天马既来，开通了上远方之门，可以上昆仑山去会神仙了。天马既来，龙也将来，可以乘着龙登天门，去观赏上帝住的地方了。

战城南

（以下三首为鼓吹曲辞之汉铙歌）

战城南，死郭北，野死不葬乌可食。为我谓乌："且为客豪，野死谅不葬，腐肉安能去子逃？"水深激激，蒲苇冥冥。枭骑战斗死，驽马徘徊鸣。梁筑室，何以南，何以北，禾黍不获君何食？愿为忠臣安可得？思子良臣，良臣诚可思，朝行出攻，暮不夜归。

【译文】城南和外城以北都有战事，阵亡的人死在野外，尸体被乌鸦啄食。诗人见阵亡者弃尸原野，只能用乌鸦啼叫来代替亲人的号哭招魂。那些阵亡的人死于野外，自然无人收葬，他们的尸体逃不开乌鸦啄食。城外水深清澈，蒲苇茂密繁盛，野外一片晦暗的景象。勇敢的人为战争而献出生命，怯懦者面临战争则徘徊不前。在桥上盖屋，分不清哪是南哪是北，社会秩序极不正常。无人收获庄稼，你们统治者吃什么？即使愿为忠臣，但怎能做得到呢？思念那些忠心为国的战士，那些忠臣真的是值得人纪念，天刚亮他们就得忙着去进攻敌人，晚上很晚了还没回来。

有所思

有所思，乃在大海南。何用问遗君？双珠玳瑁簪，用玉绍缭之。闻君有他心，拉杂摧烧之。摧烧之，当风扬其灰。从今以往，勿复相思。相思与君绝！鸡鸣狗吠，兄嫂当知之。妃呼豨，秋风肃肃晨风飔，东方须臾高知之。

【译文】我所思念的人，远在大海南边。临别时，你不知拿什么礼物来赠送给我，只以镶嵌着珍珠的玳瑁簪相赠以表达你的一片痴心。送给我后我小心地用玉环把发簪缠绕起来，以同样表示对你的深情依恋。后来听说你变了心，我生气地把这发簪折断砸碎了。毁掉它，同时也想毁掉我们间的情意。从今与你一刀两断，不再为你而相思难眠。我下决心与你断绝这份情意，但回想起我们当年的相见，初次见面时那份甜蜜，我又难下决心。外面已是秋风萧瑟的季节，雉为求偶发出了悲鸣声，而人呢，谁不想有个好的伴侣？我现在犹豫难定，等天亮以后再做个最终的决定吧！

上邪

上邪，我欲与君相知，长命无绝衰。山无陵，江水为竭，冬雷震震，夏雨雪，天地合，乃敢与君绝。

【译文】老天呀，我想与我心爱的人相遇相知，我们的爱情永不衰绝。要想让我们的爱情淡漠，除非山没有山峰，大江之水枯竭，冬天响雷下雨，夏天天降暴雪，天地混沌为一，才会与心爱的人断绝情意。可这些都是不可能出现的，我们的爱情会永久为一，始终不弃。

企喻歌辞二首

（以下二十一首横吹曲辞之梁鼓角横吹曲）

男儿欲作健，结伴不须多。鹞子经天飞，群雀两向波。

【译文】男儿想要作勇士，不需要很多的人结伴同行。
鹞子在天上飞，雀鸟像波浪一样两边分开。

男儿可怜虫，出门怀死忧。尸丧狭谷中，白骨无人收。

【译文】男儿是一条可怜虫，一出家门就为战死而忧心。多少人战死在狭谷中，白骨成堆没人收。

琅琊王歌辞二首

新买五尺刀，懸著中梁柱。一日三摩挲，劇于十五女。

【译文】新买来一把五尺长的刀，悬挂在屋梁与柱子之间。一天要抚摸好多次，胜过爱十五岁的妙龄女。

客行依主人，愿得主人强。猛虎依深山，愿得松柏长。

【译文】客行依恋主人，祝愿主人能够强健。
猛虎依恋深山，希望和松柏一样长久。

隔谷歌二首

兄在城中弟在外，弓无弦，箭无栝。食粮乏尽若为活？救我来！救我来！

【译文】哥被围困城内弟在外。困在城内有弓缺了弦，有箭折扣端。
粮食已吃完，想要活着出去难上难不知怎办？（弟弟呀！）救我来！救我来！

兄为俘虏受困辱，骨露力疲食不足。弟为官吏马食粟，何惜钱刀来我赎！

【译文】哥我做了俘虏陷入困境受尽了屈辱，整日间饿着肚皮精疲力竭瘦骨嶙峋。
弟你高官厚禄厩里的马都不吃草料喂小米，怎么忍心为了怜惜钱币不为哥哥解难赎身体！

地驱乐歌

月明光光欲堕，欲来不来早语我。

【译文】月亮明亮，像要坠落的样子，想来，不想来，早早告诉我。

捉搦歌四首

粟穀难舂付石臼，弊衣难护付巧妇。男兒千凶饱人手，老女不嫁只生口。

【译文】粟谷很难去皮，用石臼捣碎，破衣很难遮蔽，留给手巧的妇人。
男子历经艰险，饱食家人，女孩子不嫁人，只照料牲畜。

谁家女子能行步，反著裌禅后裙露。天生男女共一处，愿得两个成翁妪。

【译文】谁家的女孩子能大步行走，夹衣和单衣穿反，下衣太短。
上天同时创造男人和女人，希望两个能够长久的成为夫妻。

华阴山头百丈井，下有流水彻骨冷。可怜女子能照影，不见其馀见斜领。

【译文】华阴山顶有一口深百丈的井，下面有寒冷彻骨的流水。
能够照出可爱的女孩的影子，看不见其他，只能看到斜坡。

黄桑柘屐蒲子履，中央有系两头系。小时怜母大怜婿，何不早嫁论家计。

【译文】叶落的桑树做的雨鞋，蒲草做的鞋子，中间有带，两头绑系。
小时敬爱母亲，长大敬爱丈夫，为什么不早嫁，处理家庭生计。

折杨柳歌辞二首

遥看孟津河，杨柳郁婆娑。我是虏家儿，不解汉儿歌。

【译文】远望黄河孟津段，杨柳茂盛，随风舞动。
我是胡人，不懂得汉族的文词。

健儿须快马，快马须健儿。跸跋黄尘下，然后别雄雌。

【译文】勇士需要矫健的马，矫健的马也需要勇士。
快马疾驰尘土飞扬，这样才能决出高低。

折杨柳枝歌四首

上马不捉鞭，反折杨柳枝。下马吹长笛，愁煞行客儿。

【译文】上马不拿马鞭，反倒攀折杨柳的枝条。
下马吹起羌笛，愁死了行旅之人。

门前一株枣，岁岁不知老。阿婆不嫁女，那得孙儿抱。

【译文】门前种了一棵枣树，年年不觉得它的生长。
老年妇人不嫁女儿，哪能抱孙儿。

敕敕何力力，女子临窗织。不闻机杼声，只闻女叹息。

【译文】整顿多么尽力，女子对着窗户织布。
没听见织布机的声响，只听到女子的叹息声。

问女何所思，问女何所忆。阿婆许嫁女，今年无消息。

【译文】问女子在想什么，在思念什么。
老妇人答应嫁女，今年还没有音信。

幽州马客吟歌辞

快马常苦瘦，勤儿常苦贫。黄禾起羸马，有钱始作人。

【译文】马瘦苦于跑得快，人穷苦于太勤快。
瘦马有谷草才能肥起来，勤人有钱花才能活出个人样来。

陇头歌辞

朝发欣城，暮宿陇头。寒不能语，舌卷入喉。

【译文】早上从欣城出发，晚上睡在陇山。冻得说不出话来，舌头卷缩在喉咙里不能伸开。

木兰诗二首

（后一首唐韦元甫拟作）

唧唧复唧唧（一作促织唧唧），木兰当户织。不闻机杼声，唯闻女叹息，问女何所思？问女何所忆？女亦无所思，女亦无所忆。昨夜见军帖，可汗大点兵，军书十二卷，卷卷有爷名。阿爷无大儿，木兰无长兄，愿为市鞍马，从此替爷征。

东市买骏马，西市买鞍鞯，南市买辔头，北市买长鞭。旦（一作朝）辞爷娘去，暮宿黄河边，不闻爷娘唤女声，但闻黄河流水鸣溅溅。旦辞黄河去，暮至（一作宿）黑山头，不闻爷娘唤女声，但闻燕山胡骑鸣啾啾。

万里赴戎机，关山度若飞。朔气传金柝，寒光照铁衣。将军百战死，壮士十年归。归来见天子，天子坐明堂。策勋十二转，赏赐（一作赐物）百千强。可汗问所欲，木兰不用尚书郎，愿驰千里足（段成式酉阳杂俎云，愿借明驼千里足），送儿还故乡。

爷娘闻女来，出郭相扶将；阿姊闻妹来，当户理红妆；小弟闻姊来，磨刀霍霍向猪羊。开我东阁门，坐我西间床。脱我战时袍，着我旧时裳。当窗理云鬓，挂（一作对）镜贴花黄。出门看火伴，火伴皆（一作始）惊惶。同行十二年，不知木兰是女郎。雄兔脚扑朔，雌兔眼迷离。双（一作两）兔傍地走，安能辨我是雄雌？

【译文】织布机的声音一声接着一声，木兰在对着门织布。忽然听不到织布的声音，只听见木兰的叹气声。问木兰在想什么，在思念什么。木兰没有想什么，也没有思念什么。昨夜看见军中的文告，知道皇上正在大规模地征兵。征兵的名册有很多卷，每一卷都有父亲的名字。父亲没有长大成人的儿子，木兰没有兄长，愿意为此去买鞍马，从此替父亲出征。

木兰到集市各处买了骏马、马鞍等出征马具。早晨辞别父母上路，傍晚宿营在黄河边，听不见父母呼唤女儿的声音，只能听到黄河的流水声。又一天早晨辞别黄河上路，傍晚到达黑山边，听不见父母呼唤女儿的声音，只能听到燕山胡人战马的嘶鸣声。

木兰不远万里奔赴战场，像飞一样地跨过一道道的关，越过一座座的山。北方的寒气传送着打更的声音，清冷的月光映照着战士们的铁甲战袍。身经百战之后，有的将士战死沙场，有的将士凯旋而归。

木兰十多年之后幸运归来。胜利归来朝见天子，天子坐在殿堂上。木兰被记功很多次，赏赐了很多财物。天子问木兰想要什么，木兰不愿当尚书省的官，只希望骑上一匹千里马回故乡。

父母听说女儿要回来，互相搀扶着到外城来迎接木兰；姐姐听说妹妹要回来，对着门户梳妆打扮起来；弟弟听说姐姐要回来，霍霍地磨刀准备杀猪宰羊。木兰回到了原来的房间，打开各个房间的门，坐一会儿各个房间的床，脱去打仗时穿的战袍，穿上以前的旧衣裳，对着窗户前的镜子梳理云一样的鬓发、在脸上贴上花黄。出门去见同去出征的伙伴，伙伴们都很吃惊，同行多年，竟然不知道木兰是个姑娘。

传说兔子静卧时，雄兔的两只前脚时时爬搔，雌兔的两只眼睛时常眯着，所以容易辨认。雄雌两兔一起贴着地面奔跑，怎能分辨得出哪个是雄兔，哪个是雌兔呢？

木兰抱杼嗟，借问复为谁。欲闻所戚戚，感激强其颜。
老父隶兵籍，气力日衰耗。岂足万里行，有子复尚少。
胡沙没马足，朔风裂人肤。老父旧羸病，何以强自扶。
木兰代父去，秣马备戎行。易却纨绮裳，洗却铅粉妆。
驰马赴军幕，慷慨携干将。朝屯雪山下，暮宿青海傍。
夜袭燕支虏，更携于阗羌。将军得胜归，士卒还故乡。
父母见木兰，喜极成悲伤。木兰能承父母颜，
却卸巾鞲理丝簧。昔为烈士雄，今为娇子容。
亲戚持酒贺父母，始知生女与男同。门前旧军都，
十年共崎岖。本结弟兄交，死战誓不渝。今者见木兰，
言声虽是颜貌殊。惊愕不敢前，叹息徒嘻吁。世有臣子心，
能如木兰节。忠孝两不渝，千古之名焉可灭。

【译文】木兰抱着织机的梭子叹着气，究竟是为了谁这么愁苦呢？想要听她说所忧愁的事情，她感激地强颜述说：老父隶属于兵籍，必须服兵役，但是他体力已经逐日衰减，怎么经得起万里征程呢，虽然有儿子但是年纪尚小。北地的风沙足以淹没战马的马蹄，凛冽的北风足以撕裂人的皮肤。老父本来就有病了，身体虚弱，依赖什么来勉强照顾自己呢？

木兰决定替代父亲去服役，喂饱了马后著上戎装踏上行程。换掉了华丽的闺阁衣裳，洗净了铅华的妆饰。纵马赶赴军营，豪壮地提携着宝剑，早晨停马在雪上之下，傍晚借宿在青海湖的旁边。夜晚三更突袭了燕地部族的胡虏，抓住了于滇的酋长。将军得胜荣归，士卒返回故乡。

父母看到木兰归家，高兴到了极点反而突然生出悲哀之情。木兰能够承接安慰父母，

脱下戎装整理丝簧。昔日是烈士豪雄，如今却变成了娇美的处子之容。亲戚们举着酒杯祝贺木兰的父母，到现在才知道生女儿原来同生儿子一样。门前曾是木兰的旧部士兵，十年来一起出生入死。本来结下了兄弟的情谊，誓死共同战斗绝不改变。今天看到木兰，声音虽然相同但容貌已经改变了。惊慌地不敢上前，徒自叹着气而已。世上哪有这样的臣子，能有木兰这样的气节情操，忠孝两全，千古的英名哪里能够泯灭？

箜篌引

（此首为相和歌辞相和六引之一）

公无渡河，公竟渡河。堕河而死，当奈公何。

【译文】公不渡河，公最后还是渡过了河。
掉河而死，还能把你怎么样？

江南

（以下五首为相和歌辞之相和曲）

江南可采莲，莲叶何田田。鱼戏莲叶间。鱼戏莲叶东，鱼戏莲叶西，鱼戏莲叶南，鱼戏莲叶北。

【译文】江南是采莲的绝好地方，这儿的莲叶浮出水面相连接，十分茂盛。鱼儿活泼地在莲叶间嬉戏。一会儿嬉戏在莲叶的东面，一会儿嬉戏在莲叶的西面。一会儿嬉戏在莲叶的南面，一会儿嬉戏在莲叶的北面。

薤露歌

薤上露，何易晞。露晞明朝更复落，人死一去何时归。

【译文】薤叶上的露水，是多么容易晒干啊！露水虽然今日被晒干，但明日清晨又会落在薤叶上。而人命奄忽，一旦死去，就再没有醒来的时候。

蒿里曲

蒿里谁家地，聚敛魂魄无贤愚。鬼伯一何相催促，人命不得少踟蹰。

【译文】蒿里是魂魄聚居之地，无论贤达之人还是愚昧之人都不免一死，魂归蒿里。主管死亡的神对人命的催促是多么紧迫啊，人的性命不能久长，更容不得稍稍逗留。

鸡鸣

鸡鸣高树颠，狗吠深宫中。荡子何所之？天下方太平。
刑法非有贷，柔协正乱名。黄金为君门，璧玉为轩堂。
上有双樽酒，作使邯郸倡。刘王碧青甓，后出郭门王。
舍后有方池，池中双鸳鸯。鸳鸯七十二，罗列自成行。
鸣声何啾啾，闻我殿东厢。兄弟四五人，皆为侍中郎。
五日一时来，观者满路旁。黄金络马头，颎颎何煌煌！
桃生露井上，李树生桃旁。虫来啮桃根，李树代桃僵。
树木身相代，兄弟还相忘。

【译文】鸡在高树的顶上鸣叫，狗在深宫中叫。不安份的人怎样离开这里？天下正是太平盛世。

刑罚不容推卸，用渐进的方式败坏正统。黄金做成的门，上等美玉做成的殿堂。

上面放有一对酒杯，使唤着女艺人。是刘王爷家碧青的砖墙后边，后出来是外城的王。

屋后有池沼，池塘里有成对的鸳鸯。鸳鸯众多，罗列成行。

叫声多么热闹，我在东厢房都能听到。四五位兄弟，都是出入宫禁的亲近官员。

每当休息，兄弟回来，路上围满了观望的人。马头上戴着金黄色的笼头，光明闪烁多么荣耀！

桃树长在院子中间的空地，李树长在桃树旁边。虫子来咬桃树的根茎，李树代替桃树而死。

树木以身相代，王兄弟们大概是忘记了。

陌上桑

（一曰艳歌罗敷行）

日出东南隅，照我秦氏楼。秦氏有好女，自名为罗敷。罗敷善蚕桑，采桑城南隅。青丝为笼系，桂枝为笼钩。头上倭堕髻，耳中明月珠；缃绮为下裙，紫绮为上襦。行者见罗敷，下担捋髭须。少年见罗敷，脱帽著帩头。耕者忘其犁，锄者忘其锄；来归相怨怒，但坐观罗敷。

使君从南来，五马立踟蹰。使君遣吏往，问是谁家姝。"秦氏有好女，自名为罗敷。""罗敷年几何？""二十尚不足，十五颇有余。"使君谢罗敷，"宁可共载不？"

罗敷前致词："使君一何愚！使君自有妇，罗敷自有夫。东方千余骑，夫婿居上头。何用识夫婿？白马从骊驹，青丝系马尾，黄金络马头；腰中鹿卢剑，可值千万余，十五府小吏，二十朝大夫，三十侍中郎，四十专城居。为人洁白晰，鬑鬑颇有须；盈盈公府步，冉冉府中趋。坐中数千人，皆言夫婿殊。

【译文】太阳从东方升起，照到我们秦家的楼房。秦家有位美丽的少女，本来取名叫罗敷。罗敷很会养蚕采桑，城南边侧采桑。用青丝做篮子上的络绳，用桂树枝做篮子上的提柄。头上梳着倭堕髻，耳朵上戴着宝珠做的耳环；浅黄色有花纹的丝绸做成下裙，紫色的绫子做成上身短袄。走路的人看见罗敷，放下担子捋着胡子。年轻人看见罗敷，脱掉帽子整理仪容。耕地的人忘记了自己在犁地，锄地的人忘记了自己在锄地；回来后互相埋怨生气，只因为观看罗敷。

太守乘车从南边来了，拉车的五匹马停下来徘徊不前。太守派遣小吏过去，问这是谁家的美女。小吏回答："是秦家的美女，本名叫罗敷。"太守又问："罗敷年龄多大了？"小吏回答："二十岁还不足，十五岁略微有多。"太守令小吏问罗敷，"愿意一起坐车吗？"

罗敷上前回话："太守你多么愚蠢！太守你本来有妻子，罗敷我本来有丈夫。丈夫当官在东方，随从人马一千多，他排列在最前头。凭什么识别我丈夫？骑白马后面跟随小黑马的那个大官就是，用青丝拴着马尾，那马头上戴着金黄色的笼头；腰中佩着鹿卢剑，宝剑可以值上千上万钱，十五岁在太守府做小吏，二十岁在朝廷里做大夫，三十做皇上的侍中郎，四十岁成为一城之主。他长得皮肤洁白，疏朗朗略微长一点胡须；他轻缓地在府中迈方步，从容地出入官府。（太守座中聚会时）在座的有几千人，都说我丈夫与众不同。”

长歌行

（连下首为相和歌辞之平调曲）

青青园中葵，朝露待日晞。阳春布德泽，万物生光辉。
常恐秋节至，焜黄华叶衰。百川东到海，何时复西归？
少壮不努力，老大徒伤悲。

【译文】园中的葵菜青青郁郁，葵叶上的露水被朝阳晒干。
春天的阳光把温暖布满大地，万物都焕发出勃勃生机。
常常担心秋天一到，美丽的花叶就会枯黄、衰败。
无数条江河奔腾着向东流入大海，什么时候才能够重新返回西边？
年少时如果不珍惜时间努力向上，到老只能白白地悔恨与悲伤。

君子行

君子防未然，不处嫌疑间。瓜田不纳履，李下不正冠。
嫂叔不亲授，长幼不比肩。劳谦得其柄，和光甚独难。
周公下白屋，吐哺不及餐。一沐三握发，后世称圣贤。

【译文】君子防患于未然，不处在遭嫌疑的地方。
经过瓜田时，不弯腰提鞋，走在李树下面，不整理帽子。
叔嫂接拿东西手不相挨，长幼之间不能比肩站立。
勤劳恭谨，得到发展机会，和光同尘要比独自一人做难得多。
周公礼遇寒士，吃饭时多次吐出口中的事物。
洗头时多次手握头发出来迎接士子，因此被后世称为圣贤。
相逢行（此首为相和歌辞之清调曲，一曰相逢狭路行，一曰长安有狭斜行）

相逢狭路间，道隘不容车。不知何年少？夹毂问君家。君家诚易知，易知复难忘；黄金为君门，白玉为君堂。堂上置樽酒，作使邯郸倡。中庭生桂树，华灯何煌煌。兄弟两三人，中子为侍郎；五日一来归，道上自生光；黄金络马头，观者盈道傍。入门时左顾，但见双鸳鸯；鸳鸯七十二，罗列自成行。音声何噰噰，鹤鸣东西厢。大妇织绮罗，中妇织流黄；小妇无所为，挟瑟上高堂："丈人且安坐，调丝方未央。"

【译文】在狭窄的小路间相逢，道路太窄容不下车子。不知道是哪里来的少年，停下车来问你家的情况。你家的情况是容易知晓的，因为你家是这里的豪门大户，所以我不但容易知晓而且还难忘。你家的门是用黄金做的，堂屋的用料是汉白玉。你家堂屋里常常设有樽酒，还有赵地的歌女在这里演奏。你家庭院中央有棵桂树，树上挂着很多彩灯，每当夜晚来临，这些灯光灿烂明亮。你家有三个弟兄。家里的老二是皇帝的侍从，官为侍郎。他五天休一次假，当他休假回家时，一路上光彩照人。驾马所用的马勒是用黄金装饰的，围观的人很多，充满道路两旁。进入家门，向左边的池塘望去，只见成对的鸳鸯飞来。七十二只鸳鸯罗列成行，它们欢乐地在水里游着，声音和谐。在东西两侧还有白鹤噰噰鸣叫。老大媳妇正在织罗绮，老二媳妇在织黄紫相间的绢。老三媳妇没有事情可做，就拿着把琴瑟去堂屋。老人在屋内安坐后，她便开始调弦准备弹奏美妙的乐曲了。

善哉行

（以下十四首为相和歌辞之瑟调曲）

来日大难，口燥唇干。今日相乐，皆当喜欢。
经历名山，芝草翩翩。仙人王乔，奉药一丸。
自惜袖短，内手知寒。惭无灵辄，以报赵宣。
月没参横，北斗阑干。亲友在门，饥不及餐。
欢日尚少，戚日苦多。以何忘忧，弹筝酒歌。
淮南八公，要道不烦。参驾六龙 ，游戏云端。

【译文】过去的日子遭受很多灾祸，想起口燥唇干。今天还能跟亲友们在一起谈笑，应该尽情欢笑。

走遍名山大川，看那仙草翩翩起舞。如果能见到仙人王乔公，让他给我一丸仙丹。

痛惜袖子太短，手就知道寒冷。惭愧自己没有神仙的本事，来解救报答赵宣。

看着月亮淹没在众星中，北斗七星纵横交错。亲友们在我家里，我饿了也没有时间吃饭。

快乐的日子总是很少，但是令人忧愁的日子里却有很多苦闷，如何排遣烦忧呢？唯有弹琴饮酒放怀歌唱。

淮南八公，他们的神仙之道是没有烦恼的。他们驾着六龙升天，在云间嬉笑娱乐。

陇西行

（一曰步出夏门行）

天上何所有？历历种白榆。桂树夹道生，青龙对道隅。
凤凰鸣啾啾，一母将九雏。顾视世间人，为乐甚独殊！
好妇出迎客，颜色正敷愉。伸腰再拜跪，问客平安不？
请客北堂上，坐客毡氍毹。清白各异樽，酒上正华疏。
酌酒持与客，客言主人持。却略再拜跪，然后持一杯。
谈笑未及竟，左顾敕中厨。促令办粗饭，慎莫使稽留。
废礼送客出，盈盈府中趋。送客亦不远，足不过门枢。
取妇得如此，齐姜亦不如。健妇持门户，亦胜一丈夫。

【译文】天上有什么？玉衡星清凉分明。
桂星绕着黄道运转，青龙星在黄道边上。
凤凰啁唽鸣叫，一只雌鸟携带者九子。
环顾着世间俗人，快乐的方式很不同！
美丽的妇人，出来欢迎客人，容颜娇美。
伸展腰肢施礼，问客人是否平安？
请客人到北堂，客人坐在粗毛毯上。
清酒、浊酒分别放在不同酒杯，泡沫像花的疏散。
倒酒给客人，客人说主人先拿。
稍稍后退两次施礼，之后拿了一杯酒。
谈笑还没有结束，转头吩咐内厨房。
催促置办饭食，千万不要耽误时间。
礼节完成送客人离开，轻快的小步快走向府中。
送客人也不能送很远，脚不能过门槛。

娶这样的妻子，齐姜也比不上她。
强健的妻子支撑门户，也胜过男子。

步出夏门行

邪径过空庐，好人常独居。卒得神仙道，上与天相扶。
过谒王父母，乃在太山隅。离天四五里，道逢赤松俱。
揽辔为我御，将吾上天游。天上何所有?历历种白榆。
桂树夹道生，青龙对伏趺。

【译文】一条小路穿过空房，曾经有一位好人在此独自居住。
最后终于得道成仙，将向上飞升而与天相扶了。
在泰山的一角经过时，拜谒了东王父西王母。
到了离天还有四五里的距离时，在路上碰到了赤松子在那里。
他揽起了缰绳为我驾车辆，陪我上天游玩。
天上有什么？到处种的都是白榆星。
桂星绕着黄道运转，青龙星相对趴扶。

折杨柳行

默默施行违，厥罚随事来。末喜杀龙逢，桀放於鸣条。祖伊言不用，纣头悬白旄。
指鹿用为马，胡亥以丧躯。夫差临命绝，乃云负子胥。戎王纳女乐，以亡其由余。
璧马祸及虢，二国俱为墟。三夫成市虎，慈母投杼趋。卞和之刖足，接舆归草庐。

【译文】默默行动与世相违，他们的责罚会跟随而来。妹喜杀了关龙逢，商纣在鸣条之战中战败。商纣不听祖伊的谏言，商纣的头被悬挂在军旗上。

指着鹿，当作马，胡亥因此丧命。夫差生命将尽时，才说辜负了伍子胥。戎王接受了美女，由余出逃并灭亡了西戎。

美玉和良马祸及到虢国，虢国和虞国都成为了废墟。三人成虎，母亲丢弃织布机，奔逃。卞和被砍脚，接舆归隐山林。

西门行二首

出西门，步念之。今日不作乐，当待何时。夫为乐，为乐当及时，何能坐愁怫郁。当复待来兹，饮醇酒，炙肥牛，请呼心所欢，可用解忧愁。人生不满百，常怀千岁忧。昼短而夜长，何不秉烛游。自非仙人王子乔，计会寿命难与期。人寿非金石，年命安可期，贪财爱惜费，但为後世嗤。（此曲晋乐所奏）

【译文】出了西门，边走边想。今天不及时欢乐，当待何时。作乐，就要及时行乐，哪能只发愁愤懑。当到来年，喝美酒，烤肥牛，请招来亲近的人，可以排解忧愁。人生很难活百岁，时常心怀千年的烦忧。白天太短，夜晚又太长，为什么不秉烛夜游。就不是仙人王子乔，期望的寿命很难达到。人不像金石一样长久，寿数哪里知道，贪恋钱财吝啬成性，只能被后世耻笑。

出西门，步念之。今日不作乐，当待何时。逮为乐，逮为乐，当及时，何能坐愁怫郁。当复待来兹，酿美酒，炙肥牛，请呼心所惧，可用解忧愁。人生不满百，常怀千岁忧。昼短苦夜长，何不秉烛游。游行去去如云除，敝车羸马为自储。（此曲本辞）

【译文】出了西门，边走边想。今天不及时欢乐，当待何时。等着作乐，行乐要及时，哪能只发愁愤懑。当到来年，酿美酒，烤肥牛，请招来畏惧的人，可以排解忧愁。人生很难活百岁，时常心怀千年的烦忧。苦于白天太短，夜晚太长，为什么不秉烛夜游。到远方去游玩，就像云散一样，坐着破车弱马是自己。

东门行二首

出东门，不顾归。来入门，怅欲悲。盎中无斗储，还视桁上无悬衣。拔剑出门去，儿女牵衣啼："他家但愿富贵，贱妾与君共哺糜，共哺糜，上用仓浪天故，下为黄口小儿。"今时清廉，难犯教言，君复自爱莫为非，今时清廉，难犯教言，君复自爱莫为非。行吾去

为迟，平慎行，望君归。（此曲晋乐所记）

【译文】刚才出东门的时候，就不想着再回来了。进家门，惆怅悲愁。罐里没有粮食，回望衣架上没有衣服。拔剑出门，孩子牵着衣服哭泣说："别人家只管富贵，我情愿和你吃粥。在上有青天，下有小孩。"现在的清廉，不可触犯教悔的话，你要自爱不要做坏事，现在的清廉，不可触犯教诲的话，你要自爱不要做坏事。我现在离开都晚了，慎重行事，盼望着你回来。

出东门，不顾归。来入门，怅欲悲。盎中无斗米储，还视架上无悬衣。拔剑东门去，舍中儿母牵衣啼："他家但愿富贵，贱妾与君共哺糜。上用仓浪天故，下当用此黄口儿。今非："咄！行！吾去为迟！白发时下难久居。"（此曲本辞）

【译文】刚才出东门的时候，就不想着再回来了。来家进门惆怅悲愁。米罐里没有多少粮食，衣架上没有衣服。拔剑出东门，孩子的母亲牵着衣服哭泣说："别人家只管富贵，我情愿和你吃粥。在上有青天，在下有年幼的孩子。这样做不对！"丈夫说："你不要管！我去了！我要迟了！头发都白掉了，白发老翁现在也不能安心活下去了。"

饮马长城窟行二首

（一云前首汉蔡邕作，后首陈琳作）

青青河畔草，绵绵思远道。远道不可思，宿昔梦见之。梦见在我旁，忽觉在他乡。他乡各异县，展转不相见。枯桑知天风，海水知天寒。入门各自媚，谁肯相为言！客从远方来，遗我双鲤鱼。呼儿烹鲤鱼，中有尺素书。长跪读素书，书中竟何如？上言加餐饭，下言长相忆。

【译文】河边春草青青，连绵不绝地伸向远方，令我思念远行在外的丈夫。远在外乡的丈夫不能终日思念，但在梦里很快就能见到他。梦里见他在我的身旁，一觉醒来发觉他仍在他乡。他乡各有不同的地区，丈夫在他乡漂泊不能见到。桑树枯萎知道天风已到，海水也知道天寒的滋味。同乡的游子各自回家亲爱，有谁肯向我告诉我丈夫的讯息？有位客人从远方来到，送给我装有绢帛书信的鲤鱼形状的木盒。呼唤童仆打开木盒，其中有尺把长的用素帛写的信。恭恭敬敬地拜读丈夫用素帛写的信，信中究竟说了些什么？书信的前一部分是说要增加饭量保重身体，书信的后一部分是说经常想念。

饮马长城窟，水寒伤马骨。往谓长城吏，慎莫稽留太原卒！
官作自有程，举筑谐汝声！男儿宁当格斗死，何能怫郁筑长城。
长城何连连，连连三千里。边城多健少，内舍多寡妇。
作书与内舍，便嫁莫留住。善事新姑嫜，时时念我故夫子！
报书往边地，君今出语一何鄙？身在祸难中，何为稽留他家子？
生男慎莫举，生女哺用脯。君独不见长城下，死人骸骨相撑拄。
结发行事君，慊慊心意关。明知边地苦，贱妾何能久自全？

【译文】马在长城附近的泉眼喝水，水太冷损害马的骨头。
前去告诉长城的长官，千万不要延长太原地方的兵士的服役时间！
官府的工程有期限，全部的筑土工具的声音要协调一致！
男子宁愿搏斗而死，哪能愁苦的修筑长城。
长城连绵有多远，绵长有三千里。
边疆健壮的青年很多，中原的寡妇很多。
写信给妻子，改嫁不要停留。
善待新的公婆，时常想我这前夫！
回信到边疆，你现在说的话多么的浅薄！
深陷祸患中，哪里会为别家女子停留？
生男孩千万不要养大，生女孩要用肉喂养。
你看长城下面，是用死人的骸骨支撑着。
和你结为夫妻，心里为两地分居而怨恨。
明知边境的艰苦，我哪里能够长久的保留自己？

妇病行

妇病连年累岁，传呼丈人前。一言当言，未及得言，不知泪下一何翩翩。“属累君两三孤子，莫我儿饥且寒。有过慎莫笪笞，行当折摇，思复念之！”乱曰：抱时无衣，襦复无里。闭门塞牖，舍孤儿到市。道逢亲交，泣坐不能起。从乞求与孤买饵。对交啼泣，泪不可止。“我欲不伤，悲不能已。”探怀中钱持授交。入门见孤儿啼，索其母抱，徘徊空舍中。“行复尔耳！弃置勿复道。”

【译文】有一妇女长年累月生病，叫她丈夫到跟前有话要说，正要开口还没说话，不觉得泪就哗哗地不断落下。“两三个孤儿拖累你了，不要使我的孩子挨饿受寒，有过错不要捶打，我就要离开人世了，希望你今后还能常想到我的这番嘱咐。”妇女死后：抱孩子没长衣，短衣又破烂得没了衣里。只好紧闭门窗，堵好缝隙，留下孤儿到市场去买食物。半道上碰上亲友，哭得坐在地上起不来。请求亲友替他买食物。对着亲友不停地哭泣，止不住泪水。他说：“我想不伤心不能啊！”说着把手伸进怀里掏钱，取出后拿在手里郑重地交给亲友。回家开门看见孤儿，啼哭着寻找妈妈抱他。进门后无奈地在空空的屋里走来走去，自言自语：“不用说了，用不了多久，孩子又和他妈一样地会死去。”

孤儿行

孤儿生，孤子遇生，命独当苦。父母在时，乘坚车，驾驷马。
父母已去，兄嫂令我行贾。南到九江，东到齐与鲁。
腊月来归，不敢自言苦。头多虮虱，面目多尘。

【译文】孤儿生在世上，自己偶然生在世上，偏偏数自己命苦。
父母都在的时候，乘着好车，骑着四匹马拉的车。
父母去世，哥哥和嫂子让我经商。
往南到了九江，往东到了齐地和鲁地。
寒冬腊月回家，不敢说自己很苦。
头上生出虱子，尘土满面。

大兄言办饭，大嫂言视马。上高堂，行取殿下堂。
孤儿泪下如雨。使我朝行汲，暮得水来归。
手为错，足下无菲。怆怆履霜，中多蒺藜。
拔断蒺藜肠肉中，怆欲悲。泪下渫渫，清涕累累。
冬无复襦，夏无单衣。居生不乐，不如早去，下从地下黄泉。

【译文】哥哥说去做饭，嫂子说去照管马匹。
刚在正厅置办好饭菜，又赶紧奔向堂下去照管马匹。
孤儿泪如雨下。
让我早上打水，晚上打水回来。

他双手为之皴裂，脚上连双草鞋都未穿，
踩着寒霜，心中哀切，寒霜地上有很多的蒺藜。
拔去后，其刺却折断在胫肉中，剧痛难忍。
泪如雨下，泪水不断。
冬天没有短夹袄御寒，夏天没有单衣遮体。
活着不快乐，还不如早早离开，下到地下的黄泉。

春气动，草萌芽。三月蚕桑，六月收瓜。
将是瓜车，来到还家。瓜车反覆。助我者少，啖瓜者多。
愿还我蒂，兄与嫂严。独且急归，当兴校计。

【译文】春天的气息萌动，绿草萌芽。
三月里他要采桑养蚕，六月里又要收菜摘瓜
推着瓜车，走在回家的路上。
瓜车倒地，帮助我的人很少，吃瓜的人很多。
希望归还我的瓜，哥哥和嫂子很凶。
我要赶快回家，惹得哥哥和嫂子的计较。

乱曰：里中一何譊譊，愿欲寄尺书，将与地下父母，兄嫂难与久居。

【译文】自己对自己说：家里多么吵杂，想要寄一封家信，捎给地下的父母亲，难和兄嫂长久居住。

艳歌何尝行

（一曰飞鹄行）

飞来双白鹄，乃从西北来。十十五五，罗列成行。妻卒被病，行不能相随。五里一返顾，六里一徘徊。“吾欲衔汝去，口噤不能开；吾欲负汝去，毛羽何摧颓。乐哉新相知，忧来生别离。躇蹰顾群侣，泪下不自知。”“念与君别离，气结不能言。各各重自爱，道远归还难。”“妾当守空房，闭门下重关。若生当相见，亡者会黄泉。”今日乐相乐，延年万岁期。

【译文】双双白鹄由西北向东南方飞去，罗列成行，比翼齐飞。突然一只雌鹄因疲病不能再相随。雄鹄不舍分离，频频回顾，徘徊不已，“我想衔你同行，无奈嘴小张不开；我想背你同去，无奈羽毛不够丰满，无力负重。相识的日子我们那么快乐，今日离别，真是无限忧伤，望着身边双双对对的同伴，我们却要憾恨相别，悲戚之泪不自禁地淌了下来。”雌鹄答道：“想到要与你分离，心情抑郁得说不出话来，各自珍重吧，归途茫茫，恐难再相聚了。我会独守空巢，一生忠于你。活着我们终当相会，死后也必在黄泉下相逢。”

艳歌行

翩翩堂前燕，冬藏夏来见；兄弟两三人，流宕在他县。故衣谁当补，新衣谁当绽？赖得贤主人，览取为吾组。夫婿从门来，斜柯西北眄。“语卿且勿眄，水清石自见。”石见何累累，远行不如归。

【译文】堂前疾飞的燕子，冬天隐藏夏天回来。两三个兄弟，在外县游荡。旧衣无人补,新衣无人缝。幸好有女房东，取衣给我缝补。丈夫从外回来，侧身倚门,瞟眼斜视。请您不必斜眼看,我们和你家女主人之间的关系,清水白石,不必多心。水清石见了,一切清白,尽管如此,远行在外,还是不如回家的好。

白头吟二首

（以下三首，为相和歌辞之楚调曲）

皑如山上雪，皎若云间月。闻君有两意，故来相决绝。平生共城中，何尝斗酒会。今日斗酒会，明旦沟水头。蹀躞御沟上，沟水东西流。郭东亦有樵，郭西亦有樵，两樵相推与，无亲为谁骄。凄凄重凄凄，嫁娶亦不啼。愿得一心人，白头不相离。竹竿何袅袅，鱼尾何离簁，男儿欲相知，何用钱刀为！〈齿玄〉如（如字下或有五字）马啖萁，川上高士嬉。今日相对乐，延年万岁期。（晋乐所奏）

【译文】想起二人过去一起共度的美好时光，像山上的雪那样纯洁，像云间的月那样明亮。我们信誓旦旦，约定终生相守。听到你有二心，对我的情感发生了改变，所以特来与你相诀。平生都在一座城里，哪层一起喝过酒。今天置酒为最后的聚会，明早我们就在沟边分手。我们在御沟边缓步而行，沟水分别向东西两个方向流淌。城东有柴木，城西也有柴木，两架柴车相让，没有关系了，替谁感到高兴。凄凄惨惨，又有女子要出嫁了。嫁女不须啼哭，只要嫁得“一心人”，白头到老不分离。钓竿摆动，鱼尾像沾湿的羽毛一样。男儿向来是注重感情恩义的，金钱又有什么用呢？咬的样子就像马吃豆茎，河上的高士嬉玩。今日快乐相聚，希望这样的相聚天长地久。

皑如山上雪，皎若云间月。闻君有两意，故来相决绝。今日斗酒会，明旦沟水头。躞蹀御沟上，沟水东西流。凄凄复凄凄，嫁娶不须啼。愿得一心人，白头不相离。竹竿何袅袅，鱼尾何蓰蓰，男儿重意气，何用钱刀为（此曲本辞，一云司马相如妻卓文君作）！

【译文】想起二人过去一起共度的美好时光，像山上的雪那样纯洁，像云间的月那样明亮。我们信誓旦旦，约定终生相守。听到你有二心，对我的情感发生了改变，所以特来与你相诀。今天置酒为最后的聚会，明早我们就在沟边分手。我们在御沟边缓步而行，沟水分别向东西两个方向流淌。凄凄惨惨，又有女子要出嫁了。嫁女不须啼哭，只要嫁得“一心人”，白头到老不分离，钓竿摆动，鱼尾像沾湿的羽毛一样。男儿向来注重恩义，金钱又有什么用呢？

怨诗行

天德悠且长，人命一何促。百年未几时，奄若风吹烛。嘉宾难再遇，人命不可赎。齐度游四方，各系太山录。人间乐未央，忽然归东岳。当须荡中情，游心恣所欲。

【译文】大自然永恒地运转，悠悠长存，而人生却何其短暂！一百年还没过去，但倏地一下就停止了，好像风吹灭蜡烛那样毫无预兆，十分迅速。嘉宾是难以再次遇到的，人的生命也不可以再次赎回。人们活着可以同样到四方游乐，但死后就没有这样的机会了。所以趁着现在的大好年华，尽情地游览天地吧！不要等到人间的欢乐还没有享受完尽，忽然就死去了。就放开自己的情怀，恣意地游乐人生吧。

满歌行二首

（此二首为相和歌辞之大曲）

为乐未几时，遭世险巇。逢此百罹，零丁荼毒，愁懑难支。遥望辰极，天晓月移。忧来填心，谁当我知。戚戚多思虑，耿耿不宁。祸福无形，惟念古人，逊位躬耕。遂我所愿以兹自宁。自鄙山栖，守此一荣。暮秋烈风起，西蹈沧海。心不能安。揽衣起瞻夜，北斗阑干。星汉照我去，去自无他。奉事二亲，劳心可言。穷达天所为，智者不愁，多为少忧。安贫乐正道，师彼庄周。遗名者贵，子熙同巇。往者二贤，名垂千秋。饮酒歌舞，不乐何须。善哉，照观日月，日月驰驱，轗轲世间。何有何无，贪财惜费，此一何愚。命如凿石见火，居世竟能几时？但当欢乐自娱，尽心极所嬉怡。安善养君德性，百年保此期颐。（此曲晋乐所奏）

【译文】欢乐还没有享受，遭受世事的艰险。遇到很多灾祸，生灵涂炭，忧愤难奈。遥望星辰，天亮月移。忧愤满怀，谁了解我。思虑忧心，心中不能安静。祸福没有常形，只怀念古人，让位，隐居。实现我的心愿，来达到自我安宁的目地。我住在山里，来守护自己的安宁。秋天的晚上烈风吹起，向西过沧海。心不能安宁。收敛衣服起来看月，北斗星横斜。银河照我离开，没有别的。侍奉双亲，身心劳累。困厄、顺畅都是上天安排的，智慧的人没有愁绪，多做少忧愁。安贫乐道，效法庄子。留下声名的人很少，吉祥和险恶并生。古代的两位贤人，千秋流芳。喝酒、跳舞，不快乐，干什么。日月照耀多好。日月流转，世间坎坷，何有何无，贪恋钱财，吝啬成性，多么愚蠢。生命就像钻石去火，在世上最后能活多久。只要欢乐自娱，尽兴畅玩，好好地养护自己的德性，希望能活一百岁。

为乐未几时，遭世险巇。逢此百离。伶丁荼毒，愁苦难为。遥望极辰。天晓月移。忧来填心，谁当我知。戚戚多思虑，耿耿殊不宁。祸福无形，惟念古人，逊位躬耕。遂我所愿，以兹自宁。自鄙栖栖，守此末荣。暮秋烈风，昔蹈沧海，心不能安。揽衣瞻夜，北斗阑干。星汉照我，去自无他。奉事二亲，劳心可言。穷达天为，智者不愁，多为少忧。安贫乐道，师彼庄周。遗名者贵，子遐同游。往者二贤，名垂千秋。饮酒歌舞，乐复何须。照视日月，日月驰驱。轗轲人间。何有何无。贪财惜费，此一何愚。凿石见火，居代几时，为当欢乐，心得所喜。安神养性，得保遐期。（此曲本辞）

【译文】欢乐还没有享受，遭受世事的艰险。遇到很多灾祸，生灵涂炭，忧愤难奈。遥望星辰，天亮月移。忧愤满怀，谁了解我。思虑忧心，心中很不安宁。祸福没有常形，只怀念古人，让位，隐居。实现我的心愿，来达到自我安宁的目地。我孤零忙碌，来守护自己的安宁。秋天的晚上烈风吹起，曾经度沧海。心不能安宁。收敛衣服看月，北斗星横斜。银河照我，没有别的。侍奉双亲，身心劳累。困厄、顺畅都是上天安排的，智慧的人没有愁绪，多做少忧愁。安贫乐道，效法庄子。留下声名的人很少，去远方出游。古代的两位贤人，千秋流芳。喝酒、跳舞，快乐了，还需要什么。日月照耀多好，日月流转，世间坎坷，何有何无，贪恋钱财，吝啬成性，多么愚蠢。生命就像钻石去火，在世上能活多久。只要欢乐自娱，尽兴畅玩，安神养性，期望能活一百岁。

子夜歌五首

（晋宋齐辞，以下二十四首，为清商曲辞之吴声歌曲）

见娘喜（一作善）容媚，愿得结金兰。空织无经纬，求匹理自难。

【译文】见到她喜笑颜开，想要义结金兰。空对着织机，很难织出布匹。

始欲识郎时，两心望如一。理丝入残机，何悟不成匹。

【译文】我们刚刚相识得时候，心心好像相印。把丝线放入织机，哪里还愁织不出布匹呢？

自从别郎来，何日不咨嗟。黄檗郁成林，当奈苦心多。

【译文】郎离别，每天都长吁短叹。黄檗树丛生成林，无奈我很愁苦。

年少当及时，嗟跎日就老。若不信侬语，但看霜下草。

【译文】趁着年少的时候，趁早结婚，岁月蹉跎，一天天变老了。若是不信我的话，不妨看看那经霜的野草吧。

谁能思不歌，谁能饥不食。日冥当户倚，惆怅底不忆。

【译文】谁心中相思不唱歌，谁饿了不吃饭呢。日落，我靠门，心中惆怅不想。

子夜四时歌十二首

（晋末齐辞）

春林花多媚，春鸟意多哀。春风复多情，吹我罗裳开。

【译文】春天山林花朵娇艳，春鸟哀鸣。春风很多情，吹开我的裙摆。

昔别雁集渚，今还燕巢梁。敢辞岁月久，但使逢春阳。

【译文】过去大雁纷飞，停在水中的小块陆地上，今天燕子回巢栖在房梁。离别时间久远，只要遇到春天的太阳。

自从别欢后，叹音不绝响。黄檗向春生，苦心随日长。（以上春歌）

【译文】自从欢别之后，叹息声不断。黄檗树向阳生长，苦心随着岁月流逝而渐长。

田蚕事已毕，思妇犹苦身。当暑理絺服，持寄与行人。

【译文】农事已完，思妇苦心缠绕。夏天收拾细葛布衣服，拿给远行的人。

春桃初发红，惜色恐侬擿。朱夏花落去，谁复相寻觅。

【译文】春桃刚发芽，遮掩，担心花被我摘取。夏天炎热，花落，谁还会去追寻。

春倾桑叶尽，夏开蚕务毕。昼夜理机縳，知欲早成匹。（以上夏歌）

【译文】春尽桑叶掉落，初夏蚕事已完。昼夜勤织布，了解，早就织了成匹的布。

金风扇素节，玉露凝成霜。登高去来雁，惆怅客心伤。

【译文】秋风摇荡竹子，玉露凝结成霜花。登高看到大雁离开，游人惆怅心伤。

白露朝夕生，秋风凄长夜。忆郎须寒服，乘月捣白素。

【译文】早晚生白露，秋风在长夜呼啸。想起你要过冬的衣服，趁着月光捶打白衣。

秋夜入窗里，罗帐起飘飏。仰头看明月，寄情千里光。（以上秋歌）

【译文】秋夜进屋，吹起罗帐。抬头看明月，让月光遥寄我的思念之情。

渊冰厚三尺，素雪覆千里。我心如松柏，君情复何似。

【译文】深谷的冰结了三尺厚，白雪覆盖千里。我的心像松柏，你的感情又像什么。

涂涩无人行，冒寒往相觅。若不信侬时，但看雪上迹。

【译文】路途艰险没有人，冒寒前往寻找。若不信我的话，只看雪上的脚印。

果欲结金兰，但看松柏林。经霜不堕（一作坠）地，岁寒无异心。（以上冬歌）

【译文】想要义结金兰，只看松柏林。经霜都不落地，天寒都不变心。

华山畿四首

华山畿，君既为侬死，独生为谁施？欢若见怜时， 棺木为侬开。

【译文】华山边，华山边，你已经为我死了，我又为了谁活着呢？您如果怜惜我，就为我打开棺木！

未敢便相許，夜闻侬家论，不持侬与汝。

【译文】不敢马上就答应你，晚上听到我家人言谈，不答应把我许给你。

相送劳劳渚，长江不应满，是侬泪成许。

【译文】在劳劳渚送别我的爱人，长江本来没有这么满，这都是我的眼泪流成这样的！

松上萝，愿君如行云，时时见经过。

【译文】松上的藤蔓，愿你像行云，时常往来经过。

读曲歌三首

桃花落已尽，愁思犹未央。春风难期信，讬情明月光。

【译文】桃花落尽，愁思不已。春风难约定时间，寄情给明亮的月光。

百度不一回，千书信不归。春风吹杨柳，华艳空徘徊。

【译文】多次不回，千信真的不回。春风吹杨柳，在阔宅空自徘徊。

十期九不果，常抱怀恨生。然灯不下炷，有油那得明。

【译文】十个九个都没有结局，时常生出怀恨之心。但灯没有灯心，纵使有油，哪里还能亮。

乌夜啼三首

（此三首为清商曲辞之西曲歌）

长樯铁鹿子，布帆阿那起。讬侬安在间，一去数千里。

【译文】长桅杆上的铁缆绳，帆徐徐升起。搭载着我，一去数千里。

辞家远行去，侬欢独离居。此日无啼音，裂帛作还书。

【译文】离开远行，只我分居两地。今天没有啼鸣声，撕裂锦帛写信给你。

可怜乌臼鸟，强言知天曙。无故三更啼，欢子冒闇去。

【译文】可怜的乌臼鸟，硬说知道天快亮了。无故在三更天啼鸣，快乐在昏暗中离去。

独漉篇

（以下二首为舞曲歌辞）

独漉独漉，水深泥浊。泥浊尚可，水深杀我。
雍雍双雁，游戏田畔。我欲射雁，念子孤散。
翩翩浮萍，得风摇轻。我心何合，与之同并。
空床低帷，谁知无人。夜衣锦绣，谁别伪真。
刀鸣削中，倚床无施。父冤不报，欲活何为。
猛虎班班，游戏山间。虎欲啮人，不避豪贤。

【译文】独漉独漉，水深泥浊。
浊泥还能忍受，水深能伤人。
一对大雁鸣叫，在田边游玩。

我想射大雁，想到她孤独失群。
翩翩的浮萍，有风就摇摆。
我心一样，和它一起。
空床短帐，哪里知道没人。
晚上穿着锦绣衣，谁能辨出真假。
刀在鞘中响，靠床没事可干。
父仇不报，还活着干什么。
猛虎斑斑，游戏山间。
老虎咬人，不管豪富、贤人。

淮南王篇

淮南王，自言尊，百尺高楼与天连。后园凿井银作床，金瓶素绠汲寒浆。汲寒浆，饮少年，少年窈窕何能贤。扬声悲歌音绝天。我欲渡河河无梁，原化双黄鹄，还故乡。还故乡，入故里，徘徊故乡，苦身不已。繁舞寄声无不泰，徘徊桑梓游天外。

【译文】淮南王刘安，自说尊贵，百尺的高楼和天相接。后园打井银做的床，金桶金绳打寒水，打寒水，少年喝，少年英俊，怎么没有才能。放声高歌声音响绝天际。我想过河，没有桥，愿化作双黄鹄鸟，回故乡。回故乡，到故里，在故乡徘徊，身心苦楚。舞曲声响很大，在家乡徘徊游荡天外。

伤歌行

（以下七首为杂曲歌辞）

昭昭素明月，辉光烛我床。忧人不能寐，耿耿夜何长。微风吹闺闼，罗帷自飘扬。揽衣曳长带，屣履下高堂。东西安所之，徘徊以彷徨。春鸟翻（一作向）南飞，翩翩独翱翔。悲声命俦匹，哀鸣伤我肠。感物怀所思，泣涕忽沾裳。伫立吐高吟，舒愤诉穹苍。

【译文】清冷的夜晚，一轮皎洁的月亮挂在天空，月光照在床头，屋子里格外明亮。屋里的女子想起知友，心中忧伤，难以入睡。思念不能断绝，夜晚也显得无比漫长。不时有微风吹进闺阁，吹动着罗帷，罗帷不停地飘动着。女子重新披上衣服，穿上鞋子走出屋子。可是到哪里去呢？只有在附近徘徊彷徨。春天鸟儿都向南方飞去，而有一只鸟却剩了下来，独自翱翔。它呼唤伙伴的声音多么悲伤，哀鸣的声音不禁让人断肠。看到鸟儿想起自己，女子悲伤得哭了起来，眼泪都沾湿了衣裳，只好站在外边高吟，向天空倾诉自己的忧愤。

悲歌

悲歌可以当泣，远望可以当归。思念故乡，郁郁累累。欲归家无人，欲渡河无船。心思不能言，肠中车轮转。

【译文】悲歌一曲代替思家的哭泣，无法还乡，登高望远就当做回到了故乡。茫茫的草木，重重的山岗遮住了望眼，思乡的忧愁盈满心怀。家里已经没有亲人了，哪里还有家可归。即使是有家可归，也回不去，因为前途坎坷，走投无路，无船可渡。思乡之情、痛苦遭遇很想向人诉说，但有许多难言之隐无法倾诉，只好憋闷在心中，心里万分痛苦，就像车轮在肠子里转动，一股阵阵绞痛。

东飞伯劳歌

（此首及下一首亦梁武帝作）

东飞伯劳西飞燕，黄姑织女时相见。谁家女儿对门居，开颜发艳照里闾。南窗北牖桂月光，罗帷绮帐脂粉香。女儿年几十五六，窈窕无双颜如玉。三春已暮花从风，空留可怜谁与同？

【译文】伯劳东飞燕子西去，黄姑和织女时而相见。门前是谁家的女儿蹲坐住门前，她的美丽倩影投照在里屋。皎浩的月光透过窗牖，照耀在女子的帷帐上，屋内飘散着脂粉的芳香。女子今年将要十五六岁，身材窈窕，容颜如玉，洁白美丽，无与伦比。但三春已经过去，日暮时分花朵都已凋零，女儿虽然可爱，但尚没有夫家，这般美丽又有谁爱怜呢？

西洲曲

忆梅下西洲，折梅寄江北。单衫杏子红，双鬓鸦雏色。西洲在何处，两桨桥头渡。日暮伯劳飞，风吹乌臼树。树下即门前，门中露翠钿。开门郎不至，出门采红莲。采莲南塘秋，莲花过人头。低头弄莲子，莲子清如水。置莲怀袖中，莲心彻底红。忆郎郎不至，仰头望飞鸿。鸿飞满西洲，望郎上青楼。楼高望不见，尽日栏干头。栏干十二曲，垂手明如玉。卷帘天自高，海水摇空绿。海水梦悠悠，君愁我亦愁。南风知我意，吹梦到西洲。

【译文】思念梅花很想去西洲，折下梅花寄送去长江北岸。（她那）单薄的衣衫像杏子那样红，头发如小乌鸦那样黑。西洲到底在哪里？摇着小船的两支桨就可到西洲桥头的渡口。天色晚了伯劳鸟飞走了，风吹拂着乌柏树。树下就是她的家，门里露出戴着翠绿钗钿的她。她打开家门没有看到心上人，就出门采摘红莲去了。在秋天的南塘采摘莲子，莲花长得高过人头。低下头拨弄水中的莲子，莲子就像湖水一样清。把莲子藏在袖子里，莲子熟得红透了。思念郎君郎君却还没来，（只能）抬头看着天上的飞鸟。西洲的天上飞满了鸟儿，走上青色的楼台遥望郎君。楼台太高看不到郎君，整天倚靠在栏杆边上。栏杆有十二个弯曲，（女孩）垂下的双手像玉一样明润。卷起帘子天显得更高，海水荡漾空显出一片深绿。海水像梦一般地悠悠然，你忧愁我也忧愁。南风知道我的情意，把梦吹拂到西洲（与她相聚）。

孔雀东南飞

序曰：汉末建安中，庐江府小吏焦仲卿妻刘氏，为仲卿母所遣，自誓不嫁。其家逼之，乃投水而死。仲卿闻之，亦自缢于庭树。时人伤之，而为此辞也。

【译文】序言：“东汉末建安年间，庐江太守衙门里的小官吏焦仲卿的妻子刘兰芝被焦仲卿的母亲赶回娘家，她回娘家后发誓不再嫁人。她的娘家逼迫她改嫁，她便投水死了。焦仲卿听到刘兰芝投水而死这件事，也在自家庭院的树上吊死了。当时的人哀悼他们，写下这首诗记述这件事。”

孔雀东南飞，五里一徘徊。“十三能织素，十四学裁衣，十五弹箜篌，十六诵诗书。十七为君妇，心中常苦悲。君既为府吏，守节情不移。鸡鸣入机织，夜夜不得息。三日断五匹，大人故嫌迟。非为织作迟，君家妇难为。妾不堪驱使，徒留无所施。便可白公姥，及时相遣归。”

【译文】孔雀鸟向东南方向飞去，飞上五里便徘徊一阵。“我十三岁能够织精美的白绢，十四岁学会了裁剪衣裳，十五岁会弹箜篌，十六岁能诵读诗书。十七岁做了您的妻子，心中常常感到痛苦悲伤。您既然做了太守府的小官吏，遵守官府的规则，专心不移。我一个人留在空房里，我们见面的日子实在少得很。鸡叫我就上机织布，天天晚上都不得休息。三天就织成五匹布，婆婆还故意嫌我织得慢。并不是因为我织得慢，而是您家的媳妇难做啊！我既然担当不了您家的使唤，白白留着也没有什么用。您现在就可以去禀告婆婆，趁早把我遣送回娘家。”

府吏得闻之，堂上启阿母：“儿已薄禄相，幸复得此妇。结发同枕席，黄泉共为友。共事二三年，始尔未为久。女行无偏斜，何意致不厚？”阿母谓府吏：“何乃太区区！此妇无礼节，举动自专由。吾意久怀忿，汝岂得自由？东家有贤女，自名秦罗敷。可怜体无比，阿母为汝求。便可速遣之，遣去慎莫留!”府吏长跪告，伏惟启阿母：“今若遣此妇，终老不复取!”阿母得闻之，槌床便大怒：“小子无所畏，何敢助妇语！吾已失恩义，会不相从许!”

【译文】焦仲卿听了这般诉说后，到堂上去禀告母亲：“我已经没有做高官、享厚禄的命相，幸亏还能娶到这个贤惠能干的妻子，结婚后少年夫妻相亲相爱地生活，并约定死后在地下也要相依为伴侣。我们相处在一起才二三年，生活才开始，还不算很久，这个女子的行为并没有什么不正当，哪里料到会使母亲不满意呢？”焦母对仲卿说：“你怎么这样没见识！这个女子不讲礼节，一举一动全凭自己的意思。我早就憋了一肚子气，你怎么可以自作主张！邻居有个贤惠的女子，名字叫秦罗敷，长相可爱，没有谁比得上，母亲替你去求婚。你就赶快休掉她，打发她走，千万不要挽留她！”焦仲卿伸直腰跪着禀告：“孩儿恭敬地禀告母亲，现在假如休掉这个女子，我一辈子就不再娶妻子了！”焦母听了儿子的话，用拳头敲着坐具大发脾气骂道：“你这小子没有什么害怕的了，怎么敢帮你媳妇说话！我对她已经没有什么恩情了，当然不能答应你的要求。”

府吏默无声，再拜还入户。举言谓新妇，哽咽不能语：“我自不驱卿，逼迫有阿母。

卿但暂还家，吾今且报府，不久当归还，还必相迎取。以此下心意，慎勿违吾语”。新妇谓府吏：“勿复重纷纭！往昔初阳岁，谢家来贵门。奉事循公姥，进止敢自专？昼夜勤作息，伶俜萦苦辛。谓言无罪过，供养卒大恩。仍更被驱遣，何言复来还？妾有绣腰襦，葳蕤自生光。红罗复斗帐，四角垂香囊。箱帘六七十，绿碧青丝绳。物物各自异，种种在其中。人贱物亦鄙，不足迎后人，留待作遗施，于今无会因，时时为安慰，久久莫相忘。”

【译文】焦仲卿默默不敢做声，对母亲拜了两拜，回到自己房里，张嘴想对妻子说话，却抽抽咽咽话也说不成句：“本来我不愿赶你走，但有母亲逼迫着。你只好暂时回娘家去。我现在暂且回太守府里办事，不久我一定回来，回来后必定去迎接你回我家来。为此，你就受点委屈吧，千万不要违背我说的话。”刘兰芝对焦仲卿说：“不要再增加麻烦了！记得那一年冬末，我辞别娘家嫁到你府上，侍奉时总是顺从婆婆的意旨，一举一动哪里敢自作主张呢？白天黑夜勤恳地操作，我孤孤单单地受尽辛苦折磨，总以为没有过错，终身侍奉婆婆。我到底还是被赶走了，哪里还说得上再回到你家来？我有绣花的齐腰短袄，上面美丽的刺绣发出光彩。红色罗纱做的双层斗帐，四角挂着香袋，盛衣物的箱子六七十个，箱子上都用碧绿色的丝绳捆扎着。样样东西各自不相同，种种器皿都在那箱奁里面。我人低贱，东西也不值钱，不配拿去迎接你日后再娶的妻子，留着作为我赠送给你的纪念品吧，从此没有再见面的机会了。时时把这些东西做个安慰吧，希望你永远不要忘记我。”

鸡鸣外欲曙，新妇起严妆。著我绣袂裙，事事四五通：足下蹑丝履，头上玳瑁光。腰若流纨素，耳著明月珰。指如削葱根，口如含珠丹。纤纤作细步，精妙世无双。上堂谢阿母，母听去不止。“昔作女儿时，生小出野里，本自无教训，兼愧贵家子。受母钱帛多，不堪母驱使。今日还家去，念母劳家里。”却与小姑别，泪落连珠子：“新妇初来时，小姑始扶床，今日被驱遣，小姑如我长。勤心养公姥，好自相扶将。初七及下九，嬉戏莫相忘”。出门登车去，涕落百余行。

【译文】鸡鸣啼了，外面天将亮了，刘兰芝起床打扮得整整齐齐。穿上绣花夹裙，每穿戴一件衣饰，都要更换好几遍。脚下穿着丝鞋，头上戴着闪闪发光的首饰，腰上束着白绢子，光彩像水波一样流动，耳朵戴着用明月珠做的耳坠，手指纤细白嫩像削尖的葱根，嘴唇红润，像含着红色宝石，轻盈地踏着细步，精巧美丽，真是世上没有第二个。刘兰芝走上厅堂拜见婆婆，婆婆任凭她离开，也不挽留。兰芝说：“从前我做女儿时，出世后从小生长在乡间，本来就没受过什么好的教养，同您家少爷结婚，更感到惭愧。接受婆婆送的钱财礼品很多，却不能承担婆婆的使唤。今天我就回娘家去，只是记挂婆婆在家里辛苦操劳。”回头再与小姑告别，眼泪像连串的珠子掉下来。刘兰芝对小姑说：“我初来你家时，小姑你刚能扶着床学走路，今天我被赶走，你长得和我一样高了。希望你努力尽心奉养母亲，好好服侍她老人家，初七和下九，在玩耍的时候不要忘记我。”兰芝说完出门登上车子离去了，眼泪不停地簌簌落下。

府吏马在前，新妇车在后，隐隐何甸甸，俱会大道口。下马入车中，低头共耳语：“誓不相隔卿，且暂还家去，吾今且赴府。不久当还归，誓天不相负。”新妇谓府吏：“感君区区怀。君既若见录，不久望君来。君当作磐石，妾当作蒲苇。蒲苇纫如丝，磐石无转移。我有亲父兄，性行暴如雷，恐不任我意，逆以煎我怀。”举手长劳劳，二情同依依。

【译文】焦仲卿的马走在前面，刘兰芝的车行在后面，车子发出隐隐甸甸的响声，一起会合在大路口，焦仲卿下马坐入刘兰芝的车中，两人互相凑近耳朵低声说话。焦仲卿说：“我发誓不与你断绝关系，你暂且回娘家去，我现在暂且去庐江太守府办事，不久一定会回来，我对天发誓，决不会对不起你。”刘兰芝对焦仲卿说：“感谢你忠诚相爱的心愿！你既然这样记着我，盼望你不久就能来接我，你一定要成为磐石，我一定要成为蒲草和苇子。蒲草和苇子柔软结实得像丝一样，磐石不容易被转移。我有一个亲哥哥，性情行为暴躁如雷，恐怕不会听任我的意愿，想到将来我心里像煎熬一样。”接着举手告别，惆怅不止，两人的感情同样的恋恋不舍。

入门上家堂，进退无颜仪。阿母大拊掌：“不图子自归！十三教汝织，十四能裁衣，十五弹箜篌，十六知礼仪，十七遣汝嫁，谓言无誓违。汝今无罪过，不迎而自归？”“兰芝惭阿母，儿实无罪过。”阿母大悲摧。

【译文】兰芝走进了家门，来到内堂，上前后退都自觉羞耻。刘母看见兰芝回来大为惊讶，拍着手掌说：“没想到你自己回来了！十三岁就教你纺织，十四岁你就能裁剪衣裳，十五岁会弹箜篌，十六岁懂得礼节，十七岁送你出嫁，总以为你不会有什么过失。你现在究竟有什么过错，没有人迎接你就自己回来了！”兰芝惭愧地对母亲说：“女儿实在没有什么过错。”母亲听后非常悲伤。

还家十余日，县令遣媒来。云“有第三郎，窈窕世无双，年始十八九，便言多令才。”阿母谓阿女：“汝可去应之。”阿女衔泪答：“兰芝初还时，府吏见丁宁，结誓不别离。今日违情义，恐此事非奇。自可断来信，徐徐更谓之。”阿母白媒人：“贫贱有此女，始适还家门；不堪吏人妇，岂合令郎君？幸可广问讯，不得便相许。”

【译文】兰芝回家才十多天，县令派了媒人上门来。媒人说，县令家有个三公子，人长得漂亮文雅，世上无双，年龄只有十八九岁，口才很好，又非常能干。刘母对女儿说：“你可以去答应他。”女儿含着眼泪回答说：“兰芝才回来时，焦仲卿再三嘱咐我，立下誓言，永不分离。今天违背情义，恐怕这件事这样做不合适。您可以回绝来说媒的人，以后慢慢再讲这件事吧。”刘母告诉媒人说：“我们贫贱人家，有了这个女儿，她刚出嫁不久就被休回娘家。她不能做府吏的妻子，怎么配得上县太爷的公子？希望你多方面打听打听再访求别的女子，我不能答应你。”

媒人去数日，寻遣丞请还，说“有兰家女，承籍有宦官。”云“有第五郎，娇逸未有婚，遣丞为媒人，主簿通语言。”直说“太守家，有此令郎君，既欲结大义，故遣来贵门。”阿母谢媒人：“女子先有誓，老姥岂敢言？”阿兄得闻之，怅然心中烦。举言谓阿妹：“作计何不量！先嫁得府吏，后嫁得郎君，否泰如天地，足以荣汝身。不嫁义郎体，其住欲何云？”兰芝仰头答：“理实如兄言。谢家事夫婿，中道还兄门，处分适兄意，那得自任专？虽与府吏要，渠会永无缘！登即相许和，便可作婚姻。”

【译文】县令的媒人走了几天后，不久被派到太守那里请示事情的县丞回来了。太守示意县丞劝县令另外向兰家女求婚，让刘兰芝嫁给他的第五个儿子。他的第五个儿子，娇美俊逸，还没有结婚，请县丞去做媒人，这是主簿传达下来的话。县丞直接对刘母说：“太守家有这样一个好公子，既然想和你家结为姻亲，所以派我到你府上来说媒。”刘母谢绝媒人说：“女儿先前有过誓言，老妇我怎么敢对她说再嫁这件事呢？”兰芝的哥哥听到太守求婚被拒这件事，心中烦躁不安，开口对妹妹说：“你作这样打算怎么不好好考虑！前次出嫁得到的是一个小官吏，这次出嫁得到一个贵公子，运气的好坏相差得像天上地下一样，好运气足够使你终身荣耀富贵。不嫁给这样仁义的公子，往后你打算怎么办？”兰芝抬头回答道：“道理确实像哥哥说的话一样，我辞别娘家去侍奉丈夫，半途回到哥哥家里。怎么处理完全听从哥哥的主意，哪敢自己随便做主呢？虽然我与府吏立下誓约，但与他永远没有机会见面了。立刻就答应太守这门亲事，就可以结成婚姻。”

媒人下床去，诺诺复尔尔。还部白府君：“下官奉使命，言谈大有缘。”府君得闻之，心中大欢喜。视历复开书，便利此月内，六合正相应。“良吉三十日，今已二十七，卿可去成婚。”交语速装束，络绎如浮云。青雀白鹄舫，四角龙子幡，婀娜随风转；金车玉作轮，踯躅青骢马，流苏金镂鞍。赍钱三百万，皆用青丝穿。杂彩三百匹，交、广市鲑珍。从人四五百，郁郁登郡门。

【译文】太守的媒人从座位上起来连声说：“是是，就这样办，就这样办。”他回到郡府报告太守说：“我接受您交给的使命，到刘家去做媒，公子很有缘分，说媒很成功。”太守听了这些话，心里非常欢喜，马上查看婚嫁历，又翻看婚嫁书，便告诉郡丞：“婚期定在这个月内就很吉利，年、月、日的干支都相适合，好日子就在三十这一天，今天已经是二十七了，你赶快去刘家订好结婚日期。”太守府内大家互相传话说：“赶快筹办婚礼吧！”赶办婚礼的人像天上的浮云一样来来往往、连接不断。装彩礼的船绘有青雀和白天鹅的图案，四角挂着绣有龙的旗幡，轻轻地随风飘荡。金色的车子白玉镶的车轮，缓步前行的青骢马，套有四周垂着彩缨、下面刻着金饰的马鞍。赠送的聘金有三百万，都用青色的丝线穿着，各色绸缎有三百匹，还有从交州、广州采购来的山珍海味。跟从的人有四五百个，热热闹闹地来到庐江郡府门。

阿母谓阿女："适得府君书，明日来迎汝。何不作衣裳？莫令事不举!"阿女默无声，手巾掩口啼，泪落便如泻。移我琉璃榻，出置前窗下。左手持刀尺，右手执绫罗，朝成绣夹裙，晚成单罗衫。晻晻日欲暝，愁思出门啼。

【译文】刘母对女儿说：“刚才接到太守的信，明天来迎接你，为什么还不做衣裳？不要让婚事办不起来！”兰芝默默不做声，用手巾捂着嘴哭泣，眼泪淌下就像水一样倾泻。移动坐着的琉璃榻，搬出来放在前面窗子下。左手拿着剪刀和尺子，右手拿着绫罗绸缎动手做衣裳。早晨就做成了绣花的夹裙，晚上做成了单罗衫。阴沉沉的天快要黑了，兰芝满怀愁思，走出门去痛哭。

府吏闻此变，因求假暂归。未至二三里，摧藏马悲哀。新妇识马声，蹑履相逢迎，怅然遥相望，知是故人来。举手拍马鞍，嗟叹使心伤。"自君别我后，人事不可量，果不如先愿，又非君所详。我有亲父母，逼迫兼弟兄，以我应他人，君还何所望!"府吏谓新妇："贺卿得高迁！磐石方且厚，可以卒千年；蒲苇一时纫，便作旦夕间。卿当日胜贵，吾独向黄泉。"新妇谓府吏："何意出此言！同是被逼迫，君尔妾亦然。黄泉下相见，勿违今日言!"执手分道去，各各还家门。生人作死别，恨恨那可论！念与世间辞，千万不复全。

【译文】焦仲卿听说有此变故，于是请假暂时回来，到兰芝家还有二三里的地方，人伤心，马也哀鸣。兰芝熟悉府吏的马叫声，轻步快跑去迎接他，悲伤失意地望着，知道相爱的人来了。她举起手抚摸着马鞍，哀声长叹使人心都碎了。说：“自从你离开我以后，人事的变化真料想不到啊！我有亲生母亲，逼迫我的还有亲哥哥，硬把我许配给别人了，你回来有什么指望的地方呢！”焦仲卿对兰芝说：“祝贺你得到高升！我这块磐石方正又坚实，可以一直存放上千年，而蒲苇一时柔韧，就只能保持在早晚之间罢了。你将会一天天地富贵起来，我一个人独自走到地府去吧！”兰芝对焦仲卿说：“哪里想到你会说出这种话来！同是被逼迫，你这样我也这样，我们在地府下互相见面吧！但愿不要违背今天的誓言！”他们互相紧紧地握着手，然后告别离去，各人回到自己的家里。活着的人却作临死的诀别，心里的愤恨哪里说得尽呢？想到他们将要永远离开人世间，无论如何不能再保全生命了！

府吏还家去，上堂拜阿母：“今日大风寒，寒风摧树木，严霜结庭兰。儿今日冥冥，令母在后单。故作不良计，勿复怨鬼神！命如南山石，四体康且直。”阿母得闻之，零泪应声落。“汝是大家子，仕宦于台阁。慎勿为妇死，贵贱情何薄？东家有贤女，窈窕艳城郭。阿母为汝求，便复在旦夕。”府吏再拜还，长叹空房中，作计乃尔立。转头向户里，渐见愁煎迫。

【译文】焦仲卿回到家，走上厅堂拜见母亲说：“今天风大又非常寒冷，寒风摧折了树木，院子里的白兰花上结满了浓霜。儿子现在就像快要落山的太阳一样，使得母亲在今后很孤单。我是有意作这样不好的打算的，不要再去怨恨什么鬼神了！愿您的寿命像南山的石头一样长久，愿您的身体永远健康又舒顺！”焦母听到儿子这些话，泪水随着说话声一起流下，说：“你是世家的子弟，又在官府里任官职，千万不要为了一个妇人去寻死，你和她贵贱不同，休掉了她哪里就算薄情呢？东邻有个贤惠的女子，她的美丽在城内外是出名的，我替你去求婚，早晚就会有答复。”焦仲卿向母亲拜了两拜就回房，在自己的空房里长声叹息，自杀的打算就这样决定了。他把头转向兰芝住过的内房，睹物生情，越来越被悲痛煎熬逼迫。

其日牛马嘶，新妇入青庐。奄奄黄昏后，寂寂人定初。“我命绝今日，魂去尸长留。”揽裙脱丝履，举身赴清池。府吏闻此事，心知长别离。徘徊庭树下，自挂东南枝。

【译文】约定结婚的那一天牛叫马嘶，刘兰芝走进了等待新郎的青布篷帐。在暗沉沉的黄昏后，静悄悄的，人们开始安歇了。兰芝自言自语说：“我的生命在今天结束了，魂灵要离开了，让这尸体长久地留在人间吧”！于是挽起裙子，脱去丝鞋，纵身跳进清水池里。焦仲卿听到刘兰芝投水自杀这件事，心里知道从此与刘兰芝永远离别了，在庭院里的树下徘徊了一阵，自己就在向着东南的树枝上吊死了。

两家求合葬，合葬华山傍。东西植松柏，左右种梧桐。枝枝相覆盖，叶叶相交通。中有双飞鸟，自名为鸳鸯，仰头相向鸣，夜夜达五更。行人驻足听，寡妇起彷徨。多谢后世人，戒之慎勿忘。

【译文】焦刘两家要求合葬，于是把两个人合葬在华山旁边。在坟墓的东西两旁种上松柏，在坟墓的左右两侧种上梧桐，这些树条条树枝互相覆盖着，片片叶子互相连接着。

树中有一对飞鸟，它们的名字叫做“鸳鸯”，仰头相互对着叫，天天夜里直叫到五更。走路的人停下脚步听，寡妇听见了，从床上起来，心里很不安定。多多劝告后世的人，把这件事作为教训，千万不要忘记。

枯鱼过河泣

枯鱼过河泣，何时悔复及。作书与鲂鱮，相教慎出入。

【**译文**】干鱼过河流泪，什么时候来得及后悔。
写信给海里的大鱼，警告它们出入小心。

古歌

秋风萧萧愁杀人。出亦愁，入亦愁。
座中何人，谁不怀夏？令我白头。
胡地多飚风，树木何修修！
离家日趋远，衣带日趋缓。
心思不能言，肠中车轮转。

【**译文**】秋风萧瑟愁死人，出也愁，入也愁。
座中人谁心里不忧愁？让我头白。
胡地多暴风，树木像鸟尾一样干枯。
离家日远，衣带日宽。
难言的悲感回环在心里，好像车轮滚来滚去。

诗词治要卷二

词九家

（附录一家）

词九家

（附录一家）

词一名诗余，其体盖出于古乐府，而成于唐之玄肃。嗣后作者继兴，至宋称为极盛，其时虽帝王道学，武人女子，皆能创调倚声，为世传诵。元明以还，词衍为曲，曲盛而词之名家转稀，然亦未尝断绝。考之清四库书目，著录历代词集，最为谨严，核其家数，亦将近六十，而选本所载，皆不与焉。是书题名治要，于吾国诗家，只取十有五人。今于词，当益加慎审，以便同类共观，无病滥杂，爰参稽先儒之公论，定为九家。托始于唐之温庭筠，而画断于宋元间之张炎。附录女子一人。大率皆历代词家之大宗，不拘限于派别，凡欧、秦婉约之辞，苏、辛豪迈之篇。苟传诵艺苑，不伤轻艳，不流鄙俗，而有合乎诗人言志之义者，无分奴主，一例编录，约计百数十篇，虽其中所取家数，揆之四库著录，缺漏纂多，不能溯穷源委，兼具众美，然鄙语有之，尝鼎一脔，全味可知，则是编窃幸藉此而自解耳。

【译文】词另有一个叫法：诗余，它的体例大概从古乐府而来，而成于唐代玄、肃两朝。之后词人大兴，到宋代极盛，即使有帝王、道学，武人、女子，都能依声创调，被传诵。元明以后，词演变为曲，曲盛而词人渐少，但不曾停止。从清四库全书书目来看，著录历代词集，最为谨严核其人数，也近六十，而选本所选，都不能完全。此书题名治要，对我国诗家，只取十五人。现在对于词的品类，应更加慎审，便于同类齐观，没有滥、杂弊端，参考前代儒士的公论，定为九家。起于晚唐温庭筠，而终于宋元间张炎，附录一位女子李清照。大都历代词之大家，不拘于派别，凡欧、秦婉约之辞，苏辛豪迈之篇。如果传诵艺苑，不重轻艳，不流于鄙俗，有合乎诗人言志的迹象，部分主次，一率编录，约计一百多篇，虽然其中所取的人，相较四库全书，不够完整，不能穷尽源流，兼具众美，但鄙语有之，吃鼎中的一小片的肉，全味就了解了，那编者就暗自欣慰了。

温庭筠

温庭筠，唐祁人，本名岐，字飞卿。少敏悟，文思神速，作赋八义手而八韵成，时称温八义，其诗与李商隐齐名，号温李。尤工词，根本离骚，托之绮怨，精妙绝伦，为词家正宗。（词之起源，论者多推李白之忆秦娥，张志和之渔歌子，嗣是韦应物、戴叔伦、王建、韩翃、白居易、刘禹锡等先后继起，创调填词，然至今所存无几。词调亦多未工妥，惟庭筠拔出晚唐，蔚然自为一家。）然薄于行，无检幅，公卿无赖子弟相捕饮狎昵。数举进士不中。大中末，授方山尉，徐商镇襄阳，奏署巡官，不得志，去归江东，废弃终身。有《握兰集》、《金荃集》、《汉南真稿》。

【译文】唐朝，祁县人，本名岐，字飞卿。少聪敏，文思敏捷，作赋八义手而八韵成，时人称温八义，其诗与李商隐齐名，号温李。尤善写词，继承离骚风致，加上之绮怨，精妙绝伦，是词家正宗。（词之起源，论者多推李白《忆秦娥》，张志和《渔歌子》，之后韦应物、戴叔伦、王建、韩翃、白居易、刘禹锡等先后创调填词。但至今所存无不多。词调很多也不妥贴，只庭筠超出晚唐众家，蔚然自为一家。）但行为放纵，品行不高，和新进少年狂游狭邪亲近。多次科考不中。大中末年，授予方山尉，徐商镇守襄阳，奏请巡官，不得志，离开到江东，终身不用。有《握兰集》、《金荃集》、《汉南真稿》。

菩萨蛮五首

其一

玉楼明月长相忆，柳丝袅娜春无力。门外草萋萋，送君闻马嘶。
画罗金翡翠，香烛销成泪。花落子规啼，绿窗残梦迷。

【译文】明月拥楼，月光洒满我的回忆，柔长的柳丝轻抚春的娇柔，门外芳草萋萋，我送你直到马嘶鸣声消失天际。

而今独守罗帏上绣着的金色翡翠鸟，蜡烛燃而流泪。落花时节，听闻子规悲啼，淡绿的窗纱，残梦凄迷。

其二

凤凰相对盘金缕，牡丹一夜经微雨。明镜照新妆，鬓轻双脸长。
画楼相望久，栏外垂丝柳。音信不归来，社前双燕回。

【译文】金缕的凤凰盘对相依，绣牡丹像经一夜小雨。新妆后照明镜，双颊消瘦，鬓发轻盈。

画楼上久久眺望，栏外的柳丝低垂，相思的人没有一点消息。只有春社的燕子，燕子比翼双飞。

其三

牡丹花谢莺声歇，绿杨满院中庭月。相忆梦难成，背窗灯半明。
翠钿金压脸，寂寞香闺掩。人远泪阑干，燕飞春又残。

【译文】牡丹凋谢，夜莺歌声停了，月光洒在满院的绿杨上。想你难以入眠，背窗对着昏暗的孤灯。

首饰低垂遮住了脸，寂寞被紧闭在居室里。人渐远，泪纵横，燕子飞走，春天又残败。

其四

满宫明月梨花白，故人万里关山隔。金雁一双飞，泪痕沾绣衣。
小园芳草绿，家住越溪曲。杨柳色依依，燕归君不归。

【译文】庭中的月光，像梨花一样白，我思念的人，相隔万里的边疆。一双金雁欲飞，泪水沾湿罗衫。

小园芳草萋萋，家在弯弯的越溪。杨柳轻舞，带着无限春情，燕归人却不归来。

其五

宝函钿雀金鸂鶒，沉香阁上吴山碧。杨柳又如丝，驿桥春雨时。
画楼音信断，芳草江南岸。鸾镜与花枝，此情谁得知。

【译文】华贵枕套上凌乱的钗饰，沉香阁远眺吴山上一片葱绿。杨柳新发抽丝，驿桥空横在春雨中。

我早已没有了他的消息，芳草绿满江南。空对着美貌，在鸾镜中自照，我的相思谁了解。

更漏子三首

其一

柳丝长，春雨细，花外漏声迢递。惊塞雁，起城乌，画屏金鹧鸪。
香雾薄，透重幕，惆怅谢家池阁。红烛背，绣帘垂，梦君君不知。

【译文】柳丝长，春雨细，花墙外雨声滴沥传来。惊飞塞上群雁，叫醒城头乌啼。

薄薄香雾，漫过帘幕，惆怅像谢秋娘的情思。烛光渐渐暗淡，绣帘低垂，夜夜梦君，君不知。

其二

星斗稀，钟鼓歇，帘外晓莺残月。兰露重，柳风斜，满庭堆落花。
虚阁上，倚栏望，还似去年惆怅。春欲暮，思无穷，旧欢如梦中。

【译文】星辰稀疏，钟鼓声停歇，窗外晓莺在残月中啼鸣。兰花上凝结晨露，柳枝在风中飞舞，落花洒满庭院。

空楼上，凭栏远望，还和去年一样惆怅。要到春末了，相思无尽，旧日的欢欣似在梦中。

其三

玉炉香，红蜡泪，偏照画堂秋思。眉翠薄，鬓云残，夜长衾枕寒。
梧桐树，三更雨，不道离情正苦。一叶叶，一声声，空阶滴到明。

【译文】玉炉香烟弥漫，红烛滴泪，照在画堂里愁思的倩影。画眉翠色淡薄，凌乱的鬓发飘零，被子浸透长夜的冷清。

三更雨下不停，梧桐树上滴沥有声，也不管别离愁苦相思情浓。一叶叶，一声声，滴落在空石阶上，直到天明。

酒泉子

罗带惹香，犹系别时红豆。泪痕新，金缕旧，断离肠。
一双娇燕语雕梁，还是去年时节。绿阴浓，芳草歇，柳花狂。

【译文】香罗带上还系着，分别时送我的相思豆。金丝线已磨旧，而泪痕却新，再难续，断肠般的愁绪。

一对对娇燕，在梁间低语，似去年的我们。春色更浓，芳草清幽，飞舞的柳絮伴着我的愁思。

定西番

汉使昔年离别，攀弱柳，折寒梅，上高台。
千里玉关春雪，雁来人不来。羌笛一声愁绝，月徘徊。

【译文】张骞当年从这里出发，攀折柳枝、寒梅，上高台送人。

千里之外的玉门关，还在下雪，大雁飞来，人还没来。羌笛寄托无限愁思，明月徘徊。

清平乐二首

其一

上阳春晚，宫女愁蛾浅。新岁清平思同辇，争奈长安路远。
凤帐鸳被徒熏，寂寞花琐千门。竞把黄金买赋，为妾将上明君。

【译文】上阳宫的春色凋零，宫女们的黛眉黯淡。太平新年已到，盼望着与皇帝同辇游乐，怎奈去长安的路途遥远。

空熏锦被、锦帘，看花锁千门，只好拿黄金买辞赋，只为在长门宫里盼君来。

其二

洛阳愁绝，杨柳花飘雪。终日行人恣攀折，桥下水流呜咽。
上马争劝离觞，南浦莺声断肠。愁杀平原年少，回首挥泪千行。

【译文】洛阳的伤愁欲绝，柳絮飘舞如飞雪。远行的人，攀折柳枝，桥下水流时时都在呜咽。

上马，朋友争劝送别的酒，南浦的莺啼断肠。愁死了平原儿郎，回头挥洒千行泪。

遐方怨

凭绣槛，解罗帷。未得君书，断肠潇湘春雁飞。
不知征马几时归？海棠花谢也，雨霏霏。

【译文】靠着雕花的窗栏，掀开锦帐，没收到来信，愁断肠，潇湘的群雁北飞。

不知出征的人什么时候才能回来？海棠花凋谢，下着霏霏细雨。

梦江南二首

其一

千万恨，恨极在天涯。
山月不知心里事，水风空落眼前花，摇曳碧云斜。

【译文】万千的埋怨，去追逐那远在天边的爱人。
山月不知我的心事，水面荡起凉风，眼前的花飘落，摇荡着青云。

其二

梳洗罢，独倚望江楼。
过尽千帆皆不是，斜晖脉脉水悠悠。肠断白苹洲。

【译文】梳洗完，独立望江楼。
驶过的千帆都不是爱人的归舟，落日余晖含情，江水空流，白蘋洲上使人断肠。

南歌子二首

其一

转眄如波眼，娉婷似柳腰。
花里暗相招，忆君肠欲断，恨春宵。

【译文】眼眸流转，带着澄澈的秋波，细腰像柳枝一样婀娜。
花丛幽会，想你肝肠寸断，恨春宵难过。

其二

懒拂鸳鸯枕，休缝翡翠裙。
罗帐罢炉熏，近来心更切，为思君。

【译文】无心拂去枕上的灰尘，翡翠裙也不想缝了。
罗帐也不再熏香了，心欲碎，只因想着你。

李 煜

李煜，南唐中主景子，徐州人，字重光，史称后主。少聪悟，喜读书属文，工书画，知音律，尤长于词，似不经意所为。而风流自赏，悽婉动人，论者推为千古绝唱。既即位，怏怏以国蹙为忧，日与群臣酣宴，愁思，悲歌不已。性骄侈，好声色，又喜浮屠，高谈不恤国事，奉宋正朔，称江南国主，寻为太祖所灭，在位十六年，封陇西郡公，卒年四十二。

【译文】南唐中主李璟之子，徐州人，字重光，史称后主。少聪敏，喜读书写文，善书画，知音律，尤其擅长写词，浑然天成，毫无人工痕迹。而观其风流，凄婉哀怨，论者推举为千古绝唱。已经即位，因国事而蹙眉忧伤不高兴，天天和群臣酣饮，愁思，悲歌不停。性格骄奢，好声色，又喜欢佛学。高谈不关心国事，奉宋为正统，称江南国主，不久被太祖灭，在位十六年，封为陇西郡公，终年四十二岁。

捣练子二首

其一

深院静，小庭空，断续寒砧断续风。无奈夜长人不寐，数声和月到帘栊。

【译文】深院寂静，小庭空荡，断断续续的捣衣声伴着风声传来。无奈夜长，人无眠，伴着月光的捣衣声传到屋里。

其二

云鬟乱，晚妆残，带恨眉儿远岫攒。斜托香腮春笋嫩，为谁和泪倚阑干？

【译文】头发乱，晚妆破败，眉头微蹙像远山攒聚。柔嫩如笋手指斜托下巴，为谁倚靠栏杆黯然泪流？

阮郎归

东风吹水日衔山，春来长是闲。落花狼藉酒阑珊，笙歌醉梦间。
春睡觉，晚妆残，无人整翠鬟。留连光景惜朱颜，黄昏独倚阑。

【译文】东风吹水，山连落日，春来总是无所事事。
落花散落，酒将尽，在醉梦间吹笙唱歌。
春天睡醒，思妇无心梳洗，无人帮助整理头发。
留恋时光，珍惜青春，黄昏独自倚靠栏杆。

应天长

一钩初月临妆镜，蝉鬓凤钗慵不整。重帘静，层楼迥，惆怅落花风不定。
柳堤芳草径，梦断辘轳金井。昨夜更阑酒醒，春愁过却病。

【译文】一弯初月，对着梳妆镜，懒于梳理如蝉翼的两鬓和凤钗。层层帘幕寂静，阁楼高耸，风吹，落花惆怅飘落。
柳树堤岸，芳草路径，梦断辘轳水井边。昨天更深夜晚酒醒，春愁比病伤人。

临江仙

樱桃落尽春归去，蝶翻金粉双飞。子规啼月小楼西，玉钩罗幕，惆怅暮烟垂。
别巷寂寥人散后，望残烟草低迷。炉香闲袅凤凰儿，空持罗带，回首恨依依。

【译文】樱桃落尽，春天离去，蝶翅翩翩和花齐飞。子规在小楼西的月夜下啼鸣，玉钩罗幕，惆怅的看着烟雾低垂。

人离后，门庭冷落，凄惨欲绝的看烟草低迷。凤凰儿的香炉，香随风飘动，空拿罗带，回忆惆怅绵长。

长相思

一重山，两重山，山远天高烟水寒，相思枫叶丹。
菊花开，菊花残，塞雁高飞人未还，一帘风月闲。

【译文】一层山，两层山，山远天高，水雾蒙蒙，相思使枫叶变红。
菊花开，菊花落，塞外鸿雁高飞，人却未归，只有一帘的风月悠闲。

清平乐

别来春半，触目愁肠断。砌下落梅如雪乱，拂了一身还满。
雁来音信无凭，路遥归梦难成。离恨恰如春草，更行更远还生。

【译文】别后春已过半，眼见愁肠断。台阶上，白梅花像雪一样纷纷落下，落了一身还多。

大雁归来没传音讯，路途遥远，梦中难归来。离愁别恨像春草，再行再远还会产生。

相见欢二首

其一

林花谢了春红，太匆匆，无奈朝来寒雨，晚来风。

胭脂泪，相留醉，几时重，自是人生长恨，水长东。

【译文】林间的春花凋谢，太匆忙了，哪想早晨下了寒雨，晚上刮起了风。美人泪，令人销魂，何时再得重逢，自然是人生长有遗憾，水依旧东流。

其二

无言独上西楼，月如钩。寂寞梧桐深院，锁清秋。
剪不断，理还乱，是离愁，别是一般滋味，在心头。

【译文】默然无语独自登上西楼，月如钩。梧桐树寂寞在深院，封闭在了清冷的秋天。剪也不断，梳理还乱，这离愁，在心里别有一番滋味。

忆江南二首

其一

多少恨，昨夜梦魂中，还似旧时游上苑，车如流水马如龙，花月正春风。

【译文】多少的悲恨，都在昨晚的梦中，还像曾经在御花园中赏玩，车如流水马如龙，花和月正得意。

其二

多少泪，霑袖横颐，心事莫将和泪滴。凤笙休向月明吹，肠断更无疑。

【译文】多少泪，沾袖满脸。心事不要伴泪流。不要在明月下吹凤箫，更让人肝肠寸断。

浪淘沙二首

其一

帘外雨潺潺，春意阑珊，罗衾不耐五更寒。梦里不知身是客，一晌贪欢。
独自莫凭栏，无限江山，别时容易见时难，流水落花春去也，天上人间。

【译文】屋外潺潺雨声，春意将尽，锦被经不住五更天的冷意。梦里不知道自己只是一个客人，做了一会儿的美梦。独自倚栏杆，想着原来的万里江山，分离容易，再见太难，春天在流水落花间流逝，天上人间。

其二

往事只堪哀，对景难排，秋风庭院藓侵阶。一任珠帘闲不卷，终日谁来。
金剑已沉埋，壮气蒿莱。晚凉天净月华开。想得玉楼瑶殿影，空照秦淮。

【译文】曾经过往只有悲伤，对着美景难以排解，秋风的庭院中，苔藓蔓延到台阶。任凭珠帘寂然不卷，整天有谁前来。

金剑已经深埋地下，王气衰微。晚上天净如洗，月亮升起。想象南唐的华美楼阁，定投映在秦淮河上。

虞美人二首

其一

风回小院庭芜绿，柳眼春相续。凭栏半日独无言，依旧竹声新月，似当年。
笙歌未散尊罍在，池面冰初解。烛明香暗画楼深，满鬓清霜残雪，思难禁。

【译文】风回小院草色绿，柳芽新发是春光相续。倚栏半天默然无语，竹声新月，依旧像当年。

歌舞未散，酒杯还在，池塘上冰刚消。烛火明亮，香气悠悠，阁楼高耸。两鬓苍苍如白雪，让人难以承受。

其二

春花秋月何时了，往事知多少。小楼昨夜又东风，故国不堪回首月明中。

雕栏玉砌应犹在，只是朱颜改。问君能有几多愁，恰似一江春水向东流。

【译文】春花秋月什么时候终结，曾经事还记得多少。在小楼昨晚又听了一夜东风，明月下不敢回想南唐。

雕花栏杆，玉石的台阶，还在，只是红颜黯淡。问君能有多少烦愁，就像一江春水向东流。

菩萨蛮

人生仇恨何能免，销魂独我情何限。故国梦重归，觉来双泪垂。

高楼谁与上，长记秋晴望。往事已成空，还如一梦中。

【译文】人生的愁恨哪能消除，只有我黯然销魂情思无限。只有在梦中重回故国，醒来泪珠低垂。

同谁上高楼，老是记得秋晴远眺。往事已成空，就像做了一场梦。

锦堂春

昨夜风兼雨，帘帐飒飒秋声。烛残漏滴频欹枕，起坐不能平。

世事漫随流水，算来一梦浮生。醉乡路稳宜频到，此外不堪行。

【译文】昨夜风雨交加，帘外的秋声飒飒作响。时间流逝，烛火将尽，不能安睡，起来，心里不能平静。

漫漫世事随流水，想来只是浮生一梦。喝酒最稳当，此外不做任何事。

渔父

一棹春风一叶舟，一纶茧缕一轻钩。花满渚，月满瓯，万顷波中得自由。

【译文】一棹下去，春风扑面，划着一叶扁舟，一纶丝线，一杆轻钩。满洲花，酒满杯，万顷的江上获得自由。

山花子二首

（此二首一本云李中主景作）

其一

菡萏香销翠叶残，西风愁起绿波间。还与韶光共憔悴，不堪看。
细雨梦回鸡塞远，小楼吹彻玉笙寒。多少泪珠何限恨，倚栏杆。

【译文】荷香消散绿叶残败，烦愁在西风绿叶间升起。和美好的时光一起沧桑，不忍看。

细雨中，梦到了边疆，梦醒，在小楼中用玉笙吹了一整套凄寒的曲子。多少泪珠，多少恨，倚靠栏杆。

其二

手卷珠帘上玉钩，依前春恨锁重楼。风里落花谁是主，思悠悠。
青鸟不传云外信。丁香空结雨中愁。回首绿波三峡暮，接天流。

【译文】手卷起珠帘在玉钩上，春恨依旧笼罩在层楼上。谁是风里落花的主人，忧思不尽。

青鸟不传递天外信。丁香花空开，人在雨中满怀愁绪。回头看暮色绿波中的三峡，从天际流出。

欧阳修

欧阳修，宋庐陵人，字永叔，晚号六一居士，举进士甲科。庆历初，召知谏院，改右正言，知制诰，时杜衍、韩琦、范仲淹、富弼相继罢去，修上书极谏，出知滁州，徙扬州、颍州，还为翰林学士。嘉佑间，拜参知政事，与韩琦同心辅政。熙宁初，与王安石不合，以太子少师致仕，卒年六十六。修博通经史，其古文力变当时旧格，与唐韩愈并称。诗亦佳，词则视为小技，未尝别开门庭，然婉约风流，接踵温李，不失词之本色，为南派之大宗。有《新唐书》、《五代史诗》、《文词笔记》若干种。

【译文】宋代，庐陵人，字永叔，晚号六一居士，中进士甲科。庆历初，召为谏院官员，改右正言，管制诰，当时杜衍、韩琦、范仲淹、富弼相继被罢职，修上书极力谏言，出任滁州，徙扬州、颍州，后为翰林学士。嘉佑年间，授予参知政事职务，与韩琦同心辅政。熙宁初，与王安石不合，以太子少师身份入仕，终年六十六岁。博通经史，他的古文一改前朝的旧风气，和唐代韩愈并称。诗写得也很好，视词为雕虫小技，不曾别开门派，但婉约风致，继承温庭筠、李商隐，不失词的本色，是南派的大家。有《新唐书》、《五代史诗》、《文词笔记》若干种。

踏莎行

（相别）

候馆梅残，溪桥柳细，草薰风暖摇征辔。离愁渐远渐无穷，迢迢不断如春水。

寸寸柔肠，盈盈粉泪，楼高莫近危阑倚。平芜尽处是春山，行人更在春山外。

【译文】旅舍的梅花残败，溪桥边柳细，草熏风暖驱马前行。离愁渐远渐无尽，迢迢不断像春水。

寸寸柔肠，盈盈的美人泪，楼高不要倚靠高栏。原野到处是春山，远行之人更在春山外。

蝶恋花

（春晚）

庭院深深深几许，杨柳堆烟，帘幕无重数。玉勒雕鞍游冶处，楼高不见章台路。

雨横风狂三月暮，门掩黄昏，无计留春住。泪眼问花花不语，乱红飞过秋千去。

【译文】庭院深邃有几重？杨柳簇拥成深色的团，多层帘幕。玉马雕鞍在妓院。楼高看不见章台街。

三月的晚上雨横风狂。门遮黄昏，无法留住春天。泪眼问花，花不言语，乱花被抛弃于秋千外。

又

（春情）

海燕双飞归画栋，帘幕无风，花影频移动。半醉腾腾春睡重，绿鬟堆枕香云拥。

翠被双盘金缕凤，忆得前春，有个人人共。花里莺声时一弄，日斜惊起相思梦。

【译文】一对燕子双双回华美的房屋，帘起无风，花影频频摇动。半醉朦胧春睡浓重，翠鬟堆枕，头发拥簇。

翠色锦被上用金线绣凤，想起前春，人团锦簇。花里的黄莺啼鸣，太阳西斜惊起了相思梦。

又

（清明）

六曲阑干偎碧树，杨柳风轻，展尽黄金缕。谁抱钿筝移玉柱，穿帘海燕双飞去。

满眼游丝兼落絮，红杏开时，一霎清明雨。浓醉觉来莺乱语，惊残好梦无寻处。

【译文】六曲的栏杆倚靠在绿树上，微风吹柳，嫩黄的柳条随风舒展。谁在弹筝，海燕双飞穿柳而过。

满眼的柳丝和飞絮，红杏花开，一时清明小雨。酒醒，莺鸟乱鸣，惊破好梦，无处找寻。

又

面旋落花风荡漾，柳重烟深，雪絮飞来往。雨后轻寒犹未放，春愁酒病成惆怅。

枕畔屏山围碧浪，翠被华灯，夜夜空相向。寂寞起来褰绣幌，月明正在梨花上。

【译文】花在面前旋转飘落，柳色浓重，水雾重，柳絮纷飞。雨后微寒还没结束，春愁纵酒形成惆怅。

枕旁围着有波浪图案的屏风，翠色锦被，华灯初上，夜夜空对。寂寞起床揭起帘子，月明朗照在梨花上。

又

腊雪初销梅蕊绽，梅雪相和，喜鹊穿花转。睡起夕阳迷醉眼，新愁长向东风乱。

瘦觉玉肌罗带缓，红杏梢头，二月春犹浅。望极不来芳信断，音书纵有争如见。

【译文】腊月初梅花初开，梅花和雪相呼应，喜鹊游戏花间。起床夕阳迷离，常对着乱舞的东风生发新愁。

觉得身体渐瘦，衣带变宽，红杏挂枝头，二月春还浅。望穿秋水，却仍旧没有她的消息，纵是有书信也不如见到本人。

玉楼春

（别恨）

春山敛黛低歌扇，暂解吴钩登祖宴。画楼钟动已魂销，何况马嘶芳草岸。
青门柳色随人远，望欲断时肠已断。洛城春色待君来，莫待落花飞似霰。

【译文】蹙黛色的眉，以扇遮脸，掩盖伤别的感情，暂时解开刀剑登临饯别的筵席。高阁上报时钟声已响，以黯然魂销，更况马在芳草边嘶鸣。

霸城门的柳色渐行渐远，快看不见时已断肠。洛阳的春色等你来，不要到花像雪珠一样飘落的时节。

又

洛阳正值芳菲节，秾艳清香相间发。游丝有意苦相萦，垂柳无端争赠别。
杏花红处青山缺，山畔行人山下歇。今宵谁肯远相随，惟有寂寥孤馆月。

【译文】洛阳正值春天，花开浓艳又有淡淡的清香。昆虫吐丝相互萦绕，垂柳无由争离别。

红杏花的时节，青山有了缺色，山边行人山下停歇。今晚远行谁肯相伴，只有寂寞孤馆的月光。

又

蝶飞芳草花飞路，把酒已嗟春色暮。当时枝上落残花，今日水流何处去。
楼前独绕鸣蝉树，忆把芳条吹暖絮。红莲绿芰亦芳菲，不奈金风兼玉露。

【译文】蝴蝶在芳草中飞舞，花朵在道路上飘飞，把酒嗟叹已到春暮。当日枝上的残花飘落，今日水又流向何处？

楼前的只鸣蝉绕树，想把春天的枝条吹拂柳絮。红莲绿叶也美丽，无奈秋风夹杂露水前来。

浪淘沙

把酒祝东风，且共从容，垂杨紫陌洛城东。总是当时携手处，游遍芳丛。

聚散苦匆匆，此恨无穷，今年花胜去年红。可惜明年花更好，知与谁同。

【译文】举杯请求东风，与我和美相伴，垂杨在洛阳城东郊野的路上。当年总是携手同游的地方，遍游芳丛。

聚首离散太匆匆，无尽遗憾，今年花比去年红。可惜明年的花更好，不知和谁共往。

定风波

把酒花前欲问公，对花何事诉金钟。为问去年春甚处，虚度。莺声撩乱一场空。

今岁春来须爱惜，难得。须知花面不长红。待得酒醒君不见，千片。不随流水即随风。

【译文】花前举杯想问您，什么事对花把酒。问去年怎么对待春天，虚度。莺声纷乱一场空。

今年春来要珍惜，难得。要知花不常红。等酒醒您不见了，千片。不随流水飘走就随风而逝。

又

把酒花前欲问君，世间何计可留春。纵使青春留得住，虚语。无情花对有情人。

任是好花须落去，今古。红颜能得几时新。暗想浮生何事好，唯有。清歌一曲倒金樽。

【译文】花前把酒想问您。世间什么方法能留住春天。纵使春可留住。假话。无情的花，面对着有情感的人。

纵是好花，也要掉落。自古。红颜能得几时好。暗想生命无常什么好。唯有。唱一首情歌倒一杯酒。

浣溪沙

（湖景）

湖上朱桥响画轮，溶溶春水浸春云，碧琉璃滑净无尘。

当路游丝萦醉客，隔花啼鸟唤行人，日斜归去奈何春。

【译文】湖上的红桥响着华美的车声，春水盛大覆盖春山，绿琉璃上静滑无尘。路上的游丝留醉人，鸟鸣花上，惊路人，太阳西斜，能把春怎么样。

又

（春半）

青杏园林煮酒香，佳人初试薄罗裳。柳丝摇曳燕飞忙。

乍雨乍晴花自落，闲愁闲闷日偏长。为谁消瘦减容光。

【译文】在青杏的园林里，热香酒，佳人出穿薄裙。柳丝摇荡燕子飞忙。忽雨忽晴花掉落，闲愁闲闷偏偏白天太长。为谁消瘦容颜损耗。

采桑子

（颍州西湖）

群芳过后西湖好，狼籍残红。飞絮濛濛，垂柳阑干尽是风。
笙歌散尽游人去，始觉春空。垂下帘栊，双燕归来细雨中。

【译文】白花掉落的西湖很美，落花纵横。飞絮朦朦。整天吹风垂柳横斜。笙歌吹完，人散尽，才觉春空。放下窗帘和窗牖，双燕在细雨中飞来。

又

轻舟短棹西湖好，绿水逶迤，芳草长堤，隐隐笙歌处处随。
无风水面琉璃滑，不觉船移，微动涟漪，惊起沙禽掠岸飞。

【译文】用短桨划着轻船的西湖很美，绿水曲折绵长，芳草绵延堤岸，处处听见悠悠的笙歌。

无风的水面像琉璃一样平滑，不感到船的移动，水面微起波纹。惊起沙鸟掠岸飞过。

归自谣

何处笛？深夜梦回情脉脉，竹风檐雨寒窗隔。
离人几岁无消息，今头白，不眠特地重相忆。

【译文】何处传来悠扬的笛声？深夜梦回，含情脉脉，风穿竹林窗外檐下，雨声滴沥。行人离家几年无音讯，现在发白，忽地不寐长相忆。

临江仙

柳外轻雷池上雨，雨声滴碎荷声。小楼西角断虹明。阑干倚处，待得月华生。
燕子飞来窥画栋，玉钩垂下帘旌。凉波不动簟纹平。水精双枕，旁有堕钗横。

【译文】柳外轻响雷声，池上下雨，玉笙在荷叶上滴沥。小楼的西角半挂彩虹。倚栏处，月亮待出。

燕子飞来看华屋，挂钩垂下帘幕。凉波不动，席纹平整。水晶双枕，旁有钗落横斜。

诉衷情

（眉意）

清晨帘幕卷轻霜，呵手试梅妆。都缘自有离恨，故画作远山长。
思往事，惜流芳。易成伤。拟歌先敛，欲笑还颦，最断人肠。

【译文】清晨卷起帘幕有微霜，呵气暖手试化梅花妆。都因本有离愁悲恨，所以画了远山长的眉毛。

回想往事，珍惜流光。容易遗憾。想歌先整理妆容，想笑还蹙眉。最能断人肠。

苏 轼

苏轼，小传见前诗十五家，案苏词世称为北派大宗。纪昀评之曰：轼以歌行纵横之笔，盘屈而为词，跌宕排迈，一变唐五代之旧格，遂为辛弃疾一派开山。寻溯源流，不能不谓之别调。然亦不能谓之不工，识者皆许为知言。

【译文】小传见前诗十五家，认为苏轼词世称为北派的集大成者。纪昀评论他说：苏轼以歌行纵横的文笔，曲折写词，跌宕起伏，力排暮老之词，变革了五代晚唐的旧风气，是辛弃疾一派的开山鼻祖。追根溯源，不能不说是别调。但也不能说它不精巧，看的人都认为是知言。

念奴娇

（赤壁怀古）

大江东去，浪淘尽。千古风流人物。故垒西边，人道是，三国周郎赤壁。乱石穿空，惊涛拍岸，卷起千堆雪。江山如画，一时多少豪杰!

遥想公瑾当年，小乔初嫁了，雄姿英发，羽扇纶巾，谈笑间，樯橹灰飞烟灭。故国神游，多情应笑我，早生华发。人间如梦，一樽还酹江月。

【译文】长江向东流去，波浪滚滚，千古的英雄人物。那西边的旧营垒，人们说三国时候赤壁的周瑜。不平的石壁直刺天空，大浪拍击着江岸，激起一堆堆浪花。江山如画，一时汇集了多少英雄豪杰。

遥想当年的周瑜，小乔刚嫁给他，英姿勃发。手握羽扇，头戴纶巾，谈笑之间，强敌的战船烧得灰飞烟灭。神游三国，应该笑我多情，头发早早地都变白了。人生如梦，我还是倒一杯酒来祭奠江上的明月。

水调歌头

（丙辰中秋，欢饮达旦，大醉。作此篇，兼怀子由）

明月几时有，把酒问青天。不知天上宫阙，今夕是何年。我欲乘风归去，惟恐琼楼玉宇，高处不胜寒。起舞弄清影，何似在人间。

转朱阁，低绮户，照无眠。不应有恨，何事长向别时圆？人有悲欢离合，月有阴晴圆缺，此事古难全。但愿人长久，千里共婵娟。

【译文】明月从何时才有？手持酒杯来询问青天。不知道天上宫殿，今年是哪年。我想要乘御清风归返，又恐怕返回月宫的琼楼玉宇，耐不住高耸九天的冷落。起舞翩翩玩赏月下清影，怎比得上在人间。

转过朱红楼阁，月光低洒在绮窗前，照到床上人惆怅无眠。明月不该有什么怨恨，却为何总在亲人离别时候才圆？人有悲欢离合的变迁，月有阴晴圆缺的转换，这种事自古来难以周全。但愿离人能平安康健，远隔千里共享月色明媚皎然。

快哉亭

落日绣帘卷，亭下水连空。知君为我新作，窗户湿青红。长记平山堂上，攲枕江南烟雨，杳杳没孤鸿。认得醉翁语，“山色有无中”。

一千顷，都镜净，倒碧峰。忽然浪起，掀舞一叶白头翁。堪笑兰台公子，未解庄生天籁，刚道有雌雄。一点浩然气，千里快哉风。

【译文】落日卷起锦绣帘幕，亭台和江水连天。知道你为我新造的这座亭台，窗户的青红油漆未干。曾记平山堂上，斜躺着，观赏江南烟雨，及消失在迷茫中的孤鸿。识得“山色有无中”。

一千顷河水，都像镜一样洁净，倒影着绿色山峰。忽然起浪，掀倒了一只白头翁。哪笑兰台宋玉，不解庄子天籁，认为风有雌雄。胸中的浩然正气，风快千里。

洞仙歌

序云，仆七岁时，见眉州老尼，姓朱，忘其名，年九十余。自言尝随其师入蜀主孟昶宫中。一日，大热，主与花蕊夫人夜起，避暑摩诃池上，作一词，朱具能记之。今四十年，朱已死久矣，人无知此词者，独记其首两句，暇日寻味，岂洞仙歌令乎？乃为足之云。

冰肌玉骨，自清凉无汗。水殿风来暗香满。绣帘开、一点明月窥人，人未寝，攲枕钗横鬓乱。

起来携素手，庭户无声，时见疏星渡河汉。试问夜如何？夜已三更，金波淡，玉绳低转。但屈指西风几时来，又不道流年、暗中偷换。

【译文】冰肌玉骨，本自清凉无汗。水殿里风起，淡香弥漫。撩开绣帘，明月一点，偷看人，人未眠，枕斜，钗堕，鬓乱。

牵玉手，寂静的庭院，时而可见稀疏的星渡过银河岸。试问是什么时候了？三更已过，月光淡淡，玉绳星低旋。屈指算，西风什么时候来，又不知不觉，似水年华流转。

贺新郎

（夏景）

乳燕飞华屋。悄无人，桐阴转午，晚凉新浴。手弄生绡白团扇，扇手一时似玉。渐困倚，孤眠清熟。帘外谁来推绣户，枉教人、梦断瑶台曲。又却是，风敲竹。

石榴半吐红巾蹙。待浮花浪蕊都尽，伴君幽独。秾艳一枝君看取，芳心千重似束。又恐被西风惊绿。若待得君来，向此花前，对酒不忍触。共粉泪，两簌簌。

【译文】一只雏燕儿穿飞在华丽的房屋。厅室内静无人声，梧桐树阴儿转向正午，晚间凉爽，刚刚汤沐。手摇白绢团扇，团扇与素手似白玉。渐渐困倦斜倚，独自睡得香甜。帘外是谁推响门户，白白地惊散瑶台仙梦，原来是，夜风敲响翠竹。

半开的石榴花宛如红巾折皱。等浮浪的花落尽，只有孤独伴你。取一枝浓艳榴花细看，千瓣儿正像美人的芳心攒聚。又担心被西风吹，剩下一树绿叶，若等得人来此，花前喝酒不忍触目。残花和粉泪，扑簌垂落。

水龙吟

（次韵章质夫杨花词）

似花还似非花，也无人惜从教坠。抛家傍路，思量却是，无情有思。萦损柔肠，困酣娇眼，欲开还闭。梦随风万里，寻郎去处，又还被莺呼起。

不恨此花飞尽，恨西园、落红难缀。晓来雨过，遗踪何在？一池萍碎。春色三分，二分尘土，一分流水。细看来不是杨花，点点是离人泪。

【译文】杨花像花，又不是花，也无人怜惜，任由它飘坠。离开树枝，飘荡路旁，细想无情却又有情思。被愁思萦绕，伤了百折柔肠，困顿朦胧的娇眼，又睁欲闭。梦随风行万里，寻夫去处，又被黄莺啼声惊起。

我不怨杨花落尽，只怨西园，落花难重拾。早晨一阵风雨，杨花踪迹何在？一池浮萍，被雨打碎。春色分三成，两成变尘土，一成随流水。细细看，不是杨花，点点都是分离人的泪。

临江仙

夜饮东坡醒复醉，归来仿佛三更。家童鼻息已雷鸣，敲门都不应，倚仗听江声。

长恨此身非我有，何时忘却营营。夜阑风静縠纹平，小舟从此逝，江海寄余生。

【译文】夜间在东坡饮酒，酒醒又醉，归来已到三更。家童呼噜声大得似打雷。敲门也无人应答，拄着拐杖，静听长江奔流声。

常怨恨，没有自由，什么时候能不再为名利奔忙？小舟从这离开，在江海中度过余生。

江神子

（送述古）

翠蛾羞黛怯人看。掩霜纨，泪偷弹。且尽一尊，收泪唱阳关。漫道帝城天样远，天易见，见君难。

画堂新构近孤山。曲栏干，为谁安？飞絮落花，春色属明年。欲棹小舟寻旧事，无处问，水连天。

【译文】黛青色的眉毛怕被人看。用白绢扇子遮掩，泪暗流。且喝一杯，停泪唱《阳关曲》。别说距帝京太远，见天容易，见君难。

新建华美厅堂靠近孤山。栏杆曲，给谁安？飞絮落花，是明年春色。想划船追寻过往，无地问，水连天。

又

（春别）

天涯流落思无穷！既相逢，却匆匆。携手佳人，和泪折残红。为问东风余几许？春纵在，与谁同！

隋堤三月水溶溶。背归鸿，去吴中。回望彭城，清泗与淮通。欲寄相思千点泪，流不到，楚江东。

【译文】天涯流转，思绪无穷！已相逢，却短暂。牵着佳人，和泪折落花。问东风还留多少？纵使春还在，与谁共赏？

三月的隋堤，水面波光粼粼。我要和北归的鸿鹄路途相反，去南方的吴中。回望徐州，清澈的泗水和淮河交汇。想寄相思离愁的眼泪，却流不到，楚江的东面。

菩萨蛮

（西湖送述古）

秋风湖上萧萧雨，使君欲去还留住。今日漫留君，明朝愁杀人。
佳人千点泪，洒向长江水。不用敛双蛾，路人啼更多。

【译文】秋风的湖上下着萧萧细雨。想让你离开，还挽留。今天挽留你，明天愁死人。佳人泪流千点，洒向钱塘江里。不用蹙双眉。路上行人哭的很多。

卜算子

缺月挂疏桐，漏断人初静。时见幽人独往来，缥缈孤鸿影。
惊起却回头，有恨无人省。拣尽寒枝不肯栖，枫落吴江冷。

【译文】残月高悬在稀疏的梧桐上，夜深了，　人安。常见幽居的人独自往来，缥渺高飞的孤雁身影。

突然惊起回首，遗憾无人能懂。拣遍寒冷的树枝却不肯栖息，枫叶慢慢地飘落在凄冷的吴江上。

蝶恋花

春事阑珊芳草歇。客里风光，又过清明节。小院黄昏人忆别。落花处处闻啼鴂。
咫尺江山分楚越。目断魂销，应是音尘绝。梦破五更心欲折。角声吹落梅花月。

【译文】春事将尽，芳草停驻。客居之地的风光，又过清明节。小院的黄昏人想到别离。处处的落花听闻杜鹃啼鸣。

八寸的江山分开了吴越两地。触目销魂，该是消息断绝。五更天惊梦，肠断心摧。角声吹落了梅花月。

行香子

（七里濑）

一叶舟轻，双桨鸿惊。水天清、影湛波平。鱼翻藻鉴，鹭点烟汀。过沙溪急，霜溪冷，月溪明。

重重似画，曲曲如屏。算当年、虚老严陵。君臣一梦，今古空名。但远山长，云山乱，晓山青。

【译文】一叶轻舟，划桨惊鸿。水天相接，水面清澈安静。鱼翻转，藻类像在镜中，点点鹭鸟，水雾迷蒙的小洲。过沙的溪水急流，结霜溪冷，月照溪明。

层层如画，曲曲如屏风。料想当年，严子陵虚弱变老。君臣一梦，今古只留虚名。只远山连绵，山雾迷蒙，山清水秀。

满江红

（东武会流怀亭）

东武南城，新堤固、涟漪初溢。隐隐遍、长林高阜，卧红堆碧。枝上残花吹尽也，与君试向江边觅。问向前、犹有几多春，三之一。

官里事，何时毕。风雨外，无多日。相将泛曲水，满城争出。君不见兰亭修禊事，当时坐上皆豪逸。到如今、修竹满山阴，空陈迹。

【译文】东武的南城，堤坝新加固，刚涨潮。遍地高竹长满高土山，红花簇拥，绿叶聚集。枝上的残花吹尽，和你更在江头追寻。问将来，春还剩多少，三分之一。

官府事，何时玩。风雨之外，没有几天。相约游曲水，满城人争相出门。你看兰亭的修禊之事，当日坐上的都是青年豪俊。到如今，高竹满山阴，徒然留下历史遗迹。

西江月

（感怀）

世事一场大梦，人生几度秋凉？夜来风叶已鸣廊，看取眉头鬓上。

酒贱常愁客少，月明多被云妨。中秋谁与共孤光，把盏凄然北望。

【译文】世事如一场大梦，人生几多悲凉。夜晚的风叶在回廊鸣响。看有多少愁思在眉头发上。

酒劣常为客人稀少发愁，明月多被云遮挡。和谁中秋共赏月光。凄然的把酒北望。

又

（重九）

点点楼头细雨，重重江外平湖。当年戏马会东徐，今日凄凉南浦。

莫恨黄花未吐，且教红粉相扶。酒阑不必看茱萸，俯仰人间今古。

【译文】楼檐的淅沥细雨。千万宁静的江南湖。当年在东徐戏马台的盛宴。今日南浦凄凉。

不要抱怨菊花未开。姑且和美人同游。喝完酒不必看茱萸，俯仰间人世以为陈迹。

南乡子

（九日）

霜降水痕收，浅碧鳞鳞露远洲。酒力渐消风力软，飕飕，破帽多情却恋头。

佳节若为酬，但把金尊断送秋。万事到头都是梦，休休，明日黄花蝶也愁。

【译文】深秋，没了水迹，浅碧色的麒麟在远洲出现。酒力渐散，风力渐小，飕飕，破旧的帽子多情偏偏依恋着头。

佳节该怎么应付，只把清酒来送别秋天。万事到头都是梦，算了，明日菊花掉落，蝴蝶也发愁。

如梦令

为向东坡传语，人在雪堂深处。
别后有谁来，雪压小桥无路。
归去，归去。江上一犁春雨。

【译文】给东坡传话，人却身处翰林院。
别后有没有人来，雪压住了小桥，路不通。
回去吧，回去吧。春雨喜降，恰宜犁地春耕。

渔父四首

其一

渔父饮，谁家去，鱼蟹一时分付。
酒无多少醉为期，彼此不论钱数。

【译文】渔父喝酒，到谁家，一时将鱼蟹分完。
尽情畅饮，以醉为期，相互间不计较钱财。

其二

渔父醉，蓑衣舞，醉里却寻归路。
轻舟短棹任斜横，醒后不知何处。

【译文】渔父醉酒，穿蓑衣手舞足蹈，喝醉寻找回家的路。
任凭轻船短桨乱放，醒后不知身在何处。

其三

渔父醒，春江午，梦断落花飞絮。
酒醒还醉醉还醒，一笑人间今古。

【译文】渔父酒醒，春江正午，梦被落花飞絮惊醒。
酒醒还醉，醉后再醒，对人间世事一笑了之。

其四

渔父笑，轻鸥举，漠漠一江风雨。
江边骑马是官人，借我孤舟南渡。

【译文】渔父笑，轻鸟飞，一江风雨默默流。
江边骑马的官吏，借我的孤船南渡。

秦 观

秦观，宋高邮人，字少游，一字太虚。少豪俊慷慨，溢于文词。见苏轼于徐，为赋黄楼，轼以为有屈宋才，登第为定海主簿。元佑初，轼以贤良方正荐于朝，除太学博士，累官国史院编修官，寻坐党籍削秩。徽宗立，复宣德郎，放还至藤州，出游华光亭，为客道梦中长短句，索水欲饮，水至，笑视之而卒，年五十二。观为苏门四君子之一，工诗古文，其词与黄庭坚齐名，时称黄七秦九。然观作清远婉约，情韵兼胜，实在庭坚之上。有《淮海集》。

【译文】宋代，高邮人，字少游，一字太虚。少豪俊慷慨，溢于文词。见苏到徐，写了黄楼篇章，苏轼认为有屈原、宋玉的文才，中举做定海主簿官。元佑初年，苏轼以贤良方正推荐入朝，授予太学博士官职，积功升官做了国史院编修职务，不久因党祸被罚俸。徽宗即位，复官做了宣德郎，放还到藤州，出游华光亭，在路途灵感突发想到词篇，索取想要喝水，水来了，笑看而死，终年五十二岁。秦观是苏门四君子之一，善写古文，他的词和黄庭坚齐名，时称黄七秦九。但秦观诗作清远婉丽，情韵兼长，实在超出黄庭坚。有《淮海集》。

满庭芳

（晚景）

山抹微云，天连衰草，画角声断谯门。暂停征棹，聊共引离尊。多少蓬莱旧事，空回首、烟霭纷纷。斜阳外，寒鸦万点，流水绕孤村。

消魂，当此际，香囊暗解，罗带轻分。漫赢得秦楼，薄幸名存。此去何时见也？襟袖上、空惹啼痕。伤情处，高城望断，灯火已黄昏。

【译文】会稽山飘着浮云，枯萎的秋草连到天际，军乐声在谯楼上断绝。我暂停行船，姑且和朋友共举饯行的酒杯。多少欢乐旧事，只能回想，眼前一片雾霭茫茫。斜阳之外，寒鸦万点，水流环绕孤村。

令人伤心，当此时，暗解香囊，香罗带轻解。白白地赢得青楼的薄情名声！此别不知何时再见？衣袖上，空留伤心的泪痕。在伤情时，高城尽处，点起灯火，已到了黄昏。

又

（秋思）

碧水澄秋，黄云凝暮，败叶零乱空阶。洞房人静，斜月照徘徊。又是重阳近也，几处处、砧杵声催。重帘外，风摇翠行，疑是故人来。

情怀增怅望，新欢易失，往事难猜。问篱边黄菊，知为谁开。谩道愁须殢酒，酒未醒、愁已先回，凭栏久，金波渐转，白露点苍苔。

【译文】碧水澄秋，傍晚黄云满天，破败的叶子零乱洒满台阶。深室人安宁，月影徘徊不定。又快到重阳节了，几处，捣衣声声。西窗下，风摇荡着翠竹，可能是故人来了。

伤怀，增加了怅然想望，快乐容易失去，往事难想。问篱笆边的黄菊，为谁开放？休说以酒销愁，未酒醒，愁肠还在。长久倚栏杆，月影浮动，白露上了青苔。

又

（春游）

晓色云开，春随人意，骤雨才过还晴。古台芳榭，飞燕蹴红英。舞困榆钱自落，秋千外、绿水桥平。东风里，朱门映柳，低按小秦筝。

多情，行乐处，珠钿翠盖，玉辔红缨。渐酒空金榷，花困蓬瀛。豆蔻梢头旧恨，十年梦、屈指堪惊。凭阑久，疏烟淡日，寂寞下芜城。

【译文】拂晓曙色，云雾散净，春光随人意，骤雨刚过天色转晴。古亭台美水榭，飞燕踏落花。榆夹舞得困倦，自然低垂，秋千外，绿水与桥平。东风里，红门掩映着柳树，传出低缓的小秦筝声。

多情，游乐地，她乘着翠羽伞盖的香车，头上佩戴珠玉，我骑着缰绳精美的骏马，马腹带红缨。金杯美酒渐空，美人厌倦类似蓬瀛的仙境。正值豆蔻年华的少女的旧恨，十年如梦，屈指算来，令人吃惊。凭栏远眺，落日昏蒙，水雾疏淡，寂寞地沉入扬州城。

江城子

（春别）

西城杨柳弄春柔。动离忧，泪难收。犹记多情，曾为系归舟。碧野朱桥当日事，人不见，水空流。

韶华不为少年留。恨悠悠，几时休。飞絮落花时节、一登楼。便做春江都是泪，流不尽，许多愁。

【译文】汴京顺天门外，春风轻拂柔条，触动离别的忧愁，泪水难收。还记得杨柳多情，依依惜别。绿野红桥当年事。不见人，水自流。

青春不会为少年停留，遗憾悠长，几时停止？飞絮落花的时节登高楼。假设春江都是泪水，也流不尽许多的愁绪。

千秋岁

水边沙外，城郭春寒退。花影乱，莺声碎。飘零疏酒盏，离别宽衣带。人不见，碧云暮合空相对。

忆昔西池会，鹓鹭同飞盖。携手处，今谁在？日边清梦断，镜里朱颜改。春去也，落红万点愁如海。

【译文】水边沙外，城中的春寒退去。花影迷乱，莺声破碎。飘零疏散把酒，离别让衣宽。不见人，碧云和暮色空相对。

回想西池的欢会，朝官队列和飞驰的车辆整齐，携手同游处，现在谁在？在京城清梦断绝，只是镜里的红颜改变。春去，万点的飞红，愁绪如海。

风流子

（初春）

东风吹碧草，年华换、行客老沧洲。见梅吐旧英，柳摇新绿，恼人春色，还上枝头，寸心乱，北随云黯黯，东逐水悠悠。斜日半山，暝烟两岸，数声横笛，一叶扁舟。

青门同携手，前欢记、浑似梦里扬州。谁念断肠南陌，回首西楼。算天长地久，有时有尽，奈何绵绵，此恨无休。拟待倩人说与，生怕伊愁。

【译文】东风吹碧草，年华流转，游子身老沧洲。见梅花去年没有开的花，柳树摇荡，新发绿芽，春色恼人，还爬上了枝头。心乱，向北随着暗淡的云朵，向东追逐悠悠的水流。斜日落半山，两岸薄雾；几声笛鸣，一叶扁舟。

汴京城门处，携手同游，记得前时欢愉全似梦里扬州。谁想断肠在汴京城外，回望居室？想来天长地久，也有尽头；奈何绵长，这遗憾难完。想说给别人，怕他嫌烦。

望海潮

梅英疏淡，冰澌溶泄，东风暗换年华。金谷俊游，铜驼巷陌，新晴细履平沙。长记误随车，正絮翻蝶舞，芳思交加。柳下桃蹊，乱分春色到人家。

西园夜饮鸣笳，有华灯碍月，飞盖妨花。兰苑未空，行人渐老，重来是事堪嗟。烟暝酒旗斜。但倚楼极目，时见栖鸦。无奈归心，暗随流水到天涯。

【译文】梅花稀疏，色彩淡薄，冰雪在消，流水缓缓，春风暗换了年华。曾经在金谷园尽情游玩，铜驼街巷的繁华，趁新晴漫步在平沙。总记曾误追车。正柳絮翻飞蝴蝶飞舞，引得春思交结。柳荫下桃花小路，将春色乱分到家。

西园夜里宴饮，乐工们吹起胡笳，高挂的华灯遮蔽月亮，飞驰的车盖碰损了花。花园未凋，游子却华发渐生，重来旧地事事叹息。暮霭中，酒旗斜挂。只空倚楼极目远眺，常见栖树之鸦。油然而生归心，心意暗随流水奔到天涯。

踏莎行

（郴州旅舍）

雾失楼台，月迷津渡，桃源望断无寻处。可堪孤馆闭春寒，杜鹃声里斜阳暮。

驿寄梅花，鱼传尺素，砌成此恨无重数。郴江幸自绕郴山，为谁流下潇湘去？

【译文】楼台在迷雾中依稀难辨，渡口在月光下迷离。桃花源望尽无处寻觅。怎能忍受独居在孤寂的旅舍，在杜鹃的哀鸣声中，太阳西落。

驿站中寄音讯，鱼传来书信。堆积的遗憾有无数重。郴江绕着郴山流，为什么偏要流到潇湘去？

鹧鸪天

枝上流莺和泪闻，新啼痕间旧啼痕。一春鱼雁无消息，千里关山劳梦魂。

无一语，对芳尊。安排肠断到黄昏。甫能炙得灯儿了，雨打梨花深闭门。

【译文】树上的流莺鸟和泪声，新啼痕中夹杂着旧啼痕。一春的鱼鸟都没有寄来消息，梦千里外的关山很费神。

默然无语，对着美酒。准备伤心到黄昏。刚能点灯了，雨打梨花掩闭重门。

海棠春

流莺窗外啼声巧。睡未足、把人惊觉。翠被晓寒轻，宝篆沉烟袅。

宿酲未解宫娥报。道别院、笙歌宴早。试问海棠花，昨夜开多少。

【译文】窗外的流莺叫声美妙。没睡够，把人惊醒。早晨锦被轻寒。熏香袅袅。

宿醉未醒仆人禀告。说别院，笙歌宴会早。借问海棠花，昨晚开了多少。

画堂春

落红铺径水平池，弄晴小雨霏霏。杏园憔悴杜鹃啼，无奈春归。

柳外画楼独上，凭阑手捻花枝，放花无语对斜晖，此恨谁知？

【译文】落花满径，水和岸平，绵密小雨展露晴天。杏园失去生机，杜鹃啼鸣，无奈春天已去。

独自登上柳稍初探的阁楼，倚栏手搓花枝，放下花枝默然无语的对着斜阳，这恨谁了解？

菩萨蛮

（秋思）

蛩声泣露惊秋枕，罗帏泪湿鸳鸯锦。独卧玉肌凉，残更与恨长。

阴风翻翠幔，雨涩灯花暗。毕竟不成眠，鸦啼金井寒。

【译文】蟋蟀在秋天的叫声使人惊叹、掉泪，罗帐里泪洒鸳鸯锦被。独睡身冷，恨如五更天一样绵长。

冷风掀绿帐，雨急灯光暗淡。最后睡不着，鸦在水井边啼叫。

浣溪沙

漠漠轻寒上小楼，晓阴无赖似穷秋。淡烟流水画屏幽。

自在飞花轻似梦，无边丝雨细如愁。宝帘闲挂小银钩。

【译文】在阴天登上小楼，早上天阴着好像是到了深秋。屋内屏风上雾霭淡薄，流水潺潺，意境悠远。

自由自在的花瓣像梦一样轻盈，无边飘洒的雨丝细得像心中的愁绪。走回室内，随意用小银钩把帘子挂起。

桃源忆故人

玉楼深锁多情种，清夜悠悠谁共？羞见枕衾鸳凤，闷即和衣拥。

无端画角严城动，惊破一番新梦。窗外月华霜重，听彻梅花弄。

【译文】华丽的阁楼上住着一位多情女，是谁和她共渡漫长的夜晚？害羞看见枕上、被上绣着的鸳鸯和凤凰成双成对，沉闷时，和衣而睡。

无由，军营的号角声响彻城市，惊破了她的新梦。窗外，月明，花上结霜，听了数遍《梅花弄》。

如梦令四首

其一

遥夜月明如水，风紧驿亭深闭。梦破鼠窥灯，霜送晓寒侵被。无寐，无寐，门外马嘶人起。

【译文】深夜像水般深沉，风急吹，驿门紧闭。老鼠看灯，梦被惊破，霜带来了寒气入被。不睡，不睡，门外的马嘶鸣，人起床。

其二

楼外残阳红满，春入柳条将半。桃李不禁风，回首落英无限。肠断，肠断，人与楚天俱远。

【译文】夕阳残红映满楼，入春，半树的柳条已绿。桃花李花不禁吹，回望满地落花。断肠，断肠，人已和楚地的天空一样遥远。

其三

池上春归何处？满目落花飞絮。孤馆悄无人，梦断月堤归路。无绪，无绪，帘外五更风雨。

【译文】池上的春天到哪去？满眼的落花飞絮。孤馆悄然无人，在月堤归路的地方梦惊。无情绪，无情绪，帘外风雨持续到了五更天。

其四

莺嘴啄花红溜，燕尾点波绿皱。指冷玉笙寒，吹彻小梅春透。依旧，依旧，人与绿杨俱瘦。

【译文】莺鸟用嘴轻啄红花，燕尾轻掠，引起阵阵微波。指尖清冷，玉笙轻寒，吹透这美丽的早春。依旧，依旧，人和绿杨一样消瘦。

周邦彦

周邦彦，宋钱塘人，字美成，疏俊少检，不为州里推重，而博涉百家之书。元丰初，游京师，献汴都赋，召为大乐正。居五岁不迁，益尽力于辞章。徽宗时，累官徽猷阁待制，复知顺州，徙处州卒。邦彦好音乐，能自度曲，其乐府长短句，皆精深华丽，体兼苏秦，为北宋词家一大宗。有《片玉集》。

【译文】宋代，钱塘人，字美成，疏俊少检，不被州里推重，但博猎众书。元丰初年，游京师，献汴都赋于朝，召为大乐正。在位五年没有升官，更加在辞章上精益求精。徽宗时，积功升官作徽猷阁待制官，又管理顺州，徙处州去世。他喜欢音乐，能自度曲，他的乐府长短句，都精深华美，体例兼具苏轼、黄庭坚，是北宋词学大家。有《片玉集》。

六丑

（蔷薇谢后作）

正单衣试酒，怅客里、光阴虚掷。愿春暂留，春归如过翼，一去无迹。为问家何在？夜来风雨，葬楚宫倾国。钗钿堕处遗香泽。乱点桃蹊，轻翻柳陌。多情更谁追惜？但蜂媒蝶使，时叩窗隔。

东园岑寂，渐蒙笼暗碧。静绕珍丛底，成叹息。长条故惹行客，似牵衣待话，别情无极。残英小、强簪巾帻。终不似，一朵钗头颤袅，向人欹侧。漂流处、莫趁潮汐。恐断红、尚有相思字，何由见得？

【译文】现在如果在京城，正是穿着官衣尝着官府样酒的春暮夏初；令人怅惘的是，我仍在客居虚度。我希望春天能够停留，但春就像鸟儿飞过一样不留痕迹。问蔷薇花在何处？夜里一场急雨，埋葬了楚国倾城佳丽。花瓣像美人的钗钿堕地，散发着残存的香气，凌乱地洒满桃花 路，在杨柳街巷轻翻飞。还有谁像我多情地痛惜花残春逝？只有蜂儿蝶儿像媒人使者，时时敲击窗棂。

东园一片静寂，草木繁茂，绿荫幽暗青绿。环绕着蔷薇花丛，寂静徘徊，不断叹气。蔷薇舒展长枝，钩挂行人衣裳，仿佛牵着衣襟挽留，无限伤情。小小的残花，勉强簪带头上。终究不像戴在美人钗头上颤动、摇曳，向人献媚斜倚。红花，不要随着潮水远去。担心破碎的花，还写着相思的字迹，如何可以看出来？

兰陵王

（柳）

柳阴直，烟里丝丝弄碧。隋堤上、曾见几番，拂水飘绵送行色。登临望故国，谁识、京华倦客。长亭路、年去岁来，应折柔条过千尺。

闲寻旧踪迹，又酒趁哀弦，灯照离席，梨花榆火催寒食。愁一箭风快，半篙波暖，回头迢递便数驿。望人在天北。

凄恻，恨堆积。渐别浦萦回，津堠岑寂，斜阳冉冉春无极。记月榭携手，露桥闻笛。沉思前事，似梦里，泪暗滴。

【译文】枝叶茂密的柳林，在烟雾中摇曳着，显出身姿。我在隋堤上，已经几度，柳絮飘飞送离人。登高望故乡。谁识。我的倦游情绪。长亭送别，年复一年，送人折柳也超过了千尺。

闲来无事，信步来到送别处，遇到离别宴会，灯火通明，朋友在哀怨的乐声里喝饯行酒。梨花在早春开放，似乎在催促寒食节的来临。愁绪像飞驰的竹箭，半蒿的春水，回望已走很远，过了很多驿站。遥望送行者在远远的北面。

触景伤情。堆满怨恨。只见水崖曲折萦回。渡口冷清、寂静。斜阳已逝，春无边。月下亭台携手同游，在风清白露之夜，倚桥临水听笛声。回忆曾经美好岁月，如梦似幻，暗泪流。

花犯

（梅花）

粉墙低，梅花照眼，依然旧风味。露痕轻缀，疑净洗铅华，无限清丽。去年胜赏曾孤倚，冰盘同燕喜。更可惜、雪中高树，香篝熏素被。

今年对花太匆匆，相逢似有恨，依依愁悴。吟望久，青苔上，旋看飞坠。相将见，脆圆荐酒，人正在、空江烟浪里。但梦想，一枝潇洒，黄昏斜照水。

【译文】粉墙下，一树梅花令人眼亮，同往年一样的富有情趣。露水轻点。疑是铅华刚洗的佳人，更显国色天香的美丽。去年和朋友曾赏梅，把梅插在瓷盘中增添宴会的喜气。更可爱的是，白雪梅花同色同香，就像熏香笼上一床素淡色的被子。

今年赏花最匆忙，相逢有遗憾，梅花有些掉落。沉吟，凝望很久，在青苔上，又看飞落。不久看。青梅佐酒，但那时我正在由江宁府沿长江入瓜州镇浩淼寂静江面。只梦见一只幽雅梅枝，黄昏斜映水中。

意难忘

（美人）

衣染莺黄。爱停歌驻拍，劝酒持觞。低鬟蝉影动，私语口脂香。荷露滴，竹风凉。拚剧饮淋浪。夜渐深，笼灯就月，子细端相。

知音见说无双。解移宫换羽，未怕周郎。长颦知有恨，贪耍不成妆。些个事，恼人肠。试说与何妨。又恐伊、寻消问息，瘦损容光。

【译文】衣裳染成莺黄的颜色。喜欢停止敲击拍板和歌声，把盏劝酒。低首两鬓摇荡，唇膏散发出香味。檐滴雨，竹间风凉。持杯豪饮，沾衣。夜渐深，月深提灯，仔细端详打量她。

听说知音难遇，她能进行复杂的乐曲换调，不怕周郎。长久皱眉，像有心事，有时又贪玩，以至不能专心梳妆。一点事，让人烦恼。不妨告诉她。又担心她不停地打听，会瘦了脸，不像现在这样荣光焕发。

西河

（金陵怀古）

佳丽地，南朝盛事谁记？山围故国绕清江，髻鬟对起。怒涛寂寞打空城，风樯遥度天际。

断崖树、犹倒倚，莫愁艇子曾系？空余旧迹郁苍苍，雾沉半垒。夜深月过女墙来，伤心东望淮水。

酒旗戏鼓甚处市？想依稀王谢邻里，燕子不知何世，向寻常巷陌，人家相对，如说兴亡斜阳里。

【译文】现在谁还记得金陵曾经是美女如云、王者之气盛的帝王州。山水环绕故国，像相对的髻鬟。汹涌的波涛拍击城墙，又寂寞退去，几艘船正在远处行驶。

断崖边的老树，还倒挂着。也许是当年莫愁系船的地方。空留前迹，苍郁葱茏，战垒被遮掩了一半。夜半还要升过城墙头，依旧照着金陵城。站在赏心亭远望，淮水东边曾照六朝繁华的月亮。

当年繁盛的酒楼戏馆，现今又在何处？曾经王公的豪宅，燕子不知处在什么时候。飞进寻常百姓的家里，在夕阳之下，叙说今昔。

解连环

（怨别）

怨怀无托，嗟情人断绝，信音辽邈。纵妙手、能解连环，似风散雨收，雾轻云薄。燕子楼空，暗尘锁、一床弦索。想移根换叶，尽是旧时，手种红药。

汀洲渐生杜若，料舟依岸曲，人在天角。谩记得、当日音书，把闲语闲言，待总烧却。水驿春回，望寄我、江南梅萼。拚今生、对花对酒，为伊泪落。

【译文】思念无处诉说，叹情，音讯断绝，消息渐远。信手巧能解连环，像风停雨收一样，轻雾薄云。燕子楼也空了，楼锁，床上琴无人弹，生了尘。想换叶移栽，都是曾经亲手种的芍药。

小洲上渐生杜若香草，想船依傍岸边，而人已在天涯。休记得，曾经书信，闲言闲语，真想一总烧了。春回水边，能寄给我江南的梅花瓣。不惜今生对花对酒，为她流泪。

浪淘沙慢

晓阴重，霜凋岸草，雾隐城堞。南陌脂车待发，东门帐饮乍阕。正拂面、垂杨堪揽结，掩红泪、玉手亲折。念汉浦、离鸿去何许？经时信音绝。情切，望中地远天阔，向露冷、风清无人处，耿耿寒漏咽。

嗟万事难忘，惟是轻别。翠尊未竭，凭断云、留取西楼残月。罗带光消纹衾叠，连环解、旧香顿歇；怨歌永、琼壶敲尽缺。恨春去、不与人期，弄夜色、空余满地梨花雪。

【译文】拂晓天色阴沉，寒霜使岸边秋草凋谢，城头矮墙隐没在浓雾中。南去路上，膏油车马等候，东门帐幕的饯饮刚结束。拂面的垂柳能揽，遮哭红的泪眼，伸出白玉嫩手亲折一段柳枝。想江流水滨的离群孤雁去了哪里？经时太长，音信断绝。情切，只觉地远天阔，对着露冷风清无人处，清楚的听着铜壶滴漏的呜咽声。

嗟叹世事难忘，只这离别。翠玉杯中美酒尚完，云挽住，摘取西楼的残月。腰上的罗带掉色，锦被长期不用，空置一旁。玉环已散，香气已歇；唱着悲歌，以击节唾壶表达感情。遗憾啊，春天就如此归去，也不与人商量，只空留满地梨花在夜色下飘零。

夜飞鹊

河桥送人处，凉夜何其。斜月远、坠余辉，铜盘烛泪已流尽，霏霏凉露沾衣。相将散离会处，探风前津鼓，树杪参旗。花骢会意，纵扬鞭、亦自行迟。

迢递路回清野，人语渐无闻，空带愁归。何意重经前地，遗钿不见，斜径都迷。兔葵燕麦，向斜阳影与人齐。但徘徊班草，欷歔酹酒，极望天西。

【译文】夜天河桥送别，凉意弥漫。残月曳着余辉向西斜坠。青铜的烛盘里，蜡泪流尽，冰凉的露水湿沾了征人的衣裳。离宴将散，携手难分，渡口传来鼓声，遥见树梢上好像挂着画有星辰的旗帜。骏马领会人伤别意，即使扬鞭催促，它还是缓慢前行。

前路漫漫，在原野上，渐渐听不见行人的话语，只带着忧愁归去。谁想过前日送别处，钿钗首饰不见，偏斜小路迷离。兔葵、燕麦，向着斜阳，与人相齐。只徘徊铺草而坐，唏嘘，以酒浇地，远望日落西沉的长安。

满庭芳

（夏景）

风老莺雏，雨肥梅子，午阴嘉树清圆。地卑山近，衣润费炉烟。人静乌鸢自乐，小桥外、新绿溅溅。凭栏久，黄芦苦竹，疑泛九江船。

年年，如社燕，飘流瀚海，来寄修椽。且莫思身外，长近尊前。憔悴江南倦客，不堪听、急管繁弦。歌筵畔，先安簟枕，容我醉时眠。

【译文】莺雏在暖风长成，夏雨让梅子变得肥美，正午茂密的树影圆圆的笼罩在地面。地低洼靠山，衣潮费炉火烘干。人家寂静乌鸦自飞翩翩，小桥外，河水新涨。久久倚栏，黄芦苦竹满院，自己好比泛舟九江边。

年复一年，如春来秋去的社燕，飘飞在大漠，寄居在长檐。且不要想身外功名，常坐酒樽前。憔悴的江南游子，不忍听激越、繁杂的管弦。歌宴边，安上一个枕席，让我醉后可以随意安眠。

一寸金

（新定作）

州夹苍崖，下枕江山是城郭。望海霞接日，红翻水面，晴风吹草，青摇山脚。波暖凫鹥作。沙痕退、夜潮正落。疏林外、一点炊烟，渡口参差正寥廓。

自叹劳生，经年何事，京华信漂泊。念渚蒲汀柳，空归闲梦，风轮雨楫，终辜前约。情景牵心眼，流连处、利名易薄。回头谢、冶叶倡条，便入渔钓乐。

【译文】新定城在苍翠的崖壁之间，地势很高，好像以江山为枕头。赤濑一带远远望去，水面好像是承接着含日的海上霞光，翻起红浪，晴天风吹草，在山摇荡。水退，沙上留下退潮痕迹。疏落的林外，炊烟点点，更远的是错落不齐的渡口。

叹息辛苦的一生，一年年地在汴京漂泊。想我空怀隐居理想，实际经常风里雨里奔波，到底还是辜负了隐居的前愿。情景触动了我的情思，流连忘返，很容易就忘记了名利之心。觉悟改变自己的想法，改变留恋红尘名利，去过闲适隐逸的生活。

蝶恋花
（早行）

月皎惊乌栖不定，更漏将阑，轳辘牵金井。唤起两眸清炯炯，泪花落枕红绵冷。

执手霜风吹鬓影，去意徘徊，别语愁难听。楼上阑干横斗柄，露寒人远鸡相应。

【译文】月光皎洁，鸟叫不停，更漏已快没了，轳辘汲水声传入房间。这使女子双眼更忧愁，泪水掉在枕上，红绵湿冷。

牵手，任霜风吹着头发，离别难分，告别的话，让人不忍泪落。楼上看北斗星横斜夜空，露重寒冷，人渐行渐远，只传来鸡叫。

少年游

并刀如水，吴盐胜雪，纤指破新橙。锦幄初温，兽香不断，相对坐调笙。

低声问，向谁行宿？城上已三更。马滑霜浓，不如休去，直是少人行。

【译文】并州的水果刀锋像水波寒光闪闪，吴地所产的盐比水还白，纤细嫩白的手指切新鲜的橙子。华美的衾帐温暖，兽炉里薰着香炭，对坐吹笙。

低声询问到谁家住宿，城上已经三更天了。霜重，马打滑，不如不去，即使有夜行人很稀少。

点绛唇

孤馆迢迢，暮天草露沾衣润。夜来秋近。月晕通风信。

今日原头，黄叶飞成阵。知人闷。故来相趁。共结临岐恨。

【译文】孤馆漫漫，傍晚草露沾湿衣服。夜晚秋重。月的光晕传达天气。今天平地那一边，黄叶片片飞落。知人愁闷，专门前来凑热闹。共有分手的遗憾。

辛弃疾

辛弃疾，宋历城人，字幼安，号稼轩居士。金主亮卒，中原豪杰并起，耿京聚兵山东，弃疾为掌书记，劝京奉表归宋。会张安国杀京降金，弃疾趣金营，缚之以归，献俘行在，授承务郎，时年二十三。孝宗时，以大理少卿出为湖南安抚，治军有声，仕至龙图阁待制，卒谥文敏。弃疾性豪爽，尚气节，素与朱熹友善。熹没时，党禁方严，弃疾独为文往哭之。雅善长短句，纵横慷慨，亦复浓丽绵密，世与苏轼并称，谓之苏辛。有《稼轩集》。

【译文】宋代，历城人，字幼安，号稼轩居士。金主亮卒，中原豪杰并起，耿京聚兵山东，弃疾做了掌书记官，劝耿京奉表归南宋。恰好张安国叛变投敌，辛弃疾疾驰金营，把他绑着回来，在行在献俘，授予承务郎职务，时年二十三岁。孝宗时，以大理寺卿身份出任湖南安抚，治军有声有色，官至龙图阁待制，谥号文敏。弃疾性格豪爽，尚节气，平素和朱熹交好。朱熹死时，党禁正严，弃疾写文独悼。雅善长短句，纵横慷慨，也有浓丽绵密的特点，世代和苏轼并称，苏辛。有《稼轩集》。

摸鱼儿

（淳熙己亥，自湖北漕移湖南，同官王正之置酒小山亭赋）

更能消、几番风雨、匆匆春又归去。惜春长怕（一说“恨”）花开早，何况落红无数。春且住。见说道、天涯芳草无（一说“迷”）归路。怨春不语。算只有殷勤，画檐蛛网，尽日惹飞絮。

长门事，准拟佳期又误。蛾眉曾有人妒。千金纵买相如赋，脉脉此情谁诉？君莫舞，君不见、玉环飞燕皆尘土！闲愁最苦。休去倚危栏，斜阳正在、烟柳断肠处。

【译文】还能经得起几番的摧残？春天就要匆匆归去了。爱春，总担心花开的太早，别说落花满地。听说，芳草长到天边，春天不见归路。怨春没有任何反抗的话语，看来只有华丽房室的蛛网，整天无事招惹满天飞絮。

陈阿娇别居长门宫，期待皇帝复宠一再耽误。她容貌美丽竟遭人嫉妒。纵然千金买来司马相如的《长门赋》，含情脉脉，向谁诉说？劝君莫猖狂。你看，杨玉环、赵飞燕化作了尘土？愁绪最苦。不要倚高栏，夕阳，斜照在令人肠断的迷蒙柳阴处。

念奴娇

（书东流村壁）

野棠花落，又匆匆过了，清明时节。刬地东风欺客梦，一枕云屏寒怯。曲岸持觞，垂杨系马，此地曾轻别。楼空人去，旧游飞燕能说。

闻道绮陌东头，行人曾见，帘底纤纤月。旧恨春江流不尽，新恨云山千叠。料得明朝，尊前重见，镜里花难折。也应惊问：近来多少华发？

【译文】野棠花儿飘落，匆匆又过了清明时节。东风寒冷依旧让客人睡不着，屏风一夜挡不住寒冷。流觞曲水，在垂柳下，系着马匹，我曾在这里伤别。人去楼空，往事只有旧日的燕子能够述说。

听说在城中交错的道路东面，行人曾见楼上帘幕下站立的美人。旧恨像流不尽的春水，新恨像云山千万般深重。料想明天，酒席再见，就像镜中花一样不能攀折。也该惊叹，近来长了多少白发？

满江红

敲碎离愁，纱窗外、风摇翠竹。人去后、吹箫声断，倚楼人独。满眼不堪三月暮，举头已觉千山绿。但试把一纸寄来书，从头读。

相思字，空盈幅；相思意，何时足？滴罗襟点点，泪珠盈掬。芳草不迷行客路，垂杨只碍离人目。最苦是、立尽月黄昏，阑干曲。

【译文】敲碎满怀的愁绪，纱窗外，风摇动翠竹。人去后，箫声不复再听，人只独自倚楼。人正不堪忍受三月暮春，满眼望去，只见千山浓绿。只试把，寄来的一封信，从头来读。

相思的字眼，空满篇；相思意，哪里够。眼泪点点滴在罗衣上，泪珠满捧。芳草不迷他行客的归路，只恨垂柳遮挡了望人的视线。最苦的是，在曲栏杆处，立尽黄昏月出。

又

（感兴）

过眼溪山，怪都似、旧时曾识。还记得、梦中行遍，江南江北。佳处径须携杖去，能消几緉平生屐。笑尘劳、三十九年非、长为客。

吴楚地，东南坼。英雄事，曹刘敌。被西风吹尽，了无陈迹。楼观才成人已去，旌旗未卷头先白。叹人间、哀乐转相寻，今犹昔。

【译文】进入眼帘的溪山，奇怪好似早已相识。仿又在梦中相见遍览江南江北之地。好地方就该带竹杖前往，能磨坏几双木底鞋。可笑在尘世劳苦，三十九年都错了，一直都是来去匆匆的过客。

吴楚地，在东南的分界。成英雄之事的，只有孙权能和曹、刘匹敌。如今都被西风吹散，连尘都无处寻觅。高楼已成，而人已去。战事未休，而人已老。慨叹人间的循环相报，古今相同。

永遇乐

（京口北固亭怀古）

千古江山，英雄无觅、孙仲谋处。舞榭歌台，风流总被、雨打风吹去。斜阳草树，寻常巷陌，人道寄奴曾住。想当年，金戈铁马，气吞万里如虎。

元嘉草草，封狼居胥，赢得仓皇北顾。四十三年，望中犹记、烽火扬州路。可堪回首、佛狸祠下，一片神鸦社鼓。凭谁问，廉颇老矣，尚能饭否？

【译文】江山依旧，却无处觅求英雄豪杰，像孙仲谋般的英杰。昔日繁华的歌舞台榭，英雄的业绩，总被历史化为乌有。斜阳映着丛密的草树，平常的街巷，人说刘裕曾寄住过。想当年，他指挥的金戈铁骑，气吞万里，威猛如虎。

元嘉年间刘义隆草草出兵，梦想如霍去病封坛癸天，不料只落惊慌败北逃窜。我北伐至今四十三年，遥望中原，扬州路上的战事依然历历在目。哪堪回首，佛狸祠下，一片神鸦鸣叫，社鼓喧闹。凭谁去问：将军年老，饭量可好？

祝英台近

宝钗分，桃叶渡，烟柳暗南浦。怕上层楼，十日九风雨。断肠片片飞红，都无人管，更谁劝啼莺声住？

鬓边觑，试把花卜归期，才簪又重数。罗帐灯昏，哽咽梦中语：是他春带愁来，春归何处？却不解带将愁去。

【译文】宝钗也分成两股，在桃叶渡口分别，烟柳一片，使南浦迷离。不敢上高楼，日日都是凄风苦雨。落花瓣瓣，无人理睬，更有谁去劝黄莺不要啼叫？

细看鬓边花，细数猜度他的归期，刚插回，又摘下来再数。罗帐中，灯光昏暗，梦中自语：是春天把愁带来，可春回哪里？春却不把愁绪带走。

木兰花慢

（送张仲固帅兴元）

汉中开汉业，问此地，是耶非？想剑指三秦，君王得意，一战东归。兴亡事，今不见；但山川满目泪沾衣。落日胡尘未断，西风塞马空肥。

一篇书是帝王师。小试去征西。更草草离宴，匆匆去路，愁满旌旗。君思我、回首处，正江涵秋影雁初飞。安得车轮四角，不堪带减腰围。

【译文】汉中开创了汉代基业，试问此地，是还是非？想指剑三秦大地，君王高兴，一站东归回家。追将帅的事，今天看不到了，只见满眼江山，泪洒衣衫。落日胡骑未除，西风吹，边塞的马匹空肥白养。

凭一编书成为帝王之师。大材小用去西边做官。更是草率设宴，仪仗满怀愁绪。你想我回头处，正是秋天江边，大雁初向南飞。哪得车轮四角，不忍腰围轻减衣带变宽。

又

（送滁州范倅）

老来情味减，对别酒，怯流年。况屈指中秋，十分好月，不照人圆。无情水，都不管，共西风只管送归船。秋晚莼鲈江上，夜深儿女灯前。

征衫，便好去朝天。玉殿正思贤。想夜半承明，留教视草，却遣筹边。长安故人问我，道愁肠殢酒只依然。目断秋霄落雁，醉来时响空弦。

【译文】老了少情趣，对离别的酒，害怕年华消逝。何况中秋将近，最完整的圆月，不照人团圆。都不管无情的水，和西风只管送归船。秋天晚上江上的莼鲈，儿女在夜深的灯火前。

不脱去征衫，去朝见天子。皇帝正在求贤若渴。想来半夜的承明庐，看诏书草稿，再派去做边镇的守臣。长安老友问我，就说我依旧像曾经那样，借酒消愁。眼力望尽处，秋天晚上的雁落，醒来时，只是弦在空响着。

贺新郎

（别茂嘉十二弟）

绿树听鹈鴂，更那堪、鹧鸪声住，杜鹃声切。啼到春归无寻处，苦恨芳菲都歇。算未抵人间离别：马上琵琶关塞黑，更长门、翠辇辞金阙，看燕燕，送归妾。

将军百战身名裂，向河梁、回头万里，故人长绝。易水萧萧西风冷，满座衣冠似雪。正壮士、悲歌未彻。啼鸟还知如许恨，料不啼、清泪长啼血，谁共我，醉明月？

【译文】听着绿树间杜鹃凄鸣，哪里承受的住：鹧鸪啼叫刚住，杜鹃又发出悲切呼号。一直啼到春天离去再无处寻觅，苦于恨芳草都枯萎了。总是比不上人间离别的苦楚。汉代王昭君出冷宫别汉阙，在马上弹奏琵琶，回望汉关边塞，一片昏暗，更有陈阿娇坐着后妃的车，离开皇帝宫殿。看燕子，送戴妫。

李陵身经百战，被俘而声名败坏。苏武回头遥望故国远隔万里，与故友永诀。荆轲在易水冒着烈烈秋风，满座人身穿似雪的白衣。勇士慷慨悲歌未绝。啼鸟哪知如此多的悲恨，料想不再啼鸣清泪，而总啼血。还有谁与我饮酒，共醉赏明月？

又

（赋琵琶）

凤尾龙香拨。自开元霓裳曲罢，几番风月？最苦浔阳江头客，画舸亭亭待发。记出塞、黄云堆雪。马上离愁三万里，望昭阳宫殿孤鸿没。弦解语，恨难说。

辽阳驿使音尘绝。琐窗寒、轻拢慢捻，泪珠盈睫。推手含情还却手，一抹《梁州》哀彻。千古事，云飞烟灭。贺老定场无消息，想沉香亭北繁华歇，弹到此，为呜咽。

【译文】琵琶琴弦，用龙香柏木制成弹拨。从开元间《霓裳羽衣》的乐曲奏罢，已转换了多少春秋？最不幸的是浔阳江头的诗客，画船等待着出发。曾经王昭君出塞时，黄尘漫漫，积雪皑皑。打仗离家三万里时，回望昭阳宫殿，孤雁出没。琴弦懂情意，多少幽恨难以述说。

征人去辽阳音信全无。佳人独守房中，弹拨琴弦，泪珠满眼。满含情意的弹奏琵琶，一曲《梁州》哀怨欲绝。千古事，如云飞烟灭。贺老定场之后，再无消息，想来沉香亭北繁华散尽。弹到这，为之呜咽。

又

（自述）

甚矣吾衰矣。怅平生、交游零落，只今馀几！白发空垂三千丈，一笑人间万事。问何物、能令公喜？我见青山多妩媚，料青山见我应如是。情与貌，略相似。

一尊搔首东窗里。想渊明《停云》诗就，此时风味。江左沉酣求名者，岂识浊醪妙理。回首叫、云飞风起。不恨古人吾不见，恨古人不见吾狂耳。知我者，二三子。

【译文】我已经老了。为平生朋友零落四方，如今还剩下多少而惆怅？只是白发空长了三千丈，从此笑对人间万事。问还有什么事能让你高兴？我看那青山美好动人，想必青山看我也是一样。感情和相貌大抵相似。不论情怀还是外貌，都非常相似。

把酒一杯，在东窗前吟诗。想当年陶渊明写成《停云》，也是这样的感觉吧。江东一些求取功名的人，即使在沉醉中也不忘功名。哪里知道浊酒中的至妙理论？回头吟云飞风起的诗歌。不恨我不能见到前人，只恨前人不能见到我的疏狂。了解我的，还是几个朋友。

水龙吟

（寿韩南涧）

渡江天马南来，几人真是经纶手？长安父老，新亭风景，可怜依旧！夷甫诸人，神州沉陆，几曾回首！算平戎万里，功名本是，真儒事、君知否？

况有文章山斗，对桐阴、满庭清昼。当年堕地，而今试看，风云奔走。绿野风尘，平泉草木，东山歌酒。待他年整顿乾坤事了，为先生寿。

【译文】良马渡江从北来南方，有几个人是可以治理天下大事的人物？长安的父老，新亭的风景，依旧可怜。王衍一类的人，致使中原沦陷，何曾回首！算来算去，万里之外平定戎虏，功名来看，是真正的儒者，公了解吗？

何况有文章大才，对身出名门的韩家，桐树遮蔽下，夏日满庭凉爽。当年出生，而今再看，风月会合。绿野堂的景色，平泉别墅的草木，在东山欢饮。过几年整顿，国家事毕，给您祝寿！

水调歌头

（盟鸥）

带湖吾甚爱，千丈翠奁开。先生杖屦无事，一日走千回。凡我同盟鸥鹭，今日既盟之后，来往莫嫌猜。白鹤在何处？尝试与偕来。

破青萍，排翠藻，立苍苔。窥鱼笑汝痴计，不解举吾杯。废沼荒丘畴昔，明月清风此夜，人世几欢哀？东岸绿阴少，杨柳更须栽。

【译文】带湖是我最爱的地方啊！放眼千丈宽阔的湖水，宛如打开翠绿色的镜匣一样。一片晶莹清澈，我居无事，手扶竹杖，脚穿麻鞋，徜徉湖畔。一日里竟然千百次绕湖徘徊，鸥鸟啊！你既和我缔结盟好之后，就应常来常往，不要再相猜疑，还有那白鹤在什么地方呢？请你也邀请它一起来。

鸥鸟立于水边的苍苔上，时而拨动浮萍，时而排开绿藻，原来是在偷窥鱼儿，伺机而捕，可笑你只知盯住游鱼多么痴呆，却不懂我对时举杯的情怀。昔日这里是破败的池沼荒芜的山丘，今夜已是月色皎洁、清风徐来，人世间几度欢乐、几度悲哀，河东绿荫尚嫌稀少，还须把杨柳多多来栽。

沁园春

（退间）

三径初成，鹤怨猿惊，稼轩未来。甚云山自许，平生意气；衣冠人笑，抵死尘埃。意倦须还，身闲贵早，岂为莼羹鲈脍哉。秋江上，看惊弦雁避，骇浪船回。

东冈更葺茅斋。好都把轩窗临水开。要小舟行钓，先应种柳；疏篱护竹，莫碍观梅。秋菊堪餐，春兰可佩，留待先生手自栽。沉吟久，怕君恩未许，此意徘徊。

【译文】带湖新居将要建成，鹤猿抱怨惊叹，稼轩没来。为什么自许为云山，气度不凡，士大夫之层嘲笑，总是在世上的污浊中生存。为官已经厌倦，想退，贵于早早退隐，岂能贪享莼羹鲈脍才要回家？秋江上，看受惊的雁已学会躲避弦响，遇到大浪，掉转船头躲避。

再在东冈上造茅屋。便都把对水的轩窗打开。在小舟上垂钓，先该种柳；稀疏的篱笆围竹，不要挡住看梅的视线。秋菊可吃，春兰可带，留着等先生自己种。沉思很久，担心君王不许，犹豫徘徊。

又

（将止酒戒酒杯）

杯汝来前，老子今朝，点检形骸。甚长年抱渴，咽如焦釜；于今喜溢，气似奔雷。汝说“刘伶，古今达者，醉后何妨死便埋”？浑如许，叹汝于知己，真少恩哉！

更凭歌舞为媒，算合作人间鸩毒猜。况疾无大小，生于所爱；物无美恶，过则为灾。与汝成言：“勿留亟退，吾力犹能肆汝杯。”杯再拜，道“麾之即去，招则须来”。

【译文】来到你酒杯的面前，今天我，检查身体。为什么常年我觉得口渴，咽喉就像烧干的锅；现今爱睡，鼾声如雷。你说“刘伶，古今达观的人，何妨醉后，死就直接埋葬”？全如此，感叹你这知己，真是恩少！

更凭歌舞做媒。就应当是人间测度的毒鸟。何况怨无大小之别，因爱而生；物无美恶，超过限度就有了灾祸。和你约定：“不要停留，赶紧离开，我的力量还可以把你这酒杯灭了，陈尸街头。”杯子拜了两拜，说“挥之即去，招之即来”。

鹧鸪天

（秋意）

枕簟溪堂冷欲秋，断云依水晚来收。红莲相倚浑如醉，白鸟无言定自愁。

书咄咄，且休休，一丘一壑也风流。不知筋力衰多少，但觉新来懒上楼。

【译文】临溪的屋里，枕簟像秋天来了一样冷，孤云飘浮在湖面上，到了傍晚渐渐消散了。红荷密集开放，就像醉酒的人，相互倚靠在一起，白鹭一定无语发愁。

不要叹息，姑且归田休闲，在山林间，也一样风流潇洒。筋骨力气少了多少，只觉近来懒于上楼。

菩萨蛮

（书江西造口壁）

郁孤台下清江水，中间多少行人泪。西北是长安，可怜无数山。

青山遮不住，毕竟东流去。江晚正愁余，山深闻鹧鸪。

【译文】郁孤台下的清江水，中间不知有过多少过客的眼泪。向西北眺望长安，可惜重重山的遮挡。

青山毕竟无法阻挡向东奔流不息的江水。黄昏中独立江边，听到深山传来鹧鸪的叫声。

又

稼轩日向儿童说：带湖买得闲风月。头白早归来，种花花已开。

功名浑是错，更莫思量着。见说小楼东，好山千万重。

【译文】稼轩天天向晚辈言说：买来带湖可获新风景。早早隐居莫待头白，早种花，花早开。

追求功名全是错，不要思量。说起小楼东，有千万重的山。

蝶恋花

（送祐之弟）

衰草残阳三万顷。不算飘零，天外孤鸿影。几许凄凉须痛饮，行人自向江头醒。会少离多看两鬓。

万缕千丝，何况新来病。不是离愁难整顿，被他引惹其他恨！

【译文】残阳西落照在三万顷的衰草上。不说飘零，天外的孤鸿飞过。几多凄凉要纵饮，过客在江头自酒醒。只看两鬓才知聚少离多。

万缕千丝，更况又新病。不是离愁难理清，只被它有牵出其他离愁别恨。

又

（戊申元日立春）

谁向椒盘簪彩胜？整整韶华，争上春风鬓。往日不堪重记省，为花常抱新春恨。

春未来时先借问。晚恨开迟，早又飘零近。今岁花期消息定，只愁风雨无凭准。

【译文】谁从椒盘中取采胜簪戴？接近整数的年龄从花白的鬓发上可以看出年龄。旧事不堪回首，每年春天都因花而怨恨新春。

春没来时，先询问，恨花开晚，，又匆匆飘零。今年花开的消息已定，只发愁风雨不可靠。

清平乐

（村居）

茅檐低小，溪上青青草。醉里吴音相媚好，白发谁家翁媪？

大儿锄豆溪东，中儿正织鸡笼。最喜小儿无赖，溪头卧剥莲蓬。

【译文】低小的茅屋，溪边长满了碧绿小草。醉话的吴侬软语相互取乐，谁家的白发夫妻？

大儿子在溪东面锄草，二儿子在织鸡笼。最有趣的是三儿子的调皮，躺卧在溪边剥吃莲蓬。

姜 夔

姜夔，宋鄱阳人，字尧章，历居武康，与白石洞天为邻，因号白石道人。又号石帚，娴音律，其诗风格高秀，词尤精深华妙，音节文彩冠绝一时。有《白石道人诗词集》、《续书谱》。

【译文】宋代，鄱阳人，字尧章，历居武康，和白石洞天为邻，于是自号白石道人。又号石帚，精通音律，他的诗歌风格高迈秀美，词尤其精深华妙，音节文采超群。有《白石道人诗词集》、《续书谱》。

扬州慢

（淳熙丙申至日过扬州）

淮左明都，竹西佳处，解鞍少驻初程。过春风十里，尽荠麦青青。自胡马窥江去后，废池乔木，犹厌言兵。渐黄昏、清角吹寒，都在空城。

杜郎俊赏，算如今重到须惊。纵豆蔻词工，青楼梦好，难赋深情。二十四桥仍在，波心荡，冷月无声。念桥边红药年年，知为谁生？

【译文】扬州是淮南东路著名的城市，这里有风景秀丽的竹西亭，解鞍刚在此处停留。曾经扬州的繁华胜景，如今都是一片青青荠麦。从金兵南侵去后，就连废弃的城池、老树，还都厌倦了战争。到了黄昏，凄清的号角响起，都在这座空城回响。

有着卓越才能的杜牧，假如今天故地重游，也会惊讶于它的变化。纵然那“豆蔻词”写得再美，“青楼梦”再好，恐怕也难抒写此时的心情，二十四桥还在，波心荡漾着，冷月的光影，悄无声息。可叹的是桥边年年花开的芍药，是在为谁绽放？

暗香

（石湖咏梅）

旧时月色，算几番照我，梅边吹笛？唤起玉人，不管清寒与攀摘。何逊而今渐老，都忘却春风词笔。但怪得竹外疏花，香冷入瑶席。

江国，正寂寂，叹寄与路遥，夜雪初积。翠尊易泣，红萼无言耿相忆。长记曾携手处，千树压、西湖寒碧。又片片、吹尽也，几时见得？

【译文】昔日皎洁的月色，曾几次照我，在梅花旁吹玉笛。想起了美丽的佳人，不管清冷寒冷和我一起攀折梅花。我像何逊而今渐渐老去，都忘记了曾经的辞采和文笔。只奇怪，竹外稀疏的梅花，清冷的幽香传入华丽的宴席。

江南水乡，正一片沉寂。可叹寄梅之路太过遥远，夜晚的雪刚堆积起来。手捧绿酒杯，禁不住落下泪来。红梅无语，令人不能忘怀。总记起曾经携手同游之地，梅林开满了红梅花，西湖上一片碧色的寒波。又片片被风吹尽，何时才能再见梅花开放。

疏影

（又）

苔枝缀玉，有翠禽小小，枝上同宿。客里相逢，篱角黄昏，无言自倚修竹。昭君不惯胡沙远，但暗忆、江南江北。想佩环、月夜归来，化作此花幽独。

犹记深宫旧事，那人正睡里，飞近蛾绿。莫似春风，不管盈盈，早与安排金屋。还教一片随波去，又却怨、玉龙哀曲。等恁时、重觅幽香，已入小窗横幅。

【译文】梅花像美玉一般缀满枝头。有两只小翠羽鸟，在枝上栖宿。梦中与梅相见，在黄昏的篱笆旁，默默无语，倚着高竹。王昭君不习惯边远的荒漠，只暗暗怀念江南江北的故土。想玉佩，在月夜归来，化作了梅花的一缕幽香、孤独。

还记得寿阳宫中的旧事，公主正在梦中，飞落的一朵梅花正落在她的眉际。不要像春风，不管梅花，早给她安排金屋。还是让它一片片地随波流去，又要怨吹奏出哀怨玉笛曲《梅花落》。等那时，再去寻幽香的梅花，只能在画框中看到了。

一萼红

（人日登长沙定王台）

古城阴，有官梅几许，红萼未宜簪。池面冰胶，墙腰雪老，云意还又沉沉。翠藤共闲穿径竹，渐笑语惊起卧沙禽。野老林泉，故王台榭，呼唤登临。

南去北来何事？荡湘云楚水，目极伤心。朱户黏鸡，金盘簇燕，空叹时序侵寻。记曾共西楼雅集，想垂杨还袅万丝金。待得归鞍到时，只怕春深。

【译文】在古城的北面。有几十株官梅，红梅花苞还不适宜簪戴。池面上覆盖着冰水混杂的冰层，墙腰地方的残雪，云又透出昏沉的寒意。共在翠藤中闲游，穿过长着竹子的小路，笑语渐起，惊起了卧在沙滩的野禽。野老隐居的林泉，过去定王的楼台亭榭，游人呼唤共游登临。

南离北往为何事奔忙？游荡在楚地的山水间，极目远望令人心伤。家家户户红门上鸡画，铜盘上放着玉燕迎春，徒然感慨时间的流逝。记得曾经一起在西楼的高雅聚会，想垂柳，还摇曳着万缕柳丝。等到乘马归去时，只怕春光已深。

长亭怨慢

自序云：桓大司马曰："昔年种柳，依依汉南。今看摇落，凄怆江潭。树犹如此，人何以堪？"此语余深爱之。

渐吹尽、枝头香絮，是处人家，绿深门户。远浦萦回，暮帆零乱，向何许？阅人多矣，谁得似、长亭树？树若有情时，不会得、青青如此！

日暮，望高城不见，只见乱山无数。韦郎去也，怎忘得、玉环分付？第一是、早早归来，怕红萼、无人为主。算只有并刀，难剪离愁千缕。

【译文】渐渐吹尽枝头上的柳絮。这处人家，在绿荫深处。远岸迂回曲折，傍晚，船稀少，不知到哪里去了。我见过太多的离别，没有像那长亭边树。柳树若有情，一定不会年年如此青翠。

日暮。远望高楼已看不见，只看见连绵的乱山。韦郎离去，哪忘玉环留作信物。第一是要早早归来，怕红花没人怜惜。纵空有并州锋利的刀具，也难以剪断心头的千缕愁绪。

齐天乐

（蟋蟀）

庾郎先自吟《愁赋》，凄凄更闻私语。露湿铜铺，苔侵石井，都是曾听伊处。哀音似诉，正思妇无眠，起寻机杼。曲曲屏山，夜凉独自甚情绪？

西窗又吹暗雨，为谁频断续，相和砧杵？候馆吟秋，离宫吊月，别有伤心无数。《豳》诗谩与，笑篱落呼灯，世间儿女。写入琴丝，一声声更苦。

【译文】张功父像庾信自吟如《愁赋》一样的篇章。凄伤愈像听悄悄话。露水沾湿大门，苔藓绵延到石井旁，都曾听到蟋蟀鸣叫。哀怨的声音如泣如诉。令思妇无眠，起床找机杼纺织。屏风上的山峦曲折，夜凉，独自一人有什么情绪？

暗雨又敲打西窗。为了谁，时时断断续续，伴着捣衣声。旅馆中迎秋，行宫中悬挂着月亮，更增加了人的无限感伤。《豳风·七月》率性而成。感叹儿童夜间篱笆间捉蟋蟀，浑然不知忧愁。把蟋蟀的哀鸣声写入琴曲，一声声听得人更觉凄苦。

念奴娇

（荷花）

闹红一舸，记来时、长与鸳鸯为侣。三十六陂人未到，水佩风裳无数。翠叶吹凉，玉容消酒，更洒菰蒲雨。嫣然摇动，冷香飞上诗句。

日暮，青盖亭亭，情人不见，争忍凌波去？只恐舞衣寒易落，愁入西风南浦。高柳垂阴，老鱼吹浪，留我花间住。田田多少，几回沙际归路。

【译文】红荷丛中的一条船，记得来时，曾和鸳鸯为伴。未到三十六座荷塘，荷花荷叶无数。荷叶送来凉风，红荷颜色如美女酒后的红晕，水草中细雨绵绵，轻摇荷花，冷香激起我的诗兴。

日暮，荷叶丛丛，亭亭玉立，不见美人，怎忍心离开。只担心天冷，荷叶会凋落，愁绪被西风吹进南浦。高柳低垂，产生绿荫，老鱼吹起细水浪，象是留我在花间住。荷花多么茂盛，多次徘徊在沙边的归路上。

琵琶仙

（吴兴感遇）

双桨来时，有人似、旧曲桃根桃叶。歌扇轻约飞花，蛾眉正奇绝。春渐远、汀洲自绿，更添了几声啼鴂。十里扬州，三生杜牧，前事休说。

又还是、宫烛分烟，奈愁里、匆匆换时节。都把一襟芳思，与空阶榆荚。千万缕、藏鸦细柳，为玉尊、起舞回雪。想见西出阳关，故人初别。

【译文】荡着双桨划船来时，船上的人象我昔日恋人。团扇轻拍飞舞的杨花，蛾眉动人。春光渐远，沙洲变绿，又添了几声鸟鸣。当年扬州的繁盛，我如杜牧年少轻狂，前尘往事就不要再说了。

又到了一年宫中分烟的寒食节，无奈此时惆怅，又匆匆地在换时节。把一怀幽怨交付给空石阶上乱飞的榆荚。千万缕藏身乌鸦的细柳，举起酒杯，杨花纷飞起舞如雪回旋。想起当年西出阳关，与故人初别的场景。

翠楼吟

（武昌安远楼成）

月冷龙沙，尘清虎落，今年汉酺初赐。新翻胡部曲，听毡幕元戎歌吹。层楼高峙。看槛曲萦红，檐牙飞翠。人姝丽，粉香吹下，夜寒风细。

此地宜有神仙，拥素云黄鹤，与君游戏。玉梯凝望久，叹芳草萋萋千里。天涯情味。仗酒祓清愁，花销英气。西山外，晚来还卷，一帘秋霁。

【译文】冷月照着边塞的风沙，护城四周的竹篱一片寂静。今年朝廷开始赏赐臣民欢聚。弹起塞北曲子，听到元帅的军帐歌声响起。看层楼高耸。看红色栏杆，楼檐翠绿飞展。佳人美丽动人，飘散一股幽香，寒夜里风西吹。

此地，该有词仙，有白云黄鹤，和朋友尽兴游玩。在玉梯上，久久凝远，叹息萋萋的千里芳草。飘泊游子的情意，借酒消愁，赏花消解豪情。西山之外，黄昏又卷起一帘，秋雨后的晴天。

八归

（湖中送胡德华）

芳莲坠粉，疏桐吹绿，庭院暗雨乍歇。无端抱影销魂处，还见篠墙萤暗，藓阶蛩切。送客重寻西去路，问水面琵琶谁拨？最可惜、一片江山，总付与啼鴂。

长恨相从未款，而今何事，又对西风离别？渚寒烟淡，棹移人远，飘渺行舟如叶。想文君望久，倚竹愁生步罗袜。归来后，翠尊双饮，下了珠帘，玲珑闲看月。

【译文】荷花飘落，稀疏的梧桐落叶，庭院里，一场夜雨刚停。无来由地一个人暗自伤心，还看见竹边的萤火虫幽暗往来，苔藓的石阶旁，蟋蟀悲切的叫声。送客重寻西去的道路，问水面上谁在拨琵琶。最可惜的是一片大好江山，却给了悲鸣的鸟儿。

常遗憾相识却不曾亲近，而今什么事，又要在西风中离别。洲渚寒冷，水雾霭霭，船动，人渐行渐远。船行飘渺，如一片叶。想妻子久望，倚在竹旁发愁，任罗袜染尘。归来后，绿杯对饮，放下珠帘，悠闲的看皎洁的月光。

清波引

（梅）

冷云迷浦，倩谁唤玉妃起舞。岁华如许，野梅弄眉妩。屐齿印苍藓，渐为寻花来去。自随秋雁南来，望江国渺何处。

新诗漫与，好风景长是暗度。故人知否，抱幽恨谁语。何时共鱼艇，莫负沧浪烟雨。况有清夜啼猿，怨人良苦。

【译文】冷云使水岸迷离。凭谁唤梅花起舞。荣枯如此。野梅在眉间妩媚嬉玩。脚印印在了苍苔上，渐为了寻花前来。自从随着秋雁来南方，望江南，渺渺在何处。

即兴作新诗。好风景长是暗暗转换。故人可知。深埋心中的怨恨难说。什么时候能共渔船，不要辜负汉水的烟雨。何况夜晚有猿啼，幽怨的人最苦。

淡黄柳

（客合肥）

空城晓角，吹入垂杨陌。马上单衣寒恻恻。看尽鹅黄嫩绿，都是江南旧相识。

正岑寂，明朝又寒食。强携酒，小桥宅。怕梨花落尽成秋色。燕燕飞来，问春何在，唯有池塘自碧。

【译文】拂晓，空城中响起凄清的号角声，吹到垂柳依依的小巷。穿着单衣骑在马上，感觉寒气袭来。看遍垂柳的鹅黄嫩绿，都是江南的老相识。

正孤寂，明天又是寒食节。勉强带上一壶酒，到小桥附近的住处，担心梨花落尽，只留一片秋色。燕子飞来，问春光何在，只有池塘中水波知道。

玉梅令

（石湖畏寒不出作此戏之）

疏疏雪片，散入溪南苑。春寒锁、旧家亭馆。有玉梅几树，背立怨东风，高花未吐，暗香已远。

公来领客，梅花能劝，花长好、愿公更健。便揉春为酒，翦雪作新诗，拚一日、绕花千转。

【译文】稀疏的雪片。落入溪南苑。春寒锁旧家庭馆。有几株玉梅，背风而立抱怨东风，高花未开，幽香已传出很远。

你来拜访，梅花能勉励。花的长势好，愿你更康健。便搓春做酒，剪雪作新诗，拼一天，围花千转。

踏莎行

（金陵感梦）

燕燕轻盈，莺莺娇软，分明又向华胥见。夜长争得薄情知？春初早被相思染。

别后书词，别时针线，离魂暗逐郎行远。淮南皓月冷千山，冥冥归去无人管。

【译文】燕子轻盈，黄莺娇软。清楚地在梦中和你相见。夜长怎得知薄情，初春早就被相思遍染。

分别后的书信，分别时的衣衫，我都留着。魂魄一直追随着你远离。淮南皓月，千山冷寂，幽暗离去无人搭理。

蓦山溪

（题钱氏溪月）

与鸥为客。绿野留吟屐。两行柳垂阴，是当年、仙翁手植。一亭寂寞。烟外带愁横，荷苒苒，展凉云，横卧虹千尺。

才因老尽，秀句君休觅。万绿正迷人，更愁入、山阳夜笛。百年心事，惟有玉阑知，吟未了，放船回，月下空相忆。

【译文】与鸥为伴。绿野中留下吟诗的足迹。两排柳荫低垂，这是当日，钱良臣亲手种的。一亭寂寞。烟外船带愁自横，荷花茂盛，舒展开阴凉的云，横卧着千尺的虹。

才能因为老而用尽，好文章你不要寻找了。万绿正是迷人的时候，更愁听到晚上山阳的笛声。百年的心事，只有玉栏知道。吟未完，放船回，空在月下思念。

点绛唇

（丁未冬过吴松）

燕雁无心，太湖西畔随云去。数峰清苦。商略黄昏雨。

第四桥边，拟共天随住。今何许。凭阑怀古，残柳参差舞。

【译文】鸿雁无心赏玩，从太湖西边随云离去。数峰空寂廖落，在酝酿着黄昏要下的雨。

甘泉桥畔，追随陆龟蒙同住。但今又何处？凭栏怀古，只残败的杨柳上下飘舞。

少年游

（戏张斗甫）

双螺未合，双蛾先敛，家在碧云西。别母情怀，随郎滋味，桃叶渡江时。

扁舟载了，匆匆去，今夜泊前溪。杨柳津头，梨花墙外，心事两人知。

【译文】双螺髻还没有并在一起，双眉先蹙，家在碧云西面。离别母亲的情怀，追随情郎的滋味，就像桃叶渡江时。

范蠡泛舟江上，女子匆匆嫁夫，今夜船停在浙江前溪。杨柳的渡口，梨花墙外，心事只有两人心中明白。

张 炎

张炎，宋成纪人，俊五世孙，家于临安。字叔夏，号玉田，又号乐笑翁。宋亡，潜迹不仕，纵游浙东西，落拓以终。工长短句，以春水词得名，人称张春水。宋亡以后，抚时感事，所作尤苍莽悲凉，以之接武姜夔，可云后劲。有《山中白云词》、《乐府指迷》。

【译文】宋代，成纪人，张俊第五代孙子，家在临安。字叔夏，号玉田，又号乐笑翁。宋亡，隐居不仕，纵游浙江地区，一生落拓。善写长短句，因春水词成名，人称张春水。宋亡以后，伤时感世，所写都凄伤悲凉，认为他继承姜夔，可说是后继者。有《山中白云词》、《乐府指迷》。

高阳台

（西湖春感）

接叶巢莺，平波卷絮，断桥斜日归船。能几番游？看花又是明年。东风且伴蔷薇住，到蔷薇、春已堪怜。更凄然，万绿西泠，一抹荒烟。

当年燕子知何处？但苔深韦曲，草暗斜川。见说新愁，如今也到鸥边。无心再续笙歌梦，掩重门、浅醉闲眠。莫开帘。怕见飞花，怕听啼鹃。

【译文】黄莺巢居在密叶间，柳絮飘落在湖面，斜阳西落，断桥处的归船。还能有几番游乐？赏花又要等到明年。东风姑且伴着蔷薇留住吧，因为等到蔷薇花开，已经快到春末了。更凄楚的是，西泠桥畔的万点绿意，如今只空留一抹荒野烟雾。

当年的燕子，如今不知又飞向了哪里？只见韦曲绿苔深深，荒草掩没斜川。说起新愁，如今也到了欧鹭边。无情绪重温旧梦，只把层层大门紧闭，喝酒闲眠。请不要拉帘，怕见片片飞花，怕听杜鹃啼鸣。

南浦

（春水）

波暖绿粼粼，燕飞来，好是苏堤才晓。鱼没浪痕圆，流红去，翻笑东风难扫。荒桥断浦，柳阴撑出扁舟小。回首池塘青欲遍，绝似梦中芳草。

和云流出空山，甚年年净洗，花香不了？新绿乍生时，孤村路，犹忆那回曾到。余情渺渺，茂林觞咏如今悄。前度刘郎从去后，溪上碧桃多少。

【译文】波光粼粼，绿意暖暖，燕子飞来，好像到了苏堤天才亮。鱼儿隐没，圆水圈，红叶随流水，却笑东风一夜难扫。河边荒草断桥边，柳荫下一叶扁舟出现。回望池塘青色遍满，很像梦中的芳草。

和云流出空山，年年冲洗，花香不了。初新发芽，孤村的路，还记得曾经前来。余情渺渺，曾经茂林修竹吟咏喝酒，到如今都已消散。前年刘郎离去后，溪上的碧桃有多少。

壶中天

（夜渡古黄河，与沈尧道、曾子敬同赋）

扬舲万里，笑当年底事，中分南北。须信平生无梦到，却向而今游历。老柳官河，斜阳古道，风定波犹直。野人惊问，泛槎何处狂客？

迎面落叶萧萧，水流沙共远，都无行迹。衰草凄迷秋更绿，唯有闲鸥独立。浪挟天浮，山邀云去，银浦横空碧。扣舷歌断，海蟾飞上孤白。

【译文】扬帆万里，为什么笑当年，中分南北。要信平生无梦到，如今却向游历。官河的老柳树，斜阳下的古道，风停波直。村民惊奇的问，什么地方的狂客自己乘船渡河。

萧萧落叶迎面落下，水和沙流同远去，都无处寻觅。衰草凄迷，秋季更绿，只有独自伫立的闲鹤。浪花裹挟和天相接，山邀云俱去，银河横亘在碧空。敲舷停歌，海蟾飞上了月上。

台城路

（庚辰秋九月之北遇汪菊坡因赋此词）

十年前事翻疑梦，重逢可怜俱老。水国春空，山城岁晚，无语相看一笑。荷衣换了。任京洛尘沙，冷凝风帽。见说吟情，近来不到谢池草。

欢游曾步翠窈。乱红迷紫曲，芳意多少。舞扇招香，歌桡唤玉，犹忆钱塘苏小。无端暗恼。又几度留连，燕昏莺晓。回首妆楼，甚时重去好。

【译文】十年前的事现在仿如一梦，可怜年老才重逢。水国春过，山城年末，相视无语，淡淡一笑。荷花制衣已掉落。任凭京洛沙尘，冷风沾满帽。没有吟诗，近来感觉不到池草变化。

曾经欢畅游玩到西湖。紫曲红花迷离，现今花少。钱塘美女的舞扇，美女的歌板，还记得钱塘江边的苏小小。没来由生闷气，又几度流连，黄昏时的燕子早晨的莺鸟。回望华楼，什么时候好再去?

又

（送周方山游吴）

朗吟未了西湖酒，惊心又歌南浦。折柳官桥，呼船野渡，还忆五湖风雨。漂流最苦，况如此江山，此时情绪。怕有鸱夷，笑人何事载诗去。

荒台只今在否，登临休望远，都是愁处。暗草埋沙，明波洗月，谁念天涯羁旅。荷阴未暑，快料理归程，再盟鸥鹭。只恐空山，近来无杜宇。

【译文】一边吟诗，一边喝西湖酒，未完，又在南浦别离惊心。在官桥折柳，喊船村野的渡口，还听垂虹亭的风雨声。漂流最苦。何况江山如此，此时的情绪。怕有范蠡，笑人何事载舟而去。

现今荒台何在?登高莫远望，都是让人起愁的地方。草荫暗暗，沙子深埋，波光洗月，谁想在天涯羁旅的人。荷荫未暑天。快料理行程，再和欧鹭为盟。只担心山空，近来没杜鹃。

甘州

（饯沈尧道并寄赵学舟）

记玉关踏雪事清游，寒气脆貂裘。傍枯林古道，长河饮马，此意悠悠。短梦依然江表，老泪洒西州。一字无题处，落叶都愁。

载取白云归去，问谁留楚佩，弄影中洲？折芦花赠远，零落一身秋。向寻常、野桥流水，待招来，不是旧沙鸥。空怀感，有斜阳处，却怕登楼。

【译文】记得在边关，去踏雪漫游。寒气冻硬了貂裘。沿着枯林古道，到长河边饮马休整，此意悠悠。短梦后，身依然在江南漂荡，禁不住老泪横洒西州。一个字也无法题写，飘落的叶子都写满了烦愁。

划船摘采白云离去，问谁将楚佩相留，顾盼中洲水中的倒影。折一枝芦花赠老友，零落一身的寒秋。向着寻常的野桥流水，待招来的已不是旧时沙鸥。空怀着无限感情，在斜阳夕照的时候，害怕登楼。

渡江云

（山阴久客，一再逢春，回忆西杭，渺然愁思）

山空天入海，倚楼望极，风急暮潮初。一帘鸠外雨，几处闲田，隔水动春锄。新烟禁柳，想如今、绿到西湖。犹记得、当年深隐，门掩两三株。

愁余。荒洲古溆，断梗疏萍，更漂流何处？空自觉、围羞带减，影怯灯孤。常疑即见桃花面，甚近来、翻笑无书？书纵远，如何梦也都无？

【译文】山远望似乎没入了大海，倚着高楼极目远望，风急，暮潮刚起。帘外细雨中斑鸠啼叫，几处闲田，趁春，下地。在新烟时节，宫苑中的柳树，想如今，绿意染遍西湖。还记得当年山中隐居，柴门掩闭着两三株柳树。

使我烦愁。荒芜的沙洲古老的江边，断枝、浮萍，还要漂流到何处？只感到，衣带渐宽，身体轻减，孤灯照得身影瘦怯。常怀疑很快会见到她面如桃花的美人，为什么近来，反而连书信都没有了。纵使书信遥远，为何连梦里都不见？

又

（怀归）

江山居未定，貂裘已敝，空自带愁归。乱花流水外，访里寻邻，都是可怜时。桥边燕子，似软语、斜日江篱。休问我、如今心事，错认镜中谁。

还思。新烟惊换，旧雨难招，做不成春意。浑未省、谁家芳草，犹梦吟诗。一株古柳观鱼港，傍清深、足可幽栖。闲趣好，白鸥尚识天随。

【译文】江山不稳定，貂裘已经破烂，空自带着愁绪回家。乱花溪水之外，访寻人家，都是可怜处。桥边的燕子，像斜阳下的江边篱笆边的温婉话语。莫问我如今的心事，错认镜中人。

还思，又是一年寒食节，旧雨难求，做不成春意。全未曾想谁家的芳草，如梦吟诗。一株古柳树旁的渔场，临清深，可以隐居。好地方，白鸥与天相随。

庆清朝

韩亦颜归隐两水之滨，予从之游，散怀吟眺，一任所适，太白去后三百年，无此乐也。

浅草犹霜。融泥未燕，晴梢润叶初乾。闲扶短策，邻家小聚清欢。错认篱根是雪，梅花过了一番寒。风还峭，较迟芳信，却是春残。

此境此时此意，待携琴独去，石冷慵弹。飘飘爽气，飞鸟相与俱还。醉里不知何处，好诗尽在夕阳山。山深杳，更无人到，流水花间。

【译文】矮草上还沾满霜花。燕子还没衔着湿泥筑巢，天刚晴，湿叶初干。闲拄着短拐杖，邻家小聚欢畅。错把竹篱近地处认作是雪，梅花度过了一个寒冷的冬季。风还冷吹，花的信期较迟，恰到了春残将尽。

此境此时此意，等到移琴独去，石头冰冷，疏散的弹琴。飘飘的凉爽之气，飞鸟相互回家。醉里不知身在何处，都在夕阳西下的山边，吟诗。山深邃幽暗，更无人去，流水花间。

解连环

（孤雁）

楚江空晚。怅离群万里，恍然惊散。自顾影、欲下寒塘，正沙净草枯，水平天远。写不成书，只寄得、相思一点。叹因循误了，残毡拥雪，故人心眼。

谁怜旅愁荏苒。谩长门夜悄，锦筝弹怨。想伴侣、犹宿芦花，也曾念春前，去程应转。暮雨相呼，怕蓦地、玉关重见。未羞他、双燕归来，画帘半卷。

【译文】空阔的楚江天色暗淡。怅然抱恨离群万里，忽然惊散。自看自己的影子，想飞下寒塘，只看见草枯沙净，水平天远。无法排成一字，只能寄去一点相思。料想沿袭耽误，吞毡嚼雪，故人的一片丹心。

谁怜我羁旅惆怅，不要说长门宫中夜色静悄，锦筝弹出无限愁闷。想那些同伴，还栖宿在芦花旁，也曾想春前，飞往南方。暮雨中相唤，怕忽然在边关重见。只见双燕归来，半卷画帘。

忆旧游

（登蓬莱阁）

问蓬莱何处，风月依然，万里江清。休说神仙事，便神仙纵有，即是闲人。笑我几番醒醉，石磴扫松阴。任狂客难招，采芳难赠，且自微吟。

俯仰成陈迹，叹百年谁在，阑槛孤凭。海日生残夜，看卧龙和梦，飞入秋冥。还听水声东去，山冷不生云。正目极空寒，萧萧汉柏愁茂陵。

【译文】问蓬莱仙山在何处，风月依然，万里江天清澈。不要说神仙事，纵使真有神仙，就是放弃俗世纷扰的悠闲人。应笑我几度醉醒，松荫之下将石阶扫干净。无奈贺知章一类的狂客难招，芳草难赠，姑且小声吟咏。

转眼世事尽成过往，感叹百年谁还在，孤自凭靠栏杆。早晨大海升起太阳，卧看波如龙腾，人在梦境，一切飞入秋天。且听东去的水声，山冷不生白云。正极目远望，茂陵葱葱郁郁的柏林也在发愁。

月下笛

孤游万竹山中，闲门落叶，愁思黯然，因动黍离之感。时寓甬东积翠山舍。

万里孤云，清游渐远，故人何处。寒窗梦里，犹记经行旧时路。连昌约略无多柳，第一是难听夜雨。谩惊回凄悄，相看烛影，拥衾谁语？

张绪归何暮！半冷落依依，断桥鸥鹭。天涯倦旅，此时心事良苦。只愁重洒西州泪，问杜曲、人家在否？恐翠袖、正天寒，犹倚梅花那树。

【译文】万里的孤云，清澈的河流渐渐远逝，故人现在何处。在寒窗的梦中，还依稀记得曾经走过的路。连昌宫大概柳树无多，第一是夜雨难听。不要惊慌凄惨悄然，相看只烛影，抱被和谁说话。

我像当年的张绪，暮年才归乡。半世零落，和断桥的欧鹭依依不舍。倦于羁旅天涯，此时的心情真的苦闷。满怀愁苦重洒思乡之泪，问杜曲，曾经人家现今还在？只是担心故人正天寒，还依旧倚靠在梅花树旁。

长亭怨

（旧居有感）

望花外、小桥流水，门巷愔愔，玉箫声绝。鹤去台空，佩环何处弄明月？十年前事，愁千折、心情顿别。露粉风香谁为主？都成消歇。

凄咽。晓窗分袂处，同把带鸳亲结。江空岁晚，便忘了、尊前曾说。恨西风不庇寒蝉，便扫尽、一林残叶。谢他杨柳多情，还有绿阴时节。

【译文】看花外，小桥流水，门巷幽深，玉箫声断。鹤去楼空，佩环在何处赏月光。十年前，百折愁楚，心情顿时伤痛。粉露香风谁是主人，都停歇了。

凄惨呜咽。早窗分别处，亲自同结罗带。江空年末，便忘了酒前曾说过的话。埋怨西风不护佑寒蝉，便扫尽一林的落叶。谢杨柳的多情，还有绿阴的时节。

声声慢

（寄叶书隐）

百花洲畔，十里湖边，沙鸥未许盟寒。旧隐琴书，犹记渭水长安。苍云数千万叠，却依然、一笑人间。似梦里，对清尊白发，秉烛更阑。

渺渺烟波无际，唤扁舟欲去，且与凭阑。此别何如，能消几度阳关。江南又听夜雨，怕梅花、零落孤山。归最好，甚闲人，犹自未闲。

【译文】百花洲畔，十里东湖边，没能和沙鸥盟誓。旧时隐居的琴书，还记得渭水长安。苍云几千万叠，却依旧一笑人间。似在梦中，对着清酒白发，秉烛到更深夜残的时候。

渺渺的水雾毫无边际，呼扁舟想要离开，姑且扶着栏杆。此次离别哪知，几度阳关消散。又听到江南夜雨，怕梅花零落在孤山上。最好离开，什么闲人，还没有空闲。

附录一家：李清照

李清照，宋济南人，李格非女，号易安居士，湖州守赵明诚妻。工诗文，尤以词擅名，尝著论讥弹前辈所作，多中其病。朱子亦推其为本朝妇人能文章者之最。一日寄其夫以醉花阴重九词，明诚自愧弗如，乃忘寝食三日夜，得十五阕，杂易安作，以示陆德夫，德夫玩之再三，曰：只有莫道不销魂三句绝佳，正易安作也。有《漱玉集》。

【译文】宋代，济南人，李格非的女，号易安居士，湖州太守赵明诚之妻。善诗文，尤其以词闻名，曾写评论前人诗作的作品，多切中弊端。朱熹也推举认为她是宋朝女子写文章最好的。一天以《醉花阴重九词》寄给赵明诚，赵明诚自愧不如，于是废寝忘食三天，得了十五句，和李清照诗混杂其间，给陆德夫看，德夫把玩再三，说：只有莫道不销魂三句最好，这正是李清照所作。有《漱玉集》。

渔家傲

（记梦）

天接云涛连晓雾，星河欲转千帆舞。仿佛梦魂归帝所，闻天语，殷勤问我归何处。

我报路长嗟日暮，学诗谩有惊人句。九万里风鹏正举，风休住，蓬舟吹取三山去。

【译文】天空中云腾雾罩，点点星光象海面上无数船帆在跳舞。好象梦见自己飞到了玉帝的住所，玉帝关切地问我要到哪里去。

我说前方有那漫漫的长路，可已黄昏日暮，我空有一肚子才学，可是没有用武之地。九万里长途，大鹏正迎风冲举，风呀，你不要停住，把我那像蓬草一样的轻舟，吹到渤海中三个仙山去吧。

一剪梅

（别愁）

红藕香残玉簟秋，轻解罗裳，独上兰舟。云中谁寄锦书来，雁字回时，月满西楼。

花自飘零水自流，一种相思，两处闲愁。此情无计可消除，才下眉头，却上心头。

【译文】荷花残落，香消，冷滑丝玉的竹席，透出深秋的凉意，轻换下薄纱罗裙，独自划一叶兰舟。抬头凝望天际，白云舒卷，谁会将锦书寄？正是雁群排成“人”字，一行行南归时，月光皎洁，洒满西楼。

花自在飘零，水自在飘流，一种离别的相思，你与我，牵动两处的闲愁。这种感情无法排遣，刚从眉头消散，又上心头。

如梦令

（酒兴）

常记西亭日暮，沉醉不知归路。兴尽晚回舟，误入藕花深处。争渡，争渡，惊起一滩鸥鹭。

【译文】记起曾经在溪边的亭子游玩直到太阳落山，迷醉那种快乐而不知道回来的路。游兴满足了，但却错误地划进了莲花塘的深处。怎渡，怎渡，惊得这满滩的白鸥和白鹭。

又

昨夜雨疏风骤，浓睡不消残酒。试问卷帘人，却道“海棠依旧”。“知否，知否？应是绿肥红瘦。”

【译文】昨天夜里，雨点稀疏，晚风急猛，虽然酣睡了一宵，还是余醉未消。试探地问那卷帘的侍女，她却告诉我说，海棠花还跟原先一样。唉，你知道吗，知道吗？海棠树应该是绿叶繁茂、红花凋零了。

醉花阴

（九日）

薄雾浓云愁永昼，瑞脑喷金兽。佳节又重阳，玉枕纱橱，半夜凉初透。

东篱把酒黄昏后，有暗香盈袖。莫道不销魂，帘卷西风，人似黄花瘦。

【译文】稀薄的雾气浓密的云层掠起烦愁直到白昼，龙脑的香料早已烧完了在炉金兽。美好的节日又到重阳，洁白的瓷枕，轻纱笼罩的纱帐，昨日半夜的凉气刚刚浸透。

在东篱饮酒直饮到黄昏以后，淡淡的黄菊清香飘满双袖。别说不会消损神魂，珠帘被西风卷起，人比黄花更加消瘦。

念奴娇

（春情）

萧条庭院，又斜风细雨，重门须闭。宠柳娇花寒食近，种种恼人天气。险韵诗成，扶头酒醒，别是闲滋味。征鸿过尽，万千心事难寄。

楼上几日春寒，帘垂四面，玉阑干慵倚。被冷香销新梦觉，不许愁人不起。清露晨流，新桐初引，多少游春意。日高烟敛，更看今日晴未。

【译文】萧条冷落的庭院，吹来了斜风细雨，重门紧紧关闭。春天的娇花开将放，嫩柳也渐渐染绿。寒食节即将临近，又到了令人烦恼的时日，推敲险仄的韵律写成诗篇，从沉醉的酒意中清醒，还是闲散无聊的情绪，别有一番闲愁在心头。远飞的大雁尽行飞过，可心中的千言万语却难以托寄。

连日来楼上春寒冷冽，帘幕垂得低低。玉栏杆我也懒得凭倚。锦被清冷，香火已消，我从短梦中醒来。这情景，使本来已经愁绪万千的我不能安卧。清晨的新露涓涓，新发出的桐叶一片湛绿，不知增添了多少游春的意绪。太阳已高，晨烟初放，再看看今天是不是又一个放晴的好天气。

蝶恋花

（离情）

暖雨和风初破冻，柳润梅轻，已觉春心动。酒意诗情谁与共，泪融残粉花钿重。

乍试夹衣金缕缝，山枕欹斜，枕损钗头凤。独抱浓愁无好梦，夜阑犹剪灯花弄。

【译文】暖雨晴风，春天到了，嫩柳初长，如媚眼微开，艳梅盛开，似香腮红透，春天的情思触动。酒意诗情有谁为伴，泪水流淌，使香粉消融，头上戴的花钿也是沉甸甸的。

初试单衣金线缝，山形斜靠，把精美的钗头凤给压坏了。独自心怀愁绪睡不着觉，直至夜阑人静之时，仍剪弄灯花。

凤凰台上忆吹箫

香冷金猊，被翻红浪，起来慵自梳头。任宝奁尘满，日上帘钩。生怕离怀别苦，多少事、欲说还休。新来瘦，非干病酒，不是悲秋。

休休，这回去也，千万遍《阳关》，也则难留。念武陵人远，烟锁秦楼。惟有楼前流水，应念我、终日凝眸。凝眸处，从今又添，一段新愁。

【译文】狮子形的铜炉里熏香已冷透，红色的锦被乱堆在床头，如波浪一般。早晨起来，慵懒地不想梳头。任梳妆匣落满灰尘，任日光照上帘钩。我生怕想起离别的痛苦，有多少话要向他倾诉，可刚要说又不忍开口。新近渐渐消瘦起来，不因喝酒，也不关秋天。

算了罢，算了罢，这次他必须要走，即使唱上千万遍《阳关》离别曲，也无法将他挽留。想到心上人就要远去，剩下我独守空楼，只有那楼前的流水，应顾念着我，映照着我整天注目凝眸。就在凝眸远眺的时候，从今而后，又平添一段新愁。

声声慢

（秋闺）

寻寻觅觅，冷冷清清，凄凄惨惨戚戚。乍暖还寒时候，最难将息。三杯两盏淡酒，怎敌他、晓来风急。雁过也，正伤心，却是旧时相识。

满地黄花堆积，憔悴损，如今有谁堪摘。守着窗儿，独自怎生得黑。梧桐更兼细雨，到黄昏、点点滴滴。这次第，怎一个、愁字了得。

【译文】东寻西觅，冷冷清清，凄凉、惨痛、悲戚一齐涌上心头。乍暖微冷之时，最难以调养静息。喝几杯清淡的薄酒，怎能抵挡晚上大而急的寒风。正在伤心之时，传书的大雁飞过，原来是以前相识的。

零落满地的黄花，憔悴枯损，没人想要采摘。守在窗边，孤独怎样捱到天黑啊！细雨打在梧桐上，一直到黄昏，发出点滴的声音。这种光景，一个愁字怎么能概括得了！

卖花声

帘外五更风，吹梦无踪。画楼重上与谁同？记得玉钗斜拨火，宝篆成空。

回首紫金峰，雨润烟浓。一江春浪醉醒中。留得罗襟前日泪，弹与征鸿。

【译文】门帘外凌晨的清风，将我吹醒。华丽的小楼上和谁为伴？记得当时用发钗随意拨弄暖炉的炭火，而熏香溢空。

回头看紫金峰，雨点滴沥，云雾缭绕。一江河水，在醉醒中。留着往日无尽的泪珠，谈奏给天边远去的鸿雁。

武陵春

风住尘香花已尽，日晚倦梳头。物是人非事事休，欲语泪先流。

闻说双溪春尚好，也拟泛轻舟。只恐双溪舴艋舟，载不动、许多愁。

【译文】春风停息，百花落尽，花香化尘，天色已晚，懒于梳头。风物依旧，人已不同，一切事情都结束了，想要诉苦，眼泪却早已落下。

听说双溪春光尚好，也打算泛舟。只是担心在双溪上的小船，载不动许多忧愁。

浣溪沙

楼上晴天碧四垂，楼前芳草接天涯。劝君莫上最高梯。
新笋已成堂下竹，落花都上燕巢泥。忍听林表杜鹃啼。

【译文】楼上天晴四面碧蓝，楼前的芳香和天相接。劝你不要上高楼。
竹笋已经长成堂下新竹，落花都成为新筑燕巢的泥巴。不忍听林外杜鹃啼叫。

蝶恋花

泪湿罗衣脂粉满，四叠《阳关》，唱到千千遍。人道山长山又断，萧萧微雨闻孤馆。

惜别伤离方寸乱，忘了临行，酒盏深和浅。好把音书凭过雁，东莱不似蓬莱远。

【译文】泪水打湿了罗衣，沾满了冲掉的脂粉，《阳关》曲，唱了数遍的。人说山长山又断，萧萧细雨传到孤馆。

依依惜别心不宁，忘记临别，酒杯的清浊酒。好把书信给大雁，东莱不像蓬莱那么远。

临江仙

庭院深深深几许，云窗雾阁常扃。柳梢梅萼渐分明，春归秣陵树，人老建康城。

感月吟风多少事，如今老去无成。谁怜憔悴更凋零，试灯无意思，踏雪没心情。

【译文】庭院有几重深，云雾缭绕，楼常锁，柳稍梅瓣渐渐分明，春天在秣陵树上回来，人在建康城中变老。

吟风悲月多少事，现今一事无成。谁会怜惜人渐老憔悴，试灯日毫无意趣，出门踏雪没有心情。

点绛唇

寂寞深闺，柔肠一寸愁千缕。惜春春去，几点催花雨。

倚遍阑干，只是无情绪。人何处，连天芳树，望断归来路。

【译文】孤独地呆在闺房里，一寸柔肠，万千愁绪。喜爱春天，春也离开了，只点滴的打花春雨。

遍倚栏干，没了情绪。我思念人在哪？天连芳草，远望直到看不到你回来的路。。

怨王孙

湖上风来波浩渺，秋已暮、红稀少。水光山色与人亲，说不尽、无穷好。

莲子已成荷叶老，青露洗、蘋花汀草。眠沙鸥鹭不回头，似也恨、人归早。

【译文】湖上起风烟波浩渺，已经到了秋末、花谢，香薄。水光山色和人亲近，说不完无限美景。

莲子已结，荷叶枯萎，岸边的苹花汀草，像经过清露泼洗过一样。眠沙鸥鹭不离去，像也在恨人早早离开。

诗词治要卷三

历代论诗名著

历代论诗名著

（附论词）

诗与文同源而异流，相辅以为用。稽诸古代经传，惟虞书言志数语，论语可以兴一章。其言最为简要，包括无遗，汉魏六朝之际，评论滋繁。然多附诗于文，通论大体，如陆机之赋，挚虞之论，其尤昭著者矣。迨梁钟嵘作《诗品》，特取历代诗家，讨其源流，断其优劣，实为论诗专篇之冠冕。唐宋而还，诗道大盛，其见之评论者，则多散在诗话、卷帙充栋，最为纷杂。求其篇章完美，足以上续钟之作者，寥寥无几，岂其由于善诗者之不尚文与？今之所录，即托始钟氏，以后谨择其持论通达，于诗道颇有推阐，而便于诵览者，计数十首，皆徇时代编次。论词之作，所取尤少，故随附其中，不更析出，大要以不违于虞书论语所言为本。若其门户诟争之辞，穿凿虚憍之论。既不胜录，亦无裨于初学，则皆黜之弗载焉。

【译文】诗文与赋起始、发端相同而趋向、终结不同而已。彼此相互影响发展。稽考古代诗经易传，只有虞书言志寥寥数语，论语可以凭借此成为一章。它的言语是最为简要的，包括了没有什么遗漏。在汉魏之间，评论的很多而且非常繁杂。但是大多是将诗附在文论中，通篇大论，如陆机的《文赋》，挚虞的《诗论》，最负盛名。等到梁代锺嵘的《诗品》，特别是取历代的诗文著作，探讨诗文的渊源与结局，判断它的优劣，实在是诗论专门篇章的桂冠。从唐到宋以来，诗非常兴盛，看到的关于诗文的评论，多散落的诗话中，书卷堆满房间，非常纷杂。寻找一篇完美的诗评的文章，足以续接锺嵘《诗品》的文章的人，寥寥无几，这大概是因为擅长诗文而不擅长诗论的缘故吧？现在所收集编撰的，就是依托锺嵘《诗品》的开始的脉络，从此以后小心翼翼的选择使诗论通顺意义远达，对诗道很有推荐阐释作用，而且方便吟咏唱诵阅览的人，大概有十首，都是按照时代的顺序编撰的。词论方面的篇章，所编撰的非常少，所以就附录在其中，不做更宽泛的分析，只要是不违背虞书上论语所说的为根本。如果各流派相互辱骂激烈争吵的言语，牵强附会，谦虚骄傲的言论，既然没有收录的必要，也就对初学者没有大的裨益，那么就都废弃而没有选录。

钟嵘

钟嵘，梁长社人，字仲伟。好学有思理，明于《周易》。仕齐为南康王国侍郎。天监中，官西中郎、晋安王记室。著《诗品》三卷，取汉魏至梁能诗者一百余人，分为上中下三品，各系以论断，妙达文理，与《文心雕龙》并称。

【译文】钟嵘是梁代长社人，字仲伟。他十分好学而且很有想法，对《周易》很有研究。在南朝萧齐做官到南康王侍郎。梁天监年间，他官至西中郎、晋安王记事。他著有三卷《诗品》。这部书将汉魏到梁代能作诗的一百多人，分为上中下三个品级，然后各自进行品评，十分巧妙通达文理，这部书和刘勰的《文心雕龙》并称于世。

诗家品次（古诗）

李陵 班姬 曹植 刘祯 王粲 阮籍 陆机 潘岳 张协 左思 谢灵运（以上上品）

秦嘉 徐淑（秦嘉之妻） 魏文帝 嵇康 张华 何晏 孙楚 王瓒 张翰 潘尼 应璩 陆云 石崇 曹摅 何劭 刘琨 卢谌 郭璞 袁宏 郭泰机 顾恺之 谢世基 顾迈 载凯 陶潜 颜延之 谢瞻 谢混 袁淑 王微 王僧达 谢惠连 鲍照 谢眺 江淹 范云 邱迟 任昉 沈约（以上中品）

班固 郦炎 赵一 魏武帝 魏明帝 曹彪 徐幹 阮瑀 欧阳建 应璩 嵇含 阮偘 嵇紹 枣据 张载 傅玄 傅咸 缪袭 夏侯湛 王济 杜预 孙绰 许询 载达 殷仲文 傅亮 何长瑜 羊曜潘 范晔 宋孝武帝 刘铄 刘宏 谢莊 苏宝生 陵修之 任云绪 戴法同 区惠恭 惠休 道猷 宝月 齐高帝 张永 王文宪 谢超宗 邱灵鞠 刘祥 檀超 钟宪 颜则 顾则心 毛伯成 吴迈远 许瑶之 鲍令晖 韩兰英 张融 孔稚珪 王融 刘绘 江祐 王巾 卞彬 卞录 袁嘏 张欣泰 范缜 陆厥 虞羲 江洪 鲍行卿 孙察（以上下品）

诗品序

气之动物，物之感人，故摇荡性情，形诸舞咏。照烛三才，晖丽万有，灵祇待之以致飨，幽微藉之以昭告。动天地，感鬼神，莫近于诗。昔南风之词，卿云之颂，厥义夐矣。夏歌曰："郁陶乎予心。"楚谣曰："名余曰正则。"虽诗体未全，然是五言之滥觞也。逮汉李陵，始着五言之目矣。

【译文】气候变动着景物，景物感动着人心，所以使人的性情摇荡，并表现于舞蹈歌唱上。它照耀着天、地、人，使万物显现着光辉美丽，上天之神依待它接受祭祀，幽冥之灵依待它昭明祷告。（能够）感动天地鬼神的，没有什么是比诗歌更接近了。从前《南风歌》的歌词，《卿云歌》的颂词，它们的意义是深远的。夏代的《五子之歌》说"忧郁啊我的心"，楚国的歌谣《离骚》说"给我取名叫正则"，虽然诗的体制还不全备，然而是五言诗的起头啊。到了汉朝的李陵，开始创作五言诗的这种体式了。

古诗眇邈，人世难详，推其文体，固是炎汉之制，非衰周之倡也。自王、扬、枚、马之徒，词赋竞爽，而吟咏靡闻。从李都尉迄班婕妤，将百年间，有妇人焉，一人而已。诗人之风，顿已缺丧。东京二百载中，惟有班固咏史，质木无文。

【译文】古诗的时代渺茫遥远，诗人和时代的难以详考，推究它的文体，本是西汉时的制作，不是周代衰弱时的首创啊。自王褒、扬雄、枚乘、司马相如一班人，只以辞赋竞相取胜，而诗歌之作还没有听说过。从李陵到班婕妤，约百年之间，只有一位女作家班婕妤，也只有李陵一位诗人罢了。诗人创作诗歌的风气，顿时缺少丧失了。东汉二百年中，只有班固《咏史》诗，但质朴而无文采。

降及建安，曹公父子，笃好斯文；平原兄弟，郁为文栋；刘桢、王粲，为其羽翼。次有攀龙托凤，自致于属车者，盖将百计。彬彬之盛，大备于时矣。

【译文】等到了建安年代，曹操与曹丕父子，非常爱好文辞；曹植、曹彪兄弟，兴起成为文坛栋梁；刘桢、王粲，成为他们的羽翼。下来有攀龙附凤，自己来做附属的，大约将要以百来计算。文质兼备的兴盛，在当时是非常完备了。

尔后陵迟衰微，迄于有晋。太康中，三张、二陆、两潘、一左，勃尔复兴，踵武前王，风流未沫，亦文章之中兴也。

【译文】而后逐渐衰落，开始是晋代。太康中间，有张载、张协、张亢这“三张”，陆机、陆云这“二陆”，潘岳、潘尼这“两潘”，左思这“一左”， 都突然复兴，继承前代王者的足迹，使诗的传统不致中断，也是文学的中兴啊。

永嘉时，贵黄老，稍尚虚谈。于时篇什，理过其辞，淡乎寡味。爰及江表，微波尚传。孙绰、许询、桓、庾诸公，诗皆平典似道德论，建安风力尽矣。

【译文】永嘉年间，诗文看重黄帝、老子的学说，稍稍崇尚清谈。这时期的诗文，玄理超过它的辞彩，平淡而缺少滋味。于是到了东晋，清谈玄理风气的余波还在流传，孙绰、许询、恒温、庾亮诸位的诗，都平淡得像《道德论》，建安文学的风骨全都没有了。

先是，郭景纯用隽上之才，变创其体；刘越石仗清刚之气，赞成厥美。然彼众我寡，未能动俗。

逮义熙中，谢益寿斐然继作。元嘉中，有谢灵运，才高词盛，富艳难踪，固已含跨刘、郭，陵轹潘、左。

故知陈思为建安之杰，公干、仲宣为辅。陆机为太康之英，安仁、景阳为辅。谢客为元嘉之雄，颜延年为辅：斯皆五言之冠冕，文词之命世也。

【译文】在此之前，郭璞运用他超众的才华，变革创新诗歌的体载；刘琨依靠他清新刚健的气质，助成了诗歌的美感。然而，写玄言诗的人多，变革诗体的人少，没有能够改变当时世俗的文风。

到了义熙年间，谢混继他们而起，写诗文很有文采。到宋文帝时，有一位谢灵运，文才高峻，辞藻丰赡，作品富丽艳逸，难以追踪，确实已经包含和超越刘琨、郭璞，压倒潘岳、左思。

因此知道陈思王曹植是建安文学的俊杰，刘桢、王粲是辅佐；陆机是太康文学的精英，潘岳，张协是辅佐；谢灵运是元嘉文学的雄才，颜延之是辅佐：这些都是五言诗首要的作者，文词闻名于世的诗人。

夫四言，文约意广，取效风骚，便可多得。每苦文繁而意少，故世罕习焉。五言居文词之要，是众作之有滋味者也。故云会于流俗。岂不以指事造形，穷情写物，最为详切者耶？

故诗有三义焉：一曰兴，二曰比，三曰赋。文已尽而意有余，兴也；因物喻志，比也；直书其事，寓言写物，赋也。宏斯三义，酌而用之，干之以风力，润之以丹彩，使味之者无极，闻之者动心，是诗之至也。若专用比兴，则患在意深，意深则词踬。若但用赋体，则患在意浮，意浮则文散，嬉成流移，文无止泊，有芜蔓之累矣。

【译文】四言诗体文字少而意思多，只要学习《诗经》、《楚辞》，就可以多有得益。但诗人们往往苦于文字用得多而意思表达少，所以世人很少学习它。五言诗在诗体中占有重要地位，是众多诗歌中最有滋味的，所以说适合于社会的爱好。这难道不是因为它指陈事理，塑造形象，尽情抒情，描写事物，最是详尽贴切的表现吗？

所以诗有三种表现方法：一叫“兴”，二叫“比”，三叫“赋”。文词已经完了意思还有余，是“兴”；借物来比喻情志，是“比”；直接描写事实，写物而寓意于言，是赋。扩大这三种表现手法，斟酌地采用它们，用风骨来强化它，用文采来润饰它，使得体会它的人余味无穷，听到它的人动心不已，这是诗中的最高的境界啊。如果专用比兴手法，弊病在用意太深，用意太深，文词就滞涩。如果只用赋法，弊病在用意浮浅，用意浮浅，文辞就松散，甚至于不经心而造成文意流移不定，文词就没有边际，有杂乱散漫的毛病了。

若乃春风春鸟，秋月秋蝉，夏云暑雨，冬月祁寒，斯四候之感诸诗者也。嘉会寄诗以亲，离群托诗以怨。至于楚臣去境，汉妾辞宫。或骨横朔野，或魂逐飞蓬。或负戈外戍，杀气雄边。塞客衣单，孀闺泪尽。或士有解佩出朝，一去忘反。女有扬蛾入宠，再盼倾国。凡斯种种，感荡心灵，非陈诗何以展其义？非长歌何以骋其情？故曰：“诗可以群，可以怨。”使穷贱易安，幽居靡闷，莫尚于诗矣。故词人作者，罔不爱好。

今之士俗，斯风炽矣。纔能胜衣，甫就小学，必甘心而驰骛焉。于是庸音杂体，人各为容。至使膏腴子弟，耻文不逮，终朝点缀，分夜呻吟。独观谓为警策，众诸终沦平钝。次有轻薄之徒，笑曹、刘为古拙，谓鲍照羲皇上人，谢朓今古独步。而师鲍照，终不及“日中市朝满”；学谢朓，劣得“黄鸟度青枝”。徒自弃于高明，无涉于文流矣。

【译文】如果是把春风、春鸟，秋月、秋蝉，夏云、暑雨，冬月、酷寒，这四季的节令气候景物给人的感动表现在诗歌里的。在美好的聚会中借诗来表达亲友之情，离别亲朋时用诗来发泄愁怨。像楚国臣子屈原离开国都，汉朝王昭君辞别宫廷。有的尸骨横在北方的荒野，魂魄追逐着飞去的蓬蒿；有的扛着戈矛出外守卫，战斗的气氛雄起于边地；有的在边关的客子衣裳单薄，闺中寡居的妇女眼泪哭尽；有的士人解下配印辞官离朝，一但离去就忘掉回来；有的女子凭借倾城倾国的美貌，入宫受宠；所有这种种情景，感动心灵，不作诗用什么来舒展它的情义？不用长篇的歌咏用什么来畅抒它的情怀？所以孔子说：“诗可以使人合群，可以抒发怨恨。”诗使得穷困卑贱的人容易心宽，使离群索居的人没有愁闷，没有比诗的作用更好的了。因此诗人作者，没有不爱好作诗的。

当下士子风气，这种风气是很热烈了。儿童稍微长大，就开始学习文字，（并且）一定心甘情愿地争着做诗。因此平庸的诗作，杂乱的诗体，便各呈其态，（却）人人自认为诗作可人。以至于使贵族子弟，以（作诗）文采不如人为耻辱，整天从早到晚点缀文辞，还在吟哦。独自观赏，自认为精妙绝伦，众人观看，终究沦落为驽钝平常。更有轻浮刻薄的人，嘲笑曹植、刘桢的诗古朴笨拙，说鲍照是伏羲时代以上的诗人，谢朓的诗今古无人可比。可是他们效法鲍照，终于比不上鲍照名篇“日中市朝满”；学习谢朓，只能仅仅地学到拙劣“黄鸟度青枝”的文字。白白的被高明的人所唾弃，不能涉足文学的主流了。

观王公缙绅之士，每博论之余，何尝不以诗为口实。随其嗜欲，商搉不同，淄渑并泛，朱紫相夺，喧议竞起，准的无依。近彭城刘士章，俊赏之士，疾其淆乱，欲为当世诗品，口陈标榜。其文未遂，感而作焉。

【译文】观察当下的王侯贵族和士大夫之流，每每在广谈博论之时，何尝不借诗作谈话形式，根据他们的爱好，随意发表不同的评论。像淄水和渑水混合在一起，像紫色和红色互相混杂，各种意见竞相喧哗争论，无法用正确的标准分清辨别。近来彭城人刘绘，具有极强的鉴赏能力，他同感评论界的混乱，想写一部当下诗品，讲了对许多诗歌的品评，但是著作还没有完成，我有感于此写作《诗品》呀。

昔九品论人，七略裁士，校以宾实，诚多未值。至若诗之为技，较尔可知。以类推之，殆均博弈。方今皇帝，资生知之上才，体沉郁之幽思，文丽日月，赏究天人。昔在贵游，已为称首。况八纮既奄，风靡云蒸，抱玉者联肩，握珠者踵武。以瞰汉、魏而不顾，吞晋、宋于胸中。谅非农歌辕议，敢致流别。嵘之今录，庶周旋于闾里，均之于谈笑耳。

【译文】从前班固论人，分为九等，刘歆评论士人作者，分为《七略》，依循名称以考究事实，确实有许多是不恰当的。至于写诗的技巧的高低，明显是可以知晓的，按类来推求，大概同评论赌博下棋的胜负那样可以明白知晓的。当今皇上（梁武帝萧衍），禀赋有生而知之的才能，具有沈沉的妙思，文辞与日月同辉，鉴赏能探究自然和人世之间的关系。当初在与贵族子弟交游时，已是文坛领袖。何况当今天下一统，天下响应者像风之吹草、云之升起，有文采的人并肩接踵的出现。本来下视汉魏（之作）而不屑一顾，气吞晋宋（篇什）于胸中，确实不是农民的歌谣、赶车人的议论，敢于加以品评的。我现在记录的，近乎是在街閭里巷中交流谈论，等于是谈笑而已。

一品之中，略以世代为先后，不以优劣为诠次。又其人既往，其文克定，今所寓言，不录存者。夫属词比事，乃为通谈。若乃经国文符，应资博古。撰德驳奏，宜穷往烈。

【译文】在一品之中，约略依照时代先后排列，不按照优劣次序来作评论解释。再者那人已经去逝，他的诗能够论定的，再次就不予存录。

没有连缀词句，列举事实，只是作为通常的谈论。如果有关国家大事的文书，应该用许多古事去写作。对于讲叙德行和驳议奏疏等文章，应该尽量援引古人的功业。

至乎吟咏情性，亦何贵于用事？“思君如流水”，即是即目。“高台多悲风”，亦唯所见。“清晨登陇首”，羌无故实。“明月照积雪”，讵出经、史？观古今胜语，多非补假，皆由直寻。颜延、谢庄，尤为繁密，于时化之。

【译文】至于吟咏诗歌抒发性情，又何必看重运用典故？“思君如流水”，就是写眼前所见而想；“高台多悲风”，也只是即目所见的情景；“清晨登陇首”，没有典故；“明月照积雪”，岂是出于经书史籍？观察古今的佳句，多不是拼凑假借古人词句，而都是由于直接抒写。颜延之、谢庄的诗，用典的弊病，在那时诗风受他们的影响。

故大明、泰始中，文章殆同书抄。近任昉、王元长等，词不贵奇，竞须新事。尔来作者，寖以成俗。遂乃句无虚语，语无虚字，拘鸾补衲，蠹文已甚。

【译文】所以宋孝文帝，宋明帝时期，诗文几乎差不多都在抄书。后来任昉、王融等，不看重文辞本身的奇崛，渐渐争着运用无人用过的典故。近来的作者，逐渐地形成了一种风气。于是开始句子里没有不用典故的，辞采中没有不用典故的字，拘束补缀，对诗文创作的损害已经很厉害了。

但自然英旨，罕直其人。词既失高，则宜加事义。虽谢天才，且表学问，亦一理乎。陆机《文赋》，通而无贬；李充《翰林》，疏而不切；王微《鸿宝》，密而无裁；颜延《论文》，精而难晓；挚虞《文志》，详而博赡，颇曰知言。观斯数家，皆就谈文体，而不显优劣。

【译文】可是诗歌写得天工自然没有雕琢的，很少能碰到这样的人。文辞既然失去高明，则就不得不依靠添加典故和前人所说的道理，虽然这样做够不上称天才，姑且表现学问，倒也是一种用典的理由吧！陆机的《文赋》，通达而没有褒贬；李充的《翰林论》，疏略而不切实；王微的《鸿宝》，细密而没有裁断；颜延之的论文，精细而难以读懂；挚虞的《文章志》，详细而广博丰富，很可以说是知音之言了。察看这几家的论著，都是就诗歌体裁来谈，不显示优劣。

至于谢客集诗，逢诗辄取；张骘《文士》，逢文即书。诸英志录，并义在文，曾无品第。嵘今所录，止乎五言。虽然，网罗今古，词文殆集。轻欲辨彰清浊，掎摭病利，凡百二十人。预此宗流者，便称才子。至斯三品升降，差非定制，方申变裁，请寄知者尔。

【译文】至于谢灵运收诗成集，碰到诗总是收录；张隲《文士传》，碰到文章就书写下来。诸位英俊记录的书，用意都在收录作品，未曾品评高低分别等级。我现在所记录的，只限于五言诗，虽是这样，包括古今作者，他们的作品大都收集，妄想地要辨明品味，指出优劣好坏，共计一百二十人。能列入这个流派中的人，就称为才子。至于这三品的升或降，大抵不是确定的论断，有待于给通晓诗歌的人来再做出品评。

昔曹、刘殆文章之圣，陆、谢为体贰之才。锐精研思，千百年中，而不闻宫商之辨，四声之论。或谓前达偶然不见，岂其然乎？

尝试言之，古曰诗颂，皆被之金竹。故非调五音，无以谐会。若“置酒高堂上”、“明月照高楼”为韵之首。故三祖之词，文或不工，而韵入歌唱，此重音韵之义也。与世之言宫商异矣。今既不被管弦，亦何取于声律耶？

【译文】从前曹植、刘桢当是文章中的圣人，陆机、谢灵运体会效法前二人的才华，研究考虑得精细深远，在千百年中，却没有听说（诗歌）声调的分辨，四声的议论。有的说前人（只是）偶然没有看见，难道是这样的吗？

（我们）试着讲讲它：古时说的诗或颂，都配上音乐，所以不调节宫、商、角、徵、吕的五音就无从谐合。像“置酒高堂上”，“明月照高楼”，是最好的韵律。所以魏武帝曹操、魏文帝曹丕、魏明帝曹叡的歌词，文辞有的还不工致，但韵律可以歌唱，这是注重音韵的意思，与世人讲的声调不同。现在的诗既不配合音乐，又何必采用声调呢？

齐有王元长者，尝谓余云：“宫商与二仪俱生，自古词人不知之，唯颜宪子乃云律吕音调，而其实大谬。唯见范晔、谢庄颇识之耳。尝欲进知音论未就。”王元长创其首，谢朓、沈约扬其波。三贤或贵公子孙，幼有文辩。于是士流景慕，务为精密。襞积细微，专相陵架。故使文多拘忌，伤其真美。余谓文制，本须讽读，不可蹇碍，但令清浊通流，口吻调利，斯为足矣。至平、上、去、入，则余病未能；蜂腰、鹤膝，闾里已具。

【译文】齐代有王融，曾经对我说："声调跟天地一起产生，从古以来的诗人不懂得它，只有颜延之才说到韵律声调的谐和，而他的说法实际上是大错；只见范晔、谢庄很懂得它罢了。曾经要作《知音论》，没有写完。"王融最先开创，谢朓、沈约推波助澜，三位是贵族的子孙，年轻时就有辞采的才能。因此文士们仰慕他们，务求作诗运用声韵精细严密，繁冗细微，专心一意，竞相超越，所以使得文辞多所拘谨忌讳，伤害了它的真实和美丽。我说诗歌体制，本来应该吟诵，不可滞涩，只要音调清浊相间，贯通流畅，念起来谐调流利，这就够了。至于分平上去入，那我苦于不会；至于蜂腰鹤膝的毛病，民歌就已经能够避免了。

陈思赠弟，仲宣七哀，公干思友，阮籍咏怀，子卿双凫，叔夜双鸾，茂先寒夕，平叔衣单，安仁倦暑，景阳苦雨，灵运邺中，士衡拟古，越石感乱，景纯咏仙，王微风月，谢客山泉，叔源离宴，太冲咏史，颜延入洛，陶公咏贫之制，惠连捣衣之作，斯皆五言之警策者也。所谓篇章之珠泽，文彩之邓林。

【译文】陈思王曹植有赠弟的《赠白马王彪诗》，王粲有《七哀诗》，刘桢有"思友"的《赠徐干诗》，阮籍有《咏怀诗》，苏武有"双凫俱北飞"句的《别李陵诗》，嵇康有"双鸾匿景曜"句的《赠秀才入军诗》，张华有咏"寒夕"的《杂诗》，何晏有咏"衣单"的诗，潘岳在咏"倦暑"的诗，张协有咏"苦雨"的《杂诗》，谢灵运有《拟魏太子邺中集诗》，陆机有《拟古诗》，刘琨有"感乱"的《扶风歌》，郭璞有"咏仙"的《游仙诗》，王微有咏"风月"的诗，谢灵运有咏"山泉"的诗，谢混有咏"离宴"的诗，鲍照有咏"戍边"的诗，左思有《咏史诗》，颜延之有《北使洛诗》，陶渊明有《咏贫士诗》，谢惠连有《捣衣诗》，这都是五言诗中的精警的。所以说是诗歌中的"珠泽"，文采中的"邓林"啊。

刘勰

刘勰，梁莒人，字彦和，天监中，官东宫通事舍人，笃志好学，昭明太子深爱接之，后出家为沙门，改名慧地，撰文心雕龙十卷，共五十篇。其末篇序志，略谓文章之用，实经典枝条。详观近代之论文者，如魏文述典，陈思序书。应玚论文，陆机文赋，仲洽流别，宏范翰林，又君山公干之徒，吉甫士龙之辈。凡论文意，往往间出，并未能振叶以寻根，观澜而索源，不述先哲之诰，无益后人之虑。此文心所以作也。盖其自负如是，后世论者，亦皆推为论文专书之冠。

【译文】梁代，山东莒县（今山东省日照市莒县）人，字彦和，天监中，作东宫通事舍人官职，笃志好学，昭明太子很喜欢他，后出家为僧，改名慧地，撰文心雕龙十卷，共五十篇。末篇序志，大略写文章功用，经典分条缕析，详细写近代文论者，例如魏文述典，陈思序书。应玚的论文，陆机的文赋，分门别类，广披翰林，又君山公干一类人，吉甫士龙之辈，凡论文意，往往旁出，并未能据文寻源，观波而索源，不述先哲之诰命，对后人忧虑无益。此文作的原因，盖其自负如此，后世论者，都认为此书是专论文学创作之书的大家。

明诗

（《文心雕龙》）

大舜云："诗言志，歌永言。"圣谟所析，义已明矣。是以"在心为志，发言为诗"；舒文载实，其在兹乎？诗者，持也，持人情性。三百之蔽，义归"无邪"；持之为训，有符焉尔。

【译文】虞舜曾说过："诗是思想情感的表达，歌则是引申发挥这种思想情感。"有了圣人在经典上所分析的，诗歌的含义已经明确了。所以，"在作者内心时是情志，用语言表达出来就是诗”。诗歌创作要通过文辞来表达情志，道理就在这里。“诗”的含义是扶持，诗就是用来扶持人的情性的。《诗经》三百篇的内容，用一句话来概括，就是“没有不正当的思想”。现在用扶持情性来解释诗歌，和诗经说的道理是符合的。

人禀七情，应物斯感，感物吟志，莫非自然。昔葛天乐辞云，玄鸟在曲；黄帝云门，理不空绮。（一作弦）至尧有大唐（一作章）之歌，舜造南风之诗，观其二文，辞达而已。及大禹成功，九序惟歌；太康败德，五子咸怨；顺美匡恶，其来久矣。自商暨周，雅颂圆备，四始彪炳，六义环深。子夏监绚素之章，子贡悟琢磨之句，故商赐二子，可与言诗。自王泽殄竭，风人辍采，春秋观志，讽诵旧章，酬酢以为宾荣，吐纳而成身文。逮楚国讽怨，则离骚为刺。秦皇灭典，亦造仙诗。

【译文】人具有各种各样的情感，受了外物的刺激，便产生一定的感应。心有所感，而发为吟咏，这是很自然的。从前葛天氏的时候，将《玄鸟歌》谱入歌曲；黄帝时的《云门舞》，按理是不会只配上管弦而无歌词的。到唐尧有《大唐歌》，虞舜有《南风诗》。这两首歌辞，仅仅能做到达意的程度。后来夏禹治水成功，各项工作都上了轨道，受到了歌颂。夏帝太康道德败坏，他的兄弟五人便作《五子之歌》来表示自己的怨恨。由此可见，用诗歌来歌颂功德和讽刺过失，是很早以来就有的做法了。从商朝到周朝，风、雅、颂各体都已齐全完备；《诗经》的“四始”既极光辉灿烂，而“六义”也周密精深。孔子的学生子夏能理解到“素以为绚兮”等诗句的深意，子贡领会到《诗经》中“如琢如磨”等诗句的道理，所以孔子认为他们有了谈论《诗经》的资格。后来周王朝的德泽衰竭，采诗官停止采诗；但春秋时许多士大夫，却常常在外交场所中，朗诵某些诗章来表达自己的观感愿望。这种相互应酬的礼节，可以对宾客表示敬意，也可以显出自己能说会道的才华。到了楚国，就有讽刺楚王的《离骚》产生。秦始皇大量焚书，但也叫他的博士们作了《仙真人诗》。

汉初四言，韦孟首唱；匡谏之义，继轨周人。孝武爱文，《柏梁》列韵。严、马之徒，属辞无方。至成帝品录，三百余篇；朝章国采，亦云周备。而辞人遗翰，莫见五言；所以李陵、班婕妤，见疑于后代也。按《召南·行露》，始肇半章；孺子《沧浪》，亦有全曲；《暇豫》优歌，远见春秋；《邪径》童谣，近在成世。阅时取证，则五言久矣。又《古诗》佳丽，或称枚叔；其《孤竹》一篇，则傅毅之词。比采而推，两汉之作乎？观其结体散文，直而不野；婉转附物，怊怅切情：实五言之冠冕也。至于张衡《怨篇》，清曲（一作典）可味；《仙诗缓歌》，雅有新声。

【译文】汉朝初年的四言诗，首先有韦孟的作品；它的规讽意义，是继承了周代的作家。汉武帝爱好文学，便出现《柏梁诗》。当时有严忌、司马相如等人，他们写诗没有一定的程式。成帝时对当时所有的诗歌进行了一番评论整理，共得三百多首；那时朝野的作品，该算是相当齐全丰富的了。但在这些作家所遗留下来的作品中，却没有见到五言诗；因此，李陵的《与苏武诗》和班婕妤的《怨诗》，就不免为后人所怀疑。不过在《诗经》中，《召南·行露》就开始有半章的五言；到《孟子·离娄》所载的《沧浪歌》，就全是五言的了。此外，较远的如春秋时晋国优施所唱的《暇豫歌》，较近的如汉成帝时的《邪径谣》，都是五言的。根据上述历史发展的情况，足证五言诗很早就有了。还有《古诗十九首》，写的很漂亮：但作者不易确定，有人说一部分是枚乘作的，而《冉冉孤生竹》一首，又说是傅毅所作。就这些诗的辞采的特色来推测，可能是两汉的作品吧？从行文风格上看，朴质而不粗野，能婉转如意地真实描写客观景物，也能哀感动人地深切表达作者的内心，实在可算是两汉五言诗的代表作品。至于张衡的《怨诗》，也还清新典雅，耐人寻味。《仙诗缓歌》，则颇有新的特点。

暨建安初，五言腾踊。文帝、陈思，纵辔以骋节；王、徐、应、刘，望路而争驱。并怜风月，狎池苑，述恩荣，叙酣宴；慷慨以任气，磊落以使才。造怀指事，不求纤密之巧；驱辞逐貌，唯取昭晰之能。此其所同也。乃正始明道，诗杂仙心；何晏之徒，率多浮浅。唯嵇志清峻，阮旨遥深，故能标焉。若乃应璩《百一》，独立不惧；辞谲义贞，亦魏之遗直也。

【译文】到了建安初年，五言诗的创作空前活跃。曹丕、曹植在文坛上大显身手；王粲、徐幹、应玚、刘桢等人，也争先恐后地驱驰于文坛。他们都爱好风月美景，遨游于清池幽苑，在诗歌中叙述恩宠荣耀的遭遇，描绘着宴集畅饮的盛况；激昂慷慨地抒发他们的志气，光明磊落地施展他们的才情。他们在述怀叙事上，绝不追求细密的技巧；在遣辞写景上，只以清楚明白为贵。这些都是建安诗人所共有的特色。到正始年间，道家思想流行，于是诗歌里边也夹杂这种思想进来。像何晏等人，作品大都比较浅薄。只有嵇康的诗尚能表现出清高严肃的情志，阮籍的诗还有一些深远的意旨；因此，他们的成就就比同时诗人为高。至如应璩的《百一诗》，也能毅然独立，文辞曲折而含义正直，这是建安时的正直的遗风。

晋世群才，稍入轻绮。张、潘、左、陆，比肩诗衢。采缛于正始，力柔于建安；或(木片)文以为妙，或流靡以自妍：此其大略也。江左篇制，溺乎玄风；嗤笑徇务之志，崇盛亡机之谈。袁、孙已下，虽各有雕采，而辞趣一揆，莫与争雄。所以景纯《仙篇》，挺拔而为俊矣。宋初文咏，体有因革；庄、老告退，而山水方滋。俪采百字之偶，争价一句之奇；情必极貌以写物，辞必穷力而追新。此近世之所，竞也。

【译文】晋代的诗人们，创作开始走上了浮浅绮丽的道路。张载、张协、张亢、潘岳、潘尼、左思、陆机、陆云等，在诗坛上并驾齐驱。他们诗歌的文采，比正始时期更加繁多，但内容的感染力却比建安时期软弱。他们或者以讲究字句为能事，或者偏重靡丽的笔调来自逞其美：这就是西晋诗坛的大概情况。到了东晋的时候，诗歌创作便淹没在玄学的风气之中；这些玄言诗人讥笑人家过于关心时务，而推崇那种忘却世情的空谈。所以自袁宏、孙绰以后的诗人，虽然作品各有不同的文采雕饰，但内容上却一致倾向于玄谈，再没有别的诗可以和玄言诗争雄。因此，郭璞的《游仙诗》，在当时就算是杰出的佳作了。南朝宋初的诗歌，对于前代的诗风有所继承，也有所改革；庄周和老子的思想在诗歌中渐渐减少，描绘山水的作品却日益兴盛。于是诗人们努力在全篇的对偶中显示文采，在每一句的新奇上竞逞才华；内容方面要求逼真地描绘出景物的形貌，文辞方面要求尽可能地做到新异。这就是近来诗人们所追求的。

故铺观列代，而情变之数可监；撮举同异，而纲领之要可明矣。若夫四言正体，则雅润为本；五言流调，则清丽居宗。华实异用，惟才所安。故平子得其雅，叔夜含其润，茂先凝其清，景阳振其丽。兼善则子建、仲宣，偏美则太冲、公幹。然诗有恒裁，思无定位；随性适分，鲜能通圆。若妙识所难，其易也将至；忽之为易，其难也方来。至于三六杂言，则出自篇什；离合之发，则明于图谶；回文所兴，则道原为始；联句共韵，则柏梁余制。巨细或殊，情理同致；总归诗囿，故不繁云。

【译文】因此，总观历代的诗歌，其发展变化的情况是可以明白的。归纳一下它们相同和相异的特色，就可以看出诗歌创作的要点了。譬如四言诗的正规体制，主要是雅正而润泽；五言诗的常见格调，则以清新华丽为主。对于这些不同特点的掌握，那就随作者的才华而定。如张衡得到四言诗的雅正的一面，嵇康具有润泽的一面；张华学到五言诗的清新的一面，张协发挥了华丽的一面。各种特点都兼备的是曹植和王粲，只偏长于某一方面的是左思和刘桢。但是作品的体裁是有一定的，而人的思想却各不相同；作者只能随着个性的偏好来进行创作，所以很少能兼长各体。如果作者深知创作中的难处，那么实际写作起来还可能比较容易；如果轻率地认为写诗很简单，那么他反而会碰到不少的困难。除了上述四言、五言诗外，还有三言、六言、杂言诗，它们都起源于《诗经》。至于“离合诗”的产生，是从汉代的图谶文字开始的；“回文诗”的兴起，则是宋代贺道庆开的头；而几人合写的“联句诗”，那是继承《柏梁诗》来的。这种种作品，虽然大小各异，主次有别，但写作的情况和道理是一样的；它们都属于诗的范围，因此不必逐一详论。

赞曰：民生而志，咏歌所含。兴发皇世，风流二《南》。神理共契，政序相参。英华弥缛，万代永耽。

【译文】总之，人生来都有情志，诗歌就是表达这种情志的。诗歌产生在上古时期，一直发展到《诗经》就更加成熟。它应该和自然之道一致，并和政治秩序相结合。这样，优秀的诗歌便会越来越繁荣，为后世万代永远喜爱。

乐府

（《文心雕龙》）

乐府者，声依永，律和声也。钧天九奏，既其上帝；葛天八阕，爰及皇时。自咸英以降，亦无得而论矣。至于涂山歌于候人，始为南音；有娀谣乎飞燕，始为北声；夏甲叹于东阳，东音以发；殷整思于西河，西音以兴；音声推移，亦不一概矣。匹夫庶妇，讴吟土风，诗官采言，乐盲被律，志感丝篁，气变金石：是以师旷觇风于盛衰，季札鉴微于兴废，精之至也。夫乐本心术，故响浃肌髓，先王慎焉，务塞淫滥。敷训胄子，必歌九德；故能情感七始，化动八风。

【译文】所谓"乐府"，就是用"五声"来引申发挥诗意，又用"十二律"来和"五声"配合。不但传说天上常作《万舞》，而且上古葛天氏的时候也曾有过八首乐章。此外，从前黄帝时的《咸池》、帝喾时的《六英》现在都无从考证了。以后涂山氏之女等候夏禹所唱的"候人兮猗"之歌，是南方音乐的开始。有娀氏的两个女儿唱的"燕燕往飞"的歌谣，是北方的乐歌的开始；夏后氏孔甲在东阳作了《破斧歌》，是东方的乐歌的开始，殷帝王整甲作了怀念故乡的歌曲，是西方乐歌的开始。历代音律歌辞的发展演变，是十分复杂的，庶民百姓一般唱本地的歌谣，诗官采集这些民歌的歌词，乐官记录并谱出它们的音乐，使人们的情志、气质通过各种乐器表达出来。因此，晋国的师旷从南方歌声里看到了楚国士气的衰弱，吴国公子季札也能从《诗经》的乐调里看出周朝和各诸侯国的兴起与亡废。真是精妙极了。音乐本来是表达人的思想感情的，所以它能透入人的心灵深处。古先圣王对此非常的重视，坚决制止堵塞一切淫荡糜烂的音乐。教育贵族子弟时，一定要学习歌唱有利政教的音乐。因此，乐曲中所表达的情感能感动天、地、人和四时，它的教化作用能遍及四面八方。

自雅声浸微，溺音腾沸。秦燔《乐经》，汉初绍复，制氏纪其铿锵，叔孙定其容與。

于是武德兴乎高祖，四时广于孝文，虽摹韶夏，而颇袭秦旧，中和之响，阒其不还。暨武帝崇礼，始立乐府，总赵代之音，撮齐楚之气，延年以曼声协律，朱马以骚体制歌。桂华杂曲，丽而不经，赤雁群篇，靡而非典；河间荐雅而罕御，故汲黯致讥于天马也。至宣帝雅颂，诗效鹿鸣；迩及元成，稍广淫乐：正音乖俗，其难也如此。暨后郊庙，惟杂雅章，辞虽典文，而律非夔旷。

【译文】自从雅正的音乐慢慢衰弱以后，那些淫靡歪邪的音乐就渐渐兴起了。秦始皇焚烧了《乐经》，西汉初年想恢复古乐。由音乐家制氏记下音节，叔孙通制订了舞容曲礼和法度。汉高祖时的《武德舞》，汉文帝时的《四时舞》，虽然模仿的是古代《韶》《夏》的音乐，但也继承了秦代旧有的乐章，那些中正和平的古乐再也难以见到了。到汉武帝时重视礼乐，开始建立专门管音乐的“乐府”机关，汇总北方的音乐，采集南方的音调，还有李延年用美妙的声调来配合乐律，朱买臣、司马相如用骚体诗来写作歌词。《桂华》这些杂曲歌词，华美艳丽但不合常规；《赤雁》这类乐曲篇章，浮艳绮靡而不符法度。河间献王刘德向汉武帝推荐的符合传统古乐，但汉武帝很少采用，所以汲黯对汉武帝把《天马歌》也列入《郊祀歌》十分地不满。到宣帝、元帝的时候，稍稍扩大浮靡的音乐，雅正的古乐不合世俗的爱好，它的推行这样困难，后汉郊庙祭祀的歌词，夹杂着一些古乐，它的歌词虽然是雅正，但声律并不是古代音乐家夔和师旷的正统音乐。

至于魏之三祖，气爽才丽，宰割辞调，音靡节平。观其北上众引，秋风列篇，或述酣宴，或伤羁戍，志不出于淫荡，辞不离于哀思。虽三调之正声，实韶夏之郑曲也。逮于晋世，则傅玄晓音，创定雅歌，以咏祖宗；张华新篇，亦充庭万。然杜夔调律，音奏舒雅，荀勖改悬，声节哀急，故阮咸讥其离声，后人验其铜尺；和乐精妙，固表里而相资矣。

【译文】到了魏太祖曹操、魏高祖曹丕、魏烈祖曹睿，志气豪爽，才华富丽，他们改作的歌词曲调音调浮靡，节奏平庸。看到曹操的《苦寒行》，曹丕的《燕歌行》等作品，无论是叙述酣歌宴饮还是哀叹出征，内容都不免有过分的放纵，句句离不开悲哀的情绪；虽然用的是汉代正统的“三调”音乐，可是比之《韶》乐和《夏》乐等古乐来说却差远了。到了晋代，傅玄通晓音乐，他创作了许多雅正的歌曲，来歌颂晋代的祖先；张华也写了一些新的乐曲，作为宫廷的《万舞》曲。然而魏的杜夔所调整的音律，节奏舒缓雅正；而晋初荀勖改制的乐器，音乐的声调节奏便悲哀而急促了，所以阮咸曾讥笑荀勖定的不协调，使音乐偏离了正统。后来，有人考察了古代的铜尺，才知道了荀勖使用的尺子不对。可见和美协调间乐的精微奥妙，是需要靠乐曲和歌词的互相配合啊！

故知诗为乐心，声为乐体：乐体在声，瞽师务调其器；乐心在诗，君子宜正其文。好乐无荒，晋风所以称远；伊其相谑，郑国所以云亡。

【译文】由此可知，诗篇是乐府的核心，声调是乐府的形式。乐府的形式附着在声律上，那么乐师务必调整他的乐器；乐府的核心在诗歌里，所以诗人应当端正他的文辞。因为《唐风·蟋蟀》里有“喜爱娱乐，不要过度”的诗句，所以季札称赞说有远见；因为《郑风·溱洧》里有“男男女女互相调戏”的内容，所以季札预言说郑国要先灭亡。

故知季札观辞，不直听声而已。若夫艳歌婉娈，怨志诀绝，淫辞在曲，正响焉生？然俗听飞驰，职竞新异，雅咏温恭，必欠伸鱼睨；奇辞切至，则拊髀雀跃：诗声俱郑，自此阶矣。

【译文】由此我们知道，季札观听《诗》的演奏，不光是听听它的声调便罢了。至于后来的乐府诗中，写婉转缠绵相亲相爱或者怨恨满腔分别决裂。把这些yín靡的作品谱成曲，怎能产生良好的音乐呢？然而时俗却喜欢追求新鲜奇异的乐章。雅正的乐府温和恭谨，听了就必然厌烦得打哈欠，像鱼一样瞪眼；新奇的歌词，切合心意，看了便一定高兴得拍大腿，像雀一样跳跃起来。诗歌和音乐都走上了邪路，从此越来越厉害。

凡乐辞曰诗，诗声曰歌，声来被辞，辞繁难节；故陈思称李延年闲于增损古辞，多者则宜减之，明贵约也。观高祖之咏大风，孝武之叹来迟，歌童被声，莫敢不协；子建士衡，咸有佳篇，并无诏伶人，故事谢丝管，俗称乖调，盖未思也。至于斩伎（疑作轩岐）鼓吹，汉世铙挽，虽戎丧殊事，而并总入乐府，缪袭所致，亦有可算焉。昔子政品文，诗与歌别，故略具乐篇，以标区界。

【译文】乐府的歌词就是诗，诗按一定的曲词咏唱就是歌。声律配合歌词时，如果歌词繁多就难于符合音乐的节拍。所以陈思王曹植称赞说，李延年善于增减原作，多了的字句就适当减少，这说明歌辞应该注意精练简约啊！看看汉高祖的《大风歌》，汉武帝的《来迟诗》，词句不多，而歌唱者很容易配合音节。后来曹植和陆机虽有好的诗篇，但没有诏令音乐师配乐，所以不能演奏。人们都认为这是因为他们的诗歌违反了音乐的曲调，这都是没有经过思考的挑剔说法。至于轩辕黄帝时岐伯创作的《鼓吹曲》，汉代出现的《铙歌》和《挽歌》，虽然反映的内容不同，有的是军乐，有的是丧乐，但是都算是乐府诗歌的一种。还有缪袭和韦昭所改编的汉代乐府歌曲，也有好的作品。从前刘向品评文章，把诗和歌区别开来，所以我另写这篇《乐府篇》，以标明“诗”与“歌”其间的区别。

赞曰：八音摛文，树辞为体。讴吟坰野，金石云陛。《韶》响难追，郑声易启。岂惟观乐，于焉识礼。

【译文】赞美地说：各种乐器产生种种动听的声音，而好的歌词却是其核心。讴歌吟唱的声音响遍乡村郊野，音乐的演奏环绕整个宫殿。雅正的韶乐传统很难继承，不正当的淫靡之门却如此容易开启。季札观礼岂只为了听听音乐，更可以在其中看出礼法的盛衰。

杜甫

小传见前诗十五家。

【译文】杜甫的简略介绍参见“诗十五家”。

论诗绝句十一首

庾信文章老更成，凌云健笔意纵横。今人嗤点流传赋，不觉前贤畏后生。

【译文】庾信写的文章到了晚年就更加成熟了，高超雄健的笔力，文思如潮，挥洒自如。

今天的人讥笑、指责流传下来的诗赋，如果庾信还活着，恐怕真会觉得“后生可畏”了。

王杨卢骆当时体，轻薄为文哂未休。尔曹身与名俱灭，不废江河万古流。

【译文】初唐四杰的诗文体裁和风格在当时自成一体，浅薄的评论者对此讥笑是无止无休的。

你们这些人名利都遭到毁坏，但是这并不影响四杰在内的优秀作家的名字和作品将像长江黄河那样万古流传。

纵使卢王操翰墨，劣于汉魏近风骚。龙文虎脊皆君驭，历块过都见尔曹。

【译文】即使四杰的文章笔墨，劣于汉魏的风骨但是却接近《国风》与《离骚》。

即使如此，但四杰能以纵横的才气，驾驭“龙文虎脊”般瑰丽的文辞，他们的作品是经得起时间考验的。

才力应难夸数公，凡今谁是出群雄。或看翡翠兰苕上，未掣鲸鱼碧海中。

【译文】以才力而言很难有人超过四杰，当今谁是最出众的。
有的看翡翠的兰花之上，不用拉，鲸鱼就在碧海之中。

不薄今人爱古人，清词丽句必为邻。窃攀屈宋宜方驾，恐与齐梁作后尘。

【译文】不要看不起庾信、四杰等近代作家而看重过去的诗风，清新典雅的诗句是不排除的。

你们想与屈原、宋玉齐名，应当具有和他们并驾齐驱的精神和才力。内心暗自里追逐《离骚》并驾齐驱，如若不然，恐怕你们连齐梁文人还不如呢！

未及前贤更勿疑，递相祖述复先谁。别裁伪体亲风雅，转益多师是汝师。

【译文】那些轻薄之辈比不过前贤是毋庸置疑的。互相学习，继承前人的优秀传统是不用分先后。

区别和裁减、淘汰那些形式内容都不好的诗而学习《诗经》风、雅的传统，多方面寻找适合你的老师，才是你的老师。

沈范早知何水部，曹刘不待薛郎中。独当省署开文苑，兼泛沧浪学钓翁。（自注，水部郎中薛琚）

【译文】范云沈约早就知道何逊薛琚，曹植、刘桢等不到薛琚。
薛琚一人开创文坛一风格，还泛舟江上学渔翁。

李陵苏武是吾师，孟子论文更不疑。一饭未曾留俗客，数篇今见古人诗。（自注，校书郎云卿）

【译文】李陵苏武是我们学习的老师，孟子的文章更是我们毋庸置疑的学习的老师。
因为一顿饭没有留宿客人，今天都看到了大量的古代人写的文章。

复忆襄阳孟浩然，清诗句句尽堪传。即今耆旧无新语，漫钓槎头缩颈鳊。

【译文】我又想起襄阳人孟浩然，他的诗清新可赏，句句足以永世流传。

如今的诗坛老将再也写不出新奇的诗句，只好用木筏捕取鳊鱼在汉水之边。

陶冶性灵存底物，新诗改罢自长吟。孰知二谢将能事，颇学阴何苦用心。

【译文】诗可以陶冶性灵，而诗人凭什么写好诗呢？每次新诗写成后都要反复吟诵、修改。

既熟读二谢那些很有才情灵性的诗篇，更注意学习苦吟诗人阴铿、何逊，刻苦用心写诗。

不见高人王右丞，蓝田丘壑漫寒藤。最传秀句寰区满，未绝风流相国能。（自注，右丞弟，今相国缙）

【译文】看不到高人王维，晚年住在蓝田别墅。

传下来最为特色的诗句在辋川别墅中，王维不在了但是佳句犹传，况有相国诗名，则风流永留。

元 结

元结，唐河南人，字次山，后魏之裔。天宝进士，肃宗召见，上时议五篇，帝悦之，累迁水部员外郎。代宗时，以亲老归樊上，着书自娱。作元子十篇，晚拜道州刺史，进授容管经略使，罢还京师，卒年五十，文章戛戛自异，变排偶绮丽之习，在韩柳之先。有《次山集》。

【译文】元结是唐代河南人，字次山，后魏之贵族。天宝进士，肃宗召见，上奏议五篇，皇帝很高兴，多次升官作水部员外郎。代宗时，因亲老缘故回樊上，着书自娱。作元子十篇，晚年作了道州刺史官，进升容管经略使，后归朝京师，终年五十岁，文章干脆自成一家，变华美绮丽的习俗，在韩愈、柳宗元的古文运动之前。有《次山集》。

箧中集序

元结作《箧中集》，或问曰："公所集之诗，何以订之？"对曰："风雅不兴，几及千岁，溺于时者，世无人哉。呜呼！有名位不显，年寿不将，独无知音，不见称颂，死而已矣，谁云无之？近世作者，更相沿袭，拘限声病，喜尚形似，且以流易为辞，不知丧于雅正。然哉，彼则指咏时物，会谐丝竹，与歌儿舞女，生污惑之声于私室可矣。

【译文】元结收集编撰《箧中集》，有人问他："你所整理的诗集，凭什么方式来做取舍的呢？"元结说："风雅的传统失传，已经到了几千年了的程度了，淹没在时代的洪流中，难道现在的人不知道吗？呜呼，出名的但是没有显赫的地位，生卒年没有记录，而且没有也没有特别相好的朋友，他的作品也没有被流传诵读的，人就死了罢了，谁能说没有这个人呢？近年来的创作者，更是彼此相传这一传统，仅仅局限于声律这种样式，仅仅喜欢外在的是个形式，而且用过去常用的词采，这难道不知道丧失了传统的雅正风气了吗？然而，有的用诗喻指涉时代事件，把诗谱成歌曲，给唱歌的歌妓跳舞，长生出很多污秽的声音这些只能在自己私人空间存在。

若令方直之士、大雅君子，听而诵之，则未见其可矣。吴兴沈千运，独挺于流俗之中，强攘于已溺之後，穷老不惑，五十馀年，凡所为文，皆与时异。故朋友後生，稍见师效，能侣类者，有五六人。于戏！自沈公及二三子，皆以正直而无禄位，皆以忠信而久贫贱，皆以仁让而至丧亡。异于是者，显荣当世。谁为辩士，吾欲问之。天下兴兵，于今六岁，人皆务武，斯焉谁嗣？已长逝者，遗文散失；方阻绝者，不见近作。尽箧中所有，总编次之，命曰《箧中集》，且欲传之亲故，冀其不亡。于今凡七人，（七人，沈千运，王季友，于逖，孟云卿，张彪，赵微明，元融也）诗二十二首，时乾元三年也。

【译文】如果让正直方正的儒生，或者高尚雅致的人，听到并且诵读它，那么这个是不曾遇到过的。吴兴人沈千运，唯一一个人在世俗中挺立，强忍受着这种过分的嗜好。在此之后，到老都不放弃，五十多年，所写的全部诗赋，都与同时代不同。所以他的朋友，徒弟，都以他为师学习，志同道合的人有五六人。有意思啊！从沈千运以及这些人，都是因为非常正直却没有俸禄和爵位，都因为忠诚信义却长久的处于贫穷低贱的处境，都是因为仁义礼让而导致了悲痛死亡。与他们不同的却都在当时显达。谁是真的以辩才出众的，我想问下？天下动荡已经有六年了，人人都从事作战了，谁来继承呢？那些沈公们都已经死去，所写的文章散落遗失，这样正阻断隔绝了继承，也看不到最近的诗歌创作了。在《箧集》所收录的文章中，总编第二，叫做《箧中集》，也是想传递下来是我的想法，希望他们的诗风传统不至于流失。今天有七个人，总共有诗二十二首。时间是唐肃宗乾元三年（760年）。

白居易

小传见前诗十五家。

【译文】白居易的简单介绍参见“诗十五家”。

与元九书

月日，居易白，微之足下：自足下谪江陵至于今，凡所赠答诗仅百篇。每诗来，或辱序，或辱书，冠于卷首，皆所以陈古今歌诗之义，且自叙为文因缘，与年月之远近也。仆既爱足下诗，又谕足下此意，常欲承答来旨，粗论歌诗大端，并自述为文之意，总为一书，致足下前。累岁已来，牵故少暇，间有容隙，或欲为之，又自思所陈，亦无足下之见，临纸复罢者数四，率不能成就其志，以至于今。今俟罪浔阳，除盥栉食寝外无馀事，因览足下去通州日所留新旧文二十六轴，开卷得意，忽如会面，心所蓄者，便欲快言，往往自疑，不知相去万里也。既而愤悱之气，思有所泄，遂追就前志，勉为此书。足下幸试为仆留意一省。

【译文】月日，居易白，微之足下：

自从足下被贬到江陵府，直到现在，您赠予和酬答我的诗篇已近一百首了。每逢寄这些诗来，您还不辞委屈，有时作序，有时写信，都冠在卷头。这都是用来阐述古今诗歌的意义，并且说明自己做文章的缘由和年月的先后的。我既然接受了足下的诗，又理解了足下这番意图，也就常常想要回答来信，概略地谈谈诗歌的基本道理，并陈述自己做文章的意图，总起来写一封信，送到足下面前。但是，几年以来，为事故拖累，很少空暇。偶然有了空闲，有时想做这件事，又想到我所说的并没有超出足下的见解，所以有好几次都是铺开信纸又做罢了的。最终没能实现过去的心愿，直到如今。现在被贬调到浔阳任职，除去起居饮食之外，没有别的事可做，于是就浏览足下到通州去时留下的二十六轴新旧文章，开卷阅读领会其中的含意，真好象和足下会面谈心一样。我长时蓄积于内心的想法，便想一吐为快，恍恍惚惚感觉足下还在面前，竟忘记了足下是在遥远的通州。从而，我的郁积不平的感情想要有所发泄，于是就回忆起从前的心愿，勉力地写了这封信。希望足下为我用心看一看，是很以为荣幸的。

夫文尚矣，三才各有文，天之文三光首之，地之文五材首之，人之文六《经》首之。就六《经》言，《诗》又首之。何者？圣人感人心而天下和平，感人心者，莫先乎情，莫始乎言，莫切乎声，莫深乎义。《诗》者根情苗言，华声实义，上自圣贤，下至愚騃，微及豚鱼，幽及鬼神，群分而气同，形异而情一，未有声入而不应，情交而不感者。

圣人知其然，因其言经之以六义，缘其声纬之以五音。音有韵，义有类，韵协则言顺，言顺则声易入，类举则情见，情见则感易交。

【译文】所谓文，起源是太久远了。三才各有自己的文：上天的文，以三光为首；大地的文，以五材为首；人间的文，以六经为首。就六经来说，《诗》又是为首的。为什么呢？因为圣人就是用诗感化人心，而使天下和平的。能够感化人心的事物，没有比情先的，没有比言早的，没有比声近的，没有比义深的。所谓诗，就是以情为根，以诗为苗，以声为花，以义为实的。上自圣贤，下至愚人，微小如豚鱼，幽隐如鬼神，种类有别而气质相同，形体各异而感情一致。接受声音的刺激而不产生反响，接触到情感的影响而内心不感应，这样的事是没有的。

圣人懂得这个道理，就根据言语的状况，把它纳入六义，按照声音的形态，把它鎔入五音，使之合于规范。五音有规律，六义有类分。韵律协调言语就顺畅，语言顺畅声音就容易动人。类分明确情感就得以表现，情感得以表现就容易感人。

于是乎孕大含深，贯微洞密，上下通而一气泰，忧乐合而百志熙，五帝三皇所以直道而行，垂拱而理者，揭此以为大柄，决此以为大窦也。

故闻“元首明、股肱良”之歌，则知虞道昌矣；闻“五子洛汭”之歌，则知夏政荒矣。言者无罪，闻者足戒，言者闻者，莫不两尽其心焉。

洎周衰秦兴，采诗官废，上不以诗补察时政，下不以歌泄导人情，乃至于谄成之风动，救失之道缺，于时六义始刓矣。

国风变为骚辞，五言始于苏李，苏李骚人，皆不遇者，各系其志，发而为文。

【译文】这样一来，其中就包含着博大精深的道理，贯串着隐密细微的事物。天子和平民就以上下沟通，天地之气就能彼此相交，人们的忧乐相同，人人的心意也就达到和乐。三皇五帝所以按正确的道理去办事，垂衣拱手就把国家治理很好，原因就在于掌握了诗的义和音，把这作为主要权衡；也辩明了诗的义和言，把这作为主要的法宝。

因此，听到“元首明，股肱良”之歌，就知道虞舜时代治道昌明。听到五子洛汭之歌，就知夏太康的政事已经荒废。用诗讽谕的人没有罪过，听到这种讽喻的人可以作为戒鉴。实行讽谕的和听到这到讽谕的各尽自己的心力。

到了东周衰落秦国兴起的时候，采诗之官就废除了。天子不以采诗观风的办法补救并考察政事的缺失，平民也不以诗歌宣泄疏导自己的感情。以至于是奉承巴结的风气兴盛起来。，补救政事缺失的道理遭到破坏。这时候，六义就不完整了。

国风演变为楚辞、五言诗开始于苏武、李陵。苏武、李陵、屈原遭遇都不好，他们都切合自己的情志，抒发感慨而写成诗文。

故“河梁”之句，止于伤别，泽畔之吟，归于怨思，彷徨抑郁，不暇及他耳。然去诗未远，梗概尚存，故兴离别则引双凫一雁为喻，讽君子小人则引香草恶鸟为比，虽义类不具，犹得风人之什二三焉，于时六义始缺矣。

晋宋已还，得者盖寡。以康乐之奥博，多溺于山水；以渊明之高古，偏放于田园；江鲍之流，又狭于此；如梁鸿《五噫》之例者，百无一二焉。于时六义浸微矣。陵夷至于梁陈间，率不过嘲风雪、弄花草而已。

【译文】因此，“携手上河梁”之类的诗句，仅止于表达离别的伤感，“行吟泽畔”这样的吟咏最终也只归于怨愤的思绪。诗中所表达的尽是彷徨难舍，抑郁愁苦，没有写到别的内容。但是距离《诗经》还相去不远，六义的大概还保存着。因此，描写离别就以双凫一雁起兴，讽咏君子小人就用香草恶鸟打比方。虽然六义不完全，还能得到国风传统的十分之二三。这时候，六义就缺欠了。

晋宋以来，得到国风传统的大概就罕见了。如谢康乐诗的深奥博大，但是多耽溺于山水。如陶渊明诗的超拔古朴，但是又多放情于田园。江淹、鲍照之辈，又比这些诗还要偏狭。象梁鸿所写的《五噫歌》那样的例子，连百分之一二也没有。这时候，六义就逐渐微弱，走向衰落了。到了梁、陈中间，大都不过是玩弄风雪、花草而已。

噫！风雪花草之物，三百篇中，岂舍之乎，顾所用何如耳。设如“北风其凉”，假风以刺威虐也；“雨雪霏霏”，因雪以愍征役也；“棠棣之华”，感华以讽兄弟也；“采采芣苢”，美草以乐有子也。皆兴发于此，而义归于彼。反是者可乎哉？然则“馀霞散成绮，澄江净如练”、“离花先委露，别叶乍辞风”之什，丽则丽矣，吾不知其所讽焉。故仆所谓嘲风雪、弄花草而已。于时六义尽去矣。

【译文】唉，风雪花草这类事物，《三百篇》中难道就割弃了吗？这只是看运用如何罢了。比如“北风其凉”，就是借风以讽刺威虐的，“雨雪霏霏”，就是借怜悯征役的，“棠棣之华”是有感于花而讽谕兄弟之道的，“采采芑”，是赞美车前草而祝贺妇人有子的。这都是以风雪花草起兴，而表现的意义则在于刺威虐、愍征役、讽兄弟、乐有子的。与此相反怎么可以呢？这样，“余霞散成，澄江静如练，”离花先委露，别叶乍辞风“这类篇章，辞确实华丽，我不知道它所讽谕的究竟是什么。因此，我说这些诗仅仅是玩弄风雪花草罢了。这时候，六义就完全消失了。

唐兴二百年，其间诗人不可胜数，所可举者，陈子昂有《感遇诗》二十首，鲍防有《感兴诗》十五首。又诗之豪者，世称李杜。李之作之才矣奇矣，人不逮矣，索其风雅比兴，十无一焉。杜诗最多，可传者千馀篇，至于贯穿今古，覼缕格律，尽工尽善，又过于李，然撮其《新安吏》《石壕吏》《潼关吏》《塞芦子》《留花门》之章，“朱门酒肉臭，路有冻死骨”之句，亦不过三四十首。杜尚如此，况不逮杜者乎？

【译文】唐朝兴盛二百年，其间诗人不可胜数。可以列举的，陈子昂有《感遇诗》二十首，鲍防有《感兴诗》十五首。还有诗中的豪杰，世称李白和杜甫。李白的作品，才华出群，不同凡响，是人们无法可比的。但是，探索其中的六义，在十首之中连一首也不具备。杜甫的作品最多，可以流传的有一千多首。至于贯通古今，格律运用纯熟，做到了尽善尽美，又超过了李白。但是举出《新安吏》、《石壕吏》、《潼关吏》、《塞芦子》、《留花门》这样的篇章，“朱门酒肉，路有冻死骨“这样的诗句，也不过三四十首。杜甫尚且如此，何况不如杜甫的呢？

仆尝痛诗道崩坏，忽忽愤发，或食辍哺，夜辍寝，不量才力，欲扶起之。嗟呼！事有大谬者，又不可一二而言，然亦不能不粗陈于左右。仆始生六七月时，乳母抱弄于书屏下，有指“无”字、“之”字示仆者，仆虽口未能言，心已默识，後有问此二字者，虽百十其试，而指之不差。则仆宿习之缘，已在文字中矣。及五六岁，便学为诗，九岁谙识声韵，十五六始知有进士，苦节读书。

【译文】我经常对诗道的破坏感到痛心，恍恍惚惚地就激愤起来，有时正在吃饭就吃不下去了，夜里睡不着觉。我没有估量自己才力的不足，就想的马诗道恢复起来。唉！事竟与愿违，又不是几句话可以说尽的，但是还不能不向您粗略地陈述一番。我出生六七个月的时候，乳母抱着我在书屏下边玩，有人指着无字之字教给我。我虽然嘴上说不出来，但是心里已经默默地记住了。后来有人拿这两个字问我，即使试验十次百次，我都能准确地指出来。那么我是生来就与文字有缘了。到五六岁，就学习做诗，九岁通晓声韵，十五六岁开始知道考中进士的荣耀，就刻苦读书。

二十已来，昼课赋，夜课书，间又课诗，不遑寝息矣。以至于口舌成疮，手肘成胝，既壮而肤革不丰盈，未老而齿发早衰白，瞥瞥然如飞蝇垂珠，在眸子中也，动以万数。盖以苦学力文所致，又自悲矣。

家贫多故，二十七方从乡试。既第之後，虽专于科试，亦不废诗。及授校书郎时，已盈三四百首，或出示交友如足下辈，见皆谓之工，其实未阃作者之域耳。

【译文】二十岁以来，白天学习做赋，夜里刻苦读书，间或也学习做诗，连睡眠和休息都顾不上了。甚至于嘴和舌头都，手和肘都磨成茧。眸子里面总是一晃一晃的，好象飞着挂着珠，动不动就以万计。这大概是刻苦学习奋力做诗造成的，自己感到很悲哀。

家庭贫困而又多事故，二十七岁才应进士试。考中以后，虽然专心于分科考试，还是没有停止做诗。到了做校书郎的时候，诗作足有三四百首。有时拿出来让足下这样的朋友们看。大家一见都说写得工巧，其实我并没有达到诗作者的水平。

自登朝来，年齿渐长，阅事渐多，每与人言，多询时务，每读书史，多求理道，始知文章合为时而著，歌诗合为事而作。是时皇帝初即位，宰府有正人，屡降玺书，访人急病。仆当此日，擢在翰林，身是谏官，月请谏纸，启奏之外，有可以救济人病，裨补时阙，而难于指言者，辄咏歌之，欲稍稍递进闻于上，上以广宸聪、副忧勤，次以酬恩奖、塞言责，下以复吾平生之志。岂图志未就而悔已生，言未闻而谤已成矣。又请为左右终言之。

【译文】自从到朝廷作官以来，年龄渐长，经历的事情也渐多，每逢与人谈话，多询问时政，每逢读书史，多探求治理国家的道理。这才知道文章应该为时事而著作，诗歌应该为现实而创作。这时候，皇帝刚刚继位，政府之中有正直的人士，屡次下诏书，调查人民的疾苦。我正是在这时升做翰林学士，又做左拾遗的官，亲手领取写谏章的用纸，除写奏章直接向皇帝陈述意见之外，有可以解救人民疾苦，弥补时政的缺失，而又难于直接说明的事项，就写成诗歌，慢慢地让皇帝知道。首先是用来开阔皇帝的见闻，对他考虑和处理国家大事有所帮助。其次是报答皇帝的恩情奖励，尽到谏官的职责。最后是实现个人平生振兴诗道的心愿。没有想到，心愿没有实现而悔恨已经产，诗歌没有闻于上，而诽谤却已经形成了。我还要请您允许我把这件事彻底地说说。

凡闻仆《贺雨诗》，而众口籍籍，已谓非宜矣；闻仆《哭孔戡》诗，众面脉脉，尽不悦矣；闻《秦中吟》，则权豪贵近者相目而变色矣；闻《乐游园寄足下》诗，则执政柄者扼腕矣；闻《宿紫阁村》诗，则握军要者切齿矣。大率如此，不可遍举。

不相与者，号为沽名，号为诋讦，号为讪谤；苟相与者，则如牛僧孺之戒焉，乃至骨肉妻孥，皆以我为非也，其不我非者，举不过三两人。有邓鲂者，见仆诗而喜，无何而鲂死；有唐衢者，见仆诗而泣，未几而衢死；其馀则足下，足下又十年来困踬若此。

呜呼！岂六义、四始之风，天将破坏，不可支持耶？抑又不知天之意，不欲使下人之病苦闻于上耶？不然，何有志于诗者不利若此之甚也！

【译文】凡是听到我的《贺雨诗》，众人就一起喧嚷起来，已经认为不合适了。听到我的《哭孔戡诗》，众人就面呈怒色，都不高兴了。听到《秦中吟》，有权势的显贵和近臣都相视变色。听到我的乐游园寄足下诗，执政者就扼腕痛恨。听到我的《宿紫阁村诗》，掌握军权的人就切齿痛恨。大都这样，不能全都举出了。

与我没有交谊的人说我是沽名钓誉，恶意攻击，嘲笑诽谤。假使是与我有交谊的，就以牛僧孺揭露时政而被斥逐的教训警戒我，甚而我的兄弟妻子都认为我是错的。那认为我没错的，整个世上也不过二三个人。有一个邓鲂，看见我的诗就高兴，不久他就死了。还有一个唐衢，读了我的诗就哭泣，不久唐衢也死去了。另外就是足下了，而足下十年来又困顿到这步田地。

唉！难道六义四始的传统，上天就要破坏它而不能支持了吗？还是我不知道上天的意愿就是不让人民疾苦闻于皇帝呢？要不然的话，为什么有志于做诗的人不顺利到这样严重的地步呢？

然仆又自思关东一男子耳，除读书属文外，其他懵然无知，乃至书、画、棋、博，可以接群居之欢者，一无通晓，即其愚拙可知矣。初应进士时，中朝无缌麻之亲，达官无半面之旧，策蹇步于利足之途，张空拳于战文之场，十年之间，三登科第，名入众耳，迹升清贯，出交贤俊，入侍冕旒。始得名于文章，终得罪于文章，亦其宜也。

日者又闻亲友间说，礼、吏部举选人，多以仆私试赋判传为准的，其馀诗句，亦往往在人口中，仆恧然自愧，不之信也。及再来长安，又闻有军使高霞寓者，欲聘娼妓，妓大夸曰："我诵得白学士《长恨歌》，岂同他妓哉？"由是增价。

【译文】但是，我自己也思量过，我只不过是关东一个普通人罢了。除去读书作文之外，其它事是胡胡涂涂一无所知，甚至连书法、绘画、奕棋、博戏那样可以与众人交换联欢的事，我都一无通晓。就是说，我的愚笨是可想而知了。当初应进士试的时候，朝廷里面连一个疏远的亲戚也没有，达官之中连一个曾有过一面之识的朋友也没有。争取功名我不善于奔走趋附。科举考试我也没有可靠的凭借。但是，十年之间我却三次中第，名声为众人所知，足迹达到侍从之官。在朝廷之外与贤俊之士相交结，在朝廷之中就服侍皇帝。开始我是由于文章知名的，最后又由于文章获罪，那也是应该的。

最近，又听亲戚朋友们私下说：礼部、吏部举行赞扬人才的考试，多用我应试的赋和判词做为标准。其余诗句，也经常在人们的口上流传。我感到很惭愧，也不相信这件事。到第二次来长安的时候，又听说有个军使高霞寓，要聘娶一个歌妓。歌妓大夸其口说："我能唱白学士的《长恨歌》，怎么能同别的歌妓一样呢？" 因此，就抬高了身价。

又足下书云，到通州日，见江馆柱间有题仆诗者，复何人哉？又昨过汉南日，适遇主人集众乐娱他宾，诸妓见仆来，指而相顾曰："此是《秦中吟》《长恨歌》主耳。"自长安抵江西三四千里，凡乡校、佛寺、逆旅、行舟之中，往往有题仆诗者，士庶、僧徒、孀妇、处女之口，每每有咏仆诗者。此诚雕虫之戏，不足为多，然今时俗所重，正在此耳。虽前贤如渊、云者，前辈如李、杜者，亦未能忘情于其间。

【译文】足下书信中还说过，到通州的时候，看见近江的客舍柱子上有题写我的诗的，那又是谁呢？以往我经过汉南的时候，恰好赶上主人集合一群歌妓，为别的宾客做乐。那些歌妓看我来了，就指着我互相使眼色说："这就是《秦中吟》《长恨歌》的作者。"从长安直到江西，一路三四千里，凡是地方学校、佛寺、施舍、行舟之中，经常有题写我的诗的，平民、僧众、寡妇、未嫁的姑娘也总有歌唱我的诗的。这的确是微末的小枝，没什么值得称道的，但是现在时俗所重视的，也正是在这一点上。即使前代有才能的人物如王褒、扬雄，前辈如李白、杜甫，心情也是注重这一点的。

古人云："名者公器，不可以多取。"仆是何者，窃时之名已多。既窃时名，又欲窃时之富贵，使已为造物者，肯兼与之乎？今之迍穷，理固然也。况诗人多蹇，如陈子昂、杜甫，各授一拾遗，而迍剥至死；李白、孟浩然辈，不及一命，穷悴终身；近日孟郊六十，终试协律，张籍五十，未离一太祝。彼何人哉？彼何人哉！况仆之才，又不逮彼。今虽谪在远郡，而官品至第五，月俸四五万，寒有衣，饥有食，给身之外，施及家人，亦可谓不负白氏之子矣。微之微之，勿念我哉。

【译文】古人说："名声是天下所共有的器物，不要索取过多。"我是什么人，我获得现时的名声已经够多了。既要获得现实的名声，又要获取现实的富贵，假使我自己成为造物主，能够同时都给予吗？我现在的困穷，是理所当然的。况且诗人向来是多难的，象陈子昂、杜甫，都是做一个普普通通的拾遣，而一直困难到死。李白、孟浩然一辈，连最低级的官职都没做过，穷极潦落一生。近来，孟郊年已六十了，才最后试用做个协律郎，张籍已经五十岁了，也没超过一个太常寺的太祝。他们都是什么人物呵！他们是什么人物呵！况且我的才能又赶不上他们。现在我虽说被降职调到远方的州郡，做个佐贰之官，但是官阶还是五品，月俸四五万，寒天有衣穿，饥饿有饭吃，除去供给自身之外，还能养活家人，也算对得起白家的先辈了。微之微之呵，请不要为我忧虑吧！

仆数月来检讨囊帙中，得新旧诗，各以类分，分为卷首。自拾遗来，凡所遇所感，关于美刺兴比者，又自武德讫元和，因事立题，题为《新乐府》者，共一百五十首，谓之“讽谕诗”；又或退公独处，或移病闲居，知足保和，吟玩情性者一百首，谓之“闲适诗”；又有事务牵于外，情性动于内，随感遇而形于叹咏者一百首，谓之“感伤诗”；又有五言、七言长句、短句，自一百韵至两韵者四百馀首，谓之“杂律诗”。

凡为十五卷，约八百首。异时相见，当尽致于执事。微之，古人云：“穷则独善其身，达则兼济天下。”仆虽不肖，常思此语。大丈夫所守者道，所待者时。

【译文】我几个月来，在搜检书函过程中，得到新旧诗，按种类的不同，分了卷别。自做左拾遗以来，凡是所遇所感，与美刺兴比有关的诗，还有自武德到元和年间即事立题而写的诗，题做《新乐府》，共一百五十首，叫做讽谕诗。又有时公事完毕回家独处，有时辞官闲居，满足生活，保养元气，随意地吟咏性情的诗一百首，叫做闲适诗。又有受到外在事物的触动，激起内在的思想感情，随着所感所遇而以歌唱表现出来的诗一百首，叫做感伤诗，又有五言、七言的绝句，长自一百韵短至二韵的四百多首，叫做杂律诗。

一共十五卷，大约八百首。将来我们相见的时候，一定完全送给您。微之，古人说：“不见用的时候就只顾自我修养，见用的时候就要为天下人造福。”我虽然不贤，也常常以这两句话为师。大丈夫所坚守的是圣贤的大道，所等待的是时机。

时之来也，为云龙，为风鹏，勃然突然，陈力以而出；时之不来也，为雾豹，为冥鸿，寂兮寥兮，奉身而退。进退出处，何往而不自得哉。故仆志在兼济，行在独善，奉而始终之则为道，言而发明之则为诗。谓之“讽谕诗”，兼济之志也；谓之“闲适诗”，独善之义也。故览仆诗者，知仆之道焉。其馀“杂律诗”，或诱于一时一物，发于一笑一吟，率然成章，非平生所尚，但以亲朋合散之际，取其释恨佐欢。今铨次之间，未能删去，他时有为我编集斯文者，略之可也。

【译文】时机到来，就是作云的龙，搏风的鹏，生气勃勃，勇往直前。时机不来，就是深山的豹，远空的鸿，安安静静地，引身而退。仕进退隐，往何处而不怡然自乐呢？因此，我的志向是在造福于天下，我的行为是在只顾自我修养。我所奉行并贯彻始终的是圣贤的大道，以言词表达出来的就是诗歌。所谓讽谕诗，表达的就是造福天下的志向；所谓闲适诗，表达的就是只顾自我修养的思想。因此，读了我的诗，就知道我所坚持的圣贤之道了。的杂律诗，有的是为一时一物所引起来的，有的是为一笑一吟所激发出来的，都是随意成章，并不是我平生所重视的，只是在亲戚朋友聚合离散之间，用它排除离别之苦，增加聚会的欢乐的。现在选编之时，本能删去。将来有人替我编辑这些诗文，把它们略去就可以了。

微之，夫贵耳贱目，荣古陋今，人之大情也。仆不能远征古旧，如近岁韦苏州歌行，清丽之外，颇近兴讽，其五言诗又高雅闲澹，自成一家之体，今之秉笔者，谁能及之？然当苏州在时，人亦未甚爱重，必待身後，然後人贵之。今仆之诗，人所爱者，悉不过“杂律诗”与《长恨歌》已下耳。时之所重，仆之所轻。至于“讽谕”者意激而言质，“闲适”者思澹而词迂，以质合迂，宜人之不爱也。

【译文】微之，尊重耳闻的，轻视眼见的，崇尚古代的，看不起今天的，是人的常情。我不能远追古代的旧闻做证明，就像近年韦苏州的歌行，除去才气超拔，词藻华丽之外，很接近于以兴的手法表达讽谕的意义。他的五言诗又高超雅正，安详适静，是自成一家的体制。现在的作者谁能赶得上呢？但是韦苏州在世的时候，人们并不太重视，一定等到诗人死后，人们才珍重他的作品。现在我的诗，人们喜爱的，通通不过杂律诗和《长恨歌》以下那些作品。时俗所重视的，正是我所轻视的。至于那些讽谕诗，意思激切而言语质直，闲适诗思虑恬静，文词迂缓。由于质直并迂缓，人们不喜爱也是应该的了。

今所爱者，并世而生，独足下耳。然千百年後，安知无复足下者出，而知爱我诗哉？故自八九年来，与足下小通则以诗相戒，小穷则以诗相勉，索居则以诗相慰，同处则以诗相娱，知吾罪吾，率以诗也。如今年春游城南时，与足下马上相戏，因各诵新艳小律，不杂他篇，自皇子陂归昭国里，迭吟递唱，不绝声者二十里馀，樊李在傍，无所措口。知我者以为诗仙，不知我者以为诗魔。何则？劳心灵，役声气，连朝接夕，不自知其苦，非魔而何？

【译文】现在爱我的诗，与我同时活在世上的，就只有足下而已。但是，千百年后，怎么能知道再没有象足下这样的人出现，而了解并喜爱我的诗呢？因此，八九年来，我与足下做官顺利，就以诗互相鉴戒，遭到斥逐就以诗互相慰勉，各自独居的时候就以诗互相告慰，住在一起的时候就以诗互相娱乐。与我相交的和谴责我的，大都由于诗呵！比如今年春游长安城南的时候，我与足下在马上互相作乐，就分别吟咏新颖的短律，不掺杂别的体裁，从皇子陂归昭国里，互相轮流吟唱，在二十多里的路程上吟诗的声音一直不断。即使樊宗宪、李景信在旁边，也没办法插嘴。了解我的把我看做诗仙，不了解我的把我看做诗魔。为什么呢？心灵劳苦，声气耗费，日以继夜，而不知辛苦，这不是魔又是什么？

偶同人当美景，或花时宴罢，或月夜酒酣，一咏一吟，不知老之将至，虽骖鸾鹤游蓬瀛者之适，无以加于此焉，又非仙而何？微之微之，此吾所以与足下外形骸，脱踪迹，傲轩鼎，轻人寰者，又以此也。

当此之时，足下兴有馀力，且欲与仆悉索还往中诗，取其尤长者，如张十八古乐府、李二十新歌行、卢杨二秘书律诗、窦七元八绝句，博搜精掇，编而次之，号《元白往还诗集》。众君子得拟议于此者，莫不踊跃欣喜，以为盛事。嗟乎！言未终而足下左转，不数月而仆又继行，心期索然，何日成就，又可为之叹息矣。

【译文】与志趣相同的人结伴，而对美景，有时是花开时节宴饮以后，有时是月夜之下酒喝得正畅快，吟咏诗句，彼此唱和，竟忘掉了老年将到，即使驾着鸾鹤，去游蓬莱瀛洲这概的仙山，那种快乐也不会比这更高了。那不是仙又是什么？微之微之，这就是我与足下以形体为外物，摆脱与俗人交往的踪迹，蔑视富贵，轻视人间的原因。

正在这个时候，足下的兴致还有余，还要与我把交往的友人的诗全部索取来，选择其中最好的，譬如张十八的古乐府，李二十的新歌行，卢拱、杨巨源二秘书的律诗，窦七、元八的绝句，广泛地搜集，精心地选取，把它们编辑起来，称为《元白往还诗集》。诸位君子得知考虑编选他们的诗这件事，没有不雀跃高兴的，把这看做一件大事。唉！计划没有实现，足下就被降职调离，不几个月我也接着被贬官了。性情没有兴致，什么时候能完成，又要为这件事叹息了。

又仆尝语足下，凡人为文，私于自是，不忍于割截，或失于繁多，其间妍媸，益又自惑，必待交友有公鉴无姑息者，讨论而削夺之，然後繁简当否，得其中矣。况仆与足下为文，尤患其多，己尚病之，况他人乎？今且各纂诗律，粗为卷第，待与足下相见日，各出所有，终前志焉。又不知相遇是何年，相见在何地，溘然而至，则如之何？微之微之，知我心哉。

【译文】我曾经跟足下说，任何人做文章，都偏私以为自己的好，不忍心删削，有时缺点就在繁多上，其间好坏自己又辨别不清，一定得依靠朋友做出公允的评价而不加宽容，进行讨论删削，这样以后繁简恰当不恰当才能处理合适。况且我与足下，写文章特别怕繁多，自己尚且认为是毛病，何况他人呢？现在我们暂且分别编辑诗文，粗略地分出卷次，等到我和足下相见的时候，各人都拿出自己编辑过的东西，以完成过去的心愿。但是，又不知何年能相遇，何地能相见，死期一到，该怎么办呵！微之微之，知道我的心吗？

浔阳腊月，江风苦寒，岁暮鲜欢，夜长无睡，引笔铺纸，悄然灯前，有念则书，言无次第，勿以繁杂为倦，且以代一夕之话也。微之知我心哉！乐天再拜。

【译文】浔阳腊月，江风吹来，感到凄苦寒冷。岁末很少欢趣，长夜无眠。拿来笔铺下纸，寂静地坐在灯前，想到哪儿就写到哪儿，语无伦次，请不要厌烦我的繁杂，暂且用以代替一夕之话吧。微之微之，知我心吗？乐天再拜。

元 稹

元稹，河南人，字微之，元和初对策，举制科第，拜监察御史，遇事敢言，谪江陵参军。长庆中，由监军崔潭畯进稹歌词，擢知制诰，未几入相。裴度屡劾之，遂俱罢。太和中，官武昌节度使，卒。稹为诗以平易胜，与白居易齐名，时称元白，号为元和体，宫中妃嫔多诵之，呼为元才子。有《元氏长庆集》。

【译文】元稹是河南人，字微之，元和初对策制，中第，作了监察御史，遇事敢言，贬谪江陵参军。长庆中年，由监军崔潭畯进给元稹制词，拔管制诰，不久入相。裴度多次弹劾他，于是在太和中年被罢黜。在武昌节度使任上逝去，元稹写诗平易，和白居易齐名，时称元白，号为元和体，宫中妃嫔大都在诵读，喊为元才子。有《元氏长庆集》。

乐府古题序

诗讫于周，离骚讫于楚，是后诗之流为二十四名：赋、颂、铭、赞、文、诔、箴、诗、行、咏、吟、题、怨、叹、篇、章、操、引、谣、讴、歌、曲、词、调。皆诗人六艺之余。而作者之旨。由操而下八名，皆起于郊祭，军，宾，吉，凶，苦，乐之际。在音声以度词，审调以节唱，句度短长之数，声韵平上之差，莫不由之准度；而又别其在琴瑟者为操，引，采民甿者为讴，谣；备曲度者总得谓之歌，曲、词调，斯皆由乐以定词，非选调以配乐也。由诗而下九名，皆属事而作，虽题号不同，而熟悉谓之为诗可也。后之审乐者，往往采取其词，度为歌曲。盖选词以配乐，非由乐以定词也。而纂撰者由诗而下十七名，尽编为乐府等题。除饶吹，横吹，郊祀清商等词，在乐志者，其余《木兰》《仲卿》《四愁》《七哀》之辈，亦未必尽播于管弦明矣。后之文人，达乐者少，不复如是配别，但遇兴纪题，往往兼以句度短长为歌，诗之异。

【译文】诗是从周代开始的，离骚发源于楚国，后来的诗人就被分为二十四个种文体：赋、颂、铭、赞、文、诔、箴、诗、行、咏、吟、题、怨、叹、篇、章、操、引、谣、讴、歌、曲、词、调。这些都是六艺代表的《诗经》的余响。诗之后的新文体，是后来作者的旨趣所在。从操而后的八个文体，都是被用来祭祀天地的礼仪，大军出征或者凯旋，宴请宾客，婚丧礼仪民间歌辞用的。已有固定乐曲，依乐曲声音调式，乐句长短，抑扬顿挫的旋律而填入唱词，不能违背乐曲的严格要求。而且其他的在音乐方面的视为操引这种文体。采集收集歌谣，准备按照乐曲的要求写定歌词，而不是先有词后配曲调。从诗的文体之后的九个文体，都属于即事而写的文体，虽然文体的题目不同，但是可以通常的称为是诗，这是可以的。后来的仔细审查音乐的人，经常收集文章，给它们配上乐曲成为可以唱的歌谣。大概选诗文给它们配上音律，这不是由音乐而选择诗文的。到了编辑撰述的人是由诗而下的十七个文体，全部编辑为乐曲的目录，乐府等题目。除了《饶吹》，《横吹》，《郊祀》《清商》等词，在《乐志》中的，有《木兰》《仲卿》《四愁》《七哀》这些，并不是都能被谱以音律的。后世诗人懂音乐的人少，都是即兴作诗，常常以句子不整齐的称为“歌”，不再以能否入乐为“歌”“诗”的差别。

刘补阙云《乐府》肇于汉魏。按仲尼学《文王操》，伯牙作《流波》《水仙》等操，齐牍沐作《雉朝飞》，卫女作《思归引》，则不于汉、魏而后始，亦以明矣。况自风雅至于乐流，莫非讽兴当时之事，以贻后世之人。沿袭古题，唱和重复，于文或有短长，于义咸为赘剩，尚不如寓意古题，刺美见事，犹有诗人引古以讽之义焉。曹刘沉鲍之徒，时得如此，亦复稀少。近代唯诗人杜甫《悲陈陶》，《哀江头》《兵车》《丽人》等，凡所歌行，率皆即事名篇，无复依傍。余少时与友人乐天，李公垂辈谓是为当，遂不复拟赋古题。

【译文】刘补阙的《乐府》开始于汉魏。按照孔子说的《文王操》，伯牙作《流波》《水仙》等属于操，齐牍沐作的《雉朝飞》，卫女的《思归引》，那么就不属于汉魏，而后开始也就明朗很多了。何况从风雅的传统到现在的音乐之流，没有不讽刺赞赏当下的时代之事的，这些都遗留给了后代的人。沿袭古代的题目，酬唱赠答相互重复，文章或许有些优劣，对于文意沿袭乐府古题的意义，重复古代人已经写过的东西，拾掇点古代人的剩余，还不如用乐府古体写寄语当事，这就如同诗人援引古诗以此来达到讽谕的效果啊。曹植，刘祯，沈约，鲍照等这些人就是用乐府古题新作，这样重复的就很少了。近代的唯独诗人杜甫《悲陈陶》，《哀江头》《兵车》《丽人》等，都是歌行体，都是用乐府之体，吟咏时事但是不用乐府题名。我年少的时候与朋友白居易，李绅，元稹是首当其冲的，于是不再用乐府故题目了。

昨南梁州见进士刘猛，李余，各赋《古乐府诗》数十首中一二章，咸有新意，予因选而和之。其有虽用古题，全无古义者，若《出门行》不言离别，《将进酒》特书烈女之类是也。其或颇同古义，全创新词，则《田家》止述军输，《捉捕》先蝼蚁之类是也。刘李二子，方将极意于斯文，因为粗明古今歌事同异之旨焉。

【译文】昨天在梁州见到进士刘猛，李余，各自的诗赋文章《古乐府诗》有数十篇文章。其中有一二十章节，都很有心意，也就是做了以《出门》为题目的文章十几篇，都有点新意，竟然以《出门》为题目做了数十篇等。所以我也从中选出了一些，酬唱赠答虽然有的用的是乐府诗古题目，但是没有任何古乐府的意味，那么《出门行》不说离别，《将进酒》与众不同的抒写列女。有的同古题目很相似，全部创作新词，那么《田家》就仅仅叙述军事运输，《捉捕》先是讲蝼蛄和蚂蚁。刘猛、李余他们两个人，于是将全部的意思都放在这篇文章中，因此粗略的说古今的乐府时事相同或者不同，就如同音乐一样了。

《白氏长庆集》序

《白氏长庆集》者，太原人白居易之所作，居易字乐天，始言，试指"之"、"无"二字，能不误。始既言，读书勤敏，与他儿异。五六岁识声韵，十五志诗赋，二十七举进士。贞元末，进士尚驰竞，不尚文，就中六籍尤摈落。

【译文】《白氏长庆集》这本书，是太原人白居易所写的，白居易字乐天。乐天开始学语言说话的时候，他是六七月生的，聪慧早熟，过目不忘。等到开始说话之后，读书勤奋敏捷，与别的孩子不同。五六岁就通晓音律，十五岁就能诗与赋，二十七岁就考中进士。贞元末，进士注重名利追逐，不尊重文辞，就如同六艺被人弃绝排斥了。

礼部侍郎高郢始用经艺为进退，乐天一举擢上第。明年拔萃甲科，由是《性习相近远》《求玄珠》《斩白蛇剑》等赋，及百道判新进士竞相传於京师矣。会宪宗皇帝册召天下士，乐天对诏称旨，又登甲科。未几，入翰林掌制诰，比比上书言得失，因为《贺雨诗》《秦中吟》等数十章，指言天下事，时人比之《风》《骚》焉。

【译文】礼部侍郎高郢开始用诗经，六经谋求及第，乐天一举就提拔为上第。第二年获得甲等，是因为以《性习相近远》《求玄珠》《斩白蛇剑》等赋，到百节判在京师新考中的进士中竞相流传。会宪宗皇帝册召天下的儒士，乐天对诏书称为是皇帝的旨意，结果又被考中甲科。没多久，就入翰林掌管制定皇帝的诏书，而且经常上书说施政得失，因为《喜雨诗》《秦中吟》等十几篇文章，指涉天下的事情，被时人比作是《风》《骚》。

予始与乐天同校秘书，前后多以诗章相赠答。会予谴掾江陵，乐天犹在翰林，寄予百韵律诗及杂体，前后数十首。是后各佐江、通，复相酬寄。巴、蜀、江、楚间洎长安中少年，递相仿效，竞作新词，自谓为“元和诗”，而乐天《秦中吟》《贺雨》《讽谕》《闲适》等篇，时人罕能知者。

【译文】我开始与乐天同为校秘书，前后多是用诗篇彼此赠答酬谢的。恰巧我被贬到江陵的时候，乐天还在翰林，寄给我百韵的律诗还有各种文体的文章，前后总共有十几章节。后来各自在辅佐江，通的时候又彼此相互以诗文赠答酬谢。巴、蜀、江、楚之间，等到长安中的少年也就彼此效仿这种方式了，竟相做新词，自己称为“元和体”。但是乐天的《秦中吟》《贺雨》《讽谕》《闲适》等诗篇，当时是很少人知道的。

然而二十年间，禁省、观寺、邮堠、墙壁之上无不书，王公、妾、妇牛、童马走之口无不道，至於缮写模勒，衒卖於市井，或持之以交酒茗者，处处皆是。其甚者，有至於盗窃名姓，苟求自售。杂乱闲厕，无可奈何。

【译文】但是二十多年之间，皇宫，寺庙庵观，馆驿没有不书写记载的，王公、妻妾、妇女放牛童、走路没有不吟咏他的诗的，以至于有人擅长模仿乐天的诗，在市井之中叫卖，有的或者以此交换酒喝，比比皆是。更有甚者，有的竟然盗用别人的姓名，苟且的去自己销售。没有秩序杂乱，真是无可奈何啊！

予尝於平水市中，见村校诸童，竞习歌诗，召而问之，皆对曰：“先生教我乐天、微之诗。”固亦不知予之为微之也。又鸡林贾人求市颇切，自云本国宰相每以百金换一篇，其甚伪者，宰相辄能辨别之。自篇章已来，未有如是流传之广者。

【译文】我曾经在市井中看到过，乡村学校的儿童，竞相争着学习吟咏诗歌，我招呼他们问他们，他们说，老师叫我们乐天，还有元稹的诗。本来也不知道其实元稹就是微啊。鸡林国商人求购的心很迫切，自己说本国的宰相每天凭借百金换一篇文章，白居易的文章多出造假，，宰相总是就能辨别出来。自己的诗文著作以来，没有像这样流传的这么广的。

长庆四年，乐天自杭州刺史以右庶子诏还，予时刺郡会稽，因得尽徵其文，手自排缵，成五十卷，凡二千二百五十一首。前辈多以“前集”，“中集”为名，予以为国家改元长庆，於是，因号曰《白氏长庆集》。

【译文】长庆四年的时候，乐天自从做杭州刺史，用太子又庶人的官职升迁了他。我那时在会稽郡做刺史，因为搜求征集他的文章，亲自排列编撰，集成五十卷，全唐诗二千二百五十一首。前代的人多用前集，中集这作为书名，握认为国号为长庆，也就是今天，所以就叫它《白氏长庆集》。

大凡人之文各有所长，乐天之长，可以为多矣。夫讽谕之诗长於激，闲适之诗长於遣，感伤之诗长於切，五字律诗百言而上长於赡，五字、七字百言而下长於情，赋、赞、箴、戒之类长於当，碑、记、叙、事、制诰长於实，启、奏、表、状长於直，书、檄、词、策、剖判长於尽。总而言之，不亦多乎哉。至於乐天之官秩景行，与予之交分浅深，非叙文之要也，故不书。长庆四年冬十二月十日，微之序。

【译文】大凡能写文章的人，都是各有所长的，乐天的长处，可以认为是很多的。讽谕的诗是惩恶扬善的，闲适的诗陶冶性情的，感伤的诗是切合心情的，无言律诗，百句但是内容丰富，感情真挚，五言，七言的诗长于表达感情友谊，赋、赞、箴、戒这一类长处是适当，碑、记、叙、事、制诰长处是叙事，启、奏、表、状长处是公正正义，书、檄、词、策、剖判长处的完善周到。总而言之，不算太多吧。至于乐天的官职俸禄，高尚的品德，与我的交情是很深啊，不是用文章所能说清楚的，所以就不在书里说了。长庆四年冬天，十二月十日，元稹作序。

唐工部员外郎杜甫墓志铭

叙曰：余读诗至杜子美而知古人之才有所总萃焉。始尧舜之君臣以赓歌相和，是后诗人继作，历夏、殷、周千余年，仲尼缉拾选练，取其干预教化之尤者三百篇，其余无闻焉。骚人作而怨愤之态繁，然犹去风雅日近，尚相比拟。秦、汉已还，采诗之官既废，天下妖谣民讴、歌颂讽赋、曲度嬉戏之词亦随时间作。

【译文】我读到杜子美的诗，才知道古代精粹的诗作，是在这里集大成。自从尧帝、舜帝开始明君良臣，万事遂顺，后世的诗人继承了这一传统，经历了夏、商、周千余年，才到孔子收集选择民间风俗叫华为的诗集总共三百多篇，成为《诗经》，其余的没有听到了。诗人作大量的诗以讽怨刺很多，但是和诗经风格越来越相近，还相互学习。等到秦汉之后，收集诗歌的制度废弃了，但是天下民间流传的不配曲调的歌谣，和有曲调的歌谣歌颂，以赞扬、讽谏为主题的作品以娱乐为目的没有停止。

至汉武帝赋《柏梁》诗，而七言之体兴。苏子卿、李少卿之徒，尤工为五言。虽句读文律各异，雅郑之音亦杂，而词意阔远，指事言情，自非有为而为，则文不妄作。建安之后，天下文士遭罹兵战。曹氏父子鞍马间为文，往往横槊赋诗。

故其遒文壮节，抑杷怨哀悲离之作，尤极于古，晋世风概稍存。宋、齐之间，教失根本，士子以简慢矫饰歙习舒徐相尚，文章以风容色泽放旷精清为高。盖吟写性灵，流连光景之文也。意义格力固无取焉。陵迟至于梁、陈，淫艳刻饰，佻巧小碎之词剧，又宋、齐之所不取也。

【译文】等到汉武帝做七言诗的时候，七言诗才开始兴盛。苏武，李陵这些人热衷于五言诗。虽然文章断句文采音律各不相同，内容健康和淫靡之音混杂，但是词意很悠远，抒情寄寓，并不造作，那么文章就不会白作。到了建安之后，天下儒生到了了战争的破害。曹氏父子曹操，曹植，曹丕在军旅之中做文章，常常做出像《短歌行》般的诗句来。

有的词句遒劲壮美抑扬顿挫，哀怨悲苦的作品，这些常常接近与古代作品的水平。在晋代文章格调风采气概还稍稍有遗存。在宋，齐的年代之间，儒家的基本原则慢慢的消失殆尽，儒生们惰废轻忽而且不遵守礼法狎昵放荡相互成为时尚，文采词风用形式的华丽辞采的旖旎放浪精致为高格。大概吟咏性情，只是留恋在文采的景色的文章了，文章的意义风格骨力都没有可取的。这种颓废萎靡的风气到了梁、陈的年代时候，文章旖旎刻意雕琢，轻佻娇巧的词，这些又不是宋、齐时代做没有的。

唐兴学官大振。历世之文，能者互出。而又沈、宋之流，研练精切，稳顺声势，谓之为律诗。由是而后，文体之变极焉。而又好古者遗近，务华者去实；效齐、梁则不逮于魏、晋，工乐府则力屈于五言；律切则骨格不存，闲暇则纤浓莫备。至于子美，所谓上薄风雅，下该沈宋，言夺苏李，气吞曹刘，掩颜谢之孤高，杂徐庾之流丽，尽得古今之体势，而兼昔人之所独专矣。如使仲尼考锻其旨要，尚不知贵，其多乎哉。苟以为能所不能，无可无不可，则诗人已来，未有如子美者。

【译文】到盛唐的时候，官办学校逐渐兴盛。经历时代的好文章，作诗的也人大量涌现出来。沈佺期，宋之问这些人钻研并且很切合的练习，符合顺应诗歌的声律，说成是五七言的绝句和律诗。从这以后，文体的变革就非常迅速。但是没有不模仿前人留下来。只追求辞藻的华美，效仿齐梁的比不上魏晋，在乐府写作方面比不上五言诗，即使符合诗的格律，但是风骨都不存在，闲情逸致的上讲究辞藻的艳丽形式。到了杜甫，大概远的可以追上风骚之体，近的超过沈宋二人.从言论上夺去苏李的气势，掩盖了颜谢的孤高自赏，夹杂徐庾的清丽具有古往今来所有的体裁的强势，并且兼具自己的作为文人的文风特点。孔子考定研究它的文章立意，尚且都不知道它的好处，这些多吗？如果凭借他会会别人不会的，对他来说什么都会，那么对有诗人以来，没有一个像杜甫的人。

是时山东人李白亦以奇文取称，时人谓之“李杜”。余观其壮浪纵恣，摆去拘束，模写物象，及乐府歌诗，诚亦差肩于子美矣。至若铺陈终始，排比声韵，大或千言，次犹数百，词气豪迈而风调清深，属对律切而脱弃凡近，则李尚不能历其藩翰，况堂奥乎！

【译文】同时期山东人李白也评介奇文非常著名，当时称为“李杜”。握观看这种宏壮恣肆豪放，除去拘谨的约束之外，描摹事物都非常像乐府诗歌。但是坦率的讲，和杜甫差不多啊。拿杜甫的长篇排律，有的有千万字，有的只要数百字，但是词境豪迈宏大，而且格调深厚，这一类诗符合诗的格律，而且超脱了近来的风向，以此来说，李白尚诗歌创作水平不是甚高，更何况深奥的境界呢！

余尝欲条析其文，体别相附，与来者为之准，特病懒未就。尔适遇子美之孙嗣业启子美之柩，襄祔事于偃师。途次于荆楚，雅知余爱言其大父之为文，所余为志。辞不能绝，余因系其官阀而铭其卒葬云。系曰：晋当阳候杜氏下十世而生依艺，今家于巩 。

【译文】我曾经想条分缕析他的文章，对照辨别文章的体例，为后世的诗人做一个标准。只是因我生病和懒惰一直没有如愿。现在恰好遇到杜甫的子孙嗣业抬着杜甫的棺椁，将杜甫的遗骨运回偃师县，与杜甫妻子合葬。途中在河北暂时停留，雅知知道我喜欢他的祖父的文章，于是就拜托我写墓志铭。我又不能推辞掉，又因为他的官职门第，所以墓志铭就这样写了。说，晋朝的杜预，姓杜，第十代生依艺，在巩这个地方。

依艺生审言，审言善诗，官至膳部员外郎。审言生闲，闲生甫；为奉天令。甫字子美，天宝中献三大礼赋，明皇奇之，命宰相试文，文善，授率府曹。属京师乱，步谒行在，授左拾遗。

【译文】依艺生杜审言，审言擅长诗歌，官做到膳部员外郎。审言生了杜闲，杜闲生了杜甫，杜闲做了乾县的县令。杜甫，字子美，天宝年时，杜甫做了三篇诗赋，唐玄宗感到惊奇，于是命宰相考验他的文才，杜甫写的很好，被授予右卫率府曹的官职。适逢京城动乱，杜甫前往肃宗的住处，拜见肃宗，被授予左拾遗的官职。

岁余，以直言失官，出为华州司功，寻迁京兆功曹。剑南节度严武拔为工部员外郎，参谋军事。旋又弃共官，扁舟下荆、楚间，竟以寓卒，旅殡岳阳，享年五十九。夫人宏农杨氏女，父曰司农少卿怡，四十九年而终。嗣子曰宗武，病不克葬，殁命其子嗣业。以家贫无以给丧，收拾乞丐，焦劳昼夜，去子美殁后余四十年，然后卒先人之志，亦足为难矣。

铭曰：惟元和之癸巳粤某月某日之佳辰，合窆我杜子美于首阳之山前。呜呼！千岁而下，曰此文先生之古坟。

【译文】不久，就因为他的率直的谏言而失去官职，为贬官为华州司功，不久又被升迁为京兆功曹。严武任剑南节度期间，杜甫为工部员外郎，军事参谋。不久又弃官离去，坐船到了荆州，湖南，最后死在寓所，寄葬在岳阳，享年五十九。杜甫的妻子是弘农杨氏的女儿。岳父是司农少卿杨怡，四十九岁就死了。他的儿子宗武，生病不能安葬杜甫，后就死了，命令他的儿子杜业，安葬杜甫。杜业因为贫困没有钱财为杜甫办理迁墓合葬的事，点滴积蓄，求人帮助，焦虑昼夜操劳。到了杜甫死后四十年，最后没有完成先人的遗愿，实在是为难啊！

墓志铭说：宪宗元和八年在一个良辰吉日，把杜甫和他妻子合葬在首阳之山上。呜呼！ 千年之后，人们看到这篇墓志铭，便会说，这里是杜先生的古坟啊！

司空图

司空图，唐虞乡人，字表圣，咸通进士，累官礼部郎中，避乱隐居中条山王官谷，作休休亭，号耐辱居士，日与名僧高士游球其中。朱全忠篡位，召为礼部尚书，不起，哀帝被弑，图不食卒。著有诗文集，又着诗品二十四首，以四言韵语写其意境，平奇浓淡，无体不备，为论诗之名著。

【译文】司空图是唐代虞乡人，字表圣，咸通年进士，多次升官作了礼部郎中，避乱隐居到中条山的王官谷，盖了休休亭，号耐辱居士，天天和名僧高士在其中游玩。朱全忠篡位，召他为礼部尚书，不被起用，哀帝被弑杀，想绝食而死。写有诗文集，又写诗品二十四首，以四言韵语抒写意境，平奇浓淡，无体不包，是论诗的名著。

二十四诗品

大用外腓，真体内充。反虚入浑，积健为雄。
具备万物，横绝太空。荒荒油云，寥寥长风。
超以象外，得其环中。持之非强，来之无穷。（以上雄浑）

【译文】华美的文辞涌现在外，真切的内容充实其中。返回虚静，才能达到浑然之境，蓄积正气，笔力方可显出豪雄。雄浑的诗包罗万物的气势，高高横贯浩渺的太空。像苍茫滚动的飞云，如浩荡翻腾的长风。超越生活的表面描写，掌握作品的核心内容。追求雄浑，不可勉强拼凑，自然得来，就会意味无穷。

素处以默，妙机其微。饮之太和，独鹤与飞。
犹之惠风，苒苒在衣。阅音修篁，美曰载归。

遇之匪深，即之愈希。脱有形似，握手已违。（以上冲淡）

【译文】作家平时保持着沉静的思考，就会体会到冲淡的微妙。诗歌饱含着自然的气势，像伴随幽独的白鹤一起高飞。这境界像和煦的春风，轻轻抚摸着你的素衣，又好像响动的翠竹，柔声呼唤你同归故里。偶然达到冲淡，并不困难，勉强追求，就会很少如意。作品如果停留在表面描写，那就会和冲淡风格远离。

采采流水，蓬蓬远春。窈窕深谷，时见美人。
碧桃满树，风日水滨。柳阴路曲，流莺比邻。
乘之愈往，识之愈真。如将不尽，与古为新。（以上织秾）

【译文】闪动的流水鲜明耀眼，无边的阳春繁花烂漫。在幽静的山谷里，又有美人出现，碧桃的花满树争艳，随着和风摇曳在水边。柳荫掩映，小路弯弯，群莺软语，接连不断。作品越是深入这样的纤秾情景，就越能写得真切自然。适时探究，永不停步，就会和历代佳作同样新鲜。

绿杉野屋，落日气清。脱巾独步，时闻鸟声。
鸿雁不来，之子远行。所思不远，若为平生。
海风碧云，夜渚月明。如有佳语，大河前横。（以上沈著）

【译文】绿林中深藏着朴陋的小屋，一抹斜晖余照更显得天朗气清。诗人脱去头巾潇洒独步，时时听到鸟的鸣声。书信不来，亲人远行。我想念的游子并不遥远，好象依然相处互慰平生。海风吹送着碧云，明月掩映着沙洲；这时作家如能写出佳句，就会显现那沉着的妙境。

畸人乘真，手把芙蓉。泛彼浩劫，窅然空踪。
月出东斗，好风相从。太华夜碧，人闻清钟。
虚伫神素，脱然畦封。黄唐在独，落落元宗。（以上高古）

【译文】那有道的人乘风而行，手托着一束芙蓉。经历了尘世劫难之后，只留下缥缈空虚的踪影。月亮从东方升起，和风也有意伴从。华山的夜空碧蓝而宁静，人们倾听着清新的钟声。作家保持这样质朴的感情，超脱世俗陈旧的习性。向往远世寄托雅致的意趣，孤傲自赏高古的诗风玉壶买春，赏雨茅屋。坐中佳士，左右修竹。
白云初晴，幽鸟相逐。眠琴绿阴，上有飞瀑。
落花无言，人淡如菊。书之岁华，其曰可读。（以上典雅）

【译文】用玉壶载酒游春，在茅屋赏雨自娱。坐中有高雅的名士，左右是秀洁的翠竹。初晴的天气白云飘动，深谷的鸟儿互相追逐。绿荫下倚琴静卧，山顶上瀑布飞珠。花片轻落，默默无语，幽人恬淡，宛如秋菊。这样的胜境写入诗篇，也许会值得欣赏品读。

犹矿出金，如铅出银。超心炼冶，绝爱缁磷。
空潭泻春，古镜照神。体素储洁，乘月返真。
载瞻星辰，载歌幽人。流水今日，明月前身。（以上洗练）

【译文】像在矿石中炼出黄金，如从铅块里提取白银。精心进行提取，杂质务要除尽。深潭流泻的春水何等明净，古镜映照的物象多么传神。体察朴素事理，保持品德高洁，迎着明净月光，求得心神纯真。仰望着星辰的光，歌唱那隐逸的人。作品像清澈的流水，晶莹的月光是它的化身。

行神如空，行气如虹。巫峡千寻，走云连风。
饮真茹强，蓄素守中。喻彼行健，是谓存雄。
天地与立，神化攸同。期之以实，御之以终。（以上劲健）

【译文】诗人心神坦荡如同广阔的天空，气势充盈好象横贯的长虹。巫峡高耸万丈，飞云伴随轻风。作品饱含着纯真，培育着刚强，积累质朴品德，保持明洁心胸。好象天体稳健不息地运行，你的诗就能达到浑厚劲雄。这样的诗歌与天地共存，和大自然呼吸相通。让真切内容充实作品，用刚强的气势来统帅始终。

神存富贵，始轻黄金。浓尽必枯，淡者屡深。
露馀水畔，红杏在林。月明华屋，画桥碧阴。
金尊酒满，伴客弹琴。取之自足，良殚美襟。（以上绮丽）

【译文】精神世界丰富，才能轻视黄金。词藻过分浓艳，文思必定枯涩，清淡朴素描写，反而更深。晨雾消散水边，红杏点燃树林。月光照着华美的楼榭，绿荫隐现瑰丽的桥影。金杯斟满美酒，陪同好友弹琴。这样的素材取之不尽，畅情抒写自己的胸襟。

俯拾即是，不取诸邻。俱道适往，着手成春。
如逢花开，如瞻岁新。真与不夺，强得易贫。
幽人空山，过雨采苹。薄言情悟，悠悠天钧。（以上自然）

【译文】在生活中到处能发现诗，不需要挖空心思追寻，顺应情理写作，就能着手成春。作品自然如花儿适时开放，又好象四季岁月更新。生活中得来的领悟不能被人夺去，勉强搜取材料就会陷于窘困。高雅的人身居空山，雨过以后采集野萍。这一切都真切自然，就如同天体默默地运行。

不着一字，尽得风流。语不涉唯，已不堪忧。
是有真宰，与之沉浮。如绿满酒，花时反秋。
悠悠空尘，忽忽海沤。浅深聚散，万取一收。（以上含蓄）

【译文】不用文字明确表达，就能显示生活的美妙。文辞虽未说到苦难的情状，读时却使人十分哀伤。事物存在着实在的情理，作品和它一起沉浮呼吸。含蓄，就像漉酒时酒汁渗漏不尽，又如同花开时遇到满天霜气。空中的沙尘游荡不定，海里的泡沫飘荡涌流。万物不断变化聚散，诗歌需要博采精收。

观花匪禁，吞吐大荒。由道反气，处得以狂。
天风浪浪，海山苍苍。真力弥满，万象在旁。
前招三辰，后引凤凰。晓策六鳌，濯足扶桑。（以上豪放）

【译文】尽情赏花无拘无束，遨游宇宙任意远翔。诗人从自然之道培育豪气，创作才能够文思昂扬。那气势如太空长风千里浩荡，又好似大海高山一片苍茫。精神活力经常饱满，驾驭万物如在身旁。向前，能召唤日月星辰，从后，能挥手引来凤凰。拂晓时，乘坐六鳌飞驰而去，到晚上，洗足在太阳升起的扶桑。

欲返不尽，相期与来。明漪绝底，奇花初胎。
青春鹦鹉，杨柳楼台。碧山人来，清酒深杯。
生气远出，不着死灰。妙造自然，伊谁与裁。（以上精神）

【译文】人的精神难以全部反映，适当时刻就会显现出来。好诗如清水能够见底，又如同奇花即将绽开。春光里鹦鹉正在歌唱，杨柳掩映着水中楼台，青山雅士飘然而至，共饮清酒慰我情怀。作品显出生气，毫不刻板滞呆。写得微妙达到与大自然同化，谁还能够加以指责评裁？

是有真迹，如不可知。意象欲生，造化已奇。
水流花开，清露未晞。要路愈远，幽行为迟。
语不欲犯，思不欲痴。犹春于绿，明月雪时。（以上缜密）

【译文】作品里确实有真切的形貌，读起来细密而不见痕迹。诗歌的意象层层浮现，大自然已变为神奇。缜密的诗像水流花开，又如阳光下的露珠欲滴。主要的思路越是悠远，文笔的运行更要舒缓。用语不可繁琐，立意切勿板滞。作品如春天的一篇碧绿，又好似月光和白雪交辉。

惟性所宅，真取不羁。控物自富，与率为期。
筑室松下，脱帽看诗。但知旦暮，不辨何时。
倘然适意，岂必有为。若其天放，如是得之。（以上疏野）

【译文】根据性情充分发挥，真实显现不受拘束。万象在胸就会取材丰富，率真描绘才能运笔自如。青松下面修建茅舍，悠闲坦荡频频读诗。只知日夜变换，不管今是何时。纵情挥毫自表心意，何必一定故作雕饰。顺应诗人天然气质，才能识得疏野真义。

娟娟群松，下有漪流。晴雪满汀，隔溪渔舟。
可人如玉，步屧寻幽。载瞻载止，空碧悠悠。
神出古异，淡不可收。如月之曙，如气之秋。（以上清奇）

【译文】在苍翠秀美的松林中间，出现漾起波纹的溪流。天气初晴，小雪覆盖着沙滩，河的对岸，停泊着一叶渔舟。俊逸的人好象白玉般高洁，迈开脚步寻访幽静的美景，他在又行又止，仰望蓝天悠悠。神采显得多么高雅奇特，风度恬淡使人难以描绘。像黎明前的月光那样明净，像初秋时的天气那样清秀。

登彼太行，翠绕羊肠。杳霭流玉，悠悠花香。
力之于时，声之于羌。似往已回，如幽匪藏。
水理漩洑，鹏风翱翔。道不自器，与之圆方。（以上委曲）

【译文】攀登在太行山的高峰上，羊肠小道盘绕着翠绿的山岗。望着云雾迷蒙下幽曲的流水，闻到清新悠远的花香。笔力适时，要运用确当，音韵起伏，像笛声抑扬。似来又往曲折不尽，隐中有显委婉多样。如同水的波纹回转跃动，又像大鹏乘风飞卷直上。章法变化不要有固定程序，应随着内容需要或圆或方。

取语甚直，计思匪深。忽逢幽人，如见道心。
清涧之曲，碧松之阴。一客荷樵，一客听琴。
情性所至，妙不可寻。遇之自天，泠然希音。（实境）

【译文】选取用语极其质朴，作品构思也不艰深。正像忽然遇见一位高雅的人，一下就领悟了那道的精神。弯曲的山溪辉映着阳光，苍翠的松林一片浓荫。一位樵夫挑着柴担走过，诗人在独自听琴。凭着真情创造意境，妙在不是勉强自寻。切实的感受来自天然，这才是美好的心的声音。

大风卷水，林木为摧。适苦若死，招憩不来。
百岁如流，富贵冷灰。大道日往，若为雄才。
壮士拂剑，浩然弥哀。萧萧落叶，漏雨苍苔。（以上悲慨）

【译文】大风卷起狂澜，树木均被毁坏。思想痛苦令人难忍，召唤好友也未到来。百年岁月像流水飞逝，富贵权位都化作尘埃。世道日益沦丧，谁是今日雄才？壮士拔剑自叹，抒发满腔悲哀。无奈落叶萧萧下，且听残雨滴苍苔。

绝伫灵素，少回清真。如觅水影，如写阳春。
风云变态，花草精神。海之波澜，山之嶙峋。
俱似大道，妙契同尘。离形得似，庶几斯人。（以上形容）

【译文】凝神专注，积蓄纯洁感情，反映景象，就会清新逼真。像刻画水中的倒影，如描写艳阳的芳春。风云变化而多姿，花草繁茂而有神。大海波涛汹涌，高山险峻幽深。这些都要写得符合生活情理，微妙地与尘世万物融合共存。能够不拘形貌做到神似，那才是真正善于形容的诗人。

匪神之灵，匪机之微。如将白云，清风与归。
远引若至，临之已非。少有道契，终与俗违。
乱山乔木，碧苔芳晖。诵之思之，其声愈希。（以上超诣）

【译文】不是因为心神灵巧，也非由于天赋智能。诗人好象在伴从着白云，随清风一起邀游同归。向前远行，好象即将面临妙境，到了那里，却又觉得并不如意。作者早就有了道的素养，写起诗来才能够超脱世俗。乔木高耸在乱山丛中，绿苔闪耀着春阳芳辉。在这种情景中构思吟咏，就感到忘记一切，深有韵味。

落落欲往，矫矫不群。缑山之鹤，华顶之云。
高人画中，令色絪缊。御风蓬叶，泛彼无垠。
如不可执，如将有闻。识者已领，期之愈分。（以上飘逸）

【译文】诗人孤傲潇洒远去，超然独立不同凡群。像缑山上飞去的仙鹤，如华山顶游动的白云。高雅的名士内心聪慧，美好的风貌清秀有神。自驾蓬叶小舟乘风而去，向着无边大海畅游长吟。这样的境界好象难以捉摸，有时却能够有所领悟。理解此等情景才能心领神会，勉强硬求飘逸那就无处找寻。

生者百岁，相去几何。欢乐苦短，忧愁实多。
何如尊酒，日往烟萝。花覆茅檐，疏雨相过。
倒酒既尽，杖藜行歌。孰不有古，南山峨峨。（以上旷达）

【译文】人的一生不过百年，从生到死相去几何？欢乐的日子苦于太短，忧愁的岁月实在太多。还不如每天携带美酒，漫游烟绕藤萝的处所。鲜花覆盖茅草屋檐，微微细雨飘忽而过。待到饮酒已尽，持杖且行且歌。人生向来谁无死，唯有南山永巍峨。

若纳水輨，如转丸珠。夫岂可道，假体遗愚。
荒荒坤轴，悠悠天枢。载要其端，载同其符。
超超神明，返返冥无。来往千载，是之谓乎。（以上流动）

【译文】诗的流动如同水车旋转，又好似滚珠滑动自如。这种诗风妙处岂可道出，借助比喻也难充分表达。苍茫的大地，悠远的天空，都像围绕着一个轴心移动。只有遵循它们的根本法则，作品才能与自然的变化相符。万物事理玄妙奇特，宇宙天地循环不已。千年万载它们往而复始，这才是流动的要义。

与李生论诗书

文之难，而诗尤难。古今之喻多矣，而愚以为辨于味而后可以言诗也。江岭之南，凡足资于适口者，若醯，非不酸也，止于酸而已;若鹾，非不咸也，止于咸而已。中华之人所以充饥而遽辍者，知其咸酸之外，醇美有所乏耳。彼江岭之人，习之而不辨也，宜哉?诗贯六义，则讽谕、抑扬、渟蓄、温雅，皆在其间矣。然直致所得，以格自奇。

【译文】评论文很难，评论诗更难.古今评论用了很多的比喻的说法，而我以为先要能辨别诗的味道然后才可以评论诗.长江，五岭以南的人，大凡感到适口的东西调料，有醋和盐，像醋，不是不酸，不过仅仅是酸而已 ;像盐，不是不咸，不过仅仅是咸而已.中原的人（仅用醋和盐以调味），吃饭时是不用的，因为知道它们除酸，咸之外，缺乏醇美之味.那些长江五岭之南的人，习惯了那种口味，因而分辨不清它们美味与否，这是当然的了.诗贯穿着"六义"，因此讽谕，抑扬，含蕴，温雅都包含在其中了。然而直接抒写不加修饰的结果，是风格独特奇异。

前辈诸集，亦不专工于此，矧其下者耶!王右丞、韦苏州澄澹精致，格在其中，岂妨于道举哉?贾浪仙诚有警句，视其全篇，意思殊馁，大抵务于寒涩，方可置才，亦为体之不备也，矧其下者哉!噫!近而不浮，远而不尽，然后可以言韵外之致耳。

【译文】前辈诸人的诗集中，也不特别擅长此道，何况那些水平还在他们以下的人呢!王维，韦应物的诗清雅淡远，精巧工致，自成一格，难道妨碍他们作品风格遒劲挺拔吗?贾岛的作品确实有警句，但观其全篇，内容就显得特别贫乏空泛，大概是他是靠苦吟雕琢，才能显其才能，这也是他的诗体裁单调的缘由啊，更何况水平在他之下的人呢 唉!诗歌所咏为眼前事物而又能不肤浅，所咏为远处事物而又能含蓄不尽，然后才可以谈"韵外之致"啊!

愚幼尝自负，既久而逾觉缺然。然得於早春，则有“草嫩侵沙长，冰轻著雨销”。又“人家寒食月，花影午时天”。(上句云，隔谷见鸡犬，山苗接楚田)又“雨微吟足思，花落梦无聊”。得于山中，则有“坡暖冬生笋，松凉夏健人”。又“川明虹照雨，树密鸟冲人”。得于江南，则有“戍鼓和潮暗，船灯照岛幽”。又“曲塘春尽雨，方响夜深船”。又“夜短猿悲减，风和鹊喜灵”。得于塞下，则有“马色经寒惨，雕声带晚饥”。得于丧乱，则有“骅骝思故第，鹦鹉失佳人”。又“鲸鲵入海涸，魑魅棘林幽”。得于道宫，则有“棋声花院闭，幡影石坛高”。得于夏景，则有“地凉清鹤梦，林静肃僧仪”。得于佛寺，则有“松日明金象，苔龛响木鱼”。又“解吟僧亦俗，爱舞鹤终卑”。得于郊原，则有“远陂春早渗，犹有水禽飞”。（上句云，绿树连村暗，黄花入梦稀）得于乐府，则有“晚妆留拜月，春睡更生香”。得于寂寥，则有“孤萤出荒地，落叶穿破屋”。得于惬适，则有“客来当意惬，花发遇歌成”。虽庶几不滨于浅涸，亦未废作者之讥诃也。又七言云：“逃难人多分隙地，放生鹿大出寒林。”又“得剑乍如添健仆，亡书久似忆良朋”。又“孤屿池痕春涨满，小栏花韵午晴初”。又“五更惆怅回孤枕，犹自残灯照落花”。（上句云，故国春归来有涯，小栏高槛别人家）又“殷勤元日日，欹午又明年”。（上句云，甲子今重数，生涯只自怜）皆不拘于一概也。

【译文】我少时常常自负，时间长了，越来越觉出自身的不足。然而有感于早春的诗句则有“草嫩侵沙短，冰轻着雨销”，又有“人家寒食月，花影午时天”；又有“雨微吟足思，花落梦无寥。”有感于山中之景的则有“坡暖冬生笋，松凉夏健人”，又有“川明虹照雨，树密鸟冲人”； 得益于江南，则有“戍鼓和潮暗，船灯照岛幽”，又“曲塘春尽雨，方响夜深船”，又“夜短猿悲减，风和鹊喜灵”；得益于边塞大漠，则有“马色经寒惨，雕声带晚饥”；得于丧乱，则有“骅骝思故第，鹦鹉失佳人”，又“鲸鲵入海涸，魑魅棘林幽”；得于道宫，则有“棋声花院闭，幡影石幢高”；得于夏景，则有“地凉清鹤梦，林静肃僧仪”；得于佛寺，则有“松日明金象，苔龛响木鱼”，又“解吟僧亦俗，爱舞鹤终卑”；得于郊园，则有“远陂春早渗，犹有水禽飞”；得于乐府，则有“晚妆留拜月，春睡更生香”；得于寂寥，则有“孤萤出荒地，落叶穿破屋”；得于惬适，则有“客来当意惬，花发遇歌成”。 即便似乎不会认为近于浅陋枯槁，但是仍免不了会受到真正的大诗人的讥笑。又有七言诗：“逃难人多分隙地，放生鹿大出寒林。”又“得剑乍如添健仆，亡书久似忆良朋”。又“孤屿池痕春涨满，小栏花韵午晴初”。又“五更惆怅回孤枕，犹自残灯照落花”。又“殷勤元旦日，欹午又明年”这些诗句都是不拘泥于某一趣味，而是兼蓄众味，兼备众体。

盖绝句之作，本于诣极，此外千变万状，不知所以神而自神也，岂容易哉？足下之诗，时辈固有难色，倘复以全美为工，即知味外之旨矣。勉旃。某再拜。

【译文】大概创作绝句，需要造诣达到极深的程度才可以。短短的篇幅之外，却有着无穷的变化，见神奇于无形之中，哪里是容易的啊？现在您的诗，同时的人要想和您相比是困难的。如果要努力追求完善诗歌的的丰厚的整体美，就会知道什么是“味外之旨”了。一定要努力啊，再拜。

欧阳修

小传见前词九家。

【译文】欧阳修的简略介绍参见“词九家”。

梅圣俞诗集序

予闻世谓诗人少达而多穷，夫岂然哉？盖世所传诗者，多出于古穷人之辞也。凡士之蕴其所有，而不得施于世者，多喜自放于山巅水涯之外，见虫鱼草木风云鸟兽之状类，往往探其奇怪，内有忧思感愤之郁积，其兴于怨刺，以道羁臣寡妇之所叹，而写人情之难言。盖愈穷则愈工。然则非诗之能穷人，殆穷者而后工也。

【译文】我听到世人常说：诗人仕途畅达的少，困厄的多。难道真是这样吗？大概是由于世上所流传的诗歌，多出于古代困厄之士的笔下吧。大凡胸藏才智而又不能充分施展于世的士人，大都喜爱到山头水边去放浪形骸，看见虫鱼草木风云鸟兽等事物，往往探究它们的奇特怪异之处，内心有着忧愁感慨愤激的郁积，这些情感化为诗兴，即寄托在怨恨讽刺之中，道出了逐臣寡妇的慨叹，而写出了人所难于言传的感受来。大概越困厄就越能写得工巧。如此说来，并非写诗使人困厄，应该是困厄后才能写出好诗来。

予友梅圣俞，少以荫补为吏，累举进士，辄抑于有司，困于州县，凡十余年。年今五十，犹从辟书，为人之佐，郁其所蓄，不得奋见于事业。其家宛陵，幼习于诗，自为童子，出语已惊其长老。既长，学乎六经仁义之说，其为文章，简古纯粹，不求苟说于世。世之人徒知其诗而已。然时无贤愚，语诗者必求之圣俞；圣俞亦自以其不得志者，乐于诗而发之，故其平生所作，于诗尤多。世既知之矣，而未有荐于上者。昔王文康公尝见而叹曰："二百年无此作矣！"虽知之深，亦不果荐也。若使其幸得用于朝廷，作为雅、颂，以歌咏大宋之功德，荐之清庙，而追商、周、鲁颂之作者，岂不伟欤！奈何使其老不得志，而为穷者之诗，乃徒发于虫鱼物类，羁愁感叹之言。世徒喜其工，不知其穷之久而将老也！可不惜哉！

【译文】我的朋友梅圣俞，年轻时由于荫袭补为下级官吏，屡次被推荐去考进士，总是遭到主考部门的压制，在地方上困厄了十多年。年已五十了，还要靠别人下聘书，去当人家的办事员。郁积着自己的才能智慧，不能在事业上充分地表现出来。他家乡在宛陵，幼年时就学习诗歌，从他还是个孩童时起，写出诗句来就已使得父老长辈惊异了。等到长大，学习了六经仁义的学问，他写出的文章简古纯正，不希求苟且取悦于世人，因此世人只知道他会写诗罢了。然而当时人不论贤愚，谈论诗歌必然会向圣俞请教。圣俞也把自己不得志的地方，喜欢通过诗歌来发泄，因此他平时所写的东西，其中诗歌就特别多。社会上已经知道他了，却没有人向朝廷推荐他。从前王文康公曾看到他的诗作，慨叹地说："二百年没有这样的作品了！"虽然对他了解很深，可还是没有加以推荐。假使他有幸得到朝廷的任用，写出如《诗经》中雅、颂那样的作品，来歌颂大宋的功业恩德，献给宗庙，使他类似于商颂、周颂、鲁颂等作者，难道不是很壮伟的吗？可惜他到老也不得志，只能写困厄者的诗歌，白白地在虫鱼之类上抒发穷苦愁闷的感叹。社会上只喜爱他诗歌的工巧，却不知道他困厄已久将要老死了，这难道不值得叹息吗？

圣俞诗既多，不自收拾。其妻之兄子谢景初，惧其多而易失也，取其自洛阳至于吴兴以来所作，次为十卷。予尝睹圣俞诗，而患不能尽得之，遽喜谢氏之能类次也，辄序而藏之。

【译文】圣俞的诗很多，自己却不收拾整理。他的内侄谢景初担心它太多容易散失，选取他从洛阳到吴兴这段时间的作品，编为十卷。我曾经酷爱圣俞的诗作，担心不能全部得到它，十分高兴谢氏能为它分类编排，就为之作序并保存起来。

其后十五年，圣俞以疾卒于京师，余既哭而铭之，因索于其家，得其遗稿千余篇，并旧所藏，掇其尤者六百七十七篇，为一十五卷。呜呼！吾于圣俞诗论之详矣，故不复云。

【译文】从那以后过了十五年，圣俞因病在京师去世，我已痛哭着为他写好了墓志铭，便向他家索求，得到他的遗稿一千多篇，连同先前所保存的，选取其中特别好的共六百七十七篇，分为十五卷。啊，我对圣俞的诗歌已经评论得很多了，所以不再重复。

书梅圣俞书稿后

凡乐，达天地之和，而与人之气相接，故其疾徐奋动可以感于心，欢欣恻怆可以察于声。五声单出于金石，不能自和也，而工者和之。然抱其器，知其声，节其廉肉而调其律吕，如此者，工之善也。

【译文】平凡的音乐，是达到天地协调吻合的，是与人气相接的，所以音乐的表现出来的痛苦，缓急，激越的感情色彩才可以打动人的心，欢喜快乐哀伤的感情可以从音乐声中体察到。五声仅仅丛敲打金石而来，就不能协调悦耳，但是擅长乐音的人却能和处协调的声响来。然而拿着乐器，知道他们的发生音响，能够控制声音的高亢激越或低沉婉转，而且能够控制乐器的乐律，能够这样的人，无疑是擅长音乐的人。

今指其器以问于工曰："彼簨者、簴者，堵而编、执而列者，何也？"彼必曰："鼗鼓、钟磬、丝管，干戚也。"又语其声以问之曰："彼清者、浊者，刚而奋、柔而曼衍者，或在郊或在庙堂之下而罗者何也？"彼必曰："八音、五声，六代之曲，上者歌而下者舞也。其声器名物，皆可以数而对也。

【译文】今天指着乐器问擅长音乐的人，说："悬挂着钟磬的架子，排成一列进行演奏。为什么把这些乐器列成一排呢？"他回答说："这些都是音乐表演的道具"。又指着发出的声响问他说："这儿声音高音低音，有时刚劲有时激越，连绵不绝，延伸变化。有的在郊祀演奏，有的在朝堂演奏这又是为什么呢？"，回答说："八音，五声这是从黄帝、唐、虞、夏、殷、周传下来的，能唱能跳。它们的声音乐器名字，都符合一定的数理规律。

然至于动荡血脉，流通精神，使人可以喜可以悲，或歌或泣，不知手足鼓舞之所然。"问其何以感之者，则虽有善工，犹不知其所以然焉，盖不可得而言也。乐之道深矣！故工之善者，必得于心应于手而不可述之言也。听之善，亦必得于心而会以意，不可得而言也。尧、舜之时，夔得之，以和人神、舞百兽。

【译文】然而影响关乎到人血脉动荡，精神振奋，使人可以产生高兴，悲伤，有的唱歌，有的哭泣，不知觉的就手舞足蹈起来。问他为会什么感到这样，即使虽然有擅长音乐的人，但是不知道为什么会这样，这些大概是领会音乐内涵却无法进行言说。音乐的特性很深啊！所以擅长音乐的人，必须是心领神会，但是却不能口述。听到他们很擅长音乐，这也是对音乐心领神会，不是靠语言所能表达的清的。从尧、舜之的时侯夔就开始通过音乐活动来协调人神，驯服百兽。

三代、春秋之际，师襄、师旷、州鸠之徒得之，为乐官，理国家，知兴亡。周衰官失，乐器沦亡，散之河海，逾千百岁间，未闻有得之者。其天地人之和气相接者，既不得泄于金石，疑其遂独钟于人。故其人之得者，虽不可和于乐，尚能歌之为诗。古者登歌《清庙》，太师掌之，而诸侯之国，亦各有诗，以道其风土性情。至于投壶、飨射，必使工歌，以达其意，而为宾乐。盖诗者，乐之苗裔兴！汉之苏、李，魏之曹、刘，得其正始。宋、齐而下，得其浮淫流佚。

【译文】夏商周三代，春秋年间，师襄、师旷、州鸠这些人懂得音乐，被安置为乐官，以此治理管家，懂得国家兴亡的道理。等到周朝衰落之后，采集音乐的官员也就找不到了，乐器也遗失殆尽，散落在黄河大海之间。等到过了千百年之后，没有听到得到这些乐器还有音乐。那么天地人和谐彼此相连，既然不能在金石上发泄，那么就半信半疑立即钟情于这个人身上。那么这个懂得音乐的人，即使不能与音乐起舞，但是尚且会唱歌把它作为诗来看。古代的人登到高处唱《清庙》，太师掌管着，但是诸侯国也各有诗，疏导当地的风土性情。对于投壶 、飨射这种游戏，必须要擅长音乐的人唱歌，以此来达到表达感情的意思，使宾客欢乐高兴。大概会诗的人，是懂音乐的后代吧！汉代的苏武、李陵，魏时的曹植、刘桢，才真正领会到了其中的纯正和气。但是从五代十国的宋、齐之后，音乐就轻薄虚浮了。

唐之时，子昂、李、杜、沈、宋、王维之徒，或得其淳古淡泊之声，或得其舒和高畅之节，而孟郊、贾岛之徒，又得其悲愁郁湮之气。由是而下，得者时有而不纯焉。今圣俞亦得之，然其体长于本人情，状风物，英华雅正，变态百出。哆兮其似春，凄兮其似秋，使人读之，可以喜，可以悲，陶畅酣适，不知手足之将鼓舞也。斯固得深者耶！其感人之至，所谓与乐同其苗裔者邪！余尝问诗于圣俞，其声律之高下，文语之疵病，可以指而告余也。至其心之得者，不可以言而告也。余亦将以心得意会，而未能至之者也。

【译文】到了唐代诗人陈子昂、李白、杜甫、沈佺期与宋之问、王维这些人的诗，有的就从音乐中领悟到淳古淡泊的乐趣，有的诗人就从音乐领悟出舒缓高畅的节律，但是孟郊、贾岛这些人有领会出悲愁抑郁之气来。由此而后，从音乐中领悟的人时常有，但是流派都不统一。但是今天的梅圣俞也从音乐中领会到诗歌的风采，但是他的诗风擅长描摹人情，描写风景事物，才能出众而且诗风雅正，风格多变。开口吟咏时，仿佛春天秋天都呈现在眼前，使人读了，可以感到喜悦，可以感到悲伤，快乐酣畅，十分尽兴，不知不觉的手舞足蹈起来了。这些本来就是很深邃的啊！这些感人到了极点，这就是快乐同后代一起欢乐啊！我曾经向教梅圣俞请教诗，诗的声律高音，低音的评判，语句的缺点毛病，这问题他可以以此作为依据，告诉我。但是他的心中意蕴，不能凭借口述而告诉。我也只是将心领神会，也未能到达这个地步。

圣俞久在洛中，其诗亦往往人皆有之。今将告归，余因求其稿而写之。然夫前所谓心之所得者，如伯牙鼓琴，子期听之，不相语而意相知也。余今得圣俞之稿，犹伯牙之琴弦乎？

【译文】梅圣俞一直在洛阳，他的诗也经常有人读到。今天即将告老还乡，我因为要他的书稿而写下这些。但是前面所说的心中所得的人，如同俞伯牙，钟子期，相互不语，就知道彼此的意思。我今天得到梅圣俞的书稿，就如同俞伯牙弹琴一样啊！

苏 轼

小传见前诗十五家。

【译文】苏轼的简介参见前边的“诗十五家”。

书黄子思诗集后

予尝论书，以谓钟、王之迹萧散简远，妙在笔画之外。至唐颜、柳始集古今笔法而尽发之，极书之变，天下翕然以为宗师，而钟、王之法益微。

【译文】我曾经评论书法，认为钟繇、王羲之的字迹，潇洒超逸，妙处在笔画之外。到了唐代颜真卿、柳公权，才集古今笔法并全部表现出来，极尽书法的变化，天下一致推崇，认为是宗师。于是钟繇、王羲之的笔法更加衰落。

至于诗亦然。苏、李之天成，曹、刘之自得，陶、谢之超然，盖亦至矣。而李太白、杜子美以英玮绝世之姿，凌跨百代，古今诗人尽废，然魏晋以来，高风绝尘，亦少衰矣。李、杜之后，诗人继作，虽间有远韵，而才不逮意，独韦应物、柳宗元发纤秾于简古，寄至味于淡泊，非余子所及也。唐末司空图，崎岖兵乱之间，而诗文高雅，犹有承平之遗风。其诗论曰：“梅止于酸，盐止于咸，饮食不可无盐梅，而其美常在咸酸之外。”盖自列其诗之有得于文字之表也二十四韵，恨当时不识其妙，予三复其言而悲之。

【译文】至于诗也是这样。苏武、李陵的浑然天成，曹植、刘桢的自抒胸臆，陶渊明、谢灵运的自然超脱，大概都是到顶了。可是李白、杜甫以才智过人、珍奇超凡世所罕有的姿态，高踞百代之上，古今诗人全显得凋零；可是魏晋以来超越世俗的清高风格，也少见并衰落了。李白、杜甫之后，诗人们继续写诗，虽然其中间或有意旨深远的诗篇，但是才能未能表达出意旨。只有韦应物、柳宗元，于质朴中表现出纤细浓郁，于淡泊中寓含不尽的韵味，不是别人能够做到的。唐末司空图生活在兵荒马乱之际，而诗文高雅，还表现出传承了治世的风习，他论诗说："梅子只是酸，盐仅仅是咸，饮食却不能没有盐和梅，他们的美常常存在于咸和酸之外。"他自己列出在文字之外含有意旨的诗二十四联，恨当时不认识它们的妙处，我把他的话反复读了三遍而为之感到悲伤。

闽人黄子思，庆历、皇佑间号能文者。予尝闻前辈诵其诗，每得佳句妙语，反复数四，乃识其所谓。信乎表圣之言，美在咸酸之外，可以一唱而三叹也。予既与其子几道、其孙师是游，得窥其家集。而子思笃行高志，为吏有异才，见于墓志详矣，予不复论，评其诗如此。

【译文】福建人黄子思，是庆历、皇佑年间号称擅长写文章的人。我曾经听说前辈诵读他的诗，每次到佳句妙语，反复好几遍，才明白他所说的是什么。司空图的话是可信的啊，美在咸酸之外，可以一唱而三叹了。我与他的儿子几道、孙子师交游，能够看到他家的诗文集。至于子思品行忠实志向远大，做官有非凡的才干，都详细地写在墓志上了，我不再论述，只是如此评论他的诗。

郭茂倩

郭茂倩，宋须城人，官侍读学士，着乐府诗集一百卷，总括历代歌词。上起陶唐，下迄五代，分为十二类，网罗赅博，其题解序述源流，尤为详备，言乐府者，以是集为祖本，犹渔猎之资山海焉。

【译文】郭茂倩是宋代须城人，作侍读学士官，着乐府诗集一百卷，囊括历代歌词。上溯源到唐尧，下到五代，分为十二类，广罗万象，内容源流透彻，十分详备，是谈乐府的最老本子，好似渔猎和山海的关系。

《乐府诗集》序

《宋书·乐志》曰："古者天子听政，使公卿大夫献诗，耆艾修之，而后王斟酌焉。然后被于声，于是有采诗之官。周室下衰，官失其职。汉、魏之世，歌咏杂兴，而诗之流乃有八名：曰行，曰引，曰歌，曰谣，曰吟，曰咏，曰怨，曰叹，皆诗人六义之余也。至其协声律，播金石，而总谓之曲。若夫均奏之高下，音节之缓急，文辞之多少，则系乎作者才思之浅深，与其风俗之薄厚。

【译文】《宋书·乐志》说，古代皇帝临朝听施政状态，命令公卿臣子进献乐府，老年人去编撰，而后皇帝斟酌考虑，然后被谱写音律，于是就有了采集乐府的官职，周代衰落之后，官员也就失去了官职。汉魏的时候，歌谣吟咏纷纷出现，但是诗的分类有八种：有行、引、歌、谣、吟、咏、怨、叹，这些都是诗人六义的补充。至于合乎音乐音律，撞击金石，这样的总称为曲。如果演奏的声音有高低，音节有快慢，文采的丰富程度，这些都关乎着从事诗文创作的人的才学思想的深浅，与当时的风俗习惯的传统长短。

当是时，如司马相如、曹植之徒，所为文章，深厚尔雅，犹有古之遗风焉。自晋迁江左，下逮隋、唐，德泽浸微，风化不竞，去圣逾远，繁音日滋。艳曲兴于南朝，胡音生于北俗。哀淫靡曼之辞，迭作并起，流而忘反，以至陵夷。原其所由，盖不能制雅乐以相变，大抵多溺于郑、卫，由是新声炽而雅音废矣。昔晋平公说新声，而师旷知公室之将卑。李延年善为新声变曲，而闻者莫不感动。其后元帝自度曲，被声歌，而汉业遂衰。曹妙达等改易新声，而隋文不能救。

【译文】当时，例如司马相如，曹植这些人，所做的文章，深厚典雅，如同具有古代的遗风。自从东晋迁都到江南之后，到隋朝，唐朝之时，道德恩泽浸染越来越微弱了，风俗习惯也没人去变革，距离圣人也越来越远了，各种音乐日益激增。艳丽的词曲兴盛于南朝，胡音产生于北方的粗俗的地方。哀怨淫靡的文词，相继出现，并且留恋而不知道悔改，以至于衰落。其中的原因，大概是不能创作雅正的音乐来促进新声的变革，大多是沉溺于郑卫的音乐中。所以新声就兴盛，然而雅正的音乐被废弃了。过去晋平王说新声，而且师旷知道了解到朝堂将走向衰败。李延年擅长为新声改变曲调，而且听到的人没有不被触动的。后来元帝自己创制曲调，用歌唱的方式表达出来，但是汉家的基业于是就衰落了。曹妙达等人改良新声，然而隋文帝的江山也没来的及挽救。

呜呼，新声之感人如此，是以为世所贵。虽沿情之作，或出一时，而声辞浅迫，少复近古。故萧齐之将亡也，有《伴侣》；高齐之将亡也，有《无愁》；陈之将亡也，有《玉树后庭花》；隋之将亡也，有《泛龙舟》。所谓烦手淫声，争新怨衰，此又新声之弊也。杂曲者，历代有之，或心志之所存，或情思之所感，或宴游欢乐之所发，或忧愁愤怨之所兴，或叙离别悲伤之怀，或言征战行役之苦，或缘于佛老，或出自夷虏。兼收备载，故总谓之杂曲。自秦、汉已来，数千百岁，文人才士，作者非一。

【译文】哎呀，新声感动人到了这个地步，这就是被世俗所看重的原因。　虽然沿袭真性情做诗文，有的表现一个时期的，但是声律辞彩都很浅显，很少重复近代古代的是诗文。所以萧齐将要灭亡的时候，就出现了《伴侣》；高齐将要灭亡了，就出现了《无愁》；陈将要灭亡了，救出现了《玉树后庭花》；隋代将灭亡了，有《泛龙舟》。所说的吵杂淫靡的音乐，相互争斗怨恨，这又是新声的一个弊端。杂乱的曲子，历代都有，有的存心志，有的被感情思想所触动，有的对飨宴游玩的欢乐而写诗，有的是忧愁怨愤而去有所指涉，有的叙述离别伤痛的怀念，有的是说战争劳役的痛苦，有的是对禅宗佛法的“慧根”，有的是出自于异族胡虏。这些都收录全部在册。所以总的说叫杂曲。从秦汉以来，数百年，从事文学创作的人有才俊的儒生，他们的身份并不是唯一的。

干戈之后，丧乱之余，亡失既多，声辞不具，故有名存义亡，不见所起，而有古辞可考者，则若《伤歌行》《生别离》《长相思》《枣下何纂纂》之类是也。复有不见古辞，而后人继有拟述，可以概见其义者，则若《出自蓟北门》《结客少年场》《秦王卷衣》《半渡溪》《空城雀》《齐讴》《吴趋》《会吟》《悲哉》之类是也。又如汉阮瑀之《驾出北郭门》，曹植之《惟汉》《苦思》《欲游南山》《事君》《车已驾》《桂之树》等行，《磐石》《驱车》《浮萍》《种葛》《吁嗟》《鰕䱇 》等篇，傅玄之《云中白子高》《前有一樽酒》《鸿雁生塞北行》《昔君》《飞尘》《车遥遥篇》，陆机之《置酒》，谢惠连之《晨风》，鲍照之《鸿雁》，如此之类，其名甚多，或因意命题，或学古叙事，其辞具在，故不复备论。”

【译文】在战争，动乱之后，丢失的，失传的既然很多，音律辞彩都不全，所以新声名存实亡。也看不到重新的兴盛了，但是有古辞可考的，则有《伤歌行》《生别离》《长相思》《枣下何纂纂》这一类。常常看不到古辞，但是后来人继承模仿叙述的，可以以此看到大概的意义。则有《出自蓟北门》《结客少年场》《秦王卷衣》《半渡溪》《空城雀》《齐讴》《吴趋》《会吟》《悲哉》这一类。又如汉阮瑀的《驾出北郭门》，曹植的《惟汉》《苦思》《欲游南山》《事君》《车已驾》《桂之树》等行体，《磐石》《驱车》《浮萍》《种葛》《吁嗟》《鰕䱇 》等篇，傅玄的《云中白子高》《前有一樽酒》《鸿雁生塞北行》《昔君》《飞尘》《车遥遥篇》，陆机的《置酒》，谢惠连之《晨风》，鲍照之《鸿雁》，如同这样的一类的，题目很多，有的以表达的意思命名题目，有的学习古人的叙事，辞彩都在，所以不就重复全部论述了。

《新乐府辞》序

乐府之名，起于汉、魏。自孝惠帝时，夏侯宽为乐府令，始以名官。至武帝，乃立乐府，采诗夜诵，有赵、代、秦、楚之讴。则采歌谣，被声乐，其来盖亦远矣。凡乐府歌辞，有因声而作歌者，若魏之三调歌诗，因弦管金石，造歌以被之是也。有因歌而造诗者，若清商、吴声诸曲，始皆徒歌，既而被之弦管是也。

【译文】乐府的名字，开始兴起是在汉魏时代。从孝惠帝开始，夏侯宽被任命为掌管乐府的官职，开始成为一种官职。到了汉武帝时，于是就设立乐府管，采集诗歌夜夜吟诵，有赵，代，秦，楚的民歌。那么就收集歌谣，做声乐，这大概已经是很久远的事了。但凡乐府歌还是词，因为有声律所以能够歌唱的人，如果魏有三种调式，是清调、平调、瑟调，因为金石管弦所发出的音，创作歌谣以此被人们吟咏。有的因为词所以就创作音乐，如同清商，吴声的诸多曲子，开始的时候都是积极是歌谣而已，等到后来被管弦演奏了。

有有声有辞者，若郊庙、相和、铙歌、横吹等曲是也。有有辞无声者，若后人之所述作，未必尽被于金石是也。新乐府者，皆唐世之新歌也。以其辞实乐府，而未常被于声，故曰新乐府也。元微之病后人沿袭古题，唱和重复，谓不如寓意古题，刺美见事，犹有诗人引古以讽之义。近代唯杜甫《悲陈陶》、《哀江头》、《兵车》、《丽人》等歌行，率皆即事名篇，无复倚旁。

【译文】有的有音律，有辞彩，就像是郊庙、相和、铙歌、横吹等这些曲子一样。有歌词没有音律的，如果后代的人记叙了，但是也未必都可以被金石这些乐器演奏。新乐府，都是唐代这个时代的新歌谣。以为是它是辞其实是乐府，只是没有被谱成音律，所以就叫新乐府。元稹指责后人沿袭乐府古题，再次相互酬答，但是所说的已经比不上古题的寓意了，讽刺时事，就如同诗人用古代的诗境讽刺当今。近代的只有杜甫的《悲陈陶》、《哀江头》、《兵车》、《丽人》等歌行体，率先都是遇事及时写下来的文章，没有重复雷同的。

乃与白乐天、李公垂辈，谓是为当，遂不复更拟古题。因刘猛、李余赋乐府诗，咸有新意，乃作《出门》等行十余篇。其有虽用古题，全无古义，则《出门行》不言离别，《将进酒》特书列女。其或颇同古义，全创新词，则《田家》止述军输，《捉捕》请先蝼蚁。如此之类，皆名乐府。由是观之，自风雅之作，以至于今，莫非讽兴当时之事，以贻后世之审音者。傥采歌谣以被声乐，则新乐府其庶几焉。

【译文】于是就与白居易、李绅这些人，认为这是正确的，就不重复拟定古诗题目。因为刘猛、李余做乐府诗，都有点新意，竟然做《出门》等行十于篇。其余的虽然用的诗古题目，但是没有任何古代的意味，那么《出门行》不说离别，《将进酒》与众不同的抒写列女。有的同古题目很相似，全部创作新词，那么《田家》就仅仅叙述军事运输，《捉捕》先是讲蝼蛄和蚂蚁。就像这样的一类，都是被称为乐府，由此而看，自从风雅传统创制开始，到现在的今天，没有不褒贬当时的事情的，这些遗留给了后世仔细思考用音乐的人。倘若收集歌谣谱上音律，这样那么新乐府差不多可以了啊！

包 恢

包恢，南城人，字宏父。父扬，与世父约叔父逊。皆从朱熹、陆九渊学。恢少受家学。嘉定中举进士，历仕郡县所至有声。官至资政殿学士。封南城县侯。卒谥文肃。有敝帚稿略。

【译文】包拨，南城人（今属江西），字宏父、父扬。自其父扬、世父约、叔父逊从朱熹、陆九渊学习。包恢年少时，受到家族教育的影响。嘉定十三年，考中进士，一直在郡县工作，所到的地方都被整理的有声有色。做官达到资政殿学士。被分封为南城县侯。死后谥号为文肃，有《敝帚稿略》文集传世。

答曾子华书

承近作多做诗赋等，欲以示拙者，一观虽未及观，然以子华平日之才华，决知其有可观者。宏斋一诗亦足以窥一斑矣。但窃尝以为此等文不可轻易尝试为之。盖古人于诗不苟作，不多作；而或一诗之出，必极天下之至精，状理则理趣浑然，状事则事情昭然，状物则物态宛然，有穷极智力所不能到者，犹造化自然之声也。盖天机自动，天籁自鸣，鼓以雷霆，豫顺以动，发自中节，声自成文，此诗之至也。孰发挥是?

【译文】你近来作的诗文诗赋等文章，都是想展示自己不擅长的，看了一些，虽然没有看完，但是凭借子华平日的才华横溢，判断一定写的可以让人观赏的了。我自己所做的一首诗，也足窥见其中些许内涵了。但是我私下认为这样的文章不能轻易的去尝试。大概古代的诗人是不会随便这样做的，或者不多作这样的自己不擅长的诗文。有时一首诗作出，定能究极天下至理，描摹状态理趣浑厚天然，描摹事情则感觉事就在历历在目，描摹物体则生物体状态栩栩如生，用尽了全部的文思才能做到这样，这就如同自然而成的一样。大概是天机自己运动，天籁自己鸣叫，雷霆成为鼓声，用安乐和顺的态度来进行推动，发自肺腑，使声音成为文字，这就是最好的诗，要如何来发挥呢？

帝出乎震非虞之歌，周之正风雅颂作乐，殷荐上帝之盛，其孰能兴于此哉？其次则所谓未尝为诗而不能不为诗，亦顾其所遇，如何耳！或遇感触或遇扣击，而后诗出焉。如诗之变风、变雅，与后世诗之高者是矣，此盖如草木本无声，因有所触而后鸣，金石本无声，因有所击而后鸣，非自鸣也。如草木无所触而自发声，则草木之妖矣。金石无所击而自发声，则为金石之妖矣，闻者或疑其为鬼物而掩耳奔避之不暇矣。世之为诗者鲜不类此。

【译文】帝出自于震，不是娱乐的歌曲，周代的风、雅、颂成为音乐，采用隆重祭祀昊天上帝的仪式，这怎么能在现在这个时代兴盛呢？其次所说的没有作过诗就但还不得不去作诗，也是考虑到其际遇的。怎么样呢！有的被触动，所以心存感动，有的遇到击打之后诗就作出来了。这就如同诗的风格成为“变风”、“变雅”一样，这与后世诗文中出类拔萃的是一样。这大概是如同草木本来是没有声响的，被触动之后发出声音来，金石本来也是没有声响的，因为被击打才发出声响，而不是自己就发出声响。如同草木没有被触动，但是自己发出声响，那么草木就成精了，金石没有被击打，但是自己发出声响，那么金石也就成精了，听到的人，或许有些怀疑是鬼怪所为，就捂着耳朵奔跑躲避不暇顾及！世上做诗的很少有这样一类的人。

盖本无情而牵强以起其情，本无意而妄想以立其意，初非彼有所触而此乘之，彼有所击而此应之者。故言愈多而愈浮，词愈工而愈拙，无以异于草木金石之妖声也。况在心为志，发言为诗，今日多不思诗自志出者也。不反求于志，而徒外求于诗，犹表邪而求其影之正也，奚可得哉！

【译文】大概是没有感情的但是牵强的调动感情，本来是没有意的，但是却妄想着来确立自己的意义，开始的时候自己并没有被触动而去作，是因为被触动而有所反应。所以说的越多越轻浮，词越工整就越显得笨拙，这和草木金石的妖声一类没什么不同。何况反映心里就是志趣，说出来就是诗。现在不用思考诗文是从志趣中来的，相反不去探索志趣，反而仅仅探究诗文，这就如同外观倾斜，但是却要求影子端正，这怎么可能呢！

志之所至，诗亦至焉，岂苟作者哉！后世诗之高者，若陶与李杜者，难矣。陶之冲淡冲澹闲静，自谓是羲皇上人，此其志也。“种豆南山”之诗，其用志深矣。“羲农去我久”一篇，又直叹孔子之学不传，而窃有志焉。惟其志如此，故其诗亦如此。今人读其诗，不知如何而读之哉？如李如杜，同此其选也。李之“晏坐寂不动，湛然冥真心”，杜之“愿闻第一义，回向心地初”，虽未免杂于异端，其志亦高于人几等矣，宜其诗至于能泣鬼神，驱疟疠，非他人所敢望也。今之言诗者，不知其果何如哉？近世名公尝有言曰：“人心惟危，天命不易，”学者于日用之间，如排浮萍，画流水，随止合，则见于纸上，山小水浅，无足疑者，此可以言诗与志矣。

【译文】志趣到了的地方，诗也就好了，难道只关乎从事诗文的人吗！后世出类拔萃的人，做到像陶渊明、李白、杜甫，这是很难的了。陶渊明的冲淡闲静，自己说是羲皇上人，这就是志趣。“种豆南山”这样的诗，他的志趣是很深远的。“羲农去我久”这一篇，又直接感叹孔子的学术没有被继承，只是自己私下有这样的志向。唯有志向如此的，所以他作出的诗才能这样。现在的人读他的诗，不知道为什么而去读。就像李白、杜甫，也是同样的道理。李白的“晏坐寂不动，湛然冥真心”，杜甫的“愿闻第一义，回向心地初”，即使未能免去异端的缺陷，但是他们的志向是高出平常人很多的。他们的诗能达到使鬼神哭泣，驱除病痛的地步，这不是其他人能够奢望的。现在说诗的人，不知道这些，怎么样呢？近代的有名的人曾经说，“人心惟危，天命不易”，在平常日用处学习，就像排列浮萍，画流水一样，随时可以节制，在纸上可以看到山小水浅，没有人怀疑，这样就可以讨论作诗与志向的关系了。

子华之诗谓因居闲处，独岑寂无聊而作，则亦不可谓无所击触而自鸣者，此亦后世骚人文士之常也。然揆之以诗则有未然者居闲处独不妨颜子陋巷之乐，何为岑寂而无聊？若如曾子之七日不火食，果能歌声若出金石乎？陶渊明少学琴书性爱闲静曰：结庐在人境，而无车马喧。曰，闲居三十载，遂与尘事冥。彼方以居闲处独为乐，若有秋毫岑寂无聊之态，其能道此等语，作此等诗乎？曰：心远地自偏，曰，此中有真意。闲禽鸟变声，复欣然忘食。此其直高矣，美矣！好诗者如近于此也。诗当自别矣，太白常有超世之志，固非世态之所得而笼络，子美一生，穷饿固不掩于诗而其志浩然，未始一日少变，故其诗之光韬，不可磨灭，不可不考也。

【译文】子华的诗因为是他闲居简出，独自寂聊时写的，那么就不是所说的不被触动就会自己发出声响那一类了。这也是后代文人骚客所经常尝试的！然而，推测他的诗却有不是在离群索居，而且并不妨碍像颜回那样的乐趣啊，哪里有寂寞无聊的感觉呢？如若象曾子七天没有生火做饭，天天不能吃饱饭唱歌，能唱出像金石撞击一样的歌吗？陶渊明年少的时候喜好棋琴书画，性格喜爱闲静有：“结庐在人境，而无车马喧。闲居三十载，逐与尘事冥。”你以离群索居为快乐，如果有寂寞无聊的感觉的话，怎么能写如此高等的诗文呢？“心远地自偏，此中有真意。闲禽鸟变声，复欣然忘食。”这简直是志向深远啊，好啊！

喜好诗文的人，到了这种地步，诗就另当别论了啊。李白经常有超脱时事的胸襟，本不是世俗态度就能禁锢杜甫一辈子的，贫穷、饥饿在他的诗文中不掩饰，但是他的志向、志趣却贯穿始末，连一天也没有改变过，所以他诗文中志趣的显隐之情，是不能被磨灭的，也是不可以不进行考察的。

严 羽

严羽，宋邵武人，字义卿，一字丹邱，自号沧浪、逋客。与严仁、严参齐名，号三严。其论诗以禅为喻，大旨主于妙悟。著有沧浪诗集，沧浪诗话。

【译文】严羽是南宋邵武人，字义卿，一字丹邱，号沧浪、逋客。与严仁、严参齐名，时称三严。严羽的诗论以禅说明，主旨在于奇妙的顿悟之中。著作有《沧浪诗集》、《沧浪诗话》。

诗辨

禅家者流，乘有小大，宗有南北，道有邪正学者须从最上乘；具正法眼者，悟第一义。若小乘禅声闻、辟支果，皆非正法也。论诗如论禅：汉、魏、晋等作与盛唐之诗，则第一义也。大历以还之诗，则小乘禅也已落第二义矣。晚唐之诗，则声闻、辟支果也。

【译文】禅宗的流派很多，有大乘和小乘之分，南宗和北宗之派，正道和邪道之路；获得正法的人，才是领悟了真谛。至于声闻、辟支的小乘，都不是正法。论诗如同论禅：汉、魏、晋等古诗和盛唐诗是作诗的第一义的真谛，大历以来的诗就已落入第二义了。晚唐诗，就像是声闻、辟支果的小乘了。

学汉、魏、晋与盛唐诗者，临济下也。学大历以还之诗者，曹洞下也。大抵禅道惟在妙悟，诗道亦在妙悟。且孟襄阳学力下韩退之远甚，而其诗独出退之之上者，一味妙悟而已也。惟悟乃为当行，乃为本色。然悟有浅深，有分限有透彻之悟，有但得一知半解之悟。汉、魏高矣，不假悟也。谢灵运至盛唐诸公，透彻之悟也。

【译文】学习汉、魏、晋与盛唐的诗，就像学禅宗的临济宗门下。学习大历以来的诗，就像学曹洞宗门下。大多禅道在于妙悟，诗道也在于妙悟。且说孟浩然的学力在韩愈之下很远，可是他的诗却独独超出韩愈之上的原因，就在于（孟浩然诗）一味地妙悟罢了。只有悟，才是当行本行。然而悟有浅有深，有的人悟得有限，有人悟得透彻，有人悟得一知半解。汉魏诗人是懂得上乘的第一义的，不必假借于悟。谢灵运至盛唐诸诗人，是透彻的悟。

他虽有悟者，皆非第一义也。吾评之非僭也，辨之非妄也。天下有可废之人，无可废之言。诗道如是也。若以为不然，则是見诗之不广，参诗之不熟耳。试取汉、魏之诗而熟参之，次取晋、宋之诗而熟参之，次取南北朝之诗而熟参之，次取沈、宋、王、杨、卢、骆、陈拾遗之诗而熟参之，次取开元、天宝诸家之诗而熟参之，次独取李、杜二公之诗而熟参之，又尽取晚唐诸家之诗而熟参之，又尽取本朝苏、黄以下諸诸公之诗而熟参之，其真是非亦有不能隐者。倘犹于此而无见焉，则是野狐外道蒙蔽其真识，不可救药，终不悟也。

【译文】此外虽然也有悟的人，都不是悟得第一义的真谛的。我这样的评论不僭越，辨别不狂妄。天下有可以废弃的人，没有可以废弃的言论。诗的道理就是如此。如果以为不是这样，那就是所见诗歌不广，研究考察诗歌不够深入。试取汉、魏的诗深入钻研，再取晋、宋的诗深入钻研，再取南北朝的诗深入钻研，再取沈佺期、宋之问、王勃、杨炯、卢照邻、骆宾王、陈子昂的诗深入钻研，再取开元、天宝诸家的诗深入钻研，再只取李白、杜甫二人的诗深入钻研，又取晚唐诸位诗人的诗深入钻研，又取本朝苏轼、黄庭坚以下诸位的诗深入钻研，它们真实的是非是不能掩盖的了。倘若在这里还没有清楚的见解，那就是被邪魔外道蒙蔽了他的认识真实的能力了，那就不可救药了，终究不能领悟了。

夫学诗者以识为主，入门须正，立志须高，以汉魏晋盛唐为师，不作开元天宝以下人物。若自退屈，即有下劣，诗魔入其肺腑之间，由立志之不高也。行有未至，可加工力；路头一差，愈骛愈远，由入门之不正也，故曰：学其上，仅得，其中；学其中，斯为下矣。又曰：见过于师，仅堪传授；见与师齐，减师半德也。工夫须从上做下，不可从下做上，先须熟读楚辞，朝夕风咏，以为之本；及读古诗，十九首、乐府四篇；李陵、苏武、汉魏，五言皆须熟读；即以李杜，二集，枕藉观之，如今人之治经，然后博取盛唐名家，酝酿胸中，久之自然悟入。虽学之不至，亦不失正路。此乃是从顶额上做来，谓之向上一路，谓之直截根源，谓之顿门，谓之单刀直入也。诗之法有五：曰体制、曰格力、曰气象、曰兴趣、曰音节。诗之品有九：曰高、曰古、曰深、曰远、曰长、曰雄浑、曰飘逸、曰悲壮、曰凄婉。其用工有三：曰起结、曰句法、曰字眼。其大概有二：曰优游不迫、曰沉着痛快。诗之极致有一：曰入神，诗而入神，至矣!尽矣!蔑以加矣!唯李杜得之，他人得之盖寡也。夫诗有别材，非关书也；诗有别趣，非关理也。然非多读书、多穷理，则不能极其至，所谓不涉理路、不落言筌者，上也。诗者吟咏情性也，盛唐诸人，惟在兴趣，羚羊挂角，无迹可求。故其妙处透彻玲珑，不可凑泊，如空中之音、相中之色、水中之月、镜中之象，言有尽而意无穷。近代诸公乃作奇特解会，遂以文字为诗，以才学为诗，以议论为诗，夫岂不工？终非古人之诗也。

【译文】学诗的人要以见识为主，入门必须要正，立志要高远；要以汉、魏、晋、盛唐代的诗人作为老师，不以开元、天宝以后的诗人为榜样。如果自己产生了退缩屈服的心，就会有卑劣的诗魔进入肺腑，这是由于他立志不高远造成的。行路没有到达终点，还是可以继续向前的；如果在开始方向便错了，那么就会越走越远，这就是入门不正啊！所以说：学习上成的诗人，仅仅是得到中成的学问；学习中成的诗人，就一定是得到下成的学问。又所以说：如果智慧见识超过老师的，那么老师仅仅可以传授给他作诗的方法；如果智慧见识与老师一样的，老师传授给他的，就要减少到老师的一半了。学诗的工夫要从最好的作品开始学起，而不可以从低下的作品学起，最先要熟读《楚辞》，早晚诵读吟咏，以此作为学诗的根本；再如《古诗十九首》《乐府》四篇，李陵、苏武和汉魏五言的古诗都要熟读；再将李白、杜甫的诗集反复研读，就好像现代人研治经书一样，然后广泛汲取盛唐时期著名诗人的作品，酝酿于胸中，久而久之自然深入领悟到了其中的奥妙。这样一来，虽然未必可以达到学诗的最高境界，但也不会失去学诗的正确之道。这就是所谓的从顶门上做起，可以说是向上的门路，直接寻求到本源，也就是顿入法门，单刀直入的方法了。作诗的方法有五种：即体制、格力、气象、兴趣、音节。诗的风格有九类：高、古、深、远、长、雄浑、飘逸、悲壮、凄婉。作诗的用功之处有三方面：起结、句法、字眼。诗的总的风格有二种：从容不迫、沉着痛快。诗歌创作的最高造诣有一样：那就是入神。作诗如果能达到入神的境界，这就到达了顶点！到了顶峰！就是尽头了！只有李白和杜甫达到了这种境界，其他人可以达到这个境界的很少。作诗要有另外一种才能，这与读书有多大学问没有关系；作诗要有另外一种兴趣，这和说理没有任何关系。然而古人没有研读诗书，不深研理论的。但是他们不沉溺理论逻辑，不受语言的束缚而能有言外之意，这才是最上等的。诗歌，是吟咏情志心性的。盛唐的诗人做出来的诗只在于诗的意趣，犹如羚羊的挂角，没有踪迹可以寻求，所以他们诗歌的绝妙之处清莹澄澈，玲珑剔透，其他的诗歌却难以与客观反映对象很好的结合在一起，好像空中的音响，形貌的色彩，水中的月亮，镜中的形象，文章含义深刻，令人品味不尽。近代人对诗歌写作总有特别的理解和领会，以文字为诗，以议论为诗，以才学为诗。以这些东西写出来的诗哪有不工整的呢？但是终究不像古人做的诗了。

盖于一唱三叹之音，有所歉焉。且其作多务使事，不问兴致；用字必有来历，押韵必有出处，读之反复终篇，不知着到何在。其末流甚者，叫噪怒张，殊乖忠厚之风，殆以骂詈为诗。诗而至此，可谓一厄也，可谓不幸也。然则近代之诗无取乎？曰：有之，吾取其合于古人者而已。国初之诗，尚沿袭唐人：王黄州学白乐天，杨文公、刘中山学李商隐，盛文肃学学韦苏州，欧阳公学韩退之古诗，梅圣俞学唐人平淡处。至东坡、山谷始自出己法以为诗，唐人之诗变矣”。

【译文】原因在于缺少一唱三叹的委婉的韵味啊！而且他们的诗作大多致力于用典，不追求兴致情韵；用字必有来历，押韵必有出处，读完全篇，也不知诗的主旨落在何处。他们的末流更严重，焦躁叫嚣，愤怒乖张，大大地背离了（诗歌）温和忠厚的传统之风，简直就是以叫骂为诗了。诗到了这种地步，可说是遭到一次劫难，可说是大不幸了。然而近代的诗就没有可取的了吗？回答说：有的，我只取其中合于古人（作诗标准）的作品罢了。本朝初期的诗尚能沿袭唐人：王禹偁学白居易，杨亿、刘筠学李商隐，盛度学韦应物，欧阳修学韩愈的古诗，梅尧臣学唐人平淡的地方。到了苏轼、黄庭坚，才开始运用自己的方法写诗，唐人诗风才改变了。

山谷用工尤为深刻，其后法席盛行，海内称为江西宗派。近世赵紫芝、翁灵舒辈，独喜贾岛、姚合之诗，稍稍复就清苦之风；江湖诗人多效其体，一时自谓之唐家，不知止入声闻、辟支之果，岂盛唐诸公大乘正法眼者哉！嗟乎！正法眼之无传久矣。唐诗之说未唱，唐诗之道或有时而明也。

【译文】黄庭坚更是在锻炼安排钩深峻刻上下功夫，后来他的诗法盛行，海内称为江西诗派。近世赵赵师秀、翁卷之辈，独独喜欢贾岛、姚合的诗，稍稍恢复接近了（贾岛、姚合）清寒苦瘦的诗风。江湖派诗人大多仿效这种诗体，一时自称是唐诗的正宗，他们不知（自己）是只落入了声闻、辟支的小乘境地，哪里就是盛唐诸公的大乘正法的境界呢！唉！正法眼藏不传已经很久了。唐诗的理论没有得到倡导，唐诗创作的真谛却一直是明白的。

今既倡其体曰唐诗矣，则学者谓唐诗诚止于是耳。得咔诗道之重不幸耶！故予不自量度，辄定诗之宗旨，且借禅以为喻，推原汉、魏以来，而截然当以盛唐为法（原注：后舍汉、魏而独言盛唐者，谓古律之体备也）。虽获罪于世之君子，不辞也。（后舍汉魏而独言盛唐者。谓古律诗体备也。）

【译文】现在既然高倡他们的诗就是唐诗正宗了，那么学诗的人就会说真正的唐诗只不过就是这个样子呀，这不是诗歌发展道路的又一个大不幸吗！所以我不自量力，就定下诗的宗旨，而且借禅理以喻诗，推求汉、魏以来诗歌的本源，而断然决然地认定（作诗）应当以盛唐为法（我后来舍而不说汉、魏，而只说盛唐，是认为汉、魏古诗的体制已经完备了）。（这样）虽然会得罪当世的君子，也是在所不辞的。

诗体

风雅颂既亡，一变而为离骚，再变而为西汉五言，三变而为歌行杂体，四变而为沈宋律诗。五言起于李陵苏武或云枚乘，七言起于汉武柏梁，四言起于汉楚王传韦孟，六言起于汉司农谷永，三言起于晋夏侯湛，九言起于高贵乡公。

【译文】等到风雅颂消失之后，发展成了骚体，再发展就成为了西汉的五言乐府，接着又发展成了赋体，最后发展成了以沈佺期与宋之问为代表的格律诗。五言诗起于李陵、苏武，也有的说起于枚乘，七言诗起于汉武帝赋《柏梁》诗，四言起于韦孟，六言起于汉代的大司农谷永。三言起于晋代的夏侯湛，九言起于曹魏高贵乡公曹髦。

以时而论则有建安体汉末年号曹子建父子及邺中七子之诗。黄初体（魏年号，与建安相接其体一也），正始体（魏年号，嵇阮诸公之诗），太康体（晋年号，左思、潘岳、二张、二陆诸公之诗），元嘉体（宋年号，颜、鲍、谢诸公之诗），永明体（齐年号，齐诸公之诗），齐梁体（通两朝而言之），南北朝体（通魏周而言之，与齐梁体一也），唐初体（唐初犹袭陈隋之体），盛唐体（元景以后，开元、天宝诸公之诗），大历体（“大历十才子”之诗），元和体（元、白诸公之诗），晚唐体，本朝体（通前后而言，元祐体，苏、黄、陈诸公），江西宗派体（山谷为之宗）。

【译文】如果按照时间来划分，则有汉末以曹氏父子和建安七子为代表的“建安体”，以曹丕为代表的“黄初体”，以嵇康和阮籍为代表的“正始体”，以左思、潘岳、二张（张载、张协）、二陆（陆机、陆云）为代表的“太康体”，以颜延之、鲍照、谢灵运为代表的“元嘉体”，以沈约、谢朓为代表的“永明体”，还有南北朝时齐梁二代所流行的“齐梁体”、“南北朝体”。自唐朝景云年间（711年）到开元、天宝年间的“盛唐体”，继承了陈隋诗风的“唐初体”。以大历十才子为代表的“大历体”，以唐代诗人元稹、白居易在元和年间所写的长篇排律、小碎篇章、艳体诗为代表的“元和体”，“晚唐体”，“本朝体”，以黄庭坚为代表的“江西宗派体”。

以人而论诗则有苏李体（李陵、苏武也），曹刘体（子建、公干也），陶体（渊明也），谢体（灵运也），徐庾体（徐陵、庾信也），沈宋体（佺，期之问也）陈拾遗体（陈子昂也），王杨卢骆体（王勃、杨炯、卢照邻、骆宾王也），张曲江体（始兴、文献公、九龄一也），少陵体，太白体，高达夫体（高常侍适也），孟浩然体，岑嘉州体（岑参也），王右丞体（王维也），韦苏州体（韦应物也），韩昌黎体，柳子厚体，韦柳体（苏州与仪曹合言之），李长吉体，李商隐体（即西昆体也），卢仝体，白乐天体，元白体（微之、乐天其体也），杜牧之体，张藉体王建体（谓乐府之体同也），贾浪仙体，孟东野体，杜荀鹤体，东坡体，山谷体，后山体（后山本学度，其语似之者，但数篇他或似而不全，又其他则本其自体耳），王荆公体（公绝句最高，其得意处高出苏、黄、陈之上而与唐人尚隔一关）。邵康节体，陈简齐体（陈去非与义也亦江西之派而小异），杨诚斋体（其初学半山、后山，最后亦学绝句于唐人，已而尽弃诸家之体而别出机杼，盖其自序如此也）。

【译文】如果按照人物来划分，则可以分为以李陵、苏武为代表的“苏李体”，以曹植、刘桢为代表的“曹刘体”，以陶渊明为代表的“陶体”，以谢灵运为代表的“谢体”，以徐陵、庾信为代表的“徐庾体”，以沈佺期、宋之问为代表的“沈宋体”，以陈子昂为代表的“陈拾遗体”，以王勃、杨炯、卢照邻、骆宾王为代表的“王杨卢骆体”，以张九龄为代表的“张曲江体”，以杜甫为代表的“少陵体”，以李白为代表的“太白体”，以高适为代表的“高达夫体”，“孟浩然体”，以岑参为代表的“岑嘉州体”，以王维为代表的“王右丞体”，以韦应物为代表的“韦苏州体”，以韩愈为代表的“韩昌黎体”，以柳宗元为代表的“柳子厚体”，以韦应物、柳宗元为代表的“韦柳体”，以李贺为代表的“李长吉体”，李商隐体（即西昆体），“卢仝体”，“白乐天体”，以元稹、白居易为代表的“元白体”，“杜牧之体”，“张藉王建体”，“贾浪仙体”，“孟东野体”，“杜荀鹤体”，“东坡体”，“山谷体”，“后山体”（即陈师道，原本是学杜甫的，他的诗里面的语言和杜甫相似却又有区别，所以把他的诗单另做一体），“王荆公体”（王安石的绝句的意境要比苏轼、黄庭坚高，但是和唐朝的那些大诗人又低一个档次），“邵康节体”，“陈简齐体”，“杨诚斋体”。（开始学王安石和陈师道，后来又学习唐朝的绝句，抛弃了其他诗体的束缚，别出机杼，这点在他的自序里面提到过。）

又有所谓选体（选诗时代不同，体制随异，今人例别五言古诗为选体非也），柏梁体（汉武帝与群臣共赋七言，每句用韵，后人谓此体为“柏梁体”），玉台体（玉台集乃徐陵所序，汉魏六朝之诗皆有之，或者但谓织艳者为玉台体，其实则不然），西昆体即（李商隐体，然兼温庭筠及本朝杨刘诸公而名之也），香奁体（韩偓之诗皆裾裙脂粉之语，有《香奁集》），宫体（梁简文伤于轻靡，时号宫体，其他体制尚或不一，然大概不出此耳）。

【译文】根据时代的不一样和诗歌的体制差异又可以分为，“柏梁体”（七言古诗是每句押韵的，称为柏梁体。据说汉武帝建筑柏梁台，与群臣联句赋诗，句句用韵，所以这种诗称为柏梁体），“玉台体”（以《玉台新咏》为代表的一种诗风。陈徐陵编选《玉台新咏》，其自序说：“撰录艳歌，凡为十卷 。”所收诗篇，虽有少数刚健之作，但大多文词纤艳。后遂称此种类型的作品为"玉台体"），“西昆体”（西昆体是北宋初年的一种诗歌文风。特点是模拟李商隐追求词藻、堆砌典故。代表作家有杨亿、刘筠、钱惟演。代表作《西昆酬唱集》收录“更迭唱和”的诗作），“香奁体”（诗体之名，唐韩偓喜咏闺女宫娃窈窕胭脂之态，其集名香奁集，其风格名香奁体），宫体（始于南朝梁简文帝，形式上追求词藻靡丽，华而不实，时称宫体。其他体例或许有的不同，但是大概都是这个界定）

有古诗，有近体（即律诗也），有绝句，有杂言，有三五七言（自三言而终以七言，隋郑世翼有此诗：“秋风清，秋月明。落叶聚还散，寒鸦栖复惊。相思相见知何日？此时此夜难为情。”）

【译文】还可以分为古诗、近体（即律诗）、绝句和杂言、三五七言（即以三言起，以七言终。如隋朝的郑世翼有这样一首诗：秋风清，秋月明，落叶聚还散，寒鸦楼复惊；相思相见知何日?此时此夜难为情。）

有半五六言（晋傅玄鸿雁生塞北之篇是也），有一字至七字（唐张南史雪月花草等篇是也，又隋人应诏有三十字，凡三句七言，一句九言，不足为法，故不列于此也），有三句之歌（高祖《大风歌》是也，古华山畿二十五首，皆三句之词，其他古人诗多如此者），有两句之歌（荆卿《易水歌》是也，又古诗有青骢白马共戏乐、女儿子之类，皆两包之词也），有一句之歌（汉书“枹鼓不鸣董少年”一句之歌也，又汉童谣“千乘万骑上北邙”，梁童谣“青丝白马寿阳来”，皆一句也）。

【译文】前句六言，后句五言。（如晋傅玄的《鸿雁生塞北》的文章。）有一字至七字诗，（如唐朝诗人张南史的《雪》《月》《花》《草》等诗， 又有隋朝人应诏有三十个字的，但是三句七言的，一句九言的不是按准则的，所以不在此选录。）全诗只有三句。（如刘邦的《大风歌》。古华山畿有二十五首，其中有很多三句之诗，还有很多古人也写过这样的诗。）全诗只有两句。（如荆卿的《易水歌》：风萧萧兮易水寒，壮士一去兮不复还。古诗中的《青骢白马》《共戏乐》《女儿子》等诗也都是两句的）。有一句的诗歌。（《汉书》中的“枹鼓不鸣董少年”一句之歌，又有汉朝的童谣“千乘万骑上北邙”，梁童谣“青丝白马寿阳来”，都是一句）。

有口号（或四句或八句）有歌行（古有鞠歌行、放歌行、长歌行、短歌行，又有单以歌名者、行名者，不可枚述），有乐府（汉成帝定郊祀，立乐府，采齐楚赵魏之声以入乐府，以其音调可被于弦管也，乐府俱被众体兼总众名也），有楚辞（屈原以下仿楚调者，皆谓之“楚词”），有琴操（古有《水仙操》，辛德源所作；《别鹤操》，高陵牧子所作），有谣（沈炯有《独酌谣》，王昌龄有《箜篌谣》，穆天子之传有《白云谣》也），曰吟（古词有《陇头吟》，孔明有《梁父吟》，文君有《白头吟》），曰词（选有汉武《秋风词》，乐府有《木兰词》），曰引（古曲有《霹雳引》、《走马引》、《飞龙引》），曰咏（选有《五君咏》，唐储光羲有《群鸿咏》），曰曲（古有《大堤曲》，梁简文有《乌楼曲》），曰篇（选有《名都篇》、《京洛篇》、《白马篇》），曰唱（魏明帝有《气出唱》），曰弄（古乐府有《江南弄》）。

【译文】口号（或四句或八句）。有歌行。（古时候有《鞠歌行》《放歌行》、《长歌行》、《短歌行》，还有单独“歌”命名的，不胜枚举。）乐府。（乐府始于汉时乐府官署所采制的诗歌，采集齐楚赵魏的音律纳入到乐府之中，它们的音律和诗词可以被用来弦歌中唱，乐府成为各种统一的名字了。）有楚辞（屈原以后的仿写楚词的也都称为“楚词”），有琴操（古时候有辛德源所作的《水仙操》；高陵牧子所作的《别鹤操》），有谣歌（沈炯有《独酌谣》，王昌龄有《箜篌谣》，郭璞《穆天子传》里的《白云谣》），叫“吟”（古词有《陇头吟》，孔明有《梁父吟》，相如有《白头吟》），叫“词”（选有汉武《秋风词》，乐府有《木兰词》），叫“引”（古曲有《霹雳引》、《走马引》、《飞龙引》），叫咏（选有《五君咏》，唐储光羲有《群鸿咏》），叫“曲”（古有《大堤曲》，梁简文有《乌楼曲》），叫“篇”（选有《名都篇》、《京洛篇》、《白马篇》），叫“唱”（魏武帝有《气出唱》），叫“弄”（古乐府有《江南弄》）。

曰长调，曰短调，有四声（四声周颙所设），有八病（八病沉休文所定，谓平头上尾、蜂腰、鹤膝、大韵、小韵、旁纽、正纽之辨，其八病惟上尾鹤膝最忌，余病犹可，学者从事律韵，不可不知），又有以叹名者（古词有《楚妃叹》、《明君叹》），以怨名者（选有《四怨》，乐府有《独处怨》），以哀名者（选有《七哀》，少陵有《八哀》），以怨名者（古词有《寒夜愁》、《玉阶愁》），以思名者（太白有《静夜思》），以乐名者（齐武帝有《估家乐》，宋臧质有《石城乐》），以别名者（子美有《无家别》、《垂老别》、《新婚别》），有全篇双声叠韵者（东坡《经字韵诗》是也），有全篇字皆平声者（天随子《夏日诗》四十字皆是平，又有一句全平、一句全仄者）。

【译文】有长调，短调，有四声，有八病（周颙发现了汉语的四声，沉约严格要求八病，八病有平头、上尾、蜂腰、鹤膝、大韵、小韵、旁纽、正纽的区别。作诗不需要拘泥于此，这些是不足取的。）又以“叹”命名的。古诗里面有《楚妃叹》《明君叹》。又有以悲痛悼念命名的。（有《七哀》，杜甫的《八哀》），又有以忧愁命名的（萧统《文选》中的《四愁》，乐府有《独处愁》）；又有以怨愤，不满命名的有（古词有《寒夜怨》、《玉阶怨》），又以欢乐命名的（齐武帝的《估客乐》，宋臧质的《石城乐》），又有以思考命名的有（太白有《静夜思》），又有以离别名命的（杜甫的子美有《无家别》、《垂老别》、《新婚别》），有全篇双声叠韵的（苏轼的《经字韵诗》），有全篇字都是平生的（陆龟蒙的《夏日诗》四十字都是平声，又有一句是全平声、一句全是仄声）。

有全篇字皆仄声者（梅圣俞《酌酒与妇饮》之诗是也），有律诗上下句双用韵者（第一、三、五、七句押一仄韵，第二、四、六、八句押一平韵者，唐章碣有此体，不足为法，漫列于此，以备其体耳；又有四句平入之体、四句仄入之体，无关诗道，今皆不取），有辘轳韵者（双出双入），有进有退韵者（一进一退），有古诗一韵两用者（文选曹子建《美女篇》有两难字，后康乐《述祖德诗》有两人字，其后多有之）。

【译文】有全篇字都是仄声的（是梅圣俞《酌酒与妇饮》诗），有律诗上下句双用韵的（第一、三、五、七句押一仄韵，第二、四、六、八句押一平韵者，唐章碣有这样的文章，这不是体例的准则，不能列到这。但是列到这里是为了完整而已，有四句平声的体例、四句仄声的体例，这些都不是诗的道路，今天都不用了），有辘轳韵的（即双出双入），有进有退韵的（一进一退），有古诗一韵两用者（是萧统《文选》曹植《美女篇》有两难字，谢灵运的《述祖德诗》中有两人字，后来就用的多了）。

有古诗一韵三用者（文选任彦升《哭范仆射诗》三用情字也），有古诗三韵六七用者（古《焦仲卿妻诗》是也），有古诗重用二十许韵者（即前人诗也），有古诗旁取六七许韵者（韩退之“此日足可惜”篇是也，凡杂用东、冬、江、阳、庚、青六韵，欧阳公谓退之“遇宽韵则故旁入他韵”，非也，此乃用古韵耳，于集韵自见之），有古诗全不押韵者（古《采莲曲》是也），有律诗至百五十韵者（少陵有古韵律诗，白乐天亦有之，而本朝王黄州有百五十韵五言律），有律诗止三韵者（唐人有六句五言律，如李益诗《汉家今上郡秦塞古长城》“有日云长惨，无风沙自惊。当今天子圣，不战四方平”），有律诗彻首尾对者（少陵多此体，不可概举），有律诗彻首尾不对者（盛唐诸公有此体，如孟浩然诗：“挂席东南望，青山水国遥。轴轳争利涉，来往接风潮。问我今何适？天台访石桥。坐看霞色晚，疑是石城标。”又“水国无边际”之篇，又太白“牛渚西江夜”之篇，皆文从字顺，音韵铿锵，八句皆无对偶），有后章字接前章者（曹子建《赠白马王彪》之诗是也），有四句通义者（如少陵“神女峰娟妙，昭君宅有无。曲留明怨惜，梦尽失欢娱”是也），有绝句折腰者，有八句折腰者，有拟古，有集句，有分题（古人分题或各赋一物，如云送某人，分题得某物也，或曰“课题”），有分韵，有和韵，有借韵（如押七友韵，可借入微，或十二齐韵是也），有协韵（楚辞及选诗多用协韵），有今韵，有古韵（如韩退之“此日足可惜”诗用古韵也选诗盖多用此）

【译文】有古诗一韵三用。任彦升《哭范仆射诗》用了三个“情”字韵。三韵六七用。《古诗为焦仲卿妻作》里面有很多这样的例子。重用二十多韵。《古诗为焦仲卿妻作》里面的“女”“妇”等韵。旁取六七韵。韩愈的《此日足可惜赠张籍（愈时在徐籍往谒之辞去作是诗以送）》，杂用东、冬、江、阳、庚、青等六韵，欧阳修认为：很多人认为韩愈遇到宽韵就旁入他韵，其实不是这样的，他用的是“古韵”，这个在《集韵》里可以看出来。）全篇不押韵。如《采莲曲》。有律诗到一百五十个韵脚的（杜甫有古韵律诗，白居易也有这样的，而本朝王黄州有百五十韵五言律），有律诗到三个韵脚的（唐人有六句五言律，如李益诗《汉家今上郡秦塞古长城》“有日云常惨，无风沙自惊。当今天子圣，不战四方平”是也），有律诗从头到尾都对偶的（杜甫此体较多，不能举例完），有律诗从头到尾不对偶的（盛唐诸公采用了这种体裁，如孟浩然诗：“挂席东南望，青山水国遥。轴轳争利涉，来往接风潮。问我今何适？天台访石桥。坐看霞色晚，疑是石城标。”又“水国无边际”的篇章，又李白“牛渚西江夜”的篇章，都是文从字顺，音韵铿锵，八句都无对偶），有后章字接前章者（曹子建《赠白马王彪》之诗是也），有四句通义者（如少陵“神女峰娟妙，昭君宅有无。曲留明怨惜，梦尽失欢娱”是也），有绝句折腰者，有八句折腰者，有拟古，有连句，有集句，有分题。（古人分题或各赋一物，如说送某人，分题是某物，也或曰“探题”），有分韵，有用韵，有和韵，有借韵（如押七之韵脚，可借入微，或十二个一起押韵），有协韵（楚辞及选诗多用协韵），有今韵，有古韵（如韩愈的“此日足可惜”诗用古韵也大概选诗也是如此）

有古律（陈子昂及盛唐诸公多此体），有今律，有颔联，有颈联，有发端，有落句（结句也），有十字对（刘昚虚“沧浪千万里，日夜一孤舟”是也），有十字句（常建“一径通幽处，禅房花木深”等是也），有十四字对（刘长卿“江客不堪频北望，塞鸿何事又南飞”是也），有扇对（又谓之“隔句对”，如郑都官“昔年其照松溪影，松折碑荒僧已无。今日还思锦城事，雪消花谢梦何如”是也。盖以第一句对第三句，第二句对第四句），有借对（孟浩然“厨人具鸡黍，稚子摘杨梅”、“太白水春云母碓，风扫石楠花。竹叶于人既无分，菊花从此不须开”是也）

【译文】有古律诗陈子昂及盛唐这些人多此体，有今律，有颔联，有颈联，有发端，有落句（即结句），有十字对（刘虚虚“沧浪千五里，日夜一孤舟”），有十字句（常建“一径通幽处，禅房花木深”等就是这样)，有十四字对(刘长卿“江客不堪频北望，塞鸿何事又南飞” 就是这样)，有扇对(又叫做“隔句对”，如郑都官“昔年其照松溪影，松折碑荒僧已无。今日还思锦城事，雪消花谢梦何如”就是这样。盖以第一句对第三句，第二句对第四句)，有借对(孟浩然“厨人具鸡黍，稚子摘杨梅”、“太白水春云母碓，风扫石楠花。竹叶于人既无分，菊花从此不须开”)

有就句对(又曰“当句有对”，如少陵“小院回廊春寂寂，浴凫飞鹭晚悠悠”，李嘉祐“孤云独鸟川光暮，万里千山海气秋”是也。前辈于文亦多此体，如王勃“龙光射牛斗之墟，徐孺下陈蕃之榻”，乃就句对也)。论杂体则有风人(上句述其语，下句释其义。如古《子夜歌》、《续曲歌》之类则多用此体。藁砧古乐府：“藁砧今何在？山上复安山。何当大刀头，破镜飞上天。”僻辞、隐语也)，五杂组(见乐府)，两头织织(亦见乐府)，盘中(玉台集有此诗，苏伯玉妻作，写之盘中屈曲成文也)。

【译文】有句子对仗的如“当句有对”，杜甫的“小院回廊春寂寂，浴凫飞鹭晚悠悠”，李嘉祐“孤云独鸟川光暮，万里千山海气秋”是也。前辈于文亦多此体，如王勃“龙光射斗牛之墟，徐孺下陈蕃之榻”，就是句子对仗)。前代的人诗文这种的比较多，如王勃“龙光射斗牛之墟，徐孺下陈蕃之榻”，就句对也)。有杂体的(上句叙述，下句解释。如古《子夜歌》、《续曲歌》之类多用这种体例。藁砧古乐府：“藁砧今何在？山上复安山。何当大刀头，破镜飞上天。”不常用的辞、隐晦的语言也)，五杂组(见乐府)，两头织织(亦见乐府)，盘中(玉台集有这诗，苏伯玉的妻子作的，写之盘中屈，曲成文也)。

回文(起于宝滔之妻织锦以寄其夫也)，反复(举一字而诵皆成句，无不押韵，反复成文也。李公诗格有此二十一字诗)，离合(字相折合成文，孔融《渔父》、《屈节》之诗是也。虽不关诗之重轻，其体制亦古)，建除(鲍明远有《建除诗》，每句首冠以“建、除、平、满”等字，其诗虽佳，盖鲍本工诗，非因建除之体而佳也)，字谜，人名，卦名，数名，药名，花名(以上诸诗只成戏谑，不足为法也)，又有六甲十属之类，及藏头歇后等体(今皆削之，近世有李公诗格“泛而不备惠，洪天厨禁脔”最为误人，今此卷有旁参二书者，盖其是处不可易也)

【译文】回文(产生于宝滔的妻子织锦，来寄给丈夫的)、反复(举一字而诵读成句，都押韵，李白的诗格有此二十一字诗)、离合(字相折合成文，孔融《渔父》、《屈节》的诗是这样的。虽然不关乎诗文的轻重，诗体古代就有)，建除(鲍照有《建除诗》，每句首冠以“建、除、平、定”等字，其诗虽然很好，大概鲍照的擅长这样的诗，不是因为建除之体就好)，字谜，人名，卦名，数名，药名，州名(这样的诗只是戏谑，不足以成为法度)，又有六甲十属的分类，又有藏头歇后等体制（现在都废除了，近世有李白的诗格“泛而不备惠，洪天厨禁脔”最易引起诗人产生错误的想法，现在此书卷有参照的二书，大概由于其对的地方是不能改变的。）

元好问

小传见前诗十五家。

【**译文**】元好问的简介参见前边的“诗十五家”。

陶然集诗序

贞佑南渡后，诗学为盛。洛西辛敬之、淄川杨叔能、太原李长源、龙坊雷伯威、北平王子正之等，不啻十数人，称号专门。就诸人中，其死生于诗者，汝海杨飞卿一人而已。李内翰钦叔工篇翰，而飞卿从之游。

【**译文**】贞佑南渡后，诗学兴盛。洛阳西的辛敬之、淄川的杨叔能、太原的李长源、龙坊的雷伯威、北平王子正之等，不只十几人，他们的称号别具一格。就这些当中，只有汝海杨飞卿一人一生爱诗罢了。李献能的篇翰，而飞卿跟从他们游学。

初得“树古叶黄早，僧闲头白迟”之句，大为钦叔所推激。从是游道日广而学亦大进。客居东平将二十年，有诗近二千首，号《陶然集》。所赋《青梅》、《瑞莲》、《瓶声》、《雪意》，或多至十余首。其立之之卓、钻之之坚、得之之难、积之之多乃如此。此其所以为贵也欤？岁庚戌，东平好事者求此集刊布之。飞卿每作诗必以示予，相去千余里亦以见寄。其所得，予亦颇能知之。飞卿于海内诗人，独以予为知己，故以集引见托。或病吾飞卿追琢功夫太过者，予释之曰：“诗之极致，可以动天地、感鬼神，故传之师、本之经、真积之力久而有不能复古者。

【**译文**】初得“树古叶黄早，僧闲头白迟”之句，为钦叔极其推崇，飞卿跟从他们游道时间较长学习大有进步。客居在东平将近二十年，有诗近二千首，号《陶然集》。所赋《青梅》、《瑞莲》、《瓶声》、《雪意》，或多达十余首。诗歌卓越、钻研和困难、得到它很难、积累的多才这样。他的诗所以称的上是难得的了？庚戌年，东平有喜好他诗的人把诗集装裱了。飞卿每次作诗一定拿来给我看，相距上千里也要寄去。他的所得，我也很能知道。在所有诗人中，飞卿唯独把我当做知己，所以他把诗集拿来让我托管。有时责备飞卿追琢功夫太过了，我解释说："诗歌的极致，可以感动天地，可以感动鬼神，传送大师的杰作、经书、准备的时间很久但是没有复古。

自'匪我愆期，子无良媒'、'自伯之东，首如飞蓬'、'爱而不见，搔首踟蹰'、'既见复关，载笑载言'之什观之，皆以小夫贱妇满心而发，肆口而成，见取于采诗之官；而圣人删诗、亦不敢尽废。后世虽传之师，本之经、真积力久而不能止焉者，何古今难易不相侔之如是耶！盖秦以前，民俗醇厚，去先王之泽未远。质胜则野，故肆口成文，不害为合理。使今世小夫贱妇，满心而发，肆口而成，适足以污简牍；尚可辱采诗官之求取耶？故文字以来，诗为难；魏、晋以来，复古为难；唐以来，合规矩准绳尤难。夫因事以陈辞，辞不迫切而意独至，初不为难；后世以不得不难为难耳！

【译文】从'匪我愆期，子无良媒'、'自伯之东，首如飞蓬'、'爱而不见，搔首踟蹰'、'既见复关，载笑载言'这些句子来看，都是普通人高兴抒发的，随口就形成了，都是从采诗官那里取得的；然而圣人删除诗歌也不敢全部删除。后代虽然有传递真经这样的人古今难易都像这样，秦朝以前，民俗淳朴，距离先王的恩泽还不是很远。质朴胜过文采，就显得粗野，随口就能成文，有不合理的之处。普通人随便写出的简直是玷污竹简，这样的做法不是侮辱了采诗官？所以有文字以来，作诗就很难；魏、晋以来，复古很难；自唐以来，合乎规矩很难。凭借事物来说辞，辞不迫切而意思就有很好表达，刚开始不是很难；后世的人认为很难！

古律歌行、篇章操引、吟咏讴谣、词调怨叹，诗之目既广；而诗评、诗品、诗说、诗式，亦不可胜读。大概以脱弃凡近、澡雪尘翳、驱驾声势、破碎阵敌、囚锁怪变、轩豁幽秘、笼络今古、移夺造化为工，钝滞僻涩、浅露浮躁、狂纵淫靡、诡诞琐碎、陈腐为病。'毫发无遗恨'、'老去渐于诗律细'、'佳句法如何？''新诗改罢自长吟'、'语不惊人死不休'，杜少陵语也；'好句似仙堪换骨，陈言如贼莫经心'，薛许昌语也；'乾坤有清气，散入诗人脾。千人万人中，一人两人知'，贯休师语也；'看似寻常最奇崛，成如容易却艰难'，半山翁语也；'诗律伤严近寡恩'，唐子西语也。

【译文】古律、歌行、篇章、操引、吟咏、讴谣、词调、怨叹，诗歌的题目很广泛；然而诗评、诗品、诗说、诗式，也不可以都读懂。大概以脱弃凡近、澡雪尘翳、驱驾声势、破碎阵敌、囚锁怪变、轩豁幽秘、笼络今古、移夺造化为上，钝滞僻涩、浅露浮躁、狂纵淫靡、诡诞琐碎、陈腐为下。“毫发无遗恨”“老去渐于诗律细”“佳句又如何？”“新诗改罢自长吟”、‘语不惊人死不休’，是杜甫说的；好的句子像仙堪换骨，陈言如贼莫经心’；是薛能说的；‘乾坤有清气，进入诗人脾。千人万人中，一人两人知’，是贯休和尚说的；张籍的诗看起来好像很平常，但细品其中的意思却最为清奇峭拔；这是王安石说的；‘诗律伤严近寡恩’，的唐庚说的。

子西又言：‘吾于它文不至蹇涩，惟作诗极艰苦。悲吟累日，仅自成篇。初读时未见可羞处，姑置之；后数日取读，便觉瑕衅百出。辄复悲吟，累日，反复改定，比之前作稍有加焉；后数日复取读，疵病复出。凡如此数四，乃敢示人。然终不能工。’李贺母谓贺必欲呕出心乃已，非过论也。今就子美而下论之，后世果以诗为专门之学，求追配古人，欲不死生于诗，其可已乎？”虽然，方外之学有“为道日损”之说，又有“学至于无学”之说；诗家亦有之。子美夔州以后，乐天香山以后，东坡海南以后，皆不烦绳削而自合，非技进于道者能之乎？

【译文】唐庚又说：我的文章不至于晦涩难懂，只要作诗感到艰苦。苦苦经营了多日，只成此篇。刚开始读时没有见到瑕疵，姑且放在那，后来来读，便觉得瑕疵到处都是。于是又开始苦心经营推敲了几日，反复修改，比先前的作品稍有些值得赞许的地方；又过了几天再拿出来读一下，许多瑕疵就暴露出来了。大凡像这样改了四遍，才敢拿出来给人欣赏。然而最终不能称得上是佳作。李贺母亲告诉李贺说一定要呕心沥血才能作好诗，这不是过激的言论。如今拿杜甫来说说，后代果然有人把他作为模范的典范，追求古人风格，不死就在诗歌中追求，这样可以吗？即使这样，方外有这样的学说：“道损”，又有：“学无学之说”；诗家也有这样。杜甫到夔州后，白居易到香山后，苏轼到南海后，都不做合乎准绳的作品了，难道不是技艺融于道所能做到的？

诗家所以异于方外者，渠辈谈道，不在文字、不离文字；诗家圣处，不离文字、不在文字；唐贤所谓“情性之外，不知有文字”云耳。以吾飞卿立之之卓、钻之之坚、得之之难，异时霜降水落，自有涯涘。吾见其溯石楼、历雪堂、问津斜川之上，万虑洗然，深入空寂；荡元气于笔端，寄妙理于言外。彼悠悠者，可复以昔之隐几者见待耶？《陶然后编》，请取此序证之，必有以予为不妄许者。重九日，遗山真隐序。

【译文】诗家所以同方外者的区别，诗歌中谈论道理，不在于文字；不离开文字；诗家高深的地方在于，不离文字、不在文字；这就是皎然所说“情性之外，不知有文字”罢了。杨飞卿立意较高，钻研很困难，得到最难，这无异于霜降落水，很难得。我看见溯石楼、历雪堂、问津斜川之上，千丝万缕，到了寂静，在笔端抒发，把道理寄托在言外。过去的隐士有几个是这样的呢？《陶然后编》，请拿这篇序文来证明，一定有不敢妄加赞扬的。重阳节这天，元好问作序。

论诗三十首

汉谣魏什久纷纭，正体无人与细论。谁是诗中疏凿手？暂教泾渭各清浑。

【译文】汉乐府民歌，建安诗风诗体繁多，究竟谁是正体，谁是伪体，始终无人细加评论。

不知谁为凿通山川之巨手，能暂时判分诗坛之清浊。

曹刘坐啸虎生风，四海无人角两雄。可惜并州刘越石，不教横槊建安中。

【译文】建安诗人的具有雄浑刚健似虎，举国之内只有两人称雄。

可爱的是西晋诗人刘琨诗风，不落后于建安观沧海那样的诗句。

邺下风流在晋多，壮怀犹见铁壶歌。风云若恨张华少，温李新声奈若何。（钟嵘评张华诗，恨其儿女情长多，风云气少）

【译文】邺城的文学流派在晋时代非常多，壮怀激烈仿佛听到了敲打铁壶的声音。

可惜张华诗歌风云的色彩比较少，怎奈温庭筠、李商隐，更是儿女情长，风格婉约！

一语天然万古新，豪华落尽见真淳。南窗白日羲皇上，未害渊明是晋人。（柳子厚晋之谢灵运，陶渊明唐之白乐天。）

【译文】自然天成而无人工痕迹，清新真淳而无雕琢之弊。虽然陶渊明高卧南窗，向往古代，但是不要责备陶渊明是晋代人。

柳子厚诗风像晋代谢灵运，陶渊明的诗风近似于唐朝的白乐天（白居易）。

纵横诗笔见高情，何物能浇块磊平？老阮不狂谁会得？出门一笑大江横。

【译文】阮籍诗句纵横驰骋中表达出真情中的郁气，用什么能抚平心中的郁积呢？阮籍的狂放内涵谁会懂得呢？出门大笑江海横流。

心画心声总失真，文章仍复见为人。高情千古闲居赋，争信安仁拜路尘！

【译文】遗憾的是心声心画常常失真，因此，仅看表现于外的文章，岂能论断作者真实的人格 。

晋人潘岳当年写的《闲居赋》，显现高逸的情操，足以名垂千古，谁能相信他为了求官，见到贾谧出门，竟望著路尘而屈膝下拜呢！

慷慨歌谣绝不传，穹庐一曲本天然。中州万古英雄气，也到阴山敕勒川。

【译文】汉魏歌谣中那种慷慨任气之风格，到了六朝已经断绝不传。

大概是中原地区万古以来之英雄气慨，也传到阴山的敕勒川。

沈宋横驰翰墨场，风流初不废齐梁。论功若准平吴例，合著黄金铸子昂。

【译文】沈佺期、宋之问纵横驰骋于诗坛，犹不能湔除齐、梁绮靡之风。

若论唐诗恢复正体之功劳应依勾践灭吴为范蠡铸像之往例，也为陈子昂铸一座黄金塑像。

斗靡夸多费览观，陆文犹恨冗于潘。心声只要传心了，布谷澜翻可是难。（陆芜而潘静语见《世说》）

【译文】缀辞行文，斗靡夸多，徒增阅览之劳。陆机的文章比潘岳文章有冗芜的遗憾。诗文为心灵之声音，倘如布谷鸟之澜翻啼叫，岂有何难！

排比铺张特一途，藩篱如此亦区区。少陵自有连城璧，争奈微之识碔砆。（事见元稹《子美墓志铭》）

【译文】铺陈终始，排比声律，但为诗歌创作之一途而已，推许杜甫，若局限于此，那么藩篱未免太窄。

杜甫自有旷世无匹之连城璧，怎奈元稹识见短浅，只看到石头没看到玉。

眼处心生句自神，暗中摸索总非真。画图临出秦川景，亲到长安有几人。

【译文】眼目所及，必生心象，就此心象以文句表达，自能传神。若未亲临其境，只是暗中摸索，总是无法写真。

杜甫在长安，秦川景物尽入题咏，真切入神，恰似张张摩写出来的《秦川图》，只是，像（杜甫）这样亲到长安，身历其境，刻划写真的诗人，古来能有几人。

望帝春心托杜鹃，佳人锦瑟怨华年。诗家总爱西昆好，只恨无人作郑笺。

【译文】望帝的春心，托附在杜鹃鸟的悲鸣中，佳人的锦瑟，激起对逝去年华的怅惘。

而诗家总是喜爱西昆之美好，唯独遗憾的是无人像郑玄笺注《毛诗》般，阐述他的义旨。

万古文章有坦途，纵横谁似玉川庐。真书不入今人眼， 儿辈从教鬼画符。

【译文】自古以来，诗文创作皆有正当途径，谁像卢仝那样，恣意运笔，险怪作诗呢。

正规的诗像楷书，往往不能让今人看入眼，（好比）小孩涂鸦，画鬼符。

出处殊途听所安，山林何得贱衣冠。华歆一掷金随重，大是渠侬被眼谩。

【译文】人的出处进退，有种种不同，大抵听凭个性所安。幽居山林的人，那能贱视廊庙里的衣冠士呢。

华歆一掷的事情随即受到时人的尊重，结果都被自己的双眼所瞒骗。

笔底银河落九天，何曾憔悴饭山前。世间东抹西涂手，枉著书生待鲁连。

【译文】李白诗笔洒落，境格旷远，如“疑是银河落九天”，何尝作过“饭颗山前”。

世间还有一些东抹西涂的论者，白白徒然以书生功利之见，诬枉像鲁仲连这一流的高士。

切切秋虫万古情，灯前山鬼泪纵横。鉴湖春好无人赋，岸夹桃花锦浪生。

【译文】自古抒哀伤之情，皆凄切如秋虫之悲鸣，就像灯前山鬼之落泪。
像太湖春景的朗丽，就鲜少有人能写得好，只有岸夹桃花锦浪生，堪称古今独步。

切响浮声发巧深，研磨虽苦果何心。浪翁《水乐》无宫徵，自是云山《韶》，《濩》音。（水乐，次山事。又其欸乃曲云：停桡静听曲中意，好是云山韶濩音）

【译文】沈约“前有浮声，后须切响”之说，的确深入发掘诗歌声律的奥秘，其研究创发的工夫果真值得用心吗？
试看唐元结《水乐说》：本无宫徵之音响，却也自成云山间自然的雅乐。

东野穷愁死不休，高天厚地一诗囚。江山万古潮阳笔，合在元龙百尺楼。

【译文】孟郊喜欢以穷困愁苦作为诗歌题材，至死如此。处身在高天厚地之间，却自囿于苦吟，不啻诗中囚徒。
韩愈自潮州还朝后的文章，与江山一样不朽，韩愈应居陈元龙高卧的百尺楼上。

万古幽人在涧阿，百年孤愤竟如何？无人说与天随子，春草输赢较几多？
（天随子诗：无多药草在南荣，合有新苗次第生。稚子不知名品上，恐随春草斗输赢。）

【译文】万古以来，不知多少高士幽居涧阿，其一生的孤愤，如何抒解？
无人告知陆龟蒙，只兴趣在春草输赢这样的事情上。

谢客风容映古今，发源谁似柳州深。朱弦一拂遗音在，却是当年寂寞心。

【译文】谢诗之风神，映照古今.渊源于谢灵运之诗人很多，然而谁能比柳宗元所得更为深切呢！
柳诗正如拂动朱弦的瑟，一唱三叹的遗音彷佛犹在.这种冷寂的诗境， 恰如同当年谢灵运寂寞心境的写照。

窘步相仍死不前，唱酬无复见前贤。纵横正有凌云笔，俯仰随人亦可怜。

【译文】作诗若窘束步履，一仍旧贯，至死不敢超越，就如后世的唱之作，见识不到前贤作诗的真性情。

作诗应秉持凌云之笔自创新格，若只能俯仰步趋，那也未免太可怜了。

奇外无奇更出奇，一波才动万波随。只知诗到苏黄尽，沧海横流却是谁？

【译文】诗歌写作之出奇变化，往往是在似乎无奇可变之处，竟然更出奇笔.这种状况有若波涛流动，一波才动，万波腾涌。

只知诗歌发展报到苏轼、黄庭坚，变化之妙，已臻极致，后世随风而靡，变本加厉，驯致如沧海之横流.始作俑者，岂非苏黄？

曲学虚荒小说欺，俳谐怒骂岂诗宜？今人合笑古人拙，除却雅言都不知。

【译文】正如乡曲之学，虚诞不实，无足轻重之说，往往欺人，以俳谐的态度、怒骂的口吻作诗，难道适宜？

当代却不乏如此写诗者，难怪会取笑古人迂拙，认为古人除了雅言之外，其他一概不知。

有情芍药含春泪，无力蔷薇卧晚枝。拈出退之山石句，始知渠是女郎诗。

【译文】开芍药花瓣上的雨滴就像多情人眼中的泪珠，蔷薇的柔弱枝条如同美人无力起坐一般。

信手拈来的韩愈的《山石》诗句，才知道秦观的诗，简直是女子诗。

乱后玄都失故基，看花诗在只堪悲。刘郎也是人间客，枉向春风怨兔葵。

【译文】战乱之后的玄都观，已失旧有的规模很是衰败，看花诗虽在，只是认为当时一切只值得悲伤。

刘禹锡自己也是一个人间过客，错向春风怨刺兔葵了。

金入洪炉不厌频，精真那计受纤尘。苏门果有忠臣在，肯放坡诗百态新。

【译文】把金入洪炉，冶鍊不厌其繁，精真方止，不允纤尘污染。

苏门弟子果有忠直之臣的话，岂肯听任东坡百态俱备，万古常新，却无一人能嫡传光大。

百年才觉古风回，元祐诸人次第来。讳学金陵犹有说，竟将何罪废欧梅？

【译文】（诗谓宋初诗坛沉溺于“西昆体”）百年之后，始觉醒而回复古风。于是元佑诸家次第兴起。用意深切，律度精严，虽健拔有奇气，然至暮年方妙。欧、王同为宋代庆历以后之大家，然元好问似较拥欧。

故后半两句谓：后人讳学王安石的诗还可理解，何以将欧阳修、梅尧臣一并毁废呢！

古雅难将子美亲，精纯全失义山真。论诗宁下涪翁拜，未作江西社里人。

【译文】古雅难谓与杜甫相近，论精纯又全失李商隐之精真。

论诗至此，宁对黄庭坚下拜，亦不愿作江西社中人。

池塘春草谢家春，万古千秋五字新。传语闭门陈正字，“可怜无补费精神”。

【译文】池塘的春草谢家的春色，春机盎然，此五字虽经万古千秋，仍然光景常新。

相传陈师道闭门觅句的苦吟，对于诗道毫无助益，可怜他只是徒耗精神。

撼树蜉蝣自觉狂，书生技痒爱论量。老来留得诗千首，却被何人校短长？

【译文】他自谦自己象蚍蜉撼树一样不自量力，只是书生一时技痒爱议论罢了。等到老死之后，或许留下千首诗歌，则不知将由何人评论诗的缺点和优点。

自题《中州集》后五首

邺下曹刘气尽豪，江东诸谢韵尤高。若从华实评诗品，未便吴侬得锦袍。

【译文】汉末建安时期曹操，刘祯诗风都是豪迈气概，江南的谢派诗风水平也是很高的。

但是如果按照“华”与“实”来评判这两个诗歌的话，吴人不见得能得到锦袍。

陶谢风流到百家，半山老眼净无花。北人不拾江西唾，未要曾郎借齿牙。

【译文】陶渊明，谢灵运的诗流风余韵进入了《唐百家诗选》，王安石选诗的眼光锐利精当。

北方的人看不起末期的江西诗派，不需要曾慥借牙齿吧！

万古骚人呕肺肝，乾坤清气得来难。诗家亦有长沙帖，莫作宣和阁本看。

【译文】很多作诗的人为创诗肝肠寸断，但是具有乾坤之气的文章却很能做成。

诗人们如果都有《长沙贴》临摹，那么就不要看《宣和阁本》贴了。

文章得失寸心知，千古朱弦属子期。爱杀溪南辛老子，相从何止十年迟。

【译文】文章的好坏在心里都很有数，千古弹琴的就属钟子期了。

我喜欢辛愿到了极点，彼此结交岂至只有十年？

平世何曾有稗官，乱来史笔亦烧残。百年遗藁天留在，抱向空山掩泪看。

【译文】平常中哪来收集史料的小官呢，等到动乱的时候，书写历史人的也遭到了迫害。

写了百年的历史遗稿天天放在那里，只能把它们拿进山里，遮挡自己的泪水。

宋 濂

宋濂，明浦江人，字景濂，元末隐居龙门著书，历十余年，明初以书币征。除江南儒学提举，命授太子经，修元史，累转至翰林学士承旨知制诰，以老致仕。卒年七十二，谥文宪，濂博极群书，其文醇深演迤，为有明一代之宗匠。有《宋学士全集》。

【译文】宋濂是明代浦江人，字景濂，元末隐居在龙门著书，历经十多年，明初因书被朝廷征用。授给江南儒学提举，令授太子经书，编修元史，多次转到翰林学士承旨管理制诰的官职，以老致仕。终年七十二岁，谥号文宪，宋濂博览群书，其文醇厚深刻，是明代一代宗师。有《宋学士全集》。

答章秀才论诗书

濂白：秀才足下，承书，知学诗弗倦，且疑历代诗人，皆不相师。旁引曲证，亹亹数百言，自以为确乎弗拔之论。濂窃以谓世之善论诗者，其有出于足下乎，虽然，不敢从也，濂非能诗者，自汉魏以至于今，诸家之什，不可谓不攻习也，荐绅先生之前，亦不可谓不磨切也。揆于足下之论，容或有未尽者，请以所闻质之，可乎。

【译文】宋濂告诉章秀才，学习知识不感到疲倦，怀疑历代诗人都没有相互学习，引用他人的，区区数百言，自己确定认为不可更改之论。我私下认为，人世间擅长评诗的人，有没有超出你的呢？即使这样，不敢相信。我并不能作诗，自从汉魏以来到现在，许多大家，不可谓不研究。荐绅先生之前，也不可以说不磨练。揣测足下的评论，或许有没有说尽的，请凭借所闻质疑它，可以吗？

三百篇勿论矣，姑以汉言之，苏子卿、李少卿，非作者之首乎。观二子之所著，纡曲凄惋，实宗国风与楚人之词，二子既没，继者绝少，少下逮建安黄初，曹子建父子起而振之，刘公干王仲宣，力从而辅翼之。正始之间，嵇阮又叠作。诗道于是乎大盛，然皆师少卿而驰骋于风雅者也，自是厥后，正音衰微，至太康复中兴，陆士衡兄弟则效子建，潘安仁张茂先张景阳则学仲宣，左太冲、张季鹰则法公干，独陶元亮天分之高，其先虽出于太冲景阳，究其所自得，直超建安而上之，高情远韵，殆犹大羹充硎，不缀醯醢，而至味自存者也，元嘉以还，三谢颜鲍为之首，三谢亦本子建，而杂参于郭景纯，延之则祖士衡。明远则效景阳，而气骨渊然，骎骎有西汉风。

【译文】诗三百不用评论了。姑且说说，苏轼、李陵不是作者首先要评论的？欣赏二人的作品，曲折凄惋，确实是宗国的风和楚国的辞。二人去世后，继承者就很少了。到了建安年间曹氏父子开始诗歌创造高峰，刘公干、王钟宣极力辅佐。到了正始年间，阮籍、嵇康又开始创造。崇尚诗歌风尚又开始盛行了，然而只有少卿在风雅之间驰骋。从此以后，正始衰微，太康诗风兴盛。陆士衡兄弟效仿曹子建，潘岳，张茂先，张景阳学习王仲宣，左太冲张季鹰效法刘公干，唯独陶渊明天分之高，起初跟随左太冲，张景阳，直接超越建安文学之上。高情远韵。元嘉年间，以谢安、谢灵运、谢朓、颜延之、鲍照为首。三谢也是学习曹子建，兼有郭景纯的诗风。颜延之以陆士衡为祖，明远则效仿张景阳，而气骨犹存，文采诗风有西汉的样子。

余或伤于刻镂，而乏雄浑之气，较之太康，则有间矣。永明而下，抑有甚焉，沈休文拘于声韵，王元长局于褊迫，江文通过于摹儗，阴子坚涉于浅易，何仲言流于琐碎，至于徐孝穆、庾子山，一以婉丽为宗，诗之变极矣。然而诸人虽或远式子建越石，近宗灵运玄晖，方之元嘉，则又有不逮者焉。

【译文】我有时作文着重炼字，文风缺乏雄浑之气，和太康诗歌比较有差别的，永明年间，诗风更加绮靡。沈约作诗讲究声韵，王元长有局限、狭隘。江文通过于模仿了，阴铿诗歌太浅了，何仲言流于琐碎，至于徐孝穆、庾信作诗以婉丽为总，诗的变话太大了。然而许多人虽然远离曹子建、越石，接近谢灵运、玄晖、方之。又有不及者。

唐初，承陈隋之弊，多尊徐、庾，遂致颓靡不振，张子寿、苏廷硕、张道济，相继而兴，各以风雅为师，而庐昇之王子安，务欲凌跨三谢，刘希夷、王昌龄、沈云卿、宋少连，亦欲蹴驾江薛，固无不可者，奈何溺于久习，终不能改其旧，甚至以律法相高，益有四声八病之嫌矣。惟陈伯玉痛惩其弊，专师汉魏而友景纯渊明，可谓挺然不群之士，复古之功，于是为大。开元天宝中，杜子美复继出，上薄风雅，下该沈宋，才夺苏李，气吞曹刘，掩颜谢之孤高，杂徐庾之流丽，真所谓集大成者，而诸作皆废矣。

【译文】初唐传承着陈、隋朝的弊端，多推崇徐陵、庾信的风格，于是就诗风萎靡不振。张子寿、苏廷硕、张道济相继兴起，他们各自崇尚风雅。而卢照邻、王勃想要超过三谢。刘希夷、王昌龄、沈云卿、宋少连也想要超越江薛，本来没有什么不可以，无奈的是沉溺于以前的陋习，最终不能改掉旧的体制。甚至效法的更厉害，更有四声八病的人存在。复古的风气很盛行。开元、天宝年间，杜甫出道，接近上承风雅，下承沈宋，才气直逼苏李，气吞曹刘，掩盖颜谢的孤傲，杂有徐庾的华丽之风，正直意义上是集合众家所长，然而许多作品都是废了。

并时而作，有李太白，宗风骚及建安七子，其格极高，其变化若神龙之不可羁，有王摩诘，依仿渊明，虽连词清雅，而萎弱少风骨，有韦应物，祖袭灵运，能一寄秾鲜于简淡之中。渊明以来，盖一人而已。他如岑参、高达夫、刘长卿、孟浩然、元次山之属，咸以兴寄相高，取法建安，至于大历之际，钱郎远师沈宋，而苗崔庐耿吉李诸家，亦皆本伯玉而宗黄初。诗道于是为最盛，韩柳起于元和之间，韩初效建安，晚自成家，势若掀雷抉电，撑决于天地之垠。柳斟酌陶谢之中，而措辞俊逸清妍，应物而下，亦一人而已，元白近于轻俗，王张过于浮丽，要皆同师于古乐府，贾浪仙独变入僻，以矫艳于元白，刘梦得步骤少陵，而气韵不足。杜牧之沈涵灵运，而句意尚奇，孟东野阴祖沈谢，而流于蹇涩，卢仝则又自出新意，而涉于怪诡，至于李长吉、温飞卿、李商隐、段成式，专誇靡蔓，虽人人各有所师，而诗之变又极矣。

【译文】时常作有李白之风，以《诗经》《离骚》和建安七子为宗，他的格调极高，他的变化像神龙不受约束。有王维效仿陶渊明，虽然用词清雅，就诗歌没有风骨。有韦应物效仿谢灵运，诗风简淡，陶渊明以来，只是一个人而已。他像岑参、高适、刘长卿、孟浩然、元稹之类人，都凭借兴寄来作诗，效法建安诗风。到了大历年间，钱起师从沈宋，然而苗、崔、卢、吉、李诸家也都是以陈子昂为本，以曹丕为宗。诗歌到了这个朝代最流行。韩愈、柳宗元在元和年间奋起。韩愈最初效仿建安诗风，后来成为一家之说，诗风影响较大，撑起一片天地。柳宗元诗从陶渊明谢灵运，辞藻俊逸清妍，韦应物以后的诗人，只有他一人而已。元稹、白居易的诗接近通俗，王建、张籍的诗过于华丽，他们都是效仿古乐府诗的。贾岛另辟蹊径，诗风元白矫健艳丽。刘禹锡学习杜甫，然而气韵不足。杜牧学习谢灵运，句子喜欢奇特，孟郊效仿沈、谢，然而语言晦涩难懂。卢仝诗歌新颖，然而奇诡怪谲，至于李贺、温庭筠、李商隐、段成式诗风浮夸，虽然人人都有老师，然而诗歌的风格又在变化很大了。

比之大历，尚有所不逮，况厕之开元哉。过此以往，若朱庆余、项子迁、李文山、郑守愚、杜彦之、吴子华辈，则又驳乎不足议也。宋初袭晚唐五季之弊，天圣以来，晏同叔、钱希圣、刘子仪、杨大年数人，亦思有以革之，第皆师于义山，全乖古雅之风。迨王元之以迈世之豪，俯就绳尺，以乐天为法，欧阳永叔痛矫西昆，以退之为宗，苏子美、梅圣俞介乎其间，梅之覃思精微，学孟东野，苏之笔力横绝。宗杜子美，亦颇号为诗道中兴。至若王禹玉之踵微之，盛公量之祖应物，石延年之效牧之。王介甫之原三谢，虽不绝似，皆尝得其仿佛者。元佑之间，苏黄挺出，虽曰，共师李杜，而兢以己意相高，而诸作又废矣。自此以后，诗人迭起，或波澜富而句律疏，或遐练精而情性远。大抵不出于二家，观于苏门四学士，及江西宗派诸诗，盖可见矣。陈去非虽晚出，乃能因崔德符而归宿于少陵，有不为流俗之所移易。驯至隆兴乾道之时，尤延之之清婉。杨廷秀之深刻，范致能之宏丽，陆务观之敷谀，亦皆有可观者，然终不离天圣元祐之故步，去盛唐为益远，

【译文】与大历年间的诗风相比，比不上了，何况和开元年间比较呢！从此以后，朱庆余、项子迁、李文山、郑守愚、杜彦之、吴子华你们这些人，又不值得议论了。宋初学习晚唐试体的弊端，天圣以来，晏殊、钱希圣、刘子仪、杨大年许多人，也想着变革诗风，他们都诗从李商隐，全都是古雅之风。等到王禹偁因为迈世之豪气，效法白居易。欧阳修痛恨西昆体，以韩愈为宗。苏舜卿、梅尧臣就在中间。梅尧臣思维精微，学习孟郊。苏舜卿笔法效仿杜甫。也到了诗歌中兴，王禹玉诗从微之，盛公量诗从韦应物，石延年效仿杜甫，王安石效仿三谢，虽然不是很相似，都曾经模仿过。元祐年间，苏轼、黄庭坚出名了，虽说他们师从李杜，然而竟然以自己的想法与之比较，然而许多的作品都没有用了。至此之后诗人很多，有的波澜不惊有余而句式音律疏散，有的字句锤炼的精细，但是真性情差的太远。大概不出于这两家。观察苏门四学士和江西诗派，到了隆兴、乾道之时，尤延之诗歌清婉，杨廷秀诗歌深刻，范成大诗歌宏丽，陆游诗歌丰满，都有可以称赞的地方。然而终不离天圣，元祐的风格，距离盛唐越来越远了。

下至萧赵二氏，气局荒颓，而音节促迫。则其变又极矣。由此观之，诗之格力崇卑，固若随世而变迁，然谓其皆不相师，可乎。第所谓相师者或有异焉。其上焉者师其意，辞固不似，而气象无不同，其下焉者师其辞。辞则似矣，求其精神之所寓，固未尝近也。然惟深于比兴者，乃能察知之耳。虽然，为诗当自名家，然后可传于不朽。若体规画圆。准方作矩，终为人之臣仆，尚乌得谓之师哉，何者？诗乃吟咏性情之具，而所谓风雅颂者，皆出于吾之一心。特因事感触而成，非智力之所能增损也。古之人其初虽有所沿袭，未复自成一家言，又岂规规然必于相师者哉。呜呼，此未易为初学道也。近来学者，颇多自高，操觚未能成章，辄阔视前古为无物，且扬言曰，曹刘李杜苏黄诸作。虽佳，不必师，吾即师，师吾心耳。故其所作，往往猖狂无伦，以扬沙走石为豪，而不复知有纯和冲

粹之音，可胜叹哉，可胜叹哉。濂非能诗者。因足下之言，姑略诵所闻如此，惟足下裁择焉，不宣，濂白。

【译文】后来的萧、赵两人诗歌衰微，音节局促，又是变化极大了。由此得知，诗歌的风格力量崇尚卑微，本来随世而变迁，称得上都不效仿前人可以吗？有时也有惊奇。模仿的较高境界是模仿它的精髓，词语不能相似，气象不同。模仿的较底的境界是模仿它的言辞，词语相似，诗歌的精神就有所寄托，本来不好接近。然而只有精深比兴，才能觉察呀。即使这样，作诗应该是学习名家，然后传递后世就不朽了。如果按照规规矩矩作诗的话就会成为别人的奴仆，怎能称得上是作诗呢？诗歌是吟唱性情工具。风雅颂都是出于我的内心。因事有感而成，不是智力所能更改的。古代的人，起初有沿袭他人的，有自成一家的，又都是模仿他人的。哎，这不是容易为初学所学，近来学者，都很清高，很多不能做成文章，视古人为无物，且扬言说：曹植?、刘桢、李白、杜甫、苏轼、黄庭坚作品虽然是佳作，不以他们为师。我就是老师，老师就是我心。所以所作的诗歌往往都是猖狂没有秩序，以扬沙走石为豪，不在知道有纯和冲粹之音，可叹。宋濂不能作诗，因为你的言论，姑且略说这些，请你们选择。不说了，宋濂陈述。

胡 翰

胡翰，明金华人，字仲申，元末避地南华山，著书自适，以文章名。洪武初，起为衢州教授，聘修元史， 书成受赍归。居北山而卒，有《春秋集义》、《胡仲子集》、《长山先生集》。

【译文】胡翰是明代金华人，字仲申，元末避难到南华山，著书自娱，以文章出名。洪武初年，被授予衢州教授官，住北山而逝，有《春秋集义》、《胡仲子集》、《长山先生集》。

古乐府诗类编序

太原郭茂倩，裒次乐府诗一百卷，予采其可传者，更定为集若干卷。复论之曰，周衰，礼乐崩壊，而乐为尤甚。自制氏为时乐官，能纪其铿锵鼓舞，而不能言其意，则天下之知者鲜矣。况先王之声音度数，不止其所谓铿锵鼓舞，其人固不能尽纪也。以是言之岂不难哉！若声诗者，古之乐章也，雅郑得失，存乎其词，辨其词而意可见，非若声音度数之难知。

【译文】太原的郭茂倩，编撰整理乐府诗一百卷，我收集可以流传下来的重新订位若干卷集。重新评论说，周衰落之后，礼乐也衰落崩塌了，乐府更甚。从制氏为当时的乐宫，能记录铿锵的舞蹈，但是不能表达他们的意思，那么天下知道的人就很少了。何况先王的声乐高低，岂止是所说的铿锵舞蹈，这个人不能本来就不能全部记录下来。这样说岂不是很难啊？如果懂声乐的人，是掌管古代的乐章的，那么雅正的得失，就可以保留他们的言词，他们争辩的语言大意就看可以看到，如果不这样，乐律的高低就很难被人知晓了。

而国家之制作，民俗之歌謠，诗人之讽咏，至于后世，遂无复雅颂之音。虽用之郊庙朝廷，被之乡人邦国者，犹世俗之乐耳。何也？盖诗之为用犹史也。史言一代之事，直而无隐。诗系一代之政，婉而有章。辞义不同，由世而异。中古之盛，政善民安，化成俗美。人情舒而不迫，风气淳而不散。其言庄以简，和以平，用而不匮，广而不宣，直而有曲体，顺成而和动，是谓德音。及其衰也，列国之言各殊，俭者多啬，强者多悍，淫乱者忘反，忧深者思蹙。

【译文】而且国家的制定的声乐，民俗的歌谣诗人的讽刺吟咏流传给后代，于是雅颂的声音就不会重复。即使朝廷祭祀活动用的音乐，被俗人诸侯的人，这些都是世俗的音乐。这是为什么呢？大概诗的用处就如同史记一般吧！史记是说的一个时代的事，正直而且没有任何隐晦的。诗文关系到一个时代施政，温婉但是有章法。表达意义不同，这是由时代不同而已。中古的时候很是兴盛，政治清明人民安居乐业，诗文变化为世俗的美德。人情舒展而且没有而且没有压迫，民风淳朴而且没有约束。语言庄重而且简练，而且平和冲淡，物尽所用而且不匮乏，信息到知道但是都不宣传，正直但是又有张弛，顺势而为和动作相互协调，这就是所说的道德之音。等到这些衰落之后，各国的言语都不相同，勤俭的人也变更加吝啬，强壮的人都变得更加凶暴残忍，淫乱的人忘记了反思悔改，忧心忡忡的人也更加窘困。

其或好乐而无主，困敝而思治，亦随其俗之所尚，政之所本，人情风气之所感。故古诗之体，有美有刺，有正有变，圣人并存而不废，惟所以用之郊庙朝廷，非清庙，我将之颂，不得奏于升歌宗祀，非鹿鸣，四牡，大明，文王之雅，不得陈于会朝燕享。内之为闺门，外之为乡党，非关雎，麟趾则鹊巢，驺虞之风，情深而文明，气盛而化神。故可以感鬼神，和上下，美教化，移风俗。

【译文】这或许是喜欢音乐但是六神无主，民生凋敝才考虑治理，这也跟随者俗人所崇尚的，这是施政的根本，对人情风气的触动。所以古诗的体例，有的是赞扬，有的是讽谕，有正直的传统的，有所不同的，君子随时都有，而且不会废弃，唯独用朝廷祭祀的音乐，这不是帝王的宗庙，我们所唱诵的不能在祭祀宗祠上演奏，不是《鹿鸣》《四牡》《大明》周文王的雅正之乐，不得在朝廷会朝是演奏，对内的称为内室的们，不能随意用音乐；对外的称为是在乡里面用的音乐，不是关雎，麟趾，鸟巢，帮助诸侯管理庄园猎官的风气，感情真挚，而且文明，气度非凡而且成为神灵。所以可以感动鬼神，缓和朝廷与百姓的关系，能够帮助教育，改变风俗习气。

今茂倩之所次，有是哉。以其所谓郊祀安世黄门鼓吹铙歌横吹相和琴操杂曲考之，汉辞质而近古，其降也为魏，魏辞温厚而益趋于文，其降也为晋，晋之东其辞丽，遂变而为南北，南音多艳曲，北俗杂胡戎，而隋唐受之，其唐初之辞，婉丽详整，其中宏伟精奇，其末纤巧而不振，虽人竭其才，家尚其学，追琢襞积，曾不能希列国之风，而况欲反乎？雅颂之正，滋不易矣。是以郊庙祭祀，则非有祖宗之事，美盛德告成功之实，会朝燕享，君臣之间，则非有齐庄和悦之意，以发先王之德，尽群下之情，哇声俚曲，若秦楚之讴，巴渝之舞，凉伊之技，莫不杂出，以为中国朝廷之用，慆心盈耳，不复知其为教化风俗之蠹。

【译文】现在郭茂倩所排列的次序，是有道理的。用所说的《郊祀》《安世》《黄门》《鼓吹》《铙歌》《横吹》《相和》《琴操》《杂曲》考察，汉代的文词内容接近古代，之后以来近魏，魏的文辞敦厚而有利于辞的发展，后来到了晋代，晋代的东晋的词风艳丽，于是变为具有可南方与北方的特征，南方的诗风多以绮靡艳丽著称，北方的诗风粗俗掺杂着异域的风采。等到了隋唐时代延续了这种风格，于是唐初的文章艳丽婉转详尽工整，其中的诗文宏伟精细称奇，但是细微末节太过于精巧缺少了振奋之词，即使人尽其才，常常遵从这种风气，追着去学习这种越来越多，这样更不能寄希望于各城邦风气的改变，何况想改变呢？雅颂的正道，真的不容易啊。祭祀宗庙，并不是祖宗的事情啊，美德盛名功德圆满的成功，朝会的分享君臣之间，并没有和颜悦色的意思，以此施政先王的道德，感受群臣的真性情，民间的喜怒哀乐的俗曲，如同秦楚的歌谣，巴渝的舞蹈，凉伊的技法，各种风采没有不表现出来的，以此来为国家朝廷所用，说心里话，听到真心话，不重复知晓被风俗教化所蛀蚀。

夫民不幸不见先王之礼乐，考其声诗，盖有足言者。然以唐虞之盛，不能无憾焉。吾于此见其风气之淳。人情之泰，政治俗尚之美，皆非古矣。其治乱得失，是非邪正，虽去之千数百载，不待其言之著，而今皆可见者，则诗之为用，岂不犹史之事哉。故合而论之，以寓吾去取之意，将望于后之作者焉。

【译文】百姓很不幸听不到先王的礼乐了，考究它们的音乐，大概是有人相信的。但是凭借唐初的兴盛来看，不能不使然感到感慨的啊！我在这里看到民风的朴素。人情的安泰，政治的俗尚美德，都不是古代的啊。治理乱世的得失，是非的对错，即使过去数千年了，不靠诗文著作，而且我们今天都可以看到，那么美诗文的用处，岂不是如同史记记载的事件一样吗？所以总的说来，我凭借寄托在文章中的寓意选择取舍保留，冀希望后代的作诗文的人。

高 棅

高棅，明长乐人，字彦恢，更名廷礼。永乐初以布衣召入翰林为待诏，迁典籍。性善饮，工书，尤专于诗。与林鸿、郑定、王褒、唐泰、王恭、陈亮、王偁及鸿弟子周元、黄元称为“闽中十子”其所选《唐诗品汇》九十卷标举唐音，以救元末纤仄之弊。终明之世，馆阁言诗者皆以其诗为宗。

【译文】高棅是明代长乐（福建）人，字字彦恢，后改名廷礼，高棅在你永乐初年以平民的身份征为翰林待诏，后升为典籍，性格忠厚。擅长于写文章，尤其擅长写诗，与当时的林鸿、郑定、王褒、唐泰、王恭、陈亮、王偁及鸿弟子周元、黄元称为“闽中十子”。他所做的唐诗品汇序总计九十卷，其中表举唐代的诗文，以此来拯救元末纤仄的弊病。在整个明朝，从事馆阁体诗论的人，都把他的诗作为宗师。

《唐诗品汇》序

有唐三百年诗，众体备矣。故有往体、近体、长短篇、五七言律句绝句等制，莫不兴于始，成于中，流于变，而陊之于终。至于声律兴象，文词理致，各有品格高下之不同。略而言之，则有初唐、盛唐、晚唐之殊。详而分之，贞观、永徽之时，虞、魏诸公，稍离旧习，王、杨、卢、骆，因加美丽，刘希夷有闺帷之作，上官仪有婉媚之体，此初唐之始制也。神龙以还，洎开元初，陈子昂古风雅正，李巨山文章宿老，沈、宋之新声，苏、张之大手笔，此初唐之渐盛也。

【译文】唐代王朝三百年，诗歌的各种体式都全了。之前有古体、近体、长短篇、五七言律句绝句等体制，没有不一开始很兴盛，成熟在中期，在发展中出现流变，到最后发生转移变化。至于说诗歌的声韵、格律、兴象，文辞、哲理，又有品格高下的不同。大概来说，有初、盛、中、晚的不同。详细来说，贞观、永徽时，虞世南、魏征诸公，稍微脱离六朝华丽，王、杨、卢、骆，承袭其词句，刘希夷有有些艳情的闺阁诗作，上官仪有绮靡的上官体，这是唐朝开始的时候的诗风体制。等到神龙年之后，也就收到了开元年初的时候，陈子昂的崇尚古风雅郑的诗风，李峤是唐朝的诗人李峤，字巨山诗文已经过时了，后有沈佺期，宋之问创制的四声，苏颋、张说创制大量的诗体文章，从此初唐诗才开始渐渐兴盛起来。

开元、天宝间，则有李翰林之飘逸，杜工部之沉郁，孟襄阳之清雅，王右丞之精致，储光羲之真率，王昌龄之声俊，高适、岑参之悲壮，李颀、常建之超凡，此盛唐之盛者也。大历、贞元中，则有韦苏州之雅澹，刘随州之闲旷，钱、郎之清瞻，皇甫之冲秀，秦公绪之山林，李从一之台阁，此中唐之再盛也。下暨元和之际，则有柳愚溪之超然复古，韩昌黎之博大其词，张、王乐府，得其故实，元、白序事，务在分明，与夫李贺、卢仝之鬼怪，孟郊、贾岛之饥寒，此晚唐之变也。降而开成以后，则有杜牧之之豪纵，温飞卿之绮靡，李义山之隐僻，许用晦之偶对，他若刘沧、马戴、李群玉、李频辈，尚能黾勉气格，将迈时流，此晚唐变态之极，而遗风余韵，犹有存者焉。

【译文】开元天宝年间，有李翰林的飘逸之风的诗文，杜甫的沉郁之气，孟浩然的清新淡雅，王维的精致，储光义的真诚豪爽，王昌龄的才华出众，高适，岑参的悲凉壮美。李颀、常建的超凡脱俗，这些是盛唐诗文繁荣的人啊。大历，贞元念得时候，有韦应物的淡雅，恬淡，刘禹锡的闲淡旷达，钱起，郎士元的清淡，皇甫湜的冲淡平和，彭衙伯的山林，李嘉祐的台阁诗风，这些是中唐诗歌在再次兴盛，后来到了元和年间，柳宗元的写的文章《愚溪》超然走向复古的道路，韩愈的词境旷达，张籍、王建的乐府诗，得其参考旧事，元稹，白居易的叙事务求浅显。李贺，卢仝的用词怪僻，孟郊，贾岛的诗境显出的环境艰苦，这是晚唐诗风的一大转变。等到开成年间以后，则有杜牧的豪迈纵横，温庭筠的绮靡之风，李商隐的喜欢用僻字，张祜喜欢用对偶句式，他日刘沧、马戴、李频、李群玉这些人，尚且能够勉强还有风气格调，这些将走向时代的潮流，这些是晚唐诗不正常发展到了极致，但是上一时期的诗风还有一些流韵，还有一些存在的。

是皆名家擅场，驰骋当世。或称才子，或推诗豪，或谓五言长城，或为律诗龟鉴，或号诗人冠冕，或尊海内文宗，靡不有精粗、邪正、长短、高下之不同。观者苟非穷精阐微，超神入化，玲珑透彻之悟，则莫能得其门，而臻其壸奥矣。今试以数十百篇之诗，隐其姓名，以示学者，必能识得何者为王、杨、卢、骆，又何者为沈、宋，又何者为陈拾遗，又何者为李、杜，又何者为孟为储，为二王，为高、岑，为常、刘、韦、柳，为韩、李、张、王、元、白、郊、岛之制。辨尽诸家，剖析毫芒，斯可以言诗矣。

【译文】这些人都是驰名的名家，在当时盛名，有的为称为才子，有的被推崇为诗豪，有的被说是五言长城，有的为律诗的提供借鉴，有的被称为诗人桂冠，有的被尊称为举世的文坛领袖，杂乱没有细分，品格高下不同。看的人苟且不能及精细的阐释带细心的变化，超神入化，具有玲珑透彻的醒悟，那么更得不能得到学诗的门路了，到完善到精细啊。现在尝试着以十多篇的诗文，隐藏他们的名字，给儒生们，就必须懂得什么是初唐四杰的诗，什么又是沈佺期、宋之问的诗，什么是陈子昂的诗，什么又是李白、杜甫的诗，孟为储的诗又是什么样的呢，王伾、王叔文、高适、岑参，常、刘愚溪、韦应物、柳宗元，为韩愈、李商隐、张张籍、王维、元稹、白居易、孟郊、贾岛的诗风体制。把各家说尽，分析的很是透彻，这才是作者。

予夙耽于诗，恒欲窥唐人之藩篱，首踵其域，如堕终南万叠间，茫然弗知其所往。然后左攀右涉，晨跻夕览，下上陟顿，进退周旋，历十数年。厥中僻蹊通庄，高门邃室，历历可指数。故不自揆，窃愿偶心前喆，采摭群英，芟夷繁蝟，裒成一集，以为学唐诗者之门径。载观诸家选本，详略不侔，《英华》以类见拘，《乐府》为题所界，是皆略于盛唐，而详于晚唐。他如《朝英》《国秀》《箧中》《丹阳》《英灵》《间气》《极玄》《又玄》《诗府》《诗统》《三体》《众妙》等集，立意造论，各该一端。唯近代襄城杨伯谦氏《唐音》集，颇能别体制之始终，审音律之正变，可谓得唐人之径路，然而李、杜大家不录，岑、刘古调无存，张籍、王建、许浑、李商隐律诗，载诸正音，渤海高适、江宁王昌龄五言，稍见遗响。每一披读，未尝不叹息于斯也。

【译文】我深夜还在迷恋诗，一直想看到唐代诗人的范畴，从头到脚不同地方，就如同坠入到了峰峦叠张的终南山之间了，使人迷茫不知道往哪里去了。之后，攀岩跋涉，早晨登山夜晚博览群书，登山休息，进退周旋，经历数十年。于是，中途开辟一条大路，通往显赫地位的密室，这样条条都可以看到了。因此自己就不测量，自己暗自虚心向面前的人，收集各路的英雄豪杰诗文，从中删减琐碎的，而后整理编撰为一集，以此来为学习唐诗的人提供路径。查看了多家的选集，详略都不同，《英华》这一类的太过于拘谨，被《乐府》的名称所限制了，都比盛唐的唐诗少，但是都比晚唐的详实。比如《朝英》《国秀》《箧中》《丹阳》《英灵》《间气》《极玄》《又玄》《诗府》《诗统》《三体》《众妙》等集，立意诗论，各表异端。只有近代的襄城杨伯谦氏选集的《唐音》集，很能代表诗论的体制发展轨迹，考究音律的变迁，可以说是得到了唐人诗的三成了。但是李商隐，杜牧的不收录，岑参，刘长卿收录的一些，张籍、王建、许浑、李商隐律诗，写到正音里了，高适、王昌龄的五言，诗集中还收录了一些，还是有用的。每次读一边，没有不叹息这些的。

由是远览穷搜，审详取舍，以一二大家，十数名家，与夫善鸣者，殆将数百，校其体裁，分体从类，随类定其品目，因目别其上下、始终、正变，各立序论，以弁其端。爰自贞观至天祐，通得六百二十人，共诗五千七百六十九首，分为九十卷，总题曰《唐诗品汇》。呜呼！唐诗之倡，弗传久矣；唐诗之道，或时以明。诚使吟咏性情之士，观诗以求其人，因人以知其时，因时以辩其文章之高下，词气之盛衰，本乎始以达其终，审其变而归于正，则温柔敦厚之教，未必无小补云。

【译文】从此我就考虑问题深远极力搜寻，仔细审查取舍，最后收集了十二名大家，好几位名家的诗，相互照应，这样也删除了有大约数百诗，校订他们的诗歌体裁，按照体裁分类，然后以类别在分品味的目录，有上下，始终、正变，各自回目有绪论，以这样的名目品评。从贞观到元祐之间，通篇有六百多人，公选录诗五千七百六十九首，分为九十卷，总题目叫《唐诗品汇序》。哎呀，唐诗的倡导，没有得到流传已经很久了；唐诗之道或许以此就会明朗了。真诚的使那些喜欢吟咏性情的这些人，看诗的时候要探求这个人，因此人的来确定他的时代，因时代来判断文章的好坏高下，词发展的兴盛衰亡规律，本来是从始而终的，考察它们的变革而又回归于正途，那么就如同从容潇洒敦厚的教育的结果，这些未必是没有补益的。

何景明

何景明，明信阳人，字仲默，弘治进士，正德间历官陕西提学副使。志操耿介，与李梦阳并有国士风，两人所为诗文，初相得甚欢，名成后，互相诋諆。然天下语诗文，必并称何李。又与边贡、徐祯卿并称四杰，卒年三十九，有《何大复集》。

【译文】何景明，明朝信阳人，字仲默，明朝弘治年进士，在明正德年间官至陕西提学副使。性格耿直，淡泊名利，与李梦阳并称有学士之风，两人因为倡导诗文的原因，初自相识，两人颇为高兴，等到两人成名后，相互诋毁。但是天下的人说起他们都以何李相称。又与边贡、徐祯卿，称为“四杰”，死时三十九岁。有诗集《何大复集》。

与李空同论诗书

敬奉华牍，省诵连日，初怃然若遗，既涣涣然若有释也。发迷彻蔽，爱助激成，空同子功德我者厚矣！仆自念离析以来，单处寡类，格人逖德，程缺元龟，去道符爽，是故述作靡式，而进退失步也。空同子曰： 子必有谔谔之评。夫空同子何有于仆谔谔也，然仆有所自志者，何可弗一质之。

【译文】恭敬的捧着你的书信，连日来诵读深思，开始觉得茫然自失，好像丢了什么。后来心中的疑虑像冰遇到热一下子消融了。您的信对我启发很大，关心、帮助、激励我，希望我的事业有所成就。先生对我的功德太深厚了！我暗想，自从离开你以来，我生活的狭小的圈子里，远离朋友和有德之士，没有准则可以效仿而陷入偏狭错误之境。因此创作缺少方法样式，走上歧途。先生说“您对我一定有直言不讳的批评。”可先生对我曾有过什么直言不讳的教育吗？然而我的思想和行动怎么会没有质正的呢？

追昔为诗，空同子刻意古范，铸形宿镆，而独守尺寸。仆则欲富于材积，领会神情，临景构结，不仿形迹。《诗》曰：“惟其有之，是以似之。”以有求似，仆之愚也。近诗以盛唐为尚，宋人似苍老而实疏卤，元人似秀峻而实浅俗。今仆诗不免元习，而空同近作间入于宋。仆固蹇拙薄劣，何敢自列于古人？空同方雄视数代，立振古之作，乃亦至此，何也？凡物有则弗及者，及而退者，与过焉者，均谓之不至。譬之为诗，仆则可谓弗及者，若空同求之则过矣。

【译文】回想过去写诗，您一心一意的以古诗为典范，按照过去的就模子写作，形式规格不敢稍有分毫。我所追求的是广泛阅读，积累才学，领会精神，按照具体事物的景象进行构思描写，不单纯的模仿古人的形迹。《诗经》中说“惟其有之，是以似之”。以自己的心得为基础去学习和吸收，求得神似，这是我的愚见。近体诗以盛唐为最好，宋人诗看似劲健质朴，实则粗疏鲁莽，元人诗看似高雅灵秀，实则浅陋粗俗。我现在写的诗不免有元人的毛病，而先生近作，恐怕沾染了宋人的习气。我的智能本来蹩脚笨拙，才学贫乏粗劣，怎么敢与古人同列？先生正雄视唐宋以来的诗坛，以作自古以来未有之好诗自命，却也达到这种程度。原因何在？大凡事物都有准则，没有达到的，虽然达到了又后退的，或过了头的，都称之为没达到。譬如作诗，我的诗可以说是学古不及的，像先生的诗是学过了头。

夫意象应曰合，意象乖曰离，是故乾坤之卦，体天地之撰，意象尽矣。空同丙寅间诗为合，江西以后诗为离。譬之乐，众响赴会，条理乃贯；一音独奏，成章则难。故丝竹之音要眇，木革之音杀直。若独取杀直，而并弃要眇之声，何以穷极至妙，感精饰听也？试取丙寅间作，叩其音，尚中金石；而江西以后之作，辞艰者意反近，意苦者辞反常，色澹黯而中理披慢，读之若摇鞞铎耳。空同贬清俊响亮，而明柔澹、沉著、含蓄、典厚之义，此诗家要旨大体也。然究之作者命意敷辞，兼于诸义不设自具。若闲缓寂寞以为柔澹，重浊剜切以为沉著，艰诘晦塞以为含蓄，野俚辏积以为典厚，岂惟缪于诸义，亦并其俊语亮节悉失之矣！

【译文】主观意识与客观物象相符，叫做合；主观意识与客观物象相背叫做离。所以乾坤两卦，体现了天地阴阳等自然现象的变化规律，主观意识与客观物象达到完美的统一。先生丙寅年间所写的诗是主观和客观相统一的。迁江西提学副使以后写的诗，是主观与客观相背离的。譬如音乐，各种乐器齐奏，高低急缓合鸣，节奏和谐悦耳；如一乐独奏，就难成乐章。所以丝竹管弦之音精微美妙，木革打击乐之声短促低沉。如果独取短促低沉之乐，而舍弃了精微美妙的之音，奏出的音乐何以能及其神妙优美而动人动人心弦呢？试看先生丙寅年间写的诗，音调铿锵，还合于金石之声；而做了江西提学副使之后的诗，用词艰深而立意显得浅近，立意刻意求深，而词采却显得很平常。色彩暗淡而内在的纹理披离散慢，读之如单调的鼓铃声，很不悦耳。先生贬低清俊响亮的诗风，而重视柔淡，沉著，含蓄典厚的风格，这是诗人共同的宗旨，纲领。然而深入的探究作家的立意措辞，就会发现各种境界与风格，并不刻意为之而自然具备。如果把闲缓寂寞视为柔淡，把重浊剜切视为沉著，把艰诘晦涩视为含蓄，把粗鄙视为典厚，这样不仅有悖于上述各种境界风格，而且俊美的语言，响亮的音乐也就全都失掉了。

鸿荒邈矣，书契以来，人文渐朗，孔子斯为折中之圣，自余诸子，悉成一家之言。体物杂撰，言辞各殊，君子不例而同之也，取其善焉已尔。故曹、刘、阮、陆，下及李、杜，异曲同工，各擅其时，并称能言。何也？词有高下，皆能拟议以成其变化也。若必例其同曲，夫然后取，则既主曹、刘、阮、陆矣，李、杜即不得更登诗坛，何以谓千载独步也？

【译文】混沌蒙昧的时代已成为遥远的过去，人类自从有了文字以来，思想文化逐步发展，孔子的学说已经成为儒家谈论问题的准则。其它诸子百家也都著书立说，自成一家之言。他们各自按照自己的观察体会撰写文章，语言文字各具特色。后世学者不比照他们的作品按同一套子来写，而是汲取众家之长。所以曹植，刘祯，阮籍，陆机以及后世的李白，杜甫各取同工，各独步与当时文坛，并成为著名的诗人。原因何在呢，他们的作品虽然有高下之分，但都能在创作时，先考虑怎么样能符合成规而又有所变化创新。如果他们必须比照前人同一模式写作，然而才算可取，文坛已经有了曹刘阮陆这样的主要诗人，李白杜甫也就不可能再等诗坛，怎么还能说是千古独步呢？

仆尝谓诗文有不可易之法者，辞断而意属，联类而比物也。上考古圣立言，中征秦、汉绪论，下采魏、晋声诗，莫之有易也。夫文靡于隋，韩力振之，然古文之法亡于韩；诗弱于陶，谢力振之，然古诗之法亦亡于谢。比空同尝称陆、谢，仆参详其作：陆诗语俳，体不俳也，谢则体语俱俳矣，未可以其语似，遂得并例也。故法同则语不必同矣。仆观尧、舜、周、孔、子思、孟氏之书，皆不相沿袭，而相发明，是故德日新而道广，此实圣圣传授之心也。后世俗儒，专守训诂，执其一端，终身弗解，相传之意背矣。今为诗不推类极变，开其未发，泯其拟议之迹，以成神圣之功，徒叙其已陈，修饰成文，稍离旧本，便自杌梲，如小儿倚物能行，独趋颠仆。虽由此即曹、刘，即阮、陆，即李、杜，且何以益于道化也？佛有筏喻，言舍筏则达岸矣，达岸则舍筏矣。

【译文】我曾今说过，诗文有不可变更的法则，就是词语有所停顿而文意贯通一气，使类同的食物相联系，使相似的事物相比。仔细考究古圣贤的著书，以及秦汉的议论文和魏晋的诗歌，没有不是这样的。文章从隋代起，逐渐走向柔弱轻浮之路，韩愈力振古文之衰。然而古文之法从韩愈走向衰亡。诗从陶渊明开始走向萎弱，谢灵运极力振兴它，然而，古诗之法也从谢灵运开始走向衰亡。先生多次称赞陆机，谢灵运的诗，我详细研究了他们的作品，陆机的诗虽然多对句而并非偶体，谢灵运的语句，诗体都讲究偶对。不能因为语言风格相似，而把他们的诗做相提并论。因此作诗的法则相同，而语言风格不一定相同。我看尧舜周公，孔子，子思孟子等人的著书都不互相因袭，而是互相阐明和发挥。所以人们道德日新，政治主张，思想体系得以日益发扬。这正是圣人之间相互传授的思想啊！后代迂腐的儒生，拘于字句的解释，抓住一点，终身不解其意，这就是违背圣人相传的之意了。现在写诗，不能以同类相推，求得无穷无尽的变化，开拓新境界，消除模拟的痕迹，创作出伟大的作品，而是重复别人已经说过的话，修改润色就成了文章，稍稍离开旧的本子，就感到不安，如同小儿走路，倚物能行，离开物体就跌倒。如果这样写出的作品即使像曹刘阮陆李杜一样，这对于为诗之道又有什么好处呢？佛家以筏喻正法，到达涅槃彼岸，正法就应该舍弃了。

今空同之才，足以命世，其志金石可断，又有超代轶俗之见。自仆游从，获睹作述，今且十余年矣。其高者不能外前人也，下焉者已践近代矣。自创一堂室，开一户牖，成一家之言，以传不朽者，非空同撰焉，谁也？《易大传》曰“神而明之”，“存乎德行”，“成性存存，道义之门”。是故可能通古今，可以摄众妙，可以出万有，是故殊途百虑，而一致同归。夫声以窍生，色以质丽，虚其窍，不假声矣，实其质，不假色矣，苟实其窍，虚其质，而求之声色之末，则终于无有矣。北风便，冀反复鄙说，幸甚！

【译文】现在今天先生的文才，举世闻名，志向足以断金石且具有超越时代和世俗的见识。自从相识以来，我和先生一起活动，对先生的诗文，至今已经有十多年了。先生的诗作好的还未超越前人，其中坏的已经达到近人的地步。自创一堂室，立一门户，成一家之言，流传千古的非先生的诗作，又会是谁的呢？《周易大传》说“神而明之”，“存乎德行”，又说“成性存存，道义之门”所以有德行的人能够通晓古今，收取各家所长，可以创作出超过万物的杰作。所以可以通过各种思想和途径，达到一致的目标。各种声音是因为物体有孔而发生的，各种色彩以物体本质的固有者为美丽，有了孔窍，声音会自然发出来，不需要凭借外来的声音，充实物体固有的本质，色彩自然会美丽，不需要凭借外来的色彩。如果把物体的孔窍塞住，把物体固有的本质抽空，而求声色的外在形式，到头来连声色也没有了。书信邮寄很方便，希望能回答我的鄙陋之见，我将感到非常荣幸！

李梦阳

李梦阳，明庆阳人，徒开封，字献吉，弘治进士，授户部主事，武宗时，代尚书韩文属章劾刘谨，下狱免归，瑾诛，起官江西提学副使。以事夺职，家居跅负气，自号空同子，卒年五十九。梦阳才思雄杰，工诗古文。弘治时，宰相李东阳主文柄，天下翕然宗之，梦阳独讥其萎弱，倡言文必秦汉，诗必盛唐，非是者弗道。与何景明、徐禎卿、边贡、朱应登、顾璘、陈沂、郑善夫、康海、工九思等号十才子，又与景明禎、卿贡、海九思、王廷相号七才子，皆卑视一世，而梦阳尤甚。迨嘉靖朝，李攀龙、王士贞复奉以为宗。天下推李、何、王、李为四大家。无不争效具体。然后有讥梦阳诗文者，则谓其摹拟剽窃，得史迁少陵之似，而失其真焉。有《空同子集》。

【译文】李梦阳是明代庆阳人，迁开封，字献吉，弘治年间的进士，授予户部主事，武宗时，代尚书韩文一类弹劾刘谨，下狱免归，瑾被杀，起用江西提学副使。因事夺职，家居空荡，自号空同子，终年五十九。梦阳才思敏杰，善写古文。弘治时，宰相李东阳为文学盟主，天下一致尊崇，只梦阳讥讽他的萎靡，倡导文必秦汉，诗必盛唐，不尊崇的就是非道。和何景明、徐禎卿、边贡、朱应登、顾璘、陈沂、郑善夫、康海、贡九思等称十才子，又和景明禎卿贡海九思王廷相号七才子，都盛极一世，而梦阳尤甚。到嘉靖朝，李攀龙、王士贞又被认为是文宗，天下推举李、何、王、李为四大家，没有不争相效仿。之后有讥讽梦阳诗文的人，就说他摹拟剽窃，得史迁少陵之似，而失真。有《空同子集》。

驳何氏论文书

某再拜大复先生足下：前屡览君作，颇疑有乖于先法，于是为书，敢再拜献足下，冀足下改玉趋也。乃足下不改玉趋也，而即摘仆文之乖者以复我，其言辩以肆，其气傲以豪，共旨轩翕而峭嵺。仆始而读之，谓君我恢也；已而思之，我规也，犹我君规也。夫规人者，非谓其人卑也，人之见有同不同，仆之才不高于君，天下所共闻也。乃一旦不量，而虑子乖于先法，兹其情无他也。

【译文】某再拜，大复先生足下，以前多次您的作品，有点怀疑你违背了古人文章的法则，于是就写了信，又大胆的拜献给你，希望你能改变途径。可是你并不改变途径，而且挑剔文章中的差错了回应我。你的信言辞雄辩而直率，语气傲然而豪迈，意旨飘忽不定而惊人。我开始读它的时候，认为你在嘲笑我；读完以后想想你是在规劝我，同我规劝你一样。规劝别人不是认为被规劝的人低下，人们的见解有同有异。我的才能不比你高，是天下都知道的，我竟然这么不自量力，是担心你违背古人文章的法则，只是这种心情没有别的意思。

子摘我文曰："子高处是古人影子耳，其下者已落近代之口。"又曰："未见子自筑一堂奥，突开一户牖，而以何急于不朽？"此非仲默之言，短仆而谀仲默之言也。短仆者必曰："李某岂善文者，但能守古而尺尺寸寸之耳。必如仲默，出入由己，乃为舍筏而登岸。"斯言也，祸子者也。

【译文】你责怪我的文章说，你的上等作品是古人的影子而已，那些下等的作品已经下降到和近代一样的粗鄙。又说，没有见到你自成一家，开辟一个门户，为什么这么着急的传之使它不朽呢？这不是仲尼的话，是指责我奉承仲默的人说的话。指责我的忍耐一定会说，李某那里是善于文章的人啊，只能是刻板地模仿古人而做的尺尺寸寸没有差距罢了；必须像仲默那样，出入古人有自己的主见，能够射筏而登船。这样的话，是害你的话。

古之工，如倕如班，堂非不殊，户非同也，至其为方也，圆也，弗能舍规矩。何也？规矩者，法也。仆之尺尺而寸寸之者，固法也。假令仆窃古之意，盗古之形，剪截古辞以为文，谓之"影子"，诚可；若以我之情，述今之事，尺寸古法，罔袭其辞，犹班，圆倕之圆，倕，方班之方。而倕之木，非班之木也，此奚不可也。

【译文】古代的工匠，像倕，像鲁班，他们建造房子不一样，门庭也不相同，而他们不论做方的还是圆的，都不能离开规则。为什么呢，规矩，是法度。我所以尺尺寸寸不凡有出入，是坚持法度。假使我剽窃古人的意旨，盗用古人的段落结构，摘抄古人的词章句式，自然可以说这样的文章是影子。如果用我的感情，叙述现在的事物，遵守古人的法度，不沿袭古人的辞句，好像鲁班制圆形的器物用垂的圆规，倕制作方形的器物用鲁班的尺寸，而倕的木料，并不是鲁班的木料，这是为什么呢？

夫筏我二也，犹兔之蹄，鱼之筌，舍之可也。规矩者，方圆之自也，即欲舍之，乌乎舍！子试筑一堂，开一户，措规矩而能之乎？措规矩而能之，必并方圆而遗之可矣。何有于法！何有于规矩！故为斯言者，祸子者也；祸子者，祸文之道也。不知其言祸已与祸文之道，而反规之于法者是攻，子亦谓操戈入室者也。

【译文】筏子和我的是根本不同的，就像是捉兔子的网子，捕鱼的鱼竿，丢掉它们是可以的。但是规矩，方圆是靠它们来定的，就是想丢掉它们，又怎么能丢掉呢？你试试建造一间屋子，开一个门，不要规矩能够进行吗？不要规矩而进行，必然连方圆也是可以不要的，还有什么法度？还要什么规矩？所以说这话的人，是害你的人，害你的人原因，是破坏文章的正统。不知道这些话是害自己和破坏文章的正道，反而对遵守法度的人进行攻击，你也可以说是入室操戈的人了。

子又曰："孔、曾、思、孟，不同言而同至，诚如尺寸古人，则诗主曹、刘、阮、陆足矣，李杜即不得更登于诗坛。"《诗》云："人知其一，莫知其他。"予之同法也。尧舜之道，不以仁政，不能平治天下者也。子以我之尺寸者言也，览子之作，于法焉蔑矣，宜其惑之靡解也。

【译文】你又说，孔子，曾参，子思，孟子说的话不同而达到的目的相同。如果的确对古人的法度不能稍有出入，那么诗只取曹植，刘祯，阮籍，陆机就够了，李白杜甫就不能再等上诗坛了。《诗经》上说，人知起义，莫至其他。我有古人相同的就是法度，像尧舜的道路，不行人证不能平治天下这样的法度，而你却以为我实在模仿古人的言辞。看你的作品，已经不要法度了，我当然困惑不能理解。

阿房之巨，灵光之岿，临春、结绮之侈丽，扬亭、葛庐之幽之寂，未必皆倕与班为之也；乃其为之也，大小鲜不中方圆也。何也？有必同者也。获所必同，寂可也，幽可也，侈以丽可也，岿可也，巨可也。守之不易，久而推移，因质顺势，融熔而不自知。于是为曹为刘，为阮为陆，为李为杜，即令为何大复，何不可哉！此变化之要也。故不泥法而法尝由，不求异而其言人人殊。《易》曰："同归而殊途，一致而百虑"，谓此也。非自筑一堂奥，自开一户牖，而后为道也。

【译文】阿房宫那样的巨大的宫殿，那样的岿然，临春阁，结绮阁那样的侈丽。子云亭，诸葛庐那样的幽静，寂静，未必都是倕与鲁班所建造的，这些建筑的建造，不论是大小，很少是不合规则的。为什么呢？因为有共同的洗染规律。掌握这个规律，可以描写寂静，可以描写幽静，可以描写侈丽，可以描写岿然，可以描写巨大。坚守古人的规则不变，经过长久的时间而逐渐推移，依据本身的条件和客观形势，不知不觉地就把古人的法度融合贯通了。那么做的象曹，刘，阮籍，陆机，像 李白，杜甫，就是像今天的何大复，有什么不可以的呢？这是变化的关键。因此不拘泥御法度而自然顺循法度，不故意标新立异，而又人人言论不同。《易经》上说，同归而殊途。一致而百虑，就是说的这个意思，不是自己建造一间正方，自己开辟一个门户，而后才能实行啊。

故予尝曰：作文如作字，欧、虞、颜、柳字不同而同笔，笔不同，非字矣。不同者，何也？肥也，瘦也，长也，短也，疏也，密也。故六者，势也，字之体也，非笔之精也。精者，何也？应诸心而本诸法者也。不窥其精，不足以为字，而矧义之能为！文犹不能为，而矧能道之为！

【译文】因为我曾经说，作文如写字，欧阳询，虞世南，颜真卿，柳公权四大家，字体不同但是笔法相同。笔法不同，写出的字就不是字了。他们的字不同的是什么呢，笔划和结构，有胖，有瘦，有长有短，有疏有密。所以这六者是体势，是字体，不是用笔的精要。用笔的精要是什么呢？就是要适应心意而又遵循书法规则。不掌握这个精要，谈不到写字，又何况作文章呢？还不能去做文章，又何况去宣扬道理呢？

仲默曰："夫为文，有不可易之法，辞断而意属，联物而比类。"以兹为法，宜其惑之难解，而谀之者易摇也。假令仆即今为文一通，能辞不属，意不断，物联而类比矣，然于情思涩促，语崄而硬，音失节拗，质直而麄，浅谫露骨，爰痴爰枯，则子取之乎？故辞断而意属者，其体也，文之势也；联而比之者，事也；柔澹者，思也；含蓄者，意也；典厚者，义也；高古老，格也；宛亮者，调也；沉着、雄丽、清峻、闲雅者，才之类也。而发于辞，辞之畅者其气也，中和者气之最也。

【译文】仲默说，作文章有不变的法则，言有尽而意无穷，理想，比喻。以这个做法则，当然让人迷惑难解，而使奉承他的人不好奉承。假使我现在就做一篇文章，能够使文辞不连接意思不中断，并运用联想和比喻，然而其中的文思不通畅，用语艰险生硬，音律不协调圆润，辞句简陋粗疏，文章浅显不含蓄，文情呆滞又枯燥，那么你认为可取吗？因而词尽而意思不尽，是一种体制，属于文章的七十，联想和比喻，属于用典和叙事的方法。柔和冲淡属于文思，含蓄不露属于文意，典雅敦厚属于文章的义理。高妙古雅是指文章的体势，婉转响亮是指声律，沉着，雄浑，清俊，闲雅属于作者的才性，而通过文辞表现出来。文辞的畅达，是文气的作用，文气中最高的就是中正和平的之气了。

夫然，又华之以色，永之以味，溢之以音，是以古之文者，一挥而众善具也。然其翕辟顿挫，尺尺而寸寸之，未始无法也，所谓圆规而方矩者也。且士之文也，犹医之脉，肌脉濡弱、紧数、迟缓相似，而实不同，前予以柔澹、沉着、含蓄、典厚诸义，进规于子，而救俊亮之偏。而子则曰：“必闲寂以为柔澹，浊切以为沉着，艰窒以为含蓄，俚辏以为典厚，岂惟谬于诸义，并俊语亮节悉失之矣。”

【译文】能够以中正和平之气做文章，再使文章的辞句华丽，韵味悠长，香气洋溢。正因为古人如此作文，一挥笔就具备了各种优点。然而他们文意的展开收拢，声调的抑扬顿挫，整个结构和辞句的安排，却不是没有法度的，就是所说的以规画圆和以矩成方那样的法度。再说士人的文章，好像中医诊脉，脉象中濡脉和溺脉，紧脉和数脉，迟脉和缓脉，他们相似而又确实不同。以前我拿柔淡，沈着，含蓄，典雅几种风格，来规劝你，希望能纠正你风格俊亮的偏弊。而你却说，倘若把舒缓空洞作为柔淡，把重浊雕琢作为沈着，把晦涩当做含蓄，把粗野俚俗凑集起来作为典厚，按摩就不但是风格的谬误，连那清俊的语言和响亮的音节，完全失去了。

吾子于是乎失言矣。子以为濡可为弱，紧可为数，迟可为缓邪？懦弱、紧数、迟缓不可相为，则闲寂独可为柔澹，浊切可为沉着，艰窒可为含蓄，俚辏可为典厚邪？吁！吾子于是乎失言矣！

以是而论文，子于文乎病矣。盖子徒以仆规子者过言靡量，而遂肆为峭嵺之谈，摘仆之乖以攻我，而不知仆之心无他也。仆之文，千疮百孔者，何敢以加于子也，诚使仆妄自以闲寂、浊切、艰窒、俚辏为柔澹、沉着、含蓄、典厚，而为言黯惨，有如摇鞞击铎，子何不求柔澹、沉着、含蓄、典厚之真而为之，而遽以俊语亮节自安邪？此尤惑之甚者也。

【译文】你在这个地方失言了！你以为濡脉可以使溺脉，紧脉可以使数脉，迟脉可以是缓脉吗？濡溺紧数迟缓六种脉象，不能互相代替，那么舒缓空洞难道就可以当做柔淡，重浊雕刻就可以是当做沈着，艰涩可以当做是含蓄，俚俗的凑集可以当做事典厚吗？嘘！你在这个地方失言了！

根据这些评论文章，你写的文章就是缺点了。原来你只是因为我规劝你的言辞分量过重，而就任意发表空洞的不且实际的谈论，指责我的短处来攻击我，而不知道我的心里并没有别的意思。我的文章千疮百孔，怎么敢用来攻击你呢。果真是我错把舒缓空洞，重浊雕琢，艰涩，俚俗当做是柔淡，沈着，含蓄，典厚，那么所说的言辞暗淡犹如摇小鼓，小铃一样微弱，你问什么不做到真正的柔淡，沈着，含蓄，典厚，而竟然以语言清俊音节响亮就自满了呢？这尤其非常糊涂啊！

仆聪明衰矣，恒念子负振世之才，而仆叨通家骨肉之烈，于是规之以进其极，而复极论以冀其自反，实非自高以加于子。《传》曰：“改玉改行。”子诚持坚白不相下，愿再书以复我。

【译文】我的耳朵衰弱了，常常想到你具有振世才华，而我有幸属于你的亲密世交，因此竭力的进言规劝你，而且再用严厉的论证希望引起你自己的反省，实在不认认为我高出与你之上。《左传》说，改步改玉。你如果坚持诡辩不肯认错，希望再写信答复我！

再与何氏书

前书与子论文备矣，然仆犹谓不证诸事，则空言不切，不切不信。夫子近作，乖于先法者，何也？盖其诗读之若抟沙弄泥，散而不莹，又粗者弗雅也。如《月蚀诗》“妖遮赤道行”是耳。然阔大者鲜把持，又无针线。古人之作。其法虽多端，大抵前疏者后必密，半阔者半必细，一实者必一虚，叠景者意必二，此予之所谓法，圆规而方矩者也。沈约亦云，若前者有浮声，则后须切响，一简之内，音韵尽殊，两句之中，轻重悉异，即如人身，以魄载魂，生有此体，即有此法也。诗云。有物有则。故曹，刘 阮，陆，李，杜能用之而不能异，能异之而不能不同，今人止见其异，而不见其同，宜其谓守法者为影子，而支离失真者以筏登岸自宽也。夫文与字一也，今人模临古帖，即太似不嫌，反曰能书。何独至于文，而欲自立一门户邪？自立一门户，必如陶之不冶，冶之不匠，如孔之不墨，墨之不杨邪？此亦足以类推矣！

【译文】上次与你论说已经很完备了，但是我认为没有举例论证说服，那么就显得空洞不确切，不确切就不能让人信服。你最近的作品，与违背以前的诗文法度，这是问什么呢？大概是是读起来如泥沙散装无味，诗文松散而且不出众，而且粗俗不典雅。如《月蚀诗》“妖遮赤道行”。然而视野开阔的很少人制约，有没有针线。古人的作品，虽然法度很多，但是大概是前面松散，后面就浓密，一半是已经阔大，一半很细致。一个写实，一个写虚的，景色多的必有其另外的指涉。这就是所说的诗文法度，也就是方圆的规矩。沈约也说，如果诗文前有飘忽不定的因素，那么诗文后就必须有卒章显志的作用。一个篇章之内，韵味全部不同，两句之中，详略也不同，就如同人的身体，用魄力来承载展现人的精神，人就有这种方式，诗文也就有这种法度。诗经上说，上天生下了众民，有事物就有法则。所以曹植，刘帧，陆机，李白，杜甫，都能使用这种法度，但是却都不相同，各不相同的就让相同，这是现在人的仅仅看到不同而已，却没有看到相同的，这就是通常说的固守法度，而且诗文支离破碎失去真诚，就好比渡河之后小周就可以舍去了啊。诗文与文字，现在的人去模仿古代的书法名帖，即使很相似但是却不觉得很满意，反而说可以书写了。对于这样的诗文，如果想自创一个书法派别，怎么可以呢？ 自创一个派别，必须陶冶性情，而不不要过分的装扮，过分的修饰而且不专业，就如同空身子不是墨子，墨子不是杨朱一样吗？这些是可以以此类推的。

且仲默《神女赋》《帝妃篇》南游日，北上年四句接用，古有此法乎？水亭菡萏，风殿薜萝，意不一乎？盖君诗徒知神情会处，下笔成章为高，而不知高而不法，其势如搏巨蛇，驾风螭，步骤即奇，不足训也。君诗结语太咄易，七言律与绝句等更不成篇，亦寡音节。百年万里，何其层见而叠出也。七言若剪得上二字，言何必七也。

【译文】况且仲默的《神女赋》《帝妃篇》南游之日，中有北上年四句连接使用，古代就有这样的法度！“水亭菡萏，风殿薜萝”意思不一样吗？大概是您的诗仅仅知道心领神会，下笔成章提的很高，但是去不知道意境高远但却不知道怎么开始，这样的局面就如同与巨蛇搏斗，骑着一架风龙，步调就很奇怪，这是不值得教诲的了。您的诗结尾处显得太出口成章，缺乏炼字炼句的功夫，七言律诗与绝句等诗文更是这样，也是很少有音律节制的。许多年，什么时候看到过这样的层峦叠嶂的诗文呢。七言律诗，如果减去两个字，那么就不需要说七言了！

仆非知诗者，剧谈偏见．幸君自裁之耳。君必苦读子昂，必简诗，庶获不远之复，亦知予言之不佞。不然，终身野狐外道耳。狂悖弗自觉，缕缕至此，悚惧，悚惧。

【译文】我对诗不是怎么的懂，谈说的可能存在偏见，希望您自己斟酌删减着看这篇书信。您一定是刻苦钻研陈子昂，杜审言的诗，这样所得到的就不是重复是所得到的了，也了解到所说的也是不是妄加评判。如果不这样，您可能是终究是异端而已。您纵情任性不混乱自己觉悟，那么条分缕析，我感到很恐惧害怕啊！

钱谦益

钱谦益，清常熟人，字受之，号牧斋，明万历进士，官至礼部侍郎，坐事削籍归。福王时，召为礼部尚书，多铎定江南。谦益迎降，授礼部右侍郎，旋归乡里，以文章标榜江南。后进奉为坛坫，尝辑明人诗为《列朝诗集》，于李梦阳、王世贞辈所作，诋其务为诘咄之辞以相高，仿古而无实，排斥最力，著有初学有学二集，乾隆时以其语涉诽谤，版被禁毁，清末始有印行者。

【译文】钱谦益是清代常熟人，字受之，号牧齐，明万历进士，官至礼部侍郎，因犯事削籍回家。福王时，召见拜为礼部尚书，多次转折定居江南。钱谦益降清，授礼部右侍郎官职，不久归乡里，以文章称颂江南。后进奉为坦玷官，曾编辑明人诗作为列朝诗集，于李梦阳、王世贞辈的作品，诋毁其努力诘咄的言辞赞颂，一味仿古而无实际内容，排斥最力，著有初学有二集，乾隆时因其语涉诽谤，被禁毁，清末才有印行本。

徐元叹诗序

自古论诗者，莫精于少陵别裁伪体之一言。当少陵之时，其所谓伪体者，吾不得而知之矣。宋之学者，祖述少陵，立鲁直为宗子，遂有江西宗派之说，严羽卿辞而辟之，而以盛唐为宗，信羽卿之有功于诗也。自羽卿之说行，本朝奉以为律令，谈诗者必学杜，必汉、魏、盛唐，而诗道之榛芜弥甚。

【译文】从古到今论诗的人，没有不精通杜甫的对诗歌要分别裁定，加以取舍的太态度。在杜甫的时代，所说形式主义诗歌流派，我当然不知道的。宋代的儒生们，把杜甫的是作为师祖来对待，以黄庭坚为诗歌宗师地位，于是有江西宗派的说法。严羽的态度是排斥它的，但是却是以盛唐诗歌为宗师，相信严羽所做的是对诗歌发展是有贡献的。从此严羽的论诗方式的到推行，本朝开始颁布以此作为法令规则，谈论诗的必须要学习杜甫，汉，魏，盛唐的诗歌，但是诗歌创作的道路是更加杂乱。

羽卿之言，二百年来，遂若涂鼓之毒药甚矣！伪体之多，而别裁之不可以易也。呜呼！诗难言也。不识古学之从来，不知古人之用心，徇人封己，而矜其所知，此所谓以大海内于牛迹者也。王、杨、卢、骆，见哂于轻薄者，今犹是也，亦知其所以劣汉、魏而近《风》《骚》者乎？

【译文】严羽所说的，两百多年来，就像给鼓上投毒一样过分。形式主义的诗歌这样的多，但是取舍裁定诗歌的这种态度是不可以改变的啊。哎呀，诗真的很难说啊。从来不通晓古代的人学习诗歌是怎么样的，不了解过去的人的心思，顺从的人已经没有了。而且现在所知道的，就像是在大海中寻找牛的痕迹一般啊。王勃，杨炯，卢工，骆宾王，被人轻视，今天也是一样的啊，也是知道比不过汉，魏诗歌，接近风骚的是诗风的原因吗？

钩剔抉摘，人自以为长吉，亦知其所以为《骚》之苗裔者乎？低头东野，慬而师其寒饿，亦知其所谓横空磐硬，妥帖排奡者乎？数跨代之才力，则李、杜之外，谁可当鲸鱼碧海之目？论诗人之体制，则温、李之类，咸不免风云儿女之讥。先河后海、穷源溯流，而后伪体始穷，别裁之能事始毕。虽然，此益未易言也。其必有所以导之。导之之法维何？亦反其所以为诗者而已。

【译文】搜求剔去、抉择，人人自己认为李贺的独特诗风，也知道认为是骚体的后代的原因吗？孟郊与韩愈，了解到做老师的苦寒饥饿，也是知道所说的象磐石一样横空出世，稳当适当的排列的原因吗？多次横跨几个时代的才学力量，那么是在李白，杜甫之外的，谁能在碧海之中掣鲸鱼啊？论说诗人诗的体例风格，就像温庭筠，李商隐一类的，不免被人讥笑说是有儿女之情！先长江，后是大海，追本溯源，那么形式主义的作品就走到了末路，取舍，裁定诗文的是就可以算是完成了。虽然，这是好事，但是并非是轻易靠说就能改变的。这一定要有疏导，引导的因素。引导的方式是什么呢？这也就是所以做诗的原因吧

《书》不云乎：“诗言志，歌永言。”诗不本于言志，非诗也。歌不足以永言，非歌也。宣己谕物，言志之方也。文从字顺，永言之则也。宁质而无佻；宁正而无倾；宁贫而无僦；宁弱而无剽；宁为长天晴日，无为盲风涩雨；宁为清渠细流，无为浊沙恶潦，宁为鹑衣短褐之萧条，无为天吴紫凤之补坼，宁为粗粝之果腹，无为荼堇之螫唇；宁为书生之步趋，无为巫师之鼓舞；宁为老生之庄语，无为酒徒之狂詈；宁病而呻吟，无梦而厌

吃；宁人而寝貌，无鬼而假面；宁木客而宵吟，无幽独君而昼语。

【译文】汉书上不是说，诗是抒发志向兴致的，歌谣是来吟咏的言论。如果诗不用来表明心志的话，那么就不是诗了。歌谣如果不不足以吟咏言论，就不是歌谣了。宣传自己的主张以事物作为代指，这是言说旨趣的方式啊。文章顺从依存字句的通顺，这是永言的法则啊。宁愿朴素单纯，也不要绮靡；宁愿要雅正也不要过度；宁愿固守贫穷，也不要施舍，宁愿瘦弱也不要粉饰，宁愿长天白日的，也不要晦涩难懂的诗风，宁愿清新雅致，也不要沉渣泛起；宁愿穿鹌鹑的粗布衣服显得萧条，也不要为了古旧而做出补裂缝的诗；宁愿要吃的是粗茶淡饭只能吃饱肚子，也不要吃荼堇而螫了嘴唇；宁愿做书生亦步亦趋的走，也不要向巫师那样手舞足蹈，宁愿要老生常谈的庄子的清淡，也不要像酒肆中的酒鬼狂骂不止，宁愿得病了呻吟疼痛，也不要像梦一样说梦话，宁愿做个人，不要像装鬼的那样做个假面，宁愿做个伐木工，夜晚吟诗，也不要像白天一个人没事说胡话。

导之于晦蒙狂易之日，而徐反诸言志咏言之故，诗之道其庶几乎？徐元叹少工为诗，隐长城艺香山中，筑室奉母数年，而其诗益进。元叹之为人，淡于荣利，笃于交友，苦心于读书，而感愤于世道，皆用以资为诗者也。元叹之诗，为一世之所宗。则夫别裁伪体，使学者志于古学而不昧其所从，元叹之责也。余故于元叹之刻其诗而举以告之，且以为学元叹之诗者告焉。嗟乎！江西之宗，不百年而羽卿辟之。本朝之学诗者三变，而榛芜弥甚，元叹之不辞而辟之者，何也？

【译文】诗文走向了晦涩难懂的地步，这就是徐元叹反向而为之都追求表示旨趣，想法的这样做的原因。从诗的道路究竟有多少啊？徐元叹很少擅长作诗，在长城一香山中隐居，建造房屋侍奉母亲很多，但是他的诗风也有很大进步。元叹做人，淡于功名利禄，喜欢交朋友，特别喜欢读书，但是感慨时际，都用在了诗里了。元叹的诗，也算是一代的宗师了。甄别取舍形式主义，使儒生们致力于古代的学习方式，但不用盲从，这是元叹的责任啊。我所以在元叹刻录这些诗的时候都告诉了他，也告诉学习元叹的诗的这些人吧。咳，江西诗派不到百年，严羽就排斥它了。本朝的学诗的人有三变，但是都杂乱更加严重，元叹不讲究文辞但是排斥这些，这难道不是原因吗？

顾炎武

顾炎武，清昆山人，字宁人，号亭林，明诸生。康熙间，荐举鸿博，修明史，皆不就，晚年卜居华阴，著述甚富，而《日知录》尤有名，为清代朴学之宗。论诗文之语，皆根本经史，切中肯要，卒年七十。

【译文】顾炎武是清朝昆山人，字宁人，号亭林，明诸生，康熙间，被举荐为鸿博，修明史，他不去。晚年居住在华阴，著述颇多，但是《日知录》最为著名。开清代朴学风气，诗文、诗论都是都是以经史为根本，注重考证。死时七十岁。

论诗五则

（《日知录》）

五经中多有用韵

古人之文，化工也，自然而合于音，则虽无韵之文而往往有韵，苟其不然，则虽有韵之文而时亦不用韵，终不以韵而害意也，《三百篇》之诗，有韵之文也，乃一章之中有二三句不用韵者，如“瞻彼洛矣，维水泱泱”之类是矣。一篇之中有全章不用韵者，如《思齐》之四章、五章，《召旻》之四章是矣。又有全篇无韵者，《周颂·清庙》、《维天之命》、《昊天有成命》、《时迈》、《武》诸篇是矣。说者以为当有余声；然以余声相协而不入正文，此则所谓不以韵而害意者也。孔子《赞易》十篇，其《彖象传》、《杂卦》五篇用韵，然其中无韵者亦十之一。《文言》、《系辞》、《说卦》、《序卦》五篇不用韵，然亦间有一二，如“鼓之以雷霆，润之以风雨。日月运行，一寒一暑。乾道成男，坤道成女。”“君子知微知彰，知柔知刚，万夫之望。”此所谓化工之文，自然而合者，固未尝有心于用韵也。

【译文】五经中很多都用韵，这是古人擅长把诗文变化之处，自然而然的合乎与音律。即使没有音律的文章，那么也往往也是押韵的，如果不是这样的，即使有押韵的文章但是有时也是不用韵的，终究不能因为要求押韵而伤害的文意。三百篇这样的诗，是有押韵的文章，竟然一章之内有两三句不押韵，如“瞻彼洛矣，维水泱泱”这一类。一篇之中有的全章不押韵，例如《思齐》之四章、五章，《召旻 》第四章。又有全篇不压韵的，如《尚书》中《周颂·清庙》、《维天之命》、《昊天有成命》、《时迈》、《武》等篇。有的人认为文章应该有押韵，但是押韵与文章相互协调而不影响正文的意思，这就是所说的不要为了押韵而损伤的文章的表达意义。孔子《赞易》十篇，其中《彖象传》、《杂卦》五篇用韵角，但是其中没有押韵的也有十分之一多。《文言》、《系辞》、《说卦》、《序卦》五篇没有押韵，但是也有其中一两篇押韵的，例如“鼓之以雷霆，润之以风雨。日月运行，一寒一暑。乾道成男，坤道成女。”“君子知微知彰，知柔知刚，万夫之望。”这就是所说的擅长变化的诗文，要求自然并且相合契合，这样并不需要专心的问了押韵而做文章。

《尚书》之体本不用韵，而《大禹漠》：“帝德广运，乃圣乃神，乃武乃文，皇天眷命，奄有四海，为天下君，”《伊训》：“圣漠洋洋，嘉言孔彰，惟上帝不常。作善，降之百祥；作不善，降之百殃。尔惟德罔小，万邦惟庆；尔惟不德罔大，坠厥宗。”《太誓》：“我武惟扬，侵于之疆。取彼凶残，我伐用张，于汤有光。”《洪范》：“无偏无陂，遵王之义；无有作好，遵王之道；无有作恶，遵王之路；无偏无党，王道荡荡；无党无偏，玉道平平；无反无侧，王道正直。”皆用韵。

【译文】《尚书》的体例本来是不要求押韵的，但是其中的《大禹漠》：“帝德广运，乃圣乃神，乃武乃文，皇天眷命，奄有四海，为天下君，”《伊训》：“圣漠洋洋，嘉言孔彰，惟上帝不常。作善，降之百祥；作不善，降之百殃。尔惟德罔小，万邦惟庆；尔惟不德罔大，坠厥宗。”《太誓》：“我武惟扬，侵于之疆。取彼凶残，我伐用张，于汤有光。”《洪范》：“无偏无陂，遵王之义；无有作好，遵王之道；无有作恶，遵王之路；无偏无党，王道荡荡；无党无偏，玉道平平；无反无侧，王道正直”都是押韵的。

又如《曲礼》：“行前朱鸟而後玄武，左青龙而右白虎，招摇在上，急缮其怒。”《礼运》：“玄酒在室，醴泉在户，粢醍在堂，澄酒在下。陈其牺牲，备其鼎俎，列其琴瑟，管磬钟鼓。修其祝嘏，以降上神。与其先祖，以正君臣，以笃父子，以睦兄弟，以齐上下，夫妇有所，是谓承大之祜。”《乐记》：“夫古者，天地顺而四时当，民有德而五穀昌，疾疢不作而无妖祥，此之渭大当。然後圣人作，为父子君臣，以为纪纲。”《中庸》：“故君子不可以不修身，思修身不可以不事亲，思事亲不可以不知人，思知人不可以不知天。”《孟子》：“师行而粮食，饥者弗食，劳者弗息，睊睊胥谗，民乃作慝。方命虐民，饮食若流，流连荒亡，为诸侯忧。”凡此之类，在秦汉以前诸子书并有之。太史公作赞，亦时一用韵，而汉人乐府诗反有不用韵者。

【译文】又如《曲礼》：“行前朱鸟而後玄武，左青龙而右白虎，招摇在上，急缮其怒。”《礼运》：“玄酒在室，醴泉在户，粢醍在堂，澄酒在下。陈其牺牲，备其鼎俎，列其琴瑟，管磬钟鼓。修其祝嘏，以降上神。与其先祖，以正君臣，以笃父子，以睦兄弟，以齐上下，夫妇有所，是谓承大之祜。”《乐记》：“夫古者，天地顺而四时当，民有德而五穀昌，疾疢不作而无妖祥，此之渭大当。然後圣人作，为父子君臣，以为纪纲。”《中庸》：“故君子不可以不修身，思修身不可以不事亲，思事亲不可以不知人，思知人不可以不知天。”《孟子》：“师行而粮食，饥者弗食，劳者弗息，睊睊胥谗，民乃作慝。方命虐民，饮食若流，流连荒亡，为诸侯忧。”凡属于这里类的，在秦汉以前的诸子百家中都是存在的。司马迁所用的，也是有时用，有时不用。但是到了汉代的乐府诗却不用韵脚了。

古诗用韵之法

古诗用韵之法大约有三：首句、次句连用韵，隔第三句而于第四句用韵者，《关雎》之首章是也，凡汉以下诗及唐人律诗之首句用韵者源于此；一起即隔句用韵者，《卷耳》之首章是也，凡汉以下诗及唐人律诗之首句不用韵者源于此；自首至末，句句用韵者，若《考槃》、《清人》、《还》、《著》、《十亩之间》、《月出》、《冠素》诸篇，又如《卷耳》之二章、三章，四章，《车攻》之一章、二章、三章、七章，《长发》之一章、二章、三章、四章、五章是也。

【译文】古诗用韵脚的法度有三条，一是，首句第二句连用韵脚，而后第三句第四句，用一个韵脚，《关雎》的第一句就是这样的，从汉代以来的诗文以及唐人的律诗的首句用韵脚的渊源就在这里；二是隔一句而用一个韵脚。《卷耳》的第一章就是这样的。从汉代以来的诗文以及唐人的律诗的首句不用韵脚的渊源就在这里；第三，从首句到文末句句都用韵脚的，例如《考槃》、《清人》、《还》、《著》、《十亩之间》、《月出》、《冠素》这些篇章，又如《卷耳》的第二章、第三章，第四章，《车攻》的第一章、第二章、第三章、第七章，《长发》的第一章、第二章、第三章、第四章、第五章就是这样的。

凡汉以下诗若魏文帝《燕歌行》之类源于此。自是而变则转韵矣。转韵之始亦有连用、隔用之别，而错综变化不可以一体拘。于是有上下各自为韵，若《兔罝》及《采薇》之首章，《鱼丽》之前三章，《卷阿》之首章者。有首末自为一韵，中间自为一韵，若《车攻》之五章者。有隔半章自为韵，若《生命》之卒章者。有首提二韵，而下分二节承之，若《有替》之篇者。此皆诗之变格，然亦莫非出于自然，非有意为之也。

【译文】凡是从汉代以来的诗文就如同魏文帝的《燕歌行》这一类渊源就在此。只是句式变化而产生了转韵的情况。转韵开始也是有连用，隔用的分别，其中错综复杂不可以拘泥于一种法度的制约。于是就有了上下句式各自为韵脚的句式，例如《兔罝》及《采薇》的首章，《鱼丽》的前三章，《卷阿》之首章。也有从句首到文末用一个韵脚的，中间用一个韵脚的情况，例如若《车攻》之五章者。也有的隔半章重新做一个韵的，例如若《生命》的最后一章。也有首句末两个韵脚的，这样的分为两个章节，相互承接。例如有《有替》这样的文章。这都是诗文改变风格的造成的，但是这不是不自然而成的，不是有意而这样做的。

诗有无韵之句

诗以义为主，音从之。必尽一韵无可用之字，然後旁通他韵，又不得于他韵，则宁无韵。苟其义之至当，而不可以他字易，则无韵不害。汉以上往往有之。“暮投石壕村，有吏夜捉人”，两韵也，至当不可易。下句云：“老翁逾墙走，老妇出门看，”则无韵矣，亦至当不可易。古辞《紫骝马歌》中有“舂谷持作饭，采葵持作羹”二句无韵。李太白《天马歌》中有“白云在青天，丘陵远崔嵬”二句无韵。《野田黄雀行》首二句“游莫逐炎洲翠，栖莫近吴宫燕”无韵。《行行且游猎篇》首二句“边城儿生年，不读一字书”，无韵。

【译文】诗也有不押韵的句式，诗是以意蕴为主要的，音律，押韵是属于从属地位的。如果一定要为了押韵而去找一个韵脚，然后去从别的句子中用其他的韵，但是又找不到合适的韵脚，那么还不如不押韵的好。倘若文意至关重要的话，那么就不要刻意的去改变字，以求的押韵，这样的话不押韵也不妨碍意义的表达。汉代之前这样的情况时有的。“暮投石壕村，有吏夜捉人”，用了两个韵脚也，至关重要不能轻易改变的。下一句说：“老翁逾墙走，老妇出门看，”则没有押韵，至关重要不可改变的。古代的辞《紫骝马歌》

中有“舂谷持作饭，采葵持作羹”二句没有押韵。李大白的《天马歌》中有“白云在青天，丘陵远崔嵬”两二句也没有押韵。《野田黄雀行》开始的两句“游莫逐炎洲翠，栖莫近吴宫燕”没有押韵。《行行且游猎篇》开始的两句“边城儿生年，不读一字书”，没有押韵。

古人不用长句成篇

古人有八言者“胡瞻尔庭有悬貊兮”是也。有九言者，“凛乎若朽索之驭六马”是也。然无用为全章者，不特以其不便于歌也，长则意多冗，字多懈。七言排律所以从来少作，作亦不工者。何也？意多冗也，字多懈也。为七言者必使其不可裁而后工也，此汉人所以难之也。

【译文】古代的诗文有八字的，如“胡瞻尔庭有悬貊兮”。有九个字的，“凛乎若朽索之驭六马”。但是不要为了全章，为了平常而使得不易于歌唱，字数太多意义冗繁，而且字意思歧义。所以七言排律诗的字数就很少，作者也不在这方面下工夫了。这是为什么呢？这就是字数多了，意义多而且冗繁，字有多有歧义就多。做七言诗的人，一定是先不取舍，等到完成后在多加工，这就是汉人之所以作诗艰难的原因所在。

诗体代降

三百篇之不能不降而楚辞，楚辞不能不降而汉、魏，汉、魏之不能不降而六朝，六朝之不能不降而唐也，势也。用一代之体则必似一代之文，而后为合格。诗文之所以代变，有不得不变者。一代之文沿袭已久，不容人人皆道此语。今且千数百年矣，而犹取古人之陈言一一而摹仿之，以是为诗，可乎？故不似则失其所以为诗，似则失其所以为吾。李、杜之诗所以独高于唐人者，以其未尝不似，而未尝似也。知此者，可与言诗也已矣。

【译文】诗体风格变化以来，《诗经》三百篇不能不为楚辞所继承，楚辞不能不为汉魏所继承，汉魏不能不为六朝诗文所继承，六朝的诗文不能不为唐代诗文所继承，这是趋势啊。用一个时代的法度风格，那么必然模仿这个时代的诗文，才能被接受。诗文的变革原因，这是不得不变化的。一代的文风被模仿的很久了，就不能被人接受了。现在数千年了，就如同拿古人的陈词滥调还逐一模仿，认为这样才是诗，这怎么可以呢？因此，不继承古代人的诗，就会失去诗所以被认为是诗的原因，继承就会失去自己的风格。唯独李白，杜甫的诗文之所以高出唐代的诗文的原因，就是因为尝试着继承，但是又尝试着不继承。知道这些，就可以评论诗文了。

侯方域

侯方域，清商邱人，字朝宗，性豪爽，多大略，明末随父居京师，与桐城方以智、如皋冒襄、宜兴陈贞慧称四公子。以东都清议自持，入清中顺治副榜，初放意声伎，已而悔之，发愤为古文，才气横溢，与长洲汪婉、宁都魏禧称三大家，卒年三十七。有《壮悔堂文集》。

【译文】侯方域是清代商邱人，字朝宗，性情豪爽，有雄才大略，明末随父移居京师，与桐城方以智、如皋冒襄、宜兴陈贞慧称四公子。因东都清议自守，入清中顺治副榜，初畅快述怀，已而毁之，发愤为古文，才气横溢，和长洲汪琬、宁都魏禧称三大家，终年三十七岁，著有《壮悔堂文集》。

陈其年诗序

陈其年有著述材，尤工诗。往余居梁园，去义兴千余里，其年再以书来，属余为论序。余报之曰："风雅之道，于今绝矣，得子诚未易，此非可卒卒笔墨尽也。行当渡江，为吾子言之。"

【译文】陈其年有著书的才能，并且擅长作诗。以前我住在河南商丘的时候，离宜兴有千里之远，陈其年两次寄来书信，嘱托我为他的诗论作序。我对他说，风雅的传统，到今天已经绝迹，得到你的文章很不容易，这不是简单的笔墨能说的完的。我正渡江，这是我对你说的。

后三年，而余至，其年之诗已成数百篇，典则高华，风致特胜。余叹绝，谓其年：子知明诗之所以盛与所以衰乎？当其盛也，北地信阳为之宗，而郎邪历下之辈，相与鼓吹而羽翼之，夫入之所知也。其衰也，则公安、竟陵无所逃罪。吴趋诸君即数十年来更变迭出，而犹存乎蓬艾之间。余家中原，稍稍解此者，盖中原风气朴遫，人多逡巡，不敢为诗。惟其不为诗，诗之所以存也。其年乃独于扬波导沸之中，杰然以古作者自命，岂不异哉？

【译文】等到三年之后，我到了宜兴，其年的诗已有数百篇。典籍有的风之高标，情采出众。我暗道很惊叹，对其年说，你知道明诗之所以兴盛与时间长短的原因吗？在它兴盛的时候，在庆阳，信阳这个地方为最好，但是王世贞，李攀龙这些人，彼此相互吹嘘他们的风格，这些你应该知道的。明诗衰亡是从袁宏道三兄弟的公安派，钟惺等人的竟陵派开始的，这些人不能逃脱罪责的。吴地诸位君子数年来更变迭出，就像在野草里一样。我家住中原之地，稍微了解这些，对此稍稍能有所了解。或许是因为中原地区风气淳朴，人们多有犹豫，不敢作诗。但是即使是他们不作诗，诗还是照样流传下去。陈其年竟能独独在这样的波涛之中，十分杰出地以古代作者自居，岂不是很怪异的事情吗？

往云间有陈黄门，李舍人，皆起榛芜，以才情横绝一世，得其年而三。然则风雅之道，又未尝不在吴趋也。丁丑，余与黄门论诗燕邸；己卯，与舍人论诗金陵，自以为尽意，无复遗恨。由今思之，叹有不得起二君于九原者。幸其年独在，是天以鼓吹羽翼之功私其年也。

【译文】往日里有“云间诸子”的陈子龙、李雯，都出身微末，其才华当世无双，加上陈其年就又三位了。然而风雅之道，又未尝不在吴地呢？崇祯十年，我和陈子龙在府邸之中谈论诗文；崇祯十二年，和李雯在金陵谈论诗文，自认为尽心竭力，了无遗憾。现在想起来，汉不时慨叹没有办法让在九泉之下的两位得到发扬。幸亏陈其年还活着，这就是上天在暗中辅助于他而偏爱他吧。

夫诗之为道，格调欲雄放，意思欲含蓄，神韵欲闲远，骨采欲苍坚，波澜欲顿挫，境界欲如深山大泽，章法欲清空一气。杜少陵云：“读书破万卷，下笔如有神。”不读万卷，岂易言清；不破万卷，岂易言空哉？

【译文】作诗的规则，是想着能让格调更加雄奇奔放，让意思更加含蓄典雅，让神韵更加闲适悠远，风骨更加苍劲，波澜起伏更加抑扬顿挫，使诗的境界能够如同深山大泽一样，章法如同清新的空气一样。杜甫说：“读书破万卷，下笔如有神。”如果不读万卷书，又怎么能轻易说清新；读书不颇万卷，有怎能轻易说空旷深远呢？

侯子言未毕，其年改容起，曰：“二公固读万卷者也，然则吾子所谓叹不得起之于九原者，吾知之矣，吾知之矣。”

【译文】还没等我还没有说完，陈其年就变色起身说：“两位固然都是读书破万卷的人，然而你所谓没有办法让在九泉之下的两位得到发扬，我已经知道了，我知道了。”

因忆余与二君谈时，秋浦吴次尾在坐，默不语，心甚怪之。次尾雅能诗，其年为收藏其遗集，急取读一过，乃知次尾诗与二君虽互有得失，而了了见大意。顾蚤于余者十年，此昔所以默不语也。

【译文】我又记起和两位交谈时，秋浦县的吴应箕也在座，他默默不语，我很奇怪。吴应箕十分古雅能够作诗，陈其年为了收藏他的遗集，急忙找来读了一遍，才知道吴应箕和陈子龙、李雯的诗虽然互有得失，但是大意却是十分清晰的。因为比我要早十年，这就是他当时默不作声的原因了。

余与其年别八载，而良友如三君者，皆已死。其年幸各为识之，以续“八哀”。夫少陵一集，而古今天下之治乱、兴亡、离合、存没莫不毕具，岂仅仅一咏一吟足以尽风雅也？呜呼！非其年，其又谁知之？

【译文】我和他离别有八年之久，而像这三位一样的好朋友，都已经去世。所幸陈其年对他们各自进行了标举，用来承接杜甫的《八哀诗》。杜甫一部诗集对于古今天下的治乱兴衰，悲欢离合都包含其中，难道仅仅一咏一吟就能够穷尽其中的风雅吗？唉，如果不是陈其年，又有谁能知道呢？

王世贞

小传见前诗十五家。

【译文】王世贞的简介参见前边“诗十五家”。

戏仿元遗山论诗绝句三十二首

其一

巾角弹棋妙五官，搔头傅粉对邯郸。风流浊世佳公子，复有才名压建安。

【译文】曹丕擅长弹琴，棋艺很高，官做到五官中郎将，曹植挠头搽粉与邯郸淳交流文章辞赋等。

混乱的年代出现了这二位杰出的公子，二位的才华和名气压倒建安时代的文坛。

其二

五字清晨登陇首，羌无故实使人思。定知妙不关文字，已有千秋幼妇词。

【译文】“清晨登陇首”五个字，诗文不用典故引人思考。

一定知道奇妙的诗不关乎文字，已有上千年的绝妙好辞。

其三

青莲才笔九州横，六代淫哇总废声。白紵青山魂魄在，一生低首谢宣城。

【译文】李白的才气横扫九州，六朝诗风过于绮靡。
李白已死，但是他的气魄任在，李白一生佩服谢朓。

其四

挂席名山都未逢，浔阳喜见香炉峰。高情合受维摩诘，浣笔为图写孟公

【译文】孟浩然未遇见庐山，但在九江见到了香炉峰。
孟浩然的诗情和王维一样，洗笔画孟浩然的画像。

其五

杜家笺传太纷挐，虞赵诸贤尽守株。苦为《南华》求向郭，前唯山谷后钱

【译文】后人给大诗人杜甫注释是异常混乱，虞集、赵汸等贤人拘泥字句
苦做《南华真经》求向秀、郭象二人，注解杜诗的名家前面有黄庭坚、钱
鹤。

其六

漫郎生及开元日，与世聱牙古性情。谁嗣《箧中》冰雪句？《谷音》一卷独铮

【译文】元结在开元年间出生，不随波逐流，性情洒脱。
谁能延续他的词意高雅亲新呢？杜本的《谷音》刚劲有力

其七

风怀澄澹推韦柳，佳处多从五字求。解识无声弦指妙，柳州那得并苏州？

【译文】韦应物和柳宗元的志向清静淡薄，许多佳句多是五言诗。
言有尽而意无穷，柳宗元并岂能和韦应物相提并论？

其八

《中兴》高步属钱郎，拈得维摩一瓣香。不解雌黄高仲武，长城何意贬文房？

文】高仲武超群出众和钱起一样，仰慕王维。
了解高仲武，刘长卿为何被贬低呢？

其九

府擅惊奇，杜老哀时托兴微。元白张王皆古意，不曾辛苦学妃狶。

李白的乐府诗讲究创新、不因袭，杜甫的乐府诗伤悼时事、寄兴深远。
白居易、张籍和王建擅长乐府，他们的创造不仿古，有创意。

其十

然太傅宜，沙中金屑苦难披。诗名流播鸡林远，独愧文章替左司。

】曾为太子少傅的白居易，他的诗歌瑕瑜互见，想寻佳作，不容易。
诗文传播的很远，惭愧的事他的文章不如韦应物。

其十一

獭祭曾惊博奥殚，一篇《锦瑟》解人难。千年毛郑功臣在，犹有弥天释道安。

【译文】李商隐的诗用语堆砌，广博深奥，一篇《锦瑟》让人难解。
给诗注解的功臣还在，还好有释道安给注解。

其十二

涪翁掉臂自清新，未许传衣蹑后尘。却笑儿孙媚初祖，强将配飨杜陵人。

【译文】黄庭坚行游自在，他的诗风清新新颖。
其诗别开生面没有步杜甫的后尘，吕本中硬将他归纳为杜甫的传人。

其十三

诗人一字苦冥搜，论古应从象罔求。不是临川王介甫，谁知“暝色赴春愁”？

【译文】诗人作诗炼字是非常困难，得佳句往往是无心中妙手偶得。
不是临川王安石，谁能知道“暝色赴春愁”这样的佳句呢？

其十四

苦学昌黎未赏音，偶思螺蛤见公心。平生自负《庐山》作，才尽“禅房花木深”。

【译文】欧阳修学习韩愈的诗未必允当，欧阳修效仿常建的诗能知道他的用心。
他对自己作的《庐山》非常认可，他认为自己的才不及常建的佳句。

其十五

“林际春申”语太颠，园林半树景幽偏。豫章孤诣谁能解？不是晓人休浪传。

【译文】黄庭坚认为自己的诗不如九僧放浪不受拘束，园林半树景幽偏。
他的学问很难理解，鉴赏功夫不到的人不要随便传布黄庭坚的独到见识。

其十六

《铁崖乐府》气淋漓，《渊颖》歌行格尽奇。耳食纷纷说开宝，几人眼见宋元诗？

【译文】杨维祯的乐府诗文气酣畅，吴莱的乐府诗格调奇特。
随意传闻着开元天宝年间的创造的乐府，认识浅陋的人怎能认识宋元的好诗呢？

其十七

藐姑神人何大复，致兼南雅更王风。论交独直江西狱，不独文场角两雄。

【译文】明代诗人何景明为人正直，诗歌创造源于《诗经》。
何景明与李梦阳往来论战，两人在文坛上不相上下。

其十八

三代而还尽好名，文人从古善相轻。君看少谷山人死，独有平生王子衡。

【译文】从夏商周三代以来，文人看重自身的名声。
但是文人相轻，自古就有。千里来看郑善夫，只有王子衡一人。

其十九

正德何如天宝年？寇侵三辅血成川。郑公变雅非关杜，听直应须辨古贤。

【译文】正德年间怎如天宝年间呢？战乱使得京城附近血流成河。
郑善夫诗风变为典雅不诗模仿杜甫，听取曲直应该看古代贤人。

其廿

十载钤山冰雪情，青词自媚可怜生。彦回不作中书死，更遣匆匆唱《渭城》。

【译文】严嵩进士后在钤山时，诗风高雅清新，他用词谄媚皇帝得到宠爱。
严嵩如果早死钤山读书时，当为名士流传后世，从从作文《渭城》

其廿一

接迹风人《明月篇》，何郎妙悟本从天。王杨卢骆当时体，莫逐刀圭误后贤。

【译文】何景明继承唐人的旨趣作了《明月篇》，他对诗歌写作悟性源于天分。
王杨卢骆当时的风格，后来学者不要误会他的话，认为古体只须学习初唐四杰的作品。

其廿二

翩翩安定四琼枝，司直司勋绝妙词。底事济南高月旦，仅存水部数篇诗？

【译文】皇甫四个儿子诗歌风流而有文采，皇甫涍和皇甫汸学问渊博有妙词。
何事令李攀龙品评人物失衡，其《古今诗删》只选录了四兄弟中的皇甫廉的几首诗？

其廿三

中州何李并登坛，弘治文流竞并肩。讵识苏门高吏部？啸台鸾凤独追然。

【译文】何景明和李梦阳领导文坛，弘治期间文士之流辈并列。
哪能只识得高叔嗣？高叔嗣得诗犹如魏时苏门生之啸一样，从容舒缓，如鸾鸟和凤凰的鸣叫一样清越动听，独自闲适自得。

其廿四

文章烟月语原卑，一见空同迥自奇。天马行空脱羁靮，更怜《谈艺》是吾师。

【译文】《文章烟月》诗措辞卑下，徐祯卿自遇到李梦阳后，诗格与前相比变化很大，自负不凡。
他认为自己才华横溢，不受拘束，更喜爱徐祯卿的《谈艺录》，可以为自己师表。

其廿五

济南文献百年稀，白雪楼前宿草菲。未及尚书有边习，犹传林雨忽沾衣。

【译文】百年以来，山东济南人文凋零，而李攀龙也已经逝世很久了。
没有达到边贡的儿子边习的境界，边习仍有佳句“野风吹落帽，林雨忽沾衣”传世。

其廿六

“枫落吴江”妙入神，“思君流水”是天真。 何因点窜“澄江练”？笑杀谈诗谢茂秦。

【译文】“枫落吴江”妙理入神，“思君流水”是天然传神。
哪因妄改“澄江练”？笑死了谈诗的谢榛。

其廿七

来禽夫子本神清，《香茗》才华未让兄。徐庾文章建安作，悔教书法掩诗名。

【译文】刑侗的文章心神清朗，其妹慈静才华与其兄不相上下。
兄妹诗文如同南北朝时徐陵、庾信一样才华横溢，并具建安风骨，兄妹二人以书法名传世上，反而掩盖了诗文成就。

其廿八

海雪畸人死抱琴，朱弦疏越有遗音。九疑泪竹娥皇庙，字字《离骚》屈宋心。

【译文】邝露抱琴而死，琴声悠扬，可与节操、诗文一同流芳。
有九疑山的娥皇、女英的节烈，其心犹如楚国宋玉、屈原一样忧国忧怀，其诗可与《离骚》媲美。

其廿九

澹云微雨小姑祠，菊秀兰衰八月时。记得朝鲜使臣语，果然东国解声诗。

【译文】在小姑祠，云淡雨疏，在八月时，菊美兰败。
曾记朝鲜使臣的诗句，东国确实能写乐歌。

其三十

溪水碧于前渡日，桃花红是去年时。江南肠断何人会？只有崔郎七字诗。（自注，太仓崔华字不雕）

【译文】溪水比前日渡过时要碧绿，桃花还似去年一样红。
江南断肠何人能体味？只有崔郎的七言诗。

其三十一

曾听巴渝里社词，三闾哀怨此中遗。诗情合在空舲峡，冷雁哀猿和《竹枝》。

【译文】曾听过巴蜀乡野的民歌，此地的民歌有《楚辞》的哀怨遗风。
诗情何乎湖南的民风，冷空中的大雁、两岸的猿声和乡间的《竹枝》的歌声。

其三十二

九岁诗名铜雀台，三年留滞楚江隈。不如解唱黄麞者，新自王戎墓下来。

【译文】九岁诗名遍传铜雀台，久不升迁滞留扬州。
官运还不如唐代能唱《黄麞》的赵仁奖，新从王戎的墓地前来。

朱彝尊

朱彝尊，清秀水人，字竹垞，博极群书，考据诗文，无不工胜。康熙间，以布衣举鸿博，授检讨，与修编明史，体例多从，其议，卒年八十一，有经义，考明诗，综词，综《曝书亭集》。

【译文】朱彝尊是清代秀水人，字竹垞，博览群书，考据诗赋没有不擅长的。康熙年间，凭借普通读书者的身份被举荐后授予为鸿博官职，检讨与修编明史，诗风格体例众多，但遵从了他的建议。八十一岁死了，有经义考，明诗，综词，《曝书亭文集》，传世。

与高念祖论诗书

京师苦寒，念祖无恙，伏承手教，再四谆谆以诗律下问。念祖年齐于仆，而谦以自牧若此，又处客途穷乏之时，饥寒奔走，无一足以动其心，维风雅之是务，是岂当世之士所能冀及者。故辙陈万一之得于左右，维高明择之。仆之于诗，非有良师执友为之指诲也。盖尝反复求之，其始若瞽之无相，怅怅乎坠于渊谷而不知，如是者十年，不敢自逸，然后古人若引我于周行，而作者之意，庶几其遇之矣。

【译文】京师生活条件艰苦，气候寒冷，但是念祖没有受到什么影响。三伏天还在坚持修身，多次诚恳的拿律诗来请教。念祖的年龄与我相仿，但是还常常自谦，自我调教自我修养达到这个程度，又在异客他乡困窘到了极点之时，为了饥饿奔走的时候，都没有动摇他的心志，维系风雅的传统为要务，这难道当世的人能达到的吗？所以时刻陈说自己随时随地的想法，只选取其中的高明之处。我对于诗，没有良师挚友的指导教诲。大概曾经多次寻求，开始都像瞎子看不到相貌一样。惆怅的掉到深渊里了也不知道。像这样有十多年，不敢自己悠闲，然后就像是有古人引导我周游一样，作者的的意思，就很容易获得了。

《书》曰：诗言志，《记》曰：志之所至，诗亦至焉。古之君子，其欢愉悲愤之思感于中，发之为诗，今所存三百五篇，有美有刺，皆诗之不可已者也。夫维出于不可已，故好色而不淫，怨悱而不乱，言之者无罪，闻之者足以戒，后之君子诵之，世事之汙隆，政治之得失，皆可考见，故不学者比之墙面，学者斯授之以政，使于四方。

【译文】《尚书》说“诗言志”，《礼记》上说“这是志向所到的地方，诗就到那。”古代的君子，在欢乐愉快悲愤中思考感动，触发自己的感情而作诗，现在所收录的三百五十篇，有赞扬的，有讽刺的，这些都是诗兴所至不得不这样而已。出于自己不得不的心思，所以好色但是不能过分，幽怨而不能混乱，说的人没有罪，听到的人足以不要尝试，后代的君子吟咏，世事的脏污、隆盛，施政的得失，这些都是可以考察到的。所以不学习它们就如面对着墙壁，学的人就会在政治上予以实施，使其流布四方。

盖诗之为教如此，魏晋而下，指诗为缘情之作，专以绮靡为事，一出乎闺房儿女子之思。而无恭俭好礼廉静疏达之遗，恶在其为诗也。唐之世二百年，诗称极盛，然其间作者，类多长于赋景而略于言志。其状草木鸟兽甚工，顾于事父事君之际，或阙焉不讲。惟杜子美之诗，其出之也有本，无一不关乎纲常伦纪之目，而写时状景之妙，自有不期工而工者，然则善学诗者，舍子美其谁师也与？

【译文】大概诗文的教育意义如此，魏晋以来，指出诗缘情而作，专门以绮靡的风格叙事，全都出自于儿女闺房的路数。然而没有恭俭尚礼，廉洁清静疏达的遗风，把污秽认为是诗。唐代历时二百多年，诗被认为是极其兴盛的，但是其中的诗人，很多擅长写景而忽略了言志。在描摹草木鸟兽上面非常精妙，考虑到侍奉父亲，君王的时候，有的就讲不出来了。唯有杜甫的诗文，出处也有花鸟等物，但是无不关乎纲常伦理，写时代景物的精妙，自然而然不追逐精妙，却更加精妙，但是喜好学诗的人，不学杜甫还学谁呢？

明诗之盛，无过正德，而李献吉郑继之二子，深得子美之旨，论者或诋其时非天宝，事异唐代，而强效子美之忧时。嗟乎，武宗之时何时哉。使二子安于耽乐而不知忧患，则其诗虽不作可也。今世之为诗者，或漫无所感于中，惟用之往来酬酢之际。仆尝病之，以为有赋而无比兴，有颂而无风雅，其长篇排律，声愈高而曲愈下，辞未终而意已尽。

【译文】明代诗文的兴盛，最盛就在正德年间，而李梦阳，郑继之这两个人，深得杜甫的旨趣，评论的人，有的诋毁时代不是天宝，事情不同于唐代，但是却勉强效仿杜甫的对时代的忧虑。唉，武宗的时代是什么时代呢。如果这两个人安于享乐而不知道忧患，那么这样的诗不去作也是可以的。现在作诗的人，有的没有被其他的事物所感动，只有把诗文相互赠答来交际应酬。我曾经批评过这种现象，认为只有说具体的事，但是没有用比兴的手法，有颂而没有风雅。长篇排律，音律越高，曲调越低，辞没有完，但是意义已经完了。

四始六义阙焉，而犹谓之诗，此则仆之所不识也。而念祖以未能工此为虑，是何足道哉。比得念祖所为《述祖德诗》，讽咏数过，深有合乎古人恭俭好礼廉静疏达之义。此非有本者不能为也，而又谦以自牧。无一足以动其心，其进于古也不难耳。

【译文】缺少四始六义，还称之为诗，这是我没有见过的。但是高佑釲以没有在这方面做到精妙而忧虑，这有什么呢！等到他所做的《述祖德诗》时，讽咏多次，和古人恭俭好礼廉静疏达的意义十分相合。所以没有基础的要做到这一点是很难的，而且又通过自谦来调教自己。这不足以规劝他的想法，让他接近古代也不是很难的。

陈祖范

陈祖范，清常熟人，字亦韩，号见复，雍正举人，乾隆中荐经学，授国子监司业衔，卒于家。有《经咫掌录司业集》。

【译文】陈祖范是清代常熟人，字亦韩，号见复，雍正年举人，乾隆中被举荐经学，授以国子监司业官职，逝于家。有《经咫掌录司业集》。

诗集自序

古无诗人三百篇，可知谁作者十止得一二。盖夫人而能为诗，夫诗者而皆有系于时也。古之制田功既毕，男女同卷夜绩，有所怨恨。相从而歌，饥饿歌其食，劳者歌其事，男女老而无子者，官衣食之，使之民间求诗，以备太史之采。是故王者不出户牖，尽知天下所苦乐。

【译文】如果古代诗人所写的三百篇，怎么可能知道的作者也就是诗歌里面一两个而已。大概人们能作诗，诗文都关乎时代气息。古代的田间劳作完毕之后，男女同时晚上还要工作，都有所怨愤和痛恨。彼此就相互唱歌，饥饿的人们唱的是食物，劳动的人们歌唱他们劳作间发生的事，老年的人，没有子孙的人被其他的人们奉养，让他们在民间搜集诗歌，以此来为太师官采集诗歌做准备。所以君王不出宫廷，就知道天下百姓的疾苦与欢乐。

此风诗之所由兴也。大抵诗之作出于无心，则其情真，又必各有所为，故其义实，情真义实。故一国之事系一人之本而匹夫匹妇之歌吟，可以察治忽视也。后之诗人，则异是。彼既以诗自命，人亦以诗相属，于是，外物为主而诗役焉。诗为主而心役焉，以诗役心，则心非其心。特牵于诗耳。诗于是无真性情，以外物役诗，则作如不作。特缘于外耳。诗于是无真比兴。然而情实弥隐词采弥工，义理弥消，波澜弥富，而又格律，以绳之，派别以严之，时代以区分之。

【译文】这样的诗风之所以是大体相同的，大概是诗人写诗的时候是无心这样做的，但是却是发自内心的真性情，而且又必须这样做，所以这样的诗文意义真实，情真意切。所以一个国家的事关乎到每一个人的根本，但是从乡间的歌谣吟唱中，可以考察施政所忽视遗漏不足的地方。后代的诗人，那么就不同了。你既然以诗人自称，文如其人，于是，诗文所表现的是以事物为主体的，诗称为了附庸。如果以诗为主，而真性情又被指使的地步，如果以诗指使真性情的话，那么心又不是你本来的心情的。所以这是特别于诗文相关联的。如果诗没有真性情，以外物的事支配指使写诗的话，那么还不如不写诗。重要的是，写诗如果起因是外在事物的驱使而成的话，那么诗就是没有真性情，比兴的韵味的。但是如果真性情很真实，但是表达很委婉，辞彩很工整，道理方面消除了，气势恢宏，而又有风格音律，用法度来规范它，诗文流派再以严格要求，用时代再加以区分。

回视试诗教之本来，其然乎？其不然乎！古之诗，男女自言其伤，而关盛衰，后之诗，文人学士弊精劳神期，以鼓吹风雅，反或无兴于得失。其故，何哉？成伪之分，醇醨之判也。予于斯事，不求甚解而穷好反寻其本，收拾旧稿，其无为作者去之，其为人而作者又去之。止存其自吟自止，用适已事者，工拙所不计也。

【译文】回过头来在看温柔敦厚的诗教传统，是这样吗，其实是这样的。古代的诗文，男女以各自言说他们的哀伤，但是却关乎时代时事的兴衰，后代的诗文，儒生学子们放弃精气神，崇尚风雅的传统，但是有的反而没有关乎兴盛与施政得失。这是为什么呢？这就是伪体的分别啊，香醇的酒与薄酒之间的区别啊。我对这些事，不求甚解但是特别喜好反向去寻找本来的面目，收拾整理原来的书稿，其实这不是作者说的话，这是为写诗的人说的，作者就省略掉了。到这里只收录了自己吟咏，自己满意的诗文，给适合做事用的上的人，擅长拙略技法的人就没有收录。

沈德潜

沈德潜，清长洲人，字确士，号归愚，乾隆间成进士，年已将七十，高宗称为老名士，召对论历代诗学源流升降，大赏之，命值南书房，擢为礼部侍郎，以年力就衰，许告归，原衔食俸，高宗赐书极多，入都祝嘏，与钱陈群并与香山九老会，称大老。年九十七卒。谥文悫，著有《归愚诗文钞》，评选有《唐宋八大文读本》、《古诗源》、《唐诗别裁》、《明诗别裁》、《国朝诗别裁》（坊刻有《五朝诗别裁》，则以德潜所选之唐明清三种，而益以张景星所选之宋元二朝诗也）。

【译文】沈德潜是清代长洲人，字确士，号归愚，乾隆年间进士。快要七十岁时，高宗称为老名士，召见对论历代诗学源流，大赏，授予南书房官职，拔擢为礼部侍郎，因年力快衰，准许告归，食原俸，高宗赐书极多，入都祝嘏，与钱陈群并与香山九老聚集，称大老。年九十七逝。谥号文悫，著有《归愚诗文钞》，评选有《唐宋八大文读本》、《古诗源》、《唐诗别裁》、《明诗别裁》、《国朝诗别裁》（坊刻有《五朝诗歌别裁》，则以沈德潜所选之唐明清三种，而更以张景星所选）。

重订《唐诗别裁》集序

（并凡例六则附国朝诗凡例四则）

新城王阮亭尚书，选《唐贤三昧集》，取司空表圣不著一字，尽得风流。严沧浪，羚羊挂角，无迹可求之意，盖味在盐酸外也。而于杜少陵所云鲸鱼碧海，韩昌黎所云，巨刃摩天者。或未之及。余因取杜韩语意。定唐诗别裁而新城所取，亦兼及焉。鐫版问世，已四十余年矣。第当时采录未竟。同学陈子树，滋携至广南镌就，体格有遗，倘学诗者性情所喜，欲奉为步趋，而选中偏未之及，恐不免如望洋而返也。因而增入诸家，如王、杨、卢骆、唐初一体，老杜，亦云，不废江河万古流也，白傅讽喻，有补世道人心，本传所云箴时之病，补政之缺也。张王乐府委折深婉，曲道人情李青莲后之变体也。

【译文】新城人王士桢尚书选《唐贤三昧集》，取司空图的评价，一个字都不用修饰，就已经得到风流精致了。严羽的沧浪诗话中说，羚羊头上挂犄角，没有什么痕迹可以看到。大概是在味道之外的味道吧。而对于杜甫所说的在碧海之中捉鲸鱼，韩愈所说的，拿大刀的，有的并没有达到。我因此取杜甫韩愈的意思，定位唐诗别裁，而且这样把王王士祯的选录也能包含到。刻板问世以来，已经有四十多年了。但是当时采集收录的没有全部收录进来。同窗陈子树，有携带带云南刻板，但是体制风格有所遗漏，倘若被学诗的人性情所喜欢的话，像把这奉为模仿的对象，但是选集中偏偏没有收集，恐怕不免是望洋兴叹了。因此就增加多家，如王勃，杨炯，卢照邻，骆宾王，还有一种体例就是杜甫的，就像他说的，不废江河万古流。白居易的讽喻诗，有弥补世道人心，本传所说的规劝世事的弊病，弥补施政的缺漏不足之处。张籍，王建乐府委婉曲折，在诗歌曲谱导出人情的李白之后风格为之一变。

长吉呕心荒陊古奥，怨怼愁悲，杜牧之许为楚骚之苗裔也。又五言试帖前选，略见今为制科所需。检择佳篇垂示准则，为入春秋闱者，导夫先路也。他如任华，卢仝之粗野，和凝香奁诗之亵嫚，与夫一切生梗僻涩及贡媚献谀之辞，概排斥焉。且前此诗人未立小传，未录诗话，今为补入，前此评释，亦从简略，今校详明。俾学者读其诗知其为人，抑因平释而窥作者之用心，今人与古人至心，可如相告语矣。

【译文】李贺的诗文呕心沥血的表示出荒漠堕落，艰深难懂，悲秋怨恨；杜牧的诗文也许是楚辞，离骚的后代。又五言试帖诗前面的选集，大概被今天法度所忽略了。选择几篇佳作做为规范的准则。为一年的科举制度，开创一条道路。例如，任华、卢仝诗风粗野，和凝香奁诗污秽傲慢，是生硬偏僻晦涩而且诗谄媚阿谀奉承的文辞，一概排斥掉了。而且前面的诗集没有为诗人立传，也没有选录他们的诗话，这次就添补近来，前代的诗集评论解释的部分，也一概做的简略；但是这次不仅做了校对而且还更加详实明了。使书生读它的诗了解它这个人，因评论解释批评而窥测到作者的用心之处。今天的人与古代的人相同的，可以如实的彼此告诉。

成诗二十卷，得诗一千九百二十八章。诗虽未备，要藉以扶掖雅正，使人知唐诗中有鲸鱼碧海巨刃擎天之观，未必不由乎此。至于诗教之尊，可以和性情，厚人伦，匡政治，感神明，以及作诗之先审宗指，继论体裁继论音节，继论神韵，而一归于中正和平，前序与凡例中论之已详，不复更述。乾隆癸未秋七月，长洲沈德潜题于鲟水之清旷楼。

【译文】编撰诗集二十卷，共诗是一千九百二十八章。诗虽然没有发展完备，但是要借诗以匡扶提携雅正，使人了解唐诗中有鲸鱼碧海，巨刃擎天的景观，未必不是由此出来的啊。至于推崇温柔敦厚的诗教传统到了尊从的地步，可以陶冶性情，后人伦，匡扶国家施政，使神明感动，以及作诗之前先仔细审查思想所指，而后再继续评论音节音律，再论性灵，诗的意蕴，最后是回到中正平和冲淡之中，前面的序和凡例中论说的都很详尽了，不再做评述了。乾隆癸未秋，七月长洲沈德潜在清旷楼题。

凡例

读诗者心平气和，涵泳浸渍，则意味自出；不宜自立意见，勉强求和也。况古人之言，包含无尽，后人读之，随其性情浅深高下，各有会心，如好《晨风》而慈父感悟，讲《鹿鸣》而兄弟同食，斯为得之。董子云："诗无达诂。"此物此志也，评点笺释，皆后人方隅之见。此本不废评点，间存笺释，略示轨途，俾读者知所从入耳。识者谅诸！

【译文】读诗的人应该心平静气，浸渍滋润，那么诗中的味道从能品出来。不适宜自己去主观臆断，勉强的去达到和古人统一。更何况古人所说的，包含了很多意义无尽，后来的人读诗，随着读诗人的性格情感的而长生不同的意思，就好像《晨风》这是严厉的父亲的感悟，讲《鹿鸣》这是兄弟相互交恶，这些都是的。董仲舒说"诗无达诂"，就是这个意思啊，点评所作出的解释批注，都是后代人片面的看到的。此书不用排除以往的评点，也存在原来注释解释的，大致的痕迹，希望读者们知道这些，认识到这些的人请体谅。

朱子云："《楚辞》不皆是怨君，被后人多说成怨君。"此言最中病痛。如唐人中少陵固多忠爱之词，义山间作风刺之语，然必动辄牵入，即小小赋物，对境咏怀，亦必云某诗指其事，某诗刺某人，水月镜花，多成粘皮带骨，亦何取耶？钞中概为删却。

【译文】朱熹说《楚辞》不都是愤懑抱怨君王的，但是被后代人多认为是抱怨君王的诗了。此番话之处的问题的关键。就如同唐代诗人中的杜甫本来就对君王衷心爱戴的词语，李商隐的词偶尔也表达怨刺的语言来，但是经常动不动的就把这些扯入他们诗中进行评判，那么小小描写事物，对着境遇的感怀的诗文，也必说是这首诗是针对某件事所阐发的，某首诗是怨刺某人的，真是水中的花，多半成了纠缠不清头绪纷乱 ，那么怎么可取呢，钞中大概删除了这些。

诗不可无法，乱杂而无章，非诗也。然所谓法者，行所不得不行，止所不得不止，而起伏照应，承接转换，自神明变化于其中。若泥定此处应如何，彼处应如何，则死法矣。兹于评释中偶示纪律，要不以一定之法绳之。试看天地间水流自行，云生自起，何处更着得死法？

【译文】写诗不可以没有法度，杂乱而且没有章法，这不是诗。但是所说的章法，改写时候就写，该停顿的地方就停止，但是要收尾照应，承接转合，自有神灵一样的东西孕育其中。如果拘泥此处应该怎么样，那里该怎么样，那么这样就是照搬章法。在评论，注释中偶尔重视章法，而不需要一定要凭借章法来衡量。试着看天地间的水流自由流淌，白云自动，哪里有执着于章法的呢？

诗贵浑浑灏灏，元气结成，乍读之不见其佳，久而味之，骨干开张，意趣洋溢，斯为上乘。若但工于琢句，巧于着词，全局必多不振。故有不着圈点而气味浑成者，收之；有佳句可传而中多败阙者，汰之。领略此意，便可读汉魏人诗。

【译文】诗最重要的就是雄浑浩大，以元气而成文章，初次读它不见得是好的作品，久而久之其中的味道就出来了，主干显露，旨趣充盈，这样的文章才是上乘的。如果但凡擅长于雕琢与辞藻句式，讨巧于用词，那么文章的全局必然不能使人振奋满意的。所以因此不执着于精彩之处而且以气度品味浑然天成的，收在这个集子中；有佳句可以流传的但是因为文章中过失太多的缘故，没有收录。懂得了这样的道理，那么就可以读汉魏人的诗了。

诗本六籍之一，王者以之观民风，考得失，非为艳情发也。虽《三百》以后，《离骚》兴美人之思，平子（张衡）有《定情》之咏，然词则托之男女，义实关乎君臣友朋。自《子夜》、《读曲》，专咏艳情，而唐末香奁体，抑又甚焉，去风人远矣。集中所载，间及夫妇男女之词，要得好色不淫之旨，而淫哇私亵，概从阙如。

【译文】诗是六经之一，君王凭借诗歌来查看民风，考察政令的得失，诗并不是为艳情而写的。即使有《诗三百》之后，《离骚》兴起了对品德的思考，张衡有《定情》的咏叹咏，但是词却是假托男女，之情，而实际意义是与君臣朋友相关的。自从《子夜》、《读曲》专门吟咏艳情，但是到了唐代末期香奁体，则更加厉害，离表达民风已经差很远了。编撰的集中所收录的，有的涉及到男友之词，如果喜好艳词但不淫乱的主旨，但是那些淫邪不严肃的态度，大概是没有的！

唐人诗虽各出机杼，实宪章八代。如李陵《录别》，开《阳关三迭》之先声；王粲《七哀》，《为垂老别》，《无家别》之祖武；子昂原本于阮公；左司嗣音夫彭泽。揆厥由来，精神符合。读唐诗而不更求其所出，犹登山不造五岳，观水不穷昆仑也。选唐人诗外，旧有《古诗源》选本，更当寻味焉。

【译文】唐代的诗虽然能够另辟蹊径，但是实际是典章制度胜过东汉、魏、晋、宋、齐、梁、陈、隋。例如李陵的《录别》，开《阳关三迭》的先声；王粲《七哀》，成为作《垂老别》、《无家别》之祖庭；陈子昂诗歌传统来自于阮籍；左思的嫡传是陶渊明。发掘它的由来，精神气质相符合。读唐诗却不探究大致的流脉从何而来，就如同登山不登五岳，观水不达到昆仑山。取舍唐人的诗歌之外，过去就有《古诗源》文选集，更是另外一番味道。

诗之道不外乎孔子教小子教伯鱼数言而其立言。一归于温柔敦厚无古今一也。

【译文】学诗的道路就如同孔子教自己小孩，教别人的儿子一样。同样待人温和宽厚没有过去和现在没有什么差别。

诗必原本性情，关乎人伦日用，及古今成败兴坏之故者，方为可存。所谓其言有物也。若一无关系徒辨浮华又或叫号撞搪以出之，非风人之旨也。尤有甚者，动作温柔乡语，如王次回《疑雨集》之类，最足坏人心术，一概不存。

【译文】诗的本源是反映性情的，是关系到人伦平常日用的，关系到古今成败兴盛失败这些缘由的，才能被保存。这就是所说的言中有物。如果于此没有任何关联又只有表里不如一华而不实，又或者与此冲击违背，没有反应民风的旨趣。更有甚者，动不动语言就萎靡，如同王次回的《疑雨集》一样的，是对人心最大的毒害，一概不与保存。

诗不能离理，然贵有理趣，不贵下理语。陶渊明汲汲鲁中叟。弥缝使其淳圣人表章六经二语足以尽之。杜少陵‘江山如有待，花柳自无私’，天地化育万物，二语足以形之。邵康节诗直头说尽有何兴会。至明儒太极圈儿大先生帽子高，真使人笑来也，选中近此类者，俱从芟薙。

【译文】诗不能离开道理，但是重要的在于理趣，不重要的次之是道理。陶渊明不停息的样子，用谆谆教诲的孔子表明六经的重要。杜甫的“江山如有待，花柳自无私”。天地教化孕育万物，这两句足以形容了。邵康节的诗开头就说尽其所有怎么能兴盛呢，邵康节诗开头就说尽有何兴。最有趣的是给明儒太极圈儿大先生戴高帽子，真的使人笑出来了，文选中有于此相近似的，都从中删除了。

唐诗蕴蓄宋诗发露，蕴蓄则韵流言外，发露则意尽言中。愚未尝贬斥宋诗而趣向旧在唐诗，故所选风调音节俱近唐贤，从所尚也。若乐府及四言有越唐人而窃攀六代汉魏者，所云虽不能至，心向往之。以上为四则。（系节录《国朝诗别裁》凡例并附于此。）

【译文】唐诗含蓄蕴藉，宋诗显示流露，含蓄蕴藉那么韵味就在言语之外了，发露那么就意义就在语言之中。我从来没有贬低宋诗的意思，但是兴趣方面在于旧唐诗。所以选录的诗风骨音调节律都是相近与唐人写的诗，这就是我崇尚唐诗的原因。如果乐府还有四言诗能有超过唐诗的人，那么就只能是尽力去攀岩汉魏诗风的人了。所以因此说即使不能达到心也要向那里去。以上是四则（系节录自《国朝诗别裁》凡例并附于此。）

袁 枚

清钱塘人，字子才，号简齐，乾隆进士，出知溧水、浦江、沭阳、江亭四县，年四十即告归，筑随园于江亭小仓山下，宾客四集，以吟咏倡和为乐，其诗主性灵，务纵其才力所至，与武进赵翼、铅山蒋士铨称“三大家”。而枚之负盛名最久，卒年八十二，有《随园全集》数十种。

【译文】清代钱塘人，字子才，号简齐，乾隆进士，出任管理溧水浦江沭阳江亭四县，年方四十就告归，修随园在江亭小仓山下，宾客四集，以吟咏倡和为乐，诗主性灵，务必逞才力，与武进赵翼铅山蒋士铨称三大家。而袁枚最富盛名，终年八十二，有《随园全集》数十种。

与沈大宗伯论诗书

先生诮浙诗，谓沿宋习败唐风者，自樊榭为厉阶。枚，浙人也。亦雅憎浙诗。樊榭（厉鹗）短于七古，凡集中此体，数典而已，索索然寡真气，先生非之甚当。然其近体清妙，于近今少偶。先生持论粹然，尚复何说。然鄙意有未尽同者，敢质之左右。

【译文】先生讥诮浙派诗，说它沿袭了宋诗的（不好）习气、败坏了唐诗的风格，是厉鹗（字樊榭）启的祸端。袁枚我也是浙人，平素也不喜浙派诗。樊榭不善于七言古诗，他集子中的七言古，只是排列典故而已，索然缺少真朴的气息，先生您（在这方面）的批评很恰当。然而我的认识有不尽与您相同之处，敢向您质正请教。

尝谓：诗有工拙，而无今古。自葛天氏之歌至今日，皆有工有拙，未必古人皆工，今人皆拙。即《三百篇》中，颇有未工不必学者，不徒汉、晋、唐、宋也。今人诗有极工、极宜学者，亦不徒汉、晋、唐、宋也。然格律莫备于古，学者宗师，自有渊源。至于性情遭际，人人有我在焉，不可貌古人而袭之，畏古人而拘之也。今之莺花，岂古之莺花乎？然而不得谓今无莺花也。今之丝竹，岂古之丝竹乎，然不得谓今无丝竹也。天籁一日不断，则人籁一日不绝。

【译文】（前人）曾说诗只有做得好坏之分，没有时间上的今古之分。自传说中的葛天氏之歌到今人的诗，都有好有坏，未必是古人诗都好，今人诗都坏。即使是《诗经》三百篇中的作品，也颇有一些不好而不必学习的，不止只是汉、魏、晋、唐、宋的诗歌是这样呢！今人诗中也有极为工致而适合学习的，也不止只是汉、魏、晋、唐、宋的诗歌是这样啊！然而格律没有不齐备于古人诗的，学习者宗奉学习（古人诗），自有其渊源所在。至于性情和遭遇，人人都有自己的（性情和遭遇），不可以模仿古人诗而抄袭之，不可以畏惧古人而据守不变之。现今的莺鸟花草，岂能是古时的莺鸟花草呢？然而不能说现今没有莺鸟花草啊！现今的丝竹乐器，岂能是古时的丝竹乐器呢？然而不能说现今没有丝竹乐器啊！自然的天籁之音一天不断绝，那么乐器的人籁之音也一天不会断绝！

孟子曰："今之乐犹古之乐。"乐即诗也。唐人学汉、魏变汉、魏，宋学唐变唐。其变也，非有心于变也，乃不得不变也。使不变，则不足以为唐，不足以为宋也。子孙之貌，莫不本于祖父，然变而美者有之，变而丑者有之，若必禁其不变，则虽造物有所不能。先生许唐人之变汉、魏，而独不许宋人之变唐，惑也。且先生亦知唐人之自变其诗，与宋人无与乎？初、盛一变，中、晚再变，至皮、陆二家已浸淫乎宋氏矣。

【译文】孟子说："今天的音乐犹是古时的音乐。"音乐（从某种角度来说）也是诗啊！唐人学习汉魏诗也变革汉魏诗，唐人的变革，并不是有心要变革，乃是不得不变啊。假使（唐人）不变，就不足言为唐诗了，（同样的道理，假使宋人不变）就不足言为宋诗了。子孙的形貌没有不本源于祖父和父亲，然而有的变得美，有的变得丑，如果一定要禁止它，不让它变化，那就是造物主也不能做到。先生您允许唐人改变汉魏诗，而独独不允许宋人改变唐诗，就糊涂了！况且先生也知道唐人也自己在改变着唐诗，这与宋人没有关系吧！初、盛唐之间一变，中、晚唐之间再一变，到了皮日修、陆龟蒙二家已经渐渐接近宋代诗了。

风会所趋，聪明所极，有不期其然而然者。故枚尝谓变尧、舜者，汤、武也；然学尧、舜者，莫善于汤、武，不善于燕哙。变唐诗者，宋、元也；然学唐诗者，莫不善于宋、元，莫不善于明七子。何也？当变而变，其相传者心也；当变而不变，其拘守者迹也。鹦鹉能言而不能得所以言，夫非以迹乎哉！

【译文】风云际会的必然趋向、(诗人个人)聪明智慧的偶尔触及，有时是不想如此而竟然如此的。所以我曾经说，改变唐尧、虞舜的是商汤王、周武王；然而学唐尧、虞舜的没有比商汤王、周武王更好的，没有比(自己让位的)燕王哙更好的。改变唐诗的是宋、元人，然而学唐诗的没有比宋、元人更好的，没有比明代七子更好的。为什么呢？当变化而不变化，是学习者据守古人的成迹啊。鹦鹉能学舌说话，但不知道所说的话的意思，岂不是因为它只知据守成规吗！

大抵古之人先读书而后作诗，后之人先立门户而后作诗。唐、宋分界之说，宋、元无有，明初亦无有，成、弘后始有之。其时议礼讲学皆立门户，以为名高。七子狃于此习，遂皮傅盛唐，扼腕自矜，殊为寡识。然而牧斋之排之，则又已甚。何也？七子未尝无佳诗，即公安、竟陵亦然。使掩姓氏，偶举其诗，未必牧斋不嘉与。又或使七子湮沉无名，则牧斋必搜访而存之无疑也。惟其有意于摩垒夺帜，乃不暇平心公论，此亦门户之见。先生不喜樊榭诗而选则存之，所见过牧斋远矣。

【译文】大抵而言，古人是先读书后作诗。唐、宋诗分界之说，宋、元人没有这种说法，明初也没有这种说法，成化、弘治之后才有。此时议论历代礼法、讲传学问都立门户宗派，以此高扬名声。七子习惯于这种风气，遂附会学诗必盛唐之说，自矜其能，真是极为孤陋寡闻。然而钱谦益排斥七子，则又过分了。为什么呢？七子未尝没有好诗，即使是公安、竟陵也是这样。假使(我们)掩盖住作者姓名，偶然举出他们的诗作，牧斋未必不称赞。又假使七子湮没无闻，则牧斋一定会搜访他们的作品并使之保存下来，这是毫无疑问的。只有那些有意与七子等人争强争胜的人，才无暇取公平之心持公正之论，这也是门户之见罢了。先生您不喜厉樊榭的诗，而选集中则选存其诗，所持见识又远远超过钱谦益了。

至所云诗贵温柔，不可说尽，又必关系人伦日用。此数语有褒衣大袑气象，仆口不敢非先生，而心不敢是先生。何也？孔子之言，戴经不足据也，惟《论语》为足据。子曰：“可以兴，可以群”，此指含蓄者言之，如《柏舟》、《中谷》是也。曰“可以观，可以怨”，此指说尽者言之，如“艳妻煽方处”、“投畀豺虎”之类是也。曰“迩之事父，远之事君”，此诗之有关系者也。曰“多识于鸟兽草木之名”，此诗之无关系者也。仆读诗常折衷于孔子，故持论不得不小异于先生，计必不以为僭。

【译文】至于所说的诗贵在温柔，不可以把话说尽，又必须关系人伦和日常教化。这几句话确实有冠冕堂皇的气象，我嘴上不敢否定先生的话，但心里也不敢赞同先生的话。

为什么呢？孔子的话，小戴《礼记》是不足为据的，惟有《论语》是可信的。孔子说诗“可以兴，可以群”，这是指诗话要含蓄，如《诗经》中的《邶风?柏舟》、《王风?中谷有蓷》就是这样的。孔子又说诗“可以观，可以怨”，这是指（诗）话要说尽，如“艳妻煽方处”，“投畀豺虎”之类就是这样的。（孔子）还说（诗可以）“迩之事父，远之事君”，这是与诗的（教化）有关系的对象。（孔子）还说（读诗可以）“多识于鸟兽草木之名”，这是与诗的（教化）无关系的事物。我读诗常用孔子的话作为折中取正的准则，所以我的持论不得不与先生小有不同，想您不会认为我有僭越之嫌吧。

再与沈大宗伯书

闻《别裁》中独不选王次回诗，以为艳体不足垂教，仆又疑焉。夫《关雎》即艳诗也，以求淑女之故，至于辗转反侧。使文王生于今遇先生，危矣哉！《易》曰，一阴一阳之谓道。又曰，有夫妇然后有父子，阴阳夫妇，艳体诗之祖也。傅鹑觚善言儿女之情，而台阁生风，其人，君子也。沈约事两朝佞佛，有绮语之忏，其人，小人也。次回才藻艳绝，阮亭集中时时窃之。先生最尊阮亭，不容都不考也。选诗之道，与作史同，一代人才，其应传者，皆宜列传，无庸拘见而狭取之。宋人谓蔡琰失节，范史不当直列女中，此陋说也。夫列女者，犹云女之列传云尔，非必贞烈之谓，或贤或才，或关系国家，皆可列传，犹之传公卿不必尽死难也。

【译文】听说《别裁》中唯独没有王次回的诗，认为是艳体诗不足以对别人形成模范，我就有点怀疑了！关雎这也是艳情诗，而且是向淑女求爱的原因，所以翻来倒去的。如果文王生今天遇到你的话，就危险了啊！易经上说，一阴一阳这才是路径，又说有男友婚姻，而后才会有父亲，儿子，一阴一阳的夫妻关系这就是艳诗的鼻祖啊。傅鹑觚，经常说儿女之情，而且是台阁体的艳情诗风，但是这个人是君子。沈约是两个朝代之间讨好的佞臣，有绮靡的忏悔之诗，这个人，是个小人。次回才华横溢辞藻艳丽到了极点，王士祯所做的选集中时时暗暗的也是选录有的。先生最崇敬王士祯，不得不考虑一下啊！选诗的办法，与写史书不同，一个时代的有才华的人应该为其列传，都适合列传，不需要拘泥于世人的偏见，而狭隘的取舍。宋人说蔡琰失去品德节行，后汉书上本不应该把他放到六女传中，这是浅陋的说法。是烈女的，就如同说这个女的是烈女，但并不是所说的贞洁烈女，有的贤能，有的有文采，有点关乎到国家社稷，这些都是可以列传的，好像给公卿列传，不需要都是为国家的危难或正义事业而付出生命的人。

诗之奇平艳朴，皆可采取，亦不必尽庄语也。杜少陵，圣于诗者也。岂屑为王、杨、卢、骆哉，然尊四子以为万古江河矣。黄山谷，奥于诗者也，岂屑为杨、刘哉，然尊西昆以为一朝郛郭矣。宣尼至圣，而亦取沧浪童子之诗。所以然者，非古人心虚，往往舍己从人，亦非古人爱博，故意滥收之，盖实见夫诗之道大而远，如地之有八音，天之有万窍，择其善鸣者而赏其鸣足矣，不必尊宫商而贱角羽，近金石而弃弦匏也。且夫古人成名，各就其诣之所极，原不必兼众体，而论诗者则不可不兼收之，以相题之所宜。

【译文】诗的奇谲平淡艳丽，淳朴，这些都是可以收集的，也不需要都是庄子类的话语啊。杜甫，是圣人的诗人，岂非是不聪明的王，杨，卢，骆呢？然而尊崇这四个人，认为就是万古流芳了，黄庭坚，他的诗深奥难懂。怎么可能是杨炯，刘禹锡的诗，然而尊崇西昆体认为是一个朝廷的外城。宣尼是到了圣人行列了，但是也选取沧浪严雨的孩童时的诗，只所以这么干，并不是古人心虚，而往往是因为舍去自己的观点，而遵从他人，也不是古人爱好广泛，故意胡乱的收集，大概是考虑到实际中所看到诗的发展前景看得深远而已。就如同地有八音，天上有大大小小的孔穴。选择唱得好的，就让他满足他唱的意愿。不需要尊崇宫商而且轻视角羽这两种音乐，接近金石这类的乐器而放弃弦乐。况且古代成为瞩目的人，各方面的成就都很突出，不需要具备所有人的长处，那么论诗的人就不能不都选取，以此来和题目相适应。

即以唐论，庙堂典重，沈宋所宜也，使郊、岛为之，则陋矣。山水闲适，王、孟所宜也，使温、李为之，则靡矣。边风塞云，名山古迹，李、杜所宜也，使王、孟为之，则薄矣。撞万石之钟，斗白韵之险，韩、孟所宜也，使韦柳为之，则弱矣。伤往悼来，感时记事，张、王、元、白所宜也。使钱、刘为之，则仄矣。题香襟，当舞所，弦工吹师，低徊容与，温、李，冬郎所宜也，使韩、孟为之，则亢矣，天地间不能一日无诸题，则古今来，不可一日无诸诗。人学焉而各得其性之所近，要在用其所长而藏己之所短则可，护其短而毁人之所长则不可。艳诗宫体，自是诗家一格，孔子不删郑卫之诗，而先生独删次回之诗，不已过乎？至于卢仝、李贺险怪一流，似不必摈斥。两家所祖，从《大招》《天问》来，与《易》之龙战，《诗》之天妹，同波异澜，非臆撰也。一集中不特艳体宜收，即险体亦宜收。然后诗之体备而选之道全。谨以鄙意私于先生，愿与门下诸贤共详之也。

【译文】既然论说唐诗，庙堂典雅凝重，这是适合沈佺期、宋之问的，这种诗风评价孟郊，贾岛，就显得见识小了，山水闲适的诗文特点是评价王维，孟浩然的，评价温庭均、李商隐就很过分了。边疆边塞是，名山古迹，这是李白杜甫适合的，评价王维，孟浩然，就很浅薄，不够了。撞击万担重的石钟，在白韵的险要，这是韩愈，孟郊的诗风，评价韦应物，柳宗元，就显得不够了气魄了。感时悼今，即事名篇，这是是适合评论张籍、王建、白居易、元稹的诗的。评价钱谦益，刘松的诗文，就显得狭窄，题到香囊衣襟，可以给歌舞来用的，吹弦工的乐师，低回婉转，与温庭均，李商隐的适合适宜的，给韩愈，孟浩然就显的亢奋了。天地之间不能一天没有这样的题材，那么古往今来，不能一天没有这样的诗。人模仿的诗，是根据每个人的性格品行而定的，要使用自己的长处，藏匿躲避自己的不擅长的。袒护它们的不足之处，就会损毁他，并且他的长处也就不能发展。艳体诗，宫体诗，都是各自诗人的风格，孔子不删除郑卫的诗文，但是先生却删除次回的诗，不觉的自己有过失吗？至于说都卢仝，李贺奇谲险怪的诗风，也不需要排斥摒弃。这两家的诗文的渊源，从大招，天问到改变的龙战，诗的天生近亲。一样的波浪，只是不同的表现而已，并不是主观臆断的杜撰的。一个选集中应该把不是特别的艳体诗也收集到，而且把奇谲的诗文也收录到。这样之后，选集中的诗体就完备了，而选集的路径也就都有用了。我谨慎的把我浅陋的意思悄悄的告诉你，希望在您的门下诸多的有才能的人能共同探讨！

纪 昀

纪昀，清河间人，字晓岚，乾隆进士，官至协办大学士，贯彻儒籍，旁通百家，其学在辨汉宋儒学之是非，析诗文流派之正伪，主持风会，为世所宗，任《四库全书》纂官，作综目提要，二百卷，又诏撰《简明目录》二十卷。校订评陟，皆称精审，卒年八十二，谥文达，所著有遗集阅《微草堂笔记》，评点有《文心雕龙》《史通削繁》《瀛奎律髓刊误》。

【译文】纪昀是清河间人，字晓岚，乾隆进士，官至协辨大学士，儒生，旁通百家，学在辨汉宋儒学之对错，辨析诗文流派的正假，当时盟主，被世称颂，任四库全书编纂官，作综目提要，二百卷，又受命撰写简明目录二十卷。校订评点，都称精审，终年八十二岁，谥号文达，所著有遗集《阅微草堂笔记》，评点有《文心雕龙》《史通削繁》《瀛奎律髓刊误》。

《瀛奎律髓刊误》序

文人无行，至方虚谷而极矣。周草窗之所记，不忍卒读之。而所选《瀛奎律髓》，乃至今犹存。其书非尽无可取，而骋其私意，率臆成编；其选诗之大弊有三：一曰娇语古谈，一曰标题句眼，一曰好尚生新。

【译文】文化人没有品行，等到了虚谷就发展到极致了。周草窗所记载的事，几乎不能让人读完。但是《瀛奎律髓》，却至今都被流传下来。这本书不是没有可取之处的，尽情施展他的才华，率意而为成为这篇文章特色。但是在取舍诗上面有三大弊病。一是柔声细语谈论古代事情，一是标题刻意而为，一是喜好新鲜的语句。

夫古质无如汉氏，冲淡莫过陶公，然而抒写性情，取裁风雅，朴而实绮，清而实腴；下逮王孟储韦典型具在。虚谷乃以生硬为高格，以枯槁为老境，以鄙俚粗率为雅音，名为遵奉工部，而工部之精神面目迥相左也。是可以为古淡乎？

【译文】抒写质朴的比不上汉书，冲淡的莫过于陶渊明，然而但是抒写性情的，取舍风雅，朴实而又绮丽，凄清而又丰满，往下追溯到到王维、孟浩然、储光羲、韦应物则些人这些特点都有。方回的诗仍然用健劲作为高贵的格调，用瘦弱嶙峋为境界，用粗鄙俗语作为雅音，好称是把杜甫作为老师向他学习的。但是这与杜甫的诗文精神面目是向左的啊。这怎能凭此说是学习古代吗？

"朱华冒绿池"始见子建，"悠然见南山"亦曰渊明，响字之说，古人不废。暨乎唐代，锻炼弥工，然其兴象之深徹，寄托之高远，则固别有在也。虚谷置其本原而拈其末节，每篇标举一联，每句标举一字，将举天下之人而致力于是，所谓"温柔敦厚"之旨，蔑如也。所谓文外曲致，思表纤旨，亦茫如也。后来纤巧之学，非虚谷阶之厉也耶？赞皇论文，谓譬如日月，终古常见，而光景常新。人生境遇不同，寄托各异，心灵浚发，其变无穷，初不必刻镂琐事以为巧，捃摭僻字以为异也。

【译文】"朱华冒绿池"始见子建，"悠然见南山"这是说陶渊明，着力刻画的说法，古代的人是不废弃的。等到到了唐代，对文字的刻画着力就更为严格了。但是诗文的兴象的深邃之处，托物言志的寄托就很高远了。本来就是有区别的。方回放置本源而去追求细微末节，每一篇都标上一联，每一句都标上一字，这样就带领大家致力于这样细微之处，这就是所谓的追求"温柔敦厚"的旨趣，这显然是荒谬的。所说的文章所表达出的意无穷，思想的细微旨趣，也就是很茫然的了。后来到了追求文辞纤巧，文风不正的这种风气，这难道不是方回这些人的失误吗？称赞优秀的词论诗文，比如是日月一般，在古代是经常看到的，而且景象经常的欣慰的。人生的际遇不同，寄托的感情也就不同，心中也就疏通扩大，变化也就无穷无尽。开始的时候不需要刻画的镂条缕析把这种作为讨巧的事，搜集运用这些僻字认为是不同有特点的。

虚谷以为长江武功一派，标为写景之宗，一虫、一鱼、一草、一木，规规然摹其性情，写其形状，务求以为前人所未道，而按以作诗之意，则不必相涉也。骚雅之本意，果若是耶？是皆江西一派先入为主，变本加厉，遂偏驳而不知返也。

【译文】方回认为长江武功一派，是写景的宗师的标杆，写虫，鱼草树木，规规矩矩的描摹它们的性情，描写它们的外在形状，以求是前人没有写过的，但是那作诗来说的话，那么这些就不相关了。骚雅的本意，果真是这样的吗？这是江西诗派先入为主，变本加厉，于是驳论过度，却不知道悔改。

至其诗之弊：一曰党援，坚持一祖三宗之说，一字一句，莫敢异议。虽茶山之粗野，居仁之浅滑，诚齐之颓唐，宗派苟同，无不袒庇。而晚唐、昆体、江湖、四灵之属，则吹索不遗余力，是门户之见，非是非之功也。一曰攀附，元祐之正人，洛、闽之道学，不论其诗之工拙，一概引之以为自重，本为诗品，置而论人，是依附名誉之私，非别裁伪体之道也。一曰娇激钟鼎山林。各随所遇，亦各行所安。巢，由之遁，不必定贤于皋、夔；沮、溺之耕，不必果高于洙泗；论人且尔，况于论诗。乃词涉富贵，则排斥立加；语类幽栖，则吹嘘备至；不问人之贤否，并不论其语之真伪，是直诡托清高，以自掩其秽行耳。又岂论诗之道耶？

【译文】坦率的说他的诗的弊端，一是党援，坚持的一祖三宗的说法，一字一句，都不敢有不同。即使曾几的诗粗野，吕本中的是浅显滑稽，杨廷秀的诗颓废荒唐，宗派虽然不同，都互相偏袒。到了晚唐，昆体，江湖，永嘉四灵都相互吹嘘不遗余力，这是诗派的见解，并不是对还错的功劳。另一个是攀附，元祐年间的诗人团体，洛、闽学，不论他们的诗多么工整或者笨拙，一概说是好，本应该有诗品的高低，但是放置不说而谈名望，这样只依靠依附了个人名誉来判断诗的高低，这不是判断正统还是伪体的方式啊。一是纤弱而又激烈，富贵隐逸。各自率性而为，率性而安定。巢父，许由的不任职，不一定比皋陶、夔贤能；长沮、桀溺，这些人不一定就比孔子高明。论人况且是这样，何况论诗呢。这是词涉及到了富贵，那么排斥的就更多了，语言类似于隐居清淡，那么就吹嘘的就更加过分了；不需要询问人的品行贤能与否，也不问语言的真伪好坏，就直接欺骗不实假装清高，以此来掩盖自己的污秽的行为。这又怎么论说诗的道理呢？

凡此数端，皆足以疑误后生，瞀乱诗学，不可不亟加刊正。然其书行世有年，村塾既奉为典型，莫敢訾议，而知诗法者，又往往不屑论之，谬种益蔓延而不已。惟海虞冯氏尝有批本，曾于门人姚考功左垣家借阅，顾虚谷左袒江西，二冯又左袒晚唐，冰炭相激，负气诟争，遂并其精确之论无不深文以诋之，矫枉过正，亦未免转惑后人。

【译文】所有的这些迹象，都足以使后代的儒生们受到贻误，蛊惑扰乱诗学，不得不及时地订正错误。但是这些是发行已经有年代了，村舍私塾都已经把他们奉为经典了，没有人怀疑议论它们，而且知道诗论方法的人，又往往不屑于议论这些，这样错误的言论就蔓延不停止。只有冯定远曾经有批本，曾经给门客姚考工左垣家借抄，考虑到方回袒护江西诗派，冯定远这一诗派有袒护杜牧，李商隐这一诗风，冰火两重天，相互意气用事攻讦争辩，于是收集他们确之凿凿的诗论，都用苛刻的文字来诋毁，矫枉过正，这也也恐怕迷惑了后来的人。

因于暇日，细为点勘，别白是非，各于句下笺之，命曰：《瀛奎律髓刊误》。虽一知半解，未必遽窥作者之本源，且卷帙浩繁，抵牾亦难自保。而平心以论，无所爱憎与其间，方氏之僻，冯氏之激，或庶乎其免耳。乾隆辛卯十二月二十一日，观奕道人纪昀记。

【译文】因为空闲的缘故，我仔细的订正了其中的错误，判断其中的是非，就在各个句子下来做了批注，就叫《瀛奎律髓刊误》。虽然一知半解，未必能够立刻发现作者的本来意思，况且书卷众多，相互矛盾的地方很难解决。但是平心而论，在他们的诗论中我是没有掺杂感情的，但是方氏的偏僻字句，冯氏言语的激烈，或许掺杂一些感情也是在所难免的。乾隆辛卯年十二月二十一日，纪昀记。

姚鼐

姚鼐，清桐城人，字姬传，乾隆进士。散馆主事，迁郎中告归。主讲钟山书院，工书尤长于古文，弟子知名者甚众，世目为桐城派。嘉庆重宴鹿鸣，卒八十五。有《惜抱轩全集》《古文辞类纂》《今体诗选》等。

【译文】姚鼐是清朝桐城人，字姬传，乾隆年间考取进士。作散馆主事，后升迁任郎中，告老还乡。在钟山书院讲学。擅长于古文，学生里出名的人很多，时称桐城派。嘉庆年间重宴鹿鸣，死时，八十五岁。有《惜抱轩全集》《古文辞类纂》《今体诗选》等书籍。

答翁学士书

昨相见承，勉以为文之法，早起又得手书，劝掖益至，非相爱深，欲增进所不逮，曷为若此？鼐诚感荷不敢忘。虽然，鼐闻今天下之善射者，其法曰：平肩臂，正脰，腰以上直，腰以下反句磬折，支左诎右；其释矢也，身如槁木。苟非是，不可以射。师弟子相授受，皆若此而已。及至索伦蒙古人之射，倾首，欹肩，偻背，发则口目皆动，见者莫不笑之。然而索伦蒙古之射远贯深而命中，世之射者，常不逮也。然则射非有定法亦明矣。

【译文】昨日见面，承您教诲，用写文章的法则勉励教导我，今早起又见到您的亲笔书信，劝告得更加深刻，若不是对我深深爱护，想让我不足之处有所增进，怎么会这样做呢？我真诚地感激，不敢忘怀。虽然如此，我听说当今天下擅长射箭的人，他们的法则是：肩和手臂要平，脖子要正，腰以上要挺直，腰向后弯曲，右腿弯曲，左腿伸直支撑。箭射出时，身子要像枯萎的木头一样（一动不动）。若不是这样，就不能够射箭。老师像弟子传授的，都是像这样而已。等到索伦，蒙古人射箭的时候，歪着头，斜着肩，弯着背，箭射出时眼睛和嘴都在动，看到的人没有不笑他们的。但是索伦，蒙古人射出的箭远，插入靶子深，命中的多，现在射箭的人多赶不上（他们）。这样射箭没有固定的法则也很明显了。

夫道有是非，而技有美恶。诗文，皆技也，技之精者必近道。故诗文美者，命意必善。文字者，犹人之言语也。有气以充之，则观其文也，虽百世而后，如立其人而与言于此，无气则积字焉而已。意与气相御而为辞，然后有声音节奏高下抗坠之度，反复进退之态，采色之华。故声色之美，因乎意与气而时变者也。是安得有定法哉？

【译文】道理有对错，文章有好坏。写诗作文，也是一种技艺，技艺精湛的人，必然离“道”不远。所以好的诗文，它的主题一定是好的。文字，就好像人的言语。有“气”充盈其间，那么看他的文章，即使多年之后，也好像他站在面前和你谈话一样。没有“气”就不过是字的堆积罢了。思想和“气”结合成为言辞，然后才有声音的节奏，音调，文章的波澜起伏，文采的华丽。所以文辞的华美，是随着意思和气而变化的。这怎么能有固定的法则呢？

自汉、魏、晋、宋、齐、梁、陈、隋、唐、赵宋、元、明及今日，能为诗者殆数千，而最工者数十人。

此数十人，其体制固不同，所同者，意与气足主乎辞而已。人情执其学所从入者为是，而以人之学皆非也；及易人而观之，则亦然。譬之知击棹者欲废车，知操辔者欲废舟，不知其不可也。鼐诚不工于诗，然为之数十年矣。至京师，见诸才贤之作不同，夫亦各有所善也。就其常相见者五六人，皆鼐所欲取其善以为师。虽然，使鼐舍其平生而惟一人之法，则鼐尚未知所适从也。

【译文】从汉、魏、晋、宋、齐、梁、陈、隋、唐、赵宋、元、明到现在，能写诗的人，为数很少不到数千人而已，而且最擅长也就是数人而已。

他们的风格，体例很大不同。所不一样的是立意与气质不同而已。把自己入门时所学的东西看作是正确的，但是入门学的东西也未必是正确的。等到改变人再看的话，也是同样。就像是划船就想破车，了解　骑马驾车就想去划船，根本不知道这样是不行的。握真的不擅长作诗，而且数十年也不作诗了。到了北京之后，看到很多才学的士人风格大不一样，而且也各有所擅长的体例。我常常见到的人也就是五六人，都是我姚鼐寻找他们的长处，来作我学习的老师。即使这样，使我姚鼐舍弃平生所从事的，只学习一个人的方法，那么我尚不知道那个适合你啊！

承先生吐胸臆相教，而鼐深蓄所怀而不以陈，是欺也，窃所不敢。故卒布其愚，伏惟谅察。

【译文】近来承蒙先生真心地教导，而我却把心中所想深藏起来不告诉您，就是欺骗您啊，这是我不敢做的，所以最终把我的愚见陈述出来，请您谅解明白。

潘德舆

潘德舆，清山阳人，字彦辅，一字四农，道光举人，博学工文章。其学以克已有耻为归，尤喜言治术，客游京师，名甚著。以大挑补安徽知县，未赴卒，有《养一斋诗文集》《养一斋诗话》。

【译文】 潘德舆是清朝山阳人，字彦辅，一字四农，道光时代的举人，博览群书，擅长诗文。他的学习是严格要求自身，以学习严格要求，有耻为宗旨，尤其喜好政治学，在京师游历，名气很大。曾经以大挑官征召，为安徽知县，没有赴任，就死了。留有《养一斋文集诗话》。

论诗二则（《养一斋诗话》）

“诗言志”，“思无邪”，诗之能事毕矣。人人知之而不肯述之者，惧人笑其迂而不便于己之私也。虽然，汉、魏、六朝、唐、宋、元、明之诗，物之不齐也。“言志”、“无邪”之旨，权度也。权度立，而物之轻重长短不得遁矣；“言志”、“无邪”之旨立，而诗之美恶不得遁矣。不肯述者私心，不得遁者定理，夫诗亦简而易明者矣。

【译文】 诗能表达人的志趣，思想没有邪念，这是诗所能做的全部了。人人都知道，但是却不去论述它。害怕人嘲笑他的迂腐而不去做，这是自己的私心。即使汉、魏、六朝、唐、宋、元、明的诗等量齐观。表达志趣，没有邪念的主旨，用权力建立起了准则。等到准则建立之后，并且诗的长短优劣有所衡量了；表达志趣，没有邪念的准则建立之后，而且诗的好坏评判就有了。不愿意去做这些是自己的私心所在，不能逃脱这样的准则，这样诗就越来越简单，而且越明白了。

言志者必自得，无邪者不为人。是故古人之诗，本之于性天，养之以经藉，内无怵迫苟且之心，外无夸张浅露之状；天地之间，风雨日月，人情物态，无往非吾诗之所自出，与之贯输于无穷。此即深造自得，居安资深，左右逢原之说也，不为人故也。后世之士，若不为人，则不复学诗；搦管之先，祇求胜人，多作之后，遂思传世，虽久而成集，阅之几无一言之可存。何也？

【译文】表达人的旨趣，那么就很自己满足了，思想没有邪念就不是完整的人。所以因此古人的诗，本来就是天性使然，在诗经典籍中滋养，内心就没有被诱惑而存在苟且的心里，外在的就不会夸张显露浅显的状态；天地之间，风雨日月，人情事物的态度，没有过去我的诗也就不会自己表现出来，而且与它在无穷极尽地相互贯通。这就是自己深造的结果，安居资历深厚，功夫学到家了，出处都很得意，这不被人认识到。后代的儒生们，如果不作为一个真人的话，那么就不要再学诗了，先要执笔为文，只求战胜别人，写了多了之后，于是思想就传于后世了，即使时间长了，从而形成了个集子，但是看过几回，发现没有一句诗，可以留存后世的，这是为什么呢？

彼原未尝学诗也。分曹咏物之作，酬和叠韵之体，谀颂悦人之篇，饾饤考古之制，穷工极巧，迷漫浩汗，何益于身心，何裨于政教？作者诩能手，诵者称国工，名家不能扫除，馀子倚为活计，纷纷籍籍，皆孔子所谓为人者也。此乌得有自得之一时，使人一唱三叹讽寻不置哉！难者曰：“为己自得，圣学也，学诗必要诸圣，不迂则僭。”曰：“子知诗宜辨雅俗乎？”曰：“知之。”曰：“知之则无疑予言之迂且僭也。夫所谓雅者，非第词之雅驯而已；其作此诗之由，必脱弃势利，而后谓之雅也。

【译文】我原来曾经没学过诗。分为咏物诗，酬唱赠答诗和叠韵诗，阿谀赞颂取悦别人的文章，堆砌辞藻考古体制，到了讨巧的地步了，迷漫浩瀚繁多，这对身心有什么好处呢，对施政教化有什么补助吗？而且作者自诩为擅长的人，歌颂他的人称为国家的功臣，各家流派都存在这种现象，剩下的依靠这些生活，纷纷效仿，这就是孔子所说的人啊。这怎么能自鸣得意一时间啊，使人一唱三叹怨愤不寻常啊？困惑的人说，为自己学习，是圣人的学习，学诗就必须读圣人的诗，不迂腐，那么就要超越。说，你了解到诗有合乎雅俗的吗？说，知道。说，了解到了，那么无疑是我言语迂腐而且虚假的了。所谓雅的人，并不是辞句雅驯而已，大概做此诗的缘由，必须要摆脱权势与钱财的诱导，而后次可以为称为雅。

今种种斗靡骋妍之诗，皆趋势弋利之心所流露也。词纵雅而心不雅矣，心不雅则词亦不能掩矣。不雅由于为人而不自得，然则子欲画雅俗之界，舍为己自得之说，又何从辨之?《三百篇》、汉人之诗,委巷妇孺,亦厕其中,彼岂尝探讨圣学者,特其诗不为人而自得,故足传诵耳。子于此求之,则知予非好作头巾语矣。不审乎此,而震惊时俗之同然,依傍他人之门户,无志无识,终于苟焉耳。何诗之可言!”

【译文】现在诸多艳丽过甚的诗,都是向着势力利益方向去的心所流露的。词虽然雅正,但是心却不雅,心不雅那么词也就不能掩饰住了。不雅的诗由于为人,所以不能自得,然而还想划定雅俗的界限,说不是为自己,这又怎么能辩解呢?《三百篇》、汉代人写的诗,偏僻的小巷中的妇女婴孩,都参与混杂在一起,你怎么能尝试探求学习圣人呢,这样与众不同的诗不是功力的为人,那么自然就会被人欣赏。所以足以被人流传吟诵。你在此求这样的,那么知道你不喜欢带儒巾,这样的话。不详细周密的思考到这个地步,而且与震动而惊惧的时代世俗一样,依附别人的门庭,胸无大志,没有眼界,终究也只是苟且而已,那么诗还说什么呢!

仕而不知为人,学而不知为己,本是通病,何责于诗?即以诗论,此病亦不起于一时。西晋以降,陆机、谢灵运、颜延年辈为已斗靡骋妍,求悦人而无真气。一千五百年来,相沿相袭,虽有超世复古之士,不能尽涤悦人之念,则亦不能尽洗斗靡骋妍之诗,而又何慨焉!虽然,传之愈久,则正之愈难,正之愈难,则挽回之心愈不可已。此吾所以不量其力,发愤抒词,甘受人之笑骂而不顾也。

【译文】做官的人不知道怎么做人,学习却不知道为自己(品德的提升),这些本来就是通病,怎么能谴责诗呢?既然以诗作为论说,这种病也不是在一时兴起的。西晋以来,陆机,谢灵运,颜延年这些人展现妍丽过甚的已经很激烈了。取悦他人而没有了正直的气节了。一千五百年以来,这样一直流传相互学习,虽然有超越世俗复古的儒生,还是不能洗涤取悦人的这种习气,也不能全部洗涤掉艳丽的过甚的诗风,这有什么可以感慨的呢?但是这种风气流传的越久,那么改正的难度就越大,那么挽回的难度就不可能达到。现在我之所以自不量力,发奋说词,甘愿都到别人的耻笑谩骂,而且不顾及。

阿谀诽谤,戏谑淫荡,夸诈邪诞之诗作而诗教熄,故理语不必入诗中,诗境不可出理外。谓“诗有别趣,非关理也”,此禅宗之馀唾,非风雅之正传。

【译文】阿谀奉承,诽谤,戏谑淫荡的诗风,夸大其词邪念荒诞的,是的公用就是使他们安息,平息。所以道理的言辞就不需要写入诗里面了,但是诗的境界却不可没有道理,这就是说,诗有各自的趣味,这些是不关于理趣的,这些是禅宗的留下的,并非是风雅的正宗传统。

附词论

《群雅集》序

（朱彝尊）

用长短句制乐府歌辞，由汉迄南北朝皆然。唐初以诗被乐，填词入调，则自开元天宝始。逮五代十国，作者渐多，遂有花间、尊前、家宴等集。宋之初太宗，洞晓音律，制大小曲及因旧曲造新声，施之教坊舞队，曲凡三百九十，又琵琶一曲，有八十四调。仁宗于禁中度曲时，则有若柳永，徽宗以大晟名乐时，则有若周邦彦、曹组、晁次膺、万俟雅言，皆明于宫调，无相夺伦者也。

【译文】运用长短句制乐府歌词，从汉至南北朝都是这样。唐朝初年以诗配乐，填词入调，那么从开元天宝开始。到五代十国，作者逐渐增多，有《花间》、《尊前》、《家宴》等集。宋国的太宗，洞通晓音律，控制大小曲及利用旧曲制作新，施的教坊舞队，乐曲共三百九十处，又琵琶一曲，有八十四调。宋仁宗在宫中度曲时，著名的有柳永；宋徽宗在为大晟乐命名时，有周邦彦、曹组、晁次膺、万俟雅言等人，这些人都对诸宫调很熟悉，词调井然有序。

洎乎南渡，家各有词，虽道学如朱仲晦、真希元，亦能倚声中律吕，而姜夔审音尤精。终宋之世，乐章大备，四声二十八调多至十余曲，有引，有序，有令，有慢，有近，有犯，有赚，有歌头，有促拍，有摊破，有摘遍，有大遍，有小遍，有转踏，有转调，有增减字，有偷声。惟因刘昺所编《宴乐新书》失传，而《八十四调图谱》不见于世，虽有歌师板师，无从知当日之《琴趣箫笛谱》矣。姚江楼上舍严若工于词，叠留亲师，辑词鹊一书，业开雕槅行，暨而悔之，告于予曰："诗变而为词，词变而为曲，历世久远。声律之分合，均奏之高下，音节之缓急过度，既不得尽知。至若作者才思之浅深，初不系文字之多寡。顾世之作谱者，类从归字谣铢累寸积，及于莺啼序而止，中有调名则一。而字之长短分殊，安能各得其所。莫如论宫调之可知者叙于前，余以时代先后为次序，斯世运之升降，可以观焉。”予曰：“旨哉，子之言词乎！”上舍请易书名，予名之曰：《群雅集》。蓋昔贤论词，必出于雅正。是故曾慥录《雅词》，鲖阳居士辑《复雅》也，谱既成，以段安节《乐府杂录》，王灼《碧鸡漫志》，及宋元高丽诸史所载，调存词佚者具载之。并以张炎、沈伯时《乐府指迷》，冠于卷首，学者睹此，何异过涉大水之获舟梁焉，是为序。

【译文】到了南渡后，家各有词，即使像朱熹、真德秀这些道学家们，作词也能合乎音律，而姜夔审音尤其精通。终宋之世，乐章非常完备，四声二十八调，多到十几曲，有拉，有序，有令，有慢，有近，有犯，有赚，有首歌头，有迫切，有摊破，有摘遍，有大遍，有小遍，有转踏，有调运，有增有减字，有偷声。由于刘昞所编《燕乐新书》失传，《八十四调图谱》不出现于世，虽然有歌师板师，但是却不知道当时的《琴趣箫笛谱》了。楼俨说：“诗变为词，词变为曲，历代长久。声律的分合，韵律的高低，音乐节奏的快慢过渡，已经不可能完全了解。至于作者才气的浅深，不关乎文字的多少。看看现在写谱的人，都从字的归类上錙铢计算，到莺哭序而终止。以字的长短分调，怎么能各得其所。不如论宫调可知的叙述在前，以时代先后为次序，这世道升沉变化，就可以观察了。”我说：“你说的太好了！”楼俨提出改换书名，我将此书命名为：《群雅集》。因为从前的贤人论词，一定要出于正直。所以曾慥《乐府雅词》，鲖阳居士编辑《复雅歌词》，谱已经完成。以《乐府杂录》段安节，王灼《碧鸡漫志》，到宋元高丽史书所记载，调存词丢失的都有详细记载。并将张炎《词源》、沈伯时《乐府指迷》，放在卷首。学习者看到这里，与渡河遇到船和桥梁一样无异，这就是写这篇序的缘起。

张惠言：清武进人，字皋文，嘉庆进士，官编修。深易礼之学，工古文辞，与同邑恽敬齐名。世称阳湖派，又工词。与敬钱季重丁履恒陆继辂左辅李兆洛黄景仁、郑善长等相倡和。世称常州词派，有茗柯文集词选七十家赋钞。

词选序

（张惠言）

凡词四十四家，一百十六首。叙曰：词者，盖出于唐之诗人，采《乐府》之音以制新律，因系其词，故曰“词”。《传》曰：“意内而言外谓之词。”其缘情造端，兴于微言，以相感动，极命风谣，里巷男女哀乐，以道贤人君子幽约怨悱不能自言之情，低徊要眇以喻其致。盖《诗》之比、兴、变风之义，骚人之歌则近之矣。然以其文小，其声哀，放者为之，或淫荡靡曼，杂以昌狂俳优，然要其至者，莫不恻隐盱愉，感物而发，触类条鬯，各有所归，不徒为雕琢曼饰而已。

【译文】收录词家四十四为，词一百一十六首。叙说：词这种文学体裁，出自唐代的诗人，采用《乐府》的乐来制定新的律，根据音律而作词，因此叫做说“词”。《传》说：“意思在内而语言表现于外叫做词。”起缘起于情感到了极端，兴起于精微之言，以感动人心，让人不禁传唱，小巷里男女哀乐，以道贤人君子幽怨不能言说的情感，流连徘徊于精微美好的意致。《诗》之比、兴、有变风的意思在里面，诗人的歌就和词差不多了。但是因为他的文章篇幅短小，他的声音悲哀，又是放纵者所作，有的人纵情华丽，夹杂着昌狂俳优，然而其达到极致的，没有不恻隐盱愉，感物而发，情意通畅，各有所归，不单单只是雕琢言辞而已。

自唐之词人，李白为首，其后韦应物、王建、韩翃、白居易、刘禹锡、皇甫松、司空图、韩偓，并有述造。而温庭筠最高，其言深美闳约。五代之际，孟氏、李氏，君臣为谑，竞作新调，词之杂流，由此起矣。至其工者，往往绝伦，亦如齐、梁五言，依托魏、晋，近古然也。

【译文】自唐朝以来的词人，李白是第一，此后韦应物、王建、韩翃、白居易、刘禹锡、皇甫松、司空图、韩偓等都有词作。而温庭筠造诣最高，他的言辞深美闳约。五代时，孟氏、李氏，君臣之间开玩笑，竞相建造新调，词的杂流，由此而产生。然而也有作词工整得人，往往绝伦，也像齐、梁五言，依托魏、晋，而有古风。

宋之词家，号为极盛。然张先、苏轼、秦观、周邦彦、辛弃疾、姜夔、王沂孙、张炎，渊渊乎文有其质焉。其荡而不反，傲而不理，枝而不物。柳永、黄庭坚、刘过、吴文英之伦，亦各引一端，以取重于当世。而前数子者，又不免有一时放浪通脱之言出于其间。后进弥以驰逐，不务原其指意，破析乖刺，坏乱而不可纪。故自宋之亡而正声绝，元之末而规矩堕。以至于今四百余年，作者十数，谅其所是，互有繁变，皆可谓安蔽乖方，迷不知门户者也。

【译文】宋代的词人，最为鼎盛。像张先、苏轼、秦观、周邦彦、辛弃疾（赞扬）、姜夔、王沂孙和张炎，这些人得词文字很美，内容也很好。其词振荡而不返，傲慢而不理，树枝而不物。柳永、黄庭坚、刘经过、昊文英等人，也是各引一端，以取重于当世。。但前几位的，又难免有一时放纵不拘小节的话出现在其中。后来的人学习他们，不求追寻他们的原有得意图，破析乖刺，混乱而不可取。因此，从宋朝灭亡而正声之词就没有了。到了元朝末年，规矩更加毁坏。以至于现在四百多年，作者也就十几人而已，谅其所是，互有繁变，都可以说是完全被乖方所障蔽，迷惑而不知道词的门户所在啊。

今第录此篇，都为二卷。义有幽隐，并为指发。几以塞其下流，导其渊源，无使风雅之士惩于鄙俗之音，不敢与诗赋之流同类而风诵之也。

嘉庆二年八月，武进张惠言。

【译文】现在次第辑录这篇，都是两卷。意思深幽的，都做了发明。差不多可以堵塞其下游，引导其渊源，不要让风雅之士苦于词的粗俗的声音，不敢把词和诗赋一同诵读了。

嘉庆二年八月，武进人张惠言。

《词选》后序

（清歙人，张惠言弟子）

《词选》二卷，吾师张皋文、翰风两先生之所录也。夫楚谣汉赋，既殊风雅，齐歌唐律，亦乖苏李。何者？古愈远则愈杀，声弥近则弥悲。此由音调所成，故亦渊源莫二，譬之纂绣异制而合度于镊，蛾眉各盼而同美于魂。故知法不虚采，神不虚艳，其揆一也。乐府既衰，填词斯作，三唐引其绪，五季畅其支，两宋名公，尤工此体，莫不飞声尊俎之上，引节丝管之间。然乃琼楼玉宇，天子识其忠言；斜阳烟柳，寿皇指为怨曲；造口之壁，比之诗史；太学之咏，传其主文。举此一隅，合诸四始，途归所会，断可识矣！近世为词，厥有三蔽：义非宋玉而独赋蓬发，谏谢淳于而唯陈履舄，揣摩床笫，污秽中篝，是谓淫词，其蔽一也；猛起奋末，分言析字，诙嘲则俳优之末流，叫啸则市侩之盛气，此犹巴人振喉以和阳春，黾蜮怒嗌以调疏越，是谓鄙词，其蔽二也；规模物类，依托歌舞，哀乐不衷其性，虑叹无与乎情。连章累篇，义不出乎花鸟；感物指事，理不外乎酬应。虽既雅而不艳，斯有句而无章，是谓游词，其蔽三也。

【译文】《词选》二卷，我的老师张惠言、张琦两先生的所记录的。楚国歌谣汉赋，既然很高雅，齐歌唐律，也不像苏武、李陵。什么原因呢？离古代越远就越递减，声律离现在越近就越感同身受。这是由于音调所成，所以也没有第二个渊源，譬如刺绣的方法不同，但都离不开镊子；美女各有各的眉眼，动人心魄却是一样的。因此，法不虚取，神不虚美，其道理都是一样的。乐府衰落，填词出现，三唐（李唐、后唐、南唐）发端发展，五代继续发展，两宋的诸公，尤其擅长这种风格，没有不在宴饮之间唱和的。然而就玉宇琼楼，神宗以为苏轼终是爱君；斜阳烟柳，宋孝宗说是怨曲；辛弃疾《菩萨蛮·书江西造口壁》，比作诗史；周邦彦官历太学正，婉约词人中长期被尊为“正宗”。举一个例子，合乎《诗经》“四始”，回家的聚会，绝对可以认识了！近代词，它有三个问题：义理不如宋玉却如蓬草杂乱，讽谏不如淳于髡只写鞋袜，研究床笫，污秽不堪，这对淫词，这是一个问题；猛起奋末，分言析字，诙谐嘲弄就像滑稽小丑，叫啸起来充满市侩气息，这就像下里巴人振喉以和阳春白雪，蛤蟆鼓起咽喉来唱歌，这是鄙俗的言词，这是第二个问题；归纳物类，依托唱歌跳舞，哀乐不出自内心，忧虑叹息没有真感情。连篇累牍，不出于花鸟范畴，应物处事，不外应酬范围，即使雅致不浮艳，有佳句而没有整体，这就是游词，这是第三个问题。

原其所昧，厥亦有由。童蒙撷其粗而失其精，达士小其文而忽其义。故论诗则古近有祖祢，谈词则风骚若河汉，非其惑欤？昔之选词者，蜀则花间，宋有草堂，下降元明，种别十数。推其好尚，亦有优劣。然皆雅郑无别，朱紫同贯，是以乖方之士，罔识别裁。盖《折杨皇荂》，概而同悦；申椒萧艾，杂而不芳。今欲塞其歧途，必且严其科律，此《词选》之所以止于一百十六首也。先生以所托既末，知音蓋希，虽复闢彼窔宧，且拟弃诸巾箧，珪窃不敏，以为先路有觉，来哲难诬。《昭明》之选不兴，则六代《文赋》宗风蓋息乎？乃校而刻之，序其后云尔。

嘉庆二年八月日，歙金应珪。

【译文】推究它的蒙蔽，也是有来由的。儿童摘取其粗而失去其精华，通达之士看不起文章更忽视义理。因此，论诗有其源流，谈词则风骚像黄河汉水一般，不是很迷惑吗？过去的词选，后蜀有《花间集》，宋代有《草堂集》，到了元、明两代，有十几种。推测他们的爱好风尚，也有优劣之分。可是雅音和淫声未加区别，正色和杂色相混，因此背道而行的人，不知道取舍标准。大概《折杨皇荂》这样的艳曲，大概凡俗同悦；香草和杂草，放到一起无法显现出芳香。现在想堵住了歧途，一定要严格法度，这就是《词选》只选择一百一十六首的原因。先生因为所托付的是我这样的微末之士，知音希有，即使打开窔宧，并且打算弃诸巾箱，我考虑到自己不聪明，认为圣人之道有觉，后代的贤者难以欺骗。《昭明文选》这样的选本不再出现，那么六代的《文赋》宗风大概要熄灭了吧？于是校刻出来，并作了这篇后序。

嘉庆二年八月，歙县人金应珪作。